e4u
english for you
영한사전
ENGLISH-KOREAN DICTIONARY

YBM Si-sa

ENGLISH-KOREAN DICTIONARY

©2001 YBM/Si-sa

All rights reserved. No part of this publication may be reproduced, stored in a retrieval system, or transmitted in any form or by any means, electronic, mechanical, photocopying, recording or otherwise, without the prior written permission of YBM/Si-sa.

Part of the original text material is based on Comprehensive English-Japanese Dictionary by arrangement with Obunsha.

머 리 말

지금까지 우리에게 단순히 하나의 외국어로만 여겨져 왔던 English language(영어)가 새 천년(New Millennium)의 세계화·정보화 물결 속에서 어느덧 '지구촌(global village)의 공용어(公用語)'로 자리매김하고 있다. 아니, 영어는 이제 '세계의 표준어(lingua franca)'라고 해도 지나치지 않게 되었다.

1961년 창업 이래 '영어교육 1번지'를 표방해온 YBM/시사영어사는 한 세대(generation) 전인 1970년 12월에 『뉴월드 영한사전』을 펴내 우리 영어 교육계에 선풍을 일으켰고, 시대 변화에 발맞추어 1987년에는 『시사엘리트 영한사전』을 발간해 그 맥(脈)을 이어 왔다.

본사는 그밖에도 『Random House/시사영어사 영한대사전』, 『시사 엘리트 한영대사전』 등 본격적인 대사전 이외에 『시사 엘리트 한영사전』, 『시사 엘리트 리틀 영한/한영 사전』, 『시사 엘리트 영어 입문 사전』 등 50여종의 크고 작은 영어 사전들을 잇따라 펴내 이 땅의 영어 교육과 학습에 기여해 왔다.

그러나 미국 중심의 기술 혁명과 영어가 주도하는 새 천년을 맞으면서 최신의 정보와 지식을 제공하고 최신 어휘를 소개하며 아울러 실용성까지 갖춘 이른바 user-friendly dictionary — 즉 손쉽게 누구나 활용할 수 있는 새 영한 사전을 찾는 소리가 여기저기에서 나오기 시작했다.

이에 따라 본사는 1997년 "새 천년과 함께 살아 숨쉬는 영한 사전" 편찬에 착수하게 되었다. 그동안 축적해 온 database와 know-how, 그리고 전문 인력을 총동원하여 4년여의 진통 끝에 마침내 여러분 앞에 새 옥동자를 선보이게 되었다.

바로 이 『e4u(English for You) 영한 사전』이 그것이다.

e4u 영한 사전의 주요 특징을 들면 다음과 같다.

1. 대사전에 버금가는 어휘의 수록
표제어 18만(파생어 포함), 숙어 4만여 등 총 22만여 어휘를 수록해 대사전에 못지 않은 알찬 내용을 담았다. 특히 한 단어처럼 쓰이는 복합어는 모두 표제어로 제시하여 실용성을 극대화했다.

2. 시대 변화를 보여주는 최첨단 신어의 대폭 수록
하루가 멀다하고 쏟아져 나오는 신어들을 집대성하는 데 노력했으며, 특히 정보 통신, 생명 공학, 환경 등 새로이 주목을 받는 분야들의 신어를 빠짐없이 수록하기 위해 최선을 다했다.

3. 상용 관용어구, 숙어의 대폭 수록
영어권에서는 일상적으로 쓰이는 관용어구와 숙어는 구어(口語), 속어(俗語)를 가리지 않고 대폭 수록했다. 특히 이들을 각각 별행으로 처리하여 한눈에 쉽게 찾아보고 익힐 수 있도록 배려했다.

4. 어의(語義)의 재정리와 보강
현대 영어에 걸맞게 뜻풀이를 활용 예문과 함께 재정리하고 새로운 뜻으로 쓰일 경우 두루두루 추가해 산 영어를 익힐 수 있게 했다. 또한 현대 영어의 용법과 어법을 USAGE 주의 등을 통해 상세히 풀이하고 필수 기본 동사와 전치사, 부사, 관계사 등 100여 항목을 별면 box에 묶어 소개했다.

5. 구어·속어·비어 및 기타 영어권 영어의 대폭 수록
기존 사전에서 보기 힘든 구어(口語), 속어(俗語), 비어(卑語) 등을 대폭 수록해 영어권에서 현재 쓰이는 산 영어를 익히고, 영어권 영화 감상이나 문학 작품을 읽는 데도 큰 도움이 되도록 했다. 뿐만 아니라 American English에 눌려 기를 못펴는 British English를 보강했고, Canada, Australia, New Zealand 등 기타 영어권에서 쓰이는 영어도 폭넓게 수록했다.

6. 고유명사, 약어의 대폭 수록
널리 통용되는 약어와 약자, 세계의 주요 지명 등을 가능한 한 많이 실었고, 인명의 경우 현존하는 인물도 대폭 수록했다.

7. 미·영 풍물 및 관습 소개
영어와 영어권을 이해하는 데 필요한 미국과 영국의 풍물과 관습들을 가능한 한 많이 소개토록 힘썼다.

그밖에도 이 사전만이 가진 강점과 풍부한 내용에 관해서는 독자 여러분들께서 사용하면서 더 많이 발견하고 만족하시리라 믿는다. 그러나 사전에 관한 한 완성이나 완결은 있을 수 없다는 점을 명심하고, 앞으로도 계속 수정 보완을 거듭하면서 보다 훌륭한 사전, 보다 사랑받는 사전이 되도록 노력할 것을 다짐하는 바이다.

YBM/시사영어사

사전 편찬실

일 러 두 기

I. 표제어(Entry)

1. **수록어(收錄語)** 이 사전에는 보통의 영어 외에 고유 명사, 접두사, 접미사, 연결사, 단축형, 약어, 복합어, 변화형 및 상용(常用) 외래어 등도 널리 표제어로 수록하였다.

2. **활자체(活字體)** 가독성(readability)을 극대화하고 찾아보기 쉽도록 하기 위해 고딕체의 큰 활자를 사용했으며 숙어와 특수 외래어 및 책명·작품명·제호 따위는 볼드 이탤릭체(bold italic) 활자를 사용해서 구별하였다.
    school [skuːl] 图 ················· 일반적인 표제어
    News·week [njúːzwìːk] 图 ················· 잡지명
    come through ················· 숙어

3. **배열(配列)** 모든 표제어는 알파벳순(ABC순)으로 배열하였다. 그러나 ( ) 속의 생략 가능한 철자는 순서에 산입(算入)되나 [ ] 속의 대체 가능한 철자는 이를 순서 매김에서 제외하는 것을 원칙으로 하였다.

4. **별표 표시** 특히 중요한 표제어에는 3단계의 별표 표시를 하여 학습 목표에 도움이 되도록 했다.
    ‡ 가장 중요한 기본 단어(초·중학 정도 수준: 약 1,600 단어)
    ** 다음으로 중요한 기본 단어(고교 정도 수준: 약 4,600 단어)
    * 세번째로 중요한 단어(대학 교양 정도 수준: 약 6,000 단어)

5. **어원이 다른 단어** 철자는 같아도 어원상으로 다른 단어는 원칙적으로 별도의 표제어로 내세웠으며, 그 표제어의 오른쪽 어깨에 ¹,²의 번호를 붙여서 구별하였다.

6. **분철(分綴)** 분철(syllabication)은 원칙적으로 음성학적 원리에 의거하였으며 가운뎃점(·)으로 표시하였다.

7. **철자(綴字)** 미(美)·영(英)에 따라 철자가 다른 경우에는 미식 철자를 우선으로 내세우고, 다음에 (英)이라는 표시를 하고 영식 철자를 병기하였다. 그러나 필요할 때는 영식 철자도 별도 표제어로 내세웠다. 또 표제어 외에 영국에서 추가로 쓰이는 철자법은 발음 기호 다음에 제시하였다.
    la·bor, (英) -bour [léibər] 图
    la·bour [léibər] 图동 (英) =labor.
    mod·ern·ize [mɑ́dərnàiz/mɔ́d-] (* (英) -ise) 동

8. **같은 뜻의 이철자(異綴字)**
    a) 표제어와 뜻은 같지만 철자나 형태가 다른 경우, 모든 뜻풀이가 끝난 다음에 (또는 …)의 방법으로 제시하였다.
    draft [dræft/drɑːft] 图 ················· (또는 **draught**)
    dem·o·crat·ic [dèməkrǽtik] 图 ················· (또는 **democratical**)
    b) 특정한 품사·뜻풀이에 한해서 사용 빈도가 동등한 이철자가 있을 때는 품사 기호 다음에 (또는 …)와 같이 표시하였으나, 특정의 뜻풀이에만 해당되고 그 어의(語義) 번호가 끝번호일 때는 예외적으로 어의(語義) 번호 다음에 (또는 …)을 표시하였다.
    eaves·drop [----] 동 ── 图 1 ················· (또는 **eavesdrip**) 2 ·················
    bev·el [bévəl] 图 1 ················· 4 ················· 5 (또는 ⌐ **nèck**) ·················
    ················· (또는 **beveled, (英) bevelled**) ·················

9. **복합어** 두 단어 이상으로 나뉘어서 철자가 다른 복합어도 표제어로 내세웠으나,
    a) 뜻이 같은 복합어는 사용 빈도가 높은 것을 우선 내세우는 것을 원칙으로 하고, 복합어의 다른 형태가 둘 이상일 때는 (또는 …)으로 표시하였다.
    accommodátion bíll [dràft] 图 ················· (또는 **accommodátion nòte [pàper]**)
    b) 생략할 수 있는 부분은 ( )속에 표시하였다.
    United Státes (of América) 图图 (the ~)

10. **전치사·관계 대명사 등** 전치사, 관계 대명사, 주요 기본 동사 등은 별면(別面)에 box 기사로 편집하여 쉽게 찾아 볼 수 있게 했으며 자세한 설명과 함께 풍부한 예문을 제시하였다.

II. 발음(發音)

1. **발음 기호** 발음은 최신 자료에 의거해 표제어 바로 다음의 [ ] 속에 표기하였다. ⇨발음 기호표(p. 8)

2. **악센트** 악센트는 해당 모음의 바로 위에 표시하되, 제1악센트(primary accent)는 [´], 제2악센트(secondary accent)는 [`]로 표시하였다.

3. **생략** a) 같은 단어에 두 가지 이상의 발음이 있을 때는 [,]로 병기하고 공통 부분은 하이픈(-)으로 생략 표시를 하였다.
    space·man [spéismæn, -mən] 图
    b) 발음이 악센트의 위치만 다른 것은 다음과 같이 표시하였다.
    mi·grate [máigreit/-⌐, ⌐-] 동㉿

4. **미음(美音)과 영음(英音)** a) 미·영에 따라 발음이 달라질 때는 미음을 앞에 내세우고 사선(/) 다음에 영음을

표기하였다.
  a·bol·ish [əbáliʃ/əbɔ́l-] 동태

b) 지면의 절약을 위해 미음과 영음이 공통된 부분이 있을 때는 어느 한쪽을 생략하여 표시하였다.
  class [klæs, klɑːs/klɑːs] → [klæs/klɑːs]
  mul·ti [mʌ́lti, mʌ́ltai/mʌ́lti] → [mʌ́lti, mʌ́ltai]

5. **품사·뜻풀이에 의한 차이** 같은 단어에서 품사나 뜻풀이에 따라서 발음이 달라질 때는 다음과 같이 표시하였다.
  reb·el 명 [rébl] 모반자 …… — 동 [ribél] 1 모반(반란)을 일으키다.
  house·wife 명 1 [háuswàif] 주부 …… 2 [hʌ́zif] 반짇고리.

6. **특수음** 특수 용법의 발음은 다음과 같이 표시하였다.
  south·east [sàuθíːst, (해사) sauíːst] 명

7. **강음과 약음** 강음과 약음이 있는 것은 다음과 같이 표시하였다.
  at [æt, 약 ət] 전

8. **장음과 단음** 한 단어에 장음과 단음 두 가지가 다 쓰일 경우에는 장음 부호를 ( ) 속에 넣어 표시하였다.
  room·mate [rúː(ː)mmèit] 명

9. **복합어의 악센트** 표제어로 나온 복합어는 특별한 경우를 제외하고 발음 기호를 생략하였으며 복합어로서의 악센트를 해당 부분에 직접 악센트 기호를 붙여서 표시하였다.
  sýstems engineéring 명 시스템 공학.

10. **혼성어의 발음** 혼성어로 제시된 표제어에서 앞쪽 구성 낱말이 앞에서 표제어로 나와 발음이 표시되어 있는 경우 그 부분의 발음 기호를 하이픈(-)으로 생략하였다. 그러나 생략 부분의 낱말이 단음절어서 악센트 표시가 없었으나 혼성어가 되면서 악센트가 발생할 때에는 (-) 위에 표시해 두었다.
  air [ɛər] → **air-con·di·tion** [-́kəndiʃən]

11. **파생어의 발음** 파생어에서는 철자의 공통된 부분과 발음은 같으나 악센트가 달라지는 것은 악센트만 표시하였으며, 발음이 달라지는 것은 발음 기호를 표시했다. 그리고 ~·er, ~·ly, ~·ness 등 널리 쓰이면서 발음 변화가 명백한 것은 이를 생략하였다.
  bib·li·o·ther·a·py [bìbliouθérəpi] → **-ther·a·peu·tic** [-θèrəpjúːtik]
  a·bashed [əbǽʃt] → **a·bash·ed·ly** [əbǽʃidli]

12. **외래어의 발음** 본래의 발음에 가장 가깝게 표기하되 영어화되지 않은 것은 원어의 발음을 표시하였다.
  ca·fé [kæféi, kə-/kǽfei/F kafe] 명
  grand prix [F grɑ̃ pri] 명

III. 품사와 어형 변화

1. **품사(品詞)** 품사명은 원칙적으로 발음 기호 다음에 표시하였으나 한 낱말이 둘 이상의 품사로 나뉠 때는 — 바로 다음에 명동형 등과 같은 약기호(略記號)로 표시하였다. ⇨약어표 참조(p. 6)

2. **보충 설명의 표시** 문법상 특히 설명을 요하는 단어에는 품사 표시 다음에 **(정관사) (관계대명사) (의문 부사)** 등과 같이 표시해 놓았다.

3. **변화형 표시**
  a) 명사·동사·형용사·부사의 변화형 중 불규칙 변화를 하는 것, 변화형이 두 가지 이상 있는 것 등은 품사 표시 다음에 ( ) 속에 그것을 표시하였다.
  b) 명사의 복수형은 (복 …)로 표시했으며, 주요 단어의 복수형 어미의 발음이 [-z, -iz]가 되는 경우 이를 표시하였다. 그러나 ~man, ~woman의 합성어는 특별한 경우를 제외하고는 이를 생략하였다.
  child [tʃaild] 명 (복 *chil·dren*)
  box [bɑks/bɔks] 명 (복 ~*es* [-iz])
  c) 동사는 (과거형; 과거분사형; 현재분사형)의 순으로 표시했으나 주요 단어의 3인칭 단수현재형 발음이 [-z, -iz]가 되거나 과거형의 발음이 [-t]가 되는 경우 이를 표시하였다.
  be·gin [bigín] 동 (~*s* [-z]; *-gan*; *-gun*; ~*ning*)
  bake [beik] 동 (~*d* [-t]; *bak·ing*)
  d) 형용사·부사는 (비교급; 최상급)의 순으로 표시하였다.
  beau·ti·ful [bjúːtəfəl] 형 (*more* ~; *most* ~)
  far [fɑːr] 형 (~*ther*, *fur·ther*; ~*thest*, *fur·thest*)
  e) 어미의 자음이 겹쳐지는 단어의 경우
  stop [stɑp] 동 (~*ped* [-t]; ~*ping*)
  trav·el [trǽvl] 동 (*-l-*, (英) *-ll-*) * 영국식 영어에서는 travelled; travelling이 됨.
  f) 어미의 -e가 탈락되는 단어
  a·buse [əbjúːz] 동 (*a·bus·es* [-iz]; ~*d*; *a·bus·ing*)
  large [lɑːrdʒ] 형 (*larg·er*; *larg·est*)
  g) 어미의 -y가 -ie로 바뀌는 단어
  cit·y [síti] 명 (복 *cit·ies* [-z])
  bur·y [béri] 동 (*bur·ies* [-z]; *bur·ied*)
  pret·ty [príti] 형 (*-ti·er*; *-ti·est*)
  h) 어미의 -c가 -ck로 바뀌는 단어
  pic·nic [píknik] 동 (*-nicked* [-t]; *-nick·ing*)

4 일러두기

　　i) 어미가 -o, -f 따위로 끝나는 명사의 복수형
　　　po·ta·to [pətéitou, -tə] 몡 (複 **~es** [-z])
　　　shelf [ʃelf] 몡 (複 **shelves** [ʃelvz])
4. 대명사의 변화형　대명사도 필요한 경우 변화형을 밝혀 주었다.
　　I [ai] 떼 《인칭대명사, 1인칭·단수·주격》 (複 **we**; 소유격 **my**; 목적격 **me**, 소유 대명사 **mine**)

Ⅳ. 뜻풀이·어법

1. 뜻풀이의 배열　뜻풀이(definition)의 배열은 원칙적으로 사용 빈도순으로 하였다.
2. 뜻풀이의 분류　뜻이 여러 갈래일 때는, 한 품사내에서 **1, 2, 3,** … 으로 분류하였다. **1, 2, 3,** …을 다시 세분할 때는 **a), b), c),** …를 써서 분류하였다. 또 필요에 따라서는 Ⅰ, Ⅱ, Ⅲ, …을 써서 크게 분류한 단어도 있다.
3. 풀이의 병기　풀이를 병기할 때, 유사한 풀이는 콤마(,)로 구분해서 나열하였으며, 좀더 크게 구분할 때는 세미콜론(;)으로 구분하였다.
4. 특별한 용법　표제어의 특별한 용법은 ( ) 속에 다음과 같이 표시하였다.
　　(~s) (~es) (-ies),　　복수형으로 쓴다.
　　(the ~)　　　　　　　정관사를 붙여서 쓴다.
　　(a ~) (an ~)　　　　　부정관사를 붙여서 쓴다.
　　(B-)　　　　　　　　　대문자로 시작한다.
이 밖에도 (the ~s), (the B-s) 등과 같은 복합형도 있다. 또,「보통, 종종, 때로」등과 같은 단서를 앞에 제시한 것도 있다.
5. 언어 용법　표제어 또는 그 어의(語義)가 사용되는 지역·분야·시대 등이 한정되는 경우에는 〈　〉 속에 그것을 표시하였다. 그 표시는 약어일 때도 있다(⇨약어표·약어 참조). 또, 그 밖의 간단한 문법적·어법적 지시도 〈　〉 속에 《단·복수 양용》《재귀용법》《한정용법》등으로 표시하였다.
　　ap·ple […] 몡 **1** 사과… **4** 〈美속어〉 대도시; 지구(地球). **5** 〈美구어〉 …놈, 녀석.
6. 학술어와 전문어　학술어·전문어는 〔　〕속에 표시했다. 그 표시는 약어일 때도 있다. ⇨약어표 참조(p. 6-7)
　　fac·tor […] 몡 **1** …… **2** 〔수학〕 인수, 인자(因子), …… **4** 〔생물〕 유전자, 유전 인자.
7. 보충 설명　뜻풀이는 될 수 있는 대로 보충 설명과 부연 설명을 첨가함으로써, 뜻을 명확하게 이해하는 데 도움이 되도록 하였다. 그러한 설명은 ( ) 속에 표기하였다.
　　i·den·ti·fy […] 통 **1** (동일물·본인이라고) …을 인정하다, 확인하다.
8. 타동사의 풀이　타동사의 풀이에는「…을, …에, …에게, …에서」등의 조사를 붙여서 목적어와의 관계를 명시하였다. 또, 특정한 목적어를 취하는 경우에는 그것을 〔　〕속에 구체적으로 제시하였다.
　　lead¹ […] 통태 **1** …을 이끌다, 인도하다, 안내하다, 데리고 가다[오다] …… **5** (길 따위가) 〔사람〕을 안도하다, 데리고 가다.
9. 반대어와 참조어　반대어는 ⑩, 참조어는 ⑭ 이란 기호와 함께 표시하였으며, 각 뜻풀이에 상당하는 동의어는 ( ) 속에 표기하였다.
10. 관련 전치사와 부사　표제어와 밀접하게 결부되어 쓰이는 중요한 전치사는 ( ) 속에, 부사는 ( ) 속에 표시하였다.
　　con·sist […] 통자 **1** (부분·요소로) 이루어져 있다 …… (*of*).
　　shut […] 통태 **1** 〔창·문 따위〕를 닫다, 잠그다 …… (*up*).
11. 어법·유의어(類義語)·참고·주의·관련어
　　USAGE　　그 단어의 어법·기능 등을 해설했다.
　　유의어　　그 단어와 비슷한 뜻을 가진 단어들을 한데 모아서 비교 해설했다.
　　주의 참고　그 단어에 관련된 주의 사항이나 참고 사항 등을 해설했다.
　　관련어　　그 단어와 직접 또는 간접으로 관련되는 어구 등을 제시했다.

Ⅴ. 용 례(用例)

1. 용례는 품사별·어의(語義)별로 ¶표를 하여 각 뜻풀이 다음에 열거했다.
2. 용례에서 표제어에 해당하는 부분은 지면 절약을 위해서 ~표로 대체했으며, 표제어가 대문자로 시작되는 경우에는 T-처럼 첫글자 이하는 대시(一)로 대체하였다.
　　time [taim] 몡 (複 **~s** [-z]) **1** ⓤ (과거·현재·미래로 이어지는 무한한) 때, 시간; 세월; (미래의 긴) 시간, 후세, 후대; =Father T-. ¶ ~ and space 시간과 공간 / T- creeps on. 시간은 모르는 사이에 지나 간다. **(**속담**)** T- *is money*. 시간은 곧 돈이다.
3. 용례가 두 개 이상 나열될 때는 일반적인 것은 /로 구분하였으나, 문형이 다른 예문의 경우에는 그 용례의 앞뒤에 //를 써서 구분하였다.

일러두기 5

Ⅵ. 문 형(文型)

1. **문형**(sentence pattern) 이 사전의 거의 모든 중요 동사에는 문형을 밝혀줌으로써 영작과 문법 지식에 도움이 되도록 배려했다. 문형의 표시는 동사의 각 용례 앞에서 ( ) 속에 표기하였다. ⇨문형 해설(p. 9)
2. 동사의 용례는 모두 문형에 따라서 분류하였는데, 문형이 다른 용례와 용례 사이에는 //로 구분하였다.
3. 문형상 중요한 전치사, 부사, 접속사 등은 용례 중에서는 이탤릭체로 표기하였다.
4. 명사·형용사의 용례에 있어서도 동사의 문형에 준해서 용례를 분류하였으며, 밀접하게 결부되는 전치사·부사 등은 이탤릭체로 표기하였다.

Ⅶ. 숙어·성구(成句)

1. 숙어·성구는 모두 획이 굵은 이탤릭체(bold italic)로 각 품사의 풀이 맨 마지막에 알파벳순으로 표기하였다.
2. 숙어·성구 첫머리의 관사(a, an, the)와 ( )로 처리된 생략 가능 어구는 순서 매김에 산입(算入)하였으나 [ ] 속의 대체 부분은 배열상 무시하였다.
3. 숙어·성구는 그것을 찾는 데 가장 쉬운 단서가 될 만한 단어, 즉 그 숙어·성구에서 가장 비중이 크다고 생각되는 단어의 표제어 내에 수록되어 있다. 이 판단은 이용자에 따라 견해가 다를 수 있으므로, 만약 한 표제어를 찾아봐서 그 숙어·성구가 나오지 않더라도 포기하지 말고, 그 숙어·성구 내에 들어 있는 또 다른 단어의 표제어를 찾아봐 주기 바란다.
4. 숙어·성구의 어의(語義) 분류는 ① ② ③ ······ 으로 구분하였다.

Ⅷ. 파생어(派生語)·어원(語源)

1. 중요한 파생어는 표제어로 다루었으나, 그 밖의 파생어들은 기본이 되는 단어의 뜻풀이·용례 다음에 그 어형만을 고딕체로 표기해서 수록하였다. 이때 표제어와 공통되는 부분은 ~나 -로 생략해서 표기하였다.
     cage ········ ~**less**, ~**like** 〔형〕
     ca·lor·ic ········ **-i·cal·ly** 〔부〕
2. 어원(etymology)은 표제어의 풀이 맨 끝에 〔<···〕로써 제시했다.
     hi·ya ········ 〔<How are you?의 전화(轉化)〕
     sab·o·tage ········ 〔<F *saboter* damage〕
3. 어형 앞에 약어로 그 언어명을 나타냈다. 자세한 언어명의 약어는 기호·약어표(p.6)를 참조할 것.
     ad hoc ········ 〔<L to this〕
4. 어원의 어형이 표제어와 동일하거나 또는 특별히 어형을 나타낼 필요가 없다고 생각되는 것은 원칙적으로 언어명만 표시했다.
     ab·bé ········ 〔<F〕
5. 어형을 분석 설명할 수 있을 때에는 분석한 구성 요소에 하이픈(-)을 붙이고 그것을 +표로 연결했다. 구성 요소가 독립어일 경우에는 하이픈을 쓰지 않았다.
     vex·il·lol·o·gy ········ 〔<*vexillum*+*ology*〕
     work·fare ········ 〔<*work*+wel*fare*〕
6. 혼성어(portmanteau word)는 그 구성 요소가 독립어로 되어 자명한 것은 굳이 밝히지 아니하였으며, 생략된 부분은 명조(明朝)체로, 구성 부분은 이탤릭체로 표시하고 +표로 연결했다.
     li·ger ········ 〔<*li*on+t*iger*〕
     smog ········ 〔<*sm*oke+f*og*〕

Ⅸ. 가산(可算)명사·불가산(不可算) 명사

셀 수 있는 명사, 즉 가산 명사(countable noun)와 셀 수 없는 명사, 즉 불가산 명사(uncountable noun)에는 각각 C, U를 붙여 그 구별을 분명히 해 주었다.
1. 이 사전에서는 가산 용법만 있는 명사에는 C를 생략하고, 불가산 용법의 명사나 어의(語義)에는 U를 표시했다.
2. 동일 단어에 C, U의 두 용법이 있는 것은 어의별로 U만을 표시했다.
3. 어의 구분의 일부분에 가산 용법이 포함될 때에는 C표시를 해 놓았다.
4. 비슷한 어의로서 C와 U의 양용이 있을 때에는 CU 또는 UC로 병기하였는데 각기 앞에 나오는 기호쪽이 사용 빈도가 높다는 것을 나타낸다. 그러나 UC로 표시되었더라도 U와 C가 같은 정도로 사용되는 경우도 있어서 통계적으로 확인된 엄밀한 표시는 아니다.

X. 여러 가지 기호·괄호

[ ] 발음 기호.
( ) ① 생략할 수 있는 글자·어구 등을 나타낸다. ② 뜻풀이의 보충·부연 설명. ③ 영어 동의어·참조어 등을 나타낸다. ④ 뜻풀이 다음에 흔히 수반하는 부사를 나타낸다.
[ ] 바로 앞의 어구와 대체할 수 있음을 나타내고, [or …]의 경우는 앞의 어구와 대체해도 뜻이 달라지지 않음을 나타낸다.
{ } 뜻풀이에서 목적격으로 쓰이는 대표적인 말을 나타낸다.
〔< …〕 어원이나 파생 관계를 나타낸다.
( ) ① 뜻풀이 다음에 와서 흔히 수반하는 전치사를 나타낸다. ② 문형을 나타내는 괄호로 쓰였다.
( ) ① 언어 용법을 나타낸다. ② 간단한 문법적 용법이나 어법상의 용법을 나타낸다.
{ } 학술어 및 전문어를 표시한다.
* 간단한 발음·어법·문법·참고 사항 등을 부기할 때의 표시.
/ ① 용례와 용례 사이의 구분. ② 미음(美音)과 영국식 발음 또는 기타 외국음의 구분.
// 종류가 다른 문형이나 콜로케이션(collocation)에 의한 용례의 구별.
~ ① 뜻풀이 중의 용례에서 표제어의 되풀이를 피하기 위하여 썼다. ② 어형 변화 및 파생어에서 표제어의 철자와 같은 부분임을 나타낸다.
– 파생어나 발음에서 해당 부분의 일부가 생략되었음을 나타낸다.
⇨ 그 곳에 해당 항목이 있음을 나타내거나, 참고로 그 곳에 가보란 뜻으로 썼다.

약 어 표

감	감탄사(interjection)	접미	접미사(suffix)
관	관사(article)	연결	연결형(combining form)
대	대명사(pronoun)	⑦	기호(sign)
동	동사(verb)	약	약어(abbreviation)
자	자동사(intransitive verb)	반	반대어(antonym)
타	타동사(transitive verb)	참	참조어(confer)
명	명사(noun)	여	여성형(feminine)
부	부사(adverb)	복	복수(plural)
전	전치사(preposition)	단	단수(singular)
접	접속사(conjunction)	*p.*	과거(past)
조	조동사(auxiliary verb)	*pp.*	과거분사(past participle)
형	형용사(adjective)	*ppr.*	현재분사(present participle)
접두	접두사(prefix)		

AF	Anglo-French(앵글로프랑스어)	MF	Middle French(중세 프랑스어)
Am	American(미어)	MHG	Middle High German(중세 고지 독일어)
Arab	Arabic(아라비아어)	ML	Middle Latin(중세 라틴어)
Celt	Celtic(켈트어)	MLG	Middle Low German(중세 저지 독일어)
Chin	Chinese(중국어)	Mod	Modern(근대…)
D	Dutch(네덜란드어)	NL	New Latin(근세 라틴어)
Dan	Danish(덴마크어)	Norw	Norwegian(노르웨이어)
F	French(프랑스어)	OE	Old English(고대 영어)
G	German(독일어)	OF	Old French(고대 프랑스어)
Gael	Gaelic(게일어)	OHG	Old High German(고대 고지 독일어)
Gk	Greek(그리스어)	ON	Old Norse(고대 스칸디나비아어)
Heb	Hebrew(헤브라이어)	Pers	Persian(페르시아어)
Hind	Hindustani(힌두스타니어)	Pol	Polish(폴란드어)
Hung	Hungarian(헝가리어)	Port	Portuguese(포르투갈어)
Icel	Icelandic(아이슬란드어)	Russ	Russian(러시아어)
Ir	Irish(아일랜드어)	Scan	Scandinavian(스칸디나비아어)
It	Italian(이탈리아어)	Scot	Scottish(스코틀랜드어)
Jap	Japanese(일본어)	Skt	Sanskrit(산스크리트어)
L	Latin(라틴어)	Sp	Spanish(스페인어)
LG	Low German(저지 독일어)	Swed	Swedish(스웨덴어)
LL	Low Latin(저(低)라틴어)	Turk	Turkish(터키어)
Mal	Malayan(말레이어)	Wel	Welsh(웨일스어)
ME	Middle English(중세 영어)	Yid	Yiddish(이디시어)

〔구어〕	口語(colloquial)		〔경멸적〕	輕蔑的(derogative)
〔속어〕	俗語(slang)		〔익살〕	諧謔語(humorous)
〔비어〕	卑語(vulgar)		〔드물게〕	드물게 쓰는 용법(rare)
〔고어〕	古語(archaic)		〔美〕	미어(American English)
〔폐어〕	廢語(obsolete)		〔英〕	영국 영어(British English)
〔시〕	詩語(poetical)		〔스코〕	스코틀랜드 용법(Scottish)
〔문어〕	文語(literary)		〔아일〕	아일랜드 용법(Irish)
〔방언〕	方言(dialect)		〔濠〕	오스트레일리아 용법(Australian)

〔건축〕	建築學(architecture)		〔수학〕	數學(mathematics)
〔경영〕	經營學(business administration)		〔식물〕	植物(學)(botany)
〔경제〕	經濟學(economics)		〔심리〕	心理學(psychology)
〔고고〕	考古學(archaeology)		〔암석〕	岩石(學)(petrography)
〔고생물〕	古代生物學(paleontology)		〔야금〕	冶金(metallurgy)
〔곤충〕	昆蟲學(entomology)		〔약학〕	藥·藥學(pharmacy, medicine)
〔공학〕	工學(engineering)		〔어류〕	魚類(學)(pisces)
〔광물〕	鑛物學(mineralogy)		〔언어〕	言語學(linguistics, philology)
〔광학〕	光學(optics)		〔역사〕	歷史·史學(history)
〔군사〕	軍隊·軍事(military affairs)		〔연극〕	演劇(play, dramaturgy, theater)
〔그림〕	繪畫(painting)		〔우주〕	宇宙科學(astronautics)
〔기계〕	機械(mechanics)		〔운율〕	韻律學(prosody)
〔기상〕	氣象學(meteorology)		〔윤리〕	倫理學(ethics)
〔기하〕	幾何學(geometry)		〔음성〕	音聲學(phonetics)
〔논리〕	論理學(logic)		〔음악〕	音樂(music)
〔농업〕	農業·農學(agriculture)		〔의학〕	醫學(medicine)
〔동물〕	動物(學)(zoology)		〔인류〕	人類學(anthropology)
〔무선〕	無線電信(wireless, radio)		〔인쇄〕	印刷(printing)
〔문법〕	文法(學)(grammar)		〔자기〕	磁氣(學)(magnetism)
〔문장〕	紋章(學)(heraldry)		〔전기〕	電氣學(electricity)
〔문학〕	文學(literature)		〔전자〕	電子工學(eletronics)
〔물리〕	物理學(physics)		〔점성〕	占星術(astrology)
〔물·화〕	物理化學(physical chemistry)		〔정치〕	政治學(politics)
〔미술〕	美術(art)		〔조개〕	貝類(學)(conchology)
〔민화〕	民間傳承(folklore)		〔조선〕	造船(shipbuilding)
〔발생〕	發生學(embryology)		〔종교〕	宗敎(religion)
〔방적〕	紡績(spinning)		〔증권〕	證券·株式(stock)
〔법률〕	法律(學)(law)		〔지리〕	地理學(geography)
〔병리〕	病理學(pathology)		〔지질〕	地質學(geology)
〔사냥〕	狩獵(hunting)		〔직물〕	織物(weaving)
〔사진〕	寫眞(photography)		〔채광〕	採鑛(mining)
〔사회〕	社會學(sociology)		〔천문〕	天文學(astronomy)
〔상업〕	商業(commerce)		〔철학〕	哲學(philosophy)
〔조류〕	鳥類(fowl, poultry)		〔측량〕	測量學(surveying)
〔생리〕	生理學(physiology)		〔컴퓨터〕	컴퓨터(computer)·인터넷(Internet)
〔보험〕	保險(insurance)		〔TV〕	텔레비전(television)
〔생물〕	生物學(biology)		〔항공〕	航空(aeronautics)
〔생화학〕	生化學(biochemistry)		〔해사〕	航海·海事(nautical term)
〔석공〕	石工術(masonry)		〔해부〕	解剖(anatomy)
〔성서〕	聖書(the Bible)		〔화학〕	化學(chemistry)
〔수사〕	修辭學(rhetoric)		〔환경〕	環境(工學)(ecology)

발음 기호표

모 음(Vowels)				자 음(Consonants)		
	기호	용 례			기호	용 례
단모음 (Simple Vowels)	iː i e æ ɑː ɑːr ɑ ɔ ɔː u uː ʌ əːr ə ər	**eve** [iːv] **inn** [in] **end** [end] **act** [ækt] **palm** [pɑːm] **art** [ɑːrt] **box** [bɑks/bɔks] **stop** [stɑp/stɔp] **all** [ɔːl] **look** [luk] **moon** [muːn] **dove** [dʌv] **birth** [bəːrθ] **about** [əbáut] **runner** [rʌ́nər]	**week** [wiːk] **give** [giv] **fell** [fel] **apple** [æpl] **father** [fɑ́ːðər] **star** [stɑːr] **tall** [tɔːl] **wool** [wul] **two** [tuː] **up** [ʌp] **shirt** [ʃəːrt] **album** [ǽlbəm]	파열음	p b t d k g	**pump** [pʌmp] **book** [buk] **table** [téibl] **deep** [diːp] **cook** [kuk] **good** [gud]	**play** [plei] **club** [klʌb] **tent** [tent] **did** [did] **skin** [skin] **sugar** [ʃúgər]
				비음	m n ŋ	**camp** [kæmp] **net** [net] **angle** [ǽŋgl]	**money** [mʌ́ni] **nose** [nouz] **sing** [siŋ]
				측음	l	**little** [litl]	**flat** [flæt]
				마찰음	f v θ ð s z ʃ ʒ h r j w	**foot** [fut] **visit** [vízit] **think** [θiŋk] **that** [ðæt] **sea** [siː] **zoo** [zuː] **ship** [ʃip] **vision** [víʒən] **hand** [hænd] **rain** [rein] **young** [jʌŋ] **wet** [wet]	**fifth** [fifθ] **shovel** [ʃʌ́vl] **truth** [truːθ] **other** [ʌ́ðər] **west** [west] **zigzag** [zígzæg] **bishop** [bíʃəp] **fusion** [fjúːʒən] **ahead** [əhéd] **cream** [kriːm] **new** [njuː] **twice** [twʌis]
이중모음 (Diphthongs)	ei ou ai au ɔi iər ɛər uər	**day** [dei] **coat** [kout] **life** [laif] **house** [haus] **oil** [ɔil] **ear** [iər] **air** [ɛər] **poor** [puər]	**lake** [leik] **photo** [fóutou] **side** [said] **loud** [laud] **toy** [tɔi] **clear** [kliər] **bear** [bɛər] **sure** [ʃuər]				
				파찰음	tʃ dʒ	**chair** [tʃɛər] **judge** [dʒʌdʒ]	**kitchen** [kítʃin] **danger** [déindʒər]

* **외국음·특수음**

[y] 입술을 동그랗게 [u]처럼 하고 [i]를 발음한다. 예: *compte rendu* [-/F kɔ̃ːt rɑ̃dy]
[ø] 프랑스어나 독일어에 나타나는 모음. 입술을 동그랗게 하고 [e]를 발음한다. 예: *jeu* [F ʒø]
[œ] 입술을 동그랗게 하고 [ɛ]를 발음한다. 예: *siffeur* [F siflœr]
[ç] 「히」의 자음. 혀의 앞면과 경구개(硬口蓋) 사이에서 내는 무성 의찰음(擬擦音). 예: *Reich* [-/G raiç]
[x] 후설면(後舌面)과 연구개(軟口蓋) 사이에서 내는 무성 마찰음. 스코틀랜드 방언·독일어에 흔하다. 예: *loch* [lɑk, lax/lɔk, lɔx] (스코)
[ɲ] 「냐」의 자음에 가깝다. 경구개를 폐쇄하고 내는 [n]의 유성 비음(鼻音). 예: *Bretagne* [F brətaɲ]
[m̥] [m]의 무성음. 예: humph [hʌmf, m̥m̥m̥, m̥m̥m̥ → *vi.*]
[ɥ] 입술을 [w]처럼 오므리고 혀는 [i]의 위치에서 발음. 예: *ennuyé* [F ɑ̃nɥije]
[~] 프랑스어의 모음 위에 붙여 비음화를 나타낸다. 예: [ɑ̃, ɛ̃, ɔ̃]

* /(사선) 왼쪽은 미음(美音), 오른쪽은 영음(英音)을 나타낸다: **box** [bɑks/bɔks]
* *r*은 미어(美語)의 독특한 음인데, 말끝 또는 자음 앞에서 바로 앞의 모음에 「r」음 비슷한 여운을 덧붙인다. 다음에 모음이 오지 않는 한 영음에서는 소리나지 않는다: **father** [fɑ́ːðər]

문 형 해 설

이 사전에서는 29개의 동사형(Verb Pattern)을 설정했는데, 동사형 **1** (완전 자동사)과 동사형 **9** (완전 타동사)의 두 가지 형은 표시를 생략하였다.

1. (~)
 동사형 **1**은 동사형 **2, 6, 7** 이외의 완전 자동사를 나타낸다. 이 사전에서는 특별한 경우를 제외하고는, 동사형 **1**은 표시하지 않았다. 〔예〕 Birds *fly*. / Day *dawns*. / He *died*.
2. (~+副)
 이 때의 **副**는 일반적인 부사를 가리키는 것이 아니고, 동사와 밀접하게 결부되는 부사적 소사(小詞)(Adverbial Particle) 및 일정한 자동사와 관용적으로 결부되어 사용되는 소수의 부사를 가리킨다. 부사적 소사에는 in, out, on, off, up, down 등 일반 전치사와 동형의 것 이외에 away, back, forth 등이 있다. 〔예〕 He *came in* [*out*]. / Prices are *going up* [*down*]. / He *went back* [*away*]. / I *came home*.
3. (~+補)
 이 형의 **補**는 주격 보어(Subjective Complement)를 나타내며, 사용되는 동사는 불완전 자동사다. 주격 보어에는 명사 (상당 어구) · 형용사 (상당 어구)가 온다. 〔예〕 This *is* my car. / She *looks* happy. / He *felt* hungry.
4. (~+to be 補) (~+(to be) 補)
 이 형은 자동사가 ① 반드시 to be를 수반하는 것과 ② to be가 생략될 수 있는 것의 두 가지로 이루어진다. 〔예〕 ① He *seems to be* asleep [awake]. / I *happened* [*chanced*] *to be* out when she called. // ② He *seems* (*to be*) angry. / The street *appeared* (*to be*) deserted.
5. (~+as 補)
 as **補**란 as에 의해서 이끌리는 일종의 주격 보어를 가리킨다. as 다음에는 자격 · 지위 · 직능 · 역할 등을 나타내는 명사가 온다. 〔예〕 He *acted as* chairman. / He *died as* president.
6. (~+前+名)
 자동사가 그 다음에 전치사와 그 목적어인 명사 (상당 어구)를 수반할 때의 동사형이다. 〔예〕 He *looked out of* the window. / Our school *stands on* a hill. // Can I *count on* your help? / Please don't *wait for* me.
7. (~+前+名+to do)
 이 동사형은 **6**의 (~+**副**)에 to 부정사가 수반된 것이다. 엄밀히 말하자면 **6**의 일종이라고도 볼 수 있지만, 이 사전에서는 학습자의 편의를 고려하여 독립된 동사형으로 다루었다. 〔예〕 I am *waiting for* him *to* arrive. / They have *arranged for* a taxi *to* meet you at the airport.
8. (~+done)
 이 형은 **3**의 (~+**補**)의 일종으로서, 보어 중에서 특히 과거분사를 취하는 경우의 형을 제시한 것이다. "done"은 자동사의 주격 보어에 상당한다. 〔예〕 He *remained undisturbed*. / He *stood amazed*.
9. (~+目)
 완전 타동사이며 목적어 이외의 다른 요소는 필요로 하지 않는다. 이 사전에서는 필요성이 있는 경우를 제외하고는 이 동사형의 표시는 생략하였다. 〔예〕 I *like* sports. / He *painted* the picture. / He *sells* flowers.
10. (~+目+副)
 이 형은 **2**의 (~+**副**)에 대응하는 것으로서, 그 타동사형이라고도 할 수 있다. 부사는 동사와 밀접하게 결부되는 부사적 소사(小詞)가 위주지만, 그 이외에 타동사와 관용적으로 결부되어서 사용되는 약간의 부사도 포함된다. 〔예〕 He *put* his coat *on*. / He *put* it *on*. / Don't *throw* the shoes *away*. / *Carry* the baggage *upstairs*. / *Carry* it *upstairs*. // He *put on* his hat. / Don't *throw away* anything useful. / I *took* her *home*.
11. (~+-ing)
 이 동사형의 -ing는 ① 자동사 다음에 와서 일종의 보어 구실을 하는 현재 분사와, ② 타동사의 목적어인 동명사의 둘로 나뉜다. 〔예〕 ① He *stood listening* to the music. / I *sat watching* television. / He *came running* to meet us. // ② He's *stopped smoking*. / She *avoided meeting* him. / Boys *like playing* baseball.
12. (~+to do)
 이 동사형에는, ① 동사가 자동사이고 to do가 그 보어 또는 부사적 수식어를 이루는 것과, ② 동사가 타동사이고 to do가 그 목적어를 이루는 것의 두 가지가 있다. 〔예〕 ① His ambition *is to* become a doctor. / We *are to* meet at the airport. / We *happened to* meet on the street. // ② I *want to* see you. / I *forgot to* mail your letters.
13. (~+目+to do)
 이 동사형은 목적어와 목적 보어로서 to 부정사를 취하는 형이다. 〔예〕 I *told* him *to* wait. / Please *allow* me *to* go home. / He doesn't *want* his son *to* become an artist.
14. (~+目+補)
 이 형의 동사는 주로 불완전 타동사이며, 목적 보어를 수반한다. 목적 보어로는 명사 (상당 어구) · 형용사 (상당 어구)가 쓰이며, 그 형이 나타내는 동작의 결과나 동시적 상태를 나타낸다. 〔예〕 We *call* him Teddy. / They *elected* him president. / He *pushed* the door open. / He *made* her happy.
15. (~+目+as 補)
 이 형은 목적 보어가 as에 이끌리는 경우의 문형이다. as 다음에는 명사 (상당 어구) · 형용사 (상당 어구)가 온다. 〔예〕 We *regard* it *as* a waste of time. / Don't *treat* him *as* a child. / I will *describe* him *as* really clever.
16. (~+目+to be 補) (~+目+(to be) 補)
 이 형은 부정사가 to be인 점을 제외하면 동사형 **13**과 같은 것이다. 이 형의 동사는 사고(思考) · 판단 따위를 나타내며, 목적어와 to be **補**와의 사이에는 의미상 주어와 술어의 관계가 성립된다. 〔예〕 They *felt* the plan *to be* unwise. / He *declared* himself *to be* a member of the Communist Party. / We *know* him *to* have *been* a spy. // They *reported* him (*to be*) the best doctor in town. / We *think* him (*to be*) a good teacher.

17. (~+目+*do*)
　*do*는 원형 부정사를 나타낸다. 이 형에서 쓰이는 동사는 ① 지각 동사와 ② 사역 동사로 나뉘며, 원형 부정사는 이 동사들의 목적 보어에 해당한다. 〔예〕 ① I *saw* him *cross* the street. / We *felt* the ground *shake*. // ② What *makes* you *think* so? / I'll *let* you *know* it.

18. (~+目+*-ing*)
　이 형에 있어서는 -ing는 현재분사이며, 목적 보어로 사용되고 있다. 〔예〕 I *saw* him *crossing* the street. / I *heard* her *playing* the piano. / I can *smell* something *burning*. / I can't *keep* him *waiting*. / I don't *understand* him *behaving* like that.

19. (~+目+*done*)
　*done*은 과거 분사를 나타낸다. 이 형에서는 과거분사는 목적 보어로 쓰이며, 일반적으로 목적어와의 사이에 수동의 관계가 성립된다. 〔예〕 I *heard* my name *called*. / He *made* himself *understood*. / I *want* this report *typed*. / She *had* her purse *stolen*.

20. (~+*that*節) (~+(*that*)節)
　*that*節은 접속사 *that*에 이끌리는 명사절로서, 이 형의 문장으로는 ① 타동사의 목적어로 되어 있는 것, ② 前+名의 형으로 쓰이는 자동사 중의 어떤 것이 전치사의 개입없이 직접 *that*節을 수반하는 것, ③ it seems [or appears] that... 또는 it happened [or chanced] that...등의 형식이 있다. 〔예〕 ① I *think* (*that*) he is an honest man. / He *wishes* he had studied harder. / I *suggested* that he buy a new car. / He *said* (*that*) he would send his son to college. // ② He *insisted* that he was innocent. (*cf*. He *insisted on* his innocence.) // ③ It *seems that* he is fond of sweets. / It *happened that* he was busy when I called.

21. (~+目+*that*節)
　이 동사형에는 ① 목적어가 간접 목적어이고 *that*節이 직접 목적어에 해당하는 것, ② *that*節이 동사형 **28** (~+目+前+名)의 前+名에 해당하는 것의 두 가지가 포함된다. 〔예〕 ① Experience has *taught* me *that* honesty pays. / He *promised* me *that* he would be home for dinner. // ② They *warned* us *that* the roads were icy. (*cf*. They *warned* us *of* the icy roads.) / He *informed* us *that* he was willing to help. (*cf*. He *informed* us *of* his willingness to help.)

22. (~+*wh*. to do)
　wh-는 주로 wh.로 시작되는 의문 대명사와 의문부사(how도 포함) 및 종속 접속사 whether를 가리킨다. 단 동사형 **22**에서는 why는 쓰이지 않는다. 이 동사형에서의 *wh*- to do는 명사구를 이루며, 동사의 목적어로 되어 있다. 〔예〕 We could not *decide what* to do. / I don't *know how* to play chess.

23. (~+目+*wh*. to do)
　동사형 **22**의 *wh*- to do 앞에 目이 온 형으로서, 주로 目은 간접 목적어에, *wh*- to do는 직접 목적어에 해당한다. 〔예〕 *Ask* him *where* to put it. / I *showed* her *how* to do it. / Please *inform* me *where* to get them.

24. (~+*wh*. 節)
　이 동사형에서는 *wh*.節은 타동사의 목적어에 상당하며, wh-words에는 동사형 **22**에서 사용되는 단어 이외에, 의문부사인 why와 종속 접속사인 if, whether가 포함된다. 〔예〕 He *asked why* I was late. / I *wonder whether* he will come. / Do you *know if* he is at home today?

25. (~+目+*wh*. 節)
　동사형 **23**의 *wh*. to do 대신에 wh-words로 이끌리는 종속절이 사용된 점을 제외하면 **23**과 같다. 주로 目은 간접 목적어, *wh*.節은 직접 목적어에 해당한다. 〔예〕 *Ask* him *where* she lives. / Can you *tell* me *how* high the mountain is?

26. (~+目+目)
　앞의 目은 간접 목적어, 뒤의 目은 직접 목적어이다. 간접 목적어는 주로 사람을 나타내며, 직접 목적어는 주로 사물을 나타낸다. 〔예〕 I *gave* him a watch. / I don't *owe* him anything. // Will you *buy* me some stamps? / She *made* herself a new dress. / She *poured* me a cup of coffee.

27. (~+目+副+目)
　앞의 目은 간접 목적어, 다음의 目은 직접 목적어로 사용되고 있다. 〔예〕 Please *bring* me *back* those books.(= Please *bring back* those books to me.) / They *gave* the people *back* their freedom. / He *made* me *up* a parcel of books.(= He *made up* a parcel of books for me.)

28. (~+目+前+名)
　이 동사형에는 ① 前+名이 의미상 동사와 밀접하게 관련해서 관용적인 어군(語群)을 형성하고, 동사에 따라서 결부되는 전치사가 항상 일정한 것, ② 전치사는 주로 to 또는 for 에 한정되고, 名은 동사형 **26** (~+目+目)의 간접 목적어에 해당하는 것, ③ 前+名이 장소·방향·기간 등의 뜻을 나타내는 부사구인 것이 포함된다. 〔예〕 ① I *congratulated* him *on* his success. / I *explained* the problem *to* him. / He *reminds* me *of* his father. // ② He *sold* his old car *to* one of his friends. / She *made* coffee *for* all of us. // ③ Don't *stick* your head *out of* the car window. / He *took* his children *to* the park.

29. (~+前+名+*that*節)
　이 형에서는 that 절은 동사의 직접 목적어에, 前+名은 간접 목적어에 해당한다. 동사형 **21**과 달라서 간접 목적어는 반드시 前+名으로 나타난다. 〔예〕 He *explained to* us *that* he had been delayed by the weather. / He *suggested to* John and Mary *that* they go to Spain for their holidays.

A, a [ei] 명 (복 *A's, As; a's, as*) 1 영어 알파벳의 첫째 자. ¶*A* for Alfred Alfred의 A(국제 전화 통화 용어). 2 A[a]가 나타내는 소리(*add*의 [æ], *calm*의 [ɑː], *all*의 [ɔː], *table*의 [ei] 따위). 3 〔수학〕 제1의 기지수[량]. 4 〔논리〕 제1가정(假定)의 사람[사물]. 5 A자형(의 물건). ¶an *A* tent A자형 천막.

from A to Z 처음부터 끝까지, 완전히.

know[learn] the A to Z of ···에 관한 모든 것을 알다[배우다], ···을 속속들이 알다[배우다].

not know A from B A자와 B자도 구별 못하다, 낫 놓고 기억자도 모르다, 일자 무식이다.

‡**a** ⇨A, AN. ⟨p.12⟩

a [ə] 조 〔구어·방언〕=have, has. ¶I woulda done it. (=I would have done it.) 나 같으면 그것을 했을 것이다.
— 전 〔구어〕=of. ¶kinda (=kind of)/sorta (=sort of).

A [ei] ⑦ 1 (차례·연속된 것의) 최초[최상]의 것; 제1급, A급; 최고 간부. ¶Table *A* 표A/Grade *A* milk 일등급 우유. 2 〔美〕 (학업 성적의) A, 수(* alpha라고도 한다). ¶an *A* student 우등생/all [straight] *A*'s 전과목 수, 을 A/*A* for effort 〔美속어〕 노력상. 3 (학년이 2학기제인 학교에서) 제1학기. 4 〔음악〕 가음(音); 가음의 음계; (계명 창법의) 라(la); (가조(調), 短調). ¶*A* major [minor] 가장조[단조]. 5 〔생리〕 (혈액형의) A형. 6 50 또는 500을 나타내는 중세의 로마 숫자. 7 〔영화〕 성인용.(영화)(14세 미만 보호자 동반 요; 현재의 PG). 8 (구두 볼이나 브래지어 컵의) A 사이즈(B보다 작고 AA보다 크다). 9 〔물리〕 절대 온도. 10 (품의 크기의) A판(判). ¶an *A*4 book A4판의 책. 11 〔美군어〕 공격기. 12 〔경제〕 (공사채의 안전성 등급 평가의) A(AA와 BBB의 중간). 13 〔물·화〕=mass number. 14 〔생화학〕=adenine; =alanine. 15 〔화학〕=argon. 16 〔논리〕=universal affirmative. 17 〔美속어〕 =amphetamine. 18 〔LSD (* acid의 생략에서).

A ace 〔전기〕 ammeter; ampere(s); ampere-turn; 〔물리〕 angstrom; answer; area; 〔英〕 arterial(간선 도로); Australia(n). **a.** about; acre(s); active; adjective; alto; ampere; 〔라틴〕 *anno*(=in the year of); anonymous; answer; 〔라틴〕 *ante*(=before); 〔야구〕 assist(s). **A.** Absolute; Academy; America(n); angstrom; answer; April; Army; 〔프랑스〕 *avancer*(=be fast)((시계가) 빠르다).

a-¹ [ə] 접두 1 〔고어·방언·문어〕 현재분사에 붙어서 in the act of···의 뜻을 나타낸다. ¶go *a*-fishing 낚시하러 가다/The house is *a*-building[or *a*building]. 그 집은 지금 건축중이다. * 하이픈을 붙이지 않고 한 단어로 표기하는 경우도 있다.

> **주의** 현재의 표준 어법에서는 go shopping과 같이 a-를 붙이지 않고 사용하며, -ing형은 동명사가 아니라 현재분사로 해석되고 있다. 또한 The house is *building*(=The house is being built)./They spent a month (in) *doing* the sights of Rome. 등에서 이 고어투 용법의 흔적을 찾아볼 수 있다.

2 on, in, into, to, toward 등의 뜻. 명사에 붙어서 술 형용사나 부사를 만든다. ¶*a*bed(=in bed), *a*shore (=on or to the shore), *a*sleep(=in sleep).

a-² 접두 of의 뜻. 명사·형용사에 붙어서 형용사·부사를 만든다. ¶*a*fresh, *a*kin, *a*new.

a-³ 접두 up, out의 뜻. 동사에 붙어서 처음 또는 마지막 순간의 행위를 나타내며, 또 그 의미를 강조한다. ¶*a*rise, *a*wake.

a-⁴ [ei, æ, ə] 접두 not, without의 뜻. ¶*a*chromatic, *a*moral, *a*sexual. ⇨AN-¹

-a¹ [ə] 접미 그리스어·라틴어에서 차용한 명사에 붙어 복수를 나타낸다. ¶phenomen*a*, criteri*a*, dat*a*.

-a² 접미 〔화학〕 금속의 산화물의 이름에 붙인다. ¶alumin*a*, ceri*a*, thori*a*.

@ [ət] 문 1 〔상업〕 단가(單價)[개당] ···로(at); ···골로(to). 2 〔컴퓨터〕 ···의. ···에서(인터넷 전자 우편 주소에서 사용자 ID와 도메인 사이에 쓴다).

a·a [ɑ́ːɑ̀ː] 명U 아아 용암(표면이 거친 현무암질 용암).

AA ㉮ 1 (구두볼이나 브래지어 컵의) AA 사이즈(A보다 작다). 2 (공사채의 안전성 등급 평가의) AA. 3 〔전기〕 (건전지의) AA. **AA** absolute *a*ltitude; *a*dministrative *a*ssistant; *a*ffirmative *a*ction; *A*fro-*A*sian; *A*merican *A*irlines; *A*sian-*A*frican. **A.A.** *A*lcoholics *A*nonymous; *a*ntiaircraft; *a*ntiaircraft *a*rtillery; 〔美〕 *A*ssociate of *A*rts(준(準)문학사); 〔英〕 *A*utomobile *A*ssociation(자동차 협회). **AAA** ㉮ 1 (구두볼의) AAA 사이즈(AA보다 좁다). 2 (공사채의 안전성 등급 평가의) AAA(최량의 평가). 3 〔전기〕 (건전지의) AAA(* 보통 triple A로 읽는다). **AAA** 〔美〕 *A*gricultural *A*djustment *A*dministration(농사 조정국); 〔美〕 *A*mateur *A*thletic *A*ssociation(아마추어 운동 경기 협회); *A*merican *A*utomobile *A*ssociation (미국 자동차 협회); 〔군사〕 *a*nti-*a*ircraft *a*rtillery. **AAAA** *A*mateur *A*thletic *A*ssociation of *A*merica(미국 아마추어 운동 경기 협회); *A*merican *A*ssociation of *A*dvertising *A*gency(미국 광고업 협회). **A.A.A.L.** *A*merican *A*cademy of *A*rts and *L*etters(미국 예술원). **AAAS** *A*merican *A*cademy of *A*rts and *S*ciences(미국 학사원); *A*merican *A*ssociation for the *A*dvancement of *S*cience(미국 과학 진흥 협회). **AAAV** 〔군사〕 *a*dvanced *a*mphibious *a*ssault *v*ehicle(첨단 수륙 양용 공격 차량). **A.A.C.** *A*mateur *A*thletic *C*lub. **AAD, A.A.D.** *A*merican *A*cademy of *D*entists(미국 치과 의학회); *A*merican *A*cademy of *D*ermatology (미국 피부 의학회). **AADA** *A*merican *A*cademy of *D*ramatic *A*rts(미국 극예술 학회). **AADS** *A*merican *A*ssociation of *D*ental *S*chools (미국 치과 대학 협회). **A.A.E.** *A*merican *A*ssociation of *E*ngineers(미국 엔지니어 협회). **A.A.E.E.** *A*merican *A*ssociation of *E*lectrical *E*ngineers(미국 전기 기술자 협회). **AAF** *A*llied *A*ir *F*orces(연합국 공군); *A*merican *A*dvertising *F*ederation(미국 광고 연맹); 〔美〕 *A*rmy *A*ir *F*orces(육군 항공대). **AAFP** *A*merican *A*cademy of *F*amily *P*hysicians(미국 가정의 학회); *A*merican *A*ssociation of *F*ilm *P*roducers(미국 영화 제작자 협회). **AAG** *A*ssistant *A*djutant *G*eneral 〔美〕 육군 군무국(軍務局) 차장; 〔英〕 군무과 과원); 〔美〕 *A*ssistant *A*ttorney *G*eneral(법무 차관보); *A*ssociation of *A*merican *G*eographers(미국 지리학자 협회).

aah [ɑː] 감 (놀람·기쁨을 나타내어) 아!, 아아!
— 명 아! 하는 소리. —동자 (아! 하며) 탄성을 발하다.

AAH *a*dvanced *a*ttack *h*elicopter(신형 공격 헬리콥터). **AALS, A.A.L.S.** *A*ssociation of *A*merican *L*aw *S*chools(미국 법과 대학 협회).

a, an

「하나(one)의」가 원뜻으로, 원칙적으로 불특정의 단수 명사 앞에 붙기 때문에 부정관사(indefinite article)로 불리며, 자음 발음으로 시작되는 단어 앞에서는 **a**, 모음 발음으로 시작되는 단어 앞에서는 **an**이 된다. 예: *a student, a university / an engine, an hour.*

‡**a¹** [ə, 강 ei], **an** [ən, 강 æn] 부정관사

I. a, an+단수 가산 명사

1 (같은 종류의 것 중의) 어떤 하나[한 사람]의. ¶*a man* 사람 / *an officer* 공무원, 장교 / *a house* 집 / Do you have *a* pen? 펜 가지고 있습니까? / Ours is *a* large class. 우리 학급은 학생 수가 많다 / She is *a* Christian. 그녀는 기독교인이다 (* 우리말로는 번역할 필요가 많다).

2 (one의 뜻으로) (단) 하나의, (단) 한 사람의. ¶in *a* day or two 하루 이틀 사이에 / within *an* hour 한 시간 내에 / One at *a* time, please. 차례대로 해 주세요. / There was not *a* cloud in the sky. 하늘에는 구름 한 점 없었다 / *Rome was not built in a day.* (속담) 로마는 하루 아침에 이루어지지 않았다.

주의¹ a, an과 one——(1) a, an은 다같이 원래 one이 약화된 형태인데, 「하나의」라는 뜻을 강조할 경우에는 one을 쓴다: *one* hundred 1백; *a* hundred 백. (2) 금액을 나타낼 때에는 one을 쓰는 것이 보통: It cost *one* million won. 100만 원 들었다. (3) a와 one을 쓰는 데 따라 뜻이 달라지는 경우가 있다: as *a* man 일개 남자[인간]로서; as *one* man 일치 단결하여 / *a* fine morning 어느 갠 날 아침; *one* fine morning=one morning 어느 날 아침 / at *a* time 한 번[1회]에; at *one* time 한때는, 동시에.

3 (특정의) 어떤. ¶in *a* sense 어떤 의미에서는 / *A* lady came to see me. 어떤 여성이 나를 찾아왔다.

4 (같은 종류의 것을 대표하여) 어느, 어느, (…이라는 것은) 어느 것이나(any, every). ¶*A* cow is useful. 소는 쓸모가 있다 / *An* oak is harder than *a* pine tree. 참나무는 소나무보다 단단하다 / The lake became *a* lake again. 그 호수는 다시 예전과 같이 되었다.

주의² 총칭의 a, an——가산(加算)명사의 총칭형으로서는 *a* dog, *the* dog, *dogs*의 세 가지가 있다. *a* dog는 종(種) 가운데 하나를 대표로 꺼내어 「어떤 개나」라는 뜻으로, 뜻은 any에 가깝다.

5 …당, 한 …에, 매 …에 (얼마)(per). ¶once *a* day 하루에 한 번 / $10 *an* ounce 1온스당 10달러 / three hours *a* week 일주일에 3시간.

II. a, an+고유명사

6 …이라는 사람; …집안의 사람; …이라고 할 만한 사람, …와 같은 사람. ¶*a* Mr. Johnson 존슨 씨라는 사람 / *a* Cicero in eloquence 키케로와 같은 웅변가 / He is *an* Edison. 그는 에디슨과 같은 대발명가이다 / He was *a* Mr. Read, a lawyer. 그는 리드 씨라든가 하는 변호사였다 / He is *a* Kennedy. 그는 케네디 집안 사람이다 / *A* Jesus makes *a* Judas inevitable. 예수 같은 사람이 있으면 유다 같은 사람도 있기 마련이다.

7 …의 작품[제품]. ¶*a* Rodin 로댕의 작품 / They presented *a* Ford to the President. 그들은 대통령에게 포드제 승용차를 선사하였다.

III. a, an+불가산명사

8 (추상명사를 보통명사화하여) ¶Would you do me *a* favor? 부탁 한 가지 들어 주시겠습니까? / I have *a* doubt about it. 그건 좀 미심쩍은 생각이 든다 / It was *a* luxury for children. 그것은 어린이들에게는 사치스러운 것이었다 / Literature was *a* comfort to her. 문학이 그녀에게는 위안이었다. **9** (물질명사를 보통명사화하여) 하나의, 일종의. ¶*a* glass 글라스[유리컵] / Give me *a* coffee. 커피 한 잔 주세요. / *A* fire broke out last night in my neighborhood. 간밤에 우리집 근처에서 불이 났다.

IV. 한정어구와의 결합

10 (유일한 자연물의 양상을 나타낼 때) ¶*a* crescent moon 초승달 / *a* moon like a sharp sickle 날카로운 낫 모양의 달 / *A* bright moon was shining high above us. 머리 위 높이 밝은 달이 빛나고 있었다 / What *a* sky! 참으로 맑은[시원스러운] 하늘이구나! **11** (수량형용사·수사 따위와 결합하여 하나의 총체적인 의미를 나타낼 때) ¶*a* dozen times 12회 / *a* great many years 꽤 긴 세월 / *a* few stars 몇 개의 별 / *An* eight years is not so long. 8년이란 그다지 긴 세월이 아니다 (* Eight years are…. 일 때에는 하나하나의 해를 강조한다). **12** (서수 앞에서) ¶He tried to jump up *a* third time. 그는 다시 한 번 점프해 보려고 시도하였다 (* 세 번째라기보다는 다시 또 한 번이라는 뜻). **13** (명사를 수식하는 형용사의 최상급 앞에서) ¶It was *a* most beautiful sight. 그것은 무척 아름다운 광경이었다. **14** (형용사의 최상급이나 서수와 그 수식을 받는 명사가 밀접하여 실질적인 하나의 어구·말이 될 때) ¶*a* best seller 베스트 셀러 / *a* first-nighter 첫날의 단골 손님 [관객].

V. 기타 용법

15 (of a…의 형태로) 동일한. ¶We were all of *a* mind. 우리는 모두 한마음이었다 / *Birds of a feather flock together.* (속담) 끼리끼리 어울린다, 유유상종 / You and I are two of *a* kind. 자네와 나는 서로 비슷한 사람일세. **16** (a…of a…의 형태로) …와 같은. ¶*a* saint of *a* man 성자 같은 사람 / *an* angel of *a* woman 천사와 같은 여자. **17** ([ei]로 발음되어) 근사한, 멋진. ¶She has *a* voice. 그녀는 노래를 참 잘 부른다 / It was *a* sight that would make angels rejoice. 천사도 기뻐할 만한 아름다운 광경이었다. **18** (특별한 색조를 나타내어) ¶Her hair was *a* reddish brown. 그녀의 머리는 적갈색이었다.

VI. a, an의 활용상의 유의점

(1) **a, an의 발음**——부정관사를 따로 떼어 읽거나 특히 강조하여 말할 경우는 [ei, æn]이라고 강하게 발음하고, 그 밖의 경우에는 [ə, ən]으로 약하게 발음한다: "A" [ei] is *an* [ən] article.

(2) **a와 an의 사용 구분**——뒤에 오는 철자가 아니라 발음에 따른다: *a* university [jùːnəvəˊːrsəti] / *an* hour [auər] / *an* M.P. [émpiː]. * *an* hotel, *an* history 등과 같이 [h]로 시작되는 단어 앞에 an을 쓰는 것은 고어법에 속한다.

(3) **a, an의 어순**——부정관사는 보통 「명사」「형용사」「부사+형용사」앞에 온다: *a* house 집 / *a* large house 커다란 집 / *a* very large house 매우 큰 집. 단, 다음에 열거한 말들은 부정관사 앞에 온다. a) 형용사 many, such, half, what: many *a* book (문어) 많은 책 / such *a* pretty girl 매우 귀여운 소녀 / half *an* hour 반시간, 30분 (* (美)에서는 *a* half hour, *a* half mile이라고도 한다. *a* half hour 등은 복합어에 가까우며, *a* half-hour와 같이 하이픈을 쓰는 일도 많다) / What *a* fine view! 참 아름다운 경치로구나! b) 「how, as+형용사」「so, too+형용사」: How pretty *a* doll! 매우 예쁜 인형이군! / He is as rich *a* man as you. 그는 너만큼 부자이다 / I cannot finish it in so short *a* time. 그것을 그렇게 짧은 시간에는 끝낼 수가 없네 (* as so great achievement와 같은 어순도 가능하나, 거드름피우는 표현이 된다) / It is too difficult *a* problem for me to

solve. 그 문제는 너무나 어려워서 나로서는 풀지 못 하 겠다. **c)** *your* quite, rather: He is quite *a* gentle-man. 그는 그야말로 신사이다 ⇨17/She is rather *a* proud woman. 그녀는 자존심이 좀 강한 여자다. ＊I bought it at *a* quite reasonable price./He died after *a* rather short illness.와 같은 어순도 있다.
(4) a, an의 생략 ── 보통 때는 부정관사를 취하는 명사 도 다음의 경우에는 생략된다. **a)** 보어로서 형용사적으로 쓰이는 경우: He is *merchant* through and

through. 그는 철두철미한 장사꾼이다. **b)** 보어로 되는 명사가 오직 한 사람만이 차지하게 마련인「관직・지위・역할」등을 나타내는 경우: act as *umpire* 심판 노릇을 하다/He was elected *chairman*. 그는 의장으로 선출 되었다. **c)** man이「인간, 인류」, woman이「여성」을 의미하는 경우: *Man* is mortal. 사람은 죽게 마련이다/*Woman* is weaker than *man*. 여자는 남자보다 약하다. **d)** 그밖의 몇몇 숙어에서: go to bed 잠자리에 들다/go by car/arm in arm/day and night.

Aal·to [á:lto:] 圏 **Alvar** ~ 알토(1898–1976: 핀란드의 건축가・가구 디자이너).

AAM *air-to-air missile*(공대공 미사일); American Academy of Microbiology(미국 미생물학회); American Association of Museums(미국 박물관 협회). **AAN** American Academy of Neurology [Nutrition](미국 신경[영양] 학회). **A&D** *acquisition and development*(인수 및 개발). **a&h, a.&h.** (보험) *accident and health*. **A&P** Great Atlantic and Pacific Tea Company(미국의 슈퍼마켓 회사).
a&r *assault and robbery*.
A&R, A.&R. [éiəndá:r] 圏 음반 제작.¶an ~ man (레코드 회사의) 제작자, 감독. [<*artists and repertory*]
A&T (상업) *acceptance and transfer*. **A.A. of A.** Automobile Association of America. **AAP** Association of American Publishers(미국 출판인 협회).
A.A.P.S.S. American Academy of Political and Social Science(미국 정치 사회 과학 학회). **AAR** Association of American Railroads(미국 철도 협회). **A.A.R., a.a.r.** (보험) *against all risks*(전(全) 위험 담보).

aard·vark [á:rdvà:rk] 圏 아드바크(남아프리카에 사는 개미핥기의 일종; 속칭 땅돼지 (earth hog)).

aard·wolf [á:rdwùlf] 圏 (闺 **-wolves** [-wùlvz]) 아드울프(아프리카산(產)의 하이에 나 비슷한 포유 동물; 속칭 땅늑대(earth wolf)).
aargh [a:r] 圏 (놀람・구역질을 나타내어) 윽, 억.
Aar·on [ɛ́ərən] 圏 (성서) 아론(모세의 형으로, 유대최초의 제사장(祭司長). ── 출애굽기(Ex.) 28; 40:13–16).
Aar·on's-beard [ɛ́ərənzbìərd] 圏 물레나물・범의 꼬리 등의 식물.
Áaron's ród 圏 **1** 서양매력취류의 식물(긴 줄기에 꽃이 달린다). **2** (성서) 아론의 지팡이(뱀이 막대기에 감겨 있는 모양의 지팡이. ── 민수기(Num.) 17:8). **3** (건축) 나뭇가지에 뱀이 감겨 있는 모양의 장식.
AARP American Association of Retired Persons (미국 퇴직자 협회). **A.A.S.** (라틴) *Academiae Americanae Socius*(=Fellow of the American Academy)(미국 학술원 특별 회원); American Astronomical Society(미국 천문학회). **AASCU** American Association of State Colleges and Universities(미국 주립 대학 협회).
A'a·sia [èiéiʒə, -ʃə] 圏 =Australasia.
AASL American Association of School [State] Libraries(미국 학교[주립] 도서관 협회). 「리의 일종.
aas·vo·gel [á:sfòugəl] 圏 (남아프리카산(產)) 독수**AATU** Association of Air Transport Unions(미국 항공 노조 협회). **A.A.U., AAU** Amateur Athletic Union(아마추어 운동 경기 연맹; 미국 체육 협회).
A.A.U.P., AAUP American Association of University Presses [Professors](미국 대학 신문[교수] 협회). **AAUW** American Association of University Women(미국 대학 부인 협회). **AAV** *amphibious assault vehicle*(수륙 양용 전차). **AAW** (군사) *anti-air warfare*(대항공전). **AAWS** (군사)

advanced anti-armor weapon system(신형 대장갑차 무기 체계).
A-ax·is [éiæksis] 圏 (결정) a 축(軸).
ab[1] [æb] 圏 …로부터. [<L from]
ab[2] (美俗) 圏 (마약 주사 자국에 생기는) 농양(膿瘍).
Ab ⑦ (화학) alabamine; (의학) antibody. **AB** ⑦ (혈액형의) AB형. **AB** *air base*; airborne; *antiballistic (missile)*. **ab.** *abbreviation*; *about*; (또는 **a.b.**) (야구) (*times*) *at bat* (타수(打數), 타석). **A.B.** (해사) *able-bodied seaman*; (라틴) *Artium Baccalaureus*(=Bachelor of Arts)(문학사).
ab-[1] [æb, əb] 연결 *away from*, *off*, *apart*의 뜻(＊c, t 앞에서는 abs-로, m, p, v 앞에서는 a-).¶*ab*duct, *ab*jure, *ab*scond, *ab*stract, *av*ert.
ab-[2] [æb] 접두「절대 …」의 뜻. cgs 전자 단위계에서 10⁸를 나타낸다.¶*ab*coulomb.
a·ba [əbá:, á:bə] 圏 아바. **1** ⓤ 낙타나 염소 털로 짠 옷감. **2** 아랍 사람들이 입는 소매 없는 헐거운 겉옷. (또는 **abba, abaya**)
A.B.A., ABA Amateur Boxing Association(아마추어 권투 협회); American Banking [Bar] Association(미국 은행 [변호사] 협회); American Basketball [Booksellers] Association(미국 농구[서적상] 협회). **ABAA** Antiquarian Booksellers Association of America(미국 고서적상 협회).
ab·a·ca [æbəkɑ̀:, à:bə-] 圏 마닐라삼.
ab·a·ci [æbəsàɪ, -kàɪ] 圏 abacus의 복수형.
a·back [əbǽk] 圏 **1** (해사) (바람 방향으로 돛이 바뀌거나 하여) 돛의 정면으로 바람을 받아, 돛이 역풍을 안고. **2** (고어) 거꾸로.
all aback (해사) (돛이) 모두 역풍을 안고, (배가 역행)정지)하여.
take aback ① 허를 찌르다, 당황하게 하다; (수동형으로) 당황하다, 허를 찔리다, 깜짝 놀라다.¶Your opinion *took* us ~. 당신의 의견에 우리는 놀랐다. ② (수동형으로) (해사) 돛이 역풍을 받다.
── 圏 (해사) 역범(帆)의, 역풍을 받는 위치의. 「균의.
a·bac·te·ri·al [èibæktíəriəl] 圏 비(非)세균성의; 무
a·bac·u·lus [əbǽkjuləs] 圏 (闺 **-li** [-lài]) (건축) (세모 또는 네모꼴) 끼움 조각; 모자이크 타일.
*ab·a·cus [ǽbəkəs, əbǽ-] 圏 (闺 **~es** [-iz], **-ci** [-sài]) **1** 수판(의 일종). **2** (건축) 관판(冠板); 관석(冠石)(원(圓)기둥 머리 위에 받치는 평판석).

(abacus 2)

A·bad·don [əbǽdən] 圏 **1** = Apollyon. **2** 파멸의 장소; 지옥, 나락(奈落).
a·baft [əbǽft/əbá:ft] 圉圏 (해사) 배의 후반부에(로), 고물쪽으로, 고물쪽에; (…의) 뒤쪽에.¶~ the beam 배의 바로 옆에서 뒤쪽으로/a wind (from) ~ 뒤쪽에서 불어오는 바람, 순풍/~ the mast 돛대 뒤쪽에.
ab·al·ien·ate [æbéiljənèit, -liən-] 圐圏 (법률) (명의・재산 따위) 물 이전하다.
ab·a·lo·ne [æ̀bəlóuni] 圏 전복의 일종(ear shell).
ab·amp [ǽbæmp] 圏 (전기) =abampere.
ab·am·pere [æ̀bǽmpiər] 圏 (전기) 절대 암페어

(전류의 cgs 단위; =10 amperes; ⑦ aA).
aband. abandoned.
a·ban·don¹ [əbǽndən] 图타 (~s [-z]) 1 〔계획·목적 따위〕를 단념하다, 포기하다; 〔습관 따위〕를 버리다. ¶~ one's plan 계획을 포기하다.

유의어 **abandon** 필요상·책임상 또는 피로·혐오 등의 이유로 버리다. **desert** 의무·맹세를 어기고 버리다. **forsake** 종종 자발적으로 버리는 것을 말하지만, 이 경우 버림을 당한 것과의 단절을 강조한다. **renounce** 자발적으로 버릴 것을 명백히 언명한다. **relinquish** 아쉬워하면서 버린다.

2 〔사람·집·고향 따위〕를 저버리다, 버리고 떠나다. ¶~ one's home [friend] 가정[친구]을 버리다. 3 …을 넘겨주다, 명도하다; …을 (…이) 하는 대로 내맡기다, 위임하다 (to, for). ¶ (~+图+前+名) ~ one's country to the invaders 침략자들의 손에 나라를 내맡기다. 4 〔법률〕〔권리·재산 따위〕를 포기하다, 위부 (委付)하다; 〔처자〕를 유기하다. 5 〔보험〕〔피보험물〕을 위부하다.
abandon oneself *to* …에 빠지다[탐닉하다]. ¶~ *oneself to* despair 자포 자기하다.
Abandon ship! 퇴선하라! (긴급 피난 명령).
~·a·ble 图
a·ban·don² [əbǽndən] 图⑤ 방종, 자유 분방. ¶She danced with ~. 그녀는 거리낌없이 춤을 추었다.
a·ban·doned [əbǽndənd] 图 1 버림받은, 유기된. ¶an ~ baby 기아(棄兒)/an ~ bank account 휴면 계좌. 2 자포 자기의, 파렴치한. ¶an ~ villain 무뢰한. 3 거리낌없는, 자유 분방한. ~·ly 图
a·ban·don·ee [əbæ̀ndəníː] 图〔법률〕피유기자(被遺棄者), 피위부자(被委付者). 2〔보험〕부자.
a·ban·don·er [əbǽndənər] 图〔법률〕유기자.
a·ban·don·ment [əbǽndənmənt] 图⑤ 1 포기, 버림. 2 자포 자기. 3 〔법률〕〔권리의〕포기, 위부; 〔처자의〕유기. 4 〔보험〕위부(委付).
ab·ap·tis·ton [æ̀bæptístən] 图 〔외과〕 소원추 천두기(小圓錐穿頭器)〔두개 절개용 톱〕.
à bas [ɑː bάː] 넘어뜨려라, 타도하라. 〔<F〕
a·base [əbéis] 图타 …의 지위[직분, 평가 따위]를 떨어뜨리다, …을 낮추다, 비하(卑下)하다, 격하하다.
abase oneself 자신을 비하하다[낮추다].
~·ment 图⑤ 〔품위의〕실추, 굴욕. **a·bás·er** 图
a·based [əbéist] 图 멸시당한; 〔문장〕 화패 모양의 바탕에 그려진 문장의 위치가 보통보다 낮은.
a·bash [əbǽʃ] 图타 1 〔수동형으로〕 …을 부끄럽게 하다, 수줍게[무안하게] 하다. ¶She was ~*ed* before him. 그녀는 그의 앞에서 수줍어했다. 2 〔남〕을 어쩔 줄 모르게 하다. ~·ment 图⑤ 부끄러움, 당혹(함).
a·bashed [əbǽʃt] 图 부끄러워하는, 당혹한. ¶He was ~ at his own ignorance. 그는 자신의 무지에 부끄러워했다. **a·bash·ed·ly** [əbǽʃidli] 图 부끄러워서. **a·báshed·ness** 图
a·ba·sia [əbéiʒə, -ʒiə, -ziə] 图〔의학〕(근육 기능 결함에 의한) 보행(步行) 불능증. -**sic** [-zik, -sik], **a·bát·ic** [əbǽtik] 图
a·bask [əbǽsk/əbάːsk] 图 햇볕을 쬐고, 따뜻한 햇볕을 받고.
***a·bate** [əbéit] 图타 1 〔수량〕을 줄이다, 감하다; 〔값〕을 내리다. ¶~ part of a price 값을 얼마간 깎다. 2〔세력·고통 따위〕를 녹이다, 약하게 하다; 〔세금 따위〕를 감액하다. ¶~ the pain 고통을 완화하다 / ~ the tax burden 세금 부담을 경감하다. 3〔법률〕〔불법 행위〕를 제거하다; 〔영장〕을 무효로 하다; 〔소송〕을 중지[중단]시키다. ——图 1 줄다, 감소하다; (폭풍·추위 따위가) 누그러지다, 약해지다, 꺾이다. ¶The pain ~*d*. 통증이 가라앉았다 / The noise ~*s*. 소음이 멎게된다. 2 〔법률〕(영장이) 무효가 되다; (소송이) 중지되다.
a·bát·a·ble 图 **a·bát·er** 图
a·bate·ment [əbéitmənt] 图⑤⑥ 1 감소; 감가(減價); 감소[감가] 따위의 값을 깎다. ¶tax ~ 세금 감면/make an ~ of the price 값을 깎다. 2 삭제. 3〔법률〕배제(의) 기각, 중단; (소송 원인·영장의) 실효. ¶the plea in ~ 소송 기각[각하]의 항변.
ab·a·tis [ǽbəti-, -tis, əbǽtis/ǽbətis] 图 (목 [-z], ~·es [-tisiz]) 〔군사〕 녹채(鹿砦), 가시 울타리; 철조망. (또는 **abattis**) ~ed [-d, -t] 图
a·bat·jour [ὰːbɑːʒúər] 图 (채광을 위한) 천창(天窓), 반사창; (창문 따위에) 비스듬히 친 스크린. 〔<F〕
a·ba·tor [əbéitər] 图〔법률〕(소송 절차 따위의) 배제자, 공제자; 유산 불법 점유자.
Á battery 〔전자〕A전지(진공관의 필라멘트나 음극을 가열하기 위한 전지). ⓑ B battery
ab·at·toir [ǽbətwὰːr] 图 공설 도살장(권투·레슬링의 링처럼) 육체를 혹사하는 곳. 〔<F〕
ab·ax·i·al [æbǽksiəl] 图〔식물〕축(軸)밖의, 중축에서 멀어져나는; 〔동물〕몸의 중축에서 먼.
abb [æb] 图⑤ (피륙의) 씨줄(woof)(ⓑ) warp); 양털의
abb. abbess; abbey; abbot. 〔최하등품 (털실).
Ab·ba [ǽbə] 图 1〔성서〕하느님 (아버지)(기독교에서 기도할 때에 쓴 아람어. ←마가 복음(Mark) 14 : 36).
2 (a-) 〔고어〕 사부(師父)(주교·수도원장 등을 지칭).
ABBA [ǽbə] 图 아바스웨덴의 팝 록 그룹(1970-82)).
〔<멤버의 이름 Agnetha, Benny, Bjorn, Annifrid)
ab·ba·cy [ǽbəsi] 图⑤⑥ 대수도원장(abbot)[대수녀원장(abbess)]의 직(관할구, 임기).
Ab·bas·id [ǽbəsid, əbǽ-] 图 아바스조(朝)(750-1258)의 칼리프; (the ~) 의 아바스조. ——图 아바스조의. (또는 **Abbassid**(e))
ab·ba·tial [əbéiʃəl] 图 대수도원장(abbot)의; 여자 대수녀원장(abbess)의; 대수도원(abbey)의.
ab·bé [æbéi/-ʹ-] 图 (프랑스인의) 성직자; 신부(＊ 칭호로도 쓴다). 〔<F〕
Ábbe condènser [ɑ̀ːbə-, ǽbi-] 图〔광학〕(현미경의) 아베 집광 렌즈.
〔<독일 물리학자 Ernst Abbe (1840-1905)의 이름)
Ábbe nùmber 〔광학〕 아베수(數), 역(逆)분산율.
ab·bess [ǽbis] 图 여자 대수녀원장. ⓑ abbot
Ab·be·vill·i·an [æbvíliən, æbvíl-] 图〔고고〕 아브빌리안기(期)(의)(구석기 시대의 전기). (또는 **Abbevillean**)〔<석기가 출토된 프랑스 북부의 소도시 Abbeville의 이름)
‡ab·bey [ǽbi] 图 (목 ~s [-z]) 1 (abbot 또는 abbess가 관할하는) 대수도원, 대수녀원; 그 건물[대사원]. 2〔英〕(원래 수도원 또는 그 일부였던) 대저택. 3 (the ~) (집합적) (특정 수도원의) 수도사[수녀]. 4 (the A-)〔英〕웨스트민스터 사원(Westminster Abbey).
Ábbey Théatre (the ~) 애비 극장(Dublin 소재; 1901년 창립). 〔(또는 **Abby**)
Ab·bie [ǽbi] 图 애비(여자 이름; Abigail의 애칭).
‡ab·bot [ǽbət] 图 대수도원장. ⓑ abbess
~·cy, ~·ship 图
Ab·bott [ǽbət] 图 애벗(남자 이름). (또는 **Abot**)
abbr., abbrev. abbreviation.
‡ab·bre·vi·ate [əbríːvièit] 图타 1 〔어구〕를 단축[생략]하다, 단축하여 (…이라) 쓰다 (to, of). ¶ (~+图+前+名) ~ "mile" to "mi." mile을 mi.로 줄여 쓰다. 2 〔이야기 따위〕를 단축하다; 〔행사·체재〕를 예정보다 짧게 끝내다; 〔수학〕을 약분하다. ¶~ a speech 연설을 짧게 하다. ——图 약어를 사용하다; 생략하다.
——图 [əbríːviət, -vièit] 비교적 짧은; 생략한.
-àt·ed 图 단축[생략]된; (옷이) 짧은; 소형의, 짧은 다양의. **-à·tor** 图 생략자. **-à·to·ry** 图 생략의.
‡ab·bre·vi·a·tion [əbrì:viéiʃən] 图⑤⑥ 1 생략, 단축. 2 생략형, 생략어(구); 약어, 약자 (for, of); 약기법(略記法). ¶N.Y. is the ~ for New York. N.Y.는 뉴욕의 약자다. 3 ⑤〔수학〕약분. 4〔음악〕약부호, 약기

Ab·by [ǽbi] 애비(여자 이름; Abigail의 애칭).
abc (TV) *a*utomatic *b*rightness *c*ontrol.
***ABC**¹ [éibi:sí:] (복 ~'s, ~s) 1 (보통 the ~('s)) (총칭적) 알파벳(alphabet). 2 (보통 the ~('s)) 기본, 원칙; 초보, 기본. ¶the ~ of philosophy 철학 입문/ an ~ book 입문서/learn the ~'s of filmmaking 영화 제작의 기초를 배우다. 3 (英) 열차 시각표(~ Railway Guide); 항공 시각표(~ World Airways Guide).
as simple [easy] as ABC 아주 간단한[쉬운].
ABC² *A*dvance *B*ooking *C*harter((전세 비행기의) 예매 특별 요금); *a*irborne *c*ontrol; *A*lcoholic *B*everage *C*ontrol(주류 규제); *A*merican *B*ook *C*ollector(잡지 제호); *A*merican *B*ooksellers *C*onvention(미국 서적상 대회; 미국 최대의 도서 전시회); *A*merican *B*owling *C*ongress(미국 볼링 협회); *A*merican *B*roadcasting *C*ompany(미국 방송 회사); *A*rgentina, *B*razil and *C*hile; *a*tomic, *b*iological, and *c*hemical(원자·생물·화학의); *A*udit *B*ureau of *C*irculations(신문·잡지) 발행 부수 공사 기구); *A*ustralian *B*roadcasting *C*ommission(오스트레일리아 방송 협회); *a*utomatic *b*rightness *c*ontrol.
ÁBC análysis 〔경영〕 ABC 분석(최소의 노력으로 최대의 관리 효과를 올리기 위해 대상을 중요도에 따라 ABC로 분류, 효과가 높은 부분을 중점적으로 분석하는 방법).
ÁBC árt 〔미술〕(=minimal art, 는 방법).
ABCC *A*tomic *B*omb *C*asualties *C*ommission(원폭 상해(原爆傷害) 조사 위원회).
ÁBC méthod 〔경영〕 ABC 재고 관리 방식(비싼 재고부터 ABC로 분류, 중요 품목을 중점 관리하는 것).
ab·cou·lomb [æbkúːlɑm/-lɔm] 〔전기〕 애브쿨롬(전기량의 cgs 단위; 10쿨롬; ⑦ aC).
ÁBC Pówers [Repúblics] (남미) ABC 3 국(國)(Argentina, Brazil, Chile의 3대 공화국).
ABCS *a*utomatic *b*roadcast *c*ontrol *s*ystem.
ABCST *a*utomatic *b*roadcast. [*and c*hemical]
ÁBC wárfare 화생방전. 〔<*a*tomic, *b*iological,
ÁBC wéapons 화생방(원자·생물·화학) 병기.
〔<*a*tomic, *b*iological and *c*hemical〕
abd *a*bdicated; *a*bdomen; *a*bdominal; *a*board.
ABD (美) *a*ll *b*ut *d*issertation(박사 학위 취득 후보).
abd. *a*bdicate(d); *a*bdomen; *a*bdominal.
ab·di·cant [ǽbdəkənt] (권리·지위 등을 버리는, 포기하는 (*of*). — 포기자.
ab·di·cate [ǽbdəkèit] (왕위·권리 등을) 퇴위하다, 사임하다, (구어) (포커에서) 기권하다. "죽다". ¶~ *from* the *crown* [*or throne*] 왕위에서 물러나다. / ~ (지위 따위)를 양도하다, 포기하다. ¶the ~*d queen* (자진) 퇴위한 여왕. **-ca·ble** [-kəbl] **-cá·tion** 퇴임, 사임; 포기. **-cà·tive** **-cà·tor** 퇴위자; 기권자.
abdom. *a*bdomen; *a*bdominal.
***ab·do·men** [ǽbdəmən, æbdóu-] 〔해부·동물〕 1 복부, 배(*belly*보다 점잖은 말). 2 (포유류 이하 척추 동물의) 하복부; (절족 동물의) 몸의 뒷부분. 3 (완곡어) 남성 성기.

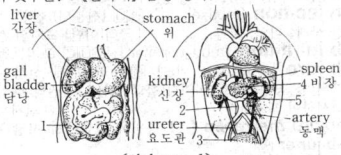

[abdomen 1]
1 *greater omentum* 대망막 2 *vein* 정맥 3 *bladder* 방광 4 *pancreas* 췌장 5 *duodenum* 십이지장

ab·dom·i·nal [æbdɑ́mənl/-dɔ́m-] 〔해부〕 복부의, 배의. ¶~ *breathing* 복식(腹式) 호흡/~ *fins* 배지느러미/~ *muscles* 복근(腹筋)/an ~ *operation* 개복 수술/the ~ *walls* 복벽(腹壁). — (英구어) 복부 질환자; (외과) 개복(開腹)(술); (~s) 복근(~ muscles). **~·ly**
abdóminal respirátion 복식 호흡.
ab·dom·i·no- [æbdɑ́mənou, -nə/-dɔ́m-] (연결형) 「배[복부]의」(abdomen)의 뜻.
ab·dom·i·no·plas·ty [æbdɑ́mənəplæ̀sti/-dɔ́m-] 〔의학〕 (아랫배의 군살을 떼어내는) 복부 성형 수술.
ab·dom·i·nous [æbdɑ́mənəs/-dɔ́m-] 배가 불룩한, 배불뚝이의(potbellied, big-bellied).
ab·du·cens (nerve) [æbdʒúː·senz-, -sənz/-djúː-] 〔해부〕 외전(外轉) 신경. (또는 **abdúcent nèrve**)
ab·du·cent [æbdjúː·sənt/-djúː-] 〔생리〕 (근육 등) 외전(外轉)의, 의선(外旋)의(⇔ adducent). ¶ ~ *muscles* 외전근(筋).
ab·duct [æbdʌ́kt] …을 납치[유괴]하다 (kidnap). 2 (생리) (말·다리 따위)를 외전(外轉)[외선(外旋)]시키다(⇔ adduct). **~·ee** [æbdʌktíː] 유괴된 사람. **-dúc·tor** 유괴자; 〔생리〕 외전근(外轉筋).
ab·duc·tion [æbdʌ́kʃən] 1 유괴, 부녀자 유괴; (투표인 등의) 탈취. 2 〔생리〕 (근육의) 외전(運動). 3 〔논리〕 개연적(蓋然的) 삼단논법(apagoge)(소전제가 개연적인 삼단 논법).
Ab·dul Rah·man [ǽbdul rɑ́ːmən] **Tunku** ~ 압둘 라만(1903–90; 말레이시아의 정치가).
Ab·dy [ǽbdi] 〔전자〕 TV 화면을 입체적으로 재현하는 방식의 하나. 〔<*anaglyphic by delay*〕
Abe [eib] 1 에이브(남자 이름; Abraham의 애칭). 2 (美속어) 5달러 지폐(*5달러 지폐에 링컨의 초상화가 그려져 있데서).
a·beam [əbíːm] (배나 항공기의) 똑바로 옆으로, 정우현(正右舷)[正左舷]으로.
abeam of …의 정우현(정좌현)에, …의 바로 옆에, …
a·be·ce·dar·i·an [èibiːsiːdɛ́əriən] 알파벳을 배우는 학생; 초학자, 초심자; 초보를 가르치는 교사. — 알파벳순의, ABC순의; 초보의, 기본의.
a·bed [əbéd] 침대에, 잠자리에.
be sick [or ill] abed 병상에 누워 있다.
lie abed 침대에 눕다; 산욕(產褥)으로 눕다.
A·bel [éibəl] 〔성서〕 아벨(Adam과 Eve의 둘째 아들로 형 Cain에게 피살, → 창세기(Gen.) 4:2).
a·bele [əbíːl, éibəl] 은백양(銀白楊), 포플러.
a·bel·mosk [éibəlmɑ̀sk/-mɔ̀sk] (북아프리카산) 닥풀, 황촉규(黃蜀葵).
ABEND [ɑ́ːbend, əbénd] 〔컴퓨터〕 태스크 이상 종료(異常終了)(프로그램 오류로 중도에 종료하는 일). 〔<*abnormal end of task*〕
Aber. Aberdeen.   「부의 항구.
Ab·er·deen [æ̀bərdíːn] 애버딘(스코틀랜드 동북
Áberdeen Ángus 애버딘 앵거스(스코틀랜드 원산의 뿔 없는 식육용 검은 소.
Áberdeen térrier 스카치[스코틀랜드] 테리어 (Scottish terrier),   「검은 방울새.
ab·er·de·vine [æ̀bərdəvàin, ⌐⌐⌐́] (유럽산의)
Ab·er·do·ni·an [æ̀bərdóuniən] 애버딘(Aberdeen)의. — 애버딘 주민.
A·ber·glau·be [ɑ́ːbərglàubə] 미신. 〔G〕
ab·er·ne·thy [ǽbərniːθi/æ̀bəméθi] 회향풀 씨를 넣어 구운 딱딱한 비스킷. (또는 **~ bíscuit**)
ab·er·rant [əbérənt, ǽbər-] 정도를 벗어난, 비정상적인; 〔생물〕 이상형(異常型)의, 변태적인. — 상궤를 벗어난 사람; 변종, 돌연변이. **-rance, -ran·cy** 정도[상궤(常軌)]를 벗어남. **~·ly**
ab·er·ra·tion [æ̀bəréiʃən] 1 상궤 일탈(常軌逸脫), 탈선; 기행(奇行), 도착(倒錯); (정신의 일시적

이상. ¶mental ~ 정신 이상. 2 〔생물〕 (발육·위치 등의) 이상, 변형. 3 〔천문〕 광행차(光行差). 4 〔광학〕 수차(收差). ¶chromatic ~ 색(色)수차.
in (a moment of) aberration 마(魔)가 끼어서.
~·al 〓

a·bet [əbét] 〓〓 (*-tt-*) …을 부추기다, 꼬드기다, 선동하다, 교사하다 (*in, to do*). ¶ ~ a person *in crime* …의 범죄를 교사하다.
aid and abet …을 방조하다.
~·ment, ~·tal 〓 교사, 선동. ~·ter, ~·tor 〓

a·bet·a·lip·o·pro·tein·e·mi·a [əibeitəlipəpróutiːnímiə, -tiəníː-] 〓 〔병리〕 무베타(無 β) 리포 단백 혈증.

ab ex·tra [æb ékstrə] 〓 외부로부터. 〓 ab intra

a·bey·ance [əbéiəns] 〓〓 1 (일시적인) 중지 (상태), 중절(中絶), 정지. ¶The matter is kept in ~. 그 일은 중지 상태에 있다. 2 〔법률〕 (자유 보유지의) 현소유자 부재; (재산의) 귀속자 미정 상태.
be in abeyance (일시적으로) 정지[중지]중이다.
fall [or *go*] *into abeyance* (일시적으로) 정지[중지]되다, 실효하다.
hold...in abeyance …을 미정[미결]인 채로 두다.
-ant

ABF Asia Boxing Federation(아시아 복싱 연맹).

A.B.F.M. American Board of Foreign Missions (미국 해외 전도국(傳道局)).

***ab·hor** [æbhɔ́ːr, əb-] 〓〓 (*-rr-*) …을 몹시 싫어하다, 질색하다; …을 (경멸하여) 피하다. ¶ ~ a snake 뱀을 몹시 싫어하다.

ab·hor·rence [æbhɔ́ːrəns, -háːr-, əb-/-hɔ́r-] 〓 1 몹시 싫어함, 질색, 혐오(감) (*of*). ⇒AVERSION 〓 2 질색인 것. ¶Cocktail parties are my ~. 칵테일 파티는 질색이다.
have an abhorrence of …을 몹시 싫어하다.
hold...in abhorrence …을 혐오하다.

ab·hor·rent [æbhɔ́ːrənt, -háːr-, əb-/-hɔ́r-] 〓 1 몹시 싫은, 딱 질색인(*of*); 혐오감을 자아내는(*to*). ¶ ~ scenes 딱 질색인 장면// I am ~ *of* it. 나는 그것이 딱 질색이다. 2 상반하는, 어긋나는(*to, from*). ¶It is ~ *to* nature. 그것은 자연에 어긋난다. ~·ly 〓

ab·hor·rer [æbhɔ́ːrər, -háːr-, əb-] 〓 1 몹시 싫어하는 사람. 2 the A-s 〔英역사〕 국회 소집 반대파.

a·bid·ance [əbáidns] 〓〓 1 머무름, 체재(滯在) (*in*); 지속, 연속. 2 준수(*by*). ¶ ~ *by* rules 규칙의 준수.

‡**a·bide** [əbáid] 〓 (~*s* [-z] ; *a·bode, a·bid·ed; a·bid·ing*) 〓 1 머무르다, 체류하다, 살다 (*in, at*). ⇒LIVE 〔유의어〕¶*A~* with us. 우리와 함께 머무르도록 해요.// (~+图) ~ *in* London 런던에 체재하다. 2 지속하다, 계속하다; 남다 (*in*). ¶ (~+图) ~ *in* memory 기억에 남다. —〓 1 …을 감수하다. ¶ ~ one's doom 운명을 감수하다 / ~ *a punishment* 벌을 달게 받다. 2 〔부정문·의문문에서〕 …을 참다, 견디다. ¶ I can't ~ *that* fellow. 저 녀석에 대해서는 참을 수가 없다. 3 …에 대항[저항]하다, 맞서다. ¶ ~ *the* storm 폭풍우와 싸우다. 4 …을 기다리다. ¶ ~ one's time 때를 기다리다.
abide by 〔약속 따위〕를 지키다, 고수하다; 〔결과 따위〕를 감수하다; 〔결정·규칙 따위〕에 따르다. ¶ ~ *by* one's word 자기가 한 말을 지키다.

a·bid·ing 〓 영속적인, 영원한; 변함없는, 부동(不動)의; 지조가 있는. ¶an ~ faith 변함없는 신념.
~·ly 〓 ~·ness 〓

Ab·i·djan [æbidʒɑ́ːn] 〓 아비장(Côte d'Ivoire의 수도).

A·bie [éibi] 〓 에이비(남자 이름; Abraham의 애칭).

ab·i·ét·ic ácid [æbiétik-] 〓 아비에트산(건조제·니스·비누 제조용).

Ab·i·gail [æbəgèil] 〓 아비가일. 1 여자 이름. 2 〔성서〕 Nabal의 죽은 후에 David의 아내가 됨(←사무엘상(1 Sam.) 25 : 1). 3 (a-) 〔고어〕 시녀, 몸종.

‡**a·bil·i·ty** [əbíləti] 〓 (〓 *-ties* [-z]) 1 〓 (…)할 수 있음 (*to do*); 능력, 역량, 수완, 자력(資力)(*in, for*). ¶ a man of ~ 수완가 // diplomatic ~ 외교적 수완 // ~ *in* [or *for*] one's work 일을 해내는 능력 / He has great ~ *in* mathematics. 그는 수학에 대단한 재능이 있다 // He has no ~ *to* organize his thinking. 그는 자기 생각을 체계화하는 능력이 없다.

〔유의어〕 **ability** 일을 훌륭히 해내는 「능력」의 뜻의 일반적으로 쓸 수 있는 가능성. **capacity** (보통 특정의) 일을 해내거나 수용할 수 있는 가능성, 사람 또는 물건에 대해서 쓰인다. **competence** 어떤 상태·일 따위에 대해서 요구되는 조건을 만족시키는 능력. **faculty** 어떤 목적을 위해 당연히 갖추고 있어야 할 능력. **talent** 특정 분야에 있어서의 타고난 (때로 후천적인) 재능. **gift** 타고난 특출한 재능. **genius** (특히 예술·학문에 있어서의) 놀라울 정도의 타고난 재능. **aptitude** 특정의 일에 적합한 타고난 성질.

2 (-ties) 재능, (타고난) 재주. ¶manifold *abilities* 다방면의 재능. 3 〔법률〕 (경제적) 능력, 법정 자격.
to the best of one's ability 될 수 있는 한, 힘 자라는 데까지.

-**a·bil·i·ty** [əbíləti] 〔연결〕 -able로 끝나는 형용사를 명사로 만든다. ¶respect*ability*, wash*ability*.

ab in·i·ti·o [æb iníʃiòu] 〓 처음부터. 〔<L from the beginning〕 「extra 〔<L from inside〕

ab in·tra [æb íntrə] 〓 내부로부터, 안에서. 〓 **ab**

a·bi·o·chem·is·try [èibaioukémɑstri, æbi-] 〓 〔화학〕 무기 화학. 〓 biochemistry

a·bi·o·gen·e·sis [èibaioudʒénəsis, æbi-] 〓〓 〔생물〕 자연 발생론(무생물에서 생물이 발생했다고 하는 가설(假說)); 자연 발생. 〓 biogenesis

a·bi·o·ge·net·ic [èibaioudʒɑnétik, æbi-] 〓 〔생물〕 자연 발생론의; 자연 발생의. **-i·cal** 〓 **-i·cal·ly** 〓

a·bi·o·gen·ic [èibaioudʒénik, æbi-] 〓 〔생물〕 자연(우연) 발생의. **-i·cal·ly** 〓 「자연 발생론자.

a·bi·og·e·nist [èibaiɑ́dʒənist, æbi-/-ɔ́dʒ-] 〓

a·bi·o·log·i·cal [èibaiəlɑ́dʒikəl, æbi-/-lɔ́dʒ-] 〓 비생물(학)적인, 생명이 없는. 「력 상실.

a·bi·o·sis [èibaióusis, æbi-] 〓〓 활력 결핍, 무

a·bi·ot·ic [èibaiɑ́tik, æbi-/-ɔ́t-] 〓 생활[생명]력이 없는; 〔생물〕 비생물적인. ¶ ~ environment 비생물적 환경(생물의 환경 중 빛·물·공기 등 생물 이외의 요인), (또는 **abiotical**) **-i·cal·ly** 〓

a·bi·ot·ro·phy [èibaiátrəfi, æbi-/-ɔ́t-] 〓 〔생리〕 (세포·조직의) 무생활력, 생활력 상실 변성(變性) (노화 과정 따위). **-o·tróph·ic** 〓

ab·ir·ri·tant [æbírətənt] 〔의학〕 〓 진정제(soothing agent). —〓 자극을 완화[제거]하는.

ab·ir·ri·tate [æbírətèit] 〓〓 〔의학〕 …의 자극을 완화[제거]하다. **-tá·tion** 〓 **-tà·tive** 〓

***ab·ject** [æbdʒekt, -´-´] 〓 1 영락한, 비참한. ¶ ~ poverty 극빈. 2 비열한, 야비한, 천한; 노예 근성의, 비굴한(slavish). ⇒MEAN 〔유의어〕¶an ~ liar 비열한 거짓말쟁이 / an ~ means 야비한 수단, 〔고어〕 비천한(으로 된) 사람. ~·ly 〓 ~·ness 〓

ab·jec·tion [æbdʒékʃən] 〓〓 (신분의) 천함; 영락한 상태; 비열; 비굴. 「국외[이단] 포기의 선서.

ab·ju·ra·tion [æ̀bdʒuəréiʃən] 〓〓〓 포기; 철회.

ab·jure [æbdʒúər, əb-] 〓〓 1 〔맹세·신의·주장 따위〕를 공개적으로 버리다[철회하다]. 2 〔권리 따위〕를 선서하여 포기하다. 「선서하다.

abjure the realm 〔英〕 영원히 고국에서 떠날 것을

ab·júr·er 〓

Ab·kha·zia [æbkéiʒə/-káːziə] 〓 아브하즈 자치 공화국(수도 Sukhumi). 「League of America.

abl. ablative. **ABLA** 〔美〕 Amateur Bicycle

ab·late [æbléit] 〓 (용해·기화(氣化)·부식 등에 의

ab·la·tion 해) 제거하다(되다), 융제(融除)하다; 삭마(削磨)하다.
ab·la·tion [æbléiʃən] 명⓾ 1 제거; 절개 수술, 절제. 2 (빙하·유빙의) 삭마(削磨). 3 〔로켓〕 융제(融除), 융발(溶發)(우주선이 대기권에 재돌입할 때 마찰열로 인하여 피복 물질 등이 용해·증발하는 현상).
ab·la·tive¹ [ǽblətiv] 〔문법〕 탈격(奪格)의. —명 1 (the ~) 탈격(~ case)(『…에서』의 뜻을 나타내는 격(格) 형식). 2 탈격(형) 명사. **-ti·val** [-táivəl] 형
ab·la·tive² [æbléitiv] 형 제거할 수 있는[하기 쉬운], 융제(融除)할 수 있는[하기 쉬운]. **~·ly** 부
áblative ábsolute 명 〔라틴 문법〕독립 탈격, 독립 탈격 어구.
ablative shíelding 명 〔우주〕애블러티브 실딩(승화 따위에 의하여, 열이 내부에 전달되는 것을 막는 피복(被服)) 〔발(溶發) 물질〕.
ab·la·tor [æbléitər] 명 〔우주〕융제(融除) 물질, 융발(溶發) 물질.
ab·laut [ǽblaut, áːb-] 명 〔문법〕모음 전환, 아블라우트(gradation, apophony)(sing, sang, sung, song; sit, sat, seat 등에서 볼 수 있는 것과 같은 어간 모음의 변화). 〔<G〕
a·blaze [əbléiz] 부 타올라서. —형〔서술용법〕1 (물질이) 빛나서. 2 열광하여. 3 격노[발끈]하여. ¶He was ~ with rage. 그는 격노했다. 4 열망하여(with).
‡**a·ble** [éibl] 형 1 (~r, more ~; ~st, most ~) 능력이 있는, 재능 있는, 유능한 (in). ¶an ~ man 수완가/an ~ leader 유능한 지도자.

〔유의어〕 **able** 뛰어난 능력을 지닌. **capable** 보통 정도로 일을 해낼 수 있는. **competent** 어떤 상태·일 등에 대해서 요구되는 조건을 충족시킬 수 있는.

2 재간 있는, 훌륭한. ¶an ~ speech 훌륭한 연설.
3 (more ~, better ~; most ~, best ~)〔서술용법〕~할 수 있는, (충분한) 능력[재능, 자격 따위]가 진(to do)(반 unable). ¶He will be ~ to swim in a month. 그는 한 달이면 헤엄칠 수 있게 될 것이다.

〔USAGE〕 **be able to**와 **can** ——(1) can에는 미래형이 없으므로 will[shall] be able to를 쓴다. (2) 현재·과거에 대해서도 능력을 강조할 경우에는 be[was, were] able to를 쓴다: He is ~ to live on a small income. 그는 적은 수입으로도 살아갈 수 있다. (3) 또 be able to는 특정한 경우의 일에도 쓰이지만, can 은 일반적인 일에 쓰이는 경향이 있다. 특히 과거의 경우에 이 차이가 뚜렷하진다: That night he was not ~ to come. 그날밤에 그는 올 수가 없었다. ¶ He couldn't sing at all. 그는 노래를 전혀 부를 수가 없었다. (4) could는 가정법에 쓰이는 일이 많으므로, 혼동의 염려가 있을 때에는 was[were] able to를 쓴다.

4 〔법률〕법적 자격[능력, 권능]이 있는(to do). ¶be ~ to vote 투표할 자격이 있다. 5 = **~-bodied**.
-a·ble [əbl] 접미 동사와 명사 등에 붙어서 ability, liability, tendency, worthiness, likelihood 등의 뜻을 나타내는 형용사를 만든다. ¶obtain*able*; sale*able*; love*able*; change*able*; connect*ible*. * -ible 보다 -able쪽이 보편적이며, 새로이 말을 만들 때는 -able을 쓴다. 예: get-at-~ 도달할 수 있는. (또는 -**ble, -ible**)
a·ble-bod·ied [-bádid/-bɔ́d-] 형 1 강건한, 튼튼한; 체격상의 자격을 갖춘. 2 숙련된, 일을 제대로 할 수 있는(able). **~·ness** 명
áble-bódied séaman 명 〔해사〕숙련 선원(기술·체격상의 자격을 갖춘 선원, A, B의 두 급으로 분류; 略 A.B.). 참 ordinary seaman
Áble Dáy 명 〔미〕제1회 비키니 섬 원폭 실험일 (1946년 6월 30일)(A-day). * Able은 신호符가 A 대신에 쓰는 말.
ab·le·gate [ǽbləgèit] 명 교황 특사(特使).
a·ble·ism [éiblizm] 명 (건강한 사람의) 신체 장애자 차별. **-ist** 명

áble ráting 〔英해군〕유능한 수병.
áble séaman 명 = able-bodied seaman.
a·bloom [əblúːm] 부〔 * 형용사로는 서술용법〕꽃이 피어, 개화하여(with). ¶The field was ~ with daisies. 들에는 데이지꽃이 만발해 있었다.
ab·lu·ent [ǽbluːənt] 명 씻어내는; 세척하는. ——명 세척제(detergent). 〔이 붙어거져서(with)〕
a·blush [əblʌ́ʃ] 부〔 * 형용사로는 서술용법〕얼굴 (wash). **-lút·ed** 형
ab·lute [əblúːt] 자 〔구어〕(몸·얼굴·손을) 씻다
ab·lu·tion [əblúːʃən] 명⓾ 1 (보통 ~s) 〔가톨릭〕목 어·익살〕손[몸]을 씻기, 목욕. 2 (보통 ~s) 〔구어〕세정식(洗淨式); 세정식에 쓴 물. **~·ar·y** 형
a·bly [éibli] 부 훌륭히, 교묘하게, 솜씨 있게.
-a·bly [əbli] 접미 -able로 끝나는 형용사에서 like, in a manner of의 뜻의 부사를 만든다. ¶*peaceably*.
ABM *antiballistic missile*(탄도탄 요격 미사일); Atomic Bomb Mission(원자 폭탄 투하 조사 위원회).
ab·mho [ǽbmou] 명 (~s) 〔전기〕 애브[절대]모 (conductance의 cgs 전자 단위; =10⁹ mhos; 기호 abm).
ábm áirborne. 〔a(Ab-)·〕.
ab·ne·gate [ǽbnigèit] 타 …을 거부하다, 거절하다; 〔쾌락 따위〕를 끊다; 〔권리·주장 따위〕를 버리다.
-gà·tion, -gà·tor 명
ABNINF *airborne infantry*.
‡**ab·nor·mal** [æbnɔ́ːrməl] 형 (more ~; most ~) 이상한, 보통과 다른; 정신 이상의; 변칙의, 이례적인 (⇒IRREGULAR〔유의어〕); 변태의, 병적인(반 normal). ¶ an ~ condition 이상[비정상]상태/have an ~ IQ 지능 지수가 터무니없이 낮다. ——명 정신 이상자. **~·ism** 명 이상성, 변태성. **~·ly** 부 **~·ness** 명
ab·nor·mal·i·ty [æ̀bnɔːrmǽləti] 명⓾ 이상, 변태; 변칙, 이례; ⓒ 이상한 것(사건, 현상); 이상한 점. ¶ He shows no ~ in intelligence. 그는 지능적으로는 전혀 이상한 데가 없다. (또는 **abnormalcy**)
ab·nor·mal·ize [æbnɔ́ːrməlàiz] 타 …을 보통과 다르게 하다, 이상하게 하다. **-i·zá·tion** 명
abnórmal psychólogy 명 이상[변태] 심리학.
ab·nor·mi·ty [æbnɔ́ːrməti] 명⓾ⓒ 1 이상; 변태. 2 기형, 기형물; 불구(malformation).
ab·o [ǽbou] (때로 A-) 명 (濠속어) (복 ~s) =aborigine 3. ——명 = aboriginal 2.
abo., abor. aboriginal; aborigines.
‡**a·board** [əbɔ́ːrd] 부 1 배에[로], 배를 타고(on board)(반 ashore). ¶A jetliner with 250 people ~ 250명을 태운 제트 여객기/go [or get] ~ 승선하다 / have something ~ (배가) 물건을 적재하고 있다. 2 〔미〕기차로[에서], 비행기[버스, 전차] 안에. 3 (of) a train[train] 승선[승차]해 있다. 3 (속어) 〔야구〕출루하여 (on base). ¶with two ~ 두 사람이 출루하여 / a homer with one ~ 투런 홈런. 4 신입사로, 새 멤버로서. ¶The office manager welcomed him ~. 부장은 그가 입사한 것을 환영했다.

All aboard! (승객에게) 전원 승차[승선]해 주세요! 전원 승차[승선] 완료! 〔하다.
fall aboard of 〔다른 배·사람 등〕과 부딪치다, 충돌
get [or come] aboard 〔美구어〕〔계획 따위〕에 참여하다[끼다].
keep…close [or hard] aboard …을 따라[의 가까이를] 항행하다. 〔의 뱃전에 바싹 붙여 대다.
lay another ship aboard (옛날 해전에서) 다른 배
Welcome aboard! 저희 비행기[배]를 이용해 주셔서 감사합니다! (기장·선장 등이 승객에게 하는 인사).
——전 1 ~을[에] 타고, ¶be ~ a ship 배에 타고 있다. ⇨2. 2 (기차·비행기·버스 따위) 안[속]에. ¶get ~ a bus 버스를 타다. 3 (속어)〔야구〕출루하여, 진루하여.
ÁBO (blóod) gróup =ABO system.
‡**a·bode¹** [əbóud] 명 (복 ~s [-z]) 1 사는 곳, 거처;

a·bode² ⓢ abide의 과거·과거분사.

ab·ohm [æbóum, -ɔ́-] ⓢ =abmho.

a·boil [əbɔ́il] ⓟⓢ (*형용사로는 서술용법) 끓어올라서, 비등하여; 화가 나서; 흥분하여.

*****a·bol·ish** [əbáliʃ/əbɔ́l-] ⓢⓣ (법률·제도·관습 등)을 폐지[파기]하다; 무효로 하다.¶~ slavery 노예제도를 폐지하다. ~**·a·ble** ⓢ ~**·er**, ~**·ment** ⓢ

*****ab·o·li·tion** [æbəlíʃən/ɔ́b-] ⓢ 1 폐지, 전폐(全廢), 폐기.¶the ~ of nuclear weapons 핵무기 폐기. 2〔美역사〕노예 제도의 폐지. ~**·ar·y** ⓢ ~**·ism** 폐지론; 〔美역사〕노예 폐지론. ~**·ist** ⓢ

a·bol·la [əbálə/əbɔ́lə] ⓢ (ⓟ -lae [-li:]) 아볼라(고대 로마의 남자용 양모제 외투).

ab·o·ma·sum [æbəméisəm] ⓢ (ⓟ -sa [-sə])〔동물〕반추 동물의 제4위(胃); 추위(皺胃).

A-bomb [éibɑ̀m/-bɔ̀m] ⓢ 1 원자 폭탄(atomic bomb). 2 〔美속어〕고속으로 달릴 수 있도록 개조한 중고 자동차(hot rod); 마약을 혼합한 담배. ─ⓢ 원자 폭탄으로 공격하다.

*****a·bom·i·na·ble** [əbámənəbl/əbɔ́m-] ⓢ 1 혐오스러운, 꺼림칙한, 밉살맞은.¶~ cruelty 증오할 만한 잔악성. 2〔구어〕지겨운, 지독한.¶The weather was ~. 날씨가 지독했다/~ taste 악취미.
~**·ness** ⓢ **-bly** ⓤ 〔설인(雪人)(yeti)〕

Abóminable Snówman ⓢ (히말라야에 산다는)

a·bom·i·nate [əbámənèit/əbɔ́m-] ⓣ 을 증오하다, 혐오하다; 〔구어〕…을 질색이다. **-nà·tor** ⓢ

*****a·bom·i·na·tion** [əbɑ̀mənéiʃən/əbɔ̀m-] ⓢ 1 ⓤ 증오, 혐오, 몹시 싫어함 (for). 2 혐오감을 가지게 하는 [일], 몹시 싫은 것 (to).¶Smoking is ~ to him. 그는 담배라면 질색한다/commit an ~ 추행을 저지르다. **hold...in abomination; hold an abomination for** …을 아주 싫어하다.
the abomination of desolation 〔성서〕성소를 훼파하는 미운 물건(←다니엘(Dan.) 9 : 27).

A-bone [éibòun] ⓢ〔美속어〕A형 포드 자동차.

à bon marché [F a bɔ̃ maRʃe] 싸게, 싸구려로; 수월하게. (<F at a bargain price)

a·boon [əbúːn] ⓟⓟⓢ〔스코·英방언〕=above.

ab·o·rig·i·nal [æ̀bərídʒənəl] ⓢ 1 원시의, 원생(原生)의; 원래의; 〔민족·동식물의〕토착의.¶~ people 토착(원주)민. 2 (A-) 호주 원주민의. ─ⓢ 1 =aborigine 1. 2 (A-) =aborigine 2.
-rig·i·nal·i·ty [-rìdʒənæ̀ləti] ⓢ 원시성; 토착성.

ab o·rig·i·ne [æ̀b ɔːrídʒəniː] 처음부터; 근원부터. (<L from the beginning)

ab·o·rig·i·ne [æ̀bərídʒəniː] ⓢ 1 원주민, 토착민(ⓢ colonist). 2 (A-) 애보리지니, 호주 원주민. (또는 **Aboriginal**) 3 (~s) (한 지역에 특유한) 토착 생물군(群)(ⓢ abo.).

a·born·ing [əbɔ́rniŋ] 〔美〕ⓟ 막 태어날 때에, 당초에; 실현[실행] 직전에. ─ⓢ 달성 직전의; 막 태어나려고 하는.¶A new atomic age is ~. 새로운 원자력 시대가 출현하려고 하고 있다.

a·bort [əbɔ́rt] ⓟⓢ 1 유산(조산)하다 (miscarry). 2 〔생물〕(동식물·기관(器官) 따위가) 충분히 발육하지 않다; 퇴화·미발달 상태에 있다. 3 (계획 따위가) 실패하다, 좌절되다, 중단되다. 4 〔구어〕(날씨·고장 등으로) 임무를 달성하지 못하다, 작전에 실패하다. ─ⓣ 1 〔태아〕를 유산하다. 2 〔질병 따위〕를 미연에 방지하다. 3 〔로켓·미사일의 발사〕를 중지하다; 〔로켓 따위〕를 목표 도달전에 파괴하다. ─ⓢ 1 미사일[로켓]의 발사 중지. 2 〔컴퓨터〕프로그램 실행 도중의 중단. 〔한.
~**ed** ⓢ 유산한; 미발달된; 발육 부전(不全)의; 실패

a·bor·ti·cide [əbɔ́ːrtəsàid] ⓢⓤ 임신 중절, 낙태(feticide); ⓒ 낙태약(abortifacient).

a·bor·ti·fa·cient [əbɔ̀ːrtəféiʃənt] ⓢ 유산시키는, 낙태용의. ─ⓢ 낙태약(장치).

a·bor·tion [əbɔ́ːrʃən] ⓢⓤⓒ 1 낙태, 임신 중절; 유산(miscarriage); 조산; (口어) 사산.¶a criminal ~ 낙태되다/induced ~ 인공 유산/cause ~ 인공 유산을 시키다/have an ~ 낙태(유산)하다. 2 유산아; 미숙아, 조산아. 3 〔생물·동식물·기관(器官) 따위의〕 발육 부전, 발육 정지. 4 (구어) (계획 따위의) 실패, 좌절; 혼란 상태. 5 온전치 못한 물건, 싸구려.
~**·al** ⓢ ~**·ism** ⓢ 임신 중절권 지지(옹호). ~**·ist** ⓢ 낙태 시술자; 임신 중절권 지지자.

abórtion clìnic ⓢ 임신 중절[낙태 시술] 병원.

a·bor·tion-on-de·mand [-ɑndimǽnd/-ɔndimáːnd] ⓢ 임신 중절권(임신 6개월 이내에 중절을 요구할 수 있는 권리); (임신부의) 요구에 의한 낙태.

a·bor·tive [əbɔ́ːrtiv] ⓢ 1 〔생물〕 발육 부전의.¶an ~ flower 열매를 맺지 않는 꽃. 2 실패한, 수포로 돌아간, 실패하지 못한.¶an ~ mission 성공하지 못한 임무/prove ~ 실패로 끝나다. 3 〔의학〕 유산(조산)의; 낙태를 촉진하는; 병세를 막는. 4 〔병리〕 부전성(不全性)의. ─ⓢ 낙태약; 유산, 조산.
~**·ly** ⓤ ~**·ness** ⓢ

ÁBO sýstem ⓢ (혈액 조직의) ABO식 4분류(법).

a·bor·tu·ar·y [əbɔ́ːrtʃuèri/-tʃuəri] ⓢ (경멸적) =abortion clinic. (<abortion+mortuary)

a·bought [əbɔ́ːt] ⓢ aby의 과거·과거분사.

a·bou·li·a [əbúːliə] ⓢ =abulia.

*****a·bound** [əbáund] ⓟⓢ 1 (물건·생물이 …에) 많이 있다 (in).¶(~+前+名) Fish ~ in the ocean. 바다에는 물고기가 많다. 2 (물건·장소가 …로) 풍부하다 (in, with).¶(~+前+名) The country ~s in products. 그 나라는 산물이 풍부하다/The kitchen ~s with cockroaches. 부엌에 바퀴벌레가 득실거린다.

USAGE **abound in**과 **abound with** ── 구별 없이 쓰이는 경우도 있으나, in 뒤에는 장소·물건에 본질적으로 갖추어진 좋은 성질을 나타내는 것이 오고, with 뒤에는 부차적·비본질적인 성질을 나타내는 것이 오며, 좋지 않은 성질에 대해서도 쓰인다.

~**·ing** ⓢ 풍부한, 많은. ~**·ing·ly** ⓤ

‡a·bout ⇒ABOUT. ⟨p. 19⟩

a·bout-face [-féis] ⓢ 〔美〕(위치·주의·태도 따위의) 180도 전환, 완전 급전환[전향]; 〔군사〕뒤로 돌아.
─ⓟⓢ [-́‿] 주의[태도]를 표변하다, 전향하다; 뒤로 돌다.

a·bout-ship [-ʃíp] ⓟⓢ〔항해〕배가 돌아서 반대쪽 뱃전에 바람을 받다 (tack).

a·bout-town·er [-táunər] ⓢ 〔美〕 (나이트 클럽·극장 따위에) 자주 가는 사람.

a·bout-turn [-tə́ːrn] ⓢⓟⓢ =about-face.

‡a·bove ⇒ABOVE. ⟨p.20⟩ 〔범한.

a·bove-av·er·age [-ǽvəridʒ] ⓢ 평균 이상의, 비

a·bove·board [əbʌ́vbɔ̀ːrd] ⓟⓢ 공명 정대하(한), 솔직하(한), 있는 그대로(의).¶He is open and ~ with me. 그는 나에게는 솔직하다.

a·bove-cit·ed [-sáitid] ⓢ 위에 인용한.

a·bove-deck [əbʌ́vdèk] ⓟ 갑판 위에서; 공명 정대하게, 있는 그대로.

a·bove-ground [əbʌ́vgràund] ⓟⓢ (*형용사로는 서술용법) 땅위에[로, 의]; 매장되지 않은; 생존하여; (영화·출판물 따위가 주류에서) 제작된, 출판된(↔ underground). ─ⓢ 〔美〕합법적인 세계; 공공연히 활동하는 일. (또는 **óvergròund**)

a·bove-men·tioned [əbʌ́vménʃənd] ⓢ 앞서[위에서] 말한, 상기[상술]한.

a·bove-named [-néimd] ⓢ 위[앞]에서 이름을 든.

「…에 관하여」와 「…의 주위에」가 기본적인 뜻이며, 여기서 「신변·근접·개략」 등의 뜻이 발전했다. 「주위, 개략」의 뜻으로는 around가 특히 미국 영어에서 동의어로 많이 쓰이는데, around는 「둘러싸서」의 뜻이 강하다. 가까운 미래를 나타내는 숙어 be about to도 많이 쓰인다.

‡a‧bout [əbáut] 〖전〗 I. 관련·종사
1 …에 대하여[대한], …관하여[관한]. ¶instructions ~ the work 일에 대한 지시 / a book ~ animals 동물에 관한 책 / talk ~ business 사업 이야기를 하다 / be certain [anxious] ~ …을 확신[걱정]하다 / There is no doubt ~ it. 거기에 대해서는 의심의 여지가 없다 / I feel awfully sad ~ his accident. 그가 사고를 당한 것은 참으로 슬픈 일이다.

(USAGE)¹ (1) ~ 뒤에 hear, know, say, speak, talk, tell 따위의 뒤에 오는 about는 비교적 자세한 사항에 관해 말할 때 쓰고, of는 가볍게 언급할 경우에 사용하는 경향이 있다: Though I've heard of him, I know scarcely anything about him. (2) about 앞에 쓰이는 형용사로는 careful, careless, crazy, fussy, happy, particular, sad, worried 따위 주로 양태(樣態)를 나타내는 것이 많다.

2 …에 종사하여; …에 관여[관계]하여. ¶This is how I go ~ it. 이것이 내가 하는 방식이다 / Don't be long ~ it! 꾸물거리지 말고 빨리 해! / What are you ~? 당신은 무슨 일을 하고 있는가? / Mind what you're ~. 네가 하는 일에 유의해라.

II. 위치·운동
3 …의 근처에, 부근에, 가까이에. ¶somewhere ~ here 어딘가 이 근처에 / He is ~ the house. 그는 집 근방에 있다. 4 …의 둘레에, …주위를. ¶the railings ~ the tower 탑 둘레의 울타리 / Look ~ you! 주위를 살펴라!; 조심해라! 5 …의 여기저기를, 사방에[을] (here or there). ¶walk ~ the town 시내를 배회하다.

III. 주변·신변
6 …에는, …의 모습에. ¶There was something weird ~ the incident. 그 사건에는 뭔가 섬뜩하게 하는 바가 있었다 / There was a nervousness ~ his manner. 그의 태도에는 신경질적인 데가 있었다. 7 …의 신변에, 몸에 지니고. ¶They lost all they had ~ them. 그들은 소지품 전부를 잃어버렸다. 8 준비하여, 쓸 수 있도록. ¶Keep your wits ~ you. 늘 정신차리고 있어라.

IV. 개략·근접
9 대략, 약, 대체로; …쯤에, …무렵에. ¶She is ~ my age. 그녀는 나와 비슷한 또래다 / It's ~ time. 그럭저럭 시간이 됐다 ; 필 꾸물거리고 있을 거야 / He came home ~ midnight. 그는 자정께에 귀가하였다.

(USAGE)² (1) 《美》에서는 about two o'clock(2시경에)을 종종 around two o'clock과 같이 around를 쓰기도 한다. (2) about과 or는 함께 연관어(聯關語)로 쓰는 일은 피한다: We have ~ ten or eleven books to study.에서는 about를 생략하는 것이 좋다.

10 (to부정사와 함께) a) 막 …하려고 하여 (* 이 about은 형용사로도 생각된다). ¶They are ~ to cross the street. 그들은 막 길을 건너가려고 하고 있다 / He looked like a leopard ~ to spring. 그는 막 뛰어오르려는 표범 같았다. b) (부정문에서) …할 생각은 전혀 없어서. ¶I'm not ~ to pay ten dollars for it. 거기다가 10달러나 지불할 생각은 없다.

(USAGE)³ be about to와 be going to──be about to는 문어에 많고 구어로는 be going to가 쓰인다. 전자는 가까운 미래를 나타내지만, 후자는 상당한 폭이 있는 미래나 의지를 나타내는 데도 쓰인다. be just going to로 하면 be about to와 거의 같은 의미가 된다. be about to는 가까운 미래를 나타내므로, 특별히 때를 나타내는 부사(구)를 쓰지 않는데, be going to에서는 I'm going to see him *next week*.와 같이 부사(구)를 쓰는 일이 있다. 또 《美구어》에서는 be not about to로 「…할 생각은 없다」라는 뜻을 나타낸다.

get [or *set*] *about something* …을 다루다, 처리하다.

How [or ***What***] ***about…?*** (구어) ① (제안·권유를 나타내어) …하면 어떻습니까? ¶*How* [or *What*] ~ hurrying up? 서두르는 게 어떤가? ② (의견을 물어) …은 어떻습니까? ¶*What* ~ you in this respect? 이 점에 관한 당신의 견해는 어떻습니까? ③ (불만·반대·비난을 나타내어) …은 어떻게 되는 겁니까?

What about it? (구어) 그래서 어쨌다는 거야?

What [or ***How***] ***about that!*** (놀람·축복·칭찬 따위를 나타내어) 이거 대단하군!

──〖부〗 1 대략, 약, …정도. ¶~ two miles 약 2마일 / in one hour 약 1시간 지나서 / ~ as cold 같은 정도로 추운. 2 거의, 대체로, 대충. ¶just ~ enough (구어) 대충 됐다; (강조) 이제 그만 / He is ~ ready. 그는 대충 준비가 되어 있다. 3 가까이에, 근방에. ¶He is somewhere ~. 그는 어딘가 그 근처에 있다 / There was no one ~. 부근에는 아무도 없었다. 4 둘레에[를], 사방에[을], 주위에[를]. ¶be compassed ~ 둘러싸이다 / Look ~ and see if you can find it. 그걸 찾을 수 있는지 둘러보아라. 5 빙 돌아서; 방향을 바꾸어, 반대 방향으로; 우회하여. ¶turn a car ~ 차의 방향을 돌리다 / go a long way ~ 멀리 우회하다. 6 이리저리, 여기저기, 사방에. ¶travel ~ 여행하다 / hang ~ 배회하다 / move furniture ~ 가구를 이리저리 옮기다 / order a person ~ 남을 마구 부리다. 7 돌아가면서, 순번으로, 차례대로, 번갈아, 교대로. ¶take turns ~ 차례대로 돌아가며 하다 / Turn ~ is fair play. 차례대로 하는 것이 공평하다. 8 주위(둘레)가 (…인). ¶a wheel two inches ~ 둘레가 2인치인 바퀴. 9 (해사) 바람 불어오는 쪽으로 돌리어. ¶make [or put, bring] the ship ~ 배를 바람 불어오는 쪽으로 돌리다.

about and about 비슷비슷하여, 거의 같아.

About face! (구령) 뒤로 돌아!

at about (구어) 거의, 대략; …의 근방에서. ¶The sun set *at* ~ six o'clock. 해는 6시경에 졌다.

find one's way about (지리에 밝아) 스스로 어느 곳이든 갈 수 있다.

put about ① 널리 알리다, 전파하다. ② …을 감다, 두르다. ③ (배를 반대 방향으로 돌리다. 「(정도)」

That's about (***the size of***) ***it***. (구어) 대략 그 쯤

──〖형〗 (서술용법) 1 이리저리 움직이어, 활동하여; 일어나서. ¶He was up and ~ while the rest of us still slept. 다른 사람들은 아직도 자고 있는데 그는 일어나서 이리저리 움직이고 있었다. 2 (질병이) 돌아서, (소문이) 퍼져. ¶Smallpox is ~. 천연두가 돌고 있다 / Every kind of rumor was ~. 갖가지 소문이 돌고 있었다.

be out and about (병후에) 원기가 회복되다; 일을 할 수 있게 되다.

be up and about (구어) 침상[병상]에서 (다시) 일어나 걸어다닐 수 있게 되다.

──〖통〗〖자〗 (해사) (돛을 달고 달릴 때 키를 잡고) 바람 불어오는 쪽으로 돌리다; 이물을 돌리다.

About ship! (해사) 바람 (불어오는) 쪽으로 돌려[돌릴 준비]!

above

공간적으로 on이 「물체의 표면에 붙어서 위에」, over가 「내리덮듯이 위에」를 가리키는 데 대해, above는 「표면에서 떨어져 위(쪽)에」를 가리킨다. 이 공간적 「상위」에서 「우월·초월」의 뜻이 생겨났다. 반의어는 below.

‡a·bove [əbʌ́v] 전 **I. 위치**
1 (공간적으로) …보다 위에[로], 보다 높이; (소리가) 드높이. ¶~ the horizon 지평선 위에/ten feet ~ the sea 해면보다 10피트 위에/the floor ~ ours 우리 층의 위층/a tower high ~ the town 시가 높이 우뚝 솟아 있는 탑/A~ the noise of the train, I heard the man singing. 열차의 소음을 뚫고 그 남자의 노래 소리가 들려 왔다.

(USAGE) **above**와 **over** —— above는 밀착하지 않고 떨어져서 높은 위치에 있음을 나타내는 것에, 바로 위를 의미하는 경우도 있다. over도 바로 위를 의미하지만, 위를 덮는 넓이라든가 운동을 나타내는 점에서 above 와 다르다. hold one's hands above one's head에서는 두 손은 어깨에서 곧바로 위에 있는 것을 생각할 수 있으나, over one's head에서는 머리 바로 위에 손을 올려서 머리를 덮고 있는 것을 생각하게 된다.

2 (지리적으로) …보다 북쪽에(north of); …보다 상류쪽에, 보다 위쪽에. ¶The village lies just ~ Boston. 그 마을은 보스턴 바로 북쪽에 있다/a waterfall ~ the bridge 다리의 상류에 있는 폭포.
II. 우월
3 (수·양이) …이상으로. ¶~ average in weight 체중이 평균 이상으로/all boys ~ 12 years of age 12세 이상의 모든 소년들/The weight is ~ a ton. 무게는 1톤 이상이다. **4** …보다 상위에, 보다 나아서. ¶He is immediately ~ me in rank. 그는 나보다 한 계급 위다/marry ~ one 자기보다 신분이 높은 사람과 결혼하다/As a scholar, he is far ~ me. 학자로서는 그가 나보다 훨씬 낫다[우월하다].
III. 초월
5 …을 받지 않는, …이 미치지 못하는. ¶His conduct is ~ suspicion [reproach]. 그의 행동에는 의심[비난]의 여지가 없다/attempt tasks ~ one's ability 능력 이상의 일을 해보다/He is ~ rivalry. 그와 맞겨룰 상대는 없다.
6 (좋지 않은 행위·생각 따위)를 하지 않는, …을 초월하여, …을 꺼려서. ¶He is ~ bad behavior. 그는 버릇 없는 짓은 하지 않는다/Don't be ~ asking questions [a favor]. 질문[부탁]하기를 꺼려하지 마라/She is not ~ reading her own poems. 그녀는 자작시 낭독을 그리 싫어하는 것도 아니다[내심 낭독하고 싶어한다](* 이와 같이 above가 not과 결합되면 소극적인 말씨가 오히려 인상을 강하게 하는 효과를 낸다. 특히 구어에서 흔히 볼

수 있다.)
IV. 기타 용법
7 …보다는 오히려. ¶value [or put] honor ~ life 생명보다도 명예를 중히 여기다/favor one child ~ the other 어떤 아이를 다른 아이보다도 귀여워하다. **8** (연극) …보다 무대의 안쪽에[으로](upstage of).
above all 특히, 무엇보다도. ¶Have charity ~ all. 무엇보다도 자비심을 가지시오.
above all things 무엇보다도 먼저, 첫째로.
above and beyond …에 더하여, …외에. ¶He is a sportsman ~ and beyond his qualities as a scholar. 그는 학자로서의 자질이 있는 데다가 스포츠맨이기도 하다.
above everything (else) 무엇보다도.
above oneself 분수를 잊고, 자만하여.
over and above =above and beyond.
—— 甲 **1** 위에(로); 머리 위에(로); 위층에; 위쪽에[으로]. ¶a cry from ~ 위에서 들려오는 고함/the blue sky ~ 머리 위의 푸른 하늘/white clouds floating ~ 하늘 높이 떠도는 흰 구름/the floor ~ 위층. **2** (강 따위의) 상류에. ¶The dam is three miles ~. 댐은 3마일 상류에 있다. **3** 윗자리에, 상위에 있는. ¶a vacancy in the rank ~ 윗자리의 공석/appeal to the courts ~ 상급 법원에 항소하다. **4** …이상. ¶thirty and ~ 30(과 그) 이상/books with 100 pages and ~ 100 페이지 이상 되는 책. **5** (책 따위에서) 위에서, 앞에서; (페이지의) 위쪽에. ¶as is stated ~ 앞에서 말한 바와 같이/the remark quoted ~ 앞서 인용한 말/the examples ~ 위에 든 보기. **6** (비유적) 하늘에[도]. ¶There is God ~. 하늘에는 하느님이 계신다/She is gone to her eternal rest ~. 그녀는 하늘 나라에 갔다[사망했다]. **7** (동물) 등쪽에, 위쪽에. ¶The parent bird was lustrous pale blue ~. 어미새는 등이 광택 있는 엷은 청색이었다. **8** (연극) 무대 안쪽에서[으로]. ¶retire ~ 무대 안쪽으로 물러가다.
—— 형 앞서 말한, 상술한, 상기(上記)한. ¶the ~ explanation 상술한 설명/the ~ facts [instances] 위에서 든 사실.
—— 명[U] **1** (the ~) (단·복수 양용) 위에 말한[적은] 사실[사람](* 주로 법률문·상용문 등에 쓰인다). ¶Refer to the ~. 위에 적은 것을 참조하라/The ~ will all stand trial. 위에 적은 사람은 전원 재판을 받을 것. **2** 하늘; 위, 상층부. ¶a gift from ~ 하늘이 내린 선물, 천부적 재능.

a·bove·stairs [əbʌ́vstɛ̀ərz] 형부명 (英) =upstairs.
a·bove-the-line [-ðəláin] 형 **1** 표준[수준] 이상의. **2** (원가 계산·예산 등의 비목(費目)이) 개별의. ¶~ cost 개별비, 특정 계정 과목. **3** (광고) 광고 회사에 수수료를 지불하는 (☞ below-the-line). **4** (영화·TV) (경비가) 촬영 개시 전의.
ab o·vo [æb óuvou] 甲 처음부터. [<L]
ABP, A.B.P. arterial blood pressure. **abp., Abp.** archbishop. **abr.** abridge(d); abridgment.
ab·ra·ca·dab·ra [ǽbrəkədǽbrə] 명 **1** 애브러커대브러(부적으로 글자를 삼각형으로 배열해 쓴 주문(呪文)); (마술사 등의) 주문. **2** 헛소리, 허튼 소리.
a·bra·chi·a [əbréikiə] 명 (의학) 무완(증)(無腕(症)).
a·bra·dant [əbréidnt] 형 연마용(研磨用)의. —— 명 연마재(材)(abrasive).
a·brade [əbréid] 타자 (피부 따위)를 까다, 벗기다;

…을 닳게 하다. —— 재 닳다; 스쳐서 벗겨지다, 까지다.
a·brad·a·ble **a·brád·er** 명 연마기(硏磨器).
A·bra·ham [éibrəhæ̀m, -həm, (英) -brə-] 명 **1** 에이브러햄(남자 이름). **2** (성서) 아브라함(이삭의 아버지로 히브리족의 시조. ☞ 창세기(Gen.) 11:25).
sham Abraham 미친 체하다; 병자인 체하다.
Abraham's bósom 명 (성서) 아브라함의 품안 (천국을 말함. ☞ 누가 복음(Luke) 16:22). 「서.
in Abraham's bosom 아브라함의 품안에서, 천국에
A·bram [éibræm] 명 (성서) áːbræm) 명 (성서) 아브람 (Abraham의 옛 이름).
a·bran·chi·ate [eibrǽŋkièit, -èit/æb-, əb-] 형 (동물) 아가미가 없는, 무새류(無鰓類)의. —— 명 무새류의 동물. (또는 **abranchial**)
a·bra·sion [əbréiʒən] 명 **1** 마멸(磨滅)된 곳; 까진 상처, 찰과상. **2** [U] (기계·지질) 마멸, 마손; (바닷물에 의한) 침식 작용.

a·bra·sive [əbréisiv, -ziv] 명 연마제(研磨劑)(모래·금강사(金剛砂) 따위). — 형 1 연마하는; 닳게 하는, 마멸시키는. 2 아니꼬운, 불쾌한; 귀에 거슬리는. ~**·ly** 부 ~**·ness** 명

ab·re·act [æbriǽkt] 타 [정신분석] (억압된 감정)을 정화(淨化)하다, 소산(消散)시키다. **-áct·ion** ① 정화(淨化) 작용, 소산(消散) 반응. **-áct·ive** 형

*****a·breast** [əbrést] 부 1 나란히, 병행해서(side by side). ¶a line two ~ 2열 종대 / walk four ~ 네 사람이 나란히 걸어가다. 2 뱃머리를 나란히 하여.
abreast of [or *with*] …과 병행해서, …에 뒤떨어지지 않도록; …에 정통하여. ¶keep[or be] ~ of [or with] the times 시대에 뒤떨어지지 않도록 하다.
— 전 …과 나란히(* abreast of의 of를 생략한 법). ¶~ the times 시대에 뒤떨어지지 않고.

a·bri [əbríː] 명 피난처, 은둔처. [<F>

*****a·bridge** [əbrídʒ] 타 1 …을 단축하다, 생략하다(⊕ lengthen). ⇨SHORTEN 유의어 ¶to make a long story 짧게 줄이다 // (~ + 목 + 전 + 명) The book is ~d from the original work. 이 책은 원본을 요약한 것이다. 2 (기한·범위)를 줄이다; (권한·권리)를 축소하다(⊕ expand). 3 (고어) …에게서 빼앗다; 잘라내다 (of). ¶~ a person of his rights 남의 권리를 빼앗다.
a·brídge·a·ble, ~**·a·ble** 형 **a·brídg·er** 명

a·bridg·ment [əbrídʒmənt] 명 1 ⓤ 단축, 생략; 발췌, 요약. 2 초록본(抄錄本), 초본. 3 ⓤ (권리 따위의) 박탈. 또는 abridgement]

a·bris·tle [əbrísl] 형 부 (털 따위가) 곤두선[서서].

ABRO Animal Breeding Research Organization.

a·broach [əbróutʃ] 형 부 (* 형용사로는 서술용법) (술통 등의) 마개를 따고, 널리 알려져, 공표하여.
set…abroach ① [술통 따위의] 마개를 따다[열다]. ② [새 학설 따위]를 퍼뜨리다; [소동 따위]를 일으키다.

‡**a·broad** [əbrɔ́ːd] 부 1 외국에[으로], 해외에[로]; (⊕) 유럽에[으로]. ¶Korean students ~ 해외의 한국인 유학생 / a tour ~ 해외 여행 / travel ~ 외유하다 / go ~ 외국으로 가다 / return from ~ 귀국하다 / live ~ 해외에 살다. 2 널리, 유포되어, 퍼져서. ¶be noised ~ 평판이 자자해지다 / spread ~ 널리 퍼지다 / There is a rumor ~ that… …이라는 소문이 퍼져 있다. 3 집밖에[으로], 외출하여(out). ¶be ~ 외출중이다 / walk ~ 나돌아다니다. 4 틀려서; 과녁을 빗나가서; 어찌할 바를 몰라서; 혼란에 빠져.
all abroad ① 어찌할 바를 몰라; 당황하여. ② (짐작 따위가 아주) 얼토당토 않아.
at home and abroad 국내에서나 외국에서나.
from abroad 해외로부터[에서].
get abroad 소문 따위가 널리 알려지다; 외출하다.
go abroad 외국에 가다; 집밖에 나가다.
set…abroad [소문 따위]를 퍼뜨리다.
— 명 외국, 해외, 바깥. ¶letters from [for] ~ 외국에서 온[외국으로 갈] 편지.

ab·ro·gate [ǽbrəgèit] 타 [법률·습관 따위]를 폐지[폐기]하다; 방해[저지]하다. ¶~ a law 법을 폐지하다. **-ga·ble** [-gəbl] 형 **-gá·tion** 명 **-gà·tive** 형 **-gà·tor** 명

ABRS advanced ballistic reentry system(신형 탄

*****ab·rupt** [əbrʌ́pt] 형 1 갑작스러운, 돌연한, 뜻밖의. ⇨SUDDEN 유의어 ¶an ~ entrance 불시의 침입. 2 (문체·태도가) 비약적인, 단절적인; 연결이 되지 않는; (말씨·태도가) 퉁명한, 무뚝뚝한. ¶an ~ literary style 퉁명스러운 문체. 3 험준한, 가파른. 4 [식물] 싹둑 잘라낸 모양의, 절형(截形)의. 5 (지층 따위가) 갑자기 노출된, 단열(斷裂)된. ~**·ness** 명

ab·rup·tion [əbrʌ́pʃən] 명 ⓤ (물체의 일부분의 급격한) 분리, 분열; (드물게) 단절, 격리.

*****ab·rupt·ly** [əbrʌ́ptli] 부 1 (글머리나 동사 앞에서) 갑자기, 불시에, 불쑥. 2 (동사 뒤에서) 퉁명스럽게; 험

하게. [도 대기권 재돌입 우주선).

ABRV advanced ballistic reentry vehicle(신형 탄

abs [æbz] 명 복 (보디빌딩에서) 복근(腹筋)(abdominal muscles).

ABS absolute value; air break switch; anti-lock brake system(ABS 제동 장치). **abs.** absence: absent; absolute(ly); absorbent; abstract. **A.B.S., ABS** acrylonitrile, butadiene and styrene(플라스틱 합성 수지); alkyl benzene sulfonate(경성(硬性) 세제의 주성분); American Bible Society(미국 성서 협회); American Bureau of Shipping(미국 선박국; (증권) assets-backed securities(자산 담보부[유동화] 채권). [는다. ¶abscond.

abs- [æbs, əbs] 접두 ab-의 이형으로 c, q, t 앞에 붙

Ab·sa·lom [ǽbsələm] 명 [성서] 압살롬(다윗의 셋째 아들로, 아버지를 거역하여 피살되는)—사무엘하 (2 Sam.) 13–20); 반항적인 아들.

ab·scess [ǽbses, -sis] 명 [병리] 농양(膿瘍), 종기. —자 종기를 형성하다. **~ed** [-t] 형 종기가 생긴.

ab·scind [æbsínd] 타 …을 잘라내다(cut off).

ab·scis·ic ácid [æbsísik-, -síz-] [생화학] 아브시스산(酸)(식물의 생장 기능을 조절하는 호르몬).

ab·scis·in [ǽbsisin, æbsísən] 명 [생화학] 아브시신. (또는 abscissin)

ab·scis·sa [æbsísə] 명 (복 ~s, -sae [-siː]) [수학] 가로좌표(座標). (⊕) ordinate

ab·scis·sion [æbsíʒən, -síʃ-] 명 1 절단, 절제(切除); 갑작스러운 종결. 2 [식물] (이층(離層)의 형성에 의한) 잎·과실·꽃 따위의) 분리, 이탈. ¶an ~ layer 이층. 3 [수사] 돈단법(頓斷法).

ab·scond [æbskánd / əbskɔ́nd] 자 (나쁜 짓을 하고) 자취를 감추다, 도망치[실종]하다(from, with). ⇨FLEE 유의어 ¶~ from a place 어떤 장소에서 도망하다. **ab·scónd·ée**, **-er** 명 도망자, 실종자.

ab·scond·ence [æbskándəns / əbskɔ́nd-] 명 ⓤ (범인 등의) 도망, 도주, 실종; 잠적.

ab·seil [áːpzail, áːb- / áːpsail, áːb-] 명 [등산] 현수(懸垂) 하강법(로프에 몸을 감고 내려오는 하강법).
— 자 현수 하강하다; (헬리콥터에서) 로프를 사용하여 내리다.

‡**ab·sence** [ǽbsəns] 명 (복 **-senc·es** [-iz]) 1 ⓤⓒ 부재, 결석; (1회의) 결석, 결근, 불참; 부재 기간. ¶a long ~ 장기 결석[결근, 부재] / a report of ~ 결석[결근]계 / after (a) five years' ~ 5년 만의 귀환 / make an ~ 결석[결근]하다, 신고를 내다 / Absence! (⊕) 결석입니다(* 점호 때의 대답)// from school [office] 결석[결근]. 2 ⓤⓒ 없음, 결여, 결핍; 부족(of). ⇨LACK 유의어 ¶~ of order 무질서 / Most of the tragedies are caused by the ~ of reason. 대개의 비극은 이성의 결여로 일어난다. 3 ⓤ absence of mind 방심; 망연 자실.
absence over leave (휴가·외출에서의) 미귀(未歸).
absence without leave 무단 결근[결석].
in a person's absence 남의 부재중에; 남이 없는 곳에서, 뒷전에서.
in the absence of …이 없을 때에; …이 없어서.
leave of absence 결근[결석] 허가, 휴가.

‡**ab·sent** [ǽbsənt] 형 1 부재의, 출타중인; 결석[결근]한, 불참한(from) (⊕) present). ¶be ~ from home 집에 없다 / be ~ from school [office] 학교[회사]에 결석[결근]하다 // Long ~, soon forgotten. (속담) 오래 떠나 있으면 잊혀지게 마련, 거자일소(去者日疎) (Out of sight, out of mind.). 2 없는, 결여된 (in). ¶Snow is ~ in some countries. 눈이 내리지 않는 나라도 있다. 3 방심한, 멍한. ¶an ~ air 멍한 모습 / in an ~ sort of way 멍하니, 우두커니, 넋없이.
absent over leave (美군사) 휴가(상륙 허가) 기간을 넘기고 귀대[귀선]하지 않은(略 AOL).

absent without leave (美) ① 무단 결근[결석]의. ② (군사) 무단 외출의(☞ AWOL, awol).
──[æbsént] (재귀용법으로) 결석[결근]하다, …를 비우다. ¶He ~ed himself *from* class. 그는 수업에 결석했다.
ab·sen·tá·tion, ~**·er**, ~**·ness** 명.
ab·sen·tee [æbsəntíː] 명 1 결석[결근]자, 불참자. 2 재외자(在外者); (법률) (근무 장소·지위·의무 등에 대한) 부재자; 부재 지주(~ landlord); 부재 투표자.
an absentee without leave 무단 결석[결근]자.
──형 부재의, 부재─.
ábsentee bállot 명 부재자 투표 용지.
ab·sen·tee·ism [æbsəntíːizm] 명 1 부재 지주 제도. 2 장기 결석[결근]; 계획적 (무단) 결근(동맹 파업 전술의 하나). [주.
ábsentee lándlord [lándowner] 명 부재 지주.
ábsentee móther 명 집을 비우고 일 나가는 어머
ábsentee vóte 명 (英) 부재자 투표. 니.
ábsentee vóter 명 =absent voter.
ab·sen·te re·o [æbséntiː ríːou] (법률) 피고 결석 때문에, 피고 결석인 경우. [<L]
ábsent héaling 명 (심령) 부재 치료(병자와 떨어진 곳에서의 영적 치료).
ab·sen·ti·a [æbséntiə] 명U 부재, 집을 비움.
in absentia 부재중에, 결석중에, [1, 명철로].
ab·sent·ly [æbsəntli] 부 넋을 잃고, 우두커니, 명하니.
‡**ab·sent-mind·ed** [-máindid] 형 방심 상태의, 명하니 있는, 넋놓은, 멍청한. ~**·ly** 부 ~**·ness** 명.
ábsent vóter 부재자 투표자.
ab·sinth(e) [æbsinθ] 명 1 U 압생트(쓴쑥 따위로 빚은 독주). 2 쓴쑥; (美) =sagebrush. **ab·sín·thi·al, ab·sin·thi·an** 형 ─**sinth·ism** 명 U 압생트 중독.
ab·sit o·men [æbsit óumen] 명 불길한 전조가 아니기를; 아무 그런 일이 없기를; 맙소사. [<L]
ab·so·blood·y·lute·ly [æbsəblʌdilúːtli] (속어) =absolutely. [(속어) =absolutely.
ab·so-fuck·ing-lute·ly [æbsəfʌkiŋlúːtli] 부
absol. absolute; absolutely.
‡**ab·so·lute** [æbsəlúːt] 형 1 절대의, 절대적인(⇔relative, comparative). ¶the ~ being 절대적 실재, 신(God)/an ~ principle 절대 원리. 2 완전 무결의, 온전한(⇒UTTER 유의어); 순수한. ¶an ~ fool 철저한 바보 / ~ ignorance 새까만 모름, 완전한 무지. 3 무제한의, 무조건의; 전제(專制)의, 독단적인. ¶an ~ monarch [or ruler] 전제 군주. 4 실제의; 확실한; 단호한. ¶an ~ proof [fact] 확실한 증거[사실]. 5 (문법) 절대적, 유리(遊離)된. ¶an ~ construction 독립 구문/an ~ participle 독립 분사. 6 (물리) 절대 온도의; (교육) 절대 평가의; (수학) 절대치(値)의. 7 (항공) 절대 고도의. 8 (컴퓨터) 절대의(기계어로 쓰여 있어 번역하지 않게 된다)(⇔ symbolic). ¶~ **coding** 절대 코딩.
──명 1 절대적인 것(무리, 원리); (the) (철학) 절대자. 2 (the A-) 절대자, 신; 우주. ~**·ness** 명.
ábsolute áddress 명 (컴퓨터) 절대 주소[번지].
ábsolute addréssing 명 (컴퓨터) 절대 주소 지정.
ábsolute álcohol 명 무수(無水) 알코올.
ábsolute áltitude 명 (항공) 절대 고도.
ábsolute céiling 명 (항공) 절대 상승 한도.
ábsolute deviátion 명 절대 편차(偏差)(사격에서 조준점과 탄착점(彈着點)과의 직선 거리).
ábsolute érror 명 (수학·컴퓨터) 절대 오차.
ábsolute humídity 명 (물리) 절대 습도.
ábsolute impédiment 명 (법률) 절대적 혼인 장애.
ábsolute infínitive 명 (문법) 독립 부정사. [애.
ábsolute instrúction 명 (컴퓨터) 절대 명령.
ábsolute liabílity 절대(무과실) 책임.
‡**ab·so·lute·ly** [æbsəlúːtli, ˌ--ˊ--] 부 1 절대적으로. 2 참말로, 정말로; 완전히, 전적으로. 3 무제한으로, 무조건으로; 전제[독재]적으로. ¶promise ~ 무조건으로 약속하다 / govern ~ 독재 정치를 하다. 4 (부정문에서) 전혀. ¶He has ~ nothing now. 그는 지금 가진 것이라고는 전혀 없다. 5 (문법) 독립적으로, 동떨어져. ¶an adjective used ~ 독립적으로 쓰인 형용사.
──감 [ˌ--ˊ--] (동의·찬성을 나타내어) 그렇소, 물론. ¶*A~ not!* (절대로) 안 돼! / *Are you sure? ─ Absolutely!* 확실해요? ─물론이죠!
ábsolute mágnitude 명 (천체 광도의) 절대 등급.
ábsolute majórity 명 절대 다수, 과반수.
ábsolute mónarchy 명 전제 군주(정치);U 전제 군주제[정체(政體)]. ⓢ **limited monarchy**
ábsolute músic 명 (음악) 절대 음악, 순(純)음악, 순수 기악곡. ⓢ **program music**
ábsolute númber 명 (수학) 무명수(無名數).
ábsolute pítch (음악) 절대 음고(音高)[음감].
ábsolute préssure 명 (물리) 절대 압력.
ábsolute scále 명 (물리) 절대 온도 눈금(Kelvin ~).
ábsolute spáce 명 (물리) 절대 공간. ⓢ scale).
ábsolute supérlative 명 (문법) 절대 최상급.
ábsolute sýstem (of únits) 명 (물리) 절대 단위계(單位系).
ábsolute témperature 명 (열역학) 절대 온도(K로 나타낸다; 0°K = ─273℃에 해당).
ábsolute térm 명 (논리) 절대 명사(名辭); (수학) (정(整)함수의) 절대항(項), 정수항.
ábsolute únit 명 (물리) 절대 단위.
ábsolute válue 명 (수학) 절대값(modulus).
ábsolute wéapon 절대 병기(핵무기 따위).
ábsolute zéro 명 (열역학) 절대 영도(─273.16℃).
*****ab·so·lu·tion** [æbsəlúːʃən] 명UC 1 (벌금·의무 등의) 면제; 면죄(免罪); 방면(*of, from*). 2 (가톨릭) 사죄(赦罪); (사제가 고해자(告解者)에게 행하는) 화해 선언(의 의식). 3 사도식(赦禱式).
ab·so·lut·ism [æbsəlúːtizm] 명U 1 전제주의, 독재주의(정치). 2 (철학) 절대론. ─**lut·ist** 명 ─**lu·tís·tic, -lu·tís·ti·cal·ly** 부
ab·so·lut·ize [æbsəluːtáiz] 동타 절대화하다; 절대시하다. ─**i·zá·tion** 명
*****ab·solve** [æbzɔ́lv, -sɔ́lv/əbzɔ́lv] 동타 1 (책임·의무)를 해제하다, …을 용서[면제]하다(*from*). ¶(~+目+前+名) ~ a person *from* an obligation 남의 책임을 해제하다 / *be ~d from* one's promise 약속을 면제받다. 2 (책임·죄 따위가 없음)을 선언하다. 3 (교회) (남)에게 죄를 사면해 주다(*of*). ¶~ a person *of* his sin 남의 죄를 사면하다.
-sólv·a·ble ─ **-sól·vent** 형명 **-sólv·er** 명 [to).
ab·so·nant [æbsənənt] 형 조화되지 않는(*from,*
‡**ab·sorb** [æbsɔ́ːrb, -zɔ́ːrb/əb-] 동타 1 (~s [-z]) (수동없음) …을 흡병하다. 병탄(倂呑)하다 (*into*). ¶(~+目+前+名) A small firm was ~ed *into* a large one. 작은 회사가 큰 회사에 합병되었다. 2 (주의·정력 따위)를 빼앗다. (남)을 몰두시키다 (*in, by*). ¶(~+目+前+名) ~ oneself *in* a book 책에 몰두하다. 3 (수분 따위)를 빨아들이다; (열·빛·소리 따위)를 빨아들이다, 흡수하다. ¶A sponge ~s water. 해면은 물을 빨아들인다 / *Light is ~ed by* a black surface. 광선은 검은 표면에 흡수된다. 4 (지식·사상 따위)를 흡수[활용]하다, 동화하다. 5 (이민 따위)를 받아들이다; (비용·세금 따위)를 부담하다; (벌 따위)를 ~**·a·bíl·i·ty** 명 **~·a·ble** 형 [받다.
ab·sórb·ance [æbsɔ́ːrbəns, -zɔ́ːrb-/əb-] 명 (물리) 흡광도(吸光度).
ab·sorbed [æbsɔ́ːrbd, -zɔ́ːrbd/əb-] 형 1 (정신이) 빼앗긴, 열중한, 몰두한(*in*) ¶*with* an ~ attention 주의를 집중하여 // He is ~ *in* study. 그는 연구에 열중해 있다. 2 흡수된. ¶an ~ company 합병된 회사.
-sórb·ed·ly [-sɔ́ːrbidli] 부 **-sórb·ed·ness** 명
absórbed dóse 명 (물리) 흡수선(線)량(방사선이

물질에 흡수된 양; 에너지 단위로 나타낸다).
ab·sor·be·fa·cient [æbsɔːrbəféiʃənt, -zɔː r-/ -əb-] 〖형〗흡수성의. ― 〖명〗〔의학〕흡수제(劑).
ab·sorb·en·cy [æbsɔ́ːrbənsi, -zɔ́ː r-/-əb-] 〖명〗 흡수성, 흡수력[도].
ab·sorb·ent [æbsɔ́ːrbənt, -zɔ́ː r-/-əb-] 〖형〗 흡수성의; 흡수 작용을 하는. ― 〖명〗흡수성의 물질, 흡수제(劑).
absórbent cótton 〖명〗탈지면(《英》cotton wool).
absórbent páper 〖명〗압지(押紙).
ab·sorb·er [æbsɔ́ːrbər, -zɔ́ːrb-/-əb-] 〖명〗 1 흡수기[장치]; (지식 등을) 흡수하는 사람. 2 = shock ~; (물리) 흡수재(材).
ab·sorb·ing [æbsɔ́ːrbiŋ, -zɔ́ːrb-/-əb-] 〖형〗열중하는; 흥미 진진한. ¶an ~ pursuit 열중케 하는 일/an ~ book 흥미 진진한 책. ~**ly** 〖부〗흡수력[을].
ab·sorp·tance [æbsɔ́ːrptəns, -zɔ́ːrp-/-əb-] 〖광학〗흡수율(率).
*****ab·sorp·tion** [æbsɔ́ːrpʃən, -zɔ́ːrp-/-əb-] 〖명〗Ⓤ 1 합병, 병합. ¶the ~ of a company into another 어떤 회사의 다른 회사로의 합병. 2 〖생리〗흡수 작용. 3 흡수. ¶~ of light[heat] 광선[열]의 흡수. 4 열중, 전념, 몰두. ¶~ in one's work 일에의 몰두[열중].
absórption bánd 〖물리〗흡수대(帶)(흡수 스펙트럼에 나타나는 띠 모양의 어두운 선).
absórption coefficient 〖명〗〖물리〗흡수 계수(係數); 〔생리〕흡수 속도. 〖방식 원가 결정.
absórption cósting 〖명〗〖경영〗코스트[경비] 가산.
absórption fáctor 〖물리〗흡수 인자; 흡수율.
absórption hygròmeter 〖명〗흡수 습도계.
absórption nébula 〖명〗〖천문〗 = dark nebula.
absórption spèctrum 〖명〗〖물리〗흡수 스펙트럼.
ab·sorp·tive [æbsɔ́ːrptiv, -zɔ́ːrp-/-əb-] 〖형〗 1 흡수하는, 흡수성의[이 있는]. 2 재미[흥미]있는.
~**ly** 〖부〗 ~**·ness** 〖명〗
absórptive pówer 〖물리〗흡수력.
ab·sorp·tiv·i·ty [æ̀bsɔːrptívəti, -zɔːrp-/-əb-] 〖명〗〖물리〗흡수 계수, 흡수율(率).
ab·squat·u·late [æbskwátʃulèit/-skwɔ́tju-] 〖자〗 〔인살〕도망하다, 종적을 감추다. **-làt·er**, **-là·tion** 〖명〗
ÁBS résin 〖명〗〔화학〕 에이비에스 수지(내열·내충격성 플라스틱). 〔<acrylonitrile-butadiene-styrene〕
abst., abstr. abstract(ed).
*****ab·stain** [æbstéin, əb-] 〖자〗⒜ 1 〔쾌락 따위를〕절제하다, 끊다 (from). ¶(~+전+명) ~ from drinking [food] 금주[단식]하다. 2 (투표를) 기권하다 (from).
ab·stain·er [æbstéinər, əb-] 〖명〗절제하는 사람; 금주가, 금주주의자. ¶an ~ from wine 금주가.
ab·ste·mi·ous [æbstíːmiəs, əb-] 〖형〗(음식에 대해) 절제하는, 절도 있는; 검소한. ¶an ~ life[diet] 검소한 생활[식사]. ~**ly** 〖부〗 ~**·ness** 〖명〗
ab·sten·tion [æbsténʃən, əb-] 〖명〗Ⓤ 1 (행위·쾌락을) 삼감, 절제, 자제(from). 2 (투표의) 기권; 기권자수. ¶The vote was 56 to 7, with 5 ~s. 표결은 56 대 7, 기권 5였다. 3 (정치에서의) 불개입, (국제 문제에 대한) 불간섭.
~**·ism** 〖명〗 ~**·ist** 〖명〗자제주의자(의). **-tious** 〖형〗
ab·sterge [æbstə́ːrdʒ-] 〖타〗 ···을 닦아내다; (의학) 변을 통하게 하다(purge).
ab·ster·gent [æbstə́ːrdʒənt/-əb-] 〖형〗깨끗이 씻어 내는, 세척성의; 변을 통하게 하는. ― 〖명〗세척제(劑) (비누 따위); 〔의학〕하제(下劑).
ab·ster·sion [æbstə́ːrʃən/-əb-] 〖명〗세척, 세정 (洗淨); 설사시킴(cleansing).
ab·ster·sive [æbstə́ːrsiv/-əb-] 〖형〗 = abstergent.
ab·sti·nence [æbstənəns] 〖명〗Ⓤ 1 절제, 삼가서 끊음, 금욕(from). ¶~ from smoking 금연. 2 자제, 참음. 3 〔종교〕 (금요일에) 육식을 삼가는 일, 정진(精進); 〔가톨릭〕금육재(禁肉齋)(cf. fast). 4 금주 〔경제〕 제욕(慾)(자본 축적을 위한 지출 억제).

ábstinence ònly 〖형〗《미》(중·고교의) 성(性)교육 교육 과정.
ábstinence sỳndrome 〔의학〕 금단(禁斷) 증
ábstinence thèory 〔경제〕 제욕(制慾)[절욕(節慾)]설(이윤은 소비 절약 및 자본 축적의 보상이라는 설).
ab·sti·nen·cy [æ̀bstənənsi] 〖명〗 = abstinence.
ab·sti·nent [æbstənənt] 〖형〗 (음식 따위를) 삼가서 끊는, 절제하는, 금욕적인. ~**ly** 〖부〗
‡**ab·stract** [æbstrǽkt, ´-´-] (*more* ~; *most* ~) 1 추상적인; 추상 개념을 나타내는(⊕ concrete). ¶an ~ idea 추상적인 관념 / "Beauty" and "truth" are ~ words. "미(美)"와 "진리"는 추상적인 말이다. 2 이론적인; 관념적인, 공론적(空論的)인. ¶~ science 이론 과학. 3 어려운, 난해한, 심오한. ¶~ theories[speculations] 심오한 이론[사색]. 4 〔미술〕추상(파)의. ¶~ paintings 추상화. 5 명하니 있는, 얼빠진, 방심한. ¶with an ~ air 멍한 태도로, 방심 상태로.
― 〖명〗 [´-´] 1 (the ~) 추상, 개괄(概括). 2 추상물; 추상 관념, 추상 명사(名辭)(~ term). 3 (책·연설·서류의) 적요서[摘要書], 개요, 초록(抄錄), 발췌, 강령. ¶The ~ of the statement is as follows. 성명서의 요지는 다음과 같다. 4 추상 명사(名詞).

주의 추상명사의 suffix 중 -hood, -dom, -ness 등은 영어 본래의 것; -age, -ance, -tion, -sion, -ment, -al, -ty 등은 라틴어 또는 프랑스어계; -ism, -ic, -cs, -y, -asm 등은 그리스어계.

5 〔미술〕추상화, 추상 작품. 6 〔약학〕애브스트랙트, 생약 추출물. 〖명서, 권리서.
an abstract of title 〔법률〕(부동산의) 양도 경과 설
in the abstract 추상적으로, 관념적으로; 이론상으로, 일반적으로 말하면. ⊕ in the concrete
make an abstract of 〔논문·책〕등을 요약[발췌]하다.
― 〖타〗 [-´] 1 〔성질 따위〕을 실체(實體)에서 분리하여 생각하다, 추상화하다. 2 ···을 떼어 내다, 분리하다. ¶~ a large proportion of profits 이익의 대부분을 떼어 내다. 3 (완곡적) ···을 절취하다, 훔치다 (from). ¶(~+目+前+名) ~ a purse *from* a person's pocket 남의 호주머니에서 지갑을 훔치다. 4 [-´] ···을 발췌[요약]하다. 5 〔화학〕 ···을 추출(抽出)하다 (from). ¶~ spirit *from* a substance 어떤 물질에서 엑스를 추출하다. 6 〔주의·관심〕을 다른 데로 돌리다.
~**·ly** 〖부〗 ~**·ness** 〖명〗
ábstract álgebra 〔수학〕 추상 대수학.
ábstract árt 〖명〗추상 예술.
ab·stract·ed [æbstrǽktid] 〖형〗 1 마음을 빼앗긴; 몰두한, 멍하니 있는. ¶an ~ air 멍한 태도. 2 (화학) 추출(抽出)한(⊕ concrete). ~**ly** 〖부〗 ~**·ness** 〖명〗
ab·stract·er [æbstrǽktər] (*《英》* **-strac·tor**) 〖명〗추출하는 사람[물건].
ábstract expréssionism 〖명〗《미》〔미술〕추상적 표현주의(제2차 세계 대전 후의 미국 회화의 한 파).
ábstract expréssionist 〖 파〗.
ab·strác·ting jòurnal [æbstrǽktiŋ-] 〖명〗초록지(抄錄誌)(저서나 논문 등의 요약을 주제별로 정리한 정기 간행물).
abstrácting sèrvice 〔논문 등의〕 초록[요약] 배포 서비스(※ 보통은 예약 구독됨).
*****ab·strac·tion** [æbstrǽkʃən] 〖명〗Ⓤ 1 추상 (개념); 추상 명사(名辭); 추상화, 추상 작용. 2 비현실적[순이론적] 관념. 3 〔화학〕추출, 추출 작용; 분리, 제거. 4 (완곡적) 절취, 훔치기. 5 방심, 몰두, 열중; 명연 자실. ¶an air of ~ 몰두한 모양. 6 〔미술〕(작품의) 추상성; 추상화. Ⓒ 추상 미술 작품. ―**al** 〖형〗
ab·strac·tion·ism [æbstrǽkʃənìzm] 〖명〗Ⓤ 〔미술〕추상주의, 추상화법; 추상 기법.
ab·strac·tion·ist [æbstrǽkʃənist] 〖명〗Ⓒ 〔미술〕추상파 화가[조각가, 시인]; 추상주의자. ― 〖형〗추상 예

술[주의]의, 추상 예술[주의]적인.
ab·strac·tion·mon·ger [æbstrǽkʃənmʌ̀ŋɡər] 명 공상가, 얼빠진 사람.
ab·strac·tive [æbstrǽktiv] 형 추상적인; 추출력(抽出力)이 있는; 초록(抄錄)의. ~·ly 부 ~·ness 명
ábstract músic 명 =absolute music.
ábstract nóun 명 [문법] 추상 명사.
ábstract númber 명 [수학] =absolute number.
ab·struse [æbstrúːs] 형 1 난해한; (교리·학설 따위가) 심오한; 비전(秘傳)의. ¶an ~ creed 심오한 교리. 2 [폐어] 숨겨진, 비밀의. ~·ly 부 ~·ness 명
ab·stru·si·ty [æbstrúːsəti] 명U 난해한성, 심오함; C 난해한 것[말, 행동, 일].
‡**ab·surd** [æbsə́ːrd, -zə́ːrd/əbsə́ːd] 형 (more ~; most ~) 불합리한, 모순된; 어리석은, 어처구니없는, 우스운(⇒FOOLISH 유의어); (문예·연극) 부조리(不條理)(주의)의. ¶an ~ statement 모순된 진술 / Don't be ~! 어리석은 짓은[말]! / It is ~ of you to do such a thing. 이런 일을 하다니 어떻게 된 거 아니야?
— 명 (the ~) 부조리.
reduce...to an absurd [or *absurdity*] [진술 따위]의 불합리성을 증명하다; [계획 따위]를 파탄할 정도. ~·ly 부 ~·ness 명 [도로 극단적으로 추진하다.
ab·surd·ism [æbsə́ːrdizm] 명U [철학] (실존주의적) 부조리주의; 그 문학[연극]에서의 표현.
ab·surd·ist [æbsə́ːrdist] 형 부조리주의의. ¶an ~ play 부조리극. 명 부조리주의자[작가].
***ab·surd·i·ty** [æbsə́ːrdəti, -zə́ːrd-/əbsə́ːd-] 명U 어리석음, 불합리, 부조리; C 어리석은 짓[태도].
absúrd théater (the ~) 부조리 연극.
ABT American Ballet Theater. **abt.** about.
ABTF (군사) airborne task force.
Ábt sýstem [ǽpt-, ǽpt-] 명 (the ~) 아프트식(式) railway 아프트식 철도.
ABU Asia[Asia-Pacific] Broadcasting Union.
A·bu Dha·bi [áːbuː dáːbi] 명 아부다비(아랍 에미리트 연합 구성국의 하나; 그 수도).
a·build·ing [əbíldiŋ] 명 (米) 건축[건설]중의.
A·hu·ja [ɑ.bú:dʒə] 명 아부자(나이지리아의 수도).
a·bu·li·a [əbjúːliə/əbjú-] 명 [심리] 무의지증(症), 의지 상실. (또는 **aboulia**) **-lic** 형
‡**a·bun·dance** [əbʌ́ndəns] 명U 1 (an ~) 풍부, 충만, 윤택함. ¶an ~ of food[sunshine] 풍부한 식량[충분한 일광] / out of the ~ of the heart 마음에 가득한 것을 입으로 말하다(←미태 복음(Matt.) 12:34). 2 (an ~) 넘칠 만큼 많음, 다량 (*of*). ¶(an ~) of things 남아돌아갈 만큼 많은 물건들. 3 재산, 유복, 부유함.
in abundance 풍부[풍족]하게; 유복하게. ¶live *in* ~ 유복하게 살다.
‡**a·bun·dant** [əbʌ́ndənt] 형 (more ~; most ~) 1 풍부한, 많은, 넘칠 정도로 많은. (⇒PLENTIFUL 유의어) ¶an ~ supply of water 풍부한 물의 공급. 2 (자원 따위가) 풍부한 (*in*, *with*). ¶a river ~ *in* trout 송어가 많은 강.
a·bun·dant·ly [əbʌ́ndəntli] 부 풍부하게, 많이; 유복하게; (강조적) 매우, 아주(very).
abúndant númber 명 [수학] 과잉수.
ab uno dis·ce om·nes [L ab úːno díske óːmnɛs] 하나(의 죄)에서 모든 것[사람]을 배워라, 하나에서 열을 알아라. [<L]
ab ur·be con·di·ta [æb ə́ːrbi kǽnditə/-kə́n-] 로마시의 건설(기원전 753년) 이래 (學 A.U.C.). ¶the year 360 *A.U.C.* 로마시 건설 이래 360년째. [<L]
a·bus·age [əbjúːsidʒ, -zidʒ] 명 말의 오용(誤用).
‡**a·buse** 동타 [əbjúːz] (*a·bus·es* [-iz]; ~*d*; *a·bus·ing*) 1 [지위·권리 따위]를 남용하다, 악용하다. ¶~ rights[authority] 권리[직권]을 남용하다. 2 …을 학대[혹사]하다, 곤욕을 치르게 하다; [여자]를 욕보

이다. ¶~ one's eyesight 눈을 혹사하다. 3 …을 욕하다, 매도하다, 모욕하다, 비방하다. ¶~ one's opponent 경쟁 상대를 욕하다. 4 [남의 신용·비밀 따위]를 배반하다, 악용하다; [남의 호의·관용 따위]를 역이용하다. 5 (고어) (수동형으로) …을 속이다; [남]을 오도하다.
abuse oneself 자위[수음]하다(masturbate).
abuse the confidence of …의 신뢰를 저버리다.
— 명 [əbjúːs] (*a·bus·es* [-iz]) UC 1 남용, 악용, 오용.¶drug ~ 약물[마약] 남용 / the ~ of privileges[discretion] 특권[재량권] 남용. 2 욕설, 욕지거리, 독설. 3 학대, 혹사; 강간, 폭행. ¶child ~ 어린이 학대 / physical[sexual] ~ 육체적[성적] 학대. 4 (종종 ~s) 악폐, 폐해, 악습.¶the ~ of government 정부의 부패 / ~s of the age 시대적 폐습.
a·bús·a·ble [-əbəl] 형
A·bu Sim·bel [áːbuː símbəl/ǽbuː símbəl] 명 아부 심벨(이집트 남부 Nile 강가의 옛 마을; 아스완 댐 공사로 인한 수몰을 면하기 위해 이곳에 있던 Ramses II의 암굴(岩窟) 신전을 높은 장소로 옮겼다. (또는 **Ábu Símbil**)
a·bu·sive [əbjúːsiv] 형 1 입버릇 사나운, 독설의. ¶an ~ critic 독설의 비평가 / an ~ satire 독설적 풍자. 2 남용[악용]된; 학대받은; 부패한. ¶an ~ exercise of power 권력의 남용. ~·ly 부 ~·ness 명
a·but [əbʌ́t] 동 (-*tt*-) 자 1 (토지 따위가) 경계하다 (*on*, *upon*, *onto*).¶His land ~s *on* the road. 그의 토지는 도로에 접해 있다. 2 (건물의 일부가) 접촉하다 (*on*, *upon*, *against*). 3 (옆건물 따위에) 기대다 (*against*). — 타 1 (다른 나라·토지 따위)와 접경하다.¶The two gardens ~ each other. 두 정원은 서로 접해 있다. 2 (건물의 일부 따위)에 접촉하다. 3 (건재 따위)를 홍예받이로 버티다. [의 식물].
a·bu·ti·lon [əbjúːtəlɑn/-lɔn] 명 어저귀(아욱과(科)
a·but·ment [əbʌ́tmənt] 명 1 [건축] 홍예받이; 교대(橋臺). ⇒ARCH¹ 그림. 2 돌출 부분의 접합점. 3 (교량·의지(義齒)·충전물의) 받침.
a·but·tal [əbʌ́tl] 명 (~s) 경계(boundaries); 인접.
a·but·ter [əbʌ́tər] 명 [법률] 인접지의 지주.
a·but·ting [əbʌ́tiŋ] 형 인접한, 접경한; [건축] 홍예받이(abutment)의 역할을 하는.
a·buzz [əbʌ́z] 형 〖서술용법〗 웅성대는, 떠들썩한; 활기찬.
abv. above.
ab·volt [æbvóult, -⌣] 명 [전기] 애브[절대] 볼트(기전력(起電力)의 cgs 전자 단위; 10⁻⁸ 볼트). (略 **aV**).
ab·watt [æbwɑ́t, -⌣] 명 [전기] 애브[절대] 와트(전력의 cgs 전자 단위; 10⁻⁷ 와트). (略 **aW**).
a·by(e) [əbái] 동타 (고어) (죄)를 씻다; (벌로서의) 고난)을 견디다. (또는 **abought**)
a·bysm [əbízm] 명 =abyss.
a·bys·mal [əbízməl] 형 1 심연(深淵)의, 나락의; 끝없이 깊은. 2 (구어) 혹독한, 아주 열악한[지독한].¶~ weather 혹독한 날씨 / an ~ failure 대실패. 3 빛이 없는, 심해(深海)의. ~·ly 부
*a·byss [əbís] 명 1 UC 심연, 심해; 거대한 (암흑의) 공간 (비유적) 구렁텅이.¶an ~ of despair 절망의 구렁텅이 / the ~ of time 영원. 2 U (the ~) 나락(奈落)의 밑바닥, 지옥(hell).
a·bys·sal [əbísəl] 형 =abysmal.
a·bys·sal·ben·thic [əbìsəlbénθik] 형 심해저의.
abýssal pláin 명 심해 평원.
abýssal róck 명 =plutonic rock.
abýssal zóne 명 [생태] 무광(無光)층대(바다에서는 6,000 피트 1,000m 이상). [아(Ethiopia)의.
Ab·ys·sin·i·a [æ̀bəsíniə] 명 아비시니아(에티오피
Ab·ys·sin·i·an [æ̀bəsíniən] 형 아비시니아의.
ac (인터넷) academy(학술·연구 기관을 나타내는 domain의 하나). **ac, AC, a/c, A/C** air-condi-

aC 〔전기〕 abcoulomb. **Ac** ㉮ 〔화학〕 actinium. **Ac** acetate; acetyl; 〔기상〕 altocumulus; 〔전화〕 area code. **AC** acre; adaptive control; adult contemporary; aircraft commander; alternating current; ambulance corps; analog computer; Appeals Court. **A/C, a/c** 〔부기〕 account: account current. **A.C., ac, a-c, a.c.** 〔전기〕 alternating current(교류). **a.c.** 〔라틴〕 ante cibum(=before meals)((처방전에서) 식전(食前) (복용)). **A.C.** account current; Air Corps(항공대); (英) aircraftsman; Alpine [Athletic] Club; 〔라틴〕 ante Christum(=before Christ); Army Corps (군단); Associate in Commerce; Atlantic Charter.

ac- [æk, ək] 〔접두〕 =ad- (※ c, qu 앞에 올 때 쓴다). 「…으로, 에」라는 뜻. 또는 단순한 강조. ¶ accept, accompany, acquire, acquit.

-ac [æk] 〔접미〕 **1** 「…성(性); …적(的)」의 뜻의 형용사를 만든다. ¶ elegiac, cardiac. **2** 「…한 사람」이라는 뜻의 명사·형용사를 만든다.

[주의] 지금은 이 어미의 말은 주로 명사로 쓰이며, 형용사로는 -iacal형이 있다. ¶ maniac, maniacal.

ACA American Camping [Canoe] Association; American Casting [Communications] Association; American Composers Alliance(미국 작곡가 연맹); (英) Associate of the Institute of Chartered Accountants(공인 회계사 협회). **ACAB** (英) All Coppers Are Bastards(경찰관들은 모두 ×××들이다; 불량배·폭주족 등이 팔에 문신으로 새겨넣는 문자).

a·ca·cia [əkéiʃə] 圈 **1** 아카시아(아카시아속(屬)의 관목). **2** (美) 개아카시아나무((美) locust)(※ 우리 나라에서 말하는 아카시아). **3** 아라비아 고무. 「의 가로.

Acácia Ávenue 圈 (英·익살) 중류층이 사는 교외 **acad.** academic; academy; (또는 **Acad.**) Academy. **AC adáptor** 圈 교류 전기를 직류 전기로 바꾸는 장치. 〔<alternating current adaptor〕

ac·a·deme [ǽkədiːm] 圈 **1** (A-) (고대 아테네의) 아카데미 학원(學園). **2** 대학[학구] 생활; 대학이라는 사회[분위기]; 학계; 교육의 장, 학교, 대학. **3** 대학 분위기를 좋아하는 학자; 학자연하는 사람. *the groves of Academe* 대학의 환경; 학계.

a·cad·e·mese [ækədəmíːz, -míːs] 圈 학술[학자] 용어(academic jargon); 학자 문체.

ac·a·de·mi·a [ækədíːmiə] 圈⽤ (때로 A-) 대학원의 환경[생활]; 학구적 생활[흥미].

‡ac·a·dem·ic [ækədémik] 圈 **1** 학원(學園)의, 학원(學院)의, 학교[고등 교육]의, 대학의. ¶ an ~ curriculum 대학의 과정(課程). **2** 학문의, 관학적(官學的)인, 학구[학자]적인; 공론(空論)의, 비(非)실제적인. ¶ ~ discussion 공론(空論) / ~ research 학문 연구. **3** 학사원(學士院)의, 예술원의, 학회의. **4** (예술가·작품 따위가) 의례을 중요시하는, 전통적인. ¶ ~ poetry 전통적인 시. **5** (美) (응용 학문·직업 교육에 대하여) 순수 학문의; 인문 과학(과정)의. ¶ an ~ course 인문 과정. **6** (A-) 플라톤 학파의. —圈 **1** 대학생; 학구적인 사람; 대학 교수. **2** 학사원 회원, 학회원. **3** (~s) (美) 학원[대학]의 연구 활동. **4** (A-) 플라톤 학파의 사람.

académic advíser 圈 (美) (대학의) 지도 교수. **ac·a·dem·i·cal** [ækədémikəl] 圈 =academic. —圈 (~s) (대학의) 예복, 예모(禮帽). ~**·ly** 夓 **académic áptitude tèst** 圈 대학 적성 검사. **académic árt** 圈 (독창성이 없는) 아카데미 예술. **académic cóstume [róbe, dréss]** 圈 대학의 예복(※ cap and gown 이라고도 함). 「인. **académic díscount** 圈 대학 구매 연구 기자재 할인 **académic fréedom** 圈 학문의 자유. **académic gówn** 圈 (대학의 예복으로서의) 가운.

a·cad·e·mi·cian [ækədəmíʃən, əkæd-] 圈 **1** 학사원[예술원] 회원, 학회원. **2** (A-) 영국 왕립 미술원(Royal Academy)의 회원; 프랑스 학사원(French Academy)의 회원; 미국 예술원(American Academy of Arts and Letters)의 회원, **3** (예술에서) 전통주의자.

académic ínterests 圈(목) 학교 경영 단체. **ac·a·dem·i·cism** [ækədémisìzm] 圈⽤ **1** 학사원[예술원]풍; (문예 등에 있어서의) 학구적 태도, 전통주의, 형식주의. **2** 〔철학〕 플라톤 학파 철학. (또는 **a·cad·e·mism** [əkǽdəmìzm])

académic ránk 圈 대학 교수의 직위. **académic yéar** 圈 학년도.

A·ca·dé·mie Fran·çaise [F akademifʀɑ̃sɛːz] =French Academy.

a·cad·e·mize [əkǽdəmàiz] 圈(타) 〔문제〕를 딱딱하게 이론화[규정]하다; 학문화하다.

‡a·cad·e·my [əkǽdəmi] 圈 (圈 **-mies** [-z]) **1** (초등 학교 이상의) 학원(學園), 학원(學院); (美) (사립의) 중[고등]학교. **2** 고등 교육 기관; 전문 학교. ¶ a *military* ~ 육군 사관 학교; (美) 군대식 훈련을 하는 사립 고등 학교 / an ~ *of music*; a *music* ~ 음악 학교. **3** 학회, 협회; 학술원, 예술원. **4** (the A-) **a)** (Plato의) 아카데미 학원; 플라톤학파[철학]. **b)** 프랑스 학사원(French A-). **c)** 영국 왕립 미술원(Royal A-).

Ácademy Awárd 圈 (美) 아카데미상(美국 영화 예술 과학 아카데미(Academy of Motion Picture Arts and Sciences)가 매년 수여하는 상). ⼆ Oscar **académy blúe** 圈 녹청색. **académy bòard** 圈 그림 용지, 두꺼운 종이 캔버스. **académy fígure** 圈 〔미술〕 아카데미 피겨(기초 연습용의 반등신대(半等身大) 나체화[데생]).

A·ca·di·a [əkéidiə] 圈 아카디아(캐나다 동남부의 구(舊) 프랑스 식민지).

A·ca·di·an [əkéidiən] 圈 아카디아 지방[사람]의. —圈 아카디아 지방 사람; 아카디아 말.

-acal [əkəl] 〔접미〕 ⇒-AC. **ac·a·leph** [ǽkəlèf] 圈 해파리(jellyfish). **a·can·tho·cyte** [əkǽnθəsàit] 圈 〔병리〕 유극(有棘) 적혈구. 「인; 가시 모양의. **a·can·thoid** [əkǽnθɔid] 圈 가시가 있는, 가시로 덮인 **a·can·thus** [əkǽn-θəs] 圈 (圈 ~**·es** [-iz], **-thi** [-θai]) **1** 아칸서스(나도엉겅퀴류(類)의 풀). **2** 〔건축〕 아칸서스 잎장식(코린트식 원기둥 머리의 나뭇잎 장식). ⇒CAPITAL² 그림.

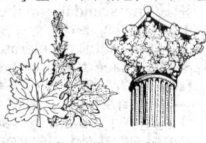
[acanthus 1, 2]

ACAP Agence Camerounaise de Presse(카메룬 통신).

a cap·pel·la [ɑ̀ː kəpélə] 〔음악〕 **1** 〔음악〕 반주 없이, 무반주로, 아 카펠라로. **2** 교회 음악 양식의[으로]. (또는 **al·la cap·pel·la** [ǽlə kəpélə]) 〔<It〕

a ca·pric·cio [ɑ̀ː kəprːítʃiou] 〔음악〕 아 카프리치오로; 〔템포·형식·발상은〕 연주자 마음대로. 〔<It〕

A·ca·pul·co [ækəpúlkou] 圈 아카풀코(멕시코 남서부의 태평양 연안 항구 도시; 국제적 휴양지).

a·car·di·a [eikɑ́ːrdiə] 圈 〔병리〕 무심증(無心症), 선천성 심장 결손. **-di·ac** [-diæk] 圈

ac·a·ri·a·sis [ækəráiəsis] 圈 (圈 **-ses** [-siːz]) 〔병리〕 진드기증(症)(진드기(mite)가 기생하여 생기는 병). **a·car·i·cide** [əkǽrəsàid, ǽkərə-] 圈 진드기 구제제. **ac·a·rid** [ǽkərid] 圈 진드기(mite). 〔제(驅除劑). **a·car·pous** [eikɑ́ːrpəs/æk-, ək-] 圈 〔식물〕 열매가 열리지 않는, 결실하지 않는.

ACAS [éikæs] (英) Advisory, Conciliation, and Arbitration Service(노사 화해 중재 기관); airborne collision avoidance system(항공기 충돌 방지 장치).

a·cat·a·lec·tic [eikætəléktik/ækǽt-] 〖형〗 음절의 수와 각운(脚韻)이 완전한. ── 완전구(句), 완전 각운의 시(詩).

a·cat·a·lep·sy [eikǽtələpsi/ækǽt-] 〖의〗 〖철학〗 불가지론(不可知論). **-lép·tic** 〖형〗 불가지론의, 불가지.

ACB air circuit breaker. 〖본자〗.

A-C býpass [èisí:-] 〖형〗 〖의학〗 대동맥·관동맥 바이패스(두 동맥 사이가 막혔을 때 혈행을 우회하게 이식한 관). [<aorto coronary bypass]

ACC Accident Compensation Corporation; Administrative Committee on Coordination((UN) 행정 조정 위원회); Air Combat Command(전투 비행단); (美) Air Coordinating Committee(항공 정책 위원회); American Cultural Center; area control center(항공로 관제 센터). **acc.** accelerate; acceleration; acceptance; accept(ed); accompanied; accompaniment; accordant; according; account(ant); accusative.

Ac·cad [ǽkæd, ɑ́:kɑːd] 〖형〗 =Akkad.

Ac·ca·di·an [əkéidiən] 〖형〗 =Akkadian.

ACCD American Coalition of Citizens with Disabilities(미국 장애자 시민 연합). **accdce.** accordance. **acce.** acceptance.

ac·cede [æksíːd] 〖자〗 1 (제안·요구 따위에) 응하다, 동의하다(⇒AGREE 유의어); 승복하다, 따르다 (to). ¶ (~+前+名) ~ to terms 조건에 따르다(복종하다)/~ to a proposal 제의에 응하다. 2 (직위 또는 관직에) 취임하다, 즉위하다 (to). ¶ (~+前+名) ~ to the throne 즉위하다. 3 (당 따위에) 가입(가맹)하다 (to); 〖국제법〗 (조약·협정 따위에) 가맹[참가]하다 (to). ¶ (~+前+名) ~ to a convention 협정에 가맹하다. ── 〖타〗 〖수동으로〗 [관직·권위 등]을 (…에게) 수여[부여]하다 (to). **-céd·ence, -céd·er** 〖명〗

accel. 〖음악〗 accelerando; accelerate.

ac·cel·er·an·do [æksèlərǽndou] 〖음악〗 〖부〗〖형〗 점점 빠르게[빠른], 아첼레란도로[의]. ── 〖명〗 아첼레란도, 점점 빨라지는 악절(樂節). [촉진제]

*ac·cel·er·ant [æksélərənt, ək-] 〖화학〗 촉매,

*ac·cel·er·ate [æksélərèit, ək-] 〖타〗〖자〗 1 …을 촉진하다, 빠르게 하다, 앞당기다. ¶~ growth 성장을 촉진하다 / The scandal ~d the fall of the Cabinet. 그 추문은 내각의 붕괴를 앞당겼다. 2 …의 속도를 늘리다, …을 가속하다(⇔decelerate). ¶ ~d velocity 가속도 / ~ one's pace 보조를 빠르게 하다, 걸음을 재촉하다. 3 〖교육〗 〖학생〗을 단기 수료시키다, 속성 교육을 하다. ── 〖자〗 1 속도가 늘다, 빨라지다. 2 〖교육〗 특별 진급이다, 월반하다. **-a·ble** 〖형〗 **-át·ed·ly** 〖부〗

ac·cél·er·at·ed depreciátion [æksélərèitid-] 〖명〗 가속 감가 상각(기술 혁신에 대비해 감가 상각 기간을 단축키 위해 표준 이상의 충당금을 계상하는 것).

accélerated móving wálk 〖명〗 자동 변속 보도(에스컬레이터식 보도).

accélerated réader 〖명〗 〖교육〗 속독(速讀) 연습기.

*ac·cel·er·a·tion [æksèləréi∫ən, ək-] 〖명〗〖UU〗 1 촉진; 가속; (가속적으로) 진행시킴. 2 〖물리〗 가속도. ¶ positive [negative] ~ 정(正)[부]의 가속도, 가속[감속] / uniform [variable] ~ 등(等)[부등]가속도 / the ~ of the tides 조석(潮汐) 가속. 3 속도의 변화, 변속. 4 〖경기·경제〗 가속도. 5 〖생물〗 촉진. 6 〖교육〗 특별 진급, 월반. [무 만기전 조기 상환 조항].

accelerátion cláuse 〖명〗 〖금융〗 (계약 의반시) 채

accelerátion coefficient 〖명〗 〖경제〗 가속도 계수(係數) (소비의 변화에 대한 투자의 변화 비율).

ac·cel·er·a·tion·ist [æksèləréi∫ənist, ək-] 〖명〗 〖경제〗 가속도 원리를 주장[추진]하는 경제인[학자].

accelerátion làne [(英) **strip**] 〖명〗 (고속 도로의) 가속 차선. [약 9.8 m/sec²; ②g].

acceleration of grávity 〖명〗 〖물리〗 중력 가속도

accelerátion principle 〖명〗 〖경제〗 가속도 원리(수요 증가는 자본재에 대한 수요를 가속화시킨다는 원리).

accelerátion sýndrome 〖명〗 〖정신의학〗 일벌레 증후군(바쁘게 일하지 않고는 못견디는 증상).

ac·cel·er·a·tive [æksélərèitiv, ək-] 〖형〗 가속적인, 촉진시키는. (또는 **acceleratory**)

ac·cel·er·a·tor [æksélərèitər, ək-] 〖명〗 1 가속자(者), 가속물[기]. 2 (자동차의) 가속 장치, 액셀러레이터 ((美) gas pedal). ¶ an ~ pedal 액셀러레이터 / step on the ~ 액셀러레이터를 밟다. 3 〖사진·영화〗 (現像)·화학 반응 따위의) 촉진제; (고무·플라스틱 수지 경화(硬化)의) 촉진제. 4 〖해부〗 촉진 인자(因子), 촉진체(體)(운동을 촉진하는 근육·신경 등의 조직). 5 가속도 측정기. 6 〖물리〗 입자(粒子) 가속기. 7 〖경제〗 가속도 계수, 8 〖토목〗 (시멘트 등의) 급결제(急結劑).

accélerator bòard[càrd] 〖명〗 〖컴퓨터〗 액셀러레이터 보드[카드](motherboard 상의 CPU나 FPU 등을 고속의 것으로 교환 또는 강화하는 확장 보드). [린.

accélerator glòbulin 〖명〗 〖생화학〗 촉진성 글로불

ac·cel·er·o·gram [æksélərəgrǽm, ək-] 〖명〗 (가속도계에 의한) 가속도 기록도.

ac·cel·er·o·graph [æksélərəgrǽf, ək-/-grɑ́ːf] 〖명〗 가속도계(지진 진동 따위의 가속도를 기록한다).

ac·cel·er·om·e·ter [æksèlərɑ́mətər, ək-/-rɔ́m-] 〖명〗 (항공기·유도탄의) 가속도계(計).

ac·cent [ǽksent/-sənt] 〖명〗 1 〖음〗 악센트, 강세, 양음(揚音). ¶ the primary [or chief] ~ 제1악센트 / the secondary ~ 제2악센트 / a pitch[stress] ~ 고저[강약] 악센트. 2 악센트 부호(프랑스어에서는 acute accent 양음 악센트 부호(´), circumflex accent 곡절적(曲折的) 악센트 부호(^, ˇ, ˜), grave accent 억음(抑音) 악센트 부호(`)의 3 종류를 쓴다. 발음 부호는 acute accent 기타의 것이 쓰이는데 위치나 종류는 반드시 일정하지 않다). 3 〖시〗 음률(音律); (음률을 나타냄은) 강세[양음] 기호(´). 4 〖U〗 (독특한) 발음 양식; 말씨, 사투리 ¶ a foreign ~ 외국 말씨 / speak English with a French ~ 강한 프랑스어식 발음으로 영어를 말하다. 5 (종종 ~s) (개인 특유의) 어조, 말투; 벽(癖). 6 (종종 ~s) 〖시〗 말, 언어, 어구, 시구. ¶ dying ~s 임종의 말 / in tender ~s 부드러운[순한] 말로. 7 〖U〗 (말·음성 따위의) 특징, 특색, 특유한 성질. 8 〖U〗 (장식·요리 따위의) 눈에 띄게[두드러지게] 하는 것, 악센트, 강조, 중점. ¶ a room decorated in navy blue as ~s 네이비 블루로 악센트를 준 방. 9 〖음악〗 강세(부); 강세 기호; (리듬의) 억양. 10 〖수학〗 (문자·숫자의 오른쪽 위에 붙이는) 표정(標點), 대시, 프라임. a) 동량 이가 변수(同量異價變數) 따위를 나타낸다(예: y´, y″, y‴(각각 y prime, y second, y third라 읽는다). b) 길이 단위를 나타낸다(예: 5´3˝ (5피트 3인치), 18´25˝ (18분 25초)). 11 (구어) (…의) 중점. (…에) 중점을 두는 것 (on). ¶ ¶…을 중시하다.

keep [or **put**] **the accent on** …에 중점을 두다.

── 〖타〗 [ǽksent, -´] 1 [모음·음절 따위]에 악센트[강세]를 붙여 발음하다; …에 악센트 부호를 붙이다. 2 …을 강조[역설]하다; (시각적으로) 두드러지게 하다.

ac·cén·tu·a·ble 〖형〗

ac·cent·less [ǽksentlis/-sənt-] 〖형〗 악센트가 없는; 사투리가 없는. ¶ speak French with ~ fluency 불어를 사투리 없이 유창하게 말하다.

áccent màrk 〖명〗 악센트 부호. ⇒ACCENT 〖명〗 2.

ac·cen·tol·o·gy [æksentɑ́lədʒi/-tɔ́l-] 〖명〗 (언어) 강세학(強勢學).

ac·cen·tor [æksént∂r] 〖명〗 〖조류〗 (유럽·아시아 산 지대에 사는) 바위종다릿과(科) 명금(鳴禽)의 총칭.

ac·cen·tu·al [æksént∫uəl] 〖형〗 1 악센트의, 리듬의. 2 〖운율〗 음절의 강약에 따른. ¶ an ~ verse 음절의 강약을 기초로 하는 시(영시(英詩) 따위).

-ál·i·ty 〖명〗 **~·ly** 〖부〗 악센트로[에 관하여].

ac·cen·tu·al·ist [æksént∫uəlìst] 圀 (단선율 성가 (聖歌)에서) 악센트의 특수 이론을 주장하는 사람.

ac·cen·tu·ate [æksént∫uèit] 탄탸 1 …을 강조하다, 역설하다; [색채·음성·확장 따위] 을 강하게[두드러지게, 눈에 띄게] 하다. 2 …에 악센트 부호를 붙이다; 악센트[강세, 억양]를 붙여 발음하다.

ac·cen·tu·a·tion [æksènt∫uéi∫ən] 圀 1 ① 강조, 역설; 중점. 2 발음 방법, 억양[강약]법; 악센트 (부호) 다는 법.

ac·cen·tu·a·tor [æksént∫uèitər] 圀 (전자) 엠파시스 회로(가청(可聽) 주파수를 늘리기 위해 삽입하는 회로); 강조하는 사람[것].

‡**ac·cept** [æksépt, ək-] 탄탸 1 [선물 따위]를 받아들이다, 수납하다(↔ reject). ¶~ a present with hearty thanks 충심으로 감사하며 선물을 받아들이다.

[유의어] **accept** 동의하여 또는 호의를 가지고 「받아들이다」. **receive** 「환영하다」라는 뜻의 경우 이외는 수동적인 태도로 「(가져온 것을) 받다」. **take** 주어진 것, 보내온 것을 「자기의 손 안에 넣다」.
---

2 [초대·신청·임명·직위 따위]를 수락[승낙]하다, 받다, 응하다(↔ decline, reject). ¶ ~ an apology 사과를 받아들이다 / ~ the office of president 사장직을 수락하다 / ~ full responsibility for the damage 손해에 대한 모든 책임을 지다. 3 [대학·클럽 따위에] …을 입학[입회]시키다; (친구로서) 받아들이다, 영입하다; [여성이 남성의] 구혼에 응하다. ¶The boys began to ~ the new teacher. 소년들은 새로운 교사에게 마음을 열기 시작했다. 4 [사태·상황·운명 따위]에 순응[적응]하다, 수용 [감수]하다. ¶ ~ the situation 상황에 순응하다 / ~ one's fate 운명을 감수하다 / ~ the inevitable 불가피하다고 체념하다. 5 [사실·답신·학설 따위]를 용인하다, 인정[납득]하다. ¶ ~ the story at its face value 이야기를 액면 그대로 받아들이다 // (~+圀+as圁) ~ it *as* evidence 그것을 증거로 승인하다. 6 …을 해석하다, 이해하다. 7 (상업) [어음의 지불]을 인수하다. 8 (위원·임원의) [직무 수행]을 만족스럽게 하다. 인정하다. 9 [물건이] (부속물·삽입물)을 꺼움게[끼워 넣게] 하다. 10 [이식 장기·조직]을 (거부 반응 없이) 받아들이다. —— ㉥ (고어) (초대·선물·지위 따위)를 받다, 받아들이다, 수납하다 (*of*).

accept battle 응전하다. 「에 응하다.
accept *a person's* **hand in marriage** (…)의 청혼
accept the person of (고어) …을 편[역성]들다

‡**ac·cept·a·ble** [ækséptəbl, ək-] 혈 1 받아들일 수 있는; 수락할 수 있는. 2 (받는 사람의) 마음에 드는, 만족스러운; (남에게) 기쁨을 주는, 좋은. ¶an ~ present 기꺼운 선물. ◦**bíl·i·ty** 圀 ① 수용성; 만족. ~**·ness** 圀 **-bly** 🏷 마음에 들도록.

accéptable lóss 圀 (군사) 허용 손실[피해].
accéptable tést 圀 (품질·성능의) 합격 판정 시험.

*ac·cept·ance [ækséptəns, ək-] 圀 1 (선물·제의·호의 따위의) 받아들임, 수용, 인수. 2 수락, 용인, 수임(受任), 채용. ¶ ~ *of* a theory 이론의 채용 /The theory has found general ~. 그 이론은 일반적으로 인정받고 있다. 3 [상업] **a)** (어음·수표 따위의) 인수. ¶absolute[*or* clear] ~ 단순 인수 / qualified ~ 조건부 인수. **b)** ① 인수필 환어음. ¶a trade ~ 상업[인수] 어음. ㉫ acce.「은행.

accéptance hòuse[bànk] 圀 (英) 어음 인수
accéptance lètter 圀 [승낙·채용] 통지서.
accéptance ràte 圀 1 (상업) 어음 할인율. 2 (대학 입시 따위의) 경쟁률.
accéptance sàmpling 圀 (무작위) 샘플링 검수.
accéptance spèech 圀 (후보 지명 따위의) 수락 연설; 수상(受賞) 연설.
accéptance tèst 圀 (제품의) 합격 판정 시험.
ac·cept·ant [ækséptənt, ək-] 혈 자진해서 받아들이는, 수용력이 있는.

ac·cep·ta·tion [ækseptéi∫ən, ək-] 圀 (어구의) 보통의 뜻; (고어) 시인, 용인, 승인.

ac·cept·ed [ækséptid, ək-] 혈 1 일반적으로 인정된[받아들여지고 있는]. ¶an ~ theory 정설(定説). 2 (상업) 인수가 끝난 (* 인수인이 서명 위에 Accepted 라고 씀이). ~**·ly** 🏷

accépted páiring 圀 (광고) (경쟁사의 우수성을 인정하고 자사 상품이 더 우수함을 강조하는) 용인 광고.

ac·cept·ee [æksépti:, ək-] 圀 (군복무 따위의) 적격자.

ac·cept·er [ækséptər, ək-] 圀 1 받는 사람[것]; 수락자. 2 (상업) 어음 인수인.

ac·cept·ing [ækséptiŋ, ək-] 혈 …을 쾌히[고분고분하게] 받아들이는 (*of*). ~**·ly** 🏷 ~**·ness** 圀

accépting hòuse 圀 (英) (경제) 인수 상사(引受商社)(환어음을 인수·보증하는 특수 금융 기관).

ac·cep·tive [ækséptiv, ək-] 혈 1 (제안 등을) 받아들이는, 수용적인 (*of*). 2 그럴싸한, 타당한, 적당한.

ac·cep·tor [ækséptər, ək-] 圀 1 (상업) 어음 인수인. 2 [물리] 억셉터(반도체의 정공(正孔) 전도를 일으키는 불순물). (또는 ✍ **átom[ímpùrity]**) 3 (화학) 수용체. 2 [통신] 통과기(通過器)(특정한 주파수를 받는 회로). 5 = accepter 1.

‡**ac·cess** [ǽkses] 圀 (魯~·es [-iz]) 1 ① 접근, 면회; 이용[입수, 출입] 권리[방법]; 면접(이혼 배우자의 자식에 대한) 방문(권) (*to*). ¶a means of ~ 접근 수단 // allow a person ~ *to* 남에게 …의 출입을 허용하다. 2 ① (…의) 접근 방법[수단]; 진입로; ① 통로, 입구; 교통 수단 (*to*). ¶There must be an ~ *to* the place. 그곳에 접근할 수단이 틀림없이 있을 것이다. 3 ① (신학) (예수 그리스도를 통하여) 신에게 접근하기. 4 (an ~) (병의) 발작(fit); (감정의) 격발(激發), 발작. ¶an ~ *of* fever 발열(發熱) / an ~ *of* anger 분노의 폭발. 5 (an ~) 증대, 첨가(accession). ¶an ~ *of* territory 영토의 증대. 6 (컴퓨터) 액세스, 시스템에 대한 접근(정보를 입출력하기). 7 (英) 은행 신용 카드 (~ card).

easy of access 접근[입수, 이용, 출입]하기 쉬운.
gain [or get, have] access to ① …에 접근하다, …와 면회하다; [국왕]을 알현하다. ② …와 연줄이 닿다[있다], …가 후원이다.
give access to …에 접근[면회, 출입]을 허가하다.
within easy access of …에서 쉽게 갈 수 있는 곳에.
—— 탄탸 (~·es [-iz]; ~ed [-t]) 1 (컴퓨터) (정보)를 기억 장치에 입출력하다. 2 …의 이용권을 얻다. 3 …에 접근하다, 도달하다.「있는.

—— 혈 (TV) (프로그램 제작·편성에) 시청자가 참여할 수
ACCESS *A*utomatic *C*omputer-*C*ontrolled *E*lectronic *S*canning *S*ystem. **access.** accessory.

áccess àrm 圀 (컴퓨터) 액세스 암, 접근축.
*ac·ces·sa·ry [æksésəri, ək-] 圀 혈 (법률) =accessory. **-ri·ly** 🏷 **-ri·ness** 圀「방송.
áccess bròadcasting 圀 (英) 국외(局外) 제작
áccess chàrge 圀 (장거리 전화의) 회선 이용 요금.
áccess còde 圀 (컴퓨터) 접근 비밀 번호.
áccess contròl 圀 (컴퓨터) 접근 제어.
áccess contròller 圀 (美) 도어맨(doorman).

*ac·ces·si·ble [æksésəbl, ək-] 혈 1 (장소·사람 등에) 접근하기 쉬운, 출입할 수 있는, 면접하기 쉬운 (*to*). ¶He is not ~ *to* strangers. 그는 잘 모르는 사람은 좀처럼 만나지 않는다. 2 도달할 수 있는, 얻기 쉬운, 이용할 수 있는 (*to*). ¶It is not ~ *to* everybody. 그것은 아무에게나 손쉽게 얻어지는 것이 아니다. 3 영향을 받기 쉬운, 의지가 약한 (*to*). ¶He is ~ *to* bribery. 그는 매수되기 쉽다.
◦**bíl·i·ty** 圀 ① 접근(할 수 있음). **-bly** 🏷 접근하기 쉽게.

*ac·ces·sion [æk∫ən, ək-] 圀 ①① 1 (이권·관직 따위의) 취득, 상속, 계승(to). ¶ the ~ *of* the Labor Party *to* the power 노동당의 정권 획득 / ~ *to* an

A

estate 재산 상속. **2** [U][C] 추가, 증가, 첨가, 확장. ¶the ~ of property 재산의 증가. **3** 증가[취득]된 것; 수납 도서(*to*). ¶That is a great ~ *to* our company. 그것은 우리 회사의 큰 재산이다. **4** 〔법률〕 첨부(자연 증가나 개량에 의한 부동산의 부가). **5** 승낙, 응낙, 동의(*to*). ¶~ *to* a demand 요구에 대한 승낙. **6** 〔국제법〕 (조약·국제 회의 등의) 가맹; 조인(*to*). **7** (당파·단체 등에의) 가입; 취직, (종업원의) 고용(*to*). **8** (어떤 상태에의) 도달, 접근. **9** (병의) 발작, 발병; (감정 따위의) 격발, 폭발(*of*). **—**[동][타] 《美》 〔신착 도서 따위〕를 목록에 기입하다. **~·al** [형] 추가의.

accéssion bòok [명] (도서관의) 도서 원부, 신착 도서 목록.

accéssion nùmber [명] (도서관 도서의) 수납 번호.

accéssions règister [명] 《英》 =accession book.

ac·ces·sit [æksésit] [명] 차석[2 등]상, 가작, 노력상.

áccess mèthod [명] 〔컴퓨터〕 접근법(주기억 장치와 입출력 장치 간의 데이터 전송(傳送) 방법).

ac·ces·so·ri·al [æksəsɔ́ːriəl] [형] 부대적(附帶的)[보조적]인. **~·ly** [부]

ac·ces·so·ri·us [æksəsɔ́ːriəs] [명] ([복] ***-ri·i*** [-riài]) 〔해부〕 보조 기관, 부근(副筋).

ac·ces·so·rize [æksésəràiz, ək-] (* 《英》 **-rise**) [동] (…에) 액세서리[부속품]를 달다(*with*).

***ac·ces·so·ry** [æksésəri, ək-] [명] **1** 부속물, 부대물(附帶物)(⇨ADDITION [유의어]); (보통 -ries) 부속품, 장신구, 액세서리; (자동차의) 부(분)품; 딸린 물건(지갑·장갑 따위); 경품(景品), (잡지 따위의) 부록. ¶motorcar *accessories* 자동차 부속품 / first-aid *accessories* 구급 용구 / skiing *accessories* 스키 용구. **2** 〔법률〕 종범(從犯), 방조자([참] principal).

an accessory before [after] the fact 사전[사후] 공범.

an accessory to a crime 종범자(범행 교사자·방조자 등).

—[형] **1** 보조적인, 종속적인, 부대적인, 부(副)의. ¶~ sounds in music 음악의 부속음[반주음부]. **2** 〔법률〕 종범의. **3** 〔암석〕 암석 중에 소량의 광물이 섞인. **-ri·ly** [부] 부차적[보조적]으로. **-ri·ness** [명]

accéssory bùd [명] 〔식물〕 덧눈.

accéssory chròmosome [명] 〔유전〕 부대(附帶)염색체.

accéssory frùit [명] 〔식물〕 헛열매.

accéssory glànd [명] 〔동물〕 부속샘.

accéssory nèrve [명] 〔해부〕 부신경.

áccess pèrmit [명] 출입 허가증, 기밀 자료 열람 허가증.

áccess pòint [명] **1** (도서관에서) 책을 찾아내는 코드. **2** 〔컴퓨터〕 네트워크 접속 중계점[전화 번호].

áccess prògram [명] 〔방송〕 독립[국외(局外)] 제작자[기관] 프로.

áccess provìder [명] 〔컴퓨터〕 인터넷 접속 서비스업자[기관].

áccess rìght [명] 〔컴퓨터〕 (파일 따위에의) 접근[접속]권(權).

áccess ròad [명] 진입로; (특정 구역·간선 도로에의) 연결 도로.

áccess spèed [명] 〔컴퓨터〕 접속[접근] 속도.

áccess tèlevision [명] 《英》 자주적 제작 텔레비전(프로그램).

áccess tìme [명] 〔컴퓨터〕 접속[호출] 시간; 《美》 〔TV〕 (지방국의) 자체 프로그램 방송 시간(대).

áccess to súnlight [명] 일조권, 태양 접근법.

ac·ci·dence [ǽksədəns] [명][U] **1** 〔문법〕 어형론(語形論), 형태론(morphology). **2** (사물의) 초보, 기본.

‡**ac·ci·dent** [ǽksədənt] [명] **1** 우연한 사건, 우연, 우발적인 일. ⇨EVENT [유의어] ¶a mere ~ 단순한 우발 사건[사고]. **2** (불의의) 사고, 화(禍), 재난; 천재(天災); 〔법률〕 우발 사고. ¶a traffic ~ 교통 사고 / a shocking [*or* terrible] ~ 일대 참사 / provide against ~ 불의의 사태에 대비하다 / *Accidents* will happen. (아무리 조심해도) 사고는 일어나게 마련. **3** 우연적 성질[사정, 사실]; 부수적 요건. **4** 《구어》 소변[대변]의 지림, 요실금(尿失禁). ¶She has ~*s* sometimes. 그녀는 때때로 요실금을 한다. **5** 〔지질〕 지표(地表)의 고저·기복. **6** 〔철학〕 우유성(偶有性). **7** 〔의학〕 우발 증상; 《구어》 피임 실패; (피임의 실패로) 잘못 태어난 아이.

by accident 우연히. [반] on purpose ¶I was there *by* ~. 나는 우연히 그곳에 있었다.

by accident of …의 행운에 의하여.

chapter of accidents ① (the ~) 예상할 수 없는 일련의 일. ② (a ~) 계속되는 불행.

without accident 무사히.

***ac·ci·den·tal** [æksədéntl] [형] **1** 우연한, 우발적인, 뜻하지 않은. ¶an ~ meeting [fire] 우연한 만남[실화] / ~ homicide 과실 치사.

> [유의어] **accidental** 뜻밖이며 우연한. **casual** 무심한, 우연한. **incidental** 다른 일에 부수적으로 우연히 일어나는(* casual과 incidental은 계획적으로 가장한 우연을 뜻하는 일도 있다). **fortuitous** 원인 불명을 강조. **contingent** 예측하기 어려운 장래의 일에 쓴다.

2 우유적(偶有的)인, 비(非)본질적인, 종속적인, 부수적인. ¶~ benefits 부수적으로 얻어진 이익. **3** 〔음악〕 임시음(音)의. ¶an ~ notation 임시 기호. **4** 〔철학〕 우유적(偶有的)인. **5** 〔동물〕 (새가) 우연히 날아온.

—[명] **1** 우유적 성질; 종속적[부수적] 특성. **2** 〔음악〕 임시음, 임시 기호. **3** 〔조류〕 길 잃은 새. **4** (~s) 〔미술〕 인공 광선. **-tál·i·ty**, **~·ness** [명]

accidéntal cólor [명] 〔심리〕 우생색(偶生色)(보색 잔상(補色殘像)에 의해서 생기는 색깔).

accidéntal déath bènefit [명] 재해 사망 보험금.

accidéntal érror [명] 〔수학〕 우연 오차.

ac·ci·den·tal·ism [æksədéntəlizm] [명] 〔의학〕 (병의 징후를 중시하는) 우발설; 〔철학〕 우연론. **-ist** [명][형]

***ac·ci·den·tal·ly** [æksədéntəli] [부] **1** 우연히, 뜻하지 않게; 부수적으로. **2** 《문장을 수식하여》 사소한 일로.

accidentally on purpose 《구어》 우연을 가장하고, 고의적으로.

áccident bòat [명] 〔해사〕 (긴급 구조용) 구명정.

ac·ci·dent·ed [ǽksədèntid] [형] 〔지질〕 기복이 심한.

áccident insùrance [명] 상해[재해] 보험.

ac·ci·dent-prone [-pròun] [형] (사람·차 등이) 사고를 당하기[내기] 쉬운.

ac·ci·die [ǽksədi] [명] =acedia.

ac·cip·i·ter [æksípətər] [명] 매(새매속(屬)의 한 종류).

ac·cip·i·tral [æksípətrəl] [형] =accipitrine.

ac·cip·i·trine [æksípətrin, -tràin] [형] 〔조류〕 **1** 새매속(屬)의. **2** 매 같은; 맹금성(猛禽性)의.

ACCK *A*merican *C*hamber of *C*ommerce in *Ko*rea(주한 미국 상공 회의소).

***ac·claim** [əkléim] [동][타] **1** …에게 갈채를 보내다, …을 환호하며 맞이하다; 갈채하며 …을 (…이라고) 인정[선언, 격찬]하다 (*as*). ¶~ the hero of the sea 바다의 영웅을 환호하며 맞이하다 // She was ~*ed as* the best singer of the year. 그녀는 그 해의 최고 가수로 격찬을 받았다. **2** …을 큰 소리로 말하다, 환호하다. ¶He ~*ed* his joy. 그는 소리치며 기뻐했다. **—**[자] 환호하다, 박수 갈채하다, 만세 부르다.

—[명][U] 갈채, 환호, 환호성; 찬사, 호평.

draw* [or *fall to*] *critical acclaim 비평가들이 호평[격찬]하다

ac·cla·ma·tion [æ̀kləméiʃən] [명][U] **1** (보통 ~s) (환영·찬양 따위의) 환호성, 박수 갈채. ¶be received with ~(*s*) 환호[갈채]속에 영접되다. **2** (음성이나 박수에 의한) 발성(發聲) 투표(oral vote).

by acclamation 발성 투표에 의한, (특히) 만장 일치로. ¶pass a bill *by* ~ 박수로 법안을 통과시키다.

ac·clam·a·to·ry [əklǽmətɔ̀ːri/-təri] [형] 갈채[환호]의.

ac·cli·mate [ǽkləmèit, əkláimət] [동] 《美》 새 풍

토[환경]에 길들이다[길들다].
***acclimate** oneself to* …에 순응[적응]하다.
become acclimated 풍토에 익숙해지다.
-mat·a·ble [əkláimətəbl] 형 풍토에 길들일 수 있는.
ac·cli·ma·tion [æ̀kləméiʃən/-lai-] 명U (美) 1 새 환경[풍토] 순응. 2 (생물) 풍토 순화(馴化). (또는 acclimation)
ac·cli·ma·tize [əkláimətàiz] (＊(英) **-tise**) 통 ＝acclimate. **-tìz·a·ble** 형 **-ti·zá·tion, -tìz·er** 명
ac·cliv·i·ty [əkliváti] 명 오르막길, 치받이 경사. 딴 declivity **-tous, ac·cli·vous** [əkláivəs] 형
ac·co·lade [ǽkəlèid, -là:d, `-´-] 명 1 (중세의) Knight의 작위 수여(식). 2 명예; 표창; 경의, 칭찬. 3 (음악) 연결 괄호. 4 (건축) S자형 쇠시리.
receive the accolade 나이트 작위를 받다.
accom. accommodation.
ac·com·mo·da·ble [əkáməbl/əkɔ́m-] 형 적응하는; 조절할 수 있는.
‡**ac·com·mo·date** [əkámədèit / əkɔ́m-] 통 (*-dat·ed; -dat·ing*) 타 1 …의 편의를 도모하다, …을 돌보다. (남)에게 친절히 하다. ¶ ～ *a friend* 친구의 편의를 도모하다. (필요한 것)을 …에게 공급하다. 3 (남)에게 편통해 주다, 융통해 주다 (*with*). ¶ (～＋图＋前＋图) ～ *a friend with money* 친구에게 돈을 융통해 주다. 3 (건물·탈것이) …을 수용하다, …의 수용력이 있다; …을 숙박시키다, 유숙시키며 대접하다. ¶ *The hotel can* ～ *500 guests.* 그 호텔은 5백명의 손님을 받을 수 있다. 4 (환경 따위에) …을 적응[순응]시키다; (재귀용법으로) (…에) 순응하다 (*to*). ⇨ADAPT [유의어] ¶ ～ *one's statement to facts* 진술을 사실과 맞추다 / ～ *oneself to new surroundings* 새로운 환경에 순응하다. 5 (분쟁 따위를) 조정하다, 화해시키다. ¶ ～ *differences[a dispute]* 차이[는쟁]를 조정하다. 6 (요구 따위를) 받아들이다, 배려하다. 7 (생각·이론 따위를) 설명하다. ─困 1 (…에) 적합[일치]하다, 순응[동조]하다(*to*). 2 (눈·수정체가) 원근 조절을 하다. 3 동의하다(*agree*), 화해하다.
ac·com·mo·dat·ing [əkámədèitiŋ/əkɔ́m-] 형 1 사귐성 있는; 남을 잘 돌보는, 친절한. 2 유순한, 상대하기[다루기] 쉬운. (나쁜 뜻으로) 잘 응하는. **～·ly** 부
‡**ac·com·mo·da·tion** [əkàmədéiʃən/əkɔ̀m-] 명 (*~s* [-z]) 1 ⓤ 적응, 순응, 조화 (*to*). ¶ *make* ～*s to urban life* 도시 생활에 순응하다. 2 화해, 타협, 조정. ¶ *come to[or reach] an* ～ 타협이 이루어지다. *bring…to a friendly* ～ …을 원만하게 조정하다. 3 ⓤ (사회) 융화(融化)(개인이나 집단간의 상호 적합(適合) 관계를 증진시키는 일)(훈) assimilation. 4 Ⓤⓒ 편의, 보살핌, 친절; 대접. ¶ *for one's* ～ 편의를 위해서. 5 ⓤ (*~s*) (美) (열차·항공기 등의) 좌석·침대 따위의 설비; (식사가 달린) 숙박[수용] 시설; (병원 따위의) 수용 시설. 6 ⓤ (상업) 융통, 융자, 대출(loan); 융통 어음. 7 (안과) (수정체의) 조절. 8 ＝ ～ *train.* 9 ＝ ～ *bill.*
as a matter of accommodation 편의상.
have accommodations for …를 숙박시킬[수용할] 수 있다.
～·al 형
accommodátion addrèss 명 편의상의 주소 (post-office box(사서함) 따위). ¶ 〔소, 복덕방〕.
accommodátion àgency 명 (英) 부동산 중개
accommodátion bìll [dràft, nòte, pàper] 명 (상업) 융통 어음.
accommodátion còllar 명 (속어) (실적을 올리기 위해 벌이는) 경찰의 점수 따기 체포[적발].
accommodátion hòuse 명 (경멸적) 여인숙.
ac·com·mo·da·tion·ist [əkàmədéiʃənist / əkɔ̀m-] 명 (美) (특히 흑인에) 백인 사회에 타협적인. ── 형 타협주의자; 백인 사회에 타협적인 흑인.
accommodátion làdder 명 뱃전에 오르는 사다리, 뱃전 사다리, 선교. ⇨ 오른쪽 그림.
accommodátion lìne 명 (보험) 영업 정책적인 계약 인수.
accommodátion ròad 명 특설 사도(私道).
accommodátion sàle 명 동업자간의 전매(轉賣).
accommodátion tràin 명 (美) 완행[보통] 열차(local train).
accommodátion ùnit 명 (관청 용어) 주택, 주거.
ac·com·mo·da·tive [əkámə-dèitiv/əkɔ́m-] 형 적응성의, 순응하는, 조절[조화]적인. **～·ness** 명

[accommodation ladder]

ac·com·mo·da·tor [əkámədèitər/əkɔ́m-] 명 적응[융통, 순응]성이 있는 사람; 조정자; 조절기; (美) (시간제) 가정부.
accomp., accpt. accompaniment.
＊**ac·com·pa·ni·ment** [əkʌ́mpənimənt] 명 1 부산물; 딸린 것, 부속물, 결들인 것 (*of, to*); 술 안주 (*for*). ¶ *an* ～ *for beer* 맥주에 결들인 안주. 2 (음악) 반주(부). ¶ *play an* ～ *to* …의 반주를 하다.
to the accompaniment of …의 반주로; …에 맞추어서. ¶ 〔피아노〕 반주자.
ac·com·pa·nist [əkʌ́mpənist] 명 (음악) (주로
‡**ac·com·pa·ny** [əkʌ́mpəni] 통 (*-nies* [-z]) 타 1 …와 동반하다, …을 따라가다, 수행하다; …을 배웅하다; (행동을) …와 함께 하다, …에 가담하다. ¶ *Who is to* ～ *you* ? 누가 너와 동행하기로 되어 있느냐？ ／ (～＋图＋前＋图) ～ *a friend on a walk* 친구와 산책하다 / ～ *a person to the station* 남을 역까지 전송하다.

[유의어] **accompany** go with에 해당하며, 대등한 입장의 사람과 「행동을 같이 하다」또는 긴밀히 연상(聯想)되는 것이 「병행하다」. **attend** 돌봐 주기 위해서 옆에 붙어 있다. **escort** 보호 또는 (경의를 표하여) 호위하며 동행하다.

2 …와 함께 있다, …에 수반하다, 더불다 (*with, by*). ¶ *an operation accompanied with some pain* 통증을 수반하는 수술 / *Thunder accompanies lightning.* 천둥은 번개와 더불어 일어난다. 3 …의 반주를 하다, …에 보태다, 결들이다, 덧붙이다 (*with*). ¶ (～＋图＋前＋图) *He accompanied his speech with gestures.* 그는 몸짓을 써 가며 연설했다. 4 (음악) …의 반주를 하다 (*on*). ¶ (～＋图＋前＋图) ～ *a singer [the violin] on the piano* 피아노로 가수[바이올린]의 반주를 하다. ─困 (음악) 반주하다.
***be accompanied by* [or *with*]** …을 동반하다.
-ni·er 명

[USAGE] be accompanied *by*는 사람·동물(기르는 개 따위)과 같은 동작의 주체(agent)에 관해서 쓰며, be accompanied *with*는 부수적인 것에 관해서 쓴다: *He was accompanied by his son[dog]. / The storm was accompanied with thunder.*

ac·com·pa·ny·ing [əkʌ́mpəniiŋ] 형 수반하는; 동봉[첨부]한. 「panist.
ac·com·pa·ny·ist [əkʌ́mpəniist] 명 ＝accom-
ac·com·plice [əkámplis/əkɔ́m-] 명 (연루)자, 공모자 (*in, to*). ¶ *an* ～ *in* (*a*) *crime* 공범자 / *an* ～ *of robbery* 강도의 공범자.
‡**ac·com·plish** [əkámpliʃ/əkɔ́m-] 통타 (*~es* [-iz]; *~ed* [-t]) 1 (일·의무 따위)를 이룩하다, 다하다, 성취하다, 완수하다. ⇨ DO [유의어] ¶ ～ *one's purpose* 목적을 달성하다 / ～ *a good work* 훌륭한 일을 성취하다. 2 (고어) (수동형으로) …에 통달하고 있다, 뛰어나다 (*at, in*). ¶ *be* ～*ed at* [*or in*] *playing the piano* 피아노에 숙달되어 있다. 3 (시간을 지내다, (연령)에 달하다; (거리(距離)를 답파[주파]하다. ¶ *The jet*

plane ~ed the distance in one hour. 제트기는 그 거리를 1시간에 날았다. **~·a·ble** 휑 , **~·er** 휑
*ac·com·plished [əkámpliʃt/əkɔ́m-] 휑 **1** 완성[성취, 완료]한. ¶an ~ fact 기정 사실. **2** (어떤 기예에) 통달한, 뛰어난, 소양이 있는(*in*). ¶an ~ scholar 뛰어난 학자/He is ~ *in* an art. 그는 한 가지 기예에 통달해 있다. **3** 교양이 있는, 재예(才藝)[학식]를 갖춘.
*ac·com·plish·ment [əkámpliʃmənt/əkɔ́m-] 몡 **1** ⓤ 성취, 마무리, 완성, 실현, 수행. ¶the ~ of one's desires 소망의 실현. **2** 성과, 업적, 위공. ¶the ~s of scientists 과학자들의 연구 성과. **3** (~s) 소양, 교양; 재예, 습득한 지식. ¶the ~s of a diplomat 외교관으로서의 소양/He is a man of ~s. 그는 다재 다능한 사람이다. **4** 〔경멸적〕 천박한[얼치기] 학식, 미숙한 재예[지식].
accómplishment quòtient 몡 =achievement quotient.
‡ac·cord [əkɔ́ːrd] 몡 (~s [-z]) ⓒⓤ 일치, 조화되다(*with*). ⇨AGREE 유의어 ¶(~+젼+몡) ~ *with* requirements 요구에 부응하다 / ~ *with* one's friends 친구와 화해하다 / ~ *with* reason 도리에 맞다. — 囲 **1** …을 조화시키다, 일치시키다, 적합하게 하다(*with*). **2** …을 주다, 허용하다, 수여하다, 용인하다 (*to*). ¶~ due praise 합당한 칭찬을 하다. **3** 〔고어〕 …을 조정하다, 화해시키다.
— 몡 (寒) **~s** [-z] **1** ⓤ (의견·의사·주의 따위의) 일치, 합치, 동의(*with*). **2** (국가간의) 협정, 협약, 화해 (*between*, *among*); (국제 문제의) 해결. **3** ⓤⓒ 화음, 협화음(協和音); (색·음 따위의) 조화.
in [out of] accord with …과 조화되어[되지 않이], 일치하여[하지 않이]. ¶What you are doing is not *in* ~ *with* what you have said. 너의 행동은 네가 한 말과는 일치하지 않는다.
of one accord 일치하여.
of one's ***own accord*** 자발적으로, 자진해서; 저절로.
with one accord 일치하여, 일제히; 만장 일치로.
*ac·cord·ance [əkɔ́ːrdns] 몡ⓤ **1** 일치, 조화; 부합, 적합(*with*). **2** 수여(*of, to*).
in accordance with …과 일치하여, …에 따라서.
¶*in* ~ *with* customs 관습에 따라서. 「않게.
out of accordance with …와 일치[조화, 합치]되지
ac·cord·ant [əkɔ́ːrdnt] 휑 일치한, 합치한, 합치되어 있는(*to*, *with*). ¶~ *to* logic [*with* truth] 논리[진실]에 합치하다/be ~ *to* the law 법에 맞다. **~·ly** 븻
‡ac·cord·ing [əkɔ́ːrdiŋ] 븻 …에 따라서[의해서]; 일 치하여. (* 다음 숙어로)
according as... (* as는 접속사. according as로 하나의 접속사 구실을 하며, 뒤에 절을 수반한다) …에 따라서, …에 준하여, …(한) 만큼. ¶We will pay you ~ as you work. 네가 일한 만큼 돈을 주겠다.
according to (* to는 전치사. according to로 하나의 전치사 구실을 하며, 뒤에 명사 (상당 어구), 대명사를 수반한다) ①…에 따라, …에 의하여. ¶~ *to* his judgment [advice] 그의 판단[충고]에 따라. ②…에 준해서, …(여하)에 따라서, …에 의해서. ¶~ *to* their demands 그들의 요구에 따라 / ~ *to* circumstances 상황[여하]에 따라 / cut the coat ~ *to* the cloth (비유적) 분수에 걸맞은 생활을 하다. ③ …에 따르면[의하면]. ¶~ *to* him 그의 말에 따르면 / ~ *to* the papers 신문 보도에 의하면. 「와 장소에 달렸다.
That's [or It's] (all) according. 〔구어〕 그것은 때
‡ac·cord·ing·ly [əkɔ́ːrdiŋli] 븻 **1** (접속사적) 따라서, 그래서, 그러므로, 그런 까닭에. ⇨THEREFORE 유의어 ¶I ~ gave up my intention. 그래서 나는 나의 의도를 단념했다. **2** (동사 뒤에서) 그에 상응하게, (사정에 따라) 적당히. ¶Will you arrange ~? 적절한 조치를 취해 주시겠습니까?
‡ac·cor·di·on [əkɔ́ːrdiən] 몡 (寒) ~s [-z] 아코디언, 손풍금. — 휑 (아코디언 주름 상자처럼) 잔주름이 있는. — 휑(젼) 〔문 따위가〕 주름으로 개폐되다. **~·ist** 몡
accórdion dóor 몡 접었다 폈다 하는 문.
accórdion efféct 몡 아코디언 현상(교통 신호로 늘어났다 줄어들었다 하는 것).
ac·cor·di·on-fold [-fòuld] 휑(젼) 〔종이·판지 따위〕 를 주름지게 접다.
accórdion mánagement 몡 〔경영〕 아코디언 (식) 경영(환경 변화·전략 변경에 대응하는 유연한 경영 관리법). 「주름.
accórdion pléats 몡(寒) 아코디언 플리츠(스커트의
accórdion wáll 몡 접었다 폈다 하는 칸막이(벽).
ac·cost [əkɔ́ːst, əkást/əkɔ́st] 囲 **1** (사람)에게 (당돌하게) 말을 걸다, 소리를 지르다. **2** (남)에게 가까이 가다, 다가가다; (매춘부가) (손님)을 끌다, 부르다.
ac·couche [əkúːʃ] 囲 조산(助産)하다; 조산원으로 일하다. — 휑 〔美속어〕(비유적) 낳다.
ac·couche·ment [əkúːʃmənt] 몡 산욕(産褥); 출산, 분만. 〔<F〕
ac·cou·cheur [ækuːʃə́ːr] 몡 산부인과 의사. 〔<F〕
ac·cou·cheuse [ækuːʃə́ːz] 몡 조산사, 산파. 〔<F〕
‡ac·count [əkáunt] 몡 **1** (구체적이고 상세한) 설명 (서); 보고(서), 기사, 보도, 이야기. ⇨STORY 유의어 ¶ news ~s 신문 기사 / give a short ~ of …을 간단히 설명 [보고] 하다. **2** ⓤ 이유, 근거, 동기. **3** 중요성, 가치; 고려할 만한 일. ¶a matter of great ~ 매우 중요한 일. **4** ⓤ 평가, 판단. **5** 예금(액), 계좌; (상업상의) 거래 관계. ¶My ~ is with the bank. 나의 예금과 ~는 그 은행에 있다 // open [*or* start] an ~ with a bank 은행에 계좌를 개설하다, 은행과 거래를 트다. **6** 〔부기〕 (금전상의) 대차 계정; (보통 ~s) 계산, 셈; 계정; 회계. ¶money of ~ 계산[계정] 화폐(* guinea, mill 등 계산상으로 사용되는 추상적 화폐 단위) / a cash [charge] ~ 현금[외상] 계정 / a current [an open] ~ 당좌 계정 / Short ~s make long friends. (속담) 셈이 빨라야 친구 사이가 오래 간다. **7** (출납에 관한) 보고서, 수지 계산서; (寒) 청구서(bill). ¶the household ~s 가계부 / disclose a detailed ~ 금전 출납 명세를 밝히다. **8** (상업) 신용 거래; (寒) (고객의) 외상 (계정) (charge ~). ¶have an ~ with a department store 백화점과 신용 거래하다. **9** (신용을 바탕으로 하는) 고객, 거래처; (광고 대리점의) 위탁 광고주. ¶He is one of our longest ~s. 그는 오랜 단골이다. **10** ⓤ 이윤, 이익, 편의.
according to all accounts 모두의 말에 의하면.
account of 〔美구어〕 =*on account of*.
at all accounts [*or* ***every account***] =*on all accounts* [*or* *every account*].
be much account 〔구어〕 대단한[중요한] 일이다.
bring [*or* ***call, hold***] *a person* ***to account*** 남에 게 (…의) 해명[석명]을 요구하다; 남을 꾸짖다[책망하다]; 남에게 (…의) 책임을 묻다 (*for*).
by [*or* ***from***] ***all accounts*** 모든 사람들의 이야기에 따르면, 누구에게[어디서] 들어도.
by *a person's* ***own account*** 본인의 말에 의하면.
by one account 일설에 의하면.
cast accounts 계산하다.
charge to *a person's* ***account*** 남의 계정에 달다.
close an account with …와 거래를 끊다.
cook [*or* ***falsify, manipulate***] ***accounts*** 장부를 속이다 [조작하다]. 「지 않다.
find one's [***no***] ***account in*** …은 득이 되다 [되
for account of …의 셈으로, …을 위하여.
for the account of 선도(先渡)로. 「뜯다.
give a bad [*or* ***poor***] ***account of*** (속어) …을 헐
give a good account of ① (재귀용법으로) 훌륭히 해내다. ¶*give a good* ~ *of* oneself 훌륭히 처신하다. ② 〔적·상대〕를 이기다; (짐승)을 죽이다, 잡다.

③ (속어) …을 칭찬하다.
give an account of …의 이야기를 하다, 설명을 하「다.
go to one's (***long***) ***account***; ***hand in*** one's ***account***(***s***) (美) 저 세상으로 가다, 죽다(die).
have an account with …와 거래가 있다, …에 계좌가 있다.
hold…in great[***little***] ***account*** …을 매우 중히「계(가볍게) 여기다.
hold in no account …을 경시하다.
in account with …와 신용 거래가 있다.
keep account of …을 기록하다.
keep accounts 치부[기장]하다; 회계를 맡다.
lay one's ***account with*** …을 기대하다, 바라다.
leave…out of account …을 무시하다, 셈에 넣지 않다.
make much[***little, no***] ***account of*** …을 중요시 하다[거의 중요시하지 않다, 완전히 무시하다].
make up an account 셈하다, 결제하다.
no account (美속어) ① 쓸모 없는, 신뢰할 수 없는. ② 쓸모 없는 사람, 무책임한 사람.
of much [or ***great***] ***account*** 중요한.
of no [or ***little***] ***account*** 중요하지 않은, 하찮은.
on account ① 계약금으로서. ¶ ***pay***[***receive***] 200 dollars *on* ～ 계약금으로 2백 달러를 지불하다[받다]. ② 할부로; 외상으로. ③ 우선, 먼저.
on account of (어떤 이유) 때문에, …까닭[탓]에, …으로. ¶ The game was put off *on* ～ *of* rainy weather. 그 경기는 우천으로 연기되었다. * (美속어)에서는 접속사처럼 써서 뒤에 절(節)이 오는 일도 있「다. 「이 있어도, 여하튼.
on all accounts [or ***every account***] 꼭, 어떤 일
on a person's ***account*** …을 위해서; 남의 계정[비「용]으로. 「불로.
on a person's ***charge account*** 남의 외상으로, 후
on no account; ***not…on any account*** 결코[절「대로] …않다[아니다].
on one's ***own account*** 자기 부담[비용]으로; 자기 책임 아래, 혼자서; 자기의 이익을 위해서.
on this [***that***] ***account*** 이[그] 때문에.
On what account? 무슨 이유[관계]로?
put… (***down***) ***to*** a person's ***account*** …을 남의 셈에 달다.
render an account of ① …의 결산 보고[설명]를 하다. ② …의 해명[답변]을 하다. 「이다.
send a person ***to his long account*** (英) 남을 죽
square [or ***settle, balance***] ***accounts*** [or ***an account***, one's ***account***] ***with*** ① …와 셈을 청산하다, 대차를 상쇄하다. ② …에게 보복[앙갚음]하다; …의 원한을 풀다.
stand (***high***) ***in*** a person's ***account*** 남의 존경을 받다, 높이 평가되다. 「다.
take account of …을 고려하다; …에 주의를 기울이
take…into account …을 고려하다, 참작하다, 계산에 넣다. 「넣지 않다.
take no account of …을 무시하다, 고려[계산에]
the great [***last***] ***account*** (기독교) 최후의 심판일.
turn [or ***put***]***…to*** (***good***) ***account*** …을 이용[활용]하다.
── 图터 1 (재귀용법·수동형으로) …을 …이라고 생각하다, 여기다, 간주하다. ¶ (～+目+(*to be*)補) He was ～*ed* (*to be*) guilty of the crime. 그는 유죄로 간주되었다. 2 (고어) …을 …에게 돌리다, …의 탓으로 하다 (*to*). ¶ his bad temper ～*ed to* his illness 병으로 인한 그의 신경질. ── 圓 1 (…의 이유를) 밝히다, 설명하다; (…에 관해서) 해명하다, 보고하다; 회계 보고를 하다(*for*). ¶ (～+前+名) I will ～ *for* the incident. 내가 그 사건에 관해서 설명하겠다 / *There is no* ～*ing for tastes*. (속담) 사람의 취미는 백인 백색(百人百色)이다. 2 원인이 되다(*for*). ¶ (～+前+名) His care-

lessness ～*s for* his failure. 그의 실패는 부주의 때문이다. 3 …의 비율을 점하다 (*for*). ¶ ～ *for* less than 5 percent of world trade 세계 무역(고)의 5% 미만을 차지하다. 4 책임을 지다. 5 (추인) (사냥감·적 등을) 죽이다; (범인·적 등을) 잡다, 포획하다 (*for*). 6 (시합에서) 득점하다 (*for*). 「지다.
be much [***little***] ***accounted for*** 중히[가볍게] 여
ac·count·a·bil·i·ty [əkàuntəbíləti] 명U 책임; 석명(釋明) 의무; 〔교육〕 책무성; 성적 책임(학생의 성적에 따라 학교 자금 배당·교사 급료가 좌우되는 방식); 〔법률〕 기록 보존 책임[의무].
*****ac·count·a·ble** [əkáuntəbl] 형 1 책임이 있는; 보고[설명, 석명, 기록]할 의무가 있는 (*to, for*). ⇒ RESPONSIBLE 유의어 ¶ I am not ～ *for* his failure. 그의 실패는 내 탓이 아니다. 2 변명[설명]할 수 있는, 그럴 듯한 (*for*).
hold a person ***accountable for*** …의 책임을 남에게 뒤집어씌우다, 책임이 남에게 있다고 하다.
～·ness 명 **-bly** 튄 설명[해명]할 수 있도록.
ac·count·an·cy [əkáuntənsi] 명U 회계사의 업무[직무], 회계 업무. 「공인 회계사.
*****ac·count·ant** [əkáuntənt] 명 회계사, 회계 담당.
accountant géneral 명 (복 **-s** *g*-) 회계 과장, 경리 국장.
accountant's opínion 명 회계 감사 보고.
account bòok 명 회계 장부, 출납부.
account càrd 명 발행한 점포에서만 사용할 수 있는 신용 카드의 일종. 「거래 계정(⑫ A/C, a/c).
account cúrrent 명 (복 **-s** *c*-) 계산(交互) 계산,
account dày 명 결산일, 지급일.
account exécutive 명 (광고 회사 따위의) 특정 거래처[고객] 담당 (회계) 책임자, 섭외 부장(⑫ AE).
ac·count·ing [əkáuntiŋ] 명U 1 회계(학); 경리, 정산. 2 (개인·기업·단체 등의) 재정 거래 명세 보고(의 제「출).
accounting machíne 명 회계[경리]기.
accounting páckage 명 〔컴퓨터〕 어카운팅 패키지(컴퓨터 가동 시간의 측정·분석·기록용 프로그램).
accounting périod 명 회계 기간.
accounting yèar 명 회계 연도(fiscal year, (英) financial year). 「〔재무〕 지급금, 미불금.
account páyable 명 (복 **-s** *p*-) (美) 〔회계〕 지불
account recéivable 명 (복 **-s** *r*-) (美) 〔회계〕 수취[외상 매출] 계정, 미수금. ¶ ～ financing 외상 매출 담보 융자. 「정산서; 지불 청구서.
account réndered [-réndərd] 명 〔회계〕 대차
account rígging 명 분식(粉飾) 결산. 「외상 판매.
account sáles 명[복] (위탁 판매의) 매출 계산(서).
accóunts depártment 명 경리부.
accounts mánager 명 경리부장.
ac·cou·ter, (英**) -tre** [əkúːtər] 타 (수동형으로) …을 차려 입다, (제복)을 착용하다; 군장(軍裝)하다.
be accoutered for battle 무장하고 있다.
be accoutered in [or ***with***] …을 입고 있다.
ac·cou·ter·ment, (英**) -tre-** [əkúːtərmənt] 명 1 (복장과 무기 이외의) 장비, 장구(裝具); 마구(馬具). 2 (개인의) 의복, 장신구; 실내 비품(소파·책장 따위).
Ac·cra [ǽkrə, əkráː] 아크라(가나(Ghana)의 수도). (또는 Akkra)
ac·cred·it [əkrédit] 타 1 (발견·업적 따위)를 (…의) 것[공]으로 돌리다, (…을) …이라고 하다, …의 탓으로 하다 (*to, with*); (…을) 인정[인가]하다 (*with*). ¶ (～+目+前+名) a charm ～*ed with* magic powers 마력을 지니고 있다는 부적 / be ～*ed with* industry 부지런하다고 평가받다 / He was ～*ed with* these views. 그가 이 의견을 제시한 것으로 되어 있었다. 2 (신임장을 주어) (대사·공사 등)을 파견하다 (*at, to*). ¶ (～+目+前+名) ～ an envoy *to* a foreign country (신임장을 주어) 사절을 외국에 파견하다. 3

(관청 등이) …을 인가하다. ¶ ~ a college 대학(설립)을 인가하다. **4** [자격·신용 따위를] 승인하다, [합격을] 증명[인정]하다. ⇨APPROVE 유의어 **5** (수동형으로) [보고 따위]를 믿다, 신용하다. **6** [대학에] 기입하다.
~·a·ble 휑 **-i·tá·tion** 명 인가; 신임장. **~·ment** 명
ac·cred·it·ed [əkréditid] 휑 **1** (사람·학교 등이) 인정을 받은, 공인된, (외교관의) 신임장을 받은. ¶an ~ school 인가 학교. **2** (신망 등이) 인정된, 정당한.
accrédited ófficer 명 (군사) (외국인) 군사 고문.
accrèditing assòciation 명 (美) 협회(대학 설치 기준을 정하고 심사하는 민간 단체)(認定).
accrèditing sýstem 명 자격 인정 제도; (대학의) 단위 제도.
ac·crete [əkríːt] 휑재 부착해서 커지다; 공생(共生)하다; 하나로 합하다; 고착하다(to). —타 …을 고착시키다, 부착 중대시키다, 을 보태다. —명 **1** 부가 합일(合一)된. **2** [식물] 공생하는.
ac·cre·tion [əkríːʃən] 명ⓤ **1** (부착·첨가에 의한) 자연적 증대[증대], 증량(增量). **2** ⓒ 첨가증가물. **3** [법률] (충적(沖積) 등 자연의 작용에 의한 소유로 따위의) 자연 증가. **4** [의학] 이물(異物)의 침착(沈着), 첨가; [식물] 공생. **~·al, ~·ár·y** 휑
ac·cre·tive [əkríːtiv] 휑 증가하는, 첨가하는; 증가 성의; 확대하는; 퇴적하는.
ac·cru·al [əkrúːəl] 명ⓤ **1** 자연 증식[증가](물); 증가의 산물. **2** [회계] (이자·수익 등의) 발생, 증가; ⓒ 그 증가 부분[액], 부가 이자[수익]. [basis]
accrúal básis 명 [회계] 발생주의 (원칙). 웹 cash
ac·crue [əkrúː] 휑재 **1** (자연히) 증가하다[생기다]; (이자 따위가) 붙다; 결과로서 생기다(to, from). **2** [법률] 권리로서 성립하다. ¶이월(移越) 미불 배당.
accrúed dívidend [əkrúːd-] 명 우선주(株) 배당.
accrúed expénse 명 [회계] 미불 비용.
accrúed íncome[révenue] 명 미수 수익.
accrúed ínterest 명 미불[미수] 이자, 연체 이자.
accrúed liabílity 명 미불 부채.
acct. account; accountant; account current.
ac·cul·tur·ate [əkʌ́ltʃəreit] 휑 [다른 문화와의 접촉에 의해서] (문화)를 변용(變容)시키다; 문화가 변용되다; [유아]를 (사회에) 적응시키다(to); (유아)가 사회화하다. **-a·tive** 휑
ac·cul·tur·a·tion [əkʌ̀ltʃəréiʃən] 명ⓤ (사회) (다른 사회의 문화와의 접촉·이입(移入)에 의한) 문화 변용; [심리] (성장 과정의) 문화적 적응.
ac·cul·tur·ize [əkʌ́ltʃəraiz] 휑타 (사람·집단)을 …문화 변용을 시키다.
accum. accumulative. [문화 변용을 시키다.
ac·cum·bent [əkʌ́mbənt] 휑 기댄; 비스듬히 기운; [식물] 대위(對位)의, 측위(側位)의. **-ben·cy** 명
‡ac·cu·mu·late [əkjúːmjuleit] 휑 **-lat·ed; -lat·ing)** 타 …을 쌓아 올리다, 모으다; …을 축적하다. ¶ ~ wealth 부를 축적하다 / ~ debts 빚이 쌓이게 하다 / He ~d a fortune as an exporter. 그는 수출업으로 한밑천 잡았다. —재 쌓이다, (돈 따위가) 모이다, 붇다; (궂은 일 따위가) 겹치다.
‡ac·cu·mu·la·tion [əkjùːmjuléiʃən] 명ⓤ **1** 집적(集積), 퇴적; 누적; 축적. **2** ⓒ 축적물[-z-] ⓤ [-z] **3** 저축; 적립금; (금리 따위의) 이식; 증식. **4** (美) 대학에서 높은 학위와 낮은 학위를 동시에 취득하기. **5** (보험) 적립 배당; 위험의 집적.
accumulátion pòint 명 [수학] (집합의) 집적점.
ac·cu·mu·la·tive [əkjúːmjulèitiv, -lətiv] 휑 **1** 축적하는. **2** 재축주의의, 돈을 모으고자 하는; 탐욕스런. **3** (증거·판결 따위가) 누적적인. **~·ly** 휑
accúmulative séntence 명 (법률) 누적 선고 (이미 과해진 형기에 더해진 형기 선고).
ac·cu·mu·la·tor [əkjúːmjulèitər] 명 **1** 축적자; 축재자; 부자. **2** 수동 계산기, 금전 등록기; (컴퓨터) 누산기(累算器)(연산의) 데이터의 기억 장치. **3** (英) 축전지. **4** [기계] (열·수력의) 축적 장치; (준설기(浚渫機)의) 완충기. [密度](precision).
‡ac·cu·ra·cy [ǽkjurəsi] 명ⓤ 정확, 확실; 정밀도(精 **for accuracy** 정확을 기해. **with accuracy** 정확하게.
áccuracy lìfe 명 (총포의) 내용(耐用) 기간.
‡ac·cu·rate [ǽkjurət] 휑 **(more ~; most ~) 1** 정확한, 틀림없는, 결점이 없는; 주의 깊은, 용의 주도한 (in, at). ⇨CORRECT 유의어 ¶an ~ statement 정확한 진술. **2** (계기 따위가) 정밀한, 오차가 없는. **to be accurate** 정확히 말하자면.
~·ness
ac·cu·rate·ly [ǽkjurətli] 휑 정확히, 틀림없이.
ac·cu·rize [ǽkjuraiz] (*(英) **-rise**) 휑타 (권총)의 조정 정도(精度)를 높이다.
‡ac·curs·ed [əkə́ːrsid, əkə́ːrst] 휑 **1** 저주받은; 몹시 싫은, 가증스러운; (구어) 괘씸한, 골치 아픈. ¶an ~ deed 괘씸한 행위. **2** 저주받은, 운이 다한, 몰락한.
accus. accusative. [**~·ly** 휑 **~·ness** 명
ac·cus·a·ble [əkjúːzəbl] 휑 고소해야 할; 비난할 만한, 책망할 만한. **-bly** 휑
ac·cu·sal [əkjúːzəl] 명 =accusation.
*ac·cu·sa·tion [ækjuzéiʃən] 명 **1** ⓤⓒ 고발, 고소; 비난, 규탄(against). **2** 죄, 죄상; 고소 이유, 피의 사실. ¶The ~ was robbery. 죄상(죄명)은 강도였다.
(be) under an accusation 고발되어 (있다); 비난 받고 (있다)(of).
bring an accusation against …을 고발[고소]하다, 기소하다. [다.
make an accusation against …을 비난[비판]하다
ac·cu·sa·ti·val [əkjùːzətáivəl] 휑 (문법) 직접 목적격의, 대격(對格)의. ⇨ACCUSATIVE.
ac·cu·sa·tive [əkjúːzətiv] (문법) 휑 **1** (영어의) 직접 목적격의; (라틴·그리스어의) 대격의(⑩ dative). **2** (어의가) 목적격[대격]에 상당하는. ¶the ~ case 직접 목적격, 대격. **3** =accusatory. —명 ⓤ 직접 목적격, 대격. ¶an adverbial ~ 부사적 목적격[대격]. **2** 목적격 [대격](상당)어. **~·ly** 휑
ac·cu·sa·to·ri·al [əkjùːzətɔ́ːriəl] 휑 [법률] 고발 [고소]인의; 원고(탄핵)의. **~·ly** 휑
ac·cu·sa·to·ry [əkjúːzətɔ̀ːri/-təri] 휑 비난의; 비난조의; 힐문(詰問)조의; [법률] 고발[고소]인의. (또는 accusative)
‡ac·cuse [əkjúːz] 휑 (**-cus·es** [-iz]; **~d; -cus·ing**) **1** …에게 죄를 씌우다; …을 고발[고소, 기소]하다(of, of doing). ⇨CHARGE 유의어 ¶(~+目+as+명) ~ a person as a murderer 남을 살인죄로 고발하다 // (~+目+前+명) ~ a person of theft [or stealing] 남을 절도죄로 고소하다 / be ~d of theft 절도죄로 고소당하다. **2** …을 비난[책망]하다(for, of). ¶ ~ oneself 자책하다 // (~+目+前+명) They ~d him for his selfishness. 그들은 그의 이기주의를 비난했다 / (~+目+that節) They ~d the man that he had taken bribes. 그들은 그가 수회(收賄)했다고 비난했다. [고발[고소, 기소]하는; 비난하는.
ac·cused [əkjúːzd] 휑 **1** 고발[기소, 고소]당한; 비난받는. **2** (the ~) (명사적) (단·복수 양용) (형사) 피고인, 피의자(⑩ accuser).
stand accused of …로 고발[고소]당하고 있다; …로
ac·cus·er [əkjúːzər] 명 고발자, 원고(原告), 고소인; 비난자. [는 것 같은. **~·ly** 휑
ac·cus·ing [əkjúːziŋ] 휑 비난하는 것 같은, 나무라
‡ac·cus·tom [əkʌ́stəm] 휑타 (~**s** [-z]) **1** …에 익숙하게 하다, 습관을 붙이다. ¶(~+目+前+명) ~ one's ears *to* the noises of city life 도시 생활의 소음에 귀를 길들이다. **2** 《재귀용법으로》 …에 익숙해지다, 적응[순응]하다(to).
accustom oneself to …에 익숙해지다.

be [or ***get, become***] ***accustomed to doing*** [or *do*] …하는 데 익숙해져 있다[해지다]; 《드물게》 …하는 것이 습관[버릇]이 되다.

‡ac·cus·tomed [əkʌ́stəmd] [형] **1** 평소의, 늘 하는, 예(例)의. ¶in their ~ manner 그들이 늘 하는 식으로. **2** 버릇이 된, 습관이 된, 언제나 …하는; (…에) 익숙해진 (*to*). **~·ly** [부] **~·ness** [명]

accy. accessory. **ACD** *a*cid, *c*itrate, and *d*extrose; *a*utomatic *c*all *d*istribution. **ACDA** 《美》 *A*rms *C*ontrol and *D*isarmament *A*gency (군비 관리 군축국(1998년 국무부 산하로 흡수됨)).

AC/DC [èisiːdíːsiː] 《美속어》 [형] **1** 양성애(兩性愛)의 (bisexual, bi). **2** 우유 부단한, 애매한. **—**[부] 양성애적으로.

AC/DC, ac/dc *a*lternating *c*urrent or *d*irect *c*urrent (교류·직류(의), 교직(交直) 양용(의)). (또는 **a-c/d-c**) **acdnt., acdt.** accident.

***ace** [eis] [명] **1** (주사위의) 1의 눈; (트럼프의) 1의 패. **2** (테니스·배구 따위의) 상대가 받을 수 없는 서브; 서브로 얻은 득점(service ~). **3** 제1급의 숙련자, 노련가, 명인; 〔야구〕 주전 투수, 최우수 선수. ¶an ~ at dancing 댄스의 명인. **4** 〔공군〕 (적기를 5대, 《英》에서는 10대 이상 떨어뜨린) 우수 조종사, 격추왕. ¶an ~ of ~*s* 비할 지 없는 하늘의 용사. **5** 《美속어》 1달러 지폐(~ note); 1년의 형기. **6** 〔골프〕 홀인원(hole in one); 그것으로 얻은 득점. **7** 《드물게》 극소량; 미(소)분자. **8** 《美속어》 (성적 평가의) A, 수(秀); 《美속어》 친구; 《美속어》 대마초 담배; 《美구어》 (최신 유행 복장을 좋아하는) 멋쟁이.
an [or *one's*] ***ace in the hole*** (포커에서) 엎어 놓은 에이스; 《美》 어려울 때 의지가 되는 것; 마지막 으뜸패, 비장의 술수. 「어》 여성의 성기.
an ace of spades 《경멸적》 (피부가 검은) 흑인; 《비
be aces with …에게 존중받다, 높이 인정받다.
have [or ***keep***] ***an ace*** [or ***a card***] ***up*** *one's* ***sleeve*** 비책을 갖고 있다. 「다, 군림하다.
have [or ***hold***] ***the aces*** 《구어》 결정권을 쥐고 있
hold all the aces 모든 것을 장악하고 있다.
play *one's* ***ace well*** 임기 응변 술책이 뛰어나다, 흥정을 잘하다.
within an ace of 막[하마터면] …할 찰나에.
—[동][타] 《美구어》 **1** …을 완벽하게 하다. **2** 〔학과·시험〕에서 A를 받다. **3** 〔남〕을 앞지르다, 〔남〕에게 이기다 (*out*). ¶~ *out* one's competitors 경쟁 상대를 여지없이 무찌르다. **4** 〔테니스·배구〕 서브로 득점하다; 〔골프〕 홀인원하다. 「리다; 알다.
ace in 《美구어》 (우위를 차지하기 위해서) 술책을 부
ace into 《美구어》 우연히[용케도] 얻어 걸리다.
ace it 《美속어》 완벽하게 (무엇을) 이룩하다.
ace out ① ⇨[동][타] 3. ② 운이 좋다.
—[형] 《구어》 우수한; 일류의, 최고의. ¶an ~ reporter 일류 보도 기자 / ~ players 일류 선수들.
—[부] 멋지게, 훌륭하게.

-a·ce·a [éiʃiə] [접미][복] 〔동물〕 강(綱)(class) 및 목(目)(order)의 이름을 만든다. ¶Crust*acea* (갑각류).

-a·ce·ae [éisiìː] [접미][복] 〔식물〕 과명(科名)(family)을 나타내는 복합명사를 만든다. ¶Ros*aceae* (장미과).

áce bóon cóon [명] 《美속어》 가장 친한 친구. (또는 **áce cóon (póon), áce bóom bóom**)

áce búddy [명] 《美속어》 =ace boon coon.

ac·e·bu·to·lol [æ̀səbjúːtəlɔ̀ːl/-ɔ̀l] [명] 〔약학〕 아세뷰톨롤(β차단제(beta blocker); 고혈압·협심증·심부정맥(心不整脈) 치료용). 「름.

a·ce·di·a [əsíːdiə] [명][U] 무기력; 무감동; 나태, 게으

ace-high [ˊhái] [형] 《美구어》 **1** (포커에서) 에이스를 포함한. **2** 평판이 좋은. **3** 인기가 대단한.

A·cel·da·ma [əséldəmə, əkél-] [명] **1** 〔성서〕 아겔다마, 피밭(예루살렘 부근의 지명; 유다(Judas)가 그리스도를 배반하고 얻은 돈으로 산 땅이며, 그는 거기서 자살했다. ←마태 복음(Matt.) 27:8, 사도 행전(Acts) 1:19). **2** 수라장; 살육과 유혈의 땅. (또는 **Akeldama**)

a·cel·lu·lar [eiséljulər] [형] 〔생물〕 비(非)세포의.

a·cen·tric [eiséntrik] [형] 중심이 없는; 중심을 벗어난.

-a·ceous [éiʃəs] [접미] 「…의, …과 같은, …의 성질을 지닌」의 뜻으로 -acea 또는 -aceae로 끝나는 동·식물명의 형용사형을 만든다.

a·ceph·a·lous [eiséfələs, əs-] [형] **1** 〔동물〕 무두(無頭)류의; (연체 동물의) 머리를 분간할 수가 없는; 〔식물〕 암술머리가 없는. **2** 지도자[우두머리]가 없는.

ac·er·ate [ǽsərèit, -rət] [형] =acerose.

a·cerb [əsə́ːrb] [형] =acerbic.

ac·er·bate [동][타] [ǽsərbèit] **1** …을 쓰게[떫게] 하다. **2** …을 화나게 하다, 짜증나게 굴다. **—**[형] [əsə́ːrbət] 쓴; 쓰게[떫게] 한.

a·cer·bic [əsə́ːrbik] [형] **1** (맛이) 신(sour), 떫은(astringent). **2** (기질·표현 따위가) 거친, 신랄한, 엄한. (또는 **acerb**) **-bi·cal·ly** [부]

a·cer·bi·ty [əsə́ːrbəti] [명][U] **1** (매우) 쓴맛, 신맛, 떫은 맛. **2** (기질·표정 따위의) 엄함, 가혹함, 신랄함.

ac·er·ose [ǽsəròus] [형] 〔식물〕 (잎이) 바늘 모양의, 침상(針狀)의. 「여자애 멋진데.

ac·es [éisəz] [형] 《속어》 일류의, 멋진. ¶She's ~. 저

a·ces·cent [əsésnt] [형] 시큼해지는, 미산성(微酸性)의; 약간 신맛이 있는. ⇨ACETO-.

acet, acet. acetone; acetylene.

ac·et- [ǽsət, əsíːt] [연결] ⇨ACETO-.

ac·e·tab·u·lum [æ̀sətǽbjuləm] [명] (복 ***-la*** [-lə]) 〔해부〕 비구(髀臼); 〔동물〕 흡반, 빨판(sucker). **-lar** [형]

ac·e·tal [ǽsətæ̀l] [명][U] 〔화학〕 **1** 아세탈(무색·휘발성의 액체; 최면제 또는 용제(溶劑)로 사용). **2** 알데히드[케톤]와 알코올과의 화합물의 총칭.

ac·et·al·de·hyde [æ̀sətǽldəhàid] [명][U] 〔화학〕 아세트알데히드(아세트산·솔벤트·고체 연료 등의 원료).

a·cet·am·ide [əsétəmàid, æ̀sətǽmaid] [명] 〔화학〕 아세트아미드(유기 합성·용제(溶劑)용). (또는 **acetamid**)

a·ce·ta·min·o·phen [əsìːtəmínəfən, æ̀sətə-] [명] 〔약학〕 아세트아미노펜(진통·해열제).

ac·et·an·i·lide [æ̀sətǽnəlàid] [명][U] 〔약학〕 아세트아닐리드(진통·해열제).

ac·e·tar·i·ous [æ̀sətɛ́əriəs] [형] 샐러드(용)의.

ac·e·tate [ǽsətèit] [명][U][C] 〔화학〕 **1** 아세테이트(아세트산염·아세트산 에스테르의 총칭). **2** =~ rayon.

ac·e·tat·ed [ǽsətèitid] [형] 아세트산으로 처리한, 아세트산과 화합한. 「絲), 아세테이트.

ácetate ráyon [fíber] [명] 아세트산 인조 견사(絹

a·cet·a·zol·a·mide [əsìːtəzóuləmàid, -mid] [명] 아세타졸라마이드(부종(浮腫)·심장 질환의 이뇨제용).

a·ce·tic [əsíːtik, əsét-] [형] 아세트산의; 시큼한.

acétic ácid [명] 〔화학〕 아세트산, 초산.

acétic anhýdride [명] 〔화학〕 무수(無水) 아세트산.

a·ce·ti·fy [əsíːtəfài, əsétə-] [동] 초화(醋化)하다; 아세트산처럼 만들다[되다], 시큼하게 하다[되다].
-fi·cá·tion [명] **-fi·er** [명] 초화기, 아세트산 제조기.

ac·e·tim·e·ter [æ̀sətímətər] [명] =acetometer.

ac·e·to- [ǽsətou, -tə, əsíːt-] [연결] 「아세트산 또는 아세트산기(基)를 함유하고 있는」의 뜻(* 모음 앞에서는 acet-). ¶*aceto*phenone (아세토페논).

ac·e·tom·e·ter [æ̀sətámətər/-tɔ́m-] [명] 〔화학〕 아세트산 비중계(比重計). (또는 **acetimeter**)
a·ce·to·met·ric [əsìːtəmétrik], **a·cè·to·mét·ri·cal** [형] **a·cè·to·mét·ri·cal·ly** [부] **-try** [명]

ac·e·tone [ǽsətòun] [명][U] 〔화학〕 아세톤(무색의 격렬한 가연성 액체; 용제·무연(無煙) 화약·니스 따위에 사용). **-ton·ic** [ˊtánik/-tɔ́n-] [형] 「body).

ácetone bòdy [명] 〔생화학〕 아세톤체(體)(ketone

ac·e·tous [ǽsitəs, əsíː-] [형] **1** 초의, 아세트산을 함

A

유하는; 신(sour); 식초 같은. 2 (비평 따위가) 신랄한. (또는 **acetose**)

a·ce·tum [əsíːtəm] [명] 초(醋); 〔약학〕 초에 녹인 조제.

a·ce·tyl [əsíːtl, ǽsətl] [명][U] 〔화학〕 아세틸(초산기).

a·ce·tyl·cho·line [əsìːtlkóulin, æ̀sətl-] [명] 〔약학〕 아세틸콜린(혈압 강하제).

a·cé·tyl·co·én·zyme Á [-kouénzaim-] [명] 〔생화학〕 아세틸 조효소(助酵素) A(조효소 A의 아세틸 유도체). (또는 **acétyl-CóÁ**) 「색·가연성의 기체).

a·cet·y·lene [əsétəlìːn] [명][U] 〔화학〕 아세틸렌(무

acétylene sèries [명] 〔화학〕 아세틸렌계(系).

acétylene tòrch [명] 아세틸렌등(燈).

a·ce·tyl·sal·i·cýl·ic ácid [əsìːtlsæ̀ləsílik-, æ̀sətl-] [명] 〔약학〕 아세틸살리실산(酸)(아스피린(aspirin)의 화학명).

ace·y·deuc·y [éisidjúːsi/-djúː-] [명] 일종의 주사위놀이. **—** [형] 《美속어》 1 완전한; 굉장한. 2 양극단을 함께 지닌, 애매한, 그저 그런.

ACF 《美》 *A*dministration for *C*hildren and *F*amilies; 〔컴퓨터〕 *a*dvanced *c*ommunications *f*unction(확장 통신 기능). **A.C.F.** 《英》 *A*rmy *C*adet *F*orce. **A.C.G.B.** *A*rts *C*ouncil of *G*reat *B*ritain (영국 학술 회의). **ACh** 〔생화학〕 acetylcholine(아세틸콜린). **ACH** acetylcholine; 《美》 *a*utomated *c*learing*h*ouse(자동화 자금 결제소).

A·chae·an [əkíːən] [형] 1 아카이아(Achaea)(고대 그리스 남부의 지방)의; 아카이아인의. 2 그리스(인)의. **—** [명] 아카이아인; 그리스인. (또는 **Achaian**)

Achǽan Léague [명] 〔역사〕 아카이아 동맹(아카이아와 다른 그리스 도시와의 연맹(280–146 B.C.)).

A·cha·tes [əkéitiːz] [명] 1 아카테스(Virgil작 *Æneid*의 주인공 Æneas의 친구). 2 우정이 두터운 친구.

‡ache [eik] [동][자] (*~d* [-t]; *ach·ing*) 1 아프다, 쑤시다 (*from, with*). ⇨PAIN [유의어] ¶I *~d* all over. 온몸이 아팠다. 2 (…로) 마음이 아프다, 괴로워하다 (*for*). ¶My heart *~s*. 마음이 아프다. 3 《구어》《진행형으로》 …하고 싶어 못 견디다, (…을) 열망하다 (*with, to* do); (…을) 그리워하다 (*for*). ¶(~+*to* do) She *~s to* see you. 그녀는 너를 간절히 보고 싶어한다 // (~+[前]+[名]) *~ for* a person 남을 사모하다 / *I'm aching to* travel. 나는 여행을 가고 싶어 못 견디겠다.

— [명][C][U] 아픔, 쑤심. ¶*~s* and pains 아픔, 고통. ***have an ache in*** …이 아프다.

Ach·e·lo·us [æ̀kəlóuəs] [명] 〔그리스 신화〕 아켈로우스(강의 신; Deianira를 차지하려고 Hercules와 싸웠으나 패배).

a·chene [eikíːn/əkíːn] [명] 〔식물〕 수과(瘦果)(껍질은 얇고 혁질(革質)이며, 익어도 벌어지지 않는 열매). (또는 **akene**) **a·ché·ni·al, a·ké·ni·al** [형]

A·cher·nar [éikərnɑ̀ːr] [명] 〔천문〕 아케르나르(에리다누스강자리(Eridanus)의 1등성(星)).

Ach·er·on [ǽkərɑ̀n/-rɔ̀n] [명] 1 〔그리스 신화〕 아케론(저승(Hades)의 재앙의 강; 사공 Charon이 죽은 사람의 영혼을 건네주었다). 2 저승, 황천, 명부.

Ach·e·son [ǽtʃəsn] [명] **Dean (Gooderham)** ~ 애치슨(1893–1971: 미국의 법률가·정치가; 국무장관).

A·cheu·le·an [əʃúːliən] [형] (구석기 시대의) 아슐기(紀)의. **—** [명] 아슐 문화. (또는 **Acheulian**)

‡a·chieve [ətʃíːv] [동] (*~s* [-z]; *~d; a·chiev·ing*) [타] 1 …을 이루다, 성취하다, 달성하다(accomplish). ⇨DO [유의어] ¶~ one's end 목적을 이루다 / All this cannot be *~d* overnight. 이 모든 것을 하룻밤 사이에 성취할 수는 없다. 2 〔공적〕을 세우다, 수립하다; 〔좋은 결과·명예 따위〕를 얻다, 획득하다. ¶~ victory 승리를 얻다 / ~ success 성공을 거두다. **—** [자] 성공하다, 목표를 달성하다. **a·chíev·a·ble** [형] **a·chíev·er** [명]

a·chíeved státus [ətʃíːvd-] [명] 〔사회〕 획득적 지위(개인의 노력의 결과로 획득된 사회적 지위).

‡a·chieve·ment [ətʃíːvmənt] [명] 1 업적, 공적, 위업. ¶He reached a brilliant ~. 그는 빛나는 공적을 세웠다. 2 [U] 달성, 성취, 획득. ¶the ~ of one's object 목적의 달성. 3 〔심리〕 [U] 학력, 학업 성적. 4 〔문장〕 죽은 사람의 문표(紋標)(hatchment).

achíevement àge [명] 〔심리〕 성취[교육] 연령.

achíevement mòtive [명] (당면 과제·목표의) 달성 동기, 성취 의욕.

achíevement quòtient [명] 〔심리〕 성적[학업] 지수(교육 연령을 실제 연령으로 나눈 것에 100을 곱한 것; [약] AQ). [참] intelligence quotient

achíevement tèst [명] 학력 고사[검사]([약] AT).

a·chi·la·ry [əkáiləri] [형] 〔식물〕 순판(脣瓣)이 없는. (또는 **acheilary**)

Ach·il·le·an [æ̀kəlíːən, əkíliən] [형] 아킬레스(Achilles) 같은, 불사신의, 용맹 무쌍한, 발이 빠른.

A·chil·les [əkíliːz] [명] 〔그리스 신화〕 아킬레스(Homer작 *Iliad*에 나오는 그리스군의 영웅).

Achílles(') héel [명] (an ~, one's ~) (유일한) 약점, 급소(Achilles는 유일한 약점인 발꿈치에 화살을 맞고 죽었다).

Achílles(') téndon [명] 〔해부〕 아킬레스건(腱).

ach·ing [éikiŋ] [형] 1 아픈, 쑤시는. 2 갈망하는. 3 성가신, 번잡스러운. **~·ly** [부] 「학〕 암흑 공포증.

ach·luo·pho·bi·a [æ̀kluəfóubiə] [명][U] 〔정신의

a·choo [ɑːtʃúː] [감] 에취(재채기 소리). (또는 **atchoo**)

ACHR *A*merican *C*ouncil of *H*uman *R*ights.

ach·ro·mat [ǽkrəmæ̀t] [명] 무색 렌즈.

ach·ro·mat·ic [æ̀krəmǽtik] [형] 1 〔광학〕 무색의; 색깔을 흡수하는, 색수차(色收差)가 없는. 2 〔생물〕 비(非)염색성의. 3 〔음악〕 변조(變調)가 없는. 4 전색맹(全色盲)의. **-i·cal·ly** [부]

achromátic cólor [명] 무채색(無彩色).

ach·ro·ma·tic·i·ty [æ̀kroumətísəti] [명] 〔광학〕 =achromatism.

achromátic léns [명] 〔광학〕 색지움 렌즈.

achromátic prísm [명] 〔광학〕 색지움 프리즘.

achromátic vísion [명] 전색맹(全色盲).

a·chro·ma·tin [eikróumətin] [명] 〔생물〕 (세포 핵질의) 비염색질. **-tín·ic** [형]

a·chro·ma·tism [eikróumətìzm] [명][U] 〔광학〕 수색성(收色性); 색지움; 무색(無色); 〔의학〕 =achromatopsia.

a·chro·ma·tize [eikróumətàiz, æk-] [동][타] 〔렌즈〕를 색지움하다, 색수차(色收差)를 없애다; 무색으로 하다. **-ti·zá·tion** [명] 무색으로 함; 소색법(消色法).

a·chro·ma·top·si·a [eikròumətɑ́psiə/-tɔ́p-] [명] 〔의학〕 (전(全))색맹. (또는 **achromatopia, achromatopsy**)

a·chro·mic [eikróumik] [형] 무색의; (적혈구·피부가) 색소 결핍(증)의. (또는 **achromous**)

Á chròmosome [명] 〔유전〕 A염색체(과잉 염색체 이외의 보통 염색체).

Ach·ro·my·cin [æ̀kroumáisin] [명] 《상표》 〔약학〕 아크로마이신(항생 물질 tetracycline의 상품명).

ach·y [éiki] [형] 《구어》 아픈, 통증이 있는, 쑤시는. **ách·i·ness** [명]

ACI *a*irborne *c*ontrolled *i*ntercept; *a*ir *c*ombat *i*nformation; *a*utomatic *c*ar *i*dentification(자동 차량 식별).

a·cic·u·la [əsíkjulə] [명] ([복] *-lae* [-lìː]) 바늘 모양의 부분[돌기]; 바늘, 가시, 강모(剛毛); 침상(針狀) 결정.

a·cic·u·lar [əsíkjulər] [형] 바늘 모양의, 침 모양으로 뾰족한. **-lar·i·ty** [ˌ-lǽrəti] [명] **~·ly** [부]

a·cic·u·late [əsíkjulət, -lèit] [형] 1 바늘같은 것이 있는. 2 바늘에 긁힌 자국이 있는. 3 바늘처럼 뾰족한, 바늘 모양의(acicular). (또는 **aciculated**)

‡ac·id [ǽsid] [명] 1 [U][C] 〔화학〕 산(酸). 2 신맛이 나는

것, 산성물. **3** ⓤ (美속어) LSD(환각제).
behínd ácid (속어) LSD에 취해[를 사용해].
come the (*old*) **ácid** (속어) (남을) 불쾌하게 하다; 잘난 체하다, 가시 돋친 말을 하다; 싫은 소리를 حl다. (英) (남에게) 책임을 전가하다. 「을 속이다.
give *a person* **the old ácid** (英속어) 엉터리로 남
put on the ácid (속어) 허풍을 떨다.
put the ácid in (英속어) 이야기를 지어내다.
put the ácid on (濠구어) [남]에게 허풍을 떨다; [남]에게 돈을 꿔달라고[성관계를 갖자고, 은밀한 정보를 달라고] 조르다.
— ᵃ (*more* ~; *most* ~) **1** (화학) 산(酸)의, 산성의. ¶an ~ reaction 산성 반응/~ anhydride 무수산(無水酸). **2** 신, 신맛이 있는. ⇨SOUR 〔유의어〕¶~ fruits 신맛나는 과일. **3** (기질·생김새 따위가) 꽤 까다로운; 통렬한, 신랄한; (색 따위가) 강렬한. ¶an ~ joke about an opponent 상대방에 대한 신랄한 농담. **4** 〔지질〕 규산(silica)을 다량으로 함유한.
~·ly ᵃᵈ **~·ness** ⁿ   〔sourball〕.
ácid dróp (英) (신맛이 있는) 사탕, 드롭스.(또
ácid dúst ⁿ 산성(酸性) 먼지(고농도의 산(酸)을 함유
ácid dýe (화학) 산성 염료. 「한 먼지 입자).
ácid fállout ⁿ 산성 강하물, (특히) 산성비.
ac·id-fast [-fǽst/-fɑ́ːst] ᵃ (염색한 후) 산(酸)에 닿아도 색깔이 바래지 않는. **~·ness** ⁿ
ácid fíxing báth 〔사진〕 산성 정착욕(定着浴).
ácid fóg ⁿ 산성 안개.
ac·id·form·ing [-fɔ̀ːrmiŋ] ᵃ 산(酸)을 만드는, 산을 내는 (음식이 체내에서 완전 산화된 뒤에 다량의 산성 잔유물을 포함하고 있는).
ácid freák ⁿ (美속어) =acid-head.
ácid-free páper [-friː-] ⁿ 중성지(中性紙).
ácid fúnk ⁿ (美속어) LSD 우울 상태.
ac·id-head [-hèd] ⁿ (美속어) LSD 상용자. (또는 **Á-hèad, ácidhèad**)
ácid hóuse ⁿ (英) 애시드 하우스(빠른 비트의 환각적 록 음악); 그 음악을 들으며 마약을 하는 무리.
ácid-house párty ⁿ 애시드 하우스 파티(acid house를 즐기는 파티).   「질) =acid 4.
a·cid·ic [əsídik] ᵃ 산(酸)을 형성하는, 산성의; (지
a·cid·i·fy [əsídəfài] ᵛᵗⁱ …을 시게 하다; 산성화(化)하다. —ᵛⁱ 시어지다; 산성이 되다. **-fi·a·ble** ᵃ 산성화할 수 있는. **-fi·cá·tion** ⁿⓤ 산성화, 산성화시키는 것.   「〔酸定量器〕.
a·cid·im·e·ter [æ̀sədímətər] ⁿ 〔화학〕 산정량기
a·cid·i·ty [əsídəti] ⁿ **1** (화학) 산성도, 산도(酸度). **2** 신맛. **3** 신랄함. **4** 위산 과다.
ác·id·less tríp [ǽsidlis-] ⁿ (美속어) 무약(無藥) 도취(집단 감수성 훈련 또는 중독 환자 치료).
ácid míst ⁿ (대기 오염에 의한) 산성 안개.
a·cid·o·phil [əsídəfil, ǽsəde-] ⁿ (미생물이) 호산성(好酸性)의. ——ⁿ 호산성 물질.   「유산균 우유.
ac·i·dóph·i·lus mílk [æ̀sədáfələs-/-dɔ́f-] ⁿ
ac·i·do·sis [æ̀sədóusis] ⁿⓤ (병리) 산성증(酸性症), 아시도시스. ⓐ **alkalosis**
ácid pád (美속어) 마약 주사소; LSD 파티.
ácid precipitátion[**depositíon**] ⁿ 산성 강하물(산성비나 산성눈 따위).
ácid rádical (화학) 산기(酸基), 산근(酸根).
ácid ráin ⁿ 산성비.
ácid róck ⁿ 애시드 록(환각적인 경험을 연상시키는 록 음악). 「음향과 가사의 록 음악).
ácid sóil ⁿ 산성 토양. 〔음향과 가사의 록 음악〕.
ácid sóund ⁿ 애시드 사운드(LSD나 마약의 도취감을 느끼게 하는 환각적 효과).
ácid tést ⁿ (the ~) **1** (금의 질을 실험하기 위한) 질산 테스트. **2** (가치 따위의) 엄밀한 시험[검증], 엄격한 시험; 시련. **3** (美속어) LSD 파티(acid party).
ácid tést rátio ⁿ 〔금융〕 산성 (시험) 비율, 당좌 비

율(당좌 자산에 대한 유동 부채의 비율).
ac·id-tóngued [-tʌ̀ŋd] ᵃ (비평 따위가) 신랄한.
ácid tríp ⁿ (속어) LSD에 의한 환각 체험.
a·cid·u·late [əsídʒulèit/-dju-] ᵛᵗ …에 신맛이 나게 하다; …에게 까다롭게[심하게] 굴다, 쓰라리게[가혹하게] 하다. **-lát·ed** [-id] ᵃ **-lá·tion** ⁿ
a·cid·u·lous [əsídʒuləs/-dju-] ᵃ 시큼한, 신맛이 나는, 통렬한, 신랄한. (또는 **acidulent**)
ácid válue[**númber**] ⁿ (화학) 산가(酸價).
ac·id-washed [-wɑ̀ʃt/-wɔ̀ʃt] ᵃ (청바지 따위를) 표백제로 가공한, 표백한. 〔~ taste 신맛.
ac·id·y [ǽsidi] ᵃ 산성의; 신맛이 나는(sour). ¶an
ac·i·ni [ǽsənài] ⁿ acinus의 복수형.
ac·i·nose [ǽsənòus] ᵃ =acinous.
ac·i·nous [ǽsənəs] ᵃ **1** 〔식물〕 입상과(粒狀果)[소핵과]의. **2** 〔해부〕 포도상선(腺)의, 선포(腺胞)의, (폐의) 세엽(細葉)의. (또는 **acinose**)
ac·i·nus [ǽsənəs] ⁿ (*pl*. **-ni** [-nài]) **1** 〔식물〕 입상과, 소핵과[소핵(의), 장과(漿果)]. **2** 〔해부〕 포도상선, 선포, 소포(小胞), (폐의) 세엽.
-a·cious [éiʃəs] 〔접미〕 -acity, -acy로 끝나는 명사에 붙여 「···이 많은, ···의 경향이 있는, ···을 좋아하는」의 뜻의 형용사를 만든다. ¶**audacious**, **fallacious**.
-ac·i·ty [ǽsəti] 〔접미〕 -acious로 끝나는 형용사에 붙여 quality of, abounding in the characteristic of의 뜻의 명사를 만든다. ¶**tenacity**.
ACK *acknowledge* character. **ack., ackn.** acknowledge; acknowledgment.
ack-ack [ǽkæ̀k] ⁿ 〔軍속어〕 **1** 대공(對空) 사격[포화](의); 고사포(의). 〔<영국에서 A.A.(antiaircraft) 대신으로 쓰이던 말〕 **2** (속어) 헤로인.
áck em·ma [æ̀k émə] ⁿ (英속어) 오전(morning, a. m.). 〔<A.M.의 통신 용어〕
ackgt. acknowledgment.
‡ac·knowl·edge [æknɑ́lidʒ, ək-/-nɔ́l-] ᵛᵗ⑬ (**-edg·es** [-iz]; **~d; -edg·ing**) **1** …을 인정하다. 승인하다; 자인하다, 자백하다. ⇨ADMIT 〔유의어〕 ¶~ belief in God 신앙심이 있음을 인정하다 / ~ the truth of it 그것을 진실이라고 인정하다 / ~ a person's right to vote 남의 투표권을 인정하다 // (~+〔目〕+as 〔補〕) ~ it *as* true 그것을 진실이라고 인정하다 //(~+〔目〕+*to be* 〔補〕) ~ oneself *to be* wrong 자기의 잘못을 인정하다 // (~+*that* 〔節〕) He ~*d that* he was wrong. 그는 자기의 잘못을 인정했다 // (~+-*ing*) (~+〔目〕+*done*) He did not ~ *having* been defeated. =He did not ~ himself *defeated*. 그는 자기의 패배를 인정하지 않았다. **2** …에게 사의[경의, 찬양의 뜻]을 표하다. ¶~ *a gift* 선물에 사의를 표하다 / ~ *a favor* 호의를 감사하다. **3** (편지 따위의) 수령[접수]을 전하다. ¶~ *a letter* 편지를 받았다고 전하다. **4** 〔법률〕 (정식으로) …을 승인하다, 법적으로 유효하다고 인정하다. ¶~ *a deed* 증서를 (틀림없다고) 인정하다.
acknówledge chàracter 〔컴퓨터〕 긍정 응답 문자(수신측에서 송신측으로 데이터가 바르게 전해져 왔음을 전하는 전송(傳送) 제어 문자); ⓐ ACK).
ac·knowl·edged [æknɑ́lidʒd, ək-/-nɔ́l-] ᵃ 승인된, 일반에게 인정된, 정평이 난.
*ac·knowl·edg·ment, ~-edge- [æknɑ́lidʒmənt, ək-/-nɔ́l-] ⁿ **1** ⓤ 승인, 시인; 자백, 자인. **2** ⓤ 감사, 사례, 인사; ⓒ 감사장, 답례(품); (보통 ~s) (책에 실리는 저자의) 감사의 말. ¶ make one's ~ with thanks 감사의 뜻을 표하다/ This parcel is a slight ~ of your kindness. 이 소포는 당신의 친절에 대한 조그마한 감사의 뜻입니다. **3** 접수(수령); 통지(증명), 영수증. **4** 〔법률〕 승인; 승인서; (사생아의) 인지(認知).
as an acknowledgment for[or *of*] …의 답례로서, 감사 표시로. 「리 굽혀 인사하다.
bow *one's* **acknowledgments of** …에 답하여 허

in acknowledgment of …의 답례로, 감사의 뜻으로; …을 인정하여. ¶ *in* ~ *of your help* 귀하의 원조에 감사하여.

ACL *a*llowable *c*abin *l*oad((여객기의) 객실 허용 적재량). **ACLA** *A*merican *C*omparative *L*iterature *A*ssociation. 「*道*)(magnetic equator).

a·clin·ic line [eiklínik-, ək-] 圖 자기 적도((磁氣赤

A.C.L.S. *A*merican *C*ouncil of *L*earned *S*ocieties (미국 학회 평의회). **ACLT** *a*ccelerate. **ACLU, A.C.L.U.** *A*merican *C*ivil *L*iberties *U*nion(미국 시민 자유 동맹). 「여[한].

a·clut·ter [əklʌ́tər] 囲圈 몹시 붐벼[붐비는], 혼잡하

ACM (군사) *a*dvanced *c*ruise *m*issile: *a*ir *c*hief *m*arshal(공군 대장); *A*merican *C*ampaign *M*edal; *a*nti-armor *c*luster *m*unitions(대(對)장갑 클러스터 탄); (美) *A*ssociation for *C*omputing *M*achinery(컴퓨터 협회).

ac·me [ǽkmi] 圈 (the ~) 정점, 최고조; 절정; 극도; 극치; (병 따위의) 고비, 위기; (고어) (인생의) 전성기. ¶ *reach the* ~ *of happiness* 행복의 절정에 이르다.

ac·mat·ic [ækmǽtik], **-mic** 圈

acmp, acmp. *acc*omp*any*. **ACMT** (美군사) *a*dvanced *c*ruise *m*issile *t*echnology(첨단 순항 미사일 기술). **ACN** *A*merican *C*ouncil on *N*ATO; *a*ssignment *c*ontrol *n*umber; *a*utomatic *c*elestial *n*avigation.

ac·ne [ǽkni] 圈 (병리) 좌창(*痤瘡*); 여드름.

ac·ne·gen·ic [æknidʒénik] 圈 (병리) 좌창(*痤瘡*)의 원인이 되는. (또는 **acneigenic**)

ac·node [ǽknoud] 圈 (수학) 고립점(isolated point). **ac·nó·dal** 圈. 「정홍석(紅石)(세옴).

ACOA *a*dult *c*hild of an *a*lcoholic(알코올 중독자 가

a·cock [əkák/əkɔ́k] 囲圈 (※ 형용사로는 서술용법) (모자테나 귀 따위를) 위로 세워서[세운].

ac·o·lyte [ǽkəlàit] 圈 **1** (가톨릭) (선임식을 받은) 교회 봉사자; (미사 때 신부를 돕는) 복사(*服事*)(altar boy). **2** 조수; 종자(從者), 수행자; 신참자.

A·con·ca·gua [àːkəŋkáːgwɑː, ækənkáːgwə] 圈 아콩카과(안데스 산맥 중의 최고봉; 6,960m).

ac·o·nite [ǽkənàit] 圈 (식물) 바꽃속(屬)의 다년초; 〔U〕 아코닛(바꽃의 뿌리에서 추출한 진통제·강심제).

ac·o·nit·ic [ækənítik] 圈 바꽃(성질)의.

a·con·i·tine [əkánətìːn, -tin/ɔ́n-] 圈〔U〕 (화학) 아코니틴(바꽃에서 채취한 유독성 물질; 진통제).

A-con·trol [éikəntròul] 圈〔U〕 (美) 원자력 관리.

‡**a·corn** [éikɔːrn, -kərn/-kɔːn] 圈 ~**s** [-z] 도토리, 상수리, 깍정이가 있는 열매, 각두과(*殼斗果*). ¶ a *sweet* ~ 모밀잣나무의 열매 / *Great* [or *Tall*] *oaks from little* ~ *s grow.* (속담) 큰 참나무도 작은 도토리에서, 천리 길도 한 걸음부터.

ácorn cùp 圈 (도토리의) 깍정이, 각두(*殼斗*)(cupule).

ácorn shèll 圈 도토리의 깍정이; (조개) 따개비(barnacle)의 일종. 「진공관.

ácorn tùbe 圈 (전자) 에이콘관(管)(도토리 모양의

a·cot·y·le·don [èikɑ̀təlíːdn/-kɔ̀t-] 圈 (식물) 무자엽(*無子葉*) 식물. ~**ous** 圈 떡잎이 없는.

a·cou·me·ter [əkúːmətər] 圈 음파계(*音波計*), 청 **acous.** *acous*tic. 「력(聽力) 측정기.

a·cous·tic [əkúːstik] 圈 **1** 청각의, 보청(*補聽*)의; 음의, 음향의; 음향학(上)의. ¶ an ~ *instrument* 청음기, 보청기. **2** (건재 따위가) 방음의, 흡음(吸音)의. ¶ ~ *tiles* (코르크 따위의) 방음 타일. **3** (음악) (악기가) 앰프를 사용하지 않는; 그런 악기용으로 편곡된. (또는 **acoustical**) ── 圈 =acoustics 2.

-ti·cal·ly 圈

acóustical clòud 圈 (콘서트 홀의 천장 가까이에

acóustical hológraphy 圈 (광학) 음파 홀로그래피(빛 대신에 (초) 음파로 홀로그램을 만드는 기법).

acóustical hólogram 圈

acóustical survéillance 圈 음향 수색[감시].

acóustic suspénsion 圈 어쿠스틱 서스펜션(밀폐형 스피커의 일종).

acóustic cóupler 圈 (컴퓨터) 음향 커플러(데이터 통신용 모뎀(modem)의 일종).

acóustic emíssion 圈 (물리) 음향 반출(略 AE).

acóustic guitár 圈 (전기 기타가 아닌) 보통 기타.

ac·ous·ti·cian [æ̀kuːstíʃən] 圈 청음(*聽音*) 기사; 음향학자.

acóustic mícroscope 圈 음파 현미경(대상물을 음파로 주사(走査)하여 광학상(像)을 그린다).

acóustic míne 圈 음향 기뢰(sonic mine).

acóustic nérve 圈 청(*聽*)신경.

a·cous·ti·con [əkúːstəkɑ̀n/-kɔ̀n] 圈 보청기. [〈상표명]

acóustic pérfume 圈 소음 제거를 위한 배경음.

acóustic phonétics 圈圈 (단수취급) 음향 음성

acóustic piáno 圈 재래식 음향 피아노. 「학.

a·cous·tics [əkúːstiks] 圈 **1** (단수취급) (물리) 음향학. **2** (the ~) (복수취급) (극장 따위의) 음향 효과.

acóustic stórage 圈 (컴퓨터) 음향 기억 장치.

acóustic theódolite 圈 (해양) 음향 측류(*測流*) 경위의(음파에 의한 해류의 연직 분포 상태 기록 장치).

acóustic torpédo 圈 음향 (유도) 어뢰.

acóustic wárfare 圈 (美) (군사) (음파를 이용한) 수중 전투 (행위).

acóustic wáve 圈 음파(sound wave).

a·cous·to- [əkúːstou, -tə] 연결 「음향, 음파」의 뜻. ¶ *acousto*electronics. 「troacoustic.

a·cous·to·e·lec·tric [əkùːstouiléktrik] 圈 =elec-

a·cous·to·e·lec·tron·ics [əkùːstouilektrániks/-trɔ́n-] 圈圈 (단수취급) 음향 전자 공학. **-ic** 圈

ACP *A*frican, *C*aribbean, and *P*acific Associables(아프리카·카리브·태평양 제국(諸國) 연합).

ACPA *A*ssociation of *C*omputer *P*rogrammers and *A*nalysis. **acpt.** (상업) *a*cceptance. **acq, acq.** *acq*uire(d).

‡**ac·quaint** [əkwéint] 囲圈 **1** (남)에게 (…을) 알려 주다, 의하게 하다(*with*). ⇒INFORM 윤의어 ¶ (~ + 囲+𥳓+𥺠) *A*~ *your friends with what you have done.* 친구들에게 네가 한 일을 알려주어라 //〈~+囲+ *that*囲〉 She ~*ed me that* she would visit New York next year. 그녀는 내년에 뉴욕을 방문하겠다고 나에게 알려왔다. **2** (남)에게 (새로운 일·사실 따위를) 숙지(熟知)시키다, 잘 알게 하다 (*with*). ¶ ~ *him with our plan* 그에게 우리의 계획을 숙지시키다. **3** (美) [남]을 (…에게) 소개하다, (…와) 아는 사이가 되게 하다 (*with*). ¶ ~ *him with a poet* 그를 시인에게 소개하다.

acquaint oneself with ① (사실 따위)를 알다, … 에 정통하다; …와 알고 지내다, 사귀다.

be [*get, become*] *acquainted with* ① (사실 따위)를 알다[알게 되다]. ② … 와 아는 사이다[알게 되다]; 교제하다[하게 되다].

‡**ac·quaint·ance** [əkwéintəns] 圈 (® -*anc·es* [-iz]) **1** 〔U〕 (an ~) 면식(이 있음), 아는 사이; 교제, 교우 관계(※ friendship보다 얕은 교제)(*with*). **2** 〔U〕 (an ~) 지식, (사물에) 밝음, 알고 있음 (*with, of*). ¶ *have a profound* ~ *with one's business* 자기의 일에 깊은 지식을 갖고 있다. **3** 아는 사람, 친지(※ friend만큼 친밀하지는 않은); (고어) (집합적·복수 취급) 아는 사람들. ⇒FRIEND 윤의어 ¶ *a casual* [*mere*] ~ 우연히[그저] 알게 된 사람 / *a speaking* ~ 이야기를 나눌 정도의 사이 / *many* ~*s* 많은 지기(知己).

cultivate a person's acquaintance …와 사귀려고 애쓰다. 「제를 끊다, 절교하다.

cut [or *drop*] *one's acquaintance with* … 와 교

for old acquaintance('*s*) *sake* 옛 친구의 의리상.

gain acquaintance with …를 알다. 「없다[없다].
have [have no] acquaintance with …와 안면이 있다[없다].
have an intimate [a slight] acquaintance with (사람·사물)을 잘[조금] 알고 있다. ¶He has a slight ~ with music. 그는 음악을 조금 안다.
have a nodding [or **bowing**] **acquaintance with** ① …와 만나면 인사나 나눌 정도의 사이다. ② …에 관해 약간의 지식이 있다.
have a wide circle of acquaintances 발이 넓다, 아는 사람이 많다.
keep up one's **acquaintance with** …와 사귀고 있다.
make a person's **acquaintance; make (the) acquaintance of** …와 사귀다, 아는 사이가 되다.
on [or **upon**] **(further, closer) acquaintance** (보다 더) 사귀고 보면, (좀 더) 알고 보면.
pick acquaintance with …와 우연히 알게 되다.
scrape (up) (an) acquaintance with …와 가까스로 가까워지다.
strike up an acquaintance with …와 친해지다.
~·ship 아는 사이, 면식, 친분 (관계); 지식, 소양.
acquáintance ràpe 명 지인(知人)에 의한 성폭행 [강간].
‡**ac·quaint·ed** [əkwéintid] 혱 1 (…을) 알고 있는, (…와) 아는 사이인(with). ¶He is widely ~. 그는 발이 넓다. 2 (…에) 밝은, 정통한 (with).
make [or **bring**] a person **acquainted with** ① 남에게 …을 알리다. ② 남에게 …을 소개하다.
ac·quest [əkwést, æk-] 명 〔법률〕 (상속에 의하지 않은) 취득 재산; 취득물.
ac·qui·esce [æ̀kwiés] 자동 묵인하다, 묵종하다, 마지못해 따르다; (소극적으로) 동의하다(in, to).
⇨AGREE 유의어 ¶~ in a person's opinion 순순히 남의 의견을 받아들이다.
ac·qui·es·cence [æ̀kwiésns] 명 U 1 (소극적인) 승인, 묵인; 묵종; 감수; 면종(面從) (in, to). ¶express a grim ~ in [or to] a person's demand 남의 요구에 대해 마지못해 동의를 표하다. 2 〔법률〕 묵시적 승낙.
ac·qui·es·cent [æ̀kwiésnt] 혱 묵낙(默諾)적인; 묵종적인, 순히 따르는. ⇨OBEDIENT 유의어 **~·ly** 부
‡**ac·quire** [əkwáiər] 타동 (~s [-z]; ~d; -quir·ing) 1 …을 손에 넣다, 얻다, 취득하다, 매입하다.
⇨GET 유의어 ¶~ property [a title] 재산[자격]을 취득하다 / ~ land by purchases [transfer] 땅을 매입하다 [양도받다]. 2 …을 습득하다, 배우다; (평판 따위)를 얻다. ¶~ a language [an art of speech] 언어[연설법]를 습득하다 / ~ a good reputation 호평을 얻다, 명성을 얻다. 3 (레이더 따위로) (움직이는 목표)를 포착하다.
-quír·a·ble 혱 **-quir·a·bíl·i·ty, -quír·er** 명
*__ac·quired__ [əkwáiərd] 혱 (후천적으로) 취득한, 얻은, 획득한; 후천성의, 습성적인. ¶an ~ right 기득권.
acquíred cháracter [characterístic] 명 〔유전〕 획득 형질, 후천적 형질. 〔圖 =AIDS.
acquíred immúne deficiency sýndrome
acquíred immúnity 명 〔면역〕 획득 면역, 후천(성) 면역.
acquíred táste 명 (몇 번 해보아) 몸에 밴 취미[기호]; (특정 음식 따위) 인이 박이게 된 것.
*__ac·quire·ment__ [əkwáiərmənt] 명 1 U (지식·기예 등의) 취득, 습득, 입수, 구입. 2 (~s) 얻은 것, 습득한 것; (노력해서 얻은) 재능, 기능; 예능; 지식, 학식. ¶ a man of uncommon ~s 드물게 보는 석학(碩學).
*__ac·qui·si·tion__ [æ̀kwəzíʃən] 명 1 U 취득, 획득, 입수; 습득. ¶~ of money [land] 금전[토지]의 취득. 2 취득[획득]물; 횡재. ¶a valued ~ 귀중한 발굴물. 3 (출판사가 출판 의사를 밝힌) 취득 작품; 구입 도서. 4 U (우주선과의) 교신 회복; (레이더에 의한) 비행 물체 포착. **~·al** **ac·quis·i·tor** [əkwízətər] 명
acquisítion cóst básis 명 〔경제〕 (자산 평가에서) 취득 원가주의.
acquisítion líght 명 〔항공〕 포착등(랑데부 비행 때 상대에게 자기의 위치를 알리기 위해 켜는 등).
acquisítion of sígnal 명 인공 위성의 신호를 수신 가능한 상태가 됨(略 AOS.).
ac·quis·i·tive [əkwízətiv] 혱 (지식·부귀·세력 등을) 욕심이 많은 (of). ¶an ~ person 욕심이 많은 사람; 향학심이 강한 사람 / an ~ instinct 소유본능. // be ~ of money [honor] 돈[명예]을 탐내다. (또는 **acquisitory**) **~·ly** 부 **~·ness** 명
*__ac·quit__ [əkwít] 타동 (-tt-) 1 …을 무죄로 하다, …에게 무죄를 선고하다; …을 석방[사면]하다(of, on). ¶~ a prisoner 죄인을 석방하다 // (~+目+前+名) They ~ted him of the crime. 그는 무죄 석방되었다. 2 (책임 따위로부터) …을 해제하다, 풀다 (of). ¶(~+ 目+前+名) ~ a person of his duty 남의 의무를 해제하다. 3 (재귀용법으로) 행동하다, 처신하다. ¶~ oneself bravely 용감하게 행동하다 / ~ oneself like a man 남자답게 행동하다. 4 (부채)를 지불하다, 갚다; (의무·책임 따위) 다하다, 이행하다. ¶~ a promise [debt] 약속[채무]을 이행하다. 「을 풀다.
acquít one**sélf of** (책임·임무) 다하다; (…을 다한 뒤의)
ac·quit·tal [əkwítl] 명 UC 1 (의무[채무]의) 해제; (부채의) 변제. 2 〔법률〕 (무죄 피고인의) 방면, 면소.
ac·quit·tance [əkwítns] 명 1 UC (의무[채무]의) 해제, 면제. 2 U 영수증(receipt), 채무 소멸 증서.
‡**a·cre** [éikər] 명 (複 ~s [-z]) 1 에이커(지적(地積) 의 단위; 1 acre는 4046.8 m², a. A.). 2 (~s) 토지. ¶broad ~s 광대한 토지. 3 (~s) (구어) 대량, 다수. ¶~s of books 많은 책. 4 (고어) 경작지, 밭.
God's acre (문어) 묘지.
a·cre·age [éikəridʒ] 명 UC 에이커수(數), 면적; 토지; (美) 에이커당 가격. ¶the ~ of a farm 농장의 면적 / the ~ under cultivation 경작 면적.
a·cred [éikərd] 혱 1 토지의; 토지를 갖고 있는. 2 (복합어로) …에이커의. ¶a large-~ land 많은 에이커의 땅.
a·cre-foot [-fút] 명 에이커 풋(관개 용수량의 측정 단위; 43,560 세제곱 feet=1,233.46 m³).
a·cre-inch [-íntʃ] 명 에이커 인치(에이커 풋(acre-foot)의 12분의 1).
ac·rid [ǽkrid] 혱 1 (몹시) 매운; 쓴; 콕 쏘는, 얼얼한. 2 호된, 신랄한. ¶~ remarks 신랄한 말.
a·crid·i·ty [əkrídəti] 명 UC 쓴맛; 격렬. **~·ly** 부
ac·ri·dine [ǽkrədìːn, -din] 명 〔화학〕 아크리딘(콜타르에서 채취; 염료·의약품의 합성에 사용).
ac·ri·fla·vine [æ̀krəfléivin, -vin] 명 〔화학〕 아크리플라빈(소독제). 「크리플라빈(살균제).
acriflávine hydrochlóride 명 〔화학〕 염산 아
Ac·ri·lan [ǽkrəlæ̀n] 명 〔상표〕 아크릴란(아크릴계 (系) 섬유). 혱 acrylic fiber
ac·ri·mo·ni·ous [æ̀krəmóuniəs] 혱 신랄한; 격렬한; 독기 있는, 독살스러운. ¶an ~ answer 신랄한 대꾸 / an ~ quarrel 격렬한 언쟁. **~·ly** 부
ac·ri·mo·ny [ǽkrəmòuni/-məni] 명 U (기질·언어·표정·태도 따위의) 신랄함, 독살스러움, 통렬함.
ac·ro- [ǽkrou, -rə] 연결 extremity, height 의 뜻 (* 모음 앞에서는 acr-). ¶acrogen, acropolis.
ac·ro·bat [ǽkrəbæ̀t] 명 (줄타기) 곡예사; (정치적 의견·주의 등의) 표변자, 변절자. 〔<F〕
ac·ro·bat·ic [æ̀krəbǽtik] 혱 곡예(사) 같은; 줄타기의; 곡예의. ¶an ~ feat [dance] 곡예[곡예 무용]. (또는 **acrobatical**) **-i·cal·ly** 부
ac·ro·bat·ics [æ̀krəbǽtiks] 명 1 (복수취급) 곡예(술), 재주넘기; 체조; (단수취급) 하나의 곡예. ¶perform ~ in a circus 서커스에서 곡예를 공연하다. 2 (복수취급) 초인적인 기술[행위]. 3 (단·복수 양용) 곡예 비행(acrobatic maneuver). (또는 **acrobatism**)

ac·ro·bat·ism [ǽkrəbætizm] 몡 =acrobatics.
ac·ro·gen [ǽkrədʒən] 몡 〔식물〕 정생(頂生) 식물(끝에서만 성장하는 식물; 양치류·이끼 따위).
-gén·ic, a·cróg·e·nous 몡 **a·cróg·e·nous·ly** 閉
ac·ro·lect [ǽkrəlèkt] 몡 〔언어〕 상층 방언(격식 높은[표준적]방언). 몡 basilect **-léc·tal** 몡
a·cro·le·in [əkróuliin] 몡 ⓤ 〔화학〕 아크롤레인(자극적인 냄새를 가진 무색의 액체; 최루 가스의 원료).
ac·ro·lith [ǽkrəliθ] 몡 (고대 그리스의) 몸통은 나무, 머리와 손발은 돌인 상(像).
ac·ro·meg·a·ly [ǽkrəmégəli] 몡 〔병리〕 선단(先端) 거대증. **-me·gál·ic** 몡 선단 거대증의 (사람).
ac·ro·mic·ri·a [ǽkrəmíkriə, -máik-] 몡 〔병리〕 선단 왜소증(先端矮小症).
ac·ro·name [ǽkrənèim] 팀 ···을 두문자화(頭文字化)하다. 〔<acronym+name〕
a·cron·i·cal [əkrǽnikəl/-rɔ́n-] 혭 해질녘에 일어나는; 초저녁의. (또는 **acronyc(h)al**)
ac·ro·nym [ǽkrənim] 몡 두문자어(頭文字語)(머리 글자(initial letter)로 된 말. 예: WAC: Women's Army Corps 여군 부대). **-ným·ic** 혭 **-ným·i·cal·ly** 閉 **a·cron·y·mous** [əkránəməs/-rɔ́n-] 혭 〔<acro-+homonym〕
a·cron·y·mize [əkránəmàiz/əkrɔ́n-] 팀 ···을 두문자어로 나타내다.
ac·ro·phobe [ǽkrəfòub] 몡 고소 공포증인 사람.
ac·ro·pho·bi·a [ǽkrəfóubiə] 몡 ⓤ 〔정신병〕 고소 공포증. **-bic** 혭
a·croph·o·ny [əkráfəni/-rɔ́f-] 몡 두음 서법(頭音書法)(표의 문자를 그 어두 음소(語頭音素)만을 나타내는 글로 쓰는 법). **ac·ro·phon·ic** [ǽkrəfánik/-fɔ́n-] 혭
a·crop·o·lis [əkrápəlis/əkrɔ́p-] 몡 1 고대 그리스 도시의 성채(城砦). 2 (the A-) 아크로폴리스(아테네에 있으며, Parthenon 신전 따위 유적으로 유명).
ac·ro·sin [ǽkrəsin] 몡 〔생화학〕 아크로신(정자의 두부에서 난자의 표면을 녹이는 효소).
‡a·cross [əkrɔ́ːs, əkrǽs] 囟 …을 가로질러, 횡단하여, 건너질러서. ¶a bridge ~ a river 강을 건너질러 놓은 다리/a road ~ a railroad 선로를 가로지르는 길/drive ~ the country 시골길을 드라이브하다, 전국을 드라이브하다. 2 …을 넘어서[건너서], …의 저편으로[에, 에서]. ¶be ~ a street 길 건너편에 있다/live ~ a lake 호수 건너편에 살고 있다/He called to me ~ the street. 그는 나에게 나에게 소리쳤다. 3 …와 교차하여, 십자(十)로, 비스듬히, 접촉되도록. ¶be ~ a horse's back 말등에 걸터 타고 있다.
across country 일직선으로, 논밭을 가로질러.
across lots 특정 용도의 땅(목초지)을 가로질러, 지름길로.
across the board ⇨BOARD. 〔길을 이용해서〕
— 閉 1 가로질러서, 건너서. ¶come ~ 건너오다/get ~ 건너다. 2 교차해서, 십자형(十字形)로(crosswise), 엇갈리게. ¶with one's arms [legs] ~ 팔짱을 끼고[책상다리를 하고]/with rifles ~ 소총을 엇갈리게 하여[교차하여]. 3 직경으로. ¶What is the distance ~ of this river? 이 강의 폭은 얼마입니까?
across from (구어) …의 바로 맞은편에.
be across to a person (美구어) 남의 책임이다. ¶It is ~ to you. 그것은 너의 책임이다.
come across ⇨COME. **cut across** ⇨CUT.
get across ⇨GET. **go across** ⇨GO.
put across ⇨PUT.
— 혭 교차하는, 십자(十字)꼴의.
a·cross-the-board [-ðəbɔ́ːrd] 혭 1 전반적인, 전면적인. 2 〔美〕 매주 일률적인 일급 인상. 3 〔美〕 〔경마〕 (마권이) 복합식의(같은 말에 1·2·3등을 균등하게 거는). 〔英〕 each way). — 閉 전반적으로, 일률적으로.

a·cross-the-ta·ble [-ðətéibl] 혭 직접적인, 얼굴을 맞댄. ¶an ~ conference 직접 협의.
a·cros·tic [əkrɔ́ːstik, -rɑ́s-/-rɔ́s-] 몡 이합체(離合體)의 시(각 행의 첫글자를 짜맞추면 말이 된다).
— 혭 (또는 **acrostical**) 이합체시의. **-ti·cal·ly** 閉
ac·ro·tism [ǽkrətizm] 몡 ⓤ 〔병리〕 무맥증(無脈症), 약맥(弱脈); 정맥(停脈).
ACRR American Council on Race Relations(미국 인종 문제 협의회). **ACRS** accelerated cost recovery system(가속 상각 제도); (美) Advisory Committee on Reactor Safeguards(원자로 안전 자문 위원회). **acrs.** across.
ac·ryl·ic [əkrílik] 혭 아크릴의. 몡 〔화학〕 아크릴산(酸)의. 〔 — 〕 아크릴 제품; ⓤⓒ =~ fiber; =~ plastic.
acrýlic ácid 〔화학〕 아크릴산(酸). [. =~ resin.
acrýlic cólor [páint] 〔美〕 아크릴 물감.
acrýlic éster 아크릴산 에스테르(접착제용).
acrýlic fíber 몡 아크릴 섬유.
acrýlic plástic 몡 아크릴 합성 수지.
acrýlic résin 몡 아크릴 수지.
ac·ry·lo·ni·trile [ǽkrəlounáitril, -triːl, -trail] 몡 〔화학〕 아크릴로니트릴(합성 고무·섬유의 원료).
ACS Airline Charter Service; antireticular cytotoxic serum(항체망(抗體網) 세포독 혈청). **A.C.S.** American Cancer [Chemical] Society(미국 암학회 [화학 학회]); automatic control system(자동 제어 장치). **ACSI** American Customer Satisfaction Index(미국 고객 만족도 (지수)). **A/cs [a/cs] pay.** accounts payable(외상 매입금, 미불 계정). **A/cs [a/cs] rec.** accounts receivable(외상 매출금, 미수금).

‡act [ækt] 몡 1 행위(deed), 행동, 소행, 짓; 움직임, 동향. ¶a brave ~ 용감한 행동/an ~ of aggression 침략 행위/do [or perform] a foolish ~ 어리석은 짓을 하다[저지르다].

> **유의어** **act** 어떤 한 번의 행위. **action** 어떤 기간에 걸쳐서 여러 act의 집합으로서의 행동. **deed** 특히 주목할 만한, 또는 특정한 성질의 act. **behavior** 어떤 특정한 경우의 남에게 대한 행동. **conduct** 도덕적으로 판단하였을 때의 어떤 사람의 action.

2 (종종 A-) 법령, 조례(⇨LAW 유의어); 포고, 명령; 결의, 결의서; 재정(裁定). ¶an ~ of Congress [or (英) Parliament] 국회 제정법/the Gun Control A-(美) 총기 단속법. 3 (종종 A-) (회의 따위의) 기록, 의사록; (~s) 회보; 〔법률〕 증서(證書). ¶an ~ of sale 매매 기록, 매도 증서. 4 (종종 A-) (연극의) 막. ¶A- III, Scene iii 제3막 제3장/between ~s 막간에/a play in 5 ~s: a five-~ play 5막짜리 연극. 5 (an ~) (구어) 꾸밈, 시늉, 위장 행위, 〔연극〕. ¶She isn't really weeping. That is all an ~. 그녀는 진짜로 울고 있는 게 아니야. 모두 연극이라구. 6 (연예·TV 등의) 쇼 프로의 하나, 촌극; 쇼 프로 일단(一團)(의 단원). 7 (英) (대학의) 학위 논문의 구두 시험. 8 〔종교〕 신앙 행위; 그것을 나타내는 짧막한 기도. 9 〔성서〕 (종종 the A-s) 〔단수취급〕 사도행전(使徒行傳)(the Acts of the Apostles). 10 (the ~) (완곡히) 성교(sexual ~).
act and deed 훗날의 증거물, 증서.
clean up one's **act; clean** one's **act up** (구어) 행동(악습)을 고치다.
do the~act (美구어) …다운 […의] 행동을 하다, 답게 처신하다. 〔참가하다, 한몫 끼다.
get into [or in on] the act (구어) (이익을 위해)
hard act to follow 이기기 어려운 사람[것], 흉내를 낼 수 없는 일[행동].
have act or part in …에 가담하다, 관계하다.
have [or get] one's act together (구어) ① (조직 따위가) 정리하다, 합리화하다; (사람이) 일관성 있게

행동[생각]하다. ② 척척 해치우다.
in the (very) act of doing ① (범죄 행위 따위를) 하는 도중에, 현행범으로. ② 막 …하려고 하여.
put on an [or *the*] *act* (구어) (어떤 효과를 올리기 위해) 연극을 하다, 시늉을 하다, 체하다.
— 圓자 1 행동하다, 행하다, 일하다, 실행하다. ¶~ promptly 신속하게 행동하다 // (~+젠+图) ~ *against* a person's advice 남의 충고에 역행하다 / ~ *on* a friend's advice 친구의 충고대로 행동하다 / ~ *from* a sense of duty 의무감에서 행동하다. 2 (…처럼) 행동하다[굴다], …체하다, 꾸미다. ¶ (~+補) ~ angry 화난 체하다 / ~ rich 부자처럼 행동하다. 3 집무하다; (…의) 역할을 하다 (*as*); (…의) 대리[대행]를 하다 (*for*). ¶ (~+*as* 補) ~ *as* chairman [consultant, interpreter] 의장[고문, 통역] 노릇을 하다 (* *as* 다음의 명사가 사람에게 중점을 둘 때는 부정관사를 붙이며, 역할에 중점을 둘 때는 붙이지 않습니다: She ~s *as* a) hostess at the party.) // (~+젠+图) I'll ~ *for* you while you are away. 안 계시는 동안에는 제가 대리를 맡아보지요. 4 (약 따위가) 듣다, 효험이 있다, 작용하다, 영향을 미치다 (*on, upon*). ¶ (~+圖) This medicine ~s *well*. 이 약은 잘 듣는다 // (~+젠+图) This drug ~ed *on* his nerves. 이 약은 그의 신경 과민증에 효험이 있었다. 5 (기계 따위가) 잘 작동되다, 움직이다; (계획 따위가) 잘 진행되다. ¶The brake did not ~. 브레이크가 잘 듣지 않았다. 6 배우 노릇을 하다, 무대에 서다. ¶ (~+圖) ~ *well* in Othello 「오셀로」에서 호연하다 / (~+젠+图) ~ *well* *on* the stage. 그는 무대에 설 것이다. 7 (각본 따위가) 상연하기 알맞다, 무대에 오르다. 8 (美) 결정을 내리다; 결의[의결]하다 (*on*).
— 타 1 (연극)을 상연하다, (극중의 어떤 인물)을 맡아하다, (어떤 인물)로 분장하다. ¶ ~ a play 연극을 상연하다, ~ (the part of) Romeo 로미오 역을 하다. 2 …시늉을 하다, …인 체하다, …을 흉내내다. ¶ ~ the lord [rogue] 거물[악인]인 체하다. 3 …을 해내다, 다하다. ¶ ~ one's part well 자기의 본분을 잘 해내다.
act against …에 반(反)하다; …에 불리한 일을 하다.
act for …의 대리[대행]를 하다 (⇒타 3); …를 위해 행동하다.
act for oneself 자유 행동을 하다. 圓동하다.
act on [or *upon*] ① …에 작용하다, 영향을 주다. ② (주의·명령 등)에 따라서 행동하다, 따르다.
act one's age 나이에 걸맞게 행동하다.
act out ① (이야기 따위)를 몸짓을 섞어가며 이야기하다, 실연(實演)하다; …을 해내다. ② (심리) [무의식의 충동 따위]를 모르는 사이에 행동에 나타내다.
act the fool 바보같이 하다.
act the part of …의 역을 하다.
act up (구어) ① 난잡하게 행동하다, 못된 짓을 하다, 버릇없이 굴다. ② (기계 따위가) 난조를 보이다. ③ (병이) 재발하다.
act up to (주의(主義)·약속 등)을 지키다, 실행하다.
ACT activated; actual; actual; American College Test(미국 대학 수능 시험); American College Testing Program(미국 대학 수능 시험 대행 위원회) 주관; (商) SAT; *a*utomatically *c*ontrolled *t*ransportation.
act. acting; active; actor; actual.
act·a·ble [ǽktəbl] 图 상연할 수 있는; 연극화(化)할 수 있는; 실행[실현] 가능한. -bíl·i·ty 图
Ac·tae·on [æktí:ən] 图 (그리스 신화) 악타이온(아르테미스(Artemis)가 목욕하는 모습을 보았기 때문에 사슴으로 변신, 자기 개에게 물려 죽었다는 사냥꾼).
áct càll 图 (연극) (무대 감독의) 연기 개시 명령(act warning); 图 (관객에게 착석을 부탁하는) 개막의 신호.
act·com [æktkàm/-kɔ̀m] 图 액션 코미디.
[< *act*ion *com*edy]
áct cùrtain [dròp] 图 (연극) (막간에 내리는) 막간 막.
actg. acting(대리의); actuating.
ACTH, acth [éisì:tì:éitʃ, ǽkθ] 图図 (생화학) 부신피질 자극 호르몬(제), 액스.
[< *a*dreno*c*ortico*t*ropic *h*ormone]
ac·tin [ǽktən] 图 (생화학) 액틴(근육을 구성하며 그 수축에 작용하는 단백질의 일종).
ac·tin- [ǽktən] 연결 ⇒ACTINO-. ¶ *actin*ism.
‡**act·ing** [ǽktiŋ] 图 1 대리의, 대행의; 임시[잠정]의; 사무 취급의. ¶an ~ manager 지배인 대리. 2 연출용의; (극·각본의) 상연에 적합한. ¶an ~ copy 상연 대본. 3 가짜의. ¶an ~ battle 모의 전투. 4 행동하고 있는, 활동하고 있는. ¶an ~ volcano 활화산.
— 图U 1 실연(實演), 몸짓, 연기; 배우업. ¶good [bad] ~ 훌륭한[서투른] 연기 / ~ *on* the stage 무대 위에서의 몸짓. 2 꾸밈, 꾸민 연극.
ac·tin·i·a [æktíniə] 图 (图 -*i·ae* [-ìː], ~*s*) 말미-an 图图 말미잘(의).
ac·tin·ic [æktínik] 图 화학선(化學線)의; 화학선 작용의[이 있는]. -**i·cal·ly** 图
ác·ti·nide sèries [ǽktənàid-] 图 (the ~) (화학) 악티나이드 계열(원자 번호 89의 악티늄에서 103의 로렌슘까지의 방사성 원소의 총칭). [(射形)의
ac·tin·i·form [æktínəfɔ̀ːrm] 图 (동물) 방사형(放
ac·ti·nin [ǽktənin] 图 (생화학) 악티닌(횡문근(橫紋筋) 속의 단백질).
ac·tin·ism [ǽktənìzm] 图U 화학선 작용(화학 변화를 일으키는 방사선의 작용). [원소: 图 Ac).
ac·tin·i·um [æktíniəm] 图U (화학) 악티늄(방사성
actínium sèries 图 (화학) 악티늄 계열(악티노우라늄에서 악티늄 D까지의 방사성 원소의 계열).
ac·tin·o- [ǽktinou, -nə, ǽktənou, -nə] 연결 (* 모음 앞에서는 actin-). 1 「광(光)…, 방사선…」의 뜻. ¶ *actino*meter. 2 「방사형[상]의」의 뜻. ¶ *actino*myces. [방사선 모양의.
ac·ti·noid [ǽktənɔ̀id] 图 (성게·불가사리 따위가)
ac·tin·o·lite [æktínəlàit, ǽktənə-] 图 (광물) 각섬석(角閃石)(amphibole)의 일종(녹색의 결정체[집합체]).
ac·ti·nom·e·ter [æ̀ktənɑ́mətər/-nɔ́m-] 图 (물리) 화학 광량계(光量計); (사진) 화학 광량계(光力計), 노출계. [학 광량(光量) 측정.
ac·ti·nom·e·try [æ̀ktənɑ́mətri/-nɔ́m-] 图U 화
ac·tin·o·my·ces [æktìnoumáisi:z, æktə-] 图 (图 ~) (세균) 방선균(放線菌). **-my·cé·tal** 图
ac·tin·o·my·cete [æktìnoumáisi:t, æktə-] 图 (세균) 방(사)선균의 일종. **-my·cét·ous** 图
ac·tin·o·my·cin [æktìnoumáisin, æktə-] 图U (약학) 악티노마이신(항생 물질의 하나; 암 치료용).
ac·ti·no·my·co·sis [æktìnoumaikóusis, æktə-] 图 (수의·병리) 방(사)선균증. **-cót·ic** 图
ac·ti·non [ǽktənàn/-nɔ̀n] 图 (화학) 악티논(라돈의 방사성 동위 원소; 图 An). [U (의학) 방사선 요법.
ac·tin·o·ther·a·py [æktìnouθérəpi, æktə-] 图
ac·tin·o·u·ra·ni·um [æktìnoujuréiniəm, æktə-] 图 (화학) 악티노우라늄 (우라늄 235; 图 AcU).
ac·tin·o·zo·an [æktìnəzóuən, æktə-] 图 (동물) 화형충류(花形蟲類)의. —图 화형충류.
‡**ac·tion** [ǽkʃən] 图 (图 ~*s* [-z]) 1 图 활동, 움직임; 실행. ¶a man of ~ 활동가 / ~ of the mind 마음의 움직임 / be in ~ 활동하고 있다 / rouse a person to ~ (격려해서) 남에게 행동[활동]을 일으키게 하다. 2 행동, 짓, 행위(⇒ACT 유의어). (~*s*) 행실. ¶a hasty ~ 성급한 짓 / require a careful ~ 조심스러운 행동을 요하다. 3 图 몸짓, 동작; (배우의) 연기. ¶graceful [clumsy] ~ 우아한[어색한] 거동 / *A*—! (영화) 액션!, 연기 시작! / Her ~ is stiff. 그녀의 연기는 딱딱하다. 4 조치, 방책, 수단. ¶an emergency [a prompt] ~ 응급[신속한] 조치. 5 图 (물·약) 작용, 영향; (생리) (기관(器官)·세포 따위의) 기능, 움직임. ¶chemical ~ 화학 작용 / involuntary ~ 불수의근(不隨意筋) 신축 작용 / ~ and reaction 작용과 반작용(反作用) / by [or

under] the ~ of …의 작용으로/~ of a drug 약의 작용/the ~ of lungs 폐의 기능. **6** (이야기·연극 따위의) 줄거리(plot). ¶the ~ of a scene 한 장면의 줄거리. **7** (기계 따위의) 동작, 가동, 운전; (피아노·총 따위의) 기계 장치. **8** 〖법률〗소송 (*for, against*). ¶a civil [penal, criminal] ~ 민사[형사] 소송 //an ~ *for divorce* 이혼 소송/*bring* [*or raise, take*] an ~ *against* a person 남을 제소(提訴)하다. **9** 〖군사〗군사 행동; 교전, 전투. ⇨BATTLE 〖유의어〗¶go into ~ 전투를 개시하다; (비유적) 활동을 시작하다. **10** 〖미술〗(그림 따위의) 생동감, 표정, 자태. **11** (행정상의) 결의(決議), 결정; (재판 따위의) 판결. **12** (예식·행사에 참가하는) 행동, 동작. **13** ⓊⒸ (the ~) (승부나 예의) 내기, 도박; (금방 얻을 수 있는) 이익, 쉽게 번 돈. **14** (the ~) (속어) 재미있는 일; 활기, 자극; 성교. **15** 〔스포츠〕시합, 경기.
action of the bowels 변통(便通).
Action speaks louder than words. 《속담》말보다 행동, 백문(百聞)이 불여일견(不如一見).
a line of action ① 행동 방침; 작업 계통. ② 〔물리〕 작용선(線). 〔어〕 분담, 할당, 몫.
a piece [or *bit, share, slice*] *of the action* (구어)
be killed [or *fall*] *in action* 전사하다.
break off an action 〔군사〕 전투[교전]를 중지하다.
bring ... into action ① 〔능력 따위〕를 발휘하다; 〔계획·규칙·정책 따위〕를 실행하다. ② 〔군사〕〔나라·부대 따위〕를 전투에 참가시키다.
clear for action 〔해군〕 전투 준비를 하다; (명령형) 전투 준비!
come into action 행해지다, 실행되다; 전투에 참가
get some action (美속어) 〔섹스의〕 상대를 찾아내다.
in [or *into*] *action* ① 활동[활약]하고, 경기[시합]하고; 전투하고; (기계 따위가) 작동하고, 움직이고. ② (美구어) 건강하여 움직일 수 있는. ③ 《美구어》 마약을 팔고[사용하고] 있는.   〔할[움직일] 수 없는.
out of action (사람·기계 따위가) (고장 따위로) 활동
put ... in [or *into*] *action* ① 〔행위·계획 따위〕를 실행에 옮기다 ② 〔기계 따위〕를 추진[작동]시키다.
put ... out of action 〔기계 따위〕를 돌아가지 않게 하다; (군함·비행기 따위의) 전투력을 상실케 하다.
see action 전투에 참가하다, 실전을 경험하다.
suit the action to the word; *suit one's actions to one's words* (문어) 말을 실행에 옮기다, 언행을 일치시키다.
swing into action 신속히 행동하다.
take action ① …에 대해 조치를 취하다, 행동에 옮기다 (*in, on*). ② 소송을 제기하다. ③ (…의) 결정[의결]을 하다 (*on*). ④ …을 탄압하다 (*against*).
Where is the action? 《구어》뭐 재미있는 일 없어?
where the action is 《속어》① (도박 따위) 자극이 있는 곳, 오락장; (남자에게) 여자가 많은 (재미있는) 곳. ② 활동의 거점; 중요한 점, 포인트, 핵심.
— 〖형〗 움직임이 활발한. ¶an ~ *car* 잘 달리는 차.
— 〖동〗 ⓣ 1 〔약속·계획 따위〕를 실행[실시]하다, …에 대처하다. **2** 〔법〗 …을 상대로 소송하다.
~·less
ACTION [ǽkʃən] 〖명〗(美정부) 액션(각종 봉사 활동을 하는 시민 단체를 통합하는 기관).
ac·tion·a·ble [ǽkʃənəbl] 〖형〗 소송할 수 있는.
~·bíl·i·ty 〖명〗 **~·bly** 〖부〗   〔의) 행동 위원회.
áction committee [**gróup**] 〖명〗 (정치 단체 따위
áction dráma 〖명〗 활극(活劇), 액션 드라마.
ac·tion·er [ǽkʃənər] 〖명〗 =action drama [film].
áction film 〖명〗 〔영화〕 활극[액션] 영화.
áction gránt 〖명〗 〔美〕 시가지 재개발을 위한 연방 정부의 보조금.
áction hóuse 〖명〗 대중(일반) 영화관. ⓐ art house
áction informátion cènter 〖명〗 〔군사〕 (군함의)

전투 정보 지휘소.
ac·tion·ist [ǽkʃənist] 〖명〗 행동파인 사람(정치가).
áction lével 〖명〗 〔美〕 (식품의 유해 물질 함유량에 관해 정부가 판매 금지 조치를 내릴 수 있는) 한계 수준.
áction líne 〖명〗 (뉴스 미디어에 의한) 전화 상담실.
ac·tion-packed [-pǽkt] 〖형〗 《구어》 액션(자극적 인 것)으로 가득 찬.
áction páinting 〖명〗 〔미술〕 행위 회화[미술], 전위 회화. (또는 tachisme) **áction páinter** 〖명〗
áction póint 〖명〗 (회의 따위에서 채택된) 특별 활동 제안; 그 제안 대상이 되는 일[문제].
áction poténtial 〖명〗 〔생리〕 활동 전위(電位)(자극을 받았을 때 신경 세포 안팎 사이에 생기는 전위차).
áction prógram 〖명〗 (정책의) 실행 계획.
áction rádius 〖명〗 〔군사〕 (전투) 행동 반경.
áction réplay 〖명〗 〔英〕 =instant replay.
áction státion 〖명〗 〔군사〕 전투 배치.
Action stations! 전투 배치!; 《구어》 전원 준비!
ac·ti·vate [ǽktəvèit] 〖동〗ⓣ 1 …을 활동적으로 하다, 작동시키다. **2** (물리) …에 방사능을 부여하다, …을 방사성으로 하다. **3** (호기성(好氣性) 세균의 활동에 의해) 정화(하기 위해) (하수)를 공기에 노출시키다. **4** 〔화학〕 …을 활성화하다; (반응)을 촉진하다. ¶~ *carbon* [*molecules*] 탄소(분자)의 작용을 활발하게 하다. **5** 〔美 군사〕 (부대)를 편성하다; 전시 편제(태세)로 하다. **·va·tion** 〖명〗Ⓤ 〔화학〕활성화.   〔취한.
ac·ti·vat·ed [ǽktəvèitid] 〖형〗 활성의; (美속어) 술
áctivated cárbon [**chárcoal**] 〔화학〕 활성탄. (또는 **áctive cárbon**)
áctivated slúdge 〖명〗 활성 슬러지, 하수 정화 진흙.
áctivated wáter 〔물리〕 방사화수(放射化水).
activátion análysis 〔화학〕 방사화(放射化) 분석.
activátion énergy 〔화학〕 활성화 에너지.
ac·ti·va·tor [ǽktəvèitər] 〖명〗 활동적으로 하게 하는 사람[것]; 〔화학〕 활성제.
áctivator RNA 활성 리보핵산.
:**ac·tive** [ǽktiv] 〖형〗 (*more* ~; *most* ~) **1** 활동적인, 활기 있는; 활동(진행)중인(ⓐ inactive); 바쁜, 가만히 있지 않는. ¶an ~ *volcano* 활화산(ⓐ an extinct [*or* a dormant] volcano)/an ~ *life* [*occupation*] 바쁜 생활[직업]. **2** 〔군사〕 현역의, 복무중인; (함정·항공기 따위가) 취역중인(ⓐ retired). **3** (운동·경기 따위가) 체력을 필요로 하는, 격렬한; (기계 따위가) 사람의 손이 필요한, 수동의. ¶an ~ *alarm system* 수동 경보 장치.

> 〖유의어〗 **active** 게으름 피우지 않고 부지런히 활동하는. **brisk** 동작이 민첩하고 기운찬. **energetic** 집중적으로 정력(노력)을 기울이는. **vigorous** 선천적으로 강건한, 강력하고 유효한. **strenuous** 열의가 있고 꾸준한.

4 (행동·작용이) 민첩한, 기민한. ¶an ~ *brain* [*mind*] 민활한 두뇌[정신]. **5** (상거래 따위가) 활기 있는, 활황의(ⓐ sluggish). ¶an ~ *market* 활발한 시황(市況). **6** 실제상의, 실지의; (물질이) 유효한, 효력 있는. ¶an ~ *course* 실지 과정/~ *ingredients* (약제 따위의) 유효 성분. **7** 적극적인, 능동적인; 자발적인(ⓐ passive). ¶an ~ *reformer* 적극적인 개혁자/an ~ *helper* 적극적인 원조자. **8** 〔회계〕 이익이 있는; 이자를 낳는; (계좌 따위가) 입출금이 많은. ¶~ *stock* 인기주(株) /~ *accounts* 활동 계좌(ⓐ sleeping accounts). **9** 〔약학〕 빨리 듣는, 효험이 빠른, 속효(速效)의. ¶(하제 따위가) 속효성의. ¶~ *remedies* 즉효약/~ *tuberculosis* 진행성 결핵. **10** 〔화학〕 활성의(ⓐ inactive); (물리) 방사성의. ¶~ *nitrogen* 활성 질소. **11** 〔문법〕 능동(태)의(ⓐ passive). ¶the ~ *voice* 능동태. **12** 〔로켓〕 능동적인, 신호를 송신할 수 있는; 〔전자〕 (회로·소자가) 능동적인, 전원을 가진, 전기 신호를 증폭할 수 있는. ¶an ~ *component* 능동 부품. **13** 〔컴퓨터〕 실행 가능 상태의.

take an active interest in …에 적극적인 관심을 가지다.
take an active part in …에 적극적으로 참여하다.
── 몡 1 현역 회원; (조직 내의) 활동 분자. 2 (the ~) 능동태. 〔문법〕 능동태(의 형).
~**-ness** 몡
active birth 몡 적극적 출산법(출산 때 임산부가 좋아하는 자세를 취하도록 권하는 분만법).
active block 몡 〔컴퓨터〕 활동 블록.
active cápital 몡 (실제 수익을 올리는) 활동 자본.
active cárbon 몡 =activated carbon. 〔시민.
active cítizen 몡 시민 운동[사회 활동]에 적극적인
active communicátions sàtellite 몡 〈송수신 기능을 갖춘〉 능동형 통신 위성.
active dúty 몡 〔군사〕 현역 (근무); 전시[전선] 근무.
on active duty 〔군사〕 현역(복무)의; 종군중의.
active euthanásia 몡 (기기(機器)·약물에 의한) 적극적 안락사. 웹 passive euthanasia
active immúnity 몡 능동[자동, 자력(自力)] 면역 (감염·접종 따위에 의한 면역).
active láyer 몡 〔지질〕 활동층(여름에 해빙하는 영구동토층(凍土層)의 상층부).
active líst 몡 〔군사〕 현역 군인 명부.
on the active list 현역(복무)에 있는; (군함 따위가) 취역중인. 〔으로; 〔문법〕 능동적으로.
*ac**·tive·ly** [ǽktivli] 힘 활동적으로, 적극적으로
active pártner 몡 (합명 회사의) 업무 담당 사원. 웹 silent [or sleeping] partner
active prógram 몡 〔컴퓨터〕 활동 프로그램(load 되어 실행 가능한 상태에 있는 프로그램).
active ráte 몡 (총인구 중의) 노동[취로] 인구 비율.
active resístance 몡 적극적인 저항[방어].
active sátellite 몡 능동 위성(전파를 수신·증폭·재송신하는 통신 위성).
active sérvice 몡 =active duty.
active síte 몡 〔생화학〕 활성 부위, 활성 중심(효소 분자 중 촉매 작용이 행해지는 특정 부분). 〔태양.
active sún 몡 〔천문〕 (11년마다 일어나는) 활동기의
active suspénsion 몡 (자동차의) 능동 현가 장치 (노면 상태에 맞춰 바퀴 움직임을 제어해 충격을 흡수하는 장치).
active tránsport 몡 능동[활성] 수송(이온이나 분자가 세포막을 통해 수송되는 현상).
active vocábulary 몡 능동 어휘(의미를 알 뿐만 아니라 사용할 수 있는 어휘).
ac·tive·wear [ǽktivwɛ̀ər] 몡 스포츠 의류.
ac·tiv·ism [ǽktəvìzm] 몡 (적극적) 행동[실천]주의. **-ist** 몡 적극적 행동주의자(의), 활동가(의).
‡**ac·tiv·i·ty** [æktívəti] 몡 (몡 **-ties** [-z]) U 1 활동, 행동, 움직임. ¶mental [intellectual] ~ 정신[지적 (知的)] 활동 / the ~ of a volcano 화산의 활동 / a sphere of ~ 활동 범위. 2 (-ties) (특정 분야의) 활동, 움직임; 활동 범위. 3 social [diplomatic] *activities* 사회[외교] 활동. 3 활기, 활발; 활력; 민활. ¶exhibit the greatest ~ 전력(全力)을 보이다. 4 (상거래 범위의) 활황(活況), 호경기. 5 (물리) 활량(活量), 활성.
be in activity 활동중이다. ¶be in full ~ 왕성하게 활동하고 있다.
show activity 활기[활황]를 보이다. 〔동하고 있다.
with activity 활발히
activity chárt 몡 업무[실적] 차트[계획].
activity ráte 몡 (총인구 중) 노동[취로] 인구 비율.
ac·tiv·ize [ǽktəvàiz] 타 =activate.
actn. 〔법률〕 action. **actnt.** accountant.
áct of Cóngress 몡 (종종 A-) (美) (의회 제정의) 법률, 법(령)((英) Act of Parliament).
áct of Gód 몡 (종종 A-) (예측·예방 불가능한) 천재 (天災); 〔법률〕 불가항력 (의 사고).
áct of gráce 몡 〔법률〕 특사법, 사면령; 은전, 특전.
áct of próvidence 몡 =act of God.

Áct of Séttlement 몡 (the ~) (英) 왕위 계승법.
áct of wár 몡 (선전 포고 없는) 전쟁 행위, 불법 침략 행위.
ac·to·my·o·sin [ӕktəmáiəsin] 몡 〔생화학〕 액토미오신(myosin과 actin의 복합 단백질).
ac·ton [ǽktən] 몡 〈옛〉 갑옷 속에 입는 홑옷.
‡**ac·tor** [ǽktər] 몡 (몡 ~**s** [-z]) 1 배우, 남우, 남자배우(↔ actress). 2 행위자(doer); (사건의) 관계자. 3 비행을 저지르는 사람; 골칫거리. ¶a bad ~ 말썽부리기. 4 〔법〕 행위자. 〔우 노동 조합.
Áctors' Équity Associàtion 몡 미국 연극 배
Áctors Stúdio 몡 액터스 스튜디오(미국 New York 소재 연극 배우 양성소).
‡**ac·tress** [ǽktris] 몡 (몡 ~**-es** [-iz]) 여(자)배우.
as the actress said to the bishop (구어) (익살) 별스러운 뜻이 아니라, 보통의 뜻으로.
~**-y** 혱 여배우의; 여배우다운; 거드름피우는.
‡**ac·tu·al** [ǽktʃuəl] 혱 1 현실의, 실제의, 사실상의. ⇒REAL 유의어 ¶an ~ fact 사실. 2 현행의, 현재의; 현하의, 당면한. ¶~ stuff (상업) 현물.
in actual existence 현존하여.
in actual fact 사실상.
your actual (英구어·익살) 진짜의, 정말의.
── 몡 1 (구어) (영화·프로 따위의) 다큐멘터리. 2 (통계표 설명에서의) 실적; 현실(의 것). 3 (~s) (상업) 현물.
~**-ness** 몡 〔물(現物).
áctual capácity 몡 실(實)능력; 실용량.
áctual cásh vàlue 몡 〔보험〕 실제 가액(價額), 시가(時價)(⇨ ACV).
áctual cóst 몡 (상품의) 실제 원가, 취득 원가.
áctual gráce 몡 (the ~) 〔신학〕 도움의 성총(聖寵).
áctual gróund zèro 몡 (美) 핵폭발 중심지점(의 상공·지하)(⇨ AGZ).
áctual instrúction 몡 〔컴퓨터〕 실효 명령.
ac·tu·al·ism [ǽktʃuəlìzm] 몡 〔철학〕 현실(활동)설, 현실주의. **-ist** 몡 현실주의자(realist); 〔철학〕 actualism의 신봉자.
ac·tu·a·li·té [ӕktjuæli:téi, à:ktjuɑ:-] 몡 현대성(性), 현대적 흥미; (~s) 시사(時事); 뉴스. 〔< F〕
*ac**·tu·al·i·ty** [ӕ̀ktʃuǽləti] 몡 1 U 현존, 실재(實在), 현실(성). 2 (현존하는) 사실; (-ties) 현상(現狀), 실상. ¶the *actualities* of life 인생의 실상. 3 기록 영화 (방송); 다큐멘터리; 실황 방송.
in actuality 실제로, 현실(문제)로.
ac·tu·al·ize [ǽktʃuəlàiz] (＊ (英) -**ise**) 몡티 1 [계획·구상]을 실현하다. 2 …을 현실적[사실적(真實的)]으로 묘사하다. 3 …의 잠재력을 발휘시키다. ──재 1 현실로 되다, 실현되다. 2 사실적 묘사를 하다. 3 (자기의) 잠재력을 발휘하다. **-i·zá·tion** 몡 현실화, 실현.
‡**ac·tu·al·ly** [ǽktʃuəli] 힘 1 (문장을 수식하여) (예상·외견과 달리) 실제로(는), 현실로. ¶He ~ isn't the president of our company. 그는 실제로는 우리 회사 사장이 아니다. 2 (상대의 말을 정정하거나 주의를 끌려 할 때) 실은. ¶What do you do, by the way? — I'm in ad, ~. 그런데 무슨 일을 하십니까? — 실은, 광고 분야에 있습니다. 3 (드물게) 현재, 목하. ¶the party ~ in power 현재의 여당. 4 (의외·의심·놀람을 나타내어) 실제로. ¶He ~ refused. 그는 정말로 거절했다. 5 (화제를 바꾸거나 사회할 때) 그런데(by the way).
áctual sín 몡 〔신학〕 자죄(自罪)(사람이 각자 실제로 저지른 죄). 웹 original sin
ac·tu·ar·i·al [ӕ̀ktʃuɛ́əriəl] 혱 보험 회계사(업무)의; 보험 회계사가 산정한; 보험 통계의.
ac·tu·ar·y [ǽktʃuèri/-tjuəri] 몡 (페어) 〔보험〕 보험 통계기사, 보험 회계사; (페어) (법정 따위의) 서기.
ac·tu·ate [ǽktʃuèit] 타 1 (수동형으로) (욕망·동기 따위)에 좌우되다(by), 쫓겨 …하다(to do). ¶be ~*d to* kill her by revenge 복수심에 불타서 그녀를

A

살해하다. 2 〔기계 따위〕를 움직이게 하다, 발동시키다. **~á·tion** [명][U] 발동[충격] 작용. 「작동 장치.
ac·tu·a·tor [ǽktʃuèitər] [명] 〔기계〕 작동기(作動器),
ACT-UP *A*ids *C*oalition *t*o *U*nleash *P*ower (액트업, 정부의 에이즈 대책 강화를 요구하는 미국의 시민 단체). **act. wt.** *act*ual *w*eigh*t*. **AcU** [가] 〔화학〕 actinouranium. **ACU** *A*merican *C*hurch [*C*ycling] *U*nion; *a*rithmetic and *c*ontrol *u*nit(연산 제어 장치); *a*utomatic *c*alling *u*nit(자동 호출 장치).
a·cu·i·ty [əkjúːəti] [명][U] 예리함; (통찰력 등의) 예민함, 날카로움. ¶~ of vision 시력[관찰]의 날카로움.
a·cu·le·ate [əkjúːliət, -lièit] [형] **1** (형태가) 뾰족한, 날카로운. **2** 〔식물〕 가시가 있는; 〔동물〕 독침이 있는.
a·cu·le·us [əkjúːliəs] [명] ([복] ***-le·i*** [-liài]) (식물의) 가시; (동물의) 침.
a·cu·men [əkjúːmən, ǽkju-] [명][U] 예민, 날카로운 통찰력, 총명함; 안목, 안식; 〔식물〕 뾰족한 끝, 예두(銳頭); (가재 따위의) 집게 끝. ¶business ~ 뛰어난 사업 재능 / critical ~ 날카로운 비평 안목.
a·cu·mi·nate [형] [əkjúːmənət, -nèit] 〔동·식물〕 끝이 뾰족한, 선예형(先銳形)의. **—**[동][타] [əkjúːmənèit] …을 뾰족하게[날카롭게] 하다.
~ná·tion [명] 뾰족한 끝[머리], 예봉.
ac·u·pres·sure [ǽkjuprèʃər] [명][U] 지압(술, 요법).
-sur·ist [명] 지압(요법)사. 「법)에 의한.
ac·u·punc·tur·al [æ̀kjupʌ́ŋktʃərəl] [형] 침(鍼)(요
ac·u·punc·ture [ǽkjupʌ̀ŋktʃər] 〔의학〕 [명][U] 침술(요법). **—**[동][타] …에 침을 놓다. **-tur·ist** [명] 침술사.
ácupuncture anesthésia [명] 〔의학〕 침술 마취.
ac·u·sec·tor [æ̀kjuséktər] [명] 〔외과〕 전기 메스(고주파 전류에 의한 조직 절개용).
‡**a·cute** [əkjúːt] [형] (***more*** ~; ***most*** ~) **1** (생김새가) 날카로운, 끝이 뾰족한, 예리한([반] blunt). ⇨SHARP [유의어] ¶an ~ leaf 끝이 뾰족한 잎. **2** (통증·감정 따위가) 심한, 격렬한. ¶~ pain [sorrow] 격통[비통] / ~ jealousy 강한 질투. **3** (상황·사태 따위가) 중대한, 극심한, 심각한. ¶an ~ shortage of houses 심각한 주택난. **4** (병 따위가) 급성의([반] chronic). ¶~ pneumonia 급성 폐렴 / ~ respiratory infections 급성 호흡기 감염(증). **5** (지능·지각 따위가) 날카로운, 예민한, 예리한. ¶an ~ observer 날카로운 관찰자. **6** (비판 따위가) 매서운, 통렬한, 엄격한. **7** 〔기하〕 예각(銳角)의; 예각 삼각형의([반] obtuse). ¶an ~ angle 예각. **8** 〔음성〕 양음(揚音) 악센트(´)가 있는([참] grave, circumflex). ¶an ~ e 양음 악센트가 있는 e (=é). **—**[명] =~ accent. **~·ly** [부] 날카롭게; 예민하게; 격심하게. **~·ness** [명][U] 날카로움; 격심함.
acúte áccent [명] 양음 악센트 부호(´).
a·cute-care [-kὲər] [형] 《美》 단기 의료 목적의, 급성 질환 치료용의.
acúte dóse [명] 〔물리〕 (단기간 쬐인) 다량의 방사능.
acúte expósure [명] 급성선량(急性線量)(생물학적 회복이 불가능할 정도로, 단기간에 쬔 방사선량).
ACV, acv *a*ctual *c*ash *v*alue; *a*ir *c*ushion *v*ehicle (호버크라프트; [참] Hovercraft). **ACW** *a*ircraft *c*ontrol and *w*arning; 《英》 *a*ir*c*rafts-*w*oman; *a*lternating *c*ontinuous *w*aves(교류 연속 전파).
-a·cy [əsi] [접미] -acious로 끝나는 형용사, -ate로 끝나는 명사·형용사에서 quality, state, office 등을 의미하는 추상명사를 만든다. ¶effic*acy*, fall*acy*, advoc*acy*, accur*acy*, delic*acy*.
acy·clo·vir [eisáiklouvìər] [명] 〔약학〕 아시클로비르(항 바이러스제로 국부 헤르페스 치료용).
***ad**[1] [æd] [명] 《구어》 광고(advertisement). ¶put [*or* place, run] an ~ in the paper 신문에 광고를 내다.
want [or ***classified***] ***ad*** 《구어》 (신문의 구인·구직·매매 따위의) 3행 광고. 「후 최초의 득점).
ad[2] [명] 〔테니스〕 어드밴티지(advantage)(듀스(deuce)
ad in 듀스 후의 서브하는 쪽(server)의 득점.
ad out 듀스 후의 리시브하는 쪽(receiver)의 득점.
AD[1] [èidíː] [명] 《美속어》 마약 상용자(drug addict) (District Attorney를 가리키는 D.A.와의 혼동을 피하기 위해 이니셜의 순서를 바꿨음).
AD[2] 〔군사〕 *a*ctive *d*uty(현역 복무); 〔컴퓨터〕 *ad*ministrative *d*omain; *A*lzheimer's *d*isease; *a*rt *d*irection(광고 따위 여러 사람이 공동 작업을 할 때 전체적인 지휘를 하는 일); *a*ssistant *d*irector(조감독); *a*thletic *d*irector. **ad.** additional(추가 요금; 추가 원고); adverb; advertisement. **A/D** 〔컴퓨터〕 *a*nalog-to-*d*igital. ¶~ conversion 아날로그-디지털 변환. **a.d.** 〔어음〕 *a*fter *d*ate(일부후(日附後)).
‡**A.D.** [éidíː, ǽnou dάmənài, -nìː, ὰːnou-/ǽnou dɔ́m-] 《라틴》 *anno Domini* (=in the year of our Lord) 그리스도 기원[서력] …년([참] B.C.). ¶from 30 B.C. to ~ 50 기원전 30년부터 기원 50년까지(＊《美》에서는 50 A.D.와 같이 쓰는 경우도 많다).
ad- [æd, əd] [접두] toward의 뜻으로서, 방향·경향·부가(附加)·증가·고착·완성·근사(近似)·개시, 또는 단순히 강조를 나타낸다(＊c, f, g, l, n, p, q, r, s, t 앞에서는 일반적으로 ad의 d가 동화되어, 각기 *ac-*, *af-*, *ag-*, *al-*, *an-*, *ap-*, *aq-*, *ar-*, *as-*, *at-*로 되고, sc, sp, st의 앞에서는 약화하여 a-로 된다). ¶*ad*vert, *ac*cept, *af*fect, *ap*prove, *a*scend.
-ad[1] [æd, əd] [접미] **1** 집합 수사(數詞)를 만든다. ¶mon*ad*, dy*ad*, tri*ad*, chili*ad*, myri*ad*. **2** derived from(…에 유래하는), related to(…에 관련된)의 뜻. ¶Olympi*ad*. **3** 그리스 신화에 특유한 이름의 어미. ¶Dry*ad*, Plei*ad*. **4** 일리아드(*Iliad*)의 이름을 따서 붙여진 문학적 제목의 어미. ¶Dunci*ad*.
-ad[2] [əd] [접미] =-ade.
A·da [éidə] [명] 에이다. **1** 여자 이름. (또는 **Adie**) **2** 〔컴퓨터〕 미(美) 국방부가 개발한 컴퓨터 언어.
A.D.A., ADA *A*merican *D*ental *A*ssociation (미국 치과 의사회); *A*mericans for *D*emocratic *A*ction (미국인 민주 행동 연맹); *A*mericans with *D*isabilities *A*ct(미국 장애인 차별 금지법); *A*tomic *D*evelopment *A*uthority(원자력 응용 개발 기관).
ADAD [éidæd] [명] 자동 전화 다이얼 통화 장치(전화기에 꽂으면 자동적으로 다이얼링하는 카드[장치]). 〔<*a*utomatic telephone *d*ialing-*a*nnouncing *d*evice〕
ad·age [ǽdidʒ] [명] 속담, 격언, 금언(proverb).
ad-a·gent [-èidʒənt] [명] 《美》 광고 대행업자[대리점].
a·da·gio [ədάːdʒou, -dʒiòu] 〔음악〕 [부] 느리게, 천천히. **—**[형] 느린, 완만한. **—**[명] ([복] **~s**) 아다지오곡; 느리게 추는 발레춤. 「제).
Ad·a·lin(e) [ǽdəlin] [명] 《상표》 아달린(수면·진정
***Ad·am**[1] [ǽdəm] [명] **1** 〔성서〕 아담(Eden 동산에서 하느님이 처음으로 만든 남자; 아내 Eve와 함께 인류의 시조로 불린다. ←창세기(Gen.) 2 : 7; 5 : 1–5). **2** 애덤(남자 이름). **3** 《완곡적》 남자용 변소. **4** 《美속어》 =MDA.
Adam and Eve on a raft 《익살》 베이컨과 에그 (bacon and egg).
(as) old as Adam 태고적부터, 매우 오래된; 진부한.
from Adam on down 이 세상이 시작된 이래.
not know *a person* ***from Adam*** 남을 전혀 모르다.
since Adam was a lad [or ***boy***] 《英속어》 아주 먼 옛날부터.
the old Adam 인간의 죄많은 본성, 원죄. 「수.
the second [***new***] ***Adam*** 제2의[새로운] 아담, 예
Ad·am[2] [형] 아담 양식의. 〔<18세기 영국의 가구(家具) 설계가 James ~(1730–94), Robert ~(1728–92) 형제의 이름〕
ad·a·mant [ǽdəmənt] [명][U] 단단한 물질[것]; 《고어》 단단한 돌, 다이아몬드. ¶a will of ~ 철석같은 의지.
(as) hard as adamant 아주[더없이, 매우] 견고한.
—[형] **1** 견고 무비(無比)의. **2** 의지가 굳센, 불굴의(*to*);

(…이라고) 완강히 주장하는. ¶I was ~ to their prayers. 나는 그들의 청원에 꼼짝도 하지 않았다. 3 무
-mance, -man·cy 명 ~·ly 부
ad·a·man·tine [ӕdəmǽntin/-tain] 형 1 매우 단단한, 견고 무비의. 2 확고 부동한, 단호한. ¶ ~ courage 굳센 용기. 3 (광택이) 다이아몬드 같은.
Ad·am·ism [ǽdəmizm] 명 (의학) 노출증.
Ad·am·ite [ǽdəmàit] 명 아담의 후예; 인간; 벌거숭이; 나체주의자: (나체로 의식을 거행한) 아담교도.
Ad·ams [ǽdəmz] 명 애덤스. 1 John ~ (1735-1826; 미국 제2대 대통령). 2 John Quincy ~ (1767-1848: 미국 제6대 대통령).
Ádam's ále [wine] 명 (익살) 물(water).
Ádam's ápple 명 후골(喉骨), 결후(結喉).
ad·ams·ite [ǽdəmzàit] 명 (화학·군사) 애덤자이트.
Ádam's kín 명 인류.   [이트(재채기 독가스).
Ádam's proféssion 명 원예, 농업.
Ádam's sín 명 아담의 죄, 원죄(original sin).
‡a·dapt [ədǽpt] 타자 1 (환경·목적 따위에) …을 적합시키다, 적응[순응]시키다 (to, for); (재귀용법으로) (새로운 환경 따위에) 순응하다 (to); ¶ (~+目+前+名) ~ one's way of life to a new environment 생활 양식을 새로운 환경에 순응시키다.

유의어 adapt 적합하도록 모양이나 형질을 상당히 수정하다, 개조하다. adjust 큰 수정 없이 기존의 상태에 될 수 있는 대로 적합시키다. accommodate 표면적이고 일시적인 조화를 나타낸다. 타협의 뜻이 있을 때 사용. conform 일정한 표준 따위에 맞추다.

2 〔희곡·소설 따위〕를 개작[각색, 번안]하다 (for, from). ¶ (~+目+前+名) ~ something for a particular use 무엇을 특별한 용도에 맞추어서 바꾸다 / ~ a play from the American original 미국의 극본을 개작하다 / ~ a story for broadcasting 소설을 방송용으로 개작하다. — 자 (환경 따위에) 순응하다, 익숙해지다 (to). ¶ ~ to life in America 미국 생활에 익숙해지다.
adápt onesélf to 〔환경 따위〕에 (노력하여) 익숙해지다
a·dapt·a·ble [ədǽptəbl] 형 1 (물건이) 적응할 수 있는, (사람이 환경 따위에) 쉽게 적응하는, 순응하는; 융통성 있는 (to, for). 2 개작[각색]할 수 있는 (to, for).
-bíl·i·ty 명 UC 적합[적응, 순응]성; 개작[각색]할 수 있음. ~·ness 명 -bly 부
‡ad·ap·ta·tion [ӕdəptéiʃən, -æp-] 명 1 U (환경·목적 따위의) 적응, 적합, 순응, 응용 (to). 2 개조(물), 개작(물), 각색(물), 번안(물) (to, for, from). ¶This is an ~ from a Russian novel. 이것은 러시아 소설을 번안한 것이다. 3 U (생물) 적응; 적응 형태. 4 U (생리) 순응. ~·al 형 ~·al·ly 부
*a·dapt·ed [ədǽptid] 형 알맞은, 적합한; 개작된. ¶books ~ to[or (英) for] Korean children 한국 어린이용으로 개작한 책.
a·dapt·er [ədǽptər] 명 1 적응하여 하는 사람[것]; 개작자, 번안자, 각색자, 편곡자. 2 (전기·기계) 어댑터, 가감 장치; 유도관(誘導管). (또는 adaptor)
*a·dap·tion [ədǽpʃən] 명 =adaptation.
a·dap·tive [ədǽptiv] 형 적응성의 있는), 순응적인. ¶ ~ coloring of a chameleon 카멜레온의 적응 변색. ~·ly 부 ~·ness, àd·ap·tív·i·ty 명
adáptive contról 명 (컴퓨터) 적응 제어(制御).
adáptive convérgence 명 (유전) 적응적 수렴.
adáptive óptics 명 (단수취급) 적응 (제어) 광학 (像)의 일그러짐을 보정(補正)하는 광학 부문).
adáptive radiátion 명 (생물) 적응 방산(放散).
ad·ap·tom·e·ter [ӕdəptɑ́mətər/-tɔ́m-] 명 (안과) 명암 순응(明暗順應) 측정기, 순응계(計).
a·dap·tor [ədǽptər] 명 =adapter.
ADAPTS [ədǽpts] 명 어댑츠(해양의 기름 유출 사고시 사용하는 공중 투하식 기름 확산 방지·회수 설비).
〔<air-deliverable anti-pollution transfer system〕
A-day [éidèi] 명 =Able Day.   〔(with).
a·daz·zle [ədǽzl] 형 (서술용법) (…으로) 눈부신
ADB Asian [African] Development Bank (아시아 [아프리카] 개발 은행). A.D.B. (보험) accidental death benefit. ADC (美) Aid to Dependent Children. A.D.C., ADC advanced developing countries (선발 개도국); (美) Aerospace Defense Command (방공 사령부; 이전에는 Air Defense Command); aide-de-camp (부관, …부(附) 무관, 막료); Aid to Dependent Children (무의(母子) 가정 부조 (제도); 이 아동 복지 수당을 받는 어머니를 ~ mother라고 한다); analog-digital converter.
ad cap·tan·dum vul·gus [ӕd kæptǽndəm vʌ́lgəs] (L) 인기를 끌기 위하여(위하여); 선정적(煽情的)인. 〔<L for catching the crowd〕
ad·cock anténna [ǽdkɑk-/-kɔk-] 명 (전자) 애드콕 안테나(방향 탐지용 안테나).
ad-col·umn [kǽləm/-kɔ̀l-] 명 (美) 광고란.
A/D convérter 명 (전자) 에이디 변환기(아날로그-디지털 변환 장치). (또는 A-D convérter) 명 D/A converter 〔<analog-to-digital converter〕
‡add [ӕd] 타 (~s [-z]) 타 1 …을 더하다, 추가하다 (to, in) (빼 subtract), be ~ed in the list 명단에 추가되다 // (~+目+前+名) ~ sugar to tea 홍차에 설탕을 타다. 2 (수)를 더하다; 합산하다; 합계하다 (up). ¶ ~ A and B A와 B를 더하다 / Two ~ed to three makes five. 3+2=5. 3 …을 계산에 넣다, 포함하다, 포함시키다 (in) (into). ¶Don't forget to ~ me in. 나를 계산에 넣는 것을 잊지 말게. 4 …을 덧붙여서 말하다 (쓰다), 부언[부기]하다. ¶ (~+that 節) He ~ed (that) he would come again soon. 그는 곧 또 오겠다는 말을 덧붙였다. — 자 1 더하다, 늘다 (to). ¶ ~ to the beauty of the scenery 그 풍경의 아름다움을 더하다. 2 덧셈[가산]을 하다.
add fúel to the fláme(s) 더욱 기세를 돋우다; (비유적) 불난 집에 부채질하다.   (料)를 첨가하다.
add in 산입하다, 포함하다; (요리 중에) (재료·조미
add it ón (구어) 부풀려서 말하다.
add ón (계산표·리스트)에 부가하다, 포함하다. ¶ ~ on ten percent service charge 10퍼센트의 서비스
add togéther 합계하다. 〔요금을 포함하다.
add [or ádded] to this (접속사적) 여기에 더해서.
add úp ① …을 합계하다. ¶ ~ up bills 요금을 합계하다. ② 계산이 맞다. ③ (구어) 말이 되다, 앞뒤가 맞다, 조리가 닿다.
add úp to 합계 …이 되다; (美) 결국 …이 되다.
to add insult to injury 설상가상으로.
to ádd to …에 더하여. ¶To ~ to rain, the wind rose. 비에다 바람까지 불었다.   〔가.
— 명 (신문) 추가 원고, 보충 기사; (컴퓨터) 가산; 주
∠-a 명, -a·ble 형 더(증가)할 수 있는. -ed·ly 부
ADD attention deficit disorder (주의력 결여 장애).
add. addenda; addendum; addition (al); address.   〔큰 영양(羚羊).
ad·dax [ǽdæks] 명 (동) (~·es) (북아프리카산(産))
ádd·ed líne [ǽdid-] 명 (음악) 덧줄 (ledger line).
ádded títle páge 명 부표제지(책의 표제지의 앞 또는 뒤에 붙인 표제지).
ádded válue 명 (경제) 부가 가치 (value added).
ádded-válue tàx 명 부가 가치세.
ad·dend [ǽdend, ədénd] 명 (수학) 가수(加數).
ad·den·dum [ədéndəm] 명 (~·da [-də]) 부가(물), (책 따위의) 보유(補遺), 부록, 증보; (계약 따위의) 부가 조항.
ad·der¹ [ǽdər] 명 작은 독사(살무사류). 1 추가 조항.
add·er² 명 계산하는 사람; (컴퓨터) 가산기(加算器).

ad·der's-tongue [ǽdərztÀŋ] 명 〔식물〕 나도고사리삼(양치류의 하나); (美) 얼레지속의 식물.

add·fare [ǽdfɛ̀ər] 명(자) (운임의) 정산을 하다, 부족분을 지불하다. —명 운임 정산.

ad·dict [ǽdikt] 〔구어〕 탐닉자(耽溺者); (마약 따위의) 상용자. (스포츠·오락 따위의) 팬, 애호가, …광(狂) (to). ¶an opium [or a drug] ~ 아편[마약] 중독자. —동(타) [ədíkt] (수동형·재귀용법으로) (남)을 빠지게 하다, (심신)을 (…에) 내맡기다; (마약·술 따위)에 중독되다 (to).
addict oneself to …에 빠지다[몰두하다].
be addicted to …에 빠지다[중독되다], 탐닉하다.
ad·dic·tion [ədíkʃən] 명Ⓤⓒ 열중, 탐닉; 중독 (to).
ad·dic·tive [ədíktiv] 형 (약 따위에) 중독(습관)성의; 중독이 되기 쉬운; 탐닉하기 쉬운. ¶an ~ drug 중독(습관)성 약물. ~·**ness** 명

Ad·die [ǽdi] 명 애디(여자 이름; Adeline의 애칭).
add·ing [ǽdiŋ] 명 추가. ~ **machine** 가산기(加算器), 계산기.
ad·di·o [a:díːou] 감 안녕(good-bye). 〈It〉
Ad·dis A·ba·ba [ǽdis ǽbəbə] 아디스아바바 (에티오피아의 수도). (또는 **Áddis Ábeba**)
Ad·di·son [ǽdəsn] 명 애디슨. **1 Joseph** ~ (1672-1719: 영국의 수필가·시인·정치가). **2 Thomas** ~ (1793-1860: 영국의 의사).
Ad·di·so·ni·an [ǽdəsóuniən] 형 애디슨(Joseph Addison)의; 애디슨류(流)의(명료하고 세련된 문체에 관해서 말하다). 명 애디슨(의 작품) 연구가.
Áddison's diséase 명 〔병리〕 애디슨 씨병, 부신 피질 분비 부전증(不全症).
〈발견자인 T. Addison의 이름〉

ad·dit·a·ment [ədítəmənt] 명 부가물, 첨가물.
‡**ad·di·tion** [ədíʃən] 명 (~**s**[-z]) **1** Ⓤ 추가, 부가; 첨가; 증가 (to). **2** ⓊⒸ 덧셈, 더하기, 가산법, 가법(加法).(⇔ subtraction).

〔주의〕 '덧셈' 읽는 법 —3+4=7은 보통 Three and four makes seven. 이라고 읽으며, makes 대신에 make, is, are, equals라 해도 된다.

3 부가(첨가)물, 보탠(덧붙인) 것; 늘어난 사람, 증원 인력, 새 얼굴 (to). ¶have another ~ to one's family 어린애가 하나 더 생기다.

〔유의어〕 addition '부가물'이란 뜻의 일반적인 말. 어떠한 부가물이든 상관없다. **accessory** 보조적인 부가물. **adjunct** 보조적이며, 종종 주요물과는 별도의 것. **attachment** 기계 따위의 간단하게 붙였다 뗐다 할 수 있는 부속물.

4 증가(증대)분; (美) 증축 부분; 늘린 토지, 합병지; 교외 계획 주택지. **5** 〔법률〕(법률 문서의 인명에 붙여서 신분·직업을 나타내는) 직함(Thomas Smith, *M.D.*의 M.D. 따위). **6** Ⓤ 〔화학〕 부가(첨가) (반응).
in addition 더구나, 게다가, 그에 더하여.
in addition to …에 더하여, …일 뿐 아니라. ¶*In* ~ *to* being a great statesman, Churchill was a great writer. 처칠은 위대한 정치가일 뿐 아니라 위대한 문필가이기도 했다.
‡**ad·di·tion·al** [ədíʃənl] 형 부가적인, 증가의; 특별한. ¶an ~ charge 할증료. ~·**ly** 부 그에 더하여, 더
additional tax 명 부가세.
ad·di·tive [ǽdətiv] 형 **1** 부가된, 부가적, 부가성(性)의, 증가성의. **2** 〔수학〕 덧셈의. **3** 〔화학〕 부가적인. —명 (물질의 성질을 개량하기 위한) 첨가제, 첨가물; 〔영양〕 (식품) 첨가물(food ~). 〔位元〕
ádditive idéntity 명 〔수학〕 덧셈에 관한 단위원(單位元).
ádditive pròcess 명 가색법(加色法).
addl. additional.
ad·dle [ǽdl] 동(타) **1** (머리)를 혼란시키다. ¶(~+

명+前+명) Don't ~ your mind [or brain] *with* such a trifle. 그런 하찮은 일을 가지고 고민하지 마라. **2** 〔계란 따위〕을 썩히다. —동(자) **1** 혼란해지다. **2** 썩다. ¶Eggs are apt to ~. 계란은 썩기 쉽다.
—형 **1** (머리가) 혼란한(* 지금은 addled쪽이 보통. addle은 주로 복합어에 사용). ¶*addle*brained. **2** 썩은.
ad·dle·brained [ǽdlbrèind] 형 머리가 혼란해진, 우둔한. (또는 addlepated)
ad·dled [ǽdld] 형 썩은; (머리가) 혼란해진.
ad·dle·head·ed [ǽdlhèdid] 형 =addlebrained.
addn. additional.
addnl. additional.
add-on [ǽdn-ɔ̀n] 형 누계〔할부〕 방식의; 부속〔부가〕의. ¶an ~ fare 부가 운임. —명 **1** 추가액〔량, 항목). **2** (재생 장치 따위의) 부가물; 〔컴퓨터〕 부가 장치〔기계〕, 주변 기기. **3** (또는 ≃ **lòan**) 애드온 방식 (융자)(원금과 이자를 합산하여 분할 변제하는 방식).
add-on mémory 명 〔컴퓨터〕 부가 메모리.
‡**ad·dress** [ədrés, ǽdres] 명 (~**es** [-iz]) **1** (공식적인) 연설, 강연; 인사말, 식사(式辭). ⇒ SPEECH
〔유의어〕 ¶a congratulatory ~ 축사/a funeral ~ 조사, 추도사/an inaugural ~ 취임사, 취임 연설/an opening [a closing] ~ 개회〔폐회〕사/an ~ of welcome 환영사. **2** (美) ǽdres, ədrés] (편지·소포 따위의) 받는이의 주소·성명, 겉봉; 주소, 번지. ¶a permanent [present] ~ 본적지〔현주소〕/change one's ~ 이사하다. **3** 호칭, 부르는 말. ¶terms of ~ 호칭. **4** Ⓤ 응대하는 태도; (美) 말씨가 서투른(능숙한) 사람. **5** Ⓤ 솜씨 있음, 능숙함; (일을 처리하는) 기교. **6** (보통 ~**es**) 구애, 구혼 (wooing). **7** 청원, 청구; (美행정) (의회의 대(對)) 정부 법관 파면 청구. **8** (the A-) (英) (의회에서 국왕에 대한) 칙어 봉답문(勅語奉答文); (美) (의회에 보내는) 대통령 교서 (to). **9** (공을 치기 전의) 자세. **10** (美) ǽdres, ədrés] 〔컴퓨터〕 주소, 번지, 어드레스.
deliver [or *give, make*] *an address* 강연〔연설〕을 하다.   〔*forms of* ~〕
form of address (구두·서면의) 직함, 부르기. ¶polite
of no address 주소 불명의.
pay one's addresses to …에게 구애〔구혼〕하다.
with address 솜씨 좋게. ¶handle a matter *with* ~ 일을 솜씨 있게 처리하다.

—동(타) [ədrés] (~·**es** [-iz]; ~**ed** [-t]) **1** …에게 연설〔설교〕하다; (직함 따위로) (남)을 부르다(*as*); …에게 말을 걸다. ¶(~+명+前+명 補) ~ a person *as* "General" 남을 "장군"이라고 부른다. **2** (편지 따위)를 (…에게) 보내다 (*to*); (봉투 따위)에 주소를 쓰다. ¶(~+명+前+명) ~ *a* letter *to* a person 남에게 편지를 보내다. **3** (…에게) …을 신청하다; …을 청원하다, 건의하다 (*to*). ¶(~+명+前+명) ~ *a* protest *to* a person 남에게 항의를 제기하다/ ~ *to* a governor a plea for clemency 지사에게 죄인에 대한 관대한 처분을 탄원하다 (* 목적어가 뒤에 놓인 예). **4** (일·문제 따위)에 본격적으로 착수하다, 대처하다; (의제 따위)를 검토〔토의〕하다. ¶ ~ the plan seriously 그 계획을 진지하게 검토하다. **5** …에 초점을 맞추다; (재귀용법으로) …에 전력을 쏟다 (*to*). ¶ ~ one's attention *to* the problem 그 문제에 전력을 쏟다. **6** (여자)에게 구애하다, 구혼하다. **7** 〔상업〕 …을 위탁하다. **8** 〔골프〕 (공)의 목표를 정하다, 겨냥하다. **9** 〔법률〕 〔법관 등)을 해임 청구하다. **10** 〔컴퓨터〕 〔데이터〕를 기억 장치의 특정 위치에 넣다〔로부터 뽑아내다〕.
address oneself to ① …에게 말을 걸다. ② (일·문제 따위)에 본격적으로 착수하다; 전념하다.   〔다.
address the ball 〔골프〕 공을 향해 칠 자세를 취하
ad·dress·a·ble [ədrésəbl] 형 〔컴퓨터〕 어드레스 할 수 있는, 번지에 의해서 지시할 수 있는. -**bíl·i·ty** 명
áddress assígnment 명 〔컴퓨터〕 번지 지정.
áddress bòok 명 주소록.

áddress bùs 〖컴퓨터〗 주소[번지] 버스.
áddress cònstant 〖컴퓨터〗 번지 상수.
áddress corréction requésted 〖美〗 주소 정정 요청(우편물에 기입하는 글).
áddress còunter 〖컴퓨터〗 어드레스 카운터(중앙 처리 장치(CPU)가 다음에 실행할 명령이 들어 있는 주소를 나타내는 register). ［addresser
ad·dress·ee [ædresíː] 명 수신인, 수취인. ⇨
ad·dress·er [ədrésər] 명 1 발신인; 말을 거는 사람; 이야기하는 사람. 2 주소 인쇄기. (또는 **addressor**)
ad·dress·ing [ədrésiŋ] 명〖U〗〖통신〗 어드레싱(상대방과의 접속·선택); 〖컴퓨터〗 번지 지정.
addréssing machíne 명 자동 주소 인쇄기.
áddressing mòde 〖컴퓨터〗 번지 지정 방식[양
áddress làbel 명 주소 라벨. 식].
áddress mòdifier 〖컴퓨터〗 주소 변경자(變更子).
ad·dres·sor [ədrésər] 명 1 =addresser. 2 〖법률〗 (신원장 등에의) 발행자; 청원인[자].
addréss tèrm 〖언어〗 호칭.
áddress translàtion 〖컴퓨터〗 어드레스 변환.
addsd. addressed.
ad·duce [ədjúːs/ədjúːs] 타 (논거(論據)로서) …을 인용하다; (증거·이유) 를 제시하다. ¶ ~ reasons 이유를 제시하다. **~·a·ble** 형 **-dúc·er** 명 **-dúc·i·ble** 형
ad·du·cent [ədjúːsnt/ədjúː-] 형 〖생리〗 내전(內轉)의(⇔abducent). ¶ ~ muscles 내전근(筋)
ad·duct¹ [ədʌ́kt] 타 〖생리〗 …을 내전(內轉)시키다(⇔abduct). **-dúc·tive** 형
ad·duct² [ǽdʌkt] 명 〖화학〗 부가물, 부가 화합물.
ad·duc·tion [ədʌ́kʃən] 명〖U〗 1 〖생리〗 내전 (작용), 내반(內反)(손발이나 눈알 등이 신체의 중심축으로 향하는 운동)(⇔abduction). 2 (논거(論據) 등의) 제시, 인용, 인증(引證).
ad·duc·tor [ədʌ́ktər] 명 〖생리〗 내전근(筋)(⇔abductor); 〖동물〗 폐각근(閉殼筋)(조개 관자).
add-up [ʌ́p] 명 〖美구어〗 요지, 요점(gist).
Ad·dy [ǽdi] 명 =Addie.
-ade [eid, ɑːd, æd] 접미 (명사어미) 1 동작, 과정. ¶ escapade, tirade. 2 (행위의) 결과, 산물. ¶ lemonade, orangeade, masquerade(*balladsaladsalad 따위는 어미 'e'가 탈락된 것). 3 행위자(들). ¶ crusade, ambuscade, cavalcade.
Ad·e·laide [ǽdəlèid] 명 애들레이드. 1 여자 이름. 2 오스트레일리아의 South Australia 주의 주도.
A·dé·lie (pénguin) [ədéili-] 명 어델리아 펭귄 (소형 펭귄의 일종). ［(또는 **Adelina**)
Ad·e·line [ǽdəlàin, -lìːn] 명 애덜린(여자 이름).
a·demp·tion [ədémpʃən] 명〖U〗 〖법률〗 유증(遺贈) 철회(유언자가 사망하고 유산이 이미 없는 경우 따위).
A·den [ɑ́ːdn, éidn] 명 아덴(예멘 남서부의 도시; 통일 전 남예멘의 수도).
A·de·nau·er [ǽdənàuər, ɑ́ːd-] 명 Konrad ~ 아데나워(1876-1967; 서독 수상). ［적출술(腺摘出術)
ad·e·nec·to·my [ædənéktəmi] 명〖U〗〖C〗 〖외과〗 선
ad·e·nine [ǽdənìn, -nìːn, -nàin] 명 〖생화학〗 아데닌(핵산의 일부를 구성하는 염기(塩基)).
ad·e·no- [ǽdənou, -nə] 연접 선(腺)의 뜻 (* 모음 앞에서는 aden-). ¶ adenovirus.
ad·e·noid [ǽdənɔ̀id] 형 (보통 ~s) (단수취급) 아데노이드, 선(腺). ─ 명 (또는 **adenoidal**) 아데노이드(가 있는); 선(腺) 모양의; 임파선의.
ad·e·noid·ec·to·my [ǽdənɔ̀idéktəmi] 명〖U〗〖C〗 〖외과〗 아데노이드 절제술(切除術), 선양 증식 전적출(全摘出). ［이드 후두[편도]염.
ad·e·noid·i·tis [ædənɔ̀idáitis] 명 〖병리〗 아데
ad·e·no·ma [ædənóumə] 명 (복 ~s, ~·ta[-tə]) 〖병리〗 아데노마, 선종(腺腫).
ad·e·nose [ǽdənòus] 형 선(腺)의, 선 모양의; 선이 있는. (또는 **ad·e·nous** [-nəs])
a·den·o·sine [ədénəsìːn] 명 〖생화학〗 아데노신.
adénosine deáminase 명 아데노신 데아미나아제(아데노신을 이노신과 암모니아로 분해하는 활성을 가짐; 약 ADA).
adénosine deáminase defíciency 명 아데노신 데아미나아제 결손증. (또는 **ÁDÁ defíciency**)
adénosine di·phós·phate [-difǽsfeit/-fɔ́s-] 명 〖생화학〗 아데노신 2인산(燐酸).(약 ADP).
adénosine mon·o·phós·phate [-mɑ̀nəfǽsfeit/-mɔ̀nəfɔ́s-] 명 〖생화학〗 아데노신 1인산(약 AMP).
adénosine tri·phós·phate [-traifǽsfeit /-fɔ́s-] 명 〖생화학〗 아데노신 3인산(약 ATP).
ad·e·no·sis [ædənóusis] 명 〖병리〗 선(腺)조직의 이상 발달; (일반적으로) 선(腺)질환.
ad·e·no·vi·rus [ædənouváiərəs] 명 (복 ~·es) 〖의학〗 아데노바이러스(감기의 원인).
ad·e·nyl [ǽdənìl] 명 〖화학〗 아데닐(아데닌에서 유도되는 1가(價)의 기(基)).
a·dén·yl·ate cýclase [ədénələt-, -lèit-, ǽdənəl-] 명 〖생화학〗 아데닐 시클라아제(ATP의 사이클릭 AMP(cyclic AMP)로의 전환에 촉매 작용을 하는 효소). (또는 **ádenyl cýclase**) ［산. ⇨AMP.
ad·e·nýl·ic ácid [ædəníli k-] 명 〖화학〗 아데닐
a·dept [ədépt/ǽdept] 형 숙련된, 뛰어난, 정통한(in, at). ⇨SKILLFUL 유의어 ¶ He is ~ in flattery. 그는 아첨을 잘한다 / He is ~ at lying. 그는 거짓말의 명수다. ── 명 [ǽdept, ədépt] 숙련가, 명인(名人)(in); (사상 따위의) 열렬한 신봉자(of). **·ly** 부 **·ness** 명 ［당함(suitability).
ad·e·qua·cy [ǽdikwəsi] 명〖U〗 충분함; 타당성, 적
‡**ad·e·quate** [ǽdikwət] 형 1 (…하기에) 적당한(for, to do). ⇨ENOUGH 유의어 ¶ an ~ amount 적당한 분량 / a salary ~ to support one's family 가족을 부양하기에 충분한 급료 / a remedy ~ for the disease 그 병의 특효약. 2 (서술용법) (일 따위에) 적임인, 유능한(to). ¶ He is quite ~ to the task. 그는 그 임무에 적임이다. 3 (행위 따위가) 그저 그런, 그만하면 괜찮은, 평범한. 4 〖법률〗 충분히 요건을 갖춘. **·ness** 명
*ad·e·quate·ly** [ǽdikwətli] 부 적당히, 충분히; 그저 그만하게, 평범하게.
ad e·un·dem (gra·dum) [æd iːʌ́ndəm (gréidəm)] (성적이) 같은 정도로(의), 같은 학년에. (<L to the same (grade))
à deux [ɑː dəː] [F] 1 두 사람[으로]; 2인용의[으로]; 양자간의[에]. 2 친한; 친하게. (<F for two)
ADF aircraft direction finder; Asian Development Fund(아시아 개발 기금); automatic direction finder(자동 방향 탐지기).
ad-fat [ǽfæt] 명 광고가 많은.
ad fi·nem [æd fáinem] 끝까지[마지막까지](약 ad fin.). (<L to the end)
ad·freeze [ædfríːz] 자타 (-froze, -fro·zen) 결빙(結水力)으로 고착시키다.
ADH antidiuretic hormone(항이뇨(抗利尿) 호르몬).
adh. adhesive.
‡**ad·here** [ædhíər, əd-] 자 (~s [-z]; ~d; ~·her·ing) 1 들러붙다, 부착[밀착, 점착]하다(to). ⇨STICK 유의어 ¶ (~+[전]+[명]) Wax ~d to the finger. 밀랍이 손가락에 묻었다. 2 (사람·의견·신조 등에) 집착[고집]하다, (…을) 고수하다; 충실하다(to). 3 〖병리〗 아물다, 유착(癒着)하다. ── 타 …을 부착시키다(to).
ad·hér·a·ble 형 **ad·hér·er** 명
ad·her·ence [ædhíərəns, əd-] 명〖U〗 1 집착, 고집, 고수; 충성, 충실(to). ¶ rigid ~ to rules 규칙의 엄수. 2 점착(粘着), 밀착, 부착; 점착 작용, 점착성[력].

ad·her·end [ǽdhiərənd, əd-, ӕdhiərénd] 몡 〔화학〕부착체[접착]물; 접착면(面).

*__ad·her·ent__ [ǽdhiərənt, əd-] 몡 (지도자·주의 등의) 추종자, 지지자, 신봉자. ⇨FOLLOWER 유의어 ¶ gain [or win] ~s 지지자를 얻다. — 몡 1 점착[부착]성의. 2 고집하는. 3 〔식물〕착생(着生)하는(adnate). 4 〔문법〕(형용사가) 명사 앞에 놓인. ~·ly 몡

__ad·he·sion__ [ǽdhíːʒən, əd-] 몡U 1 점착, 부착, 고착, 흡착(吸着); 접착 작용, 접착성[력]. ⇨ADHERENCE 유의어 2 집착, 애착, 고수. 3 동의, 찬동; 가맹, 가입 (to). 4 UC 〔물리〕부착(력); 〔병리〕유착(癒着); 〔식물〕착생(着生), 합착(合着).
give (in) one's adhesion to [조약·협정 따위]에의 ~·al [지지를 표명하다〔가맹을 통고하다〕.

__ad·he·sive__ [ǽdhíːsiv, əd-, -ziv] 몡 1 들러붙는, 부착력이 있는, 끈적끈적한, 접착성의(sticky). ¶ an ~ envelope 풀칠이 되어 있는 봉투. 2 (…에) 집착[고집]하는 (of, to); (말 따위가) 마음 속에 남아 있는. — 몡 접착성이 있는 물건; 접착제; = ~ tape.
~·ly 몡 ~·ness 몡 「고.

__adhésive bándage__ 몡 (가제가 붙어 있는) 반창
__adhésive bínding__ 몡 무선철(無線綴) 제본. (또는 pérfect bínding)
__adhésive pláster__ 몡 (폭이 넓은) 반창고.
__adhésive tápe__ 몡 접착용 테이프; 반창고.

__ad·hib·it__ [ǽdhíbit, əd-] 타 1 ···을 넣다[들이다], 입장시키다. 2 ···을 쓰다; ···을 적용하다. 3 (고약 따위) 를 ···에 (치료 따위로) 베풀다. **àd·hi·bí·tion** 몡

__ad hoc__ [ǽd hák/-hɔ́k] 〔L〕 특별한 목적을 위한[위해], 특별히[히]; 임시의[로]; 이 문제에 국한한[하여]. ¶ an ~ commission [election] 특별 위원회[선거]. — 몡 특별한 수단[방책]을 쓰다, 임시 변통으로 만들다. 〔L〕

__ad hoc(k)·er·y__ [ǽd hákəri/-hɔ́k-] 몡 (속어) 임기 응변의 정책[결정]. (또는 __ad hóc·ism__ [-hákìzm])

__ad-hoc·ra·cy__ [ǽdhákrəsi/-hɔ́k-] 몡UC (속어) 특별 위원회적 기구(機構). (또는 __adhócracy__)

__ad ho·mi·nem__ [ǽd hámənəm/-hɔ́m-] 〔L〕 1 편견[감정]에 호소하는[하여]. 2 인신 공격의(으로서). 〔L〕

__ADI__ acceptable daily intake(유해 물질의 1일당 허용 섭취량); 〔광고〕area of dominant influence ((특정 방송국이 커버하는) 시청 영역).

__ad·i·a·bat__ [ǽdiəbǽt] 몡 〔물리〕단열(斷熱) 곡선.

__ad·i·a·bat·ic__ [ǽdiəbǽtik, èidiə-] 몡 〔물리〕단열(斷熱)의. — 몡 단열 곡선. __-i·cal·ly__ 몡

__ad·i·an·tum__ [ǽdiǽntəm] 몡 〔식물〕공작고사리속(屬)의 식물(양치류).

__A·di·das__ [ədídəz] 몡 (상표) 아디다스. 1 독일의 스포츠 용품 제조 회사. 2 (때로 a-) 아디다스사(社)제 스포츠 용품.

*__a·dieu__ [ədjúː/ədʒúː] 몡 안녕, 잘 가세요[잘 있어요](good-bye). — 몡 (복 ~s, ~x [-z]) 작별, 하직; *bid adieu to* ···에게 작별을 고하다. *make [or take] one's adieu* 작별 인사를 하다. 「고별.

__ad inf.__ *ad infinitum.*

__ad in·fi·ni·tum__ [ǽd infənáitəm] 부몡 무한히[의], 무궁하게[한], 영원히[의]. 〔L to infinity〕

__ad i·ni·ti·um__ [ǽd iníʃiəm] 부몡 최초에[의] (약 *ad init.*). 〔L at the beginning〕

__ad in·te·rim__ [ǽd íntərim] 부몡 그 동안, 임시로. — 몡 그 동안의, 일시적인(약 *ad int.*). ¶ an ~ report 중간 보고. 〔L In the meantime〕

__ad·i·os__ [ǽdióus, ɑ̀ːdi-] 몡 안녕, 안녕히 가세요[계세요]. 몡 adieu 〔< Sp to God〕

__ad·i·po·cere__ [ǽdəpousìər/-̀ ̀-́] 몡U 사체 지방(死體脂肪), 시랍(屍蠟).

__ad·i·pose__ [ǽdəpòus] 몡 지방의[이 많은], 지방질 [성]의. — 몡U (동물성) 지방. **~·ness** 몡

__ádipose fín__ 몡 〔물고기〕 기름 지느러미.
__ádipose tíssue__ 몡 지방 조직.

__ad·i·po·sis__ [ǽdəpóusis] 몡 (복 *-ses* [-siːz]) (의학) 지방(과다)증, 비만(증). (또는 __adiposity__)

__ad·i·pos·i·ty__ [ǽdəpásəti/-pɔ́s-] 몡 =adiposis.

__Ad·i·ron·dack__ [ǽdərɑ́ndæk/-rɔ́n-] 몡 1 (복 ~(s)) 애디론댁족(族)의 한 사람) (캐나다의 St. Lawrence 강 북쪽에 살던 인디언). 2 (the ~s) = ~ Mountains.

__Adiróndack Móuntains__ 몡 (the ~) 애디론댁 산맥(New York 주 북동쪽 애팔래치아 산맥의 일부).

__ADIS__ *a*utomatic *d*ata *i*nterchange *s*ystem.

__ad·it__ [ǽdit] 몡 입구, 진입로; (채광) 횡갱(橫坑)(도); 접근 (수단).

__ad·i·to·ri·al__ [ǽditɔ́ːriəl] 몡 (상품 아닌 주장을 선전하는) 논설형 광고. 〔< *ad*vertisement + *ed*i*torial*〕

__ADIZ__ [éidiz] *a*ir *d*efense *i*dentification *z*one(방공 식별권(圈)). __adj.__ 〔수학〕*adj*acent; *adj*ective; (수학) *adj*oint; *adj*ourned; *adj*udged; *adj*unct; 〔은행〕*adj*ustment; *adj*utant.

__ad·ja·cen·cy__ [ədʒéisnsi] 몡 1 U 근접, 인접. (또는 __adjacence__) 2 (보통 -*cies*) 인접물[지]. 3 〔라디오·TV〕 (어떤 프로의) 직전[직후]의 프로.

*__ad·ja·cent__ [ədʒéisnt] 몡 1 근접[인접]한, 붙어 있는; (···의) 근처[이웃]의 (to). ⇨ADJOINING 유의어 ¶ ~ villages 인근 마을들 // a house ~ *to* a church 교회에 붙어 있는 집. 2 직전[직후]의. **~·ly** 몡

__adjacent ángles__ 몡 〔기하〕이웃각, 인접각.
__adjacent domáin__ 몡 〔컴퓨터〕인접 도메인.

__ad·ject__ [ədʒékt] 타타 (고어) ···을 보태다, 덧붙이다.

__ad·jec·ti·val__ [ǽdʒiktáivəl] 몡 〔문법〕형용사의, 형용사에 관한. — 몡 형용사적 어구. **~·ly** 몡

*__ad·jec·tive__ [ǽdʒiktiv] 몡 (복 ~s [-z]) 〔문법〕형용사.

【주의】 둘 이상의 형용사의 어순 — 명사와 보다 더 본질적인 관계에 있는 것일수록 명사 가까이에 온다. 구체적으로는 (〔관사·지시형용사·소유대명사〕 +) '대소,' '형상,' '연령, 신고(新古),' '재료, 소속,' 의 순이 보통: *these two big old wooden boxes* / *those tall young American* ladies.

— 몡 1 〔문법〕형용사의, 형용사적인. 2 부수적인, 종속적인. 3 〔법률〕(소송 따위의) 절차상의. 4 (염색에서) 매염제(媒染劑)를 요하는. **~·ly** 몡 「law

__ádjective láw__ 몡 〔법률〕절차법. 몡 substantive __Adj. Gen.__ *Adj*utant *Gen*eral.

*__ad·join__ [ədʒɔ́in] 몡 (복 ~s [-z]) 타 ···에 인접하다, ···의 이웃에 있다; ···을 결합하다 (to). ¶ Canada ~s the United States. 캐나다는 미국에 인접해 있다. — 재 인접하다, 이웃하다 (to).

*__ad·join·ing__ [ədʒɔ́iniŋ] 몡 인접한, 접속하는; 부근의. ¶ the ~ room (호텔의) 인접한 객실; 옆방.

【유의어】 __adjoining__ 어떤 점이나 선에서 서로 접속하는. __adjacent__ 접촉하지 않으나 사이에 같은 종류의 것이 없는. __bordering__ 공통의 경계선을 갖고 있는. __neighboring__ '서로 가까이 있는'의 뜻으로서, 같은 종류의 것이 사이에 있을 수도 있다.

__ad·joint__ [ǽdʒɔint] 몡 〔수학〕수반(随伴) 행렬.

‡__ad·journ__ [ədʒə́ːrn] 타 (~s [-z]) 타 (회의 등)을 휴회[정회]하다. 몡 the court 휴정하다. 2 ···을 연기하다, 미루다. ¶ (~ + 몡 + 전 + 몡) The hearing was ~*ed for* a week. 심문은 1주일 연기되었다. — 재 1 휴회[정회]하다, 회의를 연기하다; (구어) 일을 중단하

다.¶~ without day 무기한 연기되다. **2** (구어) 자리를 옮기다 (*to*). ¶(~+前+名) Let's ~ *to* the hall. 홀 쪽으로 자리를 옮기자. 「정회; 연기 기간.
ad·journ·ment [ədʒə́ːrnmənt] 名UC 연기, 휴회.
adjt. adjutant. **Adjt. Gen.** *Adjut*ant *Gen*eral(군무국장).
ad·judge [ədʒʌ́dʒ] 동他 **1** …을 결정하다, 재결(裁決)하다; …에게 (…을) 선고하다 (*to*); …이라고 판결(판정)하다 (*that* 節). ¶The will was ~*d* (*to be*) void [valid]. =They ~*d that* the will was void[valid]. 그 유언은 무효[유효]라고 결정되었다 // The kidnapper was ~*d to* die[*or* death]. 그 유괴범은 사형 선고를 받았다. **2** (심사하여) (상품 따위를) 수여하다; …을 선정하다 (*to*). ¶(~+目+前+名) The prize was ~*d to* him. 상은 그에게 수여되었다. **3** (고어) …에게 유죄 판결을 내리다, 형을 언도하다. **4** (고어) …을 (…라고) 생각[판단]하다, 여기다 (*to be*).
ad·judg·ment, (英) **-judge-** [ədʒʌ́dʒmənt] 名 판결, 선고; 심판, 판정; (심사한 뒤의) 수여.
ad·ju·di·cate [ədʒúːdikèit] 동 **1** (분쟁 따위를) 판결하다, 재결하다; (계획 따위를) 결정하다[매듭짓다]. **2** …에게 (…이라고) 선고하다, 판결을 내리다 (*to be*). ¶The court ~*d* him (*to be*) guilty. 법원은 그들을 유죄라고 선고했다. — 自 재판하다; (약간 대회 따위에서) 심사원 일을 하다 (*in, at*). ¶He ~*d upon* the case of murder. 그는 그 살인 사건을 재판했다. **-cà·tive** 판결의. **-cà·tor** 심판관. **-ca·to·ry** 图
ad·ju·di·ca·tion [ədʒùːdikéiʃən] 名UC 재결, 심판(률) 판결, 선고; (법원에 의한) 파산 선고.
***ad·junct** [ǽdʒʌŋkt] 名 **1** 부가물, 부속물 (*to*). ⇒ADDITION 유의어 **2** 조수; (대학 따위의) 임시[비상근] 직원. **3** (문법) 부가사(詞)(다른 말에 부속되는 수식어 구). **4** Ü (논리) 첨성(添性), 부속성. — 형 부속의; (정식 신분이 아닌) 보조의, 임시의. ~·ly 厂
ad·junc·tion [ədʒʌ́ŋkʃən] 名UC 부가, 부속, 첨부; (수학) 첨가(添加).
ad·junc·tive [ədʒʌ́ŋktiv] 图 부가의, 부속의, 부속적인; 보조의. ~·ly 图 「부교수.
ádjunct proféssor 图 (美) (비상근의) 외래 교수;
ad·ju·ra·tion [ædʒuəréiʃən] 名UC **1** (하느님의 이름에 의한) 엄명; 간청; 탄원, 간구. **2** (의) 엄명.
ad·jur·a·to·ry [ədʒúərətɔ̀ːri/-təri] 형 서원(誓願)의.
ad·jure [ədʒúər] 동他 **1** (남)에게 (…할 것을) 맹세[서약]시키다, 엄명하다 (*to do, that* 節). **2** (남)에게 간청[탄원]하다. **ad·júr·er, ad·jú·ror** 名
‡**ad·just** [ədʒʌ́st] 동他 **1** …을 (…에) 맞추다, 적합시키다 (*on, to*). ⇒ADAPT 유의어 ¶(~+目+前+名) ~ things *to* a standard 물건을 표준[규격]에 맞추다 / ~ oneself *to* one's circumstances 환경에 적응하다. **2** (기계 따위를) 조절[조정], 정비하다; (옷차림 따위를) 단정히 하다. ¶~ the volume of music 음악의 볼륨을 조절하다 / ~ the length of a coat 윗도리의 기장을 고치다. **3** (분쟁·의견 차이 등을) 조정[해결]하다, 조화시키다. ¶~ conflicts 분쟁을 해결하다. **4** (계산 따위를) 청산하다; (보험) 보험금 청구·손해)의 지불액을 결정하다. ¶~ one's accounts 청산[정산]하다. **5** …을 체계화하다. **6** (군사) (총)의 앙각(仰角)·편차를 수정하다. — 自 순응하다 (*to*).
adjust oneself 옷차림을 단정히 하다; (…에) 적응하다.
ad·just·a·ble [ədʒʌ́stəbl] 형 적응[순응]할 수 있는; 조절[조정], 가감[할 수 있는. **-bí·li·ty** 名 조절[조정]할 수 있음, 조절 능력; (아동의) 적응 능력, 적응성. **-bly** 图
ad·just·ed [ədʒʌ́stid] 형 조절[조정]된; 보정된; (복합어로) 적응[순응]하는. ¶a well-~ child 잘 적응하는 아이 / inflation-~ GNP 인플레이션을 계산 조정한 국민 총생산. 「세 총소득(약 AGI).
adjústed gróss íncome 名 조정후 총소득, 과
ad·just·er [ədʒʌ́stər] 名 조절[조정]하는 사람; (기계 따위의) 조정 장치; (보험) 손해 사정인(查定人); (해손) 정산인. (또는 **adjustor**)
‡**ad·just·ment** [ədʒʌ́stmənt] 名UC **1** 조정, 정비, 조절; 조절 장치[수단]. ¶make ~s *to* …을 조정하다. **2** (분쟁 따위의) 조정, 해결. **3** (사회) (환경·사회에 대한 사람의) 적응, 순응. **4** (보험) 지불 보험 금액의 결정; 공동 해손 정산(서).
adjústment cénter 名 (美) 교정(矯正) 센터(특수 정신 이상 수형자(受刑者)를 위한 독방).
ad·jus·tor [ədʒʌ́stər] 名 **1** =adjuster. **2** (생리) 조정 기관.
ad·ju·tage [ǽdʒutidʒ, ədʒúːt-] 名 (분수 따위의) 방수관(放水管), 분사관. (또는 **ajutage**). 「(職).
ad·ju·tan·cy [ǽdʒutənsi] 名U (군사) 부관의 직
ad·ju·tant [ǽdʒutənt] 형 **1** (군사) 부관의 ⇔ Adj., Adjt. **2** 조수, 보좌. **3** =~ bird. — 图 보조의.
ádjutant bírd [stórk] 图 (동인도산(産)) 무수리.
ádjutant géneral 图 (-*s g*-) (군사) 고급 부관; (美육군) (the A- G-) 군무국장(軍務局長)(약 A.G.).
ad·ju·vant [ǽdʒuvənt] 형 보조적인 (물, 수단); (의학) (약제의 주성분의 효력을 돕는) 보조(물). — 名 보조물.
ádjuvant thérapy 名 (의학) 보조 요법. 「제(劑).
ADL (의학) *a*ctivities of *d*aily *l*iving.
ad·land [ǽdlǽnd] 名 광고업계.
ad·lay [ǽdlài] 名 (식물) 율무. (또는 **adlai**)
ad·less [ǽdlis] 형 (구어) (잡지 따위가) 광고가 없는.
ad·let [ǽdlit] 名 작은 광고.
ad lib [ǽd líb] 名 애드 리브, 즉흥적인 연주[연기, 대사]. — 图 즉흥적으로, 임의로, 마음대로. [<L]
ad·lib [ǽdlíb] 图 (-**bb**-) (노래·대사 등을) 즉흥적으로 연주[노래, 연기, 연설]하다. — 图 즉흥적인, 즉석의; 임의의, 무제한의. ③ =ad lib. ~·ber 图
ad lib. (라틴) *ad libitum*.
ad lib·i·tum [ǽd líbitəm] 图 (음악) (연주자의) 임의로, 마음대로(약 ad lib.). ② obbligato [<L]
ad lít·te·ram [-lítərǽm] 图 문자 그대로; 정확하게. [<L]
ad loc. (라틴) *ad locum*. 「하게. [<L]
ad ló·cum [ǽd lóukəm] 图 그 장소[에]로.
ADM *a*ir *d*efense *m*issile; *a*ir-launched *d*ecoy *m*issile(공중 발사 유인 미사일); *a*tomic *d*emolition *m*unitions(폭파용 핵자재). **adm.** administration; administrative; administrative; admission; admitted. **Adm., ADM** admiral(ty).
ad-mak·er [-mèikər] 名 광고 제작자.
ad·man [ǽdmǽn] 名 광고 제작자, 광고업자; 광고 회사원; 광고[선전] 담당자.
ad·mass [ǽdmǽs] 名 (英) 名UC 대량 광고에 좌우되기 쉬운 (일반) 대중; 대량 광고에 의한 판매 촉진. — 형 admass[의]에 의한.
ADMD *A*ssociation for *D*ignified *M*ental *D*eath (존엄사(尊嚴死)를 위한 협회).
ad·meas·ure [ǽdméʒər] 동他 …을 재서 할당하다, 배분하다; 측정하다; (상벌 따위를) 재량하다. **-ur·er** 名
ad·meas·ure·ment [ǽdméʒərmənt] 名UC **1** 계량; 측정. **2** 수량, 크기, 부피, 면적. **3** 할당, 배분.
Ad·me·tus [ædmíːtəs] 名 (그리스 신화) 아드메토스(Thessaly의 왕으로 the Argonauts의 한 사람).
ad·min [ǽdmin] 名 (구어) = administration; administrator. 「istrator.
admin. administration; administrative; admin-
ad·min·i·cle [ǽdmínikl] 名UC 보조물[인], 보정(補正)(aid); (법률) 보강 증거.
ad·mi·nic·u·lar [ædmənikjulər] 형 보조의, (법률) 보충[보강]의, 부수적인. (또는 **adminiculary**)

ad·min·is·ter [ædmínistər/əd-] 타 1 …을 관리[운영]하다; 처리하다; 통치하다, 지배하다. ⇨GOVERN 유의어. ¶ ~ the affairs of state 나라일을 보다. 2 [법률·재판·의식 따위]를 시행[집행]하다 (to). ¶(~+目/~+目+전+名) ~ justice to a person 남을 재판하다. 3 [자선 따위]를 베풀다, [도의(道義) 등]을 행하다 (to). ¶ ~ justice 정의를 행하다. 4 [수당 따위]를 주다; [약]을 복용시키다, 투여하다 (to). ¶(~+目+前+名) ~ medicine to a person 남에게 투약하다. 5 [타격 따위]를 가하다; [선서 등]을 행하게 하다; …을 부과하다, 지우다, 강요하다. ¶(~+目+前+名) ~ an oath to a person 남에게 맹세를 시키다. 6 [법률] (유산·신탁 재산)을 관리하다, 처분하다. 7 (미사·성찬식 등)을 집행하다. ── 자 1 통치하다; 관리[판재]하다; (법률) 유산 관리인의 일을 맡다. 2 (…에) 기여[공헌]하다, 조력하다, 도움이 되다 (to). ¶(~+前+名) ~ to the poor 가난한 사람들에게 도움이 되다 / Health ~s to peace of mind. 건강은 마음의 평화에 도움을 준다. **-te·ri·al** [-tíəriəl]

ad·mín·is·tered príce [ædmínistərd-/əd-] [경제] 관리 가격.

ad·min·is·tra·ble [ædmínəstrəbl/əd-] 형 관리할 수 있는; 집행[시행]할 수 있는.

ad·min·is·trant [ædmínəstrənt/əd-] 형 관리하는, 대행의. ── 명 관리자. [ister.

ad·min·is·trate [ædmínəstrèit/əd-] 타 =admin-

ad·min·is·tra·tion [ædmínəstréiʃən, əd-/əd-] 명 (⑧ ~s [-z]) ⓤ 1 관리, 처리, 경영, 운영; (the ~) [집합적] 집행부, 경영진 ¶ business ~ 기업 경영 (美) 경영학. 2 통치, 지배; 행정, 시정(施政), 치적. ¶ civil [military] ~ 민정[군정] / powers of ~ 통치력 / give good ~ 선정을 베풀다. 3 행정관의 대통령의 임기, 재임 기간. 4 ⓒ 행정 기관 [부(部)·처(處)·청(廳)·국(局) 등]; 정부, 정권, 내각; (美) (the A-) 행정부 (美) the Government). ¶ the Clinton[new] A- 클린턴 행정부[신정부] / the Food and Drug A- (美) 식품 의약국(略 FDA). 5 (the ~) [집합적] (美) (대학 등의) 당국, 본부; 이사회. 6 [법률] 유산 관리; 신탁 재산의 집행; (성사(聖事) 등을) 주기; 선서시키기. 8 베풀기, 보살핌. 9 ⓤ 투약, (요법의) 적용. 10 (정의·처벌 따위의) 이행, 시행, 집행; 사법, 재판. ¶ the ~ of justice 정의의 실현, 처벌. **~al**

Administrátion offícial 명 정부 고위 관리; (美) (백악관) 당국자.

ad·min·is·tra·tive [ædmínəstrèitiv, -trə-, əd-] 형 1 관리상의, 경영상의. ¶ ~ ability [responsibilities] 관리 능력[책임]. 2 행정[통치, 시정]상의. ¶ policies 시정 방침 / an ~ district 행정 구역. **~ly**

administrátive assístant 명 (기업체 따위의) 업무(총괄) 비서, 관리 보좌역(⑧ AA).

administrátive cóunty 명 (英) 대(大)브리튼 (Great Britain)의 주요 행정 구역.

administrátive cóurt 명 행정 법원.

administrátive gúidance 명 행정 지도.

administrátive láw 명 행정법.

administrative-láw júdge 명 행정법 심판관.

administrátive léave 명 공무 휴양, 휴직.

ad·min·is·tra·tor [ædmínəstrèitər/əd-] 명 1 행정관, 사무관; 통치자; 관리자, 이사, 관리[경영] 능력자. 2 [법률] 법정(法定) 유산 관리인. **~·ship**

ad·min·is·tra·trix [ædmínəstréitriks/əd-] 명 (⑧ **-tri·ces** [-trəsìːz]) [법률] 여자 유산 관리인.

ad·mi·ra·ble [ædmərəbl] 형 1 칭찬[감탄]할 만한, 기특한. ¶ an ~ school record 감탄할 학업 성적. 2 훌륭한, 뛰어난. **-bíl·i·ty**, **~·ness** 명 **-bly** 부

Ádmirable Críchton [-kráitn] 명 (英) 다재다능한 사람. [<스코틀랜드의 학자·모험가인 James

Crichton(1560? - 82)의 별명]

ad·mi·ral [ædmərəl] 명 1 (A-) 해군 대장, 해군 장성(將星), 제독(⑧ general). ¶ a Full [Vice, Rear] A- 해군 대장[중장, 소장] / the Lord High A- (英) 해군 사령 장관(長官). 2 (英) 어선단[상선]대장. 3 [역사] 기함(旗艦)(flagship). 4 네발나빗과(科) 나비의 속칭. **~·ship**

Ádmiral of the Fléet 명 [英해군] 해군 원수(⑧ Fleet Admiral).

Ádmiral's Cúp 명 (the ~) (英) 애드미럴스컵 대회 (영국 해협에서 2년마다 열리는 요트 레이스).

ad·mi·ral·ty [ædmərəlti] 명 1 ⓤ 해군 대장[제독]의 직위. 2 (the A-) (英) 해군 본부; (옛)영국 해군성(省)(건물) (1964년 국방부로 통합). ¶ the First Lord of the A- (英) 해군 장관(長官). 3 ⓤ 해사법(海事法) (maritime law); ⓒ 해사 법원((the Court of A-). 4 (문어) 제해권. 형 해사법의; (A-) (英) 해조의.

Ádmiralty Árch 명 (英) 애드미럴티 아치(런던에 있는 빅토리아 여왕을 기념하기 위하여 세운 개선문).

Ádmiralty Bóard 명 (the ~) (英) 해군 본부 위원회(해군 행정의 최고 기관). [(melton cloth).

ádmiralty clóth 명 (英) (해군 군복용의) 멜턴 복지

ádmiralty cóurt 명 (美) 해사 법원. ¶ 총독 관저.

Ádmiralty Hóuse 명 (Sydney의) 오스트레일리아

Ádmiralty Íslands 명 (the ~) 애드미럴티 제도 (New Guinea 북방에 있는 파푸아뉴기니령). (또는 **Admiralties**).

ádmiralty láw 명 =maritime law. [mile.

Ádmiralty míle 명 (때로 a- m-) (英) =nautical

ádmiralty pórt 명 (美해군) 통제부, 해군 기지 사령부. (또는 **pórt ádmiralty**).

‡**ad·mi·ra·tion** [ædməréiʃən] 명 ⓤ 1 감탄, 탄복, 칭찬, 찬양 (for); 감탄하여 바라봄 (of). ⇨RESPECT 유의어. 2 (the ~) 칭찬[찬미]의 대상 (of). ¶ She was the ~ of everyone. 그녀는 모든 사람의 칭찬 대상이었다. 3 (고어) 놀람. [(mark).

a note of admiration 감탄 부호(!)(exclamation **express** one's **admiration for** …을 기리다.

in admiration of …에 감탄하여; …을 기리어.

to admiration 훌륭히, 멋지게.

with admiration 감탄하여.

‡**ad·mire** [ædmáiər, əd-] 타 (**~s** [-z]; **~d**; **-mír·ing**) 타 1 …에 감탄하다, 찬탄하다; …을 높이 평가하다, 칭찬[찬양]하다; (여자 등)을 숭배하다; …을 감탄하여 바라보다. ¶ I am admiring your clever dog. 나는 너의 집 영리한 개에게 탄복하고 있는 중이다. 2 (비꼬아) …에 감동[감심]하다; (고어) …에 경탄하다, 놀라다. ¶ I ~ your audacity. 자네의 대담성에 경탄하네. 3 (구어) (비위를 맞추어) …을 칭찬하다. 4 (美방언) …을 좋아하다, …하고 싶어하다. ¶(~+to do) She would ~ to go there. 그녀는 거기에 가고 싶어 할 것이다. ── 자 (…에) 감탄[감동]하다 (at).

admire oneself 자부하다, 자만하다.

ad·mir·er [ædmáiərər, əd-] 명 (⑧ ~**s** [-z]) 찬미자, 찬양자, 팬, 숭배자 (of); (익살) 연인; 구혼자.

ad·mir·ing [ædmáiəriŋ, əd-] 형 찬미[찬양]하는, 탄복하는, 감동하는. **~·ly** 부

ad·mis·si·ble [ædmísəbl, əd-] 형 1 (생각·의견·기획 따위가) 받아들일 수 있는, 허용할 수 있는. 2 [법률] (증거로서) 인정될 수 있는. ¶ ~ evidence 증거 능력이 있는 증거. 3 입장[입회] 자격이 있는; (지위 등에) 취임할 권리[자격]가 있는 (to). ¶ a man ~ to an office 관직에 취임할 자격이 있는 좋은 사람. **-bíl·i·ty** 명 ⓤ 허용(성), 용인(容認)(성). **-bly** 부

‡**ad·mis·sion** [ædmíʃən, əd-] 명 (⑧ ~**s** [-z]) 1 ⓤ 들어갈 허가[승인, 자격]; 입장, 입회, 입학, 입국, 입원, 가입, 가맹 (to, into). ⇨ENTRANCE 유의어. ¶ grant a person ~ 남에게 입장[입회]을 허가하다 // ~ to a

school 입학/the ~ of aliens *into* a country 외국인 입국 (허가)/A- is by ticket only. 《게시》입장권 지참자만 입장할 수 있습니다. **2** ① 입장료, 입회금 (*to*); 입장권.¶~ *to* the museum 박물관 입장료/A- $5.00. 《게시》입장료 5달러. **3** ⓤⓒ 승인, 허용, 용인; 자인(인정), 자백, 고백 (*of, that* 節).¶a manly ~ 남자다운 고백/a reluctant ~ 마지못해 하는 시인. **4** (이미) 승인된
Admission free. 《게시》 입장 무료. 「사실(사항).
by[or **on**] *one's* **own admission** 본인이 인정하는 바에 의하여, 자백에 의하여.
charge admission 입장료를 받다.
gain[or **get, obtain**] **admission to** ···에 입회[참가, 입장] 허가를 받다. 「들어가게 하다.
give[or **grant**] **free admission to** ···에 자유로이 **make (full) admission of** ~ (을) (전부) 자백하다.
Admíssion Dày 명 《美》 (주(州)의) 합중국 편입
admíssion fèe 명 입장료. 「기념일(법정 휴일).
admíssion ràte 명 입학 경쟁률.
admíssion tìcket 명 입장권.
ad·mis·sive [ædmísiv, əd-] 형 입장[입회] 허가의; 허용하는.
‡**ad·mit** [ædmít, əd-] 타 (-*tt*-) **1** ···을 들이다, 들어오게 하다, ···에 입장[입회, 입학]을 허가하다 (*to, into*).¶This ticket ~s one person. 이 표로는 한 사람 입장할 수 있다// (~+目+前+名) ~ a student *to* college 학생에게 대학 입학을 허가하다/~ fresh air *through* the window 창으로 신선한 공기가 들어오게 하다/He ~ted her *to*[or *into*] his confidence. 그는 그녀에게 비밀을 털어놓았다. **2** (남)에게 (신분·특권 따위를) 허락하다, ···의 특권 행사를 허가하다 (*to*); ···을 (타당[정당]하다고) 인정하다, 승인하다 (*that* 節, *doing*); 《부정문에서》 ···을 허락하다.¶ (~+目+前+名) You will be ~ted *to* American citizenship. 미국 시민권이 주어질 것이다// ~ one's guilt 자기의 죄를 인정하다/I ~ no delay. 지체는 허락할 수 없다// (~+目+*to* be 補) (~+(*that*) 節) He ~s the charge *to be* groundless. =He ~s *that* the charge is groundless. 그는 그 고소는 사실 무근이라고 인정하고 있다// (~+*-ing*) (~+(*that*) 節) He ~s *having* done it himself. =He ~s (*that*) he did [or has done] it himself. 그는 자기가 그것을 했다고 자인하고 있다.

〖유의어〗 **admit** 강제·설득당해서 마지못해 인정하다. **acknowledge** (종종), 남에서 부정했던 것을 마지못해 인정하다; admit 만큼 강제의 뜻이 강하지는 않다. **confess** 죄·약점·잘못 따위를 정식으로 고백하다; 후회하는 마음을 시사. **own** 개인적으로 불리한 일을 털어놓다; acknowledge 만큼 격식차리지는 않은 말.

3 (장소·건물 따위가) (사람)을 넣을 여지가 있다, 수용할 수 있다.¶The hall ~s more than 2,000 persons. 그 홀은 2천 명 이상 수용할 수 있다.
── 자 **1** 《보통 부정문에서》 (사물이 주어) (···의) 여지가 있다, (···을) 허용하다 (*of*).¶ (~+前+名) ~ *of* discussion 토의의 여지가 있다/This ~s *of* no doubt. 이것은 의심할 여지가 없다. **2** (통로 따위가 ···로) 끌어들이다, 통하다 (*to*). **3** 《드물게》 (···을) 인정하다, 고백하다 (*to*).

〖USAGE〗 **admit**과 **admit to**──「사실을 인정하다」라는 뜻으로는 admit, admit to의 어느 쪽도 쓰이지만, 「잘못·죄를 인정하다」라는 뜻으로는 최근 admit to 를 쓰게 되었다. 그러나 아직은 드물게 쓰이는 편이다. * confess에는 confess to도 있다.

(While) admitting (that)… ···이기는 하나.
~**·ta·ble**, ~**·ti·ble** 형 ~**·ter** 명
ad·mit·tance [ædmítns, əd-] 명 **1** ① 입장 허가; 입장권 (*to, into*), 허가; (실제의) 입장; 입회, 입학. ➪ENTRANCE 〖유의어〗 **2** 〔전기〕 어드미턴스(전류를 전압으로 나눈 것; impedance의 역수(逆數); 기 호 Y).
Admittance to staff members only. 《게시》 직원의 입장[출입] 금지. 「다, 입장하다.
gain[or **get**] **admittance to** ···에 입장이 허락되 **grant**[**refuse**] *a person* **admittance to** 남에게 ···에의 입장을 허락하다[거절하다].
No admittance (except on business). 《게시》 (무용자) 입장 금지.
ad·mit·ted [ædmítid, əd-] 형 인정된, 명백한: 스스로 인정하는.¶an ~ alcoholic [liar] 〔거짓말쟁이〕라고 자인하는 사람. ~**·ly** 부 명백히, 의심할 바 없이; 널리 인정되어 있듯이; 자인한 바와 같이.
ad·mix [ædmíks, əd-] 타자 혼합하다, 섞이다 (*with*).
ad·mix·ture [ædmíkstʃər, əd-] 명 ① 혼합, 뒤섞음; ⓒ 첨가물, 혼합물, 뒤섞은 것; 〔토목〕 혼화재(混和
Adml. Admiral; Admiralty. 材).
*__ad·mon·ish__ [ædmániʃ, əd-/ədmɔ́n-] 타(동) **1** (남)에게 권고[충고]하다, 주의하다 (*to do, that* 節) 경고하다 (*against*).¶ (~+目+*to do*) (~+目+前+名) (~+目+*that* 節) I ~ed him not *to* go there. =I ~ed him *against* going there. =I ~ed him *that* he should not go there. 나는 그에게 그곳에 가지 말라고 충고했다. **2** (남)에게 훈계하다, (남)을 타이르다 (*for, about*); [어떤 행위)를 요구하다, 명하다.¶~ silence 잠자코 있으라고 말하다 (책무 따위를) 일깨워주다, 알리다 (*of, about, on*).¶~ him *of*[or *about*] his obligations 의무가 있음을 그에게 일깨우다.
~**·er** 명 ~**·ing·ly** 부 ~**·ment** 명
ad·mo·ni·tion [ædmənίʃən] 명ⓤⓒ 훈계, 설유; 권고, 충고, 간언(諫言).
ad·mon·i·tor [ædmánətər/ədmɔ́n-] 명 훈계[설유]자; 충고자. -**to·ri·al** [-tɔ́:riəl] 형
ad·mon·i·to·ry [ædmánətɔ̀:ri/ədmɔ́nitəri] 형 훈계적인, 설유조의; 경고적인. -**to·ri·ly** 부
admor. administrator. **admov.** (라틴) admove ((처방전에서)) 첨가하라); admoveatur(첨가시키라).
ad·nate [ædneit] 형 〔생물〕 착생(着生)하는.
ad nau·se·am [æd nɔ́:ziəm, -æm] 부 싫증이 날 만큼, 구역질 날 만큼. 〔L〕
ad·nex·a [ædnéksə] 명복 〔해부〕 부속기(器).¶~ uteri 자궁 부속기(난소·난관 따위).
ad·nom·i·nal [ædnámənl/-nɔ́m-] 형 〔문법〕 (명사적 용법의) 형용사의.
ad·noun [ǽdnàun] 명 〔문법〕 (명사적 용법의) 형용사(에: the *useful*(유용한 것), the *poor*(가난한 사람들) 따위).
*__a·do__ [ədú:] 명ⓤ 법석, 소동(fuss); 수고, 노고, 곤란.
dead for ado 죽어 버려서.
have [or **make**] **much ado to** *do* [or *in doing*] ···하느라 법석을 떨다, 야단 법석하다.
much ado about nothing 공연한 법석.
once for ado 딱 한 번만.
with much ado 야단 법석을 떨며; 애써서.
without ado [or **further**] **ado** 그 이상의 어려움 없이, 그 다음은 순조롭게.
a·do·be [ədóubi] 명ⓤ **1** 어도비 벽돌(햇볕에 말려서 굳힌 벽돌). **2** 어도비 진흙(어도비 벽돌 제조용). **3** 어도비 벽돌로 지은 건물. **4** 진흙이 들어 있는 황토. ── 형 어도비 벽돌로 지은.
ad·o·lesce [ædəlés] 자(주) 청년기에 이르다[를 지내다]; 청년기의 젊은이다운 행동을 하다.
ad·o·les·cence [ædəlésns] 명ⓤ **1** 청년기, 청춘(기); 젊음. **2** (언어·문화 따위의) 발전기. (또는 **adolescency**)
ad·o·les·cent [ædəlésnt] 형 청춘의, 젊은; (구어) (지능·정서면에서) 미숙한; 청년기의. ── 명 청년, 10대 청소년; (경멸적) 어른답지 못한 사람. ~**·ly** 부
adoléscent crísis 명 청년기 위기.

Ad·olf [ǽdalf, éi-/-dɔlf] 영 아돌프(남자 이름).
A·do·nai [àːdounái/ædonái, -néiai] 영 아도나이, 우리 주. (또는 **Adonoy**) [<Heb my Lord]
A·don·ic [ədánik/ədóu-] 형 1 〔운율〕 (고전시(詩)에서 아도니스 시격(詩格)의(장장격(長長格)(spondee) (- -), 또는 장단격(trochee) (- ⌣)을 수반하는 장단단격(dactyl) (- ⌣ ⌣)의 운율을 지닌 시행). 2 아도니스(Adonis)의. — 영 〔운율〕 아도니스의 시문[구], 아도니스 시격.
A·don·is [ədánis, ədóu-] 영 1 〔그리스 신화〕 아도니스(여신 Aphrodite [Venus]의 사랑을 받았으나, 멧돼지의 엄니에 찔려 죽은 미소년). 2 미소년, 호남자. 3 복수초속의 식물.
Adónis blúe 영 〔곤충〕 부전나비의 일종.
Adónis cómplex 영 〔정신의학〕 미남[호남] 콤플렉스(남성의 용모 콤플렉스).
ad·o·nize [ǽdənàiz] 동 《재귀용법으로》 모양내다.
adop. adoption. 〔멋부리다, 미남자인 체하다.
‡**a·dopt** [ədápt/ədɔ́pt] 타 1 〔사상·방법·의견 따위〕를 채용[채택]하다, 택하다; 〔외국어〕를 차용(借用)하다; 〔타국의 문물 따위〕를 몸에 익히다. ¶ ~ a name [an idea] 이름[아이디어]을 채용하다// (~+目+前+名) ~ a word *from* German 독일어에서 온 단어를 차용하다. 2 〔남〕을 양자[양녀]로 삼다; 〔남〕을 (상속인·친구 등으로) 받아들이다 (*as*). ¶ a legally ~*ed* daughter 법률상의 수속을 마친 양녀 // (~+目+as補) ~ *a* child *as* one's heir 자기의 상속자로서 어린애를 양자로 삼다 // (~+目+前+名) ~ *a* person *into* one's family 남을 가족의 일원으로 삼다. ⇒ADOPTIVE. 3 〔의안 따위〕를 채택[가결]하다; (英) (정당이) 〔후보자〕를 선임하다. ¶ The meeting ~*ed* the resolution. 모임은 그 결의안을 채택했다.
adopt out (美) 〔어린아이〕를 양자로 내보내다.
a·dopt·a- [ədáptə/ədɔ́ptə] 연결 「자매 (결연) …의」뜻. ¶ *adopt-a*-school 자매 학교.
a·dopt·a·ble [ədáptəbl/ədɔ́pt-] 형 채용[채택]할 수 있는. 2 양자로 적합한 아이.
-bíl·i·ty 영U 채용[채택] 가능성.
a·dopt·ed [ədáptid/ədɔ́pt-] 형 양자[양녀]가 된; 채용[채택]된; (말이) 차용된. ¶ an ~ son [daughter] 양자[양녀]/my ~ country 내가 귀화한 나라/ ~ words 차용어, 외래어. **~·ly** 〔채택, 차용〕된 것.
a·dopt·ee [ədɔptíː, ædap-/ədɔp-] 영 양자; 양녀.
a·dopt·er [ədáptər/ədɔ́pt-] 영 채용[채택]자; 양부모.
***a·dop·tion** [ədápʃən/ədɔ́p-] 영 1 U 채용; 표결, 채택; (외국어의) 차용. 2 U 양자 결연. 3 U (英) (후보자의) 지명. **-al** 형
a·dop·tion·ism [ədápʃənìzm/ədɔ́p-] 영 〔신학〕 양자론(養子論)(예수는 본디 인간이었으나 성령에 의하여 신의 아들이 되었다는 설). **-ist** 영
adóption pànel 영 (英) 양자 결연 심사 위원회.
a·dop·tive [ədáptiv/ədɔ́p-] 형 1 양자 결연(관계)의. ¶ ~ parents 양부모 / an ~ father [son, daughter] 양부[자, 양자, 양녀] / the ~ family 양가(養家). 2 채용[차용]의, 채용하기 쉬운. **~·ly** 부
adóptive prégnancy 영 〔의학〕 양자 임신(수정란을 다른 수용자의 자궁으로 이식하는 임신).
a·dor·a·bil·i·ty [ədɔ̀ːrəbíləti] 영U 숭배[예배]할 만함; 흠모할 가치가 있음; 사랑스러움.
a·dor·a·ble [ədɔ́ːrəbl] 형 1 숭배[예배]할 만한; 경모할 만한 가치가 있는. 2 《구어》 (동물·물건 따위가) 귀여운, 사랑스러운. **~·ness** 영 **-bly** 부
ad·o·ra·tion [ædəréiʃən] 영U 1 숭배, 예배, 경모 (*of*). ⇒RESPECT 유의어 2 흠모, 동경; 열애 (*for*).
‡**a·dore** [ədɔ́ːr] 타 (~*s* [-z]; ~*d*; *-dor·ing*) 타 1 …을 숭배하다, 숭상하여 모시다. ¶ ~ God 신을 숭배하다. 2 《구어》 …을 무척 좋아하다, 열애하다. ¶ (~+-*ing*) I ~ *swimming*. 나는 수영을 매우 좋아한다. — 자 예배[숭배]하다. **a·dór·er** 영

a·dor·ing [ədɔ́ːriŋ] 형 숭배[흠모]하고 있는; 흠딱 반한. **~·ly** 부

‡**a·dorn** [ədɔ́ːrn] 타타 (~*s* [-z]) 1 …을 꾸미다, 장식하다 (*with*). ⇒DECORATE 유의어 ¶ (~+目+前+名) ~ oneself *with* jewels 보석으로 몸을 치장하다 / ~ a room *with* flowers 방을 꽃으로 장식하다. 2 …을 보다 매력적[인상적]으로 하다; …에 미관[광채]를 더하다. **~·er** 영 **~·ing·ly** 부

a·dorn·ment [ədɔ́ːrnmənt] 영U 꾸미기, 장식; 장식품, 장신구(보석·의류 따위).

A·dor·no [ədɔ́ːrnou] 영 **Theodor Wiesengrund** ~ 아도르노(1903-69: 독일의 철학자·사회학자).

a·down [ədáun] 부전 〔고어·시〕 = down[1].

ADP adenosine diphosphate(아데노신 2인산(燐酸)); automatic data processing(자동 데이터 처리).

ad·per·son [ǽdpəːrsn] 영 광고인(카피라이터·광고 대행사 사원 등)(* 보통 복수형은 adpeople).

ADR American Depositary Receipt(미국 예탁 증권); alternative dispute resolution(법정외 분쟁 해결)

ad·rate [ǽreit] 영 (美) 광고료. (기구이).

ad ref·er·en·dum [ǽd rèfəréndəm] 영 재고를 조건으로 한[하여], 잠정적인[으로]. ¶ an ~ contract 가(假)계약서. 〔<L〕

ad rem [ǽd rém] 형부 적절한, 요령있는; 적절히; 단도직입적으로. ¶ reply ~ 요령있게 대답하다. 〔<L〕

a·dren- [ədríːn-, -rén-] 연결 ⇒ADRENO-.

ad·re·nal [ədríːnl] 형 1 신장(腎臟) 부근(위)의. 2 부신의에 의해 만들어지는. — 영 ~ gland. **~·ly** 부

adrénal glànd 영 〔해부〕 부신(suprarenal gland).

A·dren·a·lin [ədrénəlin] 영 〔상표〕 아드레날린액(劑)(epinephrine의 상품명).

a·dren·a·line [ədrénəlin, -lìːn] 영 1 〔생화학·약학〕 아드레날린(epinephrine). 2 흥분시키는[자극하는] 것.

Adrenaline is flowing. 《속어》 날 건드리지 마, 스트레스 받는군. 〔다.

get the adrenaline going 《구어》 몹시 흥분시키

adrénal insufficiency = Addison's disease.

a·dre·nal·ize [ədríːnəlàiz] (*(英) -ise*) 타타 …을 흥분시키다, 자극하다.

a·dre·no- [ədríːnou, -nə, -rén-] 연결 「부신(副腎)(의)」의 뜻(* 모음 앞에서는 adren-). ¶ *adreno*cortical, *adren*ergic.

a·dre·no·cor·ti·cal [ədrìːnoukɔ́ːrtikəl] 형 부신 피질(로부터)의. ¶ ~ hormone 부신 피질 호르몬.

a·dre·no·cor·ti·co·ster·oid [ədrìːnoukɔ́ːrtikoustérɔid] 영 〔생화학〕 부신 피질 (자극) 스테로이드.

a·dre·no·cor·ti·co·trop·ic [ədrìːnoukɔ́ːrtikoutrápik/-trɔ́p-] 형 〔생화학〕 부신 피질 자극성의. (또는 **adrenocorticotrophic**)

adrenocorticotrópic hórmone 영 〔생화학〕 ⇒ACTH. (또는 **adrenocorticotropin**)

A·dri·a·my·cin [èidriəmáisin] 영 〔약학〕 〔상표〕 아드리아마이신(암 치료 따위에 쓰이는 항생제).

A·dri·at·ic [èidriǽtik, æd-] 형 아드리아 해(海)의, 아드리아 해 연안 지방의. — 영 (the ~) = ~ Sea.

Adriátic Séa 영 (the ~) 아드리아 해(이탈리아 반도와 발칸 반도에 둘러싸인 바다).

a·drift [ədríft] 형부 (* 형용사로는 서술용법) 1 (배가) 표류해서, 매어 놓지 않고. 2 (사람이) 정처없이, 마음 내키는[발길 닿는] 대로, 어찌할 바를 몰라서.

be all adrift 어찌할 바를 모르고 있다, 혼란에 빠지다; 표류하고 있다; 예상이 빗나가다.

cut [or ***set***] ***…adrift*** (밧줄을 끊고) …을 물결치는 대로 내맡기다.

get [or ***come***] ***adrift*** 표류되다. 〔로 표류시키다.

go adrift ① (…이) 표류하다. ② (…에서) 벗어나다, 빗나가다 (*from*). ¶ *go ~ from* the subject 주제에서 빗나가다. ③ 《구어》 (물건이) (…에서) 없어지다 (*from*).

run adrift 표류하다, 떠돌다, 유랑하다.
turn a person adrift 남을 거리에서 방황하게 하다, 내쫓다; 해고하다.
ADRMP automatic dialing recorded message program(홈쇼핑에 이용되는 컴퓨터 소프트웨어).
a·droit [ədrɔ́it] 웹 (솜씨가) 능숙한, 교묘한; (머리가) 영리한, 재치있는 (*in*, *at*). ⇒SKILLFUL 유의어 ¶ be ~ *in* pleasing a person's humor 남의 기분을 잘 맞추다. **~·ly** 뷔. **~·ness** 몡.
a·dry [ədrái] 뷔웹 말라서, 마른; 목말라서, 목마른.
ADS *a*lternative *d*elivery *s*ystem; American Dialect Society(미국 방언 학회); 〈군사〉 assured destruction strategy(확증 파괴 전략); atmospheric diving suit(대기압(大氣壓) 잠수복). **a.d.s.** 〈출판〉 autograph document, signed(서명이 있는 자필 문서).
ad·sci·ti·tious [ædsitíʃəs] 웹 부수적인, 보충적인; 외래(外來)의.
ad·script [ǽdskript] 웹 (농노가 토지에) 부속된 (*to*); 후기(後記)의 (웹 subscript, superscript).
ADSL 〈통신〉 *a*symmetric *d*igital *s*ubscriber *l*ine (비대칭 디지털 가입자 회선).
ad·smith [ǽdsmiθ] 몡 〈구어〉 =COPYWRITER.
ad·sorb [ædsɔ́ːrb, -zɔ́ːrb] 타웹 〈물·화〉 (목탄 따위가) (가스·액체 따위를) 흡착(吸着)하다. ↔ABSORB (···에 흡착하는 (*on*, *to*). **~·a·bíl·i·ty** 몡. **~·a·ble** 웹.
ad·sorb·ate [ǽdsɔ́ːrbeit, -bət, -zɔ́ːr-] 몡 흡착물, 흡착질. [━━ 몡 흡착제, 흡착매(媒).
ad·sorb·ent [ædsɔ́ːrbənt, -zɔ́ːr-] 웹 흡착(성)의.
ad·sorp·tion [ædsɔ́ːrpʃən, -zɔ́ːr-] 몡 흡착 (작용). ¶ an ~ compound 흡착 화합물. (또는 absorbtion)
ad·sorp·tive [ædsɔ́ːrptiv, -zɔ́ːr-] 웹 흡착(성)의, 흡착(작용)의. ━━ 몡 흡착질(質). **~·ly** 뷔. 〔답〕. 〔<L
ad·sum [ǽdsʌm] 몡 〈출석했습니다〉(점호 때의 대
ADT *A*tlantic *D*aylight *T*ime(대서양 지역 서머타임); *a*utomatic *d*ata *t*ransmission; *a*utomatic *d*ebit *t*ransfer.
ad·u·late [ǽdʒuleit] 타웹 ···에게 알랑거리다, 아첨하다, 추종하다. **-lá·tion** 몡🅤 아첨, 아첨. **-là·tor** 몡 추종자. **-la·to·ry** [-lətɔ̀ːri/-lèitəri] 웹 알랑거리는, 추종적인.
A·dul·lam·ite [ədʌ́ləmàit] 몡 〈영역사〉 어덜럼 당원(1866년 선거법 개정안에 반대해서 자유당을 탈당한 의원에 대한 속칭); 탈당파 의원, (특히) 사내 단체 결성자.
‡**a·dult** [ədʌ́lt, ǽdʌlt] 웹 1 성장한, 성숙한; 어른[성인]이 된. ⇒RIPE 유의어 ¶ an ~ person 성인. 2 성인(용)의, 성인을 상대로 한; (완곡적) 포르노의. ¶ an ~ movie 성인용 영화. ━━ 몡 1 어른, 성인. 2 성체(成體) (충분히 성장한 동식물).
Adults Only (게시) 미성년자 입장 불가(不可).
~·hood 몡🅤 성인(기). **~·like** 웹 **~·ly** 뷔 **~·ness** 몡.
adult education 성인 교육.
a·dul·ter·ant [ədʌ́ltərənt] 웹 섞음질의; 불순물. ━━ 몡 섞음질하는 것, 혼합물; 불순물.
a·dul·ter·ate [ədʌ́ltərèit] 타웹 〈식품·약 따위〉에 섞음질을 하다, (섞음질해서) ···의 품질을 떨어뜨리다 (*with*). ¶ ~ wine *with* water 포도주에 물을 타다. ━━ 웹 [ədʌ́ltərət, -rèit] 1 섞음질한; 품질을 떨어뜨린, 불량의. 2 불륜의, 간통의.
-a·tor 몡 불순물을 섞는 사람; 조악품 제조자.
a·dul·ter·at·ed [ədʌ́ltərèitid] 웹 섞음질을 한; (섞음질해서) 품질을 떨어뜨린; 순도[제조법]가 법정 기준에 맞지 않는. ¶ ~ drug 불량 의약품.
a·dul·ter·a·tion [ədʌ̀ltəréiʃən] 몡 1 섞음질(함), (섞음질에 의한) 품질의 조악화(粗惡化). 2 🅒 섞음질한 것, 불량품, 조악품.
a·dul·ter·er [ədʌ́ltərər] 몡 간통자, 간부(姦夫).
a·dul·ter·ess [ədʌ́ltəris] 몡 간부(姦婦).
a·dul·ter·ine [ədʌ́ltərìːn, -ràin] 웹 1 불순물을 섞은; 불순한, 가짜의; 위법의, 부정의. 2 간통에 의해 태어난; 간통의.
a·dul·ter·ous [ədʌ́ltərəs] 웹 1 간통(불의, 불륜)의; 불법의(illicit). ¶ an ~ relationship 불륜의 관계. 2 〈고어〉 불순한, 불량품[조악품]의(spurious). **~·ly** 뷔.
*‡**a·dul·ter·y** [ədʌ́ltəri] 몡🅤🅒 간통, 불의, 불륜; (정신적) 간음; 우상 숭배.
commit adultery with ···와 간통[통정]하다.
adult fántasy 몡 성인용 동화(童話).
a·dult·i·fy [ədʌ́ltəfài] 몡🅔 (어린이)를 어른스럽게 만들다. [취한인.
a·dult-o·ri·ent·ed [-ɔ́ːrientid] 웹 (팝음악이) 성인
adult school 몡 성인반, 성인 강좌(학교).
adult tooth 몡 영구치(permanent tooth).
ad·um·bral [ædʌ́mbrəl] 웹 그늘진, 그늘의.
ad·um·brate [ǽdʌmbreit, ədʌ́mbrèit/ǽdʌmbrèit] 타웹 1 어렴풋이 ···의 윤곽을 드러내다, ···의 윤곽을 묘사하다. 2 ···을 (示)하다, ···의 징조를 보이다. 3 ···의 일부를 그늘지게 하다.
àd·um·brá·tion 몡🅤🅒 어렴풋한 윤곽; 예시; 그늘.
ad·um·bra·tive [ædʌ́mbrətiv] 웹 대체적인 윤곽을 나타내는; 전조의, 예시적인. **~·ly** 뷔.
Ad·u·rol [ǽdərɔ̀ːl, -ròul] 몡 〈상표〉 아두롤(사진 현상액). 〔탄. 2 우울한, 음침한.
a·dust [ədʌ́st] 웹 1 (열 따위로) 탄; 〈고어〉 햇볕에
adv. (라틴) *ad* *v*alorem; *adv*ance; *adv*ent; *adv*erb; *adv*erbial(ly); *adv*ertisement; *adv*ertising; *adv*ice; *adv*ise; *adv*isory; *adv*ocate. **Adv.** *Adv*ent; *Adv*ice; *Adv*ise; *Adv*ocate. **ad val.** (라틴) *ad valorem*.
ad va·lo·rem [æd vəlɔ́ːrəm] 웹뷔 가격에 따른[따라], 종가(從價)의로(의) (웹 adv., ad val.). ¶ an ~ duty [or tax] 종가세. 〔<L according to the worth〕
‡**ad·vance** [ædvǽns, əd-/ədvɑ́ːns] 몡 (**-vanc·es** [-iz]; **~d** [-t]; **-vanc·ing**) 타웹 1 ···을 앞으로 내밀다, 전진시키다, 나아가게 하다 (*to*). 2 (의견·요구 따위)를 제시[제출]하다; (학설 따위)를 주장하다. ¶ ~ an opinion 의견을 진술하다 / ~ a new theory 새 학설을 주장하다. 3 (일)을 조장[촉진]하다, 추진하다; 개선하다, 향상시키다. ⇒PROMOTE 유의어 ¶ ~ the cause of peace 평화 운동을 촉진하다. 4 〔남〕을 승진[승격]시키다 (*to*). ¶ (~+됨+前+몡) He has been ~*d* from lieutenant to captain. 그는 중위에서 대위로 승진했다. 5 〔일〕을 시간적으로 앞당기다(땀 postpone); 〔필름·테이프 따위〕를 감다; 〔회합 따위〕의 시간을 연기하다. ¶ ~ the time of a party 파티의 시간을 앞당기다. ¶ ~ (값 따위)를 올리다. ¶ ~ the price of milk by 10% 우유값을 10% 인상하다. 7 〔돈〕을 선불[가불]하다; 〔계약금〕을 치르다; 〔돈〕을 (···을 담보로) 융자[대출]하다 (*on*). ¶ ~*d* freight 선불 운임 // (~+됨+前+몡) ~ *money on* one's salary 봉급을 가불하다 // (~+됨+몡) ~ a person 50 dollars; ~ 50 dollars *to* a person 남에게 50 달러를 빌려주다. 8 〈미〉 (어떤 곳)에서 입후보자 유세의 사전 준비를 하다. 9 〈구어〉···을 미리 선전하다. ¶ ~ a rock singer's personal appearances 록가수의 데뷔를 미리 선전하다.
━━ 꾀 1 앞으로 나아가다, 전진하다 (*to*, *toward*); 진군하다 (*on*, *upon*, *against*); (시간이) 흐르다, (밤이) 이슥해지다. ¶ as the night ~*d* 밤이 깊어감에 따라 // ~ *on* [or *upon*, *against*] an enemy 적을 향해 진격하다. 2 진보하다, 향상되다, 숙달되다 (*in*). ¶ (~+前+몡) ~ *in* knowledge 지식이 향상되다. 3 승진하다, 출세하다 (*to*, *in*). ¶ ~ *to* colonel 대령으로 승진하다 / ~ *in* rank 지위가 올라가다. 4 (값이) 오르다, 등귀하다. 5 〈미〉 입후보자 유세의 사전 준비를 하다. 6 〈야구〉 진루(진출)하다; 〈스포츠〉 (예선에서) 올라가다, (2차전에) 진출하다 (*into*). 7 〈구어〉 (···을) 선전하다 (*for*). ¶ He was hired to ~ *for* a best-selling author.

advance agent

그는 베스트셀러 작가의 선전에 고용되었다.
— 동 (통) -vanc·es [-iz] 1 자자 전진, 진출; 진군 (to, on, into); (시간의) 흐름, 진행 (of). ¶with the ~ of the night 밤이 깊어감에 따라 // an ~ on an enemy 적을 향한 진격. 2 진보, 발달, 향상; 진척 (of, in); 승진, 출세 (in). ¶PROGRESS 유의어 ¶make a great ~ 장족의 발전을 하다 // an ~ in health [task] 건강의 증진[일의 진척] / an ~ in office 승진. 3 (가격의) 인상, 등귀; 증가 (in, on). ¶an ~ in trade 무역 증가 / an ~ in the cost of living 생활비의 앙등. 4 선불, 전도금; 선금, 전도금, 입체금, 대출금 (on). ¶an ~ on wages 봉급의 가불. 5 (~s) (남에게의) 접근 (to); (여자에게) 말 붙이기, 구애; (화해의) 제의, 신청. ¶make ~s to a woman 여자에게 접근[구애]하다. 6 (美) (입후보자 유세의) 사전 공작[준비]. 7 (신문의) 사전[예상] 기사. 8 [美군사] 선발 부대, 선견대. 9 (구어) (사람이나 행사를 위한) 선전; 선전 요원, 판촉원 (for).
be on the advance 값이 오르고 있다.
in advance ① 앞쪽에; 선두에 서서. ② 미리, 사전에. ③ 선금으로. ¶pay to a person $100 in ~ 남에게 선금으로 100달러 지불하다. 「진보하다.
in advance of ① …보다 앞에. ② …보다 나아가서
make advances ① 돈을 입체하다. ② (…에게) 제의하다, 말을 붙이다; 구애하다, 사랑을 구하다 (to).
— 형 1 선발(先發)의, 앞서 가는. ¶an ~ base 전진 기지. 2 미리 하는, 앞서서 하는; (기사 따위가) 사전에 발표된. ¶an ~ payment 선불 / an ~ ticket 예매권.
advánce ágent 명 (美) (강연·연극 공연 등의) 사전 교섭인, 준비 단원, 선발 대원.
advánce cópy 명 (발매전에 비평가 등에게 보내는) 신간 견본; 예정 원고.
‡**ad·vanced** [ədvǽnst, əd-/ədvɑ́ːnst] 형 (more ~; most ~) 1 앞쪽에 놓은, 전진한. ¶with one foot ~ 한쪽 발을 앞에 내딛고. 2 나아간, 진보적[급진적]인; 고등의, 상급의. ¶~ ideas 진보적인 생각 / ~ studies 고도의 학문. 3 (시간이) 지난; (밤이) 이슥한; 나이를 먹은. ¶be well ~ in age [or years] 나이를 꽤 먹다. 4 (값이) 보통보다 비싼.
advánced ballístic re-éntry sỳstem 명 신형 탄도 대기권 재돌입 시스템(약 ABRS).
advánced cóuntry 명 선진국. ¶~ disease 선진국병, 형 developing country.
advánced crédit 명 (美) (편입생에 대해 인정하는) (다른 대학) 취득 학점[이수 단위].
ad·vánced-de·clíne lìne [-diklǎin-] 명 (증권) (주가) 등락선(월별 가격 상승주와 하락주의 차; 약 A/D).
advánced degrée 명 상급 학위(석·박사학위).
advánced gás-cóoled reáctor 명 (원자력) 개량형 가스 냉각로(약 AGR).
advánced lével 명 (英) =A level.
advánced stánding 명 (편입생에 대한) 다른 대학 취득 학점의 승인; 그 취득 학점을 인정받은 학생의.
advánce fée =front money. 「자리.
advánce guárd 명 (군사) 전위 (부대), 첨병; = avant-garde. 「자를 위한 사전 공작원.
advánce mán 명 (美) =advance agent; 입후보
*ad·vance·ment [ədvǽnsmənt/ədvɑ́ːns-] 명 U
1 전진, 진출. 2 진보, 발달, 향상 (in); 진흥, 증진, 촉진 (of). ¶~ in knowledge 지식의 진보 / the ~ of learning 학문의 진흥. 3 승진, 영달, 승격 (to, in). ¶~ to captain 대위로의 승진 / ~ in life 입신 출세. 4 선불, 입체, 가불금. 5 [법률] (재산의) 생전(生前) 증여.
advánce párty 명 선발대. 「분.
advánce póll 명 (캐나다) 부재(자) 투표.
advánce shéets 명(복) (출판) (판매 촉진·서평용의) 제본되지 않은 견본. 「발달의.
ad·vanc·ing [ədvǽnsiŋ/ədvɑ́ːns-] 형 전진하는;

‡**ad·van·tage** [ædvǽntidʒ, əd-/ədvɑ́ːn-] 명 -tag·es [-iz] 1 U 유리, 편의, 이익(in) (명 disadvantage). ¶There is no ~ in doing so. 그렇게 해도 이로울 것이 없다. 2 이점(利點), 강점; 우세, 유리한 입장, 우월(over, of). ¶the ~ of education 교육의 이점 / It's a double ~. 그건 요술 방망이나 같다.

> 유의어 advantage 경쟁·곤란의 극복 등에 있어서 사람을 유리한 입장에 놓는 것. **benefit** 개인이나 사회의 행복을 증진시키거나 상태를 개선하는 것. **profit** 금전적·물질적 이득; 일반적으로 이로운 것. **vantage** 유리한 위치·입장.

3 U [테니스] 어드밴티지((英) vantage, (美) ad)(듀스(deuce) 후의 최초의 득점).
advantage in [테니스] 어드밴티지 인(서버의 득점).
advantage out [테니스] 어드밴티지 아웃(리시버의 득점). 「단점.
advantages and disadvantages 이해 득실; 장
be of great [no] advantage to …에게 크게 유리하다[전혀 유리하지 않다].
buy at an advantage 싼값에 사다.
gain [or **get**, **have**, **win**] **an advantage over** a person 남보다 우월한 입장을 차지하다, 남을 능가하다. 「유리한 입장에 서게 하다.
give a person **an advantage over** 남을 …보다
have the advantage of ① …이라는 이점이 있다. ¶He has the ~ of youth. 그는 젊다는 이점이 있다. ② …보다 유리한 입장에 서다; (英) (상대방이) 알지 못한 것을 알고 있다. ¶I'm afraid you have the ~ of me. (나를 아시는 모양인데) 누구시더라?(상대방에 대해 관심이 없음을 표시).
home-court advantage [스포츠] (속어) 홈코트에 서 경기하는 우위성, 홈코트의 이점.
make one's **advantage of** =take advantage of.
press home an [or one's] **advantage** 이점[기회]을 활용하다.
set...off to advantage …을 돋보이게 하다.
take advantage of ① (기회 따위)를 이용[활용]하다; …을 이용하다 (…하는 데 (to do). ¶take ~ of an opportunity 기회를 이용하다. ② (남)을 이용하다, 기만하다. ③ (여자)를 유혹하다. 「르다.
take a person **at advantage** (고어) 남의 허를 찌
to advantage 유리하게; 돋보이게. ¶appear to ~ 돋보이다 / sell to ~ 유리하게 팔다.
to a person's **advantage; to the advantage of** a person 남에게 유리하게. 「를 이용하다.
turn...to (one's (own)) **advantage** (역경 따위)
with advantage 유리하게, 유효하게.
— 타(통) (-tag·es [-iz]; ~d; -tag·ing) …에게 이롭게 하다; …을 촉진[조장]하다. — 자 이익을 얻다.
advántage cóurt 명 [테니스] 어드밴티지 코트(어드밴티지 뒤에 서브를 하는 코트).
ad·van·taged [ædvǽntidʒd/ədvɑ́ːn-] 형 1 (기능·날씨·교육 따위에서) 우위에 있는, 나은. 2 (수입·자원 따위에서) 혜택받은, 유복한. ¶the ~ nations 부국(富國). — (the ~) (집합적) 유복한 사람들.
advántage gròund 명 =vantage ground.
‡**ad·van·ta·geous** [ædvəntéidʒəs] 형 유리[유익]한, 안성맞춤의, 편리한 (to). ¶an ~ position 유리한 입장[지위] / It is ~ to you. 그것은 네게 유리하다.
~·ly 부 **~·ness** 명 「룰.
advántage rùle [làw] 명 [축구·럭비] 어드밴티지
ad·vect [ædvékt/əd-] 타(통) (열·물 따위를) (기류·해류 따위로) 운반하다, 이동시키다.
ad·vec·tion [ædvékʃən/əd-] 명 (기상·해양) 이류(移流) (명 convection). **~·al, ~·tive** 형
advéction fòg 명 (기상) 이류(移流) 안개(수분을 함유한 더운 공기가 차가운 지표면 위를 이동하여 생기

는 안개).

*ad·vent [ǽdvent, -vənt] 명 1 (the ~) (중요 인물·시대·사건 따위의) 도래, 출현; 등장. ¶the ~ of death 죽음의 도래/the ~ of man-made satellites 인공 위성의 출현. 2 (A-) 그리스도의 강림. 3 (A-) 강림절 (크리스마스 4주 전의 일요일부터 시작된다). 4 (A-) 그리스도의 재림(Second Coming).

Ádvent cálendar 명 강림절 달력.

Ad·vent·ism [ǽdventizm, -vən-] 명 그리스도 재림설. **-ist** 명형

ad·ven·ti·tious [ædventíʃəs, -vən-] 형 1 외래의; 우연히 얻은, 우연의, 희한한 알. 2 (돌발적임[일시]; 〈종종~s) 모험담, 기담(奇談). ¶ a strange ~ 기괴한 사건 / The Adventures of Sherlock Holmes 「셜록 홈즈의 모험담」/ What an ~ ! 정말로 희한한 일[멋진 경험]이로군! 3 U C (상업적) 투기; 모험[투기]적 사업. 4 대담[위험]한 시도, 위험한 행위[행동]; (완곡적) 불륜.
— 타 (~s [-z]; -d; -tur·ing) 1 [목숨 따위]를 걸다, 위험에 드러내다(on, upon). ¶ (~+图+ 前+名) ~ one's life on [or upon] an undertaking 사업에 목숨을 걸다. 2 …을 하려하다; 감히 말하다(* 이 뜻으로는 보통 venture를 쓴다). ¶ ~ an opinion 감히 의견을 말하다. — 자 1 위험을 무릅쓰다. 2 (…을) 위험을 무릅쓰고 하다(on, upon).
~·ful 형

advénture pláyground 명 (英) 모험 놀이공원 (어린이들의 창의성을 살리기 위한 놀이터).

*ad·ven·tur·er [ædvéntʃərər, əd-] 명 1 모험가. 2 투기꾼. 3 수단을 가리지 않고 부나 권력을 추구하는 사람, 책사(策士); 모사꾼; 용병(傭兵).

ad·ven·ture·some [ædvéntʃərsəm, əd-] 형 모험적인, 모험을 좋아하는. **~·ly** 부 **~·ness** 명

ad·ven·tur·ess [ædvéntʃəris, əd-] 명 여성 모험가[투기꾼].

ad·ven·tur·ism [ædvéntʃərizm, əd-] 명 U 모험주의.

*ad·ven·tur·ous [ædvéntʃərəs, əd-] 형 1 모험을 좋아하는, 대담한, 저돌적인. ¶ an ~ captain 모험을 좋아하는 선장. 2 모험적인, 위험이 많은; 용기 있는. ¶ an ~·ly 부 **~·ness** 명 ┗ voyage 위험한 항해.

‡ad·verb [ǽdvəːrb] 〔문법〕 명 (®~s [-z]) 부사.

| 주의 부사의 위치——(1) today, yesterday, this evening, last night처럼 때를 나타내는 부사는 보통 문장이나 절 끝에, 강조할 경우에는 문장이나 절 앞에 온다: I saw him *last night*, but *this morning* I did not. (2) always, sometimes, usually, seldom과 같이 빈도를 나타내는 부사는 보통 문장내의 서술 동사가 be동사이면 그 뒤에, 일반 동사이면 그 앞에 온다. 그리고 조동사를 수반하는 경우에는 조동사와 본동사 사이에 오는 것이 보통: He is *always* busy. /I *seldom* go to the movies./I have *often* been there. (3) certainly, probably, surely처럼 말하는 사람의 기분을 나타내는 부사도 보통 always 등과 같은 위치에 올 때가 많으나, 문장이나 절 앞에 오는 때도 있다. perhaps는 문장 앞에 오는 때가 많다: *Perhaps* this is true. (4) 동사의 양태나 장소를 나타내는 부사는 동사의 목적어 뒤에 온다: He walked *slowly*./She still lives *here*. (* 동사가 목적어를 취할 경우, 보통 목적어 뒤에 온다: He closed the door *quietly*. 목적어가 긴 경우에는 부사를 앞에 둔다: He *quietly* closed the door that led to his father's room.) (5) 부사가 몇 개 겹치는 경우에는 「장소」, 「양태」, 「때」의 순서로 된다: He arrived here *safely last night*./I met her *at a party yesterday*. (6) 진행형·수동형·완료형처럼 동사가 「조동사+본동사」로 이루어져 있는 경우, 부사는 조동사와 본동사 사이에 오는 것이 보통: He has *faithfully* followed my advice./It is *very well* done. (* 문장의 현실성을 강조할 경우에는 부사는 흔히 조동사 앞에 둔다: I *never* had seen her before. 나는 그때까지 그녀를 한 번도 만나본 적이 없었다). (7) 조동사가 둘 이상 있을 경우에는 보통 첫 조동사의 바로 뒤에 온다: He should *never* have been left alone. |

——형 부사의, 부사적인. ¶ an ~ clause [phrase] 부사절[구].

ad·ver·bi·al [ædvə́ːrbiəl/əd-] 형 부사의, 부사적인; 부사로 쓰이는. ¶ an ~ clause [phrase] 부사절[구]/an ~ equivalent 부사 상당 어구. **~·ly** 부

ad·ver·bum [æd və́ːrbəm] 부 축어적(逐語的)으로. 〔L〕

ad·ver·sa·ri·a [ædvərsέəriə] 명(복) (단·복수 양용) 1 메모, 각서; 수필, 비망록. 2 주석. 〔L〕

ad·ver·sar·i·al [ædvərséəriəl] 형 1 두 사람의 당사자가 적대 관계에 있는. 2 =adversary.

*ad·ver·sar·y [ǽdvərsèri/-səri] 명 1 적, 적대자. ⇒ENEMY 유의어 2 (시합·게임 따위의) 적수, 상대, 대전자. 3 (the A-) 마왕, 악마. ——형 (또는 **adversarial**) 1 적의, 반대하는. 2 당사자만이 관여하는; (법률) 당사자주의의. **-sàr·i·ness** 명

ad·ver·sar·y·ism [ǽdvərsèriizm/-səri-] 명 (노사 교섭 따위에서의) 반대주의, 대결 자세.

ádversary sýstem 명 (美) (법률) 대심(對審) 제도(원고측과 피고측을 대립시켜 진행하는 재판 제도).

ad·ver·sa·tive [ædvə́ːrsətiv, əd-] (문법) 형 반대를 나타내는, 반의(反意)의. ¶ an ~ adverb 반의(反意) 부사(yet, however, nevertheless, nonetheless, still 따위) / an ~ conjunction 반의의 접속사(but, while 따위). ——명 반의 접속 표현; 반의 명제. **~·ly** 부

*ad·verse [ædvə́ːrs, <] 형 1 반대[적대]하는, 적의를 가진(to); (방향·운동이) 역[반대]의. ¶ an ~ wind [current] 역풍[역류] / ~ comment 비난 / ~ effect 역효과, 부작용 // opinions ~ to segregation 인종 차별에 반대하는 의견. 2 불리한, 해로운, 불운[불행]한(to). ¶ ~ fate [circumstances] 불운[역경] / an ~ trade balance 수입 초과, 무역 역조 // The decision was ~ *to* our interests. 그 결정은 우리에게 불리했다. 3 거슬리는, 반대쪽의. ¶ the ~ page 반대쪽 페이지, 대면(對面). 4 〔식물〕 마주나기의. 5 〔법률〕 상반된 이해를 가진. **~·ly** 부 **~·ness** 명

advérse posséssion 명 〔법률〕 불법 점유.

advérse seléction 명 〔보험〕 역(逆)선택(손해 발생의 위험율이 높은 고객만을 골라내는 일).

*ad·ver·si·ty [ædvə́ːrsəti/əd-] 명 1 U 불운, 불행, 역경, 불우. ⇒HARDSHIP 유의어 ¶ in the face of ~ 역경에 직면하여. 2 (종종 -ties) 불행한 사건[경험], 재난. ¶ prosperities and *adversities* of life 인생의 영고 성쇠.

ad·vert¹ [ædvə́ːrt, əd-] 명(자) (간단히) 언급하다, 논급하다 (to); 주의를 돌리다 (to). ¶ ~ *to* a person's opinion 남의 의견에 주의를 돌리다.

ad·vert² [ǽdvəːrt] 명 (英구어) 광고.

ad·vert·ence [ædvə́ːrtns/əd-] 명U C 1 주의, 유의, 배려; 용의 주도함. 2 언급, 논급. ┏ence.

ad·vert·en·cy [ædvə́ːrtnsi/əd-] 명 =advert-

ad·vert·ent [ædvə́ːrtnt/əd-] 형 주의 깊은, 신중한, 용의 주도한. **~·ly** 부

‡**ad·ver·tise** [ǽdvərtàiz, ˌ-ˈ-ˌ] 🏷 (**-tis·es** [-iz]; **~d**; **-tis·ing**) 🏷 1 …을 광고하다, 선전하다, 판매 촉진을 하다; …을 (신문·TV 따위에) 광고하다, 광고를 내다 *(that* 節); (지면·방송 따위로) …을 발표[공시]하다. ¶~ *a house [car] for sale* 매가[매차] 광고를 내다 // (~+링+젼+명) ~ *a job in a newspaper* 신문에 구인 광고를 내다 // (~+링+*as* 보) ~ *a child as lost* 미아 광고를 내다. 2 …을 자랑스럽게 드러내 보이다, 짐짓 눈에 띄게 하다. 3 (페어) (남)에게 (…을) 알리다, 통고하다 *(of)*.
— 🏷 1 광고하다, 광고하여 구하다 *(for)*; (광고에 의해) 선전하다. ¶(~+젼+명) ~ *for a clerk* 점원 모집[구직] 광고를 내다 // *It pays to* ~. 광고 선전은 밑지지 않는다. 2 자기 선전을 하다. ¶*He* ~*s so much*. 그는 자기 선전을 몹시 한다. (또는 **advertize**)
advertise oneself as …이라고 자기 선전을 하다.
-tis·a·ble

‡**ad·ver·tise·ment** [ǽdvərtàizmənt, ædvə́ːrtis-/ədvə́ːtis-] 🏷⟨U⟩⟨C⟩ 1 (상품의) 광고, 선전. ¶~ *mail* 광고 우편 / *an* ~ *column* (신문 등의) 광고란 / *a newspaper* ~ 신문 광고 / *an* ~ *for a situation [or job]* 구직 광고. 2 (인쇄물에 의한) 고지, 통지, 통고; 널리 알림, 주지(周知).
put [or insert] an advertisement in [or on] …에 광고를 내다[하다]. 〔또는 **advertizer**〕

*ad·ver·tis·er [ǽdvərtàizər] 🏷 광고자, 광고주.
*ad·ver·tis·ing [ǽdvərtàiziŋ] 🏷⟨U⟩ 1 광고[하기); (집합적) 광고. ¶*extensive* [*successful*] ~ 대대적[효과적]인 광고. 2 광고업. — 🏷 광고의, 광고를 취급하는. ¶*an* ~ *page* 광고면.
advertising agency 🏷 광고 대행사[대리점].
advertising agent 🏷 광고 대행업자.
advertising awareness 🏷 광고 인식[인지도].
advertising balloon [blimp] 🏷 애드벌룬.
advertising linage 🏷 광고 행수.
advertising man 🏷 광고업자(adman).
advertising media 🏷 광고 매체.
advertising rate 🏷 광고료[요금].
ad·ver·tize [ǽdvərtàiz] 🏷⟨⇒⟩ADVERTISE.
ad·ver·to·ri·al [ædvərtɔ́ːriəl] 🏷 기사체[형식] 광고, PR기사. 〔<*adver*tisement+edi*torial*〕

‡**ad·vice** [ædváis, əd-] 🏷 (🏷 **-vic·es** [-iz]) 1 ⟨U⟩ 충고, 조언, 권고; (의사의) 진단, 진찰; (변호사의) 감정(鑑定). ¶*written* ~ 권고서 / *a piece [or bit, word] of* ~ 한 마디 조언 / *seek [or take] medical* ~ 의사의 진찰을 받다.

〔유의어〕 **advice** 실제적인 조언(나쁜 일에 관한 경우도 있다). **counsel** 신중하게 고려한 충고·조언.

2 통지, 알림*(from)*; (~*s*) 보고, 정보. ¶*a letter of* ~ 통지장 / *diplomatic* ~*s* 외교상의 보고 / *receive* ~*s from an investigation committee* 조사 위원회로부터 보고를 받다. 3 (상업) (거래상의) 통지, 안내. ¶*an* ~ *slip* 통지 전표 / *shipping* ~*s* 선적 통지.
act against a person's advice 남의 충고를 따르지 않고 행동하다. 〔…의 충고에 따라 행동하다.
act at [or by, on, under] a person's advice 남의 충고에 따라 행동하다.
ask [or seek] advice of …에게 조언을 구하다.
as per advice 통지(한)[통지서] 대로.
follow [or take, accept] a person's advice 남의 충고를 받아들이다. 〔하다.
give [or offer] advice on …에 관하여 충고[조언]
on the advice of …의 충고로,
take (a person's) advice 전문가의 조언[의견]을 받아들이다; 조언에 따라 행동하다.
advice and consent 🏷 (美정부) (상원의) 조언과 동의(대통령의 공직 임명 인준과 조약 체결 비준).
advice boat 🏷 통신정(艇)(dispatch boat)(함대 육상 또는 함정 끼리의 문서 연락용 쾌속정).
advice column 🏷 (신문·잡지의) 신상(身上) 상담란, 상담 코너. **advice columnist** 🏷 〔A|〕.
advice note 🏷 (발송 따위의) 통지서, 안내장(⟨영⟩)
ad·vid [ǽdvid] 🏷 선전용[광고] 비디오. 〔<*ad*+
Ad·vil [ǽdvil] 🏷 (상표) 애드빌(진통제). [*video*]
ad·vis·a·bil·i·ty [ædvàizəbíləti, əd-] 🏷⟨U⟩ 권할 만함, 타당함; 득책; (계책의) 옳고 그름.
*ad·vis·a·ble [ædváizəbl, əd-] 🏷 1 권할 만한, 당한, 득책의; 바람직한, 현명한. ¶*Do you think it* ~ *to go?* 가는 것이 상책이라고 생각하는가? / *It is* ~ *for you to see him.* 당신이 그를 만나는 것이 좋겠다. 2 충고를 기꺼이 받아들이는. **~·ness** 🏷 **-bly** 🏷

‡**ad·vise** [ædváiz, əd-] 🏷 (**-vis·es** [-iz]; **~d**; **-vis·ing**) 🏷 1 …에게 충고[조언]하다, 권하다, 권고하다 *(on, about, to do, doing, that* 節*, wh.* 節*)*; (일)을 권고하다. ¶~ *a change of air* 전지(轉地)를 권하다 / *He* ~*d secrecy*. 그는 비밀로 해둘 것을 충고하리라고 권했다 // (~+링+*to do*) *He* ~*d me not to go there*. 그는 내게 그곳에 가지 말라고 말했다 // (~+링+*wh.* 節) *He* ~*d me which to buy*. 그는 어느 것을 사면 좋을지 내게 충고해 주었다 // (~+링+*wh.* 節) *He* ~*d me whether I should choose the way*. 그는 내가 그 길을 택할 것인가의 여부를 충고해 주었다 // (~+링+*ing*) *I* ~*d his starting at once*. 나는 그에게 곧 출발하라고 권했다 // (~+링+젼+명) ~ *a person on the choice of a career* 직업의 선택에 관하여 남에게 조언하다. 2 (남)에게 (…을) 알리다; (상업)…에게 (거래상의) 통지[연락]을 하다 *(of, that* 節*)*. ⇒INFORM 〔유의어〕 *We are* ~*d of the dispatch of the goods*. 우리는 상품 발송의 통지를 받고 있다. — 🏷 1 (美) 상담하다 *(with)*. ¶(~+젼+명) *A*— *with your pillow*. (속담) 하룻밤 지나고 생각해 보아라. 2 충고[권고]하다 *(on)*. ¶*Do as your doctor* ~*s*. 의사의 충고대로 해라. 3 (…라고) 알리다, 경고하다 *(of)*.
advise against …에 반대 의견을 제시하다, …을 반대하다.
advise oneself 숙고하다.
advise with a person about [or on] …에 관하여 남과 상담[의논]하다.

ad·vised [ædváizd, əd-] 🏷 1 (복합어로) 숙고 끝에 하는, 신중한. ¶*well-*~ 분별 있는, 현명한 / *ill-*~ 분별이 없는, 서툰른. 2 정보를 얻은, 사정에 밝은(정통한). ¶*be kept thoroughly* ~ 충분한 정보를 가지고 있다. **-vis·ed·ly** [-váizidli] 🏷 숙고 끝에, 신중히; 일부러, 고의로. **-vis·ed·ness** 🏷
ad·vi·see [ædvàizíː, əd-] 🏷 (교육) (지도 교수에게) 지도받고 있는 학생. 〔고; 상담, 심의, 협의.
ad·vise·ment [ædváizmənt, əd-] 🏷⟨U⟩ (美) 숙
take…under advisement …을 숙고하다. (변호사가) (사건)을 떠맡다.

*ad·vis·er [ædváizər, əd-] 🏷 1 조언자, 충고자; 보좌관, 상담역, 고문 *(to)*. ¶*a legal* [*political*] ~ 법률 [정치] 고문. 2 (교육) 지도 교수[교사]; (英) 학교장 고문. (또는 *advisor*) **~·ship** 🏷

ad·vi·so·ry [ædváizəri, əd-] 🏷 1 충고의, 조언의, 권고의. 2 고문의, 자문의. ¶*an* ~ *board* 고문단 / *an* ~ *committee* 자문 위원회 / *an* ~ *council* 이사회, 참사회 / *in an* ~ *capacity* 고문의 자격으로, (美) 상황 보고(서), 발표; (특히) 기상 통보; (전문가의) 권고, 보고.
advisory circular 🏷 (美주의) 사항(운수·항공·공항 관계 당국으로부터 게시됨).
advisory opinion 🏷 (법률) 조언[권고]적 의견(입법부·행정부로부터의 요청에 의하여 법원 또는 법관이 법률상의 문제에 대하여 내리는 구속력 없는 결정).
advl. adverbial.
ad·vo·caat [ǽdvoukɑ́ːt, ˌ-ˈ-] 🏷 애드보카트(브랜디·설탕·달걀로 만드는 네덜란드의 리큐어).
ad·vo·ca·cy [ǽdvəkəsi] 🏷⟨U⟩ 1 변호, 옹호; 지지;

창도(唱導), 주장(of). ¶in ~ of …을 변호[옹호]하여. 2 변호사업.
ad·vocacy ádvertising [ád] 图 (특정 사상·운동 따위의) 주장[옹호] 광고.
advocacy gróup 图 (美) (특정 운동의) 활동 그룹, 시민 단체; =interest group.
advocacy jóurnalism 图 특정 주의[견해]를 지지[옹호]하는 보도; 그 보도 기관.
advocacy jóurnalist
advocacy plánning 图 시민 참여 도시 계획.
*__ad·vo·cate__ [ǽdvəkèit] …을 변호[지지, 옹호]하다(⇨ SUPPORT [유의어]); 주장[창도]하다 (doing, that 節). ¶~ war [peace] 주전[평화]론을 제창하다 // (~+ing) ~ abolishing class distinctions 계급 차별의 철폐를 부르짖다. — 图 [ǽdvəkət, -kèit] 1 옹호자, 지지자; 주장[창도]자 /an ~ of [or for] peace [disarmament] 평화[군축]론자. 2 (법정에서의) 중재인, 대변인, 변호사; (스코) (법정) 변호사. ¶the Faculty of Advocates (스코) 변호사회/Lord A- (스코) 검찰 총장. ~**ship** 图 **-cà·tive** 图
ad·vo·ca·tor [ǽdvəkèitər] 图 주장자, 창도자.
ad·voc·a·to·ry [ædvákət၃:ri/ædvəkéitəri] 圈 주장[옹호]자의; 대변[중재]자의; 변호사[자]의.
ad·vol [ǽdvàl/-ɔ̀l] 图 광고비. [<ad volume]
ad·vow·son [ædváuzn, əd-] 图U (英교회법) (세속 권력자의) 성직 추천권.
advt. advertisement. **advtg.** advantage; advertising.
ad-writ·er [ˊràitər] 图 (美속어) 광고 문안 작성자.
ADX automatic data exchange.
ad·y·nam·i·a [ædainǽmiə, -niém-, ǽdə-] 图U (병리) 근(筋)무력[탈력]증, 무력[탈력]증. **-nám·ic**
ad·y·tum [ǽditəm] 图 (匈 -ta [-tə]) 1 (고대 사원의) 안쪽, 성소(聖所). 2 밀실(密室), 사실(私室).
adz [ædz] 图 (匈 ~es) 까뀌, 손도끼. — 匧 까뀌로 깎다. (또는 **adze**)
ae [ei] 图 (스코) =one.
Æ, æ [iː] 1 라틴어에서 볼 수 있는 이중자(二重字)로 오늘날에는 보통 e로 간략화되어 있다. 영어에서 간 Caesar, Æsop 따위의 고유 명사 외에는 ae, æ 를 쓰는 일이 많다. 2 고대 영어에서 [æ] 음을 나타내는 합자(合字)로서 ash [ǽʃ] 라 한다. æ를 표기에 쓰는 일은 13세기 무렵부터 쇠퇴하고, ǣ는 ea, æ 따위, æ는 a(때로는 e)로 표시하게 되었다.

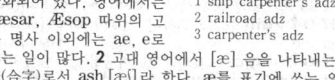

1 ship carpenter's adz
2 railroad adz
3 carpenter's adz

AE account executive; American English; automatic exposure control(자동 노출 조정). **A.E.** aeronautical engineer(ing); Agricultural Engineer; Associate in Education [Engineering]; atomic energy. **AEA** American Electronics Association; Atomic Energy Agreement. **A.E.A.** (美) Actors' Equity Association(배우 조합); (美) Adult Education Association(성인 교육 협회); (또는 **AEA**) (英) Atomic Energy Authority(원자력 공사).
A.E. & P. Ambassador Extraordinary and Plenipotentiary(특명 전권 대사). **AEC** (美) Atomic Energy Commission(원자력 위원회). **AECB** (美군사) arms export control board(무기 수출 관리국).
AED, A.E.D. (라틴) Artium Elegantium Doctor(=Doctor of Fine Arts). **A.Ed.** Associate in Education.
a·e·des [eiíːdiz] 图 (匈 ~) (황열병을 매개하는) 모기의 일종. (또는 **aëdes**)
ae·dile [íːdail] 图 (역사) (로마 시대의) 조영관(造營官)(공공 건물·도로·시장 등을 관장). (또는 **edile**)
Ae·ë·tes [iːíːtiz] 图 (그리스 신화) 아이에테스(콜키스(Colchis)의 국왕으로 Medea의 아버지).
A.E.F., AEF American Expeditionary Force(s) ((제1차 세계 대전중의) 미국 해외 파견군).
A-ef·fect [éifékt] 图 (연극) (Brecht의) 이화(異化)효과(Alienation effect).
Ae·ge·an [idʒíːən] 图 에게 문명의; 에게 해(海)의. — 图 (the ~) =~ Sea.
Aegéan Íslands 图 (the ~) 에게 해(海) 제도.
Aegéan Séa 图 (the ~) 에게 해(그리스·소아시아사이 지중해 동부의 다도해).
ae·ger [íːdʒər] 图 (英대학) (학생의) 질병 진단서.
Ae·ge·us [íːdʒiəs, íːdʒjuːs] 图 (그리스 신화) 아이기우스(아테네왕; 그 아들 Theseus가 죽은 것으로 알고 투신 자살; Aegean Sea 는 그 이름을 따서 붙인 것).
ae·gis [íːdʒis] 图U 1 (그리스 신화) Zeus가 그의 딸 Athena에게 주었다는 신의 방패. 2 보호, 비호; 후원, 찬조. (또는 **egis**)
under the aegis of …의 비호하에, …을 방패삼아.
Aegis sỳstem 图 (군사) 이지스 시스템(미국 해군이 개발한 대공·대잠함·대해전용 컴퓨터 시스템).
Ae·gis·thus [iːdʒísθəs] 图 (그리스 신화) 아이기스토스 (Agamemnon의 사촌; 그의 아내 Clytemnestra를 유혹하여 Agamemnon을 살해했다).
ae·gro·tat [íːgroutæt, -ˊ-] 图 (英대학) (수험 불능을 증명하는) 질병 진단서; (졸업 시험 미필자의) 무구분(無區分) 학위.
AEI American Enterprise Institute; Associated Electrical Industries. **AEIS** aeronautical enroute information service(항공로 정보 제공 업무).
-ae·mi·a [íːmiə] 〔연결〕 blood의 뜻. ⇨EMIA.
Ae·ne·as [iníːəs] 图 (그리스 신화) 아이네아스(Anchises와 Aphrodite 사이에 태어난 Troy 의 용사).
Ae·ne·id [iníːid/íːniid] 图 「아에네이드」(Virgil작의 12권으로 된 서사시; Aeneas의 모험이 주제).
A·e·ne·o·lith·ic [eiːniouliθik] 图 (고고) 동석기 시대의(Chalcolithic). (또는 **Eneolithic**)
a·e·ne·ous [eiíːniəs] 图 청동색의(특히 곤충의 색깔), (또는 **aëneous**)
Ae·o·li·an [iːóuliən] 图 아이올리스 사람(그리스 민족의 하나). — 图 1 아이올리스 사람의. 2 (a-) 바람의; 바람에 날린(windblown). 3 (a-) =Eolian 2.
aeólian hárp [lýre] 图 에올리언 하프(바람을 맞으면 저절로 울리는 악기).
Ae·ol·ic [iːálik/-ɔ́l-] 图 아이올리스어(Aeolis)어. — 图 (건축) 아이올리스 양식의; 아이올리스(사람)의.
ae·ol·i·pile [iːáləpàil/-ɔ́l-] 图 (기원전 2세기에 발명된 증기력에 의한) 회전 장치. (또는 **aeolipyle, eolipile**)
Ae·o·lis [íːəlis] 图 아이올리스(소아시아 서북 해안에 있었던 고대 그리스의 식민지). (또는 **Aeolia**)
ae·o·lo·trop·ic [iːəloutrápik/-trɔ́p-] 图 (물리) 이방성(異方性)의, 비등방성의.
ae·o·lot·ro·py [iːəlátrəpi/-lɔ́t-] 图U (물리) 이방 [비등방]성. ≒ isotropy [납의 신).
Ae·o·lus [íːələs] 图 (그리스 신화) 아이올루스(바람의 신).
ae·on [íːən, -an/-ən] 图 1 영겁, 무궁한 시간. 2 (천문) 10억년(우주의 한 시대). 3 (또는 **eon**) (지질) 누대(累代)(연대 구분의 최대 단위; 100억년).
Æ 1 [iː wán] 图 제2등급(로이드 선급 협회(Lloyd's Register of Ships)의 선박 등급).
ae·o·ni·an [iːóuniən] 图 영원의, 무궁한(eternal). (또는 **eonian**) [프로페니스].
AEP (美) Advanced Energy Projects(첨단 에너지
Ae·py·or·nis [iːpióːrnis] 图 아이포르니스(Madagascar에 서식하던 타조보다 큰 주금류(走禽類)의 일종; 현재는 멸종).
aeq. (라틴) aequalis(=equal).

ae·quor·in [iːkwɔ́ːrin, -kwɑ́r-/-kwɔ́r-] 图 〔생화학〕 에퀴린(해파리의 발광 단백질).
aer. aeronautics. **Aer.** aerodrome.
aer- [ɛər] 〔연결〕 ⇒ AERO-.
AERA automated en-route air traffic control(자동 항로 관제 시스템).
aer·ate [ɛ́əreit, éiəreit] 图(타) 1 …을 공기에 쐬다. 2 …을 공기나 가스로 포화시키다〔처리하다〕, 탄산가스로 포화시키다. 3 〔생리〕 〔폐장 따위에〕 공기를 쐬다: (호흡에 의해) 〔혈액〕에 산소를 공급하다.
aer·at·ed [ɛ́əreitid, éiəreit-] 图 (속어) 화난, 흥분한.
áerated bréad 탄산 가스로 부풀린 무효모 빵.
áerated cóncrete 발포(發泡) 콘크리트.
áerated wáter 탄산수.
aer·a·tion [ɛəréiʃən, èiər-] 图U 1 공기에 쐬기, 통기(通氣). 2 공기 또는 일산화 탄소〔탄산 가스〕를 액체 속에 넣기. 3 〔생리〕 (폐의 산소에 의한 정맥혈의) 동맥혈화(化).
aer·a·tor [ɛ́əreitər, éiərèi-] 图 1 통풍기(ventilator). 2 탄산가스 포화기. 3 (곡물유) 훈증(燻蒸) 소독 장치.
aer·i- [ɛ́əri/-rə] 〔연결〕 aero-의 이형(異形)(라틴어계의 말에 붙는다). ¶ *aeri*form.
‡**aer·i·al** [ɛ́əriəl, eiíəriəl/ɛ́ər-] 图 1 공기의, 대기의: 공기중의: 기체의. ¶ ~ currents 기류 / ~ telegraphy 무선전신술. 2 공중에 사는: 〔생물〕 공중에서 성장하는, 기생(氣生)의. ¶ ~ creatures 공중의 생물. 3 공중에 (높이) 솟은: 공중에 걸친, 공중 케이블식의, 고가(高架)의. ¶ an ~ spire 높이 치솟은 첨탑 / an ~ performance 공중 곡예. 4 공기와 같은; 덧없는, 꿈 같은; (음악 따위가) 영묘한, 천상(天上)의. ¶ ~ beings 덧없는 것 / ~ fancies 꿈과 같은 공상 / ~ music 영묘한 음악. 5 항공기(용); 항공(기)에 관한, 항공기의. (* 현재는 air를 쓰는 경우가 많다). ¶ ~ defense 방공 / ~ sickness 비행기 멀미 / ~ navigation 항공술. 6 (구어) (미식축구) 포워드 패스에 의한.
── [ɛ́əriəl] 1 (英) (무선) 안테나(~ wire). 2 (구어) (미식축구) 포워드 패스. ~**·ly** 图 ~**·ness** 图
áerial acrobátics 图 공중 곡예.
áerial bár 图 공중 그네.
áerial béacon 图 항공 표지.
áerial blúe 图 (요업) 청자의 일종.
áerial bòmb 图 공중 투하 폭탄.
áerial cábleway 图 공중 케이블, 가공 삭도(架空索道).
áerial cámera 图 항공 카메라.
áerial díscharge 图 공중 방전.
áerial fárming 图 〔농업〕 항공 농업(파종·농약 살포 등에 비행기를 사용함).
áerial inspéction 图 공중 사찰.
aer·i·al·ist [ɛ́əriəlist, eiíər-/ɛ́ər-] 图 1 공중 곡예사. 2 (속어) (로프 등을 이용하여 지붕으로 침입하는) 강도.
aer·i·al·i·ty [ɛ̀əriǽləti, èiíər-/ɛ̀ər-] 图U 공기와 같은 성질; 공허, 덧없음(unsubstantiality).
áerial ládder 图 (美) 공중(소방용 고가(高架) 사다리).
áerial mìne 图 항공 기뢰(機雷); 공중 폭뢰; 공중 투하 지뢰, 낙하산 폭탄(land mine).
áerial perspéctive 图 (그림) 공기〔색채〕 원근법.
áerial phótograph 图 항공 사진.
áerial photógraphy 图 항공 사진술, 기상 촬영(술).
áerial píracy 图 항공기〔공중〕 납치(hijack).
áerial pórt 图 국제 공항(입국 관리사무소가 있는 공항).
áerial ráilway 图 = aerial cableway.
áerial recónnaissance 图 공중 정찰.
áerial refúeling 图 (항공) 공중 급유.
áerial rócket 图 공중 발사 로켓.
áerial róot 图 〔식물〕 공기 뿌리, 기근(氣根).
áerial rópeway 图 =aerial cableway.
áerial súrvey 图 항공 (사진) 측량; 공중 탐사; (군사) (공중 사진·항공 측량 등에 의한) 지상 정찰.
áerial tánker 图 공중 급유기.

áerial tópdressing 图 (비료·농약 따위의) 공중 살포.
áerial torpédo 图 공중 어뢰.
áerial trámway 图 =aerial cableway.
áerial wíre 图 (英) 공중(가공)선.
aer·ie [ɛ́əri, íəri] 图 1 (조류) (독수리·매 따위 맹금류의) 둥지; (큰 조류의) 높은 곳에 있는 둥지. 2 (산 같은 높은 곳에 있는 집(성·성채 따위). 3 (드물게) (높은 둥지의) 새끼; 맹금류의 새끼. (또는 **aery, eyrie, eyry**)
aer·i·fi·ca·tion [ɛ̀ərəfikéiʃən, eiìər-/ɛ̀ər-] 图U 공기와의 혼합; 기화.
aer·i·form [ɛ́ərəfɔ̀ːrm, eiíər-/ɛ́ər-] 图 1 기체의; 가스질의; 가스 모양의. 2 빈, 공허한; 실체[실질]가 없는.
aer·i·fy [ɛ́ərəfài, eiíər-/ɛ́ər-] 图(타) …을 공기에 쐬다; …을 공기에 쐬다(aerate); …을 기화하다.
aer·o [ɛ́ərou] 图 항공(기)의; 항공(사진)용의; 항공술.
aero. aeronautic(al); aeronautics.
aer·o- [ɛ́ərou, -rə] 〔연결〕 air의 뜻(* 모음 앞에서는 aer-). ¶ *aero*lite, *aero*dynamics, *aero*batics, *aero*ate.
aer·o·a·cous·tics [ɛ̀ərouəkústiks] 图 항공 음향학.
aer·o·al·ler·gen [ɛ̀ərouǽlərdʒən] 图 에어로 알레르겐(알레르기를 유발하는 대기중의 미소한 입자).
aer·o·bac·ter [ɛ̀əroubǽktər] 图 에어로박터(好氣性) 세균(aerobic bacteria).
aer·o·bal·lis·tics [ɛ̀əroubəlístiks] 图(단수취급) 항공 탄도학.
aer·o·bat·ic [ɛ̀əroubǽtik] 图 곡예 비행의, 고등 비행(술)의. ¶ an ~ flight 곡예(고등) 비행.
aer·o·bat·ics [ɛ̀ərəbǽtiks] 图(단수취급) 곡예 비행, 공중 곡예; (단수취급) 곡예(고등)비행술.
aer·obe [ɛ́əroub] 图 (생물) 호기성(好氣性) 생물, 호기성 균(박테리아 따위). 图 anaerobe 〔소형 로켓〕.
aer·o·bee [ɛ́əroubìː] 图 (美) 에어로비(고공 관측용 소형 로켓).
aer·o·bic [ɛəróubik] 图 1 (생물) (조직 또는 유기체) 공기(산소)를 필요로 하는; 호기성의. ¶ ~ bacteria 호기성 세균. 2 산소(함유)의. ¶ ~ respiration 산소 호흡. 3 에어로빅 건강법의; 신체의 산소 소비량을 증대하는. ¶ ~ exercise 에어로빅. -**bi·cal·ly** 图
aer·o·bics [ɛəróubiks] 图(단수취급) 에어로빅. ¶ do ~ 에어로빅을 하다.
aer·o·bi·o·log·ic [ɛ̀əroubàiəládʒik/-lɔ́dʒ-] 图 공중 생물학의. (또는 **aerobiological**) -**i·cal·ly** 图
aer·o·bi·ol·o·gy [ɛ̀əroubaiɑ́lədʒi/-ɔ́l-] 图U 공중 생물학. -**gist** 图
aer·o·bi·o·sis [ɛ̀əroubaióusis] 图 (图 -**ses** [-siːz]) (생물) 호기성(好氣性) 생활. -**ót·ic** -**ót·i·cal·ly** 图
aer·o·bi·um [ɛəróubiəm] 图 (图 -**bi·a** [-biə]) =aerobe. 图 (seaplane).
aer·o·boat [ɛ́əroubòut] 图 비행정(艇), 수상 비행기.
aer·o·body [ɛ̀əroubádi/-bɔ́d-] 图 경비행기.
aer·o·brak·ing [bréikiŋ] 图U (우주선의) 대기마찰 브레이크(대기권 비행시 공기의 마찰 효과를 이용하는 제어 방식).
aer·o·cade [ɛ̀əroukéid] 图 비행기 편대.
aer·o·cam·er·a [ɛ̀əroukǽmərə] 图 항공 사진기.
aer·o·car [ɛ̀ərəkɑ̀ːr] 图 =hovercraft.
aer·o·club [ɛ́ərəklɔ̀b] 图 항공 클럽.
aer·o·craft [ɛ̀ərəkrǽft/-krɑ́ːft] 图 =aircraft.
aer·o·cul·ture [ɛ̀ərəkʌ̀ltʃər] 图 〔농업〕 공중 재배(법)(aeroponics)(공중에 매단 작물에 뿌리가 젖도록 밑에서 수분·양분 따위를 분무해 주는 재배법).
aer·o·cy·cle [ɛ̀ərəsàikl] 图 (美육군) 소형 헬리콥터.
aer·o·do·net·ics [ɛ̀əroudənétiks] 图(단수취급) (글라이더의) 활공술, 활공 역학.
aer·o·drome [ɛ́ərədròum] 图 (英) =airdrome.
aerodyn. aerodynamic(s).
aer·o·dy·nam·ic [ɛ̀əroudainǽmik] 图 공기 역학(상)의. (또는 **aerodynamical**) -**i·cal·ly** 图
aerodynámic héating 图 〔로켓〕 공력 가열(空力加熱)(로켓이 공기와의 마찰로 가열되는 현상).
aer·o·dy·nam·i·cist [ɛ̀əroudainǽməsist]

공기 역학자, 항공 역학자.
aer·o·dy·nam·ics [ɛ̀əroudainǽmiks] 명 (단수취급) 공기 역학; 항공 역학.
aer·o·dyne [ɛ́ərədàin] 명 중(重)항공기(비행선·경기구 따위 이외의 항공기). ⓐ aerostat
aer·o·em·bo·lism [ɛ̀əroυémbəlizm] 명 ⓤ 〔병리〕 공기 색전(塞栓)(증).
aer·o·en·gine [ɛ̀əroυéndʒin] 명 항공(기용) 엔진.
Áe·ro·flót-Rús·sian Internátional Áirlines [ɛ̀əroυflɔ́ːt-, -flʌ́t-] 명 에어로플롯 러시아 국제 항공사.
aer·o·foil [ɛ́ərəfɔ̀il] 명 〔英〕=airfoil.
aer·o·gen·er·a·tor [ɛ̀ərədʒénərèitər] 명 풍력(風力) 발전기(wind turbine).
aer·o·gram [ɛ́ərəgræm] 명 1 〔英〕 무선 전보(radiogram). 2 항공편; 항공 우편(aerogramme). 3 〔기상〕 고층(高層) 기상도.
aer·o·gramme [ɛ́ərəgræm] 명 항공 우편.
aer·o·graph [ɛ́ərəgræf, -gràːf] 명 〔기상〕 (고층의 기온·기압·습도 따위의) 자동 기록기, 에어로그래프. ── 동 ⓐ 에어브러시(airbrush)로 (그림을) 그리다; 에어브러시로 디자인하다. 「상공(上空) 기상 관측병.
aer·og·ra·pher [ɛəráɡrəfər/-rɔ́ɡ-] 명 〔美해군〕
aer·og·ra·phy [ɛəráɡrəfi/-rɔ́ɡ-] 명 대기 연구, 기상학; (aerograph 자료에 의한) 대기지(大氣誌).
aer·o·gun [ɛ́ərəɡʌ̀n] 명 고사포. 「비행기.
aer·o·hy·dro·plane [ɛ̀əroυháidrəplèin] 명 수상
aer·o·lite [ɛ́ərəlàit] 명 운석(隕石)(meteorite). (또는 aerolith) **-lít·ic** 형
aer·ol·o·gy [ɛəráləɡʒi/-rɔ́l-] 명 고층 기상학; 기상학. **àer·o·lóg·ic, àer·o·lóg·i·cal -gist** 명 「학.
aer·o·mag·net·ic [ɛ̀əroυmæɡnétik] 형 항공 자기(磁氣) 조사의[에 의한]. ¶an ~ map 항공 자기도.
aer·o·map [ɛ́ərəmæ̀p] 명 비행 지도. 「의.
aer·o·ma·rine [ɛ̀əroυməríːn] 형 〔항공〕 해상 비행
aer·o·me·chan·ic [ɛ̀əroυməkǽnik] 명 항공기 정비사. ── 형 항공 역학의, 공기 역학의.
aer·o·me·chan·ics [ɛ̀əroυməkǽniks] 명 (단수취급) 공기[기체] 역학; 항공 역학. **-i·cal** 형
aer·o·med·i·cal [ɛ̀ərəmédikəl] 형 항공 의학의.
aer·o·med·i·cine [ɛ̀ərəmédəsin/-médsin] 명 ⓤ 항공 의학.
aer·o·me·te·or·o·graph [ɛ̀ərəmiːtiɔ́ːrəɡræf, -ɡràːf] 명 〔기상〕 항공 기상 기록기.
aer·om·e·ter [ɛəráməter/-rɔ́m-] 명 기량계(氣量計), 기체계(計). **àer·o·mét·ric** 형
aer·om·e·try [ɛəráməetri/-rɔ́m-] 명 ⓤ 양기학(量氣學), 기체 측정.
Aer·o·mex·i·co [ɛ̀əroυméksikòυ] 명 아에로멕시코(멕시코 국영 항공사; 코드 AM).
aer·o·mod·el·ler [ɛ̀əroυmάdlər/-mɔ̀d-] 명 모형 비행기[항공 모형] 제작자. **-ling** 명 「기.
aer·o·mo·tor [ɛ̀əroυmóυtər] 명 항공기용 (경)발동
aeron. aeronautical; aeronautics.
aer·o·naut [ɛ́ərənɔ̀ːt] 명 경기구(輕氣球)류의 조종사; 비행선[기구] 탑승자[객].
aer·o·nau·ti·cal [ɛ̀ərənɔ́ːtikəl] 형 항공(학, 술)의; 비행(술)의; 비행선 조종사[승객]의. ¶an ~ chart 항공도. (또는 aeronautic) **~·ly** 부
aeronáutical enginéering 명 항공 공학.
aeronáutical en-róute informátion sèrvice 명 항공로 정보 제공 업무(약 AEIS). 「공 무선국.
aeronáutical státion 명 〔항공〕 지상 통신국, 항
aer·o·nau·tics [ɛ̀ərənɔ́ːtiks] 명 (단수취급) 항공학[술], 비행술(aviation).
aer·o·neu·ro·sis [ɛ̀əroυnjυəróυsis/-njυər-] 명 ⓤ 〔의학〕 항공 신경증. 「물리학.
ae·ron·o·my [ɛəránəmi/-rɔ́n-] 명 ⓤ 초고층 대기
aer·o·o·tí·tis média [-oυtáitis-] 명 〔의학〕=aerotitis (media).
aer·o·pause [ɛ́ərəpɔ̀ːz] 명 〔항공〕 대기 계면(界面)(지상 약 20-23km 사이의 대기층).
Aer·o·pe·ru [ɛ̀əroυpərúː] 명 페루 국영 항공사.
aer·o·phobe [ɛ́ərəfòυb] 명 비행 공포증자(者).
aer·o·pho·bi·a [ɛ̀ərəfóυbiə] 명 ⓤ 〔의학〕 공기증 (恐氣症), 공기증(嫌氣症); 비행(飛行) 공포증. **-bic** 형
aer·o·phone [ɛ́ərəfòυn] 명 기명(氣鳴) 악기(공기 진동에 의하여 소리를 내는 악기).
aer·o·phore [ɛ́ərəfɔ̀ːr] 명 통풍기, 환기기(器).
aer·o·pho·to [ɛ̀əroυfóυtoυ] 명 (복 ~s) 항공 사진, 공중 사진. **-pho·tóg·ra·phy** 명 항공 사진술.
aer·o·phys·ics [ɛ̀ərəfíziks] 명ⓤ (단수취급) 공기 물리학[역학]; 항공 물리학. (epiphyte).
aer·o·phyte [ɛ́ərəfàit] 명 〔식물〕 기생(氣生) 식물
‡**aer·o·plane** [ɛ́ərəplèin] 명 (복 ~s [-z]) 〔英〕 비행기((美) airplane).
aer·o·plank·ton [ɛ̀ərəplǽŋktən] 명ⓤ (세균·꽃가루 따위의) 공중 부유 미생물.
aer·o·pol·i·tics [ɛ̀ərəpάlətiks/-pɔ́l-] 명복 (단수취급) (국제) 항공 정책. 「ture.
aer·o·pon·ics [ɛ̀ərəpάniks/-pɔ́n-] 명=aerocul-
aer·o·pulse [ɛ́ərəpʌ̀ls] 명=pulsejet engine.
aer·o·quay [ɛ́ərəkì:] 명 (비행장의) 위성 터미널.
AEROSAT *aero*nautical *sat*ellite(통신·항공·항해 관제용). (또는 **aer·o·sat** [ɛ́əroυsæ̀t])
aer·o·scope [ɛ́ərəskòυp] 명 (현미경 검사용의) 공기 오염물 수집기. 「무질(煙霧質).
aer·o·sol [ɛ́ərəsɔ̀ːl, -sὰl] 명 〔물·화〕 에어로졸, 연
áerosol bòmb 명 분무기, 스프레이. (또는 **áir spràγ**[càn, contàiner])
aer·o·space [ɛ́ərəspèis] 명ⓤⓒ 1 (대기권 내외를 합친) 우주 공간, 대기권 안팎. 2 항공 우주; 항공 우주 산업; 항공 우주의. ── 형 우주 공간의; 항공 우주(산업)의. ¶~ industries 항공 우주 산업.
áerospace enginéering 명 항공 우주 공학.
áerospace médicine 명 항공 (우주) 의학.
áerospace pláne 명 항공 우주기[비행체].
aer·o·sphere [ɛ́ərəsfìər] 명 (the ~) 〔항공〕 대기권.
aer·o·stat [ɛ́ərəstæ̀t] 명 경(輕)항공기(경기구·비행선 따위). ⓐ aerodyne
aer·o·stat·ic [ɛ̀ərəstǽtik] 형 기체 정역학(靜力學)의; 항공학[술]의; 경기구의. (또는 **aerostatical**)
aer·o·stat·ics [ɛ̀ərəstǽtiks] 명 (단수취급) 기체 정역학(靜力學); (경기구의) 항공술[학]. 「(법).
aer·o·sta·tion [ɛ̀ərəstéiʃən] 명ⓤ 경항공기 조종(술); 항공술. 「peutics.
aer·o·ther·a·peu·tics [ɛ̀əroυθerəpjúːtiks] 명복 (단수취급) 대기[공기] 요법(학).
aer·o·ther·a·py [ɛ̀əroυθérəpi] 명=aerothera-
aer·o·ther·mo·dy·nam·ics [ɛ̀əroυθə̀ːrmoυdainǽmiks] 명복 (단수취급) 공기 열역학. **-ic** 형
áer·o·tí·tis média [ɛ́ərətàitis-] 명 〔병리〕 항공(성) 중이염.
aer·o·train [ɛ́ərətrèin] 명 에어로트레인(hovertrain), 공기 부상(浮上) 고속 열차.
aer·o·view [ɛ́ərəvjùː] 명 공중 부감도, (항공기의) 기상(機上) 전망.
Áer·tex [ɛ́ərteks] 명 〔상표〕 에어텍스(속옷 따위에 쓰이는 올이 성긴 면직물). 「의, 녹청과 같은.
ae·ru·gi·nous [irúːdʒənəs, ai-/iər-] 형 녹청색
ae·ru·go [irúːɡoυ, ai-/iə-] 명ⓤ 녹청(verdigris).
aer·y¹ [ɛ́əri, éiəri] 형 〔詩〕 대기[공기]와 같은 (aerial); 공중의; 공허한; 꿈과 같은; 영묘(靈妙)한. (또는 **aery**)
aer·y² [ɛ́əri, íəri] 명=aerie. 「는 aëry.
Aes. Aesop. **AESC, A.E.S.C.** American Engineering Standards Committee.
Aes·chy·lus [éskələs/íːsk-] 명 아이스킬로스 (525-456 B.C.; 그리스의 비극 시인).

Aes·cu·la·pi·us [èskjuléipiəs/ìːsk-] 图 1 (로마 신화) 아이스쿨라피우스(의약과 의술의 신; 그리스 신화의 Asclepius에 해당). 2 의사. **-pi·an** 图

Ae·sir [éisiər, -zi-] 图〖북유럽 신화〗(Asgard에 살던) 에이시어 신족(神族).

‡**Ae·sop** [íːsəp, íːsɑp/íːsɔp] 图 이솝(620?-560? B.C.; 그리스의 우화 작가; Aesop's Fables). 「집〕.

Aesop's Fables 图 (단수취급) 이솝 이야기(우화집).

Ae·so·pi·an [iːsóupiən, iːsɑ́p-] 图 이솝의, 이솝풍의

aesth. aesthetics. 〔류〕의. (또는 **Ae·sóp·ic**)

aes·thete [esθíːt/íːs-] 图 심미가(審美家), 탐미파 (耽美派)의 사람; (자칭) 예술 애호가; 유미주의자. (또는 **esthete**)

*__aes·thet·ic__ [esθétik/íːs-] 图 미의, 미감(美感)의; 미술의; 미학의; 심미적인; 미를 사랑하는, 미감을 지닌, 심미안이 있는. (또는 **aesthetical**) 图 미적 가치관, 미의식; 미학 =aesthete. (또는 **esthetic**)

aes·thet·i·cal·ly [esθétikəli/íːs-] 튀 미학적으로, 심미적으로, 미학상으로; 미술적으로. (또는 **esthetically**)

aesthétic dístance 图 심미적 거리.

aes·the·ti·cian [èsθətíʃən/ìːs-] 图 미학자. (또는 **esthetician**)

aes·thet·i·cism [esθétəsìzm/íːs-] 图 ⓤ 심미주의, 유미주의, 탐미주의; 미적 취미; 예술 지상주의. (또는 **estheticism**)

aes·thet·ics [esθétiks/íːs-] 图(단수취급)〖철학〗미학; 심미감[심]의 연구. (또는 **esthetics**)

aes·tho·phys·i·ol·o·gy [èsθoufìziɑ́lədʒi/ìːs-θoufìziɔ́l-] 图 ⓤ (英) 감각 생리학(美 esthesiophysiology). 「특유한. (또는 **estival**)

aes·ti·val [éstəvəl, estái-/istái-] 图 여름철의의

aes·ti·vate [éstəvèit/íːs-] 图 여름을 보내다; 〔동물〕하면(夏眠)하다. 图 hibernate (또는 **estivate**)

-va·tion 图 여름나기; 〔동물〕 하면.

aet. [iːt], **aetat.** [íːtæt] aetatis.

ae·ta·tis [iːtéitis] 图 (나이가) …세인(at the age of) (@ ae., aetat.). ¶Mary, ~ 15 15세의 메리. 〔<L〕

ae·ther [íːθər] 图 =cther. 「rlal〕

ae·the·re·al [iθíəriəl] 图 =ethereal. (또는 **aethe-**

ae·ti·ol·o·gy [ìːtiɑ́lədʒi/-ɔ́l-] 图 =etiology.

A.E.U. (英) Amalgamated Engineering Union.

AEW 〔군사〕 airborne early warning(공중 조기경보 (기)). **af, a.f.,** a-f, AF, A.F. audio frequency; autofocus. **aF** 〔전기〕 abfarad.

Af [æf] 图 (속어) =Aff.

AF, A.F., A.-F. Anglo-French. **Af.** afghani(s); Africa(n); Air France; automatic focus control (자동 초점 조절). **A/F** as found (* 경매 목록에 사용되는 말). **A.F., AF** (英) Admiral of the Fleet (해군 원수); advanced freight(s); Air Force; Allied Forces(연합군); army form(군용 용지).

af- [æf, əf] 접두 ⇨AD-.

AFA Air Force Association; Amateur Fencing Association. **A.F.A.** Amateur Football Association(아마추어 축구 협회); (美) Associate in Fine Arts (junior college 따위의) 미술학과 수료자.

AFAA Air Force Audit Agency. **AFAIK** (e-mail 따위에서) as far as I know. **A.F.A.M., A.F. & A.M.** Ancient Free and Accepted Masons (초기의 프리메이슨. ⇨FREEMASON). **AFAP** (군사) artillery-fired atomic projectiles(포(砲)발사 핵병기).

*__a·far__ [əfɑ́ːr] 튀 (보통 off와 함께) 멀리, 아득히. ¶I saw a ship ~ off. 아득히 먼 곳에 배가 한 척 보였다. *from afar* 멀리서. ¶come *from* ~ 먼 곳에서 오다.

AFB Air Force Base(공군 기지). **A.F.B.** American Federation for the Blind(미국 맹인 연맹). **AFBF** American Farm Bureau Federation. **A.F.B.S.** American and Foreign Bible Society. **AFC** American Football Conference; 〔항공〕 automatic flight control(자동 비행 제어); 〔무선〕 automatic frequency control(자동 주파수 조정). **A.F.C.** (英) Air Force Cross(공군 십자 훈장). **AFCS** automatic flight control system(자동 비행 제어 장치). **AFDB** African Development Bank(아프리카 개발 은행).

AFDC, A.F.D.C. (美) Aid to Families with Dependent Children(아동 부양 가족(세대) 보조(제도)).

a·fear(e)d [əfíərd] 图 (고어·방언) =afraid.

a·fe·brile [eifíːbrəl, -féb-/æfíːbrail] 图 열이 없는, 무열의(feverless).

Aff [æf] 图 (남아공 속어) 아프리카 흑인. (또는 **Af**)

aff. affiliated; affirmative; affix.

af·fa·bil·i·ty [æfəbíləti] 图 ⓤ 상냥함, 부드러움, 싹싹한 태도(affableness) (to, toward).

af·fa·ble [ǽfəbl] 图 사귀기 쉬운, 붙임성 있는; 싹싹한, 사근사근한(⇨ AMIABLE 유의어); 상냥한; 온화한.

~·ness 图 **-bly** 튀

‡**af·fair** [əféər] 图 (~s[-z]) 1 일(matter); (세상을 떠들썩하게 하는) 사건, 문제; (보통 one's ~) (개인적인) 일, 관심사. ¶a serious ~ 중대사/a terrible ~ 무서운 사건/the congressional bribery ~ 국회 의원 수회 사건/the Watergate ~ 워터게이트 사건/It is an ~ of a few days. 2, 3일이면 끝나는 일이다/I found how ~s stood. 나는 사태가 어떤가를 알아챘다. 2 (~s) (공적·사적인) 사무, 업무, 일. ¶family [or household] ~s 가사(家事) / public ~s 공무 / ~s entrusted (상업) 위임 사항/a talent for ~s 사무적 재능/the Secretary of State for Foreign *Affairs* (英) 외무 장관/a man of ~s 사무가, 실무가/be in the state of ~s 사태, 형편/occupied with ~s 일 때문에 바쁜. 3 (구어) (막연한) 것, 일 (* 보통 부정관사와 성질·종류를 나타내는 형용사 어구와 함께 쓰인다). ¶Her dress was a wonderful ~. 그녀의 옷차림은 아주 멋졌다/His house is a grand ~. 그의 집은 으리으리하다. 4 (불륜의) 연애 사건, 정사(love ~). ¶an extramarital ~ 혼외 정사, 불륜/keep one's ~ secret 정사를 비밀에 붙이다. 5 국지전(局地戰). ¶A lot of ~s were fought among the hills. 산 속에서 여러 번 소규모 전투가 있었다. 6 (사교적인) 모임, 행사, 파티. ¶ *an affair of honor* 결투. 「social ~ 친목 모임. *as affairs stand* 현상태로는, 현재로 봐서는. *attend to* [or *mind*] *one's own affairs* 맡은 일을 챙기다[걱정하다]. *get one's affairs straight* 만사[재무]를 정리하다. *have an affair with* ~와 관계를 갖다, 바람을 피우다. *in the affair* 그 건으로. 「*stand*. *in the present state of affairs* =*as affairs on business affairs* 볼일이 있어서, 상용으로. *That's my* (*own*) [or *none of your*] *affair.* 네가 상관할 일이 아니야. 「우다. *wind up one's affairs* 가게를 닫다, 살림을 걷어치

af·faire d'a·mour [F afɛːR damuːR] 图 (복) **-s d-**) 정사(情事). 〔<F〕

af·faire de cœur [F afɛːR də kœːR] 图 (복) **-s d- c-**) 연애, 정사. 〔<F〕 「**d-**) 결투. 〔<F〕

af·faire d'hon·neur [F afɛːR dɔnœːR] 图 (복) **-s**

‡**af·fect**¹ [əfékt] 图 1 …에 영향을 미치다, (불리하게) 작용하다; (수동형으로) (병 따위가) …을 침범하다. 해치다, …에 해롭다(*by, with*). ¶be ~ed by heat 더위로 몸을 해치다/be ~ed with tuberculosis 결핵에 걸리다/drive while ~ed by alcohol 음주 운전을 하다/The rise in prices directly ~s the living of people. 물가 앙등은 국민 생활에 바로 영향을 미친다.

───────────────
유의어 **affect** 나쁜 효과·변화를 직접적으로 일으키다. **effect** 어떤 효과를 초래하다. **influence** 성격·행동 등에 변화를 일으키다; affect쪽이 직접적 영향.
───────────────

2 《수동형으로》 …을 감동시키다, …에 감명을 주다 (by, with, at). ¶ be ~ed by [or with] joy [sorrow, compassion] 기뻐[슬퍼, 동정]하다 / The performance ~ed me deeply. 그 연기는 내게 깊은 감명을 주었다. **3** 〔고어〕 …을 할당하다, …에 돌리다 (to).
— 图 [ǽfekt]〔심리〕감정, 정서(적 반응), 욕망.
∻·a·bíl·i·ty 图 ~·a·ble 图

***af·fect**[2] [əfékt] 图⊕ **1** …을 가장하다, (…인) 체하다 (to do). ⇨PRETEND 유의어 ¶ ~ ignorance [wonder] 모른[놀란] 체하다 / ~ a philosopher 철학자연하다 // (~ + to do) ~ to be faithful 충실을 가장하다 / He ~ed not to see me. 그는 나를 못 본 체했다. **2** …을 즐겨 쓰다[하다]. **3** (물건이) (어떤 형태를) 이루는 경향이 있다. **4** (동식물이 즐겨) …에 서식하다, 나다. ¶ Moss ~s northern slopes. 이끼는 북쪽 비탈에 난다.

af·fec·ta·tion [æfektéiʃən] 图 ❶ⓒⓤ (…인) 체하기, 가장; 뽐냄, 짐짓 꾸미는 태도[언동]. ¶ an ~ of kindness[innocence] 겉치레뿐인 친절[순진한 체하기] / an ~ of great wealth 큰 부자 행세.
make affectation of …인 체하다, …을 자랑하다.
without affectation 가식하지 않고, 솔직히.

af·fect·ed[1] [əféktid] 图 **1** (부사 well, ill 따위와 함께) …의 감정[기분]을 가진. ¶ well[ill] ~ to[or toward] …에 호의[악의]를 가진. **2** 《경멸적》뽐내는, 잘난 체하는, 가식의. ¶ ~ airs 잘난 체하는 태도 / ~ laughter 거짓 웃음 / an ~ girl 젠체하는 소녀. **~·ly** 图 **~·ness** 图

af·fect·ing [əféktiŋ] 图 사람의 마음을 움직이는, 감동적인 ⇨ MOVING 유의어). 애처로운, **~·ly** 图

***af·fec·tion** [əfékʃən] 图 **~s** [-z] **1** ⓤ 《때로 an ~》 애정, 호의(好意); (~s) 애착, 애모의 정 (for, toward). ⇨ LOVE 유의어 ¶ filial ~ 효심(孝心) / the object of one's ~(s) 사랑하는 사람 / marry without [from] ~ 애정이 없는[있는] 결혼을 하다 / A- blinds reason. 《속담》사랑은 맹목. **2** ⓤ 《때로 ~s》 감정, 기분, 정. ¶ over and above one's reason and ~s 이성과 감정을 초월하여. **3** 〔병리〕질병, 질환. ¶ an ~ of the heart [lungs] 심장[폐]병 / a nervous ~ 신경 질환. **4** ⓤ 영향, 작용; ⓒ reciprocal ~ 상호 작용. ⓤ (물질의 일시적) 상태; ⓒ 성질, 특성.
gain [or **win, capture**] *a person's* **affection**(**s**) 남의 사랑을 얻다, 남에게 사랑받다.
have [or ***cherish, conceive, feel***] **affection** ***for*** …에게 애정을 품다, …을 사랑하다.
set *one's* **affection**(**s**) ***on*** …에게 호의를 가지다.
show affection for [or ***toward***] *a person* 남에게 애정을 나타내다.
~·al 图 애정의, 감정(상)의. **~·al·ly** 图 **~·less** 图

***af·fec·tion·ate** [əfékʃənət] 图 (**more ~; most ~**) **1** (…에) 애정이 있는, 자애로운 (to, toward). ¶ an ~ embrace 따뜻한 포옹 / an ~ mother 자모(慈母) / be ~ to each other 서로 사랑하다. **2** 애정 어린. ¶ Your ~ brother. 사랑하는 형으로부터(편지의 끝맺음 말) / be ~ to [or toward] a person 남에게 애정을 가지다. **~·ness** 图

***af·fec·tion·ate·ly** [əfékʃənətli] 图 애정이 넘치게, 다정하게. ¶ Yours ~. =A- yours. 친애하는 …으로부터 (가족·친척·애인 사이에서 쓰는 편지의 끝맺음 말).

af·fec·tive [əféktiv, ǽf-] 图 **1** 감정의, 감정적인, 정서적인. **2** 사람의 마음을 움직이는, 감동적인. **3** 〔심리〕(쾌·불쾌의) 감정적인, 정서의. ¶ ~ disorder 감정[정서] 장애. **~·ly** 图 **~·ness** 图 〔리〕감정 상태.

af·fec·tiv·i·ty [æfektívəti] 图 정서성, 감정성. **1**

af·fect·less [əféktlis] 图 정이 없는, 무정한; 냉담한. **~·ly** 图 **~·ness** 图 〔정의〕에 관한.

af·fec·tu·al [əféktʃuəl] 图 〔사회·심리〕 애정[감

af·fen·pin·scher [ǽfənpìnʃər] 图 아펜핀셔(털이 긴 독일산(産) 작은 애완견).

af·fer·ent [ǽfərənt] 〔생리〕图 (신경·혈관 따위가) 수입(輸入)[도입]성의, 구심성의, 구심(성)의 ⇔ efferent. ¶ ~ nerves 구심성 신경 / ~ veins 수입 정맥. — 图 구심(성) 신경. **~·ly** 图

af·fet·tu·o·so [ǽfetjuːóusou/-zou] 图图 〔음악〕 감정을 넣어서[넣은], 부드럽게[부드러운]. 〔It〕

af·fi·ance [əfáiəns] 图ⓤ 계약; 약혼; 신탁, 신뢰.
— 图 《수동형·재귀용법으로》 …을 (…와) 약혼시키다 (to). ¶ He is ~d to her. 그는 그녀의 약혼자다.

af·fi·anced [əfáiənst] 图 약혼한, 약혼자의. ¶ one's ~ husband [wife] 약혼자[약혼녀].

af·fi·ant [əfáiənt] 图 〔법률〕 선서 진술인.

af·fi·da·vit [ǽfidéivit] 图 〔법률〕 선서 진술서(진 deposition), 공술서. ¶ ~ of support 재정 보증서.
swear [or ***make, take***] **an affidavit** 진술서에 거짓이 없음을 선서하다.
take an affidavit (판사가) 진술서를 받다.

af·fil·i·ate [əfílièit] 图 **1** …을 합병하다, 산하에 두다 (with, 《英》 to). ¶ ~ smaller companies 작은 회사를 합병하다 // ~ high schools with a university 고등학교를 대학에 부속시키다. **2** (동료로서) …을 가입시키다, 동료로 받아들이다 (with, to). ¶ ~ a person with a society 남을 회원으로 가입시키다. **3** 《수동형·재귀용법으로》 …에 제휴시키다, 결부시키다, 관련지우다 (…의) 지부[부속 기구]로 하다 (to, with). **4** …을 가족의 일원으로 넣다, 양자로 삼다. **5** …의 근원을 (…에) 돌리다; …을 (…의) 창시자로[창조자로] 삼다 (upon, on, to). ¶ ~ the poem to the folklore 그 시의 유래를 민화에서 찾다. **6** 〔법률〕 (비적출자(非嫡出子))의 아버지를 (…으로) 하다 (upon, on, to). — 图 가입[가담]하다; 제휴[협력]하다; 《美》 교제하다 (with).
affiliate oneself with [or ***to***] …에 가입하다.
be affiliated with …와 관계가 있다; …와 사귀다.
— 图 [əfíliət, -èit] **1** 분회, 지사, 지부. **2** 〔상업〕계열[관련] 회사; 출자 회사, 자회사. **3** 가입자, 회원; 동료, 조합원; 보조자. **4** 〔컴퓨터〕 (인터넷의) 관련[파생] 사이트(site). **-a·tive** [-ətiv, -èit-] 图

af·fil·i·at·ed [əfílièitid] 图 가입[가맹]한, 관련이 있는, 지부의. ¶ an ~ school 부속 학교, 분교.

affiliated cómpany 图 계열[관련] 회사, 자회사.
affiliated pérson 图 (회사 경영의) 특별 관계인 (人)(대주주·임직원 등).
affiliated proféssor 图 《美》 겸임 교수.
affiliated socíeties 图 지부, 분회.
affiliated únions 图 가맹 조합.

af·fil·i·a·tion [əfíliéiʃən] 图ⓒⓤ **1** 입회, 가입, 가맹; 소속, **2** 병합, 합동, 합병. **3** 양자로 삼기, 양자 결연, 입적(入籍)(adoption). **4** 〔법률〕 (비적출자의) 아버지를 결정[인정]하기. **5** 근원의 귀속 결정[인정]. **6** 제휴; 《美》 협력[친선] 관계; 제휴[협력] 기관 (with, to). **7** 계열[관련] 회사, 자회사. **-a·tive** [-ətiv, -èi-] 图

affiliation órder 图 〔英법률〕 부자 관계 결정 명령, 비적출자 부양료 지불 명령.

affiliation procéedings 图 〔英법률〕 부자 관계 결정 소송(미혼모의 상대 남성에 대한 자녀 양육비 청구

affiliative drive 图 친화 욕구.   〔소송〕.

af·fined [əfáind] 图 (밀접한) 관계를 맺은, 동맹한, 결합한; 인척 관계가 된; 혈족의; (의무에 의해) 속박된.

af·fin·i·tive [əfínətiv] 图 혈연의, 인척 관계의; 《생물》 유연성(類緣性)의, 유연성의; (밀접한) 관계가 있는.

***af·fin·i·ty** [əfínəti] 图 **1** ⓤ 친근감, 호감; (양성의) 친화성(親和性) (for, to, with); ⓒ 마음이 끌리는 이성. **2** ⓒⓤ (혈연 이외의) 인척, 친척. **3** 유사점[성], 친근성, 유연성(類緣性); 밀접한 관계 (with, between). ¶ There is an ~ between the two languages. 그 두 언어 사이에는 유연 관계가 있다. **4** ⓤ (종종 an ~) 〔생

물) 유연(類緣); (화학) 친화력(for).
have an affinity for [or ***to***] …을 좋아하다, …에 마음이 끌리다.
have an affinity with [or ***between***] …사이에 밀접한 관계가 있다.
──휑 흥미가 같은, 동호(同好)의(for).
affinity chárter 휑 어피니티 차터(affinity group 에 대한 할인값의 전세편).
affinity (crédit) càrd 휑 어피니티 카드(affinity group의 회원들에게 발행되는 신용 카드; (美)는 상품 대금 할인, (英)은 구입 대금 일부를 자선·공익 단체에 기부). (또는 **affinity-group (crédit) càrd**)
affinity gròup 휑 유연(類緣), 1 공동 관심 단체(집단)(관심·목표·출신 따위가 같은 사람의 모임). 2 〔항공〕 유연(類緣) 단체(여행 이외의 목적을 가진 단체; 운임 특별 할인 대상).
‡**af·firm** [əfə́ːrm] 옜 (~**s** [-z]) 타 1 …을 단언하다, 긍정하다; …을 확언하다. ¶~ one's loyalty 충성을 맹세하다 (*~that*節) He ~*ed that* the news was true. 그는 그 소식이 진실이라고 단언했다.

〔유의어〕 **affirm** 증거·경험 따위에 입각하여 확신을 가지고 주장하다. **assert** 증거는 없지만 개인적인 신념에 입각하여 주장하다. **declare** 공공연히 주장하다. **protest** 의혹·반대에 직면해 있을 때 확신하고 있는 것을 공공연히 affirm하다. **warrant** 신원·품질 따위를 보증하다.

2 〔하급심 판결 따위〕를 확인하다; (선서 없이) …을 증언하다. ¶The appellate court ~*ed* the judgment of the lower court. 항소 법원은 하급 법원의 판결을 확인했다. ── 재 1 확언하다. 2 〔법률〕 (선서 없이) 증언하다; (하급심 판결)을 지지하다; (계약 따위)를 추인하다.
──(구어)= affirmative. **~·er** 휑 **~·ing·ly** 부
af·firm·a·ble [əfə́ːrməbl] 휑 단언(단언)할 수 있는, 긍정할 수 있는, 확언할 수 있는. **-bly** 부
af·firm·ance [əfə́ːrməns] 휑 ⓤ =affirmation.
af·firm·ant [əfə́ːrmənt] 휑 확언자; 중언자.
*af·fir·ma·tion [æ̀fərméiʃən] 휑 ⓤⓒ 1 확언, 단언, 확언〔단언〕된 것, (그) 주장(밴 negation). 2 〔논리〕 긍정, 시인. 3 〔법률〕 (종교적 이유 등으로 선서를 거부하는 사람의) 증언; (판결 따위의) 확인.
‡**af·firm·a·tive** [əfə́ːrmətiv] 휑 1 확언적인, 확정적인. 2 긍정적인; 적극적인 (↔ negative). ¶an ~ answer 긍정적 회답. 3 확증적인. 4 〔논리〕 긍정적인. ¶an ~ proposition 긍정 명제. ── 휑 (종종 the ~) 1 단정; 긍정. ¶Two negatives make an ~. 이중 부정은 긍정이 된다. 2 긍정어(구)("yes," "I do" 따위). 3 (the ~) 동의자측, 찬성자측. ¶take the ~ 찬성쪽에 서다.
in the affirmative 긍정적으로, 찬성하여. ¶answer ~*ly* 부 [*in the* ~ 긍정〔찬성〕하다.
affirmative áction 휑 (美) 차별 시정〔철폐〕 조치, 소수 민족 우대 정책. **affirmative-áction** 휑
affirmative flág 휑 〔해사〕 C 플래그(청·백·적·백·청의 다섯 가로 줄 무늬가 있는 'yes'를 뜻하는 신호기; 국제 신호의 C 문자).
affirmative séntence 휑 〔문법〕 긍정문. [tive.
af·firm·a·to·ry [əfə́ːrmətɔ̀ːri/-təri] 휑 =affirma-
af·firm·ing gùn [əfə́ːrmiŋ-] 휑 수색 통지포(砲) (군함이 상선의 정선을 명할 때 쏘는 포). (또는 **infórm·ing gùn**)
af·fix 옜 휑 [əfíks] 1 …을 첨부하다, 〔우표 따위〕를 붙이다 (*to, on*). ¶~ a stamp (*to* a letter) (편지)에 우표를 붙이다. 2 〔도장 따위〕를 찍다 (*to, on*). ¶~ a seal (*to* a paper) (서류)에 도장을 찍다 /A~ your signature *to* the contract. 이 계약서에 서명하십시오. 3 (죄 등)을 뒤집어씌우다 (*to*). ── 휑 [ǽfiks] 1 첨부물. 2 〔문법〕 접사(接辭)(접두사, 삽입사, 접미사).
~·a·ble, ~·al 휑 **~·er** 휑 **~·i·al** 휑 **~·ment** 휑

af·fix·a·tion [æ̀fikséiʃən] 휑 =affixture; ⓤ 〔문법〕 접사 첨가(에 의한 단어 형성).
af·fix·ture [əfíkstʃər] 휑ⓤ 첨부, 붙이기, 첨가; ⓒ 첨부물, 붙인 것, 첨가물. 7, 기취(鼓吹).
af·fla·tion [əfléiʃən] 휑ⓤ (생각 따위)를 불어넣
af·fla·tus [əfléitəs] 휑ⓤ (시인 등의) 영감; 신의 계시, 영감(靈感), (靈感).
‡**af·flict** [əflíkt] 옜 타 (수동형으로) 〔심신〕을 괴롭히다, 들볶다. ⇒ TORMENT 〔유의어〕 ¶(~+몸+젠+몸) ~ oneself *with* illness 병으로 고생하다. [파하다.
be afflicted at [or ***by***] …으로 괴로워하다, 마음 아
be afflicted with …에 시달리다, …을 앓다.
~·ed·ness, ~·er 휑
*af·flic·tion [əflíkʃən] 휑ⓤⓒ 고통, 고뇌(distress), 고난, 고생, 불행; 고통의 원인, 재앙, 박해.
in affliction 괴로워하여, 고민하여.
af·flic·tive [əflíktiv] 휑 고뇌〔고난〕을 주는, 괴로운; 곤란하게 하는 (*to*); 비참한. **~·ly** 부
af·flight [əfláit] 휑 〔로켓〕 달 플라이바이(flyby) 궤도(달을 돌아 지구로 귀환하는 궤도).
af·flu·ence [ǽfluəns, əflúː-] 휑ⓤ 1 (물질적인) 풍요함, 풍부; 부유, 유복. ¶a man of ~ 부유한 사람. 2 (사상·어휘 따위가) 풍부함. 3 유입(流入); 쇄도.
live in affluence 유복하게 살다.
under the affluence of incohol (美속어) 술에 취하여(* under the influence of alcohol의 두음(頭音) 전환).
af·flu·en·cy [ǽfluənsi, əflúː-] 휑 =affluence 2.
af·flu·ent [ǽfluənt, əflúː-] 휑 1 부유한, 유복한, 돈이 많은. ⇒ RICH 〔유의어〕 2 풍부한, 풍요한 (*in*). ¶land ~ *in* resources 자원이 풍부한 땅. 3 도도히 흐르는, (샘 따위가) 콸콸 솟아나는. ── 휑 지류(支流). **~·ly** 부
af·flu·en·tial [æ̀fluénʃəl, əflúːən-] 휑휑 재력·(사회적)영향력을 갖춘 (사람). (<*affluent*+*influential*)
áffluent socìety (the ~) 풍요로운 사회(미국 경제학자 J. K. Galbraith가 한 말).
af·flu·en·za [æ̀fluénzə] 휑 부자병(막대한 재산을 가진 사람들에게 발견되는 정신 장애; 무력감·권태감·자책감 등의 증상을 나타낸다).
(<*affluent*+*influenza*)
af·flux [ǽflʌks] 휑 유입, 쇄도; 〔의학〕 충혈.
‡**af·ford** [əfɔ́ːrd] 옜 타 (~**s** [-z]) 1 (can [or may, be able to] ~ to do: 보통 부정문·의문문에서) …할 수 있다. ⇒ CAN 〔유의어〕 ¶(~+*to* do) He could not ~ *to* go every night. 그는 매일 갈 수가 없었다 / I cannot ~ *to* buy a new car. 새 차를 살 여유가 없다. 2 (can, may 뒤에서) (경제적·시간적으로) 여유가 있다. ¶I cannot ~ holidays. 휴식〔휴가〕를 취할 여유가 없다 / I'm not rich enough to ~ a car. 나는 자동차를 살 만큼 부유하지 못하다 / I cannot ~ the loss of a single day. 나는 단 하루도 헛되이 할 수가 없다 / We can ill [well] ~ the time. 우리는 시간을 낼 수가 없다〔있다〕. 3 …을 낳다, 산출하다. ¶The U.S.A. ~*s* minerals of various kinds. 미국은 갖가지 광물을 산출한다. 4 …을 주다, 가져오다, 수여하다 (*to*). ¶His words ~ no explanation. 그의 말로는 설명이 되지 않는다 // (~+몸+몸) (~+몸+젠+몸) Reading ~*s* me great pleasure. = Reading ~*s* great pleasure to me. 독서는 나에게 큰 즐거움을 준다. 5 (자동사적) 견디어내다. ¶No one can ~ without it. 아무도 그것 없이 해나갈 수가 없다. [〔입닿이〕이 아니다).
can ill [or ***hardly***] ***afford to*** *do* …할 자격이 없다
af·ford·a·ble [əfɔ́ːrdəbl] 휑 (가격 등이) 알맞은, 감당할 수 있는. ── 휑 (~**s**) 적당한 가격으로 구입할 수 있는 것; 감당할 수 있는 비용. **-bíl·i·ty** 휑 **-bly** 부
af·for·est [əfɔ́ːrist, əfɑ́r-] 옜 타 …을 삼림으로 만들다, …에 식림(植林)〔조림〕하다. **~·á·tion, ~·ment** 휑
af·fran·chise [əfrǽntʃaiz] 옜 타 …을 (종속 관계·

af·fray [əfréi] 圀 싸움, 소동, 말다툼; 〔법률〕 (공공장소에서의) 다툼, 난투(亂鬪)(죄).

af·fray·er [əfréiər] 圀 싸움하는[소란을 피우는] 사람.

af·freight [əfréit] 圀(및) (배)를 용선(傭船)하다; 선적(船積) 계약하다. ~·**er** 圀 용선자. ~·**ment** 圀 용선.

af·fri·cate [ǽfrəkət] 〔음성〕 파찰음(破擦音)([tʃ][dʒ] 따위). ―――――― affricate. ――― 圀 파찰음의.

af·fric·a·tive [əfríkətiv, ǽfrəkei-] 〔음성〕 圀 = **affricate**.

af·fright [əfráit] (고어) 圀(및) ~을 놀라게 하다, 무서워하게 하다. ――圀⓾ⓒ 경악, 공포.

***af·front** [əfránt] 圀(및) **1** (공공연히) ~을 모욕하다, 창피 주다, ~에게 무례한 짓을 하다. ⇨INSULT 유의어 ¶His speech ~ed me. 그는 연설에서 나를 모욕했다. **2** (명예 등)을 훼손하다; ~의 면목을 실추케 하다. **3** (태연히) (죽음·위험 따위)에 맞서다, 직면하다, 맞이하다. ¶~ death 태연히 죽음을 맞이하다.

――― 圀 모욕, 치욕; 무례한 언동(to, upon).

offer an affront to; put an affront upon ~에게 무례한 짓을 하다; ~을 모욕하다.

~·**ed·ly** 凡 ~·**ed·ness** 圀 무례함, 창피함. ~·**er** 圀 모욕하는 사람. ~·**ing·ly** 凡 무례하게.

af·fron·tive [əfrántiv] (고어) 圀 모욕적인, 무례한. ~·**ness** 圀 「Center.

afft. affidavit. **AFFTC** Air Force Flight Test

af·fu·sion [əfjúːʒən] 圀⓾ⓤ **1** 액체를 붓기; 〔종교〕 관수(灌水). **2** 〔교회〕 주수(注水)세례. **3** 〔의학〕 관수(灌注) 요법.

Afg afghani(s). **Afg.** Afghanistan. 「agfay

af·gay [ǽfgei] 圀 (美속어) 남성 동성 연애자. (또는 **AFGE** American Federation of Government Employees. **Afgh.** Afghanistan.

Af·ghan [ǽfgæn, -gən] 圀 **1** 아프가니스탄인. (또는 **Afghani**) **2** ⓤ 아프가니스탄어(語). **3** (a-) 털실로 짠 담요. **4** = ~ hound. ―――― 圀 아프가니스탄의; 아프가니스탄인[어]의.

Afghan hound 圀 아프간 개(사냥개의 일종).

af·ghan·i [ǽfgǽni, -gáːni] 圀 아프가니(아프가니스탄의 화폐 단위; 생략 Af., Afg).

Af·ghan·i·stan [ǽfgǽnistǽn] 圀 아프가니스탄(인도 서북부에 있는 공화국; 수도 Kabul).

Af·ghan·i·stan·ism [ǽfgǽnistǽnizm] 圀 (신문 기자 용어) 국내 문제가 아닌 해외 문제에 더 매달리기.

a·fi·cio·na·da [əfìʃənáːdə] 圀 여성 aficionado.

a·fi·cio·na·do [əfìʃənáːdou] 圀 (복 ~s) (투우의) 열렬한 팬; (일반적으로) 애호가, ~광(狂), 팬. ¶a cigar ~ 시가 애호가, 애연가. (또는 **aficionado**) 〈Sp〉

a·field [əfíːld] 凡 **1** (보통 far ~) (고향·집에서) 멀리 떨어져서, 밖에; 상궤를 벗어나, 길을 잃어(off, from). ¶go far ~ 길을 잘못 들다. **2** (농부가 일하러) 밭에; (군대가) 싸움터에; (야구) 외야수로서. ¶be strong ~ 수비가 강하다. **3** (경험·지식의) 영역을 넘어서, 문제[전문분야]를 떠나서; 근친의 범위를 벗어나서.

AFIPS American Federation of Information Processing Society(미국 정보 처리 학회 연합회).

a·fire [əfáiər] 凡⓸ (* 형용사로는 주로 서술용법이지만, 한정용법의 경우는 명사 뒤) **1** 불타서. **2** (감정이) 격앙하여; 호기심에 불타서; (마음이) 완전히 흩어져서
be afire about ~에 크게 흥분하다. 「(with).
set...afire ~을 불태우다; 자극하다.
with heart afire 마음이 불타올라.

AFKN American Forces Korea Network(주한 미군 방송망). **AFL** 〔컴퓨터〕 abstract family of languages, **AFL, A.F.L.** American Federation of Labor(미국 노동 총연맹).

a·flame [əfléim] 凡⓸ (* 형용사로는 주로 서술용법이지만, 한정용법의 경우는 명사 뒤) **1** 불타서, 불꽃이 되어(in flames). ¶In a moment the ship was all ~. 그 배는 순식간에 불길에 휩싸였다. **2** 열중하여, (감정이) 뜨거워져서(with). ¶be ~ with anger 분노에 불타다. 「(곰팡이가 내는 발암성 독소).

af·la·tox·in [ǽflətáksin/-tɔ́ks-] 圀 아플라톡신

AFL-CIO American Federation of Labor and Congress of Industrial Organizations(미국 노동 총연맹 산업별 회의; 1955년 AFL과 CIO가 통합 발족).

AFLD, afld. airfield.

***a·float** [əflóut] 凡⓸ (* 형용사로는 주로 서술용법이지만, 한정용법의 경우는 명사 뒤). **1** (물·공중에) 떠서, 뜬, 표류하여〔한〕. ¶set a ship ~ 배를 진수시키다 / The ship is ~. 배가 떠 있다. **2** 배 위에. ¶cargoes ~ and ashore 해상의 짐과 양륙한 짐. **3** 해상에서(에 있는). ¶life ~ 해상 생활 / service ~ 해상 근무. **4** (배의 갑판·밭 따위가) 침수되어, 물에 잠겨, 물에 씻겨. ¶The main deck was ~. 주갑판이 침수되었다. **5** 부동(浮動)하여, 불안정하게 움직여. **6** (소문 따위가) 유포되어, 퍼져. ¶A rumor is ~ about you. 네 소문이 자자하다. **7** (상업) (어음이) 유통되어; (채권이) 부동하여. **8** (경제적인) 곤경에서 벗어나. ¶The firm is again ~. 그 회사는 다시 적자를 면했다. 「지지 않고 있다.

keep[or stay] afloat ① 물(공중)에 떠 있다. ② 빚
set[or get] afloat ① ~을 띄우다. ② (소문 따위)를 퍼뜨리다.

a·flut·ter [əflʌ́tər] 凡⓸ (* 형용사로는 서술용법) (깃발·날개 따위가) 펄럭여; 들떠서, (가슴이) 두근거려.

AFM Air Force Medal; American Federation of Musicians(미국 음악가 연맹); audio frequency modulation(음성 주파수 변조). **AFN** American [Armed] Forces Network. **AFO** Accounting and Finance Office [Officer]. **A.F.O.** Admiralty Fleet Order. 「초점의.

a·fo·cal [eifóukəl] 圀 〔광학〕 (망원경 따위가) 무한
A.F. of L. = AFL. 「(bottom)

à fond [аː fɔ́ːŋ/F а fɔ̃] 凡 철저하게. 〈F to the

***a·foot** [əfút] 凡⓸ (* 형용사로는 주로 서술용법이나, 한정용법의 경우는 명사 뒤). **1** 도보로. ¶go ~ 걸어가다. **2** 일어나, 움직여. ¶be early ~ 일찍부터 일어나 있다. **3** 진행중인(in progress), 계획 중에; (일이) 생겨서. ¶There is mischief ~. 나쁜 일이 벌어지고 있다 / A design is ~. 계획이 추진되고 있다. 「시작되다.

get afoot 걸을 수 있게 되다; (병이) 쾌유되다; (일이)
not know whether[or if] one is afoot or horseback 혼란에 빠져 있다; 머리가 둔하다.

set afoot (일)을 일으키다, (계획·음모 따위)를 꾸미다; (소문)을 내다. 「방안) (~에(before).

a·fore [əfɔ́ːr] 凡⓾(전)⓾ (해사) 이물에, 앞쪽에; (고어)

serve afore the master 평(平)선원으로 일하다.

a·fore- [əfɔ́ːr] 〔연결〕 before의 뜻. ¶aforementioned. 「(전기(前記)한.

a·fore·men·tioned [əfɔ́ːrménʃənd] 圀 전술한,

a·fore·said [əfɔ́ːrsèd] 圀 전술(前述)한. ――圀 (단·복수 양용) (the ~) 전술한 것.

a·fore·thought [əfɔ́ːrθɔ̀ːt] 圀 미리 생각된, 계획적인. ¶a crime ~ 계획적인 범죄. 「고의적으로.

with malice aforethought 〔법률〕 예비 음모로;
――圀⓾ⓒ 사전 고려, 고의(故意).

a·fore·time [əfɔ́ːrtàim] 凡 이전에, 미리, 전부터.
――圀 이전의, 사전의. 「더구나. 〈L

a for·ti·o·ri [éi fɔ̀ːrʃiɔ́ːrai] 凡 더욱 유력한 이유로;

a·foul [əfául] 凡⓸ (* 형용사로는 서술용법) 충돌하여; 뒤엉켜, 얽혀.

run [or come, fall] afoul of ① (사상·이해가) ~와 충돌하다, 문제를 일으키다; 〔법률 따위〕에 저촉되다. ② ~와 뒤엉키다; ~에 휩쓸리다.

AFP (프랑스) Agence France-Presse(프랑스 통신사); 〔병리〕 alpha-fetoprotein (알파 페토 단백(태아가 만드는 단백질)); American Federation of Police;

Armed Forces Police; authority for purchase.
AFR Air Force Regulation [Reserve]. **Afr.** Africa(n). **A.-Fr.** Anglo-French(영불의).
Afr- [æfr] 연결 ⇨AFRO-
‡**a·fraid** [əfréid] 형 (*more* ~; *most* ~) (서술용법) 1 (…을) 무서워하여, 두려워하여 (*of*). ¶be much ~ *of snakes* 뱀을 아주 무서워하다(* afraid는 매우 두려워하는 부사는 much이지만, (美구어)에서는 very를 쓴다).

유의어 **afraid** 마음 속의 불안을 뜻한다. **alarmed** 절박한 또는 예기치 못한 위험을 알았을 때에 일어나는 가지각색의 기분을 나타낸다. **fearful** 예기치 못한 위험 따위에 대한 두려움을 나타낸다. **frightened** 돌연한 일시적 공포나 육체적 위해에 대한 불안에서 오는 공포로 쇼크를 받은 경우를 말한다. **scared** terrified 보다 구어적인 표현이다. **terrified** 심한 공포가 엄습해 왔을 때의 감정적 반응을 나타낸다.

2 (…을) 걱정하여, 염려하여 (*of, about, for*). ¶He is ~ *of* his own shadow. 그는 자기의 그림자를 무서워한다; 매우 겁이 많다 / I am ~ *of* dying. 나는 죽지나 않을까 걱정이다 // I am ~ *lest* I should miss the last train. 막차를 놓치지 않을지 걱정이다.

(USAGE) **afraid**+절, **afraid**+**to**- 부정사, **afraid**+**of**+동명사—He is ~ (*that*) he will die,는 「그는 죽지나 않을까 걱정하고 있다」는 뜻; He is ~ *to* die.는 「그는 죽음을 두려워하고 있다, 축을 용기가 없다」라는 뜻; He is ~ *of* dying.은 상기의 뜻의 어느 것으로나 해석되지만 'afraid+절」의 뜻으로 되는 경우가 많다.

3 유감스러우나 …인, 공교로운, 때마침의. 4 …을 꺼려서, 싫어하여. ¶I'm ~ *of* physical labor. 나는 육체 노동을 싫어한다 // She was ~ *to* show her emotions. 그녀는 감정을 드러내는 것을 꺼렸다.
(*I'm*) *afraid not.* 유감스럽지만 그럴 수 없을 것 같습니다. ¶Will he recover soon?—*I'm* ~ *not*. 그는 곧 회복될까요?—어려울 듯합니다.
(*I'm*) *afraid so.* 유감스럽지만 그런 것 같습니다. ¶Has he lost all his assets?—*I'm* ~ *so*. 그는 전 재산을 잃었습니까?—그런 것 같습니다.
I'm afraid (that) … (* that은 종종 생략; 글의 앞·중간·끝에 사용). ① (바람직하지 않은 일에 대해) …같다, (유감이지만) …라 생각한다. ¶*I'm* ~ it will rain tonight. 오늘 밤엔 비가 올 것 같다. ② (상대방에 대한 조심성을 나타내어) 말씀드리기 곤란합니다만, 유감입니다만, 죄송합니다만. ¶You are taking me for somebody else, *I'm* ~. 죄송합니다만 사람을 잘못 보신 것 같습니다.

(USAGE) ² **I hope**와 **I am afraid**——자기의 발언에 「…이라 생각한다」고 가볍게 첨가할 경우 바람직한 일에는 I hope를, 바람직하지 않은 일에는 I am afraid를 쓴다: *I hope* we shall be in time. 시간에 댈 수 있겠지 / We shall be late, *I'm* ~. 우린 늦지 않을지 모르겠다 / Must I go now?—*I'm* ~ *so*. 지금 가야 할까?—그래야 할 것 같군.

A-frame [éifrèim] 명 A(자)형 틀(무거운 것을 받치는 데 쓴다), 지게; A자형 구조의 집. —형 A자 모양의, A(자)형 틀 위에 지어진.
Af·ra·mer·i·can [ǽfrəmérikən] 형명 =Afro-American, African-American.
Af·ra·sia [æfréiʒə, -ʃə] 아프라시아(아프리카 북부와 아시아 남서부를 일괄해서 부르는 이름).
Af·ra·sian [æfréiʒən, -ʃən] 아프라시아의; 아프리카인과 아시아인의 혼혈의. —명 아프리카인과 아시아인의 혼혈아. 「신. (또는 **afrit**)
af·reet [ǽfri:t, əfrí:t] 명 (아라비아 신화) 악마, 귀
***a·fresh** [əfréʃ] 부 새로이(anew), 새삼스럽게, 또 다시(again). ¶start ~ 다시 시작하다.
Af·ric [ǽfrik] 형 =African.
‡**Af·ri·ca** [ǽfrikə] 명 아프리카(약 **Afr.**)
‡**Af·ri·can** [ǽfrikən] 형 1 아프리카의; 아프리카(흑)인의. 2 흑인의; (교회 등의) 흑인에 의한. —명 아프리카인; 아프리카 흑인. **-cán·i·ty, ~·ness** 명
Af·ri·ca·na [æfrikǽnə, -ká:nə, -kéinə] 명복 아프리카에 관한 문헌; 아프리카 풍물.
Af·ri·can-A·mer·i·can [-əmérikən] 명형 (美) 아프리카계 미국인(의), 흑인(의)(Afro-American).
Áfrican bláck 명 (美속어) 아프리카 블랙(아프리카산 마리화나의 한 품종).
Af·ri·can·der [æfrikǽndər] 명 =Afrikander.
Áfrican Devélopment Bánk 명 (the ~) 아프리카 개발 은행(약 ADB).
Áfrican Devélopment Fúnd 명 (the ~) 아프리카 개발 기금(약 ADF). 「크랩스(craps).
Áfrican dóminoes 명복 (美속어) 다이스(dice);
Áfrican gólf 명 (美속어) 크랩스(craps).
Af·ri·can·ism [ǽfrikənìzm] 명 1 아프리카 문화의 특질. 2 아프리카 언어로부터의 차용 어구. 3 아프리카 문화(정신); 아프리카 민족(독립)주의.
Af·ri·can·ist [ǽfrikənist] 명 아프리카 언어(문화) 연구가; 아프리카 민족(독립)주의자.
Af·ri·can·ize [ǽfrikənàiz] 타 …을 아프리카화하다; (백인 직원을) 아프리카인으로 대체하다; 아프리카 흑인 체제로 만들다. **-i·zá·tion** 명
Áfrican líly 명 =agapanthus. 「니; 그 목재.
Áfrican mahógany 명 (식물) 아프리카 마호가
Áfrican Nátional Cóngress 명 (the ~) 아프리카 민족 회의(남아공의 흑인 해방 조직; 약 ANC).
Áfrican tíme 명 (남아공 속어) 시간을 지키지 않음.
Áfrican Únion 명 (the ~) 아프리카 연합(아프리카 국가들의 창설을 추진 중인 유럽 연합(EU)형 국가 연합; 약 AU).
Áfrican víolet 명 (식물) 아프리카 제비꽃.
Af·ri·kaans [æfriká:nz, -ká:ns] 명 U 아프리칸스(네덜란드어에서 전화(轉化)한 남아공의 공용어(의)(Taal). —명 아프리칸스의; 아프리카너(Afrikaner)의.
Af·ri·kan·der [æfrikǽndər] 명 1 아프리칸더 육우; 아프리카 남부에서 사육되는 양의 한 품종. 2 (고어) =Afrikaner. (또는 **Africander**)
Af·ri·ka·ner [æfriká:nər, -kǽn-] 명 남아프리카의 백인. (또는 **Afrikaaner**)
Af·ri·ka·ner·dom [æfriká:nərdəm, -kǽn-] 명 남아프리카 백인 민족주의; 남아프리카 백인 지역(사회); (집합적) 남아프리카 백인.
Af·ri·ka·ner·ism [æfriká:nərìzm, -kǽn-] 명 아프리칸스 특유의 어법(어구).
af·rit [ǽfri:t, əfrí:t] 명 =afreet.
Af·ro [ǽfrou] 명 아프로(곱슬머리를 둥글게 부풀린 흑인의 머리 모양), 아프로 머리의, 아프리카식의. **~ed** 형 아프로형으로 한.
Af·ro- [ǽfrou, -rə] 연결 African의 뜻. ¶ *Afro-American, Afro-Asiatic*. (또는 **Afr-**)
Af·ro-A·mer·i·can [-əmérikən] 명형 (아프리카계) 미국 흑인(의)(African-American).
~·ism 명 아메리카 흑인 문화.
Af·ro-A·sian [-éiʒən, -ʃən] 명형 아시아·아프리카인(의). ¶the ~ bloc 아시아·아프리카 블록.
Af·ro-a·si·at·ic [ǽfrouèiʒiǽtik/-ʃiǽt-] 명 아시아·아프리카 어족의. —명 U 아시아·아프리카 어족 (Hamito-Semitic). (또는 **Afro-Asiátic**)
Af·ro-beat [-bi:t] 명 (음악) 애프로비트(아프리카 여러 음악의 리듬을 따서 만든 음악).
Af·ro-haired [-héərd] 형 아프로(Afro) 헤어스타일의. 「찬.
Af·ro·ism [ǽfrouìzəm] 명 아프리카 흑인 문화 예

Af·ro-Lat·in [-lǽtin] 형 (음악) 아프로라틴의(아프리카와 라틴 아메리카의 음악을 혼합한).

af·ror·mo·si·a [æfrɔːrmóuziə, -ʒə] 명 (식물) 아프로모지아; 그 목재(아프리카산 가구 장식재).

Af·ro-rock [-rɑ̀k/-rɔ̀k] 명 아프로록(전통적인 록 스타일을 도입한 현대 아프리카 음악).

AFRS Armed Forces Radio Service(통 AFRTS).

AFRTS (美) Armed Forces Radio and Television Service(미군 라디오·TV방송망). **AFS** Air Force Station; American Fisheries Society. **A.F.S., AFS** American Field Service(미국 국제 장학 재단); American Folklore Society. **AFSATCOM** (美) Air Force Satellite Communications System(공군 위성 통신 시스템). **AFSC** American Friends Service Committee (미국 프렌드파 봉사단).

aft[1] [æft, ɑːft] (항공·해사) 형 선미(쪽)에; (항공기의) 후미에(쪽으로). ¶Stow the luggage ~. 짐을 후미(선미)에 실어라.
fore and aft ⇒FORE.
— 부 선미(후미)(쪽)에 있는. ¶the ~ decks 후갑판.

aft[2] 부 (···의) 뒤[후부]에서 (of). — 형 (英·캐나다 속어) 오후. [<afternoon]

aft[3] 부 (스코) =often.

AFT, A.F.T. Air Freight Terminal; American Federation of Teachers(미국 교원 연맹). **aft.** after; afternoon. **AFTA** ASEAN Free Trade Area

‡**af·ter** ⇒AFTER. ⟨p. 64⟩ (ASEAN 자유 무역 지역).

af·ter- [ǽftər/ɑ́ː-] 연결 뒤의, 후의.

af·ter·ages [ǽftəréidʒiz/ɑ́ː-] 명(통) 후세.

af·ter·beat [ǽftərbìːt/ɑ́ː-] 명 (음악) 애프터비트 (강(強) 박자 뒤에 오는 약(弱) 박자).

af·ter·birth [ǽftərbə̀ːrθ/ɑ́ː-] 명 (병리) 후산(後産), 태(胎); (美속어) 추남, 추녀.

af·ter·bod·y [ǽftərbɑ̀di/ǽftərbɔ̀di] 명 1 (해사) 선미, 고물; (항공) 후부 동체[기체]. 2 (로켓·미사일의 nose cone 배후의) 동체. 「腦」(hindbrain).

af·ter·brain [ǽftərbrèin/ɑ́ː-] 명 (해부) 후뇌(後腦).

af·ter·burn·er [ǽftərbə̀ːrnər/ɑ́ː-] 명 (항공) (제트 엔진의) 재연소 장치; 후부 연소기.

af·ter·burn·ing [ǽftərbə̀ːrniŋ/ɑ́ː-] 명 (항공) (제트 엔진의) 재연소(법); (로켓 엔진의) 잔류 연료 불규칙 연소; (내연 기관의 가스의) 후(後)연소.

af·ter·burst [ǽftərbə̀ːrst/ɑ́ː-] 명 (핵(무기) 폭발 후 발생하는) 방사능 확산·오염.

af·ter·care [ǽftərkɛ̀ər/ɑ́ː-] 명 1 (병후) 병후 (산후) 조리. 2 (졸업 후의) 직업 보도(補導); (형기 종료 후의) 갱생 지도. 3 (상품 수리 따위의) 애프터서비스.

af·ter·clap [ǽftərklæ̀p/ɑ́ː-] 명 (사건 따위의) 뜻하지[바람직스럽지] 않은 여파, 뒤탈.

áfter còst 명 사후(事後) 비용.

af·ter·crop [ǽftərkrɑ̀p/ǽftərkrɔ̀p] 명 (작물의) 두번째 수확, 그루갈이; =aftermath 2.

af·ter·damp [ǽftərdæ̀mp/ɑ́ː-] 명(U) 후(後)잔류 가스(갱 안에서 폭발 뒤에 남은 유독 가스).

af·ter-dark [-dɑ́ːrk] 형 해진 뒤의.

af·ter·days [ǽftərdèiz/ɑ́ː-] 명(통) 후일, 후년.

af·ter·deck [ǽftərdèk/ɑ́ː-] 명 (해사) 뒷갑판, 후갑판.

af·ter·din·ner [-dìnər] 형 정찬[만찬] 뒤의, 식후의. ¶an ~ speech (정찬 뒤의) 테이블 스피치, 탁상 연설 / an ~ cup [pipe] 식후의 커피[담배 한 대].

af·ter·ef·fect [ǽftərifèkt/ɑ́ː-] 명 (종종 ~s) 1 여파; 후유증; 자취, 흔적. 2 (병리) 부작용, 후유증.

af·ter-five [-fàiv] 형 (남성용) 오후 5시 이후(의) 입는.

af·ter·glow [ǽftərglòu/ɑ́ː-] 명 1 (the ~) 저녁 놀; (물리) 잔광(殘光). 2 (즐거운 따위의) 여운; 회상, 회고. 「뒤에」 다시 자라는 풀.

af·ter·grass [ǽftərgrǽs/ǽftərgrɑ̀ːs] 명 (베고 난

af·ter·growth [ǽftərgròuθ/ɑ́ː-] 명 후아(後芽); 두번째 나는 것; 그루갈이(second crop).

af·ter·guard [ǽftərgɑ̀ːrd/ɑ́ː-] 명 (해사) 요트 소유자와 승객들; 후갑판원. 「(餘熱).

af·ter·heat [ǽftərhìːt/ɑ́ː-] 명(U) (물리학) 여열

af·ter-hours [-áuərz] 형 폐점 후의, 영업 시간 외의; 폐장 후의 (증권 따위의) 폐장 후 거래/~ business deals (근무 시간외) 고객 접대.

af·ter·im·age [ǽftərìmidʒ/ɑ́ː-] 명 (심리) 잔상(殘像). (또는 **photogene**)

af·ter·life [ǽftərlàif/ɑ́ː-] 명 (the ~) 저승, 내세 (來世)(life after death); (one's ~) 만년, 여생.

af·ter·light [ǽftərlàit/ɑ́ː-] 명(U) 저녁놀, 잔광; 뒤에 생각나기, 뒷궁리. 통 foresight

af·ter·mar·ket [ǽftərmɑ̀ːrkit/ɑ́ː-] 명 1 수리용 품[부속품] 시장; (본래 시장 뒤에 생기는) 새[제2] 시장. 2 (美) (증권) =secondary market.

af·ter·math [ǽftərmæ̀θ/ɑ́ː-] 명 1 (보통 the ~, one's ~) 결과, 여파, 영향; (전쟁·재해 따위의) 직후 시기. ¶the ~ of a flood 홍수의 여파 / the ~ of war 전쟁의 여파. 2 (목초의) 두벌베기; 재생초(rowen). 「술의.

af·ter·men·tioned [-mènʃənd] 형 뒤에 말한, 후

af·ter·most [ǽftərmòust/ɑ́ː-] 형 (해사) 최후미의, 맨 뒷부분의; 최후의(last).

‡**af·ter·noon** [ǽftərnúːn, ɑ̀ː-/ɑ́ː-] 명 (통 ~s [-z]) 1 오후. ¶this [tomorrow, yesterday] ~ 오늘 [내일, 어제] 오후 / during the ~ 오후(동안)에 / on Sunday ~ 일요일 오후에 / on the ~ of the 2nd 2일 오후에(* 특정일 오후를 나타낼 때 보통 on을 쓴다). 2 (the ~) 후반, 후기. ¶the ~ of life 만년, 인생의 내리막길.
in the afternoon 오후에 (어느) 오후 (···시).
Good afternoon! ⇒GOOD AFTERNOON.
— 형 [-́-,-́-,-́-] 오후의. ¶an ~ program 오후 프로

áfternoon dréss 명 애프터눈 드레스. 「그램.

áfternoon dríve 명 (美속어) (자동차 통근자가 라디오를 들으며 귀가하는) 퇴근 시간(러시 아워).

af·ter·noon·er [ǽftərnúːnər/ɑ́ː-] 명 (구어) 1 오후부터 활동적이 되는 사람; 오후의 프로그램. 2 (야구 따위의) 주간 경기. 3 (석간보다 이른) 오후 신문.

áfternoon lády 명 분꽃.

áfternoon páper 명 석간(夕刊) 신문. 「나뭇꾼.

af·ter·noons [ǽftərnúːnz/ɑ́ː-] 부 오후에는 언제나.

áfternoon shów 명 (TV의) 오후 영화 프로.

áfternoon sléep 명 오수(午睡), 낮잠.

áfternoon('s) mán 명 대낮부터 술 마시는 사람.

áfternoon téa 명 오후의 차[다과회].

af·ter·pain [ǽftərpèin/ɑ́ː-] 명 (병리) U (수술의) 후통(後痛); (~s) 산후 진통(陣痛), 훗배앓이.

af·ter·part [ǽftərpɑ̀ːrt/ɑ́ː-] 명 선미(船尾), 고물.

af·ter·peak [ǽftərpìːk/ɑ́ː-] 명 선미의 선창[수조].

af·ter·piece [ǽftərpìːs/ɑ́ː-] 명 1 (주된 극(劇)이 끝난 뒤에 공연되는) 가벼운 촌극, 막간극. 2 (야구) 더블헤더의 둘째 시합. 3 맺는 말(afterword).

af·ter·play [ǽftərplèi/ɑ́ː-] 명 (성교 뒤의) 후희(後戱). 통 foreplay

áfter pòwer 명 (핵물리) 잔류 출력.

af·ters [ǽftərz/ɑ́ː-] 명(통) (英구어) 후식(dessert).

af·ter-sales [-séilz] 형 판매 후의. (또는 **áfter-the-sále**) 「스. 통 warranty

áfter-sáles sérvice [sérving] 명 애프터서비스

áfter-school [ǽftərskùːl/ɑ́ː-] 형 방과 후의; (학교) 졸업 후의.

af·ter·sen·sa·tion [ǽftərsenseìʃən/ɑ́ː-] 명 잔류 감각(자극이 없어진 뒤에도 남는 감각).

af·ter·shaft [ǽftərʃæ̀ft/ɑ́ː-] 명 (조류) 뒷날개(의 깃촉). **~ed** 형

áfter-sháve [ǽftərʃèiv/ɑ́ː-] 형 면도 후의. — 명 애프터셰이빙 로션(~ lotion). (또는 **áfter-sháve**)

af·ter·shock [ǽftərʃɑ̀k/ǽftərʃɔ̀k] 명 여진(餘震); (비유적) (사건 따위의) 후유증, 여파.

af·ter-ski [-skíː] 형(통) 스키를 탄 후의[에 적합한].

원래는 시간·장소의 전후 관계를 나타냈지만, 오늘날에는 「…의 뒤에」라는 시간의 용법만 남았다. 이것이 논리적 판단과 결합하여 결과의 뜻이 생겼고(⇨전 3), 또 원래는 장소적 배후를 나타냈던 데서 「떨어지지 않고 계속 이어져 간다」는 추구의 뜻이 생겼다(⇨전 6). 용법은 반의어인 before와 대체로 같으며, 전치사와 접속사로서의 사용도가 높다.

‡**af·ter** [ǽftər, ɑ́ːf-] 전 **1** 《순서》…의 뒤에, …의 뒤를 이어서. ¶He came ~ me. 그는 나보다 뒤에 왔다 / Repeat this sentence ~ me. 나를 따라 이 문장을 반복하시오 / His name comes ~ mine on [or in] the list. 명부에서 그의 이름은 내 이름 다음이다.

USAGE¹ **after**와 **behind** 「들어오거든[나가거든] 뒤에」 문을 닫아라, 처럼 동작의 시간적 순서를 말할 경우에는 Shut the door ~ you. 처럼 after를 쓰고, 「…의 뒤쪽의」처럼 공간적 전후 관계를 말할 때는 behind를 쓴다: She shut the door *behind* her.

2 《시간》 …의 뒤[후]에, …이 끝나고; …의 다음에도; …지나서. ¶~ hours 몇 시간 지나서 / ~ three months 3개월 후에 / the day ~ tomorrow 모레 / the week ~ next 다음다음 주 / ten minutes ~ five 《美》 5시 10분 / day ~ day 매일매일 / year ~ year 매년, 해마다 / Tell me ~ supper. 저녁 식사 후에 말해 주게 / It was ~ dark when we got back. 우리가 돌아온 것은 해가 진 뒤였다 / A~ doing my assignment, I went to bed. 나는 숙제를 한 뒤에 갔다.

USAGE² (1) **after**와 **since** since는 어떤 시점에서 현재(또는 과거의 어떤 시점)까지의 계속을 뜻하나, after는 계속의 뜻을 포함하지 않는다. 따라서 since는 완료형과, after는 단순형과 함께 쓰이는 일이 많다: *Since* graduation I *have heard* nothing of him. *A~* graduation I *heard* nothing of him.
(2) **after a week**와 **in a week** 현재를 기점으로 「1주일 뒤에」의 경우에는 *in* a week를 쓰고, 과거 또는 미래의 어떤 시점을 기점으로 할 경우에는 *after* a week를 쓴다.

3 《인과》 a) 《당연한 결과》 …하였기 때문에, …이기 때문에, …의 결과. ¶She was hungry ~ her long morning's walk. 오랫동안 아침 산책을 했기 때문에 그녀는 배가 고팠다 / The hall was very dark ~ sunshine. 밝은 옥외에 있었기 때문에 현관 안은 아주 어둡게 보였다 / A~ what has happened, I can never return. 이런 일이 있었기 때문에, 나는 결코 돌아갈 수 없다. b) 《반대의 결과》 …에도 불구하고; A~ all our efforts, we failed. 모든 노력을 다하였으나 실패했다.
4 《순위》 …에 이어서, …다음으로. ¶Milton is usually placed ~ Shakespeare among English poets. 밀턴은 보통 영국의 시인 중 셰익스피어 다음으로 평가된다.
5 《모방·합치》 …을 본받아; …을 본떠서[흉내내어]. ¶copy ~ a model 모형을 본뜨다 / a picture fashioned ~ Raphael 라파엘의 화풍을 본받은 그림 / They built great Buddhist temples ~ the Chinese pattern. 그들은 중국의 양식을 본떠서 불교 대사원을 세웠다.
6 《목적·추구》 …을 추구하여, …을 찾아서. ¶go ~ fame [wealth] 명성[부]를 추구하다 / I'm ~ a decent job. 남과 같은 번듯한 직장을 구하고 있다 / What are you ~? 당신은 무엇을 추구하고 있는가? / He is ~ my money. 그가 노리는 것은 나의 돈이다.
7 《연유》 …에 연유하여, …의 이름을 따서. ¶He was named ~ his uncle. 그의 이름은 삼촌의 이름을 따서 지어졌다(* after 대신에 《美》에서는 for도 쓴다).
8 《순응》 …에 좇아서, …에 순응해서[맞추어]. ¶live ~ the world 세상 속으로 따르다 / He was a man ~ the hopes and expectations of his father. 그는 아버지의 희망과 기대에 모두 부응하는 사람이었다 / He swore ~ the manner of his faith. 그는 자신의 신앙에 맞는 방식으로 선서하였다.
9 《관련》 …의 일을, …에 관하여, …에 대하여(about). ¶ask ~ a person 남의 안부를 묻다 / She fretted ~ her son. 그녀는 아들의 일로 애를 태웠다 / We inquired ~ him. 우리는 그를 문병하였다.
10 《제외》 …을 빼고(《英》 before). ¶the price ~ tax 세금을 뺀 가격.

after a fashion ⇨FASHION.
after all ⇨ALL.
after one's own heart ⇨HEART.
after you 어서 먼저, 먼저 (들어가·타)가세요. ¶A~ *you*, please. 먼저 가십시오[하십시오] / A~ *you* with the paper, please. 신문은 어서 먼저 보시지요(읽고 난 후에 돌려주십시오).
man after man 몇 사람이고 줄을 이어.
on and after …이후.
one after another 잇따라서.
one after the other 번갈아, 교대로.
take after a person 남을 닮다.
time after time 몇 번이나, 여러 번.

—전 **1** 《순서》 뒤에서(behind, in the rear). ¶The fatty came tumbling ~. 뚱보는 뒤에서 대굴대굴 구르듯이 달려왔다. **2** 《시간》 나중에, 후[뒤]에, 다음에(later, afterward). ¶the day ~ 그 다음 날 / three hours ~ 3시간 후에(* after three hours처럼 전치사 용법으로 하는 것이 일반적) / look before and ~ 앞뒤를 보다 ; 앞뒤를 생각하다 / They lived happily ever ~. 그들은 그후 내내 행복하게 살았다 / What comes ~? 다음에는 무엇이 오는가?

주의 three hours *after*처럼 시간을 나타내는 경우와 순서를 나타내는 경우 이외의 「뒤에, 나중에」는 보통 afterward나 later를 사용한다. 즉 He will come ~.라고 하지 않고, He will come *afterward* [or *later*].라고 말한다.

—형 **1** 뒤의, 뒤에, 나중의, 다음의, 이어서 일어나는. ¶the ~ life 내세(來世) / in ~ days 후일. **2** 《해사·항공》 선미[고물] 쪽의, 선미에 가까운, 선미에 있는. ¶an ~ hold 후부 선장(船倉) / ~ masts 뒷 돛대 / the ~ part of a hull 선체 후부.

—접 …보다 뒤[후]에, …한 다음에. ¶You can be a doctor ~ you graduate from medical school. 의학부를 졸업한 뒤에는 의사가 될 수 있다 / A~ we had glanced at the headlines, we went to work. 우리는 신문의 표제를 한번 훑어본 뒤 일하러 갔다.

USAGE³ (1) after로 시작되는 부사절에서는 미래(완료)형 대신에 현재(완료)형을 쓴다. 즉 I'll go to bed ~ I *finish* studying. (공부를 끝낸 다음에 자겠다)로 하지, *will* finish라고는 하지 않는다.
(2) after 절 안에서는 현재완료형이나 과거완료형을 쓸 수 있으나, after의 뜻으로 보아 시간의 전후 관계를 알 수 있으므로 각각 현재형과 과거형으로 표현하는 경우가 많다.

after all is said and done 이러니 저러니 해도 결국 [역시].

—명 《구어》 오후(afternoon); (~s)《英구어》 ⇨AFTERS.

— 图 스키를 탄 후의 모임[활동].
af·ter·taste [ǽftərtèist/áːf-] 图UC 뒷맛; (불쾌한 경험을 한 뒤의) 여운(餘韻).
af·ter·tax [ǽftərtæks/áːf-] 图 세금 공제 후의, 순수입의. ¶ ~ income 세후(稅後) 소득. 图 before-tax
af·ter-the·a·ter [-θìːətər] 图 연극 관람 후의.
af·ter·thought [ǽftərθɔ̀ːt/áːf-] 图 1 뒤에 다시 하는 생각, 재고; 결과론. 2 반성; (일이 끝난 뒤에 나는) 때늦은 생각[지혜]. 3 (계획·설계 등의) 추가 부분, 보충. 4 [문법] 추가 표현. 5 예정 외에 낳은 막냇자식.
af·ter·time [ǽftərtàim/áːf-] 图U 금후, 장차.
af·ter·treat·ment [ǽftərtriːtmənt/áːf-] 图 (염색 직후의) 뒤처리.
af·ter·war [ǽftərwɔ̀ːr/áːf-] 图 =postwar.
‡**af·ter·ward** [ǽftərwərd, áːf-/-fə-] 图 뒤에; 그 뒤, 이 후(图 beforehand). ¶long ~ 훨씬[오래] 뒤에/ They lived happily ever ~. 그 후에 그들은 행복하게 살았습니다(옛날 이야기를 끝맺는 말). (또는 **after-wards**) — 图 (~s) =afters.
af·ter·wit [ǽftərwit/áːf-] 图UC 때늦은 지혜.
af·ter·word [ǽftərwɜ̀ːrd/áːf-] 图 (저자 이외의 사람이 쓴) 후기(後記), 발문(跋文)(closing statement).
af·ter·world [ǽftərwɜ̀ːrld/áːf-] 图 내세, 저승.
af·ter·years [ǽftərjìərz/áːf-] 图图 만년; (특정한 사건의) 후년(後年), 뒷날.
af·to [ǽftou/áːf-] 图 《濠속어》 =afternoon.
AFTRA American Federation of Television and Radio Artists(미 TV·라디오 연예인 조합). **AFV** armored fighting vehicle(전투용 장갑차). **Ag** 《化学》 silver. [<L argentum] **ag.** agriculture. **Ag. agent**; agriculture; August. **A/G** air-to-ground.
A.G. 《美》 Adjutant [Attorney] General; 《독일》 Aktiengesellschaft(주식 회사).
ag- [æg, əg] 图 ⇒AD-.
a·ga [áːgə] 图 (터키 등) 회교국 고관의 존칭; 고관대작; 장군. (또는 agha)
A·ga·de [əgáːdə] 图 =Akkad.
‡**a·gain** [əgén, əgéin] 图 1 다시, 또, 다시 한 번. ¶try ~ 다시 한 번 해보다/Come and see me ~ tomorrow evening. 내일 밤 다시 와주오/Late ~ for school! 학교에 또 지각이군!/The woman was never seen ~. 그녀의 모습은 두 번 다시 볼 수 없었다. 2 그리고 또, 게다가(moreover). ¶The recent loss, ~, is a heavy blow to his undertaking. 게다가 또 최근의 손실도 그의 사업에는 큰 타격이다/Then ~, what on earth did he do? 그리고 또 그는 대체 무슨 일을 저질렀단 말인가? 3 다시 그만큼, …배(倍). 4 다른[또] 한편으로는. ¶I might succeed and ~ I might not. 잘 될지도 모르지만 또 한편으로는 잘못 될지도 모르겠다 / This is better, but ~ it takes more time. 이쪽이 좋기는 하나 시간이 더 많이 걸린다. 5 제자리에, 원상태로. ¶come back ~ 되돌아오다/pay a person back ~ 남에게 돈을 갚다. 6 대답하여, 응하여; (소리가) 반향하여. ¶I answered him ~. 나는 그에게 말대꾸했다.
again and again 몇 번이고, 되풀이해서.
Again(, please) 다시 한 번 말씀해 주세요.
as much [many, long, large] again (as...) (…의) 2배의 양[수, 길이, 크기]. ¶She earns as much ~ as I do. 그녀는 나의 2배를 번다.
back again 원래대로, 본디 있던 자리로.
be *oneself* **again** 본래의 자기로 돌아가다, 회복되다.
Come again. 《구어》 또 오세요.《의문문에서》 지금 뭐라고 했소. 다시 한 번 말해 주시오.
ever and again 종종, 때때로.
half as... again as 1배 반의(양·수·크기 따위).
never again 두 번 다시 …않는[않다].
now and again 이따금, 때때로.
off again, on again; on again, off again (구

어) 변덕스러운, 변하기 쉬운.   「부탁드립니다.
once again 다시 한 번. ¶*Once* ~, please. 한 번 더
once and again ① 재삼재사. ② =*over again*.
over again 다시 한 번, 거듭. ¶tell the story *over* ~ 다시 한 번 그 이야기를 되풀이하다.
over and (over) again =*again and again*.
something else again 전혀 별개의 것.
then [or there] again (앞 문장을 받아서) 그렇지 않고, 반대로.   「~는 말).
(the) same again 한 잔 더에(술 따위를 주문할 때 쓰
time and (time) again =*again and again*.
to and again 여기저기, 왔다갔다.
‡**a·gainst** ⇒AGAINST. 〈p. 66〉
A·ga Khan [áːgə káːn] 图 《회교》 아가 한(인도 Ismailian파 지도자의 칭호).
a·gal·loch [əgǽlək, ǽgəlòk] 图 침향(沈香), 가라(伽羅)(沈香나무).   「마쨈.
ag·a·ma [ǽgəmə] 图 (인도·아프리카산) 아가마 도
Ag·a·mem·non [ægəmémnan/-nɔn] 图 〈그리스 신화〉 아가멤논(미케네(Mycenae)의 왕; 트로이 전쟁의 그리스군 총사령관).
a·gam·ic [əgǽmik] 图 〈생물〉 무성(無性)(생식)의 (asexual); 〈식물〉 민꽃식물의; 은화(隱花)(식물)의.
ag·a·mo- [ǽgəmou, eigǽmou, -mə] 연결 「무성(無性)」의 뜻 (* 모음 앞에서는 agam-).
ag·a·mo·gen·e·sis [ægəmoudʒénəsis, èigæmə-] 图U 〈생물〉 무성(無性) 생식; 단위(單爲) 생식.
-ge·net·ic ***-ge·nét·i·cal·ly*** 图
ag·a·mo·sper·my [ǽgəmouspə̀ːrmi, eigǽmə-] 图 〈생물〉 무수정 생식(단위(單爲) 생식·무배(無配) 생식·무포자(無胞子) 생식 등의 무배우(無配偶) 생식).
ag·a·mous [ǽgəməs] 图 =agamic.
a·ga·my [ǽgəmi] 图U 1 (어떤 집단에서) 결혼이 없음[인정되지 않음]. 2 〈생물〉 =agamogenesis.
A·ga·ña [əgáːnjə] 图 아가냐(Guam의 중심 도시).
ag·a·pan·thus [ægəpǽnθəs] 图 〈식물〉 아프리카나리(African lily).
a·gape[1] [əgéip, əgǽp] 图图 (* 형용사로는 서술용법) (놀람·기대 따위로) 입을 딱 벌리고, 아연 실색하여(at, with), ¶stand ~ with surprise 놀라서 멍하니 서 있다.
a·ga·pe[2] [áːgɑːpei, ɑ̀ːgəpéi/ǽgəpi] 图 (图 **-pae** [-pai, -pài, -piː]) 1 아가페, 사랑; (성애(性愛)에 대하여) 신의 사랑(图 Eros). 2 애찬(愛餐) (기독교 공동체의 친목 회식).
ag·a·pe·mo·ne [ægəpémɪni/-píːm-] 图 (A-) 사랑의 집(19세기 중엽 영국 Spaxton에 설립된 자유 연애주의자의 단체); 자유 연애장.
a·gar [áːgɑːr, ǽgər/éigə] 图U 한천, 우뭇가사리 (또는 **ágar-ágar**); 〈생물〉 한천 배양기(基). [(屬)의).
ag·a·ric [ǽgərik, əgǽrik] 图图 〈식물〉 주름버섯(속
ag·ate [ǽgət] 图UC 1 〈광물〉 마노(瑪瑙). 2 (마노 또는 유리제의) 구슬. 3 〈인쇄〉 애깃, 루비 활자(5.5포인트의 활자)(《英》 ruby). 4 철사 제조용 철판[정선판(整線板)]; (제본용의) 마노 연마기.
ágate jásper [광물] 마노 벽옥.
ágate líne (美·캐나다) 광고면의 1행, 애깃 라인 (14분의 1인치 높이와 한 칼럼의 폭).
ag·ate·ware [ǽgətwɛ̀ər] 图U 에나멜 칠을 한 쇠그릇; 마노 무늬의 도자기.
Ag·a·tha [ǽgəθə] 图 애거서(여자 이름).
a·ga·ve [əgáːvi/əgéivi, ǽgeiv] 图 (멕시코산(産) 용설란속(屬)의) 식물.   「을 잃고 (바라보는)(at).
a·gaze [əgéiz] 图图 《서술용법》 바라보고 (있는), 넋
AGB Audits of Great Britain, 〈英〉 TV방송사 시청률 조사 기관. **AGC** (통신) automatic gain control(자동 이득 조정).   **agcy.** agency.
‡**age** [eidʒ] 图 (图 **ag·es** [-iz]) 1 U (일반적으로) 연령; C (구체적인) 연령, 나이. ¶the moon's ~ 월령(月

against

자기 의사에 반하여(against one's will)라고 할 때의 「반하여」가 대표적인 뜻이다. 반(反)하는 것은 어떤 배경에서이기 때문에 「배경」을 가리키게 되고, 또한 비교 대상을 전제로 하기 때문에 「비교」의 뜻도 생겼다. 반의어인 for와 달리 오로지 전치사로만 쓰인다. 원뜻은 「마주 보고」.

‡a·gainst [əgénst, əgéinst] 〔전〕 **I. 대립·충돌**
1 …에 반대하여, …에 거슬러; …에 불리하여; …에 적대하여. ¶a campaign ~ smoking 금연 운동 / ~ a person's expectations 남의 기대에 어긋나게 / ~ reason[will, principles] 이성[의지, 주의]에 반하여 / say anything ~ a person 남의 일을 나쁘게 말하다, 남에게 불리한 일을 말하다 / fight ~ odds 강적에 대항하여 싸우다; 승산이 없는 싸움을 하다 / cross the street ~ a red light 멈춤 신호를 무시하고 도로를 횡단하다 / Are you for or ~ my opinion? 나의 의견에 찬성인가 반대인가? / I am ~ student violence. 나는 학생 폭력에 반대한다 / That's ~ the rules. 그것은 규칙 위반이다.
2 …에 저항하여; …을 방어하여, …을 대비하여. ¶rise ~ oppression 압제에 저항하여 일어서다 / measures ~ disease 방역 조치 / protection ~ burglars 강도에 대비한 방어 / Passengers are warned ~ pickpockets. 소매치기 조심(* 버스 따위에서의 게시).
3 …을 향하여, …와 반대 방향에, …와 충돌하여. ¶ride ~ the wind 바람을 거슬러 말을 달리다 / The rain beats ~ the window. 비가 유리창을 세차게 때린다.
4 …와 겨루어[경쟁하여]. ¶a race horse running ~ his own record time 자기 기록 갱신을 목표로 질주하고 있는 경주마.
II. 의지·배경
5 …에 기대어, …에 의지하여. ¶lean ~ the wall 벽에 기대다 / stand an umbrella ~ the door 우산을 문에 기대어 세우다.
6 …을 배경으로 하여. ¶The church stood out ~ the blue sky. 교회는 파란 하늘을 배경으로 우뚝 서 있었다 / her fair hair gleaming ~ the green leaves 녹색 잎을 배경으로 한층 더 빛나는 금발 / The beads looked well ~ her brown neck. 목걸이는 그녀의 볕에 그은 목에 잘 어울려 보였다.
III. 비교·교환
7 …와 비교하여, …와 대조하여. ¶If you weigh the metal ~ these coins, you will find its weight. 이들 경화와 비교해 보면 그 금속의 무게를 알 수 있다 / win by a majority of 50 ~ 30 30표대 50표라는 큰 차로 이기다.
8 …와 교환하여; …의 대신으로. ¶payment ~ documents 서류 인환 지불 / draw a bill ~ merchandise shipped 발송된 상품 대금으로 어음을 발행하다.
IV. 대비·인접
9 …에 대비하여. ¶buy furs for her ~ the next winter 이번 겨울에 대비하여 그녀에게 모피를 사주다.

[USAGE] **against**와 **for**── against는 for보다 더 나쁜 일(뜻밖의 경우, 기근, 사고 따위)에 「대비하여」라는 뜻으로 쓰이며, 다소 문어적이다: make provision ~ a famine 기근에 대비하다 / save money *for* old age 노후에 대비해서 저축하다.

10 …의 곁에; …의 가까이에.
against all chances 있을 법도 하지 않은.
against a rainy day 역경[만일]에 대비하여. ¶save money ~ *a rainy day* 어려운 시기에 대비하여 저축하다.
against *one's* **heart** [or **will**] 마지 못하여.
against the grain [or **hair**] 성미에 맞지 않게, 본의 아니게.
against the stream [or **tide**] 흐름[시세]을 거슬러.
against time [or **the clock**] 시간을 다투어.
as against …에 대조하여, …에 대해서. ¶a matter of reason *as* ~ emotion 감정이라기보다 이성의 문제 / the rights of labor *as* ~ capital 자본가에 대한 노동자의 권리 / He has an income of $50,000 a year, *as* ~ the national average of $20,000. 전국 평균 연수(年收)가 2만 달러인데 비해, 그의 연수는 5만 달러나 된다.
dead against …에 단호히 반대하여.
over against (1) …에 마주보고, …의 맞은 편에. ¶There was a big cliff *over* ~ us, blocking our way. 큰 절벽이 우리의 앞길을 가로막고 솟아 있었다 / The car is *over* ~ the building. 자동차는 빌딩 바로 맞은편에 있다. (2) …에 비하여, …와 대비하여 ¶set the rich *over* ~ the poor 가난한 사람들과 부자들을 비교하다.
There is nothing against …에게 불리한 점은 없다.
up against (구어) [곤란 따위]에 직면[당면]하여.
up against it (구어) (경제적으로) 궁지에 몰려.
──〔명〕(고어) …까지는. ¶Have it ready ~ I come. 내가 돌아올 때까지 준비해 두어라.

齢) / the ~ of the student[tree] 그 학생[나무]의 나이 / at the ~ of ten 10세로, 10세에 / What's your ~? 몇 살이지? (=How old are you?) / She is 19 years of ~. 그녀는 19세이다 / I am the same ~ as you. 나는 너와 동갑이다 / I have a daughter of your ~. 내게는 네 나이와 같은 딸이 있다 (* the same ~, a person's ~의 경우 전치사 of는 흔히 생략된다) / She is just my ~. 그녀는 나와 동갑이다. **2** ⓤ 일생, 수명; (인생의) 한 시기. ¶the ~ of man[the dog] 인간[개]의 수명 / a man of middle [old] ~ 중년인 사람[노인]. **3** ⓤ 성년 (* 관습법에서는 21세); (책임·자격·능력 등이 있는) 나이, 규정 연령. ¶the ~ for a driver's license 운전 면허증을 취득할 수 있는 나이. **4** ⓤ 노령, 고령(보통 65세 이상); [집합적] 노인들(⇔ youth). ¶the wisdom of ~ 나이에 따른 지혜 / revere ~ 노인을 존경하다. **5** 세대(generation); [종종 A-] (보통 단수형으로) 시대, 시기(period); (the ~) 현대, 같은 시대. ⇒ PERIOD [유의어] ¶our ~ 현대 / an ~ ago 한 시대 전 / the Elizabethan *A-* 엘리자베스 왕조 시대 (1558-1603) / the Dark [Middle] *Ages* 암흑 시대(중세) / the Ice [Stone, Bronze, Iron] *A-* 빙하[석기, 청동기, 철기] 시대 / the atomic ~; the ~ of atomic power 원자력 시대 / ~s yet unborn 후세의 사람들 / the master of the ~ 현대의 거장 / *The golden* ~ *was never the present day*. (속담) 황금 시대가 현재였던 예는 없다 (언제나 과거의 일). **6** (구어) 오랫동안, 오랜 세월, 장기. ¶That was ~s ago. 그것은 오랜 옛날 일이었다. **7** ⓤ (심리) 발달 연령. ¶mental ~ 정신 연령.
Age before beauty [or **honor**]*!* 어르신[윗사람]부터 먼저(* 연장자에게 차례를 양보할 때 쓰는 말); (익살) (상대에게) 먼저.
be of an age to …할 수 있는 나이다.
be of (full) age 성년이다, 어른이다.
be of tender [**advanced**] **age** 어린 나이[고령]이다.
be [or **act**] *one's* **age** (명령형으로) 나이에 걸맞게 행동해라.

come of age 성년에 이르다, 어른이 되다; 충분히 발달하다.
feel *one's* ***age*** (피로할 때) 나이를 느끼다.
for an age [or ***ages***] 오랫동안.
for *one's* ***age*** 나이에 비해서는, 그 나이로는.
from [or ***with***] ***age*** 나이 탓으로, 고령으로 (인하여). ¶be infirm *with* ~ 노쇠하다.
from age to age 대대로.
in all ages 예나 지금이나, 어느 세상에서나.
in *one's* ***old age*** (英구어·익살) 마침내, 드디어.
live to a great [or ***an old***] ***age*** 장수하다.
look *one's* ***age*** 나이에 걸맞게 보이다. ¶She doesn't *look* her ~. 그녀는 나이에 비해 젊어 보인다.
of a certain age (완곡적) (여성이) 지긋한 나이의 (막연히 40-60세를 지칭하여 말한다).
of age 〔법률〕 성년의. ¶be[come] *of* ~ 성년이다(이다).
of all ages 모든 시대의; 모든 나이의.
over age 성년이 된; 규정 연령을 넘은.
show *one's* ***age*** 나이를 느끼게 하다.
through all ages 어느 시대에나.
through the ages 몇 대에 걸쳐, 대대로.
to all ages 언제까지나, 만년까지도.
under age 미성년의; 규정에 미달인.
— 통 (***ag·es*** [-iz]; ~*d*; ***ag(e)·ing***) ⓐ 1 나이를 먹다, 늙다. ¶He is *aging* rapidly. 그는 자꾸만 늙어간다. 2 (물건이) 낡다. 3 익다, 숙성하다. — 타 1 ⋯를 나이 먹게 하다, ⋯을 늙게 하다. ¶Poverty ~*d* him. 가난이 그를 늙게 했다. 2 ⋯을 낡게 하다 3 〔술 따위〕를 숙성시키다. ¶~ wine 포도주를 숙성시키다. 4 ⋯의 나이를 결정(측정)하다.

age out (美속어) (30-40대가 되어) 스스로 마약(범죄·반사회적 행위)을 끊다.

-age [idʒ] 접미「행위, 상태, 집합, 요금, 건물」따위의 뜻의 명사를 만든다. ¶marri*age*, bond*age*, bagg*age*, orphan*age*, post*age*.

áge bràcket 영 (어느) 연령층, 연령 범위의 사람들. ¶persons in the 30-35 ~ 30-35세의 연령층에 속하는 사람들. (또는 **agebracket**)

a·ged [éidʒid] 영 1 (한정용법) 늙은, 나이든, 노령의 (⇔OLD 유의어); 노령 특유의; 낡은(⇔ young). ¶an ~ man [pine] 노인[노송] / ~ wrinkles 늙어서 생긴 주름살. 2 [éidʒd] (수사와 함께) ⋯세의[로]. ¶a man ~ 40 (years) 40세의 사나이 (* a boy, ~ ten, was... "10세 소년이 ⋯」처럼 말할 경우, 신문 따위에서는 a boy, 10, was...처럼 쓴다) / die ~ 30 30세로 죽다. 3 [éidʒd] (술 따위가) 숙성(熟成)된 (말 따위가) 성장한. ¶~ wine 잘 숙성된 포도주. 4 (the ~) (명사적·집합적: 복수취급) 노인들. ~·**ness** 영

age-date [-dèit] 통 (고고·지질) (발굴물·암석 따위의) 연대를[연대가] 과학적 수단으로 결정하다[결정되다]. — 영 과학적 수단으로 결정된 연대.

áge gròup 영 (사회) 연령 집단[계급]. ⓒ age bracket 「(時效)硬化」

áge hárdening 영 (야금·화학) (합금의) 시효 경화
age·ing [éidʒiŋ] = aging. 「ism」
age·ism [éidʒizm] 영 (미) 노인[연령] 차별. (또는 **age·ist** [éidʒist] 영 노인을 차별하는, 연령 차별의. — 영 노인[연령] 차별주의자. (또는 **agist**)

age·less [éidʒlis] 영 늙지 않는, 불로의; 영원한. ¶~ spirit 노익장(老益壯). ~·**ly** 뤼 ~·**ness** 영

áge límit 영 (the ~) 정년(停年), 정년(定年). ¶retire under the ~ 정년 퇴직하다.

age·long [éidʒlɔ̀ːŋ/-lɔ̀ŋ] 영 오래 계속되는, 영속하는; 오랜 세월의. ¶an ~ mansion 해묵은 저택.

age-mate [éidʒmèit] 영 동년배. 「종」
A·ge·na [ədʒí:nə] 영 (美) 어저너(우주 로켓의 일종)
agen·bite of in·wit [ǽgənbait əv ínwit] 영 (英) (양심의) ¶feel ~ 양심의 가책을 받다.
‡**a·gen·cy** [éidʒənsi] 영 (*pl.* ***-cies*** [-z]) 1 대리[대행]점, 특약점, 알선소, 대행 회사. ¶an advertising ~ 광고 회사 / a general ~ 총대리점 / a sole ~ 총판점. 2 서비스 제공 기관(회사). ¶a news ~ 통신사 / a detective ~ 사립 탐정사. 3 ① 대리(권); 중개, 매개, 주선. ¶hold ~ for ⋯을 대리하다, 대리점을 하다. 4 ⓤ 힘, 발동력; 작용; (철학) 작인(作因). ¶divine ~; the ~ of providence 신의 힘 / by natural ~ 자연의 힘으로. 5 정부 기관, 관청; (美) 청(廳), 국(局). ¶Government *agencies* 여러 관청 / the Indian A- (美) 인디언 보호국 / the Central Intelligence A- (미국) 중앙 정보국. 6 정보(첩보) 기관. 「으로」

through [or ***by***] ***the agency of*** ⋯의 중개로 [작용
Agency for International Devélopment 영 (the ~) (美) 국제 개발처(⇔ AID).

ágency shòp 영 에이전시 숍(조합 미가입자도 조합비를 납부하는 노동 조합 형태의 하나).

a·gen·da [ədʒéndə] 영ⓤ (단수취급) 1 의제, 의사 일정, 협의 사항. ¶the ~ of today's meeting 오늘 회의의 토의 사항(의 제) / the first item on the ~ 의제의 제1항. 2 예정표; 비망록, 메모장. 3 (단계적 수순을 담은) 계획, 행동 강령(지침). 4 (교회) (예배) 의식, 교회 규정(서). 5 (컴퓨터) 어젠더(문제 해결의 순서를 이루는 일련의 조작).
~·**less** 영

Agénda 21 영 (환경) 21세기 행동 강령[계획](1992년 6월 Rio 정상 회담에서 채택된 지구 환경 보전을 위한 행동 지침). ⓡ UNCED

‡**a·gent** [éidʒənt] 영 1 대리인, 대리점; 중개인. ¶a general ~ 총대리점 / a house [land] ~ 가옥[토지] 소개업자, 중개사(⇔ realtor) / a commission ~ 위탁 판매인 / a forwarding ~ 운송업자 / an insurance ~ 보험 대리인[업자] / a shipping ~ 선박 수송업자 / a station ~ 역장 / a ticket ~ 매표원. 2 (공공 기관의) 직원; (경찰관 등) 법 집행관, 수사관, 요원; 영 = Indian ~; =(FBI의) special ~; 공작원, 스파이, 앞잡이. ¶a secret ~ 스파이 / a party ~ 당의 앞잡이. 3 발동자(發動者), 행위자, 행위인; (문법) 동작주(動作主). ¶a moral ~ 도덕적 행위자. 4 작인(作因), 동인; 힘; 작용물, 약제. ¶chemical ~*s* 화공 약품 / a cleaning ~ 세제 / A- Blue [or Purple, White] (미) 베트남 전쟁에서 사용한 각종) 고엽제(枯葉劑) / Electricity is an important ~ in the life of today. 전기는 현대 생활에서 중요한 힘을 가진 것이다. 5 (美구어) 외판원 (traveling salesman). 6 (英) 선거 사무장. 「⋯운임」

ágent díscount (fàre) 영 (항공) 대리점용 할인
a·gent-gen·er·al [-dʒénərəl] 영 (*pl.* **agents-**) 수석 대표; (영국에 주재하는 오스트레일리아·캐나다 등의) 옛 자치령(領) 대표.

a·gen·tial [eidʒénʃəl] 영 행위자의, 대리인의; (문법) 동작주를 나타내는 (형의).

ágent in pláce 영 (美속어) 고정 간첩, 잠복 스파이 (mole). (는 **replacement in pláce**)

ágent nòun 영 (문법) 행위자(行爲者)(동작주) 명사 (예: maker, writer, patron).

Ágent Órange 고엽제(미군이 베트남전에서 사용; 용기 색깔에서 유래).

ágent pro·vo·ca·téur 영 (⑥ -**s** -**s**) (경찰의) 앞잡이, 밀정. (〈 F)

a·gent·ry [éidʒəntri] 영 대리인(agent)의 직(일, 활동).

Agent VX VX가스(신경성 맹독 가스).

áge of consént 영 (법률) 승낙 연령(결혼 따위의 승낙이 법적으로 유효하다고 인정되는 나이).

áge of discrétion 영 (the ~) (법률) 분별 연령 (형법상의 책임을 지는 나이; 영국에서는 14세).

Áge of Enlíghtenment 영 (the ~) 계몽의 시대 (계몽 사상이 융성했던 서유럽의 18세기).

áge of límits 영 (the ~) (절약과 절제 있는 생활이 요구되는) 한도의 시대.

áge of réason (the ~) 이성(理性)의 시대(특히 영국·프랑스의 18세기); (아이가 선악을 구별할 수 있는) 연령[시기]. 「로부터의 관습. **2** 매우 낡은.
age-old [ǒuld] 형 १ 예로부터의. ¶ an ~ custom 예
áge péers 명복 같은 연령의 사람들.
áge pígment 명 〔생화학〕 (성장함에 따라 세포 속에 축적되는) 연령 색소, 검버섯.
ag·er [éidʒər] 명 〔염색〕 (염색물을) 발색(發色)[고착(固着)]시키는 기계. 「아케라툼류.
ag·er·a·tum [ǽdʒəréitəm] 명 〔식물〕 팥꽃엉거시,
age-spe·cif·ic [-'spisífik] 형 (기능·효과등) 특정 연령층에 한정되는. ¶ an ~ TV program 특정 연령 대상의 TV프로.
AGF Asian Games Federation(아시아 경기 연맹; OCA의 전신). **agg., aggr.** aggregate.
Ag·a·dah [əgá:də] 명 =Haggadah.
ag·ger [ǽdʒər] 명 이중 조수(일시적으로 작은 간만을 동반하는 밀물 또는 썰물)(double tide).
ag·gie [ǽgi] 명 =agate 2.
Ag·gie [ǽgi] 명 १ 애기(여자 이름; Agatha, Agnes 의 별칭). **2** (종종 a-) 《美속어》 농과대학(의 학생); (보통 ~s) 〔상업〕 농산물의 선물(先物)계약. 「농업의.
ag·gior·na·men·to [ədʒɔ̀:rnəméntou] 명 〔복〕 -**ti** [-ti:] 〔가톨릭〕(체제·교리 등의) 근대화. 〔<It〕
ag·glom·er·ate [əglámərət, -rèit/əglóm-] 모인, 뭉쳐진; 〔식물〕 (꽃이) 두상(頭狀)으로 밀집된. — 명 집괴(集塊), 덩어리. —태 [əglámərèit/əglóm-] 타 …을 모으다, 덩어리로 만들다. —자 덩어리지다, 모이다. -**a·tive** 형 집적하는. -**a·tor** 명
ag·glom·er·a·tion [əglɑ̀mərèiʃən/əglɔ̀m-] 명 Ⓤ Ⓒ 집괴; 덩어리로 만들기[되기].
ag·glu·ti·nant [əglú:tənənt] 형 교착(膠着)하는[시키는], 접합[접착]하는. — 명 접착[접합]제.
ag·glu·ti·nate [əglú:tənèit] 타 (아교 따위로) 접착[접합]시키다[하다]; (상처가) 유착하다; (혈구·세균 따위가) 응집하다. **2** 〔문법〕 (단어·구문 따위를) 교착어법으로 구성하다. — 자 [əglú:tənèit] 접착[접합]하다, 접착[접합]하다. —형 [əglú:tənit, -nèit] 접착[접합]한; 교착된. -**na·bíl·i·ty** 명 응집력(성). -**tin·a·ble** 형
ag·glu·ti·na·tion [əglù:tənéiʃən] 명 Ⓤ १ 접착, 접합. **2** 유착. **3** Ⓒ 응결[응집]체. **4** 〔생리·세균〕(세균·적혈구 등의) 응집 (반응). **5** 〔언어〕 교착어법; Ⓒ 교착어형. **6** 〔심리〕 투합(投合) 작용.
ag·glu·ti·na·tive [əglú:tənèitiv, -nə-] 형 १ 접착성의, 점착성의. **2** 〔언어〕 교착어형의, 교착어형의. ¶ an ~ form 교착형.
agglútinative lánguage 명 〔언어〕 교착어(언어의 문법적 기능을 어근과 접사와의 결합 연속에 의해 나타내는 언어; 한국어, 일본어, 터키어 따위).
ag·glu·ti·nin [əglú:tənin] 명 〔면역〕 응집소(凝集素)(체내의 적혈구 따위의 응집 촉진 항체(抗體)).
ag·glu·tin·o·gen [ǽglutínədʒən, əglù:tə-] 명 〔면역〕 응집원(적혈구에 있는 항원(抗原)).
-**tin·o·gén·ic** 형 「적물로 상승시키다.
ag·grade [əgréid] 타 〔지리〕 (강바닥 따위를) 퇴
ag·gran·dize [əgrǽndaiz, ǽgrəndàiz] 타 १ (범위를) 크게 하다, 확대하다; (크기·강도를) 증대하다. **2** (권력·부·지위 등을) 강화·확대하다. **3** …을 과장하다. -**dize·ment** [-dizmənt], -**diz·er** 명
***ag·gra·vate** [ǽgrəvèit] 타 १ (괴로움·병 따위를) 악화시키다, (부담·죄 따위를) 한층 무겁게 하다. ¶ Grief ~ d her illness. 슬픔으로 그녀의 병은 더욱 악화되었다. **2** 〈구어〉 …을 화나게 하다, 괴롭히다. ⇨ IRRITATE 유의어 ¶ feel [or be] ~d 화가 치밀다.
-**và·tive** 명 -**và·tor** 명 「녀자에 대한 폭행 따위).
ággravated assáult 명 〔법률〕 가중 폭행(죄)(부
ag·gra·vat·ing [ǽgrəvèitiŋ] 형 १ 더욱 악화하는; 〈구어〉 약오르는. ¶ ~ remarks 약오르는 말. ~·**ly** 부
ag·gra·va·tion [ǽgrəvéiʃən] 명 ⒰Ⓒ १ 더 한층의 악

화[격화], 중대화, 가중, 더욱 악화시키는 것; 〈구어〉 화가 남, 화나게 하는 것[일].
***ag·gre·gate** [ǽgrigət, -gèit] 형 १ 집합한; 집단의; 총계의, 총계…(total). ¶ an ~ flower [fruit] 〔식물〕 집합화[과](集合花[果]) / an ~ rock 〔지질〕 집괴암(岩) / an ~ amount 총액 / ~ tonnage 총톤수. **2** 〔동물〕 군체(群體)의. — 명 〔-〕 १ 집합(체); (the ~) 집합, 총액, 총액. **2** 〔지질〕 집괴암. **3** (콘크리트용) 쇄석(碎石).
in the aggregate 전체적으로, 대체로; 합계해서.
on aggregate (…을) 총계하면[합치면](of).
— 명 [ǽgrigèit] 타 …을 모으다. —자 १ 모이다. **2** 합계 …이 되다. ¶ (~+명) The money collected ~d $1,000. 모금한 돈은 도합 1,000 달러가 되었다.
-**ga·ble** 형 ~·**ly** 부 ~·**ness** 명 「(數).
ággregate árgument 명 〔경제〕 집합체 인수(引)
ággregate assígnment 명 〔컴퓨터〕 집합체 대입(代入). 「gate supply
ággregate demánd 명 〔경제〕 총수요. ❀ aggre
ággregate supplý 명 〔경제〕 총공급(한 나라의 일정 기간내의 재화·서비스의 총생산 능력).
ag·gre·ga·tion [ǽgrigéiʃən] 명 ⒰Ⓒ १ 집합, 집성; 종합. **2** 집단, 집합[집성]체. -**al** 형
ag·gre·ga·tive [ǽgrigèitiv] 형 집합의[적]의, 집합성의; 사회성이 강한, 군거성(群居性)의; 전체의. (또는 **aggregatory**) -**ly** 부
ag·gress [əgrés] 자 먼저 손을 쓰다, 공격을 시작하다, 싸움을 걸다 (to). —타 …을 공격하다.
***ag·gres·sion** [əgréʃən] 명 ⒰Ⓒ १ 침략 (행위); (부당한) 공격. ¶ a war of ~ 침략 전쟁. **2** 침범, 침해, 잠식. ¶ an ~ upon [or on] a person's rights 인권의 침해. **3** 적극성; 〔심리〕 반항성, 공격성; 적대(심).
***ag·gres·sive** [əgrésiv] 형 १ 침략적인, 공격적[적인](ⓔ defensive); 싸움을 좋아하는. ¶ an ~ foreign policy against… …에 대한 공격적인 외교 정책 / an ~ person 툭하면 싸움을 거는 사람. **2** 정력적인, 의욕적인, 적극적인; 〈부정적〉 지나친, 저돌적인, 난폭한. ¶ an ~ businessman 정력적인 사업가 / He is too ~. 그는 지나치게 저돌적이다. **3** 〔증권〕 공격형(투자)의. **4** 〔학생구어〕 아주 좋은, 멋있는. 「다; 싸움을 걸다.
assume [or take] the aggressive 공세를 취하
~·**ly** 부 ~·**ness** 명, **àg·gres·sív·i·ty** 명
aggréssive dríver 명 난폭 운전자.
aggréssive dríving 명 난폭 운전.
ag·gres·sor [əgrésər] 명 침략자[국], 공격자.
ag·grieve [əgrí:v] 타자 (보통 it을 주어로) (남을) (부당하게) 괴롭히다; (수동형으로) (남)이 (…으로) 괴로워하다 (at, over). ~·**ment** 명
ag·grieved [əgrí:vd] 형 괴로움을 받고 (있는), 학대받은, 시달리는, 불만을 품은; 〔법률〕 권리를 침해당
~·**ly** 부 ~·**ness** 명 「한.
ag·gro [ǽgrou] 명 〈英·濠속어〉 (불량 소년끼리의) 싸움, 다툼. —형 〈英속어〉 굉장한, 최고의; 적극적인.
a·gha [á:gə] 명 =aga.
a·ghast [əgǽst/əgá:st] 형 〔서술용법〕 (…에) 깜짝 놀라서, 넋이 나가서, 어안이 벙벙하여 (at).
stand aghast at …에 아연 실색하다.
AGI adjusted gross income (세후(稅後) 소득); American Geographical [Geological] Institute.
ag·ile [ǽdʒəl/-ail] 형 민첩한, 경쾌한; 생기가 도는, 활기 찬; 머리의 회전이 빠른, 기민한. ¶ (as) ~ as a cat 고양이처럼 날렵한. ~·**ly** 부 ~·**ness** 명
ágile mírror 명 〔군사〕 (레이더의) 레이더 빔 반사판.
a·gil·i·ty [ədʒíləti] 명 ⒰Ⓒ 민첩, 경쾌(nimbleness).
a·gin [əgín] 전 〈구어·방언〉 (경멸적) =against.
ag·ing [éidʒiŋ] 명 age의 현재분사. (또는 **ageing**)
— 명 ⒰ १ 노화(老化)(현상), 가령(加齡). **2** (포도주·치즈 따위의) 숙성·발효·양조; 숙성, 노화. 명 १ (한정용법) 고령의, 연로한; 나이 먹어가는, 고물이 되어 가

áging society 명 고령[노령]화 사회.
a·gin·ner [əgínər] 명 《속어》 변화[개혁] 반대자.
ag·i·o [ǽdʒiòu] 명 (⊛ ~s) (통화의) 환자(換差); 환전 수수료; (어음 따위에 대한) 할인(액); ⓤ 환전업.
ag·i·o·tage [ǽdʒiətidʒ/ǽdʒə-] 명ⓤ 환전업; (주식의) 투기, 투기 거래.
ag·ism [éidʒizm] 명 =ageism.
a·gist [ədʒíst] 타 1 〔가축〕을 (돈을 받고 맡아) 사육하다. 2 〔토지·그 소유주〕에게 과세하다. — 명 가축을 돈을 받고 사육하다. **~·er, a·gís·tor** 명
ag·i·ta [ǽdʒətə, ɑ́ːdʒə-] 명 (스트레스 따위에 의한) 가슴앓이, 소화 불량; 불안, 동요. 〔<It〕
‡**ag·i·tate** [ǽdʒitèit] 타 (**-tat·ed; -tat·ing**) 타 1 (심하게) …을 흔들다, 뒤흔들다; …을 휘젓다.¶The wind ~s the sea. 바람으로 바다가 거칠어지고 있다. 2 〔마음〕을 뒤흔들다, 동요하게 하다; …을 선동하다⇒DISTURB 유의어¶~ one's mind 마음을 산란하게 하다/The riot ~d the public. 그 폭동으로 인심이 동요했다. 3 (언론으로) …에 세상의 이목을 집중시키다; …을 떠들썩하게 논하다.¶~ a social problem 사회 문제를 토론하다. 4 …을 곰곰 생각하다. — 자 떠들어 대다, 여론을 환기시키다, (정치) 운동을 하다, 선동하다 **(for, against)**.
agitate against [for] …에 반대[찬성] 운동을 하다.
agitate oneself 속을 태우다, 초조해하다. 〔떠들다〕
be agitated over ① …에 흥분하다. ② …에 관하여
-ta·ble, -ta·tive 형 선동적인.
ag·i·tat·ed [ǽdʒitèitid] 형 흔들리고 있는; (기분이) 동요하고 있는, 흥분한; 세상의 관심을 환기한. **~·ly** 부
‡**ag·i·ta·tion** [ædʒitéiʃən] 명 (⊛ -s) ① 휘젓기, 휘저어 섞기, 교반(攪拌). ② (인심의) 동요, 교란, 흥분; (정치·사회적) 불안. 3 여론에 호소하기; ⓤⓒ 토론; 운동, 소동; 선동.¶a public ~ 소동.

[유의어] **agitation** 표정이나 동작에서 읽을 수 있는 감정의 동요. **disturbance** 불안 따위로 인한 속마음의 흐트러짐. **excitement** 유쾌·불쾌한 일로 감정이 격해진 상태. **turmoil** 여러 가지 격정이 뒤엉켜 일관된 사고가 불가능한 상태.

agitation for [against] …에 대한 찬성[반대].
in agitation 흥분한 상태에서, 흥분한 나머지.¶She was in great ~. 그녀는 심히 동요[흥분]하고 있었다.
with agitation 흥분하여.
~·al 형 〔속한[하게]. 〔<It〕
a·gi·ta·to [ædʒitɑ́ːtou] 형부 〖음악〗 격한[하게], 급
*ag·i·ta·tor** [ǽdʒitèitər] 명 1 선동자, 운동자, 유세자. 2 교반기.
ag·it·prop [ǽdʒitpràp/-prɔ̀p] 명 (종종 A-) (공산주의의) 선전 선동(활동); 선전 선동 기관(원). — 형 선전과 선동에 도움이 되는.
AGL *above ground level*(지상 고도).
A·glaia [əgléiə/æɡláiə] 명 〔그리스 신화〕 아글라이아(美)의 3여신 중 하나로 빛의 여신). ⇨ **grace**
a·glare [əgléər] 형부 눈부시게 빛나(서)**(with)**.
a·gleam [əɡlíːm] 형 《서술용법》 (…로) 반짝이는, 빛나는 **(with)**. — 부 빛나서, 반짝여서.
ag·let [ǽɡlit] 명 1 (레이스나 끈 끝의) 쇠붙이 장식 (metal tag). 2 (16–17 세기경의) 허리띠. 3 (군복의) 장식용 술(aiguillette). (또는 **aiglet**)
a·gley [əɡlíː, əɡléi] 부 〔스코·北英〕 비스듬히, 비뚤어져서(awry); 빗나가서, 틀려서. (또는 **aglee, agly**)
a·glim·mer [əɡlímər] 형 《서술용법》 어렴풋이 빛나는, 명멸하는, 미광(微光)을 발하여.
a·glit·ter [əɡlítər] 형 《서술용법》 반짝반짝 빛나는, 반짝이는. — 부 반짝반짝 빛나, 반짝여서.
a·glow [əɡlóu] 형ⓤ (* 형용사로는 서술용법) 붉게 빛나서, 벌겋게 달아서; 뜨거워져서, 흥분되어**(with)**.

be aglow with …으로 벌겋게 달아오르다, 흥분하다.¶be ~ with delight 기뻐서 상기되어 있다.
a·glu·con [əglúːkɑn/-kɔn] 명 〖생화학〗 아글루콘 (배당체(配糖體)의 당(糖) 이외의 구조 부분으로 특히 포도당과 결합된 것). (또는 **aglucone**)
a·gly·con [əɡláikɑn/-kɔn] 명 〖생화학〗 =aglucon. (또는 **aglycone**)
AGM *air-to-ground missile*(공대지 미사일); *annual general meeting*(연차 총회).
ag·ma [ǽɡmə] 명 (라틴어·그리스어에서) 연구개 비자음(軟口蓋鼻子音) (ŋ나 감마(γ)로 표시되는 음성).
agn. *again*.¶ 의 부스럼](whitlow).
ag·nail [ǽɡnèil] 명 손거스러미; 표저(瘭疽)(손톱 밑
ag·nate [ǽɡneit] 명 아버지 쪽[부계(父系)] 친척; 〔법률〕 남계친(男系親). — 형 아버지 쪽[부계(父系)]의; 동족의; 동종의(akin).
ag·nat·ic [æɡnǽtik] 형 남계친(男系親)[부계(父系)]의. (또는 **agnatical**) **-i·cal·ly** 부
ag·na·tion [æɡnéiʃən] 명 남계친(男系親), 아버지 쪽의 친척; 남계의 친척 관계; 동족 관계.
Ag·nes [ǽɡnis] 명 1 **Saint ~** 성(聖) 아그네스 (292?–304?: 가톨릭의 순교자; 순결과 소녀의 수호신). 2 아그네스(여자 이름).
ag·no·men [æɡnóumən/-men] 명 (⊛ **-nom·i·na** [-námənə/-nóm-]) 1 (공적 따위를 나타내는 고대 로마인의) 첨가명, 넷째 이름(예: Publius Cornelius Scipio Africanus의 Africanus)(⇨ **cognomen, nomen, praenomen**). 2 별명(nickname).
ag·no·sia [æɡnóuʒə, -ʒiə, -ziə] 명 〖정신분석〗 인지불능(증), 실인(失認)(증). **-sic** 형
ag·nos·tic [æɡnɑ́stik/-nɔ́s-] 명 불가지[회의]론자. ⇨ATHEIST 유의어 — 형 불가지론(자)의; 독단적 의견에 사로잡히지[얼매이지] 않는, (이설(異說)에 대하여) 관용적인. 〔가지론.
ag·nos·ti·cism [æɡnɑ́stəsìzm/-nɔ́s-] 명ⓤ 불
Ag·nus De·i [ǽɡnəs déiiː, ɑ́ːmjus déi] 명 〔교회〕 하느님의 어린 양; 어린 양의 상(像); (the ~) 〔가톨릭〕 평화의 기도, 그 음악; 〔영국교회〕 O Lamb of God 로 시작되는 기도, 그 음악. 〔<L *lamb of God*〕
‡**a·go** [əɡóu] 형 1 (기간을 나타내는 명사와 함께) (지금으로부터) …전에, 이전에(in the past).¶ages ~ 먼 옛날에 / a fortnight ~ 2주일 전에. 2 (부사 long과 함께) 이전에.¶How long ~ was it? 그건 얼마 전의 일인가?(* ago는 단독으로는 쓰이지 않는다.)

[유의어] **ago** 항상 「현재로부터 …전」. 동사의 과거형과 함께 쓰고, 완료형과는 쓰지 않는다. **before** 기준이 되는 과거 또는 미래의 「어느 때로부터 …전」.

a moment ago 방금, 이제 막.
a while ago 조금 전에.
long ago; a long time ago 옛날에, 훨씬 이전에.
not long ago; some time ago 얼마 전에.
a·gog [əɡɑ́ɡ/əɡɔ́ɡ] 형 《서술용법》 야단법석이 난, 흥분한, 열광한.¶The news set the town ~. 그 소식을 듣고 동네가 온통 떠들썩해졌다.
all agog for [to do] …을 열망하여[…하고 싶어 안절부절 못하는, 기를 쓰고 …하려고 하는].
〔야단법석이 나서.
à go·go [ə ɡóuɡou] 명 디스코텍; 고고 클럽. — 형 (또는 **gó·gò**) 1 (나이트클럽·음악·댄스 따위가) 고고(go-go)의. 2 《속어》 템포가 빠르고 활발한. 2 《속어》 최첨단의. — 부 마음껏, 마음 내키는 대로. (또는 **à Gogo, à go-go**)
-a·gogue [əɡɔ̀ːɡ, əɡɔ́ɡ/əɡɔ́ɡ] 연결 leading, guiding(인도하기)의 뜻.¶dem*agogue*, ped*agogue*.
a·go·ing [əɡóuiŋ] 부 움직여, 진행하여.
set agoing 〔기계 따위〕를 움직이다, 작동하다; 〔사업 따위〕를 시작하다.

ag·on [ǽgoun, ǽgɑn, ɑːgóun] 영 (魚 *a·go·nes* [əɡóuniːz]) 1 〔문예〕(주인공 간의) 갈등. 2 (고대 그리스에서 운동·음악·극 따위의) 현상(懸賞) 경기〔경연〕.

ag·o·nal [ǽɡənl] 영 (죽을 만큼) 괴로운, 격통의; 고민의; 죽음 직전의.

a·gon·ic [eigánik, əɡ-/əɡɔ́n-] 영 각(角)을 이루지 않는; 무편각선(無偏角線)의. ~ **isogonic**

agónic líne 영 〔물리〕 (지자기(地磁氣)의) 무편각선.

ag·o·nist [ǽɡənist] 영 1 경기자, 투사. 2 지적〔정신적〕 갈등으로 고민하는 사람. 3 (문학 작품의) 주인공. 4 〔해부〕 주동(主動)〔작동〕근; 〔약학〕 작용〔작동〕약, 작용물질.

ag·o·nis·tic [æ̀ɡənístik] 영 1 투쟁적인, 다투기 좋아하는; 논쟁상의. 2 효과를 노린, 과장된, 부자연스러운. 3 (고대 그리스의) 현상 경기의. (또는 **agonistical**) -**ti·cal·ly** 튼

*__**ag·o·nize**__ [ǽɡənaiz] (* 〔英〕 -nise) 타자 1 괴롭히다, 고통에 몸부림치다 (*over, about*). 2 필사적으로 노력하다, 고투하다. — 타 …을 괴롭히다, 고통에 몸부림치게 하다(torture). ¶~ oneself 괴로워하다.

ag·o·nized [ǽɡənaizd] 영 괴로워하는, 고통스러운. ¶an ~ look 고통스러운 표정. -**nized·ly** 튼

ag·o·niz·ing [ǽɡənàiziŋ] 영 고통스러운, 고통을 주는. ~**·ly** 튼

*__**ag·o·ny**__ [ǽɡəni] 영 (魚 -**nies** [-z]) 1 (~ 때로 -nies) 몸부림, 고통, 고뇌. ⇒PAIN 유의어 ¶~ of mind 마음의 번민. 2 (수식어구와 함께) 죽음의 고통. ¶the mortal ~; the ~ of death 단말마(末魔)의 고통. 3 격정, (희비의) 극치. 4 사투, 고투. 5 〔美속어〕 (-nies) 마약의 금단 증상에 따른 극도의 괴로움. 6 (the A~) 〔신학〕 (겟세마네) 동산에서의 수난 전의 그리스도의 고통.

in agonies of pain 너무 아파서 몸부림치며.
in agony 번민하여, 몹시 괴로워하여.
in an agony of joy 너무나도 기뻐서.
pile [or *put, turn*] *on* [or *up*] *the agony* 〔구어〕 괴로움을 과장하여 말하다; 과장하다; 「시키다.
prolong the agony (동정심을 끌려고) 고통을 연장

ágony àunt [àuntie] 영 〔신문·잡지의〕 인생 상담 담당자, 인생 상담사(주로 여성).

ágony còlumn 영 〔英구어〕 (신문의) 인생 상담란; 잡학고란(雜學告欄)(사람 찾기·분실물 따위).

ag·o·ra¹ [ǽɡərə] 영 (魚 -**rae** [-riː]) (고대 그리스의) 시민 정치 집회, 시민 광장; 시장.

a·go·ra² [ɑːɡɔ́ːrə/ǽɡərɑ́ː] 영 (魚 -**rot** [-rout]) 아고라(이스라엘의 통화 단위). (또는 **agura**)

ag·o·ra·pho·bi·a [æ̀ɡərəfóubiə] 영 〔정신병〕 광장(공간) 공포증. ⇔**phòbe** 영 광장 공포증 환자.

ag·o·ra·pho·bic [æ̀ɡərəfóubik] 영 〔정신병〕 광장 공포증의 (魚 claustrophobic). — 영 (또는 **agora-phobiac**) 광장 공포증이 있는 사람.

a·gou·ti [əɡúːti] 영 (魚 -(e)s) 아구티(중남미·서인도 제도산(産) 쥐의 일종). (또는 **agouty, aguti**)

AGR, A.G.R. 〔英〕 *advanced gas-cooled reactor* (개량 가스 냉각형 원자로). **agr.** *agreement; agricultural; agriculture; agriculturist.*

a·graf(f)e [əɡrǽf] 영 1 작은 꺾쇠. 2 (의복의) 걸쇠. 3 (피아노 줄의) 진동 방지 장치.

a·gram·ma·tism [eiɡrǽmətizm, əɡ-] 영 〔병리〕 문법 착오(증), 실문(失文)(증)(단어는 말할 수 있으나 문법에 맞는 글을 쓰지 못함). (또는 **agràmmaphásia, àgrammática, agràmmatológia**)

a·gran·u·lo·cyte [əɡrǽnjuləusàit] 영 〔해부〕 무과립(無顆粒) 백혈구. -**cy·tó·sis** 영 과립구 감소(증).

ag·ra·pha [ǽɡrəfə] 영 (單·複수 양용) 아그라파(4복음서 속에 전승되지 않은 그리스도의 어록).

a·graph·i·a [eiɡrǽfiə/əɡ-] 영 〔병리〕 실서증(失書症)(대뇌 장애로 글씨를 쓸 수 없게 되는 병).

a·grar·i·an [əɡréəriən] 영 1 토지의, 토지(소유권·

이용·분배)에 관한. ¶~ *laws* 토지 균분법. 2 농지의, 경작지의; 농업의. ¶an ~ *outrage* 농민 폭동. / ~ *reform* 농지 개혁. 3 야생의. ¶an ~ *plant* 야생 식물. — 영 토지 균등 분할〔재분할〕론자. ~**·ly** 튼

a·grar·i·an·ism [əɡréəriənizm] 영 U 토지 균등 분할론, 농지 개혁론(운동).

a·grav·ic [əɡrǽvik, eiɡ-] 영 무중력 지대(상태)의.

*__**a·gree**__ [əɡríː] 타자 (~s [-z]) 재 1 (제의 따위에) 동의하다, 응하다, 승낙〔찬성〕하다 (*to, with, to do*)(⇔ *refuse, reject*). ¶(~+*전*+*명*) I cannot ~ *to* such a *proposal* [*plan*]. 나는 그런 제안(계획)에는 찬성할 수 없다 / The terms have been ~*d to.* 그 조건〔조항〕은 승낙을 얻었다 / I don't ~ *to* [or *with*] your *plan.* 너의 계획에는 동의할 수가 없다 // (~+*to do*) I ~*d to undertake the job.* 나는 그 일을 맡기로 승낙했다.

〔유의어〕¹ **agree** 보통, 의견의 차이를 조정·설득 끝에 동의하다. **assent** 의견·제안에 동의하다; 적극적으로는 아니다. **consent** 적극적으로 동의하여 제안 따위의 실현에 협력할 뜻이 있음을 나타내는 형식적인 말. **accede** 양보하여 동의하다. **acquiesce** 반대 의사를 억제하고 말없이 동의하다. **subscribe** 진심으로 지지·찬성하다.

2 (남과) 의견이 일치하다, 동감이다 (*with, among*) (恩 *differ*). ¶(~+*전*+*명*) They ~*d among themselves.* 그들은 의견이 일치했다 / I cannot ~ *with you on the matter.* 그 전에 대하여 나는 네게 동의할 수가 없다 / I ~ *with you in your opinion.* 너의 의견에는 동감이다 // (~+*that* 節) I ~ (*with* you) *that he is untrustworthy.* 그가 믿을 사람이 못된다는 점에서는 (너와) 의견을 같이한다. 3 (…에 대하여) 의견이 일치되다, 합의를 보다 (*on, upon*). ¶(~+*전*+*명*) They ~ *on* [or *upon*] *the terms.* 그들은 그 조건에 대하여 합의할 수 있었다 // (~+*wh.* 節) We could not ~ (*as to*) *how the work should be done.* 그 일을 어떻게 마칠 것인가에 대해서 우리의 의견은 일치되지 않았다. 4 (음·음식·기후 따위가) 섬미〔체질〕에 맞다, 건강에 좋다; 일치하다 (*with*). ¶(~+*전*+*명*) Milk does not ~ *with me.* 우유는 내게 맞지 않는다 / The climate here does not ~ *with me.* 이 고장의 기후는 내게 맞지 않는다. 5 사이가 좋다; 화합하다 (*with*). ¶(~+*전*+*명*) I ~ *with him.* 나는 그와 의기가 투합하다 / The pupils do not ~ *with their teacher.* 학생들은 선생과 사이가 좋지 않다 / They ~ *with each other.* =They ~ *together.* 그들은 사이가 좋다. 6 합치하다, 부합하다; 조화되다 (*with*). ¶(~+*전*+*명*) His *statements* do not ~ *with the facts.* 그의 진술은 사실과 부합되지 않는다 // These two *colors* do not ~. 이 두 색은 조화되지 않는다.

〔유의어〕² **agree** 「일치」라는 뜻의 일반적인 말. **accord** 사실·관점의 정확한 일치를 강조하는 말. **correspond** 분명한 유사점이 있음을 강조하는 말; 세부가 반드시 모두 일치한다고는 할 수 없다. **coincide** 의견·판단이 일치하다.

7 〔문법〕 (인칭·성·수·격 따위에서) 일치하다, 호응하다 (*with*). ¶(~+*전*+*명*) The *predicate verb* must ~ *with its subject* in person and number. 술어 동사는 인칭과 수에서 주어와 일치해야 한다.

USAGE **agree** *with* 와 **agree** *on* [*upon, about*] (1) 보통 *with* 는 사람에 대하여 쓰이나 사물에 대하여 쓰는 수도 있다: He ~*d with everything she said.* 그는 그녀의 말이라면 무엇이고 동의했다(⇒ 1, 2, 4, 5, 6, 7). (2) 동의·일치점을 나타내는 데는 *on, upon*을, 동의하거나 말할 문제를 나타내는 데는 *about*을 쓴다: ~ *on that point* 그 점에서는 일치하다 / ~ *about the matter* 그 전에 관하여 동의하다.

— [타] 1 《英》 〔회계·신고 따위〕를 승인하다. ¶ Those terms have been ~*d*. 그 조건들은 승인되었다. 2 《수동형으로》 …을 동의[찬성]하게 하다. ¶ be ~*d* 의견이 일치되다 / We are ~*d*. 우리는 찬성이다.

agree like cats and dogs (개와 고양이처럼) 사이가 매우 나쁘다, 앙숙이다.

agree to differ [or ***disagree***] 견해차는 어쩔 수 없는 일이라고 서로 단념하다, 견해차를 확인하다.

I couldn't agree (***with you***) ***more*** [***less***]. (당신의 의견에) 대찬성[절대 반대]이다.

unless otherwise agreed 별도 합의된 사항이 없으면.

~**·ing·ly** [부]

‡a·gree·a·ble [əgríːəbl] [형] (***more*** ~; ***most*** ~) 1 기분좋은, 쾌적한, 느낌이 좋은, 마음에 드는 (*to*). ¶ an ~ atmosphere 기분좋은 분위기 / an ~ remark 듣기 좋은 말 // ~ *to* the ear [taste] 듣기[먹기] 좋은. 2 《英 구어》 기꺼이 응하는, 쾌락(快諾)하는 (*to*). ¶ I am quite ~. 나는 찬성이다 // He was ~ *to* the plan. 그는 그 계획에 찬성이었다. 3 적합한, 맞는, 일치하는 (*to*, *with*). ¶ The plan is ~ *to* my wishes. 그 계획은 내가 바라던 그대로이다.

agreeable to …에 따라, …대로. ¶ *A– to* our promise, I have sent you the warrant signed. 약속대로 당신에게 서명날인된 위임장을 보냈습니다.

do the agreeable to *a person* 〔남〕에게 상냥하게 대하다, 친절히 하다.

make oneself agreeable to …에게 상냥하게 대하다.

— [명] (~s) 마음에 든 사람[것].

-bíl·i·ty [명] 기분 좋음, 쾌적함, 마음에 듦. ~**·ness** [명]

a·gree·a·bly [əgríːəbli] [부] 1 기분좋게, 쾌히, 기꺼이. ¶ be ~ surprised 놀랐지만 유쾌하다(예상 외로 좋은 경우) / speak ~ to a person 남에게 사근사근하게 말을 걸다. 2 (지시·약속 따위에) 따라서, 응하여 (*to*). ¶ ~ *to* your request 귀하의 요청에 따라.

a·greed [əgríːd] [형] 1 결정된, 합의한, 협정의. ¶ an ~ rate 협정률 / meet at the ~ time 합의된 시간에 모이다. 2 《서술용법》 …에 동의한 (*on*, *about*, *as to*, *to do*). ¶ *Agreed*! 좋아!

‡a·gree·ment [əgríːmənt] [명] 1 약속; 협정, 협약; 계약 (*with*, *on*, *about*); (법적인) 협정서, 계약서. ¶ a labor ~ 근로 협약 / a truce [*or* an armistice] ~ 휴전 협정 / a verbal [*or* an unwritten] ~ 구두 협약[계약]. 2 [U][C] (의견·취미·감정 따위의) 일치, 화합, 협조 (*on*, *upon*, *about*). ¶ an ~ *among* the members 회원간의 의견의 일치 / an ~ *between* theory and experiment 이론과 실험과의 일치 / We are in ~ *on* this point. 우리는 이 점에서 의견이 일치되고 있다. 3 [U] 〔문법〕 (수·격·성·인칭의) 일치, 호응(concord).

bring about an agreement 합의에 도달하다.

by (***mutual***) ***agreement*** 합의에 의해, 협정에 따라.

come to [or ***arrive at, reach***] ***an agreement*** 협정이 성립되다, 합의에 도달하다.

conclude [***break***] ***one's agreement*** 계약을 맺다[파기하다].

in agreement with …와 일치하여, …에 따라서.

make [or ***enter into***] ***an agreement with*** …와 계약을 맺다, …와 협정하다.

a·gré·ment [àːgreimáːŋ/*F* agremɑ̃] [명] ([복] ~**s**) 1 〔음악〕 장식음. 2 (~s) 쾌적한 환경. (또는 **agrémens**) 3 〔외교〕 아그레망(주재 대사·공사 파견에 대한 상대국의 공식 승인). 〔<F〕

a·gres·tic [əgréstik] [형] 시골(풍)의, 시골티 나는 (rustic); 거친, 세련되지 못한(unpolished).

ag·ri- [ǽgri, -rə] [연결] 농업(용)의. ¶ *agri*business.

ag·ri·biz [ǽgribìz] [명] 《구어》 =agribusiness.

ag·ri·busi·ness [ǽgribìznis] [명][C][U] 농기업, 농업관련 산업. ~**·man** [명]

agric. agricultural; agriculture; agriculturist.

ag·ri·chem·i·cal [æ̀grikémikəl] [형] 농약의. — [명] (~s) 농약. (또는 **agrochemical**)

ag·ri·cor·po·ra·tion [æ̀grikɔ̀ːrpəréiʃən] [명] (대규모의) 농업[영농] 회사.

‡ag·ri·cul·tur·al [æ̀grikʌ́ltʃərəl] [형] 농업의, 농사[농경]의; 농예의, 농학의. ¶ ~ affairs 농사 / the *A–* Age 농경 시대 / ~ chemistry 농예 화학 / an ~ college 농과 대학 / an ~ experimental station 농업 시험장 / ~ implements 농기구 / ~ products 농산물. ~**·ly** [부]

agricúltural àgent [명] 농사 지도원(《美》 county agent).

agricúltural chémical [명] 농약.

agricúltural coóperative [명] 1 협동 농장. 2 농업 협동 조합(~ union).

agricúltural engineéring [명] 농업 공학.

ag·ri·cul·tur·al·ist [æ̀grikʌ́ltʃərəlist] [명] 농업 경영자; 농학자, 농업 전문가. (또는 **agriculturist**)

agricúltural shów [명] 《英》 농산물 품평회[경진회] (《美》 county fair).

‡ag·ri·cul·ture [ǽgrikʌ̀ltʃər] [명][U] 농업; 농사, 농경(farming); 농예, 농학. ¶ the Department of *A–* 《美》 농무부 / a type of ~ 농경의 형태.

ag·ri·ge·net·ics [æ̀gridʒinétiks] [명][복] 《단수취급》 농업 유전학(유전 공학에 의한 작물 재배 연구).

ag·ri·mo·ny [ǽgrəmòuni/-məni] [명] 〔식물〕 짚신나물.

ag·ri·mo·tor [ǽgrimòutər] [명] 농경용 트랙터.

ag·ri·ol·o·gy [æ̀griálədʒi/-ɔ́l-] [명][U] 미개 사회학 (원시 종족의 비교 연구). **-o·lóg·i·cal** [형] **-gist** [명]

ag·ri·pow·er [ǽgripàuər] [명] 농업(국) 파워(세계 경제나 정치에 대한 농업 선진국의 영향력).

ag·ri·pre·neur [æ̀gripranə́ːr] [명] 농업 기업가(起業家). 〔<*agri*culture+entre*preneur*〕

ag·ri·prod·uct [ǽgripràdəkt/-prɔ̀d-] [명] 농업 생산물.

ag·ro- [ǽgrou, -rə] [연결] field, soil의 뜻. ¶ *agro*logy.

ag·ro·bi·ol·o·gy [æ̀groubaiálədʒi/-ɔ́l-] [명][U] 농업생물학. **-o·lóg·ic, -o·lóg·i·cal** [형] **-o·lóg·i·cal·ly** [부] **-gist** [명]

ag·ro·busi·ness [ǽgrəbìznis] [명] =agribusiness.

ag·ro·chem·i·cal [æ̀grəkémikəl] [명] (때로 ~s) 농약; 농작물에서 채취하는 화학 물질. — [형] 농약의.

ag·ro·cli·ma·tol·o·gy [æ̀grəklaimətálədʒi/-tɔ́l-] [명] 농업 기후학. **-mát·ic** [형] 농업과 기후의.

ag·ro·e·co·log·i·cal [æ̀grouekəládʒikəl, -iː-kəládʒ-/-lɔ́dʒ-] [형] 농업 생태학의.

ag·ro·e·co·nom·ic [-ekənámik/-nɔ́m-] [형] 농업경제의.

ag·ro·ec·o·sys·tem [æ̀grouíːkəsistəm, -ékə-] [명] 농업 생태계.

ag·ro·for·est·ry [æ̀groufɔ́ːristri, -fár-] [명] 농림업(農林業), 식림업(植林業).

ag·ro-in·dus·tri·al [-indʌ́striəl] [형] 농공업용의; 농업 관련 산업의. (또는 **àgroindústrial**) ~**·ist** [명]

ag·ro-in·dus·tri·al·ize [-indʌ́striəlaiz] [동][타] …의 농업을 공업화하다; 농공업화하다. ¶ ~ livestock production 축산업을 농공업화하다. — [자] 농공업화되다. **-dùs·tri·al·i·zá·tion** [명]

ag·ro-in·dus·try [-ìndʌstri] [명] (대규모) 농공업(식량·농약·비료 생산 관련 산업). (또는 **ágroindustry**)

a·grol·o·gy [əgrálədʒi/-rɔ́l-] [명][U] 농업 토양학, 응용 토양학. **àg·ro·lóg·ic, àg·ro·lóg·i·cal** [형]

ag·ro·me·te·or·ol·o·gy [æ̀grəmiːtiərálədʒi/-rɔ́l-] [명] 농업 기상학. **-o·lóg·i·cal** [형]

ag·ro·nome [ǽgrənòum] [명] =agronomist.

ag·ro·nom·ic [æ̀grənámik/-nɔ́m-] [형] 농경법의, 작물학의, 농업 경영의. (또는 **agronomical**)

ag·ro·nom·ics [æ̀grənámiks/-nɔ́m-] [명][복] 《단수취급》 =agronomy; 농업 경영학.

ag·ro·no·mist [əgránəmist/-grɔ́n-] [명] 농경가[학자], 농학자, 농업 경제학자, 경종가(耕種家).

a·gron·o·my [əgránəmi/-rón-] 图 U 경종(耕種)학, 작물(栽培)학, 농지 관리학. (또는 **àgronómics**) **àg·ro·nóm·i·cal** **àg·ro·nóm·i·cal·ly** 副

ag·ro·pol·i·tics [ǽgroupálətiks/-pól-] 图(單수취급) 농업 정책.

ag·ros·tol·o·gy [ǽgrəstáləʒi/-tól-] 图 화본학(禾本學), 초본(草本)학. **a·gròs·to·lóg·ic**, **a·gròs·to·lóg·i·cal** **-gist** 图 「술자.

ag·ro·tech·ni·cian [ǽgrouteknɪʃən] 图 농업 기술자.

ag·ro·tech·nol·o·gy [ǽgrouteknáləʒi/-nɔ́l-] 图 (혁신적인) 농업 기술. **-gist** 图 「재배 품종.

ag·ro·type [ǽgroutàip] 图 토양형(型)(농작물의)

a·ground [əgráund] 副 (＊형용사로는 서술용법) **1** 옅은 갯바닥에; 옅은 갯바닥에 얹혀, 좌초하여. **2** 곤궁(窮)하여[한]. 「획이) 좌절되다.

run [or **go, strike**] **aground** (배가) 좌초하다; (계획이) 좌절되다.

AGS (로켓) abort guidance system(보조 유도 시스템); alternating gradient synchrotron. **agst.** against. **agt.** agent; agreement.

a·guar·dien·te [ɑ̀ːgwɑːrdiénti] 图 스페인산(産) 저급 브랜디; 화주(火酒). [＜Sp burning water]

a·gue [éigjuː] 图 《병리》 학질, 말라리아열(熱); 오한. **á·gued** 图 학질에 걸린. **~·like** 图

a·gu·ish [éigjuː(ɪ)ʃ] 图 **1** 학질의, 학질 같은; 학질에 걸리기 쉬운. **2** (열이 나서 한기가 드는, 오한이 나는.

agw, AGW allowable gross weight(항공기의 이륙) 허용 총중량). 「따위를 나타냄).

‡**ah** [ɑː] 間 아아(고통·놀람·연민·불만·혐오·기쁨·슬픔
Ah me! 아아 (비참하다!).
Ah, well,... ⋯은 별 수 없지.
before you can say 'ah' 아차 하는 사이에.

Ah, a.h., a-h ampere-hour. **A.H.** 〖라틴〗 *anno Hejirae* [ǽnou hédʒiriː] (=in the year of the Hegira) (회교 기원 …(년). 「를 나타냄).

＊**a·ha** [ɑːhɑ́ː, əhɑ́ː] 間 아하(승리·경멸·놀람·희열 따

AHA American Heart [Historical, Hospital, Hotel] Association.

A·hab [éihæb] 图 **1** 〖성서〗 아합(기원전 9세기경의 이스라엘 왕; 이세벨(Jezebel)의 남편). **2** 에이해브 (Melville의 소설 *Moby Dick*의 주인공 선장).

ahá expérience 图 〖심리〗 아하 (그렇구나) 체험.

ahá reáction 图 〖심리〗 아하 반응(창작·제작 따위에 골몰하는 사이 문득 머리에 떠오르는 생각[떠들림]).

ah·choo [ɑːtʃúː] 間 에취 [의(재채기 소리). (또는 *achoo, atishoo, choo, hachoo*)

‡**a·head** [əhéd] 副 **1** 앞쪽에[으로]; 전도에 *(of).* ¶a *wind ~* 맞바람. **2** 앞으로*(of).* ¶*well ~ of plans* 계획보다 훨씬 빨리/*set a clock ~* 시계를 앞으로 돌리다. **3** 미리, 앞서*(of).* **4** 진보하여; 유리하게; 출세하여.

ahead of ① …의 앞을[에, 으로]. ② …보다 앞서서, …보다 나은[뛰어난]. ¶*be ~ of times* 시대에 앞서다. ③ …보다 유리한 입장에.

ahead of the game 이기고[리드하고] 있는.

ahead of time 시간 전에, 의외로 빨리.

be ahead (美구어) 이기고 있다, 앞서 있다; 이익을 올리고 있다. ¶*I was ~ $70.* 70달러 따고 있었다.

Breakers ahead! (해사) 전방에 흰 파도 있음(암초 따위의 위험을 알리는 신호); 전도에 위험 있음.

come out ahead [or ***on top***] (美속어) 최후에 이득을 보다. 「*(of)*, 곧바로 간 곳에.

dead ahead (구어) (…의) 바로 앞에, 코[눈] 앞에서

Full speed ahead! (항해) (선장의 명령) 전속 전진!

get ahead ① 출세하다, 성공하다. ¶*get ~ in the world* 출세하다. ② 돈을 앞 방면 벌도를 청산하다.

go ahead …보다 앞서 가다, 앞으로 나아가다*(of)*; (계획·이야기 따위를) 진전시키다, 추진하다*(with)*.

Go ahead! ① 먼저 하십시오((英) After you!). ② (말을 재촉하여) 그래서. ③ (상대방을 재촉하여) 어서; 자아, …하시오*(with)*. ¶*Go on ~ with the cake.* 케이크를 드세요. ④ (전화에서) 말씀하세요. ⑤ (항해) 전진((⇔) Go astern!); 자, 해라[가라].

look ahead 앞쪽을 보다; 장래 일을 생각하다.

move ahead (계획 따위가) 전진하다; (활동 따위가) 순조롭게 진행되다, 예정대로 진행되다.

on ahead 먼저. ¶*Go on ~ and say I'll be late.* 먼저 가서 내가 늦을 거라고 해줘.

right [or ***straight***] ***ahead*** 바로 앞에.

shoot ahead 갑자기 앞서다. 「한 위치에 있는.

A-head [éihèd] 图 (美속어) 암페타민(amphetamine) 상용자; LSD 상용자(acid-head).

a·heap [əhiːp] 副 (서술용법) 쌓이어.

a·hem [əhém] 間 에헴, 흠(남의 주의를 끌거나 의심을 나타냄). 「않는 산호. **·týp·ic** 图

a·her·ma·type [eihə́ːrmətàip] 图 암초를 만들이

ahh [ɑː] 間 =ah.

ah·hah [ɑːhɑ́ː] 間 그래그래, 아하(납득의 소리).

a·him·sa [əhímsɑː] 图U (힌두교) 비폭력, 무살생.

a·his·tor·ic [èihistɔ́ːrik, -tɑ́r-/-tɔ́r-] 图 역사에 관심이 무관심한. (또는 **ahistorical**)

AHL, A.H.L. American Hockey League.

a·hold [əhóuld] 图 (美구어) 붙잡기(hold).

get ahold of ⋯을 잡다, ⋯와 연결짓다, ⋯을 입수하다

Get ahold of yourself! 정신 차려, 힘내라. [əholt]

副 (해사) 바람부는 쪽으로, 바람 가까이. (또는 **-a·hol·ic** [əhɔ́ːlik, əhɑ́l-/əhɔ́l-] 〖연결〗 「⋯광, ⋯중독(자)⋯의 뜻. ¶*golfaholic, speedaholic.* (또는 **-(o)holic**) 「층).

A horízon 图 (지질) A 층위(層位)(토양 단면의 최상 **a·horse** [əhɔ́ːrs] 副 (서술용법) 기마(騎馬)의, 말에 탄. —图 말을 타고, 말 위에서.

a·hoy [əhɔ́i] 間 (해사) 이봐(다른 배를 향해 고함치는 소리). ¶*Ship ~!* 이봐, 그 배!

AHQ Air [Army] Headquarters(공군[육군] 사령부).

Ah·ri·man [ɑ́ːrimən] 图 〖조로아스터교〗 아리만(악마의 신(神)). 图 Ormazd 「파치(Apache) 헬리콥터).

AH-64 图 (美군사) 전천후 공격형 헬리콥터(속칭 아

a·hu [əhúː] 图 폴리네시아인이 도로 표지·묘비·기념비로 쓰는 석총(石塚)[적대(石堆)]. 「밀 회의로, (＜F)

à huis clos [ɑː wiː klóu] 副 문을 닫고; 비밀로, 비

a·hull [əhʌ́l] 副 (해사) (폭풍우에 대비해서) 돛을 내리고 키를 바람 부는 쪽으로 잡아.

A·hu·ra Maz·da [ɑ́ːhurə mǽzdə] 图 〖조로아스터교〗 =Ormazd. 「(three-toed sloth).

a·i¹ [ɑ́ːi] 图 (동물) (중·남미산(産)) 세발가락나무늘보

ai² [ai] 間 아아(고통·슬픔·연민 따위를 나타냄).

AI *Air India*(인도 항공); *Amnesty International*(국제 사면 위원회); *artificial insemination*(인공 수정); *artificial intelligence*(인공 지능). **AIA, A.I.A.** *Aerospace Industries Association*; *American Institute of Accountants* [*Architects*](미국 회계사[건축가] 협회); *American Insurance Association*.

AIAA *American Institute of Aeronautics and Astronautics*(미국 항공 우주 공학 협회). **AIBD** *Association of International Bond Dealers*.

ai·blins [éiblɪnz] 副 (스코) 어쩌면, 아마.

A.I.C. *American Institute of Chemists*(미국 화학자 협회). **A.I.Ch.E.** *American Institute of Chemical Engineers*(미국 화학 기술자 협회).

‡**aid** [eid] 图 (**~s** [-z]) ① **1** …을 돕다, 거들다 *(with, in)*; 원조하다. ⇒ HELP 유의어 ¶*~ war victims* 전쟁 이재민을 원조하다 // *(~+目+to do)* *(~+目+前+名)* *She ~ed me to cook* [or *in cooking*]. 그녀는 내가 요리하는 것을 도와주었다(＊*She helped me (to) cook*. 쪽이 보통)/*We ~ed him in the enterprise.* 우리는 그의 사업을 원조했다. **2** …을 조성하다, 촉진하

다. ¶~ recovery 회복을 촉진하다 // (~+图+to do) ~ a country to stand on its own feet 나라가 자립할 수 있도록 지원하다. —㉠ 도움이 되다(assist).
aid and abet 〔법률〕 범행을 방조하다.
—图 (图) ~s [-z] 1 ⓤ 도움, 거들기, 조력; 원조, 구원. ¶economic [foreign] ~ 경제적[외국] 원조 /~ and comfort 조력(助力), 원조 / medical ~ 의사의 치료 / first ~ (현장에서의) 응급 치료[조치] / mutual ~ 상호부조. 2 (때로 ~s) 조력자, 원조자, 조수; 보조물; 보조금. ¶a hearing ~ 보청기 / ~s and appliances 보조기구 / audio-visual ~s 시청각 교재 / an ~ to memory 기억을 돕는 것. 3 =engine. 4 〔美軍사〕=aide-de-camp; =aide. 5 〔英역사〕 (국왕에게 바치는) 헌금; (봉건 시대의) 상납금. 6 〔해사〕 항로 표지. 7 (A-) 자선 [구제 기금 모금] 공연.
by [or **with**] **the aid of** …의 도움을 빌려[으로].
call a person **in aid** 남에게 원조를 청하다.
call in a person's **aid** 남의 원조를 청하다.
give [or **lend, render**] **aid to** …을 돕다. 「오다).
go [**come**] **to** a person's **aid** 남을 도와주러 가다
in aid of …을 원조[지원]하여. 「이냐?
What's (**all**) **this in aid of**? 도대체 어찌겠다는 것
~·**er** ~·**ful**, ~·**less**
AID acute infectious disease; (美) Agency for International Development (국제 개발처). **AID**, **A.I.D.** artificial insemination by donor(비(非)배우자간 인공 수정). 图 AIH.
A·ï·da [ɑːíːdə/aií:-] 图 아이다(Verdi작의 오페라 (1871); 그 오페라의 여주인공인 에티오피아의 왕녀).
AIDA [áidə] 图 〔경영·광고〕 아이다(attention(주목), interest(흥미), desire(욕망), action(구매 행동)의 4단계를 거치는 소비자의 구매 심리 과정).
AIDCA [áidkə] 图 〔경영·광고〕 아이드카(attention(주목), interest(흥미), desire(욕망), conviction(확신), action(구매 행동)의 5단계를 거치는 소비자의 구매 심리 과정).
áid clìmbing 图 〔등산〕 인공 등반(peg climbing). 图 free climbing 「camp.
aid-de-camp [ʹdəkǽmp, -kάːŋ] 图 =aide-de-
aide [eid] 图 (육·해군의) 부관, 참모; (고관 등의) 측근자, 보좌관; 조수.
aide-de-camp [ʹdəkǽmp-kóŋ] 图 ⑫ **aides-** [éidz-] (육·해군의) 부관, 장성[왕족]에 딸린 무관; 참모(⑨ ADC). ¶the ~ to His Majesty 시종(侍從) 무관. [<F assistant on the field]
aide-mé·moire [ʹmemwάːr/F ɛdmemwaʀ] 图 (⑫ **aides-** [éidz-]) 기억을 돕는 것; 비망록; 〔외교〕 각서. [<F memory-helper]
áid fatigue 图 대외 원조 거부 무드(foreign ~).
AIDMA [áidmə, éidmə] 图 〔경영·광고〕 아이드마 (소비자의 구매 심리를 attention(주목), interest(흥미), desire(욕망), memory(기억), action(구매 행동)의 5단계로 나타낸 가설). 图 AIDA, AIDCA
aid-man [éidmən, -mən] 图 (⑫ **-men** [-mèn, -mən]) (야전 부대의) 육군 위생병.
áid pòst 图 《美》=aid station.
AIDS[1] [eidz] 图 〔병리〕 에이즈, 후천성 면역 결핍증. ¶an ~ sanitorium 에이즈 환자 요양소. (또는 Aids) [<acquired immune deficiency syndrome]
AIDS[2] 图 컴퓨터 에이즈 오염 디스크 증후군. [<an infected disk syndrome] 「서비스.
Aids-line [ʹlàin] 图 《英》 (상표) 에이즈 상담 전화
Áid Society 图 〔美〕 아동 자선 협회.
AIDS-re·lat·ed cómplex [ʹriléitid-] 图 〔병리〕 에이즈 관련 복합체(AIDS virus에 의한 증후군; ㉮ ARC).
AIDS-related vìrus 图 에이즈 관련 바이러스 (AIDS virus의 변이(變異) 바이러스; ㉮ ARV).

áid stàtion 图 (군사) 전방 응급 치료소.
AIDS tèrrorist 图 (속어) 에이즈에 걸린 것을 숨기고 성교하는 사람.
áid wòrker 图 국제 구호원(전쟁이나 기아의 희생자를 구호하는 국제 기관의 직원).
AIEE American Institute of Electrical Engineers(미국 전기 기술자 협회). **A.I.F.** Australian Imperial Forces.
ai·glet [éiglit] 图 =aglet.
ai·grette [éigret, -ʹ] 图 1 백로의 깃털 장식; (모자·투구 따위의) 깃털 장식. 2 (깃털 장식을 모방한 보석의) 머리 장식. 3 백로(egret).
ai·guille [eigwíːl, ʹʹ-] 图 침상 암괴(針狀岩塊); (알프스 따위의) 첨봉 (尖峰). 「의] 장식끈; 장식술.
ai·guil·lette [èigwilét] 图 (군복

[aigrette 1]

AIH, **A.I.H.** artificial insemination by husband(배우자간 인공 수정). 图 AID
Ai·ken [éikən] 图 에이컨. 1 **Conrad Potter** ~ (1889-1973; 미국의 소설가·시인). 2 남자 이름.
*****ail** [eil] 图㉠ …을 괴롭히다, 고민하게 하다, 번거롭게 하다. ¶What ~s you? 왜 그러느냐?; 어디가 아픈가?(=What's wrong with you?). —㉠ (진행형으로) 아픔을 느끼다; (가볍게) 않다, 기분이 좋지 않다. ¶My baby is ~ing. 아기가 아프다. —图 병; 괴로움, 번민.
ai·lan·thus [eilǽnθəs] 图 〔식물〕 가(假)죽나무, tree of heaven **-thic** 图
ai·ler·on [éilərɑn/-rɔn] 图 〔항공〕 보조익[날개].
ail·ing [éiliŋ] 图 앓고 있는, 병든; 고민하고 있는.
*****ail·ment** [éilmənt] 图 1 (가볍거나 만성적인) 병; 불쾌, 기분이 언짢음. ⇒ILLNESS 〔유의어〕 ¶a slight [or minor] ~ 경증(輕症). 2 (사회적·정치적) 불안정.
ai·lu·ro·phile [ailúərəfàil, ei-] 图 고양이를 좋아하는 사람. **ᵃphíl·i·a** 图ⓤ 고양이를 사랑하기; 애묘증 (愛猫症).
ai·lu·ro·phobe [ailúərəfòub, ei-] 图 고양이를 싫어하는 사람. **ᵃphó·bi·a** 图ⓤ 공묘증(恐猫症).
‡**aim** [eim] 图 (~**s** [-z]) 图 1 (총 따위를) 겨누다, 겨냥하고 …을 던지다[발사하다]; [욕설 따위] 을 퍼붓다 (*at*). ¶(~+图+图) a gun *at* a target 총을 겨냥하고 겨누다 /~ a stone *at* a person 남에게 돌을 던지다 /~ a satire *at* a person 남을 비꼬다 / That remark was ~*ed at* him. 그 말은 그를 겨냥한 것이었다. 2 (수동으로) (계획 따위를) …하는 것을 겨냥하다 (*at* doing). —㉠ 1 겨누다, (…을) 노리다 (*at*). ¶ (~+前+图) ~ *at* a mark with a gun 총으로 표적을 겨누다. 2 뜻하다, 목표로 삼다, 지향하다 (*at, for*). ¶ (~+前+图) ~ *at* gaining a prize 상을 노리다 /~ *at* success 성공을 목표로 삼다 /~ *for* dictatorship 독재자의 자리를 노리다 / What do you ~ *at*? 네 의도가 무엇이냐? 3 …할 작정이다, …하려고 노력하다. ¶ (~+*to* do) He ~*s to* go tomorrow. 그는 내일 갈 작정이야.
aim for [장소 따위] 을 목표로 하여 나아가다 [다.
aim high [**low**] 뜻하는 바가 높다[낮다].
aim off (**for wind**) (사격) (바람을 고려하여) 표적을 비껴[오조준]해 쏘다.
—图 (图 ~**s** [-z]) 1 ⓤ 겨냥, 가늠, 조준 (*at*). ¶with unerring ~ 겨냥이 빗나가지 않이 /within a cannon's ~ 대포의 사정권 안에. 2 표적, 목표; ⓤⓒ 뜻, 목적, 의도 (*in, of* (doing)). ⇒PURPOSE 〔유의어〕 ¶the ~ and end 궁극적인 목표. 「하다.
achieve [or **attain, fulfill**] one's **aim** 목적을 달성
miss one's **aim** 겨냥[목표]이 빗나가다.
take (**good**) **aim at** …을 (잘) 겨냥하다.
without aim 목적없이, 막연히.
with the aim of …을 지향하여, …을 목표로.

∠·ful 刨 **∠·ful·ly** 튀
AIM *a*ir *i*nterceptor *m*issile (공대공 요격 미사일); *A*merican *I*ndian *M*ovement(미국 인디언 공민권 운동). **A.I.M.E.** *A*merican *I*nstitute of *M*ining *E*ngineers; *A*ssociation of the *I*nstitute of *M*echanical *E*ngineers.
Ai·mee [éimi] 명 에이미(여자 이름). (또는 **Amy**)
aim·er [éimər] 명 겨누는 사람(것), 조준기.
aim·ing [éimiŋ] 명 (U) 겨냥(하는), 조준(의).
áiming circle 명 (컴퓨터) 조준 기호.
áiming field 명 (컴퓨터) 조준 필드.
áiming póint 명 (무기·관측 기구의) 조준점(照準點).
*****aim·less** [éimlis] 圈 목적[목표]이 없는; 주견이 없는. **~·ly** 튀 **~·ness** 명
A.I.M.U. *A*merican *I*nstitute of *M*arine *U*nderwriters(미국 해상 보험 협회).
ain [ein] (Sc) =own; =one.
aî·né [enéi] 명 형의(elder), 장남의(eldest). ── 명 형, 장남. (여) **aînée** (＜F born before)
Ai·no [áinou] 명 (pl **~s**) =Ainu.
*****ain't** [eint] 〈방언·구어〉 am not의 단축형; 〈속어〉 are [is] not, have [has] not, do[does, did] not의 단축형. ¶ I'm going too. ~ I? * 의문문 A~ I?(=Am I not?) 이외는 비속(卑俗)어법으로 간주. [어(語).
Ai·nu [áinu:] 명 (pl **~(s)**) 아이누인(人); (U) 아이누
ai·o·li [aióuli, ei-] 명 [요리] 아이올리(Provence 지방의 마늘이 든 마요네즈).
AIP *A*merican *I*nstitute of *P*hysics(미국 물리학회).
AIPLA *A*merican *I*ntellectual *P*roperty *L*aw *A*ssociation(미국 지적 소유권 협회).
‡**air** [ɛər] 명 (pl **~s** [-z]) 1 (U) 공기, 대기. ¶ fresh [foul] ~ 신선한[오염된] 공기 / breathe ~ 숨쉬다. 2 (the ~) 공중, 공간, 하늘. ¶ birds in the ~ 하늘을 나는 새 / float in the ~ 공중에 뜨다 / fly in [or through] the ~ 하늘을 날다 / fly up [or rise] into the ~ 하늘로 날아오르다. 3 산들바람, 미풍. ¶ a slight [or gentle] ~ 산들바람 / a vernal ~ 봄바람 / a warm ~ from the south 따뜻한 남풍. 4 널리 알려지다, 주지, 공표. 5 (보통 단수형으로)(물건의) 외양, 모양; (사람의) 풍모, 풍채; 태도(bearing). ⇨ MANNER 유의어 ¶ with a triumphant [sad] ~ 득의양양하여 [슬픈 표정으로] / assume an ~ of arrogance 거만하게 굴다 / She has an ~ of gracefulness in her manners. 그녀의 태도에는 우아함이 보인다. 6 (~s 젠체 빼는 태도). ¶ with empty ~s 젠체를 빼며. 7 (음악) 가곡, 곡조(tune); 선율, 멜로디 (합창곡 따위의) 최고음부; 아리아. ¶ a national [sweet] ~ 국가[감미로운 곡] / hum an ~ 콧노래를 부르다 / sing an ~ 한 곡 부르다. 8 (the ~) (무선) 전파 방송. 9 항공기 수송, 항공 여행; (A-) (항공 회사의 이름으로) ~ 항공, 에어 ─. 10 압축 공기(compressed ~); 〈구어〉 공기 조절[냉방] 장치. 11 고대 철학에서) 기(氣)(four elements의 하나).
a castle in the air ⇨ CASTLE.
(a) change of air 전지(轉地) (요양). 「빼다.
acquire [or *assume*] *airs* 젠체하다, 뽐내다, 점잔
ain't holding no air 〈美속〉 도움이 안 되다, 의지가 되지 않다.
airs and graces 얌전한 체하는 태도, 점잔을 뺌.
beat the air (허공을 치듯이) 헛수고하다.
by air ① 항공기로, 공로로 (by airplane). ¶ travel *by* ~ 비행기로 여행하다. ② 무전으로.
clear the air ① 환기(換氣)하다; 기분[분위기]을 일신하다. ② 의혹[오해]을 해소하다; 암운을 걷어내다; 긴장을 풀다. 「해) 수면으로 나오다.
come up for air 〈美속〉 한숨 돌리다; (숨쉬기 위
dance on air 〈속〉 교수형을 당하다.
fan the air 허공을 치다; 〔야구〕 삼진하다.
get air =take air.

get the air 〈美속〉 해고당하다; (애인·친구 등으로부터) 버림받다(*from*).
give air to (의견 등)을 발표하다.
give a person the air 〈속〉 남을 해고하다(fire); (애인·친구 등)을 버리다. 「취하다.
give oneself airs 젠체하다, 뽐내다. 오만한 태도를
go on [*off*] *the air* 방송을 시작하다[그치다].
go up in the air ① 〈구어〉 이성을 잃을 만큼 흥분하다. ② 〈美속〉 (배우가 무대에서) 대사를 잊다.
hit the air 방송하다.
hot air 〈속〉 거짓말; 허풍, 허황된 말[이야기].
in the air ① (소문 따위가) 퍼져서. ¶ Wild rumors are *in the* ~. 터무니없는 소문이 퍼져 있다. ② (up과 함께) (계획 따위가) 막연한, 미정[미결] 상태인.
in the open air 집 밖에서, 야외에서.
into thin air 흔적도[그림자도] 없이.
leak air 〈美속〉 바보 같은 소리를 하다, 뜻도 알 수 없는 말을 지껄이다.
live on air 아무것도 먹지 않고 있다.
melt [or *disappear, vanish*] *into thin air* 자취도 없이 사라지다.
off the air ① 방송되지 않고, 방송이 중지되어. ② 〔컴퓨터〕 연산[가동]중이 아닌. ③ 일을 벗어나[잃고].
on the air ① 방송중에; (프로가) 계속되는. ¶ *On the* ~. (게시) 방송중 / *put* [or *send*] *on the* ~ 방송하다. ② 항공편으로. ③ (컴퓨터) 연산[가동]중인.
out of thin air 무(無)에서; 갑자기.
over the air 방송으로, 방송에 의해서.
plow the air 헛수고하다.
put on airs 젠체하다, 뽐내다, 점잔빼다.
put on the air 〈美속〉 브레이크를 밟다.
riding the air 〈속〉 (건설 노동자가) 높은 곳에서 일하여.
take air ① (일이) 알려지다, 널리 퍼지다. ② 〈美속〉 횡설수설하다.
take the air ① 집 밖으로 나가다, (잠시) 산책하다. ② (항공기가) 이륙하다(take off), 비행하다. ③ 방송을 시작하다. ④ 〈속〉 떠나다(go away), 도망가다.
take to the air 비행사가 되다; 날다, 비행기로 여행하다. 「기뻐 날뛰다, 들뜨다.
tread [or *float, walk*] *on air* 〈구어〉 (진행형으로)
up in the air 〈구어〉 ① 들떠서. ② 당황하여. ③ 성나서.
with an air 점잔빼며; 자신만만하게. 「흥분하여.
── (~s [-z]) 타 1 …을 바람에 쐬다[말리다]; …에 바람을 통하다(*out*); ¶ ~ *a room* 방 안을 환기시키다 / ~ *clothes* 옷을 바람에 쐬어 말리다. 2 …을 발표하다; 떠벌리다; 자랑하다. ¶ ~ *one's opinion* 의견을 말하다 / ~ *one's grievances* 불만을 털어놓다. 3 〈美〈구어〉〉 …을 방송하다. 4 (주) (여자)를 차버리다. ── 재 1 건조되다, 마르다(*out*). 2 〈美〈구어〉〉 방송하다. 3 산책[드라이브]하다.
air one's belly 〈美속〉 토하다. 「브]하다(*out*).
air oneself 바람을 쐬다, 산책하다.
air one's heels 〈구어〉 어정거리다.
air out 〈美속〉 산보하다; 가다.
── 형 〔한정용법〕 1 공기의, 공기압으로 움직이는. 2 항공기의[에 의한]; 공군의; 하늘의. 3 방송의. 4 눈에 보이지 않는, 상상의. ¶ *live on ~ pie* 아무것도 먹지 않고 살다.
áir áge (the ~) 항공 시대. 「낳다.
áir alert 명 경계 비행; 공습 경계 정보[체제].
áir àmbulance 환자 수송기.
áir àrm (한 나라의) 공군 (전력). 「현).
áir àrt 에어 아트(풍선 따위 공기를 이용한 예술 표
áir attaché 명 〔대사(공사)관〕 공군 무관.
áir attáck 공습.
áir bàg 명 (자동차의) 에어백. (또는 **áirbàg**)
áir báll 1 풍선. 2 〔농구〕 골과는 거리가 먼 어림없는 볼(슛).
áir ballòon 명 풍선(air ball); (경)기구.
áir báse 명 공군 기지.

áir bàth 명 공기욕(空氣浴); (기계) 공기욕(공기를 매체로 하는 가열 장치).
áir bàttery 명 (전기) 공기 전지. [베어링.
áir bèaring 명 공기 베어링(압축 공기로 축을 받치는 (또는 (속어) **áir commòde**).
áir bèd 명 (공기가 들어간) 고무(비닐) 침대(매트리스).
áir bèll 명 (유리 제조시에 생기는) 기포. [스].
áir bènds 명복 (병리) =aeroembolism.
áir blàdder 명 (동식물의) 기포(氣胞), 기낭(氣囊); (물고기의) 부레(air cell).
áir blàst 명 충격충, 인공 분사 기류; (핵 폭발 등에 의한) 충격파.
áir blìtz 명 전격 공습.
áir·boat [ɛ́ərbòut] 명 수상(비행기)(seaplane)의 초계 비행정; 에어보트.──명자 에어보트로 항행하다.
áir·borne [ɛ́ərbɔ̀ːrn] 형 1 (군사) 공수의. ¶~ infantry 공수 보병부대(대) / ~ troops 공수 부대. 2 (꽃가루 따위가) 풍매(風媒)의. 3. (서술용법) 공중에 떠서, 이륙하여.──명 공정대, 공수 부대.
áirborne alért 명 (군사) (항공기의) 공중 비상 대기.
áirborne commánd pòst 명 (군사) 공중 사령부(기)(유사시 대통령·군지휘부의 엄폐호 역할을 함).
áirborne éarly wárning and contról 명 공중 조기 경계 관제(약 AEW & C).
áirborne láunch contról cènter 명 기상(機上) 미사일 발사 센터(약 ALCC).
áirborne sóccer 공중 사커(한 팀 7명씩으로 Frisbee(플라스틱 원반)를 가지고 겨루는 운동).
áir-bound [-bàund] 형 (쇠 파이프 따위의) 공기가 통하지 않는, (에어 로크로) 공기에 막힌.
áir·brain [ɛ́ərbrèin] 명 =airhead². [는.
áir bràke 명 공기 제동기(장치), 에어 브레이크; (비행기 따위의) 감속용 날개(flap).
air-breathe [-brìːð] 명자 (제트기 등이 연료 연소를 위해) 공기를 흡입하는. [사일. 2 육서(陸棲) 동물.
áir-breath·er [-brìːðər] 명 1 (미속어) 제트기, 미·
áir brìck 명 (통풍용) 유공(有孔) 벽돌, 속이 빈 벽돌.
áir brìdge 명 (공수(空輸)에 의한 두 지점 사이의) 공중 다리; (건물 사이의) 공중 통로; 보딩 브리지(공항 대합실과 비행기를 잇는 이동식 승강용 탑승교(搭乘橋)).
áir bròker 명 (영) 항공 운송 중개인.
áir·brush [ɛ́ərbrʌ̀ʃ] 명 분무기, (도장(塗裝)·사진 수정용) 에어브러시.──명자 …을 에어브러시로 처리하다.
áir bùbble 명 기포(氣泡).
áir bùmp 명 (항공) (에어 포켓의) 상승 기류.
áir·burst [ɛ́ərbə̀ːrst] 명 (폭탄 따위의) 공중 폭발.
áir·bus [ɛ́ərbʌ̀s] 명 에어버스(중·단거리용 대형 여객기); (A-) 에어버스 여객기(영·불·독·스페인 합작의 A-Industry사 제품). (또는 **áir bùs**).
Áir Cánada 에어 캐나다(캐나다 국영 항공 회사;약 AC).
áir càp 명 (비행장의) 포터, 레드캡(redcap). [코드 AC.]
áir càrgo 명 항공 화물, 공수 화물.
áir càrrier 명 항공 (수송) 회사; (화물) 수송기.
áir càsing 명 (기계) (방습용) 공기벽, 방열 포피, 공기 케이싱; (선박 굴뚝 둘레의) 통풍구. [지) 방송.
air·cast [ɛ́ərkæ̀st/-kɑ̀ːst] 명 방송하다.──명 (현)
áir càstle 명 공중 누각; 백일몽(daydream), 몽상.
áir càvalry 명 (미) 공정[공수] 부대, 헬리콥터 무장 정찰 부대. (또는 **áircàv**).
áir càvalryman 명 공정[공수] 부대원.
Áir Cdr. *Air Commodore*.
áir cèll 명 (해부·동·식물) 기포, 폐포(肺胞); (전기) 공기 전지(산소를 산화제로 이용하는 일차 전지).
áir chàmber 명 (펌프·수압 장치의) 공기실; (생물) 기강(氣腔), (알의) 기실(氣室).
air-check [-tʃèk] 명 에어체크, 방송 수신 녹음. (또는 **áir-shòt**). [대장.
áir chíef márshal 명 (때로 A- C- M-) (영) 공군
áir cléaner 명 공기 청정기(정화기); (화장실 따위의) 공기 청정기.
áir còach 명 (요금이 싼) 보통 여객기. [탈제거.
áir còck 명 (기계) 공기 콕.

áir commánd 명 (미) 공군 사령부, 항공 군단(air force보다 상위에 있는 최고의 군 편제 단위).
áir còmmodore 명 (종종 A- C-) (영) 공군 준장.
áir compréssor 명 공기 압축기, 에어 컴프레서.
áir condénser 명 공기 (냉각, 응축)기.
air-con·di·tion [-kəndíʃən] 명타 …에 공기 조절(냉난방) 장치를 달다; 온도·습도를 조절하다. **~ed** 형 냉난방 장치된 는. [컨, (물) 쿨러.
áir condítioner 명 공기 조절(냉난방) 장치, 에어
***áir condítioning** 명 공기 조절; 냉방[난방] 장치(법)(약 ac, AC, a/c, A/C). **áir-con·di·tion·ing** 형
áir contaminátion 명 공기(대기) 오염.
áir contról 명 제공(制空)(권); 항공 관제.
áir contróller 명 항공 (교통) 관제사; (공군) (전투·요격) 관제사.
áir contrólman 명 (미해군) 항공 관제원.
áir-cool [-kúːl] 명타 (기계) 공기 냉각하다; …의 공기 조절을 하다. **~ed** 형 공랭식의, 공기 냉각의.
áir-cool·er [-kùːlər] 명 (엔진 따위의) 공기 냉각(공기 냉각기, 냉각 장치).
áir còoling 명 (기계) 공기 냉각(법, 장치), [공기 냉각기, 냉각 장치.
Áir Córps 명 (미) (제2차 대전 전의) 육군 항공대.
áir còrridor 명 (국제 협정에 의한) 항공기 전용 항로, 공중 회랑; (군사) 아군기 전용의 한정 항로.
áir còver 명 (군사) 공중 엄호 (항공대). [행체.
***air·craft** [ɛ́ərkræ̀ft/-krɑ̀ːft] 명 (복 ~) 항공기, 비
áircraft cárrier 명 항공 모함, 항모(航母).
áircraft clòth [fàbric] 명 비행기 익포(翼布).
áircraft obsérver 명 (미공군) 기상(機上) 감시병.
áir·craft(s)·man [ɛ́ərkræ̀ft(s)mən/-krɑ̀ːft(s)-] 명 (영) 항공 정비병.
áir·craft(s)·wom·an [ɛ́ərkræ̀ft(s)wùmən/-krɑ̀ːft(s)-] 명 (영) 여자 항공병.
áircraft ténder 명 (해군) 항공기 지원선(함).
áircraft wìng 명 (군사) 비행단(2개 이상의 항공대대(squadron) 또는 항공군(group)으로 구성).
áir·crew [ɛ́ərkrùː] 명 (집합적; 단·복수 양용) 항공기 승무원 (전체). (또는 **áir crèw**).
áir·crew·man [ɛ́ərkrùːmən] 명 (조종사 이외의) 항공기 승무원의 한 사람.
áir-cure [-kjùər] 명타 (담뱃잎·목재 따위를) 공기에 쐬다, 통기 처리(건조)하다.
áir cúrrent 명 기류. 형 airflow
áir cúrtain 명 에어 커튼(외기 차단용 공기벽 장치).
áir cúshion 명 1 (공기 방석(베개), 공기 베개; 공기 스프링(완충기). 2 (수압 장치의) 공기실. 3 (호버크라프트를 부상(浮上)시키는) 분사 공기의 층.
áir-cùsh·ion, áir-cùsh·ioned 형
áir cùshion véhicle 명 리니어 모터 카(linear motor car); (육상용) 호버크라프트(hovercraft)(약 ACV). (또는 **áir-cùshion véhicle**).
áir cýlinder 명 (기계) 공기 실린더.
áir dàm 명 에어 댐(자동차·비행기에 붙여 공기의 저항을 감소시키는 것).
áir-dash [ɛ́ərdæ̀ʃ] 명자 비행기로 급히 가다.
áir-date [ɛ́ərdèit] 명 (TV·라디오) 방송(예정)일.
áir defénse 명 대공 방어, 방공(防空).
áir defénse identificátion zòne 명 방공 식별권(識別圈)(약 ADIZ).
áir dépot 명 항공기 발착장, 항공 보급소.
Áir Dérby 명 비행 대회.
áir divísion 명 (미공군) 비행(항공) 사단.
áir dòme 명 (건축) 에어 돔, 공기막 구조.
áir dòor 명 =air curtain.
áir dràin 명 (건축) 통기관(通氣管)(기 (穴)].
áir dríll 명 공기 송곳(드릴)(pneumatic drill). [는.
air-driven [-drìvən] 형 압축 공기를 원동력으로 하
air·drome [ɛ́ərdròum] 명 비행장, 공항. (또는 (영)

aerodrome)
air·drop [ɛərdràp/-drɔ̀p] (**-pp-**) 타 〔물자·병력 따위〕를 낙하산으로 투하[보급]하다. ── 자 〔부대 따위가〕 공중 낙하하다. ── 명 공중 투하. **~·pa·ble** 형
air·dry [dràɪ] 타 〔바람으로〕…을 말리다. ── 형 바람으로〔자연〕건조된.
Aire·dale [ɛərdèɪl] 명 1 에어데일종 개(테리어종의 변종). 2 《미속어》 보기 흉하고 버릇 없는 젊은이.
áir éddy 명 기류의 소용돌이.
áir edítion 명 〔신문·잡지의〕 항공 속달판; 라디오판(선내(船內)에서 무선 뉴스를 받아 발행한다).
áir éngine 명 압축 공기 엔진, 열기(熱氣) 엔진.
AIREP *aircraft report*.
air·er [ɛərər] 명 건조 장치; 〔빨래〕 건조대.
áir escápe 명 배기(排氣) 장치. 〔항공〕 소화물.
áir expréss 명 소화물 공수업[료]; 〔집합적〕 공수
air·fare [ɛərfɛ̀ər] 명 항공 요금. (또는 **áir fàre**)
áir férry 명 에어 페리(수역(水域)을 넘어 차·사람·화물 등을 운반하는 항공기〔항공업〕).
‡**air·field** [ɛərfìːld] 명 〔소규모의〕 비행장, 이착륙장.
áir fíght [ɛərfàɪt] 명 공중전.
áir fílter 명 공기 여과기, 공기 정화 필터〔장치〕.
áir fléet 명 항공 편대; (국가의) 공군력.
air·flow [ɛərflòu] 명 〔항공기·자동차 따위가 일으키는〕기류; 공기의 흐름. ── 형 유선형의.
air·foil [ɛərfɔ̀ɪl] 명 〔항공〕 에어포일, 날개 (英) aero-
Áir Fòrce 명 1 〔미국〕 공군(약 AF, A.F.); (a- f-) 〔일반적으로〕 공군(약 army, navy). 2 영국 공군(Royal ~). **áir-fòrce**
Áir Fòrce Acádemy 명 《미》 공군 사관 학교.
Áir Fòrce Cróss 명 공군 십자장(十字章) (약 AFC).
Áir Fòrce Óne 명 《미》 미국 대통령 전용기.
áir fòrwarding 명 항공 수송(운송).
air·frame [ɛərfrèɪm] 명 〔항공기·로켓 따위의 엔진 등을 제외한〕 기체. 〔영 항공기; 코드 AF〕.
Áir Fránce [F ɛːr frɑ̃ːs] 명 에어 프랑스(프랑스 국
áir fréight 명 항공 화물 운송업, 화물 공수 업[편(便)]; 공수 화물; 항공 화물 요금. (또는 **áirfrèight**) **~·er** 명 화물 수송기(운송업자).
air·freight [ɛərfrèɪt] 명 =air freight. ── 통타 항공 화물로 보내다. 〔화물을〕 공수하다. ¶ the ~ business 항공 화물 운송업, 화물 공수의. ¶ the ~ business 항공 화물 운송업, 화물 공수.
áir fréshener 명 방향제, 탈취(脫臭) 스프레이.
áir gáp 명 〔전기〕 공기 갭, 공극(空隙)(방전시 또는 자극(磁極)간의 간극).〔가스(producer gas)〕
áir gás 명 〔화학〕 〔조명·열원용〕 공기 가스; 발생로
áir gáuge 명 기압계.
air·glow [ɛərglòu] 명 〔기상〕 대기광(大氣光)(대기 상층에서의 원자·분자가 발하는 희미한 빛).
air·graph [ɛərɡræ̀f/-ɡrɑ̀ːf] 명 《英》 〔필름에 축사(縮寫)하여 보낸 뒤 확대시켜서 배달하는〕 항공 축사 우편(《美》 V-mail). ── 통타 항공 축사 우편으로 보내다.
áir gróup 명 〔공군〕 항공군(群)(air wing과 squadron 과의 단위 부대). 〔hammer.〕
áir gún 명 공기총; 분무 장치; =airbrush; =air
áir gúnner 명 〔공군〕 기상(機上) 사수(약 AG).
áir háll 명 에어 홀(옥외 수영장·테니스 코트 따위를 덮는 접을 수 있게 된 플라스틱 돔).
áir hámmer 명 〔기계〕 공기 해머. 〔장; 수상 기지.
áir hárbor 명 〔수상기〕(水上機)의 발착장, 공수 비행
air·head¹ [ɛərhèd] 명 적전(敵前) 낙하 교두보.
air·head² 명 《미속어》 바보, 얼간이(fool).
áir hóist 명 〔압축 공기로 움직이는〕 승강기.
áir hóle 명 1 통풍구, 배기(배기)구, 바람 구멍. 2 〔얼음은 강 따위의 얼지 않은 곳. 3 =air pocket.
áir hóp [ɛərhàp/-hɔ̀p] 명 단거리 비행 여행.

─── 동자 비행기로 단거리〔이곳저곳을〕 여행하다.
áir hórn 명 (기관차 등의) 기적. (또는 **áirhòrn**)
áir hòse 명 《미수어》 (맨발로 신는) 운동화; 맨발.
air·hose [ɛərhòuz] 명 압축 공기 호스.
áir hóstess 명 스튜어디스(stewardess)(* flight attendant가 정식). 〔용한 비닐하우스.〕
áir hóuse [ɛərhàus] 명 에어하우스(압축 공기를 이
áir húnger 명 〔의학〕 공기 기아증(혈중 산소 부족으로 생기는 호흡 곤란).
air·i·ly [ɛ́ərəli] 부 1 즐겁게, 명랑하게, 들떠서; 경쾌하게, 쾌활하게(jauntily). 2 가볍게, 살며시; 수월하게, 쑥. 3 미묘하게(delicately). 〔AI〕.
Áir Índia 인도 항공(인도 국영 항공 회사; 코드
air·i·ness [ɛ́ərinɪs] 명 1 통기(통풍)가 잘 됨. 2 명랑, 쾌활, 경쾌. 3 미묘함. 4 공허, 실체가 없음.
air·ing [ɛ́əriŋ] 명 1 공기에 쐬기, 바람에 쐼; (an ~) 통기, 환풍. ¶ give clothes an ~ 옷을 바람에 말리다. 2 (an ~) 외출, 산책; 드라이브. ¶ take an ~ 산책[드라이브]하다. 3 (an ~) 〔의견·스캔들 따위의〕 공표, 발표. ¶ get an ~ 공표되다. 4 《美속어》 TV·라디오 방송. *Give it an airing!* 《英속어》 ① 가져 가라. ② 입다처라.
áiring cúpboard 명 《英》 (온수 파이프 따위의 둘레에 마련한) 건조용 나무[선반].
áir injéction 명 〔분사식〕 연료 보급, 공기 분사.
air-in·take [ɪ́nteɪk] 명 공기 흡입구, 흡기구(孔); 공기 흡입량, 흡기량.
áir jácket 명 1 〔엔진 따위의〕 방열 덮개, 공기 재킷. 2 《英》 구명대(동의), 부낭(浮囊)(life belt).
áir jéep 명 〔민간용〕 1인승 헬리콥터.
áir kíss 명 키스의 시늉.
áir láne 명 〔정기〕 항공로, 공로(airway).
áir-láunch [lɔ̀ːntʃ] 명타 〔로켓·미사일 따위〕를 비행체에서 공중 발사하다.
áir-láunched crúise míssile [lɔ̀ːntʃt-] 〔군사〕 공중 발사 순항 미사일(약 ALCM, A.L.C.M.).
áir-láunched torpédo 명 항공기 투하식 어뢰.
air·less [ɛ́ərlɪs] 형 1 〔신선한〕 공기가 없는. 2 통풍이 좋지 않은; 숨막히는. 3 조용한, 고요한. **~·ness** 명
áir létter 명 항공편(우편); 《英》 항공 우편용 봉함 엽서, 항공 편지(aerogram).
air·lift [ɛ́ərlɪft] 명 1 (긴급시 인원·화물의) 공수(空輸) (조직); (공수된) 인원(화물); 공수 보급(로). 2 (액체를) 공기로 빨아올리는 기구, 공기 양수(揚水) 펌프. 또는 **áir lìft (pùmp)**)). ─ 통타 〔인원·화물〕을 공수하다.
〔공수의.〕
air·lift·er [ɛ́ərlɪftər] 명 대형 화물 수송기.
air·like [ɛ́ərlàɪk] 형 공기 같은.
air·line [làɪn] 명 일직선의; 직행의; 최단의.
‡**air·line** [ɛ́ərlàɪn] 명 1 정기 항공로. 2 (항공기·공항 따위의) 정기 항공 시설. 3 (종종 ~s) 〔단수취급〕 정기 운항하는 항공 회사. 4 직행로(直行路), 일직선. 5 정기 관. ─ 형 airline의. ¶ ~ identification tag 항공 수하물검사.
áirline códe 명 항공 회사 코드(국제 항공 운송 협회가 제정한 두 자로 된 약호; KE, OZ 따위).
áirline códe nùmber 명 항공 회사 코드 번호.
áirline hóstess [(英) stéwardess] 명 여객기 의 여승무원, 스튜어디스.
‡**air·lin·er** [ɛ́ərlàɪnər] 명 정기 여객기.
áirlines términal 명 공항 버스 발착소.
air·load [ɛ́ərlòud] 명 항공기의 총적재 중량(승무 원·연료를 포함).
áir lóck 명 1 〔토목〕 (공중 작업용) 기밀(氣密)〔구획〕실, 기갑(氣閘). 2 〔기계〕 공기(증기) 폐색(閉塞). 3 〔로켓〕 (파이프 속의) 기포(氣泡); 에어 로크(우주선 따위의 기밀식 출입구. ☞ CAISSON 그림.
áir-lock [lɔ̀k/-lɔ̀k] 타 에어 로크에 넣다.
áirlock módule 명 기밀 제어[기갑(氣閘)] 모듈, 기

air log 밀 구획(氣密區劃)(우주선의 기밀실로서 기압·온도·전력을 조정함: ⓥ AM). 「제어 장치.
áir lòg 〖항공〗 비행 거리계; (미사일의) 항속 거리
‡**air·mail** [έərmèil] 〖명〗 1 ⓤ 항공 우편, 항공편; 항공 우편물((英) air post); 항공 우표; 항공 우편 제도. ¶by ~ 항공 우편으로. 2 《美학생 속어》 빈 우편함. (또는 **áir màil**) —〖형〗 항공편의. —〖부〗 항공편으로. —〖타〗 …을 항공편으로 보내다. (또는 **áir-màil**)
*air·man [έərmən] 〖명〗 (ⓟ -men [-mən]) 1 비행사[가](aviator). ¶a civilian ~ 민간 비행사. 2 항공병, 항공 대원. ~·ship 〖명〗 ⓤ 비행(기)술.
Áirman's Mèdal 《美》 (지상 근무자에게 수여되는) 항공병 기장(記章).
áir màp 〖명〗 (항공 사진에 의한) 항공 지도. 「붙이다.
air·mark [έərmàːrk] 〖타〗 〖항공〗 …에 대공 표지를
áir márshal 〖명〗 (종종 A- M-) 《英》 공군 중장.
áir màss 〖명〗 〖기상〗 기단(氣團); 〖천문〗 에어 매스, 광학적 공기량.
áir màttress 〖명〗 (침대·구명대용) 공기요[매트리스].
áir mechànic 〖명〗 항공 정비원, 항공 기사.
Áir Mèdal 〖명〗 《美》 항공 훈장.
áir mìle 〖명〗 공로(空路) 마일, 국제 공리(空里)(비행 거리 단위: 약 1,852m).
air-mind·ed ['màindid] 〖형〗 비행기 여행을 좋아하는; 항공 문제에 관심이 있는[열심인]. ~·ness 〖명〗
Áir Mìnister 〖명〗 《英》 공군 장관. 〔공식 용어).
áir mìss 《英》 (항공기의) 이상 접근(near miss의
air·mo·bile [έərmòubəl, -biːl/-bail] 〖형〗 〖헬리콥터로〗 공수되는; 〖군〗 공수[낙하산] 부대의.
áir mònitor 〖명〗 (라디오·TV의) 감시 장치[인]; 〖물리〗 대기 오염 감시 장치.
áir mosàic 〖명〗 (항공 사진을 이어 합친) 항공 지도.
áir mòtor 〖명〗 압축 공기 발동기.
áir mòtorway 〖명〗 《英항공》 항공로.
Áir Nàtional Gùard 〖명〗 《美》 주(州) 방위 공군 (US Air Force의 예비군). 「(着) 관측원[정찰원].
áir obsérver 〖명〗 《美육군》 기상(機上)[공중][탄착(彈
áir ófficer 〖명〗 해군 항공 참모, 육군 비행 장교((A-O-) 《英》 공군 장성. 「計).
air·om·e·ter [ɛərámətər/-ɔ́m-] 〖명〗 양기계(量氣
áir·pack [έərpæk] 〖명〗 에어팩(마스크와 휴대용 산소통으로 된 산소 공급 장치).
áir·park [έərpɑːrk] 〖명〗 작은 공항.
áir pàssage 〖명〗 1 공기 구멍, 통풍로. 2 비행기[항공] 여행(travel by air). 3 항공기편[이용].
áir patròl 〖명〗 공중 정찰.
áir pìllow 〖명〗 공기 베개.
air·pipe [έərpàip] 〖명〗 통기관(通氣管), 에어 파이프.
áir pìracy 〖명〗 항공기 공중 납치(skyjacking).
áir pìrate 〖명〗 공중 납치범(skyjacker).
‡**air·plane** [έərplèin] 〖명〗 (ⓟ ~s [-z]) 1 비행기 ((英) aeroplane). ¶a fighting ~ 전투기 / by ~ 비행기로. 2 《속어》 (짧아진 대마초를 끼우는) 클립(roach clip). —〖자〗 1 비행기로 가다. 2 《美속어》 마리화나 연기를 코로 들이마시다.
áirplane cárrier 〖명〗 항공 모함(aircraft carrier).
áirplane clóth [fábric] 〖명〗 (항공기용) 특수 면직물; (셔츠·파자마용의) 면직물.
áirplane spìn 〖레슬링〗 상대를 들어올려 휘두르
air·plank [έərplæŋk] 〖명〗 (비행기 승강용) 발판.
áir plànt 〖명〗 〖식물〗 기생(氣生) 식물(epiphyte).
áir·play [έərplèi] 〖명〗 CD·레코드 음악의 방송.
áir pòcket 〖명〗 에어 포켓(항공기를 실속(失速)시켜 급강하하게 하는 난기류 상태)(air hole).
áir pòcket stóck 〖명〗 (증권) 에어 포켓 주(株)(업적 부진 따위의 악재로 폭락하기 쉬운 종목).
áir police 〖명〗 (종종 A- P-) (집합적) 《美》 공군 헌병
áir pollùtion 〖명〗 대기 오염. 「대(略 AP, A.P.).
‡**air·port** [έərpɔːrt] 〖명〗 공항, 비행장.
áirport còde 〖명〗 (세 글자로 된) 공항명 코드(서울은 [SEL]).
áirport tàx 〖명〗 공항세. 「펌프자리.
áirport términal 〖명〗 공항 터미널.
áir pòst 〖명〗 《英》 =airmail.
áir pòwer 〖명〗 공군력; 공군.
áir prèssure 〖명〗 기압(atmospheric pressure).
air·proof [έərprùːf] 〖형〗 공기가 안 통하는, 기밀(氣密)의, 내기성(耐氣性)의. —〖타〗 …을 내기성으로 하다.
áir propéller 〖명〗 (항공기 따위의) 프로펠러; (선풍기 따위의) 회전 날개.
áir pùmp 〖명〗 배기[공기] 펌프; (the A- P-) 〖천문〗
áir rácing 〖명〗 비행 경기(속도·비행 기술 등을 겨룸).
áir ràid 〖명〗 공습, 공중 폭격.

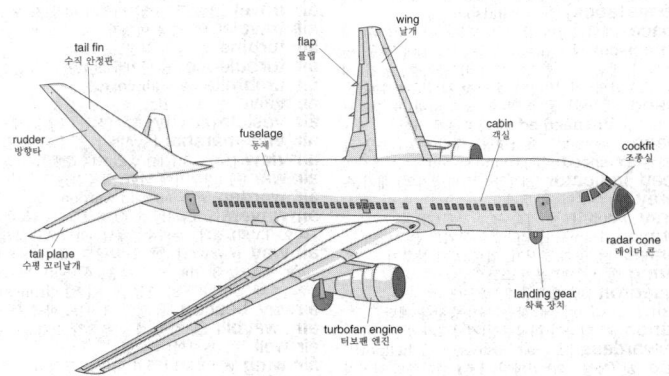

[airplane]

air-raid [ˊrèid] 명 공습의. ¶an ~ alarm [or warning] 공습 경보.
áir ráider 명 공중 폭격 대원; 공습 항공기.
áir-raid shélter 명 방공호, 공습 대피소.
áir-raid wárden 명 (공습시 대피를 지도·안내하는) 민간 방공 감시[지도]원.
áir recéiver 명 〔기계〕 기조(氣槽).
áir reconnaissance 명 공중 정찰.
air refrésher 명 =air cleaner.
áir resístance 명 공기 저항.
áir rífle 명 (라이플식) 공기총.
áir ríght 명 〔법률〕 공중권(空中權).
áir róute 명 항공로(airway).
áir sàc 명 공기 주머니; 〔생물〕 기낭(氣囊).
áir sàmpling 명 공기 견본 적출(摘出).
air-scape [ˊɛərskèip] 명 (고공에서 본) 조감도, 항공 사진.
áir scóop 명 〔항공〕 공기 흡입구.
áir scóut 명 정찰기; 항공 정찰병.
air-screw [ˊɛərskrùː] 명 (英) 〔항공기〕 프로펠러.
air-sea [ˊsìː] 명 해공(海空)(협동)의. ¶an ~ fare 해공 연대 운임/an ~ rescue 해공 협동 구조 작업(의).
áir sérvice 명 1 항공 수송(편), 항공 업무. 2 (한 나라의) 공군; (육·해군의) 항공대. 3 항공 근무.
áir sháft 명 환기구, 통풍공; (광산의) 통풍 수직갱.
air-shed [ˊɛərʃèd] 명 한 지역의 대기, (지역별로 구획된) 대기 분수계(分水界)(watershed를 본뜬 말).
air-ship [ˊʃip] 명타 〔화물〕 을 항공편으로 보내다. ~·pa·ble
‡**air-ship** [ˊɛərʃìp] 명 비행선(dirigible). ¶a flexible [rigid] ~ 연식(軟式)(경식(硬式)) 비행선.
áir shóes 명복 공기가 들어 있는 운동화.
air-shot [ˊʃɑt/ˊʃɔt] 명 1 〔골프〕 헛침. 2 =air-check.
áir shów [ˊɛərʃòu] 명 〔항공(비행)〕 쇼, 에어쇼.
áir shówer 명 〔물리〕 공기 샤워(다수의 우주선 입자가 한 덩어리가 되어 지표에 다다르는 현상).
áir shúttle 명 (구어) (통근용) 근거리 항공편; 에어셔틀. **áir·shút·tle** 명 에어셔틀로 가다.
air-sick [ˊɛərsìk] 형 비행기 멀미를 앓는. ¶get ~ 비행기 멀미를 하다. ~·ness 명U 비행기 멀미.
air-side [ˊɛərsàid] 명 에어사이드(항공 회사·공항 관계자만이 출입이 허용되는 공항 구역). 대 landside. — 명 에어사이드의[에].
áirside páss 명 airside 출입증.
air-slake [ˊslèik] 명타 〔생석회〕를 공기에 쐬어 풍화시키다.
áir sléeve [sòck] 명 =windsock.
áir spáce 명 1 (실내의) 기적(氣積), 공적(空積). 2 (또는 **airspace**) 영공(領空); 부동산(토지)의 상공 영역. 3 (공기·방습을 위한 벽 사이의) 공기층, 공간. 4 〔식물〕 (세포 안의) 기실(氣室). 5 방송 채널(주파수대).
air-speed [ˊspìːd] 명타 〔편지·잡지 따위〕를 항공편으로 보내다. **áir·spèed·ed** 형 항공편으로 보내진.
áir spéed 명 〔항공〕 대기(對氣) 속도(약 AS). (또는 **áir spéed**) 대 ground speed
áirspeed índicator 명 (비행기의) 대기 속도계.
áir spráy 명 분무액; 분무기.
air-spray [ˊsprèi] 명 압축 공기 분무(기)의.
air-sprayed [ˊsprèid] 형 압축 공기로 분무한.
áir spráyer 명 공기 분사기, 압축 공기 분무기.
áir spríng 명 〔기계〕 공기 스프링.
áir squádron 명 비행 중대, 항공대.
air-stair [ˊɛərstèər] 명 (항공기의) 승강용 계단.
áir státion 명 항공기 이착륙장(격납고가 있는 곳).
áir stéwardess 명 =air hostess. (여성 헬리콥터 발착장)
áir stóp 명 (항공기의) 기항지; (英) 헬리콥터 발착장
air-stream [ˊɛərstrìːm] 명 (비행기·자동차 따위에 일으키는) 기류(airflow); 바람, 고층 기류[강풍].
áir stríke 명 공습(air raid).
air-strip [ˊɛərstrìp] 명 (군) 임시[가설] 활주로 (landing strip); (활주로가 하나뿐인) 소비행장.
áir strúcture 명 공기 구조물(제트 기류나 에어 쿠션 따위로 만든 구조물); (플라스틱제 따위의) 돔 구조물. (또는 **áir-suppórted strúcture**)
áir superióirity 명 항공 우위, 제공(制空); 제공권. **áir suprémacy** **áir-superiòrity** 형
áir suppòrt 명 =air cover; 폭격.
áir suprémacy 명 〔군사〕 절대적 제공권, 공군력의 절대적 우위.
áir súrvey 명 =aerial survey.
áir táxi 명 에어 택시(근거리용 소형 여객기). (또는 **áirtàxi**) 명자 에어 택시로 가다.
air·tel [ˊɛərtèl] 명 에어텔(공항 근처에 있는 호텔).
áir términal 명 공항 터미널.
áir thermómeter 명 공기 온도계.
air-threads [ˊɛərθrèdz] 명복 (공중에 떠다니는) 가는 거미줄(gossamer).
air-tight [ˊɛərtàit] 형 1 (꽉 죄어서) 공기가 새지 않는, 기밀(氣密)의(형 windtight). ¶~ cloth 공기가 통하지 않는 천. 2 빈틈없는, 물샐틈없는, 완벽한.——명 (美서부) 식품 통조림. ——**·ly** 부 ~·**ness** 명
air-time [ˊɛərtàim] 명 (라디오·TV 특정 프로의) 방송 시작 시간; 방송 시간. (또는 **áir tìme**)
air-to-air [ˊtuèər] 형 1 공대공(空對空)의, 비행기로부터 적기를 공격하는(형 air-to-surface). ¶an ~ missile 공대공 미사일(약 AAM). 2 (비행중인) 두 비행기 사이의. ¶~ refueling 공중 급유.
air-to-ground [ˊtəgràund] 형 =air-to-surface.
air-to-ship [ˊtəʃìp] 형 공대함(艦)의, 비행기로부터 함정을 공격하는.
air-to-sur·face [ˊtəsəːrfis] 형 공대지(空對地)의, 비행기로부터 지상을 공격하는(형 air-to-air). ¶an ~ missile 공대지 미사일(약 ASM).
air-to-un·der·wa·ter [ˊtuʌndərwɔ́ːtər] 형 공대(空對)수중의, 비행기로부터 잠수함에 대한.
áir tráctor 명 농업용[농약 살포용] 항공기.
áir tráffic 명 〔항공〕 항공 교통(수송)(량).
áir-tráffic contról 명 공항(항공 교통) 관제(管制) (약 ATC). **áir-tráffic contrôller** 명 (sky train).
áir tráin 명 공중 열차(글라이더를 연결한 비행기)
áir tránsport 명 공중 수송, 공수; (군용) 수송기.
air-trans·port·a·ble [ˊtrænspɔ̀ːrtəbl] 형 항공 수송할 수 있는, 공수 가능한. ˊ**port·a·bíl·i·ty** 명
áir tráp 명 공기 트랩(밸브).
áir trável 명 항공 여행; 비행기 이용(자 수).
áir tráveler 명 항공 여행자.
áir túrbine 명 공기 터빈.
áir túrbulence 명 난기류(亂氣流).
áir umbrélla 명 =air cover.
áir válve 명 공기 밸브.
áir vèsicle [càvity] 명 〔식물〕 (부유 해초의) 기포(氣胞).
áir vice-márshal [-vàis-] 명 (英) 공군 소장.
air-view [ˊɛərvjùː] 명 공감도(空瞰圖); 항공 사진.
áir wár 명 (전투기의 의한) 공중전.
áir wárden 명 =air-raid warden.
air-waves [ˊɛərwèivz] 명복 (구어) (복수취급) (라디오·TV의) 전파, 주파수; 체널; 라디오·TV 방송.
*****air-way** [ˊɛərwèi] 명 1 항공로. 2 (광산의) 풍도(風道); 통풍로. 3 (the ~s) 방송. 4 (~s) (방송의) 채널, 주파수대. 5 (the ~s) 항공 회사(군 airlines).
áirway béacon 명 항공 표지등; 항공 등대.
áir wáybill 명 항공 화물 운송장(수령증), 항공 수송 증권.
áir wèll 명 (빌딩의) 환기공. 증권.
áir wíng 명 (공군) (75기 이내로 구성되는) 비행단.
air-wise [ˊwàiz] 형 항공 지식이 있는. ——명 항공로에 따라서, 항공편으로. 「(英) 〜의 TV·방송병.
air-wom·an [ˊɛərwùmən] 명 여성 조종사(비행사).
air-wor·thy [ˊɛərwə̀ːrði] 형 〔항공〕 항공(비행)에 알

맞은[견디는]. **-thi·ness** 명 내항성(耐航性).

*air·y [έəri] 형 **1** 통풍이 잘 되는. ¶an ~ room 바람이 잘 통하는 방. **2** 공기의; 공기와 같은. **3** (발걸음이 가 벼운, 우아한; (노래 따위가) 쾌활한, 명랑한. **4** (경멸적) (약속 따위가) 무성의한, 공허한; 허무한; 공상적인, 환상적으로 ¶an ~ dream 공허한 꿈/an ~ promise 지킬 수 없는 약속. **5** (구어) 경박한; 으스대는. **6** 높이 치솟은. **7** 공중에서 실시하는, 공중의(aerial).

air·y-fair·y [-fέəri] 형 (英구어) **1** 날렵한, 가벼운; 변덕스러운. **2** 실체가 없는, 공상적인, 비현실적인.

AIS accounting *i*nformation *s*ystem (회계 정보 시스템); advanced *i*nformation *s*ervice(고도 정보 서비스); (컴퓨터) alarm *i*ndication *s*ignal(경보 표시 신호).

AISI American Iron and Steel Institute(미국 철강 협회).

AISI steel 명 AISI 규격강(鋼).

*aisle [ail] 명 **1** (극장·열차·비행기 등의 좌석 사이의) 통로, 복도; 통로쪽 좌석(~ seat). ¶on the ~ (좌석이) 통로쪽에. **2** (상점·창고 따위의) 통로; 가로수길. **3** 〔건축〕 **a)** (교회당의) 측면의 낭하[복도], 측랑(側廊). **b)** (교회의) 회중석의 통로.

reach across the aisles (의회의) 초당적 지지를 받다(* 의석이 여야 정당별로 배치되어 있는 데서).

rock [or **knock, lay, have**]**...in the aisles** (연극 따위가) (관객)을 도취[감동]시키다, 크게 웃기다.

roll in the aisles (구어) (관객 등이) 포복절도하다, 배꼽을 잡다.

two on the aisle (극장의) 정면 통로쪽 2 특석.

walk down the aisle (구어) 결혼하다.

aisled [aild] 형 측랑(側廊)이 있는.

aisle seat 명 통로쪽 좌석. ↔ window seat

aisle sitter 명 (구어) 연극 평론가.

aisle·way [áilwèi] 명 (상점·창고 안의) 통로.

ait [eit] 명 (英) (강·호수의) 작은 섬.

aitch [eitʃ] 명 H[h]자(字).

drop one's aitches h를 빼고 발음하다.

— 명 H자 모양의.

aitch·bone [éitʃbòun] 명 (소의) 엉덩이뼈; (뼈가 붙은) 엉덩이살. (또는 **edgebone**)

AIU American *I*nternational *U*nderwriters(미국의 보험 회사). **AJ** 〔전자〕 antijamming(반(反)방해 전파).

a·jar[1] [ədʒáːr] 형 (* 형용사로는 서술용법) (문이) 살짝 열려; 조금 열고(partly open).

a·jar[2] 형부 (* 형용사로는 서술용법) (…와) 불화 상태인[로], 조화되지 않은[않고]; 배치되는[되어], 맞지 않는[않아] (*with*). 「남을 초조하게) 하다.

set a person's nerves ajar 남의 신경을 곤두서게

A·jax [éidʒæks] 명 (그리스 신화) 아이아스. **1** Troy 전쟁의 영웅(* Great ~, Telamonian ~라고도 한다). **2** Troy 전쟁의 영웅; Achilles에 버금가는 준족(* ~ the Lesser, Locrian ~, Oilean ~라고도 한다).

ak [æk] 명 (美속어) 10월(October). (또는 **ok**)

Ak, AK Alaska. **a.k.** (美속어) *a*lter *k*ocker(잔소리 많은 아주머니); (美속어) *a*ss-*k*isser. **a.k.a., aka, AKA** *a*lso *k*nown *a*s(별칭은). **A.K.C.** American Kennel Club(미국 애견가 클럽).

a·ke·la [əkíːlə/-lɑ́-] 명 (Cub Scouts의) 대장. 〈<Kipling작 *The Jungle Book*의 늑대 대장 Akela〉

AK-47, AK [éikéifɔ̀ːrsévn] 명 〔군사〕 (러시아제) AK-47 소총. 〔<*A*utomatic *K*alashnikov, Model 1947(발명가 Mikhail Kalashnikov(1919-))〕

a·kim·bo [əkímbou] 형부 (* 형용사로는 서술용법) 손을 허리에 대고 팔꿈치는 옆으로 펼쳐서.

with arms akimbo 양손을 허리에 대고.

*a·kin [əkín] 형 (서술용법) **1** (…와) 혈족의, 동족의, 친척의(*to*). ¶He is near ~ *to* me. 그는 나의 근친이다. **2** (…와) 동종[동질]의, 동속(屬)의(*to*); (…의) 점에서 유사한 (*in*). ¶Pity is ~ *to* love. (속담) 동정은 사랑에 가깝다.

Ak·kad [ǽkæd, áːkɑːd] 명 아카드(Nimrod의 왕국에 있던 4도시 중 하나). (또는 **Accad**)

Ak·ka·di·an [əkéidiən, əkáːd-] 명형 아카드어(語)(바빌로니아, 아시리아 지방을 포함하는 동부 지방의 Semitic어); ⓒ 아카드 부족, 아카드인. — 형 Akkad의; Akkadin[어]의. (또는 **Accadian**)

Al [æl] 명 **1** 앨(남자 이름; Albert, Alfred의 애칭). **2** (美속어) 폭이 A인 구두(* Alfred라고도 한다).

Al, Al- [æl] 연결 아랍어의 정관사; 아랍 인명에 붙여 「일가, 일족, …가(家)」의 뜻. ¶~-Saud 사우드가 사람들.

Al ⑦ 〔화학〕 *al*uminum(英) *al*uminium). **AL** (美) 〔우편〕 *Al*abama; (자동차 국적 표시) *Al*bania; *A*nglo-*L*atin; *A*rab *L*eague; (코드) US *A*ir (and *A*llegheny Commuter). **al.** *al*cohol(ic); **a.l.** *a*utograph *l*etter. **A.L.** American League[Legion].

al- [æl, əl] 연결 ⇨ AD-.

-al[1] [əl] 접미 형용사 및 형용사로부터 파생된 명사에 붙여서 of, relating to, like, equal의 뜻(* 프랑스어에서 온 어미에는 -ial). ¶annu*al*, comic*al*, equ*al*.

-al[2] 접미 동사에 붙여서 그 동작을 나타내는 명사를 만든다. ¶arriv*al*, deni*al*, refus*al*, tri*al*.

-al[3] [æl, ɔ́ːl, əl/æl, ɔːl, əl] 접미 〔화학〕「aldehyde기(基)를 함유하고 있는」의 뜻. ¶chlor*al*.

a·la [éilə] 명 (復 **a·lae** [éiliː]) 날개(wing); 〔골격·조개·종자 따위의〕 날개꼴 부분, 날개부; (나비 모양 화관(花冠)의) 날개판(wing).

à la [áː lɑː] 전 **1** …식의, …풍의; …을 따른, 흉내낸. ¶ ~ Schumann 슈만풍의. **2** 〔요리〕 …을 곁들인; …풍[식]의. ¶ ~ *jardiniere* 갖가지 야채를 곁들인. (또는 **a la**) 〔<F *à la mode*(=in the fashion)의 단축형〕

Ala (생화학) *al*anine. **ALA** Alliance for Labor Action(노동 행동 동맹); American Library Association(미국 도서관 협회); (또는 **A.L.A.**) *A*ssociate in *L*iberal *A*rts(준문학사); *A*utomobile *L*egal *A*ssociation. **Ala.** *Ala*bama.

*Al·a·bam·a [æ̀ləbǽmə] 명 앨라배마(미국 남부의 주; 略 Montgomery; 略 Ala.).

Al·a·bam·i·an [æ̀ləbǽmiən] 형 Alabama의.
— 명 Alabama주 사람. (또는 **Alabaman**)

*al·a·bas·ter [ǽləbæ̀stər, -bɑ̀ːs-] 명 설화 석고(雪花石膏). — 형 설화 석고로 만든; 설화 석고와 같은, 매끄럽고 하얀.

al·a·bas·trine [æ̀ləbǽstrin] 형 = alabaster.

à la carte [àː lə káːrt, æ̀lə-] 형부 메뉴에 의한[의해서], 좋아하는 요리를[를 골라서], 알라카르트의[로]; 일품 요리의(⇨ table d'hôte). 〈<F〉

a·lack [əlǽk] 감 (고어) (비애·유감·놀람을 나타내어) 아아, 슬프다(alas).

a·lack-a·day [əlǽkədèi] 감 (고어) =alack.

a·lac·ri·tous [əlǽkrətəs] 형 민활한; 시원시원한.

a·lac·ri·ty [əlǽkrəti] 명 민활; 활발; 시원시원함.

show alacrity 민활하게 하다.

with alacrity 민첩하게, 선선히.

*A·lad·din [əlǽdn] 명 알라딘(*The Arabian Nights* 중의 인물; 마법의 램프와 반지를 손에 넣어 모든 소원을 이뤘다).

Aladdin's cave 명 **1** 알라딘의 동굴(값진 보물이 가득한 방·상자 따위). **2** 장물을 숨기는 장소.

Aladdin's lamp 명 알라딘의 램프(소망을 이루어 주 「는 것).

a·lae [éiliː] 명 ala의 복수형.

à la fran·çaise [àː lə frɑːnséiz] 형부 프랑스식의[으로]. 〈<F *in the French manner*〉

à la king [àː lə kíŋ, æ̀lə-] 형 〔요리〕 알라킹의(버섯·풋고추·피망을 넣어 크림 소스로 조미한). 〈<F〉

a·la·li·a [əléiliə] 명 〔의학〕 발어(發語) 불능증.

al·a·me·da [æ̀ləméidə] 명 (美남서부) (포플러 따위의 가로수가 있는) 산책길.

al·a·mo [ǽləmòu, ɑ́:lə-] 圀 (匣 ~s) (美남서부) 포플러 나무.

Al·a·mo [ǽləmòu] 圀 (the ~) 알라모(미국 Texas주 San Antonio에 있던 프란시스코 수도회 전도소로 후에 요새가 된다. 텍사스 독립 전쟁 때인 1836년, 이곳 수비대가 멕시코군에게 전멸되었다.
Remember the Alamo! (美) 알라모를 잊지 말라 (* 보복·설욕의 구호).

à la mode [à: lə móud, ὰlə-] 圀匣 1 유행에 따라, 최신형으로; 유행의, 최신의. 2 [요리] (파이 따위에) 아이스크림을 곁들인; (쇠고기를) 야채와 함께 라드로 볶은[삶은]. ¶ *apple pie* ~ 아이스크림을 곁들인 애플파이. (또는 **à la móde, alamode**)

al·a·mode [ǽləmòud] 圀U (스카프용의) 얇은 비단. ── 圀匣 =à la mode.

Al·a·mo·gor·do [ǽləməɡɔ́:rdou] 圀 앨러머고도 (미국 New Mexico 주 남부의 도시; 근처 사막에서 1945년 7월 세계 최초의 원폭 실험을 했다.

Al·an [ǽlən] 圀 앨런(남자 이름). (또는 **Allan, Allen**)

à l'an·glaise [à: lɑːŋɡléːz] 圀 영국식의(으로).

al·a·nine [ǽlənì:n] 圀 [생화학] 알라닌. [<F]

Al-A·non [ǽlənὰn/-nɔ̀n] 圀 앨러논(알코올 중독자의 가족을 지원하는 그룹). [<*Alcoholics Anonymous*]

à la page [à: lə pá:ʒ] 圀 최신의, 현대적인; 유행의. [<F up-to-date]

a·lar [éilər] 圀 날개모(가) 있는, 깃의; 날개[깃] 모양의; (해부) 겨드랑이 밑의; (식물) 엽액(葉腋)의.

‡a·larm [əlɑ́:rm] 圀 (匣 ~s [-z]) 1 U 놀람, 경악. 2 경보. ¶ *a false* ~ 허위 경보. 3 경보기; 경종; 경보 장치; 자명종 (시계). ¶ *a fire* [*burglar*] ~ 화재[도난] 경보기. 4 비상 소집. 5 (펜싱) 한발 앞으로 내딛는 도전.
alarms and excursions (익살) 소란.
give [or *raise*] *the alarm* 경보를 올리다.
in alarm 놀라서.
set an alarm (*clock*) 자명종(시계)을 맞추다.
sound an [or *the*] *alarm* 경보(기)[비상 벨]를 울리다; 경종을 울리다, 주의를 촉구하다.
take (*the*) *alarm at* …에 깜짝 놀라다.
with [*without*] *alarm* 불안한 마음으로[침착하게].
── 圀匣 (~*s* [-z]) 1 …을 깜짝 놀라게 하다. ¶ *be* ~*ed by an attack* 공격에 놀라다 / *Don't be* ~*ed.* 놀라지 마라. 2 …에 경보를 울리다, 위급을 알리다. 3 …에 경보기[장치]를 달다[설치하다].
alarm oneself 걱정하다, 겁먹다.
be alarmed about …으로 떠들어대다.
be alarmed at …에 깜짝 놀라다.
be alarmed for (안부 따위) 를 염려하다.

alárm bèll 경종, 경보(비상) 벨.
alárm càll (군사) 비상 신호.
‡alárm clòck 圀 자명종 (시계).
alárm gàuge (증기 기관의) 과압(過壓) 표시기.
alárm gùn 경보포(砲), 비상 신호포.
***a·larm·ing** [əlɑ́:rmiŋ] 圀 놀라운, 놀랄 만한, 불온한; 걱정스러운. **-ly** 凭 놀랄[걱정] 만큼.
a·larm·ism [əlɑ́:rmizm] 圀UC 함부로 남[세상]을 놀라게 하기; 기우, 부질없는 걱정.
a·larm·ist [əlɑ́:rmist] 圀 세상을 소란케 하는 사람; 기우가 심한 사람. ── 圀 세상을 소란케 하는.
alárm pòst (군사) 비상 소집 장소[집결지].
alárm reàction (생리) 경고 반응.
alárm signal 圀 경보, 비상 신호.
alárm sýstem 圀 비상 경보 장치.
alárm wòrd 圀 암호, 군호.
a·lar·um [əlǽrəm, əlɑ́:r-] 圀 (英) =alarm 3.
a·la·ry [éiləri, ǽlə-] 圀 날개(깃)의; (생물) 날개[깃] 모양의. [연민·걱정 따위의 소리]
‡a·las [əlǽs, əlɑ́:s] 凭 아아, 슬프다! (비애·한탄·
Alas. Alaska.

*A·las·ka [əlǽskə] 圀 알래스카(북미 북서부에 있는 미국의 주(주도 Juneau); 1959년 49번째 주가 되었다. 凭 *Alas.*; (우편) *AK*. [무.
Aláska cédar 圀 (식물) (북미산(産)) 알래스카 삼나
Aláska-Hawáii tìme 圀 알래스카 하와이 (표준)시.
Aláska Híghway 圀 (the ~) 알래스카 공로(캐나다—알래스카간의 군용 도로; 별칭 Alcan Highway).
A·las·kan [əlǽskən] 圀 알래스카의; 알래스카 사람. ── 圀 알래스카 사람.
Aláskan málamute 圀 알래스카의 썰매 끄는 개.
Aláska Península 圀 (the ~) 알래스카 반도.
Aláska Ránge 圀 (the ~) 알래스카 산맥 (Alaska 남부의 산맥; 최고봉은 Mt. McKinley).
Aláska (**stándard**) **tìme** 圀 (the ~) 알래스카 표준시. (또는 **Aláska-Hawáii tìme**)
A·las·tor [əlǽstər/-tɔː] 圀 (그리스 신화) 알라스토르(복수의 신).
a·late [éileit] 圀 날개[깃]가 있는; 날개 모양의 것이 달린. (또는 **alated**) ── (곤충의) 유시형(有翅型).
alb [ælb] 圀 (교회) 흰 삼베의 사제복, 알브(미사(mass)용 제복).
alb. albumin. **Alb.** Albania(n); Albany; Albert; Alberta.
al·ba [ɑ́:lbə, ǽl-] 圀 (중세 프랑스의) 프로방스(Provence)의 음유(吟遊) 서정시인의 시·연가(애인과의 새벽녘 이별을 노래한 것이 대표적). [alb]

al·ba·core [ǽlbəkɔ̀:r] 圀 (匣 ~(**s**)) 다랑어류.
Al·ba·ni·a [ælbéiniə, -njə] 圀 알바니아(Balkan반도 서부의 공화국; 수도 Tirana).
Al·ba·ni·an [ælbéiniən, -njən] 圀 알바니아의; 알바니아인(어)의. ── U 알바니아 말.
Al·ba·ny [ɔ́:lbəni] 圀 올버니(미국 New York 주의 주도; 凭 Alb.).
al·ba·ta [ælbéitə] 圀U 양은(German silver).
al·ba·tross [ǽlbətrɔ̀ːs, -tràs/-trɔ̀s] 圀 (匣 ~(*es*)) 1 (조류) 신천옹. 2 (책임·죄 따위) 정신적 부담; (집요한) 걱정[골칫]거리. 3 (美) 골프 앨버트로스(美) double eagle)(par보다 3타(打) 적은 스코어).
al·be·do [ælbíːdou] 圀 (匣 ~s) UC (천문) 알베도(달·행성의 반사하는 태양 광선의 비율); (물리) 알베도(원자로 내의 반사체에 의해 반사되는 중성자의 비율).
Al·bee [ɔ́ːlbiː] 圀 **Edward** (**Franklin**) ~ 올비(1928–; 미국의 극작가).
al·be·it [ɔːlbíːit] 凭 …이기는 하나, …임에도 불구하고(although); 설사 …이라도(even if).
al·bert [ǽlbərt] 圀 (조끼 가슴에 다는) 앨버트형(의) 시계줄. (또는 **Álbert chàin**)
Al·bert [ǽlbərt] 圀 앨버트. 1 **Prince ~** 앨버트공(公) (1819–61: Victoria 여왕의 남편). 2 남자 이름.
Al·ber·ta [ælbɔ́ːrtə] 圀 앨버타. 1 여자 이름. 2 캐나다 중서부의 주(주도 Edmonton). **-tan** 圀匣
al·bes·cent [ælbésənt] 圀 희어지기 시작하는; 백을 띤(whitish). **-cence** 圀
Al·bi·gen·ses [ǽlbidʒénsiːz] 圀匣 알비주아파(12–13세기에 걸쳐 프랑스 남부의 Albi 지방에서 일어난 반로마 교회파). **-si·an** 圀匣 **-si·an·ism** 圀
al·bi·nism [ǽlbinìzm] 圀U (의학) 색소 결핍증, 백피증(白皮症); (식물) 백화 현상. **-nís·tic** 圀
al·bi·no [ælbáinou/-bíː-] 圀 (匣 ~s) 선천성 색소 결핍증[백피증]인 사람(동물); (식물) 백변종(白變種). **-nal** 圀匣, **-bin·ic**, **-bin·ist** [-bínik] 圀
al·bi·not·ic [ǽlbənátik/-nɔ́t-] 圀 선천성 색소 결핍증의; 백변종의.
Al·bi·on [ǽlbiən] 圀 (시) 앨비언(Great Britain의 옛 이름; 영국 남부 해안의 백악질(白堊質) 절벽에 연유한 White Land의 뜻). 凭 Caledonia

al·bite [ǽlbait] 명⒰ 〔광물〕 소다 장석(長石).
al·bit·ic [ælbítik] 형 〔도 미사일).
ALBM *a*ir-*l*aunched *b*allistic *m*issile(공중 발사식 탄
‡**al·bum** [ǽlbəm] 명 (복 ~s [-z]) 1 앨범. ¶ a photographic ~ 사진첩 / a stamp ~ 우표첩. 2 (美) 방명록, (방문객) 명부. 3 (여러 곡·연설 따위를 수록한) 레코드, LP[CD](판), 곡집(曲集), 전곡집. 4 (英) (삽화가 포함된) 명시선(名詩選).
al·bu·men [ælbjúːmən/ǽlbju-] 명 ⒰ 1 알의 흰자, 난백. 2 〔식물〕 (종자의) 배젖, 배유(胚乳). 3 〔생화학〕 = albumin.
al·bu·me·nize [ælbjúːmənàiz] 타 ⒰ …을 단백질으로 처리하다, (인화지 따위)에 단백액을 바르다.
-ni·zá·tion, -nìz·er 명
albúmen páper 명 〔사진〕 계란지(사진 인화지).
albúmen pláte 명 (오프셋 인쇄용) 난백판(卵白版).
al·bu·min [ælbjúːmən/ǽlbju-] 명 ⒰ 〔생화학〕 알부민(단백질의 일종). (또는 **albumen**)
al·bu·mi·noid [ælbjúːmənɔ̀id] 명 〔생화학〕 경(硬)단백질, 골격 단백질(keratin, gelatin 따위). — 형 albumin을 닮은 성질의.
al·bu·mi·nous [ælbjúːmənəs] 형 1 단백질의; 알부민을 함유하는. 2 (종자가) 배유(胚乳)[배젖]가 있는. (또는 **albuminose**)
al·bu·mi·nu·ri·a [ælbjùːmənjúəriə/-njúə-] 명
al·bur·num [ælbə́ːrnəm] 명⒰ 〔식물〕 백목질, 변재(邊材)(sapwood). **-nous** 형
ALC, A.L.C. *A*merican *L*utheran *C*hurch; 〔공학〕 *a*utoclaved *l*ightweight *c*oncrete; *a*utomatic *l*evel *c*ontrol. **alc.** *alc*oholic.
al·cade [ælkéid] 명 =alcalde.
al·ca·hest [ǽlkəhèst] 명 =alkahest.
Al·ca·ic [ælkéiik] 형 〔그리스의 시인〕 알카이오스(Alcaeus)의; 〔운율〕 알카이오스격(格)의.
— 명 (~s) 알카이오스격의 시절(詩節).
al·cal·de [ælkáldi] 명 〔스페인〕 1 요새 사령관. 2 (교도소의) 교도관; 교도소장. (또는 **alcayde**)
al·cal·de [ælkǽldi] 명 〔스페인 등의 재판권을 가진〕 시[읍]장.
Ál·can Híghway [ǽlkæn-] 명 =ALASKA HIGHWAY.
Al·ca·traz [ǽlkətrǽz] 명 앨커트래즈(미국 샌프란시스코 만의 작은 섬; 연방 교도소가 있었다).
al·ca·zar [ǽlkəzàːr, ælkǽzər] 명 〔스페인의〕 (城), 요새; (A-) 〔스페인 왕의〕 알카자르 왕궁.
ALCC *a*irborne *l*aunch *c*ontrol *c*enter(기상(機上) 미사일 발사 관제 센터).
Al·ces·tis [ælséstis] 명 〔그리스 신화〕 알케스티스(Thessaly와 Admetus의 아내; 남편 대신에 죽은 열녀). (또는 **Alkestis**)
*****al·che·mist** [ǽlkəmist] 명 연금술사, 연금술 학자.
al·che·mize [ǽlkəmàiz] 타⒰ (연금술로) (금속 따위)를 변질시키다(transmute).
*****al·che·my** [ǽlkəmi] 명 ⒰ 1 연금술; 연단술(煉丹術)(옛날 중국에서 불로 장생약을 만들려던 비술(秘術)). 2 (일반적으로) 물질을 변질시키는 마력, 비법. ⟨<Arab⟩
al·chém·ic, al·chém·i·cal 형 연금술의. **al·chém·i·cal·ly** 부 **-mís·tic, -mís·ti·cal** 형 연금술의의.
al·che·rin·ga [ǽltʃəriŋɡə] 명 (오스트레일리아 원주민의 신화에서) 꿈의 시대(dreamtime), 지복(至福)의 시대. (또는 **al·che·ra**[ǽltʃərə])
Al·ci·des [ælsáidiːz] 명 =Hercules 1.
al·clad [ǽlklæd] 명 알루미늄 합판. 〔즈 미사일〕.
ALCM *a*ir-*l*aunched *c*ruise *m*issile(공중 발사 순항
Alc·me·ne [ælkmíːni] 명 〔그리스 신화〕 알크메네(Thebes왕 Amphitryon의 아내로 Hercules의 어머니).
al·co- [ǽlkou, -kə] 연결 alcohol의 뜻. * 때로는 「알코올을 연료로 하는」의 뜻을 나타낸다. ¶ alcogas, alcoboat, alcotruck.

ALCOA, Alcoa [ælkóuə] 명 〔상표〕 미국 알루미늄 회사. ⟨<*Al*uminum *Co*mpany of *A*merica⟩
‡**al·co·hol** [ǽlkəhɔ̀ːl, -hɑ̀l/-hɔ̀l] 명 (복 ~s [-z]) ⒰ 〔화학〕 알코올, 주정 (* ethyl ~, grain ~ 따위로 말하기도 한다) 형 methyl ~, wood ~, amyl ~). 2 술, 알코올 음료. ¶ be addicted to ~ 술에 빠지다.
al·co·hol-free [-fríː] 형 (음료가) 알코올을 뺀, 무알코올의, 알코올 함유도 제로의.
*****al·co·hol·ic** [ǽlkəhɔ́ːlik, -hɑ́l-/-hɔ́l-] 형 1 알코올성의. 2 알코올이 든. ¶~ liquors 술, 주정 음료. 3 코올에 의한; 알코올 중독의. 4 알코올에 담근, 알코올에 저장한. — 명 1 〔병리〕 알코올 중독(환)자. 2 술고래. 3 알코올에 담긴 표본. 4 (~s) 알코올성 음료, 주류.
-i·cal·ly 부 「알코올 도수[함유량].
al·co·hol·ic·i·ty [ǽlkəhɔːlísəti, -hɑl-/-hɔl-] 명
alcohólic psychósis 명 알코올성 정신병.
Alcohólics Anónymous 명 (美) 알코올 중독자 갱생회, 금주회(略 AA).
al·co·hol·ism [ǽlkəhɔ̀ːlizm, -hɑl-/-hɔl-] 명⒰ 〔병리〕 알코올 중독. **-ist** 명
al·co·hol·ize [ǽlkəhɔ̀ːlàiz, -hɑl-/-hɔl-] 타⒰ …을 알코올에 담그다[저장하다]; …을 알코올화(化)하다; …을 알코올로 취하게 하다. **-i·zá·tion** 명
al·co·hol·om·e·ter [ǽlkəhɔːlɑ́mətər, -hɑl-/-hɔlɔ́m-] 명 알코올분(分) 계량기, 알코올[주정] 비중계(計). **-o·mét·ric, -o·mét·ri·cal** 형
al·co·hol·om·e·try [ǽlkəhɔːlɑ́mətri, -hɑl-/-hɔlɔ́m-] 명 알코올 정량(定量), 주정 정량.
al·co·hol·y·sis [ǽlkəhɔ́ːləsis, -hál-/-hɔ́l-] 명 〔화학〕 알코올 분해. **al·yt·ic** 형 「ometer.
al·com·e·ter [ælkɑ́mətər/-kɔ́m-] 명 =drunk-
al·co·pop [ǽlkəpɑ̀p/-pɔ̀p] 명 알코올 함유 음료.
Al·co·ran [ǽlkəræ̀n, -kəráːn/ælkərǽn, -rɑ́ːn] 명 〔고어〕=Koran. (또는 **Alkoran**) ~·ic ~ **·ist** 명
Al·cott [ɔ́ːlkət, -kət/-kət] 명 **Louisa May** ~ 올 커트(1832-88: 미국의 여류 작가; *Little Women*의 저자).

al·cove [ǽlkouv] 명 1 (실내 벽의 일부를 안으로 들어가게 한) 작은 방, 반침 (침대·책장 따위를 둔다). 2 (담 또는 생울타리의) 들어간 부분. 3 (정원 따위의) 정자.

[alcove 1]

ALCS *a*irborne *l*aunch *c*ontrol *s*ystem(기상(機上) 미사일 발사 관제 시스템);
〔야구〕 *A*merican *L*eague *C*hampionship *S*eries.
Al·cy·o·ne [ælsáiəniː/-ni] 명 〔천문〕 알시오네 별(황소자리의 3등성; 플레이아데스 성단(Pleiades) 중에서 가장 밝은 별). (또는 **Halcyon(e)**)
Ald., ald. *Ald*erman. 「(Taurus)의 1등성.
Al·deb·a·ran [ældébərən] 명 〔천문〕 황소자리
Alde·burgh [ɔ́ːldbərə] 명 올드버러(영국 Suffolk 주의 읍; 매년 여름 열리는 음악회로 유명).
al·de·hyde [ǽldəhàid] 명⒰ 〔화학〕 알데히드.
Al·den [ɔ́ːldən] 명 올던(남자 이름). 「**-hý·dic** 형
al·den·te [æl déntei, -ti] 명 (파스타 따위가) 씹힘 만큼 단단한, 씹는 맛이 있는. ⟨<It to the tooth⟩
al·der [ɔ́ːldər] 명 오리나무; 오리나무속(屬)의 나무.
al·der·man [-mən] 명 (복 **-men** [-mən]) 1 (美) 시의회 의원. 2 (英) 〔시주〕 참사회 회원, 시 보좌관. 3 〔英역사〕 수장(首長), 태공(太公); (guild의) 조합장. ~**·cy** 명 ~**·ry** 명 alderman의 직[임기]. **-man·ic** [-mǽnik] 형 ~**·ry** 명 alderman의 선거구[직, 지위]. ~**·ship** 명 alderman의 신분[직].
Al·der·ney [ɔ́ːldərni] 명 올더니(영불 해협 Channel Islands 북단의 섬); (그 섬 원산의) 올더니종 젖소.
al·der·per·son [ɔ́ːldərpə̀ːrsn] 명 (美·濠) =

alderman 1 (* 남녀 구별 없이 사용). 〖여성형〗.
al·der·wom·an [ɔ́ːldərwùmən] 〖명〗 alderwoman의 여성형.
Al·dine [ɔ́ːldain, -diːn] 〖형〗 올더스판(版)의(Venice의 Aldus Manutius 집안이 1490?-1597년에 인쇄 간행한 고전의 호화판). ― 〖명〗 올더스판, 올더스판형의 책; ⓤ 올더스형(型) 활자.
aldm., Aldm. alderman.
al·do·ste·rone [ǽldoustiróun/ældóstəròun] 〖명〗 〖생화학〗 알도스테론(부신 피질 호르몬의 일종).
al·drin [ɔ́ːldrin] 〖명〗 〖화학〗 올드린(살충제).
‡**ale** [eil] 〖명〗 1 ⓤ 에일(맥주의 일종으로 알코올 도수 6-8도 내외) (⦗참⦘ beer, porter). 2 (⦗영⦘ =ginger ~; ⦗英⦘ 맥주. 3 ⦗英⦘ (시골에서 에일을 마시며 즐기는) 축제.
ALE, A.L.E. 〖보험〗 *a*dditional *l*iving *e*xpense (추가 생계비).
a·le·a·to·ric [èiliətɔ́ːrik, -tár-/-tɔ́rik] 〖형〗 1 = aleatory. 2 〖음악〗 우연성의, 무작위음을 사용한.
a·le·a·to·rism [éiliətərìzm, ǽli-] 〖명〗ⓤ 〖음악〗 (연주시) 우연성; 우연성에 많은 것을 의존하는.
a·le·a·to·ry [éiliətɔ̀ːri, ǽli-/-təri] 〖형〗 1 〖법률〗 사행적인, 불확실한 사실에 좌우되는. 2 우발적 원인의, 우연의; 예측할 수 없는. (또는 **aleatoric**)
ale·bench [éilbèntʃ] 〖명〗 선술집의 긴 의자.
al·ec [ǽlik] 〖명〗 (濠속어) 바보, 멍청이.
Al·ec(k) [ǽlik] 〖명〗 앨릭(사람 이름; Alexander, Alexandra의 애칭).
ale·con·ner [éilkɔ̀nər/-kɔ̀n-] 〖명〗 (⦗英⦘) 선술집의 두량(斗量) 검사관; (역사) 주류(酒類) 검사관.
a·lee [əliː] 〖부〗 (항해) 바람 불어가는 쪽에(으로) (⦗반⦘ aweather). ¶Helm ~! (구령) 키를 아래쪽으로!
a·left [əléft] 〖부〗 왼쪽으로(to the left); 왼쪽에.
al·e·gar [ǽləɡər, éil-] 〖명〗ⓤ (英구어) 에일초(醋) (ale vinegar); 시큼한 에일(sour ale).
ale·house [éilhàus] 〖명〗 (英구어) 맥주집; 바; 선술집(tavern). ⦗참⦘ beerhouse, public house
A·le·man·nic [æ̀ləmǽnik] 〖명〗ⓤ 알리만어(古高地 독일어의 한 방언). ― 〖형〗 알리만어의; 알라만족의. (또는 **Alamannic**)
a·lem·bic [əlémbik] 〖명〗 1 (옛날의) 증류기, 정화기. 2 (비유적) 순화[정화]하는 것. ¶a mind filtered through the ~ of Christianity 기독교를 통하여 정화된 정신.
a·leph [áːlef, áːlif] 〖명〗 알레프(אּ)(헤브라이어 알파벳의 첫째 자); 〖수학〗 알레프 수(數).
a·leph-null [-nʌ́l] 〖명〗 〖수학〗 알레프 제로. (또는 **áleph-zéro**)
[alembic 1]
1 head 헤드
2 cucurbit 증류병
3 lamp 램프
4 receiver 증류수받이
‡**a·lert** [ələ́ːrt] 〖형〗 (*more* ~; *most* ~) 1 방심하지 않는, 빈틈없는, 조심성 있는; 민감한 (to, *for*). ⇨ WATCHFUL 〖유의어〗 ¶an ~ mind 조심성 있는 마음 // be ~ *to* the changes of traffic signals 교통 신호의 변화에 주의하다. 2 기민한, 활발한, 날쌘 (*in*). ¶be ~ *in* climbing precipices 기민하게 절벽을 오르다.
― 〖명〗 1 (the ~) 경계 (태세), 조심(vigilance). 2 공습[경계] 경보; 경보 발령 기간[상태].
on (*the*) *alert* (…을) 방심하지 않고 감시하여 (*for, against*); (…하려고) 방심하지 않고 경계[대기]하여 (*to do*); 준비가 갖추어져 있어. ¶put the company *on the* ~ 중대를 비상 대기시키다.
― 〖타〗 …에게 경계 태세를 취하게 하다; …에 정보를 발하다; (…에게) 주의를 환기하다.
~·**ly** 〖부〗 ~·**ness** 〖명〗
-**a·les** [éiliːz] 〖접미〗 〖식물〗 order(목(目))을 나타내는
라틴어 복수형 어미(語尾). ¶Cycad*ales* (소철목).
a·lette [ələ́t] 〖명〗 〖건축〗 얼렛(아치문의 문설주의 일부); (입구의) 곁기둥. 「〖血病〗.
a·leu·ke·mia [əlùːkíːmiə] 〖명〗 〖의학〗 비백혈병(非白
a·leu·kia [əlúːkiə] 〖명〗 〖의학〗 무백증(無白症)(백혈구가 결여되는 증상).
al·eu·ron(e) [ǽljurouən/əlúərən] 〖명〗 〖식물〗 분(糊粉). ~s grains 호분립. **-rón·ic** 〖형〗
Al·eut [əlúːt, ǽliuːt] 〖명〗 1 알류샨 열도의 토착민, 알류트섬 사람. (또는 **Aleutian**) 2 ⓤ 알류트어.
A·leu·tian [əlúːʃən] 〖형〗 알류샨 열도의; 알류트족[어]의. ― 〖명〗 =Aleut 1. 2 (~s) = Islands.
Aléutian Íslands 〖명〗〖복〗 (the ~) 알류샨 열도(Alaska 반도에서 서쪽으로 뻗은 열도), (또는 **Aleutians**)
Aléutian lów 〖명〗 알류샨 저기압.
Á lèvel 〖명〗 (英) 상급(시험)(대학 입학 자격 시험(GCE)에서 O level보다 위 단계). **Á-lèv·el** 〖형〗 (GCE의) 일급의; 가장 중요한. [⇨ *Advanced level*]
al·e·vin [ǽləvən] 〖명〗 치어(稚魚); (난황낭(卵黃囊)을 가지고 있는) 부화 직후의 어린 연어. (북미산) 청어의 일종.
ale·wife¹ [éilwàif] 〖명〗 (⦗복⦘ -**wives** [-wàivz]) (⦗美⦘)
ale·wife² 〖명〗 맥주집[선술집]의 안주인. 「칭).
Al·ex [ǽliks] 〖명〗 앨릭스(남자 이름; Alexander의 애
al·ex·an·der [ǽligzǽndər] 〖명〗 (종종 A-) 알렉산더 칵테일(크렘드카카오(crème de cacao)·진 또는 브랜디·생크림으로 만든다. (또는 ~ **cócktail**)
Al·ex·an·der [ǽligzǽndər, -záːn-] 〖명〗 알렉산더. 1 =~ the Great. 2 (그리스 신화) Helen을 유괴한 Paris의 호메로스 시대의 이름. (또는 **Alexandros**) 3 남자 이름.
Alexánder the Gréat 〖명〗 알렉산더(알렉산드로스)대왕(356-323 B.C.; 마케도니아의 왕(336-323 B.C.)).
A·lex·an·dra [ǽligzǽndrə, -záːn-] 〖명〗 알렉산드라. 1 여자 이름. 2 (그리스 신화) =Cassandra 1.
Al·ex·an·dri·a [ǽligzǽndriə, -záːn-] 〖명〗 알렉산드리아(이집트 북부의 도시; Alexander 대왕이 창건함).
Al·ex·an·dri·an [ǽligzǽndriən, -záːn-] 〖형〗 1 (이집트의) 알렉산드리아(시(市))의. 2 (철학·문학·과학에서의) 고대 알렉산드리아파의; 깊은 학식을 나타내는, 현학적인. 3 알렉산더 대왕의. 4 (운율) =Alexandrine.
― 〖명〗 알렉산드리아 주민; 알렉산드리아파의 사람.
Al·ex·an·drine [ǽligzǽndrin, -záːn-/-drain] 〖명〗 (종종 a-) (운율) 알렉산드르격(格)의 시(육각 단장격(六脚短長格)[약약격, 약강격]). ― 〖형〗 (운율) 알렉산드르격의; (이집트의) 알렉산드리아(시(市))의.
al·ex·an·drite [ǽligzǽndrait/-záːn-] 〖명〗ⓤ 알렉산드라이트(金綠石)의 일종).
a·lex·i·a [əléksiə] 〖명〗 〖정신의학〗 독서 불능증, 실독증(失讀症). ⦗참⦘ dyslexia -**ic** 〖형〗
a·lex·in [əléksin] 〖명〗ⓤ 〖면역〗 알렉신, 보체(補體)(혈청 중의 살균성 단백질). **àl-ex·ín·ic** 〖형〗
a·lex·i·phar·mic [əlèksəfáːrmik] 〖의학〗 (독의) 해독의[효과가 있는]; 예방하는. ― 〖명〗 해독제; 예방약.
Alf [ǽlf] 〖명〗 1 앨프(남자 이름; Alfred의 애칭). 2 (a-) (濠속어) 차별 의식이 강한 교양 없는 사람.
ALF *a*lien *l*ife *f*orm; (英) *A*nimal *L*iberation *F*ront(동물 해방 전선); *A*utomatic *L*etter *F*acer.
Al·fa [ǽlfə] 〖명〗 (군사) 알파(급), A급(옛 소련의 공격형 원자력 잠수함의 NATO 코드명). (⇨ **alfa**)
ALFA [ǽlfə] 〖명〗 (통신용어) A자를 나타내는 음표(code).
al·fal·fa [ǽlfǽlfə] 〖명〗 1 〖식물〗 자주개자리(콩과의 목초). 2 (美속어) 잔돈. 3 (美속어) 담배(마리화나).
Al Fát·ah [ǽl fáːtəʔ, áːl fɑtá] 〖명〗 알파타(팔레스타인 해방 기구(PLO)의 최대 게릴라 조직). 「[<It]
al fi·ne [ǽl fíːne] 〖부〗 (음악) 끝까지(to the end).
al·for·ja [ǽlfɔ̀ːrdʒə] 〖명〗 (美남서부) (가죽으로 만든) 안장 주머니; (다람쥐 따위의) 볼주머니.
Al·fred [ǽlfrəd, -frid] 〖명〗 앨프레드(남자 이름).

Ál·fred the Gréat 圀 앨프레드 대왕(849-899: 옛 영국 Wessex의 왕).

al·fres·co [ælfréskou] 圀 야외[옥외]에서. ¶dine ~ 옥외에서 식사를 하다. — 圀 야외[옥외]의. ¶an ~ café 야외 음식점. (또는 **al frésco**) 〔<It in the fresh〕

ALG antilymphocyte globulin. **alg.** algebra(ic). **Alg.** Algeria(n); Algiers.

alg- [ælg] 圀결 ⇨ algo-.

al·ga [ǽlgə] 圀 (圀 **-gae** [-dʒiː]) 말, 조류(藻類). **-gal** 圀

al·gae·cide [ǽldʒəsàid] 圀 =algicide.

‡**al·ge·bra** [ǽldʒəbrə] 圀 1 Ⓤ 대수학(代數學). 2 대수학 서적[교과서]; 대수학 논문.

al·ge·bra·ic [ǽldʒəbréiik] 圀 대수학(상)의, 대수적인; 대수의. (또는 **algebraical**) **-i·cal·ly**, **~·ly** 圀

algebráic equátion 圀 〔수학〕 대수 방정식.
algebráic geómetry 圀 〔수학〕 대수 기하학.
algebráic númber 圀 〔수학〕 대수적 수(유리수(有理數)를 계수(係數)로 하는 대수 방정식의 근).
algebráic operátion 圀 〔수학〕 대수적 연산(演算).

al·ge·bra·ist [ǽldʒəbrèiist] 圀 대수학자. (또는 **algebrist**)

Al·ge·ri·a [ældʒíəriə] 圀 알제리(북아프리카 지중해 서단에 있는 회교 공화국; 수도는 알제(Algiers)).

Al·ge·ri·an [ældʒíəriən] 圀 알제리[알제](사람)의. — 圀 알제리인, 알제 주민. (또는 **Algerine**)

-al·gi·a [ǽldʒiə, -dʒə] 圀결 「…통(痛)」의 뜻. ¶neuralgia, nostalgia. (-**algy**)

al·gi·cide [ǽldʒəsàid] 圀 앨지사이드(조류(藻類)를 고사시키는 약제의 총칭). **-cíd·al** 圀

al·gid [ǽldʒid] 圀 추운, 으스스한, 으슬으슬한, 한기가 드는. **al·gíd·i·ty**, **~·ness** 圀

Al·giers [ældʒíərz] 圀 알제. 1 알제리 북부의 항구·수도. 2 옛 북아프리카의 Barbary States의 하나(현재의 Algeria; 옛날에는 해적으로 유명).

al·gin [ǽldʒin] 圀 〔화학〕 알긴; =alginic acid.

al·gin·ic ácid [ǽldʒínik-] 圀 〔화학〕 알긴산(바닷말에 포함된 고점도(高粘度)의 다당류(多糖類)).

al·go- [ǽlgou, -gə] 圀결 「아픔, 고통」의 뜻. ¶algophobia.

al·goid [ǽlgɔid] 圀 조류(藻類) 비슷한; 바닷말 모양의.

Al·gol [ǽlgɑl, -gɔːl/-gɔl] 圀 알골(페르세우스(Perseus)자리 중의 2등성; 식변광성(蝕變光星)).

ALGOL [ǽlgɑl, -gɔːl/-gɔl] 圀 〔컴퓨터〕 알골(과학기술 계산용 프로그램). 〔<algorithmic language〕

al·go·lag·ni·a [ǽlgəlǽgniə] 圀 〔의학〕 고통 음란증(淫樂症)(加虐하는과 사디즘을 포함). **-nic** 圀 **-nist** 圀

al·go·lóg·i·cal [-gə-lɔ́dʒ-i·cal·ly] 圀 =**lóg·i·cal·ly** 圀 **-gist** 圀

al·gom·e·ter [ælgɑ́mətər/-gɔ́m-] 圀 통각계(痛覺計) (압력에 의해 아픔의 감도를 측정하는 것).
-go·met·ric, **-go·mét·ri·cal** 圀 **-go·mét·ri·cal·ly** **-try** 圀 통각 측정.

Al·gon·ki·an [ælgɑ́ŋkiən/-gɔ́ŋ-] 圀 1 〔지질〕 알곤키아계의, 원생계의(Proterozoic). 2 =Algonquian. — 圀 (~s) 알곤키아계; =Algonquian.

Al·gon·qui·an [ælgɑ́ŋkwiən/-gɔ́ŋ-] 圀 (圀 ~(s)) Ⓤ 알곤킨족(語族)(아메리칸 인디언 최대의 어족; 알곤킨족(의 사람)). — 圀 알곤킨 어족의; 알곤킨족의.
(또는 **Algonki(a)n, Algonquin**)

al·go·pho·bi·a [ǽlgəfóubiə] 圀 동통(疼痛) 공포.

al·gor [ǽlgɔːr] 圀 〔의학〕 오한; 한랭. 〔증〕

al·go·rism [ǽlgərìzm] 圀Ⓤ 1 아라비아식[10진] 기수법(記數法)(1,2…9,0을 쓴다); 10진법에 의한 계산법. 2 산술, 산수(arithmetic). 3 =algorithm 1, 2.

a cipher in algorism 제로; 유명무실한[쓸모없는] 사람. **-ris·mic** 圀

al·go·rithm [ǽlgərìðm] 圀 1 〔수학〕 알고리듬(최대약수(約數)를 구하기 위한 호제법(互除法) 따위). 2 〔컴퓨터〕 알고리듬, (일련의) 산법(算法). 3 =algorism 1, 2. **-rith·mic** 圀

algoríthmic lánguage 圀 〔컴퓨터〕 =ALGOL.

al·gous [ǽlgəs] 圀 바닷말의, 바닷말이 무성한.

al·gra·phy [ǽlgrəfi] 圀Ⓤ 〔인쇄〕 (알루미늄판을 쓰는) 오프셋 인쇄. **al·gráph·ic** 圀

al·gua·cil [ǽlgwæsìːl] 圀 (스페인의) 경찰관, 보안관. (또는 **alguazil**) 〔서 나는 나무〕.

al·gum [ǽlgəm, ɔ́ːl-] 圀 백단(白檀)(Lebanon 산의 상록수).

Al·ham·bra [ælhǽmbrə] 圀 (the ~) 알람브라 궁전(스페인의 Granada에 있는 무어인이 건립한 이슬람 양식의 왕궁; 14세기에 완성). **Al·ham·brésque** [-brésk] 圀 알람브라 양식의; 환상적 장식 양식의.

ALH84001 圀 화성 운석 84001(1994년 남극 대륙 Allan Hills에서 발견된 12개 화성 운석의 하나).

A·li [ɑ́ːli, ɑːlíː] 圀 1 알리(600-661; 이슬람교의 제4대 칼리프). 2 Muhammad ~ 알리(1942- : 미국의 복서).

a·li·as [éiliəs] 圀 일명…, 별명으로는; 다른 때에는, 다른 곳[경우]에는. ¶Johnson, ~ Jones (본명은) 존슨, 통칭 존스. — 圀 별명, 별칭; 가명, 변명(變名), 가짜 이름(⊜ pseudonym).

go by the alias of …이라는 별명으로 통하다.

under an alias 가명으로. 〔alias〕. 〔<L〕

a·li·as dic·tus [éiliəs díktəs] 〔L〕 일명…, 별명.

a·li·as·ing [éiliəsiŋ] 圀 〔TV·라디오〕 위신호(偽信號)(고르지 못한 화상·소리 따위).

A·li Ba·ba [ɑ́ːli bɑ́ːbɑː/ǽli bǽbə/ǽli bɑ́ːbə] 圀 알리바바(*The Arabian Nights* 중의 "*Ali Baba and the Forty Thieves*"의 주인공). 〔탁발 바구니〕.

Áli Bába básket 圀 (뚜껑 항아리 모양의) 대형 세

***al·i·bi** [ǽləbài] 圀 1 〔법률〕 알리바이, 현장 부재 증명. 2 〔美구어〕 (…에 대한) 변명, 구실, 핑계 (*for*). 3 알리바이를 증명하는 사람; 핑계로 내세우는 사람.

set up[or establish, prove] an alibi 알리바이를 제시하다, 현장 부재를 입증하다.

— 圀(美구어) 변명하다, 핑계를 대다. — 圀 (남의) 알리바이를 입증하다; …을 위해 변명해주다; 〔재귀용법으로〕 핑계를 대어 빠져나오다(*from, out of*).

al·i·ble [ǽləbl] 圀 〔고어〕 자양(滋養)이 있는, 영양가 있는. **-bíl·i·ty** 圀

Al·ice [ǽlis] 圀 앨리스. 1 여자 이름. 2 영국 동화 작가 L. Carroll의 *Alice's Adventures in Wonderland*의 주인공 소녀.

Álice blúe 圀 엷은 회청색(pale grayish-blue).

Al·ice-in-Won·der·land [-inwʌ́ndərlænd] 圀 공상적인, 가공의, 비현실적인, 꿈 같은. 〔<Lewis Carroll 작 *Alice's Adventures in Wonderland*〕 〔의 별칭〕.

A·li·cia [əlí(ː)ʃə, -ʃiə] 圀 얼리셔(여자 이름; Alice의 애칭).

al·i·cy·clic [ǽləsáiklik, -sík-] 圀 〔화학〕 지방족 고리 화합물의, 지환식(脂環式)의. ¶~ *compounds* 지방족 고리 화합물.

al·i·dade [ǽlədèid] 圀 〔측량〕 앨리데이드(평판 측량에서 측선의 방향을 그리는 기구). (또는 **alidad**)

***al·ien** [éiljən, -liən] 圀 1 외국의, 이방인의; 거류 외국인. ⇨ FOREIGNER〔유의어〕 2 따돌림 받는 사람(*from*). 3 (지구에 대하여) 우주의, 외계인(extraterrestrial). 4 〔식물〕 이식된 식물. — 圀 1 외국(인)의; 거류 외국의. ¶~ *friends* (국내에 있는) 우방국의 친구. 2 지구 밖의, 우주의. 3 ~ *microorganisms* 지구 밖의 미생물. 3 성질이 다른(*from*); 서로 용납치 않는, 반하는 (*to*). ¶a style ~ *from* genuine English 진짜 영어와는 다른 문체/an idea ~ *to* our way of thought 우리의 사고 방식과 다른 생각. 4 〔식물〕 (딴 곳으로부터) 이식된.

〔USAGE〕 **alien from**과 **alien to** —— 단순히 상이·분리를 뜻할 경우에는 from을, 혐오감을 포함할 경우에는 to를 쓰는데, 차차 to쪽이 우세하다: ~ *from* expectation 기대에 어긋나서 / Hesitation is ~ to my nature. 꾸물대는 것은 내 성미에 맞지 않는다. —⑤⑥ (법률) (재산·권리 따위)를 양도하다. ~·ness ⑧

al·ien·a·ble [éiljənəbl, éilian-] ⑧ (법률) (소유권을) 양도할 수 있는; 멀리할 수 있는. **-bíl·i·ty** ⑧

Álien Ácts (美) 이민 조례; (英) 외국인 조례.

al·ien·age [éiljənidʒ, éilian-] ⑧Ⓤ 1 외국 국적을 가짐, 거류 외국인임; 외국 국적인의 법적 지위[신분](alienism). 2 양도됨.

al·ien·ate [éiljənèit, -liən-] ⑤⑥ 1 …을 멀리하다, 소원하게 하다, 불화하게 하다; …을 소외하다. ¶(~+⑧+⑪+㉫) ~ A from B A와 B사이를 이간하다 / She was ~d from her sister by her follies. 그녀는 어리석은 짓을 해서 언니와 사이가 나빠졌다[소원해졌다]. 2 (법률) (명의·재산·권리 따위)를 양도하다. ¶(~+⑧+㉫) ~ land to another 땅을 남에게 양도하다. 3 (애정·신뢰 따위)를 다른 데로 돌리다; (기금 따위)를 전용하다 (from). ¶~ funds from their intended purpose 자금을 당초 목적과 달리 쓰다.

al·ien·a·tion [èiljənéiʃən, -liən-] ⑧ 1 소원하게 하기, 멀리하기, 불화, 이간; 소외. 2 (법률) (소유권의) 양도, 이전; 재산 처분권. 3 (정신의학) 정신 착란; 정신이상, 발광.

alienation of afféctions ⑧ (법률) 애정 이전 (제3자에 의한 부부간의 이간). ⑧ 소원하게 하는 사람.

al·ien·a·tor [éiljənèitər, -liən-] ⑧ (법률) 양도인.

al·ien·ee [èiljəníː, -liən-] ⑧ (법률) (재산 따위의) 양수인; alienor

al·ien·ism [éiljənìzm, -liən-] ⑧Ⓤ =alienage. (정신의학) 정신병 연구[치료].

al·ien·ist [éiljənist, -liən-] ⑧ (법의학) (법정에서 증언을 하는) 정신병 의사[의학자]. ⑧ psychiatrist

al·ien·or [éiljənər, èiljənɔ́ːr] ⑧ (법률) 양도인. (또는 aliener) ⑧ alienee ¶[가 있는](alar).

al·i·form [ǽləfɔ̀ːrm, éil-] ⑧ 날개 모양의, 날개의

‡**a·light**[1] [əláit] ⑤⑥ (~·ed, (詩) a·lit [əlít]) 1 (말·기차·버스 따위에서) 내리다 (from); (역·목적지 따위에서) 내리다, 여행을 마치다 (at). ¶(~+⑪+㉫) ~ from a horse 말에서 내리다 / ~ at one's stop 역느 때와 같은 역에서 내리다. 2 (새 따위가) 내려 앉다; (항공기 따위가) 착륙[착수]하다 (on, upon). ¶(~+⑪+㉫) A robin ~ed on a branch. 울새가 나뭇가지에 앉았다. 3 (古어) (…와) 우연히 마주치다, (…을) 우연히 발견하다 (on, upon).

alight on one's féet 뛰어 내려서다; 부상을 면하다.

a·light[2] ⑧ (서술용법) 불붙은 (on fire); 타는; (…으로) 빛나는 (with). ¶The room was ~ with lamps. 그 방은 등불로 환했다. —⑧ 불타서; 빛나서.

catch alight 불붙다; 불타다.

set...alight …에 불을 붙이다; …을 태우다.

a·lign [əláin] ⑤⑥ 1 …을 일렬로 하다, 일직선으로 세우다, 정렬시키다 ¶(총의 조준)을 (표적과) 일직선으로 맞추다. ¶~ the sights of a gun 총의 조준을 일직선으로 맞추다. 2 …에 같은 태도를 취하게 하다, …을 (…와) 제휴[연합]하게 하다 (with). 3 (기계) …을 조정하다, (부품)의 중심을 맞추다. —⑤ 1 일렬이 되다, 정렬하다. ¶The troops ~ed. 부대는 정렬했다. 2 (어떤 목적으로) 손을 잡다, 제휴하다, 약속하다. (또는 aline)

align oneself with …와 제휴[동조]하다, 공동 전선을 펴다, 동맹을 맺다; …와 보조를 같이 하다.

~·er ⑧

a·lign·ment [əláinmənt] ⑧ 1 ⓊⒸ 일직선으로 하기, 정렬; 일렬서기, 정렬서기. 2 (정치 운동 따위의) (…와의) 제휴, 동맹, 동맹, 협력 (with). 3 Ⓤ (도로·철도의) 노선 (설정). 4 (철도·도로 따위의) 설계도. 5 (고고) 선돌(menhir)의 병렬(한 것). 6 ⓊⒸ (기계) 조정, (부품의) 중심점 맞추기, (차바퀴의) 얼라인먼트.

alígnment érror ⑧ (컴퓨터) 정렬 오류.

‡**a·like** [əláik] ⑧ 한결같이, 똑같이, 차별없이, 양쪽 모두. ¶young and old ~ 노소를 막론하고 (모두) / They walk ~. 그들은 걸음걸이가 똑같다 / We shall lie all ~ in our graves. (속담) 누구나 똑같이 무덤에 들어간다; 죽으면 빈부의 차이도 사라진다.

alike A and B A도 B도.

(as) alike as two peas in a pod 똑같이 닮은.

go share and share alike 등분하다, 똑같이 나누어 보이다.

look alike 같아 보이다. ¶다.

treat alike 차별없이 대우[취급]하다.

—⑧ (*more* ~; *most* ~) (서술용법) (*very*) much alike라 하고, very alike라고는 하지 않는다) 서로 닮은, 엇비슷한. ¶These twins are very much ~. 이 쌍둥이는 아주 꼭 닮았다.

~·ness ⑧

al·i·ment [ǽləmənt] ⑧Ⓒ 1 영양물, 음식. 2 (마음의) 양식; 필수품, 지지물(支持物), 부조, 지지. ¶the ~ for the mind 마음의 양식. 3 (스코) (법률) =alimony. —⑤⑥ [ǽləmènt] …에 음식물[영양물]을 주다; …을 부양하다, 기르다, 떠받치다.

al·i·men·tal [ǽləméntl] ⑧ 영양물의, 음식의; 양분이 풍부한; 양식이 되는. **~·ly** ⑧

al·i·men·ta·ry [ǽləméntəri] ⑧ 음식물의, 영양의; 양식(의지)이 되는.

aliméntary canál [trǽct] ⑧ (해부) 소화관(消化管).

al·i·men·ta·tion [ǽləməntéiʃən] ⑧Ⓤ 영양 섭취 (작용), 자양; 영양법; (생활의) 의지, 부양.

al·i·men·ta·tive [ǽləméntətiv] ⑧ 영양(자양)이 있는, 영양의.

~·ly ⑧ **~·ness** ⑧

al·i·men·to·ther·a·py [ǽləməntoʊθérəpi] ⑧ 음식 요법.

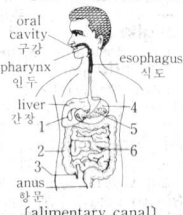
oral cavity 구강
pharynx 인두
esophagus 식도
liver 간장
anus 항문
[alimentary canal]
1 gall bladder 담낭 2 large intestine 대장 3 vermiform appendix 충수 4 stomach 위 5 pancreas 췌장 6 small intestine 소장

al·i·mo·ny [ǽləmòuni/-məni] ⑧Ⓤ (법률) (일반적으로) 생계비, 부양비. **-nied** ¶해 재혼하지 않는 여성. 이혼 수당을 받고 있는.

álimony dróne ⑧ (美) 이혼 수당으로 살아가기 위

a·line [əláin] ⑤⑥ =align. **~·ment**, **a·lín·er**

A-line [éilàin] ⑧Ⓒ (여성복에서 위가 좁고 아래가 넓은) A라인(형)(의). ¶an ~ skirt A라인 스커트.

al·i·ped [ǽləpèd] ⑧ (동물) (박쥐처럼) 익수(翼手)(비막(飛膜))가 있는. —⑧ 익수 동물.

al·i·phat·ic [ǽləfǽtik] ⑧ (화학) 지방족(脂肪族)화합물의, 사슬모양 유기 화합물의; 지방의; 지방성[질]의. —⑧ 지방족 화합물.

al·i·quant [ǽləkwənt] (수학) ⑧ 나누어 떨어지지 않는(aliquot). —⑧ ~ part.

áliquant párt ⑧ (수학) 비(非)약수. ¶3 is an ~ of 10. 10은 3으로 나누어 떨어지지 않는 수이다.

al·i·quot [ǽləkwət/-kwɔ̀t] ⑧ (수학) 나누어 떨어지는 (aliquot). —⑧ ~ part. —⑤⑥ (수·양)을 등분하다.

áliquot párt ⑧ (수학) 약수, 인수(因數). ¶5 is an ~ of 15. 5는 15의 약수이다.

A-list [éilìst] ⑧ 1 최고 부류[대열](에 속하는 인사들). 2 short list, the **A list**)

a·lit [əlít] ⑧ (드물게·시) alight¹의 과거·과거분사.

Al·i·tal·i·a [ǽlitǽliə] 알리탈리아 항공(이탈리아의 항공 회사; 코드 AZ).

a·lit·er·ate [èilítərət] ⑧ 1 독서를 하지 않는 사람, 책과 담을 쌓은 사람; 의사(擬似) 문맹자. 2 (그래픽·영

상 따위) 비문자 분야에서 정보[오락]를 얻는 사람. — ⓐ 독서를 하지 않는, 책과 담을 쌓은; 의사 문맹자의.
-a·cy

‡**a·live** [əláiv] ⓐ (*more ~; most ~*) 《서술용법》 (*한정용법의 경우는 명사 앞》 1 살아 있는, 생존해 있는(⇔ dead). ¶be buried ~ 생매장되다 / catch an animal ~ 동물을 산 채로 잡다. 2 《강조용법》 살아 있는, 이 세상에서의. ¶the happiest man ~ 이 세상에서 가장 행복한 사람. 3 활동 상태의; 소멸하지 않는. ¶keep a memory ~ 잊지 않다 / keep a fire ~ 불을 꺼지지 않게 하다. 4 생생한, 생명력이 가득 찬, 발랄한, 활기찬, 힘찬(*with*). 5 느끼기 쉬운, 민감한(*to*). 6 군집한, 붐비는, 법석대는(*with*). 7 (전기·전화·라디오 따위가) 통하는, 켜진(live).

alive and kicking 《구어》 원기 왕성하여, 팔팔하여.
alive and well 《현존한 리가 없는 것이》 남아서, 전재
alive to …에 민감하여; …을 알아차리고.   [하여.
alive with …으로 붐벼, 북적거려; 활기차서.
all alive 《구어》 원기 왕성하여, 팔팔하여, 활기차서.
any man alive (이 세상) 사람은 누구나.
(as) sure as I am alive 틀림없이, 꼭.
bring…alive …을 소생시키다; 생기가 나게 하다.
come alive ① (소설 속의 인물 등이) 생생하게[진짜로] 보이다. ② (사람·장소 따위가) 활기를 띠다.
come back alive 살아 돌아오다; 생환하다.   [라고!
Heart [or Man, Sakes] alive! 《구어》 어렵소!, 뭐
keep the matter alive 아직도 토론을 계속하다.
look alive ① 원기 왕성해 보이다. ② 《구어》《명령형으로》 서둘러!, 꾸물거리지 마!(Hurry up!)
more dead than alive 《구어》 피로에 지쳐서.
You don't know when you're alive. 사람은 자신이 생각하고 있는 것만큼 불행한 것은 아니다; 살아 있다는 것만으로도 큰 혜택이다.
~·ness

a·liz·a·rin(e) [əlízərin] ⓝⓤ [화학] 알리자린(적황색 염료의 일종).

ALJ *administrative law judge*. **alk.** alkali(ne).

al·ka·hest [ǽlkəhèst] ⓝⓤ (연금술사가 추구하던) 만물 용해액[제]. (또는 **alcahest**)

·hés·tic, ·hés·ti·cal ⓐ

al·ka·les·cence [ǽlkəlésəns] ⓝⓤ 약(弱)알칼리성[도(度)]. (또는 **alkalescency**)   [(물질).

al·ka·les·cent [ǽlkəlésənt] ⓐ 약알칼리성의, ⓝ

*al·ka·li** [ǽlkəlài] ⓝ 1 [화학] 알칼리, 염기성(鹽基性) 물질. 2 [농업] 알칼리 무기 염류; 알칼리 토양 지대. 3 《美속어》 커피; 싸구려 위스키.
— ⓐ [화학] =alkaline.

al·kal·ic [ælkǽlik] ⓐ [지질] 알칼리성의 (암석).

al·ka·li·fy [ǽlkəlifài, ælkǽl-] ⓥⓣ 알칼리화하다, 알칼리성으로 만들다. — ⓥⓘ 알칼리로[알칼리성이] 되다.

álkali métal ⓝ [화학] 알칼리 금속(주기율표 1A족 금속의 총칭). (또는 **álkaline métal**)

al·ka·lim·e·ter [ǽlkəlímətər] ⓝ (물·화) 알칼리미터. a) 알칼리성 측정기. b) 이산화탄소 측정기.
·li·mét·ric, ·li·mét·ri·cal ·li·mét·ri·cal·ly ⓐⓥ
-try ⓝ 알칼리 정량(법)[적정(滴定)].

al·ka·line [ǽlkəlàin, -lin] ⓐ 알칼리(성)의, 알칼리성인; 알칼리를 함유한. ⓐ *acid, neutral*

álkaline báth ⓝ [의학] 알칼리욕(浴).

álkaline céll [báttery] ⓝ [화학] 알칼리 전지.

álkaline éarth ⓝ [화학] 알칼리 토류(土類).

álkaline-éarth métal ⓝ [화학] 알칼리 토류 금속 (주기율표 2A족 금속의 총칭).

álkaline phós·pha·tase [-fásfətèis] ⓝ [생화학] 알칼리 포스파타아제(알칼리성에서 최대의 활성을

álkaline reáction ⓝ 알칼리성 반응.   [나타냄].

al·ka·lin·i·ty [ǽlkəlínəti] ⓝⓤ 알칼리성[도].

álkali sòil ⓝ 알칼리(성) 토양.

al·ka·lize [ǽlkəlàiz] (*《英》* **-lise**) ⓥⓣ …을 알칼리화하다(alkalify). (또는 **alkalinize**)

-liz·a·ble ⓐ **·li·zá·tion, -líz·er** ⓝ

al·ka·loid [ǽlkəlɔ̀id] ⓝ [화학·생화학·약학] 알칼로이드, 식물 염기(鹽基)(니코틴, 모르핀, 코카인 따위).
— ⓐ 알칼리 비슷한, 알칼리성의.

·lói·dal ⓐ 알칼로이드(성)의.

al·ka·lo·sis [ǽlkəlóusis] ⓝⓤ [병리] 알칼리 중독, 알칼리 혈증(血症). **·lót·ic** ⓐ

al·kane [ǽlkein] ⓝ [화학] 알칸(메탄 계열의 포화 탄화수소의 총칭). (또는 **paraffin**)

álkane séries ⓝ [화학] 메탄 계열.

al·ka·net [ǽlkənèt] ⓝ 1 알카넷(유럽종 쪽과(科)의 식물); ⓤ 알카넷 염료(알카넷의 뿌리에서 채취).

alkene [ǽlkiːn] ⓝ [화학] 알켄(에틸렌 계열 탄화수소의 총칭).

álkene séries ⓝ [화학] 알켄 계열(이중 결합 한 개를 가지는 불포화 지방족 탄화수소의 총칭).

al·kie [ǽlki] ⓝ =alky.   「Alcoran)

Al·ko·ran [ǽlkɔːráːn, -rǽn] ⓝ =Koran. (또는

al·ky [ǽlki] ⓝ《속어》 ⓐ =alcohol; =alcoholic. (또는 **alki(e)**) ⓐ =alcoholic.

alky, alky. alkalinity.

al·kyd [ǽlkid] ⓝⓤⓒ [화학] 알키드 수지류(점착성 합성 수지). — ⓐ 알키드 수지의; 를 함유하는.

al·kyl [ǽlkil] ⓝ [화학] 알킬(지방족의 포화 탄화수소기(基)). ⓐ 알킬의, 알킬기를 함유하는.

al·kyl·ate [ǽlkəlèit] ⓝ [화학] 알킬화합물(化物), 알킬화 화합물. — ⓥⓣ (화합물)을 알킬화하다.

ál·kyl·àt·ing àgent [drúg] [ǽlkəlèitiŋ-] ⓝ 《약학》 알킬화제(化劑)(암세포의 DNA에 작용하는 항암제).   「알킬 치환(置換).

al·kyl·a·tion [ǽlkəléiʃən] ⓝⓤⓒ [화학] 알킬화(化);

álkyl gròup [rádical] ⓝ [화학] 알킬단(團)[기(基)].

al·kyne [ǽlkain] ⓝ [화학] 알킨(아세틸렌계(系)의 탄화수소, ⓐ는 **alkine**)

‡**all** ⇒ ALL. ⟨p. 86⟩

all-¹ [æl] (연결) ⇨ALLO-.

all-² [ɔːl] [전]의 뜻. 형용사·부사를 만든다. ¶ *all-American, all-purpose, all-important*.

al·la bre·ve [áːlə bréivei] [음악] 알라 브레베, 2[4]분의 2박자(Ȼ ¢). — ⓐⓥ 알라 브레베의[로]. ⟨It⟩

Al·lah [ǽlə, áːlə] ⓝ [회교] 알라신(神)(이슬람교회교의 유일 최고의 신).

al·la mar·cia [áːlə máːrtʃə] ⓐⓥ [음악] 행진곡풍

all-A·mer·i·can [-ǝmérikən] ⓐ 1 (스포츠 선수가) 전미(全美) 선발(대표)의. 2 미국인만으로 된, 미국적 요소만의. 3 (사람 등이) 참으로 미국적인.
— ⓝ 전미 대표 선수[팀]; 가장 미국적인 젊은이.

Al·lan [ǽlən] ⓝ 앨런(남자 이름).   「의.

al·lan·to·ic [ǽləntóuik] ⓐ 요낭(尿囊) [요막(尿膜)]

al·lan·toid [əlǽntɔid] ⓐ 1 =allantoic. (또는 **àllantóidal**) 2 소시지 모양의, — ⓝ =allantois.

al·lan·to·in [əlǽntouin] ⓝ 《약학》 알란토인(요산 (尿酸)의 산화 생성물).   「낭(尿囊), 요막(尿膜).

al·lan·to·is [əlǽntouis, -tɔis] ⓝ《발생·동물》 요

al·lar·gan·do [àːlaːrgáːndou, -gǽn-] ⓐⓥ [음악] 차츰 느리게 (되는). ⟨It⟩

all-a·round [-əráund] ⓐ 다재다능한; 다방면의 (versatile). ¶ *an ~ player[medicine]* 만능 선수[약]. 2 무엇에나 쓸모가 있는. ¶ *an ~ tool* 만능 연장. 3 전반에 걸친; 포괄적인, 일체를 포함하는. ¶ *~ education* 전인 교육. (또는 《英》 **all-round**) **~·ness** ⓝ

all-a·round·er [-əráundər] ⓝ 다재다능한 사람, 만능 선수; 여러 분야에 유능[유익]한 사람[것].

all-at-once·ness [-ətwʌ́nsnis] ⓝ 많은 일이 한꺼번에 일어나기, 동시 다발.

수(數)와 양(量)을 나타내는 모든 낱말을 합하면 all이 된다고 할 수 있다. 달리 말하면 수 전용의 many와 few, 양 전용의 much와 little, 수와 양에 두루 쓰이는 some과 any가 모두 부분 집합으로서 전체 집합 all 속에 포함된다고 할 수 있다. 모든 것을 한 곳에 쏟아 부으면 「집중·한정」의 뜻이 되며, 부정어(否定語)와 함께 쓰여 전체 부정이 될 수도 있고 부분 부정이 될 수도 있다(⇨ USAGE¹).

‡**all** [ɔːl] 휑 **I. 도합·망라**
1 (단수명사와 함께) 전체의, 전…, …내내. ⇨ WHOLE
〖유의어〗¶ ~ day (long) 온종일, 하루 종일 내내 / ~ Europe 전유럽(의 사람) / ~ one's life 한평생 / ~ (the) morning 오전 내내 / ~ night (through) 밤새도록 / ~ the world 전세계(의 사람) / ~ the year (round) 연중, 일년 내내 / ~ the time 시종 / Did you come ~ the way from Masan? 마산에서 그 먼 길을 일부러 왔단 말이냐?

〖주의〗¹ (1) 어순——정관사, 인칭대명사의 소유격, 지시형용사 따위와 함께 쓰일 경우 그 앞에 온다.
(2) 《美》에서는 all (the) day, all (the) night 이외의 경우에도 the를 생략하는 수가 흔히 있다. ¶They worked hard ~ week. 그들은 일주일 동안 내내 열심히 일했다.

2 (the+복수명사와 함께) (어떤 집단 안에서) 전부의. ¶~ the books in the library 도서관의 전(全)장서 / ~ the people present 참석자 전원.
3 (무관사의 복수명사, 단수의 추상명사·물질명사 따위와 함께) 모든, 일체의. ¶in ~ directions 사방팔방으로 / in ~ respects 모든 점에서 / on ~ sides 사방으로 / ~ kinds [or sorts] of things 각양각색의 것 / I will give you ~ the money I have. 내가 가지고 있는 돈을 몽땅 네게 주겠다 / A~ men are born equal. 인간은 모두 태어나면서부터 평등하다.

II. 집중·한정
4 최대한의, 할 수 있는 한의, 있는 대로의. ¶with ~ one's might 온 힘을 기울여 / with ~ speed 전속력으로 / in ~ haste 황급히.
5 …뿐, 오로지(only, alone); …가득히. ¶~ words and no thought 말뿐이고 사상은 없는 / The old man is ~ skin and bones. 그 노인은 피골이 상접해 있다 / He is ~ kindness. 그는 정말 친절하다 / She is always ~ smiles. 그녀는 언제나 생글생글 웃고 있다 / He was ~ ears. 그는 열심히 귀를 기울이고 있었다 / A~ work and no play makes Jack a dull boy. 《속담》 공부만 하고 놀지 않으면 바보가 된다; 공부할 때 공부하고 놀 때 놀아라(* 이 all은 의미상 부사에 가깝다).
6 (부정어와 함께) 어떤, 아무런, 어떠한, 일체의. ¶beyond ~ doubt 털끝만큼의 의심도 없이, 분명히 / He denied ~ connection with the scandal. 그는 그 부정 사건과는 일체 관계가 없다고 말했다.

III. 기타 용법
7 (감탄의 의미를 함축하여) 그토록 많은. ¶Western civilization has had ~ its inventions in transportation to back up its great dispersion. 그토록 많은 수송 기관의 발명이 있었기에 서양 문명이 널리 전파될 수 있었던 것이다.
8 《방언》 《서술용법》 먹어[마셔] 버린, 품절이 된. ¶The pie is ~. 파이는 품절이다.
9 《美》 (의문대명사·인칭대명사의 뒤에서 복수의 뜻을 나타내어) …들. @ you-all ¶Who ~ is included? 누구누구가 들어 있느냐?
above all things ⇨ ABOVE. 「체로.
all things considered (구어) 전체적으로 보아, 대
for [or **with**] **all** (**that**) …에도 불구하고, …이지만. ¶For ~ his failures, he did not feel sorry at all. 여러 번 실패했지만, 그는 조금도 섭섭하게 생각하지 않았다 / With ~ his wealth, he is not happy. 그 많은 재산에도 불구하고 그는 행복하지 않다.
of all 하필이면(* 복수명사를 수반하여 「수많은 …가운데」라는 뜻). ¶The letter was received by, of ~ persons, Mr. Smith himself. 그 편지는 하필이면 스미스씨 자신의 손에 들어갔다 / Why ask me to help, of ~ people? 하고 많은 사람 중에 하필이면 왜 나에게 도움을 청하나?
of all the (구어) (깜짝 놀라) 이런 …이잖아. ¶Of ~ the nasty tricks. 이런, 비열한 술책이잖아!
of all the idiots 천하의 명텅구리.
on all fours ⇨ ALL FOURS.

——떼 **1** 전부, 전체, 총체. a) (복수구문) ¶Are you ~ ready? 모두들 준비는 되었니? / A~ of them were killed. 그들은 모조리 살해되었다 / We ~ know now that the earth is round. 지구가 둥글다는 것은 이제 누구나 다 알고 있는 일이다 / Thus conscience does make cowards of us ~. 이리하여 양심은 사람들을 모두 겁쟁이로 만들고 만다(←Shakespeare작 Hamlet III, i, 83). b) (단수구문) ¶I tried to learn ~ of it [or it ~] by heart. 나는 그것을 모조리 암기하려고 했다 / A~ I can do is protect a client. (구어) 의뢰인을 보호하는 것이 내가 할 수 있는 일의 전부이다(* 원형 부정사에 주의) / A~ I have to do now is to walk. 현재 내가 해야 할 일이란 오로지 걷는 일뿐이다 / I betrayed them. That's ~ there is to it. 《美구어》 내가 그들을 배신했다. 그저 그뿐이다.

〖주의〗² 인칭대명사와 **all**——「인칭대명사+all(동격어구)」 또는 「all of+인칭대명사」의 형태로 쓴다: all of us, we [us] all. 이 경우 all us와 같이 표현하는 것은 고어적.

2 (단수구문) 모든 것[일], 만사(everything). ¶A~ is lost. 만사 다 틀렸다 / Is that ~? 그것뿐인가? / All's well that ends well. (속담) 끝이 좋으면 모두 좋다 / A~ that glitters is not gold. 《속담》 번쩍이는 것이라고 반드시[다] 금은 아니다.

〖USAGE〗¹ 부분 부정과 전체 부정——all이 부정어 not와 함께 쓰일 경우, 부분 부정이 되는 수가 많다. ¶I don't know ~ of them. 내가 그들을 모두 다 알고 있는 것은 아니다 / A~ is not lost. =Not ~ is lost. 모두를 잃은 것은 아니다. 이것은 It is not true I know ~ of them [or ~ is lost]. 라는 뜻에서 생기는 것으로, 경우에 따라서는 결과적으로 전체 부정이 되는 수도 있다. ¶A~ the riches in the world would not redeem the sin. 세계의 전재산[재물]으로도 그 죄는 보상할 수 없을 것이다. 그래서 오해를 피하기 위해 부분 부정에는 not all…, not every…을, 전체 부정에는 none, nobody, nothing, not any 따위를 사용하는 것이 좋다.

3 (복수구문) 모든 사람, 모든 것. ¶A~ are agreed. 모두 찬성이다 / A~ are expensive. 모든 것이 비싸다.

〖USAGE〗² 단수 취급과 복수 취급——대명사 all이 사람을 뜻할 경우에는 복수 취급, 물건을 뜻할 경우에는 단수 취급이 된다. ¶A~ were silent in the room. 방안에서는 모두들 말이 없었다 / A~ is silent in the room. 방 안에서는 소리 하나 나지 않는다. * 구어에서는 everybody, everything이 더 잘 쓰인다.

——똉 **1** 일체의 소유물, 전재산. ¶lose one's ~ 전재산

을 일다. **2** 전체, 총체, 총계, 전액. **3** (종종 A-) 전(全) 우주, 만물, 삼라만상.
***above all* (things)** 특히, 무엇보다도.
after all 결국, 즉.
all but ⇨BUT.
all in all; all-in-all ① 전부, 무엇보다도 중요한 것, 가장 사랑하는 사람.¶Money is ~ *in* to him. 그는 돈밖에 모른다. ② 고스란히, 완전히(wholly).¶Believe me ~ *in* ~. 나를 전적으로 믿어라. ③ 대체로, 열추.¶*A- in* ~, the plan is good. 그 계획은 대체로 좋다.
all of ① **(**복수명사와 함께**)** **(**美**)** ··· (중의) 전부.¶~ *of* these books 이들 책의 전부(* 보통은 ~ these books라고 한다). ② **(**美구어**)** ···만큼이나, 가득히 (fully, quite).¶I have been waiting for you ~ *of* thirty minutes. 너를 꼭 30분이나 기다렸다. ③ (a+ 명사와 함께) 크게, 온전히.¶She was ~ *of* a flutter. 그녀는 크게 마음을 졸이고 있었다.
all one needs 더할 나위 없는 것.
all this 이상은 모두.
all told 합계하여, 전부 합해서(in ~).
all very well [or ***fine***] **(**구어**)** (불만스러운 기분으로) 매우 좋은 일이긴 하나.¶*A- very fine*, but I will stay here no longer. 정말 좋다마는 더 이상 이곳에 머물지는 않겠다.
and all **(**구어**)** 그 밖에 모두, 모조리.¶He jumped into the sea, clothes *and* ~. 그는 옷 등을 모두 입은 채 바닷속으로 뛰어들었다.
and all that; and all the like ···등, 그 밖의 여러 가지.¶He sells books, pencils *and* ~ *that*. 그는 책과 연필 그리고 그 밖의 여러 가지 것을 판다.
and all this 그리고 이것도 모두.
at all ① (부정어와 함께) 전혀, 아무튼, 조금도; (사례의 인사를 받았을 때) 뭘요, 천만에(You are welcome).¶I didn't go out *at* ~ yesterday. 어제는 전혀 외출하지 않았다 / Thank you very much.—Not *at* ~. 대단히 감사합니다—천만에요. ② **(**의문**)** 조금이라도, 도대체.¶Do you know the way to the police station *at* ~? 도대체 경찰서로 가는 길을 알기나 하느냐? ③ **(**조건**)** 적어도, 조금이나마.¶If you trust him *at* ~, leave all to him. 일단[조금이나마] 그를 믿거든, 모두 그에게 맡겨 두어라.
for all of **(**美**)** ···에 관한 한, ···에 대해서는.¶*for* ~ *of* me 나로서는 (* 보통 문장 첫머리에 놓는다).
give one's all 전재산을 쏟아붓다; 모든 것을 바치다.
in all 합계하여, 모두 합쳐.¶The school has forty teachers *in* ~. 그 학교에는 모두 40명의 교사가 있다.
It was all one could do not to do **(**구어**)** ···하지 않고 있기가 어려웠다.
once (**and**) ***for all*** ⇨ONCE.
one and all; all and sundry 너나 할 것 없이 모두, 이것저것 모두.¶She welcomed ~ *and sundry* guests warmly. 그녀는 가리지 않고 모든 손님을 환영
That's all. 그것으로 끝, 그뿐이다. ⇨THAT.   [했다.
when [or ***after***] ***all is said*** (**and done**); ***when all comes to all*** 결국, 필경.
with all ···에도 불구하고, ···을 갖고서도.
— **부 1** 전혀, 모조리, 완전히; **(**구어**)** 몹시.¶~ through the night 밤을 꼬박 새워 / His efforts were ~ to no purpose. 그의 노력은 완전히 수포로 돌아갔다 / The picture ended ~ too soon. 그 영화는 너무 빨리 끝나 아쉬웠다 / *A- Quiet on the Western Front* 서부 전선 이상 없다 《 독일 작가 E. Remarque의 소설 (1929), 그 영화(1930)》.

USAGE ³ 부사인가, 동격인가——He was ~ covered with mud.에서 all은 부사(=wholly, entirely)이나, They were ~ covered with mud.에서는 all은 부

사로 볼 수도 있고, they와 동격인 대명사(=~ of them)로 볼 수도 있다.

2 양쪽 다, 각각(each, apiece).¶love ~ **(**테니스**)** 0대 0, 쌍방 0점 / The score is thirty ~. 득점은 30 대 30.
3 ···에만, 오로지.¶He spends his income ~ on books. 그는 수입을 모조리 책 사는 데 써버린다.
4 (고어·시) 꼭, 바로(even, just)(* 주로 강조어).
all alone 홀로; 혼자서, 남의 도움없이.
all along ⇨ALONG.
(**all**) ***along of*** ⇨ALONG.
all at once ① 돌연, 갑자기. ② 전부 한꺼번에.¶Don't eat the apples ~ *at once*. 사과를 한꺼번에 다 먹어치우지 마라.
all but 거의(almost, nearly).¶Her heart ~ *but* stopped at the news. 그 소식을 듣고 그녀의 심장은 거의 멎을 것만 같았다.
all for ···에 대찬성인.¶I'm ~ *for* accepting the offer. 그 제안에 대찬성이다.
all in **(**구어**)** 지쳐서, 맥이 빠져서; 모조리 써버려서, 소모되어.
all one to **(**구어**)** ···에게는 마찬가지인, 아무래도 좋은.¶It is ~ *one to* me whether it is true or not. 그것이 사실이건 아니건 내게는 상관없는 일이다.
all out ① 완전히, 모조리. ② **(**英속어**)** 지쳐서, 기진 맥진하여; 잘못하여, 짐작이 어긋나서. ③ 총력을 쏟아서, 전력을 다하여.¶We went ~ *out* to win the war. 우리는 전쟁에 이기기 위해 전력을 다했다.
All out! 여러분, 갈아 타세요!(英) All change (here)!).
all over ① 도처에, 전면에(everywhere); 온 몸에.¶He traveled ~ *over* Europe. 그는 유럽 이곳저곳을 두루 여행했다. ② 완전히 끝나서, 지나서(finished). ③ **(**구어**)** 전혀, 완전히(thoroughly).¶You are your father ~ *over*. 너는 아버지를 꼭 닮았다. ④ **(**속어**)** 홀딱 반해서, 애지중지하여.
all over oneself **(**구어**)** 몹시 기뻐하여; 뽐내어.
all right ① 확실히; 더할 나위 없이. ② 건강히, 무사히. ③ 좋아, 알았어. ⇨ALL RIGHT.
all round 빙글 한 바퀴; 골고루.
all the ① **(**형용사·부사의 비교급과 함께**)** 그만큼, 더욱더, 오히려.¶I like him ~ *the* better for his faults. 결점이 있어서 오히려 그를 좋아한다 / We ought to be ~ *the* more grateful to them. 우리는 더욱더 그들에게 감사해야 한다. ② (단수명사와 함께) 유일한.¶~ *the* title I ever held 내가 지금까지 차지한 유일한 타이틀.
all the more so 더욱더 (···하는) 이유(理由)(to do).¶That's ~ *the more so* to think well of him. 그런 만큼 더욱 더 그를 좋게 생각하는 것이다.
all there **(**부정문에서**)** 제정신으로(sane).¶He is not quite ~ *there*. 그는 제정신이 아니다. ② **(**구어**)** 기민한, 빈틈없는(quick-witted), (일을) 잘 알고 있는(well-informed).
all the same ① 똑같아, 아무래도 좋은.¶It's ~ *the same* to me whether he comes or not. 그가 오든 안 오든 나로선 아무 상관이 없다. ② 그래도, 여전히 (yet, still).¶He is quick-tempered, but I like him ~ *the same*. 그는 성질은 급하지만 그래도 나는 그가 좋다.
all together ⇨TOGETHER.
all told 합하여, 전부.¶There were 15 people *told*. 모두 15명이 있었다.
all too 정말, 너무나.
all up **(**구어**)** (사업 따위가) 엉망이 되어, (남이) 파산하여, 볼장 다 보아(with).¶It is ~ *up with* the undertaking[him]. 그 사업은[그는] 이제 끝장이 났다 [볼장 다 보았다].
be not all there **(**구어**)** ① 정신 박약이다, 저능이다. ② 정신 이상이다, 머리가 돌았다.

al·lay [əléi] 타 1 (공포·의심·노여움 따위)를 가라앉히다. ¶ ~ fears [a tumult] 공포[소동]를 가라앉히다. 2 …을 완화하다, 경감하다. ¶ ~ pain 고통을 완화하다. 3 (불쾌한 일 따위가) (기쁨·효과 등)을 반감(半減)시키다. 「렌], (계획 따위의) 허가.
áll cléar 명 (공습·위험 따위의) 경보 해제 신호 [사이
áll-cóurt gàme [ˈkɔːrt-] 명 (테니스) 올코트 게임 (다양한 스트로크로 코트 전체를 이용하는 기술).
all-day [ˈdéi] 형 하루 종일의, 아침부터 밤까지의.
all-day·er [ˈdéiər] 명 (콘서트·영화 따위의) 종일 공연; 하루 내내 계속하는 것(비 따위).
al·lée [æléi] 명 산책길, 가로수길. <F>
al·le·ga·tion [ӕligéiʃən] 명 UC (충분한 증거가 없는) 주장, 탄원, 단언; (소송 당사자에 의한) 진술.
‡al·lege [əlédʒ] 타 (**-leg·es** [-iz]; **~d**; **-leg·ing**) 1 (확실한 증거 없이) 단언하다, …을 주장하다. ¶ ~ a fact 사실을 주장하다 // (~+目+as 補) ~ a matter as a fact 어떤 일을 사실이라고 주장하다. 2 (수동형으로) (진위는 알 수 없으나) …이라고[한다고] 전해지다, …한다는 의혹을 사다 (*to be, to do*). ¶ She is ~d to have been an alcoholic. 그녀는 알코올 중독자였던 것 같다. 3 (법정 등에서 선서하고) …을 증언하다, 진술하다. 4 (변명으로서) …을 내세우다, 말하다. ¶ ~ illness 병 때문이라고 말하다. 5 (고어) …을 인증(引證)[**~·a·ble** 형 **-lég·er** 명 │하다.
al·leged [əlédʒ(i)d] 형 1 (함부로) 주장된; 단정된. ¶ an ~ criminal 범인으로 간주된 사람, 용의자. 2 의심스러운(doubtful); 가정(假定)되는.
al·leg·ed·ly [əlédʒidli] 부 (문장 수식) (진위는 모르나) 주장하는 바에 따르면, 들리는 바에 의하면. ¶ She was ~ involved in the murder. 그녀는 살인 사건에 연루된 것으로 알려졌다.
Al·le·ghé·ny Móuntains [ӕləgéini-] 명 (the ~) 앨러게이니 산맥(미국 동부의 애팔래치아 산계의 일부). (또는 **Álleghénies**)
***al·le·giance** [əliːdʒəns] 명 UC 1 (군주·국가·주의 따위에 대한) 충성, 충실, 헌신(*to*). ⇨ LOYALTY [동의어] ¶ swear [*or* pledge] ~ to the government 정부에 충성을 약속하다. 2 (일에 대한) 전념. 3 (봉건 시대의) 신종(臣從)의 의무.
Allegiance to the Flag (미) 국기에 대한 충성[선서].
in allegiance to …에 전념하여, 충실한.
al·le·giant [əliːdʒənt] 형 …에 충성스러운, 충실한 (*to*). — 명 충실한 추종자, 신봉자; 신하.
***al·le·gor·i·cal** [ӕligɔ́ːrikəl, -gɑ́r-/-gɔ́r-] 형 우의적(寓意的)인, 풍유(諷諭)의, 비유적인; 우화적인. ¶ an ~ poem 우의시. (또는 **allegoric**) **~·ly** 부 **~·ness** 명
al·le·go·rism [ӕligərìzm/-gɔr-] 명 UC 풍유; 우의적 해석, (성서의) 비유적 해석.
al·le·go·rist [ӕligərist, -ər-] 명 풍유가(風諭家), 우화 작가. 「쓰는, 우의적인, 비유」
al·le·go·ris·tic [ӕligərístik] 형 비유적인, 비유를
al·le·go·rize [ӕligəràiz] 타 …을 풍유[우화]로 꾸미다, 우의적으로 말하다; …을 비유적 의미로 해석하다, 풍유로 풀이하다. — 자 풍유[비유]를 쓰다.
-ri·zá·tion 명 우화화, **-ríz·er** 명 풍유가[작가].
al·le·go·ry [ӕligɔ̀ːri/-gəri] 명 UC 1 (미) 풍유(법), 비유; 우언(寓言); 우화, 비유담; 상징(emblem).
al·le·gret·to [ӕləgrétou] (음악) 부 약간 빠른[빠르게], 알레그레토로, 경쾌하게. — 형 (樂 ~s) 알레그레토; 알레그레토의 악장[곡]. <It>
al·le·gro [əléigrou, əlég-] (음악) 부 형 빠른[빠르게], 경쾌한[하게]. — 명 (樂 ~s) 알레그로, 알레그로의 악곡[악장]. <It>
al·lele [əliːl] 명 (유전) 대립 형질유전자, 인자. (또는 **al·lel** [ӕlel]) **-lel·ic** [əlélik] 형 **-lél·ism** [əliːlizm] 명 대립성. 「기에 의한.」
all-e·lec·tric [ɔ́ːliléktrik] 형 (난방·조명 따위가) 모두 전

al·le·lo·morph [əliːləmɔ̀ːrf, əléləˌ] 명 (유전) = allele. **ˌmór·phic** 형 **ˌmór·phism** 명
al·le·lop·a·thy [ìːliːlápəθi, ˌelə-/ˌliːlɔ́p-] (식물) 타감(他感) 작용(화학 물질들을 방출해 자기 영역 안에서 딴 식물의 생존을 억제하는 것).
al·le·lo·path·ic [ˌliːləpӕθik] 형 타감 작용을 하는.
al·le·lu·ia [ӕləlúːjə] 감 할렐루야(hallelujah).
— 명 (교회) (복음 낭독 전의) 할렐루야 노래[성가]. (또는 **alleluiah, alleluja, alleluya**) **-lu·iát·ic** 형
al·le·mande [ӕləmӕnd, -mɑ̀ːnd] 명 1 알망드 (17–18세기 프랑스의 궁정 댄스); 그 곡. 2 4쌍 무도의 1선회. 3 독일의 포크 댄스. 4 (= ~ **sauce**.) — 명사 (명령형으로) 알망드의 선회를 하다.
állemande sàuce 명 독일식 소스(계란 노른자위를 넣어 진하게 한 화이트 소스).
all-em·brac·ing [ˈiːmbréisiŋ, -em-] 형 포괄적인. ¶ an ~ report 총괄 보고.
Al·len [ӕlən] 명 앨런. 1 (**Charles**) **Grant Blair-findie** ~ (1848–99: 캐나다 태생의 영국 소설가; 진화론자). 2 **Frederick Lewis** ~ (1890–1954: 미국의 역사가·편집자). 3 **William Hervey** ~ (1889–1949: 미국의 소설가·전기 작가). 4 **Woody** ~ (1935– : 미국의 작가·배우). (또는 **Al(l)an, Allyne**)
Állen chàrge 명 (미법률) 앨런 차지(배심원의 의견 대립이 있을 경우 판사가 의견 통일을 권유하는 일).
al·ler·gen [ӕlərdʒən, -dʒèn] 명 (면역) 알레르겐, 알레르기 항원 물질(알레르기를 일으키는 물질).
al·ler·gen·ic [ӕlərdʒénik] 명 알레르기를 일으키는.
al·ler·gic [ələ́ːrdʒik] 형 1 알레르기의; 알레르기 체질의 (*to*). 2 (구어) 신경 과민의, 아주 싫은 (*to*). ¶ be ~ to criticism 비평을 아주 싫어하다.
al·ler·gist [ӕlərdʒist] 명 알레르기 전문 의사.
al·ler·gol·o·gy [ӕlərdʒɑ́lədʒi/-dʒɔ́l-] 명 알레르기학(學).
***al·ler·gy** [ӕlərdʒi] 명 1 알레르기, 이상 민감증(*to*) (홍 **idiosyncrasy**). 2 (구어) 반감, 아주 싫어함 (*to*).
have an allergy to [*or* **for**] …을 아주 싫어하다.
al·le·vi·ant [əliːviənt] 명 (조건 따위를) 완화[경감]시키는 것.
al·le·vi·ate [əliːvièit] 타 (고통)을 완화시키다, 경감하다, 편하게 하다. ¶ ~ **pain** 고통을 완화시키다.
al·le·vi·a·tion [əliːviéiʃən] 명 (고통의) 경감, 완화; C 경감[완화]시키는 것, 완화물.
al·le·vi·a·tive [əliːvièitiv, -viət-] 형 경감하는, 완화적인, 위안이 되는. (또는 **alleviatory**)
al·le·vi·a·tor [əliːvièitər] 명 경감[완화]시키는 것, 위로하는 것[사람]; (도관(導管) 안의) 완충 장치.
all-ex·pense [ɔ́ːlikspéns] 명 (숙박비·식비 따위) 모든 필요 경비를 포함하는; 전액 스폰서 부담의. (또는 **áll-expénses-páid**.)
***al·ley¹** [ӕli] 명 1 (미) 골목; 뒷골목. 2 (공원 따위의) 오솔길, 소로(walk). 3 골목길, 좁은 길. 4 (볼링) 마루, 레인(lane); (~s) 볼링장. 5 볼링을 하는 잔디밭 (bowling green). 6 (테니스) 앨리(복식 시합 때의 사이드라인과 단식 시합 때 사이드라인 사이의 부분).
(right) up [*or* **down**] *one's alley* (속어) 능력·취미에 맞는, 장기인.
strike into another alley (이야기가) 다른 방향으로 새다[빗나가다].
al·ley² 명 1 (미) (대리석·유리 따위의) 공깃돌; (~s) 공깃돌 놀이. (또는 **ally**) 「아지다.
make one's alley good (호주속어) 성공하다, 격이 높*pass*[*or* **toss**] *in one's alley* (호주속어) 행복하다, 죽다.
álley ápple 명 돌멩이; 말똥; 쓸모 없는 것. [죽다.
álley càt 명 (미) (먹이를 찾아 헤매는 도둑고양이); (호주속어) 성적(性的)으로 무절제한 사람; 매춘부.
Al·ley Oop [ӕli úːp] 명 앨리 우프(미국의 V. T. Hamlin작 만화 제목 및 그 주인공; 옛날과 현대를 타임

머신으로 오가는 원시인).

al·ley-oop [ǽliúːp] 명 영차, 이영차(물건을 들어올리거나 일어설 때 내는 소리). —명 〔농구〕 바스켓 가까운 높은 곳에 보내는 패스.

al·ley·way [ǽliwèi] 명 오솔길; 《美》 골목길, 뒷골목 (alley, lane); 좁은 통로.

all-faith [ˊféiθ] 명 전종파주(全宗派)(용)의.

All-fa·ther [ˊfɑ̀ːðər] 명 (the ~, 때로 the A- F-) (최고)신, (다신교에서) 주신(主神).

all-fired [ˊfàiərd] 명 (때로 최상급 ~-est, most ~) 심한, 굉장한.¶an ~ noise 심한 소음. —부 (또는 **all-firedly**) 《美구어》 심히, 터무니없이.

Áll Foóls' Dày 명 =April Fools' Day.

áll foúrs 명 1 네 발, 사지, (사람의) 수족. 2 〔단수 취급〕 카드놀이의 일종(old sledge, pitch, seven-up). **on all fours** ① (사람이) 네 발로 기어서; (짐승이) 네 다리로.¶crawl on ~ 네 발로 기다. ② 완전히 똑같아, 한결같이, 딱 들어맞아 (with).

áll háil [명] (고어) 만세!, 와아! [hallows의 축제.

All-hal·low·mas [ɔ̀ːlhǽloumǝs] 명 (고어) All-

All-hal·lows [ɔ̀ːlhǽlouz] 명 =All Saints' Day.

all-heal [ɔ̀ːlhíːl] 명 쥐오줌풀(valerian), 꿀풀(selfheal); 외상용 약초의 총칭. [파] 냄새가 나는.

al·li·a·ceous [ælíéiʃǝs] 명 〔식물〕 파속(屬)의; 마늘

*al·li·ance [ǝláiǝns] 명 1 CU 동맹; 결연; 연합, 제휴, 협조 (between, among, with).¶an ~ among the nonaligned countries 비동맹국간의 동맹.

〔유의어〕 **alliance** 모든 종류의 동맹 관계를 말한다. **union** 참가국이 실질적으로 일체화되어 있는 긴밀하고도 영속적인 동맹 관계. **league** 특정 목적을 위한 동맹 관계. **confederation** 어떤 종류의 통치 기능을 공동으로 시행하기 위한 영속적인 동맹 관계.

2 (종속 양음) 동맹자, 제휴자; 동맹군, 연합국. 3 C U 결연, 인척[혼인] 관계. 4 UC 유사, 공통(점) 〔식물〕 동류(同類).

a dual [triple] alliance 2(3)국 동맹. 「(守) 동맹. **an offensive and defensive alliance** 공수(攻 **in alliance with** …와 연합[동맹, 제휴]하여. **make [or enter into, form] an alliance with** ①…와 동맹하다. ②…와 결연하다.

Alliánce for Prógress 명 진보를 위한 동맹 (Kennedy 대통령이 1961년 발족시킨 미국과 중남미 22개국의 경제 개발 계획). 「정.

alliance of convénience 명 (일시적인) 편의 협

al·li·cin [ǽlǝsin] 명 〔생화학〕 알리신(마늘에서 얻어지는 무색 유상(油狀)의 액체로서 항균성 물질).

*al·lied [ǝláid, ǽlaid] 명 1 동맹을 맺은, 제휴한.¶~ nations 동맹국. 2 동류의, 유사한.¶~ species 동류, 동종. 3 (A-) (제1·2차 대전시의) 연합국(군)의.¶the A- Forces 연합군. 4 인척 관계의, 결연한.

*al·lies [ǽlaiz, ǝláiz] 명 1 ally의 복수형. 2 (the A-) (제1·2차 대전시의) 연합국(군); NATO 가맹국.

al·li·ga·tion [æ̀ligéiʃǝn] 명 UC 부착, 결합; (수학) 혼합법.

*al·li·ga·tor [ǽligèitǝr] 명 1 악어(미국 동남부·중국 동부산(産))(㉗ crocodile). 2 U 악어 가죽. 3 〔야금〕 용광로에서 나온 쇠를 적당한 형태로 만드는 장치. 4 〔기계〕 맞무는 장치를 가진 기계. 5 《美》 수륙 양용 전차. 6 〔재즈〕 스윙 음악광(狂). (또는 **gate, gator**) **See you later, alligator; Later, alligator.** 《美구어》 안녕(Good-bye), 그럼 또 봐.
—명㉑ (칠한 것이) 악어 가죽처럼 갈라지다.
—명 ㉘(갈은); 악어 가죽(의로 만든); (공구 따위가) 악어 입 모양의.

álligator clíp [clámp] 명 (전기 계측용) 맞무는 클
álligator péar 명 =avocado.
álligator tórtoise 명 1 큰 자라의 일종 (북미의

Mexico 만 연안에 서식). 2 =snapping turtle. (또는 **álligator snápper [túrtle]** 「요한.

all-im·por·tant [ˊimpɔ̀ːrtǝnt] 명 매우 중요한; 긴

all-in [ˊín] 명 1 《英》 모두를 포함한 (all-inclusive); 전면적인.¶at the ~ rate 모든 경비를 포함한 가격으로. 2 (레슬링) 제한 없는, 프리 스타일[자유형]의. 3 〔재즈〕 총출연의, 만능의. 「적인.   ~·ness

all-in·clu·sive [ˊinklúːsiv] 명 모두를 포함한, 포괄

all-in-one [ˊinwʌ́n] 명 1 올인원(브레지어와 코르셋을 하나로 이은 여성용 속옷). 2 (속어) 만능의. (또는 **all in one**) —명 전부가 하나로 된, 필요 부품을 한데 묶은; 세트로 된; …전과(수학)의(책 이름).¶an ~ shop 잡화점.

all-ín wréstling 명 자유형 프로 레슬링.

al·lit·er·ate [ǝlítǝrèit] 명㉑ 두운(頭韻)을 밟다; 두운을 쓰다. …에 두운을 밟게 하다; (어떤 음)을 두운에 쓰다. **-a·tor**

al·lit·er·a·tion [ǝlìtǝréiʃǝn] 명UC 두운(법) (시문의 일련의 단어들을 같은 음 또는 같은 자로 시작하는 일종의 압운법(押韻法). 예: busy as a bee / by choice or chance / safe and sound).

al·lit·er·a·tive [ǝlítǝrèitiv, -rǝtiv] 명 두운법의, 두운체의.¶~ verse 두운시체. ~·ly 부 ~·ness 명

al·li·um [ǽliǝm] 명 파속(屬)의 식물(부추·마늘·파

all-know·ing [ˊnóuiŋ] 명 전지(全知)의. (따위).

all-mains [ˊméinz] 명 《英》 모든 전압(電壓)으로 사용할 수 있는. 「벽.

áll·ness [ɔ́ːlnis] 명 보편성, 일반성; 전체성, 완전, 완

áll-news chánnel [ˊnjúːz-] 명 뉴스 전문(방송)국 (미국의 CNN, 한국의 YTN 등).

*all-night [ˊnàit] 명 1 철야[밤샘]의(nightlong).¶an ~ conference 철야 회의. 2 철야 영업의.

all-night·er [ˊnàitǝr] 명 (구어) 1 철야 시험[집회, 공연 따위]; 철야 영업소[상점]. 2 철야 작업, 밤샘; 곧잘 밤샘하는 사람.

pull an all-nighter 《美속어》 밤샘 공부를 하다.

allo. allegro.

al·lo- [ǽlou, ǽlǝ] 〔연결〕 difference, other의 뜻(* 모음 앞에서는 all-).¶allotrope, allonym.

al·lo·an·ti·bod·y [ǽlouæntibɑ̀di/-bɔ̀di] 명 〔면역〕 동종이계(同種異系) 항체(抗體).

al·lo·an·ti·gen [ǽlouæntidʒǝn, -dʒèn] 명 〔면역〕 동종이계 항원(抗原).

al·lo·bar [ǽlǝbɑ̀ːr] 명 〔기상〕 기압 변화역(域), 기압 등변화선(等變化線). **-bár·ic**

al·lo·ca·ble [ǽlǝkǝbl] 명 할당 가능한, 배분할 수 있는. (또는 **allocatable**)

al·lo·cate [ǽlǝkèit] 명㉑ 1 …을 할당하다, 배분하다 (to, among); …을 (특정 목적을 위해) 떼어[간직해]두다 (for). ㉗ASSIGN 〔유의어〕 allocate funds for a new campaign 자금을 새로운 운동에 충당하다. 2 …을 배치하다, …의 위치를 정하다 (to). ¶~ a role to each actor 배우에게 각각 배역하다. 3 〔컴퓨터〕 배정하다 (기억 장치, 입출력 장치, 계산 파워를 프로그램에 배정하는 일). **-ca·tor** 「받는 사람.

al·lo·ca·tee [ælǝkǝtíː] 명 수령자 (자재 따위를) 배당[지급]

al·lo·ca·tion [æ̀lǝkéiʃǝn] 명 1 U 할당, 배당. 2 (…의) 배분[할당]액[량] (for, to). 3 〔회계〕 배분제. 〔컴퓨터〕 배정.

al·lo·cu·tion [æ̀lǝkjúːʃǝn] 명 연설, 강연; (추기경 회의·단체 앞에서의) 교황 담화.

al·lo·di·al [ǝlóudiǝl] 명 =alodial.

al·lo·di·um [ǝlóudiǝm] 명 =alodium.

al·lo·e·ro·tism [æ̀louérǝtìzm] 명 〔정신분석〕 대타(對他) 발정(외적 대상에 의한 충족을 찾는 성적 활동). 또 autoerotism

al·log·a·mous [ǝlǽgǝmǝs/-lɔ́g-] 명 〔식물〕 타가 (他家)[타화(他花)] 수분(受粉)의; 타식(他植)의.

al·log·a·my [əlágəmi/-lɔ́g-] 图 ⓤ 〔식물〕 타가(他花) 수정(受粉) (또는 autogamy); 타식(他植)(crossing).

al·lo·ge·ne·ic [æloudʒəníːik] 图 〔생물·의학〕 유전적으로 다른 동종간(同種間)의. ¶ ~ immunity 동종 면역. 〜ly **àl·lo·gén·ic**, **-i·cal·ly** 图

al·lo·graft [æləɡræft/-ɡrɑːft] 图 〔의학〕 타가 이식; 동종 이식(유전적으로 다른 동종 개체간의 피부·뼈 따위의 이식). —⑤ 타가 이식하다(allotransplant).

al·lo·graph [æləɡræf, -ɡrɑːf] 图 1 대필, 대리 서명. 2 자필(서명)이 아닌 문서. 3 〔언어〕 이자체(異字體), 이서체(異書體). 〜'의 사전을 그리는 것).

al·lo·his·to·ry [æləhístəri] 图 가상 역사물(상상속의).

al·lo·im·mune [æləimjúːn] 图 동종 면역의.

al·lo·mer·ism [əláməriːzm/-lɔ́m-] 图 ⓤ 〔화학〕 이질 동형(異質同形)(결정(結晶)의 형태는 그대로인 채 화학 구조만 변하는 일). **-er·ous** 图

al·lom·e·try [əláməːtri/-lɔ́m-] 图 ⓤ 〔생물〕 상대 성장(측정)(학), (또는 **àlloiómetry**) **àl·lo·mét·ric** 图

al·lo·morph [æləmɔ̀ːrf] 图 1 이형 가상(異形假像) (화학 변화가 있는 경우). 2 〔언어〕 이형태(異形態)(of morph). 3 〔광물〕 동질(同質) 가상. **ˌmór·phic** 图

al·lo·mor·phism [æləmɔ́ːrfizm] 图 ⓤ 〔화학〕 동소(同素)(성), 동형(allotropy).

al·lo·nym [æləniːm] 图 (작가의) 필명; 가명; 가명으로 출판된 책. **al·lon·y·mous** [əlánəməs] 图

al·lóp·a·thy [əlɑ́pəθi/-lɔ́p-] 图 〔의학〕 역증 요법(증상요법). **àl·lo·pát·ic, àl·lo·páth·i·cal** 图 **ˌlo·páth·i·cal·ly** 图

al·lo·phane [æləfein] 图 ⓤ 앨러메인(동경광물)·갈철광과 같은 중에 섞인 알루미늄 규산염.

al·lo·phone [æləfoun] 图 〔언어〕 이음(異音)(같은 음소(音素)에 속하는 음). **ˌphón·ic** 图

al·lo·phyl·i·an [æləfíːliən] 图 〔고어〕 〔언어가〕 인도유럽어 및 셈어에 속하지 않는 (사람).

al·lo·plasm [æləplǽzm] 图 ⓤ 〔생물〕 이형질(異形質)(편모(鞭毛)처럼 특수 작용을 하는 세포 내용물).

àll·o·ríg·i·nals scène [ɔ̀ːridʒənlz-] 图 《美속어》 흑인들만의 집회.

all·or·none [ɔ́ːlɔːrnʌ́n] 图 전부나 무(無)냐의.

àll·or·nóne làw 图 〔생리〕 실무율(悉無律).

all·or·noth·ing [ˌɔ́ːrnʌ́θiŋ] 图 전부냐 무(無)냐의 (all-or-none); 한쪽의 여지가 없는; 전부가 아니면 용납치 않는; 흥하느냐 망하느냐의. (또는 allosaurus)

al·lo·saur [æləsɔ̀ːr] 图 알로사우루스(육식 공룡).

‡**al·lot** [əlɑ́t/-lɔ́t] ⓣ (**-tt-**) ⓣ 1 ···을 할당하다, 배당하다 (*to, among, between*). ⇒ ASSIGN 〔유의어〕 ¶ (〜+图+前+图) ~ *shares to* persons 주를 사람들에게 배당하다. 2 (어떤 목적에) ···을 쓰다, 충당하다 (*for*). ¶ (〜+图+前+图) ~ *money for* investigation 조사에 비용을 충당하다. 3 ···을 벼르다, 분담시키다; ···을 (운명으로서) ···에게 정해진 수명. — 图 《美방언》 ···을 할 작정이다, ···을 목적으로 하다 (*on, upon*). **〜·ta·ble** 图 **〜·ter** 图

*****al·lot·ment** [əlɑ́tmənt/-lɔ́t-] 图 1 ⓤ 할당, 분배; ⓒ 배당 몫. 2 ⓤ 운명. 3 ⓤ 〔美군사〕 급료 공제분(보험료 따위). 4 〔英〕 경작 대여지(貸與地), 시민 농장.

al·lo·trans·plant [ælətränsplǽnt/-plɑ̀ːnt] 图 ⓤ 〔생물·의과〕 타가 이식(他家移植)(하다), 유전적으로 상이한 개체간의 이식(을 하다).

al·lo·troupe [æləˌtroup] 图 ⓤ 〔화학〕 동소체(同素體).

al·lo·trope [æləˌtróp/-trɔ́p-] 图 동소체의, 동질 이형(異形異像)의. (또는 **allotropical**) **-i·cal·ly** 图 **àl·lo·tróp·i·ty** 图

al·lot·ro·py [əlɑ́trəpi/-lɔ́t-] 图 ⓤ 〔화학〕 동소(성), 동질이체성. (또는 **allotropism**) 〔인간의 수명(70세).

al·lót·ted spàn [əlɑ́tid-/-lɔ́t-] 图 (the ~) 〔성서〕

al·lot·(t)ee [əlɑtíː/əlɔtíː] 图 할당 받는 사람.

all-out [ˈɔ́ːlàut] 图 《美구어》 1 총력을 기울인, 전면적인. ¶ an ~ effort 전력을 다한 노력. 2 완전한, 철저한(complete). ¶ an ~ victory [defeat] 완승[완패].

all-out·er [ˈɔ́ːlàutər] 图 《美구어》 철저주의자, 극단론자.

àll-óut wàr 图 총력전; 전면전.

all·o·ver [ˈɔ́ːlòuvər] 图 전면적인, 완전한; (장식 무늬가) 전면의. — embroidery 전면 자수. — 图 ⓤ 전면에 무늬가 있는 천.

all·o·ver·ish [ˈɔ́ːlòuvəriʃ] 图 《구어》 (어쩐지) 온몸이 불쾌한, 어쩐지 꺼림칙한(불안한).

‡**al·low** [əláu] ⓣ (〜s [-z]) ⓣ 1 ···을 허락하다; 허가하다; ···시키다; ···하도록 내버려 두다 (forbid). ¶ ~ a free passage 자유 통행을 허락하다 / Smoking is not ~ed in the car. 《게시》 차내 금연 // (〜+图+*to* do) I will ~ them *to* do as they like. 나는 그들이 멋대로 하도록 내버려 둘 작정이다.

〔유의어〕 **allow** 반대하지 않고 멋대로 하게 내버려두다. **permit** 허가의 뜻을 분명히 나타낸다. **let** 구어적인 말로서 permit 대신으로도 쓰이나 보통은 allow와 같은 뜻으로 쓴다.

2 ···을 인정하다. ¶ ~ a claim 요구를 인정하다 // (〜+图+*to be* 補) (〜+*that* 節) I ~ him *to be* a genius. =I ~ *that* he is a genius. 과연 그는 천재다. 3 ···을 주다, 지급하다; 할당하다. ¶ (〜+图+图) We ~ our maid one day off a week. 우리 집에서는 가정부에게 1주일에 하루 쉬게 한다. 4 (어떤 액수)을 공제하다, 할인하다 (*for*). ¶ (〜+图+图) We ~ five dollars *for* the tear. 흠이 있어 5달러 할인합니다. 5 ···을 고려하다, 계산에 넣다; ···의 여유를 감안하다 (*for*); ···을 마로 떼어두다. ¶ ~ one hour *for* taking lunch 점심 시간으로 1시간을 잡다 / ~ funds in case of emergency 비상시의 자금으로 떼어두다. 6 《美방언》 ···이라고 생각하다; ···할 작정이다. ¶ (〜+*that* 節) I ~ *that* it's quite right. 그것은 옳다고 생각한다. 7 〔고어〕 ···을 시인[승인]하다.

— 图 1 고려하다, 감안하다, 계산에 넣다; (···의) 여유를 잡아 두다 (*for*). ¶ (〜+前+图) ~ *for* a person's personal circumstances 개인적인 상황을 고려한다. 2 허용하다, 인정하다; (···의) 여지가 있다 (*of*). ¶ (〜+前+图) ~ *of* no doubt 의심할 여지가 없다 / She ~s *of* no flattery. 그녀에게 아양거려 봤자 통하지 않는다. 3 《방언》 생각하다, 추측하다, 단언하다.

allow for ① (사정 따위)를 참작[고려]하다. ② ···을 준비하다, ···에 대비하다.

allowing that... ···이라 하더라도. 〔어 줄 때 따위〕.

Allow me. 제가 해드리지요(남자가 여성에게 문을 열어 줄 때 따위).

Allow me to do (실례합니다만) ···하고자 합니다.

allow of ···을 허용하다; ···의 여지가 있다. ¶ ~ *of* no delay 지체할 수[여지]가 없다. ⇒图 2.

allow oneself in ···에 빠지다, 열중[몰두]하다.

al·low·a·ble [əláuəbl] 图 허락되는, 허용[용인]되는; 합법적인, 정당한. — 图 허가량, 허가 사항; 《美구어》 (석유의) 생산 허용량. **-bly** 图

‡**al·low·ance** [əláuəns] 图 (图 **-anc·es** [-iz]) 1 (일정한) 할당액[량]. 2 수당(금), 지급(금); 정액; ···료; 비; 용돈. ¶ a clothing ~ 피복비 / a lodging ~ 숙박비 / a monthly ~ 월 생활비 / a traveling[an entertainment] ~ 여비[접대비]. 3 여유 부분. (보통 ~s) 참작, 특별한 고려. 4 공제; 할인. ¶ tax ~s 세금 공제 / make an ~ *of* 10% 10% 할인하다. 5 ⓤ 승인. ¶ the ~ *of* a claim 요구의 승인. 6 ⓤ 허용, 찬성. 7 (기계의 치수 등의) 허용 오차, 공차(公差). 8 〔스포츠〕 핸디(캡). 9 〔体〕.

an allowance for long service 연공 가봉(年功加俸).

at no allowance 뜻대로, 아낌없이, 충분히.

by a person's **allowance** 남의 허락을 받고, 실례하.

make allowances [or (**an**) **allowance**] **for** ···

감안하다; 관대히 보아주다.
— [동][타] …에게 (음식·금전 따위의) 정량[정액]을 주다, 제한하여 지급하다; …에게 수당을 지급하다.
allówance bòok [명] 용돈[일상 잡비] 출납부.
al·lowed [əláud] [형] **1** 허락된, 인정된. **2** 〔물리〕 (양자 역학의 선택 규칙에 의하여) 허용된. ¶ ~ transition 허용 천이(遷移). 「히; 명백히.
al·low·ed·ly [əláuidli] [부] 용인되어, 공공연히; 당연
***al·loy** [명] [ǽlɔi, əlɔ́i] [U][C] **1** 합금. **2** (합금에 쓰이는) 비(卑)금속. **3** 순도(純度), (금은의) 품위. **4** (식료품 따위의) 혼합물. **5** [əlɔ́i] 《비유적》 불순물. ¶ *No joy without* ~. 《속담》 순수한 기쁨이란 없다.
— [동] [əlɔ́i] [타] **1** …의 합금을 만들다. **2** 〔귀금속〕에 비금속을 섞다. ¶ (~+[目]+[前]+[名]) ~ gold *with* silver 금에 은을 섞다. **3** (불순물을 섞어서) …의 질을 떨어뜨리다. **4** 〔기쁨·쾌감 따위〕를 줄이다, 해치다. — [자] 《양태부사와 함께》 (금속이) 합금이 되다. ¶ Copper ~*s* well. 동은 합금하기 쉽다.
al·lóyed júnction [əlɔ́id-] [명] (반도체 접합의) 합금 접합. [참] diffused junction
álloy stèel [명] 〔야금〕 합금강, 특수강.
all-par·ty [-pá:rti] [형] 전(全)정당(참가)의.
all-pass [-pǽs, -pà:s] [형] 〔무선〕 (회로망·변환기 따위에서) 전(全) 통과(회로)의. 「(《美》 round robin).
all-play-all [-plèiɔ́:l] [명][형] 《英》 리그전 방식(의)
áll-points búlletin [-pɔ̀ints-] [명] (경찰 무선에 의한) 긴급 배치 (연락); 전국 지명 수배(약 APB). (또는 **áll-points nótice**) 「신에 홀린 듯한.
all-pos·sessed [-pəzést] [형] 《美구어》 열중한, 귀
all-pow·er·ful [-páuərfəl] [형] 전능의, 만능의; 전
all-pro [-próu] [형] 일류의, 최고의. 「권을 가진.
all-pur·pose [-pə́:rpəs] [형] 만능의; 다목적의, 쓸모가 많은. ¶ an ~ car 다목적 차(jeep 따위).
all-red [-réd] [형] (보통 A--R-) 영국 영토만을 지나는. ¶ an ~ route 전영령(全英領) 연락 항로. 〔<지도에 영국령은 붉게 칠해져 있었던 데서〕
áll ríght [부] **1** 훌륭히, 만족스럽게. ¶ He is doing his job ~. 그는 일을 아주 잘 하고 있다. **2** 분명[정확]히, 틀림없이. ¶ She will come ~. 그녀는 반드시 올 것이다.
All right already. (상대의 이야기 따위를 가로막고) 이제 그만 됐어, 그만 해.
All right for you! 이것으로 너와 끝이야[절교야]!
***All right on the night* [*day*].** 《구어》 오늘밤[오늘]은 이쯤으로 됐다.
— [형] **1** 《감탄사적》 《구어》 좋아, 됐어; 《반어적》 두고 보자. ¶ I am ready.—*All right*. Let's start. 준비 다 됐다.—좋아, 출발하자 / *All right*! You shall repent this! 두고 봐, 후회하게 될걸! **2** 무사한, 건강한. ¶ You're going to be ~. 곧 나아질 것이다. **3** 훌륭한, 만족스러운, 나무랄 데 없는. ¶ Everything is ~. 만사 나무랄 데가 없다. **4** 천만에, 괜찮아요. ¶ Thank you.—That's ~. 감사합니다—천만에요.
a* (*little*) *bit of all right 《英》 ① 《서술용법》 (물건·일이) 썩 좋은, 매우 훌륭한; (사람이) 훌륭한, 아름다운. ② 《속어》 훌륭한 것[사람]; 미인, 상냥한 여자.
all-right [-ràit] [형] 《구어》 《한정용법》 선량한, 믿을 수 있는, 훌륭한; 썩 좋은, 더할 나위 없는. ¶ an ~ plan 썩 좋은 계획. 「표시하는 말).
áll ríghts resérved [명] 판권 소유(저작권 보유를
áll-rísks pólicy [-rísks-] [명] 〔보험〕 전손(全損)
all-round [-ráund] [형] =all-around. 「[포괄] 보험.
all-round·er [-ráundər] [명] =all-arounder.
Áll Sáints' Dày [명] 만성절(萬聖節)(11월 1일; 모든 성인을 기념하는 날) (Allhallows). 「장.
all-seat·er [-sí:tər] [명] (관객) 전좌석 스포츠 경기
all·seed [ɔ́:lsì:d] [명] 씨풀(명아주·여뀌 따위).
all-see·ing [-sí:iŋ] [형] 만물을 꿰뚫어 보는.
all-sínging all-dáncing [ɔ̀:l- ɔ̀:l-] [형] 《구어》 (관심을 끌기 위해) 모든 수단을 쓰는.
all-sorts [-sɔ̀:rts] [명][복] 《英》 여러 가지를 혼합한 것, 감초 엑스가 든 여러 가지 캔디를 섞어 넣은 것.
Áll Sóuls' Dày [명] 〔가톨릭〕 위령의 날, 만령제(萬靈祭) (11월 2일; 모든 죽은 이를 기념하는 날).
all·spice [ɔ́:lspàis] [명] (열대 아메리카산) 올스파이스 나무(~ tree); 그 열매; [U] 올스파이스 향미료.
áll squáre [형] 《서술용법》 (양자가) 대등한 입장의, 대차(貸借) 관계가 없는; 〔스포츠〕 동점[타이]의.
all-star [-stà:r] [형] 《美》 (일류 선수·인기 연예인 따위) 스타 총출연[출전]의. ¶ an ~ team [game] (프로 야구 따위의) 올스타 팀[전]. — [명] 〔스포츠〕 올스타 팀의
áll-star cást [명] (인기) 스타 총출연. 「일원.
all-state [-stéit] [형] 주(州) 대표[선발]의. ¶ a pitcher on the ~ team 주 대표 팀의 투수. (또는 **all-State**)
all-tem·per·a·ture [-tèmpərətʃər] [형] (세제(洗劑) 따위가) 냉·온수 겸용의, 전(全)온도용의.
áll-ter·ráin bìcycle [bìke] [-təréin-] [명] 전(全)지형형 자전거. 「ATV).
áll-ter·ráin vèhicle [명] 전지형(全地形) 만능차(약
all-time [-tàim] [형] **1** 전시간의; 상시(常時) 근무의 (full-time)(반 part-time). ¶ an ~ teacher 전임[상근] 교사. **2** 전무 후무한, 전대 미문의. ¶ an ~ high [low] 사상 최고[최저] 기록. **3** 시대를 초월한, 불변의.
***al·lude** [əlú:d] [동][자] **1** 언급하다, 논급하다(*to*). ¶ (~+[前]+[名]) ~ *to* the problem 그 문제를 언급하다 / Whom were you *alluding to* just now? 너는 방금 누구의 일에 대해서 이야기했지? **2** 넌지시 비추다, 암시하다(*to*).

> [유의어] **allude** 암시하듯 넌지시 언급하다. **refer** 분명히 직접 언급하다. **mention** 주의를 환기시키기 위하여 보통 직접적으로 간단히 refer하다.

all-up [-ʌ́p] [형] (우편물을) 보통 우편 요금에 항공편으로 보내는.
áll-úp wéight [명] (비행중인 항공기의) 총중량.
***al·lure** [əlúər/əljúə] [동][타] (그럴 듯한 미끼로) …을 꾀다, 꾀어내다; …을 사주하다, 끌어들이다; 매혹하다. ⇨TEMPT [유의어] ¶ (~+[目]+*to* do) be ~*d to* give up one's post 사임[사직]하도록 사주를 받다 // (~+[目]+[前]+[名]) ~ a person *into* a party 남을 꼬드겨 한패로 끌어들이다.
allure** a person **from 남을 …으로부터 꾀어내다.
allure** a person **into [or ***to***] 남을 꾀어 …하게 하다.
— [명] 매혹(하는 것); (개인적) 매력, 성적 매력.
-lúr·er [명] 「력; [C] 유혹물, 미끼.
al·lure·ment [əlúərmənt/əljúə-] [명][U] 유혹; 매
al·lur·ing [əlúəriŋ/əljúər-] [형] 꾀어내는, 유인적인 (tempting); 유혹적인, 황홀하게 하는. ¶ an ~ voice 매혹적인 목소리. ~·**ly** [부] ~·**ness** [명]
***al·lu·sion** [əlú:ʒən] [명][U][C] **1** 암시, 빗대어 말하기. ¶ a personal ~ 개인에 대한 언급. **2** 〔수사〕 인유(引
in allusion to 넌지시 …을 가리켜. 「喩).
make* (*an*) *allusion to …에 관해 넌지시 말하다.
al·lu·sive [əlú:siv] [형] 넌지시 말한, 암시적인(*to*); 빗대어 말하는. ~·**ly** [부] ~·**ness** [명] 「장(紋章).
allúsive árms [명] 〔문장〕 가명(家名)을 암시하는 문
al·lu·vi·a [əlú:viə] [명] alluvium의 복수형.
al·lu·vi·al [əlú:viəl] [형] 충적(沖積)의, 퇴적 사토(堆積砂土)의(참 diluvial). ¶ ~ deposits 충적물 / the ~ epoch 충적기 / ~ gold 사금. — [명][U] 충적토(~ soil).
allúvial cóne [명] 〔지질〕 충적추(錐).
allúvial fán [명] 〔지질〕 선상지(扇狀地), 충적구(丘).
allúvial pláin [명] 〔지질〕 충적 평야.
allúvial ríver [명] 〔지질〕 충적 하천.
al·lu·vi·on [əlú:viən] [명] **1** 충적지(沖積地), 충적토[층]. **2** 〔법률〕 (흐름이나 파도의 작용에 의한) 증지(增地), 신생지. **3** 파도의 밀려옴. **4** 일수(溢水); 홍수.

al·lu·vi·um [əlúːviəm] 명 (복 ~s, -vi·a [-viə]) 충적층(층 diluvium), 충적토.

áll wàve recéiver 명 전파장(全波長) 수신기.

all-weath·er [′wèðər] 형 전천후(용)의, 어떤 날씨에도 견디는. ¶an ~ fighter 전천후 전투기.

all-wet [′wét] 형 완전히 빗나간. 「전륜(全輪) 구동.

all-wheel drive [′ʰwìːl-/-wìːl-] 명 (자동차 등의)

all-white [′ʰwáit/-wáit] 형 백인만의, 백인 전용의. ¶an ~ school 백인 전용 학교.

all-wool-and-a-yard-wide [′wúlənəjáːrd-wàid] 형 순수한, 진짜의.

‡**al·ly¹** 명 [əlái] (-lies [-z]) 통 1 (수동형·재귀용법으로) (…와) 동맹을 맺다, 연합[제휴, 결연]하다 (to, with). 2 (수동형으로) (…와) 동류[동족]이다 (to). ③ 동맹[결연, 연합, 제휴]하다. 「하다.
ally oneself to [or with] …와 동맹하다; …와 결연
be allied to …와 관련이 있다; …와 동류이다.
be allied with …와 동맹[결연]하다.
— 명 [ǽlai, əlái] (복 -lies [-z]) 1 동맹국, 연합국 (복 allies). 2 동맹자, 맹우, 지원[제휴]자. 3 동류, 동족.
make an ally of …을 자기편으로 만들다. 「의 것.

-li·a·ble 형

al·ly² [ǽli] 명 =alley². 「를 만든다. ¶terrifi*cally*.

-al·ly [əli] 접미 -ic으로 끝나는 형용사에 붙여서 부사

all-year [′jər] 형 1년 내내의, 연중(무휴)의.

al·lyl [ǽlil] 명 (화학) 알릴(기(基)). — 형 알릴기를 함유하는. 「작용시켜 만든다).

állyl résin 명 (화학) 알릴 수지(알코올에 카바이드를

ALM (美) asset and *l*iability *m*anagement (자산·부채 종합 관리); *a*udio-*l*ingual *m*ethod.

al·ma [ǽlmə] 명 =almah.

Al·ma-A·ta [ǽlməətá] 알마아타(카자흐스탄 공화국의 옛 수도). (또는 **Ál·ma·ty**)

Al·ma·gest [ǽlmədʒèst] 명 1 알마게스트(고대 알렉산드리아의 천문학자 Ptolemy의 천문학서). 2 (a-) 그 책과 비슷한 중세의 천문학 또는 연금술 관련 저작.

al·mah [ǽlmə] 명 (이집트의) 무희, 가수. (또는 alma, alme(h))

al·ma ma·ter [áːlmə máːtər, ǽlmə méitər] 명 (때로 A- M-) 모교, 출신교; (美) 교가. <L>

***al·ma·nac** [ɔ́ːlmənæk] 명 역(曆), 역서(천체의 운행·연중 행사 따위의 설명이 있는 것); 연감(年鑑). ¶a nautical ~ 항해력 / Whitaker's A- (영국의) 휘터커 연감. (또는 **almanack**)

Al·ma·nach de Go·tha [ɔ́ːlmənæk də gáθə/-gɔ́θə] 고타 연감(유럽의 왕족·귀족의 계보 등을 기재한 연감); (집합적) 유럽의 왕족.

al·man·dine [ǽlməndi(ː)n, -dàin] 명 =almandite.

al·man·dite [ǽlməndàit] 명 U 철반 석류석(鐵攀石 「榴石).

Al·ma·ty [ǽlməti] 명 =Alma-Ata.

al·me(h) [ǽlmei] 명 =almah.

‡**al·might·y** [ɔːlmáiti] 형 -*might·i·er*; -*might·i·est*) 1 절대적인 힘을 가진, 전능의(omnipotent). ¶A-God: God A- 전능의 신. 2 (美구어) 굉장한; 극단적인, 대단한. ¶an ~ mistake 어처구니없는 실수 / be in an ~ trouble 곤경에 빠지다. — 부 (美속어) 크게, 매우, 몹시. — 명 (the A-) 전능자, 신(God).
-might·i·ly 부 **-might·i·ness** 명

almíghty dóllar 명 (美구어) (the ~) 만능의 달러 [황금]; 금전 만능, 금력(金力). 「찬장(cupboard).

al·mi·rah [ælmáirə] 명 (英·인도) 옷장(wardrobe).

*****al·mond** [áːmənd, ǽm-, ɔ́ːl-/áːm-] 명 1 편도(扁桃)나무(서부 아시아 원산의 장미과(科)의 교목); 그 열매의 핵(核) 속의 인(仁), 아몬드(식용). 2 아몬드 모양의 것(장식 따위). 3 ① 엷은 황갈색.

al·mond-eyed [-áid] 형 아몬드 모양의 눈을 가진 (가느다랗고 눈꼬리가 약간 올라간 눈; 몽고계의 특성).

álmond éye 명

álmond gréen 명 (때로 an ~) 엷은 황록색.

álmond òil 명 아몬드유(油)(윤활유·약용유).

al·mond-shaped [′∫èipt] 형 (한쪽 또는 양쪽 끝이 뾰족한 것).

al·mon·er [ǽlmənər, áːm-] 명 (왕가·귀족·수도원 등의) 자선품 분배 담당관; (英) (병원의) 사회 복지 담당자(medical social worker)(보통 여성).

al·mon·ry [ǽlmənri, áːm-] 명 자선품 분배소.

‡**al·most** [ɔ́ːlmoust, -′′] 부 1 거의, 대부분, 대체로, …이라 해도 되게; 하마터면. ¶It's ~ ten o'clock. 10시가 다 되었다 / He was ~ frozen to death. 그는 하마터면 얼어죽을 뻔했다 / We are ~ up. 우리는 거의 정상까지 왔다. 2 (형용사적) 그…이라고 할, 일종의. ¶with ~ reverence 거의 숭배하는 듯한 태도로.
almost all 거의 전부(의). ¶A- all the people left. 거의 모두가 떠났다.
almost always 거의 언제나, 늘. ¶He's ~ always out. 그는 늘 외출중이다.
almost never [or **no, nothing**] (美) 거의 …없다.
almost the whole 거의 대부분의.
— 명 (the ~) (美속어) 거의 최고의 것[사람].

| USAGE | (1) almost와 nearly——거의 같은 뜻으로 쓰이는데, almost가 구어적. 또 almost는 단순히 「거의 …에 가깝다」라는 사실을 나타낼 뿐인 데 비해서 nearly는 거기에 어떤 감정적 요소가 덧붙여지는 경우가 많다. 위의 예 It's ~ ten o'clock.을 It's *nearly* ten o'clock.이라고 하면 「벌써 시간이 그렇게나 되었나」라든가 「꾸물거려서는 안되겠구나」따위의 감정이 내포되는 경우가 많다.
(2) almost와 수식 관계——almost는 보통 형용사·동사·부사를 수식하는데, 문어(文語)에서는 드물게 「거의 …이라 할 만큼의, …이라 말할 수 있을 만큼의」의 뜻으로 명사 앞에 와서 명사를 수식한다: his indiscretion of manner 그의 거의 무분별하다고 할 만한 태도(*현재는 보통 almost 대신 nearly를 쓴다).
(3) almost와 부정어——(美)에서는 almost를 부정어와 함께 쓰지만, (英)에서는 hardly [or scarcely] (any)를 쓴다: (美) I can*not* ~ do it. =(英) I can *hardly* [or *scarcely*] do it. / (美) We had ~ *no* rain last month. =(英) We had *hardly* [or *scarcely*] *any* rain last month. |
|---|

*****alms** [áːmz] 명 (단·복수 양용) 자선품, 희사(구호)품, 의연금; 자선 (행위). ¶ask for (an) ~ 희사를 청하다 / live by ~ 구호 물자로 살아가다.

álms bòx [**chèst**] 명 (英) (교회벽 등의) 자선함.

alms·deed [áːmzdìːd] 명 (고어·英) 자선 (행위).

alms-folk [áːmzfòuk] 명(복) 구호금품 수혜자들.

alms·giv·er [áːmzgìvər] 명 희사하는 사람, 자선가.

alms·giv·ing [áːmzgìviŋ] 명U 희사, 자선 (행위).

alms·house [áːmzhàus] 명 공립 구빈원(poor house); (英) 사립 구빈(양로)원.

alms·man [áːmzmən] 명 구호를 받는 사람.

alms·wom·an [áːmzwùmən] 명 구호를 받는 여자.

al·mug [ǽlməɡ, ɔ́ːl-] 명 =algum.

al·ni·co [ǽlnikòu] 명 알니코(철·니켈·알루미늄·코발트의 합금). (<*al*uminum+*ni*ckel+*co*balt)

ALO air [*al*lied] *l*iaison *o*fficer.

a·lo·di·um [əlóudiəm] 명 (복 *-di·a* [-diə]) (봉건 시대의) 완전 사유지. (또는 **allodium**)
-di·al 형 **-di·al·i·ty** 명 **-di·al·ly** 부

al·oe [ǽlou] 명 1 알로에, 노회(蘆薈)(남아프리카가 원산의 백합과(科) 식물; 약용·관상용). 2 (종종 ~s) (단수취급) (약학) 노회즙(일종의 하제(下劑)) (복 aloin). 3 〔식물〕 침향(沈香). **-o·ét·ic** 형

al·oes·wood [ǽlouzwùd] 명 향목(香木)(인도산(産)); 침향(沈香)의 원목(agalloch). 「종.

áloe vér·a [-vérə, -víərə] 알로에 베라(재배 종).

a·loft [əlɔ́:ft, əláft/əlɔ́ft] 부 **1** 위로 높이; 하늘 높이. **2** (배의) 돛대(활대) 위에. **3** (폐어·속어) 천당에(으로).
go aloft 천당에 가다, 죽다.

a·lo·ha [əlóuə, ɑːlóuhɑː] 감 (하와이) 인사; 사랑, 애정(love); 어서 오십시오(welcome); 안녕하세요(hello); 안녕히 가십시오(farewell). — 형 친절한; 환영의. (또는 **aroha**).

a·lo·ha·oe [ɑːlóuhɑːóiː, -óui] 감 어서 오십시오(welcome); 안녕히 가십시오(farewell).

alóha shìrt 명 알로하 셔츠. (또는 **Hawáiian shìrt**)

Alóha Státe 명 (the ~) 미국 Hawaii 주의 별칭.

al·o·in [ǽlouin] 명 U (약학) 알로인(알로에(aloe) 잎의 즙을 올린 쓴맛의 결정체; 하제로 쓴다.)

‡**a·lone** [əlóun] 형 《서술용법》 **1** (남으로부터) 떨어져서; 혼자의, 고독한 (*in*). ¶ I was ~. 나는 외톨이었다/ We were ~ *in* the library. 도서관에는 우리뿐이었다.

유의어 **alone** 단독이라는 객관적 사실을 나타내며, 반드시 외로움을 나타내지는 않는다. 다만 all alone은 보통 고독·외로움을 나타낸다. **lonely** alone과 같은 뜻일 때도 있으나 대개의 경우 상대를 구하는 마음의 뜻을 포함. **lone**=alone; 시적인 말. **lonesome** lonely보다 간절하며, 이별 후의 비애를 나타낸다. **solitary** 동류로부터 떨어져 있거나 인기척이 없음을 나타낸다.

2 《(대)명사 뒤에서》 오로지 …뿐(만). ¶ He ~ can do that. 그것은 그만이 할 수 있다 / Material progress ~ does not suffice. 물질적 진보만으로는 충분치 않다 / The two of them, ~ knew that. 그들 둘만이 그것을 알고 있었다 / *Man shall not live by bread* ~. 사람은 빵만으로는 살 수 없다(마태 복음(Matt.) 4:4). **3** 필적[비교]할 만한 것이 없는; 유일한, 단독의. ¶ He is ~ among his friends in sincerity. 성실하다는 점에서는 그의 친구 중에서도 그와 견줄 만한 사람이 없다.
go it alone (구어) (도움을 받지 않고) 혼자서(자력으로) 행하다(* 보통 will, can 따위와 함께 쓰인다).
leave [or *let*]...*alone* [사람·물건] 을 내버려 두다; …에 간섭하지 않다. ¶ *Leave* me ~ to do that. 내가 그걸 하는 것을 내버려 두어라.
let alone …은 말할 것도 없고, …은 물론이고. ¶ He speaks French, *let* ~ English. 그는 영어는 물론이고 프랑스어도 할 안다.
let [or *leave*] *well* (*enough*) *alone* 현상태 그대로 두다. ¶ *Better let well* ~. (속담) 긁어 부스럼 만들지 마라.
stand alone in …에서는 따를 자가 없다. ¶ Samson *stood* ~ *in* strength. 삼손은 힘이 천하 장사였다.
— 부 **1** 혼자서, 단독으로. ¶ I can't do the work ~. 그 일은 나 혼자서는 할 수 없다. **2** 단순히, 단지, ~. ¶ His fame did not rest ~ on popularity. 그의 명성은 단순히 인기만에 있는 것이 아니었다.
all alone 홀몸으로, 혼자하여(⇨ 유의어); 혼자 힘으로.
not alone...but (*also*)... (문어) …뿐 아니라 …도 ~. **-ness** 명 (not only...but (also)...).

‡**a·long** [əlɔ́:ŋ, əlɑ́ŋ/əlɔ́ŋ] 전 **1** 《방향·운동》 …을 따라서, ~을 타고. ¶ *walk* ~ *the* river[street] 강[거리]를 따라 걷다 / *all* ~ *the line* 전선(全線)에 걸쳐 / Let's put the chairs ~ the wall. 의자를 벽에 늘어놓자. **2** 《위치》 …의 사이에, …의 도중에. **3** 《방침 따위》 …에 따라서.
— 부 **1** 따라서, 줄곧 (*by, beside*). ¶ cars parked ~ *by* the fence 울타리를 따라 죽 주차해 있는 자동차들 / Red villas are dotted ~ *by* the lake. 호반에 붉은색의 별장들이 여기저기 있다. **2** 앞쪽으로, 앞으로, 계속. ¶ crawl ~ 기어 가다 / float ~ 떠내려 가다 / Come ~, I'll see you up to bed. 자 가자, 침대까지 데려다 줄테니 / They walked ~ arm in arm. 그들은 서로 팔짱을 끼고 걸어갔다. **3** 《美구어》 《시간·공간 따위》 …에 가까이, …경, 대충 (*about, toward*); (보통 well, far 따위와 함께) (일·시간 따위가) 상당히 진전되어. ¶ He is well ~ in years. 그는 상당히 나이를 먹었다 / I heard his work was quite far ~. 그의 일은 상당히 진척되었다고 했다. **4** (…와) 함께, 다같이; 협력하여 (*with*); 《美》…을 데리고, 가지고; 《강조》…에 더하여, …이외에. ¶ Come ~ (*with* me). (나와) 함께 오너라.

all along ① 줄곧, 처음부터. ¶ I was feeling guilty *all* ~. 나는 줄곧 죄책감을 느끼고 있었다. ② 끝에서 끝까지.

(*all*) *along of* ① 《방언》 (전적으로) …때문에. ¶ I failed ~ *of* you. 나는 너 때문에 실패했다. ② 《英속어》…와 함께(with).

along about [or *toward*] (구어) (나이·시간 따위에) 가깝게, …경[쯤]에. ¶ ~ *about* noon 정오경에.

along back (美구어) 조금 전에, 요즘.

along here [*there*] 이[저]쪽에, 이[저] 근처에.

along with …와 함께[같이]; …와 협력하여, …에 더하여; …이외에.

be along 《美구어》 《미래시제로》 당도하다, 오다; 따라붙다. ¶ She'll *be* ~ soon. 그녀는 곧 올 것이다.

get along ① 해나가다, 살아가다 (*on*). ¶ How are you *getting* ~ these days? 요즘은 어떻게 지내고 계십니까? ② 사이좋게 지내다; 의기 투합하다, 호흡이 맞다 (*with*). ③ (일이) 되어가다, 진척되다 (*with*). ④ 나이를 먹다. ¶ *get* ~ in years 나이를 먹어가다. ⑤ 《명령형으로》 꺼려 (*with*); 어리석은 소리 마라; 그만 둬! ¶ *Get* ~ (*with you*)! 빨리 꺼져!

go along ① 앞으로 나아가다, 앞서가다. ② 《명령형으로》 그만둬; 꺼져; 어리석은 소리 마라.

move along 움직여 나가다. ¶ *Move* ~, please! (길을 막지 말고) 앞으로 움직이시오.

Pass along, please! (승객에게) 안으로 좁혀 주십시오.

right along ① 《美구어》=all ~ ①. ② 중단하지 않고, 계속하여. ③ 순조롭게.

take along 가지고[데리고] 가다. 「따라, 해변을 따라.

a·lóng·shòre [əlɔ́:ŋʃɔ́:r, əláŋ-/əlɔ́ŋ-] 부 기슭을

*a**·long·side** [əlɔ́:ŋsáid, -láŋ-/-lɔ́ŋ-] 부 《해사》 옆으로 대어, 뱃전에. ¶ bring a boat ~ 배를 옆으로 대다. **2** 옆에(beside), 나란히(side by side) (*of*).

alongside of ① …와 나란히, …의 곁에; …에 접하여. ¶ sit[walk, run] ~ *of* a person 남과 나란히 앉다[걷다, 뛰다]. ② …와 함께. ③ (구어) …와 견주어.

— 전 **1** …곁에(beside), 옆쪽에. ¶ ~ *a pier* 부두 옆쪽으로. **2** …와 함께. ¶ use a dictionary ~ the textbook 교과서와 함께 사전을 사용하다.

a·loof [əlúːf] 부 떨어져서, 멀어져서(*from*).
stand [or *hold* (*oneself*), *keep* (*oneself*)] *aloof from* …에서 떨어져 있다; …에 초연하다. ¶ *keep oneself* ~ *from* a dispute 논쟁에 가담하지 않다. — 형 서름서름한, 냉담한, 무관심한.
~·ly 부 **~·ness** 명

al·o·pe·ci·a [ǽləpíːʃiə] 명 U 《병리》 탈모증.

‡**a·loud** [əláud] 부 **1** 소리를 내어, 들릴 정도로. ¶ speak ~ 들리도록 말하다. **2** 큰 소리로, 소리 높이 (loudly). ¶ cry ~ 크게 소리치다. **3** (구어) 눈에 띌 만큼, 분명히. ¶ reek ~ 냄새가 코를 찌르다.

out aloud 큰 소리로[를 내어].
think aloud (엉겁결에) 혼잣말을 하다.

a·low [əlóu] 부 형 《해사》 (배의) 아래쪽에[의], 보다 밑에[의], 갑판 밑에[의].

alow and aloft 《해사》 갑판 밑 사람이나 갑판 위 사람이나, 위에나 밑에나; 부위부터 아래까지, 샅샅이.

alp [ælp] 명 (스위스의) 높은 산[봉우리의 Alps]; 알프스 산록의 목초지; (비유적) 우뚝 솟은 인물[것].

alps on alps 첩첩이 이어지는 준봉; 겹치는 난관.

ALP 《생화학》 *a*lkaline *p*hosphatase; (또는 **A.L.P.**) American Labor Party(미국 노동당).

al·pac·a [ælpǽkə] 圏 1 알파카(남미산(産)의 털이 긴 양); ⓤ 알파카의 털[직물].
al·pen·glow [ǽlpənglòu] 圏 알펜글로(일출 또는 일몰 전후에 고산의 정상에서 볼 수 있는 노을).
al·pen·horn [ǽlpənhɔ̀ːrn] 圏 알펜호른(알프스 산지의 목동들이 쓰는 아주 긴 목관 악기).
al·pen·stock [ǽlpənstɑ̀k/-stɔ̀k] 圏 등산용 지팡이.
al·pha [ǽlfə] 圏 1 ⓤⓒ 알파(그리스 알파벳의 첫째자; A, α(영어의 A, a에 해당)); α음. 2 ⓤⓒ (사물의) 시작, 최초(beginning); (英) (학업 성적의) A, 수(秀), 알파(α)급; (비유적) 일류의 사람[것]. 3 (A-) (천문) (별자리 중의) 주성, 알파별(α로 나타낸다). 4 (화학) 알파 치환기(置換基)(의 beta). — 圏 1 보스(두목)의, (동물사회에서) 지배적인, 우두머리의. 2 (컴퓨터) (키보드·화면 따위가) 문자식의. 3 (한정용법) 알파벳순(順)의.
Al·pha [ǽlfə] 圏 (우주) 알파 우주 정거장(미국·러시아 등 16개국이 건설중인 국제 우주 정거장(International Space Station); 영구 우주 기지로 2006년 완공 예정).
álpha and oméga 圏 1 (…의) 처음과 끝, 시종; 기초; 전체(of). ¶*I am Alpha and Omega*. 나는 천지의 주인이로다(←요한 계시록(Rev.) 1:8). 2 (the ~) 중심적 요소, 가장 중요한 특징(of).
‡**al·pha·bet** [ǽlfəbèt, -bit] 圏 1 (집합적) 알파벳, 자모, ¶the Roman ~ 로마자 / a phonetic ~ 음표 문자. 2 (the ~) 초보, 입문. ¶the ~ of logic 논리학 입문. 3 (컴퓨터) 영문자. — 圏타 = alphabetize.
‡**al·pha·bet·i·cal** [æ̀lfəbétikəl] 圏 알파벳(ABC)순의; 알파벳(ABC) 자모의. (는 **alphabetic**)
in alphabetical order 알파벳순[으로].
~·**ly**
alphabétic códe 圏 (컴퓨터) 영자(英字) 부호.
al·pha·bet·ism [ǽlfəbètizəm] 圏 (익살) 알파벳 [ABC](순) 차별(알파벳의 뒤쪽 두문자(頭文字)를 가진 사람은 늘 오래 기다려야 하는 등의 차별).
al·pha·bet·ize [ǽlfəbətàiz] 圏타 …을 알파벳 [ABC]순으로 하다; …을 알파벳[ABC]으로 나타내다.
~·**bèt·i·zá·tion, -iz·er**
álphabet sóup 圏 1 알파벳 수프(알파벳 모양의 파스타가 든 수프). 2 (美구어) (집합적) (정부 기구 따위의) 약어, 약칭(的: CIA, FBI).
Álpha Cen·tau·ri [-sentɔ́ːrai] 圏 (천문) 센타우루스자리의 알파성(태양에서 가장 가까운 항성).
álpha decáy 圏 (물리) (원자핵의) 알파 붕괴.
álpha emítter 圏 (원자력) 알파 방출체(放出體).
alpha-en·dor·phin [-endɔ́ːrfin] 圏 (생화학) 알파엔도르핀(뇌하수체 생성의 진통 효과가 있는 호르몬).
alpha-fe·to·pro·tein [-fiːtouproútiːn] 圏 (생화학) 알파페토프로테인(임신 중 태아에 의해서 생성되는 혈청 단백질; 약 AFP).
álpha géek 圏 (美속어) 컴퓨터통(通)(전문가, 박사).
álpha glóbulin 圏 (생화학) 알파글로불린.
álpha hélix 圏 (생화학) 알파헬릭스(단백질의 입체구조의 하나로 나선형을 나타낸다). (는 **álpha-hélix**) **ál·pha·hél·i·cal**
álpha íron 圏 (야금) 알파철(鐵).
álpha mále 圏 (동물) 우두머리 수컷(top dog).
al·pha·mer·ic [æ̀lfəmérik] 圏 =alphanumeric.
al·pha·nu·mer·ic [æ̀lfənjuːmérik/-nju:-] 圏 (컴퓨터) 알파벳 따위의 문자와 숫자로 이루어진, 문자·숫자 겸용의.
álpha pàrticle 圏 (물리) 알파 입자(粒子). 웹 beta particle
álpha plùs 圏 (성적의) 수(秀)의(A⁺); 특상의.
álpha rày 圏 (물리) 알파선. 웹 beta ray
álpha recéptor 圏 (생리) 알파 수용체(受容體).
álpha rhýthm 圏 (생리) (뇌의) 알파 리듬.
al·pha·scope [ǽlfəskòup] 圏 알파스코프(컴퓨터 브라운관의 디스플레이(표시) 장치).
álpha stòck 圏 (英) (증권) 알파주(株)(거래가 활발

álpha tèst 圏 (심리) 알파 테스트, A식 지능 검사.
álpha wàve 圏 (생리) (뇌파의) 알파파(波). (의 신).
Al·phe·us [ælfíːəs] 圏 (그리스 신화) 알페이오스(강
Al·phonse and Gas·ton [ǽlfɑnzəndgǽstən, -fɑnz-/-fɔns-, -fænz-] 圏 앨폰즈와 개스턴(류)의, (경쟁하는 사람끼리) 무턱대고 공손하고 집요하게 양보하는. —— 圏 앨폰즈와 개스턴, 공연스레 서로 겸손하고 은근한 두 사람. [<미국의 만화가 F. B. Opper(1857-1937)의 만화 주인공]
alp·horn [ǽlphɔ̀ːrn] 圏 =alpenhorn. (마른버짐.
al·phos [ǽlfɑs] 圏 (의학) 백반(白斑), 건선(乾癬).
al·pho·sis [ælfóusəs] 圏 (병리) 피부 색소 결핍증.
*al·pine [ǽlpain, -pin] 圏 1 (종종 A-) 높은 산의; (식물) 고산성(高山性)의. ¶an ~ belt 고산대(帶) / an ~ club 산악회 / an ~ flora 고산 식물상(相). 2 아주 높은, 우뚝 솟은. 3 (A-) 알프스 산맥의. 4 (A-) 알프스 인종의. 5 (종종 A-) (스키) 알파인의. —— 圏 1 고산 식물. 2 =A- hat. 3 (A-) 알프스 인종(유럽 동부·중부의 백인).
álpine gárden 圏 고산 식물원.
álpine hát 圏 알프스 모자(등산모의 일종).
Álpine plánt 圏 고산 식물. (dendron).
Álpine róse 圏 (유럽·아시아산(産)) 만병초(rhodo-
álpine skíing 圏 알파인 스키.
al·pin·ism [ǽlpənìzm] 圏 (종종 A-) 고산 등산; 알프스 등산.
al·pin·ist [ǽlpənist] 圏 (종종 A-) 알프스 등산가.
‡**Alps** [ælps] 圏복 (the ~) 1 알프스 산맥(최고봉은 몽블랑(Mont Blanc))(의 alp). 2 달 표면의 북부 산맥.
Al-Qae·da [ælkáidə] 圏 (때로 a-) 알카에다(Osama bin Laden이 이끄는 이슬람 국제 테러조직; 2001.9.11 New York의 국제 무역센터 파괴). (또는 **Al-Quaeda, Al-Quaida, Al Qoeda**)
‡**al·read·y** [ɔːlrédi] 圏 1 (긍정문에서) 이미; 벌써; 이 전에; 지금도. ¶I've ~ told you that three times. 그 일은 벌써 세 번이나 너에게 말했다 / The construction work is ~ completed. 건설 공사는 이미 끝났다 / I have been in Rome ~. 로마에는 벌써 갔다 왔다. 2 (의문문·부정문에서) 벌써, 그렇게 빨리. ¶He has not come ~, has he? 그가 벌써 오지는 않았겠지? / Is it three o'clock ~? 벌써 세 시냐?

USAGE **already**와 **yet**—— (1) already는 보통 긍정문에 쓴다: He has seen it ~. yet는 보통 의문문·부정문에 쓴다: Has he seen it *yet*? —No, he hasn't seen it *yet*. (2) already를 의문문에 쓰면 그가 벌써 한 데 대한 놀라움을 나타낸다: Have you seen it ~? 벌써 그것을 봤다고요? (3) already나 yet는 흔히 완료시제·진행형 또는 계속의 의미를 포함하는 단순시제의 동사와 함께 쓰며 그밖의 단순시제의 동사에는 쓰지 않는다. 따라서 I had ~ known it.나 I ~ knew it. 는 무방하나 I ~ looked at it.은 이상하다.

al·right [ɔːlráit] 圏 =all right(광고·만화에서).
A. L. S. *a*utograph *l*etter *s*igned (서명이 있는 자필 편지); (또는 **a.l.s.**) *a*utomatic *l*anding *s*ystem.
Al·sace [ælsés, -séis] 圏 알사스(프랑스 동북부 Vosges 산맥과 Rhine 강 사이에 있는 지방).
Al·sace-Lor·raine [ǽlsæslɔːréin] 圏 알사스로렌(프랑스 동북부 지방; 독일과 영유권을 다투던 지방).
Al·sa·tia [ælséiʃiə] 圏 1 알세이셔(런던 중앙에 있던 한 지구로 16-17세기의 범죄자·채무자 등의 도피 장소; 본래 Whitefriars라고 했다). 2 (일반적으로) 도피 장소, 도피처(asylum). 3 Alsace의 옛 이름.
Al·sa·tian [ælséiʃiən] 圏 알사스(Alsace)의, 알사스 사람의; 알세이셔(Alsatia)의. —— 圏 알사스 사람; 알세이셔 주민; 알세이션 개(독일종 셰퍼드)(~ wolfhound).
ál·sike (clóver) [ǽlsaik-, -sik-] 圏 클로버의 일종(유럽 원산으로 가축 사료용).
Al Si·rat [ælsés, sirɑ́ːt] 圏 (회교) 종교의 정도(正道)

(천국으로 갈 때 지나가야 할) 면도날같이 날카로운 다리.

‡**al·so** [ɔ́ːlsou] 튀 …도 또한, 그 위에, 역시, 마찬가지로. ¶I ~ noticed the red car. 나도 그 빨간 차를 보았다/Candy is ~ sold here. 그곳에서는 사탕도 판다/She can ~ play the piano. 그녀 역시 피아노를 칠 줄 안다/I am mistaken and you ~. 나도 틀렸지만 너도 틀렸다.

(USAGE) [1] **also**와 **too**── (1) also는 다소 문어적, too는 구어적. (2) also는 흔히 일반동사 앞에, be 동사 뒤에, 또 「조동사+본동사」의 경우는 조동사 뒤에 두며, 간혹 문두에도 온다. 문미에서는 too가 보통. also를 문미에 두면 강조처.

not only…but (also)… ⇨ NOT.
── 쩝 《구어》 게다가 또, 그리고 …도 (또한). ¶His speech was long, ~ tedious. 그의 이야기는 길었고 게다가 지루했다.

(USAGE) [2] (1) 문어에서는 and, and also, but also, as well as 따위를 쓴다: Praise was given to me, ~ [or *and* ~, *as well as*] to him. (2) 문두에 쓰는 경우는 and를 쓰는 편이 낫다.

al·so-ran [-ræ̀n] 명 1 〔경마〕 (경주에서) 등외(等外)의 말(개); 입상하지 못한 사람. 2 낙선 후보자; 낙후자. 3 《구어》 경기의 패자; 범부(凡夫), 평범한 사람.

al·so-run·ner [-rʌ̀nər] 명 지지율이 낮은 후보자; 낙선[낙후]자. 명 front-runner

alt [ælt] 〔음악〕 알토의, 중고음의, 중고음(中高音)의. 명 © 중고음, 알토.

in alt ① 중고음으로, 알토로. ② 《속어》 의기양양하여.

alt, Alt 〔컴퓨터〕 alternative. **alt.** alteration; alternate; alternation; alternative; altitude.

ALTA, A.L.T.A. American Literary Translators Association(미국 문학 번역가 협회).

Al·tai[1] [ǽltai] 명 1 알타이(러시아의 시베리아 서남부 지방). 2 = ~ Mountains. (또는 **Altay**)

Al·tai[2] 명 (象~(s)) 알타이족(의 사람): 알타이어(한국어, 몽골어, 터키어 따위).

Al·ta·ic [æltéiik] 명 © 알타이 어족: © 알타이어를 쓰는 사람. ── 형 1 알타이 어족(사람)의. 2 알타이 산맥(에 사는 사람)의. (또는 Altaian)

Áltai Móuntains 명 (the ~) 알타이 산맥(몽고에서 중앙 아시아에 걸친 대산맥). (또는 **Áltay Móuntains**) 「(Aquila)의 주성(主星)).

Al·tair [æltɛər, -/ǽltɛə] 명 견우성(독수리자리

Al·ta·mi·ra [æ̀ltəmíərə] 명 알타미라(스페인 북부의 구석기 시대 채색 동물 벽화가 있는 동굴).

‡**al·tar** [ɔ́ːltər] 명 (象 ~s [-z]) 1 제단, 제대(祭臺). 2 〔교회〕 성찬대, 성체 배령대. 3 (dry dock의) 계단.

bow to the porcelain altar (美속어) 토하다.
lead a woman to the altar (교회에서) 〔여자와〕 결혼하다.

al·tar·age [ɔ́ːltəridʒ] 명 (제단에 바치는) 제물; (사제에게 주는 제식·의식에 대한) 사례금.

áltar bòy 명 (미사에서 사제를 돕는) 복사(服事).
áltar brèad 명 성찬용 빵. 「acolyte
áltar clòth 명 (미사 때) 제단을 덮는 흰 보, 제단포.
ál·tar·piece [-pìːs] 명 제단 뒤쪽 또는 위쪽
áltar ràil 명 제단 앞의 난간. 「의 장식 부분.
áltar stòne [slàb] 명 제단의 대석(臺石) : 〔가톨릭〕 (본래 휴대 제단용의) 성석(聖石). 「(經緯).

alt·az·i·muth [æltǽzəməθ] 명 〔천문〕 경위의(經緯)
‡**al·ter** [ɔ́ːltər] 팀 (~s [-z]) 타 1 〔크기·성질·형상 따위〕 바꾸다, 고치다, 개조하다. ⇨ CHANGE 〔유의어〕 ¶ ~ one's course 방침을 바꾸다/That ~s the case. 그것으로 이야기〔사태〕가 달라진다/We can ~ your trousers to fit you. 몸에 맞도록 바지를 고쳐 드릴 수 있습니다. // (~+图+뛴+图) ~ a house *into* a store

집을 가게로 개조하다. 2 …을 거세하다, …의 난소를 제거하다. ── 재 변하다, 바뀌다, 고쳐지다; (사람이) 쇠약해지다, 늙다.

alter for the better [worse] 호전〔악화〕하다, 좋아 ~-*er* 명 개조자. 「[나빠]지다.
alter. alteration.
al·ter·a·ble [ɔ́ːltərəbl] 형 변경할 수 있는, 고칠 수 있는. ~-**bíl·i·ty, ~-ness** 명 -**bly** 튀

al·ter·ant [ɔ́ːltərənt] 형 변화[변질]시키는, 변질성의.
── 명 변화를 일으키게 하는 것, 변경시키는 것; (염색 따위의) 변색제.

*al·ter·a·tion [ɔ̀ːltəréiʃən] 명 ©⋃ 변경, 개변, 개수, 개조, 개축, 수정; (그 결과로서의) 변질, 변화. ¶an ~ *in* one's plan 계획의 변경. 「고치다, 변경하다.
effect [or make] alterations on [or in, to] …을
al·ter·a·tive [ɔ́ːltərèitiv, -rətiv] 형 1 바꾸는, 변화하는; 변질하는. 2 〔의학〕 점진적으로 체질을 바꾸는[건강하게 하는]. ── 명 〔의학〕 변질제, 체질 개선약[요법].

al·ter·cate [ɔ́ːltərkèit] 재 ⓐ (심하게) 말다툼[언쟁]하다; 격론을 벌이다 (*with*). 「격론.
al·ter·ca·tion [ɔ̀ːltərkéiʃən] 명 ©⋃ 언쟁, 말다툼;
altered chórd 명 〔음악〕 변화 화음.
altered státe of cónsciousness 명 의식 변용(變容) 상태(잠·최면술·마약 등으로 인한 정상적인 자기 의식과는 다른 의식 상태; 略 ASC).

al·ter e·go [ɔ́ːltər ːigou, -égou, éi-] 명 1 제2의 나, 분신(分身); 완벽한 대역, 심복. 2 (둘도 없는) 친구, 벗. 〔<L〕

al·ter·nant [ɔ́ːltərnənt, ǽl-/ɔ̀ːltə́ːn-] 형 번갈아 드는, 교호(交互)의. ── 명 〔논리〕 선언(選言), 이접(離接); 〔수학〕 교대 함수; 〔언어〕 교체형, 변이형.

*al·ter·nate [ɔ́ːltərnèit, ǽl-/ɔ́ːl-] 탐 재 1 번갈아 일어나다, 교대하다; 서로 엇갈리다, 교차하다 (*with, between*). ¶ (~+图+뛴+图) ~ *with* each other 서로 번갈다/Day ~s *with* night. 낮과 밤은 번갈아 온다/He ~*d* between hope and despair. 그에게는 희망과 절망이 오고 갈았다. 2 〔전기〕 교류하다. ── 타 …을 교대로 [번갈아] 하다; …을 서로 엇갈리게 하다 (*with*). ¶ (~+ 图+뛴+图) ~ red lines *with* black 빨강과 검정의 줄무늬로 하다.

── 형 [ɔ́ːltərnət, ǽl-/ɔ̀ːltə́ː-] 1 번갈아 드는, 윤번의, 엇갈리는; 교체[교대]의. ¶~ joy and grief 엇갈리는 기쁨과 슬픔. 2 하나 거른, 상호의. ¶~ acts of help 상호 부조. 3 〔한정용법〕 하나 거른, 하나 건너의. ¶ write in ~ lines 한 줄 건너가며 쓰다. 4 〔식물〕 (잎이) 호생(互生)하는; 어긋난 (⇔ opposite). ¶~ leaves 호생엽(互生葉). 5 (회로 따위가) 우회의(迂回의). 6 〔전기〕 교류의.

on alternate days; each alternate day 격일로.
── 명 [ɔ́ːltərnət, ǽl-/ɔ̀ːltə́ː-] 美 대리인, 보충 요원, 보결 (*to*); 〔연극〕 같은 역을 교대로 연기하는 배우, 더블 캐스트; 대역(understudy); 〔컴퓨터〕 교체.
~·ly 튀 번갈아, 교대로; 하나 걸러. **~·ness** 명

álternate áirport 명 대체(代替) 공항.
álternate ángles 명(복) 〔기하〕 엇각.
álternate commánd pòst 명 〔美군사〕 (비상시) 임시 전투 사령부〔전쟁 지휘부〕.
álternate delívery 명 대체 배송(配送)(민간업자에 의한 잡지 따위의 송달).
álternate hóst 명 〔생태〕 대체 기주(代替寄主).
álternate índex 명 〔컴퓨터〕 대체 색인.
álternate kéy 명 〔컴퓨터〕 대체 키(다른 키와 동시에 누름으로써 본래 코드와는 다른 코드를 발생시키는 키).
álternate mémory 명 〔컴퓨터〕 (예비용) 대체 메모리.
álternate sóurce 명 2차 공급자. 「모리.
álternate úse 명 (공장의) 타용도(他用途)[대체] 사용.
al·ter·nat·ing [ɔ́ːltərnèitiŋ, ǽl-/ɔ́ːl-] 형 1 교호(交互)의, 교체의. 2 〔전기〕 교류의. (또는 **alternate**) 3 〔대수〕 교대의. **~·ly** 튀

álternating cúrrent 图 〔전기〕교류(交流)(약 A.C., a.c.). ⟺ direct current

álternating gróup 图 〔수학〕교대군(群).

álternating líght 图 〔해사〕호광(互光)(다른 색을 연속적으로 번갈아 내는 신호등).

álternating personálity 图 〔심리〕교대 인격(두 가지 이상의 성격이 연속적으로 나타나는 다중 인격).

álternating vóltage 图 교류 전압.

al·ter·ná·tion [ɔ̀ːltərnéiʃən, æl-/ɔ̀ːl-] 图⒰ⓒ 교호(交互), 교대, 교체; 하나씩 거름; 〔수학〕착렬(錯列); 〔전기〕교번(交番). ¶ **번[교체].

alternátion of generátions 图 〔생물〕세대 교번.

*__al·ter·na·tive__ [ɔːltə́ːrnətiv, æl-/ɔːl-] 图 **1** 양자 택일의, 둘 중 하나의. ¶ The ~ possibilities are surrender or fighting to the last. 선택할 수 있는 길은 항복하느냐 끝까지 싸우느냐 둘 중의 하나다. **2** 달리 취할, 대안의, 대신의. ¶ There is no ~ course. 달리 취할 길은 없다. **3** (사회적 기준에 바탕을 두지 않은) 새로운, 전위(前衛)의. ¶ the ~ theater 전위극. **4** 선택의. ¶ ~ conjunctions 선택 접속사(or 따위).
— 图 (⑧ ~s [-z]) **1** 둘(때로 셋 이상) 중에서의 선택, 양자 택일. ⇨ CHOICE 〖유의어〗¶ We have the ~ of going or staying. 가느냐 머무느냐 둘 중의 하나다. **2** 선택할 수 있는 하나 (또는 그 이상)(의 방법), 선택의 대상이 되는 둘 (또는 그 이상). **3** 달리 취할 길[방법], 대안 (代案) (to). ¶ There is [or We have] no ~ but to arrest you. 너를 체포하는 수밖에 없다 / The ~ of surrender is death. 항복에 대신할 것은 죽음뿐이다 // This is an ~ to that. 그것이 아니면 이것뿐이다.
~·ness, -tív·i·ty 图

altérnative bírth·ing [-bə́ːrθiŋ] 图 자가 출산법 (자택 등에서 기구·약품 따위를 사용하지 않는 분만법).

altérnative cómedy 图 대체 희극(전통적인 틀에서 벗어나서 블랙코미디·쉬르리얼리즘·공격성 등 다양한 요소를 가진 희극).

altérnative conjúnction 图 〔문법〕선택 접속사 (예: or, either…or, whether…or 따위).

altérnative defénse 图 대체 방위(신뢰에 의한 안전 보장으로, 핵무기 철폐가 목적). 〔따위〕.

altérnative énergy 图 대체 에너지(태양열·풍력 〔따위〕).

al·ter·na·tive·ly [ɔːltə́ːrnətivli, æl-/ɔːl-] 副 **1** 양자택일로, 대신으로. **2** (문장 수식) (…아니면) 그 대신에(instead).

altérnative médicine [thérapy] 图 〔의학〕대체 의료(침구·한방·운동·안마·명상 요법 따위 약을 쓰지 않는 의료). (또는 **complementary médicine**)

altérnative músic 图 =alternative rock.

altérnative pítch 图 〔야구〕대체[부정] 투구.

altérnative préss 图 반체제적 신문[잡지]. 〔형벌〕.

altérnative púnishment 图 (투옥 이외의) 대체

altérnative quéstion 图 〔문법〕선택 의문문(예: Would you like coffee, tea, or soda?).

altérnative róck 图 대체[올터너티브] 록(음악)(전자 악기의 음을 강조하여 구성하는 록 음악).

altérnative schóol 图 대안 학교(종래의 초·중·고등 학교와 교과 과정이 전혀 다른 학교).

altérnative socíety 图 별(別)사회, 신(新)사회(현재 사회와는 다른 질서와 가치관을 가진 이질적 사회).

altérnative stándard 图 〔경제〕교대 본위제(금과 은의 법정 비가(比價)를 고정시킨 금은 복본위제).

altérnative technólogy 图 대체 기술(환경 친화적인 과학 기술).

altérnative théater 图 전위[실험] 연극.

al·ter·na·tor [ɔ́ːltərnèitər, ǽl-/ɔ́ːl-] 图 〔전기〕교류 발전기.

al·the·a [ælθíːə] 图 접시꽃속(屬)의 식물; 무궁화 (rose of Sharon). (또는 **althaea**)

Al·thing [áːlθiŋ, ɔ́ːl-/ǽl-] 图 아이슬란드 국회.

al·tho [ɔːlðóu] 接 〖美〗=although.

alt·horn [ǽlthɔ̀ːrn] 图 알토호른(코넷계(系)의 취주 악기). (또는 **álto hórn**) ⓐ saxhorn

*__al·though__ [ɔːlðóu] 接 (보통 주절에 선행하여) 비록 …일지라도, …이기는 하나(though). ¶A- it was a warm day, he had his trench coat on. 따뜻한 날이었지만 그는 트렌치 코트를 입고 있었다 / He is wise ~ he is young. 그는 젊지만 현명하다 / A- poor, he is happy. 그는, 비록 가난하지만 행복하다.

〖USAGE〗 **although**와 **though**——(1) 의미상으로는 though와 같지만 although 쪽이 formal하고 문어적. 또 although는 주로 사실을 서술하는 데 쓰이지만, though는 가정적인 일을 서술할 때 많이 쓰인다. (2) even though, as though에서는 though 대신에 although를 쓸 수 없다. 또 though처럼 부사적으로 문미에 두는 일도 없다. (3) although는 yet, none the less, still 따위와 함께 쓰이기도 한다.

Al·thus·ser [áːltuːsəːr/F altysɛːʀ] 图 **Louis** ~ 알튀세르(1918–90: 프랑스의 철학자; 구조주의적 마르크스주의 사상의 대표적 인물).

al·ti- [ǽlti, -tə] 〘연결〙「높은(high)」의 뜻. ¶altitude. (또는 **alt-, alto-**)

al·ti·graph [ǽltəgræf, -gràːf] 图 자동 고도 표시기.

al·tim·e·ter [æltímətər, ǽltəmìːtər/ǽltimìːtə] 图 〔항공〕고도계.

al·tim·e·try [æltímətri] 图⒰ 〔천문〕고각(高角)[고도] 측량(법). **·ti·mét·ri·cal** **·ti·mét·ri·cal·ly** 副

al·tis·si·mo [æltísəmòu] 图 〔음악〕(음조가) 가장 높은(very high). —图 * 다음 숙어로만 쓴다.

in altissimo 알티시모로.

*__al·ti·tude__ [ǽltətjùːd/-tjùːd] 图 (⑧ ~s [-z]) ⒰ⓒ **1** (산·천체·비행기 따위의) 높이, 고도; (해발) 표고(標高). ⇨ HEIGHT 〖유의어〗¶ ~ figure 고도 지수 / an ~ flight 고도 비행 / an ~ record 고도 기록. **2** 〔천문〕고도, 고각. ¶take the sun's ~ 태양의 높이를 재다. **3** (기타) (등등의) 높이; 수직 거리. **4** (보통 ~s) 높은 곳, 고지. **5** 높은 자리, 고위(高位).

at an [or **the**] **altitude of** …의 고도로.

grabbing for altitude ① 적기보다 높이 비행하려고. ② (비유적) 차츰 향상하여.

in high altitudes 〖美속어〗득의양양하여.

:tú·di·nous 图 〔병〕.

áltitude síckness 图 고공병(高空病), 고산병(高山病).

al·ti·tu·di·nal [ǽltətjúːdənl/-tjúː-] 图 고도의.

altm. altimeter.

*__al·to__ [ǽltou] 图 (⑧ ~s) 〔음악〕**1** 알토(여성 최저음 (contralto) 및 남성 최고음(countertenor)). ⇨ BASS¹. **2** 알토 가수. **3** 알토 음부. **4** 알토 악기(viola, althorn 따위). — 图 알토의. ¶an ~ solo 알토 독창. (< It)

al·to- [ǽltou, -tə] 〘연결〙 =alti-.

álto clèf [음악] 알토 음부 기호, 다 음(音) 기호(C clef).

al·to·cu·mu·lus [ǽltoukjúːmjuləs] 图 (⑧ **-li** [-lài]) 〔기상〕고적운(高積雲); 높쌘구름(약 Ac).

*__al·to·geth·er__ [ɔ̀ːltəɡéðər, `--ˋ-] 副 **1** 아주, 전혀, 완전히, 전적으로. ¶His visits stopped ~. 그는 딱 발길을 끊었다 / The trip was ~ pleasant. 여행은 아주 즐거웠다 / He is not ~ a fool. 그는 전적으로 바보는 아니다 (* 부분 부정). ⇨ NOT 5.). **2** 모두, 통틀어. ¶A- there were fifteen books. =The books numbered fifteen ~. 책은 모두 15권이었다. **3** (문두에서) 전체적으로 보아, 대체로(on the whole). ¶A-, you have all done well. 대체로 여러분 모두 잘했다.

〖종의〗 **altogether**와 **all together**——altogether는 「통틀어, 전체적으로 보아」 따위의 뜻이며, all together는 「집단으로서 모두 함께」의 뜻: We took lunch all ~. 우리는 다 같이 점심을 먹었다.

taken altogether 전체적으로 보아, 대체로.
— [명][U] 전체; 전체적 효과; (the ~) 《구어》 알몸.
in the altogether 《구어》 알몸뚱이로, 벌거숭이로.
~·**ness** [명]

álto hórn [명] =althorn.

al·to·ist [ǽltouist] [명] 알토호른 연주자.

al·tom·e·ter [æltámətər/-tɔ́m-] [명] 고도의(高度儀); 〔항공〕 고도계.

al·to-re·lie·vo [-rilíːvou] [명] =high relief. 〔<It〕

al·to·stra·tus [æ̀ltoustréitəs] [명] ([복] ***-ti*** [-tai]) 〔기상〕 고층운; 높층구름([약] As).

al·tru·ism [ǽltruːìzm] [명][U] 애타(愛他)주의[심], 이타(利他)주의[정신]; 〔동물〕 이타 현상. [반] egoism

al·tru·ist [ǽltruːist] [명] 애타주의자. [반] egoist

al·tru·is·tic [æ̀ltruːístik] [형] 애타[이타]적인, 애타주의적인. [반] egoistic **-ti·cal·ly** [부]

ALU 〔컴퓨터〕 *a*rithmetic and *l*ogic *u*nit(산술·논리회로).

al·u·la [ǽljulə] [명] ([복] ***-lae*** [-liː]) 〔동물〕 (새의) 작은 날개; (파리목(目) 곤충의) 작은 날개.

al·um[1] [ǽləm] [명][U] 〔화학〕 명반(明礬); 황산알루미늄.

a·lum[2] [əlʌ́m] [명] 《美구어》 =alumna; alumnus.

alum. aluminium; aluminum.

a·lu·mi·na [əlúːmənə] [명][U] 〔화학〕 알루미나, 반토(礬土), 산화알루미늄(aluminum oxide).

a·lu·mi·nate [əlúːmənət, -nèit] [명] 〔화학〕 알루민산염(酸塩), 반토산염.

‡al·u·min·i·um [æ̀ljumíniəm] [명][형] 《英》 =aluminum.

a·lu·mi·nize [əlúːmənàiz] [동][타] …을 알루미늄으로 처리하다, 알루미늄 도금하다. **-ni·zá·tion** [명]

a·lu·mi·nous [əlúːmənəs] [형] 〔화학〕 명반(alum)의; 알루미늄을 함유한, 알루미나(alumina)의.

‡a·lu·mi·num [əlúːmənəm] [명][U] 《美》 〔화학〕 알루미늄(금속 원소; [기] Al). — [형] 알루미늄의. (또는 《英》 **aluminium**) **àl·u·mín·ic** [형]

alúminum bràss [명] 알루미늄 황동.

alúminum brònze [명] 알루미늄 청동.

alúminum fòil [명] 알루미늄박(tin foil).

alúminum óxide [명] =alumina.

a·lum·na [əlʌ́mnə] [명] ([복] ***-nae*** [-niː, -nai]) 《美》 alumnus의 여성형. [참] old girl

a·lum·nus [əlʌ́mnəs] [명] ([복] ***-ni*** [-nai, -niː]) **1** 《美》 (대학의) (남자) 졸업생, 동창생(《英》 old boy)([여] alumna). ¶an *alumni* association 동창회(남녀를 포함한 경우에도 쓴다) / an *alumni* bulletin 동창회 회보. **2** 전(前) 사원[사우], 전 회원, 전 거주자.

al·um·root [ǽləmrùːt] [명] 범의귓과의 식물(의 뿌리).

al·u·nite [ǽljunàit] [명][U] 〔화학〕 명반석. (또는 **álumstòne**)

al·ve·o·lar [ælvíːələr/-víə-] [형] **1** 〔동물·해부〕 폐포(肺胞)의; 기포(氣胞)의; 치조(齒槽)의. **2** 〔음성〕 치경음(齒莖音)의. ¶~ consonants 치경음(t, d, s, n, l 등).
— [명] 〔음성〕 치경음(~ sound); 〔해부〕 치조; 치조 돌기. ~·**ly** [부]

al·ve·o·late [ælvíːələt, -lèit/-víə-] [형] 〔해부·동물〕 소와(小窩)[소포(小胞), 폐포(肺胞)]가 있는; (벌집처럼) 깊은 구멍이 있는. (또는 **alveolated**)
-lá·tion [명] 봉와상[성](蜂窩狀[性]).

al·ve·o·lo- [ælvíːəlou, -lə/-víə-] [연결] 「포(胞), 치조(alveolus)」의 뜻(＊ 모음 앞에서는 alveol-). ¶*alveolo*palatal.

al·ve·o·lus [ælvíːələs/-víə-] [명] ([복] ***-li*** [-lài]) 〔해부·동물〕 **1** 작은 구멍; 소와(小窩), 소포(小胞)(벌집의 구멍(cell) 따위); 폐포(肺胞). **2** 치조(齒槽).

al·ve·o·pal·a·tal [æ̀lvioupǽlətl] [명][형] 〔음성〕 치경경구개음(齒莖硬口蓋音)(의). (또는 **alveolopalatal**)

al·vine [ǽlvin, -vain] [형] 〔의학〕 배의, 장(腸)의.

alw. allowance.

al·way [ɔ́ːlwei] [부] 《고어·시》 =always.

‡al·ways [ɔ́ːlweiz, -wiz] [부] **1 a)** 늘, 언제나, 항상. ¶We ~ walk to school. 우리는 언제나 걸어서 학교에 간다. **b)** 《완료형과 함께》 시종, 줄곧. ¶He has ~ lived in New York. 그는 줄곧 뉴욕에서 살고 있다. **c)** 《진행형과 함께》 항상[언제든지] (…만 하다). ¶The two were ~ quarreling. 두 사람은 (만나면) 항상 싸움만 했다. **2** 매번; 어느 경우나; 어김없이. ¶Night ~ follows day. 낮이 지나면 어김없이 밤이 찾아온다. **3** 《보통 문미에서》 언제까지나, 영원히. ¶I remember your kindness ~. 베풀어주신 친절은 언제까지나 잊지 않겠습니다. **4** 《총칭명사를 주어로》 반드시, …은 모두. ¶Money does not ~ bring happiness. 돈이 반드시 행복을 가져오는 것은 아니다. **5** 《can, could와 함께》 (마음만 먹으면) 언제라도[곧], 필요하면. ¶I can ~ finish school next year. 내년이면 언제라도 학교를 마칠 수 있다.
almost [or ***nearly***] ***always*** 대개, 거의 언제나.
always excepting... ① 〔법률〕 단 …은 차한에 부재한다. ② 《英》 …을 제외하고(는).
always supposing (***that***) 만일 …한다면[이라면].
as [or ***like***] ***always*** 언제나처럼.
for always 영구히(forever).
not always 《부분 부정》 언제나[반드시] …인[하는] 것은 아니다. ¶Great men are *not* ~ wise. 위인이라고 해서 반드시 현명한 것은 아니다.

> [USAGE] **always**의 위치——조동사와 be동사 이외에는 대개 동사 앞에 둔다. 다만 조동사, be동사가 강조되는 경우는 그 앞에 둔다.

al·yo [ǽljou] [명] 《美속어》 **1** 늘 정해진 일. **2** 냉정한 사람; 평온한 상태. **3** 매수, 증회(贈賄).

a·lys·sum [əlísəm/ǽlisəm] [명] 알리섬(겨잣과의 식물; 특히 향기가 강한 것을 sweet ~이라 한다).

Álz·hei·mer's (disèase) [áːltshaimərz-, ǽlts-, ɔ́ːlts-] [명] 알츠하이머 병, 노인성 치매. 〔<독일 신경학자 Alois Alzheimer(1864-1915)〕

‡am [æm, əm] [동][자] be의 1인칭·단수·직설법·현재형. ⇨BE.

Am [기] 〔화학〕 americium. **AM, a.m., A.M.** 〔무선〕 *a*mplitude *m*odulation. **Am.** America(n).

‡a.m., A.M. [éiém] 《라틴》 *ante meridiem*(= before noon)(오전)([참] p.m.). ¶9 *a.m.* 오전 9시 / Shall we meet Sunday *a.m.*? 《구어》 일요일 오전에 만날까?

> [USAGE] **a.m., A.M.**의 용법——**(1)** 시각과 함께 쓰일 경우 후치된다. **(2)** 표제나 표 따위 이외에서는 소문자가 일반적이다. ＊ a.m.과 함께 in the morning이나 o'clock은 쓰지 않는 것이 좋다.

A.M. *a*ir *m*ail; 《라틴》 *a*nno *m*undi(=in the year of the world)(세계 기원으로); 《라틴》 *A*rtium *M*agister (=Master of Arts)(문학 석사). **AMA** *A*merican *M*usic *A*ward. **A.M.A.** *A*merican *M*anagement [*M*arketing, *M*edical] *A*ssociation.

am·a·da·vat [æ̀mədəvǽt] [명] =avadavat.

am·a·dou [ǽmədùː] [명][U] 말굽버섯과(科)의 버섯으로 만드는 해면(海綿) 모양의 물질(부싯깃 또는 지혈용).

a·mah [áːmə, ǽmə] [명] (중국 등 동양 여러 나라의) 아기 보는 여자(nurse), 유모(wet nurse), 하녀.

a·main [əméin] [부] 《고어·시》 **1** 힘껏, 온 힘을 다하여. **2** 전속력으로, 쏜살같이. **3** 갑자기; 급히. **4** 몹시, 매우, 대단히.

amal(g). amalgamate(d).

a·mal·gam [əmǽlgəm] [명][U][C] **1** 〔화학〕 아말감(수은과 다른 금속과의 합금). **2** 아말감광(鑛). **3** 혼합물; 합성물. — [동][타] **1** =amalgamate. **2** 아말감으로 입히다. — [자] =amalgamate. ~·**a·ble** [형]

a·mal·ga·mate [əmǽlgəmèit] [동][타] **1** 〔회사 따위〕를 통합하다, 합병하다, 연합하다 (*with*); 〔사상 따위〕를

amalgamation — **amberoid**

혼합[융합]시키다(*into*). ¶ ~ two companies 두 회사를 합병하다. 2 〔야금〕〔금속〕을 (수은과의) 합금으로 하다, ~을 아말감으로 만들다. ¶copper plates ~d with mercury 수은과의 합금으로 만든 동판. ─ⓘ 1 결합하다, 연합하다, 합동하다: 융합하다(*with*). 2 결부되어 …이 되다(*into*). 〔야금〕 아말감이 되다. ─**mà·tor** ⓝ 혼홍기(混汞器)(를 조작하는 사람); 합병[연합]자.

a·mal·ga·ma·tion [əmæ̀lgəméiʃən] ⓝⓤ 1 〔상업〕(회사·사업의) 합동, 합병. 2 〔야금〕 아말감 제련(법), 혼홍법(混汞法). 3 〔종족·사상 등의〕 융합(체); 〔인류〕(다른 인종간의) 융합; 〔美〕(흑인과 백인의) 혼혈.

a·mal·ga·ma·tive [əmǽlgəmèitiv] ⓐ 〔야금〕 아말감이 되기 쉬운; 혼합되기 쉬운; 합동[융합]적인.

A·man·da [əmǽndə] ⓝ 어맨더(여자 이름).

a·man·dine [ɑ̀ːməndíːn, æ̀mən-/əmǽndain] ⓐ 〔요리사〕아몬드를 사용한[넣은]. 『 의 독버섯.

am·a·ni·ta [æ̀mənáitə, -níːtə] ⓝ 광대버섯속(屬)

am·an·ta·dine [əmǽntədìːn] ⓝ 〔약학〕 아만타딘 (항바이러스 및 파킨슨병 약).

a·man·u·en·sis [əmæ̀njuénsis] ⓝ (⑫ **-ses** [-siːz]) (구술) 필기자, 필생; 서기; 〔익살〕 비서.

am·a·ranth [ǽmərænθ] ⓝ 애머랜스. 1 영원히 시들지 않는다는 전설상의 꽃. 2 비름속(屬)의 관상용 식물. 3 〔화학〕 자주색 가루 염료(azo염료의 일종).

am·a·ran·thine [æ̀mərǽnθin, -θáin/-θáin] ⓐ 1 애머랜스의:같은. 2 시들지 않는, 불멸의. 3 자주색의.

am·a·ret·to [æ̀mərétou, ɑ̀ːməː-] ⓝ 아마레토(almond 맛이 나는 이탈리아산 리큐어).

am·a·ryl·lis [æ̀mərílis] ⓝ 1 아마릴리스(수선화(科)의 관상용 식물). 2 (A-) (시) 양치기 소녀, 시골 처녀.

a·mass [əmǽs] ⓥⓣ 1 (재산)을 모으다, 축적하다. ¶ ~ a fortune 재산을 모으다. 2 …을 모으다, 쌓다. ─ⓘ 모이다, 집결하다. ¶A large crowd ~ed for the rally. 궐기 대회에 많은 군중이 모였다. ~**·a·ble** ⓐ. ~**·er** ⓝ 축재[축적]자. ~**·ment** ⓝ 축재, 축적.

‡**am·a·teur** [ǽmətʃùər, -tʃər, -tər] ⓝ (⑫ ~**s** [-z]) 1 아마추어, 비(非)전문가(*in*). 2 취미삼아 하는 사람; 풋내기, 반거충이(*in*). ¶an ~ *in* gardening 아마추어 정원사. 3 비전문가 (선수)(professional). 4 애호가, 예찬자, 팬(fan) (*of*). ¶an ~ *of* a movie 영화 애호가. 5 ⓐ 미숙한; 아마추어의, 비(非)전문가의. ¶an ~ actor 아마추어 배우.

am·a·teur·ish [æ̀mətʃúəriʃ, -tʃə́ːr-, -tjúər-, -tə́ːr-] ⓐ (경멸적) 아마추어 같은; 미숙한; 조잡한, 풋내기의. ~**·ly** ⓐⓓ. ~**·ness** ⓝ.

am·a·teur·ism [ǽmətʃə̀rìzm, -tjùər-, -tʃə̀ːr-] ⓝⓤ 아마추어 솜씨; 취미, 도락; 아마추어 자격.

ámateur níght [hòur] ⓝ (美) 아마추어 연극회. 〔속어〕 젊은이나 아이들이 참가하는 축제 소동. 2 〔구어〕 전문가[프로]답지 않은 서투름. 3 〔속어〕 오다가다 만난 상대와의 섹스. 〔AMSAT〕

ámateur sàtellite ⓝ 아마추어 무선 통신 위성(⑫

A·ma·ti [ɑːmɑ́ːti, əm-] ⓝ 아마티. 1 **Nicolò** ~ (1596-1684): 이탈리아의 바이올린 제작자; Antonio Stradivari의 스승). 2 아마티家) 제작의 바이올린.

am·a·tive [ǽmətiv] ⓐ 사랑에 잘 빠지는, 바람기 있는, 호색적인, 요염한. ~**·ly** ⓐⓓ. ~**·ness** ⓝ.

am·a·tol [ǽmətɔ̀l, -tɑ̀ːl/-tɔ̀l] ⓝ 〔화학〕 아마톨폭약(질산암모늄과 T.N.T.의 혼합물).

am·a·to·ri·al [æ̀mətɔ́ːriəl] ⓐ =amatory. ~**·ly** ⓐⓓ.

am·a·to·ry [ǽmətɔ̀ːri/-təri] ⓐ 연애의; 호색적인, 색욕의. ¶an ~ poem 사랑의 시 / an ~ look 추파.

am·au·ro·sis [æ̀mɔːróusis] ⓝⓤ 〔병리〕 흑내장(黑內障). **-rót·ic** ⓐ.

‡**a·maze** [əméiz] ⓥⓣ (*a·maz·es* [-iz]; ~*d*; *a·maz·ing*) (남)을 놀라게 하다, 경악케 하다, 기가 막히게 하다(*at, by, with, to do*). ──▷ SURPRISE 유의어. ¶ ~ a person *by* [or *with*] …으로 남을 놀라게 하다. *be amazed at* [or *by*] …에 깜짝 놀라다[아연하다]. ¶I *was* ~*d at* his courage. 그의 용기에 놀랐다. ── ⓝ 〔고어·시〕 =amazement.

a·mazed [əméizd] ⓐ 깜짝 놀란, 경악한. **a·máz·ed·ly** [-zidli] ⓐⓓ. **a·máz·ed·ness** ⓝ.

‡**a·maze·ment** [əméizmənt] ⓝⓤ 1 깜짝 놀람, 경악, 대경실색. ¶ ~ of people *at* …에 대한 사람들의 놀람 // stare with ~ 깜짝 놀라서 눈을 휘둥그렇게 뜨(고 보)다. 2 (폐어) 어리둥절함; 당황. *in amazement* 놀라서, 어이가 없어서. *to one's amazement* 놀랍게도.

‡**a·maz·ing** [əméiziŋ] ⓐ (*more* ~; *most* ~) 놀랄 만한, 놀라운, 경탄할(*to*). ¶ ~ skills 놀라운 기능 / You're ~! 대단하구나. ──ⓝ (방언) 굉장히.

Amázing Gráce ⓝ 어메이징 그레이스, 놀라운 은총(찬미가로 널리 불리는 노래).

a·maz·ing·ly [əméiziŋli] ⓐⓓ 기막힐 정도로, 놀랄 만큼; (문장 수식) 놀랄 (만한) 것은.

*****Am·a·zon** [ǽməzɑ̀n, -zən/-zən] ⓝ 1 (the ~) 아마존 강(남미의 세계 최대의 강). 2 (그리스 신화) 아마존族)의 여자(흑해 부근에 살았다는 여인족의 전사(戰士)). 3 아마존(남미의 전설상의 여자 전사 부족(의 한 사람)). ; (종종 a-) 여장부, 여걸. 4 = ~ ant; (중남미산(産)) 앵무새. 5 (the ~) 〔美〕 아마존(amazon . com)(세계적인 인터넷 서점).

Ámazon ánt ⓝ 불개미의 일종(다른 종류의 개미집에서 알을 훔쳐다가 키워서 노예로 삼는다).

Am·a·zo·ni·an [æ̀məzóuniən] ⓐ 1 (여자가) 용맹한, 전투적인; 남자 못지 않은. 2 아마존 강(유역)의.

am·a·zon·ite [ǽməzənàit] ⓝ 〔광물〕 아마존석(石), 천하석(天河石). (또는 **Ámazon stòne**)

amb. 〔군사〕 ambulance. **Amb., amb.** ambassador. 〔회적인 방법[말, 생각].

am·bag·es [æmbéidʒiːz] ⓝⓟ (고어) 꼬부랑길; 우회도는; 우회적인(circuitous). ~**·ly** ⓐⓓ. ~**·ness** ⓝ.

‡**am·bas·sa·dor** [æmbǽsədər] ⓝ (⑫ ~**s** [-z]) 1 대사. ¶an ~ extraordinary 특명 대사 / an ~ extraordinary and plenipotentiary 특명 전권 대사 / a roving ~ 순회 대사 / the Korean *A*– *to* the United Nations 주(駐)유엔 한국 대사 / the U.S. *A*– *at* Seoul 주한 미국 대사. *be appointed ~ to* France 주불 대사로 임명되다. 2 사절, 대표; 사자(使者). ¶an ~ *of* peace 평화 사절.

am·bas·sa·dor-at-large [-ətláːrdʒ] ⓝ (⑫ **am·bas·sa·dors-**) 무임소[순회] 대사; 특사.

am·bas·sa·do·ri·al [æmbæ̀sədɔ́ːriəl] ⓐ 대사의; 사절[대표]의. 〔의 신분[지위, 자격].

am·bas·sa·dor·ship [æmbǽsədərʃìp] ⓝⓤ 대사

am·bas·sa·dress [æmbǽsədris] ⓝ 여성 대사, 여자 사절; 대사 부인.

am·ber [ǽmbər] ⓝ 호박(琥珀). ⓤ 호박색; (교통신호의) 황색; (연극) 호박색 조명. ⓐ 호박의; 호박색의; 황갈색의. *a fly in amber* 호박 속의 화석 파리; (비유적) 구태의 〔*shoot the amber* (자동차가) 황색 신호에서 빨강 신호로 바뀌기 전에 지나가다. ── 호박의(으로 만든); 호박색의; 황갈색의. ── ⓥⓣ * 다음 숙어로만 쓴다. *amber to its way to red* (英) (교통 신호가) 황색에서 ~**·like**, ~**·ous**, ~**·y** ⓐ │빨강 신호로 바뀌다.

am·ber·gris [ǽmbərgrìs(ːs)] ⓝⓤ 용연향(龍涎香) (향유 고래의 창자내에서 생성되는 방향 물질).

am·ber·ite [ǽmbəràit] ⓝⓤ 앰버라이트(입상(粒狀) 무연 화약). 〔ambroid〕

ámber líght ⓝ (英·캐나다) (교통 신호의) 황색신호(yellow light).

am·ber·oid [ǽmbərɔ̀id] ⓝ 인조(합성) 호박. (또는

am·bi- [ǽmbi, -bə] 접투 both, around, on both sides의 뜻. ¶*ambi*dextrous.

am·bi·ance [ǽmbiəns] 명 (복 *-anc·es* [-iz]) 1 주변의 상황, 분위기(* 때로는 「고급스러운」의 뜻이 있다). 2 주위, 환경. (또는 **ambience**) 3 (미술) 앙비앙스(주제의 표현 효과를 강조하기 위해 여러 가지 부가물을 덧붙이는 일).

am·bi·dex·ter [ǽmbidékstər] 명 (고어) =ambidextrous. ─ 형 1 두 마음이 있는 사람, 표리부동한 사람; (페어) 양손잡이.

am·bi·dex·ter·i·ty [ǽmbidekstérəti] 명 1 양손잡이. 2 (비상한) 솜씨. 3 언행이 다름, 표리부동(duplicity).

am·bi·dex·trous [ǽmbidékstrəs] 형 1 양손잡이의. 2 아주 솜씨있는, 다재다능한. 3 표리부동한, 간교한; (속어) =bisexual. (또는 **ambidexterous**) ~·ly 부 ~·ness 명

am·bi·ence [ǽmbiəns] 명 =ambiance.

am·bi·ent [ǽmbiənt] 형 환경(주위, 주변)의(surrounding), (장소) 전체의. ─ 명 환경.

ámbient áir stándard 명 대기 오염 허용 한도(치), 대기 환경 기준.

ámbient líght 명 환경 조명(직립식의 간접 조명).

ámbient músic 명 환경 음악(간단한 멜로디와 비디오 아트를 짜맞춘 새 양식의 음악).

ámbient nóise 명 (한 지역의) 환경(주변) 소음.

*****am·bi·gu·i·ty** [ǽmbigjúːəti] 명 UC (의미의) 모호함, 불명료; 두 가지 뜻, 다의성(多義性); C 모호한 말[표현], 애매한 어구. ¶speak with ~ 모호하게 말하다.

*****am·big·u·ous** [ǽmbígjuəs] 형 1 두 가지 이상의 뜻이 있는, (의미가) 애매한(doubtful), 모호한(obscure). ¶an ~ answer [or reply] 모호한 대답.

유의어 **ambiguous** 같은 어구를 여러 가지로 해석할 수 있으므로 모호함을 나타내는. **equivocal** 고의로 여러 가지로 해석할 수 있는 모호함을 시사하는. **vague** 표현의 의미가 부정확 혹은 막연하여 이해하기 힘든. **obscure** 그 자체 또는 그것을 보는 사람에게 결함이 있어서 진의가 숨겨진.

2 (언어) 두 가지 이상의 표현으로 들리는. 3 (사물의 성질이) 의심스러운, 알기 힘든. 4 불명확한. ¶an ~ future 불투명한 장래. ~·ly 부 ~·ness 명

am·bi·lat·er·al [ǽmbilǽtərəl] 형 양측의, 양면의. **-lát·e·ràl·i·ty** 명 U 양면성. ~·ly 부

am·bi·o·pho·ny [ǽmbiáfəni/-bió-] 명 앰비오포니(콘서트홀에 있는 듯한 현장감을 주는 음의 재생).

am·bi·po·lar [ǽmbipóulər] 형 (물리) (동시) 이극성(二極性).

am·bi·sex·trous [ǽmbisékstrəs] 형 (구어) 남녀 구별이 잘 되는, (복장 따위가) 남녀 공용인; (파티가) 남녀 혼성의.

am·bi·sex·u·al [ǽmbisékʃuəl] 형 =bisexual. (또는 **ambosexual**) **-séx·u·ál·i·ty** 명

am·bi·son·ics [ǽmbisániks/-sɔ́n-] 명 (단수 취급) 앰비소닉스(재생음에 방향감을 내는 고충실도 재생). **-ic** 형

am·bi·sur·round·sound [-səráundsàund] 명

am·bi·syl·lab·ic [ǽmbisilǽbik] 형 (음성) 양(兩) 음절에 걸치는, 2음절 공유(共有)의 자음의(예: any, penny의 n음, grappling의 pl 자음군).

am·bit [ǽmbit] 명 (종종 ~s) 주위; 주변; 경계, 한계(limits); (세력) 범위(boundary), (활동) 영역.

am·bi·ten·den·cy [ǽmbiténdənsi] 명 (한 개인 안에서) 서로 상반되는 경향의 공존.

*****am·bi·tion** [ǽmbíʃən] 명 ~s [-z] UC 1 대망, 갈망 (*to* do). 야심, 야망 (*for*). 공명심, 포부; U 갈망의 대상, 야망의 대상. ¶~ *for* distinction 공명심 // one's ~ *to* be a great musician 위대한 음악가가 되려는 포부 / I'll have to tell you about my ~s some day. 언젠가 내 야심에 대해서 말해야겠지요.

유의어 **ambition** 입신 출세와 같은 세속적 성공을 목표로 한 소망; 좋은 의미에나 나쁜 의미에나 다 쓴다. **aspiration** 위대한 것, 가치 있는 것에 대한 소망.

2 패기, 박력, 정력(energy). 3 (美구어) 악의, 원한. ─ 타 …을 바라다, 열망하다. ~·less 형 ~·less·ly 부

*****am·bi·tious** [ǽmbíʃəs] 형 (*more* ~; *most* ~) 1 대망을 품은, 야심(야망)을 가진, 공명심이 있는. ¶~ politicians 야심에 찬 정치가. 2 야심적인, 대규모의. ¶~ goals of production 야심적인 생산 목표. 3 열망(갈망)하는 (*of, for, to* do). ─ *be ~ for* fame 명성을 갈망하고 있다 / He is ~ *to* succeed. 그는 성공을 갈망하고 있다. 4 (美) 원기 있는, 활발한; 성질이 격한, 사나운. ~·ly 부 ~·ness 명

am·biv·a·lence [ǽmbívələns] 명 U 1 상반(모순)되는 감정, 애증(愛憎) 반반의 상태. 2 (심리) 양면(兩面) 가치, (애증 따위의) 반대 감정 병존, 감정의 교차; (논리) 양의성(兩義性). (또는 **ambivalency**)

am·biv·a·lent [ǽmbívələnt] 형 1 (…에 대해) 상반(모순)되는 감정을 가진(*toward, about*); (언동이) 부동적(浮動的)인. 2 (심리) 양면 가치적인, 이중 의식의. ~·ly 부

am·bi·ver·sion [ǽmbivə́ːrʒən, -ʃən/-vəśːʃən] 명 U (심리) (내·외향성의) 양향(兩向) 성격. **-sive** 형

am·bi·vert [ǽmbivəːrt] 명 (심리) 양향(兩向) 성격자, 설교단. ▷ introvert, extrovert

am·ble [ǽmbl] 동 (말이) 천천히 걷다, 어슬렁어슬렁 걷다; (말이) 측대보(側對步)로 걷다(*along, about*). ─ 명 측대보(말이 같은 쪽의 두 발을 동시에 올려 걷는 걸음), 느린 걸음; 가벼운 걸음. **-bler** 명

am·bling [ǽmbliŋ] 형 느린 걸음의. ~·ly 부

am·bly·o·pi·a [ǽmblióupiə] 명 U (안과) 약시(弱視). **-óp·ic** 형

am·bo [ǽmbou] 명 (복 ~s) (초기 교회의) 독경대(讀經臺), 설교단. (또는 **ambon**)

am·broid [ǽmbrɔid] 명 =amberoid.

am·bro·sia [ǽmbróuʒə/-ziə] 명 UC 1 (그리스·로마 신화) (블로불사(不老不死)한다는) 신들의 음식(圖 nectar). 2 시적 영감; 영적(靈的)의 음악. 3 맛있는(향긋한) 것(음식 따위). 4 (곤충의) 먹이.

am·bro·sial [ǽmbróuʒəl/-ziəl] 형 1 아주 맛좋은(delicious); 향기로운, 3 거룩한, 성스러운(divine). (또는 **ambrosian**) ~·ly 부

am·bro·type [ǽmbrətàip, -brou-] 명 (사진) 〔유리판 사진.

am·bry [ǽmbri] 명 1 저장실; 벽장. 2 식료품실, 찬장; 식기실. 3 (교회당의) 성기실(聖器室). (또는 **aumbry**)

ambs·ace [éimzèis, ǽmz-] 명 1 따라지 땡(노름에서 주사위 두 개가 모두 1점이 나오기). 2 재수 없음, 악운. 3 최소량(점); 보잘 것 없는 일. (또는 **amesace**)

am·bu·cop·ter [ǽmbjukáptər/-kɔ́p-] 명 구급용 헬리콥터. [<*ambulance*+*helicopter*]

*****am·bu·lance** [ǽmbjuləns] 명 1 구급차, 앰뷸런스; 부상병 수송차(선, 기(機)). ¶ call (for) an ~ 구급차를 부르다. 2 (이동식) 야전 병원(field hospital). 3 (美서부) 여행용 포장마차 (〔英속어〕 전인차(tow truck).

ámbulance càr 명 구급 (자동차).

ámbulance chàser 명 (美구어) (교통 사고를 쫓아다니는) 3류(악덕) 변호사. **ámbulance chàsing** 명

ámbulance còrps 명 야전 의무대.

ámbulance·man [ǽmbjulənsmən] 명 구급차 승무원.

ámbulance tràin 명 병원 열차.

am·bu·lant [ǽmbjulənt] 형 1 자주 이동하는[바뀌는](shifting); 순회하는. ¶ an ~ radio station 이동 무선국. 2 (의학) =ambulatory 3.

am·bu·late [ǽmbjulèit] 동(동) 자주 돌아다(걸어다)니다; 자주 이동하다. **-lá·tion** 명 UC 보행; 이동; 족행(足行)(포복·혜엄·날기의 대하여). **-là·tor** 명

am·bu·la·to·ry [ǽmbjulətɔ̀ːri/-təri] 형 1 보행의. ¶~ animals 보행 동물. 2 보행에 알맞은; 걸어[돌아]다니는. 3 〔의학〕 보행할 수 있는, 외래의. ¶an ~ patient 외래 환자. 4 〔법률〕 (유언이) 취소[변경]할 수 있는. ¶an ~ will 부정(不定) 유언. ── 명 〔건축〕 1 (교회·수도원 등의) 복도. 2 옥내 유보장(遊步場); 아케이드.

ámbulatory electrocardiógraphy 명 보행형 심전계(心電計).

am·bu·lette [ǽmbjulet] 명 〔의학〕 앰뷸레트(고령자·장애대용 휠체어).

am·bus·cade [ǽmbəskèid, ˌ-ˊ-] 명통 =ambush.

*****am·bush** [ǽmbuʃ] 명 1 U 매복, 잠복; 매복 기습. ¶trap enemies by ~ 매복 기습으로 적을 함정에 빠뜨리다. 2 〔集合的〕 장소(지점)(~ site). 3 (집합을) 매복병.
fall into (an) ambush 복병을 만나다.
lay [or *make*] *an ambush* 복병을 두다. 매복시키다.
lie [or *hide, wait, conceal oneself*] *in ambush* 매복하다 (*for*).
── 타 1 매복하다(~ oneself); …을 매복 기습하다. ¶~ an enemy 적을 매복 기습하다. 2 (수동형으로) 복병을 배치하다, 잠복 근무시키다. ¶We are ~ed. 우리는 복병으로서 배치되어 있다. ── 자 매복하다.
~·er 명 복병. **~·ment** 명 매복.

AMC American Motors Corporation; Army Medical Center; asset management company(자산관리 회사). **AmCham, AMCHAM** American Chamber of Commerce (in Korea). **AMD** Aerospace Medical Division; air movement data [designator]; Army Medical Department. **AMDG, A.M.D.G.** 〔라틴〕 *ad majorem Dei gloriam* (=to the greater glory of God)(하느님의 보다 큰 영광을 위해). **amdt.** amendment. **AmE** American English. **AME** angle-measuring equipment.

a·me·ba [əmíːbə] 명 (복 ~s, -bae [-biː]) 〔동물〕 아메바(단세포 원생 동물). (또는 **amoeba**). **~·like** 형

a·me·bic [əmíːbik] 형 아메바의(같은); (병의) 아메바성의, 아메바를 보유하는. (또는 **amoebic**).

a·me·boid [əmíːbɔid] 형 〔생물〕 아메바 비슷한, 아메바 모양의. (또는 **amoeboid**).

âme dam·née [ɑːm dɑːnéi] 명 (복 ~*s* -*s*) 스스로 남의 앞잡이가 되는 사람, 맹종자, 로봇. 〔<F damned soul〕

a·meer [əmíər] 명 =emir.

a·mel·i·a [əmíːliə, eimíːliə] 명 〔병리〕 무지증(無肢症)(사지의 선천적 결여). 〔는 **Amalia**〕

A·mel·ia [əmíːljə, -liə] 어밀리어(여자 이름). (또는 **~·ness** 명)있는.

a·mel·io·ra·ble [əmíːljərəbl] 형 개량[개선]할 수

a·mel·io·rate [əmíːljərèit, -liər-] 타 …을 개량[개선]하다. ⇒ IMPROVE 【유의어】¶~ housing conditions 주택 사정을 개선하다. ── 자 좋아지다, 향상되다. ¶~ in health 건강해지다.
-rà·tive 형 개량의. **-rà·tor** 명

a·mel·io·ra·tion [əmìːljəréiʃən, -liər-] 명 1 U 개량, 개선, 향상(improvement). ¶social ~ 사회 개량. 2 개량[개선]된 것. 3 〔언어〕 의미의 향상(역사적 변화에 따라 말이 한층 좋은 의미를 가지게 되는 것).

*****a·men** [éimén, ɑ̀ː-] 감 아멘, 그렇다(It is so.), 그렇게 되어 주소서(So be it!) (기독교도가 기도·신조 그밖의 의식에서의 말 끝에 하는 말). ── 부 진실로, 거짓없이 (truly). ── 명 1 아멘을 부르기; (음악에서) 아멘의 곡조). ¶sing the ~ 아멘을 부르다. 2 U 동의, 찬동.
say amen to (구어) …에 동의[찬성]하다. 〔<Heb〕

a·me·na·bil·i·ty [əmìːnəbíləti] 명 U 유순, 순종, 복종(하는 것); 복종의 의무.

a·me·na·ble [əmíːnəbl, əmén-] 형 1 유순한, 다루기 쉬운; (…에) 기꺼이 따르는 (*to*). ⇒ OBEDIENT 【유의어】¶an ~ servant 유순한 하인 / a person ~ *to* reason 이치에 따르는 사람. 2 지켜야 할[책임]이 있는. 3 (비난 따위를) 받아야 할, 면치 못할 *(to)*. ¶~ *to* criti- cism 비난을 면치 못할. **~·ness** 명 **-bly** 부

ámen còrner 명 (미) 교회의 설교단 옆자리; 열성 적인 신자가 모이는 자리.

‡**a·mend** [əménd] 타 (~s [-z]) 타 1 (법안 따위)를 개정하다, 수정하다. ¶~ the constitution 헌법을 개정하다 / an ~*ed* bill 수정안. 2 …을 개량하다, 개선하다. (행실)을 고치다. ¶He has ~*ed* his ways recently. 그는 최근에 행실을 고쳤다. 3 〔잘못〕을 고치다, 정정하다; …을 교정(矯正)하다. ── 자 좋아지다, 고쳐지다; 개심하다; 행실을 고치다. **~·a·ble** 형

a·mend·a·to·ry [əméndətɔ̀ːri/-təri] 형 개정[수정]시키는, 개량[개선]에 도움이 되는; 개량[수정]의.

a·mende ho·no·ra·ble [əménd ɑ́nərəbl/-ɔ́n-] 명 (복 -*s* -*s*) (명예를 훼손당한 사람에 대한) 공식적 사죄(아 amende), 배상. 〔<F〕

a·mend·er [əméndər] 명 개정자, 수정자.

‡**a·mend·ment** [əméndmənt] 명 1 UC (…의) 변경, 개선; 정정(訂正), 수정 *(to)*. ¶make few ~*s to* the manuscript 원고를 거의 수정하지 않다. 2 U (법안·헌법 따위의) 수정(안), 개정(안); (the A-) (미) 미국 헌법의 수정 조항. the Eighteenth A― (미국) 헌법 수정 조항 제18조(금주법). 3 교정(矯正), 개심.

*****a·mends** [əméndz] 명(복) (때로 단수취급) (불친절·손해 따위의) 배상, 벌충; (폐)의 건강의 회복.
make amends for something …을 보상하다.
make amends to a person 남에게 보상하다.
take one's amends in 보상으로 …을 받다.

*****a·men·i·ty** [əménəti, əmíːn-] 명 1 (-ties) 예의, 공손함; 공손한 인사말. ¶exchange *amenities* 공손한 인사말을 주고받다. 2 U (the ~) (장소·기후 따위의) 기분 좋음, 쾌적; (태도·기질 따위의) 기분 좋음, 상냥함. 3 (-ties) 생활을 즐겁게 해주는 것; 오락 시설; 즐거움. ¶the *amenities* of home life 가정 생활의 즐거움. 4 (-ties) (완곡적) = bathroom.

ámenity bèd 명 (영) (병원의) 차액(差額) 베드(의료 보험료의 차액은 본인 부담). (또는 (구어) **páy bèd**)

ámenity spàce 명 쾌적한 공간

a·men·or·rhe·a [eimènəríːə/æmənəríːə] 명 U 〔병리〕 무월경(無月經), 월경 폐지. (또는 **amenorrhoea**) **-rhé·al, -rhé·ic, -rhóe·al, -rhóe·ic** 형

A·men-Ra [ɑ́ːmənráː] 명 〔이집트 신화〕 아멘라(대기의 신 Amon과 태양신 Ra가 하나로 합쳐진 신).

a men·sa et tho·ro [ei ménsə et θɔ́ːrou] 〔법률〕 식탁과 잠자리를 따로(부부가 별거하는). 〔<L〕

am·ent[1] [ǽmənt, éim-] 명 〔식물〕 유제(葇荑) 꽃차례(catkin). (또는 **amentum**)

a·ment[2] [éiment, -mənt] 명 (선천적인) 중증 지능 장애자. **a·mén·tal** 형

am·en·ta·ceous [æ̀məntéiʃəs] 형 〔식물〕 유제꽃차례의(같은), 유제 꽃차례로 된; 유제 꽃차례를 맺는.

a·men·tia [eiménʃə, əmén-] 명 〔정신의학〕 아멘티아, (선천성) 정신 박약. ▷ dementia

Amer. America(n).

Am·er·a·sian [æ̀məréiʒən, -ʃən] 형명 미국인과 아시아인의 혼혈(혼혈아). (또는 **À·mer·Á·sian**)

a·merce [əmə́ːrs] 타 (법률) 1 (법원의 재량으로) …에게 과료를 과하다. …을 벌금형에 처하다. ¶~ a person *of* a month's salary 남에게 1개월분의 월급을 벌금으로 물게 하다. 2 …을 (임의로) 벌하다 (*with*, *of*). **~·a·ble** 형 **~·ment** 명 벌금(액); U 벌금형. **a·mérc·er** 명

Am·er·Eng·lish [ǽməriŋgliʃ] 명 (영) =American English. (또는 **Amerenglish**)

‡**A·mer·i·ca** [əmérikə] 명 1 아메리카 합중국, 미국 (약 **Am., Amer.**)(* 정식으로는 the United States of America이지만 종종 the United States, the States 라고 부르며, the U.S.A., the U.S., the USA라고 줄인다. the States는 흔히 미국인이 국외에서 쓰는 표현). ¶the population of ~ 미국의 인구 / ~'s

attitude towards the China 중국에 대한 미국의 태도. **2** 북아메리카, 북미(North ~). **3** 남아메리카, 남미 (South ~). **4** (the ~s) 남북 아메리카, 아메리카 대륙. [<아메리카 대륙의 최초 탐험가인 이탈리아의 항해가 Amerigo Vespucci의 라틴명 *Americus* Vespucius]

‡**A·mer·i·can** [əmérikən] *형* **1** 미국의; 미국인의; 미국식의, 미국적인; 미국 태생의. ¶an ~ citizen 미국 국민 / the ~ theater 미국 연극. **2** 북[남]아메리카의; (남북) 아메리카의, 아메리카 대륙의. ¶the ~ continents 남북 아메리카 대륙 / ~ Spanish 라틴 아메리카 에서 쓰이는 스페인어. **3** 아메리카 원주민[인디언]의.
—*명* (*복* ~s [-z]) **1** 미국인; 아메리카 대륙 주민. ¶an ~ 한 미국인 / three ~s 세 사람의 미국인 / the ~s (총칭적) 미국인(전체)(the ~ people) / We are ~(s). 우리는 미국인이다. **2** 아메리카 대륙 원주민; 아메리칸 인디언. **3** Ⓤ 미국 영어, 미어(美語)(~ English). ~·ly *부* ~·ness *명*

A·mer·i·ca·na [əmèrikǽnə, -káːnə] *명* (*복*) (역사·지리·문학 등) 미국 관련 문헌[자료]; (단수취급) 미국 풍물지(誌).

Américan Áirlines *명* 아메리카 항공(미국의 항공사; 코드 AA).

Américan áloe *명* (식물) 용설란(century plant).

Américan Association of Retíred Pèrsons *명* 미국 퇴직자 협회(약 AARP).

Américan Áutomobile Associàtion *명* (the ~) 미국 자동차 협회(약 AAA; Triple A).

Américan Bár Associàtion *명* 미국 법률가 협회(약 ABA).

Américan Béauty *명* 미국산(産) 붉은 장미(District of Columbia주 상징).

Américan Bóok Awàrd *명* 미국 도서상(약 ABA, A.B.A.).

Américan Cáncer Socìety *명* 미국 암학회(약 ACS).

Américan cárd *명* 미국 카드, 미국을 내세우기[말기](미국과의 관계 개선을 내세워 제3국과의 관계에서 유리한 입장을 차지하려는 정책).

Américan chéese *명* 미국산 체더 치즈(Cheddar cheese).

Américan Cívil Líberties Únion *명* 미국 자유 인권 협회(약 ACLU).

Américan Cívil Wár *명* (the ~) (美역사) 남북전쟁(1861-65). (또는 Cívil Wár)

Américan clóth *명* (英) 에나멜 칠한 질긴 유포(油布)(oilcloth).

Américan Cóllege Tèst *명* 미국 대학 입학 학력 고사 (American College Testing Program 주관; 약 ACT). ® Scholastic Assessment Test

Américan Dréam *명* (종종 A- d-) (the ~) **1** 미국 건국의 이상(민주주의·평등·자유). **2** 미국인의 꿈, 아메리칸 드림(물질적 번영과 성공).

Américan éagle *명* 흰머리독수리(미국의 문장(紋章)).

Américan Énglish *명* 미국 영어, 미어(美語).

Américan Énterprise Institute *명* (the ~) 미국 기업 연구소(미국의 공화당계 정책 연구 기관).

Américan Expréss (Cárd) *명* (상표) 아메리칸 익스프레스 (카드)(신용 카드의 하나; 약 Amex).

Américan Federátion of Informátion Prócessing Socìeties *명* 미국 정보 처리 협회 총연합회(약 AFIPS).

Américan Federátion of Lábor *명* 미국 노동 총연맹(1955년 C.I.O.와 합병; 약 A.F.L., A.F. of L.).

Américan Federátion of Lábor and Cóngress of Indústrial Organizátions *명* 미국 노동 총연맹 산업별 조합 회의(약 AFL-CIO).

Américan Fíeld Sèrvice *명* 아메리칸 필드 서비스(외국과의 고교생 교환 유학을 주관하는 민간 봉사 단체; 약 AFS).

Américan fóotball *명* 미식 축구. ® football

Américan fríed potátoes *명* =home fries. (또는 **Américan fríes**)

Américan Índian *명* 아메리칸 인디언, 아메리카 원주민, 북[남]미 토착민(Red Indian). ® Amerind

Américan Ínstitute of Árchitects *명* (the ~) 미국 건축가 협회(약 AIA).

A·mer·i·can·ism [əmérikənìzm] *명* **1** Ⓤ 친미주의; 미국을 좋아함. **2** ⓊⒸ 미국식; 미국인 기질, 미국 정신. **3** ⓊⒸ 미국식 말투[어법]; 미국 영어(American English); 미국 사투리.

A·mer·i·can·ist [əmérikənist] *명* **1** 미국 연구가; 미국 문학 연구가. **2** 아메리칸 인디언의 문화·언어 연구가. **3** 친미(親美)주의자. ® creeper)

Américan ívy *명* 아메리카 담쟁이덩굴(Virginia creeper).

A·mer·i·can·ize [əmérikənàiz] *타* (* (英) **-ise**) …을 미국화하다; 미국에 귀화시키다; 미국식으로 바꾸다. —*자* 미국화되다; 미국식이 되다; 미국에 귀화 하다. **-i·zá·tion** [-izéi∫ən], **-ìz·er** *명*

Américan lánguage [tóngue] *명* (보통 the ~) **1** 미국 영어(American English). **2** 아메리칸 인디언어(의 하나).

Américan Léague *명* (the ~) 아메리칸 리그(미국 프로 야구 2대 리그 중의 하나; 1900년 결성; 현재 14팀이 소속; 약 AL). ® National League

Américan léather *명* (英) =American cloth.

Américan Légion *명* (the ~) 미국 재향 군인회.

Américan léopard *명* 아메리카 표범, 재규어.

Américan Nátional Stándards Ínstitute *명* 미국 규격 협회(약 ANSI).

A·mer·i·can·ol·o·gist [əmèrikənάlədʒist/-ɔ́l-] *명* (미국 밖의) 미국 정책 연구가, 미국 정치통.

A·mer·i·can·ol·o·gy [əmèrikənάlədʒi/-ɔ́l-] *명* 미국학, 미국 문제 연구. **-o·lóg·i·cal** *형*

A·mer·i·ca·no·phobe [əmérikənəfòub] *명* 미국 혐오자. ‡**phó·bi·a** *명* 미국 혐오.

Américan órgan *명* 리드 오르간의 일종.

Américan plán *명* 미국 방식의(호텔의 숙식비를 합산 지불하는 정액 방식). ® European plan

Américan Revísed Vérsion *명* (the ~) 미국 개정역(改訂譯) 성서(1901년 개정판으로 American Standard Version이라고도 한다; 약 A.R.V.).

Américan Revolútion *명* (the ~) 미국 독립 전쟁(1775-83) (美) the Revolutionary War, (英) the War of American Independence).

Américan Sélling Prìce *명* 미국내 판매 가격(수입품과 같은 종류의 미국산 상품의 가격; 수입품과의 차액이 관세의 기준이 되다; 약 ASP). ® ASL).

Américan Sígn Lánguage *명* =Ameslan(약 ASL).

Américan Stándard Códe for Informátion Ínterchange *명* 정보 교환용 미국 표준 코드.

Américan Stándard Vérsion *명* (the ~) 미국 표준역 성서(약 ASV, A.S.V.).

Américan Stóck Exchànge *명* (the ~) 아메리칸 증권 거래소(뉴욕 증권 거래소(NYSE)에 이어 미국 제2의 증권 거래소; New York City 소재; 약 ASE, AMEX, Amex).

Américan tíger *명* (동물) =jaguar.

América Ónline *명* (상표) 아메리카 온라인(종합 정보 통신 서비스망; 약 AOL).

América's Cúp (Ráce) *명* (the ~) 아메리카컵 쟁탈 보트 경주(세계 최대의 요트 경기로 1851년 창시).

América the Béautiful *명* 미국의 국가(國歌).

am·er·i·ci·um [æ̀məríʃiəm] *명* Ⓤ (화학) 아메리슘 (인공 방사성 원소; 기호 Am). ® VESPUCCI.

A·me·ri·go Ves·puc·ci [əmérigòu vespjútʃi]

A·mer·i·ka [əmérikɑ] *명* (美속어) (흑인의 입장에서) 파시스트적 미국, 인종 차별 사회로서의 미국.

Am·er·ind [ǽmərind] *명* 아메리카 원주민(아메리칸 인디언 및 에스키모인); 아메리칸 인디언 고유의 언어. **-ín·dic** *형* [<*American+Indian*]

Am·er·in·di·an [æ̀məríndiən] *명* 아메리카 원주민

의. —⟨명⟩ 아메리카 원주민. [<*American*+*Indian*]
A·mer·i·pass [ǽmərəpæ̀s/-pὰːs] ⟨명⟩ 아메리패스 (미국과 캐나다의 1개월 이용 버스 이용 패스).
Am·e·ro-Eng·lish [ǽməroui ŋgliʃ] ⟨명⟩ =American English. (또는 **Ameringlish**)
ames·ace [éimzèis, ǽmz-] ⟨명⟩ =ambsace.
Am·es·lan [ǽməslæn] ⟨명⟩⟨U⟩ 미국식 수화(手話)(법). [<*American Sign Language*]
am·e·thyst [ǽməθist] ⟨명⟩⟨U⟩ 1 ⟨광물⟩ 자석영(紫石英); 자수정(紫水晶)(oriental ~). 2 자줏빛, 자색(紫色). —⟨형⟩ =amethystine. **~·like** ⟨형⟩
am·e·thys·tine [æ̀məθístin, -tain] ⟨형⟩ 1 ⟨광물⟩ 자석영(질)의; 자수정의. 2 자줏빛의.
am·e·tro·pi·a [æ̀mətróupiə] ⟨명⟩⟨U⟩ ⟨안과⟩ 부정시 (不正視)(난시·근시·원시 따위). **-tróp·ic** ⟨형⟩
Amex *American Express*. [또는 **Amex**]
AMEX [ǽmeks] ⟨명⟩ =American Stock Exchange.
am/fm, AM/FM [éièméfèm] ⟨명⟩ (라디오가) AM/FM 겸용의.
AMG *automatic magnetic guidance*. **amg.** *among*.
Am·har·ic [æmhǽrik] ⟨명⟩⟨U⟩ 암하라(Amhara) 말 (에티오피아 공용어). —⟨형⟩ 암하라 말의.
a·mi [ǽmiː, ɑːmíː] ⟨명⟩ (⟨복⟩ **~s**) 친구, 애인 (lover). 2 (美속어) (유럽에서) 미국 동포[시민]. ⟨여⟩ amie
AMI *acute myocardial infarction*(급성 심근 경색).
a·mi·a·bil·i·ty [èimiəbíləti] ⟨명⟩⟨U⟩ 상냥함, 온순, 친절, 사랑스러움.
***a·mi·a·ble** [éimiəbl] ⟨형⟩ 1 (기질 따위가) 호감주는, 상냥한; 붙임성 있는. ¶an ~ boy 상냥한 소년.

⟨유의어⟩ **amiable** 남에게 호감을 사는, 사귀기 쉬운. **amicable** 대인 관계나 태도가 우호적인. **affable** (손윗사람 등이) 접근하기 쉬운, 말을 걸기 쉬운. **genial** 마음씨가 좋고 애교 있는. **cordial** 마음이 따뜻하고 성의 있는(⟨문⟩ hearty). **good-natured** 남의 호감을 사고 남을 좋아하는; 호인이라 할 만큼 무던.

2 우호적인, 사귀기 쉬운; 친한; 호의적인, 쾌히 응하는. ¶an ~ gathering 스스럼 없는 모임. 3 ⟨페어⟩ 사랑할 만한, 사랑스러운. **~·ness** ⟨명⟩
***a·mi·a·bly** [éimiəbli] ⟨부⟩ 상냥하게, 애교있게; 친절하게, 사랑스럽게, 귀엽게.
am·i·an·thus [æ̀miǽnθəs] ⟨명⟩⟨U⟩ ⟨광물⟩ (명주실 모양의) 석면의 일종. (또는 **amiantus**) **-thine** [-θin/-θain], **-thoid** ⟨형⟩ [(amine)의].
am·ic [ǽmik] ⟨형⟩ ⟨화학⟩ 아미드(amide)의; 아민
am·i·ca·bil·i·ty [æ̀mikəbíləti] ⟨명⟩⟨U⟩⟨C⟩ 친선, 우호.
***am·i·ca·ble** [ǽmikəbl] ⟨형⟩ (행위·태도·관계 따위가) 우호적인, 사이좋은, 원만한; 평화적인; 온화한. ⇒ AMIABLE ⟨유의어⟩ ¶~ relations 우호 관계/~ settlement 원만한 해결. **~·ness** ⟨명⟩
am·i·ca·bly [ǽmikəbli] ⟨부⟩ 우호적으로, 사이 좋게, 평화적으로, 원만하게. ¶settle a matter ~ 일을 원만하게 해결하다.
am·ice [ǽmis] ⟨명⟩ ⟨교회⟩ 1 개두포(蓋頭布)(미사 때 사제(司祭)가 어깨에 걸치는 장방형의 흰 삼베). 2 옛날 수도사의 두건; 두건 달린 망토.
a·mi·cus [əmáikəs, ǽmiː-] ⟨명⟩ ⟨구어⟩ ⟨법률⟩ 법정 조언자의. [<L *amicus curiae*]
amicus brief ⟨명⟩ ⟨美⟩ 법정 조언자(amicus curiae)에 의한 의견서. [<L]
amicus cu·ri·ae [-kjúərii, -kjúəriài] ⟨명⟩ ⟨법률⟩ 법정 조언자[참고인](계류중인 사건의 문제점에 대하여 조언하는 제3자)(friend of the court). [<L]
***a·mid** [əmíd] ⟨전⟩ 1 …의 한복판에[에서], …에 둘러싸여. ¶~ tears 울면서/~ the crowd 군중 한복판에/a house ~ the trees 숲에 둘러싸인 집. 2 …의 사이에, …의 한창판에서. ¶~ cheers 박수 속

에서/~ one's work 일이 한창일 때에. (또는 **amidst**)

⟨USAGE⟩ **amid**와 **amidst** — 둘 다 문어적인 말이지만 ⟨美⟩는 **amid**를, ⟨英⟩에서는 **amidst**를 흔히 쓴다.

A·mi·da [άːmidə] ⟨명⟩ ⟨불교⟩ 아미타불.
am·ide [ǽmaid, ǽmid] ⟨명⟩ ⟨화학⟩ 아미드.
am·i·dine [ǽmədìn, -din] ⟨명⟩⟨U⟩ ⟨화학⟩ 아미딘.
am·i·dol [ǽmidɔ̀ːl, -dὰl/-dɔ̀l] ⟨명⟩⟨U⟩ ⟨화학⟩ 아미돌 (사진 현상액).
a·mid·ship(s) [əmídʃip(s)] ⟨부⟩ ⟨해사·항공⟩ 1 (배·비행기 등의) 중앙(부)에(서); 배 중앙에(서). 2 세로로(lengthwise). —⟨형⟩ (배 따위의) 중앙부의[에 있는].
***a·midst** [əmídst] ⟨전⟩ =amid.
a·mie [æmíː, ɑːmíː] ⟨명⟩ ami의 여성형. [<F]
A.M.I.E.E. *Association Member of the Institution of Electrical Engineers*.
Am·i·ens [ǽmiənz] ⟨명⟩ 아미앵(프랑스 북부 Somme 강의 연안 도시; 노트르담 대성당이 있다).
a·mi·ga [əmíːgə, ɑːmíː-] ⟨명⟩ 여자 친구(amigo의 여성형). [<Sp]
a·mi·go [əmíːgou, ɑːmíː-] ⟨명⟩ (⟨복⟩ **~s**) 친구, (특히) 남자 친구(* 호칭으로도 쓴다); 스페인어를 쓰는 친미 (親美) 원주민. [<Sp]
a·mim·i·a [eimímiə] ⟨명⟩⟨U⟩ ⟨의학⟩ (뇌질환에 의한) 무표정증.
a·min- [əmíːn, æm-, ǽmin] ⟨연결⟩ ⟨화학⟩ =AMINO-.
a·mine [əmíːn, ǽmin] ⟨명⟩ ⟨화학⟩ 아민.
a·mi·no [əmíːnou, æmənóu] ⟨형⟩ ⟨화학⟩ 아민의; 아미기(基)를 포함한. ¶~ acid (amino) acid.
a·mi·no- [əmíːnou, -nə, ǽmə-] ⟨연결⟩ 아미노기(基) 의 뜻(* 모음 앞에서는 amin-). ¶*amino*benzene(아미노벤젠), *amin*ium(아미늄) [요소].
amino acid ⟨명⟩ ⟨화학⟩ 아미노산(단백질의 기본 구성).
amino-acid dàting ⟨명⟩ 아미노산 연대 측정법(화석 따위의 아미노산 구조 변화 측정에 의한 연대 결정).
a·mi·no·ben·zó·ic ácid [əmìːnoubenzóuik-] ⟨명⟩ ⟨화학⟩ 아미노벤조산(산성 염료).
a·mi·no·phyl·line [əmìːnoufílain, -lin] ⟨명⟩ ⟨화학⟩ 아미노필린(이뇨·천식 신성제).
am·i·nop·ter·in [æ̀mənάptərin/-nɔ́p-] ⟨명⟩ ⟨약학⟩ 아미놉테린(혈액병 치료용).
a·mi·no·py·rine [əmìːnoupáiriːn] ⟨명⟩ ⟨약학⟩ 아미노피린(해열·진통제).
a·mi·no·sal·i·cý·lic ácid [əmìːnousæ̀ləsílik-] ⟨명⟩아미노살리실산(결핵 치료제).
a·mi·no·trans·fer·ase [əmìːnoutrǽnsfərèis, -rèiz] ⟨명⟩ ⟨생화학⟩ 아미노산 전이 효소.
a·mi·no·tri·a·zole [əmìːnoutráiəzòul] ⟨명⟩ ⟨화학⟩ 아미노트리아졸(제초제).
a·mir [əmíər] ⟨명⟩ =emir.
a·mir·ate [əmíərət, -reit] ⟨명⟩ =emirate.
A·mis [éimis] ⟨명⟩ Kingsley ~ 에이미스(1922–97: 영국의 소설가; Angry Young Men의 한 사람).
A·mish [άːmiʃ, ǽmiʃ] ⟨명⟩ (the ~) ⟨집합적⟩ 아미시, 아만파(派) 신도(기독교 Menno파의 한 분파; 17세기말 스위스의 종교 개혁가인 Jakob Ammann이 창시). —⟨형⟩ 아미시의, 아만파의.
***a·miss** [əmís] ⟨형⟩ (정상 상태에서) 벗어나; 잘못되어, 틀리게; 나쁜 때에, 부적당하게. ¶Did he speak ~? 그가 잘못 말했나?/He has done nothing ~. 그는 하나도 잘못한 일이 없다.
come amiss 달갑지 않다, 언짢다. ¶*Nothing comes ~ to a hungry man*. ⟨속담⟩ 시장이 반찬(*Hunger is the best sauce*). [적) 나쁜 짓을 하다.
do [or **deal, act**] **amiss** 그르치다, 실수하다. (완곡
go amiss (일이) 잘못되다. ¶*All went ~*. 만사가 잘 안 됐다. [다.
go amiss with …에게 잘못이 있다; …에 이상이 있
speak amiss 실언하다; 주제넘은 말을 하다.

take...amiss 〔일〕을 나쁘게 받아들이다, 오해하다; 성내다. ¶Don't *take* it ~ if I speak plainly to you. 솔직히 말씀드려도 나쁘게 생각지 마시오.
turn out amiss 좋지 않은 결과가 되다.
── 〖혱〗 〖서술용법〗 (…이) 적절하지 않은, 적합하지 않은; 정상이 아닌, 고장난, 틀린, 잘못인(*with*). ¶There is something ~ *with* the engine. 엔진이 어딘가 고장났다.

A·mi·tā·bha [ɑ̀mitɑ́ːbə] 〖몡〗 〔산스크리트〕 아미타불 〔Amida〕, 무량수불.
am·i·to·sis [æ̀mətóusis, èimai-] 〖몡〗 (*pl.* ~*ses* [-siːz]) 〖생물〗 무사(無絲)〔직접〕 분열. ⟨혱⟩ mitosis
am·i·ty [ǽməti] 〖몡〗〖U〗〖C〗 친선, 친교, 우호 관계; 협화. ¶an international ~ 국제 친선 / a treaty of peace and ~ 평화 친선〔우호〕 조약.
in amity (…와) 사이좋게, 우호적으로 (*with*).
A.M.L.S. *Master of Arts in Library Science*(도서 관학 석사). **A.M.M.** *anti-missile missile*(미사일 요격용 미사일).
Am·man [ɑːmɑ́ːn, æmǽn/ɑ́ːmɑːn] 〖몡〗 암만(요르단의 수도).
am·me·ter [ǽmmìːtər] 〖몡〗 〔전기〕 전류계.
am·mo [ǽmou] 〖몡〗〖U〗 1 〔구어〕 탄약(ammunition). 2 〔미구어〕 (주장이나 고발의 뒷받침이 되는 정보, 증거 등.
am·mo·nal [ǽmənəl] 〖몡〗〖U〗 〔화학〕 암모날(질산암모늄, TNT, 알루미늄 분말을 섞은 고성능 폭약).
am·mo·nate [ǽmənèit] 〖몡〗 〔화학〕 = ammoniate.
*****am·mo·nia** [əmóunjə, -niə] 〖몡〗〖U〗 〔화학〕 암모니아; = ~ water.
am·mo·ni·ac [əmóuniæ̀k] 〖몡〗〖U〗 암모니아 고무 (gum ~). (또는 **am·mo·ni·a·cum** [æ̀mənáiəkəm])
── 〖혱〗 암모니아의; 암모니아를 함유한.
am·mo·ni·a·cal [æ̀mənáiəkəl] 〖혱〗 〔화학〕 암모니아(성)의; 암모니아 같은. (또는 **ammoniac**)
am·mo·ni·ate [əmóunièit] 〖탕〗 〔화학〕 …을 암모니아로 처리하다; …을 암모니아와 결합시키다. ── 〖몡〗 (또는 **ammonate**) 암모니아 화합물. **-á·tion**
ammónia wàter[solùtion] 〖몡〗 〔화학〕 암모니아수; 수산화암모늄.
am·mo·nite¹ [ǽmənàit] 〖몡〗 〔고생물〕 암모나이트, 국석(菊石) (고생대·중생대 지층에서 발견되는 화석 조개).
am·mo·nite² 〖몡〗 1 〔동물〕 노폐물에서 생산되는 암모니아 비료. 2 질산암모늄을 주성분으로 하는 폭약. 〔ammonite¹〕 〔염기〕
am·mo·ni·um [əmóuniəm] 〖몡〗〖U〗 〔화학〕 암모늄.
ammónium cárbonate 〖몡〗 〔화학〕 탄산암모늄.
ammónium chlóride 〖몡〗 〔화학·약학〕 염화암모늄.
ammónium hydróxide 〖몡〗 수산화암모늄.
ammónium nítrate 〖몡〗 〔화학〕 질산암모늄.
ammónium súlfate 〖몡〗 황산암모늄.
am·mo·no [ǽmənòu] 〖혱〗 〔화학〕 암모니아의, 암모니아를 함유한; 암모니아에서 유도된, 암모니아 유도체의.
*****am·mu·ni·tion** [æ̀mjunʃən] 〖몡〗〖U〗 1 탄약, 총탄(폭탄류 포함), 〔뇌관·퓨즈 파워〕 폭파 장치. 2 무기, 병기. 3 〔구어〕 (자기 의견·주장에) 유리한 정보, 공격 수단; 방위 수단. ¶Argument is his ~. 변론이 그의 공격 수단이다. 4 〔속어〕 뒤지, 휴지; 〔英속어〕 생리대, 탐폰. 5 〔속어〕 알코올 음료, 술. 6 〔폐어〕 군수품, 보급품.
ammunítion bèlt 〖몡〗 〔군사〕 탄대(彈帶), 탄 띠.
ammunítion bòots 〖몡〗 군화(軍靴).
ammunítion dèpot 〖몡〗 〔군사〕 보급창.
ammunítion pòuch 〖몡〗 탄약 자루.
ammunítion wàgon 〖몡〗 탄약차. 〔억 상실(증).
am·ne·sia [æmníːʒə-ziə] 〖몡〗〖U〗 〔병리〕 건망증, 기
am·ne·si·ac [æmníːʒiæ̀k, -zi-] 〖몡〗 〔건망증〕 환자. ── 〖혱〗 (또는 **amnesic**) 기억 상실증의 〔에 걸린〕.
am·nes·tic [æmnéstik] 〖혱〗 = amnesiac.
am·nes·ty [ǽmnəsti] 〖몡〗〖U〗〖C〗 1 〔법률〕 대사(大赦) 특사, 은사. ¶under ~ 대사에 따라. 2 〔국제법〕 전쟁 중 불법 행위 면책. 3 (죄의) 간과; 〔고어〕 처분 철회.
grant an amnesty to …에게 대사를 베풀다.
── 〖탕〗 …에게 대사를 베풀다, …을 사면하다.
Ámnesty Internátional 〖몡〗 국제 사면(赦免) 위원회(양심수 석방 운동을 주도하는 국제 인권 옹호 단체; 1961년 발족; 본부 London; ⟨혱⟩ AI).
am·ni·o·cen·te·sis [æ̀mniousentíːsis] 〖몡〗 (*pl.* ~*ses* [-siːz]) 〔의학〕 양수(羊水) 검사(태아의 성별·염색체의 이상 여부 따위를 조사).
am·ni·og·ra·phy [æ̀mniɑ́grəfi/-ɔ́g-] 〖몡〗 〔의학〕 양수 조영법(羊水造影法).
am·ni·on [ǽmniən] 〖몡〗 (*pl.* ~*s*, *-ni·a* [-niə]) 〔해부·동물〕 (태아를 싸는) 양막(羊膜), 모래집.
am·ni·o·scope [ǽmniəskòup] 〖몡〗 〔의학〕 양막 내 시경, 양수경(羊水鏡)(양수 검사를 위하여 사용하는 기구).
am·ni·os·co·py [æ̀mniɑ́skəpi/-ɔ́s-] 〖몡〗 양막 내 시경 검사(법). 〔있는.
am·ni·ot·ic [æ̀mniɑ́tik/-ɔ́t-] 〖혱〗 〔해부〕 양막(이)의
amniótic flúid 〖몡〗 〔해부〕 양수(羊水), 양막액.
amn't [ænt, ǽmənt] am not의 단축형. ⇨ AIN'T.
a·moe·ba [əmíːbə] 〖몡〗 = ameba. 〔의, 대체의.
a·moe·ba·an [əmíːbiən] 〖혱〗 〖몡〗 = amebean.
a·moe·b(a)e·an [æ̀məbíːən] 〖혱〗 〔운율〕 문답체.
a·moe·bic [əmíːbik] 〖혱〗 = amebic.
a·moe·boid [əmíːbɔid] 〖혱〗 = ameboid.
a·mok [əmʌ́k, əmɑ́k/əmɔ́k] 〖몡〗〖U〗 (동남아 문화권에서) 상상욕(殺傷慾)을 수반한 심한 정신 착란. ── 〖혱〗 미쳐 날뛰는. ── 〖부〗 미쳐 날뛰어. (또는 **amuck**)
run [or go] amok ① (죽일 듯이) 미쳐 날뛰다. ② 마구 날뛰다, 행패를 부리다.

‡**a·mong** [əmʌ́ŋ] 〖전〗 1 …의 사이에(서), …에 둘러싸여, …에 섞여. ¶a cottage ~ the trees 나무들에 둘러싸인 오두막집 / hide oneself ~ the bushes 덤불 속에 몸을 숨기다.

〔유의어〕 **among** 주로 셋 이상 사이에 쓰며, 복수형이나 집합명사를 목적어로 한다. **between** 둘 사이에 쓰며 복수형 또는 and로 이어진 단수형을 목적어로 한다; (단 셋 이상일 때도 둘씩 나뉘어 각각 상호 관계를 나타낼 때 쓴다). **amid, amidst** 흔히 이질적인 많은 것에 둘러싸인 상태를 나타내며 「…의 복판에」라는 뜻; 단수형을 목적어로 할 때가 많다. * 〔美〕에서는 among, amid, 〔英〕에서는 amongst를 흔히 쓴다.

2 〔(재귀)대명사와 함께〕 …이 함께, 협력하여; …간에 서로, …끼리. ¶We had no more than five thousand won ~ us. 우리가 가진 돈을 모두 합쳐도 5,000원밖에 안 되었다 / They made a fortune ~ themselves. 그들은 협력하여 큰 재산을 마련했다. 3 (어떤 수·종류·동아리) …중에(서), …의 범위 안에(서). ¶That is the best ~ the postwar novels. 그것은 전후 소설 중에서는 최고의 걸작이다 / Paris is ~ the largest cities in the world. 파리는 세계 최대의 도시 중의 하나이다 / I number Mr. A ~ my friends. 나는 A씨를 친구의 한 사람으로 꼽고 있다 / Divide the money ~ the five of you. 그 돈을 너희들 다섯이 나누어라. 4 …에 공통으로, …의 전체에 걸쳐. ¶The game is popular ~ youngsters. 그 게임은 젊은이들 사이에서 인기가 많다.
among others [or other things] 그 중에서도, 특히, 무엇보다도. ¶He loved music ~ *others*. 그는 특히 음악을 좋아했다.
among ourselves [or themselves, yourselves] ① 은밀히, 몰래. ② 우리〔그들, 너희〕끼리.
among the missing 행방불명으로.
among the rest ① 그 가운데 끼어, 그 중에. ¶Fifty

have passed the examination, myself ~ the rest. 50명이 시험에 합격했고, 나도 그 중의 하나였다. ② 그 중(에서도), 특히.

from among …의 가운데서. ¶Choose (from) ~ the candidates. 그 후보자들 가운데서 고르시오.

one among a thousand 천에 하나[한 사람].

a·mongst [əmʌ́ŋkst] 전 =among.

a·mon·til·la·do [əmɑ̀ntəláːdou/əmɔ̀n-] 명 U 아몬틸라도(스페인의 Montilla 산(產) 셰리주).

a·mor·al [eimɔ́ːrəl, -már- æm-/eimɔ́r-] 형 도덕 관념이 없는; 초(超)도덕의, 도덕성이 없는, 도덕과 관계 없는. ~·ism, ~·ist, à·mo·rál·i·ty 명 ~·ly 부.

a·morce [əmɔ́ːrs] 명UC (英) (장난감 권총용) 점화약, 기폭제; 도화선; (장난감 권총의) 뇌관.

a·mo·ri·no [æməríːnou] 명 (pl. -ni [-niː]) (미술) 아모리노(아이 모양의 큐피드 나체상(裸體像))(putto).

am·o·rist [ǽmərist] 명 1 사랑에 빠진 사람; 호색한; 한량. 오입쟁이(gallant). 2 연애 소설가.

Am·o·rite [ǽməràit] 명 1 아모리인(人)(이스라엘인이 정주하기 전에 가나안을 지배하던 셈족). 2 아모리어(셈 아모리인의).

a·mo·ro·so [ɑ̀ːməróusou/æm-] 형[부] [음악] 애정을 깃들인[깃들여서], 부드러운[부드럽게]. [<It]

am·o·rous [ǽmərəs] 형 1 사랑에 애련한, 다정 다감한; 호색적인. ¶~ affair 정사(情事). 2 사랑하고 있는, 반한 (of). ¶be ~ of her 그녀에게 반하다. 3 요염한. 4 사랑의, 연애의. ¶an ~ poem 사랑의 시.
~ros·i·ty [-rɑ́səti] 명 ~·ly 부 ~·ness 명

a·mor pa·tri·ae [éimɔːr péitriìː] 명 조국애; 애국심(patriotism). [<L love of country]

a·mor·phism [əmɔ́ːrfizm] 명U 무정형(無定形); (화학) 비결정(非結晶).

a·mor·phous [əmɔ́ːrfəs] 형 1 무정형의, 일정한 모양이 없는. 2 특성이 없는; 애매한; 무조직의. 3 (화학) 비결정질의. 4 (문법) 무정형의. ~·ly 부 ~·ness 명

amórphous condúctor (전자) 비정질(非晶質)
amórphous métal 비정질 금속. 「반도체.
amórphous sílicon (전자) 비정질 실리콘.

a·mort [əmɔ́ːrt] 형 (고어) 죽은 것 같은; 기운 없는, 활기 없는, 의기소침한(dejected).

am·or·ti·za·tion [æ̀mərtəzéiʃən/əmɔ̀ːtaiz-] 명 U 1 (감채(減債) 기금(sinking fund)에 의한 채무·공사채 따위의) (할부) 상환, 상각; U 그 금액. 2 (법률) 부동산의 양도[기부]. (또는 amortizement)

am·or·tize [ǽmərtàiz, əmɔ́ːrtaiz/əmɔ́ː-] 타 (*英) -tise) 1 (저당·부채 따위 채무를) (할부로) 상각[상환]하다. 2 (자산·비용 따위를) 점진 상각하다. 3 (법률) [부동산] 을 양도[기부]하다. -tiz·a·ble 형

am·or·tize·ment [əmɔ́ːrtáizmənt, əmɔ́ːrtiz-/əmɔ́ːtiz-] 명 1 =amortization. 2 (버팀벽·기둥 따위의) 경사진 꼭대기. 3 박공(牔栱) 지붕 끝의 장식. (또는 amortisement)

A·mos [éiməs/-mɔs] 명 아모스. 1 (성서) 기원전 8세기의 히브리의 예언자; 아모스 서의 기록자. 2 아모스 서(구약 성서 중의 한 책).

a·mo·tion [əmóuʃən, əm-] 명 1 (병리) (태반·망막 따위의) 박리(剝離), 분리. 2 (법률) (임원 등의) 파면; (재산 따위의) 박탈. ~·less 형 (없는 (것이 특징인).

a·mo·ti·va·tion·al [èimòutəvéiʃənl] 형 동기가 **amotivátional sýndrome** 무의욕 상실 증후군.

‡**a·mount** [əmáunt] 자 1 (the ~) (돈·분량·무게 따위의) 총계, 총액. ⇨SUM 유의어 ¶the ~ of money spent on one's clothes 옷에 들인 금액. 2 (be ~) 금리(元利) 합계. 3 (a +형용사+ ~, 형용사+ ~s) 액수, 양. ¶a fantastic ~ of cost 엄청난 액수의 경비 / a large ~ [or large ~s] of money 거액의 돈/pay generous ~s 많은 금액을 치르다. 4 (the ~) 요지(要旨), 취지. ¶the ~ of his speech 그의 연설의 요지. 5

U (총체적인) 가치, 의의, 중요성. ¶This report is of little ~. 이 보고서는 거의 가치가 없다.

an amount of 상당한 ~, 상당한 양의 ….
any amount of 아무리 많은 …(라도); 무한한. ⇨ANY.
in amount ① 분량은. ② 총계로, 통틀어. ③ 요는, 결국. 「…이내로.
no amount of (구어) 최대한[최대량]의 …일지라도
to the amount of 총계 ~ 만큼, …까지, …에 달하는. ¶an annual output to the ~ of 5,000 tons 총 5천 톤에 달하는 연간 생산고.

── 자 1 (수·액수·양이) 총계 …에 달하다, …이 되다, 이르다(to). ¶ ~ (to + 前 + 名) The annual net profit ~s to ten million dollars. 연간 순익은 천만 달러에 이른다/The combined membership will ~ to 5,000. 총 회원수는 5천 명에 달할 것이다. 2 (의미·가치·효과 따위가) 결국 …이 되다, …과 같다[같아지다](to). 3 (발전·성장하고 있는 상태로) 되다(to).

amount to much [**little**] 상당한 것이 되다[무가치하다]. ¶It doesn't ~ to much. 그것은 별 것 아니다.
amount to nothing 전혀 문제가 되지 않다.
amóunt at rísk 명 보험 위험금(보험 금액에서 적립금을 뺀 금액).

a·mour [əmúər] 명 1 정사(情事); U 간음, 부정(不貞). ¶be given up to ~s 불륜에 빠지다/take to ~ 바람피우다. 2 정부(情婦), 애인(특히 여성). [<F]

am·ou·rette [æ̀murét, æ̀mə-] 명 어쩌다가 맺어진 사랑, 바람; 잠깐 동안의 사랑에 빠지는 여자. [<F]

a·mour-pro·pre [əmùərprɔ́ːpr/æmuəprɔ́pr] 명 자존심, 자만심; 자만심. [<F self-love] 「편하다.

a·move [əmúːv] 타[법] [남] 을 (직위에서) 파 **am·ox·i·cil·lin** [æmɑ̀ksəsílin, əm-/əmɔ̀k-] 명 (약학) 아목시실린(합성 페니실린). (또는 amoxycillin)

A·moy [æmɔ́i, ǽmɔi/əmɔ́i] 명 1 샤먼(厦門), 아모이(중국 동남쪽 항구 도시; 중국명 Xiamen). 2 U 아모이 방언.

amp [æmp] 명 1 (전기) = ampere; (구어) = amplifier; (美속어) 전자 기타(amplified guitar) 2 (美속어) 마약이 든 앰풀(ampule); (~s) 암페타민(amphetamines). ~ed 형 암페타민[코카인]이 든.

AMP adenosine monophosphate(아데노신 일인산(一燐酸)). **amp.** amperage; ampere. **AMPAS** (美) Academy of Motion Picture Arts and Sciences(영화 예술 과학 아카데미).

am·pe·lop·sis [æ̀mpəlɑ́psis/-lɔ́p-] 명 담쟁이류(類)의 식물(Virginia creeper 따위).

am·per·age [ǽmpəridʒ, æmpíər-] 명U (전기) 암페어수, 전류량(略 amp.).

***am·pere** [ǽmpiər, -/(略pɛər)] 명 (전기) 암페어(전류의 실용 단위; 略 A, a., amp.). [<프랑스의 물리학자 A. M. Ampère(1775-1836)의 이름]

am·pere-hour [-áuər] 명 (전기) 암페어시(時)(1 암페어의 전류가 1시간 흐른 후 양; 略 Ah, amp-hr, amp. hr.). 「ammeter.

am·pere·me·ter [-mìːtər] 명(電) [전기]/-peə-] 명 =

am·pere-turn [-tə̀ːrn] 명 (전기) 암페어 횟수 일의 기자력(起磁力)을 나타내는 단위(略 At).

am·per·sand [ǽmpərsæ̀nd] 명 & 또는 ∝(=and)의 기호 (주로 참고 문헌·상업 문서·회사명에 사용).

AMPH, amph. amphibian; amphibious.

am·phet·a·mine [æmfétəmìːn] 명 (약학) 암페타민(각성제·식욕 감퇴제). (또는 (속어) ámphet)

am·phi- [ǽmfi, -fə] 접두 two, both, on both sides, around의 뜻. ¶ amphibious, amphitheater.

am·phi·as·ter [ǽmfiæ̀stər] 명 (생물) 쌍성상체(雙星狀體) (유사(有絲) 핵분열에서 비(非)염색질의 방추체(紡錘體)가 별(aster)처럼 보이는 상태).

Am·phib·i·a [æmfíbiə] 명 (동물) 양서류(兩棲)

am·phib·i·an [æmfíbiən] 명 1 양서 동물. 2 수륙

am·phib·i·ol·o·gy [æmfibiálədʒi/-ól-] 명U (동물) 양서류학, 양서 동물론.

am·phib·i·ous [æmfíbiəs] 형 1 수륙 양서의; 수륙 양종에 속하는. 2 수륙 양용의(amphibian). ¶ an ~ plane[tank] 수륙 양용 비행기[전차]. 3 (군사) 수륙 양면 작전의, 상륙 작전의, 육해공군 공동 작전의. ¶ ~ operations 육해공 합동 작전. 4 양면성이 있는, 이중성의; 이중 인격의. ~·ly 부 ~·ness 명

am·phi·bole [æmfəbòul] 명U (광물) 각섬석(角閃石).

am·phi·bol·ic [æmfəbálik/-ból-] 형 애매한, 두 가지로 해석할 수 있는; 불명확한; 변동하는.

am·phi·bo·lite [æmfəbəlàit] 명 (광물) 각섬암(角閃岩) (주로 각섬석족(族)으로 이루어진 변성암).

am·phi·bol·o·gy [æmfəbálədʒi/-ból-] 명UC (문법상) 두 가지로 해석할 수 있는 문장의 뜻; 애매한 어법[의 문장[구]]. (또는 **amphiboly**) **-phib·o·log·i·cal** [-fìbəládʒikəl] **-phib·o·lóg·i·cal·ly**

am·phib·o·lous [æmfíbələs] 형 (논리) 뜻이 두 가지인, 뜻이 모호한.

am·phib·o·ly [æmfíbəli] 명 =amphibology.

am·phi·brach [æmfəbræk] 명 (운율) (영시의) 약강약격(弱強弱格) (×´×); (고전시의) 단장단격(短長短格) (⌣−⌣).

am·phi·car [æmfəkàːr] 명 수륙 양용 자동차.

am·phic·ty·on [æmfíktiən] 명 (그리스 역사) 인보(隣保) 동맹 회의(amphictyony)의 대의원.

Am·phic·ty·on [æmfíktiən] 명 (그리스 신화) 암피크티온(Deucalion과 Pyrrha의 아들).

am·phic·ty·o·ny [æmfíktiəni] 명 (그리스 역사) 인보(隣保) 동맹 (고대 그리스에서 공통의 신(神神)을 중심으로 발생한 이웃 도시 국가간의 동맹); (일반적으로) 공통의 이익을 위해 결성된 근린 동맹.

am·phig·a·mous [æmfígəməs] 형 (식물) 암수를 뚜렷이 구별할 수 없는.

am·phi·go·ry [æmfəɡɔ̀ːri/-gəri] 명 (의미가 있어 보이나 실제는) 무의미한 장문(長文); 지리멸렬한 서술. (또는 **amphigouri**) **-gór·ic** 형

am·phi·mix·is [æmfəmíksis] 명 (복 **-mix·es** [-míksiːz]) UC 1 (생물) 양성 혼합(수정(受精)에 의한 암수 유전질의 혼합). 2 (발생) 암피믹시스(양성의 배우자의 합체에 의한 보통의 유성(有性) 생식). [중독].

am·phing [æmfiŋ] 명 (美속어) 암페타민 도취 상태.

Am·phi·on [æmfáiən, æmfi-] 명 (그리스 신화) 암피온(Zeus와 Antiope 사이의 아들).

am·phi·ox·us [æmfiáksəs/-ɔ́k-] 명 (복 ~·es [-áksai/-ɔ́k-], ~·es) (동물) 활유어(蛞蝓魚). **-ox·i**

am·phi·path·ic [æmfəpǽθik] 형 (화학) (분자의) 양쪽 친매성(親媒性)의. (또는 **amphipath**)

am·phi·phile [æmfəfàil] 명 (생화학) 양쪽 친매성 물질(친수성(親水性) 부분과 소수성(疏水性) 부분으로 이루어지는 유기화합물의 총칭. **-phil·ic** [-fílik]

am·phi·pod [æmfəpàd/-pòd] 명형 갑각강(甲殼綱) 이각류(異脚類)의 동물(잎새우·바다벼룩 따위)(의).

am·phip·ro·style [æmfíprəstàil, æmfəpróustail] 형 앞뒤 정면(正面) 주랑식(柱廊式)의(고대 신전(神殿) 건축 양식). — 명 앞뒤 정면 주랑식의 신전. **-phip·ro·stý·lar**

am·phis·bae·na [æmfəsbíːnə] 명 (복 **-nae** [-niː], ~s) 1 (열대 지방산(産)) 발 없는 도마뱀. 2 (그리스·로마 신화) 쌍두의 뱀(몸의 앞뒤에 머리가 있어 앞뒤로 기어 다닐 수 있는 독사).

am·phi·sty·lar [æmfəstáilər] 형 (건축) 1 (고대 신전에서) 앞뒤 정면 주랑식(柱廊式)의. 2 양측에 원주가 있는. — 명 이 양식의 신전.

am·phi·the·a·ter, (英) **-tre** [æmfəθíːətər/-θiə-] 명 1 (고대 로마의) 원형 경기장, 투기장(鬪技場). 2 (현대의) 원형 경기장[극장]; 경기장. 3 (의과 대학의) 원형 임상(臨床) 강당; (반원형) 계단식 강의실. 4 (英) (극장의) 계단식 관람석의 맨 앞줄 자리; 지정석. 5 원형 분지(盆地). **-the·at·ric** [-θiǽtrik], **-ri·cal** 형

Am·phi·tri·te [æmfitráiti/-−−] 명 (그리스 신화) 암피트리테(Poseidon의 아내; 바다의 여신).

Am·phit·ry·on [æmfítriən] 명 1 (그리스 신화) 암피트리온(Alcmene의 남편). 2 주인, 주최자.

am·pho·ra [ǽmfərə] 명 (복 **-rae** [-riː], ~s) (고대 그리스·로마의) 양쪽에 손잡이가 달린 항아리.

am·phor·ic [æmfɔ́ːrik, fǽr-/-fɔ́r-] 형 (의학) 공동음(空洞音)의.

am·pho·ter·ic [æmfətérik] 형 다른 두 가지 성질을 가진; (화학) 양성(兩性)의, 산과 염기 두 가지로 작용하는, (또는 **amphiprótic**)

amp. hr., amp-hr (전기) ampere-hour. [질].

am·pi·cil·lin [æmpəsílin] 명UC 암피실린(항생 물질).

***am·ple** [ǽmpl] 형 (**-pler**; **-plest**) 1 광대한, 넓은, 널찍한; ¶ a building ~ in dimension 널찍한 건물. 2 충분한, 남아도는; 넉넉한, 풍부한; (완곡적) 살찐, 풍만한(⇔ scanty, meager). ⇨PLENTIFUL 유의어 ¶ ~ supply 넉넉한 공급 / ~ evidence 충분한 증거 / an ~ bosom 풍만한 유방. 3 …에 충분한; (남을 만큼) 충분히 있는 (**for**). ¶ There is ~ room *for* another car. 차가 한 대 더 들어갈 공간은 충분히 있다. **~·ness** 명

am·plex·i·caul [æmpléksəkɔ̀ːl] 형 (식물) (잎자루 없는 잎이나 턱잎이) 줄기를 감싸고 있는, 포경형(抱莖形)의. ¶ an ~ leaf 포경엽(붓꽃 따위의 잎).

am·pli·fi·ca·tion [æ̀mpləfikéiʃən] 명UC 1 확대, 확장; 확대율, 배율(倍率). 2 (수사) 부연(敷衍), (설명의) 확장. ¶ 부연[확충]된 글[부분, 내용], 증보 내용. 3 (전기) 증폭; (유전) 유전자 확장(gene ~).

am·pli·fi·er [ǽmpləfàiər] 명 1 확대[확장]하는 사람[것]. 2 (전기) 확대경. 2 (전기) 증폭기; 확성기, 앰프.

am·pli·fy [ǽmpləfài] 동타 1 …을 크게 하다, 확대하다; (옷자 따위를) 넓히다, 확장하다. 2 (서술·설명)을 더 자세히 하다, 부연하다; (이론)을 전개하다. ¶ (~+⎡목⎤+⎡전⎤+⎡명⎤) ~ the meaning of a phrase *by* paraphrase 말을 풀어서 어구의 뜻을 설명하다 / ~ a theory 이론을 전개하다. 3 (감정)을 과장하다. 4 (전기)~을 증폭하다. — 동자 상세히 설명하다, 부연하다 (**on**). ¶ (~+⎡전⎤+⎡명⎤) He *amplified on* the accident. 그는 그 사고에 대하여 자세히 말했다. **-fi·a·ble**

am·pli·tude [ǽmplət(j)ùːd/-tjùːd] 명 1 넓이, 폭, 크기. 2 (지력·재력·권위 따위의) 풍부, 넉넉함. 3 (물리·전기) 진폭; (수학) 편각(偏角). 4 (천문) 출몰 방위각. 5 (군사) 사정[착탄] 거리.

ámplitude modulátion 명 (전자) 진폭 변조; 진폭 변조법의 의한 방송(체제), AM 방송(略 AM, a.m., A.M.), ⇨ frequency modulation

am·ply [ǽmpli] 부 1 (동사 앞에서) 풍부하게, 충분히, 넉넉히. 2 (동사 뒤에서) 넓게, 널찍하게; 상세하게.

am·pule [ǽmpjuːl] 명 (주사약 따위의) 앰풀. (또는 **ampoule, ampul**)

am·pul·la [æmpʌ́lə/-púlə] 명 (복 **-lae** [-liː]) 1 (해부) 팽대부(膨大部), (귀의) 반규관(半規管), (난관·유관(乳管)의) 확대된 부분. 2 (가톨릭) (미사의) 포도주와 물을 담는 그릇. 3 (고대 로마의) 양쪽에 손잡이가 있는 단지(amphora). [, 가운데가 볼록한.

am·pul·la·ceous [æ̀mpəléiʃəs] 형 병[단지] 모양

am·pul·lar [æmpʌ́lər/-púl-] 형 단지(모양)의. (또는 **ampullary**)

am·pu·tate [ǽmpjutèit] 동타 1 (외과 수술에서) (팔·다리 따위)를 절단하다. 2 (필요 없는 것)을 바싹 잘라 내다, 잘라내다, 정리하다. **-tá·tion** 명 [단기.

am·pu·ta·tor [ǽmpjutèitər] 명 절단자(수술자); 절

am·pu·tee [æmpjutíː] 명 (팔·다리 등의) 절단 수술을 받은 사람.

AMRAAM [ǽmræm] 명 신형 중거리 공대공 미사일. [<advanced medium-range air-to-air missile]

am·ri·ta [əmríːtə, æm-] 명U ［인도 신화］ 1 불로불사(不老不死)의 음료. 감로(甘露). 2 (그것을 마시고 얻은) 불로불사(immortality). (또는 **amreeta**)

AMS ［컴퓨터］ access method service(접근 방식 서비스); (美) Agricultural Marketing Service(농무부 농산물 시장국); American Meteorological Society (미국 기상학회). **A.M.S.** American Medical Service; Army Map Service; Army Medical Staff. **AMSA** advanced manned strategic aircraft(첨단 유인(有人) 전략 항공기). **AMSAM** anti-missile surface-to-air missile (미사일 요격용 지대공 미사일). **AMSAT** [ǽmsæt] amateur satellite(아마추어 무선 통신 위성). **AMSL, amsl** above mean sea level.

Am·ster·dam [ǽmstərdæm/-́-] 명 암스테르담 (네덜란드의 항구; 헌법상 수도). 영 Hague

AM stereo [éiém-] 명 AM 스테레오 (방송).

AMT, amt advanced manufacturing technology; alternative minimum tax. **amt.** amount. **a.m.t., A.M.T.** airmail transfer.

am·trac(k) [ǽmtræk] 명 ［상륙 작전용］ 소형 수륙 양용(장갑)차. [<amphibious tractor]

Am·trak [ǽmtræk] 명 암트랙, 전미(全美) 철도 여객 공사(공식 명칭); National Railroad Passenger Corporation). [<American travel on track]

am·u, AMU [ǽmju] 명 ［물리］ 원자 질량 단위. [<atomic mass unit]

a·muck [əmʌ́k] 명부 =amok.

am·u·let [ǽmjulit] 명 부적, 호신부(護身符).

A·mund·sen [άːməndsən] 명 **Roald** [róuɑːl] ~ 아문센(1872-1928): 노르웨이의 탐험가; 1911년 사상 처음 남극점 도달).

Amundsen Sea (the ~) 아문센 해(남극 대륙의 Marie Byrd Land 동북쪽에 있는 남태평양의 일부).

A·mur [ɑːmúər/əm-] 명 (the ~) 아무르 강(시베리아 동남부와 중국 동북부의 경계를 흐르는 Okhotsk 해로 들어 간다; 중국명 Heilongjiang(黑龍江)).

‡a·muse [əmjúːz] 타 (**-mus·es** [-iz]; **~d; a·mus·ing**) 1 (남)을 즐겁게 하다, 재미나게 하다; (남)을 기쁘게 하다, 웃기다; (남)을 위로하다; (남)의 기분을 풀게 하다; (수동형으로) …을 즐기다 (with, by, at). ¶The joke didn't ~ us at all. 그 농담은 우리에게 조금도 우습지 않았다 // (~+목+前+명) He ~d the children with jokes[or by cracking jokes]. 그는 농담으로 아이들을 재미나게 했다.

유의어 **amuse** 재미있는 일로 남을 유쾌하게 하다; 가볍게 심심풀이를 하다. **divert** 쾌활·유쾌한 일로 심각한 생각에서 마음을 돌리게 하다. **entertain** 미리 준비를 하여 남을 즐겁게 해주다(* 다소 지적인 내용을 갖는 일도 있다.

2 (재귀용법으로) (여가·시간)을 즐겁게 지내다. 3 (고어) (아침 따위로) …을 기쁘게 하다. *amuse* oneself with [or (by) doing] …하며 [(…로) 즐기다. 「하다, 즐기다. *be amused at* [or *by, with, to do*] …을 재미있어 *You amuse me.* 시시한 소리 마라, 웃기지 마라. **a·mús·a·ble** 형 **a·mús·er** 명

a·mused [əmjúːzd] 형 1 재미있어 하는, 즐기는. ¶ ~ spectators 재미있어 하는 관객. 2 재미있는 (듯한), 즐거운 (듯한). ¶ an ~ expression 즐거운 표정. 3 흥이 난, 흥겨워하는. **~·ly** 부

‡a·muse·ment [əmjúːzmənt] 명 1 U 즐거움, 우스움, 재미. ¶ arouse [or excite] much ~ 크게 흥을 돋우다 / watch a TV program with ~ 재미있게 TV 프로를 보다. 2 오락, 놀이; 유흥; 여흥. ⇒RECREATION
유의어 ¶ outdoor ~s 옥외 놀이 / ~s for highbrows 지식인을 위한 오락. 3 (~s) 놀이 시설, 놀이 기구[용구].
for amusement 재미로, 오락으로.
in amusement 재미있어 하며, 즐거워하며.
to one's amusement 재미있게도.

amúsement arcàde 명 (英) (슬롯 머신 따위가 있는) 오락장, 게임 센터. 「장.

amúsement cènter 명 유흥가, 위락 지구, 오락

amúsement pàrk 명 (美) 유원지, 놀이 공원(playground, (英) fun fair). (또는 **amúsement gròunds**)

amúsement tàx (영화·연극 등의) 입장세(入場稅), 오락세. 「어] 읒치.

a·mu·si·a [eimjúːziə] 명 ［의학］ 실(失)음악(증); (속

‡a·mus·ing [əmjúːziŋ] 형 (**more** ~; **most** ~) 1 재미있는, 즐거운, 기분풀이가 되는, 신나는 (to). ¶ It would be ~ to go together. 함께 가면 즐거울 것이다. 2 우스운, 신나는 (to). ¶His story was ~ to us. 그의 이야기는 재미있었다 / How ~! 참 재미있다!

유의어 **amusing** 웃음이 나올 만큼 재미있는. **interesting** 관심·흥미를 돋우는. * 웃음·유쾌함과는 관계없는 말. **funny** 익살스러운, 우스운.

~·ly 부 **~·ness** 명 「풀이가 되는; 우스운.

a·mu·sive [əmjúːziv] 형 〔드물게〕 재미나는, 기분

AMVETS [ǽmvèts] 명 미국 재향 군인(회). [<American Veterans (of World War Ⅱ, Korea, Vietnam, and the Gulf War]

A·my [éimi] 명 에이미(여자 이름; Amelia의 애칭).

a·myg·da·la [əmígdələ] 명 (복 **-lae** [-liː]) 〔식물〕 편도(扁桃); 〔해부〕 편도선(tonsil); =amygdaloid nucleus. **-late** [-lèit, -lət] 형

a·myg·da·lin [əmígdəlin] 명 〔화학·약학〕 아미그달린(살구 따위의 잎·씨에 함유된 배당체(配糖體)).

a·myg·da·line [əmígdəlin, -làin] 형 편도의[같은]; 〔해부〕 편도선의.

a·myg·da·loid [əmígdəlɔ̀id] 명U 〔암석〕 행인상(杏仁狀) 유암. — 형 =amygdaloidal.

a·myg·da·loi·dal [əmìgdəlɔ́idl] 형 행인상 용암의; 편도 모양의; 〔해부〕 편도의.

amýgdaloid núcleus 명 〔해부〕 편도핵(核).

a·myg·da·lot·o·my [əmìgdəlátəmi] 명 〔의학〕 편도(선) 절제술.

am·yl [ǽmil] 명 아밀기(基)의. (또는 **a·my·lic** [əmílik]) — 명U 〔화학〕 아밀(1가(價)의 알킬기).

am·yl- [ǽməl] 연결 ⇒AMYLO-. 「(基)의.

am·y·la·ceous [æ̀məléiʃəs] 형 전분질[성]의; 전분 모양의(starchy).

ámyl álcohol 명 〔화학〕 아밀 알코올. 영 alcohol

am·yl·ase [ǽməlèis, -lèiz] 명U〔생화학〕 아밀라아제(전분 당화 효소)(diastase).

ámyl gròup 명 〔화학〕 아밀기(基). 「제·최음제).

ámyl nítrite 명 〔약학〕 질산 아밀(혈관 확장제·흥분 (* 모음 앞에서는 amyl-). ¶amylase, amylopsin.

am·y·loid [ǽməlɔ̀id] 명U 〔화학〕 아밀로이드, 전분질[체]. — 형 전분 모양의, 전분을 함유한.

am·y·lol·y·sis [æ̀məlάləsis/-lɔ́l-] 명 〔생화학〕 전분(가수(加水)) 분해. **-lo·lyt·ic** [-loulítik] 형

am·y·lo·pec·tin [æ̀məloupéktin] 명 아밀로펙틴 (전분의 비수용성(非水溶性) 젤상(狀) 성분).

am·y·lop·sin [æ̀məlάpsin/-lɔ́p-] 명U 〔생화학〕 아밀롭신(췌액(膵液) 속의 전분 당화 효소의 일종).

am·y·lose [ǽməlòus, -lòuz] 명 〔생화학〕 아밀로오스(전분의 성분인 다당류의 하나).

ámyl rádical 명 〔화학〕 =amyl group. 「분(starch);

am·y·lum [ǽmələm] 명 〔화학〕 전분(starch);

‡an [ən, n, 강 æn] 형 〔부정관사〕 =a. * a와 같은 뜻이

며 기본적으로는 모음으로 시작하는 말 앞에 쓰인다. ⇨A. 「으로도 쓴다」; (고어·방언)=if.
an, an' [ən, 강 æn] 접 (방언·구어)=and(* 'n, 'n'
AN air natural(자연 공기 냉각); Antonov(옛 소련 항공기의 형명(型名); 안토노프 팀의 설계). **A.N.** Anglo-Norman; arrival notice.
an-¹ [æn, ən] 접두 not, without, lacking의 뜻
an-² 접두 ⇨AD-. 〔* 자음 앞에서는 a-〕. ¶ anarchy.
an-³ 접두 ⇨ANA-.
-an [ən, n] 접미 **1** belonging, relating to의 뜻(* 장소·사람·계급·조직·교리 따위와 관계가 있음을 나타내며, 형용사·명사를 만든다). ¶ Elizabethan, republican, Christian, historian, theologian. **2** 〔동물〕 종류를 나타낸다. ¶ mammalian.
a·na [áːnə, ǽnə] 명 **1** (특정한 사람·일에 관한) 여러 가지 기록집, 일화집, 어록(語錄). **2** 일화.
ANA, A.N.A. All Nippon Airways(전(全)일본 항공); American Newspaper[Nurses] Association(미국 신문[간호사] 협회); Association of National Advertisers(전미(全美) 광고주 협회); Athens News Agency((그리스의) 아테네 통신사); Australian National Airways(호주 항공).
an·a- [ǽnə, ənǽ] 연결 (* 모음 앞에서는 an-). **1** up, against의 뜻. ¶ anabatic, anaerobe. **2** repeating의 뜻. ¶ anabaptism. **3** complete의 뜻. ¶ anatomy.
-an·a [ǽnə, áːnə, éinə] 접미 a collection of material on의 뜻의 명사를 만든다. 자료·문헌 따위를 수록한 책 이름에 쓰인다. ¶ Americana. (또는 **-iana**)
An·a·bap·tism [ǽnəbǽptizm] 명U 재침례교(의 교리)(유아 세례를 인정치 않고 성년 후 재세례 주장); (a-) 재침례(再浸禮), 재세례. **-báp·tize** **-tist**
-bap·tís·ti·cal·ly 부 〔아프리카·동남 아시아산(産)〕.
an·a·bas [ǽnəbæs] 명 아나바스, 등목어(登木魚).
a·nab·a·sis [ənǽbəsis] 명U (복 **-ses** [-siːz])
1 내륙으로의 진군, 원정; 참담한 퇴각. **2** 진전; 〔병리〕 병세 악화. 〈<Xenophon 작 *Anabasis*〉〈GK〉
an·a·bat·ic [ǽnəbǽtik] 형 〔기상〕 (바람·기류가) 상승하는; 상승 기류에 의해 생기는. 반 katabatic
an·a·bi·o·sis [ǽnəbaióusis] 명U (가사(假死)에서의) 소생; 의식 회복. **-ót·ic** [-átik/-ɔ́t-] 형
an·a·bol·ic [ǽnəbálik/-bɔ́l-] 형 〔생물·생리〕 동화(同化)의, 동화 작용의, 신진 대사의.
anabólic stéroid 〔약학〕 아나볼릭〔단백 동화〕 스테로이드(근육 강화제로 운동 선수들에게 사용이 금지되어 있다; 통칭 muscle pill). (또는 (속어) **roid**)
a·nab·o·lism [ənǽbəlizm] 명U 〔생물·생리〕 동화 작용; 물질 합성 대사. 반 catabolism
an·a·branch [ǽnəbrǽntʃ/-brɑ́ːntʃ] 명 〔지리〕 (주류에 다시 합치거나 모래밭에서 소멸하는) 지류(支流).
an·a·can·thous [ǽnəkǽnθəs] 형 〔식물〕 가시가 없는, 가시 모양의 돌기가 없는.
an·a·chron·ic [ǽnəkránik/-krɔ́n-] 형 =anachronistic. (또는 **anachronical**) **-i·cal·ly** 부
a·nach·ro·nism [ənǽkrənizm] 명U(C) **1** 시대 착오, 의 **2** 시대 착오의 것, 시대에 맞지 않는 것[사람]. **3** 연대[날짜]의 오기(誤記)[오인].
a·nach·ro·nis·tic [ənǽkrənístik] 형 시대에 맞지 않는, 시대 착오의; 연대가 틀린[맞지 않는]. (또는 **anachronistical**) **-ti·cal·ly** 부
a·nach·ro·nous [ənǽkrənəs] 형 =anachronistic. **~·ly** 부
an·a·cid·i·ty [ǽnəsídəti] 명 〔병리〕 위산 결핍증.
An·a·cin [ǽnəsin] 명 (상표) 애너신(진통·두통약).
an·a·clas·tic [ǽnəklǽstik] 형 〔광학〕 굴절(성)의.
an·a·co·lu·thi·a [ǽnəkəlúːθiə] 명 〔수사〕 =anacoluthon. **-thi·cal·ly** 부
an·a·co·lu·thon [ǽnəkəlúːθən/-θɔn] 명U(C) (복 **-tha** [-θə]) 〔수사〕 파격(破格) 구문(어떤 문장 구조가 시작된 글이 다른 구조로 끝나는 것. 예: Who hath ears to hear, let him hear.).
an·a·con·da [ǽnəkándə/-kɔ́n-] 명 아나콘다(남미산(産) 구렁이); 큰 구렁이.
an·a·cous·tic [ǽnəkúːstik] 형 소리가 전파되지 않는, 무음의. ¶ ~ zone 무음향대(고도 1,600km 이상의 음파가 전파되지 않는 영역).
A·nac·re·on [ənǽkriən] 명 아나크레온(570?-480? B.C.; 사랑·술을 찬미한 그리스의 서정시인).
A·nac·re·on·tic [ənǽkriántik/-ɔ́n-] 형 (때로 a-) **1** 아나크레온(Anacreon)(풍, 식)의. **2** 사랑과 술을 찬미한, 주연(酒宴)의, (술로) 유쾌해진; 주색에 빠진, 색욕적인. —명 (a-) 아나크레온풍의 시.
an·a·cru·sis [ǽnəkrúːsis] 명 (복 **-ses** [-siːz]) 〔운율〕 행수 잉여음(剩餘音)(시행의 첫머리에 붙인 파격적인 억(抑)[약]음절).
an·a·dám·a bréad [ǽnədǽmə-] 밀가루·옥수수 가루·당밀로 만든 빵. 「식, 화관(garland).
an·a·dem [ǽnədèm] 명 (문어) (머리에 다는) 꽃장식
a·nad·ro·mous [ənǽdrəməs] 형 (산란을 위해) 강을 거슬러 올라가는, 소하성(溯河性)의. 반 catadromous
a·nae·mi·a [əníːmiə] 명 (영) =anemia. **mous**
a·nae·mic [əníːmik] 형 (영) =anemic.
an·aer·obe [ǽnəèroub] 명 〔세균〕 혐기성(嫌氣性) 생물(특히 균류). 반 aerobe
an·aer·o·bic [ǽnərốubik, ǽnεər-] 형 **1** 〔생물〕 혐기성 생물의; 공기[산소]가 없어도 자라는. **2** 산소 결핍의(에 의한). **-bi·cal·ly** 부
an·aer·o·bi·um [ǽnərốubiəm] 명 =anaerobe.
an·aes·the·sia [ǽnəsθíːʒə/-ziə] 명 〔의학·병리〕 =anesthesia. **-thét·ic** **an·áes·the·tist**
an·aes·the·si·ol·o·gy [ǽnəsθìːziálədʒi/-ɔ́l-] 명 (영) =anesthesiology. =anesthetize.
an·aes·the·tize [ǽnesθətàiz/əníːs-] 동 (영)
an·a·glyph [ǽnəglif] 명 **1** 얕은 부조(浮雕)를 한 장식구(카메오(cameo) 등). **2** (2색 인쇄한) 입체 사진.
·glýph·ic, **·glýph·i·cal** **a·nag·ly·phy** [ənǽgləfi] 명 **-glyp·tic** [·glíptik], **·glýp·ti·cal** 형
an·a·go·ge [ǽnəgóudʒi/ǽnəgòdʒi] 명U (성서 따위의) 신비적[영적] 해석. (또는 **anagogy**)
an·a·gog·ic [ǽnəgádʒik/-gɔ́dʒ-] 형 **1** (성서 등을) 신비적[영적]으로 해석하는. **2** 〔심리〕 (무의식적인) 이상[덕성] 추구의. (또는 **anagogical**) **-i·cal·ly** 부
an·a·gram [ǽnəgræm] 명 **1** 철자 순서 바꾸기(철자 순서를 바꾸어 새 단어를 만들기). 예: angel → glean, time→emit, mite). **2** 철자 순서를 바꾸어 만든 말. **3** (~s) (단수취급) 철자 순서 바꾸기 놀이.
—동(C) (**-mm-**) (글자 순서를) 바꾸어 놓아 다른 낱말이 되게 하다; (글자 수수께끼가 풀리도록) 〔철자 순서를〕 바꾸어 놓다. **·gram·már·i·an** 명
an·a·gram·mat·ic [ǽnəgrəmǽtik] 형 철자 순서 바꾸(놀이)의; 철자 순서를 바꾼 어구의.
(또는 **anagrammatical**) **-i·cal·ly** 부
an·a·gram·ma·tism [ǽnəgrǽmətìzm] 명U 철자 순서 바꾸는 법. **-tist** 명 철자 수수께끼[순서 바꾼 어구] 고안[작성]자; 글자 수수께끼[철자 순서 바꾼 어구] 놀이를 하는 사람.
an·a·gram·ma·tize [ǽnəgrǽmətàiz] 동타 (낱말)의 철자 순서를 바꾸다. **·ti·zá·tion** 명
a·nal [éinl] 형 **1** 항문(부근)의. **2** 〔정신분석〕 항문 성격적인; 항문기(期)의; 항문애(愛) 성격의[에 관한].
~·ly 부 「analytical.
anal. analogous; analogy; analysis; analytic;
ánal cháracter 〔정신분석〕 항문 성격(꼼꼼하고 인색하고 강박관념에 사로잡힌 듯이 완고한 것이 특징).
an·a·lects [ǽnəlèkts] 명 어록(語錄); 선집(選集). ¶ the A- of Confucius 논어(論語). **2** 음식 찌꺼기. (또는 **anàlecta**) **·léc·tic** 형

an·a·lep·tic [ænəléptik] 〔의학〕 圈 1 체력 회복의, (병후에) 몸을 보하는; 강장성의. 2 (마취에서) 각성시키는. — 圈 강장제; 각성제. (= remedy).

ánal eróticism [érotism] 〔정신분석〕 항문애(愛), 항문 성감(性感). **á·nal·e·rót·ic** 圈

ánal fín 〔물고기의〕 꼬리지느러미.

ánal fístula 〔의학〕 치루(痔瘻).

an·al·ge·si·a [æ̀nəldʒíːziə, -siə] 圈 ⓤ 〔의학〕 통각(痛覺) 상실(증), (약품에 의한) 무통증(진통).

an·al·ge·sic [æ̀nəldʒíːzik, -sik] 〔의학〕 圈 진통제. — 圈 통증이 없는, 아픔을 못 느끼는.

an·al·get·ic [æ̀nəldʒétik] 圈 = analgesic.

a·na·lin·gus [əlíŋɡəs] 圈 항문을 입으로 애무하기, 항문 핥기. **-guist**

ánal intercourse 圈 항문 성교.

a·nal·ism [éinəlìzm] 圈 항문 성교.

a·nal·i·ty [einǽləti] 圈 〔정신분석〕 1 항문애(愛) 성격을 가짐. 2 항문애(기)에 특유한 인격적 특징.

an·a·log [ǽnəlɔ̀ːɡ, -lɑ̀ɡ/-lɔ̀ɡ] 圈 《美》 = analogue. — 圈 1 상사형(相似型)의. 2 아날로그(표시)의(어떤 양의 연속적인 물리량을 표시할 때 쓰는 말).

ánalog clóck 아날로그 시계. ⓒ digital clock

ánalog compúter 아날로그형 컴퓨터.

an·a·log·i·cal [æ̀nəládʒikəl/-lɔ́dʒ-] 圈 유추(類推)의; 비슷한, 유사한. (또는 **analogic**) **~·ly** 圓 **~·ness** 圈 「〔화상(畫像)[영상〕 처리.

ánalog ímage pròcessing 圈 〔전자〕 아날로그

a·nal·o·gism [ənǽlədʒìzm] 圈 ⓤⓒ 유추론법(類推論法), 유추, 추리, 추론. **-gist**

a·nal·o·gize [ənǽlədʒàiz] (* 《英》 **-gise**) 圈죄 1 유추하다, 유추적으로 설명하다. 2 유사하다(to, with). ¶A ~s with B, A는 B와 유사하다. — 圈 유추하다, 유추로 ... 을 보이다[설명하다]; ...의 유사함을 보여주다(to, with). ¶ ~ a girl to a boy 소녀와 소년의 유사함을 보여주다.

*** a·nal·o·gous** [ənǽləɡəs] 圈 1 유사한, 비슷한, 닮은(to, with). ¶ ~ to one another 서로 비슷하게/Pity is ~ to love. 연민은 사랑과 비슷하다. 2 〔생물〕 상사기관(相似器官)의, 기능상 유사한.
~·ly 圓 **~·ness** 圈 「음의 레코드〔테이프〕.

ánalog recórding 圈 아날로그 녹음; 아날로그 녹

án·a·log-to-díg·it·al convérter [-tədìdʒətl-] 圈 〔컴퓨터〕 AD〔아날로그 디지털〕 변환기 (略 A-D, ADC). (또는 **ánalog-dígital convérter**)

an·a·logue [ǽnəlɔ̀ːɡ, -lɑ̀ɡ] 圈 1 유사물, 비슷한 것; 대등한 것. ¶A jaguar is an ~ of a leopard. 재규어는 표범과 같은 종류다. 2 상당하는 것, 해당물; 유사 식품(두부 등으로 만든 유사 육류 따위); 유사어; 유사 환경〔상황〕. 3 〔생물〕 상사 기관(기능은 비슷하나 동일 기관에서 진화되지 않은 기관). 4 〔전자〕 계량형(計量型), 아날로그 표시 장치(시계의 바늘·수은주 따위). — 圈 아날로그형의, 상사(相似)형의. (또는 **analog**) ⓒ **digital**

‡a·nal·o·gy [ənǽlədʒi] 圈 (pl. **-gies** [-z]) 1 ⓒⓤ 유사(類似), 비슷한 것(between, to, with). ⇒LIKENESS 〔유의어〕 ¶the ~ of a family to〔or with〕a nation 가정과 국가의 유사성/the ~ between the eye and the camera 눈과 카메라의 유사성. 2 ⓤ 〔논리〕 유추(법), 추론. 〔철학〕 존재의 유비(類比); 〔신학〕 신앙의 유비; 〔수학〕 비례, 등비(等比); 〔생물〕 상사(相似); 〔언어〕 유추. ¶false ~ 그릇된 유추. 「추하여.
by analogy with; on the analogy of ...에서 유
by the analogy with ...와의 유사성의 의하여.
have〔or **bear**〕**some analogy to**〔or **with**〕...와 상당히 닮다〔유사하다〕.

análogy tèst 유추 테스트(「A와 B의 관계는 Y와 ( )의 관계와 같다」의 공란을 메우는 형식의 테스트).

an·al·pha·bet·ic [æ̀nælfəbétik, æ̀nǽl-] 圈 1 알파벳순이 아닌, 알파벳 문자가 아닌; 〔음성〕 비자모적(非字母的) 기호의. 2 배우지 못한, 문맹의, 무식한.
-i·cal·ly

ánal phàse 〔정신분석〕 항문기(期), 항문애기(愛期)(성심리적 발달의 제2단계로 보통 2세 때).

ánal reténtive 圈 항문애 성격의 (사람); (사람이) 지나치게 깔끔한, 신경질적인. 「을 받는 사람.

a·nal·y·sand [ənǽləsænd, -zænd] 圈 정신 분석

a·nal·yse [ǽnəlàiz] 圈 《英》 = analyze.

‡a·nal·y·sis [ənǽləsis] 圈ⓤⓒ (pl. **-ses** [-siːz]) 1 (내용·정세 따위의) 분석, 분해(⋄ synthesis); 검토, 해명; 분석 결과, 분석표, 해석학. ¶an ~ of the international political situation 국제 정치 정세의 분석. 2 〔화학〕 분석. ¶qualitative [quantitative] ~ 정성〔정량〕 분석. 3 〔수학〕 해석, 해석학. ¶vector ~ 벡터 해석. 4 〔문법〕 해부; 분석. ¶the grammatical ~ of a sentence 문장의 문법적 해부. 5 《美》 정신 분석.
in the last〔or **final, ultimate**〕**analysis** 결국(은), 요는.
make an analysis of ...을 분석하다.
on〔or **upon**〕**analysis** 결국(은), 필경.

‡an·a·lyst [ǽnəlist] 圈 1 분석자, 해석학자. 2 정신분석학자〔분석의(醫)〕(psychoanalyst). 3 (뉴스·정세 따위의) 해설자, 분석가; 경제〔경기, 투자〕분석가, 애널리스트; 통계학자. 4 〔컴퓨터〕 시스템 분석가.

analyt. analytic(al).

‡an·a·lyt·ic [æ̀nəlítik] 圈 1 분석적인, 분해적인, 해부적인, 해석적인(⋄ synthetic). 2 〔언어〕 분석적인. 3 〔논리〕 분석적인. (또는 **analytical**) **-i·cal·ly**

analýtical bálance 圈 〔화학〕 화학 천칭(天秤), 분석용 천칭(0.01~0.1mg의 감도를 가진 정밀 저울).

analýtical chémistry 圈 분석 화학.

analýtical reágent 圈 〔화학〕 분석용 시약(試藥).

analýtic geómetry 圈 〔수학〕 해석 기하학.

analýtic lánguage 圈 〔언어〕 분석적 언어.

analýtic psychólogy 圈 분석 심리학.

an·a·lyt·ics [æ̀nəlítiks] 圈 (단수취급) 〔수학〕 해석학; 〔논리〕 분석론. 「있는. **-bíl·i·ty** 圈

an·a·lyz·a·ble [ǽnəlàizəbl] 圈 분석〔분해〕할 수

‡an·a·lyze [ǽnəlàiz] (* 《英》 **-lyse**) 圈 (**-lyz·es** [-iz]; **~d; -lyz·ing**) 1 ...을 분석하다, (...으로) 분해하다(into)(⋄ synthesize). ¶ ~ a poem 시를 분석하다/ (~+阻+前+阁) ~ something into its elements 어떤 것을 그 요소로 분해〔분석〕하다. 2 ...을 검토하다, 꼼꼼히 살펴보다. ¶Let us ~ the cause of the victory. 승리의 원인을 꼼꼼히 살펴 보자. 3 〔화학〕 ...을 분석하다; 〔수학〕 ...을 해석하다; 〔문법〕 ...을 해부하다. ¶ (~+阻+前+阁) Water can be ~d into oxygen and hydrogen. 물은 산소와 수소로 분해할 수 있다. 4 ...의 정신 분석을 하다.
analyze out (분석하여) ...을 추출하다, 생각해 내다; (구어) ...을 분석하다.
-ly·za·tion [ᴉlizéiʃən/-laiz-]

‡an·a·lyz·er [ǽnəlàizər] (* 《英》 **-lys·er**) 圈 1 분석자, 분해자; 〔화학〕 분석가. 2 〔광학〕 검광자(檢光子), 검편기(檢偏器).

A·nam [ənǽm/ænǽm, ˊ-] 圈 = Annam.

an·am·ne·sis [æ̀næmníːsis] 圈 (pl. **-ses** [-siːz]) 1 추억, 회상; (플라톤 철학에서 이데아의) 상기(想起). 2 (A-) 〔가톨릭〕 (수난·부활·승천을 상기하는) 전례문(典禮文), 애네식문. 3 (환자의) 병력(病歷).

an·am·nes·tic [æ̀næmnéstik] 圈 1 추억의, 기억을 돕는. 2 〔의학〕 병력(病歷)의. **-ti·cal·ly**

an·a·mor·phic [æ̀nəmɔ́ːrfik] 圈 1 〔광학〕 일그러져 보이는 상(像)의, 왜상(歪像)의. 2 〔생물〕 점진적 진화의〔에 의한〕; 증절(增節) 현상의〔에 의한〕.

anamórphic léns 〔영화·광학〕 원주(圓柱) 렌즈(한 방향으로만 확대되는 복합 렌즈).

an·a·mor·pho·scope [æ̀nəmɔ́ːrfəskòup] 圈 〔광

학) 왜상경(歪像鏡)(왜곡된 像(상)을 바른 상으로 고치는 광학 기계).

an·a·mor·pho·sis [æn əmɔ́ːrfəsis, -mɔːrfóu-] 图 (pl. **-ses** [-siːz]) UC **1** (광학) (어떤 각도에서 보는 특수 장치를 써서 비로소 정상적으로 보이는) 왜상(歪像). **2** (생물) (진화에 의한) 체형의 변화. **3** (동물) 중지 동물의) 증절(增節) 현상; [식물] (꽃·잎 따위의) 기형, 변체(變體). ⓐ metamorphosis

an·a·nas [ǽnənæs/ənɑ́ːnəs] 图 =pineapple.

an·an·drous [ənǽndrəs] 囮 [식물] 수술이 없는.

An·a·ni·as [ǽnənáiəs] 图 **1** [성서] 아나니아(성령께 거짓말을 했기 때문에 죽은 남자. ←사도행전(Acts) 5 : 1). **2** (구어) (상습적인) 거짓말쟁이(liar), 위선자.

an·an·kás·tic personálity [ǽnəŋkǽstik-, ænæŋ-] 囮 강박 성격. [필명].

an·a·nym [ǽnənìm] 图 본명을 거꾸로 적은 가명

an·a·pest [ǽnəpèst] 图 (운율) **1** (고전시의) 단단 장격(短短長格) (~ ~-), **2** (영시의) 약약강격(弱弱強格) (×× ㄥ). (또는 **anapaest**) **-páes·tic, -pés·tic** 囮 **-páes·ti·cal·ly, -pés·ti·cal·ly** 囝

a·naph·o·ra [ənǽfərə] 图 **1** (수사) 첫머리 어구의 반복(연속하여 문두에 같은 말을 반복하기. 예: Where is the wise? Where is the scribe? Where is the disputer of this world? 현인은 어디에? 기록자는 어디에? 이 세상의 논자는 어디에 있는가?). **2** [문법] 대용어(명사의 반복을 피하기 위한 대명사 따위. 예: Which book do you want? I want this one, 의 one)). **3** (발로 A-) (그리스 정교) 미사 봉헌문, 성찬식문.

an·a·phor·ic [ǽnəfɔ́rik, -fɑ́r-/-fɔ́r-] 囮 [문법] 앞서 나온 어구를 가리키는데 관한.

an·aph·ro·di·sia [ænǽfrədí(ː)ziə, -díʒə, -díziə] 图 (정신의학) 성욕 감퇴 증상; 성욕 결핍.

an·aph·ro·dis·i·ac [ænǽfrədi(ː)zìæk] (의학) 囮 성욕을 억제시키는. — 图 성욕 억제약.

an·a·phy·lax·is [ænəfəlǽksis] 图U (병리) 아나필락시스(혈청 주사를 맞은 뒤나 조개류를 먹은 뒤에 일어나는 이질 단백질에 대한 과민증). **-lác·tic** 囮 **-lác·ti·cal·ly** 囝 **-lác·toid** 囮

an·a·pla·sia [ǽnəplèiʒə, -ziə] 图U (생물) (세포의) 퇴생(退生), 퇴화.

an·a·plas·tic [ǽnəplǽstik] 囮 **1** (병리) (세포가) 퇴화의, 퇴생의; (종양이) 악성의. **2** (외과) 정형 외과의, 피부 이식술의.

an·a·plas·ty [ǽnəplǽsti] 图U (외과) 정형 외과술.

an·arch [ǽnɑːrk] 图 **1** 전제 군주, 폭군. **2** 반란(모반) 지도자. **3** (고어) 무정부주의자.

an·ar·chic [ænɑ́ːrkik] 囮 **1** 무정부(상태)의, 무정부적인. **2** 무정부 옹호의, 무정부주의의. **3** 무법 상태의, 무질서한. (또는 **anarchical**) **-chi·cal·ly** 囝

an·ar·chism [ǽnərkìzm] 图U **1** 무정부주의, 아나키즘. **2** (폭력·테러 따위에 의한) 체제 전복 활동.

an·ar·chist [ǽnərkist] 图 **1** 무정부주의자, 무정부당원. **2** 폭력 혁명가; (구어) 테러분자. **3** (체제에 대한) 반역자. **-chís·tic** 囮

an·ar·cho- [ənɑ́ːrkou, -kə] 연결 (英) 무정부주의(자)(의)의 뜻. ¶ anarcho-liberal.

an·ar·cho·syn·di·cal·ism [ǽnərkousíndikəlìzm] 图 =syndicalism. **-ist** 图

*an·ar·chy [ǽnərki] 图U **1** 무정부 상태, 무법 상태. **2** (정치적·사회적) 혼란[난맥] 상태, 무질서 상태; (일반적으로) 무질서, 혼란. ¶ be in a state of ~ 무정부 상태에 있다, 혼란에 빠져 있다. **3** 무정부론.

an·ar·thri·a [ænɑ́ːrθriə] 图 (병리) (뇌장애에 의한) 구어(構語) 장애, 실구어(失構語)(증).

an·ar·throus [ænɑ́ːrθrəs] 囮 **1** (동물) 관절이 없는. **2** (문법) (그리스 문법의) 무관사의. ~**·ly** 囝 ~**·ness** 图 [(浮腫).

an·a·sar·ca [ǽnəsɑ́ːrkə] 图U (병리) 전신 부종

an·a·stat·ic [ǽnəstǽtik] 囮 (인쇄) 철판(凸板)의. ¶ an ~ process [or printing] 철판 인쇄.

an·as·tig·mat [ǽnəstigmæt, ænǽstig-] 图 (광학) 수차 보정(收差補正) 렌즈. **àn·as·tig·mát·ic** 囮

a·nas·to·mose [ənǽstəmòuz] 图 (생리·해부) (혈관 따위가) 접합하다.

a·nas·to·mo·sis [ənæ̀stəmóusis] 图 (pl. **-ses** [-siːz]) **1** (해부) (혈관·신경 따위의) 접합; (외과) 문합술(吻合術). **2** (생물) 교차 연락. **3** (운하 따위의) 합류. **-mot·ic** [-mɑ́tik/-mɔ́t-] 囮 [도, 도치법.

a·nas·tro·phe [ənǽstrəfi] 图UC (수사) 어순 전

anat. anatomical; anatomist; anatomy.

a·nath·e·ma [ənǽθəmə] 图 **1** (가톨릭) (이단자들에게 내리는) 파문; 파문 당한 사람; (교리의) 파기. **2** (일반적으로) 저주, 악담, 심한 매도; 저주받은 사람[것]. **3** 혐오받는 사람[것]; 혐오 대상; 금기.

pronounce an anathema against [or upon] …을 파문하다; …을 공공연히 저주하다.

a·nath·e·ma·tize [ənǽθəmətàiz] (* (英) **-tise**) 图色 **1** (가톨릭) …을 파문하다; 비난하다, 저주하다. — ⓐ 저주를 선고하다; 저주하다.

a·nàth·e·ma·ti·zá·tion 图U 파문, 저주. **-tiz·er** 图

An·a·to·li·a [ǽnətóuliə] 图 **1** 아나톨리아(옛날의 소아시아(Asia Minor), 현재는 아시아쪽 터키를 지칭). **2** 아나톨리아 통신(터키의 반국영 통신사).

An·a·to·li·an [ǽnətóuliən] 囮 아나톨리아의; 아나톨리아 사람[말]의. — 图 아나톨리아 사람; U 아나톨리아 말.

an·a·tom·i·cal [ǽnətɑ́mikəl/-tɔ́m-] 囮 해부학 상의, 해부의. (또는 **anatomic**) ~**·ly** 囝

a·nat·o·mist [ənǽtəmist] 图 해부학자, 해부 전문가; 분석자.

a·nat·o·mize [ənǽtəmàiz] (* (英) **-mise**) 图色 **1** (동·식물)을 해부하다, 해체하다. **2** …을 상세히 분석 검토하다. **-miz·a·ble** 囮 **-mi·zá·tion, -miz·er** 图

*a·nat·o·my [ənǽtəmi] 图 (pl. **-mies** [-z]) **1** U 해부학, 해부술(론). ¶ comparative ~ 비교 해부학 / general [human] ~ 일반(인체) 해부학 / practical ~ 현장 해부학. **2** U 해부, 분석. ¶ the ~ of a crime 범죄의 분석. **3** (동·식물의) 해부학적 구조[조직]; (일반적으로) 조직, 구조. ¶ the ~ of language 언어의 구조. **4** 해부체. **5** 해부학 논문. **6** 해골; 미이라; (구어) 말라깽이. **7** (구어) 인체. **8** UC (일의) 해부학적 검토, 상세한 조사 [검토], 분석, 분해. [이드(toxoid).

an·a·tox·in [ǽnətɑ́ksin/-tɔ́k-] 图 아나톡신, 톡소

an·bur·y [ǽnbəri, -æm-] 图 (마소의) 연종(軟腫); (식물의) 뿌리 비대병, 근류병(根瘤病).

ANC (남아공) African National Congress(아프리카 민족 회의); Army Nurse Corps(육군 간호사단).

anc. ancient(ly).

-ance [əns] 囧 「행동·상태·성질」을 나타내는 명사 어미. **a)** -ant로 끝나는 형용사에서 -ant 대신에 쓰여 명사형을 만든다. ¶ brilliance, distance. **b)** 동사에 직접 붙여서 명사형을 만든다. ¶ utterance, assistance.

*an·ces·tor [ǽnsestər] 图 (pl. ~**s** [-z]) **1** (조부모 이전의) 조상, 선조(ⓐ descendant). ¶ He is sprung from noble ~s. 그는 귀족이다[훌륭하다]. **2** (생물) 시조(始祖), 원형종(原型種). ¶ prehuman ~s 인류 발생 이전의 원형종. **3** 원형, 전신(前身); 선구자; 모범으로 추앙되는 사람, 사표(師表). **4** (법률) 존속(尊屬), 피상속인. — 图色 …의 선조가 되다.

áncestor wórship 图 (인류) 조상 숭배.

*an·ces·tral [ænséstrəl] 囮 **1** 조상(전래)의, 선조 대대의, 조상으로부터 물려받은. ¶ an ~ home 조상 전래의 집. **2** 원형이 되는. ~**·ly** 囝

an·ces·tress [ǽnsestris] 图 ancestor의 여성형.

*an·ces·try [ǽnsestri] 图U **1** (집합적) 조상, 선조 (ⓐ posterity). ¶ Hawaiians of Korean ~ 한국계 하

와이 사람. **2** 명문, 문벌; 가계.¶He is born of good ~. 그는 명문가 출신이다. **3** (조상의) 계통, 족보.¶trace ~ back to 족보를 …까지 더듬어 올라가다. **4** (현상·약식 따위의) 발단, 기원. **5** 발달사, 계보, 계통.

An·chi·ses [æŋkáisiːz] 몡 [그리스 신화] 안키세스(Troy의 용사 Aeneas의 아버지; 아들의 도움으로 Troy에서 이탈리아로 탈출). ⇨ **Aeneas**

‡**an·chor** [æŋkər] 몡
(略 ~s [-z]) 몡 **1** [a] bower ~ 큰 닻, 이물 닻/a kedge ~ 작은 닻/a sea ~ 바다 닻. **2** (일반적으로) 고정재(材), 고정 도구[장치], 추; (전축) 고정용하는 것. **4** (릴레이 경주·수영의) 최종 주자 (anchorman); (줄다리기의) 맨끝의 사람. **5** 2 Hall's anchor 홀식 닻 (英구어) 주거, 거처. **6** 3 mushroom anchor 버섯모양 (방송) 종합 뉴스·스포츠 따위 프로의 종합 진행자, 앵커; 총사회자. **7** (TV) (시청자를 붙들어두는) 주력 프로. **8** (속어) (~s) (자동차의) 브레이크. **9** (美속어) 산신령, 산의 신. **10** (문장) 닻의 도형; 희망의 상징. **11** (美해군) (사관 학교의) 꼴찌 학생. **12** (컴퓨터) = **hyperlink**.

[anchors 1]

be [or **lie, ride**] **at anchor** 닻을 내리고 있다, 정박 **by** [or **with**] **an anchor** 닻으로. ㄴ하고 있다.
cast [or **lay**] **an anchor to windward** ① 바람부는 쪽에 닻을 내리다. ② 안전 대비책을 강구하다.
cast [or **drop**] **(the) anchor** ① 닻을 내리다, 정박하다. ② (…에) 정착하다, 머무르다, 휴식하다(*in*).
cat the anchor 닻을 끌어올려 닻걸이에 걸다.
come to (an) anchor 정박하다; 정착하다.
drag (the) anchor ① (조류나 바람에 밀려) 닻이 제구실을 못하다. ② 실패하다.
fish anchor (물 위에 나타난) 닻을 끌어올리다.
let go the anchor 닻을 내리다; (명령형으로) 닻 내려!
put one's arse to anchor (英속어) 정주하다.
swallow the anchor (속어) 선원 생활을 그만두다; 해군에서 제대하다. ㄴ나가라!
up the anchor ① 닻을 올리다. ② (명령형으로)
weigh (up) (the) anchor ① 닻을 올리다, 출항하다. ② 출발하다, 떠나다; 일을 시작하다.
──他 **1** 닻을 내려 정박시키다. **2** …을 단단히 붙잡아 매다, 달다(*to*). ¶(~+目+前+名) ~ a button to a cloth 단추를 천에 단단히 달다. **3** (재귀용법으로) 앉다, 쉬다, 머무르다. **4** (방송) (…의) 앵커를 맡다. ¶~ the nine o'clock news 9시 뉴스의 앵커를 맡다.
──(자) **1** 닻을 내리다; 정박하다[하고 있다](*in*). ¶(~+前+名) ~ along a pier 부둣가에 정박하다 / The ship *~ed in* the harbor [*off* the shore]. 배는 항구 [앞바다]에 닻을 내렸다[정박했다]. **2** 정착하다, 고착하다(*on, to*). ¶(~+前+名) The suckerfish *~ed fast to* the whale. 그 빨판상어는 고래에 찰싹 달라붙었다. **3** 앉다, 쉬다, 머무르다.
anchor one's hope in [or **on**] …에 희망을 걸다.
~**·a·ble**, ~**·less**, ~**·like** 형

***an·chor·age**[1] [æŋkəridʒ] 몡 **1** ⓤ (해사) 닻을 내림, 투묘요(投錨), 정박, 계류(繫留). **2** 투묘지, 정박지. **3** ⓤⓒ 정박료[세]. **4** ⓒ (배를 매어두는) 계류장, 고정물 [용구]. **5** 희망으로 삼는 것, 의지가 되는 것.
an·chor·age[2] 몡 은둔자의 거처, 은신처.
An·chor·age [æŋkəridʒ] 몡 앵커리지(미국 Alaska주 남부의 도시; 해·공 교통 중심지).
ánchor bólt 몡 (건축) 앵커 볼트.
ánchor búoy 몡 앵커 부이[부표].
an·chored [æŋkərd] 형 닻을 내린; (당구) (표적 공이) (쉽게 캐롬(carom)할 수 있을 만큼) 가까이 있는.
ánchor escápement 몡 (시계 톱니바퀴의) 앵커 탈진기(脫進機). ⇨ **ancress**
an·cho·ress [æŋkəris] 몡 anchorite의 여성형.
an·cho·ret [æŋkərit, -kərət] 몡 = **anchorite**.
~**·ret·ism** 몡
an·cho·ret·ic [æŋkərétik] 형 은자(隱者)의와 같은
an·cho·rette [æŋkərét] 몡 앵커 우먼, 여성 뉴스 캐스터. ⇨ **age**[1]
ánchor gróund 몡 투묘지(投錨地). ⇨ **anchor-**
an·chor·hold [æŋkərhòuld] 몡 닻힘[닻이 걸리는 힘]; 견고, 안전(security).
ánchor íce 몡 묘빙(錨氷)(수면 아래 배 밑바닥에 붙는 얼음)(bottom[ground] ice).
an·cho·rite [æŋkəràit] 몡 (떼 **anchoress**) 은둔자, 은사(隱士), 도사. (또는 **anchoret**) -**rit·ism** 몡
an·cho·rit·ic [æŋkərítik] 형 = **anchoretic**.
ánchor líght 몡 (항해) 정박등. ㄴ**-i·cal·ly** 튀
an·chor·man [æŋkərmæn, -mən] 몡 -**men** [-mèn, -mən] **1** (스포츠) = **anchor 4**; (구기) 골 (라인 부근)의 수비수; (야구) 가장 중요한 타자. **2** (집단에서의) 기둥[의지]이 되는 사람. **3** (방송) 앵커, 종합 진행자. (또는 **ánchor màn**) ㄴ말씨; 사회자 용어.
an·chor·ma·nese [æŋkərməníːz] 몡 (방송) 앵커
an·chor·per·son [æŋkərpɜ̀ːrsn] 몡 (뉴스 프로의) 앵커, 종합 사회자(성차별을 피하기 위한 말). (또는 **ánchorpèople**)
ánchor próduct 몡 주력[중심] 제품[상품].
ánchor táble 몡 (방송) 앵커의 테이블, 방송 주임석.
an·chor·wom·an [æŋkərwùmən] 몡 (떼 **-wom·en** [-wìmin]) 여성 앵커.
an·cho·vy [æntʃouvi, -tʃə-] 몡 (떼 **-vies**, ~) 안초비(지중해산(産) 멸치류의 작은 물고기); 멸치젓.
ánchovy péar 몡 안초비 배(서인도 제도산(産)) 망고와 비슷한 과일); 안초비 배나무. ㄴ트를 바른 토스트).
ánchovy tóast 몡 안초비 토스트(안초비의 페이스 **an·chu·sa** [æntʃjúːsə, -zə] 몡 기밀꽃의 약초. [트
an·chy·lose [æŋkəlòus] 동 = ankylose. -**lót·ic** 형
an·chy·lo·sis [æŋkəlóusis] 몡 = ankylosis.
an·cienne no·blesse [ɑ̀ːnsjén noublés] 몡 (혁명 전의) 구(舊)귀족 계급. [<F old nobility]
an·cien ré·gime [ɑ̀ːnsjén reiʒíːm] 몡 (떼 **-s -s**) **1** 구체제[제도], 앙시앵레짐(프랑스 혁명(1789) 이전의 정치·사회 제도). **2** 시대에 뒤진 제도·풍습, 과거의 유물. [<F old order]

‡**an·cient**[1] [éinʃənt] 형 (*more* ~; *most* ~) **1** 태고의, 먼 옛날의. ¶in ~ times 먼 옛날에. **2** 고대의; 서로마 제국 멸망(A.D. 476) 이전의. ¶~ art [civilization] 고대 미술[문명]/the ~ Romans 고대 로마인. **3** 고래의, 옛부터의. ¶a very ~ idea 아주 옛부터 있었던 생각. **4** 늙은(aged). ¶오랜 세월을 거친, 낡은. ¶an ~ tree 고목. **5** (口) 연공(年功)을 쌓은, 분별·경험이 많은. **6** 구식의(old-fashioned). (법률) 30[20]년이 지난. ¶an ~ coat 구식의 코트.

ancient and honorable 나이 들고 존귀한(← 이사야(Isa.) 9:15); (전통·관습이) 오래된, 유서 깊은.

[유의어] **ancient** (modern의 반대어로) 먼 옛날에 있었던, 태고적에 일어난. **old** (new, young의 반대어로) 오랫동안 존재해[사용되]온, 옛적의. **antiquated** 너무 오래되어 통용되지 않는. **antique** 오래되어 진귀하기 때문에 가치 있는, 고풍의. **old-fashioned** 시대[유행]에 뒤진; 구식의, 진부한.

── 몡 **1** 고대인; (the ~s) 고대 문명인[국민], 고대 예술가[작가] (고대 그리스·로마·히브리·이집트 사람). **2** (고대 그리스·로마의) 고전 작가. **3** (고령의) 노인, 장로. ~**·ness** 몡 ㄴ로; 고대의 화폐.
an·cient[2] 몡 (고어) 기수(旗手); 기(旗), 국기, 군기.

ancient history 명 **1** 고대사(서로마 제국 멸망(A.D. 476)까지). **2** 《구어》 누구나 아는 일, 케케묵은 이야기. **3** (개인적인) 옛 이야기.
ancient lights 명(복) 〔英법률〕 채광(採光)[일조(日照)]권 소유(창문의 게시 문구; 20년 이상 채광을 방해받지 않은 창문은 채광권을 인정받음); 채광[일조]권.
an·cient·ly [éinʃəntli] 부 옛날에는, 고대에(는).
ancient mariner 명 늙은 수부; 《英》 〔해사〕 갈매기. 〔<S.T. Coleridge의 시 *The Ancient Mariner*〕
ancient monument 명 (국가 관리의) 고대 유적.
Ancient of Days 명 〔성서〕 옛날부터 계신 분(← 다니엘(Dan.) 7:9); 지고(至高)한 존재, 하느님.
an·cient·ry [éinʃəntri] 명U **1** 《고어》 고대 양식, 고풍. **2** 《폐어》 구가(舊家); 노인들. **3** 《고어》 고대.
an·cil·la [ænsílə] 명 **1** 보조물, 부수물; 액세서리. **2** 《고어》 하녀.
an·cil·lar·y [ǽnsəlèri/ænsílə-] 형 보조적인, 부속적인, 부수적인(*to*). ── 명 《英》 조력자, 조수; 보조물, 부수물.
an·cip·i·tal [ænsípətl] 형 〔동·식물〕 (납작한 줄기 따위가) 이능형(二稜形)의(double-edged); 두 면이 있
an·cle [ǽŋkl] 명 《英》 =ankle. ⌊는.
an·con [ǽŋkɑn/-kɔn] 명 (복) **-co·nes** [æŋkóuni:z]) 〔건축〕 첨차(檐遮); 〔해부〕 팔꿈치(elbow).
an·co·nal, an·co·ne·al, -co·noid [-kənɔ̀id] 형
an·cress [ǽŋkris] 명 =anchoress.
anct. ancient. 「*ancy*, constancy.
-an·cy [ənsi] 접미 condition, quality의 뜻. ¶buoy-
‡**and** ⇨AND. ⟨p. 112⟩
AND [ænd] 명 〔컴퓨터〕 앤드, 논리곱(논리적(積)을
and. andante. ⌊만드는 논리 연산자(演算子)).
An·da·lu·sia [æ̀ndəlú:ʒə, -ʃiə/-ziə] 명 안달루시아(스페인 남부의 지방; 스페인어 이름은 Andalucia).
An·da·lu·sian [æ̀ndəlú:ʒən, -ʃiən/-ziən] 형 안달루시아(사람[방언])의. ── 명 **1** 안달루시아 사람[방언]. **2** (또는 ∠ **fowl**) 안달루시아 닭. 「(紅柱石).
an·da·lu·site [æ̀ndəlú:sait] 명U 〔광물〕 홍주석
an·dan·te [ændǽnti] 〔음악〕 형부 안단테의[로], 느린[느리게]. ── 명 안단테(곡). 〔<It〕
an·dan·ti·no [æ̀ndæntí:nou] 〔음악〕 형부 안단티노의[로]. ── 명 안단티노의 곡[악장, 악절]. 〔<It〕
AND circuit [gate] 명 〔컴퓨터〕 앤드[논리곱] 회로.
An·de·an [ændí:ən, ǽndiən] 형 안데스 산맥(the Andes)의. ── 명 안데스 산지인(山地人).
AND element 명 〔컴퓨터〕 논리곱 소자(素子).
An·der·sen [ǽndərsn] 명 **Hans Christian** ~ 안데르센(1805–75: 덴마크의 동화 작가).
An·der·son [ǽndərsn] 명 앤더슨. **1 Carl David** ~(1905–91: 미국의 물리학자; 노벨 물리학상 수상). **2 Maxwell** ~ (1888–1959: 미국의 극작가). **3 Philip Warren** ~ (1923–95: 미국의 물리학자; 노벨 물리학상 수상). **4 Sherwood** ~ (1876–1941: 미국의 소설가·단편 작가). **5** (the ~) 앤더슨 강(캐나다 Great Bear 호의 북쪽에서 서북으로 흘러 Beaufort 해로 빠진다; 길이 580km). 「이 방공호.
Anderson shelter 명 《英》 (아치형의) 이동식 간
An·des [ǽndi:z] 명(복) (the ~) 안데스 산맥(남미 서부에 있는 대산맥; 최고봉 Aconcagua 산(6,960m)).
Andes Group 명 (the ~) 안데스 그룹(남미 태평양 연안의 안데스 산맥 주변에 위치한 볼리비아·콜롬비아·에콰도르·페루·베네수엘라 5개국 경제 블록).
an·des·ite [ǽndəzàit] 명U 〔암석〕 안산암(安山岩). 「(firedog).
and·i·ron [ǽndàiərn] 명 (벽난로의) 장작 받침쇠
AND operation 명 〔컴퓨터〕 논리곱 연산.
and/or [ǽndɔ́:r] 접 및/또는("and" 와 "or" 두 가지를 접속사로 써서 양쪽 다 또는 어느 한쪽을 가리킨다. 주로 상업·법률 용어로 쓴다). ¶history ~ science 역사 및/또는 과학.
An·dor·ra [ændɔ́:rə, -dɑ́rə] 명 **1** 안도라(프랑스·스페인 접경의 피레네 산맥 가운데 있는 공화국). **2** (또는 ∠ **la Vella**) 안도라의 수도. **-ran** 형명
andr- [ændr] 연결 ⇨ANDRO-. 「성인 교육법[학].
an·dra·go·gy [ǽndrəgòudʒi, -gɑ̀dʒi/-gɔ̀dʒi] 명
An·drew [ǽndru:] 명 **1** 앤드루(남자 이름). **2** 〔성서〕 안드레(그리스도의 12사도의 한 사람).
Andrews Air Force Base [ǽndru:z-] 명 앤드루스 공군 기지(Washington D.C.의 교외에 있다).
an·dro- [ǽndrou, -drə] 연결 male의 뜻(＊ 모음 앞에서는 andr-). ¶*andro*phobia, *andr*ic(남성의).
an·dro·cen·tric [æ̀ndrəséntrik] 형 남성 중심의, 웅성(雄性) 지배의. **-trism** 명U 남성 중심주의. **-trist** 명
An·dro·cles [ǽndrəklì:z] 명 〔로마 전설〕 안드로클레스(발바닥에 박힌 가시를 빼준 적이 있는 사자가 투기장에서 목숨을 살려준 로마 노예). (또는 **Androclus**)
an·droe·ci·um [ændrí:ʃiəm/-siəm] 명 (복) ***-ci·a*** [-ʃiə/-siə]) 〔식물〕 《집합적》 수술(stamens). **-cial** [-ʃəl/-siəl] 형
an·dro·gen [ǽndrədʒən] 명U 〔생화학〕 안드로겐(남성 호르몬). **-gen·ic** 형
an·drog·en·ize [ændrɑ́dʒənàiz/-drɔ́dʒ-] 동타 (여성)을 남성화시키다, (특히) 남성 호르몬을 주사해서 남성적 특징을 강화시키다. **-i·za·tion** 명
an·dro·gyne [ǽndrədʒàin] 명 남녀추니, 반음양(半陰陽)(hermaphrodite); 자웅 동화서(雌雄同花序)의 식물; 《고어》 여성적인 남자.
an·drog·y·nous [ændrɑ́dʒənəs/-drɔ́dʒ-] 형 〔식물〕 (같은 화서(花序)에) 암수 두 가지 꽃이 있는; 자웅양성(雌雄兩性)의; 남녀 양성의, (복장·행동이) 남녀 구별을 할 수 없는.
an·drog·y·ny [ændrɑ́dʒəni/-drɔ́dʒ-] 명U 남녀양성 소유; 남녀 공용의 의상[스타일]; 〔식물〕 (같은 화서의) 자웅 동주(同株). 「형 인간의 특징을 지닌.
an·droid [ǽndrɔid] 명 안드로이드, 인조 인간. ──
an·drol·o·gy [ændrɑ́lədʒi/-drɔ́l-] 명 남성 과학, 남성병학. 반 gynecology **-gist** 명
An·drom·a·che [ændrɑ́məkì:/-drɔ́məki] 명 〔그리스 신화〕 안드로마케(Hector의 아내).
An·drom·e·da [ændrɑ́mədə/-drɔ́m-] 명 **1** 〔그리스 신화〕 안드로메다(에티오피아의 왕녀로서 Cassiopeia의 딸; 바다 괴물의 제물로 바쳐지지만 Perseus가 구해내어 아내로 삼았다). **2** 〔천문〕 안드로메다 자리(the Chained Lady). 「메다 성운(星雲).
Andromeda galaxy 명 (the ~) 〔천문〕 안드로
Andromeda strain 명 안드로메다 병원체(지구의 생명을 뺏기 위해 외계에서 가져온 미지의 병원체). 〔<미국 작가 Michael Crichton의 SF 소설에서〕
an·dro·pho·bi·a [æ̀ndrəfóubiə] 명 남성 공포증.
An·dro·pov [ændrápɑv] 명 **Yury Vladimirovich** ~ (1914–84: 소련의 정치가·공산당 서기장).
an·dro·sphinx [ǽndrəsfiŋks] 명 남성의 머리를 가진 스핑크스.
an·dros·ter·one [ændrɑ́stəròun/-drɔ́s-] 명U 〔생화학〕 안드로스테론(성 호르몬). 「*drous*.
-an·drous [ǽndrəs] 연결 male의 뜻. ¶polyan-
An·dy [ǽndi] 명 앤디(남자 이름; Andrew의 애칭).
-ane [ein] 접미 **1** 화학 용어의 명사 접미사. 특히 메탄이나 파라핀계의 탄화수소명에 쓰인다. ¶dec*ane*, pent*ane*, prop*ane*. **2** -an의 변형(＊ 단, 의미가 다른 경우가 종종 있다). ¶hum*ane*.
a·near [əníər] 부전 《시》 =nearly; near.
an·ec·dot·age [ǽnikdòutidʒ] 명U 《집합적》 일화(집); 《익살》 추억담을 하고 싶어하는 노령[노년배]. 〔<*anec*dote+*dotage*〕
an·ec·do·tal [æ̀nikdóutl] 형 일화의, 일화가 많은, 이야깃거리가 되는. **~·ly** 부

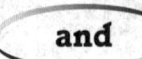

사용 범위가 가장 넓은 **등위 접속사**(等位接續詞)로, 원칙적으로 문법상 같은 기능의 어구를 대등하게 연결한다. and로 연결되는 두 명사는 원칙적으로 대등하며, 따라서 복수 취급이지만, 「전체로서 한 개념이 된 것」은 단수 취급이 되는 경우도 있다. 「both...and...」의 형식으로 중요한 **상관 접속사**(相關接續詞)를 형성하며, 「명령형, and...」의 형태도 중요하다.

‡**and** [강 ǽnd; 약 ənd, ən, nd, n; (p, b 앞에서) m, (k, g 앞에서) ŋ] ⓒ **I. 어·구·절의 대등한 연결**
1 (대등하게 연결) …와 …, … 또는 …, … 및 …. ¶You ~ I 너와 나/you, he, ~ I 너와 그와 나. ⇨USAGE¹/ black ~ white 흑과 백/mice ~ cats 쥐와 고양이 /an intelligent ~ disinterested man 지성이 있고 공평 무사한 사람/We were cold ~ hungry. 우리는 춥고 배고팠다/work by day ~ by night 밤낮으로 일한다/They left ~ we remained. 그들은 떠나고 우리는 남았다/To profess ~ to practice are very different things. 말로 하는 것과 실천에 옮긴다는 것은 전혀 별개의 것이다.

> (USAGE)¹ 다른 인칭을 열거할 때는 2인칭·3인칭·1인칭의 순서가 원칙. 다만, I ~ you are to blame. (나와 네가 나쁘다)의 경우는 다르다. 또 셋 이상의 단어를 열거할 경우, 일괄적으로 말할 때는 A, B and C처럼 마지막 둘 사이에 and를 쓰고 그 외에는 comma (,)로 구분하는 것이 보통이지만 A and B and C로 쓰면 열거[추가 서술]의 뜻이 강해진다. 이 경우 A, and B, and C로 될 수도 있다.

2 (수의 접속을 나타내어) 더하여, 보태어(plus, added to). ¶five ~ twenty 25 (twenty-five) / three hundred ~ thirty-five 335 / six hundred ~ five 605 / two thousand three hundred ~ twenty-two 2,322 ⇨주의¹ (2) / three thousand ~ two 3,002 ⇨주의¹ (3) / five pounds ten shillings ~ eight pence; five pounds ten ~ eight 5파운드 10실링 8펜스/주의¹ (4) / three shillings ~ sixpence; three ~ six 3실링 6펜스/two ~ a quarter 2¼ / one pound [mile] ~ a half; one ~ a half pounds [miles] 1½ 파운드[마일] / five hours ~ twenty minutes 5시간 20분/Seven ~ eight is [or are, makes, make] fifteen. 7+8=15.

> 주의¹ (1) 21 따위를 나타낼 경우 오늘날에는 twenty-one로 쓰는 것이 보통이지만 20-50대까지의 수(특히 나이·햇수)는 옛날에는 one[-]and[-]twenty와 같이 쓰는 일도 있었다. 현재 「2시 25분」을 It's five ~ twenty past two. 로 말하는 것이 그 잔재이다. (2) 백 단위 다음의 and는 《美》에서는 생략되는 일이 있다: 255=two hundred (and) fifty-five. * 연도, 예를 들면 2017년은 twenty seventeen처럼 전후반을 나누어 읽고, and는 넣지 않는다. 전화번호나 번지 따위는 그냥 하나씩 읽고 0은 [ou]로 읽는다: 3031=three 0[ou] three one. (3) 천 단위 다음에는 and를 넣지 않지만 백 단위(및 십 단위)가 없을 때는 and를 넣는다. (4) 길이·무게·금액 따위의 단위가 바뀔 때는 and를 생략하는 일이 많다.

3 (행동·상태 따위의 동시성을 나타내어) 게다가, 그리고 또한, 동시에. ¶sleep ~ dream 잠자면서 꿈을 꾸다 /They walked ~ talked. 그들은 걸으면서 이야기했다 / You can't eat your cake ~ have it. (속담) 먹은 과자는 손에 남지 않는다; 양쪽 다 좋을 수는 없다. / You cannot touch pitch, ~ not be defiled. (속담) 근묵자흑(近墨者黑).

4 (시간적 전후 관계를 나타내어) 그리고, 그리하여, 그 뒤; 그러자. ¶He read for an hour ~ went to bed. 그는 1시간 동안 독서한 뒤 잠자리에 들었다/We had a week in Rome ~ went to Paris. 우리는 로마에 1주일 동안 묵은 뒤 파리로 갔다/There was a puff of smoke ~ the witch had gone. 연기가 확 피어오르더니 마법사의 모습이 사라져버렸다.

II. 같은 낱말의 반복적 연결
5 (다수·누가(累加)·되풀이·계속·철저 따위를 나타내는 반복) ¶years ~ years ago 여러 해 전에/walk miles ~ miles 몇 마일이나 걷다/He coughed ~ coughed. 그는 계속 기침을 했다/We tried ~ tried, but we did not succeed. 몇 번이고 되풀이해서 해봤지만 우리는 성공하지 못했다/I knew him through ~ through. 나는 그를 훤히 알고 있었다/Things are getting worse ~ worse. 사태가 더욱더 악화되고 있다 /It is getting colder ~ colder. 갈수록 추워지고 있다.
6 (동일한 복수명사를 결합하여 변화·종류 따위를 나타낸다) ¶There are books ~ books. 책도 가지가지 있다/There are dogs ~ dogs, some mean, some friendly. 개도 가지가지여서 버릇이 나쁜 놈도 있고 온순한 놈도 있다.

III. 보충·부가적 연결
7 (보충·강조 따위를 나타내어) 그리고, 게다가, 그 위에, 더구나, 정말. ¶He likes to read, ~ to read out loud. 그는 책 읽기, 그것도 소리내어 읽기를 좋아한다 /He did it, ~ did it well. 그는 그 일을 해냈다, 더구나 아주 훌륭히 해냈다/He ~ he alone has done all this. 그가, 그것도 혼자서 이 일을 다 했다/I, ~ not they, am to go. 가야 할 사람은 그들이 아니라 나다.
8 (단수취급으로 일체화된 관계를 나타내어) ¶coffee ~ milk 우유를 탄 커피/bread ~ butter [brédn-bátər] 버터를 바른 빵/a cup ~ saucer [kǽpən-sɔ́ːsər] 받침 접시에 있는 컵/a watch ~ chain 줄 달린 시계/a hook ~ line 바늘이 달린 낚싯줄/a coach ~ four 4 마리가 끄는 역마차, 4 두마차/a black, brown ~ white dog 흰색, 검정색, 갈색의 얼룩개/ Slow ~ steady wins the race. (속담) 천천히, 그러나 꾸준히 달리는 자가 이긴다. 질러가는 길은 먼 길/ He is an eminent philosopher ~ mathematician. 그는 저명한 철학자이자 수학자이다.

> (USAGE)² (1) 동일인[물]을 가리킬 경우는 단수로서, 흔히 관사를 반복하지 않는다. 따라서 관사를 반복한 경우는 일반적으로 둘(이상)을 나타내며 복수 취급. (2) 동일인인 경우 부정관사가 반복되는 일도 있다: He's a recluse, a celibate ~ a Christian. 그는 은둔자이고 독신주의자이며 또 기독교도다. (3) 《美俗》에서 식당에서는 ham ~ eggs나 coffee ~ doughnuts 따위의 후반을 생략하여 ham and/n coffee and라고도 한다.

IV. 절과 절(유사 어구)의 조건 반사적 연결
9 (명령문 따위의 뒤에서) 그렇게 하면(⊕ or). ¶Hurry, ~ you will be in time. 서둘러라, 그러면 제 시간에 도착할 수 있을 것이다/Wait a little, ~ the tea will cool off. 좀 기다리면 차가 식을 것이다/A little more capital, ~ they would have succeeded. 자본이 좀더 많았더라면 그들은 성공했을 텐데/ Talk of the devil, ~ he will appear. (속담) 호랑이도 제말하면 온다.
10 (식언·모순·대조적인 내용을 이끌어) 그러나; 그런데도, 그럼에도. ¶He promised to come ~ didn't. 그는 오겠다는 약속을 해 놓고서 오지 않았다/So rich, ~ lives like a beggar. 그렇게 부자이면서도 걸인같은 생활을 하고 있다/A sailor ~ afraid of the weather! 뱃사람이 궂은 날씨를 두려워하다니!

11 (당연한 귀결·결과를 나타내어) …이므로, …인 까닭에. ¶The well is empty, ~ when you let the bucket down, nothing comes up. 우물이 말랐으니 두레박질을 해봤자 아무 것도 올라올 리 없다.
V. 기능 전환의 유도
12 (드물게) (두 요소를 접속하여 전자 또는 후자가 다른 요소를 한정) ¶death ~ honor 명예로운 죽음(=honorable death) / the tediousness ~ process of the travel 지루하게 보내는 여행(=the tedious process of the travel).
13 (구어) (2개의 형용사를 접속하여 앞의 형용사가 뒤의 형용사에 대해 부사적 기능을 갖는다; 선행하는 형용사는 fine, good, nice, rare 따위) ¶This corner is nice ~ warm. 이쪽 구석은 기분좋게 따뜻하다 / She is fine ~ tall. 그녀는 날씬하게 키가 크다 / I want peaches good ~ ripe. 잘 익은 복숭아를 먹고 싶다.

[주의]² 뒤의 낱말에 악센트를 주어서 하나의 낱말처럼 발음한다.

14 (구어) (go, come, send, try, mind, write, be sure 따위의 동사 뒤에 동사를 접속하여 후자가 목적을 나타내는 부정사 역할을 한다) ¶come ~ see me 나를 만나러 오다 / go ~ help her 그녀를 도우러 가다 / Try ~ do it. 그것을 해보아라 / Mind ~ write to me. 잊지 말고 편지를 보내라.

[주의]³ (美구어)에서는 원형의 go, come 뒤에 and를 생략하는 수가 있다: He'll come dine with us. 그는 우리집에 와서 우리와 함께 식사하기로 되어 있다.

15 (sit, lie 따위 상태를 나타내는 동사 뒤에 동사를 접속하여 후자가 현재분사적인 뜻을 갖게 한다) ¶She lay down ~ daydreamed. 그녀는 누워서 즐거운 공상에 잠겨 있었다.
VI. 기타 용법
16 (선택의 대상을 나타내어) ¶choose between him ~ me 그와 나 중 어느 하나를 택하다.
17 (고어·문어) (문장 첫머리에 놓아 앞글을 이어받는다) 그래서, 그런데. ¶A- he said unto Moses. 그리하여 하나님은 모세에게 말했다.
18 (문장 첫머리에 놓아 앞의 질문·의견 따위에 동의·찬성을 나타내어) 물론이지, 게다가(Yes! ~). ¶Will you go?—A- take you with me. 가겠니?—그럼, 그리고 너도 함께 데려갈테다 / You are now to obey me.—A- I will. 이제 너는 내 말을 들어야 돼—그렇고 말고, 나도 그럴 셈이야.
19 (놀라움·의심 따위를 나타내어) 아니, 정말로; …인데. ¶A- are you really going? 아니 그래 정말로 갈 셈이니? / A- you walked all the way! 아니, 정말로 줄곧 걸어서 왔단 말야!
20 (고어·방언) 만약 …이라면(if); …이라 할지라도(even if); 설사 …이라 할지라도(although). ¶ ~ you please 좋으시다면, 아무쪼록, 부디.
and all ⇨ALL.　　**and all that** ⇨ALL.
and all this ⇨ALL.
and Co. [ən kóu] …회사, …상회(⇨& Co.).
and do nothing (구어) 아무 일도 하지 않고(without doing anything).
and how ⇨ HOW.　　　　　　　　　　「이.
and no mistake [or **error**] (구어) 확실히, 틀림없
and no question asked 이의 없이, 무조건으로.
and now 그런데, 그건 그렇고.
and no wonder 그도 그럴 것이.
and so forth [or **on**] …따위, …등등, 기타. ¶We discussed traveling, sightseeing, ~ so forth. 우리는 여행과 관광 등에 관하여 의논했다.
and so to bed 그것으로 끝.
and such 그 밖에 그러한 것.
and that 더욱이, 그것도. ¶He speaks English, ~ that very well. 그는 영어를 한다, 그것도 아주 유창
and that goes 그것으로 끝(that is final).　「하게.
and the like =and so forth.
and then 그러고는, 그런 다음.
and there 그래서, 그런데, 그러면.
and therefore 그 때문에, 그래서.
and things (구어) …등, 따위.
and welcome (英구어) 사양 마시고, 부디; 좋습니다, 그걸로 됐어요.
and what not 기타 여러 가지, …등, 따위. ¶ books, toys, pictures, ~ what not 책, 장난감, 그림, 그 밖의 여러 가지.
and with reason 그것은 무리가 아니다. ¶She doubted his sincerity, ~ with reason. 그녀는 그의 성실성을 의심했는데 그것은 무리가 아니었다.
and yet 그런데도, 그러면서도.
(enough) and to spare 남아돌 만큼의. ¶money enough ~ to spare 남아돌 만큼의 돈.
— 图 **1** 부가(附加) 조건, 조건. ¶He accepted the job, no ~ about it. 그는 그 일을 받아들이고, 그에 관한 아무런 조건도 달지 않았다. **2** (종종 ~ s) 첨가의 세부(細部)(additional detail or particular). ¶It was a long story, with many ~s. 군더더기가 많은 긴 이야기였다.

---

‡**an‧ec‧dote** [ǽnikdòut] 图 **1** 일화, 기담(奇談). ⇨STORY 유의어 **2** (롯) *dó‧ta*, ~**s**) 비사(祕史), 비화.
an‧ec‧dot‧ic [ǽnikdátik/-dɔ́t-] 图 일화의; 일화가 많은; 일화를 즐기는, 일화를 말하기 좋아하는. (또는 **anecdotical**) **-i‧cal‧ly** 휘
an‧ec‧dot‧ist [ǽnikdòutist] 图 일화[비사]를 이야기하는[모으는] 사람. (또는 **anecdotalist**)
an‧e‧cho‧ic [ænekóuik] 图 (녹음실·방송실 따위가) 반향(反響)이 없는.　　　　「(傳)을 주다.
a‧nele [əníːl] 휸태 (고어) …에게 (임종 때의) 종부(終
an‧e‧lec‧tric [ǽniléktrik] 图 (전기) 무전기성(無電氣性)의, 마찰해도 정전기가 생기지 않는.
a‧ne‧mi‧a [əníːmiə] 图(U) (병리) 빈혈(증); 무기력, 허약, (또는 **anaemia**)
a‧ne‧mic [əníːmik] 图 (병리) 빈혈(증)의; 무기력한, 허약한. (또는 **anaemic**) **-mi‧cal‧ly** 휘
an‧e‧mo- [ǽnəmou, -mə] 연결 wind의 뜻. ¶*an‧emometer*.
a‧nem‧o‧chore [ənéməkɔ̀ːr/əníːmou-] 图 풍매(風媒) 식물(종자, 포자).
a‧nem‧o‧gram [ənéməgrǽm] 图 풍속 자기(自記)
a‧nem‧o‧graph [ənéməgrǽf/-gràːf] 图 (기상) 자동 풍속계[풍력] 기록계.
-gráph‧ic 图 **-gráph‧i‧cal‧ly** 휘　　　「「측정.
an‧e‧mog‧ra‧phy [ænimágrəfi] 图 (기상) 풍력
an‧e‧mom‧e‧ter [ænəmámətər/-mɔ́m-] 图 (기상) 풍속계, 풍력계.
an‧e‧mo‧met‧ric [ænəmoumétrik] 图 (기상) 풍속[풍력]의. **-ri‧cal** 图
an‧e‧mom‧e‧try [ænəmámətri/-mɔ́m-] 图(U) (기상) 풍력 측정(법).　　　　　**2** 말미잘(sea ~).
*****a‧nem‧o‧ne** [ənéməni] 图 **1** 아네모네(관상 식물).
an‧e‧moph‧i‧lous [ænəmáfələs/-mɔ́f-] 图 (식물) 풍매(風媒)의. ⇔ entomophilous ¶an ~ flower 풍매화. **-i‧ly** 휘　　　　　　　　　「계(風向計).
a‧nem‧o‧scope [ənéməskòup] 图 (기상) 풍향
an‧en‧ce‧pha‧ly [ænenséfəli] 图 (의학) 무뇌증(無腦症). (또는 **ànencephália**) -**céph‧a‧lous** 图
a‧nent [ənént] 젠 **1** (스코 고어) …에 대하여, …에 관하여. **2** …와 나란히, …곁에. (또는 **anenst**)
an‧er‧gy [ǽnərdʒi] 图(U) (병리) 아네르기, 무력 체질, 정력 결여; (면역) 면역력 저하 상태, 면역성 결핍.

-gic [ænərdʒik] 형

an·er·oid [ǽnəròid] 형 애네로이드식의, 액체(특히 수은)를 쓰지 않는. — ~ barometer. 「계.

áneroid barómeter 애네로이드 청우계[기압

an·es·the·sia [ænəsθíːʒə/-ziə] 명ⓤ **1** (의학) 마취; 마취법. ¶ local [general] ~ 국소[전신] 마취. **2** (병리) (일시적) 감각 마비 (증상), 지각 마비; (정신의학) 무감각. (또는 (영) anaesthesia)

an·es·the·si·ol·o·gy [ænəsθìːziáləʤi/-ɔ́l-] ⓤ (의학) 마취학. (또는 (영) anaesthesiology) **-gist** 명 마취 전문의(醫).

an·es·thet·ic [ænəsθétik] 형 **1** 마취의, 마비시키는. **2** 마비된, 무감각의; (…에) 감각이 둔한 (to). (또는 (영) anaesthetic) **-i·cal·ly**

an·es·the·tist [ənésθətist] 명 마취사; 마취 전문 의사. (또는 (영) anaesthetist)

an·es·the·tize [ənésθətàiz] (* (영) -tise) 타 **1** …을 마취시키다. **2** (비유적으로) …을 마비시키다, 무감각하게 하다. (또는 anaesthetize) **-ti·zá·tion** 명 마취(법); 마취 상태.

an·eu·rysm [ǽnjuərìzm] 명 (병리) 동맥류(動脈瘤), 정맥류. (또는 **aneurism**) **·rís·mal, ·rýs·mal**

*****a·new** [ənjúː/ənúː] 부 새로; 다른 방법으로; 다시, 한 번 더. ¶ edited ~ 새로 편집된/publish a book ~ 책을 재판하다/begin one's life ~ 인생을 다시 시작하다.

A.N.F. Atlantic Nuclear Force.「다.

an·frac·tu·os·i·ty [ænfræktʃuásəti/-ɔ́s-] 명ⓤ ⓒ 굴곡 (상태); (굴곡이 많은) 도랑, 꼬부랑길.

an·frac·tu·ous [ænfræktʃuəs] 형 굴곡이 많은, 꾸불꾸불한.

ANG (미) Air National Guard(주(州) 방위 공군); American Newspaper Guild(미국 신문 협회).

ang. angle; angular. 「(실수법)(實修法)의 총칭.

an·ga [ʌ́ŋgə] 명 (요가의) 행법 팔지(行法八支)(8가지

an·ga·ry [ǽŋɡəri] 명ⓤ (국제법) 전시 수용권(收用權)(전시에 중립국의 재산을 접수·수용할 수 있는 권리).

‡**an·gel** [éindʒəl] 명 (~**s** [-z]) **1** 천사; 신의 사자; 천사상(像). ¶ an evil ~ 악마/a fallen ~ 타락한 천사/a recording ~ (사람의 선행과 악행을 들어 기록) 천사/an ~ of a child 천사 같은 아이. ⇒ **5** / Fools rush in where ~s fear to tread. (속담) 하룻강아지 범 무서운 줄 모른다(← Alexander Pope의 말). **2** (~s) (신학) 신과 인간과의 사이에 개재하는 영적 존재.

참고 중세 가톨릭의 천사론에 나타난 천사의 위계(位階) —— 위에서부터 seraphim(치품(熾品)천사), cherubim(지품(智品)천사), thrones(좌품(座品)천사), dominations [or dominions] (주품(主品)천사), virtues(역품(力品)천사), powers(능품(能品)천사), principalities [or princedoms] (권품(權品)천사), archangels(대(大)천사), angels. * virtues와 principalities는 바뀌는 경우도 있다.

3 사자(使者); (시) (죽음·계절 따위의) 전조. **4** 수호신. ¶ one's good [or guardian] ~ 수호신. **5** (여성 사이에 대하여) 천사 같은(순진무구한) 사람. ¶ an ~ of mercy 자비로운 천사 같은 사람[여자]. **6** (미·구어) 재정적 후원자, 돈줄, 패트런. **7** 엔젤 금화(15-17세기의 영국에서 발행). (또는 **~·nóble**) **8** (속어) (레이더의) 유령 화상[전파](새 따위 이물(異物)이나 회로 불량으로 화면에 생기는 ~s). **9** (~s) (영·공군) 고도(1,000피트); (미공군) 공중 요격시 항공기 고도. **10** (영·속어) 간호사; (미·속어) 여성역의 호모; **11** (미·속어) 코카인.

an angel of death 죽음의 사자.

angels' [or angel] vísits 희귀한 일.

Be an ángel and ... 제발 부탁이니 …해 주세요. ¶ Be an ~ and help me. 제발 나 좀 도와줘라.

enóugh to make the ángels weep 천사를 울릴 정도로, 무자비한, 절망적인.

entertáin an ángel unawáres 귀인인 줄 모르고 남을 대접하다(← 히브리서(Heb.) 13:2). 「서.

on the síde of the ángels 올바르게, 정의의 편에

write like an ángel 아름답게 쓰다, 훌륭한 문장을 쓰다. 「(영·공군 속어) 고도를 높이다.

— 타 (美·속어) …을 (재정적으로) 후원하다. **—** 재

An·ge·la [ǽndʒələ] 명 앤젤라(여자 이름).

ángel bèd 닫집 달린 침대.

ángel dùst (美·속어) 가루 상태의 phencyclidine 의 속칭); 합성 헤로인. (또는 **angel's dust**)

An·ge·le·no [ændʒəlíːnou] 명 (복 ~(e)s) (미국의) 로스앤젤레스 시민[토박이]. — 로스앤젤레스의.

an·gel·face [éindʒəlfèis] 명 천사 같은 얼굴, 한창 피어나는 여자 얼굴.

Ángel Fálls (the ~) 앙헬 폭포(베네수엘라 동남부의 높은 세계에서 가장 높은 폭포; 낙차 979m).

an·gel·fish [éindʒəlfìʃ] 명 (복 ~·es) **1** 에인절피시(관상용 열대어의 일종). **2** = angel shark.

ángel (fòod) càke 명ⓤⓒ (美) 에인절 케이크(달걀 흰자를 사용한 스펀지 케이크).

ángel hàir (the ~) **1** 가느다란 스파게티(가락). **2** 가느다란 흰 유리 섬유(장식용). 「사 같은 성질.

an·gel·hood [éindʒəlhùd] 명 천사임[의 지위]; 천

*****an·gel·ic** [ændʒélik] 형 **1** 천사의. **2** 천사 같은; 성스러운, 거룩한(saintly). ¶ an ~ smile 천사 같은 미소. (또는 **angelical**) **-i·cal·ly -i·cal·ness**

an·gel·i·ca [ændʒélikə] 명 **1** 안젤리카(멧두릅속(屬)의 식물)(archangel). **2** ⓤ 설탕에 절인 안젤리카 줄기. **3** (A-) 앙젤리카(캘리포니아산(産) 백포도주).

angélica trèe = Hercules-club.

Angélic Dóctor (the ~) 천사 박사(Thomas Aquinas의 경칭).

An·ge·li·co [ændʒélikòu] 명 **Fra** ~ 안젤리코 (1387-1455: 이탈리아의 화가). **-can** [-kən] 명

An·ge·li·na [ændʒəlíːnə, -lái-] 명 **1** 앤젤리나(여자 이름; Angela의 애칭). (또는 **Ángeline, Ángelyn**) **2** (a-) (속어) 여성 역할의 호모.

An·ge·li·no [ændʒəlíːnou] 명 =Angeleno.

an·gel·o·la·try [èindʒəláləṭri/-lɔ́l-] 명 [학], 천사 숭배. 「천사 신앙.

an·gel·ol·o·gy [èindʒəláləʤi/-lɔ́l-] 명ⓤ 천사론

ángel shàrk (어류) 전자리상어(angelfish).

An·ge·lus [ǽndʒələs] 명 (가톨릭) **1** (the ~) 삼종(三鐘) 기도(예수의 수난 고지를 기리는 기도). **2** (또는 ~ **bèll**) 안젤루스의 종(삼종 기도 시간을 알림). **3** (the ~) (Millet의 그림) '만종'.

‡**an·ger** [ǽŋɡər] 명ⓤ 노여움, 화, 성. * 보통 일시적 감정을 나타낸다. ¶ in a moment of ~ 화가 난 김에/incur the ~ of …의 노여움을 사다/be furious with ~ 화가 나서 날뛰다.

유의어 anger 「노여움」의 뜻의 일반적인 말. **indignation** 부정 따위에 대한 깊고도 정당한 분노; 고상격히 차린 말. **rage** 강렬한 anger. **fury** rage보다 더 강하고 광기에 가까운 anger. **wrath** 강렬한 노여움과 함께 보복·처벌의 의사·소망을 내포.

allay [or appease, calm] a person's **anger** 남의 노여움을 누그러뜨리다.

be moved to anger 화를 내다.

cause [or invoke] a person's **anger; provoke** a person **to anger** 남을 화나게 하다, 남의 노여움을 사다.

in a fit of anger 발끈하여.

— 타 …을 노(화)나게 하다. ¶ His remark ~ed her most. 그의 말이 그녀를 가장 화나게 했다. **—** 재 화

be ángered by [or at] …에 화내다. 「[성]내다.

~·less

An·ge·vin [ǽndʒəvin] 형 (프랑스) 앙주(Anjou

(출신)의; Anjou 왕가의. ― 图 Anjou 주민; Anjou 왕가(의 사람). (또는 **An·ge·vine** [ǽndʒəvin, -vàin])
an·gi·na [ændʒáinə] 图 1 안기나(인후·편도선의 염증 따위). 2 =~ pectoris. 3 급성 통증. 「증.
angína péc·to·ris [-péktəris] 图Ⓤ 〖병리〗 협심
an·gi·o- [ǽndʒiou, -dʒiə] 〖연결〗 vessel, container 의 뜻. ¶*angiology, angiosperm*.
an·gi·o·car·di·og·ra·phy [ændʒioukɑ̀rdiágrəfi/-ɔ́g-] 图 혈관 심장 촬영법. **-o·gráph·ic**
an·gi·o·gram [ǽndʒiəgræ̀m] 图 혈관 조영(造影)[촬영]도. 「[촬영](법). **-o·graph·ic** [-əgrǽfik] 图
an·gi·og·ra·phy [ændʒiágrəfi/-ɔ́g-] 图 혈관 조영법.
an·gi·ol·o·gy [ændʒiáləʒi/-ɔ́l-] 图Ⓤ 〖해부〗 맥관학(脈管學) (혈관·임파관을 다루는 해부학의 한 부문).
an·gi·o·ma [ændʒióumə] 图 (*pl.* **~s, ~ta** [-tə]) 〖병리〗혈관종(血管腫). **-óm·a·tous** [-] 图 성형(성).
an·gi·o·plas·ty [ǽndʒiəplǽsti] 图 〖외과〗 혈관
an·gi·o·sperm [ǽndʒiəspə̀ːrm] 图 피자(被子) 식물. 图 *gymnosperm.* **¹spér·mous** [-]
an·gio·ten·sin [ændʒioutńésin] 图 〖생화학〗 앤지오텐신(혈속에 만들어지는 혈압 상승 물질).
Ang·kor [ǽŋkɔːr] 图 앙코르(캄보디아 서북부 고대 문명 유적 ~ Wat, ~ Thom이 있는 곳).
Ángkor Wát [-wɑ́ːt/-wɔ́t] 图 앙코르 와트(Angkor 유적 중 최대의 사원). (또는 **Angkor Vat** [-vɑ́ːt])
Angl. Anglican.
‡**an·gle**[¹] [ǽŋgl] 图 (*pl.* **~s** [-z]) 1 각, 각도. ¶an acute[obtuse] ~ 예각[둔각] / an external[or exterior] ~ 외각 / an internal[or interior] ~ 내각 / a right ~ 직각 / The two lines cross at right ~s. 두 선은 직각으로 교차한다. 2 모퉁이, (튀어나온) 귀퉁이. ¶the ~s of a building 건물의 모퉁이. 3 (사물을 보는) 각도, 관점, 견지, 견해, 입장. ⇨SIDE 유의어 ¶a new ~ on a subject 어떤 문제에 대한 새로운 견지. 4 (사물의) 양상, 국면, 상황. ¶consider all the ~s of a dispute 분쟁의 모든 사항을 고려하다. 5 〖속어〗 계획, 음모, 계략; 이기적인 동기; 이익, 이점. 6 ─ ~ iron.
at an angle (…에 대하여) 비스듬히(*to*).
from all angles 모든 관점[견지]에서.
from another angle 다른 각도 [관점, 견지]에서
get a new angle on …을 새로운 각도에서 보다, …에 대하여 새로운 사고 방식을 갖다.
know all the angles (美속어) 모든 것을 다 알다, 쓴맛 단맛 다 보다. 「해) 온갖 수단을 쓰다.
play (all) the angles (속어) (목표를 달성하기 위
take the angle 각도를 재다.
― 图 (**~s** [-z]; **~d; -gling**) ⓣ 1 …을 어떤 각도로 움직이다[굽히다]; …을 비스듬히 하다, 기울이다. ¶~ a camera 카메라의 앵글을 정하다. 2 (기사 따위)를 특정한 관점에서 쓰다. ¶(~+图+图+图) ~ an article *toward* lowbrows 기사를 저속한 독자를 대상으로 쓰다. ― ⓘ 급다, 구부러지며 나아가다. ¶The salmon ~d upstream. 연어는 상류를 향해 굽이치며 나아갔다.
an·gle[²] 图ⓘ 1 낚시질하다. (…을) 낚다(*for*). ¶~ *for* sweetfish with a fly 제물낚시로 은어를 낚다. 2 (술책을 써서) 얻으려고 하다, 추구하다 (*for*). ¶~ *for* praise 칭찬을 받으려고 하다. ― 图 (고어) 낚시, 낚시 도구.
An·gle [ǽŋgl] 图 (英역사) 앵글 사람, 앵글족의 사람. 图 **Angles** 「이음매.
ángle bàr 图 1 =angle iron. 2 (철도) 산형(山形)
ángle bràcket 图 1 (건축·기계) 모서리용 까치발; (보통 ~s) 각(角)괄호(< >).
an·gled [ǽŋgld] 图 (복합어로) 각도가 있는, 모난. ¶right-~ 직각의.
an·gle·doz·er [ǽŋgldòuzər] 图 앵글도저(흙을 한 방향으로 밀기 위해 삽날(베토판(排土板))을 25° 좀 수 있게 한 불도저). [<상표명] 「차하도록 된 구역.
ángled párking bày[slòt] 图 차를 비스듬히 주

ángle iron 图 앵글 철, 거멀장.
ángle mèter 图 각도계; 경사계(傾斜計). 「등.
ángle of appróach light 图 〖항공〗 진입각 표시
ángle of attáck 图 〖항공〗 영각(迎角)(항공기의 익현(翼弦)(chord)과 기류의 방향이 이루는 각).
ángle of climb 图 (항공기의) 상승각. 「(俯角).
ángle of depréssion 图 〖측량〗 내려본 각, 부각
ángle of elevátion 图 〖측량〗 올려본 각, 앙각(仰
ángle of incidence 图 〖광학〗 입사(入射)각. 「角).
ángle of refléction 图 〖물리〗 반사각.
ángle of refráction 图 〖광학〗 굴절각. 「한 주차.
án·gle-park·ing [-pɑ̀ːrkiŋ] 图 (도로변의) 비스듬
*an·gler** [ǽŋglər] 图 1 낚시꾼. 2 아귀(머리 위의 촉수로 작은 물고기를 꾀어 잡아먹는 물고기).
An·gles [ǽŋglz] 图图 (the ~) 앵글족(5세기경 영국으로 이주하여 East Anglia, Mercia, Northumbria의 3왕국을 창시한 서 게르만족).
ángle shòt 图 (사진) 앵글 샷(극단적인 카메라 앵글에 의한 촬영; 원근감이나 크기를 강조할수 있다).
an·gle·site [ǽŋglsàit] 图Ⓤ 황산 연광(鉛鑛).
ángle stèel 图 (기계) 산형강(山形鋼), L형강(鋼).
ángle vòlley 图 (테니스) 앵글 발리(높은 위치에서 각도있게 치는 발리). 「으로.
an·gle·wise [ǽŋglwàiz] 图 각을 이루고, 각 모양
an·gle·worm [ǽŋglwə̀ːrm] 图 (낚시용) 지렁이.
An·gli·a [ǽŋgliə] 图 앵글리아(England의 라틴명).
An·gli·an [ǽŋgliən] 图图 앵글족(Angles)의; 동앵글리아(East Anglia)의. ― 图 앵글 사람; 图 앵글어(語).
An·glic [ǽŋglik] 图Ⓤ 앵글릭(스웨덴의 언어학자 Zachrisson(1880-1937)이 국제 보조어로 제창한 개량 철자법에 의한 간이 영어). ― 图 =Anglian.
*An·gli·can** [ǽŋglikən] 图 1 영국 국교(회)의, 성공회(the Church of England)의. 2 성공회 계통의. 3 (美) 잉글랜드(영국)(국민)의(English). ― 图 1 영국 국교도, 고(高)교회파의 신도(High Churchman). 2 영국 국교 지지자
Ánglican Chúrch 图 (the ~) 1 영국 국교회, 성공회 (the Church of England). 2 (또는 **Ánglican Commúnion**) 성공회 연합.
An·gli·can·ism [ǽŋglikənìzm] 图Ⓤ 1 영국 국교회주의[교리, 제도]. 2 영국풍 숭상. 「(<L)
An·gli·ce [ǽŋgləsi] 图 영어로(는); 영국식으로는.
An·gli·cism [ǽŋgləsìzm] 图Ⓤ ⓒ 1 다른 나라말에 도입된 영어식 표현. 2 영국 특유의 어법(Briticism) (예: elevator → lift). 3 잉글랜드(영국)풍(식); 잉글랜드(영국인) 기질[정신]. 4 친(親)잉글랜드(영국)주의.
An·gli·cist [ǽŋgləsist] 图 영어(영문)학자.
An·gli·cize [ǽŋgləsàiz] (* 图 **-cise**) 图 영어화하다; 잉글랜드(영국)풍(식)으로 하다(되다).
-ci·za·tion [-sizéiʃən/-saiz-] 图 「图
An·gli·fy [ǽŋgləfài] 图 =Anglicize. **-fi·cá·tion**
an·gling [ǽŋgliŋ] 图 낚시질, 조어술(釣魚術).
An·glist [ǽŋglist] 图 잉글랜드(영국)통(通); 영어(영문)학자. 「문학.
Ang·lis·tics [æŋglístiks] 图图 (단수취급) 영어(영
An·glo [ǽŋglou] 图 (*pl.* **~s**) 1 (美구어) 앵글로색슨계 미국인; 비(非)라틴계 미국인. 2 (때로 a-) (비영어 사용자가 다수를 차지하는 지역의) 영어 사용 주민; (캐나다) 영국계 캐나다인. 3 (英) (스코틀랜드·웨일스인·아일랜드인과 구별하여) 잉글랜드인. ― 图 1 Anglo에[에 특유한]. 2 (캐나다) 영어를 말하는. 3 (英) 잉글랜드인(전용)의. 「(영국인)의 뜻.
An·glo- [ǽŋglou, -glə] 〖연결〗 England, the English
An·glo-Af·ri·can [ǽfrikən] 图图 영국계 아프리카인의.
*An·glo-A·mer·i·can** [-əmérikən] 图 영미(간)의. ¶ ~ commerce 영미 통상. 2 앵글로색슨계 미국인의. ― 图 앵글로색슨계 미국인. 图 Latin-American

An·glo-Cath·o·lic [-kǽθəlik] 圈 영국 국교회 가톨릭파[고(高)교회파]의 신도; 영국 가톨릭 교회의 신도 (Anglican Catholic). —圈 영국 국교회 가톨릭파(신도)의; 영국 가톨릭 교회(신도)의.

An·glo-Ca·thol·i·cism [-kəθɑ́ləsìzm/-θɔ́l-] 圈Ⓤ 영국 국교회 가톨릭파 교리[주의].

An·glo-French [-fréntʃ] 圈 영불(英佛)(간)의; 앵글로 프랑스어의. —圈Ⓤ 앵글로 프랑스어(노르만인의 영국 정복 후 11–12세기에 영국에서 쓰이던 북부 프랑스어 방언)(Anglo-Norman).

An·glo-In·di·an [-índiən] 圈 영인(英印)(간)의; 인도 영어의. —圈 영·인도의 혼혈인, 인도 거주의 영국인. 2 아시아·유럽의 혼혈인. 3 Ⓤ 인도 영어.

An·glo-I·rish [-áiəriʃ] 圈 잉글랜드와 아일랜드(간)의; 영국·아일랜드 혼혈의; 아일랜드 거주 영국인의. —圈 영국계 아일랜드 사람; Ⓤ 아일랜드 영어.

An·glo·ma·ni·a [ӕ̀ŋgləméiniə, -njə] 圈Ⓤ (외국인의) 잉글랜드[영국] 숭배, 친영열(親英熱).

-ni·ac [-niæ̀k] 圈 **-ma·ni·a·cal** [-mənáiəkəl] 圈.

An·glo-Nor·man [-nɔ́ːrmən] 圈 1 (노르만인이 영국을 지배했던) 앵글로 노르만 시대(1066-1154)의. 2 노르만계 영국인의. 3 앵글로 노르만어의. —圈 1 노르만계 영국인, 그 자손. 2 Ⓤ 앵글로 노르만어(Anglo-French).

An·glo·phile [ǽŋɡləfàil, -fìl] 圈 친영글랜드[친영]파 사람. (또는 **Anglophil**) **-phil·ism** 圈.

An·glo·phil·i·a [ӕ̀ŋgləfíliə] 圈 잉글랜드[영국] 숭배(편애), 친영(親英). **-i·ac** [-iæ̀k], **-ic** 圈.

An·glo·phobe [ǽŋɡləfòub] 圈圈 잉글랜드[영국]를 싫어하는(사람).

An·glo·pho·bi·a [ӕ̀ŋgləfóubiə] 圈Ⓤ 극단적인 잉글랜드[영국] 혐오; 잉글랜드[영국] 공포(증).

-bi·ac [-biӕ̀k], **-bic** [-bik] 圈.

An·glo·phone [ǽŋɡləfòun] 圈 (때로 a-) (영어 이외의 공용어가 있는 나라의) 영어 사용자, 영어를 말하는 사람. —圈 (또는 **Anglophónic**) 영어 사용자의, 영어를 말하는.

‡An·glo-Sax·on [-sǽksn] 圈 1 앵어 귀민; 영국계의 사람; 영국계 미국인. 2 노르만인의 영국 정복 이전의 영국인, 앵글로색슨인; (the ~s) 앵글로색슨 민족. 3 Ⓤ 앵글로색슨어, 고영어(古英語)(Old English). 4 (현대) 영국인. 5 Ⓤ (美구어) 근대 영어, 순수한 영어. —圈 1 앵글로색슨족[인]의; 앵글로 색슨어[고영어]의. 2 (美구어) (표현이) 간결 명료한.

An·glo-Sax·on·dom [-sǽksəndəm] 圈 1 앵글로색슨 민족의 영토. 2 (세계 정치 무대에서 활약하는) 앵글로색슨 민족. 3 앵글로색슨권(圈)(영국 본토·식민지·미국의 총칭).

An·glo-Sax·on·ism [-sǽksənìzm] 圈Ⓤ 1 앵글로색슨[영국인] 기질. 2 고(古)영어에 기원을 둔 영어 단어[숙어].

An·go·la [ӕŋɡóulə] 圈 앙골라(아프리카 서남부의 공화국; 수도 Luanda). **-lan** 圈圈 앙골라인(의).

An·go·ra [ӕŋɡɔ́ːrə] 圈 앙고라. 1 터키의 수도 Ankara의 옛 이름. 2 = ~ cat. 3 = ~ goat. 4 = ~ rabbit. 5 (또는 ⌄ **wóol**) Ⓤ 앙고라토끼[염소]의 털; 그 털로 만든 털실[직물]. —圈 앙고라토끼[염소]의 털실[직물]로 만든.

Angóra cát 圈 앙고라고양이(터키 원산의 털이 많은 고양이).

Angóra góat 圈 앙고라염소(Angora원산의 털이 비단같고 긴 염소; 모헤어(mohair)라고도 함).

Angóra rábbit 圈 앙고라토끼.

Angóra wóol 圈 = Angora 5.

an·gos·tú·ra (bárk) [ӕ̀ŋɡəstjúərə-/-tjúərə-] 圈Ⓤ 앙고스투라 껍질(남미산(産) Galipea과의 향기로운 나무껍질로, 해열·강장제의 원료). [man]

An·gries [ǽŋɡriz] 圈圈 (구어) =angry young

‡an·gri·ly [ǽŋɡrili] 위 화를 내어, 화난 듯이.

an·gri·ness [ǽŋɡrinis] 圈Ⓤ 화, 성.

‡an·gry [ǽŋɡri] 圈 (**-gri·er; -gri·est**) 1 노한, 성난 (*at*, *about*, *with*). ¶They looked ~. 그들은 화난 얼굴을 하고 있었다// He is ~ *with* me (for not writing to him often). 그는 나에게 (편지를 자주 쓰지 않는다고) 화가 나 있다(*with* 대신에 *at*을 쓰기도 하지만 사람인 경우는 *with*, 사물·사건에는 *at*, *about*가 보통)// She was ~ *to* hear it. 그녀는 그것을 듣고 성냈다// He was ~ *that* I hadn't written to him earlier. 그는 내가 더 빨리 편지를 하지 않았다고 화가 나 있었다. 2 노여움에서 나온; 길길이 날뛰는: 노한 듯한. ¶The ~ sky 험악한 하늘/ ~ waves 노도/ ~ words 화가 난 말. 3 (의학) (상처 따위가) 염증을 일으킨.

be [or **get, become, grow**] **angry at** [or **about**] (사물·사건)에 대하여 성을 내다.

be [or **get, become, grow**] **angry with** (사람)

feel angry 약오르다, 부아가 나다. └에게 성내다.

have angry words (with) (…와) 말다툼하다.

—圈 (보통 **-gries**) (기성 체제에 항의하는) 성난 사람.

ángry yóung mán 圈 (때로 A– Y– Men) 성난 젊은이들(1950년대 후반에 기존 사회에 반항하는 작품을 쓴 영국의 젊은 작가 그룹에 속하는 사람; John Osborne, John Wain, Kingsley Amis 등); 반항적인

Ang.-Sax. Anglo-Saxon. [성향의 작가(사람).

angst [ɑːŋkst/æŋ-] 圈 (® **áng·ste** [éŋkstə]) 불안; 공포; 고뇌. ¶have ~ 불안해하는. [< G]

Ång·ström 圈 **Anders Jonas** ~ 옹스트룀(1814–74: 스웨덴의 천문학자·물리학자).

ång·strom (ùnit) [ǽŋstrəm-] 圈 (물리) 옹스트룀(파장을 재는 단위; 1mm의 1천만분의 1; ⑦ Å; ⑨ A). [<물리학자 A. J. Ångström의 이름]

an·guine [ǽŋɡwin] 圈 뱀의, 뱀 같은.

*an·guish [ǽŋɡwiʃ] 圈 Ⓤ (심신의) 고통; 고뇌, 비통. ⇒ **PAIN** 유의어 ¶the ~ of despair 절망의 괴로움.

in [or *for*] **anguish** 괴로운 나머지, 괴로워(*over*).

—圈 …을 괴롭히다. —㉓ (몹시) 괴로워하다.

an·guished [ǽŋɡwiʃt] 圈 괴로워하는, 고민하는; 비통한; 고통 때문에 일어나는.

*an·gu·lar [ǽŋɡjulər] 圈 1 모난, 모가 있는(® round). 2 각으로 이루어진, 각을 이룬. 3 각의; 각도로 잰. ¶the ~ measure 각도. 4 (사람이) 뼈가 앙상한, 말라빠진. 5 (태도가) 어색한, 딱딱한, 경직된; 완고한, 고집센. ¶in an ~ manner 딱딱한 태도로. (또는 **angu·lose, angulous**) ~**·ly** 위 ~**·ness** 圈.

ángular accelerátion 圈 (물리) 각(角)가속도.

ángular dístance 圈 (수학) 각(角)거리.

an·gu·lar·i·ty [ӕ̀ŋɡjulǽrəti] 圈 1 Ⓤ 모남, 모짐; 각을 이룸; 각상(角狀). 2 (-ties) 모; 모퉁이; 각형. 3 Ⓤ (태도가) 모가 남; 뼈만 앙상함; 완고.

ángular léaf spòt 圈 (식물) 각반병(角斑病).

ángular moméntum 圈 (물리) 각(角)운동량. (또는 **móment of moméntum**)

ángular spéed[**velócity**] 圈 (물리) 각속도(단위 시간당 방향의 변화량).

an·gu·late [ǽŋɡjulət, -lèit] 圈 모가 난. (또는 **angulated**) —㉖㉓ [ǽŋɡjulèit] …을 모나게 하다.

an·gu·la·tion [ӕ̀ŋɡjuléiʃən] 圈 1 Ⓤ 모나게 함, 모난. 2 (스키) 앵귤레이션(상체를 앞으로 굽힌 자세).

an·gu·lous [ǽŋɡjuləs] 圈 = angular. (또는 **an·gu·lose** [-lòus])**-los·i·ty** [-lásəti/-lɔ́s-] 圈.

An·gus [ǽŋɡəs] 圈 앵거스. 1 남자 이름. 2 = ~ Og. 3 = Aberdeen ~.

Ángus Óg [-óuɡ] 圈 (아일 신화) 앵거스 오그(사랑과 미의 신으로 청춘 남녀의 수호신).

an·gus·ti- [ӕ̀ŋɡǽstə] (연결) narrow의 뜻.

an·he·do·ni·a [ӕ̀nhidóuniə] 圈 (심리) 무쾌감증, 쾌감 상실. **-don·ic** [-dɑ́nik] 圈.

an·he·dral [ǽnhiːdrəl] 圈 (항공) 하반각(下反角)

(날개가 밑을 향해 있을 때의 날개와 날개의 수평면의 각도). — 형 하반각을 이루고 있는. 「급(短急)].
an·he·la·tion [æ̀nhəléi(ə)n] 명 (의학) 호흡 촉박[단
an·hi·dro·sis [æ̀nhidróusis, -hai-] 명 (의학) 무한(無汗)(증), 발한 감소. (또는 **anhydrosis**)
An·hui [ɑ́:nhwéi] 명 안후이성(安徽省)(중국 동부의 성). (또는 **An·hwei** [ɑ́:nhwéi])
anhyd. anhydrous.
an·hy·dride [ænháidraid] 명 (화학) 무수 화합물.
an·hy·drite [ænháidrait] 명U 경석고(硬石膏).
an·hy·drous [ænháidrəs] 형 (화학) 무수(無水)의, 결정수가 (結晶水)가 없는.
an·i·con·ic [æ̀naikɑ́nik/-kɔ́n-] 형 우상이 없는, 우상 반대의; (우상 따위가) 상징적인, 암시적인.
a·nigh [ənái] 부 고 …에 가깝게(near, nigh).
An·ik [ǽnik] 명 애니크(캐나다의 전화·TV 중계용 정지 위성의 애칭).
an·il [ǽnil] 명 1 땅比싸리류(類)(서인도산(產); 양람(洋藍)(indigo)의 원료). 2 U 양람; 남색.
an·ile [ǽnail, éin-] 형 노파 같은, 노쇠한, 노망한.
an·i·line [ǽnəlin, -lain] 명 (화학) 아닐린(벤젠(benzene)으로 만드는 유성(油性) 액체; 염료·의약품 합성용 원료). (또는 ~ **oil**) — 형 아닐린의[에서 얻어지는]. ¶ ~ **colors** 아닐린 색소. (또는 **anilin**).
aniline dye (화학) 아닐린 염료.
a·ni·lin·gus [èinəlíŋgəs] 명U (성행위로) 항문을 입으로 자극하기. (또는 **a·ni·lin·ctus** [èinilíŋktəs])
a·nil·i·ty [ənílǝti] 명 노망; ⓒ 노망한 생각.
anim. (음악) animato.
an·i·ma [ǽnəmə] 명UC 혼, 영혼, 영(soul); 생기.
an·i·mad·ver·sion [æ̀nəmædvə́:rʒən, -ʃən] 명UC (비평적인) 한마디; 비평, 비판; 혹평. **~·al** 형.
an·i·mad·vert [æ̀nəmædvə́:rt] 자 비판[비평, 비난]하다 (about, on); 의견(소견)을 말하다. **~·er** 명.
‡**an·i·mal** [ǽnəməl] 명 (복 ~s [-z]) 1 동물(인간을 포함). ¶ **Man is a gregarious ~**. 인간은 떼지어 사는 동물이다. 2 (인간 이외의) 동물, 짐승; 포유 동물; 가축. ¶ **cold-blooded** [warm-blooded] **~s** 냉혈[온혈] 동물 / **domestic** [or **domesticated**] **~s** 가축/**pet** **~s** 애완 동물 / **wild** **~s** 야수 / **an** **~** **of prey** 맹수, 육식 동물. 3 (수사와 함께) …마리, …필(匹), …두(頭). ¶ **400** **~s** 4백마리. 4 (the ~) (사람의) 수성(獸性). ¶ **The ~ in him was aroused**. 그의 짐승 같은 성질이 나타났다. 5 짐승 같은 사람; 인두겁을 쓴 사람. 6 (구어·경멸적) 사람(person); 것, 물건. 7 (학생구어) 운동 선수; (학생속어) 자습서, 참고서.

유의어 **animal**「동물」이라는 뜻의 일반적인 말; 비유적으로는 정신면과 분리하여 육체적·동물적 특징을 뜻하며 나쁜 의미로만 쓰이지는 않는다. **beast** 네발 짐승; 비유적으로는 비열한 욕망·수성(獸性)을 암시. **brute** 이성의 결여, 흉포성을 암시한 말.

—형 1 동물의, 동물성[질]의. ¶ ~ **fats** 동물성 지방 / ~ **starch** 동물 글리코겐. 2 동물 같은, 동물적인; 육욕[관능]적인. ¶ ~ **desires** [or **passion(s)**] 수욕(獸慾) / ~ **needs** 동물적 욕구.
-ma·li·an [-méiliən], **-mal·ic** [-mǽlik] 형.
ánimal bláck 명 애니멀 블랙(동물질을 탄화시켜서 만든 흑색 분말; 안료·탈색제).
ánimal chárcoal 명 수탄(獸炭)(동물질을 탄화시킨 것); 골탄(骨炭)(boneblack).
ánimal compánion 명 동물 반려, 애완 동물.
ánimal cracker 명 동물 모양의 비스킷.
an·i·mal·cule [æ̀nəmǽlkjuːl] 명 미소[극미]한 동물. **-cu·lar, -cu·line, -cu·lous** 형 **-cu·lum** 명.
an·i·mal·cu·lism [æ̀nəmǽlkjulizm] 명U (병원(病原) 따위의) 극미 동물설. **-list** 명.
Ánimal Fárm 명「동물 농장」(George Orwell의 독재 제도에 대한 통렬한 풍자 소설(1945)).
ánimal fòod 명 동물성 식품, 수육(獸肉).
an·i·mal-free [-fríː] 형 (식품·식사가) 동물질[동물성 제품을 포함하지 않은. ¶ ~ **food** 비동물성 식품.
ánimal hèat (생리) 동물열(신진 대사로 체내에 일어나는 열).
ánimal hòuse[zòo] 명 (美속어) (너저분하게 어질러진) 남학생 클럽 하우스(fraternity house).
ánimal húsbandman 명 축산학자; 축산업자.
ánimal húsbandry 명 축산(업); 축산학.
an·i·ma·lier [æ̀niməliə, æ̀nimǽliei] 명 동물 화가[조각가].
an·i·mal·ism [ǽnəməlizm] 명U 1 동물적 생활; 수성(獸性), 동물적 상태[행위]. 2 육욕(肉慾)주의, 쾌락주의. 3 인간 동물관(인간에게 영성(靈性)은 없다는 설). 4 동물 해방(보호) 운동[주의].
an·i·mal·ist [ǽnəməlist] 명 인간 동물설 신봉자; 수욕(獸慾)주의자, 쾌락주의자; 동물 화가[조각가].
an·i·mal·is·tic [æ̀nəməlístik] 형 1 수욕[쾌락]주의의. 2 수성의[을 가진], 동물적인. 3 동물과 닮은 모양의. 4 동물 해방 운동의.
an·i·mal·i·ty [æ̀nəmǽləti] 명U 동물의 생태; (인간의) 동물성, 수성; (집합적) =animal kingdom.
an·i·mal·ize [ǽnəməlàiz] 타 1 …을 동물화하다, 짐승같이 만들다; …의 수욕을 일으키게 하다. 2 …을 동물질로 바꾸다. 3 (미술) …을 동물화하여 그리다.
-i·za·tion [ìzéi∫ən/-aiz-] 명U 동물[수성(獸性)]화.
ánimal kingdom (the ~) 동물계. 「운동.
ánimal liberátion[líb] 명 동물 해방[학대 반대]
Ánimal Liberátion Frónt 명 (英) 동물 해방 전선(동물 애호 단체); ⓐ ALF).
an·i·mal·ly [ǽnəməli] 부 육체적으로(physically).
ánimal mágnetism 명 1 동물 자기(磁氣)(남을 최면 상태로 만드는 선천적 능력). 2 성적 매력.
ánimal pàrk 명 동물 공원, 자연 동물원.
ánimal ríghts 명(복) 동물 권리 보호; 동물권(權)(동물에게 주어져야 할 권리). **ánimal ríghter** 명.
ánimal shèlter 명 동물 보호소.
ánimal spírits 명(복) 혈기, 발랄한 생기, 활기.
Ánimal, Végetable and[or] Míneral 명 = twenty questions.
ánimal wárden 명 들개 포획자(dogcatcher).
an·i·ma mun·di [ǽnəmə mɑ́ndai, -múndiː] 명 (복 **-e m-** [-miː-, -mai-]) 세계 영혼, 우주혼(물질 세계를 조직하고 통제하는 힘). [〈L]
*an·i·mate [동타] [ǽnəmèit] 1 …에게 생명을 주다, …을 살리다. ¶ **The dust of the ground was ~d by God**. 하느님은 땅의 흙에 생명을 불어넣었다. 2 …을 활기 띠게 하다, 힘이 나게 하다; …을 북돋우다, 고무[격려]하다. ¶ **His appearance ~d the party**. 그가 나타나서 파티는 활기를 띠었다 // (~+目+前+名) **The success ~d him to more efforts**. 그 성공에 힘이 나서 그는 더욱더 노력했다. 3 …을 움직이다. ¶ **be ~d by the stream** 물의 흐름으로 움직이다. 4 …을 동화(動畫)[애니메이션]로 하다.
— 형 [ǽnəmət] 1 생명이 있는, 살아 있는(반 inanimate, dead). ¶ **~ creatures** 생물 / **the ~ nature** 생물[동물]계. 2 활발한, 생기 있는, 기운찬. 3 동물적인, 동물의. 4 (언어) 유생(有生)의, 생물을 나타내는. **~·ly** 부 **~·ness** 명 **-màt·ing·ly** 부.
an·i·mat·ed [ǽnəmèitid] 형 1 활기에 찬, 활발한. ⇒GAY 유의어 ¶ **an ~ discussion** 활발한 토론. 2 살아 있는 것 같은. ¶ **an ~ portrait** 살아 있는 듯이 보이는 초상화. 3 동화(動畫)의. 4 생명이 있는, 살아 있는. **~·ly** 부.
ánimated cartóon[dráwing] 명 애니메이션, 동화(動畫), 만화 영화.
ánimated fìlm =animated cartoon.
an·i·mat·er [ǽnəmèitər] 명 =animator.

a·ni·ma·teur [ӕnəmətə́ːr] 명 주동자.
an·i·mat·ing [ӕnəmèitiŋ] 형 생기를 주는; 고무하
＊an·i·ma·tion [ӕnəméiʃən] 명 1 생기, 활기; 활발. 2 생기[활기] 띠게 하기; 고무. 3 [영화] ⓒ 동화(動畫), 만화 영화, 애니메이션; Ⓤ 동화 제작, 동화화.
  with animation 활기를 띠고.
animátion cartóonist 명 =animator 2.
an·i·ma·tism [ӕnəmətìzm] 명Ⓤ 애니머티즘, 유생관(有生觀)(모든 자연물·자연 현상에는 생명과 의식이 있다고 하는 원시적인 세계관). ⓓ **animism**
a·ni·ma·to [ɑ̀ːnəmáːtou, ӕnə-] 형부 [음악] 기운 찬[차게], 활발한(animated)(⋒ anim.). [＜It]
an·i·mat·o·graph [ӕnəmӕ́təgrӕ̀f/-grɑ̀ːf] 명 (초기의) 영화 촬영기, 활동 사진 촬영기.
an·i·ma·tor [ӕnəmèitər] 명 1 생기를 주는 사람[것]; 활력소. 2 동화[애니메이션] 작가. (또는 **animater**)
an·i·mé [ӕnəmèi, -mi] 명Ⓤ 아니메 수지(樹脂)(남미 열대 나무에서 채취한 니스·향료의 원료). (또는 **a·ni·mi** [əními]). [＜F]
an·i·mism [ӕnəmìzm] 명Ⓤ 1 애니미즘(모든 자연계의 사물에 영혼이 깃들어 있다는 원시 세계관). 2 영혼 신앙, 정령설(精靈說). **-mist** 명형 **-mís·tic** 형
an·i·mos·i·ty [ӕnəmɑ́səti/-mɔ́s-] 명Ⓤ ⓒ 원한, 증오, 적의, 적개심(*between, against, toward*). ¶ *animosities between classes* 계급간의 반목.
an·i·mus [ӕnəməs] 명Ⓤ 1 적의, 원한, 증오. ¶ feel [or have] 〜 *against* an opponent 경쟁 상대에 대하여 적대심을 품다. 2 의도, 목적. 3 생명력, 약동적인 정신. 4 [심리] (여성의) 억압된 남성적 특성.
an·i·on [ӕnáiən] 명 [화학] 음(陰)이온. ⓓ **cation**
a·nis [ɑ́ːniːs] 명 아니스 술(아니스 열매로 맛을 낸 스페인·라틴아메리카산(産)의 술). [〜에 기생하는 선충).
an·i·sak·is [ӕnəsӕ́kis] 명 아니사키스(바닷물고기
an·ise [ӕnis] 명 아니스(지중해 연안에서 나는 식물); 아니스 열매(aniseed)(최면제·강장제 등 약용).
an·i·seed [ӕnəsìːd/ӕni-] 명Ⓤⓒ 아니스 열매(향신료 및 약용).
an·i·sette [ӕnəsét, -zét/ӕnizét] 명Ⓤ (아니스 열매를 향료로 한) 강장제, 강심제; 아니스 술.
an·i·so- [ӕnáisou, ӕnai-, -sə] 연결 unequal, uneven의 뜻. ⓓ **iso-**
an·i·so·ga·mete [ӕnàisougǽmiːt, -gǽmiːt] 명 [생물] 이형 배우자(異型配偶子), 부동대(不等大) 배우자. **-met·ic** [-métik] 형
an·i·sog·a·mous [ӕnaisɑ́gəməs, -sɔ́g-] 형 [생물] 이형 배우(접합(接合))의. (또는 **anisogámic**)
an·i·sog·a·my [ӕnaisɑ́gəmi, -sɔ́g-] 명 [생물] 이형 배우(配偶).
an·i·so·met·ric [ӕnàisəmétrik, ӕnai-] 형 부등(不等)의; (결정체가) 비등축(非等軸)의.
an·i·so·me·tro·pi·a [ӕnàisəmətróupiə, ӕnai-] 명 [안과] 부동시(不同視), 굴절 부동(증). **-tróp·ic** 형
an·i·so·trop·ic [ӕnàisətrɑ́pik/-trɔ́p-] 형 [물리] 이방성(의), 다른 성질의, 다른 종류의 각각으로 향하는. **-i·cal·ly** 부 **àn·i·sót·ro·pism**, **i·sót·ro·py** 명
án·i·syl ácetate [ӕnəsil-] 명 [화학] 아니스 아세테이트(라일락 향기가 나며 과일 향수 제조용).
ánisyl álcohol 명 [화학] 아니스 알코올(향수용).
A·ni·ta [əníːtə] 명 애니타(여자 이름).
An·jou [ӕnʒuː] 명 앙주(프랑스 서부의 옛 주); 앙주 배(과육이 단단하고 껍질이 녹색인 배의 일종).
An·ka·ra [ӕ́ŋkərə] 명 앙카라(터키의 수도).
an·ker [ӕ́ŋkər] 명 1 앵커(옛날 술을 재는 액량 단위; 약 30–40*l*) (imperial gallons). 2 (美) 10갤런 (37.85*l*). 3 1 앵커들이 통.
ankh [ӕŋk] 명 앵크(이집트 미술에서 위쪽에 고리가 달린 T자형 십자; 생명·장수의 상징). [＜Egypt]
‡**an·kle** [ӕ́ŋkl] 명 (＊英 **an·cle**) (복 〜s [-z]) 발

목; 복사뼈. ¶ **sprain the 〜** 발목을 삐다.
 —자타 (美속어) (어슬렁어슬렁) 걷다; 직장을 떠나다, 사직하다.
ánkle bìter 명 1 (美軍속어) 트집쟁이, 비판을 위한 비판만 하는 사람. 2 (英·濠속어) 아이, 아동.
an·kle·bone [ӕ́ŋklbòun] 명 복사뼈, 거골(距骨).
ánkle bòots 명복 앵글 부츠, 단화(短靴).
ánkle brácelet 명 발찌(여성의 액세서리).

[ankh]

an·kle-deep [-díːp] 형 깊이가 발목까지 오는.
 —부 발목에 닿을 만큼, 발목이 잠길 만큼.
ánkle jèrk 명 아킬레스건(腱) 반사(Achilles reflex).
ánkle sòck (〜s) (英) 짧은 양말(anklet).
an·klet [ӕ́ŋklit] 명 1 (〜s) 발목까지 오는 짧은 양말. 2 =ankle bracelet. 3 (〜s) 발목께에 죔쇠 가죽이 달린 단화(여성·아동용); 발목에 끼는 방한용 밴드.
an·ky·lose [ӕ́ŋkəlòus, -lòuz] 자타 (치근(齒根) 따위가) [주위의 뼈]를 뻣뻣하게 하다; [관절]을 강직(強直)시키다; [뼈와 뼈]를 교착시키다. —자 (뼈·관절 따위가) 강직하다, 교착하다. (또는 **anchylose**)
an·ky·lo·sis [ӕ̀ŋkəlóusis] 명Ⓤ [병리] 관절 강직; (해부) (관절부의 뼈와 뼈·치근과 주위의 뼈 따위의) 교착. (또는 **anchylosis**)
an·lace [ӕ́nlis] 명 (중세의 끝이 뾰족한) 단검.
an·la·ge [ɑ́ːnlɑ̀ːgə] 명 (복 〜s) (英) 짧은 〜s) (때로 A–) 1 (발생) 원기(原基)(장차 특정 기관이 될 태생기의 미분화세포). 2 [심리] 유전 소질(素質). [＜G]
anls. analysis. **ann.** annals; (라틴) *anni*(=years); annual; annuity.
Ann [ӕn] 명 앤(여자 이름).
an·na [ӕ́nə] 명 아나(파키스탄·인도의 옛 화폐 단위; 1 rupee의 16분의 1). 2 1아나 화폐.
An·na [ӕ́nə] 명 애너(여자 이름).
An·na·bel(le) [ӕ́nəbèl] 명 애너벨(여자 이름).
an·nal·ist [ӕ́nəlist] 명 연대가·편찬자; 연보(年譜)작가.
 [찬자의. **-ti·cal·ly** 부
an·nal·is·tic [ӕ̀nəlístik] 형 연대기의, 연대기나 편
＊an·nals [ӕ́nlz] 명복 1 연대기, 연보(年譜) 2 역사적 기록, 역사. 3 (단체·학회 등의) 연보(年報), 정기 간행물.
An·nam [ӕnӕ́m/ӕnɑ́m] 명 안남(인도차이나 반도에 있었던 왕국; 현재 Vietnam의 일부). (또는 **Anam**)
An·na·mese [ӕ̀nəmíːz, -míːs] 형 안남의; 안남 사람[말]의. —명 (복 〜) (또는 **An·nam·ite** [ӕ́nəmàit]) 안남 사람; Ⓤ 안남말.
An·nap·o·lis [ənǽpəlis] 명 아나폴리스(미국 Maryland 주의 주도(州都)); 미국 해군 사관 학교(U.S. Naval Academy).
An·na·pur·na [ӕ̀nəpúərnə, -páːr-] 명 1 (힌두교) =Devi. 2 안나푸르나(히말라야 산맥 중의 네팔 북부에 있는 산; 높이 8,078m). (또는 **Anapurna**)
Ann Ar·bor [ӕ́n ɑ́ːrbər] 명 앤 아버(미국 Michigan 주 동남부의 도시; Michigan 대학의 소재지).
an·nates [ӕneits, ӕnəts] 명 (단·복수 양용) (가톨릭) 초년도 수입세(교황에게 상납한 교구나 성직록(祿)의 첫해 수입). (또는 **an·nats** [ӕnӕts, -nəts])
Anne [ӕn] 명 앤. 1 **Queen 〜** (1665-1714): 영국 여왕). 2 **Saint 〜** 성모 마리아의 어머니.
an·neal [əníːl] 자 1 [도자기·금속 따위]를 달구어 서서히 식히다, 풀림하다. 2 …을 단련하다. ¶ **the mind** 마음[정신]을 단련하다. —명 풀림 (공정); 풀림 온도. **-er** 명
an·ne·lid [ӕnəlid] 명 [동물] 환형(環形) 동물.
 —형 환형 동물의. (또는 **annélidan**)
An·nel·i·da [ənéləd] 명복 [동물] 환형 동물문(門).
an·nel·i·dan [ənéləd] 형 =annelid.
＊an·nex 타자 [ənéks, ӕneks] 1 …을 부가하다, 첨

가하다 (to). ¶ (~+阃+前+명) ~ one's signature to a letter of recommendation 추천장에 서명을 첨가하다/Some clauses were ~ed to the will. 유언장에는 몇 가지 단서가 붙어 있었다. 2 (영토·토지 따위를) 합병[통합]하다(to). ¶The city ~ed those villages. 그 도시는 그 마을들을 합병했다// (~+阃+前+명) Madagascar was ~ed to France in 1896. 마다가스카르는 1896년 프랑스에 합병되었다. 3 (속성·부수물·결과로서) …을 부여하다, 수반하게 하다(to). ¶Unhappiness is not necessarily ~ed to poverty. 가난에 반드시 불행이 따르는 것은 아니다. 4 …을 얻다, 입수하다; 〖구어〗 …을 횡령하다, 착복하다, 훔치다.
—— 图 [æneks, -niks] (또는 〖영〗 an·nexe) 1 부가물, 첨가물, 부속 문서; 부록, 보완문(in, to). 2 부속 건물(중축물·별관·별채 등)(to). 3 도시 주변, 교외. ¶ a city and its ~es 도시와 그 교외. ~·a·ble
an·nex·a·tion [æneksÉiʃən, -nek-] 图 1 ⓤ 부가; (특히 새 영토의) 합병, 병합; 합병됨; 부가물; 첨가물. ~·al 图 ~·ism 图 ~·ist 图
an·nex·ure [ənékʃər] 图 (〖영〗) 1 =annexation. 2 =annex. 「annex.
An·nie [æni] 图 애니(여자 이름; Ann, Anna, Anne
Annie Oak·ley [-óukli] 图 〖미속어〗 1 무료 입장권. 〈< 미국의 여자 명사수 Annie Oakley(1860-1926)의 이름 〉 2 〖야구 속어〗 4구.
an·ni·hi·la·ble [ənáiələbl] 图 전멸[근절, 괴멸, 몰살]시킬 수 있는. -**bíl·i·ty** 图
***an·ni·hi·late** [ənáiəlèit] 图印 1 …을 전멸[괴멸]시키다, 몰살시키다. ¶ ~ an army 전군을 섬멸하다. 2 (법령 따위를) 폐지[무효화]하다(annul). ¶ ~ a law 법률을 폐지하다. 3 무시[경시]하다, 헛되게[못쓰게] 하다; 〖구어〗 …을 격파하다, 완전히 이기다. ¶ ~ the visiting team 원정팀을 깨다. 4 〖물리〗 …을 쌍소멸(雙消滅)시키다. — 丞 〖물리〗 (입자가) 쌍소멸하다.
-**là·tive**, -**la·to·ry** [-lətɔ́·ri/-təri] 图
***an·ni·hi·la·tion** [ənáiəléiʃən] 图 ⓤ 1 전멸, 섬멸, 멸종. 2 괴멸적 행위. 3 〖종교〗 허무로 돌아감, (영혼의) 소멸, 적멸(寂滅). 4 〖물리〗 쌍소멸(雙消滅)(소입자와 반(反)입자가 충돌하면 질량이 에너지가 되어 소멸하기). ~·ism 图 〖종교〗 영혼 절멸설. ~·ist 图
an·ni·hi·la·tor [ənáiəlèitər] 图 1 멸종자, 섬멸자.
anniv. anniversary. 「2 〖수학〗 영화군(零化群).
‡**an·ni·ver·sa·ry** [ænəvə́rsəri] 图 (**-ries** [-z]) 1 (복합어로) …주년 기념일. ¶ celebrate the third centennial ~ of …의 300주년 기념일을 축하하다 / keep[or observe, have] the one hundredth ~ of his death 그의 100주기를 지내다. 2 기념제[행사]. 3 =wedding ~. ¶ 1 해마다의, 해마다 실시하는. 2 기념일의, 기념제의. ¶ an ~ gift (생일 따위) 기념일 선물.
Annivérsary Dáy 图 =Australia Day.
Ánn Lánders 图 〖앤 랜더스〗 칼럼(미국인 Ann Landers가 맡고 있는 신문의 인생 상담란).
an·no ae·ta·tis su·ae [ǽnou itǽtis súːi] 나이 …세, 당년 …세(〖약〗 aet., aetat.). 〈<L〉
an·no Dóm·i·ni [ǽnou dɑ́mənài, -niː/-dɔ́m-] 图 1 (때로 A- D-) (그리스도) 기원, 후주, 서기(〖약〗 A.D.). 2 〖구어〗 연령, 드는 나이. 图 B.C. 〈<L in the year of our Lord〉
an·no mún·di [ǽnou mʌ́ndai, -diː] 천지 창조 이래, 세계 기원(후)(〖약〗 a.m., A.M.). 〈<L in the year of the world〉
annot. annotated; annotation; annotator.
an·no·tate [ǽnoutèit] 图 (…에) 주석을 달다, (…을) 주해하다. ¶ a book elaborately ~d 자세히 주석을 단 책 / ~ the works of Milton 밀턴의 작품에 주석을 달다.
-**ta·ble** 图 -**tà·tive** 图
-**tà·tor** 图 주해자. -**ta·to·ry** 图 주해의, 주석적인.
an·no·tat·ed [ǽnətèitid] 图 주석을 단.

an·no·ta·tion [ænətéiʃən] 图ⓤⓒ 1 주석[주해]을 달기. 2 주해, 주석. ¶ Korean ~s 한국어 주해(판). 3 메모, 노트.
‡**an·nounce** [ənáuns] 图印 (**-nounc·es** [-iz]; **~d** [-t]; **-nounc·ing**) 1 …을 알리다, 발표[공표]하다; …을 고지(告知)하다, 공포하다. ⇨DECLARE 〖유의어〗 ¶ be formally (officially, informally) ~d 정식[공식, 비공식]으로 발표되다 // (~+阃+前+명) She has ~d her marriage to her friends. 그녀는 친구들에게 자기의 결혼을 발표했다 // (~+阃+to be 團) (~+ that 團) He ~d my statement to be a lie. =He ~d that my statement was a lie. 그는 내 진술이 거짓말이라고 말했다. 2 (손님의 내방을) (큰소리로) 알리다; [식사]를 알리다. ¶ ~ guests 손님들이 왔다고 알리다 / ~ dinner 식사 준비가 되었다고 알리다. 3 (사물이) …의 징조가 되다, …을 나타내다; 암시하다. ¶ (~+阃+to be 團) Her dress ~s her to be a nurse. 그녀의 복장으로 간호사임을 알 수 있다. 4 (라디오·TV 등에서) …을 방송하다, 아나운서 역을 하다. (출연자를) 소개하다. 5 …을 예고하다; (정식으로) 서면으로 알리다. — 丞 1 (라디오·TV의) 아나운서 노릇을 하다(for). ¶ (~+前+명) He ~s for the private station. 그는 민간 방송국의 아나운서를 하고 있다. 2 출마[입후보]를 표명하다(for). ¶ He ~d for governor. 그는 지사로 출마할 것을 표명했다. ~·a·ble
‡**an·nounce·ment** [ənáunsmənt] 图ⓒⓤ 1 알림, 공고, 고지, 예고. 2 발표, 성명, 공표, 피로(披露). 3 (TV·라디오 따위의) 상업 광고. 4 (결혼식 따위의) 정식 알림장. 5 (카드놀이) 가진 패를 보이기. 「표하다.
make an announcement of [or **about**] …을 공
‡**an·nounc·er** [ənáunsər] 图 (〖 ~s [-z]) 1 통보자, 고지자. 2 (방송의) 아나운서, (공항 따위의) 방송원.
‡**an·noy** [ənɔ́i] 图 (~**s** [-z]; ~**ed**; ~**·ing**) 1 …을 괴롭히다, 짜증나게 하다, 귀찮게 굴다, 난처하게 하다; (수동형으로) …에 성[짜증]내다, …에 언짢다. (about, at, by, with, to do). ⇨BOTHER 〖유의어〗 ¶ He ~ed me by asking too much. 그가 내게 너무 많은 것을 물어서 짜증이 났다 / He looked ~ed. 그는 귀찮은 듯했다 / My mother had an ~ed look. 어머니는 난처한 듯한 표정을 지었다. 2 〖군사〗 (적)등을 괴롭히다, …에게 손해를 주다. — 丞 꼴보기 싫다, 밉다, 귀찮게 생각나다. — 图 〖고어〗 =annoyance.
be [or **get**] **annoyed** 귀찮다, 골치 아프다; 성내다 (at, about, by, with). ¶ be ~ed at trifles 사소한 ~·**er** 「일에 화내다.
*****an·noy·ance** [ənɔ́iəns] 图 1 귀찮음[성가신] 것[사람], 골칫거리(nuisance). 2 ⓤ 성가심, 곤혹, 난처함, 골치 아픔, 괴롭힘. ¶ put on a person too much ~ 남에게 너무 큰 괴로움을 주다. 3 ⓤ 〖군사〗 교란 (행위).
give annoyance to …에게 폐를 끼치다, 번거롭게 「난처하게 만들다.
put[or **subject**] **a person to annoyance** 남을 **to one's annoyance** 난처하게도, 곤란하게도.
with annoyance 초조하여, 안달복달하여.
*****an·noy·ing** [ənɔ́iiŋ] 图 성가신, 난처한, 귀찮은, 골치 아픈. ¶ his ~ habits 남을 귀찮게 하는 그의 버릇 / How ~! 정말 귀찮군! -**ly** 图 -**ness** 图
‡**an·nu·al** [ǽnjuəl] 图 1 1년의, 1년간의; 1년을 단위로 하는. ¶ ~ expenditure[revenue] 세출[세입] / an ~ income[output] 연간 소득[생산] / an ~ salary 연봉. 2 해마다의, 예년의, 1년에 한 번의. ¶ an ~ celebration 연례 기념제. 3 1년 걸리는, 1년 주기의. 4 〖식물〗 1년생의(會 biennial, perennial). ¶ ~ plant 1년생 초본. — 图 (〖 ~s [-z]) 1 연보, 연감. 2 〖식물〗 1년생 식물. 3 주기(周忌); 기일(忌日).
ánnual básis 연률(年率). ¶ by ~ 연률로 (따져).
ánnual (géneral) méeting 图 (〖영〗) (주주 총회 따위의) 연차 총회(〖약〗 AGM).

an·nu·al·ize [ǽnjuəlàiz] 동타 [통계 수치]를 연간으로 계산[환산]하다; 연례화하다. ― 자 (통계 수치가) 연간 …로 되다(as); 연례화하다.

***an·nu·al·ly** [ǽnjuəli] 부 매년, 해마다, 1년 걸러(서).

ánnual ráte 연 이율(率): 연 사용료[요금].

ánnual repórt 연보(年報), 연례 보고서; (증권) 연차 보고서(회사가 주주에게 내는 연간 재무 상황 보고).

ánnual ríng 명 (동·식물) 나이테, 연륜. [고].

ánnual wáge 명 연간 보증 임금.

an·nu·i·tant [ənjúːitənt/ənjúː-] 명 연금 수령자.

an·nu·it coep·tis [ǽnjuːit séptis] 신은 우리가 하는 일을 도와 주신다(미국 국새(國璽) 뒷면의 글귀). <L He[God] has favored our undertakings.>

an·nu·i·ty [ənjúːəti/ənjúː-] 명 1 연금, 연부금. ¶ an ~ bond 연금 증서/a deferred ~ 거치 연금/a life [terminable, perpetual] ~ 종신[기한부, 영구] 연금. 2 연금 수령권; 연금 지불 의무; 연금 협약.

annúity certáin 명 (보) **annuities c-**) 확정 연금.

an·nul [ənʌ́l] 타 (**-ll-**) 1 …을 무효로[취소]하다 [법률 따위]를 폐지하다. ¶ ~ a contract 계약을 취소하다/~ a ban 금지를 해제하다. 2 …을 소멸시키다, 제거하다. 3 [정기 행사 따위] 중단하다; [열차 따위]의 운행을 취소하다. **~·la·ble** 형 폐기할 수 있는.

an·nu·lar [ǽnjulər] 형 고리의, 환상(環狀)의. ¶ an ~ saw 둥근 톱. **-lar·i·ty** [ǽrəti] 명 **-ly** 부

ánnular eclípse 명 (천문) 금환식(金環蝕).

an·nu·late [ǽnjulət, -lèit] 형 고리(모양)의, 환상의; 고리 무늬가 있는. (또는 **annulated**)

an·nu·la·tion [ǽnjuléiʃən] 명 ⓒ 고리 모양으로 되기; ⓒ 고리 모양, 환상(環狀); 환상부.

an·nu·let [ǽnjulit] 명 작은 고리; (도리아식 건축의) 고리 모양의 두둑 무늬, 쇠시리, 고리 모양 띠.

an·nu·li [ǽnjulài] 명 **annulus**의 복수형.

an·nul·ment [ənʌ́lmənt] 명 ⓤ 1 무효화, 취소, 폐기; 제거. 2 [정신분석] (불쾌한 관념 따위의) 소멸.

an·nu·lose [ǽnjulòus] 형 고리 모양의 있는, 환상체[부, 마디]로 된. ¶ ~ animals 환형 동물

an·nu·lus [ǽnjuləs] 명 (복 **-li** [-lài], **~·es** [-iz]) 1 고리(모양의 것)(ring). 2 (기하) 환형(環形). 3 (나무 따위의) 나이테. 4 (천문) 금환(金環). 5 (동물) 체환(體環); (식물) (양서류의 포자낭의) 환대(環帶).

an·num [ǽnəm] 명 ⓤ 해, 연(年). ¶ $50,000 per ~ 연 5만 달러($50,000 p.a.).

an·nun·ci·ate [ənʌ́nsièit] 타 알리다, 고지하다. 공포[공표, 공고]하다. **-ci·a·ble**, **-à·tive**, **-a·tò·ry** 형

an·nun·ci·a·tion [ənʌ̀nsiéiʃən] 명 1 (때로 the A-) (성서) (천사 Gabriel이 성모 마리아에게 전한 그리스도 강탄의) 고지, 수태 고지(受胎告知) ¶ ~누가복음 (Luke) 1 : 26). 2 (A-) (가톨릭) 성수태 고지 축제일(3월 25일)(Lady Day). 3 ⓤⓒ 고지, 예고, 공포, 공고.

Annunciátion Dày 명 =annunciation 2.

Annunciátion líly 명 흰나리(Madonna lily).

an·nun·ci·a·tor [ənʌ́nsièitər] 명 1 통고자, 공표자, 포고인. 2 (미) 신호, 표시기; (호텔 따위의) 호출 표지기(버저가 울려 그 방의 번호가 나타나는 장치).

ánnus hor·rib·i·lis [ǽnəs hɔːríbələs] 명 끔찍한 해. <L year of horrors>

ánnus mi·ra·bi·lis [ǽnəs mərǽbəlis] 명 (복 **an·ni mi·ra·bi·les** [ǽnai mərǽbəliːz]) 이상한 해, 다사다난했던 해(특히 영국에서 London 대화재나 페스트 대유행의 1666년; (A– M–) 1666년의 사건을 읊은 Dryden의 시. <L year of wonders>

an·o- [ǽnou, -nə] (연결) up, upper, upward의 뜻. ¶ *anoopsia*(안경) 위쪽 시야(上斜位).

ANOC Association of National Olympic Committees(국가 올림픽 위원회 연합).

an·ode [ǽnoud] 명 (전해조(電解槽)·전지 따위의) 전류가 들어가는 전극(電極). 2 (볼타 전지의) 음극. 3 (전자관·전해조의) 양극, 애노드(plate). (반) cathode

a·nod·al [einóudl] 형

ánode ràys 명 (복) (물리) 양극선.

an·od·ic [ænɑ́dik/ænɔ́d-] 형 (물리) 양극(anode)의[에 관한]; (화학) (…보다) 양극성의(to). ¶ ~ oxidation 양극 산화(酸化). (또는 **anodal**)

an·od·al·ly [ænóudəli], **-i·cal·ly** 부

an·o·dize [ǽnədàiz] 타 (* (영) **-dise**) 동타 [금속]의 금속 면을 처리하다, …에 산화 피막이 생기게 하다.

-di·za·tion [-dizéiʃən/-daiz-], **-diz·er** 명 [(증).

an·o·don·tia [ǽnədɑ́nʃiə, -ʃə] 명 (치과) 무치(無齒)

an·o·dyne [ǽnədàin] 명 진통[진정]제; 완화물. ¶ Time is an ~ of grief. 시간이 지나면 슬픔도 덜해진다. ― 형 진통[진정] 작용을 하는; 기분[감정]을 누그러뜨리는(soothing).

an·o·e·sis [ǽnouíːsəs] 명 (심리) 비지적(非知的) 의식. [ǽnouíː(:)ə]

a·noi·a [ənóiə] 명 정신 박약, 백치. (또는 **an·o·e·sia**

***a·noint** [ənóint] 동타 1 …에 기름을 바르다, 연고[기름 모양의 것]를 바르다, 액체를 바르다. ¶ ~ the burn *with* ointment 덴 데 연고를 바르다. 2 (교회) …에게 기름을 붓다, …을 성별(聖別)하다; (가톨릭) …에게 병자 성사(病者聖事)를 하다. 3 …을 공식 선정하다, 지명하다. 4 (사람·물건)을 신에게 바치다.

the **Lord's Anóinted** 구세주(the Anointed).

~·er 명 기름을 붓는[바르는] 사람.

a·noint·ment [ənóintmənt] 명 ⓤ 1 기름 부음[바름]; (가톨릭) 병자 성사(病者聖事). 2 공식 선정, 지명.

an·o·lyte [ǽnəlàit] 명 양극액(陽極液), 애노드 (anode)액(전기 분해 때 양극에 근접하는 전해액).

a·nom·a·lism [ənɑ́məlìzəm /ənɔ́m-] 명 ⓤ 1 변칙(성), 이상(성); 변칙물, 이상물; =anomaly.

a·nom·a·lis·tic [ənɑ̀məlístik/ənɔ̀m-] 형 1 변칙적인, 비정상의, 변태적인, 예외적인. 2 (천문) 근점(近點)의, 근일점(近日點)의, 근지점의. **-ti·cal·ly** 부

anomalístic mónth 명 (천문) 근점월(近點月).

anomalístic périod 명 (천문) 근점 주기(周期).

anomalístic yéar 명 (천문) 근점년(近點年).

a·nom·a·lous [ənɑ́mələs/ənɔ́m-] 형 1 변칙적인, 이례적인, 예외적인; 앞뒤가 일관하지 않은, 모순된, 상반되는. 2 (문법) 변칙의. ⇒IRREGULAR 유의어 ¶ an ~ situation 변칙적인 사태. **~·ly** 부 **~·ness** 명

anómalous fínite 명 (문법) 변칙 정동사(定動詞) (am, is, are, was, were, have, has, had, do, does, did, shall, should, will, would, can, could, may, might, must, ought, need, dare, used의 24개).

anómalous vérb 명 (문법) 변칙 동사(변칙 정동사의 기본이 되는 be, have, do, shall, will, can, may, must, ought, need, dare, used의 12개).

anómalous wáter 명 (화학) 중합수(重合水), 다수(多水)(polywater).

a·nom·a·ly [ənɑ́məli/ənɔ́m-] 명 ⓤⓒ 1 변칙, 이례, 예외. 2 불합리; 변칙[예외, 이례]적인 것[일]. 3 (천문) 근점 (거리)각(근지점 또는 근일점에서의 각거리).

a·no·mi·a [ənóumiə] 명 ⓤ (의학) 건망성 실어증.

an·o·mie [ǽnəmiː] 명 ⓤⓒ (사회) (아노미 현상, 무규범[규제] 상태. (또는 **anomy**)

a·nom·ic [ənɑ́mik/ənɔ́m-] 형

a·non [ənɑ́n/ənɔ́n] 부 (고어) 1 이윽고, 얼마 안 가서. 2 (…인가 하고 생각하면) 또 때로는, 이따금 또 (* sometimes, now 따위와 함께 쓰인다). 3 곧, 즉시.

ever and **anon** 때때로(now and then), 이따금.

anon. anonymous(ly).

an·o·nym [ǽnənìm] 명 가명, 익명, 익명의 사람, 익명 작가, 무명씨; 익명 출판물.

an·o·nym·i·ty [ǽnəníməti] 명 ⓤⓒ 익명; 무명, 작자 [저자] 불명, 신원 불명; ⓒ 익명인.

***a·non·y·mous** [ənɑ́nəməs/ənɔ́n-] 형 1 작자[저

자] 불명의; 신원 불명의.¶an ~ novel 필자 불명의 소설/~ death 신원 불명자의 죽음. **2** 익명[가명]의, 이름을 안 밝히는.¶an ~ writer 익명[가명]의 작자. **3** 특성[개성]이 없는. **~·ly** 傅 **~·ness** 傅

a·noph·e·les [ənáfəli:z/ənɔ́f-] 傅 (옥 ~) 아노펠레스 모기(말라리아를 매개한다). 傅

an·o·pi·a [ænóupiə] 傅 〔안과〕 (안구의 결합의 한) 무시(無視)(증), 시각 결여; 상사시(上斜視).

a·no·rak [ǽnəræk] 傅 〔英〕 아노락(두건 달린 방한용 자켓); 파카(parka). [<Eskimo]

an·o·rec·tic [ǽnəréktik] 傅 식욕이 없는; 식욕을 감퇴시키는. —傅 **1** (또는 **anoretic**) 식욕 감퇴제. **2** 식욕 부진증의 사람.

an·o·rex·i·a [ǽnəréksiə] 傅U 1 〔의학〕 식욕 부진, 식욕 감퇴. **2** 〔정신의학〕 ~ nervosa.

anoréxia ner·vó·sa [-nəːrvóusə] 傅 〔정신의학〕신경성 식욕 부진증[거식증]. 〔실[억제제(劑)〕.

an·o·rex·i·ant [ǽnəréksiənt] 傅 〔의학〕 식욕 감퇴

an·o·rex·ic [ǽnəréksik] 傅 (신경성) 식욕 부진증 환자. —傅 식욕 부진의(anorectic).

an·or·gas·mi·a [ænɔːrgǽzmiə] 傅 불감증, 무(無)오르가슴(증). (또는 **ánorgàsmy**) **-mic** 傅

an·or·gas·tic [ænɔːrgǽstik] 傅 불감증의, 오르가슴에 달할 수 없는.

an·or·tho·site [ænɔ́ːrθəsàit] 傅 〔광물〕 사장암 (斜長岩). **-sit·ic** [-̀sítik] 傅

an·os·mi·a [ænɑ́zmiə, ænás-/ænɔ́z-] 傅U 〔병리〕 무(無)후각(증), 후각 상실. **-mát·ic, -mic**

‡**an·oth·er** ⇒ANOTHER. ⟨p. 122⟩

A.N. Óther [éién-] 傅 〔英〕 선수 미정(출전 선수 명단 작성시 해당란에 another를 인명처럼 표기한 것).

an·ox·e·mi·a [ǽnəksí:miə/ǽnɔk-] 傅U 〔의학〕 (고산·고공에서 혈액 속의) 산소 결핍(증).

an·ox·i·a [ænɑ́ksiə/ænɔ́k-] 傅U 〔의학〕 산소 결핍(증); 무산소증. **-ic** 傅 〔드 통신사〕.

ANP Algemeen Nederlandsch Persbureau(네덜란드 통신사).

ANPA, A.N.P.A. American Newspaper Publishers Association(미국 신문발행인 협회). **anr, anr.** another. **ANS** American Nuclear Society (미국 학학회); 〔美〕 Army News Service(육군 보도부); 〔英〕 Army Nursing Service(육군 간호 부대); Asian News Service(아시아 통신사). **ans.** answer (ed). **ANSA** [ǽnsə] Agenzia Nazionale Stampa Associata(이탈리아 국영 통신사).

án·sate cròss [ǽnseit-] 傅 =ankh.

An·schluss [ɑ́ːnʃlus/ǽn-] 傅 연합, 합병; (특히 1938년 독일에 의한) 오스트리아 합병. [<G]

ANSCII (컴퓨터) American National Standard Code for Information Interchange(미국 국가 규격협회 정보 교환용 표준 부호; 원래는 ASCII).

an·ser·ine [ǽnsəràìn, -rin] 傅 거위의; 거위 같은; 얼빠진, 어리석은. —傅 〔화학〕 안세린(거위의 근육 속에 있는 물질; 수산화바륨).

an·ser·ous [ǽnsərəs] 傅 =anserine.

ANSI American National Standards Institute(미국 규격 협회).

‡**an·swer** [ǽnsər, ɑ́ːn-/ɑ́ːn-] 傅 (傅 ~**s** [-z]) **1** (질문·요구·편지 따위에 대한) 답, 대답, 회답, 응답 (to).¶write an ~ 답장을 쓰다/give [or make] an ~ to a person 남에게 대답을 하다// That is no ~ to my question. 그것은 내 질문에 대한 답이 안된다. **2** (시험 문제 따위의) 정답, 해답; 대응물, 대응되는 존재; 아주 비슷한 사람[것], 비견되는 존재(to). **3** 해법, 해결책.¶an ~ to the housing problem 주택 문제의 해결책. **4** 〔법률〕 답변; 보복.

an [or *the*] *answer to a maiden's prayer* 〔英 口어〕 매력적[이상적]인 남자; 이상적인 사람[것].

get [or *find, work out*] *an answer to* …의 해법 [해결책]을 내다.

in answer to …에 답[응]하여.

know [or *have*] *all the answers* 모든 것을 알고 있다고 생각하다, …을 잘 안다고 내세우다; 그 방면의 대가이다; 빈틈없다, 머리가 좋다.

The answer's a lemon. 〔英 口어〕 (우문(愚問)에 대한 대답으로서) 시시하다, 어처구니 없다.

What's the answer? 어쩌면 좋으냐?

—傅 (~**s** [-z]) 傅 **1** 대답하다, 회답하다(*to*).¶~ with a nod 끄덕이며 답하다// (~+前+名) ~ to a question [person] 질문에[남에게] 대답하다(* 이 뜻으로는 보통 answer a question [person]을 사용. 傅 曰 1)./A~ when spoken to. 말을 걸어오면 대답하시오. **2** 응하다, 응답하다.¶I knocked and knocked on [or at] the door, but nobody ~ed. 나는 계속 노크했지만 아무런 응답도 없었다. **3** 소용되다, 쓸모있다, 맞다(for).¶(~+前+名) ~ for the purpose 목적에 부합되다. **4** 책임을 지다, 변호하다; (품질 따위를) 보증하다 (for).¶We must ~ for the consequences. 그 결과는 우리가 책임져야 한다/I will ~ for his honesty. 나는 그가 정직하다는 것을 보장합니다. **5** 목적을 이루다, (시도 따위가) 성공하다, 효험이 있다.¶His method has not ~ed. 그의 방법은 성공하지 못했다. **6** 일치[합치]하다(*to*).¶His features ~ to the description. 그의 모습이 인상 착의 내용과 일치한다.

—傅 **1** …에 답하다, 대답을 하다.¶~ a question [letter] 질문에 대답하다[편지에 답장을 내다]/He ~ed it for her. 그녀 대신에 그가 그것에 대답했다// (~+目+目) A~ me this question. 이 질문에 대답해 주세요./He didn't ~ me a word. =He didn't ~ a word *to* me. 그는 내게 한마디도 대답하지 않았다.

> [유의어] **answer** 「대답하다」라는 뜻의 가장 일반적인 말; 질문·부름·호소 따위에 응하다. **reply** 상대방의 요구에 자세히 회답하다. **respond** 희망·기대에 응하다; 기다렸다는 듯이 예기했던 대답을 하다. **rejoin** 비판·의문·반대 따위에 반론하다. **retort** 비난·비평에 날카롭게 응수하다.

2 …에 응하다.¶~ a call [or the phone] 전화를 받다/ ~ the bell [or door, knock] 손님을 맞으러 나가다/ ~ a summons 소환에 응하다. **3** 〔문제·수수께끼 따위〕를 풀다.¶~ a riddle [problem] 수수께끼[문제]를 풀다. **4** (목적·희망·요구 따위)에 부응하다, 도움이 되다, 들어맞다; …에 합치하다.¶~ the purpose 목적에 부합하다/My prayer [dream] was ~ed. 나의 기도가 [꿈이] 이루어졌다. **5** (책임)을 다하다; (빚)을 갚다. ¶~ a debt 빚을 갚다. **6** (비난·공격 따위)에 응수[대꾸]하다; …에 보답하다.¶(~+目+前+名) ~ good for evil 악을 선으로 갚다/I ~ed his blow *with* mine. 나는 그의 주먹질에 주먹으로 응수했다. 「주다.

answer a person's prayer (신이) 남의 기원을 들어

answer back 〔口어〕 말대꾸하다; 자기 변호하다.

answer for ① …의 책임을 지다, 처벌을 받다. ② …에 답하다. ③ …에 소용되다, …의 도움이 되다. ④ …대신 대답하다.

answer for it that… …임을 보증하다.

answer the call ① 대답을 보다. ② 소변을 보다.

answer the helm (해사) (배의) 키가 잘 듣다.

answer to the name of …이라고 부르는 말에 대답하다; …이라는 이름이다. 「대답하다(*to*).

answer up (질문에) 분명히 대답하다, 막힘없이[척척]

be answered for (좌석 따위가) 예약이 끝나다.

~·less 傅

*****an·swer·a·ble** [ǽnsərəbl, ɑ́ːn-] 傅 **1** (서술용법) 책임있는(*to, for*). ⇒RESPONSIBLE 유의어 ¶a legislative body ~ to the people 국민에게 책임이 있는 입법부. **2** 대답[답변]할 수 있는. **3** 〔고어〕 균형잡힌, 알맞은(*to*).¶His fame is ~ to his success. 그의 명성은

another

an [one]+other에서 생긴 말로, 동종의 물건에 대해 「하나 더」와 같이 「추가」를 나타내는 것이 원뜻이다.
형용사 용법과 (대)명사 용법이 있으며, 단수 취급이 원칙이지만, another two months(앞으로 또 두 달)과 같은 예외도 있다.

‡**an·oth·er** [ənʌ́ðər] 형 1 제2의(a second), 또 하나[한 사람]의(one more). ¶~ piece of cake 또 한 개의 케이크/in ~ three weeks 앞으로[로] 3주일 지나면/Have ~ cup. 한 잔 더 드십시오/We've got ~ ten days' journey. 여행은 앞으로 열 날 남았습니다/A~ mistake, and you will be fired. 한 번 더 실수하면 해고야.
2 다른, 딴(different). ¶at ~ time 다른 때에, 언젠가/~ day 다른 날, 후일에/He came home ~ man. 그는 아주 딴 사람이 되어 돌아왔다/That is ~ story. 그것은 완전히 다른 이야기다/One man's meat is ~ man's poison. (속담) 어떤 사람에게는 약이 되어도 다른 사람에게는 독이 될 수도 있다.
3 별개의, 별도의. ¶by ~ mail [or post] 별도의 우편으로.
4 …에 흡사한, …에 필적하는. ¶~ Solomon 솔로몬 같은.
another place 다른 곳, 딴 데; (英) 타원(他院)(상원에서는 하원을, 하원에서는 상원을 가리킨다).
before we speak another word 즉석에(서).
feel oneself **another man** 새 사람이 된 기분이다.
in another moment 다음 순간, 홀연.
— 대 **1** 또 하나의 것, 또 한 사람. ¶Try ~. 하나[한 잔] 더 드십시오/Since you enjoyed that first piece of pie so much, have ~. 첫 파이를 그렇게 맛있게 드셨으니 하나 더 드십시오.

(USAGE) 3개[사람]를 하나[한 사람]씩 말할 때는, one, another, the third [or the other], 또는 one, another, another라고 한다. 4개 이상인 경우는 one, another, a third, a fourth, a fifth, …로 되고, 마지막 하나가 the other [or the fourth, the fifth, the sixth, …]로 된다. 열거하다가 도중에 중단하면, one, another, a third, the others로 된다.

2 다른 것, 다른 사람. ¶going from one house to ~ 집집마다 들러서, 호별 방문하여/To say is one thing, to do is quite ~. 말하는 것과 행하는 것은 전혀 다른 일이다.
3 비슷한 것, 같은 것, 동류(one like the first). ¶one copy for her and ~ for him 한 권은 그녀에게, 또 한 권은 그에게/Liar! —You're ~! 거짓말쟁이! —너도 마찬가지야!
Ask another. (구어) 바보같이, 헛소리 마.
Ask me another! (구어) 알게 뭐야!
one after another 하나씩 하나씩, 차례차례, 잇따라. ¶They disappeared one after ~. 그들은 차례차례 모습을 감췄다.
one another 서로. ¶Love one ~. 서로 사랑하라/Two sparrows were chasing one ~. 참새 두 마리가 쫓고 쫓기며 날고 있었다.

주의 (1) one another는 보통 3개 이상의 것[사람]에 대하여 쓰고, 2개[사람]인 경우는 each other를 쓰는 것이 원칙으로 되어 있으나, 그렇지 않은 경우도 많다. (2) one another의 소유격은 one another's이다. ¶They shared one another's interests.

one behind another 세로로 줄지어.
one way and another 이리저리하여, 백방으로 손을 써서.
one way or another 어떻게 해서든.
such another 그와 같은 것[사람]. ¶I've never seen such ~. 그와 같은 것[사람]을 본 적이 없다/It is just such ~. 바로 그런 것이다.
taken [or taking] one with another 이것저것 생각하여 보면, 전체적으로 보아.
Tell me another! (구어) 말도 안 돼! 그런 소리 마!
with one thing or another 이것저것 하여.

그의 성공에 걸맞다. -**bíl·i·ty**, ~**·ness** 명 **-bly** 부
an·swer·back [ǽnsərbæ̀k/άːn-] 명 (컴퓨터) 응답(원격 제어 신호에 대한 단말기로부터의 응답 신호).
— 형 응답의. ¶a computer with ~ capability 응답 기능이 있는 컴퓨터.
an·swer·er [ǽnsərər/άːn-] 명 응답[회답]자.
án·swer·ing machìne [ǽnsəriŋ-] 명 (부재시의) 전화 자동 응답 장치. ¶an ~ message 부재시 전화용 녹음 메시지. 「신호기).
ánswering pénnant 명 (해사) 응답기(만국 선박
ánswering sèrvice 명 부재시 전화 응답 대행업.
ánswer-on·ly módem [-óunli-] 명 (컴퓨터) 수신 전용 모뎀. 「machine.
an·swer·phone [ǽnsərfòun] 명 =answering
ánswer prìnt 명 (사진) 초벌 프린트(완성 작품으로서 감상에 사용되는 최초의 영화 프린트).
ánswer shèet 명 답안(용)지.
‡**ant** [ænt] 명 **1** 개미. ¶a red ~ 불개미/a white ~ 흰개미. **2** 흰개미(termite). **3** (~s) (美속어) 불안, 적정, 노여움; 정욕.
have ants in one's **pants** (美속어) 불안해서[화가 나서] 안절부절 못하다; 말하고[…하고] 싶어서 좀이 쑤시다[쑥대], 정욕(情欲)을 느끼다.
an't [ænt, eint/αːnt] **1** (구어) are not의 단축형. **2** (英방언) am not의 단축형. **3** (속어·방언) is not, has not, have not의 단축형. ⓥ ain't
ant. antenna; anterior; antiquarian; antiquary;

antonym. **Ant.** Antarctica; Anthony; Antrim.
ant- [ænt] 접두 ⇨ ANTI-.
-ant [ənt] 접미 **1** 「…성(性)의, …한」이라는 뜻의 형용사를 만든다. ¶ascendant, pleasant, radiant. **2** 「…하는 사람, …하는 것」이라는 뜻의 명사를 만든다. ¶servant, assistant. 「기둥, 벽 끝의 기둥.
an·ta [ǽntə] 명 (복 **-tae** [-tiː]) (건축) 벽 모서리
ANTA [ǽntə] American National Theatre and Academy(미국 연극 아카데미).
ant·ac·id [æntǽsid] 형 산을 중화하는, 제산성(制酸性)의. — 명 중화제, 제산제.
An·tae·us [æntíːəs] 명 (그리스 신화) 안타이오스 (바다의 신 Poseidon과 땅의 신 Gaea 사이에 태어난 거인).
***an·tag·o·nism** [æntǽɡənìzm] 명 ⓤ **1** 적대, 대립, 반목, 반대(to, against, between); 적개심, 적의; 반작용. ¶~ between capital and labor 노사(勞使)간의 반목. **2** (약학) 길항(拮抗) 작용; (생태) 상호 작용(생물간에 공생·기생·협동 따위처럼 서로 영향을 주는 일); 길항 작용(2종의 생물간에 천적·포식·피식 관계 따위처럼 한쪽이 다른쪽의 증식을 억제하는 일).
come [or be brought] into antagonism with …와 적대[반목]하게 되다.
in antagonism to …에 반대하여, 적대하여.
***an·tag·o·nist** [æntǽɡənist] 명 **1** 적대자, 라이벌, 대립자; (연극·소설 따위에서 주인공과 대립되는) 적대역. ⇨ ENEMY 유의어 **2** (생리) 길항근(拮抗筋); (약학)

길항제(劑).

an·tag·o·nis·tic [æntǽgənístik] 형 1 적대하는, 대립하는, 반목하는(to, toward). ¶Cats and dogs are ~. 고양이와 개는 사이가 나쁘다. 2 양립할 수 없는, 상극의. **-ti·cal·ly** 부

an·tag·o·nize [æntǽgənàiz] (* (英) -nise) 동타 1 …을 적으로 만들다, …의 반감을 사다. ¶His speech ~d the voters. 그의 연설은 유권자들의 반감을 샀다. 2 (남)에게 적대하다, 대립[대항]하다, 반목하다; …에 반대하다. 3 …에 반대로 작용하다; …을 중화[상쇄]하다. — 자 대립[적대]하다; 반대로 작용하다.
-niz·a·ble 형 **-ni·zá·tion** 명 (칼리 중화물[제].
ant·al·ka·li [æntǽlkəlài] 명 (복 ~(e)s) 〔화학〕 알칼리 중화물[성]의.
ant·al·ka·line [æntǽlkəlàin, -lin] 〔화학〕 형 알칼리 중화물[성]의. — 명 중화물[제].
An·ta·na·na·ri·vo [æntənænəríːvou] 명 안타나나리보(마다가스카르의 수도; 옛 이름은 Tananarive).
ant·aph·ro·dis·i·ac [æntǽfrədìːziæk] (英) 형 성욕을 억제하는. — 명 제음제(制淫劑).
An·ta·ra [ɑːntɑ́ːrɑː] 명 안타라 통신(인도네시아의 공식 통신사).
Antarc. Antarctica. 〔국영 통신사〕.
‡**ant·arc·tic** [æntɑ́ːrktik, -ɑːrtik/-ɑ́ːktik] 형 (종종 A-) 남극의; 남극 지방의. 반 arctic ¶an ~ exploration [expedition] 남극 탐험. 명 (the A-) 남극 (the South Pole); 남극권, 남극 지방.
Ant·arc·ti·ca [æntɑ́ːrktikə, -ɑːrti-/-ɑ́ːkti-] 명 남극 대륙(the Antarctic Continent). 〔극 탐험가.
Ant·arc·ti·can [æntɑ́ːrktikən] 명 남극 사람; 남 통하는) 앞방, 대기실(anteroom).
Antárctic Archipélago 명 (the ~) 남극 군도 (群島)(Palmer Achipelago의 옛 이름).
Antárctic Círcle 명 (the ~) 남극권 한계선(남위 23° 28′의 지점을 이은 남한대(South Frigid Zone)의 한계선). 반 Arctic Circle ⇒ ZONE 그림.
Antárctic Cóntinent 명 (the ~) =Antarctica.
Antárctic Ócean 명 (the ~) 남극해.
Antárctic Península 명 (the ~) 남극 반도.
Antárctic Póle 명 (the ~) 남극(the South Pole).
Antárctic Trèaty 명 (the ~) 남극 조약(남위 60° 이남의 대륙과 바다에 대한 영토권을 주장하지 않는다는 것과 비군사화를 규정한 조약; 1959년 체결).
Antárctic Zòne 명 (the ~) 남극대(帶)(남극점과 남극권 사이의 지역). 반 Arctic Zone
An·tar·es [æntɛ́əriːz/-tɛ́ər-] 명 〔천문〕 안타레스 (전갈자리의 주성(主星); 적색의 1등성).
ant·ar·thrit·ic [æntɑːrθrítik] 형명 〔약학·의학〕 항(抗)관절염의; 항관절염제(劑).
ant·asth·mat·ic [æntæzmǽtic/-æs-] 〔의학〕 형 천식 치료[방지]의. — 명 천식 치료[예방]제.
ant·a·troph·ic [æntətrɑ́fik/-trɔ́f-] 〔약학〕 형 위축(萎縮) 예방[치료]의, 항위축성의. — 명 항위축제(劑), 위축 치료[예방]제.   〔(aardvark).
ánt bèar 명 (중남미산(産)) 큰개미핥기; 개미잡이
ánt·bìrd [ǽntbə̀ːrd] 명 (남미산(産)) 개미잡이새. (또는 búsh shrike, ánt thrùsh)
ánt còw 명 진디(aphid).
an·te [ǽnti] 명 (보통 a ~, the ~) 1 〔카드놀이〕 포커에서 패를 돌리기 전에) 각 참가자가 내는 일정액의 돈. 2 (구어) 분담[출자]금, 할당금 (미리 내는 분담금). 3 (속어) 값, 비용.
raise (**up**) **the ante** ① 〔카드놀이〕 밑돈을 올리다. ② (구어) 분담금을 올리다. ③ 값[비용]을 올리다.
—동 (~(e)d; ~·ing) 타 1 〔카드놀이〕 (돈)을 걸다. 2 (자기 몫)을 내다(up). 자 〔카드놀이〕 돈을 걸다. 2 (구어) 분담금을 내다, 치르다(up).
an·te- [ǽnti] 접투 before의 뜻. ¶antedate, antediluvian, anteroom, antecedent.
ant·eat·er [ǽntiːtər] 명 1 (중남미산(産)) 개미핥기 (반 ant bear). 2 =aardvark. 3 =pangolin. 4 =

echidna. 5 =antbird.
an·te·bel·lum [æntibéləm] 형 전전(戰前)의; (美) 남북 전쟁 전의. ¶status quo ~ 전전의 상태. [<L]
an·te·bra·chi·um [æntibréikiəm] 명 (복 **-chi·a** [-kiə]) (해부) 전박(前膊). **-chi·al** 형 전박의.
an·te·cede [æntəsíːd] 동타 (시간·차례 따위가) …에 선행하다, 앞서다.
an·te·ced·ence [æntəsíːdns] 명U 1 (시간·차례 따위가) 앞섬, 선행, 선재(先在); 상위, 우위. 2 〔천문〕 (드물게) (행성의) 역행.
an·te·ced·en·cy [æntəsíːdnsi] 명U (시간·차례 따위가) 앞섬, 선행; 선재(先在).
‡**an·te·ced·ent** [æntəsíːdnt] 형 1 앞서는, 선행하는; (…보다) 앞의(to). ¶an ~ clause 선행절 / ~ rights 〔법률〕 선유권(先有權)/The event was ~ to World War II. 그 사건은 2차 세계 대전 전의 일이었다. 2 〔논리〕 추정적인; 전제(前提)의, 가정의. ¶~ possibility 추정적 가능성. — 명 1 (the ~) 전례; 앞선 사건 [상황]; 선행하는 것. 2 (~s) 전력(前歷), 경력, 내력. ¶a woman of doubtful ~s 과거가 의심스러운 여자. 3 (~s) 조상, 육통. 4 〔문법〕 선행사. 5 〔논리〕 전건(前件)(가언 적(假言的) 명제의 조건을 나타내는 부분) 반 consequent. 6 〔수학〕 (비례의) 전항(前項), 전율(前率).
-ce·dén·tal [-siːdéntl] 형 **-·ly** 부
an·te·ces·sor [æntəsésər] 명 〔드물게〕 선행자(先行者), 선배, 전임자; 선조(predecessor).
an·te·cham·ber [ǽntitʃèimbər] 명 (큰 방으로 통하는) 앞방, 대기실(anteroom).
an·te·chap·el [ǽntitʃæ̀pəl] 명 예배당의 앞방[대기실], 〔choir〕 앞의 공간.
an·te·choir [ǽntikwàiər] 명U 〔교회의〕 성가대석
an·te·Chris·tum [-krístəm] 그리스도 이전의 (반 A.C.). [<L before Christ]
an·te·date [ǽntidèit, -´-] 동타 1 (날짜가) …보다 앞서다; (시간적으로) …에 앞서다. 2 …에 (실제보다) 앞선 날짜로 하다(반 postdate). 3 〔역사적 사건 따위〕를 더 이전의 일이라고 추정하다. ¶ ~ a historical event 역사적 사건을 더 이전의 것으로 추정하다. 4 (앞선 날짜로) …을 소급시키다. 5 〔고어〕 (일)을 앞당겨 하다. 6 …을 예기하다, …을 내다보다.   〔date 반 predate
— 명 [ǽntidèit] (실제보다 빠른) 앞선 날짜. 반 post-
an·te·di·lu·vi·an [æ̀ntidilúːviən] 형 1 〔성서〕 Noah의 홍수 이전의(←창세기(Gen.) 7 : 8). 2 (구어) 예스러운, 고풍의; 태고의, 원시 시대의. ¶ ~ ideas 구식 생각. — 명 1 Noah의 홍수 이전의 사람[생물]. 2 늙어빠진 사람; 구식 노인, 시대에 뒤진 사람.
an·te·fix [ǽntəfiks] 명 (복 ~**·es** [-iz], ~**·a**) (건축) 처마 끝 장식.
an·te·flex·ion [æntəflékʃən] 명U 〔병리〕 (자궁의) 전굴(前屈)(증). 반 retroflexion
ánt ègg 명 개미알(개미의 번데기).
an·te·lope [ǽntəlòup] 명 (복 ~(**s**)) 1 (아프리카·아시아산(産)의) 영양(羚羊); U 무두질한 영양의 가죽. 2 =pronghorn. **-lo·pi·an** [-lóupiən], **-lo·pine** [-lóupìn] 형   〔postmeridian
an·te·me·rid·i·an [æ̀ntimərídiən] 형 오전의. 반
an·te me·rid·i·em [ǽnti mərídiəm] 부 오전 (중)에(반 a.m., A.M.)(반 post meridiem). ¶at 6 a.m. 오전 6시에. [<L before noon]   〔는.
an·te·met·ic [æntimétik] 형 오심[구토] 치료의
an·te·mor·tem [æntimɔ́ːrtəm] 형 죽기 전의, 임종의. ¶an ~ confession 임종의 고백. (또는 **ànte·mórtem, ánte mórtem**) [<L]   〔창조 이전의.
an·te·mun·dane [æntimʌ̀ndéin] 형 세계(천지)
an·te·na·tal [æntinéitl] 형 탄생[출생] 전의. ¶an ~ clinic 임산부 클리닉. — 명 (英) 임산부 검진. (또는 **prenatal**) ~**·ly** 부
‡**an·ten·na** [ænténə] 명 1 (복 ~**s** [-z]) 〔라디오·

TV) 안테나, 공중선((英) aerial). ¶ a cage [frame] ~ 새장[틀] 모양의 안테나 / a sending [receiving] antenna 송신[수신] 안테나. **2** (⊛ **-nae** [-ni:]) (동물) (곤충 따위의) 더듬이, 촉각; (갑각류의) 큰[제2] 촉각(⊛ antennule). **3** (비유적) (사람의) 감도(感度), 안테나. **-nal** (⊛) 동물) 촉각의. 「테나(beam antenna).
anténna arràay (⊛) (무선) 안테나열(列), 지향성 안
anténna círcuit (⊛) (전자) 안테나 회로.
an·ten·na·ry [ǽntənəri] (⊛) (동물) 촉각(모양)의; 촉각이 있는
anténna shòp (⊛) 안테나 숍(판매보다 상품·고객·지역의 정보 수집이 목적인 점포)(pilot shop).
an·ten·nate [ǽntənət, -nèit] (⊛) 촉각을 가진.
an·ten·nule [ænténju:l] (⊛) (동물) 작은[제1] 촉각 (갑각류의 2쌍의 촉각 중 앞쪽의 작은 것). (⊛) antenna **-nu·lar** [-njulər], **-nu·lar·y** [-njulèri/-ləri] (⊛)
an·te·num·ber [ǽntinʌ̀mbər] (⊛) (어떤 수의) 바로 앞의 수, 선행수(先行數). ¶ Four is the ~ of five. 4는 5의 선행수이다.
an·te·nup·tial [æntinʌ́pʃəl] (⊛) 결혼 전의. 「는.
an·te·or·bit·al [æntió:rbitl] (⊛) (해부) 눈 앞에 있
an·te·par·tum [ǽntipɑ́:rtəm] (⊛) 분만 전의(에 특유한). (또는 **ànte pártum, ànte-pártum**)
an·te·pen·di·um [æntipéndiəm] (⊛) (⊛ **-di·a** [-diə]) 제단의 앞장식(드리운 막이나 벽에 붙인 널빤지).
an·te·pe·nult [ǽntipinʌ̀lt/-pinʌ̀lt] (⊛) 어미(語尾)에서 세번째 음절.
an·te·pe·nul·ti·mate [ǽntipinʌ̀ltəmət] (⊛) 어미 (語尾)에서 세번째 음절의; 끝에서 세번째의.
—(⊛) =antepenult: 끝에서 세번째 것.
an·te·po·si·tion [æntipəzíʃən] (⊛)(U) (문법) 보통 뒤에 놓는 단어를 앞에 놓는 일; 어순 전도(예: fiddlers three). (⊛) postposition 「기 전의[전에 욕을 거는].
an·te·post [ˋpóust] (⊛) 경주자[마]의 번호가 게시되
an·te·pran·di·al [æntiprǽndiəl] (⊛) 식사 전의.
*__an·te·ri·or__ [æntíəriər] (⊛) **1** 앞면의, 앞부분의, 앞쪽의(to). **2** (때·차례 따위가) 선행한, 보다 이전의 (to). ¶ an ~ age 전시대 // ages ~ to the Flood 노아의 홍수 이전의 시대. (⊛) posterior ~**·ly** (⊛)
an·te·ri·or·i·ty [æntìəriɔ́:rəti, -ɑ́r-/-ɔ́r-] (⊛)(U) 앞(쪽)에 있음, 앞 위치; (시간·차례 따위가) 앞섬.
antérior tóoth (⊛) (치과) 전치(前齒)(앞니, 송곳니).
an·te·ro- [ǽntərou, -rə] (연결) 「앞의, 전면[전부, 전방]에 위치하는,의 뜻. ¶*antero*parietal.
an·te·room [ǽntirù:(-)m] (⊛) 앞방; 대기실.
an·te·ro·pa·ri·e·tal [ǽntərouərɑ́iətl] (⊛) (해부) 기관(강(腔))의 전방에 위치하는.
an·te·type [ǽntitàip] (⊛) (식물) 초기의 형(形); 원형.
an·te·ver·sion [æntivə́:rdʒən, -ʃən] (⊛) (병리) (자궁 따위의) 전경(前傾). 「(傾)시키다.
an·te·vert [æntivə́:rt] (⊛)(⊛) (자궁 따위)를 전경(前
ánt fàrm (⊛) (관찰용의) 개미 사육 상자.
ánt flỳ (⊛) 날개미, 우의(羽蟻)(날갯밥).
anth. anthology.
anth- [ænθ] (접두) ⇒ANTI-.
ánt hèap (⊛) 개밋둑, 개미탑(ant hill).
ant·he·li·on [ænthí:liən, ænθí:-] (⊛) (⊛ **-li·a** [-liə], ~**s**) (천문) 의일륜(擬日輪), 환일(幻日)(햇빛이 공중의 작은 얼음 결정(結晶)에 반사·굴절하여 생긴다).
ant·hel·min·tic [ænthelmíntik, ænθel-] (⊛) 구충(驅蟲)의. —(⊛) 구충제.
✱**an·them** [ǽnθəm] (⊛) **1** 축가(祝歌), 찬가, 송가. ¶ a national ~ 국가. **2** 성가, 찬송가(hymn). **3** (노래와 회중 사이의) 교창가(交唱歌). —(⊛)(⊛) …을 노래로 찬송[축하]하다. 「~**·less** (⊛)
an·ther [ǽnθər] (⊛) (식물) 꽃밥, 약(葯). ~**·al**,
ánther cèll (⊛) (식물) 약포(葯胞), 꽃가루 주머니.
an·ther·dust [-dʌ̀st] (⊛)(U) (식물) 꽃가루, 화분.

an·ther·id·i·um [æ̀nθərídiəm] (⊛) (⊛ **-i·a** [-diə]) (식물) (민꽃식물의) 조정기(造精器); 장정기(藏精器). **-i·al** (⊛)
an·the·sis [ænθí:sis] (⊛) (⊛ **-ses** [-si:z]) (U) (식물) 개화, 개화기, (특히) 수술의 성숙.
ant·hill [ǽnthìl] (⊛) **1** (흙·나뭇잎 따위의) 두둑; 개밋둑, 개미탑. **2** (일반적으로) 바쁜 사람들이 모여드는 장소; 군중. (또는 **ánt hill**)
an·tho·car·pous [æ̀nθoukɑ́:rpəs] (⊛) (식물) 집합과(假果)[부과(副果)]의. ¶ ~ fruits 부과.
an·tho·log·i·cal [æ̀nθəlɑ́dʒikəl/-lɔ́dʒ-] (⊛) 사화집(詞華集)의, 명시선집의. 「~의 편집자.
an·thol·o·gist [ænθɑ́lədʒist/-θɔ́l-] (⊛) 명시선집
an·thol·o·gize [ænθɑ́lədʒàiz/-θɔ́l-] (⊛) (* (英) **-gise**) (⊛) 명시선집을 편집하다. —(⊛) …을 명시선집에 수록하다. **-giz·er** (⊛)
*__an·thol·o·gy__ [ænθɑ́lədʒi/-θɔ́l-] (⊛) **1** 명시선집, 사화집(詞華集); (한 작가의) 선집, 문집, 작품집. **2** 명곡집; 명화(名畫)집.
An·tho·ny [ǽntəni] (⊛) 앤서니. **1** Mark ~ ⇨ ANTONY **1**. **2** Saint ~ 성 안토니우스(251?-356?; 이집트의 수도사로 수도 제도의 창시자). **3** [ǽnθəni] **Susan Brownell** ~ (1820-1906; 미국의 여성 참정권 운동가). **4** [ǽnθəni/-tə-] 남자 이름.
Ánthony dòllar (⊛) ⊛) 앤서니 달러(1979년에 발행된 구리·니켈 합금의 1달러 동전; Susan B. Anthony의 초상이 새겨져 있다).
an·tho·phore [ǽnθəfɔ̀:r] (⊛) (식물) 화관(花冠) 자루, 자방 간주(花被間柱) (악(萼)과 화관 중간 마다 사이가 자라서 된 꽃자루).
an·tho·tax·y [ǽnθətæ̀ksi] (⊛)(U) (식물) 꽃차례, 화서(花序)(inflorescence). 「(腔陽) 동물로의 강.
An·tho·zo·a [æ̀nθəzóuə] (⊛) (동물) 화충강(花蟲綱)(강 蟲類)(산호·말미잘 따위). —(⊛) 화충류의. (또는 **anthozoic, actinozoan**)
an·thra·cene [ǽnθrəsì:n] (⊛)(U) (화학) 안트라센 (콜타르를 증류하여 얻는 알리자린 염료의 원료).
an·thra·cite [ǽnθrəsàit] (⊛)(U) 무연탄. (또는 ~ **còal**) **-cit·ic** [-sítik], **-cit·ous** (⊛) 「(炭疽病).
an·thrac·nose [ænθrǽknous] (⊛) (식물) 탄저병
an·thra·coid [ǽnθrəkɔ̀id] (⊛) **1** 탄저열(炭疽熱) 같은, 비탈저(脾脫疽) 같은. **2** 숯 같은, 탄소 같은.
an·thra·co·sil·i·co·sis [æ̀nθrəkousìləkóusis] (⊛) (병리) 석탄·석영 가루에 의한 탄규폐증(炭珪肺症). (또는 **anthrasilicosis**)
an·thra·co·sis [æ̀nθrəkóusis] (⊛) (병리) 탄분증 (炭粉症). **-cot·ic** [-kɑ́tik/-kɔ́t-] (⊛)
an·thra·níl·ic ácid [ǽnθrəníl·ik-] (⊛) (화학) 안트라닐산(酸)(염료·약품·향수의 합성 원료).
an·thra·qui·none [æ̀nθrəkwənóun] (⊛) (화학) 안트라퀴논(고급 염료의 원료).
ànthraquinóne dýe (⊛) (화학) 안트라퀴논 염료.
an·thrax [ǽnθræks] (⊛) (⊛ **-thra·ces** [-θrəsì:z]) (⊛) (의학) (가축·사람의) 탄저병(균, 균), 비탈저.
an·thro [ǽnθrou] (⊛)(⊛) (⊛속어) 문화 인류학(의).
anthrop. anthropological; anthropology.
an·thro·par·e·a [æ̀nθrəpǽriə] (⊛) 인간 거주지(특히 시가지). 「(對人) 공포증.
an·thro·pho·bi·a [æ̀nθrəfóubiə] (⊛) (정신의학)
an·thro·po- [ǽnθrəpou, -pə] (연결) man, human의 뜻. ¶ *anthropology*.
an·thro·po·cen·tric [æ̀nθrəpouséntrik] (⊛) 인간 중심의. **-tri·cal·ly** (⊛)
an·thro·po·cen·tric·i·ty [æ̀nθrəpouséntrisəti] (⊛)(U) 인간[인류] 중심(의 상태); 인류 중심 우주관(사고 방식).

an·thro·po·cen·trism [æ̀nθrəpouséntrizm] [명] [U] 인간 중심설[주의], 인간 중심관.

an·thro·po·gen·e·sis [æ̀nθrəpoudʒénəsis] [명] [U] 인류 발생론. (또는 **ànthropógeny**) **-ge·nét·ic** [형]

an·thro·po·ge·og·ra·phy [æ̀nθrəpoudʒiágrəfi/-ɔ́g-] [명] 인문 지리학. **-pher** [명] **-ge·o·graph·ic** [-dʒìːəgrǽfik], **-gè·o·gráph·i·cal** [형]

an·thro·pog·ra·phy [æ̀nθrəpágrəfi/-pɔ́g-] [명][U] 인류지(誌). **-po·graph·ic** [-pəgrǽfik] [형]

an·thro·poid [ǽnθrəpɔ̀id] [형] (동물이) 인류 비슷한; 《구어·경멸적》 (사람이) 원숭이를 닮은. ―[명] =~ ape. **-pói·dal** [형]

ánthropoid ápe [명] 유인원(類人猿).

anthropol. anthropology.

an·throp·o·lite [ænθrápəlàit/-θrɔ́p-] [명][U] 인체 화석. (또는 **anthropolith**)

an·thro·po·log·i·cal [æ̀nθrəpəládʒikl/-lɔ́dʒ-] [형] 인류학(상)의. (또는 **anthropologic**) ~**·ly** [부]

***an·thro·pol·o·gist** [æ̀nθrəpálədʒist/-pɔ́l-] [명] 인류학자; 문화 인류학자.

***an·thro·pol·o·gy** [æ̀nθrəpálədʒi/-pɔ́l-] [명][U] 인류학; 문화 인류학(cultural ~); 인간학.

an·thro·pom·e·try [æ̀nθrəpámətri/-pɔ́m-] [명] [U] 인체 계측(법), 인체 측정(학). **-po·met·ric** [-pəmétrik], **-po·mét·ri·cal** [형] **-po·mét·ri·cal·ly** [부] **-póm·e·trist** [명]

an·thro·po·mor·phic [æ̀nθrəpəmɔ́ːrfik] [형] 신인(神人) 동형론의; 인간을 닮은, 사람의 형태를 한; 의인화[인격화]된. **-phi·cal·ly** [부]

an·thro·po·mor·phism [æ̀nθrəpəmɔ́ːrfizm] [명][U] **1** 의인론(擬人論), 신인(神人) 동형론; 신물(神物) 동형법. **2** 의인화, 인격화(humanization). **-phist** [명]

an·thro·po·mor·phize [æ̀nθrəpəmɔ́ːrfaiz] [동] [타] 〔신 따위〕를 의인화하다, 〔사물 따위〕를 의인화[인격화]하다. ―[자] (신·자연이) 의인화[인격화]되다.

an·thro·po·mor·phous [æ̀nθrəpəmɔ́ːrfəs] [형] =anthropomorphic. ~**·ly** [부]

an·thro·poph·a·gi [æ̀nθrəpáfədʒài/-pɔ́fəgài] [명][복] ([단] ***-gus*** [-gəs]) 식인종(cannibals).

an·thro·poph·a·gy [æ̀nθrəpáfədʒi/-pɔ́f-] [명] [U] 식인(의 풍습)(cannibalism). **-gous** [형]

an·thro·pot·o·my [æ̀nθrəpátəmi/-pɔ́t-] [명][U] 인체 해부(학).

an·thro·po·zo·ol·o·gy [ǽnθrəpəzouálədʒi(ː)/-ɔ́l-] [명] 인간 동물학(인간을 동물계의 하나로 봄).

an·ti [ǽntai/-ti] [명] ([복] **~*s***) 《구어》 (계획·당·정책 따위에) 반대하는 사람; 《美》 반(反)연방주의자. ―[형] 반대의, 이의가 있는. ―[전] …에 반하여.

anti- [ǽnti, -tai] [접두] against, opposite of[to]의 뜻. 명사·형용사와 결합한다(＊ 모음 앞에서는 ant-, h(기음(氣音)) 앞에서는 anth-로 되기도 한다. 또 i로 시작되는 말, 고유명사, 형용사에 붙는 경우는 하이픈을 쓴다). ¶*ant*arctic, *anth*elmintic, *anti*-imperialist, *anti*-British, *anti*-logical.

an·ti·a·bor·tion [æ̀ntiəbɔ́ːrʃən, -tai-] [형] (임신) 중절에 반대하는; 임신 중절을 금지하는. ¶an ~ movement 임신 중절 반대 운동. ~**·ism,** ~**·ist** [명]

an·ti·ag·ing [æ̀ntiéidʒiŋ, -tai-] [형] 노화 방지의. ¶an ~ drug 노화 방지약. (또는 **antiageing**)

an·ti·air [æ̀ntiέər, -tzi-] [형] 《구어》 =antiaircraft.

an·ti·air·craft [æ̀ntiέərkræ̀ft, -tai-/-έəkrɑ̀ːft] [형] 방공(용)의, 대공의, 대(對)항공기용의. ―[명] 고사포, 대공포; 고사포 부대; [U] 대공 포화. 「AAA).

antiáircraft ártillery [명] 〔군사〕 대공포대([약]

antiáircraft bàttery [명] 〔군사〕 대공 (포병) 부대.

antiáircraft gún [명] 〔군사〕 대공포, 고사포.

antiáir wàrfare [명] 〔군사〕 대공전(戰).

an·ti·al·co·hol·ism [æ̀ntiǽlkəhɔːlìzm, -tai-] [명] 과음 반대, 절주. **-hól·ic** [형] **-ist** [명]

an·ti·al·ien [-éiljən, -liən] [형] 배타적인.

an·ti·al·ler·gen·ic [æ̀ntiæ̀ləːrdʒénik, -tai-] [형] [명] 〔면역〕 항(抗)알레르기(성)의 (물질); 항히스타민 제(劑). (또는 **àntiallérgic**)

an·ti-A·mer·i·can [-əmérikən] [형] 반미(反美)의. ―[명] 반미주의자[운동가]. ~**·ism** [명]

an·ti·an·ti·bod·y [æ̀ntiǽntibɑ̀di, -tai-/-bɔ̀di] [명] 〔면역〕 항항체(抗抗體), 항체에 대한 항체.

an·ti·anx·i·e·ty [æ̀ntiæŋzáiəti, -tai-] [형] 항(抗)불안의, 불안감을 없애는 데 효력이 있는.

antianxíety drùg [명] 〔약학〕 항(抗)불안약.

an·ti·a·part·heid [-əpɑ́ːrtheit, -hait] [명] 반(反)아파르트헤이트, 반인종 격리 정책.

an·ti·ár·mor clúster munítions [-ɑ́ːrmər-] [명] 〔군사〕 대(對)장갑 클러스터탄([약] ACM).

an·ti·ar·rhyth·mic [æ̀ntiəríðmik, -tai-] [형] 〔약학〕 항(抗)부정맥(선)의, 부정맥 예방[억제, 완화]의. ―[명] 항부정맥약, 부정맥 치료약.

an·ti·art [ǽntiɑ̀ːrt, -tai-] [명][U] 반(反)예술, 네오다다(neo-Dada). ―[형] 반예술의. **-árt·ist** [명][형]

an·ti·ar·thrit·ic [æ̀ntiɑːrθrítik, -tai-] [형] 〔약학〕 관절염을 경감하게 하는, 항관절염의. ―[명] 항관절염약.

an·ti·at·om [ǽntiæ̀təm] [명] 〔물리〕 반(反)원자.

an·ti·au·thor·i·tar·i·an [æ̀ntiəθɔ̀ːrətέəriən, -tai-] [형] 반(反)권위[독재]주의의. ~**·ism** [명]

an·ti·au·thor·i·ty [æ̀ntiəθɔ́ːrəti, -tai-] [형] 반(反)권위의, 반(反)권력의.

an·ti·bac·chi·us [æ̀ntibəkáiəs, -tai-] [명] 〔운율〕 역(逆)바커스격(格)(장장단격(長長短格) (— — ⌣) 또는 강강약격(强强弱格) (ˊˊ×)). 「균성(抗菌性)의.

an·ti·bac·te·ri·al [æ̀ntibæktíəriəl, -tai-] [형] 항

an·ti·bal·lis·tic [æ̀ntibəlístik, -tai-] [형] 대(對)탄도탄의, 탄도탄 요격의. 「ABM).

antiballístic mìssile [명] 탄도탄 요격 미사일([약]

Antiballístic Míssile Trèaty [명] (the ~) 탄도탄 요격 미사일 규제 조약, ABM 조약(미·소 간에 1972년 조인). 「[치료]의.

an·ti·bil·ious [æ̀ntibíljəs, -tai-] [형] 담즙병 예방

an·ti·bi·o·sis [æ̀ntibaióusis, -tai-] [명] ([복] ***-ses*** [-siːz]) 〔생물〕 항생 작용.

an·ti·bi·ot·ic [æ̀ntibaiátik, -tai-/ǽntibaiɔ́t-] [명] 항생 물질. ―[형] 항생 작용의[이 있는]; 항생 물질의. **-i·cal·ly** [부] **-ics** [명][복] 《단수취급》 항생물질학.

an·ti·black [æ̀ntiblǽk, -tai-] [형] 흑인에게 적대적인, 흑인 배척[혐오, 멸시]의. ~**·ism** [명]

an·ti·bod·y [ǽntibɑ̀di/-bɔ̀di] [명] 〔생화학〕 (혈청 중의) 항체, 항독소. [참] antigen

an·ti·bug·ging [æ̀ntibʌ́giŋ, -tai-] [형] 도청 장치 발견용의; 도청 방지(용)의.

an·ti·bus·er [æ̀ntibʌ́sər, -tai-] [명] 《美구어》 강제 버스 통학(법) 반대자. (또는 **antibusser**)

an·ti·bus·ing [æ̀ntibʌ́siŋ, -tai-] [형] 《美구어》 (흑·백인 공학을 촉진하기 위한) 강제 버스 통학을 반대하는. ¶~ movement 강제 버스 통학 반대 운동.

an·tic [ǽntik] [명] **1** (~s) 익살맞은 동작, 광대짓. ¶play ~*s* 익살부리다. **2** 《고어》 익살 광대극, 막간(幕間)의 익살. **3** 《고어》 어릿광대(clown). **4** 기괴한 모습의 인간상(고딕 건축에 많다). ―[형] 《고어》 이상한, 별난, 기괴한; 익살맞은. ―[동][자] (***-ticked; -tick·ing***) 익살부리다, 까불다. **-ti·cal·ly,** ~**·ly** [부]

an·ti·can·cer [æ̀ntikǽnsər, -tai-] [형] 제암(制癌)의 (효과가 있는). ¶an ~ agent [*or* drug] 제암제(劑).

an·ti·car·i·ous [æ̀ntikέəriəs, -tai-] [형] 〔치과〕 충치 예방의, 항카리에스(성)의.

an·ti·cat·a·lyst [æ̀ntikǽtəlist, -tai-] [명] 〔화학〕 항(抗)촉매(negative ~); 촉매독(촉매 작용 방해 물질).

an·ti·cath·ode [æntikǽθoud, -tai-] 명 〔전자〕 대(對)음극(X선관 따위의 양극).

an·ti-Cath·o·lic [-kǽθəlik] 형명 반(反)가톨릭(주의)(의 (사람). 「반가톨릭주의.

an·ti-Ca·thol·i·cism [-kəθáləsizm/-θɔ́l-] 명ⓤ

an·ti-chic [-ʃíːk] 형 (복장의) 유행[멋] 기피(증).

an·ti-chlor [ǽntiklɔ̀ːr] 명 〔화학〕 염소 제거제.

an·ti-choice [ǽntitʃɔ́is, -tai-] 형 임신 중절 반대파 (사람). 명 임신 중절 반대(파)의.

An·ti·christ [ǽntikràist] 명 〔성서〕 1 (the ~) 적 그리스도(7년 대환란 때 세계를 통치할 사탄의 사람)(← 요한1서(1 John) 2 : 18). 2 (a-) 거짓 그리스도; 그리스도 반대자[불신앙자].

an·ti·chris·tian [æntikríst∫ən] 형 기독교 반대의, 반(反)기독교도의. — (폐어) 기독교 반대자, 반기독교도. **~·ism** 명 반기독교(주의), 기독교 반대.

an·tic·i·pant [æntísəpənt] 형 예기[기대]하는, 예상하는; 앞서는(of). ¶ be ~ of …을 내다보다[기대하다]. — 명 =anticipator.

‡**an·tic·i·pate** [æntísəpèit] 타 (-pat·ed; -pat·ing) ⓔ 1 …을 예기[예측]하다, 예견하다, 미리 알다; 기대하다 (흥사)를 지레 짐작하다, 걱정하다 ▷EXPECT 유의어 ¶ ~ a victory 승리를 예상[예기]하다 / I ~ happy holidays at the seaside this summer. 나는 이번 여름에 바닷가에서 즐거운 휴가를 보낼 것을 기대하고 있다 // (~+-ing) He ~d getting a letter from his uncle in England. 그는 영국에 있는 숙부로부터 편지 오기를 고대하고 있었다 // (~+that節) I ~ that she will come. 그녀가 오리라고 생각한다 // (~+몸+몸+죄) We ~ great pleasure from our visit to America. 우리는 미국 여행이 무척 즐거울 것으로 기대하고 있다. 2 미리 처리[조치]하다, 앞질러 논하다. ¶ ~ a question 문제를 미리 논하다. 3 (상대방)을 앞지르다, …의 기선을 제압하다. (남)에게 선수치다; …을 미연에 방지하다. ¶ ~ the enemy's strategy 적의 작전을 미리 알고 손을 쓰다. 4 (월급·수입 따위)를 예기하고 미리 쓰다; (채무)를 선불하다. 5 (일)을 앞당기다. ¶ ~ a payment 지급을 앞당기다 / ~ one's ruin 파멸을 재촉하다. — 자 예상하다[예언, 예감]하다, 장래를 내다보고 말하다[쓰다, 생각하다]; 〔의학〕 (증상 따위가) 선행하다. *anticipate a person's desires* [*wishes*] 남의 욕구[소망]를 알아차리다. *anticipate one's salary* 급료를 예상하고 미리 쓰다. *anticipate the worst* 최악의 경우를 각오하다. *I anticipated as much.* 그렇게 될 줄 알았다[예견 -**pát·a·ble** 형 -**pá·tor** 명

‡**an·tic·i·pa·tion** [æntìsəpéiʃən] 명ⓤ 1 예기, 예상, 기대, 예감, 예견; 예상[기기]되는 것(of). 2 기선을 제압하기, 앞지르기, 선수를 치기; 예방; 수입을 내다보고 쓰기. 3 〔법률〕 (신탁 자산의) 기한 전 양도[사용]. 4 〔음악〕 선행음(先行音). *in* [or *by*] *anticipation* 기대하면서, 미리. ¶ Thanking you *in ~*. 미리 감사드립니다 (청탁 편지의 맺음말). *in anticipation of* …을 예상하고, 내다보고. *with great anticipation* 큰 기대를 갖고.

an·tic·i·pa·tive [æntísəpèitiv] 형 예기한, 앞을 내다본; 선수를 치는. **~·ly** 부

an·tic·i·pa·to·ry [æntísəpətɔ̀ːri/-pèitəri] 형 1 예측의, 예기하는, 예견한. ¶ ~ importation 시세 변동을 예측한 수입. 2 〔문법〕 선행의, 예비의. ¶ an ~ subject 선행[가] 주어. **-ri·ly** 부

an·ti·cler·i·cal [æntiklérikəl, -tai-] 형 〔정치적 문제 따위에 대해〕 교권(敎權)의 개입을 반대하는, 반교권적인. — 명 교권에 반대하는 사람. **~·ism**, **~·ist** 명

an·ti·cli·mac·tic [æntiklaimǽktik, -tai-] 형 용두사미의, 김빠지는; 점강법(漸降法)의.

an·ti·cli·max [æntikláimæks, -tai-] 명 1 뜻밖의 결과[사건, 말], 맥[김]빠짐; 용두사미, 비참한 결말; 명예[권위] 실추. 2 ⓤ 〔수사〕 점강법(문세(文勢)나 말이 차츰 약해지는 표현법). ⇨ climax 「synclinal

an·ti·cli·nal [ǽntiklàinl] 형 〔지질〕 배사(背斜)의.

an·ti·cline [ǽntiklàin] 명 〔지질〕 배사곡(褶曲)(아치형 지층). ⇨ syncline

an·ti·clock·wise [æntiklákwàiz, -tai-] 형부 =counterclockwise.

an·ti·co·ag·u·lant [æntikouǽgjulənt, -tai-] 형 〔의학〕 혈액의 응고를 막는. — 명 응고를 막는 물질.

an·ti·co·lo·ni·al [æntikəlóuniəl, -tai-] 형 반(反)식민지주의의. **~·ism** 명

an·ti·com·mu·nism [æntikámjunìzm, -tai-/-kɔ́m-] 명ⓤ 반공(산)주의. **-nist** 형명

an·ti·con·sum·er·ism [æntikənsjúːmərìzm] 명 소비 절제주의. **-ist** 명

an·ti·con·vul·sant [æntikonvʌ́lsənt, -tai-] 형 〔약학〕 진정성(鎭靜性)의, 경련을 예방[저지]하는. (또는 **anticonvulsive**) — 명 진경약, 항경련약.

an·ti·cor·ro·sive [æntikərǒusiv, -tai-] 형 부식을 방지하는, 녹슬지 않게 하는. — 명 방식제(防蝕劑).

an·ti·crack [-krǽk] 형 크랙크(정제한 코카인)의 사용을 못하게 하는[에 반대인].

an·ti·crime [æntikràim, -tai-] 형 방범의.

ánticrime únit 〔미국〕 (뉴욕 시경의) 범죄 단속반(방검 순찰의 하는 사복 경찰들). (또는 **stréet crìme únit**)

an·ti·crop [æntikráp, -tai-/æntikrɔ́p] 형 (약제·화학 병기 따위가) 농산물을 말라 죽게 하는.

an·ti·cul·ture [æntikʌ́ltʃər, -tai-] 형 〔히피 따위의〕 반(反)문화, 반체제 문화(counterculture).

an·ti·cy·clone [æntisáikloun, -tai-] 명 〔기상〕 (고기압에 의한) 이심(離心) 선풍, 역선풍; 고기압.

an·ti·cy·clon·ic [æntisaiklánik, -tai-/-klɔ́n-] 형 역선풍의, 역선풍이 부는.

an·ti·dem·o·crat·ic [æntidèməkrǽtik, -tai-] 형 반민주주의의, 반민주적인. **-i·cal·ly** 부

an·ti·de·pres·sant [æntidiprésnt, -tai-] 형 〔약학〕 항(抗)우울증의, 우울증을 치료하는[진정시키는]. — 명 우울증 치료제(Prozac 따위).

an·ti·de·ser·ti·fi·ca·tion [æntidizəːrtəfikéiʃən, -tai-] 명 사막화 방지.

an·ti·di·a·bet·ic [æntidàiəbétik, -tai-] 형 〔약학〕 항(抗)당뇨병의, 당뇨병 치료의. — 명 항당뇨병약, 당뇨병 치료제.

an·ti·diph·the·rit·ic [æntidifθəritik, -tai-] 형 〔약학〕 항디프테리아의. — 명 항디프테리아(주사)제.

an·ti·dis·crim·i·na·tion [æntidiskrìmənéiʃən] 명형 인종[종교] 차별 반대(의).

an·ti·di·u·ret·ic [æntidàiərétik/-dàijuər-] 형 〔생화학〕 항이뇨(抗利尿)(성)의. — 명 항이뇨제.

antidiurétic hórmone 〔생화학〕 항이뇨(抗利尿) 호르몬(약 ADH). **~·ly** 부 「(가) 있는.

an·ti·do·tal [æntídoutl] 형 해독제의; 해독의 (효과가) 있는. **~·ly** 부

***an·ti·dote** [ǽntidòut] 명 1 해독제. 2 (악영향 따위의) 방어[대항, 교정] 수단, 해결 방법 (*to, for, against*). 3 〔컴퓨터〕 바이러스 예방 프로그램. — 형타 (독물 따위)를 해독제로 중화하다. **-dot·i·cal** [-dátikəl] 형 **-dót·i·cal·ly** 부

an·ti·draft [æntidrǽft] 형 징병 반대의. **~·er** 명 징병 반대자. 「사용에 반대하는.

an·ti·drug [æntidrʌ́g, -tai-] 형 마약 방지의, 마약

an·ti·dump·ing [æntidʌ́mpiŋ] 형 덤핑(투매) 방지의, 반(反)덤핑의. ¶ an ~ act 반덤핑법(法). ⇨ dumping

antidúmping dúty (反)덤핑 관세. 「tron.

an·ti·e·lec·tron [æntiiléktrən, -tai-, -tai-] 명 =posi-

an·ti·e·met·ic [æntiːmétik, -tai-] 형 〔약학〕 구토 억제[진정] 작용의. — 명 구토 억제제[진정제].

an·ti·es·tab·lish·ment [æntiistǽbliʃmənt] 명 반체제의.

an·ti·es·tab·lish·men·tar·i·an [æntiistæbli∫məntéəriən] 웹 반체제주의자. —웹 반체제주의의. ~·ism 웹 반체제주의.

an·ti·es·tro·gen [æntiéstrədʒən, -tai-] 〔생화학〕 항발정(抗發情) 호르몬의.

an·ti·Eu·ro·pe·an [‑jùərəpíːən] 웹 유럽 통일 반대의; 영국의 유럽 연합 가맹 반대의. —웹 유럽 통일 반대자; 영국의 유럽 연합 가맹 반대자. ⓐ pro-European

an·ti·fas·cism [æntifǽsizm] 웹ⓤ 반(反)파시즘. **-cist** 웹

an·ti·fash·ion [æntifǽʃən, -tai-] 웹 앤티패션(종래 패션에서 부정되던 요소를 채용한 패션).

an·ti·fe·brile [æntifíːbril, -i, -féb-] 〔의학〕 웹 해열 효과가 있는, 해열의. —웹 해열제.

an·ti·fed·er·al [æntifédərəl, -tai-] 웹 연방주의 반대의. ¶ the A— party [美역사] 반연방당.

An·ti·fed·er·al·ist [æntifédərəlist, -tai-] 웹 1 [美역사] 반(反)연방당원, 그 지지자. 2 (a-) 연방주의 반대자. **-ism** 웹 〜시하는.

an·ti·fe·male [æntifíːmeil, -tai-] 웹 여성을 적대시하는.

an·ti·fem·i·nist [æntifémənist, -tai-] 웹ⓗ 반(反)남녀 동등권주의자(의), 반여권신장주의자(의). **-nism** 웹 〜의. ¶ 〜 agents 피임약.

an·ti·fer·til·i·ty [æntifərtíləti, -tai-] 웹 피임(용)의.

an·ti·for·eign·ism [æntifɔ́ːrənizm, -tai-, -fár-] 웹ⓤ 배외(排外) 사상. 〔넘 미술의〕

an·ti·form [æntifɔ́ːrm, -tai-] 웹 반(反)조형의, 개형의.

an·ti·freeze [æntifríːz] 웹 1 부동액[제(劑)]. 2 (美속어) 헤로인; 술. 〔액체가 부동성(不凍性)의〕. ¶ an 〜 solution 부동액. **-freezed** 웹 술취한.

an·ti·fric·tion [æntifríkʃən, -tai-] 웹 감마재(減摩材), 윤활제. —웹 마찰을 줄이는.

an·ti·fun·gal [æntifʌ́ŋɡəl] 웹 항균(살균)(성)의.

an·ti-g [‑dʒíː] 웹 (우주복 따위가) 내중력(耐重力)의. (또는 **anti-G**) [<*anti*gravity]

an·ti·gas [æntigǽs] 웹 독가스 방지의.

an·ti·gay [æntigéi, -tai-] 웹 (구어) 동성애(자)에 반대하는, 반(反)게이의.

an·ti·gen [æntidʒən, -dʒèn] 웹 항원(抗原)(생체 내에서 항체 형성을 촉진하는 독소·세균). ⓐ antibody

an·ti·gen·ic [æntidʒénik] 웹 항원(抗原)의. **-i·cal·ly** 웹 **-ge·níc·i·ty** 웹

An·tig·o·ne [æntígəniː] 웹 〔그리스 신화〕 안티고네 (Oedipus와 Jocasta의 사이에서 태어난 딸).

an·ti·gov·ern·ment [æntigʌ́vərnmənt, -vərmənt] 웹 정부의, 반정부 세력의.

an·ti·grav·i·ty [æntigrǽvəti, -tai-] 웹ⓤ 반(反)[항(抗), 내(耐)]중력. —웹 반중력의. 〔반(防水脚科)〕

an·ti·grop·e·los [æntigrápələs/-lɔ́s] 웹 방수 각반.

anti-G suit 웹 〔항공〕 내(耐)중력복(비행사가 중력 가속도의 영향에서 몸을 지키기 위해 입는 옷)(G-suit).

An·tí·gua and Bar·bú·da [æntíːɡənbɑːrbúːdə] 웹 안티과 바부다(카리브해의 섬나라; 수도 St. John's). 「는, 총기 소지를 반대하는.

an·ti·gun [æntigʌ́n, -tai-] 웹 총기 규제의를 지지하

an·ti·he·gem·o·ny [æntihidʒéməni, -tai-] 웹 반패권(反覇權). 「(군사) 대(對)헬리콥터용의.

an·ti·hel·i·cop·ter [æntihélikɑ́ptər/-kɔ́p-] 웹

an·ti·he·lix [æntihíːliks, -i-] 웹 (웹 **-hel·i·ces** [-héləsìːz], 〜**es** [-iz]) 〔해부〕 대이륜(對耳輪).

an·ti·he·mo·phil·ic [æntihìːməfílik, -hèmə-] 웹 〔생화학〕 항(抗)혈우병(성)의.

antihemophílic fáctor 웹 〔생화학〕 항(抗)혈우병 인자(혈액 응고에 필요한 단백질; 웹 AHF).

an·ti·he·ro [æntihíərou] 웹 (웹 〜**es**) 주인공답지 않은 주인공, 영웅적 자질이 없는 주인공; 반(反)영웅. **-he·ró·ic** 웹 반(反)영웅주의.「(성).

an·ti·her·o·ine [æntihérouin] 웹 antihero의 여성.

an·ti·hi·jack·ing [æntiháidʒækiŋ] 웹 (항공기의) 공중 납치 방지의.

an·ti·his·ta·mine [æntihístəmi(ː)n] 웹ⓤⓒ 〔약학〕 항(抗)히스타민제(천식·두드러기 따위의 치료제). **-min·ic** [-mínik] 웹 항히스타민제(의).

an·ti·hu·man [æntihjúːmən, -tai-/-tihjúː-] 웹 반인간적인; 〔생화학〕 항인(人)의.

an·ti·hy·per·ten·sive [æntihàipərténsiv, -tai-] 웹 혈압을 내리는, 고혈압을 억제하는. —웹 혈압 강하제. 「(deicer)

an·ti·ic·er [‑áisər] 웹 〔항공〕 결빙 방지 장치. ⓐ

an·ti·im·pe·ri·al·ism [‑impíəriəlizm] 웹ⓤ 반제국주의. **-ist** 웹ⓒ **-pè·ri·al·ís·tic** 웹

an·ti·in·fec·tive [‑inféktiv] 〔약학〕 웹 항(抗)감염(성)의; 감염 치료용의. —웹 항감염제. 〜**ness** 웹

an·ti·in·flam·ma·to·ry [‑inflǽmətɔ̀ːri] 〔약학〕 웹 항염증(성)의. —웹 항염증제, 소염제.

an·ti·in·fla·tion [æntiinfléiʃən, -tai-] 웹웹 인플레이션 방지[억제](의). 〜**·àr·y** 웹

an·ti·in·tel·lec·tu·al [‑ìntəléktʃuəl] 웹 1 반(反)인텔리, 지식인[지식 편중]에 반대하는 사람. 2 반주지(反主知)주의자는 ~. 웹 지식인[지적 편중]에 반대하는; 반주지주의의. (또는 **anti-intellectualist**) 〜**·ism** 웹

an·ti·Jew·ish [‑dʒúːiʃ] 웹 반(反)유대인의, 유대인을 싫어하는, 반유대주의의(anti-Semitic).

an·ti·knock [æntinɑ́k, -tai-/-nɔ́k] 웹 안티녹제(劑), 제폭제[비폭劑](내연 기관 내의 이상 폭발을 억제하기 위한 연료 첨가제). —웹 제폭(제)의.

an·ti·la·bor [æntiléibər, -tai-] 웹 노동 조합에 반대하는; 노동자의 이익에 반하는.

antilábor drúg 〔의학〕 출산 억제제(劑).

an·ti·lep·ton [æntiléptɑn, -tai-/-tɔn] 〔물리〕 반(反)렙톤, 반경입자(反輕粒子).

an·ti·leu·ke·mic [æntiluːkíːmik, -tai-] 〔의학〕 항(抗)백혈병의. (또는 **antileukemia**)

an·ti·life [æntiláif, -tai-] 웹 1 평범한 생활을 싫어하는, 보통의 생활을 배반하는. 2 (임신 중절)산아 제한) 찬성의, 반생명(反生命)의. 3 평범한 생활에 반하는 생활 방식[주의, 행동]. **-lif·er** 웹

an·ti·lith·ic [æntilíθik, -tai-] 〔약학〕 항결석의(抗結石的) —웹 항결석약.

an·ti·lit·ter [æntilítər, -tai-] 웹 (공공 장소에서) 쓰레기 버리는 것을 방지하는, 쓰레기 투기 금지의.

An·til·les [æntíliːz] 웹웹 (the 〜) 앤틸리스 제도(서인도 제도중의 Bahama를 제외한 여러 섬). **-le·an** [-liən, æntìːliːən] 웹

án·ti·lock bráke [-lɑ̀k-/-lɔ̀k-] 웹 앤티로크 브레이크(급브레이크 때 바퀴의 로크, 핸들 조작 불능, 차체의 미끄러짐 따위를 막는 자동차의 브레이크 장치).

an·ti·log [æntilɔ́ːɡ, -lɑ̀ɡ] 웹 (구어) 〔수학〕 =antilogarithm.

an·ti·log·a·rithm [æntilɔ́ːɡəríðm, -ríθm, -lǽɡ-] 웹 〔수학〕 진수(眞數). **-lòg·a·ríth·mic** 웹

an·til·o·gism [æntílədʒìzm] 웹 〔논리〕 반(反)논리주의. 〜**·gís·tic** 웹 **-gís·ti·cal·ly** 웹 「기 적소의.

an·til·o·gous [æntílədʒəs] 웹 앞뒤가 맞지 않는, 자

an·til·o·gy [æntílədʒi] 웹ⓤⓒ 자가 당착, 모순.

an·ti·loot·ing [æntilúːtiŋ, -tai-] 웹웹 약탈 방지(의).

an·ti·lym·pho·cyte sérum [æntilìmfousàit-, -tai-] 웹 〔의학〕 항(抗)림프구 혈청(약 ALS). (또는 **antilymphocytic sérum**)

an·ti·ma·cas·sar [æntiməkǽsər] 웹 (의자의 등·팔걸이 따위의) 커버, 덮개.

an·ti·mag·net·ic [æntimæɡnétik, -tai-] 웹 반자기(反磁氣)의, 반자성(反磁性)의; (시계 따위 정밀 기계가) 내(耐)자성의, 내자(耐磁) 장치의.

an·ti·ma·lar·i·al [æntiməlɛ́əriəl, -tai-] 웹 말라리아 예방의; 말라리아에 듣는. —웹 말라리아 예방약.

an·ti·man·ic [æntimænik, -tai-] 웹 항조성(抗躁

anti-Mar·ke·teer [ˌɑːrkitər] 圐 (英) 유럽 공
性의, 조명(躁病)의 여러 증상을 완화시키는. —圐 (약
학) 항조증약(抗躁藥). 「동 시장 가맹 반대자.
an·ti·masque [ǽntimæsk/-màːsk] 圐 (가면극
의) 막간의 어릿광대 익살극. (또는 antimask)
-màsk·er, -màs·quer 圐. 「(反)물질.
an·ti·mat·ter [ǽntimætər, -tai-] 圐Ⓤ (물리) 반
an·ti·me·tab·o·lite [ǽntimətǽbəlait, -tai-] 圐
(생화학) 대사 길항(代謝拮抗) 물질(세포 안의 대사를 억
제함으로써 암세포 등의 증식을 억제). (또는 **antimetabolic**)
an·ti·mi·cro·bi·al [ǽntimaikróubiəl, -tai-] 圐 (생화학) 살균[항균]성의. —圐 살균[항균]제.
an·ti·mil·i·tant [ǽntimílətənt, -tai-] 圐 반군국
(反軍國)주의의, 군부의 대두에 반대하는. —圐 반군국
주의자. 「군국주의. **-rist** 圐
an·ti·mil·i·ta·rism [ǽntimílətərìzm] 圐Ⓤ 반(反)
an·ti·mis·sile [ǽntimísəl, -tai-/-sáil] 圐 (군사)
미사일 방어[요격]용의. —圐 = ~ missile. (또는 **ànti-míssile**) 「A.M.M.).
antimíssile míssile 圐 미사일 요격 미사일(略
an·ti·mo·nar·chi·cal [ǽntimənɑ́rkikəl, -tai-/ ǽntimɔ-] 圐 군주 정치 반대의. 「군주 정치 반대자.
an·ti·mon·ar·chist [ǽntimɑ́nərkist/-mɔ́n-] 圐
an·ti·mo·ni·al [ǽntəmóuniəl] 圐 = anti-monic. —圐 안티몬 합금. 「(化學)
an·ti·mon·ic [ǽntəmɑ́nik, -mən-/-mɔ́n-] 圐
(화학) 안티몬의, 안티몬을 함유한, 안티몬질의.
an·ti·mo·nop·o·ly [ǽntimənɑ́pəli/-nɔ́p-] 圐 독
점 반대(금지)의. 「~ law 독점 금지법.
an·ti·mon·soon [ǽntimɑnsúːn/-mɔn-] 圐 (기
상) 반대 계절풍(monsoon과 역행하는, 그 상공의 기류).
an·ti·mo·ny [ǽntəmòuni/-mə-] 圐Ⓤ (화학) 안
티몬(♂ Sb).
antimony 124 圐 (화학) 안티몬 124(안티몬의 방사
성 동위 원소; 주로 트레이서(tracer)에 사용한다).
an·ti·mu·ta·gen [ǽntimjúːtədʒən, -tai-] 圐 (유
전) 항(抗)돌연변이 물질. **-mu·ta·gén·ic** 圐
an·ti·my·cin (A) [ǽntimáisin-] 圐 (생화학) 안
티마이신 A(streptomyces 균에서 얻는 항생물질).
an·ti·na·ta·lism [ǽntinéitəlìzm] 圐 인구[산아]
억제(주의). **-ist** 圐 「가족의 반대의.
an·ti·na·tion·al [ǽntinǽʃənl] 圐 반국가적의, 국
an·ti·neu·ral·gic [ǽntinjuəræ̀ldʒik] 圐 (의학) 항(抗)
신경통의, 신경통 치료(예방)의. —圐 신경통 치료제.
an·ti·neu·tri·no [ǽntinjuːtríːnou, -/-nju:-] 圐Ⓤ (♂ ~**s**) (물리) 반중성미자(反中性微子)의.
an·ti·neu·tron [ǽntinjúːtrɑn, -tai-/-njú:trɔn] 圐 (물리) 반중성자(反中性子)의. (또는 **anti-neutron**) 중성자 폭탄 제조(사용, 보유)에 반대하는.
an·ti·noise [ǽntinɔ́iz] 圐 소음 방지의.
an·ti·no·mi·an [ǽntinóumiən] 圐 도덕률 초월론
자(기독교도는 신의 은총으로 도덕률에서 초월한다고 주
장하는 사람). —圐 도덕률 초월론자의. **~ism** 圐
an·tin·o·my [ǽntinəmi] 圐Ⓤ (두 법칙의) 대립,
모순; 자가 당착; (철학) 이율 배반. **àn·ti·nóm·ic, àn·ti·nóm·i·cal·ly** 圐
an·ti·nov·el [ǽntinɑ̀vəl/-nɔ̀v-] 圐 앙티로망, 반
소설(전통적 기법·요소에서 벗어난 소설). **~ist** 圐
an·ti·nu·cle·ar [ǽntinjúːkliər/-njú:k-] 圐 **1** 핵무
기 반대의, 반핵의; 핵에너지[원자력 발전소] 반대의. **2** (생물·생화학) 항핵(抗核)의. **~ist** 圐
an·ti·nu·cle·on [ǽntinjúːkliɑn/-njú:kliɔn] 圐 (물리) 반핵자(反核子)의(반양성자와 반중성자가 있다).
an·ti·nuke [ǽntinjúːk, -tai-/-njú:k] 圐 (구어)
반핵의, 반원자력 운동 지지자. —圐 (또는 **antinuker**) 반
핵[반원자력] 운동 지지자. 「설물을 단속하는.
an·ti·ob·scen·i·ty [ǽntiəbsénəti, -tai-] 圐 외

an·ti·o·don·tal·gic [ǽntioudɑntældʒik, -tai-/ -dɔn-] 圐 (치과) 圐 치통 방지의. —圐 치통 방지약. (또는 **antodontalgic**) 「엄 억제 유전자.
an·ti·on·co·gene [ǽntiɑ́ŋkədʒìːn/-ɔ́ŋ-] 圐
an·ti·ox·i·dant [ǽntiɑ́ksədənt, -tai-/-ɔ́k-] 圐
(화학) 산화 방지제; (고무·휘발유·비누 따위의) 노화
[산화] 방지제. 圐 산화를 억제하는.
an·ti·par·a·sit·ic [ǽntipərəsítik, -tai-] 圐 (의학)
圐 항(抗)기생충(성)의, 구충(성)의. (또는 **antiparasitical**) —圐 구충약. **-i·cal·ly** 圐
an·ti·par·ti·cle [ǽntipɑ̀rtikl, -tai-] 圐 (물리)
반입자(反粒子)(반양성자·반중성자 따위). 「대하는.
an·ti·par·ty [ǽntipɑ́ːrti] 圐 당 정책[지도부]에 반
an·ti·pas·to [ǽntipɑ́ːstou, -pǽs-] 圐 (♂ ~**s**, **-ti** [-ti]) 전채(前菜), 오르되브르(hors d'oeuvre). 〈It〉
an·ti·pa·thet·ic [ǽntipəθétik] 圐 (본래) 싫어하는,
성미에 맞지 않는; 혐오감을 품고 있는(**to**, **toward**). (또는 **antipathetical**) **-i·cal·ly** 圐
an·ti·path·ic [ǽntipǽθik] 圐 서로 용납하지 않는;
(의학) 반대 징후를 나타내는.
an·tip·a·thy [ǽntipəθi] 圐Ⓤ **1** 천성적으로 싫어
함, 성미에 맞지 않음, 혐오감(**to**, **against**, **toward**, **for**))(♂ sympathy). ⇨AVERSION 유의어¶have an ~ to snakes 뱀을 아주 싫어하다. **2** (뿌리 깊은) 반감, 상극(**between**). ¶Oil and water have an ~. 기름과 물은 상극이다. **3** 본능적으로 싫은 것, 질색인 것[일]. ¶Toads are his ~. 그는 두께비가 질색이다.
take [or *hold*] *an antipathy to* [or *against*, *toward*] …을 싫어하다, 혐오하다.
-thist 圐 「óːt-] 圐 반애국적인.
an·ti·pa·tri·ot·ic [ǽntipèitriɑ́tik, -tai-/-pǽtri-]
an·ti·per·son·nel [ǽntipə̀ːrsənél, -tai-] 圐 (군사)
대인(對人)(살상용)의. ¶~ mines 대인 지뢰.
an·ti·per·spi·rant [ǽntipə́ːrspərənt] 圐 땀 억제
제. —圐 땀을 억제하는, 제한성(制汗性)의.
an·ti·phlo·gis·tic [ǽntifloudʒístik, -tai-] 圐 (의학)
항 염증을 억제하는, —圐 소염제.
an·ti·phon [ǽntifɑ̀n/-fən, -fɔ̀n] 圐 **1** (두 그룹이
번갈아 부르는) 응답 합창[시]. **2** (교회) 응송(應誦) (성
가); (예배 전후의) 송가. **3** (비유적) 응답, 문답.
an·tiph·o·nal [ǽntifənl] 圐 응답 송가의; 교송(交誦)
의; 응답식의. —圐 =antiphonary. **~ly** 圐
an·tiph·o·nar·y [ǽntifənèri/-nəri] 圐 응답 합창
시가집; 교송 성가집.
an·tiph·o·ny [ǽntifəni] 圐 **1** (교회) (두 패로 나
뉜) 합창대의 교송, 교창. **2** 교송 성가, 응답 합창 시가. **3** (일반적으로) 응답적인 연주법. **4** 안티포니아(고대 그
리스의 음악 이론에서 8도의 음정). **an·tiph·on·ic** [ǽntəfɑ́nik/-fɔ́n-] 圐 **àn·ti·phón·i·cal·ly** 圐
an·tiph·ra·sis [ǽntifrəsis] 圐Ⓤ (♂ **-ses** [-sìːz]) (수사) 어의역용(語義逆用)(어구를 반대 뜻으로 쓰기). **àn·ti·phras·tic, àn·ti·phrás·ti·cal** 圐
an·ti·plas·tic [ǽntiplǽstik, -tai-] 圐 (의학) 조
직 형성 억제성의. 「(반) 圐)희곡.
an·ti·play [-plèi] 圐 (연극) 반(反)연극(반(反)전통적
an·tip·o·dal [ǽntipədl] 圐 **1** (지리) 대척지(對蹠
地)의(♂ antipodes 1). **2** 정반대의(**to**).
an·ti·pode [ǽntipòud] 圐 정반대의 것, 대립물 (**of**, **to**); (전신) (지구상의) 대척점(對蹠點).
an·tip·o·de·an [ǽntipədíːən] 圐 **1** 대척지의; 대
척지 주민의. **2** (때로 A-) 호주(사람)의. —圐 **1** 대척지 주민. **2** (때로 A-) (英) 호주 사람.
an·tip·o·des [ǽntipədìːz] 圐(♂)(♂) **1** (지구상의) 정반
대 쪽에 있는 두 지역; (the ~) (단수취급) 대척지(對蹠地). ¶Australia is at the ~ of England. 호주는 영국의 대척지에 해당한다. **2** (the ~, the A-) (英) 호주와 뉴질랜드. **3** (보통 the ~) (단수취급) 정반대의 것[일] (**of**, **to**). **4** 대척지의 주민.

An·tip·o·des [æntípədìːz] 图 (the ~) 앤티퍼디스 제도(뉴질랜드 동남방의 군도). [의, 반전통시의.
an·ti·po·et·ic [æntipouétik, -tai-] 图 반시(反詩)
an·ti·pole [æntipòul] 图 반대의 극; 정반대 (*of, to*).
an·ti·po·li·tics [æntipάlətiks, -tai-/æntipɔ́l-] 图இ (단수취급) 반(反)정치.
an·ti·pol·lu·tant [æntipəlúːtənt] 图 오염 방지의 [거인.
an·ti·pol·lu·tion [æntipəlúːʃən] 图இ 공해[오염] 방지(반대)의. ¶ ~ measures 공해 방지책. **~·ist** 图
an·ti·pope [æntipòup] 图 대립[참칭] 교황(교황청에 대립하는 사람들이 선출한 교황).
an·ti·por·nog·ra·phy [æntipɔːrnάgrəfi, -tai-/-nɔ́g-] 图 포르노 반대(의).
an·ti·pov·er·ty [æntipάvərti, -tai-/-póv-] 图Ⓤ형 빈곤 추방(의)(운동, 정책)(의).
an·ti·pro·lif·er·a·tion [æntiprəlìfəréiʃən, -tai-] 图 핵(무기) 확산 반대[방지]의.
an·ti·pro·lif·er·a·tive [æntiprəlífərèitiv, -tai-] 〔약학〕 图 항(抗)증식성의. —图 항증식성 물질.
an·ti·pros·ti·tu·tion [ænti prὰstətjúːʃən/-prὸstitjúː-] 图 매춘 금지의. [리) 반양성자(反陽性子).
an·ti·pro·ton [æntipròutan, -tai-/-tɔn] 图 〔물
an·ti·psy·chi·a·try [æntisikáiətri, -tai-] 图 반 (反)정신의학(R. D. Laing 등이 주창).
an·ti·psy·chot·ic [æntisaikάtik, -tai-/-kɔ́t-] 〔약학〕 图 항(抗)정신병(성)의. ¶ ~ agent 항정신병약. —图 항정신병약.
an·ti·py·ret·ic [æntipaiərétik, -tai-] 〔의학〕 图 해열(제)의, 열을 내리는. —图 해열제.
an·ti·py·rine [æntipái*ə*riːn, -rən] 图Ⓤ 〔약학〕 안티피린(진정제·해열제·류머티즘약·진통제).
antiq. antiquarian; antiquary; antiquity.
an·ti·quar·i·an [æ̀ntikwέəriən] 图 골동품 수집 [연구]의, 골동품 취미의, 골동품을 좋아하는. ¶ *a* ~ *bookseller* 고서적상. —图 **1** 골동품 연구[수집]가, 골동품 애호가; 고물상. **2** 대판화(大版畵) 용지. **~·ism** 图 골동품 취미(의[수집벽].
an·ti·quar·y [ǽntikwèri/-kwəri] 图 고고학자; 골동품 연구가; 골동품 수집가(상인); 고물상.
an·ti·quate [ǽntikwèit] 图(-**quat·ed**; -**quat·ing**) (신제품·새 제도 등이 나와) …을 헐게[낡게] 하다, 시대에 뒤지게 하다; …을 옛것처럼 보이게 하다. **~·quá·tion** 图
an·ti·quat·ed [ǽntikwèitid] 图 낡은, 구식의. (낡아서 못 쓰게 된, 시대에 뒤진(⇨ ANCIENT 유의어); 오래된, 노령의. **~·ness** 图
*__an·tique__ [æntíːk] 图 **1** (가구 따위가) 고미술의, 골동적 가치가 있는; (the ~) (명사적) 골동품. **2** (25년 이상 지난) 구식차(車)의. **3** 오래 된, 고래의, 옛부터 있는: (물건·양식)의 과거의, 옛날의; (형태·모양 따위가) 고풍스러운; 구식의, 시대에 뒤진(⇨ ANCIENT 유의어); (사람이) 노령의; 고대 그리스·로마의. **4** (종이가) 표면이 까칠까칠한. —图 **1** 고미술품, 골동품. ¶ *fake* [*or imitation*] *~s* 가짜[모조] 골동품. **2** (the ~) (그리스·로마의) 고대 미술 양식. **3** Ⓤ (인쇄) 앤티크체(굵은 활자체). —图 ㅌ …을 옛것처럼 보이게 하다, 낡아 보이게 하다. —图 골동품[고미술품]을 찾아다니다[수집하다]. **~·ly** 图 **~·ness** 图
an·ti·quer [æntíːkər] 图 고미술품[골동품] 애호[수집, **antíque shòp** 图 골동품 상점. [연구]가.
*__an·tiq·ui·ty__ [æntíkwəti] 图 **1** Ⓤ 낡음, 고색. ¶ *an object of* ~ 고물. **a** *family of great* ~ 아주 오래된 집안. **2** Ⓤ 먼 옛날, 태고, 고대. ¶ *unknown* ~ 아득히 먼 옛날/*from immemorial* ~ 태고적부터/*in remote* ~ 먼 옛날에/*in classical* ~ (그리스·로마)의 고대에 있어서. **3** (집합적) 고대인. **4** (보통 -ties) 고대 유물[미술]품; 고대의 풍습[문화]. ¶ *antiquities from China* 중국에서 온 골동품. [광견병을 예방[치료]하는.
an·ti·rab·ic [æntiræbik, -tai-] 图 광견병에 효력이 있는;
an·ti·ra·chit·ic [æntirəkítik, -tai-] 图 구루병 예방[치료]의; 구루병약의. —图 구루병 치료[예방](약).
an·ti·rac·ism [æntiréisizm, -tai-] 图 인종 차별 반대, 인종 차별 사회악론.
an·ti·rad·i·cal [æntirǽdikəl, -tai-] 图 반(反)급 진[과격]주의(자)의. —图
an·ti·re·ces·sion·ar·y [æntiriséʃənèri, -tai-/-séʃənəri] 图 불경기 대책의. ¶ *the President's ~ program* 대통령의 불경기 대책 계획.
an·ti·re·flec·tion còating [æntirifléki̯ən-, -tai-] 〔광학〕 비(非)반사성 코팅, 반사 방지막(膜).
an·ti·reg·u·la·tion [æntirègjuléiʃən, -tai-] 图 (전면적인) 규제 반대. @ **deregulate**
an·ti·re·jec·tion drùg [æntiridʒékʃən-, -tai-] 图 (장기 이식의) 거부 반응 제어제(制御劑).
an·ti·rheu·mat·ic [æntiruːmǽtik, -tai-] 〔약학〕 图 항(抗)류머티즘(성)의. —图 항류머티즘 약.
an·ti·ri·ot [ˀráiət] 图 폭동 진압[방지]의. ¶ *the* ~ *police* 폭동 진압 경찰.
an·ti·róll bàr [æntiróul-, -tai-] 图 **1** =roll bar. **2** (자동차의) 롤링[옆질] 방지 바.
an·ti·ro·man [F ãtiromɑ̃] 图 =antinovel.
an·tir·rhi·num [æntiráinəm] 图 금어초(金魚草)
an·ti·rust [æntirʌ́st, -tai-] 图 녹슬지 않게 하는, 녹을 방지하는(rustproof). —图 방수제(防銹劑).
an·ti·sab·ba·tar·i·an [ˀsæbətέəriən] 图 안식일 엄수 반대의 (사람).
An·ti·Sa·lóon Lèague of América [ˀsəlúːn-] 图 전미(全美) 주류 판매 반대 동맹(1893년 발족).
an·ti·sat·el·lite [æntisǽtəlait] 图 〔군사〕 (적의) 위성을 공격하는. ¶ ~ *weapons* 위성 공격용 무기. —图 위성 공격 무기.
an·ti·sci·ence [æntisáiəns, -tai-] 图 반(反)과학의, 인간성을 무시한 과학에 반대하는. —图Ⓤ 반과학 (주의), **-sci·en·tíf·ic** 图 **-en·tism** 图
an·ti·scor·bu·tic [æntiskɔːrbjúːtik, -tai-] 〔의학〕 图 괴혈병에 듣는. —图 괴혈병 치료제.
an·ti·scrip·tur·al [æntiskríptʃərəl, -tai-] 图 성서의 교리에 반대되는. [震)의.
an·ti·seis·mic [æntisáizmik, -tai-] 图 내진(耐
an·ti·Sem·ite [ˀsémait/-síːm-] 图 반유대주의자, 유대인 배척자. **-Se·mit·ic** [ˀsəmítik] 图 반유대주의의, 유대인 배척(혐오)의. —图 [대인 배척(론).
an·ti·Sem·i·tism [ˀsémətizm] 图 반유대주의, 유
an·ti·sense [ˀséns] 图 〔유전〕 안티센스의, 악성 유전자의 활동을 막는.
anti-sénse mèdicine 图 안티센스 의학(역성(逆性) 유전자를 사용해 발암 유전자 따위 악성 유전자의 활동을 억제하려는 실험 의학. [소독제(법).
an·ti·se·rum [æntisíərəm] 图Ⓤ(匢 **~s, -ra** [-rə]) 항(면역)혈청(항체를 함유한 혈청).
an·ti·sex [æntiséks, -tai-] 图 성충동(행위, 표현)에 반대하는. (또는 **antisexual**) **-sèx·u·ál·i·ty** 图
an·ti·sex·ist [æntiséksist, -tai-] 图 (여)성차별 (sexism) 반대의. —图 (여)성차별 반대론자.
an·ti·sex·u·al [æntiséksjuəl, -tai-] 图 =antisex.
an·ti·ship [æntíʃip, -tai-] 图 함정 공격용의, 대함 (對艦)의. ¶ ~ *cruise missile* 대함 크루즈 미사일.
an·ti·skid [æntiskíd, -tai-] 图 (차가) 미끄럼 방지 장치가 된.

an·ti·sky·jack·ing [æntiskáidʒækiŋ, -tai-] 비행기 납치 방지의(antihijacking).
an·ti·slav·er·y [æntisléivəri, -tai-] 劑回 노예 제도 반대. ━ 몡 노예제 반대의, 노예 해방의. 「지의.
an·ti·smog [æntismág, -tai-/-smɔ́g] 몡 스모그 방
an·ti·smok·ing [æntismóukiŋ, -tai-] 몡 흡연을 억지(抑止)하는, 흡연에 반대하는. ━ 몡 금연.
an·ti·smut [⌐smʌ́t] 몡 =antipornography.
an·ti·so·cial [æntisóuʃəl, -tai-] 몡 1 비사교적인, 사교(사람)를 싫어하는. 2 반사회적인, 사회 질서를 어지럽히는. ¶an ~ group 반사회 집단. ━몡 비사교[반사회]적인 사람. **-sò·ci·ál·i·ty** ━**·ly** 몡
antisócial áctivism 몡 반사회적 행동주의[활동].
an·ti·so·cial·ist [æntisóuʃəlist, -tai-] 몡 반사회 주의자. ━ 몡 (또는 **antisocialistic**) 반사회주의의.
antisócial personálity 몡 반사회적 인격.
an·ti·so·lar [æntisóulər, -tai-] 몡 (천구(天球)에서) 태양의 바로 맞은 편에 있는.
an·ti·spas·mod·ic [æntispæzmádik, -tai- /-mɔ́d-] [의학] 경련을 멈추게 하는. ━ 몡 진경제 (鎭痙劑).
an·ti·stat [æntistǽt] 몡 정전기 방지제.
an·ti·stat·ic [æntistǽtik, -tai-] 몡 (섬유 따위의) 정전기 방지(가공)의; (라디오·TV) 잡음 방지의, 공전 (空電) 제거의. ━ 몡 정전기 방지제(~ agent).
An·tis·the·nes [æntísθəni:z] 몡 안티스테네스 (444?-365? B.C.; 그리스의 철학자; 소크라테스의 제자로 키니코스 학파(Cynic school)의 창시자).
an·ti·sto·ry [æntistɔ̀:ri, -tai-] 몡 반(反)(단편)소설 (전통적 구성 수법이나 스토리 전개를 무시).
an·tis·tro·phe [æntístrəfi] 몡 1 (고대 그리스 연극의) 역무(逆舞)(의 합창)(창창대가 무대 왼쪽에서 오른쪽으로 되돌아가는 동작 및 그때 부르는 합창곡의 일부) (對 strophe). 2 (운율) (대조적으로 구성된 시의) 제2연, 대조 시절(詩節) [음악] 대조 악절. 3 (수사) 도치 반복 (구의 순서를 뒤바꾸어 되풀이하는 부분. 예: the home of joy and the joy of home); 역용(逆用) 논법(상대방 주장을 상대에게 불리한 증언으로 역용하기), **-phal**
an·ti·stroph·ic [æntistráfik / strɔ́f-] 몡 역무의; 역용적인. **-i·cal·ly** ━
an·ti·sub·ma·rine [æntisʌ̀bməri:n, -tai-] 몡 (군사) 대(對)잠수함의, 대잠(對潛)…. 「기.
antisúbmarine áircraft 몡 (군사) 대잠(對) 초계
antisúbmarine patról 몡 대잠 초계(對潛哨戒).
antisúbmarine rócket 몡 (군사) 대(對)잠(수)함 로켓(約 ASROC). (對 ASTOR).
antisúbmarine tórpedo 몡 (군사) 대잠함 어뢰
an·ti·sub·ver·sive [æntisəbvə́:rsiv, -tai-] 몡 파괴 활동 방지의.
an·ti·su·dor·if·ic [æntisu:dərífik, -tai-] [의학] 몡 땀막이, 제한약(制汗藥). ━ 몡 땀을 막는.
an·ti·su·i·cide [æntisú:əsàid] 몡 자살 방지의.
an·ti·sun [æntisʌ̀n, -tai-] 몡 =anthelion.
an·ti·tail [æntitèil] 몡 (천문) (혜성의) 반대 꼬리(태양 쪽으로 향한 꼬리).
an·ti·tank [æntitǽŋk, -tai-] 몡 (군사) 대전차(장갑차)(용)의. ¶an ~ gun 대전차포.
antitánk gúided míssile 몡 대전차 유도 미사일(約 ATGM). 「반대하는.
an·ti·tax [æntitǽks, -tai-] 몡 징세[중세(重稅)]에 대
an·ti·tech·nol·o·gy [æntitekná lədʒi, -tai-/æntiteknɔ́l-] 몡 반(反)과학 기술. 「의.
an·ti·ter·ror [æntitérər, -tai-] 몡 테러 방지[저지]
an·ti·ter·ror·ist [æntitérərist, -tai-] 몡 테러에 대항하는, 대(對)테러리스트(용)의. **-ism**
an·ti·theft [æntiθéft] 몡 도난 방지의. ¶an ~ lock 도난 방지용 자물쇠. ━ 몡 도난 방지용 유신론. [atheist ━ism 무신론.
an·ti·the·ist [æntiθí:ist] 몡 반(反)유신론자.
an·tith·e·sis [æntíθəsis] 몡⑩ⒸⓇ (@ **-ses** [-si:z])

1 대조, 대립 (to); (…사이의) 완전한 상위(相違) (between). ¶the ~ of prose and verse 운문과 산문의 대조. 2 정반대(의 것) (of, to). 3 (수사) 대조법(Give me liberty, or give me death. 따위); 대구(對句). 4 [철학] 반립(反立), 반정립(正立), 안티테제.
an·ti·thet·ic [æntiθétik] 몡 대조적인; 정반대의; 대조법의, 대구의. (또는 **antithetical**) **-i·cal·ly** 몡
an·ti·tox·ic [æntitáksik/-tɔ́k-] 몡 [의학] 항독소의; 항독성의.
an·ti·tox·in [æntitáksin/-tɔ́k-] 몡 항독소; 면역소.
an·ti·trade [æntitréid] 몡 (~s) 반대 무역풍, 역항풍(逆恒風). ━ 몡 반대 무역풍의, 역항풍의.
an·ti·Trin·i·tar·i·an [⌐trìnətéəriən] 몡 삼위 일체론(三位一體論) 반대의. ━ 몡 삼위 일체론 반대자. **~ism** 몡⑩ 삼위 일체론 반대주의.
an·ti·trust [æntitrʌ́st, -tai-] 몡 [경제] 트러스트 [기업 합동] 반대의, 독점 금지의.
antitrúst áct[láw] 몡 (美) 독점 금지법.
an·ti·trust·er [æntitrʌ́stər, -tai-] 몡 독점 금지론자; 독점 금지법 제정자[집행자].
an·ti·tu·ber·cu·lous [æntitjubə́:rkjuləs, -tai-] 몡 (약학) 항(抗)결핵성의, 결핵에 잘 듣는. (또는 **antitubercular**) 「의. (또는 **antitumoral**)
an·ti·tu·mor [æntitjú:mər] 몡 (약학) 항(抗)종양
an·ti·tus·sive [æntitʌ́siv, -tai-] (약학) 몡 기침을 억제[완화]하는. ━ 몡 진해제, 기침약.
an·ti·type [æntitàip] 몡 1 (성서) 대형(對型)(구약 성서에 나오는 사건으로서 그 형(型)이 이미 예시된 신약 시대의 사건). 2 (모형에 대한) 원형; 반대의 형.
an·ti·typ·i·cal [æntitípikəl] 몡 대형의, 반대 모양의. (또는 **antitypic**) **~ly** ━ 「궤양(성)의.
an·ti·ul·cer [æntiʌ́lsər, -tai-] 몡 (약학) 항(抗)
an·ti·un·ion [æntijú:njən, -tai-] 몡 노동 조합 반대의, 반(反)노조의.
an·ti·u·ni·verse [⌐jú:nəvə̀:rs] 몡 반(反)우주(반물질(反物質)로 이루어진 우주).
an·ti·u·to·pi·a [æntiju:tóupiə, -tai-] 몡 (상상에 의한) 반(反)이상향, 결함 사회(dystopia). **-pi·an** 몡몡
an·ti·ven·in [æntivénin, -tai-] 몡 항사독소(抗蛇毒素)(뱀의 독을 동물 체내에 반복 주사해 얻는 것); (항사독소가 있는) 혈청. (또는 **antivenene**)
an·ti·ven·om [æntivénəm] 몡 해독제.
an·ti·ver·si·ty [æntivə́:rsəti] 몡 (속어) 반(反)대학.
an·ti·vice [æntiváis] 몡 매춘 반대의. 「학.
an·ti·vi·ral [æntiváiərəl, -tai-] 몡 항바이러스(성)의. ━ 몡 = ~ agent. 「병 치료약].
antivíral ágent 몡 항바이러스제(劑)(바이러스성 질
an·ti·vi·rus [æntiváiərəs, -tai-] 몡 (미생물) 항(抗)바이러스; (컴퓨터) 항바이러스 (프로그램).
an·ti·vi·ta·min [æntiváitəmin/-vít-] 몡 항비타민(물), 반비타 파괴물.
an·ti·viv·i·sec·tion [æntivìvisékʃən, -tai-] 몡 생체 해부(동물실험) 반대. **~ism** **~ist** 몡몡
an·ti·war [æntiwɔ́:r, -tai-] 몡 전쟁 반대의, 반전 (反戰)의. ¶a ~ demonstration 반전 데모.
an·ti·weap·on [⌐wépən] 몡 무기 휴대를 금하는.
an·ti·white [æntiʰwáit, -tai-] 몡 반(反)백인의.
an·ti·world [æntiwə̀:rld, -tai-] 몡 (종종 ~s) (물리) 반세계(反)(물질로 이루어진 가상 세계).
ant·ler [æntlər] 몡 (사슴 따위의) 가지진 뿔.
ant·lered [æntlərd] 몡 가지진 뿔이 있는; 가지진 뿔로 장식한. 「**ántlion**〕
ánt líon 몡 명주잠자리; (그 유충인) 개미귀신. (또는
An·toi·nette [æ̀ntwənét, -tə-/-twɑ:-] 몡 1 Marie ~ 마리 앙투아네트 (1755-93; 프랑스 왕 Louis XVI의 왕비; 프랑스 혁명 때 처형되었음). 2 앤트워네트 (여자 이름). 「Anthony의 별칭).
An·ton [æntɑn, -tən/-tɔn] 몡 앤톤(남자 이름;

an·to·no·ma·sia [æntənəméiʒə/-ziə] 명UC 〔수사〕 환칭(換稱), 대칭(代稱). **a)** 고유 명사를 써서 같은 유의 사람을 지칭하기(예: a Solomon 현명한 지배자). **b)** 칭호·직함 따위를 써서 특정인을 지칭하기(예: His lordship 각하). **-no·mas·tic** [-nouméstik], **-no·más·ti·cal** 형 **-no·más·ti·cal·ly** 부

An·to·ny [ǽntəni] 명 **1** Mark ~ 안토니우스(83?-30 B.C.: 로마의 장군·정치가로 Caesar의 친구). **2** (= 는 **Anthony**) 앤터니(남자 이름).

‡**an·to·nym** [ǽntənim] 명 반의어. ⇔ synonym ‑**nýmic**, **an·ton·y·mous** [æntánəməs/-tɔ́n-] 형

an·ton·y·my [æntánəmi/-tɔ́n-] 명U 반의성(反意性), 반의(어)적임; 반의어 연구; 반의어 사용〔결합〕.

an·tre [æntər] 명 〔시〕 동굴(cave).

an·trum [ǽntrəm] 명 (복 **-tra** [-trə]) 〔해부〕 뼈의 공동(空洞), 강(腔). 『부절 못하는.

ants·y [ǽntsi] 형 〔美속어〕 불안한, 조심하는; 안절

ANTU [ǽntu:] 명 〔상표〕 안투(쥐약). (또는 **antu**) [<α*lpha*-*naphthyl*thio*u*rea]

An·tung [ǽntúŋ] 명 안동(安東)(중국 동북부에 있는 도시; Dandong(丹東)의 옛 이름).

Ant·werp [ǽntwə:rp] 명 앤트워프(벨기에 북부의 주; 그 주도(州都)로 항구 도시).

A·nu·bis [ənjú:bis/ənjú:-] 명 〔이집트 신화〕 아누비스(자칼(jackal)의 머리를 가진 죽은 이의 수호신).

A number 1 [éi nʌ́mbər wʌ́n] = A one.

an·u·ra [ənjúərə/ənjúərə] 명복 (동물) 무미목(無尾目).

an·u·ran [ənjúərən/ənjúər-] 〔동물〕 형 무미목(anura)의. ─명 무미목 양서류(개구리 따위).

an·u·re·sis [æ̀njuríːsis/æ̀njuər-] 명 〔요폐(尿閉), 무뇨(無尿)〕(오줌이 나오지 않음). **-rét·ic** 형

an·u·ri·a [ənjúəriə, æ̀njúər-/ənjúər-] 명 〔의학〕 무뇨(無尿). **-ric** 형 『는, 무미목류(類)의.

an·u·rous [ǽnjurəs/ənjúər-] 형 〔동물〕 꼬리 없

a·nus [éinəs] 명 〔해부〕 항문. ⇨ALIMENTARY CANAL 『그림. 『이름).

An·vers [F ɑ̃vε:R] 명 앙베르(Antwerp의 프랑스어

*****an·vil** [ǽnvil] 명 **1** 모루; 두들기는 대. **2** 〔해부〕 침골(砧骨)(중이(中耳) 속의 3개의 작은 뼈 중 하나).
on [or **upon**] **the anvil** 검토중, 준비중. ¶We had another method *on* [or *upon*] *the* ~. 우리는 다른 방법을 검토중이었다.

anx. annex.   [anvil 1]

‡**anx·i·e·ty** [æŋzáiəti] 명 (복 **-ties** [-z]) **1** U 걱정, 근심; 불안, 염려(*about*, *for*, *over*); C 걱정거리. ⇨CARE 〔유의어〕 ¶I am all ~. 나는 몹시 걱정이 된다 (=I am very anxious.) / That's an unnecessary ~. 그런 걱정은 안해도 된다 / ~ *about* the future 미래에 대한 불안 / ~ *for* a person's safety 남의 안전에 대한 염려. **2** U 갈망, 열망(*for*, *to do*). ¶My chief ~ is *to* have my son pass the examination. 아들을 시험에 합격시키는 것이 내 염원이다 // I cannot but praise his ~ *for* knowledge. 그의 지식욕에는 탄복하지 않을 수 없다. **3** 〔정신의학〕 (정신 장애에서 보이는) 불안, 고민; 〔철학〕 (실존주의 철학에서) 불안.
be in anxiety 걱정하고 있다. 『고 걱정하고 있다.
cause [or *give*] *a person much anxiety* 남을 몹시
feel great [*no*] *anxiety about* …에 대해서 크게 걱정하다〔조금도 걱정하지 않다〕.
with (*great*) *anxiety* (크게) 걱정하여.

anxíety neuròsis 명 〔정신의학〕 불안 신경증.

anx·i·o·lyt·ic [æ̀ŋziəlítik] 형 불안을 완화하는. ─명 불안 완화제(antianxiety drug).

‡**anx·ious** [ǽŋkʃəs] 형 (*more* ~; *most* ~) **1** (서술용법) 걱정하는, 근심(염려)하는 (*about*, *at*, *for*); (한정용법) 걱정스러운, 염려가 되는. ¶an ~ person 걱정이 많은 사람 / an ~ look 걱정스러운 얼굴 / ~ feelings 불안한 생각 / ~ cares 걱정거리 ¶As he is weak, he is always ~ *about* his health. 그는 몸이 약해서 항상 건강을 염려하고 있다 / We were ~ *for* his safety. 우리는 그가 안전한지 염려했다 / He is ~ *at* her delay. 그는 그녀가 늦어서 걱정하고 있다. **2** 몹시 …하고 싶어하는, 갈망〔열망〕하는 (*for*, *to do*). ⇨EAGER 〔유의어〕 ¶Parents are ~ *for* the welfare of their children. 부모란 자식의 행복을 열망한다 // I am ~ *to* know the result of the test. 나는 시험 결과를 알고 싶다 // He was ~ *that* you should be happy. 그는 당신이 행복하기를 바랐다. **~·ness** 명

ánxious clàss〔**generàtion**〕 명 〔美구어〕 불안 계층(불경기·기업 구조 조정 등으로 생활 불안·실직 위기 따위를 느끼는 중산층). 『갈망하여.

*****anx·ious·ly** [ǽŋkʃəsli] 부 걱정하여, 염려스럽게;

ánxious sèat〔**bènch**〕 **1** (드물게) 참회자석(부흥회 따위에서 특히 신앙이 두터워지기를 바라는 사람이 앉는다). **2** (선거·협상 따위의 결과에 대한) 불안한〔우려하는〕 상태, 바늘 방석, 좌불안석. 『안절부절못하다.
be on the anxious bench 바늘 방석에 앉아 있다.

‡**an·y** ⇨ANY. (p. 132)

‡**an·y·bod·y** [énibàdi, -bàdi/-bɔ̀di, -bədi] 대 **1** (의문문·조건절에서) 누군가. ¶Is ~ out in the garden? 누가 정원에 누가 있습니까? / If ~ calls on me while I am out, tell him [or them] I shall be back by three. 외출중에 누가 찾아오면 3시까지 돌아온다고 말해 주시오. **2** (부정문에서) 아무도. ¶I haven't seen ~ in the room. 그 방에서는 아무도 보지 못했다 / Don't say anything to ~ about the affair. 그 일에 대해서는 아무한테도 아무 말 하지 마라. **3** (긍정문에서) 누군든지. ¶*A*- can tell you. 누구든지 말해 줄 수 있다.

〔USAGE〕 (1) 부정대명사로서는 오늘날에는 한 단어로 쓴다. any body로 두 단어로 쓰면 「어떤 물체〔육체〕」의 뜻. (2) ⇨ANYONE 〔USAGE〕

anybody else 누군가 딴 사람; 다른 누구라도.
anybody's game [or *race*] 〔구어〕 예상할 수 없는 게임〔경쟁〕.
anybody's guess 예상〔추측〕하기 어려운 일〔문제〕.
if anybody 만약 (적당한 사람이) 있다면. ¶She can do it *if* ~ (can). 그 일을 하는 데 그녀가 적당하다.
─명 (복 **-bod·ies** [-z]) **1** U (의문·부정문에서) 중요한〔상당한〕 사람, 높은 사람(반 nobody). ¶Work hard, or you will never be ~. 열심히 공부하지 않으면 버젓한 사람이 되지 못한다. **2** (긍정문에서) (-ies) 이름 없는 사람들, 변변치 못한 사람(반 somebody). ¶The guests are a few *anybodies* except a man who is somebody. 손님들은 한 유명 인사의 명사를 빼면 그렇고 그런 사람 몇이 있을 뿐이다.

‡**an·y·how** [énihàu] 부 **1** 아무리 해도; 어떻든지, 무슨 수를 쓰더라도, 꼭. ¶The gate was shut, so we could not get into the premises ~. 대문이 잠겨 있어서 아무리 해도 구내에 들어갈 수 없었다 / Must I do so ~? 꼭 그렇게 해야 합니까? **2** 여하튼, 어차피, 어쨌든. ¶It may rain, but ~ I am going out. 비가 올지 모르지만 아무튼 외출하겠다 / You will be late. ~. 당신은 어차피 늦을거요. **3** 되는대로, 아무렇게나. ¶He never did his work ~. 그는 일을 아무렇게나 한 적은 결코 없었다.
all anyhow ① 아무렇게나, 되는대로. ② It's no use

형용사 겸 대명사로서 **부정 수량**(不定數量)을 나타내는 점에서 some과 가장 가까우나, some이 긍정적으로만 쓰이는 데 대해 any는 의문·부정을 주로 하는 점에서 대조적이다. some, all, no와 같이 수(數)와 양(量), 단수 명사와 복수 명사에 두루 쓰이며, 구문상(構文上)으로는 all 및 each와 같은 구문을 취한다.
부사로서의 용법도 중요하며, any에 관한 것은 anybody, anyone, anything, anywhere 등의 복합어에도 준용된다.

‡**an·y** [éni; (때로) 약 əni] 웹 1 (의문문에서) 무슨, 무엇인가, 누구든, 얼마든(지). ¶Do you have ~ questions? =Have you ~ questions? 무슨 질문이 있느냐? / Was there ~ student in the room? 방에는 누구든 학생이 있었습니까? / Aren't there ~ good movies in town? 시내에서는 무슨 좋은 영화가 상영되고 있지 않니? / Do you have ~ special interest other than your job? 일 이외에 무슨 특별한 흥미거리라도 있느냐? / Do you have ~ brothers and sisters? 형제자매가 있느냐? / Does he have ~ merit? 그에게 (한 가지라도) 무슨 좋은 점이 있느냐?

(USAGE)¹ (1) 「**any**+단수」와 「**any**+복수」—「any+가산명사 단수형」에서는 「하나(的 사람)이라도」와 any의 뜻이 강하고, 「any+가산 명사 복수」형에서는 any는 약하며, 뒤의 명사에 뜻의 중점이 있다: Do you have ~ *book* on the subject? / Do you have ~ *books* on the subject? (2) any와 some에 대해서는 some의 주의란을 참조.

2 (부정문에서) 아무 것도, 어느 것도, 아무도, 조금도. ¶I haven't[or don't have] ~ questions. 아무 질문도 없다 / I didn't have ~ sleep. 나는 한잠도 자지 못했다 / I have some brothers, but not ~ sister. 나에게는 형제는 있지만 누이는 없다 / He doesn't owe ~ man a penny. 그는 누구에게도 빚 한푼 지지 않았다.

(USAGE)² **not any**와 **no**—(1) 목적어를 부정할 경우에 no를 쓰는 것은 문어적, not any는 구어적: I have *no* money with me. / I *don't* have *any* money with me. 단, no를 흔히 쓰는 경우도 있다: I have *no* idea. 모르겠다. (2) 주어를 부정할 경우는 *Not* ~ man came. 이나 *Any* man did *not* come.으로 하지 않고, *No* man came.으로 하는 것이 관용적. 단, no를 강조하여 Not a man came. 이라고도 한다.

3 (조건문이나 의심을 나타내는 문장에서) 무슨, 어떤, 누구든, 얼마든, 몇 명인가. ¶If ~ one calls, tell him to wait. 만약 누군가 찾아오거든 기다리라고 말해 주게 / If you want ~ money, I will lend you some. 돈이 필요하다면 얼마간 빌려주겠다 / I wonder whether there is ~ difficulty in solving the question. 그 문제를 푸는 데 어떤 어려움이 있을까 / If it does ~ harm, we will give it up. 그것이 조금이라도 해롭다면 우리는 그것을 포기하겠다.

4 (긍정문에서) 어떤 …이라도, 어느 …이든, 모든, 무엇이나. ¶A- plan is better than no plan. 어떤 안이라도 없는 것보다는 낫다 / You may come ~ day, but you must come some day. 날짜는 언제라도 좋지만 언제 가는 꼭 와야 한다 / I'll buy it at ~ price. 어떤 값으로든 사겠다 / I will help you in ~ way I can. 할 수 있는 어떤 식으로든 너를 돕겠다 / Read ~ books you find on the subject. 그 문제에 관한 책이라면 닥치는 대로 읽어라 / A- *time* is *no time*. (속담) 언제라도 할 수 있다고 생각하면 결국 못하게 된다.

any amount [or **number**] (**of**) 얼마든지, 제한없이; 많이. Have you ~ salt? —A- *amount*. 소금은 있느냐? —응, 얼마든지 / He got ~ *number of* scholarships and prizes. 그는 장학금과 상을 상당히 많이 받았다.

any and every 어떤 …도, 무엇이고, 모든. ¶ ~ *and every* book in this library 이 도서관에 있는 온갖 책
any how (英구어) 무질서한, 난잡한.
any old (속어) 어떤 …이라도. ¶Take ~ *old* hat. 어떤 모자든 가져라.
any old how (美) 되는대로, 적당히; 무질서하게.
any one ① [éni wʌ̀n] ⇒ANYONE. ② [èni wʌ́n] 어느 것이든 하나(의); 누구든 한 사람(의). ¶Take ~ *one* book you like. 어느 것이든 원하는 책을 한 권 가져라 / Can ~ *one* of the boys play the piano? 소년들 중 누구든 피아노를 칠 줄 아는 아이가 있느냐?
any place 어디든, 어디로든(anywhere, to any place). ¶Nobody will invite him ~ *place* any more. 이젠 어디에도 그를 초대해 줄 사람은 없으리라.
any time 언제든지. ¶You are welcome ~ *time*. 언제든지 환영합니다.
any which way 사방팔방으로; 난잡하게.
at any cost 어떤 희생을 치르더라도, 어떻게 해서든 꼭. ¶I will accomplish my purpose *at* ~ *cost*. 어떤 희생을 치르더라도 기필코 목적을 달성할 작정이다.
at any moment 언제든지; 언제 어느 때든. 「라도.
at any price 아무리 비싸더라도; 어떤 희생을 치르더
at any rate 어찌 되었건, 아무튼, 하여간; 적어도.
in any case 어떤 경우라도, 어쨌든, 어차피, 여하튼. ¶*In* ~ *case* you had better hear what your wife has to say. 아무튼 아내가 하는 말을 듣는 것이 좋을 것이다.
scarcely [or **hardly**] **any** 거의[좀처럼] …없는[않는]. ¶I had *hardly* ~ sleep last night. 어젯밤은 거의 한잠도 자지 못했다.
── 때 * 의미·용법은 형용사에 준한다. **1** (any 다음에 이미 나온 명사가 생략되거나 any of의 구문에서) **a)** (의문문에서) 무슨, 어느 것인가, 누군가, 얼마인가, 몇 명인가. ¶I have some pictures. Have you ~? 나는 그림을 몇 점 가지고 있는데, 당신은 어떻습니까? / I want some sugar. Have you got ~? 설탕이 좀 있으면 좋겠는데, 있습니까? / Does ~ of you know? 너희들 중 누가 알고 있느냐? **b)** (부정문에서) 아무 것도, 아무도, 아무런, 조금도. ¶They have some food, but we don't have ~ left. 그들에게는 식량이 있지만 우리에게는 조금도 남아 있지 않다 / Don't you, ~ of you, worry yourselves about that? 너희들은 아무도 그 일이 걱정되지 않느냐? **c)** (조건문이나 의심을 나타내는 문장에서) 무슨, 어느 것인가, 누군가, 얼마인가, 몇 명인가. ¶You can take these pamphlets, if you want ~. 원한다면 얼마든지 이 팸플릿을 가지고 가거라 / If I had ~ of your courage, I would do it. 나에게 너와 같은 용기가 조금이라도 있다면 내가 그 일을 할텐데. **d)** (긍정문에서) 어느 것이든, 누구든, 조금이라도. ¶A- of them could answer the question. 저 사람들이라면 누구든 그 문제에 대답할 수 있을 것이다 / The record is better than ~ this year. 그 기록은 금년도 것으로는 최고이다.

2 (단독용법) 아무도, 어느 누구도(anybody, anyone, any person). ¶It is not yet known to ~. 아직 아무에게도 알려져 있지 않다 / Is ~ richer than he? 그 사람 이상 가는 부자가 어디 또 있겠는가.

if any 만약 있다면; 만약에[설사] 있다손치더라도,

¶Correct errors *if* ~. (만약) 틀린 것이 있으면 고치시오/There are few, *if* ~, such men. 그런 사람은 설사 있다손치더라도 극히 드물다.
not have any ⇨ 시하다.
──㉠ **1** (형용사·부사의 비교급 및 different 앞에서) 좀, 조금은, 조금도. ¶Do you feel ~ better? 기분이 좀 좋아졌느냐? /The situation is not likely to get ~ easier. 정황은 조금도 편해질 것 같지 않다 /A man may get rich, and yet not be ~ the happier for it. 사람이 부자가 되고도 그로 인해 조금도 더 행복해지지 않는 수가 있다 /He wasn't ~ different from me. 그는 나와 조금도 다를 바가 없었다.
2 (단독용법) 조금은, 약간은, 조금이라도. ¶The patient has not improved ~. 환자는 조금도 나아지지 않았다 /Would a hundred help you ~? 100 달러만 있으면 다소 도움이 되겠느냐? /That night he didn't sleep ~ either. 그날 밤도 역시 그는 한잠도 못 잤다.
not...any longer 이젠 …않다. ¶I don't drink ~ *longer*. 이젠 술을 마시지 않는다. * (美)에서는 축차(逐次) 긍정문에 쓰이고 있다.
not...any more 이[그] 이상 …않다; 이젠 …않다. ¶I won't drink ~ *more*. 이젠 술을 끊겠다.
not know any better 그 이상의 지식이 없다; (그것이) 좋지 않다는 것을 모르다. ¶I'm sorry for them because they don't *know* ~ *better*. 그 사람들이 그 정도밖에 모르고 있으니 딱한 일이다.

doing your work *all* ~ like that. 일을 그렇게나 아무렇게나 해서는 못쓴다. ② 어떤 일이 있어도, 어떻게 해서든.
feel anyhow (구어) 몸이 찌뿌듯하다, 기분이 좋지 않다.
an·y·more [ènimɔ́:r] 위 (부정문에서) 요즘은, 최근에는. ¶I will not drink ~. 요즘은 술을 안 마신다 /He rarely comes here ~. 그는 요즘은 여기 오는 일이 드물다.
Not anymore. (구어) 이젠 달라, 이젠 안 그래.
‡**an·y·one** [éniwʌ̀n, -wən] 때 **1** (의문문·조건절에서) 누군가. ¶Does ~ feel sick? 누군가 몸이 불편합니까? /If ~ calls on me, tell him I am out for a walk. 누가 찾아오면 산책 나갔다고 말해 주시오. **2** (부정문에서) 아무도. ¶I don't think ~ could understand the meaning. 아무도 그 뜻을 이해하지 못했다고 생각한다. **3** (긍정문에서) 누구든지, 어떤 사람이라도. ¶A~ could solve the problem. 그 문제는 누구든지 풀 수 있을 것이다.

(USAGE)[1] anyone과 any one──(1) ányone 내지 ány one은 사람에 대해서 쓰는 부정대명사로 보통 한 단어로 쓰는데, 개별성을 강조하여 두 단어로 쓰기도 한다. (2) ány óne의 one은 수사(數詞)로서 주로 물건에 대해 쓴다: *ány óne* of these books.

(USAGE)[2] anyone과 anybody──(1) anybody가 anyone보다 구어적이나 관계사가 뒤따를 경우 보통 anyone을 쓴다: Don't *anybody* move! /*Anyone who* has made a promise should keep it. (2) anyone, anybody는 성(性) 구별이 없으며 단수로 쓰이는 게 원칙이나 대명사로 받는 경우 문맥에 따라, 구어체인 경우, 복수(they, their, them)로 쓰이기도 한다. (3) 둘 다 뒤에 부정어구를 쓸 수 없다.

an·y·place [éniplèis] 위 (美구어) =anywhere.
‡**an·y·thing** [éniθìŋ] 때 **1** (의문문·조건절에서) 무엇인가. ¶Is there ~ you'd like to talk about? 무엇인가 이야기하고 싶은 일이 있습니까? /If ~ happens, I'll come back at once. 만약 무슨 일이 일어나면 곧 돌아오겠다. **2** (부정문에서) 아무것도. ¶We can't think of ~ better. 우리는 이 이상 더 좋은 일은 생각할 수 없다 /He did not have ~ with him. 그는 아무것도 가진 게 없었다. **3** (긍정문에서) 무엇이든지. ¶A~ is better than nothing. 무엇이든지 있는 편이 없는 것보다 낫다 /A~ will do. 무엇이든지 좋다.
anything but ① …이외는 무엇이든지. ¶I would give you ~ *but* life. 제발 목숨만 살려 주십시오. ② 결코 …은 아닌, 결코 …하지 않는, …이라고만 할 수는 없는. ¶He is ~ *but* a liar. 그는 결코 거짓말쟁이는 아니다. ③ (do ~ *but*) …이외에는 아무것도 하지 않는다. ¶He never does ~ *but* heap up money. 그는 돈을 모으는 일밖에는 아무것도 하지 않는다.
Anything doing? (英구어) ① 무슨 일입니까? 뭐죠? ② 좀 주어 보시겠습니까?
Anything for a quiet life. (구어) (상대의 명령에 대해) 분부대로 하겠습니다.

anything goes 제멋대로 할 수 있다, 무슨 짓을 해도 괜찮다.
anything like (부정문에서) ① 조금이라도 …비슷한 것, …같은 것. ¶I don't like ~ *like* hard work. 나는 조금이라도 힘드는 일은 싫다. ② 도무지, 결코.
Anything new down your way? (美구어) 너한테는 뭐 재미있는 일은 없었나?
anything of ① (의문문·조건문에서) 다소라도, 조금은. ¶Is he ~ *of a* scholar? 그는 조금이라도 학자다운 데가 있습니까? ② (부정문에서) (보통 not ~ of) 조금도, 전혀.
anything up to (수량 상한의) …까지.
(*as*)...*as anything* (무엇에도 못지 않을 만큼) 몹시, 아주. ¶She is *as* noble *as* ~. 그녀는 정말 고상하다.
Don't do anything I wouldn't do. (구어) 나쁜 일은 하지 말게(친구끼리 헤어질 때 쓰는 말).
for anything (부정문에서) 무엇을 준대도, 무슨 일이 있어도, 도저히. ¶I wouldn't sell that land *for* ~. 무슨 일이 있어도 그 땅은 팔지 않겠다.
for anything I care ⇨ CARE.
for anything I know 잘은 모르겠지만, 아무튼.
if anything 어느 편이냐 하면(rather); 만약 있다 하더라도. ⇨ IF.
like anything ⇨ LIKE[1].
not come to anything 실패로 끝나다, 헛수고가 되다, 수포로 돌아가다. ¶His plan did *not come to* ~. 그의 계획은 수포로 돌아갔다.
not have anything on =have NOTHING on.
not just anything (구어) 보통이 아닌, 특별한.
...*or anything* (의문문·부정문·조건문에서) …나 (남짝) 뭔가, …하거나 뭔가. ¶Have you got any knives *or* ~? 칼이나 뭐 그런 것 가지고 있느냐?
too...for anything (구어) 한, 굉장히 …한. ¶The bus was *too* crowded *for* ~. 버스는 굉장히 붐볐다.
──㉠ **1** (어떤) 것, 일. ¶I've no job, no money, no ~. 나는 일도 돈도 아무것도 없다. **2** 중요한 사람[것].
──위 (부정문·의문문에서) (종종 ~ like) 얼마간, 다소라도, 적어도. ¶if he is ~ young 그가 다소라도 젊다면 /Is it ~ like mine? 그것은 내 것과 조금은 비슷합니까? [신앙, 신념]이 없는 사람.
an·y·thing·ar·i·an [èniθinέəriən] 명 일정한 주의[ ]
an·y·thing·goes [èniθiŋgóuz] 형 무엇을 하든 상관없는, 하는 대로 내버려 두는.
an·y·time [énitàim] 위 **1** (美) 언제든지; 언제나(at any time). ¶Please call on me ~ 언제든지 방문해 주십시오. **2** (접속사적) (보통 any time) …할 때는 언제나(whenever). ¶Come and see me ~ you want to. 언제든 내키면 놀러 오십시오.
Anytime you are ready. (구어) (기다리게 하는 사람에게) 언제든지 좋습니다.
──명 (美구어) 괜찮습니다(You're welcome!).
‡**an·y·way** [éniwèi] 위 **1** 어쨌든, 여하튼. ¶A~ she still intends to go. 어쨌든 그녀는 갈 생각이다. **2** (이야기를 이어 가거나 화제를 바꿀 때) 그건 그렇다 하고;

그런데.¶A– we finally found it. 어쨌든 우리는 마침내 그것을 찾아냈다/What time is it, ~? 그런데 지금 몇 시지? **2** (구어) 어떻게든지, 무슨 수를 쓰더라도(in any way); (부정문에서) 아무리 해도 …할 수 없는. **4** (구어) (보통 just ~) 되는대로, 아무렇게나, 적당히.¶do the work just ~ 그 일을 적당히 하다. **5** 문 but절의 문미에 쓰여) 그럼에도 불구하고, 그래도 역시.

(USAGE) (1) anyhow와 뜻이 같으나 (美)에서는 anyway를 흔히 쓴다. (2) 접속사적으로 쓰일 경우 보통 any way로 쓴다: Do it *any way* you like.

an·y·weiz [éniwèiz] 用 (방언·고어) =anyhow.
‡**an·y·where** [énihwèər] 用 **1** (의문문·조건절·부정문에서) 어디엔가, 어디고; 아무 데도.¶do not go ~ 아무 데도 가지 않다/Are you going ~ during the vacation? 휴가중에 어디 가시나요?/I could not find a vase of that kind ~ in the store. 그 가게 어디에도 그런 꽃병은 없었다. **2** (긍정문에서) 어디든지.¶In the afternoon, you may go ~ you like. 오후에는 원하는 어디든지 가도 좋다. **3** (구어) (수량 따위의 변동 범위를 나타내어) 대략 …에서 …까지, 대략 …만큼.
anywhere between A and B (구어) A와 B 사이의 어딘가.¶Pick a number ~ *between* 5 *and* 10. 5와 10 사이의 어느 숫자든 골라집어라.
anywhere from A to B (구어) (수량·시간·가치 따위가) A와 B 사이의 어딘가(에서).
anywhere near ① (의문문·부정문에서) ~가까이 어딘가. ② (구어) (부정문에서) 거의 …정도도 (안 되다).¶The job isn't ~ *near* done. 그 일은 아직은 결코 끝나지 않는다고 할 수 없다.
get [or go] anywhere (부정문에서) ① 무엇인가 성과를 거두다, 잘 되다.¶You'll never *get* ~ arguing that way! 그런 식으로 말해 봤자 아무 성과[결과]도 얻지 못한다! ② …에게 어떤 성과를 얻게 하다.
if anywhere 어딘가에 (그런 곳이) 있다면; (그런 곳이 있다 하더라도) 기껏해야. 「어딘가에[에서].
…or anywhere (부정문·의문문·조건문에서) …나
— 用 어딘가; 어디든지. 「코.
an·y·wise [éniwàiz] 用 어떻게 해든, 어쨌든, 결코
An·zac, ANZAC [ǽnzæk] 囹 **1** 앤잭 군단(제1차 세계 대전 매의 호주·뉴질랜드 연합 군단); 그 병사. **2** 호주[뉴질랜드] 군인[사람]. — 囹 앤잭 군단의.
[<Australian and New Zealand Army Corps]
ANZUK [ǽnzʌk] Australia, New Zealand and United Kingdom(호주·뉴질랜드·영국 3국 연합).
An·zus, ANZUS [ǽnzəs] Australia, New Zealand and the *U.S.*(호·뉴·미 태평양 공동 방위체).
a/o, A/O account of(…의 계정); and others.
a.o.b., A.O.B. alcohol on breath; any other business(기타 (사항, 의제)). **A.O.C.** Air Officer Commanding; Army Ordnance Corps(육군 군수부); Association of Olympic Committees(각국 올림픽 위원회 협회). 「족 의상].
ao dai [áu dái, ɔ́ː-] 囹 아오 자이(베트남 여성의 민
A-OK [éioukéi] 혱用囝 (美구어) 옳은, 틀림없는, 신계, 틀림없이; 완전히[하게]; 최고 상태의[로].¶an ~ rocket launching 완벽한 로켓 발사. (또는 **A-O.K., A-Okay, A-okay**) [<All systems *O.K.*]
AOL absent over leave(휴가 초과) (또는 **A.O.L.**); (상표) America Online(미국의 인터넷 회사).
AOL-Tíme Wàrner 囹 AOL-타임워너사(社) (미국의 종합 미디어 기업).
AÓ màil (美) 囹 국제 제2종 우편(신문·잡지·인쇄물 따위). [<F *Autres Objets*] 「명).
Ao·men [àːɔmɛ́n] 囹 아오먼(澳門) (Macao의 중국
AONB, A.O.N.B. (英) Area of Outstanding Natural Beauty((국가 관할의) 특별 명승지).
A one [éi wʌ́n] 囹 **1** 제1급의(선박 협회의 선박 검사

등급). **2** (구어) 제1급의, 일류의(first-class, excellent). (또는 **A number 1**) **3** (구어) 건강한, 순조로운. (또는 **A-one, A 1, A-1**)
A·o·ni·a [eióuniə, -njə] 囹 이오니아(그리스 중동부의 보이오티아(Boeotia)의 한 지방; Muses가 살았다는 Helicon 산이 있다).
A·o·ni·an [eióuniən, -njən] 囹 **1** Aonia 지방의. **2** 뮤즈의 9여신(Muses)의; 시적(詩的)인.
AOR adult-oriented rock(성인용 록 음악).
a·o·rist [éirist, ɛ́ər-] 〔그리스 문법〕 囹 부정 과거 (영어의 과거에 해당). — 혱 부정 과거의에 있어서의.
a·o·ris·tic [èiərístik, ɛ̀ər-] 〔그리스 문법〕 혱 부정 과거의; 부정의, 불확정의.
a·or·ta [eiɔ́ːrtə] 囹 (悳 **~s, -tae** [-tiː]) 〔해부〕 대동맥, 大기관. **-tal, -tic** 혱. HEART 그림.
aórtic stenósis 〔병리〕 대동맥 협착증.
a·or·ti·tis [èiɔːrtáitis] 囹 〔병리〕 대동맥염(炎).
a·or·to·cla·sia [eiɔ̀ːrtəkléiʒə/-ziə] 囹 〔병리〕 대동맥 파열. 「더하다; (수량 따위)을 불리다.
aos [éiòués] 囹囝 (속어) 〔컴퓨터〕 (어떤 수)에 1을
AOS acquisition of signal(인공 위성의 신호 포착).
A.O.U. American Ornithologists' Union.
a·ou·dad [áudæd] 囹 (북아프리카산(産)) 야생양.
à ou·trance [F a utrɑ̃ːs] 극도로; 죽을 때까지; 마지막까지. [<F to the limit]
AP (美) Associated Press(AP통신(사)). **AP, A.P.** above proof; adjective phrase; Advanced Placement; airplane; Air Police; American plan; antipersonnel; arithmetic progression; armor-piercing(철갑탄); (美) associated person (공인 선물 거래사); author's proof. **a/p, A/P** account paid(완불, 지불 완료); accounts payable(채무 계정, 외상 (매입금); authority to pay[purchase] (외상 매입 대금 어음 지급[매입] 수권서(授權書)). **Ap.** Apostle; Apothecaries'; April.
ap-[1] [æp, əp] 囵同 ad-의 변형으로서 모음 또는 p 앞에 쓴다. ⇨AP-.   「쓴다. ⇨APO-.
ap-[2] [æp] 囵同 apo-의 변형으로서 모음 또는 h 앞에
APA (美) Amateur Press Association(아마추어 신문인 협회); American Psychiatric [Psychological] Association(미국 정신의학회[심리학회]). **A.P.A.** Administrative Procedure Act(행정 수속 절차법); Amateur Photographic Association(아마추어 사진 협회); American Pharmaceutical [Philological] Association(미국 약학회[언어학회]); American Protective [Protestant, Psychiatric, Psychological] Association; (美) Army Procurement Agency(육군 조달 본부); Associate in Public Administration.
***a·pace** [əpéis] 用 빨리, 속히.¶It rains ~. 빗발이 세어진다 /*Ill news runs* ~. (속담) 나쁜 소문은 빨리 퍼진다.   「패; (일반적으로) 악당.
a·pache [əpáːʃ, əpǽʃ] 囹 (종종 A–) (파리 등의) 깡
A·pach·e [əpǽtʃi] 囹 (悳 **~(s)**) **1** 아파치족(미국 서남부의 아메리칸 인디언). **2** 囝 아파치 말. **3** (군사) 아파치(미육군의 2인승 전천후 공격용 헬리콥터).
apáche dànce 囹 아파시 댄스(원래 파리의 술집에서 승객들 중 둘이서 추는 격렬한 춤).
Apáche Státe 囹 (美) 미국 Arizona 주의 별칭.
APACL Asian People's Anti-Communist League (아시아 반공 연맹).
ap·a·go·ge [ǽpəgòudʒi] 囹 〔논리〕 간접 환원법.
ap·a·nage [ǽpənidʒ] 囹 =appanage.
‡**a·part** [əpɑ́ːrt] 用 **1** 따로따로, 뿔뿔이.¶come ~ 뿔뿔이 흩어지다. **2** 떨어져, 따로 되어(*from*). ¶Two towers were set up 2 miles ~. 두 탑은 2 마일 떨어져서 건립되었다//live ~ *from* one's wife 아내와 별거하다 /The house stood ~ *from* the others. 그 집은 다른 집들과 떨어져 있었다. **3** 구별하여, 별도로 하

apartheid 135 **aphasic**

여 (*from*); 그것만으로. ¶consider a question ~ *from* others 어떤 문제를 다른 문제와 떼어서 생각하다(*美*)에서는 aside from도 사용). **4** 한쪽에[으로], 옆 [곁]에[으로]. ¶take him ~ to have a talk with him 그와 이야기하려고 옆으로 데리고 가다.

apart from ① ⇒핵3. ② …이외에, 게다가.

come apart ① (물건이) 부서지다, 산산조각이 되다. ② (정신적으로) 무너지다, 지리멸렬하다.

fall apart (사물이) 흐트러지다; 심리적으로 동요하다; (일이) 실패로 끝나다; (부부가) 헤어지다.

joking apart; apart from joking 농담은 그만두고.

keep apart from …에서 멀어지다.

know [or **tell**]…**apart** …을 구별[분간]하다. ¶*tell* the twins ~ 쌍둥이를 구별하다.

set [or **lay, put**] *a thing* **apart for** …을 위하여 어떤 것을 따로 떼어 두다[보류하다].

take *a thing* **apart** ① 분해하다, 해체하다. ¶*take* a clock ~ 시계를 분해하다. ② (남)을 비판하다, 공격하다. ③ (일 따위)를 엄밀히 살피다, 분석하다.

— 형 〔서술용법〕 **1** (…에서) 떨어져 (*from*). ¶Our birthdays are three days ~. 우리 생일은 3일 차이다. **2** (의견) 다른 (*from*). **3** (명사 뒤에서) 개별의, 독특한, 예외적인. ¶He is a man ~ (from all others). 그는 독특한 인간이다.

be worlds [or **poles**] **apart** (구어) 〈생각·견해 따위〉현격하게 차이나다.

a·part·heid [əpá:*r*theit, -hait] 명Ⓤ **1** 민족 격리 정책; 인종 차별 정책(남아공화국의 흑인 등 유색 인종에 대한 차별 정책; 1993년 폐지). **2** (일반적으로) 격리, 배타. 〈Afrikaans〉

a·part·ho·tel [əpá:*r*thoutél] 명 (英) 임대 아파트식 호텔(가구가 딸려 있고, 제3자에게 빌려줄 수 있다).

‡**a·part·ment** [əpá:*r*tmənt] 명 **1** 아파트((英) flat). ¶a four-room ~ 방 4개짜리 아파트 / A- for Rent. (게시) 아파트 세놓음. **2** (~s) (英) (가구 딸린) 셋방; (궁전 따위의) 호화 스위트룸(state [or royal] ~s). ¶*A*— to Let. (게시) 셋방 있음. **3** (일반적으로) 방. **4** = house. **-men·tal** [-méntl] 형.

apártment búilding 명 =apartment house.

apártment cómplex 명 아파트 단지.

apártment hotél 아파트식 호텔(英) service flat)(취사도 가능한 장기 체류자용 호텔).

apártment hóuse 명 공동 주택, 아파트.

a·part·ment·ize [əpá:*r*tməǹtàiz] 타 **1** …에 아파트[공동 주택]를 세우다. **2** (건물)을 아파트로 개조하다.

a·part·ment·sit [-sìt] 자 (*-sat*) 아파트의 집보기.

a·part·o·tel [əpà:*r*tətél] 명 =apartment hotel.

ap·a·tet·ic [æpətétik] 형 (동물) 보호색의.

ap·a·thet·ic [æpəθétik] 형 무감동한, 감정이 없는; 냉담한, 무관심한. (또는 **apathetical**) **-i·cal·ly** 부.

ap·a·thy [æpəθi] 명Ⓤ 무감동, 무감정; 냉담, 무관심(indifference). ¶political ~ 정치적 무관심.

have an apathy to …에 냉담하다.

ap·a·tite [æpətàit] 명 (광물) 인회석(燐灰石).

APB, A.P.B. *a*ll-*p*oints *b*ulletin(경찰의) 전국 지명 수배). **apc** (TV) *a*utomatic *p*hase *c*ontrol(자동 위상(位相) 조정). **APC** (醫) *a*ll-*p*urpose *c*ure(만병 통치약); *A*nimal *P*reservation *C*ommittee; *a*rmored *p*ersonnel *c*arrier(병력 수송 장갑차); *a*spirin, *p*henacetin, and *c*affeine(아스피린·페나세틴·카페인 혼합의 진통 해열제). **AP-DJ** *A*ssociated *P*ress-*D*ow *J*ones(AP-다우존스 통신사; 미국의 경제 뉴스 통신사).

*****ape** [eip] 명 **1** 꼬리 없는 원숭이; 원숭이(monkey). **2** 유인원(anthropoid ~). **3** 흉내쟁이. **4** (美속어) 몸집이 크고 거친 사람, 고릴라 같은 사람. **5** (美속어) 흑인. **6** 바보, 멍청이. ¶God's ~ 천성(天生)의 바보. **7** (美속어) (무관사: 보어로) 절정, 극치, 최고. ¶Their performance is truly ~. 그들의 연주는 최고다.

grin like an ape 바보처럼 히죽히죽 웃다.

lead apes in hell (여성이) 일생 독신으로 지내다, 처녀 귀신이 되다.

play the ape 서투르게 흉내를 내다; 바보 같은 짓을 하다.

say an ape's paternoster (추위·공포로) 이가 덜덜 떨리다.

— 타자 …을 흉내내다. ⇒IMITATE 〔유의어〕

ape it 흉내를 내다.

— 형 (美속어) 광포한, 이성이 없는; 흥분한; 열광적인, 열중한(~-shit).

go ape (속어) (…에) 열중하다, 열광[심취]하다 (*over, for*); 몹시 화내다(흥분하다).

-like 형. **áp·er** 명 남의 흉내를 내는 사람.

a·peak [əpí:k] (해사) 부 (노 따위를) 수직으로 (세우고). — 형 (서술용법) (노 따위가) 수직의.

APEC, Apec [eipek] 명 아시아·태평양 경제 협력체, 에이펙. 〈*A*sian-*P*acific *E*conomic *C*ooperation〉

ápe hàngers 명복 (美속어) (오토바이·자전거의) 〔위로 휜 핸들〕.

ape-man [^mæ̀n] 명 원인(猿人).

Ap·en·nines [æpənàinz] 명복 (the ~) 아펜니노 산맥(이탈리아 반도의 서북에서 동남으로 뻗은 산맥). (또는 **Apennine Móuntains**).

a·pep·sy [əpépsi] 명Ⓤ 소화 불량.

a·per·çu [æpə*r*sú:/æpɛ*r*sy] 명 **1** 홀긋 보기, 일별. **2** 직감적 통찰력, 줄거리, 개요. 〈F *perceived*〉

a·per·i·ent [əpíəriənt] 형 (의학) 변이 통하게 하는. 명 컴퓨터; 변통에 좋은 음식. (또는 **aperitive**).

a·pe·ri·od·ic [èipiəriádik/-ɔ́d-] 형 **1** 주기적이 아닌, 비주기적인; 불규칙적인; (물리) 비주기의, 비(무)진동의. **-i·cal·ly** 부. **-pe·ri·od·íc·i·ty** 명.

a·pé·ri·tif [a:pèrətí:f, əpèr-/F apéritif] 명 (식욕을 돋우기 위해 마시는) 반주. 〈F〉

a·per·i·tive [əpérətiv] 형 **1** =aperient. **2** 식욕을 돋우는. — 명 **1** =aperient. **2** 식욕 항진제(亢進劑). **3** =apéritif.

ap·er·ture [æpə*r*tʃər] 명 구멍, (깨진) 틈, 간극; 틈이 생긴 것; (광학) (렌즈의) 구경(口徑). **-tur·al** [-tʃùərəl], **-tured** 형. 〔로 필름이 연결되는 카드〕.

áperture càrd 애퍼처 카드(천공 카드와 마이크로 필름).

áp·er·ture-pri·òr·i·ty AE [-praiɔ̀:rəti-] 명 (사진) (카메라의) 조리개 우선 AE(자동 노출 (촬영)). (또는 **áperture-prefèrred AE**) 〈*AE*=*a*utomatic *e*xposure〉

ap·er·y [éipəri] 명 **1** (남의) 흉내; 잔꾀, 잔재주. **2** Ⓒ 원숭이집. 〔가 나서; 취한.

ape-shit [-ʃìt] 형 (美속어) 열중하여; 흥분하여; 화

go ape-shit =go APE.

a·pet·al·ous [eipétələs] 형 (식물) 꽃잎이 없는, 무판(無瓣)의.

a·pex [éipeks] 명 (복 ~**·es, a·pi·ces** [éipəsi:z/ǽpə-]) **1** (the ~) (물건의) 정점, 꼭대기. ¶the ~ of a triangle 삼각형의 정점. **2** 정점·변명·성공의 절정, 절정, 극치. ¶the ~ of one's fortunes 행운의 절정. **3** 〔천문〕향점(向點). ¶the solar ~ 태양 향점. **4** (음성) 혀끝. **5** 〔지질〕 노두(露頭)의 선단(先端).

Apex, APEX [éipeks] 명 〔항공〕 에이펙스, (항공 운임의) 사전 구입 할인 (제도). ¶a ~ fare 에이펙스 운임. 〈*a*dvance *p*urchase *ex*cursion〉

APEX (英) *A*ssociation of *P*rofessional, *E*xecutive, Clerical, and Computer Staff(전문·행정·사무·컴퓨터 직원 조합). **aph.** *aph*etic.

a·phaer·e·sis [əférəsis/əfíər-] 명 (복 **-ses** [-sì:z])=apheresis.

aph·a·nite [æfənàit] 명 (광물) 비현정질(非顯晶質) 화산암. **-nít·ic** 형. 〔症〕.

a·pha·sia [əféiʒə/-ziə] 명Ⓤ (병리) 실어증(失語

a·pha·sic [əféizik] (병리) 형 실어증에 걸린, 실어증의. — 명 실어증 환자. (또는 **aphasiac**)

a·phe·li·a [əfíːliə] 명 aphelion의 복수형.
a·phe·li·on [əfíːliən] 명 (복 **-li·a** [-liə]) 〔천문〕 원일점(遠日點). ⊕ perihelion
a·phe·li·o·trop·ic [əfìːliətrápik/-trɔ́p-] 형 〔식물〕 배일[배광]성의. **-i·cal·ly** 부
a·phe·li·ot·ro·pism [əfìːliátrəpìzm/-ɔ́t-] 명 ⓤ 〔식물〕 배일성(背日性), 배광성. ⊕ heliotropism
a·pher·e·sis [əférəsis/əfíər-] 명 〔음성〕 어두음 소실(語頭音消失)(예: esquire→squire, abide→bide, racoon→coon 따위). ⇒ syncope, apocope
aph·e·ret·ic [æ̀fərétik] 형 어두음 소실의.
aph·e·sis [ǽfəsis] 명 ⓤ 〔음성〕 어두 모음 소실(어두의 강세가 없는 모음 또는 음절의 소실. 예: adown→down, against→gainst, especial→special).
a·phet·ic [əfétik] 형 어두(모)음 소실의.
aph·i·cide [ǽfəsàid] 명 〔진디의〕 살충제.
a·phid [éifid, ǽf-] 명 진디(plant louse). 「aphid.
a·phis [éifis, ǽf-] 명 (복 **aph·i·des** [éifədìːz]) =
aph·o·late [ǽfəlèit] 명 애펄레이트(해충 불임제).
a·pho·ni·a [eifóuniə] 명 〔병리〕 실성증(失聲症), 무성증. (또는 **aphony**)
a·phon·ic [eifánik/-fɔ́n-] 형 〔음성〕 무음의; 무성의; 〔병리〕 실성[무성]증의. ── 명 〔병리〕 실성[무성]증환자.
aph·o·ny [ǽfəni] 명 〔병리〕 =aphonia.
aph·o·rism [ǽfərìzm] 명 금언, 격언, 잠언(箴言), 경구. ᐩris·mát·ic, ᐩrís·mic 형
aph·o·rist [ǽfərist] 명 금언[격언, 경구] 작가, 경구가.
aph·o·ris·tic [æ̀fərístik] 형 격언[금언, 경구]이 많은; 금언[경구]을 즐겨 인용하는. **-ti·cal·ly** 부
aph·o·rize [ǽfəràiz] (*〔영〕 **-rise**) 자 경구를 사용하다; 격언조로 말하다. **-riz·er** 명
a·pho·tic [eifóutik] 형 빛이 없는; (심해 따위의) 무광층(無光層)의; 빛 없이 생장하는.
aph·ro·di·sia [æ̀frədíːʒ(i)ə/-díziə] 명 (격렬한) 성욕.
aph·ro·dis·i·ac [æ̀frədìːziǽk] 형 ⓒⓤ 최음제, 미약(媚藥). ── 형 (또는 **aphrodísiacal**) 성욕을 일으키는, 최음의.
Aph·ro·di·te [æ̀frədáiti] 명 〔그리스 신화〕 아프로디테(사랑과 미의 여신; 로마 신화의 Venus에 해당).
aph·tha [ǽfθə] 명 (복 **-thae** [-θiː]) 〔병리〕 아구창(鵝口瘡)(thrush); (-thae) 〔아구창으로 입속에 생기는〕 흰 반점. **-thous** [-θəs] 형「(無菌性)의.
a·phyl·lous [eifíləs] 형 〔식물〕 잎이 없는, 무엽성
API, A.P.I. 〔항공〕 *air-position indicator*(공중 위치 지시기); *American Petroleum Institute*(미국 석유 협회); 〔프랑스〕 *Association Phonétique Internationale*(국제 음성학 협회).
A·pi·a [ɑːpíːɑː] 명 아피아(서(西) 사모아의 수도).
a·pi·an [éipiən] 형 꿀벌(bee)의.
a·pi·ar·y [éipièri/-əri] 명 양봉장, 꿀벌 사육장.
-ar·i·an [-ɛ́əriən] **-a·rist** [-ərist] 명
ap·i·cal [éipikəl, ǽpi-] 형 1 정점[꼭대기]의[에서]의, 끝을 이루는. 2 〔음성〕 혀끝의, 혀끝을 쓰는. ── 명 설음음(舌尖音)(l, t, d 따위). ~**·ly** 부
ap·i·ces [éipəsìːz, ǽpi-] 명 apex의 복수형.
a·pic·u·late [əpíkjulət, -lèit] 형 〔식물〕 (잎 끝이) 짧고 갑자기 뾰족해진.
a·pi·cul·ture [éipikʌ̀ltʃər] 명 ⓤ (대규모적) 양봉, 꿀벌 사육(법). ᐩcúl·tur·al ᐩcúl·tur·ist
*****a·piece** [əpíːs] 부 《목적어 뒤에서》 하나[한 사람]에 대하여, 각각, 각자(에게), 하나씩, 따로따로. ¶The boys received ten dollars ~ for the work. 소년들은 그 일에 대해서 각각 10달러씩 받았다.
ÁPI (grávity) scále 명 API 비중도(比重度)(미국 석유 협회(API)의 액체 비중 측정 단위).
a·pi·ol·o·gy [èipiálədʒi/-ɔ́l-] 명 양봉학. **-gist** 명
ap·ish [éipiʃ] 형 1 원숭이 같은[비슷한]. 2 비굴하게 모방하는, 흉내내는. 3 어리석은(silly).

~**·ly** 부 ~**·ness** 명「벌을 잡아먹는.
a·piv·or·ous [eipívərəs] 형 〔동물〕 (새 따위가) 꿀
APL 〔컴퓨터〕 *A* [*Automatic*] *Programming Language*(회화형[자동] 프로그램 언어). **Apl.** April.
ap·la·nat [ǽplənæ̀t] 명 〔광학〕 무수차(無收差) 렌즈.
ap·la·nat·ic [æ̀plənǽtik] 형 〔광학〕 무수차의. ¶an ~ telescope 무수차 망원경. **-i·cal·ly** 부
a·plás·tic ané·mia [eiplǽstik-] 명 〔병리〕 재생 불
a·plen·ty [əplénti] 부 풍부하게, 많이. ── 형 《서술용법; 명사 뒤에 쓰여》 풍부한. ── 명 많음, 풍부. (또는 **a-plenty**)「의 화성암.
ap·lite [ǽplait] 명 ⓤ 반(半)화강암(細粒狀)
a·plomb [əplám, əplʌ́m/əplɔ́m] 명 ⓤ 1 태연자약, 침착, 평정. ¶act with ~ 침착하게 행동하다. 2 연직(鉛直), 평형. ¶lose one's ~ 몸의 평형을 잃다. 〔<F〕
apmt. *appointment*.
ap·ne·a [ǽpniə] 명 ⓤ 〔병리〕 1 무호흡, 일시적 호흡정지. 2 가사(假死), 질식. (또는 〔영〕 **apnoea**)
-neal, ap·né·ic 형
apo. *apogee*. **APO, A.P.O.** *Army Post Office*(군사 우체국); *Asian Productivity Organization*(아시아 생산성 기구).
ap·o- [æ̀pou, æ̀pə] 접두 *from*, *away*, *off*의 뜻(*모음 앞에서는 ap-, 기음(h) 앞에서는 aph-). ¶*apo*gamy, *apo*carpous.
a·po·ap·sis [æ̀pouǽpsis] 명 (복 **-si·des** [-sədìːz]) 〔천문〕 궤도 최원점(最遠點).
Apoc. *Apocalypse*; *Apocrypha*.
a·poc·a·lypse [əpákəlips/əpɔ́k-] 명 1 (the A—) 〔성서〕 요한 계시록(Revelation)(신약의 마지막 서(書); ⑰ Apoc.), 2 (유대교·기독교의) 옛 묵시록; 묵시록. 3 계시, 묵시, 예언. 4 인류[우주] 종말의 날(doomsday). 5 (상상을 초월하는) 대파괴, 대재난; (사회적) 대사건. ¶the ~ of nuclear war 핵전쟁의 참화.
apócalypse théory 명 1 =millenarianism. 2 인류[우주] 종말론.
a·poc·a·lyp·tic [əpàkəlíptik/əpɔ̀k-] 형 1 천계(天啓)의, 묵시의; 계시록의. 2 (파멸의) 전조가 되는, 예언하는; 종말적인, 대참사를 예언하는. (또는 **apocalyptical**) ── 명 1 묵시록 기록자. 2 종교·철학·문학 따위에서) 종말론적 사조(思潮). **-ti·cal·ly** 부
a·poc·a·lyp·ti·cism [əpàkəlíptəsìzm/əpɔ̀k-] 명 1 묵시 신앙; 묵시 신앙(현세의 종말에 관한 교의). 2 지복(至福) 천년설. **-cian, -cist** 명
ap·o·car·pous [æ̀pəkɑ́ːrpəs] 형 〔식물〕 심피(心皮)가 분리한, 이생(離生)심피의.
ap·o·chro·mat [æ̀pəkroumǽt] 명 〔광학〕 애퍼크로맷(색수차(色收差)·구면(球面) 수차를 보정(補正)한 고급 소엔즈(消色)렌즈). ᐩmát·ic 형
a·poc·o·pate [əpákəpèit/əpɔ́k-] 타 〔단어〕 어미를 소실로 간단하게 하다; 〔어미의 음·음절〕을 없애다. **-pá·tion** 명 〔어미의 소실에 의한〕 단어의 단축.
a·poc·o·pe [əpákəpi/əpɔ́k-] 명 ⓒⓤ 〔음성〕 어미음 소실(예: mine → my 따위). ⊕ apheresis, syncope **ap·o·cóp·ic** [æ̀pəkɔ́pik/-kɔ́p-] 형
a·poc·ry·pha [əpákrəfə/əpɔ́k-] 명 복 《단수취급》 1 (the A—) 성서 외전(外典), 경외서(經外書). 2 (the ~) 작자가 미심쩍은 저작[작품]; 《집합적》 출처가 의심스러운 문서.
a·poc·ry·phal [əpákrəfəl/əpɔ́k-] 형 1 (저작·작품의) 작자가 전거가 의심스러운; 가짜의. 2 〔신학〕 (A—) 외전의, 경외서의(Apocrypha)의; 위작(僞作)의.
~**·ly** 부 ~**·ness** 명
ap·o·cyn·thi·on [æ̀pəsínθiən] 명 =apolune.
ap·od [ǽpəd] 명 〔동물〕 발 없는 동물; 배지느러미가 없는 물고기; 판대발이 없는 해삼. ── 명 =apodal.
ap·o·dal [ǽpədl] 형 〔동물〕 발 없는, 무족의(어류가) 배지느러미가 없는.

ap·o·dic·tic [æpədíktik] 형 (논증되어) 의심할 여지 없는, 명백한; (논리) (판단·증명 따위가) 필연적인. (또는 **apodeictic, apodictical**) **-ti·cal·ly** 부

a·pod·o·sis [əpádəsis/əpɔ́d-] 명 (~ses [-si:z]) (문법) 조건문의 귀결절, 결구(結句) (예: If I had been in your place, I would not have done so.의 I would 이하의 절). 图 protasis 〔효소(酵素)〕.

ap·o·en·zyme [æpouénzaim] 명 (생화학) 아포 효소.

a·pog·a·my [əpágəmi/əpɔ́g-] 명 (식물) 무배생식(無配生殖). **ap·o·gam·ic** [æpəgǽmik] 형, **àp·o·gám·i·cal·ly** 부, **-mous** [-məs] 형, **-mous·ly** 부

ap·o·ge·an [æpədʒí:ən] 형 (천문) 원지점의; 최고(지)점의; 최원지 지점의; 정점의, 극점의.

ap·o·gee [ǽpədʒi:]
명 1 (천문) 원지점(遠地點) (달·인공 위성 따위가 궤도상에서 지구와 가장 멀어지는 점, 원지점) perigee). 2 최고지점, 최원격(지)점; 극점, 정점. **-gé·al, .gé·ic** 형

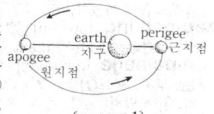
[apogee 1]

ap·o·graph [ǽpəgræf/-grɑ̀:f] 명 사본, 등본.

ap·o·laus·tic [æpəlɔ́:stik] 형 탐미적(眈美的)인, 쾌락주의의; 방종한.

a·po·lit·i·cal [èipəlítikəl] 형 정치에 무관심한; 정치적으로 중요하지 않은. **~·ly** 부

A·pol·li·naire [əpɑ̀linέər/əpɔ̀l-] 명 Guillaume ~ 아폴리네르(1880-1918: 이탈리아 태생의 프랑스 시인·소설가·비평가; 초현실주의의 선구적 존재).

‡A·pol·lo [əpálou/əpɔ́l-] 명 1 (그리스·로마 신화) 아폴로, 아폴론(태양·빛·의학·음악·시·탁선(託宣)·젊음·남성미 따위를 주관하는 신). 2 (시) 태양. 3 (a-) 미남 청년, 미남자. 4 =~ Project: 아폴로 유인 우주선.

A·pol·lyo·ni·an [əpɑ̀lóuniən] 형 1 아폴로 신의; 아폴로 숭배의. 2 (a-) 온화한; 조화 있는, 균형이 잡힌; 이성적인, 냉정한; 고전미를 갖춘. 3 (인류) 아폴로형(型)의(규율 바르고 보수적인). 图 Dionysian

[Apollo 1]

Apóllo Próject 아폴로 계획 (미국의 달 탐사 계획(1966-72); 1969년 7월 20일 첫 달 착륙 성공).

A·pol·lyon [əpáljən/əpɔ́l-] 명 아폴루온(무저갱(無底坑)에 사는 악마 사자(使者)—[요한 계시록(Rev.) 9 : 11]); 파괴자; 악마(Satan).

*a·pol·o·get·ic [əpɑ̀lədʒétik/əpɔ̀l-] 형 1 변명의, 해명의; 사과의, 사죄의. ¶an ~ speech 사과의 말. 2 (구두·서면으로) 감싸는, 옹호하는. ¶an ~ plea 변명조 호소. 3 유감으로 여기는, 후회하는. ¶feel ~ for …을 유감으로 여기다. —명 (정식의) 변명, 변호(for).

a·pol·o·get·i·cal [əpɑ̀lədʒétikəl/əpɔ̀l-] 형 (고어) =apologetic. **~·ly** 부

a·pol·o·get·ics [əpɑ̀lədʒétiks/əpɔ̀l-] 명(단수 취급) (신학) (기독교의) 변증론(법), 호교론(護敎論).

ap·o·lo·gi·a [æpəlóudʒiə] 명 (정당한 일을 주장하는) 변명(서); 변호론; 변명론.

a·pol·o·gist [əpɑ́lədʒist/əpɔ́l-] 명 변명자; (신학) (기독교의) 변증자(辨證者), 호교론자(護敎論者).

‡a·pol·o·gize [əpɑ́lədʒàiz/əpɔ́l-] 자 (英) **-gise** 명 (-**giz·es** [-iz]; ~**d**; **-giz·ing**) 재 1 사과하다, 사죄하다, 변명하다. ¶If I have offended you, I must ~ (~ + 前 + 图) I must ~ to you for not writing for such a long time. 이토록 오랫동안 편지 없었던 것을 사과드립니다. 2 (구두·문서로써) 변호하다, 변명하다. —타 …이라고 사과하다, 빌다.

apologize for *oneself* 자신(의 행위)에 대하여 변명하다[해명하다, 사유를 밝히다].

-giz·er 명 〔적 우화; 우화.

ap·o·logue [ǽpəlɔ̀:g, -lɑ̀g/-lɔ̀g] 명 교훈담, 교훈

‡a·pol·o·gy [əpɑ́lədʒi/əpɔ́l-] 명 (⑧ **-gies** [-z]) 1 사과, 사죄 (*for, to*). ¶**with** *apologies* **for** coming late 우선 지각을 사과하고/ I owe you an ~. 당신에게 사과할 일이 있습니다. / A thousand *apologies for* being so late. 너무 늦어서 정말 죄송합니다. 2 변명(당성 주장, 변호, 변명; 구실, 해명(*for*). ¶**an ~ for** absence 결석[결근]의 변명. 3 (구어) 명색뿐인 것, 대용품, 임시 변통(*for*).

accept an apology 사죄를 받아들이다. 〔지.

a letter of apology; a written apology 사과 편

in apology for …을 사과하여.

make [or **offer**] **an** [or *one's*] **apology for** [**to**] …에 대하여[에게] 사과하다.

ap·o·lune [ǽpəlù:n] 명 (천문) 원월점(遠月點)(달 선회 우주선 등이 달에서 가장 멀어지는 점). 图 perilune

ap·o·mict [ǽpəmikt] 명 (생물) 아포믹트(무배우생식(apomixis)에 의해 생긴 생물).

ap·o·mix·is [æpəmíksis] 명([U]C (⑧ **-mix·es** [-míksi:z]) (발생) 아포믹시스, 무배우(無配偶) 생식, 단성(單性) 생식.

ap·o·mor·phine [æpəmɔ́:rfin] 명 (약학) 아포모르핀(속효성의 최토·거담제).

ap·o·neu·ro·sis [æpən*ju*əróusis] 명 (해부) 건막(腱膜). 〔전환)(ablaut).

a·poph·o·ny [əpɑ́fəni/əpɔ́f-] 명 (언어) 모음 교체

ap·o·phthegm [ǽpəθèm] 명 =apothegm.

a·poph·y·sis [əpɑ́fəsis/əpɔ́f-] 명 (⑧ **-ses** [-si:z]) (해부·식물) 혹, 돌기, 융기, 결절(結節).

ap·o·plec·tic [æpəpléktik] 형 1 졸중(卒中)[중풍]의; 졸중에 걸리기 쉬운. 2 (화 따위로) 얼굴이 시뻘건, 화 잘내는. (또는 **apoplectical**) —명 졸중[중풍] 환자, 졸중성의 사람. **-ti·cal·ly** 부

ap·o·plex·y [ǽpəplèksi] 명[U] (병리) 1 졸중. ¶**a stroke of ~** 졸중. 2 일혈(溢血), 출혈(hemorrhage). ¶**cerebral ~** 뇌일혈 / **heat ~** 열사병.

a·port [əpɔ́:rt] 부 (해사) 좌현(左舷)으로(图 astarboard). ¶**Hard ~!** 최대 좌현으로!

ap·o·se·mat·ic [æpəsəmǽtik] 형 (동물) (체색·체취 따위가) 특별한 방어 효과가 있는, 적을 경계시키는. ¶ ~ **coloration** 경계색. **-i·cal·ly** 부

ap·o·si·o·pe·sis [æpəsàiəpí:sis] 명 (⑧ **-ses** [-si:z]) (수사) 돈절법(頓絕法) (놀라서 또는 기뻐서 중도에 갑자기 말을 그치기. 예: Well, I never (heard anything like that)! 허어, 놀랐는걸!).

ap·o·spor·y [ǽpəspɔ̀:ri, əpǽspəri/əpɔ́spəri] 명 (식물) 무포자(無胞子) 생식. 〔배신 행위, 변절; 탈당.

a·pos·ta·sy [əpɑ́stəsi/əpɔ́s-] 명[U]C 배교(背敎);

a·pos·tate [əpɑ́steit, -tət/əpɔ́s-] 명 배교자, 배신자, 변절[탈당]자. —형 배교적인, 배신적인, 변절적인, (당 따위에) 대하여) 반당적인.

ap·o·stat·i·cal [æpəstǽtikəl] 형 =apostate. (또는 **apostatic**) **~·ly** 부

a·pos·ta·tize [əpɑ́stətàiz/əpɔ́s-] 자 신앙을 버리다, 변절하다, 탈당하다 (*from*). **-tism** 명

a pos·te·ri·o·ri [èi pɑstəriɔ́:rai/-pɔs-] 형 부 결과에서 원인으로 거슬러 올라가는, 귀납적인[으로]; 후천적인[으로]. 图 a priori 〈L〉 〔주해.

a·pos·til(le) [əpɑ́stil/əpɔ́s-] 명 주(注), 방주(傍注).

*a·pos·tle [əpɑ́sl/əpɔ́sl] 명 1 (A~) 사도(그리스도의 12제자의 한 사람). ¶**the** *Apostles* 그리스도의 12사도. 2 (초기의) 기독교 전도자. 3 (어떤 지방에서의) 최초의 기독교 선교자. 4 (그리스 정교) 예수의 70명 제자 중의 한 사람. 5 (모르몬교) 총무위원(12명의 위원이 포교 사업을 관리하는). 6 (개혁, 새 주의·정책 등의) 주창

Apostles' Creed 자, 선구자, 개척자(pioneer). ~·hood, ~·ship 명

Apóstles' Créed 명 (the ~) 사도 신경(使徒信經).

Apóstle spòon 명 (유아 세례·명명식의 선물로 쓰였던) 자루 끝에 사도상이 새겨진 은숟가락.

a·pos·to·late [əpástələt, -lèit/əpɔ́s-] 명 U 사도의 직(임무); (도를물게) 가톨릭의 로마 교황의 직(수).

ap·os·tol·ic [æ̀pəstálik/-tɔ́l-] 형 1 사도의, (특히) 12사도의, 사도다운. 2 사도에게서 전해진, 사도에 의한. 3 로마 교황의(papal). (또는 **apostolical**)
-i·cal·ly 부 -i·cal·ness, -i·cism, a·pos·to·lic·i·ty [əpɑ̀stəlísəti/əpɔ̀s-] 명

apostólic délegate 명 (가톨릭) (교황청과 외교 관계가 없는 나라의 교회에 보내는) 교황 전권(全權) 사절.

Apostólic Fáthers 명복 사도 교부(敎父)(12사도의 직속 제자들; 그 저술로 일컬어지는 2세기경의 책.

Apostólic Sée 명 1 (St. Peter가 창립했다고 하는) 로마 가톨릭 교회. 2 (종종 a- s-) 사도 교회(Jerusalem, Antioch, Rome 등 사도들이 세운 교회). 3 성좌(聖座), 교황좌(전 가톨릭 교회에 대한 최고 권위의 자리).

apostólic succéssion 명 사도 전승(傳承) (교회의 권위는 사도에게서 계승된 것이라는 주장).

‡**a·pos·tro·phe** [əpástrəfi/əpɔ́s-] 명 (복 ~s [-z]) 1 아포스트로피(') (소유격 부호; 생략 부호; 복수 부호).

> 주의 apostrophe의 주요 용법 ── (1) 명사의 소유격을 만든다: today's paper 오늘 신문. (2) 어중(語中)의 문자 생략을 나타낸다: don't=do not / I've=I have / we'd=we had, we should [or would] / it's=it is, it has / o'er=over. (3) 숫자·문자·약자·단어의 복수형을 만든다: the three R's 읽고 쓰고 셈하기(reading, 'riting, 'rithmetic) / the last two the's 마지막 두 개의 the / the 1990's 1990년대. * 최근에는 the three Rs [ɑ:rz], the 1990s처럼 아포스트로피를 붙이지 않는 경우도 있다.

2 U (수사) 돈호법(頓呼法) (시·문장·연설 도중에 감정이 고조되어, 보통의 어세에서 급변하여 그 자리에 없는 다른 사람·사물을 부르는 표현법).

ap·os·troph·ic [æ̀pəstráfik/-trɔ́f-] 형 아포스트로피의, (수사) 돈호법적의.

a·pos·tro·phize [əpástrəfàiz/əpɔ́s-] 동타 ···에 아포스트로피를 붙이다[붙여서 생략하다]; (수사) 〔연설 따위〕를 돈호법으로 말하다. ── 자 돈호법을 쓰다.

a·póth·e·car·ies' mèasure [əpɑ́θəkèriz-/əpɔ́θəkə-] 명 약(제)용 액량(법)(액체 약제 계량 단위).

apóthecaries' wèight 명 약제용 형량(衡量) (법) (약제의 조제·처방에 사용되는 단위).

a·poth·e·car·y [əpɑ́θəkèri/əpɔ́θəkəri] 명 《美고어》(약제사); 약국, 약방.

apóthecary jàr 명 (아가리가 넓은) 약제용 그릇.

ap·o·thegm [ǽpəθèm] 명 경구, 격언(aphorism). 잠언(箴言). (또는 **apophthegm**) ‑theg·mát·ic, ‑theg·mát·i·cal 형 ‑theg·mát·i·cal·ly 부

ap·o·them [ǽpəθèm] 명 (기하) 변심(邊心) 거리(정다각형의 중심에서 각 변까지의 수선(垂線) 거리).

a·poth·e·o·sis [əpɑ̀θióusis/əpɔ̀θ-] 명 U C (복 -ses [-si:z]) 1 신으로 모시기, 신격화. 2 U C (사람·물건 따위의) 신성시, 이상화(理想化), 미화, 찬양, 숭배. 3 이상, 이상적인 것(사람), 전형(典型), 진수(眞髓).

a·poth·e·o·size [əpɑ́θióusàiz/əpɔ́θ-] 동타 ···을 신으로 모시다, 신격화하다; ···을 찬미[미화]하다.

ap·o·tro·pa·ic [æ̀pətroupéiik] 형 재난을 피하기 위한, 액땜의; 악마[마귀]를 쫓는 (힘이 있는).
-i·cal·ly 부 -ism 명

app. apparatus; apparent(ly); appendix; application; applied; appointed; apprentice; approved; approximate. **APPA** African Petroleum Producers' Association(아프리카 산유국 연합).

ap·pal [əpɔ́:l] 동 《英》=appall.

Ap·pa·la·chi·a [æ̀pəléitʃiə, -læ-] 명 애팔래치아 (지방)《미국 동부, Appalachian Mountains 남부 지역》. (또는 **Appalachian Amèrica**).

Ap·pa·la·chi·an [æ̀pəléitʃiən, -lætʃən] 형 1 애팔래치아 산맥의. 2 〔지질〕 펜실베이니아계와 이첩계(二疊系) 시대에 일어난 조산(造山) 작용의. ── 명 (the ~s) =~ Mountains; 그 지역의 백인 주민.

Appaláchian Móuntains 명복 (the ~) 애팔래치아 산맥(북미 동부 해안의 대산맥).

****ap·pall** [əpɔ́:l] 동타 (사람)을 소름끼치게 하다, 실색케 하다, 섬뜩하게 하다 (at, by). (또는 《英》**appal**)
be appalled at [or *by*] ···에 소름이 끼치다; 어안이 벙벙하다.¶I was ~ed at that sight. 그 광경을 보고 소름이 끼쳤다.

****ap·pall·ing** [əpɔ́:liŋ] 형 소름끼치는, 무서운; (구어) 형편없는.¶an ~ cook 형편없는 요리사. ~·ly 부

ap·pa·nage [ǽpənidʒ] 명 1 (왕이 왕자들에게 주는) 영지, 봉토(封土). 2 (지위에 따르는) 급여, 부수입. 3 (사람의) 본성, 특성, 속성. (또는 **apanage**)

ap·pa·rat [ǽpəræt, ɑ̀:pərɑ́:t] 명 (정치) 기구, 권력구조; (옛 소련의) 공산당 기관, 지하 조직. [<Russ]

ap·pa·ra·tchik [ɑ̀:pərɑ́:tʃik] 명 1 (공산당 기관의) 수뇌부원, 골수 정치국원; (공산국가의) 관료, 기관원. 2 (美略) 관료. [<Russ]

****ap·pa·ra·tus** [æ̀pəréitəs/-réit-] 명 (복 ~(·es) [-iz]) 1 (한 벌의) 장치, 기계, 기구.¶a chemical ~ 화학 기계 / an electric ~ 전기 장치 / a heating ~ 난방 장치 / a wireless ~ 무전기. 2 (the ~) (생리) (한 계통의) 기관(器官).¶the digestive ~ 소화 기관. 3 (the ~) (정치 따위의) 기구, 조직; (정당 따위의) 기관, 지하 조직.¶the espionage ~ 첩보 기관. 4 =~ criticus. 5 〔완곡적〕 음경(陰莖).

apparátus crít·i·cus [-krítikəs] 명 본문 비평의 자료(문헌 연구용 주석·고증 자료). [<L]

****ap·par·el** [əpǽrəl] 명 U 1 《美》 〔집합적〕 옷, (여성·아동의) 의류; 기성복. 2 옷차림, 옷치장; 장식; 겉모양, 외관.¶in decent ~ 점잖은 옷차림으로. 3 〔해사〕 장구(装具)(돛·닻 따위). 4 〔교회〕 제복(祭服)의 자수.
── 동타 (-/-, 《英》 -ll-) 1 〔남〕에게 옷을 입히다; ···을 단장하다, 치장하다.¶a lady gorgeously ~ed 화사하게 차려 입은 부인. 2 〔고어〕 〔해사〕 의장(艤装)하다.

‡**ap·par·ent** [əpǽrənt, əpɛ́ər-] 형 (*more* ~; *most* ~) 1 눈에 보이는; 분명한, 명백한, 뚜렷한 (to).
⇨ CLEAR 유의어.¶an ~ fact 명백한 사실 / It is ~ to everybody. 그것은 누구에게나 뻔하다 / It is ~ to the naked eye. 그것은 육안으로도 보인다. 2 외관상의, 겉으로의, 겉보기의.¶~ prosperity 외관상의 호경기 / an ~ reason 표면상의 이유. 3 〔법률〕 명백한; 절대 상속권을 가진.¶~ defect 명백한 하자 / an heir ~ 법정 추정(法定推定) 상속인. **~·ness** 명

appárent horízon 명 U (the ~) (천문) 시(視)지평선.

‡**ap·par·ent·ly** [əpǽrəntli, əpɛ́ər-] 부 1 겉보기에는, 외관상으로는; 아무래도 ···같은.¶He was fired then?─A─! 그럼 그가 해고당했단 말이야?─아무래도 그런 것 같아. 2 명백하게; 분명히(evidently).

appárent mágnitude 명 〔천문〕 시등급(視等級).

appárent tíme 명 U 〔시(視)〕 태양시(太陽時). (또는 **appárent sólar tíme**)

****ap·pa·ri·tion** [æ̀pərɪ́ʃən] 명 1 유령, 망령, 허깨비; 기묘기괴한 현상. 2 갑자기 나타나는 것, 출현물. 3 (갑작스러운) 출현. 4 U (천문) (혜성 따위의 주기적인) 출현. **~·al** 형

ap·par·i·tor [əpǽrətər/-, -tə] 명 (고대 로마 고관의) 속관(屬官), 하급 관리; (중세의) 집행관, 소환자.

ap·pas·sio·na·to [əpɑ̀:sjɑnɑ́:tou/əpæ̀sjə-] 형부 [음악] 열정적으로[인]. [<It impassioned(의)]

‡**ap·peal** [əpí:l] 명 (복 ~s [-z]) 1 간청, 애원, 요청 (*for*).¶an ~ for help 구조 요청. 2 (여론·무력 따위

에 호소하기(*to*). ¶an ~ *to force* 폭력에 호소하기. **3** ⓤ (사람의 마음을 움직이는) 힘, 매력 (*for*). ¶sex ~ 성적 매력. **4** ⓤⓒ 〔법률〕 항소, 상고 (*to, against*). ¶a court of ~ 항소 법원. **5** 〔스포츠〕 (심판·판정에 대한) 항의, 어필.

have [or **be of**] **little appeal to** *a person* 남에게 대한 호소력이 약하다. ┌항소하다.
lodge [or **enter**] **an appeal against** …에 대해
make an appeal for …을 호소하다.
make an appeal to …에 호소하다; …을 매료하다.
── 동 (~s [-z]) 재 **1** 간청하다, 애원하다 (*to, for*). ¶ (~+前+名) They ~*ed to* him in vain *for* help. 그들은 그의 도움을 호소했지만 허사였다/I ~ *to* your better judgment. 당신의 현명한 판단을 구하고자 합니다.

유의어 **appeal** 정의·정당한 이유 따위에 입각하여 도움·지지를 열심히 청하다. **petition** 정당한 권리에 입각하여 통상 문서로써 청원을 하다. **plead** 법정에서 진술하다; 일반적으로 변명 따위를 하여 열심히 탄원하다. **supplicate** 윗사람·권력층 인사에게 무릎을 꿇듯이 애원하다.

2 (여론·무력 따위에) 호소하다 (*to*). ¶ (~+前+名) ~ *to* arms [force] 무력[폭력]에 호소하다/ ~ *to* the public 여론에 호소하다. **3** (마음에) 와닿다, 매력이 있다, 마음에 들다 (*to*). ¶Blue and red ~ *to* me. 나는 파랑과 빨강을 좋아한다. **4** 〔법률〕 항소하다, 상고하다; 〔스포츠〕 (심판·판정 따위에) 항의하다, 어필하다 (*to, against*). ¶~ *to* the Supreme Court 대법원에 상고하다/~ *against* a decision 판결에 불복하여 항소하다; 심판 판정에 항의하[어필하]다. ── 타 〔美〕 〔법률〕 …을 항소하다, 상고하다.

appeal to the country ⇒COUNTRY.
~·a·ble 형 항소[상고]할 수 있는; 호소할 수 있는.
~·er 명 간청자; 고소인, 고발자. ┌금.
appéal fúnd 명 (자선 따위에 호소하여 모은) 의
ap·peal·ing [əpíːliŋ] 형 (태도·어조 따위가) 사람을 끄는, 매력적인; 호소하는 듯한. ¶an ~ smile 매력적인 미소/an ~ look 호소하는 듯한 눈길. ~·**ly** 부
appéal pláy 명 〔야구〕 어필 플레이(공격측의 주루 (走壘) 위반에 대하여 수비측이 아웃을 주장하는 일).
‡**ap·pear** [əpíər] 자 (~s [-z]) **1** 나타나다, 출현하다; (사람이) 사회에 나오다; (신문에) 나다; 발행되다 (반 disappear). ¶ (~+前+名) ~ *on* the horizon 지평선상에 나타나다/~ *before* the audience 연단에 서다/~ *before* the public 사회에 진출하다/~ *in* society 사교계에 나오다/~ *in* print 출판되다/The details of the scandal ~*ed in* yesterday's papers. 그 추문의 자세한 내용은 어제 신문에 났다. **2** (법정 등에) 출두하다, (모임 등에) 나타나다; 등장하다. ¶ (~+ *as* 보) ~ *as* Hamlet 햄릿 역으로 등장하다// (~+前+名) ~ *before* the judge 재판을 받다/~ *in* court 출정(出廷)하다. **3** (…처럼) 보이다, 생각되다; …인 듯하다 (*to, to be*). 유의어 ¶The orange ~s rotten inside. 그 귤은 속이 썩은 것 같다/There ~s *to* have been some misunderstanding between them. 그들 사이에 어떤 오해가 있었던 것 같다. **4** 분명히 …이다. ¶for reasons that do not ~ 분명치 않은 이유로. **5** (연극·무용 등에) 출연하다, 연기하다. **6** 태어나다, 생기다; 창호[발명]되다.

appear in sight 나타나다, 보이기 시작하다.
appear on the stage 무대에 서다.
It appears as if [or **though**] …인 것처럼 생각된다 (*단순한 추측을 말하는 것이므로 as if절에 가정법을 쓰지 않는다).
It appears [**to me**] **that…** 분명히 …인 것 같다. ┌…이 명백해지다.
‡**ap·pear·ance** [əpíərəns] 명 (복 -anc·es [-iz]) ⓒⓤ **1** 출현; 출두; 출연, 등장; 출판, 발간. ¶the ~ of her first book 그녀의 처녀작의 발간/his first ~ *on* the stage 그의 첫 무대. **2** 외관, 외견, 모양; 겉보기; 풍채, 풍모; 체면. ¶an outward ~ / one's personal ~ 풍채/a good [bad] ~ 좋은 [나쁜] 겉모양/ There is no ~ of the weather clearing. 날씨가 갤 것 같지는 않다.

유의어 **appearance** 단지 사람이나 물건의 「외관」이라는 뜻으로는 **look**과 같은 뜻; 흔히 실질과 다른 거짓 「겉보기」를 암시. **look** 색·모양·표정 따위 누구나 볼 수 있는 구체적인 외관을 가리킨다; 종종 복수형. **aspect** 사람이나 사물의 특징적 외관. **semblance** 외관상 받는 인상 (허위는 암시하지 않는다). **guise** 속임수로 가장한 외관.

3 (~s) 상황, 형세, 징후. ¶unfavorable ~s 불리한 형세/*Appearances* are in our favor [against us]. 형세는 우리에게 유리[불리]하다. **4** ⓒ 〔철학〕 현상, 감각 인식; 〔고어〕 환영, 유령. ¶natural ~s 자연 현상.
against [or **contrary to**] **all appearances** 상황을 거슬러, 모든 증거가 불리한데도 불구하고.
appearances to the contrary 겉모양은 반대로
at first appearance 언뜻 보기에는. ┌보여도.
at the appearance of …을 보고
enter an appearance 출두 (應訴)하다.
for appearance' sake; for the sake of appearance 체면상. ┌갖고 있다.
have (**all**) **the appearance of** …에 특유한 특징을
in appearance 보기에는.
in outward appearance 외관(상)은.
keep up [or **save**] **appearances** 체면을 유지하다, 체면치레를 하다. ┌나쁘다.
make a good [**an ill**] **appearance** 보기에 좋다
make [or **put in**] **an appearance** ⓘ (모임 따위에) 잠깐 얼굴을 내밀다 (*at*). ② 출두하다.
put on [or **give**] **the appearance of** …인 체하다.
to [or **by, from**] **all appearance**(**s**) 어느 모로 보나, 언뜻 보기에는. ┌(한) 사례집 [출전료].
appéarance mòney 명 (유명 선수의) 출전에 대
appéar citátion 명 〔美〕 〔법률〕 법정 출두 통지.
ap·pear·ing [əpíəriŋ] 형 〔복합어로〕 …인 듯한. ¶a youthful-~ man 젊어 보이는 사람.
ap·peas·a·ble [əpíːzəbl] 형 달랠 수 있는, 진정시킬 수 있는. ~·**ness** 명 -**bly** 부
*‡**ap·pease** [əpíːz] 타 **1** (남을) 달래다; (슬픔 따위를) 가라앉히다; (분쟁 따위를) 진정시키다. ¶ (~+ 目 +前+名) ~ a person *by* kindness [*with* a present] 친절 [선물]로 남을 달래다. **2** (욕망 따위를) 만족시키다, 채우다. ¶~ one's hunger [appetite, curiosity] 허기 [식욕, 호기심]를 채우다. **3** (상대의) 요구에 양보하다, …에 유화 (宥和)하다, …와 타협하다.
ap·pease·ment [əpíːzmənt] 명 ⓤ **1** 진정, 완화, 위무(慰撫). **2** 타협, 양보, (외교상의) 유화책, 타협책.
*‡**ap·peas·er** [əpíːzər] 명 달래는 사람, (분쟁 따위를) 가라앉히는 사람; 타협 [양보]하는 사람; (욕구 따위를) 채워 주는 것 [사람].
ap·pel [əpél] 명 〔펜싱〕 아펠. **1** 공격의 의사 표시로 발을 쾅 구르는 일. **2** 상대방 검 (saber)의 중간쪽 부분을 세게 후리는 일.
ap·pel·lant [əpélənt] 명 고소인, 간청자, 청원자; 〔법률〕 상소인, 상고인. ── 형 =appellate.
ap·pel·late [əpélət] 형 〔법률〕 상고[항소]의; 항소를 심리하는, 항소 수리의. ¶an ~ judge 상소심 판사.
appéllate cóurt 명 〔美〕 (항소) 법원.
ap·pel·la·tion [æ̀pəléiʃən] 명 **1** 명칭, 호칭 (title); ⓤ 〔고어〕 명명(命名), 이름짓기.
ap·pel·la·tive [əpélətiv] 명 **1** 명칭, 통칭, 별명 (예: *Odd John*의 *Odd* 따위). **2** 〔문법〕 보통명사 (common noun). ── 형 지명 (指名)의, …라 칭하는, 묘사 [서술]

적인; 〖문법〗 총칭의. ~·ly 튄 ~·ness 몡
ap·pel·lee [æpəlíː] 몡 〖법률〗 피상고인, 피항소인.
ap·pel·lor [æpélɔːr] 몡 〖법률〗 상고[항소]인.
ap·pend [əpénd] 타 1 …을 덧붙이다, …을 부가[추가]하다: 〔서명·도장〕을 〔문서에〕 쓰다[찍다](to). ¶~ notes to a book 책에 주를 달다. 2 …을 붙이다: …을 걸다(to). ¶~ a name tag to a trunk 트렁크에 이름표를 붙이다.
ap·pend·age [əpéndidʒ] 몡 1 부속물, 첨가[추가]물(to). ¶an ~ of an integral part 본체(本體) 일부의 부속물/an ~ to a book 책의 부록. 2 수행원, 종자, 시중 드는 사람. 3 〔생물〕 부속 기관. 4 〔속어〕 음경.
ap·pend·ant [əpéndənt] 형 1 부속된, 부수(附隨)의, 첨가[첨부]한, 추가한(to). ¶~ to something 어떤 것에 부수된. 2 (결과 또는 부수물로서) 따르는, 수반하는(to). ¶the salary ~ to a position 어떤 지위에 부수되는 수입. 3 〔법률〕 상속 부동산에 부속되는. —몡 1 부가[부속]물; 부속품. 2 〔법률〕 (상속 부동산 따위에) 부수되는 권리. (또는 **appendent**)
ap·pen·dec·to·my [æpəndéktəmi] 몡 〔외과〕 충수(蟲垂)[맹장] 절제술. (또는 〔英〕 **appendicectomy** [əpèndəséktəmi]) 형.
ap·pen·di·ces [əpéndəsiːz] 몡 appendix의 복수
ap·pen·di·ci·tis [əpèndəsáitis] 몡U 〔병리〕 충수염, 맹장염.
‡**ap·pen·dix** [əpéndiks] 몡 (복 ~·es [-iz], **-di·ces** [-dəsiːz]) 1 부록, 부표, 추가, 보유(補遺); 부속기관, 추가물. ¶add an ~ to a book 책에 부록을 달다. 2 〔해부〕 돌기(突起), (특히) 충수(vermiform ~). 3 〔항공〕 (기구(氣球)의) 가스 조절용 튜브. —타 …을 덧붙이다, 부가하다.

> 〘유의어〙 **appendix** 그것이 없더라도 그런 대로 내용이 완전한 것에 편리를 위해 덧붙이는 것. **supplement** 보통 나중에 최신 정보 따위를 보완하여 내용을 완전하게 하는 것.

ap·per·ceive [æpərsíːv] 타 〔심리〕 …을 (잘) 지각(知覺)하다; (가성 개념을 재 개념에 동화시켜서) …을 이해하다, 통각(統覺)하다; 유화(類化)하다.
ap·per·cep·tion [æpərsépʃən] 몡U 〔심리〕 통각, 의식적 지각; 유화, 이해.
ap·per·cep·tive [æpərséptiv] 형 〔심리〕 지각의; 통각의; 유화적인. ~·ly 튄
ap·per·tain [æpərtéin] 자 (일부·일원(一員)·소유·속성으로서) …에 속하다; (…에) 관련되다.
ap·pe·tence [æpətəns] 몡UC 1 (강한 자연적) 욕구, 강한 욕망(of, for, after); 기호, 욕심. 2 본능[자연적 성향]. 3 〔물·화〕 친화력(for). (또는 **appetency**)
ap·pe·tent [æpətənt] 형 강한 욕구를 가진, 열망하는, 동경하는(after, of); 의욕의, 욕망의.
‡**ap·pe·tite** [æpətáit] 몡UC 1 식욕, 시장기. ¶ provoke an ~ 식욕이 나게 하다/A good ~ is a good sauce. 〈속담〉 시장이 반찬. 2 생리적[본능적] 요구, 육체적 요구, 욕심; (정신적) 욕구, 기호(for). ¶sexual[carnal] ~ 성욕/an ~ for reading 독서욕.
be to one's *appetite* 입에 맞다.
feel an appetite 시장기를 느끼다.
get [or *work*] *up an appetite* ① (사람이 운동 따위를 해서) 식욕이 나게 하다. ② (운동 따위가) 시장기를 느끼게 하다.
give a person an appetite 남의 식욕을 돋우다.
have a good [*poor*] *appetite* 식욕이 좋다[없다].
have an appetite for …을 좋아하다. 〔하다〕.
lose [or *spoil*] *one's appetite* 식욕을 잃다[잃게 하다].
sharpen one's appetite 식욕을 돋우다.
take [or *dull*] *the edge off one's appetite* (조금 먹어) 허기를 면하다.
whet a person's appetite 〈구어〉 남의 식욕[욕망, 욕구]을 돋우다; 남을 열중케 하다.
with a good appetite 맛있게.
appetite sùppressant 몡 식욕 억제제.
ap·pe·ti·tive [æpətáitiv] 형 식욕의, 식욕이 있는, 식욕을 증진시키는; 욕육적인.
ap·pe·tiz·er [æpətàizər] 몡 1 〔남〕 식욕을 돋우는 것, 애피타이저(술·전채(hors d'oeuvre) 따위). ¶Exercise is a good ~. 운동은 식욕을 돋우어 준다. 2 (흥미·욕구 따위를) 일으키는 것.
ap·pe·tiz·ing [æpətàiziŋ] 형 1 식욕을 돋우는, 맛있어 보이는; 구미가 당기게 하는. 2 욕망을 일으키게 하는. ~·ly 튄
Áp·pi·an Wáy [æpiən-] 몡 (the ~) 아피아 가도 (街道)(Rome과 Brundisium(지금의 Brindisi) 사이에 고대 로마가 건설한 도로).
ap·pie [æpi] 몡 〔속어〕 (의학) 맹장염 환자.
appl. applicable; applied.
‡**ap·plaud** [əplɔ́ːd] 〔몡 ~**s** [-z]〕 타 1 …에게 박수갈채하다, …을 성원하다; 칭찬하다. —타 1 …에게 박수갈채하다, …을 성원하다. ¶We ~ed the actor. 우리는 그 배우에게 박수갈채를 보냈다. 2 〔남〕을 칭찬하다, 찬양하다. 1 (~+目+前+名) We ~ed him *for* his honesty. = We ~ed his honesty. 우리는 그의 정직함을 칭찬했다.
applaud... to the echo 극구 칭찬하다.
~·**a·ble** 형 ~·**a·bly** 튄 ~·**er** 몡
‡**ap·plause** [əplɔ́ːz] 몡U 박수갈채, 성원; 칭찬, 찬양; (무어에 의한) 승인, 찬동. 1 a burst of ~ 갑자기 터진 갈채/greet him with ~ 그를 박수로 맞다.
ensure [or *win*] *applause* 갈채를 받다.
give applause 박수갈채하다. 「~·ly 튄
ap·plau·sive [əplɔ́ːsiv] 형 박수갈채의, 칭찬의.
‡**ap·ple** [æpl] 몡 (복 ~**s** [-z]) 1 사과, 사과나무. ¶ peel ~**s** 사과 껍질을 벗기다/An ~ a day keeps the doctor away. 〈속담〉 하루 사과 한 알이면 의사도 필요 없다. 2 사과 같은 과실. 3 〈구어〉 야구공; 〈볼링〉 실패한 투구. 4 〈미속어〉 대도시; 지구(地球) ¶ (형용사적 합계) 늠, 녀석(guy). ¶ a wise ~ 전방진 녀석. 6 〈미속어〉 (the Big A-) New York시의 별칭. 7 (A-) =Apple Computer. 8 〈미속어〉 백인에게 굽실대는 인디언. 9 (~s) 〔속어〕 고환, 불알.
a [or *the*] *bad* [or *rotten*] *apple* 〈구어〉 남에게 악영향을 미치는 사람[것], 암적인 존재.
an apple of Cain 나무딸기.
an apple of love 〔속어〕 토마토. 「것.
apples and oranges 비교할 수 없는 것; 닮지 않은
apples and rice 〔濠속어〕 (비어) 괜찮은(nice).
polish the apple [or *apples*] 〔속어〕 아첨하다.
She's apples. 〔濠구어〕 만사 순조롭다.
swallow the apple [or *olive*] (스포츠 따위에서) 긴장하여 굳어지다, 얼다.
the apple of a person's eye ① 눈동자(pupil). ② (be동사 뒤에 쓰여) (남이) 매우 소중하게 여기는[애지중지하는] 것[사람].
the apple of Sodom; Dead Sea apple [or *fruit*] 소돔의 사과(겉보기는 아름다우나 한 번 만지기만 하면 재가 된다고 한다); 유명무실; 실망의 원인[근
ápple áphid 몡 사과나무에 꾀는 진디. 「원].
ápple blòssom 몡 사과 꽃(미국 Arkansas 주 및 Michigan 주의 주화(州花)).
ápple brándy 몡 사과 브랜디(applejack).
ápple bùtter 몡 사과 잼(jam); 〈미속어〉 엉터리.
ap·ple·cart [æplkàːrt] 몡 (사과 장수의) 손수레. 〔속어〕 몸.
upset the [or *a person's*] *applecart* 계획[의도]을 망쳐 놓다; 종래의 방식[전통]을 뒤엎다.
ápple chèese 몡 (즙을 짜고 남은) 사과 찌꺼기의 덩어리. 「〔컴퓨터 제조회사)(~, Inc.).
Ápple Compúter 몡 〔상표〕 애플 컴퓨터(미국의

ápple dúmpling 명 사과가 든 찐 만두.
ápple gréen 명 (때로 an ~) 산뜻한 황록색, 신록색.
ap·ple·head [ǽplhèd] 명 바보, 멍청이.
ap·ple·jack [ǽpldʒæ̀k] 명 U =apple brandy.
ápple júice 명 사과즙, 사과 주스; 사과주. 환 cider
ap·ple·knock·er [ǽplnɑ̀kər] 명 《美속어》 사과 [과일] 따는 노동자; 시골뜨기.
ápple of díscord 명 1 (the ~) 〔그리스 신화〕 불화의 사과(Troy 전쟁의 원인이 된 황금 사과). 2 (the ~, an ~) 불화[싸움]의 씨[원인].
ápple píe 명 1 사과 파이. ¶as American as ~ 가장 미국적인. 2 《美속어》 (부탁 따위에 대해) 쉬운 일, 식은 죽 먹기.
ap·ple-pie [-pài] 형 순미국적인, 전통적인 미국적 특성·가치를 지닌. ¶~ virtues 아메리카적 미덕.
ápple-píe béd 명 장난으로 발을 충분히 뻗지 못하도록 시트를 접어 놓은 잠자리.
ápple-píe órder 명 〔구어〕 정연한 상태, 바른 순서, 정돈; 양호한 상태; 논리적 조직. ¶Her desk is always in ~. 그녀의 책상은 항상 잘 정돈되어 있다.
put...in [or to] apple-pie order …을 말끔히 정돈 [정리]하다.
ap·ple·pol·ish [-pàli/-pɔ̀l-] 타자 〔구어〕 (남의) 비위를 맞추다, 아첨하다. **~·er, ~·ing** 명
ápple pómace 명 (즙을 짜고 난) 사과 찌꺼기.
ap·ple·sauce [ǽplsɔ̀ːs] 명 U 애플소스(사과를 고아서 단맛을 들인 것); 《美속어》 허튼 소리; 아첨, 입에 발린 소리. ¶Applesauce! 시시한 소리! ㅣ비판.
ápplesauce énema 명 기분을 나쁘게 하지 않는
Ap·ple·seed [ǽplsi:d] 명 Johnny ~ 애플시드 (1774-1845; 미국의 개척시대에 사과씨를 보급하고 다녔다는 과수원 주인; 본명은 John Chapman).
Ap·ple·ton láyer [ǽpltən-] 명 애플턴 층(層) (전리층(ionosphere)의 상층부; 전파 반사에 중요).
[<영국의 과학자 E. V. Appleton(1892-1965)의 이름]
ápple trée 명 사과나무.
ap·ple·wife [ǽplwàif] 명 (**-wives** [-wàivz]) (매점 등에서) 사과 파는 여자.

*   **ap·pli·ance** [əplàiəns] 명 1 기계(器械), 기구, 용구 ⇒IMPLEMENT 〔유의어〕; 장치, 설비, (공구·기계 따위에 붙이는) 부속품, 보조 기구. ¶delicate ~s of science 과학용 정밀 기계류/The hotel is fitted up with modern ~s. 그 호텔의 설비는 현대적이다. 2 전기 기구, (냉장고·세탁기 따위) 가정용 전기[가스] 기구. ¶an ~ dealer 가전 제품상/household ~s 가정 전기 제품. 3 U C 이용, 적용. ¶~ of chemistry to agriculture 농업에 있어서의 화학의 응용. 4 소방차. 5 〔고어〕 책략. ── 동 ⓛ ~의 기구를 구비[설치]하다. ¶a fully ~d kitchen 기구가 완비된 주방.

ap·pli·anced [əplàiənst] 형 적절한 전기 기구를
appliance gárage 명 《美방》 전기 기구 수납장.
ap·pli·ca·bil·i·ty [æ̀plikəbíləti] 명 U 응용 가능성, 적응성, 적당, 적절(pertinence).

*   **ap·pli·ca·ble** [ǽplikəbl, əplík-] 형 1 응용[적용] 할 수 있는, 적절[적당]한, 해당되는 (to). ¶This regulation is not ~ to this case. 이 규정은 이 경우에는 적용되지 않는다. 2 (약 따위가) 사용되는, 효력이 있는.
~·ness 명 **-bly** 부

*   **ap·pli·cant** [ǽplikənt] 명 응모자, 신청자, 희망자, 지원자 (for); 〔美〕 an ~ for a position 구직자/screen ~s for admission 입학 지원자를 심사하다.

‡ **ap·pli·ca·tion** [æ̀pləkéiʃən] 명 (복 **~s** [-z]) 1 U C (원리·공식 따위의) 적용, 이용, 응용 (for, to). ¶ the ~ of a theory 이론의 응용/the ~ of common sense to a problem 어떤 문제에 대한 상식의 적용. 2 C U 효용, 효과; 타당성, (…에의) 적합성. 3 〔컴퓨터〕 응용 프로그램, 애플리케이션(실무 처리용 소프트웨어). 4 C U 신청 (to); 지원, 출원 (for); C 원서, 신청서.

¶a written ~ 원서/fill in [or out] an ~ 원서에 기입하다 // an ~ for admission to a school 입학 지원. 5 U (약을) 바름, 붙임, 도포(塗布); U 외용약. ¶for external [internal] ~ 외용[내복용]의. 6 U 전념, 근면 (to). ¶a EFFORT 〔유의어〕 a man of close ~ 부지런한 사람 // ~ to one's studies 연구에의 전념. ㅣ다.
have application to …에 적용되다, …와 관계가 있
make an application for …을 신청하다, …을 출
on application 신청하는 대로 (to). ㅣ원하다.
send in *one's* **application** 원서를 제출하다. ㅣ일.
application déadline dáte 명 원서(신청) 마감
application fíle 명 〔컴퓨터〕 응용 프로그램 파일.
application fòrm [blánk] 명 신청서, 지원서.
application héap 명 〔컴퓨터〕 애플리케이션 히프 (Macintosh에서, 응용 프로그램이 사용되는 메모리 영역).
application páckage 명 〔컴퓨터〕 응용 패키지.
application prógram 명 〔컴퓨터〕 응용 프로그램, 적용[適用] 업무 프로그램.
application sóftware 명 〔컴퓨터〕 애플리케이션 [응용]소프트웨어(소프트웨어를 그 용도에 따라 두 가지로 크게 나눌 때 application에 속하는 카테고리). ⓢ systems software
applications sátellite 명 실용 위성.
ap·pli·ca·tion·ware [æ̀pləkéiʃənwèər] 명 〔컴퓨터〕 애플리케이션웨어(컴퓨터의 이용 분야).
ap·pli·ca·tive [ǽplikèitiv] 형 응용적인, 실용적인 (practical), 실지 응용의. **~·ly** 부 ㅣ봉(綿棒).
ap·pli·ca·tor [ǽplikèitər] 명 약 바르는 기구, 면
ap·pli·ca·to·ry [ǽplikətɔ̀:ri/əplíkèitəri] 형 적용[응용]할 수 있는, 실용적인(practical). **-ri·ly** 부

*   **ap·plied** [əpláid] 형 1 (과학이 실제로) 적용된, 응용의. ¶~ psychology 응용 심리학. 2 실제 현상에서 파생된[에 포함된](환 theoretical, pure). 3 실용적 기능을 가진 기술의[에 관한]. ¶~ tactics 응용 전술.
applied genétics 명 〔단수취급〕 응용유전학.
applied linguístics 명 〔단수취급〕 응용언어학.
applied músic 명 〔음악〕 실용 음악 (과목), 음악 실
applied science 명 응용 과학. ㅣ습.
ap·pli·er [əpláiər] 명 apply하는 사람[것].
ap·pli·qué [æ̀plikéi/əplíːkei] 명 1 (장식용으로) 꿰매 붙임, 아플리케. 2 (다른 재료에) 응용한, (의복에) 꿰매 붙인, (장식품에) 끼워 박아 넣은. ── 타 U C 1 꿰매 붙이는 장식, 아플리케(형겊 따위를 무늬가 되게 잘라 딴 천에 꿰매 붙인 것). 2 상감(象嵌) 세공(조가비를 어떤 모양으로 잘라 장식품에 박아 넣은 것). ── 동 …을 박아 넣다, …에 아플리케를 하다. 〔<F〕

‡ **ap·ply** [əplái] 동 (**-plies** [-z]) 타 1 〔법규·이론 따위〕를 적용하다, 〔원리 따위〕를 응용하다 (to). ¶~ a rule [theory] to a case 규칙[이론]을 어떤 경우에 적용 [응용]하다. 2 (물건)을 대다; (힘·압력·열)을 가하다; (성냥)을 켜다; (약)칠을 바르다, 붙이다; (페인트 따위)를 칠하다 (to). ¶~ a match to powder 화약에 성냥불을 켜대다/~ varnish to a board 판자에 니스를 칠하다. 3 (어떤 목적에) …을 충당하다, …을 쓰다 (to). ¶~ force 폭력을 쓰다. 4 (주의력·마음·정력 따위)를 쏟다, 기울이다, (몸)을 맡기다; 《재귀용법으로》 …에 전념[전심]하다 (to). 5 (별명·애칭 따위)를 붙이다. 6 (금액)을 (계좌에) 기입하다 (to). 7 (의복 따위)에 아플리케(appliqué)를 하다. ── 자 1 꼭 들어맞다, 적용되다, 적합[해당]하다 (in, to). ¶It applies in this case. 그것은 이 경우에 해당된다/The book does not ~ to children. 그 책은 어린이용이 아니다. 2 신청하다, 지원하다, 출원하다 (for); 의뢰하다, 조회하다 (to). ¶~ for a job [or post] 구직하다/For particulars, ~ to the office. 자세한 것은 사무실에 문의하시오. 3 (페인트 따위가) 칠해지다, 발라지다. ¶This paint is easy to ~. 이 페인트는 잘 칠해진다. 4 (…에) 전념하다.

apply oneself [or ***one's mind***] ***to*** [or ***to doing***] [⋯에 전념하다.
appmt. appointment.
ap·pog·gia·tu·ra [əpàdʒətjúərə/əpɔ̀dʒ-] [명] 〔음악〕 아포자투라, 앞꾸밈음(장식음의 일종).
‡**ap·point** [əpɔ́int] [동][타] **1** ⋯을 임명[지명]하다; 〔위원회 따위〕를 설립하다(*to, as, to be, to* do). ¶~ a new secretary 새 비서를 임명하다 // He was ~*ed* (*as* [or *to be*]) one of the committee. 그는 위원의 한 사람으로 임명되었다 // They ~*ed* him *to* a high office. 그를 고관에 임명했다 // (~+[目]+*to* do) He ~*ed* me *to* do the duty. 그는 그 임무를 다하도록 나에게 명하였다. **2** (모임·회견 따위를 위한) 〔날짜·시간·장소 따위〕를 정하다, 약속하다(*for*). ¶He ~*ed* the place *for* the meeting. 그는 회합 장소를 지정했다 // (~+[目]+*as* [補]) April 5 was ~*ed as* the day for the meeting. 회합 날짜는 4월 5일로 정해졌다. **3** 《고어》 (하늘 등의 권위가) ⋯을 명하다, 정하다. ¶laws ~*ed* by God 신이 정한 법. **4** 〔법률〕 (재산의) 귀속을 결정하다. ~**·a·ble** [형]
*__ap·point·ed__ [əpɔ́intid] [형] **1** 임명[지명]된. ¶an ~ official 임명된 관리. **2** 지정된, 정해진, 약속된. ¶one's ~ task 정해진 자기 일 / He appeared at the ~ time. 그는 약속 시간에 나타났다. **2** 《부사 뒤에 쓰여; 복합어로》 설비[시설]가 ⋯한. ¶a well- [poorly]~ library 설비가 좋은[나쁜] 도서관.
ap·point·ee [əpɔintíː, æp-] [명] 임명된 사람, 피임명자, 지정[지명]된 사람; 〔법률〕 (재산 상속 따위의) 피지정인, 수익자. [참] appointer
ap·point·er [əpɔ́intər] [명] 임명자. [참] appointee
ap·poin·tive [əpɔ́intiv] [형] 임명의, 임명에 의한. [반] elective ¶an ~ office 임명직 / ~ power 임명권.
‡**ap·point·ment** [əpɔ́intmənt] [명] **1** [C][U] 임명, 임용; 선정, 지정. ¶the ~ of Mr. King *as* [or *to be*] ambassador to China 킹씨의 주중(駐中) 대사 임명. **2** 관직, 지위; 임명직에 취임한 공무원. ¶have [*or* hold] an ~ in the Foreign Office 외무부에 근무하다. **3** (회합 따위의) 약속; (병원·미장원 따위의) 예약. ¶a visit by ~ 미리 약속된 방문. **4** (보통 ~s) 설비; 가구, 장식품; (군인·말 따위의) 장비. **5** 〔법률〕 (재산 귀속의) 지명[지정].
accept [***decline***] ***an appointment*** 임명을 수락 [사양]하다.
by appointment 약속[약정]에 따라.
get [or ***receive***] ***an appointment*** 임명되다, 공직에 취임하다.
have an appointment with [or ***to see***] ⋯와 만날 약속이 있다.
keep [***break***] ***one's appointment*** 약속을 지키다 [어기다](*with*).
make [or ***fix, arrange, set up***] ***an appointment with*** ⋯와 만날 약속을 하다.
take up an appointment 취임하다.
ap·point·or [əpɔ́intər] [명] 임명자; 〔법률〕 지정인 (재산의 소유·상속을 지정할 권한을 가진 사람).
Ap·po·mat·tox [æpəmǽtəks] [명] **1** 애퍼매톡스 (미국 Virginia 주 중부의 도시; 남군 총사령관 Lee 장군이 1865년 4월 9일 북군 총사령관 Grant 장군에게 항복한 곳). (또는 ~ **Cóurt Hòuse**) **2** (the ~) 애퍼매톡스 강(Virginia 주).
ap·port [əpɔ́ːrt] [명] 〔심령〕 환영, 환자(幻姿); 강령(降靈)을 불러내기.
ap·por·tion [əpɔ́ːrʃən] [동][타] ⋯을 할당하다, 배분하다 (*between, among, to*). ⇨ASSIGN [유의어] ¶~ something *between* [or *among*] persons 어떤 것을 남에게 배분하다(* 둘인 경우는 between, 셋 이상에는 among을 쓴다) / ~ a fair amount *to* each 각자에게 상당한 액수를 분배하다. ~**·a·ble** [형] ~**·er** [명]
ap·por·tion·ment [əpɔ́ːrʃənmənt] [명][U][C] **1** 배분, 분배, 할당. **2** 《美》 (인구 분포를 기초로 하는) 하원 의원 수의 할당; 의원 수 할당.
ap·pose [əpóuz] [동][타] 〔어떤 것〕을 (다른 것 가까이 또는 반대편에) 놓다; 〔두 개〕를 나란히 놓다, 병치(竝置)하다. -**pòs·a·bíl·i·ty** [명] -**pós·a·ble** [형] -**pós·er** [명]
ap·po·site [ǽpəzit] [형] 적합한, 딱 들어맞는, 적절한(*to, for*). ¶This answer is ~ *to* the question. 이 답은 그 질문에 딱 들어맞는다. ~**·ly** [부] ~**·ness** [명]
‡**ap·po·si·tion** [æ̀pəzíʃən] [명][U] **1** 나란히 놓기, 병렬, 병치(竝置). **2** 부가, 첨부; 서류에 서명[날인]하는 것. **3** 〔문법〕 동격(同格). ¶a noun in ~ 동격 명사. **4** 〔생물〕 세포벽의 병렬 발생.
in apposition to [or ***with***] ⋯와 동격으로.
ap·po·si·tion·al [æ̀pəzíʃənəl] [형] 병렬의, 병치의; 〔문법〕 동격의. ~**·ly** [부]
ap·pos·i·tive [əpázitiv/əpɔ́z-] 〔문법〕 [명] 동격어(구). —[형] 동격의. ~**·ly** [부]
ap·prais·al [əpréizəl] [명][U][C] **1** (재산 등의) 평가, 감정, 값을 매기기(*of*). **2** 견적, 사정[평가](액). **3** 감정, 가치 판단(*of*). (또는 **appraisement**)
make an appraisal of ⋯을 평가[감정, 사정]하다.
appráisal fèe [명] 감정료(鑑定料).
ap·praise [əpréiz] [동][타] **1** 〔품질·크기·무게 따위〕를 평가하다, ⋯의 값을 매기다. ⇨ESTIMATE [유의어] ¶~ a person's ability 남의 능력을 평가하다. **2** 〔재산 따위〕를 평가하다, 사정하다(*at, for*). ¶I had an expert ~ the house beforehand. 미리 전문가에게 그 집을 평가하게 했다 // ~ property [land] *at* fifty thousand dollars 재산[토지]을 5만 달러로 사정하다 / ~ property *for* taxation 과세하기 위해 재산을 감정하다. **3** 〔미적(美的) 가치 따위〕를 감정하다. -**práis·a·ble** [형] -**práis·er** [명] -**práis·ing** [형] 평가하는.
ap·praise·ment [əpréizmənt] [명] =appraisal.
*__ap·pre·ci·a·ble__ [əpríːʃiəbl] [형] 평가할 수 있는[있을 만큼의]; 인지[감지]할 수 있는[있을 만큼의]; 상당한. ¶an ~ difference 상당한 차이. -**bly** [부]
‡**ap·pre·ci·ate** [əpríːʃièit] [동][타] **1** 〔사물〕을 바르게 판단[평가]하다, 〔사람·물건〕의 진가를 알다, 가치를 인정하다. ¶~ something highly 어떤 것을 높이 평가하다. **2** 〔뜻 따위〕를 올바로 이해하다; 인식하다; 감지하다. ⇨UNDERSTAND [유의어]; 〔미묘한 차이〕를 식별[구별]하다. ¶~ shades of meaning 뜻의 미묘한 차이를 구별하다 / ~ a person's distress 남의 고민을 이해하다. **3** 〔예술 작품 등〕을 감상하다, 〔음식 따위〕를 맛있게 먹다. ¶~ good food 좋은 음식을 맛있게 먹다. **4** ⋯을 고맙게 생각하다, ⋯을 감사하다. ¶I deeply ~ your kindness. 네 친절에 깊이 감사한다. **5** ⋯의 가격[시세]을 올리다([반] depreciate). —[자] 가격이 등귀하다, 시세가 오르다([반] depreciate). ¶The land has constantly been *appreciating*. 땅값이 꾸준히 상승되어 왔다. -**àt·ing·ly** [부]
‡**ap·pre·ci·a·tion** [əprìːʃiéiʃən] [명] ([복] ~**s** [-z]) [U] **1** (바르게) 평가하기, 진가를 알기; 올바른 인식[이해](*of*). ¶deepen one's ~ *of* Korean culture 한국 문화에 대한 이해를 깊게 하다. **2** 식별, 감지, 인지. **3** 감상(력), 음미. ¶~ of literature 문학 감상. **4** 감사, 사의(謝意). ¶a letter of ~ 감사장 // I wish to express my deep ~ *for* your kindness. 당신의 친절에 대해서 깊은 사의를 표하고자 합니다. **5** (가격·가치 따위의) 상승, 등귀([반] depreciation). ¶a slight ~ of dollar 달러화 가치의 미등. **6** (상황·인물 등에 대한) 평가, 의견, 식별(력). **7** (예술 작품·저서 등에 대한) 비평, 논평; (호의적인) 평론.
by way of appreciation 감사의 표시[징표]로.
have an appreciation of ⋯을 감상하다.
in appreciation of [or ***for***] ⋯을 충분히 알고; ⋯을 [칭찬[감사]하여.
with appreciation 감사하여.
~**·al** [형]
*__ap·pre·cia·tive__ [əpríːʃətiv, -ʃiə-, -ʃièi-] [형] **1** 감식력[안목]이 있는; 감지하는, 진가를 아는(*of*). ¶~ critics 눈이 높은 비평가들 // He was ~ *of* the imminent danger. 그는 급박한 위험을 알아차렸다. **2** 감상

하는 (*of*) ; 안목이 있는. **3** 감사의 (*of*). ¶ ~ words 감사의 말. (또는 **appreciatory**)
be appreciative of …에 감사하다.
~·ly 부 **~·ness** 명
ap·pre·ci·a·tor [əpríːʃièitər] 명 **1** 진가를 아는 사람, 평가자, 감식자, 판별자; 감상자. **2** 감사의 뜻을 표하는 사람.
ap·pre·ci·a·to·ry [əpríːʃiətɔ̀ːri/-təri] 형 =appreciative.
***ap·pre·hend** [æ̀prihénd] 동타 **1** …을 붙잡다, 체포하다. ¶ ~ a thief 도둑을 체포하다. **2** 〔뜻〕을 이해하다; 깨닫다, 감지하다. ⇨UNDERSTAND 유의어 ¶ readily ~ the meaning of …의 뜻을 쉽게 이해하다/It was ~*ed* at a glance by all. 그것은 누구나 한눈에 알 수 있었다. **3** …을 염려[걱정]하다, 두려워하다. ¶ We ~ no violence. 우리는 폭력을 염려하지 않는다// (~+*that*節) It is ~*ed that* the bridge will be washed away in the flood. 홍수로 다리가 떠내려갈 우려가 있다. —자 **1** 알다, 이해하다. **2** 걱정하다, 우려하다.
~·er 명
ap·pre·hen·si·ble [æ̀prihénsəbl] 형 이해할 수 있는, 납득이 가는. **-hèn·si·bíl·i·ty** 명 **-bly** 부
***ap·pre·hen·sion** [æ̀prihénʃən] 명 **1** U 이해, 이해력. ¶ a man of feeble ~ 이해를 잘 못하는 사람/beyond all ~ 통 이해할 수 없는. **2** CU (종종 ~s) (장래에 대한) 염려, 불안, 걱정, 두려움 (*of, about, for*). ¶ under no ~(s) 아무 불안 없이. **3** CU 의견, 견해, 생각. ¶ according to their ~ 그들이 보는 바로는. **4** CU 체포, 포박. ¶ the ~ of a felon 중죄인의 체포.
be above one's apprehension 이해할 수 없다, 전혀 알 수 없다.
be dull [***quick***] ***of apprehension*** 이해력이 둔하[다[빠르다].
feel apprehension of …이[의 안부가] 염려되다.
have [or ***entertain***] ***some apprehensions*** 염려하다 (*of, for*).
under the apprehension that... …을 염려하여.
***ap·pre·hen·sive** [æ̀prihénsiv] 형 **1** 이해가 빠른, 이해력이 날카로운; 명석한. ¶ an ~ mind 이해가 빠른 사람. **2** 지각의; 감지하는, 알아채는 (*of*). ¶ ~ faculties 지각 능력. **3** 염려하는, 불안한, 우려하는 (*of, for, about*). ¶ a timid and ~ nature 소심하고 걱정 많은 성미(의 사람).
be apprehensive about …이 걱정이다[되다].
be [or ***feel***] ***apprehensive for a person's safety*** 남의 안부를 걱정하다.
be apprehensive of …을 염려하다.
be apprehensive that a person may 남이 …하[지 않을까 걱정하다.
~·ly 부 **~·ness** 명
***ap·pren·tice** [əpréntis] 명 **1** 도제(徒弟), 계시(*to*) (참 journeyman); 견습(생), 수습생. ¶ an ~*s'* school 도제 학교/an ~ of a carpenter 목수의 제자. **2** 초보자; 풋내기. **3** (경력 1년 미만의) 미숙한 기수(騎手).
be bound apprentice to …의 도제가 되다.
bind a person apprentice to 〔남〕을 …의 도제로 [보내다.
go apprentice 도제[제자]가 되다.
—동타 〔남〕을 도제로 보내다, 견습생으로 보내다 (*to*).
—자 도제가 되다, 견습을 하다.
apprentice a person to 남을 …에게 도제로 보내다.
be apprenticed to …의 도제가 되다.
ap·pren·tice·ship [əpréntisʃip] 명U 도제(의 신분); 도제살이; (도제살이의) 기간; 도제 제도.
ap·pressed [əprést] 형 바싹[납작하게] 밀어붙여진; 착 들러붙은.
ap·prise [əpráiz] 동타 《수동형으로》 …에게 알리다, 통지하다 (*of*). (또는 **apprize**)
ap·prize[1] [əpráiz] 동타 =apprise.
ap·prize[2] 동타 《고어》 …을 평가하다, 감정하다.
ap·pro [ǽprou] 명 《英》 * 다음 숙어로만 쓴다.
on appro (실물을 보고) 마음에 들면 산다는 조건으로, 점검하고 나서(on approval).
appro. approbation; approval.
‡**ap·proach** [əpróutʃ] 동 (~·***es*** [-iz]; ~·***ed*** [-t]) 타 **1** 〔물건·장소·사람 등〕에 다가가다, 접근하다. ¶ ~ a city [the moon] 도시[달]에 접근하다. **2** (성질·시간·상태 따위가) …에 가까워지다, 가깝다; …에 이르다, 필적하다. ¶ ~ completion 완성에 가까워지다/~ manhood 어른이 되어 가다/No poet can ~ Dante in greatness. 어떤 시인도 위대한 면에서 단테에 미치지 못한다. **3** (교섭할 목적으로) 〔남〕에게 다가가다; 〔남〕에게 말을 걸다[꺼내다] (*with, for*); 〔남〕과 교섭하다 (*about, on*); …에게 아첨하다; 〔여자〕에게 수작을 걸다. ¶ (~+目+前+名) They ~*ed* the manager *for* the money. 그들은 돈 문제로 매니저와 교섭했다. **4** 《드물게》 …을 (…에) 접근시키다 (*to*). **5** 〔문제 따위〕를 다루다; 〔일〕에 착수하다; …을 연구하다. **6** 〔항공〕 〔공항〕에 진입하다.
—자 **1** 접근하다, 다가오다. ¶ A storm was ~*ing*. 폭풍이 다가오고 있었다/The time ~*ed*. 시간이 다가왔다. **2** (성질·금액 따위가) 거의 같다, 비슷하다 (*to*). ¶ (~+前+名) It ~*es to* excellence. 그것은 수작(秀作)에 가깝다. **3** 〔골프〕 어프로치를 하다; 〔테니스〕 어프로치 샷을 치다. **4** 〔항공〕 (활주로를 향하여) 진입하다. **5** 〔군사〕 (참호 통로를 따라) 접근하다.
approach a person on a matter 어떤 일로 남과 교섭하다.
—명 (복 ~·***es*** [-iz]) **1** U (사람·사물·때 등의) 접근, 다가옴; (사람·사물·때 등으로의) 접근 (*to*). ¶ the ~ of night 밤이 다가옴/~ *to* the moon 달로의 접근. **2** (성질·정도 따위의) 근사, 비슷함 (*to*). ¶ a fair ~ *to* accuracy 거의 정확함/an ~ *to* a murmur 불평 비슷한 것. **3** 접근하는 길, 통로, 입구; (…에) 가까운 곳 (*to*). ¶ the ~ *to* the cave 그 동굴로 가는 길/the ~ *to* a bridge 다리 입구. **4** (학문 등에의) 길잡이, 입문(서), 개론; (문제의) 접근[취급] 방법, 연구법 (*to*). ¶ an excellent ~ *to* Korean literature 훌륭한 한국 문학 입문서. **5** (~s) 아첨하기; (교섭) 신청, 교섭의 시도; (여자에게) 수작을 걸기, 치근거림 (*to*). **6** (~s) 〔군사〕 접근 작전. **7** 〔골프〕 어프로치(tee shot 다음 green에 올리기 위한 타구); 〔볼링〕 어프로치(투구 때의 스텝). **8** (항공기의) 진입, 착륙 진입.
be easy [***difficult***] ***of approach*** 가까이 하기 쉽다[어렵다].
make approaches to …에게 환심사려고 하다; …에게 수작을 걸다.
some [or ***a fair***] ***approach to truth*** (꽤) 진실다[운 것; 실마리.
~·er 명 **~·less** 형
ap·proach·a·bil·i·ty [əpròutʃəbíləti] 명U 접근하기 쉬움, 가까이하기 쉬움; 사귀기 쉬움.
ap·proach·a·ble [əpróutʃəbl] 형 접근할 수 있는, 가까이하기 쉬운; (사람이) 사귀기 쉬운, 싹싹한. **~·ness** 명
appróach àid 명 〔항공〕 (공항의) 진입 보조 설비.
appróach-appróach cònflict 명 〔심리〕 접근과 접근과의 갈등(동시에 두 방향으로 끌리는 경우).
appróach-avóidance cònflict 명 〔심리〕 접근과 회피의 갈등(양면 가치의 경우).
appróach bèacon 명 〔항공〕 진입 무선표지(착륙 유도 전파).
appróach chéck lìst 명 〔항공〕 (계기 착륙시에 조종사가 확인하는) 진입(進入) 점검 항목 리스트.
appróach lìght 명 〔항공〕 (공항 활주로의) 진입등.
appróach nòise 명 〔항공〕 (착륙) 진입 소음.
appróach pàth [《英》 **ròad**] 명 (고속 도로·활주로 따위로 통하는) 진입로.
appróach shòt [**plày**] 명 〔테니스〕 어프로치 샷 (네트 플레이로 나갈 때 상대의 코트에 치는 스트로크); 〔골프〕 =approach 7.
ap·pro·bate [ǽprəbèit] 동타 …을 인가하다, 승인하다, 인정하다; …에 찬성하다. **-bà·tor** 명
***ap·pro·ba·tion** [æ̀prəbéiʃən] 명U **1** (찬동의 뜻을

담은) 허가, 인정, 승인; 찬성. **2** 청찬; 추천.
meet with *a person's* **approbation** 남의 승인을 받다, 동의를 얻다.
on approbation (상업) (실물을 보고) 마음에 들면 산다는 조건으로, 점검하고 나서(※ (英) on appro).
ap·pro·ba·tive [ǽprəbèitiv] 圈 승인하는, 인가의, 찬성의. (또는 **approbatory**) ~**·ness** 圈
ap·pro·ba·to·ry [əpróubətɔ̀ːri/ǽprəbéitəri] 圈 승인[인가, 찬성]의; 추천의.
ap·pro·pri·a·ble [əpróupriəbl] 圈 충당[유용(流用)]할 수 있는; 전용[사용(私用)]할 수 있는.
ap·pro·pri·a·cy [əpróupriəsi] 圈 (말·표현이 문맥상으로) 적절함.
‡**ap·pro·pri·ate** 圈⑩ [əpróuprièit] **1** (공공물)을 전유(專有)하다, 사물화(私物化)하다, 제것으로 만들다; …을 도용하다, 착복하다. ¶~ a common benefit 공공의 이익을 독점하다 // ~ others' ideas 남의 아이디어를 도용하다 // (~+图+젠+옘) ~ public money *for* one's own use 공금을 횡령하다 / ~ something *to* oneself 어떤 것을 사물화하다. **2** …을 충당[유용]하다. ¶(~+图+젠+옘) ~ the money *to* payment 돈을 지불에 충당하다. **3** (의회가) …의 지출을 승인하다; (정부가) (어떤 금액)을 예산에 계상하다(*for*).
— 圈 [əpróupriət] (*more* ~; *most* ~) **1** 적당한, 타당한; …에 어울리는(*for, to*). ☞FIT 圈圈 ¶an ~ example 적절한 예 // music ~ *to* the occasion 그 경우에 어울리는 음악 / woolen garments ~ *for* winter wear 동복으로 알맞은 모직 옷. **2** 특유의, 고유의(*to*). ¶one's ~ part 자기 고유의 역할.
be appropriate for [or **to**] …에 어울리다.
~**·ly** 圈 적당히; 상당하게. ~**·ness** 圈
appróopriate technólogy 圈 적정(適正) 기술. **1** 도입국 특유의 조건에 알맞아 효과를 최대로 하는 기술. **2** (태양 에너지·풍력(風力) 따위) 자연 이용 기술.
*****ap·pro·pri·a·tion** [əpròupriéiʃən] 圈 **1** ⓤ 사물화(私物化), 전유(專有); 도용. **2** ⓤⓒ 충당, 유용, 충당물; (…의) 지출, 경비(*for*). ¶make an ~ of $1,000,000 *for* …을 위해 백만 달러를 지출하다. **3** (의회가 승인한) 세출 예산. ¶the (Senate) Appropriations Committee (美) (상원) 세출 위원회. **4** (美법률) (재산의) 공용 징발. **5** (가톨릭) 교회록(祿).
appropriation bìll 圈 (美) 세출[예산 지출] 법안.
ap·pro·pri·a·tive [əpróupriètiv, -priət-] 圈 전유하는, 독점의; 유용의; (美) 정부 지출의; 충당하는.
ap·pro·pri·a·tor [əpróupriètər] 圈 **1** 전유자, 사용자(私用者), 도용자, 횡령자; 충당자. **2** (英법률) 교회록의 설정을 받은 수도원[종교 법인]. 匯 impropriator
ap·prov·a·ble [əprúːvəbl] 圈 승인[인정, 찬성, 인가]할 수 있는. -**bíl·i·ty** 圈 -**bly** 圈
‡**ap·prov·al** [əprúːvəl] 圈 **1** 승인, 시인, 찬성; 청찬 (*for, toward*). ¶with your kind ~ 귀하의 찬성을 얻어 / The project received [*or* had] universal [*or* general] ~. 그 계획은 널리 찬동을 얻었다. **2** 인가, 면허. ¶conditional ~ 조건부 인가 / with the ~ of the committee 위원회의 승인을 받아. **3** (~s) (검토용의) 시제품. 〔얻다.
meet with *a person's* **approval** 남의 찬성[승인]을
on approval [or (英) **appro**] (상업) (실물을 보고) 마음에 들면 산다는 조건으로, 점검하고 나서. ¶send goods *on* ~ 점검 매매의 약속으로 물건을 보내다.
submit … for *a person's* **approval** …에 대하여 남의 승인을 청하다.
appróval ràting 圈 (여론 조사에서의) 지지율.
‡**ap·prove** [əprúːv] 圈 (~*s* [-z]; ~*d*; *-prov·ing*) ⑩ **1** …을 찬성하다, 시인하다. ¶I ~ your plan. 너의 계획에 찬성한다. **2** (의회 등이) (정식으로) …을 승인하다, 허가하다. ¶The urgent motion was unanimously ~*d*. 긴급 동의는 만장일치로 가결되었다.

유의어 **approve** 호의적인 의견을 가지다, 또는 말하다; 때로 존경·찬탄의 뜻을 암시. **endorse** 찬성에 적극적 지지·응원의 뜻을 내포. **sanction** 권한을 가진 사람이 정식으로 승인하는. **certify, accredit** 둘 다 기준에 합치하기 때문에 정식으로 approve하다의 뜻이지만, 어느 쪽을 쓰느냐는 관용에 의한다. **ratify** 대리·대표가 체결한 것을 정식으로 승인하는 것.

3 …은 (…이라고) 보여 주다, 증명하다; 《재귀용법으로》 …이 가치 있음[훌륭함]을 보이다(*to*). ¶The result ~*d* his righteousness. 결과는 그가 옳다는 것을 입증했다 // (~+图+옘) He has ~*d* himself worthy of confidence. 그는 신뢰할 만한 사람임을 입증했다.
— ㉒ 승인하다, 찬성하다(*of*). ¶I can hardly ~ *of* it. 나는 그것에 찬성할 수 없다.
ap·proved [əprúːvd] 圈 인가[승인]된, 공인된; 정평이 난. ~**·ly** 圈 ~**·ness** 圈
appróved schóol 圈 (英) 비행 소년 선도 학교, 소년원((美) reformatory, community school).
ap·prov·er [əprúːvər] 圈 승인자, 찬성자; (古英법률) 공범자 고발인; (폐어) 밀고자.
ap·prov·ing [əprúːviŋ] 圈 찬성의, 만족의. ¶an ~ vote 찬성 투표. ~**·ly** 圈
approx. approximate(ly). 〔접한, 인접한, 밀접한.
ap·prox·i·mal [əpráksəməl/-rɔ́k-] 圈 (해부) 근
ap·prox·i·mant [əpráksəmənt/-rɔ́k-] 圈 (음성) 접근음(接近音)(조음(調音) 기관이 서로 접근해도 폐쇄음이나 마찰음을 형성하지 않는 음; 〔w〕, 〔j〕, 〔l〕이나 모음); 그 접근.
*****ap·prox·i·mate** 圈 [əpráksəmèit/-rɔ́k-] ㉒ 위치·성질·수량 따위가 (…에) 가까워지다, 접근하다(*to*). ¶(~+젠+옘) His account ~*d to* the truth. 그의 이야기는 진실에 가까웠다. — ⑩ **1** (수량 따위가) …에 가까워지다, 가깝다; …와 비슷하다. ¶~ a solution 해결에 가까워지다 / The number ~*s* three thousand. 그 수는 3천에 가깝다. **2** …을 (…에) 가깝게 하다(*to*). ¶~ something *to* perfection 어떤 것을 완벽에 가깝게 하다. **3** …을 (…이라고) 어림잡다(*at*); 모의 실험을 하다.
— 圈 [əpráksəmət/-rɔ́k-] **1** (목표·표준 따위에) 가까운, 근접한(*to*). ¶be ~ *to* the truth 진실에 가깝다. **2** 거의 정확한, 비슷한, 대략의, 대체적인; 개산된. ¶an ~ estimate 개산(概算) / This is an ~ account of the affair. 이것이 그 사건의 개요입니다.
‡**ap·prox·i·mate·ly** [əpráksəmətli/-rɔ́k-] 圈 대체로, 거의(very nearly), 대략, 개산적으로.
appróximate válue 圈 개산 가치; 〔수학〕 근사치.
*****ap·prox·i·ma·tion** 圈 [əpràksəméiʃən/-rɔ́k-] **1** ⓤⓒ (공간·위치·정도·관계 따위의) 접근, 근사. **2** 비슷한[유사한] 것[일](*to*). ¶an ~ *to* the truth 진상에 가까운 것. **3** 〔수학·물리〕 어림셈[값], 근사치.
ap·prox·i·ma·tive [əpráksəmèitiv, -mət-/-rɔ́k-] 圈 대략[개산]의, 어림잡은. ~**·ly** 圈
apps. appendixes. **appt.** appoint(ed); appointment. **apptd.** appointed.
ap·pui [æpwíː, əp-] 圈ⓤ (군사) 지원, 지지. ¶a point of ~ (군사) 지지점, 거점(point d'appui). 〔<F〕
ap·pulse [əpʌ́ls] 圈ⓤⓒ **1** (천문) (두 천체의) 근접, 회합. **2** (파도·배·군대 따위의) 충돌; 한 점으로 향하는 운동. -**púl·sive** 圈 -**púl·sive·ly** 圈
ap·pur·te·nance [əpə́ːrtənəns] 圈 (보통 ~s) **1** 부속[부수]물; 비품. **2** 〔법률〕 종물(從物)(어떤 물건에 부속된 재산의 권리). **3** 기계(器械), 장치; 기구.
ap·pur·te·nant [əpə́ːrtənənt] 圈 **1** 부속의, 종속된(*to*). **2** (…에) 적절한, 맞는(*to*). ¶a note ~ *to* the subject 주제에 대한 주해. — 圈 부속물, 부속품.
APR *a*nnual *p*ercentage *r*ate(금리 따위의) 연율(年率)); *A*nnual *P*urchase *R*ate. **Apr.** April.

a·prax·i·a [əpræksiə, eip-] 图 〔병리〕 행동 불능증, 운동 신경 장애. **-ic** 图 [나중]에. 〈<F after〉

a·près [ɑ́ːprei, æprei] 图 …의 뒤에[의]. 「뒤

après-guerre [*F* apRεgεːR] 图 〔제1, 2차 세계〕 대전 후, 전후. ──图囲 전후의[에]. ¶the ～ generation 전후 세대, 아프레게르. (또는 après la guerre) 〈<F〉

a·près-mi·di [*F* apRεmidi] 图 오후. 〈<F〉

a·près-ski [-skíː] 图 스키를 타고 나서의. ──图 스키 뒷풀이[여흥].

*****ap·ri·cot** [ǽprəkɑt, éip-/éiprikɔ̀t] 图 살구; 살구나무; ① 살구빛. ──图 살구의; 살구빛의.

‡**A·pril** [éiprəl] 图 4월(略 Ap., Apl., Apr.).

April fóol 图 4월(만우절)의 바보(April [*or* All] Fools' Day(만우절)의 장난에 넘어가는 사람).

April Fóols' [Fóol's] Dày 图 만우절(All Fools' Day). 「는 비).

April shówer 图 4월 소나기(잠깐 오다가 금세 그치

April wéather 图 비가 오락가락하는 변덕스러운 날씨; 울었다 웃었다 하기.

a pri·o·ri [èi praióːrai] 图囲 **1** 〔논리〕 연역적인[으로]; 〔철학〕 선험의(先驗的)인[으로]. ¶an ～ fact 선험적 사실 /reason ～ 연역적으로 추리하다. **2** 선천적인[으로]; 직관적인[으로](⇔ *a posteriori*). ──图 선험적 관념, 선험 명제(命題). 〈<L〉

a·pri·o·rism [èipriɔ́ːrizm] 图① 〔논리〕 연역적(演繹的) 추론, 연역법; 〔철학〕 선험론(先驗論).

-ór·ist 图 **a·pri·o·rís·tic** 图 **a·pri·o·rís·ti·cal·ly** 囲

a·pri·or·i·ty [èipraióːrəti/-5r-] 图① 〔논리〕 연역; 〔철학〕 선험성.

‡**a·pron** [éiprən] 图 (圏 ～**s** [-z]) **1** 앞치마, 에이프런. **2** 앞치마 모양의 것; (무개(無蓋) 마차 따위의) 무릎덮개. **3** 〔英国교회〕 무릎 덮개 천(bishop, dean 등이 사용). **4** 〔연극〕 앞무대(～ stage). **5** 〔항공〕 비행장 격납고 앞의 광장, 에이프런. **6** 〔토목〕 호안(護岸)(해안·제방 따위의 보호, 호상(護床)(댐 밑에 장비된다). **7** 〔건축〕 〔창문틀의〕 비룸금(～ piece); 정두리널. **8** 〔기계〕 에이프런(선반(旋盤) 앞에 드리운 부분. **9** 〔하역용〕 잔교(棧橋). **10** 〔美속어〕 술집의 바텐더. **11** 〔골프〕 에이프런(그린 경계의 잘 다듬어진 코스); 〔권투〕 링(에서) 로프의 바깥쪽 부분. ──图囲 …에 에이프런을 두르다.

a·proned [éiprənd] 图 에이프런(앞치마)을 두른.

a·pron·ful [éiprənfùl] 图 에이프런(앞치마)에 가득(한 양). ¶an ～ of apples 에이프런에 가득한 사과.

ápron piece 图 〔건축〕 **1** 계단보 받침. **2** =apron 7.

ápron stàge 图 **1** 앞무대(막 앞으로 나온 부분). **2** 〔엘리자베스 조(朝)의 관람석으로 돌출한〕 막 없는 무대(세 방면에서 볼 수 있다).

ápron strings 图 **1** 에이프런(앞치마) 끈. **2** 〔비유적〕 (어머니·아내 등의) 치마폭, 지배. ¶cut the ～ with America 미국의 지배를 벗어나다.

be tied to one's mother's [wife's] apron strings 어머니[아내]에게 쥐여 살다.

ap·ro·pos [æ̀prəpóu] 囲 **1** 때마침, 시의 적절하게; 적절히. ¶You speak quite ～. 아주 지당한 말씀입니다. **2** (…에) 관하여, 대하여 (*of*). **3** 그런데, 그건 그렇고(by the way).

apropos of (英구어) …에 관하여, 대하여.

──图 시의 적절한; 적절히. ¶～ remarks 적절한 말.

──图 …와 관련에서. 〈<F〉

a·prowl [əprául] 图 〔서술용법〕 은밀히 찾아 돌아다니는; 먹이에 몰래 접근하는; (도둑질하려고) 배회하는.

APS 〔우주〕 *a*uxiliary *p*ropulsion *s*ystem(보조 추진 시스템). **A.P.S.** *A*mateur *P*hotographic *S*ociety (아마추어 사진 작가 협회); *A*merican *P*eace [*P*hilatelic, *P*rotestant] *S*ociety(미국 평화[우표수집, 개신교] 협회); *A*merican *P*hilosophical [*P*hysical] *S*ociety(미국 철학회[물리학회]); 〔경제〕 *a*verage *p*ropensity to *s*ave(평균 저축 성향). **A.P.S.A.**

*A*merican *P*olitical *S*cience *A*ssociation(미국 정치 학회).

apse [æps] 图 〔건축〕 앱스, 후진(後陣)(교회당 동쪽 끝에 내민 반원형·다각형의 부분); 〔천문〕 =apsis.

ápse line 〔천문〕 (천체 궤도의) 장축선(長軸線).

ap·sis [ǽpsis] 图 (圏 *-si·des* [-sədìːz]) **1** 〔천문〕 (천체 타원 궤도의) 장축단(長軸端)(근일점(近日點) 또는 원일점(遠日點)). ¶the higher ～ (별의) 원일점; (달의) 원지점(遠地點)/the lower ～ (별의) 근일점; (달의) 근지점. **2** 〔건축〕 =apse. **-si·dal** 图

‡**apt** [æpt] 图 (～*·er, more* ～; ～*·est, most* ～) **1** 적절한, 적당한 (*for*). ⇨FIT 類義語 ¶a quotation ～ *for* the occasion 그 경우에 적절한 인용구. **2** 영리한, 총기 있는; 이해가 빠른; 〔서술용법〕 재주[솜씨] 있는 (*at, in, with*). ¶an ～ pupil 공부 잘하는 학생//a child ～ *to* learn 이해가 빠른 어린이. **3** (*to*-부정사와 함께) …하기 쉬운, …하는 경향이 있는; …할 것 같은. ⇨LIABLE 類義語 ¶We are ～ *to* think so. 우리는 그렇게 생각하기 쉽다/He is ～ *to* catch cold. 그는 감기에 잘 걸린다/Am I ～ *to* find her in the park? 공원에 가면 그녀가 있을까요? **4** (고어) 기꺼이 하는.

USAGE **apt to와 likely to** ──(英)에서는 일반적·습관적으로 바람직하지 않은 일에는 apt to를, 특정한 경우의 일에는 likely to를 쓴다. (美)에서는 likely to를 쓸 곳에 apt to를 쓰는 일이 많다: Lovers' vows are ～ *to* be broken. 애인끼리의 맹세는 깨어지기 쉽다/(美) It is ～ *to* rain. = (英) It is *likely to* rain. 비가 올 것 같다/(美) I am ～ *to* catch cold if I go out without my overcoat. 외투 없이 외출하면 감기가 들 것 같다.

be apt at …의 재주가 있다, 능란하다.
be apt for …에 적합하다.
be apt to do …하는 경향이 있다, …하기 쉽다; 〔美〕 …할 것 같다.

~·ness 图

APT *a*dvanced *p*assenger *t*rain(초[超]특급 열차); [æpt] *a*utomatically *p*rogrammed *t*ools(앱트; 수치 제어 문제용 컴퓨터 언어); *a*utomatic *p*icture *t*ransmission((인공 위성의) 자동 사진 송신). **apt.** *apart*ment; *apt*itude. 「충」

ap·ter·al [ǽptərəl] 图 〔건축〕 측면 기둥이 없는; 〔곤충〕 =apterous.

ap·ter·ous [ǽptərəs] 图 〔곤충〕 무시(無翅)(류)의, 날개 없는; 〔식물〕 날개 모양의 것이 없는.

ap·ter·yx [ǽptəriks] 图 키위(kiwi), 무익조(無翼鳥).

*****ap·ti·tude** [ǽptətjùːd/-tjùːd] 图①© **1** 경향, 습성 (*to*); 성벽, 기질 (*for* doing, *to* do). ¶an ～ *to* vice 악에 물들기 쉬운 경향/an ～ *for* compulsive *buying* 충동 구매 성향. **2** (학문·예술 습득의) 소질, 재능 (*for, in*). ⇨ABILITY 類義語 ¶a man of extraordinary ～ 소질이 비범한 사람. **3** 적성, 적합 (*for*). ¶vocational ～ 직업 적성// ～ *for* the residence of a foreigner 외국인 거주의 적합성.

have an aptitude for ① …에 소질[재능]이 있다. ② …에 적합하다 (*for*).

have an aptitude to [*or* to do] …하기 쉽다.

-tu·di·nal [-tjúːdənl] 图 **-tú·di·nal·ly** [-dənəli] 囲

áptitude tèst 图 적성 검사. ¶a scholastic ～ 진학 적성 검사(시험).

*****apt·ly** [ǽptli] 囲 적절히; 잘. ¶It has been ～ said that …이라 말한 것은 적절하다.

apts. *apart*ments. **APU** *A*sian *P*arliamentary *U*nion(아시아 의원 연맹); 〔항공〕 *a*uxiliary *p*ower *u*nit(보조 동력원). **APWA** *A*merican *P*ublic *W*orks *A*ssociation(미국 공공 사업 협회).

a·py·ret·ic [èipairétik, æpə-/æpai-] 图 〔병리〕 열이 없는, 무열성의. **-réx·i·a** 图

AQ *a*ccomplishment [*a*chievement] *q*uotient(성적 [성취] 지수). **aq., Aq.** *aqua*; *aqueous*. **AQL** 〔경

영) acceptable quality level(품질 합격 수준).
aq·ua [ǽkwə, ɑ́:k-] 명 (복 ~**e** [-wi:], ~**s**) 1 물; (약학) 액체, 용액. 2 Ⓤ 엷은 청록색, 물색. ¶ ~ yoga 수중 요가. 2 엷은 청록색의, 물색의; 수중의. ¶ ~ yoga 수중 요가. 2 엷은 청록색의, 물색의. [<L water]　　［*aquar*ium. (또는 *aqui*-)
aq·ua- [ǽkwə, ɑ́:k-] 연결 water의 뜻. ¶*aqua*naut.
áqua am·mó·ni·ae [-əmóunii:] 명 Ⓤ 암모니아수.
áq·ua·belle [ǽkwəbèl, ɑ́:k-] 명 수영복 차림의 미녀.
aq·ua·cade [ǽkwəkèid, ɑ́:k-] 명 수상쇼(음악에 맞춘 수영 또는 다이빙). [<*aqua*+caval*cade*]
aq·ua·cise [ǽkwəsàiz, ɑ́:k-] 명 수중(水中) 운동. [<*aqua*+exer*cise*]
aq·ua·cul·ture [ǽkwəkλ̀ltʃər, ɑ́:k-] 명 Ⓤ 1 = hydroponics. 2 (어패류·해조류 등의) 양식(업). (또는 **aquiculture**) **-cúl·tur·al** 형 **-cúl·tur·ist** 명
aq·uae·rob [ǽkwəróub] 명 =aquaerobics.
aq·uae·rob·ics [ǽkwəróubiks] 명 =aquarobics.
aq·ua·farm [ǽkwəfɑ̀:rm] 명 양어장, 양식장.
áqua fórtis 명 (화학) 질산(nitric acid); 강수(强水)(판화 부식용 질산액). [<L strong water]
aq·ua·jog·ging [-dʒɑ́giŋ/-dʒɔ́g-] 명 수중 조깅.
aq·ua·ki·net·ics [ǽkwəkinétiks, ɑ́:k-] 명복 (단수취급) 부유(浮揚) 훈련법(유아·어린이를 일찍부터 풀에 넣어 물과 친숙하게 하는 일).
Aq·ua-Lung [ǽkwəlλŋ, ɑ́:k-] 명 (상표) 수중 호흡기(고압 공기통이 달린 잠수 용구). (또는 **aqualung**) Ⓢ종 애퀄렁을 사용하여 잠수하다.
~-**er** 명
aq·ua·ma·rine [ǽkwəmərí:n, ɑ́:k-] 명 1 남옥(藍玉), 애퀴머린(녹주석(beryl)의 일종). 2 Ⓤ 엷은 청록색, 남옥색(greenish blue).
aq·ua·naut [ǽkwənɔ̀:t, ɑ́:k-] 명 해저 여행자(탐험가); 잠수부, 잠수 기술자; =skin-diver.
aq·ua·nau·tics [ǽkwənɔ́:tiks, ɑ́:k-] 명복 (단수취급) (스쿠버 다이빙에 의한) 해저 탐사.
aq·ua·pho·bi·a [ǽkwəfóubiə, ɑ́:k-] 명 물공포(증), 속 hydrophobia.
aq·ua·plane [ǽkwəplèin, ɑ́:k-] 명 (넓은) 파도타기 판, 수상 스키용 판, (모터 보트가 끌어주는) 수상 활주판. ─Ⓢ자 (수상 활주판을 타고) 파도타기를 하다. **-plàn·er** 명 ［(해저 탐사용) 압축 공기총.
Áq·ua·pulse gùn [ǽkwəpλ̀ls-, ɑ́:k-] 명 (상표)
áqua pú·ra [-pjúərə] 명 증류수.
áqua ré·gi·a [-rí:dʒiə] 명 (화학) 왕수(王水)(질산과 염산의 혼합물). ［(인쇄) 수채 판화.
aq·ua·relle [ǽkwərél, ɑ́:k-] 명Ⓒ 수채화(법),
A·quar·i·an [əkwέəriən] 명 (점성) 물병자리 태생인 사람. 형 물병자리의. ［「어류 사육가.
a·quar·ist [əkwέərist/ǽkwərist] 명 수족관 직원,
***a·quar·i·um** [əkwέəriəm] 명 (복 ~**s**, **-i·a** [-iə]) 1 (유리제(製)의) 양어조(槽), 수초분(水草盆); 양어 못. 2 수족관. 3 (속어) 목사관.
A·quar·i·us [əkwέəriəs] 명 1 (천문) 물병자리(the Water Bearer). 2 (점성) 보병궁(寶甁宮), 물병자리 황도(黃道)의 제11궁; 보병궁 태생의 사람(1월 20일~2월 18일생). ⇒ ZODIAC 그림.
the age of Aquarius 물병자리 시대(1960년대에 시작해서 2000년간 지속된다는 자유의 새로운 시대).
a·qua·rob·ics [ǽkwəróubiks] 명복 (단수취급) 수중 에어로빅스. 「수중 생활판[작업원].
aq·ua·space·man [ǽkwəspèismæ̀n, ɑ́:k-] 명
aq·ua·tel [ǽkwətèl] 명 (英) (부두에 정박하고 있는) 해상(수상) 호텔선(船). [<*aquatic*+*hotel*]
a·quat·ic [əkwǽtik, -wɑ́t-/-wɔ́t-] 형 1 물의, 물속의. 2 물속에 사는, 수생의, 수상의. ¶ an ~ animal [plant] 수생 동물[식물]/~ products 수산물. 3 수상[수중]에서 하는. ¶ ~ sports 수상[수중] 경기
─명 1 수생 동물, 수생 식물. 2 (~s) 수상[수중] 경기 (~ sports). **-i·cal·ly** 명
aq·ua·tint [ǽkwətìnt, ɑ́:k-] 명ⒾⓒⓊ 애쿼틴트(식각요판(蝕刻凹版)의 일종); 애쿼틴트 판화. ─Ⓢ타 …의 애쿼틴트판을 만들다.
aq·ua·vit [ɑ́:kwəvì:t, ǽk-/ǽkwəvìt] 명 애쿼빗(스칸디나비아의 독한 증류주).
áqua ví·tae [-váiti:] 명 알코올(alcohol); 독주(브랜디·위스키 따위). [<L water of life]
aq·ue·duct [ǽkwədλ̀kt] 명 1 물길, 수로(水路); 고가식(高架式) 수로[도랑]. 2 (해부) (뇌의) 도수관(導水管)(canal); 맥관.
a·que·ous [éikwiəs, ǽk-] 형 1 물의[같은]; 수용성의; 물을 함유한. ¶ an ~ solution 수용액/an ~ tint [그림] 수채(水彩), 물색. 2 (지질) (암석이) 수성(水成)의. **-ly** 부 **-ness** 명 「화암모늄.
áqueous ammónia 명 (화학) 암모니아수, 수산
áqueous húmor 명 (해부) (눈알의) 수양액[水樣]
áqueous róck 명 수성암(水成岩).　　［液).
aq·ui- [ǽkwə, ɑ́:k-] 연결 water의 뜻. ¶ *aqui*culture. (또는 **aqua**-)
aq·ui·cul·ture [ǽkwəkλ̀ltʃər] 명Ⓤ 1 =hydroponics. 2 어패류(魚貝類) 양식(업).
-cúl·tur·al 형 **-cúl·tur·ist** 명
aq·ui·fer [ǽkwəfər] 명 (지질) 대수층(帶水層)(지하수를 품은 다공질(多孔質)의 지층). ［(the Eagle).
A·quil·a [ǽkwilə, əkwílə] 명 (천문) 독수리자리
aq·ui·le·gi·a [ǽkwəlí:dʒiə] 명 =columbine[1].
aq·ui·line [ǽkwəlàin] 형 수리의; 독수리 같은; (코가) 매부리 같은, 갈고리 모양으로 굽은. ¶ an ~ nose 매부리코.
A·qui·nas [əkwáinəs/-nǽs] 명 **Saint Thomas** ~ 아퀴나스(1225?~74; 중세 이탈리아의 스콜라 철학자·가톨릭 신학자). **-nist** 명
A·qui·no [ɑ:kí:nou] 명 **Maria Corazon** ~ 아키노(1933~: 필리핀 대통령(1986~92)). 　［(with).
a·quiv·er [əkwívər] 형 (서술용법) (부들부들) 떠는
a·quose [əkwóus, éikwous] 형 물이 많은, 물의. **a·quós·i·ty** 명 물기가 있음.
Ar ⑦ argon. **Ar., Ar.** Arabia(n); Arabic; Aramaic; argumentum. **AR** Aerolineas Argentinas; (美우편) Arkansas. **AR, A.R.** acknowledgment [or advice] of receipt(수령 통지); Airman Recruit; all rail; annual return(연차 보고); (美경찰속어) armed robbery; Army Regulation(s); Autonomous Region [Republic] (자치주[공화국]). **ar.** area; arrival; arrive(s). **a.r.** (보험) all risks(전(全) 위험 담보); (라틴) *anno regni*. **A/R, a/r** accounts receivable.
ar- [ær, ər] 접두 ad-의 변형이며 r 앞에 붙인다. ¶ *ar*rest, *ar*rest. ⇒ AD-.
-ar¹ [ər] 접미 of, pertaining to(…에 관한), having the nature of(…의 성질을 가진), like(…같은)의 뜻. ¶ line*ar*, regul*ar*, simil*ar*.
-ar² 접미 pertaining to(…에 관계하는 (사람·것)), having the character of(…의 자격[성격]을 가진 (사람))의 뜻의 명사를 만든다. ¶ vic*ar*, schol*ar*, coll*ar*.
-ar³ 접미 -er, -or의 변형이며 agent(행위자)의 뜻의 명사를 만든다. ¶ begg*ar*, li*ar*. ⇒ -ER, -OR. 「Alt*ar*].
A·ra [éirə, έərə/ɑ́:rə] 명 (천문) 제단(祭壇)자리(the
ARA (英) Agricultural Research Administration (농업 연구국). **A.R.A.** Air Reserve Association(공군 예비역 군인회); American Railway Association(미국 철도 협회); (英) Associate of the Royal Academy(왕립 미술원 준회원).
***Ar·ab** [ǽrəb] 명 (복 ~**s** [-z]) 1 아라비아 사람, 아랍 사람(the ~s) 아랍 민족. 2 아라비아 말(馬). 3 = street ~. 4 (a-) (美속어) 난폭자. 5 정열[열광]적인

사람, 흥분하기 쉬운 사람. ─圈 아라비아[아랍]의; 아
Arab. Arabia(n); Arabic. 라비아 사람의.
Ar·ab·A·mer·i·can [-əmérikən] 圈圈 아랍계 미
Ar·a·bel [ǽrəbèl] 圈 애러벨(여자 이름). 圓국인(의).
ar·a·besque [ǽrəbésk] 圈 아라베스크. **1** 아라비
아풍 장식 무늬, 당초문(唐草紋). **2** (발레) 발레의 기본
자세의 하나(∞ attitude 5). **3** [음악] 아라비아풍의 화
려한 피아노곡. ─圈 아라비아풍의, 아라비아풍 당초
문의; 색다른. ─圈 …에 당초문을 입히다. **4** 아
라베스크 풍으로 춤추다.   「Peninsula).
‡**A·ra·bi·a** [əréibiə] 圈 아라비아(반도) (Arabian
‡**A·ra·bi·an** [əréibiən] 圈 아라비아(사람)의; 아랍의.
─圈 아라비아 사람; 아라비아 말(馬)(Arab).
Arábian bird 〔조류〕 불사조(phoenix).
Arábian cóffee 圈 =arabica coffee.
Arábian cámel 圈 아라비아산(產) 단봉낙타.
Arábian Désert 圈 (the ~) 아라비아 사막. (또는
Éastern Désert)
Arábian Gúlf 圈 페르시아 만(Persian Gulf).
Arábian hórse 圈 아라비아 말(馬).
Arábian líght 圈 〔경제〕 아라비안 라이트(사우디아
라비아산 표준 원유).
Arábian Nights' Entertáinments 圈 (The
~) 천일야화(千一夜話), 아라비안나이트(10세기경의 전
설집). (또는 **The Thousand and One Nights**)
Arábian Península 圈 (the ~) 아라비아 반도.
Arábian Séa 圈 (the ~) 아라비아 해.
*****Ar·a·bic** [ǽrəbik] 圈 아라비아의; 아라비아[아랍]어
의, 아라비아[아랍] 문자의. ─圈圈 아라비아[아랍]어.
a·rab·i·ca cóffee [ǽrəbikə-] 圈 (때로 A-) 아라
비아 커피; 그 열매. 〔<L *Coffea arabica*〕
A·rab·i·cize [ərǽbəsàiz] 圈圈 (언어를) 아랍어화
하다; 아랍어화하다(Arabize). ·**ci·zá·tion** 圈
Árabic númerals[fígures] 圈 아라비아 숫
자. ⒝ Roman numerals
Ar·ab·ism [ǽrəbìzm] 圈圈圈 아라비아풍의 생활
습관, 아라비아어의 특징; 아라비아 (문화, 관습) 연구
〔애호〕; 아랍 민족주의.   「스라엘 분쟁.
Ar·ab-Is·rae·li cónflict [-ízreili-] 圈 아랍-이
Ar·ab·ist [ǽrəbist] 圈 **1** 아라비아[아랍]어[문화, 문
학] 전문가, 아라비아통. **2** (美구어) 친(親)아랍파 사람.
Ar·ab·ize [ǽrəbàiz] 圈圈 (…을) 아랍화하다, 아랍
인의 지배하에 두다. ·**i·zá·tion** 圈
ar·a·ble [ǽrəbl] 圈 경작할 수 있는, 경지의. ¶~
land 경작지, 농경지. ·**bíl·i·ty** 圈
Árab Léague 圈 (the ~) 아랍 연맹(1945년 결성).
Árab Repúblic of Égypt 圈 (the ~) 이집트 아
랍 공화국(이집트의 공식 명칭).
Ar·ab·sat [ǽrəbsæ̀t] 圈 아랍 위성(아랍 22개국이
공동 소유하는 인공 위성).
A·ra·by [ǽrəbi] 圈 (문어) 아라비아(Arabia).
A·rach·ne [ərǽkni] 圈 〔그리스 신화〕 아라크네(베짜
기 시합에서 아테나(Athena)에게 져 거미가 된 여자).
a·rach·nid [ərǽknid] 圈圈 거미류 동물(의)(거미·
전갈 따위).   〔膜炎〕.
ar·ach·ni·tis [ǽræknáitis] 圈圈 〔병리〕 거미막염
a·rach·noid [ərǽknɔid] 圈 거미집 모양의; [해부]
거미막(膜)의; [식물] 거미술 모양의. ─圈 [해부]
거미류의 동물(arachnid); [해부] 거미막.
a·rach·no·pho·bi·a [ərǽknəfóubiə] 圈 거미 공
포[기피]증.
Ar·a·fat [ǽrəfæ̀t, ά:rəfά:t] 圈 **Yasir [Yasser]** ~
아라파트(1929- : 팔레스타인 자치 정부 수반).
A·ra·fú·ra Séa [ɑ:rɑ:fúərə, ǽrə-] 圈 (the ~) 아라
푸라 해(오스트레일리아와 New Guinea 사이의 태평양
해역; 진주조개 채취장).
A·ra·gon [ǽrəgὰn/-gən] 圈 아라곤(스페인 동북부
의 지방으로 11-15세기에는 왕국이었다).

Ar·a·go·nese [ǽrəgəní:z] 圈 아라곤의; 아라곤인
[어]의. ─圈 (֎ ~) 아라곤인; 圓 아라곤어(스페인어
ar·ak [ǽræk] 圈 =arrack.   〔의 한 방언〕.
Ár·al Séa [ǽrəl-/ά:r-] 圈 (the ~) 아랄 해(海) (카
스피 해 동부에 있는 내륙호). (또는 **Láke Áral**)
A·ram [éirəm, ɛ́ərəm/ǽræm] 圈 고대 시리아의
헤브루어 이름.
A·ra·mae·an [ǽrəmí:ən] 圈 아람의; 아람인[어]
의. ─圈 아람인; 圓 아람어. (또는 **Aramean**)
A·ra·ma·ic [ǽrəméiik] 圈圈 아람어(셈어족의 하
나). (또는 **Aram(a)ean**) ─圈 아람(어)의.
Aramco, ARAMCO [ǽrəmkou] *Arabian-
American Oil Company*(아랍코 석유 회사).
ar·a·mid [ǽrəmid] 圈 아라미드(합성 방향족 폴리아
미드); 아라미드 섬유. 〔<*aromatic*+*polyamid*〕
Ar·a·ne·i·da [ǽrəní:ədə] 圈 진정(眞正)거미류.
ar·a·ne·i·dan [ǽrəní:ədən] 圈 (종종 A-) 진정거미
류(Araneida)의. ─圈 진정거미류의 동물.
A·rap·a·ho(e) [ərǽpəhòu] 圈 (֎ ~(**s**)) 아라파호
족(미국 Colorado 주에 살던 인디언); 圓 아라파호어.
Ar·a·rat [ǽrəræt] 圈 **1 Mount** ~ 아라라트 산(山)
(터키 동부의 화산). **2** 아라랏 산(노아의 방주가 닿은 곳
이라고 전해진다)(←창세기(Gen.) 8:4).
ar·au·car·i·a [ǽrɔːkɛ́əriə] 圈 남양 삼목(杉木).
Ar·a·wak [ǽrəwɑ̀ːk, -wæ̀k] 圈 (֎ ~(**s**)) 아라와
크족(의 한 사람) (남미 동북부에 사는 Arawakan계 인
디오); 아라와크 어(語). ─圈 아라와크족[어]의.
Ar·a·wak·an [ǽrəwάːkən, -wǽk-] 圈 아라와크
어족(중남미 인디오의 대어족); 아라와크어를 말하는 부
족. ─圈 아라와크족의; 아라와크족의.
arb [ɑːrb] 圈 (구어) 중재인, 조정자. 〔<*arbitrager*〕
A.R.B. *Air Registration Board*; *Air Research Bu-
reau*.
ar·ba·lest [ά:rbəlist] 圈 (중세기의) 강력한 활, 대궁
(大弓). (또는 **arbalist, arblast**) -**lèst·er** 圈
ar·bi·ter [ά:rbətər] 圈 **1** 중재인, 조정자. ¶an ~ of
labor disputes 노동 쟁의 조정자. **2** 재결자, 재단자;
권위자 (*of*). ¶the ~ of *our fate* 신(神), 하느님.
ar·bi·ter e·le·gan·ti·ae [ά:rbətər èləgǽnʃiì:]
취미·기호의 심판자; (예절 따위) 규범 제정자. (또는
árbiter elegantiárum) 〔<L〕   「중재에 붙여야 할.
ar·bi·tra·ble [ά:rbətrəbl] 圈 중재[조정]할 수 있는,
ar·bi·trage [ά:rbətrά:ʒ] 圈圈 **1** (금융) (차액을 취
득하는) 중개 매매; 재정(裁定) 거래. **2** [ά:rbətridʒ]
(고어) 중재. ─圈 (금융) 재정 거래를 하다.
ar·bi·trag·er [ά:rbətrά:ʒər] 圈 (금융) (차액을 챙
기는) 중개[재정] 거래인. (또는 **arbitrageur**)
ar·bi·tral [ά:rbətrəl] 圈 중재(인)의, 조정(인)의. ¶an
~ *tribunal* 중재 법원.
ar·bi·tra·ment [ɑːrbítrəmənt] 圈圈圈 중재, 조
정; 재정, 재결, 심판; 최종결(決). (또는 **arbitrement**)
*****ar·bi·trar·y** [ά:rbətrèri/-trəri] 圈 **1** 제멋대로인,
변덕스러운. ¶an ~ *interpretation* 제멋대로인 해석. **2**
전제적인, 독단적인, 횡포한. ¶an ~ *government* 전제
정치. **3** 임의의, 자유 재량의, 자의적인. ¶a ~ *de-
cision* 자의적 결정. **4** (수학) 임의의, 부정(不定)의.
─圈 **1** 할증 요금; 부가 급부금. **2** (英) [인쇄] 특수
활자(예: ǎ, Ö). -**tràr·i·ly** 圈 -**tràr·i·ness** 圈
ar·bi·trate [ά:rbətrèit] 圈圈 (중재자로서) …을 재
정하다, 재결하다, 중재 재판하다; (분쟁)을 중재[조정]
에 부치다. ¶~ *a dispute regarding wages* 임금에 관
한 분쟁을 조정하다. ─圈 중재[조정]하다 (*between,
in*); 분쟁을 중재[재판]에 회부하다. ¶~ *between* two
persons 양자간에 중재를 서다 / ~ *in a dispute* 분쟁
을 조정하다. -**trà·tive** 圈
ar·bi·tra·tion [ά:rbətréiʃən] 圈圈圈 **1** 중재, 조정;
중재 재판; 〔국제법〕 국제 중재 재판. ¶a *court of* ~
중재 재판소 / ~ *of exchange* 환(換) 재정. **2** [컴퓨터]

arbitrator 전송 공통 회로(bus) 통제[통신 규약].
refer [or *submit*] *...to arbitration* …을 중재에 부
~·al [-리치나]. ~·ist [-리치나].
ar·bi·tra·tor [áːrbətrèitər] 圀 중재인, 조정자; 결
정[재결]자(arbiter). ~·**ship** 圀 중재인[조정자]직.
ar·bi·tress [áːrbətris] 圀 여자 중재인[조정자].
*ar·bor¹, (英) -bour [áːrbər] 圀 (덩굴 따위를 얹
은) 정자, 나무 그늘 휴게소; [폐어] 잔디밭, 정원.
ar·bor² [áːrbər] 圀 [기계] 아버, 축, 굴대(⑧ **man-
drel**); [주조] 주형(鑄型)의 보강자.
ar·bor³ [áːrbər/-bɔːr] 圀 (⑧ **-bo·res** [-ríːz]) (식
물) 수목(樹木), 목본(木本).
ar·bo·ra·ceous [àːrbəréiʃəs] 圀 나무[수목] 같은,
나무 모양의(arboreal); 나무가 울창한.
Árbor Dày 圀 식목일(4월 하순부터 5월 상순).
ar·bo·re·al [aːrbɔ́ːriəl] 圀 나무의; 수목의; 나무[수
목] 같은; 나무 위에서 사는; [동물] 나무 위[사이]에
살기에 알맞은. ~·**ly** 뛰 「[에 있는.
ar·bored [áːrbərd] 圀 정자가 있는; (주위에) 수목
ar·bo·re·ous [aːrbɔ́ːriəs] 圀 수목이 많은; 나무 위
[사이]에서 사는 (arboreal); 나무[수목] 같은.
ar·bo·res·cence [àːrbərésns] 圀Ⓤ 수목질(樹木
質); 나무[수목] 형상, (결정(結晶) 따위의) 나뭇가지 형상.
ar·bo·res·cent [àːrbərésnt] 圀 (크기 · 외관 따위
가) 나무[수목] 형상의, 나뭇가지 모양의.
ar·bo·re·tum [àːrbərítəm] 圀 (⑧ **~s, -ta** [-tə])
식물원, 수목원(園).
ar·bor·i·cul·tur·al [àːrbərikʌ́ltʃərəl] 圀 수목 재
배상의, 육림(育林)상의. 「(法), 육림(법).
ar·bor·i·cul·ture [áːrbərikʌ̀ltʃər] 圀 수목 재배
ar·bor·i·cul·tur·ist [àːrbərikʌ́ltʃərist] 圀 수목
재배 연구가, 육림 전문가. 「의, 나뭇가지 모양의.
ar·bor·i·form [áːrbərifɔ̀ːrm] 圀 나무[수목] 모양
ar·bor·i·za·tion [àːrbərizéiʃən/-raiz-] 圀Ⓤ (광
물의 결정(結晶) · 화석 따위에 나타나는) 나뭇가지 형상.
ar·bor·ous [áːrbərəs] 圀 수목의. 「수목원.
árbor ví·tae [-váiti] 圀 [해부] 소뇌활수(小腦活樹).
ar·bor·vi·tae [àːrbərváiti] 圀 지팡나무(편백과의
상록수); = arbor vitae. 〈L tree of life〉
*ar·bour [áːrbər] 圀 (英) = arbor¹.
ar·bo·vi·rus [àːrbəváiərəs] 圀 절지 동물 매개 바
이러스(뇌염 따위를 일으킨다).
ar·bu·tus [aːrbjúːtəs] 圀 (⑧ **~·es**) 철쭉과(科)의
상록 관목; 북미산(産) 월귤나무류(類)의 일종.
‡**arc** [aːrk] 圀 (기하) 호(弧), 원호(圓弧) ⇒ CIRCLE 그
림; [전기] 전호(電弧), 아크; [천문] 호; (일반적으로)
호형(弧形)(물), 궁형(弓形)(물). ──圀 (**~**(**k**)**ed**; **~**(**k**)**-
ing**) (전기) 호광(弧光)을 이루다, 전호를 형성하다.
──圀 아크(전호)의; 역(逆)의; 호의. 「사).
ARC, A.R.C. American Red Cross(미국 적십자
*ar·cade [aːrkéid] 圀 1
[건축] 아케이드, 홍예랑(虹
霓廊), 아치 기둥의 열(列);
홍예 모양의 천정이 있는 회
랑(回廊). 2 (양쪽에 가게가
있는) 유개(有蓋) 도로, 아
케이드; 지붕 있는 상가(商
街). ¶ **a shopping ~** 상점
가. 3 [美어] 게임 센터
(penny ~). 4 아치형 장식
조각. ──圀 …에 아케이
드를 시설하다; 을 지붕
이 있는 회랑[도로]으로 만들다.
ar·cad·ed [aːrkéidid] 圀 아케이드로 된, 홍예랑이
있는. ¶ **an ~ alley** 아케이드, 상점가.
arcáde gàme 圀 아케이드 게임(게임 센터 등에서 하
는 video game, pinball, rifle shooting 따위).
Ar·ca·di·a [aːrkéidiə] 圀 아르카디아(고대 그리스

[arcade 1]

오지의 이상향); 조용하고 소박한 생활을 하는 전원적 이
상향. (또는 **Árcady**)
Ar·ca·di·an [aːrkéidiən] 圀 아르카디아의; 목가적
인, 전원풍의; 소박한, 순박한. ──圀 아르카디아 사람;
전원 취미를 가진 사람.
~·**ism** 圀Ⓤ 전원 취미, 목가적 정취. ~·**ly** 뛰
Ar·ca·dy [áːrkədi] 圀 (문어) = Arcadia.
ar·cane [aːrkéin] 圀 비밀의; 심원한, 불가사의의.
~·**ly** 뛰 ~·**ness** 圀
ar·ca·num [aːrkéinəm] 圀 (⑧ **-na** [-nə]) (종종
복수형으로) 비밀, 불가사의; 자연의 신비, 비전(秘傳)
비약(秘藥), 영약(靈藥), 불로액(elixir, panacea).
Arc de Tri·omphe [F aːrk də triɔ̃ːf] 圀 (파리
의) 개선문. 〈F〉 「한 전기로).
árc fúrnace 圀 아크로(爐) (전호(電弧)의 열을 이용
‡**arch¹** [aːrtʃ] 圀 (**~·es** [-iz]) 1
[건축] (돌 또는 벽돌로 만든) 아
치, 홍예. ¶ **a masonry** [**metallic**]
~ 석조[철조] 아치. 2 아치로(路);
아치문. ¶ **a memorial** [**triumphal**]
~ 기념[개선]문. 3 아치 모양의
디자인, 물건; 활모양의 디자인,
물건. ¶ **the ~ of an eyebrow**
활 모양의 눈썹 / **the ~ of heav-
ens** 창궁(蒼穹), 창공. 4 발등; 발
바닥의 장심(掌心).

keystone 종석
[arch¹ 1]
1 springer 기공석
2 pier 홍예다리
3 abutment 홍예받이
4 voussoir 홍예석
5 intrados 내호면

an arch in the cat's back 경
계[위협, 분노]의 제스처.
──圀 (**~·es** [-iz]; **~ed** [-t])
㉠ 1 에 아치를 놓다[걸치다]. ¶ **The rainbow ~es
the sky.** 무지개는 하늘에 활 모양의 다리를 놓는다. 2
…을 아치 모양으로 구부리다, 궁형(弓形)으로 만들
다. ¶ **A horse ~es its neck, and a cat its back.** 말
은 목을, 고양이는 등을 활 모양으로 구부린다. ──圀
아치[활] 모양으로 되다.
arch² 圀 1 (복합어로) 중요한, 주요한(chief) (⑧
arch-). ¶ **an ~ criminal** 주범. 2 간교한, 교활한; 장난
기 있는, 짓궂은, 장난꾸러기의, 시시덕거리는. ¶ **an ~
smile** 간사한 미소, 장난기 어린 웃음. ──圀 [폐어] 장
(長), 수령, 우두머리(chief).
arch. archaic; archaism; archery; archipelago;
architect(ural); architecture; archive(s). **Arch.**
archbishop.
arch-¹ [aːrtʃ] 연결 1 (명사에 붙여) chief, main,
principal의 뜻. ¶ **arch**bishop, **arch**rival. (또는
archi-) 2 prototypical, examplary, extreme(ly);
thorough(ly)의 뜻. ¶ **arch**conservative.
arch-² [aːrk] 연결 ⇒ARCHI-. ¶ **arch**angel, **arch**en-
teron 원장(原腸). 「matri**arch**.
-arch [aːrk] 연결 chief, ruler의 뜻. ¶ mon**arch**,
-arch² 연결 beginning의 뜻.
Ar·chae·an [aːrkíːən] 圀圀 =Archean.
ar·chae·bac·te·ri·a [àːrkibæktíəriə] 圀 (생
물) 원시 세균, 고(古)세균(원핵(原核) 생물도 아니고 진
핵(真核) 생물도 아닌 제3의 미생물).
ar·chae·o- [áːrkiou, -kiə, àːrkiːou, -kiə] 연결
antiquity, ancient, primitive의 뜻. (또는 **archeo-,
archi-**) ¶ **archaeo**logy, **Archeo**zoic, **archi**plasm.
ar·chae·o·as·tron·o·my [àːrkiouəstrɑ́nəmi/
-trɔ́n-] 圀 고(古)천문학, 천문 고고학. (또는 **archeoas-
tronomy**) **-mer** 圀 **-as·tro·nóm·i·cal** 圀
ar·chae·o·bot·a·ny [àːrkioubɑ́təni/-bɔ́t-] 圀
식물 고고학. (또는 **archeobotany**) **-nist** 圀
ar·chae·o·cyte [áːrkiəsàit] 圀 [동물] 원시 세포.
(또는 **archeocyte**)
archaeol. archaeological; archaeology.
ar·chae·o·lith·ic [àːrkiəlíθik] 圀 [인류] 구석기
시대의. ⑧ neolithic (또는 **archeolithic**)

ar·chae·o·log·i·cal [àːrkiəládʒikəl/-lɔ́dʒ-] 형 고고학적인, 고고학상의. (또는 **archaeologic, archeologic(al)**) **-i·cal·ly** 부

***ar·chae·ol·o·gy** [àːrkiálədʒi/-ɔ́l-] 명① 고고학. ② (드물게) 고대사; 고대 연구. (또는 **archeology**) **-gist** 명

ar·chae·om·e·try [àːrkiámətri/-ɔ́m-] 명 고고 표본 연대 측정학[법] (방사선 탄소 연대 측정법, 아미노산 연대 측정법 따위에 의하여 고고학 표본의 연대를 측정하는 학문[방법]). (또는 **archeometry**) **-trist** 명

ar·chae·op·ter·yx [àːrkiáptəriks/-5p-] 명 시조새(의 화석).

Ar·chae·o·zo·ic [àːrkiəzóuik] 명=Archeozoic.

ar·chae·o·zo·ol·o·gy [àːrkiazouálədʒi/-ɔ́l-] 명 동물 고고학. (또는 **archeozoology**) **-gist** 명

***ar·cha·ic** [aːrkéiik] 형① 고풍의; 구식의; 구태의연한; 고대의, 초기의; (the ~) 〈명사적〉 고대, 고대형(型); 고대의 물건. ② 옛 말투의, 고문체의. ¶an ~ word 고어. ③ (A-) 고대 그리스풍의(기원전 7-5세기경을 가리킨다). 형 classical, Hellenic **-i·cal·ly** 부

archáic smíle 명 아르카익 미소(초기 그리스 조각에서 흔히 볼 수 있는 미소와도 같은 표정).

ar·cha·ism [áːrkiìzm, -kei-] 명ⓊⒸ① 고문체, 고어, 옛 말투. ② (문학 등의) 의고(擬古)주의. ③ 고대성(性), 고풍. (또는 **ar·cha·i·cism** [aːrkéiəsizm]) **-ist** 명 의고주의자, 유물 연구가. **-ís·tic** 형

ar·cha·ize [áːrkiàiz, -kei-] 타➀ …을 고풍으로 하다, 옛 말투로 표현하다. ─㉝ 고문체를 쓰다; 고풍을 모방하다. **-iz·er** 명

arch·an·gel [áːrkèindʒəl] 명① 대천사(大天使), 천사장(長). ② ANGEL 유의어 ③ 〈식물〉 안젤리카(angelica). **-an·gél·ic, -an·gél·i·cal** 형 대천사의.

árch bèam 명 〈건축·해사〉 아치형 들보[빔].

***arch·bish·op** [ɑ̀ːrtʃbíʃəp] 명① (가톨릭의) 대주교; (개신교의) 대감독; (영국 국교회·그리스 정교의) 대주교; (영국 국교회의) 대감독; (불교의) 대승정(大僧正).

arch·bish·op·ric [ɑ̀ːrtʃbíʃəprik] 명 Ⓤ Ⓒ archbishop의 직[교구, 관할권].

árch bòard 명 〈해사〉 (아치형) 고물의 배 이름판.

Archbp. Archbishop.

árch bràce 명 〈건축〉 아치형 버팀대.

arch·con·serv·a·tive [àːrtʃkənsəːrvətiv] 형 초(超)보수적인, 극단적으로 보수적 생각을 가진. ─ 명 초보수주의자.

archd., Archd. archdeacon; archduke.

arch·dea·con [àːrtʃdíːkən] 명① (영국 교회의) 부감독. ② 〈고어〉 부주교. ③ 〈가톨릭〉 cathedral의 평의회 회원에게 수여되는 칭호. **~·ate, ~·ry, ~·ship** 명 archdeacon의 관할권[관구, 주거, 직].

arch·di·o·cese [àːrtʃdáiəsì:s, -sis] 명 archbishop의 관구.

arch·du·cal [ɑ̀ːrtʃdjúːkəl/-dúː-] 형 대공(大公) (archduke)의; 대공령(領)(archduchy)의.

arch·duch·ess [àːrtʃdʌ́tʃis] 명 대공비(妃); 옛 오스트리아의 왕녀[공주]. 〔령(領); 대공의 지위〕.

arch·duch·y [ɑ̀ːrtʃdʌ́tʃi] 명 대공국(大公國).

arch·duke [àːrtʃdjúːk/-djúːk] 명 대공; 옛 오스트리아의 왕자. **~·dom** 명 = archduchy.

Ar·che·an [ɑːrkíːən] 형 〈지질〉 시생대(始生代)의, 태고대(太古代)의. (또는 **Archaean**) ─ 명 (the ~) 태고대, 시생대(가장 오랜 지질 계통).

arched [ɑːrtʃt] 형 아치가 걸린; 아치형의, 터널 모양의. ¶an ~ bridge 홍예교, 아치교.

árched squáll 명 〈기상〉 아치형 스콜(적도 지방의 벼락을 동반하는 스콜).

ar·che·go·ni·um [àːrkigóuniəm] 명 (복 **-ni·a** [-niə]) 〈식물〉 (선태류의) 장란기(藏卵器). **-ni·al** 형

arch·en·e·my [ɑ̀ːrtʃénəmi] 명 최대의 적, 대적(大敵); (때로 the ~) 사탄(Satan), 마왕, 악마(Devil).

ar·che·o- [ɑ̀ːrkiou, -kiə] 연결 ⇒ARCHAEO-.

ar·che·o·log·i·cal [àːrkiəládʒikəl/-lɔ́dʒ-] 형 고고학의. (또는 **archeologic**) 「ology.

ar·che·ol·o·gy [àːrkiálədʒi/-ɔ́l-] 명 = archae-

Ar·che·o·zo·ic [àːrkiəzóuik] 〈지질〉 명 시생대(始生代)[태고대]의. ─ 명 (the ~) 시생대; 시생대층. (또는 **Archaeozoic**) 「층(始生層).

Archeozóic éra 명 시생대(약 20억년 이전); 시생

***arch·er** [áːrtʃər] 명① (활을) 쏘는 사람, 궁수(bowman); 궁도[양궁] 선수. ② (A-) 〔천문·점성〕 궁수자리; 인마궁(人馬宮)(Sagittarius). ③ 사수어(射水魚).

Ar·cher [áːrtʃər] 명① Jeffrey Howard ~ 아처 (1940- : 영국의 추리 소설가·정치인).

arch·er·ess [áːrtʃəris] 명 archer의 여성형.

arch·er·fish [áːrtʃərfìʃ] 명 (복 **~**(**·es**)) 사수어(射水魚)(자바·인도산(産)).

***arch·er·y** [áːrtʃəri] 명 Ⓤ 궁술, 궁도; 양궁(술); (집합적) 사수대(射手隊); 궁사(활·화살의) 무장(武裝).

ar·che·typ·al [áːrkitàipəl] 형 원형(原型)의; 전형적인. (또는 **archetypic, archetypical**) **~·ly** 부

ar·che·type [áːrkitàip] 명① 〔종교·철학〕 원형(原型)(⑧ prototype); 원판, 오리지널; 모범, 본. ¶The ~ of lyric poetry 서정시의 원형. ② 〔심리〕 고태형(古態型)(선조로부터 물려받은 무의식 심리의 형(型)). ③ 〔경제〕 (주화의) 기본[원형] 화폐.

arch·fiend [àːrtʃfíːnd] 명 대(大)악마; (the A-) 마왕, 사탄(Satan).

ar·chi- [áːrki] 연결① first, primary, bottommost 의 뜻. ¶architrave. ② "주(요)…, 대…"의 뜻. ¶archimandrite, architect. (또는 **arch-**)

Ar·chi·bald [àːrtʃəbɔ̀ːld, -bəld] 명① 아치볼드(남자 이름). ② 〈영속어〉 (종종 a-) 고사포.

ar·chi·carp [áːrkikɑ̀ːrp] 명 〔식물〕 낭자균류(囊子菌類)의 자성(雌性) 생식기관. 「con의.

ar·chi·di·ac·o·nal [àːrkidaiǽkənl] 형 archdea-

ar·chi·di·ac·o·nate [àːrkidaiǽkənət, -eit] 명 Ⓤ Ⓒ archdeacon의 직[관구].

Ar·chie [áːrtʃi] 명① 아치(남자 이름; Archibald의 애칭). ② 〔컴퓨터〕 아치(인터넷 상의 모든 익명의 FTP (file transfer protocol) site의 정보 검색을 가능케 하는 프로그램). ③ 〈영속어〉 (종종 a-) 고사포.

Árchie Búnk·er [-bʌ́ŋkər] 명 〈미·캐나다〉 아치 벙커(편협하고 독선적인 노동자); 〈형용사적〉 완고하고 보수적인. (<TV 코미디 프로의 등장 인물)

Árchie Búnker·ism [-bʌ́ŋkərìzm] 명 〈미〉 (아치 벙커와 같은 인물이 쓰는) 어리석고 교양없는 말씨.

ar·chi·e·pis·co·pa·cy [àːrkiipískəpəsi] 명 Ⓤ Ⓒ ① (권능을 가진) archbishop의 교회 관리체제. ② archbishop의 직[직위, 관할구].

ar·chi·e·pis·co·pal [àːrkiipískəpəl] 형 archbishop의; archbishopric의.

ar·chi·e·pis·co·pate [àːrkiipískəpət, -pèit] 명 = archiepiscopacy 2.

ar·chil [áːrkil, -tʃil] 명 Ⓤ 〔이끼에서 채취하는〕 리트머스 염료. (또는 **orchil**)

ar·chi·mage [áːrkəmèidʒ] 명 대(大)마술사.

ar·chi·man·drite [àːrkimǽndrait] 명 〔그리스 정교〕 수도원장(⑧ abbot); (여러 수도원을 관리하는) 상급 수도원장; 뛰어난 성직자에게 주는 칭호.

Ar·chi·me·de·an [àːrkəmíːdiən, -midíːən] 형 아르키메데스의.

Ar·chi·me·des [àːrkəmíːdiːz] 명① 아르키메데스 (287?-212 B.C.; 그리스의 수학자·물리학자·발명가). ② 〔천문〕 월면(月面)의 제2사분면(四分面)의 벽평원(壁平原)(지름 약 80km).

Archimédes' príncple 명 〔물리〕 아르키메데스의 원리. (또는 **Archimédean príncple**)

Archimédes' scréw 명 아르키메데스식 나선 양

archine — **ardent**

수기. (또는 **Archimédean scréw**)
ar·chine [ɑːrʃíːn] 명 아르신(arshin)(러시아의 길이의 단위; 1아르신은 28인치, 약 71cm).
arch·ing [áːrtʃiŋ] 명 1 ⓤ 활 모양으로 하기. 2 활 모양(의 부분), 궁형(부); 궁륭(穹窿)의 구조.
ar·chi·pe·lag·ic [àːrkəpəlǽdʒik] 형 군도[열도]의; 다도해의. (또는 **ar·chi·pe·la·gi·an** [-léidʒiən, -dʒən])
archipelágic státe 명 〔국제법〕 군도 국가(인도네시아·필리핀 따위).
archipelágic wáters 명ⓒ 〔국제법〕 군도 수역.
ar·chi·pel·a·go [àːrkəpéləgou] 명 (⑩ ~(e)s [-z]) 1 군도, 열도; 다도해(多島海). 2 (the A-) 에게 해(海) (the Aegean Sea). 「어〕 원음소(原音素).
ar·chi·pho·neme [áːrkəfòuniːm, ⌐-⌐-] 명 〔언어〕
ar·chi·plasm [áːrkəplæzm] 명 (미분화(未分化)의) 원형질(protoplasm); = archoplasm.
archit. architecture.
‡**ar·chi·tect** [áːrkətèkt] 명 1 건축가, 건축 기사, 설계가. ¶a naval [or marine] ~ 조선(造船) 기사. 2 (보통 the ~) 계획자, 입안자, 기초자; 건설자, 제작자. ¶the ~s of the U.S. Constitution 미국 헌법 기초자. 3 〔컴퓨터〕 네트워크[소프트웨어] 아키텍트[디자이너, 구축자]. 4 (the A-) 조물주(the Creator), 신(God). ── 동타 ~ 을 건축하다, 설계하다; 계획하다.
ar·chi·tec·ton·ic [àːrkətektánik/-tɔ́n-] 형 1 건축학[술]의; 건축[설계]상의. 2 조직[구조]상의. ¶~ beauty 구성미. 3 〔철학〕 지식 체계(론)상의. **-i·cal·ly** 부
ar·chi·tec·ton·ics [àːrkətektániks/-tɔ́n-] 명 (단수취급) 1 건축학. 2 설계, 도안; 구성. 3 〔철학〕 지식 체계(론). 「(학)상의. **-ly** 부
***ar·chi·tec·tur·al** [àːrkətéktʃərəl] 형 건축술의, 건축
architéctural bárrier 명 〔건축〕 (신체 장애자가 이용하기 불편한) 건축상의 장애물.
‡**ar·chi·tec·ture** [áːrkətèktʃər] 명 1 ⓤ 건축, 건축술, 건축학. ¶civil ~ 보통 건축(군사적인 것에 대해서 주택·공공 건축 등) / marine ~ 조선술[학] / military ~ (군사) 축성법(築城法). 2 ⓤ 건축 양식. ¶Greek ~ 그리스 건축 양식. 3 ⓤ (the ~) 구조, 뼈대, 구성. ¶the ~ of a drama 연극의 구성. 4 (the ~) 〔건축물〕; ⓤ (집합적) 건조물. 5 〔컴퓨터〕 아키텍처, 얼개.
ar·chi·trave [áːrkətrèiv] 명 〔건축〕 평방(平枋) (고대 건축의 entablature의 맨 밑부분); 문·창 따위의 둘레의 장식틀. 「기록의; 문서[기록] 보관소의.
ar·chi·val [áːrkáivəl] 형 문서의, 공문서의, 귀중한
archival file 명 〔컴퓨터〕 기록[문서] 파일.
ar·chive [áːrkaiv] 명 1 (보통 ~s) 공적(公的) 기록, 공문서. 2 공적 기록[공문서, 사료(史料)] 보관소. 3 기록, 자료 수집. 4 〔컴퓨터〕 아카이브, 파일 저장고[매체]. ── 동타 고문서[공문서]의. ── 동타 〔문서 따위〕를 보관소에 보관[수용]하다; 〔컴퓨터〕 〔파일〕을 아카이브에 넣다[저장하다]. 〔<F〕
árchive science 명 고문서학[연구].
ar·chi·vist [áːrkəvist, -kai-/-ki-] 명 기록[공문서] 보관자, 기록 보관계(係).
ar·chi·volt [áːrkəvòult] 명 〔건축〕 장식 홍예 창도리, 장식 창도리(아치의 바깥쪽을 따라서 댄 장식틀).
arch·ly [áːrtʃli] 부 아치 모양으로; 짓궂게, 장난 심하게; 교활하게(slyly). 「이 심함.
arch·ness [áːrtʃnis] 명ⓤ 아치 모양; 짓궂음, 장난
Árch of Tríumph 명 = Arc de Triomphe.
ar·chol·o·gy [ɑːrkálədʒi] 명 기원 연구.
ar·chon [áːrkan/-kən] 명 아르콘(고대 아테네의 제1집정관); 통치자, 지배자. **~·ship** 명
ar·cho·plasm [áːrkəplæzm] 명ⓤ 〔세포〕 성사질(星絲質)(세포 분열 때 중심체를 둘러싸고 있는 원형질).
ar·cho·saur [áːrkəsɔ̀ːr] 명 〔고생물〕 조용류(祖龍類)의 공룡, 주용류(主龍類).
arch·priest [áːrtʃpríːst] 명 주목사(主牧師); 〔가톨릭〕 수석 사제, 주교 대리. **~·hood, ~·ship**
arch·ri·val [áːrtʃráivəl] 명 최대의 라이벌.
archt. architect.
arch·trai·tor [áːrtʃtréitər] 명 대(大)반역자.
arch·way [áːrtʃwèi] 명 〔건축〕 아치 길(아치 밑의 입구 또는 통로); 통로[입구] 위의 아치.
arch·wise [áːrtʃwàiz] 부 아치형으로, 활 모양으로.
Ar·chy [áːrtʃi] 명 아치(남자 이름; Archibald의 애칭).
-ar·chy [àːrki] 연결 rule, government의 뜻. ¶monarchy. **-ar·chic -ar·chist**
ar·ci·form [áːrsəfɔ̀ːrm] 형 아치형의, 활 모양의.
árc·jet (éngine) [áːrkdʒèt-] 명 〔우주〕 아크제트 엔진(연료 가스를 전기 아크로 가열하는 로켓 엔진).
arcked [ɑːrkt] 동 arc의 과거·과거분사.
árck·ing [áːrkiŋ] 동 arc의 현재분사.
árc lámp 명 아크등(燈).
árc light 명 = arc lamp; 아크등 불빛.
ar·co [áːrkou] 형부 〔음악〕 활(bow)로[의]. (<It)
ar·co·graph [áːrkəgræf/-grɑ̀ːf] 명 〔기하〕 원호규 (圓弧規)(원호를 그리는 기구)(cyclograph).
ar·col·o·gy [ɑːrkálədʒi/-kɔ́l-] 명 완전 환경 계획 도시. (< architecture + ecology)
‡**arc·tic** [áːrktik, áːrtik/áːktik] 형 1 (A-) 북극의, 북극권의(⑩ antarctic). ¶an ~ expedition 북극 탐험. 2 북극 지방에서 쓰는[쓰이는]. 3 (날씨가) 아주 추운, 극한(極寒)의. 4 (바람 따위가) 북극[극지]에서 불어 오는. 5 (분위기·태도 따위가) 쌀쌀한, 냉담한. 6 〔천문〕 (드물게) 북극성(North Star) 아래의, 곰자리 아래의.
── 명 1 (the A-) 북극(지방, 권). 2 (~s) (안감을 대고 고무창으로 된) 방한 부츠. **-ti·cal·ly** 부
Árctic Círcle 명 (the ~) 북극권. ⇨ZONE 그림.
Árctic explórer 명 (美속어) 코카인 상용자.
Árctic fóx 명 〔동물〕 북극여우, 흰여우(white fox).
Árctic Ócean 명 (the ~) 북극해, 북빙양.
arc·ti·col·o·gy [àːrktikálədʒi, àːrti-/áːktikɔ́l-] 명 극지학(極地學). **-gist** 명 극지학자.
Árctic Póle 명 (the ~) 북극(점)(North Pole).
Árctic Séa 명 (the ~) = Arctic Ocean.
árctic séal 명 (종종 A-) 모조 바다표범 모피(토끼털로 가공).
Árctic Zóne 명 (the ~) 북극대(帶)(66°33′N 이북).
ar·cto·phile [áːrktəfàil] 명 봉제곰(teddy bear) 애호가(수집가).
ar·cu·ate [áːrkjuət, -kjuèit] 형 활 모양의, 활 모양으로 굽은 (=**arcuated**). **-ly** 부
ar·cu·a·tion [àːrkjuéiʃən] 명 1 굽어져 있는 상태, (활 모양의) 휨. 2 〔건축〕 아치 구조; 홍예 공사[공법]. 3 아치 모양의 구성.
ar·cus [áːrkəs] 명 (⑩ ~) 〔기상〕 아치 구름.
arcus se·ni·lis [-sənáilis] 명 〔안과〕 노인환(老人環)(고령자의 각막 주변에 나타나는 황회색의 지방 띠).
árc wélding 명 아크 용접(아크열을 이용).
ARD acute respiratory disease(급성 호흡기 질환).
-ard [ərd] 접미 … 하는[에 빠진] 사람, …쟁이 등의 뜻의 명사를 만든다 (* 비난·경멸·강조의 뜻). ¶coward, drunkard; braggart. (또는 **-art**)
ARDC (美) Air Research and Development Command(항공 기술 연구 개발 본부).
Ar·den [áːrdn] 명 1 the Forest of ~ 아든의 숲 (영국 중동부의 삼림 지대; Shakespeare작 As You Like It의 무대). 2 꿈의 나라.
ar·den·cy [áːrdənsi] 명ⓤ 열심, 열성(ardor).
*__ar·dent__ [áːrdnt] 형 1 열렬한, 열심인, 정열적인. ⇨ EAGER 유의어 ¶~ passion 열렬한 정 / an ~ patriot [supporter] 열렬한 애국자[지지자]. 2 심한, 격렬한, 맹렬한. ¶a protest 강경한 항의. 3 불타는, 불 같은. ¶~ eyes 이글거리는 눈. ── 명 (드물게) (the ~) = ~ spirits.

~-ness 명
*ar·dent·ly [á:rdntli] 부 열렬히, 열심히; 불 같이.
árdent spírits 독한 술(위스키 등의 증류주).
ARDG (美) Army Research and Development Group (of Far East)(육군 극동 연구 개발국).
*ar·dor, -dour [á:rdər] 명UC 1 격정, 정열, 열성. ¶damp one's ~ 열의를 꺾다. 2 (…에의) 경도, 열중, 열광; 충절, 헌신 (for).
with ardor 열심히, 열성적으로.
ARDS adult respiratory distress syndrome(성인 호흡 곤란 증후군).
*ar·du·ous [á:rdʒuəs/-dju-] 형 1 힘든, 곤란한. ¶an ~ enterprise 어려운 사업. 2 정력적인, 불요불굴의, 끈기 있는. ¶make an ~ effort 불굴의 노력을 기울이다. 3 (산길 따위가) 오르기 힘든, 험준한. 4 참기 어려운, 혹된. ¶an ~ winter 엄동. ~·ly 부 ~·ness 명
‡are¹ [강 ɑːr, 약 ər] 동자 제2인칭 단수·복수와 1·3인칭 복수의 be의 직설법 현재형(* I am의 의문 부정형으로서 (英구어)에 Aren't I?가 있다. 단, (美)에서는 Am I not?로 하는 일이 많다): Aren't I right? 제가 틀렸습니까?/I am right, aren't I? 내 말이 맞지? ▶ we're [wiər], you're [juər, jər/juə, jɔː], they're [ðɛər]. ⇒BE. ¶A~ you there? 여보세요? (전화에서 쓰는 말)/I don't know where we ~. 여기가 어딘지 모르겠다/They ~ here. 그들은 여기에 (와) 있다.
are² [ɑːr, ɛər/ɑː] 명 아르(미터법에 의한 면적의 단위; =100m²; ⓢ a). ⟨F⟩
‡ar·e·a [ɛ́əriə] 명 (복) ~s [-z], (생물) -ae [-iː]) 1 지역, 지상의 한 구역, 지방. 2 DISTRICT 유의어 ¶ the desert ~ of the U.S. 미국의 사막 지역. 2 범위, 영역, 영역, 분야. ¶an effective ~ 유효 범위/the whole ~ of science 과학의 모든 영역/the ~ of thought 사고(思考)의 범위. 3 UC 장소, 공간. 4 (건물에 둘러싸인) 빈터(open space), 안마당. 5 [area 6] 토지 면적, 부지; 평수, 건평. 6 (英) 지하실이나 지하 출입구의 통행을 위해 낮게 파 내려간 빈터(areaway). ¶an ~ gate 지하실 출입구. 7 (해부·생리) (특수한 기능을 갖춘) 뇌피질부(腦皮質部). 8 (축구) 페널티 ~. 9 (컴퓨터) 영역, 구역.
área assígnment 명 (컴퓨터) 영역 대입(代入).
área béll 명 (英) 지하(실) 출입문의 벨.
área bòmbing 명 (군사) 지역 폭격(도시 등의 전지역을 무차별 폭격하는 일). 상 pattern bombing
área còde 명 (美) (전화의) 시외 국번.
área commànd 명 (美) (경찰의) 관할 지역[주둔처].
área contròl cènter 명 항공로 관제 기관[센터].
área defènse 명 (군사) 지역 방위, 광역 방위.
ar·e·al [ɛ́əriəl] 형 지역의.
áreal linguístics 명 (단수취급) 지역 언어학 (neolinguistics). (또는 área linguístics).
área navigátion 명 (항공) 에어리어 내비게이션 (컴퓨터 기기에 의한 항법; 약 RNav.).
àrea of outstánding nátural béauty 명 (英) 특별 자연 미관 지역(국립공원은 아니지만 그에 필적하는 지역).
área rúg 명 (작은) 조각 융단.
área stéps 명복 (英) 지하(실) 출입문 계단.
área stùdy 명 지역 연구(나라의 local history).
área vàriable 명 (컴퓨터) 영역[구역] 변수.
ar·e·a·way [ɛ́əriəwèi] 명 1 =area 6. 2 (건물 사이의) 통로; (지하실의) 통기구(通氣裝).
ar·e·ca [əríːkə, ǽri-] 명 1 빈랑(檳榔)나무. (또는 ~ pàlm) 2 (또는 ~ nùt) 빈랑나무의 열매.

ARELS (美) Association of Recognized English Language Schools(공인 영어 학교 협회).
*a·re·na [ərí:nə] 명 1 투기장(鬪技場)(고대 로마의 원형 경기장). 2 시합장, 경기장; (권투의) 링; 실내 구기 [투기]장; 원형 무대(~ stage). 3 활동 장소, (투쟁·경쟁 따위의) 무대, …계(界). ¶the literary ~ 문단/enter the political ~ 정계에 입문하다.
ar·e·na·ceous [æ̀rənéiʃəs] 형 모래 같은, 사질(砂質)의; (식물의) 모래(땅)에서 자라는.
aréna football 명 실내 미식축구(옥외 경기장의 절반 너비의 인공 잔디가 깔린 경기장에서 한다).
aréna stàge 명 원형 무대 (실내 경기[구기]장).
aréna théater 명 (美) 원형 극장.
Ar·endt [ɛ́ərənt, á:r-/-ǽr-] 명 Hannah ~ 아렌트 (1906-75: 미국의 유대계 여성 정치 철학자).
ar·e·nose [ǽrənòus] 형 모래의, 모래 같은(sandy); 모래투성이의, 모래(자갈) 섞인(gritty).
‡aren't [ɑ:rnt, ɑ́:rənt/á:nt] are not의 단축형.
ar·e·og·ra·phy [ɛ̀əriɑ́grəfi/-ɔ́g-] 명 화성 지리학(地誌)(화성 표면의 지형 묘사).
a·re·o·la [ərí:ələ/əriə-] 명 (복) -lae [-liː], ~s [-z]) (해부) 유두륜(乳頭輪); (피진(皮疹)의) 홍륜(紅輪); (생물) (결합 조직 사이의) 극히 작은 틈, 그물눈 틈(엽맥(葉脈) 따위의 사이). (또는 areole)
a·re·o·lar [ərí:ələr/əriə-] 형 (생물) 그물눈 모양의, 미세한 틈의; (해부) 유두륜의. (또는 areolate(d))
a·re·o·la·tion [ərì:əléiʃən/əriə-] 명 (생물) 그물눈 모양 조직, (결합 조직 사이의) 작은 틈새기 형성.
a·re·ol·o·gy [ɛ̀əriɑ́lədʒi/-ɔ́l-] 명 (천문) 화성관측, 화성학.
ar·e·om·e·ter [ɛ̀əriɑ́mətər/-ɔ́m-] 명 액체 비중계.
Ar·e·op·a·gite [æ̀riɑ́pədʒàit, -gàit/-ɔ́p-] 명 (그리스 역사) 아레오파고스(Areopagus)의 재판관.
Ar·e·op·a·gus [æ̀riɑ́pəgəs/-ɔ́p-] 명 1 아레오파고스(그리스의 아테네(Athens)에 있는 언덕). 2 (그리스 역사) 아레오파고스 재판소(고대 아테네의 최고 법정).
Ar·es [ɛ́əriːz] 명 (그리스 신화) 아레스(로마 신화의 Mars에 해당하는 그리스의 군신(軍神)).
a·rête [əréit, ær-] 명 (지리) 산등성이, (특히) 날카로운 바위 산등성이, 분수령. ⟨F sharp ridge⟩
ar·e·thu·sa [æ̀rəθúːzə] 명 1 (북미산(産)) 붉싸리속(屬)의 식물. 2 (A~) (그리스 신화) 숲의 요정(妖精)
arf [á:rf] 명 멍. 으르릉(개 짖는 소리). (nymph).
ARF ASEAN Regional Forum(아세안 지역 포럼).
AR 15 (rifle) [éiá:rfìftí:n-] (美) AR 15 소총(구경 0.223인치의 가스 작동식 반자동 소총).
arg [ɑːrg] 명 (컴퓨터) argument.
arg. argent(um). Arg. Argentina; Argentine. Arg, Arg. (생화학) arginine.
ar·gal [á:rgəl] 부 =argol¹.
ar·ga·la [á:rgələ] 명 무수리(인도산(産)의 큰 황새).
ar·ga·li [á:rgəli] 명 (중앙 아시아·시베리아산(産)의 크고 굽은 뿔을 가진) 야생양(羊).
Ár·gand búrner [á:rgænd-, -gɑːnd-] 명 아르강 식 석유[가스] 버너. ⟨고안자인 스위스의 과학자 Aimé Argand(1750-1803)의 이름⟩
Árgand díagram 명 (수학) 아르강 도표.
Árgand làmp 명 아르강 석유등(燈).
ar·gent [á:rdʒənt] 명UC (고어·시) 1 은(銀); 은백색. 2 은 비슷한 것. 3 (문장) 방패의 흰 바탕. —형 은의[같은]; (무늬가) 은백색의.
ar·gent- [á:rdʒént] 연결 ⇒ARGENTO-.
ar·gen·tal [a:rdʒéntl] 형 은의[같은]; 은을 함유한.
ar·gen·tan [á:rdʒəntæn] 명 아르겐탄(니켈·동·아연의 합금).
ar·gen·te·ous [a:rdʒéntiəs] 형 은의(silvery). (또는 argentáte) 「함유한, 은의.
ar·gen·tic [a:rdʒéntik] 형 (화학) (2가(價)의) 은을

ar·gen·tif·er·ous [à:rdʒəntífərəs] 형 은이 나는, 은을 함유하는(silver-bearing).

***Ar·gen·ti·na** [à:rdʒəntíːnə/*Sp* arxentína] 명 아르헨티나(수도 Buenos Aires). (또는 **the Argentine**)

ar·gen·tine [á:rdʒəntin, -tàin/-tàin] 형 은의, 은 같은. — 명 1 어린비(魚鱗箔); 은색상. 2 U 은 금속. 3 C 연어과(科)의 은빛 작은 물고기. 4 《광물》 은백 방해석(銀白方解石). 5 C 뱀딸기(류(類)).

***Ar·gen·tine** [á:rdʒəntìːn, -tàin] 명 = Argentina; 아르헨티나 사람. — 형 아르헨티나(사람)의. (또는 **Argentinean, Argentinian**)

ar·gen·tite [á:rdʒəntàit] 명 U 《광물》 휘은광(輝銀鑛;은의 원광).

ar·gen·to- [á:rdʒéntou, -tə] 연결 silver의 뜻. ¶ *argento*cuprous sulfide(휘동은광).

ar·gen·tous [à:rdʒéntəs] 형 《화학》 제1(銀)의; 1가(價)의 은을 함유한.

ar·gen·tum [à:rdʒéntəm] 명 《화학》 은(기 Ag).

ar·ghan [á:rgən] 명 1 U 브라질산(產)의 식물 섬유. 2 《중앙 아메리카산(產)》 야생 파인애플(pita). [**Argy**]

Ar·gie [á:rdʒi] 명 《경멸적》 아르헨티나 사람. (또는 **ar·gil** [á:rdʒil] 명 U 점토(粘土), (흰) 도토(陶土).

ar·gil·la·ceous [à:rdʒəléiʃəs] 형 도토질(陶土質)의, 도토 모양의, 점토질의; 다량의 도토[점토]를 함유한.

ar·gil·lite [á:rdʒəlàit] 명 U 《규칙》 점토암(粘土岩) (clay stone). **-lit·ic** [-lítik] 형

ar·gi·nase [á:rdʒənèis, -nèiz] 명 《생화학》 아르기나제(아르기닌을 요소(尿素)로 분해하는 효소).

ar·gi·nine [á:rdʒəniːn, -nàin] 명 U 《생화학》 아르기닌(아미노산의 일종).

Ar·give [á:rdʒaiv, -gaiv] 형 아르고스(Argos)(고대 그리스의 도시)의; 그리스(Greek)의. — 명 아르고스 사람; 그리스 사람.

ar·gle-bar·gle [á:rglbá:rgl] 명 《스코》 논쟁, 아귀다툼. — 자동 토론하다, 논쟁하다(argy-bargy).

Ar·go [á:rgou] 명 1 《그리스 신화》 아르고자리. 2 《그리스 신화》 아르고선(船)(용사 이아손(Jason)이 황금의 양털을 찾아 타고 간 배). 형 Argonaut

ar·gol[1] [á:rgəl/-gɔl] 명 U《화학》주석(酒石). [연료].

ar·gol[2] [á:rgəl] 명 《몽고》 아르골(소·양 따위 가축의 똥을 말린

ar·gon [á:rgən/-gɔn] 명 《화학》 아르곤(기 Ar).

Ar·go·naut [á:rgənɔ̀:t] 명 1 《그리스 신화》 아르고선(Argo)의 용사들 ☞ Argo. 2 1848-49년에 황금열에 들떠서 California로 이주한 사람(명 forty-niner). 3 《때로 a-》 모험가. 4 (a-) =paper nautilus.

árgon láser 아르곤 레이저.

Ar·gos [á:rgas, -gəs/-gɔs] 명 아르고스(그리스 동남부 Argolis 만에 면한 고대 도시).

ÁRGOS sỳstem 명 《해사》 아르고스 시스템(노아 위성을 이용하여 정보 수집과 위치 결정을 자동으로 하는 프랑스와 미국의 공동 운용 시스템).

ar·go·sy [á:rgəsi] 명 1 대상선(大商船), 대상선대(隊); 《시》배. 2 《비유적》보고(寶庫), 풍부한 비축[저장].

ar·got [á:rgou, -gət] 명 U (도둑 등의) 암호말, 변말, 은어, 곁말; 업계 용어(jargon). [<F]

ar·gu·a·ble [á:rgjuəbl] 형 논증할 수 있는, 지당한; 의심스러운, 의론[논쟁]의 여지가 있는. [지만; 아마도의론]

ar·gu·a·bly [á:rgjuəbli] 부 의론[논란]의 여지가 있

‡**ar·gue** [á:rgjuː] 동 (**~s** [-z]; **~d; -gu·ing**) 자동 1 논하다, 논의하다, 논쟁하다 (*about, on, upon*). ¶ ~ along lines 일정한 줄거리를 따라 논하다 (~ + 前 + 명) He ~d with his father *about* [or *on*] the matter. 그는 아버지와 그 일에 관해서 토론했다. 2 …론(論)을 펴다 (*against, for*). ¶ ~ *for* the plan 그 계획에 찬성 의견을 말하다. 3 (…과) 입씨름하다; (…에) 억지 부리다, 생떼 쓰다 (*with*). ¶ Don't ~. Just do as you are told. 억지 부리지 말고 시키는 대로 하시오. — 타동 1 …을 논하다, 토론하다. ¶ It is no use arguing the question further. 그 문제를 더 이상 논의해 보았자 소용이 없다. 2 (이론적으로) …라고 주장하다. ¶ (~+*that* 節) Columbus ~*d* that he could reach India by going west. 콜럼버스는 서쪽으로 항해하면 인도에 도달할 수 있다고 주장했다 / He is always *arguing that* honesty is not the best policy. 그는 정직은 최선책이 아니라고 늘 말한다. …을 설득[복복]하다, 설득하여 …시키다[그만두게 하다] (*into, out of*). ¶ I ~*d* him *out of* smoking. 나는 그를 설득하여 담배를 끊게 했다. 4 …을 논증하다, 증명하다, …임을 나타내다.

argue a dog's tail off 《구어》시끄럽게 논쟁하다.

argue against [for] ① …에 반대[찬성]론을 펴다. ② (일이) …반대[찬성]의 결론을 보이다.

argue *a person* **into [out of]** *doing* ⇒ 타동 3.

argue *a person* **round** 남을 설득하다.

argue away [or off] ① 논의하여 …을 일소하다. ② …을 얼버무리다, 둘러대다.

argue down 을 설복시키다.

argue in a circle 순환 논법을 쓰다; 논의가 공전되다.

argue it out 끝까지[철저히] 논하다.

argue out 논쟁을 끝내다; =*argue it out.*

argue the leg off an iron pot 《구어》지나치게 논쟁하기를 좋아하다.

argue the toss ① 《구어》 (정해진 일에 대해서) 잔소리를 하다. ② 《英속어》 지루하게 논의하다. [하다.

argue with ① ⇒ 3. ② 《남》에게 변의하도록 촉구

ar·gu·er [á:rgjuər] 명 논쟁자, 논박자, 논증자.

ar·gu·fy [á:rgjufài] 동 《구어·방언》 집요하게[귀찮게] 논쟁하다[따지다].

‡**ar·gu·ment** [á:rgjumənt] 명 1 UC (…에 관한) 논의, 토론; 논쟁 (*about, over, with*); (…에 대한) 찬성[반대]론 (*for, in favor of, against*); (…라는) 주장, 논(論)(*that* 節). ¶ an ~ *against* [*for*] the matter 그 일에 대한 반대[찬성]론 / an ~ *for* and *against* the use of tobacco 흡연 가부의 토론/They wasted no time in ~ *about* which to buy. 그들은 어느 것을 살 것인가를 토론하는 데 시간을 허비하지는 않았다.

┌─────────────────────────────────┐
│ 유의어 **argument** 사리를 밝히고, 증거를 들어 주장을 펴므로써 상대방을 납득시키려고 하는 일. **discussion** 어떤 문제를 화제로 삼아서 여러 가지 견해를 끄집어 내는 일; 언쟁과는 관계가 없다. **debate** 공적인 문제, 관한 집회에서의 discussion. **controversy** 어떤 문제에 관해서 의견을 크게 달리하는 많은 사람들이 몇 개의 파로 갈려서 논문·연설 따위의 형식으로 행하는 장기간의 논쟁. **dispute** 싸움 일보 직전의 격렬한 말다툼.
└─────────────────────────────────┘

2 《美구어》 말싸움, 입씨름. 3 (보통 the ~) 논거, 이유; U 논법; U 논증; C 《논리》 (삼단 논법의) 항(項), 소(小)전제. ¶ a line of ~ 논법 / a principle of ~ 논거. 4 개요, 요지, (이야기·각본의) 줄거리. 5 《수학》 (함수의) 독립 변수; 편각(偏角). 6 《컴퓨터》 인수(引數), 독립 변수(變數). 7 《법률》 《변호사의》 변론.

by argument 의론하여[에 의하여].

get [or fall] into an argument with *a person* **over** …에 대하여 남과 논쟁[의론]을 시작하다.

have an argument with …와 의론하다.

(just) for the sake of argument 의론[토론]의 실마리로. [작하다[끄집어 내다].

start [or put forward] an argument 의론을 시

without argument 이의 없이.

ar·gu·men·tal [à:rgjuméntl] 형 논의[논쟁]상의.

ar·gu·men·ta·tion [à:rgjuməntéiʃən] 명 UC 1 추론, 논구(論究); 입론, 논증; 전제와 결론. 2 논쟁, 토론.

ar·gu·men·ta·tive [à:rgjuméntətiv] 형 1 토론하기를 좋아하는, 따지기를 좋아하는. 2 논쟁적인, 논란

을 일으키는. 3 《법률》 (소송 사실에 관해) 결론적인.
~·ly 〔부〕 ~·ness 〔명〕
ar·gu·men·tum ad hom·i·nem [à:rgjuméntəm æd hámənèm] 〔라〕 《철학》 대인(對人) 논증(상대의 감정·성격·지위·처지 따위에 호소하는 논증; 상대방의 말을 논거로 이용하는 토론). 〔<L〕
Ar·gus [á:rgəs] 〔명〕 1 《그리스 신화》 아르고스(백 개의 눈이 달린 거인). 2 (a-) 조심성이 많은 사람, 빈틈없는 파수꾼. 3 (a-) (또는 ⏌ phêasant》 청란(靑鸞)(꿩지 같에 눈알 모양의 무늬가 있는 꿩과(科)의 새).
Ar·gus-eyed [-àid] 〔형〕 눈이 날카로운, 빈틈없는, 조심성이 많은.
ar·gute [α:rgjú:t] 〔형〕 《드물게》 날카로운, 날카로운 소리의; 예민한, 빈틈이 없는.
ar·gy-bar·gy [á:rgibá:rgi/á:dʒibá:dʒi] 〔명〕 《英구어》 말다툼, 아귀다툼. — 〔자〕 말다툼하다.
ar·gyle [á:rgail] 〔명〕 (때로 A-) 마름모꼴 무늬; (보통 ~s) 마름모꼴 무늬의 양말. — 〔형〕 마름모꼴의 무늬가 있는.
〔은중독(銀中毒).
ar·gyr·i·a [a:rdʒíriə] 〔명〕〔U〕《의학》 은피증(銀皮症).
ar·gy·ro- [a:rdʒírə] 〔연결〕 silver의 뜻(* 모음 앞에서는 argyr-). ¶argyria.
ar·gy·rol [á:rdʒərɔ̀:l/-rɔ̀l] 〔명〕《약학》 1 〔U〕 아르기롤(은과 단백(蛋白)의 혼합물; 국소 방부제). 2 (A-) 아르기롤의 상표명. (~ Arhant)→ship 〔명〕
Ar·hat [á:rhət] 〔불교〕 아라한(阿羅漢), 나한. 〔
a·ri·a [á:riə, ǽr-/á:riə] 〔명〕《음악》 선율, 가락; 영창(詠唱), 아리아; 서정적 소가곡. 〔
-a·ri·a [έəriə] 〔집미〕 《생물》 속(屬)·군(群)을 나타내며, 명사를 만든다. ¶cineraria, filaria.
Ar·i·ad·ne [ὲriǽdni] 〔명〕《그리스 신화》 아리아드네 (Theseus에게 실패를 주어 미로에서 탈출시킨 Minos의 딸).
Ar·i·an¹ [έəriən, ǽr-/έər-] 〔명〕 아리우스(Arius)(파, 학설)의. — 〔명〕 아리우스파의 사람.
Ar·i·an² [έəriən] =Aryan.
-ar·i·an [έəriən] 〔접미〕 연구·학설·(사회적) 신념·연령 따위를 나타내며, 형용사·명사를 만든다. ¶antiquarian, humanitarian, octogenarian.
Ar·i·ane [ǽriən] 〔명〕《로켓》 아리안(유럽 우주 기구 (ESA)가 개발한 인공위성 발사용 3단식 액체 연료 추진 로켓). 〔<F〕
Ar·i·ane-space [ǽriənspèis, ǽr-/έər-] 〔명〕 아리안 스페이스사(社)(유럽 우주 기구(ESA)에 소속).
Ar·i·an·ism [έəriənìzm, ǽr-/έər-] 〔명〕《신학》 아리우스파 학설(그리스도의 신성(神性)을 부정하였음).
‑ís·tic, ‑ís·ti·cal 〔형〕
a·ri·bo·fla·vin·o·sis [εiràibəflèivinóusis] 〔명〕《병리》 리보플라빈(비타민 B₂) 결핍증.
ar·id [ǽrid] 〔형〕 1 마른; 습기가 없는. ⇨ DRY 〔유의어〕 2 불모(不毛)의, 메마른. 3 (토론 따위가) 무미건조한; (두뇌·사상 따위가) 빈약한. ~·ly 〔부〕 ~·ness 〔명〕
a·rid·i·ty [ərídəti] 〔명〕〔U〕 건조; 불모; 무미건조.
aridity index 〔명〕 건조 지수(계수).
ar·i·el [έəriəl] 〔명〕 아리엘(아라비아산(産)의 영양(羚羊)). (또는 ⏌ gazélle) 〔형〕 gazelle
Ar·i·el [έəriəl] 〔명〕 1 아리엘(Shakespeare 작 The Tempest에 나오는 공기의 요정). 2 《천문》 천왕성의 제1 위성. 3 (우주) 에리얼(영국의 연구용 인공 위성).
Ar·ies [έəri:z, -rii:z] 〔명〕 1 《천문》 양자리. 2 《점성》 백양궁(白羊宮)(황도(黃道) 12궁의 제1궁); 백양궁 태생의 사람. ⇨ ZODIAC 그림. 〔<L ram〕
ar·i·et·ta [æriétə] 〔명〕 (복 ~s, -et·te [-étə]) 《음악》 아리에타, 소영창(小詠唱). 〔 aria 〔<It〕
*a·right [əráit] 〔부〕 올바르게, 틀림없이, 정확하게 (rightly). ¶if I remember ~ 내 기억이 틀림없다면.
ar·il [ǽrəl] 〔명〕《식물》 가종피(假種皮).
ar·il·late [ǽrəlèit, -lət] 〔형〕 《식물》 가종피가 있는.

a·ri·o·so [à:rióusou, ǽr-/-zou] 〔명〕〔부〕《음악》 아리아풍(으로), 영서조(詠敍調)의(로). — 〔명〕 (복 ~s) 《음악》 영서창(唱). 〔<It〕
-ar·i·ous [έəriəs] 〔접미〕 having to do with, connected with의 뜻의 형용사를 만든다. ¶gregarious.
*a·rise [əráiz] 〔자〕〔부〕 (a·ris·es [-iz]; a·rose; a·ris·en; a·ris·ing) 1 발생하다; 나타나다; 일어나다. ¶A dreadful storm arose. 무서운 폭풍이 일었다. 2 (…의 결과로) 생기다, (…에) 기인하다 (from, out of). ¶ (~ +圖) Accidents ~ from carelessness. 사고는 부주의에서 일어난다. 3 (앉거나 누운 상태에서) 몸을 일으키다, 일어나다 (from); (태양 따위가) 뜨다. ¶ ~ from the chair 의자에서 일어나다. 4 《시》 부활하다, 소생하다. 5 반란[모반]을 일으키다 (against). 6 《고어》 (소리 따위가) 들려오다.
should the need arise 필요할 경우.
*a·ris·en [ərízən] 〔동〕 arise의 과거분사.
a·ris·ings [əráizinz] 〔명복〕 부산물; 《英軍속어》 잉여 물.
Arist. Aristotle.
a·ris·ta [əristə] 〔명〕 (복 -tae [-ti:]) 《식물》 (벼·보리 따위의) 까끄라기(awn), 강모(剛毛); 《곤충》 (쌍시류(雙翅類)의) 단자(端刺), 가시 모양의 돌기.
Ar·is·tae·us [ærəsti:əs] 〔명〕《그리스 신화》 아리스타이오스(농목(農牧)의 신; 아폴로(Apollo)와 키레네(Cyrene)의 아들).
a·ris·tate [ərísteit] 〔형〕 《식물》 까끄라기가 있는; 《곤충》 단자(端刺)(가시 모양의 돌기)가 있는.
a·ris·to- [ərístou, -tə/ər-, ǽr-] 〔연결〕 best, superior의 뜻. ¶aristocratic.
*ar·is·toc·ra·cy [ærəstákrəsi/-tók-] 〔명〕 1 〔U〕 (the ~) 〔집합적〕 귀족, 명문; 〔C〕〔집합적〕 귀족 사회. 2 〔U〕 귀족 정치, 귀족 정체(政體); 〔C〕 귀족 정치 국가. 3 〔U〕 귀족으로 구성된 정부 수뇌부. 4 〔U〕 최고의 시민에 의한 정치. 5 〔집합적〕 상류(특권) 계급: 엘리트 층. ¶an ~ of businessmen 굴지의 실업가들. 6 〔U〕 귀족 기질, 거드름 피움, 으스댐.
*a·ris·to·crat [əristəkræt, ǽrəs-] 〔명〕 1 귀족, 귀족 계급의 사람; 상류(특권) 계급의 사람. 2 귀족적인 사람, 고귀한 사람. ¶a born ~ 고귀한 집안 태생. 3 귀족 정치주의자. 4 최고급의 것, 일품(逸品).
*ar·is·to·crat·ic [əristəkrǽtik, ǽrəs-] 〔형〕 1 귀족의, 귀족적인, 귀족풍의; 귀족패의; 당당한; (사회적으로) 배타적인. ¶an ~ air [or bearing, manner] 귀족적 태도. 2 상류(특권) 계급(특유)의. 3 귀족 정치(주의)의. (또는 aristocratical) -i·cal·ly 〔부〕
ar·is·toc·ra·tism [ərìstəkrǽtizm/-tók-] 〔명〕〔U〕 귀족(정치)주의; 귀족 기질, 귀족적 정신.
ar·is·tol·o·gy [ærəstáləʤi, ǽrəs-] 〔명〕 정찬학(正餐學). 이상적 식사법 연구.
Ar·is·toph·a·nes [ærəstáfəni:z/-tóf-] 〔명〕 아리스토파네스(448?-385? B.C.: 고대 그리스의 희극 작가). Ar·is·to·phan·ic [ərìstəfǽnik] 〔명〕 아리스토파네스풍의(와 같이); 유머·야유가 풍부한.
Ar·is·to·te·lian [ærəstətí:liən, -liən] 〔명〕 아리스토텔레스(Aristotle) (학파)의. — 〔명〕 1 아리스토텔레스 학파의 사람. 2 (아리스토텔레스식으로) 과학적·연역적으로 사물을 고찰하는 사람. (또는 Aristotelean)
~·ism 〔명〕 〔학.
Aristotélian lógic 아리스토텔레스(형식) 논리
Ar·is·tot·le [ǽrəstàtl/-tótl] 〔명〕 아리스토텔레스 (384?-322 B.C.: 고대 그리스의 철학자; Plato의 제자로 Alexander 대왕의 스승). 〔인화법(에 의한 것).
a·ris·to·type [əristətàip] 〔명〕〔U〕〔C〕《사진》 아리스토
arith. arithmetic; arithmetical.
‡a·rith·me·tic [əríθmətik] 〔명〕〔U〕 1 산수, 산술; 계산(법, 능력), 셈. ¶commercial ~ 상업 산술 / decimal ~ 십진산(算) / literal ~ 대수 / mental ~ 암산 / political ~ 통계학. 2 (또는 hígher [theorétical] ⏌) 수학 이론, 산술학. 3 〔C〕 산수책.

—형 [ərìθmétik] (또는 **arithmetical**) 산수의, 산술[계산]상의; 산술식의. [**~·ly** 閉]
‡**ar·ith·met·i·cal** [ərìθmétikəl] 형 =arithmetic.
a·rith·me·ti·cian [ərìθmətíʃən, æriθ-] 명 산수에 능한 사람, 계산을 잘하는 사람; 산술가. [치(曾 ALU).
arithmétic / lógic únit 명 《컴퓨터》 산술 논리 장
arithmétic méan 명 《통계》 산술 평균, 상가(相加) 평균, 등차 중항(等差中項). [산(演算).
arithmétic operátion 명 《수학·컴퓨터》 산술 연
arithmétic progréssion 명 《수학》 등차 수열(數列), 산술 수열.
arithmétic séries 명⑧ 《수학》 등차 급수.
arithmétic shíft 명 《컴퓨터》 산술 자리 이송(移送)
arithmétic únit 명 《컴퓨터》 산술 연산장치(曾 Au).
ar·ith·mom·e·ter [æriθmάmətər/-mɔ́-] 명 (구형의) 계산기, 가산기, 계수기.
ar·ith·mo·pho·bi·a [ərìθməfóubiə] 명 숫자 공포증, 숫자 혐오(numberphobia).
-ar·i·um [ɛ́əriəm] 접미 thing or place belonging to or connected with의 뜻. ¶aquarium, planetarium.
A·ri·us [əráiəs, ɛ́əri-] 명 아리우스(250?-336; Alexandria의 성직자; 그리스도의 신성(神性)을 부인했
Ariz. Arizona. [다). 曾 Arianism
*****Ar·i·zo·na** [æ̀rəzóunə] 명 애리조나(미국 서남부의 주; 주도(州都) Phoenix; 曾 Ariz.). **-nan, -ni·an** 형명
*****ark** [a:rk] 명 **1** (때로 A-) 《성서》 노아의 방주(↩ 창세기(Gen.) 6-9)(Noah's A-). **2** 《성서》 계약의 궤(모세의 십계명을 새긴 석판을 넣어 둔 신성한 나무 상자. ↩ 민수기(Num.) 10 : 35)(A- of the Covenant). **3** 피난처. **4** (고어) 궤, 상자. **5** 《美》 평저선(平底船); 대형 농작물 운반차.
 ~~out of the ark~~ 《구어》 (노아의 방주에서 나온 것처럼) 아주 오래된, 구식의. [독하다.
 touch [or **lay hands on**] **the ark** 신성한 것을 모
Ark. Arkansas.
Ar·kan·san [a:rkǽnzən] 명 Arkansas 주의 사람.
—형 Arkansas 주(사람)의. (또는 **Arkansian**)
*****Ar·kan·sas** [á:rkənsɔ̀:] 명 아칸소(미국 중남부의 주; 주도(州都)는 Little Rock; 曾 Ark.). [의 사람.
Ar·kan·saw·yer [á:rkənsɔ̀:jər] 명 Arkansas 주
Ar·kie [á:rki] 명 《美구어》 Arkansas 주 출신의 이동 농업 노동자; 미국 남부의 빈농, (또는 **Arky**)
Ark·wright [á:rkràit] 명 **Richard** ~ 아크라이트 (1732-92; 영국의 수력 방적 기계 발명가).
ARL 《美》 Association of Research Libraries (조사[연구] 도서관 협회).
ár láser [á:r-] 아르곤 레이저. [money).
arles [a:rlz] 명③ 《스코·北英》 착수금 (earnest
Ar·ling·ton [á:rliŋtən] 명 알링턴(미국 Virginia 주 동북부의 군(郡); 국립 묘지(~ National Cemetery) 등이 있다). [국립 묘지.
Árlington Nátional Cémetery 명 《美》 알링턴
‡**arm**[1] [a:rm] 명 (복 ~s [-z]) **1** 팔; (포유 동물의) 앞발. ¶**one's better** ~ 오른팔, 잘 쓰는 쪽의 팔 / **catch** [or **grab, hold, take**] **a person by the** ~ 남의 팔을 잡다. **2** 팔 모양의 부분, 팔처럼 생긴 것(가로대·까치발·돛의 활죽 따위); (의자 따위의) 팔걸이; (옷의) 소매; (나무의) 큰 가지; (강 따위의) 지류(an ~ **of a river**). ¶**an** ~ **of the sea** 작은 만(灣), 후미, 하구(河口). **3** ⓤ 힘, 권력. ¶**the secular** ~ (교회(敎權)에 대한 재판소의) 속권(俗權) / **the** (**long**) ~ **of the law** 법의 힘, 경찰(력) / ~ **of flesh** 인력(人力). **4** (조직·기구·활동 따위의) 부문, 지부. ¶**an investigative** ~ **of the government** 정부의 조사 부문[기관]. **5** (군사) (육군의) 전투 부대, 전투 부문[병과]. **6** 《야구》 투구 능력, 어깨. **7** 《속어》 음경. **8** 《美속어》 경찰관. **9** 《전기》 브리지 회로(bridge circuit)의 주변.
 a child [or **baby, infant**] **in arms** 아직 못 걷는 어린 아이.
 an arm and a leg 《구어》 거액의 돈, 막대한 경비.
 arm in arm 서로 팔짱을 끼고; 제휴하여 (**with**).
 as long as one's **arm** 매우 오랫동안; (목록·질문표
 at arm's length ⇒LENGTH. [따위가) 아주 긴.
 be pushed into a person's **arms** [or **the arms of** a person] 남의 영향[지배]을 받다.
 chance one's **arm** 《구어》 눈 딱 감고[과감히] 해보다.
 fold [or **lock**] one's **arms** 팔짱을 끼다.
 give [or **offer**] one's **arm** 팔을 (끼도록) 내밀다, 팔에 기대게 하다 (to).
 give one's **right arm** 큰 희생을 치르다.
 have a long arm (세력 따위가) 광범위하게 미치다.
 have [or **carry, hold**] (a baby) **in** one's **arms** (아이를) 팔에 안다.
 in each other's arms 서로 껴안고. [기를 안다.
 in the arms of Morpheus 잠들어.
 jog [or **nudge**] a person's **arm** (주의·경고 의 뜻으로) 남의 팔을 쿡 찌르다.
 keep a person **at arm's length** 남을 경원하다, 멀리하다. [는.
 long in the arm 《英속어》 손버릇이 나쁜, 도벽이 있
 make a long arm (英) (물건을 잡으려고) 팔을 쭉 뻗다; 노력하다. [에게 매달려.
 on [or **upon**] a person's **arm** 남의 팔에 기대어, 남
 on the arm (美속어) 신용 대부로, 외상으로, 공짜로.
 put the arm on ① …에게 돈을 조르다, 꾸다. ② (잡으려고) ~을 우격다짐으로 누르다.
 ride the arm 《속어》 (택시 기사가) 미터기를 꺾지 않고 달리다. [② 제휴하다.
 take the [or a person's] **arm** ① 내민 팔을 붙잡다.
 the (long) arms of coincidence 뜻밖의 인연.
 the [or **one's**] **right arm** 오른팔, 심복.
 twist a person's **arm; twist arms** (남의) 팔을 비틀다; 《구어》 강요하다, 압력을 넣다.
 under one's **arm** 겨드랑이에 (끼고).
 with folded arms; with one's **arms folded** 팔짱을 끼고; (비유적) 수수방관하고. ¶ He looked on **with his ~s folded**. 그는 수수방관만 하고 있었다.
 within arm [or **arm's**] **reach** 손이 닿는 곳에.
 with open arms 두 팔을 벌리고; 충심으로 (환영하—명匣 (남의) 팔을 잡고 데리고 가다. [여).
 arm it (美속어) (택시의) 요금 미터를 꺾지 않고 달
 ~~-like~~ 려 요금을 속이다.
‡**arm**[2] 명 (복 ~**s** [-z]) **1** (보통 ~s) 병기(兵器), 무기 (* 수사나 many, few 따위를 붙여 쓰지 않는다). ¶**small** ~s 소화기, 권총.

유의어 **arms** 전쟁용 무기류. **weapon** 전쟁용 무기뿐만 아니라, 공격·방어용 도구의 총칭.

 2 (군대의) 병종(兵種), 병과(兵科). ¶**the infantry** [**cavalry**] ~ 보병[기병]과. **3** (~s) 무력, 군사; 군무, 병역. ¶**choose** ~**s as one's profession** 직업 군인의 길을 택하다. **4** 교전, 전쟁, 전투. ¶**suspension of** ~**s** 휴전. **5** (~s) (방패의) 문장(紋章).
 a deed of arms 무훈(武勳).
 a man of arms 군인, 병사.
 appeal to arms 무력에 호소하다.
 a stand of arms (병사 한 사람분의) 무기 한 벌.
 bear arms ① 무장하다; 병역에 복무하다. ② (…와) 싸우다 (**against**). ③ (…에) 문장을 달다 (**on**).
 be up in arms against …에 대해 무기를 들고 일어서다; 반기를 들다; 분개하다.
 bred to arms 군사 교육을 받은.
 by (**force of**) **arms** 무력에 호소하여.
 call to arms [군대를] 동원하다. [무하다.
 carry [or **shoulder**] **arms** 무기를 잡다, 병역에 복
 change arms 총을 바꿔 메다.

fly to arms 허둥지둥[다급하게] 무기를 잡다.
give up [or ***throw down***] *one's* ***arms; lay down*** (*one's*) ***arms*** 무기를 버리다, 항복하다.
go to arms 무력에 호소하다.
in arms 무장을 하고[하여].
lie upon [or ***on***] *one's* ***arms*** 무장한 채로 자다, 방심하지 않다.
men at arms 전사(戰士), 병사.
Order arms! 《구령》 세워 총!
passage at arms 논쟁, 논전.
Pile arms! 《구령》 걸어 총!
Port arms! 《구령》 앞에 총!
Present arms! 《구령》 받들어 총!
rise (up) in arms; take (up) arms 무기를 들다, 무장하다; 전단(戰端)을 열다, 군사[군대]를 일으키다 (*against*).
Shoulder [or ***Carry, Slope***] ***arms!*** 《구령》 어깨총!
stand to *one's* ***arms*** 전투 대형을 만들다, 전투 준비를 하다.
To arms! 《구령》 전투 준비!
turn *one's* ***arms against*** …을 공격하다.
under arms 무기를 들고; 전투 태세를 갖추고.
up in arms (…에 대해) 군사를 일으켜, 반기(反旗)를 들고(*against*); (…에) 분개[분기]하여(*about, over*).
— [동] (~**s** [-z]) [자] 전쟁 상태에 들어가다, 전쟁 준비를 하다; 무기를 잡다; (…에) 대비하다(*against*). — [타] **1** …에게 무장을 시키다, …을 장갑(裝甲)하다 (*with*). ¶ (~+[目]+[前]+[名]) ~ a person *with* a weapon 남을 무장시키다 / a burglar *~ed with* a weapon 무장 강도. **2** 〔호신용 무기 따위〕를 몸에 지니다. **3** 《수동형·재귀용법으로》 …에 대비하다; …을 갖추다(*with*). ¶ ~ a person *with* full powers 남에게 전권을 맡기다. **4** 〔퓨즈〕를 활성화하다; 〔폭탄 따위〕를 (안전 장치를 풀어) 언제든지 폭발할 수 있게 해 두다.
arm against …에 대한 방위[예방]책을 강구하다.
armed to the teeth; armed at all points 완전 무장하고; 빈틈없이 대비하고.
be armed with …을 갖추고[준비하고] 있다; …으로 무장하고 있다.

ARM *a*djustable-*r*ate *m*ortgage; *a*nti-*r*adar *m*issile(대(對)레이더 미사일); *a*nti-*r*adiation *m*issile (대(對)전자파 미사일); 〔컴퓨터〕 *a*synchronous *r*esponse *m*ode(비동기(非同期) 응답 모드).

Ar·ma·da [ɑːrmáːdə, -méi-] [명] **1** (the ~) 〔역사〕 (스페인) 무적 함대(1588년 영국 토벌을 기도하였으나 실패). (또는 **Invíncible** [*or* **Spánish**] ~) **2** (a–) 함대. **3** (a–) (군용기·탱크 따위의) 대편제 부대. 〔<Sp〕

ar·ma·dil·lo [àːrmədílou] [명] ([복] ~**s**) 〔동물〕 아르마딜로(빈치목(貧齒目)의 야행성 포유동물; 남미산(產)).

Ar·ma·ged·don [àːrməgédn] [명] **1** 〔성서〕 아마겟돈(세계의 종말에 선과 악이 싸우는 대(大)결전장. ←요한 계시록(Rev.) 16 : 16). **2** (최후의) 대결전; 대충돌.

Ar·ma·gnac [àːrmənjǽk] [명] 아르마냐크(프랑스 Armagnac 지방산(產)의 쌉쌀한 맛의 브랜디).

ar·mal·co·lite [ɑːrmǽlkəlàit, -mɔ́ːl-] [명] 〔광물〕 아말콜라이트(미국의 아폴로 11호 승무원이 달에서 가져온 광물). 〔<3명의 우주 비행사 *Arm*strong, *Al*drin, *Col*lins의 이름〕

***ar·ma·ment** [áːrməmənt] [명] **1** 장비, 병기(전투기·전차·군함 따위 장비). ¶ an auxiliary ~ 보조포(補助砲) / a heavy ~ 거포(巨砲) / a main [secondary] ~ 주포(主砲)[부포]. **2** (무장한 육·해·공의) 군(軍); 《英》 해군력. **3** [U] (보통 ~**s**) 《집합적》 (한 나라의) 군비, 군사력. ¶ expansion [limitation, reduction] of ~*s* 군비 확장[제한, 축소] / put aside ~*s* 군비를 철폐하다.

ar·ma·men·tar·i·um [àːrməmentέəriəm] [명] ([복] ***-ia*** [-iə], ~**s**) (의료에 이용되는) 모든 설비[장비]; 의료 시설.

ar·mar·i·um [ɑːrmέəriəm] [명] ([복] ***-i·a*** [-iə], ~**s**) (교회의) 반침, 벽장.

ar·ma·ture [áːrmətʃər/-tʃə, -tjùə] [명] **1** 갑옷, 장갑판(裝甲板). **2** 〔생물〕 (동·식물의) 보호 기관. **3** 〔전기〕 **a)** 전기자(電機子); 발전자, 전동자, 접극자(接極子). **b)** (계전기(繼電器)·버저 따위의) 진동부. **4** 〔조각〕 (조소(彫塑)할 때의) 임시 틀. **5** 〔건축〕 보강재(材).

arm·band [áːrmbæ̀nd] [명] 완장(armlet); 상장(喪章).

‡arm·chair [áːrmtʃὲər] [명] ([복] ~**s** [-z]) 팔걸이 의자, 안락 의자. — [형] 탁상 공론의; 관념적인; 실제로 겪지 않은, 간접 경험의. ¶ an ~ critic [socialist] 관념적 비평가[사회주의자] / ~ theory 탁상 공론.

ármchair géneral [stràtegist] [명] 《구어》 (자기) 전문 이외의 일에 잘 아는 체하는 사람.

ármchair quárterback [명] =Monday morning quarterback.

ármchair shópping [명] (전화 따위를 이용한) 홈쇼핑(home shopping).

ármchair trável [명] 탁상[지상(紙上)] 여행.

ármchair trável(l)er [명]

arme blanche [àːrm blǽntʃ] [명] ([복] **-s -s**) 백병전에 쓰이는 무기(기병도(刀)[창(槍)] 따위); 기병. 〔<F〕

armed[1] [ɑːrmd] [형] **1** 무장한, 무력[무기]을 배경으로 한. ¶ ~ peace 무장에 의한 평화 / the ~ police 무장 경찰(관) / an ~ robber [ship] 무장 강도[선박]. **2** 보강한; (동물이 갑각(甲殼)·엄니 따위의) 호신용 기관을 가진. ¶ ~ eyes (안경 따위로) 시력을 보강한 눈. **3** (폭탄 따위가) 신관(信管)을 장치한. **4** (도구 따위를) 준비한. ¶ reporters ~ *with* laptops 휴대용 PC를 준비한 기자들.

armed[2] [형] **1** (의자 따위가) 팔걸이가 달린. ¶ an ~ chair 안락 의자. **2** 《복합어로》 팔이 …한. ¶ long-~ 팔이 긴.

ármed fórces [sérvices] [명][복] (the ~) (육·해·공군을 포함한) 군대.

Ármed Fórces Dày [명] 《美》 국군의 날(5월 셋째 토요일).

ármed intervéntion [명] 무력 개입[간섭].

ármed neutrálity [명] 무장 중립.

ármed róbbery [명] 무장 강도(죄).

Ármed Sérvices Commìttee [명] (미국 상원의) 군사 위원회.

Armen. Armenian.

Ar·me·ni·a [ɑːrmíːniə, -njə] [명] **1** 아르메니아(서아시아의 고대 국가). **2** 아르메니아(카프카스 지방의 공화국; 독립 국가 연합(CIS)의 일원; 수도 Yerevan).

Ar·me·ni·an [ɑːrmíːniən, -njən] [형] 아르메니아의; 아르메니아 사람[말]의. — [명] 아르메니아 사람; [U] 아르메니아 말.

ar·met [áːrmet, -mət] [명] (중세의) 투구의 일종.

arm·ful [áːrmfùl] [명] 한 아름; 다량. ¶ an ~ of roses 한 아름의[많은] 장미.

arm·hole [áːrmhòul] [명] (옷의) 진동.

ar·mi·ger [áːrmidʒər] [명] 대향사(大鄕士)(기사 다음의 지위); 기사의 종자(從者).

ar·mig·er·ous [ɑːrmídʒərəs] [형] 문장을 달 자격이 있는; 가문이 좋은.

ar·mil·lar·y [áːrməlèri, ɑːrmíləri/áːmiləri] [형] 고리 모양의; 고리[팔찌]로 된.

ármillary sphére [명] 〔천문〕 혼천의(渾天儀)(고대 천구의(天球儀)의 일종).

arm-in-arm [ˊináːrm] [형][부] (남녀가) 팔을 낀[끼고]; 《비유적》 친밀한[하게], 사이 좋은[좋게]. ¶ walk ~ 팔짱을 끼고 걷다.

arm·ing [áːrmiŋ] [명][U] **1** 무장; 무구(武具). **2** (자석의) 접극자(接極子). **3** 《폐어》 문장(紋章).

árming chèst [명] 무기 보관용 상자.

Ar·min·i·an [ɑːrmíniən] [형] 아르미니우스(Arminius)(파)의. — [명] 아르미니우스파의 신자.
~·ìsm [명][U] 아르미니우스파의 교리(의 신봉).

Ar·min·i·us [ɑːrmíniəs] [명] **Jacobus** ~ 아르미니우스(1560–1609: 네덜란드의 신학자; Calvin파의 절대 예정설을 부정).

ar·mip·o·tent [ɑːrmípətənt] [형] 《드물게》 전쟁에 강한, 무력에 뛰어난. **-tence** [명]

***ar·mi·stice** [áːrməstis] [명] 휴전, 정전(ceasefire); 휴전 조약. ¶ an ~ agreement 휴전 협정 / declare [*or*

announce] an ~ 휴전을 선언하다.
Ármistice Dày 圀 1차 세계 대전 휴전 기념일(11월 11일; 2차 대전 휴전 기념일과 합하여 《美》는 Veterans Day, 《英》은 Remembrance Day로 개칭).
arm·less¹ [ά:rmlis] 圀 팔이 없는; 팔걸이가 없는.
arm·less² 무방비의, 무기를 가지고 있지 않은.
arm·let [ά:rmlit] 圀 1 《美》 팔찌, 팔장식; 완장. 2 작은 만(灣), 후미; (하천의) 지류, 분류(分流).
arm·load [ά:rmlòud] 圀 (양) 팔에 안을 수 있는 분량, 한 아름의 분량.
arm·lock [ά:rmlὰk/-lɔ̀k] 圀 [레슬링] 암록, 팔조르기.
AR mòdel 圀 (컴퓨터) 자기 회귀(回歸) 모델.
[<auto regressive model] 〔<F〕
ar·moire [a:rmwά:r] 圀 대형 옷장, (이동식) 찬장.
‡ar·mor, 《英》 **-mour** [ά:rmər] 圀Ⓤ 1 갑옷과 투구, 갑주(甲冑). 2 (군함·전차 따위의) 장갑용 강철판. 3 (동·식물의) 방호 기관(물고기의 비늘 따위); (일반적으로) 방호[보호]하는 것, 잠수복. 4 기갑 부대. 5 《전선(電線)의》 피복(被覆). 6 《美속어》 무기.
be clad in armor 갑옷을 입고 있다, 무장하고 있다.
—圀 ⑭ …에게 갑옷을 입히다; …을 장갑하다; (유리 공예에서) (유리)를 감싸다.
ar·mor·bear·er [ά:rmərbɛ̀ərər] 圀 기사의 종자, 갑옷을 들고 다니는 사람(armiger). ~ **ship** 잠갑함.
ar·mor-clad [-klæd] 圀 갑옷을 입은; 장갑한.
ar·mored, 《英》 **-moured** [ά:rmərd] 圀 1 갑옷을 입은, 장갑한; 피복(被覆)한. ¶ an ~ battery 장갑 포대(砲隊)/an ~ cruiser 장갑 순양함/an ~ train [unit] 장갑 열차부대]. 2 장갑차대(隊)의, 기갑 부대의.
ármored cáble 圀 (전기) 피복 전선.
ármored cár[véhicle] 圀 (군용·현금 수송용) 장갑 트럭; (전투·정찰용) 장갑차.
ármored cóncrete 圀 철근 콘크리트.
ármored ców 圀 《美軍속어》 (깡통) 분유. (또는 *ármed héifer*)
ármored divísion 圀 (군사) 기갑 사단.
ármored fórces 圀 기갑 부대.
ármored personnél càrrier 병력 수송 장갑차. (@ APC).
ármored scále 圀 (곤충) 사철나무깍지벌렛과의 곤충의 총칭.
ar·mor·er [ά:rmərər] 圀 1 갑옷 장인(匠人)[수리사]. 2 병기 제작자. 3 (군사) (소화기(小火器)·탄약 따위를 정비·관리하는) 병기계(兵器係).
ar·mo·ri·al [a:rmɔ́:riəl] 圀 문장(紋章)의, 문장의 단. —圀 문장집(集) (도감).
armórial béarings 圀⑭ (단·복수 양용) 문장.
ar·mor·ing [ά:rməriŋ] 圀Ⓤ 무장; (전기) 피복(被覆).
ar·mor·ize [ά:rməràiz] 圀⑭ …을 장갑화하다.
ar·mor-pierc·ing [-pìərsiŋ] 圀 (총탄·포탄의) 장 갑물[장갑]을 관통하는(@ AP).
ármor plàte[plàting] 圀 (군함·전차·항공기 따위의) 장갑판(板). **ár·mor-plàt·ed** 圀
‡ar·mor·y [ά:rməri] 圀 1 병기고. 2 《美군사》 주군(州軍) 부대 본부. 3 병기 공장, 조병창. 4 (고어) 무기, 병기류. 5 Ⓤ (문장 도안 따위를 수록한) 문장학(紋章學)의 리스트; 문장학; (고어) 문장. (또는 《英》 **armoury**)
‡ar·mour [ά:rmər] 圀⑭ 《英》 =armor.
ármoured tróops 圀 《英》=armored forces.
arm·pit [ά:rmpìt] 圀 1 [해부] 겨드랑이(axilla). 2 《美속어》 더러운[지저분한] 곳; 도시 빈민굴.
up to the armpits 《美속어》 완전히; 온통, 죄다.
arm·rest [ά:rmrèst] 圀 (의자·소파 따위의) 팔걸이.
arms [a:rmz] 圀⑭ ⇒ARM².
árms compétition 圀=arms race.
árms contról 圀 군비 관리, 군비 제한.
árms contról negotiátion 圀 군축(軍縮) 협상.
árms cút 圀 군비 삭감, 군비 축소, 군축(軍縮).
árms embàrgo 圀 무기 금수(禁輸).

árm's léngth [á:rmz-] 圀 팔을 뻗으면 닿는[아주 가까운] 곳[거리, 길이].
at arm's length ① 팔을 뻗으면 닿는 거리에. ② 어느 정도 거리를 두고; 경원하여, 서먹서먹하게. ③ 《상업》 (거래에서) 상호 대등한 입장에서, 공정하게.
árm's-length [-léŋkθ] 圀 1 (관계가) 친밀하지 않은; 서먹서먹한, 거리를 둔. 2 《상업》 (거래 따위가) 서로 대등한 입장에서의.
árm's-length transáction 圀 《상업》 독립 기업간 거래. 　　　　　　　　　　　　　　　　Ｌ회담.
árms limitátion 圀 군비 제한. ¶~ talks 군비 제한
árms ráce 圀 군비 (확장) 경쟁. 　　　　　　Ｌ담.
árms redúction 圀 =arms cut. ¶~ talks 군축 회
Árm·strong [ά:rmstrɔ̀:ŋ/-strɔ̀ŋ] 圀 암스트롱. 1 **(Daniel) Louis** ~ (1900-71: 미국의 재즈 트럼펫 연주자·가수). 2 **Neil Alden** ~ (1930- : 미국의 우주 비행사; 1969년 7월 20일 역사상 최초로 달에 착륙).
Ármstrong héater 圀 《美속어》 애인의 몸에 팔을 감는 일. 　　　　　　　　　　　　　　Ｌ크랭크.
Ármstrong stárter 圀 《美속어》 (자동차의) 수동
arm-twist [⁻twìst] 圀⑭ …에 강한 압력을 가하다, 강제로 …시키다 (*into doing*), ~**er** 圀
arm-twist·ing [⁻twìstiŋ] 圀Ⓤ 강압(적인), 압박 (하는); 무리한 강요(의). ¶ ~ 하기 쉬운 사람.
arm-wa·ver [⁻wèivər] 圀 몹시 흥분하거나 우쭐대는 사람.
arm-wres·tle [⁻rèsl] 圀 (남과) 팔씨름을 하다.
árm wrèstler 圀 팔씨름. (또는 **árm-wrèstling**)
árm wrèstling 圀 팔씨름. (또는 **árm-wrèstling**)
‡ar·my [ά:rmi] 圀 (® **-mies**[-z]) 1 (the ~) (단·복수 양용) 육군 (® navy, air force). ¶ an ~ officer 육군 장교/the Department of the A- 《美》 육군성. 2 (the ~) (육군 부대 단위로서의) 군(軍), 야전군(field ~). ¶ the 8th A- 제8군.

┌─[관련어]──────────────────┐
│ **army**의 단위
│ **army**(군) : 2개 군단(corps) 이상으로 편성
│ **corps**(군단) : 2개 사단(divisions) 이상.
│ **division**(사단) : 3-4개 여단(brigades).
│ **brigade**(여단) : 2개 연대(regiments) 이상.
│ **regiment**(연대) : 2개 대대(battalions) 이상.
│ **battalion**(대대) : 2개 중대(companies) 이상.
│ **company**(중대) : 2개 소대(platoons) 이상.
│ **platoon**(소대) : 2개 분대(sections) 이상.
│ **section**(반소대) : 2개 반(班)[분대](squads).
│ **squad**(분대) : 사병 10명과 하사(corporal) 또는 중사(sergeant) 1명.
└───────────────────────┘

3 군대; 병력, 군세. ¶ ~ life 군대 생활/a regular [an irregular] ~ 정규[비정규]군/a standing ~ 상비군/ serve in the ~ 군에 복무하다. 4 단체, 무리 (집). ¶ the Salvation A- 구세군/the Blue Ribbon A- 《美》 푸른 리본단(團)(금주(禁酒) 단체의 이름). 5 다수, 무리, 떼(host), 대군(大群), 《集》 ¶ an ~ of locusts 메뚜기 떼.
join [or *enter, go into*] *the army* (육군에) 입대
leave the army 제대하다, 퇴역하다. 　　　　Ｌ하다.
raise an army 군사를 일으키다. 모병하다.
You and whose army? 《구어》 (상대의 협박하는 말을 받아) 너한테 당하지 않아, 해 볼 테면 해 봐.
ármy àct 圀 (the ~) 《英》 육군 형법.
ármy ànt 圀 (곤충) 병정개미(열대 지방산(產).
ármy bràt 圀 《구어》 육군 사관·하사관들의 자녀 (특히 기지 안에서 크는 환경에서 자란 아이).
ármy bróker[contráctor] 圀 육군 조달[군납]
ármy còrps[gròup] 圀 군단(軍團). 　　　Ｌ업자.
ármy gàme 圀 《美속어》 (보통 the old ~) 사기, 야바위 도박.
ármy list[règister] 圀 《英》 육군 현역 장교 명부.
ármy lòok 圀 군대식 복장.
ár·my-ná·vy stòre [-néivi-] 圀 육·해군 불하품

전문점; (英) 일반 잡화점[백화점]. 〔forces〕.
ármy of occupátion 圈 점령군(occupation
Army Sérvice Còrps 圈 (the ~) (英) 육군 병참
ármy sùrgeon 圈 군의(軍醫)관. 〔수송〕 부대.
ar·my·worm [áːrmiwəːrm] 圈 거염벌레(밤나방의 유충; 풀·곡물을 해친다).
ar·ni·ca [áːrnikə] 圈 아르니카(유럽산(産) 국화과(科)의 식물); 〔약학〕 아르니카 팅크(외용 진통제).
Ar·nold [áːrnəld] 圈 아놀드. 1 **Benedict** ~ (1741–1801: 독립 전쟁 당시의 미국 장군으로 영국군과 내통한 반역자). 2 **Matthew** ~ (1822–88: 영국의 시인·문예 평론가).
A-road [éiròud] 圈 (英) 주요 간선 도로.
a·roint [ərɔ́int] 图困 (고어) (명령형으로) 물러가라, 가라. * 언제나 thee를 수반. ¶A~ thee! 물러가라!
a·ro·ma [ərǒumə] 圈 1 방향(芳香), 향기. ⇨ SMELL 유의어 2 (알코올 음료 따위의) 향기. 3 (예술품이 지니는) 기품, 특유한 정취, 품격, 묘미.
aróma disc 圈 방향(芳香) 음반[레코드].
a·ro·ma·ther·a·py [ərǒumaθérəpi] 圈 방향 요법(療法). **-thèr·a·péu·tic** 圈 **-pist** 圈
ar·o·mat·ic [ærǒumǽtik] 圈 향기[방향]가 있는, 향기로운; 방향족(族)의, 방향성의. — 圈 방향 식물; 방향제(劑); 향료. **-i·cal·ly** 图 **~·ness** 圈
ar·o·mat·i·cal [ærǒumǽtikəl] 圈 = aromatic.
aromátic cómpound 圈 〔화학〕 방향족 화합물.
aromátic spírit(s) of ammónia 圈 〔약학〕 방향 암모니아정(精)[제(劑)](호흡 자극·제산(制酸)용).
aromátic vínegar 圈 향초(香醋)(감성제).
a·ro·ma·ti·za·tion [ərǒumətizéiʃən/-taiz-] 圈 〔화학〕 방향족화(芳香族化).
a·ro·ma·tize [əróumətàiz] 图困 ~에 방향성으로 하다, ~에 향기[방향]를 첨가하다; 〔화학〕 ~을 방향족화하다. **-tìz·er** 圈 **-tìz·ing** 圈
a·ro·ma·to·ther·a·py [ərǒumətəθérəpi] 圈 = aromatherapy.
A·ron [F arɔ̃] 圈 **Raymond** ~ 아롱(1905–83: 프랑스의 철학자·사회학자; 마르크스주의적 역사관의 비
‡**a·rose** [əróuz] 圈 arise의 과거.
‡**a·round** [əráund] 图 (* (英)에서는 주로 round를 쓴다) — 〔圈 1 주위에[를], 빙 둘러싸고, 사방에[에서]. ¶look ~ 사방을 둘러보다 /A dense fog lay ~. 짙은 안개가 자욱했다. 2 여기저기에, 곳곳[도처]에. ¶travel ~ 만유(漫遊)하다. 3 (美구어) 어딘가 그 근처에서, 부근에서. ¶I'll wait ~ for you. 그 근처에서 기다리겠다. 4 (주위를) 돌아서, 일순하여; 회전하여; 둘레가 (…인); (반대쪽을) 향해서, 빙 돌아서. ¶run ~ 뛰어 돌아다니다 / send a hat ~ (돈을 걷기 위해) 모자를 돌리다 / turn ~ (빙그르르) 뒤돌아서다[보다] //How big ~ is that tree? 그 나무의 둘레는 얼마인가? /The wheel turns ~. 차 바퀴가 빙글빙글 돈다. 5 (해(年)가) 처음부터 끝까지; (계절·순번이) 돌아와[돌아서] 돌아서[돌아와]. ¶all the year ~ 1년 내내. 6 (구어) 의식[건강]을 되찾아; 활동[활약]하여. 7 (최상급 형용사+명사 뒤에 쓰여) 현존하고 있는 (…중에). ¶the most famous of the poets ~ 현존 시인 중 가장 유명한 사람. 8 (구어) 대략, …쯤 (about). ¶(at) ~ 7 o'clock 7시쯤에.
all around 도처에; 완전히; 누구에게든지, 누구와도.
around and about 여기저기에, 온갖 곳에.
be around ① (잠자리에서) 일어나다; 찾아오다. ② 부근에 있다, 체재하다. ③ 활동하고 있다.
be around and about …에 전념하다
be up and around (환자가 회복해서) 일어나 있다.
(건강해져서) 활동하다
come around ① 주변에 몰려들다, 운집하다. ② 의식[건강 따위]을 회복하다.
fool around (속어) 빈둥거리며 세월을 보내다, 핀둥
get around ⇨ GET. 핀둥 지내다.

hang around 부근을 어슬렁거리다[배회하다].
have been around (美구어) 경험이 많다; 세상 물정을 잘 알다, 교양이 있다; 발이 넓다, 바람둥이다.
listen around 모아듣다, 여론[평판]이 되다.
— 〔집 1 …의 둘레에, …의 주위에, …의 주위를 둘러싸고. ¶sit ~ a table 테이블에 둘러앉다 /She admired the scenery ~ her. 그녀는 주위의 경치에 감탄했다. 2 …의 여기저기, …의 이곳저곳(에). ¶roam ~ the country 전국을 돌아다니다. 3 어딘가 …의 근처에서, …근처에서. ¶play ~ one's house 집 근처에서 놀다. 4 (美구어) 약~, 대략~, 거의. ¶~ a billion dollars 약 10억 달러 / ~ nine o'clock 9시쯤(에). 5 …의 가장자리에, …의 바깥쪽에. 6 …의 주변을 돌아서, 회전하여; (모퉁이 따위를) 돌아서; …을 피해서. ¶go ~ the corner 모퉁이를 돌아가다 /get ~ the law 그 법규를 피하다. 7 …을 바탕[중심]으로.
around one's ears ⇨EAR.
around the corner ⇨CORNER.
a·round-the-clock [-ðəklɑ́k/-klɔ́k] 圈 (24시간) 휴식 없이 계속[영업]하는. (또는 (英) **róund-the-clòck**)
a·round-the-world [-ðəwə́ːrld] 圈 세계 일주의.
a·rous·al [əráuzəl] 圈困C 각성; 환기(喚起), 격려.
‡**a·rouse** [əráuz] 圈 (**a·rous·es** [-iz]; **~d; a·rous·ing**) 围 1 …을 깨우다, 눈뜨게 하다 (from). ¶(~ + 圈 + 囲 + 囝) ~ a person *from* sleep 남을 깨우다. 2 …을 환기시키다 (감정 따위를) 자극하다; 〔사람·정신 따위에〕 분기시키다; 자극하여 …하게 하다 (to). ¶~ anger 화나게 하다 /Her suffering ~d our pity. 그녀의 수난은 우리의 동정심을 불러일으켰다 // (~ + 圈 + 囲 + 囝) ~ a person *to* activity 남을 분발시키다. — 困 눈을 뜨다; 각성하다.
a·róus·a·ble 圈 **a·róus·er** 圈 격려자, 도발자, 자극
a·row [əróu] 图 일렬로, 줄지어. 을 주는 사람.
ARP (증권) *a*djustable-*r*ate *p*referred; *a*nti-radiation *p*rojectile(대(對)레이더 탄). **A.R.P.** *a*ir-*r*aid *p*recautions(공습경보). **ARPA** (美) *A*dvanced *R*esearch *P*roject *A*gency(국방부 고등 연구 기획청); *a*utomatic *r*adar *p*lotting *a*ids(자동 충돌 예방 지원 레이더).
ARPANET [áːrpənèt] 圈 〔통신·컴퓨터〕 아르파넷 (ARPA가 개발한 컴퓨터 네트워크; Internet의 전신). [<*A*dvanced *R*esearch *P*roject *A*gency *Net*work]
ar·peg·gi·o [ɑːrpédʒiòu, -dʒòu] 圈 (圈 **~s**) (음악) 아르페지오(하프·피아노 등에서 화음을 연속적으로 빨리 연주하는 일); 그 화음, 펼침 화음. [<It]
ARQ (컴퓨터) *a*utomatic *r*equest for *r*epetition(자동 재송(再送) 요구). 〔harquebus〕.
ar·que·bus [áːrkwəbəs] 圈 〔역사〕 화승총(火繩銃)
ar·que·bus·ier [áːrkwəbəsíər] 圈 화승총으로 무장한 병사(harquebusier).
arr. *arr*ange(d); *arr*angement; *arr*ival; *arr*ive(d).
ar·rack [ǽrək] 圈C 아락주(酒)(중동 지방에서 야자 즙·당밀 따위로 만드는 증류주). (또는 **arak**)
ARRADCOM (美) *A*rmament *R*esearch *a*nd *D*evelopment *Com*mand(무기 연구 개발 사령부).
ar·rah [ǽrə] 圏 어머!, 어!, 어렵쇼! (놀람 따위 격한 감정을 나타내는 소리).
ar·raign [əréin] 图困 1 〔법률〕 …을 (…의 혐의로) 법정에 부르다, 소환하다; (피고)에게 죄상의 진위 여부를 묻다 (*for, on*). ¶be ~ed *on* a charge of murder 살인 혐의로 소환되다. 2 …을 책망하다, 비난하다. — 圈 심문; 고소, 공소; 비난, 규탄. **~·er** 圈
ar·raign·ment [əréinmənt] 圈困C 1 〔법률〕 (법정으로의) 소환, 심문; 기소 여부 수속. 2 비난, 규탄.
‡**ar·range** [əréindʒ] 圈 (**-rang·es** [-iz]; **~d; -rang·ing**) 围 1 …을 가지런히 하다, 정돈[정리]하다; …을 배열하다, 정렬시키다. ¶~ books on a book-

shelf 책꽂이의 책을 정리하다 / ~ one's hair 머리를 다 듬다[빗다] / be good at *arranging* flowers 꽃꽂이를 잘하다. **2** [분쟁]을 수습하다, 조정하다, 해결하다; [일] 을 처리하다, 조처하다. ¶~ differences [*or* disputes] 분쟁을 조정하다 / Everything is ~d satisfactorily. 만사가 잘 처리되었다. **3** (미리) …을 계획하다, 준비[주선]하다, 마련하다, (…의) 채비를 갖추다; …을 매듭짓다, 정하다 (*for*). ¶~ a marriage 혼담을 성립시키다 // (~+圓+前+名) The next meeting has been ~d for Monday evening. 다음 모임은 월요일 저녁으로 정해졌다. **4** (음악) …을 편곡하다. ¶(~+圓+前+名) This piece for the violin is also ~d for the piano. 이 바이올린 곡은 피아노용으로도 편곡된 것이다. **5** …을 개작하다, 각색하다.
— 自 **1** 결말짓다, 해결하다; 합의[타협]하다; 협정을 맺다 (*with*). ¶(~+前+名) ~ *with* one's creditors for [or about] a matter …에 관해서 채권자와 타협을 짓다. **2** 준비[채비]하다 (*for*). **3** 계획을 짜다, 마련하다, 정하다, 손을 쓰다 (*for*, *to do*). ¶(~+前+名) ~ *for* a hike 하이킹 계획을 짜다 / I will ~ *for* a car *to* meet you at the airport. 공항으로 마중 나가도록 차를 마련해 놓겠습니다.
arrange for ⇨ 自 **2**, **3**.
arrange…in order …을 정돈하다.
arrange oneself 준비하다.
arrange with ⇨ 自 **1**.
as previously arranged 미리 계획한 대로.
at the hour arranged 예정된 시각에.
It is arranged that... …하기로 되어 있다.
~·a·ble 刨 -*rang*·er 몡.
arránged màrriage 몡 중매 결혼.
‡**ar·range·ment** [əréindʒmənt] 몡 **1** Ⓤ|Ⓒ 정돈, 정리, 배열, 배치, 정렬; (색 따위의) 배합, 짜맞춤, 결합. ¶an ~ plan 배치도 / an ~ in red and yellow 빨강과 노랑의 배합. **2** Ⓤ 배열 방법, 장식법, 꾸미기. ¶flower ~ 꽃꽂이. **3** Ⓤ|Ⓒ 조정, 중재; 수습, 해결; 결말, 낙착, 타협; 화해, 화합, 협정. ¶conditional ~s 조건부 협정. **4** 장치, 설비; 제도. ¶the postal ~ 우편 제도. **5** (보통 ~s) 수배, 채비; 준비; 계획, 예정 (*for*, *to do*). ¶an ~ committee 준비 위원회. **6** (음악) Ⓤ 편곡; Ⓒ 편곡한 곡 (*for*). **7** 번안, 각색; 각색한 작품. **8** (수학) 순열(順列).
according to arrangement 타협한대로, 협정대로.
by arrangement with …와 타협하여, 협정을 맺어.
come to [or arrive at] an arrangement 협정이 성립되다; 타협이 이루어지다; 타협을 보다.
in arrangement 정연하게, 질서있게.
make an arrangement of …의 결말을 짓다; …을 정리하다.
make arrangements for …을 준비[수배]하다.
make arrangements with …와 타협[화해]하다, 협정을 맺다.
ar·rant [ǽrənt] 刨 (나쁜 뜻으로) 순전한, 완전한; 터무니없는; 악명 높은.
ar·ras¹ [ǽrəs] 몡 (흥 ~) **1** Ⓤ 아라스 천(색실로 무늬를 짜넣은 천의 일종); 색실로 무늬를 짜넣는 법. **2** (아라스 천의) 벽걸이, 횃댓보, 커튼; (연극) 막, 커튼.
behind the arras 숨은, 숨겨진; 숨어서, 숨겨져.
ar·ras² [ɑ́ːrəs] 몡(목) (단수취급) [법률] (결혼할 때) 남편이 아내에게 주는 증여(贈與). [<Sp]
arráy oneself [or be arráyed] against …에 반대하여 결속하다.
arráy oneself [or be arráyed] in …을 차려 입다.

arráy oneself [or be arráyed] in …으로 꾸미다.
— 몡 Ⓤ **1** (군대의) 배치, 배열, 대형(隊形), 대열; 군세, 군대. ¶a martial ~ 전열. **2** (an ~ of) (당당한) 진용(대규모의); 일대. ¶a gallant ~ of generals 기라성 같이 늘어선 장군들 / a whole ~ of proofs 나열된 모든 증거. **3** (전열창 안의) 진열, 전람. **4** 정리, 정돈; Ⓒ 배열된 것, 구색을 갖춘 것, 세트. **5** 옷, 의상, 치장. ¶in full ~ 한껏 차려 입고 / in holiday ~ 나들이옷을 입고. **6** (법률) 배심원 소집; Ⓒ (소집된) 배심원 전원. **7** (컴퓨터) (데이터의) 배열. **8** (수학·통계) 배열. **9** (전기) =ANTENNA 1.
in battle array 전투 대형으로[을 이루어].
in proud array 당당히.
make an array 정렬하다; (많은 사람을) 집결시키다.
set in array 배열[배치]하다. ¶*set* the troops *in* ~ ~·er 몡 (군대를 배치하다.
ar·ray·al [əréiəl] 몡 **1** Ⓤ 배열, 정렬, 죽 늘어섬; 소집(muster); 열거; 성장(盛裝), 치장. **2** Ⓒ 정렬[배열]물.
arráy élement (컴퓨터) 배열 요소. [것.
arráy procéssor (컴퓨터) 어레이 프로세서(컴퓨터를 여러 대 배열·접속한 고속 프로세서).
ar·rear [əríər] 몡 **1** (보통 ~s) (의무·약속 따위의) 지연, 지체 (*with*). **2** (종종 ~s) 미불금, 연체금, 부채. **3** [고어] 꽁무니, 후미(後尾). [늦어지다.
fall into [or be in] arrears with …이 지체되다.
in arrear of …보다 뒤처져 (behind). [되어.
in [or into] arrear(s) 지체되어; (빚이) 미불로, 체불
make up arrears 뒤진 것을 만회하다.
work off arrears 노력하여 지체된 것을 만회하다; 노력하여 서서히 빚을 갚다.
ar·rear·age [əríəridʒ] 몡 Ⓤ 연체, 밀림, 지체; 미불금; 연체금, 미불금, 부채; [고어] 예비품, 비축.
ar·rect [ərékt] 刨 (고어·시) 귀를 기울이고 있는; 귀를 쫑긋 세운. ¶a dog with ears ~ 귀를 쫑긋 세운 개.
‡**ar·rest** [ərést] 타 *自* **1** (법령으로) (남)을 붙잡다, 체포하다, 구속하다, 포박하다, 검거하다; (선박 따위)를 억류하다 (*for*, *at*). ¶(~+圓+前+名) ~ a person *for* murder 남을 살인 혐의로 체포하다. **2** (주의 따위)를 끌다. ¶A beautiful bird ~ed me. 예쁜 새 한 마리가 나의 눈길을 끌었다. **3** …을 만류하다, 저지하다, 막다. ⇨STOP (유의어) ¶~ the current of a river 강의 흐름을 막다. **4** (의학) (병)의 진행을 막다, 억제하다. ¶The new drug could ~ AIDS. 그 신약은 에이즈의 진행을 막을 수가 있다. [다.
arrest one's eyes [or attention] 눈길[주의]을 끌
— 몡Ⓒ|Ⓤ **1** (법률) 구인, 구류, 검거, 체포; (스코 법률) 압류, 압수. **2** 붙잡음, 포박. **3** 정지, 억지; (의학) 정지, 저지; (법률) 판결 저지. **4** Ⓒ (기계) 정지 장치.
make an arrest of …을 체포[구금]하다.
under arrest 체포되어, 구금중인. ¶be *under* house ~ 가택 연금 중이다 / You are *under* ~! 당신(들)을 체포한다! (경찰관 용어)
ar·rest·a·ble [əréstəbl] 刨 **1** (법률) (범죄자) 영장 없이 체포할 수 있는; (범인 등이) 체포해도 좋은. **2** (의학) 저지할 수 있는.
ar·rest·ant [əréstənt] 몡 (활동·진행 등의) 저지[억지]물; (곤충) 발육[성장] 억제 물질. [정지.
ar·res·ta·tion [ӕrestéiʃən] 몡 (발달·전진의) 억지, 억제.
ar·rest·ed [əréstid] 刨 체포된; (활동·성장·발달 등이) 저지된, 억지된. ¶~ cancer 성장이 억지된 암.
ar·rest·ee [əresti] 몡 피(被)체포자.
ar·rest·er [əréstər] 몡 **1** 체포자. **2** 저지하는 것, 방지 장치. (또는 **arrestor**) **3** (전기) ~ *lightning* ~ = *spark* ~. **4** 그을음 제거기.
arréster hòok 몡 (美) (항공 모함 갑판의) 항공기 착함 감속용 훅. [(動) 와이어.
arréster wíre 몡 (英) (항공 모함 갑판의) 제동(制動)
ar·rest·ing [əréstiŋ] 刨 **1** 주의[이목]를 끄는, 인상적인;

arresting gear 띄는; 흥미있는.¶an ~ book 흥미있는 책. 2 (경찰관 등이) 체포하는. **~·ly** 〖부〗
arresting gèar 〖美〗 (항공 모함 갑판의) 착함 장치. 〖艦〗 제동 장치.
ar·res·tive [əréstiv] 〖형〗 저지[제지]하는; 주의[이목]를 끌기 쉬운. 〖속〗 저지.
ar·rest·ment [əréstmənt] 〖명〗 〖드물게〗 체포, 구속.
arrést wàrrant 〖명〗 구속 영장.
ar·rêt [æréi] 〖명〗 〖역사〗 (법원 등의) 명령, 시달. 〈F〉
arrgt. arrangement.
ar·rhe·no·pho·bi·a [ærənəfóubiə] 〖명〗 남성 혐오, 남성 공포증. (또는 **arrhenphobia**)
ar·rhyth·mi·a [əríðmiə, eiríð-] 〖명〗 〖U〗 〖병리〗 부정맥(不整脈). (또는 **arhythmia, arrythmia**)
ar·rhyth·mic [əríðmik] 〖형〗 불규칙한, 주기적이 아닌, 율동적이 아닌. (또는 **arrhythmical**) **-mi·cal·ly** 〖부〗
ar·ride [əráid] 〖동〗〖타〗 〈고어〉 …을 기쁘게 해주다, 족시키다.
ar·riè·re·ban [æriɛ̀ərbǽn] 〖명〗 (프랑스 왕의) 신하 소집령; (집합적) (프랑스왕 휘하의) 소집군(軍), 소집된 신하; 귀족. 〈F〉
ar·ri·ère-garde [-gá:rd] 〖명〗 〖군사〗 후위(後衛); (예술계의) 시대에 뒤진 집단. 〈F〉
ar·ri·ère-pen·sée [-pɑ:nséi] 〖명〗 속셈, 저의; 묵비 사항. 〈F behind thought〉
ar·ris [ǽris] 〖명〗 〖건축〗 (도리아(Doric)식 건축의 원기둥 표면의) 홈과 홈 사이의 모서리; (예각의) 모서리.
árris gùtter 〖명〗 (V자형의) 홈통, 삼각 홈통.
ar·ris·ways [ǽriswèiz] 〖부〗 비스듬히; 모서리를[각을] 이루어. (또는 **árriswìse**)
‡**ar·ri·val** [əráivəl] 〖명〗 (**~s** [-z]) 1 〖UC〗 도착, 입항 (*at, in, on*); 임석, 등장, 출현.¶belated ~ 연착 / safe ~ 안착 / the ~s and departures of trains 기차의 발착. 2 〖U〗 (결론 따위에의) 도달, 달성, 도착 (*at*). ¶ ~ *at* a conclusion 결론에의 도달. 3 도착자, 도착품; 착하(着荷).¶a new ~ 새로 온 사람, 신생아; 신착품(新着品). 4 (구어) 신생아. —〖형〗 〖한정용법〗 도착의; 도착[품]의.¶an ~ station 도착역, 종점 / an ~ list 도착 선객(船客) 명부.
cash on arrival 〖상업〗 착하불(着荷拂).
on (*one's*) **arrival** 도착하는 즉시.
‡**ar·rive** [əráiv] 〖동〗 (**~s** [-z]; **~d; -riv·ing**) 〖자〗 1 닿다, 도착하다, 당도하다 (*at, in, on, upon*); (때) 〖출〗depart).¶He ~d after dark. 그는 어두워진 뒤에 도착했다 // (~+〖전〗+〖명〗) ~ *in* Seoul 서울에 도착하다 / ~ *from* a trip 여행에서 돌아오다.

> 〖USAGE〗 **arrive at** and **arrive in**—— 지점에 도착하는 경우에는 at, 구역에 도착하는 경우에는 in을 쓴다. 도착하는 표면을 나타낼 경우 on, upon을 쓰기도 한다. 이 사용상의 구별은 느낌에 따라 좌우되어, hotel, building 따위에는 보통 at를, country (Korea, England 등)에는 보통 in을 쓰지만, 도시 등에는 느낌에 따라서 at도 in도 쓰인다. 다만 the city of London과 같은 경우에는 in을 쓴다. 또한 도착점뿐 아니라 체재의 뜻이 내포되는 경우는 in이 쓰인다.

2 (어느 연령·시기·결론·확신 따위에) 이르다, 도달하다 (*at*).¶ (~+〖전〗+〖명〗) ~ *at* man's estate 남자가 성년에 달하다 / ~ *at* a good idea 좋은 생각이 떠오르다. 3 (때가) 오다; 〈고어〉 (사건이) 일어나다 (*to*).¶The time has ~d. 시기가 왔다. 4 〖완료형〗 명성을 얻다, 성공하다.¶an artist who has ~d 성공한 미술가. 5 (아기가) 태어나다.¶The baby ~d on Sunday. 아기가 일요일에 태어났다. 6 〖폐어〗 상륙하다.
—〖타〗 〖폐어〗 …에 닿다, 오다; (공항) 도착하다.
arrive at a bargain 상담을 성공시키다.
arrive back (…으로)[에] 돌아오다 (*at*).
arrive on the scene [or **spot**] 현장에 나타나다.
-rív·er 〖명〗

ar·ri·vé [ærivéi] 〖명〗 벼락 출세한[갑자기 성공한] 사람, 벼락 부자. 〈F〉
ar·ri·ve·der·ci [ɑ̀:riveidéərtʃi] 〖감〗 안녕히, 또 뵙겠습니다. 〈It till we meet again〉
〖감〗 au revoir 〈It till we meet again〉
ar·ri·vism [ǽrəvìzm] 〖명〗〖U〗 출세주의. 〈F〉
ar·ri·viste [ærivíːst] 〖명〗 (수단 방법을 가리지 않는) 출세주의자, 야심가, 벼락 출세자. 〈F〉
*ar·ro·gance** [ǽrəgəns] 〖명〗〖U〗 거만, 오만, 건방짐 (haughtiness).¶ ~ of the rich toward the poor 빈자(貧者)에 대한 부자의 오만. (또는 **arrogancy**)
*ar·ro·gant** [ǽrəgənt] 〖형〗 건방진, 거만한, 교만한, 젠체하는; 무례한. ⇨ PROUD 〖유의어〗¶assume an ~ attitude 거만하게 굴다. **~·ly** 〖부〗 **~·ness** 〖명〗
ar·ro·gate [ǽrəgèit] 〖타〗 1 (타인의 권리)를 침해하다, (권리)를 사사로이 남용하다, 횡령하다; [칭호 따위]를 부당하게 사용하다.¶ ~ a person's rights 남의 권리를 침해하다 // (~+〖목〗+〖전〗+〖명〗) ~ power *to* or *for*] oneself 권력을 남용하다. 2 (과실 등)을 (남의) 탓으로 돌리다, (남에게) 귀속시키다 (*to*).
-gàt·ing·ly 〖부〗 **ar·ro·ga·tive** [ǽrəgətiv] 〖형〗 **-gà·tor** 〖명〗
ar·ro·ga·tion [ærəgéiʃən] 〖명〗〖UC〗 참칭(僭稱), 사칭; 횡령, 월권 (행위); 횡포.
ar·ron·disse·ment [ərɑ́ndismənt/ærændíːs-] 〖명〗 (프랑스의) 군(郡); (대도시의) 구(區). 〈F〉
‡**ar·row** [ǽrou] 〖명〗 (**~s** [-z]) 1 화살.¶slip an ~ 화살을 쏘다 / shoot an ~ *at* …을 겨누어 화살을 쏘다 / Time flies like an ~. 〈속담〉 세월은 흐르는 화살같이 빨리 지나간다. 2 화살 모양의 것, 화살표.¶ ~s of lightning 번갯불 / broad ~ 〈英〉 굵은 화살촉 모양의 도장. 3 (A-) 〖천문〗 화살자리(Sagitta). 4 (~s) (단수취급) (속어) 다츠(darts). 〖방향〗
arrow of time 〖물리〗 시간의 화살(시간이 경과하는 —〖동〗(**~s** [-z]) 〖타〗 1 화살표로 나타내다; (주해(註解) 따위)를 화살표로 표시하여 삽입하다 (*in*). 2 …을 화살로 상처를 입히다[죽이다]. —〖자〗 (화살처럼) 날아가다.
~·less, ~·like 〖형〗
ar·row·head [ǽrouhèd] 〖명〗 1 화살촉; 화살촉 모양의 것(英) 도장. 2 쇠귀나물속(屬)의 수초.
ar·row·head·ed [-hèdid] 〖형〗 화살촉이 달린, 화살촉 모양의.¶ ~ characters 설형(楔形) 문자.
árrow kèy 〖명〗 〖컴퓨터〗 화살표(→, ←) 키.
ar·row·root [ǽrourùːt] 〖명〗 (아메리카 열대산(産)) 칡의 일종;¶ 칡가루, 갈분(葛粉), 전분.
ar·row·wood [ǽrouwùd] 〖명〗 가막살나무속(屬)의 나무(단단하고 곧은 관목, 인디언은 화살을 만드는 데 사용).
ar·row·y [ǽroui] 〖형〗 화살의; 화살 같은; 곧은; (화살같이) 빠른, 꿰뚫는 듯한.
ar·roy·o [ərɔ́iou] 〖명〗 (**~s**) 〖협곡; 개울, 시내. (미국 서남부의) 계곡, 〈F〉
ars [ɑːrz] 〖명〗 예술, 학예. 〈L art〉
ARS 〖컴퓨터〗 *a*dvanced *r*ecord *s*ystem(첨단 기록 시스템); 〈美〉 *A*gricultural *R*esearch *S*ervice(농무부의 농업 연구국); *A*merican *R*ocket *S*ociety(미국 로켓 학회); *a*udio *r*esponse *s*ystem(음성 응답 시스템); *a*utomatic *r*eply *s*ystem(전화 자동 응답기).
arse [ɑːrs] 〖명〗 (英·濠비어) 엉덩이, 둔부(ass, buttocks).
arse over tit (英속어) 곤두박이로.
get off *one's* **arse** 서두르다.
get the arse (濠속어) 해고되다.
give *a person* **the arse** 〈남〉을 거부하다; 〔해고하다.
in a pig's arse (濠속어) 결코 …않는.
lick *a person's* **arse** 남에게 아첨하다.
move [or **shift**] *one's* **arse** (사람이 앉을 수 있도록) 자리를 죄다. 〔적〕 전혀 아무것도 모르다.
not know *one's* **arse from** *one's* **elbow** (경멸)
—〖동〗 * 다음 숙어로만 쓴다.
arse around [or **about**] ⇨ MESS *around* [or *about*]; FOOL *around* [or *about*].

arse a person *out* 《濃속어》 〔남〕을 해고하다.
árse bàndit 〔명〕《英속어》 남자 동성애자.
arse·bend·er [á:rsbèndər] 〔명〕《英속어》 매춘부, 몸가짐이 헤픈 여자.
arse·hole [á:rshòul] 〔명〕《英속어·비어》 똥구멍(asshole); 〔감탄사적〕 (~s) 바보같이, 어리석게도.
from **arsehole** *to* **breakfast** *time* 언제나, 계속. ──〔동〕《濃속어》 …을 해고하다. 「 해서.
ar·sen- [á:rsən, a:rsén] 〔연결〕 ⇨ARSENO-.
ar·se·nal [á:rsənl] 〔명〕 1 무기고, 군수 창고; 병기창. ¶ a naval ~ 해군 공창(工廠). 2 군수품 비축[수집](량). 3 비축, 수집; 창고, 보고. 「(酸塩).
ar·se·nate [á:rsənèit, -nət] 〔명〕〔화학〕 비산염(砒
ar·se·nic 〔명〕 [á:rsnik] 〔U〕〔화학〕 비소⑦ As).
── 〔형〕 [a:rsénik] 비소의; 비소를 함유하는.
arsénic ácid 〔명〕〔화학〕 비산(砒酸).
ar·sen·i·cal [a:rsénikəl] 〔형〕 비소의, 비소를 함유하는(arsenic). ── 〔명〕 (~s) 비소제(약품·살충제).
ar·se·ni·ous [a:rsí:niəs] 〔형〕 삼가(三價)의 비소를 함유하는, 아비(亞砒)의. (또는 **arsenous**)
ar·se·nite [á:rsənàit] 〔명〕〔화학〕 아비산염(塩).
ar·se·no- [a:rsénou, -nə, a:rsén-] 〔연결〕 「비소를 함유한」의 뜻. ¶ *arseno*pyrite.
ar·se·no·py·rite [à:rsənoupáirait/-páiər-] 〔명〕 〔U〕황비(黃砒) 철광(덩어리 모양의 아비산 원광).
ar·se·nous [á:rsənəs] 〔형〕〔화학〕 =arsenious.
ars est ce·la·re ar·tem [á:rz ést səléiri á:rtəm, á:rs-/-léəri-] 기교를 보이지 않는 것이 참된 예술의 비법. [< L It is art to conceal art]
ars gra·ti·a ar·tis [á:rz gréiʃiə á:rtis, á:rs-] 〔명〕 예술을 위한 예술. [< L art for art's sake]
ar·sis [á:rsis] 〔명〕(복 **-ses** [-si:z]) 1 〔운율〕(고전시에서) 운각(韻脚)의 약음부(弱音部), 약음절(節); (영시에서) 강음부. 2 〔음악〕 상박(上拍)(upbeat), 약금 액센트. 〔반〕 thesis, ictus.
ars lon·ga, vi·ta bre·vis [á:rz lɔ́ŋgə a:rs/ví:ta bri:vis, á:rs-] 예술은 길고 인생은 짧다(=Hippocrates). [< L Art (is) long, life (is) short.
ar·son [á:rsn] 〔명〕〔U〕〔법률〕 방화(放火)(죄).
~**·ist** 〔명〕 방화범. ~**·ous** 〔형〕
ars·phen·a·mine [a:rsfénəmi:n] 〔명〕〔U〕〔약학〕 아르스페나민(과거에는 매독 치료용; 상품명 Salvarsan).
ars po·e·ti·ca [á:rz pouétikə, á:rs-] 〔명〕〔U〕 작시법(作詩法), 작시술. [< L 「이다.
ARSR *air route surveillance radar*(항공로 감시 레이다).
A.R.(S.)V. *American Revised (Standard) Version (of the Bible).*
ar·sy-var·sy [á:rsivá:rsi] 《英속어》 〔형〕 앞뒤가 뒤바뀐; 완전히 거꾸로 된. ── 〔부〕 거꾸로, 뒤죽박죽으로. (또는 **arsy-versy**)
‡**art¹** [a:rt] 〔명〕 1 〔U〕〔C〕 예술; 미술(회화·조각·건축 따위); 〔집합적〕 fine arts. ¶ an ~ critic 미술 평론가 / an ~ exhibition 미술 전람회 / ~ *and letters* 문예 / industrial ~s 공예 미술 / a primitive ~ 원시 예술 / an ~ school 미술 학교 / the ~ *for* ~ school 유미주의(唯美派), 탐미파(耽美派) / a work of ~ 예술품, 미술품 // *Art is long, life is short.* 《속담》예술은 길고 인생은 짧다. 2 〔집합적〕 미술품, 미술 작품, 미술품. ¶ an ~ *dealer* 미술 상. 3 기술, 기교, 재주, 기예(技藝), 방법. ¶ the *black* ~ 마술 / a *dead* ~ (과거의) 낡은 방법 / the *healing* ~ 의술[醫術] / *household* [*or* *domestic*] ~s (요리·재봉 따위의) 가사(家事) / the ~ *of navigation* 항해술 / *mechanical* [*or* *useful*] ~s 수예, 수공예 / He *knows the* ~ *of* *making money.* 그는 돈을 버는 법을 알고 있다. 4 (보통 ~s) a) 〔단수취급〕 기초 과목, (대학의) 교과(敎科); 교양 과목(liberal ~s). ¶ the *Faculty of Arts* 교양 학부 / *Bachelor of Arts* 문학사 (략 BA) / *Master of Arts* 문학 석사(략 MA). b) 〔단수

취급〕인문 과학(humanities). 5 〔U〕 (천연·자연에 대한) 인공, 인위; 꾸밈, 계획적인 행위, 작위(作爲). ¶ the beauties of nature and ~ 천연과 인공의 미(美) / a smile without ~ 꾸밈이 없는 웃음. 6 〔U〕 (종종 ~s) 책모(策謀), 책략, 술책, 간계. ¶ use ~ 술책을 부리다. 7 〔U〕 (신문·잡지의) 삽화. 8 〔U〕 숙련, 뛰어난 기능. 9 《美속어》 수배 사진. 10 〔U〕〔고어〕 학문, 학예.
art and mystery (어느 분야에 있어서의) 특수 기술.
art and part 〔U〕〔법률〕 공범, 종범(從犯). ¶ *be* [*or have*] ~ *and part in a plot* 음모에 깊은 관계가 있다.
art for art's sake 예술을 위한 예술(예술 지상주의).
art for life's sake 삶[생활]을 위한 예술.
arts and crafts 미술 공예.
a state of the art ⇨STATE.
by art 인위적으로; 술책으로; 능숙하게.
have (*got*)…*down to a fine art* …을 완전히 습득하다, …을 완벽하게 하다.
with art 솜씨 좋게, 능란하게.
without art 있는 그대로의, 자연스러운.
── 〔형〕(통속적이 아닌) 예술적인; (예술적 효과를 노린) 장식적인. ¶ an ~ song 예술적인 가곡.
── 〔동〕〔구어〕(젠체하면서) 예술적으로 보이려 하다, 아니꼬울 정도로 꾸미다; 예술적 기교를 가하다.
art² 〔동〕〔고어·시〕 be의 제 2인칭·단수·직설법·현재형. ¶ Thou ~ … (=You are …).
Art [a:rt] 〔명〕 아트(남자 이름; Arthur의 애칭).
ART *airborne radiation thermometer*(항공 방사 온도계); 〔언어〕 *article*. **art.** *article(s); artificial; artillery; artist.* ¶ *braggart*.
-art [ərt] 〔접미〕 -ard의 변형. 「대단히 …하는 것」
ARTC *air route traffic control*(항공로 교통 관제).
ARTCC *air route traffic control center*(항공로 교통 관제 센터).
art de·co [à:r deikóu] 〔명〕 (때로 A- D-) 아르 데코(1920–30년대에 유행했던 장식 디자인). [< F
árt diréctor 〔명〕 (영화·연극·TV 따위의) 미술 감독; =art editor; =artistic director.
árt éditor 〔명〕 (출판 회사의) 미술 부장.
ar·te·fact [á:rtəfækt] 〔명〕 =artifact.
ar·tel [a:rtél] 〔명〕 (옛 소련의) 노동자(농민) 협동 조합.
Ar·te·mis [á:rtəmis] 〔명〕〔그리스 신화〕아르테미스(사냥의 여신으로서 Apollo의 누이동생. 로마 신화의 Diana에 해당).

〔Artemis〕

Ar·te·mis·i·a [à:rtəmíziə] 〔명〕 쑥속(屬)의 식물. 「RIO-.
ar·te·ri- [a:rtíəri] 〔연결〕 ⇨ARTE-
ar·te·ri·al [a:rtíəriəl] 〔형〕 1 〔생리〕동맥(혈)의. 2 〔해부〕 동맥(모양) 의(⇔ *venous*). ¶ ~ *blood* 동맥혈. 3 맥로(脈路) 모양의, 맥로계(系)의. ¶ ~ *drainage* 맥로 배수(排水). 4 (도로·철도 따위가) 간선의. ¶ ~ *highway* [*road*] 간선 도로[수로, 유입로, 유출로]. ~**·ly** 〔부〕
artérial híghway [〔英〕**róad**] 〔명〕 간선 도로.
ar·te·ri·al·ize [a:rtíəriəlàiz] 〔동타〕〔생리〕〔정맥혈〕을 동맥혈로 바꾸다. **-i·zá·tion** 〔명〕
ar·te·ri·o- [a:rtíəriou, -riə] 〔연결〕 *artery*의 뜻.
¶ *arterio*sclerosis. 「(影) 〔명〕 동맥 조영(造
ar·te·ri·o·gram [a:rtíəriəgræm]
ar·te·ri·og·ra·phy [a:rtìəriágrəfi/-ɔ́g-] 〔명〕〔U〕 (X선을 이용한) 동맥 촬영(술). **-o·gráph·ic** 〔형〕
ar·te·ri·ole [a:rtíəriòul] 〔명〕〔해부〕 소(小)(세)동맥(small artery). **-ó·lar** 〔형〕
ar·te·ri·o·scle·ro·sis [a:rtìəriousklíəróusis] 〔명〕〔U〕〔병리〕 동맥 경화(증). **-rót·ic** [-rátik/-rɔ́t-] 〔형〕
ar·te·ri·ot·o·my [a:rtìəriátəmi/-ɔ́t-] 〔명〕〔외과〕

동맥 절개(술), 동맥 해부.
ar·te·ri·o·ve·nous [ɑːrtìəriouvíːnəs] 〖醫學〗 동정맥(動靜脈)의, 동맥과 정맥의.
ar·te·ri·tis [ɑ̀ːrtəráitis] 〖醫U〗 〖병리〗 동맥염(炎).
*__ar·ter·y__ [ɑ́ːrtəri] 〖醫〗 1 〖해부〗 동맥(幹 vein). ⇨ ABDOMEN 그림. ¶the main ~ 대동맥/the brachial ~ 상박(上膊) 동맥. 2 (도로·철도 등의) 간선(幹線).
ar·té·sian wéll [ɑːrtíːʒən-/-ziən-] 〖醫〗 피압(被壓) 지하수 우물(지하수의 수압에 의하여 분출하는 우물).
árt fílm 〖醫〗 예술 영화, 실험 영화.
árt fórm 〖醫〗 (전통적인) 예술 형식(sonnet·교향곡·문장·회화·조각 따위). (또는 **árt-fórm**)
*__art·ful__ [ɑ́ːrtfəl] 〖醫〗 1 교활한; 교묘한; 손재주를 부린, 기교를 부리는. 2 솜씨 좋은; 기교가 풍부한; 숙련된. 3 인위적인. **~·ly** 〖副〗 **~·ness** 〖醫〗
árt gállery 〖醫〗 미술관(art museum); 화랑. 〖醫〗 〖제품〗.
árt gláss 〖醫〗 공예 유리; (램프·꽃병 따위) 공예 유리 제품.
árt hóuse 〖醫〗 예술[실험] 영화(전용) 상영관(art theater). (또는 **árt-hòuse**)
ar·thr- [áːrθr] 〖연결〗 ⇨ARTHRO-. **-gic** 〖醫〗
ar·thral·gia [ɑːrθrǽldʒə] 〖醫U〗 〖병리〗 관절통.
ar·thrit·ic [ɑːrθrítik] 〖醫〗 〖병리〗 관절염의; 노화 현상인. (또는 **arthritical**) —— 〖醫〗 관절염 환자.
ar·thri·tis [ɑːrθráitis] 〖醫U〗 〖병리〗 관절염.
ar·thro- [áːrθrou, -θrə] 〖연결〗 joint(ed)의 뜻(* 모음 앞에서는 arthr-). ¶*arthropathy*. 〖醫〗 〖류(腹部類)〗
ar·thro·gas·tra [àːrθrəɡǽstrə] 〖醫〗〖醫〗 〖동물〗 복절.
ar·thro·gram [áːrθrəɡrǽm] 〖醫〗 관절 조영[촬영]법.
ar·throg·ra·phy [ɑːrθrɑ́ɡrəfi/-θrɔ́g-] 〖醫〗 관절 조영[촬영](법). 〖醫〗 〖동물의〗 체절.
ar·thro·mere [áːrθrəmìər] 〖醫〗 〖동물〗 (체절)체절.
ar·throp·a·thy [ɑːrθrɑ́pəθi/-θrɔ́p-] 〖醫〗 〖병리〗 관절증. **ar·thro·path·ic** [àːrθrəpǽθik] 〖醫〗
ar·thro·pod [áːrθrəpɑ̀d/-pɔ̀d] 〖醫〗 〖동물〗 절지(節肢) 동물. (또는 **arthrópodal, arthrópodan, arthrópodous**) 절지 동물문[門].
Ar·throp·o·da [ɑːrθrɑ́pədə/-θrɔ́p-] 〖醫〗 〖동물〗
ar·thro·scope [áːrθrəskòup] 〖醫〗 관절경(鏡).
ar·thro·scop·ic surgery [àːrθrəskɑ́pik-/-skɔ́p-] 〖醫〗 관절경 수술(video-game surgery).
ar·thros·co·py [ɑːrθrɑ́skəpi/-θrɔ́s-] 〖醫〗 관절경 검사(법). **àr·thro·scóp·ic** 〖醫〗
ar·thro·sis [ɑːrθróusis] 〖醫〗 (pl. **-ses** [-siːz]) 〖해부〗 관절; 〖병리〗 변형 관절증.
Ar·thros·tra·ca [ɑːrθrɑ́strəkə/-θrɔ́s-] 〖醫〗 〖醫〗 〖동물〗 절갑류(切甲類). 〖醫〗 절 절개(술).
ar·throt·o·my [ɑːrθrɑ́təmi/-θrɔ́t-] 〖醫〗 〖의학〗 관
Ar·thur [áːrθər] 〖醫〗 아서. **1** King ~ 아서 왕(6세기경 영국을 통치했다는 전설상의 왕). **2** Chester Alan ~ (1830–86) 미국 제21대 대통령).
Ar·thu·ri·an [ɑːrθúəriən] 〖醫〗 아서왕(전설)의[에 관한]. —— 〖醫〗 아서왕 전설 연구가.
Arthúrian légends 〖醫〗 (the ~) 아서왕 전설.
ar·tic [áːrtik] 〖醫口語〗 =articulated lorry.
ar·ti·choke [áːrtət∫òuk] 〖醫〗 1 아티초크(국화과의 다년초). 2 뚱딴지, 돼지감자(Jerusalem ~).
‡**ar·ti·cle** [áːrtikl] 〖醫〗 (**~s** [-z]) 1 (신문·잡지 따위의) 기사, 논설, 논문 (*on, about*). ¶an editorial ~ (美) (신문의) 사설(editorial) /a leading ~ (英) 사설 (leader) / contribute an ~ to a journal 잡지에 기고하다 / head an ~ with the words… 기사에 …이라는 제목을 붙이다. 2 (같은 품종 가운데의) 한 품목, 한 개. ¶an ~ of food [clothing] 식료품[의류] 한 품목. 3 (총종·~s) 물품, 물건. ¶~s for Christmas presents 크리스마스 선물용품 / domestic ~s 가정용품 / missing ~s 분실물. 4 (법령·조약·계약 따위의) 조항, 항목, 정관, 규약. ¶Chapter I, A– I of the Constitution 헌법 제1장 제1조(醫 Ch. 1 Art. I). 5 (~s) 계약, 약

정. ¶~s of apprentice [*or* apprenticeship] 도제(徒弟) 계약. 6 〖문법〗 관사. ¶the definite [indefinite] ~ 정[부정]관사. 7 (속어) 사람, 놈, 8 (the ~) (美속어) 멋 있는[근사한] 것.
article by article 축조적으로, 조목조목.
be under articles to …밑에서 도제살이를 하고 있다.
in the article of …의 항목에 있어서; …에 관하여.
in the article of death (고어) 죽음의 순간에.
—— 〖動〗 1 …을 조목별로 쓰다, …을 열거하다. ¶~ a person's offenses 남의 죄상을 열거하다. 2 (피의자를) …을 고발하다 (*against*). 3 (계약 조건을 정하여) …을 도제로 삼다. ¶be ~d *to* …의 도제가 되다. —— 〖自〗 (죄상을 명시하여) 고발하다 (*against*).
ar·ti·cled [áːrtikld] 〖醫〗 연한(年限) 계약의; 법률 사무 견습의. ¶an ~ apprentice 연한 계약 도제.
árticle númbering 〖醫〗 (英) 〖상품〗 상품 번호화.
árticle of fáith 〖醫〗 종교의 신조; (일반적으로) 신념. 「서(shipping articles).
árticles of agréement 〖醫〗 (해사) 선원 고용 계약
árticles of assóciation 〖醫〗 (회사의) 정관; 단체 규약; (英) 정관, 계약.
Árticles of Confederátion 〖醫〗 (the ~) (美역사) 연방 규약(1781년 북부 13주가 제정한 미국 최초의 헌법; 1789년에 현행 헌법으로 개정). 「회의법.
Árticles of Wár 〖醫〗 (the ~) (美군사) 군법, 군법
ar·tic·u·lar [ɑːrtíkjulər] 〖醫〗 관절의; 관절이 있는. ¶~ adhesion 관절 유착. **~·ly** 〖副〗
‡**ar·tic·u·late** [ɑːrtíkjulət] 〖醫〗 1 명료한, 분명한. 2 발음이 똑똑한, 음절이 명료한. 3 (분명히) 말할 수 있는, 발언할 수 있는. 4 (사상 따위가) 분명히 표현된, 논리 정연(整然)한. 5 (동물) 관절이 있는, 관절로 이어진.
—— [ɑːrtíkjulèit] 〖醫〗 1 …을 명료하게[똑똑히] 발음하다. 2 (음성) …을 조음(調音)하다. 3 (사상 등을) 명확히[조리있게] 표명하다. 4 …을 관절로 접합하다[잇다].
—— 〖自〗 1 (한 마디[음절] 한 마디[음절]) 똑똑히 발음하다. ¶~ distinctly 음절 음절 똑똑히 발음하다. 2 (음성) 말소리를 뚜렷이 발음하다. 3 관절을 이루다.
—— [ɑːrtíkjulit] 〖醫〗 1 유체절(有體節) 무척추 동물(지렁이·거머리 따위). 2 완족류(腕足類) 중 유관절류(有關節類)의 동물(파리조개 따위). **-la·bíl·i·ty** 〖醫〗 **-la·ble** 〖醫〗 **-la·cy** 〖醫〗 **~·ly** 〖副〗 **~·ness** 〖醫〗 **-la·tive** [-lèitiv] 〖醫〗
ar·tíc·u·lat·ed bús [ɑːrtíkjulèitid-] 〖醫〗 (2대를 연결한) 연결 버스.
artículated jóint 〖醫〗 1 〖해부〗 관절. 2 (로봇 따위) 관절.
artículated lórry 〖醫〗 (英) 트레일러식 트럭((美) trailer truck).
artículated véhicle 〖醫〗 연결[견인식] 차량.
ar·tic·u·la·tion [ɑːrtìkjuléi∫ən] 〖醫〗 1 〖U〗 명료한 발음. 2 〖U〗 (사상·감정 따위의) 명확한 표현[표시]. 3 (음성) **a)** 유절음(有節音). **b)** 조음(調音)(음성을 내기 위해 발성 기관이 행하는 운동). **c)** 어음(語音), (특히) 자음(子音). 4 접합; (醫부) 〖식물〗 절(節), 마디. 5 (전화 따위의) 명료도. 6 〖치과〗 교합(咬合).
ar·tic·u·la·tor [ɑːrtíkjulèitər] 〖醫〗 1 똑똑하게 발음하는 사람. 2 〖음성〗 조음 기관[調音器官](혀·입술·성대 따위). 3 〖치과〗 틀니의 본을 뜨는 장치.
ar·tic·u·la·to·ry [ɑːrtíkjulətɔ̀ːri/-təri] 〖醫〗 발성(發聲)의, 조음의; 발음이 명료한, 관절의. **-tò·ri·ly** 〖副〗
Ar·tie [áːrti] 〖醫〗 아티(남자 이름; Arthur의 별칭).
ar·ti·fact [áːrtəfækt] 〖醫〗 1 인공물(人工物), 가공품. 2 (고고) 인공품. 3 〖생물〗 인위 구조, (인공 산물이나 가공 따위에 의해 조직 속에서 생기는 물질). 4 값싼 대량 생산품; (문명의) 소산. 5 만들어낸 것, 작위적인 결과. (또는 **artefact**)
ar·ti·fice [áːrtəfis] 〖醫U〗 1 교활한 계획, 책략, 술책. ¶by ~ 책략을 써서. 2 교묘함, 재주 좋음; 영리함. 3 (고어) 교묘한 고안물[연구].
ar·tif·i·cer [ɑːrtífəsər] 〖醫〗 1 명공(名工), 명장(名匠).

2 고안자, 발명가. ¶the ~ of the universe; the Great A- 조물주, 신. 3 (군사) 기술병; (해군의) 기관사.
ar·ti·fi·cial [àːrtəfíʃəl] 혱 (more ~; most ~) 1 인공적인, 인공의; 인조의; 모조의(⊕ natural). ¶~ flowers 조화(造花) / ~ leather 인조 피혁. 2 인위적인. ¶~ law 제정법. 3 가짜의, 거짓의. ¶~ tears 거짓 눈물. 4 부자연스러운, 일부러 꾸민; 젠체하는. ¶an ~ smile 억지 웃음. ── 명 인공물, 조화; (~s) 화학 비료. ~·ly 뷔 ~·ness 명
artificial blóod 명 인공 혈액(혈액 대용의 혼합액).
artificial éye 명 의안(義眼). 「(개발).
artificial fárming 명 인공 농업(무기물에서 식물을
artificial féel 명 (항공) 인공 조타(操舵) 감각 장치.
artificial géne 명 (생리) 인공 유전자(유기 화학적으로 합성한 복제 유전자).
artificial grávity 명 인공 중력. 「(수평의(儀).
artificial horízon 명 수평기(水平器); (항공) 인공
artificial inseminátion 명 (생물) 인공 수정(⊕ AI). ⓐ surrogate mother, test-tube baby.
artificial intélligence 명 인공 지능(⊕ AI, A.I.).
ar·ti·fi·ci·al·i·ty [àːrtəfìʃiǽləti] 명 1 ⓤ 인공(人工), 인위(의); 모의(模擬); 기교, 일부러 꾸밈, 부자연함. 2 모조품, 인공물. 「으로 …을 하다.
ar·ti·fi·cial·ize [àːrtəfíʃəlàiz] 타자 인위적[인공적]
artificial kídney 명 인공 신장.
artificial lánguage 명 1 (컴퓨터) 인공 언어(프로그램 언어인 FORTRAN, COBOL 따위); 컴퓨터 언어, 기계어(machine language). 2 (Esperanto 같은) 만든 말; 만든 국제어. 3 암호(code).
artificial lég[fóot] 명 의족(義足).
artificial pérson 명 (법률) 법인.
artificial radioactívity 명 (물리) 인공 방사능.
artificial ráin 명 인공 강우(降雨).
artificial respirátion 명 인공 호흡.
artificial sátellite 명 인공 위성. 「lection
artificial seléction 명 인위 도태. ⓐ natural se-
artificial síght 명 (맹인용) 인공 시력.
artificial sílk 명 인조 견사.
artificial skín 명 (의학) 인공 피부.
artificial tóoth 명 의치(義齒).
artificial túrf 명 (야구장 등의) 인조 잔디.
artificial vísion 명 (전자) 인공 시각(視覺)(차세대 로봇의 눈이 될 광(光)전자 시스템).
artificial-voice technólogy [-vóis-] 명 (컴퓨터) 음성 합성 기술(사람의 말을 컴퓨터로 합성하는 일).
artificial wómb(s) 명 인공 자궁.
ar·til·ler·ist [αːrtílərist] 명 포수(砲手), 포병.
***ar·til·ler·y** [αːrtíləri] 명 ⓤ 1 (집합적) 포, 대포. ¶ heavy ~ 중포(重砲). 2 (the ~) 포병, 포병과(砲兵科), 포병대. ¶~ fighting 포병전. 3 포술(砲術). 4 (美속어) 무기, 흉기; (마약용의) 주사 도구.
artillery-fired atómic projéctiles 명 핵포탄(포(砲)로 발사하는 핵무기; ⓐ AFAP).
ar·til·ler·y·man [αːrtílərimən] 명 =artillerist.
art·i·ly [αːrtəli] 부 예술가인 체하면서.
art·i·ness [αːrtənis] 명 ⓤ 예술가인 체함.
ar·ti·o·dac·tyl [àːrtioudǽktil] 명형 소목(目)의 (소·양·돼지 따위). **-ty·lous** [-tiləs] 형
ar·ti·san [αːrtəzən/àːtizǽn, ´-‑] 명 1 공예가, 미술 공예가. 2 장인(匠人), 숙련공(목수·미장이·석공 따위). 3 (폐어) 예술가(artist). **~·al** 형 **~·ship** 명
‡**art·ist** [αːrtist] 명 1 (일반적으로) 예술가; 미술가(화가·조각가). 2 무대 예술인, 예능인; 록 음악(연주)가. ¶a mime ~ 무언극 배우. 3 명인(名人). ¶a rip-off ~ 사기꾼; 야바위꾼. 4 (…의) 명인, 달인, …통(通). ¶an ~ at wine 포도주 박사. 5 (폐어) =artisan.
ar·tiste [αːrtíːst] 명 무대 예술인, 예능인(배우·가수·무용가 등); (요리사 등 자칭) 명인. [<F]

‡**ar·tis·tic** [αːrtístik] 형 (more ~; most ~) 1 예술[미술]적인; 우아한, 운치가 있는. ¶~ effects 예술적 효과. 2 미술[예술]가의[적]인. 3 예술을 이해[사랑]하는. (또는 **artistical**) **-ti·cal·ly** 부
artístic diréctor 명 (극장 따위의) 미술 감독.
art·ist·ry [αːrtistri] 명 ⓤ 예술적 수완[재능, 효과]; 예도(藝道); 예술적[미술적] 연구(artistic pursuit).
art·less [αːrtlis] 형 1 속임수가 없는, 기교가 없는, 솔직한, 순진한. ¶an ~ mind 꾸밈없는 마음 /ask many ~ questions 여러 가지 순진한 질문을 하다. 2 자연스러운; 단순한, 소박한. ¶~ beauty[eloquence] 꾸밈이 없는 아름다움[웅변]. 3 비예술적인; 졸렬한, 멋없는. ~·ly 부 ~·ness 명 「랑.
art·mo·bile [αːrtməbiːl] 명 순회 미술관, 이동 화
árt mùsic 명 (민속 음악 등에 대한) 창작[예술] 음악.
árt nèedlework 명 미술 자수(刺繡).
art nou·veau [àːr nuːvóu] 명 (때로 A- N-) (미술) 아르누보(19세기말~20세기초에 유행한 미술 운동과 그 양식; 곡선의 모티브가 특색임). [<F]
árt pàper [αːrtpèip] 명 아트지(紙). 「(약).
árt ròck 명 아트 록(전통 음악의 기법을 도입한 록 음
ARTS *a*utomated *r*adar *t*erminal *s*ystem(터미널 레이더 자동 정보 처리 시스템). 「는 비평가.
art·sak·er [αːrtsèikər] 명 예술 지상주의를 신봉하
árts and cráfts 명 공예, 미술 공예.
árt schòol 명 미술 학교[대학].
árt sìlk 명 인견(人絹), 레이온.
árts mànagement 명 예술 경영, 연예 관리.
árt sòng 명 예술 가곡.
árt·sports [αːrtspɔːrts] 명 체조 무용(체조를 도입한 현대 무용).
art·sy-craft·sy [αːrtsikrǽftsi] 형 =arty-crafty.
árt thèater 명 =art house.
árt thérapy 명 예술 요법(療法).
art·ware [αːrtwɛ̀ər] 명 미술 도자기(유리 세품).
art·work [αːrtwə̀ːrk] 명 1 (인쇄) (본문에 대하여) 삽화, 도판; 대지(臺紙). 2 공예[예술]품; ⓤ (회화·조각 따위의) 예술적 제작 활동, 예술품(藝術品).
art·y [αːrti] 형 (구어) 예술가인 체하는; 미술품 흉내를 낸. (또는 **artsy**)
art·y-craft·y [-kræfti-kráːfti] 형 (가구 따위가) 예술적이기는 하나 실용성이 없는(arty); (경멸적) 촌스럽기 예술가의. (또는 **artsy-craftsy**)
ARU (컴퓨터) *a*udio *r*esponse *u*nit(음성 응답 장치).
A.R.U. *A*merican *R*ailway *U*nion.
ar·um [ɛ́ərəm] 명 아룸속(屬)의 식물(천남성과).
árum lìly 명 =calla 1. 「(대의)같은.
a·run·di·na·ceous [ərʌ̀ndənéiʃəs] 형 (식물) 갈
a·rus·pex [ərʌ́speks] 명 (고대 로마의) 제물로 바친 짐승의 창자를 보고 점을 친 점쟁이(haruspex).
Arv, A.R.V. *A*IDS-*r*elated *v*irus. **A.R.V.** *A*merican *R*evised (*S*tandard) *V*ersion (of the Bible)(미국 개역(改譯) 성서).
ar·vo [αːrvou] 명 (濠속어) =afternoon.
-a·ry [ɛri, əri/əri] 접미 1 pertaining to, connected with(…에 관한)의 뜻. 주로 명사 또는 다른 라틴어 등의 어간에 붙여서 형용사를 만든다. ¶element*ary*, honor*ary*, volunt*ary*. 2 a person or thing connected with or engaged in의 뜻. 라틴어 등의 명사 또는 형용사의 어간에 붙여서 명사를 만든다. ¶dictionary, granary, apiary.
Ar·y·an [ɛ́əriən] 명 1 (인류) 아리아인(人)(인도유럽(Indo-European) 어족에 속하는 사람); ⓤ 아리아어(語)(인도유럽어 또는 인도이란어). 2 (나치즘에서) 인도유럽계 인종, 비(非)유대계 백인(⊕ Semite). ── 형 아리아인[족]의; 아리아어의; 비(非)유대계 백인의.

‡as¹ ⇨AS. ⟨p. 164⟩

as² [æs] 명 (복 ~·ses [ǽsiz]) 1 아스 동전(고대 로마의 청동화(靑銅貨)). 2 아스(로마의 중량 단위; 327 그램).

As ⑦ 〖화학〗 arsenic. AS, A.S. Academy of Science; antisubmarine; assistant secretary [surgeon]. As. Asia; Asian. AS., A.S., A.-S. Anglo-Saxon. a.s. 〖상업〗 at sight. A.S. Associate in Science. A.S., A/S 〖상업〗 account sales(매상 계산서); after sight(일람 후).

as- [æs, əs] 접두 ⇨AD-.

ASA Acoustical Society of America(미국 음향 학회); (美) Amateur Swimming Association; American Standards Association(ANSI의 전신); American Statistical Association(미국 통계 협회).

ASA [éisə] 명 〖사진〗 아사 감도(感度)(미국 표준 규격 협회(ASA)가 정한 필름의 감도 지수; 1980년 이후는 ISO로 표시).

A.S.A.A. Associate of the Society of Accountants and Auditors.

as·a·fet·i·da [æsəfétədə] 명U 〖화학〗 아위 수지(阿魏樹脂)(진경제(鎭痙劑)용). (또는 asfetida)

ASALM advanced strategic air-launched missile(신형 전략 공중 발사 미사일). ASAP, A.S.A.P., a.s.a.p. as soon as possible(곧, 즉각, 즉시; 지급(至急)). * 회답을 요하는 편지 따위의 겉봉에 쓰는 글.

ASAT [éisæt] 명 〖군사〗 대위성(對衛星) 요격 병기(兵器). [<antisatellite interceptor]

asb. asbestos. 「성(不燃性)의.

as·bes·tine [æsbéstin, æz-] 형 석면(질)의; 불연

as·bes·tos [æsbéstəs, æz-/-tɔs] 명U 1 〖광물〗 석면, 아스베스토. 2 〖연극〗 불연[내화(耐火)] 커튼[막(幕)]. (또는 asbestus)

asbéstos cáncer 명 〖병리〗 아스베스토 암(석면 분말의 장기간 흡입에 의한 폐암 따위).

asbéstos cemént 명 석면 시멘트.

as·bes·to·sis [æsbestóusis, æz-] 명U 〖병리〗 석면 침착증(沈着症). -tót·ic 형

ASBM air-to-surface ballistic missile. ASC 〖항공〗 advice of schedule change(운항 시간 변동 통지). A.S.C. air service command; American Society of Cinematographers(미국 영화 촬영기사 협회); Army Service Corps. ASCAP American Society of Composers, Authors and Publishers(미국 작곡가·작사가·음반업자 협회). 「(症).

as·ca·ri·a·sis [æskəráiəsis] 명 〖병리〗 회충병[증

as·ca·rid [æskərid] 명 회충. (국 토목 학회).

A.S.C.E. American Society of Civil Engineers(미

‡as·cend [əsénd] 자 (~s [-z]) ⓐ 1 올라가다, 오르다, 상승하다 (* go up, rise, climb에 대한 문어)(반 descend). ¶ (~+튀+젼+명) The balloon ~ed high up in the sky. 기구는 하늘 높이 올라갔다. 2 (길이) 오르막이 되다. ¶ The path ~s here. 길은 여기서 오르막이 된다. 3 승진[승격]하다. 4 (값이) 오르다. 5 거슬러 올라가다. ¶ (~+젼+명) ~ to the 18th century 18세기로 거슬러 올라가다. 6 (음악) 음이 높아지다. 7 〖인쇄〗 (글자가) 위로 돌출하다. ━타 1 …을[에] 오르다, …에 올라가다. ⇨CLIMB 유의어 ¶ ~ a hill 언덕을 오르다 / ~ the stairs 층계를 오르다. 2 (…의 지위)에 오르다, 즉위하다.

as·cend·ance [əséndəns] 명 =ascendancy.

as·cend·an·cy [əséndənsi] 명 (…에 대한) 우위, 우세한 상태; 권세, 지배(력), 통제력(over). (또는 ascendence, ascendency)

have [or gain] (an [or the]) ascendancy over …보다 우세하다[지배권을 차지하다]; …을 제압하다.

as·cend·ant [əséndənt] 명U 1 우위, 우세, 우월. 2 조상(반 descendant). 3 〖점성〗 (황도 12궁의 위치로 나타내는 탄생 때의) 성위(星位); (성위로 점친) 운세.

in the ascendant 욱일승천의 기세로; 세력을 가지고 있는.

the lord of the ascendant 〖점성〗 수성(首星); 우월한 지위에 있는 사람.

━형 1 오르는, 상승하는, 올라가는(반 descendant); 우월한, 지배적인, 권세 있는. 2 〖식물〗 (잎이나 줄기 따위가) 위로 휜. (또는 ascendent)

as·cend·er [əséndər] 명 1 올라가는 사람[것]. 2 〖인쇄〗 a, c, e 따위의 높이보다 위로 나온 부분; 그 부분이 있는 활자(b, d, f, h 따위). ⓐ descender

as·cend·ing [əséndiŋ] 형 1 올라가는, 위로 향하는 (반 descending). 2 〖식물〗 비스듬히 위쪽으로 향하는.

ascénding scále 〖음악〗 상승 음계.

as·cen·sion [əsénʃən] 명 1 U 상승(ascent); 승진; 즉위, 등극(登極). ¶ ~ to glory 영예의 획득. 2 (the A-) 그리스도의 승천. 3 (A-) =A- Day.

~·al 형 상승의, 상승하는. 「는 영국령(領).

As·cen·sion [əsénʃən] 명 어센션 섬(대서양에 있

Ascénsion Dày 명 〖기독교〗 그리스도[예수] 승천일(Holy Thursday)(부활절 후 40일째의 목요일).

As·cen·sion·tide [əsénʃəntàid] 명U 〖기독교〗 승천절(Ascension Day로부터 Whitsunday(성령 강림절)까지의 10일간). 〖법〗 강조의.

as·cen·sive [əsénsiv] 형 상승하는, 진행하는; 〖문

‡as·cent [əsént] 명U 1 상승, 올라가기(반 descent). ¶ the ~ of a balloon 기구의 상승. 2 승진; 진보, 향상. ¶ the ~ to minister 장관으로의 승진. 3 오르기, 등반(登攀), 4 오르막(길), 언덕받이, 치받이, 1 a steep ~ 가파른 비탈길. 5 거슬러 올라가기, 소급. 6 (도로·철도의) 구배(勾配), 물매.

make an ascent of … 에 오르다.

*as·cer·tain [æsərtéin] 타(~s) 1 (실험·검사 등에서) …을 확인하다, 규명하다, 확정하다. ¶ (~+that節) He ~ed that she was among them. 그는 그녀가 그들 가운데 있다는 것을 확인했다. 2 (고어) …을 확실히[명백히] 하다. ~·a·ble 형 ~·er, ~·ment 명

as·ce·sis [əsíːsis] 명 (복 ~·ses [-siːz]) U 자기 단련(self-discipline), 극기, 금욕; UC 고행.

as·cet·ic [əsétik] 명 1 수행자(修行者), 고행자, 행자(行者). 2 금욕주의자. 3 (고대 기독교의) 수도자 은자(隱者). ━형 1 수행의, 고행의, 금욕주의의. 2 엄하게 절제하는; (종교적 고행이) 지나치게 엄한.

as·cet·i·cal [əsétikəl] 형 금욕적인, 금욕주의의, 고행의. ~·ly 부

ascétical theólogy 명 〖가톨릭〗 수덕(修德) 신학.

as·cet·i·cism [əsétəsizm] 명U 고행; 금욕 생활; 금욕주의; 자기 단련[수양].

as·ci [æskai, -kiː] ascus의 복수형.

as·cid·i·an [əsídiən] 〖동물〗 명형 피낭류(被囊類)(의), 우렁쉥이속(屬)(의).

as·cid·i·um [əsídiəm] 명 (복 -i·a [-iə]) 〖식물〗 (꿀풀 따위의) 병 모양의 기관, 낭상(囊狀) 기관.

ASCII [æskiː] 명 〖컴퓨터〗 아스키(ASA가 정한 정보 통신용 미국 표준 코드; 지금은 ANSCII). 〖<American Standard Code for Information Interchange〗

ASCII Códe 〖컴퓨터〗 아스키 코드.

as·ci·tes [əsáitiːz] 명U 〖병리〗 복수(腹水)(증). -cit·ic [-sítik], -cít·i·cal 형

As·cle·pi·us [əsklíːpiəs] 명 〖그리스 신화〗 아스클레피오스(의술의 신으로 Apollo의 아들).

ASCM anti-ship cruise missile(대함(對艦) 크루즈(순항) 미사일).

as·co·carp [æskəkàːrp] 명 〖식물〗 자낭과(子囊果). -cárp·ous 형

ASCOM (美) Army Service Command(육군 기지 사령부).

as·co·my·cete [æskəmáisiːt] 명 〖식물〗 자낭균류(子囊菌類)의 식물(효모균·푸른곰팡이 따위).

a·scor·bate [əskɔ́ːrbeit, -bət] 명 〖화학〗 아스코

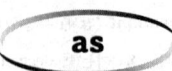

Do in Rome *as* the Romans do. 이「로마에서는 로마인들이 하는 대로 하라」의「대로」가 as의 대표적인 뜻이다. 이 입향순속(入鄕隨俗)의 뜻이「그대로」, 접속사·전치사·관계대명사로서, 그리고 부사 용법으로까지도 적용되어 널리 연결어의 기능을 수행하는 것이다. 원래 고대 영어의 all so가 중세 영어에서 also가 되고 다시 'l'과 'o'가 탈락하여 as가 되었기 때문이다. 따라서 as는 so나 also와도 관련이 깊다.

‡**as** [강 æz, 약 əz] 🔁 **1 a)** (as...as의 형으로) 같은 정도로, 마찬가지로. ¶black *as* coal 숯처럼 새까만/I am always *as* busy *as* (I am) now. 나는 항상 지금처럼 바쁘다/She works *as* hard *as* anybody. 그녀는 누구 못지않게 열심히 공부한다/He has *as* many horses *as* you (do). 그는 너와 같은 두수(頭數)의 말을 기르고 있다/Man is not *as* social *as* ants or bees. 인간은 개미나 꿀벌만한 군서성(群居性)을 지니고 있지 않다.

주의¹ (1) as...as의 앞의 as는 지시 부사, 뒤의 as는 접속사(관계 부사)라고 할 수도 있다. (2) as...as의 부정형은 not so...as가 원칙이지만, 구어에서는 보통 not as...as를 쓴다. 특히 단축형 -n't 다음에서는 as를 쓰는 것이 보통: John doesn't work *as* hard *as* George. 존은 조지만큼 공부를 열심히 하지 않는다. * 다음과 같은 용법에서는 as를 쓴다: I am not *as* [æz] old as he, I am much older. 나는 그와 동년배가 아니라 훨씬 더 나이가 많다.

b) (앞에 말한 것과 비교해서) 같은 수량만큼. ¶I will pay five times *as* much. 그것의 5배를 지불하겠다/She waited for five minutes, and they seemed *as* many hours. 그녀는 5분을 기다렸는데, 그것은 마치 다섯 시간이 지난 것처럼 생각되었다/He meant no harm and I meant *as* little. 그에게는 악의가 없었고 나 역시 마찬가지였다.

2 예로서 들면, 예컨대(* 전치사로 볼 수도 있으며, such as로 쓰는 것이 보통). ¶large carnivores, *as* the bear or lion 큰 육식 동물, 예컨대 곰이나 사자/Some flowers, *as* the rose, require special care. 꽃에 따라서는, 예컨대 장미와 같이 특별히 돌봐야 하는 것도 있다.

3 판단컨대, 생각건대. ¶the square *as* distinct from the rectangle 직사각형과 구별되는 정사각형/the church *as* separate from the state 국가로부터 분리된 교회.

4 (지시·동의·약속한) 대로. ¶He left *as* agreed. 그는 합의한 대로 떠났다/She sang *as* promised. 그녀는 약속대로 노래를 불렀다(* 두 용례 모두 as는 그 다음에 it was가 생략된 접속사로 볼 수도 있다.

── 🔁 **1** (비교) …와 같이, …만큼, …처럼. ¶Reading is to the mind *as* food is to the body. 음식물이 육체에 필요하듯이 독서는 정신에 필요하다/She is as tall *as* you (are). 그녀는 너만큼 키가 크다/I love you as much *as* (I love) her. 그녀를 사랑하는 것만큼 나는 너를 사랑하고 있다/It is not so [or isn't as] hard *as* you might think. 그것은 네가 생각하는 것만큼 어렵지 않다/It came out the same way *as* it had done before. 그것은 전과 같은 결과가 되었다/His voice is as thin *as* he is fat. 그는 뚱뚱한 몸집에 비해 목소리가 가냘프다/He was *as* popular *as* his father not. 그는 아버지와는 반대로 인기가 있었다.

2 (양태) …처럼, …대로, …와 같이. ¶Do *as* I do. 내가 하는 대로 해라/She is good *as* gold. 그녀는 정말 얌전히 있다/It will be *as* you wish. 네가 원하는 대로 되겠지/Do *as* you would be done by. 자기가 남에게 바라는 대로 남에게 해주어라/*As* the poet says, a little learning is a dangerous thing. 그 시인이 말하는 것처럼 어설픈 지식은 위험한 것이다.

3 (상태) …대로, …인 채로. ¶Leave it *as* it is. 그대로 놓아 두어라/All was *as* it had been. 모든 것이 전과 다를 바 없었다/She knew that, even *as* things were, they were far better off. 그녀는 현재의 상태만으로서도 옛날보다 훨씬 좋다는 것을 알고 있었다.

주의² as의 절을 강조하기 위해 이를 선행시키고 so로 주절을 시작하는 경우가 있다: *As* a man lives, *so* he dies. 삶이 있듯이 죽음도 있다/*As* I would not be a slave, *so* I would not be a master. 노예이기를 바라지 않듯이 노예를 갖는 것도 바라지 않는다(← Lincoln)/*As* you sow, *so* shall you reap. (속담) 제가 뿌린 씨는 제가 거둔다, 자업자득.

4 (비례) …함에 따라, …할수록. ¶*As* one grows older, one becomes more silent. 사람은 나이를 먹을수록 말수가 적어지는 법이다/Her anger grew *as* she talked. 그녀는 이야기를 할수록 화가 치밀었다/*As* death approached, he discovered the vanity of all human grandeur. 그는 죽음이 임박함에 따라 영화(榮華)의 무상함을 깨달았다.

5 (한정) …하는 한에서는, …하는 바로는. ¶His criticisms, *as* I remember, were highly esteemed. 내가 기억하고 있는 바로는 그의 논평은 높이 평가되었다/He meant no harm, *as* I understand him. 내가 아는 한, 그에게는 악의가 없었다/She's really quite good *as* girls go. 그녀는 소녀로서는 아주 좋은 아이다.

6 (삽입적으로) …이지만; 사실은 …이어서. ¶*As* it chanced, he was absent on that particular day. 공교롭게도 그는 마침 그날 집에 없었다/*As* luck would have it, I arrived in Paris just on the day of her departure. 다행히 그녀가 출발하는 바로 그날 나는 파리에 도착했다/You are wrong, *as* it appears. 아무래도 네가 틀린 것 같다.

7 (바로 앞의 명사를 한정하는 절을 이끌어) (…하는) 바와 같은, (…했을) 때의. ¶There were no confectioners, *as* we know now them, till the nineteenth century. 19세기에 이를 때까지 오늘날 우리가 알고 있는 그러한 과자점은 없었다/There are few such girls *as* she (is). 그녀와 같은 소녀는 매우 드물다. ⇨ 2, 3.

8 (때) …일 때, …한 순간에, …하는 동시에; …하면서. ¶*As* I entered the room, they applauded. 내가 방으로 들어서자 그들은 박수를 쳤다/He came up *as* I was speaking. 내가 말하고 있을 때 그가 나타났다/As he did so, the door was flung open. 그가 그렇게 하는 순간 문이 활짝 열렸다/*As* a boy, he sailed down the river. 어릴 때 그는 그 강을 배를 타고 내려갔다/She must have been very pretty *as* a girl. 그녀는 처녀 때는 정말 예뻤을 것이다. * when, while보다 동시성이 강하며, 또 마지막 두 예문의 as는 전치사로 취급할 수도 있다.

9 (이유·원인) …이므로, …때문에. ¶*As* he is honest, he is trusted by everyone. 그는 정직하기 때문에 모두에게 신뢰를 받는다/*As* the door was open, I walked in. 문이 열려 있었기에 안으로 들어갔다/*As* you are leaving last, please turn out the lights. 자네가 맨 나중에 나가게 되니, 나갈 때 불을 좀 꺼다오/Pretty *as* you are, you would draw customers. 당신은 예쁘니까 손님을 끌거예요/Hidden *as* it was by big trees, the tomb was difficult to find. 그 무덤은 큰 나무에 가려져 있어 찾기가 어려웠다.

10 (문어) (양보) …이기는 하지만. ¶Poor *as* he was, he had won the general respect of the neighborhood. 그는 가난하기는 했지만 이웃 사람들의 존중을 받았다 / Much *as* I like you, I will not marry you. 당신을 아주 좋아하기는 하지만 결혼할 생각은 없어요 / Hero *as* he was, he shuddered at the sight. 그와 같은 영웅도 그 광경을 보고 몸서리를 쳤다 / Try *as* she would, she could never remember a word of what he said. 그녀는 아무리 생각해 내려고 애써 봤지만 그가 한 말을 한 마디도 기억해 낼 수가 없었다.

주의³ (1) 이 구문에서는 문장 첫머리의 명사에 관사가 붙지 않는다. (2) poor as he is는 as poor as he is의 앞의 as가 poor를 강조하기 위해 없어진 것이지만, as poor as he is라는 옛 어형도 미국에서는 여전히 같은 의미로 쓰이고 있다. 또 다음 예에서 보는 것처럼 as he is poor의 뜻으로도 쓰인다: Poor as he is, he works overtime in the factory every day. 그는 가난하지만, 날마다 공장에서 잔업을 하고 있다.

11 (구어) …이라는 것(that). ¶He said *as* he would come. 그는 오겠다고 말했다 / I didn't know *as* you meant the patients. 환자들에 관한 이야기를 하고 계신 줄은 몰랐습니다.
12 (英방언) …보다도(than). ¶I never made better cheer in my life *as* then. 생전에 그때만큼 맛있는 음식을 먹고 흥겁짐은 적이 없었다 / You had better not be later *as* midnight. 자정을 넘기지 않도록 하는 것이 좋겠다.
── **代** (관계대명사) **1** (such, the same, as, so 따위와 상관적으로 쓰여) …하는 (사람)(who), …와 같은 (것)(that, which). ¶Such *as* had money were able to buy butter. 돈이 있는 사람들은 버터를 살 수 있었다 / Choose *such* friends *as* will benefit you. 네게 도움이 될 만한 친구를 선택해라 / I have *the same* trouble *as* you had. 나는 네가 겪었던 것과 같은 문제를 안고 있다 / This is *the same* watch *as* you have. 이것은 네가 가지고 있는 것과 같은 (종류의) 시계다 / There is *as* much money *as* is needed. 필요한 만큼의 돈은 있다 / You make *so* conspicuous a mistake *as* anyone could notice. 너는 누구라도 알 수 있는 명백한 잘못을 저지르고 있다 / This is *so* much *as* I could find out. 내가 알아낼 수 있었던 것은 이것뿐이다.
2 (절 또는 그 일부를 선행사로 하여) …이지만, …인데 그것은. ¶Her feet were bare, *as* was the custom in those days. 그녀는 맨발이었는데 그것은 당시의 관습이었다 / He appears good-natured, *as* he really is. 그는 선량해 보이며, 사실 그렇다 / She did the job well, *as* can be proved by the records. 기록을 보면 알 수 있지만, 그녀는 그 일을 훌륭히 해냈다 / He is a brave man, *as* are all of his family. 그는 용감한 남자인데, 그의 집안 사람은 모두 그렇다 / Time is not a merciful master, *as* we all know. 우리 모두 아는 바와 같이 시간은 인정 많은 주인이 아니다 / He is a foreigner, *as* is evident from his accent. 그는 외국인인데, 그것은 그의 말투로 보아 분명하다 / *As* is the way with lonely men, he sat still for hours in the dark room. 고독한 사람에게 흔히 있는 일이지만, 그는 어두운 방에서 몇 시간이나 꼼짝 않고 앉아 있었다 / *As* were expected, they performed the task with success. 그들은 기대했던 대로 그 일을 성공적으로 해냈다. ⇒圖 7.
3 (속어·방언) =who, which. ¶Those *as* want to can come with me. 가고 싶은 사람은 나와 함께 가도 된다 / I want to tell the story to those *as* have ears. 듣고 이해할 수 있을 만한 사람에게는 그 이야기를 들려주고 싶다.
── 圖 **1** (역할·자격·기능·성질 따위를 나타내어) …으로서(의). ¶He lives *as* a saint. 그는 성인(聖人)의 생활을 하고 있다 / He was famous *as* a statesman. 그는 정치가로 유명했다 / Here ambition is presented *as* a vice to be avoided. 여기서 야심은 피해야 할 악덕으로 제시되고 있다 / I acknowledge him *as* my superior. 그가 나보다 우수하다는 것을 인정한다 / This box will serve *as* a table. 이 상자는 탁자로 쓸 수 있다.

USAGE¹ (1) as가 이끄는 명사가 관직이나 직책 등 기능적 내용을 나타낼 때는 관사를 붙이지 않는다. ¶Who will act *as principal*? 교장 대행은 누가 될 것인가? / He followed the army *as interpreter*. 그는 통역으로 종군했다. (2) appear, pass, regard, think 또는 consider 따위의 동사 뒤에 쓴다. ¶He *appeared* as Hamlet. 그는 햄릿 역으로 등장했다 / This is a picture which would *pass* as a genuine Cezanne. 이것은 진짜 세잔의 그림이라고 해도 통할 만한 그림이다 / He was *regarded* as the greatest poet of the day. 그는 당시의 최고 시인으로 간주되었다.

2 …와 같은[같이, 같게](like). ¶*as* dead leaves before the wind 바람에 날리는 가랑잎처럼 / Knowledge is *as* nothing compared with doing. 아는 것은 행하는 것에 비하면 아무 것도 아니다 / The audience rose *as* one man. 청중은 일제히 일어섰다.
as above 위와 같이.
as against ⇒AGAINST. 「빨리. ③ …하는[인] 한.
as and when ① 언제. ② (구어) 언젠가; 가능한 한
as a rule 원칙적으로, 대개.
as...as any 무엇에도[누구에게도] 못지 않게, 아주. ¶It was *as* good a place *as any*. 그곳은 아주 좋은 곳이었다 / Once approached, the Koreans are *as* friendly *as any* people. 일단 사귀고 나면 한국 사람은 세계의 어느 국민 못지 않게 우호적이다.
as...as (...) can be 굉장히 …인. ¶*as* happy *as* (happy) *can be* 더할 나위 없이 행복한 / He is *as* busy *as* (busy) *can be*. 그는 굉장히 바쁘다.
as...as ever 여전히, 어느 때처럼. ¶He is *as* poor *as ever*. 그는 여전히 가난하다 / You don't eat *as* much *as ever*. 여느 때만큼 잡수시지 않는군요.
as...as possible [or *one can*] 될 수 있는 대로, 가
as before 앞서와 같이. 「급적.
as below 아래와 같이.
as between the two 둘[양자] 중 어느 쪽인가 하면 (* as for의 변형). ¶*As between the two*, I prefer an apple to a pear. 어느 쪽인가 하면, 배보다 사과가 좋다.
as far as ⇒FAR.
as follows ⇒FOLLOW.
as for …에 관해서는, …은 어떤가 하면. ¶*as for* the present 현재로서는 / *As for* me, I have nothing to complain of. 나로서는 아무런 불평도 없다 / *As for* their conversation, it's just unbearable. 그들의 대화란 정말 듣고 있을 수가 없다.

USAGE² **as for**와 **as to** ── (1) 문장 첫머리에서는 as for나 as to나 거의 구별 없이 쓰이지만, as for쪽이 약간 뜻이 강하고 때로는 무관심이나 경멸의 뜻을 내포하기도 한다. (2) 문장 중의 특정한 어구에 관계되는 경우에는 as to만을 쓴다.

as from (법률·계약 따위가) …(날짜)로부터(on and after). ¶The contract starts *as from* January 1st. 계약은 1월 1일부터 발효한다.
as good as ⇒GOOD.
as how (방언) …이라는 것(that).
as if 마치 …인 것처럼, 흡사 …와도 같이. ¶He speaks *as if* he knew everything. 그는 모르는 것이 하나도 없는 것처럼 말한다 / He chattered *as if* he were a woman. 그는 마치 여자처럼 지껄였다 / It was *as if* the world had come to an end. 세상이 끝장이라도 난 것 같았다 / They sit *as if* charmed by the music. 그들은 음악에 홀린 듯이 앉아 있다 / *As if* we

were strangers! 우리가 마치 생면부지인 사이 같군!

[USAGE]³ (1) as if절 안에서는 오늘날 《구어》에서는 were 대신에 was가 보통. (2) as if절 안의 동사는 주절(主節) 동사의 시제와 관계없이 동작 동사이면 과거 완료, 상태 동사이면 과거형이 된다.

as is 《구어》 (어떤 조건·상태이건) 있는 그대로. ¶We bought the table *as is*. 우리는 그 책상을 그대로 샀다.
as I see it 내가 보기에는, 내 생각으로는.
as it is 사실은, 정말로 말하면. ¶ If I had money, I would pay what I owe you. *As it is*, I cannot pay you. 돈이 있으면 빌린 돈을 갚겠지만, 사실은 돈이 없으니 갚을 수가 없다.
as it stands 현재 상태 그대로.
as it was 그때의 사정으로는, 사실은 그렇지 않았으므로.
as it were 말하자면, 이를테면(so to speak). ¶He became, *as it were*, a man without a country. 그는 말하자면 조국이 없는 사람이 되었다/He is, *as it were*, a walking dictionary. 그는 말하자면 살아 있는 사전이다.

[USAGE]⁴ (1) as if, as though 따위보다도 극단적인, 또는 기발한 비유에 쓰고, 보통 문장 가운데나 끝에 와서 콤마로 구분되는 일이 많다. (2) as it were와 so to speak는 거의 구별 없이 쓰이지만, 전자는 객관적 판단에 중점을 두고 후자는 주관적 판단에 중점을 두어 전자보다 강한 표현이 된다.

as likely as not ⇨LIKELY. **as long as** ⇨LONG.
as many as ⇨MANY. **as much** ⇨MUCH.
as much as ⇨MUCH.
as much as to say ⇨SAY.
as of …현재로. ¶The bombardments cease *as of* 8:00 a.m. 폭격은 오전 8시 현재로 중지한다.
as of old 옛적부터의.
as often as not ⇨OFTEN.
as one (의견 따위가) 일치하여. ¶We were *as one* in our opinion. 우리는 의견이 일치해 있었다.
as regards …에 관하여, …에 대해서(는). ¶*As regards* the expense involved, it is of no concern to him. 거기에 드는 비용은 그가 신경 쓸 바가 아니다.
as..., so ⇨AS [접] [주의]² **as soon as** ⇨SOON.
as such ① 그것[그러한 것]으로서; 그러한 자격[지위, 기능 따위]에 있어서. ¶The officer of the law, *as such*, is entitled to respect. 경찰관은 경찰관으로서 존경받을 권리가 있다. ② 그것(들)만으로, 그것(들)만의 것으로서; 그것(들)만으로는. ¶The position, *as such*, does not appeal to him, but the salary is a lure. 지위 자체는 매력이 없으나 봉급이 그의 구미를 끌어당긴다.
as the case may be ⇨CASE.
as they say 항간의 이야기로는, 이른바, 소위.
as things are [or **go**] 지금 형편으로는, 현 상태로는.
as though =*as if*.
as to …에 관하여, …에 대하여. ⇨ [USAGE]² ¶The police are satisfied *as to* the genuineness of his statement. 경찰은 그의 진술의 진실성에 대해서 만족하고 있다.
as usual ⇨USUAL. **as well** ⇨WELL¹.
as well as ⇨WELL¹. **as we speak** 바로 지금.
as who should say ⇨SAY.
as yet (장래의 일은 어떻든) 지금까지는, 지금으로서는 아직. ¶*As yet*, no man has set foot on Mars. 지금까지는 아직 화성에 도달한 사람은 없다/*As yet* there weren't many people in this vast country. 이 광대한 나라에 아직은 사람이 많지 않았다.
as you please [or **wish**] 좋을 대로, 원하는 대로.
As you were! 《구령》 바로!, 제자리로!
so (...) as to *do* ⇨SO. **so far as** ⇨FAR.

르브산염(酸塩). 「르브산(비타민 C).
a·scór·bic ácid [əskɔ́ːrbik-] [명] 〔생화학〕 아스코
as·co·spore [ǽskəspɔ̀ːr] [명] 〔식물〕 자낭 포자(胞子). **-spór·ic, as·cós·po·rous** [형]
as·cot [ǽskət] [명] (스카프 모양의) 폭넓은 넥타이, 애스컷 타이(~ tie).
As·cot [ǽskət] [명] (Royal ~) 애스컷 경마(영국 Berkshire의 Ascot Heath에서 매년 6월에 개최).
as·crib·a·ble [əskráibəbl] [형] …에 기인하는, 귀착되는, …에 돌릴 수 있는 (*to*).
***as·cribe** [əskráib] [동][타] **1** 〔원인·기원〕을 …에 돌리다, 〔결과 따위〕를 …의 탓으로 하다(*to*). ⇨ATTRIBUTE [유의어] ¶ (~+[目]+[前]+[名]) ~ his success *to* good luck 그의 성공을 행운으로 돌리다/That poem is ~*d to* Stevenson. 그 시는 스티븐슨 작이라 일컬어지고 있다. **2** 〔성질·특징〕을 …에 속하는 것으로 생각하다[돌리다] (*to*).
as·crip·tion [əskrípʃən] [명] **1** [U] 귀착[귀속]시키기 (*to, of*). **2** (목사가 설교 끝에 맺는) 하느님에의 찬사. (또는 **adscription**)
as·crip·tive [əskríptiv] [형] (성질·특징이) (…에) 귀속하는, …속성이 있는[을 나타내는](*to*). **~·ly** [부]
ASCS 《美》 *A*gricultural *S*tabilization and *C*onservation *S*ervice(농무부(農務部)의) 농업 안정 보전국). **ASCU** *A*ssociation of *S*tate *C*olleges and *U*niversities. 「낭(子囊).
as·cus [ǽskəs] [명] (복) **as·ci** [-kai, -ki]) 〔식물〕 자
ASDE *A*irport *S*urface *D*etection *E*quipment (공항면(空港面) 탐지 장치). **ASDF** *A*ir *S*elf-*D*efense *F*orce((일본의) 항공 자위대).
as·dic [ǽzdik] [명] 《英》 잠수함 탐지기(sonar의 전신). 〔<*A*nti-*S*ubmarine *D*etection *I*nvestigation *C*ommittee(연합국 대(對)잠수함 무기 위원회)〕
ASE *a*irborne *s*earch *e*quipment; 《美》 *A*merican *S*tock *E*xchange(미국 주식 거래소); *a*utomatic *s*tabilization *e*quipment((비행기의) 자동 안정 장치).
-ase [eis, eiz] [접미] 〔화학〕 enzyme(효소)의 뜻. ¶ amyl*ase*, case*ase*, lact*ase*, pect*ase*.
Asean, ASEAN [ɑ́ːsiən, eisíː-/ǽsiæ̀n] [명] 동남아시아 국가 연합, 아세안(1967년 발족). 〔<*A*ssociation of *S*outh*e*ast *A*sian *N*ations〕
ÁSEAN Régional Fòrum [명] 아세안 지역 포럼 (아시아·태평양 지역 국가들의 외상(外相)급 토론 모임; [약] ARF). 「을 가리지 않는.
a·sea·son·al [eisíːzənl] [형] 계절에 관계 없는, 계절
a·seis·mat·ic [èisaizmǽtik, -sais-] [형] 내진(耐震)(성)의. ¶~ structure 〔건축〕 내진 구조.
ASEM *A*sia-*E*urope *M*eeting(아시아·유럽 정상 회의; 제1차 회의를 1996년 3월 Bangkok에서 개최).
a·sep·sis [əsépsis, ei-] [명][U] 무균 (상태); 〔의학〕 무균법, 무균 치료(무균 기구에 의한 조치·수술 따위).
a·sep·tic [əséptik, eisép-] [형] 무균의, 방부성의; 무균법의. ¶~ operation 무균 수술. **—** [명] **1** 방부제. **2** 살균 처리 팩[용기]에 든 우유[주스]; (~s) 《단수취급》 살균 처리 포장 설비. **-ti·cal·ly** [부] 무균으로, 살균하여. **-ti·cism** [명] 「포장.
aséptic pàckaging [명] 살균 처리[무균화(無菌化)]
a·sex·u·al [eisékʃuəl] [형] 〔생물〕 무성(無性)의, 성별이 없는, 생식 기관이 없는; 무성 생식의; 성적 특징에 관계없는. **-ál·i·ty** [명] **~·ly** [부]
asexual generátion [명] 무성(無性) 세대.
a·sex·u·al·ize [eisékʃuəlàiz] (*《英》 **-ise**) [동][타] 무성화하다, 생식 능력을 없애다. **-i·zá·tion** [명]
aséxual reprodúction [명] 〔생물〕 무성 생식.
A.S.G. *A*ssociation of *S*tudent *G*overnments.
As·gard [ɑ́ːsgɑːrd/ǽs-] [명] 〔북유럽 신화〕 아스가르

asgd. 드, 신들의 거처(주신(主神) 오딘(Odin)을 비롯한 신의 가족들이 살고 있다는 하늘의 궁전). (또는 **Asgarth**)
asgd. assigned. **asgmt.** assignment.
‡**ash¹** [æʃ] 图 (图 ~·es [-iz]) ⓤ **1** 재: (보통 ~es) (화재 뒤의) 잿더미. ¶~(es) from coal 석탄재/Fuel oil leaves no ~. 연료유는 재가 생기지 않는다. **2** (화학) 재, 회분, 소다회, 탄산 소다(나트륨). **3** (지질) 화산재. **4** 실버 그레이, 회색. **5** (~es) 창백. **6** (~es) 유적, 형적, 흔적. **7** (~es) (시체가 탄 뒤에 남는) 재, 유골; 유해. ¶Under this tomb rest his ~es. 이 묘석 밑에 그의 유해가 잠들어 있다. **8** (~es) 유감, 후회의 빛. ¶put ~es on one's head 유감[후회]의 뜻을 나타내다. **9** (the ~es) 영국 대 오스트레일리아의 크리켓 시합의 승리 (트로피). ¶win[lose] the ~es (영국측에서 말해서) 크리켓 시합에서 이기다[지다]. **10** (보통 ~es) (美俗) 인도 대마(大麻).

ashes in the mouth 달갑지 않은[참기 힘든] 일.
Ashes to ashes, dust to dust. 재는 재로, 먼지는 먼지로[돌아가다](영국의 장례식에서 사용되는 말).
(as) pale as ashes (얼굴 따위가) 창백한, 핏기없는, 잿빛의.
be burnt [or *reduced*] *to ashes* 타서 재가 되다. (집 따위가) 전소(全燒)되다.
bring back [or *bring home, recover*] *the ashes* (크리켓) (영국 측에서 말해서) 설욕하다.
get [or *have*] *one's ashes hauled* (卑俗어) 섹스하다, 자다; (섹스를 통해) 오르가슴에 도달하다.
haul a person's ashes (俗語) [남]을 쫓아내다; [남]을 후려갈기다.
haul one's ashes (俗語) 떠나다, 「슬픔에 잠겨.
in sackcloth and ashes 깊이 후회하여; (드물게)
lay...in ashes ...을 태워 재로 만들다; ...을 불사르다, 초토화(無土化)시키다. 「안かした!
Peace to his [*her*] *ashes!* 그(그녀)의 영혼이여 평*rake over old* [or *the*] *ashes* (구어) 꺼리는 추억 [논의]을 들춰 내다.
rise (*like a phoenix*) *from the* [or *one's own*] *ashes* 폐허를 딛고 일어서다[부흥하다], 재생하다.
turn to dust and ashes (희망 따위가) 사라지다, 무로 돌아가다. 「가 되다. ─ 图面 ···에 재를 뿌리다; ···을 재로 만들다. ─ ⑨ ∠·i·ness ∠·i·less 閉
ash² 图 서양물푸레나무(물푸레나무과(科)의 교목); ⓤ 그 재목(스키·야구 배트 따위 제조용).
ash³ 图 ···의 문자(명칭). 「연 건강 증진회).
ASH [æʃ] (英) Action on Smoking and Health(금
‡**a·shamed** [əʃéimd] 图 (*more* ~; *most* ~) (서술용법) **1** (양심의 가책 따위로) 부끄러워하는, 수치스러워하는 (*of, for*). ¶I am [or feel] ~ *of my folly*. 내 어리석은 짓을 부끄러워하고 있다/I'm ~ *for my son's action*. 내 자식이 저지른 행동을 부끄럽게 생각한다// (~+*that* 節) I am ~ *that* I should have been involved in the case. 내가 그 사건에 말려든 것이 부끄럽다.

유의어 **ashamed** 자기 또는 자기와의 관계자의 잘못을 뉘우쳐 부끄러워하는. **mortified** 자존심을 크게 손상당해 굴욕을 느끼는; 잘못을 인정하는 뜻은 포함하지 않는다. **chagrined** 부끄러움·분함·애태움을 수반하는 후회어린 기분.

2 (···하는) 것을 부끄러워하는[부끄럽게 여기는]; 부끄러워 ···하고 싶지 않은 (*to do*). ¶I am ~ *to see you*. 부끄러워서 널 만나고 싶지 않다.
be ashamed of oneself 부끄러움을 알다, 부끄러워하다. ¶You should *be* ~ *of yourself*. 부끄러운 줄 알아라.
a·sham·ed·ly [-idli] 閉 ∼·ness 閉
ash·bin [ǽʃbìn] 图 (英) =ashcan. (또는 **ásh bìn**)
ásh blónd(e) 图 은색이 도는 금발(의 사람).

ash-blond(e) [ǽʃblànd/-blɔ́nd] 图 (사람이) 엷은 금발의; (머리카락이) 은색이 도는 금발의. 「빵.
ash·cake [ǽʃkèik] 图 뜨거운 잿속에서 구운 옥수수
ash·can [ǽʃkæ̀n] 图 **1** (금속제의) 재떨이; 쓰레기통. **2** (美海軍 속어) 수중 폭뢰(爆雷)(depth charge). **3** (영화) 1,000와트의 아크등(燈). ─ 图面 (-*nn*-) (美구어) ···을 거절하다, 버리다, 포기하다.
áshcan schòol 图 (때로 A- S-) (美) 애시캔파(派)(20세기초 도시 생활을 주로 다룬 미국의 사실파 화
ash càrt 图 쓰레기[석탄재] 운반차. 「가들).
ash còlor 图 =ash gray.
ash·en¹ [ǽʃən] 图 회색의; (죽은 사람처럼) 매우 창백한, 핏기가 없는; 재는 성분으로 한
ash·en² 图 서양물푸레나무(제)의.
ash·er·y [ǽʃəri] 图 잿더미; 칼륨 제조 공장.
ásh fàll 图 (지질) 화산회(灰)(퇴적물). (또는 **áshfàll**)
ash fire 图 잿불, 약한[뭉근한] 불
ash fùrnace 图 유리 제조용 가마.
ash gràv [(英) grèy] 图 회색, 회백색.
ash-hole [-hòul] 图 =ashpit.
a·shiv·er [əʃívər] 图 몸서리나는, 떨고 있는.
Ash·ke·naz·im [ɑ̀ːʃkəná:zim/æ̀ʃ-] 图图 (單) -*naz·i* [-náːzi]) 중·동부유럽 출신 유대인. 「翅果).
ash·key [ǽʃkiː] 图 (식물) 서양물푸레나무의 시과
Ash·kha·bad [ǽʃkəbæ̀d, -bɑ́ːd] 图 아슈하바트 (Turkmenistan의 수도).
ash·lar [ǽʃlər] 图ⓤ©   **1** (4각으로 잘라낸) 건축·포장용) 화강석, 치장돌; 마름돌 쌓기[세공]. ─ 图面 표면에 마름돌을 쌓다, 마름돌로 치장하다. (또는 **ashler**)
ash·lar·ing, **-ler·ing** [-riŋ] 图ⓤ (석공) 마름돌로 벽 표면을 치장하기; (집합적) 마름돌, 치장돌.   「부.
ash·man [ǽʃmæ̀n] 图 (난로 따위의) 재 치우는 인
‡**a·shore** [əʃɔ́ːr] 閉 해변에[으로], 물가에[로]; (해상·수상에 대하여) 육상에(서). ¶*go* ~ 상륙하다/*life*[*service*] ~ (선원의) 육상 생활[근무]/*be* ~ 상륙하고 있다/*swim* ~ 해엄쳐 해변에 닿다.   「지다.
be driven [or *washed*] *ashore* 물가로 밀려 올려
go [or *come, get*] *ashore* (배에서) 내리다; (배가) 얕은 곳으로 밀려 올라가다[오다].
run ashore 좌초하다.   「하다.
take ashore ···을 뭍으로 운반하다, ···을 양륙(揚陸)
ash-pale [-pèil] 图 회백색의, 창백한.
ash·pan [ǽʃpæ̀n] 图 (난로의) 재받이.
ash·pit [ǽʃpìt] 图 (난로의) 재 빠지는 구멍.
ásh plànt 图 서양물푸레나무.
ash·ram [ɑ́ːʃrəm/ǽʃ-] 图 **1** (힌두교의) 은둔자의 암자. **2** (선(禪) 따위의) 도장, 수도장. **3** (히피의) 마을.
Ash·to·reth [ǽʃtərèθ] 图 아슈토레트(고대 셈족의 풍작과 생식의 여신). 閉 Astarte
ash·tray [ǽʃtrèi] 图 재떨이.
A·shur [ɑ́ːʃuər/ǽʃ-] 图 =Assur.
Àsh Wédnesday 图 성회일(聖灰日)(사순절(Lent)의 첫날에 신자의 머리에 재를 뿌리는 가톨릭의 관습).
ash·y [ǽʃi] 图 **1** 회색의; 창백한. **2** 재의, 재 같은; 재 투성이의, 재를 뿌린.
ASI (항공) *a*irspeed *i*ndicator(대기(對氣) 속도계).
‡**A·sia** [éiʒə, -ʃə] 图 아시아 (대륙).   「Games).
Á·si·ad [éiziæ̀d/éiʃi-] 图 아시아 경기 대회(the Asian
A·sia·dol·lar [éiʒədɑ̀lər, éiʃi-/-dɔ̀l-] 图 아시아 달러(아시아의 은행에 예치된 비거주자의 미국 달러).
Ásia líterate 图 아시아통(通), 아시아 관계 전문가.
Ásia Mínor 图 소아시아(아시아 서부의 흑해와 지중해 사이의 반도). 閉 Anatolia
‡**A·sian** [éiʒən, -ʃən] 图 아시아식의, 아시아적인; 아시아인의. ─ 图 (图 ~*s* [-z]) 아시아인.
A·sian-Af·ri·can [-ǽfrikən] 图 아시아계 아프리카인의, 아시아·아프리카의.   「미국인(의).
A·sian-A·mer·i·can [-əmérikən] 图图 아시아계

Ásian Devélopment Bánk 圐 아시아 개발 은행(1966년 발족; 약 ADB).

Asian drágons 圐 아시아의 용들, 아시아 신흥 공업국들. (또는 Asian NIES [tigers])

Asian élephant 圐 아시아 코끼리, 인도 코끼리.

Ásia Nét 圐 아시아 넷(아시아의 통신사 네트워크).

Asian flú [influénza] 圐 (the ~) [병리] 아시아 독감(1957년 싱가포르에서 발견된 인플루엔자 A형의 변종)

Asian Gámes 圐 (the ~) 아시아 경기 (대회), [略].

A·si·an·ic [èiʒiǽnik/-ʃi-] 圐 **1** 비(非)인도유럽 어족의. **2** (소)아시아의.

A·si·an·i·za·tion [èiʒənizéiʃən/-ʃənaiz-] 圐 아시아화, 아시아인에게 맡기기. 「APO.

Ásian Productívity Organizátion 圐 =

Asian tigers 圐(圀) =Asian dragons. 「의.

Ásian válues 圐 아시아적 가치관, 유교 자본주

A·sia-Pa·cíf·ic [-pəsífik] 圐 아시아·태평양 (의). ¶ an ~ telecommunity 아시아·태평양 전기 통신 공동체. 「태평양 방송 연맹.

Asia-Pacífic Bróadcasting Únion 圐 아시

Ásia-Pacífic Económic Coóperation 圐 ⇨APEC. 「STAR TV의 방송 위성).

Ásia Sat 1 [éiʒə sæt wàn] 圐 아시아샛 1호(홍콩

*****A·si·at·ic** [èiʒiǽtik/-ʃi-] [때로 경멸적] 圐 아시아의, 아시아인의. ¶ ~ cholera 아시아 콜레라, 진성 콜레라. —— 圐 아시아인. ⇨ASIAN.

Asiátic élephant 圐 =Asian elephant.

ASIC application-specific integrated circuit(특정 용도용 집적 회로).

‡**a·side** [əsáid] 圐 **1** 곁에[으로], 옆으로[에으로]; 떨어져서. ¶ move a table ~ 테이블을 한쪽으로 치우다. **2** (의도·목적·문제 따위에서) 떠나서, 벗어나. (美) 도외시하여, 버려 두고. **3** (뒷일을 위해) 간직해 두어, 챙겨두어. **4** (상대로부터) 은밀히; 옆을 보고. **5** 차치하고, 그만두고. ¶ all joking ~ 농담은 그만두고.

aside from (美) ① …은 별도로 하고. ¶ A~ *from his thoughtlessness, he has been out of luck.* 부주의한 것은 별문제로 하고, 그는 운이 나빴다. ② (구어) …을 제하고[는]. ③ …이외에, …에 덧붙여.

aside of ① …의 옆에, 곁에서는; …의 가까이에(by the side of). ② …와 견주어[비교해] 보면.

be aside from the question 문제가 안 되다.

lay aside 곁에 놓다; 저축해 두다; 제쳐 놓다.

put aside 제쳐 놓다, 챙겨 두다; 그만두다. ¶ *Put your care* ~. 걱정일랑 말게.

set aside ① =*put aside*. ② …을 무시하다; …을 무효로 하다; …을 거절하다; …을 파기하다.

speak aside 옆을 보고 말하다; [연극] 방백을 하다.

stand [or **step**] **aside** 비켜 서다; 양보하다.

take [or **draw**] *a person* **aside** (은밀한 이야기를 하려고) 남을 옆으로 데리고 가다.

turn aside (본론에서) 벗어나다.

—— 圐 (圀) ~ **s** [-z] [연극] 방백(상대방에게는 들리지 않는 것으로 약속하고 말하는 대사).

A·side [éisàid] 圐 (레코드의) 표면, (테이프의) A면.

As·i·mov [ǽzəmɔ̀ːf, -mɑ̀f] 圐 **Isaac** ~ 아시모프 (1920-92; 미국의 SF 소설가·생화학자).

as·i·nine [ǽsənàin] 圐 나귀의, 나귀 같은; (비유적) 우둔한; 완고한, 고집스러운. 「고집.

as·i·nin·i·ty [æ̀səníniti] 圐UC 우둔한 (언행); 옹

ASIS American Society for Information Science (미국 정보 과학 협회).

-a·sis [əsís] [접미] 「증상·특질」의 뜻(* 병명을 나타냄). ¶ elephant*iasis*(상피병(象皮病)).

‡**ask** [æsk/ɑːsk] 圀 (~*ed* [-t]) 圀 **1** …을 (…에게) 묻다, 물어보다; …을 질문하다; …에게 (…에 관해) 묻다 (*about*). ¶ ~ *the way* [*time, price*] 길[시간, 값]을 묻다 / *Do you have any questions to* ~? 질문이 있느냐? // (~+圐+圐) (~+圐+前+名) I ~*ed him the reason.* =I ~*ed the reason of him.* 그에게 까닭을 물었다 // (~+圐+前+名) Many people ~*ed me about the accident.* 많은 사람들이 그 사고에 관하여 나에게 물었다 // (~+圐+*wh.* to *do*) I ~*ed him how to open the box.* 그에게 상자 여는 법을 물었다.

[유의어] **ask** 단순히 「질문하다」라는 뜻; 가장 일반적인 말. **inquire** 특정한 일에 대해서 구체적으로 묻다; ask보다 형식적인 말. **query** 명확한 정보를 요구하거나, 의심을 풀기 위해 질문하다. **question** 차례차례 질문하여 조사하다. **interrogate** question보다 공식적인, 또는 조직적인 질문을 하다.

2 …을 (…에게) 부탁하다, 바라다, 청하다, 요구하다, 조르다; (남)에게 …하도록[해달라고] 부탁하다 (*out, in, around*) (*to do*). ⇨BEG [유의어] ¶ ~ a person's *advice* [*pardon*] 남의 조언[허가]을 청하다 // (~+圐+圐) ~ *a person out to tea* 남에게 차를 대접하려고 불러 내다 / *Shall I* ~ *him in?* 그를 들어오게 할까요? / *Please* ~ *him around.* 그에게 와달라고 부탁해 주게 // (~+圐+圐) (~+圐+前+名) I want to ~ *you a favor.* =*I want to* ~ *a favor of you.* 한 가지 부탁할 일이 있습니다 / *He never* ~*ed me for anything.* ~*He never asked anything from me.* 그에게서 아무것도 요구받은 게 없다 // (~+圐+*to do*) *He* ~*ed her to marry him.* 그는 그녀에게 청혼했다 // (~+*to do*) *I must* ~ *to be excused.* 용서를 빌어야겠다 // (~+*that*) *He* ~*ed that he might be allowed to go home.* 그는 집으로 돌아가게 해달라고 부탁했다. **3** (사물에) …을 요하다, 필요로 하다. **4** …을 보상으로서 요구하다, 대가로서 청구하다 (*for*). ¶ *a price* ~ 부르는 값 // (~+圐+前+名) *How much do you* ~ *for this book?* 이 책값은 얼마입니까? **5** …을 부르다, 초청[초대]하다(*to, for*). ¶ (~+圐+前+名) ~ *a person to a party* 남을 파티에 초대하다. **6** [고어] [결혼 예고]를 공표하다.

—— 圀 **1** 심문하다, 묻다. ¶ (~+前+名) ~ *about a person's whereabouts* 남의 거처를 묻다. **2** 구하다, 청하다, 부탁하다. ¶ *A*~, *and it shall be given* (*to*) *you.* 구하라, 그리하면 너희에게 주실 것이다 (··마태복음(Matt.) 7:7).

ask after (남의 안부 따위)를 묻다; …에게 문안하다.

ask a person down [**up**] 남을 시골[도시]로 초대하다.

ask around (…에 대해) 물으며 다니다. [다.

ask for ① …을 달라고 부탁[청]하다, 요구하다. ¶ ~ *for alms* 적선을 청하다 / ~ *for a lady's hand* 청혼하다. ② …에게 면회를 청하다. ¶ I ~*ed for his manager.* 나는 그의 매니저를 만나고 싶다고 말했다. ③ (구어) (고생·재난 따위)를 자초하다.

ask for it [or **trouble**] (구어) ① 자업자득이다, 재난[화]을 자초하다. ② (여자가) 남자를 도발하다.

ask for the moon 얻을 수 없는 것[불가능한 일]을 욕심내다[바라다].

Ask me another. (구어) 나는 (그런 건) 모르겠다.

ask oneself 불청객이 되어 밀어닥치다.

ask out ① 퇴임을 자청하다, 자발적으로 사직하다. ② 밖으로 초대하다, 데이트를 청하다.

ask too much 무리한 것을 부탁[요구]하다; 호된 값을 부르다.

ask up 값을 …까지 부르다. 「을 부르다.

be asked in church 교회에서 결혼식이 공고되다.

be asked out (**to dinner**) 외식(外食)에 초대되다.

Don't ask. (구어) 묻지 마, 대답하고 싶지 않다.

Don't ask me. (구어) 난 몰라. 「는군.

I ask you. (美) (지긋지긋해서) 이건 뭐냐, 기가 막히

if I may ask 이렇게 물어도 괜찮은지 모르지만.

if you ask me (구어) 내 생각으로는. 「이다.

It may be asked whether... …일지 어떨지는 의문

(**Well,**) **I ask you!** (구어) 그걸 누가 믿어! 헛소리하

지 마!
you may well ask (질문에 대해) 그대로야.
a·skance [əskǽns] 𝑎𝑑 1 의심하여, 미심쩍은 눈으로. ¶look upon it ~ 그것을 의심스러운 눈으로 보다. 2 곁눈으로, 비스듬히. (또는 **askant**)
look askance at …을 곁눈질로[의심쩍은 눈으로] 보다. ― 𝑎 비스듬한, 기운. ¶an ~ look 곁눈질, 불신의 눈.
as·ka·ri [ǽskəri/əskάː/riː] 𝑛 (𝑝𝑙 ~(s)) (東아프리카) (식민지 정부를 위해 일하는) 현지인 군인[경찰관].
ásked príce 𝑛 =asking price.
ask·er [ǽskər/άː/sk-] 𝑛 묻는 사람; 청하는 사람;
a·skew [əskjúː] 𝑎𝑑 1 비스듬히, 뒤틀려, 굽어서. ¶ hang a picture ~ 그림을 비스듬히 걸다. 2 업신여겨, **look askew at** …을 경멸적으로 보다. [경멸하듯. ― 𝑎 (보통 서술용법) 비스듬한, 기운, 비뚤어진, 싫은.
~·ness [러진.
ask·ing [ǽskiŋ/άː/sk-] 𝑛 청하기, 청구.
for the asking 청구만 하면, 원하기만, 무료로. ¶ You may have it *for the* ~. 원한다면 드리겠습니다.
ásking príce 𝑛 (구어) (증권·상품 따위의) 부르는 값, 호가(呼價), 제시 가격. ⬌ bid price
ASL American Sign Language(미국식 수화(手話)) (법); American Soccer League(미국 축구 연맹).
ASLA, A.S.L.A. American Society of Landscape Architects(미국 조원사(造園師) 협회.
a·slant [əslǽnt/əslάː/nt] 𝑎𝑑 경사져서, 기울어져, 비스듬히. ¶The moon shone ~ on her face. 달빛이 그녀의 얼굴을 비스듬히 비추었다. ― 𝑎 (서술용법) 기운, 비스듬한. ― 𝑝𝑟𝑒𝑝 …을 비스듬히 가로질러, …와 **run aslant** (법률·습관에) 저촉되다. [엇갈리게.
a·sleep [əslíːp] 𝑎 1 잠들어, 잠에 젖어. 2 정지하여, 잔잔해져. 3 영면하여. ― 𝑎𝑑 (서술용법) 1 잠든(↔ awake). 2 (활동을) 멈추고 있다, 잔잔해진. ¶The sail is ~. 돛이 (바람을 가득히 안고) 펄렁거리지 않는다.¶ A top is ~. 팽이가 잔다(그 자리에 멈춰 선 것처럼 보인다). 3 (손·발 따위가) 저린. 4 영면한, 죽은.
awake or asleep 자나깨나. [다.
be [or **lie**] **fast** [or **sound**] **asleep** 깊이 잠들어 있
do while asleep (英속어) 손쉽게[수월하게] 하다.
fall [or **drop**] **asleep** 잠들다. ¶*fall* ~ *over a book* 책을 읽다 잠들다.
À/S lèvel (英) AS(중간)급 시험(GCE에서 1989 년 이래 시행하는 A level과 GCSE의 중간 레벨 시험). ⓐ GCE [<*Advanced Supplementary level*]
ASLIB, As·lib [ǽzlib] (英) 전문 도서관 정보 협회. [<*Association of Special Libraries and Information Bureaux*]
a·slope [əslóup] 𝑎𝑑 비스듬히, 기울어, 빗면을 이루어. ― 𝑎 (서술용법) 경사진, 기운.
ASM a̅ir-to-s̅hip [-s̅urface] m̅issile(공대함(空對艦))(지(地)) 미사일). **asm.** assembly.
as-main·tained [-meintéind] 𝑎 (美) (상무부가 제정한) 표준 도량형 단위에 따르는. [수도).
As·ma·ra [æzmάːrə/æs-] 𝑛 아스마라(Eritrea의
ASME American Society of Magazine Editors [Mechanical Engineers](미국 잡지 편집인 협회(기계학회)].
ASMS A̅dvanced S̅trategic M̅issile S̅ystem(첨단 전략 미사일 시스템). **asmt.** assortment. **Asn** (생화학) asparagine. **ASN** A̅rmy S̅ervice N̅umber ((병사) 인식 번호). **A.S.N.E.** American Society of Newspaper Editors(미국 신문 편집인 협회).
a·so·cial [eisóuʃəl] 𝑎 1 사교를 싫어하는, 비사교적인. 2 (구어) 남의 일에 구애받지 않는, 이기적인.
asp[1] [æsp] 𝑛 1 이집트 코브라; (일반적으로) 작은 독사; 유럽산(産) 살무사. 2 (고고) =uraeus.
asp[2] 𝑛 𝑎 =aspen.
Asp a̅spartic acid. **ASP** a̅erospace p̅lane(우주 항

공기); American Selling Price(미국내 판매 가격); Anglo-Saxon Protestant(앵글로색슨계 신교도; ⓐ WASP[2]); a̅pplication s̅ervice p̅rovider(응용 프로그램 서비스 제공자). **ASPAC** [ǽspæk] A̅sian and P̅acific C̅ouncil (아스팍; 아시아 태평양 각료 이사회).
as·par·a·gine [əspǽrədʒin, -dʒin] 𝑛 𝑈 (생화학) 아스파라긴(식물에 많은 아미노산의 일종).
as·par·a·gín·ic ácid [əspǽrədʒínik-] 𝑛 (생화학) =aspartic acid. (또는 **asparágic ácid**)
‡**as·par·a·gus** [əspǽrəgəs] 𝑛 𝑈 아스파라거스(백합과의 다년초). **às·pa·rág·i·nous** [러진.
aspáragus béd 𝑛 (속어) 대전차(對戰車) 장애물.
as·par·tame [əspάː/rteim, æs-] 𝑛 아스파르테임 (설탕의 약 200배의 단맛이 나는 인공 감미료).
as·pár·tic ácid [əspάː/rtik-] 𝑛 𝑈 (생화학) 아스파르트산(酸)(아미노산의 일종).
as·par·to·ki·nase [əspάː/rtoukáineis, -kìn-] 𝑛 (생화학) 아스파르토키나아제.
As·pa·sia [əspéiʃə/-ʒiə] 𝑛 아스파시아(470?-410 B.C.; Pericles의 애인).
A.S.P.C.A. American Society for the Prevention of Cruelty to Animals(미국 동물 학대 방지 협회).
‡**as·pect** [ǽspekt] 𝑛 1 양상, 외관, 외견; 모양, 광경. 2 APPEARANCE 유의어 ¶the physical ~ of a region 지세(地勢)/change the ~ of …의 외관을 일신하다. 2 형세, 상황, 양상, 국면; (마음에 비치는) 모습, 상(相). ¶the ~ of affairs 시국,상황/ assume a serious ~ 심각한 양상을 띠다. 3 (문제의) 견지, 견해, 해석. ¶both ~s of a question 문제의 양면. 4 𝐶𝑈 얼굴 생김새, 표정, 용모, 풍모. ¶a stern ~ 엄한 얼굴 생김새/ a man of mild and gentle ~ 온화한 풍모의 남자. 5 (집 따위의) 향(向), 방위; 경관. ¶This house has an eastern ~. 이 집은 동향이다. 6 𝑈 (지역 따위가) 외부에 주는 인상, 이미지. ¶company ~ 기업 이미지. 7 (특정 방향으로 면한) 면, 측. 8 𝑈 [문법] (동사의) 상(相). 9 (천문·점성) 성위(星位).
from every aspect; in all aspects 모든 견지에서, 모든 면[각도]에서. [접어들다, 면목을 일신하다.
take on [or **assume**] **a new aspect** 새 국면에
áspect rátio 𝑛 (항공) (날개의) 종횡비(縱橫比); (TV·영화의) 화상비(畫像比; 보통 4 : 3). [형성하는].
as·pec·tu·al [æspéktʃuəl] 𝑎 (문법) 상(相)의[을
as·pen [ǽspən] 𝑛 사시나무(버드나뭇과(科)의 식물). ― 𝑎 1 아스펜의[같은]. ¶tremble like an ~ leaf 사시나무 잎처럼 떨다. 2 (사시나무 잎처럼) 산들바람에 흔들리는, 떠는. ¶with ~ fear 공포에 질려서.
As·pen [ǽspən] 𝑛 아스펜(미국 Colorado 주의 스키 휴양지).
as·per·ate [ǽspərət] 𝑣𝑡 (표면이) 거친, 꺼칠꺼칠한.
as·perge [əspάː/rdʒ, æs-] 𝑣𝑡 (가톨릭) …에 성수 (聖水)를 뿌리다.
as·per·ges [əspάː/rdʒiːz, æs-] 𝑛 (가톨릭) 1 (때로 a-) 성수 살포식. 2 (성수 살포식에서 부르는) 성가 (교창가(交唱歌)).
as·per·gil·lo·sis [ǽspərdʒəlóusis] 𝑛 (𝑝𝑙 **-ses** [-siːz]) 아스페르길루스증(症), 국균증(麴菌症).
as·per·gil·lum [ǽspərdʒíləm] 𝑛 (𝑝𝑙 ***-la*** [-lə], ~**s**) (가톨릭) 성수 살포 용구.
as·per·i·ty [əspérəti, æs-] 𝑛 𝑈𝐶 1 (천성·기질의) 거침, 사나움, 무뚝뚝함. 2 (-ties) (처지 따위의) 어려움, 고난, 곤란. 3 (기후의) 매서움. ¶the pleasures and *asperities* of life 인생의 고락. 3 (표면의) 거칢, 울퉁불퉁함; (소리·음성의) 귀에 거슬림; 꺼칠꺼칠한 것, 귀에 거슬리는 소리. [칠게 말하다.
with asperity 호되게; 퉁명스럽게.¶talk *with* ~ 거
a·per·mia [əspάː/rmiə] 𝑛 (병리) 무(無)정액(정자)(증), 사정 불능(증). [학) 정액에 없는.
a·sper·mous [espάː/rməs] 𝑎 (식물) 씨없는; (의

as·perse [əspə́ːrs] 타자 1 …에게 악담[야유, 욕설]을 퍼붓다; …의 인격[명예, 명성 등]을 손상시키는 말을 하다, …를 중상[비방]하다; 비난하다, 나무라다. 2 …에 (물 따위를) 뿌리다, 끼얹다, 씌우다; 〖가톨릭〗 (성수를) …에 뿌리다(with). **-pérs·er** 명

as·per·sion [əspə́ːrʒən, -ʃən/-ʃən] 명UC 1 중상, 비방, 비난(on, upon): invidious ~s 악감정을 품게 하는 비방. 2 물 따위를 뿌리기; 〖가톨릭〗 성수 살포. 3 (고어) 살수(撒水).
cast aspersions on [or *upon*] …을 중상하다.

as·per·so·ri·um [ӕspərsɔ́ːriəm] 명 (복 **-ri·a** [-riə], ~s) 〖가톨릭〗 성수기(聖水).

***as·phalt** [ӕsfɔːlt/-fӕlt] 명 (천연 또는 석유) 아스팔트; 아스팔트 포장재.¶an ~ pavement 아스팔트 포장 도로. — 타 …을 아스팔트로 덮다[포장하다].

as·phal·tic [ӕsfɔːltik/-fӕl-], **~-like** 형

ásphalt clóud 명 〖군사〗아스팔트 구름(요격 미사일이 적의 미사일의 내열(耐熱) 차폐물을 파괴하기 위해 뿌리는 아스팔트 입자다). 〔천연 아스팔트〕.

as·phal·tite [ӕsfɔ́ːltait/-fӕl-] 명 아스팔트광(鑛).

ásphalt júngle 〖美구어〗생존 경쟁이 치열한 대도시; 대도시 빈민가, 우범 지대.

as·phal·tum [ӕsfɔ́ːltəm/-fӕl-] 명 = asphalt.

a·spher·ics [eisfériks] 명 (복수취급) (TV나 카메라에 사용되는) 비구면(非球面) 렌즈.

as·pho·del [ӕsfədèl] 명 〖식〗아스포델(백합과 무릇난속(屬)의 식물(daffodil)류; 〖시〗시들지 않는 꽃.

as·phyx·i·a [ӕsfíksiə] 명UC 〖병리〗질식, (질식에 의한) 가사(假死) 상태, 기절. (또는 **asphyxy**) **-al** 형 **-ant** 명 질식성의, 질식제[상태].

as·phyx·i·ate [ӕsfíksièit] 타자 …을 질식시키다, 가사 상태로 만들다.¶asphyxiating gas 질식 가스. — 자 질식[가사] 상태가 되다.
-á·tion 명U 질식(시키기), 가사(假死), 기절.

as·phyx·i·a·tor [ӕsfíksièitər] 명 질식[가사]시키는 것; 동물 질식 실험 장치; (탄산가스) 소화기(消火器).

as·phyx·y [ӕsfíksi] 명 = asphyxia.

as·pic¹ [ӕspik] 명UC 고기[물고기] 젤리(수육이나 물고기를 젤리로 굳힌 것); 토마토 젤리(tomato ~).

as·pic² [ӕspik] 명 (고어) = asp¹.

as·pic³ [ӕspik] 명 지중해 연안산(産)의 라벤더.

as·pi·dis·tra [ӕspədístrə] 명 엽란(葉蘭)(백합과(科)의 상록 다년생 초본; 관상용).

as·pir·ant [əspáiərənt, ӕspər-] 명 웅지[큰 뜻]를 품은 사람; (승진·명예·지위의) 열망자, 지망자 (for, after, to).¶a literary ~ 문학 지망생/an ~ for[or after, to] literary reputation 문학적 명성을 바라는 사람. — 형 대망을 품은; 진취적인.

as·pi·rate [ӕspərèit] 타자 1 〖음성〗〔말·음절〕을 대기음(帶氣音)〔기식음, h음〕을 추가하여 발음하다.¶~ a consonant 자음 다음에 대기음을 발음하다(예컨대 put을 [phut]처럼 파열음 [p] 뒤에 h음을 곁들여 발음한다). 2 〖의학〗〔가스 따위〕를 뽑아내다, 빨아들이다. — 명 [ӕspərət] 〖음성〗 대기음, 기(氣)음[h음], h음.¶He is rather shaky in his ~s. 그는 기식음의 발음이 부정확하다. — 형 [ӕspərət] 〖음성〗대기음의, 기식음의, h음의(aspirated). **-rat·ed** [-rèitid] 형

‡**as·pi·ra·tion** [ӕspəréiʃən] 명 1 CU 열망, 갈망, 대망, 포부(after, for, toward, to do). ⇨ AMBITION 유의어 ¶He has ~ to be a doctor. 그에게는 의사가 되려는 포부가 있다. 2 동경의 대상, 목표, 꿈. 3 U 〖음성〗대기[기식]음의 발음; C 대기음, 기식음(氣息音). 4 U 〖의학〗(체내(體內)로부터의 발(發)의 흡인); 호흡.
have an aspiration after [or *for*] …을 열망하고 있다. ~**·al** 형

as·pi·ra·tor [ӕspərèitər] 명 1 (가스·액체 따위의) 흡기기. 2 흡인 펌프(화학 실험 따위에서 불완전 진공을 만들기 위한 장치). 3 〖의학〗(몸 안의 가스·액체 따위의) 흡인기; (고름) 배출기. 〔인의〕.

as·pir·a·to·ry [əspáiərətɔ̀ːri/-təri] 형 호흡의, 흡기의.

‡**as·pire** [əspáiər] 자타 (~**s** [-z]; **~d**; **-pir·ing**) 1 (…을 …하고 싶다고) 열망하다, 대망을 품다; 동경하다 (after, to).¶(~+전+명) ~ after[or to] fame 명성을 열망하다// (~+to do) ~ to attain to power 권력을 얻고자 열망하다. 2 (고어·시) 높이 오르다[솟다].
-pír·er 명 = aspirant.

*****as·pi·rin** [ӕspərin] 명UC (상표 ~(**s**)) 〖약학〗아스피린(해열 진통제). [<독일 Bayer사 제품의 상표명]

as·pir·ing [əspáiəriŋ] 형 1 향상심에 불타는; 포부[야심]를 가진.¶an ~ politician 야심만만한 정치인. 2 상승하는, 높이 솟은. **~·ly** 부

ASPJ airborne self-protection jammer(기상 자위(機上自衛) 전자 방해 장치).

a·sprawl [əsprɔ́ːl] 부형 《서술용법》 보기 흉하게 누워서[누운], 아무렇게나 누워서[누운].

ASQC American Society for Quality Control (미국 품질 관리 협회).

a·squint [əskwínt] 부형 (*형용사로는 서술용법) 사팔눈(사시(斜視))으로[의], 곁눈으로[의], 비스듬히[한].
look asquint 곁눈질하다.

ASR airport surveillance radar(공항 감시 레이더); 〖美해군〗air-sea rescue(해·공 구조대); 〖컴퓨터〗automatic send/receive set(자동 송수신 장치); available supply rate.

ASRAAM [ӕzrӕm] 명 〖군사〗신형 단거리 공대공 미사일. [<advanced short-range air-to-air missile]

ASROC, as·roc [ӕsrɑk] 명 〖군사〗아스록, 대(對)잠수함 로켓. [<anti-submarine rocket]

‡**ass**¹ [ӕs] 명 (복 ~·**es** [-iz]) (당)나귀(donkey); (英) 고집쟁이, 바보; 고집쟁이.¶What an ~! 바보 같으니!/You silly ~! 예끼 이 바보야!
an ass in a lion's skin 사자의 탈을 쓴 나귀, 강한 체 하는 비겁자. [<Aesop's Fables]
make an ass of a person 남을 바보 취급하다, 우롱하다. 〔음거리가 되다.〕
make an ass (*out*) *of oneself* 바보짓을 하다, 웃음거리가 되다.
play the ass 바보짓을 하다.
— 자타 (속어) * 다음 숙어로만 쓴다. 〔다.〕
ass about [or *around*] 빈둥거리다, 시간을 낭비하다
ass along 빈둥거리다; 바보짓을 하다.
~**-like**

ass² 명 (비어) 1 궁둥이, 엉덩이. 2 항문. 3 성교; 여자 성기; (성교 대상으로서의) 여자. 4 얼간이, 바보; (濠) 뻔뻔스러움. 5 (물건의) 후부, 밑부분. (또는 (英) **arse**)
a (*real, royal*) *pain in the ass* 〖美속어〗눈엣가시, 골칫거리, 성가신[골치 아픈] 사람.
ass backwards 〖美속어〗거꾸로, 뒤죽박죽으로.
ass on backwards 거꾸로 취하여.
ass over tincups [or *teakettle, teacups, tit, appetite*] = ass over tip.
ass over tip 거꾸로; 어쩔 수 없이.
bag [or *barrel, cut, drag, haul, shag*] *ass* (…에서) 갑자기 떠나다, 급히 떠나다.
be a person's ass …는 끝[파멸]이다. 〔일하다.〕
break one's ass 〖美속어〗필사적으로 버티다, 열심히
burn a person's ass (남)을 화나게 하다, 발끈하게
bust ass (①) = bag ass. ② 주먹다짐하다. 〔하다.〕
bust one's ass = break one's ass.
cover one's ass [or *tail*] 변명으로 빠져나가다, 알리바이 공작을 하다.
drag ass ① 어물어물하다. ② 급히 떠나다.
drag ass around 〖美속어〗슬픈[침울한] 얼굴을 하고 어슬렁거리다.
flat on one's ass 〖美속어〗① 녹초가 되어. ② 파산하여.
get a person off his ass [or *butt, dead ass,*

duff] 꾸물대지 못하게 하다. 「고) 똑똑히 하다.
get *one's* **head out of** *one's* **ass** (잠에 취하지 않
get [or **have**] **the red ass** 안달하다, 화내다.
have *a person's* **ass** 호되게 꾸짖다; 앙갚음하다.
have a wild hair up *one's* **ass** ① 정력적으로 활동하다. ② 이상한 생각에 사로잡히다.
have [or **get**] *one's* **ass in a crack** 궁지에 빠지다.
have [or **get, put**] *one's* **ass in a sling** 곤란하게[귀찮게] 되다, 침울해 있다; 상사의 노여움을 사다.
have *one's* **head up** *one's* **ass** 어리석은 짓을 하다, 틀리기만 하다, 잠이 덜 깨어 있다.
It will be [or **It's**] *a person's* **ass.** 그렇게 되면 (남)은 끝장이다.
kick ass ① 난폭하게 행동하다; 벌을 주다; 혼내 주다. ② 강한 자극을 주다; 활기가 있다. ③ 효과가 있다; 박력이 있다. 「거리다, 기분을 맞추다.
kiss [or **lick**] *a person's* **ass** (美속어) 남에게 굽실
Kiss my ass! (비어) 빌어먹을!, 우라질!, 설마!; 바보같이! 「마음대로 해.
my ass (강한 부정) 설마, 바보 같은 소리, 아니야;
not know *one's* **ass from a hole in the ground** [or *one's* **elbow**] 아무것도 모르다, 바보다.
off *one's* **ass** 몹시. 「서.
on *a person's* **ass** (남)을 괴롭혀; 앞차에 바싹 붙여
one's **ass** [or **buns, tail**] **off** (부사적) 마구, 필사적으로, 맹렬히.
on (*one's*) **ass** (美속어) ① 앉아서; 엉덩방아를 찧고. ② 벌렁 자빠져서; 뻗어서; 술취하여. ③ (비유적) 곤란하여, 어찌 할 도리가 없어; 파산하여.
peddle *one's* **ass** 매춘하다. 「있다.
put *one's* **ass on the line** 위태로운[위험한] 상황에
save *one's* **ass** (美속어) 몸을 지키다; 목숨을 구하다; 면목을 유지하다.
screw the ass off (*a girl*) (여자를) 유린하다.
shift *one's* **ass** 움직이기[일하기] 시작하다.
sit on *one's* **ass** (행동을 취해야 할 때에) 아무것도 안 하다, 수수방관하다.
stick [or **shove, stuff, cram, ram**] **it up your ass** (명령형) …같은 것은 엿이나 먹어라[알게 뭐야].
suck *a person's* **ass** =*kiss a person's ass.*
to *one's* **ass** 완전히, 철저하게. 「you].라고도 한다.
Up your ass. 엿먹어라, 알게 뭐야. ＊Up yours [*or*
— [동][자] ＊다음 숙어로만 쓴다.
ass up 실수하다, 못 쓰게 만들다(fuck up).

ass. assistant; association; assorted. **Ass.** Assembly; Association. 「시리아의 대통령).
As·sad [ɑːsáːd] [명] **Hafez** ~ 아사드(1928–2000:
as·sa·fet·i·da [æ̀səfétidə] [명] =asafetida.
as·sa·gai [ǽsəgài] [명][동] =assegai.
as·sa·i[1] [əsái/æs-] [부] (음악) 아주, 매우. ¶allegro ~ 매우 빠르게. (<It) 「즙으로 만든 음료.
as·sa·i[2] [əsáːi/æsái] [명] 아사이야자나무; [U] 그 과
***as·sail** [əséil] [동][타] **1** …을 습격하다, 공격하다, 엄습하다; (남)을 마구 공격하다, 비난하다(*by, with*). ⇨ATTACK [유의어] ¶~ a castle 성을 공격하다 / The ship was ~*ed* by a storm. 그 배는 폭풍을 만났다 / He was ~*ed* by doubts. 그는 의구심에 사로잡혔다 // (~+[目]+[前]+[名]) He ~*ed* me *with* questions. 그는 나에게 질문 공세를 폈다. **2**. (일·난국)에 결연히 맞서다. ¶~ a task [difficulty] 과업에 결연히 부딪치다[곤란에 맞서다]. ~**·a·ble** [형] 공격할 수 있는, 약점이 있는. ~**·a·ble·ness,** ~**·ment** [명]
***as·sail·ant** [əséilənt] [명] 공격자, 습격자; 가해자; 논적(attacker). **—**[형] 공격하는, 습격의(attacking).
as·sart [əsáːrt/æs-] [명] 개간지; 개간, (덤불땅의) 개척. **—**[동][타] …을 개간하다, 길을 내다.
***as·sas·sin** [əsǽsn] [명] **1** 암살자, 자객; (남의 인격·명예 따위를) 훼손하는 사람. **2** (역사) (A–) (11–13 세기의 십자군·기독교에 대한) 회교도 암살단원.
as·sas·si·nate [əsǽsənèit] [동][타] **1** …을 암살하다. ⇨KILL [유의어] **2** (비열한 수단으로) (명예 따위)를 손상시키다[훼손하다].
***as·sas·si·na·tion** [əsæ̀sənéiʃən] [명][U][C] 암살; (중상 모략에 의한 명예·인격의) 훼손.
as·sas·si·na·tor [əsǽsənèitər] [명] 암살자, 자객.
assássin bùg [명] (곤충) 침노린잿과(科)의 흡혈충.
‡**as·sault** [əsɔ́ːlt] [명][C][U] **1** 맹공, 강습(強襲); (말에 의한) 심한 공격, 비난(*upon, on*). **2** (군사) 돌격, 백병전, 접근전; 강행 상륙. **3** (법률) 폭행 (*on, upon*). **4** (완곡적) (부녀자) 성폭행, 강간(rape). ¶indecent ~ (법률) 강제 추행(죄).
by assault 강습하여. ¶take a town *by* ~ 강습하여 한 도시를 공략하다. 「폭행을 가하다.
make an assault on [or **upon**] …을 맹공하다;
—[동][타] …을 공격[습격]하다(⇨ATTACK [유의어]); …을
~**·a·ble** [형] ~**·er** [명] ⌊폭행[강간]하다.
assáult and báttery [명] (법률) 폭행 (구타), 폭력행위. 「(舟艇)(storm boat).
assáult bòat [cràft] [명] (군사) 상륙[공격]용 주정
assáult còurse [명] (군사) 연병장; 돌격 훈련장.
as·saul·tive [əsɔ́ːltiv] [형] 달려들 듯한, 공격적인. ~**·ly** [부] ~**·ness** [명]
assáult jàcket [명] (경찰관이 입는) 방탄복.
assáult rìfle [명] (군사) 돌격 소총(고성능 자동 소총).
assáult shìp [명] (군사) 공격함(艦).
assáult wèapon [명] (군사) 공격용 무기(개인 화기); (호신용이 아닌) 공격용 총기.
as·say [æséi, ╌́/əséi, æs-] [동][타] **1** (야금) (광석·금속 따위)를 (함유량을 알기 위해) 분석 시험하다, 시금(試金)하다; (약학) (약물)을 분석하다. **2** …을 시도하다; …을 시험하다. ¶~ one's ability 자기 능력을 시험하다. **3** …을 평가하다, 사정[검정]하다. **—**[자] (광석이) 금속을 함유하다. ¶(~+[補]) This ore ~*s* high in gold. 이 광석은 금의 함유도가 높다. **—**[명] **1** (광석의) 분석 시험, 시금(試金); 분석물; 분석표. **2** (고어) 시험, 시도. ~**·a·ble** [형] ~**·er** [명]
assáy bàlance [명] 시금 천칭(試金天秤).
assáy bàr [명] (정부에서 만든) 표준 순금[은] 막대.
assáy cùp [명] (포도주) 시음용 (작은) 잔.
as·say·ing [æséiiŋ] [명][U] (화학) 시금법, 분석 시험.
assáy màster [명] 분석 시험관.
assáy òffice [명] 광석 분석소.
assáy tón [명] (채광) (시금) 분석 톤(광석을 분석하는 데 사용되는 단위; 29.166g).
áss bàndit [명] (美속어) 남자 동성애자.
ass·bite [ǽsbàit] [명] (美속어) 엄한 질책.
ass-chew·ing [╌tʃùːiŋ] [형] 몹시 성난.
assd. assessed; assigned; assured.
as·se·gai [ǽsəgài] [명] (아프리카 원주민의) 가느다란 투창. **—**[동][타] …을 창으로 찌르다. (또는 **assagai**)
***as·sem·blage** [əsémblidʒ] [명] **1** 회중(會衆), 집단; 집합, 집회. ¶a brilliant ~ 명사들의 모임. **2** (물건의) 집합; (동물의) 무리, 떼; (요리의) 세트; (고고) (하나의 유적에서 발견된) 유물군(群), 석기군(石器群). **3** (기계 등의 부품의) 조립. **4** (음악) 돈꾸밈음(turn). **5** [*F* asɑ̃blaːʒ] [C][U] (미술) 아상블라주(물건의 지스러기나 폐품을 모아 만드는 조각 기법(작품).
as·sem·blag·ist [əsémblədʒist, æsɑːmbláːʒist] [명] 아상블라지스트(아상블라주 기법을 쓰는 예술가).
‡**as·sem·ble** [əsémbl] [동] (~*s* [-z]; ~*d; -bling*) [타] **1** …을 모으다, 집합시키다; …을 소집하다. ⇨GATHER [유의어] ¶~ a crew 승무원을 집합시키다 / People ~*d* themselves in the park. 사람들이 공원에 모였다. **2** (물건)을 (모아) 정리하다; (기계 따위)를 조립하다. ⇨MAKE [유의어] ¶~ a radio set [watch] 라디오[시계]를 조립하다. **3** (컴퓨터) (기호 언어로 된 프로그

램을) 기계어로 된 프로그램으로 번역[변환]하다([참] compile). ━[자] 모이다, 집합하다; 조립되다.

as·sem·bled [əsémbld] [형] 모인, 결집된; 합성 보석의.

as·sem·bler [əsémblər] [명] **1** 조립공. **2** (농산물 따위의) 중개인, 도매업자. **3** 〔컴퓨터〕 어셈블러(기호 언어 프로그램을 기계어 프로그램으로 변환하는 프로그램 (assembly routine)). [참] compiler

assémbler lànguage [명] 〔컴퓨터〕 =assembly language.

‡as·sem·bly [əsémbli] [명] ([복] ***-blies*** [-z]) **1** 모임, 집합, (토의를 위한) 집회, 회합(⇨MEETING [유의어]); 〔교회〕 (전례(典禮)·예배 집회의) 회중; 회의. ¶the city [*or* municipal] ~ 시의회 / an illegal ~ 불법 집회. **2** 의회; (종종 the A–) 입법부, 입법 기관; (미국 주의회의) 하원. ¶the General *A–* 유엔 총회; 《美》 주의회 / the Legislative *A–* (영국 식민지 의회의) 하원 / the National *A–* 국회, 국민 의회; (프랑스의) 하원. **3** 〔군사〕 집합 신호, 집합 나팔; 집결. **4** [U] (기계의) 조립; [C] 조립 부품. **5** 〔컴퓨터〕 어셈블리(어셈블러에 의해 기호 언어로 된 프로그램을 기계어로 된 프로그램으로 바꾸기).

assémbly dìstrict [명] 《美》 주의회 하원의원 선거구.

assémbly hàll [명] **1** 집회장, 회의장; 회관. **2** (항공기 따위의) 조립 공장.

assémbly hòuse [명] 회당(會堂).

assémbly lànguage [명] 〔컴퓨터〕 어셈블리 언어.

assémbly lìne [명] (대량 생산의) 일관 작업 (배치); 조립 라인, 일관 작업열.

come off the assembly line (제품이) 일관 작업으로 생산[완성]되다.

as·sem·bly·man [əsémblimən] [명] **1** (국회) 의원; 《美》 (주 하원) 의원. **2** 조립공.

as·sem·bly·per·son [əsémblipə̀:rsn] [명] 의원; (때로 A–) 주의회 의원(성차별을 피한 말).

assémbly plànt [shòp] [명] 조립 공장, 일관 작업 공장.

assémbly ròom [명] **1** (때로 ~s) 집회장, 회의실; 강당; 무도회장(ballroom). **2** 조립 공장.

assémbly routìne [명] 〔컴퓨터〕 =assembler 3.

as·sem·bly·wom·an [əsémbliwùmən] [명] 여성 의원; (때로 A–) (미국 일부 주(州)의) 여성 하원 의원.

***as·sent** [əsént, æs-] [동][자] **1** 동의하다, 찬동하다, 찬성하다 (*to*, *to* do). ⇨ AGREE [유의어] ¶~ *to* a proposal 제안에 찬성하다 / ~ *to* go there 거기에 갈 것에 동의하다. **2** …에 양보하다, 굴복하다 (*to*); …을 인정하다. ━[명][U] 동의, 찬성, 승낙 (*to*).

assent and consent 《英》 의회의 협찬.

by common assent 전원 이의 없이, 전원 일치로.

give a nod of assent; nod** one's **assent 머리를 끄덕여 동의를 표시하다.

give** one's **assent to …에 동의하다, 찬성하다.

in assent 동의하여.

with one assent 만장일치로.

~·ing·ly [부]

as·sen·ta·tion [æ̀sentéiʃən] [명][U] 영합, 부화뇌동.

as·sen·tient [əsénʃənt, -ʃiənt] [형] 동의의, 찬성의. ━[명] 동의자, 찬성자.

as·sen·tive [əséntiv] [형] 찬성[승낙]의. **~·ness** [명]

as·sen·tor [əséntər] [명] 찬성자, 승인자; 찬성 투표자. (또는 **assenter**)

‡as·sert [əsə́:rt] [동][타] **1** …을 단언하다, 주장하다, 우기다. ⇨ AFFIRM [유의어] ¶He ~*ed* his innocence. 그는 자기의 결백을 강력히 주장했다 // (~+[목]+*to be* [보]) (~+*that* [절]) He ~*s* his statement *to be* true. = He ~*s that* his statement is true. 그는 자기의 진술이 진실이라고 주장하고 있다. **2** 〔무죄·요구 따위〕를 주장[옹호]하다; 〔권리 따위〕를 행사하다. ¶~ one's rights [claims, liberties] 권리[요구·자유]를 주장하다. **3** 《재귀용법으로》 자기를 주장하다; 주제넘게 나서다. ¶Justice will ~ itself. 정의는 반드시 밝혀진다.

~·a·ble, ~·i·ble [형]

as·sert·er [əsə́:rtər] [명] 주장자, 단언자. (또는 **assertor**)

***as·ser·tion** [əsə́:rʃən] [명][C][U] 단언, 주장, 언명; 독단. ¶That's a mere ~. 그것은 독단에 지나지 않는다.

make an assertion 주장하다, 단언하다.

~·al [형]

as·ser·tive [əsə́:rtiv] [형] 단정적인, 독단적인; 자기 주장이 강한; 자신감이 넘치는; 아집이 있는. ¶speak in an ~ tone 단정적인 투로 말하다. **~·ly** [부] **~·ness** [명]

assértiveness tràining [명] 〔심리〕 자기 주장 훈련(소극적인 사람에게 자신감을 불어넣는 행동 요법의 하나). (또는 **assértive [assértion] tràining**)

assértive sèntence [명] 〔문법〕 단정문.

as·ser·tor [əsə́:rtər] [명] =asserter.

as·ses [ǽsiz] [명] as²의 복수형.

ásses' brídge [명] 당나귀의 다리. ⇨PONS ASINORUM 1.

as·sess [əsés, æs-] [동][타] **1** 〔재산·수입 따위〕를 평가[산정]하다; 〔손해·세금·벌금 따위〕를 사정하다 (*at*). ¶(~+[목]+[전]+[명]) ~ a house *at* one billion won 집을 10억 원으로 평가하다. **2** 〔세금·회비 따위〕를 부과하다, 할당하다 (*on*, *upon*); 〔사람·물건〕에 (세금·할당금 따위를) 부과하다 (*at*, *in*). ¶(~+[목]+[전]+[명]) ~ 1,000,000 won *on* land 땅에 1백만 원을 과세하다. **3** …의 가치[중요성, 성질 따위]를 검토 평가하다.

***assess** a person **at** [or **in**]* (50,000 won) 남에게 (5만 원)을 과세하다.

***assess (a tax [fine]) on** [or **upon**]* …에게 (세금[벌금]을) 과하다.

~·a·ble [형]

***as·sess·ment** [əsésmənt, æs-] [명][U] **1** 과세, (벌금 따위의) 부과; (재산·수입의) 사정(査定), 평가. ¶a standard of ~ 과세 표준 / the ~ of damages by a typhoon 태풍에 의한 피해의 사정. **2** [C] 과세액, (벌금의) 부과액; (재산·수입·손해 따위의) 사정액. **3** 〔상업〕 불입금 지정. **4** (일반적으로) 평가; (학업) 성적 평가. ¶environmental ~ 환경 영향 평가.

asséssment insùrance [명] 《美》 부과식 보험.

asséssment tèst [명] (학업 능력) 평가 시험. ¶the Scholastic *A– T–* 《美》 대입 수학 능력 시험([약] SAT).

as·ses·sor [əsésər] [명] **1** (세액의) 사정자; 재산 평가인; 《英》 〔보험〕 손해 사정인. **2** 재판관 보좌역. **3** 《고어》 참여자, 상담역. **às·ses·só·ri·al** [형] **~·ship** [명]

***as·set** [ǽset] [명] **1** 유용한 것[자질], 가치 있는 것, 이점. ¶Honesty is his great ~. 정직은 그의 큰 장점이다. **2** 자산 가치가 있는 것, 재산의 하나. **3** 스파이 요원 [협력자], (첩보 활동에서) 정보 제공자. **4** (~s) **a)** 〔법률〕 (회사 따위의) 자산, 재산; 유동 자산([반] liabilities). ¶personal [real] ~*s* 동산[부동산] / fixed [*or* permanent] ~*s* 고정 자산 / intangible ~*s* 무형 재산. **b)** 〔회계〕 (회사의) 재산 목록. **c)** 〔법률〕 (부채 상각·유증(遺贈)에 충당해야 할) 유산, 재산. ⇨POSSESSION [유의어] **5** 보물. ¶cultural ~*s* 문화재.

assets and liabilities 자산과 부채.

ásset strìpping [명] 《英》 〔경영〕 회사 자산 수탈(자산이 많은 경영 부진 기업을 매수하여 그 자산을 매각, 이익을 꾀하는 일). **ásset strìpper** [명]

as·sev·er·ate [əsévərèit] [동][타] …을 증언[서언]하다(aver); …을 단언[확언]하다.

as·sev·er·a·tion [əsèvəréiʃən] [명][U][C] 증언, 서언(誓言); 단호한 주장, 단언.

-tive [형] **-tive·ly** [부] **-a·to·ry** [əsévərətɔ̀:ri] [형]

ass-fuck [ˊfʌ̀k] 《비어》 [동][타] …와 비역[항문 성교]을 하다. ━[명] **1** 항문 성교(를 하는 사람). **2** (일반적으로) 싫은 놈. (또는 **bútt-fùck**)

áss hàmmer [명] 《美학생 속어》 오토바이.

ass·head [ǽshèd] [명] 《구어》 바보, 멍청이.

~·ed [형] **~·ed·ness** [명]

ass·hole [ǽshòul] [명] 《美비어》 항문(anus); 멍청이, 똥 쌀 놈; 지긋지긋한 것[곳].

asshole deep in …로 몹시 곤란을 겪고, 어찌할 바를 모르고.

from asshole to breakfast time (英비어) 죽, 항상.
──형 명청한; 천한, 경멸할 만한.
ásshole búddy (미어) 친구, 짝패; 호모 놈.
as·sib·i·late [əsíbəlèit] 타 (음성) …을 치찰음
(齒擦音)화하다([sj], [tj], [zj], [dj]를 [ʃ], [tʃ], [ʒ],
[dʒ]로 발음하는 일). **-lá·tion** 명
as·si·du·i·ty [æ̀sidʒúːəti/-djúː-] 명 ⓤ 근면, 부지
런함; (-ties) 헌신적인 마음 씀, 배려.
as·sid·u·ous [əsídʒuəs] 형 ① 근면한, 지칠 줄 모르
는; 바지런한, 헌신적인; 끊임없는, 부단한.¶be ~ in
reading 독서에 전념하다. **~·ly** 부 **~·ness** 명
as·si·fy [ǽsəfai] 타 신경쓰이다, 우왕좌왕.
‡**as·sign** [əsáin] 타 (~s [-z]) 타 ① …을 (…에게) 할
당하다, 배정하다 (to).¶(~+목+전+명) ~ work to
each man 각자에게 작업을 할당하다 // (~+목+목)
He ~ed us the best room of the hotel. 그는 우리
에게 그 호텔에서 제일 좋은 방을 배정해 주었다.

> 유의어 **assign** (보통 권위로써) 일정한 할당을 하다.
> **allot** 그 방식이 계획적이 아닌 할당. **allocate** 보통
> 어떤 금액 따위를 특정한 사람·목적을 위해 충당하다.
> **apportion** 균등 또는 비례에 의해 할당하다.

② (사람)을 (직위·부서·임무에) 선임하다, 지명하다, 임
명하다 (to, for); …에게 (…하도록) 명하다 (to do).¶
(~+목+전+명) ~ a person for a guard 남을 경비
원(보초)으로 선임하다 // (~+목+to do) He ~ed me
to watch the house. 그는 나에게 그 집을 감시하도록
명했다. ③ (…에) (날짜·시간)을 지정하다 (한계)를 정
하다 (for, to).¶(~+목+전+명) ~ a day for a
festival 축제일을 지정하다 / ~ a limit to something
어떤 것에 한계를 정하다. ④ (동기·이유 따위)를 (…탓
으로) 돌리다 (to, for). ⑤ (법률) (재산·권리 따위)를
(…에게) 위탁(양도)하다. ⑥ (컴퓨터) 할당하다; 대
입하다. ⑦ (군사) (인원·부대)를 …에 배속하다 (to).
── 자 (법률) 재산을 위탁(양도)하다. ── 명 (보통 ~s)
(법률) (타인의 재산·권리의) 양수인, 수탁인.
as·sign·a·ble [əsáinəbl] 형 ① 지정(지시)할 수 있
는, 이룰힐 할; 할당할 수 있는.¶without ~ motive
별다른 동기 없이. ② (…에) 돌릴 수 있는 (to). ③ (법률)
양도(위탁)할 수 있는. **-bíl·i·ty** 명 **-bly** 부
as·sig·na·tion [æ̀signéiʃən] 명 ⓤⓒ ① (회견의) 약
속; (…와의) (밀회) 약속 (with). ② 할당; 지정; 임명. ③
(이유·동기) 탓을. ④ (…으로) 돌리기, 귀속 (of). ⑤ (법
률) (재산·권리 따위의) 양도, 위탁. [호인]
as·sígned cóunsel [əsáind-] 명 선정(選定) 변
assigned risk (보험) 할당 위험 분담(부담).
as·sign·ee [əsainí:, æ̀səní:/əsìnì:, æ̀sənì:] 명
(법률) (권리·재산 따위의) 양수인, 수탁자. 반 assign-
er.
as·sign·er [əsáinər] 명 =assignor. [or.
*__as·sign·ment__ [əsáinmənt] 명 ⓤⓒ ① (일·임무 따
위의) 할당; 할당된 일(업무); 연구 과제; (美) 숙제
(homework). ② 지시(공사 따위의) 지시, 지정. ③ (법
률) (권리·재산 따위의) 양도, 인도; (채권자를 위한) 재
산 위탁 (증서). ④ (이유·동기 따위)를 들어 보이기, 귀인
(歸因). ⑤ (컴퓨터).
as·sign·or [əsainɔ́ːr, æ̀sənɔ́ːr] 명 ① 할당인; 지정
인. ② (법률) (재산·권리 따위의) 양도인, 위탁자 (반
assignee). (또는 assigner)
as·sim·i·la·ble [əsíməlobl] 형 동화(융합)할 수 있
는; (…와) 비교되는 (to). **-bíl·i·ty** 명 **-bly** 부
*__as·sim·i·late__ [əsíməlèit] 타 ① (…와) 동질
화시키다, 같게 하다; …을 일치시키다 ((in)to,
with).¶~ all things 모든 것을 똑같게 하다. ② (생
리) …을 동화하다; (양식·흡수)하다.¶~ed
food 음식을 소화 흡수하다. ③ (지식·문화 등)을 (제것
으로) 흡수하다, 받아들이다. ④ (언어·민족 등)을
동화하다 ((into)). ¶ ~ lessons 학과를 잘
소화하다 / ~ the Western civilization 서양 문화를 흡

수하다. ④ 《드물게》 …을 (…에) 비유하다, 비기다 (to,
with).¶ ~ a camel to a ship 낙타를 배에 비유하다.
⑤ (음성) …을 동화하다(ⓞ dissimilate). ── 자 (…와)
동화하다, 같아지다, 융합하다 (to, with, into); 소화
되다.¶The food will ~ soon. 그 음식은 곧 소화될
것이다. ── 형 [-lət, -lèit], 동화된 것.
-là·tor 명 **as·sim·i·la·to·ry** [əsíməlòtɔ̀ːri/-təri] 형
*__as·sim·i·la·tion__ [əsìməléiʃən] 명 ⓤⓒ ① 동화, 융
합; 동화 상태. ② (생리) (음식의 체내에의) 흡수, 소화.
③ (식물) 동화 작용. ④ (사회·심리) 동화, 융화. ⑤ (지
질) 동화 작용. ⑥ (음성) 동화 작용. 반 dissimilation
as·sim·i·la·tion·ism [əsìməléiʃənizm] 명 동화
정책, 문화 융합 정책. **-ist** 명
as·sim·i·la·tive [əsíməlèitiv, -lətiv] 형 동화성(性)
의, 동화력이 있는; 동화 작용의. **~·ly** 부 **~·ness** 명
‡**as·sist** [əsíst] 타 ① (…으로) …을 돕다; …이
하는 (일)을 거들다; …을 조장하다 (in, in doing, to do).
⇨ HELP ¶유의어 a person materially[financia-
lly] 남에게 물질적[재정적]인 원조를 하다 // (~+목+
전+명) ~ a person in doing his work 남이 일하는
것을 돕다 / ~ a lady from a car 숙녀에게 손을 내밀
어 자동차에서 내리게 하다. ② …의 조수 노릇을 하다.
── 자 ① (…을) 돕다, 조력하다 (in, with).¶(~+전+
명) ~ in effecting a peaceful settlement of a
conflict 분쟁의 평화적인 해결에 조력하다. ② 《드물게》
(…에) 참석하다 (at); 참가하다 (in).¶ ~ at a cere-
mony[an entertainment] 식(연회)에 참석하다 / ~ in
a campaign 운동에 참가하다. ③ (美) (스포츠) (득점
을) 어시스트하다; (야구) 보살(補殺)하다.
assist the police (英) (용의자 등이) 경찰에서 심문
을 받다.
── 명 ① 조력, 원조.¶a financial ~ 재정적인 원조. ②
(야구) 보살(補殺)(타자·주자를 아웃시키는 송구). ③ (축
구·농구) 득점의 보조 플레이, 어시스트. ④ (기계 등의)
보조 장치.
Assist. assistant.
‡**as·sis·tance** [əsístəns] 명 ① ⓤ 원조, 조력, 보조,
지원; 재정적 원조. ② 《드물게》 《집합적》 참석자.
be of assistance to a person 남에게 도움이 되다.
come [go] to a person's **assistance** 남을 도우러
오다(가다).
give or **render) assistance to** …을 돕다.
‡**as·sis·tant** [əsístənt] 명 ① 원조자, 조력자. ② (…의)
조수, 보조자; 보좌역 (to); (대학의) 조교; (英) 점원
(shop ~).¶serve as ~ to …의 조수 노릇을 하다. ③
보조 수단. ── 형 ① 원조하는, 조력하는, 도움이 되는. ②
보조의, …보(補).¶an ~ clerk 서기보 / an ~ manager
부지배인. **~·ship** 명 (대학의) 조교직(수당).
assistant diréctor (영화) 조감독(약 AD).
assistant proféssor (美·캐나다) 조교수.
assistant sécretary (연방 정부 부처의)
차관보; 서기관보.¶ a deputy ~ 부차관보.
assistant to the Président 명 (美) 대통령 보
좌관. ¶ ~ for national security affairs 대통령 국가
안보 담당 보좌관.
as·sist·ed área [əsístid-] (英) (정부에 의한)
산업 장려 지역.
assisted líving 명 (美) (유료) 장애인 개호(介護)
생활. [파트.
assisted-living cénter 명 (美) 유료 장애인 아
assisted reprodúction 명 개호(介護) 생식(출
산)(체외 수정, 대리모 출산 따위 불임 치료 전반).
assisted-reprodúctive 형
assisted súicide 명 남(특히 의사)의 도움을 빌리
는 자살, 안락사. (또는 **dóctor-assisted kílling**)
as·sist·er [əsístər] 명 = assistor.
as·sis·tive [əsístiv] 형 돕는, 도움이 되는(helpful).
as·sis·tor [əsístər] 명 원조자; (법률) 방조자.

as·size [əsáiz] 명 1 (英역사) (입법·행정 기관의) 회기(會期), 개정(開廷) 기간. 2 (英역사) 법령, 조례. 3 (~s) (복수취급) (영국의) 순회 재판; 그 개정기[지]. 4 재판, 심판. ¶ the great [or last] ~ (세계 종말의) 대심판. 5 (영역사) (빵·맥주의) 법정 가격; (시장 판매품의) 통제 가격.

ass·kick·er [ǽskìkər] 명 (속어·비어) 1 활동적인 사람, 부하를 괴롭히는 장교; 약자를 괴롭히는 사람. 2 효과[박력] 있는 것. **-kick·ing**

ass·kiss·er [′kìsər] 명 (속어·비어) 아첨꾼, 알랑쇠.
ass·kiss·ing [′kìsiŋ] 명형 (속어·비어) 아첨(하는), 알랑거림[거리는].

ass·lick·er [′lìkər] 명 (속어·비어) = ass-kisser.

áss màn 명 (속어·비어) 섹스를 밝히는 남자, 섹스에 강한 남자; 동성애의 남자. [association.

assn., Assn. association. **assoc.** associate(d);

as·so·ci·a·ble [əsóuʃiəbl] 형 1 연상할 수 있는, 결부시켜 생각할 수 있는; (…와) 연관[관계]되는(with). 2 (나라·주(州)가) 경제 공동체에 가맹하고 있는. ——명 (경제 공동체의) 가맹국[주]. **-bíl·i·ty, -ness**

‡**as·so·ci·ate** 동 [əsóuʃièit, -si-] (**-at·ed; -at·ing**) 타 1 …을 연상하다, 관련지어 생각하다(with). ¶ (~+몸+前+名) His very name is ~d with horror. 그의 이름을 듣기만 해도 몸이 오싹해진다. 2 (수동형·재귀용법으로) …을 연합[합동]시키다, 동료로 참가시키다(with). ¶ (~+몸+前+名) We ~d him with us in the attempt. 우리는 그 계획에 그를 참여시켰다/He is ~d in various companies. 그는 여러 회사에 관계하고 있다. 3 …을 결합시키다; 관련시키다, 연좌되게 하다(with). ——자 교제하다; 제휴하다, 결합하다(with). ⇨JOIN 유의어 ¶ (~+前+名) I don't care to ~ with them. 나는 그 사람들과 교제하고 싶지 않다. [하다.

associate *oneself* **with** …에 찬성하다, …을 지지——명 [əsóuʃiət, -èit, -si-] 1 동료; 한패, 친구. ⇒FRIEND 유의어 2 조합원, 동업자; 공동 경영자, 제휴자. 3 (…의) 공범[공모]자(*in*). ¶ criminal ~s 공범자. 4 준회원, 준교우. 5 연상되는 것; (심리) 연합 관념, 연합 집상(心象); 수반물. 6 준(準)국가, 7 준학사(準學士).
——형 [əsóuʃiət, -èit, -si-] 1 연합한, 한패의. 2 준…, 부…; 준회원의. ¶ an ~ member 준회원/an ~ judge 배석 판사. 3 연상(부수)되는. **~·ship**

as·so·ci·at·ed [əsóuʃièitid, -si-] 형 연합[관련, 결합]하고 있는.

assóciate degrèe 준학사(2년제 대학 졸업생에 게 수여). [(천연 가스).

associated gás 명 부수(附隨) 가스(원유 위에 있는).
Associated Préss 명 (the ~) (미국의) AP 통신사(세계 최대의 통신사로 1848년 설립; ⓒ AP).
associate(d) státe 명 준(準)국가, 연합주(州).
associate(d) státehood 명 준국가로서의 지위.
associate proféssor 명 (美·캐나다) 부(副)교수.

‡**as·so·ci·a·tion** [əsòusiéiʃən, -ʃi-] 명 (美) 〈Ҁ〉 [~s-z)] 1 (단·복수 양용) 협회, 조합, 회(會), 공동 단체. ¶ a Parent-Teacher A– 사친회, 육성회(PTA). 2 Ⓤ 연합, 합동, 제휴; 짝맞추기. 3 (화학) 결합. 4 Ⓤ 교제, 친밀한 관계; (완곡적) 혼외 정사, 불륜(*with*). ¶ She has no ~ with foreigners. 그녀는 외국인과의 교제가 없다. 5 Ⓤ〈Ҁ〉 연상, 연상력; 함축, 암시적[부수적] 의미. ¶ the ~ of ideas [철학·심리] 관념 연합, 연상/The word has unpleasant ~s. 그 말은 불쾌한 연상을 준다. 5 =~ football. 6 (생태) 군집(群集); (수학) 결합.
in association with …와 공동으로; …에 관련하여.

as·so·ci·a·tion·al [əsòusiéiʃənl, -ʃi-] 형 연상의; 협회[단체]의.

associátion còpy [bòok] 명 수택본(手澤本).
associátion fóotball 명 (英) 축구(soccer).
as·so·ci·a·tion·ism [əsòusiéiʃənìzm, -ʃi-] 명

(철학) 관념 연합설, 연상 심리학. **-ist** 명형 **-is·tic** 형

as·so·ci·a·tive [əsóuʃièitiv, -si-, -ʃətiv] 형 1 공동[연대, 제휴]의; 연상의[에 의한]. 2 연합[결합]하기 쉬운. 3 (수학·논리) 결합의.
~·ly **~·ness, ·a·tív·i·ty**

assóciative mémory [stórage] 〔컴퓨터〕 연상 메모리, 연상 기억 장치. [, 회원.

as·so·ci·a·tor [əsóuʃièitər, -si-] 명 동료, 조합원.

as·soil [əsɔ́il] 동타 (고어) 1 …을 사면하다; …을 석방하다(acquit). 2 …을 보상하다. **~·ment**

as·so·nance [ǽsənəns] 명Ⓤ〈Ҁ〉 1 음의 유사, 유사음. 2 (운) 모음 압운(押韻) (액센트가 있는 같은 모음만이 운을 맞힘. 예: baby-lady, penitent-reticent) ⓒ consonance). 3 부분적 일치[부합]; 유사음.

as·so·nant [ǽsənənt] 형 (운율) 모음만의 동운율(同韻律)의, 모음 압운의; 유사음의. ——명 모음 유사어, 유음어(類音語). **·nán·tal, ·nán·tic** 형

as·sort [əsɔ́ːrt] 동타 1 …을 종류별로 나누다, 분류하다, 구분하다. 2 …의 각종 물품의 구색을 갖추다. 3 (고어) …을 같은 종류의 것끼리 모으다, 동류로 간주하다(*with*). ——자 1 어울리다, 조화되다(*with*). ¶ (~+前+名) It well [ill] ~s with my character. 그것은 내 성격과 어울린다[어울리지 않는다]. 2 (…와) 동류에 속하다; 교제하다(*with*).
~·a·tive, ·a·tive·ly 부 **~·er** **~·ive** 형

*as·sort·ed** [əsɔ́ːrtid] 형 1 유별된; 여러 가지를 한데 모은, 구색을 갖춘; 잡다한, 다채로운. 2 (복합어의) MISCELLANEOUS 유의어) ¶ ~ biscuits 비스킷 모음. 2 (복합어의) …을 짝맞춘; …에 어울리는, 걸맞는. ¶ a well-~ pair 잘 어울리는 한 쌍.

*as·sort·ment** [əsɔ́ːrtmənt] 명 1 Ⓤ 유별, 분류. 2 각종 구색, 모둠; (한데 모은) 각양 각색의 사람[물건]. ¶ an ~ of distinguished men 각계 명사들의 모임.
in an assortment (이것저것) 갖춘.

áss pèddler 명 (속어) 매춘부; (때로) 남창(男娼).

asst., asst., Asst. assistant. **asstd.** assisted; associated; assorted.

as·suage [əswéidʒ] 동타 1 (고통·노여움·불안 따위)를 완화하다, 경감하다; (식욕·욕망 따위)를 만족시키다, 가라앉히다. 2 …을 부드럽게 하다.
~·ment 명 완화(물), 경감, 진정. **-suág·er**

As·suan [æswɑ́ːn, ɑːs-/æsuǽn] 명 = Aswan.

as·sua·sive [əswéisiv] 형 완화법; 진정제.

as·sum·a·ble [əsúːməbl/əsjúːm-] 형 가정할 수 있는, 추정할 수 있는; (임무·의무 따위가) 떠맡을 수 있는; 가정할 수 있는. **·bíl·i·ty** 명 [분히.

as·sum·a·bly [əsúːməbli/əsjúːm-] 부 아마, 다

‡**as·sume** [əsúːm/əsjúːm] 동 (**~s** [-z]; **-sum·ing**) 타 1 …이라 가정하다, 간주하다; …을 추측하다, 당연한 일로 생각하다. ⇨PRESUME 유의어 ¶ (~+目+*to be* 補) Let's ~ what he says *to be* true. 그가 하는 말을 진실이라고 가정하자 // (~+*that* 節) He ~d *that* the express would be on time. 그는 급행 열차가 제 시간에 도착하리라고 생각했다. 2 (책임·임무·역할 따위)를 떠맡다. ¶ ~ the chair 의장에 취임하다 / ~ full responsibility for …의 전책임을 지다. 3 …을 지니다, (태도)를 취하다; (양상·성질)을 띠다. ¶ ~ a new aspect 면목을 일신하다 / ~ a haughty attitude 거만한 태도를 취하다. 4 (태도 따위)를 가장하다. …인 체하다(*to do*); (이름·별명)을 쓰다, 사칭하다. ⇨PRETEND 유의어 ¶ ~ ignorance 모르는 척하다 / ~ a person's name [voice] 남의 이름을 도용하다 [목소리를 흉내내다] // ~ *to be* deaf 귀가 안 들리는 체하다. 5 (권력 따위)를 전횡하다, 횡령하다. 6 (옷)을 몸에 걸치다, 입다. 7 (신학) (천국에) 맞아들이다(*into*). ——자 주제넘게 굴다, 거만한 태도를 취하다.

assume [or **assuming**] (*that*)… …이라 가정하

여, …이라 하면. ¶*Assuming that* it rains tomorrow, what should we do? 내일 비가 오면 어떻게 하죠?
-súm·er 명
*as·sumed [əsúːmd/əsjúːmd] 형 1 허위의, 가장한. ¶an ~ name 가명 / ~ ignorance 시치미떼기. 2 가정한, (假)…. ¶an ~ settling day (상업) 가(假)결산일. 3 횡령된. 4 (책임·채무 따위를) 인수한.
assúmed bónd 인계(인수) 사채(社債).
as·sum·ed·ly [əsúːmidli/əsjúːm-] 부 1 아마도, 어쩌면. 2 가정으로 하여, 가정상.
as·sum·ing [əsúːmiŋ/əsjúːm-] 형 주제넘은, 건방진, 오만한. **~·ly** 부
as·sump·sit [əsʌ́mpsit] 명 (법률) 계약 이행 청구 소송; (불이행의 경우) 기소 가능의 약속(계약).
*as·sump·tion [əsʌ́mpʃən] 명UC 1 (근거 없는) 가정, 억설; 상정, 추정, 전제. ¶a mere ~ 단순한 억측. 2 인수, 떠맡기, 수임(受任); 취임 (of). ¶the ~ of the presidency 대통령직 취임. 3 가장하기, …체하기. ¶with an ~ of nonchalance 무관심한 체하며, 시치미를 뚝 떼고. 4 외람됨, 주제넘음. 5 (권력 따위의) 전유(專有), 장악, 강탈, 횡령 (of). ¶one's ~ of power 권력 장악. 6 (the A-) (가톨릭) 성모 마리아의 몽소승천(蒙召昇天)(의 축제일)(8월 15일).
on the assumption that… …이라는 가정 하에.
put on an assumption of …인 체하다.
as·sump·tive [əsʌ́mptiv] 형 가식의, 가정의; 추측의; 주제넘은, 거만한; 횡령한. **~·ly** 부
As·sur [ǽsər] 명 아수르신(아시리아(Assyria) 신화의 최고 신). (또는 **As(s)hur, Asur**)
‡as·sur·ance [əʃúərəns] 명 (복 **-anc·es** [-iz]) 1 보증, 보장; 언질, 확언, 단언 (of). ¶receive ~s of support 원조를 보장받다. 2 Ⓤ 확신 (of, that); 확신성. ¶act in the ~ of success 꼭 성공하리라 믿고 행동하다. 3 Ⓤ 자신. ⇨CONFIDENCE 유의어 ¶an easy ~ of manner 자신만만한 여유있는 태도. * 수식어가 있을 때 흔히 부정관사가 붙는다. 4 Ⓤ 철면피, 몰염치, 뻔뻔스러움. ¶an air of ~ 뻔뻔스러운 태도 / ¶He had the ~ to pretend to be innocent. 뻔뻔스럽게도 그는 무고함을 가장했다. 5 Ⓤ (영) (생명) 보험. * (영)에서는 생명 보험 이외에는 보통 insurance.
give a person an assurance that… 남에게 …이라는 보증을 하다.
have full assurance of [that…] …에 관하여[…이라는 것을] 전적으로 확신하고 있다.
in the assurance of …을 확신하여.
make assurance doubly [or double] sure 주의에 주의를 거듭하다.
with assurance 확신을 가지고.
‡as·sure [əʃúər] 타재 (~s [-z]; ~d; -sur·ing) 1 …에게 보증[보장]하다, 책임지다 (of, that절). ¶I ~ you of his innocence. =I ~ you that he is innocent. 나는 그의 결백을 보증한다. 2 (수동형·재귀용법으로) …라고 확신하다; …에게 확신시키다, (확신시켜) 안심하게 하다 (of). ¶I am ~d of his faithfulness. = I am ~d that he is faithful. 나는 그가 성실하다는 것을 확신한다. 3 …을 확실하게 하다. 4 (영) 보험에 들다.
assure oneself against …에 대해 보험을 들다.
assure oneself [or that…] …을 확신[확인]하다.
I (can) assure you. 틀림없다, 장담한다, 틀림없이. ¶He will come, I ~ *you*. 그는 틀림없이 온다.
-súr·a·ble 형 보증할 수 있는.
*as·sured [əʃúərd] 형 1 보증된; 틀림없는, 확실한. ¶an ~ position 보장된 지위. 2 (종종 self-~) 자신 있는, 자신 만만한; 대담한; 당당한. ¶an ~ manner 자신만만한 태도. 3 뻔뻔스러운. 4 (영) 보험에 든. — 명 (the ~) (보험) 보험금 수취인(beneficiary); 피보험자.
~·ness 명

*as·sur·ed·ly [əʃúəridli] 부 1 틀림없이, 확실히. 2 자신을 갖고; 침착하게; 대담하게; 뻔뻔스럽게.
as·sur·er [əʃúərər] 명 1 보증인. 2 (英) **a)** 생명(양로) 보험 가입자. **b)** (또는 **assuror**) (생명) 보험업자.
as·sur·gent [əsə́ːrdʒənt] 형 1 (식물) (나뭇잎 따위가) 비스듬히 선 모양의. 2 향상적인, 상승하는.
as·sur·ing [əʃúəriŋ] 형 보증하는, 보장[장담]하는, 신념을 주는; 확신적인. **~·ly** 부
ass-wipe [ǽswàip] 명 1 화장지(의 대용품). 2 빌어먹을 놈; 열간이; 얼랭쇠. (또는 **áss-wiper**)
assy. assembly. **Assyr.** Assyria(n).
As·syr·i·a [əsíriə] 명 아시리아(서남 아시아의 고대 제국; 수도 Nineveh).
As·syr·i·an [əsíriən] 형 아시리아의; 아시리아인[어]의. — 명 아시리아인(人); Ⓤ 아시리아어(語).
As·syr·i·ol·o·gy [əsìriálədʒi/-ól-] 명 Ⓤ 아시리아학(연구)(고대 Assyria와 Babylonia에 관한 연구). **-o·lóg·i·cal** 형 **-gist** 명
AST, A.S.T. Atlantic Standard Time. **ASTA** American Society of Travel Agents (미국 여행사 협회).
a·sta·ble [eistéibl] 형 안정되지 않은; (전자) (회로 따위가) 비안정(非安定)의, 무정위(無定位)의.
A·staire [əstɛ́ər] 명 **Fred ~** 아스테어(1899-1987: 미국의 뮤지컬 배우·무용가).
As·ta·na [ɑːstáːnə] 명 아스타나(Kazakhstan의 수도).
a·star·board [əstάːrbɔ̀ːrd] 부 (해사) 우현으로(⇔ aport). ¶Hard ~! 최대 우현으로!
As·tar·te [æstάːrti] 명 아스타르테(페니키아인이 숭배한 풍요와 생식의 여신).
a·stat·ic [eistǽtik] 형 1 불안정한, 움직이기 쉬운. 2 (물리) 무정위(無定位)의. ¶an ~ governor 무정위 조속기(調速機). **-i·cal·ly** 부
astátic galvanómeter 명 (전기) 무정위(無定位) 전류계. 「무정위」
a·stat·i·cism [eistǽtəsìzm] 명Ⓤ 불안정; (물리)
as·ta·tine [ǽstətìːn, -tin] 명Ⓤ (화학) 아스타틴(방사성 원소; 기호 At).
as·ter [ǽstər] 명 1 (식물) 과꽃; 탱알속(屬)의 식물(해국·탱알·쑥부쟁이 따위); (생물) (세포의) 성상체(星狀體).
as·ter- [ǽstər] 연결 ⇨ASTRO-.
-as·ter¹ [ǽstər] 접미 "닭가는 했으나 진짜가 아닌 것, 사이비"의 뜻. ¶poetaster, philosophaster.
-as·ter² [ǽstər] 연결 (생물) star, starlike의 뜻.
as·ter·isk [ǽstərìsk] 명 1 별표(*); 별 모양의 것. 2 2차적인[2류의] 것. — 타 …에 별표를 하다. **~·less** 형
as·ter·ism [ǽstərìzm] 명 1 (천문) 성군(星群); 별자리. 2 (결정) 성상(星狀)[별 모양] 광채. 3 세 별표(** 또는 **). **ís·mal** 형
a·stern [əstə́ːrn] 부 (해사) 고물에[로]; (항공) 항공기의 뒤쪽(부분)으로; 뒤쪽에[으로]. ¶a ship next ~ *astern of* (해사) …보다 후방에(서). 「후속선.
back astern (해사) (배를) 후진시키다, 역진시키다.
drop [or fall] astern 다른 배에 추월당하다.
Go astern! 후진! (⇔ Go ahead!)
as·ter·oid [ǽstərɔ̀id] 명 (천문) (화성과 목성의 궤도 사이에 있는) 소행성(小行星). — 형 별 모양의(starlike). **-oi·dal** 형
ásteroid bèlt 명 (천문) 소행성대(帶).
as·the·ni·a [æsθíːniə] 명 (병리) 무력증, 쇠약.
as·then·ic [æsθénik] 형 무력(증)의, 쇠약[허약]한. — 명 무력증에 걸린 사람; 무기력한 사람.
as·the·no·pi·a [æ̀sθənóupiə] 명 (안과) 안정(眼睛) 피로. **-nóp·ic** 형
as·then·o·sphere [æsθénəsfìər, əs-] 명 (the ~) (지질) 지구 내부의); 암류권(岩流圈), 상부 맨틀.
asth·ma [ǽzmə, ǽs-] 명Ⓤ 천식. 〔< Gk breath〕

asth·mat·ic [æzmǽtik, æs-] 형 천식을 앓고 있는; 천식(성)의. (또는 **asthmatical**) — 명 천식 환자. **-i·cal·ly** 부

As·ti [ǽsti/It ásti] 명 아스티(이탈리아 북부 Piedmont 주의 도시); (Asti산(產)) 백포도주.

as·tig·mat·ic [æstigmǽtik] 형 〔의학〕 난시(안)의; 난시용(교정)의; 〔광학〕 비점 수차(非點收差)를 보정한. (또는 **astigmatical**) — 명 난시인 사람. **-i·cal·ly** 부

a·stig·ma·tism [əstígmətìzm, æs-] 명 ⓤ 〔의학〕 난시; 〔광학〕 (렌즈의) 비점 수차(非點收差).

a·stir [əstə́:r] 부형 (※ 형용사로는 서술용법) 1 떠들썩하여(인); 활동하여[하는] (with, at). 2 (잠)자리에서 일어나[나와]서. ¶be early ~ 일찍 일어나다.
be astir with …로 소란을 피우다, 떠들썩하다.

ASTM, A.S.T.M. American Society for Testing and Materials(미국 재료 시험 협회).

as·told-to [ǽztóuldtə] 형 구술(口述) 내용을 전문적인 저작자가 쓴(ghosted).

as·ton·ied [əstánid/-tɔ́n-] 형 〔고어〕 어리둥절한, 어안이 벙벙한, 놀라 어리둥절한(bewildered).

‡**as·ton·ish** [əstániʃ/-tɔ́n-] 타 〔~**es** [-iz]; ~ed [-t]) …을 놀라게 하다, 경악케 하다: (수동형으로) …에 놀라다 (at, by, to do, that 節). ⇒SURPRISE 유의어 ¶be ~ed to hear the news 소식을 듣고 놀라다 / Why, you ~ me! 야! 놀랐는데!/I was quite ~ed at the results of the election. 나는 선거 결과에 크게 놀랐다. **~er** 명

as·ton·ished [əstániʃt] 형 (…에) 깜짝 놀란 (at, by). ¶an ~ look 깜짝 놀란 얼굴.

*****as·ton·ish·ing** [əstániʃiŋ/-tɔ́n-] 형 놀라운, 깜짝 놀랄 만한, 눈부신 (to). ¶an ~ event[man] 놀라운 사건[인물]/an ~ victory 눈부신 승리 / It was ~ to everyone. 누구나 그 일에 놀랐다. **~·ly** 부 **~·ness** 명

‡**as·ton·ish·ment** [əstániʃmənt/-tɔ́n-] 명 1 ⓤ 경악, 놀람. ¶A— deprived me of my power of speech. 놀라서 말도 못했다. 2 놀라운 일[것], ¶His silence was my ~. 그의 침묵은 나를 크게 놀라게 했다.
in [or *with*] *astonishment* 놀라서.
to one's astonishment 놀랍게도, [한 어뢰].

ASTOR (美군사) antisubmarine torpedo(對) 잠

*****as·tound** [əstáund] 타 (종종 수동형으로) …을 깜짝 놀라시하다, 대경 실색하게 하다 (at, by, to do). ⇒SURPRISE 유의어 ¶I was ~ed at the sight. 나는 그 광경에 혼이 다 빠졌다. — 형 〔고어〕 깜짝 놀란. **~ed** 형 **~·ment** 명 [운. **~·ly** 부

as·tound·ing [əstáundiŋ] 형 간담이 서늘한, 놀라

ASTP army specialized training program. **astr.** astronomer; astronomical; astronomy.

astr- [æstr] 연결 ⇒ASTRO-.

as·tra·chan [ǽstrəkən, -kæ̀n] 명 1 =astrakhan. 2 (A-) 아스트라한 사람.

a·strad·dle [əstrǽdl] 부형 (※ 형용사로는 서술용법) 걸터앉아 (있는)(astride). ¶sit ~ (of) a horse 말에 걸터앉다. — 전 …의 위에 걸터앉아.

As·trae·a [æstríːə] 명 〔그리스 신화〕 아스트라이아 (Zeus와 Themis 사이의 딸로서 정의의 여신). (또는 **Astrea**) **-an** 형

as·tra·gal [ǽstrəgəl] 명 1 〔건축〕 염주 쇠시리; 마중선(창문 가장자리 따위에 붙인다). 2 포구(砲口)의 볼록한 테. 3 (동물) =astragalus 1.

as·trag·a·lus [əstrǽgələs] 명 (복 **-li** [-lài]) 1 (동물) 거골(距骨), 복사뼈(anklebone). 2 (A-) 〔식물〕 황기(黃芪)자운영속(屬). 3 〔건축〕 =astragal 1.

as·tra·khan [ǽstrəkən, -kæ̀n] 명 1 아스트라한(러시아의 Astrakhan 지방산 새끼양의 털이 곱슬곱슬한 검은 모피). 2 (또는 ⏪ **cloth**) 아스트라한 직물. (또는 **astrachan**)

as·tral [ǽstrəl] 형 1 별의; 별과 같은; 별 모양의. 2 속세를 벗어난; 환상적인, 비현실적인; 신분이 높은. 3 〔생물〕 성상체(星狀體)의, 땅당속(aster)의[같은].

ástral bódy 명 1 정령(精靈), 영체(靈體)(육체와는 별개의 것). 2 〔천〕 천체(항성·행성·혜성 따위).

ástral hátch 명 =astrodome.

ástral lámp 명 무영등(無影燈)(그늘지지 않는 램프).

ástral spírit 명 (별세계에 산다고 생각된) 별의 영(靈).

as·tra·pho·bi·a [æ̀strəfóubiə] 명 〔정신의학〕 공뇌증(恐雷症), 번갯불 공포(증). (또는 **astraphobia**) **-bic** 형

as·tra·tion [əstréiʃən] 명 〔천문〕 신성(新星) 탄생.

*****a·stray** [əstréi] 부형 형용사로는 서술용법) 길을 잃고[잃은]; 못된 길에 빠져서[빠진]; 발을 잘못 디며
go astray 길을 잃다, 타락하다. [(straying).
lead a person astray 남을 길을 잃게 하다; 남을 유혹하다, 타락시키다.

as·trict [əstríkt] 타 (문) 1 …을 단단히 묶다; …을 가두어 넣다; …을 제한하다; (도덕적·법률적으로) …을 속박하다. 2 …을 변비가 되게 하다.

as·tric·tion [əstríkʃən] 명 ⓤⓒ 제한, 속박; (페어) 〔의학〕 수렴(收斂) (작용).

as·tric·tive [əstríktiv] 형 〔의학〕 =astringent 1. — 명 수렴제(劑). **~·ly** 부 **~·ness** 명

a·stride [əstráid] 부 1 …에 걸터앉아; …의 양쪽에. ¶sit ~ a horse 말에 올라타다. 2 …에서 뛰어나게, 우뚝 솟아. 3 (…의 전체에) 걸쳐[미쳐]서. — 부형 (※ 형용사로는 서술용법) 걸터앉아서, 두 발을 벌리고. ¶ride a horse ~; get ~ of a horse 말에 걸터 타다.
astride one's high horse 초연히, 의연하게.

as·tringe [əstríndʒ] 타 1 …을 수축시키다(compress), 수렴시키다, 단단히 죄다; …을 속박하다.

as·trin·gen·cy [əstríndʒənsi] 명 ⓤ 1 〔의학〕 수렴성. 2 (태도 따위의) 엄격함; (표현 따위의) 신랄함.

as·trin·gent [əstríndʒənt] 형 1 〔의학〕 수렴(긴축)시키는, 수렴성의. 2 (성격·태도가) 엄한, 엄격한; (표현 등) 신랄한, 통렬한. ¶his ~ criticism 그의 신랄한 비판. 3 (맛이) 떫은. ¶an ~ taste 떫은 맛. — 명 〔의학〕 (지혈용의) 수렴제; 아스트린젠트(수렴 화장수).
-gence, -gen·cy 명 **~·ly** 부

as·tri·on·ics [æ̀striániks/-ɔ́n-] 명 (단수취급) 우주 전자 공학. [astronautical.

as·tro [ǽstrou] 명 (복 ~**s**) =astronaut. — 형

as·tro- [ǽstrou, -trə] 연결 star, heavenly body, space, space travel의 뜻(※ 모음 앞에서는 aster-, astr-). ¶astrology, astronaut, astrophysics.

as·tro·ar·chae·ol·o·gy [æ̀strouɑːrkiálədʒi/-ɔ́l-] 명 천문 고고학(archaeoastronomy).

as·tro·bal·lis·tics [æ̀stroubəlístiks] 명 (단수취급) 우주 탄도학(彈道學).

as·tro·bi·ol·o·gy [æ̀stroubaiálədʒi/-ɔ́l-] 명 ⓤ 우주 생물학(exobiology). **-o·lóg·i·cal** 형

as·tro·bleme [ǽstrəblìːm] 명 운석흔(隕石痕)(큰 운석의 낙하로 지표에 움푹 팬 자리). [〔식물학〕

as·tro·bot·a·ny [æ̀stroubátəni/-bɔ́t-] 명 우주

as·tro·chem·is·try [æ̀stroukémistri] 명 우주 화학(cosmochemistry). **-chem·ist** 명

as·tro·chro·nol·o·gist [æ̀strəkrənálədʒist/-nɔ́l-] 명 천체 연대(年代) 학자.

as·tro·com·pass [ǽstrəkʌ̀mpəs] 명 성측(星測) 나침의(羅針儀), 천측(天測) 컴퍼스.

as·tro·cyte [ǽstrəsàit] 명 〔생물〕 (신경교(神經膠) 따위의) 성상(星狀) 세포.

as·tro·dome [ǽstrədòum] 명 1 (항공기 안의 아스트로돔, 천측창(天測窓). (또는 **ástro hátch**) 2 (A-) 아스트로돔(투명한 돔의 전천후 구장).

as·tro·dy·nam·ics [æ̀stroudainǽmiks] 명 (단수취급) 천체 역학. **-ic** 형 **-i·cist** 명

as·tro·gate [ǽstrəgèit] 타자 우주 여행을 하다.

—[타] 〔우주선 따위〕를 항행시키다.
-gá·tion, -gà·tor [명] 「[명][U] 천체 지질학.
as·tro·ge·ol·o·gy [æstroudʒiːálədʒi/-dʒiɔ́lə-]
as·tro·graph [ǽstrəgræ̀f, -grɑ̀ːf] [명] **1** 애스트로그래프(별의 위치를 읽는 항해용 도표). **2** 〔천문〕 천체 사진의(寫眞儀)(건판(乾板)과 마이크로미터를 갖춘 촬영용 망원경).
ástro hàtch [명] =astrodome 1.
astrol. astrologer; astrological; astrology.
as·tro·labe [ǽstrəlèib] [명] 아스트롤라베(고대의 천문학 또는 항해상의 천체 관측기). 「성술사.
as·trol·o·ger [əstrálədʒər/-trɔ́l-] [명] 점성가, 점
as·tro·log·i·cal [æ̀strəládʒikəl/-lɔ́dʒ-] [형] 점성술[학]의. (또는 **astrologic, astrologous**) **~·ly** [부]
***as·trol·o·gy** [əstrálədʒi/-trɔ́l-] [명][U] 점성학, 점성술; 《폐어》 천문학. 「**-cer** [명] **-mán·tic** [형]
as·tro·man·cy [ǽstrəmæ̀nsi] [명] 별점, 점성술.
as·tro·me·te·or·ol·o·gy [æ̀stroumìːtiərálədʒi/-rɔ́l-] [명][U] 천체 기상학. **-o·lóg·i·cal** [형] **-gist** [명]
as·trom·e·ter [æstrámətər/-rɔ́m-] [명] 천체 광도(光度) 측정기.
as·trom·e·try [əstrámətri/-trɔ́m-] [명][U] 측정(測定) 천문학(위치(位置) 천문학의 한 부문).
astron. astronomer; astronomical; astronomy.
***as·tro·naut** [ǽstrənɔ̀ːt, -nɑ̀t] [명] 《美》 우주 비행사(* 러시아의 경우 cosmonaut; [약] astro).
as·tro·nau·tess [æ̀strənɔ́ːtis, -nát-] [명] 여성 우주 비행사(woman astronaut).
as·tro·nau·ti·cal [æ̀strənɔ́ːtikəl, -nát-] [형] 우주 비행의, 우주 비행사의. (또는 **astronautic**) **~·ly** [부]
as·tro·nau·tics [æ̀strənɔ́ːtiks, -nát-] [명][복] 《단수취급》 우주 항행학, 우주 비행법; 우주 비행.
as·tro·nau·trix [æ̀strounɔ́ːtriks, -nát-] [명] ([복] **~·es, -tri·ces**) 여류 우주 비행사[항법 연구가].
as·tro·nav·i·ga·tion [æ̀strənæ̀vigéiʃən] [명][U] 천측 항법(天測航法). **-náv·i·ga·tor** [명]
as·tro·nett [ǽstrənèt] [명] =astronautrix.
‡**as·tron·o·mer** [əstránəmər/-trɔ́n-] [명] 천문학자. ¶the *A*– Royal 《英》 왕실 천문학자(천문대장).
***as·tro·nom·i·cal** [æ̀strənámikəl/-nɔ́m-] [형] **1** 천문학(상, 용)의. ¶~ instruments 천문학용 기계. **2** (수·거리·양 따위가) 거대[방대]한, 천문학적인. ¶~ figures 천문학적 숫자. (또는 **astronomic**) **~·ly** [부]
astronómical clóck [명] 천문(용) 시계.
astronómical dáy [명] 천문일(天文日)(정오에서부터 다음날 정오까지).
astronómical látitude [명] 천문(학적) 위도.
astronómical observátion [명] 천체 관측.
astronómical obsérvatory [명] 천문대.
astronómical photógraphy [명] 천체 사진술.
astronómical sátellite [명] 천문[천체] 관측 위성.
astronómical spectróscopy [명] 천문 분광술.
astronómical télescope [명] 천체 망원경.
astronómical tíme [명] 천문시(時)(하루가 정오에 시작하여 다음날 정오에 끝나는 시법(時法)).
astronómical únit [명] 천문 단위(지구와 태양 사이의 평균 거리로서 천체간 거리의 단위; [약] AU, A.U.).
astronómical yéar [명] 천문년(지구가 태양 둘레를 도는 시간; 365일 5시간 48분 46초), 태양년(太陽年).
‡**as·tron·o·my** [əstránəmi/-trɔ́n-] [명][U] 천문학. ¶gravitational ~ 천체 역학 / nautical ~ 항해 천문학, 천문 항해법. 「[명] 천체 사진.
as·tro·pho·to·graph [æ̀stroufóutəgræ̀f/-grɑ̀ːf]
as·tro·pho·tog·ra·phy [æ̀stroufətágrəfi/-tɔ́g-] [명][U] 천체 사진술. **-pher** [명] **-phò·to·gráph·ic** [형]
as·tro·pho·tom·e·ter [æ̀stroufoutámətər/-tɔ́m-] [명] 천체 광도계(光度計)[측정기].
as·tro·pho·tom·e·try [æ̀stroufoutámətri/-tɔ́-] [명] 〔천문〕 우주 측광학(測光學). **-phò·to·mét·ric,** **-phò·to·mét·ri·cal** [형] **-phò·to·mét·ri·cal·ly** [부]
as·tro·phys·ics [æ̀stroufíziks] [명][복] 《단수취급》 천체 물리학. **-i·cal** [형] **-i·cist** [명]
as·tro·pon·ics [æ̀stroupániks/-pɔ́n-] [명] 우주 농업(우주선·우주 기지에서의 작물 재배 기술).
as·tro·space [ǽstrəspèis] [명][U] 우주 공간.
as·tro·sphere [ǽstrəsfìər] [명] 〔생물〕 (세포의) 중심구(球); (중심체를 제외한) 성상체(星狀體).
As·tro·turf [ǽstrətə̀ːrf] [명] **1** 《상표》 인조 잔디. **2** 《美속어》 어용적[의도적으로 조직된] 시민 운동([참] grass roots). (또는 **Ástro Tùrf**) 「활동.
Ástroturf lóbbying [명] 《美속어》 조작 여론 로비
a·strut [əstrʌ́t] [형] 의기양양한.
as·tute [əstjúːt/-tjúːt] [형] **1** 통찰력이 날카로운, 예리한; 기민한, 영리한. ¶an ~ author 관찰력이 날카로운 작가 / an ~ analysis 예리한 분석. **2** 빈틈없는(shrewd); 교활한. **~·ly** [부] **~·ness** [명]
As·ty·a·nax [æstáiənæ̀ks, əs-] [명] 〔그리스 신화〕 아스티아낙스(Hector와 Andromache의 아들).
a·sty·lar [eistáilər] [형] 〔건축〕 무주식(無柱式)의.
ASU *A*merican *S*tudents *U*nion(미국 학생 연맹)
A-sub [éisʌ̀b] [명] 《구어》 원자력 잠수함. 〔<*a*tomic *sub*marine〕 「과이의 수도).
A·sun·ción [əsùːnsióun, ɑːs-] [명] 아순시온(파라
***a·sun·der** [əsʌ́ndər] [부][형] **1** 낱낱으로[산산이] 흩어져[진], 동강동강 (갈라진). **2** 따로따로(의), 떨어져[진].
(as) wide asunder as …만큼이나 동떨어져서. ¶Their opinions differ *as wide* ~ *as* the poles. 그들의 의견은 남북 양극 만큼이나 서로 판이하다.
be driven asunder 쫓겨서 뿔뿔이 흩어지다.
break asunder 동강내다, 두 쪽을 내다.
come [or ***fall***] ***asunder*** 산산이 흩어지다.
cut asunder …을 잘라내다.
fly asunder 뿔뿔이 도망가다.
put asunder …을 갈라놓다.
tear asunder …을 갈기갈기 찢다.
whole world asunder 하늘과 땅 만큼 떨어져서.
ASUW *a*nti*su*rface ship *w*arfare(대수상함(對水上艦) 전투). **A.S.V.** *A*merican *S*tandard *V*ersion (of the Bible)(미국 개정판 성서). **A.S.W.** *a*nti*s*ubmarine *w*arfare(대(對)잠함 전투 작전).
As·wan [æswáːn, ɑːs-] [명] 아스완(이집트 Nile 강변의 도시); 아스완 댐. (또는 **Aswân, Assuan, Assouan**)
Aswán Hígh Dám [명] (the ~) 아스완 하이 댐(Aswan Dam의 7km 상류에 있는 다목적 댐).
a·swarm [əswɔ́ːrm] [형][부] 가득한[하여], 북적대는[대어] (*with*). 「는).
a·swirl [əswə́ːrl] [형][부] 소용돌이치는[쳐서], 빙빙(도
a·swoon [əswúːn] [형][부] (* 형용사로는 서술용법) 정신을 잃은[잃고], 졸도한[하여].
***a·sy·lum** [əsáiləm] [명] **1** (정신 병자·고아·노인 등의) 보호소, 수용소, 양호 시설. ¶an ~ for the aged 양로원 / a lunatic [*or* an insane] ~ 정신 병원 / an orphan [*or* a foundling] ~ 고아원, 육아원. **2** 은신처, 도피처, 성역(옛날 죄인·채무자 등이 숨어들었던 성당 따위 피난처). **3** 〔국제법〕 (정치범의) 피난처. **4** 안전한 은신처, 피난처; [U] 피난, 망명, 보호. ¶seek political ~ 정치적 망명을 요청하다 / give ~ 피난처를 제공하다.
a·sy·lum-seek·er [-síːkər] [명] (정치적) 망명 희망[요청]자; 난민.
a·sym·met·ric [èisəmétrik, æ̀-] [형] 불균형의, 부조화의; 〔논리·수학〕 비대칭적인, 비상칭(非相稱)적인. [반] symmetric (또는 **asymmetrical**) **-ri·cal·ly** [부]
asymmétrical bárs [명][복] (the ~) 〔체조〕 《英》 = uneven parallel bars.
asymmétrical wárfare [명] 《美구어》 비대칭전(강대국 대 약소국 사이의 전쟁).
asymmétric tíme [명] 〔음악〕 비대칭 박자.

a·sym·me·try [eisímətri, æ-] 명U 불균형, 부조화, 비대칭(非對稱); (식물) 비상칭. ⊕ symmetry
a·symp·to·mat·ic [èisimptəmǽtik, æ-] 형 (질병의) (자각) 증상이 없는. **-i·cal·ly** 부
as·ymp·tote [ǽsimtòut] 명 (수학) 점근선(漸近線).
as·ymp·tot·ic [æ̀simtátik/-tɔ́t-] 형 (수학) 점근(선)의; 점근적인. (또는 **asymptotical**) **-i·cal·ly** 부
a·syn·chro·nism [eisíŋkrənìzm, æ-] 명U 동시성이 없음, 비(非)동시성. ⊕ synchronism
a·syn·chro·nous [eisíŋkrənəs, æ-] 형 1 때가 맞지 않는; 비동시성의(⊕ synchronous). 2 (전기·컴퓨터) 비동기(非同期)의. ¶~ behavior (컴퓨터) 비동기(식) 동작/~ operation 비동기 조작. **~·ly** 부
asynchronous transmission 명 비동기 전송.
as·yn·det·ic [æ̀sindétik] 형 (수사) 접속사 생략의 [적인]; (목록이) 상호 참조가 없는.
a·syn·de·ton [əsíndətàn, -tən/æsíndìtən] 명 U (수사) 접속사 생략(예: I came, I saw, I conquered. 왔도다, 보았도다, 이겼도다).
a·syn·tac·tic [èisintǽktik] 형 (문법) 문법적이 아닌; 통어법(統語法)에 따르지 않는.
‡**at** ⇒AT. 〈p. 179〉
At ampere-turn; ⑦ (화학) astatine. **AT, A.T.** achievement test; air temperature; Air Transport; Alaska [Atlantic] Time; antitank; apparent time.
at. atmosphere; atomic; attorney.
at- [æt, ət] 접두 ⇒AD-.
ATA actual time of arrival; Air Transport Association; American Translators [Trucking] Association.
At·a·brine [ǽtəbrìn, -briːn] 명 (종종 a-) (약학) 아타브린(말라리아 예방약; quinacrine의 상표명).
At·a·lan·ta [æ̀təlǽntə] 명 (그리스 신화) 아탈란타 (발이 빠른 여자 사냥꾼). (또는 **Atalante**)
AT&T American Telephone and Telegraph Company(미국 전화 전신 회사).
at·a·rac·tic [æ̀tərǽktik] 형명 =ataraxic.
At·a·rax [ǽtərǽks] 명 (상표) 아타락스(정신 안정제; hydroxyzine의 상표명).
at·a·rax·ic [æ̀tərǽksik] 형 1 정신 안정 작용의; 정신 안정제의. 2 침착한. — 명 정신 안정제. (또는 **ataractic**)
at·a·rax·y [ǽtərǽksi] 명U 냉정(冷靜), 평정, 무감.
A.T.A.S. (英공군) Air Transport Auxiliary Service(공수 보조 부대).
at·a·vism [ǽtəvìzm] 명UC 1 (생물) 격세유전(隔世遺傳) (몇 대를 거른 조상의 형질의 재현). 2 이전의 양식(으로) 되돌아감; (사람의) 원시 상태로의 회귀.
at·a·vist [ǽtəvist] 명 격세유전을 나타내는 개체.
at·a·vis·tic [æ̀təvístik] 형 격세유전의. **-ti·cal·ly** 부
a·tax·i·a [ətǽksiə] 명 1 U (병리) (사지(四肢)의) 기능 장애, 운동 실조증(locomotor ~). 2 무질서, 혼란. (또는 **ataxy**) **-ic** 형
ATB (군사) advanced technology bomber(첨단 기술 폭격기); all-tension bicycle.
at bát 명 (⊕ **a- -s**) (야구) 타석; 타수(打數).
ATC air traffic control(항공 교통 관제); Air Training Corps; Air Transportation Command(항공 수송 사령부); automatic tool changer(자동 공구 교환 장치); automatic train control(자동 열차 제어).
ATCC air traffic control center(항공 교통 관제 센터).
atch. attach(ment).
atch·oo [ətʃúː] 감명 (美) =achoo.
ATD actual time of departure; advanced technology development(첨단 기술 개발).
‡**ate** [eit/et, eit] 동 eat의 과거.
A·te [éiti/ǽːti] 명 1 (그리스 신화) 아테(복수의 여신). 2 UC (a-) (나쁜 일에 의한) 충동.
ATE automatic test equipment(자동 검사 장치).

-ate¹ [ət, eit] 접미 1 -ed 과거분사형 형용사의 뜻에 해당하는 형용사를 만든다. ¶ animate, separate. 2 동사의 접미어. ¶ actuate, agitate. 3 having의 뜻의 형용사를 만든다. ¶ fortunate, delicate.
-ate² 접미 「어떤 직무·임무·신분·지위·직능을 가진 사람, 관리」 등을 나타내는 명사를 만든다. ¶ consulate, episcopate, magistrate, senate, advocate, candidate, curate, prelate.
-ate³ [eit] 접미 「…산염(酸塩)」이라는 뜻의 명사를 만든다. ¶ acetate, sulfate.   「성된 부대).
Á Tèam 명 (美군사) A팀(12명의 특수 부대원으로 구
At·e·brin [ǽtəbrìn] 명 (英) (상표) 아테브린(quinacrine의 상표명). (또는 **Atabrine**)
at·el·ier [ǽtəljèi, -́-] 명 (예술가·장인의) 작업장, 공방; 화실; 스튜디오, 아틀리에. 〔<F〕
a tem·po [ɑː témpou] 형 (음악) 본래의 속도로, 본래의 속도로 되돌아가서. 〔<It〕   「궁한, 영원한.
a·tem·po·ral [eitémpərəl] 형 시간에 관계없는; 무
A-test [éitèst] 명 원폭 실험. 〔<atomic test〕
ATF advanced tactical fighter(첨단 전술 전투기); (美) Bureau of Alcohol, Tobacco and Firearms (주류·담배·화기 단속국). **ATGM** antitank guided missile(대(對)전차 유도 미사일). **ath.** athlete.
ath·a·na·sia [æ̀θənéiʒə, -ʃə] 명U 불사; 불멸 (immortality). (또는 **athanasy**)
Ath·a·na·sian [æ̀θənéiʒən, -ʃən] 형 아타나시오스(Athanasius)의; 아타나시오스를 따르는. — 명 아타나시오스 신봉자.
Athanásian Créed 명 아타나시오스 신경(信經) (필자 미상; 원래 Athanasius가 저술한 것으로 알려져 있다). 〔<L Quicumque〕
Ath·a·na·sius [æ̀θənéiʃəs] 명 **Saint ~** 성 아타나시오스(293?-373; 동방 교회 교부; 알렉산드리아의 대주교; Arianism 교리의 반대자).
a·than·a·sy [əθǽnəsi] 명 =athanasia.
A·thar·va-Ve·da [ətɑ́ːrvəvéidə, -víːdə] 명 (힌두교) 아타르브베다(브라만교 성전(聖典)의 하나). ⇨VEDA.
*****a·the·ism** [éiθìizm] 명U 1 무신론(⊕ theism). 2 신의 존재의 부정, 무신앙. 3 (고어) 사악함, 죄 많음.
*****a·the·ist** [éiθiist] 명 무신론자. ⊕ agnostic

> 유의어 **atheist** 신의 존재를 부정하는 사람. **agnostic** 신·천지 창조 등을 불가지라고 보고 모든 교리를 안 믿는 사람. **skeptic** 일반에게 인정된 교리나 신조에 회의를 품고 비판하는 사람.

a·the·is·tic [èiθiístik] 형 무신론(자)의, 무신론(자) 특유의. ¶ an ~ doctrine 무신론설. (또는 **atheistical**) **-ti·cal·ly** 부 **~·ness** 명
ath·el·ing [ǽθəliŋ, ǽð-] 명 (英역사) 왕족(인 사람).
Ath·el·stan [ǽθəlstæ̀n] 명 아셀스탄(895?-939: Wessex 왕(925-939); Alfred 대왕의 손자).
A·the·na [əθíːnə] 명 (그리스 신화) 아테나(지혜·예술·기술·학문·전술 등의 여신; 로마 신화의 Minerva에 해당). (또는 **A·the·ne** [əθíːni])
ath·e·n(a)e·um [æ̀θəníːəm] 명 1 학술 진흥회, 문예 협회. 2 도서실 [관]. 3 (the A-) 아테네 신전(Athena 신의 제사를 지내는 신전); 아테나이움(로마 황제 Hadrian이 로마에 세운 학술·문화 시설).
*****A·the·ni·an** [əθíːniən] 형 아테네(Athens)의; 아테네인의. — 명 아테네인.
*****Ath·ens** [ǽθinz] 명 아테네(Greece의 수도).
a·the·o·ret·i·cal [èiθiərétikəl, æθ-] 형 이론과는 관계 없는, 비이론적인.   「성(不透麽性)의
a·ther·man·cy [əθə́ːrmənsi] 명U (물리) 불투열
a·ther·mic [eiθə́ːrmik, æ-] 형 비(非)열전도의, 열을 전하지 않는; (의학) 「경화증을 일으키지 않는.
ath·er·o·gen·ic [æ̀θəroudʒénik] 형 (의학) 동맥
ath·er·o·ma [æ̀θəróumə] 명 (⊕ ~s, ~ta [-tə])

장소나 때의 일점(一點)을 가리키는 것으로 시작하여 소재·방향을 나타내고, 점차 비유적으로 비율·원인·조건의 뜻을 나타내게 되었다. 지점으로 생각되는 장소에 속하여 활동한다는 점에서 종사·활동의 뜻도 생겼다.
흔히 비교되는 in이나 on과 달리 오로지 전치사로만 쓰이며, 9(방향·목표)에서 보듯이 많은 자동사와 결합하여 중요한 타동사 상당구를 만든다는 사실에도 유의할 필요가 있다.

‡at¹ [강 æt, 약 ət] 전 I. 장소
1 (지점·위치·도착점) …에, …에서. ¶at a point 한 점에 / at one's uncle's 숙부 댁에(서) / at sea 해상에, 항해중에 / at the center 중심에 / at the foot of the mountain 그 산기슭에 / at the bottom of the sea 해저에서 / put up at an inn 여관에 투숙하다 / stand at the door 문간에 서다 / touch at a port 기항(寄港)하다 / meet at the bus stop 버스 정류장에서 만나다[맞이하다] / change trains at Seoul 서울에서 기차를 갈아타다 / arrive at San Francisco 샌프란시스코에 도착하다 / He was educated at the college. 그는 그 대학에서 교육을 받았다.

(USAGE) ¹at, in—(1) at는 지점에, in은 구역에 관하여 쓴다. ¶at the top of the mountain / in Korea. (2) 마을, 도시 따위는 입장에 따라 지점으로도 구역으로도 생각된다. ¶We arrived at [or in] Chicago. (3) 다만 작은 장소라도 「안에」라는 느낌이 포함될 경우에는 in을 쓴다. ¶He is at home now. / He is in the house.

2 (거리) (떨어진) 곳에(서). ¶at arm's length 손이 닿는 곳에 / at a distance of two miles 2마일 떨어진 곳에 / at regular intervals 일정한 간격으로.
3 (출입 지점) …에서, …으로. ¶enter at the front door 현관으로 들어가다 / drink at the river 강에서 물을 마시다 / Smoke came out at the door. 연기가 문에서 나왔다 / Enter ye in at the strait gate. 좁은 문으로 들어가라(←마태 복음(Matt.) 7 : 13).
4 (출석·소재) …에 (있어, 나가서). ¶not at home 집에 부재중 / at the market 장보는 중(에) / at the theater 극장에 (가 있어) / at a funeral 장례식에(서).

II. 시간
5 (시·시각) …에, …에. ¶at two o'clock 2시에 / at sunrise 일출시에 / at noon 정오에 / at night [midnight] 밤[한밤중]에 / at present 지금(은) / at parting 헤어질 때에 / at this moment 바로 지금, 이 순간에 / at the end of the month 월말에 / get up at sunrise 해가 뜰 때에 일어나다 / They'll be here at Christmas. 그들은 크리스마스에는 돌아올 것이다.

(USAGE) ²at, in, on—(1) at는 시점에, in은 기간에, on은 정해진 날(day) 또는 경우(occasion)에 관하여 쓴다. ¶at five o'clock / on Sunday / in August. (2) 「오전·오후」에 관하여는 관용적으로 in을 쓰는데, 특정한 날의 오전·오후에는 on을 쓴다. ¶in the morning [afternoon, evening] / on the morning [afternoon, evening] of August 15 / on that [the following] morning.

6 (연령) …(때)에, …(살)에. ¶at the age of ten 10살 때에 / at twenty-five 25살에.
7 (횟수) …에. ¶one thing at a time 한 번에 한 가지 / at a blow 일격에 / at a glance 한눈에 / He passed the test at the fifth attempt. 그는 다섯 번만에 시험에 합격했다.

III. 점으로부터의 출발
8 (특정한 점·단계) …에서, …에 있어서. ¶begin at page 10 10페이지에서 시작하다 / Water freezes at a temperature of 0℃. 물은 0℃에서 언다.
9 (방향·목표) …을 향하여, …에 대하여, …쪽에, …을 겨누고. ¶fire at a man 사람을 저격하다 / throw a stone at a dog 개에게 돌을 던지다 / gaze [glance, wink] at a man 사람을 찬찬히 바라보다[흘끗 보다, 눈짓하다] / look at the moon 달을 보다 / laugh at a person's fancy 남의 공상을 비웃다 / mock at a person's fears 남의 두려움을 비웃다 / jeer at a person 남을 놀려대다 / bark at a man (개가) 사람에게 짖어대다 / murmur at a person's proceeding 남의 처사에 대해서 뒤에서 불평을 하다 / rush at an enemy 적을 향해서 돌진하다 / fly [or jump] at a man (개 따위가) 사람에게 덤벼들다 / hint at one's resignation 사임을 비추다 / I could guess at his meaning. 그의 말뜻을 짐작할 수 있었다 / He jumped at the opportunity. 그는 얼씨구나 하고 그 기회를 잡았다 / What are you driving at? 무엇을 노리고 있느냐[말하려고 하느냐]? / A drowning man will catch at a straw. (속담) 물에 빠진 사람은 지푸라기라도 잡는다.
10 (비율·정도) …으로. ¶at the rate of …의 비율로 / at that rate 그 비율로(는) / at full speed 전속력으로 / at 80 miles an hour 시속 80마일로 / run at top of speed 전속력으로 달리다 / sell tomatoes at sixpence a pound 토마토를 1파운드에 6펜스로 팔다 / walk at a snail's pace 느릿느릿 걷다.

IV. 존재 상황
11 (종사) …에 종사하여, …중. ¶at breakfast 아침 식사중 / at church 예배중 / at table 식사중 / be [or lie, ride] at anchor 정박중이다 / be at play 놀고 있다 / play at policemen and robbers 도둑놀이를 하다 / at rest 휴식중 / I must go and see what those children are at. 그 아이들이 무엇을 하고 있는지 가봐야겠다.
12 (행위·상태의 대상·범위) …에 있어서, …의 점에서. ¶an expert at chess 체스의 명수 / be good at mathematics [English] 수학을[영어를] 잘하다 / be quick [slow] at calculation 계산이 빠르다[느리다] / Tom shines at baseball, but he is no good at tennis. 톰은 야구는 아주 잘하나 테니스는 잘하지 못한다 / We won at football last year. 작년에 우리는 축구에서 이겼다.
13 (행위·상태의 장(場)) …에 (있어서). ¶be sick at heart 번민하다 / feel [or be] sick at stomach 속이 메슥거리다 / She is kind at heart. 그녀는 마음씨가 곱다.
14 (상태) …의 (상태)로, …에. ¶at ease [or rest] 안심하여 / at liberty 자유로 / at a person's disposal 남의 뜻대로 / at random 마구잡이로, 되는 대로 / at a loss 난처하여 / at a pinch 곤경에 몰려 / at a standstill 딱 멈추어서, 교착 상태에 빠져서 / at an end 끝나서 / at war 교전중(에) / at peace 평화로이 / at odds 다투어 / at daggers drawn 심한 적의를 품고 / be at one's wits' end 어찌할 바를 모르고 있다 / be at fault 당황하다 / stand at attention 차렷 자세로 서다 / The gardens are at their loveliest. 정원은 지금이 제일 아름답다 / Hatred was at its highest. 증오심은 절정에 이르러 있었다.

V. 전제 조건
15 (원인·이유) …에 의해서, …을 보고[듣고]. ¶at a person's insistence 남의 강요로 / at a person's instigation 남의 교사(敎唆)에 의해서 / be angry at a person's words 남의 말에 화를 내다 / be delighted at the result 그 결과를 기뻐하다 / be surprised at the

sight 그 광경을 보고 놀라다 / tremble *at* the thought of …한 생각에 몸이 오싹해지다 / stop *at* nothing 무슨 일에도 기가 꺾이지 않다 / I was surprised *at* his coming. 그가 와 있어서 놀랐다.
16 (조건·대상(代償)) …으로, …을 가지고, …으로서. ¶ *at* one's risk [peril] 책임을 지고 [목숨을 걸고] / *at* the cost of one's own life 자신의 목숨을 희생해서 / *at* the expense of one's family 가족을 희생하여 / *at* the price of liberty 자유를 희생해서 / *at* a good price 좋은 값으로 / The dam was built *at* (a) great expense. 댐은 엄청난 비용으로 건설되었다.
all at once ⇒ALL. **at about** ⇒ABOUT.
at all ⇒ALL.
at any rate 어찌 되었건, 아무튼.
at best ⇒BEST. **at first** ⇒FIRST.
at hand 바로 가까이에.
at it (일 따위에) 힘을 쏟아; (싸움에) 열중하여. ¶ The boys are *at* it again! They're always fighting. 또 시작이로군. 저 아이들은 늘 싸우기만 한다.
at last ⇒LAST¹. **at least** ⇒LEAST.
at length ⇒LENGTH. **at most** ⇒MOST.
at once ⇒ONCE. **at one** ⇒ONE.
at that ⇒THAT. **at (the) worst** ⇒WORST.
at times ⇒TIME. **at will** ⇒WILL².
be at …에 종사하다; …을 노리다. ⇒11. ¶ What are you *at* now? 너는 지금 무엇을 하고 있느냐?
where it's (all) at (美구어) 가장 중요한 것; 재미있는 곳 [것].
where one's **head is at** 자기가 있는 곳; 자기의 입장, 사고 방식, 견해.

(병리) 아테롬, 분류(粉瘤)(피부에 생기는 작은 지방의 혹); (동맥 아테롬(동맥 내벽에 생기는 지방 침적).
ath·er·o·scle·ro·sis [æ̀θərouskləróusis] 명⓾ (병리) 아테롬성 동맥 경화(증).
a·thirst [əθə́:rst] 형 (서술용법) **1** 열망하는, 갈망하고 있는 (for). **2** 목말라 하는.
***ath·lete** [ǽθli:t] 명 **1** 경기자, 운동 선수, 스포츠맨; (英) 육상 경기 선수. **2** 건장한 사람, 근골이 늠름한 사람.
áthlete fúnd 명 (은퇴 후를 대비한) 육상 선수 기금.
áthlete's fóot 명 (병리) (발의) 무좀.
áthlete's héart 명 (병리) 스포츠 심장 (비대).
‡**ath·let·ic** [æθlétik] 형 (more ~; most ~) **1** 운동 경기의, 체육의. ¶ ~ sports 운동 경기. **2** 운동 선수다운, 근골이 단단한 체격. **3** 활발한, 기력이 왕성한. **4** 운동(경기)용의. ¶ an ~ field 운동 경기장. **5** (심리) 투사형의. **-i·cal·ly** 부
ath·let·i·cism [æθlétəsìzm] 명 운동 경기 중심주의; 운동열; (전문으로서의) 운동 경기.
athlétic méet [méeting] 명 체육 대회, 운동회(학교의 '운동회 날'은 (美) field day, (英) sports (day)).
***ath·let·ics** [æθlétiks] 명㉦ **1** (복수취급) 운동 경기; (英) 육상 경기. **2** (단수취급) 운동 경기 연습; 운동 경기법; 체육 실기(실기), 체육학. ¶ ~ 동 선기) 장학금.
athlétic scholarship 명 (대학의) 체육 특기자 [장학금].
athlétic shírt 명 =sweatshirt.
athlétic shóe 명 운동화.
athlétic suppórter 명 =jockstrap.
ath·o·dyd [ǽθədid] 명 (항공) 도관(導管) 제트(ram-jet).
at-hóme [əthóum] 명 **1** 가정 초대회(보통 오후에 가정에서 열리는 약식 사교 모임). **2** (학교·공장 따위의) 시찰을 위한 일반 공개일. (또는 **at hóme**).
── 형 (서술용의) 집 [자택]에서의; 약식의.
a·thwart [əθwɔ́:rt] 부 **1** 좌우로, 옆으로; 비스듬히. **2** 뒤틀려, 고집스럽게, 일이 꼬여. ¶ Everything goes ~. 만사가 꼬여만 간다. **3** (해사) 배의 용골에 직각으로.
── 전 **1** …의 옆에; …을 가로질러(across). **2** (목적·소망 따위)에 반하여, 거슬러(against).
go athwart one's **púrpose** 뜻대로 되지 않다.
a·thwart·ships [əθwɔ́:rtʃips] 부 (해사) 선체를 가로질러.
-at·ic [ǽtik] 접미 그리스어·라틴어 어원의 명사에서 '…의, …적(的)(인), …의 종류의, …의 성질을 지닌'의 뜻의 형용사를 만든다. ¶ grammatic, lunatic, lymphatic.
a·tich·oo [ətíʃu:] 감 =atishoo. [phatic.
a·tilt [ətílt] 부 **1** 기울어, 기울인 (tilted). **2** (마상 (馬上) 시합에서) 창을 겨누어.
ride [or *run*] *atilt at* [or *against, with*] …에게 창을 겨누고 덤벼들다; (논쟁)에서 (상대)를 심하게 공격하다.
a·tin·gle [ətíŋgl] 형 (서술용법) 쑤시는, 얼얼한, 따 [끔끔한; 흥분한.
-a·tion [éiʃən] 접미 -ate, -ize 등으로 끝나는 동사에서 '동작, 상태, 결과의 상태, 결과로 생긴 사물'의 뜻의
명사를 만든다. ¶ civilization, decoration, elation.
a·tip·toe [ətíptòu] 부 **1** 발끝으로 선[걷]는. **2** 고 대하여, **3** 발 소리를 죽이고, 몰래, 살금살금.
ATIS (항공) automatic terminal information service(비행장 정보 방송 업무).
a·tish·oo [ətíʃu:] 감 (英) 에취. ── 명 재채기. (또 는 atichoo, (美) a(h)choo, (英) kerchoo)
-a·tive [èitiv, ət-] 접미 -ate 으로 끝나는 동사에서 '경향, 성질, 기능, 관계'의 뜻의 형용사를 만든다. ¶ decorative, demonstrative, talkative.
At·kins [ǽtkinz] 명 =Tommy ~.
Atl. Atlantic. **A.T.L.** Atlantic Transport Line(대 서양 해운 회사); (컴퓨터) automated [automatic] tape library.
At·lan·ta [ætlǽntə, ət-] 명 애틀랜타(미국 Georgia 주의 주도).
At·lan·te·an [ætlæntí:ən, -lən-] 형 **1** 거인 아틀라스(Atlas)의 (Atlas와 같은) 굉장한 힘을 지닌; 거대한. **2** (전설의 이상향) 아틀란티스(Atlantis)의.
at·lan·tes [ætlǽnti:z, ət-] 명 atlas 4의 복수형.
‡**At·lan·tic** [ætlǽntik, ət-] 명 **1** 대서양(의). ¶ the ~ islands 대서양 제도(諸島). **2** (미국의) 대서양 연안의. ¶ the ~ states (美) 동부의 여러 주(州). **3** (아프리카 서북부의) 아틀라스 산맥(Atlas Mountains)의. **4** 거인 아틀라스(Atlas)의. ── 명 (the ~) 대서양.
Atlántic Chárter 명 (the ~) 대서양 헌장(1941년 8월 14일 Roosevelt와 Churchill이 대서양에서 만나 제2차 대전 및 전후 세계의 지도 원칙을 발표한 공동 선언).
Atlántic Cíty 명 애틀랜틱 시티(미국 New Jersey 주 동남부의 도시; 카지노로 유명).
At·lan·ti·cism [ætlǽntəsìzm, ət-] 명⓾ 대서양주의(서유럽과 북아메리카의 협조 정책). **-cist** 명
Atlántic Mónthly 명 (the ~) 애틀랜틱 먼슬리(미국의 종합 월간지).
‡**Atlántic Ócean** 명 (the ~) 대서양. [Treaty.
Atlántic Páct 명 (the ~) =North Atlantic
Atlántic Próvinces 명복 (the ~) (캐나다의) 대서양 연안 제주(諸州).
Atlántic Ríchfield [-rítʃi:ld] 명 애틀랜틱 리치필드 회사(미국의 석유 회사; 略: ARCO).
Atlántic sálmon 명 (어류) 대서양 연어.
Atlántic Stándard Tíme 명 대서양 표준시.
At·lan·tis [ætlǽntis, ət-] 명 아틀란티스 섬(바닷속으로 침몰했다는 대서양상의 전설의 이상향).
At·lan·to·vi·sion [ætlǽntouvìʒən, ət-] 명 대서양 텔레비전 방송망. [대표함(하여).
at-large [-lá:rdʒ] 형복 (美) 전주(全州) [전지역]에서
‡**at·las** [ǽtləs] 명 **1** 지도(地圖)책. **2** (the ~ of the world 세계 지도책 / a linguistic ~ 언어[방언] 지도. **3** (해부) 환추(環椎)(머리를 받치는 제1경추골(頸椎骨)]. **4** 남상주(男像柱)(telamon)의 복수. **5** 아틀라스 판(判)(용지 규격으로 약 660×864mm; 제본 규격으로 2절판, 약 406×635mm).

At·las [ǽtləs] 몡 1 〔그리스 신화〕 아틀라스(하늘을 양 어깨에 메고 있도록 선고받은 거인족(Titans)의 신인(神人)). 2 무거운 짐을 지는 사람; 대들보. 3 아틀라스(미국의 우주선 발사용 로켓). 4 달 표면 북부의 분화구. 5 〔천문〕 목성의 15번째 위성(1980년 발견).

[Atlas 1]

átlas gríd 몡 항공 사진의 격자선
Átlas Móuntains 몡(복) (the ~) 아틀라스 산맥(아프리카 서북부의 산맥). 〔창(화)살〕 발사기.
at·latl [áːtlɑ̀ːtl] 몡 〔고대 멕시코의〕
ATM 〔군사〕 *anti*tank *m*ine *(m*issile)〔대(對)전차 지뢰 (미사일)〕; 〔컴퓨터〕 *a*synchronous *t*ransmission *m*ode(비동기 전송 모드); *a*utomated-*t*eller *m*achine (현금 자동 입출(入出)금기). **atm.** *atm*osphere(s); *atm*ospheric. **At/m** *a*mpere-*t*urns per *m*eter. **at.m.** *a*tomic *m*ass.
at·man [áːtmən] 몡 〔힌두교〕 1 숨, 호흡(breath). 2 생명의 근원. 3 개인의 영혼, 자아(自我). 4 (A~) 우주아 (宇宙我), 대아(大我)(World Soul). 〔學〕
at·mol·o·gy [ætmáləʤi] 몡 〔물리〕 증발학(증발)
at·mom·e·ter [ætmɔ́mətər/-mɔ́m-] 몡 증발계.
‡**at·mo·sphere** [ǽtməsfìər] 몡 (복) ~s [-z]) 1 (the ~) (지구를 둘러싸고 있는) 대기, 공기. 2 contaminate the ~ 대기를 오염시키다. 2 (특정 장소의) 공기(air). ¶a damp ~ 습한 공기. 3 〔천문〕 (천체를 둘러싼) 가스체(體), 대기. 4 기압(대기 압력의 단위로 1,013 헥토파스칼; 略 atm.). 5 분위기, 주변 정황; 환경. ¶a homely ~ 가정적인 분위기/create an ~ of cheerfulness 명랑한 분위기를 자아내다. 6 (예술 작품이 풍기는) 분위기, 느낌; 주조(主調), 톤. ¶a novel with a sorrowful ~ 슬픈 분위기의 소설. 7 (장소 따위의) 정서, 정취, 맛. 8 〔방송·영화〕 배경 음악 효과.
clear the atmosphere 분위기를 일신하다〔산뜻하
― 몡(타) …에 분위기를 자아내다. 〔게 하다〕.
-phered, ~·less
***at·mo·spher·ic** [ætməsférik] 몡 1 대기의, 대기 속의, 공기의. ¶~ conditions 대기의 상태 / ~ vapors 대기 속의 증기. 2 공기(대기)의 작용에 의한. 3 대기 같은, 흐릿한, 몽롱한. ¶~ effects (영화 따위의) 바람 효과. 4 분위기의, 분위기를 자아내는. ¶~ music (lighting) 무드 음악(조명). (또는 **atmospherical**) **-i·cal·ly** 몜
atmospheric bráking 몡 〔우주〕 대기 제동(우주선의 연착륙에 앞선 대기 저항을 이용한 감속).
atmospheric distúrbance 몡 〔무선〕 (공전(空電)에 의한) 공중 장애; 〔기상〕 대기 요란(搖亂).
atmospheric electrícity 몡 대기(공중) 전기.
atmospheric núclear tést 몡 대기권 핵실험.
atmospheric pollútion 몡 대기 오염.
atmospheric préssure 몡 기압. ¶high〔low〕 ~ 고〔저〕기압.
at·mo·spher·ics [ætməsfériks] 몡(복) 1 〔무선〕 공전(空電) (수신기에 소음을 일으키는 대기 속의 방전(放電)); 공중 장애; (공중 장애에 의한 전파의) 잡음. 2 〔단수취급〕 공전 장애 연구, 공전학. 3 (상대방의 신뢰를 얻기 위한) 우호적 분위기, 무드.
atmospheric tíde 몡 〔기상〕 대기 조석(潮汐).
at. no. *at*omic *n*umber. **ATO** *A*ir *T*ransportation *O*ffice(항공 수송 사무소); *a*ssisted *t*ake-*o*ff; *a*utomatic *t*rain *o*peration.
at·oll [ǽtɔːl, ǽtɑl, ətɔ́ːl, ətál/ǽtɔl, ətɔ́l] 몡 환초 (環礁), 환상(環狀) 산호섬. ⓢ lagoon
‡**at·om** [ǽtəm] 몡 (복) ~s [-z]) 1 〔물·화〕 원자. ¶chemical ~s 화학적 원자/physical ~ 물리적 원자; 극미, 극히 작은 것: 극소 부분. 2 〔구어〕 (an ~ of…) 소량 (bit). ¶an ~ of evidence 티끌만큼의 증거. 3 〔에너지〕 (핵 에너지원(源)으로서의) 원자; (the ~) 원자력, 핵 에너지. ¶~s for peace 원자력 평화 이용.
break 〔or *smash, blow*〕*…to atoms* …을 산산이 부수다〔가루로 만들다〕.
not an atom of 티끌만큼의 …도 없는.
at·om·ar·i·um [ætəmɛ́əriəm] 몡 전시용 소형 원자로; 원자로(원자력) 전시관.
átom bómb 몡 원자 폭탄(A-bomb). 〔로 공격하다.
at·om-bomb [-bám/-bɔ́m] 통 (…을) 원자 폭탄으
‡**a·tom·ic** [ətámik/-tɔ́m-] 몡 1 원자의, 원자에 관한. 2 원자력을 사용한; 원자(핵) 무기의〔를 사용한〕(nuclear). 3 아주 작은, 극미(極微)의, 미세한. 4 〔구어〕 (반어적) 강력한. ¶an ~ shock 강한 충격. (또는 **atomical**) **-i·cal·ly** 몜
atómic áge 몡 (the ~) 원자력 시대.
atómic bómb =atom bomb. 〔격기.
atómic bómber 몡 핵폭탄 탑재 폭격기; 핵추진 폭
atómic cálendar 몡 탄소 14법에 의한 연대 측정
atómic cárrier 몡 원자력 항공 모함. 〔장치.
atómic clóck 몡 원자 시계. 〔섯 구름.
atómic clóud 몡 (원자 폭탄에 의한) 원자운(雲), 버
atómic cócktail 몡 〔속어〕 (암치료용) 방사성 내복
atómic diséase 몡 원자병. 〔약.
atómic disintegrátion 몡 〔물리〕 원자핵 붕괴.
atómic énergy 몡 원자력, 핵 에너지.
Atómic Énergy Authòrity 몡 (the ~) (英) 원자력 공사(略 A.E.A.). 〔원자력 위원회(略 AEC).
Atómic Énergy Commìssion 몡 (the ~) (美)
atómic explósion 몡 핵폭발.
atómic físsion 몡 (원자) 핵분열(nuclear fission).
atómic fúrnace 몡 〔물리〕 =atomic reactor.
atómic fúsion 몡 (원자) 핵융합(nuclear fusion).
atómic hypóthesis 몡 〔철학〕 =atomism.
at·o·mic·i·ty [ætəmísəti] 몡(복) 〔화학〕 (기체 분자 중의) 원자수(數); 원자가(價)(valence); 원자 상태.
atómic máss 몡 〔화학〕 원자 질량(略 at.m.).
atómic máss ùnit 몡 〔물리〕 원자 질량 단위(略 amu, AMU).
atómic númber 몡 원자 번호(略 at. no.).
atómic párticle 몡 〔물리〕 소립자(素粒子).
atómic philósophy 몡 =atomism.
atómic phýsics 몡 〔단수취급〕 원자 물리학.
atómic píle 몡 〔물리〕 =atomic reactor.
atómic pówer 몡 원자력. ¶an ~ plant 〔or station〕 원자력〔핵〕 발전소. 2 핵(무기) 보유국.
atómic (pówer) generátion 몡 원자력 발전.
a·tom·ic-proof [-prùːf] 몡 원폭을 막는.
atómic reáction 몡 원자핵 반응.
atómic reáctor 몡 원자로(爐). 〔학.
a·tom·ics [ətámiks/-tɔ́m-] 몡(복) 〔단수취급〕 원자
atómic shíp 몡 원자력선(船), 핵추진선.
atómic sóldier 몡 (美) 핵실험 참가자〔피폭〕 병사.
atómic strúcture 몡 〔물리〕 원자 구조.
atómic súbmarine 몡 원자력 잠수함, 핵 잠수함.
atómic théory 몡 〔물·화〕 원자 이론.
atómic tíme 몡 (원자 시계에 의한) 원자 시간.
atómic tíme clòck 몡 원자 연대 시계(방사성 탄소를 사용하여 물질의 생성 연대를 결정하는 장치).
atómic válence〔válue〕 몡 〔화학〕 원자가(價).
atómic vólume 몡 〔화학〕 원자 부피(略 at. vol.).
atómic wárfare 몡 원폭전, 핵전쟁.
(또는 **núclear wárfare**)
atómic wárhead 몡 핵탄두(nuclear warhead).
atómic wéapon 몡 핵무기(nuclear weapon).
atómic wéight 몡 〔화학〕 원자량(略 at. wt.).
at·om·ism [ǽtəmìzm] 몡(∪) 1 〔물·화〕 원자설. 2 〔철학〕 원자론. **-ist** 몡
at·om·is·tic [ætəmístik] 몡 1 원자의; 원자론의. 2

(사회·경제 따위가) 별개로 독립된. (또는 **atomistical**)
-ti·cal·ly 튀
at·om·is·tics [ætəmístiks] 명 (단수취급) 원자
at·om·ize [ǽtəmàiz] (* 《英》 **-ise**) 타 1 …을 원자로 만들다, 원자화하다. 2 …을 미립자로 만들다; 〔액체〕를 내뿜다, 분무(噴霧)하다. 3 …을 핵무기로 파괴하다. 4 …을 세분화하다, 개별화하다. ── 자 많은 분파 [그룹]로 나누어지다, 분열하다. **á·tom·i·zà·tion** 명
at·om·iz·er [ǽtəmàizər] 명 (약제·향수의) 분무기.
átom smásher 명 〔물리〕 원자핵 파괴 장치; 입자 가속기(accelerator).
at·o·my[1] [ǽtəmi] 명 〔고어〕 원자, 미립자; 〈시〉 작은 생물; 난쟁이(pygmy).
at·o·my[2] [〃] 명 〔폐어〕 해골(skeleton); 말라깽이.
at·on·a·ble [ətóunəbl] 형 (죄 따위를) 속죄할 수 있는, 갚을 수 있는, 보상할 수 있는. (또는 **atoneable**)
a·ton·al [eitóunəl, æ-, ə-] 형 〔음악〕 무조(無調)의. **~·ís·tic** 형 **~·ly** 부
a·ton·al·ism [eitóunəlìzm, æ-, ə-] 명ⓤ 〔음악〕 무조(無調)주의, 무조 음악 이론〔악풍〕. **-ist** 명
a·to·nal·i·ty [èitounǽləti, æt-] 명ⓤⓒ 〔음악〕 무조(無調)(성); 〔작곡상의〕 무조주의, 무조 형식〔양식〕.
***a·tone** [ətóun] 자 (죄 따위를) 보상하다, 속죄하다 (*for*). ¶ ~ *for* a crime 죄값을 하다, 속죄하다. ── 타 1 〔죄〕를 갚다, 보상하다. 2 〔고어〕 …을 화해시키다. **a·tón·er** 명 **a·tón·ing·ly** 부
***a·tone·ment** [ətóunmənt] 명 1 ⓤ 보상, 갚음, 배상(*for*). 2 (the A-) 〔신학〕 (예수의) 속죄.
in atonement for …의 보상으로.
make atonement for …을 갚다.
a·ton·ic [ətɑ́nik, ei-, æ-] 형 1 〔음성〕 강세가 없는; 〔폐어〕 무성(無聲)의. 2 〔병리〕 긴장력이 없는, 이완된, 이완증의. 3 〔문법〕 강세가 없는 단어〔음절, 음〕.
at·o·ny [ǽtəni] 명ⓤ 1 〔병리〕 (위장 따위의) 수축성 기관(의) 무력(증), 이완(증), 아토니. 2 〔음성〕 무강세(無強勢). (또는 **a·to·ni·a** [ətóuniə])
a·top [ətɑ́p/ətɔ́p] 부 (…의) 꼭대기에 (*of*). ¶ ~ (*of*) a tree 나무 꼭대기에.¶ ~ *of* ㉠ …을 생각하는 것은 주로 《美》. ㉡ …의 정상에.¶ ~ the flagpole 깃대 꼭대기에.
a·top·ic [eitɑ́pik/-tɔ́p-] 형 〔의학〕 아토피(성)의; 전위(轉位)의(ectopic).
at·o·py [ǽtəpi] 명 〔의학〕 아토피, 선천성 과민증.
-a·tor [èitər] 접미 -ate 따위로 끝나는 동사에서 person의 뜻의 명사를 만든다.¶arbitrator, orator.
-a·to·ry [ətɔ́:ri/ətəri, èit-] 접미 1 -ate 따위로 끝나는 동사에서 of or pertaining to, of the nature of의 뜻의 형용사를 만든다.¶conciliatory. 2 -ate 따위로 끝나는 동사에서 place의 뜻의 명사를 만든다. **~·ness** 명¶oratory.
a·tox·ic [eitɑ́ksik/-tɔ́k-] 형 독이 없는, 무독의.
A-to-Z [éitəzí:] 명 〔한정용법〕 모든; A부터 Z까지로 시작하는 단어를 사용하는. (또는 **A-Z**)
ATP adenosine triphosphate(아데노신 3인산(酸)); Association of Tennis Professionals(세계 프로 테니스 선수 협회).
at·ra·bil·iar [ætrəbíljər] 형 =atrabilious.
at·ra·bil·ious [ætrəbíljəs] 형 우울한, 침울한, 우울증의(melancholy); 뚱한, 성마른(splenetic). **~·ness** 명
at·ra·zine [ǽtrəzì:n] 명 〔화학〕 아트라진(제초제).
a·trem·ble [ətrémbl] 형 〔형용사로는 서술용법〕 밀탤 떠는〔떨며〕, 겁에 질린〔질려〕.
a·tre·sia [ətrí:ʒə, -ʒiə] 명 〔의학〕 폐쇄(증), 무공(無孔). **-sic** [-zik, -sik], **a·tret·ic** [ətrétik] 형
A·treus [éitriəs, -trjùs] 명 〔그리스 신화〕 아트레우스(Agamemnon, Menelaus의 아버지).
a·tri·o·ven·tric·u·lar [èitriouventríkjulər] 형 〔해부〕 심방·심실의, 방실실(室)[間]의.
a·trip [ətríp] 형 〔서술용법〕 〔해사〕 1 (닻이) 막 들어 올려진, 항해 준비가 된. 2 돛이 방금 올려진. 3 (돛의

가로대가) 언제라도 내려뜨리도록 되어 있는.
a·tri·um [éitriəm, á:-] 명 (복 **-tri·a** [-triə], **~s**) 1 〔건축〕 (고대 로마 건축의) 중앙 홀(안마당은 노천식); (교회의) 안마당. 2 〔해부〕 심방(心房); (귀의) 고실(鼓室). 3 〔식물〕 (蛭蝽魚 따위의) 강(腔). **á·tri·al** 형
-a·trix [èitriks] 접미 -ator의 여성형.¶aviatrix.
***a·tro·cious** [ətróuʃəs] 형 1 흉악한, 극악한, 잔학한.¶an ~ criminal 흉악범. 2 심한, 불쾌한; (식사·날씨 따위가) 형편없는, 지독한. **~·ly** 부 **~·ness** 명 〈L〉
***a·troc·i·ty** [ətrɑ́səti/-trɔ́s-] 명 1 ⓤ 흉악, 극악, 잔학, 흉포성. 2 악행, 잔학 행위.¶practice atrocities on …에게 폭행을 가하다. 3 〔구어〕 엉망진창의 일; 말 같잖은〔불쾌한〕 것; 실패, 큰 실수.
commit an atrocity ① 끔찍한 짓을 하다. ② 어처구니없는 실수를 하다.
a·tro·phi·a [ətróufiə] 명ⓤ 〔병리〕 위축증(atrophy).
a·troph·ic [ətrɑ́fik/-trɔ́f-] 형 위축성의; 위축증의.
at·ro·phy [ǽtrəfi] 명ⓤ 1 〔병리〕 (영양 부족 따위에 의한) 위축증, 소모증. 2 (기능의) 퇴화, 쇠퇴; (도덕적 따위의) 쇠퇴, 타락. (또는 **atrophia**) ── 자 …을 위축시키다, 쇠퇴시키다; (결의·의욕 따위를) 무디게 하다. ── 자 위축되다, 쇠퇴하다; 무디어지다.
at·ro·pine [ǽtrəpì:n, -pin] 명ⓤ 〔화학〕 아트로핀 (가짓과(科) 식물에서 채취한 유독성 알칼로이드; 동공 확대 작용이 있다). (또는 **atropin**)
at·ro·pism [ǽtrəpìzm] 명ⓤ 〔병리〕 아트로핀 중독.
At·ro·pos [ǽtrəpɑ̀s/-pɔ̀s] 명 〔그리스 신화〕 아트로포스(운명의 세 여신(Fates) 중의 하나).
ATS, A.T.S. 〔컴퓨터〕 administrative terminal system(사무 관리용 단말 시스템); air traffic services(항공 교통 업무); Alternative Trading System(장외 전자 거래 시장); American Temperance [Tract] Society(미국 금주[욕상] 협회); American Transport Service; application technological satellite(응용 기술 위성); Army Transport Service(육군 수송부); automatic train stop(열차 자동 정지 장치); 《英》 Auxiliary Territorial Service(여자 국방군).
át sígn 명 (복 **a- -s**) 〔컴퓨터〕 애트 마크(@표).
ATT =AT&T. **att., Att.** attached; attention; attorney.
at·ta·boy [ǽtəbɔ̀i] 감 《美구어》 옳지!, 잘한다!(격려·칭찬 등의 외침; 여성에 대해서도 쓰인다). (또는 **áta·bòy, átabóy**) 〈That's the [or a] boy〕.
‡**at·tach** [ətǽtʃ] 타 (**~·es** [-iz]; **~ed** [-t]) 1 …을 붙이다, 첨부하다, 달라붙게 하다(*to, on*) (반 detach).¶ (~+목+前+명) ~ a label *to* a parcel 소포에 꼬리표를 붙이다/~ a price tag *on* each article 각 상품에 정가표를 붙이다. 2 (수동형·재귀용법으로) (단체 등에) …을 소속[참여]시키다 (*to*).¶an elementary school ~*ed to* the teachers college 교육 대학 부속 초등 학교// (~+목+前+명) He ~ed himself *to* the Socialist Party. 그는 사회당에 입당했다. 3 (군사) …을 배속[소속]시키다 (*to*). ¶ ~ an officer *to* a regiment 장교를 연대에 배속시키다. 4 …을 (…에) 돌리다, …의 특성으로 생각하다, 〔중요성 따위〕를 (…에) 두다 (*to*).¶ ~ weight *to* … 5 …을 첨가하다, 덧붙이다, 〔도장 따위〕를 누르다 (*to*). ¶ (~+목+前+명) The signers ~ed their names *to* the petition. 그들은 청원서에 서명했다. 6 (수동형으로) 〔남〕을 애정으로 결합시키다, …에게 애착을 느끼게 하다; …을 좋아하게 하다 (*to*). 7 〔법률〕을 체포하다; (재산)을 차압하다. ── 자 달라붙다; 속하다, 귀속하다 (*to*).¶ (~+前+명) No blame ~*es to* me in the affair. 그 일로는 내가 비난받을 이유가 없다.
attach importance to …에 중요성을 두다.¶ ~ *importance to* freedom 자유를 중히 여기다.
be attached to …에 애착[애정]을 가지다; …에 소

속[부속]하다. ¶He is deeply ~ed to his wife. 그는 아내를 깊이 사랑하고 있다.

~·er 명   「압]할 수 있는.
at·tach·a·ble [ətǽtʃəbl] 형 붙일 수 있는; 체포[차
at·ta·ché [ætæʃéi, ətæ-/ətǽʃei] 명 1 (대사·공사의) 수행원; (전문 분야 담당의) 대사[공사]관원; 외교관 시보(試補). ¶a commercial [press] ~ 상무[공보]관 / a military [naval] ~ 대사[공사]관부 육군[해군] 무관. = ~ case. 〈F〉
at·ta·ché case [ətæʃéi kèis] (작은) 서류 가방.
at·tached [ətǽtʃt] 형 1 결부되어 있는; 붙어 있는; 부속의. ¶an ~ house (이웃집과) 벽이 맞붙은 집. 2 (…에) 애착을 갖고 있는(to). ¶be ~ to one's uncle 삼촌을 좋아하다.
attached school 명 부속 학교.
*at·tach·ment [ətǽtʃmənt] 명⑩ 1 붙이기, 부착; 부속, 귀속; 연결, 결합. 2 (때로 an ~) 애정, 애착; 착(to, for). ⇨LOVE 유의어 ¶an ~ to a friend 우정 / form an ~ for a woman 여자를 사랑하게 되다. 3 ⓒ 연결[부착] 장치; 부속물[품], 부속 문서(to, for). ⇨ADDITION 유의어 4 (법률) 체포; ⓒ 그 영장. 5 일시적 배속(to).
have an attachment to [or **for**] …에 애착을 갖다.
‡**at·tack** [ətǽk] 통 (~**ed** [-t]) ⓣ 1 …을 공격하다, 습격하다. ¶~ an enemy 적을 공격하다 / He was ~ed with a stick. 그는 몽둥이로 습격당했다.

유의어 **attack** 「공격하다」라는 뜻의 일반적인 말; 명성·저작 따위에 대한 공격에도 쓴다. **assail** 거듭 타격을 가하면서 공격하다. **assault** 직접 상대의 몸에 폭력을 가하다. **molest** 방해[협박]하거나 폭행을 가하다.

2 (필설로) …을 공격하다, 비난하다. ¶~ a person in a speech 연설에서 남을 공격하다. 3 (일 따위)에 힘차게 달려들다; 착수하다. ¶~ one's study 공부를 시작하다. 4 (병이) (사람)을 엄습하다; (비바람이) (물건)을 침식하다. 5 (여성)을 폭행하다(rape의 완곡한 표현).
— ⓘ 공격하다, 공격을 개시하다.   「에 걸리다.
be attacked by [or **with**] (*malaria*) (말라리아)
— 명 1 공격, 습격; 비난, 비판(*on*, *upon*, *against*). 2 (군대의) 공격 작전. ¶a general ~ 총공격 / a night ~ 야습. 3 (병리) 발병, 발작. ¶an ~ of fever 발열. 4 (일·시합 따위의) 개시, 착수(*on*). 5 부녀자 강간[폭행](미수). 6 (음악) 연주(어떤 선율[악구(樂句)]를 시작하기). 7 (스포츠) 공격 선수(의 위치); (the ~) 공격수.
advance to the attack 진격하다.   「다.
have an attack of …에 습격을 당하다; (병)에 걸리
make [or **deliver**] **an attack against** [or **on**] …
under attack 공격을 받고. | 을 공격하다.
~·a·ble 형 공격할 수 있는. ~·er 명
attáck dòg 명 (경찰·군대 등의) 전투견.
attáck-dòg jóurnalism 명 물고 늘어지기 보도.
at·tack·man [ətǽkmæn] 명 (스포츠) 공격 위치의 [에 배치된] 선수, 어태커.
attáck tráiner 명 (군사) 공격 (겸) 훈련기.
at·ta·girl [ǽtəɡə̀ːrl] 감 (美구어) 옳지!, 잘한다! (* 여성에게 attaboy 대신에, 또는 고양이 따위의 동물을 칭찬할 때 쓰인다). (또는 **at·ta·gal** [ǽtəɡæ̀l])
‡**at·tain** [ətéin] 통 (~**s** [-z]) ⓣ 1 [목적·희망 따위]를 달성하다, 이루다; (지위 따위)를 차지하다. ¶~ one's aims [or ends, objects] 목적을 이루다 / ~ one's long-cherished hope 숙원을 풀다. 2 (고령·목적 따위)에 이르다, 도달하다. ¶~ an old age 노령이 되다 / ~ the summit of a mountain 산 정상에 이르다. — ⓘ (노력 또는 자연의 경과로) 이르다, 도달하다(*to*). ¶(~+𝐃+𝐍) ~ to fame 유명해지다.
attain proficiency 숙달하다.
attain to man's estate 성년이 되다.

attain to perfection 완벽한 경지에 이르다.
attain to power 권력을 잡다[장악하다].
~·er 명
*at·tain·a·ble [ətéinəbl] 형 달성할 수 있는; 획득할 수 있는, 도달할 수 있는. ⇨**bíl·i·ty**, ~·**ness** 명
at·tain·der [ətéindər] 명⑩ (페어) 1 (법률) 사권 박탈(私權剝奪)(상실)(반역죄·중죄인에 대한 공민권 박탈). 2 (고어)(dishonor).
*at·tain·ment [ətéinmənt] 명 1 ⑩ 달성, 도달. 2 성취한 것; (때로 ~s) 학식, 기예, 조예. ¶a man of varied ~s 다재다능한 사람 / He is a man of literary ~s. 그는 문학에 조예가 깊다. 3 (학생의) 학력.
at·taint [ətéint] 통⑤ 1 (법률) …의 사권을 박탈하다. 2 (명예 따위)를 더럽히다, …에 오명을 씌우다(disgrace). — 명 1 (법률) 사권 박탈(attainder)을 당한 자. 2 ⑩ 불명예, 오욕.
at·tar [ǽtər] 명 1 (꽃에서 채취한) 향료, 향유. (또는 **at(h)ar**, **ottar**, **otto**) 2 (또는 ~ **of róses**) 장미 향수(rose oil).
at·tem·per [ətémpər] 통⑤ 1 (혼합하여) …을 묽게 하다, 알맞게 맞추다. ¶~ whisky with water 위스키에 물을 타다. 2 (감정)을 누그러뜨리다, 달래다. 3 …의 온도를 조절하다. 4 …을 조절하다; …을 (…에) 적합하게 하다(*to*). ~·**ment** 명
‡**at·tempt** [ətémpt] 통⑤ 1 …을 시도하다[기도하다], 피하다, 꾀하다. ⇨TRY 유의어 ¶~ a difficult task 어려운 일을 꾀하여 시도하다 / ~ to solve a problem 문제를 풀려고 시도하다 / He ~ed to swim across. 그는 헤엄쳐 건너 가려고 했다 // (~+~*ing*) He ~ed *climbing* an unconquered peak. 그는 아직 정복되지 않은 봉우리를 오르려고 시도했다. 2 …을 습격하다, 탈취하려고 하다; (고어) (생명)을 노리다. ¶~ a person's life 남의 생명을 노리다. 3 (고어) …을 부추기다, 유혹하다.
attempt too much 지나치게 욕심내다.
— 명 1 시도, 기도; 노력; 의도(*to do*, *at*). ¶a silly ~ 어리석은 시도 / fail in an ~ 기도가 좌절되다 // He made an ~ *to* save the drowning child. 그는 물에 빠진 아이를 구하려고 했다. 2 공격, 습격(*on*, *upon*, *against*). ¶an ~ *on* a fortress 요새 공격. 3 (스포츠) 시기(試技). 4 (법률) 미수(未遂) (*to do*, *at*). ¶a suicidal ~ 자살 미수 // an ~ *at* murder 살인 미수 / an ~ *to* commit a crime 범죄 미수 행위.
if one dies in the attempt 어떤 위험[고난]이 있더
make an attempt at …을 꾀하다. | 라도.
make an attempt on (*a person's life*) (남의 생명)을 빼앗으려고 기도하다.
~·**a·bíl·i·ty** 명 ~·**a·ble** 형 ~·**er** 명
at·tempt·ed [ətémptid] 형 시도한; (법률) 미수의. ¶~ suicide [murder] 자살[살인] 미수.
attémpted cóup 명 불발 쿠데타, 쿠데타 미수.
‡**at·tend** [əténd] 통 (~**s** [-z]) ⓣ 1 …에 출석하다, 참석하다, 참여하다; (학교 등)에 가다, 다니다. ¶~ a ceremony [funeral] 식[장례]에 참석하다 / ~ one's office 출근하다 / ~ school 학교에 다니다(* school 에 판사가 없음의 주의) / ~ church regularly 예배가 빠지지 않고 교회에 나가다(* attend 바로 뒤에 부사가 오면 동사구로 쓰이고 at를 취한다: ~ *regularly at* church). 2 (결과로서) …에 수반하다, 따르다. ¶Great success ~*ed* the attempt. 그 기획은 대성공이었다 / Misery and ruin ~ vice. 악에는 비참과 파멸이 따른다. 3 …의 곁에서 시중들다, …에 수행하다. ⇨ACCOMPANY 유의어 ¶I will ~ you to the place. 제가 그곳까지 같이 가겠습니다. 4 (병자 등)을 돌보다, 간호하다, 진료하다. ¶Which doctor is ~*ing* you? 주치의가 누구입니까? ⇨ 유의하다, 주의하다; …에 마음을 쓰다.
— ⓘ 1 …을 주의해서 듣다, 경청[주시]하다; 주의[주목]하다(*to*). ¶(~+𝐃+𝐍) All things are ~*ed to*,

모든 일에 다 주의를 기울이고 있다 / You are not ~ing to my words. 너는 내 말을 건성으로 듣고 있다 / Will you ~ to the matter? 그 일이 잘 되도록 부탁드립니다. **2** 종사하다, (일에) 힘쓰다; (…을) 처리하다 (to). ¶ (~+前+名) ~ to one's business[lesson] 일[학업]에 힘쓰다. **3** 돌보다, 간병하다; 시중들다, 모시다; 응대하다 (on, upon, to). ¶ (~+前+名) The nurses ~ed on the sick day and night. 간호사들은 밤낮으로 환자를 간호했다. **4** (결과로서) 따르다, 수반하다 (on, upon). ¶ Success ~s on hard work. 근면에는 성공이 따른다. **5** (드물게) 출석하다, 참석하다, 임석하다; 다니다 (at). ¶ (~+前+名) ~ at a ceremony 식에 참석하다. ¶〖볼일은 보셨습니까?〗
Are you being attended to? (점원이 손님에게)
be attended by …을 수반하다; …의 시중을 받다.
be attended with (부대조건·결과 따위로) …을 수반하다; …이 따르다.
be well [poorly] attended 참석자[출석자]가 많다
~・ing・ly 副 　　　　　　　　　　　[적다].
‡**at・tend・ance** [əténdəns] 名 (❋ -anc・es [-iz]) Ⓤ **1** 출석, 참석, 출근(회수) (at); Ⓒ 〖집합적〗 출석자, 청중, 관중 (at). ¶ an ~ book 출근부 / school ~ 취학 / attract a large ~ 많은 청중을 끌다 / check[or take] ~ 출석을 점검하다 / He was suspended from ~ at school. 그는 정학 처분을 받았다 / There was a good ~ at the concert. 음악회는 청중이 꽤 많았다. **2** 시중; 간병, 간호; 봉사, 서비스(료)(on). ¶ ~ included 서비스료 포함 / die without medical ~ 치료도 받지 못하고 죽다. **3** 가까이 모심, 시종(侍從) (on).
be in attendance at …에 참석[출석]하다.
be in attendance on …에게 시중들다, 모시다.
dance attendance on [or upon] a person 남의 비위를 맞추다, 알랑거리다.
give good attendance 서비스를 잘 해주다.
atténdance allòwance (英) 간호 수당.
atténdance àrea (美) 〖공립 학교의〗 학구.
atténdance bòok 名 출근[출석]부.
atténdance cèntre 名 (英) 청소년 보호 관찰소 〖감호 센터〗.　　　　　　　　　　「태 조사관.
atténdance òfficer 名 〖공립 학교의〗 학생 출석 상
atténdance tèacher 名 (美) 무단 결석생 지도 교
atténdance ùnit 名 통학구.　　　　　　「사.
‡**at・tend・ant** [əténdənt] 形 **1** 수행하는, 시중드는, 따라다니는 (on, upon). ¶ an ~ nurse 수행 간호사. **2** 수반하는, 부수적인, 따르는 (on, upon). ¶ the sacrifice ~ on[or upon] war 전쟁에 따르는 희생 / Miseries are ~ upon divorce. 이혼에는 불행이 따른다. **3** 출석한, 임석한. ¶~ hearers 그 자리에 참석한 청중. —— 名 **1** 시중드는 사람; 종자(從者), 수행원, 돌보는 사람, 간호인. **2** (英) 점원, 안내인; (접객업소) 종업원 ¶ a gas-station ~ 주유소 종업원. **3** 출석자, 임석자 (at). ¶~s at a ceremony 식의 참석자 // regular ~s 단골, 늘 오는 사람. **4** 수반물, 부수물; 필연적 결과. ~・ly 副
atténdant círcumstances 名 〖複〗 (일에) 따르는 조건; 부대 상황.
at・tend・ee [ətendíː] 名 출석자.
at・tend・er [əténdər] 名 감시인, 간호인; 출석자.
at・tend・ing [əténdiŋ] 形 (의사가) 주치의(醫)[담당의]인; 대학 부속 병원의 의사의.
‡**at・ten・tion** [əténʃən] 名 (❋ ~s [-z]) **1** Ⓤ 주의, 유의, 경청 (to); 주의력. ¶ absorb public ~ 사람들의 주의를 끌다 / receive little scientific ~ 과학자들의 주의를 끌지 못하다 / distract public ~ from …에서 사람들의 주의를 딴데로 돌리다 / add special ~ to …에 특히 주의하다. **2** Ⓤ 돌봄, 시중; 배려, 간호; (기계 따위의) 손질. ¶ The matter needs prompt and thorough ~. 그 일은 신속하고도 철저하게 고려해 볼 필요가 있다 / Your application[request] will have every [or the best] ~. 귀하가 신청[부탁]하신 일은 최대한 배려하겠습니다. **3** Ⓤ 친절, 정중, 예의, 경의. ¶ pay courteous ~ to a guest 손님을 정중하게 대하다. **4** (~s) 정중한 행위; (여성에 대한) 배려, 상냥하고 헌신적인 행위; (완곡적) 혼외 정사, 불륜 (to). **5** Ⓤ (군사) 차려 (자세). ¶ stand at [or to] ~ 차려 자세로 서(있)다. **6** ~ 앞(업무용 서한·fax 서두에 수신자[부서]를 명시할 때). ⓐ attn., Attn.). ¶ A- Mrs. Brown 메리 브라운 여사 앞. **7** 〖컴퓨터〗 어텐션 (오퍼레이터가 컴퓨터에 대해서 일시 중단 지령을 내리는 일).
arrest [or attract, catch, draw] a person's attention to …에 남의 주의를 끌다.
Attention, please! 귀를 기울여 주십시오, 안내 말씀 드리겠습니다 (장내 방송 따위의 첫 말).
be all attention to …에 잔뜩 귀를 기울이다.
by careful attention to …에 세심한 주의를 기울여.
call a person's attention to …에 남의 주의를 환기시키다 　　　　　　　　　　「로 돌리다.
call away a person's attention 남의 주의를 딴 데
come to [or stand at, stand to] attention (군사) 차려 자세를 취하다[로 서다].
concentrate [or focus] one's attention on [or upon] …에 주의를 집중하다.
devote one's attention to …에 전념[몰두]하다.
direct [or turn] one's attention to …에 주의를 돌리다.
give [or pay, fix] attention to …에 주의하다, 유의하다. ¶ Don't pay ~ to what he says. 그가 하는 말에 신경쓰지 마라.
May I have your attention? 잠간 실례합니다 (용무중의 상대방에게).　　　　　　　　　　「게] 구혼하다.
pay one's attentions to …에게 알랑대다; (여성에
receive immediate attention 응급 치료를 받다.
with [or in] attention 주의하여.
—— 間 [əténʃə́n] 〖구령〗 차려! (✽ 'shun [ʃán], 'tension [ténʃán, ténʃʌ́]라고도 한다).
atténtion déficit disórders 名 〖複〗 〖정신의학〗 (아동의) 주의력 결여 장애 (약 ADD).
at・ten・tion-get・ter [-gètər] 名 이목을 끄는 것.
at・ten・tion-get・ting [-gètiŋ] 形 주의[이목]를 끄는. ¶ an ~ behavior 남의 눈길을 끄는 행동.
atténtion líne (업무 편지에서) 수신인 표시행.
atténtion spán 名 〖심리〗 (개인의) 주의(注意) 지속 시간; 주의 집중 범위.
‡**at・ten・tive** [əténtiv] 形 (*more* ~; *most* ~) **1** 주의 깊은, 조심성 있는. **2** …을 경청하는 (to). **3** 정중한, 친절한; (…에) 마음[신경]을 쓰는 (to). ➡THOUGHTFUL
有義語 ¶ be ~ to ladies 숙녀들에게 친절하다.
~・ly 副　 ~・ness 名
at・ten・u・ant [əténjuənt] 形 희석 (稀釋)(용)의, 희박하게 하는; (혈액을 묽게 하는) 희석제.
at・ten・u・ate 他 [əténjuèit] ⓔ **1** …을 가늘게 하다, 작게 하다, 묽게 하다. **2** (힘·효력·가치 따위를) 줄이다; …을 희박하게[희석]하다; (전자 신호·전류)의 진폭을 감쇠하다. ——⾃ 가늘어지다, 묽어지다, 약화되다.
—— 形 [əténjuət, -èit] 가늘어진, 묽어진; (식물) 끝이 가는. -at・ed 形 -a・tor 名 (전자) 감쇠기.
at・ten・u・a・tion [əténjuéiʃən] 名 Ⓤ **1** 가늘게 하기; 희박화, 희석; 묽게 하기, 여윈 상태; 쇠약, 야윔 (emaciation), 쇠퇴, 감소. **3** (전류·전압 따위의) 감쇠 (減衰).
✽**at・test** [ətést] 他 ⓔ **1** (진실성·성질 따위)를 증명하다, 입증하다; …을 증언하다; (서명·유언장 따위)에 입증하다 (가죽 따위에) 병이 없음을 증명하다. ¶ His ability was ~ed by his rapid promotion. 그의 재능은 그의 빠른 승진으로 증명되었다. **2** …의 증거가 되다; …의 진실성을 나타낸다. **3** (남)에게 서약시키다; (남)을 (선서하고) 입대시키다. ——⾃ **1** 증명하다, 증언하다 (to). ¶ (~+前+名) He ~ed to the genuine-

ness of the signature. 그는 서명이 진짜라고 증언했다. **2** (사물이) 증명이 되다 (to). ¶This ~s to his honesty. 이 일로 그가 정직하다는 것을 알 수 있다. **3** (군사) (선서하고) 입대하다. **~·er, -tés·tor** 명
at·tést·ant [ətéstənt] 명 증명하는, 증거가 되는.
— 명 (또는 **attestator, attester, attestor**) 증인.
at·tes·ta·tion [ӕtestéiʃən] 명ⓊⒸ 증명, 공증, 입증; 언명, 증언; 증거, 증명서; 선서. **-tive** 형
at·tést·ed [ətéstid] 형 (英) 증명[입증]된; (소·우유가) 무균[무병]이 보증된((美) certified).
att. gen. *attorney general.*
‡**at·tic** [ӕtik] 명 고미다락(garret); 고미다락방.
At·tic [ӕtik] 형 **1** (고대) 아티카(Attica)의, 아테네(Athens)의. **2** (a-) 고전적인, 우아한, 세련된. — 명 **1** 아티카 사람, 아테네 사람. **2** Ⓤ 아티카 방언.
At·ti·ca [ӕtikə] 명 **1** 아티카(그리스 동남부, Athens 주변의 한 지방). **2** 뉴욕 주의 중죄인 교도소.
Áttic fáith 명 굳은 신의(信義).
at·ti·cism [ӕtəsìzm] 명Ⓤ (종종 A-) **1** (고전 그리스 문학의 전통적으로서의) 아티카 어법. **2** 친(親)아테네주의. **3** (아티카어풍의) 전아(典雅)한 말씨; 간결하고 우아한 표현. **-cist** 명
at·ti·cize [ӕtəsàiz] 자타 (종종 A-) 타 아티카[아테네] 식으로 되다; 친(親)아테네파가 되다. — 타 …을 아테네 식으로 하다. ┃아티카 양식.
Áttic órder 명 (the ~) (건축) (네모진 기둥을 쓰는)
áttic sále = garage sale.
áttic sált[**wít**] 명 (종종 an ~) 우아한 아테네식 재치, 점잖은 익살.
at·tire [ətáiər] 명타 (~s [-z]; ~d; -tir·ing) (보통 수동형·재귀용법으로) 차려 입히다[치장시키다], 성장(盛裝)시키다(in). ¶neatly ~d 단정한 복장으로// 〈~+目+as 補〉 She was ~d as a man. 그녀는 남장을 하고 *attire oneself in* …을 입다. ┃있었다.
be attired in …을 입고 있다. ¶She *is ~d in* pink. 그녀는 분홍색 옷을 입고 있다.
— 명Ⓤ **1** 복장, 차림새; 성장. ¶wear female ~ 여장하다/*in holiday* ~ 외출복을 입고. **2** (문장) 사슴뿔.
at·tire·ment [ətáiərmənt] 명Ⓤ (페어) 의복, 복장.
‡**at·ti·tude** [ӕtitjùːd/-tjúːd] 명 (똉 ~s [-z]) **1** 태도; 마음가짐 (to, toward). ➾ MANNER. ¶a weak ~ 약한 태도, 저자세/a sceptical ~ *toward* life 회의적인 인생관/assume [or take] a hostile ~ *to* …에게 적대적인 태도를 취하다. **2** 자세, 몸가짐. **3** (one's ~) 견해, 판단 (to, toward). ¶What is your ~ *to* the ruling? 그 판결에 대해 어떻게 생각합니까? **4** (항공) (비행) 자세, 기수 방향. ¶an ~ *of* flight 비행 자세. **5** (발레) 어티튜드(한 발을 뒤쪽으로 올리고 상체를 곳곳이 세운 채 다른 한쪽 발끝만으로 서는 자세)(⇨ arabesque). **6** (미술어·굿구어) 화가 난[적의가 있는, 불유쾌한] 태도. ¶Don't get us ~. 그렇게 화내지 마라.
have [or *cop*] *an attitude* ① (美軍속어) 불평을 하다, 푸념하다. ② (美속어) 건방진[반항적인] 태도를 취하다, 끝까지 버티다 (우기다).
strike an attitude 젠체하다, 허세를 부리다.
áttitude contról 명 (로켓) 자세 제어. ¶~ *system* (우주선의) 자세 제어 장치.
áttitude stùdy 명 (마케팅) 태도 측정 조사.
at·ti·tu·di·nal [ӕtitjúːdənl] 형 (개인적인) 태도[의견]의에 관한, 에 바탕을 둔.
at·ti·tu·di·nar·i·an [ӕtitjùːdənɛ́əriən/-tjùː-] 명 (효과를 노리고) 포즈를 취하는 사람, 젠체하는 사람.
at·ti·tu·di·nize [ӕtitjúːdənàiz/-tjúː-] 자 젠체하다, 점잔빼다. **-niz·er** 명
Att·lee [ӕtli] 명 **Clement (Richard)** ~ 애틀리 (1883-1967; 영국의 정치가·수상(1945-51)).
attn., Attn. attention. ┃*atto*second.
at·to- [ӕtou, ӕtə] (연결) 「아토(10⁻¹⁸)」의 뜻(⑦ a).

at·torn [ətə́ːrn] (법률) 자타 (땅을 빌린 사람이) 새 지주를 승인하다, 토지의 (소유권의) 양도를 승인하다; (백성이) 새 영주에게 충성을 맹세하다. — 타 …을 양도하다, 옮기다(transfer). **~·ment** 명
***at·tor·ney** [ətə́ːrni] 명 (옝 ~s) **1** (美) 법률가, 변호사(lawyer); (英) 사무 변호사(~-*at-law*; 현재는 solicitor). **2** (美) 검사(prosecutor). ¶a federal ~ 연방 검사. **3** (또는 **~-in-fáct**) (위임장에 의한) 법정 대리인.
a letter [or *warrant*] *of attorney* 위임장.
by attorney (위임장에 의한) 대리인으로.
power of attorney (위임장에 의한) 대리권, 위임장.
at·tor·ney-at-law [-ətlɔ́ː] 명 (옝 *at·tor·neys-*) (법률) = attorney 1.
attórney géneral 명 (옝 *-s g, a- -s*) (종종 A-G-) (美) 법무 장관, (주의) 법무국장; (英) (나라 또는 주의) 법무 장관(웹 A.G., Att(y). Gen.).
at·tor·ney-in-fact [-infǽkt] 명 (옝 *at·tor·neys-*) = attorney 3. ┃의 직; 대리권.
at·tor·ney·ship [ətə́ːrniʃip] 명Ⓤ 대리인[변호사]
‡**at·tract** [ətrǽkt] 타 (물리적으로) …을 끌다, 끌어당기다(⇔ repel). ¶A magnet ~*s* iron. 자석은 철을 끌어당긴다. **2** (주의·흥미 따위) 끌다, 유인하다; [남]을 매혹[매료]하다; (공장 따위) 를 유치하다 (to). **3** (또는 ＜-in-fact＞) (위임장에 의한) 법정 대리인. ¶~ *a person's attention* [or *notice*] 남의 주의를 끌다/She ~*ed* every eye. 그녀는 모든 사람의 눈길을 끌었다. **3** (英) (비용 따위) 필요로 하다, 수반하다.
— 자 끌어당기다, 끄는 힘이 있다; 매력이 있다.
be attracted by …에 마음을 빼앗기다, 매혹되다;
~·ing·ly 부 …에 관심을 가지다.

> 유의어 **attract** 사람의 마음 속에 강렬한 찬미·사랑·관심을 불러일으키다. **charm** 마법을 걸듯이 끌어당기다. **fascinate** (마법으로) 저항할 수 없도록 끌어당기다. **enchant** (마법으로) 즐겁게 하거나 넋을 잃게 하다. **captivate** 일시적으로 가볍게 끌어당기다.

at·tráct·a·ble [ətrǽktəbl] 형 끌리는, 끌어당겨지는. **~·ness** 명
at·tráct·ant [ətrǽktənt] 명 (곤충 따위를 꾀어들이는) 유인 물질; 끌어당기는 것. — 형 (곤충을) 꾀어들이는.
‡**at·trac·tion** [ətrǽkʃən] 명 (옝 ~*s* [-z]) **1** Ⓤ 끌어당기기, 유인; 끄는 힘, 흡인(력); (물리) 인력. ¶*magnetic* ~ 자력/*chemical* ~ 친화력/*the* ~ *of gravity* 중력/~ *between two objects* 두 물체간의 인력/The magnet has ~ *for* iron. 자석은 철을 끌어당긴다. **2** Ⓤ 사람의 마음을 끌어당기는 힘, 매력; Ⓒ 매력이 있는 것. ¶a tourist ~ 관광 명소/the ~ *of* a metropolis 수도의 매력. **3** Ⓒ 인기물, 인기의 초점. **4** (문법) 견인(牽引)(문(文) 중의 말이 가까이 있는 말에 영향을 받아 어격·인칭 따위가 변화하는 일). **~·al·ly** 부
‡**at·trac·tive** [ətrǽktiv] 형 (*more ~; most ~*) **1** 사람을 끌어당기는, 매력있는, 매혹적인; 사람을 즐겁게 하는. ¶an ~ girl 매력적인 소녀/an ~ price 솔깃하게 싼 값/look ~ 아름다워 보이다. **2** (물리) 인력이 있는, 흡인성이 있는; (동물 따위를) 유인하는. ¶~ *power* 인력.
~·ly 부 **~·ness, -tív·i·ty** 명
attráctive núisance 명 (법률) 유인성(誘引性) 불법 유해물(울타리 없는 수영장·물웅덩이 따위).
attráctive(-type) máglev 명 (철도) 흡인식 자기 부상(磁氣浮上)(*magnetic levitation*).
at·trac·tor [ətrǽktər] 명 끌어당기는 것; 매력적인 사람. (또는 **attracter**)
attrib. attribute; attributive(ly).
at·trib·ut·a·ble [ətríbjutəbl] 형 (원인 따위를) 돌릴 수 있는, (…의) 탓에 의한, (…에) 기인하는 (to).
‡**at·trib·ute** [ətríbjuːt] 타 (*-ut·ed; -ut·ing*) **1** (원인을) …에 돌리다, (…의) 탓으로 하다; (…의) 덕분으로 돌리다 (to). ¶〈~+目+前+名〉 He ~*d* his success *to hard work* [*good luck*]. 그는 자기가 성공한 것을

attribution 186 **audible**

노력[행운] 덕분이라고 생각했다.

[유의어] **attribute** 보통 좋은 일에 쓰여 어떤 덕택이라고 고마워하는 기분이 담겨 있으며, **ascribe**와 같이 쓰이기도 한다. **ascribe** 좋은 일에나 나쁜 일에 다 같이 쓴다. 감정적 색채가 없는 말. **impute** 나쁜 일을 ...인 탓으로 생각하여 비난하다.

2 (성질 따위)가 (…에게) 있다고 생각하다 (to). ¶(~+图+前+图) We ~ prudence to Tom. 톰에게는 분별이 있다고 생각된다. **3** (수동형으로) (작품 따위)를 (…의 저작으로) 간주하다 (to). ¶(~+图+前+图) The work is traditionally ~d to Shakespeare. 그것은 옛부터 셰익스피어 작품으로 여겨지고 있다.
be attributed to …에 기인하다; …의 덕분으로 여겨지다. — 图 [ǽtrəbjùːt] **1** 속성, 특질. ¶a particular physical ~ 신체적 특성 / Mercy is an ~ of God. 자비는 신의 속성이다. **2** (문법) 한정사구(the *white house*의 *white*처럼 명사를 수식하는 형용사 따위). **3** (관직·자격을 나타내는) 부속물, 표장; 상징(물). **4** (미술상)(물). **5** (철학·논리) 속성. **-uter, -utor** 图
at·tri·bu·tion [ӕ̀trəbjúːʃən] 图UC **1** 돌리기, 귀속. **2** 귀속되는 것; 특성; 속성. **3** (…에 속하는) 권능, 직권 (to). **4** (화폐) (연대·의장·재질 따위의 특징에 따른) 화폐 분류. **5** (컴퓨터) (E메일에서) 인용 표시. **~al** 图
at·trib·u·tive [ətríbjutiv] 图 **1** 속성적인[을 나타내는]. **2** 한정적인, 직접 수식하는 (predicative). 图 an ~ adjective 한정형용사(a *black* cat의 *black*처럼 명사를 직접 수식하는 형용사). — 图 한정 수식어(구, 절). **~·ly** 图 **~·ness** 图
at·trit [ətrít] [美軍사] 图图 (적)을 물량 작전으로 소모시키다. — 图 인원[병력] 소모. [<attrition]
at·trite [ətráit] 图 닳아버린, 마멸된. (또는 **attrited**) — 图 …을 마모[마멸]시키다. **~·ness** 图
at·tri·tion [ətríʃən] 图U **1** 마찰(friction). **2** 마멸, 마손, 손모(損耗). **3** (부단한 압박이나 공격에 의한) 소모, 저항력의 약화. ¶a war of ~ 지구전, 소모전. **4** (수·크기의) 감소, 축소; (인원 따위의) 감소, 약체화; (인원 감소에 따른) 노동력 저하. **5** (신학) 불완전한 참회[뉘우침] (contrition). — 图图 자연 감소를 통해 (퇴직자를 보충하지 않고) (인원[일])을 줄이다(out).
~·al, **at·tri·tive** [ətrítiv] 图
attrítion ràte (인력 따위의) 자연 감소율.
attrít per sécond 图 (군사) 초당 손실 병력.
at·tune [ətjúːn/ətjúːn] 图图 **1** (목소리·가락)을 (…에) 맞추다 (to). ¶(악기)를 조율[조음]하다 (to). ¶ ~ one's voice[a violin] to a piano 목소리[바이올린]를 피아노에 맞추다. **2** (수동형·재귀용법으로) …을 조절하다; (…에) 조화시키다 (to). ¶ ~ oneself to the country life 전원 생활에 적응하다. **~·ment** 图 조절, 조율.
atty. attorney. **Atty. Gen.** *Attorney General*.
ATV *all-terrain vehicle*(전지형(全地形) 만능차; 또는 **A.T.V.**) (英) *Associated Television*. **at. vol.** *atomic volume*.
a·twit·ter [ətwítər] 图 흥분한, 들뜬, 두근두근하는.
A₂ [éituː] 图U (인플루엔자의) A₂형 (바이러스).
at. wt. *atomic weight*.
a·typ·i·cal [eitípikəl] 图 정형(定型)에 맞지 않는, 틀에 박히지 않은; 이상한; 불규칙한, 변칙적인 (of). (또는 **atypic**) **~·i·ty** [èitipikǽləti] 图 **~·ly** 图
au [ou/F o] 图 …에, …까지, …에 따라 (* 남성 명사와 함께 쓰인다). [<F to the, at the, with the]
Au ⑦ *gold*. [<L *aurum*] **AU** *African Union*(아프리카 연합). **AU, a.u.** *astronomical unit*. **A.U., a.u., Au.** *angstrom unit*.
au·bade [oubɑ́ːd, -báːd] 图 (⑦) 오바드, 새벽의 노래, 아침의 노래; ⓑ serenade, nocturne. [<F]
au·berge [oubɛ́ərʒ] 图 (⑦) ~**s** [-iz] 여인숙, 여관, 주막. [<F *inn*]

au·ber·gine [óubərʒiːn, -dʒiːn, òubɛəʒ-] 图 (英) 가지(의 열매); (美) eggplant; U 가지색, 거무스름한 자줏빛(blackish purple). [<F]
au·ber·giste [F obɛrʒíst] 图 여인숙 주인. [<F]
au·brie·ta [ɔːbríːtə] 图 심자화과 식물의 일종(지중해 연안산(產); 자주색). (또는 **aubrietia, aubretia**)
***au·burn** [ɔ́ːbərn] 图U 적갈색, 황갈(다갈)색. — 图 적갈색의, 황갈[다갈]색의. ¶~ hair 황갈색 머리.
A.U.C. (라틴) *ab urbe condita*(=from the founding of the city (of Rome)); (라틴) *anno urbis conditae*(=in the year from the founding of the city (of Rome)) (로마 기원(紀元)(로마 건설의 해(753? B.C.)로부터 기산하여)).
Auck·land [ɔ́ːklənd] 图 오클랜드(New Zealand의 North Island 북부의 항구 도시).
Áuckland Íslands 图 (the ~) 오클랜드 제도 (New Zealand 남부의 6개 무인도로 된 작은 군도).
au con·traire [òu kɑntrɛ́ːr/-kɔn-] 图 이에 반하여, 그렇기는커녕; 반대쪽에. [<F *on the contrary*]
au cou·rant [òu kuːrɑ́ːŋ] 图 현대적인; 최신의; (최신의 사정에) 정통한 (with, of). [<F *in the current*]
***auc·tion** [ɔ́ːkʃən] 图UC **1** 경매, 공매; 경매회. ¶an ~ store (일용품 따위의) 경매점/a public ~ 공매/Dutch ~ 역(逆)경매(값을 차차 내려주다는 경매법)/a sale at[or (英) by] ~ 경매. **2** (카드놀이) =~ bridge.
all over the auction (호주) 도처에.
put...up at [or (英) **to**] ***auction*** …을 경매에 부치다.
sell...at [or (英) **by**] ***auction*** …을 경매로 팔다.
— 图图 …을 경매하다; 경매에 부치다(off).
be auctioned off 경매되다.
~·a·ble, ~·ar·y 图
áuction blóck 图 경매대.
be sold from the auction block 경매되다.
put on the (auction) block 경매에 내놓다, 최고 입찰자에게 경매하다.
áuction brídge 图 (카드놀이) 옥션 브리지(네 사람이 두 패로 나뉘어 하는 브리지놀이의 일종).
auc·tion·eer [ɔ̀ːkʃəníər] 图 경매인. — 图图 …을 경매하다(auction).
come under the auctioneer's hammer 경매에 부쳐지다.
~·ing 图
áuction hóuse 图 (미술·골동품 따위의) 경매 회사.
áuction resérve 图 (英) 최저 경매 가격.
áuction sále 图 경매(회).
auc·to·ri·al [ɔːktɔ́ːriəl] 图 작가의, 저자의.
aud [ɔːd] 图 (속어) 청중; 관중; 시청자, 청취자; 독자 (* *audience*의 단축어).
aud. *audit*; *auditor*.
au·da·cious [ɔːdéiʃəs] 图 **1** 대담한, 겁이 없는. ¶an ~ attempt[soldier] 대담한 시도[병사]. **2** 도덕·습관을 무시한, 무례한; 거만한, 안하무인의, 뻔뻔스러운. ¶an ~ robbery 뻔뻔스러운 강도짓. **3** 매우 기발한, 독창창의성이 풍부한. ¶an ~ vision of the future 독창적인 미래상. **~·ly** 图 **~·ness** 图
***au·dac·i·ty** [ɔːdǽsəti] 图 **1** U 대담(성), 담대함; 무모함. **2** U 뻔뻔스러움. **3** (보통 -ties) 대담한 행위, 뻔뻔스러운 언동.
have the audacity to *do* 뻔뻔스럽게도 …하다.
Au·den [ɔ́ːdn] 图 **W(ystan) H(ugh)** ~ 오든 (1907-73: 영국 태생의 미국 시인).
au·di·al [ɔ́ːdiəl] 图 청각의, 귀의[에 관한].
au·di·bil·i·ty [ɔ̀ːdəbíləti] 图U 청취할 수 있음; 가청도(可聽度); (생리) 청력, 청각 감도.
***au·di·ble** [ɔ́ːdəbl] 图 들리는, 들을 수 있는 (⊕ inaudible). ¶In a low, but clearly ~ voice 낮으나 똑똑히 들리는 소리로. **2** (미식축구) 오디블(스크림미지 라인상에서 이미 정해져 있던 플레이를 바꾸는 일).
~·ness 图 **-bly** 图 들릴 수 있도록.

áudible fréquency 명 (전기) 가청 주파수.
áudible límit 명 가청 한계.
áudible sóund 명 가청음.
‡**au·di·ence** [ɔ́ːdiəns] 명 (집 -**enc·es** [-iz]) 1 (집합적) a) 청중; 관중, 관객. ¶a large [small] ~ 많은[적은] 청중/an ~ at a movie [theater] 영화관[극장]의 관객. b) (책·신문의) 독자, (라디오·TV의) 청취자, 시청자. 2 (특정 인물·집단·주의 등의) 지지자, 공명하는 사람; (의견·호소 따위의) 이해력이 있는 사람, (이야기 따위의) 듣게 될 기회. ¶The committee will give you an ~ to hear your plan. 위원회는 너의 계획을 청문할 기회를 줄 것이다. 4 (군주 등에 대한) 알현(謁見), 접견, 공식 회견. ¶a farewell ~ 고별의 접견. 5 U 듣기, 청취; 경청, 청문.
be received in audience 알현을 허락받다.
grant an audience to …에게 알현을 허락하다.
have an audience with = *have audience of*.
have audience of …을 알현하다, 배알하다.
in general [or *open*] *audience* 공중연하게, 공개석상에서.
in the audience of a person; in a person's audience 남이 듣고 있는 데서.
áudience chàmber [ròom] 명 알현[접견]실.
áudience flów 명 (속어) (방송 프로그램마다의) 시청자수[시청률]의 변화. █ 청자 참여.
áudience participàtion 명 (방송 프로에의) 시청자 참여.
áudience pícture 명 저질이지만 인기 좋은 영화.
au·di·ence-proof [-prùːf] 형 (연극이) 반드시 성공하는, 히트임이 확실한. █ (디오의) 청취율.
áudience ràting [shàre] 명 (TV의) 시청률; (라디오의) 청취율.
au·di·ent [ɔ́ːdiənt] 형 듣는, 청취의, 경청하는; ── 명 souls 경청하는 사람들. ── 명 듣는 사람.
au·dile [ɔ́ːdil, -dail] 명 (심리) 청각형의 사람(시각보다 청각상(像)이 선명한 사람). 형 motile, visualizer
aud·ing [ɔ́ːdiŋ] 명 청해(聽解)(말을 듣고 그것을 이해하는 작용).
*__au·di·o__ [ɔ́ːdiòu] 형 1 (전자) 가청(可聽) 주파의, 저주파의. ¶an ~ amplifier 저주파 증폭기. 2 (TV) 음성의; 하이파이의; (수신기의) 음성 회로[기기(機器)]의. 3 음향 기기(전문)의. ¶an ~ store 오디오 가게. ── 명 (쪽 ~s) 1 (TV) (영상과 구별하여) 음성; (방송 전파의) 음성 부문; (수상기 등의) 음성 회로. 2 (음의) 수신(受信), 재생(再生). 3 음향 기기, 오디오. 4 (전자) 가청 주파음. 형 video
au·di·o- [ɔ́ːdiou, -diə] 연결 hearing, sound의 뜻. ¶*audio*meter, *audio*visual.
au·dio·an·i·ma·tron·ics [ɔ̀ːdiouæ̀nəmətrɑ́niks/-trɔ̀n-] 명 (단수취급) 오디오애니머트로닉스 (컴퓨터 시스템을 이용한 애니메이션 제작 기술). [< *audio* + *animated* + *electronics*]
áudio bòard 명 (컴퓨터) 사운드 카드.
áudio cassétte 명 녹음 카세트 테이프.
áudio cònference 명 전화 회의.
au·di·o·disk [ɔ́ːdioudìsk] 명 오디오 디스크(음반·CD 따위). (또는 **áudio dìsk, audiodìsc**)
au·di·o·don·tics [ɔ̀ːdioudɑ́ntiks/-dɔ́n-] 명 (단수취급) (의학) 치치(聽齒) 과학(청각과 치아의 관계를 연구).
áudio fréquency 명 (물리·전자) 가청 주파, 저주파(1초간 15-20,000 헤르츠(Hertz) 정도의 주파수; 略 AF, A.F., a.f., a-f).
au·di·o·gen·ic [ɔ̀ːdiədʒénik] 형 음에 기인하는, 음에 의한.
au·di·o·gram [ɔ́ːdiəɡræ̀m] 명 오디오그램, 청력도
au·di·o·lin·gual [-líŋɡwəl] 형 (언어 학습에서) 귀와 입을 쓰는, (聽口)의.
au·di·ol·o·gy [ɔ̀ːdiɑ́lədʒi/-ɔ́l-] 명 청각학, 청력학. -**o·lóg·ic**, -**o·lóg·i·cal** 형 -**o·lóg·i·cal·ly** 부 -**gist** 명

au·di·om·e·ter [ɔ̀ːdiɑ́mətər/-ɔ́m-] 명 (의학) 청력계(聽力計).
au·di·om·e·try [ɔ̀ːdiɑ́mətri/-ɔ́m-] 명 U (의학) 청력 측정. -**o·mét·ric** 형 -**o·mét·ri·cal·ly** 부 -**trist** 명
au·di·on [ɔ́ːdiɑn, -ən/-ɔ̀n] 명 (전자) 오디언(삼극 진공관의 초기의 형). [< 상표명]
au·di·o·phile [ɔ́ːdiəfàil] 명 오디오 애호가.
au·di·o·phil·i·a [ɔ̀ːdiəfíliə] 명 오디오 애호[열].
áudio pollútion 명 소음 공해.
áudio respónse sýstem 명 음성 응답 시스템 (略 ARS). (형 ARU).
áudio respónse ùnit 명 (컴퓨터) 음성 응답 장치.
au·di·o·spec·tro·graph [ɔ̀ːdiouspéktrougræ̀f/-ɡrɑ̀ːf] 명 (소리를 분석·기록하는) 분음(分音) 기록 장치.
au·di·o·tac·tile [ɔ̀ːdioutǽktil, -tail] 형 귀와 손가락을 사용하는, 청각과 촉각의[에 의한].
áudio tàpe [ɔ̀ːdioutèip] 명 녹음 테이프; 테이프 녹음. (또는 **áudio tàpe**) ── 타동 …을 (테이프에) 녹음하다. 「(回線)에 의한 통신 회의.
áudio teleconference 명 음성 회의(는 회선
au·di·o·typ·ist [ɔ́ːdioutàipist] 명 (테이프에) 녹음된 소리를 들으면서 직접 타자하는 사람.
au·di·o·vis·u·al [ɔ̀ːdiouvíʒuəl] 형 시청각의(略 A/V). ¶~ facilities 시청각 설비. ── 명 (보통 ~s) = ~ aids. (또는 **àudio-vísual**) ~·**ly** 부
audiovísual áids 명 시청각 교재.
audiovísual educátion 명 시청각 교육.
au·di·o·phone [ɔ́ːdəfòun] 명 (의학) 청력 증강기(增強器) (윗니에 대는 보청기).
au·dit [ɔ́ːdit] 명 1 UC 회계 감사[검사], 심사; 결산. ¶a commissioner of ~ 회계 감사관/external [internal] ~ 외부[내부] 감사. 2 결산서, 회계 보고서. 3 (특정 목적의) 감사, 검사. ── 타동 1 …을 검사하다; [회계 장부 따위를] 감사하다. 2 (美) (수업·강의 따위)를 청강하다. ── 자동 회계 감사를 하다; (美) 청강하다.
áudit åle 명 (英) 독한 맥주. [~·a·ble 형]
au·dit·ing [ɔ́ːditiŋ] 명 U 1 회계 감사; (컴퓨터) 감사. ¶~ through the computer 컴퓨터 처리 과정 감사법. 2 (강의 따위의) 청강.
áuditing aròund the compúter 명 (회계) 컴퓨터 주변 감사(입출력 데이터를 대조하는 회계 감사).
au·di·tion [ɔːdíʃən] 명 1 U 듣기(hearing); 청각, 청력; (美) (대학의) 청강. 2 (가수·배우 채용을 위한) 오디션, 심사; (音) (시험의 따위의) 시청(試聽).
give an audition to …에 대해 오디션을 하다.
── 타동 …을 시청하다; …에게 오디션을 하다. ── 자동 (…의) 오디션을 받다(*for*).
au·di·tive [ɔ́ːditiv] 형 청각의, 귀의(auditory).
*__au·di·tor__ [ɔ́ːdətər] 명 1 회계 감사관, 감사. 2 청취자, 방청인. 3 (대학의) 청강생. 4 (법률) 사정관(청구권 유무를 가리는 사정관). ~·**ship** 명 [감사관]의. ~·**ly** 부
au·di·to·ri·al [ɔ̀ːdətɔ́ːriəl] 형 1 청취자의. 2 회계
au·di·to·ri·um [ɔ̀ːdətɔ́ːriəm] 명 (쪽 ~s [-z], -**ri·a** [-riə]) 1 (극장·학교 등의) 청중석, 관람석; 방청석. 2 강당, 대강의실. 3 공회당, 음악당.
au·di·to·ry [ɔ́ːdətɔ̀ːri/-təri] 형 (해부·생리) 청각(기관)의, 귀의. ¶an ~ organ 청각 기관. ── 명 (고어) 청중(audience); (교회의) 청중석. -**tó·ri·ly** 부
áuditory canàl [meàtus] 명 (해부) 이도(耳道).
áuditory nérve 명 (해부) 청각 신경.   「학.
áuditory phonétics 명 (단수취급) 청각 음성
áuditory túbe 명 (해부) 이관(耳管), 유스타키오관 (Eustachian tube).
au·di·tress [ɔ́ːdətris] 명 auditor의 여성형.
áudit tràil 명 (컴퓨터) 감사 추적(데이터 처리 시스템의 각 단계를 원(原)기록에서 출력까지, 또는 거꾸로 거슬러 추적할 수 있는 기록[수단]).

Au·drey [ɔ́:dri] 오드리(여자 이름).

Au·du·bon Society [ɔ́:dəbən, -bən-] 오듀본 협회(미국의 야생 동물 보호회). [<미국의 야생 동물 애호가 John J. Audubon(1785-1851)의 이름]

au fait [ou féi] 圈 (…에) 숙달하여(*in, at*); 정통하여(*with, on, of*). [<F]
be au fait at [or *in*] …에 정통하다.
put a person au fait of …을 남에게 가르치다.

Auf·klä·rung [áufklɛ̀ərun] 圈 계몽, 계발(啓發); [역사] (18세기 유럽의) 계몽 주의(운동). [<G]

au fond [ou fɔ́:n] 圈 근본적으로, 본질적으로; 철저하게; 실제는(in reality). [<F at the bottom]

auf Wie·der·seh·en [auf víːdərzèiən] 圈 안녕!, 또 만나세!. [<F until we meet again]

aug. augmentative; augmented. ***Aug.** August.

Au·ge·an [ɔːdʒíːən] 圈 1 [그리스 신화] 아우게이아스(Augeas)의. 2 (Augeas왕의 외양간처럼) 불결하기 짝이 없는, 아주 불쾌한; (도덕적으로) 썩은, 부패한.

Augéan stábles 圈(复) (the ~) 1 [그리스 신화] 아우게이아스왕의 외양간(Augeas는 3천 마리의 소를 치면서 그 외양간을 30년 동안 한 번도 청소하지 않았다). 2 (비유적) 부패, 타락.
cleanse [or *clear*] *the Augean stables* 쌓인 악폐[부패]를 일소하다. 대청소하다.

Au·ge·as [ɔ́:dʒiəs, ɔːdʒíː-] 圈 [그리스 신화] 아우게이아스(Elis의 왕). 「산양. 圏 addend

au·gend [ɔ́ːdʒend] 圈 [수학] 피가수(被加數), 피가 컨베이어. 圏 (비행기가) 지면에 처박히다(*in*).

au·ger [ɔ́:gər] 圈 (목공용) 나사 송곳; 굴착추; 스크루

au·gér efféct [ouʒéi-] 圈 [물리] 오제 효과, 2차 광전(光電) 효과. [<프랑스 물리학자 Pierre V. Auger의 이름] 「로 방출되는 전자).

Augér eléctron 圈 [물리] 오제 전자(Auger effect
áuger shèll 圈 죽순고동.

augh [ɔː] 圈 아, 아이쿠(경악·공포를 나타내는 소리).

***aught**[1] [ɔːt] 圈⓪ (문어·고어) 어떤 것[일]; 무엇은, 무엇이나(anything). ¶*Has he done ~ to help you?* 그는 뭔가 너를 돕는 일을 했느냐?
for aught I care 아무래도 괜찮다.
for aught I know 내가 아는 한, 아마.
if aught there be 설령 있다손 치더라도.
— 圈 (고어) 조금이라도, 도처히, 어쨌든. (또는 **ought**)

aught[2] 圈 영(零); 무(無). (또는 **ought**)

au·gite [ɔ́ːdʒait] 圈⓪ (광석) 휘석(輝石); 사(斜)휘석. **au·git·ic** [ɔːdʒítik] 圈

***aug·ment** [ɔːgmént] 圈ⓣ 1 [인구·소득·권력 따위]를 늘리다, 증가[증대]시키다. ⇒INCREASE [유의어]
¶ ~ *one's income* 수입을 늘리다. 2 [문법] …에 접두 모음자를 붙이다. 3 [음악] …을 반음(半音) 넓히다[높이다]; [주제]를 확대하다. — ⓘ 늘다, 커지다, 증대하다. ¶*Vicious crimes ~ in an alarming way.* 악질 범죄가 놀랄만큼 증가한다.
— 圈 [ɔ́ːgmənt] 1 증가, 증대. 2 [문법] 접두(頭) 모음자(그리스어·산스크리트어 등에서 동사가 과거일 때 어두(語頭)에 붙이는 장음의 모음자). **~·a·ble** 圈

aug·men·ta·tion [ɔ̀ːgməntéiʃən] 圈ⓤ 증대, 증가, 확대. 2 증가율. 3 ⓒ 증가물, 첨가물(addition). 4 [음악] 주제(主題) 확대. 🜚 diminution

aug·men·ta·tive [ɔːgméntətiv] 圈 1 증가하는, 부가적인, 첨가의. 2 [문법] 확대적인(말뜻을 세게 하거나 확장하는). — [문법] 확대사(辭)(balloon(= large ball)의 *-oon* 등). 🜚 diminutive **~·ly** 圈

aug·ment·ed [ɔːgméntid] 圈 증가된; [음악] 증음된. ¶ ~ *fifth* 증(增)5도 /*an ~ interval* 증음정.

aug·ment·er [ɔːgméntər] 圈 1 증대시키는 사람[것]. 2 (항공·우주) (로켓 엔진의) 추진력 증강 장치. 3 (산업용(생력(省力)) 로봇. (또는 **augmentor**)

au grand sé·rieux [F o grɑ̃ serjö] 圈 아주 진지하게. ¶*take it ~* 매우 진지하게 받아들이다. [<F in all seriousness] [<F with the scraping]

au grat·in [ou grɑ́ːtn, -grǽtn] 圈 그라탱 요리의.

Augs·burg Conféssion [ɔ́ːgzbə(ː)rg-] 圈 (the ~) 아우크스부르크 신앙 고백(1530년에 루터(Luther)와 멜란히톤(Melanchthon)이 공동으로 기초하여 독일 Augsburg 의회에 제출한 신교의 신조).

au·gur [ɔ́ːgər] 圈 1 [역사] 복점관(卜占官)(새의 거동·짐승의 창자 따위로 길흉을 판단한 승관(僧官)). 2 (일반적으로) 점쟁이, 역술인; 예언자. — 圈ⓣ 1 …을 점치다, 예언하다. ¶*He ~ed my failure.* 그는 나의 실패를 예언했다. 2 …의 전조(前兆)를 나타내다, …을 미리 나타내다. — ⓘ 전조가 되다.
augur well [*ill*] *for* …의 좋은[나쁜] 전조이다.
~·ship 圈

au·gu·ral [ɔ́ːgjurəl] 圈 복점관의; 점의; 전조의.

au·gu·ry [ɔ́ːgjuri] 圈 1 ⓤ 복점(卜占), 점, 길흉 판단; 점치는 의식. 2 전조, 조짐, 징조. ¶*an ~ of good* 길조.

***au·gust** [ɔːgʌ́st] 圈 1 당당한, 위엄있는. ¶*an ~ spectacle* 장엄한 광경. 2 외경심을 갖게 하는, 존경할 만한. ¶*your ~ father* 춘부장(椿府丈). **~·ly** 圈 **~·ness** 圈

‡**Au·gust** [ɔ́ːgəst] 圈 8월(略 Aug.). [<로마의 초대 황제 Augustus] 「주도(州都).

Au·gus·ta [ɔːgʌ́stə] 圈 오거스타(미국 Maine 주의

Au·gus·tan [ɔːgʌ́stən, əg-] 圈 1 (로마 황제) 아우구스투스(Augustus)의; Augustus 황제 시대의. 2 (한 나라의) 문예 전성기의; [영문학에 있어서 18세기 전반의] 신고전주의 융성기의. — 圈 (라틴·영문학에 있어서의) 문예 황금시대의 작가; 신고전주의 문학의 연구자[전문가]. **~·ism** 圈

Augústan Áge 圈 (the ~) 1 (로마의) 아우구스투스(Augustus) 황제 시대(라틴 문학의 전성기; 27 B.C.-A.D. 14). 2 문예 전성기(영문학에서는 Anne 여왕 시대인 18세기 전반; 프랑스 문학에서는 루이(Louis) 14세 때). [Confession.

Augústan Conféssion 圈 (the ~) =Augsburg

Au·gus·tine [ɔ́ːgəstiːn, əgʌ́stin/ɔːgʌ́stin] 圈 1 Saint ~ 성(聖) 아우구스티누스(354-430: 북아프리카 Hippo의 주교로서, 초기 그리스도 교회의 교부). 2 Saint (Austin) ~ 성 아우구스티누스(?-604: 로마의 수도사; 영국의 그리스도 교회에 공헌한 Canterbury 초대 대주교). 3 성 아우구스티노 수도회의 수도사.

Au·gus·tin·i·an [ɔ̀ːgəstíniən] 圈 성(聖) 아우구스티누스의; 아우구스티누스의(자)의; 성 아우구스티노 수도회의. — 圈 (가톨릭) 아우구스티누스 수도회의 수도사; 성 아우구스티누스 교리 신봉자.
~·ism, Au·gús·tin·ism 圈

Au·gus·tus [ɔːgʌ́stəs, əg-] 圈 1 오거스터스(남자 이름). 2 아우구스투스(63 B.C.-A.D. 14: 로마 제국의 초대 황제 Gaius Octavianus의 칭호; Julius Caesar의 후계자). 3 옥타비아누스 황제 이후의 공화제 로마의 지배자에게 주어진 칭호. [<F with the juice]

au jus [ou ʒúːs, -dʒúːs] 圈 (요리에) 고깃국물을 친.

auk [ɔːk] 圈 (조류) 바다쇠오리(북해산의).

auk·let [ɔ́ːklit] 圈 (조류) 작은 바다쇠오리. [<F]

au lait [ou léi] 圈 우유를 탄. ¶*café ~* 밀크 커피.

au·lar·i·an [ɔːlɛ́əriən] 圈 (Cambridge, Oxford 대학에서 college의 조직을 갖지 않은 소규모의) 학료(學寮)의 학생(의). * collegian과 대조할 경우에 쓰인다.

auld [ɔːld] 圈 (Sc) =old.

auld lang syne [ɔ́ːld lǽŋ záin, -sáin] 圈ⓤ 1 즐거웠던 옛날, 지금은 그리운 그 옛날. 2 옛부터의 오랜 우정, 옛 친구의 정. 3 (A- L- S-) 오드 랭 사인(스코틀랜드의 시인 Robert Burns의 시 제목; 여기에 곡을 붙인 노래). [<Scot old long since]

au·lic [ɔ́ːlik] 圈 (드물게) 궁정의.

Áulic Cóuncil 圈 [역사] (신성 로마 제국의) 황제 친재(親裁) 최고 재판소; 자문관 회의.

Aum [oum] 뗑 〔힌두교〕 =Om.
AUM 〔군사〕 air-to-underwater missile(공대수중(空對水中) 미사일).
au na·tu·rel [òu nætʃurél] 뗑 **1** 자연 그대로의; 벌거숭이의. **2** 간단히 요리한; 날것 그대로의. 〔<F〕
Aung San [áuŋ sá:n] 뗑 아웅 산(1914?-47: 버마(미얀마) 독립 운동 지도자).
Aung San Suu Kyi [áuŋ sá:n sú: tʃìː] 뗑 아웅 산 수 치(1945- : 미얀마의 민주화 운동 여성 지도자; 노벨 평화상(1991)).
‡**aunt** [ænt/ɑːnt] 뗑 **1** 아주머니(백모, 숙모, 고모, 이모). **2** (종종 A-) 아줌마(연상의 부인에 대한 애칭). **3** (속어) 여자 포주; 나이 많은 매춘부. **4** 나이 많은 남자 동성애자. **5** (속어·완곡적) 화장실. ¶ go to see (one's) ~ [or visit] 화장실에 가다.
My (*sainted, holy, sacred,* (英) *giddy*) *aunt*! 어머, 아이구, 저런(놀라움을 나타내는 말).
~**-hood** 뗑 ~**-like** 뗑 ~**-ly** 뗑 [호모.
aunt-eat-er [æntitər] 뗑 (美속어) 남성 동성애자.
Áunt Édna 뗑 (英) 에드나 아줌마(서민의 대표로서의 시청자나 관객에 대하여 쓰는 말). ¶ ~ play 오락극.
Áunt Fló 뗑 (美속어) 월경.
Áunt Hágar's chíldren 뗑 (美) 흑인들.
Áunt Házel 뗑 (美속어) 헤로인.
aunt·ie[1] [ǽnti/ɑːnti] 뗑 **1** 아줌마(aunt의 애칭). **2** (美구어) (흑인) 유모. **3** (英구어) 보수 경향의 기관; (때로 A-) =A- Beef. **4** (英속어) BBC 방송의 별칭. **5** (美속어) 나이 든 호모; 아편. (또는 **aunty**)
aunt·ie[2] 뗑 (속어) 미사일 요격용 미사일.
Áuntie Béef 뗑 영국 방송 협회(BBC)의 별명.
áuntie màn 뗑 〔카리브 구어〕 여자 같은 남자, 호모.
Áunt Jáne 뗑 (美속어) 열성적인 기독교 흑인 여성.
Áunt Jemíma 뗑 (美속어·경멸적) 백인에게 아첨하는 흑인 여성, 여자 엉클 톰(female Uncle Tom).
Áunt Máry 뗑 마리화나.
Áunt Nélly 뗑 (英속어) 배(belly).
Áunt Nóral 뗑 (美속어) 헤로인.
Áunt Sálly 뗑 (英구어) **1** ⓤ 유희의 일종(축제일에 중년 부인의 목상(木像)의 입에 파이프를 물리고 나무 조각 따위를 던져 떨어뜨리는 놀이); ⓒ 그 상(像). **2** (사람·시설·생각 등) 비난[조롱]의 대상.
Áunt Tóm 뗑 (美속어·경멸적) 백인에게 비굴한 흑인 여성; 여성 해방 운동에 냉담한 여자.
au pair [ou péər] 뗑 오페어(언어·습관 따위를 습득하기 위해 가사를 도와주고 숙식을 제공 받는 젊은 외국 유학생이나 여성). — 뗑 오페어의; 교환 조건의. ¶ an ~ girl 오페어걸. — 图 오페어로서. 〔<F〕
au·ra [ɔ́ːrə] 뗑 (複 ~**s**) **1** (물체에서 발산한다는 보이지 않는) 기(氣), 은은한 향기(냄새). ¶ the ~ of flowers 은은한 꽃 향기. **2** (사람·사물의) 분위기, 기품. ¶ an ~ of holiness 성스러운 영기(靈氣) / an ~ of culture 문화의 향기. **3** (複 *-rae* [-riː]) 〔병리〕 전조(前兆), 전구(前驅) 증상. **4** 〔전기〕 첨단 방전(尖端放電)에 의한 기류, 전기풍(電氣風). **5** (심리) 오러, 영기(靈氣).
au·ral[1] [ɔ́ːrəl] 뗑 발산하는, 영기(靈氣)의.
au·ral[2] 뗑 귀의[에 관한], 청각의. ¶ an ~ aid 보청기 / an ~ surgeon 이과의(耳科醫). ~**·ly** 图
au·ral-o·ral [-ɔ́ːrəl] 뗑 =audio-lingual.
áural-óral appròach 뗑 청각·구두 외국어 교수법.
au·ra·mine [ɔ́ːrəmìːn, -mìn] 뗑ⓤ 〔화학〕 아우라민(황색 염료).
au·rar [ɔ́irɑːr/ɔ́ːr-] 뗑 eyrir의 복수형.
au·re·ate [ɔ́ːriət, -èit] 뗑 **1** 금빛의; 금박을 입힌. **2** 번쩍이는, 찬연한; (문체 따위가) 미사여구의, 화려한(brilliant). ~**·ly** 图 ~**·ness** 뗑
Au·re·li·us [ɔːríːliəs, -ljəs] 뗑 **Marcus** ~ 아우렐리우스(121-180: 로마 황제·철학자).
áurene gláss [ɔ́ːriːn-] 뗑 오런 글라스(무지개빛 미국산 공예 유리). 〔<상표명〕
au·re·ole [ɔ́ːriòul] 뗑 **1** (성상(聖像)의) 후광(後光), 배광(背光); (성자·순교자 등에게 신이 준다는) 천상의 보관(寶冠) ≒ nimbus). **2** 광륜(光輪); 색륜(色輪); (해·달의) 무리(halo). **3** 〔천문〕 코로나, 광관(光冠), 광환(光環). (또는 **au·re·o·la** [ɔːríːələ]) ~**-oled** 뗑
Au·re·o·my·cin [ɔ̀ːrioumáisin] 뗑 (商標) 오레오마이신(chlortetracycline의 상표명)(항생 물질).
au re·voir [òu rəvwɑ́ːr/òːr-] 뗑 안녕, 다시 보세. 〔<F〕
au·ri- [ɔ́ːri, -rə] 〔連結〕 **1** gold의 뜻. ¶ *auriferous*. **2** ear의 뜻. ¶ *auriform*.
au·ric [ɔ́ːrik] 뗑 **1** 〔화학〕 제2[3가(價)] 금의. ¶ ~ acid 금산(金酸), 수산화 제2금. **2** 금의, 금을 함유한.
au·ri·cle [ɔ́ːrikl] 뗑 **1** 〔해부〕 외이(外耳), 귓바퀴; 심이(心耳). **2** 〔동·식물〕 귀 모양의 부분. ~**·cled** 뗑
au·ric·u·la [ɔːríkjulə] 뗑 (複 *-lae* [-liː], ~**s**) 앵초(櫻草)(알프스에서 나는 고산 식물); =auricle 2.
au·ric·u·lar [ɔːríkjulər] 뗑 **1** 귀의, 청각의(aural). **2** 귓속말의; 비밀(이야기)의. ¶ an ~ confession 은밀한 고백, 고해(告解). **3** 귀로 들은, 들어서 아는. **4** 귀 모양의. **5** (해부) 심이(心耳)의. **6** (조류) 이우(耳羽)의. — (~**s**) (조류) 이우(귀를 덮는 깃털). ~**·ly** 图
au·ric·u·late [ɔːríkjulət, -lèit] 뗑 귀(모양의 부분)이 있는; 귀 모양의. (또는 **auriculated**) ~**·ly** 图
au·rif·er·ous [ɔːrífərəs] 뗑 금이 나는; 금을 함유한.
au·ri·form [ɔ́ːrəfɔ̀ːrm] 뗑 귀 모양의(ear-shaped).
au·ri·fy [ɔ́ːrəfài] 图 금빛으로 하다[물들이다]; 금으로 바꾸다. ¶ ~ the sea 바다를 금빛으로 물들이다.
Au·ri·ga [ɔːráigə] 뗑 〔천문〕 마부자리(the Charioteer)(주성(主星)은 1등성 Capella; 略 Aur.).
Au·ri·gna·cian [ɔ̀ːrinjéiʃən/-rignéiʃ-] 뗑 (피레네 산맥에 있는 오리냐크(Aurignac) 동굴의 유적으로 대표되는) 오리냐크 문화기의, 후기 구석기 시대의. — 뗑 오리냐크기(期)의 사람[문화].
au·ri·scope [ɔ́ːrəskòup] 뗑 〔의학〕 검이경(檢耳鏡)(otoscope). ~**·scóp·ic** 뗑 ~**·scóp·i·cal·ly** 图
au·rist [ɔ́ːrist] 뗑 이과의(耳科醫)(otologist).
au·rochs [ɔ́ːraks/-rɔks] 뗑 (複 ~) 오록스(멸종된 유럽산(産) 들소); (속어) 유럽 들소.
*****Au·ro·ra** [ɔːrɔ́ːrə, ər-] 뗑 **1** 오로라(여자 이름). **2** 〔로마 신화〕 아우로라(새벽의 여신; 그리스 신화의 Eos에 해당). **3** (a-) 여신의 아침 이슬. **3** (a-) (시) 새벽, 여명, 서광(曙光). **4** (a-) 〔기상〕 오로라, 극광(極光).
auróra aus·trá·lis [-ɔːstréilis/-ɔs-] 뗑 (the ~) (기상) 남극광(the southern lights).
auróra bo·re·ál·is [-bɔ̀ːriǽlis/-éilis] 뗑 (the ~) (기상) 북극광(the northern lights).
auróra híss 뗑 오로라 히스(오로라 발생시의 잡음).
au·ro·ral [ɔːrɔ́ːrəl, ər-] 뗑 **1** 서광의, 새벽의, 새벽과 같은; 장밋빛의. **2** 극광의, 오로라의.
auróral zóne 뗑 오로라대(帶).
au·ro·re·an [ɔːrɔ́ːriən, ər-] 뗑 (문어) =auroral.
au·rous [ɔ́ːrəs] 뗑 **1** (화학) 제1금[1가(價)금]의, 제1금을 함유한. ¶ ~ chloride 염화금(塩化) 제1금 / ~ oxide 산화 제1금. **2** 금의; 금을 함유한.
au·rum [ɔ́ːrəm] 뗑ⓤ 〔화학〕 금(gold)(記 Au). 〔<L〕
áurum po·táb·i·le [-pətǽbəli:, -tǽb-] 뗑 음용금(飮用金)(중세의 강장제·강심제로 쓰였다).
AUS ⑦ 〔국제 자동차 식별 기호〕 Australia. **AUS, A.U.S.** Ambassador of the United States; Army of the United States(미국 육군); Assistant Under Secretary. **Aus.** Australia(n); Austria(n).
Ausch·witz [áuʃvits] 뗑 아우슈비츠(폴란드 서남부의 도시; 2차 대전 당시의 유대인 강제 수용소 소재지; 유대인 대량 학살이 행해졌다).
aus·cul·tate [ɔ́ːskəltèit] 图 〔의학〕 청진(聽診)하다. *-tà·tive* 뗑 *-tà·tor* 뗑 **aus·cúl·ta·to·ry** 뗑
aus·cul·ta·tion [ɔ̀ːskəltéiʃən] 뗑ⓤ **1** 〔의학〕 청진

(법). 2 듣기, 청문(聽聞)(listening).
Aus·gleich [áusglaik] 명 (⑭ ~·e [-ə]) (정당·집단·당파 간의) 협약, 협정; (1867년) 오스트리아·헝가리 양국간에 체결한 협약. 〔<G adjustment〕
Aus·länd·er [áuslændər, ɔ́ːs-] 명 타국인, 이방인; 부외자(部外者)(outlander). 〔<G Ausländer〕
au·some [ɔ́ːsəm] 형 《속어》=awesome.
aus·pi·cate [ɔ́ːspəkèit] 명형 《드물게》(기도·건배·택일 따위를 하고) …을 시작하다; …을 (정식으로) 개시하다. ── 자 (페어) 점치다.
***aus·pice** [ɔ́ːspis] 명 1 (보통 ~s) 보호, 찬조, 후원. 2 (흔히 ~s) 길조; 전조. 3 (빈) 새 점(占), 예언.
  under the auspices of (the company); **under** (the company's) **auspices** (회사의) 주최[찬조, 후원]로. ¶The meeting was held under the ~s of the local newspaper. 그 모임은 지방 신문의 후원[주최]으로 열렸다. 「좋아, 상서롭게도.
  under the favorable [or **fair**] **auspices** 조짐이
aus·pi·cious [ɔːspíʃəs] 형 길조의, 전조가 좋은, 상서로운; 행운의, 순조로운. ~·ly 부 ~·ness 명
Aus·sie [ɔ́ːsi/ɔ́zi] 명 《구어》 오스트레일리아(의); 오스트레일리아 사람(의); =Australian terrier. (또는 **Aussey, Ossie, Ozzie**)
Aust. Australia(n); Austria(n).
Aus·ten [ɔ́ːstən] 명 **Jane ~** 오스틴(1775–1817; 영국의 여류 소설가).
Aus·ter [ɔ́ːstər] 명 (시) 남풍; (고어) 남국.
***aus·tere** [ɔːstíər] 형 1 (태도·용모가) 준엄한, 엄숙한, 위엄있는. ⇨SEVERE 유의어. ¶an ~ man 위엄있는 사람. 2 엄격한, 검소한; (생활 따위가) 내핍의. ¶an ~ life 검소한 생활 / ~ Puritans 금욕적인 청교도. 3 장중한, 진지한, 침착한. 4 아주 간소한, 소박한; (문체·양식 따위가) 간결한, 꾸밈없는. ¶an ~ style 간결한 문체. 5 맛이 나쁜; 신, 떫은. 6 (토지가) 불모의.
~·ly 부 ~·ness 명
***aus·ter·i·ty** [ɔːstérəti] 명 1 U 준엄, 엄격. 2 검소; 내핍, 긴축. ¶the life of ~ 내핍 생활 / ~ measures 긴축 조치. 3 (보통 -ties) 금욕 생활, 고행(苦行).
  live on an austerity diet 내핍 생활을 하다.
austérity plán (긴축(경제[재정]) 계획[정책].
Aus·tin [ɔ́ːstən] 명 오스틴. 1 **Alfred ~** (1835–1913; 영국의 계관 시인). 2 **Herbert ~** (1866–1941; Austin Motor Co.를 창립한 영국의 자동차 기술자). 3 미국 Texas 주의 주도(州都). 4 영국제 소형 자동차의 이름. 5 남자 이름(Augustus의 별칭).
Áustin fríar 아우구스티노 수도회의 탁발 수도사.
Austl., Austral. Australasia(n); Australia(n).
austr- [ɔːstr] 연결 ⇨AUSTRO-.
aus·tral [ɔ́ːstrəl] 형 1 남쪽의, 남방의(southern). 2 (A-) 오스트레일리아의(Australian).
Aus·tral·a·sia [ɔ̀ːstrəléiʒə, -ʃə] 명 오스트랄라시아(오스트레일리아·뉴질랜드 및 태즈메이니아 섬에 걸치는 지역의 총칭). **-sian** 명형
‡**Aus·tral·ia** [ɔːstréiljə] 명 [구어] 오스트레일리아 (대륙), 호주(濠洲)(수도 Canberra).
Austrália àntigen 명 (병리) 오스트레일리아 항원 (抗原)(B형 간염 바이러스의 표층 항원의 하나).
Austrália Dày 오스트레일리아 건국 기념일(1월 26일 이후의 첫 월요일).
‡**Aus·tral·ian** [ɔːstréiljən/ɔs-] 형 오스트레일리아 (호주)의. ── 명 오스트레일리아 사람; U 오스트레일리아(토착)어; 오스트레일리아 영어.
Aus·tra·li·a·na [ɔ̀ːstreiliɑ́ːnə] 명복 (명형) (단수취급) 오스트레일리아지(誌)의 문물[문헌].
Austrálian bállot 오스트레일리아식 투표제(용지)(모든 후보의 이름이 인쇄된 투표 용지에 기표하는 법).
Austrálian béar (동물) =koala. 「식).
Austrálian Cápital Térritory 명 오스트레일리아 수도(首都) 특별 지구(수도 Canberra를 포함하는 연방 정부 직할지; ⑭ A.C.T.).
Austrálian cráne 명 (조류) 호주두루미.
Austrálian dóubles 명복 〔단수취급〕 (테니스) 오스트레일리아식 포메이션(복식 경기를 할 때 파트너가 서버와 같은 쪽에 일직선으로서 서는 진형).
Austrálian Énglish 오스트레일리아 영어.
Aus·tral·ian·ism [ɔːstréiljənìzm] 명 U 오스트레일리아인 기질; 오스트레일리아 영어; 친호(親濠)주의.
Aus·tral·ian·ize [ɔːstréiljənàiz] 타자 오스트레일리아인(人)화하다; 오스트레일리아 사회에 동화시키다.
Austrálian Nátional Rúles 명 =Australian Rules football.
Austrálian Rùles fóotball 명 오스트레일리아식 풋볼(각 팀 18명씩이 하는 럭비의 변종).
Austrálian salúte 명 (the ~) (濠속어) 파리를 쫓는 몸짓. 「은 테리어개.
Austrálian térrier 명 오스트레일리아산(産)의
Aus·tra·lo·pith·e·cus [ɔːstrèiloupíθikəs, ɔ̀s-trə-] 명 〔인류〕 오스트랄로피테쿠스속(屬)의 원인(猿人)(100만–400만년 전 아프리카에 살았다).
Aus·tra·sia [ɔːstréiʒə, -ʃə] 명 오스트라시아(옛날 프랑크 왕국의 한 지방). (또는 **Ostrasia**)
‡**Aus·tri·a** [ɔ́ːstriə] 명 오스트리아(유럽 중부의 공화국; 수도 Vienna).
Aus·tri·a-Hun·ga·ry [-hʌ́ŋɡəri] 명 오스트리아·헝가리 (제국)(1867–1918년의 중부 유럽의 군주국).
‡**Aus·tri·an** [ɔ́ːstriən] 형 오스트리아의; 오스트리아인의; (경제) 오스트리아 학파의. ── 명 (⑭ ~s [-z]) 오스트리아인; (경제) 오스트리아 학파의 경제학자.
Áustrian blínd 오스트리아 블라인드(올리면 주름장식처럼 되는 차양).
Áustrian schóol 명 (경제) 오스트리아 학파(Karl Menger를 주축으로 한 경제학파).
aus·tro- [ɔ́ːstrou, -trə] 연결 south, southern의 뜻(모음 앞에서는 austr-). ¶Austronesia.
Aus·tro- [ɔ́ːstrou, -trə] 연결 Austria, Austrian의 뜻. ¶Austro-Hungarian(오스트리아·헝가리의).
Aus·tro·a·si·at·ic [ɔ̀ːstrouèiʒiǽtik, -ʃi-] 형 오스트로아시아어(語)(아시아 남동부 및 Bengal 만 주변에서 쓰이는 언어군). ── 명 오스트로아시아 어족의.
Aus·tro·ne·sia [ɔ̀ːstrouníːʒə, -ʃə] 명 오스트로네시아(태평양 중남부 제도의 총칭).
Aus·tro·ne·sian [ɔ̀ːstrouníːʒən, -ʃən] 형 오스트로네시아의; 오스트로네시아어(語族)의. ── 명 U 오스트로네시아 어족(Malayo-Polynesian).
aut. author; autograph; automatic.
aut- [ɔːt] 연결 ⇨AUTO-¹.
au·ta·coid [ɔ́ːtəkɔ̀id] 명 〔생리〕 호르몬(hormone). (또는 **autocoid**) **-cói·dal** 형
au·tarch [ɔ́ːtɑːrk] 명 독재자, 전제 군주(autocrat).
au·tar·chic [ɔːtɑ́ːrkik] 형 독재의, 전제 정치의. (또는 **autarchical**) **-chi·cal·ly** 부
au·tar·chy [ɔ́ːtɑːrki] 명 1 U 절대 주권; 독재 정치, 전제 정치. 2 독재 국가. 3 =autarky. **-chist** 명
au·tar·kic [ɔːtɑ́ːrkik] 형 자급 자족의, 경제 자립 정책의. (또는 **autarkical**) **-ki·cal·ly** 부
au·tar·ky [ɔ́ːtɑːrki] 명 U (경제적) 자급 자족; (국가의) 경제 자립 정책; 경제적 자립 국가. ¶economic ~ 경제적 자립 정책. (또는 **autarchy**) **-kist** 명
aut·e·col·o·gy [ɔ̀ːtəkɑ́lədʒi/-kɔ́l-] 명 U 개체(個體) 생태학. ⓐ synecology
au·teur [outə́ːr] 명 〔영화〕 각본을 연출하는 영화 감독(특히 프랑스·이탈리아의 누벨바그의) 개성파 영화 감독, 저자, 작가, 저술가. ~·**ism** 명 =~ theory. ~·**ist** 명 〔<F author〕
auteur théory 명 (영화) 개성파주의, 감독 중심주의(영화는 감독의 창작 예술품이라는 이론).

auth. authentic; author(ess); authority; authorized.

*au·then·tic [ɔːθéntik] 형 1 믿을 만한, 확실한; 근거가 있는. ¶an ~ report [story] 믿을 만한 보고[이야기]. 2 진정한, 진짜의; 진품(眞品)의. ¶an ~ signature 본인의 서명; 진필(眞筆) / an ~ Persian rug 진짜 페르시아 융단. 3 (복원 따위가) 진품에 충실한. 4 (구어) 마음으로부터의, 진심에서 우러나온(sincere). 5 [법률] 인증된, 정식 절차를 밟은. ¶an ~ deed 인증된 문서. 6 [음악] 정격(正格)의. [tic. ~·ly 부

au·then·ti·cal [ɔːθéntikəl] 형 (고어) =authen-
au·then·ti·cate [ɔːθéntəkèit] 타 ⋯의 확증을 세우다; ⋯을 증명하다; (전문가 등이) [그림·서적 따위가] 진품[⋯의 작품]임을 감정[인정]하다. -cat·a·ble 형
au·then·ti·ca·tion [ɔːθèntikéiʃən] 명 U 확증, 증명; 감정; [컴퓨터] 인증, 확인(ID 식별 검증).
au·then·ti·ca·tor [ɔːθéntəkèitər] 명 확증자, 증명자; 감정인; 인증자; (송신 완료의 암호가 진짜임을 증명하는) 확인 [암호] 코드.
au·then·tic·i·ty [ɔ̀ːθentísəti] 명 U 1 신빙성, 확실성(reliability); 진실성, 진정성(眞正性); 출처가 분명함, 진품[진짜]임. 2 (구어) 성의.
‡**au·thor** [ɔ́ːθər] 명 (동 ~s [-z]) 1 저자, 필자; 작자; 저술가, 작가. ¶the ~ of this news story 이 뉴스 기사의 필자 / an anonymous ~ 무명[익명] 작가 / contemporary ~s 현대[동시대]의 작가들 / a rising ~ 신진 작가. 2 (어떤 저작의) 작품, 저작물, 저서. 3 창시자, 창조자 (계획 따위의) 입안자, 작성자; (재난 따위의) 장본인, 불씨; (A-) 신(神). ¶the ~ of mischief 장난의 장본인. 4 (생물) (학명의) 명명자(命名者).
the Author of all beings [or *nature, the universe*] 만물[자연, 우주]의 창조주, 신.
the author of evil 마왕. [다; ⋯을 창시하다.
— 타 ~s [-z]) ⋯을 쓰다, 저술하다; ⋯의 저자이
~·less 형 저자 불명의, 익명의.

áuthor càrd 명 (도서관의) 저자 카드(* main card, unit card, official entry라고도 한다).
áuthor càtalog 명 (도서관의) 저자(명) 목록.
au·thor·ess [ɔ́ːθəris] 명 (경멸적) 여류 작가, 규수 작가(* author의 여성형; 보통 여성도 author라고 한다).
au·tho·ri·al [ɔːθɔ́ːriəl] 형 저자[작가]의. [다).
áuthor índex 명 (도서관의) 저자(명) 색인.
áu·thor·ing tòol [ɔ́ːθəriŋ-] 명 [컴퓨터] 편집 지원 프로그램.
au·thor·i·tar·i·an [əθɔ̀ːrətɛ́əriən, əθɑ̀r-/ɔːθɔ̀r-] 형 (정치·사람 등이) 권위주의(적)인; 독재(주의)의[적]인. ¶~ attitudes 권위주의적 태도. — 명 권위주의자, 독재주의자. **~·ism** 명 권위[독재]주의.
*au·thor·i·ta·tive [əθɔ́ːrətèitiv, əθɑ́r-/ɔːθɔ́r-] 형 1 권위 있는, 믿을 만한. ¶an ~ opinion [report, account] 권위 있는 의견[보도, 설명]. 2 당국의, 관헌의. ¶the ~ sources 관변[정부측] 소식통. 3 위압적이, 명령적인, 고압적인. **~·ly** 부 **~·ness** 명
‡**au·thor·i·ty** [əθɔ́ːrəti, əθɑ́r-/ɔːθɔ́r-] 명 (복 -ties [-z]) 1 U 권위, 권력; 영향력; 위신(over, with). ¶parental ~ 친권(親權) / a historian of no [great] ~ 권위가 없는[매우 권위 있는] 역사가 / be in [exercise] ~ over people 사람들에게 권위가 있다[권력을 휘두르다]. 2 U 권능, 권한, 직권(to do, for). ¶I have no ~ to settle the problem. 내게는 그 문제를 해결할 권한이 없다. 3 U 권위, 인가 (to do). ¶He received ~ to do that. 그는 그것을 할 허가를 얻었다. 4 권력자; (종종 -ties) 당국, 관헌; U (the ~) 공공 사업 기관. ¶the civil [municipal, school] *authorities* 행정[시, 학교] 당국. 5 CU (권위 있는) 전거, 근거, 출전(出典) (on, for). ¶I have good ~ for my statement. 내 진술에는 확실한 근거가 있다. 6 대가, 권위자 (on). ¶an ~ on archaeology 고고학의 대가. 7 권위서, 전적(典籍) (on). ¶an ~ on the constitution 헌법에 관한 권위서. 8 (선례가 되는) 판례, 재정(裁定). 9 증명서, 허가[인가]서, 영장. ¶~ to pay (은행 발행의) 신용장 / May I see your ~? 영장을 보여 주시겠습니까? 10 (문예 작품 따위의) 뛰어난 솜씨[기량].
by the authority of ⋯의 권한으로; ⋯의 허가를 받고.
by virtue of one's authority 직권[권능]으로.
exceed one's authority 월권하다. [위가 없다.
have no authority over [or *with*] ⋯에 대하여 권
on [or *from*] *good authority* 확실한 소식통으로부터.
on one's own authority ① 독단으로, 자기 마음대로. ¶I have done it *on my own* ~. 내 독단으로 그 것을 했다. ② 자칭⋯.¶He is a great scholar *on his own* ~. 그는 자칭 대(大)학자이다.
on the authority of ⋯을 근거로 하여.
the authorities concerned; the proper authorities 관계 당국, 해당 관청.
under the authority of ⋯의 지배[권력] 아래.
with authority 권위 있게, 엄연히.
au·thor·i·za·tion [ɔ̀ːθərizéiʃən/-raiz-] (*(영) **-sa·tion**) 명 CU 1 권한 부여, 수권(授權), 위임 (*for*). 2 허가, 면허, 관허(官許); 공인(sanction).
authorizátion bìll 명 (미) 예산 수권 법안(정부 부처의 예산들을 규정한 법안). ≒ appropriation bill
au·thor·ize [ɔ́ːθəràiz] ((영) **-ise**) 타 1 ⋯에게 권한[권능]을 주다, 위임하다. ¶(~ + 목 + *to do*) The Minister ~d him to do it. 장관은 그에게 그것을 할 권한을 주었다. 2 ⋯을 인가[허가]하다. ¶~ the spending of money 예산 지출권을 승인하다. 3 (권위·관례에 의해) ⋯을 확립[인정]하다; ⋯을 보증하다; ⋯을 정당하다고 인정하다. ¶It is ~d by usage. 그것은 관례로 인정되어 있다. **-iz·a·ble** 형 **-iz·er** 명
au·thor·ized [ɔ́ːθəràizd] 형 1 권한을 부여받은, 권위가 있는. ¶an ~ agent 지정 대리인. 2 공인된, 허가를 얻은; 검정필의. ¶an ~ translation 원저자의 허가를 얻은 번역 / an ~ textbook 검인정 교과서.
áuthorized cápital 명 [경제] 수권(授權) 자본. (또는 **áuthorized stóck[sháres]**)
Áuthorized Vérsion 명 (the ~) 흠정역(欽定譯) 성서(1611년 영국왕 James 1세의 지시로 발행된 영역 성서; King James Version이라고도 한다; 약 A.V.).
au·thor·ling [ɔ́ːθərliŋ] 명 (삼류) 저술[글]가.
au·thor-pub·lish·er [-pʌ́bliʃər] 명 자비 출판가.
áuthor's ágent[represéntative] 명 =literary agent.
áuthor's alterátion 명 [출판] 저자 수정(조판 후의 저자 자신에 의한 내용 수정; 약 AA, A.A., aa, a.a.).
áuthor's cópies 명복 (출판사가 저자에게 주는) 증정본. [약 AC).
áuthor's corréction 명 =author's alteration
áuthor's edítion 명 자비 출판(본); 자선집(自選集).
au·thor·ship [ɔ́ːθərʃìp] 명 1 저술업; 저작업자, 저술; 원작자. 2 (사건 따위의) 근원, 출처. ¶the ~ of a crime 죄의 근원.
Auth. Ver. *Authorized Version* (of the Bible).
au·tism [ɔ́ːtizm] 명 U [심리] 자폐증, 내폐성(內閉性). **-tist** 명 자폐증 환자. [자. **-ti·cal·ly** 부
au·tis·tic [ɔːtístik] 형 자폐증의. — 명 자폐증 환
‡**au·to** [ɔ́ːtou] (미구어) 명 (복 ~s [-z]) 자동차. * 현재는 car가 일반적. — 형 자동차의. (형 자동차로 타다; 자동차로 가다.
auto. automatic; automobile; automotive.
au·to-¹ [ɔ́ːtou] 연결 self, same의 뜻 (* 모음 앞에서는 aut-). ¶*auto*biography, *aut*arky, *aut*ecology.
au·to-² 연결 1 automobile의 뜻. ¶*auto*cade. 2 *auto*focus. [mune.
au·to·ag·gres·sive [ɔ̀ːtouəgrésiv] 형 =autoim-
autoaggressive diséase 명 =autoimmune

au·to·a·larm [-əlà:rm] 명 자동 경보기, 자동 경보
au·to·a·nal·y·sis [ɔ̀:touənǽləsis] 명 (심리) 자기 분석; (화학) 자동 분석.
au·to·an·a·lyz·er [ɔ̀:touǽnəlàizər] 명 (화학) 자동 분석기.
au·to·an·swer [-ǽnsər] 명 (통신) 자동 응답.
au·to·an·ti·bod·y [ɔ̀:touǽntibadi/-bɔdi] 명 (화학) 자가 항체(自家抗體).
au·to·bahn [ɔ́:təbàːn/G áutoba:n] 명 (복 ~s, ~en) (종종 A-) 아우토반(superhighway) (독일의 고속 도로). [<G]
au·to·ball [ɔ́:toubɔ̀:l] 명 오토볼(브라질에서 시작한 자동차를 타고 하는 축구).
au·to·bi·cy·cle [ɔ́:toubàisikl] 명 오토바이.
au·to·bi·o [ɔ̀:toubáiou] 명 (구어) =autobiography. (또는 **au·to·bi·og**)
au·to·bi·o·graph·i·cal [ɔ̀:təbàiəgrǽfikəl] 명 자서전적인[체의]. (또는 **autobiographic**) ~·ly 부
*au·to·bi·og·ra·phy [ɔ̀:təbaiágrəfi/-ɔ́g-] 명 자서전, 자전; U 자전 문학. ¶the A- by Benjamin Franklin 벤저민 프랭클린 자서전. **-pher** 명 자서전 작가.
au·to·boat [ɔ́:təbòut] 명 =motorboat.
au·to·bus [ɔ́:təbʌ̀s] 명 버스.
au·to·cade [ɔ́:təkèid] 명 자동차 행렬(motorcade).
Áuto Càll (상표) 자동 호출기.
au·to·camp [ɔ́:təkæ̀mp] 명 자동차 여행자용 캠프장.
au·to·car [ɔ́:təkàːr] 명 자동차(motorcar, automobile). * 현재는 보통 auto 또는 car가 쓰인다.
au·to·ca·tal·y·sis [ɔ̀:toukətǽləsis] 명 (복 -ses [-si:z]) (화학·생화학) 자촉(自觸) 반응, 자가 촉매 작용. **-càt·a·lýt·ic** -**càt·a·lýt·i·cal·ly** 부
au·to·ca·thar·sis [ɔ̀:toukəθáːrsis] 명 U (정신의학) 자기 정화(법).
au·to·ceph·a·lous [ɔ̀:təsefələs] 명 (그리스도교) 자립한 교단의; (교회 등의) 자주 독립의, 자치의.
au·to·chang·er [ɔ́:tətʃèindʒər] 명 자동식 음반 교환 장치(가 달린 레코드 플레이어).
au·to·chrome [ɔ́:təkròum] 명 (사진) 오토크롬판 (초기의 컬러용 건판(乾板)).
au·toch·thon [ɔ:tákθən/-tɔ́k-] 명 (복 ~s, -thones) 1 원주민(토착)민, 토인(aborigine). 2 (생태) 토종의 동식물. 3 (지질) (한 지역의) 독특한 지질 구조. **-tho·ny** [-θəni] 명, 토착, 토종.
au·toch·tho·nism [ɔ:tákθənìzm/-tɔ́k-] 명 U 원주민의 설.
au·toch·tho·nous [ɔ:tákθənəs/-tɔ́k-] 명 1 원주민의. 2 토종의, 토착의, 토지 고유의. ¶ ~ 식물(군(群)). 3 (병리) (병 따위의) 발생 부위[지역]의. 4 (심리) 자발적[독자] 관념의. 5 (지질) (어느 지역에) 독특한 구조의; (암석 따위가) 원지성(原地性)의. **autochthonal, autochthonic**) ~·ly 부 ~·ness 명
au·to·ci·dal [ɔ́:tousàidl] 명 생식 기능을 저하시켜 해충의 수를 조절하는, 자멸 유도의.
au·to·cide [ɔ́:tousàid] 명 (의도적 충돌에 의한) 자동차 자살; 자기 파괴, 자멸.
au·to·clave [ɔ́:təklèiv] 명 (실험용·의료[멸균]용·요리용의) 압력솥; (의학) 압열(壓熱) 멸균기, 고압 소독기. — 동태 …을 압력솥에 넣다; 압력솥으로 요리하다; …을 압열 멸균하다. [low-level language]
au·to·code [ɔ́:təkòud] 명 (컴퓨터) 기본 언어.
au·to·cod·er [ɔ́:təkòudər] 명 (컴퓨터) 오토코더(초기 어셈블러(assembler)의 일종).
au·to·com·po·nent [-kəmpóunənt] 명 자동차 부품.
áuto còurt 명 (미) 모텔(motel).
*au·toc·ra·cy [ɔ:tákrəsi/-tɔ́k-] 명 U 전제, 독재 (정치); 독재권; C 독재 정부, 독재국[사회].
*au·to·crat [ɔ́:təkrǽt] 명 전제 군주; 독재자; U 절대 권력, 제멋대로 하는 사람, 독선가.
au·to·crat·ic [ɔ̀:təkrǽtik] 명 전제의; 독재의; 전제 군주의[와 같은], 독재적인. ¶an ~ nation 독재 국가. (또는 **autocratical**) -**i·cal·ly** 부
au·to·crime [ɔ́:təkràim] 명 자동차 (화물) 절도범
au·to·crit·i·cism [ɔ̀:toukrítisizm] 명 자기 평가[판정, 비평].
au·to·cross [ɔ́:toukrɔ̀:s, -krɑ̀s] 명 크로스 컨트리 자동차 경주(gymkhana).
Au·to·cue [ɔ́:təkjù:] 명 (英)(상표) =TelePrompTer.
au·to·cy·cle [-sàikl] 명 (英고어) 원동기 자전거.
au·to·da·fé [ɔ̀:dəféi/-dɑ:-] 명 (복 **au·tos·da·fé** [ɔ̀:tous-]) (스페인) 종교 재판소의 판결; 이단자의 화형. [<Port]
au·to·de·struct [-distrʌ́kt] 명 자기 파괴. — 동 (태) 자기 파괴하다, 자폭하다. **-de·strúc·tion** 명
au·to·di·dact [ɔ̀:toudáidækt, --- -] 명 독습자, 독학자. **-di·dác·tic** -**di·dác·ti·cal·ly** 부
AUTODIN [ɔ́:toudìn] 자동 (통신) 자동 디지털 통신망. [<automatic digital network]
au·to·drome [ɔ́:tədròum] 명 자동차 전용 도로; 자동차 경주 코스. [방식(장치)의]
au·to·dyne [ɔ́:tədàin] 명형 (전자) 오토다인 수신
au·to·e·rot·ic [ɔ̀:touirátik/-rɔ́t-] 명 (정신분석) 자기 색정(色情)[발정]적인. **-i·cal·ly** 부
au·to·er·o·tism [ɔ̀:touérətìzm] 명 U (정신분석) 자기 색정(色情)[발정(發情)]. (또는 **àutoeróticism**)
au·to·eu·tha·na·sia [ɔ̀:touju:θənéiʒə/-ʒə] 명 안락 자살.
au·to·fo·cus [ɔ́:toufòukəs] 명 (카메라·렌즈 따위가) 자동 초점의. — 명 자동 초점식, 오토포커스. (또는 **áuto·fòcus**)
au·tog·a·my [ɔ:tágəmi/-tɔ́g-] 명 U (식물) 자가 수정, 자가 수분(self-fertilization). (동물) allogamy
au·to·gam·ic [ɔ̀:tougémik], -**mous** 명
au·to·gen·e·sis [ɔ̀:toudʒénəsis] 명 U (생물) 자연 발생(설), 우발론(偶發論)(abiogenesis).
au·to·ge·net·ic [ɔ̀:toudʒinétik] 명 자가 번식의 (self-generated). -**i·cal·ly** 부
au·to·gen·ic [ɔ̀:toudʒénik] 명 =autogenous.
autogénic tráining 명 자율 훈련법.
au·tog·e·nous [ɔ:tádʒənəs/-tɔ́dʒ-] 명 1 자생의, 자발 발생[번식]의. ¶ ~ vaccine 자생[자가] 백신. 2 (생리) 체내 발생(물)의. 3 (야금) 자용(自溶)의. ~·ly 부
au·tog·e·ny [ɔ:tádʒəni/-tɔ́dʒ-] 명 =autogenesis.
au·to·ges·tion [ɔ̀:toudʒéstʃən] 명 자주 관리(노동자 대표에 의한 공장 등의 자주적 관리·운영).
au·to·gi·ro [ɔ̀:tədʒáiərou] 명 (복 ~s) (상표) 오토자이로(회전 날개를 가진 항공기). (또는 **autogyro**)
au·to·graft [ɔ́:təgrǽft, -grɑ̀:ft] 명 (의학) 자가 이식편(移植片). — 동태 (조직·기관)을 자가 이식편으로 이식하다.
*au·to·graph [ɔ́:təgrǽf, -grɑ̀:f] 명U C 1 자필, 육필, 친필. 2 서명, 자서(自署); (명사의) 사인. ¶May I have your ~? 사인 좀 해주시겠습니까? 3 자필 원고[문서]. 4 (자필 서화의) 원지 석판 인쇄.

[유의어] **autograph** 기념으로 간직해 둘 만한 사인. **signature** 서류 따위에의 서명.

— 명 1 자필의, 친필의. ¶an ~ letter 자필로 (쓴) 편지. 2 자필 서명의, 사인을 모은. — 동태 1 …에 서명하다, 자서하다. ¶ ~ a book 책에 서명하다. 2 …을 원지 석판으로 복제[복사]하다.
áutograph álbum [bóok] 명 서명[사인]첩(帖).
au·to·graph·ic [ɔ̀:təgrǽfik] 명 자필의; 자서(自署)의; (기계 따위가) 자동 기록의. (또는 **autographical**) -**i·cal·ly** 부
au·tog·ra·phy [ɔ:tágrəfi/-tɔ́g-] 명U C 1 자필로 쓰기, 서명하기; 필적. 2 (집합적) 자필로 쓴 것, 사인, 자필 문서. 3 (도판·원고의) 원지 석판 인쇄(법).
au·to·gra·vure [ɔ̀:tougrəvjúər] 명 오토그라비어 (사진 요판(凹版)의 일종).

au·to·gyro [ɔ́:tədʒáirou] 圈 (뗏 ~s) =autogiro.
au·to·hyp·no·sis [ɔ̀:touhipnóusis] 圈Ⓤ 자기 최면(술), 자기 최면 상태. **-nót·ic** 圈 **-nót·i·cal·ly** 囝
au·to·ig·ni·tion [ɔ̀:touigníʃən] 圈 (내연 기관의) 자기 점화[착화(着火)]; 자연 발화.
autoignítion póint 圈 〔화학〕 자기[자연] 발화점.
au·to·im·mune [ɔ̀:touimjúːn] 圈 자기 면역의. **-mú·ni·ty** 圈 자기 면역.
autoimmúne diséase 圈 〔병리〕 자기 면역 질환.
au·to·im·mu·ni·za·tion [ɔ̀:touimju:nizéiʃən/ -naiz-] 圈 〔면역〕 자기 면역화.
au·to·in·fec·tion [ɔ̀:touinfékʃən] 圈Ⓤ 〔병리〕 자기 감염, 자가 전염. 「주사기.
au·to·in·jec·tor [ɔ̀:touindʒéktər] 圈 자기 (피하)」
au·to·in·oc·u·la·tion [ɔ̀:touinɑ̀kjuléiʃən/-inɔ̀k-] 圈Ⓤ 자기 접종.
au·to·in·tox·i·ca·tion [ɔ̀:tɔuintɑ̀ksəkéiʃən/ -tɔ̀k-] 圈Ⓤ 〔병리〕 자가 중독.
au·to·ist [ɔ́:touist] 圈 자동차 운전자.
au·to·ki·ne·sis [ɔ̀:toukiní:sis, -kai-] 圈Ⓤ 〔생리〕 자동 운동, 수의(隨意) 운동. **-nét·ic** 圈
autokinétic efféct 圈 〔심리〕 자동 운동 효과(현상). (또는 **autokinétic illúsion [phenòmenon]**)
au·to·land [ɔ́:toulǽnd] 圈 〔항공〕 계기(計器)(자동) 착륙(*(美)에서는 instrument landing, (英)에서는 blind landing을 더 많이 사용한다).
áuto lift 圈 오토리프트(차체(車體) 들어올리는 기구).
au·to·load·er [ɔ́:touloudər] 圈 자동 장전식 화기.
au·to·load·ing [ɔ̀:touloudiŋ] 圈 (총의) 자동 장전식의, ¶an ~ rifle 자동 장전식 소총.
au·tol·o·gous [ɔ:tálɔgəs/-tɔ́l-] 圈 〔생물 · 의학〕 자가(自家) 이식의, 자기 조직의, 자기(유래)의.
au·to·ly·sin [ɔ̀:təláisin, ɔ:tálə-] 圈Ⓤ© 〔생화학〕 자기 분해제, 자기 용해소(素). 「분해[소화].
au·tol·y·sis [ɔ:tálɔsis/-tɔ́l-] 圈Ⓤ 〔생화학〕 자기」
au·to·lyze [ɔ́:tɔlàiz] 圃 〔생화학〕 자기 분해[소화]시키다(하다). 「자기회사].
au·to·mak·er [ɔ́:touméikər] 圈 자동차 제조업」
au·to·man [ɔ́:toumæ̀n] 圈 1 자동 인형. 2 (인간적인 동작을 하는) 자동 기계. 3 =automaker.
au·to·ma·nip·u·la·tion [ɔ̀:toumənipjuléiʃən] 圈 자위(自慰), 수음(手淫).
au·to·mat [ɔ́:təmæ̀t] 圈 1 (A-) (상표) 자동 판매식 카페. 2 자동 판매기; (美) 자판기 코너. 「복수형.
au·tom·a·ta [ɔ:támətə/-tɔ́m-] 圈 automaton의」
***au·to·mate** [ɔ́:təmèit] 圈砜 자동 장치를 갖추다. ── 砜 …을 자동화하다, 오토메이션화하다; 자동 조종하다. **-màt·a·ble** 圈 **-màt·ed** [-id] 圈 자동화된.
áu·to·mat·ed óffice [ɔ̀:təméitid-] 圈 자동화 사무실(略 AO).
áu·to·mat·ed-téll·er machíne [-télər-] (美) 현금 자동 입출금기(略 ATM). (또는 **áutomated [automátic] téller**) 「항공[입장, 승차]권.
áutomated tícket 圈 (컴퓨터에 의한) 자동 발매」
***au·to·mat·ic** [ɔ̀:təmǽtik] 圈 (*more ~; most ~*)
1 자동의, 자동식의, 자동적인; 무인(無人)의. ¶an ~ pump 자동 펌프. 2 〔생리〕 반사적인, 무의식적인, 자율성의. 3 (행동 따위가) 무의식의, 습관적인, 기계적인. 4 필연적인. ¶an ~ rise in prices 필연적인 물가 상승. (또는 **automatical**) ── 圈 1 자동 기계[장치]; 오토매틱 자동차. 2 =~ transmission. 3 =~ pistol[rifle]. 4 〔미식축구〕 =audible. 5 =~ pilot.
on automátic (구어) (기계가) 자동식의.
-mat·ic·i·ty [-mətísəti] 圈
***au·to·mat·i·cal·ly** [ɔ̀:təmǽtikəli] 囝 자동적으로; 반사적으로, 무의식적으로, 기계적으로.
automátic cálling 圈 〔전화〕 자동 호출.
automátic contról 圈 자동 제어.¶~ system 자

동 제어 시스템.
automátic contróller 圈 〔기계〕 자동 제어 장치.
automátic dáta pròcessing 圈 (컴퓨터 따위에 의한) 자동 정보[데이터] 처리(略 ADP).
automátic díaler 圈 자동 다이얼 전화(autodialer).
automátic díaling còde 圈 〔전화〕 자동 다이얼 코드(장거리 전화용의 단축 다이얼 코드).
automátic diréction fìnder 圈 (항공기의) 자동 방위 탐지기(略 ADF).
automátic díshwàsher 圈 자동 식기 세척기.
automátic dóor 圈 자동(개폐)문.
automátic dríve 圈 =automatic transmission.
automátic expósure 圈 (카메라의) 자동 노출.
automátic flíght contròl sýstem 圈 〔항공〕 자동 항공 제어 시스템. 「의〕 자동 주파수 제어.
automátic fréquency contròl 圈 〔라디오 · TV」
Automátic Gróund Contròlled Appróach 圈 〔항공〕 (상륙) 자동 유도 착륙 장치.
automátic ìnterplánetary státion 圈 (옛 소련의) 자동 행성간 정거장(우주 탐사 로켓).
automátic máil sòrting machíne 圈 우편물 자동 분류기.
automátic mérchandìsing 圈 자동 판매(기).
automátic operátion 圈 자동 조작.
automátic péncil 圈 =mechanical pencil.
automátic pícture transmíssion 圈 (인공 위성의) 자동 사진 송신(장치)(略 APT).
automátic pílot 圈 〔항공 · 해사〕 자동 조종 장치. (또는 **automatic, autopilot**)
automátic pístol[rífle] 圈 자동 권총[소총].
automátic próbe 圈 자동[무인] 탐측기.
automátic redíal 圈 (전화기의) 자동 재(再)다이얼 기능[방식].
automátic repéat 圈 (키보드의) 리피트 키.
automátic shútoff 圈 자동 정지 장치.
automátic téller 圈 =automated-teller machine.
automátic trácking 圈 〔전자〕 (레이더 따위에 의한) 자동 추적 (장치). 「(略 ATC).
automátic tráin contròl 圈 열차 자동 제어 장치」
automátic tráin operàtion 圈 (열차의) 자동 운전(略 ATO). 「(略 ATS).
automátic tráin stòp 圈 자동 열차 정지 장치」
automátic tráin supervísory sýstem 圈 (美) 열차 자동 감시 장치(略 ATSS).
automátic transmíssion 圈 (자동차의) 자동 변속 장치. (또는 **automatic (drive)**)
automátic týpesetting 圈 〔인쇄〕 컴퓨터 식자. (또는 **compúter týpesetting**)
automátic vólume contròl 圈 〔통신〕 자동 음량(音量) 제어 (장치)(略 AVC).
automátic wríting 圈 〔심리〕 자동 필기[서자(書字)](무의식 상태에서 문자나 그림을 그리는 일).
‡au·to·ma·tion [ɔ̀:təméiʃən] 圈 1 자동 제어 방식, 오토메이션. 2 자동 제어 기계. 3 자동(작업)화, (인력 대신의) 기계 사용; 자동화된 상태. 〔컴퓨터〕 자동화.
-tive 圈 (<*autom*atic+oper*ation*)
Automátion Álley 圈 (美) 자동차 산업 중심지(미국 Michigan 주의 Detroit와 Ann Arbor 사이의 산업 로봇 생산 지역).
au·tom·a·tism [ɔ:támətizm/-tɔ́m-] 圈Ⓤ 1 자동(작용), 자동성; 기계적 행위. 2 〔생리〕 자동성(근육의 반사 운동, 심장의 고동 따위). 3 〔심리〕 자동 현상, 무의식적 행동. 4 〔미술〕 오토마티슴, (무의식에 의한) 자동 기술법(記述法)(다다이즘이나 초현실주의의 그림이나 콜라주에서 볼 수 있는 수법). **-tist** 圈囤
au·tom·a·tize [ɔ:támətàiz/-tɔ́m-] 圓囤 …을 자동화하다; …을 기계적으로 행하다. **-ti·zá·tion** 圈
au·to·mat·o·graph [ɔ̀:təmǽtəgræ̀f,-grɑ̀:f] 圈

자동 운동 기록 장치.
au·tom·a·ton [ɔːtámətàn, -tn] 图 (图 ~s, -ta) 1 자동 인형, 로봇; (기계의) 자동 장치; (컴퓨터) 오토마톤, 자동 기계. 2 기계적으로 행동하는[로봇같은] 사람[동물].
au·tom·a·tous [ɔːtámətəs/-tɔ́m-] 图 =automatic.
au·to·me [toum] 图 (美) 이동 주택, 자동차 주택. [<*automobile+home*>]
au·to·mech·an·ism [ɔ̀ːtouměkənìzm] 图 자동 (기계) 장치, (예정된 프로그램에 따르는) 자동 작동 장치.
au·to·me·ter[1] [ɔ́ːtouːmíːtər] 图 (복사기의) 자동 매수 기록 장치.
au·to·me·ter[2] [ɔːtámətər] 图 자동차 속도계.
‡au·to·mo·bile [ɔ̀ːtəməbíːl, ⌐ˊ--, ɔːtəmóubiːl] 图 (图 ~s [-z]) 1 자동차(英) motorcar) (* 보통 승용차(car)를 가리키나 bus, truck을 포함하는 경우도 많다). 2 (美속어) 빈틈없는 사람; 일을 빨리 처리하는 사람. ── 图 =automotive. ── 图짜 (~d; -bíl·ing) 자동차를 타다[로 가다].
au·to·mo·bil·i·a [ɔ̀ːtəməbíliə] 图 자동차 관련 수집[기념]품. [<*automo*bile+memora*bilia*>]
au·to·mo·bil·ism [ɔ̀ːtəməbíːlizm, -móubil-] 图① 자동차 사용[운전](술); (美) 자가용차 운전[사용].
au·to·mo·bil·ist [ɔ̀ːtəməbíːlist, -móubil-] 图 자동차 운전자; 자가용차 이용자[상용자].
au·to·mo·tive [ɔ̀ːtəmóutiv, ⌐ˊ--] 图 1 자동차의, 자동차 설계[운전, 제조, 판매]의.¶an ~ industry 자동차 산업/~ parts 자동차 부품. 2 자동의, 자동 추진의. ── (구어) 자동차 부품[장비] 전문점[부문].
au·to·net·ics [ɔ̀ːtənétiks] 图刻 (단수취급) (전자) 자동 제어론.
au·to·nom·ic [ɔ̀ːtənámik/-nɔ́m-] 图 1 자치(自治)의, 자치적인. 2 자율 신경계의; 자율 신경계에 의해 제어된. 3 (식물) 내인(內因)에 의해서 일어나는, 자발적인. (또는 **autonomical**) **-i·cal·ly** 图 (係).
autonómic nérvous sỳstem 图 자율 신경계
au·ton·o·mism [ɔːtánəmìzm/-tɔ́n-] 图 자치제론, 자치 운동, 자치제 찬성론.
au·ton·o·mist [ɔːtánəmist/-tɔ́n-] 图 자치론자, 자치제 찬성론자. ── 图 자치론(운동)의, 자치제 찬성의.
au·ton·o·mous [ɔːtánəməs/-tɔ́n-] 图 1 (정치) 자치(自治)의, 자치적인; 자치체(體)의.¶an ~ region [republic] 자치구(區)[자치국]/a local ~ body 지방 자치체. 2 독립된, 독자적인.¶an ~ unit 독립된 단위. 3 (생리) 자율적인, 자율성의. 4 (식물) 자발적인. ~·**ly** 图
autónomous róbot 图 자율 로봇.
***au·ton·o·my** [ɔːtánəmi/-tɔ́n-] 图① 1 자율(성), 자주(성). 2 (정치) 자치, 자치권; 자립, 독립; ⓒ 자치국가; 자치(단)체. 3 (생리) 자율성. 4 자발성.
au·to·nym [ɔ́ːtənìm] 图 본명, 실명(⇔ pseudonym); 본명으로 저술한 작품.
au·to·pen [-pèn] 图 오토펜(백시밀리에서 자동적으로 서명이 묘출(描出)되는 장치).
au·to·pha·gia [ɔ̀ːtəféidʒə, -dʒiə] 图 (생리) 자가 소화(消化) 작용. (또는 **autophagy**) **-phág·ic** 图
au·to·pho·bi·a [ɔ̀ːtoufóubiə] 图 (정신의학) 고독 공포증.
au·to·phone [ɔ́ːtoufòun] 图 자동 전화. 공포증.
au·to·pi·a [ɔːtóupiə] 图 (美) 자동차 천국.
au·to·pi·lot [ɔ́ːtoupàilət] 图 =automatic pilot.
au·to·pis·ta [àutoupíːstɑː] 图 (스페인의) 고속 도로.
au·to·plas·ty [ɔ́ːtəplæsti] 图 (의학) 자기 (조직) 형성(술), 자가 이식(자기 피부의 이식).
au·to·po·lo [ɔ́ːtəpòulou] 图 자동차를 타고 하는 polo.
au·top·sy [ɔ́ːtɑpsi, -təp-/-tɔp-] 图 1 검시(檢屍), 부검 (on).¶conduct an ~ on ─을 부검[사후 해부]하다. (또는 **necropsy, postmórtem examinátion**) 2 현장[실지] 검증; (실패한 상품·전략 따위의) 상세한 사후 분석 비판. ── 图짜 (시체를) 검시하다; ─을 사후에 비판[분석]적으로 분석하다. **-sist** 图 검시관.

au·to·psy·cho·sis [ɔ̀ːtəsaikóusis] 图 (정신의학) 자의식(自意識) 장애성 정신병.
au·top·tic [ɔːtáptik/-tɔ́p-] 图 검시(檢屍)의; 현장 검증의. **-ti·cal**
au·to·put [ɔ́ːtoupùt] 图 (유고슬라비아의) 고속 도로.
áuto rácing[ràce] 图 자동차 경주, 카 레이스.
au·to·ra·di·o·graph [ɔ̀ːtəréidiəgræf/-grɑːf] 图 방사선 사진. (또는 **autoradiogram**)
au·to·ra·di·og·ra·phy [ɔ̀ːtəreidiágrəfi/-ɔ́g-] 图 방사선 사진 촬영(술)(radioautography).
-rà·di·o·gráph·ic 图 **-rà·di·o·gráph·i·cal·ly** 图
au·to·reg·u·la·tion [ɔ̀ːtouregjəléiʃən] 图 (생물) 자기 조절. **-rég·u·là·tive -rég·u·la·tive·ly** 图 **-rég·u·la·tò·ry** 图 동 반복.
au·to·re·peat [-ripiːt] 图 (컴퓨터) (키보드의) 자동 반복.
au·to·re·verse [ɔ̀ːtourivə́ːrs] 图 자동 역전(逆轉) [되감기/녹음[재생] 중에 테이프가 끝나면 자동으로 되감아져 녹음[재생]을 계속하는 기능).
au·to·route [ɔ́ːtourùːt] 图 (프랑스의) 고속 도로.
au·to·sco·py [ɔːtáskəpi/-tɔ́s-] 图 (죽기 직전에) 자기를 체외에서 보는 일; (심리) 자기상(像) 환시.
au·to·sex·ing [ɔ́ːtousèksiŋ] 图 (축산) 부화[출생] 시 암수 구별에 따른 특징을 나타내는. ── 图 조기(早期) 암수 감별.
au·to·shape [ɔ́ːtouʃèip] 图짜 (심리) (자극에 대하여 조건 없이) 자기 반응을 형성하다.
áuto shòw (美) =motor show.
au·to·sled [ɔ́ːtousled] 图 자동 썰매.
au·to·some [ɔ́ːtəsòum] 图 (유전) 상(常)염색체(성(性)염색체 이외의 염색체).
au·to·sta·bil·i·ty [ɔ̀ːtoustəbíləti] 图① (기계) 자율 안정; 자동 안정 장치에 의한 평형(平衡).
Áuto Státe 图 (美) 미국 Michigan 주의 별칭.
au·to·stra·da [ɔ́ːtoustrɑ̀ːdə] 图 (图 ~s, -de [-dei]) 아우토스트라다(이탈리아의 고속 도로). [<It]
au·to·sug·gest [ɔ̀ːtousəgdʒést/-sədʒ-] 图配 자가 암시를 걸다.
au·to·sug·ges·tion [ɔ̀ːtousəgdʒéstʃən] 图① (심리) 자기 암시, 자기 감응. **-gèst·i·bíl·i·ty** 图 **-géstible ~·ist -géstive** 图
áuto supplíes 图刻 자동차 부품.
áuto tàg 图 (美) 자동차 번호판(license plate).
au·to·taxi [-tæksi] 图 (英) 무인 (자동) 택시.
au·to·tel·ic [ɔ̀ːtətélik] 图 (문학·철학) 자기 목적적인, 그 자체가 목적이 되는. **-ism** 图 자기 목적성.
áuto thèater (美) 자동차를 탄 채 보는 야외 영화관 (drive-in theater). 동 시간 조절 장치.
au·to·tim·er [-tàimər] 图 (전자 레인지 따위의) 자
au·tot·o·mize [ɔːtátəmàiz/-tɔ́t-] 图짜配 (동물) (도마뱀 따위가) 자절(自切)[자할(自割), 자기 절단]하다. ── 图 (몸의 일부를) 스스로 끊어내다.
au·tot·o·my [ɔːtátəmi/-tɔ́t-] 图① (동물) (자위책으로서의) 자기 절단. **àu·to·tóm·ic, -mous** 图
au·to·tox·(a)e·mi·a [ɔ̀ːtətɑksiːmiə/-tɔks-] 图 (병리) =autointoxication. (소(毒素). **-ic** 图
au·to·tox·in [ɔ̀ːtətáksin/-tɔ́k-] 图 (병리) 자가 독
au·to·tox·is [ɔ̀ːtətáksis/-tɔ́ks-] 图① (병리) 자가 중독(증)(autointoxication).
au·to·train [-trèin] 图 (美) 1 오토트레인(일정 구간을 승객과 자동차를 동시에 수송하는 열차). 2 (A-T-) (상표) 미국의 철도 회사.
au·to·trans·form·er [ɔ̀ːtoutrænsfɔ́ːrmər] 图 (전기) 단권(單卷) 변압기, 오토트랜스.
au·to·trans·fu·sion [ɔ̀ːtoutrænsfjúːʒən] 图 (의학) 자가(자기) 수혈(법)(환자 자신의 보존 혈액 수혈).
au·to·trans·plant [ɔ̀ːtoutrænsplænt/-plɑːnt] 图配 =autograft.
au·to·trans·plan·ta·tion [ɔ̀ːtoutrænsplæntéi-

au·to·tron·ic [ɔ̀ːtoutránik/-trɔ́n-] 〖형〗 (엘리베이터 등의) 자동 전자 장치의. ━〖무기〗 영양 생물.
au·to·troph [ɔ́ːtətrəf, -trɔ̀ːf] 〖생물〗 자가(독립, 무기) 영양체.
au·to·troph·ic [ɔ̀ːtətráfik/-trɔ́f-] 〖형〗 〖생물〗 (세균 따위가) 자가(독립, 무기) 영양의. **-i·cal·ly** 〖부〗
au·tot·ro·phy [ɔːtátrəfi/-tɔ́t-] 〖명〗 독립(자가, 자급) 영양, 무기(無機) 영양.
au·to·truck [ɔ́ːtoutrʌ̀k] 〖명〗 화물 자동차(motor truck, (英) motor lorry).
au·to·type [ɔ́ːtətàip] 〖명〗 1 복사, 모사(模寫)(facsimile). 2 (사진·인쇄) 오토타이프, 단색(單色) 사진판(술). ━〖동〗〖타〗 (인화) 를 오토타이프로 작성하다; …을 오토타이프로 복사하다. **-týp·ic** 〖형〗 **-týp·y** 〖명〗
au·to·ty·pog·ra·phy [ɔ̀ːtətaipágrəfi/-pɔ́g-] 〖명〗〖U〗 (사진·인쇄) 오토타이프손 단색 사진판술.
au·to·wind·er [ɔ́ːtouwàindər] 〖명〗 (카메라 따위의) 필름 자동 감김 장치.
au·to·work·er [ɔ́ːtouwə̀ːrkər] 〖명〗 1 자동차 제조 (공장) 노동자. 2 (the A-s) 미국 자동차 노조(United Automobile Workers); (an A-) 그 조합원.
au·tox·i·da·tion [ɔ̀ːtàksidéiʃən/-tɔ̀ks-] 〖명〗〖U〗 (화학) (화합물이 공기에 노출됨으로써 일어나는) 자연 (자동) 산화(酸化). (또는 **autooxidation**)
‡**au·tumn** [ɔ́ːtəm] 〖명〗〖UC〗 **~s** [-z] 〖UC〗 1 가을(* (英) 8-10월, (美) 9-11월; (美)에서는 격식차린 말 또는 시어(詩語)로서만 쓰이며, 보통은 fall을 쓴다); (형용사적) 가을의. ➾ AUTUMNAL. ¶ a fine ~ day 가을의 맑은 어느 날. 2 (the ~) 쇠퇴기, 초로(初老期), 조락기(凋落期). ¶ the ~ of life 인생의 가을, 만년. 3 가을 수확, 추수(harvest of ~). ━〖동〗〖자〗 가을을 지내다.
*au·tum·nal** [ɔːtʌ́mnəl] 〖형〗 1 가을의, 가을에 여무는, 가을에 피는 (* 시어(詩語)로서 비유적인 경우에 사용). ¶~ leaves 가을 고엽(枯葉), 단풍. 2 한창때(성숙기)를 지난, 중년을 넘긴, 초로(기)의. **-ly** 〖부〗
autúmnal équinox 〖명〗 (the ~) 추분(秋分); 추분점(autumnal point). ━ vernal equinox
áutumn(al) tínts 〖명·복〗 가을 빛, 단풍.
au·tun·ite [ɔ́ːtənàit, outʌ́nait] 〖명〗〖U〗 인회(燐灰) 우라늄석(石). [< 원산지인 프랑스 동부의 도시 Autun]
aux, aux. auxiliaries; auxiliary.
aux·a·nom·e·ter [ɔ̀ːgzənámətər, ɔ̀ːksə-] 〖명〗 식물 성장 측정기.
auxil. auxiliaries; auxiliary.
‡**aux·il·ia·ry** [ɔːgzíljəri] 〖형〗 보조의, 부(副)의; 예비용의, 대용의; (법선이) 보조 기관이 달린; (합정이) 비전투용의. ¶~ coins 보조 화폐/~ troops [or forces] 구원 부대, 원군/an ~ power system in case of a blackout 정전(停電)에 대비한 비상 발전 시스템. ━〖명〗 (**-ries** [-z]) 1 원조자(물), (필요시의) 보조 단체. 2 (문법) 조동사. 3 (-ries) 외인 부대, 지원군. 4 (해군) 특수함, 보조함(정). 5 (엔진이 달린) 범선.
auxiliary góods 〖명·복〗 =auxiliary goods.
auxiliary lánguage 〖명〗 (국제적) 보조 언어(에스페란토 따위). ⓑ lingua franca
auxiliary mémory 〖명〗 =auxiliary storage.
auxiliary nóte =auxiliary tone. [APU.]
auxiliary pówer únit 〖명〗 (항공) 보조 동력 장치(약자 APU).
auxiliary rótor 〖명〗 (헬리콥터의) 보조 프로펠러.
auxiliary stórage 〖명〗 (컴퓨터) 보조 기억 장치.
auxiliary tóne 〖명〗 (음악) 보조음.
auxiliary vérb 〖문법〗 조동사.
aux·in [ɔ́ːksin] 〖명〗〖UC〗 (식물·화학) 옥신, 식물 성장 물질(호르몬 및 합성 약품). **aux·ín·ic** 〖형〗
aux·o·car·di·a [ɔ̀ːksəkɑ́ːrdiə] 〖명〗 (생리) 심장 확장기(期); (병리) 심장 확장(비대).
aux·o·troph [ɔ́ːksətrɔ̀f, -tròuf/-trɔ̀f] 〖명〗〖생물〗 영양 요구주(株)(체(體))(영양을 합성할 수 없는 균주(菌株)). **-tróph·ic** 영양 요구성의.

av. avenue; average; avoirdupois weight. **A/V**,
a.v. ad valorem(가격에 따라서). **A.V., AV** Artillery Volunteers; Authorized Version (of the Bible). **a-v, A-V, AV, A.V., A/V** audiovisual.
av·a·da·vat [ǽvədəvæ̀t] 〖명〗 (동남 아시아산(産)의) 방울새 비슷한 작은 새(애완용). (또는 **amadavat**)
‡**a·vail** [əvéil] 〖동〗 (주로 부정문·의문문에서) 〖자〗 소용이 닿다, 쓸모 있다; 유익하다. ¶ Such arguments will not ~. 그런 논쟁은 무익하다 // (~+圄) This medicine ~s little against pain. 이 약은 통증에 거의 효험이 없다 // (~+前+名) No advice ~s with him. 그에게는 어떤 충고도 소용이 없다. ━〖타〗 …에 도움이 되다, …에 효력이 있다, 쓸모가 있다. ¶보람.
━〖명〗 (주로 부정문·의문문에서) 이익, 효용, 효능, **(all) to no avail; without avail** 보람없이, 헛되이.
be of avail 소용이 되다, 쓸모가 있다.
be of no [little] avail 전혀(거의) 쓸모가 없다.
of what avail 무슨 소용에 (닿겠는가). ¶ Of what ~ is it? 그것이 무슨 소용이 있겠는가.
a·vail·a·bil·i·ty [əvèiləbíləti] 〖명〗〖U〗 1 이용도, 적용성, 유효성; (인수) 가능성. 2 (美) (후보자의) 당선 가망성. 3 (-ties) 도움이 되는 사람, 이용할 수 있는 것.
‡**a·vail·a·ble** [əvéiləbl] 〖형〗 1 쓸모 있는, 유효한, 이용(사용, 채용)할 수 있는 (for); 입수할 수 있는. ¶ have no ~ funds 수중에 자금이 없다 / try all ~ means 온갖 수단을 다 써보다 / It is not ~ for our purpose. 그것은 우리들의 목적에 쓸모가 없다. 2 (시간이 비어) 만날(쓸) 수 있는, 바쁘지 않은. ¶ The president is not ~ now. 사장은 지금 바빠 만날 수 없다. 3 효력이 있는, 통용되는. ¶ a ticket ~ for a week 1주간 유효한 차표 / a ticket ~ on day of issue only 발행 당일만 유효한 차표. 4 (고어) 이익이 있는, 유리한. 5 (후보자가) 유망한, 당선 가망이 있는; (후보 지명 따위를) 수락할 용의가 있는. ¶ an ~ candidate 유력한 후보자. 6 (속어·완곡적) 실직중의. **~ness** 〖명〗 **-bly** 〖부〗
aváilable ássets 〖명·복〗 (회계) 이용 가능 자산.
aváilable énergy 〖명〗 (물리) 유효 에너지.
aváilable líght 〖명〗 (미술·사진) 자연광(선).
*av·a·lanche** [ǽvəlæ̀ntʃ, -làːntʃ] 〖명〗 1 눈사태. 2 (an ~ of) (사태처럼) 갑자기 쏟아져 내리는 것, (우편물·질문 따위의) 쇄도. ¶ an ~ of questions 빗발치는 질문. ━〖동〗〖자〗 쏟아져 들어오다, 쇄도하다, 밀어닥쳐 …하다. ━〖타〗 …에 쇄도하다(swamp).
ávalanche blást 〖명〗 (알프스 따위의) 눈사태.
ávalanche wínd 〖명〗 (기상) (눈)사태 바람.
av·a·lan·chine [ǽvəlǽntʃiːn, -làːn-] 〖형〗 1 거대한, 압도적인; 맹렬한. 2 눈사태의(와 같은).
a·vale·ment [əvælmɑ́nt] 〖명〗 (스키) 아발망(활강 회전에서 허리를 낮추고 속도를 조절하는 방법). [<F]
A·va·lo·ki·te·sva·ra [ʌ̀vəlòukitéiʃvərə] 〖명〗 (불교) 관세음(觀世音)(보살), 관음 (보살). [<Skt]
a·vant-cou·ri·er [əvɑ̀ːntkúriər/ǽvɑːŋ-] 〖명〗 1 선구자, 선발자(先發者). 2 (~s) (고어) (군대·스포츠 따위에서) 전위, 척후(斥候). [<F before courier]
a·vant-garde [əvɑ̀ːntgɑ́ːrd/F avɑ̀ːgɑ́rd] 〖명〗 (the ~) (집합적: 단·복수 양용) (예술의) 전위파, 아방가르드, 전위 예술가들. ━〖형〗 1 아방가르드의, 전위적인. ¶~ artists 전위 화가들/~ pictures 전위 회화. 2 비정통적(非正統的)인, 대담한; 급진적인, 과격한.
[<F advance guard] 「**-ist** 〖명〗
a·vant-gard·ism [əvɑ̀ːntgɑ́ːrdizm] 〖명〗 전위주의.
a·vant-guerre [F avɑ̀gɛːr] 〖명〗 전전(戰前), 아방게

르(제1, 2차 대전의 전전파). 〔<F before war〕
a·vant·ist [əvǽntist] 명 전위파(前衛派)의 사람.
***av·a·rice** [ǽvəris] 명 Ⓤ (금전·부·권력 따위에 대한) 탐욕, 허욕(虛慾).
***av·a·ri·cious** [æ̀vəríʃəs] 형 욕심 많은, 탐욕스러운 (greedy). ¶He is ~ of power. 그는 권력에 굶주려 있다. ~·ly 부 ~·ness 명 〔만!(Cease!).
a·vast [əvǽst, əvɑ́ːst] 감 〔항해〕 정지!(Stop!), 그
av·a·tar [æ̀vətɑ́ːr, ˋ-ˊ-] 명 Ⓒ 1 〔인도 신화〕 신의 화신(化身); 권화(權化). 2 (원리·인생관 따위의) 구현, 구체화; (실례의) 일변. 3 〔컴퓨터〕 (인터넷의) 음성 대화형 디지털 인물 화상. 〔저!, 나가!(Away!, Go!).
a·vaunt [əvɔ́ːt, əvɑ́ːnt] 감 〔고어〕 물러가라!. 꺼
AVC, A.V.C. American Veterans' Committee(미국 재향 군인회); Army Veterinary Corps(육군 수의부단(獸醫團)); automatic volume control(자동 음량 조절). **AVCS** advanced video camera system.
avdp. avoirdupois weight.
a·ve [ɑ́ːvei, éivi/ɑ́ːvi] 감 어서 오십시오!; 행운이 있기를; 만세!; 안녕히 가십시오[계십시오]. — 명 환영[작별]의 인사; (A-) → Maria 1, 2, 3.
Ave., ave. avenue. 〔gelus bell).
Áve bèll 명 삼종(三鐘) 기도 시각을 알리는 종(An-
A·ve Ma·ri·a [ɑ́ːvei məríːə/-iː məríə] 명 Ⓒ 1 아베 마리아(성모 마리아에게 바치는 기도의 말)(Hail Maria). 2 삼종(三鐘) 기도 시각. 3 아베마리아의 기도 [노래]. 4 염주알, 로자리오, (또는 **Áve Máry**)
Avé·na tèst [əvíːnə-] 아베나 테스트(귀리의 어린 식물 생장소(生長素) 함유량 검사).
***a·venge** [əvéndʒ] 타(-**ed**) 1 (피해의) 복수를 하다, …의 원수를 갚다, 복욕을 하다 (on, upon). ¶(~+匣+前+名) ~ an insult on him 그에게 모욕 당한 복수를 하다. 2 (재귀용법·수동형으로) (피해자를 대신하여) …에게 복수하다 (on). — 자 복수[앙갚음]하다.

유의어 **avenge** 정의를 위하여 당연한 보복을 하다. **revenge** 증오 따위의 개인적 동기로 복수하다.

avenge *oneself* on [or upon]; **be avenged on** …에게 복수하다. ¶She ~d herself on him. 그녀는 그에게 복수했다.
~·ful 형 **a·véng·ing·ly** 부
a·veng·er [əvéndʒər] 명 복수(복욕)자. ¶the ~ of blood 복수권을 가진 피해자의 최근친자.
av·ens [ǽvinz] 명 장미과(科) 뱀무속(屬)의 식물.
av·en·tail [ǽvəntèil] 명 투구의 드림(투구의 뒤쪽·좌우에 늘어뜨려 목덜미를 덮는 것).
a·ven·tu·rin(e) [əvéntʃurin, -rin] 명 Ⓤ 금빛 구리가루가 섞인 갈색 장식 유리; 사금석(砂金石).
‡**av·e·nue** [ǽvənjùː/-njùː] 명 Ⓒ 1 (기념비나 대저택 따위로 통하는 큰 길). 2 가로수길. 3 대로, 한 길; (A-) (거리 이름으로) …가(街)(* New York에서는 동서로 뻗은 길을 street라고 하는 데 대하여 남북으로 난 대로를 말한다)(약 Av., Ave.). ¶the Fifth A- of New York 뉴욕 5번가. 4 (어떤 장소로 이르는) 길(to). ¶the ~ to China 중국에 이르는 길. 5 (비유적) 도달(접근) 수단, 방법(way) (to, of). ¶an ~ of escape from reality 현실 도피의 수단 // an ~ to success 성공에 이르는 길.

explore every avenue; leave no avenue unexplored 모든 수단(방법)을 강구하다.
***a·ver** [əvə́ːr] 타(-**rr-**) 1 〔진실임을〕 확언하다. 단언하다; …을 역설하다, 주장하다. 2 〔법률〕 …을 증언하다. ¶(~+*that*節) She ~*red that* he had done it. 그녀는 그가 그것을 했다고 증언했다.
‡**av·er·age** [ǽvəridʒ] 명 -**ag·es** [-iz] ⒸⓊ 1 평균, 보통; 표준; (탐·선수의) 율(率); (학업의) 평균 성적[점]. ¶a high batting ~ 높은 타율 // An ~ as happy as the ~ 100 people apply a week. 주 평균 100명이 지

원한다. 2 (항만료·수로 안내료·예선료(曳船料) 따위 선주 부담의) 소액 비용; 〔해상법〕 해손(海損). ¶general [particular] ~ 공동[단독] 해손. 3 〔수학〕 평균치; 〔통계〕 산술 평균. 4 (종종 ~s) 〔증권〕 평균 주가.

above [**below**] **the average** 평균 이상[이하].
on (an, the) average 평균하여; 대체로.
take [or **strike**] **an average** 평균을 잡다, 평균하다. ¶*strike* a rough ~ 대충 평균을 내다. 〔하여.
up to the average 평균에 이르러, 일반 표준에 달
— 형 1 평균의, 평균적. ¶the ~ span of human life 사람의 평균 수명 / ~ monthly rainfall 월평균 강우량 / ~ value 〔수학〕 평균치. 2 보통의, 평범한. ¶an ~ man 보통 사람, 범인.
— 타 (-**ag·es** [-iz]; ~**d**; -**ag·ing**) 1 …의 평균치를 구하다, ~의 평균을 내다. 2 평균 …에 달하다, 평균 …이다. ¶The expenses ~ 500 dollars a week. 경비는 1주 평균 500달러이다. 3 평균 …을 하다. ¶He ~s forty hours' work a week. 그는 1주에 평균 40시간 일한다. 4 …을 비례 배분하다, 균분하다. ¶We ~*d* our gains according to what each had put in. 우리는 투자액에 따라 수익을 분배했다. — 자 평균하다, 보통 수준에 이르다; 평균하여 …이 되다, 평균을 나타내다.
average a loss 결손[손실]을 균분(均分)하다.
average down [**up**] (증권 따위를 매매하여) 평균치를 내리다[올리다].
average out ① (증권 따위에서 손해를 보지 않도록) 매매해 버리고 손을 떼다. ② 결국 평균치[가]가 되다.
average out to [or **at**] (구어) 평균 …에 달하다.
~·ly 부 ~·ness 명 〔시간.
áverage áccess tìme 명 〔컴퓨터〕 평균 접근
áverage adjúster 명 〔보험〕 (공동 해손 분담의) 해손 정산인.
áverage adjústment 명 〔보험〕 해손 정산[산정].
áverage cláuse 명 〔보험〕 (손해 보험의) 비례 보전 조항; (해상 보험의) 분손 담보 약관.
áverage deviátion 명 =mean deviation.
áverage lífe 명 〔물리〕 (방사성 물질의) 평균 수명.
av·er·ag·er [ǽvəridʒər] 명 〔상업〕 해손(海損) 청산
áverage yéar 명 평년. 〔인.
a·ver·ment [əvə́ːrmənt] 명 Ⓤ Ⓒ 단언, 확언, 언명; 〔법률〕 사실의 진술[주장].
A·ver·nus [əvə́ːrnəs] 명 1 아베르누스 호(湖)(이탈리아의 나폴리(Naples) 근처에 있는 화구호(火口湖)). 2 〔로마 신화〕 지옥(Hades, hell).
***a·verse** [əvə́ːrs] 형 1 〔서술용법〕 싫어하는, 꺼리는, 마음 내키지 않는; 반대하는 (*to*, 《영구어》 *from*). ⇨ RELUCTANT 유의어 ¶be ~ *to* [or *from*] flattery 아첨을 싫어하다 / be ~ *to go* [or *going*] 가기를 싫어하다. 2 〔식물〕 (잎이) 줄기의 반대쪽을 향한. 형 adverse
~·ly 부 ~·ness 명
***a·ver·sion** [əvə́ːrʒən, -ʃən] 명 1 (종종 an ~) 혐오, 싫음, 반감 (*to, for, from*). ¶I have an ~ *to* falsehood in any form. 어떤 거짓말이든 거짓말은 질색이다. 2 싫은 사람[것]. 3 〔폐어〕 피하기, 회피.

유의어 **aversion** 불쾌한 것을 피하는 기분. **antipathy** 불쾌한 것에 대한 적의를 암시한다. **disgust** 감각적으로 메스꺼운 듯한 혐오. **loathing** 증오와 disgust가 섞인 기분. **repugnance** 자기 생각·기호에 맞지 않는 것에 대한 반발. **abhorrence** 강한 repugnance.

one's pet [or **chief**] **aversion** 아주 싫은 사람[것].
aversion thèrapy 명 혐오 요법(해로운 자극을 주어 나쁜 버릇이나 반사회적 행동을 치유하는 요법). (또는 **avérsive condítioning**)
a·ver·sive [əvə́ːrsiv, -ziv] 형 혐오의, 싫어하는, 혐오감을 갖게 하는; 혐오 요법의[에 관한]. — 명 질책, 비난, 벌; 혐오 요법에 쓰이는 징계[벌, 약품].

~·ly 분 ~·ness 명
a·vert [əvə́ːrt] 타 1 …을 돌리다, 비키다 (*from*).¶ (~+분+前+名) She ~ed her eyes *from* his stare. 그녀는 그의 시선으로부터 눈을 돌렸다. 2 〔사고·위험 따위〕를 피하다, 막다.¶~ the accident 사고를 피하다. ~·**a·ble** 형 ~·**ed·ly** 분 ~·**er** 명 ~·**i·ble** 형
A·ves [éiviːz] 명복 〔척추 동물문(門)의〕 조강(鳥綱).
A·ves·ta [əvéstə] 명 (the ~) 아베스타(조로아스터교(Zoroastrianism)의 성전(聖典)).
AVF all-volunteer *f*orce(전원(全員) 지원병 부대).
avg. average.
av·gas [ǽvgæs] 명 항공기용 가솔린. 〔<*av*iation+*gas*oline〕
a·vi- [éivi, ǽvi, -və] 연결 bird의 뜻.¶*avi*culture.
A·vi·an [éiviən] 명 새의, 조류의. —— 명 새.
A·vi·an·ca [ɑ̀ːviǽŋkə] 명 아비앙카 항공(콜롬비아 항공 회사; 略 AV).
ávian flú[influénza] 명 조류 독감.
a·vi·a·rist [éiviərist] 명 조류 사육장 관리인(사육사).
a·vi·ar·y [éivièri] 명 〔동물원 따위의〕 큰 새장, 새집, 조류 사육장.
a·vi·ate [éivièit, ǽv-] 자 비행하다, 비행기로 날다. —— 타 〔항공기〕를 조종하다.
*a·vi·a·tion [èiviéiʃən, ǽv-] 명[U] 1 비행(술), 항공(술).¶civil ~ 민간 항공 /an ~ ground 비행장. 2 〔집합적〕 항공기; 군용기. 3 항공기의 기종[형, 생산].¶the ~ of the future 미래의 항공기. 4 항공기 산업.
aviátion bádge 명 〔美〕 공군 기장(記章)(wings).
aviátion cadét 명 〔美공군〕 사관[간부] 후보생.
aviátion còrps 명 항공대.
aviátion líght 명 항공 등화(고층 빌딩·철탑에 설치한 조명등).
aviátion médicine 명 항공 의학.
aviátion spírit[gàsoline] 명 〔항공〕 항공(기용)
*a·vi·a·tor [éivièitər, ǽv-] 명 비행사, 조종사.¶a civilian [*or* private] ~ 민간 비행사.
áviator glásses 명 조종사용 안경.
áviator's éar 명 〔의학〕 고공 비행병 증이염.
a·vi·a·tress [éiviéitris, ǽv-] 명 =aviatrix.
a·vi·a·trix [éiviéitriks, ǽv-] 명 (복 ~**es** [-iz], **-tri·ces** [-trəsiːz]) 여류 비행사.
a·vi·cul·ture [éivəkλ̀ltʃər] 명[U] 조류(들새) 사육.
⌐**cul·tur·ist** 명 조류 사육자.
av·id [ǽvid] 형 1 탐하는, 열망하는 (*for*, *of*). 2 열심인, 열광적인.¶an ~ moviegoer 열렬한 영화팬.
be avid for [*of*] …을 탐하는, 몹시 탐내다.
~·**ly** 분 ~·**ness** 명
a·vid·i·ty [əvídəti] 명[U] 1 열심; 〔열렬한〕 욕망, 탐욕. ⇨GREED 유의어 2 〔생화학〕 친화성(度].
have a strong avidity for …을 몹시 탐내다.
with avidity 탐하여, 욕심 사납게.¶eat *with* ~ 게걸스럽게 먹다.
a·vi·ette [èiviét] 명 글라이더식 소형 비행기.
a·vi·fau·na [èivəfɔ́ːnə, ǽv-] 명 〔집합적〕 조류상(相)(어느 지방[시대]의 조류의 분포 상태).
av·i·ga·tion [ǽvəgéiʃən] 명[U] 항공; 항공술(학].
⌐**gà·tor** 명 〔Rhone 강변의 도시〕
A·vi·gnon [ǽviːnjən, əvíːnjɔːŋ] 명 아비뇽(프랑스 남부의 도시).
a·vi·on [ǽviːoːŋ/F ɑvjɔ̃] 명 비행기.¶par ~ 항공편으로. 〔<F airplane〕
a·vi·on·ics [èiviɑ́niks, ǽv-/-ɔ́n-] 명 (단수 취급) 항공 전자 공학; 〔복수취급〕 항공 전자 기기(장치).
-ic 형 〔<*avi*ation+electr*onics*〕
a·vi·o·pho·bi·a [èiviəfóubiə, ǽv-/èiv-/èiv-] 명 〔정신의학〕 항공(비행) 혐오(공포증).
a·vir·u·lent [eivírjulənt/ævír-] 형 〔미생물 따위가〕 독성(弱毒性)의, 〔더운 기운·오랜 세월 때문에〕 독이 빠진, 무독성의. **-lence** 명
a·vi·so [əvízou] 명 (복 ~**s**) 통달, 통보, 급보; 〔특히〕 공문서 송달; 통보선, 공문서 송달선. 〔<Sp〕

a·vi·ta·min·o·sis [eivàitəmənóusis/ævìtə-, ǽvitəm-] 명[U|C] (복 **-ses** [-siːz]) 〔병리〕 비타민 결핍증. **-ot·ic** [-ɑ́tik/-ɔ́tik] 형
AVM *a*utomatic *v*ehicle *m*onitoring(차량 위치 자동 표시 시스템). **A.V.M.** 〔英〕 *a*ir *v*ice-*m*arshal.
avn. aviation.
Á-V nòde 〔의학〕 방실 결절(房室結節). (또는 **ÁV nòde**) 〔<*a*trio*v*entricular *node*〕
av·o·ca·do [ǽvəkɑ́ːdou, ɑ̀ːvɑ́ː-] 명 (복 ~**s**) 아보카도(~ pear)(식용 열대성 과일); 아보카도 나무.
av·o·ca·tion [ǽvəkéiʃən] 명 1 부업, 내직(內職), 취미삼아 하는 일; 취미, 도락. 2 〔구어·드물게〕 직업, 본업. * 현재는 보통 vocation을 쓴다. 3 〔고어〕 심심풀이, 소일거리. ~·**al** 형 ~·**al·ly** 분
a·voc·a·to·ry [əvɑ́kətɔ̀ːri/əvɔ́kətəri] 형 소환하는, 호출하는.¶an ~ letter 소환장.
av·o·cet [ǽvəsèt] 명 〔조류〕 뒷부리장다리물떼새.
A·vo·ga·dro [ǽvəgɑ́ːdrou, ɑ̀ːvɑ́ː-] 명 **Amadeo** ~ 아보가드로(1776-1856: 이탈리아의 물리·화학자).
Avogádro's láw [hypóthesis] 명 〔화학〕 아보가드로의 법칙.
Avogádro's númber 명 〔화학〕 아보가드로 수 (數)(1몰의 순물질 중에 존재하는 분자의 수; 6.02×10^{23}). (또는 **Avogádro númber [cónstant]**)
‡a·void [əvɔ́id] 타 (~**ed** [-z]) 1 …을 피하다, 비키다, 회피하다; 경원하다; …하지 않도록 하다, 〔…하는 것〕을 막다(*doing*). ⇨ESCAPE 유의어¶~ bad [*or* evil] company 나쁜 친구를 사귀지 않다 // I could not ~ *saying* so. 그렇게 말하지 않을 수가 없었다. 2 〔법률〕 〔계약·효력 따위〕를 무효로 하다, 취소하다. 3 〔페어〕 …을 비우다; 쫓아내다. ~·**er** 명
*a·void·a·ble [əvɔ́idəbl] 형 피할 수 있는, 벗어날 수 있는; 〔법률〕 무효로 할 수 있는. **-bly** 분
*a·void·ance [əvɔ́idəns] 명[U] 1 회피, 기피.¶tax ~ 절세. 2 〔법률〕 취소, 무효화, 무효의 주장. 3 〔관직·성직 따위의〕 공석(vacancy). **-ant** 〔심리〕 회피성의.
avoir. *avoir*dupois weight.
av·oir·du·pois [ǽvərdəpɔ́iz] 명 1 = ~ weight. 2 〔美구어〕 무게, 〔특히 사람의〕 체중; 비만.
avoirdupóis wéight 명 상형(常衡)(16 ounces를 1 pound로 하는 중량 단위; 보석·귀금속·약품 이외에 씀; 略 av., avoir., avdp.).
A·von [éivən, ǽvən] 명 (the ~) 에이번 강(잉글랜드 중부의 강; Shakespeare의 출생지 Stratford-upon-Avon은 그 근처에 있다). 〔<Celt *river*〕
av·o·set [ǽvousèt] 명 =avocet.
a·vouch [əváutʃ] 타 1 …을 공공연히 주장하다, 공언하다. 2 …을 보증하다. 3 〔죄·과실 따위〕를 시인하다, 털어놓다.¶~ one's guilt [fault] 죄[과실]를 인정하다. —— 자 〔고어〕 보증하다(*for*).¶I can ~ *for* the quality. 품질은 보증합니다. [털어놓다.
avouch oneself as [*or* *to be*] …(임)을 인정하다, ~·**er**, ~·**ment** 명
a·vow [əváu] 타 1 …을 공언하다, 언명하다.¶He ~s himself (*to be*) an upholder of the party. 그는 그 당의 지지자라고 공언한다. 2 〔죄·결정 따위〕를 (솔직히) 인정하다, 고백하다; 〔재귀용법으로〕 자신이 …임을 밝히다[인정하다].¶~ a crime 죄를 고백하다 / ~ oneself (*to be*) in the wrong 자신이 틀렸음을 솔직히 인정하다. 3 〔법률〕 …에 대하여 정당 점유(占有)의 항변을 하다; 인낙(認諾)하고 변명하다.
~·**a·ble** 형 ~·**ant** 형 인낙하는, 인낙자(認諾者).
a·vow·al [əváuəl] 명[U|C] 공언, 언명; 시인; 고백.
make an avowal of …을 공언하다.
a·vowed [əváud] 형 스스로 인정한, 공언한, 공공연한.¶an ~ enemy 공공연한 적 / her ~ lover 그녀의 공공연한 애인. ~·**ly** 분 **a·vów·ed·ness** 명
AVR *A*rmy *V*olunteer *R*eserves; *a*utomatic *v*olt-

a·vulse [əvʌ́ls] 타 (잡아) 떼다[찢다]; 〔의학〕〔조직〕을 벗겨내다. ¶ ~ a ligament 인대를 잘라내다.

a·vul·sion [əvʌ́lʃən] 명 1 잡아찢기; 〔의학〕 (수술·사고 따위에 의한 조직의) 박리(剝離), 적출(摘出). 2 〔법률〕 (토지의) 자연 분리(홍수 따위에 의한 소유지의 전위(傳位)). 3 © 찢어진 것.

a·vun·cu·lar [əvʌ́ŋkjulər] 형 큰[작은] 아버지 (uncle)의, (인정 많은) 아저씨 같은. ~·ly 부

AVVI (우주) altitude vertical velocity indicator ((우주 왕복선의) 고도·연직(鉛直) 속도계. 「낸다.

aw [ɔ:] 감 에이구!(반대·항의·불신·혐오감 따위를 나타

aw (전기) abwatt. **AW** above water; Articles of War. **AW, A/W** actual weight; airworthy (해사) all water(전수운(全水運)(전부 수로 수송으로)).

a/w (인쇄) artwork. **a.w., A.W.** actual weight (실량(實量)); all water(만수); atomic weapon [weight]. **AWA** American Wrestling Association (미국 레슬링 협회).

AWACS [éiwæks] 명 (군사) 공중 조기 경계 관제 체제[기(機)]. (또는 **Awacs, AW & C** Aircraft) (< airborne warning and control system)

‡**a·wait** [əwéit] 타 1 (사람)을 기다리다, 대기하다; …을 고대하다, 기대하다, 예기하다 (＊wait for 보다 문어적). ¶ The long ~ed summer vacation 기다리고 기다리던 여름 방학 / I have ~ed your arrival [reply] for a week. 네가 오기를[너의 답장을] 1주일 동안 기다리고 있다. 2 (사물이) (사람)을 기다리고 있다, …에게 준비되어 있다. ¶ A warm welcome ~s you. 당신을 환영합니다 / Death ~s us all. 죽음이 우리 모두를 기다린다, 생자필멸. 3 (메어) …을 숨어 기다리다. ― 자 (대하여) 기다리다, 대망하다. **~·er** 명

‡**a·wake** [əwéik] 동 (**a·woke**, **~d** [-t]; **a·woke**, **~d**, **a·wo·ken**; **a·wak·ing**) 타 1 …을 잠에서 깨우다, 일으키다 (from). ¶ (~＋目＋前＋名) A shrill cry awoke me from [or out of] my sleep. 날카로운 외침 소리에 나는 잠이 깼다. 2 (최·무시 따위로부터) …을 눈뜨게 하다, …을 자각시키다, 깨닫게 하다 (from, to). ¶ (~＋目＋前＋名) ~ people from ignorance 사람들을 계몽하다. 3 …을 (무기력 따위에서) 분기시키다 (from). 4 (기억·감정 따위)를 불러 일으키다. ¶ ~ old memories 옛 기억을 생각나게 하다. ― 자 1 잠을 깨다, 눈뜨다, 일어나다. ¶ I awoke with a start. 깜짝 놀라 눈을 떴다 // (~＋前＋名) ~ from [or out of] sleep 잠에서 깨다 // (~＋to do) He awoke to find himself famous. 그는 깨어나 보니까 유명해져 있었다. 2 알아차리다, 깨닫다 (to); (…에) 깨어나다, 눈뜨다 (from). ¶ (~＋前＋名) ~ to a danger 위험을 깨닫다 / ~ from a delusion [an illusion] 망상[환상]에서 깨어나다 / He awoke to the realities of life. 그는 인생의 현실에 눈을 떴다.
―형 (서술용법) 1 자지 않는, 잠이 깬(⇔asleep). ¶ keep a person ~ 남을 재우지 않다. 2 (…에) 빈틈 없는, 정신을 바짝 차린 (to). ¶ (~＋前＋名) be ~ed from sleep 잠에서 깨다. 2 자각시키다, 깨닫게 하다, (…에) 눈뜨게 하다 (to). ¶ (~＋目＋前＋名) It has ~ed him to a sense of his position. 그것으로 그는 자기 지위의 중요성을 깨달았다. 3 (기억·감정 따위)를 불러 일으키다. ― 자 1 (잠에서) 깨다, 일어나다 2 알아차리다, 깨닫다, 눈뜨다. **~·a·ble** 형 **~·er** 명

a·wak·en·ing [əwéikəniŋ] 형 잠에서 깨우는; 깨닫게 하는, 각성시키는. ― 명 UC (보통 an ~, the ~, one's ~) 눈뜸; (흥미의) 회복, 재생, (주의의) 환기; 깨달음, 인식, 자각, 각성(to); (종교[단체]에 대한 관심의) 부활. ¶ an ~ of the self 자아의 눈뜸 / They had a vague ~ to his intention. 그들은 희미하게나마 그의 의도를 알게 되었다.

a rude awakening 돌연한 자각; 환멸, 아연실색. ¶ have [or receive] a rude ~ to …에 실색하다.

‡**a·ward** [əwɔ́:rd] 타 동 (~**s** [-z]) 1 …에게 (상벌·장학금 따위)를 주다, 수여하다 (to, for). ¶ (~＋目＋目) (~＋目＋前＋名) ~ a person a prize; ~ a prize to a person 남에게 상을 주다 / He was ~ed a gold medal for his excellent performance. 그는 묘기로 금메달을 받았다. 2 (중재 재판 따위에서) …을 재정(裁定)하다; (사정(査定)하여) …을 주다. ¶ The court ~ed damages of one million won. 법원은 100만원의 손해 배상액을 재정했다. ― 명 1 상, 상품, 상금; 메달, 상패. ⇒ REWARD 유의어 2 ⒞ (중재 재판 따위의) 심판, 판정, 재정. 3 판정서; (손해 배상 따위의) 재정액 (to). 4 (英) 장학금. ~**·a·ble** 형 ~**·a·ble** 형 ~**·er** 명

a·ward·ee [əwɔ:rdí:, -́-] 명 수상자.

awárd wàge (濠) 법정 최저 임금.

a·ward-win·ning [-wíniŋ] 형 수상하는, 표창을 받은, 우량한. ¶ an ~ novel 수상 소설.

‡**a·ware** [əwɛ́ər] 형 (**more ~; most ~**) 1 (서술용법) 알아차린, 감지한; 아는, 알고 있는 (of; that절). ¶ He became ~ of my intention. 그는 내 의도를 눈치챘다 / I was well ~ that it was dangerous. 그것이 위험하다는 것은 잘 알고 있었다.

유의어 *aware* 관찰·감각에 의하여 또는 배워서 알고 [깨닫고] 있는. *conscious* 사실·상태에 의식적으로 관심을 집중하고 있는.

2 (수식어와 함께) (사람이) …에 정통한[밝은]; (사람·제품이) …을 이해[배려]하는. ¶ a politically ~ person 정치에 밝은 사람 / environmentally ~ 환경을 배려한. 3 자신이나 주변 사정에 밝은, 모든 것을 꿰뚫고 있는.

be [or *become*] *aware of* …을 알아 차리다, …을 알다.

***a·ware·ness** [əwɛ́ərnis] 명 U (때로 an ~) 알고 있음, 자각, 인식; 경계, 주의; (심리) 의식성.

out of awareness 무의식 중에.

a·wash [əwɔ́ʃ, əwɔ́:ʃ/əwɔ́ʃ] 형 (＊형용사로는 서술용법) 〔해사〕 (바위·침몰선 따위가) 수면과 같은 높이로[의]. 2 물에 덮여 (있는). 3 파도에 씻기는. 4 (장소·사람 등이) (…으로) 넘치는(in, with). 5 be ~ in a sea of wails 울음바다이다. 5 (美속어) 술 취한.

‡**a·way** [əwéi] 부 1 저리로, 저쪽으로, 저편으로. ¶ go ~ 가버리다 / throw ~ (던져) 버리다 / clear ~ rubbish 쓰레기를 치우다 / Drive him ~! 그를 쫓아 버려라 / He ran ~ with my money. 그는 내 돈을 가지고 도망갔다 / Immediately he was ~. 그는 곧 떠났다. 2 떨어져서, 저쪽에, 떠나서(apart). ¶ six miles ~ 6마일 떨어져서 / be ~ at the front 전선에 나가 있다 / He is ~ in the country. 그는 시골에 가 있다. 3 부재 중, 결석하여. ¶ They are ~ for the summer. 그들은 피서를 가고 없다. 4 옆으로, 옆을 향하여, 외면하여 / Don't look [or turn your eyes] ~! 곁눈질 하지 마라! 5 사라져, 차츰 소멸하여; 없어져. ¶ die ~ 사라져 가다; 조용해지다 / fade ~ 사라지다 / waste ~ 낭비하다; 몹시 여위다 / wear ~ 마멸시키다; 지나가다 / wash ~ 씻어내리다 / idle ~ one's time 빈둥빈둥 시간을 보내다. 6 끊임없이, 꾸준히, 연이어. ¶ work ~ 지런히 일하다 / He kept on hammering ~. 그는 계속해서 탕탕 두드렸다. 7 곧, 당장, 즉시. ¶ Fire ~! 사격 개시! / (美구어) 저 멀리, 훨씬(far)(＊above, ahead, back, behind, below, down, off, out, over, up 따위 시간·공간을

의미하는 부사·전치사, 또는 비유적 의미의 다른 부사·전치사를 강조한다. 종종 'way, way로 생략). ¶~ down [up] 훨씬 밑[위]에. 9 (美속어) 투옥[구금]되어. *Away!* 저리 가!, 꺼져!, 가거라! (Get[Go] ~!).
awáy báck (美구어) 훨씬 후방에; 훨씬 전에[멀리], 이미.   [서.
awáy fròm it áll (구어) 일상 생활의 번잡에서 떠나
awáy with (명령형) …을 쫓아버려, 치워버려. ¶*A— with him!* 그를 쫓아버려! / *A— with it!* 그것을 치워라! / 그만둬라! / *A— with you!* 꺼져버려! 비켜!
be awáy ① 떨어져 있다; 부재중이다(*from*). ② (속어) (교도소에) 들어가 있다.
cannot awáy with (고어) …을 참지 못하다.
do [or **make**] **awáy with** ⇒DO, MAKE.
explain awáy ⇒EXPLAIN. **fall awáy** ⇒FALL.
fár and awáy 저 멀리; 훨씬, 뛰어나게, 단연.
fár [or **óut**] **and awáy the bést** 가장 뛰어나게, 가장 뛰어나게.   [없어.
fár [or **míles**] **awáy** 저 멀리; 망연하여, 종잡을 수
from awáy (美) 멀리에서.
gét awáy fròm it áll ⇒GET.   [설마, 그럴 리가!
gét awáy with ⇒GET.
Gét awáy [or **alóng, ón, óff**] **(with you)!** (구어)
óut and awáy ⇒OUT. **pùt awáy** ⇒PUT.
ríght [or **stráight**] **awáy** 즉시, 곧.
stáy [or **kéep**] **awáy fròm** …을 가까이하지 않다.
                                          […에서 떨어져 있다.
They're awáy! 일제히 출발[스타트]했습니다.
wéll awáy 어지간히 진행되어, 순조롭게, 앞질러서; (구어) 거나하게 취하여.   [는다는 말).
Where awáy? 어느 방향이냐? (배에서 뭔가 보일 때)
wórk awáy at …을 열심히 계속하다.
── 형 **1** (명사 뒤에서) 떨어진 곳에; (시간적으로) 앞인. ¶It's just ten minutes ~ by car. 차로 불과 10분 되는 곳이다 / The wedding was only six days ~. 결혼식까지 6일밖에 없었다. **2** 부재의, 외출중의. ¶be ~ on holiday 휴가로 부재중이다. **3** 《스포츠》 (한정용법) (시합이) 상대방 홈 그라운드에서의. ¶an ~ win 원정 경기에서의 승리. **4** (야구) 아웃이 된. *Two down, two out to.* 5 (골프) (공이) 홀에서 가장 멀리 있는 (골퍼가 (그 때문에) 맨 처음 플레이 해야 하는.
── 명 《스포츠》 (축구·럭비의) 원정 (경기); 그 승리.
── 동자 (英) 가다. ¶Well, I must ~! 이제 떠나야 돼.
awáy dày 명 **1** 소풍, 여행. **2** (속어) LSD의 1회분.
awáy-from-hóme [-frəmhóum] 형 집[고향]을 떠나 있는; 여행지에서의.
awáy màtch [gàme] 명 원정 시합.
AWB *air waybill*.
‡**awe** [ɔː] 명U **1** (숭고·장엄·강대한 것 앞에서 느끼는) 두려움, 경외(敬畏). ¶a feeling of ~ 두려워하는 마음 / inspire a person with ~ 남을 두려워하게 하다. **2** (고어) 위력, 위풍. **3** (폐어) 공포(*fear, dread*).
be [or **stand**] **in áwe of** …을 두려워[경외]하다.
be strúck [or **fílled**] **with áwe** 위엄에 눌리다.
hóld [or **kéep**] **a person in áwe** 남을 두려워하게 하다.
── 동타 (~s [-z]; ~d; aw(e)·ing) …을 두려워하다, 경외하게 하다; …을 위압[압도]하다.
áwe a *person* **ìnto** 남을 위압하여 …하게 하다.
A-wéap·on [éiwèpən] 명 원자[핵] 무기.
a·wea·ry [əwíəri] 형 (시) (서술용법) =WEARY.
a·weath·er [əwéðər] 부 《해사》 바람 불어오는 쪽으로(의). alee ⌐·ly 부 ⌐·ness 명
awed [ɔːd] 형 경외심[두려움]을 나타낸[가지고 있는].
a·weigh [əwéi] 형 (서술용법) 《해사》 닻을 감아올리기 시작한. **with anchor aweigh** 닻을 감아서 올려.
awe-in·spir·ing [ˊ-inspàiəriŋ] 형 두려운[경외심]을 품게 하는; 장엄한. ~·ly 부

awe·less [ɔ́ːlis] 형 두려워하지 않는; 두려움을 모르는; 두려울 것 없는, 대단한 것이 못 되는. ~·ness 명
awe·some [ɔ́ːsəm] 형 **1** 두려움[경외심]을 일으키게 하는, 황송스러운; 무시무시한, 무서운. **2** (美속어) 아주 인상적인, 멋있는; 최고의. ~·ly 부 ~·ness 명
awe-struck [ˊ-stràk] 형 위엄에 눌린, 두려워진. (또는 **áwe strúck, áwestrìcken, áwe-strìcken**)
‡**aw·ful** [ɔ́ːfəl] 형 (*more* ~; *most* ~) **1** 무서운, 끔찍한(dreadful). ¶die an ~ death 처참하게 죽다. **2** (구어) 지독한, 심한, 터무니없는; 아주 싫은. ¶an ~ error 심한 잘못. **3** 공손한, 경건한. **4** 장엄한. **5** (구어) 굉장한, 아주 많은. ¶an ~ lot of money 거액의 돈.
── 부 (구어) 몹시, 대단히. ~·ness 명
‡**aw·ful·ly** [ɔ́ːfəli] 부 (*more* ~; *most* ~) **1** 몹시, 대단히. ¶I am ~ sorry for you. 정말 미안합니다. **2** 비난[불만]을 살 정도로, 무례[불손]하게. ¶behave ~ 무례하게 굴다. **3** (고어) 엄숙하게, 공손하게.
a·wheel [əhwíːl] 부 자전거[자동차]를 타고 (가는).
*a·while** [əhwáil] 부 잠깐. ¶Stay ~. 잠깐 계시오.
a·whirl [əhwə́ːrl] 형 (서술용법) 빙글빙글[빨리] 도는.
‡**awk·ward** [ɔ́ːkwərd] 형 (*more* ~; *most* ~) **1** 서투른, 미숙한(*at, in*); 솜씨 없는(*with*). ¶an ~ workman 솜씨가 서툰 직공 / an ~ excuse 서투른 변명. **2** 보기 흉한, 꼴사나운. ¶He is ~ in *his* gestures. 그는 몸짓이 어색하다. **3** 다루기 힘든, 불편한. ¶~ instruments 사용하기에 불편한 기구 / an ~ handle to hold 쥐기 힘든 손잡이. **4** 주의를 요하는, 조심해야 하는, 위태위태한. ¶This is an ~ corner to turn. 이건 함부로 다룰 일이 아니다. **5** (사람이) 다루기 힘든, 까다로운. ¶He's an ~ fellow. 그는 다루기 힘든 녀석[만만찮은 상대]다. **6** 난처한, 귀찮은; 거북한, 쑥스러운, 멋적은. **7** (때·날짜가) 불편한, (…에게) 형편이 좋지 않은. **8** (완곡적) 임신한.
at an áwkward móment [or **tíme**] 계제[형편]이 좋지 않은 때에, 곤란한 때에.
be áwkward at …에 서투르다. ¶*be ~ at* handling chopsticks 젓가락질이 서투르다.
be áwkward to *do* …하기에 불편하다.
be in an áwkward situátion 곤란한 처지에 있다.
féel áwkward 거북하게 여기다, 난처해하다.
~·ness 명
áwkward àge 명 (the ~) 사춘기.
áwkward cústomer 명 다루기 힘든 사람[동물], 만만찮은 상대.   [꼴사납게; 쑥스럽게, 멋적게.
*aw·ward·ly** [ɔ́ːkwərdli] 부 서투르게, 어색하게, 무례하게;
áwkward squád 명 신병반(新兵班); (英속어) 서투른 패거리[집단, 팀], 비협력적인 사람들.
awl [ɔːl] 명 (가죽·나무 따위에 구멍을 뚫는) 송곳.
A.W.L., **a.w.l.** *absent* [or *absence*] *with leave*(휴가 중인). 명 AWOL
aw·less [ɔ́ːlis] 형 =AWELESS.   [착륙 장치].
AWLS (항공) *all-weather landing system*(전천후
awn [ɔːn] 명 (보리 따위의) 까끄라기; 까끄라기 비슷한 강모(剛毛). ~·ed, ⌐·less 형
*awn·ing** [ɔ́ːniŋ] 명 (창 따위의) 차일, 차양; 비막이 덮개; (갑판 위의) 천막; 차폐물(*shelter*). ~ed 형
áwning dèck 명 (美) 차양 덮개가 있는 갑판.
áwning window 명 돌출창, 차양식 창.
‡**a·woke** [əwóuk] 동 *awake*의 과거·과거분사.
a·wo·ken [əwóukən] 동 *awake*의 과거분사.
AWOL, **a·wol** [éidʌbljuːóuəl, éiwɔːl, -wɑl] (군사) 탈영병; 무단 결근자, 무단 외출자. ── 형부 탈영한[하여]; 무단 결근[외출]한[하여].
gó awol 탈영하다; 무단 결근[외출]하다.
[<*absent without leave*]
A.W.R.E., **AWRE** *Atomic Weapons Research Establishment*(원자 병기 연구소).
a·wry [ərái] 부 **1** 구부러져, 비틀어져. **2** (사람의 행

동이나 사물이) 잘못되어서, 신통치 않게. —톙 (서술 용법) 구부러진, 비뚤어진.
be awry from …에 어긋나다.
go [or *run, tread*] *awry* 실패하다; (예측 따위에서) 벗어나다, 들어지다; 길을 잘못 들다. 〔으로 보다.
look [or *glance*] *awry* 곁눈질로 보다; 의심하는 눈
think awry 삐딱하게 생각하다, 부정한 생각을 하다.
tread the shoe awry 불의를 저지르다; 타락하다.
aw-shucks [-ʃʌks] 톙 (속어) 쩔쩔매는, 수줍어 하는, 부끄러워하는 듯한.
AWT *advanced waste treatment*. **AWU** *Australian Workers' Union*. **AWW** *average weekly wage*.

‡**ax** [æks] 몡 (匆 ~·**es** [-iz]) 1 도끼, 큰 도끼; (옛날 전쟁 무기로 쓰인) 도끼, 참수용 도끼; 피켈(ice ~).

유의어 *ax* 장작팰 때 따위에 쓰는 큰 도끼. **chopper** 푸줏간 따위에서 쓰는 자루가 짧고 날이 넓은 손도끼. **hatchet** 손도끼. **tomahawk** 아메리칸 인디언들의 큰 도끼.

2 (the ~) (구어) 면직, 해고; (인원·비용의) 대폭 삭감; 퇴학; (애인 등에 의한) 퇴짜. **3** (속어) (재즈용의) 악기, (록 음악의) 기타.
an ax to grind 딴 속셈, 사욕(私慾). ¶ *have an ~ to grind* 딴 속셈이 있다.
get the ax ① 해고 당하다; 퇴학 당하다; (애인 등에게) 채다, 퇴짜 맞다. ② (예산 따위가) 삭감되다; (계획 따위가) 중지[축소]되다.
give a person the ax 남을 해고하다; 퇴학시키다; (애인 등)을 차버리다, 이혼하다.
grind an ax 모의하다; 음모를 꾸미다.
hang up one's ax 쓸데없는 계획을 중지하다.
lay the ax to the root of …을 근절시키다.
put the ax in the helve 어려운 문제를 해결하다.
send the ax after the helve 손해 본 데다 또 손해보다, 엎친 데 덮치다.
—몡(卧) (*axed; ax·ing*) **1** (도끼로) …을 자르다, 세공하다. **2** (인원·비용 따위)를 삭감하다; (가격)을 (크게) 내리다. **3** (구어) (셈 따위)를 끝내다. (또는 **axe**)
ax off 해고하다.
^-·**like** 톙

ax. *axiom; axis*.
áxe hèlve 몡 (도끼의) 나무 자루.
ax·el [ǽksəl] 몡 (피겨스케이팅) 액셀 점프. (< 노르웨이의 피겨 스케이트 선수 Axel Paulsen(1855–1938)
axe·man [ǽksmən] 몡 =axman.
a·xen·ic [eizénik, -zíːn-] 톙 (생물) 이종(異種) 생물을 섞을 수 없는, 단일의 무균(無菌)의(sterile).
ax·es[1] [ǽksiz] 몡 **ax**, **axe**의 복수형.
ax·es[2] [ǽksiːz] 몡 **axis**의 복수형.
ax·grind·er [ǽɡràindər] 몡 딴 속셈이 있는 사람, 음모가. ·**grìnd·ing** 톙
ax·ham·mer [ǽkshæ̀mər] 몡 (석공용의) 도끼 모양의 메, 돌결을 다듬는 메. (또는 **axehammer**)
ax·i·al [ǽksiəl] 톙 **1** 축(軸)의, 축 모양의; 축 위의; 축을 이루는, 축과 같은. ¶ ~ *symmetry* (수학) 축대칭(軸對稱). **2** (식물) (형태학적으로) 중축성(中軸性)의. (또는 **axal**, **axile**) ·**ál·i·ty** 몡 ~·ly 튀 축의 방향으로.
áxial flów 몡 (제트 엔진의) 축류(軸流).
áxial skéleton 몡 (해부) 중축(中軸) 골격.
áxial véctor 몡 (물리·수학) 축성(軸性) 벡터.
ax·il [ǽksil] 몡 (식물) 엽액(葉腋)(잎과 가지 사이).
ax·ile [ǽksail] 톙 축의, 축 위의, 축에 있는; (식물) 엽축(葉軸)의.
ax·il·la [æksílə] 몡 (匆 *-lae* [-liː]) **1** (해부) 겨드랑이, **2** (식물) 엽액(葉腋). **3** (식물) 수액.
ax·il·lar·y [ǽksəlèri/æksíləri] 톙 **1** 겨드랑이의; 날개 모양의. **2** (식물) 엽액(葉腋)의, 액생(腋生)의.

—몡 (조류) 겨드랑이 깃.
ax·i·nite [ǽksənàit] 몡(U) 부석(斧石)(axstone).
ax·i·ol·o·gy [æ̀ksiálədʒi/-ɔ́l-] 몡(U) (철학) 가치 철학, 가치론. -**o·lóg·i·cal** ·**o·lóg·i·cal·ly** 튀 -**gist** 몡
ax·i·om [ǽksiəm] 몡 **1** 자명한 이치, 공인된 도리; 원칙, 원리. **2** 격언, 금언(maxim). **3** (철학·윤리) 격률(格率); (논리·수학) 공리(公理).
ax·i·o·mat·ic [æ̀ksiəmǽtik] 톙 자명한; 격언적인; (논리·수학) 공리적인. (또는 **axiomatical**)
-**i·cal·ly** 튀

*axis** [ǽksis] 몡 (匆 ·**es** [-siːz]) **1** 굴대, 축, 축선; 중심선. ¶ *the major* [*minor*] ~ (타원의) 장[단]축. **2** (해부) 제2경추(頸椎). **3** (식물) 축. **4** (기하) 좌표축. **5** (항공) (비행 자세를 정하는) 종선회, 축좌표. **6** (국가간의) 추축(樞軸); (정치) 제휴; (the A-) 추축국(제2차 대전 때의 독일·일본·이탈리아). 〔축단(軸端).
*ax·le** [ǽksl] 몡 (기계) 굴대, 차축; 차축연(axletree)의
áxle bòx 몡 (차의) 축함(軸函), 굴대 통.
áxle jòurnal 몡 (기계) 차축 머리.
áxle pin 몡 (짐수레 따위의) 차축 볼트.
ax·le·tree [ǽksltriː] 몡 (마차의) 차축, 굴대.
ax·man [ǽksmən] 몡 도끼를 쓰는 사람, 나무꾼; (속어) (재즈·록의) 기타리스트.
Ax·min·ster (**cárpet**) [ǽksmìnstər-] 몡 액스민스터 융단. (<생산지인 영국의 도시 Axminster)
ax·o·lotl [ǽksəlàtl/-lɔ̀tl] 몡 (동물) 아홀로틀(멕시코산(産) 도롱뇽의 새끼).
ax·on [ǽksɑn/-sɔn] 몡 (해부) 신경 돌기, 축색(軸索) 돌기. (또는 **ax·one** [ǽksoun]) ~·**al** 톙
ax·o·plasm [ǽksəplæ̀zm] 몡 (해부) 축색(軸色) 원형질. ·**plás·mic** 톙 〔끼움 옥돌〕.
ax·stone [ǽksstòun] 몡 도끼돌(남미 둥지의 돌 도
ay[1] [ei] 튀 =aye[2]. 〔위를 나타낸다〕.
ay[2] [ei] 칸 (방언) 아!, 아아!, 오!(슬픔·놀람·후회 따
ay[3] [ai] 튀(몡) =aye[1].
a·yah [a:jə/áiə] 몡 (인도 원주민) 하녀, 유모.
a·ya·tol·lah [à:jətóulə] 몡 (회교) **1** 아야톨라(시아파 고위 성직자에 대한 존칭). **2** 독단적 지도자; 실권자. (또는 **ayatullah**)〔<*Pers* sign of God〕
AYC *American Youth Congress*. **AYD** *American Youth for Democracy*.

‡**aye**[1] [ai] 튀 **1** 그렇다, 찬성!; 네(yes). ¶ *A-,* ~ , *sir*! 예 알겠습니다(해군·공군 병사의 상관에 대한 대답).
—몡 찬성 (투표); (英) 찬성(투표)자((美) yea).
the ayes and noes 찬성과 반대의 투표).
The ayes have it. 찬성 다수로 가결되었습니다.
aye[2] [ei] 튀 (시·방언) 언제나, 영원히.
for (*ever and*) *aye* 영원히, 언제까지나.
aye-aye[1] [áiài] 몡 다람쥐원숭이(Madagascar산).
aye-aye[2] [¨] (英) 그림그림, 그렇고 말고.
Ayers Róck [éərz-] 몡 에어즈 록(오스트레일리아 Northern Territory에 있는 거대한 바위산).
A.Y.H. *American Youth Hostels*.
Ayles·bur·y [éilzbəri] 몡 **1** 에일즈베리(영국 Buckinghamshire의 주도). **2** 에일즈베리 종(種) 오리.
Ay·ma·ra [àimərá:] 몡 (匆 ~(*s*)) 아이마라족(볼리비아와 페루의 Titicaca 호수 주변 산악에 사는 인디오의 일족); 아이마라어(語). **-ran** 톙
Ayr·shire [ɛ́ərʃiər, -ʃər] 몡 에어셔종(種)의 젖소. (<스코틀랜드 서남부의 주 이름)
A·yub Khan [a:júːb ká:n] 몡 **Mohammed** ~ 아유브 칸(1908–74: 파키스탄의 군인·대통령(1958–69)).
AZ *Arizona*. **az.** *azimuth; azure*.
A-Z [éizí:/éizéd] 몡 포괄적인. —몡 (英) 총람; ABC순 사전[지도책]. (<from A to Z)
a·zal·ea [əzéiljə] 몡 (식물) 진달래. 〔기도의 종.
a·zan [ɑːzɑ́n] 몡 (회교국 사원에서 1일 5회 올리는
Az·er·bai·jan [à:zərbaidʒá:n, æ̀zərbaidʒǽn] 몡

아제르바이잔(카스피해에 면한 공화국; CIS 회원국; 수도 Baku).
A·zer·bai·ja·ni [à:zərbaidʒá:ni, æ̀zərbaidʒǽni] 형 (복 ~(s)) ⓒⓤ 아제르바이잔 사람[어(語)]. — 형 아제르바이잔의, 아제르바이잔 사람[말]의.
Az·er·i [ɑ́:zɛəri, ǽzə-] 형명 =Azerbaijani.
a·zi·do·thy·mi·dine [əzàidouθáimidì:n, əzì:-, æ̀zi-] 명 (약학) =AZT.
A·zil·ian [əzí:ljən] 형 아질 문화(기)의. {<이 문화 유적이 발견된 프랑스의 도시 Mas d'Azil의 이름}
az·i·muth [ǽzəməθ] 명 (천문·해사) 방위각; 방위.
az·i·muth·al [æ̀zəmʌ́θəl] 형 방위각의. ~·ly 부
ázimuth cìrcle 명 방위권(方位圈).
ázimuth còmpass 명 방위 나침반.
az·lon [ǽzlɑ̀n] 명 아즈론(인조 단백질 섬유의 총칭).
az·o- [ǽizou, ǽz-] 《화학》 (화합물이) 아조기를 함유한, 아조의.
az·o- [ǽzou, ǽz-, éiz-] 《연결》 《화학》 nitrogen의 뜻. ¶*azo*methane.
az·o·ben·zene [æ̀zoubénzi:n, ‐‐́‐] 명ⓤ 《화학》 아조벤젠(등적색(橙赤色)의 결정체; 유기 합성·염료 따위의 원료).
ázo dỳe 명 《화학》 아조 염료.
a·zo·ic [əzóuik, ei-] 형 《폐어》 《지질》 무생물 시대의.
áz·on bòmb [ǽzɑn-/ǽzɔn-] 명 아존 폭탄(방향 조종이 가능한 폭탄).
a·zon·ic [eizɑ́nik/-zɔ́n-] 형 한 지역에 한정되지 않는, 비국지적인.
a·zoo·sper·mia [eizðuəspə́:rmiə] 명 《병리》 무정자(증)의, 정자 결여(증).
A·zores [éizɔːrz/əzɔ́:z] 명복 (the ~) 아조레스 군도(포르투갈 서쪽의 군도). **A·zó·re·an, A·zó·ri·an** 형명
az·ote [ǽzout, əzóut] 명ⓤ 《고어》 질소(nitrogen).

az·oth [ǽzɑθ/-ɔθ] 명 1 (연금술사가 모든 금속의 근본으로 생각하는) 수은(mercury). 2 만능약.
a·zot·ic [əzɑ́tik/-zɔ́t-] 형 질소의; 질소를 함유하는.
az·o·tize [ǽzətàiz, éiz-] 형타 …을 질소와 화합시키다.
A·zov [ǽzɔːf, éiz-] 명 **the Sea of ~** 아조프 해(케르치(Kerch) 해협에 의하여 흑해로 연결되는 내해).
Az·ra·el [ǽzriəl, -reiəl] 명 《유대교·회교》 (죽을 때 육체에서 영혼을 분리시키는) 죽음의 천사.
AZT (상표) azidothymidine(AIDS 치료제). (또는 **zidovudine**)
Az·tec [ǽztek] 명 1 아즈텍 사람(스페인인의 침략 당시 멕시코 중부의 주(主) 세력이었던 종족). 2 ⓤ 아즈텍어(語). — 형 =Aztecan.
Az·tec·an [ǽztekən] 형 아즈텍 사람[말]의.
Áztec twó-step 명 《속어》 멕시코 여행자가 걸리는 설사(Mexicali revenge). (또는 **Áztec hóp**)
*****az·ure** [ǽʒər] 명 1 하늘색의, 푸른 하늘 같은. 2 《문장》 감색(紺色)의, 청색의. — ⓤ (the ~) 푸른 하늘, 창공; 하늘색; 《문장》 감색, 청색. 〔天藍石〕.
ázure stòne 명 청금석(青金石) (속칭 유리); 천람석
az·ur·ine [ǽzəràin] 명 푸른, 연한 청색의. — 명 아주린(청색 염료제).
az·ur·ite [ǽʒuràit] 명ⓤ 남동광(藍銅鑛).
ázurite blúe 명 아주라이트 블루, 청록색(안료).
A·zu·sa [əzú:sə] 명 《로켓》 아주사 추적 장치(비행중인 미사일의 위치와 속도를 측정하는 장치).
az·y·gous [ǽzəgəs] 형 《동·식물》 (기관(器官) 등이) 쌍을 이루지 않는, 단일(單一)의(single).
az·yme [ǽzaim] 명 《기독교》 (성찬식에 쓰이는) 무교병(無酵餅)(누룩을 넣지 않고 만든 빵); 유대교도가 유월절(Passover)에 쓰는 빵. (또는 **az·ym** [ǽzim])

B

B, b [biː] 명 (복 **B's, Bs; b's, bs**) 1 영어 알파벳의 둘째 자. ¶*B* for Benjamin Benjamin의 B(국제 전화 통화 용어). 2 B[b]가 나타내는 소리. 3 B[b]자형의 물건.
do not know B from a battledore [or *a bull's foot*] 낫 놓고 기역자도 모르다, 일자 무식이다.

B¹ 형 지긋지긋한, 형편없는(bloody). ¶a *B* fool 형편 없는 바보.
B² 감 =bugger. ¶*B* off! 꺼져! 〔없는 바보.
B 〔서양장기〕 bishop; black(연필의 흑색 농도; B, BB 순으로 농도가 짙다).

B 명 1 (순서·연속되는 것의) 두번째, 둘째의 것. 2 (때로 b) (학업 성적의) B. 3 (때로 b) (두 학기제(制) 학년의) 제2학기. 4 (혈액형의) B형. 5 〔음악〕 「나」음, 「나」조 (調). ¶*B* flat[sharp] 내림[올림]「나」음, in *B* major [minor] 「나」장조[단조]로. 6 (때로 b) (로마 숫자로) 300. 7 〔화학〕 boron. 8 (구두 볼·브래지어 컵의) B사이즈(C보다 작고 A보다 크다). 9 (남자용 파자마의) (中) 사이즈, M사이즈(medium). 10 〔물리〕 =magnetic induction. 11 (때로 b) 〔전기〕 =susceptance. 12 〔속속어·익살〕 빈대(bedbug); 지저분 놈(bastard, bugger). 13 〔화폐〕 baht(泰); bolivar; boliviano. 14 〔인쇄〕 (종이 크기의) B판(判). 15 〔야구〕 안타(base hit). 16 (복) b) (보통 b) 제2의 기지수(量). 17 〔컴퓨터〕 (16진법의) B(10진법의 11에 해당). 18 중간 관리직의 사람.

b. bachelor; balboa; base(man); bass; basso; bay; blended; *blend of*; book; born; breadth; brother(hood). **B.** 〔의학〕 Bacillus; balboa; 〔음악〕 bass; basso; bay; Bible; bolivar; boliviano; book; born; breadth; British; brotherhood. **B-** 〔美군사〕 bomber(폭격기); B-1, B-52 등. **Ba** 〔화학〕 barium. **BA** Bank of America; British Airways(영국 항공); *Buenos Aires*. **B.A.** Bachelor of Arts(문학사); 〔야구〕 batting *a*verage(타율); British Academy.

baa [bæ/bɑː] 명 동자 (양이) 매애하고 울다(bleat); 양 같은 목소리로 말하다. — 명 (양의) 매애 하는 울음 소리. 또는 **ba**. 〔<의성어(擬聲語)〕

B.A.A. Bachelor of Applied Arts; British Airports Authority; British Astronomical Association. **B.A.A.E.** Bachelor of Aeronautical and Astronautical *E*ngineering(항공·우주 공학사).

Ba·al [béiəl, béil] 명 (복 ~*im* [-im]) 1 바알신 (神)(고대 셈족의 번식·태양의 신). 2 가짜 신(邪神); 우상(idol). ~**ism** 명 바알신 숭배. ~**ist**, ~**ite** 명 바알신 숭배자. ~**is·tic** 형 바알 숭배의.

baa-lamb [/ˈlæm] 명 (英어린이말) 매애 매애 새끼 양(sheep, lamb을 이른다). 〔<의성어(擬聲語)〕

baas [bɑːs] 명 (남아공) 주인; 나리(백인 주인에 대한 호칭).

baass·kap [bɑ́ːskɑːp] 명 U (남아공) 백인의 유색 인종 지배, 백인 우월주의. (또는 **baaska(a)p**)

báasskap apàrtheid = apartheid.

Ba·ath [bɑ́ːəθ] 명 바스당(黨)(아랍 국가들의 민족주 의 정당으로 아랍 통일과 사회주의 노선을 추구)(~ *Party*). (또는 Ba'ath, Ba'th) ~**ism**, ~**ist**

ba·ba¹ [bɑ́ːbə] 명 (복 ~s [-z]) 바바(럼주, 버찌술 따위를 넣어 만든 건포도 과자). 〔F〕

ba·ba² [bɑ́ːbə] 명 갓난아기, 어린이. 〔<Hind〕

ba·ba·coo·te [bàːbəkúːti, bɑ̀ːbəkúːt] 명 바바쿠트 원숭이(마다가스카르 산(產)).

bab·bitt [bǽbit] 〔야금〕 명 U 1 =B- *metal*. 2 (베 빗 합금의) 베어링, 라이닝. — 동타 (배빗 합금으로) … 에 안을 대다[붙이다]; …에 배빗 합금을 붙이다. — 형 배빗 합금(제)의.

Bab·bitt [bǽbit] 명 (종종 b-) (美) 속물, 취미가 저 속한 사람; 스스로 중산층인 체하는 저속한 실업가. 〔<Sinclair Lewis의 소설 *Babbitt*의 주인공 이름〕

Bábbitt mètal 명 〔야금〕 배빗 합금(주석, 안티몬, 구리를 함유하는 합금; 베어링 등에 쓰인다).

Bab·bit(t)·ry [bǽbitri] 명 UC (종종 b-) 저속한 실업가 기질, 전형적 중산 계급 기질. 관 Babbitt

***bab·ble** [bǽbl] 동자 1 (어린애 등이) 서투른 말로 지껄이다(prattle). 2 재잘거리다. 3 (시냇물이) 졸졸 소리내다. — 타 …을 재잘재잘 지껄이다; (비밀 따위)를 누설하다(*out*). ¶~ *out* a secret 비밀을 누설하다/~ *out* nonsense 허튼소리를 지껄이다. — 명 U 1 재잘 거림, 옹알거림; 웅성거림. 2 수다; 허튼[종잡을 수 없 는] 소리[말]. 3 (전화의) 혼선(음). 4 졸졸 흐르는 소리, 물살소리. ~**ment** 명 재잘거림; 졸졸흐르는 소리.

bab·bler [bǽblər] 명 1 수다쟁이; 옹알거리는 어린 애. 2 높은 소리로 지저귀는 작은 새(지빠귀 따위). 3 〔濠·속어〕 (목양장·캠프의) 요리사, 쿡(cook).

bab·bling [bǽbliŋ] 명 1 재잘거리는, 수다떠는. 2 졸졸 흐르는. — 명 UC 1 (실없는) 수다; (어린애의) 재잘거림, 옹알거림. 2 졸졸 흐르는 소리. 〜**ly** 부

bábbling bróok 명 (美속어) 수다쟁이 (여자).

Báb·cock tèst [bǽbkɑ̀k-/-kɔ̀k-] 명 배브록 시험(유제품의 지방 함유량 측정법). 〔<미국의 화학자 Stephen M. Babcock(1843-1931)의 이름〕

‡babe [beib] 명 (복 ~*s* [-z]) 1 갓난아기, 젖먹이. 2 순진한 철부지. 3 (美속어) 계집아이; 성적 매력이 있는 여성; (부르는 말로) 아가씨. 4 (B-) 크고 풍동한 사내, 거구의 야구 선수. 5 (英속어) 하원의 초선 의원.
a babe in arms 젖먹이; 풋내기, 세상 물정 모르는 사람. 〔사람, 봉.
a babe in the wood(s) 세상 물정 모르는 순진한
babes and sucklings 어린 아기들과 젖먹이들(<마 태 복음(Matt.) 21:16); 풋내기, 철부지.

Ba·bel [béibəl, bǽb-] 명 1 〔성서〕 바벨, 바빌론 (Babylon)(바빌로니아의 옛 이름); 바벨탑(the Tower of ~)(Babylon에서 하늘에 닿을 탑을 세우려 하였으나 실패. ←창세기(Gen.) 11 : 4-9). 2 (보통 b-) 여러 사람 이 떠드는 소리, 언어의 혼란; 떠들썩한 장소[광경]. 3 (b-) 매우 높은 건물, 마천루. 4 공상적인 계획.

Ba·bel·ize [béibəlàiz, bǽb-] 동타 (종종 b-) (여 러 문화·언어 등을 뒤섞어서) 혼란에 빠뜨리다. -i·zá·tion

Bábe Rúth lèague 명 〔야구〕 13-15세 청소년 리 그 (미국의 흑인왕 Babe Ruth(1895-1948)의 이름)

ba·bies'-breath [béibiz-] 명 대나물(류); 무스카 리(유럽산 구근 식물). (또는 **báby's-brèath**)

ba·bi·ru·sa [bɑ̀ːbərúːsə] 명 바비루사(인도 원산의 멧돼지과(科) 동물). (또는 **babir(o)ussa**)

Bab·ism [bɑ́ːbizm] 명 바브교(Babi). -**ist** 명동

ba·boo [bɑ́ːbuː] 명 =babu.

***ba·boon** [bæbúːn/bə-] 명 1 비비(狒狒)(아프리카·남아시아산 원숭이). 2 (英속어) 비비 같은 놈, 난폭한 사람, 추한 사람. **-ish** 형 비비 같은. 〔행위[태도].

ba·boon·er·y [bæbúːnəri/bə-] 명 UC 비비 같은

ba·bouche [bəbúːʃ] 명 (터키 등에서 쓰는) 동양식

멋심, 슬리퍼. (또는 **baboosh**)
Babs [bæbz] 뱁즈(여자 이름; Barbara의 별칭).
ba·bu [báːbuː] (인도에서) 님, 씨(Mr., Sir, Esq.에 해당하는 존칭); 인도 신사; 영어를 쓸 줄 아는 인도인 서기; 《경멸적》 영국 물이 든 인도인. (또는 **baboo**)
bábu Énglish 《경멸적》 인도인 서기가 책에서 배워 익힌 것 같은 딱딱하고 가식적인 영어.
ba·bul [bəbúːl, báːbuːl] 바불나무(인도·아라비아산 고무나무); ⓤ 바불 고무나무의 수지[꼬투리, 껍질]. (또는 **babool**)
ba·bush·ka [bəbúː(ː)ʃkə] 1 바부시카(여성들이 머리에 쓰는 삼각형 스카프). 2 할머니. 〈Russ〉
‡**ba·by** [béibi] ⓒ -**bies** [-z] 1 갓난아기, 유아, 젖먹이, 아기. 2 (the ~) (가족·집단 등의) 최연소자, 막내. ¶He was the ~ of the family. 그는 집안의 막내였다. 3 (보통 a ~) (행동이) 아기 같은 사람, 울보. ¶He is quite a ~. 그는 순전히 어린애다. 4 작은 것[동물, 사람], 꼬마. 5 (속어) (예쁜) 젊은 여자, 계집애; 연인. 6 《美속어》 멋진 녀석[것]; 자랑거리. ¶The plan was the mayor's ~. 그 계획은 시장의 자랑거리였다. 7 성가신 일; 책임; 의무. 8 《美속어》 마리화나; 가벼운 헤로인 중독.
act like a baby 버릇없이[멋대로] 굴다. 「독주.
give *a person* ***the baby to hold; hand over the baby to*** *a person* 남에게 책임을 떠맡기다.
hold [or ***carry***] ***the baby*** (구어) 성가신 일을 떠맡다; 부담을 지다.
like a baby's bottom ① (구어) (면도 자국 따위가) 반들반들한. ② (속어) 표정이 없는.
make a baby of *a person* 남을 아기 취급하다.
pass the baby (구어) 돌려가며 남에게 떠넘겨서 책임을 모면하다.
smell of the baby 어린애 티가 나다.
start a baby 《英구어》 임신하다.
throw [or ***empty***, ***pour***] ***the baby out*** [or ***away***] ***with the bath***(***water***) (구어) 중요한 것을 허섭쓰레기와 함께 버리다; 전부를 잃다.
wet the baby's head (구어) 축배를 들어 아기의 탄생을 축하하다.
—ⓐ 1 갓난아이의; 어린; 유아용의. ¶a ~ brother 갓난애인 사내 동생 / ~ goods 유아 용품. 2 앳된, 아기 같은. 3 (구어) 작은, 소형의, 소액의. ¶a ~ bottle 작은 병; 젖병.
—ⓥ (*-bies* [-z]; *-bied*) ⓣ 1 (구어) [남]의 응석을 받아 주다, 귀여워하다; 애 취급하다. 2 ···을 조심스럽게[소중하게] 다루다(쓰다). 3 《美》 (스포츠) (공 따위)를 조심해서 치다. —ⓐ (···을) 소중히 하다 (over).
báby áct 미성년자의 행위; (미성년 등의 이유에 의한) 면책 법규; 유치한 짓.
play the baby act 유치한 짓을 하다. 「하려고 하다.
plead the baby act 미성년임을 구실로 책임을 모면
ba·by-bat·ter·ing [-bætəriŋ] 유아 학대.
báby béef (비육우의) 어린 암소[거세한 소]; 그 고기.
Báby Béll 《美구어》 베이비 벨(AT&T의 자회사 American Bell Inc.의 속칭). ⓐ Ma Bell
báby blúe 밝고 부드러운 푸른색(유아복용).
báby bònd (금융) (10, 25, 50 달러의) 소액 채권.
báby bónus (濠·캐나다 구어) 아동 (부양) 수당.
báby bòok 육아 수첩[일기]; (구어) 유아서.
báby bòom 베이비붐 (출생률의 급상승기).
báby bòomer 출생률의 급상승기에 태어난 사람 (미국의 경우 1946–65년 사이 출생자).
Báby Bòom Generátion 《美》 베이비 붐 세대(1946–65년 사이 출생 세대). 「후 출생자.
báby bòomlet 베이비 붐 세대의 자녀(1978년 이
báby bòy (젖먹이) 사내 아이.
báby bréak 육아 휴직.
báby búst (구어) 출생률 급감.

báby búster 출생률 급감기 출생자.
báby càrriage 유모차(《英》 pram). (또는 **báby còach** [**búggy**]) 「어.
báby cárrier (젖먹이를 등에 업는) 베이비 캐리
báby dóll 1 아기 인형. 2 (엉덩이까지 내려오는 윗도리와 바지로 된) 여자 잠옷. 3 《美속어》 귀여운 아기.
báby fáce 동안(童顏)(인 사람).   「순진한.
ba·by-faced [-fèist] 동안의, 오동통한 얼굴의;
báby fàrm 《경멸적》 (유료) 탁아소, 보육원; 미혼모[미혼 임신 여성] 보호소.
báby fàrmer 탁아소 운영자, 보육원장, 보모.
báby fàrming 탁아소 운영.
báby fòod 유아식, 젖먹이용 유동식.
báby gìrl (젖먹이) 계집아이.
báby gránd (**piáno**) 소형 그랜드 피아노.
ba·by·hood [béibihùd] 유아기, 아기일 적; 나이 어림(infancy); 《집합적》 유아, 아기(babies).
ba·by·ish [béibiiʃ] 《경멸적》 갓난아기[유아] 같은; 아이들 같은, 유치한(childish). ~·ly ⓐ ~·ness ⓝ
Ba·by-jump·er [-dʒʌmpər] 《상표》 베이비점퍼(어린이 수족 운동 용구). (또는 **Báby-bòuncer**)
báby kísser 《美구어》 (선거 운동중인) 정치가, 공직 희망자.
ba·by·like [béibilàik] 어린애[갓난아기] 같은.
Bab·y·lon [bǽbələn, -lɑ̀n] 바빌론(고대 Babylonia의 수도); (비유적) 화려한 악(惡)의 도시; (英속어) 영국의 우위의 사회; (the ~) 경찰 권력.
Bab·y·lo·ni·a [bæ̀bəlóuniə, -njə] 바빌로니아 (서남아의 Euphrates 강 하류에 번성했던 고대 제국).
Bab·y·lo·ni·an [bæ̀bəlóuniən/-njən] 바빌로니아의, 바빌로니아인; (호화롭고) 죄많은, 사악한. —ⓝ 바빌로니아 사람; ⓤ 바빌로니아어.
Babylónian captívity 바빌론 유수(幽囚)(이스라엘인이 바빌로니아에 끌려가 포로 생활을 했던 기간 (597–538 B.C.)). ⓐ =Babylonian.
Bab·y·lon·ish [bæ̀bəláni(, -lòun-/bæ̀bəlɔ́un-]
báby mílk 유아용 조유(調乳)(formula).   「ter 1.
ba·by-mind·er [-màindər] ⓝ 《英》 =babysit-
báby nìne 《美속어》 (호신용의) 소형 권총(P-380의 속칭).   「아복에 사용함을.
báby pínk 밝고 부드러운 느낌의 핑크색(흔히 유
ba·by's-breath [béibizbrèθ] ⓝ (식물) 대나물. (또는 **bábys'-brèath**)
ba·by-sit [-sìt] ⓥⓐ (부모의 외출중에) 아이를 보아주다 (*for*, *with*). —ⓣ 1 …의 아이를 봐주다; …을 감시하다, 지켜보다. 2 (속어) (곤경에 처한 사람)에게 도움을 주다. 3 《美속어》 (환각제 사용자)를 돌보다.
~·**ting** ⓝ
‡**ba·by·sit·ter** [béibisìtər] ⓝ (~**s** [-z]) 1 베이비시터, (부모 외출중에) 아기 봐주는 사람. 2 《美해군속어》 (항공 모함 호위용) 구축함.
báby snátcher 1 (구어) 유아 유괴범. 2 (英속어) 현저하게 연하인 사람과 결혼하는 사람.
báby snátching 유아 유괴.
báby splít (볼링) 베이비 스플릿(2번과 7번, 또는 3번과 10번 핀이 남은 스플릿).
báby spót 휴대용 소형 스포트라이트.
Báby Státe (the ~) 미국 Arizona주의 별칭.
ba·by's-tears [béibiztərz] ⓝ (~**s**) (식물) 쐐기풀과(科)의 관상용 식물(Corsica 섬 및 Sardinia 섬 원산). (또는 **báby-tèars**)
báby tàlk 1 (떠듬거리는) 애기말(doggy (멍멍), wee-wee(쉬) 따위). 2 어른이 젖먹이에게 하는 애기말.
báby tòoth =milk tooth.   2 허튼 소리.
báby wálker 유아용 보행기(walker).
ba·by-watch [-wɑ̀tʃ/-wɔ̀tʃ] =baby-sit.
ba·by·wear [béibiwɛ̀ər] 《英》 유아용 의류.
BAC *blood alcohol concentration*(혈중 알코올 농

bac·ca·lau·re·at [F bakalɔʀea] 图 (프랑스의) 대학 입학 자격 (시험), 바칼로레아.
bac·ca·lau·re·ate [bæ̀kəlɔ́ːriət] 图 **1** 학사 학위 (bachelor's degree). **2** =~ sermon. 〔F〕
baccaláureate sèrmon 图 《美》 (대학의) 졸업식 설교[훈사]; 졸업 예배.
bac·ca·rat [báːkəràː, bǽkəràː] 图ⓤ 바카라(한 사람이 물주를 서고 두 사람 이상이 돈을 거는 카드 노름). (또는 **baccara**) 〔F〕
bac·cate [bǽkeit] 图 〔식물〕 장과(漿果) 모양의, (딸기·포도처럼) 과즙이 많은(berrylike); 장과를 맺는.
Bac·chae [bǽki] 图ⓝ 〔로마 신화〕 **1** 주신(酒神) 바커스(Bacchus)의 시녀[무녀]들. **2** 바커스 축제 (Bacchanalia)에 참가하는 여인들.
bac·cha·nal [bàːkənáːl, bǽkənǽl/bǽkənəl] 图 **1** 주신(酒神) 바커스(Bacchus) 신도. **2** 술 마시고 떠드는 사람, 주정꾼. **3** 법석대는 연회, 진탕 마시고 떠들기(orgy). **4** (~s) =Bacchanalia. ── [bǽkənl] 图 주신 바커스의; 주신 축제의; 술 마시고 떠들어 대는.
Bac·cha·na·li·a [bæ̀kənéiliə, -ljə] 图 (pl. **~(s)**) **1** (때로 복수취급) 바커스 축제(주신(酒神) 바커스를 위한 로마의 축제, 주신제(를) Dionysia). **2** (b-) 북적판 술잔치, 대주연(大酒宴).
bac·cha·na·li·an [bæ̀kənéiliən, -ljən] 图 = bacchanal. ── 图 바커스 신도; 주당, 주정꾼.
bac·chant [bǽkənt, bəkǽnt] 图 (pl. **~s, -chan·tes**) 바커스의 사제(司祭); 바커스 신도; 술 마시고 떠드는 사람, 주정꾼. ── 图 =bacchantic.
bac·chan·te [bəkǽnti, -kǽnt] 图 바커스의 여사제(女司祭)[무녀]; 여자 술꾼.
bac·chan·tic [bəkǽntik] 图 바커스 숭배의; 술주정꾼의; 술 마시고 떠들어대는.
Bac·chic [bǽkik] 图 바커스신의; 바커스 축제의; (b-) 술 마시고 흥청대는; 술취한(drunken).
Bac·chus [bǽkəs] 图 **1** 〔로마 신화〕 주신(酒神) 바커스(크리스 신화의 Dionysus에 해당). ¶a son of ~ 대주가, 술고래. **2** 图, 포도주.
bac·cif·er·ous [bæksifərəs] 图 〔식물〕 장과(漿果)를 맺는. 图 **florif·erous**
bac·ci·form [bǽksəfɔ̀ːrm] 图 〔식물〕 장과 모양의(berryshaped).
bac·cy [bǽki] 图 (pl. **-cies**) ⓒ (속어) 담배.
bach [bætʃ] (구어) 图图 (it과 함께) (남자가) 독신 생활을 하다. ── 图 독신 남자(bachelor).
Bach [baːk/G bax] 图 **Johann Sebastian** ~ 바흐(1685-1750: 독일의 작곡가).
‡**bach·e·lor** [bǽtʃələr] 图 (pl. **~s**) [Bacchus] [-z]) **1** 미혼 (독신) 남자(图 spinster). ¶a ~'s baby apartment [or quarters] (英) flat] (남자) 독신자 아파트[숙소]. **2** 학사(學士)(图 master). ¶a B-of Arts 문학사(图 B.A., A.B.) / a B- of Science 이학사 (图 B.S., B.Sc., S.B., Sc.B.) / a B- of Medicine 의학사(图 B.M.). **3** =~-at-arms. **4** (교미기에 상대가 없는) 수컷의 수컷.
a bachelor's wife 미혼 남자가 이상으로 삼는 아내.
keep bachelor('s) hall 독신 생활을 하다: (남편이) 아내의 부재중 집안일을 하다.
~·like, **~·ly** 图
bach·e·lor-at-arms [-ətáːrmz] 图 (pl. **bach·e·lors**) (다른 기사(騎士)를 섬기는) 젊은 기사.
bach·e·lor·dom [bǽtʃələrdəm] 图 (남자) 독신(홀아비)(의 신분), 독신자 기질; (집합적) 독신자들.
bach·e·lor·ette [bæ̀tʃələrét] 图 =bachelor girl.
báchelor gìrl [wòman] 图 (구어) (직업이 있는) 젊은 독신 여성.
bach·e·lor·hood [bǽtʃələrhùd] 图ⓤ (남자의) 독신 (생활), 독신 시절. 图 **spinsterhood**
bach·e·lor·ism [bǽtʃələrìzəm] 图ⓤ 독신(의 신분); (남자의) 독신주의, 독신자 기질.
báchelor mòther 图 미혼모(未婚母); 혼자 힘으로 아이를 키우는 어머니.
báchelor pàrty 图 면(免) 〔총각〕 파티(결혼식 전야에 신랑 친구들이 베푼다).
bach·e·lor's-but·ton [bǽtʃələrzbλtn] 图 **1** 〔꽃이 단추 모양의 한 팔랑개비국화(cornflower)류. **2** 〔英 구어〕 실로 꿰맬 필요가 없는 단추.
bach·e·lor·ship [bǽtʃələrʃìp] 图 **1** (남자) 독신 (bachelorhood). **2** 학사의 자격(칭호).
bac·il·lar·y [bǽsəlèri/bəsíləri] 图 **1** 바실루스(모양)의; 작은 막대 모양의. **2** 〔의학〕 바실루스의 (특성을 지닌), 세균(성)의. (또는 **ba·cil·lar** [bəsílər])
bácillary dýsentery 图 〔병리〕 세균성 적리(赤痢)(shigellosis), (증).
bac·il·le·mi·a [bæ̀səlíːmiə] 图 〔병리〕 균혈(菌血)증.
ba·cil·li [bəsílai] 图 bacillus의 복수형.
ba·cil·li·form [bəsíləfɔ̀ːrm] 图 작은 막대 모양의, 간상(桿狀)의.
*__**ba·cil·lus** [bəsíləs] 图 (pl. **-cil·li** [-sílai]) 바실루스, 간균(桿菌); 간상 세균; 세균(bacterium).

‡**back**¹ [bæk] 图 **1** (one's ~, 图) (사람·동물의) 등, 등골. ¶pat a person on the ~ 남의 등을 톡톡 두드리다 / sit on a horse's ~ 말 등에 올라타다 / break one's ~ 등뼈가 부러지다. **2** (one's ~, 图) (의류를 걸치는) 몸, 몸뚱이. ¶have no clothes to one's ~ 몸에 아무 것도 걸치지 않고 있다, 입을 것이 아무 것도 없다. **3** (the ~) 뒤(쪽), 안쪽; 후면(图 front); (무대의) 배경; (마음) 속; (사건의) 진상; 《英》 (the B-s) (케임브리지 대학 Cam 강변의) 뒤뜰. ¶the ~ of the head 후두부 / the ~ of the land 손등 / the ~ of an envelope 봉투의 뒷면 / the ~ of a house 집의 뒤쪽. **4** (the ~) 뒷면; (책 따위의) 등; (배의) 용골(龍骨); (의자의) 등받이; (칼의) 등; (산의) 능선. ¶the ~ of a knife 칼의 등. **5** 짐을 지는 힘; 역량. ¶have a broad ~ 도량이 넓다. **6** (축구·하키 등의) 후위, 백(图 forward). **7** 〔해사·항공〕 프로펠러의 뒤쪽(후진면)(图 face). **8** 〔항공〕 (항공기 동체의) 윗면(top part). **9** 〔건축〕 (들보·서까래 따위의) 등, 윗면.
as soon as a person's back is turned 남이 등만 돌리자마자[보고 있지 않으면] 곧[언제나].
at the back of; at one's back …의 뒤를 쫓아서, …의 배후에, …의 그늘에(behind); …을 후원하여. ¶*at the ~ of one's mind* 마음 속에, 내심으로 몰래.
back and belly ① 등과 배; 《부사적》 앞뒤에서; 완전히.
back and edge 완전히. 〔전치. ② 의식의 소산.
back to back 등을 맞대고; 서로 도우며(with). ② 잇따라, 계속하여.
back to front ① 거꾸로, 뒤바뀌어. ② 구석구석까지, 철저히. ③ 뒤죽박죽이 되어.
be [thrown] on one's back (레슬링에서 폴 패(敗)한다는 뜻에서) 완패하다, 속수무책이 되다.
behind a person's back 남이 없을 때, 몰래, 비밀리에(in secret). ¶He spoke ill of me *behind my* ~. 그는 내가 없을 때 나를 욕보았다.
break a person's back 남에게 과중한 부담을 지우다; 남을 파멸[실패]하게 하다, 파산시키다.
break one's back ① 등골이 부러지다. 〔해사〕 배가 두동강 나다. ② 《구어》 (almost와 함께) 열심히 노력[일]하다, 등골이 휘도록 일하다.
break the back of ① 〔일〕의 가장 어려운 부분을 해치우다. ② 〔토론 따위에서 상대방 주장〕의 근거를 논

파하다; …을 죽이다, 파멸시키다. ③ =break a person's back.
get [or **have**] (**a bit of**) *one's* **own back** (구어) 원한을 풀다; 원수를 갚다 (*on*).
get off *a person's* **back** 남을 괴롭히는[못살게 구는, 방해하는] 일을 그만두다, 남의 허물 찾기를 그만두다.
get [or **put, set**] *one's* **back up** (구어) 짜증내다; **get the back of** …의 뒤로 돌아가다.
give [or **make**] *a person* **a back** (말타기 놀이에서) 남의 말이 되다; 남의 발판이 되어주다. 「⇒SHIRT.
give *a person* **the shirt off** *one's* **back** (속어)
give the back to *a person*; **give** *a person* **the back** 남에게 등을 돌리다, 배반하다; 무시하다.
go behind *a person's* **back** 남을 속이다.
have *a person* **at** *one's* **back** 남을 후원자로 (배후에) 두고 있다.
(in) back of (美구어) …의 뒤에(서). 「석벽.
in the back of *one's* **mind** 마음속 깊이, 마음 한 구
know…like the back of *one's* **hand** …을 속속
live off the backs of …들이 벌어.   「들이 알다.
Mind your back(s)! (英구어) 지나가게 비켜 주시오, 뒤를 지나갈 테니 조심하시오.
on *a person's* **back** ① 남에게 업혀서. ② 잔소리를 하는, 야단치는, 꾸중하는.
on *one's* **back** ① 벌렁 드러누워. ¶**fall on** *one's* **~** 뒤로 자빠지다 / **swim on** *one's* **~** 배영(背泳)하다. ② (구어) 속수무책으로, 궁지에 빠져. ③ 짊어지고.
on [or **upon**] **the back of** …의 뒤에; …에 뒤이어; …에 더하여.
out [or **round**] **the back** (구어) (건물의) 뒤(쪽)의.
put [or **get, set**] *a person's* **back up** (고양이가) 화가나면 등을 구부리는 데서) 남을 화나게 하다.
put *one's* **back into** …에 힘쓰다, 노력하다.
scratch *a person's* **back** 남을 돕다.
see the back of (구어) (사람이 가는 것을 보다; …을 쫓아버리다, …을 벗어나다.   「망치다.
show the back to …에게 등을 보이다; …에게서 도
talk out of [or **through**] **the back of** *one's* **neck** (속어) 시시한[말 같지 않은] 이야기를 하다.
the back of beyond [or **behind**] (英구어) 외딴 **to the back of** 골수까지, 뼛속까지.   「곳, 벽지; 오지.
turn *one's* **back to** …에 등을 돌리다.
turn the [or *one's*] **back on** [or **upon**] ① …을 저버리다, 무시하다. ② …로부터 도망치다.
when(ever) *one's* **back is turned** …이 보고 있지 않을 때는, …이 없을 때는.
with *one's* **back to the wall** 벽에 등을 대고, (비유적) 쫓기어, 막다른 골목에 몰려.
──图 (**~ed** [-t]) 国 1 …을 후원하다, 지지하다 (*up*). ¶SUPPORT 유의어 ¶ ~ **a plan** 안을 지지하다 / (~+国+剾) They ~ed him *up* financially. 그들은 그를 경제적으로 도왔다. 2 …을 후퇴시키다, 후진시키다(*up, out*)(*from, into, to*). ¶ ~ **a car** (*up*) 차를 후진시키다 / (~+国+前+国) ~ *up* **one's car** *into* **the garage** 차를 후진시켜 차고에 넣다. 3 (경마에서) …에 걸다. ¶ ~ **a winner** 이긴 말에 걸다. 4 …의 등에 타다. ¶ ~ **a horse** 말에 올라타다. 5 (수동형으로) (책 따위) ¶ 에 등을 붙이다; (그림 따위) 에 등받침을 대다 (*with*). ¶ **a book** ~*ed with leather* 가죽 등을 댄 책. 6 …의 뒤에 있다, (경치 따위의) 배경을 이루다. ¶ **a beach** ~*ed by hills* 산을 등진 해변. 7 …의 반주를 하다. ¶ **a singer** ~*ed by piano* 피아노 반주로 노래하는 가수. 8 …의 뒤[뒷면]에 쓰다; …에 배서(背書)하다, 보증하다. ¶ ~ **a bill [check]** 어음[수표]에 이서하다. 9 (美구어) …을 등에 지고 나르다, (짐)을 짊어지다. 10 (음성) (소리)를 혀의 뒤쪽에서 발음하다. ──图 1 후퇴하다, 뒤로 물러서다(*away, off*), 동요하다. ¶ (~+前+图) The

car ~*ed into* **the garage.** 자동차는 후진하여 차고로 들어갔다. 2 (바람이) 왼쪽으로 방향을 바꾸다(⊕ veer). 3 등이 맞닿다 (*on, onto, against*).
back and fill ① [해사] (바람이 조류와 반대일 때) 돛을 교묘히 다루며 나아가다. ② (美구어) (생각·주장이) 항상 유동하다, 주저하다.
back a sail 돛을 돌려 배를 후퇴시키다.
back away 후퇴하다; (…에서) 서서히 손을 떼다, 떨어지다 (*from*).
back down ① (…에서) 내려오다 (*from*). ② (구어) (주장 따위를) 포기하다, …에서 후퇴하다, (사업 따위에서) 손을 떼다 (*from*); (약속 따위를) 취소하다 (*from*).
back in [or **into**] ① 후진중에 (차를) …에 부딪치다. ② [재산 따위]를 뜻밖에 손에 넣다.   「침을 변경하다.
back oars 배를 거꾸로 젓다. ② 방향을 거꾸로 하다, 방
back off ① =*back down*. ② (명령형으로) 괴롭히는 [들볶는] 것을 그만두어라. ③ 천천히 자세히 설명하다.
back on to (美) …에 등을 맞대다, …에 인접하다.
back out (구어) ① 퇴각하다; (약속을) 파기하다; 벗어나다, (사업 따위에) 손을 떼다 (*of*). ② (변심하여) …을 버리다 (*on*); (…에서) 이탈하다 / (~+图) ~ *out* **a floppy disk**
Back pedal! (美속어) 침착해라!; 정신차려라!
back the wrong horse ⇒ HORSE.
back up ① (구어) (자동차)를 후진시키다. ② …을 지원하다, 후원하다; (주장 따위를) 뒷받침하다, 입증하다; (어음 따위를) 이서하다; (야구) 뒷받침하다, 백업하다. ③ (교통)을 정체시키다, 막히게 하다. ④ 후퇴하다, (자동차가) 후진하다; (둑으로 막은 물이) 역류 (逆流)하다, 넘치다. ⑤ 천천히 자세히 설명하다. ⑥ [컴퓨터] [디스크 따위]의 백업을 복사하다.
back water ① 배를 후진시키다. ② 물러서다, 후퇴하다. ③ (美구어) 손을 떼다, 앞서 한 말을 취소하다.
──图 1 뒤의, 배후의, 후방의(⊕ front); 안쪽의.

> 유의어 **back** 주요·중요 부분(의 정면)에 대하여 뒤의, 보다 먼, 보다 못한. **hind** 같은 종류의 것이 둘 이상일 때 위치가 뒤쪽인. **rear** 주로 건조물·탈것에 관계되어 뒤의, 후미의, 후부의. **posterior** hind와 같은 뜻의 전문 용어로 뒷자리일 경우.

2 먼, 외진, 미개의. ¶ **a ~ settlement** 변두리; 변경의 식민지. 3 옛날의, 기왕의, 달이 지난. 4 체납된, 미지불의. ¶ **a ~ salary** 체불 임금 / **be ~ in** *one's rent* 집세가 밀려 있다. 5 뒷걸음의, 거꾸로의. ¶ **~ action** 반동 / **a ~ current** 역류(逆流). 6 [음성] 후설(後舌)의(⊕ central).
──图 1 뒤로[에], 후방으로[에], 안으로[에]. ¶**look ~** 뒤돌아보다; 회상하다 / **sit ~ in** *one's chair* 의자에 깊숙이 파묻혀 앉다. 2 거슬러 올라, 옛날에; 전에; 페이지 앞에. ¶ **~ in 1990** 1990년으로 거슬러 올라가. 3 (제자리에) 돌아와서, 되돌아가서[와서]. ¶**come** [or **be**] **~ (to)** (…으로) 돌아가다 / **get ~ from** (…에서) 돌아오다 / **answer ~** 말대꾸하다 / **call ~** 다시 부르다; 나중에 다시 전화하다. 4 간직하여, (웃음 따위를) 억누르고, (지불 따위가) 밀려, 유보하여. ¶**hold ~ the truth** 사실을 숨겨 두다. 5 (美구어) (음식물에) 곁들여. ¶**drink whisky with water ~** 물을 곁들여 위스키를 마시다.
back and forth [or **forward**] 앞뒤로, 오락가락하며, 여기저기(to and fro). ¶**go** [or **argue**] **~ and forth** 줄다리기하다, 입씨름하다 (*with*).
back of ① …의 뒤에(behind). ② …을 후원하여. ③ …보다 이전에(before).
back to basics 기본[초심, 원심]으로 돌아가; 기초를 중시하여.   「되돌아가.
back to square one 원점[출발점, 처음 상태]으로
get back ⇒ GET.   **go back** ⇒ GO.
go back of ⇒ GO.   **go back on** ⇒ GO.
hold back ⇒ HOLD.   **keep back** ⇒ KEEP.
pay *a person* **back in** *his own coin* ⇒ COIN.
stand back from …에서 물러나다, 손을 떼다.

take back ⇨ TAKE. *talk back* ⇨ TALK.
there [or *to*...] *and back* 그 곳[…]까지의 왕복.¶a fare *to* Busan *and* ~ 부산까지의 왕복 운임.

back[2] (韓語) (영·米俗의) 큰 통(tub).
back·ache [bǽkèik] 图ⓤⓒ 등의 통증, 요통(腰痛).
báck álley 图 (美俗어) 슬럼가(街), 풍기 문란한 지역; (스트립 극장 따위의) 선정적이라는 뜻의 템포의 재즈.
back-al·ley [-´æli] 图 명랑하지 못한, 더러운.
back-and-forth [´ənfɔː*r*θ] 图 앞뒤[좌우]로의; 여기저기의, 오락가락의 — 图 (pl. ~s, (to and fro). — 图 결론 없는 논쟁; 의견 교환, 토론; 응수, 대등한 주고받기.
báck ànswer 图 말대꾸.¶give a ~ 말대꾸하다.
back·band [bǽkbænd] 图 1 등머(말 안장과 수레의 끝채를 연결하는 마구). 2 [건축] (문·창 따위 둘레의) 쇠시리 (장식).
back-bar [bǽkbɑ:*r*] 图 (바 따위의) 카운터의 뒤쪽.
back-beat [bǽkbi:t] 图 [음악] 백비트(4비트의 음악에서 제2와 제4박(拍)을 강조하는 로큰롤 특유의 리듬).
báck bénch 图 (英) (하원의 평의원들이 앉는) 뒤쪽 의석; (the ~) (집합적) 평의원. ⇔ front bench
back·bench·er [bǽkbéntʃə*r*, ´-`-] 图 (英) (하원의) 뒷좌석에 앉는 의원, 평(平)의원. ⇔ front bencher
back·bite [bǽkbàit] ⇔ (*-bit; -bit·ten*, (口語) *-bit; -bit·ing*) 国他 …의 험담을 하다, …을 중상하다. — 国 (자리에 없는 사람의) 험담을 하다. 욕을 보다.
-bit·er 图 험담가. **-bit·ing** 图ⓤ 험담(하기).
back·blocks [bǽkblɑ̀ks/-blɔ̀ks] 图 (濠) (강·해안에서 멀리 떨어진) 오지, 미개지. **-block·s(er** 图
back·board [bǽkbɔ̀ː*r*d] 图 1 (짐수레의) 뒤판; (가구·액자 따위의) 등판. 2 [의학] 척추 교정판. 3 [농구] 백보드. — 图 [의학] …에게 척추 교정판을 대다.
báck bòiler (英) =water back. 「증서.
báck bònd 图 (채무자가 보증인에게 주는) 금전 채무
‡**back·bone** [bǽkbòun] 图 ~**s** [-z] 1 (the ~) [해부] 등뼈, 척추. 2 (the ~) (외관·기능 등) 등뼈와 비슷한 것; 분수령; (책의) 등. 3 (the ~) 중추(中樞) (사물의) 중요 요소.¶the ~ *of* a country 국가의 중추[지주]. 4 ⓤ (부정문에서) 기골; 강한 의지[정신]력.¶have no ~ 의지력이 없다. 5 (해사) 백본(갑판 위의 천막 보강용 밧줄). 6 (조선) 백본(배 밑바닥의 배골재(背骨材)). 7 (통신) 간선 통신 회선; (컴퓨터) 백본(계층형 네트워크에서 최상의 레벨).
to the backbone 골수까지, 철저하게, 완전히.¶a Londoner *to the* ~ 순수한 런던 토박이.
-bòned, ~·less 图
back·break·er [bǽkbrèikə*r*] 图 몹시 힘든 일.
back·break·ing [bǽkbrèikiŋ] 图 (체력을) 소모시키는, 매우 힘든. (또는 **báck-brèaking** [-bùstiŋ])
báck búrner 图 1 덜 중요한 것, 2차적인 것, 후순위; 잠정적 연기. 2 레인지 안쪽 버너. 「분간 보류하여.
on the back burner 뒷전으로 돌려서[미루어서], 당
back-burn·er [´-bə̀ː*r*nə*r*] 動他 2차적인 것, 그리 중요하지 않은. …을 뒤로 미루다, 보류하다.
back·bust·ing [´-bʌ̀stiŋ] 图 =backbreaking.
back-cap [ǽkp] 图他 …을 깔보다; …을 비난하다.
back·cast [bǽkkæ̀st/-kɑ̀ːst] 图他 (과거의 사건) 을 재구성하다, 기술하다. — 图 (과거의 사실·사건을) 묘사하다, — 图 (낚싯대를 뒤로 휘두르는 동작).
báck chànnel 图 (외교) (협상 등의) 비밀[비공식] 루트[경로]. **báck-chàn·nel** 图
báck-chat 图ⓤ 图 (口語) 응수; 말대꾸. 「말대꾸.
báck clìpping 图 [언어] 어미(語尾) 생략(예: sister→sis, exam*ination*→exam). 「drop.
back-cloth [´klɔ̀:θ/´klɔ̀θ] 图 [연극] (英) =back
báck cómb 图 (여성의 뒷머리에 꽂는) 장식 빗.
back-comb [bǽkkòum] 動他 (부풀린 모양을 내기 위해) [머리]를 거꾸로 빗질하다.
báck cònsonant 图 [음성] 후설 자음(後舌子音).

báck cópy 图 =back number. 「try 图
báck còuntry 图 시골, 오지, 변경. **back-còun**
back·court [bǽkkɔ̀ː*r*t] 图 1 (테니스의) 백코트(서비스 라인에서의 후방 코트). 2 (농구의) 백코트(자기 진영).
báck cráwl 图 (the ~) (수영의) 배영(背泳).
back-cross [bǽkkrɔ̀s/-krɔ̀s] [유전] 图他 (잡종 제1대)를 그 어미[아비]와 교배시키다, 역(逆) 교배하다. — 图 역교배.
back·date [bǽkdèit] 動他 1 [문서·사건 따위]를 (실제보다) 이전의 날짜로 하다. 2 …을 (실제 날짜보다) 소급해서 적용하다. 「기).
báck díve 图 백 다이브(도약대에서 뒤로 다이빙하
báck dóor 图 1 (집의) 뒷문; (비유적) 음모, 부정 수단. 2 (美俗의) 항문.
get in through [or *by*] *the back door* 뒷구멍[부정한 수단]으로 취직[입사]하다. 「해 몰래 빠져나가다.
go out the back door 뒷문으로 나가다; 위험을 피
back-door [bǽkdɔ̀ː*r*] 图 뒷문의; 비밀의, 은밀한; 불법적인. 2 (美俗) 항문. 3 (美俗) 불륜을 저지르다, 밀통하다. (또는 **báck-dòor**) 「家).
báckdóor màn 图 (俗) 정부(情夫); 남색가(男色
back·down [bǽkdàun] 图 퇴각, 철수, 후진, 항복(주장·지위·약속 따위의 철회, 포기.
back·drop [bǽkdrɑ̀p/-drɔ̀p] 图 [연극] (무대 정면의) 배경막(背景幕) (英) back-cloth); (사건의) 배경 *(of, for)*.
against a [or *the*] *backdrop of* …을 배경으로.
— 動他 …에 배경막을 치다, …의 배경이 되다.
backed [bækt] 图 (복합어로) 1 등받이를 댄.¶a high-~ chair 등받이가 높은 의자. 2 배경이 있는; 지지를 받는. 3 안감을 댄, 안감이 있는. 「한.
backed-up [´-p] 图 (俗) 차가 정체한; (俗어) 마약에 취
báck énd 图 1 후부. 2 (英俗어) 늦가을, 초겨울. 3 최종 단계; (원자력) (핵연료 사이클의) 종말 처리.
back-end·ed [́endid] 图 1 후부의, 후미의; 마무리 단계의(ø front-end). 2 후면 삽입[투입]되는.
back·er [bǽkə*r*] 图 1 후원자, 원조자. 2 (내기에서) 돈을 거는 사람. 3 표구사(表具師)· (타자기의) 지대(臺紙).
back·fall [bǽkfɔ̀:l] 图 1 뒤로 넘어지기; 전도(轉倒). 2 [레슬링] 백폴(상대를 넘어뜨려 매트에 등이 닿게 하기).
back-fence [´-féns] 图 (英) (대화 따위가) 담 너머로의, 격의 없는; 험담하는.
back·field [bǽkfi:ld] 图 1 [미식축구] (복수취급) 후위(quarterback, halfback, fullback); 후위[수비] 진, 그 플레이 범위. 2 [야구] 외야(外野).
back-file [´fàil] 图 (신문·잡지의) 지난 호 철[파일]. (또는 **báck fíle**) 「(또는 **báck fíll**)
back·fill [bǽkfìl] 图 (판 구멍을) 도로 메우다.
back·fire [bǽkfàiə*r*] 動自 1 (내연 기관 안에서) 역화를 일으키다. 2 (산불 따위) 맞불을 놓다. 3 예상에 어긋나다, 긁어 부스럼이 되다. ¶His plot ~d. 그의 음모는 예상과는 반대의 결과로 끝났다. 4 (총포가) 역발(逆發)하다, 역류(逆流)하다. 5 (美俗의) 방귀를 뀌다. — 图 1 역화(내연 기관의 부정 폭발). 2 (화기·총기의) 역발(逆發). 3 맞불. 4 (기대했던 것과) 반대의 결과.
Báckfire (bómber) 图 백파이어 (폭격기)(옛 소련의 장거리 초음속 폭격기); Tu-26의 별칭).
back·flip [bǽkflip] 图 1 뒤로 재주넘기, 뒤 공중 회전. 2 (태도·정책의) 백팔십도 전환, 완전 변경.
— 動自 뒤로 재주넘기를 하다.
báck flóat 图 [수영] 백 플로트(머리를 뒤로 젖히고 물 위로 뜨기).
back·flow [bǽkflòu] 图 (유체의) 역류; 환류.
báck formàtion 图 [언어] 역성(逆成); 역성어(어떤 단어를 파생어로 잘못 생각하고 거꾸로 그 단어에서 다른 단어를 만드는 일, 또는 그렇게 만든 단어. 예: typewriter→typewrite, editor→edit).
back·gam·mon [bǽkgæ̀mən, ´-`-] 图ⓤ 백개먼 (주사위놀이).¶a ~ board 주사위판. — 動他 (백개먼

에서) 〔상대방〕을 (특히 3대 0으로) 이기다.

‡back·ground [bǽkgràund] [명] ([복] **~s** [-z]) **1** (풍경·그림·무대의) 배경, 원경([참] foreground). ¶the ~ of a picture 그림의 배경. **2** 남의 눈에 띄지 않는 곳, 이면. **3** (직물 따위의) 바탕. ¶a dress with red spots on a white ~ 흰바탕에 붉은 점이 있는 드레스. **4** (the ~) (사건 발생의) 배경, 원인; 이면의 사정. ¶the historical ~ of a war 전쟁의 역사적 배경. **5** 예비 지식, 기초 지식, 이면 정보. (또는 ∠ **informàtion**) **6** (신문·잡지의) 익명 회견[발언], 백그라운드(발언 내용은 직접 인용할 수 있으나 발언자 신분은 「…당국자[관리]」로 밝혀야 한다). **7** (사람의) 성장 환경; 소양, 경력, 학력. ¶a man with a high cultural ~ 교양이 풍부한 사람. **8** =~ music. **9** 〔물리〕 백그라운드(물리 현상의 정확한 이해를 위해 배제해야 할 주위의 모든 영향). **10** 〔통신〕 영(影)잡음(무선 송수신에서 나타나는 잡음). **11** 〔컴퓨터〕 (디스플레이 화면의) 배경, 백 그라운드.

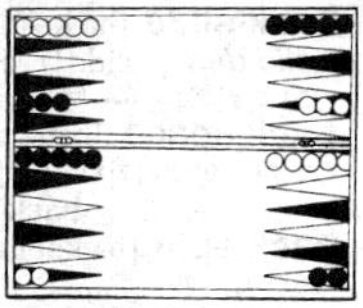

〔backgammon〕

drop in the background 세상에서[세인에게서] 잊혀지다.
in [or ***into***] ***the background*** 드러나지 않게, 눈에 띄지 않게.
keep [or ***remain, stay***] ***in the background*** 표면에 나서지 않다.
on background 공표하지 않고; (신문·잡지의) (정보 제공자의 이름을) 숨기고.
—[형] 배경의, 배경이 되는; 깊은, 숨은.
—[동][타] **1** …의 배경을 이루다. **2** (비공식 기자 회견에서) …의 배경을 설명하다, 예비 지식을 주다.
~·ing [명]

báckground brìefing [명] 배경 설명(기자 회견).

báckground chècks [명][복] 신원 조사.

báckground còunt [명] 〔물리〕 가이거(Geiger) 계수관에 기록되는 방사선의 자연 계수.

back·ground·er [bǽkgràundər] [명] 배경 설명회, 비공식 기자 회견; 배경 설명 (기사).

báckground héating [명] 백그라운드 히팅(적온(適溫)보다 조금 낮은 일정 온도를 유지하는 난방).

báckground ìmage [명] 〔컴퓨터〕 배경 화면.

báckground mùsic [명] (라디오·TV·영화 등의) 배경 음악, 음악 효과(background).

báckground projèction [명] 배경 영사(영화 촬영 때 배경을 영사하는 일)(back projection).

back·hand [bǽkhæ̀nd] [명] **1** (테니스·탁구 따위의) 역타(逆打); 백핸드([참] forehand). (또는 ∠ **stróke**) **2** 손등으로 치기. **3** [U] 왼쪽으로 기울어진 서체(書體). **—**[형] =backhanded. **—**[부] 백핸드로, 손등으로, 역타로; 왼쪽으로 기운 서체로. **—**[동][타] **1** …을 손등으로 치다. **2** 〔테니스공 따위〕를 백핸드로 치다. **3** (야구 따위에서) 〔공〕을 백핸드로 잡다.

back·hand·ed [bǽkhæ̀ndid] [형] **1** 손등으로 친; 역타의. **2** 왼쪽으로 기운. ¶~ writing 왼쪽으로 기운 서체(書體). **3** (뜻이) 애매[모호]한, 우회적인, 간접의; 빈정대는. ¶a ~ compliment 빈정대는 투의 칭찬/a ~ warning 간접적인 경고. **4** (밧줄이) 거꾸로 비틀어진, 외로 꼰. **~·ly** [부] **~·ness** [명]

back·hand·er [bǽkhæ̀ndər] [명] **1** 손등으로 치기. **2** 역타(逆打). **3** 백핸드로 공을 잡기. **4** 비난; 반격. **5** (술병을 왼쪽으로 돌릴 때 오른쪽 사람에게 따르는) 덤으로 부어주는 술 한 잔. **6** 《英구어》 뇌물(bribe).

back·haul [bǽkhɔ̀:l] [동] (화물 수송기[선] 등이) 귀로에 짐을 운반하다. **—**[명] 귀로 (화물). **~·ing** [명]

back·house [bǽkhàus] [명] (건물의) 뒤쪽에 있는 부속 건물; 별채; (수세식이 아닌) 옥외 변소(privy).

back·ing [bǽkiŋ] [명][U][C] **1** 도움, 지지, 후원; 뒷받침; 보증, 배서(背書). **2** 《집합적》 후원자. ¶get a ~ 지원 그룹[단체]을 확보하다. **3** 받치는 것, (책 따위의) 등붙이기, 뒤대기, 안감. **4** 역행, 후퇴. **5** (무대 뒤를 안 보이게 하기 위한) 막, 칸막이. **6** (독창·독주의) 반주. **7** 〔기상〕 풍향의 역전. **8** 〔컴퓨터〕 반주.

bácking lìght [명] 〔연극〕 확산광(擴散光); (자동차의) 후진등.

bácking stòrage [**stòre**] [명] 〔컴퓨터〕 보조 기억장치.

báck íssue [명] (잡지 따위의) 지난호(back number).

báck jùdge [명] 〔미식축구〕 backfield 지역 심판.

back·lands [bǽklæ̀ndz] [명][복] 오지(奧地), 후배지.

back·lash [bǽklæ̀ʃ] [명] **1** 반발, (급격한) 반동. **2** (정치·사회적) 반발, 저항, 반격 (*against*). ¶white ~ 백인의 (흑인에 대한) 반발. **3** 〔기계〕 (기계·톱니바퀴의 풀린 부분·마모된 곳 따위의) 역회전; 배격(背隔). **4** 낚싯줄의 얼크러짐, 얼크러진 낚싯줄. **—**[동][자] 반발을 일으키다.

back·less [bǽklis] [형] (의복이) 등이 없는; 등 부분「[등받이]이 없는.

back·light [bǽklàit] [명] 백라이트, 역광(逆光). **—**[동][타] …에 역광을 비추다. **~·ing** [명][U] 역광 조명(기법).

back·lin·ing [bǽklàiniŋ] [명][U][C] (보강용) 안감, 안; 〔건축〕 뒤판벽; 〔제본〕 뒤대기.

back·list [bǽklìst] [명] 기간서(旣刊書)[재고] 목록. **—**[형] 재고 목록의. (또는 **bácklisted**) **—**[동][타] 재고 목록에 넣다.

back·lite [bǽklàit] [명] (자동차의) 뒷창문.

báck lòad [명] 등짐, 짊어지기 쉬운 짐.

back-load [∠lòud] [동][타] (임금 등의 지급을) 연기하다, 거치(据置)하다. **~·ed** [형] (임금 등을) 고용 기간의 최종 연도에 가중 지급·보상하는.

back·log [bǽklɔ̀:g/-lɔ̀g] [명] **1** (불이 오래 가도록) 난로 깊숙이 넣어 두는 큰 통나무. **2** 비축물, 예비, 잔무(殘務). **3** (제조업체의) 수주(受注) 잔고, 체화(滯貨); 《구어》 (상품 따위의) 비축, 예비 저장. **4** 〔항공〕 (착륙할 곳이 없어) 체공중인 항공기.
—[동] (**-gg-**) [타] …을 (예비로) 남겨 놓다; (장래를 위해 주문 등을) 접수[등록]하다. **—**[자] (주문·상품 등이 미처리인 채) 적체되다, 쌓이다.

báck lòt [명] 〔영화〕 백로트(촬영소 부속 야외 촬영용 부지). (또는 **báklòt**)

báck màn [명] (자전거 등의) 뒤에 탄 사람.

back·mark·er [bǽkmà:rkər] [명] (경주·경마 따위에서) 핸디캡을 받는 경기자.

báck màtter [명] (책의 본문 뒤의) 부속(index, appendix 등). (또는 **énd màtter**) [참] front matter

back·most [bǽkmòust] [형] 가장 뒤쪽의, 맨 뒤의.

back-mu·tate [∠mjù:teit] [동][자] 〔유전〕 (돌연 변이 유전자가) 복귀 돌연 변이하다.

báck mutàtion [명] 〔유전〕 복귀[역(逆)] 돌연 변이 (돌연 변이를 일으킨 유전자를 원상 복귀시키는 것).

báck níne [명] 〔골프〕 백나인(18홀 코스의 후반 9홀).

báck númber [명] (잡지 따위의) 과월호(back issue); 《구어》 시대에 뒤진 것[사람, 방법]; (명성·인기를 잃은) 과거의 사람.

báck o' beyónd [형] 《濠구어》 멀리 떨어진, 고립된.

báck óffice [명] (증권 회사 등의) 비영업[사무] 부서 (출납·계산서 작성 따위 업무 부문). **báck-óffice** [형]

báck of the bóok [명] **1** (잡지·서적의) 본문 뒤의 권말 부록[잡록 부분]; 〔TV〕 (뉴스 방송) 후반의 가벼게 덧붙이는 부분. **2** 〔광고〕 뒷 페이지 광고; (자동차 세일에서) 표시 가격 이하(의 값). **báck-of-the-bóok** [형] (출판·방송 제목이) 일반의 관심[흥미]을 끄는.

back-of-the-en·ve·lope [∠əvðiénvəlòup] [형] 《구어》 (봉투 뒷면을 이용해) 간단히 계산한, 어림잡아 정리한; (봉투 뒷면에 써 둘 정도로) 문뜩 생각난, 순간적인. (또는 **báck-of-an-énvelope**)

báck òrder [명] 밀린 주문; 이월(移越) 주문.

back-or·der [∠ɔ̀:rdər] [동][타] …을 이월(移越) 주문하다.

báck òut [명] 《美구어》 철회, 탈퇴; 취소; 변절.

back·pack [bǽkpæk] 圀 등짐, 배낭, 룩색; 우주 비행사의 생명 유지 장치 등짐. ━圀 등에 짊어지는.¶~ nuke 일인 휴대용 핵무기. ━目圀 〔식량 따위〕를 등에 지고 나르다. ━目圀 등짐을 지고 도보 여행하다. ~·er 圀 배낭 여행자. ~·ing 圀 배낭 여행.

báck páge 圀 〔책의〕 짝수 페이지, 뒤페이지(앞에서 계속되는 페이지). 圂 front page

back-page [-péidʒ] 圀 뒤 페이지의(圂 front-page); (뉴스 등의) 보도 가치가 적은.

báck párlor 圀 뒷방, 밀실; 빈민굴.

báck pássage 圀 (구어·완곡적) 직장(直腸) (rectum), 항문; 건물 내부의 복도[통로].

back-pat [-pӕt] 圀 (…의) 등을 가볍게 두드리다 (두드리기); (…에) 격려·동의의 뜻을 표하다(표하는 몸짓·말). ~·ting 圀 격려, 축하; 동의. ━圀 급여.

báck pày 圀 체불 임금, (임금 인상액에 의한) 소급분

back-ped·al [-pèdl] 目圀 (-l-, (英) -ll-) 1 (속도를 늦추기 위하여) 자전거의 페달을 거꾸로 밟다. 2 (의견 따위를) 철회(후퇴)하다; 이미 한 일을 없던 일로 하다. 3 (권투) 급히 뒤로 물러서다.

back-piece [bǽkpìːs] 圀 (갑옷의) 등판.

back-plate [bǽkplèit] 圀 (건축) (구재(構材)의) 뒤판(板); =backpiece.

back-pro·ject 目圀 [bǽkprədʒèkt] …을 배경 영사(映寫)하다. 圀 [´-`] 배경 영사.

báck projéction 圀 =background projection.

back-rest [bǽkrèst] 圀 (의자 따위의) 등받이, 등널.

báck róad 圀 (포장이 안 된) 시골 길; 뒷골목길.

báck róom 圀 안쪽 방; (정당 따위의) 비밀 회합 장소; 비밀 연구소. ━圀 안쪽 방의; 비밀의, 무대 뒤의. ¶~ politics 밀실 정치, (**báckròom**)

báck·room bóy [bǽkrùːm-] 圀 (英구어) 비밀 공작대원, 비밀 연구 종사자; 밀실 협상 정치인; (~s) 정상배들.

back-room·er [-rùː)mər] 圀 (정치가 등) 뒤에서 몰래 책략을 꾸미는 사람.

báck rów (러비) 제3열에서 스크럼을 짜는 2-3 [명

back-saw [bǽksɔ̀ː] 圀 〔목공〕 (등에 보강용 금속을 덧댄) 등쇠톱.

back-scat·ter [bǽkskӕ̀tər] 圀圀 〔물리〕 (방사선·입자 따위의) 후방 굴절〔산란(散亂)〕. (또는 **backscattering**) ━目圀 (방사선)을 후방 굴절(교란)시키다.

báck scrátcher 圀 1 효자손(등 긁는 도구). 2 (구어) 아첨꾼. 3 (구어) 상호 이익을 도모하는 사람. (또는 **báck-scràtcher, báckscràtcher**)

báck scrátching [-skrӕ̀tʃiŋ] 圀 (구어) 서로 이익을 도모하기; 아첨, 추종. (또는 **báckscràtch**)

back-seat [bǽksìːt] 圀 뒷좌석, 말석; (구어) 중요하지 않은 지위. (또는 **báck séat**)
 take a backseat 낮은 자리(지위)에 앉다; (…에게) 양보하다; 눈에 안 띄게 굴다.

báckseat dríver (자동차에서) 이래라저래라 운전 지시를 하는 승객; 참견하기 좋아하는 사람, 무책임한 비평가.

báckseat dríving 운전자에게 조언·주의하기; 쓸데없는 참견(하기), 무책임한 비평.

back·set [bǽksèt] 圀 좌절; 후퇴(setback), 역류.

back·sheesh [bǽkʃìːʃ] 圀圀 =baksheesh.

back·side [bǽksàid] 圀 1 후부(back part); 배면(背面), 이면, 오면 (종종 ~s) 둔부, 엉덩이.

back·sight [bǽksàit] 圀 1 (측량) 후시(後視). 2 〔측량〕 (고저(高低) 측량에서 기계 자체의 높이를 산정하기 위한) 수준 측량(水準測桿) 읽기, 3 (총의) 가늠자.

báck sláng 圀 거꾸로 읽는 은어(예: man→nam).

back-slap [bǽkslӕ̀p] 目圀 (美구어) (친밀한 표시로) 등을 톡 치다(치기). ~·per 圀 등을 두드리는 친근하게 구는 사람. ~·ping 圀 등을 톡 치기.

back·slide [bǽkslàid] 目圀 (-slid; -slid [-slìd], -slid·den [-slìdn]) 나쁜 길로 되돌아가다, (신앙적으로) 타락하다. ━圀 퇴보, 타락. **-slid·er** 圀 타락자.

back·space [bǽkspèis] 目圀 (타자기에서) 한 글자분만 역행시키다. ━圀 뒤로 물러서 생긴 스페이스; 후진, 후퇴; (또는 **báck spàcer**) 백스페이스 키.

back·spin [bǽkspin] 圀 〔구기〕 (공의) 역회전(逆回轉), 백스핀. ~·ber 圀 배신자.

back·stab [bǽkstӕ̀b] 目圀 〔남〕을 중상(모함)하

back·stage [bǽkstèidʒ] 圀 무대 뒤에서; 무대 뒤에서; 무대 뒤로(안쪽으로). 圀 [´-`] 무대 뒤의(에 있는); 무대 뒤에서 일어난, 막후에서의; 비밀의.¶a ~ love affair 은밀한 정사. ━圀 무대 뒤; (배우의) 사생활. [밀 수단.

báck stáirs 圀圀 (단·복수 양용) 뒷 층계; 음모; 비

back·stair(s) [bǽkstéər(z)] 圀 간접적인; 비밀의, 떳떳치 못한, 부정한.¶~ deals 이면 공작.

báckstáirs góssip (우물가) 쑥덕공론.

back·stay [bǽkstèi] 圀 (기계) 뒷받침; 〔해사〕 돛대 받침줄; (건축) 버팀, 받침; (일반적으로) 지지.

back·stitch [bǽkstìtʃ] 圀 박음질, 박음질 바늘. ━目圀 박음질하다, 박음질 바늘로 꿰매다.

back·stop [bǽkstàp/-stɔ̀p] 圀 1 (야구에서는 포수의 뒤편, 테니스에서는 base line 뒤쪽의 공을 막는) 그물.¶see a game from behind the ~ 네트(그물) 뒤에서 관전하다. 2 (구어) 〔야구〕 포수. 3 (구어) 안전 장치(safeguard); 보강(보조)용 재목. 4 (구어) 보좌(역). ━圀 (**-pp-**) 의 포수 노릇하다. ━圀 〔남〕을 위해 진력하다; …을 지지하다(support), 감싸다. ~·per 圀

back·sto·ry [bǽkstɔ̀ːri] 圀 (美) 배경 이야기(설명).

báck stréet 圀 뒷골목, 뒷거리. 圂 side street

back·street [´-strìːt] 圀 몰래 행해지는, 막후의.¶ ~ political maneuvering 막후 정치 공작.

back·stretch [bǽkstrétʃ] 圀 백스트레치(경마·육상 경기 따위에서 결승점이 있는 트랙의 반대편 직선 주로), 圂 homestretch

back·stroke [bǽkstròuk] 圀 1 손등으로 치기, (테니스의) 역타(逆打). 2 되치기, 반격; 되튐(recoil). 3 〔수영〕 배영(背泳); (the ~) 배영 경기. ━目圀 〔수영〕 배영으로 헤엄치다. **-strók·er** 圀 배영 선수.

back·swept [bǽkswèpt] 圀 뒤로 경사진.

back·swim·mer [bǽkswìmər] 圀 〔곤충〕 송장헤엄치게.

back·swing [bǽkswìŋ] 圀 (스포츠) 백스윙.

back·sword [bǽksɔ̀ːrd] 圀 1 한쪽에만 날이 있는 검(劍); (펜싱 연습용) 목검. 2 =backswordman.

back·sword·man [bǽksɔ̀ːrdmən] 圀 목검을 쓰는 사람. [대꾸.

báck tálk 건방진(실례가 되는) 대답, 주제넘은 말

back-talk [´-tɔ̀ːk] 目圀 말대꾸하다.

báck táste 圀 뒷맛(aftertaste).

báck tèst 圀 (경영) 백 테스트(상품 가격 인상 후, 일부를 인상 전 가격으로 팔아서 인상의 영향을 평가하기).

báck tìme 圀 (美속어) 가석방 때의 남은 형기.

back to báck 圀 〔등 뒤에서〕 1 등(벽)을 맞댄, 2 (사건 등이) 연속적인, 잇따른.¶two homers ~ 연속 2점 홈런. 3 (금융) 담보 신용장(~ letter of credit)의.

back-to-back [´-təbǽk] 圀 (~s) (英구어) 벽을 맞댄 연립 주택. ━圀圀 (英) =back to back.

back-to-ba·sics [-təbéisiks] 圀 〔기본(중심)으로 돌아가는; (교수법의) (읽기·쓰기·셈하기 따위) 전통적 기초 과목을 중시하는. (또는 **báck-to-the-básics**)

báck tóoth 圀 어금니.¶My back teeth are floating. (구어) 오줌 누러 가고 싶다.

back-to-school [´-təskùːl] 圀 신학기의.

báck tràck 圀 되돌아가는 길, 귀로.
 take the back track 돌아가다, 물러가다.

back·track [bǽktræk] 图团 1 (같은 길로) 돌아오다; 퇴각하다. 2 손을 떼다, 발을 빼다; (입장·정책 따위를) 철회[취소]하다 (*from, on*). ¶~ *on* a claim 요구를 철회하다. — 타 …의 뒤를 쫓아[더듬다].

back·up [bǽkʌp] 图 1 지지자, 지지물, 후원자. 2 반주자(伴奏者). 3 범람, (차량의) 정체, 밀림; 퇴적(堆積). 4 교통 체증. 4 (비상시의) 대안, 대체물 [요원]; 예비[인원]. 5 〖컴퓨터〗 여벌(받기), 백업. 6 후퇴; (태도 따위의) 철회. 7 〖볼링〗 백업(오른쪽으로 던질 때 오른쪽으로 빗나가는 공). 8 (美속어) 집단 강간. 9 〔漢구어〕 두 잔째, 더 청해서 먹는 것[음식]. — 형 1 대체품[요원]의; 예비(품)의; 2 2차적의, 보조의; 반주의. 3 지원의, 후원자의. 4 〖컴퓨터〗 백업의. 5 (우주) 모의의. ¶a ~ system (지상의) 모의 우주선.

báckup fíle 图 〖컴퓨터〗 백업 파일.
báckup líght 图 (자동차의) 후진등, 백 라이트((英) reversing light). (또는 **bácking light**)
báck vówel 图 〔음성〕 후설(後舌) 모음.

‡**back·ward** [bǽkwərd] 〔부〕 1 뒤쪽에[으로], 뒤를 향해(〔반〕 forward). ¶lean ~ 뒤로 기대다/walk ~ 뒷걸음치다. 2 거꾸로, 역행하여; 퇴보[악화]하여. ¶flow ~ 역류하다/go ~ 되돌아가다; 퇴보하다. 3 (이전으로) 거슬러 올라가서. ¶five years ~ 5년 전에.
backward(s) and forward(s) ① 앞뒤로, 이리저리(to and fro). ② (구어) 전적으로, 전혀.
bend [or *fall, lean*] *over backward(s)* ⇒ BEND.
know…backward(s) (and forward(s)) (英구어) …을 완전히 이해하다.
ring the bells backward(s) (화재 따위를 알리기 위하여) 종을 저음으로 울리다; 경보하다.
— 형 (*more* ~; *most* ~) 1 뒤쪽(으로)의, 뒤를 향한, 되돌아가는; 거꾸로의(〔반〕 forward). ¶a ~ movement 역행/a ~ blessing 저주. 2 뒤진, 진보가 느린. ¶The boy is ~ *in* mathematics. 그 소년은 수학이 뒤져 있다. 3 망설이는; 내성적인, 수줍어하는 (*in, to* do). ¶a ~ girl 내성적인 소녀//be ~ *in* duty 의무를 게을리 하다. 4 계절(시기)이 늦은. ¶a ~ spring 늦은 봄.
backward in coming forward (구어) 수줍은.
— 〔부〕 1 후방, 뒤; (시) 과거, 옛날. 2 (美속어) =barbiturate. 〔형〕 1 후진성; 주저; (계절의) 늦음. 〔부〕 뒤쪽으로; 늦어져; 마지못해. ~**·ness** 图 U

back·ward·a·tion [bæ̀kwərdéiʃən] 图 U (영국 증권 거래소에서 매매 주식의 수도(受渡) 연기(금), (파는 측이 지불하는) 역일변(逆日邊). ⇔ contango
báckward cóunter 图 〔컴퓨터〕 감산 계수기.
báck·ward-lóok·ing [-lúkiŋ] 〔형〕 회고적인, 과거 일만 생각하는; 시대에 뒤진, 퇴영적(退嬰的)인. (또는 **báckward-gàzing**)
báckward prócessing 图 〔컴퓨터〕 역방향 처리.
‡**back·wards** [bǽkwərdz] 〔부〕 (英) =backward.

back·wash [bǽkwɑʃ, -wɔ̀ʃ/-wɔ́ʃ] 图 1 (해사) (노·추진기 따위로 생기는) 역류(逆波), 역수(逆水). 2 (해안에) 부딪쳤다가 밀려나는 물결. 3 (사건 따위의) 여파. ¶the ~ of war [depression] 전쟁[불경기]의 여파 [후유증]. — 타 1 …을 역수(逆水)에 부딪치게 하다, 역류에 부딪혀 휘청거리게 하다. 2 (역류시켜) …을 씻어 내다. 3 …에 영향[충격]을 주다. ~**·er** 图

back·wa·ter [-wɔ̀ːtər, -wɑ̀t-] 图 1 U 역수(하는 물). 2 (강 따위의) 괸 물. 3 정체(停滯), 침체; 지적(知的) 침체; 진보(발전)이 없는[침체된] 곳, 변두리, 벽지. ¶the cultural ~ 문화적 침체/live in a ~ 세상과 단절된[동떨어진] 곳에 살다. 4 (카누·보트의) 후진, 역조(逆漕). — 〔형〕 정체된, 역류의. — 圖 3 1 후퇴[후진]하다, 물러서다. — 타 (약속·말)을 취소하다, (배)를 후진시키다. (또는 **báckflow válve**)
báckwater válve 图 (하수도의) 역류 방지용 밸브.
báck wáy 图 (美속어) 항문(肛門).
back·wind [bǽkwind] 图 (해사) 역풍. — 타 1 (앞쪽 돛을 조작하여) (뒤쪽 돛)에 역풍을 보내다, (그런 식으로) (돛)을 펴다. 2 (요트 경주에서) (다른 요트)보다 앞쪽에 나서서 바람을 가로막다.

back·woods [bǽkwúdz] 图團 《종종 단수취급》 (미개척 상태의) 삼림 지대; 오지, 변경. — 〔형〕 (또는 **backwood(sy)** 미개척지의, 오지의; 소박한, 단순한; 투박한, 세련되지 못한.
back·woods·man [bǽkwúdzmən] 图 1 미개척지의 주민, 변경의 개척자. 2 투박한 사람; 시골뜨기. 3 (英) 좀처럼 등원하지 않는 상원 의원.
back·yard [bǽkjɑ́ːrd] 图 1 뒤뜰, 뒷마당(반 front yard). 2 자주 가는 곳, 근처; 세력[영향]권, 활동 무대.
in one's own backyard (구어) 가까이에서; 자기 텃.
~**·er** 图 (英구어) 소규모 양계업자. 〔밭에.
‡**ba·con** [béikən] 图 U 1 베이컨. ¶~, lettuce and tomato 베이컨·양상추·토마토의 샌드위치(약 BLT). 2 (美속어) 이익; 약탈품. 3 (美흑인속어) 경찰(관).
bring home the bacon [or *groceries*] (구어) ① 성공하다, 할 일을 다하다. ② 생활비를 벌다. ③ 시합에 이기다, 입상하다. ④ 물질적으로 돕다[지원하다].
save one's bacon (구어) (생명·명성 등) 가장 중요[긴요]한 것을 지키다; 위험한 고비를 넘기다.
sell one's bacon (美속어) 몸을 팔다.
— 타 (돼지 고기 등)을 베이컨으로 만들다.
Ba·con [béikən] 图 *Francis* ~ 베이컨(1561-1626; 영국의 철학자·근대 철학의 시조).
bácon and éggs 图 〈단수취급〉 베이컨 에그(얇게 썬 베이컨에 반숙 계란을 얹은 요리). (또는 **éggs and bácon**)
ba·con-and-eggs [-ənégz] 图團 〔식물〕 콩과 (科) 벌노랑이속(屬)의 다년초. 〔가.
ba·con·bur·ger [béikənbə̀ːrɡər] 图 베이컨 햄버거
bácon hòg [píg] 图 베이컨 제조용 돼지.
Ba·co·ni·an [beikóuniən] 〔형〕 베이컨의(F. Bacon의 학설[학파]의). — 图 베이컨 철학 신봉자.
~**·ism**, **Ba·con·ism** [béikənìzm] 图 〔귀납법.
Bacónian méthod 图 〔논리〕 베이컨이 주장한
Bacónian théory 图 (the ~) 베이컨설(Shakespeare의 극은 F. Bacon의 작품이라는 설(説)).
ba·con·y [béikəni] 〔형〕 돼지의; 지방질의. ¶~ *liver* 비대성 간경화(肝硬化).
bact. bacteria(l); bacteriology; bacterium.
bac·te·re·mi·a [bæktiríːmiə] 图 〔병리〕 균혈증 (菌血症)(혈액 중에 세균이 존재하는 상태).
bac·te·ri- [bæktíəri] 〔연결〕 bacteria, bacterial의
‡**bac·te·ri·a** [bæktíəriə] 图團 (단 -*ri·um* [-riəm]) 박테리아, 세균(類). ¶pathogenic ~ 병원균(病原菌).
bac·te·ri·al [bæktíəriəl] 〔형〕 박테리아[세균](의), 세균에 의한. ¶~ *virus* 세균성 바이러스. ~**·ly** 〔부〕
bac·te·ri·cid·al [bæktìərəsáidl] 〔형〕 살균의, 살균 제의. ~**·ly** 〔부〕 〔살균제.
bac·te·ri·cide [bæktíərəsàid] 图 세균을 죽이는
bac·ter·id [bǽktərid] 图 〔병리〕 세균성 피진(皮疹) 매독진(梅毒疹) 따위(세균성 발진(發疹)).
bac·te·rin [bǽktərin] 图 U 〔면역〕 박테린, 세균 백 신(bacterial vaccine)(박테리아로 만든 면역 백신).
bac·te·ri·o- [bæktíəriə, -riò] 〔연결〕 《다음에 모음이 올 때는 *bactericide*.
bac·te·ri·o·log·i·cal [bæktìəriəládʒikəl/-lɔ́dʒ-] 〔형〕 세균학상의, 세균학적인; 세균 사용의.
bacteriológical wárfare 图 세균전(biological [or germ] warfare).
bac·te·ri·ol·o·gy [bæktìəriálədʒi/-ɔ́l-] 图 U 세균학. -**o·lóg·ic**, **-i·cal** 〔형〕 세균학(상)의. **-o·lóg·i·cal·ly** 〔부〕 -**gist** 图 세균학자.
bac·te·ri·ol·y·sis [bæktìəriáləsis/-ɔ́l-] 图 U 세균 분해, 용균(溶菌) 현상[작용]. **-o·lýt·ic** 〔형〕
bac·te·ri·o·phage [bæktíəriəfèidʒ] 图 세균 괴

원(病原), 살균 바이러스(세균에 기생하는 병원체의 일종). ⁼phág·ic, ⁼óph·a·gous 형 ⁼óph·a·gy 명
bac·te·ri·o·pho·bi·a [bæktiəriəfóubiə] 명 U 박테리아 오염 공포증.
bac·te·ri·os·co·py [bæktiəriáskəpi/-ós-] 명 U 세균 현미경학, 세균 검경법(檢鏡法).
bac·te·ri·o·sta·sis [bæktìəriəstéisis] 명 U (세균) 세균 발육 억제, 제균(除菌) 작용.
-stát·ic 형 -stát·i·cal·ly 부
bac·te·ri·o·stat [bæktiəriəstæt] 명 (세균) 세균 발육 억제제(劑). 「(의학) 세균 요법.
bac·te·ri·o·ther·a·py [bæktiəriəθérəpi] 명 U
bac·te·ri·o·tox·in [bæktiəriətáksin/-tɔ́k-] 명 (세균) 세균 독소. 1 박테리아를 죽이는 독소. 2 박테리아에 의하여 생성되는 독소. -ic 형
*bac·te·ri·um [bæktiəriəm] 명 bacteria의 단수형.
bac·te·rize [bǽktəràiz] (⁼(英) -rise) 타동 ⋯에 세균을 작용시키다. ⁼ri·zá·tion 명
bac·ter·oid [bǽktərɔ̀id] 명 (세균) 박테로이드, 변형균(變形菌)(콩과(科) 식물의 뿌리혹 박테리아의 일종).
— 형 세균 모양의, 세균상의. (또는 bacterioid)
Bac·tri·a [bǽktriə] 명 박트리아(고대 서아시아의 왕국). -an 형명 박트리아(사람, 어)(의).
Bác·tri·an cámel [bǽktriən-] 명 박트리아 낙타, 쌍봉(雙峯) 낙타. ⇒ dromedary
bac·ty [bǽkti] 명 U (속어) 세균학. 「(刑)의.
bac·u·line [bǽkjulin, -làin] 형 채찍의, 태형(笞
‡bad¹ [bæd] 형 (worse; worst) 1 나쁜, (도덕적으로) 나쁜, 불량한, 성질이 나쁜, 부정한, 사악한; 악질의 (⇔ good). ¶a ~ weather 악천후 / ~ conduct 나쁜 행실 // It is very ~ of you to tell a lie. 네가 거짓말을 하다니 정말로 좋지 못하군.

───────────────
유의어 bad 「나쁜」이라는 뜻의 일반적인 말. evil bad보다 뜻이 강하고 「도덕에 어긋나는」. ill evil보다 뜻이 약하고, 관용 표현에 많이 쓰이는 말. wicked 의식적으로 도덕에 어긋나는 일을 하려고 하는.
───────────────

2 조악(粗惡)한, 불충분한, 부적당한.¶a ~ coin 악화(惡貨), 위조 화폐 /a ~ light 불충분한 빛[조명] / ~ food (영양가가 적은) 조식(粗食). 3 틀린; (법률상으로) 무효인, 무가치한, 부당한. 4 해로운 (for). ¶~ air (건강에) 나쁜 공기 // Smoking is ~ for the health. 흡연은 건강에 해롭다. 5 병에 걸린; 몸이 편치 않은, 몸이 아픈 (with, from). ¶be taken ~ 병에 걸리다 // ~ with a cold 감기에 걸리다. 6 유감스러운, 후회하는 (for, about). ¶~ for one's mistakes 자신의 잘못을 후회하다. 7 불운한, 운이 나쁜; 형편이 나쁜. ¶come at a ~ time 형편이 나쁜 때에 오다 / have ~ luck 운이 나쁘다. 8 기분이 좋지 않은. 9 (味·냄새 따위가) 불쾌한, 싫은.¶a ~ smell [taste] 고약한 냄새[맛]. 10 서투른, 미숙한 (at); 재능이 없는, 판단력이 모자라는. ¶She is ~ at handwriting. 그녀는 악필이다. 11 (한정용법·구어) 심한, 지독한, 중한.¶a ~ cold 악성 감기 /a ~ storm 심한 폭풍(우). 12 썩은, 상한, 못 쓰게 된.¶a ~ tooth 충치 /~ fish 상한 생선[상어] (음식 따위가) 상하다. 13 (美구어) 적의를 품은, 위험한. 14 (자태가) 아름답지 않은, 매력 없는; (안색이) 안 좋은; (피부가) 거친. 15 (상업) 수금 불능의, 불량 채권의. 16 (말씨·문장이) 저속한, 외설의, 모독적인; (문자·어법 따위가) 부정확한, 틀린.¶speak ~ English 형편없는 영어를 하다. 17 (스포츠) (테니스 따위에서) 볼이 아웃된, 폴트의. 18 (英속어) 어려운, 힘든. 19 [bæːd] (~der; ~dest) (주로 美흑인 속어) 근사한, be in a bad temper 기분이 나쁜[언짢은]. 「멋진. be in a bad way 병이 무겁다[위중하다]; (재정 따위가) 어려운 고비에 있다.
be nothing like [or nowhere near] as bad as ⋯정도로 나쁘지 않다, ⋯보다는 낫다.
be too bad 유감이다, 딱하다.
feel bad ① 몸이 불편하다[아프다]. ② (⋯라니) 유감이다, 안됐다. ③ ⋯에 낙담하다, 실망하여 맥이 빠지다; ⋯을 후회하다 (for, about).
get into bad ways 미치다. 「별한 뜻이 없다).
have a bad time (of it) 혼이 나다 (⁼ of it에는 특
make the best of a bad job 불리한 상황에서도 할 수 있는 것은 하다[해보다].
not (so [or too, half]) bad (구어) 그다지 나쁘지 않은, 괜찮은.¶As a pianist, he's not too ~. 피아니스트로서 그는 괜찮은 편이나.
That can't be bad! 그것 잘했다, 좋았어!
That's [or It's] too bad. ① 그것 참 안됐다. (그렇다니) 유감이다. ② 이거 곤란하게 됐는데. 「들.
— 명 U (the ~) 나쁜 것[상태]; 불운; (복수취급) 악인
be [or get] in bad (美구어) ① (⋯의) 미움을 받다, 눈 밖에 나다 (over, with). ② 곤경에 처해 있다.
go from bad to worse 더욱 더 나빠지다.
go to the bad (정신적·육체적으로) 타락하다, 못쓰게 되다. 「겪다.
take the good with the bad 좋고 나쁜 일을 다
to the bad 빚을 지고, 적자(赤字)로; (美구어) = to the good
— 부 (worse; worst) (美구어) = badly.
be bad off = be BADLY off.
bad² 명 (고어) bid의 과거.
bád áctor 명 (美구어) 심술궂은 망나니, 몹쓸 놈; 사
Ba·da·joz [bàːdəhóus, -hóuz/bǽdəhɔ̀z] 명 바다호스(스페인 남서부의 도시; 옛 무어 왕국의 수도).
bád ápple 명 (속어) =bad egg.
bad·ass [bǽdæs] 형명 (속어·비어) 사귀기 어려운 (사람), 분란을 잘 일으키는 사람. ⁼ed 형
bád bánk 명 (금융) (부실) 채권 운용 전문 은행.
bád bárgain 명 (英속어) 쓸모없는 남자[병사].
bád blóod 명 악감정, 증오; (오랜) 반목, 불화, 혐오.
make [or breed, steer up] bad blood between ⋯사이에 불화를 일으키다.
bád bóoks 명 나쁜 평판, 미움 받음.
be in a person's bad books 남의 미움을 받고 있다, 남에게 평판이 나쁘다.
bád bréath 명 입냄새(halitosis).
bád chéck 명 부도 수표. 「대; 해고장.
bád cónduct díscharge 명 (군사) 불명예 제
bád débt 명 (상업) 대손(貸損)(금), 회수 가망이 없는 대출금; 부실[불량] 대출(채권).
bad·die [bǽdi] 명 (구어) (소설이나 영화의) 악역, 악인; 말썽꾼; 범죄자; 방랑자. (또는 baddy)
bad·dish [bǽdiʃ] 형 좀 나쁜, 좋지 못한, 열등한.
‡bade [bæd/bæd, beid] 동 bid의 과거.
bád égg 명 (속어) 악인, 불량배, 신용 못할 사람, 쓸모없는 사람. ⇒ bad lot
Ba·den [báːdn] 명 바덴(독일 Baden-Württemberg 주의 도시; 온천 휴양지). (또는 Báden-Báden)
Ba·den-Pow·ell [bèidnpóuəl / -páuəl] 명 Robert S. Smyth ~ 베이든포엘(1857-1941; 영국의 장군; Boy Scouts와 Girl Guides를 창설).
bád fáith 명 1 불성실, 부정직, 배신(⇔ good faith).¶act in ~ 불성실[부정]한 짓을 하다. 2 (사르트르 철학에서) 자기 기만. ⁼ bád-fáith
bád fórm 명 (英속어) 예절 없음, 무례(함).
‡badge [bædʒ] 명 (⁼ badg·es [-iz]) 1 기장(記章), 휘장, 인식표. ¶a ~ of rank 계급장. 2 표장; 식별 표지. 3 신분 증명서, 명찰. 4 (美속어) 경찰.
wear [or bear] a badge 기장을 달다.
— 타 (badg·es [-iz]; ~d; badg·ing) ⋯에 표 ⁼-less 형 [기장, 견장]을 달다.
BADGE [bædʒ] 명 (군사) 배지, 반자동 방공 경계 관제 조직. (<Base Air Defense Ground Environment)

bádge bàndit [명] 《美속어》 (흰 오토바이를 탄) (교통) 경찰관.

***badg·er**[1] [bǽdʒər] [명] ([복] ~(s)) 1 오소리; [U] 오소리 모피. 2 《英속어》 오소리 털로 만든 화필. 3 《濠》 a) 웜뱃(wombat). b) 주머니쥐(bandicoot). 4 《경멸적》 노인. 5 (B-) 《美》 Wisconsin 주 출신자[주민]. ── [동][타] …을 (…로) 괴롭히다 (*with*); …을 (…하도록) 못살게 굴다, 집적대다 (*to* do). ¶Stop ~*ing* her. 그녀를 그만 집적대라 // (~+[目]+*to* do) ~ one's father *to* buy one a sport car 스포츠 카를 사달라고 아버지를 괴롭히다.

badg·er[2] [명] 《英방언》 (식료품) 행상.

bádger bàiting [dràwing] [명] 오소리를 통에 넣고 개를 부추겨서 놀리는 옛날의 장난.

bádger gàme [명] 《美속어》 미인계(美人計); 공갈, 갈취.

Bádger Stàte [명] (the ~) 미국 Wisconsin 주의 별칭.

bád gúy [명] (the ~) 악당, 악한; 악역. [참] good guy

bád háir dày [명] 《구어》 지긋지긋한 날[하루], 재수 없는 날, 불쾌한 날.

bád hát [명] 《英속어》 악명 높은 깡패, 불량배.

bád hóle [명] 《美속어》 감방.

bad·i·nage [bæ̀dənáːʒ, bǽdənidʒ/bǽdinàːʒ] [명] [U] 농담; 가벼운 희롱, 야유. ── [동][타] (농담으로) 〔남〕을 놀리다, 희롱하여 …시키다(chaff). 〔<F〕

bád jób [명] 성가신 일; 《美속어》 나쁜 녀석.

bad·lands [bǽdlæ̀ndz] [명][복] 《美》 황무지, 불모지; 암흑가.

bád lánguage [명] 상소리, 욕설, 독설.

bád lót [명] 《속어》 품행이 나쁜 남자, 불량배.

‡**bad·ly** [bǽdli] [부] (*worse; worst*) 1 나쁘게, 서투르게([반] well). ¶~ dressed 형편없는 옷을 입고 / He speaks German ~. 그는 독일어가 서투르다. 2 심술궂게, 불친절하게; 형편이 좋지 않게. ¶speak ~ of a person 남을 나쁘게 말하다 // The weather turned out ~ for the cruise. 순항하기에 좋지 않은 날씨가 되었다. 3 부정[사악]하게. ¶To cheat in the exam is to act very ~. 커닝은 부정 행위이다. 4 (《英》 *more* ~; *most* ~) 《구어》 《동사 앞에서》 대단히, 몹시(* want, need와 함께). ¶be ~ wounded 중상을 입다 / I ~ need your help. 네 도움이 꼭 필요하다 / She wants to see you ~. 그녀는 너를 몹시 만나고 싶어한다. 5 슬퍼[분개]하여, 서운해하여. ¶She took the news of her mother's death ~. 그녀는 어머니의 사망 소식을 듣고 몹시 슬퍼했다.

badly done by [or *to*] 냉대받아, 부당히 취급받아; 화가 나서.

be badly [or *poorly*] *off* 《구어》 주머니 사정이 좋지 않다, 비참하게 살고 있다. [반] *be* WELL *off*

be badly off for 《구어》 …이 없어서 곤란하다.

do badly for 《구어》 …가 손에 들어오는 것이 적다[별로 없다].

speak [*think*] *badly of* …을 나쁘게 말[생각]하다.

── [형] 《美구어》 《서술용법》 (보통 feel ~) 1 몸이 아픈(sick); 기분이 언짢은. ¶I feel ~. 기분이 언짢다; 몸이 아프다. 2 딱한, 유감스러운. ¶I feel ~ about her leaving so soon. 그녀가 그렇게 빨리 떠나다니 유감스럽다. 3 낙담한, 기가 죽은.

bad·ly-off [-ɔ́ːf] [형] 《서술용법》 《구어》 1 가난한, 빈곤한([반] well-off). 2 (…이) 없는; (…에) 불운한 (*for*).

bad·man [bǽdmæ̀n] [명] 《美》 (서부 개척 시대의) 무법자, 악당; (서부극의) 악역.

bád márk sỳstem [명] 〔스포츠〕 벌점제.

‡**bad·min·ton** [bǽdmintn] [명][U] 1 배드민턴. ¶play ~ 배드민턴을 치다. 2 《英》 소다수로 만든 청량 음료.

bád mòuth [명] 《美》 험담, 헐뜯기, 중상.

put the bad mouth on …을 헐뜯다.

bad-mouth [ˊmàuð] [동][타] 《美속어》 …을 욕하다, 헐뜯다. ~·**er** [명]

bad·ness [bǽdnis] [명][U] 나쁜 상태, 불량, 부정.

bád néws [명] 《단수취급》 나쁜 소식([반] good news); 《속어》 골칫거리, 불쾌한 일[사람, 물건]; 청구서.

bád nígger [명] 《美흑인 속어》 백인의 압력에 굴하지 않는 흑인; (여성을 학대하는) 폭력적인 흑인 남성.

bád páper [명] 《속어》 위조 지폐; 부도 수표[어음].

bád páy [명] 《美속어》 (빚의 변제·지불 따위를) 늑장부리는 사람.

bád pówder [명] 《속어》 방귀.

bád préss [명] 신문 지상의 혹평.

bád shít [명] 《美속어》 1 위험한 일[상황]; 위험 인물. 2 불행, 불운; 악의; 나쁜 습관. 3 저질 마약.

bád shót [명] 빗나간 탄환[예상]; 서투른 사격수.

bad-tem·pered [ˊtèmpərd] [형] 심술궂은; 기분이 상한, 불쾌한(cross), 성미가 까다로운.

bád tíme [명] 1 곤경, 어려운 고비. 2 《美속어》 (군대에서 무단 근무지 이탈·영창 구금 기간 등) 복무 기간에 산입되지 않는 기간. 3 《美구어》 월경(기).

bád tríp [명] 《속어》 (마약 따위에 의한) 끔찍한 환각 체험; 불쾌한 경험.

bád týpe [명] =bad actor.

BAe British *A*erospace. **BAE** *B*ureau of *A*gricultural *E*conomics [*A*merican *E*thnology].

B.A.E. *B*achelor of *A*eronautical [*A*gricultural, *A*rchitectural] *E*ngineering; *B*achelor of *A*rt *E*ducation [*A*rts in *E*ducation].

Bae·de·ker [béidikər] [명] 베데커 여행 안내서(독일의 출판업자 Karl Baedeker(1801-59)가 창간); (일반적으로) 여행 안내서.

B.A.E.E. *B*achelor of *A*rts in *E*lementary *E*ducation(초등 교육학사).

baff [bæf] 〔골프〕 [동][자] 공을 쳐올리기 위하여 골프채로 지면을 후려치다. ── [명] 그와 같은 타구(打球)([참] baffy).

báff·ing spòon [bǽfiŋ-] [명] =baffy.

***baf·fle** [bǽfl] [동][타] 1 〔계획·노력 따위〕를 좌절시키다, 실패로 끝나게 하다. ¶~ the enemy 적의 의도를 꺾다 / ~ description 형언할 수 없다 // (~+[目]+[前]+[名]) This ~*d* him *out of* his design. 이것으로 그의 계획은 틀어졌다. 2 〔남〕을 난처하게 하다, 당황하게 하다. ¶The question ~*d* me completely. 그 질문에는 손들었다. 3 〔소리·빛·기류 따위〕를 차단하다[막다]. ── [자] (강풍을 안은 배 따위가) 고투하다, 허위적거리다 (*with*).

be baffled in …에 실패하다.

── [명] 1 좌절; 당황(perplexity). 2 방해(물). 3 =baffleplate. 4 배플(확성기 케이스의 저음용 차단벽).

báffle bòard [명] 〔통신〕 (수화기의) 배플판(板).

baf·fle·gab [bǽflgæ̀b] [명] 《속어》 (관공서식의) 번거롭고 알아듣기 힘든 말[표현]. ~·**ber** [명]

baf·fle·ment [bǽflmənt] [명][U] 좌절시키기; 실패, 좌절; 방해; 당황.

baf·fle·plate [bǽflplèit] [명] (물줄기·기류·음향 따위의) 차단[방지, 출입 제어] 장치.

baf·fler [bǽflər] [명] 1 좌절시키는 것; 난처하게 하는 것, 곤혹스럽게 하는 것. 2 =baffleplate.

báffle wàll [명] 방음벽.

baf·fling [bǽfliŋ] [형] 1 좌절시키는; 당황하게 하는. 2 (사람이) 걷잡을 수 없는, 불가해한(inscrutable). 3 방해가 되는, 저해하는. ~·**ly** [부] ~·**ness** [명]

báffling wínd [명] (보통 ~s) 〔해사〕 (변덕스럽게 불어서) (배의) 직진을 방해하는 바람.

baff·y [bǽfi] [명] 〔골프〕 (공을 높이 쳐올리기 위한) 목제의 짧은 골프채, 4번 우드. [참] baff

BAFTA [bǽftə] *B*ritish *A*cademy of *F*ilm and *T*elevision *A*rts(영국 영화·TV 예술 협회).

‡**bag**[1] [bæg] [명] ([복] ~s [-z]) 1 (종이 따위로 만든) 자루, 봉지. ¶a paper ~ 종이 봉지 / a rice ~ 쌀 자루.

> [유의어] **bag** 「자루·가방」을 뜻하는 가장 널리 쓰이는 말. **sack** 허름한 재료로 조잡하게 만든 길쭉한 자루. **pouch** 휴대용의 작은 자루식 가방.

2 가방, 손가방, 핸드백; 《美》 여행 가방; 사냥감 자루(gamebag); 우편낭(mailbag). 3 지갑; (돈)주머니 사정. 4 한 자루 분(의 양). ¶two ~*s* of flour 밀가루 두 자루. 5 《집합적》 (또는 a ~) (한 사람이 하루 또는 한

B

bag 212 **bagnio**

번에 잡은) 사냥[낚시]감(의 양), 포획량. **6** 자루 모양의 것; (동물 따위의) 낭(囊); 위, 밥통; (암소의) 젖통(udder). ¶the honey ~ of a bee 꿀벌의 꿀 주머니. **7** 자루처럼 늘어진 부분; 눈 밑의 늘어진 살. **8** (美)《야구》베이스(base)(* 본루는 home plate). **9** (美俗) 재즈의 일종. **10** (구어) 헐거운 양복[드레스]; (~s)(英俗) 바지. ¶ (~s) (구어) 많은 돈[풍부한 기회]. **12** (속어) 추녀; 늙은 여자; 매춘부. ¶a disagreeable old ~ 마음에 안 드는 노파. **13** (구어) 한 떼의 사람들, 한 무더기의 물건. **14** (美俗) 아주 좋아하는 것, 취미, 전문. ¶This is my ~. 이것이 내가 아주 좋아하는 것이다. **15** (속어) 사태, 문제. **16** (속어) 입장, 처지; 환경. **17** (속어) (수식어와 함께) 기분. ¶The boss is in a mean ~ today. 사장은 오늘 기분이 안 좋다. **18** (속어) 심리적 장애, 걸림. **19** (英속어) 낙하산. **20** (美속어) 한 봉지의 마약. **21** (비어) 불알, 고환, 음낭.

a bag of bones 말라빠진 사람[동물].
a bag of nerves (英구어) 아주 신경질적인 사람.
a bag of waters 〖해부〗양막(羊膜).
a bag of wind (구어) 허풍선이; 뚱뚱보.
a mixed bag (구어) 잡동사니, 오합지졸.
bag and baggage (구어) ① 가재 도구[소지품] 일체. ② (부사적) 소지품[가재 도구]을 모두 정리하여; 몽땅, 완전히(completely).
bags of 다량(의), 다수(의)(plenty of).
bear the bag 재정권을 쥐다, 돈을 마음대로 쓸 수 있다.
empty the bag 남김없이 말하다.
get the bag 해고되다; 미역 먹다.
give a person *the bag* 남을 해고하다, 목을 자르다; 남을 퇴짝 놓다.
give [or *leave*] a person *the bag to hold* (어려울 때) 남을 저버리다[궁지에 내버려두다].
half in the bag (美俗어) 곤드레만드레 취한; 거나한 기분으로.
have [or *get, tie*] *a bag on* (美속어) 마시고 떠들다.
have bags under one's eyes 눈 밑의 것처럼 보이다.
hold the bag (美俗어) ① (비난·책임 따위를) 혼자 덮어쓰다. ② 빈털터리가 되다.
in the bag (구어) (성공·당선 따위가) 확실하여; 보증되어. ② 취하여. ③ (속어) 짬짜미의.
in the bottom of the bag 최후의 수단으로.
let the cat out of the bag 깜박 실수하여 비밀을 누설하다.
make [or *secure*] *a good* [*poor*] *bag* 사냥을 많이[적게] 하다.
pack one's bags (구어) 보따리를 싸다, (싫은 일을) 그만두다, (싫은 곳에서) 나가다.
pull...out of the bag 뒤늦게 〖해결 방안[방도]〗을 발견하다.
set one's bag for …을 겨냥하다, …에 야심을 갖다.
the (whole) bag of tricks 온갖 수단[방법], 모두.
Three bags full, sir! 두말하면 잔소리입니다!

— ® (~s [-z]; -gg-) ® **1** …을 부풀리다. **2** …을 자루에 넣다(up). **3** (사냥감을) 잡다, 죽이다. **2** …을 체포하다. ¶ ~ a bear 곰을 잡다. **4** (속어) …을 손에 넣다, 슬쩍 갖다. **5** (속어) (보따리를 싸고) [英속어] (적기를) 격추하다. **6** (속어) (환자에게) 산소 마스크를 씌우다. **7** (美俗어) [보고 싶지 않은 것을] 눈에 띄지 않게 하다. — ® **1** 부풀다(swell). **2** (빈 자루처럼) 늘어지다, 처지다. **3** 헐렁헐렁 늘어지다. **4** 항로에서 벗어나다.
bag it (美俗어) ① (명령형으로) 그만 해! 조용히 해!, 시끄러워! ② = bag school. ③ 잠자다.
bag school (美俗어) 수업을 빼먹다.
bag (some) rays (美俗어) 일광욕하다(sunbathe).
bag (some) Z's [or *Zs*] (美俗어) 잠자다, 낮잠 자다.
Bag that! ① (상대방 말에 대해서) 그건 안 돼! ② (자기 말에 대해서) 아니, 아니야!, 그게 아니야!
Bag your face! (美俗어) 꺼져!, 돼져 버려!
— ® (*Bags*...!, *Bags I*...!로) (英학생속어) 내가 맨 먼저다!¶*Bags*, I first drink. 내가 맨 먼저 마시겠다.
~-like ® [~ging] hook 풀 베는 낫.

bag² ® ® (*-gg-*) (곡물·풀 따위)를 낫으로 베다. ¶a
B. Ag. Bachelor of *Agriculture*(농학사).
ba·gasse [bəgǽs] ® ⓤ 바가스(사탕수수의 짜고 남은 찌꺼기로 펄프·연료용); 그 섬유로 만든 종이.
bag·a·telle [bæ̀gətél] ® **1** 하찮은 것; 사소한 것(trifle). **2** ⓤ 바가텔 놀이(일종의 당구). **3** 피아노 소품.
bag·bit·er [bǽgbàitər] ® (美俗어) 다루기 어려운 대용품(컴퓨터·프로그램 따위); 못쓸 놈.
Bag·dad [bǽgdæd/-´] ® =Baghdad.
ba·gel [béigəl] ® (美) 베이글(도넛형 롤빵); 유대인의 전통적 빵.
ba·gel·bend·er [-bèndər] ® (美俗어·경멸적)
bág fòx ® 자루 여우(자루에 넣고 와서 사냥터에서 풀어 놓아 개에게 쫓기게 하는).
bag·ful [bǽgfùl] ® 자루로 하나 가득(한 양); 다량.
‡**bag·gage** [bǽgidʒ] ® (복 *-gag·es* [-iz]) ⓤⓒ (美) 수하물(英) luggage). ¶a piece of ~ 수하물 하나. **2** 군용 행낭; (군대의) 휴대 장비, **3** 짐이 되는 것, 방해물; 마음의 준비, 각오. **4** 창녀. **5** (경멸적) 말괄량이 아가씨; 시끄러운 노파; (美俗어) 연인; 아내. (van).
bággage càr ® 〖철도의〗 수하물차(英) luggage
bággage chèck ® 수하물 물표. 「곳.
bággage clàim (àrea) ® (공항의) 수하물 찾는
bággage clàim tàg ® 수하물 인환권[표]. 「자.
bággage hàndler ® (비행기 따위의) 화물계(담당
bag·gage·man [bǽgidʒmæ̀n, -mən] ® 수하물 담당자.
bag·gage·mas·ter [bǽgidʒmæ̀stər/-mɑ̀:s-] ® (역·버스 회사·부두 등의) 수하물 담당 책임자.
bággage òffice ® 수하물 취급소.
bággage ràck ® (열차의) 수하물 선반.
bággage ròom ® 수하물 일시 보관소.
bággage sérvice ® (英) 유실물 취급소.
bággage smásher ® (美俗어) 수하물 운반원; =baggage handler.
bággage stràp ® 슈트케이스(suitcase)용 밴드.
bággage tàg ® 수하물 꼬리표(英) luggage label).
bagged [bægd] ® **1** 몹시 취한, 곤드레만드레 된. **2** 늘어진. **3** (美俗어) (놀음 따위가) 야바위의, 짜고 하는; 체포된. 「뒤진) 옷을 입은.
bagged-out [-áut] ® (美俗어) 구깃구깃한(헝클어
bag·ger [bǽgər] ® **1** (복합어로) 〖야구속어〗 …루타(壘打); …루수. ¶three-~ 3루타. **2** 자루에 채워 넣는 기계. 「[천]; 자루에 넣기.
bag·ging [bǽgiŋ] ® ⓤ (대마 따위로 짠) 자루감
bag·gy [bǽgi] ® **1** 자루 모양의, 자루처럼) 부푼; 축 늘어진, 헐렁한. ¶ ~ trousers 헐렁한 바지/~ skin 늘어진 피부. **2** (美) baggy 음악에 속하는. 「(美) 배기 음악(기타의 팝 선율과 댄스 리듬을 혼합한 대중 음악의 한 형태); baggy 음악과 연관된 문화.
-gi·ly ® 헐렁하게, 축 늘어지게. *-gi·ness* ® 헐렁함; 부피가 큼. 「의 수도). (또는 **Bagdad**)
Bagh·dad [bǽgdæd/-´] ® 바그다드(이라크(Iraq)
bág hólder ® (공항의) 화물 운반용 대차(臺車).
bág jòb ® (美俗어) (증거를 찾기 위한) 비합법 (가택) 수사; (범죄를 목적으로 한) 주거 침입(죄).
bág làdy ® 떠돌이 여성, 여성 노숙자(shopping ~); (속어) 여자 마약 밀매인; 여자 넝마주이.
bag·man [bǽgmən] ® **1** (英) 순회 세일즈맨, 외판원. **2** (美俗어) 금품 갈취자(사기 도박단)의 앞잡이, 돌마니 수금원. **3** 마약 판매인(pusher). **4** (濠) 방랑자(tramp). **5** 우편낭 담당원. **6** (캐나다 속어) 정치 자금 조달 담당자.
bagn·io [bǽnjou, bɑ́:n-] ® (복 ~*s*) **1** (이탈리아·터키의) 목욕탕. **2** 매음굴, 갈보집(brothel). **3** (고어) (서아시아·북아프리카의) 노예 감옥.

bág òpener 웹 (美속어) 소매치기.
bág pèople[pèrson] 웹 부랑자 [노숙자](들).
***bag·pipe** [bǽgpàip] 웹 (종종 ~s) 백파이프. ─웹(타) 백파이프를 불다.
-pip·er 웹 백파이프 연주자.
bag-play [-plèi] 웹 (美속어) 비위 맞추기, 알랑거리기.   「(농학사).
B. Agr. *Bachelor of Agriculture*
bag-sleeve [´sli:v] 웹 (14~15세기에 유행한) 손목에서 잡아맨 넓은 소매.
bag·stuf·fer [bǽgstʌ̀fər] 웹Ⓤ (거리에 돌리는)
bág tàble 웹 재봉대.   「광고 전단, 삐라.
ba·guette [bæɡét] 웹 1 장방형으로 깎은 작은 보석; (보석을) 장방형으로 깎기. 2 (건축) 작고 볼록한 반원형 쇠시리, 구슬 선. 3 바게트(막대기 모양의 프랑스 빵. (또는 **baguet**)   「필리핀의 하계 수도.
Ba·gui·o [báːgiòu/bǽɡ-] 웹 바기오(루손 섬에 있는
bag·wig [bǽgwìɡ] 웹 주머니 가발(18세기에 영국에서 유행한 뒷머리를 싸는 명주 주머니로 된 것).
bag·wom·an [bǽgwùmən] 웹 bagman의 여성형.
bag·worm [bǽgwə̀ːrm] 웹 도롱이벌레(basketworm).
bah [bɑː, bæː] 웹 (경멸·혐오감을 나타내어) 흥!
ba·ha·dur [bəhóːduər, ´hɑːbəhɑ́ːdə] 웹 (종종 B-) 각하, 대인(인도에서 유럽인 고관에게 쓰는 존칭).
Ba·ha·ʼi [bəháːi, ´háːi] 웹 (용 ~s [-z]) 1 바하이교. 2 바하이교(도). (또는 **Bahai**)
Ba·ha·ʼism [bəháːizm] 웹 바하이교(1863년 페르시아의 Husayn Ali가 창시한 이슬람 시아파계(系)의 종교). (는 **Bahaism**) **-ʻist** 웹
Ba·ha·mas [bəháːməz, ´héi-] 웹웹 (the ~) (복수취급) 바하마 제도(미국 플로리다 반도 동남방의 군도). 2 (단수취급) 바하마 연방(바하마 제도로 구성된 나라; 수도 Nassau). **-mi·an** 웹웹
Ba·há·sa Indonésia [bəhɑ́ːsə-] 웹 바하사 인도네시아(인도네시아어의 공식명).
Bahása Malàysia 웹 바하사 말레이시아(말레이시아의 공식명).
Bah·rain [bɑːréin] 웹 바레인(페르시아만 안에 있는 군도로 1971년 독립; 수도 Manama). (또는 **Bahrein**)
Bah·rain·i [bɑːréini] 웹 바레인 사람. 웹 바레인의, 바레인 사람의.   「(폐).
baht [bɑːt] 웹 (용 ~(s)) 바트(태국의 통화 단위 및 지
bai [bai] 웹 (중국에서 불어오는) 황사(黃砂).
BAI (한국) *Board of Audit and Inspection*(감사원).
bai·gnoire [beinwɑ́ːr, ´-] 웹 (극장의 1층석 전면에 있는) 특별 관람석. (<F *baigner*)
Bai Ju·yi [bái dʒùːi:] 웹 =Po Chü-i.
Bai·kal [baikɑ́ːl] 웹 *Lake* ~ 바이칼 호.
***bail¹** [beil] 웹 [법률] 1 Ⓤ 보석(保釋); 보석금. ¶an application for ~ 보석 청구/pay the ~ 보석금을 내다. 2 (집합적) 보석 보증(인). 3 ⒸⓊ 보석받는 사람(신분, 권리). 4 보석을 승인하는 법정.
accept [or *allow*, *take*] *bail* 보석을 허가하다.
admit a person to bail 남에게 보석을 허가하다.
be freed [or *out*] *on bail* 보석[가출옥]중이다.
be under bail 보석중이다.   「당하다.
forfeit one's bail 보석을 취소당하다, 보석금을 몰수
give [or *offer*] *bail* 보석금을 내다.   「주인다.
give [or *take*] *leg bail* (구어·익살) 탈주하다, 도
go [or *stand*, *put up*] *bail for* ① …의 보석 보증인이 되다. ② …을 확실하다고 보증하다.
jump [or *skip*] (*one's*) *bail* 보석 조건을 어기다, 보
on bail 보석으로.   「석중에 자취를 감추다.
refuse bail 보석을 허가하지 않다.
save one's bail (출두하여) 보석금 몰수를 모면하다.
surrender to one's bail (보석중의 사람이) 출두하다.
─웹(타) 1 …에 보석을 받게 하다, 보석을 허가하다

(*out*).¶ (~+圈+圈) He offered to ~ his son *out*. 그는 아들의 보석을 신청했다. 2 (상품을) 위탁(공탁)하다. ─웹 (美학생속어) 일어나서 가다, 물러가다; (수업을) 빠뜨리다.   「소문을 퍼뜨리다.
bail on (美속어) (데이트 약속을) 어기다, 바람맞히다;
bail² 웹 1 (주전자·통 따위의) 손잡이. 2 (포장 마차 지붕의) 활모양의 살대(지주). 3 (타자기 따위의) 용지 누르는 막대. 4 (濠) (우유를 짤 때) 소 머리를 누르는 틀.
─웹(타) 1 …에 손잡이를 달다. 2 (濠) (소의 머리를) 틀로 누르다(*up*). (강도 따위를 수색하기 위하여) (남)에게 손을 들게 하다(*up*). ─웹 (濠) (강도를 만나) 손을 들다, 두 손 들고 항복하다(*up*).
bail³ 웹(타) (배 안에서) (물)을 퍼내다; (배)에서 괸 물을 퍼내다(*out*)(*out of*, *from*).¶ (~+圈+前+圀) ~ *water out of* a boat 보트의 물을 퍼내다/ (~+圈+圂) ~ *water out*; ~ *out* a boat 보트에 괸 물을 퍼내다.
─웹 (배에서) 괸 물을 퍼내다. (또는 (英) **bale**)
bail on (속어) …을 억압하다, 괴롭히다.
bail out ① (경제 원조로) 구제하다, 구제 금융을 제공하다. ¶~ *out* troubled economies in Asia 경제 위기에 처한 아시아 국가들에게 구제 금융을 제공하다. ② (보트의) 괸 물을 퍼내다. ③ 낙하산으로 탈출하다. ④ (속어) …에서 손을 떼다, …을 단념하다, 저버리다. ⑤ (잠수부가) 급부상하다. ⑥ [美해군] 소변을 보다. ⑦ (유정(油井)) 굴삭 장치를 청소하다.
─ (뱃 바닥에) 괸 물을 퍼내는 그릇(bailer).
bail⁴ 웹 1 (크리켓) 삼주문(三柱門)(wicket) 위에 가로 지른 나무. 2 (英) (마구간의) 가로장. 3 (~s) (페어) 성의 외벽, 성의 바깥둘, 성곽.
─웹 * 다음 숙어로만 쓴다.
bail up ① (우유를 짜기 위해) 젖소 머리를 고정시키다. ② 를 강탈하다; 굴복시키다. ③ …을 붙잡아 두다.
bail·a·ble [béiləbl] 웹 [법률] 보석이 가능한.¶a ~ offense 보석을 허가할 수 있는 죄, 경범죄.
báil bònd 웹 [법률] 보석금; 보석 보증서.
báil bòndsman 웹 보석 보증인.
bail·ee [beilíː] 웹 [법률] 수탁자(受託者). (홍) bailor
bail·er¹ [béilər] 웹 [크리켓] 삼주문(三柱門)의 가로장(bail)에 맞은 공.   「퍼래박.
bail·er² 웹 (배 밑바닥에) 괸 물을 퍼내는 그릇[사람],
bail·er³ 웹 = bailor.
bai·ley [béili] 웹 성의 외벽; 성곽의 안마당.
the Old Bailey 런던 중앙 형사 법원(속칭).
Bái·ley bridge [béili-] 웹 베일리식 조립교(영국의 Donald Bailey(1901-85)가 고안한 군사용 간이 다리).
bail·ie [béili] 웹 (스코) 시 참사회원(alderman).
bail·iff [béilif] 웹 1 (법원의) 법정 경위(의(英) usher); 집행관. 2 (英) 지방 행정관. 3 (英) (지주의) 토지 관리인. 마름. ¶~**ship** 웹
bail·i·wick [béiləwìk] 웹 1 bailiff의 관할구. 2 (英 익살) (수완·일 등의) 범위, 영역.
bail·ment [béilmənt] 웹Ⓤ[C] [법률] 임치(任置); 보석금의 제공); 보석.   「(홍) bailee
bail·or [béilər, beilɔ́ːr] 웹 [법률] 임치인(任置人).
bail·out [béilàut] 웹 1 (낙하산에 의한) 비상 탈출. 2 (금융) (경제적인) 구제 조치, (정부·금융 기관에 의한) 구제 금융, 긴급 금융 지원. 3 다른 방법, 대안.
─웹 (구매) 대책의. ¶a ~ loan 구제 차관(융자).
bails·man [béilzmən] 웹 [법률] 보석 보증인(bail, surety).
Bái·ly's bèads [béiliz-] 웹웹 [천문] 베일리의 염주(개기(皆旣)·금환(金環) 일식 때 달 주위에 보이는 염주 모양의 광점(光點). (<영국의 천문학자 Francis Baily(1774-1844)의 이름)   「중탕 냄비. (<F)
bain-ma·rie [bèinməriː] 웹 (웹 *bains-*) (요리용)
bairn [bɛərn] 웹 (스코) 어린이; 아들, 딸.
‡**bait** [beit] 웹 1 미끼, 먹이; (살충용) 독이 든 먹이. ¶a live[natural] ~ 산(천연) 미끼/put a ~ 미끼를 달다.

B

2 [C][U] 좋은 미끼, 유인물, 함정. ¶deceive a person with ~ 좋은 미끼로 남을 속이다. 3 《고어》 (여행 도중의) 휴식. 4 [C][U] 《英속어》 먹을 것. 5 《美남부》 (수량의) 많음, 대량. 6 《구어》 격노, 뺏성.

rise to [or ***swallow, take***] ***the bait*** 《구어》 (도발 따위에) 끌려가다; 미끼를 덥석 물다; 꾐에 빠지다.

— [동][타] 1 …에 미끼를 달다; …을 미끼로 낚다. 2 …을 좋은 미끼로 꾀다. 3 〔짐승〕에게 개를 부추겨서 괴롭히다. 4 (장난 삼아) 〔남〕을 못살게 굴다, 집적대다. 5 《고어》 (여행 도중에) 〔말〕에게 먹이[물]를 주다. — [자] 《고어》 1 (여행중에) 휴식을 취하다. 2 (동물이) 먹이를 먹다.

bait the hook 미끼로 사람을 유혹하다.

∼·er [명]

bait-and-switch [ˊənswítʃ] [명][형] 《美》 미끼 상술(商術)(의) (염가 판매를 내세워 고객을 끈 뒤 고가품을 사게 하는 상술). ¶~ advertising 미끼 광고.

bait-and-wait [ˊənwéit] [명][형] (TV 광고에서) 끝날 때까지 제품명을 보이지 않고 시청자를 끄는 방식(의).

baize [beiz] [명][U] 베이즈(당구대 따위에 까는 녹색 천); 베이즈를 깐 당구대. — [동][타] …에 베이즈를 깔다.

Bá·ja Califórnia [bá:ha:-] [명] 바하 캘리포니아, 캘리포니아 반도.

‡**bake** [beik] [동] (~***d*** [-t]; ***bak·ing***) [타] 1 〔빵 따위〕를 굽다. ⇨ BURN [유의어] ¶~ cake in an oven 케이크를 오븐에서 굽다. 2 〔도자기·벽돌 따위〕를 굽다. ¶~ bricks 벽돌을 굽다. 3 (햇볕이) …을 태우다; 〔과일〕을 익히다. ¶~ oneself (햇볕에) 살갗을 태우다. — [자] 1 (빵·도자기 따위가) 구워지다. 2 (빵 따위를) 굽다. 3 (피부를) 태우다. ¶They are *baking* in the sun. 그들은 햇볕에 피부를 태우고 있다. 4 《진행형으로》 (날씨가) 찌는 듯이 덥다; (몸 따위가) 뜨거워지다.

— [명] 1 (빵 따위를) 굽기. ¶a slow ~ at a moderate temperature 적당한 열로 천천히 굽기. 2 《스코》 (딱딱한) 비스킷, 크래커(cracker). 3 굽는 음식을 주로 하는 식사[요리]; (구운 대합을 주로 하는) 파티. 4 구워낸 제품; 구워낸 양(量).

baked [beikt] [형] 1 《美속어》 (술·마약에) 취한. 2 햇볕에 탄. 3 (포도주 따위가) 햇볕에 맛이 없어진.

báked Aláska [명] 베이크트 알래스카(스펀지 케이크에 아이스크림을 얹고 오븐에서 살짝 구운 디저트).

báked béans [명][복] 찐 콩과 베이컨 등을 구운 요리.

báked càrbon [명] 〔물리〕 소성(燒成) 탄소.

báked potáto [명] (껍질째) 구운 감자.

bake·house [béikhàus] [명] 제빵소, 빵집.

Ba·ke·lite [béikəlàit] [명] 《상표》 베이클라이트(합성수지의 일종).

bake-off [ˊɔ̀(:)f, ˊɑ̀f] [명] 빵굽기 컨테스트.

‡**bak·er** [béikər] [명] (복 ~***s*** [-z]) 1 빵 굽는 사람; 빵 제조 판매인; 제과점([참] bakery). ¶go to the ~'s (shop) 빵집에 가다. 2 휴대용 화덕. 3 (무선 통신에서 사용되는) baker의 'B'. 4 《美속어》 (사형용) 전기 의자.

Pull devil, pull baker! ⇨ DEVIL.

spell baker 어려운 일을 해치우다.

bak·er-kneed [-nì:d] [형] 무릎이 안쪽으로 굽은, 안짱다리의. (또는 **báker-lègged**)

Bá·ker-Núnn càmera [béikərnʌ́n-] [명] 인공위성·탄도탄 추적용 카메라.

báker's dózen [명] 13개, 빵집의 한 다스(근량이 모자란다고 처벌받을까 봐 덤으로 1개 더 준 관습에서).

give *a person* ***a baker's dozen*** …에게 덤으로 한 개 더 주다.

*__bak·er·y__ [béikəri] [명] 1 빵집(baker's shop); 빵·과자류 판매점; 제과점[공장]. 2 《구어》 《집합적》 구운 빵[케이크].

báke sàle [명] (자선 모금을 위한) 가정에서 구운 빵 「판매 행사.

bake·shop [béikʃɑ̀p/-ʃɔ̀p] [명] =bakery.

bake·ware [béikwὲər] [명] (요리용) 내열(耐熱) 접 「시.

*__bak·ing__ [béikiŋ] [명] 1 빵 굽기. 2 한 번 구워내는 분량, 한 가마의 분량(batch). — [형] 1 빵 굽는 데 쓰는. 2 (또는 ∼-**hót**) 《속어》 찌는 듯이 더운, 타는 듯한. ¶the ~ sands of the desert 사막의 타는 듯이 뜨거운 모래. — [부] 《속어》 찌는 듯이. ¶be ~ hot 찌는 듯이 덥다.

báking pòwder [명] 베이킹 파우더.

báking sòda [명] =sodium bicarbonate.

Bák·ke decìsion [bǽki-] [명] 《美》 배키 판결[판례](대학 입학에서 흑인 우대는 인종 역차별(reverse discrimination)로 위헌이라는 1978년의 대법원 판결).

bak·kie [bá:ki] [명] 《남아공》 바키(농업용 소형 트럭).

ba·kla·va [bá:kləvà:, ˌ-ˊ] [명] 바클라바(근동 지방의 과자의 일종). (또는 **baklawa**)

bak·ra [bǽkrə] [명] (복 ~(**s**)) [형] (카리브해 연안의) 「영국계(系) 백인(의).

bak·sheesh [bǽkʃi:ʃ, -ˊ] 《인도·터키·이집트》 [명][U] 사례금, 행하, 팁(tip). — [동][타] …에게 팁을 주다. — [자] 팁을 주다(*to*). (또는 **bakshis(h)**)

Ba·ku [bɑ:kú:] [명] 바쿠(Azerbaijan 공화국의 수도).

Ba·ku·nin [bəkú:nin] [명] **Mikhail Aleksandrovich** ~ 바쿠닌(1814–76: 러시아의 무정부주의자).

BAL 〔컴퓨터〕 *B*asic *A*ssembly *L*anguage; *b*lood *a*lcohol *l*evel(혈중 알코올 농도); 〔화학〕 *B*ritish *A*nti-*L*ewisite(해독제의 일종). **bal.** balance; balancing. **Bal.** Baluchistan.

Ba·laam [béiləm/-læm] [명] 1 〔성서〕 발람(메소포타미아의 예언자; 천사.←민수기(Num.) 31:8); (일반적으로) 믿을 수 없는 예언자[자기 편]. 2 (b-) 《속어》 (신문·잡지 따위의) 여백을 채우는 토막 기사(filler). ~·**ite** [명] ∼·**ít·i·cal** [형]

Bal·a·kla·va [bæ̀ləklá:və] [명] 1 발라클라바(흑해 연안에 있는 우크라이나의 항구; 크림 전쟁의 옛 싸움터). 2 (보통 b-) 《英》 발라클라바 모자(귀까지 덮는 방한용 털모자). (또는 **Balaclava**)

bal·a·lai·ka [bæ̀ləláikə] [명] 발랄라이카(기타와 비슷한 러시아의 삼각형 현악기). 〔<Russ〕

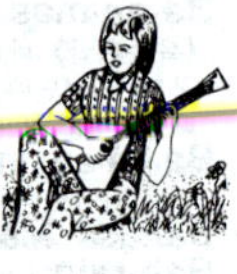

(balalaika)

‡**bal·ance** [bǽləns] [명] (복 ***-anc·es*** [-iz]) 1 저울, 천칭(天秤). ¶a spring ~ 용수철 저울/weigh meat in a ~ 고기를 저울에 달다. 2 [U] (저울처럼) 재정(裁定)할 수 있는 힘; 결정권. 3 [U] 균형, 조화, 평형; 균형을 잡기, 균분(均分). 4 [U] (마음의) 평정, 침착. ¶lose [recover] one's mental ~ 마음의 평정을 잃다[되찾다]. 5 [U] 〔미술〕 (도안 따위의) 조화[균형]가 잡혀 있음. 6 추, 분동(分銅). 7 [U] (무게·가치·액수·중요성 따위의) 평가, 견적, 비교. 8 우위, 우세. ¶The ~ of advantage was with him. 그의 쪽이 우세했다. 9 (the ~) 나머지, 잔여분. ⇨ REMAINDER [유의어] ¶the ~ of life 남은 인생, 여생. 10 [U] 〔상업·회계〕 대차 계정(貸借計定); 수지 (계정); (국제 간의) 수지; 차감 잔액[잔고]; 부족액. ¶a favorable [an unfavorable] ~ 흑자[적자]. 11 [U] (댄스 따위에서) 균형이 잡힌 동작; 〔체조〕 평균 운동. 12 (시계의) 평형 바퀴(~ wheel) 13 (the B-) 〔천문〕 천칭(天秤)자리(Libra). 14 〔수사〕 밸런스, 대구법(對句法). 15 (자연 요법에서) 심신의 균형.

> [관련어] closing ~ 마감 잔액/opening ~ 이월 잔액/~ carried [*or* forward] 이월액/~ at a bank 은행 예금잔액/~ in hand 현재 잔액/~ of clearing 계정 청산한 후의 잔액/~ of exchange 환(換)잔액/~ of trade 무역 수지/~ of capital account (국제 간의) 자본 계정 수지/favorable [unfavorable] ~ of trade 수출[수입] 초과, 국제 수지 흑자[적자]/~ due from …에서 들어올 금액/~ due to …에게 갈 금액/ascertain exact ~ 차감 잔액을 정확히 확인하다/carry forward a ~ of about $3,000 약 3천 달러를 이월하다.

cast the balance 형세를 일변시키다.

hang [or **tremble, be, lie**] **in the balance** 극히 불안정한 상태에 있다, 위기에 처해 있다.
hold…in the balance …을 미결로 남겨 두다.
hold the balance (of power) 결정권을 쥐다.
keep balances with [or **at**] …와 거래하다.
keep [or **preserve**] *one's* **balance** 몸의 균형을 유지하다; 침착성을 잃지 않다.
lose *one's* **balance** 균형을 잃다[잃고 넘어지다]; 당황하다.
off [or **out of**] **balance** 균형[평정]을 잃고, 동요하여.
on (the) balance ① 차감(差減)[공제, 정산]하면. ② 모든 것을 고려하여 보면, 결국은.
strike a balance ① 대차(수지) 계산을 하다, 청산하다. ② 타협점을 찾아내다; (…과) 조화시키다 (*with*).
throw *a person* **off** *his* **balance** 남을 균형을 잃게 하다; 남을 당황하게 하다.
tip the balance 국면을 바꾸다, 결정적 역할을 하다, 형세를 일변시키다.¶His support tipped the ~ in our favor. 그의 지지로 우리 편이 유리해졌다.

— ⑤ (*-anc·es* [-iz]; *~d* [-t]; *-anc·ing*) 탄 1 …의 평형[균형]을 잡다; …의 균형을 유지하다; …을 평형되게 하다.¶~ oneself 몸의 균형을 잡다// (~+목+ 전+명) ~ a pail on one's head 물통을 잡아 양쪽이를 머리에 이다. 2 …을 비교하다, 저울에 달아보다, 비교 평가하다 (*with, by, against*).¶~ probabilities 여러 가능성을 고려하다// (~+목+전+명) ~ one thing *with* [or *by, against*] another 어떤 것을 다른 것과 비교해보다. 3 …을 저울로 달다. 4 …을 같게 하다, 비례시키다; (사물을) (…로) 벌충[상쇄]하다 (*with, by, against*). 5 [회계] a) …의 대차를 대조하다.¶~ one's accounts 대차를 셈하다. b) …을 청산하다(대변·차변이 서로 맞도록 필요 사항을 기입하다). c) (지불할 것을 지불하다) …을 청산하다, …의 수지를 계산하다.¶~ the books 장부를 결산[마감]하다. 6 (댄스 따위에서) …을 리듬에 맞추어 움직이다.¶~ one's partner 상대방을 잘 이끌다.

— 자 1 (무게·액수·가치 따위가) 맞다, 균형이 잡히다, 평균을 이루다, …과 같다 (*with*).¶The account doesn't ~. 계산이 맞지 않는다. 2 [회계] 장부를 결산[정리]하다. 3 망설이다, 주저하다 (*in, with*).¶(~+ 전+명) ~ in one's choice 선택을 망설이다. 4 (댄스에서) 서로 앞뒤로 맞추어 움직이다. [각]
balance (each other) out 균형이 잡히다, 호각(互角).
bal·ance·a·ble [bǽlənsəbl] 图 달 수 있는, 비교할 수 있는; 균형 잡을 수 있는, 평형할 수 있는.
bálance beam 图 저울대; (체조용) 평균대; [체조] 평균대 경기.
bal·anced [bǽlənst] 图 균형이 잡힌, 평균의; (사)
bálanced búdget 图 균형 예산. [갖춘 식사].
bálanced díet [rátion] 图 균형(영양의 균형을
bálanced érror 图 [컴퓨터] 평형 오차.
bálanced fúnd 图 [금융] 밸런스 펀드(개방형 투자 신탁의 한 형태).
bálanced líne 图 1 [전기] 밸런스트 라인, 평형 선로(대응하는 선이 서로 대칭적으로 구성되고, 또 이것이 어스(earth)에 대칭으로 된 송신로). 2 [미식축구] 센터의 좌우에 3인씩 배치한 공격 라인.
bálanced tícket 图 (정당의) 균형형 공인 후보자 명부(지지층의 다양화를 반영).
bálance dúe 미불액, (지불해야 할) 부족액.
bálance of cúrrent accóunt 图 경상 수지(經常收支).
bálance of náture 图 자연의 평형(한 지역 내의 생태적 평형 상태).
bálance of páyments 图 국제 수지(收支).
bálance of pówer 图 세력 균형.
bálance of térror 图 공포의 균형(핵무기 확산 따위에 의한 전쟁 억지 상태).
bálance of tráde 图 무역 수지(收支).
bal·anc·er [bǽlənsər] 图 1 균형을 잡는 사람[물건]; 평형기(平衡器); 곡예사(acrobat); [곤충] 평균곤(平均棍)(모기·파리 따위의 뒷날개가 곤봉 모양으로 변화한 것). 2 다는 사람. 3 청산인. 4 비교하는 사람.
bálance shéet 图 (상업) 1 대차 대조표. 2 손의 계산서, 결산 공고(약 b.s., B/S).
bálance wéight 图 평형추, 분동.
bálance whéel 图 (시계의) 평형 바퀴.
bál·anc·ing áct [bǽlənsiŋ-] 图 (대립하고 있는) 양쪽을 기쁘게 하는 행위, (위험한) 줄타기.
do a balancing act 어느 쪽도 편들지 않는다.
bal·a·ni·tis [bæ̀lənáitis] 图 [의학] 귀두염(龜頭炎).
bal·as [bǽləs, béil-] 图[U] [광물] 발라스 루비(~ ruby)(홍첨정석(紅尖晶石)의 일종).
bal·a·ta [bəlá:tə, bǽlətə] 图 1 U 발라타 고무(bully tree에서 채취한 수액이 응고한 것으로 전선 절연(絶緣)·골프공 제조용). 2 (식물) = bully tree.
ba·la·tik [bɑ:lá:tik] 图 발라틱(필리핀에서 들짐승을 잡는 데 쓰는 올무).
Bal·bo·a [bælbóuə] 图 발보아. 1 Vasco Núñez de ~ (1475?-1517: 스페인의 탐험가; 1513년에 태평양을 발견). 2 파나마 운하의 태평양쪽 입구의 항구. 3 (b-) 파나마 공화국의 통화 단위(은화).
bal·brig·gan [bælbrígən] 图[U] 발브리건 메리야스 (면 메리야스의 일종; 특히 양말·내의용).
bal·co·nied [bǽlkənid] 图 발코니가 있는.
‡**bal·co·ny** [bǽlkəni] 图 (복 *-nies* [-z]) 1 발코니, 노대(露臺). 2 (극장의) 2층 특별석; (고물의) 전망대.

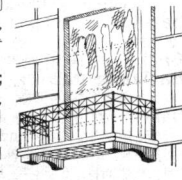
[balcony 1]

‡**bald** [bɔ:ld] 图 (*~·er; ~·est*) 1 머리가 벗어진, 대머리의.¶a ~ head 대머리. 2 (동물·새가) 털[깃털]이 없는; 나무[잎, 풀 따위]가 자라지 않는, 민둥민둥한.¶a ~ mountain 민둥산. 3 단조로운, 꾸밈없는.¶a ~ prose style 꾸밈없는 산문체. 4 노골적인, 숨김없는.¶a ~ statement 숨김없는 진술/a ~ lie 새빨간 거짓말. 5 (동물) 머리에 흰 반점이 있는, 머리가 흰. 6 (자동차의 타이어가) 완전히 닳은, 반들반들한. 7 (고어) 가치가 없는, 시시한.
as bald as a coot [or **a billiard ball, an egg**] 반들반들하게 벗겨진.
get bald 대머리가 되다.
~·ness 图
bal·da·chin [bæ̀ldəkin, bɔ́:l-] 图 1 [건축] 천개(天蓋)(제단이나 옥좌 위에 금속·돌 따위로 만든 닫집). 2 (종교적 행렬에 들고 다니는) 천개, 보개(寶蓋). 3 U (의식용) 비단. (또는 **baldaquin**)
báld cóot 图 (조류) 큰물닭. (대머리(baldhead).
báld cýpress 图 낙우송(落羽松)(미국 남부산(產) 삼나무과(科)의 교목); 그 재목. [章).
bal·der·dash [bɔ́:ldərdæ̀ʃ] 图[U] (구어) 종작없는 소리, 허튼소리(nonsense).
bald-faced [-féist] 图 얼굴에 흰 반점이 있는; 뻔한, 새빨간, 뻔뻔스러운.¶a ~ lie 뻔한 거짓말.
bald·head [bɔ́:ldhèd] 图 대머리(의 상태 또는 사람)(boldpate); 흰머리비둘기.
bald·head·ed [bɔ́:ldhèdid] 图 1 대머리의; 불모의. 2 (해사) (스쿠너 범선에) 중간 돛(topsail)이 없는.
— 图 무턱대고(headlong); 맹렬히.¶go ~ into [or at, for] (구어) 위험을 돌보지 않고 곧장 …에 덤비다, …으로 저돌적으로 돌진하다. [루다.
snatch [or *jerk*] *baldheaded* (美구어) 거칠게 다
bald·ie [bɔ́:ldi] 图 (구어) 1 (경멸적) 머리가 벗어진 사람, 대머리. 2 (표면이) 반들반들한 타이어. 3 (濠속어) 흰 Hereford 종의 소. 4 (英속어) 음모(陰毛)가 없

balding [bɔ́ːldiŋ] 혱 《구어》 머리가 벗겨지기 시작한.
는 모델. (또는 **baldy**)
bald·ish [bɔ́ːldiʃ] 혱 약간 대머리의.
bald·ly [bɔ́ːldli] 튀 솔직하게, 노골적으로.
bald·mon·ey [bɔ́ːldmʌ̀ni] 몡 인동속(屬)의 식물.
bald·pate [bɔ́ːldpèit] 몡 1 대머리(의 사람)(baldhead). 2 《美산(産)》 홍머리오리의 일종(widgeon).
bal·dric(k) [bɔ́ːldrik] 몡 식대(飾帶)《어깨로부터 비스듬히 허리에 걸쳐 칼·나팔 따위를 찬다》.
báld whéat 몡 까끄라기 없는 밀.
Bald·win [bɔ́ːldwin] 몡 **James ~** 볼드윈(1924-87; 미국의 작가).

bale[1] [beil] 몡 **1** 곤포(梱包), 가마니, 짐짝. ¶a ~ of cotton 솜 한 곤포. **2** (한 곤포의) 양(量)(a ~ of cotton은 미국에서 약 500파운드). **3** (~s) 화물(goods). *not know one from a bale of hay* 《美구어》 구분 못하다. ─동 꾸러미로 포장하다, 꾸리다. 「 」이 안 가다.
~*less* 혱 **bál·er** 몡
bale[2] 몡 《고어》 재앙, 해악, 불행; 슬픔, 비참.
bale[3] 몡동 《英》 = bail[1].
Bal·e·ar·ic Íslands [bæ̀liǽrik-] 몡 (the ~) 발레아레스 제도(지중해 서부의 스페인령 군도).
ba·leen [bəlíːn] 몡 고래 수염(whalebone).
bale·fire [béilfàiər] 몡 《들판에 피운》 큰 모닥불, 화톳불(bonfire); 봉화(beacon), 신호용 모닥불.
bale·ful [béilfəl] 혱 **1** 악의가 있는, 사악한; 해로운. **2** 《고어》 불길한; 비참한. ~*ly* 튀 ~*ness* 몡
Ba·li [bɑ́ːli, bǽli] 몡 발리 섬(인도네시아령 휴양지).
Ba·li·nese [bɑ̀ːləníːz, -níːs, bǽl-] 몡 발리 섬(주민)의; 발리 말의. ─몡 발리 섬 주민; 回 발리 말.
*** balk** [bɔːk] 몡 **1** (보통 a ~) (…의) 장해(물), 장애(물) (to). ¶a ~ to one's plans 계획의 방해. **2** (폐어) 과실, 실책. **3** 갈지 않고 남겨둔 밭이랑. **4** (건축) 들보, 각재(角材). **5** (야구) 보크(투수의 반칙 동작); (스포츠) 반칙; 《당구》 보크(당구대의 쿠션과 보크라인 사이의 구획), **6** 어망(魚網)의 부표.
in balk 《당구》 ① 공이 보크라인 안에 들어가. ② 《英구어》 곤란해져, 궁하여.
─동 **1** …을 방해하다, (앞길)에 장애물을 놓다; 좌절시키다 (in, of). ¶(~+目+前+名) ~ a person of his hopes 남에게 희망을 잃게 하다. **2** (기회 따위를) 놓치다. ¶~ an opportunity 기회를 놓치다. ─㉠ **1** (장애물을 만나) 멈추다, 쩔쩔매다, 주저하다 (at, in). ¶(~+前+名) He ~ed in his speech. 그는 연설 도중에 말이 막혔다. **2** (말 따위가) 갑자기 멈추어 안 가려고 웅크다. **3** 《야구》 (투수가) 보크하다. **4** 하찮은 말다툼을 하다. (또는 **baulk**)
~*er* 몡 ~*ing·ly* 튀
*** Bal·kan** [bɔ́ːlkən] 혱 발칸 반도(산맥)의; 발칸 제국(사람)의. ─몡 (the ~s) 발칸 제국(諸國)(the ~ States), ~·**ite** 몡
Bal·kan·ize [bɔ́ːlkənàiz] 동㉠ (종종 b-) 《국가·영토·지역·단체 따위를》(서로 적대하는) 소국으로 분열시키다, 분열시켜 다투게 하다. **-i·zá·tion** 몡 (종종 b-) 발칸화, 소국 분할(주의)(정책).
Bálkan Móuntains 몡복 (the ~) 발칸 산맥.
Bálkan Península 몡 (the ~) 발칸 반도.
Bálkan Státes 몡 (the ~) 발칸 제국(諸國).
Bálkan Wár 몡 발칸 전쟁. **1** (또는 **First ~**) 제1차 발칸 전쟁(러시아와 불가리아·그리스·몬테네그로 연합군과의 전쟁(1912-13)). **2** (또는 **Sécond ~**) 제2차 발칸 전쟁(불가리아와 세르비아·그리스·몬테네그로·루마니아·터키와의 전쟁(1913)).
Balkh [bɑːlk] 몡 발흐(아프가니스탄 북부의 도시; 고대 Bactria 왕국의 수도; 옛 이름은 Bactra).
Bal·khash [bælkǽʃ, bɑːlkɑ́ːʃ] 몡 **Lake ~** 발하슈 호(湖)(카자흐스탄 공화국 동부에 있는 큰 호수).

balk·line [bɔ́ːklàin] 몡 《육상 경기의》 스타트 라인; 《당구》 보크라인(쿠션에 평행으로 그은 네 선).
balk·y [bɔ́ːki] 혱 《말 따위가》 갑자기 멈추어 말을 안 듣는; 《구어》 고집센(불통의).
‡**ball**[1] [bɔːl] 몡 (~**s** [-z]) **1** 공, 구체; 공 모양의 것. ¶a ~ of snow 눈뭉치. **2** 《여러 구기(球技)용》 공, 볼. ¶hit[kick, throw] a ~ 공을 치다[차다, 던지다]. **3** 回 구기; 《美》 야구(baseball). **4** 《야구》 투구, 구; 볼 (⇔ strike). ¶a fast ~ 속구 / a foul ~ 파울 볼 / a low[high] ~ 낮은[높은] 투구 / a batted ~ 타구 / three ~s and two strikes 투 볼 투 스트라이크 (* 우리 나라와는 어순이 반대). **5** 《크리켓》 투구. ¶no ~ 규칙 위반의 투구. **6** 《군사》 탄환, 포탄. ¶~s 탄약 실탄 사격 /a cannon ~ 대포알. **7** 《인체의》 공 모양의 것; (~s) (비어) 고환(睾丸). ¶the ~ of the eye 안구. **8** 《천문》 천체; 지구. **9** (고기·과자 따위의) 덩어리, 알. **10** (~s) (속어) 용기, 근성, 배짱. ¶have ~s (남자가) 근성이 있다. **11** (수의) (동물용) 큰 알약. **12** 《야금》 구상(球狀) 철괴. **13** 《난교(亂交)》 파티(orgy). **14** (속어) (~s) 바보 같은 짓, 허튼 소리; (감탄사적) (경멸·당혹감 따위를 나타내어) 바보같이!, 헛소리 마!; 그럴까!, 설마!.
a ball of fire ① 불덩어리(fireball). ② 《美구어》 정력가. ③ 한 잔의 브랜디. ④ 《美속어》 탄환 열차.
a ball of muscle 《濠》 정력가, 강건한 사람.
ball and chain; chain and ball ① 사슬에 쇠뭉치가 달린 족쇄; 속박, 구속; ② 《美속어》 아내.
balls to the wall 《美속어》 단호하게; 전속력으로.
break a person's balls 《美비어》 남을 아주 곤란하게 만들다. 「알이 빠지도록 힘쓰다.
break one's balls 《美비어》 (뭔가를 이루기 위해) 불
carry the ball 《美구어》 책임을 지다, 솔선하다.
catch [or *take*] *the ball before the bound* 공이 바운드하기 전에 잡다; 선수치다, 기선을 제압하다.
drop the ball 《美》 큰 실패[실수]를 하다.
have a person by the balls 《속어》 남의 급소를 쥐다, 약점을 잡다. 「재능이 있나, 유능하다.
have something [*a lot*] *on the ball* 《美속어》
have the ball at one's feet [or *before one*] 성공의 기회가 눈앞에 와 있다.
hit the ball 《美속어》 수월하게 진행되다.
keep [or *have*] *one's eye on the ball* 《美속어》 경계하다, 방심하지 않다.
keep the ball rolling; keep up the ball 이야기를 잘 이끌어 나아가다; (파티 따위의) 중도에 흥이 식지 않도록 하다.
on the ball 《美구어》 ① 빈틈없이; 기민하게, 능숙하게; 효과적으로. ¶be on the ~ 빈틈이 없다; 능숙하다. ② 사정에 밝아[통달하여]; 파악하여.
play ball 《美》 ① 야구를 하다; (야구 따위) 게임을 시작하다; 행동을 개시하다. ② 《구어》 함께 일하다, 협력하다(cooperate) (*with*).
put (some) *balls on* 《美속어》 …을 매력적으로 하다.
run with the ball 《美구어》 (사업 따위를) 밀고 나가다.
start [or *get, set*] *the ball rolling* 일을 잘 시작하다, (이야기를) 꺼내다. 「를 이어가다.
take up the ball (남의 말 따위를) 받아 잇다; 화제
That's the way the ball bounces. 세상사란 다 그런 것이다.
The ball is in a person's court. 《英구어》 이번에
The ball is with a person. ① 이번에는 …의 차례이다. ② …는 전도 유망하다.
─동 **1** (실 따위를) 둥글게 하다, 감아서 둥글게 하다(*up*). **2** 《美비어》 (여자)와 성교하다. ─㉠ **1** (구름 따위가) 둥이 덩어리가 되다, 뭉치다(*up*). **2** 《美비어》 (여자와) 성교하다 (*with*). **3** 《美속어》 (흥분제로) 마약을 성기(특히 질)에 넣다. 「일에 모든 것을 걸다.
ball the jack 《속어》 ① 급히 가다[하다]. ② 한 가지
ball up 《속어》 혼란시키다[하다]; [계획 따위]를 망치

ball 다. ¶be all ~ed up 혼란 상태에 빠져 있다.

‡**ball**² [bɔːl] (명) (~s [-z]) 1 무도회, 댄스 파티(* 사적인 것은 dance). ¶a fancy [masked] ~ 가장[가면] 무도회. 2 (美속어) 즐거운 한 때.
give a ball 무도회를 열다.
have (oneself) a ball 멋진 시간을 가지다; 기회를 잡다.
lead a ball 무도회의 선도(先導)로서 춤추다.
open the ball ① 무도회에서 맨 먼저 추다. ② (토론 따위에서) 먼저 공세로 나오다; 행동을 개시하다.
──(동)(자) (美속어) 즐겁게 하다, 떠들며 논다.

***bal·lad** [bǽləd] (명) 1 민요, 속요(俗謠)(민간 전승의 소박한 서정적 설화시; 그에 부친 곡). 2 발라드(낭만적이고 감상적인 노래). **bal·lad·ic** [bəlǽdik], **~·like** (형)

bal·lade [bəlɑ́ːd, bæl-] (명) 1 발라드(보통 동일한 각운(脚韻) 구성의 3개 연(聯)(stanza)으로 이루어지고, 한 결구(結句)(envoy)가 뒤따르는 프랑스 시형). 2 (음악) 발라드, 서사곡, 담시곡(譚詩曲). 〔<F〕 [ladier]

bal·lad·eer [bæ̀lədíər] (명) 발라드 가수. (또는 **bal·ládeer**)

ballàd mèter (명) 〔운〕 발라드조(調)(보통 약강(iambic) 4음각(tetrameter)과 3음각(trimeter)의 교호 압운(交互押韻)으로 된 4행이 한 stanza를 이룬다).

bal·lad·mon·ger [bǽledmʌ̀ŋgər] (명) 1 민요 작가; (비유적) 엉터리 시인. 2 민요 행상인. [poetry]

bal·lad·ry [bǽlədri] (명)(U) (집합적) 민요시(ballad poetry).

báll-and-cláw fòot [ɔ́ŋklɔ́ː-] (명) 공을 움켜쥔 새의 갈고리 발톱 모양의 가구의 발.

báll-and-sóck·et jòint [-ənsákit-/-sɔ́k-] (명) 1 〔기계〕 공 모양의 조인트. 2 〔해부〕 구상(球狀) 관절.

***bal·last** [bǽləst] (명)(U) 1 〔해사〕 바닥짐. 2 〔경기구 따위의 부력(浮力) 조절용〕 모래주머니. 3 〔철도·도로에 까는〕 자갈. 4 〔전기〕 전류 안정장치. 5 〔정신적·정치적으로〕 안정을 주는 것, 안정. ¶mental ~ 마음의 안정(을 주는) *in ballast* 바닥짐만 싣고, 빈 배로.
──(동)(타) 1 (배)에 바닥짐을 싣다; (기구)에 모래 주머니를 싣다. ¶~ *a ship* 배에 바닥짐을 싣다. 2 〔철도·도로〕에 자갈을 깔다. 3 〔정신 따위〕를 안정시키다, …을 단단히 받치다. [료; 자갈.

bal·last·ing [bǽləstiŋ] (명)(U) (집합적) 바닥짐 재
bállast tànk 〔해사〕 밸러스트 탱크(바닥짐으로서 물을 저장하는 탱크).

báll béaring 〔기계〕 1 (보통 ~s) (복수취급) 볼 베어링. 2 볼 베어링용 쇠구슬.
báll-bear·ing [-béəriŋ] (형) 볼 베어링의(이 있는).
báll bòy (테니스·야구에서) 공 줍는 소년.
báll-bust·er [-bʌ̀stər] (명) (비어) 1 매우 힘든 일. 2 남을 혹사시키는 사람. 3 (남자의 자신감을 잃게 하는) 위협적인 여자. (또는 **bállbrèaker**)
báll-bust·ing [-bʌ́stiŋ] (명) (비어) 1 쓰라린, 곤란한. 2 (여성이) 지겨운, 불쾌한, 위협적인. 3 (사람이) 열심히 일하는. [있는 공격적 선수.
báll-car·ri·er [-kæ̀riər] (명) 〔미식축구〕 볼을 가지고
báll cártridge (명) 실탄. (動) blank cartridge
báll clùb (명) 1 야구·축구·농구 따위의 구단(球團); 구단 관계자. 2 야구팀 후원 단체.
báll còck (명) 부구(浮球) 마개(물통의 자동 급수 조절 장치). [전(栓)]
báll contròl 〔스포츠〕 볼 컨트롤.
báll-dress [-drès] (명) 〔英〕 무도회용 정장.
balled-up [bɔ́ːldʌ̀p] (형) (속어) 못 쓰게 된, 대혼란의.
bal·le·ri·na [bæ̀lərí:nə] (명) (~s, -ne [-ne]) 발레리나; (발레단의) 주역 발레리나(prima ~); (일반적으로) 여자 무용수. 〔<It〕

***bal·let** [bǽlei, -́] (명)(U) (C) 발레, 무용극; (집합적; 단·복수 양용) 발레단; 발레 음악악보집. 〔<F〕
bállet dàncer (명) 발레 댄서. [-**i·cal·ly** (부)
bal·let·ic [bælétik, bə-] (형) 발레의, 발레와 같은.

bállet màster (명) 발레 마스터[교사]. (여성) ballet mistress [렬한 발레 팬, 발레광.
bal·let·o·mane [bælétəmèin, bə-/bǽlit-] (명) 열
bal·let·o·ma·ni·a [bælètəméiniə, bə-/bǽlit-] (명) 발레광[열]. [한 여성 구두.
bállet slìpper [shòe] (명) 발레화(靴); 발레화 비슷
bállet sùite (명) 발레 모음곡.
báll-fáced [-́fèist] (형) (구어) =bold-faced.
báll-flow·er [bɔ́ːlflàuər] (명) 〔건축〕 꽃송이 장식(둥근 꽃의 중심에 공이 놓여 있는 중세 고딕 건축의 장식).
báll fùel 〔물리〕 구형(球形) 연료.
báll gàme (명) 1 구기(球技); (특히) 야구, (드물게) 소프트볼. 2 (美구어) 상황, 사정. ¶end of the ~ 일의 끝, 최후/a whole different [new] ~ 전연 다른[새로운] 사태. 3 (美구어) 싸움, 경쟁; 경쟁의 장; 승부(처).
báll gìrl (명) 볼 걸, 공 줍는 소녀. (動) ball boy
báll-gówn [bɔ́ːlgàun] (명) 야회복.
báll hàwk (명) 1 〔야구〕 (특히 플라이를 잘 잡는) 명(名)외야수. 2 〔스포츠〕 (농구·미식 축구에서) 수비를 잘하는 선수.
bal·lis·ta [bəlístə] (명) (복 **-tae** [-tiː]) 석궁(石弓), 노포(弩砲).
bal·lis·tic [bəlístik] (형) 탄도(彈道)의; 탄도학의.
go ballistic 지나치게 긴장하다; 분별이 없다; 몹시 화나다.
-ti·cal·ly (부) (ballista)
bal·lis·ti·cian [bæ̀ləstíʃən] (명) 1 탄도학자(전문가). 2 (경찰 등의) 총기 감식 전문가.
ballístic míssile (명) 〔군사〕 탄도탄, 탄도 미사일. (動) I.C.B.M., I.R.B.M. [일 방위망(명) BMD).
ballístic míssile dèfense (명) 〔군사〕 탄도 미사
bal·lis·tics [bəlístiks] (명) 〔군사〕 탄도학; 탄도학. ¶interior [exterior] ~ 포내(砲內)[포외] 탄도학.
ballístic trajéctory (명) 방사(放射) 탄도, 자유 탄
ballístic wínd (명) 탄도풍(風). [도.
bal·lis·to·car·di·o·gram [bəlìstoukɑ́ːrdiəgræ̀m] (명) 〔의학〕 심탄동도(心彈動圖).
bal·lis·to·car·di·o·graph [bəlìstoukɑ́ːrdiəgræ̀f/ -grɑ̀ːf] (명) 〔의학〕 심탄동계(心彈動計).
-càr·di·o·gráph·ic (형) **-càr·di·óg·ra·phy** (명)
báll jòint (명) =ball-and-socket joint.
báll líghtning (명) 구상(球狀) 번개(공간을 신속히 또는 천천히 통과하는 불덩이 같은 번개). (또는 **glóbe líghtning**)
bal·locks [bɑ́ləks/bɔ́l-] (명)(복) 〔英비어〕 1 (복수 취급) 고환, 불알(testes). 2 (U) (때로 a ~) (단수취급) 허튼 소리(nonsense).
make a ballocks of …을 엉망이 되게 하다.
──(동)(타) 〔英속어〕 …을 혼란케 하다.
bal·lon d'es·sai [bælɔ́ːn desèi/F balɔ̃ desɛ] (명) (복 **-s d-**) =trial balloon.
bal·lo·net [bæ̀lənéi] (명) 보조 기낭(氣囊)(기구·비행선 안의 작은 구획; 부력 조절용). 〔<F〕

‡**bal·loon** [bəlúːn] (명) (~s [-z]) 1 기구(氣球), 풍선. ¶a captive ~ 계류(繫留) 기구/a dirigible ~ 비행선/an observation ~ 관측용 기구. 2 (장난감) 고무 풍선. 3 〔화학〕 풍선 모양의 플라스크. 4 〔건축〕 (기둥이나 탑 위에 붙인) 큰 공 장식. 5 (만화 중의 등장 인물의 대사를 에워싼) 풍선꼴 윤곽. 6 (속어) 비행기 모양의 보통 풍선. 7 (美속어) 콘돔. 8 (美속어) 1 달러 (지폐). 9 (美軍속어) 소대. 10 (美속어) (침낭 따위의) 침구. 11 (~s) (美속어) (특히 큰) 여성의 유방. 12 〔금융〕 =~ loan. 13 〔의학〕 벌룬(좁아진 혈관을 확장시키는 작은 풍선).
like a lead balloon 전혀 효과가 없이.
prick a person's balloon 남의 콧대를 꺾어 놓다.

the balloon goes up 《구어》 큰 소동이 벌어지다, 일이 커지다. ¶when *the* ~ *goes up* 큰일이 나면, 일이 커지면; 전쟁이 일어나면.
—[동] (~s [-z]) [자] **1** 기구를 타다[로 상승하다]. **2** (옷·돛 따위가 풍선처럼) 부풀다; (몸이) 굵어지다, 살찌다(*up, out*). ¶My foot ~*ed up* from the infection. 발이 병균 감염으로 부어 올랐다. **3** (사람 수가) 급증하다; (물가 등이) 급등하다(*out, up*). ¶Membership has ~*ed* beyond all expectations. 회원수가 예상을 뒤엎고 급속도로 증가했다. **4** (거미가 줄을 뽑아) 공중을 떠돌다; (비행기가 착륙할 때) 크게 바운드하다. **5** 《속어》 〔연극·영화〕 대사를 잊어버리다; 《속어》 발기하다.
—[타] **1** …에 공기를 넣다; (풍선처럼) 팽창시키다. ¶~ one's cheeks 뺨을 불룩하게 하다. **2** (공을) 높이 차 올리다. **3** 크게 하다, 증대시키다.
—[형] **1** (풍선처럼) 부푼. **2** 《英》 (공이) 높이 튀어오르는. ¶a ~ shot 높이 올라간 타구. **3** 〔금융〕 (차입금 따위의 할부 변제가) 벌룬 방식인. ¶~ financing 벌룬 방식 금융.
~·**lìke** [형]

ballóon astrónomy [명] 기구 천문학(망원경을 장치한 기구를 띄워 천체의 관측 데이터를 수집한다).
ballóon barràge [명] 〔군사〕 방공 기구망(網).
bal·loon·fish [bəlúːnfìʃ] [명] ([복] ~(·**es**)) (열대 해역산 가시복과의) 복어(globefish, puffer).
bal·loon·flow·er [bəlúːnflàuər] [명] 도라지, 길경.
bal·loon-head [-hèd] [명] 《美속어》 바보, 멍청이.
~·**ed** [-id] [형]
bal·loon·ing [bəlúːniŋ] [명][U] **1** 기구 타기 경기; 기구 조정(술). **2** 〔의학〕 (치료를 위한 체강(體腔)의) 풍선꼴 확대, 공기 주입법. **3** 〔항공〕 (비행기 착륙시의) 기체의 부상(浮上); 〔동물〕 (거미가 줄에 매달려 바람을 타는) 공중 이동.
bal·loon·ist [bəlúːnist] [명] 기구를 타는[조종하는] 사람.
ballóon lòan [명] 〔금융〕 벌룬 방식 융자(빌린 돈을 분할 상환하다가 만기 때 잔액을 한꺼번에 상환하는 방식).
ballóon mòrtgage [명] 벌룬 방식 주택 융자.
ballóon pàyment [명] 차입 잔액의 일괄 상환.
ballóon pùmp [명] 〔의학〕 풍선 펌프(인공 심폐(心肺)와 대동맥 사이에 넣는 풍선식 정맥(整脈) 장치).
ballóon ròom [명] 《美속어》 마리화나를 피우는 곳.
ballóon sàil [명] 〔해사〕 벌룬 세일(바람이 약할 때 사용하는 요트용의 가볍고 잘 부푸는 돛).
ballóon sàtellite [명] 기구 위성.
ballóon slèeves [명][복] 불룩한 옷소매.
ballóon tìre [명] (자동차용) 저압(低壓) 타이어.
ballóon vìne [명] 〔식물〕 풍선덩굴(열대 아메리카산).
***bal·lot** [bǽlət] [명] **1** (무기명) 투표 용지; (예전에 사용되었던) 투표용 작은 공. **2** 투표수; 투표 총수. ¶There was a large ~. 많은 투표가 있었다. **3** [U] 비밀[무기명] 투표; (일반적으로) 투표; 《美》 대통령 후보 지명 투표. ¶an open[a secret] ~ 기명[무기명] 투표. **4** [U] (the ~) 투표권[제도]. **5** (보통 the ~) 입후보자 명단. **6** [U] 제비 뽑기. **7** [U] 《뉴질》 선발 징병제.
by postal ballot 우편 투표로.
by secret (***single***) ***ballot*** (단기(單記)) 무기명 투표로.
cast [or ***have, take***] ***a ballot*** 투표하다, 투표로 정하다.
elect [***vote***] ***by ballot*** 투표로 뽑다[결정하다].
rig the ballot 표를 부정 조작하다.
—[동][자] **1** (무기명) 투표하다 (*for, against*). ¶(~+[前]+[名]) ~ *for*[*against*] a candidate 후보자에게 지지[반대] 투표를 하다. **2** 제비를 뽑다, 제비를 뽑아 정하다 (*for*). ¶(~+[前]+[名]) ~ *for* places 제비를 뽑아 장소를 정하다. —[타] …에 투표하다; …을 투표로 정하다, …을 추첨하다.
~·**er** [명]
bal·lo·tage [bǽlətáːʒ, ⌐-⌐] [명] 결선 투표.
bállot bòx [명] 투표함; 무기명 투표(제).
bal·lot·ing [bǽlətiŋ] [명] 투표; 추첨.
bal·lo·ti·ni [bæ̀lətíːni] [명][복] ([단] **-no**) 발로티니(형광 염료에 섞는 미세한 유리 구슬). 〔<It〕
bállot inítiative [명] 〔정치〕 국민 발의, 국민 투표 회부(national initiative).
bállot pàper [명] 투표 용지.
bal·lot-rig·ging [-rìgiŋ] [형] (선거에서) 계표(計票)를 조작하는. —[명] 부정 선거, 계표 조작[부정].
bal·lotte·ment [bəlátmənt/-lɔ́t-] [명] 〔의학〕 (촉진(觸診) 따위의) 임신 압진법.
ball·park [bɔ́ːlpɑ̀ːrk] [명] **1** (야구 따위를 하는) 넓은 공터, 놀이터. **2** 《美》 야구장. **3** 《美구어》 대체적인 범위, 어림 짐작, 예측. **4** 〔우주〕 우주 캡슐 착수(着手) 예상 지점. **5** 활동의 장. (또는 **báll pàrk**)
in [or ***within***] ***the*** (***right***) ***ballpark*** 《구어》 예상 범위 내에서, 어림잡아.
—[형] (견적·숫자 따위가) 개략적인, 대충의.
bállpark fígure [명] 《美구어》 어림셈.
báll-peen hàmmer [⌐pìːn-] [명] 볼핀 해머(한쪽은 둥글고 다른 쪽은 평면으로 된 망치).
báll pèn [명] 《드물게》 =ball-point pen.
ball·play·er [bɔ́ːlplèiər] [명] 야구 선수; 구기(球技)를 하는 사람.
ball-point [⌐pɔ̀int] [명] =~ pen.
báll-point pén [명] 볼펜. (또는 《美》 **báll pèn**)
ball-proof [⌐prùːf] [형] 방탄(防彈)의. ¶a ~ jacket [vest] 방탄 재킷[조끼].
ball·room [bɔ́ːlrù(:)m] [명] 무도실[장], 댄스장.
bállroom dànce [**dàncing**] [명] 사교 댄스.
bállroom dàncer [명]
balls-up [bɔ́ːlzʌ̀p] [명] 《英속어》 =ballup.
balls·y [bɔ́ːlzi] [형] 《비어》 대담한, 위세 좋은; 의욕적인, 정력이 왕성한. **bálls·i·ness** [명]
báll tùrret [명] 〔항공〕 (전투기 따위의) 선회 포탑[총좌].
ball·up [bɔ́ːlʌ̀p] [명] 《속어》 혼란, 당황; 실수, 실패. (또는 《英》 **bálls-ùp**)
bal·lute [bəlúːt] [명] 밸루트(낙하 속도 조절용 기구형(氣球形) 낙하산). 〔<*ball*oon+parach*ute*〕
báll vàlve [명] 〔기계〕 구형(球形) 밸브, 볼 밸브.
bal·ly [bǽli] [형] 《英속어》 (* bloody의 완곡한 표현) 《강조》 괘씸한, 지독한. ¶Whose ~ fault is that? 도대체 그것은 누구의 잘못인가? —[부] 굉장히. —[동][자] 《美속어》 손님을 끌어들이다. 「지옥(hell).
bal·ly·hack [bǽlihæ̀k] [명][U] 《美속어》 파멸(ruin),
bal·ly·hoo [명] [bǽlihùː/⌐-⌐] ([복] ~**s**) [U] **1** 떠들썩하고 저속한 선전, 과장 광고. **2** 소동, 소란(clamor). ¶a ~ artist 자기 선전가. —[동] [⌐-⌐, ⌐-⌐] 과장[엉터리] 선전[광고]을 하다; 떠들썩하게 선전하다.
bal·ly·rag [bǽliræ̀g] [동][타] =bullyrag.
bálly shòw [명] 《美속어》 (카니발·서커스의) 여흥.
bálly stànd [명] 《속어》 (가설 흥행장의) 호객원이 서는 대(臺); 간단한 상연물을 보여 주는 대.
***balm** [bɑːm] [명] **1** [U] 향유(香油); 방향성의 바르는 약[고약]. **2** 향유를 생성하는 식물; 서양 박하. **3** [U] 방향, 향기. **4** (마음의) 위안물, 달래는 것; 진통제.
—[동][타] 〔고통 따위〕를 진정시키다.
bal·ma·caan [bæ̀lməkǽn/-kɑ́ːn] [명] 올이 굵은 모직 천으로 만든, 래글런 소매에 옷자락이 넓고 짧은 망토.
bálm crícket [명] 매미(cicada).
balm·i·ly [bɑ́ːmili] [부] 향기롭게; 상쾌하게.
balm·i·ness [bɑ́ːminis] [명][U] 그윽한 향기가 풍김, 향기로움.
balm-of-Gil·e·ad [⌐əvgíliəd] [명] **1** 길레아드 발삼나무; 그 나무에서 채취하는 방향성 수지. **2** 북미산(產) 포플러의 일종. **3** 발삼 전나무(balsam fir).
Bal·mor·al [bælmɔ́ːrəl, -mɑ́r-] [명] (종종 b-) **1** 줄무늬 나사천으로 만든 페티코트. **2** 일종의 편상화(編上靴). **3** 《스코》 꼭대기가 평평한 챙없는 모자.
Balmóral Càstle [명] 밸모랄 성(城)(스코틀랜드에 있는 영국 왕실의 별궁).

***balm·y** [báːmi] 형 1 상쾌한, 온화한, 마음을 가라앉히는. ¶ It was a ~ spring day. 아주 화창한 봄날이었다. 2 향기로운, 방향이 있는. 3 향유를 생성하는. 4 (속어) 지혜가 모자라는, 저능한(silly).
bal·ne·al [bǽlniəl] 형 목욕(탕)의; 탕치(湯治)의.
bal·ne·ol·o·gy [bæ̀lniɑ́lədʒi/-ɔ́l-] 명 (의학) 온천학, 광천학(鑛泉學). **-o·lóg·ic, -o·lóg·i·cal** 형 「광천[온천] 요법.
-gist 명
bal·ne·o·ther·a·py [bæ̀lniəθérəpi] 명 (의학) 욕료법.
ba·lo·ney [bəlóuni] 명 1 (美속어) 무의미, 잠꼬대 같은 소리, 허황된 말. 2 =bologna sausage. 3 (美속어) (전기) 절연 케이블. ─ 감 바보같이!, 멍청해! (또는 boloney)
BALPA, B.A.L.P.A. [bǽlpə] British Airline Pilot's Association(영국 항공 조종사 협회).
bal·sa [bɔ́ːlsə, báːl-] 명 발사(열대 아메리카산(產)의 가볍고 단단한 관목); balsa로 만든 뗏목; 뗏목.
bal·sam [bɔ́ːlsəm] 명 1 ⓤ 발삼, 방향성 수지; ⓒ 발삼을 분비하는 나무. 2 ⓤ 향유(香油). 3 봉선화류 4 위안물, 진통제. **~·y** 형 「굴풍; 그 열매.
bálsam ápple 명 (박과(科)) 여주, 고과속(苦瓜屬) 덩
bálsam fír 명 발삼 전나무(북미산(產))으로, 수지에서 접착제(Canada balsam)가 만들어진다).
bal·sam·ic [bɔːlsǽmik] 형 발삼의, 발삼 같은; 방향성의; 진통의(soothing).
bal·sam·if·er·ous [bɔ̀ːlsəmífərəs] 형 발삼을 생성하는, 향유를 생성하는.
bal·sa·mine [bɔ́ːlsəmìːn] 명 봉선화.
bálsam péar 명 (식물) 여주, 고과(苦瓜).
bálsam póplar 명 (식물) (북미산(產)) 포플러.
Balt [bɔːlt] 명 발트 제국 주민; 발트어 사용자.
Balt. Baltic; Baltimore.
*****Bal·tic** [bɔ́ːltik] 형 1 발트 해의; 발트 해 부근의. 2 발트 해 연안 여러 나라(말)의. ─ 명 ⓤ 발트어(인도 유럽
Báltic Séa 명 (the ~) 발트 해.   「어족에 속한다).
Báltic Státes 명(복) (the ~) 발트 제국(Estonia, Latvia, Lithuania).
Bal·ti·more [bɔ́ːltəmɔ̀ːr] 명 볼티모어(미국 Maryland 주 Chesapeake Bay 입구에 있는 항구 도시).
Báltimore chóp 명 (야구) 볼티모어 타구(불규칙 바운드에 의한 내야 안타).   「[렌지색).
Báltimore óriole 명 미국 꾀꼬리(수컷은 흑색과 오
Ba·lu·chi [bəlúːtʃi] 명 (복 **~(s)**) 발루치족(族)(의 사람)(Baluchistan 지방의 유목민). (또는 Balochi, Baluch)
Ba·lu·chi·stan [bəlùːtʃəstǽn, -stæ̀n/-ː-ː-] 명 발루치스탄(이란 남동부와 파키스탄 남부의 산악 지대).
bal·us·ter [bǽləstər] 명 (건축) 난간 동자; (~s) 난간.
bal·us·trade [bǽləstrèid, -ː-ː] 명 (건축) (baluster가 있는) 난간. **-tràd·ed** 형 난간이 있는.   baluster 난간기둥
Bal·zac [bɔ́ːlzæk/bǽl-] 명 Honoré de ~ 발자크(1799-1850: 프랑스의 소설가).   balustrade 난간
bam[1] [bæm] 명(타) (-mm-) (속어) (남)을 골탕먹이다, 속이다. ─ 명 ⓤ (고어) 남을 속여먹기.
bam[2] 감 쿵 하는 (둔한) 소리. ─ 자(타) (-mm-) 쿵 하는 (둔한) 소리를 내다.
bam[3] 명 (美속어) 진정제와 흥분제의 혼합 각성제.
[<*bam*biturate+*am*phetamine)   [Marine]
bam[4] 명 (美속어) 여자 해병대원. [<broad-*ass*ed
Ba·ma·ko [bǽməkòu] 명 바마코(Mali의 수도).
Bam·bi [bǽmbi] 명 밤비. 1 새끼 사슴의 애칭. 2 여자 이름. [헝가리 태생 Felix Salten이 쓴 동화책에 등장하는 사슴 이름]   「에 눈뜨는 (것).
Bámbi effèct 명 밤비 효과(동성애적 남자가 이성애

bam·bi·no [bæmbíːnou, bɑːm-] 명 (복 **~s** [-z], **-ni** [-niː]) 갓난애; 아기 그리스도 상(像). [<It]
‡**bam·boo** [bæmbúː] 명 (복 **~s** [-z]) ⓤⓒ 1 대나무. ¶ sacred ~ 남천죽(南天竹). 2 (건축·가구 따위의) 죽재(竹材). ¶ ~ work 죽세공.
bámboo cúrtain 명 (the ~) 죽(竹)의 장막(냉전 시대 중국과 자유 세계와의 장벽). 형 iron curtain
bambóo shòots [spròuts] 명(복) 죽순.
bambóo tèlegraph 명 (아시아·오세아니아 원주민)의 구전(口傳) 전달[통신]법.
bambóo wáre 명 (~s) 죽세공; (대나무를 본뜬) 18세기 영국의 Wedgwood 도자기.
bambóo wíreless 명 =bamboo telegraph.
bam·boo·zle [bæmbúːzl] (구어) 타(자) 1 ···을 속이다, 골탕먹이다(*into, out of*). ¶ (~+🅞+🄿+🄶) ~ a person *out of* something 남을 속여서 물건을 빼앗다. 2 ···을 애먹이다, 어리둥절케 하다(perplex). ─ 타 ···을 속이다. **~·ment, -zler** 명
bam·boo·zled [bæmbúːzld] 형 (구어) 혼란된, 당혹한; (美학생 속어) 몹시 취한.
*****ban**[1] [bæn] 명 1 (a ~) 금지(령), 금제(制制)(*on, on doing*). ¶ a ~ *on* exportation 수출 금지령. 2 (여론의) 반대, 압력, 비난(*on, on doing*). ¶ society's ~ *on* racial discrimination 인종 차별에 대한 사회의 비난. 3 (종교) 파문(破門), 추방; 저주(curse). 4 (법률) 비난·금지의 공시(公示).
be under the ban 금지되어 있다.
lift [or *remove*] *the ban on* ···을 해금(解禁)하다.
put [or *place, impose*] *a ban on; put under a ban* ···을 금지하다.
─ 타 (-**nn-**) 1 ···을 금지하다(*from doing*). ⇒ FORBID 유의어. ¶ (~+🅞+🄿+🄶) ~ a person *from driving* a car 남에게 자동차 운전을 금지시키다. 2 (고어) ···을 파문[저주]하다.
·na·ble 형.
ban[2] [bæn] 명 1 공시, 포고. 2 (~s) (교회) = banns. 3 (봉건 시대의) 가신 군역(軍役) 소집; 소집된 가신단(家臣團).   「야 왕국의 지방 행정 장관.
ban[3] [bæn, bɑːn] 명 (역사) 총독, 태수; 유고슬라비
ban[4] [bɑːn] 명 (복 **ba·ni** [báːniː]) 반(루마니아의 화폐 단위; 100분의 1 leu).
ba·nal [bənǽl/bənɑ́ːl] 형 신선미[독창성]가 없는, 진부한, 흔해빠진, 시시한. **-ly** 부
ba·nal·i·ty [bənǽləti, bei-] 명 ⓤ 진부, 평범; ⓒ 진부한 말.   「게 만들다. **-i·zá·tion** 명
ba·nal·ize [bənǽlaiz/bənɑ́ːl-] 타 (…을) 진부하게
‡**ba·nan·a** [bənǽnə/-nɑ́ːnə] 명 (복 **~s** [-z]) 1 바나나 (나무, 열매). ¶ a hand of ~s 바나나 한 송이. 2 ⓤ 바나나의 열매. 3 (美속어) 코미디언; (美속어) 큰 매부리코. 4 (美속어·경멸적) 백인 행세하는 동양인. 5 (美속어) 황달 환자. 6 (英속어) 어리석은 사람. 7 (美속어) 자동차의 bumper guard. 8 (美속어) (美속어) 피부가 검지 않은 색시한 흑인 여성. 9 (레이더의) 바나나 현상(scope 상에 나타나는 항적). 10 (포도주의) 바나나 맛. 11 (비어) 페니스; (속어) ¶have a ~ with··· (남자가 여자와) 성교하다. 12 (~s) (속어) (러시아제) AK-47 라이플 총
be bananas (구어) 머리가 돌다.   「(Kalashnikov).
go bananas ⇨BANANAS.   「(성어) 성교(섹스)하다.
have [or *get*] *one's banana peeled* (美비어) (남자가 여자와) 성교하다.
the big [or *top*] *banana* (속어) 중요 인물, 영향력 있는 사람, 거물; 주역.
─ 형 (중남미의) 작은 나라의(형) ~ republic).
banána bèlt 명 (美·캐나다 속어) (기후가) 온난한 피한지(避寒地).
Banána Cíty 명 (濠) (바나나 수출항인) Brisbane.
banána fàrm 명 (the ~) (英속어) 정신 병원.
ba·nan·a·head [-hèd] 명 (美속어) 바보, 얼간이.
Ba·nan·a·land [-lǽnd] 명 (濠구어) 퀸즐랜드

banana legs (Queensland)의 별칭. ~·er 图
banána lègs 图 안짱다리, X자형 다리.
banána òil 1 (화학) 바나나 오일(초산아밀; 달콤한 냄새가 나는 무색 투명한 에스테르). 2 (美속어) 아첨; 쓸데없는 이야기. ¶*Banana oil!* 어이없군!
banána repúblic 图 (경멸적) 바나나 공화국(바나나·과일 수출에 의존하는 열대 중남미 소국들).
ba·nan·as [bənǽnəz/-náː-] 图 (美속어) 미친; 열광적인. — 图 바보같이!, 멍청아! 「장 나다.
go bananas 머리가 돌다; 몹시 화내다; (기계가) 고
banána sèat 图 (자전거의) 바나나 모양의 안장.
banána skìn 图 바나나 껍질; (英구어) 실패, 좌절.
banána split 图 바나나 스플릿(바나나를 길게 썰어 그 위에 아이스크림·시럽·너트 따위를 얹은 디저트).
ba·naus·ic [bənɔ́ːsik, -zik] 图 (경멸적) 실용 본위의; 기계적인; 통속적인.
Ban·bur·y [bǽnbèri/-bəri] 图 밴버리. 1 영국 Oxfordshire 주 북부의 도시. 2 (타이어용) 고무와 안료 혼합기.
Bánbury càke [bún] 图 밴버리 케이크(건포도·설탕에 절인 과일 껍질 따위가 든 계란형 파이).
Bánbury tále 图 (美속어) 거짓말, 지어낸 이야기.
Bánbury tárt 图 밴버리 파이(건포도 따위를 넣고 레몬의 풍미를 곁들인 파이).
banc[1] [bæŋk] 图 (법률) 판사석.
in [or en] banc 판사 전원이 배석하여, 대법정에서.
banc[2] 图 (美) 은행(* 은행 이름에 사용). (<bank)
‡**band**[1] [bænd] 图 (복~s [-z]) (단·복수 양용) 1 일단, 떼, 대(隊) (동물·가축의) 무리. ¶*a ~ of thieves* 도적떼. 2 음악대, 악단, 취주악단; (댄스 홀의) 관현악단, 밴드, ¶*a military* (naval) ~ 육(해)군 군악대/*a brass ~* 취주악대. 3 (도둑·반역자 등) 무법자 일당.
Band of Hope (英) (the ~) 연소자 금주 동맹; (속)
beat the band ➡ BEAT. (b- of h-) 비누.
the band plays (구어) 큰 소동이 벌어지다. ¶*Then the ~ played.* 그런 뒤 큰 소동이 벌어졌다. 「히.
to beat the band 힘차게, 왕성하게; 충분 *when the band begins to play* 사태가 중대(심각)해질 때에는.
— 图 (~s [-z]) (团) (나라·무리 등)을 결합시키다, 단결시키다 (*into*). ¶*~ed workers* 단결한 근로자들// (~+图+前+图) *They ~ed themselves into the association.* 그들은 단결하여 그 협회를 만들었다.
— 图 단결하다; 동맹하다(*together*).
‡**band**[2] 图 (复~s [-z]) 1 (쇠·고무 따위의) 테, 띠, 쇠테; (기계의 띠)(皮帶), 벨트; (제본의) 철하는 실. ¶*a ~ of iron* (문 따위의) 쇠테. 2 밴드, 끈, 띠, 벨트. ¶*a hat ~* 모자의. 3 (빛깔이 다른) 줄무늬. 4 (건축) 띠 장식, 줄. 5 (~s) (교수·목사 등의 예복의) 가슴에 늘이는 흰 천. 6 (라디오) 주파수대, 밴드; (음반의) 홈; (컴퓨터) 자기(磁氣) 드럼의 채널. 7 (치과) (치열 교정용) 금속편 띠. 8 (英) 성적별 반편성; (과세 소득 기준의) 계층 구분. — 图 …에 밴드를, 테를 매다; 줄무늬를 넣다; (끈 따위로) …을 매다.
band[3] 图 (보통 ~s) (고어) 속박하는 것; 책임, 굴레; 수갑, 족쇄. ¶*the ~s of matrimony*: the nuptial ~s 「결혼의 굴레.
band[4] 图 (美흑인속어) 여자.
‡**band·age** [bǽndidʒ] 图 (~**s** [-iz]) 1 붕대; 안대; 눈가리개 천. ¶*a suspensory ~* 목에 거는 붕대/*apply [or wear] a ~* 붕대를 감다/*have a ~ over one's eye* 눈에 안대를 하고 있다. 2 끈, 새끼.
— 图 (*-ag·es* [-iz]; ~**d**; *-ag·ing*) (团) …에 붕대를 감다. ¶*~ a sprained ankle* 삔 발목에 붕대를 감다// (~+图+前+图) *His head was ~d with a linen cloth.* 그의 머리는 린넨천으로 감겨 있었다. — 图 붕대를 하다. **-ag·er** 图
Band-Aid [-éid] 图 1 (상표) 밴드에이드(반창고와 거즈를 합친 것). 2 (b--a--) 응급책, 일시적 해결. 3 (군속어) 위생병. — 图 (b--a--) 임시 변통의, 당장의. — 图(団) …을 응급 처치하다.
Bánd-Àid sùrgery 图 (의학) 밴드에이드 수술(레이저 광선을 이용하여 자국을 작게 하는 수술. (또는 kéyhole sùrgery)
ban·dan·na [bændǽnə] 图 홀치기 염색한 대형 손수건; (일반적으로) 큰 손수건; (목·머리용의) 스카프. (또는 **bandana**) ~**ed** [-d] 图 「key). (<Hind)
ban·dar [bándər] 图 리서스 원숭이(rhesus mon-
B and B, B & B (상표) Brandy *and* Benedictine (베네딕트 술과 브랜디의 칵테일); (또는 **b and b, b & b**) *bed and breakfast*(조반이 딸린 1박 (요금)); *bread and butter*; (행운사적) *breasts and buttocks* (여성 누드의; 여성 누드가 등장하는).
B and B lètter 图 (英구어) 음식 대접에 대한 감사 편지(bread and butter letter).
band·box [bǽndbàks/-bɔ̀ks] 图 1 (모자 따위를 넣는) 판지(박판) 상자. 2 좁은 장소(건물); (美속어) (규모가) 작은 교도소.
as neat as a bandbox 잘 정리[정돈]된.
look as if one came [*or had just come, had just stepped*] *out of a bandbox* 옷차림이 아주 단정하다, 멋지게 차려 입고 있다.
— 图 1 무너지기 쉬운, 허약한, 무른. 2 조그마하고 예
-bóx·i·cal, ~·y 图 「쁜, 깔끔한.
B & C, Band C (보험) *building and contents* (건물 및 가재 일습). **B & D** *bondage and discipline [or domination]* (학대·지배의 변태 성욕 행위). (또는 B/D, B and D) **B and E** *breaking and entering* (주거 침입(죄)).
ban·deau [bændóu/-́-] 图 (复 ~**x** [-z]) 1 밴도우 (여성의 머리에 두르는 가느다란 천); (머리카락을 묶는) 좁은 리본. 2 (폭이 좁은) 브래지어.
band·ed [bǽndid] 图 (건축) (기둥 따위에) 띠 모양의 장식이 있는; (동물·식물·지질학) 줄무늬 모양의.
ban·de·ril·la [bændərí:ə, -rí:ljə] 图 (투우에서 장식 달린) 작은 창(Sp).
ban·de·ril·le·ro [bændəriʎéərou, -riljέər-] 图 (~**s** [-z]) banderilla를 쓰는 투우사. (Sp)
ban·de·rol(e) [bǽndəròul] 图 1 (돛대나 창 끝에 다는) 작은 기(旗), 기드림(streamer); (문자를 써 넣은) 리본처럼 가늘고 긴 기(旗). 2 (건축) (르네상스식 건축의 장식에 쓰이는) 명(銘)을 써 넣은 리본. 3 조기(弔旗); 묘기(墓旗). (또는 **bandrol(e)**)
bandh [bʌnd] 图 (인도의) 총파업(general strike).
ban·di·coot [bǽndikùːt] 图 (실론 및 인도 동부산의) 쥐(鼠)의 1종; (오스트레일리아산(産)의) 주머니쥐.
***ban·dit** [bǽndit] 图 (复 ~**s, ~·ti** [bǽndíti]) 1 산적, 강도, 노상 강도. ¶*mounted ~* 마적. 2 악한, 깡패. 3 (구어) 바가지 상인; 사기꾼. 4 (軍구어) 적기.
bándit bàrrier 图 (은행 따위의) 방탄(防彈) 플라스틱 판.
ban·dit·ry [bǽnditri] 图U 강도 (행위), 산적 행위; (집합적) 도적(산적)떼(banditti). 「악단장, 밴드리더.
bánd·lèad·er [bǽndlìːdər] 图 (dance band의)
band·mas·ter [bǽndmæ̀stər/-màːs-] 图 밴드 마스터, 악단 지휘자, 악장(conductor).
bánd mòll (豫속어) 图 그룹(가수) 주위에 모여든 「는 젊은 여자.
bánd mùsic 图 밴드 음악.
ban·dog [bǽndɔ̀ːg/-dɔ̀g] 图 (사슬로 매어 놓은) 맹견, 탐정견.
ban·do·leer [bændəlíər] 图 (어깨에 걸치는) 탄약대(彈藥帶), 멜빵. (또는 **bandolier**) 「기름의 일종).
ban·do·line [bǽndəliːn] 图 밴돌린(머리)
ban·do·ni·on [bændóuniàn/-ɔ̀n] 图 (음악) 반도네온(소형 아코디언(concertina). (또는 **bandoneon**)
bánd-pass filter [¹-pæ̀s-/¹pàːs-] 图 (전기) 대역여파기(帶域濾波器)(일정 범위 주파수의 전류만을 통과

bánd prínter 명 〔컴퓨터〕 밴드식 프린터.
B. & S. (英) brandy and soda(소다수를 탄 브랜디).
bánd sàw 명 〔기계〕 띠톱.   〔또는 B and S〕
bánd shèll 명 〔조가비 모양의〕 야외 음악당.
bands·man [bǽndzmən] 명 밴드맨, 악단원, 악사; 군악병.
bánd spèctrum 명 〔물리〕 〔전자의 궤도 운동으로 생긴〕 띠 스펙트럼.
bánd·stand [bǽndstænd] 명 〔지붕이 있는〕 야외 음악당[무대]; 〔나이트 클럽 따위의〕 연주대.
Ban·dung [báːnduːŋ/bǽn-] 명 반둥(인도네시아의 자바 섬 서부에 있는 도시).
Bándung Cónference 명 반둥 회의.
b and w 명 흑백의. —명 흑백 영화[사진]. 〔또는 **B and W, b & w, B & W**〕 〈*black and white*〉
band·wag·on [bǽndwægən] 명 **1** (퍼레이드 선두의) 악대차. **2** (구어) 인기 정당[집단].
climb [or *get, hop, jump*] *on* [or *aboard*] *the bandwagon* [or *wagon*] (구어) (정치 운동·선거 따위에서) 우세한 편에 붙다; 시류를 타다[편승하다].
bánd whèel 명 〔기계〕 **1** (피대로 움직이는) 피대 바퀴(belt pulley). **2** 띠톱(band saw)을 돌리는 바퀴.
band·width [bǽndwidθ, -witθ] 명 〔통신〕 주파수 대역폭(帶域幅); (비유적) 지력(知力). *have the bandwidth to do* …할 수 있는 능력을
ban·dy [bǽndi] 동(타) **1** (공 따위)를 치고 받다, 서로 치다, 서로 되던지다 (*with*). **2** (주먹·말 따위)를 주고 받다, 교환하다 (*with*). ¶ (~+目+前+名) = compliments *with* a person 남과 인사를 주고받다. **3** (소문 따위)를 퍼뜨리다 (*about*). ¶ (~+目+副) ¶ a rumor *about* 헛소문을 퍼뜨리다. **4** (다리)를 바깥쪽으로 굽은. —명 **1** ⓤ 옛날의 테니스 경기법. **2** ⓤ (英) 하키의 일종; ⓒ 타구봉.
ban·dy-ball [-bɔ̀ːl] 명 (옛날의) 하키; 하키공.
ban·dy-leg·ged [-lègid, -lèɡd] 형 다리가 바깥쪽으로 굽은, 밭장다리의(bowlegged).
bane [bein] 명 **1** ⓤ (복합어로) 독, 맹독. ⇒ POISON 유의어 ¶ rats*bane* 쥐약. **2** 해악(害惡); 파멸[재난]의 근원; 고통[고뇌]의 씨앗. **3** 죽음, 멸망.
bane·ber·ry [béinbèri, -bəri] 명 미나리아재빗과 노루삼속 Actaea 식물의 총칭; 그 장과(漿果).
bane·ful [béinfəl] 형 해로운, 해독을 끼치는; 유독한; 파멸[재난]을 초래하는, 치명적인. ¶ ~ herbs 독초 / a ~ influence 악영향. ~·**ly** 부. ~·**ness** 명.
‡**bang**[1] [bæŋ] 동(타) (~s [-z]) **1** (~을 쾅[탕] 하고) 닫다; …을 찰싹 때리다, 세게 치다[부딪다] (*against*); 거칠게 다루다 (*about*). ¶ ~ a door 문을 쾅 닫다 / ~ a drum 북을 둥 치다 / ¶ (~+目+副) Don't ~ the violin *about*. 바이올린을 거칠게 다루지 마라 // (~+目+前+名) I ~ed myself *against* the door in my hurry. 나는 너무 서두르다 문에 쾅 부딪쳤다. **2** …을 쳐서 소리내다 (*out*); (총)을 탕 쏘다(*off*). ¶ (~+目+副) ~ *out* a tune 쿵작쿵작 연주하다 / The clock ~ed *out* nine. 시계가 9시를 쳤다. **3** (속어) …을 머리 속에 주입하다 (*into*). **4** (속어) …을 능가하다, …에 이기다. **5** (美속어) (여성)과 성교하다. **6** (구어) …에게 마약을 주다. —자 **1** 쾅[탕] 하고 닫히다; 쿵쿵[쾅쾅] 소리 내다[내며 떨어지다] (*about, around*). 쾅 하는 소리가 나다; 쾅쾅 탕탕 발포하다 (*away, off*). ¶ A door was ~*ing* somewhere, and I could not sleep all night. 어디선가 문이 쾅쾅 부딪치는 소리가 나서 밤새 잘 수가 없었다. **2** 쿵하고 부딪치다 (*against, into*). **3** (비어) 성교하다 (*off*). **4** (속어) 마약을 주사하다. **5** (속어) 강도[절도] 행위를 하다; 갱의 일원이 되다.
bang away ① 열심히 하다. ② (…에) 계속 발포하다; (불꽃이) 계속 터지다.
bang into ① …와 쾅 하고 충돌하다. ② (사람)과 우
bang off ① 서둘러 가다. ② (총)을 탕 하고 발사하다.
bang on (英구어) 큰 소리로 쉴새없이 떠들다, 뭔가를 열심히 계속하다.   〔들이받다; 무모한 짓을 하다.
bang one's head against a brick wall 벽돌담을
bang out (기사를 PC 따위로) 단숨에 쓰다; (곡)을 (피아노로) 탕탕 치다.
bang the bush (美구어) 모든 것을 능가하다.
bang the market 〔증권〕 주식을 투매하여 주가(株價)를 떨어뜨리다.
bang up ① …에게 큰 손해[상처]를 입히다. ② (…에) 부딪치다 (*against*). ③ (美속어) …을 임신시키다. ④ (英) (급료 따위)를 올리다.
—명 (~s [-z]) **1** (대포 따위의) 꽝음, 발포(하는 소리), 쾅 (하는 소리). ¶ the ~ of a gun 대포의 쾅 하는 소리 / *Bang! Bang!* (병정놀이에서) 「빵! 빵」. **2** (큰 소리가 나는) 강타, 타격. ¶ She fell down and got a nasty ~ on the head. 그녀는 넘어지며 머리를 세게 부딪쳤다. **3** (핵)폭발, 포격; 폭격. **4** (구어) 성급한[갑작스러운] 동작, 돌풍, 정력, 원기; (구어) 영향력. **6** (美구어) (보통 a ~) 스릴, 자극, 흥분. **7** (美속어) 성교. **8** (속어) (인쇄·컴퓨터에서) 감탄 부호. **9** (속어) 마약 주사(복용); 마약에 의한 도취. **10** (美속어) 술; 알코올도수. **11** (濠속어) 갈봇집.   「만한 가치.
bang for the buck (美속어) 본전은 뽑을 수 있을
get a bang out of (美구어) …에 흥분하다.
with a bang ① 꽝[꽝, 쿵] 하고; 갑자기, 급히. ¶ *start off with a* ~ 급히 떠나다. ② 순조롭게, 성공적으로. ¶ *go over with a* ~ 대성공을 거두다.
—부 **1** 꽝[탁, 파당] (하고). ¶ '*Bang*' went the gun. 쾅 하고 대포가 발사되었다. **2** 갑자기, 돌연; 완전히, 바로, 꼭. ¶ *fall* ~ *in the middle* 한가운데에 떨어지다 / ~ *on the head* 머리 바로 위에.
bang off (英속어) 즉시, 곧.   「어맞는.
bang on (英속어) 꽝장한, 아주 멋진; 정확한, 딱 들
bang to rights (英속어) 현행범으로 (잡혀).
bang up (美구어) = *bang on*.
come bang up against …에 세차게 부딪치다.
go bang ① 폭발하다. ② (총포가) 탕 하고 울리다(⇒부 1); (문이) 파당 하고 닫히다. ② (구어) (보통 ~ goes …)의 도치 구문으로) (희망 따위가) 사라지다.
bang[2] 명 (종종 ~s) 가지런히 잘라 내린 앞머리. —동(타) (앞머리)를 가지런히 잘라 내려뜨리다. ¶ wear one's hair ~ed 단발머리를 하고 있다. **2** (개·말 따위의) 꼬리를 바싹 자르다.
bang[3] 명 = bhang.
Bán·ga·lore torpédo [bǽŋɡəlɔ̀ːr-] 명 폭약통 (금속관에 화약을 채운 것; 철조망·지뢰 따위의 폭파용).
bang-bang [-bǽŋ] 명 **1** 뱅뱅 제어(制御)(온·오프의 단일 제어만의 반복에 의한 미사일 제어 장치). **2** (구어) 요란스러운 충격전[싸움]; (美속어) 서부 영화, 전쟁 영화. (속어) 권총.
bang·er [bǽŋər] 명 (英구어) **1** (요란한 소리를 내는) 고물 자동차. **2** 폭죽(爆竹) 불꽃. **3** 소시지.
Bang·kok [bǽŋkak/bǽŋkɔ̀k] 명 **1** 방콕(태국(Thailand)의 수도). **2** (b-) ⓤ 방콕(태국산(產) 짚의 일종); ⓒ (그것으로 만든) 밀짚 모자.
Ban·gla·desh [bὰːŋɡlədéʃ, bæ̀ŋ-] 명 방글라데시 (인도 동쪽의 회교국; 수도 Dacca).
Ban·gla·desh·i [bὰːŋɡlədéʃi, bæ̀ŋ-] 형 (美) ~(**s**) 방글라데시 사람. 명 방글라데시(사람)의.
ban·gle [bǽŋɡl] 명 고리 장식물; 팔찌; 발찌(anklet).
bang-on [bǽŋ-/-ɔ̀n] 형부 (英속어) 딱 들어맞는[맞이]; 굉장한[하게], 아주 멋진[지게].
Báng's disèase [bǽŋz-] 명 〔병리〕 뱅씨병(소의 생식기 전염병). 〔<덴마크의 수의사 B.L.F. Bang (1848-1932)의 이름〕
bang·tail [bǽŋtèil] 명 꼬리가 짧은 야생마; (美속어) 경주마.   「아프리카 공
Ban·gui [bɑŋɡíː/F bɑ̃ɡi] 명 방기(중앙 아프리카 공

bang-up [´ʌ̀p] 형 《미구어》 최상의, 최고급인; 아주
do a bang-up job 멋지게[거든히] 해내다. └멋진.
bang-zone [´zòun] 명 〔항공〕 (초음속 비행기의) 충
격음 피해 지역.
ban·ian [bǽnjən] 명 =banyan.
‡**ban·ish** [bǽniʃ] 타동 (~*es* [-iz]; ~*ed* [-t]) 1
…을 추방하다, 유형(流刑)에 처하다 (*from*, *out of*). ¶
(~+目+前+名) ~ a person *from* [or *out of*] the
country 남을 국외로 추방하다/He was ~ed *to* the
island. 그는 그 섬으로 유배되었다.

> [유의어] **banish** 자국민 또는 외국인을 국외로 추방하
> 다. **exile** 태어난 나라에서 추방하다, 돌아가지 못하
> 게 하다, 자기 뜻으로 돌아가지 않다. **deport** 바람직
> 하지 않은 외국인을 본국으로 송환하다.

2 (일반적으로) …을 쫓아내다 〔걱정 따위〕를 몰아내
다; 〔주름살 따위〕를 제거하다 (*from*). ¶ ~ sorrow 슬
픔을 씻어 내다// (~+目+前+名) ~ something
from one's memory 어떤 일을 기억에서 지워버리다.
~·er 명 쫓아내는 사람. **~·ment** 명 U 추방; 유형.
ban·is·ter [bǽnəstər] 명 난간동자; (때로 ~s) 〔계
단의〕 난간 (balustrade). (또는 **bannister**)
ban·jax [bǽndʒæks] 타동 《속어》 …을 치다, 때리
다; 때려 눕히다. **~ed** [-t] 형 파괴된, 못쓰게 된.
ban·jo [bǽndʒou] 명 《복》 **~(e)s** 밴조(5현의 현악
기). **~·ist** 밴조 연주자.
Ban·jul [báːndʒuːl] 명 반줄
(Gambia의 수도).
ban·ju·le·le [bændʒuléili] 명
〔음악〕 밴줄렐레(banjo 비슷한 악기).
(또는 **bànjolélé**, **bánjo-ukulélé**)
‡**bank**¹ [bæŋk] 명 1 둑, 제방 (안
천·호수의) 기슭, 안(岸). ⇒ SHORE
[유의어] ¶ walk along the ~ 둑을 따
라 걷다/the right [left] ~ (강 하류 [banjo]
를 향해) 우[좌]안/the ~s of the Thames 템스강 양
둑. 2 (논·밭)두렁; (둑 비슷한) 퇴석(堆積); (구름) 봉우
리. ¶ a ~ of clouds 구름 봉우리, 층운(層雲) /a bank
of snow 산처럼 쌓인 눈더미. 3 경사(면), 비탈. 4 모래
톱, 여울; 뱅크, 퇴(堆)(해저의 작은 융기). ¶ a sand ~
모래톱. 5 〔광산〕 수직 갱도의 입구(from ~ to ~
(광부가) 갱에 들어갔다 나올 때까지(갱에서 일하는 시
간). 6 〔항공〕 (항공기 선회시의) 경사, 뱅크. ¶ the
right [left] ~ 우[좌]경사 /the angle of ~ 뱅크각. 7
(당구대의) 쿠션, 고무띠. 8 《속어》 마약 주사.
—동 (~*ed* [-t]) 타동 1 …에 둑(제방)을 쌓다, …을 둑
(제방)으로 에워싸다 (*up*). ¶ (~+目+副) ~ *up* a
house 집을 둑으로 둘러싸다 /~ *up* a stream (둑을
쌓아) 물의 흐름을 막다. 2 …을 쌓아 올리다 (*up*). ¶
(~+目+副) ~ the snow *up* 눈을 쌓아 올리다. 3
(오래 가도록) 〔불〕에 재를 덮다 (*up*). ¶ (~+目+副) ~
up a fire 불을 잘로 덮다. 4 〔항공〕 (선회시) 〔기체〕를
좌우로 기울이다, 뱅크시키다; (커브에서, 도로·철도
따위)를 경사지게 하다. 5 〔당구〕 〔공〕을 쿠션에 맞혀
따위)를 경사지게 하다. 6 〔불〕을 묻다. 7 〔노(爐)〕의 운전을 일시 정지시키다.
—자동 (~*ed* [-t]) 〔눈·구름 따위가〕 겹겹이 쌓이다,
(*up*). ¶ (~+副) The snow ~ed *up*. 눈이 쌓였다. 2
〔항공〕 〔비행기가〕 비스듬히 비행하다, 뱅크하다. 3 (커브에
서 자동차·열차가) 비스듬히 달리다. 3 〔시계〕 〔뱅킹 핀
(banking pin) 따위로〕 앵글의 운동이 규제되다.
bank up ① (겹겹이) 쌓이다. ② 둑(제방)을 쌓다; …
을 쌓아 올리다.
‡**bank**² [bæŋk] 명 1 은행. ¶ a central [commercial] ~ 중앙
[시중] 은행 /a credit [savings] ~ 대출[저축] 은행 /a
hypothec ~ 저당권 은행 /a ~ of deposit [issue] 예
금[지폐] 발행/make a loan at a ~ 은행에서 돈을
꾸어받다 /have money in ~ 은행에 예금해 두고 있다.
2 (the B-) 잉글랜드 은행(the B- of England). 3 투

자 증권 회사(investment ~). 4 (도박의) 판돈, 물주 앞
에 있는 돈; 물주(banker). 5 저장소. ¶ a blood [an
eye] ~ 혈액[안구] 은행. 6 저금통(箱) piggy bank).
break the bank (도박에서) 물주의 판돈을 쓸어가다,
판돈 대는 사람을 파산시키다; (일반적으로) 파산시키
다, 무일푼이 되게 하다.
go to the bank (英속어) 직업 소개소에 가다.
in the bank (英구어) 빚을 져서; 적자로. 「벙글한.
laugh all the way to the bank 한 밑천 잡아 싱글
—동 (~*ed* [-t]) 자동 1 은행과 거래하다, 은행에 예금
하다 (*at*, *with*). ¶ (~+前+名) Whom [or Who] do
you ~ *with*? 너는 어느 은행과 거래하고 있니? 2 은
행을 경영하다. 3 (도박의) 물주가 되다. —타동 1 …을
은행에 예금하다.
bank on [or *upon*] 《구어》 …을 의지하다, …에 기대
를 걸다; …을 믿다. ¶ I'll help you if I can, but
don't ~ *on* it. 가능하면 돕겠지만 기대는 하지 마라.
bank³ 명 1 (물건의) 열, 줄. 2 (피아노·오르간·타자기
따위의) 키의 열. 3 (고대 갤리 선의) 노젓는 사람의 자
리; 노젓는 사람. 4 작업대. 5 (신문의) 부제제.
6 〔컴퓨터〕 뱅크(주기억 장치의 분할 부분); 모듈.
—타동 (~*ed* [-t]) …을 늘어놓다, 배열하다.
bank·a·ble [bǽŋkəbl] 형 1 (대출 따위를) 은행에서
받을 수 있는; 할인할 수 있는. ¶ ~ securities 은행에서
받을 수 있는 담보. 2 믿을 만한, 확실한; 성공(힛트)이
틀림없는, 돈이 되는. ¶ a ~ writer 베스트셀러 작가.
—명 《구어》 흥행 보증 수표같은 스타전연예인).
bánk accéptance 명 은행 인수 어음.
bánk accóunt 명 은행 예금 계좌(잔액); 당좌 예
금. (또는 (英) **bánking accóunt**)
bánk bálance 명 은행 (예금) 잔액(잔고).
bánk bíll 명 (英) 은행 어음; (美) 은행권, 지폐.
bank·book [bǽŋkbùk] 명 은행(예금) 통장.
bánk cárd 명 은행 크레디트 카드.
bánk chánging 명 〔컴퓨터〕 뱅크 전환.
bánk chárges 명《복》 (고객에게서 받는) 은행 수수료.
bánk chéck 명 은행 수표.
bánk cléaring 명 어음 교환.
bánk clérk 명 은행 창구 직원, 행원(teller).
bánk crédit 명 은행 신용.
bánk crédit cárd 명 =bank card.
bánk depósit 명 은행 예금.
bánk díscount 명 은행의 어음 할인.
bánk dráft 명 은행 환어음(略 B/D). 「보조 기관차.
bánk éngine 명 (英) (급경사의 오르막길에서 쓰는)
‡**bank·er**¹ [bǽŋkər] 명 1 은행가, 은
행업자; 은행 간부; 은행원. ¶ the *Banker's Association* 은행가 협회 /Let me be your ~. 돈을 융통해 드
리겠습니다. 2 (도박의) 물주. 3 (카드놀이) 돈내놀이
(내기 놀이의 일종). 4 (英) (축구 도박에서) 승패 예상
적중률. **~·ly** 형 은행가(풍)의.
bank·er² 명 (Newfoundland 근해의) 대구잡이 어
선(어부). 2 《英방언》 제방 인부. 3 (英) (사냥) 둑을 뛰
어넘을 수 있는 사냥말. 4 (濠) 수면이 둑과 같은 정도의
강. 「工툴, 작업대.
bank·er³ 명 (석공·벽돌공·조각가 등의) 세공대(細
bánker's accéptance 명 =bank acceptance.
bánker's bíll 명 =bank draft.
bánker's cárd 명 (英) =bank card.
bánker's chéck 명 =cashier's check.
bánkers' hóurs 명《복》 짧은 노동(근무) 시간.
bánker's órder 명 〔상업〕 은행환(換).
bánk examíner 명 은행 감독관.
bánk físh 명 (어류) 대구(cod)(Newfoundland 산).
Bánk for Internátional Séttlements 명
(the ~) 국제 결제 은행(略 BIS).
bánk guarantèe 명 은행 (지급) 보증.
*****bánk hóliday** 명 1 (美) 은행 법정 휴일. 2 (英) 법

정 공휴일(연 8회). **3** (美) (대통령령에 의한) 은행 업무 정지 (기간).
***bank·ing**¹ [bǽŋkiŋ] 图 回 은행업, 은행 경영; 은행 업무. ¶ ~ facilities 금융 기관/a ~ house (개인·조합 경영의) 은행 영업소 ; (고어) 은행. ── 은행(업)의.
bank·ing² 图回C **1** 축제(築堤), 둑 쌓기. **2** (항공) (선회시의) 횡경사(橫傾斜). **3** (특히 Newfoundland의) 근해 어업.
bánking accóunt 图 (英) = bank account.
bánking hòurs 图 은행 (영업) 시간.
bánking pìn 图 (시계) 뱅킹 핀(앵글 운동을 규칙적으로 하기 위한 2개의 핀).
bánking prìnciple [dòctrine] 图 은행주의. ⇨
bánking wòrld 图 은행계. ⌊currency principle
bánk líne 图 **1** (금융) 은행 여신(與信) 한도액. **2** (낚시) 물가에 던져 놓은 낚싯줄.
bánk lòan 图 은행 대출(금).
bánk mànager 图 은행 지점장.
bánk níght 图 (구어) 경품을 주는 야간 영화 상영.
*****bánk nòte** 图 은행권(bank bill); 은행 어음; (英) 지폐. (또는 **bánknòte**)
bánk pàper 图 은행 어음; 은행 지폐.
bánk ràte 图 은행 할인율; 은행 일변(日邊); (英) (the B- R-) 중앙 은행 할인율, 공정 이자율.
bánk resérve 图 은행 지급 준비금.
bank·roll [bǽŋkròul] 图 (구어) 돈뭉치[다발]; 보유 재산, 가진 돈; 재원, 자금(원). ── 图⦶ (구어) …에 자금 지원을 하다; 자금을 제공하다. **~·er** 图 자금주.
*****bank·rupt** [bǽŋkrʌpt, -rəpt] 图 **1** (법률) 파산 선고를 받은 사람, 파산자. **2** (일반적으로) 지불 불능자. **3** (어떤 것에) 모자라는 사람, (성격적·도덕적) 파탄자. ¶ a moral ~ 도덕적 파탄자.
── 图 **1** 파산의, 파산한; 지불 불능의. **2** (도덕적·성격적으로) 파탄한; (…이) 모자라는(*in*, *of*). ¶ be morally ~ 도덕적으로 파탄하다.
go [or *turn*, *become*] *bankrupt* 파산하다.
── 图⦶ …을 파산시키다(make ~).
*****bank·rupt·cy** [bǽŋkrʌptsi, -rəpsi] 图回C **1** 파산 (상태), 도산. ¶ a petition in ~ 파산 신청. **2** (성격·계획 따위의) 파탄; (명성 따위의) 실추.
go into bankruptcy 파산하다.
bank·si·a [bǽŋksiə] 图 뱅크시아(오스트레일리아산
bánksia ròse 图 뱅크시아 장미. ⌊(濠) 관목).
Bank·side [bǽŋksàid] 图 (the ~) 뱅크사이드 (London 템스 강 남안의 옛 극장 지구).
banks·man [bǽŋksmən] 图 (지상의) 탄갱(炭坑) 감시인.
bánk stàtement 图 은행 예금 내역서.
‡**ban·ner** [bǽnər] 图 **~s** [-z] **1** (국가·군대·단체 등의) 기(旗). ¶ a national ~ 국기 /a school ~ 교기 /the Star-Spangled B- 성조기(미국 국기). **2** (군주·지사 등의) 기치. **3** 플래카드, 현수막 ; (주의·주장의) 깃발, 표지(symbol). ¶ the ~ of revolt 반기 / fight under the ~ of freedom 자유의 깃발 아래 싸우다. **4** (文章) 문장(紋章)ㅏ든 사각의 기. **5** (신문) 제 1면 톱 전단의 큰 표제. **6** (식물) 기판(旗瓣).
carry the banner (…을) 표방[지지]하다 (*for*).
hold the banner 일류의 지위에 있다, 남보다 뛰어 나다. ⌈하다; …의 대의를 지지[신봉]하다.
join [or *follow*] *the banner of* …의 휘하에 참가
unfurl one's banner 자기의 주의를 표명하다.
── 图⦶ **1** …에 기를 달다. **2** (신문) …을 톱 전단의 큰 표제로 싣다, 대대적으로 보도하다(bannerline).
── 图 **1** 일류의; 제1위의, 으뜸의. ¶ a ~ student 우등생 /a ~ year of one's life 생애 최고의 해. **2** (신 ~·less 图 ~·like 图 ⌊문) 톱 전단의.
bánner bèarer 图 기수(旗手); (어떤 주의의) 주창
ban·nered [bǽnərd] 图 기를 갖춘, 기를 단. ⌊자.

ban·ner·et [bǽnərit, -rèt] 图 **1** (역사) 배너렛 기사(부하를 거느리고 출전할 수 있는 기사). **2** (?) 배너렛 작위(knight ~)(knight bachelor의 위, baron 아래).
ban·ner·et(te) [bǽnərèt] 图 작은 기.
bánner héad [héadline] 图 = banner 5.
ban·ner·line [bǽnərlàin] 图 = banner 5.
── 图⦶ = banner 2.
ban·ner·man [bǽnərmən] 图 기수.
ban·ne·rol [bǽnəròul] 图 = banderole.
bánner scrèen 图 (벽난로의) 방화용 가리개.
ban·nis·ter [bǽnəstər] 图 = banister.
ban·nock [bǽnək] 图 (스코) 버넉(일종의 보리빵).
banns [bænz] 图 (교회) 결혼 예고(식을 올리기 전에 연속 3회 일요일에 행하는 것으로, 그 결혼에 이의가 있는지의 여부를 묻는다). 图 ban² (또는 **bans**)
ask [or *call*, *publish*, *put up*] *the banns* 교회에서 결혼을 예고하다.
forbid the banns 예고된 결혼에 이의를 제기하다.
have one's banns called 교회에서 결혼의 예고를 받다.
‡**ban·quet** [bǽŋkwit] 图 **1** 연회; (정식의) 향연, 축연. ⇨ FEAST (유의어) ¶ a farewell ~ 송별회. **2** (a ~) 진수 성찬, 맛있는 요리[식사].
give [or *hold*] *a banquet* 연회를 베풀다.
── 图⦶ …에게 연회를 베풀다. ── ⦶ 연회에 참석하다; 진수 성찬을 대접받다 (*on*).
~·er 잔치 손님.
bán·quet·ing háll [bǽŋkwitiŋ-] 图 = banquet ⌊room.
bánquet lámp 图 (키가 큰) 연회용 석유 램프.
bánquet prodúce 图 뱅큇 프로듀스(큰 연회에 호스티스를 알선하는 인력 공급업의 일종).
bánquet ròom 图 (호텔 따위의) (대)연회장. (또는 **bánqueting háll**)
ban·quette [bæŋkét] 图 **1** (군사) (흉벽(parapet) 안의) 사격용 발판. ⇨ BASTION 그림. **2** (합승 마차의) 마부석 뒤의 자리. **3** (美남부) (차도보다 높은) 보도(sidewalk). **4** (레스토랑 따위의 벽에 붙여 만든) 긴 의자.
Ban·quo [bǽŋkwou/-kwou] 图 뱅코(Shakespeare 작 *Macbeth*에서 죽은 뒤 유령이 되어 Macbeth 를 괴롭히는 무장).
bans [bænz] 图 = banns.
ban·shee [bǽnʃi:, -´] 图 (아일·스코) 밴시(가족의 죽음을 울어서 예고한다는 요정). (또는 **banshie**)
¶ a wail cause of a ~ 밴시의 울부짖음, 죽음의 전조 경보.
bant [bænt] 图⦶ 밴팅식 비만 요법(Bantingism)으로 살을 빼다. 图 diet
ban·tam [bǽntəm] 图 **1** (종종 B-) 밴텀 닭. **2** 싸움을 좋아하는 작은 남자. **3** (격투기) = bantamweight. **4** (美) 지프(jeep)차. ── 图 조그마한; 앙칼진, 건방진.
bán·tam·wèight [bǽntəmwèit] 图 (권투·레슬링 따위의) 밴텀급의 선수. ── 图 밴텀급의.
ban·ter [bǽntər] 图回 (가벼운) 희롱, 놀림. ── 图⦶ (남)을 희롱하다, 놀리다; (美방언) …에 도전하다. ¶ ~ the ladies 여자를 놀리다. ── ⦶ 농담을 하다.
~·er 놀리는 사람. **~·ing·ly** 희롱조로.
ban-the-bomb [bǽnðəbám/-bɔ́m] 图 핵무기 폐기를 주장하는, 반핵(反核)의. ⌊폐기론자.
ban-the-bomb·er [-ðəbámər/-bɔ́m-] 图 핵무기
bant·ing [bǽntiŋ] 图 (英) (~ **(s)**) (동남 아시아·말레이 제도산(産)의) 들소.
Ban·ting [bǽntiŋ] 图 밴팅. **1 Frederick Grant ~** (1891–1941; 캐나다의 의학자; 인슐린을 발견). **2** (종종 b-) = Bantingism.
Ban·ting·ism [bǽntiŋizm] 图 (종종 b-) ⒰ 밴팅식 비만증 치료법(지방을 줄인 식이 요법). ⌊마.
bant·ling [bǽntliŋ] 图 (경멸적) 어린애, 애송이, 꼬
Ban·tu [bǽntu:, bá:n-, -´] 图 (복) (~ **(s)**) 반투족 (族)(중·남아프리카에 사는 흑인족); 반투족 사람; ⒰ 반투어(語). ── 图 반투족의; 반투어의.

Ban·tu·stan [bǽntustæ̀n] [명] 반투스탄(남아프리카 공화국에서 인종 격리 정책에 의하여 설정되었던 흑인 주민의 자치구; homeland라고도 한다).

ban·yan [bǽnjən] [명] **1** (인도인이 입는) 헐거운 셔츠, 웃옷, 가운; 인도의 상인, 중매상(육식을 금하고 있는 특정 계급의 caste). (또는 **bania, baniya**) **2** 반얀 나무, 벵골 보리수(~ tree).

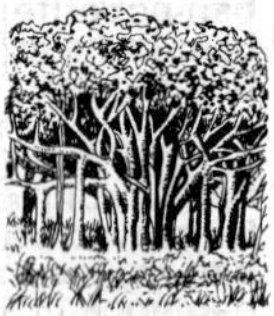

(banyan 2)

ba·o·bab [béioubæ̀b, bɑ́ː-, báubæb] [명] 바오밥 나무(열대 아프리카·인도산(産)의 거목; 호리병박 비슷한 열매(monkey bread)를 맺는다). 「작은 롤빵.

bap [bæp] [명] 《스코》 (부드러운)

bap(t). baptized. **Bap(t).** Baptist.

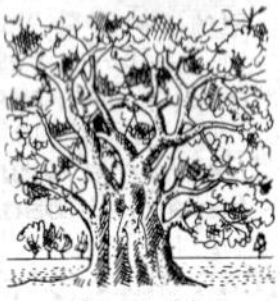

(baobab)

***bap·tism** [bǽptizm] [명] **1** [U][C] 〔교회〕 세례, 침례; 명명(식). ¶accept [*or* receive] ~ 세례[침례]를 받다 / administer ~ to …에 세례[침례]를 주다 / ~ of desire 소망의 세례 / ~ of blood 피의 세례, 순교(martyrdom). **2** 《비유적》 (전환의 계기가 되는) 시련, 첫 체험, 세례. **3** (교회의 종이나 배의) 명명식, 명명 행사.

bap·tis·mal [bæptízməl] [형] 세례의, 침례의. ¶a ~ ceremony 세례[침례]식 / a ~ font 세례반. **~·ly** [부]

baptísmal nàme [명] 세례명(Christian name).

báptism of [by] fíre [명] **1** (성령에 의한) 성화(聖化), 영적 세례. **2** (신병이 경험하는) 포화 세례; (인내·용기 따위의) 시험, 첫 시련.

***Bap·tist** [bǽptist] [명] **1** 침례교도. **2** (b–) 침례 주는 사람, 세례 시행자. **3** (the ~) 〔성서〕 세례(자) 요한(John the ~). ¶~ Day 세례자 성요한의 축일(6월 24일). **—** [형] =Baptistic.

bap·tis·ter·y [bǽptistəri] [명] 세례당(洗禮堂); 침례실; 침례용 대형 수조. (또는 **baptistry**) 「리[전통]의.

Bap·tis·tic [bæptístik] [형] 침례교(인)의; 침례교 교

***bap·tize** [bæptáiz, ˊ–] (* 《英》 **-tise**) [동][타] **1** 〔남〕에게 세례[침례]를 주다, 세례를 주어 입교시키다. ¶(~+[目]+[前]+[名]) She was *~d into* the church. 그녀는 세례를 받고 교인이 되었다. **2** (정신적으로) …을 정결케 하다(cleanse). **3** 〔남〕에게 세례명을 지어 주다; …이라 명명하다. ¶(~+[目]+[補]) She was *~d* Mary. 그녀는 메리라 이름지어졌다. **—** [자] 세례[침례]를 행하다. **-tíz·a·ble** [형] **~·ment, -tíz·er** [명]

‡bar¹ [bɑːr] [명] ([복] **~s** [-z]) **1** (문의) 빗장, 가로장; (창문 따위의) 살, 틀(sash). ¶the ~ of a door 문의 빗장. **2** 쇠지렛대(crowbar). **3** 막대, 막대 모양의 것; 막대 모양 지금(地金). ¶a ~ of copper [lead] 동[연]봉 / a ~ of gold [silver] 금[은]괴 / a ~ of chocolate 초코바 / parallel *~s* (체조용) 평행봉. **4** 선, 줄, 줄무늬, 띠. ¶a ~ of light 한 줄기의 빛. **5** (하구·항구의) 모래톱. **6** (a ~) 장애(물), 방해(물), 장벽(*to, against*); (도로의) 차단봉. ¶a ~ *to* success 성공의 장애물.

> [유의어] **bar** 출입을 방해하는 장애물로, 구조가 간단한 것. **barrier** 진행을 방해하거나 공격을 막는 장애물로, 구조가 복잡한 것. **barricade** 시가전 따위에서 노상에 쌓은 장애물. ⇨OBSTACLE.

7 〔음악〕 소절; 세로줄. ¶a single [double] ~ 홑[겹]세로줄 / She played a few *~s*. 그녀는 몇 소절을 연주했다. (또는 ˊ **lìne**) **8** (술 따위의) 판매대, 카운터; (카운터식의) 경식당; 술집, 바; (the ~) =public ~; (대형 매점의) 매장, …코너. ¶a hat ~ 모자 매점 / a gift ~ 선물 코너 / a coffee ~ 커피점 / a snack ~ 스낵바. **9** (the ~, the B–) 변호사업, 《집합적》 변호사단, 법조계. ¶be at the *B–* 법정 변호사가 되다 / give up the ~ 변호사업을 폐업하다. **10** (법정의) 칸막이; 피고석; 법정; 재판. ¶a prisoner at the ~ 형사 피고인 / be tried at (the) ~ 재판을 받다. **11** 〔문장〕 방패에 있는 두 가닥의 가로선; 《美》 (군복의) 선장(線章)(공을 세울 때마다 한 줄씩 증가한다). **12** 〔치과〕 바(의치의 주요 부분을 연결하는 금속제 장치). **13** 〔인쇄〕 (A나 H의) 가로선; 바(ā, t̲h̲ 등 위 또는 아래에 붙은 가로줄 또는 기호의 세로줄 '|'). **14** (발레에서) 바(벽에 부착한 연습용 가로대). **15** 단춧구멍에 감친 실; (자수 등의) 무늬를 매듭짓는 실.

at (the) bar 〔법률〕 ① 법정에서 심리중인. ¶a case *at* ~ 법정 심리중인 사건. ② 판사 전원이 출석한 앞에서. ¶a trial *at the* ~ 판사 전원이 출석한 재판.

be a bar to …에 장애가 되다. 「자격을 얻다.

be admitted [or 《英》 ***called***] ***to the bar*** 변호사

be called within the bar 《英》 왕실 변호사(King's Counsel)로 임명되다.

behind bolt and bar 엄중히 구금되어.

behind (the) bars 《구어》 투옥되어, 옥중에(서).

can't stand a bar of 《濠》 =*won't have a bar of*.

chin the bar 턱걸이를 하다.

cross the bar 죽다(die), 황천길을 가다.

go to the bar 변호사가 되다.

in bar of 〔법률〕 …을 방지[금지]하기 위하여.

let down [or ***lower***] ***the bar*** ① 장애물[장벽]을 제거하다. ② 기준을 낮추다.

prop up the bar 《구어》 단골 술집에서 한잔 하다.

put *a person* ***behind bars*** 《구어》 남을 투옥하다.

raise the bar 기대치를 높이다. 「하다.

read [or ***study***] ***for the bar*** (법정) 변호사 공부를

won't [or ***wouldn't***] ***have a bar of*** 《濠》 …은 딱 질색이다, 도저히 용납할 수 없다.

— [동][타] (**~s** [-z]; **-rr-**) **1** …에 빗장을 지르다, …을 닫다; …을 가두다; 〔통로 따위〕를 (가로막대로) 폐쇄하다(*out*). ¶~ a door 문단속을 하다 // (~+[目]+[前]+[名]) ~ a prisoner *in* his cell 죄수를 독방에 가두다. **2** 〔길〕을 막다(block); …을 방해하다, 방지하다; …을 금지하다 (*from*). ¶The way is *~red*. 길이 막혀 있다 // (~+[目]+[前]+[名]) ~ a person *from* action 남의 행동을 금지하다. **3** …을 제외하다(*out*)(*from, of*). ¶(~+[目]+[前]+[名]) He was *~red from* membership of the society. 그는 그 협회의 회원에서 제외되었다. **4** …에 줄무늬[선, 띠]를 넣다(*with*). ¶(~+[目]+[前]+[名]) The sky was *~red with* black clouds. 하늘에는 먹구름이 길게 뻗쳐 있었다. **5** 《속어》 〔사람·버릇 등〕에 이의(異議)를 달다, 반대하다; 싫어하다. **6** 〔법률〕 이의를 제기하여 (절차의 진행을) 저지하다; 〔권리 등〕을 배제하다.

bar in [out] …을 가두다[내쫓다].

bar up 빗장을 질러 완전히 폐쇄하다.

— [전] …을 제외하고는(except).

be all over bar the shouting 사실상 끝나다.

bar none 예외없이, 모두.

ˊ·less, ˊ·ra·ble [형]

bar² [명] 모기장(mosquito net).

bar³ [명] 〔물리〕 바(기압의 단위).

BAR *B*rowning *a*utomatic *r*ifle(브라우닝 자동 소총). **bar.** barometer; barrel; barrister. **B. Ar.** *B*achelor of *Ar*chitecture(건축학사).

Bar·ab·bas [bərǽbəs] [명] 〔성서〕 바라바(예수 대신 석방된 살인자. ←마가 복음(Mark) 15:6–11).

bar-and-grill [ˊəngríl] [명] 《美》 식당 겸용 바.

bár assocìation [명] 변호사 협회.

barb¹ [bɑːrb] [명] **1** (화살촉·낚시·가시철사의) 미늘; 갈고리, 가시. **2** 가시 돋친 말, 날카로운 비판. ¶toss a ~ at him 그를 신랄하게 비판하다. **3** 〔동·식물〕 수염 모양의 것[부분]; (물고기의) 촉수, 수염. **4** 《새》 깃가지. **5** 집비둘기의 일종. **6** (관상용) 잉어. **7** (보통 ~s) (소·말의) 혀 밑의 작은 돌기. **8** (목·가슴에 두르는) 리넨 가

리개; (여성의) 끈으로 된 옷깃 장식. (또는 **barbe**) **9** (고어) =beard. ── 图 ⓣ …에 미늘[갈고리, 가시]을 달다. ¶ ~ a hook 바늘에 미늘을 달다.
barb[2] 图 바르바리말(馬)(아프리카 북부 Barbary 원산).
barb[3] 图 《美속어》 =barbiturate.
Bar·ba·di·an [bɑːrbéidiən] 图 바베이도스 사람.
── 图 바베이도스(사람)의.
Bar·ba·dos [bɑːrbéidouz] 图 바베이도스(서인도 제도의 섬나라; 수도 Bridgetown).
Bar·ba·ra [bɑ́ːrbərə] 图 바바라(여자 이름).
*****bar·bar·i·an** [bɑːrbɛ́əriən] 图 **1** 야만인, 미개인. **2** 교양없는 사람, 속물. **3** 외국인. **4** 〖역사〗 (그리스·로마인이 본) 이방인, 이민족; (기독교도가 본) 이교도; (르네상스기의 이탈리아에서) 이탈리아 태생이 아닌 사람.
── 图 **1** 미개의, 야만(인)의. **2** 교양없는. **3** 외국의.

> 유의어 **barbarian** 단순히 「미개한」의 뜻을 나타내는 말. **barbaric** 「천박하고 거칠」을 뜻하는 말. **barbarous** 「비인간적이고 잔인성」을 뜻하는 말. **savage** barbarian보다 더한 미개·원시의 상태를 가리키며, barbarous와 같은 뜻으로도 쓰이는 수도 있다.

bar·bar·ic [bɑːrbǽrik] 图 **1** 미개한, 야만적인, 원시적인. ¶ ~ invaders 야만적인 침략자들. **2** 야만인의; 야만인 같은. ¶ a ~ captain 야만인 추장. **3** (취미·문장 따위가) 거칠; 야한, 현란하게 화려한; 저속한, 야비한.
⇨ BARBARIAN 유의어 **-i·cal·ly** 图

***bar·ba·rism** [bɑ́ːrbərìzm] 图 **1** ⓤ 야만, 미개(상태); 무식, 미개한 상태로 살다. ¶ live in ~ 미개한 상태로 살다. **2** ⓒ ⓤ 잔악(한 행위), 야만적인 행동[풍습]. **3** ⓤ (언어·문장의) 조잡함, 난잡함; ⓒ 파격적인 말[구문], 상말; 파격[비표준] 용법.
bar·bar·i·ty [bɑːrbǽrəti] 图 ⓤⓒ 잔학, 잔인; 만행, 잔학 행위; (문체의) 난잡, 생경(生硬).
bar·ba·rize [bɑ́ːrbəràiz] 图 ⓣ …을 야만화하다; 〔언어·표현〕을 거칠게 하다. ── ⓘ 야만스러워지다; 거친 말〔표현〕을 쓰다. **-ri·zá·tion** 图ⓤ 야만화; (문체 따위의) 파격.
Bar·ba·ros·sa [bɑ̀ːrbərɑ́sə/-rɔ́-] 图 **1** Frederick ~ 프레드리히 바르바로사 1세(신성 로마제국 황제: 1123?-90). **2** 바르바로사 (작전)(1941년 독일군의 소련 침공 작전의 암호명).

*****bar·ba·rous** [bɑ́ːrbərəs] 图 **1** 야만적인, 미개한, 야비한. ¶ ~ people 야인. **2** (풍속·취미 따위가) 저속한; 난폭한; 잔인한. ⇨ BARBARIAN 유의어 ▷ behavior 난폭한 행동 / ~ customs 야만적인 풍습. **3** 시끄러운, 귀에 거슬리는. ¶ wild and ~ music 광적으로 시끄러운 음악. **4** (언어가) 불순[생경]한; 파격적인, 난잡한. **5** (고대 그리스·로마에서 보아) 외국의.
~·ly 图 **~·ness** 图
Bar·ba·ry [bɑ́ːrbəri] 图 바르바리(이집트 서부에서 대서양 연안에 이르는 아프리카 북부 지역).
Bárbary ápe 图 바르바리원숭이(북아프리카산(産)).
Bárbary Cóast 图 (the ~) 바르바리 해안. **1** 옛 Barbary States의 지중해안. **2** 19세기 San Francisco의 싸구려 지대.
Bárbary Státes 图ⓟ (the ~) 바르바리 제국(諸國) (16-19세기 터키 지배 아래 있던 Morocco, Algiers, Tunis, Tripoli 등 네 회교 국가).
bar·bate [bɑ́ːrbeit] 图 〖동·식물〗 수염이 있는; 수염 모양의 술이 있는.
barbe [bɑːrb] 图 =barb[1] 8.
*****bar·be·cue** [bɑ́ːrbikjùː] 图 **1** 바비큐. **2** (야외에서 하는) 바비큐 파티. (또는 ~ **pàrty**) **3** (바비큐용의) 통구이를, 그릴. **4** 바비큐 요리점. **5** 〘영〙 커피콩의 건조대. ── 图 ⓣ **1** …을 통째로 굽다; …을 불에 직접 굽다. **2** 〔고기〕를 바비큐 소스로 쌉쌀하게 조리하다. (또는 **barbeque, bar-b-que**) **-cù·er** 图
bárbecue grìll 图 바비큐용 그릴[오븐].
bárbecue manèuver 图 〖우주〗 (우주선 전체의) 회전 운동. (또는 **barbecuing**)
bárbecue móde 图 〖우주〗 바비큐 모드(과열을 막기 위해 우주선 기축(機軸)을 중심으로 회전하는 방식).
bárbecue pìt 图 〖우주〗 (벽돌 따위로 만든) 바비큐용 화덕.
bárbecue róll 图 〖우주〗 바비큐 비행(과열 방지를 위한 우주선의 회전 비행).
bárbecue sàuce 图 바비큐 소스.
barbed [bɑːrbd] 图 턱이 있는, 미늘[갈고리]이 있는; 신랄한.
bárbed wíre 图 가시 철사. ¶ ~ entanglements (가시) 철조망. (또는 **bárbwire**)
bar·bel [bɑ́ːrbəl] 图 (물고기의) 촉수(觸鬚); 돌잉어류.
bar·bell [bɑ́ːrbèl] 图 역기, 바벨.
bar·bel·late [bɑ́ːrbəlèit, bɑːrbélət] 图 〖동·식물〗 짧은 강모(剛毛)가 있는[를 가진].
‡**bar·ber** [bɑ́ːrbər] 图 (图 ~**s** [-z]) 이발사 (〘영〙 hairdresser); 이발소. ¶ at a ~'s (shop) 이발소에서. ***Every barber knows that.*** 그건 누구나 알고 있다.

> 참고 **barber** ── 옛날에는 이발사가 외과·치과 의사를 겸했다. 이발소 간판으로 적색과 백색의 얼룩 무늬를 칠한 기둥(barber pole)이 쓰이는 것은, 수술 후 손님의 팔에 감은 피묻은 붕대를 상징한다.

── 图 (~**s** [-z]) **1** (…의) 이발[면도]을 하다; 이발소를 운영하다. **2** 〔잔디 따위〕를 깎다.
bárber còllege 图 〘미〙 이용(理容) 학원.
bar·ber·ry [bɑ́ːrbèri/-bəri] 图 매발톱나무속(屬)의 관목; 그 열매. (또는 **berber(r)y**)
bárber's blóck 图 (목제) 가발걸이, 가발대(臺).
bárber('s) cháir 图 이발소 의자; 높낮이를 조절할 수 있는 의자; 우주 비행사의 좌석.
bar·ber·shop [bɑ́ːrbərʃɑ̀p/-ʃɔ̀p] 图 이발소(〘영〙 barber's shop). ── 图 남성(男聲)합창의[에 잘 맞는].
bárbershop quártet 图 〘미구어〙 (무반주) 남성 4중창단(4부 합창).
bárber's ítch [rásh] 图 〖병리〗 모창(毛瘡)(이발소에서 옮기나 면도 독으로 생기는 피부병).
bárber('s) póle 图 이발소의 간판 기둥(적색과 백색의 얼룩 무늬를 칠한 기둥).
bar·ber·sur·geon [-sə́ːrdʒən] 图 이발 외과의사 (외과의사를 겸한 옛날의 이발사); 돌팔이 의사.
bar·bet [bɑ́ːrbit] 图 〖조류〗 바벳, 오색조(五色鳥).
bar·bette [bɑːrbét] 图 (보루 안의) 포좌(砲座); 〖해군〙 (군함의) 포탑.   〔(樓門).
bar·bi·can [bɑ́ːrbikən] 图 (성 따위의) 망루; 누문
Bar·bie [bɑ́ːrbi] 图 **1** (상표) 바비 인형(금발에 푸른 눈의 플라스틱 인형). **2** (또는 ~ **dòll**) 〘美속어〙 전형적인 미국인; 냉정한 사람, 미녀.   〔(면역·진통제).
bar·bi·tal [bɑ́ːrbətɔ̀ːl/-tæ̀l] 图 ⓤ 〖약학〗 바르비탈
bar·bi·tone [bɑ́ːrbətòun] 图 〘영〙 =barbital.
bar·bi·tu·rate [bɑːrbítʃurət, -rèit] 图 〖화학〗 바르비투르산염(진정·최면제).   〔酸의.
bar·bi·tu·ric [bɑ̀ːrbətjúərik] 图 〖화학〗 바르비투르
barbitúric ácid 图 바르비투르산(진정제의 원료).
bar·bi·tur·ism [bɑːrbítʃurìzm] 图 ⓤ 〖병리〗 바르비투르산 중독(증). (또는 **bárbitàlism**)
Bár·bi·zon Schòol [bɑ́ːrbəzɑ̀n-/-zɔ̀n-] 图 바르비종파(派)(19세기 중엽의 프랑스 풍경화가의 한 파).
barb·less [bɑ́ːrblis] 图 미늘[바늘]이 없는.
bar·bo·la (**wòrk**) [bɑːrbóulə-] 图 바볼라 세공 (점토를 빚어 만든 작은 꽃이나 과일 장식).
Bar-B-Q [bɑ́ːrbikjùː] 图 〘구어〙 =barbecue. (또는 **bar-b-que, bar-b-q**)
barbs [bɑːrbz] 图ⓟ 〘구어〙 진통[최면]제(barbiturate). 가시는 것가지.
bar·bule [bɑ́ːrbjuːl] 图 작은 미늘, 가시랭이; (새의)
barb·wire [bɑ́ːrbwáiər] 图 〘美〙 =barbed wire.
bár càr 图 〖철도〗 바가 설치된 특등 객차.
bar·ca·rol(l)e [bɑ́ːrkəròul] 图 (베니스의) 곤돌라

의 뱃노래; (일반적으로) 뱃노래풍의 곡.
Bar·ce·lo·na [bàːrsəlóunə] 图 바르셀로나(스페인 동북부의 지중해안 항구 도시; 1992년도 올림픽 개최지).
B. Arch. Bachelor of Architecture
bar·chan [bɑːrkɑ́ːn] 图 바르한(초승달 모양의 모래 언덕). [<Russ *barkhan*]
bár chárt 图 막대 그래프(bar graph).
bár còde 图 [컴퓨터] 바코드(상품의 식별을 위한 컴퓨터 판독용 부호).¶a ~ reader 바코드 판독기.

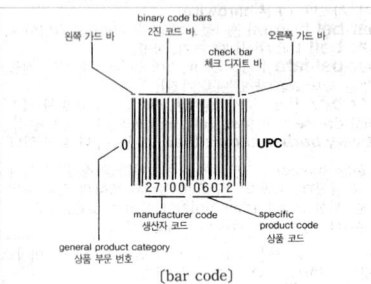

[bar code]

bar-code [ˊkòud] 图 (물품에) 바코드를 붙이다. **-còd·ing** 图
*****bard**[1] [bɑːrd] 图 1 (고대 켈트족(族)의) 음유 시인; (일반적으로) 시인, 서정 시인.¶a patriotic ~ 애국 시인. 2 (the B– of Avon) 에이번의 시인, 셰익스피어(출생지인 Stratford-on-Avon에서).
~**·ic**, ~**·ish**, ~**·like** ~**·ship**
bard[2] 图 1 말의 갑옷(가슴과 옆구리에 걸친다). (또는 **barde**) 2 [요리] 불고기를 싸는 얇은 지방[베이컨] 조각(타는 것을 방지한다). ── 图 1 …에 말갑옷을 입히다. (또는 **barde**) 2 [요리] 베이컨[비계]으로 감싸다.
bard·ol·a·ter [bɑːrdɑ́lətər/-ɔ́l-] 图 셰익스피어 (the Bard of Avon) 숭배자. **-a·try** 图
Bar·do·li·no [bàːrdəlíːnou] 图 (U) 바르돌리노주 (酒)(이탈리아산 적포도주).
Bar·dot [bɑːrdóu] 图 Brigitte ~ 바르도(1934– ; 프랑스의 여배우).
‡**bare**[1] [bɛər] 图 (*bar·er; bar·est*) 1 (있어야 할 덮개가 없는, 노출된, 드러난; (부분적으로) 옷을 입지 않은, 벗은, 나체의.¶a ~ floor 맨바닥/a ~ sword 칼집에서 뺀 칼/walk in ~ feet 맨발로 걷다.

유의어 **bare** 가장 일반적인 의미의 벗고 있는 상태. **naked** 보호, 장식으로서의 의복을 걸치지 않은 전라의 상태. **nude** (예술 작품에서) 아무것도 몸에 걸치지 않고 있는 상태.

2 가구[장식]가 없는, 빈; (…이) 없는 (*of*).¶a ~ wall 장식이 없는 벽/a room ~ *of* furniture 가구가 없는 방. 3 노골적인, 있는 그대로의, 꾸밈없는.¶a ~ dislike 노골적인 혐오. 4 (의류 따위가) 닳아빠진, 낡은. 5 가까스로의, 빠듯한; (보통 a ~) 다만 ~뿐인; 극소량의. ⇨MERE 유의어 ¶a ~ hint 약간의 힌트/by a ~ majority 근소한 차의 과반수로/a ~ possibility 극히 미미한 가능성.
at the bare mention of …라고 말만 해도.
at the bare thought (of) (…을) 생각만 해도.
be bare of …이 없다.¶be ~ *of* credit 신용이 없다.
believe *a person* **on** *his* **bare word** 말만으로 남을 신용하다.
go bare (美구어) (의사·회사 등이) 배상 책임 보험 없이 영업하다.
in *one's* **bare skin** 홀랑 벗고, 벌거벗고.
lay bare (비밀 따위를) 폭로하다, 누설하다, 털어놓다.¶*lay* ~ one's mind 의중을 털어놓다.
pick a bone bare 뼈에서 살을 발라내다.
under bare poles ⇨POLE[1].
with bare hands [**feet**] 맨손[발]으로.
with bare life 가까스로 목숨만 건져.¶He escaped *with* ~ *life*. 그는 가까스로 목숨만 건져 도망쳤다.
── 图 (~s [-z]; ~d; bar·ing) 1 …을 벌거벗기다. 노출하다, 드러내다(lay ~).¶~ one's head (경의의 표시로) 모자를 벗다. 2 폭로하다, 털어놓다.¶~ a secret 비밀을 폭로하다.
bare *one's* **heart** [or **soul**] 속(마음)을 털어놓다.
~**·ness** 图 알몸; 텅빔; 드러냄, 꾸밈없음.
bare[2] 图 (고어) bear의 과거형.
bare·ass(ed) [bɛ́ərǽs(t)] 图图 (비어) 벌거숭이의로, 알몸뚱이인[로].
bare·back[1] [bɛ́ərbæk] 图图 안장 없는[없이]; (美속어) 콘돔을 사용하지 않는[않고].¶~ riding 말에 안장 없이 타기/ride ~ 말에 안장 없이 타다. (또는 **barebacked**) ── 图 (美속어) 콘돔을 쓰지 않는 성교.
bare·back[2] 图 (복식) 등이 많이 파인 (여성복).
báreback rider 图 1 안장 없는 말을 타는 사람. 2 (美속어) 콘돔을 쓰지 않는 성교(를 하는 남자).
bare·boat [bɛ́ərbòut] 图 나용선(裸傭船)의.¶a ~ charter 나용선(승무원 없이 배만 빌리는 일). ── 图 나용선 계약의 선박. ~**·ing** 图
bare·boned [bɛ́ərbóund] 图 깡마른, 수척한; 메마른, 황량한.
báre bónes 图(복) (사건 따위의) 골자, 요점, 개요.¶Reduce this report to its ~. 이 보고서를 요점만 간추려 압축하시오. ── 图 빈약한.
bare-bones [ˊbòunz] 图 말라빠진 사람, 말라깽이. ── 图 지독히 여윈, 빼빼 마른; (비유적) (서비스 따위가) 전혀 없는, 셀프 서비스의.¶~ service 셀프 서비스식.
bare·faced [bɛ́ərfèist] 图 1 맨얼굴의, 얼굴을 드러낸; 수염이 없는. 2 공공연한, 노골적인. 3 파렴치한, 철면피의, 뻔뻔스러운.¶a ~ lie 뻔뻔스러운 거짓말.
-fac·ed·ly [ˊfèisidli, -fèistli] 图 **-fàc·ed·ness** 图
bare-fist·ed [bɛ́ərfístid] 图图 맨 주먹의[으로]; 글러브를 끼지 않은[않고]; (비유적) 성급[무모]한[하게].
*****bare·foot** [bɛ́ərfùt] 图 1 맨발의; (말이) 편자가 없는.¶be [go, walk] ~ 맨발이다[로 가다, 로 걷다]. 2 (건축) (기둥 따위가) 장부로 잇지 않은. ── 图 맨발로. (또는 **báre·fòoted**)
bárefoot dóctor 图 (중국 농촌의) 의료 보조원.
ba·rege [bərḗʒ] 图 (U) 바레지직(織)(명주실·무명실 따위로 짠 얇은 직물).
bare·hand·ed [bɛ́ərhǽndid] 图 맨손의, 무기[도구 따위]를 갖지 않은; 무위의, 손솜 길이 없는(without means). ── 图 맨손으로; 무위로, 손쓸 길 없이.
bare·head [bɛ́ərhèd] 图图 =bareheaded.
bare·head·ed [bɛ́ərhédid] 图图 맨머리의, 모자를 쓰지 않은. ── 图 맨머리로, 모자를 쓰지 않고.¶stand ~ 모자를 안 쓴채 서 있다. ~**·ness** 图
báre infínitive 图 (문법) (to 없는) 원형 부정사.
bare-knuck·le(d) [bɛ́ərnʌ́kl(d)] 图 1 (권투에서) 글러브를 끼지 않은. 2 거침없는; 맹렬한; 전투적인. ── 图 맨손[사정] 없이; 마구잡이로.
bare-leg·ged [bɛ́ərlègid, -lègd] 图 다리[종아리]를 드러낸; 맨발의. ── 图 다리를 드러내고; 맨발로.
‡**bare·ly** [bɛ́ərli] 图 1 겨우, 간신히, 가까스로, HARDLY 유의어 ¶We had ~ enough time to catch the train. 우리는 가까스로 그 기차를 탈 수 있었다. 2 거의 ~않는, 좀처럼 ~하지 않는.¶The question was ~ intelligible. 그 문제는 거의 이해할 수 없었다. 3 드러내놓고, 있는 그대로; 알몸으로, 벗고.¶The room was ~ furnished. 그 방에는 가구가 거의 없었다. 4 (고어) 오로지, 다만.
báre mídriff 图 미드리프, 배꼽티.
Bár·ents Séa [bǽrənts-] 图 (the ~) 바렌츠해 (북극해의 일부). [<네덜란드의 항해가 Willem Barents(1550?–97)의 이름]

bare·sark [béərsɑːrk] 명 [북유럽 전설] =berserker. —형 갑옷 없이, 비무장으로. [시험.
bár exàm [examinàtion] 명 (美) 변호사(자격)
barf [bɑːrf] (美속어) 자타 1 토하다, 게우다. 2 [컴퓨터] (화면에) 경고[에러] 메시지가 뜨다; 작동하지 않다.
— 명 메스꺼움, 구토.
barf·age [bάːrfidʒ] 명 (美속어) 토한 것.
bárf bàg 명 (비행기 기내 따위의) 멀미 주머니.
Bárf Cíty 형명 (美속어) 기분 나쁜 (곳), 메스꺼움.
bar·fly [bάːrflài] 명 (美속어) 술집의 단골 손님; 술집에 죽치고 있는 알코올 중독자.
barf·y [bάːrfi] 형 (美속어) 기분 나쁜.
‡**bar·gain** [bάːrgən] 명 (~s [-z]) 1 매매 계약, 거래; 계약, 협정. 2 (매매 산 물건, 투매품: 특가품.¶a bad [losing] ~ 비싸게(손해 보고) 산 물건/a good [great] ~ 싸게(유리하게) 산 물건/a chance ~ 방매품/a dead ~ 굉장히 싸게 산 물건[buy[hunt for] a ~ 싼 물건을 사다[찾아다니다]. 3 (구어) (no와 함께) 인상이 좋은 사람, 까다롭지 않은 사람; (결혼 상대로) 매력있는 사람.¶His sister is no ~. 그의 누이는 얌전한 신부감이 못된다. 4 (형용사적) 턱없이 싼, 의외로 싼.¶a ~ day 염가 판매일.
A bargain's a bargain. 약속은 약속; 약속은 지켜야 [한다.
at a bargain price 싼 값으로, 특가로.
beat [or *bear*] *a bargain* 값을 깎다.
buy [*sell*] *at a bargain* 싸게 사다[팔다].
drive a (*hard*) *bargain* 심하게 값을 깎다; (…와 …에 대해) 유리한 조건으로 거래[계약]하다 (*with / over*).
get...a bargain …을 헐값으로 손에 넣다.
in [or *into*] *the bargain* 게다가, 그 위에.
It's [or *That's*] *a bargain!* (구어) ① 그건 거저구나! ② 그것으로 결정되었어. [다.
make the best of a bad bargain 역경을 이겨내다.
pick up a bargain 싼 물건을 찾아내다.
sell a person a bargain 남을 놀리다; 예상 밖의 대답으로 남을 당황하게 하다.
strike [or *close, conclude, settle, make*] *a bargain with* …와 매매 계약을 맺다, 협정하다.
throw into the bargain 덤으로 보태다.
— 자 (~s [-z]) 자 1 상담(商談)하다, 흥정하다, 매매 조건을 논의하다, 값을 깎다(*with, for, about*).¶~ *with a person about the price* [*pay*] …와 가격[급여]에 관해 교섭하다. 2 매매 약속을 하다, 계약하다.
— 타 1 …라는 조건을 붙이다, …을 하도록 교섭하다.¶ (~+that 절) He ~ed that he should not pay for the car till the next month. 그는 자동차 대금을 다음달까지 지불하지 않아도 되도록 약정했다. 2 …을 바꾸다. 3 …을 보증하다; (일어날 만한 일로) 예상[예기]하다.¶ (~+that 절) I ~ that he will be here on time. 그는 틀림없이 제 시간에 올 것임을 보증한다.
bargain away …을 헐값으로 팔다; 가격 협상을 계속하다. [께) …을 기대하다, 믿다.
bargain for ① ⇒자·타. ② (부정어·often *more than*과 함
bargain on …을 기대하다, …에 의지하다.
~·a·ble 형 교섭의 여지가 있는.
bárgain básement 명 (백화점의) 지하층 특매장.
bar·gain-base·ment [-bèismənt] 형 특가의; (품질이) 떨어지는.¶at ~ rates 특가로.
bárgain cóunter 명 특매장, 특매 코너; (비유적) (물품 또는 의견의) 자유 교환 장소. [basement.
bar·gain-count·er [-kàuntər] 형 =bargain-
bar·gain·ee [bɑ̀ːrgəníː] 명 [법률] (토지 매매 계약에서) 매수인(買受人), 사는 쪽.
bar·gain·er [bάːrgənər] 명 =bargainor.
bárgain húnter 명 싸구려[특매품]만 찾아다니는 사람. **bárgain húnting** 명.
bar·gain·ing [bάːrgəniŋ] 명 (노사의) 단체 교섭 (collective ~). — 형 단체 교섭의.
bárgaining àgent 명 교섭 대표.
bárgaining chìp 명 유리한 협상 카드.
bárgaining còunter 명 =bargaining chip.
bárgaining posítion 명 (토론 따위의) 사태, 형세.
bárgaining pòwer 명 교섭력.
bárgaining rìghts 명⑨ (단체) 교섭권.
bárgaining ùnit 명 (노동) 교섭 단체.
bárgain mòney 명 계약금, 보증금.
bar·gain·or [bάːrgənɔ̀ːr, -nər] 명 (법률) (토지 매매 계약에서) 매도인(賣渡人), 파는 사람.
bárgain sàle 명 염가 판매, 특매(特賣), 바겐세일.
***barge** [bɑːrdʒ] 명 1 (바닥이 평평한) 거룻배, 바지선(船), 짐배. 2 (대형) 유람선; (살림하는) 집배(houseboat). 3 (입항자의 의례적인 방문에 사용하는) 함재정(艦載艇); (해군) (함대 사령관의) 전용 보트. 4 (뉴잉글랜드) 2인승 4륜차, 유람 마차. 5 (속어) 낡은 배. 6 (속어) 논쟁, 언쟁. 7 (美·속어) 큰 발.

[barge 1]

— 타 …을 짐배[거룻배, 화물 운반선]로 나르다.
— 자 1 느릿느릿 움직이다[나아가다, 돌아다니다] (*about, around*) (거리를) 느릿느릿 걷다. 2 (구어) 끼어 들다, 틈입하다; 주제 넘게 참견하다 (*in, into*).¶ (~+前+名) He ~d *into* our conversation. 그는 우리 대화에 억지로 끼어들었다. 3 (구어) 난폭하게 충돌하다(부딪치다) (*into, against*). [니다.
barge about [or *around*] 느릿느릿[멋대로] 돌아다
barge in (*on*) (…에) 함부로 참견하다, 끼어들다.
barge into (구어) ① (난폭하게) …와 부딪치다. ② = *barge in* (*on*). ③ (비유적) …와 마주치다.
barge one's way 헤치며 나아가다 (*through*).¶A tall man ~d *his way through* the crowd. 한 키 큰 사나이가 군중 속을 헤치며 걸어갔다. [공털.
barge·board [bάːrdʒbɔ̀ːrd] 명 [건축] (지붕의) 박
bárge còuple 명 [건축] 합각머리 서까래.
bárge còurse 명 [건축] 합각벽에서 돌출한 처마 부분. [한 놈[사람].
bar·gee [bɑːrdʒíː] 명 (英) 1 =bargeman. 2 무례
swear like a bargee 욕설을 퍼붓다, 마구 몰아세우다.
barge·man [bάːrdʒmən] 명 (美) 거룻배(barge)의 사공[인부]; 유람선 선장[승무원].
bárge pòle 명 거룻배의 삿대.
would not touch a person with a barge pole (英구어) 남을 경멸하다, 남을 거들떠보지도 않다.
bar·ghest [bάːrgest] 명 (英) (흉사를 예고한다는) 큰 개 모습의 귀신. (또는 *barguest*)
bár girl 명 1 (술집의) 여자 바텐더(barmaid); 여급 (B-girl). 2 (술집에 출입하는) 창녀.
bár gràph 명 막대 그래프(美) bar chart).
bar·hop [bάːrhɑ̀p/-hɔ̀p] 자타 (-*pp*-) (美) 여러 술집을 돌아다니며 술을 마시다.
go barhopping 여러 술집을 돌아다니며 술을 마시다.
bar·i·at·ric [bæ̀riǽtrik] 형 비만(肥滿)(치료)의.¶~ *surgery* 비만 수술(위장 축소 수술을 한 사람).
bar·i·a·tri·cian [bæ̀riətríʃən] 명 (의학) 비만 치료 전문가.
bar·i·at·rics [bæ̀riǽtriks] 명⑨ (단수취급) 비만 의학, 체중 조절 의학(비만 방지·치료 의학).
bar·ic[1] [bǽrik] 형 (화학) 바륨의; 바륨성의, 바륨을 함유한.
bar·ic[2] 형 기압의, 기압계의.
ba·ril·la [bəríːlə/-ríl-] 명 1 (식물) 수송나물. 2 **bár íron** 명 철봉, 철근. [소다회(비누·유리 제조용).
barit. (음악) baritone.
bar·ite [béərait, bǽr-] 명 (광물) 중정석(重晶石).
bar·i·tone [bǽrətòun] (음악) 명 1 UC 바리톤 (tenor와 bass의 남성(男聲) 중간음). 2 바리톤 가수, 바리톤(관악기의 하나). — 형 바리톤의, 남성 중음의.

bar·i·um [bɛ́əriəm] 명U 〔화학〕 바륨(금속 원소의 하나; ⑦ Ba). 〖용액.
bárium méal 명 (엑스선 조영용(造影用)) 황산 바륨
bárium peróxide[dióxide] 명 〔화학〕 과산화
bárium súlfate 명 〔화학〕 황산 바륨.
‡**bark¹** [ba:rk] 명 1 (개·여우 따위의) 짖는 소리; (사람의) 고함, 날카롭게 외치는 소리. ¶ the ～ of a coxswain (경주용 보트에서) 키잡이의 날카로운 구령 소리. 2 (구어) 기침, 헛기침. 3 총성, 포성.
give a bark 짖다.
One's bark is worse than one's bite. 말은 거칠지만 본성은 그렇게 나쁘지 않다.
── 동 (～ed [-t]) 자 1 (개 따위가) (…에게) 짖다 (at). ⇨ HOWL 〔유의어〕 ¶ (～＋前＋名) A dog ～ed at the beggar. 개가 거지를 보고 짖어댔다 // Barking dogs seldom bite. (속담) 짖는 개는 좀처럼 물지 않는다. 2 짖는 것 같은 소리를 내다; (대포·권총이) 쾅 하고 울리다. ¶ The gun ～ed. 대포가 쾅 하고 울렸다. 3 (…에게) 날카로운 소리로 외치다, 소리치다 (at). ¶ He ～ed at his assistant. 그는 조수에게 고함질렀다. 4 (美속어) (흥행장 입구에서) 큰 소리로 손님을 끌다. 5 (美구어) (헛기침을) 하다. ── 타 고래고래 소리치다, 고함지르다 (out). ¶ ～ out one's orders 큰 소리로 주문하다.
bark at …에게 짖어대다.
bark at [or *against*] *the moon* 공연한 소동을 벌이다.
bark away 쫓아 보내다.
bark out 갑자기 외치다.
bark up the wrong tree (美) (진행형으로) 잘못 짚다; 엉뚱한 사람을 비난하다.
～**·less** 형.
bark² 명U 1 (식물) 나무 껍질, 수피 (⇨SKIN 〔유의어〕); (고어) 기나피(幾那皮)(cinchona ～). 2 〔제혁〕 탠가죽(tanbark). 3 (속어) 피부.
stick to [or *in*] *the bark* (구어) 깊이 관계하지 않다
talk the bark off a tree (美구어) 욕을 퍼붓다.
tighter than the bark on a tree (美구어) 지독하게 인색한.
with the bark on (美구어) (말 따위) 꾸밈없이; 거칠게. ── 타 1 (나무의) 껍질을 벗기다. 2 …을 껍질로 덮다, 나무 껍질로 싸다. 3 (삼출한 즙으로 수피 따위를) 무두질하다(tan). 4 (속어) …의 피부를 까다 (up)(on, against). ¶ ～ one's elbows 팔꿈치를 까다.
bark³ 〔해사〕 바크(뒷돛대만 세로 돛이고 나머지는 가로 돛이) 3세대박이 범선); (시) (일반적으로) 배, (또는 *bárk béetle* 명 (美) (곤충) 나무좀. [barque]
bar·keep [-kì:p] 명否 (바에서) 손님에게 술을 팔다 (판매원); 바텐더(bartender).
bar·keep(·er) [bá:rki:p(ər)] 명 (美) 술집 주인
bar·ken·tine [bá:rkənti:n] 명 〔해사〕 바켄틴(앞돛 대만 가로 돛이고 나머지는 세로 돛인 3세대박이 범선).
bark·er¹ [bá:rkər] 명 1 짖는 동물; 고함치는 사람. 2 (美구어) (극장·흥행장 따위의) 큰 소리로 손님을 끄는 사람, 호객꾼(＊Step right up! 어서 오십시오 따위를 외침). 3 (英구어) 권총, 대포.
bark·er² 명 나무 껍질을 벗기는 사람; 박피기(剝皮器).
bark·er·y [bá:rkəri] 명 무두질 공장(tanyard).
bar·khan [bá:rkən] 명 =barchan.
Bárk·hau·sen efféct [bá:rkhàuzən-] 〔물리〕 바르크하우젠 효과. [〈독일 물리학자 H. Barkhausen (1881-1956)〉
bark·ing [bá:rkiŋ] 명 (개·여우 등의) 짖는 소리; (구어) 심한 기침, 고함. ── 형 (英속어) 머리가 돈, 정
bárking déer 명 짖는 사슴(muntjac), 나팔 이상인.
bárking frog 명 (미국 텍사스산(産)) 짖는 개구리.
bárking iron 명 나무 껍질 벗기는 끌 모양의 도구.
Bark·ley [bá:rkli] 명 바클리(남자 이름).
bark·y [bá:rki] 형 나무 껍질로 된, 수피를 포함한; 나무 껍질로 덮은; 나무 껍질 비슷한.

‡**bar·ley¹** [bá:rli] 명U 보리. ❀ wheat, oat, rye
bar·ley² 감 (스코) 타임(어린이 놀이에서 일시적 중단 따위를 요구할 때 지르는 소리). (또는 ～ *óut*)
cry barley (놀이중에) 타임을 걸다.
bar·ley·break [bá:rlibrèik] 명U 술래잡기의 일종. (또는 barleybrake) 〖 (또는 bárley-bròth)
bar·ley·bree [-brì:] 명 (스코) 술, 맥아주, 위스키.
bar·ley·corn [bá:rlikɔ̀:rn] 명 1 보리 알; 보리알. 2 옛날 척도의 단위(3분의 1인치; 대략 보리 한 알의 길
bárley méal 명 보릿가루. 〖이).
bar·ley·mow [bá:rlimòu] 명U (英) 보리 낟가리.
bárley sùgar[cándy] 명 보리엿(일종의 사탕과자).
bárley wàgon 명 (美속어) 맥주 실은 트럭.
bárley wàter 명 (환자용의) 보리 미음, 보리죽.
bárley wìne 명 (英) 도수가 높은 맥주.
bar·low [bá:rlou] 명 (美) 외날의 큰 주머니 칼. (또는 ～ *knife*) 〖 양의 효모.
barm [ba:rm] 명U (맥아의 발효중 생기는) 거품(모
bár màgnet 명 막대 자석(磁石). 〖여자 바텐더.
bar·maid [bá:rmèid] 명 (英) 바의 여급, 술집 여자;
bar·man [bá:rmən] 명 (英) =barkeep(er).
Bar·me·ci·dal [bà:rməsáidl] 형 겉치레뿐인, 실망시키는; 실체가 없는(unreal).
Bar·me·cide [bá:rməsàid] 명 1 바르메크가(家)의 사람(*The Arabian Nights*에 나오는 Baghdad의 귀족). 2 겉치레로만 대접하는 사람, 은혜를 베푸며 속이는 사람. 3 (b-) 모르핀. ── 형 =Barmecidal.
Bármecide('s) féast 겉만 번지르르한 잔치[친절], 실속 없는 이연(으로 바르메크가에 초대된 거지가 빈 그릇 대접을 받았다는 이야기에서).
bar mitz·vah [ba:r mítsvə] 명 (종종 B- M-) 〔유대교〕 바르 미츠바(13세 남자의 성인식); 성인식을 치르는 소년(～ *boy*). 〖 *bath mitzvah*
barm·y [bá:rmi] 형 1 효모의; 발효하고 있는; (발효하며) 거품이 인. 2 (英속어) 어리석은(balmy).
go barmy 미치다.
‡**barn** [ba:rn] 명 (優 ～s [-z]) 1 헛간, 곡식 창고, 광; 외양간 우리; (전차 따위의) 차고(carbarn). 2 텅 빈 건물; 시골 극장. 3 (원자물리) 반(소립자의 충돌 과정의 단면적 단위; 10^{-24} cm^2).
between you and I and the barn (美속어) 너에게만 하는 이야기인데, 비밀 이야기인데.
burn down the barn to kill rats 쥐 잡으려고 헛간을 태우다; 어리석은 짓을 하다.
Were you born in a barn? 헛간에서 났느냐?(문을 안 닫거나 어질러 놓는 사람에게 하는 말).
── 타 (건초 따위)를 헛간에 저장하다.
～*like* 형.
Bar·na·bas [bá:rnəbəs] 명 〔성서〕 바나바(바울의 1차 전도 여행의 동료였던 요셉(Joseph)의 별칭. ← 사도행전(Acts) 4 : 36, 37).
Bárnaby Dày[bríght] 명 성(聖)바나바 축일(음력 6월 11일; 1년 중 낮이 가장 긴 날).
bar·na·cle¹ [bá:rnəkl] 명 1 만각류(蔓脚類) (굴·조개삿갓 따위). 2 (지위 따위에) 매달리는 사람(것). 3 (또는 ～ *góose*) 〔조류〕 흑기러기. ‒**cled** 형
bar·na·cle² 명 (～*s*) 코집게(말이 날뛰는 것을 막기 위한 기구); (～*s*) (英방언) 안경.
Bar·nard [bá:rnərd] 명 바너드. 1 *Christiaan Neethling* ～ (1922- : 남아프리카 공화국의 외과 의사; 세계 최초의 심장 이식 수술 성공(1967)). 2 *Edward Emerson* ～ (1857-1923: 미국의 천문학자).
Bárnard's stár 명 바너드 성(星)(뱀주인자리의 적색 왜성). [〈발견자 E. E. Barnard의 이름〉
barn-burn·er [bá:rnbə̀:rnər] 명 1 (美) (물놀 안 가리는) 과격파. 2 (구어) 손에 땀을 쥐게(가슴을 두근두근하게) 하는 것, 흥분시키는 것, 센세이셔널한 사건(행사).
barn-burn·ing [bə̀:rniŋ] 명 손에 땀을 쥐게 하는,

흥분시키는, 센세이셔널한.

bárn dànce [명] 《美》 농가의 헛간에서 열리는 댄스 파티; (폴카 비슷한) 시골 춤, 그 곡.

bárn dóor [명] **1** 헛간의 큰 문. **2** 〔사진〕 (광원(光源)에 붙이는 평평한) 차광판. **3** 《구어》 (빗나갈 수 없는) 큰 표적. **4** 《美속어》 별나게 큰 앞니, 뻐드렁니.
(as) big as a barn door (표적 따위가) 매우 큰.
cannot hit a barn door 사격 솜씨가 서투르다.
chalk on a barn door 대충 계산하다, 개산(概算)하다.

bárn-dóor fówl [명] =barnyard fowl.

bárn-dóor skàte [명] 〔어류〕 홍어속(屬)의 일종.

Barnes [bɑːrnz] [명] **William** ~ 반즈(1801–86: 영국의 시인).

Bárnes & Nóble [명] 반즈–노블(미국의 출판사 및 대형 서점 체인; [약] B&N)

bar·ney [báːrni] [명] **1** 《英속어》 난폭한 군중의 폭동; 떠들썩한 잔치; (소란스런) 토론, 입씨름. **2** 《구어》 실책, 실수; 《속어》 협잡, 사기. **3** 〔광산〕 소형 기관차.

Bar·ney [báːrni] [명] 바니(남자 이름; Bernard의 별칭).

bárn òwl [명] 〔조류〕 외양간올빼미.

bárn ràising [명] (시골에서) 이웃집 헛간 신축을 위해 여는 파티.

bárn sàle [명] =garage sale.

barn·storm [báːrnstɔ̀ːrm] [동][자] 《美구어》 지방 유세를 하다; (시골 도시에서) 흥행하다; 순회 공연을 하다.
— [타] …을 여행하다[돌아다니다].
~·**er** [명] 지방 유세자, 순회 흥행사. ~·**ing** [명][형]

bárn swàllow [명] 〔조류〕 제비.

***barn·yard** [báːrnjɑ̀ːrd] [명] 헛간 앞마당, 농가의 안뜰(farmyard). — [형] **1** 헛간 앞마당의. **2** 지저분한, 저속한. ¶~ humor 저속한 유머.

bárnyard fówl [명] 닭.

bárnyard gólf [명] 《美구어》 말굽 던지기 시합(horseshoes).

bar·o- [bǽrou, -rə] [연결] weight, pressure의 뜻. ¶*baro*gram, *baro*meter.

bar·o·co·co [bæ̀rəkóukou] [형] 〔미술〕 바로크와 로코코 양식이 절충된; 더할 수 없이 정교한[장식적인].

bar·o·cy·clon·om·e·ter [bæ̀rousàiklounámətər] [명] 〔기상〕 열대 저기압계(計), 태풍 탐지 기압계.

bar·o·gram [bǽrəgræ̀m] [명] 〔기상〕 기압 기록.

bar·o·graph [bǽrəgræ̀f, -grɑ̀ːf] [명] 〔기상〕 기압 기록계, 청우계, 고도 기록계. **-gráph·ic** [형]

ba·rol·o·gy [bərálədʒi/-rɔ́l-] [명][U] 중량학, 중력학.

‡ba·rom·e·ter [bərámətər/-rɔ́m-] [명] ([복] ~**s** [-z]) **1** 기압계, 청우계. ¶The ~ points to rain. 청우계가 비를 가리키고 있다. **2** (여론·동향 따위의) 척도, 표준, 지표, 바로미터. ¶The education of a country is the ~ of culture. 교육은 그 나라 문화의 척도이다.

bar·o·met·ric [bæ̀rəmétrik] [형] 기압계[청우계]의; 기압(상)의. (또는 **barometrical**) **-ri·cal·ly** [부]

barométric depréssion [명] 〔기상〕 저기압.

barométric érror [명] 〔시계〕 기압 오차.

barométric grádient [명] 〔기상〕 기압 경도(傾度).

barométric préssure [명] 기압.

ba·rom·e·try [bərámətri/-rɔ́m-] [명][U] 기압 측정법.

***bar·on** [bǽrən] [명] **1** 남작(가장 낮은 귀족 작위).

> [관련어] 영국 귀족의 계급──[ ] 안은 부인: Duke 공작[Duchess], Marquis 후작(侯爵)[Marchioness], Earl 백작[Countess], Viscount 자작(子爵)[Viscountess], Baron 남작[Baroness]. * Earl은 대륙의 Count에 해당하고, Viscount는 Earl의 장자에 대한 존칭으로도 쓰인다. 귀족에게는 칭호 이외에 Lord를 붙이기도 하는데, 특히 Baron은 외국 남작에게 쓰고, 영국 남작에게는 Lord를 쓴다. 공식 석상에서 「…각하[부인]」에 해당하는 호칭은 Your [His, Her] Lordship [Ladyship], 또 부를 때에는 my Lord [milɔ́ːd; mailɔ́ːd: 변호사는 milʌ́d]를 쓴다.

2 《英》 봉신(封臣), 귀족; 상원 의원. **3** 《고어》 〔법률〕 남편. **4** 《美》 《수식어와 함께》 대실업가. ¶an oil ~ 대석유업자, 석유왕 / a steel [press] ~ 강철[신문]왕. **5** (양·소 따위의) 등뼈에 붙어 있는 양쪽 허리살.

bar·on·age [bǽrənidʒ] [명][U] 《집합적》 남작들, 남작 계급; [U] 남작의 지위[신분]; 남작 명부.

bar·on·ess [bǽrənis] [명] 남작 부인; 여자 남작(* baron의 여성형; 그 지위의 사람을 《英》 Lady…, 영국 이외에서는 Baroness…라 부른다). ⇨BARON.

bar·on·et [bǽrənit, bæ̀rənét] [명] 준(准)남작.

> [참고] 영국 세습 작위의 최하위(baron의 아래, knight의 위)지만 귀족은 아니다. 호칭의 경칭으로는 Christian name 앞에 Sir를 붙인다. 쓸 때는 knight와 구별하여 맨 끝에 Bart. 또는 Baronet을 붙인다. 예: *Sir* John Smith, *Bart.* 그 부인은 정식으로는 Dame Mary Smith라 쓰고, Lady Smith라 부른다.

~·**age** [명] (the ~) 《집합적》 준남작들; 준남작 계급; [U][C] 준남작 지위[신분]; 준남작 명부. ~·**cy** [명][C][U] 남작에 준하는 지위[권한]. **-o·nét·i·cal** [형]

ba·rong [bɑːrɔ́ːŋ, -ráŋ, bə-] [명] (필리핀의 Moro 족이 사용하는) 폭이 넓은 칼.

baróng ta·gá·log [-təgáːləg] [명] 바롱 타갈로그 (필리핀의 남성용 긴소매 셔츠).

ba·ro·ni·al [bəróuniəl] [형] **1** 남작의; 남작령의; 남작에 어울리는, 귀족다운; 당당한. ¶a ~ mansion 호화로운 저택. **2** 〔건축〕 소탑(小塔) 모양의.

bar·o·ny [bǽrəni] [명] **1** [U][C] 남작의 지위[신분]; 남작령(男爵領). **2** 《아일》 군(郡)(county 밑의 구획); 《스코》 대장원(大莊園).

***ba·roque** [bəróuk/-rɔ́k] [명] (the ~) **1** (B–) 〔미술·건축〕 바로크 양식(17–18세기 유럽에서 유행한 복잡하고 화려한 예술 양식); 바로크 시대; 바로크 양식[시대]의 작품. **2** 〔음악〕 바로크 음악. **3** (악취미로) 지나치게 장식된 것; 괴기(怪奇) 취미. **4** 변형한 진주(眞珠).

〔baroque 1〕

— [형] **1** (종종 B–) 바로크 양식의; 바로크 음악의. **2** 괴상한, 기이한; 악취미의, (문체 등이) 지나치게 장식적인. **3** (진주가) 변형한.

ba·roque·rie [bəróukri/-rɔ́k-] [명] 바로크풍(風).

bar·o·re·cep·tor [bæ̀rərisέptər] [명] 〔생리〕 압각(壓覺) 기관(혈관벽에 있는 압력 변화를 느끼는 신경 세포). (또는 **baroceptor**)

bar·o·scope [bǽrəskòup] [명] 기압계.

bar·o·stat [bǽroustæ̀t] [명] 바로스탯(항공기 안의 압력을 일정하게 유지하는 장치).

bar·o·tol·er·ance [bæ̀routálərəns/-tɔ́l-] [명] 〔공학〕 압력 내성(耐性).

ba·rouche [bərúːʃ] [명] 바루슈(2두 4륜 포장 마차).

bár pàrlour [명] 《英》 여관(inn)의 대화 장소.

bár pìn [명] 가늘고 긴 장식용 핀(브로치의 일종).

barque [bɑːrk] [명] 《英》 =bark³.

bar·quen·tine [báːrkəntìːn] [명] =barkentine. (또는 **barquantine**)

barr. barrels; barrister.

***bar·rack¹** [bǽrək] [명] (보통 ~s) 《단·복수 양용》 병사(兵舍), 병영; 크고 엉성한 집, 바라크(식 건물).
break barracks 탈영하다.
— [동] …을 병영[바라크]에 수용하다, 병영[바라크] 생활을 하다.

bar·rack² 《濠·英》 [동] …을 야유하다; 성원하다 (*for*).
barrack for …에게 큰 소리로 갈채를 보내다, …을 열광적으로 지지[응원]하다.
— [명] 야유; 성원.
~·**er**, ~·**ing** [명]

bárracks bàg [명] (병사의 소지품을 넣는) 잡낭.

bárrack squàre [명] 〔군사〕 연병장.

bar·ra·coon [bæ̀rəkúːn] [명] (옛날의) 노예[죄수] 수용소.

bar·ra·cu·da [bærəkúːdə] 〖명〗 (〖복〗 ~(s)) 1 창꼬치 고기(열대·아열대 식용어). 2 〖美구어〗 무자비한 약탈자.

bar·rage [bɑːrɑːʒ/bǽrɑːʒ] 〖명〗 1 〖군사〗 탄막, 집중 포격[사격], 일제 엄호 사격. ¶an antiaircraft ~ 대공 사격 /a creeping ~ 유도탄막. 2 (질문 따위의) 연발, 집중 공세. ¶a ~ of questions 질문 공세. 3 [báːridʒ] 〖토목〗 (관개용) 댐; 보, 봇둑. 4 〖스포츠〗 예선[결승] 시합; 〖야구〗 연속 안타(安打). ― 〖타〗 …을 일제 엄호 사격하다, …에 탄막 포화를 퍼붓다. 「기구(阻塞氣球).
barráge ballòon 〖군사〗 (저공 침투 적기 방어용) 저색
barráge fìre 〖군사〗 탄막(彈幕) 사격, 집중 포격.
bar·ran·ca [bərǽŋkə] 〖명〗 협곡.
bar·ra·tor [bǽrətər] 〖명〗 〖법률〗 부정[불법] 선장[선원]; (소송) 교사범; 수뢰(收賂) 판사; 밀매인, 사기꾼. (또는 **barrater, barretor**) 「[부정]의. **~·ly** 〖부〗
bar·ra·trous [bǽrətrəs] 〖형〗 〖법률〗 교사의, 불법
bar·ra·try [bǽrətri] 〖명〗〖U〖C〗〖법률〗 (선주 또는 하주에 대한) 선장[선원]의 불법[부정] 행위; 교사(죄); 소송 교사(죄); 성직 매매; 판사 수뢰죄. (또는 **barretry**)
Bárr bòdy [báːr-] 〖명〗 바 소체(小體), 성(性)염색체. [<캐나다 의사 Murray L. Barr(1908-95)의 이름]
barred [bɑːrd] 〖형〗 1 빗장을 지른, 가로장[장벽]이 있는, 가둔; 금지된. ¶a ~ gate 빗장이 질린 문. 2 줄무늬가 있는, 이랑진. ¶a ~ shirt 줄무늬 셔츠. 3 〖조류〗 (깃털에) 가로무늬가 있는. 4 (항구·해안이) 사주(砂州)가
bárred òwl 〖조류〗 아메리카 올빼미. 〖있는.
bárred spíral gálaxy 〖천문〗 봉상나사선 은하.
bárred stámp 〖명〗 소인(消印)이 찍힌 우표.

‡**bar·rel** [bǽrəl] 〖명〗 **~s** [-z] 1 (가운데가 불룩한) 통; (일반적으로) 그릇. 2 〖명〗 배럴(용량 단위: 〖美〗에서는 31.5 gallons, 석유는 42 gallons, 야채·과실의 경량(輕量) 105 quarts에 상당; 〖英〗에서는 36 gallons; 〖약〗 bbl., bl.). 3 원통형의 통; 〖기계〗 (피스톤을 내장한) 원통, 펌프의 통; (기계·연필 따위의) 몸체 부분. 4 〖해사〗 닻 감는 장치(capstan)의 원통. 5 〖시계〗 태엽통. 6 〖군사〗 포신, 총신(⇒MACHINE GUN 그림). 7 (소·말 따위의) 몸통; (귀의) 고실(鼓室); 중이(中耳)(~ of the ear). 8 〖조류〗 날개의 깃대(quill). 9 〖美〗 (a ~, ~s) 〖美구어〗 다량(lot). ¶They had a ~ of fun. 그들은 매우 즐겁게 지냈다. 10 〖美속어〗 (선거) 운동 자금[비용]. 11 〖속속어〗 울행이배의 사나이.
have [or **get**] *a person* **over a barrel** 〖속어〗 …을 궁지에 몰아넣다; 남을 좌지우지하다.
on the barrel 맞돈으로(의).
scrape (**the bottom of**) **the barrel** 찌꺼기[쓸모 없는 것]를 긁어 모으다; 남은 것[인원]을 쓰다, 부득이 마지막 방편에 의지하다.
― 〖동〗 **~s** [-z]; **-l-,** (〖英〗 **-ll-**) 〖타〗 1 …을 통에 넣다. 2 (금속 부품을) 배럴로 마무리 손질하다. 3 〖구어〗 (차)를 고속으로 몰다. 4 〖美속어〗 (술을) 통음하다, 벌컥벌컥 마시다. ― 〖자〗 〖구어〗 (차가) 고속으로 달리다 (*along, down*). ¶(~+〖부〗+〖전〗) ~ *down* [or *along*] the highway 고속도로를 질주하다.
barrel in (진행형으로) 폭풍우가 엄습하다. 〖단위).
bar·rel·age [bǽrəlidʒ] 〖명〗 통의 용량(도량법의 한
bárrel-bàck chàir [-bæk-] =barrel chair.
bárrel bùlk 〖명〗 5임방 피트의 용적(8분의 1톤).
bárrel chàir 〖명〗 (등받이가) 통 모양의 안락 의자.
bar·rel-chest·ed [-tʃèstid] 〖형〗 가슴에 두툼하고 떡
bárrel dràin 〖명〗 원통형 하수도(管). 〖벌어진.
bar·reled [bǽrəld] 〖형〗 (복합어로) 1 …총열의. ¶a double-~ shotgun 쌍열총. 2 통에 담긴, 통 모양의; (복합어로) 허리둘레가 …한. ¶ well-~ horse 허리둘레가 큰 말. (또는 **barrelled**)
bárrel èngine 〖명〗 원통형[배럴] 엔진.
bar·rel·ful [bǽrəlfùl] 〖명〗 한 통의 분량; 다량, 많음.
bárrel hèad [bǽrəlhèd] 〖명〗 통의 뚜껑(바닥).
bárrel hòuse [bǽrəlhàus] 〖명〗 (〖美〗 **-hòus·es**

[-hàuziz]) 〖美구어〗 싸구려 술집; 초기의[뉴올리언즈] 재즈(~ jazz). 「(hand organ).
bárrel òrgan (손잡이를 돌리는) 휴대용 오르간
bárrel ròll 〖항공〗 (비행기의) 배럴 횡전(橫轉)(곡예 비행의 일종).
bárrel vàult 〖명〗 〖건축〗 통 모양의 둥근 천장.

‡**bar·ren** [bǽrən] 〖형〗 (**~·er, more ~**; **~·est, most ~**) 1 (땅이) 불모의; (초목이) 열매를 맺지 못하는. ¶~ flowers 수술[씨받이] 없는 꽃/ ~ land 불모지. 2 (여성·동물이) 아이를 낳지 못하는, 불임의(sterile). 3 재미없는, 재미없는, 시시한; 무기력한; (내용 등이) 빈약한; 무익한, 효과가 없는. ¶a ~ play 재미없는 연극 /a ~ effort 무익한 노력. 4 …이 없는[부족한] (*of*). ¶ be ~ *of* charm 매력이 없다. 5 무능한. ― (~s) (관목·모래땅 뿐인) 불모지. **~·ly** 〖부〗 **~·ness** 〖명〗
Bárren Gròunds[**Lànds**] 〖명〗 캐나다 북부의 툰드라 지역(특히 허드슨만의 서쪽 지역).
bar·ren·wort [bǽrənwə̀ːrt, -wɔ̀ːrt] 〖명〗 〖식물〗 삼지구엽초(三枝九葉草). 「(숫한) 편명모(扁帽).
bar·ret [bǽrət] 〖명〗 (중세의 병사 등이 썼던) 베레모 비
bar·rette [barét] 〖명〗 막대 모양의 머리핀(hair slide)
bar·ret·ter [bǽretər, bərét-] 〖명〗 〖전자〗 배레터(고주파 전류 검파기의 일종).
bar·ri·a·da [bàːriάːdə, bæ̀r-] 〖명〗 (도시내의) 지역, (특히 지방 출신자가 거주하는) 빈민가. (<Sp)

*__**bar·ri·cade**__ [bǽrəkèid, ▵-⌐] 〖명〗〖U〖C〗 1 바리케이드, 방책, 장벽(노상 따위에 구축하는 장애물). ⇨ BAR¹ 〖유의어〗 2 장애물. 3 (비유적) …의 벽. ¶guarded by legal ~ 법률의 벽에 보호되어. 4 (~s) 전쟁터, 논쟁의 장(場). ― 〖동〗 〖타〗 …에 바리케이드를 치다(*off*), …을 바리케이드로 둘러싸다(*in*), (길 따위)를 방책으로 가로막다. ¶(~+〖목〗+〖전〗+〖명〗) ~ the road *with* desks 책상으로 도로에 바리케이드를 치다. **-cád·er** 〖명〗
bar·ri·ca·do [bæ̀rəkéidou] 〖명〗〖타〗 =barricade.
Bar·rie [bǽri] 〖명〗 **James Matthew ~** 배리(1860-1937: 스코틀랜드의 소설가·극작가; *Peter Pan*).

‡**bar·ri·er** [bǽriər] 〖명〗 **~s** [-z] 1 방책, 방벽, 장애물; 관문; 〖英〗 (철도의) 개찰구(〖美〗 gate, entrance). 2 (비유적) 진보 따위의를 저해하는 것, 장애, 장벽 (*to, against*). ⇨ BAR¹ 〖유의어〗 ¶a ~ between races 인종간의 장벽 /a ~ *to* progress 진보에 대한 장애 / the language [tariff] ~ 언어[관세] 장벽 / demolish ~s 장애물을 쳐부수다. 3 (자연의의) 경계(선), 방벽. ¶a mountain ~ 산악에 의한 방벽. 4 〖지질〗 (남극 대륙의) 두빙(堡氷). 5 (~s) (경기장의) 울타리. 6 경마의 스타트라인에 두는) 게이트. 7 ~ = ~ beach. 8 (알루미늄 박 따위의의) 포장 재료. 9 〖구어〗 = sound ~. 10 〖고어〗 (국경의의) 요새, 방어.
build [or **set up**] *a* **barrier** 방벽을 쌓다.
put a barrier between …의 사이를 이간시키다.
― 〖동〗 〖타〗 …을 방벽으로 둘러싸다, 차단하다(*in, off*).
bárrier bèach [**bàr**] 〖명〗 연안 사주(沿岸砂洲).
bárrier contracéptive 〖명〗 (페서리·콘돔·살정자殺精子剤에 의한) 차단식 피임 수단.
bárrier crèam 〖명〗 피부 보호 크림, 스킨 크림.
bárrier ìsland 〖명〗 보초도(堡礁島)(방파제 구실을 한
bárrier méthod 〖명〗 차단식 피임법. 「다).
bar·ri·er-nurse [-nə̀ːrs] 〖동〗 (전염병 환자 등을) 격리 간병하다. 「발달한 산호초).
bárrier rèef 〖해양〗 보초(堡礁)(해안선에 평행으로
bar·ring [báːriŋ] 〖전〗 …을 제외하고는, …이외에; ~이 없으면, ¶~ accidents 사고가 없다면. ― 〖英속어〗 분명히, 틀림없이.
bar·ring-out [-áut] 〖명〗 (〖복〗 **bar·rings-**) 배척 행위 (학생들이 문을 닫아 걸고 선생을 배척하기).
bar·ri·o [báːriòu, bǽr-] 〖명〗 (〖복〗 **~s**) (스페인어권의) 도시 거주구, 구; 〖美〗 스페인어 사용자 거주 지역.

bar·ris·ter [bǽristər] 图 〔법률〕 1 (英) 법정 변호사. 2 (또는 ⁓-at-láw) (美구어) (일반적으로) 법률가, 변호사. ⇨LAWYER 〔유의어〕

Bár·ron's cónfidence ìndex [bǽrɔnz-] 图 〔금융〕 배런즈 신뢰도 지수(미국 경제지 Barron's가 발표하는 투자가의 시장 신뢰도를 채권 수익으로 본 지수).

bar·room [báːrru(ː)m] 图 (호텔 따위의) 술파는 곳, 바; 바가 달린 방. 「장단.

bárroom rhétoric 图 (취중의) 흰소리, 허풍, 허언

bar·row[1] [bǽrou] 图 상자형 운반기; (英) (행상용) 두바퀴 손수레(pushcart); (역·호텔 등의) 수화물 운반차(luggage⁓); 손수레 가득한 양의 짐.

bar·row[2] 图 1 무덤, 분묘, 고분. 2 (英) 언덕(＊「⋯언덕」처럼 지명으로 많이 쓰인다. 예: Cadon B-).

bar·row[3] 图 거세한 수퇘지.

Bar·row [bǽrou] 图 1 Point ⁓ 배로 곶(알래스카 최북단의 곶). 2 (월면(月面) 북극 부근의) 직경 45마일 정도의 원형지.

bar·row-boy [-bɔ̀i] 图 (英) (손수레에 과일·채소를 싣고 다니는) 행상인. (또는 bárrow-màn)

bar·row·ful [bǽroufùl] 图 손수레 1대분의 (화물).

bár sínister 图 =bend sinister; 서출의 표시[신분].

bar·spoon [báːrspùːn] 图 (칵테일용의) 바스푼.

bar·stool [báːrstùːl] 图 (술집의) 높고 둥근 의자.

Bart [baːrt] 图 바트. 1 Lionel ⁓ (1930- : 영국의 작곡가·극작가). 2 남자 이름(Bartholomew, Bartlett, Bartram의 애칭).

BART *Bay Area Rapid Transit*(샌프란시스코의 통근용).

Bart. Baronet. 〔용 고속 철도〕.

bar·tend [báːrtènd] 图(재) (美구어) 바텐더 일을 하다.

bar·tend·er [báːrtèndər] 图 바텐더, 술집 지배인.

*****bar·ter** [báːrtər] 图(재) 물물 교환을 하다, 교역하다 (**with**). ¶We ⁓ed *with* the islanders. 우리는 그 섬의 주민들과 물물 교환을 했다. ― (타) 1 ⋯을 교환하다, 교역하다 (**for**). ¶(⁓＋목＋전＋명) ⁓ *furs for* powder 모피를 화약과 교환하다. 2 (이익에 눈이 멀어) [명예·지위 따위를] 팔아 넘기다(*away*).

bárter awáy 〔자유·명예 따위를〕 팔아 넘기다 (**for**).

bárter óff 다른 것과 교환하여 〔물건〕을 처분하다.

― 图 1 ⓤ 물물 교환, 교역; 바터 무역. ¶**exchange and** ⁓ 물물 교환. 2 [물물] 교환품. 3 (일반적으로) 교환.

cárry on bárter 교역을 하다.

in bárter with ⋯와 교환으로.

⁓-**er** 图 물물 교환자.

bárter sýstem 图 〔경제〕 바터 무역제.

bárter tráde 图 〔경제〕 바터[물물 교환] 무역.

Barth [baːrt, baːrθ] 图 *Karl* ⁓ 바르트(1886-1968: 스위스의 프로테스탄트 신학자).

Bar·thel·me [bɑːrθəlmi(ː)] 图 *Donald* ⁓ 바셀미 (1931-89: 미국 소설가).

Barthes [F baʀt] 图 *Roland* ⁓ 바르트(1915-80: 프랑스의 비평가·사상가).

Barth·i·an [báːrtiən, -θi-] 图 Karl Barth의, 바르트 신학의. ― 图 바르트 신학의 신봉자. ⁓-**ism** 图

Bar·thol·di [bɑːrθɔ́ldi/-θɔ́l-] 图 *Frédéric Auguste* ⁓ 바르톨디(1834-1904: 프랑스의 조각가; 자유의 여신상 제작).

Bar·thó·lin's glànd [bɑːrtóulinz-, bɑːrθɔ́-] 图 바르톨린선(腺)(여성 성기의 질전정(膣前庭)에 있는 점액 분비선). [＜덴마크의 해부학자 Caspar Bartholin (1653-1738)의 이름]

Bar·thol·o·mew [bɑːrθɔ́ləmjuː/-θɔ́l-] 图 1 바솔로뮤(남자 이름). 2 〔성서〕 바돌로매(12사도 중의 한 사람. ←마가 복음(Mark) 3 : 18.

the Massacre of St. Bartholomew 성바돌로매 축제일의 대학살(1572년 8월 24일 파리의 구교도가 신교도 약 2천 명을 학살한 사건).

bar·ti·zan [báːrtəzən, bàːrtəzǽn] 图 〔건축〕 (성벽이나 탑의) 돌출한 망루, 소탑.

Bart·lett[1] [báːrtlit] 图 〔원예〕 바틀릿(서양 배의 일종). (또는 ⁓ péar)

Bart·lett[2] 图 바틀릿. 1 *John* ⁓ (1820-1905: 미국의 편집자·출판인; 그가 편찬한 인용구 사전 *Familiar Quotations* (1855). 2 *Robert Abram* ⁓ (1875-1946: 미국의 북극 탐험가). 3 남자 이름(Bartholomew의 애칭).

[bartizan]

Bar·tók [báːrtak, -tɔːk/-tɔk] 图 *Béla* ⁓ 바르톡 (1881-1945: 헝가리의 작곡가·피아니스트).

bar·ton [báːrtn] 图 (英방언) 농가의 마당(farmyard).

Bar·ton [báːrtn] 图 바튼. 1 *Clara* ⁓ (1821-1912: 미국의 인도주의자; 미국 적십자사 창설(1881)). 2 *Derek Harold Richard* ⁓ (1918-98: 영국의 화학자; 노벨 화학상(1969)).

Bar·uch [béərək/báːruk] 〔성서〕 바룩(예언자 Jeremiah의 친구로 그의 예언의 기록자). 2 [bərúːk] *Bernard Mannes* ⁓ 바루크(1870-1965: 미국의 재정가; Wilson에서 Kennedy까지 대통령 경제 고문).

bar·ware [báːrwɛ̀ər] 图 바에서 쓰는 그릇류(유리 컵 따위).

bar·y· [bǽri] 〔연결〕 heavy의 뜻. ¶*barycenter,*

bar·y·cen·ter, (英) -tre [bǽrisèntər] 图 중심(重心). **-cen·tric** [-séntrik] 图 중심 좌표계.

barycéntric coórdinate sýstem 〔수학〕

bar·y·on [bǽriɑn/-ɔn] 图 〔물리〕 바리온, 중입자 (重粒子)(소립자의 일종). **-ón·ic** 图

Ba·ysh·ni·kov [bərí[ni]kɔːf] 图 *Mikhail* ⁓ 바리쉬니코프(1948- : 라트비아 태생의 미국 무용가).

bar·y·sphere [bǽrisfìər] 图 =centrosphere 2.

ba·ry·ta [bəráitə] 图ⓤ 〔화학〕 중토(重土), 산화 바륨, 바리타; 수산화 바륨.

barýta pàper 〔사진〕 바리타지(紙)(황산 바륨을 먹인 인화지의 원지(原紙)).

ba·ry·tes [bəráitiːz] 图 =barite.

ba·ryt·ic [bərítik] 图 〔화학〕 산화 바륨(질)의; 수산 바륨(질)의.

bar·y·tone[1] [bǽrətòun] 图图 〔음악〕 =baritone.

bar·y·tone[2] 图 〔고대 그리스 문법〕 맨 끝 음절에 악센트가 없는 (말).

bar·y·tron [bǽritrɑn] 图 〔물리〕 중간자(中間子).

B.A.S. *Bachelor of Agricultural* [*Applied*] *Science*(농학사[응용 과학사]).

ba·sal [béisəl] 图 1 기저(基底)의, 기부의, 토대를 이루고 있는. 2 근본의, 기초의, 기본적인. ¶**a** ⁓ **condition** 근본 조건/⁓ **culture** 기본 교양. 3 〔생리〕 기초 운동의[에 필요한]. 4 〔의학〕 완전 마취에 앞선 준비 상태의, 제1차적인. 5 〔생물〕 기부에 있는. ⁓-**ly** 图

básal anesthésia 图 〔의학〕 기초 마취.

básal bòdy 图 〔생물〕 기저 소체(基底小體).

básal cèll 图 〔생물〕 기저(基底) 세포.

básal cèll carcinóma 图 기저 세포암.

básal conglómerate 图 기저 역암(礫岩).

básal gánglion 图 〔해부〕 뇌저 신경절(腦底神經節), 기저핵(基底核)(각 대뇌 반구의 회백질에 있는 4개의 신경절).

básal gránule 图 =basal body.

básal metabólic ràte 图 〔생리〕 기초 대사율(안정시에 생체의 산소 흡수와 열 방출의 율; ⓔ BMR).

básal metábolism 图 〔생리〕 기초 대사(완전 안정시에 생체가 최소한으로 요하는 에너지 대사량; ⓔ BM).

ba·salt [bəsɔ́ːlt/bǽsɔːlt] 图ⓤ 1 현무암. 2 (또는 ⁓ wàre) 흑색 자기(磁器). 〔유한.

ba·sal·tic [bəsɔ́ːltik] 图 현무암(질)의, 현무암을 함

ba·salt·i·form [bəsɔ́ːltəfɔ̀ːrm] 형 현무암 모양의, (육각형) 기둥 모양의.

bas·an [bǽzən] 명 (英) (낙엽송·떡갈나무 껍질로 무두질한) 양피(羊皮). (또는 **bazan**)

bas·a·nite [bǽsənàit, bǽz-] 명[U] [암석] (주로 사 장석(斜長石)·감람석·휘석(輝石)으로 된) 현무암.

bas bleu [báː bləː] 명 (佛 ~s [-z]) 여류 문학자, 여류 학자. [< F bluestocking]

B.A.Sc. *Bachelor of Agricultural [Applied] Science.*

bas·cule [bǽskjuːl] 명 (英) [토목] 도개(跳開) 구조.

báscule brídge 명 도개교(跳開橋).

‡**base**[1] [beis] 명 (pl. *bas·es* [-iz]) **1** 토대; 기부(基 部), 기저, 기반(bottom support).

〔유의어〕 **base** 구체적인 물체·구조물의 바닥(기반). **basis** 이론이나 사고 따위 추상적인 것의 기초. **foundation** 단단하고 안정된 기초; 구체적인 것과 추상적인 것의 양쪽에 쓰이는 말, **groundwork** foundation과 같으나 흔히 추상적인 것을 가리킨다.

2 (이론·조직·제도 따위의) 근거, 기초; (사고 따위의) 원리, 출발점. ¶ the ~ of administrative readjustment 행정 재조정의 근거. **3** (건축) **a)** 주춧(돌). **b)** (비 (碑) 따위의) 대좌(臺座). ¶ the ~ of a statue 상(像)의 대좌. **c)** (건조물의) 기초, 토대. **4** (복합물 속의) 주(主) 성분; (의학) 주약(主藥), 기제. ¶ a drink with a rum ~ 럼 주를 주원료로 한 음료. **5** (동·식물) [기관(器官) 부착부. **6** (경기·행동 따위의) 출발점; (계산·계정의) 기산점. **7** (야구) (1, 2, 3루; 베이스 (=ⓕ home plate)). ¶ first ~ 1루/load the ~s 만루를 만들다. **8** [전자] (트랜지스 터의) 전극(電極). **9** (하키 따위의) 골, 문. **10** (군사) 근 거지; (작전·보급을 위한) 기지. ¶ an air ~ 공군 기지/ a ~ of operation 작전 기지. **11** [수학] (밑변; 밑변; 기선(基線)); (로그의) 밑. **12** (측량) 기선(~ line). **13** (화학) 염기; 양성자를 받아들이는 분자. **14** (언어) (변형문법의) 기저부. **15** (문장) 방패꼴 문장 의 아랫부분, ¶ in ~ 방패꼴 문장의 아래 부분에 **16** [그 림·염색] 전색제(展色劑). **17** (페인트·화상 따위의) 밑 칠, 초벌칠. **18** (주로) 바닥 시세; (장사의) 밑천, 원금. **19** (정치적인) 지지 기반(단체). **20** (속어) =**freebase**. **at base** 기초로서, 기본적으로(basically). ¶ crack. **at the base of** ① …의 기슭에. ② …의 근거가 되 어. ¶ *Misunderstanding is at the ~ of most discords.* 대부분의 불화의 원인은 오해이 있다.

base on balls (야구) 사구(四球)(포 볼)(에 의한 출 루)(pass, walk) (약 B.B.). ¶ have one's ~ *on balls* 포볼로 출루하다.

catch a person off base 허를 찔러 남을 당황케 하 다.

change one's base (美속어) 도망치다.

cover all bases 만반의 준비를 하다.

get to [or **make, beach] first base** ➡ FIRST BASE.

off base ① (야구) 베이스를 떠나서. ② (美구어) 크 게 잘못하여; (생각 따위가) 틀려; 제 정신이 아닌. ③ 건방진, 뻔뻔한. ④ 뜻밖의 허를 찔려.

off one's **base** 틀려서, 착각하여.

on base (야구) 출루하여.

touch all bases ① (일을) 빈틈없이 하다. ② 뭐든지 잘 처리하다, 솜씨가 좋다.

touch base with ① …의 승인[허락]을 받다. ② …와 접촉[접견]하다; 대화 협의]하다, …와 …에 대해서 논의하다.

— 형 (*bas·er*; *bas·est*) **1** 기본의, 기초의; 기지의; (야구) 누(壘)의 ~ *colors* 바탕색/*the* ~ *year of the statistics* 통계의 기준 연도. **2** (복합어로) =**based**.

— 타 (*bas·es* [-iz]; ~*d* [-t]; *bas·ing*) ⓐ **1** …의 기초를 쌓다. (경험·사실 따위의) …의 근거로 하다, 기초를 두다(on) (¶ (~+목+뷔+名)) I ~*d* my hopes *upon* his reports. 그의 보고서에 희망의 근거를 두었다. **3** (…을 기초로 그 위에) …을 세우다. 놓다. ((수동형으로)) …에 배치하다[주둔하다], …을 본 거지로 삼다 (*at, in, on*). ¶ be ~*d in* Seoul 서울을 본거지로 하다. — ② 동 **1** (…에) 입각하다, 바탕을 두다 (*on, upon*). **2** 기지를 두다 (*on, upon*).

‡**base**[2] 형 (*bas·er*; *bas·est*) **1** (도덕적으로) 천한, 비 열한, 치사한, 이기적인, 비겁한. ⇒MEAN 〔유의어〕 **2** 저 급인, 저열한. ¶ ~ *occupations* 천한 직업. **3** (금속 따위가) 가치없는, 열위(劣位)의. **4** 품질을 떨어뜨린, 가짜 의. ¶ a ~ *coin* 악화(惡貨), 위조 화폐. **5** 사생(아)의. **6** (古英법률) 농노 보유의. **7** 저음의(bass). **8** (언어) 불 순한, 속된. ¶ ~ *English* 저속한 영어(속어 따위).

— 명 (폐어) =**bass**[1]. **^·ly** 부 **^·ness** 명

báse áddress 명 (컴퓨터) 기준 번지(프로그램 실 행시 번지 지정의 기준이 되는 번지).

báse ángle 명 (기하) 밑각; (군사) (사격의) 기준각.

‡**base·ball** [béisbɔ̀ːl] 명 (pl. ~s [-z]) **1** [U] 야구(* 단순히 ball이라고도 한다). ¶ a ~ *team* [*player*] 야구 팀[선수]/*the* ~ *columns* (신문의) 야구 기사란/a ~ *equipment* 야구 장비/*play* ~ 야구를 하다. **2** 야구공.

older than baseball (美속어) 매우 오래된, 대단히 고령인.

~·er 명 야구 선수. **~·ism** 명 야구 용어. **~·ist** 명

báseball Ánnie 명 야구 선수의 열렬한 여성팬.

báseball cáp 명 야구 모자. (또는 **báll cáp**)

báseball cárd 명 야구 카드(앞면에 선수 사진, 뒷면 에 그의 성적이 인쇄된 것으로 야구 팬들의 수집용).

báseball glóve 명 야구 글러브.

Báseball Háll of Fáme 명 야구 명예의 전당 (New York 주 Cooperstown; 1939년 설립).

báseball ránge 명 (야구) 투구(피칭) 연습기.

base·band [béisbæ̀nd] 명 (통신) **1** 전송(變調) 전 의 전송 주파수대(보통 반송파 신호로 변조된다). **2** 무변 조 전송 주파수대 신호. **3** 단일 주파수대로 변조된 정보.

— 형 베이스밴드 방식의, 형 **broadbase**

báseband sýstem 명 (통신) 베이스밴드 방식(데 이터 전송시에 디지털 신호를 변조하지 않고 송출하는 방식). (또는 **báseband transmíssion sýstem**)

base·board [béisbɔ̀ːrd] 명 (美) (실내 벽 최하부의) 굽 도리널(英 skirting); 기저가 되어 있는 판자, 밑판자.

base·born [béisbɔ́ːrn] 형 태생이 미천한; 사생의 (illegitimate); 상스러운.

base·bred [-brèd] 형 천하게 자란, 막돼먹은.

base·burn·er [-bə̀ːrnər] 명 (연료) 자급식 난로.

báse cámp 명 (등산) 베이스 캠프.

base·coat [béiskòut] 명 밑(애벌)칠, 초벌칠.

báse còurse 명 (건축) (돌·벽돌 따위의) 기초 쌓기.

base-court [-kɔ̀ːrt] 명 (성·대저택 따위의) 바깥 마 당; (농가의) 뒷마당; (英) 하급 법원.

-based [beist] 형 **1** '…에 보급·작전 기지를 가 진, …에 기지를 둔'의 뜻. ¶ *cruiser-based*, Seoul-based. **2** '…을 바탕으로 한, …로 표시한'의 뜻. ¶ dollar-based.

Báse·dow's disèase [báːzədòuz-] 명 (병리) 바제도병(病)(exophthalmic goiter). [독일 의사 Karl von Basedow(1792–1854)의 이름].

báse exchánge 명 **1** (토양의) 염기(塩基) 교환 (cation [ion] exchange). **2** (美) (공·해군의) 기지내 매점, 주보(약 BX).

base·head [béishèd] 명 (속어) =**crackhead**.

base·heart·ed [béishàːrtid] 형 마음이 비열한.

báse hít 명 (야구) 안타, 히트, ~루타.

báse hòspital 명 (군사) 후방 기지 병원; (漢) 지방 도시의 큰 병원.

BASE júmp(ing) [béis-] 명 베이스 점프(옥상·다 리 등에서 낙하산을 메고 뛰어내리는 운동).
[< *b*uildings, *a*ntennas, *s*pans and *e*arth]

Ba·sel [báːzəl] 명 바젤(스위스 북서부의 도시).

Básel Convéntion 명 (*the* ~) 바젤 조약(유해 폐

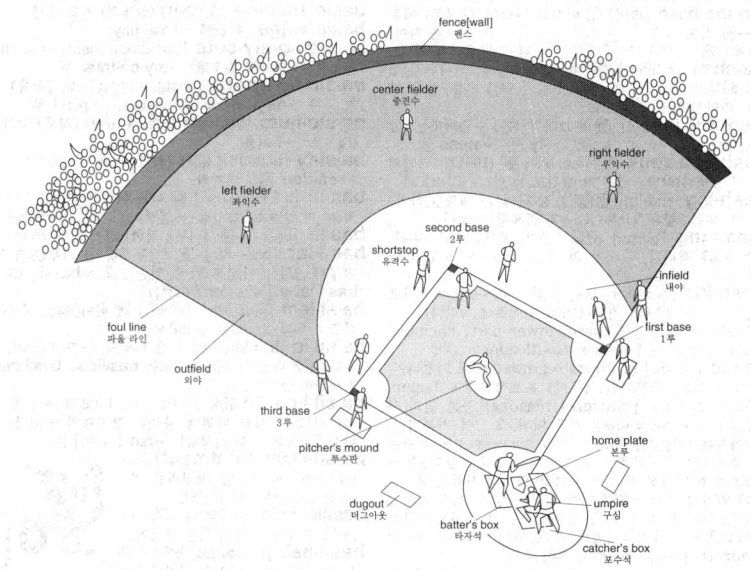

[baseball]

기물의 자국 처리 원칙을 규정한 조약; 1989년).
base·less [béislis] 휑 기저(基底)가 없는; 기초가 없는, 근거 없는; 사실 무근의.¶~ fears 쓸데없는 걱정. ~·ly 튀 ~·ness 몡 정, 기우.
báse lèvel 몡 〖물리·지질〗 기준면, 기저면(基底面).
base·line [béislàin] 몡 1 〖야구〗 베이스 라인(베이스 사이를 잇는 선). 2 〖테니스〗 코트의 한계선. 3 〖국제법〗 기선(基線)(영해나 배타적 경제 수역(EEZ)의 기산점이 되는 선). 4 〖미술〗 원근선, 투시선. 5 〖비유적〗 기초, 토대. 6 〖측량〗 삼각 측량의 기선; 〖계측·비교의〗 기준. 7 〖전기〗 진공관의 전면에 생기는 선. 8 〖조선〗 거푸집 치수의 기준선. 9 〖컴퓨터〗 기준선. 10 〖군사〗 기선(사격 목표 지역 내의 한 지점과 총포를 잇는 선). 11 (매스컴의) 광고주의 이름[상호]·주소. (또는 **báse lìne**)
— 휑 기본적인. 「반대쪽.
báseline exténtion 몡 기선(基線) 연장; 기선의
base·lin·er [béislàinər] 몡 〖테니스〗 베이스라인 플레이를 잘하는 선수.
báse lòad 몡 〖전력 수요에서〗 최저 소요 전력량; (英) (물자·설비 따위의) 최소 소요량.
base·man [béismən] 몡 〖야구〗 (복합어로) 누수(壘手).¶the first[second, third] ~ 1[2, 3]루수.
báse màp 몡 기본도, 백지도.
‡**base·ment** [béismənt] 몡 지하층, 지하실; (건조물의) 최하부, 기저부; 〖지질〗 = ~ complex.
básement còmplex 몡 〖지질〗 기반암(基盤岩).
básement mèmbrane 몡 〖생물〗 기저막(基底膜).
básement párking àrea 몡 지하 주차장.
báse métal 몡 비금속(卑金屬)(⟷ noble [precious] metal); 합금의 주금속; (도금의) 모재(母材).
base-mind·ed [-màindid] 휑 마음이 천한, 비열한.
Ba·sen·ji [bəséndʒi] 몡 (⦿ ~s) 바센지(아프리카

원산의 짖지 않는 작은 개).
báse númber 몡 〖수학〗 기수(基數)(radix).
báse páir 몡 〖유전〗 (2중 사슬 DNA, RNA 중의) 염기쌍(塩基雙).
báse páy 몡 기본급(basic salary).
báse périod 몡 (경제 지표 산정의) 기준 기간.
base·plate [béisplèit] 몡 1 (기계의) 밑판, 기초판(bedplate). 2 (치과) 의치틀용 플라스틱; 의치의 턱에 해당하는 부분. 3 (도금의) 바탕판, 바탕 금속판.
báse príce 몡 기본 가격; 기준 가격[단가]. 「지국.
báse (rádio) státion 몡 〖통신〗 (이동 통신의) 기
báse ráte 몡 기본 요금; (임금 조절의) 기준 급여율; (英) (은행 대출·예금의) 기준 이자율[금리].
báse rùnner 몡 〖야구〗 주자, 러너.
báse rùnning 몡 〖야구〗 주루(법).
ba·ses[1] [béisi:z] 몡 basis의 복수형.
bas·es[2] [béisiz] 몡 base[1]의 복수형.
bas·es-load·ed [-lóudid] 휑 〖야구〗 만루의.¶a ~ home run 만루 홈런(grand slam).
báse stéaling 몡 〖야구〗 도루(盜壘).
báse úmpire 몡 〖야구〗 누심.
báse únit 몡 〖물리〗 기본 단위.
báse wáge 몡 =base pay.
bash [bæʃ] 타자 (구어) 1 …을 세게 때리다, 때려 부수다; …에 부딪치다(against). 2 혹독하게 비난[비판]하다. — 재 1 충돌하다, 부딪치다(into). 2 (英속어) 매춘을 하다. 「타하다.
***bash about** [or ***around, in**] …을 세게 때리다; 강
***bash down** [or ***up, in**] …을 때려 부수다, 못쓰게 만들다. 「하다.
***bash on** [or ***ahead**] ***with** (속어) …을 일사천리로
— 몡 1 (구어) 강타; (때려서) 움푹 들어간 곳. 2 (속어) 즐거운 파티; 재즈의 즉흥 연주. 3 (英속어) 시도.

have a bash 《속어》 (…을) 시도하다 (*at*).
on the bash 《속어》 ① 마시고 떠들어. ② 《英》 매춘을 하여.
— [형] 질이 나쁜.
∠·er [명]
Ba·shan [béiʃæn] [명] 바산(고대 팔레스티나의 갈릴리 호수 동북쪽 지역).
ba·shaw [bəʃɔ́ː] [명] =pasha; 《구어》 거물, 높은 양반, 거만한 사람. 〔<Arab〕
***bash·ful** [bǽʃfəl] [형] 부끄러워하는, 수줍어하는, 암띤, 숫기없는. ⇨SHY [유의어] ~·ly [부] ~·ness [명]
bash·i-ba·zouk [bæ̀ʃibəzúːk] [명] (19세기) 터키의 기마 용병대(약탈과 잔인한 행위로 유명). 〔<Turk〕
bash·ing [bǽʃiŋ] [명][U][C] 강타[매질, 채찍질]하기; 혹평, 비판; 참패. ¶take a ~ 완패[혹평] 당하다.
-bash·ing [bæ̀ʃiŋ] [연결] 「공격, 폭행; 비난, 비판, 《비유적》 때리기, 죽이기」의 뜻. ¶union-~ 노조 파괴(하기).
Bash·kir [bɑːʃkíər, bæʃ-] [명] ([복] ~(s)) 바슈키르족(의 사람); [U] 바슈키르어(투르크 어족에 속한다).
ba·si- [béisi] [연결] base, lower part; chemical base(염기)의 뜻. ¶*basi*lar, *basi*fication.
‡**ba·sic** [béisik] [형] (*more* ~; *most* ~) **1** 기초적인, 기초가 되는, 근본적인; 《구어》 초보적인. ¶~ factors 기초적 요소 / ~ principles [reasons] 근본 원리[사유] / the ~ vocabulary 기본 어휘. **2** …에 기본적인, 없어서는 안될 (*to*). ¶be ~ *to* a success 성공의 필수 요소이다. **3** 〔화학〕 염기성의, 알칼리성의. ¶~ nitrogen 염기성 질소 / ~ oxide 염기성 산화물. **4** 〔금속〕 염기성 제강법(製鋼法)에 관한, 염기성 제강 과정에서 만들어진. **5** 〔지질〕 염기성의, 기성(基性)의([참] acid). ¶~ rocks 염기성암. **6** 〔군사〕 기초의. **7** 저속한 (vulgar); 《속어》 재미없는, 흔해 빠진.
— [명] **1** (~s) 기본, 기초, 원리. **2** (the ~s) 생필품, 기본 식품. **3** 〔군사〕 기초 훈련; 기초 훈련을 받은 병사[항공병].
back [or *return*] *to the basics* 기본[원점, 초심]으로 돌아가다.
work for the basics 의식주를[먹고 살기] 위해 일하다.
BASIC [béisik] [명][U] 〔컴퓨터〕 베이식(대화형의 프로그래밍 언어). (또는 **Basic**) 〔<*B*eginners *A*ll-purpose *S*ymbolic *I*nstruction *C*ode〕
***ba·si·cal·ly** [béisikəli] [부] **1** 기초[근본]적으로, 본질적으로. **2** 《문장 수식》 원래는, 실은; 요컨대, 결국.
Básic Assémbly Lànguage [명] 〔컴퓨터〕 기초 어셈블리 언어([약] BAL).
básic cróp [commódity] [명] 기본 작물, 주요 농작물.
básic dréss [명] 기본 드레스(때와 장소에 따라 액세서리로 변화를 줄 수 있다).
básic dýe [명] 〔화학〕 염기성 염료[색소].
Básic Énglish [명] 베이식 잉글리시, 기초 영어 (1930년 심리학자 C. K. Ogden이 국제 보조어로 고안한 850개 단어로 이뤄진 기초 영어). 〔<*B*ritish, *A*merican, *S*cientific, *I*nternational, *C*ommercial〕
básic húman nèeds [명] 기초 생필품(최저 생활 유지를 위한 의식주와 보건·교육 등; [약] BHN).
básic índustry [명] 기간 산업.
básic instrúction sèt [명] 〔컴퓨터〕 기본 명령 세트.
ba·sic·i·ty [beisísəti] [명][U] 〔화학〕 염기성; 염기(성)도.
básic óperating wèight [명] 〔항공〕 기본 운용 중량(항공기의 이륙 총중량에서 유료 하중을 뺀 중량).
básic óxygen pròcess [명] 〔야금〕 염기성 산소법.
básic páy [명] 기본급(給).
básic prócess [명] 〔야금〕 염기성 제강법(製鋼法).
básic ráte [명] =base rate.
básic sálary [명] =basic pay.
básic sált [명] 〔화학〕 염기성 염.
básic scíence [명] 기초 과학.
básic slág [명] 〔야금〕 염기성 슬래그(염기성 제강법의 부산물).
básic sýmbol [명] 〔컴퓨터〕 기본 기호(하나의 프로그램 언어로 허용되는 문자의 집합).
básic tráining [명] 〔군사〕 (신병의) 기초 훈련.
básic wáge [명] 《濠》 =base pay.
ba·sid·i·o·my·cete [bəsìdioumáisiːt, -maisíːt] [명] 〔식물〕 담자균(擔子菌). **-my·cé·tous** [형]
ba·sid·i·o·spore [bəsídiouspɔ̀ːr] [명] 〔식물〕 담자 포자. **-os·por·ous** [-ɑ́spərəs, -əspɔ́ː-] [형]
ba·sid·i·um [bəsídiəm] [명] ([복] *-i·a*) 〔식물〕 담자기(擔子器). **-i·al** [형]
ba·si·fy [béisəfài] [동][타] 〔화학〕 …을 염기화하다.
-fi·cá·tion [명][U] 염기화.
bas·il[1] [bǽzəl, bǽs-] [명] 나륵풀(박하 비슷한 차조깃과(科)의 일년초; 향신료·해열제).
bas·il[2] [bǽzəl] [명] **1** (무두질한) 양가죽([참] roan). **2** =bezel 1.
bas·i·lar [bǽsələr] [형] **1** (두개골의) 기부(基部)의, 기부에 있는, 기저부의[에 있는]. **2** =basal. (또는 **bas·i·lar·y** [bǽsəlèri/-ləri])
ba·si·lect [béizəlèkt, bǽzə-] [명] 비어(卑語); 〔언어〕 하층 사투리. 〔<*basi-*+dia*lect*〕
ba·sil·ic [bəsílik, -zíl-] [형] **1** 왕의, 왕자(王者)의, 왕자다운. **2** 바실리카(풍)의. (또는 **basilical, basilican**) **3** 굉장히 중요한.
ba·sil·i·ca [bəsílikə, -zíl-] [명] **1** (고대 로마의) 바실리카(집회·재판 따위에 사용된 장방형의 공회당). **2** 바실리카풍의 교회당[성당]. **-can** [-kən] [형]
ba·síl·i·con (óintment) [bəsílikən-, -zíl-] [명] 바실리콘 연고(송진으로 만든 연고(軟膏)).

basílic véin [명] 〔해부〕 척측피(尺側皮) 정맥(팔 안쪽에 있는 대정맥).
bas·i·lisk [bǽsəlìsk, bǽz-] [명] **1** 바실리스크(그 입김을 쐬거나 눈길에 닿으면 사람이 즉사했다고 하는 전설상의 도마뱀 비슷한 괴물). **2** 바실리스크 도마뱀(열대 아메리카산(產) 이구아나과(科)).

〔basilisk 1, 2〕

básilisk glánce [명] 악마의 눈, 재앙을 불러오는 사람[것].
‡**ba·sin** [béisn] [명] ([복] ~*s* [-z]) **1** 대야, 물대접(bowl), 세면대. **2** (대야 모양의) 그릇; 저울 접시. **3** 한 대야 가득(한 양) (*of*). ¶a ~ *of* water 물 한 대야. **4** 작은 연못, 물웅덩이; 계선(繫船)독. ¶a collecting ~ 저수지 / a ~ for irrigation 관개 용수지(用水池). **5** 계선지(繫船池), 계류지(繫留地); 정박거(碇泊渠). ¶a yacht ~ 요트 정박소. **6** 〔지질〕 반층(盤層). **7** 〔지리〕 분지, 오목한 땅; 해분(海盆); (강의) 유역. ¶the Pacific ~ 환(環) 태평양 지역 / a river ~ 강 유역. **8** (사과·배 따위의) 과실 밑부분의 오목한 곳. **9** 〔해부〕 골반.
~·al, -sined, ~·like [형]
bas·i·net [bǽsənit, -nèt] [명] (14세기의) 가벼운 철모.
ba·sin·ful [béisnfùl] [명] 대야 가득(한 양).
have had a basinful of 《구어》 …을 실컷 경험하다.
básing pòint [명] 〔상업〕 기점, (운임 계산의) 기지점.
‡**ba·sis** [béisis] [명] ([복] *-ses* [-siːz]) **1** (체계 따위의) 기초, 기저, 토대. ⇨BASE [유의어] **2** (이론·지식 따위의) 원리, 기본, 논거; (협상 따위의) 공통 기반. ¶the ~ of [*or* for] argument 논거 / the five-day-week ~ 주 5일 (근무)제 / do a business on a cash ~ 현금주의로 장사를 하다. **3** 주성분. ¶the ~ of pizza 피자의 주성분. **4** 〔군사〕 근거지. **5** 〔수학〕 기(基), 기저(基底).
all or none basis (부분 입찰을 허용하지 않는) 일괄 입찰 조건.
on a case-by-case basis 케이스 바이 케이스로, 사례별로.
on a fifty-fifty basis 반반[50대 50]으로.
on a first-come first-served basis 선착순으로.
on an equal basis 대등하게.
on an individual [*a national*] *basis* 개인[전국]적으로.

on a regular basis 정기적으로(regularly).
on the basis of …을 기반으로, …에 근거하여.

básis pòint [명] 〔금융〕 (이율을 나타낼 때의) 100분의 1퍼센트, 모(毛).

básis ràte [명] 〔보험〕 기본 요율[요금].

básis wèight [명] 근량, 연량(連量) (기본 사이즈의 종이 1연(連)의 파운드 무게).

***bask** [bæsk/bɑːsk] [동][자] **1** (햇볕·불 따위를) 쬐다, (더운 물에) 목욕하다, 알맞게 몸을 녹이다 *(in)*. ¶ (~+[前]+[名]) ~ *in* the sun 햇볕을 쬐다. **2** (은혜 따위를) 입다, 행복한 처지에 있다 *(in)*. ¶ (~+[前]+[名]) He ~*ed in* royal favor. 그는 왕의 총애를 받고 있었다. ── [타] 《폐어》 (열 따위에) …을 쬐다 *(in)*.

‡bas·ket [bǽskit/bɑ́ːs-] [명] **1** 바구니, 광주리, 바스켓. **2** 한 바구니[광주리](의 양) *(of)*. ¶ a ~ *of* apples 한 바구니의 사과. **3** 바구니 모양의 것, (기구(氣球)의) 조롱(吊籠). **4** 〔농구〕 골의 그물; 득점(field goal). **5** 일괄; 무리, 그룹, 집합; (협상 따위에서 일괄 취급하는) 일련의 쟁점; 일괄 계약(package); =~ clause; (다른 종류 것의) 묶음; 〔경제〕 =~ of currencies. **6** 〔생물〕 꽃가루 주머니(pollen ~). **7** (고용주에게 주는) 뇌물. **8** 〔군사〕 (보루 축조용의) 돌 망태. **9** 《美》 (달라붙는 바지에 두드러져 보이는) 남성 성기. **10** 《英구어》 녀석, 놈. **11** (타자기의) 키 바. **12** 《구어》 명치, 위(胃), 배. **13** 《속어》 교도소. 「다.
be left in the basket 남겨지다, 버림받다; 팔고 남
have* [or *put*] *all one's eggs in one* [or *a*] *basket ⇨ EGG[1].
pin the basket 종료시키다, 끝내다.
shoot a basket 《속어》 농구에서 득점을 올리다.
the pick* [or *the best*] *of the basket 정선품(精選品).
with a kid in the basket 《속어》 임신하여. 「든.
── [형] 바구니 모양의, 바구니 세공의[에 쓰는]; 바구니에
── [동][타] 〔물건〕을 바구니에 넣다; 〔물고기〕를 잡다.
~·like [형]

‡bas·ket·ball [bǽskitbɔ̀ːl/bɑ́ːs-] [명] ([복] **~s** [-z]) **1** [U] 농구. ¶ a ~ game [player] 농구 시합[선수] / play ~ 농구를 하다. **2** 농구공.

básket càrriage [명] 차체를 버들가지로 엮은 마차.

básket càse [명] 《속어》 **1** 사지가 절단된 사람; (일반적으로) 완전한 무능력자; (흥분 따위로) 정상적 판단을 못하는 사람. **2** 기능이 마비된 것.

bas·ket-case [-kèis] [형] 무력한; 기능이 마비된.

básket chàir [명] 버들가지로 엮은 팔걸이 의자.

básket clàuse [명] 바스켓[포괄] 조항(계약·협정 등의 포괄적 조항).

bas·ke·teer [bæ̀skətíər/bɑ̀ːs-] [명] **1** 농구 선수. **2** 《속어》 남자 통행인의 성기가 불룩한 것을 보고 즐기는 동성애자. ── [동][자] 《속어》 (동성애자가) 상대를 물색하기 위해 배회하다.

***bas·ket·ful** [bǽskitfùl/bɑ́ːs-] [명] **1** 한 바구니[광주리] 가득(한 양) *(of)*. **2** 상당한 양 *(of)*. ¶ a ~ *of* surprise 상당한 놀람. 「달린 칼자루.

básket hìlt [명] (도검(刀劍)의) 바구니 모양의 날밑이

básket lùnch [dìnner] [명] 《美》 소풍용 도시락.

Básket Màker [명] (the ~) 바스켓 메이커 문화(미국 서남부의 바구니 세공 기술이 발달했던 인디언 문화); 바스켓 메이커 인디언. 「집회.

básket mèeting [명] 《美》 피크닉 형식의 신앙[예배]

básket of cúrrencies [명] 〔경제〕 통화 바스켓(주요 통화를 가중 평균한 인위적인 국제 통화 단위).

básket òsier [명] 고리버들(바구니 세공에 쓰는 버드나무).

bas·ket·ry [bǽskitri/bɑ́ːs-] [명][U] **1** 《집합적》 바구니(baskets); 바구니 세공(basketwork). **2** 바구니 세공법.

básket stìtch [명] (편물의) 바구니 뜨기, 바스켓 스티

básket wèave [명] 바구니 무늬로 짜기. 「치.

básket wèaving [명] **1** 바구니 세공[만들기]. **2** 《英구어》 (대학의) 시시한[쓸모없는] 강좌[강의]. 「세공.

bas·ket·work [bǽskitwə̀ːrk/bɑ́ːs-] [명][U] 바구니

Bas·kin [bǽskin] [명] **Leonard** ~ 배스킨(1922– : 미국의 조각가; 그래픽아트 분야에서도 활약).

básk·ing shàrk [bǽskiŋ-/bɑ́ːs-] [명] 〔어류〕 돌묵상어. 「bath mitzvah.

bas mitz·vah [bɑ́ːs mítsvə] [명] (종종 B– M–) =

bas·net [bǽsnit, -net] [명] =basinet.

ba·son [béisn] [명] 《고어》 =basin.

ba·so·phil [béisəfìl] [명] 〔해부〕 호염기성(好塩基性) 백혈구; 〔생물〕 호염기성 세포(조직, 미생물 따위). (또는 **ba·so·phile** [béisəfàil]) **-phíl·ic** [형] 호염기성의.

Ba·sov [bɑ́ːsəf] [명] **Nikolai Gannadiyevich** ~ 바소프(1922– : 러시아의 물리학자; 노벨 물리학상(1964)).

Basque [bæsk] [명] **1** 바스크인(人)(스페인의 서부 피레네(Pyrenees) 산맥 지방에 살고 있는 종족). **2** [U] 바스크어(語). **3** (b–) 허리 밑까지 내려오는 여성용 웃옷; 여성용 짧은 스커트. ── [형] 바스크인의; 바스크어의; 바스크 지방의.

Básque Próvinces [명][복] (the ~) 바스크 지방(스페인 북부); 바스크인 거주 지역.

Bas·ra [bʌ́srə, bɑ́ːsrɑː] [명] 바스라(이라크(Iraq) 동남부, 페르시아만에 있는 항구).

bas-re·lief [bɑ̀ːrilíːf, bæ̀s-] [명][U][C] 얕은 양각(陽刻)(low relief); 그 작품. [참] alto-relievo 〔<F〕

***bass**[1] [beis] 〔음악〕 [형] **1** 저음의, 베이스의. ¶ a ~ part 저음부. **2** (화성 음악의) 최저음부의. ── [명] **1** [U] 저음부, 베이스. **2** 저음의 소리, 남성(男聲) 최저음; 저음 가수; 저음 악기. ＊ 낮은 순으로 bass, tenor, alto [contralto], treble [soprano]이 된다.

bass[2] [bæs] [명] ([복] ~(·*es*)) **1** 배스(북미산(産) 농어류). **2** (유럽산(産)) 농어(perch).

bass[3] [bæs] [명] **1** 참피나무, 보리수(linden); [U] 그 재목. **2** [U] 〔식물〕 인피(靭皮)(bast), 인피 섬유; 종려 껍질; (~es) (바구니·가마니 따위) 인피 섬유 제품.

báss bròom [bǽs-] [명] 종려 껍질로 만든 비.

báss clèf [béis-] [명] 〔음악〕 낮은 음자리표(F clef).

báss drúm [béis-] [명] 〔음악〕 큰북, 베이스 드럼.

básse couture [bɑ́ːs-] [명] 2류 여성 패션. 〔<F〕

bas·set[1] [bǽsit] [명] 바셋견(犬)(프랑스산(産)의 사냥개). (또는 ∠ **hòund**) 「지층 따위가) 노출되다.

bas·set[2] [명] 〔지질·광산〕 노두(露頭). ── [동][자] (광맥·

bas·set[3] [명] 파로(faro) 비슷한 18세기의 카드놀이.

bàsset hòrn [명] 〔음악〕 바셋호른(클라리넷의 일종).

básset hòund [명] 바셋 하운드(다리가 짧은 사냥개).

báss fíddle [명] 〔음악〕 =double bass.

báss guitár [béis-] [명] 베이스 기타.

báss hórn [béis-] [명] 〔음악〕 =tuba.

bas·si [bǽsi, bɑ́ːsi] [명] basso의 복수형.

bas·si·net [bæ̀sənét, ∠–∠] [명] **1** (등나무로 만든) 한쪽에 덮개가 있는 요람. **2** 그와 비슷한 유모차.

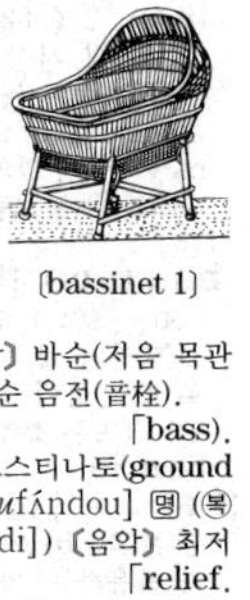
〔bassinet 1〕

bass·ist [béisist] [명] 저음 악기[콘트라베이스] 연주자; 저음 악기; =basso.

bas·so [bǽsou, bɑ́ːsou] [명] ([복] **~s, -si**) 〔음악〕 저음[베이스] 가수; (합창·오페라의) 저음부.

bas·soon [bæsúːn/bə-] [명] 〔음악〕 바순(저음 목관 악기); 바순 주자(奏者); (오르간의) 바순 음전(音栓). **~·ist** [명] 바순 주자. 「bass).

bàsso ostináto [명] 〔음악〕 바소 오스티나토(ground

bas·so pro·fun·do [bǽsou proufʌ́ndou] [명] ([복] ***bas·si pro·fun·di*** [bǽsi proufʌ́ndi]) 〔음악〕 최저음; 최저음부의 가수. 〔<It〕 「relief.

bas·so-re·lie·vo [-rilíːvou] [명] ([복] **~s**) =bas-

báss stàff [béis-] [명] 〔음악〕 낮은 음자리표.

báss víol [béis-] 图 [음악] 1 =viola da gamba; 그 주자. 2 (美) =double bass.
báss·wood [bǽswùd] 图ⓤ 참피나무(American linden); 참피나무 재목.
bast [bæst] 图 1 [식물] 인피(靭皮)(부), 사관부(篩管部)(phloem). 2 (또는 ~ fiber) 인피 섬유.
***bas·tard** [bǽstərd/báːs-] 图 1 사생아, 서자. 2 모조품, 유사품; (동·식물의) 잡종(hybrid); (남아공) (흑인과 백인의) 혼혈아. 3 (美속어) 놈, 녀석; 싫은 사람 [것].¶You ~! (욕설) 이 새끼! 이 빌어먹을 놈!/How low can you get? 너는 어디까지나 비열해질 거니? 4 (또는 ~ cúlverin) (중세의) 바스타드 포(砲). —图 1 (경멸적) 사생의, 서출의. 2 가짜의, 불순한, 허위의, 잡종의.¶a ~ moralist 위선자/a ~ Byzantine architecture 유사 비잔틴 건물. 3 (모양·크기가) 보통이 아닌, 규격외의.¶a ~ size of paper 규격외의 종이. 4 유사한, 의사(擬似)의.¶a ~ pearl 모조 진주. 5 (인쇄) (활자가) 고르지 않은. ~·ly 图
bástard fíle 图 (금속 가공용) 이가 거친 줄.
bas·tard·i·za·tion [bæstərdizéiʃən/-daiz-, bàːs-] 图ⓤ 사생아(서자) 인정; 타락; 조악화(粗惡化); (漢) 신입생[신병]을 맞이하는 (거친) 의식; (漢) 약자 괴롭히기.
bas·tard·ize [bǽstərdàiz/báːs-] 图 1 …을 서자로 인정하다. 2 …을 타락시키다; …의 품질을 떨어뜨리다. —图 타락하다; 품질이 떨어지다.
bástard títle 图 =half title.
bástard wíng 图 (새의) 작은 날개(alula, winglet).
bas·tar·dy [bǽstərdi/báːs-] 图ⓤ 1 서출(庶出). 2 사생아를 낳음. 3 (형용사적) (법률) 비적출자 부양의.
bástardy órder 图 (英법률) 비적출자 부양 명령.
baste[^1] [beist] 图@ …을 가봉(假縫)하다, 시치다.
baste[^2] 图@ (고기 따위)에 버터[양념즙]를 바르다.
baste[^3] 图@ (구어) (몽둥이로) …을 치다, 두드리다. 때리다; 매도하다, 욕하다, 야단치다.
bást fìber 图 =bast.
Bas·til(l)e [bæstíːl/F bastíj] 图 1 (the B—) 바스티유 감옥(프랑스 혁명 때 파괴된 파리의 정치범 수용소). 2 (비인도적인) 교도소, 감옥. 3 성곽(城郭). —图@ 을 투옥하다, 감금하다.
Bastílle Dày 图 (the ~) 프랑스 혁명 기념일(7월 14일).
bas·ti·nade [bæstənéid] 图@图 =bastinado.
bas·ti·na·do [bæstənéidou, -náːdou] 图 (pl. ~es) (the ~) 매질; (발로 치는) 발바닥 곤장질, 장형(杖刑); 회초리, 곤장. —图@ …을 매질하다; 발바닥을 곤장질하다. (또는 **bastinade**) [Sp]
bast·ing [béistiŋ] 图ⓤ 가봉, 시침질; (~s) 가봉용 솔기, 시침; 가봉용 실, 시침실.
bas·tion [bǽstʃən, -tiən/-tiən] 图 1 (축성) 능보(稜堡). 2 (비유적) 요새; (주의·사상 따위를) 지키는 보루(堡壘), 수호자.¶a ~ of democracy 민주주의의 보루. ~ed 图 능보를 설치한.
ba·su·co [bəzúː-kou, -súː-] 图 바추코(코카인 정제 찌꺼기로 습판성이 강한 마약). (또는 **basuko, bazuko**)

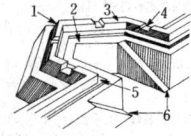

[bastion 1]
1 salient angle 凸각 2 rampart 성벽 3 parapet 흉벽 4 embrasure 총안 5 banquette 사격용 발판 6 ramp 경사로

‡**bat**[^1] [bæt] 图 1 (스포츠) **a)** (야구·크리켓의) 배트, 타봉(打棒). **b)** (탁구·테니스 따위의) 라켓. **c)** (경마 기수가 사용하는) 채찍.¶hit a ball with a ~ 배트로 볼을 치다. 2 ⓒⓤ (스포츠) 배트로 치기, 타격; 타순.¶ step to the ~ (야구) 타석에 (들어)서다. 3 (구어) (야구) 타자; (크리켓의) 타수(打手).¶a good ~ 능숙한 타자. 4 곤봉. 5 (구어) (곤봉 따위로 가하는) 강타, 일격. 6 벽돌 조각; (진흙 따위의) 부드러운 덩어리; [요업] 구울 때 형성된 점토로 만든 석고의 원판.¶a ~ of clay 진흙 덩어리. 7 (보통 ~s) 화로에 넣는 탄 솜, 안 솜(batt). 8 ⓒⓤ (英구어) 속력, 빠르기. 9 (美속어) 진탕 마시고 떠들기, 북새통(spree).
at a great [or **rare, terrific**] **bat** 쏜살같이.
at bat (야구) ① 타석(打席)에 서서(略 ab, a.b.).¶ the side at ~ 공격 측. ② (명사적) 타순, 타석.¶two hits in three at ~s 3타수 2안타.
at full bat 전속력으로.
bat and balls; balls and bat (속어) 남성 성기.
carry [or **take**] **(out)** one's **bat** ① (크리켓) (타자가 아웃되지 않고 살아 남다. ② (英속어) 끝까지 버티다, 결국 성공하다.
cross bats with (속어) …와 시합하다(야구·크리켓).
go full bat 전속력으로 가다.
go on a bat (美속어) 취해서 떠들다. '우다.
go to bat against (美구어) …에 반대하다; …와 싸
go to bat for (美구어) …을 변호하다, 지지하다.
hot from [or **off**] **the bat** (美구어) 지체없이(right off); 자진해서. '혼자 힘으로(by oneself).
off one's **own bat** 자기 자신의 타구로; 자기 힘으로,
on one's **own bat** (구어) 독립하여, 자력으로.
(right) off the bat (美구어) 즉시, 주저하지 않고.
—图 **(-tt-)** @ 1 (스포츠) (배트로) (공)을 치다. 2 (야구) (불을) 쳐서 (주자)를 진루시키다; …의 타율을 기록하다.¶He ~ted .315 this season. 그의 이번 시즌 타율은 3할 1푼 5리였다. —@ 1 (스포츠) (배트로) 공을 치다; 타석에 서다. 2 (속어) 돌진하다(rush).
bat around (구어) ① 을 어슬렁어슬렁 돌아다니다. ② (계획·구상 등을) 이리저리 생각하다; 논하다.
bat a runner home (야구) 쳐서 주자를 생환(生還)
bat back and forth 숙고하다. '시키다.
bat in (야구) …의 타점을 올리다.¶~ in two runs 2타점을 올리다. [(匯電)하다.
bat out (속어) (원고 따위)를 황급히 작성하이다; 양산
‡**bat**[^2] 图 1 박쥐. 2 박쥐 폭탄(투하된 뒤 레이더로 유도되는 유익(有翼) 폭탄). 3 (美속어) 매춘부; 매력없는 여자.
(as) blind as a bat (박쥐처럼) 눈이 보이지 않는, 앞 못 보는; 앞을 내다볼 줄 모르는.
have bats in one's **belfry** ⇨ BELFRY.
like a bat out of hell (英속어) 재빨리, 민첩하게.
bat[^3] 图@ **(-tt-)** (구어) (날개)를 퍼덕거리다; (눈)을 깜박거리다(wink).¶~ one's eyes 눈을 깜박이다.
do not bat an eye [or **eyelid**] (구어) 눈 하나 깜박이지 않다. 꿈쩍도 않다. 태연하다.
—图 눈을 깜박임, 윙크.
as quickly as the bat of an eye [or **eyelid**] 눈 깜박할 사이에; 전광석화처럼.
bat[^4] 图ⓤ 1 (英·인도) 인도 구어·속어. 2 (英속어) 외국어의 구어·속어. [Hind]
bat. battalion; battery.
Ba·taan [bətǽn, -táːn] 图 바탄 반도(필리핀 루손섬 서부의 반도). '의 옛 이름).
Ba·ta·vi·a [bətéiviə] 图 바타비아(자카르타(Djakarta)
Ba·ta·vi·an [bətéiviən] 图 바타비아(사람)의; 네덜란드(사람)의. —图 바타비아 사람; 네덜란드 사람.
bát bòy 图 (美) (야구) 배트 보이.
batch[^1] [bætʃ] 图 1 (사람·물건의) 한 떼[무리], 일단(一團), 일군(一群), (편지·책 따위의) 한 묶음[다발] (of).¶a ~ of books[letters] 한 묶음의 책[편지]/a ~ of students[prisoners] 일단의 학생[죄수]. 2 1회분의 원료), 한 작업에 필요한 재료, (빵·도자기 따위의) 한 번 굽는 분량, 한 가마분(of).¶a ~ of bread 한 가마분의 빵. 3 [컴퓨터] 배치(동일 프로그램에서 일괄 처리되는 작업 단위); =~ processing. —图@ 일괄 혼합[배합,

batch² [동](타) =bach. [과 숫자의 조합]
bátch númber [명] 제품 번호(lot number)(알파벳

batch-proc·ess [´prɑ̀ses/-pròuses] [동] [컴퓨터] (…을) 일괄 처리하다.
bátch pròcessing [명] [컴퓨터] (데이터의) 일괄 처리, 배치 처리.
bátch prodúction [명] 배치[간헐] 생산(공정 순서를 바꿔가며 각기 다른 품종을 생산하는 방식).
batch·y [bǽtʃi] [형] (속어) 머리 돈, 미친(crazy).
bate¹ [beit] [동](타) 1 (숨)을 죽이다, 억제하다, 참다. 2 …을 감하다[줄이다], 약하게 하다, 누이다. ¶ ~ one's curiosity 호기심을 식히다. —(자) 약해지다, 누그러지다, 줄다. ¶ The wind is *bating*. 바람이 약해지고 있다.
with bated breath 숨을 죽이고, 마른 침을 삼키고.
bate² [동](자) (매가 성(性)이 나서) 날개를 퍼덕이며 도망치려고 하다. (매가) 몹시 성(질)이 난 상태. [동](타) (속어) 격분, 분노. [게 하다. —(자) 탈확해.
bate³ [동] (모피 따위를) 탈회액(灰液)에 담가 부드럽
bát èar [명] (박쥐의 귀처럼) 크고 곧추 선 (개의) 귀.
bat-eared [⁴ərd] [형] 박쥐와 같은 귀를 가진.
ba·teau [bætóu] [명] (복 **-x** [-z]) 1 [美·캐나다] 평저선(平底船). 2 (주교(舟橋)의) 부선(浮船).
batéau brídge [명] 주교, 배다리(pontoon bridge).
batéau nèck(line) [명] =boat neck.
bat·fish [bǽtfìʃ] [명] (복 **~, -(·es)**) 박쥐고기속(屬)의 일종; 캘리포니아 매가오리.
bat·fowl [bǽtfàul] [동](자) (밤중에 둥지를 습격하여) 조명(照明)으로 눈이 부시게 해서 새를 잡다.
‡bath [bæθ/bɑːθ] [명] (복 **~s** [bæðz, bæðs, bɑːθs, bɑːðz]) 1 목욕, 입욕, 미역; 일광욕. ¶ a cold[hot] ~ 냉수[온수]욕 /an air ~ 공기욕 /a douche ~ 관수욕(灌水浴), 샤워 /a medicated[mud] ~ 약물[진흙] 목욕 /a sand ~ 모래 찜질 /a sea(-water) ~ 해수욕 /a shower ~ 샤워 /a sitz [or hip] ~ 좌욕(坐浴) /a steam [or vapor] ~ 증기욕 /a succession ~ 냉온(冷溫) 교대 목욕 /a sun ~ 일광욕 /a Turkish ~ 터키식 목욕, 한증. 2 [U] (복 ~s) 물, 탕(湯). 3 욕조, 목욕통(bathtub); 욕실, 욕장, 목욕탕(bathroom). 4 (보통 ~s) (단·복수 양용) (공중) 목욕탕(bathhouse); 온천장; (英) (흔히 ~s) 실내 수영장. ¶ an open-air ~ 야외 목욕장, 노천탕 /a public ~ 공중 목욕탕. 5 (~s) (고대 로마의) 대욕장(大浴場). 6 (~s) 온천(spa), 탕치장(湯治場). 7 [U] 용액; [C] 액체 그릇, 전해조(電解槽), 통 (모래·물·기름 따위의) 매개물에 의한 가열[냉각] 장치. 9 흠뻑 젖음. 10 [야금] 노저(爐底); [U] 평로 안의 금속
a bath of blood 대학살(carnage). [용욕.
be in a bath of …에 흠뻑 젖다. ¶ be in a ~ of sweat 땀에 흠뻑 젖다, 땀투성이가 되다.
give a person a bath 남을 목욕시키다.
take a bath ① 목욕하다(英) have a bath). ② (美 속어) 파산하다; (…로) 큰 손해를 보다 (on).
— (英) ((美) bathe) (환자 등)을 목욕시키다. ¶ ~ a baby 아기를 목욕시키다. —(자) 목욕하다.
Bath [bæθ/bɑːθ] [명] 1 바스(영국 Avon 주의 온천 도시). 2 (英) 바스 훈위(動位)(~ King-of-Arms).
go to Bath (英) (명령형으로) 나가라!, 꺼져라!
Báth brìck [명] (금속 연마용) 바스 숫돌.
Báth bùn [명] 과일과 향료를 넣은 단 빵.
Báth chàir [명] (흔히 b-) 바퀴 달린 환자용 의자.
báth cùbe [명] =bath salts.
báth dày [명] 입욕일(入浴日).
‡bathe [beið] [동] (~**s** [-z]; ~**d**; *báth·ing*) [타] 1 …을 목욕시키다, 욕조에 넣다; (몸의 부분)을 물에 담그다, 씻다. ¶ ~ oneself in water 목욕하다, 물로 몸을 씻다. 2 (얼굴·발·상처 따위)를 잠그다; …을 적시다; (파도·흐르는 물 따위가) (기슭)을 씻다. ¶ ~ the shore (파도가) 기슭을 씻다 // (~ + 목 + [전] + [명]) ~ one's feet *in* water 발을 물에 담그다. 3 (수동형으로) (빛·열 따위가) …을 덮다, 둘러싸다; (열굴 따위가) (담·눈물 따위) 투성이가 되다 (*in*). ¶ (~ + 목 + [전] + [명]) The valley was ~d *in* sunlight. 골짜기는 햇빛을 흠뻑 받고 있었다. —(자) 1 목욕하다; 일광욕을 하다. 2 (즐기려고) 수영하다. 3 덮이다; 둘러싸이다.
bathe one's face with water 세수하다.
bathe one's hands in blood 손을 피로 물들이다, 살인을 저지르다.
be bathed in tears 눈물에 젖다.
— [명] (a ~) 수영, 해수욕.
go for a bathe (英) 수영하러[미역감으러] 가다.
take [or *have*] *a bathe* 미역감다, 수영하다.
bath·er [béiðər] [명] (英) 수영[목욕]하는 사람, 탕치객(湯治客); (濠) 수영복. [-i·cal·ly [부]
ba·thet·ic [bəθétik] [형] bathos 식의; 진부한.
bath·house [bǽθhàus/bɑ́ːθ-] [명] (공중) 목욕탕, 욕장; (해수욕 따위의) 탈의장. [유아용 욕조.
Bath·i·nette [bæ̀θənét/bɑ̀ːθ-] [명] (상표) (개폐식)
‡bath·ing [béiðiŋ] [명] 목욕; 입욕; 수영. ¶ go ~ 수영하러 가다, 수영하다 /*B*- is quite safe here. 여기는 수영하기에 매우 안전한 곳이다.
báthing bèach [명] 해수욕장. 「차림의 미인.
báthing bèauty [bèlle] [명] (미인 대회의) 수영복
báthing càp [명] 수영모.
báthing dráwers [명] (英) 수영 팬츠.
báthing drèss [còstume] [명] (英) =bathing suit.   「장의) 이동 탈의차(脫衣車).
bath·ing-ma·chine [-məʃìːn] [명] (고어) (해수욕
báthing plàce [명] 해수욕장; 수영장.
báthing sùit [명] (美) (여성용 원피스형) 수영복.
báthing trúnks [명] (수영용) (남자용) 수영복.
báth jélly [명] 목욕용 젤리(목욕물에 타는 방향제).
báth màt [명] 욕실용 매트.
báth mìtz·vah [bɑ́ːt mítsvə/bɑ̀ːθ-] [명] (종종 B-M-) (유대교) 책임과 의무를 부과하는 12–13세에 달한 여자의 성인식. (또는 **báth mítz**) ⇒ BAR MITZVAH.
bath·o- [bǽθou, -θə] [연결] depth의 뜻. ¶ *batho*-
báth òil [명] =bath salts. [lith, *batho*meter.
bath·o·lite [bǽθəlàit] [명] =batholith.
bath·o·lith [bǽθəlìθ] [명] (지질) 저반(底盤)(불규칙하게 형성된 큰 화성암 덩어리). (또는 **batholite**) 「**-lith·ic** [형]
Báth Óliver [명] (英) 단맛이 없는 비스킷. [<고안자인 영국 Bath 시의 의사 William Oliver(1695–1764)의 이름]   「심기(測深器).
ba·thom·e·ter [bəθámətər/-θɔ́m-] [명] (해사) 측
bát·horse [bǽthɔ̀ːrs] [명] 복마(卜馬), 짐말.
ba·thos [béiθas/-θɔs] [명][U] (수사) 점강법(漸降法)(장중한 어조가 갑자기 비속하고 익살스러운 어조로 변하는 표현법); (문체의) 진부함, 평범함; 값싼[달콤한] 감상, 상상벽(癖).
bath·robe [bǽθròub/bɑ́ːθ-] [명] (목욕 전후에 입는) 욕의(浴衣); (남성용) 실내 가운; 화장복.
‡bath·room [bǽθrùːm/bɑ́ːθ-] [명] (복 ~s [-z]) 1 욕실, 목욕탕. 2 (美) (완곡하게) 화장실. ¶ Where is the ~? =May I use your ~? 화장실이 어디죠?
go to [or *use*] *the bathroom* 대변[소변]을 보다.
báthroom scàle [명] (욕실에 두는) 체중계.
báth sálts [명] 목욕용 방향제(芳香劑)[연화제(軟化
báth scàle [명] =bathroom scale.   [劑)].
Bath·she·ba [bæθʃíːbə, bǽθʃə-/bɑːθʃíːbə] [명] (성서) 밧세바(다윗의 아내로 솔로몬을 낳았다. ←사무엘하 (2 Sam.) 11).   [로 1.5m 이상의 것).
báth shèet [명] 특대 사이즈의 목욕 수건(가로 1m, 세
báth spònge [명] 목욕용 스펀지[해면].
Báth stòne [명] 바스 스톤(영국 Bath 산(産)의 건축용 [석회석).
báth tòwel [명] 목욕 수건.

‡**bath·tub** [bǽθtÀb/báːθ-] 명 욕조, 목욕통.
báthtub gín 명 (금주법 시대의) 밀조주 진.
báthtub rácing 명 《캐나다》 욕조 경주.
báthtub rìng 명 욕조 내부에 끼는 때의 테.
bath·wa·ter [bǽθwɔ̀ːtər/báːθ-] 명 ⓤ 욕조의 물.
throw out the baby with the bathwater 중요한[좋은] 것을 쓸데없는[나쁜] 것과 함께 버리다.
bath·y- [bǽθi, -θə] 연결 depth의 뜻(batho-의 이형(異形)). ¶ *bathy*meter, *bathy*sphere.
ba·thyb·ic [bəθíbik] 형 심해성(深海性)의. ¶~ plankton 심해성 플랑크톤.
ba·thym·e·ter [bəθímətər] 명 =bathometer.
ba·thym·e·try [bəθímitri] 명ⓤ 수심 측량(술); 수심 측량에 의한 자료.
bath·y·scaphe [bǽθəskèif, -skæf] 명 바시스카프, 심해 잠수정. (또는 **bathyscaph, bathyscape**)
bath·y·sphere [bǽθəsfìər] 명 (심해 생물 조사용) 구형 잠수기(球形潛水器)(보통 2인승).
bath·y·ther·mo·gram [bæ̀θəθə́ːrməgræ̀m] 명 배시서모그램, 심해 온도 기록.
bath·y·ther·mo·graph [bæ̀θəθə́ːrməgræf/-graːf] 명 배시서모그래프, 심해 온도계.
ba·tik [bətíːk, bǽtik] 명ⓤ 납결 염색(蠟結 染色)(밀랍 색칠); 납결 염색을 한 천; 자바 사라사. (또는 **battik**)
bat·ing [béitiŋ] 전 《고어》 …을 제외하고, …외에.
Ba·tis·ta [bətíːstə] 명 **Fulgencio** ~ 바티스타 (1901–73: 쿠바의 군인·정치가; 대통령).
ba·tiste [bətíːst, bæ-] 명ⓤ 바티스트 천, 얇은 고급 삼베[무명].
bat·man [bǽtmən] 명 1 《영》 (육군 장교의) 당번병; (짐마차의) 마부. 2 =batsman 2. 3 (B–) 배트맨(미국 만화의 주인공: 날아다니는 초인(超人)).
bát mítzvah 명 =bath mitzvah.
bát mòney 명 《영》 (장교의) 전지(戰地)[전투] 수당.
*bat·on** [bətán, bæ-/bǽtɔn, -tn] 명 1 (관직·권능을 상징하는) 지팡이, 관장(官杖); 지휘봉. 2 경찰봉. 3 (음악) 지휘봉. ¶wield a good ~ 지휘봉으로 능숙하게 지휘하다. 4 (릴레이의 경주용) 배턴. 5 (문장) 배턴 무늬 (서자(庶子) 표시의 비스듬한 선). 6 배턴촉에 사용하는 고무 탄압. 7 (시계의 숫자 대용의) 막대 문자.
under the baton of …의 지휘로.
— 명타 …을 경찰봉으로 구타하다.
báton chárge 명 (기동대 따위의 군중 해산을 위한) 곤봉[경찰봉] 공격. **báton-chàrge** ®
báton gùn 명 배턴총(폭도 진압용 고무 탄알 총).
báton pàss[pàssing] 명 (the ~) (릴레이 경주에서의) 배턴 터치.
Bat·on Rouge [bǽtn rúːʒ] 명 배턴루지(미국 Louisiana 주의 주도(州都); Mississippi 강변의 항구).
batón rôund 명 baton gun용의 고무 탄알.
batón sínister 명 (문장) 배턴 시니스터(서출(庶出)의 표시).
batón twírler 명 (악대 행진의) 지휘자; (고적대의) 지휘봉을 돌리는 지휘자(*여자는 drum majorette).
batón twírling 명 (악대·고적대의) 지휘 (경쟁).
bat-pay [‘pèi] 명 《공군사》 =bat money.
Ba·tra·chi·a [bətréikiə] 명 ⓟ =Amphibia.
ba·tra·chi·an [bətréikiən] 형 (동물) (꼬리없는) 양서류의, 개구리류의. — 명 양서류, 개구리류.
bats [bǽts] 형 《속어》 정신 이상의(insane), 미친.
go bats 실성하다, 미치다. ¶The girl's gone ~. 저 소녀가 미쳤소.
*bats·man** [bǽtsmən] 명 (복 **-men** [-mən]) 1 (야구·크리켓 따위의) 타자(打者)(batter). 2 착륙 유도 요원(두 개의 배트로 신호하는 비행기를 유도한다).
batt [bǽt] 명ⓤ (침구용) 탄 솜, 안 솜(bat).
batt. battalion; battery.
bat·ta [bǽtə] 명 (인도) (주재(駐在) 또는 여행중인) 특별 수당; (인도 주둔 영국군의) 특별 수당.

*bat·tal·ion** [bətǽljən] 명 1 (단·복수 양용) 《군사》 대대. ⇒ARMY. 2 (보통 ~s) (전투 대형을 갖춘) 군세, 병력; (종종 ~s) 많은 사람들.
bat·teau [bætóu] 명 (복 ~x [-z])=bateau.
bat·tel [bǽtl] 명 《英》 (~s) (Oxford 대학의) 기숙사 매점의 계산서; 기숙사비. — 명자 (Oxford 대학에서) 기숙사 매점을 이용하다. 〔작의 하나〕, 〈F〉
batte·ment [bǽtmənt] 명 (발레) 바트망(다리 동작).
bat·ten[1] [bǽtn] 명 1 (먹고) 뚱뚱해지다, 살찌다; 게걸스럽게 먹다 (*on, upon*). 2 (남의 돈으로) 호사스럽게 살다. — 명타 …을 살찌게 하다, 비육(肥肉)하다 (fatten); …에게 무절제하게 먹이다.
bat·ten[2] [bǽtn] 명 (건축) (마루에 까는) 마루청; 오림목, (문 따위의) 살. 2 (해사) 활대; (방수문 따위에 대는) 누름대. — 명타 1 …에 오림목[살]을 대다; …에 마루청을 깔다. 2 (해사) (해치) 에 누름대를 박다.
batten down (the hatches) ① (폭풍우 칠 때) 해치에 누름대를 대고 밀폐하다. ② 만약의 사태에 대비하다; 의연하여 대처하다.
bat·ten[3] 명 (베틀의) 바디.
*bat·ter**[1] [bǽtər] 명 (~s [-z]) 타 1 …을 연달아 치다, 난타하다; …을 강타하다; …을 때려 부수다, 두들겨 망가뜨리다 (*down, up*)(*in, about*). ¶ (~+명+전+명) ~ *a person about the head* 남의 머리를 마구 때리다 / (~+명+부) He ~*ed the door down*. 그는 문을 때려 부수었다. 2 (비유적) 〔사람·이론 따위〕를 흑평하다. 3 〔모자 따위〕를 찌그러뜨리다. 4 〔활자〕를 닳아 못쓰게 하다, 마손시키다. 5 …을 포격하다 (*down*). ¶ (~+명+부) ~ *down the castle with cannon* 대포로 그 성을 포격하다. 6 난타하다, 연달아 두들기다 (*at, against, on*). ¶ (~+전+명) ~ *at the door* 문을 마구 두드리다. — 명 〔인쇄〕 ⓤ 활자의 마손; 활자의 흠; ⓒ 마손된 활자.
*bat·ter**[2] 명 (~s [-z]) (야구·크리켓의) 타자, 배터. * 크리켓에서는 batsman이 보통.
Batter up! 경기 시작!
bat·ter[3] 명 (밀가루·우유·달걀 따위를 섞은) 반죽. — 명타 반죽을 입히다.
bat·ter[4] (건축) 명자 (벽 등의 상부가) 뒤쪽으로 경사지다. — 명ⓤ (탑 벽 따위의 상부의) 수직 기울기.
bat·tered [bǽtərd] 형 얻어 맞은, 학대 받은; 《美 속어》 만취한.
báttered báby 명 어른[부모]에게 학대받는 유아.
báttered chíld [báby] sýndrome 명 (병리) 피(被)학대아 증후군, 어린이 수상(受傷) 증후군.
báttered wífe 명 남편에게 학대 받는(매맞는) 아내.
báttered wífe sýndrome 명 (병리) 피학대처 [여성] 증후군(되풀이 되는 폭행으로 인한 중증의 심신 장애).
bat·ter·er [bǽtərər] 명 batter[1]하는 사람; 아이·배우자 등을 육체적으로 학대하는 사람, 학대자.
báttering rám 명 (소방용) 동력 파괴퇴(槌)[봉]; 파성퇴(破城槌)(옛날 성벽 부수는 데 사용).
báttering tráin 명 공성 포열(攻城砲列).
bátter's bóx 명 (the ~) (야구) 타(자)석, 배터박스.
bátter's círcle 명 (the ~) (야구) 다음 타자석.
*bat·ter·y** [bǽtəri] 명 1 (전기) 전지, 배터리. ¶a *storage* [*dry*] ~ 축[건]전지 / *charge a* ~ 배터리를 충전하다. 2 한 벌의 기구(장치). ¶ a ~ *of boilers* 보일러 한 벌. 3 일련(한 벌)의 것. ¶ *a* ~ *of candles* 한 벌의 양초 / *a* ~ *of comments* 일련의 주석(注釋). 4 《英》 (줄지어 있는) 닭장. ¶ a ~ *farm* 양계장. 5 (군사) 포대 (砲臺); (합동 작전용) 화포, 포병 진지; 포병 중대; (군함의) 포군(砲群). ¶ *a cross* ~ 십자 사격 포대. 6 (심리) (지능·적성·개성 따위의) 종합 테스트. 7 (야구) 배터리 (투수와 포수). 8 ⓤ (법률) 구타. ¶ *assault and* ~ 폭행 구타. 9 (음악) 타악기부.

change one's battery 공격 방향을 바꾸다, 방법을 *in battery* 발포 준비가 되어.ㅤㅤㅤㅤㅤㅤㅤㅤ└바꾸다.
recharge one's batteries; get one's batteries recharged (원기 회복을 위해) 휴식을 취하다; 재충전하다 (원기 회복을 위해)ㅤㅤㅤㅤㅤ┌말꼬리를 잡아 역습하다.
turn a person's battery against himself 남의
***bat·tik** [bɑ́tiːk, bǽtik] 图 =batik.
***bat·ting** [bǽtiŋ] 图① 1 (야구·크리켓 따위의) 타격, 타구. 2 (이부자리 따위에 넣는) 속솜, 이불솜.
bátting áverage 图 1 (야구) 타율(❷ B. A.). 2 (구어) 성공률; 성적; (경찰관의) 검거율.
bátting cáge 图 (야구) 배팅 케이지(이동식 백네트).
bátting éye 图 (야구) 선구안(選球眼).
bátting hélmet 图 (야구) 타자용 헬멧.
bátting órder 图 (the ~) [야구·크리켓] 타순.
‡**bat·tle**[1] [bǽtl] 图 (복 ~**s** [-z]) **1** (대규모의) (국지) 전쟁, (개개의) 전투, 싸움, 교전(*with, against*); 참전. ¶a close ~ 접전 / a decisive ~ 결전 / a naval ~ 해전 / a sham ~ 모의전 / the field of ~ 전쟁터, 전장.

[유의어] battle 대규모의 군대가 특정한 장소에서 장기간 계속해서 하는 전투. war 전쟁 전체를 나타내는 말이며, 이 중에는 몇 개의 battle이 포함된다. fight 개인간의 힘으로 하는 싸움; battle이나 combat와 같은 뜻으로 쓰이는 일도 있다. combat 무장을 하고 하는 전투. action 격렬한 공방전을 강조하는 말. engagement 규모의 크고 작음을 막론하고 군대가 교전하기.

2 (비유적) 투쟁, 싸움; 경쟁, 대결(*with, against, for*). ¶a ~ *against* poverty [illness] 빈곤[질병]에 대한 투쟁 / a ~ *for* existence 생존 경쟁. **3** 승리; 성공. ¶The ~ is to the strong. 승리는 강한 자의 것이다.
accept battle 응전하다.ㅤㅤㅤㅤㅤㅤㅤㅤㅤㅤ└다.
an uphill battle [이 ~ *struggle, fight*] 매우 힘드는
a trial by battle 결투(에 의한) 재판[판가름].ㅤ┐일.
do [or *give, join, fight*] *a battle* (···와) 싸움을 시작하다; 교전하다, 한바탕 싸우다 (*with*).
engage in battle 싸우다, 교전하다.
fall [or *die, be killed*] *in battle* 전사하다.
fight a losing battle 지는 싸움을 하다; (비유적) 가망이 없는데 헛수고하다.ㅤㅤㅤㅤㅤㅤ┐이하다.
fight one's battles over again 옛 무용담을 되풀
gain [or *have, win*] *the battle* 이기다, 승리하다.
give up [or *lose*] *the* [or *a*] *battle* 싸움에 지다.
give [or *offer*] *battle to* ···에 도전하다.
half the battle ① 절반의 승리. ¶Youth is *half the* ~. 젊다는 것만으로도 이미 반은 이긴 것이다. ② 가장 중요한[어려운] 부분, 큰 고비. ¶That's *half the* ~.
take battle 싸우다. └그것으로 큰 고비는 넘겼다.
ㅤ— 图 (~*s* [-z]) ~*d; -tling*) ㉠ 싸우다; 투쟁하다, 고투하다 (*against, with, for, to* do). ¶ (~+团+图) ~ *with* a powerful enemy 강적과 싸우다 / ~ *for* freedom 자유를 위해 싸우다 / ~ *with* [or *against*] misfortune 불행과 싸우다. — ㉡ ···와 싸우다.
battle away [or *on*] 싸우다, 투쟁하다.
battle it out 끝까지[필사적으로] 싸우다.
battle one's way 싸우며 전진[노력해서 출세]하다.
bat·tle[2] 图㉡ (고어) (건물 따위를) 흉벽(胸壁)으로 강화하다.
báttle arráy 图 (군사) 전투 대형(戰鬪隊形), 진용.
bat·tle-ax, -axe [-ӕks] 图 1 전부(戰斧), 전투용 큰 도끼. 2 (old ~) (美속어) 잔소리 심한 여자. ¶She is a real old ~. 그녀는 정말 잔소리가 심해. (또는 **battle-axe**)
Báttle-Ax cúlture 图 (고고학) 문화(북유럽의 신석기시대 후기부터 금석(金石) 병용 시대에 걸친 문화. (또는 **Córded cúlture**)ㅤㅤㅤㅤㅤㅤㅤㅤㅤ┌bus)
báttle bùs 图 선거 운동(유세)용 버스. (또는 **battle-**
báttle crúiser 图 순양(전)함.

báttle crý 图 (병사의) 함성; (대회·선거전 따위의) 슬로건(slogan), 표어(catchword).
bat·tled [bǽtld] 图 [문장] (선이) 총안(銃眼)이 있는 흉벽(胸壁)처럼 들쭉날쭉한(embattled).
bat·tle·dore [bǽtldɔːr] 图 1 ① 배틀도어(배드민턴의 전신)(~ and shuttlecock). 2 (배틀도어의) 라켓, 채. 3 (17-18세기의 어린이용) 문자 교본, 습자책, 4 빨랫방망이. — 图㉠ 날아다니다. — ㉡ (드물게) 서로
báttle dréss 图 전투복, 군복.ㅤㅤㅤㅤㅤㅤ└던지다.
báttle fatígue 图 (정신병리) 전투 피로증, 전쟁 신경증. (또는 **cómbat fatígue**)
***bat·tle·field** [bǽtlfiːld] 图 전장터, 전장(戰場); (비유적) 투쟁(싸움, 갈등)의 장(場). ¶the ~ of life 인생이라는 싸움터 / die on the ~ 전사하다.
báttlefield núclear wéapon 图 (군사) 전장(戰場) 핵병기(사정거리가 짧은 소형 핵병기).
báttle formátion 图 전투 대형.ㅤㅤㅤㅤㅤ┌구.
bat·tle·front [bǽtlfrʌ̀nt] 图 일선, 최전선; 전투 지
bat·tle·ground [bǽtlgràund] 图 =battlefield.
báttle gròup 图 (美군사) 전투군(群), 대대(戰隊). ¶carrier ~ (미해군) 항모 전단.
Báttle Hýmn of the Repúblic 图 (美) 공화국 찬가(남북 전쟁 때 북군 병사들이 즐겨 부른 노래).
báttle jácket 图 (美군사) 전투복 상의.
báttle líne 图 전선(戰線); 전투 대열, 전열(戰列); (전투 단위로서의) 함대.

merlon
흉벽의 돌출부

bat·tle·ment [bǽtlmənt] 图 (종종 ~s) [건축] 총안(銃眼)이 있는 흉벽(胸壁); (탑 위의) 톱
bat·tle·ment·ed [bǽtlmèntid] 图 총안의 흉벽을 갖춘, 꼭대기에 톱니꼴 벽이 있는.
bat·tle·piece [bǽtlpìːs] 图 전쟁을 다룬[그린] 작품, 전쟁물 (시·음악·그림 등).ㅤㅤㅤ(battlement)
bat·tle·plane [bǽtlplèin] 图 (폐어) 전투기(warplane).
bat·tler [bǽtlər] 图 (濠구어) 살기 위해 무슨 일이나 하는 사람, 날품팔이 노동자, 빈곤자, 부랑자; 매춘부.
báttle-réad·y [-rèdi] 图 전투 준비가 된.
báttle róyal 图 (복 -*s r-*, ~*s*) 대혼전, 난전, 일대 난투; 대격투, 혈투; 대논쟁, 격론.
bat·tle-scarred [-skɑ̀ːrd] 图 전재(戰災)를 당한, 전상(戰傷)을 입은; 오래 써서 흠집이 있는.
***bat·tle·ship** [bǽtlʃìp] 图 전함. ❷ warship
báttleship bùcket 图 땅 파는 기구.ㅤㅤ┌하는.
bat·tle·some [bǽtlsəm] 图 다투기[싸우기] 좋아
báttle stár 图 종군 청동성 기장; 종군 은성 기장(청동성 기장 5개가 이에 상당한다).
báttle státion 图 (군사) 전투 배치(기지), 전투 부서; (공군) 출격 (비상) 대기.
báttle wàgon 图 (美속어) 전함(battleship); 죄수 호송차; (철도의) 석탄차.
bat·tle-wor·thy [-wɜ̀ːrði] 图 임전 태세를 갖춘; 전투용으로 적합한. ¶~ tanks 전투에 적합한 탱크.
battn. battalion
bat·tue [bætjúː] 图 (英) 1 (사냥) 사냥감 몰아내기; 몰이사냥[꾼]; 몰아내어 잡은 것. 2 (다수를 동원한) 철저한 수색. 3 (무방비 상태 군중에 대한) 무차별 대량 학살.
bat·ty [bǽti] 图 1 박쥐의, 박쥐 같은. 2 (속어) 머리가 돈; 어리석은; (···에) 빠진, 정신을 빼앗긴 (*to*).
bat·wing [bǽtwìŋ] 图 박쥐 날개 모양의.
bat·wom·an [bǽtwùmən] 图 (英) 여자 batman; (B-) 배트우먼(Batman을 돕는 여자).
bau·ble [bɔ́ːbl] 图 1 겉만 번지르르한 싸구려 물건[보석]; 시시한 것; 노리개. 2 (중세의) 어릿광대의 지팡이.
Bau·cis [bɔ́ːsis] 图 [그리스 신화] 바우키스(가난한

baud [bɔːd] (圈) ~(s) 〔컴퓨터·통신〕 보, 보드(데이터 처리 속도의 단위; 1초에 1 bit) 〔<프랑스 발명가 J. M. E. Baudot(1845–1903)의 이름〕

bau·de·kin [bɔ́ːdikin] (圈) =baldachin.

Bau·de·laire [bòudəlέər] (圈) **Charles Pierre ~** 보들레르(1821–67: 프랑스의 시인·비평가).

Bau·dót còde [bɔːdóu-] (圈) 〔컴퓨터〕 보도 코드 (데이터 전송을 위한 코드). ⇨BAUD.

báud ràte (圈) 〔컴퓨터〕 보드 속도(비트/초의 단위를 사용하는 데이터 전송 속도).

Bau·haus [báuhaus] (圈) 바우하우스(독일의 건축가 Walter Gropius(1883–1969)가 1919년에 창설한 건축 학교); 바우하우스의 이념[전통].

baulk [bɔːk] (圈)(圈) =balk.

Bau·mé [boumέi/-́-] (圈) 보메 비중계(~ scale)의 [로 잼] (圈) Be, Bé). 〔<프랑스의 화학자 A. Baumé (1728–1804)의 이름〕 「정에 사용).

Baumé scàle (圈) 보메 (비중계) 눈금(액체 비중 측

baux·ite [bɔ́ːksait] (圈)(圈) 〔광물〕 보크사이트(알루미늄의 원광).

Bav. Bavaria; Bavarian. **B.A.V.** (美속어) born-again virgin(오랫동안 성행위를 하지 않은 사람).

Ba·var·i·a [bəvέəriə] (圈) 바이에른, 바바리아(독일의 주; 독일어명은 Bayern; 주도 Munich).

Ba·var·i·an [bəvέəriən] (圈) 바이에른의(사람의). — (圈) 바이에른 사람[주민]; (U) 바이에른 방언, 고지(高地) 독일어.

bav·in [bǽvin] (圈) 〔英〕 삭정이[잡목]의 다발.

baw·bee [bɔ́ːbi:/-́-̀] (圈) 〔스코〕 반 페니(halfpenny); 〔구어〕 하찮은 것(trifle). 「있는 사내.

baw·cock [bɔ́ːkɑ̀k/-kɔ̀k] (圈) 〔고어〕 좋은 녀석, 멋

bawd [bɔːd] (圈) 창녀집의 안주인; 매춘부; 음담 패설.

bawd·ry [bɔ́ːdri] (圈)(U)(C) 1 〔고어〕 색욕; 음란 행위, 음담 패설. 2 〔고어〕 매춘; 〔폐어〕 간음, 통정.

bawd·y [bɔ́ːdi] (圈) 음란한, 음탕한(obscene). ¶ a ~ story 음설 소설. — (圈)(U)(C) 음담 패설, 음탕한 말. **báwd·i·ly** (圈) **báwd·i·ness** (圈)

bawd·y·house [bɔ́ːdihàus] (圈) 창녀집(brothel).

*****bawl** [bɔːl] (圈)(国) 1 …을 큰소리로 말하다, 크게 외치다. ¶ He ~ed the news. 그는 그 소식을 큰 소리로 알렸다. 2 (행상인이) …을 소리치며 팔다. 3 (재귀용법으로) 고함처 …하게 하다. ¶ ~ oneself hoarse 고함을 질러 목소리가 쉬다. 4 〔美구어〕 …을 야단치다, 호되게 꾸짖다(out). — (圈) 소리치다, (덮어놓고) 큰소리를 지르다 (out)(at, for). You needn't ~. I can hear quite well. 그렇게 소리칠 필요 없어, 잘 들리니까 // (~+圈) "Go away!" ~ed out Mr. Brown. 「나가라!」하고 브라운씨는 큰 소리로 외쳤다 // (~+圈+图) ~ at a person 남에게 고함치다 / He ~ed for help. 그는 큰소리로 도움을 청했다.

bawl against …에 대해서 호통치다.

bawl and squall 고래고래 소리지르다.

bawl a person **out** 남을 호되게 꾸짖다, 야단치다.

bawl (away) at [or **to**] a person 남을 심하게 꾸짖다

bawl out 외치다, 소리치다; 〔구어〕 야단치다. 「다.

— (圈) 〔경멸적〕 큰 소리, 고함 소리(outcry); 울부짖음.

~·er (圈)

baw·tie [bɔ́ːti] (圈) 〔스코〕 개, (특히) 큰 개.

Bax·ter [bǽkstər] (圈) **Richard ~** 백스터(1615–91: 영국의 청교도 성직자·학자).

‡**bay**[1] [bei] (圈) ~s [-z] 1 (바다·호수의) 만, 내포 (* gulf 보다 작고 cove 보다 크다). ¶ Hudson B- 허드슨 만 / the Bay of Biscay 비스케 만. 2 산으로 삼면이 둘러싸인 땅[평지]. 3 〔美〕 숲으로 둘러싸인 초원.

bay[2] (圈) 1 〔건축〕 건물 또는 벽의 기둥과 기둥 사이; 교각(橋脚) 사이. 2 밖으로 내민 창, 퇴창(= ~ **window**). 3 〔항공〕 (비행기의) 격실(隔室). 〔컴퓨터〕 베이(drive ~). ¶ a bomb ~ 폭탄 적재실 / an engine ~ 엔진 격납실. 4 (헛간의) 건초 두는 곳. 5 〔해사〕 (배의) 중창(中艙)의 앞부분. 6 〔英〕 (역의) 측선(側線) 발착 플랫폼. 7 (상점 부서의) 주차장(parking ~).

*****bay**[3] (圈)(U) 1 (사냥개의) 으르렁거리는 소리, 짖는 소리. ¶ the far-off ~ of wolves 멀리서 들려 오는 늑대의 울음 소리. 2 (궁지, 쫓겨서 몰린 상태, 막다른 골목; 궁지에 몰려) 덤벼드는 자세. ¶ The stag at ~ is a dangerous foe. 〔속담〕 궁지에 몰린 쥐는 고양이를 문다. 3 (추적자가) 저지 당한 상태. 「넣다.

bring [or **drive**]…**to bay** …을 막다른 곳으로 몰아

hold [or **have**]…**at bay** …을 몰아넣고 놓치지 않다.

keep [or **hold**]…**at bay** …을 가까이 못 오게 하다, 저지하다. ¶ keep the enemy at ~ 적을 저지하다.

stand [or **be**] **at bay** 막다른 골목에 몰려 있다, 궁지에 빠져 있다. 「게 대들다.

turn [or **come**] **to bay** (짐승이) 궁지에 몰려 격렬하—(圈)(国) (사냥개 따위가) 길고 낮은 소리로 짖다. ¶ (~+圈) Dogs sometimes ~ at the moon. 개는 때때로 달을 보고 짖는다. — (国) 1 …을 짖으며 둘러싸다. 2 …을 으르렁 소리로 알리다. 3 …을 몰아넣다.

bay (**at**) **the moon** 달을 보고 짖다; 〔구어〕 쓸모없는 불평을 하다, 무익한 일을 꾀하다.

bay[4] (圈) 1 월계수, 유럽산(産) 로렐(sweet ~). 2 = bayberry 3 (圈) 목련과(科)에 속하는 나무(태산목류). 4 월계관, 계관. 5 (~s) 명성, 명망(fame).

bay[5] (圈) 1 (U) 적갈색, 밤색. 2 구렁말. — (圈) (말 따위가) 밤색의, 밤색말의. ¶ a ~ horse 구렁말.

ba·ya·dere [bɑ́iədìər, -dɛ̀ər] (圈)(U) (색채가 선명한) 가로줄무늬의 직물; 〔英〕 (힌두교의) 무용수.

Bay·ard[1] [béiəd] (圈) 1 (중세 기사 이야기에 나오는) 마력을 지닌 말. 2 (익살 말로). 3 (b-) 〔고어〕 구렁말.

Ba·yard[2] (圈) 베야르(중세 기사의 귀감이라 불린 프랑스의 영웅); 영웅적인 신사.

Báy Área (圈) 〔美〕 (the ~) 베이 에리어(San Francisco 만안(灣岸) 지역).

bay·ber·ry [béibèri/-bəri] (圈) 1 월계수의 열매. 2 소귀나무속(屬)의 관목; 그 열매. 3 (서인도 제도산(産)의) 베이베리나무(잎에서 bay oil을 채취한다).

Báy Cíty (圈) 1 〔美〕 미국 Michigan 주의 항구 도시. 2 〔美속어〕 샌프란시스코. 「쓴다).

báy láurel (圈) =bay tree. 「쓴다).

báy léaf (圈) 월계수 잎(말려서 수프·소스 등의 향료로

bay-line [-́lɑ̀in] (圈) 〔철도〕 측선(側線).

Báy of Pígs (圈) 피그즈만(灣)(쿠바 남서부 연안의 만); the ~ (미국의) 피그즈만 침공 사건(1961년 4월).

báy oìl (圈) 베이베리나무(bayberry)의 잎에서 채취하는 노란 휘발성 기름(bay rum의 원료).

*****bay·o·net** [béiənit, -nèt, bèiənét] (圈) 1 총검. ¶ a charge 총검 돌격 / a drill [or fencing] 총검술. 2 (the ~) 무력. ¶ govern by the ~ 무력으로 지배하다. 3 (~s) 보병. ¶ 1,500 ~s 보병 1,500명. 4 맞물리는(꽂는) 핀(테). 「격으로.

at the point of the bayonet 총검을 들이대고, 무

fall beneath [or **under**] **a bayonet** 총검에 찔려 쓰러지다.

Fix [**Unfix**] **bayonets!** 〔구령〕 꽂아[빼어] 칼!

— (圈) 1 …을 총검으로 찌르다, …에 총검을 들이대다. 2 …을 무력으로 강요하다(into). — (国) 총검을 사용하다.

báyonet plùg (圈) 맞물림 플러그.

bay·ou [bɑ́iju:, bɑ́iou] (圈) 〔美남부〕 (늪처럼 된) 호수의 출구, 강어귀, 후미.

báyou blúe (圈) 〔美속어〕 값싼 위스키, 밀조주.

Báyou Státe (圈) (the ~) 미국 Mississippi 주 또는 Louisiana 주의 별칭.

Bay·reuth [bɑ̀irɔ́it, -́-̀] (圈) 바이로이트(독일 남부의 도시; 매년 여름 Wagner 음악제가 열린다). 〔<G〕

báy rúm (圈) 베이럼(베이베리나무(bayberry)를 원료

로 한 향유).

báy sàlt [명] 천일염.

báy sèal [명] 모조 바다표범 가죽(토끼·사향쥐 따위의 모피).

bay·smelt [béismèlt] [명] =topsmelt.

Báy Stàte [명] (the ~) 미국 Massachusetts 주의 별칭.

báy trèe [명] 월계수(laurel tree).

báy wíndow [명] **1** 퇴창, 밖으로 내민 창(㊟ bow window). **2** 《구어》 올챙이배, 장구통배(paunch).

bay·wood [béiwùd] [명] 마호가니의 일종(열대 아메리카산(產); 가구용 재목).

bay·wreath [béirìːθ] [명] 월계관.

***ba·zaar** [bəzáːr] [명] **1** (중동의) 시장, 상점가; 잡화시장. **2** (백화점 따위의) 특매장. ¶a Christmas ~ 크리스마스용품 특매장. **3** 바자, 자선시(慈善市). ¶a charity ~ 자선 바자. (또는 **bazar**)

ba·zaa·ri [bəzáːri] [명] 이란 상인, 이란인 상점 주인.

ba·zoo [bəzúː] [명] (복 **~s** [-z]) 《美속어》 **1** 입, 코. **2** 허풍; 야유. **3** 배, 복부. **4** 항문(anus).

ba·zoo·ka [bəzúːkə] [명] 〔군사〕 바주카포(대전차 로켓포).

ba·zoo·ka·man [bəzúːkəmæ̀n] [명] 바주카포병.

ba·zoom [bəzúːm] [명] 《美속어》 젖통이, 유방.

ba·zoon·gies [bəzúːndʒiz] [명] 《美속어》 크고 보기 좋은[풍만한] 유방.

Ba·zu·ko [bəzúːkou] [명] =basuco.

BB[1] [bíːbìː] [명] **1** 0.18인치(약 5mm)(총탄의 표준 치수). **2** 직경 0.18인치의 공기총(BB Gun) 탄환.

BB[2] [기] **1** 연필 흑색 농도의 double black(2B). **2** (공사채의 안전성 등급 평가의) BB(B와 BBB 사이).

bb. books. **b.b.** 〔건축〕 baseboard; bearer bond(s).

B.B. *b*ail *b*ond; 〔야구〕 *b*ase on *b*alls(사구 출루); *b*ed and *b*reakfast; *B*lue *B*ook; *B*'nai *B*'rith; *B*ureau of the *B*udget(예산국). **B.B.A.** *B*achelor of *B*usiness *A*dministration.

B̍ bàttery [명] 〔전자〕 B전지(진공관에 양극 전압을 가하는 전지).

BBB[1] *B*etter *B*usiness *B*ureau(상거래 개선 협회).

BBB[2] [기] **1** 연필 흑색 농도의 treble black(3B). **2** (공사채의 안전성 등급 평가의) BBB(BB와 A 사이).

B.B.C., BBC *B*ritish *B*roadcasting *C*orporation (영국 방송 협회). **BBFC** *B*ritish *B*oard of *F*ilm *C*ensors(영국 영화 검열 위원회).

B̍B gùn [명] BB총(0.18인치 탄환용의 공기총).

bbl. (복 ***bbls.***) barrel.

B-bop [bíːbɑ̀p/-bɔ̀p] [명] 《속어》=bebop.

B-boy [bíːbɔ̀i] [명] (종종 b-) 남성 랩 뮤직(rap music) 팬. 〔<*b*reak-dance *boy*〕

BBQ barbecue. **BBS** *B*ig *B*rothers and *S*isters(청소년 선도 단체); 〔컴퓨터〕 *b*ulletin *b*oard *s*ystem(전자 게시판). **BBT** *b*asal *b*ody *t*emperature(기초 체온법; 배란기를 알 수 있어 피임에 이용).

bc *b*lind *c*opy(㊟ bcc). **B/C** *b*ills for *c*ollection (결제 요구 어음).

‡B.C. [bíːsíː] 기원전(before Christ). ㊟ A.D.

> [주의] 연호의 위치──숫자 뒤에 두는 것이 보통이나, 앞에 두는 일도 있다. 예: 55 B.C., B.C. 55.

B.C. *B*achelor of *C*hemistry [*C*ommerce]; *b*ass *c*larinet; *b*attery *c*ommander; *b*irth *c*ontrol; *B*oat *C*lub; *B*ritish *C*olumbia.

bcc, b.c.c. *b*lind *c*arbon *c*opy(수신인에게 알리지 않고 제3자에게 송달되는 편지의 사본). **BCD** *b*inary *c*oded *d*ecimal(2진화 10진법); 〔美군사〕 *b*ad *c*onduct *d*ischarge(불명예 제대). **B.C.E.** *B*achelor of *C*hemical [*C*ivil] *E*ngineering; *B*efore the *C*hristian [*C*ommon] *E*ra(기원전; 비기독교도들이 B.C. 대신 사용).

B̍ cèll [명] 〔생물〕 **1** B 세포, B 림프구. 〔<*B*one-derived *cell*〕 **2** 베타 세포(췌장 조직인 랑게르한스섬의 세포군 중 하나). 〔<*B*ursa of Langerhans-derived *cell*〕

B̍CG vaccíne [명] 〔면역〕 BCG 백신(결핵 예방용). 〔<*b*acillus *C*almette-*G*uérin *vaccine*; 프랑스의 세균학자 Calmette와 Guérin의 이름〕

B.C.L. *B*achelor of *C*ivil *L*aw. **BCM** *b*lack *c*ontemporary *m*usic(1970년대 이래 흑인 팝 음악의 총칭). **bcn.** beacon. **B.Com.** *B*achelor of *Com*merce(무역학사). **BCR** *b*io*c*lean *r*oom(무균실). **BCS** 〔컴퓨터〕 *b*usiness *c*ommunication *s*ystem(상업용 통신 시스템). **B.C.S.** *B*achelor of *C*hemical [*C*ommercial] *S*cience. **bd.** band; board; bond; bound; bundle. **b/d** *b*arrels per *d*ay. **B/D** *b*ank *d*raft; *b*ills *d*iscounted; 〔회계〕 *b*rought *d*own(차기 이월). **B.D.** *B*achelor of *D*ivinity. **Bde, Bde.** Brigade.

bdel·li·um [déliəm, -ljəm] [명] **1** [U] 브델륨(감람과의 식물에서 채취하는 방향성 고무 수지). **2** 브델륨을 채취할 수 있는 식물. **3** 〔성서〕 델리엄(←창세기(Gen.) 2:12; 몰약(沒藥)·진주·수정 등으로 추정됨).

bd. ft. *b*oard *f*oo*t* [*f*ee*t*]. **bdg.** binding(제본).

bdl(e). (복 ***bdl(e)s.***) bundle. **B.D.R.** 《英》 *b*earer *d*epository *r*eceipt(무기명 예탁 증권). **bdrm.** bedroom. **bds.** (bound in) boards(두꺼운 표지로 만든); bundles. **B.D.S.** *B*achelor of *D*ental *S*urgery; 〔군사〕 *b*omb *d*isposal *s*quad(폭발물 처리반). **B.D.S.T** *B*ritish *d*ouble *s*ummer *t*ime.

‡be ⇨BE. 〈p. 242〉

Be [기] 〔화학〕 beryllium.

be- [bi, bə] [접두] **1** 동사에 붙여 강의적인 동사를 만든다. **a)** 「주위에, 위에」의 뜻. ¶*be*set, *be*daub. **b)** 「완전히, 지나치게, 전체적으로」의 뜻. ¶*be*smear, *be*rate, *be*labor. **c)** 자동사를 타동사로 바꾼다. ¶*be*moan, *be*think. **2** 명사에 붙여 타동사를 만든다. **a)** 「…로 하다, …취급하다」의 뜻. ¶*be*friend. **b)** 「…로 덮다」의 뜻. ¶*be*cloud, *be*flag. **c)** 「…을 떼다」의 뜻. ¶*be*head. **3** 형용사에 붙이고 어미 -ed를 첨가하여 「…으로 덮인」의 뜻의 형용사를 만든다. ¶*be*jeweled, *be*spectacled.

b.e., B/E *b*ill of *e*xchange(환어음); *b*ill of *e*ntry(통관 신고서). **B.E.** *B*achelor of *E*ducation [*E*ngineering]; *B*ank of *E*ngland; *b*ill of *e*xchange; *B*oard of *E*ducation.

Bea [biː] [명] 비(여자 이름; Beatrice의 애칭).

B.E.A. *B*ritish *E*uropean *A*irways.

‡beach [biːtʃ] [명] (복 **~·*es*** [-iz]) **1** 해변, 바닷가, 물가(strand); (모래·자갈로 덮인) 강가, 호숫가. ⇨SHORE [유의어] **2** [U] 《집합적》 (해변의) 모래, 자갈. **3** 해변을 따라 뻗은 지역. **4** 《구어》 해수욕장; 해안 휴양지.

on the beach 《속어》 ① (선원 등이) 실직하여; 곤궁하여. ② (해군이) 육상 근무하여.

take the beach 〔해사〕 하선(下船)하다.

──〔해사〕 [동][타] 〔배〕를 해변으로 끌어올리다. ──[자] (배가) 해변에 얹히다. ──[형] 해변의, 해변에 관한; 해변에서 착용하는. **∠·less** [형]

beach·ball [bíːtʃbɔ̀ːl] [명] 비치볼. **1** 바닷가·풀장 같은 데서 가지고 노는 가볍고 큰 공. **2** (우주 비행사의) 긴급 탈출용 캡슐. (또는 **béach bàll**)

beach·boy [bíːtʃbɔ̀i] [명] 비치보이(클럽·호텔 따위에 고용된 해변 감시원).

Béach Bòys [명] (the ~) 비치 보이스(미국의 록 그룹; 1961년 결성).

béach bùggy [명] =dune buggy.

béach bùnny [명] 《美속어》 비치 버니(해변에서 서핑하는 남자와 어울리는 비키니 수영복 차림의 여자).

beach·comb·er [bíːtʃkòumər] [명] **1** (바닷가·부두 따위에 밀려온 것을 주워서 생활하는) 부랑자; (남태평양의 여러 섬에 사는) 떠돌이 백인, 부두 건달; 깡패. **2** (먼 바다에서 몰려오는) 큰 파도. **3** 《캐나다 속어》 에스키모 여자와 사는 백인. **-còmb·ing** [명]

béach fàce [명] (해변의) 파도가 덮치는 부분.

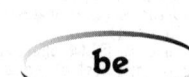

(1) 기본동사의 하나로, 「있다」라는 존재의 뜻과 「…이다」라는 연결어의 기능을 가지고 있다.
(2) 변화 동사의 하나이며, 어형(語形) 변화가 많다.
(3) 의문문을 만들 때 조동사 do를 쓰지 않으며, 주어와 도치된다.
(4) 부정문으로 할 때도 do를 쓰지 않으나, 명령형에서는 do를 쓰는 방향으로 발전했다. ¶ *Don't* be idle. 태만하지 마라.
(5) 강조할 때도 do를 쓰지 않고 be동사를 강하게 발음한다. 그러나 긍정 명령형을 강조할 때는 do를 쓴다.

‡**be** [biː, 약 bi] [어형 변화는 별표 참조] ── 图团

I. 존재의 뜻으로

1 (독립적으로 쓰며, 주로 강세형) 있다, 존재하다 (exist); 생존하다, 살아 있다(live). ¶ God *is*. 신은 존재한다 / Tyrants have *been* and *are*. 폭군은은 지금까지 있어왔고 또 지금도 있다 / Can such things *be*? 그런 일이 있을 수 있느냐? / Churchill, alas, *is* no more. 아아, 처칠은 이미 고인이다 / I think, therefore I *am*. 나는 생각한다, 그러므로 나는 존재한다 (← Descartes) / To *be* or not to *be*; that is the question. 사느냐 죽느냐 그것이 문제로다 (← Shakespeare작 *Hamlet* 3 : 1).

2 (위치·장소·상태 따위를 나타내는 부사(구)와 함께 쓰며, 보통 약세형) 있다. ¶ (~+前+图) Where's Rome?—It's *in* Italy. 로마는 어디 있지요?—이탈리아에 있습니다 / I must *be (at)* home by six. 6시까지는 집에 돌아가야 한다 / I *was at* the party. 나는 그 파티에 참석해 있었다 / Over the hill *was* his house. 언덕 너머에 그의 집이 있었다 / *Were* you *at* the concert last night? 어젯밤 음악회에 갔었니? / Have you ever *been in* London? 런던에 있은[간] 적이 있니? / He had never *been to* school. 그는 학교에 다닌 적이 없었다 / I've just *been to* the station. 방금 역에 갔다오는 길이야 (* 동작의 방향을 나타내는 부사나 전치사구를 수반하는 경우에는 전체적으로 운동의 뜻이 된다) / He *is in* good health. 그는 건강하다 / Among the dead *was* her husband. 죽은 사람 가운데는 그녀의 남편도 있었다 // (~+图) The dog *was away* [or *off*]. 개는 달아났다.

3 (there is [are] 구문으로) 있다. ¶ *Is* there any water?—No, there *isn't* any. 물 있니?—아니, 조금도 없어 / What else there? 그밖에 무엇이 있었니? / There *are* other things to be considered. 그밖에도 고려해야 할 일이 있다.

주의¹ *There*의 구문──(1) 원칙적으로 동사는 다음에 계속되는 주어와 수에 있어서 일치하지만, 구어에서는 there is가 복수 주어에 쓰이는 일도 있다. ¶ *There's* some things I can't resist. 내가 저항하지 못하는 것도 있다 / *There's* you. 네가 있다. (2) there is [are]…의 there는 주어처럼 취급된다. ¶ *Is there* any good news? 무슨 좋은 소식이 있니? / Let *there* be light. 빛이 있으라 (← 창세기 (Gen.) 1 : 3) / I don't want *there* to be any danger. 위험이 있어서는 안되겠다 / There will be trouble, *won't there*? 문제거리가 생기겠지요? (3) there is [are]…의 경우의 there는 [ðər]처럼 약세함. ⇨ THERE. (4) here, where에 대해서도 똑같은 구문이 있다. ¶ *Here's* a book. 여기에 책이 있다 / *Where's* your book? 네 책은 어디 있지?

4 (독립적으로 쓰며, 강세형) 존속하다; 그대로 있다. ¶ Let it *be*. 내버려 두어라 / Let her *be*. 그녀에게 상관하지 말아라 / Leave it as it *is*. 그대로 두어라.

II. 발생·소속의 뜻으로

5 행하여지다; 일어나다, 발생하다(take place). ¶ The wedding *was* last week. 결혼식은 지난주에 거행되었다 / There's going to *be* a concert on Saturday. 토요일에 음악회가 있다 / That's the reason money came to *be*. 그래서 화폐가 생기게 되었던 것이다.

6 속하다(belong); (일신상에) 일어나다, 닥치다(befall); 따르다(attend). ¶ (~+前+图) May good fortune *be with* you. 행운이 함께 하기를 / Woe *be to* you! 너에게 화가 있을 진저!

III. 연결어의 기능으로

7 (보어와 함께) …이다, …이 되다, …을 뜻한다. ¶ (~+圃) God *is* love. 하느님은 사랑이시다 / Iron *is* hard. 쇠는 단단하다 / He *is* a clever workman. 그는 솜씨 좋은 직공이다 / He *will be* a great writer. 그는 위대한 작가가 될 것이다 / I had *been* a salesman until then. 나는 그때까지 외판원이었다 / It *is* me. 나예요 // (~+图) School *is* over. 학교는 파했다, 수업이 끝났다 / (~+-*ing*) Love *is* seeing her in your dreams. 사랑이란 꿈에서까지 그녀를 보는 것이다 / *Seeing is* believing. (속담) 백문이 불여일견 // (~+*to* do) To hear *is* to obey. 듣는 것은 바로 따르는 일이다 / (~+*wh*. to do) Our problem *is how* to get in touch with him. 우리들의 문제는 그와 어떻게 연락하느냐 하는 것이다 // (~+*that* 圃) The truth *was that* I didn't know. 사실은 나는 몰랐었다 // (~+*wh*. 圃) She *is* not *what* she used to be. 그녀는 예전의 그녀가 아니다.

IV. be의 특수 용법

8 (가정법 현재) ¶ If she *be* found guilty… 만일 그녀가 유죄임이 밝혀진다면 (* (구어)에서는 be대신 is가 쓰인다).

9 (美) (명령·요구·제안 따위를 나타내는 동사, 그리고 그에 준하는 형용사에 이어지는 that절 속에서) (* (英) 보통 should be). ¶ I suggest that the meeting *be* held on schedule 회의를 예정대로 열자고 제의하다 / It is necessary that he *be* informed. 반드시 그에게 알려야 한다.

be 동사의 어형 변화			
(1) 직설법			
시제	인칭	단 수	복 수
현재	1인칭	I **am** (I'm)	We **are** (We're)
	2인칭	You **are** (You're)	You **are** (You're)
	3인칭	He (He's) She **is** (She's) It (It's)	They **are** (They're)
과거	1인칭	I **was**	We **were**
	2인칭	You **were**	You **were**
	3인칭	He She **was** It	They **were**
과거분사		**been**	
현재분사 동 명 사		**being**	
(2) 가정법		(인칭·성·수에 관계없이) 현재형 **be**, 과거형 **were**	
(3) 명령법		**be**	

V. 기타 용법

10 (의문문·명령문을 유도)¶ (~+補) *Is* that right? 그래요? (*납득 또는 가벼운 놀람; 보통 하강조(下降調)); 맞습니까?, 그렇습니까? (*확인의 질문; 보통 상승조(上昇調))/*Be* quiet. 조용히 해라/Don't *be*[or (고어) *Be* not] facetious. 농담은 그만해라.

—쥔 **1** (진행형에서) (be+현재 분사) a) (일시적인 계속·반복·상태를 나타낸다) …하고 있는 중이다.¶ She *is* writing a letter. 그녀는 편지를 쓰고 있다/Someone *is* knocking at the door. 누군가가 문을 두드리고 있다/I have *been* learning English these five years. 나는 지난 5년 동안 영어를 배우고 있다/*Are* you feeling better this morning? 오늘 아침에는 기분이 좀 좋습니까? b) (always, continually, ever 따위와 함께) 노상 …만 하고 있다 (*말하는 사람의 불평·초조감·비난 따위를 나타낸다). ¶ He *is* always complaining. 그는 노상 불평만 늘어놓고 있다/You're always finding fault with me. 너는 노상 내 트집만 잡는구나. c) (동작의 시작) …하려 하고 있다.¶ The flowers *are* opening. 꽃이 피려 하고 있다/He *is* dying of hunger. 그는 굶주려서 죽어 가고 있다. d) (예정·가까운 미래) …하려고 하다, …할 작정이다 (*미래를 나타내는 부사구나 going, come 출발·왕래 따위를 나타내는 동사와 함께 쓰인다). ¶ *Are* you staying here? 너는 이곳에 머무를 작정인가?/He *is* sailing for Bombay shortly. 그는 일간에 배를 타고 봄베이로 떠날 예정이다/I shall *be* seeing him again in a few days. 이삼일 후에 그를 다시 만나기로 되어 있다/I am going (to go) to London. 나는 런던으로 가려 한다[갈 작정이다]. e) (현시점에서의) 행위)¶ He will *be* coming. 그는 온다니까요/Women will *be* talking. 여자란 말이 하고 싶은 법이다/I must *be* going now. 이제 가봐야겠습니다. f) …처럼 행동하고 [굴고] 있다, …인 체하고 있다.¶ He *is being* as good as he can. 그는 될 수 있는 한 친절하게 굴고 있다/She *is being* an angel tonight. 그녀는 오늘밤 천사처럼 행동하고[천사로 분장하고] 있다.

주의² 일반적으로 진행형은 유의적(有意的)인 동작·행위를 나타내는 동사에 사용되고, 상태를 나타내는 동사(exist, have, be 따위)나 자동적인 동작을 나타내는 동사(see, hear 따위)에는 진행형을 사용하지 않는다. 그러나 이러한 동사도 유의적인 행위를 나타낼 때는 진행형이 된다.¶ He *is* having(=enjoying) a good time. 그는 즐겁게 지내고 있다/He *is being* a good boy. 그 소년은 지금 얌전하게 있다.

2 (수동형에서) (be+타동사의 과거 분사) …되다, …되어 있다.¶ Foreign names *are* easily forgotten. 외국어 이름은 잘 잊혀진다/The door will *be* opened at noon. 문은 정오에 열린다/He *was* killed in the war. 그는 전사했다/The doctor *was* known to everybody. 그 의사는 누구에게나 알려져 있었다/The work has just *been* done. 일은 방금 끝났다/The letter *is* written in English. 편지는 영어로 씌어 있다/The leaves *were* colored red. 나뭇잎은 붉게 물들어 있었다/This magazine *is* published twice a month. 이 잡지는 한 달에 두번 발행된다/Grammar *be* hanged! 문법 같은 건 꺼져라!

주의³ (1) 수동형의 조동사로서의 be는 동작(…되다)·상태(…되어 있다)의 양쪽을 나타내지만, 동작을 명시할 때는 become, get, grow 따위를, 상태를 명시할 때는 lie, remain 따위를 대신 쓰는 일도 있다.¶ She *became* [or *got*] engaged. 그녀는 약혼했다/She *remained* dissatisfied. 그녀는 여전히 불만이었다. (2) 타동사라고 해서 모두 수동형이 가능한 것은 아니다. 예를 들면 cost, weigh, resemble, have(가지고 있다) 따위는 수동형으로 될 수 없다.

(3) (진행형의 수동)¶ The bridge *is being* built. 다리는 건설중이다. (4) 동사의 의미에 따라서는 완료·결과를 나타내는 경우도 있다. ¶ The matter *is* settled. 문제는 해결되었다/the seed that *is* sown 뿌려진 씨/I *am* surprised. 깜짝 놀랐다.

3 (완료) (be+자동사의 과거 분사) …했다, …해(져) 있다.¶ Gone *are* the days… …의 시대는 지났다/*Be* gone! 꺼져버려!/The leaves *are* fallen. 나뭇잎은 떨어져버렸다/The sun *is* set. 해는 졌다/He *is* come. 그는 와 있다.

주의⁴ 완료를 나타낼 때 예전에는 be+p.p.로 되던 것도 현재는 대개 have+p.p.의 형태를 취한다. be+p.p.가 완료에 가까운 뜻인 경우(be come, be gone)는 have의 경우보다 결과의 상태를 강조하는 표현으로서 구별된다.¶ He *is* gone. 그는 가버리고 없다(≦) He *has* gone. 그는 떠났다. it *is become* a power of yesterday. 그것은 과거의 힘이 되고 말았다.

4 (be+to-부정사) a) (예정·운명) …하기로 되어 있다 (*운명을 나타낼 경우 보통 과거시제를 쓴다).¶ We *are*[*were*] to meet there at 7. 우리는 거기서 7시에 만나기로 되어 있다[있었다]/What *is* to become of her? 그녀는 어찌 될 것인가[될 운명인가]?/He *was* never to return home. 그는 두번 다시 집에 돌아오지 않았다[돌아오지 못하게 되어 있었다]/The worst *is* still to come. 최악의 사태는 이제부터이다[아직 오지 않았다]/They *were* to have been married. 그들은 결혼하기로 되어있었다 (그러나 하지 못했다). b) (의무·당연) …해야 한다. ¶ Rules *are* to be observed. 규칙은 지켜야 한다/You *are* to be punctual. 시간을 엄수해야 하네/When *am* I *to* come? 언제 오면 되죠? c) (가능) (부정문에서 (to be done과 함께)) …할 수 있다. ¶ Not a soul *was* to be seen. 사람의 그림자도 보이지 않았다. d) (의도) (조건절) …하고 싶다면, 싶다고 생각한다면. ¶ If you *are* to succeed, you must work hard. 성공하고 싶다면 열심히 일해야 한다. e) (목적) …하기 위한 것이다. ¶ The letter *was* to announce their marriage. 편지는 그들의 결혼을 알리기 위한 것이었다. f) (were to) (조건절에 쓰며, 불확실한 미래의 일에 대한 가정을 나타낸다)¶ If I *were* to travel abroad, I would go by ship. 만약에 해외 여행을 하게 된다면 배로 갈 것이다 (*was도 를 쓰면 4 a), b), c)의 뜻을 풍긴다. 예: If he *was* to do that…. 그가 그것을 하기로 돼 있었다면…).

as it was ⇒AS.

as it were ⇒AS.

Be it so!; Let it be so!; So be it! 그렇다면 좋다; 그러할 지어다!

be it that… (문어) 만일 …이라면.

be off (고어) ① (명령문에서) 꺼져. ② (질·건강 따위의 점에서) 떨어지다, 약화되다.

be that as it may; be the matter what it may 그건 어떻든, 하여간.

Be yourself. (자기답게) 자연스럽게 처신해라, 나이 값을 해라. 「지 마라.

Don't be long. 시간을 끌지 마라; 너무 기다리게 하

far be it from me to do ⇒FAR.

had it not been for; if it had not been for ⇒FOR.

have been (and gone) and done (it) (구어) 해버렸다(나 정말 야단났군).

have been there (속어) ① (남자에 대해서) 경험이 있다, 그 분야에 능통하다. ② (여자에 대해서) 남자를 알고 있다.

if need be 필요하다면, 필요할 경우.

that is [was, is to be] 현재의[과거의, 미래의].

were it not for; if it were not for ⇒FOR.

béach fléa 图 〔곤충〕 해변톡토기; 갯벼룩.
beach·front [bíːtʃfrʌ̀nt] 图 해변, 해안 지대.
── 图 해변의, 해안에 접해 있는. (또는 **shórefrònt**)
béach gòwn 图 해변 가운(해수욕장에서 입는 가운).
béach gràss 图 해변 모래밭에 사는 볏과(科) 잡초.
béach·head [bíːtʃhèd] 图 1 〔군사〕 해안 상륙 거점, 교두보. 2 〔출발점의〕 발판(foothold). 「패[부랑]사.
béach·ie [bíːtʃi] 图 (濠구어) 해변 낚시꾼: 해변 깡
Béach-la-Már [-ləmɑ́ːr] 图U = Bislama.
béach·màs·ter [bíːtʃmæ̀stər/-mɑ̀ːs-] 图 〔군사〕 양륙[상륙] 지휘관.
béach·scape [bíːtʃskèip] 图 해안[해변] 풍경.
béach umbrélla 图 (美) 비치 파라솔.
béach vólleyball 图 비치 발리볼(해변 모래사장에서 하는 2인조 배구).
béach wàgon 图 (美구어) = station wagon.
béach·wear [bíːtʃwɛ̀ər] 图U 비치웨어, (수영복 위에 걸치는) 해변복. 「자갈이 많은.
béach·y [bíːtʃi] 图 (口어) 모래 사장있는, 모래와
***béa·con** [bíːkən] 图 1 횃불, 봉화. 2 등대; 수로(항공·교통) 표지, 부표(浮標). ¶ a radio ~ 무선 표지. 3 (英) 신호소, 감시탑, 망루. 4 (비유적) 지침이 되는 사람[것]. ¶ a ~ in the night 정신적으로 방향하고 있을 때 인도자가 되는 사람. 5 (B-) (英) …산(山).
──图他 1 (횃불·횃불 따위로) …을 밝게 하다. 2 (봉화·표지 따위로) (사람이나 배를) 인도하다, (사람이나 배에) 경고하다. 3 …에 표지 따위를 설치하다. ──图 (표지처럼) 빛나다, 표지가 되다. ~·less 图
béacon fìre[light] 图 (등대표 따위의) 신호불, 봉화.
béacon sìgn 图 (항공[수로]) 표지.
béacon sìgnal 图 무선표지 신호.
***bead** [biːd] 图 1 구슬, 염주알, 유리알; (~s) 목걸이. 2 (~s) 묵주(rosary), 염주. 3 (작은) 구체(球體), 원기둥체; (이슬·땀 따위의) 방울; 기포(氣泡); (맥주 따위의) 거품. ¶ ~s of sweat 땀방울. 4 (총의) 가늠쇠. 5 〔건축〕 구슬선, 쇠시리. 6 〔화학〕 용구(熔球), 비드. 7 비드(고무 타이어를 링에 고정시키는 보강 부문; 〔용접〕 용착(鎔着) 비드. 8 (the ~s) 주문, 기도. 9 (또는 **béaded shèet**) (항공) 비드(항공기의 꼬리 날개에 붙이는 요철(凹凸) 줄무늬). 「리며 기도를 올리다.
count [or *say, tell, bid*] *one's beads* (염주를 돌
draw [or *get, take*] *a bead on* [or *upon*] …을 겨냥하다.
drop beads (俗語) (동성애자인지 아닌지 확인하기 위해) 동성애자 사이의 은어를 사용하다.
have a bead on …의 표적이 정확히 보이다. …을 장악하고 있다, 납득하고 있다. 「이 빗나가다.
pray without one's beads 계산 착오를 하다, 예상
──图他 1 …을 구슬로 장식하다; …을 염주처럼 잇다. 2 (건축) …에 구슬선을 만들다. ──图 구슬처럼 되다. **~·like** 图 「방울지다; 거품이 되다.
béad cúrtain 图 주렴.
bead·ed [bíːdid] 图 1 구슬로 장식한, 구슬을 단. ¶ a ~ handbag 구슬 핸드백. 2 방울[기포]이 된; 방울 같은. ¶ ~ bubbles 방울져 이는 거품.
bead·house [bíːdhàus] 图 구빈원(救貧院); 양육원; 양로원. (또는 **bedehouse**)
bead·ing [bíːdiŋ] 图U 1 구슬 세공[장식]; 레이스 모양의 장식; 내비치는 장식. 2 〔건축〕 구슬선; (집합적) 구슬선 장식.
bea·dle [bíːdl] 图 1 (英) 〔교회·대학·시 등의〕 의전(儀典) 담당 직원, 권표(mace)를 받드는 사람. 2 교구의 하급 직원, ~·**dom** 图U 하급 관리 근성.
béad·ròll [bíːdròul] 图 1 (고어) 〔가톨릭〕 (명복을 빌어줄) 사망자 명단, 고인 명단. 2 명단; 명부, 목록.
beads·man [bíːdzmən] 图 1 (돈을 받고) 남을 위해 기도하는 사람. 2 (英) 구빈원의 수용자. 3 (스코) 공인 거지. (또는 **bede(s)·man**)

beads·wom·an [bíːdzwùmən] 图 beadsman의 여성형.
béad·work [bíːdwɜ̀ːrk] 图U 구슬 세공[장식]; 〔건축〕 구슬선 장식.
bead·y [bíːdi] 图 1 구슬 같은, 작고 둥글게 반짝이는. ¶ ~ eyes 반짝이는 작은 눈. 2 구슬로 장식된; 구슬이 있는. 3 (맥주 따위가) 거품이 일고 있는.
bea·gle [bíːgl] 图 1 비글(다리가 짧은 토끼 사냥개). 2 (고어) 스파이, 밀고자. ──图(自) 비글을 이용해서 사냥하다. **-gling** 图U (英) 비글을 사용하는 토끼 사냥.
Bea·gle [bíːgl] 图 (the ~) 비글 호(영국의 박물학자 Charles Darwin이 승선했던 영국 해군의 측량선).
‡**beak** [biːk] 图 1 (새의) 부리. ⇨ BILL² 2 부리 모양의 것; (코끼리·맥(貘) 따위의 긴) 코; (俗) (사람의) 코; (주전자의) 주둥이. 3 (해사) 뱃머리; 충각(衝角)(적선을 충돌 파괴하기 위해 뱃머리에 부착한 금속 돌기(突起)). 4 (英古) 치안 판사, 재판관; 변호사; 교장, 선생. ~·**less**, ~·**like** 图 「돌출한.
beaked [biːkt, bíːkid] 图 부리가 있는; 부리 모양의,
beak·er [bíːkər] 图 1 (화학 실험용) 비커. 2 (굽 달린) 큰 잔; 그 속에 가득 든 양. -**ful** [-fùl] 图 큰 잔 가득한 분량.
béak·y [bíːki] 图 부리가 있는; 부리 모양의. 「전부.
be-all [-ɔ́ːl] 图 (the ~) 가장 중요한 부분[것]; 본질.
the be-all and end-all (구어) (…의) 모든 것; 궁극적인 것, 가장 긴요한 것(*of*).
‡**beam** [biːm] 图 (图 ~s [-z]) 1 (용도에 따라 가공된) 금속재, 석재, 목재; 들보 재목. 2 〔건축〕 (구조물의) 들보, 도리; (갑판을 버티는) 보, 빔; (배의) 최대폭. 3 (기계) (피스톤의 운동을 크랭크축에 전달하는) 레버; (직기(織機)의) 도투마리; 두루마리; 쟁깃술; 닻채. 4 저울대; 저울. 5 (사슴뿔의) 줄기. 6 (구어) 허리폭, 히프[둔부] 폭. 7 (한 가닥의) 광선; 광속(光束) ⇨ LIGHT 「용어에서〕(전자) (전자총에서 발사되는 전자의) 가늘게 수렴된 전자의 광선. 8 (비유적) 희미한 빛, 번득임, 넌지시 비침. ¶ a ~ of hope 한 가닥의 희망. 9 (비유적) (표정의) 밝음; 환한 표정; 미소. ¶ the ~ of youth 청춘의 빛남[밝음]. 10 (활성기 따위의) 최대 유효 각도(가청 범위). 11 〔무선·항공〕 라디오 표, 방향지시 전파. 12 (美俗語) = ~ antenna. 13 (해사) 평균대(balance ~). 14 (무 두질부 전의) 준비 작업대(臺). 「뒤[앞]에.
abaft [*before*] *the beam* (해사) 배의 바로 옆의
broad in the beam ① 배 너비가 넓은. ② (사람·물의) 엉덩이가 넓은, 살찌고 땅딸막한. 「하다.
fly [or *ride*] *the beam* 방향 지시 전파에 따라 비행
full of beam (俗) 원기 왕성하여, 생기가 넘쳐.
get [or *go*] *on the beam* (俗) 방송되다 ◦ 마이크의 가장 똑똑하게 소리가 들어가는 쪽에 서다.
kick [or *strike*] *the beam* ① (저울의 한쪽이 너무 가벼워서) 저울대가 튀어오르다. ② (비유적) 압도되다, 지고 있다, 가치가 아주 적다.
off the beam ① 〔무선·항공〕 (비행기가) 방향 지시 전파가 지시하는 방향에서 벗어나서. ② (구어) 잘못된(wrong), 어림이 빗나간; 실수를 저질러서.
on the beam ① 〔무선·항공〕 (비행기가) 방향 지시 전파의 지시대로. ② (해사) 용골과 직각으로. ③ (구어) 정확하게, 올바르게; 목표를 놓치지 않고; 궤도에 올라.
on the [or *one's*] *beam's ends* ⇨ BEAM-ENDS.
on the port [*starboard*] *beam* (해사) 좌현[우현] 바로 앞에. 「다, 발끈하여 하다.
steam a person's beam (美俗語) 남을 노하게 하
the [or *a*] *beam in one's* (*own*) *eye* 자기 눈 속의 들보, 자신의 큰 결점(←마태 복음(Matt.) 7 : 3).
tip the beam at 무게가 …이 되다.
──图 (~s [-z]) 图 1 (빛)을 발하다; …을 비추다. 2 (무선·라디오) (신호 전파)를 보내다, 송신하다; [프로그램]을 방송하다 (*to, at*). ¶ (~+图+前+图) a program

~ed to women 여성 대상 방송 프로/~ programs at China 중국을 향해 방송하다. ―③ ¶ 1 빛을 발하다, 번쩍이다 (on). ⇨ SHINE 〖유의어〗¶The sun ~ed brightly. 태양이 빛났다. 2 기쁨으로 빛나다, 환하게 미소짓다 (at, (英) on, upon). ¶(~+前+名) He ~ed with joy. 그의 얼굴은 기쁨으로 빛났다.
beam in 《美속어》확실히 들리다.
beam up …을 전송(轉送) 장치로 보내다.
beam upon [or **on**] …에 미소를 보내다, …을 보고 방긋 웃다.
~·less, ~·like 〖形〗
BEAM [biːm] 〖名〗빔(뇌파의 파형(波形)을 실제 뇌의 활동성을 나타내는 컬러 도식으로 바꾸는 장치). (<brain electrical activity mapping)
béam anténna 〖無線〗지향성(指向性) 안테나, 빔 안테나. [선으로 전송하는 무]
béam·cast [bíːmkæ̀st/-kɑ̀ːst] 〖名〗〖動〗…을 지향 무
béam cómpass 〖名〗〖製圖〗빔[장대] 컴퍼스(큰 원호를 그릴 때 쓴다). [방송되는[된].
beamed [biːmd] 〖形〗들보가 있는; 빛나는; (美)
beam-ends [<èndz, _́_] 〖名〗〖海事〗(배의) 들보 끝; (英구어) (사람의) 엉덩이.
on her beam-ends 〖海事〗(들보가 수직이 되도록) 옆으로 기울어져, 거의 전복하게 되어.
on the [or **one's**] **beam-ends** [or **beam's ends**] ① (구어) 위험에 빠져; 어찌할 방도 없이; 무일푼이 되어. ② =on her beam-ends.
béam éngine 〖名〗(초기의) 증기 기관.
béam hóle 〖名〗〖原子力〗(원자로의) 빔 구멍(원자로나 가속기로부터 방사선을 도출하는 구멍).
béam hóuse 〖名〗(가죽 공장의) 빔 하우스(무두질을 하기 전에 불필요한 것을 제거하는 장실).
***beam·ing** [bíːmiŋ] 〖形〗밝게 빛나는, 밝은, 환한; 명랑한. ¶the ~ sun 빛나는 태양. ~·ly 〖副〗
beam·ish [bíːmiʃ] 〖形〗〖詩〗밝은(bright); 쾌활한(cheerful); 낙천적인(optimistic). ~·ly 〖副〗
béam líghts 〖名〗〖複〗빔 라이트(극장·강당 천장의 스포
béam míll 〖名〗빔 압연기(壓延機). [트라이트.
béam(-pówer) túbe 〖無線〗빔 출력관(出力管).
béam ríder 〖名〗전파 유도 미사일. (또는 **béam-rìder**)
beam-rid·ing [_ràidiŋ] 〖名〗(항공) (미사일 항로의) 전파 유도. [파(橫波).
béam séa 〖名〗〖海事〗(뱃전에 직각으로 부딪치는) 횡
béam sýstem 〖名〗〖通信〗빔 방식(일정한 방향으로 강한 전파를 방사하는 안테나 방식).
béam wéapon 〖名〗〖軍〗광선 무기(레이저총 따위).
beam-width [bíːmwídθ, -witθ] 〖名〗〖通信〗빔폭(幅)(무선 전파나 레이저 전파가 퍼지는 각도의 폭).
béam wínd 〖名〗〖海事〗옆바람.
beam·y [bíːmi] 〖形〗1 빛을 내는; 빛나는. 2 배의 폭이 넓은. 3 〖動物〗(수사슴처럼) 가지뿔(antler)이 있는. 4 〖詩〗(창 따위가) 큰, 육중한.
béam·i·ly 〖副〗**béam·i·ness** 〖名〗

‡**bean** [biːn] 〖名〗(複 ~s [-z]) 1 (보통 ~s) 콩(콩과(科) 식물의 총칭); 콩이 열리는 식물. ¶snap ~s 깍지가 있는 콩/broad ~s 잠두. 2 (~s) 콩 비슷한 열매, 그 나무. ¶coffee ~s 커피열매[원두]. 3 (보통 ~s) (美구어) 시시한 것, (부정문에서) 극히 소량. ¶I haven't heard ~s about the matter lately. 그 건에 대해서는 최근에 전혀 들은 바 없다. 4 《美속어》머리, 두뇌. 5 《속어》동전(coin); 얼마 안 되는 돈. ¶I haven't a ~. 나는 무일푼이다. 6 (英속어) 달러(dollar). 7 《속어》벌, 때리기, 질책. 8 《속어》포커용 칩. 9 《美속어》(Chicano 등) Hispanic계 미국인; (英구어) 친구, 놈. 10 《美속어》(암페타민의) 정제, 캡슐. 11 (~s) 《속어》대두(大豆)의 선물(先物) 계약.
a hill of beans (美) 거의 가치가 없는 것.
count beans 《美구어》숫자[머릿수]를 따지다[중시하다]; 숫자로 먹고 살다.
do not care beans 조금도 개의치 않다.
do not know beans about …에 대해 조금도 모르다, 〖전문 분야〗에 대한 지식이 없다. [있다.
Every bean has its black. 《속담》누구나 결점은
full of beans 《속어》① 원기 왕성한. ② 《美》어리석
get beans 《속어》야단맞다; 혼나다. [은, 잘못된.
give a person **beans** 《속어》남을 호되게 야단치다; 남을 때리다.
have too much beans 원기가 넘쳐 흐르다.
know how many beans make five 《美구어》빈틈없다, 영리하다. [든 알고 있다.
know (**one's**) **beans** 《美구어》지혜가 있다, 무엇이
like beans 대단히, 몹시(like anything).
not to amount to a row of beans 《속어》별것 아
not worth a bean 한푼의 가치도 없는. [닌.
old bean (英) 여보게(친한 사이에 부르는 말).
spill the beans (구어) (무심코) 비밀을 누설하다.
use one's **bean** 《美구어》머리를 쓰다.
without a bean 《英속어》한푼 없이.
―〖動〗〖他〗《속어》(머리)를 때리다, 치다; (투수가) (타자)의 머리에 공을 맞히다. ―〖自〗(~s) (불만·혐오 따위를 나타내어) 쳇, 빌어먹을.
~·like 〖形〗
béan·bag [bíːnbæ̀g] 〖名〗(헝겊 주머니에 콩을 넣은) 공기. [겨냥한 투구).
béan báll 〖名〗〖野球〗《속어》빈볼(타자의 머리[신체]를
béan cáke 〖名〗콩깻묵, 대두박(사료·비료용).
béan cóunter 〖名〗《美구어》《경멸적》통계 전문가; (관청·기업의) 경리 담당자, 경리 사원; 숫자[머릿수]만 따지는 사람.
béan cóunting 〖名〗《美구어》숫자[머릿수] 세기[따지기]; 경리; 통계. **béan-cóunt·ing** 〖形〗
béan cúrd [**chéese**] 〖名〗두부(tofu).
bean·er·y [bíːnəri] 〖名〗《美속어》싸구려[대중] 식당.
béan-féast [bíːnfìːst] 〖名〗《英속어》① (1년에 한 번 고용주가 고용인에게 베푸는) 턱, 연회; 푸짐한 잔치.
béan-fèd [_fèd] 〖形〗《속어》원기 왕성한.
béan héad 《美속어》바보, 천치; 마약 상용자. (또는 **béanhèad**)
bean·ie [bíːni] 〖名〗(美) (어린이나 대학 신입생이 쓰는) 둥글고 작은 테 없는 모자.
bean·o[1] [bíːnou] 〖名〗(複 ~s) =bingo.
béan·o[2] 〖名〗(複 ~s) 《英속어》=beanfeast.
béan pód 〖名〗콩 껍질. [호리한 사람.
béan·pole [bíːnpòul] 〖名〗콩의 버팀대; (구어) 호
béan pót 〖名〗(찜용의) 두꺼운 냄비.
bean-shoot [**shoot**] [bíːnʃùːtər] 〖名〗=peashooter.
béan spróut [**shóot**] 〖名〗(~s) 콩나물.
bean·stalk [bíːnstɔ̀ːk] 〖名〗콩의 줄기.
Béan Tówn 〖名〗(美) 보스턴(Boston) 시의 별칭.
Bean·town·er [bíːntàunər] 〖名〗(美) Boston 시[사람].
béan trée 〖名〗깍지 속[꼬투리]에 열매를 맺는 식물.
bean·y[1] [bíːni] 〖形〗=beanie.
bean·y[2] 〖形〗원기 왕성한; 기분이 좋은.

‡**bear**[1] [bɛər] 〖動〗(~s [-z]; **bore; born(e)**) 〖他〗1 …을 낳다; (수동형으로) 태어나다, (사회적 지위·신체적 특징·이름 따위로) 태어나다(* 이 뜻의 과거분사는 have 뒤에 오거나 수동형에서 by를 수반할 때는 borne, 그 이외는 born). ⇨ BORN. ¶ be born again 거듭나다/be born rich [clever] 부자로[영리하게] 태어나다/ He was born in Paris. 그는 파리에서 태어났다 / He was borne by an English woman. 그는 영국인 어머니에게서 태어났다 // (~+目+目) She has borne him two children. 그녀는 그와의 사이에 두 아이를 두었다.
2 〖꽃·열매〗를 맺다, 산출하다; 〖이자〗를 낳다. ¶fruit-~ing trees 열매를 맺는 나무 / The tree ~s red

flowers. 그 나무에는 빨간 꽃이 핀다/The bonds ~ 5% interest. 그 채권에는 5퍼센트의 이자가 붙는다/His efforts at last *bore* fruit. 그의 노력이 마침내 열매를 맺었다.
3 〔무게〕를 지탱하다, …을 이고[얹고] 있다, 받치고 있다(*up*). ¶pillars that ~ a ceiling 천장을 받치고 있는 기둥/(~+目+圖) The board is too thin to ~ (*up*) the weight. 그 판자는 너무 얇아서 무게를 지탱하지 못한다.
4 〔부정문에서〕〔고통 따위〕를 참다, 견디어 내다. ¶~ hardship 고난을 견디다/grin and ~ it 〔고통·창피 따위〕를 웃으며 참다/I cannot ~ him[the sight of him]. 나는 그가 질색이다[보기도 싫다].

〖유의어〗 **bear** 「견디다」라는 뜻의 가장 일반적인 말. **stand** bear의 구어적인 말; 끄떡도 않는 완강한 의지를 강조한다. **endure** 장기간에 걸친 고통·고난에 견디는 인내력과 끈기를 강조한다

5 〔시험·검사 따위에〕견디다; …이 가능하다, …에 적합하다. ¶~ close examination 정밀 검사에 견디다//(~+-*ing*) This cloth does not ~ *washing*. 이 천은 빨면 안된다.
6 …을 나르다, 데려가다, 이끌다(*along*, *away*, *off*) (* 이 뜻으로는 carry를 흔히 쓴다). ⇒CARRY 〖유의어〗 ¶goods *borne* in ships 배로 수송된 화물/~ gifts 선물을 들고 가다 // (~+目+圖+名) A voice was *borne upon* the wind. 목소리가 바람을 타고 들려왔다. **7** …을 당하다, 받다, 경험하다. ¶~ a blame 비난을 받다. **8** …을 떠맡치다; …을 떠맡다, 지다, 부담하다. ¶~ responsibility 책임을 지다/~ the expenses 비용을 부담하다. **9** …을 전하다, 퍼뜨리다. ¶~ glad tidings 기쁜 소식을 전하다/~ news 뉴스를 전파하다. **10** …을 밀다; …을 내리누르다; …을 몰다; …을 강제로 …시키다. **11** …을 제시[제공]하다. ¶~ a hand 도움을 주다. **12** 〔칭호·관계·특징 따위〕를 가지다, 지니다; …을 보여주다. ¶~ no relation to …와 관계가 없다/~ meaning[significance] 의미[의의]를 지니다 / ~ a striking resemblance to …와 놀랄 만큼 비슷하다/He ~s the title of Director. 그는 국장의 직함을 가지고 있다. **13** …을 몸에 지니고 있다; 띠고 있다. ¶a letter ~*ing* a wrong address 주소가 잘못된 편지. **14** 〔감정 따위〕를 품다, 마음에 품다. ¶(~+目+目) I ~ you no grudge. 네게는 아무런 유감이 없다// (~+目+圖+名) ~ a person's advice in mind 남의 충고를 마음속에 새기다. **15** 〔권력 따위〕를 쥐다, 행사하다. **16** 〔재귀용법으로〕처신하다, 행동하다, 〔어떤 자세〕를 취하다. ¶~ oneself bravely in battle 전투에서 용감하게 싸우다.

— 國 **1** 지탱하다, 버티다; 참다, 견디다(*with*). ¶I wonder if the ice would ~. 얼음이 깨지지 않을까 걱정이다. **2** 누르다, 밀다, 기대다(*down*)(*on*, *upon*, *against*), ¶(~+圖+名) the wall ~*ing on* the floor 마루를 무겁게 내리누르고 있는 벽. **3** 영향을 미치다, 관계가 있다(*on*, *upon*). ¶The fact does not ~ *on* the matter in hand. 그 사실은 당면 문제와 관계가 없다. **4** 향하다, 나아가다(*to*). ¶(~+圖+名) The road ~s *to* the south. 길은 남쪽으로 나 있다. **5** 위치하다. ¶(~+圖+名) The land ~s due *north of* the ship. 육지는 배의 정북(正北)에 위치하고 있다. **6** 아이를 낳다, 열매를 맺다. ¶The tree ~s well. 이 나무에는 열매가 잘 열린다.

bear a part in …에 참가하다, 협력하다. 「우다.
bear arms against …에 대항하여 무장하다, …와 싸
bear away ① …을 휴운히 가다; 〔이겨서〕〔상 따위〕를 차지하여 가다. ② 진로를 바꾸어 가다 (바람 불어오는 쪽으로) 항진하다.
bear back ① …을 밀치다. ② 물러나다.
bear down ① 〔전투·토론 따위에서〕〔상대방〕을 패배시키다, 압도하다. ② 전력을 다하다, 한층 더 노력하다. ③ 〔해사〕 (배 따위가) 바람 불어오는 쪽에서 …으로 다가가다.
bear down on [or **upon**] ① …에 압력을 가하다, …을 압박하다. ¶taxes that ~ *down on* the poor 가난한 사람들에게 짐이 되는 세금. ② …을 벌하다; 혼내주다. ③ …에 급히 다가가다, 성큼 다가서다. ④ …을 강조하다. ⑤ 〔해사〕=bear down ③. 「속하다.
bear in hand ① 제어하다. ② 주장[고발]하다. ③ 약
bear in mind …을 명심하다, 유념하다. ¶B– what I say *in mind*. 내 말을 명심해라.
bear in on (美) =bear on ①.
bear in with (배가) …의 방향으로 향하고 가다.
bear off ① …을 운반하여 가다; 〔상〕을 획득하다. ② …을 밀리하다. ③ 〔해사〕 (육지나 다른 배로부터) 멀어지다.
bear on [or **upon**] ① …에 내리누르다, 압박하다(* 보통 hard, heavily, severely 등과 함께 쓰인다). ② …에 영향을 미치다, 관계가 있다. ③ …쪽을 가리키다.
bear *oneself* ⇒國 16.
bear out …을 증명하다, 입증하다. 「면으로 맞서다.
bear [or **take**] **the brunt of** 〔비판·공격 따위에〕 정
bear up ① …을 지지하다. ② 기운을 잃지 않다, 훌륭하게 견디다 (*against*, *under*). ③ …을 위로 나르다. ④ 〔해사〕 바람 불어가는 쪽으로 진로를 잡다.
bear up to [or **for**] …쪽으로 기울다, (배가 진로를 바꾸어) …쪽으로 항진하다. 「다.
bear watching (사람이) 유망하다; (사물이) 위험하
bear with …을 참다, 견디다, (남이) 하는 것을 잠참고 있다. ¶Please ~ *with* me until I finish the story. 내 말을 끝까지 참고 들어 주십시오.
bear witness [or **testimony**] **to** …라는 증거를 제시하다, …을 입증[증명]하다.
be borne in upon [or **on**] …에게 확신[지각]되다.
be born of …에서 태어나다. ¶He *was born of* a well-to-do family. 그는 유복한 가정에서 태어났다.
be born to [or **into**] …의 상태로 태어나다; …의 가징에 태어나다.
born and bred (be동사·명사 뒤에서) 타고난.
bring…to bear on [or **upon**] 〔주의·노력 따위〕를 …에 쏟다, 집중하다, (압력 따위를) 가하다.
not know *one is born* 〔구어〕 무사 태평하게 살다.

‡**bear²** 國 (퉁 ~(s) [-(z)]) **1** 곰(* 새끼곰은 cub, whelp). ¶a brown ~ 불곰/a polar ~ 흰곰, 북극곰. **2** 거친[난폭한] 사람; 퉁명스러운 사람; (美속어) 추남. **3** 〔구어〕 특정한 사물에 비상한 능력[열의, 관심]을 가진 사람. **4** 〔증권〕 팔자쪽(시세 하락을 예상하고 파는 사람), 약세족(⟨反⟩ bull¹). **5** (the B–) 〔천문〕 곰자리. ¶the Great B– 큰곰자리(Ursa Major) / the Little B– 작은곰자리(Ursa Minor). **6** (the B–) 〔구어〕러시아; (러시아의 장거리 폭격기) TU-95의 별칭.
be a bear for ① (일 따위)에 열심이다, 열중하다. ② …에 잘 견디다.
be loaded for bear (美구어) (싸움·곤란 따위에) 맞설 용의가 되어 있다; 몹시 화 나 있다; 술에 취해 있다.
be on the other bear 〔증권〕 매도세에 가담하다.
go like a bear to the stake 싫은 일을 마지못해 하다.
like a bear with a sore head; (as) **cross as a bear** 몹시 심기가 나쁜.
play the bear 난폭하게 굴다; 해를 끼치다.
skin the bear at once (美구어) 단도직입적으로 요점을 말하다.
take the bear by the tooth 쓸데없는 모험을 하다.
—— 圈 〔증권〕 (시세가) 하락세인; 약세인(bearish).
—— 图 〔증권〕 시세를 떨어뜨리다, (…을) 팔아 치우다.
⊷**like** 圈

bear·a·ble [bɛ́ərəbl] 圈 〔서술용법〕 견딜 수 있는, 참을 수 있는, 견딜 만한. **~·ness** 图 **-bly** 图

bear·bait·ing [béərbèitiŋ] 圀 ⓤ 곰 놀리기(매어놓은 곰을 개를 부추겨 물게 하는 옛 영국의 오락).
bear·ber·ry [béərbèri/-bəri] 圀 〔식물〕 월귤나무; 서양호랑이가시나무; 넌출월귤.
béar càge[càve] 圀 곰우리; 《美속어》 경찰서.
bear·cat [béərkæt] 圀 **1** 작은 팬더. **2** 곰고양이(binturong). **3** 《美구어》 힘이 세고 용맹한 사람.
‡**beard** [biərd] 圀 (복) ~s [-z] **1** (보통 ~s) 턱수염 (＊종종 mustache, whiskers를 포함). ¶ a dense [full] ~ 짙은[텁수룩한] 턱수염 / have [or wear] a ~ [or ~s] 턱수염을 기르고 있다. **2** (동물) (염소의) 턱수염, (새의 부리 기부의) 수염 같은 깃털, (굴 따위의) 아가미. **3** (식물) (보리 따위의) 까끄라기. **4** (낚싯바늘·쇠개바늘 따위의) 미늘(barb, hook). **5** (인쇄) 빗면(활자의 면(face)과 어깨(shoulder) 사이의(neck). **6** 《美속어》 수염을 기른 사람(히피나 지식인 등). **7** 《美속어》 최신 정보에 밝은 사람. **8** (속어) (여성의) 연인을 가장한 사람. **9** (비어) 여자의 거웃. **10** (the B-) 쿠바의 카스트로 대통령(＊CIA 용어).
in spite of one's beard 자기의 의사에 반하여.
laugh at a person's beard 남을 우롱하다. 「웃다.
laugh in one's beard (남을 멸시하여) 소리없이 비
speak in one's beard 입속에서 중얼거리다.
take a person by the beard 남을 대담하게 공격하다(←사무엘상(1 Sam.) 17:35).
to a person's beard 남의 면전에서, 남을 맞대놓고,
— 圀 ⓣ **1** …의 수염을 잡다[뽑다, 잡아당기다]. **2** …에 대담하게 맞서다. **3** (화살 따위의) 미늘을 달다. — 圀 ⓘ (비디오 따위의 화면에) 수염처럼 선이 비어져 나오다.
beard the lion [or a man] in his den 필사적으로 ←like 로 대항하다.
beard·ed [biərdid] 圀 수염이 있는, 수염을 기른; 까끄라기가 있는; (화살·낚싯바늘 따위가) 미늘이 있는. ~ness
beard·ie [biərdi] 圀 (구어) 수염을 기른 사람, 털보.
beard·less [biərdlis] 圀 **1** 수염이 없는; 까끄라기가 없는. **2** 젊은, 풋내기의. ~ness
Béard·more Glácier [biərdmɔːr-] 圀 비어드모어 빙하(남극 대륙에 있는 세계 최대의 빙하).
Beards·ley [biərdzli] 圀 ⇒**Aubrey Vincent** ~ 비어슬리(1872-98: 영국의 삽화가).
*****bear·er** [béərər] 圀 **1** 나르는 사람[것], 운반인, 짐꾼; 상여꾼, 상여의 수행인. **2** 심부름꾼; 사자(使者); (수표·편지 따위의) 지참인. ¶ a bill payable to the ~ 지참인 지급 어음/Pay to the ~. 지참인 지급. **3** 열매맺는[꽃 피는] 나무. **4** 관직[지위]이 있는 사람, 재직자. **5** 《英》 인도인 하인. **6** (인쇄) 공목(空木).
béarer bònd 圀 〔증권〕 무기명 채권. 「부대.
béarer còmpany 圀 (군사) 위생 간호 중대, 들것
béar gàrden 圀 **1** 《英구어》 곰 사육장. **2** 《英구어》 떠들썩한 장소, 혼잡한 곳.
béar gràss 圀 〔식물〕 실유카(용설란과에 속하는 다년초; 미국산).
béar hùg 圀 **1** 강한 포옹. **2** 〔레슬링〕 베어 허그. 「béar-hùg(産)
*****bear·ing** [béəriŋ] 圀 **1** ⓤⓒ 태도, 거동, 몸가짐. ⇒MANNER 유의어 ¶ a military [or soldierly] ~ 군인다운 태도. **2** ⓤ 출산 (능력); 결실 (능력); 생산(결실)기; ⓤⓒ 수확. ¶ a woman duty ~ 아이 낳을 시기가 지난 여성/two ~s in a year 연 2회의 수확. **3** ⓤ 참음, 인내. **4** ⓤⓒ 관계, 관련 (on, upon); 의미, 취지. ¶ What is the ~ of your remark on the subject? 네 말은 이 문제와 어떤 관계가 있니? **5** 〔건축〕 건축물의 지지부분; 상부 구조를 받치기[받치는 구조]. **6** (보통 ~s) (기계) 베어링, ¶ a ball ~ 볼 베어링. **7** (보통 ~s) 방향, 방위; (one's ~s) 자기의 위치, 진로. ¶ magnetic [true] ~s 자침(磁針)(진(眞))방위/a sense of ~ 방향 감각. **8** (휴장) 방위, 방위. **9** (~s) (방패에 그려진) 문장(紋章).
be in bearing 열매를 맺고 있다.
beyond [or past] (all) bearing 도저히 참을 수 없는. 「게 하다, 반성하게 하다.
bring a person to his bearings 남에게 분수를 알
consider [or take]…in all (its) bearings …을 모든 방면에서 고찰하다. 「(수)를 알다.
get [or find] one's bearings 자기의 처지[입장, 분
have no [some] bearing on …와 관계가 없다[약간 있다]. 「어찌할 바를 모르다.
lose [or be out of] one's bearings 방향을 잃다,
take one's bearings 형세를 살피다.
béaring rèin 圀 =checkrein.
bear·ish [béəriʃ] 圀 **1** 곰 같은; 태도가 거친, 버릇없는, 무뚝뚝한, 건장한. **2** (증권) 하락세의, 약세의(구어 bullish). **3** (경기 전망 따위가) 어두운, 비관적인; (일반적으로) …에 약세인, 비관적인(on, about).
~ly ~·ness 「가정 교사.
béar léader 圀 (부자·귀족 자제의 여행에 수행한)
béar màrket 圀 〔증권〕 하락 시세[시황]; 약세[내림세] 시장. ⓤ bull market 「(소스).
bé·ar·naise (sauce) [bèərnéiz-] 圀 베어네이즈
béar ráiding 圀 〔증권〕 주가 하락을 노린 대량 매도.
bear's-breech [béərzbrìːtʃ] 圀 〔식물〕 아칸서스 (acanthus).
bear·skin [béərskin] 圀 곰의 털가죽; (영국 근위병의) 검은 털가죽 모자; ⓤ (외투용) 거친 모직물.
béar's sérvice 圀 달갑잖은 친절.
Béar Státe 圀 (the ~) 미국 Arkansas 주의 별칭.
béar tràcker 圀 《美속어》 시골 경찰관.
béar tràp 圀 《美속어》 속도 위반 단속.
‡**beast** [biːst] 圀 **1** (인간 이외의) 동물, 짐승; 가축; ⓤ (집합적) 짐승. ⇒ANIMAL 유의어 ¶ a ~ of burden 운반·노역에 사용되는 동물 /~s and birds 금수(禽獸) / a ~ of prey 육식 동물, 맹수 / a wild ~ 야수, 맹수. **2** (비유) 동물성, 수성(獸性). **3** 짐승 같은 인간. ¶ You ~! 이 짐승 같은 놈아! **4** 몹시 싫은 것[일]. ¶ I had a ~ of time. 정말 혼났다. **5** 《속어》 새로운[복잡한] 기계, 고속 비행기(속어). **6** 《美속어》 LSD; 헤로인. **7** 《속어》 매춘부; 추녀.
make a beast of oneself 야수성을 발휘하다, 못된 짓을 하다. 「(性交)하다.
play the beast with two backs with …와 성교 ←like
béast épic 圀 동물 우화시(寓話詩).
béast fáble 圀 동물 우화(寓話).
beast·ie [bíːsti] 圀 **1** (문어) (애완용) 작은 동물. **2** (익살) 곤충, 벌레. **3** (英구어) 싫은[천한, 수상쩍은] 놈; 추녀; 열간이. **4** 인상적인[강한, 거대한 사람(것). **5** (캐나다 속어) 건설[토목] 인부. — 圀 **1** 싫은, 천한, 수상쩍은. **2** 인상적인, 강대한.
beast·ings [bíːstinz] 圀ⓟⓛ =beestings.
‡**beast·ly** [bíːstli] 圀 **1** 짐승의[같은]; 잔인한, 야만적인; 비천한, 야비한. ¶satisfy one's ~ appetite 수욕을 만족시키다. **2** (구어) 싫은, 불쾌한, 지독한. ¶feel ~ 기분이 언짢다/What a ~ weather! 정말 고약한 날씨군! — 圀 《英구어》 대단히, 심하게; 고약하게. ¶ be[get] ~ drunk 곤드레만드레 취해 있다[취하다]/I'm ~ tired. 난 몹시 지쳤다. **-li·ness** 圀
‡**beat** [biːt] 圀 (beat; beat·en ~(·en)) ⓣ **1** …을 연달아 치다, 두드리다; …을 매질하다; …의 엉덩이를 때리다(spank); (…로부터) 털다 (from, out of); …을 때려서 쫓다, 쫓아내다(away, off); …을 차다(前＋名). ¶ (~＋图＋前＋名) ~ a person on the head 남의 머리를 때리다 /~ dust out of a carpet 양탄자를 두드려서 먼지를 털다.

유의어 **beat** 「치다」를 나타내는 가장 일반적인 말. **strike, hit** 겨냥을 해서 세게 한 대 치다. **pound** 주먹 등으로 세게 계속하여 치다. **thrash** 종종 도구를 써서 계속하여 치다. **knock** 주먹이나 단단한 것으로

주의를 끌기 위해 두드려 소리를 내다; 날카롭고 세게 치다. **punch** 주먹 등으로 재빨리 치다. **slap** 손바닥 등으로 찰싹 때리다. **box** 손바닥으로 따귀를 때리다.

2 …에 세게 부딪치다; …을 때리다.¶the rain ~ing the window 창문을 때리는 비∥(~+目+前+名) ~ one's head *against* the wall 벽에 머리를 부딪치다. **3** (새가) (날개)를 퍼드덕거리다, (공중에서) 날개치다.¶The bird ~ its wings. 새가 날개를 퍼덕거렸다. **4** (북으로) …의 신호를 울리다. **5** (달걀·크림 따위)를 휘저어 섞다, 거품내게 하다 (*up*).¶~ drugs 약을 뒤섞다∥(~+目+副) ~ (*up*) three eggs 달걀 세 개를 휘저어 섞다∥(~+目+前+名) ~ flour and eggs *to* a paste 밀가루와 달걀을 섞어서 반죽을 만들다. **6** …을 때려부수다; …을 두드려 펴다[만들다]; …을 두드려 (…상태로) 만들다 (*into*).¶(~+目+前+名) ~ iron *into* thin plates 쇠를 두드려 얇은 판을 만들다∥(~+目+副) ~ *out* gold 금을 두드려 펴다. **7** (길)을 내다 (…속에서) (진로)를 개척하다, …을 뚫고 나가다 (*through*).¶~ a path 길을 내다∥(~+目+前+名) ~ one's way *through* a crowd 군중 속을 뚫고 나아가다. **8** (음악) (박자)를 맞추다.¶~ time with the hands 손으로 박자를 맞추다. **9** …을 때려박다; (비유적) …을 주입시키다, 단단히 가르치다 (*into*).¶(~+目+前+名) ~ a stake *into* the ground 말뚝을 땅에 때려박다. **10** (사냥감을 찾아) (숲 속 따위)를 헤매다; …을 찾아다니다.¶~ the wood in search of the lost child 길잃은 아이를 찾아서 숲 속을 헤매다. **11** (구어) …을 이기다, 패배시키다; …을 능가하다. ⇨ DEFEAT 유의어¶(~+目+前+名) You can't ~ me at tennis. 테니스로는 네가 나를 당할 수 없다. **12** (구어) …을 질리게 하다, 손들게 하다, 어리둥절케 하다.¶This problem ~s me. 이 문제에는 손들었다 / It ~s me how he did it. 그가 어떻게 그것을 해냈는지 알다가도 모르겠다. **13** (美구어) …을 속이다, 사취하다; …를 속여 (…을) 빼앗다 (*out of*).¶(~+目+前+名) He ~ the girl *out of* five dollars. 그는 소녀를 속여서 5달러를 빼앗았다. **14** …보다 앞서 하다, …을 앞지르다.¶(~+目+前+名) Another man ~ me *to* the seat. 다른 사람이 나보다 먼저 그 자리를 차지했다. **15** (美속어) (죄 등)을 면하다; 공짜로 …을 타다[…에 입장하다]. **16** 누그러뜨리다; 메우다.¶~ the hot weather 더위를 누그러뜨린다. **17** (비난·벌 따위)를 면하다, 회피하다.

──⑪ **1** 계속해서 치다, 두드리다, 강타하다 (*at, on, against*).¶(~+前+名) ~ *at* [*on*] the door 문을 두드리다. **2** (…로) (심장·맥박 따위가) 뛰다, 고동치다 (*with*). ⇨ PULSATE 유의어¶My heart ~ fast [or high] with joy. 기뻐서 가슴이 벅차게 두근거렸다. **3** (비·바람 따위가) 거세게 내리치[몰아치]다; 거세게 부딪치다 (*against, on*).¶(~+前+名) rain ~ing on the roof 지붕을 세게 내리치는 비 / Waves ~ *into* a cave. 파도가 동굴에 거세게 부딪친다. **4** (북 따위가) 둥둥 울리다 (*out*); (시계가) 재깍거리다.¶The drums were ~ing loudly. 북소리가 크게 울리고 있었다∥(~+副) Chimes ~ *out* merrily. 차임벨이 경쾌하게 울렸다. **5** (구어) 이기다.¶Which team will ~? 어느 팀이 이길까? **6** (물리) 맥놀이를 일으키다; (무선) 울림소리를 내다. **7** (달걀 따위가) 뒤섞이다.¶(~+副) The yolks and whites ~ *well*. 노른자위와 흰자위가 잘 섞였다. **8** (새가) 날개치다. **9** (해사) 갈짓자로 나아가다, (바람이나 조류에 거슬러서 배가) 지그재그로 나아가다. **10** (사냥감을 찾아서 숲 속을) 뒤지다.

a rod [or *stick*] *to beat a person with* 남을 굴복시킬 [무제] 논점 [사실].

beat about ① (사냥감을 찾아서) 살살이 뒤지다 (*for*). ② (해사) 갈짓자로 나아가다, 침로를 바꾸다.
beat about [or **around**] **the bush** ⇨ BUSH.
beat all (구어) (*it, that*를 주어로) 이상하다, 사람을 놀라게 하다.
beat a path to *a person's door* (英구어) 남의 집에 몰려가다; …을 만나러 가다.
beat a person (*all*) *hollow*; **beat** *a person* (*all*) *to sticks* 남을 완전히 패배시키다, 남보다 월등히 뛰어나다.
beat a person at his own game (구어) 남의 장기를 역이용하다[가로채다].
beat a person black and blue 남을 때려서 멍투성이로 만들다.
beat a person out of ① 남에게서 …을 속여 빼앗다. ② 남을 때려서, (광산 따위)를 단념하게 하다.
beat a person's time; beat the time of *a person* ⇨ TIME. [선수치다.
beat a person to it (구어) 남의 기선을 제압하다.
beat a person to the draw [or **punch**] ⇨ DRAW.
beat a retreat 퇴각의 북을 치다, 퇴각하다; 도망가다.
beat around (美속어) (일 없이) 어슬렁거리다, 돌아다니다.
beat away ① …을 털어버리다. ② …을 계속 치다. ③ …을 쫓아내다, (광산 따위)를 파다.
beat back …을 격퇴하다; …을 물리치다.
beat down ① (태양 따위가) 내리쬐다 (*on, upon*).¶The sun was ~ing *down* on our heads. 태양이 머리위에서 내리쬐고 있었다. ② …을 쳐서 무너뜨리다.¶~ *down* a wall 벽을 쳐서 무너뜨리다. ③ …을 때려눕히다, 타도하다; (제도·학설 따위)를 때려부수다.¶The rebellion was ~*en down*. 폭동은 진압되었다. ④ (구어) (…까지로) 값을 깎다 (*to*).¶~ *down* the price *to* ten dollars 값을 10달러로 깎다.
beat feet (美학생 속어) 돌아가다, 나가다. [다.
beat for (美속어) (남의 돈)을 우격다짐으로 받아내
beat goose [or **the booby**] (언 손을 녹이기 위해) 양손을 겨드랑이에 넣다.
beat in ① …을 때려박다; …을 주입식으로 가르치다. ② …을 밀어넣다. ③ …을 때려뜨리다.
beat it (속어) (급히) 떠나다; 도망치다.¶~ *it* home 서둘러 집으로 돌아오다 / *B-it!* 나가! 썩 꺼져!
beat (it) all 놀라운[불가사의한] 일이다.
beat it up (英속어) 몹시 떠들다. [버리다, 격퇴하다.
beat off ① (美속어) 자위 행위를 하다. ② …을 쫓아
beat one's brains (*out*) ⇨ BRAIN.
beat one's breast ⇨ BREAST.
beat one's gums [or **chops**] ⇨ GUM².
beat [or **run**] *one's head against a* (*brick*) *wall* 헛된 노력을 하다, 보람이 없는 일을 하다.
beat one's meat [or *dummy, hog, log*] (속어) 자위 행위를 하다, 수음(手淫)하다.
beat one's way 곤란을 헤치고 [무리하게] 나아가다; 부정 입장하다, 무임 승차하다.
beat out ① …을 두드려 만들다, (금속)을 두드려 펴다; (길)을 밟아 다지다.¶~ *out* gold into gold leaf 금을 두드려 펴서 금박을 만들다. ② (구어) …을 패배시키다; …을 앞지르다. ③ …을 지쳐빠지게 하다.¶I was ~*en out* by the entrance examination. 입학 시험 때문에 완전히 지쳤다. ④ (美구어) (곡)을 피아노로 치다; …을 타이프로 치다. ⑤ (야구) (타자가 빠른 발로) (땅볼·번트)를 안타로 만들다. ⑥ (이야기 따위)를 급히 만들어 내다.
beat over the old ground ⇨ GROUND.
beat the air ⇨ AIR.
beat the band (속어) 뛰어나다, 훌륭하다.¶That ~s *the band*. 정말 대단하군. [뛰어오르다.
beat the board (육상경기) 구름판을 세게 차다[차서
beat the bounds ① (英) 교구(敎區)의 경계를 검분(檢分)하다. ② 화제[의론]의 범위를 정하다.
beat the clock 마감 제한 시간 안에 해치우다.

beat the devil around the bush (구어) 에둘러 말하다[찾다].
beat the drum ⇨ DRUM.
beat the Dutch =*beat* (*it*) *all*.
beat the gun ① (경주에서) 플라잉(출발 신호 전에 출발하는 반칙)을 하다(~ *the pistol*). ② (속어) 혼전 성교를 하다, 결혼 전에 임신하다(~ *the starter*).
beat* (the) hell** [or ***devil] ***out of*** *a person* (속어) 남을 때려눕히다, 남보다 훨씬 위이다; 남에게 따끔한 맛을 보이다.
beat the hog (美속어) 자위 행위를 하다.
beat the mattress (속어) 성교하다.
beat the rap ⇨ RAP¹.
beat the weeds (美속어) 마리화나를 피우다.
beat up ① …을 갑자기 덮치다, 깜짝 놀라게 하다. ¶*The news* ~ *us all up*. 갑자스러운 소식에 우리는 깜짝 놀랐다. ② (북을 쳐서) …을 모으다. ③ …을 호되게 치다, 때리다. ④ (달걀 따위를) 휘저어 섞다. ⑤ (해사) 갈짓자로 나아가다.
beat up and down 이리저리 떠돌아다니다.
beat up *a person's* ***quarters*** ⇨ QUARTER.
Can you beat that [or ***it***]***!*** [or ***?***] (구어) 어때, 놀라운 일이지!
If that don't beat all! (구어) 그건 생전 처음 듣는 소리야!, 놀라운 일이야!
If you can't beat [or ***lick***] ***them, join them.*** 상대를 이길 수 없으면 그 편이 되어버려라.
(It) beats me.; You [or ***It's***] ***got me beat.*** (美구어) 몰라, 두 손 들었다. ¶*What's the longest river in the world?*—*Beats me.* 세계에서 가장 긴 강은?—모르겠어. 「도무지 모르겠다.
It beats the hell out of me. 무슨 소리를 하는지
to beat the band [or ***(the) hell, the cars, the devil, the Dutch***] (美구어) 기세 좋게, 맹렬히.
— 图 1 (연타할 때의) 한번 치기, 타격. 2 (북·파도·시계 따위의) 치는 소리; (심장의) 고동 (소리), 맥박. 3 (경찰 등의) 순찰[담당] 구역; (집배원 등의) 배달 구역; 전문 분야, 활동 영역; 세력권. ¶*The policeman is on his* ~. 경관은 담당 구역을 순찰중이다. 4 (음악) 소절, 박자; 지휘봉의 한번 흔들기; (연극) 사이, 휴흠. 5 (운율) 시각(詩脚)에서의 강세(부). 6 (물리) 경타. 7 (무선) 울림, 비트. 7 (신문의) 특종 기사(scoop); 특종 보도; 기사의 출처, 기자의 출입처. 8 (Mississippi주 등 미국의 일부 주에서) (county)의 구분. 9 (출어) (美방언) 남보다 뛰어난 사람[것]. 10 (속어) 부량인, 떠돌이. 11 (종종 B-) (구어) =beatnik. 12 (해사) 갈짓자로 나아가기. 13 (속어) 발기(勃起).
A *person's* ***heart misses*** [or ***skips***] ***a beat.*** (놀람·공포 따위로) 심장이 멎을 것 같다.
get a beat on …보다 우위에 있다, 앞지르다.
have a beat on (속어) 발기하다. 「깍거려.
in [***out of***] ***beat*** (시계 따위가) 규칙[불규칙]적으로 재
in [***off, out of***] ***one's beat*** 전문인[이 아닌]; 담당 구역인[이 아닌], 범위 내[외]의.
miss a beat 순간적으로 주저하다.
on [***off***] ***(the) beat*** 박자(템포)가 맞는[맞지 않는].
raise a beat (속어) 발기하다. 「것을 보다[듣다].
see [***hear***] ***the beat of*** (속어) …보다 나은[더한]
— 图 1 (구어) (1) 【~ *dead* ~ 녹초가 되어. 2 (구어) 불시에 당하여, 놀라; 의기 소침한. 3 (종종 B-) 비트족의. 4 (美속어) 빈털터리의, 파산한. 5 (속어) (마약이) 가짜인. 6 (美학생 속어) 못생긴, 얼트거인.
beat out (美속어) 녹초가 되어. ⒜ beat-out
~·**a·ble** 图 「beatus의 여성형.
be·a·ta [beiá:tə] 图 (® -**tae** [-i:], ~s) (가톨릭)
béat àrtist 图 (美속어) 사람을 습격하여 마약 살 돈을 빼앗는 중독자; 가짜 마약을 파는 사람.
béat bòard 图 (제조) 구름판, 도약판(板).
béat bòx 图 (음악) 1 비트 박스(드러머나 퍼커션의 소리를 내는 전자 악기). 2 (랩 뮤직에서) 비트를 넣는 사람. (또는 **béatbòx**)
beat·dom [bí:tdəm] 图 (美속어) 비트족의 사회.
‡**beat·en** [bí:tn] ⒜ beat의 과거분사.
—图 1 두들겨서 늘인. ¶~ *gold*[*silver*] 금박[은박]. 2 밟아 다져진; 관례적인, 잘 알고 있는. 3 패배한. ¶a ~ *army* 패한 군대. 4 지쳐버린, 녹초가 된. 5 세게 저어은, 거품을 낸. ¶~ *cream* 거품을 낸 크림. 6 (옷이) 다 해진; (책이) 너덜너덜해진; (토양이) 피폐한. 7 (美속어) 취한, 얼근해진. 8 (英속어) 돈이 없는. 「녹초가 된.
beaten down to the ankles (속어) 기진맥진한.
béaten tráck [**páth**] 图 (the ~) 밟아 다져진 길; (세상의) 관례[세대], 관습, 상례(常軌), 상도(常道).
follow [or ***keep to***] ***the beaten track*** 관례대로 하다. 「어난; 별난; 독특한.
off the beaten track [or ***path, road***] 상례를 벗
beat·er [bí:tər] 图 1 치는[두드리는] 사람; 두드리는 도구(절굿공이·망치 따위), (달걀 등의) 거품내는 기구, (믹서의) 회전날; (제지) 타해기(打解機), 비터. 2 (사냥) 몰이꾼. 3 (섬유) 비터.
Béat Generátion 图 (the ~) (때로 b- g-) 〖집합적〗 비트족[세대](1950년대 물질 문명에 반항한 미국의 젊은 세대; 개개인은 beatnik).
béat gròup 图 〖비트 음악을 연주하는〗 비트 그룹.
be·a·tif·ic [bì:ətífik] 图 지복(至福)을 가져오는; 축복받은; 행복에 넘친. -**i·cal·ly** 图
be·at·i·fi·ca·tion [bi:ætəfikéiʃən] 图 ⓤ⓪ 지복을 주기, 수락(授樂); 축복 받기, 행복해지기; 행복을 누리기; (가톨릭) 시복(諡福)(식).
beatífic vísion 图 (신학) 지복 직관(천사 및 천상의 여러 성도가 하느님의 모습을 접하는 일).
be·at·i·fy [bi:ǽtəfài] 图画 …에게 지복을 베풀다, …을 더없이 행복하게 하다; (가톨릭) 〖죽은 사람〗을 복자(福者)로 시복하다.
‡**beat·ing** [bí:tiŋ] 图 ⓤ⓪ 1 연달아 치기, 두드리기; 이 채찍질; (우유·달걀 따위를) 휘저어 섞음. 2 ⓒ 타파, 타도; 큰 손실. ¶*give one's opponent a thorough* ~ 상대방에게 완패를 안겨주다. 3 (심장의) 고동; (파도가 해안에) 부딪치기. 5 날개치기. 6 (해사) (바람·조류를 거슬러 배가) 갈짓자로 나아가기.
give *a person* ***a good beating*** 남을 호되게 때리
take a beating (美속어) 대패[참패]하다. 「다.
take some [or ***a lot of***] ***beating*** (구어) …을 능가하기가 쉽지 않다.
beat·ing-up [-ʌ́p] 图 1 (위협·복수를 위해) 린치를 가하기; 뭇매. 재기 불능으로 타격을 주기. 2 (섬유) 바디질.
beat·ism [bí:tizm] 图 ⓤ 비트주의. ⒜ Beat Genera-
be·at·i·tude [bi:ǽtətjù:d/-tjù:d] 图 1 다시 없는 행복, 지복. ⇨ HAPPINESS 유의어 2 (the B-s) 팔복(八福), 진복 팔단(眞福八端)(산상 수훈에서 예수가 설교했다.—마태 복음(Matt.) 5:3). 3 (동방 교회) 대주교의
bea·tle [bí:tl] 图 (美속어) =beetle. 「칭호.
Bea·tle·ma·ni·a [bí:tlméiniə, `-´-] 图 ⓤ 비틀스에 열광하기, 비틀스 열기; 비틀스 광(狂).
Bea·tles [bí:tlz] 图(®) (the ~) 비틀스(1960년대 세계를 휩쓸었던 영국의 4인조 록 그룹(1962-70)).
beat·nik [bí:tnik] 图 (때로 b-) 비트족(the Beat Generation)의 사람; 인습을 배척하는 사람.
beat-out [⁓áut] 图 (구어) 녹초가 된. 「out ⑤
beat·out [bí:tàut] 图 (야구) 내야 안타. ⇨*BEAT*
béat pàd 图 (美속어) 저질 마리화나 판매[흡입] 장소.
Be·a·trice [bí:ətris/bíə-] 图 1 베아트리체(단테의 *Vita Nuova*(신생) 와 *La Divina Commedia*(신곡) 속에서 이상화된 여성). 2 비어트리스(여자 이름).
béat swéetener 图 (속어) (언론) (대가성의) 출입처 선전[칭찬] 기사. 「국의 영화 배우·감독.
Beat·ty [bí:ti, béi-] 图 **Warren** ~ 비티(1937- : 미

beat-up [[∠]ʌ́p] 형 (구어) 1 (물건이) 써서 낡은, 모양이 망가진. ¶a ~ suit 오래 입어 낡은 옷. (또는 béat úp) 2 (사람이) 녹초가 된, 후줄근해진. 〔<福者〕

be·a·tus [beiáːtəs] 형 (魚) **-ti** [-tiː]) (가톨릭) 복자

beau [bou] 형 (복 ~s, ~x [-z]) 1 애인, 남자 친구, 연인. 2 (여성의) 호위자. 3 멋쟁이 사내, 한량.
— 동타 [여성의] 비위를 맞추다; (사교적인 모임을 위해) [여성]을 호위하다.
— 형 아름다운, 멋진, 친절한. 〔<F〕

Béau Brúm·mell [-brʌ́məl] 명 멋쟁이, 맵시꾼. 〔<영국 멋쟁이 George B. Brummell(1778-1840)의 이름〕

beau·coup [boukúː] 형 (구어·익살) 많은, 다수(다량)의. 〔<F〕

Béau·fort scále [bóufərt-] 명 보퍼트 풍력(風力) 계급. 〔<고안자 영국의 제독 Francis Beaufort(1774-1857)의 이름〕

BEAUFORT (WIND) SCALE

Force Number	State of Air (바람 이름)	Wind Velocity m/s
0	calm(고요)	0 — 0.2
1	light air(실바람)	0.3 — 1.5
2	slight breeze(남실바람)	1.6 — 3.3
3	gentle breeze(산들바람)	3.4 — 5.4
4	moderate breeze(건들바람)	5.5 — 7.9
5	fresh breeze(흔들바람)	8.0 — 10.7
6	strong breeze(된바람)	10.8 — 13.8
7	moderate gale(센바람)	13.9 — 17.1
8	fresh gale(큰바람)	17.2 — 20.7
9	strong gale(큰센바람)	20.8 — 24.4
10	whole gale(노대바람)	24.5 — 28.4
11	storm(왕바람)	28.5 — 32.6
12	hurricane(싹쓸바람)	above 32.7

Béaufort Séa 명 (the ~) 보퍼트 해(Alaska의 동북쪽에 해당하는 북극해의 일부).

beau geste [bóu ʒést] 명 (복 **-x -s**) 갸륵한 행동; (표면만) 착한[친절한] 행위, 아량; (그 자리에서만 환심을 사는 언행. 〔<F〕 「랜드; 좋은 남자.

beau·hunk [bóuhʌ̀ŋk] 명 (美학생 속어) 보이 프

béau idéal 명 (복 **-s i-**, **-x i-**) 이상미(理想美), 미의 극치. 2 (美 **b- -s**) 완전 무결[이상]의 전형. 〔<F〕

Beau·jo·lais [bòuʒəléi/[∠]--] 명 보졸레(프랑스 동부의 유명한 포도 산지); (복 **-es** [-z]) 보졸레산(產)의 버건디 포도주(Burgundy wine).

Beaujoláis Nou·véau [-nuːvóu] 명 보졸레 누보, 보졸레산(產)의 수확된 해의 11월 제 3 목요일에 발매됨). (또는 **Beaujoláis Priméur**)

Beau·mar·chais [bòumɑːrʃéi] 명 **Pierre Augustin Caron de ~** 보마르셰(1732-99: 프랑스의 극작가; 「피가로의 결혼」(1784)).

beau monde [bóu mánd/-mɔ́nd] 명 (the ~) 사교계; 상류 사회. 〔<F fine world〕 「도주.

Beaune [boun] 명 (상표) (Burgundy 산(產)) 적포

beaut [bjuːt] 명 (美·濠구어) (종종 비꼬아) 미인, 아름다운 것; 대단한 것(사람). — 감 (濠구어) 멋진, 좋은. =good. (濠구어) 멋져, 훌륭해, 좋아 (* 승인의 표현). 〔<beauty〕

beau·te·ous [bjúːtiəs, -tjəs] 형 (문어·시) 아름다운; (비꼬아) 멋있는, 대단한. ~**·ly** 부 ~**·ness** 명

beau·ti·cian [bjuːtíʃən] 명 미용사; 미용실 경영자.

beau·ti·fi·ca·tion [bjùːtəfikéiʃən] 명 미화; 장식. 「[것]; 화장품.

beau·ti·fi·er [bjúːtəfàiər] 명 아름답게 하는 사람

‡**beau·ti·ful** [bjúːtəfəl] 형 (**more ~**; **most ~**) 1 아름다운, 고운. ¶a ~ woman [landscape] 아름다운 여자[경치]. 2 (감각적으로) 기분 좋은, 쾌적한, 정신적인 기쁨을 가져다 주는; (지적·도덕적으로) 훌륭한, 멋진, 찬양할 만한, 우러러볼 만한; (반어적) 지독한 것의. ¶a ~

voice 아름다운 목소리/~ **weather** 기막히게 좋은 날씨/~ **patience** 우러러볼 만한 참을성/~ **wine** 최고급 포도주. 3 (구어) 사교계의; 세련된, 품위 있는.

〔유의어〕 **beautiful** 빛깔·형태 따위가 완벽에 가깝고, 감각적·정신적으로 큰 기쁨을 주는; 일반적으로 남자에게는 쓰지 않는다. **lovely** 사랑하지 않고는 배길 수 없을 정도로 아름답고, 강한 감각적 기쁨을 주는. **handsome** 외관이 당당하고 균형이 잡힌. **pretty** 조심스러우나 매력적이고 귀여운, 사랑스러운; 비교적 작은 것에 대하여 쓴다. **fair** 순결하고 신선한 아름다움을 강조하는 말. **comely** (문어) 용모가 반듯하고 인상이 좋은. **good-looking** 단순히 용모가 아름다운; handsome, pretty의 뜻으로 쓰이기도 한다.

— 명 (the ~) 1 ① 미(美); 미의 극치. 2 (복수취급) 아름다운 것, 미인(들). — 감 (구어) 잘했어! 멋지다! ~**·ness** 명

béautiful létters 명 (美) =belles-lettres.

‡**beau·ti·ful·ly** [bjúːtəfəli] 부 (**more ~**; **most ~**) 1 아름답게; 기분좋게, 쾌적하게; 훌륭하게. 2 (구어) 매우, 아주.

béautiful péople 명복 (the ~) (종종 B- P-) (구어) 국제 사교계 인사들, (유행의 첨단을 가는) 상류층 사람들; 제트족(제트기로 여행하는 부류들(jet set)); 현대 감각이 풍부한 사람들(◎ BP).

*‎**beau·ti·fy** [bjúːtəfài] 동타 …을 아름답게 하다, 미화하다; …을 장식하다. ¶Flowers ~ a garden. 꽃으로 정원을 꾸미면 즐거움이다. — 자 아름다워지다.

beau·til·i·ty [bjuːtíləti] 명 ① 미와 실용성의 겸비; 실용미, 기능미. 〔<beauty+utility〕

‡**beau·ty** [bjúːti] 명 (복 **-ties** [-z]) 1 ① (정신적·감각적) 아름다움, 미(美); 미모. ¶natural [physical] ~ 자연[육체]미 / A thing of ~ is a joy for ever. 아름다운 것은 영원한 즐거움이다(←John Keats) /B- is but [or only] skin-deep. (속담) 미모는 단지 기죽 한 꺼풀, 외모로는 인품을 알 수 없다. 2 미인, 미녀; 아름다운 것. ¶the reigning ~ 당대의 최고 미인/fashionable beauties of the screen 영화계에서 소문난 미녀들. 3 (예술 작품·건축물 따위의) 아름다운 것; (동류 중) 아주 뛰어난 것. ¶The new building is a ~, 그 새 건물은 (다른 건물에 비해서) 두드러지게 아름답다. 4 (the ~) (집합적) 미인[미녀]들. ¶the wise and ~ of the town 그 도시의 재사 가인(才士佳人)들. 5 (종종 -ties) (성격·환경의) 미점, 장점, 미관; (문학 작품의) 명문구; (구어) 이점(利點); 매력. ¶That's the ~ of it. 그것이 좋은 점이야. 6 (반어적) 형편없는 것, 지독한 것. ¶This mistake is a ~. 이 실수는 너무했다. 7 (물리) 뷰티(쿼크의 일종).

— 형 최고[최상]의. ¶the ~ part 최고의 부분.

— 감 (濠속어) 좋아 좋아!

béauty árt 명 미용술.

béauty cáre 명 (피부 손질 등의) 미용.

béauty cóntest 명 1 미인 선발 대회. 2 (구어) (미국 대통령 선거의) 인기 예비 투표.

béauty cúlture 명 (美) 미용술.

béauty dóctor 명 미용사.

béauty márk 명 애교점(beauty spot).

béauty óperator 명 미용사.

béauty párlor 명 미용실.

béauty quéen 명 미인 선발 대회의 여왕.

béauty salón [(美) salɔ́n] 명 =beauty parlor.

beau·ty-shopped [bjúːtiʃàpt/-ʃɔ̀pt] 형 미용실에서 멋을 낸. 「업.

béauty shót 명 (TV 광고에서 광고 상품의) 클로즈

béauty sléep 명 (one's ~) (구어) (미용에 좋다는) 초저녁잠; 잠깐 동안의 수면; (충분한) 수면.

béauty spécialist 명 (美) =beauty doctor.

béauty spót 명 1 (멋으로 붙이는) 검은 점, 애교점

(patch). **2** 검은 사마귀점(mole). **3** 명승지, 절경.
beauty treatment 명 미용[미안]술.
beauty wash 명 화장수, 미안수.
Beau·voir [bouvwá:r] 명 **Simone de ~** 보봐르 (1908-86: 프랑스의 여류 작가).
beaux [bouz] 명 beau의 복수형.
beaux arts [-dá:r] 명 미술(fine arts). [<F]
beaux-es·prits [bouzespri:] 명 bel-esprit의 복수형. [<F]
beaux gestes [bou ʒést] 명 beau geste의 복수형.
beaux yeux [F bozjø] 명복 아름다운 눈; 미모; 특별한 호의. [<F beautiful eyes]
‡**bea·ver**[1] [bí:vər] 명 **1** (통 ~(s) [-(z)]) 비버, 해리(海狸). **2** U 비버의 모피. **3** 비버 모자; 실크 해트(원래 비버의 모피로 만들었다). **4** U 〔섬유〕 일종의 두꺼운 모직물. (또는 ∼ clòth) **5** 〔구어〕 열심히 일하는 사람, 부지런한 사람(eager ~). **6** 〔구어〕 짙은 턱수염을 기른 사람. **7** (B-) 미국 Oregon 주 주민. **8** 〔구어·비어〕 여성의 음부, 음모; 포르노(책, 영화); (성적 대상으로서의) 여자. **9** 보이스카우트 조직의 최연소부(6-7세)의 소년.
(as) busy [or **industrious**] **as a beaver** 〔구어〕 매우 바쁜[부지런한].
(as) mad as a beaver 〔구어〕 불같이 화나서.
on beaver patrol 〔속어〕 섹스 상대의 여자를 찾아다님.
work like a beaver 〔구어〕 부지런히 일하다. ㅡ 동재 (英·익살) 부지런히 일하다(away)(at).
~·ish, 형 **~·like** 형
bea·ver[2] 명 (중세 투구의) 턱 가리개.
bea·ver·board [bí:vərbɔ̀:rd] 명 비버 보드 (천장·칸막이용 건축 자재). [러낸 여자 사진.
béaver shòt 〔美속어〕 두 다리를 벌려 성기를 드
Béaver Státe 명 (the ~) 미국 Oregon 주의 별칭.
bea·ver·teen [bí:vərtí:n, ˼ ˾ ˺] 명U 비버의 모피 비슷한 면 비로드[우단].
B.E.B. *British Education Broadcast.*
be·bop [bí:bàp/-bɔ̀p] 명U 〔음악〕 비밥(즉흥 연주를 특색으로 하는 재즈 연주의 하나). 자 bop! 〔구어〕
be·bop·per [bí:bàpər/-bɔ̀p-] 명 비밥 연주자.
be·bug·ging [bəbʌ́giŋ] 명 〔컴퓨터〕 프로그래밍의 디버깅(debugging) 능력 측정을 위해 프로그램에 일부러 잘못된 것을 삽입하기. © debugging
bec. *because.*
be·call [bikɔ́:l] 타 〔고어·비어〕 (남)을 욕하다, 매도하다.
be·calm [bikɑ́:m] 동타 **1** (수동형으로) (바람이 자서) (배)를 세우다. ¶ *The ship lay ~ed.* 배는 바람이 자서 멈추어 있었다. **2** 〔고어〕 ...을 가라앉히다.
‡**be·came** [bikéim] 동 become의 과거.
‡**because** ⇒ BECAUSE. (p. 252)
bec·ca·fi·co [bèkəfí:kou] 명 (통 ~(e)s) 꾀꼬리의 일종(이탈리아에서 식용).
bé·cha·mel (sàuce) [béi(ə)mèl-] 명U 베샤멜 소스(크림 모양의 진한 화이트 소스).
be·chance [bitʃǽns/-tʃɑ́:ns] 동 〔고어〕 (...에게 우연히) 일어나다, 생기다, 닥치다(befall). ㅡ 부 우연히.
be·charm [bitʃɑ́:rm] 동타 ...을 매혹하다; ...의 넋을 빼앗다.
bêche-de-mer [bèʃdəméər, bèiʃ-] 명 (통 **bêches-,** ~) **1** 해삼(trepang). **2** (종종 Bêche-de-Mer) = Neo-Melanesian. [<F]
beck[1] [bek] 명 (신호로서의) 고갯짓(nod), 손짓; (명령의) 신호; (스코) 인사, 절.
be at a person's ***beck*** (*and call*) 남이 시키는 대로
have a person at one's ***beck*** (*and call*) 남을 마음대로 부리다.
ㅡ 동 〔고어〕 ㅡ재 ...을 데로 부르다. [음대로 부리다.
beck[2] 명 〔英방언〕 시내, 급류, 계곡의 개울.
Beck·er [békər] 명 베커. **1 Carl Lotus ~** (1873-1945: 미국의 역사학자). **2 Gary Stanley ~** (1930- : 미국의 경제학자; 노벨경제학상(1992)). **3** [F békɛr]

Jacques ~ 베케르(1906-60: 프랑스의 영화 감독).
beck·et [békit] 명 〔해사〕 (밧줄·노·원재(圓材) 따위를 연결하는) 다림줄, 밧줄; 밧줄의 고리.
Beck·ett [békit] 명 **Samuel ~** 베케트(1906-89: 아일랜드의 극작가·소설가; 노벨 문학상(1969)).
*****beck·on** [békən] 동재 **1** (손짓·몸짓으로) ...에게 신호 부르다(*in, on*); ...하도록 지시하다 (*to do*). ¶ (~+图+*to do*) *He ~ed me to come nearer.* 그는 내게 가까이 오라고 손짓했다 // (~+图+回) *He ~ed us in.* 그는 우리를 들어오라고 손짓하여 불러들였다. **2** ...을 유인[유혹]하다; ...을 부추기다(*in, on, over*). ㅡ 타 부르다, 유혹하다; 신호하다 (*to*). ¶ (~+图+名) *I ran to the side and ~ed to John.* 나는 옆쪽으로 달려가서 존에게 신호를 보냈다. ㅡ 명 (손짓·몸짓으로 하는) 신호, 부름.
~·er 명 **~·ing·ly** 부
Beck·y [béki] 명 베키(여자 이름; Rebecca의 애칭).
be·clasp [biklǽsp/-klɑ́:sp] 동타 ...(의 둘레)를 고정시키다, 꽉 죄다.
be·cloud [bikláud] 동타 ...을 구름으로 가리다; 〔판단력 따위〕를 흐리게 하다; ...을 모호하게 하다; ...을 혼란시키다. ¶ ~ *an argument* 토론을 혼란에 빠뜨리다.
BECO [békou] 〔로켓〕 *booster engine cutoff* (발사용 로켓 엔진의 연소 차단).
‡**be·come** [bikám, bə-] 동 (~*s* [-z]; *-came, -come, -com·ing*) 재 **1** ...이[으로] 되다. ¶ (~+補) *He has ~ a merchant.* 그는 장사꾼이 되었다 (* 미래의 일에는 be를 쓴다. 예: *He will be a merchant.*) / *He became wiser as he grew older.* 그는 나이들에 따라 현명해졌다 / *He became tired.* 그는 피로해졌다 / *How did you ~ acquainted with him?* 그와는 어떻게 알게 되었습니까? **2** 〔고어〕 일어나다, 생기다. ㅡ 타 ...에게 어울리다; (언동 따위가) ...에게 알맞다, 적합하다. ¶ *Does this coat ~ me?* 이 코트가 내게 어울리니? / *It ill ~s you to do such a thing.* 그런 일을 하다니 너답지 않다.
become of (what, whatever를 주어로 하여) ...은 어떻게 되는가. ¶ *What has ~ of him?* 그는 어떻게 되었을까?; 〔구어〕 그는 어디 갔을까?
*****be·com·ing** [bikámiŋ] 형 잘 어울리는 (*to, on*); 알맞은, 적합한 (*in, to, for*). ¶ *Complaining is not ~ in a man.* 불평을 늘어놓는 것은 남자답지 않다.
ㅡ 명U **1** 변화. **2** 〔철학〕 생성 (⇔ being).
~·ly 부 **~·ness** 명
bec·que·rel [békərèl] 명 〔물리〕 베크렐 (방사능의 SI 단위; 기호 Bq). [<A. H. Becquerel의 이름]
Bec·que·rel [békərèl] 명 **Antoine Henri ~** 베크렐 (1852-1908: 프랑스의 물리학자; 노벨 물리학상).
Becquerél effèct 명 베크렐 효과 (전해액에 담긴 2개의 동질 전극의 조도차(照度差)에 의해 기전력(起電力)이 생기는 현상). [<A. H. Becquerel의 이름]
Becquerél ràys 명복 베크렐선 (α, β, γ의 세 방사선). [<A. H. Becquerel의 이름]
‡**bed** [bed] 명 **1** (통 ~*s* [-z]) 침대, 베드; 잠자리; 침소(寢所); (말·소의) 잠자리 짚, 깃(litter). ¶ *a feather ~* 깃털 침대[요] / *jump out of ~* 잠자리에서 벌떡 일어나다 / *She is too fond of her ~.* 그녀는 노상 잠만 자려고 한다[게으르다] / *I want a room with a double ~.* (호텔에서) 더블 베드가 있는 방을 주십시오. **2** CU 잠자리에 들기, 취침 (시간); 숙박, 하룻밤의 숙소. ¶ *It's time for ~.* 잠잘 시간이다. **3** CU (성관계의) 잠자리; 부부 관계; 〔구어〕 성교. **4** 휴식소. **5** 화단 (flower ~): 묘상(苗床); 화단[묘상]의 화초. **6** 하상(河床), 강바닥(river ~); 대 위의 양식장. **7** 토대, 대 (臺), 기초; 포상(砲床). **8** 〔지질〕 층, 지층; 암상, 광상 (鑛床). ¶ *a coal ~: a ~ of coal* 탄층. **9** 도상(道床), (철 위에 포장되어) 노반(road ~). **10** (예를 타일 따위의) 밑면; 평평한 밑면[닿는 면]. **11** 〔인쇄〕 반대 (盤臺);

Why로 시작되는 질문에 대한 대답의 맨 앞에 서서 원인·이유를 곧바로 나타내는 말로, if, though, as와 더불어 중요한 종속접속사의 하나이다. 그러나 이들과 달리 because는 주절 뒤에 오는 일이 많기 때문에 같은 위치의 등위접속사 for와 혼동하기 쉽다. for 및 유사한 뜻의 접속사 as, since와의 구별은 다음과 같다.
(1) because는 원인·이유를 직접적으로 명확하게 나타낸다.
(2) since와 as는 부수적·우연적으로 원인·이유를 말하며, 문장에서보다는 대화에서 많이 쓴다. 강도의 관계는 because > since > as의 순이다.
(3) for는 판단의 근거를 나타내며, 대화에서는 잘 쓰지 않는다.

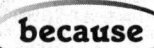

‡be·cause [bikɔ́:z, bə-, -káz, -káz/bikɔ́z, bə-, -kəz] 접 1 ((종속접속사로서 부사절을 이끌어)) a) ((주절에 서술된 결과를 가져오게 한 원인을 설명하여)) …이므로, …이기 때문에; ((why 의문에 대한 대답을 이끌어)) 왜냐하면 …이니까.¶The boy was absent ~ he was ill. 소년은 아파서 결석했다/B– the water had risen, we could not cross the river. 물이 불어서 강을 건널 수가 없었다/It is ~ he has behaved so badly that he must be punished. 그가 벌을 받아야 하는 것은 버릇없이 굴었기 때문이다 (* 강조 구문)/The car will be wrecked ~ (it is being) driven by Harry. 해리가 운전하기 때문에 차는 엉망이 될 것이다/"Why aren't you going?" "B– I am busy."「왜 안 가려고 하니?」「(왜냐하면) 바쁘니까.」. b) ((주절의 사실을 주장하는 근거를 설명하여)) …으로 판단하면, …으로 보건대(for)(* 문장에서는 콤마로 구분하고, 대화에서는 잠간 멈춘다. ¶He was drunk, ~ [or for] he fell down the stairs. 그는 취했다. 그러니 계단에서 떨어졌다.
2 ((부정어와 함께)) …이라고 해서 (…아니다). a) ((이유가 타당하지 않음을 나타내어)) ¶You should not despise a man just ~ he is poorly dressed. 사람을 옷차림이 남루하다는 이유만으로 경멸해서는 안 된다. b) ((원인·이유가 다른 데 있음을 나타내어)) ¶I didn't call ~ I wanted to see her. 그녀를 만나고 싶어서 방문한 것은 아니다.

주의 가령 I didn't go *because I was afraid.*에서는 1) 무서워서 가지 않았다, 2) 무서워서 간 것은 아니다 처럼 두 가지로 해석할 수 있다. 또한, She didn't marry him *because she loved him.*에서도 1) 사랑하고 있었기 때문에 결혼하지 않았다, 2) 애정이 있어서 결혼한 것은 아니었다(달리 이유가 있었다)의 두 가지 해석이 가능하다. 그 어느 쪽인가는 전후 관계로 결정되며, 또한 대화에서는, 2)의 경우에는 *because* 앞에서 멈추지 않고 발음하고, 1)의 경우에는 잠간 멈추어서 뜻이 명확해진다.

3 ((구어)) ((the reason과 호응하여 명사절을 이끌어)) …라는 것(that).¶The only real reason for doing a thing is ~ [or *that*] you want to do it. 하고 싶어 한다는 것이야말로 어떤 일을 하게 되는 단 하나의 진짜 이유이다/B– he seldom wrote you doesn't necessarily mean he loves you no longer. 그가 너에게 좀처럼 편지를 쓰지 않았다고 해서 이젠 더 이상 너를 사랑하고 있지 않다는 것을 뜻하는 것은 아니다 (* because절을 주어로 쓰는 것은 구어체이다).
all the more because …이니까 더욱더[오히려].¶I love her *all the more* ~ she has faults. 결점이 있기에 오히려 그녀를 좋아한다.
just [or **only**] **because** ① 오로지 …이므로, …인고로. ② ((부정어와 함께))⇒ 접 2 a).
none the less because …에도 불구하고 역시.¶She respected him *none the less* ~ he was uneducated. 그는 교육받지 못했지만 그래도 그녀는 그를 존경했다.
simply because …이라는 이유만으로.
── 图 * 다음 숙어로만 쓴다.
because of …때문에, …의 이유로.¶The game was called ~ of rain. 시합은 비 때문에 중지되었다/B– of the train's high speed, even the slight snow proved to become a cause of an accident. 열차의 속도가 빠르기 때문에 조금만 눈이 와도 사고의 원인이 된다는 것이 판명되었다.

[조선] 형판(型板), 조선대. 12 ((동물)) 손톱[발톱] 뿌리의 살. 13 무덤.¶one's lowly [or narrow] ~ 분묘, 무덤. 14 ((스포츠)) (트램펄린의) 매트 부분; (볼링의) 레인 바닥; (당구대의) 대상(臺床). 15 ((화학)) 층(層), 상(床).
a bed of dust 무덤.
a bed of honor 전사자의 무덤.
a bed of roses [or *down, flowers*] 안락한 신분.
a bed of sickness 병상(病床)(sickbed). [[생활].
a bed of thorns [or *nails*] 바늘방석, 괴로운 처지, 고통스러운 입장.
a child of the second bed 재혼해서 낳은 아이.
be brought to bed (*of*) ((문어)) [아이]를 분만하다, 해산하다.
be confined to one's bed =*keep one's bed.*
before bed 취침 전에.
be in bed 자고 있다; 성교를 하고 있다.
die in (*one's*) *bed* 제명대로 살고 죽다; 병으로 죽다.
early to bed and early to rise 일찍 자고 일찍 일어나기.   [어나기.
get out of bed 잠자리에서 일어나다.
get out of bed (*on*) *the wrong side*; *get out on* [or *of*] *the wrong side of the bed*; *get up on the wrong side of the bed* 꿈자리가 나쁘다, 아침부터 기분이 사납다.
go to bed ① 자다, 취침하다. ② (이성과) 자다, 성교하다 (*with*). ③ (신문 따위가) 인쇄에 들어가다. ④ ((속어)) [명령형으로] 입닥쳐, 시끄러워! 「하다.
go to bed in one's boots ((속어)) 곤드레만드레 취
go to bed with the chickens ((구어)) 일찍 자다.
have one's bed 해산 자리에 눕다, 산욕에 들다.
jump from bed to bed ((구어)) 계속 여자를 갈다.
keep one's bed 몸져 누워 있다, 자리보전하다.
leave one's bed 병상에서 떠나다, 완쾌하다.
lie in [or (*up*)*on*] *the bed one has made*; *make one's bed and lie in* [or (*up*)*on*] *it* ((구어)) 자기가 한 일의 보답을 받다, 자업자득이다.¶*As you make your* ~*, so you must lie on it.* =*One must lie in* [or *on*] *the* ~ *one has made.* ((속담)) 자업 자득.
make a [or *the*] *bed* (자려고) 잠자리를 펴다; (기상 후) 잠자리를 개다[정돈하다).
make one's bed ① 잠자리를 펴다. ② ((구어)) 불행을 자초하다.   「리를 준비하다.
make up a bed ① =*make a bed.* ② 임시로 잠자
put... to bed ① …을 재우다. ② ((인쇄)) 판을 짜다; (신문 따위의) 인쇄 준비를 하다.
share the bed 잠자리를 같이 하다, 동침하다.
sit up in bed 잠자리에서 일어나 앉다.
take to (*a*) *bed* 해산하러 자리에 눕다.   「다.
take [or *keep*] *to one's bed* 침대에 눕다; 앓아 누

wet one's **bed** (자면서) 오줌을 싸다.
— 围 (~s [-z]; -dd-) 卧 1 …에게 침대를 제공하다, 잠자리를 마련하다. 2 …을 재우다. 3 (화·소 따위)에게 짚을 깔아 주다, …에게 잠자리를 만들어 주다(down). 4 (원예) …을 모상에 심다, 화단에 심다; …을 밭에 심다(out). 5 …을 판판하게 놓다, 층층으로 쌓아올리다, 설치하다. ¶ (~+目+前+名) ~ bricks in mortar 벽돌을 회반죽을 써서 쌓아올리다. 6 …을 묻다, 끼워 넣다. 7 (구어) …와 성교하다. — 卧 1 잠자리에 들다, 자다(down). ¶ (~+前) be accustomed to ~ early 일찍 자는 데 익숙해져 있다. 2 (호텔 따위에) 숙박하다. 3 (물건이) (…위에) 얹히다, 안정(고정)되다(on). 4 (지질) 지층을 형성하다. 5 (이성과) 동거하다(with).
bed down 잠자리에 들다; 잠자리를 마련해 주다.
bed out (식물)을 모상에서 정원 따위에 이식하다.
～**less**, ～**like**
B. Ed., BEd *Bachelor of Education.*
be·dab·ble [bidǽbl] 卧 …에 (물 따위를) 튀기다, (뛰겨서) …을 더럽히다(with). ¶ a dress ~d with blood 피로 얼룩진 옷.
béd and bóard 囹 1 숙박과 식사. 2 침식을 함께 하기, 결혼 생활, 부부 관계; 가정.
bed-and-break·fast [^nbrékfəst] 囹 (英) 숙박 및 아침 식사(민박 등에서의 숙박 제공 조건; ⓒ b. and b., b&b, B&B). (또는 **béd and bréakfast**)
be·dash [bidǽʃ] 卧 1 …에 온통 뿌리다(with). ¶ ~ a salad *with* pepper 샐러드에 후춧가루를 골고루 뿌리다. 2 …에 퍼붓다, 충돌하다. 3 (계획·논의 따위)를 엉망으로 만들다, 망치다.
be·daub [bidɔ́ːb] 卧 …을 (페인트 따위로) 온통 칠하다, 더럽히다; …에 튀기다; 을 야하게 꾸미다.
be·daze [bidéiz] 卧 …의 눈을 부시게 하다 (daze); …을 멍하게 하다, 어리둥절케 하다.
be·daz·zle [bidǽzl] 卧 …을 현혹시키다, …의 눈을 부시게 하다; …에게 강렬한 인상을 주다, 매료하다.
～**ment** 囹
béd báth 囹 =blanket[(英) sponge] bath.
béd bóard 囹 매트리스와 스프링 사이에 까는 딱딱하고 얇은 판. (또는 **bédbòard**)
bed·bug [bédbʌ̀g] 囹 빈대. 「사」
bédbug hàuler 囹 (美속어) 이삿짐 운반차(운전
béd chàir 囹 =chair bed. 「room.
bed·cham·ber [bédtʃèimbər] 囹 (고어) =bed-
béd chèck 囹 (군사) 취침 확인 점호.
bed·clothes [bédklòuz, -klòuðz] 囹 (복) 침구(모포와 시트), 이부자리(bedding).
bed·cov·er [bédkʌ̀vər] 囹 침대 커버, 침대보.
béd cùrtain 囹 침대 둘레에 드리운 커튼.
bed·da·ble [bédəbl] 囹 (속어) (여성이) 쉽게 남자와 자는; 성적 매력이 있는. 「의.
bed·ded [bédid] 囹 (지질) (암석 등이) 충상(層狀)
bed·der [bédər] 囹 1 (英구어) =bedmaker 1. 2 (또는 **bédding plànt**) (원예) 화단용 화초.
bed·ding [bédiŋ] 囹⛃ 1 침구류. 2 (가축의) 잠자리짚, 깃. 3 (건축) 토대, 기초. 4 (지질) 층리(層理), 성층(成層). —囹 (원예) 화단용(用)의. 「層理面.
bédding plàne 囹 (지질) (퇴적암 내부의) 층리면
bédding plànt 囹 (원예) =bedder 2.
bed-dy-bye [bédibài] 囹 (어린이말) 침대; 취침 시간. ¶ Come, ~! 아가, 이제 자야지!
be·deck [bidék] 卧 (문어) (종종 수동형으로) …을 꾸미다, 장식하다, (야하게) 치장하는(with, in). She ~ed her daughter *with* silk and jewels. 그녀는 비단과 보석으로 딸을 치장시켰다.
bed·e·guar [bédigà:r] 囹 (흑벌(gall wasp) 따위에 의해 생긴) 장미의 충영(蟲癭). (또는 **bedegar**)
bede·house [bíːdhàus] 囹 =beadhouse.
be·del [biːdəl/bidél] 囹 (英) =beadle.

bedes·man [bíːdzmən] 囹 =beadsman.
be·dev·il [bidévəl] 卧卧 (-l-, (英) -ll-) …을 괴롭히다; …을 귀신 들리게 하다; (마음 따위를) 혼란시키다, 엉망으로 만들다; 방해하다, 곤란하게 하다.
～**ment** 囹⛃ 귀신 들림; 고민, 곤혹.
be·dew [bidjúː/-djúː] 卧 (문어) …을 (이슬[눈물]로) 적시다(with). ¶ Tears ~ed her cheeks. 눈물이 그녀의 볼을 적셨다.
bed·fast [bédfǽst/-fɑ̀ːst] 囹 (병·노령 따위로) 자리보전하고 있는(bedridden).
bed·fel·low [bédfèlou] 囹 1 잠자리를 함께 하는 사람, 아내(bedmate); (속어) 불륜 상대. 2 (친밀한) 동료, 패거리. ¶ an awkward ~ 사귀기 거북한 사람.
Bed·ford [bédfərd] 囹 **John of Lancaster, Duke of** ~ 베드퍼드(1389-1435: 프랑스의 섭정; England왕 Henry IV의 아들).
Bédford córd (조긴·승마복용) 나사 코르덴.
Bed·ford·shire [bédfərdʃìər, -ʃər] 囹 1 베드퍼드셔(영국 중부의 주; 주도 North Bedford). (또는 **Bedford, Beds**) 2 (英속어) 침대; 취침 시간. ¶ go to ~ 자다.
béd·frame [bédfrèim] 囹 =bedstead.
béd·gown [bédgàun] 囹 =nightgown.
bed·head [bédhèd] 囹 베드헤드, 침대머리 판자.
bed·hop·ping [bédhàpiŋ/-hɔ̀p-] 囹 많은 이성과 잠자리를 같이 하기. 「을 꾸미다, 장식하다(array).
be·dight [bidáit] 卧卧 (~; ~(·ed)) (고어·시) …
be·dim [bidím] 卧 (**-mm-**) (눈·마음 따위)를 (…로) 흐리게 하다; …을 명하게 하다(with).
bed-in [-ìn] 囹 드러누운 채 하는 농성[파업].
be·di·zen [bidáizn, -dízn] 卧卧 …을 장식하다, 야하게 치장하는(with). ～**ment** 囹
béd jàcket 囹 환자용 짧은 윗도리; 여성용 잠옷.
bed·key [bédkìː] 囹 베드키(침대 나사 조절용 스패너).
bed·lam [bédləm] 囹 1 ⛃ 대소동, 혼란; 미친 짓; 시끄러운 장소. ¶ It is a terrible ~. 정말 굉장한 소동이군. 2 (고어) 정신 병원; (B-) (London에 있었던) St. Mary of Bethlehem 정신 병원의 속칭. — 囹 미친(것 같은), 시끄러운; 정신 병원의.
bed·lam·ite [bédləmàit] 囹 (고어) 정신병자, 미치광이. — 囹 미친, 광기의.
bed·lamp [bédlæ̀mp] 囹 (머리맡의) 침실용 램프.
bed·light [bédlàit] 囹 =bedlamp.
bed·lin·en 囹 (침대용) 시트와 베갯잇.
Bed·ling·ton (**térrier**) [bédliŋtən(-)] 囹 베들링턴 테리어(잉글랜드 북부의 Bedlington산(産) 테리어)
béd lòad 囹 (지질) 하상 유사(河床流砂). 「개).
Bédloe's ísland [bédlouz-] 囹 베들로 섬(Liberty Island의 옛 이름).
bed·mak·er [bédmèikər] 囹 1 잠자리 준비하는 사람; (英) (Oxford, Cambridge 대학의) 침실 담당 직원. 2 침대 제조인. 「준비.
bed·mak·ing [bédmèikiŋ] 囹⛃ 침대 정돈, 잠자리
bed·mate [bédmèit] 囹 잠자리를 같이 하는 사람 (bedfellow); 아내, 남편, 연인. 「쇠시리.
béd mólding 囹 (건축) 돌출부 따위의 바로 밑의
Bed·ou·in [béduin, béduwin] 囹 (복 ~(**s**)) 베두인 사람(사막 지방에서 유목 생활을 하는 Arab인); 방랑자, 유목민. — 囹 베두인 사람의; 유목민의. (또는 **Beduin**)
bed·pad [bédpæ̀d] 囹 베드패드(침대용 요).
bed·pan [bédpæ̀n] 囹 (환자용) 변기; 각로(脚爐).
béd pìece 囹 =bedplate. 「탕파.
béd pláce 囹 접는 침대를 세워두는 곳.
bed·plate [bédplèit] 囹 (기계) 바닥널, 대판.
bed·post [bédpòust] 囹 침대 기둥[다리]; (~s) (볼링) 7·10번 핀이 남는 스플릿.

between you and me and the bedpost (구어) 우리끼리 이야기인데, 은밀히.
in the twinkling of a bedpost 순식간에, 금세.
bed·quilt [[≤]kwìlt] 명 (침대용) 누비 이불.
be·drab·ble [bidrǽbl] 타 …을 비진흙으로 더럽히다.
be·drag·gle [bidrǽgl] 타 …을 흠뻑 젖게 하다; 진흙투성이로 하다; [옷 따위]를 질질 끌어 더럽히다. **-gled** [-d] 형 (오수(汚水)로) 더럽혀진.
bed·rail [bédrèil] 명 침대의 옆널.
be·drench [bidrénʃ] 타 …을 흠뻑 젖게 하다.
béd rèst 명 (결핵 환자 등의) 침대 요양; (환자용 침대의) 기대는 장치.
bed·rid [bédrid] 형 쇠약한, 노쇠한, 약하디 약한; =bedridden. 「노후한.
bed·rid·den [bédridn] 형 누워만 있는; 지쳐빠진.
bed·rock [bédràk/-rɔ̀k] 명 ① 〔지질〕 암반, 기암(基岩). ② 지층군(地層群)의 최하위 층: 최저, 바닥. ③ 근저, 튼튼한 기초. ④ 기본 원리; 기본적 사실.
be at bedrock (재고 따위가) 바닥이 나다.
get [or ***come***] ***down to bedrock; reach bedrock*** ① 진상[본질]을 규명하다. ② (美속어) 바닥에 이르다, 무일푼이 되다.
strike bedrock (美속어) 죽다.
— 형 기초[근저]의; 최저의; 튼튼한.
bédrock príce 명 (the ~) 최저가, 바닥 시세.
bed·roll [bédròul] 명 (美) 휴대용 침구, 침낭.
~-er 명 침낭 휴대 여행자.
‡**bed·room** [bédrù:m, -rùm] 명 (명 ~s [-z]) ① 침실. ② (2개의 침대와 세면 설비가 있는 열차의) 침대칸. ③ =~ suburb. —형 ① 정사를 다룬, 성적인; 선정적인. ¶ ~ eyes 여성의 섹시한 눈길. ② 침실이 많은 (집에) 사는.
bédroom dráma 명 명사의 섹스 스캔들
bédroom scène 명 베드신, 성애 장면. 「퍼.
bédroom slípper 명 (보통 ~s) 침실용[실내] 슬리
bédroom súburb [commúnity, tòwn] 명 교외 주택지((英) dormitory suburb).
Beds [bedz] 명 =Bedfordshire.
bed·set·tee [bédseti:] 명 =sofa bed.
bed·sheet [bédʃìːt] 명 (침대) 시트(보통 아래위 두 장 사이에 들어가 잔다).
‡**bed·side** [bédsàid] 명 (a ~, the ~) 침대 곁; (환자의) 머리맡. —형 침대 곁[머리맡]의.
be [or ***sit, watch***] ***at*** [or ***by***] ***a person's bedside*** 남의 머리맡에서 시중들다, 남을 간호하다.
bédside mánner 명 의사가 환자를 대하는 태도. ¶ have a good ~ (의사가) 환자를 다룰 줄 알다.
bed-sit [[≤]sít] (英속어) 형 자 bed-sitter에 살다.
— 명 =bed-sitter. 「room.
bed-sit·ter [[≤]sítər] 명 (英구어) =bed-sitting
béd-sít·ting ròom 명 (英) 아파트의 침실 겸 거실, 원 룸 아파트((美) studio apartment). 「말.
bed·sock [bédsàk/-sɔ̀k] 명 (보통 ~s) 침대용 긴 양
bed·so·ni·a [bedsóunia] 명 (명 **-ni·ae** [-nìài], ~**s**) 〔세균〕 베드소니아(트라코마·관절염 따위의 원인이 되는 미생물). 〔<영국의 세균학자 Samuel P. Bedson(1886-1969)의 이름〕
bed·sore [bédsɔ̀:r] 명 (환자의) 욕창(褥瘡). 「수.
bed·space [bédspèis] 명 (호텔·병원 등의) 침대 수
bed·spread [bédsprèd] 명 (장식용의) 침대 커버.
bed·spring [bédspriŋ] 명 침대의 스프링. —형 (안테나 따위가) 침대 스프링 모양의.
bed·stand [bédstæ̀nd] 명 =night table.
bed·stead [bédstèd, -stid] 명 침대틀[프레임].
bed·straw [bédstrɔ̀:] 명 U 갈퀴덩굴속(屬) 본초의 속칭; (매트리스 대신에 사용하는) 깔짚. 「table).
béd tàble 명 침대 곁에 두는 작은 탁자(night
béd tèa 명 (파키스탄에서) 갓깬 손님에게 내는 아침 차.
bed·tick [bédtìk] 명 요껍데기, 베갯잇. 「다.

***bed·time** [bédtàim] 명 U 잘 시간, 취침 시각. ¶ It's past ~. 잘 시간이 지났다. —형 취침 전의.
bédtime stòry 명 잠재울 때 들려주는 이야기[동화]; 재미는 있으나 미덥지 못한 이야기.
Bed·u·in [bédùin, -wìn] 명형 =Bedouin.
bed·ward(s) [bédwərd(z)] 부 침대(쪽으)로; (명에) 취침 시각이 가까워져.
bed·wet·ting [bédwètiŋ] 명 U 자다가 (이불에) 오줌 싸기, 야뇨증(夜尿症)(enuresis). **-wèt·ter** 명
bed·work [bédwə̀:rk] 명 (속어) 성교.
bed·wor·thy [bédwə̀:rði] 형 =beddable.
‡**bee¹** [bi:] 명 (명 ~**s** [-z]) ① 벌; 꿀벌(honeybee); (비유적) 부지런한 일꾼. ¶ a queen ~ 여왕벌 / a working [or worker] ~ 일벌 / a busy ~ 부지런한 사람. ② (美) (경기·오락·일 따위를 위한) 모임, 경기. ¶ a spelling ~ 철자 경기[시합]. ③ (英속어) 놈, 녀석.
(as) busy as a bee [or ***bees***] 몹시 바쁜.
bees (***and honey***) (속어) 돈.
have a bee in one'***s bonnet*** [or ***head***] ① 머리가 좀 이상해져 있다. ② (머리가 이상해질 정도로) 어떤 생각에 골몰해 있다. 「려고 하다.
put the bee on (구어) …에게서 돈[기부금]을 얻으
swarm like bees 벌떼처럼 모여들다, 운집하다.
work like a bee 부지런히 일하다.
~·like 형 「blóck).
bee² 명 〔해사〕 비 (블록), 지삭환(支索環). (또는 ~
bee³ 명 ① (알파벳의) B, b자. ② (美속어) (또는 **B**) 성냥갑 한 상자 분량의 마약(판매 단위).
B.E.E. *B*achelor of *E*lectrical *E*ngineering.
Beeb [bi:b] 명 (the ~, Aunti ~) (英구어) 영국 방송 협회(BBC)의 애칭.
bée bàlm 명 멜리사, 향수박하, 발삼. (또는 **lémon bàlm**)
bee-bee [bí:bì:] 명 ① 공기총, 비비총(~ gun); (美속어) 기관총 탄환.
bée bèetle 명 (유럽산) 벌집에 꾀는 작은 딱정벌레.
bée bird 명 벌잡이새(북미산(産) kingbird 따위).
bee·bread [bí:brèd] 명 U 꿀벌의 식량(꽃가루와 꿀의 혼합물)로 유충의 먹이).
*beech [bi:tʃ] 명 ① 너도밤나무. ② (또는 **béechwòod**) U 너도밤나무 재목. **~·en** 형 너도밤나무의[재목으로 만든]. **~·y** 형
béech márten 명 =stone marten.
béech màst 명 (땅에 떨어진) 너도밤나무의 열매.
beech·nut [bí:tʃnʌ̀t] 명 너도밤나무의 열매.
beech·wood [bí:tʃwùd] 명 =beech ②.
bée cúlture 명 양봉(養蜂).
bee-eat·er [[≤]ì:tər] 명 벌잡이새(bee bird).
‡**beef** [bi:f] 명 ① U 쇠고기, 비프(참 veal); (일반적으로) 식용으로. ¶ corned ~ 콘드비프 / horse ~ 살찐 ② (명 **beeves**, (美) ~**s**) 식용우, 육우(* cow, bull, ox, steer를 불문한다). ¶ beeves of good quality 양질의 식용우.

참고 쇠고기의 등급——prime(최상급), choice(상급), good(중급), standard(보통) 등으로 나뉜다.

③ U (구어) 근육; 근력, 완력; 체력, 힘. ¶ ~ and muscle 완력, 근력 / He's got plenty of ~. 그는 근육이 발달해 있다. ④ U (구어) 체중, 살집; 살찐 사람; 체격이 늠름한 남자; (속어) (섹시하고 젊은) 멋진 여자. ⑤ (명 ~**s**) (속어) 불평, 불만; 말다툼, 싸움. ¶ a ~ session 불평 청취 집회. ⑥ (속어) 청구서(bill). ⑦ (비어) 음경(陰莖).
beef to the heels [or ***knees***] 몹시 살이 쪄서.
dressed like Christmas beef (英속어) 나들이옷을 차려 입고. 「내라!
Put some beef into it! (속어) 열심히 해라!, 힘을
take [or ***put***] ***on beef*** 체중이 늘다, 살이 찌다.
Where's the beef? (美구어) (약속한) 알맹이는 대

체 어디 있는가?(* 미국 햄버거 체인 Wendy's의 TV 광고문에서 경쟁 회사의 상품을 조롱한 문구).
— 图匣 1 (소)를 살지게 하다(up); (소)를 도살하다. 2 (축력)⋯와 성교를 하다.
— 困 (속어) 불평[항의]하다, 투덜대다 (at, about).
beef up (구어) (조직·세력 따위)를 강화[보강, 증강]하다. ¶ ~ *up* an air force 공군력을 강화하다.
-**less** 형

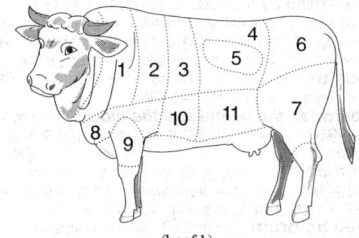

[beef 1]
1. neck 목살 2. chuck 목정
3. rib 갈비살 4. loin 허리살
5. fillet 필레 6. rump 엉덩이살
7. round 사태 8. brisket 가슴고기
9. shank 정강이살 10. plate 앞갈비살
11. flank 옆구리살

beef·a·lo [bíːfəlòu] 밍 (複 ~(e)s, ~) (美) 비팔로(들소와 식용우의 교배 품종인 육우). [<*beef*+buff*alo*]
beef·burg·er [bíːfbə̀ːrɡər] 밍 쇠고기 햄버거.
beef·cake [bíːfkèik] 밍 (美구어) (남성의) 육체미(누드) 사진; 핸섬하고 늠름한 남성. 핑 cheesecake
-**càk·e·ry** 명 남성 육체미 사진 기술[촬영].
béef cáttle 밍 (집합적) 육우(肉牛). 핑 dairy cattle
béef cùrtain 밍 (보통 ~s) (속어) 유방, 젖퉁.
beef·eat·er [bíːfìːtər] 밍 1 (영국 왕의) 근위병; 런던탑의 수위. 2 (美구어) 영국인. 3 쇠고기를 먹는 사람; (비유적) 비만한 사람.
beefed-up [bíːftÁp] 형 (구어) 증강[보강]된.
beef·er [bíːfər] 밍 1 육우. 2 (美속어) 불평가; 밀고자. 3 (英속어) 호모, 동성애자.
béef èxtract 밍 쇠고기 엑스[진액].
béef fìlet 밍 쇠고기 필레.
beef·head·ed [bíːfhèdid] 형 (구어) 어리석은, 우둔한.
bee-fish [bíːfìʃ] 밍 비피시(저민 쇠고기와 으깬 어육을 섞은 것; 햄버거 만드는 데 쓰인다). [<*beef*+*fish*]
béef lìver 밍 소의 간.
bée flý 밍 재니등에(재니등에科) Bombyliidae 파리목(目) 곤충의 총칭.
béef pótpie 밍 따뜻한 쇠고기 파이.
beef·road [bíːfròud] 밍 (濠) 소 수송로.
béef squàd 밍 (美속어) (노동 쟁의 등에서 상대방을 폭행하기 위한) 청부 폭력단.
Béef Státe 밍 (the ~) 미국 Nebraska 주의 별칭.
‡**beef·steak** [bíːfstèik] 밍⑩⑪ 두껍게 썬 쇠고깃점; (그것을 구운) 비프스테이크(steak).

참고 **beefsteak** 굽는 법 — rare(설익힘), medium rare(중간 설익힘), medium(중간 익힘), medium well-done(중간 잘 익힘), well-done(잘 익힘)의 5단계가 있지만, 레스토랑에서 "How do [*or* would] you like your steak?"라고 물어오면 rare, medium, well-done의 3단계 중의 하나로 응답하는 것이 보통이다.

béef stèw 밍 비프 스튜.
béef téa 밍 (英) 쇠고기 수프(환자용).
béef trùst 밍 (美속어) 뚱보[거인]들만의 집단(축구팀·야구팀 따위); (특히) 몸집이 큰 여자들의 코러스 라인.
beef-up [<Áp] 밍 (구어) 증강, 보강.

beef·wit·ted [bíːfwìtid] 형 머리가 나쁜, 우둔한, 어리석은. ~·**ly** 뒤 ~·**ness** 밍
beef·wood [bíːfwùd] 밍⑪ (오스트레일리아산(産)의) 목마황속(屬)의 나무; 그 나무의 재목(가구용).
beef·y [bíːfi] 형 쇠고기의[같은]; 살집이 좋은, 뚱뚱한; 근육이 우람한; 둔중한; 무거운.
béef·i·ly 뒤 **béef·i·ness** 밍
bée gùm (美남부) 고무나무(속이 빈 곳에 꿀벌이 집을 짓는다); 꿀벌의 집(beehive).
bee·hive [bíːhàiv] 밍 1 꿀벌의 집[벌통]; (집합적) 꿀벌떼. 2 사람이 붐비는 장소, 번화가. 3 벌집 모양의 것(오두막집·여성의 헤어스타일 따위). 4 (또는 ~ òven) 벌집형 화덕. ── 형 벌집 모양을 하는.
(*as*) *busy as a beehive* (무리가) 분주하게 왔다갔다
Béehive Státe (the ~) 미국 Utah 주의 별칭.
bee·house [bíːhàus] 밍 양봉장(apiary).
beek [biːk] 밍 (스코) 양지에서 볕을 쬐다, (난로·화톳불로) 몸을 녹이다[녹게 하다]; (나무 따위를[가]) 열로 건조시키다[하다].
bee·keep·er [bíːkìːpər] 밍 양봉가(apiarist).
bee·keep·ing [bíːkìːpiŋ] 밍⑪ 양봉(apiculture).
bee·line [bíːlàin] 밍 (벌집으로 돌아오는 꿀벌의 진로 같은) 일직선, 최단 거리[코스].
in a beeline 일직선으로(in a crow line).
make [*or* take] *a beeline for* (구어) ⋯을 향해 일직선으로 나아가다, 직행하다. ¶ ~를 가다 (*for*).
── 图 (때로 ~ *it*으로) (⋯으로) 직행하다, 최단거리
Be·el·ze·bub [biːélzəbÀb] 밍 1 (성서) 마왕(Satan)(마귀들의 통치자). ←마태 복음(Matt.) 12 : 24); (일반적으로) 악마(devil). 2 (Milton작 *Paradise Lost*에서) Satan 다음의 타락 천사.
bée màrtin 밍 =kingbird.
bee·mas·ter [bíːmæ̀stər/-màːs-] 밍 =beekeeper.
beem·er [bíːmər] 밍 (美속어) BMW 사제(社製)의 자동차.
‡**been** [bin/biːn] 밍困 be의 과거분사. * have, has, had, having과 함께 쓰여 완료형 또는 have[has, had, having] been+p.p.의 형태로 완료형의 수동태를 만든다. 1 (have[has, had] ~로 완료형) **a)** (완료) (이미) 왔다. ⋯에 갔다 온 적이 있다. ¶ He *has* already ~ here. 그는 벌써 여기에 와 있다/I *have to* a bookstore to buy an English-Korean dictionary. 영한 사전을 사러 책방에 갔다가 방금 돌아왔다. **b)** (경험) 지금까지 ⋯에 가 본 적이 있다. ¶ Tom *has* ~ *in* [*or* to] Chejudo. 톰은 제주도에 간 적이 있다. * Tom *has been to* Chejudo.는 「톰은 제주도로 가버렸다」이지만, (美)에서는 「간 적이 있다」의 뜻이 될 때도 있다. **c)** (계속) 지금[그때]까지 줄곧 ⋯이다[있었다], 있다[있었다]. ¶ They have ~ at their uncle's all day long. 그들은 온종일 삼촌집에 가 있었다. 2 (having ~으로) **a)** (분사구문을 만들어) ¶ *Having* ~ a sailor myself, I know well how merciless the sea can be sometimes. 나도 선원으로 일한 적이 있기 때문에 바다가 때로는 얼마나 무자비해지는지 잘 알고 있다. **b)** (동명사를 만들어) ¶ He regrets *having* ~ idle in his youth. 그는 젊어서 나태했던 것을 후회하고 있다. 3 (완료형의 수동태) ¶ The work *has* [*had*] just ~ *done*. 일은 막 끝났다[끝났었다].
have been [*or gone*] *and ⋯; have been and gone and⋯* (英구어) (놀라움·항의 따위를 나타내어) 놀랍게도⋯, 했군, 도대체 ⋯한 거야? ¶ Who's ~ *and* messed up my list? 도대체 누가 나의 명부를 흩뜨려 놓았느냐?
been·to [bíntəʔ/bíːn-] 밍 (구어) (아프리카·아시아에서) 영국에 (유학) 간 적이 있는 사람.
beep [biːp] 밍 1 (신호·경고 따위의) 경적. 2 beeper가 내는 주기적인 발신음, 신호음. ── 图匣 삑 하는 소리를 내다. ── 匣 1 (경적 따위를) 울리다; 삑삑 울려서

알리다(out).¶~ out a warning 경적을 울려 주의를 주다. 2 …을 삑 소리로 호출하다.
beep·er [bíːpər] 명 1 휴대용 무선 호출기, 비퍼, 삐삐(pager, bleeper). 2 (전화의 자동) 응답 발신기. 3 (구어) 무인 비행기 원격 조종 장치; 그 조종자.
béeper bòx 명 =beeper 1.
‡**beer** [biər] 명 (~**s** [-z]) 1 ⓤ 맥주((英)에서는 ale, porter, stout 따위의 총칭).¶~ on draft; draft ~ 생맥주, 통맥주 / black ~ 흑맥주 / bock[or buck, double] ~ 독한 맥주. 2 ⓤ (복합어의) (알코올 성분의 유무에 관계 없이) 발효성 음료.¶ginger ~ 진저 비어 / root ~ 루트 비어. 3 맥주 한 병[잔, 깡통].¶I feel like a ~. 맥주 한 잔 마시고 싶다.
be in beer 맥주에 취해 있다.
on the beer (英) 맥주[술]에 젖어, 술을 계속 마셔대는.
small beer ① 순한 맥주. ② (英) 시시한 것[사람].
think no small beer of oneself 자만하다.
── 동자 (美구어) 맥주를 마시다. ── 타 (재귀용법으로) (美구어) 맥주를 마시고 몹시 취하다.
beer up (몹시 취할 정도로) 맥주를 꿀꺽꿀꺽 마시다.
beer·age [bíəridʒ] 명 (英속어) 1 (the ~) (집합적) (귀족이 된) 양조업자; (경멸적) 영국 귀족 (계급) (* 양조업자가 많기 때문). 2 맥주 업계.
béer and skíttles 명복 (단·복수 양용) (英) (마시고 노는) 편안한 생활; 즐거움, 오락.¶*Life is not all ~.* (속담) 인생은 늘 즐겁기만 한 것은 아니다.
béer báll 명 둥근 플라스틱 용기들이 맥주.
béer bárn 명 (드라이브 스루(drive-through)식의) 맥주 판매점. 「**béer-bèllied** 형」
béer bélly[gùt] 명 (구어) 올챙이배, 배불뚝이.
béer búst[blást] 명 (美속어) 맥주 파티.
Béer Cíty 명 =Beertown.
béer èngine 명 (英) =beer pump.
béer gàrden 명 노천 맥줏집, 비어 가든. 「parlor」
béer háll 명 맥주홀(美) beerhouse; (캐나다) beer
beer·house [bíərhàus] 명 (英) 맥줏집, 비어 홀.
béer jòint 명 (속어) (맥주를 파는) 선술집.
béer màt 명 맥주컵 받침. 「비(맥주값 따위).」
béer mòney 명 (英) 술값, 팁; (남편의) 비상금, 잡
beer·pull [bíərpùl] 명 =beer pump; 그 손잡이.
béer púmp 명 맥주 펌프(지하실의 술통에서 맥주를 자아올리는 펌프).
Beer·she·ba [biərʃíːbə, bíərʃə-] 명 베르세바(이스라엘의 도시; 구약 시대의 팔레스티나 최남단 도시).
from Dan to Beersheba ⇨ DAN¹.
Beer·town [bíərtàun] 명 미국 Milwaukee 시의 별칭(* 맥주 양조가 성한 데서). (또는 **Béer Cíty**)
beer-up [bíərʌ̀p] 명 (濠속어) 주연(酒宴). ── 동타 (속어) 맥주를 마셔대다.
beer·y [bíəri] 형 1 맥주의, 맥주 같은, 맥주질(質)의; 맥주에 취한, 맥주 냄새가 나는.¶a ~ breath 입에서 풍기는 맥주 냄새. 2 (美속어) 감상적인, 진부한.
béer·i·ness 명
bée's knées 명복 (the ~) (단수취급) 1 (구어) 뛰어나게 좋은 것[사람], 제격인 것[사람]. 2 (美) 비즈 니즈(레몬 주스·진·벌꿀의 칵테일).
beest·ings [bíːstiŋz] 명복 1 (단수취급) (포유 동물, 특히 소의 산후) 첫 우유 초유(初乳). 2 (속어) 작은 유방. (또는 **beastings, biestings**)
bees·wax [bíːzwæks] 명 ⓤ 밀랍(꿀벌은 이것을 사용해 집을 짓는 일), 관납. ── 동타 (구어) …을 밀랍으로 닦다; …에 밀랍을 바르다. 「이, 엷은 막.」
bees·wing [bíːzwiŋ] 명 (오래된 포도주 위의) 더껑
*beet [biːt] 명 1 비트, 사탕무; 비트의 뿌리[잎](=beetroot).¶the red ~ 홍당무 / the sugar [or white] ~ 사탕무.
(as) red as a beet (구어) (볼 따위가) 새빨간, 새빨갛게.
~-like 형 [빨갛게, 홍당무 같은(같이)].

Bee·tho·ven [béitouvən] 명 **Ludwig van** ~ 베토벤(1770–1827; 독일의 작곡가).
-ve·ni·an [-víːniən, -njən], **-thó·vi·an** 형
*beetle¹ [bíːtl] 명 1 풍뎅이, 딱정벌레. 2 딱정벌레 비슷한 곤충(바퀴벌레 따위).¶a black ~ 바퀴벌레 (cockroach). 3 (B-) (상표) 독일 폴크스바겐 (Volkswagen)사의 소형 승용차. 4 근시안인 사람. 5 (美속어) 최첨단 여성, 젊은 여성. 6 (美속어) 경주마.
(as) blind as a beetle 심한 근시안, 눈이 안 보이는.
(as) deaf[dumb] as a beetle 귀머거리[벙어리]인.
── 동자 (~+전+명) (눈알 따위를) 바삐 움직이다. (英구어) (딱정벌레처럼) 급히 가다, 서둘러 달리다(off, along).
beetle² 명 큰 망치, 나무 메, 절굿공이; 다듬이방망이; (감자 따위를) 짓이기는 막자.
between the beetle and the block 궁지에 빠져.
── 동타 …을 큰 망치[절굿공이]로 치다; (천) 질하다.
-tler 명
beetle³ 형 1 돌출한, 툭 튀어나온.¶~ brows 튀어나온[짙은] 눈썹. 2 눈살을 찌푸린, 찌푸린 얼굴의.
── 동자 (벼랑 따위가) 돌출하다, 튀어나오다.
bee·tle·brain [bíːtlbrèin] 명 =beetlehead.
bée·tle-bròwed [-bráud] 형 눈썹이 툭 튀어나온, 눈살이 굵은; 얼굴을 찡그린, 시무룩한.
bée·tle-crúsh·er [-krʌ̀ʃər] 명 (英) 큰 발; (보통 ~s) 무거운 구두; (속어) 경찰관; 보병.
bee·tle·head [bíːtlhèd] 명 바보, 얼간이, 멍청이.
~·ed 형 어리석은, 멍청한.
bee·tling [bíːtliŋ] 형 (벼랑·눈썹 따위가) 툭[불쑥] 튀어나온. 명 큰 망치로 치기.
beet·rad·ish [bíːtrædiʃ] 명 =red beet.
beet·root [bíːtrùːt] 명 (英) (샐러드용) 비트의 뿌리(beet).¶go ~ 얼굴이 빨개지다.
(as) red as a beetroot (부끄러워 얼굴이) 빨개진.
béet sùgar 명 사탕무로 만든 설탕, 첨채당(甜菜糖).
명 cane sugar, sugar beet
beeves [biːvz] 명 beef의 복수형.
bée wòlf 명 꿀벌의 집에 꾀는 딱정벌레의 유충.
bee·wy [bíːwai] 명 (美속어) 돈, 잔돈, 동전.
bee·zer [bíːzər] 명 (속어) 코; 녀석, 사람. ── 형 멋있는, 매력적인.
bef. before. **B.E.F.** *British Expeditionary Force(s)*(영국 해외 파견군).
*be·fall [bifɔ́ːl] 동 (-**fell** [-fél]; ~**en** [-ən]) 자 1 (문어) (나쁜 일이 남에게) 일어나다, 생기다, 닥치다 (*to*); (공교롭게도) …하게 되다.¶(~+전+명) A misfortune *befell* his sister. 재난이 그의 여동생에게 닥쳤다. 2 (고어) (…에) 속하다, (…의) 소유물이 되다 (*to*). ── 타 (문어) …에게 일어나다, 미치다, 닥치다.¶Be careful that no harm may ~ you. 해를 입지 않도록 조심해라.
It befalls that... 때마침[공교롭게도] …하다.
be·fit [bifít] 동 (**-tt-**) (종종 it을 주어로) …에 적합하다; …에 어울리다, …에 알맞다.¶His language didn't ~ the occasion. 그의 말은 그 경우에 어울리지 않았다.
be·fit·ting [bifítiŋ] 형 (…에) 적합한, 상응하는, 알맞은, 어울리는, 걸맞는 (*to*). **~·ly** 부 **~·ness** 명
be·flag [bifl金g] 동타 (**-gg-**) 깃발로 덮다[장식하다].
be·flow·er [biflɑ́uər] 동타 …을 꽃으로 장식하다, …에 꽃을 뿌리다.
be·fog [bifɑ́g, -fɔ́ːg/-fɔ́g] 동타 (**-gg-**) 1 …을 안개로 덮다[가리다]; …을 흐리게 하다; (남)을 현혹시키다, 헷갈리게 하다; [설명 따위]를 모호하게 하다. 2 (렌즈·거울 따위를 청소하기 위해) 호오 하고 불다[김이 서리게 하다].
be·fool [bifúːl] 동타 …을 놀리다, 속이다; (폐어) 바보 취급하다.
‡**before** ⇨ BEFORE, 〈p. 257〉 「보
‡**be·fore·hand** [bifɔ́ːrhǽnd] 부형 (* 형용사로서는 서술용법) 1 미리, 사전에, 전부터(반 *afterward*).

반의어 after와 용도가 비슷한 중요한 기능어의 하나이다. 애초에는 「전에, 앞서」라는 뜻의 부사로만 쓰이던 것이 차차 전치사로도 쓰이고 다시 접속사 용법도 생겼다. 정지해 있는 것보다 움직이는 것의 「앞에」, 그보다는 때의 전후 관계에서의 「앞에, 전에」의 뜻으로 더 많이 쓰인다.

‡be·fore [bifɔ́:r, bə-] 부 **I. 때**
1 (과거·현재완료 시제에서) (지금보다) 앞에, 전에, 이 전에; 지금까지(에); (과거완료 시제에서) (과거의 어느 때보다) 앞에, 그때까지에. ¶I knew it yesterday, not ~. 그것은 어제 안 것이지 그전에 안 것이 아니다 / If we'd known ~, we'd have let you know. 우리가 이 전에 알았더라면 자네에게 알려주었을 텐데 / He has come an hour earlier than ~. 그는 이전보다 1시간 빨리 왔다 / The ground was moist, as it had rained the night ~. 전날밤의 비로 땅이 젖어 있었다.
2 (예정·정해진 때보다) 앞서서, 미리. ¶Begin at noon, not ~. 정오에 시작해라, 그때까지는 하지 않도록.
II. 위치
3 앞(쪽)에[으로], 앞서서, 먼저. ¶look ~ and after 앞뒤를 보다; 앞뒤를 생각하다 / run on ~ 계속 앞서서 달리다 / send a person ~ 먼저 사람을 파견하다.
4 전면에(서). ¶She has lost two teeth ~. 그녀는 앞니가 2개 빠졌다.
as before 종전대로, 여전히. ¶He was as prosperous *as* ~. 그는 여전히 사업이 번창했다.
long before 훨씬 이전에.
—— 전 **I. 장소·위치**
1 …의 앞을[에], 앞쪽을[에], …에 앞서서 (* 건물 따위 고정되어 있는 것의 앞에서는 보통 in front of를 쓴다). ¶a lawn ~ a house 집 앞의 잔디 / his shadow advancing ~ him 그보다 앞서가는 그의 그림자 / Look ~ you. 앞을 보아라 / The parade passed ~ our house. 퍼레이드가 우리 집 앞을 지나갔다.
2 …의 면전에서, …에게 보이는 곳에서. ¶appear ~ an audience 청중 앞에 나타나다 / depreciate oneself ~ one's betters 윗사람 앞에서 겸양하다.
3 (재판·심리 따위를 받기 위하여) …의 앞에(서). ¶appear ~ the court 출정(出廷)하다 / They laid the petition ~ the king. 그들은 왕에게 청원했다 / The case went ~ the court. 사건은 법정에서 심리되었다.
II. 때
4 a) …의 앞에, 보다 먼저[빨리], 앞서서. ¶the day ~ yesterday 그저께 / the year ~ last 재작년 / ten minutes ~ twelve 12시 10분 전 / daylight 해뜨기 전에 / ~ dark 어두워지기 전에 / ~ his arrival 그가 도착하기 전에 / life ~ the war 전쟁 전의 생활 / Consult your partner ~ deciding. 결정하기 전에 협력자와의 의견을 듣도록 하여라 / He arrived here ~ me. 그는 이곳에 나보다 먼저 도착했다. **b)** (送) (…분) 전에(to, (구어) of). ¶It's five ~ nine. 아홉시 5분전입니다.
III. 순위·선택
5 (순서·계급·가치 따위가) …보다 상위에[우위에], …에 우선하여, …보다 중요하여; …보다 뛰어나서. ¶put safety ~ everything else 무엇보다도 안전을 제일로 하다 / We put freedom ~ fame. 우리는 명성보다 자유를 중히 여긴다 / A marquis is ~ a count. 후작은 백작의 위이다.
6 …보다도 오히려. ¶They would die ~ surrendering. 그들은 항복하기보다는 죽음을 택할 것이다 / I'd take this watch ~ that. 저것보다 오히려 이 시계를 갖겠다.
IV. 기타 용법
7 …의 장래에, 전도에; …에게 준비되어, …을 기다려; …의 처분[사용]이 자유로워져서. ¶The golden age is ~ us. 우리의 앞날에는 황금 시대가 약속되어 있다 / He had a busy day ~ him. 그는 앞으로 바쁜 하루를 보내지 않을 수 없게 되었다 / Our services are ~ you. 무엇이건 분부만 내려 주십시오.
8 …을 계산[계정]에 넣지 않고서. ¶income ~ deductions 공제 전의 수입.
9 (위험 따위)에 직면하여, …와 얼굴을 마주하고. ¶bow ~ authority 권력에 굴복하다 / She was helpless ~ his violence. 그의 폭력에 그녀는 어찌할 바를 몰라 했다 / He remained calm ~ such danger. 그같은 위험에 직면해서도 그는 여전히 태연했다.
10 (교리·계율 등)에 의해서, …에 비추어서. ¶a crime ~ man and God 천인 공노할 범죄 / man and wife ~ God 하느님에게 서약한 부부.
11 …에 쫓기어, …에게 몰려서, …의 기세에 밀려서. ¶recoil ~ a shock 충격을 받아 휘청거리다 / trees bending ~ the storm 폭풍 앞에서 휘어지는 나무들 / The mob fled ~ the police. 폭도들은 경찰에 쫓겨 도망쳤다.
before all (things); before everything (else) 우선 첫째로, 무엇보다도 먼저.
before Christ ⇨CHRIST.
before long 오래지[머지] 않아, 얼마 후, 이윽고.
before now 지금까지. [⇨LONG.
carry all before one ⇨CARRY.
—— 접 **1** …에 앞서, …보다 이전에, 채 …하기 전에. ¶He got up (ten minutes) ~ the sun rose. 그는 해뜨기 (10분) 전에 일어났다 / I want to take a trip around the world ~ I die. 나는 죽기 전에 세계 일주 여행을 하고 싶다 / B— you speak, we know what you will say. 말하기 전에 네가 하고자 하는 말을 우리는 알고 있다 / It was not long ~ she came. 오래지 않아 그녀가 왔다 / *Look* ~ *you leap*. (속담) 뛰기 전에 잘 살펴라, 실행하기 전에 잘 생각하라.

> [USAGE]¹ **(not...) before와 till**——till은 「…까지」로 계속의 뜻을 나타내고, before는 「…보다 이전에」의 뜻이지만 「…하기 전에」로 부정의 뜻이 강하다. 부정문에서 사용되는 경우는 before건 till이건 거의 구별이 없다. ¶We must wait *till* he comes. / We shall not start ~ [or *till*] he comes home.
> [USAGE]² **접속사 before와 시제**——before에 이끌리는 절에서는, (1) 미래의 일은 현재형으로 나타낸다. ¶It must be done ~ it *rains*. (2) 미래완료 대신에 현재 완료형을 쓴다. ¶I cannot leave here ~ I *have finished* the work. (3) 과거의 일에 대해서는, before로 동작의 전후 관계가 명시되어 있으면 동사의 시제를 구별하지 않아도 된다. ¶The train *left* ~ I *got* to the station. * The train *had left*…로 해도 된다.

2 (will, would와 함께) …하기보다는 오히려(rather than). ¶I will die ~ I submit. 굴복하느니 차라리 죽겠다.
3 (형용사절을 이끌어) …하기 전의. ¶The day ~ they were married, she quarreled with her fiancé. 결혼하기 전날 그녀는 약혼자와 싸웠다.
before I forget 잊기 전에 말해 두겠는데.
before it's too late 너무 늦기 전에.
before one has finished 조만간, 언젠가는(sooner or later).
before one knows where one is; before one [or you] can [or could] say knife [or Jack Robinson] (구어) 눈 깜짝할 사이에, 아차 하는 사이에, 순식간에.
it is not long before... 머지않아…, 이윽고[곧]….

¶You had better make arrangements ~. 미리 준비해 두는 것이 좋다. **2** (정해진 때보다) 이전에. ¶arrive at the meeting place ~ 약속 시간보다 일찍 집회장에 도착하다. **3** 너무 이른, 속단의. **4** (경제적으로) 여유가 있는. [「…의 기선을 제압하다, 앞지르다.
be beforehand with [or *in*] …에 미리 대비하다;
be beforehand with the world (고어) 현금을 가지고 있다, 수중에 여유가 있다.

be·fore·men·tioned [-mènʃənd] 형 앞서 말한, 앞에서 지적한. 「의(pretax). 빤 aftertax
be·fore-tax [-tæks] 형 세금이 포함된, 세전(稅前)
be·fore·time [bifɔ́ːrtàim] 튀 (고어) 이전에는, 옛날에는(formerly).
be·foul [bifául] 타 …을 더럽히다; 중상하다, 헐뜯다; (이름 따위)를 욕되게 하다. **~·er, ~·ment** 명
be·friend [bifrénd] 타 …와 친구가 되다; (친구로서) …을 돕다, 돌보다. **-frien·dée, ~·er** 명
be·fud·dle [bifʌ́dl] 타 **1** …을 만취시키다, (술 따위로) …의 정신을 잃게 하다. **2** (토론 등에서) …을 혼란에 빠뜨리다, 헷갈리게 하다. **~·ment, -dler** 명
be·furred [bifə́ːrd] 형 모피 장식을 단.

‡**beg** [beg] 동 (**~s** [-z]; **-gg-**) 타 **1** (음식·돈 따위)를 빌다, 구걸하다; (남)에게 (…을) 빌다 (*from*, (문어) *of*). ¶ ~ one's life 목숨을 빌다 // (~+图+前+图) ~ money of charitable people 자선가에게 돈을 구걸하다. **2** (허가·은혜 따위)를 바라다, 부탁하다, 간청하다 (*of*, *from*, *for*, *to do*, *that* 節). ¶ (~+图+前+图) ~ a favor of you, 부탁이 있습니다 (* begf를 자동사로 하면 I have a favor to ~ *of you*.가 된다) // (~+*to do*) I ~ *to* inform you that… (상용문) …을 알려 드립니다 / I ~ *to* differ from you. 죄송하지만 찬성할 수가 없습니다 // (~+*that* 節) She ~*ged that* she might not be disturbed. 그녀는 방해하지 말아 달라고 부탁했다. **3** (근거·정당한 이유 없이) 당연한 일로 생각하다[여기다]; (문제·핵심 따위)를 피하다, 회피하다. ¶a report that ~*ged* the problem 문제점을 회피한 보고서.
— 자 **1** 구걸하다, 동냥[걸식]하다 (*for*). ¶ ~ from door to door 문전 걸식하다 // (~+前+图) ~ *for* food [money, mercy] 음식[돈, 자비]을 빌다. **2** (남에게) 부탁하다, 간청하다 (*of*). ¶ (~+前+图) I ~ *of* you not to say it again. 제발 두번 다시 그 일을 말하지 마십시오. **3** (개가) 앞발을 들고 재롱을 부리다. ¶ *Beg!* (개에게) 앞발을 들어!

유의어 **beg** 열심히 부탁하다. **ask** 승낙할 것을 기대하면서 부탁하다. **request** 공손하면서 격식을 차려 청하다. **solicit** 형식적·의례적인 말. **entreat** 자신을 낮추고 부탁하다. **implore** 절박한 마음으로 열심히 부탁하다. **beseech** =implore; 부탁을 들어줄까 어떨까 하는 걱정을 암시. **importune** 귀찮을 정도로 끈질기게 부탁하다.

beg leave to do; beg to do …하는 데 허가를 청하다, 실례를 무릅쓰고 …하다.
beg of a person to do 남에게 …해달라고 청하다.
beg off ① …을 (의무·벌 따위에서) 면제해 달라고 부탁하다 (*from*); [약속 따위]를 거절하다. ¶ ~ a person *off from* a duty 남의 의무를 면제해 달라고 부탁하다. ② (의무·약속 따위를) 핑계를 대고 거절하다.
beg one's way to …까지 구걸하면서 가다[여행하다].
beg the question [or *point*, *issue*, *difficulties*] ① 논점을 진실로 가정하고 이론을 펴나가다. ② 논점을 교묘히 피하다, 곤란을 회피하다.
go (a) begging (구어) ① 구걸하며 다니다. ② (보통 진행형으로) (물건·자리 따위가) 임자[원하는 사람]가 없다.
I beg [or *Beg*] *your pardon.* ⇒PARDON.

be·gad [bigǽd] 감 (구어) 어머나, 이런, 아차, 천만에, 제기랄(by God). @ Gad

‡**be·gan** [bigǽn] 동 begin의 과거.
be·gat [bigǽt] 동 (고어) beget의 과거. 「자손.
be·gats [bigǽts] 명복 〈성서〉 가계도(家系圖); 자손.
be·gem [bidʒém] 타 …을 보석으로 뒤덮다.
*‡**be·get** [bigét] 타 (**-got; -got, -got; ~·ting**) **1** (아버지가) (자식)을 보다 (* 어머니에 대해서는 bear를 쓴다). ¶He *begot* one son and two daughters. 그는 아들 하나와 두 딸을 두었다. **2** (결과로서) …을 생기게 하다; (결과로서) 초래하다. ¶ Hate ~*s* hate. 증오는 증오를 낳는다 / War ~*s* misery and ruin. 전쟁은 불행과 황폐를 초래한다.
~·ter 낳게 하는 사람, 아비.

‡**beg·gar** [bégər] 명 (@ ~**s** [-z]) **1** 거지, 걸인 (~ man [woman]). ¶ *Beggars must not* [or *cannot*] *be choosers*. (속담) 빌어먹는 놈이 찬밥 더운 밥 가릴까. **2** (자선 따위의) 기부 금품 모집인. ¶a good ~ 기부 모집에 능한 사람. **3** 빈곤자, 극빈자, 빈털터리. **2** (구어) (수식어와 함께) 녀석, 사람; (little ~) 아이, 꼬마, 젊은이. ¶a good-hearted ~ 마음씨 고운 사람 / a nice little ~ 귀여운 녀석 (어린이·동물 따위에 대해서 얄미워! **5** (英구어) (…에) 열심인 사람 (*for*). **6** (속어) 완곡적) 남색가(男色家).
a beggar for work (구어) 일하기 좋아하는 사람.
die a beggar 객사하다.
You little beggar! 이놈[녀석] 봐라!
— 타 **1** (남)을 가난뱅이 만들다, 파멸시키다. ¶ ~ oneself by speculation 투기로 빈털터리가 되다. **2** (표현·비교 따위)를 빈약[무력]하게 하다. ¶The beauty of the scenery ~*s* (all) description. 그 광경의 아름다움은 필설로 표현할 수 없다.
I'll be beggared if… (속어) 만약 …이라면 거지가 되어도 좋다; 결코[맹세코] …하지 않다.
~·hòod 명

beg·gar·dom [bégərdəm] 명[U] (집합적) 거지 (패거리) (beggary); 거지 사회, 거지 생활.
beg·gar·ly [bégərli] 형 **1** 거지 같은; 극빈한. **2** 근소한, 얼마 안 되는. ¶a few ~ pounds 불과 2, 3파운드, **3** (사상·작품 따위가) 천한(mean). **-li·ness** 명 극빈; 빈약.
beg·gar-my-neigh·bor [-mainéibər/-mi-] 명[U] (카드놀이) 상대방의 카드를 전부 딸 때까지 계속하는 둘이서 하는 놀이. — 형 남의 손해로 이득을 보는; (정책 따위가) 이웃을 궁핍화시키는, 보호 무역적인, 자국 중심의. (는 **béggar-your-néighbor**)
beg·gar's-lice [bégərzlàis] 명복 (복수취급) 덮으면 씨가 옷에 달라붙는 열매; (단·복수 양용) 그런 열매가 열리는 식물(도깨비바늘·쇠무릎지기·우엉 따위). (또는 **béggar-lice**)
béggar's night 명 (Halloween이나 추수 감사절에) 어린이들이 지날 복장으로 구걸하는 행사.
beg·gar('s)-ticks [bégər(z)tìks] 명복 (단·복수 양용) 도깨비바늘류(類)의 식물; 그 열매.
beg·gar·y [bégəri] 명[U][C] **1** 거지 신세[처지], 극빈. ¶ be reduced to ~ 몹시 가난해지다. **2** (집합적) 거지 패거리[사회]. **3** 거지 소굴; 거지 생활, 동냥질; 천함; 궁상맞음. 「=beggar-my-neighbor.
beg·gar-your-neigh·bor [-jərnéibər] 명형
béggar-your-néighbor pólicy 명 이웃[근린 (近隣)] 궁핍화 정책; 보호 무역주의.
beg·ging [bégiŋ] 명 거지 생활, 동냥질. — 형 구하는. ¶ a ~ letter 기부 요청의 편지. **~·ly** 튀

‡**be·gin** [bigín] 동 (**~s** [-z]; **-gan; -gun; ~·ning**) 자 **1** (일이) 시작되다; (사람이) 시작하다, 착수하다 (*at*, *by*, *on*, *with*) (@ end). ¶ ~ again (처음부터) 다시 시작하다 // (~+前+图) School ~*s* at eight thirty. 학교는 8시 반에 시작된다 / I *began* by reading the preface. 나는 서문을 읽는 일부터 시작

다/They *began on* it. 그들은 그것을 하기 시작했다/Which shall I ~ *with*? 어느 것부터 시작할까?

[USAGE] 1 **begin at[on, in, from, by 등]**——(1) 시작의 시점을 나타내는 경우의 전치사 at(시점), on(특정한 날), in(월·연도 등)의 사용법. ⇨AT. (2) 「…에서 (줄곧 …까지)」로 계속을 뜻할 경우는 from을 쓴다: I *began* to study French *from* the age of twenty-one. (3) 「…부터 하기 시작하다, 착수하다; …부터 시작되다」로 동작의 출발점은 at으로 나타낸다: ~ *at* the ~*ning* (도중에서가 아니고) 처음부터 하다/Charity ~*s at* home. (4) 「(무엇보다) 우선 첫째로 …부터」로 출발점을 강조하는 경우는 with: The ocean *began with* the little drops of water. (5) 「…함으로써 시작하다」로 시작의 수단을 나타내는 데는 by: He *began by* telling the story of his own life.

2 (사물이) 일어나다, 나타나다, 생기다, 발생하다. ¶ When did life on the earth ~? 지구상의 생물은 언제 발생했는가? 3 (사람이) …로서 출발하다 (*as*). ¶ ~ *as* a teacher 처음에 교사로서 출발하다.

—[타] 1 (사람·사물이) …을 시작하다, …에 착수[개시]하다, …하기 시작하다([반] end, finish). ¶ We *began* the attack at dawn. 우리는 새벽에 공격을 개시했다/*Well begun is half done*. 《속담》 시작이 반 // (~+*to* do) I ~ [*or* am ~*ning*] *to* understand. 차차 이해가 간다 // (~+-*ing*) When did you ~ *learning* French? 프랑스어는 언제 배우기 시작했습니까?

[USAGE] 2 **begin to do**와 **begin doing**
(1) begin은 뒤에 to부정사를 수반하는 일이 많다.
(2) begin이 동명사(-ing)를 수반하는 경우는 「심사숙고 후에 (즉시) …하기 시작하다」의 뜻이 된다. 그 동작은 구체적·현실적이며, 지금도 실행중임을 느끼게 한다: In those days he *began studying* law. 한편, begin+to부정사는 「저절로[무의지적으로] …하기에 이르다」의 경우에 쓰며, 방향성·미래성을 나타내고, 「…하기 시작하다」는 동작의 출발점에 중점이 있다. 따라서, 예를 들면 I *began to* feel hungry.의 to feel을 feeling으로 할 수는 없다. * begin 외에 continue, start, cease처럼 시작·계속·종결을 뜻하는 동사는 begin과 같은 용법으로 사용된다.

2 …을 일으키다, 창설[개설]하다. ¶ ~ a dynasty 왕조를 세우다. 3 《구어》 《부정문에서》 조금도[전혀] …할 것 같지 않다(*to* do). ¶ (~+*to* do) This hat doesn't ~ *to* fit you. 이 모자는 네게 전혀 어울리지 않아.

[유의어] **begin** 「시작하다」라는 뜻의 가장 일반적인 말. **start** begin과 같은 뜻으로 쓰는 일도 많지만, 정지 상태에서 새로 시작하는 것을 강조하는 말. **commence** 격식 차리는 말; 재판·종교 의식 등 복잡한 일을 시작하다. **initiate** 새로운 분야에서 첫발을 내딛다; 결과에는 언급하지 않는 말. **inaugurate** 의식(儀式)과 함께 시작하다.

begin at the wrong end 시작[처음]부터 잘못되다.
begin the world ⇨WORLD.
to begin with ① 《보통 문두에서》 우선, 첫째로, 무엇보다도 먼저. ② 《문두·문미에서》 처음에(는); 처음부터, 원래(to start with).

Be·gin [béigin] [명] **Menachem** ~ 베긴(1913-92: 이스라엘의 정치가·수상; 노벨 평화상(1978)).

‡**be·gin·ner** [bigínər] [명] ([복] ~**s** [-z]) 1 초보자, 초심자. ¶ a book for ~*s*; a ~*'s* book 입문서/a ~ *in* German 독일어의 초보자. 2 개시자, 창시자, 창설자, 원조 (*of*). 「따르는 행운.

begínner's lúck [명] (내기·게임에서) 초심자에게

‡**be·gin·ning** [bigíniŋ] [명] ([복] ~**s** [-z]) 1 시초, 최초, 시작; 발단, 기원. ⇨ORIGIN [유의어] ¶ the ~ of an affair 사건의 발단/the ~ of the Christian Era 서기의 시작/at [*or* in] the ~ of the year 연초에/*A good ~ makes a good ending*. 《속담》 시작이 좋으면 끝도 좋다/*Everything has a ~*. 《속담》 천리 길도 한 걸음부터. 2 최초의 부분, 첫머리. ¶ in the ~ of the first chapter 제1장의 첫머리에. 3 《종종 ~s; 단수 취급》 초창기, 초기, 어렸을 때. ¶ the ~*s* of science 과학의 초창기. 4 시작 단계(의 것), 미완성인 것.

at* [or *in*] *the beginning of 처음[모두(冒頭)]에.
at the* (*very*) *beginning (맨) 처음에. 「관(하여).
from beginning to end 처음부터 끝까지, 시종 일
from the beginning 처음부터.
in the beginning 맨처음에, 태초에. [참] in the end
make a beginning 시작하다, 착수하다 (*for*). ¶ *make a* good ~ *for* …을 향하여 좋은 출발을 하다.
rise from humble* [or *modest*] *beginnings 보잘것 없는 집안에서 태어나 출세하다.
since the beginnings of things 태초 이래.
the beginning of the end 최후[파멸]를 예고하는 최초의 징조.

—[형] 1 막 시작된, 초기의. 2 최초[도입]의. 3 (학과·교재 등이) 기초적인, 초보의; (학습자 등이) 초보[초심]인.

begínning rhýme [명] 두운(법)(단어의 앞머리에 있는 자음의 반복).

be·gird [bigə́ːrd] [동][타] (**-girt** [-gə́ːrt], **~·ed**) 《특히 과거분사형으로》 《문어》 …을 (띠 따위로) 두르다; …을 (…로) 둘러싸다, 에워싸다(*with*). ¶ a castle *begirt with* a moat 해자(垓字)로 둘러싸인 성. 「위).

beg·ohm [bégòum] [명] 〔전기〕 10억 옴(저항의 단

be·gone [bigɔ́(ː)n, -gán] [동][자] 《명령형·부정사 형으로》 (즉시) 가버리다, 떠나다. ¶ *B–* from my sight. 내 앞에서 꺼져/Tell him to ~ immediately. 곧 떠나라고 그에게 말해라. 「유방.

be·go·nia [bigóunjə, -niə] [명] 베고니아; 《美속어》

be·gor·ra [bigɔ́(ː)rə, -gárə] [감] 《아일》 참으로, 맹세코, 거 참. (또는 **begor(r)ah**)

***be·got** [bigát/-gɔ́t] [동] beget의 과거·과거분사.

***be·got·ten** [bigátn/-gɔ́tn] [동] beget의 과거분사.

be·grime [bigráim] [동][타] (때·검댕·먼지 따위로) …을 더럽히다(*with*). ¶ a ~*d* street 지저분한 거리.

be·grudge [bigrʌ́dʒ] [동][타] * grudge의 강조형. 1 …을 시기하다, 시샘하다. ¶ ~ another's fortune 남의 행운을 시기하다 // (~+[目]+[目]) ~ a person his good fortune 남의 행운을 시기하다. 2 〔남〕에게 〔물건〕을 주기 싫어하다[아까워하다]; …하기를 싫어하다; 마지못해 인정하다(*doing*). ¶ He did not ~ his money for buying books. 그는 책을 사는 데 돈을 아끼지 않았다. 「는. **~·ly** [부]

be·grudg·ing [bigrʌ́dʒiŋ] [형] 떨떠름한, 내키지 않

***be·guile** [bigáil] [동][타] 1 …을 현혹하다; 속이다, 기만하다; 〔남〕을 속여서 …하게 하다 (*into*). ¶ ~ a person by flattery 감언 이설로 남을 속이다 // (~+[目]+[前]+[名]) He ~*d* them *into* accepting it. 그는 그들을 속여 그것을 받아들이게 했다. 2 〔남〕에게서 사취하다 (*of, out of*). ¶ (~+[目]+[前]+[名]) ~ a person *of* [or *out of*] his money [*or* property] 남의 돈[재산]을 사취하다. 3 …을 매료하다; 〔어린 아이 등〕을 기쁘게 하다, 위로하다; 〔무료함 따위〕를 달래다, 〔시간〕을 즐겁게 보내다 (*with, by*). ¶ (~+[目]+[前]+[名]) She ~*d* her child *with* tales. 그녀는 이야기를 해주어 아이를 즐겁게 했다/They ~*d* their long journey *with* talk. 그들은 이야기로 긴 여행의 고달픔을 달랬다. —[자] (계략·농간 따위로) 속이다. **~·ment, -guíl·er** [명]

be·guil·ing [bigáiliŋ] [형] 속이는; 심심풀이의, 무료함을 달래는. **~·ly** [부]

be·guine [bəgíːn] [명] (the ~) 비긴(서인도 제도 Martinique 섬 원주민의 볼레로조(調)의 춤); 비긴조의 현대 사교 댄스; 그 춤곡.

Beg·uine [bégi:n, bəgí:n] 명 [가톨릭] 베긴회 수녀(12세기 벨기에에서 창설된 수도회).

be·gum¹ [béigəm, bí:-] 명 (인도에서) 회교도의 왕비(공주, 귀부인). [로 바르다(더럽히다].

be·gum² [bigʌ́m] 통형 (-mm-) 고무(상태의 물질)

‡**be·gun** [bigʌ́n] 통 begin의 과거분사.

‡**be·half** [biháef/-háːf] 명U 1 측, 편, 지지, 이익. 2 (고어) 점(點), 면(面)(respect). (* 다음 숙어로)
in this[that] behalf (고어) 이것[그것]에 대하여, 이[그] 점에 관하여.
on [or (美) in] behalf of a person; in [or on] a person's behalf ① 남을 대신[대표]해서.¶I will speak to your father *on ~ of* you[or my ~]. 내가 네 대신 아버님께 말씀드리지. ② 남을 위해서.¶Thank you very much for all the trouble you have taken *on ~ of* me[or on my ~]. 저를 위해 여러 가지로 애써 주셔서 정말 고맙습니다.

USAGE *in behalf of*와 *on behalf of*──본래 *in behalf of*는 「…의 이익(옹호)를 위하여」, *on behalf of*는 「…의 (공식) 대리인으로서」의 뜻으로 쓰였으나 지금은 혼용되며, 특히 *on behalf of*는 (英), *in behalf of*는 (美)에서 주로 쓰인다.

‡**be·have** [bihéiv] 통 (*~s* [-z]; *~d*; *-hav·ing*) 자 1 (…에 대해) 행동하다, 처신하다 *(to, toward)*.¶(*~*+閉) *~ well [badly]* 얌전히[버릇없이] 굴다 / *teach the children how to ~* 아이들에게 버릇을 가르치다 / *How should you ~ in such a case?* 그럴 때 당신은 어떻게 하겠습니까? 2 (아이가) 얌전히 굴다.¶*The little ones didn't ~.* 아이들은 버릇이 없었다. 3 (기계 따위가) 움직이다, 가동하다; (약∙물질 따위가) 작용하다, 반응을 보이다.¶(*~*+閉+閉) *The matter ~d in a strange way when heated.* 그 물질은 가열되었을 때 이상한 반응을 보였다.// (*~*+閉) *The airplane ~d well.* 비행기의 상태는 좋았다. ─타 (재귀용법으로) 행동하다; 얌전히 굴다.¶*He ~d himself like a gentleman.* 그는 신사답게 행동했다. *Behave (yourself)!* 얌전히 굴어라! (* 아이에게 하는 말).

-be·haved [bihéivd] [연결] 「행동이 …한」의 뜻.¶*well[ill]-~* 행실이 좋은[나쁜].

‡**be·hav·ior**, (英) **-iour** [bihéivjər] 명U 1 행동, 행위, 처신.¶(*~*+閉) *barbaric [heroic] ~* 야만적인[용감한] 행동 / *be like a beast in ~* 행동이 짐승 같다. 2 행실, 품행; 버릇, 예절; 태도 *(toward)*.¶*His sullen ~ showed that he was angry.* 그의 시무룩한 태도는 화가 났음을 나타냈었다. 3 [심리] (연구 대상으로서의) 행동; (생물의) 습성, 생태. 4 (종종 *~s*) = *~pattern*. 5 (특정 상태하에서의 물질의) 작용, 성질, 반응; (기계 따위의) 작용, 상태.¶*the ~ of rubber under stress* 압력하의 고무의 반응 / *the ~ of magnetic needles* 자침의 운동.
be of good behavior (법률) (재소자가) 선행을 하다.
during good behavior 얌전하게 처신한다면.
on one's good [or best] behavior 근신중인; (감실 감시중에) 얌전히 굴어. / …을 명하다.
put a person on his good behavior 남에게 근신 ~*al* [-əl] 형 ─*al·ly* 閉

be·hav·ior·al económics [bihéivjərəl-] 행동 경제학(행동 심리학을 경제학에 응용).

be·hav·ior·al·ism [bihéivjərəlìzm] 명U (사회) 행동과학주의. ─*ist* 명형

behávioral scíence 명 행동 과학.

be·hav·ior·ism [bihéivjərìzm] 명U [심리] 행동주의(미국의 심리학자 John B. Watson이 제창한 학설).

be·hav·ior·ist [bihéivjərist] 명형 행동주의자(의); 행동주의 심리학자(의). ─*ti·cal·ly* 閉

be·hav·ior·is·tic [bihèivjərístik] 형 행동주의의.

behávior modificàtion 명 [심리] 행동 수정[변화].

behávior pàttern 명 (사회) 행동 양식[형]. [용].

behávior thérapy 명 [심리] 행동 요법.

*be·hav·iour [bihéivjər] 명 (英) =behavior.

Béhcet's disèase [syndrome] [béitʃets-] 명U [병리] 베체트병(눈∙입의 점막∙음부에 홍반 따위 증상을 일으키는 원인 불명의 질환). (<터키의 피부과 의사 Hulusi Behçet (1889-1948)의 이름)

be·head [bihéd] 통타 …의 목을 자르다, …을 참수하다. ─*al*, ─*er* 명

‡**be·held** [bihéld] 통 behold의 과거∙과거분사.

be·he·moth [bihíːməθ, bíːə-/bihíːməθ] 명 1 (종종 B-) [성서] 베헤못(사탄을 상징하는 괴물; ←*Job* 40:15-24). 2 (괴물 같은) 거대[강력]한 사람[동물, 것], 거수. ─형 거대한.

be·hest [bihést] 명 (고어) 명령, 강요; 간청.

‡**be·hind** [biháind, bə-] 閉 1 (장소) …의 뒤에, 뒤쪽에; …의 그늘에; …의 배후에(땐 *before*). ⇒*AFTER* USAGE.¶*~ the house* 집 뒤에 / *The child hid ~ the door.* 그 아이는 문 뒤에 숨었다.

USAGE *behind*와 *at the back of*──공간[장소]에 관해서, *at the back of*는 순전히 「…의 (바로) 뒤에」의 뜻으로, *behind*는 「…의 뒤에 (숨어서)」의 뜻으로 쓴다. 또 (美구어)에서는 이들 대신에, 간단히 *back of*를 흔히 쓴다: *a mile back of the front lines* 일선에서 1마일 후방.

2 (위치) …에 이어서, …을 뒤따라(딴 *ahead of*).¶*A crowd of small boys marched ~ the band.* 한 무리의 소년들이 악대 뒤를 따라 행진했다. 3 (경과) (죽거나 떠나거나 하여) …의 뒤에 (남기고)(* 보통 *leave*, *stay*, *remain* 따위와 함께 쓴다).¶*He left a large family ~ him.* 그는 많은 가족을 남겨 두고 갔다(죽었다) / *He stayed ~ me (for) a few days.* 그는 내가 떠난 후에도 며칠 더 묵었다. 4 (시간) (정시보다) 늦어서.¶*The bus arrived ten minutes ~ time.* 버스는 정시보다 10분 늦게 도착했다 / *He came an hour ~ me.* 그는 나보다 1시간이나 늦게 왔다. 5 (정도) (진보 따위가) …보다 뒤져서[못하여] *(in)*.¶*I am ~ him in rank.* 나는 그보다 지위가 낮다 / *He is ~ others in English.* 그의 영어는 남들보다 뒤져 있다. 6 …의 저쪽에(에).¶*A beautiful valley lies ~ the hill.* 언덕 너머에 아름다운 계곡이 있다. 7 …을 지원[지지]하여; …을 조종[운전]하여.¶*A powerful politician is ~ the plan.* 어떤 유력한 정치인이 이 계획을 뒤에서 밀어주고 있다. 8 …으로[에] 숨겨져[감추어져]; …의 배후에.¶*She is ~ the movement.* 그 운동의 배후에는 그녀가 있다 / *There is something ~ this.* 이것에는 뭔가 까닭이 있다. 9 …에게 지나간, 끝난.¶*My youth is ~ me.* 내 청춘은 지나갔다.
behind a person's back ⇒*BACK*.
behind it (美속어) ① 관계가 있어, 열중하여. ② 알 아채고, 이해하고.
behind schedule 예정[정시]보다 늦게.
behind (the) bars ⇒*BAR*.
behind the mahogany [or *stick, wood*] (美속어) 바텐더(bartender)를 하며.
behind the scenes ⇒*SCENE*.
behind the times 시대[유행]에 뒤져서.
get [or *go, look*] *behind* …의 진의[원인]를 찾아내다.
put…behind one (사물)을 고려하지 않다; (불쾌한 일 따위)를 잊어버리다.¶*He tried to put the plan ~ him.* 그는 그 계획을 머리에서 떨쳐 버리려고 했다. ─閉 1 뒤에, 배후에, 후방에(딴 *before*).¶*follow ~* 뒤를 따르다. 2 (지불이) 밀려서, 미납하여 *(in, with)*. 3 (시계 따위가) 늦어서.¶*My watch was more than ten minutes ~.* 내 시계는 10분 이상이나 늦었다. 4

(일·진보 따위가) 뒤져서[못하여](*in*, *with*). ¶He is ~ *in* the rent this month. 그는 이달치 집세를 아직 내지 않고 있다/If Winter comes, can Spring be far ~? 겨울이 오면 봄 또한 멀지 않으리[←Shelley]/He is ~ *in* [or *with*] his work. 그는 일이 밀려 있다. **5** 지나가. ¶My troubles lie ~. 내 걱정은 이제 지나갔다. **6** (비유적) 배후에, 숨겨져. ¶ There is more ~. 숨겨진 일이 아직 더 있다. **7** (고어) 남아 있는.
come (up) from behind 추월해서 1위로 들어오다; 역전승하다.
lag [or **fall**] **behind** 뒤(처)지다.
leave... behind …을 놓아 둔 채 잊고 오다, 뒤에 남기다. ¶*leave a person* ~ (자기가 먼저 떠나) 남을 뒤에 남기다/She *left* her books ~. 그녀는 책을 놔두고 왔다.
look behind 뒤돌아보다; 회고하다.
stay [or **remain**] **behind** 뒤에 남다, 출발하지 않다.
── 형 (명사 뒤에서) 뒤의, 후방의. ¶the man ~ 뒤따르는 사람.
── 명 **1** (웃옷 따위의) 등. **2** (구어·완곡적) 엉덩이.
fall on *one's* **behind** 엉덩방아를 찧다.
sit on *one's* **behind** (구어) 농땡이 부리기로 작정하다.
tan *a person's* **behind** (구어) 남의 볼기를 치다.
be·hind·hand [biháindhænd, bə-] 부형 (* 형용사로서는 서술용법) **1** (시간·시대에) 늦어서, 뒤져서. **2** (남에게) 뒤져, 못하여; (발달이) 늦은; (사물에) 뒤져서(*in*, *with*). ¶He was ~ *with* his work. 그는 일이 늦어져 있었다. **3** (지불 따위가) 밀려서(*with*); 빚져서; 부족하여(*in*). ¶be ~ *with* the rent 집세가 밀려 있다/be ~ *in* one's circumstances 형편이 어렵다.
be·hind-the-scenes [-ðəsíːnz] 형 무대 뒤의, 막후[비밀]의; 비밀리에 행하여지는. ¶~ maneuvering 막후 공작.
‡**be·hold** [bihóuld] 동타 (~**s** [-z]; *-held*) (문어) …을 보다(⇒LOOK 유의어); …을 주시하다, 지켜보다.
── 자 보라; 주의하라.
Lo and behold! 이게 어찌된 영문인가!
~·**a·ble** 형 ~·**er** 명

be·hold·en [bihóuldən] 형 (문어) (서술용법) (…에게) 은혜를 입어, 신세를 져 (*to*) (* obliged보다 딱딱한 말). ¶I am much ~ *to* you *for* your help. 도와주셔서 정말 고맙게 생각합니다.

be·hoof [bihúːf] 명 (愚 *-hooves* [-húːvz]) (고어) 이익, 이점. (* 다음 숙어로)
for [or *in, on, to*] *a person's behoof*; *for* [or *in, on, to*] (*the*) *behoof of a person* 남을 위해서, 남의 이익이 되도록. ¶The father toiled *for* his children's ~. 아버지는 아이들을 위해 힘써 일했다.

be·hoove [bihúːv] 동타 (문어) (*it*을 주어로) **1** (사람)에게 있어 …하는 것은 당연한 일[의무]이다. ¶It ~*s* you *to* work as hard as you can. 너는 할 수 있는 데까지 열심히 일할 의무가 있다. **2** (사람)에게 있어 … 할 값어치가 있다, 이익이 있다. ¶It would ~ us *to* examine this matter. 이 문제점을 조사해 보면 얻는 바가 있을 것이다. **3** (드물게) …에 어울리다, 알맞다.
── 자 (고어) 필요하다, 적절하다, 당연하다.

be·hove [bihóuv] 동 (英) =behoove.
Beh·ring [G béːriŋ] 명 *Emil von* ~ 베링(1854-1917): 독일의 세균학자; 노벨 생리·의학상(1901)).
Bei·dai·he [béidàihəː] 명 베이다이허(北戴河)(중국 발해에 면한 고급 휴양지). (또는 **Peitaiho**)
beige [beiʒ] 명① **1** (양모의 바탕색인) 담갈색, 베이지색. **2** (염색이나 표백을 하지 않은) 양모 그대로의 모직물. ── 형 **1** 베이지색의. **2** (美속어) 따분한, 시시한.
bei·gel [béigəl] 명 =bagel.
Bei·jing [bèidʒíŋ] 명 베이징(北京)(중국의 수도). (또는 **Peking, Peiching**) ~·**er** 베이징 사람[시민].
Běijīng ópera 명 (중국의) 경극(京劇).
be-in [íːn] 명 (美속어) (학생·히피족 등의) 모임, 젊은이들의 대회합.

‡**be·ing** [bíːiŋ] 명 be의 현재분사·동명사. ⇒BE.
── 명 **1** ① (유형·무형의) 존재, 실재. ¶~ *in itself* 존재 그 자체/~ *and becoming* (철학) 존재와 생성. **2** ① 생존; 인생, 생활. ¶the aim of our ~ 우리 인생의 목적. **3** 실재, 본성, 본질. ¶the very core of my ~ 나라는 실체의 핵심. **4** 살아있는 것; 사람. ¶a human ~ 사람(* 한 사람은 a human ~)/inferior ~*s* 열등(동)물/inanimate ~*s* 무생물/The artist, after all, is a solitary ~. 예술가는 결국 고독한 인간이다. **5** (B-) 신. ¶the Supreme *B-* 절대자, 신.
bring [or **call**]…**into being; give being to** …을 낳다, 출현시키다.
come into being 태어나다, 생성[설립]되다.
in being 존재[현존, 생존]하는. ¶a record not *in* ~ 이제는 존재하지 않는 기록.
── 형 (명사 뒤에서) 존재하고 있는, 현재의.
for the time being 당분간은, 지금으로서는, 우선은. ¶Let the matter rest *for the time* ~. 당분간이 문제는 보류해 두자.
── 접 (구어·방언) …이므로(since, because).
being as [or **that, how**]… (구어) …이기 때문에.
Bei·rut [beirúːt, ́-] 명 베이루트(Lebanon 공화국의 수도·항구). (또는 **Beyrouth**)
Be·ja [béidʒə] 명 (愚 ~(**s**)) 베자족(族)(의 사람) (Sudan 북동부에 거주하는 유목민); ① 베자어(語).
be·jab·bers [bidʒǽbərz] 감 (놀람·당혹·의혹 따위를 나타내어) 이크, 원, 이런, 세상에, 맙소사.
── 명 악마. (또는 **bejabers, bejesus**)
knock [or *beat, hit, kick*] *the bejabbers out of a person* (구어) 남을 호되게[심하게] 때리다.
scare the bejabbers out of a person 남을 깜짝 놀라게 하다.
be·jan [bíːdʒən] 명 (스코틀랜드의 대학) 1년생. [F]
be·jeaned [bidʒíːnd] 형 청바지를 입은.
be·je·sus [bidʒíːzəs] 감명 =bejabbers. [by Jesus]
be·jew·el [bidʒúːəl] 동타 (*-l-*, (英) *-ll-*) …을 보석 따위로 장식하다, …에 보석을 박다. ¶The sky was ~*ed with* stars. 하늘에는 별이 보석처럼 총총했다.
── ~(**l**)**ed** [-d] 형 보석으로 치장한. [통 상류 계급]
bé·ké [béikei] 명 (프랑스계 크리올) 백인 이민자(보
bel[1] [bel] 명 (물리) 벨(전압·전력이나 음의 세기의 단위; 실제로는 데시벨이 쓰인다; 기호 B). ⇒DECIBEL. [<전화 발명자 A. G. Bell의 이름]
bel[2] [bel] 명 (인도산(産)의) 벨나무(열매는 설사약).
Bel [beil, bel] 명 벨(고대 바빌로니아·아시리아의 신).
Bel. 명 Belgian; Belgic; Belgium.
be·la·bor, (英) **-bour** [biléibər] 동타 **1** …을 세게 치다, 때리다. ¶The man ~*ed* his poor donkey. 사내는 불쌍한 나귀를 심하게 때렸다. **2** …을 (집요하게) 공격하다, 매도하다(*with*). **3** …을 상세히 논하다; 애쓰다. ¶~ the point 문제점을 상세히 검토하다.
Bel·a·fon·te [bèləfánti/-fón-] 명 *Harry* ~ 벨라폰테(1926-): 미국의 가수·배우).
Bel-A·mi [bélæmi/F bélami] 명 《벨아미》(프랑스 작가 Guy de Maupassant의 장편 소설(1885)).
Bel·ar·us [bélærus] 명 벨로루시(러시아와 폴란드 사이에 위치한 공화국; 1991년 독립; 수도 Minsk).
Be·la·rus·sian [bèləráʃən] 명 벨로루시의; 벨로루시인(방언). ── 명 벨로루시인; ① (러시아어의) 벨로루시 방언.
be·lat·ed [biléitid] 형 늦어진; 뒤늦은; 시대에 뒤진. ¶The ~ letter arrived at last. 늦어진 편지가 마침내 도착했다. ~·**ly** 부 ~·**ness** 명
Be·lau [bəláu] 명 벨라우(옛 이름 Palau Islands; 서태평양의 섬나라; 수도 Koror).
be·laud [bilɔ́ːd] 동타 (문어) …을 칭찬하다, 추켜세우다.
be·lay [biléi] 동타 **1** (해사) (밧줄·걸이 따위에) [밧

줄)을 감아 매다. **2** (등산) (등산자)를 자일로 고정시키다; (안정된 것에) (자일)을 단단히 잡아매다. **3** (명령형) — there! (구어) 이제 그만!; 됐다! — ㉠ 밧줄(자일)을 안정시키다. — (등산) 자일의 확보; 자일을 안정시키는 곳(돌출한 바위·하켄 따위).
belaying pin 图 (해사) 밧줄걸이; 밧줄 턱.
bel can·to [bèl kǽntou, -ká:n-] 图 (음악) 벨칸토 가창(법). (<It fine singing)
***belch** [beltʃ] 图㉠ **1** 트림을 그만두다. **2** (연기 따위를 내)뿜다, 분출하다. ¶The volcano ~ed with a roar. 화산은 굉음을 내며 분출했다. **3** (美속어) (욕 따위를) 내뱉다; (단속적으로) 뿜어나오다. **4** (美속어) 푸념하다; 고자질하다. — ㉡ [트림 따위]를 하다; (연기 따위)를 내뿜다 (*out, forth*). ¶The volcano ~ed out[or forth] lava and smoke. 그 화산은 용암과 연기를 내뿜었다. — 图 **1** (a ~) 트림. **2** (불길·가스·뜨거운 물 따위의) 분출; (화산 따위의) 폭발; 분출물. **3** (美속어) 불평, 푸념. **4** 질이 나쁜 맥주. **5** (美구어) 맥주 마시는 사람; 술고래. ~**er** 图 (들인 목도리).

(belaying pins)

bel·cher [béltʃər] 图 청색과 백색으로 얼룩지게 물들인 목도리.
bel·dam(e) [béldəm] 图 (고어) 노파; 마귀할멈 (hag); (폐어) 조모, 할머니.
be·lea·guer [bilí:gər] 图㉡ **1** …을 포위하다, 둘러싸다. ¶~ a town 도시를 포위하다. **2** …에 붙어다니다; (붙어다녀) …을 괴롭히다 (*with*). ¶be ~ed with [or by] annoyances 귀찮은 일에 시달리다.
~**er**, ~**ment** 图 -**guered** [-d] 图
bel·em·nite [béləmnàit] 图 (고생물) 전석(箭石), 벨렘나이트(중고대의 오징어 비슷한 동물의 화석).
bel·es·prit [bèlesprí:] 图 (ft *beaux-es·prits* [bòuz-]) 재사(才士). (<F fine spirit)
Bel·fast [bélfæst/-fɑːst] 图 벨파스트(영국 북아일랜드의 수도·항구).
bel·fried [bélfrid] 图 종루(鐘樓)[종탑]가 있는.
bel·fry [bélfri] 图 **1** 종루, 종탑 (= *campanile*) (寺); 종각, (배의) 종 매다는 곳. **2** (속어) 머리; 정신(적 능력). **3** (역사) (요새 공격용의) 이동식 탑.
have [or *be with*] *bats in one's* [or *the*] *belfry* (속어) 머리가 좀 이상하다, 괴짜다, 괴팍스럽다.
Belg. Belgian; Belgie; Belgium.
bel·ga [bélgə] 图 벨가(벨기에의 외환용으로 사용했던 화폐 단위 및 주화). 「벨기에인의.
***Bel·gian** [béldʒən] 图 벨기에인. — 图 벨기에의;
Belgian háre 적갈색의 집토끼의 일종.
Belgian Ma·li·nóis [-mælənwá:] 图 벨지앙 말리누아(벨기에산(産)의 목양견·경찰견).
Belgian shéepdog 图 벨기에산(産) 목양견.
Belgian Ter·vu·ren [-tɛərvjúərən] 图 벨지앙 테르뷔랑(벨기에산(産) 양치기 개).
Bel·gic [béldʒik] 图 (Gaul 북부에 살았던) 고대 벨기에족(Belgae)의; = Belgian.
***Bel·gium** [béldʒəm] 图 벨기에(유럽 서부의 입헌 군주국; 수도 Brussels).
Bel·go- [bélgou, -gou] (연결형) 「벨기에」의 뜻. ¶the ~-Franco frontier 벨기에-프랑스 국경.
Bel·grade [bélgreid/-´-] 图 베오그라드(유고슬라비아의 수도).
Bel·gra·vi·a [belgréiviə] 图 벨그레이비어(London의 Hyde Park을 중심으로 한 상류층 주택 지구).
Bel·gra·vi·an [belgréiviən] 图 (英) Belgravia (출신)의, 귀족풍의, 상류 사회의. — 图 Belgravia의 거주자; 상류 사회의 사람.
Be·li·al [bí:liəl, -ljəl] 图 **1** (성서) 벨리알(←고린도후서(2 Cor.) 6:15); 악령, 악마; 사탄. **2** 빌리얼(Milton 작 *Paradise Lost*에 나오는 타락 천사).
be·lie [bilái] 图㉡ (~*d*; -*ly·ing*) **1** …을 잘못 전하다; (감정 따위)를 숨기다. ¶The reporter ~*d* the facts. 신문 기자는 사실을 잘못 보도했다. **2** …이 거짓임을 드러내다; …와 상반되다. ¶The evidence ~*d* what he said. 그 증거로 그의 말이 거짓임이 드러났다. **3** (약속·기대 따위)를 어기다; …에 어긋나다. **4** (고어) …을 중상하다. **be·lí·er** 图
‡**be·lief** [bilíːf, bə-] 图 **1** ⓤ (증거없이 진실로) 믿음; (…의 존재의) 확신 (*in*); 의견, 소신; (the ~, one's ~)(…라는) 신념, 생각. ¶the ~ *in* devils 악마의 존재를 믿는 것/My ~ is that… 내 생각에는 …이다(=I believe that…).

┌─────────────────────┐
│ (유의어) **belief** 어떤 일의 「진실(존재, 가치)을 믿음」의 뜻으로, 가장 일반적인 말. **faith** 신·교리에 대한 절대적인 신앙. **trust** 상대방의 인격·능력 등에 대한 직관적인 신뢰. **confidence** 오랜 경험에서 나온 자신감. **conviction** 어떤 일이 옳다고 생각하는 확고한 신념. │
└─────────────────────┘

2 ⓤ 신임, 신용, 신뢰 (*in*). ¶I have no great ~ *in* doctors. 나는 의사를 그다지 신용하지 않습니다/I won his ~ *in* my honesty. 그에게 내가 정직하다는 것을 믿게 할 수 있었다. **3** ⓤⓒ (종교적인) 신앙, 신앙심 (faith)(*in*); 종교. ¶the Christian ~ 그리스도교의 신앙, 교리 // ~ *in* God 하느님(의 존재)를 믿기. **4** (~s) (종교상·정치상의) 신조; (고어) (the B~) 사도 신경(the Apostles' Creed).
beyond belief 믿을 수 없는, 터무니없는, 놀랄 만한. ¶A trip to the moon was *beyond* ~ at that time. 그 당시는 달 여행 같은 것은 생각지도 못할 일이었다. 「다.
have belief in …을 신용하다(믿다); …의 존재를 믿
in the belief that… …라고 믿고(생각하고).
light [or *easy*] *of belief* 경솔하게 믿기 쉬운.
pass (*one's*) *belief* 믿기지 않다.
past all belief 도무지 믿어지지 않는.   「로는.
to the best of one's belief …이 믿는(확신하는) 바
be·liev·a·ble [bilíːvəbl, bə-] 图 믿을(신뢰할) 수 있는. **-bíl·i·ty**, ~**ness** 图 -**bly** 图
‡**be·lieve** [bilíːv, bə-] 图 (~*s* [-z]; ~*d*; -*liev·ing*) ㉠ **1** 믿다; (…의 존재·정당성을) 믿다 (*in*). ¶(~+前+图) ~ *in* God 신을 믿다; 신의 존재를 인정하다/We ~ *in* him. 우리는 그의 인격(역량)을 믿는다/I ~ *in* this method of teaching. 이 교수법은 좋다고 생각한다. **2** 생각하다. ¶How can you ~ so badly of them? 너는 어째서 그들을 그렇게 나쁘게 생각하니? **3** 신앙하다, 신앙을 가지다.
— ㉡ **1** (이야기 따위)를 믿다, 사실(진실)이라고 생각하다; (남)의 말을 믿다(신용하다). ¶I ~ you [or what you say], 네 말을 믿는다(옳다고 생각한다)/ (~+*that* 節) Columbus ~*d that* the earth is round. 콜럼버스는 지구가 둥글다고 믿었다. **2** …라고 믿다(생각하다), 확신하다 (*that*); (…을) (…라고) 믿다(생각하다) (*to be*). ¶(~+*that* 節) (~+图+(*to be*) 補) I ~*d* (*that*) he was honest. =I ~*d* him (*to be*) honest. 나는 그를 정직한 사람이라고 생각했다/ He is ~*d to be* honest. (사람들은) 그가 정직한 사람이라고 생각한다 / Do you ~ it will snow tomorrow? 내일 눈이 오리라고 생각하니?
believe in ① …의 존재를 믿다. (신·종교)를 믿다. ② (남)을 신뢰(신용)하다. ¶~ *in* him 그를 신뢰하고 있다 (* believe him은 단지 그때의 그의 말을 믿음을 나타낸다). ③ (학설·일 따위의 가치)를 인정하다(믿다), …을 좋다고 생각하다, 신조로 하고 있다.
believe it [or *me*] *or not* (구어) 믿거나 말거나, 거짓말이라고 생각하겠지만, 놀라지 말지어다 (* 상대방이 놀랄 만한 이야기를 꺼낼 때 쓴다). ¶B~ *it or not*,

that is a fact. 믿거나 말거나 그것은 사실이다.
Believe me. (삽입적) (구어) 정말이야, 내 말 믿어 (Believe you me.).
believe *one's* **eyes** [**ears**] (부정문에서) 자신의 눈[귀]을 믿다.
Don't you believe it?; Would you believe (it)? =believe it [or me] or not.
have (got) to [or **must**] **be seen to be believed** (…은) 실제 보지 않고는 아무리 설명해도 알 수 없다, 백문(百聞)이 불여일견(不如一見).
I believe (삽입적) (구어) 확실히 (내가 알기로는)…이다. ¶He has, *I* ~, three sons. 내가 알기로는 그 에겐 아들 셋이 있다 / Mrs. Smith, *I* ~? 스미스 부인이시지요?
I believe not. (앞의 말을 부정하여) 그렇지 않다고 생각한다.
I believe so.; So I believe. (앞의 말을 긍정하여) 그렇다고 생각한다.
I believe you, thousands wouldn't! (英구어) 일단 그렇다고 해두자, 그래 그렇네지.「없다.
I don't believe this! (美구어) 이건 도저히 믿을 수
If you believe that, you'd believe anything. (구어) 도저히 믿을 수 없다.
make believe …하는 척하다; …인 듯이 보이게 하다.
would [or **could**] **believe…of** *a person* 남같으면 …을 하리라고 생각하다.
You [or **You'd**] **better believe (it).** (美구어) (감탄사적) (안 믿을지 모르지만) 확실해, 정말이다.

*be·liev·er [bilí:vər] 圑 믿는 사람, (가치·정당성의) 신봉자; (…의) 신자, 신앙을 가진 사람 (*in*). ¶a ~ *in* Christianity [Buddhism] 기독교[불교]도 / a great ~ *in* walking for the health 산책이 건강에 좋다고 굳게 믿고 있는 사람.「다.
make a believer out of (무리하게) …을 납득시키
be·liev·ing [bilí:viŋ] 圑 믿는, 확신하는; 신앙심이 있는. —圑 신앙, 믿는 것. ¶*Seeing is* ~. (속담) 백문이 불여일견. ~**·ly** 團 신뢰[확신]하여.
be·like [biláik] 團 (古어) 아마, 필시(probably).
Be·lin·da [belíndə] 圑 벨린다(여자 이름).
Be·lí·sha (béacon) [bəlí:ʃə-] 圑 (英) 벨리샤 교통 표지(보행자 횡단 표시등). [<영국의 운수 장관 Leslie Hore-Belisha(1893–1957)]
be·lit·tle [bilítl] 圑他 **1** …을 작게 하다, 작아 보이게 하다. **2** …의 가치를 낮추다; …을 헐뜯다, 업신여기다.
belittle *oneself* 자신을 비하하다.「과소평가하다.
~**·ment** 圑
Be·lize [bəlí:z] 圑 벨리즈(중미 카리브 해에 면한 나라; 수도 Belmopan). **Be·lí·ze·an** [-ziən] 圕圑
‡**bell**¹ [bel] 圑 (圕 ~s [-z]) **1** 종, 벨, 방울; 종[방울] 소리; (英구어) 전화(ring). ¶an electric ~ 전기 벨, 전령(電鈴) / a passing ~ 죽음[임종]을 알리는 종 / a peal [or chime] of ~s (교회의) 한 벌의 종 소리 / toll the ~ 종을 울리다 / We stood up at the ~. 종소리를 듣고 일어섰다. **2** 종 모양의 것; (관악기·파이프·연관(鉛管) 따위의) 벌어진 입; (해파리의) 갓. **3** (~s) (구어) 나팔 바지, 판탈롱(~-bottoms). **4** (보통 ~s) (해사) 시종(時鐘)(4시간의 당직 시간을 알리는 것으로, 30분마다 1타점을 더해서 8타점에 이른다). **5** [음악] 종종(組鐘), 철금(鐵琴). **6** [식물] 종상 화관(鐘狀冠). **7** (권투) 공.「러 나가다.
answer the bell (초인종 소리를 듣고) 손님을 맞으
(as) **clear as a bell** ① (소리·목소리가) 맑은, (물·술 따위가) 맑은. ② (사람이) 명쾌[명석]한.
(as) **sound as a bell** (사람이) 매우 건강[건전]한[하여]; (사물이) 완벽한 상태이[로].
bear (away) [or **carry away**] **the bell** 선두에 서다; 지도자가 되다; 우승하다, 성공하다.
bell, book, and candle ① (가톨릭) 파문(破門) 선고, 파문의 의식. ② 극도로 복잡한 의식.
by bell and book; by book and bell 미사에 쓰는 책과 벨에 걸고 맹세하여, 맹세코(중세의 서약 문구).
give *a person* **a bell** (美구어) 남에게 전화하다.
lose the bell 패배하다.
ring [or **strike**] **a bell** (구어) 공감[반응]을 불러일으키다; 생각나게[연상케] 하다.「매료하다.
ring *a person's* **bell** (美속어) 남을 (성적 매력으로)
ring *one's* **own bell** 자화자찬하다.
ring [or **hit**] **the bell** (구어) 잘 되다, 성공하다, 히트하다 (*with*).「리다, 경보하다.
ring the bell backward (화재 따위에서) 위급을 알
saved by the bell ① (권투 선수가) 공이 울려 KO를 면한. ② (사람이) 돌발 사건으로 곤경에서 벗어난.
That's a bell. (머리 속에서 종이 울리는 것처럼) 잘 알고 있다; 좋은 생각이 났다.
There's the bell. ① 초인종이 울린다, 손님이 왔다. ② (권투) 공이 울렸다.
with bells on (*one's*) **toes**) ① (美구어) (미래형의 동사와 함께) 기꺼이; 열심히, 씩씩하게. ¶I'll be a member *with* ~*s on*. 기꺼이 회원이 되겠습니다. ② (美속어) (비난·비평에 덧붙여) 참으로. ¶He's a jughead *with* ~*s on*. 그는 정말 얼간이다.
—圑他 **1** (종처럼) …을 부풀게 하다, 벌어지게 하다. **2** …에 벨[방울]을 달다. **3** (남)을 벨을 울려 부르다.
—圑自 **1** 종처럼 벌어지다. **2** (美구어) 종상 화관을 만들다. **3** 벨을 울리다; 벨[종] 같은 소리를 내다.
bell the cat 고양이 목에 방울을 달다, (남을 위해서) 위험한 일을 떠맡다, 난국에 처하다(● 이솝 우화에서).
~**·less**, ~**·like** 圐
bell² 圑 (교미기의) 수사슴의 울음 소리; (추적중인 사냥개의) 짖는 소리. —圑 (교미기의 수사슴처럼) 울다; (추적중인 사냥개가) 짖다.
Bell [bel] 圑 벨. **1 Alexander Graham** ~ (1847–1922; 전화기를 발명한 미국의 과학자). **2** 미국의 전화 회사(~ Telephone)(圕 **Ma Bell, Baby Bell**). **3** 미국의 항공기 제조 회사(~ Aerospace).
Bél·la [bélə] 圑 벨라(여자 이름; Isabella의 애칭).
bel·la·don·na [bèlədánə/-dɔ́nə] 圑 벨라돈나(가지과의 유독 식물); (약학) 벨라돈나 제제(製劑)(경련·위통 따위의 약재); = lily.
belladónna líly 벨라돈나 백합(amaryllis).
Bel·la·trix [bəléitriks] 圑 (천문) 벨라트릭스(오리온자리의 감마성(星)).
bell·bind [bélbàind] 圑 [식물] 메(식용·약용으로 쓰는 덩굴풀). (또는 **béllbìnder, béllbìne**)
bell·bird [bélbə̀ːrd] 圑 [조류] 방울새(남미산(產)). (또는 **béll bìrd**)
bell-bot·tom [ˈbàtəm/-bɔ̀t-] 圑 (바짓가랑이가) 넓은, 나팔 바지의. (또는 **~s**) —圑 (~s) 가랑이가 넓은 바지, 나팔 바지, 판탈롱(구어) **bells**).
bell·boy [bélbɔ̀i] 圑 (호텔·클럽의) 벨보이, 급사.
béll brónze 圑 =bell metal.
béll bùoy 圑 [해사] (암초 위치 표시용) 타종 부표.
béll bùtton 圑 (벨을 울리는) 누름단추(push button); (양복 따위의 ~s) 벨 모양의 단추.
béll càptain 圑 (美) (호텔의) 벨 캡틴, 급사장.
béll cháracter 圑 [컴퓨터] 벨 문자[정보 교환용 부호].
Béll Còmpany 圑 (美) =Baby Bell.
béll còt(e) 圑 작은 종탑.
béll còw 圑 (소떼들 중의) 선두소; 선도자, 통솔자.
béll cùrve 圑 =bell-shaped curve.
***belle** [bel] 圑 미인, 미녀; (the ~) (무도회 등에서) 최고 미인. ¶the ~ of the ball 무도회의 여왕. [<F]
Belle [bel] 圑 벨(여자 이름; Bella의 애칭). [<F]
belle amie [bélæmi:] 圑 미모의 여자 친구, 애인.
Belle É·poque, La [F la bɛl epɔk] 圑 (때로 b- é-) 벨 에포크, 아름다운 시대(1871년–1914년까지 서유럽이 평화·번영을 누렸던 시기). [<F]
belle laide [bél léid] 圑 (圕 **-s -s**) 미인은 아니지

만 애교 있는 여자(jolie laide). 〔<F〕
Bel·ler·o·phon [bəlérəfàn/-fən] [명] 〔그리스 신화〕 벨레로폰(천마 Pegasus를 타고 괴물 Chimera를 퇴치한 Corinth의 영웅). **Bel·ler·o·phon·tic** [bèlərəfántik/-fɔ́n-] [형] 「문학; 미문(美文). 〔<F〕
belles-let·tres [bèllétrə] [명][복] 《단수취급》 순수
bel·let·rist [bèllétrist] [명] 순수 문학가[자].
bel·let·ris·tic [bèllətrístik] [형] 순수 문학적인.
bell·flow·er [bélflàuər] [명] 종 모양의 꽃이 피는 식물(초롱꽃속(屬)·풍경초속(屬) 따위).
béll fòunder [명] 종 주조사, 종장(鐘匠).
béll fòunding [명] 종(鐘) 주조법[술].
béll fòundry [명] 종 주조소[공장].
béll fròg [명] 방울 소리 같은 울음 소리를 내는 청개구
béll glàss [명] =bell jar. ⌊리의 총칭.
bell·hang·er [bélhæ̀ŋər] [명] 종을 매다는 사람, 조종사(釣鐘師). 「은 종 모양).
béll hèather [명] (유럽산(產)) 에리카속(屬) 식물(꽃
bell·hop [bélhàp/-hɔ̀p] [명] 《美》 =bellboy.
bel·li·cose [bélikòus] [형] 호전적인(warlike), 적의에 찬; 투쟁[싸움]을 좋아하는. **~·ly** [부] **~·ness** [명]
bel·li·cos·i·ty [bèlikásəti/-kɔ́s-] [명][U] 호전적임, 전투적 기질, 호전성, 싸움을 좋아함.
bel·lied [bélid] [형] **1** 《복합어로》 배가 …한.¶empty-~ children 굶주린 아이들. **2** 배가 큰, 비만한; 팽창한.¶a ~ sail 바람을 잔뜩 안은 돛.
bel·lig·er·ence [bəlídʒərəns] [명][U] 호전성, 전쟁을 좋아함; 교전, 전쟁 (행위).
bel·lig·er·en·cy [bəlídʒərənsi] [명][U] **1** 교전 상태; 교전국임.¶a state of ~ 교전 상태. **2** =belligerence.
*__bel·lig·er·ent__ [bəlídʒərənt] [형] **1** 호전적인; 싸움을 좋아하는, 용감한.¶a ~ tone 도전적 말투. **2** 교전[전쟁]중인.¶~ powers 교전국. **3** 전쟁의[에 관한]; 교전국의. ―[명] 교전국; 전투원; 상대자, 적. **~·ly** [부]
Bel·li·ni [bəlíːni] [명] 벨리니. **1 Giovanni** ~ (1430-1516: 이탈리아 베네치아파 화가). **2 Vincenzo** ~ (1801-35: 이탈리아 오페라 작곡가). **3** (b-) 샴페인과 녜타를 혼합한 칭량 음료.
béll jàr [명] 종 모양의 유리 그릇(장식품의 덮개나 화학 실험용 가스 용기로 쓰인다). (또는 **béll glàss**)
béll làp [명] (경륜·트랙 경기 따위의) 마지막 한 바퀴.
bell·man [bélmən] [명] **1** 종치는 사람; =town crier; 야경꾼. **2** =bellboy.
béll mètal [명] 종청동(구리와 주석의 합금).
bell-mouthed [ˊ-màuðd, -màuθt] [형] 종 모양의 입이 있는, 아가리가 나팔꽃 모양의. 「여신).
Bel·lo·na [bəlóunə] [명] 〔로마 신화〕 벨로나(전쟁의
*__bel·low__ [bélou] [동][자] **1** (소 따위가) 큰 소리로 울다, 울부짖다. **2** (사람이) (…에게) 고함을 지르다 (*at*, *with*). ⇨CRY [유의어]²¶(~+[前]+[名]) He *~ed at* his servant. 그는 하인에게 고함을 질렀다. **3** (대포·천둥 따위가) 울리다, (바람이) 윙윙거리다. ―[타] …을 고함치듯이 말하다(*out*, *forth*). 「하다].
bellow off …을 호통을 쳐서 쫓아버리다[말을 못하게
bellow out [or ***forth***] ① 고함지르다, 울부짖다. ② …을 호통 치다; 〔욕설 따위〕를 퍼붓다.
―[명] (소의) 울부짖는 소리; 고함소리; (대포 따위의)
~·er [명] 고함[호통] 치는 사람. ⌊울리는 소리.
Bel·low [bélou] [명] **Saul** ~ 벨로(1915- : 미국의 소설가; 노벨 문학상(1976)).
*__bel·lows__ [bélouz] [명][복] 《단·복수 양용》 **1** 풀무.¶ blow the [*or* with] ~ 풀무질하다. **2** 풀무 모양의 것; (오르간·아코디언 따위의) 송풍기. **3** (사진기의) 주름 상자. **4** 폐(lungs).

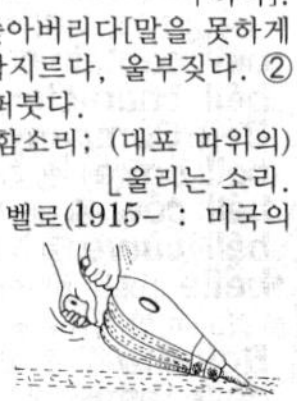
[bellows 1]

「이) 숨을 헐떡거리다.
have bellows to mend 《英속어》 (말·권투 선수 등
~·like [형]
béllows fish [명] 〔어류〕 대주둥치(snipefish); 아귀.
béll pèpper [명] =sweet pepper.
bell·pull [bélpùl] [명] 종[초인종]의 줄.
béll pùsh [명] **1** (벨을 울리는) 누름단추; 《美속어》 (가정) 방문 판매원. **2** 대성공한 것.
béll rìnger [명] **1** (교회 등의) 종치는 사람[장치]. **2** 《美속어》 호별 방문 판매원; 지방 정치가. **3** 《美속어》 약간의 정보, 힌트. **4** 대성공을 거둔 것[일]. **5** 성대한 축전.
béll rìnging [명] **1** 타종법; 종악기 연주법; 종지기의 직. **2** 종치기 놀이. **3** 호별 방문.
béll ròpe [명] (긴급용의) 종 당김줄.
bélls and whístles [명][복] 《구어》 부속물; 〔컴퓨터〕 부가 프로그램[주변 장치]; 있으면 편리한 것.
bell-shaped [ˊ-ʃèipt] [형] 종[벨] 모양의.
béll-shaped cúrve [명] 〔통계〕 종형(鐘形) (빈도)
Béll's pálsy [명] 〔병리〕 안면 마비(증). ⌊곡선.
béll tènt [명] 종 모양[원추형] 천막.
béll tòwer [명] 종루, 종탑. [참] belfry, campanile
béll tùrret [명] 종루(작은 교회의 소규모 종각).
bell·weth·er [bélwèðər] [명] **1** (방울을 단) 길잡이 양; (직업·산업계의) 선도자, 지도자; (폭동·반란·음모의) 수괴, 주모자. **2** 〔증권〕 지표 종목[주식].
béllwether ìndustry [명] 경기 주도형 산업.
béll wìre [명] (현관 등에서 벨을 울리는) 당김줄.
bell·wort [bélwə̀ːrt] [명] 초롱꽃; 《美》 백합과(科)의 식물(종 모양의 노란 꽃이 핀다).
*__bel·ly__ [béli] [명] **1** 배, 복부; (뱀·물고기 따위의) 배, 복면. ⇨STOMACH [유의어]¶a pot ~ 올챙이배/have a ~ 배가 나와 있다. **2** 위; 내장.¶have an empty ~ 공복이다. **3** (the ~) 식욕, 탐욕; 대식.¶*The ~ has no ears*. 《속담》 금강산도 식후경, 수염이 석 자라도 먹어야 양반. **4** (물건의) 불룩한 부분; (바이올린·병·통 따위의) 몸통; (바람을 안은 돛의) 불룩한 부분.¶the ~ of a ship 선복/the ~ of a flask 플라스크의 배. **5** 《고어》 자궁, 태내. **6** 〔해부〕 근복(筋腹). **7** (비행기의) 동체의 아랫 부분. **8** 《속어》 =~ laugh.
air one's belly 《속어》 토하다, 게우다.
go [or ***turn***] ***belly up*** [or ***belly-up***] 《구어》 끝나다; 죽다; 실패하다; 도산하다.
have a wolf in one's belly 걸신 들리다. 「고 있다.
have fire in one's [or ***the***] ***belly*** 영감[야심]을 가지
lie on one's belly 엎드리다. 「삼다, 먹보다.
make a god of one's belly 식욕[대식]을 으뜸으로
The eye is bigger than the belly. 아무리 먹어도 양이 안 차다.
―[동][자] 부풀다, 불룩해지다(*out*).¶The sail *bellied* (*out*) in the wind. 돛이 바람을 안고 불룩해졌다. ―[타] …을 불룩하게 하다(*out*).
belly in (비행기가) 동체 착륙을 하다.
belly up 손을 들게 되다, 도산하다.
belly up to 《구어》 ① …에 바짝 접근하다[다가가다], 성큼성큼 다가가다; (술집으로) 직행하다. ② …의 비위를 맞추다, 공치사를 하며 접근하다.
~·ing, ~·like [형]
bel·ly·ache [bélièik] [명][U][C] 《구어》 복통, 위통; 불평의 원인. ―[동][자] 《속어》 불평을 늘어놓다 (*about*).
bélly bàg [명] 《美속어》 =fancy pack. ⌊**-àch·er** [명]
bel·ly·band [bélibæ̀nd] [명] (아기의 배에 감는) 복대(腹帶); (마구용) 뱃대끈; 〔해사〕 벨리밴드. 「프 보드.
bel·ly·board [bélibɔ̀ːrd] [명] (엎드려 타는) 소형 서
bel·ly-bound [-bàund] [형] 변비가 있는.
bel·ly·but·ton [bélibʌ̀tn] [명] 《구어》 배꼽(navel). (또는 **bélly bùtton**)
bélly dànce [명] 배꼽춤, 벨리 댄스. 「추다.
bel·ly-dance [-dæ̀ns] [동][자] 배꼽춤[벨리 댄스]을
bélly dàncer [명] 벨리 댄서, 배꼽춤 무희.
bélly flòp [명] 배치기 다이빙; (비행기의) 동체 착륙; (병사가 적의 포화를 피하기 위해) 땅에 엎드리기.

bel·ly-flop [-flάp/-flɔ́p] 图재 (-pp-) (구어) 1 배치기 다이빙을 하다; (썰매로) 엎드린 자세로 활강하다. 2 동체 착륙하다. 3 (英) 대실패하다.
bel·ly·ful [béliful] 图 (구어) 배에 가득(한 양), 만복; (a ~) 지긋지긋할 정도의 양, 충분함 (of).
  get a bellyful 얼어맞다. ¶ 나도록 듣디[경험하다].
  have had a bellyful of [충고·불평 따위]를 진저리 나도록 들었다.
bel·ly-god [-gὰd/-gɔ́d] 图 (고어) 대식가, 미식가.
bel·ly-gun [-gʌ̀n] 图 (속어) (호신용의) 소형 권총 (Jennings .22의 속칭).
bélly hòld 图 (항공) (객실 밑의) 화물칸.
bel·ly-land [-læ̀nd] (항공) 图재 (비행기를) 동체 착륙하다(crashland). — 图타 (비행기를) 동체 착륙시키다. ~**ing** 图 동체 착륙.
bélly làugh 图 포복 절도, 홍소(哄笑); 웃음거리.
bel·ly-pinched [-pìntʃt] 图 굶주린, 공복의.
bel·ly-rob·ber [-rὰbər/-rɔ̀b-] 图 (美軍속어) 취사병; 요리사.
bélly ròll 图 (중배가 부른) 땅 다지는 롤러; (높이뛰기에서) 배를 아래쪽으로 하고 바[가로대]를 뛰어넘기.
bel·ly-up [-ʌ́p] 图 (美속어) 죽은; 도산(倒産)한; (자동차가) 쥐잡힌; …된 것.
bel·ly-wash [-wὰʃ, -wɔ́(ː)ʃ] 图 (속어) 음료, 마실 것.
bélly wòrship 图 대식(大食)(gluttony).
Bel·mon·do [belmάndou/-mɔ́n-] 图 **Jean-Paul** ~ 벨몽도(1933- : 프랑스의 배우).
Bel·mo·pan [bèlmoupǽn] 图 벨모판(중앙 아메리카의 벨리즈(Belize)의 수도).
‡**be·long** [bilɔ́(ː)ŋ, bə-, -lάŋ] 图재 (**~s** [-z]) 1 (…에) 소속하다; (…에) 속하다, (…의) 소유물이다, (…에) 부속하다(to). ¶He ~s to the Foreign Office. 그는 외무부 직원이다 / Gray hairs ~ to old age. 나이가 들면 흰 머리가 생기기 마련이다. 2 (어떤 상태에) 맞다, 있어야 하다; (있어야 할 장소에) 있다; (…의) 것[주인]이다 (in, on, among, under, with). ¶You are feverish; you ~ in bed. 열이 있으니, 자리에 눕는 게 좋겠다 / His ability ~s in business. 그의 재능은 사업가가 되기에 알맞다 // Replace the box where it ~s. 그 상자를 제자리에 다시 갖다 놓아라. 3 (작격·의무 따위로) …에 소속하다, (…의 자격이) 있다 (in); (…에게) 적당하다, 알맞다 (among, in, on, to, under, with). ¶It doesn't ~ to me to express an opinion about the matter. 그 문제에 대해서 의견을 말할 자격이 내게는 없다. 4 (분류상) …에 속하다, (…와 같은 열이다 (among, in, under, to, with). ¶It ~s in the same category as A. 그것은 A와 같은 부류에 속한다 / Do tigers and cats ~ to the same family? 호랑이와 고양이는 같은 과(科)의 동물입니까? / Does this ~ under this head? 이것은 이 항목에 속하는가? 5 (…에) 관계되고 있다, (…와) 조화되어 있다 (with, to). ¶Cheese ~s with salad. 치즈는 샐러드와 어울린다. 6 (구어) 사교성이 있다, (주위 사람과) 잘 어울리다. ¶She doesn't ~. 그녀는 남들과 잘 어울리지 않는다. 7 (속어) (…의) 소유자이다 (to). 8 (美남부) …할 필요가 있다, 예정이 되어 있다 (to do).
  belong here 이 항목[여기]에 속한다; 이곳 사람이다. ¶She doesn't ~ here. 이곳은 그녀가 올 곳이 못 된다.
  belong in ① …에 살다. ② …에 알맞다; …의 자격이다.
  belong to ① …에 속하다; …의 소유이다. ② …에 알맞다; …의 지지자[신봉자]이다.
  belong together (물건이) 세트로 되어 있다; (사람이) 연인 사이이다. — (일 따위가), …의 책임이다.
  belong under ① …의 항(목)에 들어 가다. ② (구어) …의 일원으로 적합하다.
  belong with ① …와 관계가 있다. ② …의 자격이다.
be·long·er [bilɔ́(ː)ŋər, bə-, -lάŋ-] 图 (英) (보수적인) 중산층 사람.

‡**be·long·ing** [bilɔ́(ː)ŋiŋ, bə-, -lάŋ-] 图 1 부속물, 속성. 2 (~s) 소유물, 소지품; 가재(家財). ⇒POSSESSION 유의어. ¶Have you got all your ~s? 소지품은 다 가지고 계십니까? 3 (~s) (구어) 가족, 친척. 4 ⓤ 친밀한 사이, 뗄래야 뗄 수 없는 인연; 귀속. ¶a sense of ~ 귀속 의식, 일체감. ~**ness** 图
bel·o·noid [bélənɔ̀id] 图 바늘[송곳] 모양의.
Be·lo·rus·sia [bèlərʌ́ʃə] 图 =Belarus; =Byelorussia. **-sian** 图
be·love [bilʌ́v] 图타 (수동형으로) …을 사랑하다 (of, by). ¶I be ~d by [or of] Bill 빌의 사랑을 받다.
‡**be·lov·ed** [bilʌ́vid, -lʌ́vd] 图 1 사랑스러운, 귀여운, 가장 사랑하는. — 图 사랑하는 아들. 2 소중한, 애용하는. ¶He lost his ~ pipe. 그는 애용하던 파이프를 잃어버렸다. — 图 (one's ~) 가장 사랑하는 사람, 연인. ¶my ~ 여보, 당신 (* 연인·부부간의 호칭) / dearly ~ 친애하는 여러분 (* 목사 등의 말).
‡**be·low** [bilóu, bə-] 图 * 지명 뒤에 쓰여 그 명사를 수식하기도 한다. 1 아래에[로](beneath); 아래층에(田 above). ⇒UNDER 유의어. ¶look ~ 아래를 보다 / the room ~ 아래층의 방. 2 (문이) (종종 here와 함께) (천상·천국에 대해) 지상에, 하계(下界)에; (지상에 대해) 지하에, 지옥에. ¶our fate here ~ 이곳 지상에서의 우리의 운명 / the place ~ 지옥. 3 하류에. ¶the bridge ~ 하류에 있는 다리. 4 (수량 따위가) 이하로; (등급 따위가) 하위[하급]에. ¶the court ~ 하급 법원. 5 (페이지·책 따위의) 이하[하부, 하기]에. ¶See ~. 하기(下記) 참조 / The hint is given ~. 힌트는 아래에 있다. 6 (캐나다) 영하(빙점하)~. 7 [연극] 무대의 전면에.
  Below there! 이봐 밑에 있는 사람들아! (* 물건을 떨어 뜨릴 때의 주의).
  down below ① 아래쪽에; 지옥에; 무덤 속에; 해저에
  go below [해사] (상갑판에서) 아래쪽 선실로 내려가다; (당직을 마치고) 선실로 내려가다. — 图 go on deck
  here below 이승에서.
  — 图 1 …보다 아래에[의]; 바로 아래에. ¶far ~ one's eyes 멀리 눈 아래에 / The sun has sunk ~ the horizon. 해가 지평[수평]선 아래로 졌다 / Shall I write my name above or ~ the line? 이름을 이 선 위에다 쓸까, 아래에다 쓸까? 2 …보다 아래쪽에; …보다 하류에; …에 못 미쳐. ¶a little ~ the bridge 다리보다 조금 하류에 / The bus stopped a few yards ~ the post office. 버스는 우체국에서 몇 야드 못 미쳐서 정차했다. 3 (수·양·정도 따위가) 이하[미만]로; (지위·계급 따위가) …의 아래에[낮아서]. ¶a man ~ forty 40세 이하의 남자 / The rainfall was considerably ~ the average. 강수량이 평균보다 상당히 밑돌았다 / The thermometer stands at 25°~ zero. 온도계는 영하 25도를 가리키고 있다 / She is next ~ me in the class. 그녀는 학급 석차에서 내 바로 다음이다 / It was sold ~ cost. 그것은 원가 이하에 팔렸다. 4 …할 가치 없는, …에 어울리지 않는 (* 이 뜻으로는 beneath쪽이 보통). 5 [연극] …의 무대 전면에.
  below (the) ground ⇒GROUND.
  below one's breath ⇒BREATH.
  below par ⇒PAR.
  below (the) sea level 해면 아래로, 수심(水深)…. ¶fifty feet ~ (the) sea level 수심 50피트에.
  — 图 (책 페이지의) 아래[하단, 하기]의; 다음 페이지의; 후속하는. — 图 같은 페이지 아래[다음 페이지의] 기술[기사].
be·low-decks [bilóudèks] 图 [해사] 선내에, 선내의.
be·low-ground [bilóugràund] 图 지하의[에 있는]; 매장된, 이미 이 세상에 없는. — 图 아래층에[의].
be·low-stairs [bilóustɛ̀ərz] 图图 (upstairs에 대해).
be·low-the-line [-ðəlàin-] 图 1 표준[수준] 이하의. 2 (원가 계산·예산에서 비목(費目)이) 공통인. ¶~cost 공통비(費). 3 광고 회사에 수수료를 지불하지 않는,

Bel·sen [bélzən] 명 벨젠(나치스의 강제 수용소가 있던 독일 동북부의 지방; 정식명 Bergen-Belsen).

Bel·shaz·zar [belʃǽzər] 명 《성서》 벨사살 (Babylon의 마지막 왕. ←다니엘(Dan.) 5).

‡**belt** [belt] 명 1 벨트, 밴드, 허리띠, 혁대(girdle); (백작·기사의 표장); 혁대(禮帶) 등; (유도·태권도 등의) 띠, (권투등의) 챔피언 벨트. ¶ a sword / loosen [fasten] one's ~ 벨트를 늦추다[(졸라) 매다]. 2 띠 모양의 것; (자동차·비행기 따위의) 좌석[안전] 벨트; (기계) 벨트, 피대; (천문) (토성·목성의) 구름 모양의 띠; (군사) (자동 화기의) 탄대(彈帶), 탄띠. ¶ a driving ~ (기계의) 전동(傳動) 벨트 / an endless ~ 사슬 벨트. 3 (군함의 흘수선 밑의) 장갑대; 돌[벽돌]로 쌓은 벽면의 횡선. 4 (농작물·동식물 따위의) 분포 지역; (복합어로) …지대. ⇨ DISTRICT 명 ¶ a famine ~ 삼림 지대 / a mountain ~ 산악 지대 / the Cotton B- (미국의) 면화지대 / a green ~ 녹지대. 5 (도시 중심부 주변의) 환상선[도로](beltway). 6 해협, 수로. 7 《속어》 강한 일격, 강타, 편치; 《속어》 독한 술 (한 잔); 《미속어》 마리화나; (약에 의한) 도취감. 8 《미속어》 (가슴이 설레이는) 기쁨, 흥분, 스릴. 9 《미속어》 자동차로 질주하기.

at full belt 《속어》 전속력으로.
get a big belt out of 《미속어》 …에 넋을 잃다.
give a person the belt 《영속어》 …을 물리치다.
hit [or **strike**] **below the belt** ① (권투) (…의) 벨트 아래를 치다(* 반칙 행위). ② 《구어》 (…에게) 비겁한 짓을 하다. ⎿보유[방어]하다.
hold the belt (for) (권투 따위에서) …의 선수권을
take a belt at ① …에게 감정을 터뜨리다. ② 《속어》 …을 단숨에 마시다.
tighten [or **pull in**] **one's belt** ① (허리띠를 단단히 죄어) 배고픔을 달래다; 식사를 거르다. ② 어려움을 참고 견디다. ③ 검약하다, 내핍 생활을 하다 (for).
under one's [or **the**] **belt** 《구어》 ① 뱃속에 넣고, 먹고, 마시고. ② 소지하여. ③ 이미 경험하여.

— 동타 1 …에 띠를 감다, 예대를 두르다(up); (칼 따위를 허리에 띠다(on). ¶ (~ + 目 + 圖) The knight ~ed his sword on. 기사가 허리에 칼을 차고 있었다. 2 …을 둘러싸다 (with). ¶ a garden ~ed with trees 나무로 둘러싸인 정원. 3 …에 띠 모양의 줄을 치다. 4 (혁대 따위로) …을 후려치다; 《속어》 …을 치다. 5 《구어》 …을 힘차게 노래부르다. ¶ (~ + 目 + 圖) ~ (out) a song 큰 소리로 노래부르다. 6 《속어》 (술 따위) 단숨에 마시다(down). ⎯ 전 《미속어》 질주하다.

belt around (고속 차량을 이용하여) 신속히 여행하 ⎿다, 재빨리 기동하다.
belt it ① (명령형으로) 꺼져버려라. ② 고속으로 달리다.
belt one's hog [or **batter**] 《속어》 자위 행위를 하다.
belt out 《구어》 《노래》를 큰 소리로 부르다.
belt the grape 《미속어》 술을 진탕 마시다.
belt up ① 안전 벨트를 매다. ② 《영속어》 《명령형으로》 조용히 해!, 입 다물어!

bélt and bráces 명 벨트와 멜빵; 이중 안전책.
wear a belt and braces 《구어》 (안전을 위해) 만반의 주의를 기울이다, 다짐하고 또 다짐하다.

Bel·tane [béltein, -tin] 명 벨테인 축제(옛날 켈트인의 May Day에 행했던 축제).
bélt bàg 명 《미속어》 = fancy pack.
bélt convèyor 명 벨트 컨베이어(자동 운반기).
bélt còurse 명 《건축》 = stringcourse.
bélt drìve 명 《공학》 (동력의) 벨트 전동(傳動).
belt·ed [béltid] 형 1 벨트를 단; 혁대로 매단. 2 (백작·기사 등의) 예대(禮帶)를 두른. 3 (군함 따위의) 장갑띠를 두른. 4 (동물이) 넓은 줄[무늬]이 있는. 5 《속어》 (술·마약에) 취한.
bélt·ed-bí·as tíre [-báiəs-] 명 벨티드 바이어스 타이어(코드·금속 벨트로 보강한 타이어). (또는 **bíasbelted tíre**)

bélt·er [béltər] 명 《영방언》 뛰어난 것[사람].
bélt híghway 명 = beltway.
belt·ing [béltiŋ] 명 1 □ (집합적) 허리띠, 혁대류. 2 □ 허리띠감, 허리띠 재료. 3 □ (기계 따위의) 벨트 장치. 4 《구어》 (보통 a ~) (혁대로) 후려치기, 매질. 5 《속어》 한 잔 함.
bélt líne 《미》 (도시 주변 교통 기관의) 환상선.
belt·line [béltlàin] 명 허리둘레(waistline); 일관 ⎿작업.
belt-out [‘áut] 명 《구어》 녹아웃.
bélt sàw 띠톱(band saw).
belt-tight·en·ing [‘tàitniŋ] 명 □ 내핍 (생활), 절약; 긴축 (정책). ¶ ~ measures 긴축 조치.
belt·way [béltwèi] 명 1 (도시 주변의) 환상(環狀) 도로, 환상선(《영》 ring road). 2 《미구어》 (the (Capital) B-) 벨트웨이(Washington D.C.주변의 환상 도로); 워싱턴 정가(政街)[엘리트층, 정치 문화]. ¶ a ~ bandit 워싱턴의 무기 중개업자(주로 전직 국방부 고관이나 퇴역 장성들).
inside the Beltway 《미》 워싱턴의 엘리트층[특권층, 지배 계층] 사이에서.

be·lu·ga [bəlúːgə] 명 (북해산(産)) 흰돌고래(white whale); (흑해·카스피 해산(産)) 큰철갑상어.
bel·ve·dere [bélvidìər, ‵-‵] 명 1 전망대, 망루; 전망대식 정자. 2 (B-) (바티칸의) 벨베데레 미술관.
be·ly·ing [bíláiiŋ] 명 belie의 현재분사. ⎿[<It]
BEM [bem] 명 벰(공상 과학 소설에 나오는 눈딱부리 우주인). (< *bug-eyed monster*)
B. E. M. Bachelor of Engineering of Mines; British Empire Medal(대영제국 훈공장).
be·ma [bíːmə] 명 (pl. ~**ta** [-tə], ~**s**) 1 《동방교회》 (회당내의) 내진(內陣)(chancel). 2 (고대 그리스의) 연단(platform).
be·maul [bimɔ́ːl] 통타 …을 세게 치다, 혼내주다.
be·mazed [biméizd] 형 《고어》 혼란[당혹]스러운.
Bem·berg [bémbəːrg] 명 《상표》 벰베르크(바탕이 쪼글쪼글한 인조견).
be·mean [bimíːn] 통타 《고어》 《재귀용법으로》 …을 저하시키다, …의 인격[품성]을 떨어뜨리다.
be·med·aled, 《영》 **-alled** [bimédld] 형 훈장을 단[받은].⎿그리드(홍분제).
be·me·gride [béməgràid, bíːm-] 명 《약학》 베메
be·mire [bimáiər] 통타 …을 흙탕으로 더럽히다; 《수동형으로》 흙탕속에 파묻히다. **~·ment** 명
be·moan [bimóun] 통타 …을 슬퍼하다, 비탄에 잠기다, 애도하다; 불쌍히 여기다. ⎯자 슬퍼하다, 비탄⎿하다. **-·ing·ly** 부
be·mock [bimák/-mɔ́k] 통타 …을 비웃다, 조롱하다(mock); …을 얕보고 속이다.
be·muse [bimjúːz] 통타 《수동형으로》 …을 곤혹케 하다; …을 멍하게 만들다; …의 마음을 빼앗다 (*by, with*). **~·ment** 명
be·mused [bimjúːzd] 형 곤혹한, 멍한, 넋이 나간; 마음을 빼앗긴. **-mus·ed·ly** [-mjúːzidli] 부
ben[1] [ben] 《스코》 전 (시골집의) 안방, 거실, 명 but ⎯ 부 (집의) 내부에, 명 (집의) 내부[안]의.
ben[2] 명 (종종 B-) 《스코·아일》 산봉우리, 산꼭대기(* 종종 B- Nevis처럼 산의 이름과 함께 쓰임).
ben[3] 명 《식물》 (아라비아·인도산) 고추냉이; 그 열매.
Ben·a·dryl [bénədril] 명 《약학》 《상표》 베나드릴 (두드러기 따위의 알레르기 질환 치료용 합성약). [이름].
Be·nar·es [bəná:rəs] 명 베나레스(Varanasi의 옛
Be·na·ven·te y Mar·tí·nez [bènəvénti iː maːrtíːneɪθ-neɪ] 명 *Jacinto* ~ 베나벤테(1866-1954: 스페인의 극작가; 노벨 문학상(1922)).

‡**bench** [bentʃ] 명 (복 ~**es** [-iz]) 1 벤치, 긴 의자; (노젓는 사람이 앉는 보트의 좌판), ¶ a *park* ~ 공원의 벤치. 2 (the ~) 판사석[직]; 법정, 법원; 《집합적·복수 양용》 재판관, 판사 일동. ¶ the *full* ~ 열석한 판

사 전원 / a court with a ~ of five judges 판사 5인으로 구성된 법정. **3** (英) (the ~) 의원석; **(**집합적**)** 의원. ¶the front ~es (英) (하원에서) 맨 앞줄의 자리, 정당 간부석 / the back ~es 일반 의원석 / the ministerial ~es 정무 위원[장관]석 / the Opposition ~es 야당 의원석. **4** (스포츠) (야구 따위의) 벤치, 선수석; (the ~) (집합적) 후보[교체] 선수. ¶a players' ~ 선수석. **5** (직공의) 작업대. **6** (품평회에서 개 따위를 세워놓는) 진열대; 개 품평회(dog show). **7** (지질) 벤치(단구(段丘)를 구성하는 선반 모양의 평탄면). **8** (채광) (광석 채굴을 위해 만드는) 계단. **9** = berm 2. **10** (원예) 화분을 얹는 대(臺), 묘목 상자.
appear before the bench 법정에 출두[출정]하다.
bench and bar 판사[재판관]와 변호사.
be [or ***sit***] ***on the bench*** 재판관석에 앉아 있다. 심리중이다. ② (스포츠) (선수가) 벤치에 있다. 출장 대기중이다; = *warm the bench*. 「진되다.
be raised [or ***elevated***] ***to the bench*** 판사로 승
warm [or ***polish***] ***the bench*** 후보 선수로 벤치를 지키다. 시합에 나가지 않다. ⓦ benchwarmer
— 图 (~•es [-iz]; ~ed [-t]) ⓣ **1** (공원 따위에) 벤치를 갖추다. **2** (개) 품평회에 내놓다. **3** (사람을) 어떤 지위에 앉히다[임명하다]. **4** (스포츠) (선수를) 벤치에 앉혀 놓다, 벤치로 물러나게 하다. **5** (식물을) 묘목 상자에 심다. **6** (광산 따위의) 채굴면을 계단 모양으로 잘라 내다. — ⓘ (토양이) 단구를 형성하다.
∽•less 「기계 따위의 시험).
bénch chèck 图 벤치 체크(공장 내에서 하는 엔진·
bénch dòg 图 (품평회에) 출품된 개.
bench•er [béntʃər] 图 **1** 보트의 노젓는 사람; 벤치에 앉은 사람. **2** (英) 법학원(Inn of Court) 간부; 국회의원. **3** (英) 선술집의 단골.
bénch hòle 图 변소.
bénch jòckey 图 (美속어) (야구) 벤치에서 상대팀 「(심판)을 야유하는 선수.
bénch làthe 图 탁상 선반(旋盤).
bench•made [-‚méid] 图 (목제품·가죽 제품 따위가) 수제품의; 주문 생산의, 특별 조제의.
bénch màn 图 작업대에 앉아서 일하는 사람; (TV·라디오) 수리공[기술자], 신발 수선공.
bénch màrk 图 (측량) 수준점; = benchmark.
bench•mark [béntʃ‚mɑːrk] 图 **1** (가치·우수성·완성도의) 척도, 기준. **2** 표준 가격. **3** (컴퓨터) 벤치마크(컴퓨터 또는 프로그램의 성능이나 신뢰성을 비교 검사할 때의 평가 기준). — 图 기준의, 기준이 되는. ¶ ~ test 표준 테스트, 기준 테스트. — ⓣ 기준을 정하다.
bench•mark•ing [béntʃ‚mɑːrkiŋ] 图 (경영) 벤치마킹(우량 기업의 장점을 도입해 기준으로 삼는 경영 전
bénchmark ràte 图 기준 금리; 기준 요율. 「략).
bénch pòlisher 图 = benchwarmer.
bénch prèss 图 (벤치에 누워 역기(barbell) 들기; 벤치 프레스 경기.
bench-press [-‚près] ⓣ 벤치에 누워 역기를 들다.
bench•rest [béntʃ‚rèst] 图 (사격 연습용) 소총 받침
bénch scientist 图 연구 과학자, 연구원. 「대.
bénch sèat 图 벤치 시트(벤치식으로 된 자동차 뒷
bénch shòw 图 개 품평회(dog show). 「좌석).
bénch stòp 图 (작업대의) 고정 장치.
bénch tàble 图 (건축) 벽둘레에 설치한 돌 걸상.
bénch tèst 图 = bench check.
bench•warm•er [béntʃ‚wɔ̀ːrmər] 图 (스포츠) 후보[보결] 선수, 벤치 위머.
bénch wàrrant 图 (법률) 구인장.
bénch wòrk 图 작업대에서 하는 일[작업].
‡**bend**¹ [bend] ⓣ (~s [-z]; *bent*) ⓣ **1** …을 구부리다; …을 구부려 (…로) 만들다(*up, down*) (*into*); (활등)을 당기다 / ~ *a stick* 막대기를 구부리다 / ~ *a bow* 활을 당기다 / ~ *the face* 얼굴을 숙이다, 아래를 보다 // (~+图+圄) ~ *a wire up* [*down, back*] 철사

를 위[아래, 뒤]로 구부리다 // (~+图+前+名) ~ *a piece of wire into a ring* 철사를 구부려 고리를 만들다. **2** (몸이 굳기 따위)를 굽히다; (목 따위)를 굽실거리다 (*to*); (구어) (규칙 따위)를 편리한 대로 해석[수정]하다. ¶ ~ *one's will* 의지를 굽히다. **3** (문어) (눈·보행·마음 따위)를 (특정의 방향으로) 돌리다, 향하게 하다; (마음·정력 따위)를 (…에) 기울이다, 쏟다 (*on, to, toward*). ¶ (~+图+前+名) *Every eye was bent on* him. 모든 시선이 그에게 쏠렸다. ⇨BENT¹. **4** (문어) (맛줄·돛 따위)를 동여매다 (*to*). **5** (英) (증거 따위)를 왜곡하다, (남)을 타락시키다. **6** (속어) …을 악용하다; …을 훔치다; (시합 따위)를 미리 짜고 겨루다. **7** (고어) …을 긴장시키다, 바싹 죄다.
— ⓘ **1** 구부러지다, 휘다. ¶The tree *bent* easily. 그 나무는 쉽게 구부러졌다. **2** 몸을 구부리다 (*down*). ¶ (~+圄) *B*— *down*, I'll jump over you. 몸을 구부려라, 뛰어넘을 테니 // (~+前+名) He *bent* to his daughter to listen to her. 그는 딸의 말을 듣기 위해 허리를 구부렸다. **3** 굴복[복종]하다 (*before, to*). ¶ (~+前+名) ~ *to fate* 운명에 굴복하다, 운명을 따르다. **4** (…쪽으로) 향하다 (*to, toward*). ¶ (~+圄) The road ~*s to* the left. 길은 왼쪽으로 꺾어진다. **5** 마음[정력]을 쏟다, 경주(傾注)하다 (*to, toward*). 「다.
be bent (***down***) ***with age*** 늙어서 허리가 굽어 있
bend *a person's ear* 남에게 지루하게 이야기하다; (구어) 남에게 고민을 털어놓다. 「복종시키다].
bend a person to one's will 남을 자기 뜻대로 하다
bend one's brows 눈살을 찌푸리다. 「시다.
bend one's [or ***the***] ***elbow*** (美구어) 한잔 꺾다[마
bend oneself to …에 정력을 쏟다, 골몰[열중]하다.
bend one's mind to …에 전념하다.
bend [or ***fall, lean***] ***over backward(s)*** (구어) ① 비상한 노력을 하다, 진지하게 대들다 (*to do*). ② (지나쳐서) 오히려 반대의 태도를 취하다, 역으로 …하
bend the knee(s) ⇨ KNEE. 「려 하다 (*to do*).
bend the neck 굴복하다; 고개를 숙이다.
bend to …에 정력을 쏟다, 열심히 하다.
Better bend than break. (속담) 부러지기보다는 휘는 것이 낫다, 지는 것이 이기는 것이다.
catch *a person* ***bending*** (구어) 남의 허를 찌르다, 남에게 불시에 공격을 가하다.
— 图 (영) (~s [-z]) **1** 굽기, 굴곡, 만곡; 굽은 곳, 굴곡[만곡]부, (길의) 모퉁이. ¶a sharp ~ in the road 도로의 급커브 / The river takes an abrupt ~ *to* the west. 강은 서쪽으로 급커브를 이루며 흐르고 있다. **2** 몸을 숙이기, 인사. ¶greet with a ~ of the head 고개 숙여 인사하다. **3** (마음의) 동향. **4** (해사) 맛줄 매기, 결삭법; (맛줄의) 매듭. **5** (the ~s) (단·복수 동급) (구어) a) = caisson disease. b) = aeroembolism. **6** (기계) 벤드(만곡한 관 모양의 이음매). **7** (美속어) (성적) 변태.
above the [or ***one's***] ***bend*** (美) …의 힘에 겨운. ¶The task is *above* my ~. 이 일은 내 힘에 겹다.
Get a bend on you! 꾸물대지 마라!, 빨리해라!
go on the [or ***a***] ***bend***; ***have a bend*** (美속어) 취해서 소란피우다.
on the bend (구어) 부정한 수단으로.
round [or ***around***] ***the bend*** ① (구어) 미친, 머리가 돈. ② (美속어) 술[마약]에 취해.
bend² 图 **1** (문장) 우경선(右傾線)(방패 모양의 왼쪽 윗부분에서 오른쪽 밑 부분으로 그은 폭넓는 띠)(⇨ BEND SINISTER). **2** (제혁) 벤드 가죽(둔부를 등줄기에서 좌우로 자른 반쪽).
bend•a•ble [béndəbl] 图 구부릴 수 있는; 융통성
Bén Dáy pròcess 图 (인쇄) (사진 제판에서) 벤데이 제판법(젤라틴 막(膜) 따위를 써서 인쇄판에 음영·농담 따위를 새기는 기술). (또는 **Bénday pròcess**) [< 미국의 인쇄업자 Ben(jamin) Day(1838–1916)의 이름]

bénd déxter 형 =bend² 1.
bend·ed [béndid] 형 **(고어)** bend의 과거·과거분사. 형 * 다음 숙어로만 쓴다.
on (*one's*) **bended knee(s)** 무릎을 꿇고(애원할 때)
with bended bow 활을 바싹[힘껏] 당겨서. [따위).
bend·er [béndər] 명 **1** 구부리는 사람, 구부리는 것 [기구]. **2** (속어) 주흥(酒興), 술마시고 떠들기. **3** (속어) (야구) 커브(curve). **4** (英속어) 옛 6펜스 은화; 호모, 동성애자. **5** (~s) (속어) 다리.
go [or *be*] *on a bender* 술마시고 떠들다.
bend·ing [béndiŋ] 명 구부림; 굽힘, 복종.
No bending. (구어) 더 이상 안돼(No deal.).
bénd·ing móment [물리] 휨 모멘트.
bénd sínister 명 [문장] 좌경선(左傾線)(방패의 우상부에서 좌하부로 그은 띠 모양의 줄; 서출의 표시).
bend·wise [béndwàiz] 형 [문장] 비스듬히 그은. (또는 **bendways**)
bend·y¹ [béndi] 형 유연성이 있는, 쉽게 [bend sinister] 구부러지는.
bend·y² 형 [문장] (방패 모양의) 우상으로부터 비스듬히 벳 이상의 구획으로 등분되어 두 가지 색깔로 교대로 채색된.
ben·e- [béni] [연결] well의 뜻. ¶ *benediction.*
‡**be·neath** [biní:θ, bə-] 튀 (문어) **1** 밑에, 아래쪽에 (below); 바로 밑에(⇔ above); 지하에. ¶ *the valley* (*lying*) ~ 아래쪽 골짜기 / *the sky above and the earth* ~ 위에 있는 하늘과 밑에 있는 땅 / *I heard someone cry* ~. 아래쪽에서 누군가가 소리치는 것을 들었다. **2** (지위 따위가) 낮아. **3** 지옥에, 지하에.
— 전 (문어) **1** ···밑에, 바로 아래에; ···의 기슭에. ⇨ UNDER [유의어] ¶ ~ *my head* (자고 있는) 내 머리 밑에 / *live* ~ *the same roof* 한 지붕 밑에서 살다 / *He wore a thick shirt* ~ *his coat.* 그는 외투 안에 두꺼운 셔츠를 입었다. **2** (지배·압박 따위)의 밑에, ···을 받아. ¶ *He staggered* ~ *the blow.* 그는 일 대 맞고 비틀거렸다. **3** (신분·지위 따위)가 ···보다 낮은. ¶ *A bureau is* ~ *an agency.* 국(局)은 청(廳)의 하부 기관이다.

USAGE 위의 1, 2, 3의 뜻으로는 under, below를 쓰는 것이 보통이다.

4 ···의 가치가 없는, ···에 미치지 못하는; ···에 어울리지 않는; ···의 위신[체면, 품위]에 관련된. ¶ ~ *contempt* 경멸할 가치도 없는 / *It is* ~ *your dignity to do such a thing.* 그런 짓을 하는 것은 너의 위신에 관계된다.
beneath one's breath 목소리를 낮추어[죽이고].
far beneath a person in ···에 있어 남보다 훨씬 뒤진[못한].
Ben·e·dic·i·te [bènədísəti/-dái-] 명 **1** (교회) 만물의 찬송(라틴어의 ~, *omnia opera Domini*(=O all ye works of the Lord)로 시작되는 구약의 노래. ← 다니엘서(Dan.) 3 : 56). 그 곡. **2** (b-) (식전의) 축복[감사] 기도. — 감 (b-) 그대에게 축복이 있으라!(Bless you!); 어머나!, 당치도 않아!(놀람·항의를 나타낸다).
Ben·e·dick [bénədik] 명 **1** 베네딕(Shakespeare의 희극 *Much Ado About Nothing*에 나오는 인물명; 독신주의자였으나 친구들의 책략으로 결혼하게 된다). **2** (b-) =benedict. [신혼 남자; 기혼 남자.
ben·e·dict [bénədikt] 명 (오랫동안 독신으로 지낸)
Ben·e·dict [bénədikt] 명 **1** Ruth (Fulton) ~ 베네딕트(1887-1948; 미국의 저술가·문화 인류학자). **2** Saint ~ 성베네딕투스(480?-543?; 이탈리아의 수도사; 베네딕토 수도회(Benedictine order)를 창시). **3** 베네딕트(남자 이름).
Ben·e·dic·tine [bènədíktin, -tain] 명 **1** (가톨릭) 베네딕토회의 수도사. **2** (b-) ① 베네딕틴(프랑스산의 리큐어). — 형 성(聖)베네딕토의; 베네딕토 수도회

(원)의. [<이탈리아의 수도사 Saint Benedict]
ben·e·dic·tion [bènədíkʃən] 명 **1** ① 축복; (식전[식후]의) 감사 기도; (예배 마지막에 목사가 하는) 축도. **2** (예배당·종·제복 등을 정식으로 봉헌하는) 축성식(祝聖式), 성별식. **3** (B-) [가톨릭] (성체) 찬미[강복]식. **4** 신의 은총. — **al** 형 [소망을 나타내는.
ben·e·dic·tive [bènədíktiv] 형 [문법] (동사가)
ben·e·dic·to·ry [bènədíktəri] 형 축복의, 찬송의, 축도(祝禱)의; 축성식의; 성체 찬미식의.
Bénedict's solútion 명 베네딕트(용)액[시약] (⇨ 즙 속의 당(糖) 검출에 쓰인다. [<미국의 생화학자 Stanley R. Benedict(1884-1936))
Ben·e·dic·tus [bènədíktəs] 명 (교회) **1** 라틴어의 ~ *qui venit in nomine Domini*(=Blessed is he that cometh in the name of the Lord)로 시작되는 감사 성가의 후반(←마태 복음(Matt.) 21 : 9). **2** 즈가리야의 노래(←누가 복음(Luke) 1 : 68).
ben·e·fac·tion [bènəfækʃən, ⸺⸺] 명 ①ⓒ 선행, 자선, 희사; 시혜품, 기부금.
ben·e·fac·tive [bènəfæktiv] 명형 (언어) 수익자격(受益者格)(의)(어떤 행동의 결과 이익을 얻는 사람을 지시하는 격. 예: He opened the door *for his son.*).
*ben·e·fac·tor** [bènəfæktər, ⸺⸺] 명 은혜를 베푸는 사람, 은인; (양로원·학교 따위의) 후원자; 재산 기증자.
ben·e·fac·tress [bènəfæktris, ⸺⸺] 명 benefactor의 여성형. [주는; 인정 많은.
be·nef·ic [bənéfik] 형 선행을 행하는; 좋은 영향을
ben·e·fice [bénəfis] 명 성직록(聖職祿), 교회 연보; 녹이 따르는 성직[직무, 특정 임지]. — 통태 ···에게 성직을 주다. **-ficed** [-t], **-less** 형
*be·nef·i·cence** [bənéfəsəns] 명 ① 선행, 자선; 기부, 자선품.
*be·nef·i·cent** [bənéfisənt] 형 **1** 선행[자선]을 행하는; 인정 많은(⇔ maleficent); 친절한. **2** 유익한, 좋은 결과를 맺는. **-ly** 부
*ben·e·fi·cial** [bènəfíʃəl] 형 **1** 유익한, 유리한, 유용한 (*to*). ¶ *in* ionseto 의 義. **2** (법률) 이익을 누릴 수 있는; (신탁 재산 따위의) 이익[수입]을 받을 수 있는, 수익(受益)의. ¶ *a* ~ *owner* 수익권 소유자.
~·ly 부 **~·ness** 명
ben·e·fi·ci·ar·y [bènəfíʃièri/-ʃəri] 명 **1** 이익[은혜]을 받는 사람. **2** (법률) 수익자, (신탁) 수익자, (유산 등의) 수취인, (연금 등의) 수령인. **3** (교회) 성직록 수령자. — 형 녹을 받는 성직의.
ben·e·fi·ci·ate [bènəfíʃièit] 통태 (야금) (광석) 을 선광(選鑛)하다. **-fi·ci·á·tion** 명
‡**ben·e·fit** [bénəfit] 명 **1** ① (···에게의) 이익; 편의, 이로움 (*to*); (상업) 이득(profit). ⇒ ADVANTAGE [유의어] ¶ We derived great ~ from the business. 우리는 그 장사에서 큰 이익을 보았다 / It would be to his ~ to do so. 그렇게 하는 것이 그에게 이로울 것이다. **2** ①ⓒ (고어) 은혜, 친절; 특전, 특권; 도움, 원조. **3** 자선 행사(바자 따위); 기부[모금] 행사. ¶ *a* ~ *concert* 자선 음악회. **4** (종종 ~s) (보험 회사·공제회·사회 보장제 따위에의) 급부금, 수당. **5** (구어) 훌륭한 것; (반어적) 지독한 것. **6** (美) (세금의) 면제 (稅) relief. **7** (교회의) 결혼 승인.
benefit in kind 현물 급부(급여 이외에 식사·자동차 따위 현물 특전).
be of benefit (to) (···에게) 도움이 되다, 유익하다. ¶ This book *was of* much ~ *to* me. 이 책은 내게 매우 유익했다.
by the benefit of ···의 덕택에.
confer a benefit on [or *upon*] ···에게 은혜를 베풀다, 혜택을 주다.
for a person's benefit; for the benefit of a person ① 남을 위해서. ② (반어적) 남을 혼내주기 [벌주기] 위해. [없이] 남에게 충고하다.
give a person the benefit of one's advice (쓸데

have no end of a benefit 《반어적》 혼나다.
in* [*out of*] *benefit (사회 보장 제도의) 혜택을 받을 수 있는[없는].
— [동] (**-*t*(*t*)-**) [타] …에게 도움이 되다, 이롭다. ¶The new library will ~ all the people. 새 도서관은 모든 사람에게 도움을 줄 것이다. **—** [자] 이익을 얻다, 덕을 보다 (*by*, *from*). ¶ (~+[前]+[名]) ~ *by* the new medicine 신약으로 효험을 보다 / He has ~*ed by* the labors of others. 그는 다른 사람들이 수고한 덕을 보았다.
~·er [명] 수익자.
bénefit of clérgy [명] **1** (결혼 등의) 교회의 의식[승인]. ¶without ~ 교회의 정식 승인 없이. **2** 《고어》 성직자의 특전(법정 대신 교회에서 재판받는 특전).
bénefit of the dóubt [명] 〔법률〕 (증거 불충분의 경우) 무죄 추정; 유리한[선의의] 해석.
give [or ***allow***] *a person* ***the benefit of the doubt*** (증거 불충분의 경우) 남에게 유리하게 해석하다.
bénefit society [associàtion] [명] 공제 조합, 공제회(《英》 friendly society)
Ben·e·lux [bénəlʌ̀ks] [명] 베네룩스(1948년에 발족한 벨기에·네덜란드·룩셈부르크 3국의 관세 동맹); 베네룩스 3국. 〔<*Be*lgium+*Ne*therlands+*Lux*embourg〕
Be·neš [béneʃ] [명] **Eduard** ~ 베네시(1884–1948: 체코슬로바키아의 정치가·대통령).
Be·nét [binéi/be-] [명] 베네. **1 Stephen Vincent** ~ (1898–1943: 미국의 시인·소설가). **2 William Rose** ~ (1886–1950: 미국의 시인·비평가; 1의 형).
***be·nev·o·lence** [bənévələns] [명][U] **1** 자비심, 선의([반] malevolence). **2** 선행; 자선. **3** 〔英역사〕 덕세(德稅)(영국왕이 헌금을 빙자하여 강제 징수한 조세).
***be·nev·o·lent** [bənévələnt] [형] **1** 자애로운, 친절한 (*to*, *toward*); 인정 많은, 호의적인([반] malevolent). ¶the ~ art 인술(仁術) / ~ neutrality 호의적 중립. **2** (이익보다) 자선이 목적인, 자선적인. ¶a ~ institution [fund] 자선 단체[기금]. **~·ly** [부] **~·ness** [명]
Beng. Bengal(i). **B. Eng.** *B*achelor of *Eng*ineering.
Ben·gal [beŋgɔ́:l, beŋ-, béŋgəl, béŋ-] [명] **1** 벵골(옛 영국령(領) 인도 동북부 지역의 이름; 현재는 방글라데시령과 인도령으로 나뉨). **2** [U] 벵골면(綿), 벵골견(絹).
Ben·ga·lese [bèŋgəlí:z, bèŋ-] [명] ([복] ~) 벵골 사람. **—** [형] 벵골의; 벵골 사람의.
Ben·ga·li [beŋgɔ́:li, beŋ-] [명] ([복] **~(s)**) 벵골 사람; [U] 벵골 말. (또는 **Bengalee**) **—** [형] 벵골(사람, 말)의.
ben·ga·line [béŋgəli:n, ╲-╱] [명][U] 벵갈린(골지게 짠 포플린 비슷한 직물).
Béngal líght [fíre] [명] 벵골 불꽃(선명한 연속성의 푸른 불꽃으로 신호 따위에 쓴다).
Béngal mónkey [명] 리서스원숭이(rhesus monkey).
Béngal tíger [명] 벵골 호랑이.
Ben·gha·zi [beŋgá:zi, beŋ-] [명] 벵가지(리비아의 항구 도시; 옛 수도). (또는 **Bengasi**)
Ben·guél·a Cúrrent [beŋgélə-, beŋ-] [명] 벵겔라 해류(남아프리카 서해안을 따라 북으로 흐르는 한류).
Ben-Gu·rion [beŋgúəriən] [명] 벤구리온. **1 David** ~ (1886–1973: 이스라엘의 정치가). **2** Tel Aviv 국제 공항(＊1의 이름에서).
Ben-Hur [bén hə́:*r*] [명] 벤허. **1** Lew Wallace의 소설(1880). **2** W. Wyler 감독의 미국 영화(1959).
be·night·ed [bináitid] [형] **1** 갈길이 저문, 날이 저문. **2** 무식[몽매]한, 어리석은; 미개의. ¶a ~ country 미개국. **~·ly** [부] **~·ness** [명]
be·nign [bináin] [형] **1** 상냥한, 친절한; 자애로운. ¶a ~ smile 상냥한 미소 / ~ Heaven 자비로운 하느님. **2** (기후·풍토가) 좋은, 온화한. **3** 상서로운, 길조의. ¶be born under a ~ planet 좋은 운수를 타고 태어나다. **4** 〔병리〕 양성(良性)의([반] malignant). ¶a ~ tumor 양성 종양. **~·ly** [부]
be·nig·nan·cy [binígnənsi] [명][U] **1** 자애로움, 인자함. **2** (기후 따위의) 온난, 온화. **3** 〔병리〕 양성(良性).
be·nig·nant [binígnənt] [형] **1** (아랫사람에게) 친절한, 다정한; 자애로운, 인자한. **2** 좋은 영향을 주는, 유익한. **3** 〔병리〕 양성의([반] malignant). **~·ly** [부]
be·nig·ni·ty [binígnəti] [명][U] **1** 친절, 다정함, 자비로움; (기후 따위의) 온화, 온난. **2** [C] 《고어》 선행.
benígn negléct [명] 선의의[호의적인] 방관[무시].
Be·nin [bənín, bi-/benín] [명] 베냉(서아프리카의 공화국; 수도 Porto Novo; 옛 이름 Dahomey).
Bén·i·off zòne [béniɔ̀:f-/-ɔ̀f-] [명] 〔지질〕 베니오프대(帶), 진원면(震源面).
ben·i·son [bénəzn, -sn] [명] 《고어》 축복; 축도.
ben·ja·min [béndʒəmin] [명] =benzoin[1] 2.
Ben·ja·min [béndʒəmin] [명] **1** 〔성서〕 베냐민(야곱의 막내 아들. ←창세기(Gen.) 35:18); 베냐민 지파(이스라엘 12지파의 하나). **2 Arthur** ~ 벤저민(1893–1960: 오스트레일리아의 작곡가). **3 Asher** ~ 벤저민(1773–1845: 미국의 건축가·저술가). **4** [*G* bénjami:n] **Walter** ~ 벤야민(1892–1940: 독일의 비평가; 프랑크푸르트학파 지도자). **5** 벤저민(남자 이름). **6** 《美속어》 외투. **7** 막내둥이, 귀둥이.
Ben·ja·min·ite [béndʒəmənàit] [명] 베냐민 지파의 사람. (또는 **Benjamite**)
Bénjamin's méss [pórtion] [명] 큰 몫(←창세기(Gen.) 43 : 34).
Ben·late [bénlèit] [명] 《상표》 벤레이트(농약 베노밀(benomyl)의 상품명).
ben·ne [béni] [명] 참깨(sesame). (또는 **benny**)
bénne òil [명] 참기름(sesame oil).
ben·net [bénit] [명] 〔식물〕 아메리카산(産) 뱀무(avens); =herb ~; 《英》 개밀(couch grass).
Ben·nett [bénit] [명] 베넷. **1** **(Enoch) Arnold** ~ (1867–1931: 영국의 소설가). **2** (또는 **Bennet**) 남자 이름(Benedict의 애칭).
Gordon Bennett! 《감탄사적》 이거 (깜짝) 놀라겠네!
Ben Ne·vis [bèn névis] [명] 벤네비스(산)(스코틀랜드 북서부의 영국 최고봉; 높이 1,345m).
ben·nie [béni] [명] 《속어》 =benny[1].
ben·nied [bénid] [형] 《美속어》 벤제드린(Benzedrine)에 취한.
Ben·ning·ton [béniŋtən] [명][U] (때로 b–) 베닝턴 도기(갈색 얼룩의 유약을 바른다). (또는 **∼ wàre [pòttery]**) 〔<특산지인 미국 Vermont 주의 읍 이름〕
ben·ny[1] [béni] [명] 《속어》 =Benzedrine (정(錠))(중추 신경 자극제); 벤제드린에 의한 도취. (또는 **bennie**)
ben·ny[2] [명] **1** =benne. **2** 《美속어》 전당포 주인.
Ben·ny [béni] [명] 베니. **1 Jack** ~ (1894–1974: 미국의 희극 배우). **2** (또는 **Bennie**) 남자 이름(Benjamin의 애칭). **3** 《속어》 신사용 외투. **4** 《美》 밀짚 모자. **5** 《美속어》 (구두의) B 사이즈.
bén òil [명] 벤 기름(ben[3]의 열매에서 채취한다).
ben·o·myl [bénəmil] [명] 〔화학〕 베노밀(진드기 박멸제). 〔<*benzo-*+*methyl*〕
***bent**[1] [bent] [동] bend의 과거·과거분사.
— [형] **1** 구부러진, 뒤틀린. ¶a ~ automobile fender 뒤틀린 자동차의 펜더 / a ~ stick 구부러진 막대기 / an old man ~ double with old age 늙어서 허리가 몹시 구부러진 노인. **2** 열중해 있는, 힘을 쏟고 있는 (*on*, *over*); 결심하고 있는 (*on*, *upon*, *on* [or *upon*] do*ing*). ¶a boy ~ *on* mischief 장난에 열중하고 있는 소년 / a housewife ~ *on* washing 빨래를 열심히 하고 있는 주부. **3** 《英속어》 부정직한, 부정한; 도난품의; 도벽이 있는. **4** (어떤 방향으로) 향한. ¶a traveler eastward ~ 동쪽으로 향하는 여행자.
be bent on [or ***upon***] ***doing*** ⇨[형] 2.
bent out of shape ① (마약·술로) 비틀거리는, 고주망태가 된. ② 《美속어》 화난.

―몡 1 경향, 성미, 기호; 적성 (*for*). ⇨INCLINATION
유의어 ¶a literary ~ 문학적 경향/He has a strong [natural] ~ *for* painting[music]. 그는 그림[음악]을 매우[원래] 좋아한다. 2 견디는 힘. 3 (건축) 각주(脚柱), (토목) 교각. 4 (고어) 만곡, 굴곡; 만곡부.
at the top of one's bent 힘껏, 마음껏, 충분히.
follow one's bent 자기 마음 내키는 대로 하다.
out of one's bent 성미[취미]에 맞지 않는.
bent[2] 몡UC =~ grass; ~ grass의 줄기; (英방언) 황야, 초원(moor).
bént éight 몡 (美속어) 8기통 (엔진); 8기통 승용차.
bént gráss 몡 (겨이삭 따위의) 볏과(科)의 잡초.
Ben·tham [bénθəm, -təm] 몡 **Jeremy** ~ 벤담 (1748–1832: 영국의 법률가·철학자).
Ben·tham·ism [bénθəmizm, -təm-] 몡 벤담 학설, 벤담의 공리주의설(최대 다수의 최대 행복을 중심 사상으로 하는 학설). **Ben·tham·ic** [benθǽmik, -tæm-] 몡 ~ **-ite** 몡 벤담 철학의 신봉자.
ben·thic [bénθik] 몡 물밑에 사는, 저생(생물)의.
ben·thon [bénθan/-θɔn] 몡 저생(底生) 생물, 물밑 생물. **ben·thón·ic** 몡
ben·thos [bénθas/-θɔs] 몡 수저, 심해저(深海底); (생태) 저생(底生)[수저] 생물. [철구(球).
ben·tho·scope [bénθəskòup] 몡 심해 관측용 강
bént-leg slíde [-lèg-] 몡 (야구) 베이스에 다리를 뻗으며 미끄러져 들어가는 슬라이딩.
Bént·ley còmpound [béntli-] 몡 (약학) 벤틀리 화합물 (야생 동물 마취용). (<영국 화학자 K. W. Bentley의 이름]
bent·nose [béntnòuz] 몡 마약 중독 범죄자.
ben·ton·ite [béntənàit] 몡U (광물) 벤토나이트 (화산재가 풍화한 점토). **-ton·it·ic** [-tənítik] 몡
ben tro·va·to [bèn truvá:tou] 몡 (이야기 따위가) 교묘한, 그럴듯한. [<It well conceived]
bent·wood [béntwùd] 몡U (가구용의) 굽은 나무.
―몡 나무를 가열해 구부려 만든. ¶a ~ rocking chair 굽은 나무로 만든 흔들 의자.
be·numb [binám] 몡타 (수동형으로) 1 (추위 따위 가) …을 무감각하게 하다, 곱게 하다. 2 (마음 따위를) 마비시키다, 얼빠지게 하다. ¶be ~ed with terror 공 포에 질리다. ~**ed·ness** [-námdnis, -námid-] 몡 ~**·ing·ly** 몡 ~**·ment** 몡
Benz [benz/G bents] 몡 1 **Karl (Friedrich)** ~ 벤츠(1844–1929: 독일의 자동차 기사; Daimler-Benz사를 설립(1926)). 2 (상표) 벤츠(가스)(독일 Daimler-Benz사 제품; 미국의 Chrysler사와 합병하여 Daimler-Chrysler가 됨]. [Chrysler가 됨].
benz- [benz] 연걸 ⇨BENZO-.
benz·al·de·hyde [benzǽldəhàid] 몡 (화학) 벤즈알데히드(염료·향료용). (또는 **benzóic áldehyde**)
Ben·ze·drine [bénzədrìn, -drìn] 몡 (상표) (약학) 벤제드린(amphetamine의 상품명).
ben·zene [bénzin, -´] 몡U (화학) 벤젠(콜타르를 분류(分溜)해서 얻는 휘발성 액체; 별칭 benzol).
bénzene ríng [núcleus] 몡 (화학) 벤젠핵(核).
ben·ze·noid [bénzənɔid] 몡 (화학) 벤젠노이드 (의), 벤젠 유사 화합물(의). (<*benzene+-oid*]
ben·zi·dine [bénzədìn, -din] 몡 (화학) 벤지딘.
ben·zine [bénzin, -´] 몡U 벤진(석유를 분류해서 얻는 무색 휘발유). (또는 **benzin**)
Ben·zo [bénzou] 몡 (美속어) =Mercedes-Benz.
ben·zo- [bénzou, -zə] 연걸 benzene, benzoic acid의 뜻(* 모음 앞에서는 benz-). ¶*benz*opyrene, *benz*yl. [벤조산염의.
ben·zo·ate [bénzouèit, -ət] 몡 (화학) 안식향산염,
ben·zo·caine [bénzoukèin] 몡 (약학) 벤조카인 (국소 마취제).
ben·zo·di·az·e·pine [bènzoudaiǽzəpìn, -n] 몡 (약학) 벤조디아제핀 (신경 안정제).

ben·zo·ic [benzóuik] 몡 안식향(산)성의, 벤조산의.
benzóic ácid 몡 (화학) 안식향산, 벤조산.
ben·zo·in[1] [bénzouin, -´-/-´-] 몡 1 U 안식향, 벤조산 수지. 2 =spicebush.
ben·zo·in[2] 몡 (화학) 벤조인(무색의 결정).
ben·zol [bénzɔ(:)l, -zoul, -zɔul] 몡 1 (화학) =benzene. 2 벤졸(공업용 조제(粗製) 벤젠). (또는 **benzole**)
ben·zo·line [bénzəlìn] 몡 =benzine.
ben·zo·py·rene [bènzoupáiərìn] 몡 (화학) 벤 조피렌(콜타르에 함유된 발암 물질). [rene.
benz·py·rene [benzpáiərìn] 몡 =benzopy-
ben·zyl [bénzil, -zi:l/-zil] 몡 (화학) 벤질(기)(~ group). ―몡 벤질기(基)를 함유하는. **ben·zýl·ic** 몡
bénzyl álcohol 몡 (화학) 벤질 알코올.
Be·o·grad [bɛ́ɔ:gra:d] 몡 =Belgrade.
Be·o·wulf [béiəwùlf/béiou-] 몡 베어울프(8세기 초에 고대 영어로 쓰인 영문학 최초의 두운(頭韻) 서사시; 그 주인공인 영웅의 이름).
be·paint [bipéint] 몡타 …에 도료를 칠하다, 색칠하
be·plas·ter [biplǽstər/-plɑ́:s-] 몡타 …에 회반죽 [분을 더덕더덕 바르다.
be·pow·der [bipáudər] 몡타 …에 가루를 뿌리다.
be·praise [bipréiz] 몡타 …을 극구 칭찬하다.
*be·queath [bikwíːð, -kwíːθ] 몡타 1 (법률) (동산)을 유증(遺贈)하다 (*to*) (* 부동산의 경우는 devise를 쓴다). ¶(~+몡+젠+몡) (~+몡+몡) She ~*ed* no small sum of money to him. =She ~*ed* him no small sum of money. 그녀는 그에게 적지 않은 돈을 유산으로 남겼다. 2 (후세에) …을 전하다, 남기다 (*to*). ¶(~+몡+젠+몡) One age ~*s* its civilization to the next. 한 시대는 다음 시대로 그 문명을 전한다. 3 (폐어) …을 위탁[위임]하다 (*to*).
~**·a·ble** 몡 ~**·al**, ~**·er**, ~**·ment** 몡
be·quest [bikwést] 몡 (법률) (동산의) 유증(遺贈); C 유산(legacy), 유품 (*to*).
be·rate [biréit] 몡타 (냉)을 (…의 일로) 호되게 꾸짖다, 욕을 퍼붓다 (*for*). ⇨REPROACH 유의어
Ber·ber [bə́ːrbər] 몡 1 베르베르 사람(북아프리카의 Barbary, Sahara 지방에 사는 종족). 2 U 베르베르 말. ―몡 베르베르 사람[말]의.
ber·ber·is [bə́ːrbərəs] 몡 (식물) =barberry.
ber·ber·ry [bə́ːrbəri] 몡 (식물) =barberry.
ber·ceuse [F bɛrsǿːz] 몡 (퐁 ~**s**) (음악) 자장가 (lullaby). [<F cradlesong]
bere [biər] 몡 (英) 보리의 일종.
*be·reave [birí:v] 몡타 (보통 1에서 -**reft**; -**reft**; -**reav·ing**) 1 (놀라움·노여움이) (소중한 물·생명·희망 등)을 빼앗다, 잃게 하다 (*of*). ¶be utterly *bereft* 어찌할 바를 모르다/be *bereft* of joy 기쁨을 잃고 있다. 2 (죽음이) (근친·형제)를 앗아가다 (*of*). ¶(~+몡+젠+몡) She was ~*d* of her parents by a traffic accident. =The traffic accident ~*d* her of her parents. 그녀는 교통 사고로 부모를 잃었다. 3 (폐어) …을 강탈하다. **-réav·er** 몡
be·reaved [birí:vd] 몡 bereave의 과거·과거분사.
―몡 (가족·근친과) 사별한, 뒤에 남겨진 (*of*); (the ~) (명사적; 단·복수 양용) 가족[근친]을 잃은 사람 (들), 유족.
be·reave·ment [birí:vmənt] 몡UC (육친의) 먼저 세상을 떠남, 사별. ¶express one's sympathy with a person in his ~ 남에게 조의를 표하다.
*be·reft [biréft] 몡 bereave의 과거·과거분사. ―몡 빼앗긴, 잃은 (*of*). ¶They are ~ of their senses. 그들은 제 정신을 잃고 있다.
be·ret [bəréi/béirei/F bɛʀE] 몡 베레모. [<F]
berg[1] [bəːrg] 몡 빙산. [<*iceberg*]
berg[2] 몡 (남아공의) 산(山).
ber·ga·mot [bə́ːrgəmɑ̀t/-mɔ̀t] 몡 베르가모트(남

유럽산(産) 감귤류 나무); [U] 베르가모트 향유; 베르가모트 비슷한 박하속(屬) 식물의 총칭; 배(pear)의 일종.

Ber·gen-Bel·sen [-bélsən] [명] =Belsen.

Berg·man [bə́:rgmən/*Swed* bǽrjman] [명] **1** **Ingmar** ~ 베르히만(1918- : 스웨덴의 영화 감독·각본가). **2** **Ingrid** ~ 버그만(1915-82: 스웨덴 출신의 미국 여배우).

berg·schrund [bɛ́ərkʃrùnt] [명] 베르크슈룬트, 빙하의 갈라진 틈(crevasse). 〔<G〕

Berg·son [bə́:rgsn/*F* bɛʀgsɔn] [명] **Henri** ~ 베르그송(1859-1941: 프랑스의 철학자).

Berg·só·ni·an [형][명] 베르그송 철학의 (신봉자).

Berg·son·ism [bə́:rgsənìzm] [명][U] 베르그송 철학(생의 약동(élan vital)을 중심으로 하는 창조적 진화설).

berg·y [bə́:rgi] [형] 빙산이 많은.

bérgy bìt [명] 작은 빙산.

be·rhyme [biráim] [동][타] …을 시로 찬양[풍자]하다. (또는 **berime**)

Be·ri·a [bériə] [명] **Lavrenti Pavlovich** ~ 베리야(1899-1953: 옛 소련의 정치가·비밀 경찰 총수; Stalin 사후 총살당했다). (또는 **Beriya**)

be·rib·boned [biríbənd] [형] 리본으로 장식한.

ber·i·ber·i [bèribéri] [명][U] 〔병리〕 각기(脚氣)(병).

Ber·ing [bíəriŋ/bér-] [명] **Vitus (Jonassen)** ~ 베링(1680-1741: 덴마크의 항해가; 베링 해협을 발견). (또는 **Behring**)

Béring Séa [명] (the ~) 베링 해(Alaska와 Siberia 사이에 있는 바다).

Béring Stráit [명] (the ~) 베링 해협.

Béring tìme [명] 베링 표준시(그리니치 표준시와 11시간의 차). (또는 **Béring Stándard Tìme**)

berk [bə:rk] [명] 《英속어》 얼간이, 싫은 녀석.

Berke·le·ian [bə́:rkliən/bɑ:klí:-] [형] 버클리(G. Berkeley)의, 버클리 철학설의. **—**[명] 버클리 철학론자; 유심론자. **~·ìsm** [명]

Berke·ley [bə́:rkli/bɑ́:kli] [명] 버클리. **1** **George** ~ (1685?-1753: 아일랜드의 성직자·철학자). **2** 미국 California 주 서부의 도시. **3** 남자 이름.

Berke·ley·ism [bə́:rkliìzm/bɑ́:k-] [명][U] 버클리 철학설. (또는 **Berkeleianism**)

ber·ke·li·um [bə:rkí:liəm, bə́:rkli-] [명][U] 〔화학〕 버클륨(방사성 금속 원소; [기] Bk).

Berk·shire [bə́:rkʃiər/bɑ́:kʃə] [명] 버크셔. **1** 영국 남부의 주(주도는 Reading). (또는 **Berks**) **2** Berkshire 원산의 검은 돼지.

ber·ley [bə́:rli] [명] 《濠》 **1** 밑밥. **2** 《속어》 난센스, 허튼 소리. **—**[동][타] …에게 밑밥을 주다; 〔남〕을 재촉하다.

ber·lin [bərlín] [명] 베를린형 4륜 마차; =berline.

‡**Ber·lin**[1] [bərlín/*G* bɛrlí:n] [명] 베를린(독일의 수도).

Ber·lin[2] [bərlín] [명] 벌린. **1** **Isaiah** ~ (1909-97: 영국의 정치 철학자). **2** **Irving** ~ (1888-1989: 미국의 대중음악 작곡가).

Berlín bláck [명] 베를린 흑색 니스(난로 따위에 칠하는 내열성의 검은 에나멜).

ber·line [bərlín] [명] 베를린형 자동차(운전석 뒤에 유리 칸막이가 있는 리무진). (또는 **berlin**)

Ber·lin·er [bə:rlínər] [명] 베를린 시민.

Berlín Wáll [명] (the ~) 베를린 장벽(1989년 붕괴); 《비유적》 (파벌 간의) 의사 소통의 장벽.

Berlín wóol [명] (최상급의 자수·편물용) 가는 털실.

Ber·li·oz [bɛ́ərliòuz] [명] **Louis Hector** ~ 베를리오즈(1803-69: 프랑스의 작곡가).

berm [bə:rm] [명] **1** 〔축성〕 (해자(垓字)에 면한 성벽의 사면(斜面)에 만든) 벼랑길. (또는 **berme**) **2** 비탈면의 정상[중턱, 밑부분 따위]의 평평한 지면. **3** 도로·제방의 가장자리 부분.

Ber·mu·da [bərmjú:də] [명] **1** (the ~s) 버뮤다 제도(북대서양 서부에 있는 영령(英領) 제도). **2** (~s) =~ shorts. **3** 《美속어》 =~ onion.

Bermúda bàg [명] 버뮤다 백(달걀꼴의 핸드백).

Bermúda cóllar [명] 버뮤다 칼라(여성복·블라우스의 끝이 뾰족한 깃).

Bermúda gràss [명] 잔디·목초용 풀의 일종.

Bermúda hígh [명] 〔기상〕 버뮤다 고기압(버뮤다 제도 부근에 중심을 둔 아열대성 고기압).

Bermúda líly [명] 〔식물〕 나팔나리의 일종.

Bur·mu·dan [bərmjú:dən] [형] 버뮤다(사람)의. **—**[명] 버뮤다 사람. (또는 **Burmudian**)

Bermúda ónion [명] 양파의 일종.

Bermúda shórts [명][복] 버뮤다 쇼츠(무릎 길이의 반바지).

Bermúda Tríangle [명] (the ~) 버뮤다 삼각 해역(버뮤다·플로리다·푸에르토리코를 잇는 해역으로 해난·항공 사고 다발 지역으로 유명).

Bern [bə:rn, bɛərn] [명] 베른(스위스의 수도). (또는 **Berne**)

Ber·na·dette [bə̀:rnədét] [명] 버나뎃(여자 이름).

Ber·na·ma [bɛərnɑ́:mɑ:] [명] 베어나마(통신)(말레이시아의 반관 반민의 뉴스 통신).

Ber·nard [*F* bɛʀna:ʀ] [명] **1** **Claude** ~ 베르나르(1813-78: 프랑스의 생리학자; 실험 생리학의 창시자). **2** **Saint** ~ 성 베르나르(923-1008: Alps의 고개에 여행자 피난소를 만들었다). **3** [bə́:rnərd, bə:rnɑ́:rd] 버나드(남자 이름).

Ber·nard·ine [bə́:rnərdin] [형] **1** St. Bernard of Clairvaux의. **2** 시토 수도회의. **—**[명] **1** 시토회 수도사. **2** (또는 **Bernadine**) 버나딘(여자 이름).

Ber·nard of Clair·vaux [bə:rnɑ́:rd əv klɛərvóu] [명] **Saint** ~ 성 베르나르(1090-1153: 프랑스의 수도사·신비 사상가; 클레르보(Clairvaux)에 수도원을 창설).

Berne [bə:rn] [명] =Bern.

Bérn(e) Convéntion [명] (the ~) 베른 협정(1887년 스위스의 Bern에서 체결된 국제 저작권 협정).

Ber·nese [bə́:rni:z, -ni:s/-ˊ] [형] 베른의; 베른 사람의. **—**[명] ([복] ~) 베른 사람.

Bern·hardt [bə́:rnha:rt/*F* bɛʀna:ʀ] [명] **Sarah** ~ 베르나르(1844-1923: 프랑스의 국가적 여배우).

Ber·nice [bə:rní:s, bə́:rnis/bə́:nis] [명] **1** 버니스(사람 이름). **2** 《美속어》 코카인 분말.

Ber·nie [bə́:rni] [명] 버니(남자 이름; Bernard의 애칭).

Ber·ni·ni [bərní:ni] [명] **Giovanni Lorenzo** ~ 베르니니(1598-1680: 이탈리아의 조각가·건축가).

Ber·ni·nesque [bə̀:rninésk] [형]

Ber·noul·li [bərnú:li/*F* bɛʀnuji] [명] 베르누이. **1** **Daniel** ~ (1700-82: 스위스의 물리학자·수학자; 3의 아들). **2** **Jakob** [*or* **Jacques**] ~ (1654-1705: 스위스의 수학자·물리학자). **3** **Johann** [*or* **Jean**] ~ (1667-1748: 스위스의 수학자; 2의 동생). (또는 **Bernouilli**) **~·an** [형]

Bernóulli Bòx [명] (컴퓨터용의) 가반성(可搬性) 고밀도 디스크.

Bernóulli effèct [명] 〔수역학〕 베르누이 효과(액체의 유속이 증가함에 따라 액체의 압력이 내려가는 현상).

Bernóulli equàtion [명] **1** =Bernoulli's theorem. **2** 〔수학〕 베르누이의 미분 방정식.

Bernóulli's théorem [명] 〔유체역학〕 베르누이의 정리(유체에 있어서의 에너지 보존의 법칙).

Bernóulli trìals [명][복] 〔수학〕 베르누이의 실험(확률이 2분의 1로 일정 불변하고 각각 독립된 실험의 되풀이).

Bern·stein [명] **1** [bə́:rnstain, -sti:n] **Leonard** ~ 번스타인(1918-90: 미국의 지휘자·작곡가·피아니스트). **2** [bɛ́ərnstain, bə́:rn-] **Eduard** ~ 베른슈타인(1850-1932: 독일의 사회주의자).

ber·ried [bérid] [형] **1** 액과(液果)가 열리는; 액과 모양의. **2** (새우·게 따위가) 알을 가진.

‡**ber·ry** [béri] [명] ([복] ***-ries*** [-z]) **1** 딸기류의 과실(gooseberry, strawberry 따위). **2** 〔식물〕 장과(漿果), 액과(液果)(포도·토마토·배·딸기 따위). **3** 말린 씨. **4** (새우·게 따위의) 알. **5** 《英속어》 파운드; 《美속어》 달러; (-ries) 돈. **6** 《속어》 (the -ries) 굉장히 매력적인[참신한] 사람[것].

(as) brown as a berry 《英》 (햇볕에 타) 새까만.

get the berry (英속어) 야유당하다.
pick a berry (美속어) (빨랫줄에 널려 있는) 옷가지를 훔치다.
— 图자 장과(액과)가 열리다; 장과를 따다. ¶ go ~*ing* 딸기 따러 가다.
~**·less**, ~**·like**

ber·sa·glie·re [bèərsəljéəri/-sɑːl-] 图 (복 -**ri** [-ri]) (이탈리아 육군의) 저격병. (＜It)

ber·serk [bərsə́ːrk, -zə́ːrk] 图 광포한, 미친 듯이 날뛰는. — 图 =berserker.
go [or *run*] *berserk* 광포[난폭]해지다.
send a person berserk 남을 난폭해지게 하다.
~**·ly** 图 ~**·ness** 图

ber·serk·er [bərsə́ːrkər, -zə́ːrk-] 图 (북유럽 전설에서) 광포한 전사; 광포한 사람.

*****berth** [bəːrθ] 图 **1** 숙소(lodging); (배·기차의) 침대; (해사) (고급 선원의) 선실. ¶ a ~ *list* 선실 할당표. **2** (배의) 정박소, 정박 위치; (자동차·열차·비행기 따위의) 수납 여지, 정차[주차] 위치. ¶ a ~ *at a quay* 부두의 정박소. **3** (해사) 정박[조선(操船)] 거리[간격](안전을 위해 다른 배 또는 육지와의 사이에 유지하는 간격). **4** (구어) 직업, 일(job); 지위. ¶ *leave one's ~* 사직하다.
give a wide berth to; give...a wide berth; keep a wide [or *clear*] *berth of* ① …에 대하여 충분한 거리를 두다. ② (남)을 피하다, 경원하다.
on the berth (해사) 정박중인(에).
take up a berth 정박 위치에 대다.
— 图타 **1** (배)를 정박시키다. ¶ ~ *a ship at a wharf* 부두에 배를 정박시키다. **2** (남)에게 침대를 마련해 주다; 일자리를 주다. — 图자 정박하다; 침대에서 자다.

ber·tha [bə́ːrθə] 图 (여성복의) 장식 옷깃(레이스 따위로 만들어 양어깨를 덮는 넓은 것).

Ber·tha [bə́ːrθə] 图 버사(여자 이름); =Big ~.

berth·age [bə́ːrθidʒ] 图 (집합적으로) 정박지(址); 정박료.

berth·ing [bə́ːrθiŋ] 图 (배의) 정박, 계류 위치; 침대 설비; 방벽.

bert·ie [bə́ːrti] 图 (英속어) 호모, 동성애자.

Bert·ie [bə́ːrti] 图 버티. **1** 여자 이름(Bertha의 애칭). **2** 남자 이름(Albert, Herbert의 애칭).

Bér·til·lon sýstem [bə́ːrtəlɑ̀n-/-lɔ̀n-] 图 베르티용식 인체 측정법(키·신체적 특징·피부색·지문 따위에 의한 범죄자 식별법). (＜고안자인 프랑스의 인류학자 Alphonse Bertillon(1853-1914)의 이름)

Ber·tram [bə́ːrtrəm] 图 버트램(남자 이름).

Ber·trand [bə́ːrtrənd] 图 버트런드(남자 이름).

ber·yl [bérəl] 图 **1** (광물) 녹주석(綠柱石)(emerald, aquamarine 따위). **2** 연한 청색.

ber·yl·ine [bérəlin, -làin] 图 녹주석의; 연한 청색의.

be·ryl·li·um [bəríliəm/be-] 图 (화학) 베릴륨(glucinum)(금속 원소의 하나; 기호 Be).

Ber·ze·li·us [bərzíːliəs] 图 **Jöns Jakob** ~ 베르셀리우스(1779-1848; 스웨덴의 화학자; 화학 기호를 창안했음).

bes·a·gue [bésəgjùː] 图 베사규(갑옷의 겨드랑이 아래 따위를 보호하는 원반 모양의 판금(板金)).

Bésame Mucho [Sp bésame mútʃo] 图 「베사메 무초」(Consuelo Velazquez 작사·작곡의 멕시코의 볼레로; 영어 제명은 *Kiss Me Much*).

be·screen [biskríːn] 图타 …을 덮어 가리다.

*****be·seech** [bisíːtʃ] 图타 (**-sought**, **~ed**) **1** (남)에게 간청[탄원]하다 (*for*, *to do*, *that* 图). ⇨BEG 유의어 ¶ (~＋图＋前＋名) ~ *a person for mercy* 남에게 자비를 베풀어 달라고 애원하다 // (~＋图＋*to do*) **1** …을 용서해 주십시오. **2** …을 간청하다, 바라다 (*of*). ¶ ~ *a person's help* 남의 도움을 간청하다. ~**·er** 图

be·seech·ing [bisíːtʃiŋ] 图 간청하는, 탄원하는 듯한. ~**·ly** 图 ~**·ness** 图

be·seem [bisíːm] 图 (고어) (*it*를 주어로) **1** (보통 *ill*, *well*과 함께) 어울리다, …답다. ¶ *It ill*[*well*] ~*s you to do such a thing.* 그런 일을 하는 것은 자네답지 않다[자네답다]. **2** 알맞다.

be·seem·ing [bisíːmiŋ] 图 어울리는.
~**·ly** 图 ~**·ness** 图

*****be·set** [bisét] 图타 (~; ~**·ting**) **1** …을 에워싸다, 포위하다; …을 포위 공격하다, 습격하다; (길 따위)를 (…로) 막다 (*by*, *with*). ¶ *the forest that* ~*s the village* 마을을 둘러싸고 있는 숲. **2** (수동형으로) (곤란·유혹 따위가) …에 따라다니다, …을 괴롭히다 (*with*, *by*). ¶ (~＋图＋前＋名) *The task was* ~ *with* [or *by*] *difficulties.* 그 일에는 여러 가지 어려움이 따랐다. **3** …을 장식하다, 박아 넣다 (*with*). ¶ (~＋图＋前＋名) *Her necklace was* ~ *with gems.* 그녀의 목걸이에는 보석이 박혀 있었다. **4** (해사) (빙산 따위가) (배)를 조종할 수 없도록 가두다. ~**·ment**, ~**·ter**

be·set·ting [bisétiŋ] 图 늘 따라다니는, 빠지기 쉬운. ¶ *a sin* [*temptation*] 빠지기 쉬운 죄악[유혹].

be·shrew [biʃrúː] 图타 (고어) …을 저주하다.
Beshrew him [*it*]! 빌어먹을 놈[것]!
Beshrew me! 제기랄!

‡**be·side** [bisáid] 图 **1** …옆에, …가까이에. ¶ *Her house is* ~ *the river.* 그녀의 집은 강가에 있다. **2** …에 비하여. ¶ *She seems dull* ~ *her sister.* 그녀는 동생에 비해 우둔해 보인다. **3** (본제·표적 따위)를 벗어나, …와 관계없이(*off*). **4** (고어) …에 더하여, 게다가.
beside oneself (걱정·흥분으로) 이성을 잃고, 제정신 할 바를 모르고 (*with*, *for*). ¶ *feel* ~ *oneself for joy* 기뻐 어쩔 줄 모르다.
beside that 더욱이, 게다가; 그밖에.
beside the mark [or *point*] 겨냥이 빗나가, 짐작이 틀려.
beside the question 문제 밖에.
— 图 (고어) **1** 옆에. **2** 더하여, 게다가.

‡**be·sides** [bisáidz] 图 (접속사적) **1** 또, 더욱이: 게다가, 더하여. ¶ *She is clever and pretty* ~. 그녀는 영리하고 게다가 예쁘기까지 하다. **2** (부정으로, 따로, 게다가). ¶ *He knows French, but very little* ~. 그는 프랑스어는 알지만, 그 외의 것은 거의 아는 것이 없다.

〔유의어〕 **besides** 앞 문장에 가볍게 추가하거나 또는 뜻을 강조하는 문장을 이끈다. **moreover** besides보다 강조적이며 보통 앞 문장보다 중요한 추가문을 이끈다. **furthermore** 주로 위의 말들이 이미 사용된 다음의 추가문을 이끈다.

— 图 …외에, …에 더하여. ¶ *B—* *being a clergyman, he was a famous musician.* 그는 성직자이면서 유명한 음악가이기도 했다. **2** (부정문·의문문에서) …을 제외하고, …이외에는. ¶ *I had nothing* ~ *that.* 나는 그것 외에는 아무것도 가지고 있지 않았다.

*****be·siege** [bisíːdʒ] 图타 **1** (군대가) …을 포위하다, 공격하다. ¶ *a city* 도시를 포위 공격하다 / *the* ~*d* 농성군. **2** (군중이) …으로 밀어닥치다, 쇄도하다. ¶ *Thousands of people* ~*d the three astronauts.* 수천 명의 인파가 세 우주 비행사를 에워쌌다. **3** (요구·문제 따위로) (남)을 공격하다, 괴롭히다: (의견 등을) (남)에게 강요하다 (*with*). ¶ (~＋图＋前＋名) ~ *a person with requests* 여러 가지 부탁으로 남을 괴롭히다. **4** (공포·의혹·불안 따위)를 엄습하다, 괴롭히다. ¶ *be* ~*d with fears* 두려움에 사로잡히다.
~**·ment** [ ] ~**·er** 图 포위자; (~**s**) 포위군.

be·sieg·er [bisíːdʒər] 图 포위자; (~**s**) 포위군.

be·slob·ber [bislɑ́bər/-slɔ́b-] 图타 …을 침투성이로 만들다; …에게 저질로 입맞추다; …에게 침이 마르도록 아첨하다. (또는 **beslabber**, **beslaver**)

be·smear [bismíər] 图타 **1** (기름·풀 따위)…에 더덕더덕 바르다 (*with*). ¶ *the wall with paint* 에다 페인트를 더덕더덕 칠하다. **2** (명성 따위)를 더럽히다, 손상시키다. ~**·er** 图

be·smirch [bismə́:rtʃ] 图㊉ …을 더럽히다; 변색시키다; (인격·명예·평판 따위)를 손상시키다. ~**·er** 图

be·som [bízəm] 图 1 (대나무·풀의) 잔 가지로 만든 비, 마당비. 2 금작화. 3 (스코) (경멸적) 여자; 굴러먹은 여자(jade). — 图㊉ …을 마당비로 쓸다.

be·sot [bisát/-sɔ́t] 图㊉ (**-tt-**) …을 술취하게 하다; 이성을 잃게 하다. ~**·ting·ly** 图

be·sot·ted [bisátid/-sɔ́t-] 图 술취한; 멍한; (술·이성 따위에) 빠진 (by, with). ¶a ~ drunkard 정신 없이 취한 사람. ~**·ly** 图 ~**·ness** 图

*__be·sought__ [bisɔ́ːt] 图 beseech의 과거·과거분사.

be·spake [bispéik] 图 (고어) bespeak의 과거.

be·span·gle [bispǽŋgl] 图㊉ …에 반짝거리는 것을 흩뿌리다, 온통 박아 넣다 (with). ¶be ~d with stars 별이 총총하다.

be·spat·ter [bispǽtər] 图㊉ 1 (침을 튀겨) …을 더럽히다; (흙탕물 따위를) …에 튀기다 (with). 2 …을 중상[비방]하다; (욕·비난 따위를) …에게 퍼붓다 (with).

be·speak [bispíːk] 图㊉ (**-spoke**, **-spo·ken**, **-spoke**) 1 …을 미리 부탁하다. ¶~ a calm hearing 조용히 들어달라고 미리 부탁하다. 2 …을 예약하다; …을 주문하다; …을 준비하다. ¶~ a seat in a theater 극장 좌석을 예약하다. 3 (일·물건이) …을 나타내다, …의 증거가 되다. ¶His acts *bespoke* a kindly heart. 그의 행위로 그가 친절한 마음씨를 가진 사람임을 알 수 있었다. 4 (문어) …에게 말을 걸다.

be·speck·le [bispékl] 图㊉ …에 반점을 찍다.

be·spec·ta·cled [bispéktəkld] 图 안경을 낀.

be·spoke [bispóuk] 图 bespeak의 과거·과거분사. — 图 (英) (옷·구두 따위가) 주문품의, 맞춤의 (custom-made) (㊉ ready-made); 맞춤 옷을 만드는. ¶~ boots[suit] 맞춘 구두[양복]/a ~ tailor 맞춤 양복 재단사. 2 (방언) 예약된; 약혼중인.

be·spo·ken [bispóukən] 图 bespeak의 과거분사.

be·spot [bispát/-spɔ́t] 图㊉ (**-tt-**) …에 반점을 찍다, 오점을 남기다. 「(*with*).」

be·spread [bispréd] 图㊉ …을 뒤덮다, 씌우다

be·sprent [bisprént] 图 (고어) 흩뿌려진, 살포된.

be·sprin·kle [bispríŋkl] 图㊉ …에 흩뿌리다, 살포하다 (with).

Bess [bes] 图 베스(여자 이름; Elizabeth의 애칭).

Bes·sa·ra·bi·a [bèsəréibiə] 图 베사라비아(몰도바(Moldova)와 우크라이나에 걸친 지역). **-an** 图

Bes·sel [bésəl] 图 **Friedrich Wilhelm ~** 베셀 (1784-1846: 독일의 천문학자·수학자).

Béssel fùnction 图 (수학) 베셀 함수.

Béssel mèthod 图 베셀법(평판 측량법의 일종).

Bés·se·mer convèrter [bésəmər-] 图 베서머 전로(轉爐)(제철·제강용의 거대한 노). 〔〈발명가인 영국의 기사 Henry Bessemer(1813-98)의 이름〕

Béssemer pròcess 图 (야금) 베서머 제강법.

Béssemer stéel 图 베서머강.

Bes·sie [bési] 图 베시(여자 이름; Elizabeth의 애칭). (또는 **Bessy**)

‡**best** [best] 图 (good, well의 최상급) 1 최고의, 최량의, 최상의, 지상의(㊉ worst)(* 서술용법의 경우나 동일 인물·사물의 부분·성질의 비교에는 best가 생략되는 일이 많다). ¶the ~ students 최우수 학생들/one's ~ days 전성 시대/He is (the) ~ of all. 그가 단연 최고이다./I feel ~ in the morning. 나는 아침에 기분이 가장 좋다. 2 가장 알맞은[유리한, 바람직한], 최선의; 가장 친절한. ¶the ~ way 최선의 방법 / the ~ person for the post 그 직책의 최적임자/The ~ job for you 당신에게 가장 알맞은 일/I think it ~ to do the work now. 그 일을 지금 하는 것이 가장 좋다고 생각한다. 3 최대의(largest); 대부분의(most). ¶the ~ [or better] part of a day 하루의 대부분. 4 제일의, 주요한. ¶our ~ hope 우리의 첫번째 소망. 5 소중히 간직해 둔, 특별한. 6 (구어·반어적) 아주 지독한. ¶the ~ liar 터무니없는 거짓말쟁이.

best before (date [or end]) (상품의) 유효[유통] 기한까지. ¶~ *before*: Jan. 15, 2005 유통 기한 2005년 1월 15일까지.

put [or set] one's best leg [or foot, face] foremost [or forward] ⇒LEG.

the best thing since sliced bread (속어) 최고의 사람[것], 일품. 모범.

— 图 (well, very much의 최상급) 1 가장 잘[훌륭하게, 유리하게]; 가장 어울리게(㊉ worst)(* 원급은 well). ¶She sings ~. 노래는 그녀가 제일 잘한다/He plays tennis ~ in the class. 학급에서 그가 테니스를 가장 잘 친다/He appears ~ as Hamlet. 그에게는 햄릿이 가장 적역이다/*He works ~ who is best trained.* (속담) 훈련을 가장 잘 받은 사람이 가장 훌륭하게 일한다. 2 (like, love 따위의 동사와 함께) 가장, 제일(* 원급은 very much). ¶Of all seasons I like spring (the) ~. 사계절 중 봄이 제일 좋다 / They were ~ able to fight. 그들은 전투 능력이 가장 뛰어났다. 3 (복합어로) 몹시, 가장 심하게. ¶the ~-hated man 가장 미움받는 남자.

as best (as) *one can* **[or may]** 힘껏, 할 수 있는 한. ¶They worked *as* ~ *they could*. 그들은 최선을 다해 일했다.

best of all 무엇보다도, 특히, 첫째로.

come off best (논쟁 따위에서) 이기다.

had [or (美) would] best *do* …하는 것이 가장 좋다, …해야 하다(* had better의 강조형). ¶We *had* ~ get home in a hurry. 우리는 서둘러 집에 돌아가야 한다.

how best to do 무엇이 최선의 방법인가. 〔야 한다.

— 图 ⓤ (the ~, one's ~) 1 가장 좋은 것[부분], 가장 좋은 점, 장점. ¶the second [or next] ~ 차선(次善)(의 것)/~ in existence 세상에서 제일 좋은 것 / The ~ of things must end. 아무리 좋은 것이라도 종말이 있기 마련이다. 2 (종종 at one's ~) (사람·사물의) 최상[최량, 최고]의 상태, 한창; (꽃 따위의) 만개기. ¶in the ~ of health 최상의 건강[상태]로. 3 (복수취급) 최고급의 사람들. ¶He is one of the ~ in his trade. 동업자 중에서도 그는 일류이다. 4 최선(의 노력), 전력. 5 나들이옷, 가장 좋은 옷(Sunday ~). ¶She was wearing her ~. 그녀는 나들이옷으로 차려 입고 있었다. 6 (편지 따위에서) 안부 인사말, 호의. ¶Please give my ~ to your mother. 어머님께 안부 전해 주십시오.

(all) for the best 제일 좋다고 생각하고, 좋은 결과가 되도록. ¶I did it *for the* ~. 잘되라고 한 일이다 / *All is for the* ~. (속담) 모든 것이 하늘의 뜻이다.

All the best! (구어) (건배·작별 인사나 편지 말미에서) 만사 형통 하길[행운을] 빕니다!

at *one's* **[or the] best** 가장 좋은 상태에.

at (the) best 잘 해야, 기껏해야, 고작(* 강조형은 at the very best). ¶He is a fool *at* ~. 그는 아무리 잘 보아야 바보다.

do [or try, give] *one's* **(very) best; do** *one's* **level best; do the best** *one can* 최선[전력]을 다하다. 〔가장 좋은 때[광, 상태]에도.

(even) at the best of times (보통 부정문에서)

get [or have] the best of (구어) ① (남)을 이기다. ② (토론·경기 따위)에 이기다, (흥정)을 능숙하게 하다.

get [or have] the best of it (토론·경기 따위에서) 이기다. ¶He *got the* ~ *of it* in the argument. 그는 토론에서 이겼다. 「대한 활용하다.

get the best [or most, utmost] out of …을 최

give…best ① (남)에게 굴복하다, 두손을 들다. ② (일)을 단념하다. 〔마라!

Hope for the best! 또 좋을 때가 있겠지!, 비관하지

look *one's* **best** (건강·외모 등이) 가장 좋게[매력적으로] 보이다.
make the best of …을 최대한 이용하다; [역경·불리한 조건 따위]를 어떻게든 극복하다. ¶ make the ~ of the situation 상황을 최대한 이용하다.
make the best of a bad bargain [or **business, job**]; **make the best of it** [or **things**] 불리한 상황에서도 최대의 이익을 도모하다.
make the best of *one's* **way** ⇨ WAY.
one of the best (구어) 좋은 녀석.
play the best of three [**five, seven**] **games** (시합을) 3전 2승[5전 3승, 7전 4승]으로 하다.
six of the best (英구어) (학교 체벌로서의) 매질.
the best of both worlds 두 가지 상이한 것의 각각의 장점을 ¶ make [or get] the ~ of both worlds 이해가 다른 두 가지 일에서 각각의 장점을 이용하다[조화를 꾀하다]. 「ㅂ니다!
The best of British (**luck**)! (英) (비꼬아) 행운을
The best of it is (**that**)… 가장 재미있는[좋은] 것은 …이다.
to the best of …하는 한, …이 미치는 한. ¶ I'll try to the ~ of my ability. 힘 자라는 데까지 해보겠다.
with the best of intentions 선의로.
with the best (**of them**) 누구 못지 않게.
─ 图 에 (구어) …에게 이기다; (남) 에게 선수치다.
bést-báll fóursome 图 (골프) 네 사람이 두 사람씩 조를 짜서 각 홀에서 같은 조의 두 사람 중 나은 점수를 그 조의 득점으로 하는 방식.
bést-báll mátch 图 (골프) 베스트볼 매치(이긴 홀의 수에 따라 승부를 결정하는 시합). 「자].
bést befóre dáte 图 (상품의) 유통[유효] 기간[일
bést bét 图 가장 안전하고 확실한 방책[수단].
bést búy 图 잘 싸게 잘 산 물건.
best-buy [-bài] 图 물건을 싸게 잘 사는.
best-case [-kèis] 图 최고 상태[조건]의.
be·stead[1] [bistéd] 图㉠ (~**ed**; ~**ed**, ~) (고어) …을 도와주다, 소용되게 하다.
be·stead[2] 图 (고어) (어떤 처지에) 놓인. ¶ be hard [or ill] ~ 어려운 상황에 처해 있다.
best-ef·forts [-éfərts] 图 (증권) 부분 인수하는.
bést énd 图 (양·송아지 고기의) 갈비 목살.
bést féllow 图 (one's ~) (구어) 애인, 남자 친구.
bést fríend 图 친우, 아주 친한 친구.
bést gírl 图 (one's ~) (구어) 연인, 여자 친구.
bes·tial [béstʃəl/-tiəl] 图 짐승의; 짐승 같은; 야만적인; 타락한, 무지한, 천한. ─ (스코) 가축, 소 (cattle). ~**ly** 周
bes·ti·al·i·ty [bèstʃiǽləti/-ti-] 图⑪ 수성(獸性); 짐승 같은 짓; 수욕(獸慾); 수간(獸姦); 성적 도착.
bes·ti·al·ize [béstʃəlàiz/-tiə-] (* (英) -**ise**) 图㉠ …을 짐승처럼 되게 하다.
bes·ti·ar·y [béstʃièri/-tiə-] 图 (중세의) 동물 우화집; 동물 조각[그림].
be·stir [bistə́ːr] 图㉠ (-**rr**-) …을 분발시키다, 힘을 ¶ bestir *oneself* 분발하다. 「돋구다.
‡**best-known** [-nóun] 图 가장 유명한.
bést mán 图 신랑 들러리(bridesman); 신랑의 친우. ¶ be best man 신랑 들러리 노릇을 하다.
bést óffer 图 (입찰 따위에서) 최고 제시액[가].
best-of-five [-əvfáiv] 图 (야구 등에서) 5번[5판 3승] 승부의. 「[7판 4승] 승부의.
best-of-sev·en [-əvsévən] 图 (야구 등에서) 7번
‡**be·stow** [bistóu] 图㉠ (~**s** [-z]) 1 …을 주다, 수여하다, 수여하여 주다 (*on, upon*). ⇨ GIVE 유의어. ¶ (~ + 目 + 前 + 图) ~ a gift *on* [or *upon*] a person 남에게 선물을 주다. 2 …을 이용하다, 쓰다 (*on, upon*). 3 (고어) …을 (간수하여) 두다; 맡겨 두다; (고어) …을 숙박시키다. 4 (폐어) (말)을 시집보내다.

~**er** 图 증여자. ~**ment** 图 「[C] 증여물, 선물.
be·stow·al [bistóuəl] 图⑪ 증여, 수여; 처리, 저장.
bést píece 图 (美속어) 아내; 여자 애인.
be·strad·dle [bistrǽdl] 图㉠ =bestride.
be·strew [bistrúː] 图㉠ (~**ed**; ~**ed**, ~**n**) [표면]에 살포하다, …을 흩뿌리다 (*with*); …을 뒤덮다. ¶ (~ + 目 + 前 + 图) ~ the path *with* flowers. ~ flowers *on* the path 길에 꽃을 뿌리다.
be·stride [bistráid] 图㉠ (-**strode**, -**strid**; -**strid·den**, -**strid**) 1 (말·울타리 따위)에 걸터앉다, 걸터앉다. ¶ ~ a chair[horse] 의자[말]에 걸터앉다. / ~ a ditch 도랑을 건너뛰다. 2 (비유적) 가로막아 서다, 우뚝 솟다; 위압하다, 지배하다. 3 (무지개·다리 따위가) …에 걸쳐지다. 4 (여자)와 성교하다.
bést róom 图 (美) (the ~) 응접실.
best·sell·er [béstsélər] 图 베스트 셀러 (작가). (또 는 **bést séller**) ~**dom** 图⑪ 베스트 셀러(작가)임.
best·sell·ing [-sélɪŋ] 图 베스트 셀러의. ¶ a ~ novel[author] 베스트 셀러 소설[작가].
be·stud [bistʌ́d] 图㉠ (-**dd**-) …에 온통 징을 박다; …을 산재(散在)시키다 (*with*). ¶ a bay ~ded with yachts 요트들이 산재해 있는 만.
‡**bet** [bet] 图 (~**·ted**; ~**·ting**) (* 과거·과거분사로서 보통 bet, betted는 일반적인 진술에 많이 쓰인다) ㉠ 1 (돈을) 걸다; …에 걸다 (*on, upon*). ¶ (~ + 目 + 前 + 图) He ~ 50 dollars *on* the horse. 그는 그 말에 50달러를 걸었다. 2 (남)에 (대해) 내기를 하다(wager) (*on*). 3 (돈을 걸고 (…라고) 주장하다, 단언하다 (*that* 節). ─ ㉡ 1 (…에) 돈을 걸다, 내기를 하다 (*against, with*). ¶ I never ~. 나는 내기를 하지 않는다 // (~ + 前 + 图) ~ *with* a person 남과 내기하다 / He ~ *on* a favorite. 그는 인기 있는 말에 돈을 걸었다. 2 (…임을) 보증하다, 확신하다 (*on*).
bet against …에 반대로 내기하다, …하지 않을 것이라고 내기하다. 「돈을 걸다.
bet against the field 돈을 거는 사람이 없는 말에
bet a nickel (구어) …을 확신하다.
bet dollars to doughnuts (구어) 절대 …이다.
bet one's boots [or **bottom dollar, life, neck, shirt, soul**] (구어) …을 확신하다, 절대 (…)이다 (*on, that* 節); 끝까지 걸다.
bet the farm [or **house, ranch**] (구어) 절대 …이다; 흥하든 망하든 해보다.
I('**ll**) **bet** (**you**)…; **I**('**ll**) **betcha** [or **betcher**]… (구어) ① 틀림없이 …이다 (*that* 節). ¶ I ~ it'll rain tomorrow. 내일은 틀림없이 비가 온다. ② (반어적) 설마, 정말일 리가 있겠냐, 믿을 수 없는 일이야 (* that은 보통 생략, I'll betcha[or betcher]는 I('ll) bet you[or your life]의 전와(轉訛)).
I wouldn't [or **Don't**] **bet on**… (구어) …을 믿지 않는다, …은 있을 수 없다고 생각한다.
You bet? (구어) 진짜야?, 정말이야?
You bet (**you**)…; **You betcha**… ① (구어) 물론…, 틀림없이 …이다 (*that* 節). ¶ Is it in a safe place? ─ You ~ it is. 그것은 안전한 곳에 있어요? ─ 물론이지. ② 천만에! (* Thank you. 따위에 대한 응답).
You can bet on it! (구어) 틀림없다!, 정말이다!
You want to bet. ① (구어) 내기 할까?, 정말이야? ② (반어적) 설마, 터무니없는 소리 마.
─ 图 1 내기, 도박; 내기 건 돈[물건]. ¶ an even ~ (산술) 반반의 내기 / Let's have a ~. = I'll lay you a ~. 내기하자. 2 내기의 대상. ¶ That horse looks like a good[poor] ~. 저 말은 잘 달릴[잘 못 달릴] 것 같다. 3 (구어) 선택한 방책[사람]. ¶ a good ~ for marriage 결혼 상대로 알맞은 사람. 4 (구어) 의견, 생각. ¶ My ~ is (*that*)… = I ~ ~ 나는 …이라고 생각한다. 5 신빙성, 가능성. ¶ It is a safe [or good] ~ *that*… …라고 보면 틀림 **accept** [or **take up**] **a bet** 내기에 응하다. 「없다.

All bets are off. (美구어) 시도한 바가 무효가 되다, 모든 것이 백지로 돌아가다[오다].
hedge [or **cover**] *one's* **bets** (구어) 손해 보지 않도록 양쪽에 걸다[양다리 걸치다]; (비유적) 애매한 언동을 하다.
make [or ***place, take***] ***a bet*** (…에) 걸다(*on*).
one's bets (…에) 내기하다(*with*).
win [***lose***] ***a bet*** 내기해서 이기다[지다].
BET (美) *B*lack *E*ntertainment *T*elevision(흑인 대상의 TV 방송망). **bet.** between.

be·ta [béitə/bíː-] 명 **1** 그리스어 알파벳의 둘째 자 (B, β). **2** 2번. **3** (B—) (천문) 베타성(별자리 중에서 둘째로 밝은 별). **4** (화학) 베타(화합물의 치환끼리의 하나). **5** (英) 제2위(의 것)(⇔ alpha, gamma). ¶ ~ plus [minus] (학업 성적의) 우(優)의 상[하], B⁺[B⁻]. **6** (B—) =Betamax. **7** (물리) ~ particle; ~ ray.
be·ta-ad·ren·er·gic [-ædrənə́ːrdʒik] 형 (생리) 베타아드레날린에 의한, 베타 수용체의. 「receptor.
béta-adrenérgic recéptor 명 (생리) =beta
béta blòcker 명 (약학) 베타 차단제(협심증·고혈압·부정맥 방지 따위에 쓰인다). (또는 **béta-blòcker**)
bé·ta-blòck·ing 명 [금].
béta brǎss 명 [야금] 베타 황동(구리와 아연의 합
béta cèll 명 =B cell 2.
Be·ta-cloth [-klɔ̀ːθ/-klɔ̀θ] 명 (상표) 베타클로스 (커튼·우주복·방화복 등에 쓰이는 유리 섬유 직물).
béta decày 명 (물리) (원자핵의) 베타 붕괴.
béta emitter 명 (물리) 베타 방사체(放射體).
be·ta-en·dor·phin [-endɔ́ːrfin] 명 (생화학) 베타엔도르핀(뇌하수체 전엽에서 방출되는 강력한 진통 펩티드의 하나). 「이는 유리 섬유).
Béta fiber 명 (상표) 베타 파이버(절연체 등으로 쓰
béta fùnction 명 (수학) 베타 함수.
béta glóbulin 명 (생화학) 베타 글로불린.
be·ta·ine [bíːtəìn, bíːtiːin] 명 (화학) 베타인(알칼로이드의 일종; 의약용). (또는 **be·ta·in** [bíːtəin])
be·take [bitéik] 타 (***-took***; **~*n***) (재귀용법으로) **1** …으로 가다(*to*). **2** (고어) …에 호소하다, 의지하다; …에 전념하다(*to*).
betake oneself to flight [or ***one's heels, one's legs***] 쏜살같이 도망치다, 줄행랑치다.
be·ta-lip·o·tro·pin [-lipətróupin, -làipə-] 명 (생화학) 베타리포트로핀 β-LPH).
Be·ta·max [béitəmæks/bíː-] 명 U C (상표) 베타 (방식) (비디오테이프 리코딩 방식의 상품명)(영 VHS). (또는 **Beta**) 「돌. ⇒ NAPHTHOL.
be·ta-naph·thol [-næfθɔ(ː)l] 명 (화학) 베타나프
béta pàrticle 명 (물리) 베타 입자(원자핵이 붕괴·분열할 때 복사하는 고속도의 전자). 영 alpha particle
béta rày 명 (물리) 베타선(베타 입자(beta particle) 로된 방사선). 영 alpha ray
béta recéptor 명 (생화학) 베타 수용체(혈관 확대 따위의 생리 과정을 조절한다). (또는 **béta-recèptor**)
béta rhýthm [**wàves**] 명 (생리) 베타 리듬[파](매초 10이상의 뇌파의 맥동). 영 alpha rhythm
béta tèst 명 (컴퓨터) 베타 시험(출시를 앞둔 소프트웨어 따위의 최종 작동 시험). 영 alpha test
be·ta·tron [béitətràn/bíːtətrɔ̀n] 명 (물리) 베타트론(전자(電磁) 유도에 의한 전자(電子) 가속 장치).
béta vèrsion 명 (컴퓨터) 베타 버전(출시 직전의 소프트웨어).
bet·cha [bétʃə] 타 (발음철자) =bet you.
bête blanche [F bet blɑ̃ːʃ] 명 약간 싫은 것; 초조의 원인. [<F white beast] 「물).
be·tel [bíːtəl] 명 구장(蒟醬)(동인도산(産) 후춧과의 식
Be·tel·geuse [bíːtldʒùːz/bíːtldʒə̀ːz] 명 (천문) 베텔게우스(오리온자리의 1등성).
bétel nùt 명 빈랑(자), 빈랑나무 열매(areca nut).
bétel pàlm 명 빈랑나무(열대 아시아 원산의 야자과

(科) 교목). 영 areca
bête noire [béit nwɑːr] 명 (옝 **-s -s**) 아주 싫은[무서운] 것[사람]. [<F black beast] 「글자.
beth [beiθ, beis, beit] 명 헤브라이어 알파벳의 둘째
Beth [beθ] 명 베스(여자 이름; Elizabeth의 애칭).
Beth·a·ny [béθəni] 명 베다니(Jerusalem 동쪽의 마을. ←요한 복음(John) 11:1). 「[<Heb]
Bet(h) Din [*Heb* bét díːn] 명 (유대의) 법정.
beth·el [béθəl] 명 **1** 성역, 성소(聖所), 베델(←창세기(Gen.) 28:19). **2** (美) (배 안 또는 해안의) 선원 예배당. **3** (英) (비(非)국교도의) 예배당, 집회소.
Beth·el [béθəl] 명 **1** 베델(예루살렘에 가까운 요르단의 마을. ←창세기(Gen.) 28:19). **2** 베셀(사람 이름).
Be·thes·da [bəθézdə/be-] 명 **1** 베데스다(병을 고치는 효험이 있다고 하는 예루살렘의 못. ←요한 복음(John) 5:2). **2** (b—) 예배당.
be·think** [biθíŋk] 타 (-thought***) 【 **1** (재귀용법으로) …을 숙고하다, 생각이 미치다, 생각해 내다 (*of, that* 절, *wh.* 절). ¶ (~+몸)+전+명) *I bethought myself of a promise.* 나는 약속이 생각났다 // (~+몸+that 절) *I bethought myself how foolish I had been.* = *I bethought myself that I had been foolish.* 나는 내가 얼마나 어리석었던가에 생각이 미쳤다. **2** (재귀용법으로) (…하려고) 결심하다 (*of*). ¶ (~+몸+전+명) ~ *oneself of going* 가기로 결심하다. **3** (고어) 명심하다, 기억해 두다. ─ 자 (고어) 두루 생각하다, 심사 숙고하다.
Beth·le·hem [béθlihèm, -liəm] 명 베들레헴(팔레스타인 중부의 도시; 그리스도와 다윗의 탄생지).
be·thought [biθɔ́ːt] 동 bethink의 과거·과거분사.
be·tide [bitáid] 타 (문어) …에게 일어나다, 생기다.
whatever may betide 무슨 일이 일어나더라도.
Woe betide him! 그에게 재앙이 있으라!, (그런 짓 하면) 그는 무사하지 못할 것이다!
be·times [bitáimz] 부 **1** 늦기 전에, 일찍; 때마침. ¶ come back ~ 늦기 전에 돌아오다. **2** 때때로, 이따금. **3** (고어) 곧, 얼마 안 있어. 「짓]. [<F
bê·tise [betíːz] 명 U 우둔; 사소한 일; 어리석은 말
be·to·ken [bitóukən] 타 (~**ed**) **1** (표징 따위가) …을 나타내다. **2** (사건 따위가) …의 전조이다, …을 예시하다. ¶ *Those dark clouds ~ a storm.* 저 먹구름은 폭풍우의 전조이다.
bé·ton [bétən] 명 U (페어) 콘크리트. [<F]
bet·o·ny [bétəni] 명 (식물) 곽향초석잠(꿀풀과(科)
be·took [bitúk] 동 betake의 과거. 의 다년초).
*‡**be·tray** [bitréi] 타 (~**s** [-z]) **1** …을 배반하다, …에게 등을 돌리다; …을 (적에게) 팔아먹다 (*to, into*). ¶ *Judas ~ed his Master, Christ.* 유다는 스승 그리스도를 적에게 팔아먹었다 // (~+몸+전+명) ~ *one's country to the enemy* 자기 나라를 적에게 팔아먹다. **2** (신뢰·기대) …을 저버리다; (약속 따위)를 어기다; …을 실망시키다. ¶ ~ *a trust* 신뢰를 저버리다 / *She ~ed her promise.* 그녀는 약속을 어겼다. **3** (남)을 속이다 (*into*); (여자)를 유혹해서 버리다. ¶ (~+몸+전+명) *I was ~ed into folly.* 속아서 어리석은 짓을 했다. **4** (비밀 따위)를 누설하다, 밀고하다, 폭로하다(*to*). ⇒ REVEAL 유의어 ¶ (~+몸+전+명) ~ *a secret to a person* 남에게 비밀을 누설하다. **5** …을 (무심코) 드러내다; …을 나타내다, 보이다. ¶ ~ *one's character by the manner* 태도로 인품을 드러내다.
betray oneself 본심[마각]을 드러내다 (*by*).
be·tray·al [bitréiəl] 명 U C 배신 (행위); 폭로; 내통, 밀고; 유혹되기.
be·tray·er [bitréiər] 명 배신자, 매국노; 밀고[내통]
*‡**be·troth** [bitróuð, -trɔ́ːθ/-tróuð] 타 (문어) …을 약혼시키다[약속](engage)(*to*).
be [or ***become***] ***betrothed to*** *a person* 남과 약혼중이다[약혼하다]. ¶ *Jane was ~ed to Paul.* 제인

은 둘과 약혼한 사이였다.
be·troth *oneself to* (여성이) …와 약혼하다.
be·troth·al [bitróuðəl, -trɔ́:θ-] 명ⓊⒸ (문어) 약혼. ¶ break off a ~ 파혼하다. (또는 **betrothment**)
be·trothed [bitróuðd, -trɔ́:θt] (문어) 형 (one's ~) 약혼자[녀]; (the ~) (한 쌍의) 약혼자들. ── 명 약혼한. ¶ be ~ to …와 약혼한 사이다.
be·troth·ment [bitróuθmənt] 명 =betrothal.
Bet·sy [bétsi] 명 1 베치(여자 이름; Elizabeth의 애칭). 2 (때로 b-) (속어·방언) 총; (속어) 태양. ¶ an old ~ 헌 총. (또는 **Betsey, Betsi**)
Bet·tel·heim [bétlhàim] 명 **Bruno** ~ 베틀하임 (1903-90: 미국의 아동 심리학자·교육자).
‡**bet·ter¹** [bétər] 형 1 (good의 비교급) 더욱 좋은, (…보다) 우수(선량)한, 더 나은; 고급(상류, 유행)의(worse). ¶ one's ~ feelings 양심 / men's ~ suits 고급 신사복 / a ~ country [or world] 저승 / She is a ~ dancer than you. 그녀가 당신보다 춤을 잘 춘다 / The sooner, the ~. 빠르면 빠를수록 좋다 /B- early than late. (속담) 쇠뿔도 단김에 빼랬다 /B- late than never. (속담) 늦더라도 안하는 것보다 낫다 /B- luck next time. 첫술에 배 부르랴 /B- the last smile than the first laughter. (속담) 최초의 큰 웃음보다 최후의 미소가 더 낫다. 2 (good의 비교급) 보다 큰[많은]; (구어) (the ~ part of) 과반수의. ¶ a ~ understanding 보다 충분한 이해 /the ~ part of a lifetime 생애의 반 이상 / 3 (well의 비교급) (병이) 나아 가는, 기분이 좋은, 보다 건강한; 완쾌한.
be better than *one's* **word** 약속 이상의 일을 하다.
be the better for …때문에(으로) 오히려 이익을 보다[더] 좋다. ¶ Well, if so, it *is* the ~ for him. 그렇다면 그에게는 더욱 좋다.
better than nothing 없는 것보다 나은.
better that way 그쪽[그런 쪽]이 (다른 무엇보다) 좋은.
feel [or **be**] **better** 기분이 나아지다.
get better (병·상황 따위가) 좋아지다, 호전되다.
get no better; not get any better 여전하다, 변함없다, 진전이 없다.
no [or **little**] **better than** …이나 다름없는.
no better than *one should* [or *ought to*] *be* (고어) 부도덕한; (美속어) (여자가) 행실이 좋지 않은.
not better than …보다 나을 것 없는, …보다 나쁜. ¶ He is *not* ~ *than* a beast. 그는 짐승만도 못하다.
So much the better! 그렇다면) 더욱 좋다!
That's better. 그게 좋겠다, 나아졌어.
the better of (아이를) …로부터 회복하여.
Things could [or **might**] **be better.** (구어) 별로 야, 좋지 않아. [순조롭다.
Things couldn't be better. (구어) 만사 오케이다
── 부 1 (well의 비교급) 더 잘[좋게, 훌륭하게]. ¶ She behaves ~ than before. 그녀는 전보다 더 태도가 좋아졌다. 2 (~ yet, ~ still) (접속사적) 차라리, 오히려, 도리어. ¶ You can call him, ~ yet, you can go (and) see him personally. 그에게 전화하든지 또는 차라리 직접 찾아가 보는 게 좋겠다 /B- leave it unsaid. (속담) 말하지 않는 것이 차라리 낫다. 3 (very much의 비교급) 더 많이, …이상[남짓]. ¶ forty feet and ~; ~ than forty feet 40피트 남짓, 40여 피트.
(**all**) **the better** (…때문에) 오히려, 더욱더.
be better off ① 보다 나은 상태이다, 보다 잘 살다. ② (…하는 편이 낫다[현명하다] (doing, if).
better and better 점점 잘, 더욱더 좋게.
better or not 어찌 됐든, 좋든 싫든; 잘됐든 못됐든.
can't [or **couldn't**] **do better than** …하는 편이 좋다[낫다, 현명하다].
go [or **do**] (*a person*) **one better;** (英) **go one better** (*than a person*) (구어) (남보다) 한 걸음 앞서다, 한 수 위다.

had better *do* …하는 편이 낫다; …해야 하다(* 가벼운 명령). ¶ You *had* ~ come [not come]. 너는 오는(는 안 오는)것이 좋다 /You *had* ~ *not* have done so. 그렇게 하지 않았더라면 좋았다.
ⓊSAGE (1) had better의 부정형은 had better not. (2) had better와 같은 뜻으로 would better가 쓰이는 일도 있으나 옳은 용법이 아니라고 고찰한다. 단, 구어에서는 had나 would가 다 'd로 단축되기 때문에 구별하기 어려울 뿐더러 아예 없어져서 better만 남는 수도 있다: You'd ~ come. / You ~ come.
It better be good. 그것은 그것 나름이다.
know better ① 인정하지 않다, 그렇지 않다는 것을 알고 있다. ② (…할 만큼) 어리석지 않다(*than to do*), 분별력이 있다. ¶ I *know* ~. 그만한 것쯤은 나도 알고 분별력이 있다.
know no better 그 정도의 지혜밖에 없다. [있다.
not know any better 버릇이 없는, 예절을 모르는.
the better to do 좀더 잘하기 위해, [시 보다.
think better of ① …을 고쳐 생각하다. ② (남)을 다시 보다.
will [or **would**] **do better to** *do* …하는 편이 좋다.
── 명 (~s [-z]) ⓟ 1 …을 더 좋게 하다, 개량하다, 향상시키다. ⇒ IMPROVE 유의어 ¶ ~ the working conditions 근로 조건을 개선하다. 2 …보다 우수하다, 능가하다. 3 (카드놀이) (앞서의 비드(bid))를 더 늘리다, 값을 올리다. ── ⓐ 더 좋아지다, 향상하다. ⓑ worsen
better *oneself* ① 출세하다; 유복해지다; 향상하다; 승진(승급)하다. ② 교양을 쌓다, 수양하다.
── 명 1 (a ~, the ~) 보다 좋은 것[일, 사람]. ¶ the ~ of the two 둘 중에서 더 나은 것 /There is no ~. 이보다 더 좋은 것은 없다. 2 (one's ~s) (지혜 따위가) 보다 뛰어난 사람; 손윗사람.
for better or (**for**) **worse; for better, for worse** 좋을 때나 궂을 때나, 몸이 성할 때나 아플 때나, 어떤 일이 있어도(영원히)(* 결혼 서서문).
for the better 보다 나은 쪽으로.
for want of a better 그 이상의[그것보다 더한] 것이 없어서.
get [or **gain, have**] **the better of** (남)에게 이기다; …을 극복하다.
think (**all**) **the better of** *a person* (…때문에) 남을 더욱 존경하다 (*for, because*).
bet·ter² [bétər] =bettor.
Bétter Búsiness Búreau 명 (美·캐나다) 상업 개선 협회(상도덕 확립을 지향하는 업계 단체).
bétter dáys 명 좋았던 시절(good old days).
have seen [or **known**] **better days** (구어) (사람이) 옛날에는 잘 살았다; (물건이) 다 낡았다.
Bétter Góvernment Associátion 명 (美) 정부 개혁 협회(정부 활동 감시 민간 단체). ⓑ BGA).
bétter hálf 명 (ⓟ b- **hálves**) (one's ~) (구어) 배우자, (특히) 아내; (드물게) 남편; (美속어) 여자 친구.
bétter hánd 명 오른손. [애인.
bet·ter·ment [bétərmənt] 명ⓊⒸ 1 개량, 개선; 진보, 향상; 출세. 2 (~s) (법률) (부동산의) 개량, 개축; (부동산의) 개량 경비; (개량에 따른) 가격 상승.
bet·ter·most [bétərmòust] 형 (방언) 최상의[최대]의, 가장 좋은; 대부분의.
bétter náture [**sélf**] 명 (one's ~, a person's ~) 양심, 좋은 쪽의 성질[인격]. [비교급.
bet·ter-off [-ɔ́:f /-ɔ́f] 형 보다 유복한. * well-off의
bétter párt 명 (the ~) (구어) 과반수, 대부분.
bet·ting [bétiŋ] 명ⓊⒸ 내기에 건 돈; 내기.
What's the betting…? (구어) …은 어떻게 될 것 같
bétting shóp 명 (英) 사설 마권 판매장. [습니까?
bet·tor [bétər] 명 돈을 거는 사람, 내기를 하는 사람. (또는 **better**)
bet·ty [béti] 명 1 =brown ~. 2 (美학생 속어) 아
Bet·ty [béti] 명 베티(여자 이름; Elizabeth의 애칭).

Bétty Fórd Clínic 명 (the ~) 베티 포드 클리닉 (미국 California에 있는 마약・알코올 중독자 치료 시설; 부자나 유명 인사가 많이 찾는 것으로 유명).

‡**be·tween** ⇒BETWEEN. ⟨p. 278⟩

be·tween·brain [bitwí:nbrèin] 명 (해부) 간뇌 (diencephalon).

betwéen dècks 명복 (단수취급) 중창(中艙)(상갑판과 하갑판 사이). —— 갑판과 갑판 사이에.

be·tween-maid [-mèid] 명 (英) 요리사를 겸한 가정부(tweeny). 「철.

betwéen séason 명 단경기(端境期), 햇것이 나올

be·tween·times [bitwí:ntàimz] 부 (= betweentimes) 사이에, 이따금.

be·tween·whiles [bitwí:nhwàilz/-wàilz] 부 =

*****be·twixt** [bitwíkst] 전부 (고어) = BETWEEN.

betwixt and between (구어) 이도 저도 아닌(아니게), 중간의(에서); 분명하지 않은, 미결정인.

Beu·lah [bjú:lə] 명 1 빨라(예루살렘의 땅에 붙여진 명칭. ←이사야(Isa.) 62 : 4). 2 (만년(晩年)의 안식의 땅(←Bunyan 작 「천로 역정」(*Pilgrim's Progress*)). 3 뷸라(여자 이름).

beurre ma·nié [bə́:r mɑ:njéi] 명 (요리) 뵈르 마니에(버터와 밀가루를 반죽한 것).

beurre noir [bə́:r nwɑ́:r] 명 (요리) 뵈르 누아르 (버터를 볶아서 파슬리・식초 등을 가미한 소스). [<F]

BeV [bev] 명 (물리) 10억 전자 볼트. (또는 Bev, bev) [<*b*illion *e*lectron *v*olts]

BEV (美) *B*lack *E*nglish *V*ernacular(흑인 영어).

bev·a·tron [bévətrɑ̀n/-trɔ̀n] 명 (물리) 베바트론(양자 가속 장치(proton synchrotron)의 별칭).

bev·el [bévəl] 명 1 베벨, 빗금, 빗면, 빗각. 2 인접면과 직각이 아닌 면, 사각면(斜角面). 3 =~ *square*. 각을 그리거나 물건의 표면을 특수한 경사로 조절하는 기구. 4 (인쇄) =beard 5. 6 (또는 ~ nèck) 5 =bezel 1. —— 통 (*-l-*, (英) *-ll-*) 비스듬히 자르다, 비스듬히 하다(되다). —— 형 (또는 **beveled**, (英) **bevelled**) 빗각의, 경사진, 빗면이 된. ~**·er**, ~**·ler**

bével gèar 명 (기계) 베벨 기어. 「빗더짐인 것.

bével jòint 명 (건축) 빗이음;

bével protràctor 명 회전부척(副尺)이 달린 각도기.

bével squàre 명 (목공) 각도자.

bével whèel 명 (기계) = bevel gear.   [bevel gear]

*****bev·er·age** [bévəridʒ] 명 (물 이외의) 음료, 마실 것. ¶*alcoholic* [*cooling*] *~s* 알코올[청량] 음료.

béverage ròom 명 (캐나다) (맥주만 파는) 호텔 바.

Bév·er·idge plàn [bévəridʒ-] 명 베버리지 사회 보장 계획(영국 사회 보장 제도의 바탕이 됨). [<입안자인 경제학자 W. H. Beveridge(1879-1963)의 이름]

Béverly Hílls [bévərli-] 명 비벌리 힐스(Hollywood 인접 도시로 연예인 등의 고급 주택 지구).

bev·vy [bévi] 명 (속어) 술, (특히) 맥주; 술잔을 나누는 하룻밤. —— 통자 술을 마시다. -**vied** 형 만취한.

bev·y [bévi] 명 (단・복수 양용) 1 (종달새・메추라기 따위의) 작은 새의 떼, (of quails[larks] 한 떼의 메추라기[종달새]). 2 (소녀・여자의) 작은 무리. ¶a ~ *of beauties* 한 무리의 미인들.

*****be·wail** [biwéil] 통자 (문어) …을 몹시 슬퍼하다. ¶~ *the loss of a child* 자식의 죽음을 몹시 슬퍼하다. —— 통 슬퍼하며, 비탄에 잠기다 (*for*, *about*).

~**·ing·ly** 부 ~**·ment** 명

‡**be·ware** [biwɛ́ər] 통 (~*s* [-z]; ~*d*; -*war·ing*) 조심하다, 경계하다, 주의하다, (…지 않도록) 정신을 차리다 (*of*, *that*, *on what*, *lest* 통)(* 현재는 명령법・부정사로서, 또는 조동사 뒤에 쓰일 뿐이며, 어형 변화를 하지 않는다). ¶*B*~ *what* you say. 말을 조심해라 // *B*~ *of* pickpockets! 소매치기 조심! // *B*~ *that* you do not make him angry. 그를 화나게 하지 않도록 주의해라 / *B*~ *lest* you should fail. =*B*~ *that* you do not fail. 실패하지 않도록 정신을 차려라.

be·whisk·ered [biwískərd] 형 1 수염을 기른. 2 진부한, 신선미가 없는. ¶a ~ *joke* 진부한 농담.

be·wigged [biwígd] 형 가발을 쓴.

*****be·wil·der** [biwíldər] 통 (~*s* [-z]) …을 어찌할 바를 모르게 하다, 당황하게 하다. ⇒EMBARRASS 유의어. ¶The sight ~*ed* me. 나는 그 광경을 보고 당황했다.

be·wil·dered [biwíldərd] 형 당황한, 갈피를 못잡은. ~**·ly** 부 갈피를 못잡아. ~**·ness** 명

*****be·wil·der·ing** [biwíldəriŋ] 형 당혹케 하는, 갈피를 못잡게 하는. ~**·ly** 부 갈피를 못잡게.

*****be·wil·der·ment** [biwíldərmənt] 명UC 당황, 당혹, 곤혹; (사물・상태 등의) 혼란, 분규.

in bewilderment 당황[당혹]하여.

*****be·witch** [biwítʃ] 통타 1 …에 마법을 걸다, 마법을 걸어 (…으로) 만들다 (*into*). 2 …을 매혹하다, …의 넋을 빼앗다, 홀리게 하다 (*with*). —— 통자 매혹하다.

as one bewitched 마법에 걸린 듯이.   「료하다.

~**ed** [-t] 형 ~**·er** 명 ~**·ment** 명UC 매력; 황홀

be·witch·er·y [biwítʃəri] 명UC 마법에 걸기; 매

be·witch·ing [biwítʃiŋ] 형 (미소 따위가) 매력적인, 넋을 잃게 하는. ~**·ly** 부 ~**·ness** 명

be·wray [biréi] 통타 (고어) (비밀 따위를) 무심코 누설하다; (진상을) 폭로하다. ~**·er** 명

bey [bei] 명 (오스만 제국의) 지방 장관; (옛 터키・이집트의) 고관・귀족의 경칭(* Mr.에 상당; 이름 뒤에 섰였다); 옛 튀니지의 군주의 칭호. [<Turk]

bey·lic [béilik] 명 bey의 관할구. (또는 **beylik**)

‡**be·yond** [biánd, bijánd/-jɔ́nd] 전 1 (위치・장소) …의 저쪽에[으로, 에서], …너머에. ¶~ *the horizon* 지평선 너머에 / *three miles* ~ *the river* 강에서 3마일 저쪽에 / *two doors* ~ *my house* 우리 집에서 두 집 지나서 / *Don't go* ~ *the river*. 강 너머로는 가지 마라. 2 (시간) …을 지나서, …보다 늦게(* *after* 쪽이 보통). ¶*sit up* ~ *the usual hour* 여느 때보다 늦게까지 자지 않고 있다. 3 (정도・능력) …을 넘어서, …에 벅찬. ¶~ *belief* [*comparison*] 믿어지지[비교가 되지] 않는 / ~ *all recovery* 전혀 회복 가능성이 없는 / *This is* ~ *me*. 이건 나로서는 알[할] 수 없다. 4 (우월) …보다 나은, …을 능가하는, 뛰어난. ¶*a skill* ~ *Raphael's* 라파엘 이상 가는 솜씨 / *go* ~ *the rest* 다른 사람보다 앞서다. 5 (수량) …(보다) 이상으로. ¶*He lives* ~ *his income*. 그는 수입 이상의 생활을 하고 있다. 6 (부정문・의문문에서) …외에는. ¶*I know nothing* ~ *what I told you*. 나는 네게 말한 것 외에는 아무것도 모른다.

beyond all hope 아주 절망적인.

beyond all (*things*) 우선 첫째로, 무엇보다도 먼저.

beyond doubt [or *dispute, question*] 의문[이론]의 여지가 없이, 물론.

beyond expression [or *description, words*] 말[필설]로 다 표현할 수 없는.

beyond measure 셀 수 없을 정도로, 매우.   「운.

beyond one's depth 키가 닿지 않는; 이해하기 어려

beyond oneself ① 정도가 지나쳐서; 자제력을 잃고. ¶*go* ~ *oneself with joy* 너무 기쁜 나머지 자제력을 잃다. ② 평소 이상으로 힘을 내어.

beyond one's power [or *strength, reach*] 힘에 부치는, 힘이 미치지 않는.

beyond the grave [or *tomb*] 저승에서.

beyond the mark 지나치게.   「니야, 정말이야.

It's (*gone*) *beyond a joke.* (구어) 이건 농담이 아

—— 부 1 (더) 저쪽에, 더 먼 곳에, 저 멀리에. ¶*the life* ~ 저 세상, 저승 / *My friend lives in that house, but*

「둘 사이에 있는」이 본래의 뜻이며, 이에 따라 갖가지의 양자 관계를 나타낸다. 따라서 원칙적으로 양자에 대해서 쓰지만, 개별 관계를 나타낼 때는 3자 이상에도 쓴다.
⇨ AMONG 유의어
본래 전치사로만 쓰였지만 목적어가 탈락되어 부사 용법이 생겼으며, 소위 전치사적 부사의 하나가 되었다.

‡be·tween [bitwíːn, bə-] 전 1 (장소·위치) …의 사이에[의, 를, 에서]. ¶sit ~ John and Mary 존과 메리 사이에 앉다 / with a cigarette ~ one's lips 입에 담배를 물고 / the sunshine ~ the leaves 나뭇잎 사이로 비치는 햇빛 / The river runs ~ the two countries. 그 강은 두 나라 사이를 흐른다.
2 (시간) …의 사이에[에서), …의 사이의. ¶~ 12 and 1 o'clock 12시와 1시 사이에 / eat (snacks) ~ meals 간식을 하다 / B— the sips he discoursed. 그는 홀짝홀짝 마시면서 말했다 / Don't you get bored ~ the visits? 사람이 찾아오지 않을 때는 따분하지 않으십니까? / They are ~ jobs. 그들은 실직중이다.
3 (성질·내용·정도 따위) …의 사이에[의], …의 중간에[의]. ¶a color ~ pink and red 핑크와 붉은 색의 중간색 / something ~ snow and rain 눈도 비도 아닌 어중간한 것. 진눈깨비 / a grade ~ passing and failing 낙제할까 말까 할 성적 / lie ~ life and death 빈사 상태로 누워 있다 / He felt something ~ laughter and anger. 그는 우습기도 하고 화도 나는 야릇한 기분이었다.
4 (연결·접속) …을 잇는. ¶a link ~ parts 몇 개의 부분을 잇는 고리 / a bridge ~ the island and the mainland 섬과 본토를 잇는 다리 / air service ~ cities 도시 간의 항공편
5 (분배) …의 사이에[에서, 의]. ¶Divide these apples ~ you two. 이 사과를 너희 둘이서 나누어 가져라 / The villagers divided the food ~ themselves. 마을 사람들은 그 음식을 나누어 가졌다.
6 (구별·차별) …의 사이의[에, 를]. ¶He couldn't see the difference ~ good and bad. 그는 선악을 분별할 수가 없었다 / No man can draw a stroke ~ the confines of day and night. 아무도 낮과 밤의 경계를 확실히 그을 수는 없다.
7 (비교·선택) …의 가운데서, …의 사이에서. ¶I have no preference ~ the two wines. 두 포도주 중에서 어느 쪽이 더 좋다고 할 수 없다 / You must choose ~ death and disgrace. 너는 죽음과 치욕 중에서 어느 하나를 선택해야만 한다.
8 (비밀·신뢰) …의 사이에[에서, 의]. ¶We'll keep this matter ~ the two of us. 이 일은 우리 두 사람만의 비밀로 해두자 / That is ~ us, right? 우리끼리만 아는 얘기예요, 아셨죠?
9 (관계) …간의, …의 사이의. ¶an agreement ~ states 국가 간의 협정 / a quarrel ~ the brothers 형제 싸움 / the opposition ~ science and religion 과학과 종교 간의 대립.
10 (협력·공유) (사람에) 협력하여, 공동으로, …끼리, (돈 따위를) 모두 합하여. ¶B— them they own most of this company. 이 회사의 대부분의 자산을 그들끼리 소유하고 있다 / The job was completed ~ the two of them. 그들 두 사람이 협력해서 그 일을 완성했다 / The five boys have $20 ~ them. 다섯 소년은 모두 합쳐 20달러를 갖고 있다.
11 (이유) …이나 …으로 하여. ¶B— sewing, cleaning, and raising her children, she was kept busy. 그녀는 바느질이나 청소나 육아 따위로 쉴 사이가 없었다.
12 (문장) (대칭 구도를 이루도록) …의 한가운데[중앙]에 있는. ¶a cross argent ~ four bezants 4개의 황금빛 작은 원 가운데에 있는 은빛 열십자 문장.

between ourselves; between you and me; between you, me, and the post [or **lamppost, gatepost, wall**] (구어) (보통 문장 머리에 쓰여) 우리끼리 이야기지만, 이것은 비밀이지요.
between the cup and the lip 다 되어가던 판에.
between the devil and the deep (blue) sea 진퇴 양난에 빠져.
between two fires 양면으로 협공당하여.
between whiles [or **times**] 짬을 두고, 가끔.
between wind and water (배의) 흘수선에; (일반적으로) 급소에, 약점에(* 흘수선이 파도에 부딪쳐서 손상되기 쉬운 데서).
come [or **stand**] **between** …사이에 끼어들다, …사이를 갈라 놓다; (완곡적) 이혼중이다.
read between the lines (글의) 행간을 읽다, 숨은 뜻을 알아채다.

── 부 1 (장소·위치) 사이에, 중간에. ¶fall ~ 사이에 빠지다 / two windows with a door ~ 가운데에 문을 끼고 있는 두 개의 창 / We could not see the moon, for a cloud came ~. 우리는 구름이 끼었기 때문에 달을 볼 수가 없었다. 2 (시간) (그) 사이에[동안에]. ¶the years ~ 그 동안의 세월 / visits that were far ~ 오래간만의 방문.
betwixt and between ⇨ BETWIXT.
(few and) far between 아주 드물게.
from between 사이로부터.
in between ① 중간에, 사이에 끼어; 틈에, 틈에. ¶two houses and a yard *in* ~ 공터를 사이에 둔 두 채의 집. ② 중간적이어서; 어느 쪽이라고도 할 수 없는. ③ 가는 길에, 방해가 되어. ¶I reached for the leash, but the dog got *in* ~. 나는 개 목에 맨 끈을 잡으려고 손을 뻗었으나, 개가 방해를 했다.

I live ~. 내 친구는 저 집에 살고 있지만 나는 더 멀리에 산다. 2 …외에. ¶I heard about it, but nothing ~. 그 말은 들었지만 그밖에는 듣지 못했다. 3 더 늦게.
──명 (the ~) 저쪽(에 있는 것); (종종 the B—; the (great) ~) 저 세상의 일, 죽음, 내세; (종종 B—) 초경험적인 *the back of beyond* (英구어) 먼 곳, 변방.   「곳.
~·**ness**
beyond right 명 (항공) 이원권(以遠權)(민간 항공 협정을 맺은 상대국 도시에서 제3국으로 운항하는 권리).
Bey·routh [beirúːt, ´-] 명 =Beirut.
bez·ant [bézənt, bizǽnt] 명 1 베잔트 금화(비잔틴 제국의 화폐). (또는 **bezzant**) 2 (건축) 열원(列圓) 장식(한 줄로 늘어놓는 원반 모양의 장식). (또는 **byzant**)
3 (문장) 금빛의 작은 원 무늬.
bez·el [bézəl] 명 1 (끌·정 따위의) 날의 사면(斜面); (보석 위의) 사면. (또는 **basil**) 2 (반지의 보석·시계의 유리 따위를 끼우는) 홈.   「패로 한다).
be·zique [bəzíːk] 명 ⒰ (카드놀이) 베지크(64장의
be·zoar [bíːzɔːr] 명 위석(胃石), 우황(牛黃)(반추 동물의 위나 장에 생기는 결석); (페어) 해독제.
B/F, b/f (부기) brought *forward*(앞 페이지로부터의 이월). **bf.** (법률) brief. **b.f.** (英구어) *bloody fool*(멍청이); (인쇄) boldface; (美俗어) boyfriend.
B.F. *Bachelor of Finance*; *Bachelor of Forestry*(임학사); (美俗어) *best friend*; (美俗어) boyfriend. **B.F.A.** *Bachelor of Fine Arts*(미술학사).

BFI *British Film Institute*(영국 영화 연구소).
B film 圓 〔영화〕 B필름(프로그램 편성상 본작품의 보조직[단편] 영화).
B flát 圓 〔음악〕 내림「나」조음; 《英익살》 빈대.
BFO *beat frequency oscillator*(비트 주파수 발진기).
B.F.O. *British Foreign Office*(영국 외무부).
BFP *biological false positive*(생물학적 위양성(僞陽性)).
BFPO *British Forces' Post Office*. **BFT** 〔의학〕 *biofeedback training*(바이오피드백 훈련). **bg.** background; bag. **B.G.** *bar girl*; *Brigadier General*.
BGA 《美》 *Better Government Association*.
B. Gen. *Brigadier General*.
B-girl¹ [bíːgəːrl] 圓 《종종 b-》 《美속어》 여성 램 뮤직 팬. 〔<*break-dance girl*〕
B-girl² [bíːgəːrl] 圓 《속어》 바의 여자. 〔<*bar+girl*〕
BGM *background music*. **Bh** 〔화학〕 *bohrium*.
B/H, B.H. *bill of health*.
Bha·ga·vad-Gi·ta [bʌ́gəvədgíːtɑː] 圓 〔힌두교〕 바가바드기타(인도의 서사시로 종교 철학시).
bhak·ti [bʌ́kti] 圓 〔힌두교〕 **1** 바크티(Brahman에 이르는 수단으로서의 무사(無私)의 신앙). **2** (B-) 바크티 운동(신에 대한 개인적 숭배를 중핵으로 하는 종교적 민중 운동). 〔<Skt〕
B'ham *Birmingham*.
b(h)ang [bæŋ] 圓 ⓤ **1** 《식물》 인도 대마; (인도 대마잎·가지로 만드는) 마취제. **2** 《속어》 마리화나 담배 (흡연). 〔<Port〕
bhan·gra [bǽŋgrə, bɑ́ːŋ-] 圓 《종종 B-》 방그라(인도 Punjab 지방의 민속 음악과 록·디스코 음악을 융합한 음악).
Bha·rat [bʌ́rʌt] 圓 바라트(India의 힌두어 명칭).
Bha·ra·ta Nat·ya [bʌ́rətə nɑ́ːtjə] 圓 바라타 나티야(남인도의 전통 무용). (또는 **Bhárat Nátyam**)
BHC 〔화학〕 *benzene hexachloride*(살충제). **bhd.** *bulkhead*. **B.H.E.** *Bureau of Higher Education* (고등 교육국).
bhees·ty [bíːsti] 圓 (인도의) 음료수 운반자. (또는 **bheestie, bhisti**)
B.H.L. *Bachelor of Hebrew Letters*[*Literature*] (히브리어학[문학사]). **Bhn, B.H.N.** 〔야금〕 *Brinell hardness number*.
b(h)ong [bɔŋ, bɑŋ/bɔŋ] 《美속어》 圓 마리화나용 물 파이프. ⓘ *bhong*으로 마리화나를 피우다.
B horizon 圓 〔지질〕 B층(토양 단면의 A층과 C층 사이의 층위(層位)). ⓒ **A horizon**
B hòuse 圓 2류[B급] 영화관.
bhp, b.hp., B.H.P. *brake horsepower*.
bhut [buːt] 圓 (인도 신화의) 정령, 악령. (또는 **bhoot**) 〔<Hind〕
Bhu·tan [buːtɑ́ːn] 圓 부탄(히말라야 산맥에 있는 왕국; 수도 Thimphu).
Bhu·tan·ese [bùːtəníːz, -níːs] 圓 부탄(사람, 어)의. 圓 부탄 사람; 부탄어(語).
Bhut·to [búːtou] 圓 부토. **1 Benazir ~** (1953- : 파키스탄의 여류 정치가; 수상). **2 Zulfikar Ali ~** (1928-79) 파키스탄의 정치가; 대통령·수상; 1의 아버지).
bi [bai] 《속어》 ⓗⓘ =bisexual.
Bi ⓣ 〔화학〕 *bismuth*. **BI** *background investigation*; *built-in*. **B.I.** *British India*; *Burmuda Islands*.
bi¹- [bai] 연결 (* 모음 앞에서는 bin-, c 또는 s 앞에서는 bis-) **1** having two의 뜻. ¶*bi*cycle, *bi*polar. **2** double의 뜻. ¶*bi*convex, *bi*gamy. **3** two times, twice의 뜻. ¶*bi*annual, *bi*daily (* 이 뜻으로는 4위와 혼동하기 쉬우므로 semi-, half-를 대신 쓰는 일이 많다. 예; *semi*monthly, *half*-yearly). **4** coming or occurring every two의 뜻. ¶*bi*annual, *bi*weekly. **5** 〔해부〕 twice, doubly, in pairs의 뜻. ¶*bi*furcate, *bi*pinnate. **6** 〔화학〕 formed with twice as much(중…, 복…)의 뜻. ¶*bi*sulfate, *bi*carbonate.

bi-² 연결 ⇨ BIO-.
BIA 《美》 *Bureau of Indian Affairs*(인디언 국제).
Bi·a·fra [biɑ́ːfrə] 圓 비아프라(아프리카 Nigeria 동부의 지방; 1967-70년 일시 독립). **-fran** 圓ⓒ
bi·a·ly [biɑ́ːli] 圓 (ⓟ ~(s)) 비알리빵(한가운데를 오목하게 누르고 다진 양파를 얹은 조반용 롤빵).
bi·an·gu·lar [bàiǽŋgjulər] 圓 2각(角)의.
bi·an·nu·al [bàiǽnjuəl] 圓 **1** 한 해 두 번의, 반 년마다의(semiannual, half-yearly). **2** 〔드물게〕 2년에 한 번의, 격년의(ⓒ biennial). ~**·ly** ⓒ
‡**bi·as** [báiəs] 圓 **1** (마음의) 경향, 성향, 선입관(*to*, *toward*); 편견(*against*); 애착(*for*). ¶a personal ~ 개인적 편견 / an anti-American ~ 반미 사상 / He is free from any ~. 그에게는 아무런 편견도 없다.

유의어 **bias** 좋은 뜻으로도 나쁜 뜻으로도 쓰인다. **prejudice** 주로 나쁜 뜻으로만 쓰인다.

2 (천의 결에 대하여) 사선(斜線), 바이어스. **3** 〔볼링〕 (공의 한 쪽에 붙인) 무게; (그 무게에 의한 공의) 사행(斜行). **4** 〔전자〕 바이어스, 편의(偏倚). **5** 〔통계〕 편중; 통계량의 기대값과 모수(母數)의 차이.
on the bias ① (재단법에서) 비스듬히, 대각선으로. ¶ cut cloth *on the* ~ 천을 비스듬히 자르다. ② (물건이) 경사진.
without bias and without favor 공평 무사하게.
── 圓 (천의 결 따위를) 비스듬히 자른[접은], 바이어스의.
── ⓞ 비스듬히, 경사하여. ¶ ~ly 비스듬히.
── 圓ⓒ (*-s-*, 《英》 *-ss-*) (수동형으로) …에게 편견을 갖게 하다(*toward*, *against*); 〔의견·판단〕을 한쪽으로 기울게 하다. ~**·ness** 圓 편중.
bí·as-bélt·ed tíre [-bèltid-] 圓 =belted-bias tire.
bías bìnding 圓 〔양재〕 =bias tape.
bi·ased [báiəst] 圓 (《英》 *-assed*) 한쪽으로 기운, 편견을 가진. ¶a ~ view 편견. ~**·ly** ⓒ
bí·as-plý tíre [-plài-] 圓 코드 타이어(접지면 중심선에 비스듬히 섬유층을 넣어 강화한 타이어). (또는 **bias tíre**)
bías tàpe 圓 〔양재〕 바이어스 테이프. [bías tire]
bi·ath·lete [baiǽθliːt] 圓 〔스키〕 biathlon 선수.
bi·ath·lon [baiǽθlɑn/-lɔn] 圓 바이애슬론 (20km 크로스컨트리 스키와 사격의 2종 경기).
bi·au·ric·u·lar [bàiɔːríkjulər] 圓 〔해부〕 두 귀의.
bi·au·ric·u·late [bàiɔːríkjulət, -lèit] 圓 〔생물〕 귀가 둘인; 귀 모양의 것이 둘 있는.
bi·ax·i·al [baiǽksiəl] 圓 두 개의 축이 있는; (결정이) 2축성의(二軸性)의. ~**·ly** ⓒ
bib [bib] 圓 **1** (젖먹이의) 턱받이. **2** (앞치마의) 가슴받이. **3** 《펜싱》 목 방호구. **4** =bibcock. **5** 〔어류〕 비브 (소형 대구). **6** (경기자가 붙이는) 번호 매긴 천.
bibs and bobs 《구어》 잡동사니, 허섭스레기; 신변의 소품; 잡일(bits and pieces).
put [or **stick**] *one's* **bib in** (談구어) …을 간섭하다.
── ⓘ (*-bb-*) (…을) 홀짝홀짝 마시다(sip).
~**bed** 圓 가슴받이를 댄. **<·less, <·like** 圓
Bib. *Bible*; *Biblical*.
bíb and bráce 圓 가슴받이와 멜빵이 있는 작업복.
bíb and túcker 圓 《구어》 나들이옷.
bi·ba·sic [baibéisik] 圓 〔화학〕 2염기(鹽基)(성)의.
bib·ber [bíbər] 圓 (복합어로) 상습적인 술꾼, 술고래. ¶a wine ~ 술고래. ~**·y** 圓 폭음; 대주(大酒).
bib·bing [bíbiŋ] 圓ⓤ 음주, 술버릇.
bib·cock [bíbkɑk/-kɔk] 圓 구멍이 밑으로 굽은 수도 꼭지. (또는 **bib(b)**)
bi·be·lot [bíblou] 圓 (~s [-z]) (장식용의 작은) 골동품, 진품(珍品). 〔<F〕
bi·bi·va·lent [-baivéilənt] 圓 〔화학〕 쌍2가(價) (전해질)의. [bibliography]
Bibl, Bibl. *Biblical*. **bibl.** *biblical*; *bibliographical*:
‡**Bi·ble** [báibl] 圓 (ⓟ ~**s** [-z]) **1** (the ~) 성경, 성

서, 바이블(구약(the Old Testament)과 신약(the New Testament)); 유대교의 성전(聖典)(구약). **2** (종종 b-) (일반적으로) 성전(聖典). **3** (b-) 권위 있는 서적, 필독서. **4** (b-) (배의) 갑판 닦는 돌; (동물)=omasum.
kiss the Bible (법정에서) 성경에 입맞추고 선서하다.
live one's Bible (법정에서) 성경의 가르침을 실천하다.
on the Bible 성경에 맹세하여, 굳게, 「하다.
swallow [or *eat*] *the Bible* (美속어) 속이다, 위증
swear (to) on a stack of Bibles (美속어) 단언하다. 「등이 구부정한 사람.
Bíble báck 團 (美속어·경멸적) 믿음이 깊은 사람;
Bi·ble-bash·er [-bæʃər] 團 (속어)=Bible-thumper. (또는 **Bíble-bànger**)
Bíble Bèlt 團 (the ~) 성서 지대(미국 남·중부의 근본주의(fundamentalism)가 신봉되고 있는 지대).
Bíble Christians 團(複) (the ~) 바이블 크리스천파 (派)(미국 서남부의 신교도 일파).
Bíble clàss 團 성서 연구회; 성경 학교.
Bíble clèrk 團 (Oxford 대학의) 예배당에서 성서·기도문을 낭송하는 장학생.
Bíble òath 團 (성경에 손을 얹고 하는) 엄숙한 맹세.
on one's Bible oath 성경에 맹세하고, 「연지(紙).
Bíble pàper 團 (성서·사전용) 얇고 질긴 종이, 인디
Bi·ble-pound·er [-pàundər] 團 (구어)=Bible-thumper. (또는 **Bíble-pùncher**)
Bi·ble-pound·ing [-páundiŋ] 團團=Bible-
Bi·ble-punch·ing [-pʌ́ntʃiŋ] 團 (속어) 복음을 설교하는, 전도에 열을 올리는. ── 團週 (구어) 설교.
Bíble réader 團 (英) 성경 낭독자(보수를 받고 호별 방문한다).
Bíble schòol 團 성서 (연구) 학교.
Bíble Society 團 성서 협회[공회].
Bi·ble-thump [-θʌ̀mp] 團(자) (속어) (열렬히) 복음을 해설하다, 전도에 열을 올리다. **~·ing** 團團
Bi·ble-thump·er [-θʌ̀mpər] 團 (속어) 열렬한 복음 전도자; 융통성 없는 성서 신봉자.
Bib·li·cal [bíblikəl] 團 성경의, 성경에 있는[관한]. ¶a ~ *quotation* 성경 인용 (문구). (또는 **biblical**) **~·ly** 團
Bíblical Látin 團 성서 (번역에 쓰이는) 라틴어.
Bib·li·cism [bíbləsizm] 團團 (종종 b-) 성서(엄수)주의. 「자; 성서학자.
Bib·li·cist [bíbləsist] 團 (종종 b-) 성서(엄수)주의
bib·li·o- [bíbliou, -liə] 連團 **1** book의 뜻, ¶*bíblio*phile, *biblio*graphy. **2** Bible의 뜻, ¶*biblio*latry, *biblio*mancy.
bib·li·o·film [bíbliəfìlm] 團 도서 복사용 마이크로 필름(문헌 따위의 복사·보존용). 「ography.
bibliog. bibliographer; bibliographic(al); bibli-
bib·li·o·graph [bíbliəgrǽf/-grɑ̀ːf] 團(타) (책 따위)에 서지(書誌)를 붙이다, 서적 해제(解題)를 달다.
bib·li·og·ra·pher [bìbliágrəfər/-ɔ́g-] 團 서적 해제자(解題者), 서지(書誌)학자.
bib·li·o·graph·ic [bìbliəgrǽfik] 團 서지(書誌)의, 도서 목록의. = **bibliographical** **-i·cal·ly** 團
bibliográphic séarch 團 [컴퓨터] 문헌 검색.
bibliográphic térms 團(複) [컴퓨터] 문헌 사항.
bib·li·og·ra·phy [bìbliágrəfi/-ɔ́g-] 團 ① U 서지학(서적의 연대·저자·판·분류·역사 등을 연구). **2** 저서 [문헌] 목록; 참고 도서 일람표; 서적 해제(解題).
bib·li·o·klept [bíbliəklèpt] 團 책 도둑. 「배자.
bib·li·o·la·ter [bìbliálətər/-ɔ́l-] 團 서적[성경] 숭
bib·li·ol·a·try [bìbliálətri/-ɔ́l-] 團團 (광신적) 서적[성경] 숭배, 성경 광신. **-trist** 團 **-trous** 團
bib·li·ol·o·gy [bìbliálədʒi/-ɔ́l-] 團團 ① 도서학 부 서지학(bibliography); 성서학. **-o·lóg·i·cal** 團 **-gist** 團
bib·li·o·man·cy [bíbliəmænsi] 團 성경점(占) (성경을 펴서 눈에 띈 문장에 의거 길흉을 점친다).
bib·li·o·ma·ni·a [bìbliouméiniə, -njə] 團團 서적 수집광, 장서벽(藏書癖); 희귀본 수집벽.
bib·li·o·ma·ni·ac [bìbliouméiniæk] 團 서적 수집광의, 장서벽이 있는. ── 團 서적 수집광, 희귀본 애장가. **-ma·ni·a·cal** [-mənáiəkəl] 團
bib·li·op·e·gy [bìbliápədʒi/-ɔ́p-] 團 제본술. **-o·pég·ic** 團 **-gist** 團 **-op·e·gís·tic, -gís·ti·cal** 團
bib·li·o·phage [bíbliəfèidʒ] 團 독서광, 책벌레. **-phag·ic** [-fǽdʒik], **-oph·a·gous** [-áfəgəs/-ɔ́f-] 團
bib·li·o·phile [bíbliəfàil] 團 애서가, 서적 애호(수집)가, 희귀본 수집가, 장서가. (또는 **bibliophilist**) **-o·phíl·ic** [-ɔ́ufílik], **-òph·i·lís·tic** **-óph·i·ly** 團
bib·li·oph·i·lism [bìbliáfəlizm/-ɔ́f-] 團団 서적 애호, 장서 취미. **-list** 團 **-lís·tic** 團
bib·li·o·phobe [bíbliəfòub] 團 책을 싫어하는 사람; 서적 불신자. **-pho·bí·a** 團 책을 싫어함.
bib·li·o·pole [bíbliəpòul] 團 서적(판매)상, 희귀본 [고서]상. **-pó·lar, -pol·ic** [-pálik/-pɔ́l-], **-pól·i·cal** **-pól·i·cal·ly** 團 **-op·o·lism** [-ápəlìzm/-ɔ́p-] 團 **-òp·o·lís·tic** 團 「판매. **-list** 團
bib·li·op·o·ly [bìbliápəli/-ɔ́p-] 團 희귀본[고서]
bib·li·o·the·ca [bìbliəθíːkə] 團 **~s, -cae** [-kiː]) 장서, (개인의) 문고; 서점의 (재고) 카탈로그.
bib·li·o·ther·a·py [bìbliouθérəpi] 團団 (신경증에 대한) 독서 요법. **-ther·a·péu·tic** [-θèrəpjúːtik] **-pist** 團
bib·li·ot·ics [bìbliátiks/-ɔ́t-] 團(複) (단·복수 양용) 필적 감정학. **-ic** 團 **bib·li·o·tist** [bíbliətist] 團
Bíb·list [bíblist, báib-] 團 (종종 b-) 성경 지상주의자(신앙자); 성서 학자. **-lism** 團
bib·u·lous [bíbjuləs] 團 ① 술을 좋아하는, 술에 빠진; 음주의, **2** 물을 흡수하는, 흡수성의. **-los·i·ty** [-lɑ́səti/-lɔ́s-] 團 **~·ly** 團 **~·ness** 團
bi·cam·er·al [baikǽmərəl] 團 (정치) 두 개의 기관 [의]이 있는; 상하 양원(제)의, 양원제의. 團 unicameral ¶a *legislature* 양원제의. **~·ism** 團 양원제, 2원제. **~·ist** 團 양원제주의자. **~·ly** 團 「(重탄).
bi·carb [baikáːrb] 團 (구어) 중탄산 소다, 중조
bi·car·bon·ate [baikáːrbənət, -nèit] 團 (화학) 중탄산염; 중조. ¶~ *of soda* 중탄산 소다.
bice [bais] 團団 (탄산구리 같은) 청색, 녹색; ⓒ 청색[녹색] 그림 물감. ¶~ *blue* 암청녹색.
bi·cen·ten·ar·y [bàisenténəri, baiséntənèri/ bàiseinténəri] 團 (英)=bicentennial.
bi·cen·ten·ni·al [bàisenténiəl] 團 200년 기념(일)의; 200년째(마다의); 200년에 걸친. ¶~ *celebration* 2백년 기념 축하(식). ── 團 200년 기념일[제]; (B-) (美) 미국 건국 200년 기념제. (또는 (英) **bicentenary**) **~·ly** 團
bi·cen·tric [baiséntrik] 團 (생물) (분류 단위가) 이 기원성(二起源性)인; (동식물의) 분포 중심지가 두 곳인. **-tri·cal·ly** 團
bi·ceph·a·lous [baiséfələs] 團 (생물) 쌍두의.
bi·ceps [báiseps] 團 (複 ~*es*) [-(iz)]) ① (해부) 이두근(二頭筋). **2** (□) 강한 근력; 알통.
bi·chlo·ride [baiklɔ́ːraid] 團団 (화학) 2염화물; =mercuric chloride. 「ride.
bichlóride of mércury 團 =mercuric chlo-
Bi·chon Frise [bíːʃɑn fríːz, -fríːzéi/-ʃɔn-] 비숑 프리제(흰 곱슬털의 소형 애완견). [<F] 「염.
bi·chro·mate [baikróumeit] 團 (화학) 중크롬산
bi·chrome [báikroum] 團 =bicolor. 「두근의
bi·cip·i·tal [baisípitl] 團 ① 쌍두의. **2** (해부) 이
bick·er [bíkər] 團(자) ① 입 따위로) 언쟁하다, 논쟁[말다툼]하다 (*about, over*). **2** (시) (시냇물 따위가) 졸졸 흐르다, (비가) 후두두 내리다. **3** (빛·불꽃 따위가) 어른거리다, 번쩍이다. ── 團 ① 언쟁, 논쟁. **2** 졸졸 소리; 후두두 내리는 빗소리.
~·er 團 언쟁[논쟁]자. **~·ing** 團 언쟁(하기).

bi·coast·al [baikóustl] 형 양안(兩岸)의[에 있는], (미국) 동서 해안의[에 있는]. **~ism** 명
bi·col·lat·er·al [bàikəlǽtərəl] 형 《식물》 (관다발이) 복병립(複並立)의, 양립의. ¶a ~ bundle 복병립 관다발. **-lat·er·al·i·ty** [-lætərǽləti] 명
bi·col·o·gy [baikáləʤi/-kɔ̀l-] 명 (환경 보호를 위한) 자전거 타기 운동. [<*bi*cycle+*ecology*]
bi·col·or, (영) **-our** [báikʌlər] 형 2색의, 두 빛깔의. ¶a ~ flower 두 빛깔의 꽃. (또는 **bicolored**) ─ 명 (꽃·수표 따위) 2색(인쇄)인 것, 2색기(旗).
bícolor lòok 명 바이컬러 룩(대담한 2색 배합[적색과 흑색, 백색과 흑색 등]의 옷차림).
bi·com·mu·nal [bàikəmjúːnl] 형 2개의 집단으로 이루어지는.
bi·con·cave [baikánkeiv/-kɔ́n-] 형 《렌즈 따위가》 양면이 오목한. 참 biconvex ¶a ~ lens 양면 오목 렌즈. **-con·cav·i·ty** [˰kənkǽvəti/-kɔn-] 명
bi·con·di·tion·al [bàikəndíʃənl] 형 《논리》 상호 조건적(인).
bi·cone [báikoun] 명 2개의 원추를 합친 모양의 것.
bi·con·i·cal [baikánikəl] 형 **bi·cón·i·cal·ly** 부
bi·con·ti·nen·tal [bàikɑntənéntl/-kɔnti-] 형 두 대륙의[을 포함하는]. ¶a ~ survey 양대륙 조사.
bi·con·vex [baikánveks/-kɔ́n-] 형 《렌즈 따위가》 양면이 볼록한. 참 biconcave ¶a ~ lens 양면 볼록 렌즈. **-con·vex·i·ty** [˰kənvéksəti] 명
bi·corn [báikɔːrn] 형 《생물》 2개의 뿔[모양의 부분]이 있는; 초승달 모양의. (또는 **bicornate, bicornuate, bicornuous**) ─ 명 =bicorne.
bi·corne [báikɔːrn] 명 1 비콘, 이각모(二角帽)(나폴레옹의 초상화 등에서 볼 수 있는, 테를 둘로 접어 올린 모자). 2 두 뿔을 가진 동물, 이각수(二角獸).
bi·cor·po·ral [baikɔ́ːrpərəl] 형 양체(兩體)의, 두 몸을 가진. (또는 **bi·cor·po·re·al** [bàikɔːrpɔ́ːriəl])
bi·cron [báikrɑn, bík-/báikrɔn] 명 《물리》 비크론(10억분의 1미터; 기 *uu*). ⓐ *micron*
bi·cru·ral [baikrúərəl] 형 이각(二脚)의.
bi·cul·tur·al [baikʌ́ltərəl] 형 두 문화(공통)의; 두 문화 속에서 자란; 두 문화 병존의. **~ism** 명
bi·cus·pid [baikʌ́spid] 형 《이가》 두 첨두(尖頭)가 있는; (심장이) 이첨판의. (또는 **bicuspidate**)
─ 명 이두치(二頭齒), 작은 어금니(premolar).
bicúspid válve 명 《해부》 (심장의) 이첨판(二尖瓣).
‡**bi·cy·cle** [báisikl, -sàikl] 명 (목 ~**s** [-z]) 1 자전거(cycle, (구어) bike). ¶a duplex ~ 2인승 자전거 / a racing ~ 경주용 자전거 / go by [*or* on a] ~ 자전거로 가다 / ride (on) a ~ 자전거를 타다 / get off [*or* dismount (from)] a ~ 자전거에서 내리다. 2 (英속어) 매춘부(참 bike¹ 4).
(*get*) *on one's bicycle* (美속어) (복싱에서) 상대의 연타를 피해 (도망가다).
─ 통 (~**s** [-z]; ~**d**; ~**cling**) 자 자전거를 타다, 자전거로 가다(*along*)(* 동사로는 보통 cycle을 쓴다). ─ 타 1 (자전거 따위로) 운반하다. 2 〔뛰어오르는 말에〕 좌우 교대로 박차를 가하다. 3 〔영화〕 〔배우·감독의 팀〕을 동시에 다른 작품에 기용하다.
bícycle chàin 명 자전거의 체인.
bícycle clíp 명 (자전거를 탈 때) 바지자락을 고정시키는 클립.
bícycle ecònomy 명 자전거형 경제(고속 성장을 지속해야 고용 창출을 할 수 있는 개도국 경제를 말한다).
bícycle kìck 명 바이시클 킥. 1 누워서 자전거 페달을 밟듯 하는 다리 운동. 2 〔축구〕 오버헤드 킥.
bícycle mòtocross 명 사이클 크로스컨트리 경주(참 BMX).
bícycle pàth 명 자전거 전용도로. (또는 **bíke pàth, bíkewày**)
bi·cy·cler [báisikələr] 명 =bicyclist.
bícycle ràce [rácing] 명 자전거 경주(cycling).
bi·cy·clic [baisáiklik, -sík-] 형 두 고리를 가진[로 이루어지는]; 《식물》 이륜생체(二輪生體)의; 《화학》 쌍환식(雙環式)의. (또는 **bicyclical**)
bi·cy·clist [báisiklist] 명 자전거를 타는 사람; 경륜 선수. (또는 **bicycler, cyclist**).
‡**bid** [bid] 통 (~**s** [-z]; *bade*, ~; *~·den*, ~; *~·ding*) 1 …에게 명령하다, 이르다. ⇨ORDER 유의어
¶(~+图+*do*) I bade him *go*. 그에게 가라고 일렀다 / Do as you are ~*den*[*or* ~]. 명령대로 하시오(* 수동형에서는 to 부정사를 쓴다. 예: I was ~*den to go*.). 2 〔인사·기도 따위〕를 말하다, 고하다, 드리다. ¶(~+

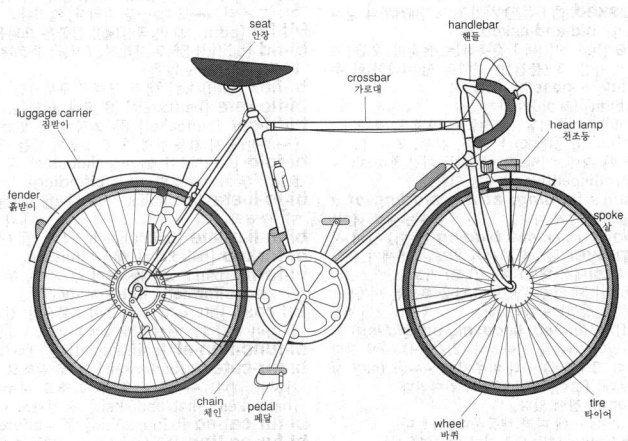

[bicycle]

目+目) ~ a person good-bye 남에게 안녕이라고 말하다 // (~+目+前+名) ~ farewell [welcome] (to a person) (남에게) 작별을 고하다[환영의 말을 하다]. 3 (pp. ~) 〔상업〕 (경매 따위에서) 〔값〕을 부르다, …을 경매하다; 〔청부 등〕의 조건을 제시하다, 입찰하다 (for, (美) on). ¶ (~+目+前+名) He ~ fifty dollars for the table. 그는 그 탁자 값으로 50달러를 불렀다. 4 (pp. ~) 〔카드놀이〕 〔잡을 패〕를 선언하다. ¶ ~ one spade 한 벌 스페이드를 선언하다. 5 (고어) …으로 (…게) 초대하다(to). ¶ a ~den guest 초대받은 손님. 6 〔미구어〕 (남)에게 입회를 권유하다; 스카우트하다.
— 自 1 명령[지시]하다. ¶ Do as I ~. 내 지시대로 하시오. 2 (pp. ~) 값을 매기다[부르다], (정부 따위의) 입찰을 하다 (for, (美) on); (사람과) 경합하다(against). ¶ ~ for [or on] the new airport 새 공항 건설에 입찰하다. 3 (명성·지지 따위를) 얻으려 노력하다 (for). ¶ ~ for popular support 대중의 지지를 얻으려 애쓰다.
bid against a person 남과 맞서서 높은 값을 부르다
bid defiance to ⇒ DEFIANCE.
bid fair to do …할 가망이 있다. ¶ Our plan ~s fair to succeed. 우리의 계획은 성공할 가망이 있다.
bid in 〔상업〕 (경매에서 값을 끌어올리기 위해 소유자 자신이) …을 낙찰시키다.
bid off 〔상업〕 (경매에서) …을 낙찰시키다; …을 처분하다.
bid up 〔상업〕 (경매에서) …의 값을 올리다.
— 名 (~s [-z]) 1 (…의) 입찰 (for, (美) on); (…의) 부른 값 (for); 경매[입찰] 물건. ¶ My ~ is five dollars. 내가 부른 값은 5달러이다. / Bids were invited for the new equipment. 새 설비에 대한 입찰이 있었다. 2 (우의) (…을 얻으려는/…하려는) 시도, 노력 (for / to do). ¶ a ~ for election 당선의 노력 / a ~ to restore peace 평화 회복의 노력. 3 〔법률〕 경매 가격 신고. 4 (…에의/…하려는) 초대; (美구어) 권유 (to / to do). ¶ a ~ to join a club 클럽에의 가입하라는 권유. 5 〔카드놀이〕 〔잡을 패·끗수의〕 신청; 신청 차례; 신청한 점수. 6 (또는 ~ **price**) 〔증권〕 사는 쪽이 제시하는 최고가, 매수 호가.
in a bid to do …하기 위하여, …을 겨냥하여.
make a bid for ① …에 입찰하다, 값을 부르다; …에 도전하다. ② (인기 따위)를 얻으려고 노력하다.
b.i.d. (라틴) bis in die (처방전에서) 하루 2번).
B.I.D. Bachelor of Industrial Design.
bíd and ásked 名 〔증권〕 사자쪽 호가(呼價)와 팔자쪽 호가, 호가. **bíd-and-ásked** 形
bid·da·ble [bídəbl] 形 1 순종하는, 온순한. 2 〔카드놀이〕 끗수가 높은. 3 (물건의) 경매로 입수[낙찰]할 수 있는. **-bíl·i·ty**, ~**ness** 名 **-bly** 副
*bid·den [bídn] 動 bid의 과거분사.
bid·der [bídər] 名 입찰자, 경매자; 명령자; 초대자.
*bid·ding [bídiŋ] 名(U)C 1 명령, 분부. 2 권유; 초대. 3 〔집합적〕 경매, 입찰; 경매[입찰] 기간. ¶ brisk ~ 활발한 입찰 / competitive ~ 경쟁 입찰.
at a person's **bidding**; **at the bidding of** a person 남의 명령에 따라. ⎡키는 대로 하다.
do [or **follow**] a person's **bidding** (문어) 남이 시
bídding práyer 名 설교 전의 기도; (16세기 중엽까지 영국 국교회에서 행한) 대속인(代贖人) 기도.
bid·dy[1] [bídi] 名 하찮은 일로 소란을 부리는 여자[노파].
bid·dy[2] 名 (美방언) 병아리; 닭.
*bide [baid] 動 (**bid·ed, bode; bid·ed; bid·ing**) (他) 1 …을 기다리다, (때)를 기다리다. 2 (고어) …에 견디다, …을 참다. 3 (폐어) …와 마주치다. — (自) (어떤 상태의) 머무르다; (고어) 살다; 묵다; 기다리다.
bide at home 집에 있다.
bide by (고어) …에 따라 행동하다, 따르다.
bide one's **time** 기회[때]를 기다리다[엿보다].
bíd·er 名
bi·den·tate [baidénteit] 形 〔생물〕 이[가시]가 2개 있는, 2개의 이 모양의 것이 있는.
bi·det [bidéi, bidét/bíːdei] 名 1 비데(항문·국부 세척기). 2 작은 말.
bi·di- bi-directional.
bi·di·a·lec·tal [bàidəiəléktl] 形 두 방언을 쓰는(사람). ~**ism**, ~**ist** 名 ~**ly** 副 **bi·dí·a·léct·ism** 名
bi·di·rec·tion·al [bàidirékʃənl, -dai-] 形 두 방향으로 작용[기능]하는; (안테나·마이크 따위가) 양지향성(兩指向性)의. **bi·di·réc·tion·ál·i·ty** 名 ~**ly** 副
bi·don·ville [F bidɔ̃víl] 名 〔F〕 (프랑스·북아프리카 등지의) 도시 변두리 싸구려 주택 지대. 〔<F〕
bíd price 名 입찰 가격; 〔증권〕 = bid 名 6.
bíd rigging 名 담합 입찰. ⎡회 사무국.
BIE Bureau of International Exposition (국제 박람
B.I.E. Bachelor of Industrial Engineering.
Bie·der·mei·er [bíːdərmàiər] 形 1 비더마이어 양식의(19세기 중엽에 유행한 간소하고 실용적인 가구의 양식). 2 인습적인, 판에 박힌, 범속(凡俗)한. 〔<G〕
bi·en·na·le [bìennɑ́ːlei] 名 1 비엔날레, 2년제 행사. 2 (the B-) 비엔날레(짝수 해의 5-10월 로마에서 열리는 현대 회화·조각의 전람회). 〔It biennial〕
bi·en·ni·al [baiéniəl] 形 1 2년마다의, 2년에 한 번의, 격년의(形 biannual). ¶ a ~ election 2년마다 있는 선거. 2 2년 동안 계속되는. (또는 **biyearly**) 3 〔식물〕 2년생의. — 名 1 2년에 한 번 있는 일[행사]. 2 〔식물〕 2년생 식물. ~**ly** 副 ⎡〔2년 동안〕.
bi·en·ni·um [baiéniəm] 名 (徽 ~**s, -ni·a** [-niə])
bien·ve·nue [F bjɛ̃vny] 名 환영받는(welcome).
— 自 환영, 환대. 〔<F〕 ⎡는. 〔<F〕
bien vu [F bjɛ̃vy] 形 높이 평가받는; 크게 존경받
bier [biər] 名 (고어) 운반 용구, 들것.
bier·kel·ler [bíərkèlər] 名 독일풍 맥주집.
Bierce [biərs] 名 **Ambrose (Gwinnett)** ~ 비어스(1842-1914?: 미국의 저널리스트·단편 작가).
biest·ings [bíːstiŋz] 名 = beestings.
bi·fa·cial [baiféiʃəl] 形 두 면이 있는; (비슷한) 양면이 있는; 〔고고〕 (석기 따위에) 양면 가공이 된; 〔식물〕 (나뭇잎 따위가 서로 다른) 두 면을 가지는. ~**ly** 副
bi·far·i·ous [baifɛ́əriəs] 形 2중의, 두 줄의; 〔식물〕 2종렬(縱列)을 이룬. ~**ly** 副
bi·fer [báifər] 名 〔식물〕 격년 개화[결실] 식물.
biff [bif] 名 (속구) 강타; 일격, 타격, 찰싹 때리기; 그 소리. — 動 …을 때리다, 갈기다.
bif·fin [bifin] 名 (영국산(產)) 검붉은 요리용 사과.
bi·fid [báifid] 形 두 갈래진; 〔식물〕 둘로 갈라진.
bi·fíd·i·ty 名 ~**ly** 副
bi·flex [báifleks] 形 두 군데서 구부러진.
bi·flo·rate [baiflɔ́ːreit] 形 꽃이 둘인.
bi·fo·cal [baifóukəl] 形 초점이 둘 있는. — 名 1 (~s) 원·근시 겸용 안경. 2 두 초점이 있는 렌즈.
bi·fold [báifòuld] 形 이중의(double), 두 배의(twofold); 두 가지 모양의. (또는 **bifolding**)
bi·fo·li·ate [baifóuliət, -lièit] 形 〔식물〕 잎이 둘인, 쌍엽의. ⎡개 겹잎의.
bi·fo·li·o·late [baifóuliəlèit, -lət] 形 〔식물〕 두
bi·forked [báifɔ̀ːrkt] 形 = bifurcate.
bi·form [báifɔ̀ːrm] 形 둘이 하나인, 두 형태를 가진. (또는 **biformed**) **bi·fór·mi·ty** 名
Bif·rost [bívrɑst/-rɔst] 名 〔북유럽 신화〕 하늘과 땅 사이에 걸리는 신들의 무지개 다리. (機能性)의.
bi·func·tion·al [baifʌ́ŋkʃənl] 形 〔화학〕 2기능성
bi·fur·cate 動 [báifərkèit] 名 두 갈래로 나뉘다; 두 가지로 내다. — 形 두 갈래로 나누다. — 形 [báifərkèit, -kət/baifə́ːkeit] 두 갈래로 나뉜. ~**ly** 副
bi·fur·cat·ed [báifərkèitid] 形 = bifurcate. ⎡부.
bi·fur·ca·tion [bàifərkéiʃən] 名(U) 분기(分岐); 분기점, 가지(branch).
‡**big**[1] [big] 形 (~**ger; ~gest**) 1 (형태·수량·규모

따위가) 큰(⇔ little); 대규모의.¶a ~ box 큰 상자/a ~ fleet 대함대/a ~ pay 고액의 봉급/a ~ voice 큰 목소리/a ~ fire 대화재/a ~ shoulders 넓은 어깨.

[유의어] **big** 「큰」이라는 뜻의 가장 넓고 구어적인 말; 특히 체적·중량에 대하여 쓰이나, 구어에서는 종종 large, great 대신 쓰이기도 한다. **large** 주로 치수·범위·수량 따위에 쓰인다. **great** (감탄·놀랄 만한) 크기·위대함의 정도를 나타낸다.

2 성장한; 분별이 있는: 《구어》《한정용법》 연상의.¶You're a ~ boy. 너도 다 컸구나. 3 《구어》 관대한, 너그러운.¶have a ~ heart 마음이 너그럽다/a ~ person 관대한 인물. 4 《구어》 중요한; 위대한, 훌륭한; 인기있는, 유명한; 두드러진, 현저한.¶a ~ event 중대 사건/the ~ moment of one's life 생애의 중대한 시기/a ~ liar 지독한 거짓말쟁이/a ~ piece of news. 중대 뉴스. 5 《구어》 거만한, 오만한, 자랑이 심한.¶a ~ talker 허풍선이/~ words 호언 장담. 6 《서술용법》 가득 찬, 넘칠 듯한 (with); (동물이) 새끼를 밴 (with).¶His eyes were ~ with tears. 그의 눈에는 눈물이 다 났다/The year was ~ with events. 그 해는 다사 다단했다. 7 《미구어》 열광적, 열중하는, 몹시 좋아하는 (on). 8 《의복이》 낙낙한.¶a ~ shirt 품이 낙낙한 셔츠. 9 《포도주가》 감칠 맛이 있는, 알코올 도수가 높은. 10 《강조》 대단한, 굉장한.¶a ~ eater 대식가. 11 《페어》 힘이 장사인; (폭풍 따위가) 격렬한, 지독한. *(as) big as life* 실물 크기의; 틀림없이.
big on 《미구어》 …을 대단히 좋아하여.¶She is ~ *on* rap music. 그녀는 랩 뮤직광이다.
get [or *grow*] *too big for one's boots* [or *breeches*, 《구어》 *pants, shoes, trousers*] 제 분수를 모르다, 되지 못하게 잘난 체하다.
in a big way 보기에 따라서는, 어느 정도는.
in the big time ⇨BIG TIME.
look big 잘난 체하다.   「출세하다.
make it big 《일 따위에》 크게 성공하다 (*in*).
What's the big idea? ⇨BIG IDEA.
──⊕ 1 《구어》 자랑하여; 뽐내며. 2 《구어》 다량으로, 많이.¶eat ~ 많이 먹다. 3 《구어》 잘 성공하여. 4 《강조》《방언》매우, 대단히.¶~ rich 아주 부자의. 5 응공하여.
act big 거들먹거리다. 잘난 체하다.   「게, 너그럽게.
go [or *come*] *(over) big* 《미구어》 순탄하게 일이 되어 가다. 대성공하다.
talk big 《구어》 허풍 치다, 잘난 체하며 떠들다.
think big 큰 것을 생각하다, 넓게 생각하다.
──⊕ 1 (*the* ~s) 《속어》《스포츠》 메이저 리그. 2 《구어》 중요 인물, 거물; 대기업, 큰 거래처.¶Mr. B- 거물.
──⊕ (~s [-z]; *-gg-*) 《미구어》 …을 임신시키다.
~·**ness** ⊕

big² ⊕⊕ (*-gg-*) 《스코·영방언》 《건물을》 짓다; 《파낸 흙을》 쌓아 올리다. (또는 **bigg**)

big³ ⊕ 《스코·北英》 =bigg¹.

big·a·mist [bígəmist] ⊕ 중혼자(重婚者).

big·a·mous [bígəməs] ⊕ 중혼의; 중혼죄를 범한; 중혼 생활의. ~·**ly** ⊕

big·a·my [bígəmi] ⊕⊕© 《법률》 중혼(죄); 《교회》《교회법 상의》 결혼 제약 위반.

Bíg Ápple ⊕ (the ~) 《미구어》 1 New York 시의 애칭; (때로 b- a-) 대도시; (도시의) 중심가, 환락가. 2 (the b- a-) 가장 중요한 것, 초점, 주요 관심사. 3 (the ~, the b- a-) 빅애플(1930년대에 유행한 지르박).

big·a·roon [bìgərúːn] ⊕ =bigarreau.

big·ar·reau [bígəròu, ˋ-ˋ] ⊕ 《식물》 비가로(커다란 하트형 버찌); 그 나무.

big·ass [bígæs] 《미비어》 ⊕ 엉덩이가 큰; 엄청나게 큰; 거드름 피우는; 극단적인. ──⊕ 엉덩이가 큰 사람 [녀석]. (또는 **bíg-áss**)

like a bigass 《속어》 맹렬한 속도로, 허둥지둥.

bíg bánd ⊕ 빅 밴드(오케스트라의 편성을 가진 재즈 [댄스] 밴드). **big-bànd** ⊕

bíg báng ⊕ (때로 B- B-) (the ~) 빅 뱅. 1 《천문》 우주 대폭발(⇔ big crunch). 2 광범위한 근본적 제도 개혁. 3 (B- B-) (1986년 10월 27일에 실시된) 영국의 증권 시장 제도 대개혁.

bíg báng thèory ⊕ (때로 B- B- t-) (the ~) 《천문》 우주 대폭발 생성[기원]론, 빅 뱅 우주론.

big béat ⊕ (때로 B- B-) 록 음악.

Bíg Bén ⊕ 빅 벤(영국 의사당 시계탑의 시계종; 그 시계(탑)).〈건축가 Benjamin Hall의 별명〉 「별칭.

Bíg Bénd Státe ⊕ (the ~) 미국 Tennessee 주의

Bíg Bértha ⊕ 《구어》 (제1차 세계 대전 때 사용된) 독일군의 대형 장거리포; 대형 망원 렌즈; 《미속어》 뚱뚱한 여자.

Bíg Bírd ⊕ 《미》 빅 버드. 1 광역 정찰 위성. 2 TV 프로 Sesame Street에 등장하는 큰 노랑새.

bíg blóke ⊕ 《미속어》 코카인(bloke).   「《애칭》.

Bíg Blúe ⊕ (종종 b- b-) 《미속어》 빅 블루(IBM사의

Bíg Bóard ⊕ (the ~; 종종 the b- b-) 《구어》 뉴욕 증권 거래소; 뉴욕 증권 거래소 상장 주식 시세표.

big-boned [⌐bóund] ⊕ 골격이 우람한, 살찐(fat).

big-box retáiler [⌐bàks-/-bɔ̀ks-] ⊕ 《미구어》 대형 할인(소매)점.

bíg bóy ⊕ 《구어》 (실업계의) 거물; 대기업; (햄버거 따위) 큰 것, 대짜.

bíg bróther ⊕ 1 형; (때로 B- B-) (고아·불량 소년 등을 선도하는) 형 같은 사람(⇔ big sister). 2 (B- B-) 독재주의 국가(의 독재자).

Bíg Bróth·er·ism [-bráðərìzm] ⊕ 대형(大兄)식의 권위주의; 전체주의적 독재, 독재 관리주의.

bíg brówn éyes ⊕ 《속어·비어》 젖(통이)(breasts). (또는 **bíg brówneyes**)

bíg búcks ⊕ 《미구어》 거금, 큰 돈.

bíg búg ⊕ 《속어》 실력자, 거물.

bíg búsiness ⊕ 1 《집합적》 《종종 경멸적》 독점 자본, 재벌. 2 큰 조직; 대기업.

Bíg C ⊕ (the ~) 《속어》 1 《완곡어》 암(cancer). 2 코카인(cocaine). (또는 **bíg Ć, bíg-Ć**) 「사나이.

bíg chéese ⊕ (the ~) 《속어》 =big bug; 얼빠진

bíg chíef ⊕ (B- C-) 《英속어》 =big bug.

bíg chíll ⊕ 《미구어》 (남녀·불경기·실업 따위의) 대

bíg crúnch ⊕ 《천문》 우주 대수축.   「한파.

Bíg D ⊕ 1 《미구어》 Texas 주의 Dallas 시; Michigan 주의 Detroit 시. 2 ⊕ =LSD.

bíg dáddy ⊕ (종종 B- D-) 《미속어》 (회사·조직의) 보스, 우두머리.

bíg déal ⊕ 《속어》 1 대형 거래; (기업의) 대형 인수 합병. 2 (때로 반어적) 대단한 물건[사람, 일], 큰일. 3 《감탄사적; 야유·조소를 나타내어》 허, 저런, 별수 없군. *It's no big deal.* 별일 아니야; 식은 죽 먹기다.
make a big deal out of …으로 큰 소동을 벌이다; …을 과장하여 생각하다.
What's the big deal? 웬 소란[소동]이야?

Bíg Dípper ⊕ 1 (the ~) 《천문》 북두칠성. 2 (b- d-) 《英구어》 롤러 코스터(《英》 switchback, 《美》 roller coaster).

Bíg Dítch ⊕ (the ~) 대수로(大水路); 《미속어》 대서양; Erie 운하; Panama 운하.

bíg dóg ⊕ 번견(番犬); 《구어》 거물(인 체하는 사람); 《英속어》 경호원; (때로 B- D-) 《미속어》 Greyhound 버스.   「잘 팔리는 옷.

bíg dréss ⊕ 빅 드레스(Big Look 원피스); 《미속어》

bi·gem·i·nal [baidʒémin*l] ⊕ 《의학》 쌍생(雙生)의, 이란성(二卵性)의; 쌍의, 이중의; 2연맥(連脈)의.

bi·gem·o·ny [baidʒéməni] ⊕ 양두(兩頭) 지배, 2국 주도의, 공동 패권.

bíg enchiláda ⊕ 《미속어》 거물, 보스, 중요 인물.

bíg ènd 〖〗〖기계〗 빅 엔드(피스톤 막대의 크랭크축의 끝부분); (濠속어) 엉덩이.

bi·gen·er [báidʒinər, -dʒən-] 〖〗 (노새와 같은) 잡종. 〖(屬) 間〗 잡종.

bi·ge·ner·ic [bàidʒənérik] 〖〗 속(屬)간의 잡종의; 〖2種 속(屬)의 특징을 갖는〗.

big-eyed 〖〗 눈이 큰, 큰 눈의; (호기심·놀라움 따위로) 눈을 크게 뜬; 깜짝 놀란.

bíg fíght 〖〗〖구어〗 (권투·격투기의) 대시합.

bíg fish [fròg] 〖〗〖속어〗 big shot.

Bíg Fíve 〖(the ~)〗 5대국, 5강(强). **1** 제1차 세계 대전 후의 미국·영국·프랑스·이탈리아·일본. **2** 제2차 세계 대전 후의 미국·영국·옛 소련·프랑스·중국.

Bíg Flóyd 〖〗〖美〗 빅 플로이드(FBI(연방 수사국)의 범죄 수사용 컴퓨터 통신망).

Bíg Fòot 〖〗 (때로 b- f-) 빅 푸트, 원인(猿人)(미국과 캐나다의 태평양 연안 산중에 출몰한다는 원인(Sasquatch)의 별칭). (또는 **Bígfoot**)

Bíg Fóur 〖(the ~)〗 **1** 〖英〗 4대 은행(Barclays, Midland, National Westminster, Lloyds). **2** 제1차 세계 대전 후의 영국·프랑스·이탈리아·미국.

bigg[1] [big] 〖〗〖스코·北英〗 보리의 일종. (또는 **big**)

bigg[2] 〖〗(타) =big[2].

bíg gáme 〖〗 **1** 큰 시합. **2** (사냥·낚시에서 잡은) 큰 짐승[물고기]. **3** 〖구어〗(위험이 따르는) 큰 목적[목표]. ¶ a ~ planner 야심적인 기업가. 〖(또는 **biggy**)〗

big·gie [bígi] 〖〗〖속어〗 =bigwig; 중요한 일[것]. *No biggie!* 별일 아니야!, 걱정할 것 없어!

big·gish [bígiʃ] 〖〗 좀(꽤) 큰, 큰 편인; 중요한 듯한, 상당히 중요한; 잘난 체하는.

bíg góvernment 〖〗 큰 정부(중앙 집권에 관주도형 정책을 고수하는 정부). 〖참〗 small government

bíg gún 〖〗〖구어〗 거물, 중요 인사, 명사; (~s) 설득력 있는 주장, 결정적 증거[패]. *bring out* [or *up*] *the* [or *one's*] *big guns* (게임 따위에서) 결정적인 수를 내놓다.

bíg H 〖(the ~)〗 **1** 헤로인(heroin), (또는 big-H, Big Harry) **2** 교도소(big house).

bíg hát 〖〗〖美속어〗 주(州) 경찰관(state trooper).

big·head [bíghéd, -´] 〖〗〖UC〗 **1** (수의) 양(羊)의 두부(頭部) 팽창증. **2** 〖구어〗 과장; 자부심, 자만심; 〖C〗〖美구어〗 자만심이 강한 사람. **3** 〖美속어〗 숙취.

big·head·ed [bíghédid] 〖〗 **1** (수의) 두부(頭部) 팽창증에 걸린. **2** 〖구어〗 자만심이 강한. **~·ness** 〖〗

big·heart·ed [´hɑ́ːrtid] 〖〗 관대한, 너그러운; 통이 큰; 친절한. **~·ly** 〖〗 **~·ness** 〖〗

big·horn [bíghɔ̀ːrn] 〖〗(뿌 ~s) 로키양(미국 로키 산맥의 Bighorns(빅혼 산맥)에 사는 야생 양).

bíg hóuse 〖〗 **1** (the ~, 때로 B- H-) 〖美속어〗 교도소, 소년원. (또는 **bíg jòint**) **2** (마을에서 제일 가는) 집, 대저택; (美중·남부) (집의) 응접실, 거실.

bight [bait] 〖〗 **1** 밧줄의 중간 부분; 밧줄의 고리 되는 굽은 부분. **2** 해안[강]의 만곡부; 만, 후미. ¶ the *B- of Benin* 베넹 만. *in the bight* 위험에 직면하여(in danger); 곤궁하여. *take a bight* [or *reef*] *in it* 〖美속어〗〖명령형으로〗 가지 마. 〖안〗; 목적, 의도.

bíg idéa 〖〗〖구어〗 당치 않은 [엉뚱한] 생각[계획, 제안]. *What's the big idea?* 어쩔 셈이냐?

bíg Jóhn 〖〗〖속어〗 경찰관. 경찰. (또는 **bíg J**)

Bíg Ka·hóo·na [-kəhúːnə] 〖〗〖서핑〗 완벽한 형태의 큰 파도. 〖합〗.

bíg lábor 〖〗 (때로 B- L-) 〖집합적〗 대규모 노동 조합.

bíg léague 〖〗 **1** 〖스포츠〗 =major league. **2** (종종 b- l-) 〖구어〗 제1선, 최고 수준(의 것). *play in the big league* 큰 일에 관계[참가]하다.

big-league [´líːg] 〖〗 〖스포츠〗 메이저 리그의; 가장 중요한, 최고의.

big-lea·guer [´líːɡər] 〖〗 〖스포츠〗 메이저리그 선수; 〖구어〗 톱 기업(제1선)에서 일하는 사람.

bíg létter 〖〗〖구어〗 =capital letter.

bíg líe 〖〗 (선전 효과를 위한) 새빨간 거짓말, 허풍.

Bíg Lóok 〖〗 (때로 b- l-) 넓고 헐렁한 여성복 패션 [스타일].

big·ly [bígli] 〖〗 광범위에 (걸쳐), 포괄적으로; 〖고어〗 잘난 체하며, 거만하게.

bíg M 〖〗〖속어〗 모르핀(morphine).

Bíg Mác 〖〗 빅 맥. **1** 〖상표〗 미국 맥도날드사제(製)의 햄버거; 이 회사의 애칭. **2** 미국 뉴욕시(市) 재정 원조 공사. [< *Municipal Assistance Corp.*] **3** 〖美군사〗 C-5A 수송기. [< *Military Airlift Command*] **4** 〖형용사적〗 (비유적) 최대의, 최량의.

bíg máma 〖〗 (종종 B- M-) 〖구어〗 **1** 아내; (여자) 연인. **2** 여자 가장, 마나님. **3** (조직·단체 등의) 여성 지도자[창립자].

bíg mán 〖〗 **1** 〖美속어〗 중요 인물; 리더격 남학생. ¶ *a ~ on campus* 학교내의 인기 인물(略 B.M.O.C.). **2** 〖속어〗 (마약의) 중간 매매인.

Bíg Míss 〖〗 미국 Mississippi 강의 별칭.

bíg móment 〖〗〖美속어〗 애인.

big móney 〖〗〖구어〗 거금; 고액 급여; 큰 이익.

big-mouth [bígmáuθ] 〖〗 (뿌 ~s) 〖속어〗 **1** 수다쟁이. **2** (略 ~(s)) 아가리가 큰 물고기. ― 〖〗(타) (비밀 따위를) 널리 퍼뜨리다, 누설하다.

big-mouthed [´máuðd, -θt] 〖〗 **1** 입이 큰. **2** 큰 목소리의; 잠언(자랑)하는; 재잘거리는.

bíg náme 〖〗〖구어〗 권위자, 유명인, 명사; 유명한 [일류의] 것; 〖〗 명성.

big-name [´néim] 〖〗 유명한, 저명한, 인기 있는; 유명인(명사)의.

bíg níckel 〖〗〖美속어〗 (내기에 건) 5,000 달러.

bíg nóise 〖〗〖구어〗 명사(名士), 유력자; 〖속어〗 중대한 뉴스, 화제. 〖물〗.

big·no·ni·a [bignóuniə] 〖〗 능소화과(科)의 덩굴 식물.

Bíg Óil 〖〗 (종종 b- o-) 거대 석유업체[회사].

bíg óne 〖美속어〗 **1** (내기에서) 1,000 달러(지폐). **2** (the ~) (사건 따위의) 본편, 진짜; (장래 미국 서해안을 엄습할 것으로 예측되는) 대지진. **3** (the ~) 가장 소중한 것. **4** 대변, 똥. *buy* [or *bite*] *the big one* 〖美속어〗 죽다, 뒈지다.

Bíg Órange 〖〗 Los Angeles의 별칭.

big·ot [bígət] 〖〗 (특별한 교리·의견·관례 등을) 고집스레 믿고 있는 사람; 광신자; 편협[완고]한 사람.

big-ot·ed [bígətid] 〖〗 고집불통의, 완고한, 편협한 (*to, in*). ¶ *He is ~ to* [or *in*] *his opinion.* 그는 자기 의견을 고집하여 굽히지 않는다. **~·ly** 〖〗

big·ot·ry [bígətri] 〖〗〖UC〗 고집 불통, 편협(완고)(한 행위); 광신.

bíg páy 〖〗〖美〗 고액의 봉급. 〖행〗; 광신.

Bíg Pónd 〖〗 (the ~) 〖美구어〗 대서양.

bíg pòt 〖〗〖구어〗 거물, 중요 인물.

bíg rág 〖〗〖美속어〗 서커스의 큰 천막.

bíg ríg 〖〗〖美속어〗 트레일러를 두 대 연결한 트럭.

bíg schóol 〖〗〖美속어〗 교도소(prison).

Bíg Scíence 〖〗 거대 과학(큰 조직·자금을 요하는 과학적 연구).

bíg scóre 〖〗 (the ~) 〖美속어〗 성공. 〖학적 연구〗.

bíg shòt 〖〗〖구어〗 거물, 중요 인물, 거물(bigwig).

bíg síster 〖〗 누나, 언니, (때로 B- S-) 〖구어〗 불량 소녀 등을 선도하는 누나(언니) 같은 연장자. 〖참〗 big brother

bíg slèep 〖〗 죽음.

Bíg Smòke 〖〗 (the ~) 〖美속어〗 피츠버그(Pittsburgh); (b- s-) 〖濠〗 대도시, 멜버른(Melbourne), 시드니(Sydney). **2** (the ~) 〖英속어〗 런던. **3** 〖美〗 큰 사람.

bíg spénder 〖〗〖美구어〗 돈을 낭비하는 사람, 통이 큰 사람.

bíg splásh thèory 〖〗〖천문〗 빅 스플래시 이론(달은 거대한 운석이 지구에 충돌할 때 생긴 먼지가 응축하여 생겼다는 가설).

bíg stíck 〖〗 **1** 〖구어〗 (정치·군사적인) 압력, 강제력;

big stiff (속어) 형편없는 놈.

big stink (美속어) 큰 스캔들; 대소동; 결사 반대.

big tálk 圈 (구어) 제자랑, 허풍; 거드름 피우는 연설; 중요한 회의[회담]. 「정치적 견해를 허용하기).

big tént 圈 (美 (정치) 큰 텐트 방식(정당이 폭 넓은

Big Thrée 圈 (the ~) 1 3대국(미국·옛 소련·중국 [원래는 영국]). 2 거두(巨頭)(2차 세계 대전 때의 미국 Roosevelt 대통령, 영국 Churchill 수상, 소련 Stalin 수상). 3 (美) 3대 자동차 회사(General Motors, Ford, Daimler-Chrysler); 3대 패스트푸드 체인 (McDonald's, Burger King, Wendy's); 3대 명문 대학(Harvard, Princeton, Yale).

big-tick·et [-tíkit] 圈 비싼 가격표가 붙은.

big time 圈 1 (속어) 매우 즐거운 시간. ¶ have a ~ 즐겁게 지내다. 2 (the ~) (구어) (수입·지위 따위의) 최고 수준, 일류. 3 (美) (연극) (vaudeville의) 대규모 흥행, 하루 두 차례 공연. 4 (야구) 메이저 리그의 시합. 5 (美속어) 헤로인. 6 (부사적) 본격적으로, 완전히.

crack [or *reach*, *make*] *the big time* 일류가 되다, 성공하다. 「거두다.

bit the big time (흥행 따위가) 히트하다, 대성공을

in the big time 일류의, 최고 수준에 있는.

big-time [-táim] 圈 (속어) 일류의, 뛰어난(⇔ smalltime); 크게 히트한.

bíg-time óperator 圈 (美속어) 적극적으로 뒷거 래를 꾀하는 사람; 모사꾼, 책사; 여자 꽁무니를 따라다니는 사람. (또는 B.T.O.)

big-tim·er [-táimər] 圈 (속어) 1 일류 배우; 중요 인물, 제1인자; =major leaguer. 2 (美) 직업 도박사.

bíg tobácco 圈 (美) 거대 담배 회사(Philip Morris, RJR Nabisco, U.S. Tobacco 따위).

bíg tóe 엄지발가락(great toe).

bíg tòp 圈 (구어) (서커스의) 큰 천막; (the ~) 서커

bíg trée 세쿼이아(California산(産)의 큰 침엽수).

big whéel 圈 1 (구어) =big shot; (美속어) (학교 의) 인기있는 사람. 2 =Ferris wheel.

bíg wienie 圈 (학생 속어) (경쟁자의) 승리자; 최고 권위자, 권력자, 보스; (속어) 페니스(penis).

big·wig [bígwig] 圈 (구어) 중요 인물, 거물, 높은 양반; 잘난 체하는 사람. (또는 **bíg búg**[**whéel**])
~**ged** 圈 **-wig·ged·ness** [-wígidnis] 圈

bíg X 圈 (the ~) (美속어) 월경(menstruation).

bíg Z's 圈 (the ~) (美구어) 잠, 수면.

bi·hour·ly [baiáuərli] 圈 2시간마다의[일어나는].

bi·jou [bí:ʒu:, -´] 圈 (圈 ~**x** [-z]) 보석; 소형 장식물, 작고 앙증스러운 것. 〈F〉 「은 장식품.

bi·jou·te·rie [biːʒúːtəri] 圈 보석류(jewelry), 작

bi·ju·gate [báidʒugèit, baidʒúːgeit] 圈 (식물) (잎이) 두 쌍으로 있는. (또는 **bijugous**)

bike[¹] [baik] 圈 (구어) 1 자전거(bicycle); =motorcycle. 2 (美속어) 순찰 경찰관. 3 (英속어) 변덕스러운 여자, 바람둥이.

get off one's bike (濠구어) 흥분하다, 몹시 떠들다.

get on one's bike 빨리 (나가서) 할 일을 찾다.

On your bike! (英속어) 저리 가!

— 圈 (오토바이)를 타다[고 가다]. — 圈 (~ it) 자전거[오토바이]로 가다.

bike[²] 圈 (北英) (꿀벌 따위의) 떼, 무리; 사람의 무리, 군중. 2 (벌처럼) 떼지어 모이다, 꾀다.

bike·a·thon [báikəθə̀n/-θɔ̀n] 圈 자전거 마라톤.

bíke hìke 圈 자전거 하이킹.

bíke·pàck·ing [báikpækiŋ] 圈 자전거 배낭 여행.

bik·er [báikər] 圈 1 =bicyclist; =motorcyclist. 2 (구어) 폭주족(의 사람).

bíke·way [báikwèi] 圈 자전거 전용 도로(bicycle path). 「(의 한 사람). 〈<bicycle〉

bik·ie [báiki] 圈 (濠속어) 오토바이 폭주족(暴走族)

Bi·ki·la [bəkíːlə] 圈 Abebe ~ 비킬라(1932-73; 에티오피아의 마라톤 선수).

bi·ki·ni [bikíːni] 圈 비키니(투피스형 여자 수영복).
⑧ *monokini* ~**ed** 圈 비키니를 입은.

Bikíni Atòll 圈 비키니 환초(環礁)(북태평양 Marshall 제도의 섬; 1946년 원폭 실험 장소).

Bikíni Státe 圈 (the ~) 미국 Florida 주의 별칭.

bi·la·bi·al [bailéibiəl] (음성) 圈 두 입술로 발음되는. — 圈 양순음(兩脣音)([p], [b], [m] 따위).

bi·la·bi·ate [bailéibièt, -biet] 圈 (식물) (꽃부리 따위가) 양순형(兩脣形)의.

bi·lat [báilæt] 圈 (구어) =bilateral. — 圈 두 나라 정상 회담(bilateral meeting).

bi·lat·er·al [bailǽtərəl] 圈 1 (생물) 좌우 상칭의, 양측성의. 2 쌍방의. 3 (축의) 반대쪽에 있는, 양쪽[양면]이 있는. 4 (법률) 쌍무(雙務)의, 당사자 쌍방에 의무가 있는; 쌍계(雙系)의, 복계(複系)의(⇔ unilateral). ¶ a ~ contract [agreement] 쌍무 계약(협정).
— 圈 양자[양국간] 회의[토의]; (구어) 양자간 협정.
~**ly** 圈 ~**ness** 圈

bilátəral devíce 圈 (컴퓨터) 양방향성 소자(素子).

bi·lat·er·al·ism [bailǽtərəlìzm] 圈 1 쌍무(雙務) 주의, 쌍무 계약제. 2 (생물) (신체의) 좌우 상칭.

bilátəral sýmmetry 圈 (생물) 좌우 상칭.

bilátəral tráde 圈 상호 균형 무역, 쌍무 무역.

bil·ber·ry [bílbèri/-bəri] 圈 월귤나무속(屬)의 관목 (유럽산); 그 열매·잼·파이 등); 그 열매.

bil·bo[¹] [bílbou] 圈 (圈 ~**es**) (보통 ~es) 철제 족쇄.

bil·bo[²] 圈 (圈 ~**es**) (고어) (스페인의) 빌보검(劍).

Bil·dungs·ro·man [bíldunsroumɑ̀:n] 圈 (圈 ~**s**) 교양 소설(주인공의 인간 형성을 다룬 소설). 〈G〉

bile [bail] 圈 1 (생리) 담즙. 2 기분이 언짢음; 화, 짜증, 심술(peevishness).

stir [or *rouse*] *a person's bile* 남을 화나게 하다.

bíle dùct 圈 (해부) 수담관(輸膽管).

bíle·stòne [báilstòun] 圈 담석(gallstone).

bi·lev·el [báiléval] 圈 두 개의 평면을 가진. — 圈 2층 구조의 건물[차량]; 1층이 반지하인 2층 집.

bilge [bildʒ] 圈 1 (해사) 배 밑의 굽은 부분; (바닥이 이중의 것 전체의) 창저(艙底). 2 圈 (해사) 배 바닥에 괴는 오수(~ water). 3 圈 (속어) 실없는 이야기[생각]. 4 (통 따위의) 볼록한 중배.

drain the bilge (美속어) 토하다.

— 圈禾 1 (해사) 배 밑에 구멍이 나다[물이 새다]. 2 (원 페인트가) 누렇게 변색하다. 3 불룩해지다, 돌출하다. — 圈 (암초 따위가) (배 밑)에 구멍을 내다.

bílge pùmp 圈 (해사) 배 바닥의 오수 배출 펌프.

bílge wàter 圈 1 (해사) 배 바닥에 괴는 오수, 감수 (淦水). 2 (또는 bilge) (속어) 실없는 이야기.

bilg·y [bíldʒi] 圈 (해사) 배 바닥의 오수 냄새가 나는.

bil·har·zi·a [bilháːrziə] 圈 (동물) 주혈 흡충(住血 吸蟲); 圈 (병리) 주혈 흡충병. 「흡충병.

bil·har·zi·a·sis [bìlhɑːrzáiəsis] 圈 圈 (병리) 주혈

bil·i·ar·y [bíliəri/-ljəri] 圈 1 (생리) 담즙의; 수담 (輸膽)관의. 2 (고어) =bilious.

bíliary cálculus 圈 (병리) 담석(gallstone).

bi·lin·e·ar [bailíniər] 圈 (수학) 쌍일차(雙一次)(방정식)의; 두 줄의 선의.

bilínear fórm 圈 (수학) 쌍일차(방정식).

*bi·lin·gual [bailíŋgwəl] 圈 2개 국어의; 2개 국어를 말하는, 2개 국어를 사용하는; 2개 국어로 쓰여진. ¶ be ~ in English and French 영어와 프랑스어 2개 국어를 쓰다. — 圈 2개 국어를 하는 사람(bilinguist); 2개 국어로 쓴 것. ~**ly** 圈

bilíngual educátion 圈 2개 국어 병용 교육.

bi·lin·gual·ism [bailíŋgwəlìzm] 명 U 2개 국어 상용; 2개 국어 구사(능력). (또는 **bilinguálity**)
bi·lin·guist [bailíŋgwist] 명 2개 국어에 능통한 사람.
bil·ious [bíljəs] 형 1 (생리) 담즙의; 담즙성[질]의; 담즙을 너무 많이 분비하는; 담즙(간장) 이상에서 생기는. 2 화를 잘 내는; 성미 까다로운. 3 (구어) 극히 불쾌한, 싫은. **~·ly** 부 **~·ness** 명
bil·i·ru·bin [bílərúːbin] 명 U (생화학) 빌리루빈(담즙즙의 적황색소).
bi·lit·er·al [bailítərəl] 형 1 두 글자의[를 쓰는]. 2 (셈어의 어근이) 두 개의 자음으로 이루어지는. 참 triliteral
두 글자로 된 단어[어근], 음절. **-ism** 명
bi·lit·er·ate [bailítərət] 형명 (자국어를 포함하여) 2개 국어[언어]를 읽고 쓸 수 있는 (사람).
-bil·i·ty [bíləti] 접미 -able, -ible, -uble로 끝나는 형용사에 붙여서 명사를 만든다. ¶capabi*lity*, visi*bility*, solu*bility*. [綠素]
bil·i·ver·din [bìləvə́ːrdin] 명 U (생화학) 담록소(膽
bilk [bilk] 타 1 (빚·계산)을 떼어먹다, ···을 지불하지 않고 도망치다. ¶**~ a taxi driver** 택시 요금을 안 내고 도망치다. 2 ···에서 ···을 빼앗다; ···을 속이다, 사기치다 (*of*, *out of*). 3 (기대 따위)를 맞혀 놓다. 4 ···을 벗어나다, 교묘하게 회피하다. —명 떼어먹기, 사기, 협잡; 사기[협잡]꾼.
‡**bill¹** [bil] 명 (복 **~s** [-z]) 1 청구서, 계산서(* 식당 따위의 계산서는 (美)에서는 check). ¶**a doctor(s) ~** 치료비/**a ~ for new clothes** 새 양복 대금[청구서]/**pay a ~** 청구서를 지불하다/**Put it on my ~**. 외상으로 달아 놓으시오./*B-*, please. =Could I have the ~? 계산서[청구서]를 주시겠어요? 2 (금융) 환어음, 어음; 증권, 증서; (세관의) 신고서. ¶**a ~ (payable) to bearer** 지참인 지불 어음/**a ~ for acceptance** 인수 청구 어음/**accept a ~** ···어음(의 지불)을 인수하다/**back a ~** 어음에 배서하다/**clear a ~** 어음을 교환[청산]하다/**dishonor a ~** ···어음의 지불을 거부하다/**renew a ~** 어음을 개서하다. 3 (美) 지폐((英) note). (美속어) 100달러. ¶**a one-dollar ~** 1달러 지폐. 4 광고물, 삐라, 전단(handbill); 벽보, 포스터. ¶**post (up) a ~** 전단을 붙이다/**Post [or Stick] No Bills** 벽보 금지. 5 (종종 B-) 의안, 법(률)안. ¶**adopt [amend, pass, reject] a ~** 의안을 채택[수정, 가결, 부결]하다 (* 가결되면 act로 된다) /**draw up a ~** ···의안을 기초하다 /**introduce [or present] a ~** ···법안을 제출하다 /**rush a ~** ···의안을 급히 통과시키다. 6 (법률) 소장(訴狀), 기소장, 조서. ¶**a ~ of divorce** 이혼 신청서. 7 (연극·음악회 따위의) 프로그램. 8 목록, 명세서, 표(表). ¶**a ~ of charges [expenditures]** 요금표[지출 명세서].
draw a bill on a person 남에게 어음을 발행하는.
fill [or fit] the bill (구어) 목적[기대]에 맞다, 필요한 표준에 달하다 (*for*); (英) 대표적 존재이다, 인기를 독차지하다. [진실이라고 인정하다.
find a true bill 기소가 적절하다고 인정하다, 진술을
foot [or take care of] the bill (구어) 셈을 치루다, 비용을 전액 부담하다; (···의) 책임을 떠맡다 (*for*).
ignore the bill (법률) 기소장을 부인하다.
on the bill (쇼·연극 따위에) 출연하고 있는.
sell a person a bill of goods ⇒BILL OF GOODS.
split the bill (비용 따위)를 각자 부담하다, 나눠 내다(go Dutch) [책임 따위]를 분담하다.
take up a bill 어음을 (인수)지불하다.
top [or head] the bill (구어) (명단 따위에서) 첫번째를 장식하다; (배우 등에) 주연하다.
—타 (복 **~s** [-z]) 1 ···을 계산서에 기입하다. 2 ···을 일람표로 만들다; ···의 목록을 만들다. ¶**~ goods** 상품을 목록에 적다/**~ passengers** 승객 명부를 만들다. 3 ···에게 계산서를 보내다, 명세서로 청구하다. 4 (수동형으로) ···을 삐라[포스터 따위]로 광고하다; ···에 삐라를 붙이다. ¶**A new actor was ~ed to appear as Hamlet.** 신인 배우가 햄릿역으로 나온다고 광고에 나왔다. 5 ···을 프로그램에 넣다[발표하다].

‡**bill²** 명 (복 **~s** [-z]) 1 (비둘기 따위의) 부리(* 맹금류의 부리는 beak). 2 (좁은) 갑(岬), 곶 (* 주로 지명으로 쓰인다). ¶**Portland B-** 포틀랜드 곶. 3 부리 모양의 것. 4 (美) 모자(의) 차양. 5 (美속어) (사람의) 코. 6 (美흑인속어) (작은) 나이프; 가위의 한쪽 날.
dip the bill [or beak] (속어) (술)을 마시다.
—타 (~ **~s** [-z]) (한 쌍의 비둘기처럼) 부리를 맞대다; 애정을 나타내다, 애무하다.
bill and coo (연인들이) 애무하며 사랑을 속삭이다.
bill³ 명 1 (등에 가시 모양의 돌기가 있는 중세의) 창. 2 (가지치기용) 낫의 일종. 3 (해사) 닻혀의 끝.
bill⁴ 명 (英방언) bittern의 울음소리.
Bill¹ [bil] 명 빌(남자 이름; William의 애칭).
Bill² 명 (the ~, 종종 the b-) (英속어) 경찰(관).
bil·la·ble [bíləbl] 형 지불을 청구할 수 있는; 기소할 수 있는; 기소해야 하는. ¶**~ hours** 거래 고객 계정.
bíllable hòur 명 (the ~) (비용) 청구 가능 시간.
bil·la·bong [bíləbɔ̀(ː)ŋ, -bɑ̀ŋ] 명 (濠) (강의) 분류 (分流); (강에서 빠진 후 생기는) 웅덩이.
bill at sight 명 일람불[요구불] (환)어음.
bill·board [bílbɔ̀ːrd] 명 1 게시판, 광고판. 2 (라디오·TV) 빌보드(방송 전후에 하는 프로그램의 프로그램 소개). 3 (B-) 빌보드(미국 최대의 팝 음악 전문 주간지). —타 ···을 광고판에 게시하다, 광고[공시]하다.
bill bòok 명 어음 기입 장부; (美) =billfold. [업자.
bíll bròker 명 (英) 어음 중매인(仲買人), 증권 중매
bill-bug [bílbʌg] 명 (곤충) 바구미. (또는 **bíllbèe-**)
bíll colléctor 명 (외상) 수금원. [tle]
bill díscounter 명 (환)어음 할인 업자.
billd(s). billiards
billed [bild] 형 (복합어로) (···한) 부리가 있는. ¶**a thick-~ bird** 부리가 두툼한 새.
bill·er [bílər] 명 청구서를 작성하는 사람[기계].
bil·let¹ [bílit] 명 1 (군사) (병영·야영지 이외의 군인의) 숙소, 숙사; (민간에 대한) 숙소 제공 명령(서). ¶**Every bullet has its ~.** (속담) 총알에 맞고 안 맞고의 팔자소관. 2 (구어) 일(자리), 직업; 지위. ¶**a good ~** 보수가 좋은 일자리. 3 (선원용) 침대, 침실. 4 (고어) 짧은 편지. —타 1 (군사) (병사)에게 숙소를 할당하다, 숙소를 지정하다 (*on*, *in*). 2 (남)에게 숙소를 제공하다. —자 숙박하다; 체재하다. **~·er** 명
bil·let² 명 1 장작, 굵은 나무 토막. 2 빌릿, 강편(鋼片). 3 (버슬 등) 가는 가죽끈; (버슬의) 가죽끈을 꿰는 고리.
bil·let-doux [bíleidúː, bíli-] 명 (복 **bil·lets-** [-z-]) 연애 편지. [<F] [위].
bill·fish [bílfiʃ] 명 주둥이가 긴 물고기(동갈치류 따
bill·fold [bílfòuld] 명 (접는) 가죽 지갑.
bill·head [bílhèd] 명 청구[계산]서 위에 인쇄된 점포명·주소 따위; (이것을 인쇄한) 청구서 용지, 청구서; 명세서(用紙).
bill·hook [bílhùk] 명 =bill³ 2. [서른 (용지).
bil·liard [bíljərd] 명 (한정용법) 당구의; 당구에 사용하는. ¶**a ~ player** 당구치는 사람. —명 (美속어) =carom. **~·ist** 명 직업적인 당구가.
billiard bàll 명 당구공.
billiard cùe 명 당구봉.
billiard màrker 명 당구의 점수 계산원.
billiard pàrlor 명 (美) 내기 당구장 (poolroom).
billiard plàyer 명 당구치는 사람.
billiard ròom [salóon] 명 당구장(실).
*****bil·liards** [bíljərdz] 명 (단수취급) 당구. ¶**play (at) ~** 당구를 치다/**have a game of [or (英) at] ~**
billiard tàble 명 당구대. [당구를 한 게임 치다.
bil·li·bi [bíləbìː] 명 빌리비 수프(조개 수프에 백포도주·크림을 섞은 것). (또는 **billybi**)
bill·ie [bíli] 명 (속어) 지폐, 돈, 현금.
Bil·lie [bíli] 명 빌리(남자 이름; William의 애칭).

Bil·li·ken [bílikən] 명 빌리켄(행운의 신의 좌상).
bill·ing [bíliŋ] 명⒰ⒸⒸ 1 (포스터·전단 따위에 실리는) 연예인의 순위. ¶get (the) top ~ (이름이) 포스터[프로그램] 맨 위에 나오다. 2 《美》 (연극 따위의) 흥행 광고, 선전. 3 계산서[송장] 작성[발송]. 4 (특정 기간의) 거래 [매출]액; (대(對)고객) 청구액. ¶the annual ~s of about $100 million 연간 매출액 약 1억 달러.
bílling cỳcle 명 《美》 대금 청구[청구서 작성, 발송] 주기.
bílling machìne 명 (청구서 따위의) 자동 경리 계 산기.
Bil·lings·gate [bíliŋzgèit] 명 빌링즈게이트 (런던의 어시장); (b-) ⒰ (그 어시장의) 상스러운[천한] 말.
‡bil·lion [bíljən] 명 (복 ~(s)) 1 《美》 10억; 《英·독일·프랑스》 1조(* 《英》에서도 지금은 보통 「10억」의 뜻으로 쓰인다). 2 막대한 수. ─ 형 10억의; 《英·독일·프랑스》 1조의; 무수한. ─ 형 millionaire
bil·lion·aire [bíljənɛ́ər, ⌐-⌐⌐/⌐-⌐⌐] 명 억만 장자.
bil·lionth [bíljənθ] 명 10억[1조]번째; 10억[1조]분의 1. ─ 형 (the ~) 10억[1조]번째; 10억[1조]분의 1. ➡ BILLION.
bíll of advénture 명 적송품[취급품] 위험 증서.
bíll of attáinder 명 (반역자에 대한) 사권(私權) 박 탈법.
bíll of cléarance 명 《해사》 출항 신고.
bíll of crédit 명 지불 증서; 신용장.
bíll of dáte 명 확정일부(日附) 어음.
bíll of débt 명 채무 증서; 약속 어음.
bíll of dishónor 명 부도 어음.
bíll of éntry 명 수출입 화물 명세 신고서, 세관[통관] 신고서.
bíll of excéptions 명 《법률》 항고서(書).
bíll of exchánge 명 환(換)어음(얍 B.E., B/E, b.e.). ¶a foreign ~ 외국 환어음.
bíll of fáre 명 메뉴, 식단표; 예정표, (연극 등의) 프로그램.
bíll of góods 명 1 상품 주문[탁송]량; 상품[상품 리스트. 2 《美구어》 가짜 상품, 불량품. ─ 을 속이다.
sell a person a bill of goods 남에게 사기치다, 남의 명의(얍 B/H, B.H.).
bíll of héalth 명 (선원·선객·화물 따위의) 건강 증명서(얍 B/H, B.H.).
bíll of ládíng 명 선하 증권(船荷證券)(얍 B.L., B/L, b.l., b/l); (철도·운수 회사의) 화물 인수증.
bíll of párcels 명 소화물 매도증; 화물 증권; 매도 품 목록.
bíll of partículars 명 《법률》 1 (소송사의) 청구 명세(특정). 2 (검찰이 피고에 알리는) 혐의 명세서.
bíll of quántities 명 《英》 (건축) 견적서, 수량 조서.
Bíll of Ríghts 명 (the ~) 1 (때로 b- of r-) (국민의) 기본적 인권 선언; (구어) (단체 등의) 권리 규정. 2 《英》 권리 장전(章典)(1689년 Declaration of Rights (권리의 선언)에 수정을 가하여 제정된 법률). 3 《美》 권리 선언[장전](1791년의 헌법 수정 조항 1-10조의 기본 인권 선언). ┌b.s., B.S., b/s, B/S).
bíll of sále 명 매도(賣渡) 증서, 저당권 매도증(얍
bíll of síght 명 (세관에서의) 수입품 검사 신고서.
bíll of wórk 명 《우주》 작업 프로그램(비행체 정비 점검에 필요한 작업 스케줄); 그 명세.
bil·lon [bílən] 명 (화폐용의) 금 또는 은의 소량(합금).
***bil·low** [bílou] 명 1 큰 파도, 놀(⇒WAVE 유의어); (the ~(s)) (시) 바다. 2 (불·연기·구름 따위) 소용돌이치는 것. ¶~s of smoke 소용돌이치는 연기. ─ 동 1 놀처럼 파도치다, 소용돌이치다, 밀려오다. 2 (돛 따위가) 부풀어지다, 파도쳐오르다(out)(in). ─ 탐 …을 부풀게 하다, 파도치게 하다.
bíllow clòud 명 (기상) 물결구름, 파상운(波狀雲).
bil·low·y [bílou-i] 형 큰 물결의, 큰 파도처럼 밀려오는; 노도 같은, 소용돌이치는. **-low·i·ness** 명
bíll·post·er [bílpòustər] 명 전단을 붙이는 사람; 전단, 포스터. **-pòst·ing** 명
bíll·stick·er [bílstìkər] 명 =billposter.
-stìck·ing 명

bil·ly [bíli] 명 1 《美》 =~ club. 2 《스코 방언》 동료. 3 (濠) =billycan. 4 = ~ goat.
a silly billy 바보, 어리석은 짓을 하는 사람.
Bil·ly [bíli] 명 =Billie.
bíl·ly·bòy [bílibɔ̀i] 명 《英구어》 (강·연안용의) 바닥이 평평한 짐배, 거룻배(barge).
bíl·ly·càn [bílikæ̀n] 명 (濠) 야영용 주전자.
bílly clùb 《美》 곤봉; 경찰봉.
bíl·ly·còck [bílikàk/-kɔ̀k] 명 《英구어》 중절 모자; 중산모. (또는 ⌐ hàt)
bílly gòat (구어) 수염소. ⇨ nanny goat
bíl·ly-o(h) [bílióu] 분 《英》 * 다음 숙어로만 쓴다.
like billy-o 맹렬히; 힘껏.
Bílly the Kíd 명 빌리 더 키드(1859-81: 미국 서부의 무법자로 권총 명수; 본명 William H. Bonney).
bi·lo·bate [bailóubeit] 형 (잎이) 둘로 쪼개진, 이열 (二裂)의. ¶a ~ leaf 이열엽.
bil·tong [bíltɔ(:)ŋ, -tàŋ] 명⒰ (남아공) 육포(소나 사슴 고기를 말린 것). ┌녀석; 얼간이.
bim [bim] 명 《속어》 여자; 행실이 나쁜 여자; 사내.
bi·mane [báimein] 명 양수류(二手類)의 동물.
bim·a·nous [bímənəs, baiméi-] 형 《동물》 양손이 있는, 양손의; 이수류(二手類)의. (또는 **bimanal**)
bi·man·u·al [baimǽnjuəl] 형 두 손으로 하는, 두 손을 필요로 하는. **~·ly** 분
bim·bo [bímbou] 명 (복 ~(e)s) 《속어》 1 바보, 얼간이. 2 섹시한 술집 여자, 허튼 여자; 백치 미인. [<It baby]
bím·boy [bímbɔ̀i] 명 《속어》 백치 미남.
bi·men·sal [baiménsl] 형 (폐어) 격월(隔月)의.
bi·mes·ter [baiméstər, ⌐-⌐] 명 2개월간.
bi·mes·tri·al [baiméstriəl] 형 2개월마다의, 격월의; 2개월간 계속되는. ┌탈, 2중 합금.
bi·met·al [báimetl] 형 =bimetallic. ─ 명 바이메
bi·me·tal·lic [bàimətǽlik] 형 《야금》 두 금속의, 두 금속으로 이루어진, 《금·은》 복본위제의(複本位制의), 양화(兩貨) 본위의. (또는 **bimetal**)
bi·met·al·lism [baimétəlizm] 명⒰ 《경제》 (금은) 양화 본위제; 복본위제[론]의. 얍 monometalism
-list 복본위제주의자. **-lís·tic** 형
bi·mil·le·nar·y [baimílənèri/-nəri] 형 2천년제(祭)[기념]의. ─ 명 = bimillennium. (또는 **bi·mil·len·ni·al** [bàimiléniəl])
bi·mil·len·ni·um [bàimiléniəm] 명 (복 ~s, -ni·a [-niə]) 2천년; 2천년제[기념]. (또는 **bimillenary**, **bimillenial**)
bi·mo·lec·u·lar [bàiməlékjulər] 형 《화학》 2분자의, 2분자(分子)를 갖는. **~·ly** 분
bi·month·ly [baimʌ́nθli] 형 1 2개월마다의, 격월의. 2 한 달에 두 번의(semimonthly). ─ 명 격월 발행 간행물, 격월간지. ─ 분 1 2개월마다, 격월로. 2 한 달에 두 번.
bi·mor·phe·mic [bàimɔːrfíːmik] 형 (낱말의) 2개의 형태소(形態素)로 구성되는(wait-ed, dog-s 따위).
bi·mo·tored [baimóutərd] 형 (비행기가) 쌍발식의.
***bin** [bin] 명 1 (곡식·석탄 따위를 넣는) 상자, 큰 통; (뚜껑 달린) 용기; (포도주·곡식 따위의) 저장소. 2 쓰레기통; (홉(hop)을 따서 넣는) 즈크 부대. 3 (the ~) 《속어》 정신 병원(loony ~). 4 편집용의 필름 통. ─ 탐 (**-nn-**) …을 상자에 넣다, 저장소에 넣다.
bin- [bàin] 연결 ⇨ BI-.
bi·nal [báinl] 형 1 두 배의, 이중의. 2 《음성》 (음성이) 두 가의 고음부가 있는.
bi·na·rism [báinərìzm] 명⒰ 《언어》 =binarity.
bi·nar·i·ty [bainǽrəti, -nέər-] 명⒰ 《언어》 이항(二項) 원리의 이용.
***bi·na·ry** [báinəri, -ne-] 형 1 둘의, 복…, 쌍…, 둘로 이루어지는. ¶~ relation 《수학》 2항 관계. 2 《화학》

이성분(二成分)의, 이원(二元)의. 3 〔수학〕 이진(법, 수)의. 4 〔음악〕 2부 형식의; 2박자의. 5 〔언어〕 2항으로 이루어지는, 6 (무기가) 이성분계(二成分系)의. ── 명 1 이연체(二連體), 이원체, 쌍체. 2 〔천문〕 =~ star. 3 〔수학〕 이진수(二進數). 4 =~ weapon. 5 〔컴퓨터〕 = ~ digit.
bínary álloy 명 〔광물·야금〕 2원 합금. 「소자.
bínary céll 명 〔컴퓨터〕 2치 소자(二値素子), 2진(進)
bínary chóp 명 〔컴퓨터〕 이분할법(二分割法), 2분
bínary códe 명 〔컴퓨터〕 2진 코드[부호]. 「검색.
bí·na·ry-cod·ed décimal [-kòudid-] 명 〔컴퓨터〕 이진화 십진수(二進化十進數)(② BCD).
bínary cómpound 명 〔화학〕 2원 화합물.
bínary dígit 명 〔컴퓨터〕 2진수(자)(보통 0과 1로 디지털 계산기의 정보량을 표시하는 기본 단위).
bínary físsion 명 〔생물〕 2분열(무성 생식의 하나로, 1개체가 거의 같은 2개의 새 개체로 분열한다).
bínary méasure 명 〔음악〕 2박자.
bínary nérve gàs 명 =binary weapon.
bínary notátion [scále] 명 (the ~) 〔수학〕 2진
bínary númber 명 =binary 진3. 「법.
bínary operátion 명 2항 연산(二項演算).
bínary opposítion 명 〔언어〕 2항(二項) 대립.
bínary stár 명 〔천문〕 쌍성(雙星), 연성(連星).
bínary sýstem 명 (the ~) 1 〔천문〕 연성계(連星系). 2 〔물·화〕 이성 분계(二成分系)[2원계] (금속). 3 〔수학〕 이진법.
bínary wéapon 명 바이너리 병기(무해한 2종의 화학 물질을 별도 용기에 넣어 발사한 후 화학 반응으로 신경 가스를 발생시킨다). 「leaf 앙엽. ~·ly 부
bi·nate [báineit] 형 〔식물〕 (잎이) 쌍생의. ¶a ~
bin·au·ral [bainɔ́ːrəl, bin-] 형 1 두 귀(용)의, 두 귀를 쓰는(② monaural). ¶a ~ stethoscope 양이(兩耳) 청진기. 2 귀가 둘 있는. 3 입체 음향의.
:**bind** [baind] 타 (~s [-z]; bóund) 1 …을 묶다, 동여매다(up, together) (with)(② free, loosen). ¶ He was bound hand and foot. 그는 손발을 묶었다 //(~+图+前+名) ~ a package with a ribbon 꾸러미를 리본으로 묶다.
2 …을 싸다, 감다, 매다; …에 붕대를 감다(up) (in, about, around). ¶ (~+图+튀) ~ up a wound 상처에 붕대를 감다 // (~+图+前+名) ~ a bandage about the head 머리에 붕대를 감다 /~ (up) one's hair in a handkerchief 머리를 손수건으로 매다.
3 …을 결박하다, 결박하다 (to, on). ¶ (~+图+前+名) ~ a person to a pillar 남을 기둥에 붙들어 매다.
4 …을 굳히다, 응고시키다(together) (with, by); (요리) (재료를) (…로) 엉기게 하다 (with); (화학) 결합시키다. ¶ (~+图+前+名) ~ gravel by cement 자갈을 시멘트로 굳히다.
5 (비유적) (의무·우정 따위가) (사람)을 결속[단결]시키다(together). ¶ be bound together by a close friendship 깊은 우정으로 맺어져 있다.
6 (수동형·재귀용법으로) (남)에게 의무를 지우다; 속박하다, 얽매다 (to, in, to do). ¶ We are bound to obey the laws. 우리는 법률을 지킬 의무가 있다 // (~+图+前+名) be bound in gratitude 감사하는 마음에 사로잡혀 있다 / ~ oneself in marriage 약혼하다. 7 (동맹·계약 따위)를 발효시키다, 체결[확정]하다, 매듭짓다(with). ¶ ~ the order with a deposit 보증금을 받고 주문을 매듭짓다. 8 (남)을 도제(徒弟)살이로 내보내다, 견습하게 하다(out, over)(to). ¶ (~+图+前+名) He bound his son to a tailor. 그는 아들을 양복점 견습공으로 보냈다. 9 (병이) (약·음식이) …에게 변비를 일으키다. 10 (책)을 매다, 장정 제본하다(up)(in); …을 표지를 붙이다(into). ¶ (~+图+前+名) ~ a book in leather 책을 가죽으로 장정하다 / ~ three books into one volume 세 권의 책을 합본하

다. 11 …의 가장자리를 덮다, …에 가두리를 대다 (with). ¶ ~ the edge of cloth 천의 가장자리를 감치다 // (~+图+前+名) ~ a skirt with leather 치마 가장자리에 가죽을 대다. 12 (얼음·눈 따위가) …을 덮다, 가두다. ¶ Ice has bound the pond. 연못은 얼음으로 덮였다. 13 (口) …에게 꼭 끼다. 14 〔英속어〕 (남)을 지루하게 하다. 15 〔컴퓨터〕 설정하다(변수에 값을 할당하다). 16 〔법률〕 (남)에게 (…하도록) 강제하 속하다 (over, to do).
── 자 1 (흙·눈 따위가) 굳어지다. 2 (약속·계약 따위가) 구속력이 있다, 의무를 지우다. 3 (옷 따위가) 꼭 끼다. 4 (드릴 따위가) (구멍에 박힌 채) 움직이지 않다. 5 (책이) 제본되다. 6 (俗) 투덜거리다(about). 7 (매가) 사냥감을 날면서 꽉 움켜쥐다. 「마음 먹다.
be bóund to do 반드시 …하다; (美구어) …하려고 하다; (美구어): (英구어): …할 의무가 있다.
be bóund úp in ① …에 열중하고 있다. ¶ His heart is bound up in her. 그는 그녀에게 반해 있다. ② =be bound up with.
be bóund úp with ① …와 밀접한 관계가 있다, 이해 관계가 같다; …에 의존하다. ② …로 굳히다.
bind a person **dówn** (수동형으로) 남을 속박하다.
bind a person **óver** 〔英법률〕 남을 근신하게 하다; 남에게 (…하도록) 서약하게 하다 (to do).
bind óff ① (혈액 순환) 을 (붕대를 동여) 멎게 하다. ② (편물에서) (편물에서 가장자리를 만들기 위해) (코)를 하나씩 빼다.
bind onesélf to do …하기로 맹세하다.
bind togéther 협력[단결]하다; …을 묶다; 굳히다, 응고시키다; 단결시키다; 구속하다. 「없다.
I'll be bóund. (구어) 내가 장담한다, 틀림
── 명 1 묶는 것, 끈, 실, 줄; 묶기; 속박. 2 〔음악〕 합선, 연결선. 3 〔지질〕 (탄층(炭層) 사이의) 경화 점토(硬化粘土). 4 〔英속어〕 지겨운 일, 홉(hop) 따위의 덩굴. 6 〔스코〕 (주량의) 한계. 7 〔서양장기〕 상대의 움직임을 봉쇄하는 말의 위치.
in a bínd (구어) 곤경에 처하여.
*****bind·er** [báindər] 명 1 묶는[매는] 사람. 2 봉하는 데 쓰는 띠지; (루스 리프의) 바인더. 3 제책공(製本工), 제책업자; 제본 기계. 4 〔농업〕 곡식 단을 묶는 사람, 바인더(reaper~). 5 〔보험〕 가계약, 가(假)인수증. 6 〔화학〕 접착제, 고착제. 7 〔석공〕 이음돌; 〔목공〕 접합재(材); 〔건축〕 작은 들보. 8 (俗) 지겨운 사람; 따분한 이야기[일]. 9 (~s) (俗) 자동차의 브레이크. 10 〔英속어〕 폐점 후에 마시는 최후의 한 잔. 11 〔방언〕 충분한 식사. 12 〔口〕 계약금 (영수증); 가계약서.
bínder twíne 명 (보리 따위를 묶는) 끈, 새끼줄. (또는 bínder's twíne)
bind·er·y [báindəri] 명 제책[제본]소.
bind·in [báindən] 명 〔생화학〕 바인딘(정자의 난막 결합에 관여하는 단백질).
bínd-in cárd [áin-] 명 잡지에 끼워 철한 카드[엽서]
*****bind·ing** [báindiŋ] 형 ⓤ ⓒ 1 묶기, 동이기; 속박. 2 묶는[다발짓는] 것; 끈, 새끼줄; 붕대. 3 (책의) 표지; 제본, 장정. 4 (…의 가장자리)의 선두르는 재료. 5 〔스키〕 바인딩(에 발을 고정시키는) 쇠붙이.
── 형 1 (…에) 구속력이 있는, 의무적인 (on, upon, to). ¶ the ~ force of laws 법의 구속력. 2 묶는, 다발로 묶는; 접합[결합]하는. 3 〔英속어〕 지겨운; 불쾌한 일을. 4 변비를 일으키는. ~·ly 부 ~·ness 명
bínding authórity 명 구속력.
bínding énergy 명 〔물리〕 결합[분리] 에너지.
bínding pówer 명 〔광물·야금〕 결합력.
bínding scréw 명 고정용 나사못.
bínding tíme 명 〔컴퓨터〕 속박 시간.
bin·dle [bindl] 명 〔美속어〕 (부랑자용) 침낭[침구]; 모르핀 따위의 소량.
bíndle stíff [mán] 명 (俗) 떠돌이, 계절 노동자.
bind·weed [báindwiːd] 명 덩굴식물; 메꽃속(屬).

bine [bain] 명 1 (홉(hop) 따위의) 덩굴. 2 =bindweed. 3 =woodbine 1.

Bi·net(-Sí·mon) scàle [tèst] [binéisáimən-] 명 〔심리〕 비네(시몬)식 지능 검사. 〔<창안자인 프랑스의 심리학자 Alfred Binet(1857–1911)와 Théodore Simon(1873–1961)의 이름〕

binge [bindʒ] 명 (구어) (술·마약 따위의) 떠들썩한 잔치; 술판; 야단 법석, 흥청거림; 분수없이 마심(먹어 댐); (지나친) 탐닉, 열중(spree).
have [or *go on*] *a binge* (먹고 마시며) 흥청거리다, 법석대다.
—통(째) (술·파티 따위로) 흥청대다; 통음(폭음)하다; 탐닉하다.
bíng·er 명

bínge drínking 명 (구어) 통음, 폭음.
bínge drínker 명

binge-purge syndrome [-pə́ːrdʒ-] 명 (the ~) 식욕 이상 항진증, 대식증(bulimia).

bin·gle[1] [bíŋgl] 명 (美속어) 〔야구〕 안타, 단타(base hit); (숨겨 놓은) 대량의 마약. └발(로 하다).
bin·gle[2] 명 통 (bob과 shingle 중간인) 치켜깎은 단

bin·go [bíŋgou] 명 ① (때로 B–) 빙고(lotto의 일종).
—(감) (속어) 맞았다, 이겼다, 해냈다.

bíngo bòy 명 (속어) 술 취한 사람.

bíngo càrd 명 (속어) (잡지에 붙어 있는) 애독자 앙케트용 카드(reader's service card).

bíngo field 명 (美軍속어) 대용 비행장.

bin·na·cle [bínəkl] 명 〔해사〕 나침의함(羅鍼儀函).

bin·oc·le [bínəkl/-nɔkl] 명 =binocular. └ulars).

bin·ocs [bənɑ́ks/-nɔ́ks] 명 복 (구어) 쌍안경(binocular, field glass)의 뜻으로 쓰는 말.

bin·oc·u·lar [bənɑ́kjulər, bai-/-nɔ́k-] 형 두 눈(용)의. ¶a ~ telescope 쌍안 망원경. —명 (~s) 쌍안경, 쌍안 현미경(망원경). **-lar·i·ty** [ˌ--ǽrəti] 명 ~**·ly**

binócular vísion 명 (눈의) 초점 거리.

bi·no·mi·al [bainóumiəl] 형 1 〔수학〕 이항식(二項式). 2 〔생물〕=~ nomenclature. —명 1 〔수학〕 이항(식)의. 2 〔생물〕 이명식(二名式)의. ~**·ism** 명 ~**·ly** 부

binómial coefficient 명 〔수학〕 2항 계수.

binómial distribútion 명 〔통계〕 2항 분포.

binómial expériment 명 〔통계〕 2항 측정.

binómial expréssion 명 2항식. ❸ monomial, trinomial, quadrinomial, multinomial

binómial nómenclature 명 〔생물〕 이명법(二名法)(속명(屬名)과 종명(種名)을 나타내는 명명법. 예: Panthera leo(사자)).

binómial séries 명 〔수학〕 이항식 급수.

binómial théorem 명 〔수학〕 2항 정리. 「mial 2.

bi·nom·i·nal [bainɑ́mənl/-nɔ́m-] 형 형 =bino-

bint [bint] 명 (英속어) 소녀, 여자; 걸프렌드; 매춘부.

bin·tu·rong [bintúərɔːŋ/-tjúərɔŋ] 명 빈투롱, 곰고양이(bear cat)(아시아산(產) 사향고양이).

bi·nu·cle·ar [bainjúːkliər] 형 (세포가) 핵이 둘 있는, 2핵의. (또는 **binucleate(d)**)

binúclear fámily 명 (자녀를 둔 부모의 이혼으로 생기는) 두 핵가족.

bi·o [báiou] 명 (구어) (복 ~**s**) 1 =biography. 2 = biology. —형 1 =biographical. 2 =biological.

bi·o- [báiou, báiə] 연결 life, living things의 뜻(* 모음 앞에서는 bi-). ¶biology, biopsy.

bi·o·ac·cu·mu·la·tion [bàiouəkjùːmjuléiʃən] 명 =biological accumulation. **-cú·mu·là·tive** 형

bi·o·a·cous·tics [bàiouəkúːstiks] 명 (단수취급) 생체 음향학. **-ti·cal** 형

bi·o·ac·tiv·i·ty [bàiouəktívəti] 명 ① 약품(살충제 등)의 생물체에 대한 영향(작용). **-ác·tive** 형

bi·o·as·say [bàiouəséi, -ǽsei] 명 〔생물〕 생물학적 정량(定量).

bi·o·as·tro·nau·tics [bàiouəstrənɔ́ːtiks] 명 복 (단수취급) 우주 생리학(생물학). **-tic, -ti·cal** 형

bi·o·as·tron·o·my [bàiouəstrɑ́nəmi/-trɔ́n-] 명 ① 우주 생물학.

bi·o·au·tog·ra·phy [bàiouːtɑ́grəfi/-tɔ́g-] 명 ① 〔생화학〕 바이오오토그래피(크로마토그래피 조작과 생물 검정(檢定)을 조합한 분석법). **-au·to·graph** [-ɔ́ː-təgrǽf/ -grɑ̀ːf] 명 **-au·to·gráph·ic** 형

bi·o·a·vail·a·bil·i·ty [bàiouəvèiləbíləti] 명 ① 〔생화학〕 (음식물·약물의) 생물학적 이용도. **-váil·a·ble** 형

bi·o·be·hav·ior·al [bàioubihéivjərəl] 형 생물 행동적인.

biobehávioral science 명 생물 행동 과학.

bi·o·belt [báioubelt] 명 (우주 비행사의) 바이오벨트 (생리 상태 원격 측정 장치).

bi·o·bib·li·og·ra·phy [bàioubìbliɑ́grəfi/-ɔ́g-] 명 전기(傳記)가 포함된 서지(書誌). 「작은 집합.

bi·o·blast [báiouablǽst] 명 〔생물〕 부정형 원형질의

bi·o·ce·nol·o·gy [bàiousinɑ́lədʒi/-nɔ́l-] 명 ① 생물 군집학(群集學). (또는 **biocoenology**)

bi·o·ce·no·sis [bàiousinóusis] 명 (복 **-ses** [-siːz]) 〔생태〕 생물 군집. (또는 **biocoenosis**)

bi·o·cen·trism [bàiouséntrizm] 명 ① 생물 중심주의(인류는 생물 사회 일원이며 다른 생물과 대등하다고 보는 생각). **-tric** 형

bi·o·ce·ram·ic [bàiousərǽmik] 명 생체용 세라믹.

bi·o·chem·i·cal [bàiouakémikəl] 형 생화학의, 생화학적인. (또는 **biochemic**) —명 생화학 물질. ~**·ly** 부

biochémical óxygen demànd 명 〔생태〕 생화학적 산소 요구량(약 BOD). (또는 **biological óxygen demànd**)

bi·o·chem·ist [bàiouakémist] 명 생화학자.

bi·o·chem·is·try [bàiouakémistri] 명 ① 생화학.

bi·o·chip [bíoutʃìp] 명 바이오칩, 생체(생물 화학 소자(素子)(단백질 등의 생체 물질에 정보처리를 행하려는 가설상의 소자).

bi·o·cid·al [bàiəsáidl] 형 생명 파괴성의; 유해한.

bi·o·cide [báiəsàid] 명 살(殺)생물제(herbicide(제초제), pesticide(살균제) 등의 총칭); 생명 파괴, 살생.

bi·o·clean [báiouklìːn] 형 (미)생물이 없는, 무균(상태)의. ¶a ~ room 무균실(약 BCR). 「적인.

bi·o·cli·mat·ic [bàiouklaimǽtik] 형 생물 기후학

bi·o·cli·ma·tol·o·gy [bàiouklàimətɑ́lədʒi/-tɔ́l-] 명 ① 생물 기후학. **-to·log·i·cal** [-tələdʒikəl/-lɔ́dʒ-] 형 **-to·lóg·i·cal·ly** 부 **-gist** 명

bi·o·com·pat·i·bil·i·ty [bàioukəmpæ̀təbíləti] 명 ① 생체 적합성. **-pát·i·ble** 형

bi·o·com·put·er [bàioukəmpjúːtər] 명 (전자·생물) 바이오 컴퓨터(인간의 뇌·신경에 가까운 성능의 분자 전자 장치를 이용한 컴퓨터).

bi·o·con·cen·tra·tion [bàioukɑ̀nsəntréiʃən/-kɔ̀n-] 명 =biological accumulation. 「control.

bi·o·con·trol [bàioukəntróul] 명 =biological

bi·o·con·ver·sion [bàioukənvə́ːrʒən] 명 〔생물〕 생물을 이용한 폐기물 따위의 생물(학)적 변화.

bi·o·crat [báiəkrǽt] 명 생물 과학 옹호론자(학자, 기술자). 「과 작품 연구의.

bi·o·crit·i·cal [bàioukrítikəl] 형 (작가 등의) 생활

bi·o·cy·ber·net·ics [bàiousàibərnétiks] 명 복 (단수취급) 바이오사이버네틱스(생물의 정보 전달이나 제어를 수학적으로 이해하려는 학문 분야). **-ic** ~**·ne·ti·cian** [-nətíʃən], ~**·nét·i·cist** 명

bi·o·cy·cle [báiousàikl] 명 〔생태〕 생물 사이클.

bi·o·da·ta [báioudèitə] 명 (美) 경력(이력)(서).

bi·o·de·grad·a·ble [bàioudigréidəbl] 형 (미생물의 작용으로) 분해 가능한, 미생물의 작용으로 분해되는. ¶~ materials 미생물의 작용으로 분해되는 물질. **-gràd·a·bíl·i·ty** 명

bi·o·de·grade [bàioudigréid] 형 (미생물의 작용으로) 생물 분해하다. **-dèg·ra·dá·tion** 명

bi·o·de·te·ri·o·ra·tion [bàioudɪtìəriəréiʃən] 영 생물 분해(biodegradation).
bi·o·di·ver·si·ty [bàioudivớːrsəti/-dai-] 영 생물학적 다양성, 종(種)의 다양성. **-vérse** 영 생물이 다양한. **-si·fied** 영 생물을 다양화한.
Biodivérsity Convéntion (the ~) 생물 다양성 조약(1993년에 발효된 멸종 위기 생물·종(種) 보존 조약).
bi·o·dra·ma [bàioudrάːmə, -drǽmə] 영 전기(傳記) 드라마. 〔<*bio*graphical+*drama*〕
bi·o·dy·nam·ics [bàioudainǽmiks] 영형 (단수취급) 생활 기능학, 생체 역학. **-ic, -i·cal** 영
bi·o·e·col·o·gy [bàiouikάlədʒi/-kɔ́l-] 영① 생태학. **-ec·o·log·ic** [-èkələdʒik/-lɔ́dʒ-], **-èc·o·lóg·i·cal** 영 **-èc·o·lóg·i·cal·ly** 영 **-gist** 영
bi·o·e·lec·tric [bàiouiléktrik] 영 생체[생물] 전기의. (또는 **bioelectrical**) **-lec·tríc·i·ty** 영
bi·o·e·lec·tro·gen·e·sis [bàiouilèktroudʒénəsis] 영 생물 발전, 생체 전기 발생.
bi·o·e·lec·tro·mag·net·ics [bàiouilèktroumægnétiks] 영형 (단수취급) 생체 전자기학(電磁氣學).
bi·o·e·lec·tron·ics [bàiouilektrάniks/-trɔ́n-] 영형 (단수취급) 1 (생물) 생체 전자 공학. 2 (의학) 생체 전자학 장치 사용. **-ic** 영
bi·o·en·er·get·ics [bàiouènərdʒétiks] 영형 (단수취급) 1 (심리) 생체 에너지 요법. 2 (생화학) 생물(생체) 에너지학[론]. 「얻는」 생물 에너지[연료].
bi·o·en·er·gy [bàiouénərdʒi] 영 (biofuel에서
bi·o·en·gi·neer·ing [bàiouèndʒiniəriŋ] 영① 생물(생체) 공학. 1 공학의 원리·기술을 의학·생물학 문제에 응용하는 것. (또는 **biomédical engineering**) 2 생물 제어나 생화학적 기법을 응용하여 공업 생산을 하는 기술. **-néer** 영
bi·o·en·vi·ron·men·tal [bàiouinvàiərənméntl] 영 (생태) 생물 환경의에 관한.
bi·o·e·quiv·a·lence [bàiouikwívələns] 영① (약학) 생물학적 등가성(等價性)(같은 약제를 다른 처방으로 투여해도 동일하게 흡수·배설되는 것). (또는 **bioe-quivalency**) **-lent** 영
bi·o·eth·ics [bàiouéθiks] 영형 (단수취급) 생명 윤리(학)(유전자 조작 따위 생명 과학 발달에 따른 윤리 문제를 다룸). **-i·cal** 영 **-i·cist** 영
bi·o·feed·back [bàioufíːdbæk] 영① (의학) 생체 자기(自己) 제어(뇌파·혈압·맥박·근육 긴장도 따위의 조정). (또는 ⌐ **tráining**)
bi·o·flick [báiouflìk] 영 (TV·영화의) 전기물. 「인.
bi·o·friend·ly [bàiəfréndli] 영 생물(환경) 친화적
bi·o·fu·el [báioufjùːəl] 영 생물 연료(석탄·석유 등 원래 생물체였던 물질로 된 연료).
biog. biographer; biographical; biography.
bi·o·gas [báiougæs] 영 생물 가스(유기물 부패·발효에 의해 발생하는 기체 연료의 총칭). (또는 **bío-gas**)
bì·o·gàs·i·fi·cá·tion 영① 생물 가스화(化).
bi·o·gen [báiədʒən, -dʒèn/-dʒən] 영 (생화학) 바이오겐, 생원체(生原體)(가상의 단백질 분자).
bi·o·gen·e·sis [bàioudʒénəsis] 영① (생물) 1 생물 발생설(생물은 생물에서만 발생한다는 설)(⇔ **abio-genesis**). 2 생물 발생. 3 =**biosynthesis**. (또는 **bi·og·e·ny** [baiάdʒəni/-ɔ́dʒ-])
bi·o·ge·net·ic [bàioudʒənétik] 영 생물 발생의. (또는 **biogenetical**) **-i·cal·ly** 영
bi·o·ge·net·ics [bàioudʒənétiks] 영형 (단수취급) 유전자 공학(genetic engineering). **-i·cist** 영
bi·o·gen·ic [bàioudʒénik] 영 1 (발효 따위가) 생물 활동에 의한. 2 (물·음식 따위가) 생명 활동(유지)에 불가결한. 「생기는. 2 =**biogenic**.
bi·og·e·nous [baiάdʒənəs/-ɔ́dʒ-] 영 1 생물에서
bi·o·ge·o·ce·no·sis [bàioudʒìːousinóusis] 영

(⑨ *-ses* [-siːz]) 생태계(ecosystem). **-nót·ic** 영
bi·o·ge·o·chem·is·try [bàioudʒìːoukémistri] 영① 생물 지구 화학. **-i·cal** 영
bi·o·ge·o·coe·nol·o·gy [bàioudʒìːousinάlədʒi/-nɔ́l-] 영① 생태계 연구.
bi·o·ge·o·coe·no·sis [bàioudʒìːousinóusis] 영 (⑨ *-ses* [-siːz]) =**biogeocenosis**.
bi·o·ge·og·ra·phy [bàioudʒiάgrəfi/-ɔ́g-] 영① (생태) 생물 지리학. **-pher** 영 **-ge·o·gráph·ic** [-dʒìː-əgrǽfik], **-ge·o·gráph·i·cal** **-ge·o·gráph·i·cal·ly** 영 「(뼈와 인공 뼈[이 따위]를 접합함).
bi·o·glass [báiouglæ̀s/-glὰs] 영① 생물 유리
bi·o·graph [báiəgræ̀f/-grὰːf] 영업 …의 전기(傳記)를 쓰다. ─ 영 (B-) (상표) 바이오그래프(초기의 영화 활영·영사기).
bi·og·ra·phee [baiὰgrəfíː/-ɔ̀g-] 영 전기의 주인공.
*__**bi·og·ra·pher** [baiάgrəfər/-ɔ́g-] 영 전기 작가.
*__**bi·o·graph·i·cal** [bàiəgrǽfikəl] 영 전기(傳記)체의.¶ **a ~ dictionary** 인명 사전/**a ~ sketch** 약전(略傳). (또는 **biographic**) **~·ly** 영
‡**bi·og·ra·phy** [baiάgrəfi/-ɔ́g-] 영① (⑨ *-phies* [-z]) 전기, 일대기; ① (집합적) 전기류[물], 전기 문학. ─ 영업 …의 전기를 쓰다.
bi·o·hack·er [-hǽkər] 영 생명 공학 해커[마니아].
bi·o·haz·ard [báiouhæ̀zərd] 영 생물학적 유해 물질; 생물학적 재해(생물학적 연구용의 병원(病原) 물질이 인간 및 생태계에 주는 위협). **bì·o·ház·ard·ous** 영
bi·o·hol·on·ics [bàiəhάləniks/-hɔ́l-] 영① (단수취급) 바이오홀로닉스(생물 시스템을 구성하는 요소(holon)의 종합적 연구).
bi·o·in·dus·try [bàiouíndəstri] 영① 생물[생명] 공학 산업. ⓐ biotechnology
bi·o·in·for·mat·ics [bàiəinfərmǽtiks] 영형 (단수취급) (컴퓨터) 생물 정보학(database)을 이용한 유전 코드(암호)의 해독·신약 개발 등).
bi·o·in·or·gan·ic [bàiouìnɔːrgǽnik] 영 (생화학) 생물 무기 화학의. ⓐ **bioorganic**
bi·o·in·stru·men·ta·tion [bàiouìnstrumentéiʃən] 영① 생체 계측(우주 비행사 등의 생리에 관한 데이터를 기록하는 일); 그 기기의 사용법.
biol. biologic(al); biologist; biology.
*__**bi·o·log·i·cal** [bàiəlάdʒikəl/-lɔ́dʒ-] 영 1 생물학(상)의, 생물학적인. 2 응용 생물학의. 3 핏줄이 같은, 실제의. 4 (합성 세제가) 효소를 포함한. ─ 영 (약학) 생물학적 약제(혈청·백신 따위). (또는 **biologic**) **~·ly** 영
biológical accumulátion 영 생물(학적) 축적 (환경 중의 유독 물질이 생물체 세포 내에 축적되는 것).
biológical asséssment 영 (개발 계획 따위의) 생물학적 영향 평가.
biológical chémistry 영 생물 화학.
biológical child 영 (양자에 대해) 친자, 실자(實子).
biológical clóck 영 (생리) 생체(체내) 시계(생물체에 존재한다고 추정되는 시간 측정 기구).
biológical contról 영 생물적 방제(防除)(천적을 이용하여 해충을 퇴치하는 따위). (또는 **biocontrol**)
biológical convérsion 영 (생물) 생물학적 변환 (미생물을 사용하여 어떤 화합물의 딴 화합물로의 변화).
biológical engineéring 영 생물(생체) 공학(bioengineering).
biológical hálf-life 영 생물학적 반감기(半減期).
biológical magnificátion 영 생물(학적) 농축 (생태계의 먹이 연쇄를 통해 유독 물질의 농도가 증대하는 것). (또는 **biomagnificátion**)
biológical móther 영 생모(生母), 실모(實母).
biológical oceanógraphy 영 해양 생물학.
biológical óxygen demánd 영 생물학적 산소 요구량(⑨ BOD). 「(또는 **birth párent**)
biológical párent 영 (one's ~) 생(生)[친]부모.

bi·o·lóg·i·cal próduct 생물학 상품; [약학] 생물학적 약제[제제](백신·혈청·혈액 제제·항독 따위).
bi·o·lóg·i·cal rhýthm [생리] =biorhythm.「蔽」.
bi·o·lóg·i·cal shíeld [원자물리] 생물학적 차폐(遮 유기(有機) 화학의.
bi·o·lóg·i·cal válue 생물가(價)(음식에 들어 있는 단백질의 영양 효과를 나타내는 수치).
bi·o·lóg·i·cal wárfare 세균[생물]전(戰)(biowarfare, germ warfare)(약 B.W.).
bi·ol·o·gism [baiálədʒizm/-ɔ́l-] 생물학주의(생물학의 원칙이나 방법으로 인간의 (사회적) 행동을 설명하려는 학설).
*__bi·ol·o·gist__ [baiálədʒist/-ɔ́l-] 생물학자.
‡__bi·ol·o·gy__ [baiálədʒi/-ɔ́l-] 1 생물학. 2 생활사. 3 (한 지역의) 생물 (전체), 동식물상(相); 생태(학).
bi·o·lu·mi·nes·cence [bàioulù:mənésns] 생물 발광(發光). **-cent**
bi·ol·y·sis [baiáləsis/-ɔ́l-] [생물] (미생물에 의한) 생물[생체] 분해.
bi·o·mag·ni·fi·ca·tion [bàiouməgnəfikéiʃən] =biological magnification. **-mág·ni·fỳ** 생물 농축이 되다.
bi·o·mass [báiouməs] 1 [생태] 생물량, 생물체 총량(한 지역 내에 현존하는 생물의 총량). 2 바이오매스(열 자원으로서의 식물체 및 동물 폐기물).
bíomass fùel 바이오매스 연료(메탄·수소로 만든 합성 연료).
bi·o·ma·te·ri·al [bàioumətíəriəl] 생체 적합 물질[재료](보통 플라스틱).
bi·o·math·e·mat·ics [bàiouməθəmǽtiks] (단수취급) 생물 수학.
bi·ome [báioum] [생태] 생물 군계(群系).
bi·o·me·chan·ics [bàioumɔkǽniks] (단수취급) 생물 기계학, 생체[생물] 역학. **-i·cal** **-i·cal·ly**
bi·o·med·i·cal [bàioumédikəl] 생물 의학의.
biomédical engineering =bioengineering 1.
bi·o·med·i·cine [bàioumédəsin] 생체 임상 의학(생물학·생리학 등의 임상 의학에의 응용).
bi·om·e·ter [baiámətər] 생물 계측기, 생물계(생체의 조직에서 방출되는 미량의 탄산 가스도 측정할 수 있는 기기).
bi·o·me·te·or·ol·o·gy [bàioumì:tiərálədʒi/-rɔ́l-] 생물 기상(환경)학.
bi·o·met·rics [bàiɔmétriks] (단수취급) (생물) 생물 측정학. **-ric, -ri·cal** **-ri·cal·ly**
bi·om·e·try [baiámətri] 1 =biometrics. 2 (폐어) (인간의) 수명 측정(법).
bi·o·mi·met·ics [bàiɔmimétiks, -mai-] (단수취급) [생물] 생체 모방 기술.
bi·o·mol·e·cule [bàioumáləkju:l/-mɔ́l-] 생체 분자(생체내에서 만들어지는 유기 화합물). **-mo·lec·u·lar** [-məlékjulər]
bi·o·morph [báiouɔ̀:rf] 유기적 형태(아메바 따위를 연상시키는 추상적 그림·조각의 디자인). **-mórphic**
bi·on·ic [baiánik/-ɔ́n-] 1 생체[생물] 공학적인; 신체 기능을 기계적으로 강화한. 2 (구어) 초인적인 힘을 가진, 정력적이며 굳건한; 수준 이상의, 우수한. **-i·cal·ly**
biónic chip [microchip] 바이오닉[생체] 칩.
bi·on·i·cist [baiánəsist/-ɔ́n-] 생체 공학 전문가.
bi·on·ics [baiániks/-ɔ́n-] (단수취급) 바이오닉스, 생체[생물] 공학. [<*bio*logy+electr*onics*].
Bíonic Válley (美) 바이오닉 밸리(Utah 주 Salt Lake City 근처에 있는 생체 공학 연구 개발 및 산업 단지). ⓐ Silicon Valley.
bi·o·nom·ics [bàiɔnámiks/-nɔ́m-] (단수취급) 생태학(ecology). **-ic, -i·cal** **-i·cal·ly**

bi·on·o·my [baiánəmi/-ɔ́n-] 생리학; 생태학.
bi·ont [báiɑnt/-ɔnt] (생물) 생리적 개체, 비온트.
bi·o·or·gan·ic [bàiouɔ:rgǽnik] [생화학] 생물 유기(有機) 화학의. 「연」 살충제.
bi·o·pes·ti·cide [bàioupéstəsàid] 생물[천
bi·o·phar·ma·ceu·tics [bàioufɑ̀:rməsú:tiks] (명) (단수취급) 생물 약제학. **-ti·cal**
bi·o·phil·i·a [bàioufíliə] 생명애(愛). 「철학.
bi·o·phi·los·o·phy [bàioufilásəfi/-lɔ́s-] 생물
bi·o·phys·ics [bàioufíziks] (단수취급) 생물 물리학. **-i·cal** **-i·cal·ly** **-i·cist**
bi·o·pic [báioupìk] (구어) =bioflick.
[<*bio*graphical+*pic*ture]
bi·o·pi·ra·cy [-páiərəsi] 생물 자원 수탈(선진국 식품·의약 기업들의 개도국 생물학적 자원 무단 이용).
bi·o·plasm [báiouplæzm] [생물] 원생질, 원형질(protoplasm). 「세포.
bi·o·plast [báiouplæst] [생물] 원생체, 원생질
bi·o·plas·tic [báiouplǽstik] 바이오플라스틱(생체 접합 물질로 알맞은 플라스틱).
bi·o·pol·y·mer [bàioupálimər/-pɔ́l-] [생물공학] 생물 고분자 물질(단백질·핵산 따위).
bi·o·pre·neur [bàiəprənə́:r] 생명 공학 기업가. [<*biotechnology*+entre*preneur*]
bi·o·proc·ess [bàiouprǽses/-próu-] [생물공학] (유전 공학 제품 따위의) 생물학적 제법. — 응용 생물학적 방법으로 처리하다[만들다].
bi·op·sy [báiɑpsi/-ɔp-] [의학] 생체 조직 절편(切片) 검사(법), 생검(生檢)(법). — (검사를 위해) 생체 조직을 떼어내다.
bi·o·psy·chic [bàiousáikik] [심리] 생체 심리학의. (또는 **biopsychical**) 「생물 심리학.
bi·o·psy·chol·o·gy [bàiousaikálədʒi/-kɔ́l-]
bi·o·ra·tion·al [bàiourǽʃənl] (명) [농약] 생체 합리 살충제(식물에는 무해하고 해충만 죽이는 살충제). — (형) 생물학적으로 합리성이 있는. 「반응기.
bi·o·re·ac·tor [bàiouriǽktər] [생물공학]
bi·o·re·gion [bàiourí:dʒən] [생물] 생태적 지역.
bi·o·re·me·di·a·tion [bàiourimi:diéiʃən] (화학) 생물학적 환경 정화(미생물을 사용하여 오염 물질을 분해하고 환경을 살리는 방법).
bi·o·re·search [bàiourisə́:rtʃ] 생물 과학 연구.
bi·o·rhe·ol·o·gy [bàiouri:álədʒi/-ɔ́l-] 생체 유동학(생물체 내의 유체(流體) 역학; 혈액의 연구 등).
bi·o·rhythm [báiouriðm] 생체(바이오) 리듬(생체가 가지는 생리적 과정의 주기성). **-rhýth·mic** **-rhýth·mi·cist, -rhyth·míc·i·ty, -rhýth·mist**
BIOS [báiɑs/-ɔs] [컴퓨터] 기본 입출력 시스템. [<*B*asic *I*nput/*O*utput *S*ystem]
bi·o·safe·ty [bàiouséifti] 생물학적 안전성, 유전자 변형 식품 안전성.
biosáfety tréaty [prótocol] 유전자 변형 식품 안전성 조약.
bi·o·sat·el·lite [bàiousǽtəlàit] 생물 위성(연구용 동식물을 탑재한 위성; ⓐ BIOS).
bi·o·sci·ence [bàiousàiəns] 생명[생물] 과학; 우주 생물학. **-sci·en·tíf·ic** **-scí·en·tist**
bi·o·scope [báiəskòup] (초기의) 영사기; (남아공) 영화.
bi·os·co·py [baiáskəpi/-ɔ́s-] [의학] 생사(生死) (반응) 검사. **bi·o·scop·ic** [bàiəskápik/-skɔ́p-]
bi·o·sen·sor [bàiousénsər] 바이오센서, 생물 감지기(생체가 가진 기능을 이용한 화학 물질 따위의 감지·계측 장치).
bi·o·shield [báiouʃí:ld] 생물체 차폐 장치(살균 처리한 뒤 발사할 때까지 우주선을 생물체와 격리시켜 두는 장치).
-bi·o·sis [baióusis, bi-] [연결] way of life의 뜻. 참

bi·o·so·nar [bàiousóuna:r] 몡 〘생물〙 바이오소나 (동물에게 있는 일종의 음파 탐지 장치).

bi·o·spe·le·ol·o·gy [bàiouspì:liáladʒi/-ɔ́l-] 몡 동굴 생물학. **-o·lóg·i·cal** 閔 **-gist** 몡

bi·o·sphere [báiasfìar] 몡 (the ~) 생물권(지구상의 생물의 세계); 생활권. **-spher·ic** [-sférik] 閔

bi·o·stat·ics [bàioustǽtiks] 몡벡 〘단수취급〙 생물 정역학(靜力學)(생물의 구조와 기능을 관련시켜 연구하는 생물학). ⓥ biodynamics **-ic**, **-i·cal** 閔

bi·o·sta·tis·tics [bàioustətístiks] 몡벡 〘단수취급〙 생물 통계학. **-stat·is·ti·cian** [-stæ̀tistíʃən] 몡

bi·o·stra·tig·ra·phy [bàioustrətígrəfi] 몡 〘지질〙 생물 층서학(層序學). **-strat·i·gráph·ic** 閔

bi·o·strome [báiəstròum] 몡 〘지질〙 충상 생초(層狀生礁), (지층의) 생물 화석층. **-stró·mal** 閔

bi·o·sym·pho·ny [bàiəsímfəni] 몡 생체 음악(인체에 전극 따위를 부착해 뇌파·심장 박동·근육 반응 따위를 전자기 기기를 이용해 음으로 만들어 내는 음악).

bi·o·syn·the·sis [bàiousínθəsis] 몡앉 〘생화학〙 생합성(生合成)(생체에 의한 합성적인 화학 변화).

bi·o·syn·thet·ic [bàiousinθétik] 閔 〘생화학〙 생합성의; 생합성으로 만들어지는 물질의. **-i·cal·ly** 閈

bi·o·sys·tem·at·ics [bàiousìstəmǽtiks] 몡벡 〘단수취급〙 〘생물〙 종(種)분류학. (또는 biosystem-aty) **-ic** 閔 **-sýs·tem·a·tist** 몡

bi·o·ta [baióutə] 몡 〘생태〙 생물(종류)상(相).

bi·o·tech [báioutek] 몡 〘구어〙 =biotechnology. **bíotech fóod** 몡 유전자 변형[생명 공학] 식품.

bi·o·tech·nol·o·gy [bàiouteknáləʒi/-nɔ́l-] 몡 생물 공학, 바이오테크놀러지; 인간 공학(ergonomics). **-téch·ni·cal**, **-no·lóg·i·cal** [-tèknəládʒikəl/-lɔ́dʒ-] 閔 **-no·lóg·i·cal·ly** 閈 **-gist** 몡

bi·o·te·lem·e·try [bàioutəlémətri] 몡앉 〘생물체〙 원격 측정법. **-ter** 몡 **-tel·e·met·ric** [-tèləmétrik] 閔 **-tèl·e·mét·ri·cal·ly** 閈

bi·o·ter·ror·ism [bàioutérərìzm] 몡 생화학 테러 (세균·화학 물질 따위를 이용하는 테러 행위).

bi·o·ther·a·py [bàiouθérəpi] 몡 〘의학〙 생물(학적) 요법(생물체에서 얻을 수 있는 약제를 사용하는 요법).

bi·ot·ic [baiátik/-ɔ́t-] 閔 1 생명[생물]의; 생명[생물]에 관한. 2 생체 활동에서 생기는. 3 상호 의존의. (또는 **biotical**)

-bi·ot·ic [baiátik/-ɔ́t-] 연결 relating to life, having a specified way of life의 뜻의 형용사나 명사를 만든다. ⓥ **-biosis** ¶ anti*biotic*.

biótic clímax 몡 〘생태〙 생물적 극상(極相).

biótic formátion 몡 =biome.

biótic poténtial 몡 〘생물〙 번식 능력, 생활 능력.

bi·o·tin [báiətin] 몡앉 〘생화학〙 비오틴(비타민 B 복합체의 하나; 비타민 H와 동일물). ['titik]

bi·o·tite [báiətàit] 몡 〘광물〙 흑(黑)운모. **-tit·ic**

bi·o·tope [báiətòup] 몡 〘생태〙 소(小)생물환.

bi·o·tox·ic [bàioutáksik/-tɔ́k-] 閔 생물 독소의.

bi·o·tox·i·col·o·gy [bàioutàksikálədʒi/-tɔ̀ksikɔ́l-] 몡 생물 독물학(毒物學).

bi·o·tox·in [bàioutáksin/-tɔ́k-] 몡 생물 독소.

bi·o·trans·for·ma·tion [bàioutrænsfərméiʃən] 몡 〘생리〙 생체내 변화.

bi·o·tron [báiətràn/-tròn] 몡 바이오트론(환경 조건을 조작하여 그 속에서 생물 연구를 하는 실험 장치).

bi·o·type [báiətàip] 몡 〘유전〙 생물형(生物型)(동일한 유전자를 가진 개체군; 그 유전자형).

bi·o·veg·e·ta·ble [²védʒətəbl] 閔 유전자 조작 야채, 바이오 야채.

bi·ov·u·lar [bàiávjulər, -óuv-] 閔 이란성(二卵性)의, 이란성 쌍생아(특유)의. ⓥ monovular

bi·o·war·fare [bàiouwɔ́:rfɛ̀ər] 몡 〘군사〙 생물전, 세균전(biological warfare).

bi·o·weap·on [bàiouwépən] 몡 생물[세균] 무기.

bi·pack [báipæ̀k] 몡 〘사진〙 이중 천연색 필름(감색성(感色性)이 다른 2종의 필름을 겹친 컬러 필름).

bi·pa·ren·tal [bàipərént l] 閔 양친의[에 관한, 에게서 얻은]. **~·ly** 閈

bip·a·rous [bípərəs] 閔 1 〘동물〙 한 번에 두 마리 새끼를 낳는. 2 〘식물〙 (가지 또는 축이) 두 개 나는.

bi·par·ti·san [bàipá:rtəzn/bàipa:rtizǽn] 閔 양당[양파]의, 양당[양파]으로 구성된[을 대표하는]; 초당파적인. ¶ ~ diplomacy 초당파 외교. (또는 **bipartizan**) **~·ism**, **~·ship** 몡

bi·par·tite [baipá:rtait] 閔 1 둘로 나누어진; 〘법률〙 2통으로 작성된.¶ a ~ contract 2통 작성의[정·부(正副) 두 통의] 계약서. 2 양자 공유의. 3 〘식물〙 둘로 갈라진.¶ a ~ leaf 이심렬엽(二深裂葉). **~·ly** 閈

bi·par·ti·tion [bàipa:rtíʃən] 몡앉 1 두 구분; 〘법률〙 2통 작성. 2 양자 공유. 3 〘식물〙 이심렬.

bi·par·ty [báipà:rti] 閔 양당[합동]의.

bi·ped [báiped] 몡 두 발 동물. — 閔 두 발(동물)의.

bi·ped·al [báipèdl] 閔 =biped. **~·ly** 閈

bi·ped·al·ism [baipédəlìzm] 몡 두 발 보행. (또는 **bi·pe·dal·i·ty** [bàipidǽliti])

bi·pet·al·ous [baipétələs] 閔 〘식물〙 꽃잎이 둘인.

bi·phen·yl [baifénl] 몡 〘화학〙 비페닐.

bi·pin·nate [baipíneit] 閔 〘식물〙 (잎이) 이회 우상(二回羽狀)의. **~·ly** 閈

bi·plane [báiplèin] 몡 복엽(비행)기. ⓥ monoplane

B.I.P.O., **Bi·po** [báipou] *British Institute of Public Opinion*(지금의 Social Surveys Ltd.).

bi·pod [báipəd/-pɔ́d] 몡 두 다리[양각] 받침대.

bi·po·lar [baipóulər] 閔 1 이극식(二極式)의; 양극에 있는; (전극·성질이) 정반대의. ¶ a ~ dynamo 이극 발전기. **bi·po·lar·i·ty** [bàipoulǽrəti] 몡 이극성. ᅩ·**i·zá·tion** 몡앉 (세력·의견 따위의) 양극화.

bip·py [bípi] 몡(소어) 신체의 일부; 엉덩이. *You bet your (sweet) bippy.* 당연하지, 틀림없다.

bi·pro·pel·lant [bàiprəpélənt] 몡 (로켓·미사일의) 이원(二元) 추진제(劑).

bi·quad·rat·ic [bàikwɑdrǽtik/-kwɔd-] 〘수학〙 閔 4차의. — 몡 4차 방정식.

bi·quar·ter·ly [baikwɔ́:rtərli] 閔 3개월[분기(分期)]에 두 번(발행)의.

bi·qui·na·ry [bàikwáinəri/-kwí-] 閔 〘수학〙 이 오진법의(二五進法의), 이진법과 오진법 혼용의.

bi·ra·cial [bairéiʃəl] 閔 두 인종[백인과 흑인]의[으로 된]. **~·ism** 몡

*****birch** [bə:rtʃ] 몡 자작나무(~ tree); 앉 자작나무 재목; 자작나무 회초리(~ rod). — 閔 =birchen. — 囘 …을 (처벌로서) 자작나무 회초리로 때리다.

birch·en [bə́:rtʃən] 閔 자작나무의[로 만든]. ¶ ~ furniture 자작나무 가구.

Birch·er [bə́:rtʃər] 몡 〘美〙 버치주의자, 버치 협회 회원(극우 단체인 John Birch Society의 일원); 〘구어〙 초보수[극우]주의자. (또는 **Birchite**)

Birch·ism [bə́:rtʃìzm] 몡앉 버치주의, 극우 반공주의(John Birch Society의 노선). **-ist** 몡

‡**bird** [bə:rd] 몡 (벡 ~s [-z]) 1 새. ¶ *Every ~ likes its own nest (the) best.* 〘속담〙 어느 새나 자기 둥지를 가장 좋아한다, 내 집보다 좋은 곳은 없다 / *Fine feathers make fine ~s.* 〘속담〙 깃털이 아름다우면 새도 아름답다, 옷이 날개. 2 〘사냥〙 엽조(獵鳥)(game ~). 3 =clay pigeon. 4 〘구어〙 (어떤 특징·성질을 가진) 사람, 녀석; 〘美속어〙 (종종 반어적) 영리한 사람, 열광자, …광. ¶ a jail ~ 죄수 / a queer ~ 이상한 녀석, 괴짜. 5 〘구어〙 매력적인; 로켓; 인공 위성; 유도 미사일. 6 〘英속어〙 매력적인 소녀, 여자; 여자 친구; 〘美속어〙 매춘부. 7 (배드민턴의) 셔틀콕. 8 〘英속어〙 교도소; 앉 형기. 9

(the ~) (속어) 야유할 때의 소리, 야유(입술을 부는 소리); (美속어) 가운뎃손가락을 세우고 손등을 상대를 향해 드는 손짓(* Fuck you!의 뜻을 나타낸다).
a bird in (the) hand 수중의 새; 확실한 것일). ¶A ~ *in the hand is worth two in the bush.* (속담) 수중의 한 마리 새가 숲 속의 두 마리보다 낫다. 남의 돈 천 냥이 내 돈 한 푼만 못하다. 「생각.
a bird of one's own brain [or *mind*] 자기 자신의
A little bird (*told me*). (구어) (…의 일을) 풍문(에 들었다), 어떤 사람(에게서) 들었다(*that* 節) (* 정보의 출처를 분명히 밝히기를 피할 때 쓴다). ¶*A little* ~ *told me* that today is your birthday. 오늘이 네 생일이라고 어떤 사람한테서 들었다.
an early bird 아침에 일찍 일어나는 사람; 부지런한 사람.
(*as*) *free as a bird* 새처럼 자유롭게.
be (strictly) for the birds (구어) (전혀) 재미없다. 시시하다, 보람이 없다. ¶That story *is for the* ~s. 그 이야기는 우스꽝스럽다.
Birds are walking. 악천후로 비행기가 날지 못한다.
birds of a feather 같은 깃털의 새; (보통 나쁜 뜻으로) 같은 무리, 한패. ¶*Birds of a feather flock together.* (속담) 같은 깃털의 새는 한데 모인다, 유유상종(類類相從).
do (*one's*) *bird* (英속어) (죄수가) 형을 살다, 복역하
eat like a bird 소식(小食)하다. 「다.
flip the bird (속어) 음탕한 몸짓을 하다.
get the bird (속어) ① 야유를 당하다. ② 해고되다.
give a person the bird (속어) ① 남을 야유하다, 놀리다, 조롱하다(scoff). ② 남을 해고하다; 남을 퇴짜놓
have a bird (美속어) 몹시 흥분하다; 벌컥 화를 내다. 「다.
hear a bird 은밀한 보고를 듣다, 몰래 듣다.
in bird (英속어) 투옥되어.
kill two birds with one stone (구어) 일석이조의 효과를 얻다, 일거양득하다.
like a bird 유쾌하게, 명랑하게; (구어) (차·엔진 따위가) 쾌조로. ¶work *like a* ~ 즐겁게 일하다.
make a (*dead*) *bird of* (濠) …을 확보하다.
the bird in one's bosom 양심; 내심, 속마음.
The bird is [or *has*] *flown.* (사람이) 자취를 감췄다, 사라졌다.
the birds and (*the*) *bees* (구어·완곡적) (아이들에게 가르치는) 생명 탄생의 비밀, 성(sex)에 관한 지식 (새와 꿀벌을 예로 든다).
— 動(자) 새를 잡다[쏘다]; 들새를 관찰하다.
~·**less** 형

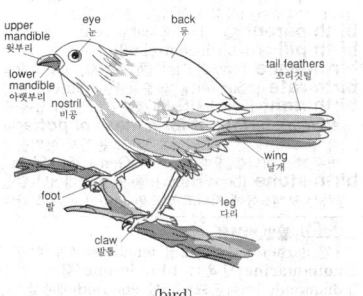

[bird]

bird·a·ble [bɜ́ːrdəbl] 형 (구어) (뉴스 따위가) 위성 중계 가치가 있는. ⇒**bíl·i·ty**
bírd bànd 형 (새의 다리에 감는) 인식표 고리((美)) bird ring). **bírd bànder** 새의 인식표 고리를 다는 사람. **bírd bànding** 명 (인식표 고리에 의한) 조류 식별법. 「의 미역옥 물대야(쟁반).
bírd·bath [bɜ́ːrdbæθ/-bɑ̀ːθ] 명 (※ ~**s** [-ðz]) 새
bird·brain [bɜ́ːrdbrèin] 명 (구어) 바보, 멍청이(
~**ed**, bird·bráined 어리석은.
bird·cage [bɜ́ːrdkèidʒ] 명 새장; (공항 상공의) 비행 관제 구역; (美속어) 유치장, 독방. 「(또는 bírdcall)
bírd càll 명 새소리; 새소리 흉내; 새를 부르는 피리.
bird·càtcher 명 새 잡는 사람, 새덫.
bírd circuit 명 (속어) gay bar 편력.
bird-claw [ˈklɔː] 형 새의 발톱처럼 깜마은.
bírd cólonel (美軍속어) 대령(독수리 견장에서).
bírd dòg 1 새 사냥견((美) gun dog). 2 (구어) 스카우트 요원; 손님을 유치하는 사람. 3 (구어) 정보 수집인, 수사원; (행방 불명자의) 수색자. 4 (구어) 남의 데이트 상대를 가로채는 사람. 5 (속어) 전투기, 요격기.
bird-dog [-dɔ̀ːg/-dɔ̀g] 동 (-*gg*-) 형 (구어) …을 살살이 뒤지다, 열심히 찾다, 세심하게 지켜보다; 바짝 뒤쫓다. — (타) 남의 데이트 상대를 가로채다. ~·**ging** 명
bird·er [bɜ́ːrdər] 명 조류 사육가; (美구어) =bird watcher 1.
bird-eyed [-áid] 형 1 새 같은 눈을 가진; 눈치 빠른. 2 (말이) 잘 놀라는.
bírd fàncier 명 애조가(愛鳥家); 새 장수.
bírd fàrm 명 (속어) 항공 모함.
bird-foot [-fùt] 명 (※ ~**s**) =bird's-foot.
bird·house [bɜ́ːrdhàus] 명 새집; 새장.
***bird·ie** [bɜ́ːrdi] 명 1 (어린이말) 새, 새새끼. 2 [골프] 버디(파(표준)보다 1타 적은 타수). 3 (구어) (배드민턴의) 셔틀콕. 4 (구어) (카메라의) 렌즈. 5 (~s) (美속어) =bird legs.
hear the birdies sing (속어) (녹아웃 당하여) 의식 불명이다. 「기를 보세요!
Look at [or *Watch*] *the birdie!* (사진 찍을 때) 여 — 동(자) [골프] (홀)에 버디로 넣다, 버디를 잡다.
— 형 (美속어) 특이한, 기묘한; 머리가 돈.
bird·ing [bɜ́ːrdiŋ] 명 들새 관찰.
bírd lègs 명동 새다리, 야윈[가는] 다리. 「경쾌한.
bird·like [bɜ́ːrdlàik] 형 새 같은; (움직임이) 날랜,
bird·lime [bɜ́ːrdlàim] 명 ① (새 잡는) 끈끈이.
— 동(타) …을 끈끈이로 잡다; …에 끈끈이를 바르다.
bird·man [bɜ́ːrdmæn] 명 1 새를 기르는[잡는] 사람; 조류 연구가; 들새 관찰자; 박제사. 2 (구어) 비행가 (aviator).
bírd of frèedom 명 (the ~) 자유의 새(미국의 문장(紋章)인 흰머리수리)(American eagle).
bírd of ill ómen 명 불길한 새; 불길한 소리만 하는 사람; 나쁜 소식만 가져오는 사람.
bírd of Jóve 명 (the ~) 주피터의 새, 독수리.
bírd of Júno 명 (the ~) 주노의 새, 공작.
bírd of Minérva 명 (the ~) 미네르바의 새, 올빼미.
bírd of páradise 명 [조류] 극락조; 풍조과의 각종 새(New Guinea산(産)); [식물] 극락조화; (the B- of P-) [천문] 극락조자리(Apus).
bírd of pássage 명 철새; 떠돌이, 방랑자.
bírd of péace 명 (the ~) 평화의 새, 비둘기.
bírd of préy 명 맹금(매·독수리 따위).
bírd of Wáshington 명 (the ~) (美) 흰머리수리
bírd of wónder 명 (the ~) 불사조(phoenix); 봉
bírd ring 명 =bird band. 「황새.
bírd sánctuary 명 조류 보호[금렵] 구역.
bird·seed [bɜ́ːrdsìːd] 명 U C 새 모이.
birds-eye [bɜ́ːrdzài] 명 반사형 조사등(照射燈)(스포트라이트). [미국의 발명가 Clarence Birdseye(1886–1956)의 이름]
Bírds Eye 명 (상표) 버즈 아이(미국 General Foods 사제의 냉동 식품). [발명가 C. Birdseye의 이름]
bird's-eye [bɜ́ːrdzài] 형 1 위에서 내려다본, 조감

적(鳥瞰的)인. ¶a ~ photograph taken from an airplane 비행기에서 찍은 조감 사진. **2** 개관적인; 대략적인. ¶a ~ survey of American history 미국사 개관. **3** 새눈 무늬가 있는. ¶a ~ muffler 새눈 무늬의 머플러. (또는 **bírd's-èyed**) — 형 **1** 선명한 빛깔의 작고 둥근 꽃이 피는 식물(설앵초·개불알꽃 따위). **2** 새눈 무늬가 있는 (직물). **3** (英) 살담배.
bírd's-èye víew 명 조감도, 전경; 개관, 대요.
bírd's-fóot [bə́ːrdzfùt] 명 (**㉿ ~s**) 콩과(屬)의 식물.
bírd shòt 명 새 사냥용 산탄.
bírd's nèst 명 **1** 새집; (요리용) 제비집, 연와(燕窩). **2** 야생 당근. **3** (속어) 얽힌 낚싯줄. **4** (해사) 돛대 위의 감시소(crow's-nest). **5** 여성의 음모.
bírd's-nèst [bə́ːrdznèst] 통㉿ **1** 새 둥지를 뒤지다. **2** (스키) 숲 속을 활주하다. `-ing`
bírd strìke 명 (항공기와) 새떼와의 충돌.
bírd tàble 명 새모이(먹이) 판.
bird-watch [‑wɑ̀tʃ/‑wɔ̀tʃ] 통㉿ 들새의 생태를 관찰하다. (또는 **bírd wàtch**)
bírd wàtcher 명 **1** 들새 (생태) 관찰자(birder). **2** (美속어) 로켓(인공 위성) 관찰자. **3** (속어) (공원 따위에서) 여자를 바라보며 즐기는 남자.
bird-watch·ing [‑wɑ̀tʃiŋ/‑wɔ̀tʃ‑] 명Ⓤ 들새의 (생태) 관찰, 탐조. (또는 **bírd wàtching**)
bird-wom·an [bə́ːrdwùmən] 명 (구어) 여류 비행가(aviatrix).
bird·y [bə́ːrdi] 형 **1** 새 비슷한; 새가 많은. ¶a ~ quarter 새가 많은 지역. **2** (사냥개가) 새를 잘 찾아내는.
bird·y·back [bə́ːrdibæ̀k] 명 (美속어) 화물을 만재한 트레일러의 비행기 수송.
bi·reme [báiriːm] 명 (해사) 양현에 노가 상하 두 줄로 있는 고대의 갤리(galley)선(船).
bi·ret·ta [bərétə] 명 (가톨릭) 법관(法冠)(성직자용 사각모). (또는 **berretta, birretta**)
birl¹ [bəːrl] 통㉿ **1** (물에 떠 있는 통나무를) 발로 빙빙 회전시키다. **2** (英)…을 빙글빙글 돌리다. — 재 **1** (英) 통나무를 빙글빙글 놀리다. **2** (英) 빨리 움직이다(돌다); (구어) 돈을 물 쓰듯 하다; (구어) 도박을 하다. — 명 (英구어) 시도; 도박. `~·er` 명
birl² 명 (속어) 남자 같은 여자; 남자 같은 여자. [<boy+girl]
birle [bəːrl] 통 (스코) 통㉿ Ⓤ (술을) 따르다; (남) 에게 술을 따르다, 술을 권하다. — 재 술을 진탕 마시다; 술 마시고 떠들다.

[biretta]

birl·ing [bəːrliŋ] 명 Ⓤ (물에서의) 통나무 굴리기 경기.
Bir·ming·ham [bə́ːrmiŋəm] 명 **1** 버밍엄(영국 잉글랜드 중부의 공업 도시). **2** [bə́ːrmiŋhæ̀m] 버밍햄(미국 Alabama 주의 도시; 철강업 중심지).
Bi·ro [báiərou] 명 (英) (상표) 바이로(볼펜의 일종); (b‑) 볼펜.
birr¹ [bəːr] 명 (美·스코) 통㉿ Ⓤ **1** (바람·공격 따위의) 힘, 기세; 정력, 원기; 구타, 돌격. **2** (스코) 강조, 역설. **3** 윙 하는 회전음. — 통㉿ 윙 하는 소리를 내다(내며 움직이다). [=100 cents].
birr² [biər] 명 (㉿ ~) 비르(에티오피아의 화폐 단위).
‡**birth** [bəːrθ] 명 **1** ⓊⒸ 출생, 탄생; 출산, 분만. ¶the date of one's ~ 생년월일 / the ~ of a child 아이의 출생 / from ~ to death 태어나서 죽을 때까지 / have two at a ~ 쌍둥이를 낳다. **2** Ⓤ 태생, 가계, 혈통, 가문, 집안. ¶a naturalized U. S. citizen of Grecian ~ 그리스계의 미국 귀화인 ⓒ / B‑ is much, but breeding is more. (속담) 가문보다 교육이 더 중요하다. **3** Ⓤ 좋은 집안, 명문. ¶a man of noble ~ 고귀한 가문에서 태어난 사람 / A woman of no ~ may marry into the purple. (속담) 여자는 이름없는 집안에 태어나도 명문가에 출가할 수 있다. **4** Ⓤ (…의) 출현; 발생, 기원

(of). ¶the ~ of a nation[new era] 국가의 탄생[새 시대의 개막]. **5** (고어) 생긴 것, 태어난 것, 자식; (동물의) 새끼; 소산, 결과, 만들어 낸 것. ¶the ~s of a poet's imagination 시인의 상상력의 소산. 이 세상에 태어난 자; 지성의 산물. **6** 천성, 천품.
by birth ① 태생은, 출생은. ¶be German by ~ 태생은 독일인이다. ② 타고난, 태어날 때부터. ¶He is a musician by ~. 그는 타고난 음악가이다.
(by) birth and breeding 가문도 교육도 좋은.
from birth 날 때부터.
give birth to ① (아이를) 낳다(bear). ¶She gave ~ to a boy. 그녀는 사내아이를 낳았다. ② (일을) …을 생기게 하다, …의 원인이 되다.
in birth 태생은, 태어날 때는.
— 통㉿ (美남부) (아이를) 낳다; …의 출산을 돕다.
— 재 (방언) …을 낳다.
birth announcement 명 아기 출생 통지 (카드).
birth canal 명 산도(産道) [초본에 해당].
birth certificate 명 출생 증명서(우리 나라의 호적에 해당).
birth control 명 산아 제한 (방법); 피임.
birth-control pill 명 경구 피임약(the pill [Pill]).
birth-date [bə́ːrθdèit] 명 생년월일.
‡**birth·day** [bə́ːrθdèi] 명 (㉿ ~s [‑z]) **1** 생일, 출생일, 탄생일. ¶keep [or observe, celebrate] a ~ 생일을 축하하다. **2** (사물의) 첫날, 기원일; 창립[창설] 기념일. *Happy birthday (to you)!* 생일 축하합니다! [웃].
birthday book 명 생일 선물에 적합한 책; 생일을 축하하여 엮어진 책.
birthday cake 명 생일 케이크. [노트].
birthday honours 명㉿ (英) 국왕[여왕] 탄생일에 행하는 서작·서훈.
birthday party 명 생일 잔치[파티].
birthday present [gift] 명 생일 선물.
birthday spanking 명 생일 보기를 맞은 어린이에게 나이 수에다 한 대 더 볼기를 치는 관습.
birthday suit 명 **1** (익살) 맨살, 알몸. **2** (英) 국왕[여왕] 탄생일에 입는 예복.
in one's *birthday suit* 일몸으로. [위].
birth defect 명 (병리) 선천성 결손(증)(언청이 따위).
birth-mark [bə́ːrθmɑ̀ːrk] 명 **1** 모반(母班). **2** 특징, 특질. — 통 (수동형으로) …에 반점을 찍다.
birth mother 명 (남의 난자를 받아 출산해 주는) 대리모(代理母).
birth name 명 (여성의 결혼 전의) 성(姓).
birth·night [bə́ːrθnàit] 명 탄생한 밤, 생일밤(의 축하); 국왕의 생일 밤(의 축하회).
birth pangs 명 (출산의) 진통, 산고(産苦)(labor pains); (구어) (사회 변혁의) 고통, 진통.
birth parent 명 =biological parent.
birth pill 명 =birth-control pill.
***birth·place** [bə́ːrθplèis] 명 출생지, 고향; 발상지.
birth·rate [bə́ːrθrèit] 명 출생률(natality).
birth·right [bə́ːrθràit] 명 생득권; (장자) 상속권.
sell one's *birthright for a mess of pottage* 팥죽 한 그릇에 장자의 권리를 팔다; 눈앞의 이익을 위해 영구적인 이익을 팔다 (←창세기(Gen.) 25:29‑34).
birth·stone [bə́ːrθstòun] 명 탄생석(태어난 달을 상징하는 보석; 몸에 지니고 있으면 행운이 온다고 한다).

[관련어] **월별 탄생석**
1월 garnet(석류석) // 2월 amethyst(자수정) // 3월 aquamarine(남옥); bloodstone(혈석) // 4월 diamond(다이아몬드) // 5월 emerald(에메랄드) // 6월 pearl(진주); alexandrite(알렉산드라 보석); moonstone(월장석) // 7월 ruby(루비) // 8월 peridot(감람석); sardonyx(붉은 줄무늬 마노) // 9월 sapphire(사파이어) // 10월 opal(오팔) // 11월 tourmaline(전기석) // 11월 topaz(황옥) // 12월 zircon(지르콘); turquoise(터키옥).

bis [bis] 图 **1** 두 번, 2회. **2** 〔음악〕 반복하여, 다시 한 번; 앙코르. 〔<L〕
bis. bissextile. **B.I.S.** Bank for International Settlements(국제 결제 은행); British Information Service(영국 정보부).
bis- [bis] 〔연결〕 ⇨BI-.
BISAM 〔컴퓨터〕 *b*asic *i*ndexed *s*equential *a*ccess *m*ethod(기본 색인 순차 액세스 방식).
Bi·sa·yan [bisáiən] 图 =Visayan.
Bis·cay [bískei, -ki] 图 **the Bay of ～** 비스케이만(프랑스 서해안과 스페인 북해안 사이의 만).
‡**bis·cuit** [bískit] 图 (粵 ～(**s**)) ⓒ **1** (美) 소형 식빵 ((英) scone) (군대·병원의 아침 식사용). **2** (英) 비스킷 ((美) cracker); 쿠키. **3** ⓤ 비스킷색, 담갈색. **4** ⓤ = bisque³. **5** (英속어) 짚을 넣은 요, 매트리스. **6** 프레스용 (用) 레코드판 원료 덩어리; (속어) 레코드, **7** (美속어) 주화, 동전. **8** (美속어) 물욕이 강한 비정한 여자; 잘 속는 사람. **9** (속어) 얼굴, 머리.
biscuits and cheese (英속어) 두 무릎.
take the biscuit (英속어) **1** 상을 타다, 남보다 뛰어나 다. **2** 비스킷색의.
～·like 图
bíscuit èater 图 (구어) 잡종개, 똥개. ¶*a son of a ～* (완곡적) 개새끼, 후레자식.
bíscuit wàre 图 유약을 바르지 않고 구운 도자기.
bise [bi:z] 图 (동남프랑스·스위스 등지에서 부는) 차고 건조한 북풍 또는 북동풍.
bi·sect [baisékt, ´-] 图 分) 图 图 (기하) 이등분하다. — 图 (길 따위가) 분기하다.
-séc·tion 图 **-séc·tion·al** 图 **-séc·tion·al·ly** 图
bi·sec·tor [baiséktər] 图 (기하) 이등분선.
bi·sec·trix [baiséktriks] 图 (粵 *-tri·ces* [bàisek-tráisi:z]) 〔결정〕 (광축의)2 등분선; 〔기하〕 =bisector.
bi·sex·u·al [baisékʃuəl] 图 **1** (생물) (남녀, 자웅) 양성(兩性)의; 자웅 동체(同體)의. ¶*a ～ flower* 양성 화. **2** 양성애(愛)의; 양성 소질을 갖춘. — 图 (생물) 양성애(兩性體); 남녀의 생식기를 모두 가진 사람, 남녀추니; 양성애자.
～·ism, bì·sex·u·ál·i·ty 图 **-ly** 图
bish [biʃ] 图 (英속어) 잘못, 틀림, 실수. ¶*make a ～* 실수를 저지르다. 〔수도; 옛 이름은 Frunze〕.
Bish·kek [biʃkék] 图 비슈케크(키르기스탄 공화국의
‡**bish·op** [bíʃəp] 图 **1** (종종 B-) (가톨릭교·영국 국교회·그리스 정교의) 주교; (개신교의) 감독; (불교의) 승정(僧正). **2** (속어) 종군 목사[신부]. **3** (정신적) 감독자. **3** (서양장기) 비숍(대각선 방향으로 가는 말). **4** ⓤ 비숍 (포도주에 레몬·설탕 따위를 타 따뜻한 음료). **5** 금란조 (金鸞鳥). (또는 **～ bìrd**) **6** =*～'s length*.
bash [or *flog*] *the bishop* (英비어) 자위 행위를 — 图 bishop으로 임명하다. ㄴ하다.
Bish·op [bíʃəp] 图 비숍. **1 Elizabeth ～** (1911-79: 미국의 여류 시인). **2 Henry Rowley ～** (1786-1855: 영국의 작곡가: *Home, Sweet Home*을 작곡).
bish·op·ric [bíʃəprik] 图 bishop의 직[관할구].
bíshop's cróok 图 =crosier 1.
bíshop sléeve 图 (손목에서 주름지어 묶는) 넓은 소매.
bíshop's léngth 图 약 147cm×239cm의 캔버스.
Bíshop's ríng 图 **1** (기상) 비숍 고리(화산 폭발·원자탄 실험 따위에 의해 생긴 공중의 미세한 먼지로 태양 주위에 나타나는 암적색 고리). [<최초의 설명자인 미국의 선교사 S. E. Bishop(1827-1909)의 이름〕. **2** (b-r-) 주교의 반지(오른손 중지에 끼워 교구와의 결혼을 뜻
bisk [bisk] 图 =bisque¹. ㄴ한다〕.
Bis·la·ma [bísláːmə, bìsləmàː] 图 비슬라마어(語) (Beach-la-Mar)(서남 태평양 지역에서 쓰이는 사투리 섞인 영어; Vanuatu의 국어).
Bis·marck [bízma:rk] 图 **1 Otto von ～** 비스마르크(1815-98: 독일의 정치가). **2** 비즈마크(미국 North Dakota 주의 주도). **3** 비스마르크 전함(제 2 차 세계 대전시의 독일군 최대의 전함).

Bísmarck Archipélago 图 (the ～) 비스마르크 제도(태평양 중서부에 있는 파푸아뉴기니령의 군도).
Bis·marck·i·an [bizmáːrkiən] 图 비스마르크의, 비스마르크처럼 강경한. **～·ism** 图
bis·mil·lah [bismílə] 图 알라신의 이름으로(＊회교도의 맹세말). 〔<Arab in the name of Allah〕
bis·muth [bízməθ] 图 ⓤ (화학) 비스무트, 창연(蒼鉛) (붉은 빛의 금속 원소로 약용·안료용; 기호 Bi). **～·al** 图
bi·son [báisn] 图 (粵 ～) 바이슨(아메리카 들소(buffalo)와 유럽 들소(wisent)의 총칭).
bisque¹ [bisk] 图 ⓤ **1** 비스크(조개류·닭고기·야채 따위로 만든 진한 수프). **2** 견과(nut) 가루가 든 아이스크림. (또는 **bisk**)
bisque² 图 〔스포츠〕 비스크(테니스·골프 따위에서 약한 경기자에게 주는 1점 또는 1스트로크의 핸디캡).
bisque³ 图 ⓤ **1** 〔도기〕 유약을 바르지 않고 굽기; 질그릇. **2** 분홍빛이 도는 황갈색. — 图 분홍빛이 도는 황갈색의. (수도). (또는 **Bissão**)
Bis·sau [bisáu] 图 비사우(아프리카 기니비사우의
bis·sex·tile [baiséks tʃtil, -tail/biséktail] 图 윤(閏)의, 윤년의. ¶*a ～ day [year]* 윤달[년]. — 图 (드물게) 윤년(leap year)(biss.).
bis·sex·tus [baisékstəs/bi-] 图 윤일(2월 29일).
bi·sta·ble [báistéibl] 图 (전기·전자 회로가) 쌍안정 (雙安定)의. **bi·sta·bil·i·ty** [bàistəbíləti] 图
bi·state [báistèit] 图 (美) 두 주(州)[나라]의 사이의.
bi·stát·ic rádar [baistǽtik-] 图 (통신) 바이스태틱 레이더(송·수신기의 위치가 각기 다른 레이더 시스템).
bis·ter [bístər] 图 =bistre. **～ed** 图
bis·tort [bístɔ:rt] 图 (식물) 범꼬리.
bis·tou·ry [bístəri] 图 외과용 메스.
bis·tre [bístər] 图 ⓤ (英) 비스터(색), 암갈색. (또는 **bister**) **-tred** 图
bis·tro [bístrou] 图 (粵 ～**s**) (구어) (프랑스[유럽] 풍의) 작은 레스토랑[카페]; 작은 나이트클럽[바], 선술집. **bi·stró·ic** 图 〔<F〕
bi·sul·fate [baisʌ́lfeit] 图 (화학) 황산 수소염, 중황산염. (또는 **bisulphate**) 「(物). (또는 **bisulphide**)
bi·sul·fide [baisʌ́lfaid] 图 (화학) 이황화물(二黃化
bi·sul·fite [baisʌ́lfait] 图 (화학) 중아황산염(重亞黃酸塩). (또는 **bisulphite**)
bi·swing [báiswìŋ] 图 (옷의 동작을 원활히 하도록) 등의 두 겨드랑이에 주름을 잡은. — 图 등의 두 겨드랑이에 주름이 있는 옷(재킷 따위).
BISYNC [báisìŋk] 图 *bi*nary *sync*hronous *c*ommunications(2진 데이터 동시 통신).
bit¹ [bit] 图 **1** (말의) 재갈; (말의) 재갈을 제어[억제, 구속]하는 것. **2** (송곳의) 끝, (대패·도끼 따위의) 날; 〔기 계〕 비트. (파이프·궐련의) 빠는 부분. **4** 〔열쇠의〕 끝 (귓날 모양의 돌기).
chafe [or *champ*] *at the bit* (진행형으로) …하려 「고 안달하다.
draw bit 고삐를 죄어 말을 세우다; 속도를 늦추다; 삼
off the bit 고삐를 늦추어. ㄴ가다.
on the bit 고삐를 바싹 죄어, (말이) 서둘러.
take [or *get, have*] *the bit between* [or *in*] *the* [or *one's*] *teeth* [or *mouth*] ① (말이) 재갈을 물고 저항하다, 날뛰다. ② (사람이) 말을 듣지 않고, 반항하다. ㄴ어, 감연히 맞서.
up to the bit (말이) 고삐가 허용하는 한 전속력을 내
— 图(粵 *-tt-*) **1** (말에) 재갈을 물리다; (말)을 재갈로 길들이다. **2** …을 억제[구속]하다; 〔열쇠〕에 귀를 세우
～·less 图 ㄴ다, 돌출부를 내다.
‡**bit²** 图 **1** *a*) 조금, 약간 (*of*). ¶*～ of French* 약간의 프랑스어/*Let's have a ～ of fun.* 좀 놀자. *b*) 작은 조각, 소부분 (*of*); 한입, 소량; (보통 ～**s**) 파편. ¶*a ～ of paper* 종이 조각/*a ～ of food* 한입거리 음식. **2** (구어) (*a ～*) (부사적) 좀; 조금(a little). ¶*walk a ～ slowly* 좀 천천히 걷다/*a ～ earlier* 조금 빨리/*He is a ～*

tired. 그는 좀 지쳐 있다. **3** 《구어》 (a ~) 잠깐의 시간[거리]. ¶Wait a ~! 잠깐 기다려! / I'll be back in a ~. 곧 돌아오겠다. **4** 잔돈; 《美속어》 (옛날 미국에서 사용된) 12.5 센트 상당의 스페인·멕시코 은화. **5** (영화·극 따위의) 짧은 장면, 촌극; 《구어》 (관객을 즐겁게 하려는) 상투적인 몸짓; (영화·연극의) 단역(~ part). **6** 《美구어》 독특한 스타일[몸짓]; 《美속어》 좋아하는[하고 있는] 것. **7** (서책의) 일부, 일절. **8** 《속어》 《경멸적》 (젊은) 여자, 아가씨. **9** 《속어》 형기(刑期).

a bit and a sup 약간[소량]의 음식. 「무 과도한.
a bit much [or ***steep, thick***] 《구어》 좀 지나친, 너
a bit of 한 조각의 …, 소량의 ….
a bit of a 《구어》 ① 좀, 다소. ¶He's *a* ~ *of a* poet. 그에게는 시인다운 데가 좀 있다. ② 《반어적》 대단한, 굉장한. ¶It's *a* ~ *of a* book. 그것은 굉장한 책이다.
a bit of blood 순종의 말, 서러브레드.
a bit of** one's **mind 솔직한[기탄 없는] 의견.
a bit on the side 《英속어》 불륜, 바람끼; 그 상대.
a good bit ① 상당한 시간(의) (*of*). ② 《구어》 훨씬, 꽤(＊비교급을 강조한다).
a little bit of a 대수롭지 않은, 작은.
a (little) bit of all right 《英구어》 더할 나위 없는 사람[것]; 예쁜[상냥한] 여자.
a nice bit (of) 《구어》 상당한[많은, 충분한] 양(의). ¶I have *a nice* ~ *of* money 돈이 상당히 많다.
a (nice) bit of goods [or ***crumpet, mutton, skirt, stuff, tail***] 《속어》 ① (귀여운) 여자애, (성적) 매력이 있는 여자. ② 성교.
bit by bit; by bits; a bit at a time 조금씩, 서서히(gradually). 「기, 잡동사니.
bits and pieces [or ***bobs***] 《구어》 남은 것, 부스러
bits of 하찮은, 조그마한. 「주다.
do** one's **bit 《구어》 의무[본분]를 다하다; 힘이 되어
every bit 《구어》 ① (남김없이) 모두 (*of*). ¶We ate *every* ~ *of* it. 우리는 그것을 말끔히 먹어치웠다. ② 어느 모로 보나, 전적으로.
every bit as...as 〔사람·사물〕과 똑같은 …의; 한치
for a bit 잠시 동안. 「도 틀림없이 …인.
go (all) to bits 산산조각이 나다; 쇠약해지다.
have a bit 《비어》 성교하다.
in bits 산산이, 낱낱이.
more than a bit 상당히.
not a bit 《구어》 조금도 …않는; 천만의 말씀. ¶I do*n't* care *a* ~. 조금도 개의치 않는다 / Are you afraid?—*Not a* ~! 두려워?—천만에!

> [USAGE] **not a bit**와 **not a little** —— not a bit는 구어체로 「조금도 …않는」, not a little은 문어체로 「적지 않이, 크게」의 뜻이다. ¶I am *not a* ~ tired. 조금도 피곤하지 않다 / I am *not a little* tired. 꽤 피곤하다.

quite a bit ⇨QUITE.
***take a bit of** doing* 《구어》 …하는 데 꽤 힘이 들다.
tear...to bits ① …을 산산조각 내다. ② …을 샅샅이 조사하다; …을 신랄하게 비판하다.
the whole bit 《구어》 모조리.
to bits 《구어》 ① 산산조각으로. ¶break *to* ~*s* 산산이 부수다. ② 《구어》 대단히, 몹시.

bit[3] [명] 〔컴퓨터〕 **1** 비트(정보량의 최소 기본 단위; 이진수(二進數)의 0이나 1). **2** =baud. 〔<*b*inary+dig*it*〕
bit[4] [동] bite의 과거·과거분사.
bít àddress [명] 〔컴퓨터〕 비트 주소.
bít bánger [명] (컴퓨터 프로그램 작성의) 중심적 프로그래머.
bitch [bitʃ] [명] **1** 암캐(㊟ dog [명] 3); (이리·여우 따위의) 암컷. ¶a ~ fox [wolf] 암여우[이리]. **2** 《속어》 심술궂은 여자; 음란한 여자. **3** 《美속어》 불평, 불만; 불쾌한 것, 까다로운 것. **4** 《속어》 (카드의) 퀸.
a bitch in heat 《美속어·비어》 한창 나이의 여자.
a [or ***one***] ***bitch of a*** 《속어》 ① 언짢은, 싫은. ② 대단한, 멋진. ¶I've got *a* ~ *of a* headache. 머리가 대단히 아팠다.
a son of a bitch ⇨SON. 「하다.
make a bitch of 《속어》 …을 못쓰게 하다, 손해나게
—— [동][자] 《구어》 투덜거리다, 불평을 말하다 (*about*).
—— [타] **1** 《속어》 …을 실패하다, 잡치다, 망쳐놓다. **2** 《구어》 …에게 불평[우는 소리]을 하다. **3** 《속어》 …을 속이다. **4** …에게 짓궂은 짓을 하다.
***bitch** a person **off; bitch off** a person* 《美속어》 남을 몹시 성나게 하다. 「만들다.
bitch up 《美속어》 〔물건·일〕을 혼란시키다, 못 쓰게
—— [형] 《속어》 훌륭한; 아주 좋은.

bitch·en [bítʃən] [형] 《美속어》 멋진, 매력적인, 훌륭한. —— [부] 대단히, 단연, 더 없이; 《감탄사적》 멋지다!
bitch·er·y [bítʃəri] [명] 심술궂은 짓; 악의.
bítch gòddess [명] (세속적인) 성공. 「**bitchin'**)
bitch·ing [bítʃiŋ] [형][부] 《美속어》 =bitchen. (또는
bitch·y [bítʃi] [형] 《속어》 **1** 암캐의; 닮고 닮은 여자 같은; 성마른, 심술궂은. **2** 선정적인, 성적 매력이 있는.
bítch·i·ly [부] **bítch·i·ness** [명]
bít dènsity [명] 〔컴퓨터〕 비트 밀도.
‡**bite** [bait] [동] (***bit; bit(·ten); bit·ing***) [타] **1** …을 물다, …을 물어뜯다(*off, away*)(*in, on*). ¶I *bit* my tongue. 나는 혀를 깨물었다 / *Once bit(ten), twice shy*. 《속담》 한 번 물리면 두번째는 조심한다, 자라 보고 놀란 가슴 소댕 보고 놀란다 // (~+[目]+[副]) ~ *off* a piece of meat from the bone 뼈에서 고기 한 점을 물어 뜯다 // (~+[目]+[前]+[名]) The dog *bit* me *on* [or *in*] the hand. 개가 내 손을 물었다. **2** (이로) …을 물다; 끊다[자르다](*off*). **3** (벌레 따위가) …을 쏘다; (게가) …을 물다, 집다. ¶be *bitten* by a mosquito 모기에게 물리다. **4** (추위가) …에 스며들다, …을 상하게 하다; …을 얼얼하게 자극하다. ¶The cold ~*s* us. 추위가 살을 에는 듯하다 / Pepper ~*s* the tongue. 후추가 혀를 쏜다. **5** (산(酸) 따위가) …을 부식(腐蝕)시키다. ¶Acid ~*s* metals. 산(酸)은 금속을 부식시킨다. **6** (톱니바퀴·기계가) …을 맞물다; (날이) …에 베어 들어가다. ¶The wheels ~ the rails. 차륜은 레일과 맞물린다. **7** …을 꽉 쥐다; …을 세게 죄다. **8** 《수동형으로》 …을 열중시키다, 사로잡다. **9** 《구어》 《수동형으로》 …을 속이다, 속여 넘기다. ¶get *bitten* in mail-order swindle 통신 판매 사기에 걸려 들다. **10** 《수동형으로》 …을 화나게[난처하게] 하다. ¶be badly *bitten* by the stock market crash 주가 폭락으로 곤경에 빠지다. **11** 《美속어》 (브레이크 댄스에서) 〔남〕의 춤[아이디어]을 도용하다, 〔남〕의 흉내를 내다.
—— [자] **1** 물다, 깨물다 (*at, on*). ¶(~+[前]+[名]) My dog never ~*s*, even *at* a stranger. 우리집 개는 낯선 사람이라도 물지 않는다. **2** 〔낚시〕 (물고기가) 미끼를 물다. ¶The fish are *biting* well today. 오늘은 물고기들이 잘 문다. **3** (유혹 따위에) 걸려들다 (*at*). ¶(~+[前]+[名]) ~ *at* a proposal 제의에 냉큼 응하다. **4** (기계 따위가) 맞물리다; (날이) 베어 들어가다. ¶The brake won't ~. 브레이크가 잘 걸리지 않는다 / The saw ~*s* well. 톱이 잘 켜진다. **5** (수수께끼·질문 따위에서) 패배를 자인하다. **6** (일이) 효과를 보이다; 영향이 나타나다. **7** (산(酸)이) 부식하다. **8** 《美속어》 (브레이크 댄스에서) 남의 춤[아이디어]을 도용하다.
be (much) bitten with [or ***over, by***] 《구어》 …에 열중[심취]하다.
bite** a person's **head off 남의 말에 마구 대들다.
bite at ① …을 물려고 하다, 덤벼들다. ② …에게 욕설을 퍼붓다, 대들다. 「격에 나서다, 대꾸하다.
bite back 〔하고 싶은 말〕을 (입술을 깨물며) 참다; 반
bite in 〔에칭의 선〕을 산(酸)으로 부식하다.
bite into ① …에 잠식하다; …을 먹기 시작하다. ②

…을 부식하다.
bite off 물어 끊다; 〔방송 프로〕를 잘라 내다.
bite off more than *one* ***can chew*** 분에 넘치는 [힘에 겨운] 일을 하려고 하다.
bite off *one's* ***own head*** 남을 해치려다가 도리어 자기가 해를 당하다.
bite on ① …을 물어뜯다. ② 《구어》 …에 착수하다, 「…을 생각하다.
bite *one's* [or ***the***] ***lip(s)*** [or ***tongue***] ① 침묵하다. ② (입술[혀]을 깨물며) 분노[감정 따위]를 억누르다.
bite *one's* ***nails*** 손톱을 물어뜯으며 분개 하다.
bite *one's* ***tongue off*** 《could와 함께》 말한 것을 후회하다.
bite on granite 헛수고를 하다.
bite (on) the bullet 〔어려운 상황 따위〕를 이를 악물고 참다, 과감히 맞서다.
bite the dust [or ***ground***] 쓰러지다; 패배하다; 전사하다.
bite the hand that feeds *one* 은혜를 원수로 갚다.
Bite the ice! 《美속어》 꺼져 버려!, 없어져!
bite the [or *one's*] ***thumb at*** *a person* 남에게 싸움을 걸다; 남을 놀리다(jeer).
Bite your tongue! 《美속어》 입 조심해!; (말한 것을) 취소해!
I'll bite. 《구어》 좋아, 말해봐; 질문에 대답하지.
What's biting you?; What bites you? 《구어》 무슨 일이야?, 왜 그래?, 무슨 걱정이라도 있어?
—[명] **1** 물기. **2** 물린[쏘인] 상처, 자상(刺傷); 동상([참] frostbite). **3** 심한 아픔; (음식 따위의) 매운 맛. ¶the ~ of a wound 상처의 아림 / the ~ of a cold wind 살을 에는 듯한 찬 바람. **4** (a ~) (한입의) 음식, 한입 거리; 《구어》 간단한 식사. ¶a ~ of bread 한입의 빵 / I have not had a ~ all day. 온종일 아무것도 먹지 않았다. **5** [U] (기계의) 맞물림, 걸림; 베어 들어가기. **6** (문체·경구(警句)의) 신랄함. **7** 전체 중의 근소한 일부; 짤막한 발췌 (부분). **8** (산의) 부식 작용. **9** 〔치과〕 교합(咬合), 이의 맞물림. **10** (낚시에서 물고기의) 입질, 미끼를 물기. ¶We didn't get a single ~. 한 번도 입질이 없었다. **11** 줄(file)의 거친 면. **12** (the ~) 《속어》 돈; 비용, 값. **13** 《고어》 사기(꾼), 야바위(꾼).
make [or ***take***] ***two bites at*** [or ***of***] ***a cherry*** 한 번에 할 수 있는 일을 여러 번으로 나누어 하다, 일부러 늑장부리다, 하찮은 일에 구애되다.
put the bite on 《美·濠속어》 ① …에게서 돈을 빌리다, …에게 돈을 조르다. ② …에게 요구[탄원]하다.
take a bite of …을 한입 먹다.
take a bite out of …을 삭감하다.
with a bite 《구어》 날카로운; 신랄한. ¶a question with a ~ 날카로운 질문.
bít·a·ble, ∸·a·ble [형]
bíte and súp [명] 간단한[가벼운] 식사, 소량의 음식.
bite-by-bite [∸baibáit] [형] 조금씩 갉아 먹는.
bite·plate [báitplèit] [명] 〔치과〕 치열 교정기. (또는 **bíte plàte**)
bit·er [báitər] [명] **1** 무는 사람[것], 무는 짐승[개]. ¶*Great barkers are no ~s.* 《속담》 짖는 개는 물지 않는다. **2** 《美속어》 사기꾼, 도둑놈.
The biter (is) bit [or ***bitten***]***.*** 《속담》 속이려다가 도리어 속는다, 혹 떼려다가 혹 붙인다.
bite-size [∸sàiz] [형] **1** 한입 거리[크기]의; 아주 작은. **2** 간단히 알 수 있는[해결되는].
Bi·thyn·i·a [biθíniə] [명] 비티니아(소아시아 북서부에 있었던 고대 왕국). **-an** [형][명]
***bit·ing** [báitiŋ] [형] **1** 살을 에는 듯한; 날카로운. ¶~ cold [wind] 살을 에는 듯한 추위[바람]. **2** 신랄한, 비꼬는. ¶a ~ remark 신랄한 말 / have a ~ tongue 독설을 내뱉다. **3** 부식성의. **4** 자극성의, 얼얼한. **5** 《부사적》 살을 에는 듯이. **~·ly** [부] **~·ness** [명]
bít màp [명] 〔컴퓨터〕 비트 맵(화면 표시의 1점이 정보의 최소 단위인 1비트에 대응지워지는 것). (또는 **bítmàp**)
bít-mápped [형] 비트 맵 방식의.
bít pàrt [명] 단역(端役).
bít plàyer [명] 단역(端役)(배우).
bít ràte [명] 〔컴퓨터〕 비트 전송(傳送) 속도.
bit-slice [∸slàis] [형] 〔컴퓨터〕 (중앙 처리 장치(CPU)가) 비트 슬라이스의(8비트·16비트 따위 처리 단위가 다른 unit을 조합하여 구성된).
bít strèam [명] 〔컴퓨터〕 비트 스트림(비트 단위로 전송하는 데이터).
bitt [bit] 〔해사〕 [명] (보통 ~s) 계주(繫柱). —[동][타] 〔닻사슬 따위〕를 계주에 감다.
***bit·ten** [bítn] [동] bite의 과거분사.
‡bit·ter [bítər] [형] (~·***er***; ~·***est***) **1** (맛이) 쓴([반] sweet). ¶~ medicine 쓴 약. **2** 쓰라린, 비탄의, 괴로운. ¶a ~ experience 쓰라린 경험 / ~ tears 비탄의 눈물. **3** (바람·추위 따위가) 지독한, 살을 에는, 매서운. ¶the ~ cold 혹한. **4** 쓰디쓴, 냉엄한; (…에) 분개하고 있는, 매우 불쾌한(*about*). ¶a ~ lesson 쓰디쓴 교훈. **5** 원한이 사무치는, 격심한. ¶a ~ enemy 철천지원수 / a ~ fight 격렬한 싸움. **6** 냉소적인, 비꼬는; 신랄한, 독살스러운. ¶~ words 독설 / ~ criticism 혹평.
be bitter against …에 대해 몹시 비판적이다.
to the bitter end ⇨ BITTER END.
—[명] ([복] ~***s*** [-z]) **1** (the ~, ~s) 쓴맛, 쓰라림. **2** 《英》 쓴 맥주(~ beer). **3** (~s) 《단·복수 양용》 (약초·과일 따위를 넣은) 쓴 술; 쓴 약.
get *one's* ***bitters*** 《美구어》 당연한 보답을 받다, 운명에 직면하다.
taste the sweets and bitters of life 인생의 단맛 쓴맛[고락]을 다 맛보다.
—[부] 《美》 지독히, 몹시. ¶It's ~ cold. 지독히 춥다.
—[동] (…을) 쓰게 하다.
bítter ápple [명] =colocynth 1.
bítter cúp [명] 쓴잔, 고배(苦杯). ¶drink a ~ 고배를 들다.
bítter énd [명] **1** 〔해사〕 (밧줄·닻줄의) 배 안쪽 끝 부분. **2** (the ~) 최후, 궁극, 끝간 데, 막바지.
to [or ***till, until***] ***the bitter end*** 끝까지, 죽을 때까지.
bit·ter·end·er [bítərέndər] [명] 《구어》 (주장을) 끝까지 굽히지 않는 사람, 끝까지 타협하지 않는 사람.
bit·ter·ish [bítəriʃ] [형] 씁쓸한, 좀 쓴; 다소 심한.
‡bit·ter·ly [bítərli] [부] **1** 몹시; 쓰라리게, 비통하게; 씁쓸히, 불쾌하게. ¶cry ~ 몹시 울다 / speak ~ 씁쓸하게 말하다. **2** 살을 에는 듯이. ¶~ cold 몹시 추운.
bit·tern¹ [bítərn] [명] 〔조류〕 알락해오라기.
bit·tern² [명][U] 〔화학〕 간수, 고염(苦塩).
***bit·ter·ness** [bítərnis] [명][U] 쓴맛; 쓰라림; 지독함; 비통; 냉소적임, 빈정거림.
bítter píll [명] 쓴 알약. ¶*Bitter pills may have blessed effects.* 《속담》 좋은 약은 입에 쓰다.
a bitter pill (to swallow) 감수해야 하는 싫은 것[일].
bítter prìnciple [명] 〔화학〕 고미질(苦味質)(식물체 내의 쓴 성분).
bit·ter·root [bítərù(ː)t] [명] 쇠비름속(屬)의 다년초.
bítter rót [명] 〔식물〕 탄저병(炭疽病).
bit·ter·sweet [bítərswìːt, ∸-∸] [명] **1** 배풍등류(類)의 독초; 노박덩굴류. **2** 달콤씁쓸한 것. **3** [U] 괴로움이 따르는 즐거움. —[형] 《한정용법》 쓰고도 단; 《美》 (초콜릿이) 거의 설탕이 들어 있지 않은; 즐겁고도 괴로운, 희비가 엇갈리는. **~·ly** [부] **~·ness** [명]
bít twìddler [명] 《속어》 컴퓨터광(狂).
bit·ty [bíti] [형] 《어린이말》 (아주) 조그만; 《英구어》 단편적인. (또는 **bittie**) **-ti·ly** [부] **-ti·ness** [명]
bi·tu·men [baitjúːmən, bi-/bítju-] [명][U] 역청(瀝青); 아스팔트. **-mi·nòid** [형]
bi·tu·mi·nize [baitjúːmənàiz/bitjúː-] (*《英》 **-nise**) [동][타] …을 역청화(化)하다, 역청으로 처리하다. **∸ni·zá·tion** [명]
bi·tu·mi·nous [baitjúːmənəs, bi-/bitjúː-] [형] 역청(질)의, 아스팔트의.
bitúminous cóal [명] 역청탄, 연탄(soft coal).
bitúminous ròad [명] 아스팔트 도로, 포장 도로.
bit·wise [bítwàiz] [형][부] 〔컴퓨터〕 비트에 관한[관하여], 비트의[마다].

bi·u·nique [bàiju:ní:k] 형 〔언어〕 2방향 유일성의 (음소 표시와 음성 표시가 1대 1의 상응 관계에 있다); 〔수학〕 1대 1의. ~·ly 부

bi·va·lent [baivéilənt, bívə-] 형 〔화학〕 2가(價)의, 2가의 원자가를 가진; 〔유전〕 〔염색체〕 2가의. ¶a ~ chromosome 2가 염색체.형 〔유전〕 2가 염색체. -lence, -len·cy 명

bi·valve [báivælv] 명 〔동물〕 쌍각류의 조개(굴·대합 따위). — 형 (또는 **bivalvular**) 〔동물〕 쌍각류의; 〔식물〕 2개의 꽃잎[화판(花瓣)]이 있는.

bi·val·vu·lar [baivǽlvjulər] 형 =bivalve.

biv·ou·ac [bívuæk, bívwæk] 명 (군대나 등산에서의) 야영, 비부아크, 노숙(露宿). — 자 야영하다.

bívouac shèet 명 (등산가의) 야영용(用) 천막.

biv·vy [bívi] 명 (속어) 작은 천막, 일시적 야영지[피난처]. * bivouac의 단축형.

bi·week·ly [baiwí:kli] 형 2주일에 한 번의, 격주의; 1주일에 두 번의.부 2주일마다, 격주로; 1주일에 두 번. 명 격주 간행물; 주 2회 간행물. * 보통「주일에 두 번」의 뜻으로는 semiweekly를 쓴다.

bi·year·ly [baijíərli] 형 2년마다의, 격년의(biennial); 1년에 두 번의.부 2년에 한 번; 1년에 두 번. *「1년에 두 번(의)」의 뜻으로는 semiannual(ly), semiyearly, biannual(ly)를 흔히 쓴다.

biz [biz] 명 1 UC 〔구어〕 장사(business), 거래, 직업; (일반적으로) …계(系). ¶a show ~ 흥행업(계) / the law ~ 법조계. 2 〔美속어〕 마약 주사기[꾸러미]. 3 (the ~) (속어) 좋은[인정 받는] 지경[사람]. *Good biz!* (英구어) 잘했다!, 좋아!

∠zer 명 연예인, 흥행업계의 고참.

bi·zarre [bizɑ́:r] 형 1 별난; 기묘한, 이상한, 기괴한. ¶~ clothing 괴상한 옷차림. 2 (색깔이) 두드러지게 대조되는. 3 예기치 못한, 믿을 수 없는.
~·ly 부 ~·ness 명

bi·zar·re·rie [bizɑ:rərí:] 명U 기괴(한 것), 기이한 행동, 변덕. 〈F〉

Bi·zet [bizéi] 명 **Georges** ~ 비제(1838-75: 프랑스의 작곡가; 오페라 *Carmen*(1875)).

bi·zon·al [baizóunl] 형 두 나라 공동 통치 지구의; (B-) (제2차 세계 대전 후 옛 서독의) 미·영 점령 지구의.

biz·zazz [bizǽz] 명 〔美속어〕 화려한; 활기, 활력. (또는 **bizazz, pizazz**)

B.J. *Bachelor of Journalism*(신문학사).

Björn·son [bjə́:rnsn] 명 **Björnstjerne** ~ 비외른손(1832-1910: 노르웨이의 시인·작가; 노벨 문학상).

Bk 기호 berkelium. **bk.** bank; block; book. **BK.** 〔야구〕 balk(s). **bkg.** banking. **bkgd.** background. **bklr.** 〔인쇄〕 black letter. **bkpg.** bookkeeping. **bk(r)pt** bankrupt. **bks.** barracks; books. **bkt.** bracket(s); bracket. **bl.** bale(s); barrel(s); black; block; blue. **b/l, B/L** 〔상업〕 *bill of lading*. **b.l.** *bill of lading*; breech loading. **B.L.** *Bachelor of Laws*[*Letters*].

blab [blæb] (-**bb**-) 자 (비밀을) 누설하다(*out*); 분별없이 (…을) 재잘재잘 지껄이다(*off, out*). — 타 UC 쓸데없는 잡담, 수다, 수다쟁이; 〔구어〕 입.
∠bing 형 명

blab·ber [blǽbər] 자 (…을) 재잘재잘 지껄이다 쓸데없이 지껄이다 (*on*). — 명 1 U 수다; C 수다쟁이, 밀고자. 2 〔구어〕 입. 3 〔濠속어〕 (TV의) 리모콘.
~·er 명 〔영〕(blabber).

blab·ber·mouth [blǽbərmàuθ] 명 〔구어〕 수다쟁이; 피부가 검은 사람.

‡black [blæk] 형 (~·er; ~·est) 1 검은, 흑색의(반 white). ¶~ hair 검은 머리/~ clouds 먹구름/*A hen lays a white egg.* (속담) 개천에서 용 나다. 2 피부가 검은; (때로 B-) 흑인의; 아프리카계 미국인의 (African-American). 3 검은 옷을 입은, 검은 옷차림의. 4 (구어) (손·옷 따위가) 더러운, 때묻은. ¶~ hands 더러운 손. 5 어두운, 암흑의; 음침한, 음울한(반 bright). ¶a ~ day 음울한 날 / ~ prospects 암담한 전도 / *Things look ~*. 사태는 험악하다. 6 언짢은, 시무룩한; 몹시 화난, 사악한. 7 엉큼한, 사악한. ¶a ~ heart 사악한 마음. 8 재앙의, 불길한. ⇒BLACK FRIDAY. ¶*The ~ ox has trod on his foot.* (속담) 그에게는 액운이 붙었다. 9 부정한, 암거래의, 암시장의; 비밀의; 반역적인; (美) (스파이 등이) 잠복중인. 10 (커피가) 우유나 크림을 타지 않은, 블랙의(반 ~ coffee). (지도상에서 검게 표시하듯이) 폐허화한. 12 비난받아야 할, 불명예스러운. 13 (농담·문학 작품이) 빈정대는, 병적인, 그로테스크한, 불쾌한. 14 (美) 진짜의, 철저한; 순수한. ¶a ~ stranger 생면부지의 사람[남]. 15 (지역 따위가) 재해를 당한. ¶~ areas of drought 한발 피해 지역. 16 (구어) 흑자의. ¶*the first ~ quarter in two years* 2년만에 처음 흑자를 낸 1/4분기. 17 (구어) 터무니없는. ¶~ propaganda 터무니없는[흑색] 선전. 18 (英) (일·제품 등이) (노동조합의) 보이콧 대상의.

(as) black as coal [or **ebony, ink, jade, pitch, soot**] 새까만. ［*black as coal.*

(as) black as the Ace of Spade (구어) =(as)

black and blue 멍이 들어. ¶beat ~ *and blue* 멍이 들도록 때리다.

black as night 캄캄한.

black in the face 얼굴이 파랗게 질린, 안색이 변한.

black or white 흑백 양자 택일의, 중간은 용납 안 되

go black 눈앞이 캄캄해지다, 의식을 잃다. ［어.

look black ① 화난 얼굴을 하다, 노려보다(*at, on, upon*). ② (사태가) 험악하다.

not so black as *a person* **is painted** 소문만큼 ***paint** *a person* **black** ⇒PAINT. ［나쁘지 않은.

— 명 1 U 검정, 흑색(반 white). 2 (보통 B-) 흑인, 아프리카계 미국인. ⇒NEGRO 유의어 3 〔경제〕 (the ~) 흑자(반 red). 4 U 검은 옷, 상복. ¶(be (dressed) in ~) 검은 옷[상복]을 입고 있다. 5 UC 검정 그림 물감[색소], 검은 잉크, 먹; 더러움. 6 (과녁의) 흑점. 7 U 깜깜함, 암흑. 8 검은 말[짐승]. 9 (英) (the ~) (노조의) 보이콧 (전술). 10 〔식물〕 깜부깃병(病), 깜부기균.

give *a person* **the blacks** (美구어) 남을 무시하다.

in the black (경영이) 흑자로(반 in the red).

put up a black (英) 지독한 실수를 하다.

swear black is white; talk black into white (구어) (미래형·조건절에서) 흑을 백이라고 우기다, (목적을 위해) 수단 방법을 안가리다.

work like a black 열심히 일하다.

—타 1 …을 검게 하다; …을 더럽히다. 2 (구두약으로) (구두)를 닦다. ¶~ shoes 검은 구두약으로 구두를 닦다. 3 (英) (다른 노동 조합을 지원하여) (작업)을 보이콧하다, 파업을 선언하다. — 자 1 검어지다. 2 (비행중에) 눈이 어지러워지다.

black *a person's* **eye** (때려서) 남의 눈을 멍들게 하다.

black down (해사) 선구(船具)에 타르를 발라 검게

black out ① …을 온통 검게 칠하다. ② (무대를) 어둡게 하다. ③ 등화 관제를 하다(반 brown out). ④ (일시적으로) 의식을 잃다. ⑤ (어떤 사람·사건 등에 대한) 기억을 잃다. ⑥ (뉴스 따위의) 보도를 금하다, 공표를 피하다; (파업 따위) 방송을 중단하다.

bláck advánce 명 선거 연설[유세] 방해. ［리카.

bláck África 명 블랙 아프리카(사하라 이남의 아프

bláck América 명 (때로 B-) (집합적) 미국 흑인.

bláck Américan 명 (때로 B-) 미국 흑인.

black·a·moor [blǽkəmùər] 명 흑인, 아프리카 흑인; 피부가 검은 사람. ［된, 의기소침한.

black-and-blue [-ənblú:] 형 (얻어맞아) 검푸르게

bláck and tán 명 (또 **b- a- tans**) 1 흑갈색 테리어종의 (Manchester terrier). 2 (英) 쓴 혼합주. 3 (美속어) 흑백 혼혈인(mulatto).

black-and-tan [-ǽntæn] 형 (개가) 검은 바탕에 갈

black and white 1 펜화(畵), 흑백 그림; 흑백 TV; 흑백 인쇄, 필사(筆寫). 2 양단적 사고 방식; 흑백 논리. 3 《美속어》 경찰 순찰차.
in black and white 글로 쓴, 서면의.
black-and-white [´ənhwáit] 1 흑백의, 단색의(= color).¶~ *television* 흑백 TV. 2 흑백 얼룩의. 3 (논리 따위가) 뚜렷한, 단순 명쾌한.
bláck árt (the ~) 마술, 요술; 《美》 흑인 예술.
black-a-vised [´əvàist, -vàizd] 피부가 검은, 거무튀튀한. (또는 black-a-vised)
bláck bág 《美》 (대통령 전용의) 핵무기 사용 코드
black-bag [-bæg] 《美구어》 1 (자료 따위가) 불법 침입(의).¶~ *funds* 비(秘)자금. 2 (수사 활동 따위가) 불법(침입)의. ┌**bág jòb**
bláck-bág jòb 《美》 비밀 정보 수집 활동. (또는 **black-bait-er** [blǽkbèitər] 흑인 차별 주의자.
black-ball [blǽkbɔ̀ːl] 반대 투표; (반대 투표의) 검은 공. ── 1 …에 반대 투표를 하다, …을 부인하다. (또는 black-a-vised) 2 …을 (사회적으로) 배척하다; …을 따돌리다. 「왕따」시키다. 3 …의 회원 자격[권리]을 취소하다, …을 제명하다. ~*er* 반대 투표자.
bláck báss 농어류의 미국산(産) 민물고기.
bláck béar (북미산(産)) 흑곰.
black-bee-tle [blǽkbìːtl] 〔곤충〕 잔날개바퀴.
bláck bélt 1 검은 띠, 보통 B-B》 흑대 (밀집) 지대. 2 (the ~) (Alabama, Mississippi 주의) 옥토 지대. 3 [´-´] (유도 따위의) 검은 띠 (보유자), 유단자. **bláck-bèlt**
bláck béret 검은 베레모; 《美》 미육군 특전단 (Rangers) 대원.
*****black-ber-ry** [blǽkbèri/-bəri] 검은 딸기; 그 열매; 나무딸기의 덤불.
(as) plentiful as blackberries 풍성한, 많이 있는. ── 나무딸기를 따다.¶*go* ~*ing* 나무딸기를 따러 ~*-like* ┌가다.
bláck bíle 1 〔생리〕 검은 담즙. 2 우울.
*****black-bird** [blǽkbə̀ːrd] 1 (유럽산(産)) 지빠귓과 (科)의 검은 새. 2 (미국산(産)) 찌르레기류의 검은 새. 3 노예로 팔려간 카나카(Kanaka) 사람. 4 《美속어》 암페타민 캡슐. 5 《美속어》 정식의 여자. 6 (B-) Lockheed SR-71 정찰기. ── (노예로 팔기 위해) ~*er* 불법 노예 매매인[선(船)]. ~*ing* 노예로 팔기 위한 유괴.
‡**black-board** [blǽkbɔ̀ːrd] (복 ~*s* [-z]) 칠판.
bláckboard júngle 폭력 교실[학원].
black-bod-y [blǽkbɔ́di/-bɔ̀di] 〔물리〕 흑체(모든 파장의 방사(放射)를 완전히 흡수하는 가상 물체).
blackbody radiátion 〔물리〕 흑체 방사.
bláck bóok 1 (~*s*) 요시찰인 명부(black list); (교사의) 교무 수첩. 2 (종종 little ~) 여자 친구 주소록. 3 광고 편람, 광고 사례 리스트.
be (deep) in a person's black books 남의 미움을 (톱시) 받고 있다. ┌이 춤.
bláck bóttom 블랙 바텀(1920년대의 흑인 영당)
bláck bóx 블랙 박스. 1 속을 알 수 없는 기계[전자] 장치. 2 (항공기의) 비행 기록 장치(flight recorder). 3 《美》 =black bag.
bláck bréad (호밀) 흑빵, 黑 brown bread
bláck búdget 《美》 (다른 항목에 끼워 넣은) 은닉 [비밀] 예산. ┌몬 등으로 향기를 낸 소스.
bláck bútter 버터를 프라이팬에 녹여서 식초·레
bláck cámp 《美속어》 거의 흑인뿐인 교도소.
bláck cáp 《英》 (사형 선고를 할 때 판사가 쓰는) 검은 우단 모자. ┌ 은 나무딸기(black raspberry).
black-cap [blǽkkæp] 1 머리가 검은 조류. 2 검
bláck cápitalism 흑인 자본주의; 《美》 (정부가 장려하는) 흑인의 기업 경영. ┌은 머리의.
black-capped [-kǽpt] (새의) 머리가 검은, 검
bláck cáttle 《英구어》 검은 육우[소].
bláck cáucus 《美》 (국회 등에서 흑인 시민권 운동을 추진하는) 흑인 간부 회의.
Bláck Chámber 암호실(정부의 첩보 기관).
black-coat [blǽkkòut] 1 《경멸적》 목사(clergyman). 2 《英》 월급쟁이 (사무직)(《美》 white-collar worker), 《美구어》 장로사.
bláck-còat-ed 《英》 검은 옷을 입는; 사무직의.
black-cock [blǽkkɑ̀k/-kɔ̀k] 검은 멧닭(black grouse)의 수컷(유럽산(産); 암컷은 gray hen).
Bláck Code 《美역사》 흑인법(남북 전쟁 직후 흑인의 권리를 제한했던 남부 주들의 주법(州法)).
bláck cóffee 블랙 커피(café noir).
bláck cómedy 〔연극〕 블랙 코미디(풍자나 섬뜩한 내용을 담은 희극). ┌ 의 자각.
bláck cónsciousness 흑인 의식, 흑인으로서
bláck cópper 조동(粗鋼).
Bláck Cóuntry (the ~) 《英》 중공업 지대(Birmingham 일대의 공업 지대).
bláck cróp (보리류에 대하여) 콩류의 농작물.
bláck cúrrant 〔식물〕 까막까치밥나무.
Bláck Cúrrent (the ~) 흑조(黑潮), 일본 해류. (또는 **Bláck Stréam**).
black-damp [blǽkdæ̀mp] 〔광산〕 질식 가스.
Bláck Déath (the ~) 흑사병, 페스트(pest).
bláck díamond 흑금강석; (~*s*) 석탄. 「는 말.
bláck dísk (종래의) 레코드 판(CD와 구별해서 하
bláck dóg 《英구어》 우울(증), 낙담.
get the black dog on one's back 침울[우울]해지
under the black dog 침울[우울]하여. ┌다.
bláck dráft [《英》 dráught] 하제(下劑)의 일종.
bláck éarth 흑토(黑土)(chernozem).
bláck ecónomy 지하 경제(underground economy); 불법 고용; 불법[은닉] 소득.
*****black-en** [blǽkən] 1 …을 검게 하다; 어둡게 하다.¶~ *one's face* 얼굴을 검게 하다. 2 …에게 오명을 씌우다; (남)의 욕을 하다. ── 검어지다; (하늘 따위가) 어두워지다. ~*er*
Bláck Énglish (미국의) 흑인 영어(Ebonics).
black-en-ing [blǽkəniŋ] =blacking.
black-er [blǽkər] 검게 하는 사람; 구두닦이; 욕하는 사람.
bláck éye (a ~) 1 검은 눈; (타박상 따위에 의한) 눈가의 푸른 멍. 2 《구어》 수치, 창피(shame), 불명예 (dishonor); 수치[불명예]의 원인.
give a person a black eye 남을 때려 눈가에 멍이 들게 하다; 남에게 창피를 주다.
black-eyed [-áid] 눈이 검은; 눈가에 멍이 든.
bláck-eyed(d) péa [béan] 〔식물〕 =cowpea.
bláck-eyed Súsan 〔식물〕 노랑데이지(yellow daisy)(북미 중동부산(産); Maryland 주의 주화(州花)).
black-face [blǽkfèis] 1 흑인으로 분장한 연예인; Ⓤ 흑인 분장. 2 Ⓤ 〔인쇄〕 볼드[고딕]체. 3 (얼굴이 검은) 양의 일종. ── =blackfaced.
black-faced [blǽkfèist] 얼굴이 검은; 침울한 얼굴의; (활자가) 획이 굵은. ┌주민.
black-fel-low [blǽkfèlou] 오스트레일리아 원
black-fig-ure [-fíɡjər] (고대 그리스의) 흑화(黑畵)식의(항아리의 장식 수법). (또는 **bláck-fígured**).
black-fish [blǽkfìʃ] (복 ~·*es*) 검은 고래; 검은 물고기. ┌ 〔기〕(면사 사형 집행 종료의 신호).
bláck flág (the ~) 해적기(Jolly Roger); 검은
black-flag [-flǽɡ] (자동차 경주에서 검은 기를 흔들어) (운전자)에게 피트(pit)로 가라고 신호하다.
bláck flý 진디등엣과(科)의 곤충.
Black-foot [blǽkfùt] (복 ~, *-feet*) 북미 인디

언어 한 종족(Algonquian족의 한 부족); ⓤ 그 언어.
Bláck Fórest 몡 (the ~) 검은 숲 (지대), 슈바르츠발트(Schwarzwald)(독일 서남부의 삼림 지대).
Bláck Fríar 몡 도미니쿠 교단의 수도사(Dominican Friar)(그들이 입는 검은 옷에서).
Bláck Fríday 몡 **1** 불길한 금요일(예수의 처형일); 마의 금요일(1869년 9월 24일의 금융 공황일). **2** = Good Friday. 「죽게 한다」
bláck fróst 몡 (the ~) 검은 서리(초목을 검게 말라
bláck gáng 몡 [해사] [집합적] 기관실에서 일하는 승무원, 화물선의 화부(火夫); 흑인 갱단.
bláck ghétto 몡 흑인 빈민가.
bláck góld 몡 석유(petroleum).
bláck gróuse [gáme] 몡 멧닭.
black·guard [blǽgɑːrd, blǽkgɑːrd/-gɑːd] 몡 건달, 깡패, 불량배; 악당. ⇨KNAVE 유의어 ── 타 ···에게 깜짝 같은 말씨를 쓰다, 욕지거리하다. ── 자 깜짝 같은 짓을 하다. ── 형 천한, 상스러운; 상스럽게 말하는, 욕지거리하는.
~**·ism** 명ⓤ 악당짓; 악당 같은 말투. ~**·ly** 형부
Bláck Hánd 몡 흑수단(黑手團). **1** 19세기 말 미국의 비밀 결사. **2** (일반적으로) 폭력단. **3** 1883년에 진압된 스페인 무정부주의 결사. **Bláck·hànd·er** 몡
bláck hát 몡 (구어) (서부극 따위의) 악한, 악당; (컴퓨터) 악질적인 해커(bad hacker).
put on [or wear] a black hat 나쁜 짓을 저지르다.
bláck-hát [-hǽt] 명형 못된 짓을 하다; 악역을 연기하다; 극악한; 악역의.
Bláck Háwk 몡 블랙 호크. **1** 아메리카 인디언 Sauk족의 추장(1767-1838). **2** 군용 헬리콥터의 기종명.
black·head [blǽkhèd] 몡 **1** 여드름. **2** 머리가 검은 새(검은머리흰죽지(scaup duck) 따위). **3** ⓤ (칠면조·닭 따위의) 장간면(腸肝炎)(머리가 검어진).
black·heart [blǽkhɑ̀ːrt] 몡 [식물] 흑색 심부병(芯腐病); [원예] 검은 버찌(개량 품종).
black·heart·ed [-hɑ̀ːrtid] 형 사악한, 뱃속 검은, 음흉한. ~**·ly** 부 ~**·ness** 명
Bláck Hílls 몡 (the ~) [복수취급] 블랙 힐즈(미국 South Dakota 주 서부와 Wyoming 주 북동부에 걸친 산악군; 최고봉 Harney Peak(2,208m)).
bláck hóle 몡 **1** [천문] 블랙홀(초(超)중력에 의해 천체가 빨려 들어가는 우주의 가상적인 공간). **2** 물질이 영구히 사라지는 공간; 빠져나올 수 없는 것(상황); 돈이 어떤 것도 남기지 않는 것; 돈이 무진장 집어삼키는 프로젝트(사업, 기업). **3** 좁은 장소(공간); 감옥, (군대의) 영창. **4** (the B-H-) [영국구어] 블랙홀 교도소(영국 식민 통치 때 인도 Calcutta에 있던 감옥).
bláck húmor 몡 (삶의 음울한 부분을 풍자한) 블랙 유머. **bláck-hú·mored**, **bláck húmorist** 몡
bláck íce 몡 (도로면과 구별하기 어려운) 살얼음.
black·ing [blǽkiŋ] 명ⓤ **1** 검게 하는 것(검은 구두약, 흑색 도료 따위). **2** 검게 하기. **3** (노조원 등의) 작업 거부(보이콧). 「圓 red ink」
bláck ínk 몡 **1** 검정 잉크. **2** (속어) 흑자, 대변(貸邊).
black·ish [blǽkiʃ] 형 거무스름한, 검은색을 띤.
bláck ívory 몡 **1** 탄화한 상아에서 채취하는 검은 염료. **2** (역사) [집합적] (노예로 팔린) 아프리카 흑인.
black·jack [blǽkdʒæ̀k] 몡 **1** (美·캐나다) 검은 가죽으로 싼 곤봉(sap). **2** (맥주용) 큰 잔(원래는 검은 가죽제). **3** 해적기(black flag). **4** 껍질이 검은 작은 떡갈나무의 일종. **5** ⓤ (광물) 섬아연광(閃亞鉛鑛). **6** ⓤ (구 도박) 블랙잭(twenty-one); (B-) (러시아의 장거리 폭격기) Tu-140의 별칭. ── 타 ···을 곤봉으로 치다; (남)을 협박하여 ···시키다.
bláck knight 몡 **1** (the B- K-) (중세 전설에 나오는) 흑기사. **2** (상업) 검은 기사(적대적 기업 인수를 획책하는 개인 (기업)). 몡 white knight
bláck knót 몡 [식물] 흑류병(黑瘤病).

bláck lábor 몡 (정부 묵인의) 불법 노동, 무면허의 노동(력). 「lánd」
bláck lánd 몡 검은 점토상(狀)의 토양. (또는 **black-**
bláck léad [-léd] 몡 석묵(石墨), 흑연.
black-lead [-léd] 몡타 흑연을 바르다(으로 닦다).
bláck·lèg [blǽkleg] 몡 **1** ⓤ [수의] 기종저(氣腫疽). **2** ⓤ [식물] 뿌리 썩는 병. **3** (속어) 사기꾼, 협잡꾼. **4** (英구어) 파업 방해(탈퇴)자, 배신자. ── 자 (-gg-) 타 (英구어) [조직 활동·파업 따위에] 반대하다; (남)을 배신하다. 타 파업이 끝나기 전에 일터로 돌아가다.
bláck léopard 몡 흑표범. 「서체」
bláck létter 몡 [인쇄] 블랙 활자(고풍스런 장식적
black-let·ter [-létər] 몡 블랙 활자의. 「letter day
bláck-letter dáy 몡 불행한 날, 액일(厄日). (圓 red-
Bláck Liberátion Ármy 몡 흑인 해방군(미국 흑인 과격파의 불법 조직).
bláck líe 몡 악의에 찬 거짓말. 圓 white lie
bláck líght 몡 불가시 광선(적외선·자외선).
bláck·list [blǽklist] 몡 요주의(시찰) 인물 명부; 용의자 리스트, 블랙리스트. ¶ a man on a ~ 요주의 인물. (또는 **bláck list**) ── 타 (남)을 블랙리스트에 올리다. 「진폐증.
bláck lúng (diséase) 몡 [병리] 탄폐증(炭肺症);
black·ly [blǽkli] 부 검게; 어둡게; 음침하게; 심술궂게.
bláck mágic 몡 (나쁜 목적의) 검은 마법. 「궂게.
black·mail [blǽkmèil] 몡ⓤ **1** [법률] 공갈, 갈취; 갈취한 돈. **2** (英역사) (산적들이 약탈 면제의 조건으로 민가에 부과하는) 공물(貢物). ── 타 (남)을 등치다, 공갈하다; ···을 강요하다(into doing). ⇨ THREATEN 유의어 ~**·er** 몡 갈취자, 공갈자.
bláck mán 몡 흑인; (the B- M-) 악마, 마왕.
Bláck María 몡 (속어) 죄수 호송차(patrol wagon)
bláck márk 몡 낙제점, 벌점; (보통 a ~) 흠, 오점.
bláck márket 몡 암시장, 암거래.
black-mar·ket [-mɑ́ːrkit] 몡 (···을) 암거래하다.
── 몡 암거래(시장)의.
bláck marketéer 몡 암상인.
black-mar·ket·eer [-mɑ̀ːrkitíər] 몡자 암시장에서 물건을 팔다, 암거래하다.
Bláck Máss 몡 검은 미사(악마 숭배자가 악마를 찬송하는 미사); (b- m-) 흑의(黑衣)의 미사(사제가 검은 제복을 입고 하는 죽은 이를 위한 위령 미사).
bláck méasles 몡 [병리] 출혈성 홍역, 흑진(黑疹).
Bláck Mónday 몡 (the ~) 암흑의 월요일(1987년 10월 19일의 뉴욕 증권 시장 주가 대폭락일). 圓 Black Thursday
bláck móney 몡 (도박 따위로) 부정 수단으로 번 돈; (소득 신고를 하지 않는) 부정(음성) 소득.
Bláck Mónk 몡 (종종 b- m-) (검은 옷을 입은) 베네딕트회의 수도사(Benedictine).
bláck múng bèan 몡 콩나물용 검은 콩.
Bláck Múslim 몡 블랙 모슬렘(흑인의 독립을 주장하는 흑인 집단 the Nation of Islam의 일원).
bláck nátionalism 몡 (종종 B- N-) (미국의) 흑인민족주의. **bláck nátionalist** 몡
*****black·ness** [blǽknis] 명ⓤ **1** 검음, 흑색; 어둠. **2** 음흉, 뱃속이 검음. **3** 흑인임, 흑인의 특성.
bláck óak 몡 수피(樹皮)가 검은 참나무; 그 재목.
bláck ópal 몡 (광물) 블랙 오팔, 흑단백석.
bláck óperator 몡 (속어) 비밀 첩보원.
black·out [blǽkàut] 몡 **1** 정전(停電), 소등, 등화 관제. **2** [연극] 암전(暗轉). **3** [병리] (일시적인) 의식(시각) 상실; 기억 상실. ¶ undergo a ~ of memory 기억을 상실하다. **4** (파업 따위로 인한) 통신·보도의 두절; 방송 제한. **5** (검열에 의한) 보도 금지, 보도 관제. ¶ a newspaper ~ 신문의 보도 관제. **6** 중지, 정지; 억압, 진압; 말소, 제거. ¶ a news ~ 뉴스의 말소. **7** (특가·할

인 요금 따위의) 실시 정지 기간. **8** 블랙 아웃. **a)** (전리층 교란으로 인한) 전신의 두절. **b)** (우주선의 대기권 재돌입시 지상과의) 일시적 교신 단절.
bláckout dáte 명 〔항공〕 무료 탑승권 불통용일.
Bláck Pánther 명 표вер범당원(1960-70년대 미국의 흑인 과격파 단체)인 ~ Party의 단원).
Bláck Páper 명 (종종 b- p-) 〔英〕 흑서(黑書)(현행 정책 따위를 비판하는 문서). 참 White Paper
bláck pépper 명 (껍질째 빻은) 후춧가루.
bláck píll 〔美속어〕 아편.
Bláck Plágue 명 (the ~) (1665년 London에서 발생한 대역병(大疫病)(Great Plague).
black·plate [blǽkplèit] 명 〔금속 세공〕 (세척 전의) 강철판; (래커나 에나멜을 칠한) 강철판.
Bláck Pópe 명 〔교어〕 흑의 교황(예수회의 총회장).
bláck pówder 명 흑색 화약.
Bláck Pówer 명 〔美〕 블랙 파워(흑인의 조직화된 정치·경제력; 이를 이용한 지위 향상 운동).
Bláck Prínce 명 (the ~) 흑태자(영국 Edward 3세의 아들 Edward 왕자(1330-76)).
bláck propagánda 명 (적에게 흘리는) 가짜 정보.
bláck púdding 명 =blood sausage; 검은 푸딩(밀가루·탄산 소다·달걀·당밀로 만든다).
bláck ráce 명 흑인종, 흑인.
bláck rádio 명 (심리전의) 흑색 방송.
Bláck Ród 명 〔英〕 흑장관(黑杖官)(가터 훈작위를 가진 궁내관(宮內官); 상원의 질서를 유지).
bláck rót 명 (과일·야채의) 흑균병(黑菌病).
Bláck Rússian 명 블랙 러시안(커피 리큐어와 보드카를 2:1로 칵테일 한 것). 〔美속어〕 마리화나.
bláck rúst 명 (과일·야채의) 흑청병(黑锈病).
Bláck Séa 명 (the ~) 흑해.
Bláck Septémber 명 검은 9월단(團)(1970년대 팔레스타인 계릴라 급진파의 테러 조직).
bláck shéep 명 **1** (흰 양에 섞여 태어나는) 검은 양. **2** 〔구어〕 (가문의 이름을 더럽히는) 골칫거리; 이단자.
Bláck Shírt 명 〔역사〕 흑셔츠 당원(이탈리아의 파시스트 당원); (일반적으로) 파시스트, 파쇼 단체의 일원. 참 Brown Shirt (또는 **Bláckshirt**) 〔무뢰〕
black·shoe [blǽkʃùː] 명 〔軍속어〕 항공 모함의 승.
‡**black·smith** [blǽksmìθ] 명 대장장이; 편자공.
black·snake [-snèik] 명 **1** 먹구렁이(북미산(產) 독 없는 뱀); 흑사(黑蛇); 부드러운 가죽으로 꼰 채찍.
bláck spót 명 **1** 〔식물·병리〕 흑반병(黑斑病). **2** 〔英〕 (도로상의) 사고 다발 지점; 험난한 곳; 난국.
bláck sprúce 명 검정가문비나무(북미산(產)).
black·strap [blǽkstrǽp] 명 〔美〕 (당밀과 럼주를 섞은) 음료; 〔속어〕 (지중해 지방 원산의) 저질 포도주.
Bláck Stréam 명 (the ~) =Black Current.
bláck stúdies 명 (단수취급) 〔美〕 흑인 연구 (강좌).
bláck stúff 〔美속어〕 아편. 〔麻〕.
Bláck Stúmp 명 (the ~, 종종 b- s-) 〔濠〕 문명 세계의 끝에 있다는 상상의 표지(標識).
beyond the Black Stump 먼 오지로(에서), 벽지에서. 〔진귀한 것〕.
bláck swán 명 흑조(黑鳥)(오스트레일리아산(產)).
bláck tàr 명 〔속어〕 (멕시코산(產)) 강력한 헤로인.
bláck téa 명 홍차. 참 green tea
bláck théater 명 흑인극(흑인 사회를 주제로 흑인이 감독·제작하는 연극).
black·thorn [blǽkθɔ̀ːrn] 명 〔식물〕 자두나무의 일종(유럽 원산); (북미산(產)) 산사나무의 일종.
Bláck Thúrsday 명 〔증권〕 암흑의 목요일(뉴욕 주식 시장이 대폭락한 1929년 10월 24일; 1930년대 세계 대공황의 발단이 되었다). 참 Black Monday
bláck tíe 명 (턱시도를 입을 때 매는 검정 나비 넥타이; (남성의) 약식 야회복; 신사, 명사. 참 white tie
black-tie [-tái] 형 (파티 따위가) 정장(正裝)을 한,

정식의. ¶ *a* ~ *reception* 반공식적인 리셉션.
black·top [blǽktàp/-tɔ̀p] 명 Ⓤ (도로 포장용) 아스팔트; 아스팔트 도로. ── 타 아스팔트로 포장된. ── 타 〔도로〕를 아스팔트로 포장하다.
bláck trácker 명 〔濠〕 (범인 등의 추적 조사를 위해 경찰서 고용한) 원주민 안내원. 〔약제에 사용〕.
bláck trée fúngus 명 목이버섯(궁중 요리와 한방
bláck vélvet 명 **1** 스타우트(stout)와 샴페인의 칵테일. **2** 〔濠속어〕 (성교 상대로서) 피부가 검은 여자.
bláck vómit 명 〔병리〕 (황열병 환자의) 피 섞인 검은 가래; 구토물.
bláck vúlture 명 검은 독수리; 검은 콘도르.
bláck wálnut 명 (북미산(產)) 검은 호두나무; 그 열매〔재목〕. 〔하수(waste water)〕.
bláck wáter 명 (공장) 폐수, (화장실) 오수, (부엌의)
bláckwater féver 명 〔병리〕 흑수열(黑水熱)(일종의 말라리아; 검은 피오줌이 나온다).
bláck whále 명 흑고래(black fish).
bláck wídow 명 〔미국산(產)〕 검은 독거미.
bláck wòrk 명 〔구어〕 (세무 자료가 없는) 부업(副業).
black·y [blǽki] 명 〔英〕 흑인(Negro); 〔구어〕 검은 새(동물).
blad·der [blǽdər] 명 **1** (the ~) 〔해부·동물〕 주머니 모양의 조직; 방광. ⇒ABDOMEN 그림. **2** 〔병리〕 물집, 수포(水疱). **3** 〔식물〕 (해초 따위의) 기포(氣胞). **4** 부레, 공기 주머니. **5** 허풍선이, 떠버리. **6** (코미디 따위에 쓰는 곤봉 모양의) 공기 주머니. **7** 〔美속어〕 2류 신문, 저급지. ~·**less**, ~·**like** 형 〔물〕.
blad·der·wort [blǽdərwɔ̀ːrt] 명 통발속(屬)의 식
blad·der·y [blǽdəri] 형 방광 모양의, 부푼; 기포가 있는.
‡**blade** [bleid] 명 ((~)~**s** [-z]) **1** 칼날; (스케이트의) 날; 검(劍), 칼(sword); 〔濠〕 양털 깎는 가위. **2** (벼·보리·잔디 따위의) 칼날 같은 잎, (잎자루에 대한) 잎사귀. **3** 얇고 평평한 부분(노깃·스크루의 날개·견갑골 따위). **4** (음성) 혀의 평평한 부분, 혀끝. **5** 기세 있는(명랑한) 사내; 빈틈없는 젊은 남자. ¶ *a gay* ~ 명랑하고 씩씩한 젊은이. **6** 〔美속어〕 동성애자, 호모(gay ~). **7** 〔美속어〕 외과 의사; 검객(swordsman); 아이스 스케이트 선수 〔주자〕. 〔돈을 쓰다〕.
eat one's corn in the blade 앞으로의 수입을 믿고
in the blade (이삭이 나기 전) 잎사귀일 때; 젊은 동. ── 타 〔美속어〕 제거하다. 〔…안에〕.
~·**less**, ~·**like** 형 〔der blade〕.
blade·bone [bléidbòun] 명 〔해부〕 견갑골(shoul-
blad·ed [bléidid] 형 **1** (복합어로) (…의) 날이 붙은, 잎이 있는. **2** (결정) 얇은 막편 모양의.
blade·let(te) [bléidlit] 명 작은 돌칼, 블레이드렛(구석기 시대 후기의 소형 박편 석기).
blae·ber·ry [bléibèri/-bəri] 명 〔스코·北英〕 월귤나무의 일종(bilberry).
blag [blæg] 〔英속어〕 명 ⓊⒸ 강도, 강탈; 강탈한 물건. ── 타 (…을) 강탈하다. 〔humbug〕.
blague [blɑːg] 명 허풍, 허튼 소리, 속임수. 〔<F〕
bla·gueur [blɑːgə́ːr] 명 허풍선이.
blah [blɑː] 명 〔美속어〕 ⓊⒸ **1** 허튼 소리, 시시한 일. (또는 ~-**bláh**) **2** (the ~**s**) 언짢음, 짜증; 권태로움, 의기 소침, 우울증. ── 형 **1** 시시한, 재미없는, 싱거운. **2** 풀이 죽은; 기진맥진한. **3** 〔美속어〕 (술에) 취한. ── 감 웃긴다! 시시해! 〔卑〕 바보 같은 소리하다. ~·**ly** 부
blain [blein] 명 〔병리〕 농포(膿疱), 물집.
Blair [blɛər] 명 **Tony** ~ 블레어(1953-: 영국 정치인·총리). (또는 **Blaire**)
Bláir Hòuse 블레어 하우스(Washington D.C. 소재 미국 대통령의 영빈관). 〔영국의 시인·화가〕.
Blake [bleik] 명 **William** ~ 블레이크(1757-1827:
blam·a·ble [bléiməbl] 형 비난할 만한, 책임져야 할. (또는 **blameable**) ~·**ness** 명 -**bly** 부

‡blame [bleim] 명타 (~s [-z]; ~d; blam·ing) 1 (남)을 나무라다, 비난하다 (for). ⇨ CRITICIZE 유의어 ¶ (~＋目＋前＋名) The accountant was ~d for the mistake. 경리가 그 실수로 해서 책망받았다 / Bad workmen ~ their tools. (속담) 서투른 일꾼이 연장만 나무란다, 서투른 무당이 장구만 나무란다. 2 〔잘못〕의 책임을 지우다, 전가하다, …의 탓으로 돌리다 (on, for). ¶ Don't ~ me. 내 탓이 아니야 / (~＋目＋前＋名) The policeman ~d the accident on the driver. 경관은 그 사고를 운전자의 탓으로 돌렸다 / They ~d me for the failure. 그들은 실패를 내 탓으로 돌렸다. 3 《美속어·방언》…을 저주하다(＊ damn의 완곡한 대용어).
be to blame (…에 대하여) 책임이 있다(for), …이 나쁘다. ¶ I am to ~ for it. 그것은 내 잘못이다.
Blame it! 염병할!, 빌어먹을!
Blame me if…; (I'm) blamed if… 만약 …라면 성을 갈겠다. ¶ B- me if I do(don't). 만약에 내가 …면(하지 않으면) 성을 갈겠다.   「있다(for).
have only oneself **to blame** 책임은 자기에게
I can't blame you [or him]. (구어) (…하는 것은) 무리가 아니다 (for).   「맞다, 무리도 아니다.
I don't blame you [him]. (구어) 당신(그)의 말이
— 명 (U) 1 비난, 책망 (for). 2 (the ~) 〔잘못의〕 책임, 죄 (for). ¶ The ~ lies with him. 죄는 그에게 있다.
bear [or **take**] **the blame for** …에 대한 책임을 지
incur blame for …때문에 비난을 받다.   「다.
lay the blame at the door of another 죄를 딴 사람에게 돌리다.
lay [or **put**, **place**] **the blame on** …에게 죄를 씌
share the blame for …에 대해 공동 책임을 지다.
blám·er 명
blame·a·ble [bléiməbl] 형 =blamable.
blamed [bleimd] 《美구어》 형 빌어먹을. ¶ The ~ door won't open. 빌어먹을 문이 아무리 해도 열리지 않는다. — 부 괘씸하게; 극도로, 몹시.
blame·ful [bléimfəl] 형 책망[비난]받아야 할; 책임을 져야할. ~·ly 부 ~·ness 명
‡blame·less [bléimlis] 형 비난할 점이 없는, 죄없는, 결백한. ~·ly 부 ~·ness 명
blame·wor·thy [bléimwə̀ːrði] 형 비난받을 만한, 책임을 져야할(blameful). **-thi·ness** 명
*blanch [blæntʃ/blɑːntʃ] 동타 1 …을 희게 하다, 바래다, 표백하다. ⇨ WHITEN 유의어 ¶ Old age ~es hair. 늙으면 머리가 희어진다. 2 〔햇빛을 가려〕 〔식물〕을 희게 재배하다. 3 〔과일〕을 끓는 물에 데치다, (냄새 따위를) 없애려고, …을 데치다. 4 〔야금〕 (산(酸) 따위로) 〔금속〕에 흰 광택이 나게 하다. 5 (공포 따위가) …을 창백하게 하다. — 자 1 희어지다. 2 (공포 따위로) 창백해지다.
blanch over 〔잘못 따위〕를 적당히 얼버무리다.
blanch with …로 새파래지다.
blanc·mange [bləmɑ́ːndʒ/-mɔ́nʒ] 명 UC 블라망쥬(젤라틴 따위에 우유나 향료를 섞어 만든 푸딩).
blan·co [blǽŋkou] 명 1 (때로 B-) 《英》 (벨트나 구두에 칠하는) 백색 도료. 2 《美흑인 속어》 백인; (속어) 헤로인. — 동타 …에 백색 도료를 칠하다.
*bland [blænd] 형 1 〔태도가〕 부드러운, 붙임성이 좋은. ¶ a ~ manner 부드러운 태도. 2 〔기후가〕 온화한, 상쾌한. 3 〔음식 따위가〕 맛이 자극이 없는, 순한; 담백한, 담백한. ¶ a ~ diet (환자용의) 담백한 식사. 4 매력〔흥미, 활기, 개성〕없는, 평범한; 무관심한, 냉담한. — 동타 《英》 특색을 잃다, 평범해지다(out).
~·ly 부 **~·ness** 명
blan·dish [blǽndiʃ] 동타 (남)에게 아첨하다; (남)을 감언으로 꾀다. — 자 달콤한 말을 하다.
~·er 명 **~·ing·ly** 부 **~·ment** 명   「하게 하다.
‡blank [blæŋk] 형 (~·er; ~·est) 1 공백의, 백지의, (용지 따위에) 써넣지 않은; 〔상업〕 무기명의, 백지식의.

¶ ~ **pages** 공백 페이지 / a ~ **space** 공백 / a ~ **tape** 공(空) 테이프 / a ~ **bill** 무기명 어음. 2 빈, 텅 빈, 아무 장식도 없는. ⇨ EMPTY 유의어 3 공허한, 무미 건조한. ¶ ~ **days** 헛된 나날. 4 무표정한, 명한; 당황한, 난처한. ¶ a ~ **look** 멍한 표정 / **look** ~ 멍해 있다. 5 완전한, 순전한. ¶ a ~ **idiot** 바보 멍텅구리. 6 성과 없는. ¶ ~ **efforts** 헛수고. 7 운(韻)을 밟지 않는. ⇨ BLANK VERSE. 8 (damn 대용의 완곡한 말) 빌어먹을 (할 blankety-~). ¶ B- **him**! 빌어먹을 놈! 9 (고어) 흐린, 핏기가 없는(pale). 10 (밝히지 않고) 모(某)….
go blank (마음 따위가) 텅 비다.
— 명 1 (a ~) (마음의) 공백, 공허. ¶ My **mind is a complete** ~. 내 마음은 아주 공허하다. 2 공란, 여백, 빈 곳. 3 백지; 기입 용지(《英》 form). ¶ **an application** ~ 신청 용지. 4 백지 투표; (제비뽑기의) 꽝, 무가치한 것 (금속·나무 따위의) 소재 조각; 반가공품. 5 〔군사〕 = ~ **cartridge**. 6 〔양궁〕 과녁의 중심(bull's-eye); 목표. 7 (명시를 피하는 공백·생략의) 「—」표(＊ "—"로 쓰고 blank라 읽는다). ¶ 2천 몇 년 / Mr.— **of**— **place** 아무 곳의 아무개 씨. 8 저주·외설을 나타내는 말의 대용어. 9 중요한 성분이 그것에 빠진 것. ¶ (속어) 효력이 약한 약, 가짜 헤로인. 10 《美속어》 (야구 따위에서) 제로, 0점. 11 《美속어》 백포도주. 12 (고어) = ~ **verse**.
become a blank (마음 따위가) 텅 비다, 공허하다.
draw a blank (구어) 꽝을 뽑다; 실패하다.
fill in the blanks 빈 칸을 메우다; (구어) 나머지를
in blank 공백 그대로, 백지식으로.   「상상하다.
— 동 (~ed [-t]) 타 1 …을 비우다. 2 …을 줄을 그어 지우다, 말소하다(out). 3 …을 메우다. (수송관)을 차단하다. 4 《美속어》 〔상대팀〕을 완봉(完封)하다. 5 《美속어》 …에게 가짜 헤로인을 팔다. 6 《英속어》 (남)을 무시하다, 냉대하다. 7 〔문자·단어〕를 생략 대시로 나타내다. — 자 1 〔음악·화면 따위가〕 점차 흐려지다; (사람이) 일시적으로 의식을 잃다(out); (머리가) 혼란하다.
blank·book [blǽŋkbùk] 명 (스케치북 따위의) 백지장(帳); (백지의) 미기입 장부.
blánk cártridge 명 공포탄. 〔군사〕 ball cartridge
blánk chéck [《英》 **chéque**] 명 백지 수표; (무제한의) 자유 행동권(free hand). ¶ **give a person a** ~ 남에게 무제한의 행동의 자유를 주다.
blánk cómmon 명 〔컴퓨터〕 무명 공통 블록.
blánk endórsement 명 〔상업〕 백지(무기명식) 이서(裏書)(지참인에게 지불).
‡blan·ket [blǽŋkit] 명 1 담요, 모포; (말·개 따위의) 덮개. ¶ 《美·캐나다》 (북미 인디언의) 웃옷. ¶ **sleep under a** ~ 담요를 덮고 자다. 2 전면을 덮는 것. ¶ a ~ **of snow** 온누리를 덮는 눈. 3 〔인쇄〕 (옵셋 인쇄기의) 블랭킷. 4 〔군사〕 지역 연막(smoke ~). 〔광범위하게 투하되는〕 대량의 폭탄 (⇨ **carpet bombing**). 5 (슬픔·절망 따위) 마음을 사로잡고 있는 것. 6 (모포 모양의) 단열재. 7 (속어) 핫케이크, 팬케이크(pancake). 8 (속어) 담배 마는 종이.
a wet blanket ⇨ WET BLANKET.   「자로 태어나다.
be born on the wrong side of the blanket 서
split the blanket 《美구어》 이혼하다, 별거하다.
stretch [or **one's**] **blanket** 《美구어》 큰소리치다, 호언장담하다, 과장하다.
throw a cold [or **wet**] **blanket over** [or **on**] …의 흥을 깨다, …에 찬물을 끼얹다.
toss a person **in a blanket** 벌로(골탕 먹이려고) 남을 담요로 행가래치다.
— 동타 1 …을 담요로 싸다[덮다]. ¶ ~ **a baby** 아기를 담요로 싸다. 2 …을 온통 덮다. ¶ **clouds** ~**ing the sky** 하늘을 뒤덮고 있는 구름. 3 (남)을 담요로 싸서 행가래 치다. 4 (자기(磁氣) 폭풍 따위가) 〔전파〕를 방해하다, 끄다(out). ¶ ~ **out a TV program** TV 프로를 방

해하다. 5 〔해사〕 (바람 머리에 나서서) 〔딴 배〕의 바람을 막다. 6 〔구어〕 …을 감추다, 억누르다; 〔불〕을 끄다. ── ᐸ 총괄적인, 포괄적인, 전체적인. ¶ a ~ bill 총괄적인 의안 / a ~ proposal〔indictment〕 일괄 제안〔기소〕. ~·less, ~·like ᐸ

blanket agréement ᐸ 일괄〔총괄〕 계약〔협약〕.
blánket àrea ᐸ (방송국 주변의) 난시청 지역.
blánket bàth ᐸ 〔英〕 (환자의) 침상 목욕〔몸 닦기〕.
blánket bòmbing ᐸ 〔군사〕 융단 폭격.
blánket chèst ᐸ 이불장.
blánket cláuse ᐸ 포괄 조항.
blánket drìll ᐸ 〔美俗속〕 수면(sleep).
blan·ket·ing [blǽŋkitiŋ] ᐸᐁ 1 담요감. 2 (무선) (강력한 전파에 의한) 다른 신호 방해, 전파 방해.
blánket (insúrance) pólicy ᐸ 〔보험〕 총괄 보험 증서〔계약〕.
blánket prìce ᐸ 일괄 가격.
blánket ròll ᐸ 1 둘둘 만 휴대 담요. 2 크랩 도박(craps)에서 야바위꾼이 돈을 담요 위에 굴린다).
blánket rùle ᐸ 일반〔총괄〕 규칙.
blánket shèet ᐸ 대형 신문지.
blánket stìtch ᐸ 블랭킷 스티치(버튼홀 스티치보다 땀이 넓은 것).

blank·e·ty-blank [blǽŋkitiblǽŋk] ᐸᐁ 〔구어〕 빌어먹을 (만큼), 괘씸한 (정도로), (*「─」로 나타내는 damned 따위의 대용어). ¶ The ~ window wouldn't open. 그 빌어먹을 창문이 아무리 해도 열리지 않았다.
── ᐸ 맞할 자식. (또는 **blánkety, blánkity-blánk**)

blánk fórm ᐸ (기입하지 않은) 용지〔서식〕.
blank·ly [blǽŋkli] ᐸ 무표정하게, 멍하니, 멍청하게; 완전히(totally), 아주; 단호히, 딱 잘라.
blank·ness [blǽŋknis] ᐸᐁ 공백; 단조로움; 공허.
blánk shéll ᐸ (연습의) 공포탄.
blánk tést ᐸ 〔화학〕 블랭크 테스트, 대조 시험.
blánk vérse ᐸ 무운시(無韻詩)(약강 5보격(步格)의 각운이 없는 시).
blánk wáll ᐸ 창문·입구가 없는 벽. ¶ come up against〔or run into〕 a ~ 앞이 막히다, 막다르다.
blank·y [blǽŋki] ᐸ 〔英〕 =blankety-blank.
blan·quette [blɑːŋkét] ᐸ 블랑케트(어린 양·송아지·영계 따위의 고기를 흰 소스로 졸인 스튜 요리).
blare [blɛər] ᐸᐁᐸᐁ (나팔 따위가) 울려 퍼지다; 큰 소리로 외치다(out). ── ᐁ (나팔 따위를) 크게 울리다; …을 큰 소리로 선언하다. ¶ ~ out a warning 큰 소리로 경고하다. ── ᐸ (a ~, the ~) 1 (나팔 따위의) 울려 퍼짐; 외침, 포효. 2 눈부신 빛, 강한 광채; 눈부심, 현란함. 3 팡파르.
blar·ney [blɑ́ːrni] ᐸᐁ 아첨(flattery). ── ᐁ (…에게) 아첨하다. (…을) 아첨하여 속이다.
Blárney stòne ᐸ (the ~) 블라니 성(城)의 돌(아일랜드 남부의 Cork 근처에 있으며 이것에 입맞추면 아첨을 잘하게 된다고 한다).   〔있다.
have kissed the Blarney stone 아첨하는 재주가
bla·sé [blɑːzéi] ᐸ 〔廣락에〕 싫증이 난; (…에) 시들한, 살 맛을 잃은(about). 〔F〕
*****blas·pheme** [blæsfíːm] ᐸᐁᐁ 1 (신성한 것을) 모독하다. 2 …을 욕설〔매도〕하다. ── ᐁ (신성한 것에 대해) 불손한 언사를 쓰다, 신성을 모독하다(against). ¶ ~ against God 신을 모독하다. **-phém·er** ᐸ
blas·phe·mous [blǽsfəməs] ᐸ 신성 모독의; 모독적인, 불경스러운(profane). **~·ly** ᐁ **~·ness** ᐸ
*****blas·phe·my** [blǽsfəmi] ᐸᐁᐸ (신성한 것에 대한) 모독; (일반적으로) 불손한 언동, 욕설. ¶ utter blasphemies against a person 남에게 욕설을 퍼붓다.
‡**blast** [blæst/blɑːst] ᐸ 1 한바탕의 바람, 돌풍.
⇒WIND 〔유의어〕 ¶ a ~ of wind 한바탕의 바람. 2 (나팔·피리의) 취주(가), (자동차의) 경적. ¶ sound a ~ 나팔 소리를 울리다. 3 갑작스런 큰 소리. ¶ The loudspeaker let out an awful ~. 스피커가 갑자기 요란한 잡음을 냈다. 4 〔기계〕 송풍, 통풍. 5 = ~ party. 6 폭발, 폭파, 폭풍; 〔英〕〔광산〕 (1회분의) 발파, 폭약, 7 ᐁ (동·식물에 대한) 해독, 독기(blight). 8 〔구어〕 강타, 장타, 혼런. 9 감정의 폭발, 격렬한 비난. 10 〔美속〕 (1회분의) 마약; (마약에서 오는) 쾌감(rush); 마약 중독. 11 〔美속〕 특히 좋은 것; 대실패.

at a 〔or *one*〕 *blast* 단숨에.
(*at* 〔or *in*〕) *full blast* 〔구어〕 전력을 다해, 능력껏; 최고 속도〔음량〕로. 〔비난하여.
give a person *a blast* 〔구어〕 남을 호되게 나무라
in 〔*out of*〕 *blast* (용광로가) 가동〔정지〕중에.
put 〔or *lay*〕 *the blast on* 〔속〕 …을 흔들내다, 심하게 비난하다.

── ᐁ 1 〔경적·나팔 따위〕를 요란하게 울리다(out). 2 (바위 따위)를 폭파하다(away), (폭파하여) 〔터널 따위〕를 만들다(out)(through). ¶ ~ a tunnel through rock 바위를 폭파하여 터널을 내다. 3 …을 시들게 하다; …을 손상하다, 망쳐놓다. ¶ The frost ~ed the chrysanthemums. 서리로 국화가 시들었다. 4 〔구어〕 (완곡적) …을 저주하다(damn). ¶ B~ him! 뒈져라! /B~ it! 빌어먹을, 제기랄! 5 …이 거짓임을 나타내다. 6 〔美속〕 …을 몹시 비난하다(for). 7 〔구어〕 …을 격파하다, 대파하다; 〔美속〕 (권총 따위로) …을 해치우다(down). 8 〔美속〕 〔야구〕 〔공〕을 치다. 9 〔美〕 〔로켓〕 (인공 위성)을 쏘아올리다. 10 〔속〕 〔마리화나〕를 피우다. ── ᐁ 1 (나팔 따위가) 울리다, 울려 퍼지다. ¶ His voice ~ed in a tunnel. 그의 목소리가 터널 속에서 크게 울렸다. 2 시들다, 말라죽다, 망가지다. 3 발파〔폭파〕 작업을 하다; 〔美속〕 (권총 따위로) 쏘다. 4 〔美속〕 마약 작용을 맞다, 마리화나를 피우다.
blast away 〔구어〕 몹시 나무라다; 맹공을 가하다.
blast off (로켓이) 발사되다, 이륙하다; (로켓)을 발사하다, 쏘아올리다. ¶ Apollo 11 was ~ed off toward the moon. 아폴로 11호는 달을 향해 발사되었다.
blast- [blæst] ᐸ =blasto-.   〔뜻. ¶ ectoblast.
-blast [blæst] (연결형) embryo(배(胚)), germ(싹)의
blást àrea ᐸ 〔군사〕 (포구(砲口) 근처의) 폭풍 지대.
blast-down [-dàun] ᐸ (로켓의) 역추진 착륙.
blast·ed [blǽstid/blɑ́ːst-] ᐸ 1 벼락 맞은; (희망 따위가) 무너진; (서리로) 말라버린, 시든. 2 〔구어〕 저주받은, 지독한; 무일푼의. 3 〔美속〕 (마약·술에) 몹시 취한; 〔美속〕 (권총 따위로) 쏘다, 심하게.
blast·er [blǽstər/blɑ́ːst-] ᐸ 발파공(發破工); 〔골프〕 블래스터; (SF에서) 우주총(宇宙銃).
blast-freeze [-fríːz] ᐁ 을 급속 냉각하다.
blást fùrnace ᐸ (제철소의) 용광로, 고로(高爐).
blast·ing [blǽstiŋ/blɑ́ːst-] ᐸᐁ 1 (서리 따위가) 초목을 시들게 하기. 2 폭파, 발파. 3 〔구어〕 혹평. ── ᐸ
blásting càp ᐸ 폭파용 뇌관.   〔파(용)의.
blásting fúse ᐸ 폭파용 신관.
blásting pàrty ᐸ 〔美속〕 =blast party.
blásting pòwder ᐸ 폭약, 발파약.
blas·to- [blǽstou, -tə] (연결형) embryo(배(胚)), germ(싹)의 뜻 (* 모음 앞에서는 blast-). ¶ blastoderm.
blas·to·cyst [blǽstəsìst] ᐸ 〔발생〕 배반포(胚盤胞)(포유류의 포배)(blastula). (또는 **blástosphère**)
blas·to·derm [blǽstədə̀ːrm] ᐸ 〔발생〕 배반엽(胚盤葉); 포배엽(胞胚葉).
᐀**der·mát·ic, -dér·mic** ᐸ
blast-off [-ɔ́ːf/-ɔ̀f] ᐸ (로켓·미사일·우주선 등의) 발사, 쏘아올림, 발진; 발사〔발진〕 시각; 〔美속〕 발정(發精).
blas·to·mere [blǽstəmìər] ᐸ 〔발생〕 할구(割球).
blas·to·pore [blǽstəpɔ̀ːr] ᐸ 〔발생〕 원구(原口).
blas·to·sphere [blǽstəsfìər] ᐸ 〔생물〕 포배(胞胚)(blastula). =blastocyst.
blást pàrty ᐸ 〔美속〕 (술·마약 따위의) 대규모 난장판 파티, 그 대규모 맥주 파티.
blást pipe ᐸ 배기관, 송풍관.
blas·tu·la [blǽstʃələ] ᐸ (ᐻ ~s, -lae [-lìː]) 〔발

blást wàve 명 폭풍(爆風)(의 파문).

blat [blæt] 동 (**-tt-**) 자 (양·송아지가) 울다(bleat); 시끄럽게 떠들다. — 타 (구어) …을 큰 소리로 지껄이다.

bla·tan·cy [bléitənsi] 명U 소란, 떠들썩함.

bla·tant [bléitənt] 형 1 뻔뻔스러운, 주제넘은; 명백한, 뻔한. ¶a ~ lie 뻔한 거짓말. 2 떠들썩한, 시끄러운. 3 야한, 난한. 4 (시) 음매 하고 우는. **~·ly** 부

blath·er [blǽðər] 명U 허튼 소리, 헛소리. — 자 (쓸데없는 일을) 지껄여대다. **~·er** 명

blath·er·skite [blǽðərskàit] 명 쓸데없는 말을 하는 사람, 수다쟁이, 허풍선이; =blather.

blat·ter [blǽtər] 자 1 (방언) 재잘거리다. 2 (스코) 덜컥덜컥(후드득후드득) 부딪치다(때리다). — 명 (끊임없이 이어지는) 덜컥(후드득)거리는 소리, 재잘대는 소리.

blax·ploi·ta·tion [blæksplɔitéiʃən] 명 (미구어) (영화·연극 따위의) 흑인을 이용(상품화)하는 것. (또는 **blacksploitation**) (<*black*+*exploitation*)

‡**blaze**¹ [bleiz] 명 (*blaz·es* [-iz]) (보통 s를 제외하고 a[*or* the] ~ of) 1 불길, 화염; 화재, 불.

> [유의어] **blaze** 강한 빛과 열이 나는 비교적 큰 불길. **flame** 불길이라는 뜻의 가장 일반적인 말. **flare** 어두운 배경에서 꺼져가는 불에서 갑자기 확 타오르는 불(빛). **glare** 불쾌할 만큼 이글거리는 불(빛).

2 눈부신 빛(glare).¶the ~ of day 눈부신 햇빛. 3 (시각적인) 선명함, 밝음; (보석 따위의) 번쩍임, 광휘.¶The main street of the town is a ~ of lights in the evening. 그 도시의 중심가는 저녁이면 불야성을 이룬다. 4 (감정 따위의) 폭발, 격발 (*of*). 5 화려함, 눈부심.¶a ~ of oratory 화려한 웅변. 6 명백함, 주지(周知).¶the ~ of publicity 대대적인 선전. 7 (~s) (속어·완곡적) 지옥(hell, devil).¶Go to ~s! 뒈져라! 8 (the ~s) (how, what, who 뒤에서) 도대체.

as blazes (미속어) 지독히, 끔찍하게.
burst into a blaze (확) 타오르다.
in a blaze 활활 타올라.
in a blaze of anger [*or passion, temper*] 불끈 같이 노하여.
like blazes 맹렬히.
What [Who] the blazes...? (속어) 도대체 무슨[누가…]?
Where in blazes...? (속어) 도대체 어디서…?

— 자 (*blaz·es* [-iz]; ~d; *blaz·ing*) 자 1 밝게 타다, 빛나다(*up, away, forth*).¶A fire was *blazing* in the fireplace. 벽난로에는 불이 활활 타고 있었다. 2 (화염처럼) 빛나다, 번쩍이다.¶Lights were *blazing* in every window. 집집마다 창문에는 불빛이 휘황했다. 3 격분하다(*up*)(*with*). 4 잘 겨누어 연달아 발포하다(*away*). — 타 …을 태우다; …을 빛나게 하다, …을 빛내다. (감정을) 노골적으로 나타내다.

blaze away ① (빠른 말로[흥분하여]) 지껄여대다. ② (일을) 맹렬히 하다.
blaze off ① (총포가) 일제히 불을 뿜다. ② (일을) 맹렬히 해내다.
blaze out ① 확 타오르다. ② 분노를 폭발시키다. ③ (홍분이) 가라앉다.
blaze up 확 타오르다; 격분하다.

blaze² 명 1 (숲에서 경계선·길 표지로 나무에 새기는) 흰 표적; (말·소 따위의) 눈 사이의 흰점. — 타 1 (나무)에 흰 표적을 내다. 2 (길을) 내다; …을 개척하다 (*in*).
blaze a way [*a path, trail*] (*in*) (…에) 길잡이 표시를 내다, (…의) 개척자[선구자]가 되다.

blaze³ 타자 …을 알리다; 포고하다(*about, abroad*).¶Headlines ~d the Apollo feat. 신문의 표제가 아폴로의 위업을 알렸다.

blaz·er [bléizər] 명 1 (구어) 휘황하게 빛나는 것; (구어) 몹시 더운 날; 새빨간 거짓말; (점화 장치된) 보온 냄비[접시], (식탁·야외용) 요리 기구. 2 블레이저(운동 선수들의 화려한 유니폼 상의).

blaz·ing [bléiziŋ] 형 1 확 타오르는; 빛나는, 번쩍이는. 2 (한정용법) (英구어) 명백한, 뚜렷한.¶a ~ lie 빤한 거짓말. 3 잔혹한, 격렬한; (구어) 격렬한. 4 (사냥) (짐승이 남겨놓고 간 냄새가) 강렬한. **~·ly** 부

blázing stár 명 화려한 꽃이 피는 각종 백합과(科)의 식물; (고어) 관심의 초점이 되는 사람[것].

bla·zon [bléizn] 명 1 문장(紋章); 문장 해설[기술(記)], 그림, 장식. 2 (장점 따위의) 기술, 과시.
make a blazon of …을 과시[자랑]하다.
— 타 1 (문장)을 기술하다; …을 과시하다; …을 공시하다, 널리 퍼뜨리다(*out, forth*).
~·er, ~·ment 명 [(紋章) 해설 (기술); 문장.

bla·zon·ry [bléiznri] 명 장관(壯觀), 미관; 문장.

bldg. building. **Bldg.E.** Building Engineer. **bldr.** builder. **B.L.E.** Brotherhood of Locomotive Engineers. **-ble** [bl] 연결 ⇨ -ABLE.

*bleach [bliːtʃ] 자 (약품·햇볕에) 하얘지다(*out*). — 타 …을 표백하다, (햇볕이)…을 탈색시키다(*out*). ⇨WHITEN 유의어 ¶~ cotton 무명을 표백하다 / ~*ed* jeans 탈색 청바지. 명 표백제; 표백도; 표백.
~·a·bíl·i·ty 명 **~·a·ble** 형 **~ed** [-t] 형 표백한.

bleach·er [bliːtʃər] 명 1 (천을) 표백하는 사람, 마전장이. 2 표백제. 3 표백용 그릇. 4 (~s) (야구장 따위의) 지붕 없는 관람석, 외야석.

bleach·er·ite [bliːtʃəràit] 명 외야석 관람객.
bleach·er·y [bliːtʃəri] 명 표백장(場), 표백 공장.
bleach·ing [bliːtʃiŋ] 명U 표백, 표백법.
bléaching pòwder 명 표백분.

*bleak¹ [bliːk] 형 1 (풍경이) 황량한, (토지 등이) 바람받이의.¶a ~ sight 살풍경한 광경. 2 (바람이) 살을 에는 듯한, 매섭게 찬. 3 적막한, 쓸쓸한(dreary) (얼굴 따위가) 어두운, 음침한. **~·ly** 부 **~·ness** 명

bleak² 명 (~**s**) 잉어과(科)의 민물고기.

blear [bliər] 형 (눈물·염증 따위로) 눈을 흐리게 하다; (윤곽 따위를) 흐리게 하다. 타 (눈을) 흐린, 흐릿한(dim). — 명 불분명(blur); 눈이 흐린 상태.

blear-eyed [bliərd̀id] 형 눈이 흐린[잘 안 보이는]; 앞일을 내다보지 못하는(shortsighted).

blear·y [blíəri] 형 눈이 흐린[침침한]; (윤곽이) 분명치 않은; 지친. **bléar·i·ly** 부 **bléar·i·ness** 명

*bleat [bliːt] 자타 (양·염소 따위가) 매애 하고 울다. — 타 우는 소리로 …을 지껄이다. — 명 (양·염소·송아지 따위의) 우는 소리; 우는 소리, 푸념.

bleat·er [bliːtər] 명 매애매애 우는 양[염소, 송아지]; 양의 울음 소리 같은 (목)소리를 내는 사람[것].

bleb [bleb] 명 (피부의) 물집, 수포(水疱); (물)거품. — 자 (세포의 표면에) 거품 모양의 돌기가 나오다; (페인트가) 거품 모양이 되다. **~·bing** 명 **~·by** 형

bled [bled] 동 bleed의 과거·과거분사.

‡**bleed** [bliːd] 동 (~**s** [-z]; *bled*) 자 1 출혈하다; 내출혈하다; (피가) 나다.¶He was ~*ing* at the nose. 그는 코피를 흘리고 있었다. 2 (조국·자유 따위를 위해) 피를 흘리다, 전사하다 (*for*).¶(~+前+图) He *bled for* freedom. 그는 자유를 위해 피를 흘렸다. 3 (수목이) 수액을 흘리다; (액체가) 흘러나오다. 4 (천의 색이) 배어나오다. 5 (남 때문에) 마음 아파하다, 동정하다 (*for*). 6 (속어) (공갈·협박 따위에) 돈을 뜯기다. 7 (인쇄) (인쇄된 부분까지) 재단되다[되다] (*off*). 8 (방송 신호를) 방해하다. 9 (미속어) 잔소리하다, 투덜거리다.
— 타 1 …에게서 출혈시키다. 2 (공기·물 등)의 피를 뽑다. 3 (수액 따위)를 채취하다; (나무)에서 수액을 채취하다; (용기)에서 (물·공기 따위)를 뽑다 (*of*). 4 (속어) (남)의 돈을 뜯어내다 (*for*).¶They *bled* him freely *for* the fund. 그들은 그에게서 자금을 마음대로 뜯어냈다. 5 (인쇄된 부분까지) (페이지)를 재단하다.

bleed a person white [*or dry*] 남으로부터 짜낼대로 짜내다.

bleed off (구어) …을 빼내다; 우려먹다.
bleed to death 출혈이 심하여 죽다. 「내다.
make *a person's* **heart bleed** 남의 동정심을 끌어
── 囹 1 (인쇄) 도련, 도련된 페이지. 2 (의학) 출혈.
¶ *an intracranial* ~ 뇌출혈. 3 (美속어) 흑인.
── 囹 (인쇄) 도련한. ¶ *a* ~ *page* 도련된 페이지.

bleed·er [blíːdər] 囹 1 출혈성의 사람; 혈우병(血友病) 환자(hemophiliac). 2 사혈(瀉血)하는 사람. 3 (속어) 남에게서 뜯어먹는 사람; 식객, 기식자. 4 (속어) (야구) 행운의 안타. 5 (전기) 블리더 저항기. (또는 ~ **resister**) 6 (탱크·터빈 따위의) 배수(排水) 밸브. (또는 ~ **[blééd] válve**) 7 (英구어) (경멸적) 놈, 녀석.
a bleeder of a(n) (英속어) 지독한, 지겨운. ¶ *a* ~ *of a rainstorm* 지독한 폭우.

bléeder's diséase 혈우병(hemophilia).

bleed·ing [blíːdiŋ] 囹⒰ 출혈, 유혈; 방혈. ── 囹 출혈하는, 피나는; 피투성이의, 피묻은; 고통(동정)을 느끼는. (英비어) 지독한, 끔찍한. ── 囹 (英속어) 몹시, 형편없이. ¶ *a* ~ *silly idea* 아주 어리석은 생각.

bléeding héart 囹 1 (식물) 금낭화. 2 (경멸적) 동정(이해)심이 많은 체하는 사람. 「=blip.

bleep [bliːp] 囹=beep; 卣 blip 2. ── 囹=beep;

bleep·er [blíːpər] 囹 (英) 삐삐(pager, (미) beeper).

*****blem·ish** [blémiʃ] 囹⑴ (명성·인격 따위)를 손상하다, …에 흠을 내다; …을 더럽히다.
── 囹 결점, 홈(⇒ DEFECT (유의어)); 오점, 얼룩(*on*); 여 *without blemish* 완전히; 완전히. 「드름.
~**·er**

blench[1] [blentʃ] 囹 움찔하다, 뒷걸음질치다, 움츠리다(shrink). ~**·er** 囹 ~**·ing·ly** 囹

blench[2] 囹② 희어지다, 창백해지다. ── 卣 …을 희게 하다, 창백하게 하다(blanch).

blend [blend] 囹 (~*s* [-z]; ~**ed, blent**) 卣 …을 섞다, 혼합하다; (차·술·담배 따위)를 혼합하여 만들다. ⇒ MIX (유의어) ¶ ~ *paints* 그림 물감을 섞다/~ *tea* [coffee, spirits] 차(커피, 술)를 혼합하다/~*ed tea* 혼합차. ── 囹 1 섞이다, 혼합되다; 섞여 어우러지다 (*with, into*). ¶ *Oil won't* ~ *with* [*or into*] *water.* 기름과 물은 섞이지 않는다. 2 조화되다, 어울리다(*with*). ¶ (~+囹+名) *The new curtains do not* ~ *with the white wall.* 새 커튼은 흰 벽과 어울리지 않는다. 「어울리다(*with*).
blend in (…와) 조화시키다(하다); 뒤섞다, 뒤섞이다.
── 囹 (囹 ~*s* [-z]) 1 혼합; 혼색(混色). 2 혼합물; (차·담배 따위의) 블렌드. 3 (언어) 혼성어(예: smog← *smoke+fog*).

blende [blend] 囹 (광물) 섬아연광(閃亞鉛鑛).

blénd·ed fámily [bléndid-] 囹 혼합 가족(재혼 부부와 과거의 결혼에서 얻은 자녀로 구성되는 가족).

blénded whískey 囹 블렌드 위스키.

blend·er [bléndər] 囹 혼합하는 사람(기계); (전기) 혼합기, 믹서. 「여) 개성이 없는.

blend·er·ized [bléndəràizd] 囹 (여러 가지가 뒤섞여)

blend·ing [bléndiŋ] 囹⒰⒞ 1 혼합(물), 합성(물), 융합. 2 (언어) 혼성(예: breakfast와 lunch에서 brunch가 생기는 따위); 혼성어(⇒ BLEND 囹 3).

blénding inhéritance (유전) 융합 유전.

Blén·heim Órange [blénəm-] 囹 블넘 사과 (영국산(產) 황금 사과).

Blénheim (spániel) 囹 블렌넘종의 스파니엘 개.

blen·ny [bléni] 囹 베도라치科(科)의 바닷물고기.

blent [blent] 囹 blend의 과거·과거분사.

ble·o·my·cin [bliːəmáisin] 囹 (약학) 블레오마이신 (피부암·설암·폐암 치료용의 항생제).

bleph·a·ri·tis [blèfəráitis] 囹⒰ (의학) 안검염(眼瞼炎), 다래끼. **-rit·ic** [-rítik] 囹 (瞼) 형성(술).

bleph·a·ro·plas·ty [bléfərəplæsti] 囹 안검성형.

bles·bok [blésbàk/-bɔ̀k] 囹 (囹 ~(**s**)) 블레스복
(남아프리카산(產) 큰 영양의 일종). (또는 **blesbuck**)

*****bless** [bles] (~*es* [-iz]; ~*ed* [-t], **blest**)
卣 1 …에 십자를 긋다; (성직자가) …에 십자를 그어 축복하다, 신의 가호를 빌다. ¶ *She* ~*ed the orphans.* 그녀는 십자를 그어 고아들의 행복을 빌었다. 2 (수동형으로) (신이) (사람)에게 은총을 베풀다(*with, in*) (웹 curse); …을 축복하다; (계획 따위가) (…에 의해) 승인 받다(*by*). ¶ (~+囹+名) *God* ~*ed her with good children.* 신은 그녀에게 착한 아이들을 주셨다. 3 (신)을 찬송하다, 찬양하다; (행운)을 감사하다. ¶ *We* ~ *Thy Holy Name.* 주님의 거룩한 이름을 찬양하나이다 / *I* ~ *the day I met him.* 그를 만났던 날을 감사한다. 4 (감탄적) (악에서) …을 지키다 (*from*). ¶ (~+囹+前+名) *B*~ *me from all evils!* 저를 모든 악에서 지켜주소서. 5 (종교적 의식으로써) …을 신성하게 하다, 정하게 하다. 6 (완곡적·반어적) …을 저주하다.

be blessed with …의 혜택을 입다; …을 누리다.
Bless me [*or my soul, the boy*]*!; God bless me!; Well, I'm blest!* (놀람·성남을 나타내어) 저런!, 이크!, 아뿔싸!, 아차!, 당치 않다!
bless oneself (십자를 그어) 신의 축복을 빌다 (*in, with*); (…하지 않아) 다행이라고 여기다 (*from*).
bless one's stars 행운을 신에게 감사하다, 자기의 행운을 기뻐하다.
Bless you! =God bless you! ② 「복을 기뻐하다.
God bless you! ① 그대에게 신의 축복이 있기를!; 정말 감사합니다! ② 아, 가엾어라! (*재채기한 사람에 대해서도 말한다). 「문 없고, 빈털터리다.
have not a penny to bless oneself with 돈 한
(*I'm*) *Blest* [or *Blessed*] *if…* 절대로 …이 아니다. ¶ (*I'm*) *Blest if I know.* 그런 것은 전혀 모른다.
~**·er** ~**·ing·ly** 囹 「내가 알 게 뭐냐.

*****bless·ed** [blésid] 囹 (blest) 1 [blest] 신의 은총을 입은, 신성한; 행복한. ¶ ~ *ignorance* 모르는 것이 약 / *B*~ *are the poor in spirit.* 심령이 가난한 자는 복이 있나니. ─마태 복음(Matt.) 5 : 3). 2 축성(祝聖)된, 3 반가운, 즐거운. ¶ ~ *news* 희소식. 4 (가톨릭) 시복(諡福)받은; (the ~) (명사적) (복수취급) 복자. 5 [blest] (완곡적·반어적) 불경스러운, 저주된; 죄가 될; 저주할. ¶ *Those* ~ *bells!* 저놈의 종소리! 6 (강조적) *every* ~ *cent* 한 푼도 남김없이 / *every* ~ *one* 모든 사람. (또는 **blest**)
of blessed memory 고(故)…, 고인이 된….
the blessed land; the land of the blessed 천국.
the blessed (ones) 하늘에 계신 성도들.
the whole blessed lot (속어) 전부.
~**·ly** ~**·ness**

bléssed évent 囹 (구어) 아이의 출생; 태어난 아이.

Bléssed Sácrament 囹 (the ~) (가톨릭) 성체; 성찬용 빵; 성찬식.

Bléssed Trínity 囹 (the ~) 삼위일체(의 신).

Bléssed Vírgin 囹 (the ~) 동정녀 마리아(the Virgin Mary). 성모 마리아.

*****bless·ing** [blésiŋ] 囹 (囹 ~*s* [-z]) 1 축복; 축도 (祝禱)(*on, upon*); (opp. curse). ¶ *give the* ~ (사제가) 축복하다, (목사가) 축도를 하다. 2 신의 은총; 고마운 것 (*to*). 3 식전(식후)의 짧은 기도. 4 (반어적) 저주(의 말); 질책, 비난, 5 찬성, 승인.
a blessing in disguise 괴롭지만 이익이 되는 경험, 불행처럼 보이나 실은 고마운 것. 「것.
a mixed blessing (구어) 좋기도 하고 나쁘기도 한
ask [or *say*] *a* [or *the*] *blessing* 식전(식후)에 감사 기도를 하다. 「회상하다.
count one's blessings (불행한 때에) 좋은 일들을
give one's blessing to …을 시인하다.

*****blest** [blest] 囹 bless의 과거·과거분사. ── 囹 = **BLESSED**.

blet [blet] 囹 농익은(너무 익은) 과일의 부패.

bleth·er [bléðər] 囹=blather.

*****blew** [bluː] 囹 blow[1]의 과거.

blg. building.

*blight [blait] 图⓪ 1 〔식물〕말라죽는[고사(枯死)]병; 충해: 그 해충. 2 (식물에 해가 되는) 안개가 자욱한 대기. 3 ⓒ (보통 a ~) 파멸[실패]의 원인; 어두운 그림자 (on, upon). 4 황폐, 쇠퇴.¶urban ~ 도시의 황폐. ――――〔어두운 그림자를 던지다.
cast [or *put*] *a blight over* [or *on, upon*] …에
――⑤㉠ 1 …을 말라죽게 하다. 2 …을 망쳐놓다. 〔희망 등〕을 꺾다. ――㉨ 말라죽다. *

blight·er [bláitər] 图 1 못쓰게 만드는[망치는] 사람[것]. 2 〔英俗語〕경멸적[시시한] 녀석; 놈, 녀석(chap). ¶Poor little ~! 불쌍한 녀석!

blight·y [bláiti] 图 〔英俗語〕(종종 B―) 영국 본국; 본국 송환 대상의 부상; 본국[귀국] 휴가. ¶a B– one 영국 본토로 송환될 만한 (군인의) 1급 부상.

bli·m(e)y [bláimi] ☝ 〔英俗語〕(놀람을 나타내어) 제기랄!, 아뿔싸!, 아차!, 저런!. * God blind me.의 전화(轉化).

blimp [blimp] 图 1 (관측용) 연식(軟式) 소형 비행선; (구어) 비행선. 2 〔美俗語〕뚱보. 3 (B–) =Colonel B–. 4 〔영화 촬영기〕의 방음 덮개.

blimp·ish [blímpiʃ] 图 (종종 B–) 완고한 반동[보수]주의자의. ② Colonel Blimp. ~**ly** ☝ ~**ness** 图

‡**blind** [blaind] 图 (~**·er**; ~**·est**) 1 눈이 먼, 앞을 못 보는; 장님의, 맹인의, 〔한정용법〕시각 장애자의[를 위한]; (the ~) 〔명사적〕 맹인들(~ people). ¶a ~ man 장님/He is ~ in the left eye. = He is ~ of the left eye. 그는 왼쪽 눈이 보이지 않는다(* of는 문어적)/*In the kingdom of the ~, the one-eyed is king.* (속담) 장님 나라에서는 애꾸가 임금, 범 없는 골에는 토끼가 스승이라. 2 눈으로 구별하지 못하는, 이해하지 못하는, 알려고 하지 않는 (*to*). 3 맹목적인, 분별없는; 되는 대로의, 무턱댄, 무계획적인. ¶~ obedience 맹종(盲從)/a ~ purchase 덮어놓고 하는 구매/a ~ forces 기계[맹목]적으로 작용하는 힘/Love is ~. (속담) 사랑은 맹목적. 4 무식한, 문맹의. 5 의미(감각)이 없는, 단조로운. ¶a stupor 인사불성. 6 (俗語) 술취한, 곤드레만드레 취한. 7 〔문장 따위가〕이해하기 어려운, 〔문자 따위가〕 판독하기 어려운; 〔편지가〕 수취인 불명의; 신원 불명의, 익명의. ¶a ~ passage in a book 책의 어려운 구절. 8 (가려져서) 보이지 않는, 숨은. ¶a ~ nail 은혈못(겉으로는 박은 것처럼 보이지 않는 못)/a ~ ditch 암거(暗渠)/a ~ wall 문 없는, 창문 없는, 출입구 없는 벽. ¶a ~ window 장식 봉창(열리지 못하는 창문). 11 〔요리〕(파이 따위가) 속에 아무 것도 넣지 않고 구운. 12 〔원예〕열매를 맺지〔꽃이 피지〕 않는. 13 〔항공〕 계기(計器)에만 의존하는. 14 〔美俗語〕포경의. 15 (俗語) =damned.
(as) blind as a bat [or *beetle, mole*] 전혀 앞이 안 보이는.
be blind to …을 깨닫지 못하다, 못 보다.¶*be ~ to one's own defects* 자신의 결점을 모르다.
Blind Freddie could see that! 아무리 바보라도 그 정도는 알겠다.
blind leaders of the blind; the blind leading the blind 장님이 장님을 인도하는, 위험 천만의(←태 복음(Matt.) 15 : 14).¶*It is a case of the ~ leading the ~.* 매우 위험하다.
go blind 실명하다. ────〔분별력을 잃게 돼요.
It makes you go blind. (구어) 그런 것에 빠지면
not a blind (bit of) (俗語) 조금도 …아니다, 조금도…도 없다. ¶*do not take* [or *pay*] *a ~ bit of notice* 전혀 주의하지 않다. ────〔체하다.
turn a [or *one's*] *blind eye to* …을 보고도 못 본────⑤㉠ (~**s** [-z]) ㉠ 1 …을 눈멀게 하다. ¶*be ~ of one eye* 한쪽 눈이 멀다. 2 …의 눈을 (일시적으로) 보이지 않게 하다; 〔재귀용법으로〕 그는 얻어맞아 눈앞이 캄캄했다. 3 …을 어둡게 하다, 보이지 않게 하다; …을 (시야 따위로부터) 가리다 (*from*).¶The clouds ~*ed* the moon. 구름이 달을 가렸다. 4 …의 분별[판단]력을 잃게 하다, …을 맹목적이 되게 하다.¶(~ +⓪ + *前* + 뙁) *Love* ~*s us to all imperfections.* 제 눈에 안경. 5 …을 무색하게 하다.¶*Her beauty* ~*ed all the rest.* 그녀의 아름다움이 나머지 사람들을 모두 무색케 했다. 6 (새 포장 도로에) 모래를 뿌려서 틈을 메우다. 7 …을 페인트 따위로 지우다(*out*). ────㉨ 1 (俗語) (운전자가) 무모하게 차를 몰다(*along*). 2 (俗語) 욕설을 하다.
blind a person with science 남을 우수한 지식으로 혁혁시키다. ────〔다.
blind oneself to …에 눈가림하다, …을 모른 체하────图 (㉨) ~**s** [-z]) 1 가리는 것(발, 차양, 덧문 따위), 블라인드(〔美〕 shade).¶*draw up* [*pull down*] *the* ~*s* 블라인드를 올리다[내리다]. 2 눈을 속이는 것, 거짓 수, 핑계; 미끼 (*for*). 3 (~**s**) 말의 눈가리개. 4 (사냥꾼의) 잠복 장소. 5 (俗語) (술의) 과음. 6 〔카드놀이〕 패를 보지 않고 걺. ────☝ 1 맹목적으로, 무작정. 2 (구어) 의식을 잃을 정도로. 3 눈으로 보지 않고, 계기에 의존하여.
fly blind ① 계기 비행하다. ② (구어) 함부로 행동하다[말하다]. ────〔적으로 하다.
go (at) it blind; *go blind on* (앞뒤 안가리고) 맹목*swear blind (that)* (…라고) 단언하다, 서약하다.

blind·age [bláindidʒ] 图 〔군사〕 (참호 안의) 방탄루.
blínd álley 图 막다른 골목; (구어) 전도가 암담한────〔차.
blínd bággage (càr) 图 〔철도〕 수화물[우편물]
blínd bómbing 图 〔군사〕 무차별 폭격, 맹폭.
blínd cóal 图 무연탄.
blínd cópy 图 수취인 불명의 문서[편지] 복사본.
blínd córner 图 (운전자 따위의) 보이지 않는 구석; 사각(死角). ────〔남녀간의 데이트, 그 상대.
blínd dáte 图 (구어) (제삼자의 주선에 의한) 모르는
blínd-déaf lánguage [-déf-] 图 촉독법(觸讀法).
blínd dòor 图 통풍 장치가 있는 문.
blind·er [bláindər] 图 ⓘ 1 현혹시키는 사람[것]; (~**s**) (말의) 측면(側面) 눈가리개; (~**s**) 판단[이해]의 장애. 2 〔英俗語〕 흠뻑취한[주연]; (俗語) 멋진[지극히 어려운] 것, 절묘한 파인플레이.
go [or *be*] *on a blinder* 〔英俗語〕 야단법석을 떨다.
play a blinder 멋진 재주를 보이다[연기하다].
blínd flíght [flýing] 图 계기(計器) 비행.
blind·fold [bláindfòuld] ⑤㉠ …의 눈을 가리다; …의 판단을 흐리게 하다, 현혹시키다. ────图 1 눈가리개. 2 (비유적) 판단을 흐리게 하는 것. ────图☝ 눈을 가린[가리고], 눈가림을 한[하고]; 맹목적인[으로], 무모한[하게].¶*I know one's way* ~ 눈을 감고도 길을 알다.
blínd gód 图 사랑의 신(Eros 또는 Cupid). ────〔다.
blínd gút 图 (the ~) 맹장(cecum).
blind·ing [bláindiŋ] 图 눈을 멀게 하는 (듯한), 눈부신; 분별을 흐리게 하는; 갑작스런. ────⑤ⓤ (새로 포장한 도로의 틈새 따위를 메우는) 모래나 자갈. ~**·ly** ☝
blínd lánding 图 (비행기의) 계기(計器) 착륙.
blínd létter 图 주소 불명의 편지.
*blind·ly [bláindli] ☝ 맹목적으로, 무모하게, 무턱대고; 막다르게 되어; 눈을 감고서.
blind·man [bláindmæn] 图 〔英〕 (우체국의) 수신인 주소·성명 판독 계원.
blindman's buff [blúff] 图 까막잡기(술래잡기 놀이). ────〔혼.
blindman's hóliday 图 (고어·익살) 해질녘, 황
‡**blind·ness** [bláindnis] 图ⓤ 1 실명, 맹목.¶*color* ~ 색맹 / *night* ~ 야맹증. 2 분별없음; 무지.
blínd píg 图 〔美방언〕 주류 밀매소, 무허가 술집.
blínd póol 图 〔금융〕 블라인드 풀, 운용 위임형 자금 연합(출자금 운용을 전문가에게 위임하는 조합).
blínd rádio 图 〔美俗語〕 (TV 방송에 대하여) 라디오────〔방송.
blind-read·er [-rí:dər] 图 =blindman.

blínd róad 圀 풀이 무성한[풀로 덮인] 길.
blínd shéll 圀 불발탄.
blínd síde 圀 1 사각(死角); (애꾸의) 눈먼 쪽. 2 약점, 허점. 3 〔럭비〕 블라인드 사이드.
catch a person on his blind side 남의 약점을 찌르다.
blínd-síde [bláindsàid] 타 1 〔럭비〕 (상대 팀)을 블라인드 사이드로부터 공격하다. (또는 **blínd-pòp**) 2 〔구어〕 〔남〕의 약점을 찌르다, 허를 찌르다.
blínd spót 圀 1 〔해부〕 (망막의) 맹점. 2 (본인은 모르는) 약점, 약점. 3 〔통신의〕 난청 지역. 4 〔경기장 따위에서〕 보이지[들리지] 않는 곳. 5 〔자동차의〕 사각(死角).
blínd stámp 圀 〔제본〕 (표지의) 민누름(금박을 쓰지 않고 형태만을 박기). 「위〕에 민누름을 하다. ~**ing**
blind-stamp [-ˊstæmp] 圀타 〔제본〕 〔책의 표지 따
blínd stítch 圀 공그르기.
blind-stitch [bláindstìtʃ] 圀타 …을 공그르다.
blínd·sto·ry [bláindstɔ̀ːri] 圀 〔건축〕 창문 없는 층.
blínd tést 圀 예비 지식이나 선입관 없이 받는 테스트.
blínd tíger 圀 〔美방언〕 =blind pig; 〔속어〕 싸구려 위스키.
blínd Tóm 圀 〔美속어〕 야구 심판.
blind-tool [-ˊtùːl] 圀타 =blind-stamp.
blínd trúst 圀 (공직자의 주식·부동산 따위의) 운용 (運用) 백지 위임.
blínd túrning 圀 앞이 잘 안보이는 커브.
blínd·worm [bláindwə̀ːrm] 圀 〔유럽산(産)〕 발 없는 도마뱀; (말레이 제도산(産)) 나사류(裸蛇類)의 동물.
***blink·er** [blíŋər] 圀 극단적이고[이례적인, 굉장한 것.
***blink** [bliŋk] 자 1 깜작이다; 눈을 깜작깜작하다, 눈을 깜박이며[가늘게 뜨고] 보다. ⇒WINK 유의어 2 (…을) 묵인[무시]하려 하다 (at). ¶ (~em+젭) ~ *at* responsibility 책임이 있는데도 모른 체하다. 3 (…을) 놀라서 보다, (…에) 깜짝 놀라다 (at). 4 〔등불이〕 깜박거리다, 〔자동차의 라이트가〕 명멸하다 (wink). — 타 1 〔눈〕을 깜작이다; 깜작거려 〔눈물을〕 억제하다〔참다〕 (away, back). 2 …을 눈감아주다, 〔책임〕을 피하다. 3 〔차의 라이트 따위〕를 깜박이다.
blink the fact that... …라는 사실을 눈감아 주다.
— 圀 1 깜작임. 2 〔스코〕 흘긋 봄. 3 섬광, 명멸, 빛의 깜박임. 4 〔기상〕 (빙원·눈의) 반사광. 「깜박할 사이에.
in the blink [or *wink, twinkling*] *of an eye* =
like [or *in*] *a blink* 〔구어〕 순식간에, 즉시.
on the blink 〔美속어〕 상하여, 못쓰게 되어, 고장이 나서; 죽어가서. ¶go (be) *on the ~* 고장나다(나 있다).
without a blink or qualm 태연히, 아무렇지도 않게.
blink·ard [blíŋkərd] 圀 우둔한 사람; 〔고어〕 노상 눈을 깜작거리는 사람.
blink·er [blíŋkər] 圀 1 눈을 깜작이는 사람; 〔고어〕 추파를 던지는 여자. 2 〔철도 건널목 따위의〕 명멸 신호 (등); 명멸광; (~s) 《美》 〔자동차의〕 방향 지시등, 깜박이(《英구어》 winkers). 3 (~s) (말의 측면) 눈가리개. ⇒HARNESS 그림. 4 (~s) 〔눈 보호용〕 색안경(goggles). 5 판단을 흐리게 하는 것. 6 (~s) 〔美속어〕 눈.
be in blinkers 주위 사정에 어둡다.
— 타 1 〔말〕에 눈가리개를 하다. 2 〔남의 판단력〕이성 따위〕를 흐리게 하다. 3 〔메시지〕를 점멸 신호로써 ~**ed** 눈가리개를 한; 시야가 좁은. 「보내다.
blink·ie [blíŋki] 圀 〔美속어〕 맹인을 가장한 것.
blink·ing [blíŋkiŋ] 圀 깜작이는, 〔빛이〕 깜박거리는; 〔완곡히〕 심한, 지긋지긋한; 순전한. ~**ly** 튀
blin·tze [blíntsə] 圀 〔유대 요리〕 블린츠(치즈·과일 따위가 들어간 팬케이크. (또는 **blintz** [blints])
blip [blip] 圀 1 〔레이더 스크린 위의〕 광점(光點), 블리프. 2 삑 하는 소리(bleep). 3 〔수치 따위의〕 일시적 급변동[급등, 급락]; 일시적 문제(다). 4 소수, 소량, 소액. ¶a ~ *of light* 약간의 빛. 5 《美속어》 5센트 백동전. 6 (돌은 말 대신 쓰는) 무의미한 말 (×표시). 7 〔속어〕 메모. 8 〔영화〕 사운드트랙의 동조 마크. 9 〔영화 필름·전력·빛의〕 극히 짧은 끊김. 10 《美속어》 사소한 것.
— 圀 (-pp-) 자 1 삑 소리를 내다. 2 〔구어〕 〔약간 불규칙하게〕 움직이다; 급등[급락]하다; 〔경제〕 〔경기 지표값이〕 일시 변동하다. 3 《美속어》 레이더 상에서 다른 비행역으로 침입[침범]하다. 4 〔속어〕 〔비행기 따위의〕 엔진을 겼다 컸다 하다. —타 1 …을 〔테이프에서〕 지우다 (*from*). 2 가볍게 두드리다(tap); 죽이다, 없애다(*out*).
blip off 〔속어〕 (사람)을 죽이다, 사살하다.
— 圀 《美속어》 멋진, 굉장한; 유행에 밝은, 전위적인.
‡bliss [blis] 圀 1 더없는 행복, 환희. ⇒HAPPINESS
유의어 ¶*Ignorance is* ~. 〔속담〕 모르는 게 약. 2 (신학) 천국의 기쁨, 지복(至福). 3 천국(paradise). 4 Ⓒ 〔고어〕 행복원〔환희의 근원〕. ~·**less** 圀
blissed-out [blístáut] 圀 《美속어》 굉장히[더없이] 행복한, 황홀한; 〔술·마약에〕 취한.
***bliss·ful** [blísfəl] 圀 더없이 행복한, 지복의; 더없이 즐거운, 기쁨에 넘치는. ~·**ly** 튀 ~·**ness** 圀
blissful ignorance 圀 행복한 무지, 모르는 게 약.
bliss-out [-ˊaut] 圀 《美속어》 지복, 황홀.
***blis·ter** [blístər] 圀 1 (피부의) 물집, 수포(水疱) (발의) 물집. ¶ *have* [or *get*] *a* ~ *on one's foot* 발에 물집이 생기다. 2 〔페인트 칠 위에〕 생기는 거품; (유리 따위의) 기포(氣泡); 〔사진〕 (감광판의) 거품. 3 〔군사〕 (비행기의) 반구형 기총 총좌; =radome; (선체의 어뢰 방어용) 벌지(bulge). 4 (주정 수증기(酒精水蒸露)의 눈금을 이루는) 거품. 5 〔약학〕 발포고(發疱膏). 6 〔빌딩 위의〕 투명 돔, 천창(skylight). 7 《美속어》 뜨내기 여자 노동자. 8 〔속어〕 기분 나쁜 녀석; 매춘부, 여자 거지.
— 타 1 …에 물집이 생기게 하다. 2 〔남〕을 신랄하게 공격하다, 혹평하다. 3 〔매질하거나 하여〕 〔아이〕를 벌주다. — 자 물집이 생기다 ~·**ed** 圀
blíster béetle [**flý**] 圀 땅가뢰(가뢰과(科)의 곤충).
blíster cópper 圀 〔야금〕 조동(粗銅).
blíster gás 圀 발포성〔수포성〕 가스.
blis·ter·ing [blístəriŋ] 圀 〔햇볕 따위가〕 물집이 생기게 하는〔생길 정도로 따가운〕; 신랄한, 격렬한. ¶a ~ *remarks* 독설(毒舌) / *a* ~ *assault* 맹공격. ~·**ly** 튀
blíster páck [**pàckage**] 圀 =bubble pack.
blíster rúst 圀 〔식물〕 소나무 흑병.
blis·ter·y [blístəri] 圀 물집투성이의, 물집이 있는.
BLit, B.Lit(t). 〔라틴〕 *Baccalaureus Litterarum* (=Bachelor of Literature).
***blithe** [blaið, blaiθ] 圀 1 즐거운, 유쾌한, 명랑한, 쾌활한. 2 분별없는, 부주의한. ~·**ly** 튀 ~·**ness** 圀
blith·er [blíðər] 圀자 허튼〔쓸데없는〕 소리를 지껄이다(blather). =쓸데없는기 수작. ~·**ing** 圀
blithe·some [bláiðsəm, bláiθ-] 圀 쾌활한, 명랑한, 기분이 들뜬, 즐거운. ~·**ly** 튀 ~·**ness** 圀
blitz [blits] 圀 1 〔군사/작전〕 맹폭격; (종종 the B—) 〔2차 대전 때 독일 공군의〕 런던 대공습. 2 기습; (선전 따위의) 대공세. 3 〔미식축구〕 블리츠(공이 던져지는 순간 포워드 패스하는 선수를 차징(charging)하는 일). 4 빙고(bingo). 5 〔군사속어〕 긴급 회의. 「다.
make a blitz on …에 맹렬히 달려들다, 대공세를 펴
— 타 1 …을 기습하다; …을 전격적으로 하다; …을 괴멸시키다. — 자 〔미식축구〕 블리츠하다; 전격적으로 움직이다. — 圀 전격전의; 전격적인. 「움직이다.
~·er 圀 〔<G *lightning*〕 소형 트럭.
blitz·bug·gy [blítsbʌ̀gi] 圀 《美軍속어》 지프(jeep).
blitzed [blitst] 圀 《속어》 술 취한; 녹초가 된.
blitz·flu [blítsflùː] 圀 〔속어〕 전격성 유행성 감기.
blitz·krieg [blítskrìːg] 圀 =blitz.
blítz sàle 圀 특별 대매출[대량 세일].
bliv·it [blívət] 圀 《美속어》 악살; 성가신, 변변찮은 것.
blixed [blikst] 圀 〔마약〕 약간 취한.
bliz·zard [blízərd] 圀 1 〔기상〕 눈보라, 폭풍설. 2 (비유적) 〔물건의〕 쇄도; 돌풍. 3 〔고어〕 구타; 일제 사격. — 자 눈보라치다. ~·**ly**, ~·**y** 圀
blízzard héad 圀 《美속어》 〔TV에서 조명을 낮추어

blk. black; block; bulk. **B.LL.** *Bachelor of Laws.*
bloat [blout] 图目 1 (물·공기 따위로) …을 부풀리다 (*out*). 2 …에게 자만심을 품게 하다, 우쭐하게 하다 (*out*). 3 …을 훈제(燻製)로 하다. — 图 1 부풀다 (*out*). 2 (…로) 자만심을 품다 (*with, from*). — 图 1 ⓤ (수의) (가축의) 위확대증, 고창증(鼓脹症). 2 부어오른 사람[것]; (인원·경비의) 쓸데없는 팽창. 3 =bloater 1. — 圈 부푼.
bloat·ed [blóutid] 圈 1 부푼, 팽창한 (*with, from*). ¶a ~ profiteer 욕심으로 가득찬 모리배. 2 (과식 따위로 인하여) 비대한. 3 교만한 (*with*). 4 (청어 따위가) 훈제(燻製)된. ~**ness** 图
bloat·er [blóutər] 图 1 훈제 청어. 2 (미국 5대호에서 나는) 민물고기(송어 따위)(cisco).
bloat·ware [blóutwèər] 图 [컴퓨터] 블로트웨어 (잘 사용되지 않는 기능이 많은 비대화된 소프트웨어).
blob [blab/blɔb] 图 1 (걸쭉한 액체의) 방울; (양초의) 통 2. 더럼, 오점; (잉크 따위의) 얼룩. 3 형태가 뚜렷하지 않은 (큰) 것. 4 (물고기가) 물 튀기는 소리. 5 팔푼이, 바보. 6 [크리켓] 영점. 7 [英속어] (교통 사고의) 사체; 쾌중, (병적 돌기같은) 팽창하는 유방.
— 图目 (-bb-) 1 …에 얼룩[오점]을 묻히다. 2 (속어) [대답 따위를] 틀리게 하다, 실수하다. ~·**by** 圈
blób wàgon 图 [英속어] 구급차.
*****bloc** [blak/blɔk] 图 (단·복수 양용) 1 (정치·경제상의) 블록, 세력권, …권(圈). ¶the Western [Communist] ~ 서방[공산]권/the sterling ~ 파운드 지역. 2 (美) (당파를 초월한) 의원단[연합]. ¶the farm ~ 농업주(州) 출신 의원단. 3 (사람·기업 등의) 연합, 단체.
en bloc 총괄[일괄]하여, 연합으로, 집단으로.
‡block [blak/blɔk] 图 1 (나무 따위의) 덩어리, (건축용) 블록; 조각용 목재. ¶a ~ of wood (건축용) 각재(角材)/a ~ of stone 석재.
2 (물건을 얹거나 자르는) 대(臺); 모탕; 도마; (푸줏간의) 고기 써는 대; 조선대; 경매대.
3 (모양을 만들기 위한) 형, 골, 틀; 식; (장난감의) 나무 블록(building ~s; (英) brick).
4 (인쇄) 판목; 대판(臺板); (제책용) 쇄판.
5 단두대; (the ~) 단두.
6 (기계) 도르래, 고패(pulley). ¶a single [double] ~ 단식[복식] 도르래. 7 (보통 a ~) (통행·통과의 일시적인) 장애(물); (…에의) 장애(물) (*to, against*); 봉쇄, 두절. ¶a ~ on a railway 철도의 불통/a ~ of traffic 교통 체증. 8 [철도] 신호구(區), 폐색 (구간); 폐색 방식. 9 (병리) 신경·심장 따위의) 블록 [정신의학] 사고 단절. 10 (증권·우표의) 한 벌; (한쪽을 풀로 붙인) 용지철, 한 장씩 떼어 쓰게 된 종이철; 우표의 한 시트. ¶a ~ of shares [bonds] 한 벌의 증권[채권]. 11 (도시의) 한 구획, 가구(街區); 한 가(街). ¶The house is a few ~s away. 그 집은 두어 블록 더 가야 합니다. 12 (英) 큰 건물; 아파트; 즐비한 집[상점]. ¶a ~ of flats 한 동의 아파트(美) apartment house). 13 (濠) (정부가 이주자에게 분양하는) 큰 부지, 구획; (the B—) 변화가. 14 (스포츠) 상대방에 대한 행동 막음, 블록. 15 [크리켓] 타자가 타구봉을 두는 곳. 16 멍청이, 바보. (속어) (사람의) 머리. 17 (거래되는 대량의 주식. 18 (英) (의안에 대한) 이의 방출, 반대 의견. 19 =bloc. 20 [컴퓨터] 블록(한 단위로 취급되는 일련의 단어의 집단).
a chip of [*or off*] *the old block* ⇒ CHIP.
as like as two blocks 꼭 닮은.
cut blocks with a razor 아까운 짓을 하다, 훌륭한 사람[능력, 수단]을 시시한 일에 쓰다.
do [*or lose*] *one's block* (濠) 성내다, 흥분하다.
get off the block (美속어) (즉시) 출발하다, 허겁지겁 나가다.
go [*or come*] *to the block* ① 참수되다. ② 경매

in (*the*) *block* 일괄하여, 총괄적으로. ⓐ **en bloc**
knock a person's block off (英속어) 남을 때려 눕히다.
off one's block 정신이 돌아, 미쳐. ⓑ |하다.
on the block 경매에 붙여져.
put [*or lay, have*] *one's head on the* (*chopping*) *block* 목숨을 걸다, 흥하든 망하든 해보다.
put the blocks on …의 진행을 방해하다.
put the block to (속어) [여자]를 유혹하다, [여자]와 섹스하다.
— 图 (~**ed** [-t]) 目 1 (교통·통행 따위)를 방해하다, [도로·통로 따위]를 막다(*up, off*) (*with*); …을 봉쇄하다(*in*); …을 못 들어오게[안 보이게] 하다(*out*). ¶ (~+图+圈+图) The street is ~ed to traffic. 거리는 통행 금지가 되어 있다 / *Blocked.* (美) 통행 금지. 2 (계획 따위)를 방해하다. ¶Who is ~ing our plan? 누가 우리 계획을 방해합니까? 3 (스포츠) (상대방의 플레이)를 방해하다. 4 [크리켓] (공)을 타구봉으로 막다. 4 (수동형으로) [자금 따위]를 봉쇄하다, (국내에서의 사용)을 제한하다. ¶~ed currency 봉쇄 통화. 5 …에 돌[나무 따위]을 쌓아놓다, 괴우다. 6 (구두·모자 따위)를 골로 본뜨다; (책 표지에) (무늬 따위)를 양각으로 새기다. 7 (英) (의안)의 통과를 방해하다. 8 (의학) (신경)의 자극 전도를 차단하다; (신경)을 마비시키다. 9 (연극) …을 연출하다. 10 (철도) (열차)를 폐색 방식으로 운행시키다. 11 (인쇄·사진) (일부)를 삭제하고 인쇄[인화]하다(*out*). 12 (컴퓨터) (한 번의 조작으로 쓸) 인접한 데이터(를 한곳에 모으다, 블록하다.
— 围 1 (스포츠) 상대방을 방해하다. 2 (종이가 열과 압력으로) 접착하다. 3 (연극) 연출을 하다. 4 (의학) (자극 전도도)의 장애가 일어나다.
block in ① …을 가두다, 봉쇄하다. ② …의 약도를 그리다. ③ …을 계획하다. ⓓ |정지시키다.
block off [길·조명 따위]를 차단하다; 멈추게 하다, *block out* …의 약도를 그리다; …을 못 들어오게 하다; [등을] 삭제하고 인쇄[인화]하다.
block up ① 방해하다, 봉쇄하다. ② …을 대목(臺木)에 얹다, (배)를 선가(船架)에 올려 놓다.
— 圈 대량으로 일괄 취급되는, 일괄적인.
~·**a·ble** 圈
*****block·ade** [blakéid/blɔk-, blək-] 图 1 (군사) (항만·해안 따위의) 봉쇄, 폐색(閉塞), 해상 봉쇄; 봉쇄 부대. 2 교통 차단; 통신 봉쇄; 경제 봉쇄; (폭설 따위에 의한) 도로 불통. 3 (교통 따위의) 장애(물). 4 (병리) (생리적 신호의) 차단, 저해.
break a blockade 봉쇄를 뚫다.
raise [*or lift*] *a blockade* 봉쇄를 풀다.
run a blockade (몰래) 봉쇄를 뚫고 출입하다.
— 图目 …을 봉쇄하다; (교통·항행)을 차단하다; …을 *-ád·er* 图 |방해하다.
block·ade-run·ner [-rànər] 图 봉쇄를 뚫고 출입하는 사람[배]. **-rùn·ning** 图
block·age [blákidʒ/blɔ́k-] 图 ⓤⓒ 봉쇄 (상태), 방해, 폐색; 장애물, 폐색물.
blóck and táckle 图 도르래 장치. [회].
blóck associàtion 图 반상회, 주민 협의회[자치
block·ball [blákbɔ̀:l/blɔ́k-] 图 [야구] 블록볼, 장애구(경기자 이외의 사람에게 닿은 타구나 투구).
block·board [blákbɔ̀:rd/blɔ́k-] 图 (건축) 합판.
block·book 图 목판본, 목판 인쇄본. 1베니어 합판.
block·bust [blákbʌ̀st/blɔ́k-] 图目 (美속어) (백인 가옥 소유자) 에게 블록버스팅을 하다. ⓔ BLOCKBUSTING.
block·bust·er [blákbʌ̀stər/blɔ́k-] 图 1 (구어) (강력한) 고성능 폭탄. 2 강력한 인상[영향], 효과을 주는 사람[것]; (영화·소설 따위의) 대히트작, 대작, 초베스트셀러, 블록버스터. 3 대성공; 대대적 광고[선전]. 4 (스포츠) 강력한 일타, 강수. 5 (美) blockbusting을 하는 악덕 부동산업자.

block·bust·ing [blákbʌ̀stiŋ/blɔ́k-] 명U (美구어) 블록버스팅(흑인이 이사을 것이라면서 백인 지구의 주민에게 부동산을 싸게 팔도록 하기).
blóck cápital 명 〔인쇄〕 블록체의 대문자.
blóck cháin 명 블록[고리] 사슬(자전거의 체인 따
blóck clùb 명 =block association.   「위).
blóck cùtter 명 목판(木版) 기술자.
blóck definítion 명 〔컴퓨터〕 영역 지정.
blóck desígn 명 〔컴퓨터〕 블록 설계.
blóck díagram 명 1 〔지질〕 입체 지형도. 2 〔전자〕 회로 구성도. 3 〔컴퓨터〕 블록 선도(線圖).
blocked [blakt] 형 (美속어) 술[마약]에 취한; 《英속어》 암페타민에 마비된.
blócked shóe 명 =toeshoe.
block·er [blákər/blɔ́k-] 명 1 방해하는 사람[것]; 〔스포츠〕 블로커; 〔생화학〕 차단제(劑).
blóck fáulting 명 〔지질〕 지괴 단층 운동.
block frónt 명 1 〔건〕 (18세기의) 장롱[책상 따위의) 정면(중앙이 양끝보다 쑥 들어가 있다). 2 〔美〕 (시가지의) 블록[가구(街區)]의 정면.
blóck gránt 명 (지방 자치 단체에 대한 정부의) 포괄적 보조금. ⓐ categorical grant
block·head [blákhèd/blɔ́k-] 명 1 (구어) 멍청이, 바보. 2 (재광) 광산의 갱내 방화벽.
⁓ed 형 ⁓ed·ly ⁓ed·ness, ⁓ism
blóck héater 명 축전(蓄電) 전열기.
block·house [blákhàus/blɔ́k-] 명 1 (군사) 방새(防塞). 2 (총안(銃眼)이 있고 2층이 돌출한 목조의) 작은 요새. 3 통나무집. 4 (로켓 기지의 관제 요원·기기 따위를 보호하기 위한) 철근 콘크리트 건물.
block·ing [blákiŋ/blɔ́k-] 명 1 방해[저지]하는 것. ¶ ⁓ (blockhouse 2) of river mouth 하구의 폐쇄. 2 〔스포츠〕 블로킹. 3 〔목공〕 요리재. 4 〔심리〕 블로킹, (연상의) 저지 현상.
blócking ántibody 명 〔면역〕 저지[차단] 항체.
blócking capácitor 명 〔전자〕 저지 콘덴서(고주파 성분만을 통과시키기 위한 것).
block·ish [blákiʃ/blɔ́k-] 형 나무덩이 같은; 조잡한; 어리석은, 우둔한. ⁓·ly 부 ⁓·ness 명
blóck láva 명 〔지질〕 괴상(塊狀) 용암.   「도).
blóck léngth 명 〔컴퓨터〕 블록 길이(블록 크기의 척
blóck létter 명 〔인쇄〕 블록체(모든 같은 굵기의 장식획이 없는 문자. 예: A, B, C, a, b, c). ⓐ sans serif
blóck líne 명 도르래[고패]용 밧줄[철사, 사슬].
blóck móve 명 〔컴퓨터〕 블록 이동.
blóck párty 명 (도시 내의) 마을[블록] 축제.
blóck pláne 명 목귀대패(모서리를 모로 깎는 것).
blóck prínt 명 〔미술〕 목판화, 판화.   〔法〕.
blóck prínting 명 목판 인쇄(술); 목판 날염법(捺染
blóck prógramming 명 〔라디오·TV〕 같은 종류의 프로를 같은 시간대에 합치는 일.
blóck reléase 명 〔영국·유럽의〕 연구 휴가 제도.
blóck séction 명 〔철도〕 폐색 구간. ⓐ block system
block·ship [blákʃip/blɔ́k-] 명 (항로를 사용 못하게 침몰시키는) 폐색선; 노후선, 폐함(廢艦).   「블록 사인.
blóck sígnal 명 〔철도〕 폐색 신호(기). 2 〔야구〕
blóck stýle 명 (서한문 따위의) 블록 스타일(모든 행을 indent 없이 왼쪽에서 시작한다).
blóck sýstem 명 〔철도〕 폐색 방식(한 구간에 한 열차씩만 운행시키는 방식).
block·time [blákàim/blɔ́k-] 명 집중 시간 (flextime 제에서 전원이 근무하는 시간).
blóck vóte 명 〔英〕 블록 투표(대의원에게 그가 대표하는 인원수만큼의 표수를 인정하는 투표 방법).

block·y [bláki/blɔ́ki] 형 1 땅딸막한, 뭉툭한. 2 (사진) 농담(濃淡)이 고르지 못한.   「하다.
bloc-vóte [⁓vòut] 명 블록 투표(block vote)를
bloke [blouk] 명 (英구어) 놈, 녀석(fellow, guy); U 코카인(cocaine). ¶ an old ⁓ 늙다리.
bloke·ish [blóukiʃ] 형 (때로 경멸적) 평범한 남자에게 (흔히) 볼 수 있는. (또는 **blokish**) ⁓·ness 명
‡**blond** [bland/blɔnd] 형 (⁓·er; ⁓·est) 1 (모발이) 금발인, 블론드의. 2 (피부가) 흰. 3 금발·흰 피부·푸른 눈의. 4 (가구재(材)의 색조가) 엷은. — 명 ⁓s [-z] (1) 흰 피부·금발의 사람(주로 남성)(쌍 brunet). 2 U (프랑스제(製)의) 비단 레이스.
blond and sweet (속어) 크림·설탕을 넣은 커피.
⁓·ish 형 블론드색을 띤. ⁓·ness 명
‡**blonde** [bland/blɔnd] 명 **blond**의 여성형) 형 (**blond·er; blond·est**) (여자가) 금발·흰 피부·푸른 눈의, 아름다운. — 명 (⁓s [-z]) 블론드의 여자, 금발 미녀[미인](쌍 brunette). ⁓·ness 명
blon·die [blándi/blɔ́n-] 명 1 =blonde. 2 (B-) 블론디(Chic Young의 만화 *Blondie*에 나오는 여주인공; 미국의 대표적 중산층 가정 주부; 남편은 Dagwood).
‡**blood** [blʌd] 명 U 1 피, 혈액; (하등 동물의) 체액(體液); (식물의) 수액(樹液) 과즙(果汁). ¶ loss of ⁓ 출혈. 2 (생명의 근원으로서의) 피, 생명. ¶ give one's ⁓ for his country 나라를 위하여 생명을 바치다. 3 유혈(bloodshed), 살육, 살인; ⓒ 선정(煽情)[폭력] 소설. ¶ a man of ⁓ 살인자. 4 혈액, 정력, 생기, 원기. 5 기질, 성품(temperament); 기분. ¶ a person of hot ⁓ 성급한 사람. 6 ⓒ (英) 다혈질인 사람, 열정가; 멋쟁이; (속어) 학교 행사 따위에 활발한 학생, 학내의 인기거; (집합적) (활력의 원천으로서의) 젊은 인재들, 신인들. 7 혈통, 가문, 문벌; 동족; 왕족, 귀족. ¶ blue ⁓ 귀족 혈통 / an ancestral ⁓ 조상 / a prince [princess] of the ⁓ 왕자[공주] / come of good ⁓ 집안[혈통]이 좋다 / related by ⁓ 혈족의, 혈연의 / B- will tell. 혈통은 어쩔 수 없다 / B- is thicker than water. (속담) 피는 물보다 진하다. 8 (축산) 순수 혈통, 순종. 9 ⓒ (속어) 흑인 (남자); 동료 흑인(⁓ brother). 10 (美속어) 케첩.
A person's blood is up 남이 몹시 화가 나 있다.
bad [or ill] blood 악감정, 적의, 불화. ¶ breed *bad ⁓* (사람과 사람 사이에) 불화를 일으키다.
be after [or out for] a person's blood (구어) 남에게 화가 나 있다. 남을 해치려 하다.
be in [out of] blood 기운이 넘치다[없다].
be [or run] in [or of] a person's blood (성격·능력이) …의 핏속에 흐르고 있다. 부모로부터 물려받고 있다. 조상 대대의 것이다.   「노력; 막대한 희생.
blood, sweat, and tears 피와 땀과 눈물;
curdle [or chill, freeze] a person's [or the] blood 남을 오싹하게 소름끼치게 하다.
draw blood 피가 나게 하다; (구어) 상처 입히다, 고통을 주다; 우위를 차지하다.
draw first blood 선취점을 올리다, 선제 공격을 하
flesh and blood ⇒ FLESH.
for the blood of me 기어코, 반드시.
fresh [or new, young] blood 새로운 피(바람, 활기); (집합적) 신진 기예(氣銳)의 사람.
get [or extract] blood from [or out of] a stone [or stones] 짤러서 피도 안 나올 사람에게서 돈을 울궈내다, 억지로 짜내다.
get [or have] one's blood up 흥분하다, 발끈해지
God's blood! (고어) 저런, 깜짝이야!, 아뿔싸!
have a person's blood on one's head [or hands] 남의 죽음[불행, 고난]에 책임을 지다.
in cold [or cool] blood ① 태연하게; 신중[냉정]하게. ② 냉혹하여.
in hot [or warm] blood 격분하여, 발끈해서.
let blood 피를 흘리다; 〔의학〕 방혈(放血)하다.

make a person's *blood boil* 남을 격분시키다.
make a person's *blood run cold* [or *turn to ice*] 남을 오싹하게 만들다.
make [or *breed, stir up*] *bad* [or *ill*] *blood between* …사이를 이간질하다.
My blood'll be on you! 《구어》 너를 저주할 테다!
put one's *blood into* …에 심혈을 기울이다.
stir a person's [or *the*] *blood* 남의 피를 끓게 하다.
sweat blood ① 큰 고생을 하다. ② 마음 졸이다.
taste blood (사냥개·짐승 따위가) 피맛을 알다; 처음으로 경험하다. 「까지; 목숨이 붙어 있는 한.
to the last drop of one's *blood* 마지막 피 한 방울
use one's *blood* 《속어》 몸을 덥게 하다, 따뜻하게 하다. 「마음 편하게 하다.
warm a person's *blood* 남의 몸을 따뜻하게 하다,
(*with*) *blood in* one's *eyes* 혈안이 되어, 살기를 띠고.
with one's *blood and guts* 모진 고통과 쓰라림을 겪으며, 굉장한 노력을 쏟아.
— 통태 1 〔사냥개〕에게 피를 맛보이다: (비유적) 〔병사〕를 유혈에 익숙하게 하다. (종종 수동태로) 〔남〕에게 새로운 경험을 시키다. 2 〔의학〕 …에서 피를 뽑다(* 보통 bleed를 쓴다).
~·like 형 「(略 BAL).
blóod álcohol lével 명 혈중 알코올 농도[수치]
blood-and-guts [´əŋgʌ́ts] 형 1 (영화·소설 따위가) 유혈[폭력]물인. 2 (문제 따위가) 근본[본질]적인. 3 《美속어》 신랄한. — 명 (또는 blóod and gúts) 싸움, 불화; 신랄함; 유혈 폭력물(영화·소설 따위).
blóod and íron 명 무력, 군사력; (독일 수상 비스마르크(1815-98)의) 철혈 정책(~ policy).
blóod and thúnder 명 (통속 소설이나 대중극 따위의) 폭력과 유혈, 선정(煽情)주의; 폭력물.
blood-and-thun·der [-´ənθʌ́ndər] 형 (통속 소설 따위의) 폭력과 유혈투성이의, 선정주의의.
blóod bànk 명 혈액 은행; (수혈용의) 저장 혈액.
blóod·bàth [blʌ́dbæ̀θ/-bàːθ] 명 (a ~, the ~) 대학살; 《구어》 대량 해고. (또는 blóod bàth)
blóod bòosting 명 = blood doping.
blóod bòx 명 《美속어》 구급차(ambulance).
blóod bróther 명 1 친형제. 2 (혈맹의) 의형제, 형제 같은 사이; 《美속어》 (흑인 입장에서) 흑인 동포. 3 (~s) 《구어》 전우, 혈맹의 동지. 4 불가분의 것.
blóod cèll [còrpuscle] 명 혈구(血球).
blóod còunt 명 혈구수 측정, 혈구 계산; 혈구수.
blood-cur·dler [blʌ́dkə̀ːrdlər] 명 전율적[선정적]인 이야기[기사·책 등].
blood-cur·dling [blʌ́dkə̀ːrdliŋ] 형 오싹하게 하는, 간담이 서늘해지는, 등골이 오싹하는. (또는 blóod·chilling) ~·ly 부
blóod donàtion 명 헌혈.
blóod dònor 명 헌혈자. 「헐로 체력을 높이기).
blóod dòping 명 〔스포츠〕 혈액 도핑(경기전에 수
blóod dràwing 명 《美》 헌혈 运동.
blood·ed [blʌ́did] 형 1 (복합어로) (…의) 피의, 피가 …한. ¶*warm*-[*cold*-]~ animals 온혈[냉혈] 동물. 2 (말 따위가) 순종의, 혈통이 좋은.
blóod féud 명 (유혈의 복수를 되풀이하는) 두 종족 [가족간의 뿌리 깊은 원한(싸움), 철천지원수.
blood·giv·en [blʌ́dgìvən] 형 혈연에 의한, 동족의.
blóod gròup 명 혈액형(blood type).
blóod·guilt [blʌ́dgìlt] 명ⓊⒸ 살인죄. (또는 blóod·guiltiness) 「법한.
blóod·guilt·y [blʌ́dgìlti] 형 사람을 죽인, 살인죄를
blóod hèat 명 (인간의) 혈온(血溫)(약 37°C).
blóod hòrse 명 순종의 말, (특히) 서러브레드.
blood·hound [blʌ́dhàund] 명 블러드하운드(후각이 예민한 영국 원산의 경찰견·사냥개); 탐정; 《구어》 집요한 추적자.

blóod·less [blʌ́dlis] 형 1 피가 나오지 않는; 창백한, 핏기가 없는(pale); 유혈의 참사가 없는. ¶ *a* ~ *victory* 무혈 승리. 2 열정[기운]이 없는. 3 냉담[무정]한, 냉혈의. ~·ly 부 ~·ness 명
Blóodless Revolútion 명 (the ~) 《英역사》 무혈 혁명(1688-89). ❋ English Revolution
blóodless sùrgery 명 무수혈(無輸血) 외과 수술.
blood·let·ting [blʌ́dlètiŋ] 명ⓊⒸ 1 〔의학〕 방혈(放血), 사혈(瀉血); 유혈. 2 살육(bloodshed); 반목.
blood·line [blʌ́dlàin] 명 (동물의) 혈통.
blóod·lust [blʌ́dlʌ̀st] 명ⓊⒸ 피를 보려는 욕망, 피에 굶주림. 「액 수송차(기, 선).
blood·mo·bile [blʌ́dməbìːl] 명 헌혈차; 긴급 혈
blóod mòney 명 1 청부 살인 사례금. 2 위자료(피살자의 유족에게 주는 배상금). 3 범인 신고 보상금(범인을 신고하고 받는 현상금). 4 헌혈 대금.
blóod òrange 명 과육(果肉)[과즙]이 붉은 오렌지.
blóod pàcking 명 = blood doping.
blóod plàsma 명 혈장(血漿).
blóod plàtelet 명 〔해부〕 혈소판(血小板).
blóod pòisoning 명 〔병리〕 패혈증(敗血症).
blóod prèssure 명 〔생리〕 혈압. ¶ *He has a high* [*low*] ~. 그는 고[저]혈압이다. 「(만든 약제).
blóod pròduct 명 혈액 제제(사람의 피를 원료로
blóod pùdding 명 = blood sausage.
blóod pùrge 명 피의 숙청.
blood-rags [-ræ̀gz] 명 《속어》 월경, 멘스.
blóod réd 명 핏빛, 암적색(暗赤色).
blood-red [-réd] 형 피처럼 붉은; 피로 물들인.
blóod relátion [rélative] 명 육친, 혈족.
blóod revènge 명 혈족에 의한[피의] 복수.
blóod ròot [blʌ́drù(ː)t] 명 〔북미산〕 겨자과(科)의 식물; 《英》 장미과(科) 양지꽃속(屬) 식물.
blóod ròyal 명 (the ~) 황족, 왕족(royal family).
blóod sàusage 명 돼지 선지를 섞은 소시지.
blóod sèrum 명 〔생리〕 혈청(血淸).
*blood·shed [blʌ́dʃèd] 명ⓊⒸ 유혈(의 참사); 살육, 학살; 굴욕적 패배; 금전적 대손해. (또는 bloodshedding) 「이 선.
blood-shot [blʌ́dʃàt/-ʃɔ̀t] 형 (눈이) 충혈된, 핏발
blóod spòrt 명 피를 보는 스포츠(투우·수렵 따위).
blóod spòt 명 (계란 속에 생긴) 핏덩어리.
blood·stain [blʌ́dstèin] 명 핏자국, 혈흔(血痕).
blood·stained [blʌ́dstèind] 형 피 묻은, 핏자국이 있는; 살인범의(bloodguilty).
blood·stock [blʌ́dstàk/-stɔ̀k] 명 《집합적》 (경마용) 순종의 말, 서러브레드(Thoroughbred).
blood·stone [blʌ́dstòun] 명ⓊⒸ 1 혈석(血石)(heliotrope)(3월의 탄생석). 2 〔광산〕 적(赤)철광.
blood·stream [blʌ́dstrìːm] 명 (체내의) 혈류(血流); (활력 따위의) 본류, 주류. (또는 blóod strèam)
blood·suck·er [blʌ́dsʌ̀kər] 명 흡혈 동물, 거머리(leech); 흡혈귀; 남의 고혈을 빠는 사람; 식객, 밥벌레.
blóod sùgar 명 혈당(血糖)(량); 혈당 측정.
blóod tèst [wòrk] 명 혈액 검사.
blood-test [-tést] 동타 …의 혈액 검사를 하다.
blood·thirst·y [blʌ́dθə̀ːrsti] 형 피에 굶주린, 유혈을 좋아하는, 살기를 띤, 잔인한(murderous); (영화 따위가) 폭력 위주의. -thirst·i·ly 부 -thirst·i·ness 명
blóod tìe 명 혈연, 혈족 관계.
blóod transfùsion 명 수혈(법).
blóod týpe 명 = blood group.
blood-type [-tàip] 명타 〔사람의〕 혈액형을 판정하다; (피를) 혈액형으로 분류하다. — 명 = blood group.
blóod týping 명 (개인의) 혈액형 (결정), 혈액형 분류(법).
blóod vèngeance 명 = blood revenge.
blóod vèssel 명 혈관.

burst a blood vessel (구어) 격노하다; 흥분하다.
blóod vòlume 圀 (의학) 혈량(체내의 혈액 총량).
blood-warm [-wɔːrm] 圀 혈온(血溫)의, 미지근한.
blood-worm [bládwə̀ːrm] 圀 붉은지렁이.
blood-wort [bládwə̀ːrt] 圀 뿌리에 붉은 색소가 있는 식물; 뿌리와 잎이 붉은 식물(소리쟁이 따위).

‡**blood·y** [bládi] 圀 (*blood·i·er; blood·i·est*) **1** 피로 더러워진, 피투성이의. ¶a ~ *dagger* 피묻은 단검. **2** 유혈의, 살벌한, 피비린내 나는. ¶a ~ *battle* 피비린내 나는 전투. **3** 피를 보는, 잔인한, 잔학한. ¶a ~ *tyrant* 잔인한 폭군. **4** 피의, 혈액을 함유한, 혈액으로 된; 핏빛의, 붉은. **5** (英구어) 쾌씸한, 지독한; 엄청난; (강조적) 완전한(* (1) 경멸·칭찬·분노·실망 따위의 표현에 쓰인다. (2) (英)에서는 다음의 뜻으로 b-(d)y처럼 쓰기도 한다). ¶a ~ *fool* 형편없는 바보.
Bloody hell! 빌어먹을!, 우라질!
get a bloody nose 자존심에 상처를 입다.
not a bloody one 단 하나도 …않는[없는].
── 圀 (英구어) 대단히; 몹시, 터무니없이.
bloody well (certainly) 물론(이다!)
Not bloody likely! 말도 안 되는 소리!, 터무니없
── 圀타 …을 피로 더럽히다, 피투성이로 만들다; …에게 피를 흘리게 하다. ¶~ *his nose* 그에게 코피가 나게 하다.
bloodied but unbowed 지칠 줄 모르는 [하다.
blood·i·ly 圀 **blood·i·ness** 圀
blóody flúx 圀 이질(dysentery).
blóody hánd 圀 (문장) 붉은 손(영국의 준남작의 기장(記章)). [토마토 주스를 탄 칵테일).
Bloody María 블러디 마리아(테킬라(tequila)와
Bloody Máry 블러디 메리(보드카에 토마토 주스를 타서 만든 칵테일).
blood-y-mind·ed [-máindid] 圀 잔혹한, 살벌한; (英구어) 무뚝뚝한, 심술궂은, (마음이) 비뚤어진.
~·ly 圀 ~·ness 圀
Blóody Mónday 圀 (the ~) =Black Monday.
blóody múrder 圀 (美구어) 대패, 완패; 매우 피로운[고통스러운] 일. [리로 떠들다[불평하다].
cry [or *scream, yell*] *bloody murder* 아주 큰 소
blóody shírt 圀 피로 물들인 셔츠; 적개심을 북돋우는 것. ¶wave the ~ 적개심을 북돋우다.
Bloody Súnday 圀 (the ~) 피의 일요일(1905년 1월 22일; St. Petersburg에서 군대가 노동자에 발포함으로써 제1차 러시아 혁명의 발단이 된 날).
bloo·ey [blúːi] 圀 (美구어) (기계 따위의) 상태가 이상한, 고장난; 술 취한. (또는 **blooie**)
go blooey 돌연 고장나다[멎다]; (회담 따위가) 실패로 끝나다; 무너지다; 못쓰게 되다.

‡**bloom¹** [bluːm] 圀 (복 **~s** [-z]) **1** ⓒ 꽃; ⓤ (집합적) (나무·가지 전체의) 꽃. ⇨FLOWER (유의어) **2** 개화(기), 꽃의 만발; 한창 … 꽃이 피기 시작하다. **3** (the ~) 젊음, 발랄함, 청춘, 아름다움; 성숙, 개창, 최고점, 전성기; ⓒ 미인, 가인(佳人). ¶*young men in the ~ of adolescence* 청춘기의 젊은이. **4** ⓤ (젊음·건강을 나타내는) 빰의 홍조; 젊음의 (건강한) 혈색; (동물의 모피 따위의) 건강색. **5** (식물) 과분(果粉)(과실 따위에 생기는 흰 가루). **6** (광물) 화(華)(광물의 표피층); (녹·래커 따위를 칠한 표면의) 탁한[흐린] 빛; (호소(湖沼) 따위에 생기는 물꽃(플랑크톤의 이상 발생). **7** 포도주의 향기.
come into bloom 꽃 피다. [나].
in [*out of*] *bloom* 꽃이 피어[져서], 개화기에[가
in full bloom 만개하여, 활짝 펴. ¶The roses are *in full ~*. 장미꽃이 만발했다. [다.
take the bloom off (구어) (사물)의 신선미를 없애 ── 困 (~**s** [-z]) 困 **1** 꽃이 피다, 개화하다. **2** 번영하다, 한창 드날리다, 전성기를 뽐내다; 성숙하여 (…)이다 (*into*). **3** (진행형으로) 생기[건강]이 넘치다. **4** 화려한 색깔로 빛나다. **5** (강·바다 따위가) (플랑크톤의

상 발생으로) 빨갛게[갈색으로] 변하다. ── 困 **1** …을 개화시키다. **2** …을 번영시키다. **3** …을 윤나게 하다; (광택나는 면)을 흐리게 하다; (광학) (렌즈)에 코팅하다.
~·less 圀
bloom² (야금) 圀 블룸, 괴철(塊鐵); 연철(鍊鐵)의 큰 덩어리. ── 圀타 [이긴 쇳덩이]을 괴철로 불리다.
bloom·a·ry [blúːməri] 圀 =bloomery.
Blóom·berg Néws [blúːmbəːrg-] 圀 블룸버그통신(뉴스)(미국의 경제 정보 통신사).
bloomed [bluːmd] 圀 (사진) (렌즈가) 코팅된.
bloom·er¹ [blúːmər] 圀 **1** (~**s**) 블루머(여성에 운동복으로 입었던 여성용 바지); (여성·어린이용) 블루머형 바지(knickers). **2** (美속어) (거의) 빈 금고. **3** (美속어) (서커스에서) 관객이 적은 쇼; 경기가 좋지 않은 날[장소]. ── 圀 (여성복의) 다리에서 개더로 잡아맨. ¶~ *shorts* 블루머형의 짧은 팬츠. (<A. J. Bloomer)
bloom·er² [blúːmər] 圀 **1** 꽃이 피는 식물. **2** 기량[재능]을 키워 나가는 사람[청년]. ¶a late ~ 대기 만성형 인간.
bloom·er³ (英속어) 큰 실책, 대 실수.
Bloom·er [blúːmər] 圀 **Amelia Jenks** ~ 블루머 (1818–94; 미국의 여권 운동가; 블루머(bloomers)를 창안). [괴철 공장. ⓑ **bloom²**
bloom·er·y [blúːməri] 圀 (야금) 괴철로(塊鐵爐).
Bloom·field [blúːmfiːld] 圀 **Leonard** ~ 블룸필드(1887–1949; 미국의 언어학자).
Bloom·field·i·an [bluːmfíːldiən] 圀 (언어) 블룸필드 언어 이론의. ── 圀 블룸필드 파(派)의 언어학자.

*‡**bloom·ing** [blúːmiŋ] 圀 **1** 꽃이 만발한, 한창 젊은; 생기에 찬; 번영하는, 융성하는. **2** (英구어) (완곡적) 지독한, 터무니없는(bloody). ¶a ~ *fool* 지독한 바보.
── 圀 (英구어) 지독히, 아주. **~·ly 圀 ~·ness** 圀
Bloom·ing·dale's [blúːmiŋdeilz] 圀 블루밍데일(미국의 고급 백화점: 애칭 Bloomies).
blóoming míll 圀 (야금) 분괴(分塊) 압연기[공장].
Blóoms·bur·y Gróup [blúːmzbəri-] 圀 (the ~) 블룸즈버리 그룹 (20세기 초에 영국 런던의 Bloomsbury에 모인 문학자·지식인의 집단: Virginia Woolf, E. M. Forster, Bertrand Russell, J. M. Keynes, Lytton Strachey 등이 중심 인물).
bloom·y [blúːmi] 圀 꽃으로 뒤덮인; 만발한; (식물) (과실 따위가) 표면에 흰 가루가 돋은.
bloop [bluːp] 圀 (테이프나 사운드 트랙의) 불쾌한 잡음; (필름 따위의 이음새에 대는) 잡음 방지용 특수 마스크(mask); =blooper 3. ── 困 윙윙 잡음을 내다.
── 困 **1** (특수 마이크 따위로) (윙윙거리는 잡음)을 없애다. **2** (속어) (야구) (투구)를 텍사스 히트로 만들다. (텍사스 히트를 치다. **3** 망치다, 실수하다.
bloop·er [blúːpər] 圀 **1** (부근의 수신기에게 잡음을 일으키는 라디오 수신기. **2** (속어) (라디오 방송에서의) 큰 실수; (일반적으로) 잘못, 실수, 실책(blunder). **3** (또는 **bloop**) (야구) 텍사스 히트; 초(超)로 커브(bloop
blóop hít 圀 (야구) 텍사스 히트(blooper). [pitch).
blort [blɔːrt] 圀 헤로인(heroin).

‡**blos·som** [blásəm/blɔ́s-] 圀 (복 **~s** [-z]) **1** (과수(果樹)의) 꽃; ⓤ (집합적) (한 그루의 나무·숲 전체의) 꽃. ⇒FLOWER (유의어) **2** 개화기, 만발, 개화기. **3** ⓤ (비유적) 청춘, 전성기. **4** (꽃처럼) 아름다운[유망한] 사람(것); (英속어) 여성. **5** (광산) 노두(露頭).
come [or *burst, spring*] *into blossom* 꽃이 피다.
in blossom 꽃이 피어, [기 시작하다.
in full blossom 만발하여.
(*my*) *little blossom* 귀여운 아이, 애인.
── 困 (~**s** [-z]) **1** 꽃이 피디다(*out, forth*). ¶~*ing season* 개화기. **2** (비유적) 열매를 맺다; 번영하다, 발전하다; 출세하다 (…이) 되다(*out, into, as*). **3** (낙하산)이 펴지다.
blossom out into 자라서 …이 되다.
~·ing 圀圀 **~·less** 圀 [이 한창인.
blos·som·y [blásəmi/blɔ́s-] 圀 꽃으로 뒤덮인, 꽃

blot¹ [blɑt/blɔt] 명 1 (잉크 따위의) 얼룩. 2 (명성 따위의) 흠, 오점; 오명(*on*, *in*). ¶an ugly ~ *on* his reputation 그의 명성의 일대 오점. 3 (생화학) 블롯 (DNA, RNA, 단백질 따위의 분자 단편을 고정한 질산 섬유소 막). 4 (그림) (문장 따위의) 삭제, 말살.
　a blot on [or *in*] *the* [or *one's*] *escutcheon* 가문의 오명[불명예, 수치].　「(玉)에 티.
　a blot on the landscape 경관을 망[해]치는 것, 옥
　── 타 (-*tt*-) 타 1 (잉크·먹 따위로) ⋯을 더럽히다, ⋯에 오점을 찍다(*with*). 2 (명예·인격 따위)를 손상시키다(*up*). 3 ⋯을 어둡게 하다(*darken*), 희미하게 만들다; ⋯을 불명료하게 하다(*out*). ¶The sky is ~*ted out* by clouds. 하늘은 구름으로 덮여 어둡다. 4 (압지 따위로) ⋯을 빨아들이다(*up*). 5 ⋯을 소실[소멸]시키다, 완전히 말소하다; ⋯을 닦아내다(*out*). 6 ⋯을 문질러 바르다(*daub*), 뒤바르다. ── 자 1 (잉크 따위가) 번지다. 2 얼룩이 지다, 붙다. ¶This paper ~*s* easily. 이 종이는 잘 번진다.　「을 더럽히다.
　blot one's copybook (英구어) 경솔한 짓을 하여 이
　blot out ① 더럽히다. ② 희미하게 하여 〈(쓴 것)을〉 지우다. ③ (적 따위)를 괴멸하다; (美속어) ⋯을 죽이다.
　～**·less** 형 ～**·ting·ly** 부 ～**·ty** 형 얼룩투성이의.
blot² 명 1 (backgammon에서) 잡히기 쉽게 된 말. 2 (고어) (토론·행위 따위의) 약점.
blotch [blɑtʃ/blɔtʃ] 명 1 (잉크 따위의) 큰 얼룩. 2 부스럼, 종기, 창(瘡). 3 (식물·병리) 병반(病斑); 백반병(白斑病). ── 타 얼룩지게 하다, 더럽히다; 반점이 생기게 하다(*with*). ～**ed** [-t] 형 얼룩진.
blotch·y [blɑ́tʃi/blɔ́tʃi] 형 부스럼(딱지)투성이의; 부스럼 비슷한. **blótch·i·ly** 부 **blótch·i·ness** 명
blot·ter [blɑ́tər/blɔ́t-] 명 1 압지(押紙). 2 (美) (경찰의) 임시 장부; (경찰의) 사건 기록부, 체포자 명부 (police ～). 3 모전(毛氈)으로 만든 패킹. 4 (美속어) 술고래.　「그린, 조잡하게 그린.
blot·tesque [blɑtésk/blɔt-] 형 (미술) 아무렇게나
blót·ting pàd [blɑ́tin-/blɔ́t-] 명 압지철.
‡**blótting pàper** 명 압지(押紙).
blot·to [blɑ́tou/blɔ́t-] 형 (美속어) 곤드레만드레 취한.
*‡**blouse** [blaus, blauz] 명 1 (여성·아동복의) 블라우스. 2 (헐거운) 작업복; (美) (허리띠 윗부분에서 블라우스 따위가) 불룩해지다. ── (장화의 상부에서) (바지의 단)을 부풀리다.
blous·on [bláusɑn, -zɑn/blúːzɔn] 명 블루종(허리를 졸라매어 좀 불룩해 보이는 여성용 재킷).
blo·vi·ate [blóuvièit] 자 타 장황설을 늘어놓다.
　～**·á·ter**, ～**·á·tion**
‡**blow¹** [blou] 자 (～*s* [-z]; *blew*; ～*n*) 자 1 (대개 it를 주어로 하여) (바람이) 불다. ¶The wind is ～*ing* from the east. 동쪽에서 바람이 불어오고 있다 / (～+부) It is ～*ing hard*. 바람이 세게 불고 있다.
　2 (바람에) 흩날리다; (바람에) 펄럭이다, 나부끼다. ¶The dust ~*s*. 먼지가 흩날린다 / The door *blew open*. 바람에 문이 열렸다.
　3 입김을 불다, (풀무 따위로) 바람을 보내다; 담배 연기를 내뿜다. ¶(～+부+前+명) ~ *through a pipe* 관(管)을 불다. 4 (음악) (트럼펫·풍금 등이) 울리다; (기적·사이렌 등이) 울리다; (사람이) ⋯을 울리다(*on*, *into*). ¶(～+부+명) The train *blew for the crossing*. 열차가 건널목에서 경적을 울렸다. 5 헐떡이다; (말 따위의) 한숨 돌리다. ¶The slope made him ～. 그는 비탈에서 헐떡였다. 6 (구어) 자랑하다, 허풍 떨다(*about*). ¶(～+前+명) ~ *about* one's family 가족 자랑을 하다. 7 (고래 따위가) 물을 내뿜다(*spout*). ¶There she ～*s*! 저기 고래다! (발견시 외치는 말). 8 (퓨즈·진공관·전구 따위가) 끊어지다(*out*); (타이어가) 터지다, 파열[폭발]하다(*up*, *out*, *in*). 9 거칠어지다, 소리치다; 격분하다. 10 (美속어) (지체없이) 떠나가다; 출행랑치다.

11 (美속어) (재즈 풍으로) 연주하다(취주 악기 이외의 것도 해당); 멋지게 노래하다. 12 (속어) 마리화나를 피우다; (비어) 펠라티오[구강 성교]를 하다; (⋯와) 성교하다(*on*, *in*). 13 (파리 따위가) 쉬를 슬다; (속어) 헛돈을 쓰다; (漢속어) (경마) (말)의 거는 율이 오르다. 14 (美속어) 토하다.
　── 타 1 ～을 불다, ⋯을 (⋯에) 불어 보내다(*on*); 불어서 날려 버리다(*off*). ¶(～+目+前+명) Don't ～ *your breath on* my face. 내 얼굴에 입김을 불지 마시오 // (～+目+부) The wind *blew* my hat *off*. 바람에 내 모자가 날아갔다.
　2 (구어) (it를 주어로 하여) (폭풍우·강풍 따위를) 일으키기 시작하다. ¶It's ～*ing* (*up*) a storm. 폭풍우가 몰려올 것 같군.
　3 (소식)을 알리다, 전하다; (소문)을 퍼뜨리다(*about*, *around*); (속어) (비밀)을 누설하다, ⋯을 고자질하다. ¶(～+目+부) They have ～*n* all sorts of silly rumors *about*. 그들은 온갖 바보 같은 소문을 퍼뜨렸다. 4 ⋯을 불어서 부풀게 하다, 불어 만들다(*up*, *out*); ⋯에 바람을 불어넣다, 불어서 내다; (코)를 풀다. ¶～ glass 유리를 불어 가공하다 / ～ smoke rings 담배 연기를 뿜어 고리를 만들다.
　5 (경적 따위)를 울리다, (피리·나팔 따위)를 불다, 취주하다; (재즈) (악기)를 연주하다. ¶～ a trumpet 트럼펫을 불다. 6 (사냥·폭탄 등이) (⋯을 상태로) 폭파[파괴]하다(*up*, *off*, *out*, *in*) (*to*); (과적 따위)로 ⋯을 파열시키다(*out*); (퓨즈)를 끊다. ¶(～+目+부) ～ *up a bridge with dynamite* 다이너마이트로 다리를 폭파하다.
　7 (컴퓨터) (PROM이나 EPROM에) 프로그램을 기입하다. 8 (파리)가 ⋯에 쉬를 슬다. 9 (말)을 헐떡이게 하다; (말)에게 한숨 돌리게 하다(*out*). 10 (속어) (돈)을 쓰다; (재산)을 낭비하다(*on*). ¶(～+目+前+명) ～ *a fortune on* ⋯에 재산을 낭비하다. 11 (～+目+to) ⋯에게 한턱 내다(*to*). ¶(～+目+前+명) I'll ～ *you to a steak*. 네게 비프스테이크를 한턱 내겠다. 12 (과실 등으로) (美속어) ⋯을 잘못하다, 실패하다; (배우가) (대사)를 까먹다, (실수로) (계획, 호기 따위)를 놓치다, 무산시키다. 13 (속어) (야구) (속구)를 던지다. 14 (美속어) ⋯에서 급히 나가다. ¶He *blew* town. 그는 급히 시내를 떠났다. 15 (pp. ～*ed*) (속어) ⋯을 저주하다. ¶B- it! You're late again. 제기랄! 또 지각하셨군 (* it는 후속 문장을 가리킨다). 16 (美속어) (마리화나)를 피우다. 17 (속어) (계약·조항 따위)를 취소하다, 삭제하다. 18 (속어) (남)을 추어올리다, 자만심을 품게 하다. 19 (비어) ⋯에게 펠라티오[구강 성교]를 하다.
　20 폭파하면서 ⋯의 (금고 따위에) 침입하다.
　blow about [or *around*] ① (잎이) 바람에 흩날리다. ② (소문 따위)를 퍼뜨리다. ③ (英구어) (생각·의견 따위)를 나누다, 서로 이야기하다.　「다.
　blow a fuse [or *gasket*] (속어) 격분하다, 떠들어대
　blow a person a kiss 아무에게 키스를 보내다.
　blow away 1 바람 없애다, 불어 흩뜨리다, 불어 날리다. (美속어) 사살하다; 압도하다; ⋯에 완승하다.
　blow back (관 속의 가스 따위가) 역류해 오다.　「다.
　blow chunks [or *chow, cookies*] (美속어) 토하
　blow down ⋯을 불어 떨어뜨리다[넘어뜨리다]; (보일러 안의 증기)를 배출하다.　「불다.
　blow great guns (it를 주어로 하여) 바람이 심하게
　blow ... high as a kite (계획 따위)를 폭로하여 못쓰게 만들다.
　blow high, blow low 무슨 일이 있든.
　blow hot and cold 태도가 늘 바뀌다, 추켜올렸다 내렸다 하다, 변덕스럽고 주견이 없다(*toward*, *about*).
　blow in ① (용광로)를 가동하기 시작하다; (용광로가) 가동하다. ② (美속어) (돈)을 쓰다, 낭비하다. ③ 생산하기 시작하다. ④ (속어) 불쑥 찾아오다.　「찾아오다.
　blow into ⋯에 입김을 불어넣다; (속어) ⋯에 뜻밖에
　blow it (美속어) 실수하다, 얼빠진 짓을 하다; (명령

blow it off (美俗) 수입을 빼먹다, 농땡이 치다.
Blow it out (your ear). (美俗) 뭐라고 지껄이는 거야, 바보 같은 소리 집어 치워!
Blow me down! (구어) 이거 놀랐는데!
blow off ① …을 불어(폭파해) 날리다. ② (증기·물 따위가) 뿜어나오다. ③ (구어) (큰 소리로 말하거나 하여) 긴장을 풀다, 스트레스를 해소하다. ④ (美俗) (큰 소리로) 방귀 뀌다.
blow off steam 노여움을 발산시키다.
blow on =blow upon.
blow one's brains out (권총으로) 머리를 쏘아 자살하다.
blow one's cool 평정을 잃다, 안달하다.
blow one's cover (부주의로) 신분이 노출되다.
blow one's lines (연극) 대사를 잊어먹다, 대사를 틀리게 하다.
blow one's mind ① 흥분하여 어쩔 줄 모르다. ② (마약으로) 환각에 빠지다.
blow one's nose 코를 풀다.
blow one's (own) horn [or **trumpet**] 제자랑하다, 허풍을 떨다.
blow one's top [or **lid, stack**] (美俗) 화내다, 또는 큰 소리로) 방귀 뀌다.
Blow on it! (美俗) 진정해!
blow out ① (등불을) 불어 끄다. ② (용광로의) 가동을 중지하다. (용광로에서) 가동을 멈추다(② blow in). ③ (퓨즈·전구 따위가) 끊어지다; (퓨즈·전구 따위를) 끊다. ④ (폭풍 따위가) 멎다. ⑤ (타이어 따위가) 파열하다, 터지다. ⑥ (가스·유정 따위가) 갑자기 뿜어나오다.
blow over ① (폭풍 따위가) 멎다, 가라앉다. ② (위기 따위가) 무사히 지나다, 스러지다, 잊혀지다.
blow short 헐떡이다.
blow the bellows [or **coals, fire**] (고어) 싸움을 부추기다, 선동하다.
blow the gaff (俗) 비밀을 누설하다; 밀고하다.
blow the whistle on …을 밀고하다; 남에게 …을 못하게 하다.
blow through (濠구어) 떠나다, 출발하다; 서둘러 떠나다[피하다].
blow up ① (불을 불어서) 일으키다[피우다]. ② 일어나다. ¶A storm suddenly *blew up*. 갑자기 폭풍우가 일었다. ③ …을 폭파하다, 못쓰게 만들다; 폭발(파열)하다, 더 세차게 불다. ④ …을 과장하다; 과대선전하다. ⑤ (구어) 화내다, 이성을 잃다 (*at, over*). ⑥ (구어) 을 야단치다, 비난하다. ⑦ …을 부풀게 하다; (비유적) 부풀다. ⑧ (사진) 을 확대하다. ⑨ (美) (운동선수가) 자멸하다. ⑩ (계획 따위가) 엉망이 되다.
blow up in *one's face* (계획 실패로) 체면을 잃다.
blow upon ① (명예 따위를) 더럽히다, 상처내다. ② (문장 따위를) 고리타분하게 하다. ③ (美俗) …을 밀고하다.
blow…(wide) open ① (구어) (사람·일이) …을 못쓰게 만들다, 망치다. ② (구어) (비밀·부정 따위를) 퍼뜨리다; 폭로하다; (승패를) 알 수 없게 만들다.
how [or **(which) way**] **the winds blow** 일의 진전 상황이(되어가는 형편); 장래의 전망.
I'm [or **I'll be**] **blowed if; Blow me down if…** …은 절대 있을 수 없는 일이다.
—图 (목) ~s [-z] 1 (a ~) 한 줄기 바람; 강풍, 돌풍. 2 (입·악기·도구에 의한) 한 번 불기; 코를 풀기. 3 (고래의) 물뿜기. 4 (파리가 슨) 알, 산란(散卵). 5 돌풍, 자기 자랑. (俗) 허풍선이, 자랑꾼. 6 (야금) 한 번 불어넣는 시간(양). 7 휴식, 숨돌리기. 8 (俗) 야단법석. 9 (美俗) 코카인(을 피우기); (美俗) 대마; (俗속어) 담배. 10 (컴퓨터) (PROM이나 EPROM에 프로그램의) 기입.
get [or **have, go for**] **a blow** 바람 쐬러 나가다, ‡**blow²** 图 (图 (목) ~s [-z]) 1 타격, 강타, 구타, 타박.
¶dodge a ~ 타격을 피하다 / give the finishing ~ 결정타를 먹이다. 2 (~s) (…와의) 주먹다짐, 싸움 (*with*). 3 (불시의) 타격; (불의의) 충격, 정신적 타격; 뜻밖의 재해. ¶receive [or suffer] a bitter ~ 큰 타격을 입다.

a low blow; blow below the belt (권투) 로 블로 (허리 아래를 타격하는 반칙); (구어) 야비한 짓.
at [or *with*] *a* [or *one, single*] *blow* 일격에, 한 대에; 일거에.
at blows 주먹다짐을 하는, 격투를 하는.
blow after [or *upon*] *blow* 연타.
blow by blow 상세하게.
come [or *fall*] *to blows* 주먹다짐이 되다.
exchange blows 치고 받다.
get a blow in (멋지게) 한방 먹이다; 반박하다.
strike a blow for [*against*] …에 가세[반대]하다.
without (striking) a blow 노력하지 않고, 힘들이지 않고.
blow³ [blóu] 图 (*blew*; ~*n*) (고어) 개화하다, 꽃이 피다.
—图 ⓒⓊ 개화(기); 꽃의 만발.
in full blow (꽃이) 만발하여.
blow·back [blóubæk] 图 1 (기류의) 역류. 2 (축쇄(縮寫)한 것의) 확대 복사. 3 (비밀 정보 요원이 외국에서 퍼뜨린 악선전의) 본국 역유입.
blow·ball [blóubɔ̀ːl] 图 (민들레 따위의) 갓털이 있는 종자.
blow-by-blow [ˈbaiblóu] 图 묘사가 상세한.
(〈권투 중계 방송에서〉).
blow·down [blóudàun] 图 1 (바람으로) 쓰러진 나무. 2 (원자로 냉각 파이프의) 돌연한 파열.
blow-dry [ˈdrài] 图 ® (머리를) (헤어 드라이어로) 말리다[매만지다]. — 图 Ⓤ (헤어 드라이어로 머리 말리기[매만지기]. 「**blow-drier**」
blow-dry·er [ˈdràiər] 图 헤어 드라이어. (또는 **blow·er** [blóuər] 图 1 부는 사람[것]; Ⓒ 유리 그릇 따위를 불어 만드는 직공. 2 송풍(조절)기. 3 (광산) (탄광의 바위틈에서의) 가스 분출. 4 (美구어) 허풍선이, 자랑꾼. 5 (英구어) 담요 책임자. 6 (英구어) (the ~) 전화. 7 손수건. 8 (美俗) 코카인 (상용자). 9 (美俗) 담배. 10 (英구어) 고래.
blow·fish [blóufìʃ] 图 (목 ~·*es*) 몸을 부풀어 오르게 하는 물고기, 복어(puffer).
blów fly 图 파리의 일종(고기에다 쉬를 스는 파리). (또는 **blówfly, blúebottle**)
blow·gun [blóugàn] 图 붙어서 쏘는 화살(통); 분무기, 스프레이).
blow·hard [ˈhɑ̀ːrd] 图 (俗) 대단한 허풍선이, 자랑꾼. —图 허풍떠는; 이러쿵저러쿵 말이 많은.
blow·hole [blóuhòul] 图 1 (지하도 따위의) 바람 구멍, 통풍구. 2 (고래의) 분수공(孔). 3 (바다표범 따위가 숨쉬러 나오는) 얼음 구멍. 4 (美야금) (주물(鑄物)의) 기혈(氣穴). 5 (일반적으로) 결함, 흠. 「석.
blow-in [ˈin] 图 (美俗) 신참자, 낯선 사람; 야단법
blow-in cárd 图 (잡지에 끼워진) 구독 신청 카드.
blow·ing [blóuiŋ] 图 Ⓤ 1 분출하는 소리. 2 (야금) (공기·증기에 의한) 교란음(擾亂音). 3 (운동가 높은 유리·플라스틱 그릇의) 취관식(吹管式) 제조; 취입 성형 (成形). 4 (美·濠) 자랑(하는 말). 5 (美俗) 재즈 연주.
blow·ing-up [-ʌ̀p] 图 (英구어) 질책, 꾸짖음.
get a blowing-up for …으로 야단맞다.
blów jòb 图 1 (비어) 구강(口腔) 성교[성애], 펠라티오(fellatio). 2 (美俗) 제트기. (또는 **blówjòb**)
blow-lamp [blóulæ̀mp] 图 =blowtorch.
blow·mo·bile [blóuməbìːl] 图 (프로펠러로 추진하는) 설상차(雪上車). 「图)(blowing).
blow mólding 图 (플라스틱 등의) 취입 성형(吹入成
‡**blown¹** [bloun] 图 blow¹의 과거분사.
—图 1 부푼, 팽창한. 2 숨가쁜, 지친. 3 파리가 쉬를 슨; 구더기가 생긴. 4 불어서 만든. 5 폭발로 산산조각이 난; (퓨즈가 끊어진: 결판 든 유리. 5 폭발로 산산조각이 난; (퓨즈가 끊어진: 결판
blown out (美俗) (마약에) 취한, 몽롱해진. 「난.
blown up (美俗) 취한, 흥분한.
blown² 图 blow³의 과거분사. — 图 (원예) 꽃이 핀.
blówn-in-the-bóttle 图 진짜의. (또는 **blówn-in-the-gláss**)

blown-up [´⌃p] 〖형〗 (사진 따위가) 확대된; 폭발로 망가진; (풍선 따위가) 부풀어 오른; 과장된, 야단스러운.

blow-off [blóuːf/-ɔ̀f] 〖명〗 (증기·물 따위의) 분출; 분출 장치; (감정의) 폭발, 분출; (가격 따위의) 일시적 급등; 《속어》 허풍선이; 《속어》 쉬운 일, 누워서 떡먹기; 게으름뱅이.

blow·out [blóuàut] 〖명〗 1 (타이어의) 펑크, 파열(puncture). 2 (공기·증기의) 분출; (용암·가스전 따위의) (갑작스런) 분출; (바람으로 모래·흙 위에 생기는) 구멍, 움푹 패인 곳. 3 (퓨즈의) 끊어짐. 4 《구어》 큰 잔치. 5 (병의) 동맥류(動脈瘤). 6 《美속어》 대성공; 대미수.

blow·pipe [blóupàip] 〖명〗 1 (공기·가스를 부는) 취관(吹管). 2 (유리 그릇을 만드는) 유리 취관. 3 화살을 불어 쏘는 통. 4 《구어》 취관(비강(鼻腔) 관찰·세척용).

blows·y [bláuzi] 〖형〗 =blowzy. **blóws·i·ly** 〖부〗

blow·torch [blóutɔ̀ːrtʃ] 〖명〗 1 《美》 (용접공이 쓰는) 가스 발염기(發焰器). 2 《美구어》 제트 전투기.

blow·tube [blóutjùːb] 〖명〗 불어서 화살을 쏘는 통 (blowgun); 유리 취관(blowpipe).

blow-up [blóu⌃p] 〖명〗 1 폭발; 불끈 화냄, 격분; 《美구어》 싸움. 2 (사진) 확대(한 사진); 《영화》 클로즈업. 3 《美》 파산; 파멸. 4 《구어》 질책, 징계; 비난.

blow-wave [´wèiv] 〖명〗 블로우 웨이브(머리를 드라이어로 말리면서 손질하기). —〖타동〗 《머리를》 드라이어로 손질하다.

blow·y [blóui] 〖형〗 바람이 부는(센)(windy); 바람에 나부끼는.

blowzed [blauzd] 〖형〗 =blowzy.

blowz·y [bláuzi] 〖형〗 1 (여자가) 붉은 얼굴에 (살이 쪄서) 추레한; (머리가) 헝클어진; (여자가) 어질러진; (여성의 복장 따위가) 단정치 못한. 2 (회화 따위가) 주도하지 못한, 날림인. **blówz·i·ly** 〖부〗 **-i·ness** 〖명〗

bls. bales; barrels. **B.L.S.** Bachelor of Liberal Studies [Library Science](교양[도서관] 학사); Bureau of Labor Statistics(노동 통계국). **BLT** bacon, lettuce, and tomato sandwich. (또는 **B.L.T., b.l.t.**): *Bismuth Lanthanum Titanium*(자체 대 반도체 F램용 강유전체(強誘電體)).

blub[1] [blʌb] 〖자동〗 울상 짓친 회반죽의 부푼 곳.

blub[2] 〖자동〗 (**-bb-**) 《속어》 (어린이가) 엉엉 울다.

blub·ber [blʌ́bər] 〖명〗 1 ⓤ 고래의 지방(脂肪); 《구어》 (사람의 과도하는) 지방. 2 《구어》 엉엉 울기. ¶be in a ∼ 엉엉 울고 있다. —〖자동〗 (소리를 내어) 울다, 엉엉 울다. ⇒CRY 〖유의어〗[1] —〖타동〗 1 울면서 말하다(out). ¶ She ∼ed out her sins. 그녀는 울면서 자기 죄를 털어놓았다. 2 (얼굴)을 울어서 붓게 하다. —〖형〗 1 (얼굴)이 울어서 부어오른. 2 (입술)이 두터운, 튀어나온. **∼·er** 〖명〗 **∼·ing·ly** 〖부〗

blub·ber·head [blʌ́bərhèd] 〖명〗 바보, 멍청이.

blub·ber·y [blʌ́bəri] 〖형〗 1 (고래 따위가) 지방이 많은; 살찐(fat). 2 (눈)이 울어서 부어오른(swollen), (얼굴)이 울어서 일그러진. 3 (입술)이 두툼한.

blu·cher [blúːkər, -tʃər] 〖명〗 (∼s) 블루처(혀와 앞닿이가 한 가죽으로 된 끈으로 매는 구두); (폐어) (반)장화.

bludge [blʌdʒ] [濠구어]〖자동〗 1 《속어》 매춘을 알선하다. 책임(일)을 회피하다; 게으름 피우다, (남·복지 기관에) 의지하여 살다; (남에게) 일을 떠맡기다(on). —〖타동〗 …을 회피하다[피부리다]; (남)을 이용하다. —〖명〗 1 간단한[쉬운] 일; (직업이 없어 쉬는) 시기. ¶have a ∼ 하는 일 없이 지내다.

blúdg·er 〖명〗 뚜쟁이; 게으름뱅이.

bludg·eon [blʌ́dʒən] 〖명〗 곤봉; (말에 의한) 공격, 비판. —〖타동〗 1 …을 곤봉으로 때리다; 때려 눕혀 —상태가 되게 하다(to). 2 (남)에게 억지로 …시키다(into). ¶∼ a person *into* doing 남에게 억지로 …시키다. **∼·eer, ∼·er** 〖명〗

‡**blue** [bluː] 〖형〗 (**blu·er; blu·est**) 1 푸른, 하늘빛의, 남색의. ¶clean ∼ sky 맑은 푸른 하늘 / deep ∼ sea 검푸른 바다. 2 (피부가 추위·타박상·공포 따위로) 파랗게 된, 흙빛의, 검푸른. ¶a ∼ face 새파래진 얼굴 / be ∼ from cold[fear] 추위[공포]로 얼굴빛이 파랗다. 3 기운이 없는, 풀이 죽은, 낙담한, 우울한. ¶He looks a bit ∼ tonight. 오늘밤 그는 좀 우울해 보인다. 4 가망이 없는, 암담한, 침울한. ¶∼ outlook 어두운 전망 / see things through ∼ glasses 사태를 비관적으로 보다. 5 (도덕적으로) 엄한, 엄격한. 6 모독적인; 불경한; 독기를 품은. 7 《구어》 (영화 따위가) 외설의, 음란한. ¶∼ stories 음란한 이야기. 8 (여자가) 문학에 도취한, 문학적인, 인텔리의. 9 푸른 옷을 입은; (B–) (남북 전쟁 당시) 북군(측)의. 10 심한, 지독한. ¶a ∼ fear 극도의 공포. 11 《음악》 블루스조(調)의. ¶a ∼ song 블루스조의 노래. 12 《英》 보수당의. 13 (모피가) 청회색의; (양털이) 청색의, 상등품의. 14 《美속어》 잔뜩 취한. 15 《英》 (가문 따위가) 귀족의; 고귀한.

blue in the face 격분하여 새파래진. 지쳐서 창백한.
feel blue 기분이 울적하다.
look blue 기분이 울적해 보이다[우는 것 같다](⇒〖형〗3).
once in a blue moon 아주 드물게.
till all is blue 끝까지, 철저하게. ¶drink[fight] *till all is ∼* 쓰러질 때까지 마시다[싸우다].
till [or *until*] *one is blue in the face* 《구어》 지쳐서.
true blue 충실한; 보수적인. ¶울 정도로, 장황하게.
Turn blue! 《속어》 염 먹어라!

—〖명〗 (∼**s** [-z]) 1 ⓤ 파랑, 청색, 하늘색, 남색. ¶dark ∼ 암청색, 감색(紺色) / light ∼ 담청색. 2 ⓤⓒ 파랑 그림물감[염료]; (세탁용) 청분(靑粉). 3 ⓤⓒ 푸른 것, (특히) 푸른 옷(감); (또는 ∼s) 푸른 제복을 입은 사람들 (the B–s) 《英》 영국의 근위 기병대; (종종 B–) (미국 남북 전쟁시의) 북군 군복, 북군 (병사) (또는 gray); *the blue in* ∼ 푸른 옷을 입은 소년 / *the* ∼ *and the gray* (미국 남북 전쟁시의) 북군과 남군. 4 (푸른 제복을 입거나 기장을 단) 정(正)선수(영국의 대학 경기 선수). 5 《시》 (the ∼), 하늘; 바다; 먼지(未知)의 것. 6 여류 문인, 문학에 도취한 여자, 인텔리인 체하는 여자 (bluestocking). 7 (∼**s**) ⇒BLUES[1]. 8 《美속어》 짙은 감색 피부의 흑인. 9 《濠속어》 (교통 위반 따위의) 붉은 싸움, 논쟁; 대실패. 10 《구어》 신용할 만한 사람: 붉은 머리의 사람. 11 《英》 보수당 당원; 《속어》 경찰관. 12 (snooker 따위의) 청옥, 푸른 공; (활 표적의) 푸른 동그라미(2번째; 5점).

a bolt from the blue 청천 벽력.
a true blue 보수적인 사람; 신용할 수 있는 사람.
be in [or *have*] *the blues* ⇒BLUES[1].
disappear [or *go off, vanish*] *into the blue* 갑자기 사라지다.
in the blue 멀리 떨어진 곳에. ¶으로.
into the blue 먼 곳으로, 보이지 않는[알 수 없는] 곳 뜻밖에, 난데없이.
out of the blue 뜻밖에, 난데없이.
the men [or *gentlemen, boys*] *in blue* 경찰관; (해군의) 병사, 수병; 미연방군. ¶선수로 뽑히다.
win [or *get*] *one's blue* 《英》 (학교 대항 경기의) —〖동〗 (∼**s** [-z]; ∼**d**; **blu(e)·ing**) 1 …을 푸르게 하다, 푸르게 물들이다[칠하다]. 2 …에 푸른 빛을 때게 하다. 3 《英속어》 …을 낭비하다. ¶∼ *money* 돈을 물쓰듯 쓰다. —〖자동〗 푸르게 되다. **∼·ly** 〖부〗

blúe alért 〖명〗 청색 정보(제2차 경계 정보; yellow alert의 다음 단계). ¶⇒ red alert

blúe and whíte 〖명〗 경찰 (순찰차). ¶白症兒)

blúe báby 〖명〗 (심장 결함 따위에 의한) 청백증아(青

blúe bàg 〖명〗 1 (세탁할 때 천의 변색을 막는) 청분(青劑); 그 작은 봉지. 2 《英》 (법정 변호사가 법복 등을 넣는) 청색 자루.

blúe báll 〖명〗 《美속어》 1 (∼**s**) 성병, (특히) 임질 (gonorrhea). 2 (몹시 흥분하고 있으면서 사정하지 못할 때의) 하복부의 아픔, 고환의 통증. (또는 **blúeballs**)

Blue·beard [blúːbiərd] 〖명〗 푸른 수염의 사나이(프

랑스 민화의 주인공 Chevalier Raoul의 별명); 《종종 b-》 아내를 여러 명 죽인 남자, 잔인한 남편.
Blúebeard's chámber 명 무서운 것이 있는 곳.
*blue-bell [blúːbèl] 명 블루벨(종 모양의 푸른 꽃이 피는 백합과의 각종 식물). 참 harebell
Blúe bélt 명 청정 수역(어족 양식·자원 보호 수역).
blúe berét 명 유엔 평화 유지군(푸른 베레모를 쓴 데서). 「속(屬)의 총칭》, 2 열매.
*blue·ber·ry [blúːbèri/-bəri] 월귤나무(월귤나무
*blue·bird [blúːbə̀ːrd] 명 블루버드(북미산(産) 푸른 날개의 명금(鳴禽)); 《美속어》 경관.
Blúe Bírd 명 1 (the ~) 파랑새(Maeterlink의 시극 (詩劇)에서 끝내 찾지 못하는 행복의 상징). 2 Camp Fire의 7-9세의 어린 단원.
blue-black [-blǽk] 명 암청색의, 짙은 남색의.
blúe blóod 명 《구어》 귀족 태생[혈통], 명문 출신; (the ~) 귀족 계급, 명문. 「다.
have blue blood in one's veins 명문 집안 출신이
blue-blood·ed [-blʌ́did] 명 귀족[명문가]출신의.
blue-bon·net [blúːbànit/-bɔ̀n-] 명 1 달구지 국화 (cornflower). 2 남색 꽃이 피는 루핀(미국 Texas의 주화). 3 (옛날 스코틀랜드인이 쓰던) 청색 모자; (청색 모자를 쓴) 스코틀랜드 병사. 4 스코틀랜드인.
blúe bóok 명 1 《구어》 직원(공무원) 명부, 명사 인명록, 신사록. 2 《美》(청색 표지의) 대학 시험 답안 용지. 3 《英》 《종종 B- B-》 청서(靑書)(영국 정부·의회 발행의 보고서); 블루북(청색 표지의 정부 간행물). 4 《종종 B- B-》 《상표》 중고차 시가 편람; (소비재의) 시장 가격 편람.
blue-bot·tle [blúːbàtl/-bɔ̀tl] 명 1 수레국화. 2 남색 꽃의 식물(초롱꽃·무릇 따위). 3 청파리(~ fly). 4 《英속어》 경관.
blúe bóx 명 1 《美속어》 블루박스(장거리 통화를 공짜로 거는 불법 전자 장치). 2 [컴] (재생용품 수집용) 청색 플라스틱 상자.
blue-brick univérsity [-brìk-] 명 《英》 (석조 건물의) 명문[일류] 대학(Oxford, Cambridge 따위).
blúe·cap [blúːkæ̀p] 명 1 = bluebonnet 3. 2 《구어》 일 선 자란 연어(머리에 푸른 반점이 있다). 3 (유럽산(産)) 푸른 박새의 일종; (오스트레일리아산(産)) 굴뚝새 비슷한 새.
blúe chéer 명 《美속어》 LSD(환각제).
blúe chèese 명 우유로 만든 미국식 치즈.
blúe chíp 명 1 《증권》 우량주; (일반적으로) 우량기업, 일급품. 2 (카드놀이) 블루칩. 3 안전하고 유리한 투기[투자].
´blue-chip [-tʃìp] 명 우량주의, 일류의, 훌륭한.
~·per 우량주(株); 훌륭한 사람[것].
blue·coat [blúːkòut] 명 감청색의 제복을 입은 사람; (19세기의) 병사; 《美역사》 북군 병사; 경관. ~·ed 명
blúecoat bóy 명 《英》 자선 학교의 생도.
blúecoat schóol 명 《英》 (각종) 자선 학교.
blue-col·lar [-kálər/-kɔ́lə] 명 육체 노동(자)의, 블루 칼라의. —명 (또는 ~ wórker) 육체 노동자. 참 white-collar 「리 의료 보험 조합).
Blúe Cróss 명 《美》 《상표》 청십자, 블루크로스(비영
blúe dáhlia 명 불가능한 일, 있을 수 없는 것.
blúe dángers 명 《美속어》 푸른 제복을 입은 경관 (범죄자들의 은어). 「직구. 2 《美방언》 차가운 북풍.
blúe dárter 명 1 《美구어》 《야구》 낮게 깔리는 강한
blúe dévil 명 1 블루 데블(오스트레일리아 남부산 (産)의 바닷물고기). 2 《속어》 = blue heaven.
blúe dévils 명 1 우울, 울적, 의기 소침(depression). 2 = delirium tremens. 「기(旗).
Blúe Énsign 명 (때로 b- e-) 영국 해군 예비 군함
blue-eyed [-áid] 명 1 푸른 눈의, 눈알이 푸른. 2 어린아이처럼 악의가 없는, 순진한. 3 《英구어》 마음에 드는, 사랑스러운. ¶ one's ~ boy 측근 심복. 4 《美속어》 백인의.

blúe fílm [flíck] 명 = blue movie.
blúe·fish [blúːfìʃ] 명 《~ ~·es》 (미국 대서양 연안산(産)) 전갱이류; (일반적으로) 푸른 빛깔의 물고기.
blúe flág 명 《식물》 (북미산(産)) 붓꽃. 「적 결근.
blúe flú 명 (경찰관·소방관 등의) 감기를 빙자한 조직
blúe fórce 명 (기동 훈련 때의) 청군, 우군, 아군.
blúe fúnk 명 《英구어》 (심한) 공포증, 실신 상태.
in a blue funk 벌벌 떨며; 기겁하여.
blúe gálaxy 명 청색 소우주(특수 천체; BSO, QSG 라고도 부른다). 「산 개복치류의 식용어).
blue-gill [blúːgìl] 명 블루길(미국 Mississippi 강 원
blue-grass [blúːgræ̀s/-gràːs] 명 1 새포아풀속(屬)의 풀; 그 목초(牧草). 2 (the B-)= B- Region. 3 블루그래스(미국의 전통적 널리 유행하는 컨트리 뮤직 민요).
Blúegrass Règion [Cóuntry] 명 (the ~) 미국 Kentucky주 중부 지방(bluegrass가 많이 번식).
Blúegrass Státe 명 (the ~) 미국 Kentucky주
blue-green [-gríːn] 명 및 U 청록색. 「(州)의 별칭.
blúe-green álgae 명 남조(藍藻) 식물.
Blúe Gúide 명 블루 가이드(1918년에 영국에서 창간된 관광 안내 총서).
blúe gúm 명 유칼리 나무의 일종(eucalyptus).
blúe héaven 명 《속어》 《약학》 아모바르비탈제(劑) (중추 신경 억제제).
blúe hélmet [hát] 명 《종종 B- H-》 유엔 평화 유지군(~ force)(푸른 헬멧을 쓰고 있는 데서 유래).
Blúe Hén Státe 명 (the ~) 미국 Delaware주(州)의 별칭.
Blúe Hóuse 명 (the ~) (한국의) 청와대.
blúe·ing [blúːiŋ] 명 = bluing.
blue·ish [blúːiʃ] 명 = bluish.
blue·jack·et [blúːdʒæ̀kit] 명 수병(sailor).
blúe jáy 명 《조류》 (북미산(産)) 어치의 일종.
blúe jèans 명 《pl.》 블루진, 청바지, 작업복 바지. 참
blúe jóhn 명 청형석(青盤石). 「Levis
blúe jókes 명 《美구어》 음담 패설.
blúe láw 명 《美구어》 청교도적 금법(禁法)(일요일의 근로·음주·유흥 따위를 금하는 엄격한 법). 「의 별칭.
Blúe Láw Státe 명 (the ~) 미국 Connecticut주
blúe líght 명 (신호용의) 푸른 불꽃; 《경멸적》 미국
blúe mán 명 《美속어》 제복 경찰관. 「연방당원.
blúe máss 명 《약학》 (수은에 다른 성분을 섞어 만든) 청괴(青塊)(수은 환약을 만든다). 참 blue pill
blúe métal 명 (도로 포장용의) bluestone 쇄석.
blúe móld [《英》 móuld] 명 빵이나 치즈에 스는 푸른 곰팡이.
blúe Mónday 명 1 사순절(Lent) 전의 월요일. 2 《美구어》 (다시 일이 시작되는) 우울한 월요일.
blúe móon 명 1 푸른 달(고층 대기의 미립자에 의해 일어나는 현상). 2 《구어》 장기간, 오랫동안 갈보집, 홍등가. 「않는, 예외적으로.
once in a blue moon 아주 드물게, 좀처럼 …하지
blúe móvie 명 《속어》 포르노 영화.
blúe múd 명 [지질] 청니(青泥)(심해저의 침적물).
blúe múrder 명 《구어》 분노·(공포)의 소리; 전속력으로.
like blue murder 매우 당황하여, 전속력으로.
scream [or *cry, shout*] *blue murder* 《구어》 소란 피우다, 큰 소리로 떠들다.
blúe·ness [blúːnis] 명 푸름, 푸르름.
Blúe Níle 명 (the ~) 청(青)나일(나일강의 지류).
blue·nose [blúːnòuz] 명 1 《美구어》 청교도적인 사람, 금욕주의자. 2 (B-) 캐나다 Nova Scotia의 주민. 3 《속어》 《해사》 Nova Scotia의 범선; 그 배의 선원.
blúe nòte 명 《음악》 블루 노트(블루스 곡에서 반음 낮춘 제3[7]음.) 「제; 검열.
blúe péncil 명 (편집·수정용의) 파란 연필; 수정, 삭
blue-pen·cil [-pénsəl] 명 (-/-, 《英》 -ll-) (편집자가) [원고 따위]를 푸른 연필로 수정[교정, 삭제]하다;

…을 편집하다; …을 검열하다.
blúe péter 명 (the ~, 종종 B- P-) 〔해사〕 출범기(出帆旗)(푸른 바탕의 중앙에 흰빛 사각형이 있는 기).
blúe phóne line 명 〔로켓〕 지령(指令) 전화 시스템(초읽기 때 모든 중요 인물을 연결하는 시스템).
blúe píll 명 〔약학〕 수은 환약(水銀丸藥)(blue mass로 만든 환약; 하제(下劑)로 사용). 웹 blue mass
blúe pláte 명 각종 요리를 모아 담는 큰 접시; (또는 ~ spécial) 각종 요리를 한 접시에 담은 값싼 요리.
blúe-póint [blúːpɔ̀int] 명 (날로 먹는) 작은 굴.
blúe póinter 명 (동물) 블루 포인터(악상어과(科)의 대형 상어인 청상아리의 일종).
blue-print [blúːprìnt] 명 청사진; 설계도; (세밀한) 계획 (for). ¶ draw a ~ 청사진을 만들다. ─ 타 …을 청사진으로 찍다; …을 계획하다. ~·er 명
blúe·print·ing [blúːprìntiŋ] 명 청사진법.
blúe rácer 명 블루 레이서(진한 남빛의 독 없는 뱀; 미국 중부산(産)).
blúe ríbbon 명 1 최고 명예(상); (품평회·경진회 따위의) 최고(일등)상. 2 〔英〕 (가터 훈장의) 푸른 리본(웹 garter). 3 (B- R-) (대서양 횡단에서 최고 속도를 기록한 대양 항로선에 수여하는) 블루 리본 상. 4 〔美〕 (금주(禁酒) 회원의) 푸른 리본 기장(記章).
blue-rib·bon [-ríbən] 형 〔구어〕 최상의, 가장 뛰어난; 특선(特選)의; 저명 인사로 구성된. ¶ a ~ commission 저명 인사로 구성된 위원회. 웹 별 배심(陪審).
blúe-ríbbon júry 명 〔美〕 (중대한 형사 사건의) 특별 배심.
Blúe Rídge 명 (the ~) 블루 리지 산맥(미국 Virginia 주와 Georgia 주에 걸쳐 있는 산맥).
blúe rínse 명 〔미용〕 블루 린스(백발을 담청색으로 물들이는 컬러 린스); (중류 계급의) 연로한 부인.
blue-rinse [-ríns] 형 〔머리〕를 블루 린스에 염색하다. 명 (또는 **blúe-rínsed**) 블루 린스의; 연로한 여성들의(의 2층에 있는 대통령 접견실).
Blúe Róom 명 (the ~) 블루 룸(White House의 2층에 있는 대통령 접견실).
blúe rúin 명 〔속어〕 완전한 파멸; 싸구려 진(gin).
blues¹ [bluːz] 명 1 (단·복수 양용) 〔음악〕 블루스; (단수취급) 블루스곡; 블루스 형식. ¶ a ~ singer 블루스 가수 / play a ~ 블루스를 연주하다. 2 (the ~) (복수취급) a) 비관, 우울, 무거운 기분. ¶ This rainy spell is giving me the ~. 이렇게 연일 비가 오면 기분이 울적해진다. b) =delirium tremens.
be in [or *have*] *the blues* 마음이 우울하다.
sing the blues ① 블루스곡을 부르다. ② 〔구어〕 불 ~·y [-i] 형 명을 말하다; 우울하다, 기운이 없다.
blues² 명 1 (미국 군인의) 청색 군복; (the B-) 〔英〕 근위 기병대(* 제복의 색깔에서). 2 푸른 작업복; 의사의 진찰복(수술). 3 〔구어〕 경찰. 4 〔속어〕 암페타민.
blúe scréen 명 블루 스크린(합성 사진 제작 기술).
Blúe Shíeld 명 〔美〕 (상표) 블루 실드(비영리적인 의료 보험 조합의 칭호). 웹 Blue Cross
blúe shírt 명 푸른 옷을 입고 있는 사람; 소방관.
blúe ský 명 1 푸른 하늘, 창공. 2 〔美속어〕 헤로인.
blue-sky [-skái] 형 1 (유가 증권의) 가치가 의심스러운; (재정적으로) 견실하지 못한. 2 공상적인; 지나치게 이상적인; 현실성이 없는, 순이론적인; 거의 가치없는. ¶ ~ ideas 비실제적인 생각. ─ 타 〔속어〕 (1) 발한 생각을 규제하지 않는) 브레인스토밍(brainstorming)회의을 하다.
blúe-ský láw 명 〔美〕 부정 증권 거래 금지법, 증권 투자가 보호법, 청공법(靑空法).
blues·man [blúːzmən, -mæn] 명 블루스 가수[연주자].
blúe spót 명 〔의학〕 몽고 반점(mongolian spot).
blues-rock [-rák/-rɔ́k] 명 블루스 록(블루스조의 록 음악). 〔학자이〕 체하는 여자; 인텔리 여성.
blue·stock·ing [blúːstɑ̀kiŋ/-stɔ̀k-] 명 문학하는
blue·stone [blúːstòun] 명 U 청석(靑石); 황산동.

blúe stréak 명 〔美구어〕 번갯불(처럼 빠른 것).
like a blue streak 전광석화(電光石火)처럼.
talk a blue streak 〔美속어〕 매우 잽싸게 지껄이다.
blu·et [blúːit] 명 푸른 꽃이 피는 식물. 〔새.
blúe tít 명 (박샛과(科)의 아시아·유럽산(産)) 푸른박
blúe vélvet 명 〔美속어〕 블루 벨벳(진통제와 항히스타민제의 혼합 주사약).
blúe vítriol 명 〔화학〕 황산구리, 담반(膽礬).
blue-wa·ter [-wɔ̀ːtər] 명 U 푸른 바다, 대해.
blúe whále 명 (동물) 흰긴수염고래(sulfur-bottom).
blu·ey [blúːi] 명 〔濠〕 (방랑자·광부·산간 여행자들의) 소지품 보따리(swag). ─ 형 푸르스름한.
blúe zóne 명 (유엔 평화 유지군) 휴전 감시 구역.
*****bluff¹** [blʌf] 형 1 통명스러운, 무뚝뚝한, 솔직한. ⇒ BLUNT 2 (해안·곶 따위가) 깎아세운 듯한, 절벽의. 3 〔해사〕 (뱃머리가) 둥그스름한, 뭉툭한. ─ 명 절벽, 낭떠러지; (개나다) (초원 지대의) 나무숲, 작은 숲. ~·ly 부 ~·ness 명 ~·y 형
bluff² 타 1 …에게 허세 부리다; …을 위협하다, 속이다; (허세를 부려서) …을 얻다. 2 (허세를 부려) 〔남〕에게 …시키다. ¶ (~+目+前+名) He could ~ nobody *into* believing that he was rich. 아무리 허세를 부려도 누구도 그를 부자라고 생각하지 않았다. 3 〔카드놀이〕 (끗수가 높은 체하며) 〔상대〕를 속이다. ─ 자 허세를 부려서 남을 속이다.
bluff it out (허세를 부려 곤경 따위를 벗어나다.
bluff one's way 속여서〔위협해서〕 …으로 나아가다 〔…을 얻다〕 (*into*).
─ 명 1 CU 허세, 엄포, 으름장, 공갈. 2 허세부리는 사람(bluffer). 3 U 속임수, 발뺌. 4 U 〔카드놀이〕 허세를 부려 자기 끗수가 높은 체하기.
call a person's bluff 〔카드놀이〕 남의 끗수를 공개시키다; (허세로 생각하고) 남에게 도전하다〔덤비다〕.
make [or *pull, put on*] *a bluff* (허세를 부려) 위협하다.
run a bluff on …에게 허세를 부리다, ─하다 (*at*).
~·a·ble 형 ~·er 명
blu·ing [blúːiŋ] 명 UC 푸른 빛(이 나게 하기); (세탁용의 청분) 표백제. (또는 **blueing**)
*****blu·ish** [blúːiʃ] 형 푸르스름한, 옅은 남빛의. (또는 **blueish**) ~·ness 명
*****blun·der** [blʌ́ndər] 명 큰 실수, 터무니없는 실책. ⇒ MISTAKE 〔유의어〕 ¶ a queer ~ 이상한 실수.
commit [or *make*] *a blunder* 큰 실수를 저지르다.
─ 자 1 머뭇거리다, 머뭇거리며 나아가다, 어정버정 되는 대로 걷다 (*along, about*); (…에) 부딪치다 (*into, against*); (…에) 어물어물 빠지다 (*into*). ¶ (~+前) ~ *about* 어정버정 돌아다니다 / He ~*ed on* alone. 그는 혼자서 터벅터벅 걸어갔다. // (~+前+名) He ~*ed into* debt. 그는 어물어물 빚을 지고 말았다. 2 큰 실수〔실책〕를 저지르다. ¶ *The best workman sometimes* ~*s*. 〔속담〕 원숭이도 나무에서 떨어질 때가 있다. 3 (…을) 우연히 발견하다〔만나다〕 (*on, upon*); 실패하여 (곤경에) 빠지다 (*into*).
─ 타 1 …을 서투르게 하다, 잘치다(bungle); 실수하여 …을 잃다 (*away*). ¶ (~+目+副) ~ *away* one's *fortune* [chances] 실수하여 재산〔기회〕을 잃다. 2 …을 무심코 입 밖에 내다 (*out*); (변명 따위를) 횡설수설 말하다 (*out*). ¶ (~+目+副) ~ *out* a secret 부지중에 비밀을 누설하다.
~·er 명
blun·der·buss [blʌ́ndərbʌ̀s] 명 1 나팔총(17-18세기의 구경이 넓은 musket 총). 2 얼간이, 멍청이.
blun·der·ing [blʌ́ndəriŋ] 형 우물쭈물하는; 얼간이 같은, 크게 틀린; 어색한, 서투른. ¶ ~ *citations and erroneous interpretations* 엉터리 인용과 틀린 해석. ~·ly 부 우물쭈물; 서투르게.
blunge [blʌndʒ] 타 (진흙 따위에) 물을 섞다, 물을 부어 반죽하다. **blúng·er** 명

‡blunt [blʌnt] 형 (~·er; ~·est) **1** 무딘, 뭉툭한(⟺ keen, sharp).¶ The knife is too ~ to be of any service. 그 칼은 너무 무뎌서 아무 쓸모도 없다. **2** 무뚝뚝한, 퉁명스러운, 버릇없는.¶ ~ of speech 말씨가 퉁명스러운 / ~ in one's behavior 태도가 붙임성 없는.

[유의어] **blunt** 거칠고 상대방의 감정을 고려하지 않는. **bluff** 거칠고 무뚝뚝하지만 솔직하고 나쁜 인상을 주지 않는. **brusque** 거칠고 찌르는 듯 날카로운. **curt** (표현이) 아주 짧고 쌀쌀맞은.

3 있는 그대로의, 솔직한.¶ a ~ fact 있는 그대로의 사실. **4** 둔감한(dull), 느린(⟺ acute).

To be blunt...; The blunt fact is that... 사실대로[솔직히] 말하면 (…이하).

— 타 **1** …을 무디게 하다. **2** (힘·감각 따위)를 둔화시키다.¶ ~ the edge of grief[argument] 슬픔을 누그러뜨리다[논쟁을 꺾다]. — 자 (칼 따위가) 무디어지다.

— 명 **1** 굵고 짧은 것(엽궐련 따위). **2** Ⓤ (속어) 현금. **~·ness** 명 맞돈.

***blunt·ly** [blʌ́ntli] 부 **1** (칼 따위를) 무디게. **2** 무뚝뚝하게(abruptly), 버릇없이, 기탄없이. **3** 둔감하게.

to speak bluntly 터놓고 말하면.

***blur** [bləːr] 명 **1** 더러움, 얼룩, 번진 흔적, 오점. **2** (도덕상의) 결점.¶ a ~ upon one's name 불명예. **3** (a ~) 흐릿한 상태, 몽롱; (사진) 선명하지 못한, 흐림; 흐릿한 것[경치].¶ a ~ to [or in] one's memory 희미하게 기억하고 있는 것. **4** 희미한 소리.

— 동 (-rr-) 타 **1** (잉크 따위로) …을 더럽히다, …에 (잉크 따위의) 얼룩이 지게 하다.¶ ~ a page with ink 잉크 따위로 책장을 더럽히다. **2** (명예·아름다움 따위)를 더럽히다, 손상하다. **3** (안개·눈물 따위)로 (외형·경치)를 흐릿하게 하다; (사진) …을 흐리게 하다.¶ Mist ~red the hills. 안개로 산들이 흐릿하게 보였다. **4** (감각·의식 따위)를 흐리게 하다. **5** (눈)을 침침하게 하다.¶ Tears ~red her vision [or sight]. 눈물이 그녀의 시야를 흐렸다. — 자 **1** (시야 따위가) 흐려지다, 침침해지다; (의식 따위가) 희미하게 되다 (with). **2** 더러워지다, 번지다.

blur out (더럽혀져서) …을 지우다, 흐릿하게 하다.

~·red 형 **~·red·ly** 부 **~·red·ness** 명 **~·ring·ly** 부

blurb [bləːrb] 명 **1** (책 표지 따위의) 짧은 과장된 광고, 선전문, 추천문, 호의적인 단평(短評). **2** (TV의) 광고 방송, 커머셜(TV commercial). — 동 타 …을 추천 광고[선전]하다. **~·ist** 명

blur·ry [bləˊːri] 형 더러워진, 얼룩투성이의; 흐릿한, 불명료한, 모호한(indistinct). **-ri·ly** 부 **-ri·ness** 명

blurt [bləːrt] 타 …을 불쑥 말하다; …을 부지중에 말하다, 무심코 말하다, 누설하다(*out*). — 명 불쑥 말하기, 부지중에 누설하기.

‡blush [blʌʃ] 동 (~·es [-iz]; ~ed [-t]) 자 **1** (…으로) 얼굴을 붉히다, (얼굴이) 붉어지다 (*at, for, with, 美 from*).¶ ~ like a girl 소녀처럼 얼굴이 빨개지다 // (~+보/~+전+명) scarlet 얼굴이 새빨개지다 / (~+전+명) He ~ed for [or with] shame. 그는 창피스러워서 얼굴이 빨개졌다. **2** (…으로 / …하여) 부끄러워하다 (*at, for/to do*).¶ (~+전+명) I ~ed at my ignorance. 나는 내 무식이 창피스러웠다. **3** (하늘·꽃 따위가) 장밋빛으로 되다, 붉어지다. — 타 **1** …을 붉게 하다, 홍조를 띠게 하다(redden). **2** 얼굴을 붉혀 …을 알리다[폭로하다].

blush up to the roots of one's *hair* (부끄러워서) 귀까지 빨개지다.

I blush to own that... 부끄럽습니다만 ….

— 명 (복 ~·es [-iz]) **1** (부끄러움으로) 얼굴을 붉히기, 부끄러움; Ⓤ 홍조, 장밋빛. **2** Ⓤ (고어) 일견 (glance). [first glance [or sight]).

at [or *on*] (the) first blush 언뜻 보아, 첫눈에(at *put a person to the blush* 남의 얼굴을 붉히다(부끄럽게 하다, 남의 체면을 잃게 하다.

spare a person's blushes 남에게 수치심을 주지 않다.

blush·er [blʌ́ʃər] 명 **1** 얼굴 붉히는 사람. **2** 볼 연지.

blush·ful [blʌ́ʃfəl] 형 **1** 얼굴을 붉히는; 수줍어하는, 부끄러워하는. **2** 장밋빛의; 붉은, 불그레한(ruddy). **~·ly** 부 **~·ness** 명

blush·ing [blʌ́ʃiŋ] 형 **1** 얼굴을 붉히는; (비유적) 부끄러워하는, 수줍어하는. **2** 장밋빛의; 불그스름한.¶ the ~ sky 벌겋게 물든 하늘. — 명 얼굴을 붉히기; (하늘 따위가) 붉게 물들기. **~·ly** 부

blush·less [blʌ́ʃlis] 형 얼굴을 붉히지 않는; 부끄러움을 모르는(shameless), 뻔뻔스러운(impudent).

blush-on [-ɔ̀ːn] 명 =blusher 2.

***blus·ter** [blʌ́stər] 자 타 **1** (바람이) 거세게 몰아치다, (바람이) 세차게 불어대다.¶ The wind ~ed outside. 밖에는 폭풍이 휘몰아쳤다. **2** (…에게) 고함치다; 마구 뽐내다; 위협하다 (*at*).¶ (~+전+명) He ~ed at her. 그는 그녀에게 고함을 질렀다. — 타 (남)에게 호통(고함)치다, 위협하다(*out*); (남)에게 호통을 쳐서[위협하여] (…)시키다 (*into*).¶ (~+모+분) ~ *out* a threat 큰 소리로 위협하다 // (~+모+전+명) I ~ed him *into* silence [obedience]. 호통을 쳐서 그를 침묵[복종]시켰다. — 명 **1** (파도가) 거세게 몰아침, (바람이) 휘몰아침. **2** Ⓤ 시끄러움, 떠들썩함. **3** Ⓤ 허세, 공갈. **~·er** 명

blus·ter·ing [blʌ́stəriŋ] 형 (파도·바람 따위가) 휘몰아치는, 세차게 불어치는; 떠들썩한; (언동 따위가) 난폭한; 마구 호통치는; 으스대는. **~·ly** 부

blus·ter·ous [blʌ́stərəs] 형 =blustering. **~·ly** 부

blus·ter·y [blʌ́stəri] 형 =blustering.

blvd. boulevard.

-bly [bli] 부미 ⇒-ABLY.

B.M. Bachelor of Medicine [Music]; ballistic missile; (측량) bench mark; bowel movement(배변(便)); British Museum(대영 박물관). **B.M.A.** British Medical Association(영국 의사회). **BMD** (美군사) ballistic missile defense(탄도 미사일 방어). **BMDO** (美) Ballistic Missile Defense Organization(탄도 미사일 방어 기구). **B.M.E.** Bachelor of Mechanical [Mining] Engineering.

B mèson 명 (물리) B중간자(B particle).

BMEWS [biːmjúːz] (美) Ballistic Missile Early Warning System(미사일 조기 경계망). 참 DEWS

BMF bond management fund(통화 조절용 채권).

B.M.I. body mass index(체질량 지수). **BMJ** British Medical Journal. **BMOC** big man on campus(캠퍼스의 인기 학생).

B-mov·ie [bíːmùːvi] 명 Ⓑ급 영화(저예산 오락 영화).

B.M.R basal metabolic rate(기초 대사율). **BMT** Brooklyn-Manhattan Transit Lines(뉴욕의 지하철 노선). **B.M.T.** Bachelor of Medical Technology. **B. Mus.** Bachelor of Music(음악 학사). **B.M.V.** (라틴) Beata Maria Virgo(=Blessed Mary the Virgin)(영원한 동정녀 마리아).

BMW [bìːèmdʌ́bljuː] 명 BMW차(독일 BMW사제 자동차). [<Ger. Bayerische Motoren Werke]

BMX rácing [bìːéməks-] 명 (美) 사이클 모터크로스 경주. [<bicycle motocross]

bn, bn. bassoon; been; billion. **bn., Bn.** Baron; battalion. **b.n.** bank note(은행권). **B.N.** Bachelor of Nursing.

B'nai B'rith [bənéi briθ] 명 브네이 브리스(유대인 남성 봉사·친목 단체); 약 BB). [<Heb *banè barith*]

BND (독일) Bundesnachrichtendienst(독일 연방 정보부). **BNDD** (美) Bureau of Narcotics and Dangerous Drugs(마약 단속국). **BNOC** British National Oil Corporation. [펜(hobo).

bo¹ [bou] 명 (복 ~es) (美속어) 부랑자(tramp), 룸

bo² 명 (목 ~s)《친한 사이에서 부르는 말로》(이봐) 친구; 짝패, 형님, 동생(mate, fellow, buddy).
bo³ 갑 왁(남을 놀라게 할 때의 소리). (또는 **boh**)
cannot say bo to a goose (거위에게「왁」소리도 못 지를 만큼) 아주 소심하다.
say neither bo nor bum 일언 반구도 하지 않다.
b.o. *back order*(미결된 어음); 〔철도〕 *bad order*(파손차); *box office*; 〔해운〕 *broker's order*(선박 중개인 지시서); 〔증권〕 *buyer's option*(선택 매매권). **B.O.** *Board of Ordnance*(군수국); *body odor*; *box office*; (또는 **b.o.**) *branch office*.
bo·a [bóuə] 명 **1** 보아(열대산(產) 큰 뱀의 총칭)(명 ~ constrictor). **2** (깃털·모피 따위로 만든) 여성용 긴 목도리). **3** 〔금융〕 보아(snake보다 변동폭이 큰 확대 공동 변동 환시세제).
BOA *Bank of America*; *born on arrival*(산부인과 도착시 출산). **BOAC** *British Overseas Airways Corporation*(영국 해외 항공 회사)(BA의 옛 이름).
bóa constrìctor 명 보아뱀(동물을 졸라 죽여서 먹는 열대 아메리카산(產) 큰 뱀). 명 **boa**
Bo·a·ner·ges [bòuənə́ːrdʒiːz] 명목 **1** 〔성서〕 보아네르게스, 천둥의 아들(←마가 복음(Mark) 3 : 17). **2** (단수취급) 열변을 토하는 설교자.
*****boar** [bɔːr] 명 (거세하지 않은) 수퇘지 (⇒PIG 유의어); 멧돼지; U 수퇘지[멧돼지] 고기.
feed like a boar 게걸스럽게 먹다.
‡**board** [bɔːrd] 명 (목 ~s [-z]) **1** 널빤지, 판자 (plank보다 얇은 것); 판재(板材). ¶bare ~s (깔개를 깔지 않은) 맨 마루./a ~ fence 판자 울타리. **2** 〔종종 복합어로〕 (특정 목적의) 판(板), …반(盤)…대(臺); 칠판; 《美》 게시판; 선반; 〔농구〕 백보드(backboard); (~s) 〔아이스하키〕 경기장을 둘러싼 판자울. ¶an advertising ~ 광고판/a diving ~ 다이빙 보드/an ironing ~ 다리미판. **3** 두꺼운 마분지(cardboard); 판지(板紙), 두꺼운 종이(pasteboard). ¶a book (bound) in cloth ~s 클로스 표지본(表紙本). **4** (푸짐한) 식탁. ¶a festive ~ 잔칫상/a groaning ~ 진수성찬으로 차려진 식탁. **5** U 식사, 식사 제공. ¶a bill 식비/work for one's ~ 식비를 벌기 위해 일하다. **6** (the ~s) 〔연극〕 무대(stage), 극장; 배우 직. ¶be on the ~s 배우 일을 하다. **7** 회의의 탁자; 회의, 회합, 평의원회, 이사회; (정부 기관의) 부, 청, 원, 국, 성. ¶a ~ member 위원. **8** 《美》 주가 표시판; 《美구어》 증권 거래소. ¶the Big B– 뉴욕 증권 거래소. **9** CU 〔해사〕 현 (舷), 뱃전; 선내(船内), 갑판; (범선이) 돛의 방향을 바꾸지 않고 달린 구간. **10** 〔철도〕 고정 신호기; 〔구어〕 (전력·전동의) 배전반(配電盤); (컴퓨터의) 배선반(配線盤); (전화의) 교환기. **11** =surfboard.
above board 공명 정대하게(aboveboard).
across the board ① 전면적으로; 전역에 걸쳐; 〔직원〕 전원을 포함하여. ② 〔경마〕 연승식(連勝式)에 걸어
bed and board ⇒BED.
be on the board 위원회의 구성원이다; (문제 따위가) 심의중이다.
board and [or **by, on, to**] **board** 〔해사〕 (두 배가 서로가) 나란히.
board and lodging [or **room**] 식사를 제공하는 하숙.
come on board 귀선[귀함]하다.
fall [or **run**] **on board of** ① 〔다른 배에〕 충돌하다. ② (비유적) 〔남〕을 공격하다.
fall over the board 배에서 (바닷속으로) 떨어지다.
give board 식사를 제공하다.
go by the board ① 뱃전 너머 (바닷속으로) 떨어지다. ② 버림받다, 무시당하다, 잊혀지다. ③ (계획 따위가) 완전히 실패로 끝나다. 「무대에 서다.
go on [or **tread, walk**] **the boards** 무대에 서다.
lay *a ship* **on board** (다른 배에) 배를 가로 대다, 접현(接舷)하다.

make boards 〔해사〕 지그재그로 나가다.
on board ① 배 안에, 배 위에; 차 안에; 비행기에 탑승하여, 버스에 타고. ¶go [or **get**] on ~ (배·비행기 따위를) 타다/have something on ~ …을 싣고 있다/take something [or **a person**] on ~ …을 적재하다; 남을 승선[승차, 탑승]시키다. ② (속어) 〔야구〕 누상에 (on base).
on even board with ① …와 뱃전을 나란히 하여, …의 옆에 바싹 대고. ② …와 대등한 조건으로. ③ …와 사이좋게.
on the boards 상연중인; 연극을 직업으로 삼고 있는.
put on the boards 상연하고 있다.
sit at the board 식탁에 앉다.
sweep the board (clean) ⇒SWEEP.
take *something* **on board** ① …을 충분히 이해하다; (계획 따위)를 생각해 내다. ② (일 따위)를 떠맡다.
with full board 세 끼 식사를 제공하여.
—동 (~s [-z]) 타 **1** …에 판자를 대다, …을 판자로 둘러싸다(up, over, in). ¶a ~ed ceiling 판자를 댄 천장. **2** 〔남〕에게 식사를 제공하다, 침식을 제공하다; …을 하숙시키다; 〔말〕을 맡아서 기르다. ¶ ~ a lodger 하숙인에게 식사를 제공하다 / ~ a person cheaply 남을 싸게 하숙시키다/ ~ oneself 자취하다. **3** 〔배·기차·비행기 따위〕에 타다. ¶ ~ a plane 비행기에 탑승하다. **4** (다른 배)에 다가가다, 접현하다; 〔적선〕에 돌입하다, 옮겨 타다. —자 **1** 하숙[기숙]하다; (…에서) 식사를 하다 (*at, in, with*). ¶(~+前+名) He ~s *at his aunt's*. 그는 숙모댁에서 기숙하고 있다. **2** 〔해사〕 (범선이) 갈짓자로 항해하다(tack). 「다.
board in 집에서 식사하다; 하숙(근무처)에서 식사하다
board out ① 외식하다. ② (아이)를 다른 집에 기숙시키다. ③ 적선에 옮겨 타 편다. 「시키다.
board up [or **over**] …에 판자를 쳐서 막다.
board with [or **at, in**] …의 집에 하숙하다.
∠·a·ble, ∠·like 「선·수색.
bóard and séarch (밀수 단속 등을 위한) 승
‡**bóard·er** [bɔ́ːrdər] 명 (목 ~s [-z]) **1** (식사 제공을 받는) 하숙인(명 lodger). ¶take (in) ~s 하숙을 치다. **2** 기숙생(명 day boy). **3** 적선에 옮겨 탄 선원.
bóarder bàby 명 《美》 장기 보육아(병원에 무기한 맡겨진 무의탁 유아·어린이).
bóard fòot 명 (목 *b-* feet) 《美》 보드 피트(목재 측정 단위로 일 1피트 평방에 두께 1인치; 약 bd. ft.).
bóard gàme 명 보드 게임(체스·장기 따위).
*****bóard·ing** [bɔ́ːrdiŋ] 명 **1** 〔집합적〕 널빤지, 널 (boards). **2** 판자 울타리, 널판장. **3** 〔종종 a ~〕 승선, 승차, 탑승. **4** 《英》 식사 제공[시중].
bóarding brìdge 명 〔항공기〕 탑승교. 「권.
bóarding càrd 명 (비행기의) 탑승권, (선박) 승선
bóarding·hòuse [bɔ́ːrdiŋhàus] 명 (식사를 주는) 하숙집; (boarding school의) 기숙사.
bóarding list 명 (여객기) 탑승객 명부.
bóarding òfficer 명 선내 임검 장교(세관원); (입항하는 군함을 예방하는) 방문 장교.
bóarding-òut [-àut] 명 《英》 **1** 외식(하기). **2** (고아나 기아를) 다른 집에 맡기기. ¶a ~ system 위탁 양육 제도(명 placing-out).
bóarding pàrty 명 (선박의 나포나 수색을 위해 승선한) 탑승자 집단.
bóarding pàss 명 (항공기의) 탑승권.
bóarding ràmp 명 (항공기의) 승강대, 램프.
bóarding·ròom [bɔ́ːrdiŋrùː(ː)m] 명 (증권 거래소의) 입회장.
bóarding schòol 명 기숙 학교. 명 **day school**
bóarding shìp 명 임검선(중립국 등의 선박에 대해 금수품의 유무를 조사한다).
bóarding stàble 명 말을 빌려 주는 곳.
bóarding vìsit 명 (선박의) 현장 (입회) 검사.
bóard·man [bɔ́ːrdmən, -mæn] 명 **1** 판(板)(반

(盤)]을 사용해서 일하는 사람. **2** 〔영화〕 조명용의 배전반(係). **3** 샌드위치 맨. **4** 증권 거래소의 직원. **5** 위원, 중역, 평의원.
bóard méasure 圈 (board foot를 단위로 하는) 목재 측정법. 畧 board foot
bóard méeting 圈 임원 회의, 평의원회.
Bóard of Ádmiralty 圈 〔英〕 해군 본부 위원회.
bóard of commíssioners 圈 〔美〕 군(郡) 행정
bóard of educátion 圈 교육 위원회. [위원회.
bóard of eléctions 圈 선거 관리 위원회.
bóard of éstimate 圈 (미국 New York 시의) 재정 감사 위원회.
Bóard of Góvernors of the Féderal Resérve Sýstem 圈 (the ~) 〔美〕 연방 준비 제도 이사회. 畧 FRB
bóard of héalth 圈 위생 위원회, 보건국.
Bóard of Ínland Révenue 圈 (the ~) 〔英〕 내
Bóard of Ríghts 인권 보호국. [국세 수입국.
bóard of supervísors 圈 감리(監理) 위원회.
bóard of tráde 圈 〔美·캐나다〕 상공회의소; (the B- of T-) 〔英〕 상무부(1970년까지의 명칭); 상품 취급
bóard of trustées 圈 평의원회, 이사회. [소.
bóard·room [bɔ́:rdrù(:)m] 圈 **1** (중역·이사의) 회의실; (the ~) 이사, 중역. **2** (증권 거래소의) 입회장. (또는 **bóard ròom**)
bóard rùle 圈 보드 자(목재의 체적을 측정하는 자).
bóard·sail·ing [bɔ́:rdseiliŋ] 圈 =windsurfing.
bóard schòol 圈 〔英〕 공립 초등 학교(1902년에 county council school로 개칭).
bóard wáges 圈寅 (노동의 보수로서의) 식사가 딸린 숙박; 식사비 정도의 박봉; 식사·숙박 특별 수당.
board·walk [bɔ́:rdwɔ̀:k] 圈 (해변의) 널빤지를 깐 산책로; (일반적으로) 판자길; (공사 현장의) 발판.
board·y [bɔ́:rdi] 圈 〔구어〕 딱딱한(stiff). [개.
boar·hound [bɔ́:rhàund] 圈 멧돼지 사냥용의 큰
boar·ish [bɔ́:riʃ] 圈 수돼지 같은; 육욕적인, 음란한 (sensual); 잔인한. ~·ly 閂 ~·ness 圈
boart [bɔ:rt] 圈 =bort.
***boast¹** [boust] 圈軋 자랑하다, 뽐내다, 떠벌리다 (of, about). ¶He ~s too much. 그는 자랑이 지나치다 // (~+前+名) He ~s of being rich. 그는 부자라고 자랑한다(=He ~s that he is rich.).

| 유의어 | **boast** 「자랑하다」라는 뜻의 일반적인 말. **brag** 구어적으로 boast보다 과장·자만의 뜻이 강하다. **vaunt** 문어적인 말. |

─圈 **1** …을 자랑하다, 뽐내다; 〔재귀용법으로〕 …라고 자만하다. ¶(~+目+(to be) 補) John ~ed himself (to be) an artist. 존은 자기가 예술가라고 자만했다. **2** 〔자랑할 만한 것〕을 가지고 있다, …을 가진 것을 자랑으로 삼다. ¶Seoul ~s many historic buildings. 서울에는 역사적인 건축물이 많다.
boast it 자랑하다.
not much to boast of 별로 자랑할 것이 못되는.
make a boast of …을 자랑하다, 뽐내다. [장담.
─圈 자랑(거리), 명예; 허풍, 자만. ¶a loud ~ 호언
◡·ing 圈屢 ◡·ing·ly 閂 ◡·less 圈
boast² [boust] 圈寅 〔조각〕 (끌로) 〔돌 따위〕을 대강 다듬다.
boast·er [bóustər] 圈 **1** 자랑을 잘하는 사람, 허풍쟁이.
boast·ful [bóustfəl] 圈 **1** 자랑하는, 허풍떠는 (of, about). ¶be ~ of one's talent 자기 재능을 자랑하다. **2** (말 따위가) 자랑투성이의, 과장된. ~·ly 閂 ~·ness 圈
‡**boat** [bout] 圈 **1** 보트, 작은 배, 요트. ¶a ~ for hire 빌려주는 보트 / a fishing ~ 낚싯배 / a folding ~ 접게 된 보트. **2** (일반적으로) 배, 기선, 기선(steamer). ¶get [or go] into a ~ 배에 타다 / get out a ~ 배를 내다 / lay [or bring] a ~ alongside with …에 배를 바짝 대다 / take (a) ~ for … 행 기선을 타다. **3** 배

모양의 그릇. **4** 〔英〕 =~ race.
be (all) in one [on the same] boat 같은 배를 타다, 처지(운명·위험 따위)를 같이하다. [치다.
burn one's boats (behind one) 〔구어〕 배수진을
by boat; in [or on] *a boat* 배로, 배편으로.
have an oar in every man's boat ⇨OAR.
just off the boat 〔美구어〕 갓 이주해 와서(세상 물정을 몰라 속기 쉬운).
miss the boat 〔구어〕 실패하다; 호기(好機)를 놓치다, 기회를 잡지 못하다. [돈을 물쓰듯 하다.
push the boat out 〔英구어〕 떠들썩한 파티를 열다.
rock the boat 〔구어〕 일을 그르치다, 혼란시키다, (쓸데없는) 풍파를 일으키다.
take to the boats ① (난파하여) 구명 보트에 옮겨 타다. ② 하던 일을 갑자기 포기하다.
─圈軋 배로 가다; 뱃놀이를 하다; 보트를 젓다. ¶go ~ing at[or on] …으로 보트놀이를 가다 // (~+前+名) ~ down[up] a river 보트를 저어 강을 내려가다[올라가다]. ─圈 …을 배에 태우다, 배로 나르다; …을 배 안에 두다; 〔낚시〕 배로 건너다. ¶~ a river 보트로 강을 건너다.
boat it 배로 가다, 보트를 젓다.
Boat the oars! 〔구령〕 노를 걷어 올려!
◡·less 圈
boat·a·ble [bóutəbl] 圈 (강이) 배로 항행할 수 있는.
boat·age [bóutidʒ] 圈眉 〔해사〕 거룻배를 이용한 운반, 거룻배임[銀]; 거룻배 삯.
boat·bill [bóutbil] 圈 〔남미산(産)〕 해오라기의 일종.
boat·build·er [bóutbìldər] 圈 보트 건조 목수, 선
bóat déck 圈 구명 보트용 갑판. [장(船匠).
bóat drìll 圈 보트 훈련, 구명정 조작 훈련.
boat·el [boutél] 圈 보텔(배·요트 여행자용 숙박소); 호텔 설비를 갖춘 배. [<boat+hotel]
boat·er [bóutər] 圈 **1** 보트를 타는 사람, 뱃놀이를 하는 사람. **2** 밀짚모자, 맥고모자.
boat·ful [bóutfəl] 圈 배 한 척분의[한 배 가득한] 양.
bóat hòok 圈 갈고리 장대.
boat·house [bóuthàus] 圈 보트 창고, 정고(艇庫).
boat·ing [bóutiŋ] 圈眉 뱃놀이; 보트 젓기. ¶be fond of ~ 보트 젓기를 좋아하다. ─圈 보트(젓기)의; 뱃놀이(용)의. [배의 적재량[정원].
boat·load [bóutlòud] 圈 작은 배로 하나 가득한 짐;
***boat·man** [bóutmən] 圈 (寅 -men [-mən]) 보트 젓는 사람; 뱃사공; 보트 판매자; 보트 셋집(의 주인). (또는 **boatsman**) [ship.
boat·man·ship [bóutmənʃìp] 圈眉 =boatsmán-
bóat nèck 圈 〔양재〕 보트 넥(둥근 깃). [난민.
bóat péople 圈 〔집합적·복수취급〕 보트 피플, 표류
bóat ráce 圈 〔英〕 보트 경기, 조정(漕艇); (the B-R-) 옥스퍼드 대학 대 케임브리지 대학의 보트 경주.
boats·man·ship [bóutsmənʃìp] 圈 조정술(漕艇術); 사공 기질. (또는 **boatmanship**)
boat·swain [bóusn, bóutswèin] 圈 (군함의) 갑판장(掌帆長); (상선의) 갑판장, 수부장(水夫長). (또는 **bo's'n, bosun**)
bóatswain's chàir 圈 보슨 체어(높은 곳에서 작업하기 위해 로프로 매달아 놓은 의자).
bóat tràin 圈 배편과 접속되는 임항(臨港) 열차.
boat·yard [bóutjɑ̀:rd] 圈 소형 선박 수리[제작, 보관]소. [─룻기(Ruth) 4 : 13).
Bo·az [bóuæz] 圈 〔성서〕 보아스(룻(Ruth)의 두 번째
***bob¹** [bɑb/bɔb] 圈 **1** 까딱하는 움직이기; 급히[왈칵] 잡아당기기(jerk). **2** (무릎 머리를 숙이는) 인사.
on the bob 〔美구어〕 까닥까닥 움직여.
─圈 (-bb-) 軋 **1** …을 까딱[좌우로] 움직이다 (up, down); …을 급히[왈칵] 잡아당기다. ¶(~+目+團) The horse ~bed its head up and down. 말은 머리를 까딱까딱 아래위로 움직였다. **2** (까딱 움직여서) …을 나타내다. ─圈 **1** (머리나 몸이) 까딱 움직이다

[흔들리다, 뛰다](*up*, *down*). **2** 머리를 꾸벅 숙이다, 꾸벅 인사하다 (*at*, *to*). ¶ (**~**+*前*+*名*) ~ *at* [or *to*] a person 남에게 꾸벅 인사를 하다.
bob a greeting [*curtsey*] (…에게) 까딱 머리를 숙여[무릎을 굽혀] 인사하다 (*to*).
bob and weave; *weave and bob* ① (권투) 상체를 상하 좌우로 움직이다, 위빙과 더킹을 계속하다.
bob around 여기저기 쏘다니다. ― ② 출항하다.
bob for cherries [*apples*] (놀이에서) 달아맨[물에 떠 있는] 버찌[사과]를 입으로 물려고 하다.
bob up ① 불쑥 떠오르다[나타나다]. ② 벌떡 일어나다. ―다, 힘을 되찾다.
bob up again (*like a cork*) 기운차게 다시 일어서
bob² [图] **1** (여성의) 단발머리; (말·개의) 자른 꼬리. **2** (시계·저울의) 추; 분동. **3** 갯지렁이 낚싯밥; (낚싯줄의) 낚시찌. **4** (스코) 송이, 다발. **5** =bobsled. **6** =~ skate. **7** (시·노래의) 후렴. ― (-**bb**-) 타 (머리 따위)를 짧게 깎다, 단발하다. ― 자 갯지렁이로 낚싯밥 물고기를 낚다. 「…을 가볍게 (톡) 치다.
bob³ [图] 가볍게 (톡) 치기, 톡톡 두드림. ― (图티) (-**bb**-)
bob⁴ [图] (복수 ~) (英속어) 돈(money); (英구어) 실링 (shilling). ¶ It costs five ~. 그것은 5실링이다.
Bob [báb/bɔb] 图 **1** 보브(남자 이름; Robert의 애칭). **2** (濠) 송아지. ¶ a staggering ~ 갓 태어난 송아지.
(*and*) *Bob's* [or *bob's*] *your uncle* (英구어) (감탄사로) 됐어; 만사 오케이!
bo·ba [bóubə; 图 보바(차(茶))(홍차·밀크에 타피오카 녹말알을 넣은 냉차. [<Chin]
Bob·a·dill [bábədil] 图 허풍선이, 허세를 부리는 사람, 자랑하기 좋아하는 사람. [<Ben Jonson 작 *Every Man in His Humour*에 나오는 인물]
bobbed [babd/bɔbd] 图 꼬리를 자른; 단발의, 단발한. ¶ ~ hair 단발(bob). 「물진; (낚시의) 찌.
bob·ber¹ [bábər/bɔb-] 图 까딱하고 움직이는 사람
bob·ber² [bábər] 图 봅슬레이 팀의 일원.
bob·ber·y [bábəri/háh-] 图 **1** (구어) 소란(row), 대소동, 혼란. **2** (또는 ~ **pack**) 그러모은 사냥개.
― 图 소란스러운(noisy), 떠들썩한; 그러모은.
Bob·bie [bábi/bɔbi] 图 보비. **1** 남자 이름(Robert의 애칭). **2** 여자 이름. (또는 **Bobby**)
bob·bin [bábin/bɔb-] 图 얼레, 보빈; (전기) 코일틀; 가느다란 실; (문고리) 레이스. 「그물눈 레이스.
bob·bi·net [bàbənét/bɔb-] 图 (기계로 짜는) 6각
bob·bing [bábiŋ/bɔb-] 图 Ü 레이더의 불규칙 수신.
bóbbing for ápples 图 (Halloween 따위에서의) 사과 물어올리기 놀이.
bóbbin láce 图 보빈 레이스 (수직 레이스). 「발한.
bob·bish [bábiʃ/bɔb-] 图 (英속어) 원기 왕성한, 활
bob·ble [bábl/bɔbl] 图 태 (구어) (공)을 잡지 못하다, 범뜨하다. ― 자 아래위로 움직이다; 실수를 하다.
― 图 경련을 일으키는 듯한 움직임; (구어) (공)을 잡수로 잡지 못함, 펌블; (美구어) 잘못, 실책.
bob·by [bábi/bɔ-] 图 (英구어) 경찰관. 「아지.
bóbby cálf (英·濠) 생후 1주일 내에 도살되는 송
bóbby dázzler (英구어) 우수한[멋진] 사람[것]; 매력적인 아가씨. (또는 **bóbby-dàzzler**)
bóbby pin 图 보비 핀(머리편의 일종).
bob·by-socks [bábisàks/bɔ́bisɔ̀ks] 图복 (美구어) 소녀용 짧은 양말. (또는 **bóbbysòx**, **bóbsòx**)
bob·by-sox·er [bábisàksər/bɔ́bisɔ̀ksə] 图 (美구어) (1940년대의) 일시적 유행을 좇는 소녀; 십대[사춘기] 소녀. 「스라소니.
bob·cat [bábkæt/bɔb-] 图 (복 ~**s**) (북미산(産))
bob·let [báblit/bɔb-] 图 2인승 bobsled.
bo·bo [bóubou] 图 보보 족(族)(IT업계에 종사하는 자유 분방한 새 부르주아층). [<*bourgeois* + *bohemian*] 「쌀밀이새.
bob·o·link [bábəliŋk/bɔb-] 图 (조류) (북미산(産))

bób skàte 图 보브 스케이트(날이 둘 달린 스케이트).
bób·sled [bábsled/bɔb-] 图 봅슬레이(브레이크·핸들이 달린 두 대를 앞뒤로 연결한 3~4인승 썰매).
― 图자 (-**dd**-) 봅슬레이를 타다. ~·**der** 图 「경기.
bób·sled·ding [bábslediŋ/bɔb-] 图 봅슬레이
bób·sleigh [bábslèi/bɔb-] 图자 =bobsled.
bób·stay [bábstèi/bɔb-] 图 (해사) 제1사장(斜檣)의 지삭(支索). 「으키다.
bób·sy·die [bábzidài/bɔb-] 图 (美구어) 대소동, 대혼란. (또는 **Bób's-a-dýing**)
play [or *kick up*] *bobsy-die* 대소동[대혼란]을 일
bob·tail [bábtèil/bɔb-] 图 **1** 짧은 꼬리, 자른 꼬리; 꼬리를 자른 동물. **2** (美속어) 불명예 제대. ― 图 (또는 **bobtailed**) 꼬리를 자른, (옷의 등) 밑자락이 짧은, 짧게 자른(cut short); 단축한. ― 타 …의 꼬리를 짧게 자르다; …을 단축하다.
bób véal 图 (갓 태어난[태 속의]) 송아지 고기.
bob-white [báb*h*wáit/bɔb-] 图 메추라기(북미산(産)).
bób wìg 图 짧은 변발(辮髮) 모양의 가발.
bo·cage [boukáːʒ] 图 (미술) 보카즈(문직(紋織)·도자기 등의 숲의 장식적인 디자인). 「마포의 일종).
bo·ca·sin [bákəsin/bɔ́-] 图 ⓤ 보카신(결이 고운 아
Boc·cac·ci·o [boukáːtʃiòu] 图 *Giovanni* ~ 보카치오(1313-75: 이탈리아의 작가·시인; *Decameron*).
boc·cie [bátʃi/bɔ́tʃi] 图 보체(잔디에서 하는 이탈리아식 볼링). (또는 **bocce**, **bocci(a)**)
Boche [baʃ, bɔːʃ/bɔʃ] 图 (종종 b-) (속어) (경멸적) 독일인, (1차 세계 대전 때) 독일 병사. [<F]
bock [bak/bɔk] 图 **1** =~ beer. **2** 맥주 한 잔.
bóck bèer 图 (독일산(産)) 독한 흑맥주.
bo·cor [boukɔ́ːr] 图 보코르(아이티의 voodoo교(敎) 주술사). 「겨울 녀석; (속어) 성교.
bod [bad/bɔd] 图 (美속어) 몸(body); (英) 사람; 지
BOD biochemical [biological] oxygen demand(생화학적[생물학적]) 산소 요구량).
bo·da·cious [boudéiʃəs] 图 (美남부) 철저한; 뻔한; 눈에 띄는; 대담한; 뻔뻔스러운. ~·**ly** 图
bód biz 图 (美속어) 집단 감수성 훈련, 그룹 연수(研修), 인간 관계 세미나. [<*body business*]
bode¹ [boud] 태 …의 전조가 되다, …의 징후를 보이다; (고어) …을 예언하다, 예고하다. ¶ My mind ~s mischief. 좋지 못한 일이 있을 것 같은 예감이 든다.
― 자 전조를 나타내다, 징후를 보이다.
bode well [*ill*] *for* [or *to*] …에게 길조[흉조]이다.
bode² 图 bide의 과거.
bode·ful [bóudfəl] 图 전조를 나타내는, 불길한.
bo·de·ga [boudéigə] 图 **1** 식료 잡화점. **2** 포도주 가게, 술집; 포도주 저장실. [<Sp *grocery store*]
bode·ment [bóudmənt] 图 전조, 징후.
Bó·de's láw [bóudəz-] 图 (천문) 보데의 법칙(행성의 평균 거리에 관한 법칙). [독일 천문학자 Johann E. Bode(1747-1826)] 「망쳐놓다. 태 botch
bodge [badʒ/bɔdʒ] 图 실수를 저지르다, 잘못하다,
bodg·er [bádʒər/bɔdʒ-] 图 (濠속어) 천한, 가치 없는; (이름이) 가짜인. ― 图 보잘것없는 사람; 가명을 쓰는 사람; 가명, 별명.
bo·dhi [bóudi] 图 (불교) 보리(菩提).
Bo·dhi·dhar·ma [bòudidáːrmə] 图 보리 달마(菩提達磨). 달마(?-530?): 인도의 고승으로 중국 선종(禪宗)의 시조.
Bo·dhi·satt·va [bòudisátvə] 图 (불교) 보살(菩薩). [<Skt]
bod·ice [bádis/bɔ́d-] 图 **1** 보디스(끈으로 가슴·허리를 조여 매는 여성용 웃옷). **2** 여성용 코르셋, 여성복의 허리 부분. **3** (페어) 코르셋(corset, stays).
bod·ied [bádid/bɔ́d-] 图 **1** 몸이 있는. **2** 실체가 있는, 구체화된. **3** (복합어) [bodice 1]

로) 체격이 …한.¶a fat-[*or* full-]~ man 뚱뚱한 남자.
bod·i·less [bάdilis/bɔ́d-] 형 동체[몸통]가 없는; 형체[실체]가 없는, 무형의; 영적인. **~·ness** 명
‡**bod·i·ly** [bάdli/bɔ́d-] 형 **1** 신체[육체]의, 신체[육체]적인[상의].¶~ beauty 육체미/~ exercise 신체 운동, 체조. **2** 물체의, 물질적인; 유형(有形)의.
in bodily fear 몸의 안전을 위하여.
— 부 1 모두, 송두리째; 통째로, 그대로.¶The spectators rose ~. 관객이 모두 일어섰다. **2** 육체를 갖추어, 형체를 이루어. **3** 자신이, 몸소.
bódily fúnction 명 (구어) 생체의 기능(성교·배설 따위).
Bo·din [F bɔdɛ̃] 명 **Jean** ~ 보뎅(1530-96: 프랑스의 정치 사상가).
bod·ing [bóudiŋ] 명 전조, 징후(omen); 흉조.
— 형 (…한) 예감이 드는; 불길한, 흉조의. **~·ly** 부
bod·kin [bάdkin/bɔ́d-] 명 **1** 자루가 달린 송곳 바늘; 뜨개바늘; 돗바늘; 긴 머리핀. **2** (英구어) 두 사람 사이에 꽉 낀 사람. **3** (폐어) 단도.
ride [*sit*] *bodkin* 두 사람 사이에 끼어 타고 가다[앉다].
Bod·lei·an [bάdli:ən/bɔd-] 형 (the ~) (Oxford 대학의) 보들리 도서관. — 명 보들리 도서관.
‡**bod·y** [bάdi/bɔ́di] 명 (복 **bod·ies** [-z]) **1** 몸, 신체, 육체(명 mind, soul, spirit).¶a human ~ 사람의 몸/the strength of the ~ 체력/the ~ of Christ [가톨릭] 성체(聖體). **2** 시체, 사체(corpse).¶The *bodies* were buried. 시체들은 매장되었다. **3** (물건의) 본체, 주요부, 몸통; (군대의) 주력.¶the ~ of a gun 포신(砲身)/the ~ of a tree 나무 줄기. **4** (동물·해부) 동체, 몸통. **5** (건축) 주부, 중앙부, (교회의) 본당. **6** 차체(車體). (해사) 선체; (항공) (비행기의) 동체. **7** (연설·문서 따위의) 본문, 주문(主文), 본론.¶the ~ of a speech 연설의 주문. **8** (인쇄) 활자의 몸체. **9** (기하) 입체.¶a regular ~ 정면체. **10** (물리) 물체, …체, 덩

어리.¶an elastic ~ 탄성체/a heavenly ~ 천체/a liquid ~ 액체/a solid ~ 고체/a gaseous ~ 기체. **11** (집합체·단체 따위의) 대부분, 대다수.¶the larger ~ of the people 국민의 대다수. **12** (구어) (수식어와 함께) 사람, 인물; (美구어) 섹시한 여자, 글래머.¶an honest ~ 정직한 사람/He is a good-natured ~. 그는 호인이다. **13** (법률) 개인의 신체, 사람, 신병(身柄). **14** (종종 B-) (집합적; 단·복수 양용) 단체, 군(群), 집단; 법인.¶a religious ~ 종교 단체/a diplomatic ~ 외교단/a legislative ~ 입법부, 의회. **15** (a ~ of…) 대량[다수]의 모임.¶a ~ of evidence [facts] 일련의 증거[사실]. **16** ⓤⓒ 밀도, 농도; 실질, (작품 따위의) 정취, 맛.¶wine of a good ~ 강한[독한] 포도주. **17** (의복의) 동부(胴部); 조끼. **18** (도자기의 굽지 않은) 땜바탕, 생바탕. **19** (구어) (a ~) (대명사적) 사람, 누구나 (anybody), (말하는 사람으로서의) 나.¶A ~ can do it. 누구나[나도] 할 수 있다. 「제로서 생각하여.
as a body 전체로서.¶take them *as a* ~ 그들을 전
body and soul ① 몸도 마음도 다, 전적으로.¶give ~ *and soul* to one's job 일에 몸과 마음을 다 바치다. ② 연인. 「전부.
body (, boots) and breeches (美구어) 완전히, **give body to** …을 구체화하다, 구현하다.
heir of one's **body** 직계 상속인.
here [there] in body, but not in spirit 몸은 여기[거기] 있으나 마음은 딴 곳에 (있다).
in a [or one] body 한 덩어리[무리]가 되어, 다 함께.¶resign *in a* ~ 총사직하다.
in body ① 몸은. ② 몸소, 친히.
in body and mind 몸과 마음이 다 같이.
keep body and soul together 목숨을 유지하다, 간신히 살아 있다.
know where the bodies are buried (美속어)

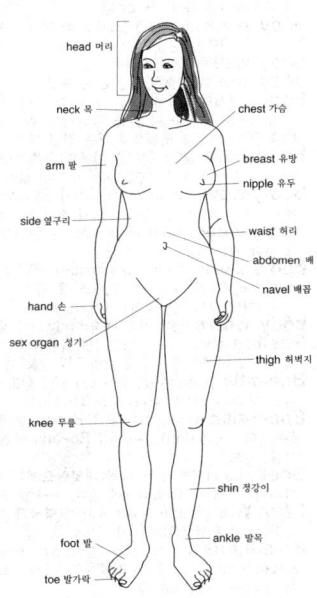

head 머리
neck 목
arm 팔
side 옆구리
hand 손
sex organ 성기
knee 무릎
foot 발
toe 발가락
chest 가슴
breast 유방
nipple 유두
waist 허리
abdomen 배
navel 배꼽
thigh 허벅지
shin 정강이
ankle 발목

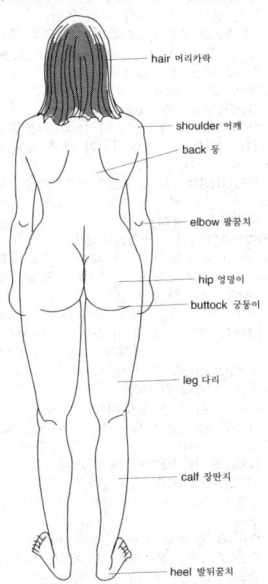

hair 머리카락
shoulder 어깨
back 등
elbow 팔꿈치
hip 엉덩이
buttock 궁둥이
leg 다리
calf 장딴지
heel 발뒤꿈치

[body]

(범죄·스캔들 따위의) 비밀을 알고 있다.
over my dead body 〔구어〕 ① 내 시체를 밟고 가서 (하라), 내 눈에 흙이 들어가기 전에는 …할 수 없다[안 된다]. ② (명령형으로) 절대 안 돼!, 멋대로 해!
sell *one's* **body** 몸을 팔다, 매춘 행위를 하다.
— 图 (타) 1 …에 형태를 주다. 2 …을 상징하다, 구체화하다, 체현하다(*forth, out*).
body forth 마음에 그리다, 구체적으로 나타내다, 표상하다.
body out …을 구현하다.
— 图 1 몸의, 육체적인. 2 (서한·논문 따위의) 본문의.
bódy árt 图 보디 아트(인체를 이용한 행위 예술의 한 양식). **bódy ártist**
bódy bàg 图 사체 운반용 부대.
bódy-bag jóurnalism 〔구어〕 (살인 사건 등에만 치중하는) 선정적 사건 보도[저널리즘].
bódy blòw 图 〔권투〕 보디 블로(흥부나 복부에 대한 가격); 〔구어〕 좌절, 실패, 재난. (또는 **bódy-blòw**)
bod·y-build [-bìld] 图 체격.
bod·y-build·er [bádibìldər/bódi-] 图 1 영양이 있는 음식. 2 보디빌딩을 하는 사람. 3 차체 제작자.
bod·y-build·ing [bádibìldiŋ/bódi-] 图(U) 보디빌딩(의).
bódy búnker 图 방탄용 방패.
bódy búrden 图 체내 축적물[유해 물질].
bódy càvity 〔해부〕 체강(體腔).
bódy chèck 〔아이스하키〕 보디 체크(상대 선수의 움직임을 몸으로 막는 것); 〔레슬링〕 몸통 저지.
bod·y-check [bádi̯tʃèk/bódi-] 图(아이스하키) 타 〔상대방〕에게 몸을 부딪쳐 방해하다. — (자) 몸으로 부딪치다. 〔유지하는 기능〕.
bódy clòck 图 체내 시계(몸의 컨디션을 규칙 바르게
bódy còlor [(英) **còlour**] 图 1 (보석 따위의) 바탕색. 2 불투명 그림 물감. 3 —, 입기에 편한.
bod·y-con·scious [-kάnʃəs/-kɔ́n-] 图 몸에 딱 붙는.
bódy còntact 图 (모정(母情)을 깨닫게 하는) 피부접촉; (직장 상사·부하 간의) 사적 유대.
bódy cópy 〔광고〕 보디 카피(광고의 주문(主文)).
bódy córporate 图 ((複) **bodies c-**) 〔법률〕 법인.
bódy cóunt 图 1 (적의) 전사자 수; (사고의) 사망자 수. 2 (일반적으로) 머릿수, 인원수.
bódy dáncing 图 =touch dancing. 「사체 기증.
bódy donátion 〔장기 이식·의학 연구 등을 위한〕
bódy dóuble 图 (영화·TV의 나체 장면 따위에 출연하는) 대역(代役).
bódy Énglish 〔스포츠〕 보디 잉글리시(이미 던진[때린, 찬] 공을 원하는 방향으로 조절하려 하는 반무의식적 동작).
bódy flúid 图 〔생리〕 체액.
bod·y·guard [bádigὰːrd/bódi-] 图 1 보디가드, 경호원, 호위자; 〔집합적; 단·복수 양용〕 경호대. 2 수행원. — 图 보디가드를 맡다[붙이다], 경호하다[시키다].
bódy héat 图 〔생리〕 체열. 「(像), 신체상.
bódy ímage 图 자기의 신체에 대해 가지는 심상(心상)
bódy jéwel 图 (옷 위가 아니라) 직접 몸에 걸치는 장식. 「표정 따위에 의한 의사 표시).
bódy lánguage 图 신체 언어, 보디 랭귀지(몸짓·
bód·y-line (bówling) [-làin-] 图 〔크리켓〕 (타자를 위협하기 위한) 몸쪽에 가까운 투구.
bódy mán 图 〔美구어〕 수행원, 비공식 보좌관〔대변인〕. (略) bodyguard 「(측정치). (略) BMI
bódy máss index 图 체질량(體質量) 지수(비만도)
bódy mechánics 图(複) 〔단수취급〕 신체 역학((성의) 신체 기능의 조정·내구력·균형 등을 향상시키는 조직적 운동). 「[이크].
bódy míke 图 보디 마이크(옷깃 등에 다는 소형 마
bódy ódor [(英) **ódour**] 图 체취, 암내(略) B.O.).
bódy páck 图 〔美속어〕 보디 팩(얇은 고무 주머니에 넣은 마약을 체내에 숨겨 밀수하는 방법).
bód·y-pàck 图(동) **bód·y-pàck·er** 图
bódy páint 图 보디 페인트(보디 페인팅 하는 데 쓰이는 페인트나 화장품). 「을 그리는 전위 미술).
bódy páinting 图 〔미술〕 보디 페인팅(나체에 그림
bódy píercing 图 (장신구를 달기 위한) 신체 부위 뚫기. 「2 〔조선〕 정면선도(正面線圖).
bódy plán 图 1 (생물) 체제(동물의 기본 형식).
bódy pólitic 图 ((複) **bodies p-**) (the ~) 정치 단체, 통치체; (한 나라의) 국민, 국가.
bód·y-pop·ping [-pàpiŋ/-pɔ̀p-] 图 보디 포핑(로봇의 움직임과 비슷한 1980년대의 스트리트 댄스).
bódy préss 〔레슬링〕 보디 프레스.
bódy protéctor 图 (경찰관 따위의 주심의) 가슴받이.
bódy rúb 〔美속어〕 전신 마사지.
bódy scánner 图 〔의학〕 보디 스캐너, CT 스캐너 (X선 단층(斷層) 투시·촬영 장치).
bódy séarch 图 (공항 따위에서의) 신체 검색(security check). **bód·y-sèarch** (동)
bod·y·serv·ant [bádisə̀ːrvənt/bódi-] 图 시종, 몸종(valet). 「(殼) 각(外殼).
bódy shéll [bádiʃèl/bódi-] 图 (자동차의) 차체 외
bódy shíeld 图 (경찰관 등이 사용하는) 호신용구.
bódy shírt 图 몸에 꼭 맞는 셔츠. =body bunker.
bódy shòp 图 1 자동차 차체 공장. 2 〔속어〕 직업 소개소; 〔美〕 매춘굴; 헬스 클럽; (美) 인력 공급 회사. 3 (the B-S-) 〔상표〕 바디샵(영국의 화장품 회사).
bódy slám 〔레슬링〕 보디 슬램, 들어 메치기.
bódy snátcher 图 시체 도둑(resurrectionist); 〔美속어〕 유괴자; 〔軍속어〕 (들것을 메는) 위생병; 〔속어〕 (관리직 인재) 스카우트 알선업자, 헤드헌터; 장의사.
bódy snátching 图 사체 절도.
bódy stócking 图 보디 스타킹(스타킹식 속옷·운
bod·y·suit [bádisùːt/bódi-] 图 보디수트(아래위가 붙은 몸에 꼭 끼는 여성복).
bód·y-surf [-sə̀ːrf] 图(자) (서프보드 없이) 가슴과 배로 파도타기를 하다. **~er** 图
bódy tráck 〔철도〕 (조차장의) 분류선(分類線).
bódy týpe 图 본문(本文) 활자. (略) display type
bódy wáll 〔해부〕 체벽.
bódy wármer 图 (소매 없는) 재킷.
bódy·wàsh [bádiwɑ̀ʃ, -wɔ̀ːʃ/bódi-] 图(타) 〔군사〕 〔비밀 작전[공작]중 사망〕을 사고사로 위장하다. — 图 (美) 〔TV〕 피부를 잿빛으로 하는 전신 메이크업.
bódy wáve 图 1 〔지진〕 실체파(實體波).(略) surface wave). 2 보디 웨이브 (파마)(컬이 거의 없는 파마).
bód·y·wave [bádiwèiv/bódi-] 图 (브레이크 댄싱에서) 보디 웨이브(몸 속을 파도가 지나가는 듯한 춤).
bod·y·wear [bádiwèər/bódi-] 图 (댄스·운동할 때 등에 입는) 몸에 꼭 끼는 옷.
bod·y·work [bádiwə̀ːrk/bódi-] 图(U) 1 차체(車體) 제조[수리] 작업; 차체, 차체 구조. 2 (몸의) 컨디션 조정 운동; 지압 요법; (완곡적) 마사지. **~er** 图
bódy wórks 图(複) 신체 예술(body art) 작품.
Boe·ing [bóuiŋ] 图 보잉사(社) (미국의 항공기 제조 회사); 그 비행기. ¶ ~ 747 보잉 747 점보 여객기.
Boe·o·tia [bióuʃə] 图 보이오티아(아테네 서북부에 있던 고대 그리스의 한 나라; 수도 Thebes).
Boe·o·tian [bióuʃən] 图 1 Boeotia (사람)의. 2 우둔한, 어리석은(dull). — 图 1 Boeotia 사람. 2 우둔한 사람, 바보.
Boer [boːr] 图 보어 사람 (네덜란드계의 남아프리카 이주민; 현재는 Afrikaner라 한다). — 图 보어 사람의.
Bóer Wár 图 (the ~) 보어 전쟁(영국과 보어 사람들 간의 두 차례 전쟁(1880-81, 1899-1902)).
Bo·e·thi·us [bouíːθiəs] 图 **Anicius Manlius Severinus ~** 보에티우스(475?-525?; 로마의 철학자·정치가). **-thi·an** 图
boeuf bour·gui·gnon [F bœf burɡiɲɔ̃] 图 〔요리〕 뵈프 부르기뇽(부르고뉴식(式) 쇠고기 적포도주 조림).
B. of A. *Bank of America*. **B. of E.** *Bank of*

*E*ngland; *B*oard *of* *E*ducation.

boff [bɑf/bɔf] [명] 《美속어》 **1** (청중·관객의) 폭소, 포복절도. **2** 〔연극〕 **a**) 익살 섞인 대사. **b**) (흥행의) 대성공, 대만원. **3** 주먹의 일격. **4** 《美속어》 성교, 섹스. **5** 《英속어》 궁둥이.

—[동][타] **1** …으로부터 폭소를 자아내다. **2** …을 치다, 때리다. **—**[자] 《속어》 토하다; 《비어》 (…와) 성교하다.

boff out 《속어》 돈을 없애다, 무일푼이 되다.

bof·fin [bɑ́fin/bɔ́fin] [명] 《英속어》 (연구소의) 연구원; 과학자, 발명가.

bof·fo [bɑ́fou/bɔ́f-] [형] 《美속어》 매우 인기가 있는, 성공한. **—**[명] ([복] **~*s***) 《美속어》 =boff.

boff·o·la [bɑfóulə/bɔf-] [명] 《속어》 =boff [명] 1, 2.

B. of H. *B*and *of* *H*ope(소년 금주단(禁酒團)); *B*oard *of* *H*ealth. **B. of J.** *B*ank *of* *J*apan.

Bó·fors gùn [bóufɔːrz-/-fəz-] [명] 보포르 고사포(砲) (구경 40mm).

B. of T. *B*oard *of* *T*rade.

bog** [bɑg, bɔːg/bɔg] [명] **1** 소택지, 습지, 늪. **2** 소택지대. **3** (~s) 《英속어》 변소. **—**[동] (**-*gg-) [타] 《수동형으로》 …을 늪에 가라앉히다; (…으로[에 빠져]) 꼼짝 못하게 하다(*down*)(*by*, *with*, *in*, *into*). **—**[자] 늪[수렁]에 빠지다; 《비유적》 움직이지 못하게 되다(*down*).

***be* [or *get*] *bogged down with* [*in*]** …으로[에 빠져] 꼼짝 못하게 되다.

bog down ① 가라앉다. ② 늪[수렁]에 빠지다, 꼼짝 못하게 되다.

bog in 《濠속어》 먹기 시작하다; 기세좋게 일을 시작하다.

bog off 《英속어》 《명령형으로》 나가라.

bog up 《속어》 혼란시키다, 엉망을 만들다.

Bo·garde [bóugɑːrd] [명] **Dirk** ~ 보가드(1920–99: 영국의 영화 배우·각본가).

bog·art [bɑ́gɑːrt/bɔ́g-] [동] 《美속어》 난폭하게 굴다; 협박하여 자기 것으로 만들다; 돌아가며 피우는 마리화나를 독점하다. (또는 **bogard**)

Bo·gart [bóugɑːrt] [명] **Humphrey** (**DeForest**) ~ 보가트(1899–1957: 미국의 영화 배우).

bo·gey [bóugi] [명] **1** =bogy 1. **2** 〔골프〕 보기. **a**) 기준 타수(par)보다 하나 많은 타수. **b**) 《英》 기준 타수. **3** 《濠》 한 번 헤엄치기; 수영장. **4** (또는 **bogie, bogy**) 《軍속어》 국적 불명의 비행기, 적기(敵機). **—**[동][타] 〔골프〕 〔홀〕을 보기로 마치다.

bo·gey·man [bóugimæ̀n] [명] 도깨비; 무서운 것 [일, 사람].

bog·gle [bɑ́gl/bɔ́gl] [동][자] **1** 움찔하다, 소스라치다; (놀라서) 펄쩍 뛰다 (*at*). ¶He *~d at* the sight of gallows. 그는 교수대를 보고 움찔했다. **2** 물러서다, 주저하다, 겁먹다 (*at*, *about*); (…을[…하는 것을]) 납득하지 않다 (*at*, *to* do). ¶~ *at* a word 말을 듣고 망설이다. **3** 딴전부리다, 시치미떼다, 얼버무리다 (*at*). **4** 실수하다, 서투른 짓을 하다. **—**[타] …을 놀라게 하다; …을 엉망으로 만들다. **—**[명] 경악; 주저, 망설임; 《구어》 실수, 실책, 서투른 짓. **-gler** [명]

bog·gling [bɑ́gliŋ/bɔ́g-] [형] 깜짝 놀라게 하는, 어처구니없는; 《구어》 굉장한, 믿기지 않는.

bog·gy [bɑ́gi/bɔ́gi] [형] 습지[소택지]의, 수렁이 깊은, 소택지가 많은. ¶a ~ hollow 저(底)습지.

Bo·g(h)az·köy [bɔ̀ugɑːzkɔ́i] [명] 보가즈쾨이(터키 중북부의 마을; 고대 Hittite 왕국의 수도 Hattusas의 유적이 있다). (또는 **Boghazkeui**)

bo·gie [bóugi] [명] **1** =bogy 1. **2** (트럭에서 뒤 차체를 받치는) 네 개의 뒷바퀴. **3** 《英》 전향차(轉向車), 보기차(두 개의 차대(車臺) 위에 차체를 얹은 철도 차량). **4** 《英구어》 (돌 따위를 운반하는) 낮고 튼튼한 짐수레; 트럭.

bóg-i·ron òre [-àiərn-] [명] 소철광(沼鐵鑛)(늪지대에서 나는 다공질의 갈철광(褐鐵鑛)). (또는 **bóg òre**)

bo·gle [bóugl, bɑ́gl] [명] 도깨비, 요괴, 유령(bogy, ghost).

bóg mòss [명] 물이끼.

bog·ners [bɑ́gnərz/bɔ́g-] [명][복] 스키 바지(＊ 원래 독일의 상표명).

bóg òak [명] (이탄지(泥炭地)의) 떡갈나무 따위 매목(埋木)(bogwood).

Bog·o·mil [bɑ́gəmìl/bɔ́g-] [명] 보고밀파(派)(중세의 이원론적 그리스도교의 일파). (또는 **Bog·o·mile** [-màil]) **-míl·i·an** [명] **-míl·i·an·ism** [명]

Bó·gor Declarátion [bóugɔːr-] [명] (the ~) 보고르 선언(1994년 인도네시아의 보고르에서 열렸던 APEC 정상 회담에서 채택된 역내 투자·무역 자유화 선언; 선진국은 2010년, 개도국은 2020년까지 자유화한다는 목표 설정).

Bo·go·tá [bòugətɑ́ː] [명] 보고타(남미 Colombia 공화국의 수도; 정식 명칭은 Santa Fe de Bogotá).

bog-pock·et [-pɑ̀kit] [명] 《美속어》 구두쇠, 절약가.

bog·trot·ter [bɑ́gtrɑ̀tər/bɔ́gtrɔ̀t-] [명] 소택지의 주민; 《경멸적》 아일랜드 시골뜨기.

bogue[1] [boug] [명] 《美방언》 개울, 개천.

bogue[2] [동][자] 〔해사〕 (돛배가) 바람 불어가는 쪽으로 빗나가는 경향이 있다.

bogue[3] 《美속어》 [형] 마약이 떨어진[필요한]; 가짜의 (phony). **—**[명] 금단(禁斷) 증상.

bo·gus [bóugəs] [형] **1** 가짜의, 위조의. ¶~ notes 위조 지폐 / a ~ company 유령 회사. **2** 《美속어》 매력없는; 세상 물정에 어두운; 믿을 수 없는. **—**[명][U][C] 가짜돈[우표]; 가짜; 《속어》 (신문·잡지의) 땜질 기사.

bog·wood [bɑ́gwùd/bɔ́g-] [명][U] =bog oak.

bo·gy [bóugi] [명] **1** 요괴, 도깨비, 유령; 악마; 악령. **2** 이유 없이 무서운 것, 사람을 괴롭히는 것[사람]. **3** 《구어·어린이말》 코딱지. **4** =bogey 4.

boh [bou] [감] =bo[3].

Boh. Bohemian(s).

Bo·hai [bɔ̀ːhái] [명] 보하이(渤海)(만)(황해 북부의 만). (또는 **Pohai**)

Bo·hea [bouhíː] [명] 중국산(産) 저질 홍차.

Bo·he·mi·a [bouhíːmiə] [명] **1** 보헤미아(체코의 서부 지방; 옛 오스트리아 영토). **2** (종종 b–) 보헤미안[인습에 얽매이지 않는 사람]이 사는 지역, 보헤미안 분위기로 가득 찬 사교계.

***Bo·he·mi·an** [bouhíːmiən] [명] **1** 보헤미아 사람. **2** [U] 《고어》 (보헤미아에서 쓰이는) 체코 말, 보헤미아 말. **3** (종종 b–) (예술가·작가 등) 인습에 구애받지 않고 자유 분방한 생활을 하는 사람, 보헤미안. **4** 집시(Gypsy). **—**[형] **1** 보헤미아(사람, 말)의. **2** (종종 b–) 전통에 얽매이지 않는; 방랑적인; 자유 분방한. ¶a ~ life 자유 분방한 생활. **~·ìsm** [명]

Bohémian gláss [명] 보헤미아 유리(체코제(製)의 조각을 세공한 광채나는 유리; 화학 용기용 경질 유리).

Böhm [bəːm] [명] 뵘. **1 Dominikus** ~ (1880–1955: 독일의 건축가). **2 Jakob** ~ ⇨BÖHME. **3 Karl** ~ (1894–1981: 오스트리아의 지휘자).

Böh·me [béimə, bóu-/bəː-] [명] **Jakob** ~ 뵈메(1575–1624: 독일의 철학자). (또는 **Behmen, Böhm**)

Bohr [bɔːr] [명] **Niels H. D.** ~ 보어(1885–1962: 덴마크의 이론물리학자; 원소 주기율을 해명).

Bóhr effèct [명] 〔생리〕 보어 효과(이산화탄소의 분압(分壓)이 상승하면 산소가 쉽게 헤모글로빈으로부터 떨어지는 현상). 〔<덴마크의 생리학자 C. Bohr의 이름〕

Bóhr màgneton [명] 〔물리〕 보어 자자(磁子)(원자의 자기 모멘트를 나타내는 단위).

Bóhr thèory [명] 〔물리〕 보어 이론(Bohr의 원자 구조에 대한 이론).

bo·hunk [bóuhʌ̀ŋk] [명] **1** 《속어》 《경멸적》 (동유럽계 이민의) 미숙련 노동자([참] hunky[2]). **2** 《美속어》 얼간이, 바보; 너, 자네(＊ 친구·아이 등에 대한 호칭).

‡boil[1] [bɔil] [동] (**~s** [-z]) [자] **1** 끓다, 비등(沸騰)하다. ¶*A watched pot never ~s.* 《속담》 주전자도 지켜보면 끓지 않는다. **2** (바다·강 따위) 파도가 일다. ¶The boat was swallowed up by the *~ing* waves. 그 배는 격랑에 휩쓸렸다. **3** …에 (피가) 들끓다, 격노[격분]하다(*over*)(*with*, *at*). ¶He is *~ing with* rage [*or* anger]. 그는 격분하여 펄펄 뛰고 있다. **4** (음식이) 삶아

boil [대체]지다, (밥이) 지어지다. ¶The beef is ~*ing*. 쇠고기가 삶아지고 있다. **5** (구어) (진행형으로) 찌는듯 덥다, (사람이 더위로) 축 늘어지다. ── 타 1 …을 비등시키다; …을 끓이다. ¶~ water 물을 끓이다. 2 …을 삶다, 데치다; (밥)을 짓다. ¶(~+목+보) ~ an egg soft 계란을 반숙하다. 3 끓여서[졸여서] …을 만들다[얻다, 분리하다].

> [유의어] **boil** 「비등하다[시키다]」, 「삶아지다[삶다]」라는 뜻의 가장 일반적인 말. **seethe** boil과 거의 같은 뜻이지만 그 효과를 강조하는 말. **simmer** 조용히 지글지글하며 boil 직전에 있다. **stew** (고기·과일 따위를) 약한 불로 오래 삶다.

boil away ① (물·주전자 따위가) 계속 끓다. ② (물 따위가) 끓어서 없어지다, …을 끓여서 증발시키다; (구어) (흥분 따위가) 가라앉다.
boil down ① (물을) 달이다, 삶아 졸이다. ② …을 요약하다, 줄이다.
boil down to (구어) 요컨대 …이다, 결국 …이 되다. ¶It ~*s down to* this. 요약하면 이렇다.
boil forth 게거품을 뿜으며 끓다.
boil off [or *out*] ① 증발하다; …을 증발시키다. ② (삶아서) 정련하다, 불순물을 제거하다.
boil over ① 끓어 넘치다. ② (격정 따위)를 누를 수 없다, 화내기 시작하다. ③ (사태가) 수습할 수 없게 되다; …으로 발전하다 (*into*).
boil the billy (濠) 차를 끓이다.
boil the pot; make the pot boil ⇨POT.
boil up ① 끓어오르다; 끓여서 소독하다; (음식)을 삶다, 조리다. ② (濠) =*boil the billy*. ③ (분쟁의 발생으로) 위험 상태가 되다.
keep the pot boiling ⇨POT.
── 명 (the ~) 끓음, 비등; (英구어) 흥분[위기]의 절정.
bring to the boil 끓게 하다; 정점에 이르게 하다.
come [or *be brought*] ***to the boil*** 끓기 시작하다.
give a boil 삶다.   [다; 정점에 이르다.
off the boil (구어) 위기를 벗어난, 가라앉은.
boil² 명 부스럼, 창(瘡), 종기, 현데.
boil·a·ble [bɔ́iləbl] 형 (식료품이) 익힐 수 있는; (인스턴트 식품을) 봉지째 끓여서 데울 수 있는.
boiled [bɔild] 형 1 끓인, 삶은, 데친. ¶a ~ *egg* 삶은 계란. 2 (속어) 술취한.
bóiled dínner 명 고기와 감자·양파·야채 따위의 잡탕 찜.   [건성유(乾性油).
bóiled óil 명 (화학) 보일유(가열하여 산조성을 높인)
bóiled shírt (속어) 1 (가슴 부분에 풀을 먹인) 예복 와이셔츠(dress shirt). 2 격식을 차리는 사람[행위](美) stuffed shirt).   [hard candy].
bóiled swéet (英) 딱딱한 캔디, 눈깔 사탕(美)
*****boil·er** [bɔ́ilər] 명 1 보일러, 기관(汽罐). 2 (냄비·솥 따위) 끓이는 그릇, 주전자. 3 온수 탱크. 4 삶아쓸 사람.
boil·er·mak·er [bɔ́ilərmèikər] 명 1 보일러 제조[수리]공. 2 ∪ 맥주 대신 맥주를 입가심으로 마시면서 드는 독주, 폭탄주. 3 독주, 강급 위스키(boilermaker's delight).
boil·er·plate [bɔ́ilərplèit] 명 1 보일러 강판(鋼板) (압연 강판). 2 연판(鉛版)으로 제공되는 공통 기사; 진부한[판에 박힌] 어구[문장], 반복 사용 어구; (계약서·보증서 따위의) 상투어, 공통 조항. 3 (구어) (워드 프로세서로 작성하는) 통신문 따위의 반복 사용 어구. 4 (등산) 미끈미끈한 암벽.
bóiler róom 명 1 보일러실. 2 (美속어) 무허가 주식 거래의 사무실. ¶~ *sales* 고압적인 (증권) 판매.
bóiler scále (보일러 속에 생기는) 물앙금, 물때.
bóiler súit 명 (英) (아래 위가 붙은) 작업복.
boil-in-bag [ʹinbæg] 형 (조리용 냉동 식품이) 포장째 끓일 수 있는.
*****boil·ing** [bɔ́iliŋ] 형 1 끓는, 비등하는; (구어) 찌는 듯한, 무더운. 2 격동하는, 요동치는. ¶~ *seas* 파도가 심한 바다. 3 (분노 따위가) 격렬한. ── 뿐 1 끓어오를 만큼. ¶*some* ~ *hot coffee* 끓듯이 뜨거운 커피. 2 매우, 대단히. ¶He is ~ *mad*. 그는 매우 화가 나 있다.
── 명(∪) 끓음, 비등, 삶음.
the whole boiling (구어) 모든 것[사람], 모두, 전부.
~·**ly** 뿐
bóil·ing-off [ʹɔ(ː)f/-ɑ̀f] 명 명주실을 삶아 누이기; (직물을) 불순물을 제거하기.
bóiling póint 명 1 끓는점, 비등점(212°F, 100°C) (반 *freezing* [*melting*] *point*). 2 (긴장 따위의) 최고조, 중대 국면; (인내의) 한계.   [분하여.
at the boiling point 비등점에 도달하여; (구어) 격*have a low boiling point* 쉽사리 화를 내다.
bóiling wáter reáctor 명 비등수형(沸騰水型) 원자로(약 BWR).
boil-off [ʹɔ(ː)f/-ɑ̀f] 명 1 (로켓) 보일오프(발사 준비중에 추진제(推進劑)가 증발하는 일). 2 =boiling-off.
boil·o·ver [bɔ́ilòuvər] 명 끓어 넘침[넘쳐 흐름]; (濠) (경마 따위에서의) 의외의 결과.
boil-up [ʹʌp] 명 (濠) 차 끓이기.
Boi·se [bɔ́isi, -zi] 명 보이시(미국 Idaho 주의 주도).
*****bois·ter·ous** [bɔ́istərəs] 형 1 떠들썩한, 시끄러운, 홍청거리는, 활기찬; (사람·언동 따위가) 난폭한, 거친. 2 (파도·날씨·바람 따위가) 몹시 사나운, 거친.
~·**ly** 뿐 ~·**ness** 명 [례]. (또는 ~ de nuit) [<F]
boîte [bwɑːt] 명 (英) (~**s**) 소규모 나이트 클럽[카바 BOK Bank of Korea(한국 은행).
boke¹ [bouk] 명 (美속어) 코(nose).
boke² [bouk] 명 구토증을 일으키다; 토하다. ── 명 구토층.
bo·ko [bóukou] 명 (~**s**) (英속어) 코(nose).
Bol. Bolivia.   [미. (또는 **bolas**) 2 =bolo tie.
bo·la [bóulə] 명 1 끝에 쇳덩이가 달린 (사냥용) 올가
bóla tíe =bolo tie.
*****bold** [bould] 형 (~·**er**; ~·**est**) 1 대담한, 용감한. ⇨ BRAVE [유의어] ¶It's ~ *of you* [*or You are* ~] *to swim in the sea full of sharks*. 상어가 득실거리는 바다에서 헤엄을 치다니 아주 대담하구나. 2 용기를 필요로 하는, 대담한. ¶a ~ *plan* 과감한 계획. 3 뻣심 좋은, 뻔뻔스러운. ¶a ~ *hussy* 말괄량이/a ~ *gaze* 뻔뻔없이 빤히 보기. 4 상례(常軌)를 벗어난, 기발한. ¶a ~ *investigation* 선구적인 연구. 5 두드러진, 현저한; (문자가) 굵은, 선이 굵은; (인쇄) 볼드체의, 고딕체의 (Gothic)(탄 *italic*, *roman*). ¶~ *handwriting* 굵은 서체(書體)/a ~ *outline* 뚜렷한 윤곽. 6 가파른, 절벽을 이루는. ¶~ *cliffs* 깎아지른 듯한 절벽. 7 강력한, 격렬한. ¶a ~ *wind*[*fire*] 거센 바람[불길]. 8 (폐어) 확실한. 9 (시어) (물의 흐름이) 도도한.
(as) bold as a lion 매우 용감한, 담이 큰.
(as) bold as brass 철면피한, 뻔뻔스러운.
in bold relief 두드러진 부조로; 뚜렷이 눈에 띄게.
in bold strokes 굵직한 필치로.
make [or *be*] *bold to do; make* [or *be*] *so bold as to do* 감히 …하다; 실례를 무릅쓰고 …하다. ¶He made ~ *to say so*. 그는 뻔뻔스럽게도 그렇게 말했다.   [대로 쓰다; …을 슬쩍하다[훔치다].
make bold with 대담하게 …에 부딪치다; …을 제멋
put a bold face on ⇨FACE.
bold·face [bóuldfèis] 명 (인쇄) 명(∪) 볼드체 글자[활자] (~ *type*). 형 볼드체의. ── 동 타 …을 볼드체로 나타내다[하도록 지시하다].
bold-faced [ʹfèist] 형 1 뻔뻔스러운, 철면피의, 넉살좋은. 2 (인쇄) 볼드체의.
-**fác·ed·ly** 뿐 -**fác·ed·ness** 명
bold·heart·ed [bóuldháːrtid] 형 대담한, 두려움을 모르는. ~·**ly** 뿐 ~·**ness** 명
*****bold·ly** [bóuldli] 뿐 1 대담하게, 무모하게; 뻔뻔스럽게. ¶*speak and act* ~ 대담하게 말하고 행동하다. 2 두드러지게, 뚜렷하게. ¶*The tower stands out* ~

against the sky. 그 탑은 하늘 높이 우뚝 서 있다. **3** 굵은 글씨로, 볼드체로.

***bold·ness** [bóuldnis] 📖ⓤ **1** 대담함, 무모함. **2** 버릇없음, 뻔뻔스러움, 철면피. **3** 눈에 띔, 두드러짐; (필세(筆勢) 따위의) 부드럽고 호방함.

 have the boldness to do 배짱 좋게[감히] …하다.
bole¹ [boul] 📖 (나무의) 줄기, 수간(樹幹).
bole² [boul] 📖 교회 점토(膠灰粘土).　　　　　「리.
bo·lec·tion [boulékʃən] 📖 〔건축·가구〕 볼록 쇠시
bo·le·ro [bəléərou/-léər-] 📖 (⑧ ~s) 볼레로. **1** 4분의 3박자의 경쾌한 스페인 춤, 그 무곡. **2** [(英) bálərou] 여성용 짧은 상의. (< Sp)
bo·lide [bóulaid, -lid] 📖 〔천문〕 폭발 유성(流星), 화구(火球)(매우 밝고 큰 유성). 　　　「라의 화폐 단위.
bol·i·var [bálavər/bálivà:] 📖 볼리바르(베네수엘
Bol·i·var [báləvər/bɔ́livɑ́:] 📖 **Simon ~** 볼리바르(1783–1830: 베네수엘라의 정치가·장군).
***Bo·liv·i·a** [bəlíviə] 📖 **1** 볼리비아(남미 중서부의 대륙 공화국; 수도 La Paz (헌법상으로는 Sucre)). **2** (종종 b-) ⓤ (plush 와 비슷한) 가벼운 부드러운 모직물.
Bo·liv·i·an [bəlíviən] 📖📖 볼리비아(의 사람).
bo·li·vi·a·no [bəlìviáːnou] 📖 (⑧ ~s) 볼리비아노 (볼리비아의 화폐 단위; = 100 centavos; 기호 B).
boll [boul] 📖 (목화·아마 따위의) 둥그란 꼬투리.
bol·lard [bálərd/bɔ́l-] 📖 **1** 〔해사〕 (잔교·부두의) 배 매는 기둥. **2** (英) (자동차의 진입을 막기 위한) 보호 기둥.
bol·lix [báliks/bɔ́l-] (英俗) 📖📖 …을 망쳐놓다 (up), (시험 따위)에 실패하다(up). ── 📖 실패, 실수; 혼란. ── 📖 (당혹·초조·불신 따위를 나타내어) 빌어먹을, 엇, 음. (또는 **bolix, bollox**)
bol·locks [báləks/bɔ́l-] 📖 (英俗) = ballocks. ── 📖📖 (英속어) = bollix.
bol·locks-up [-ʌ̀p] 📖 (英속어) = bollix.
boll wéevil 📖 **1** 바구미의 일종(유충이 목화의 깍지 (boll)를 갉아먹는 해충). **2** 비동조원; 비협조적인 이단자; (美) (the ~) 민주당 내의 보수적 남부 출신 그룹.
boll·worm [bóulwə̀:rm] 📖 목화씨 벌레(pink ~).
Bol·ly·wood [báliwùd/bɔ́l-] 📖 (구어) 발리우드, 인도 영화 산업(계). 〔< Bombay + Hollywood〕
bo·lo [bóulou] 📖 (⑧ ~s) **1** 필리핀 제도 및 미국 육군에서 쓰는 외날의 큰 나이프. **2** = tie.
bo·lo·gna [bəlóuni-njə] 📖ⓤ 볼로냐 소시지(쇠고기·돼지고기로 만든 소시지). (또는 ∠ **sàusage**)
Bo·lo·gna [bəlóunjə] 📖 볼로냐(이탈리아 동북부의 도시). **Bo·lo·gnese** [bòulənjíːz] 📖
bo·lo·graph [bóuləgræ̀f/-grɑ̀:f] 📖 〔물리〕 bolometer에 의한 측정 기록.
bo·lom·e·ter [boulámətər/-lɔ́m-] 📖 〔물리〕 볼로미터(온도 상승에 의한 전기 저항의 변화를 이용한 방사 에너지 측정계). **bo·lo·met·ric** [bòuləmétrik] 📖 **bò·lo·mét·ri·cal·ly** [-tri] 📖 **-try** [bəlámitri/-lɔ́m-] 📖
bo·lo·ney [bəlóuni] 📖 = baloney.
bólo tìe 📖 금속 고리로 고정하는 끈 넥타이.
***Bol·she·vik** [bóulʃəvik, bál-/bɔ́l-] 📖 (⑧ ~s, ~·i [-viːki]) **1** 볼셰비키. **a)** (1903–1917의) 러시아 사회 민주당 내의 다수파의 일원(민 Menshevik). **b)** (1918년 이후의) 옛 소련 공산당원. **2** (일반적으로) 공산당원. **3** (종종 b-) 〔경멸적〕 과격파(의 사람), 급진파; 혁명론자, 무정부주의자. ── 📖 볼셰비키의; 공산당원의; (종종 b-) 과격파의. 〔< Russ majority party〕
Bol·she·vism [bóulʃəvìzm, bál-/bɔ́l-] 📖ⓤ **1** 볼셰비키의 사상[주의, 주장]. **2** 옛 소련 공산주의. **3** (종종 b-) 과격주의; 과격한 사상. **-vist** 📖
Bol·she·vis·tic [bòulʃəvístik, bàl-/bɔ̀l-] 📖 Bolshevist [Bolshevism]의; (종종 b-) 과격파의, 과격사상의. **-ti·cal·ly** 📖
Bol·she·vize [bóulʃəvàiz/bɔ́l-] 📖📖 …을 볼셰비키 지배[영향] 아래 두다; (종종 b-) (남)을 과격주의화

하다, 적화시키다. ── 📖 적화하다, 볼셰비키화하다; (종종 b-) 과격주의자가 되다. **-vi·zá·tion** 📖
Bol·shie [bóulʃi, bál-/bɔ́l-] 📖 (속어) **1** = Bolshevik. **2** = Bolshevist. ── 📖 (b-) **1** = Bolshevik. **2** (英구어) 〔경멸적〕 인습에 따르지 않는, 반항적인, 감당할 수 없는. (또는 **Bolshy**) **-shi·ness** 📖
Ból·shoi Ballét [bóulʃɔi-, bál-/bɔ́l-] 📖 볼쇼이 발레단(1776년에 창립된 모스크바의 국립 발레단).
Bólshoi Théater 📖 (the ~) 볼쇼이 극장(모스크바에 있는 극장; 1824년 설립). 　　　「사막의 분지.
bol·son [boulsɔ́n] 📖 건조 분지(퇴적 작용에 의한
bol·ster [bóulstər] 📖 **1** (베개 밑에 받치는) 긴 덧베개, 베개 받이; (기계 따위의 완충용) 받이, 받침대. **2** (벽돌을 자르는) 정. ── 📖📖 **1** (베개·받침 따위)에 괴다[대다](up). **2** (구어) …을 지지[지원]하다(up).
~·er 📖 **~·ing** 📖📖
‡**bolt**¹ [boult] 📖 **1** (문을 잠그는) 빗장. **2** 자물쇠청. **3** 수나사, 볼트(짝 nut). **4** (구어) 갑자기 달려 나가기, 돌진; 뺑소니, 탈주. **5** 분출, 내뿜음. **6** 전광(電光), 번갯불. **7** (美) 탈퇴, 탈당; 변절; 자기 당의 정책·공인 후보자에 대한 지지 거부. **8** (직물·벽지의) 한 통[필]; (짚 따위의) 묶음. ¶ a ~ of wallpaper 벽지 한 두루마리. **9** (석궁의) 굵은 화살. **10** (총의) 놀이쇠.

 a bolt from [or *out of*] *the blue* 청천벽력, 뜻밖
 a bolt of lightning 번개.　　　「의 사고[비극].
 do a bolt (구어) 재빨리 도망치다, 뺑소니 치다.
 make a bolt for it ① (약속 따위)에 맞추기 위해서 서두르다. ② = *do a bolt.*
 shoot one's bolt ① 굵은 화살을 쏘다. ② (비유적) 노력하다, 최선을 다하다; 마지막 시도를 하다. ¶ *A fool's ~ is soon shot*. (속담) 어리석은 놈은 걸핏하면 제 밑천을 털어놓는다.

── 📖📖 **1** …을 빗장을 질러 잠그다; …을 볼트로 죄다 (*back*, *down*, *on*, *together*)(*to*). **2** (美) 〔정당 따위〕를 탈퇴하다. (주의·주장)을 바꾸다. **3** (구어) (화살 따위)를 쏘다, 발사하다. **4** …을 느닷없이[무심코] 말하다[입 밖에 내다]. ¶ ~ *out the truth* 사실을 불쑥 말하다. **5** (음식)을 씹지 않고 먹다. **6** 〔천·벽지 따위〕를 감다, 말다. **7** (美속어) (수업)을 빼먹다. ── 📖 **1** 뛰어나가다; 도망치다, 뺑소니치다(*out*). ¶ They ~ed *out with all their money.* 그들은 있는 돈을 모두 챙겨 도망쳤다 / He ~ed *out of the room.* 그는 방에서 뛰어나갔다. **2** (美) 탈당하다(*from*), 자기 당에 대한 지지를 거부하다. ¶ ~ *from a party* 탈당하다. **3** (美속어) (학생이 강의 따위)를 빼먹다, 결석하다. **4** 다급하게 먹다. **5** (문 따위가) 빗장이 걸려 있다.

 bolt a person in [*out*] 남을 (문에 빗장을 질러) 가두다
 bolt up 마감하다.　　　　　　　　　「[내쫓다].
── 📖 느닷없이, 갑자기, 불쑥; 곧장.
 bolt upright 곧장, 똑바로 서서.
∠**·ing** 📖 ∠**·less**, ∠**·like** 📖

bolt² 📖📖 …을 (체·천으로) 쳐서 가리다; …을 세밀하게 음미하다, 정밀하여 조사하다. (또는 **boult**)
 bolt something to the bran 사물을 자세히 음미하다, 빈틈없이 조사하다.
bolt-ac·tion [-ǽkʃən] 📖 (라이플 총이) 수동식 노리쇠의 ── 📖 　　　　　　　　　　　「있는 보트.
bólt bòat 📖 외양(外洋) 보트(거친 바다에서 견딜 수
bolt·er¹ [bóultər] 📖 **1** 내닫는 말; 딴 남자한테 달려가는 여자; (美구어) 탈당자; (고어) 탈옥수. **2** (美속어) (비행기가) 착함(着艦)에 실패하다.
bolt·er² 📖 체(sieve); 체질하는 사람[기구].
bolt·head [bóulthèd] 📖 볼트의 머리; (화학) (목이 긴 달걀 모양의) 플라스크(matrass).
bolt·hole [-hòul] 📖 (동물의) 도망쳐 가는 구멍, 비밀 통로; (현실로부터의) 도피 장소, 피난처.
bolt-on [-ɑ̀n,-ɔ̀n] 📖 볼트로 죈.
bolt·rope [bóultròup] 📖 〔해사〕 돛 가장자리 (보강)

밧줄; (일반적으로) 상질(上質)의 밧줄.
Boltz·mann [bóultsmən] 〖인명〗 **Ludwig ~** 볼츠만 (1844-1906; 오스트리아의 물리학자).
Bóltzmann('s) cònstant 〖물리〗 볼츠만 상수.
bo·lus [bóuləs] 〖명〗 1 (동물용의) 큰 알약; (음식 따위의) 부드러운 덩어리. 2 =bole². [지정 기사].
B.O.M. (美) business office must((신문의) 영업국
bo·ma [bɔ́:mə] 〖명〗 보마(중앙 아프리카의 가축 따위를 지키기 위한 방벽; 경찰 초소).

‡**bomb** [bam/bɔm] 〖명〗 (爆 ~s [-z]) 1 폭탄, ···탄 (彈). ¶an A-~ 원자 폭탄(atomic ~)/an H-~ 수소 폭탄(hydrogen ~)/an incendiary ~ 소이탄/drop a ~ on ···에 폭탄을 투하하다. 2 (the ~, the B-) 〖집합적〗 핵폭탄; 핵무기. 3 (살충제 따위의) 고압 분무 용기(aerosol ~). 4 (방사성 물질의 저장·운반에 쓰는) 납으로 된 용기. 5 〖지질〗 화산탄(화산 폭발 때의 용암덩이). 6 〖美구어〗 (흥행 따위의) 대실패. 7 〖英속어〗 대성공. 8 폭탄 선언. 9 〖英구어〗 한밑천, 한재산. 10 〖美속어〗 (속력을 높이기 위한) 개조 자동차. 11 〖컴퓨터〗 봄 (프로그램이나 시스템의 큰 고장). 12 〖濠속어〗 고물 자동차. 13 〖속어〗 효력이 큰 헤로인; 대형 마리화나 담배.
cost a bomb 〖英구어〗 큰 돈이 들다, 비싸게 먹다.
go down a bomb 〖英구어〗 (일이) 성공하다; 환영받다.
go down like a bomb 큰 충격(실망)을 주다. [다.
go (like) a bomb 〖英구어〗 ① (자동차 따위가) 질주하다. ② (일이) 성공하다; (물건이) 잘 팔리다, 환영받다.
look like a bomb hit it (구어) (방 따위가) 폭탄을 맞은 듯하다, 돼지우리 같다.
make a bomb 한밑천 잡다.
put a bomb under (구어) (사람을) 재촉하다.
—〖통〗 (~s [-z]) 〖타〗 1 ···에 폭탄을 투하하다, ···을 폭격하다. 2 (야구) (공)을 멀리(길게) 치다. 3 (상대팀)을 완파하다. 4 〖컴퓨터〗 (시스템)을 고장내다. 5 〖美속어〗 (시험 따위)에 실패하다. 6 〖濠속어〗 (경주마)에 약물을 투여하다. 7 〖美속어〗 ···을 격렬하게 비난(비판)하다. —〖자〗 1 폭탄을 투하하다; (폭탄이) 폭발하다. 2 〖美속어〗 크게 실패하다, 관객을 즐겁게 하는 데 실패하다 (out). 3 〖英속어〗 잘 나가다, 히트하다. 4 〖컴퓨터〗 전혀 기능하지 않다, 잘못 기능하다. 5 (구어) 질주하다.
bomb out ① 공습으로 (집·직장 따위)에서 쫓아내다. ② (속어) 크게 실패하다; 자포하다, 허사가 되다.
bomb up (비행기에) 폭탄을 싣다.
~·a·ble 〖형〗

*****bom·bard*** [bambá:rd/bɔm-] 〖타〗 1 ···을 포격하다, 폭격하다. ¶The artillery ~ed the enemy all day. 포병대는 하루 종일 적을 포격했다. 2 (질문·비난·청원 따위로) ···을 공격하다, ···에게 (불평·질문을) 퍼붓다 (with). ¶(~+몸+前+명) ~ a person with questions 남에게 질문을 퍼붓다. 3 〖물리〗 (입자(粒子) 따위로) ···에 충격을 가하다. — 〖[-] (초기의) 대포, (중세의) 사석포(射石砲).
bom·bar·dier¹ [bàmbərdíər/bɔ̀m-] 〖명〗 (폭격기의) 폭탄 투하수; (英) 포병 하사관; (역사) 포수(砲手).
bom·bar·dier² 〖명〗 (캐나다) (앞바퀴 부분이 스키로 되고 뒷바퀴 부분이 무한 궤도로 된) 소형 설상차(雪上車).
*****bom·bard·ment*** [bambá:rdmənt/bɔm-] 〖명〗〖U〗〖C〗 포격, 폭격; 질문 공세; (물리) (입자 따위의) 충격.
bom·bar·don [bámbərdən/bɔ́mbədən] 〖명〗 (음악) 1 (오르간의) 저음 음전(音栓). 2 (tuba와 비슷하고 저음 금관 악기). [bombazine.
bom·ba·sine [bàmbəzí:n/bɔ̀mbəzí:n] 〖명〗 =
bom·bast [bámbæst/bɔ́m-] 〖명〗〖U〗 1 호언장담, 큰 풍. 2 (매어) (심으로 쓰는) 솜 따위의 재료, 심(padding).
—〖형〗 (매어) =bombastic.
bom·bas·tic [bambǽstik/bɔm-] 〖형〗 과장된, 허풍의. (또는 **bombastical**) **-ti·cal·ly** 〖부〗
Bom·bay [bambéi/bɔm-] 〖명〗 봄베이. 1 인도 서부의 도시(인도명 Mumbai). 2 (동물) American short-

hair와 Burmese 사이의 잡종 흑색 고양이.
Bómbay dúck 〖명〗 인도 근해산(産) 정어리의 일종.
bom·ba·zine [bàmbəzí:n/bɔ́mbəzí:n] 〖명〗〖U〗 봄버진 천(날실은 견사, 씨실은 털로 짠 능직(綾織); 검은 천을 상복감). (또는 **bombasine, bombazeen**)
bómb bày 〖명〗 (군사) (폭격기의) 폭탄 투하[탑재]실.
bómb dispósal 〖명〗 폭탄[불발탄] 처리. ¶a ~ squad [technician] 폭탄[불발탄] 처리반[기술자].
bombe [bamb/bɔmb] 〖명〗 봉브(아이스크림·무스 (mousse)를 섞어 만든 원통형의 얼음 과자). (또는 ~ **glacée**) [둥글게. [<F
bom·bé [bambéi/bɔm-] 〖형〗 (가구 따위가) 볼록하게 한.
bombed [bamd/bɔmd] 〖형〗 〖속어〗 (술·마약에) 취한; 당한; (속어) (술·마약에) 취한.
bombed-out [-́àut] 〖형〗 공습으로 불타 버린, 맹폭을
bomb·er [bámər/bɔ́m-] 〖명〗 1 (군사) 폭격기(약 B). ¶a heavy [medium, light] ~ 중(重)[중(中), 경] 폭격기. 2 폭격수, 폭탄 투하자[투척]자; 폭파범. 3 (속어) 폴라리스 잠수함. 4 (美속어) 귀여운 아가씨, 미녀.
bómber jàcket 〖명〗 보머 재킷(2차 대전 때 미폭격기 승무원이 입었던 가죽 재킷; 한때 미국에서 유행).
bómb fàctory 〖명〗 (테러분자 등의) 폭탄 제조 공장.
bómb-grade uránium [-gréid-] 〖명〗 무기[핵무기]급 고농축 우라늄(핵무기 제조가 가능한 고순도 우라늄).
bomb-hap·py [-́hæ̀pi] 〖형〗 (구어) 폭격으로 신경 쇠약이 된, 폭탄 쇼크에 걸린, 폭탄 공포증의.
bómb hòax 〖명〗 폭탄을 장치하였다는 장난 전화.
bómb ícon 〖명〗 (컴퓨터) (오류를 표시하는) 폭탄 마크. [우기. ¶a ~ plane 폭격기].
bomb·ing [bámiŋ/bɔ́m-] 〖명〗〖U〗〖C〗 폭격; (상대를) 해치
bómbing rùn 〖명〗 (군사) =bomb run.
bom·bi·ta [bɔ:mbí:tə] 〖명〗 (속어) 봄비타(암페타민 정제[캡슐]).
bomb·let [bámlit/bɔ́m-] 〖명〗 소형 폭탄. [탑재량.
bomb·load [bámlòud/bɔ́m-] 〖명〗 (비행기의) 폭탄
bomb·proof [bámprù:f/bɔ́m-] 〖형〗 방탄의, 내폭 (耐爆)의; (컴퓨터) =bugfree. —〖명〗 방공 건조물, 방공호. —〖타〗 방탄(식)으로 하다.
bómb ràck 〖명〗 (비행기의) 폭탄 적재 장치[시렁].
bómb rùn 〖명〗 (군사) (목표 확인에서 폭탄 투하까지의) 폭격 항정(航程). (또는 **bómbing rùn**)
bomb·shell [bámʃèl/bɔ́m-] 〖명〗 1 폭탄, 포탄. 2 (구어)(비유적) (보통 a ~) (뜻밖의) 돌발 사건, 사람을 놀라게 하는 일[물건]. ¶a ~ declaration 폭탄 선언 / The news of his resignation was a ~. 그의 사임 소식은 날벼락이었다. 3 (구어) 매력적인 아가씨, 섹시한 여자. [언[발언]을 하다.
drop a bombshell 폭탄을 투하[투척]하다; 폭탄 선
explode a bombshell 폭탄 선언[발언]을 하다; (사람)를 깜짝 놀라게 하다.
like a bombshell 돌발적으로; 기막히게.
bómb shélter 〖명〗 방공호. [의) 폭격 조준기.
bomb·sight [bámsàit/bɔ́m-] 〖명〗 (항공) (비행기)
bómb-site [bámsàit/bɔ́m-] 〖명〗 폭격[피폭] 구역; 폭격 뒤의 잔해.
bómb sníffer 〖명〗 취각성(臭覺性) 폭발물 탐지기.
bómb squàd 〖명〗 1 폭탄[불발탄] 처리반(bomb disposal squad). 2 (미식축구) 폭격 부대(위험이 따르는 플레이에 동원되는 예비 팀).
bómb thròwer 〖명〗 폭격수; 폭탄 투하 장치.
bomb·y·cid [bámbəsid/bɔ́m-] 〖명〗 나방의 일종.
bon [ban/bɔn] 〖형〗 좋은. [<F good)
bo·na fide [bóunə fáid/-fáidi] 〖법률〗 성의 있는; 진심에서 우러나오는, 진실의. ¶a ~ transaction 성의 있는 거래 / a ~ friend 진실한 친구. (또는 **bóna-fide**) [<L in good faith]
bo·na fi·des [bóunə fáidi:z] 〖법률〗 1 (단수취급) 선의, 성의, 정직(⟷ mala fides). 2 (구어) (복수취

급) (합법성·정당성을 입증하는) 공식 문서[기록], 증명서. [<L honest intention, good faith]
bon a·mi [F bɔnami] 명 (복 **-s -s** [F bɔ̃zami]) 1 (남자) 친구, 좋은 친구. 2 연인, 애인(lover)(图 bonne amie). [<F good friend]
bo·nan·za [bənǽnzə] 명 1 (美) 노다지, 부광맥(富鑛帶). 2 (구어) 운수 대통(good luck), (뜻밖의) 행운.
in bonanza (광산이) 노다지로; 노다지[횡재]로 만나.
strike a bonanza 노다지를 만나다; 크게 한몫 보다.
—형 크게 히트친; 대성공.¶a ~ enterprise 크게 히트친 사업/a ~ year 크게 히트친 해, 대풍년. [<Sp]
bonánza fàrm 명 큰 이익[수확]을 올리는 대농장.
bo·nan·za·gram [bənǽnzəgræm] 명 보난자그램(빈칸 안쪽에 키워즈의 일종).
Bonánza Stàte 명 (the ~) 미국 Montana주의 별명.
Bo·na·parte [bóunəpɑːrt] 명 보나파르트(나폴레옹 1세와 그의 네 형제를 배출한 코르시카의 가문).
Bo·na·part·ism [bóunəpɑːrtizm] 명⓾ 나폴레옹주의; 나폴레옹 1세의 통치와 비슷한 정치 체제. **-ist** 명
bon ap·pé·tit [F bɔnapeti] 잘 맛있게 드십시오.
bon·bon [bánbàn/bɔ́nbɔ̀n] 명 봉봉(과실·호두 따위를 넣은 과자); 캔디. [<F very good]
bon·bon·nière [bànbəniər/bɔ̀nbɔniɛ́ər] 명 봉봉 그릇, 과자 상자·과자집. [<F]
bonce [bans/bɔns] 명 (英속어) 머리, 뇌.
‡**bond**[1] [band/bɔnd] 명 [-z] 1 (종종 ~s) (인간 관계의) 유대, 연분, 연고, 결속 (between).¶the ~ of friendship 우정의 유대, 친구 관계/the ~(s) of matrimony 부부의 연분.

<유의어> **bond** 강하고 오래 지속되는 정신적인 기반.
tie bond만큼 강력한 것은 아닌, 의무·책임 따위의 기반. **link** 결합력이 약한 기반.

2 묶는[매는, 잇는] 것, 새끼, 끈, 띠; (~s) (죄수의) 사슬, 족쇄.¶be in ~s 죄수[노예]인 신세이다. 3 (~s) 속박, 의무; 의리, 은혜, 정의(情誼).¶the ~s of convention 인습의 속박. 4 〔법률〕맹약, 약정, 계약; 계약서, 채무 증서.¶a ~ for land 토지 매매 계약서. 5 〔법률〕⓾ 보증; 보증(인); ⓾⓿ 보석금.¶on ~s 보석금을 걸고. 6 〔금융〕공채(公債), 사채(社債); 채권(債券)(무담보 채권은 debenture); ¶a savings ~ 저축 채권/call a ~ 공채 상황을 통고하다/a convertible ~ 태환(兌換) 채권/a public ~ 공채. 7 ⓾〔세관〕보세 창고 유치(留置). 8〔염색〕체모[지물] 보증 계약. 9〔건축〕접착; 접합재(接合材); 〔돌·벽돌 따위의〕이어쌓기 방식; 결합, 접착(join). 10〔화학〕화학 결합. 11 =~ paper. 12 =bonded whisky. 13 (~s) (英속어) (기둥 서방이 매춘부에게 사 주는) 옷.
be as good as one's bond 전적으로 신용할 수 있다.
be under bond ⓵ 담보에 들어 있다. ⓶ 보석중이다.
enter into[break, sever] a bond with …와 계약을 체결[파기]하다.
give bond for[to do] …을[…할 것을] 보증하다, …의[…할] 약정서를 제출하다. ¶ 보증인이 되다.
go a person's bond; be bond for a person 남의 보증인이 되다.
in bond 보세 창고에 유치되어 있다.¶The goods are in ~. 물품은 보세 창고에 들어가 있다.
in bonds 감금[속박]되어.
—탄 (~s [-z]) ⓾ 1 〔물품〕을 담보로 하다, 저당하다. 2 (채권을 발행하여) …의 지불을 보증하다; 〔차입금〕을 채권으로 대체하다. 3 …의 보증인이 되다. ¶ ~ an employee 고용인을 보증하다. 4 …을 보세 창고에 넣다. 5 〔건축·석공〕…을 포개어 쌓다. 6 …을 잇다, 접착시키다(together). 7 〔항공〕(기체의 금속 부분을) 전기가 잘 통하게 결합[접합]하다. 8 (전선에) 전기 양도체(良導體)를 붙이다[달다]. —타 이어지다, 접착밀착[결합]되다(together); 친밀한 관계를 맺다(with) (가족 간의) 유대를 형성하다.

bond out (속어) 보석금을 내고 석방되다.
~·**a·bíl·i·ty** 명 ~·**a·ble** 형 ~·**er** 명 ~·**less** 형
bond[2] 명 (페어) 노예, 농노. ─형 (고어) 노예의, 구속되어 있는.
Bond [band/bɔnd] 명 본드. 1 **Carrie** ~ (1862-1946: 미국의 작사·작곡가). 2 =**James** ~.
bond- [band/bɔnd] 연결형 1 「노예」의 뜻. ¶*bond*man, 2 「채권의」의 뜻.¶*bond*holder.
bond·age [bándidʒ/bɔ́nd-] 명⓾ 1 노예[농노] 처지[신분]; (…에의) 예속[포로] 상태 (to). 2 속박; 굴레; 감금(captivity); 굴종.¶keep [or hold] a person in ~ 남을 속박하다. 3 (정욕(情慾) 따위에) 얽매이기,
go into bondage 몸을 팔다. ¶ 빠지기.
in bondage to …의 노예가 되어, …에 감금되어.¶He is in ~ to passion. 그는 정욕의 노예가 되어 있다.
bónd blàst 명 채권 시장 대폭락.
bond·ed [bándid/bɔ́nd-] 형 1 공채[채권]로 보증된; 담보가 있는; 저당 잡힌. 2 담보가 붙은, 저당에 넣은; 보세 창고에 유치된; (창고가) 보세 화물용의. 3 접착된; 이어진.¶~ wool 2중 모직.
bónded fàctory [mill] 명 보세 공장.
bónded góods 명복 보세 화물. ¶ 가공 무역.
bónded improvement tràde 명 (美) 보세
bónded wárehouse [stóre] 명 보세 창고.
bónded whískey 명 (美) 병에 넣은 보세 위스키 (병에 담기 전에 4년간 보세 창고에서 숙성시킨 알코올 50%의 생(生)위스키).
bond·er [bándər/bɔ́nd-] 명 1 보세 화물 화주[예치주]. 2 이음돌, 묶어 쌓은 돌.
bond·hold·er [bándhòuldər/bɔ́nd-] 명 공채[채권, 사채(社債)] 소유자. **bónd·hòld·ing** 형⓾
bond·ing [bándiŋ/bɔ́nd-] 명 1 긴밀한 유대[결속]; (병사들간의) 전우애. 2 〔치과〕본딩. ¶ 노].
bond·maid [bándmèid/bɔ́nd-] 명 여자 노예[농
bond·man [bándmən/bɔ́nd-] 명 남자 노예; 급료가 없는 남자 고용인; (英고어) 〔법률〕 노예, 농노. (또는 bondsman)
bónd pàper 명 본드지(증권용 고급 용지).
bónd ròom 명 〔증권〕(거래소의) 채권 매매 입회장.
bónd sèrvant 명 노예(slave); 급료가 없는 고용인.
bónd sèrvice 명 노예의 노역[일]. ¶ 사람.
bond·slave [bándslèiv/bɔ́nd-] 명 노예; 속박된
bonds·man [bándzmən/bɔ́nd-] 명 1 〔법률〕 보증인, (신원) 인수인; 보석 보증업자. 2 =bondman.
bond·stone [bándstòun/bɔ́nd-] 명 〔건축〕 포개어 쌓는 돌, 이음돌.
Bónd Strèet 명 본드가(街)(영국 London의 고급 상점가); (본드가와 같은) 고급 상점가.
bond·wom·an [bándwùmən/bɔ́nd-] 명 여자 노예(bondmaid); 급료가 없는 여자 고용인. (또는 bondswoman)
‡**bone** [boun] 명 (복 ~**s** [-z]) 1 ⓾⓿ (집합적·단수 취급) 뼈; (골격을 이루는) 뼈조직.¶a rib ~ 늑골 / cheek ~ 광대뼈/flesh and ~ 살과 뼈/plenty of ~ 충분히 발달한 골격. 2 ⓾ 골질(骨質) 3 ⓾ 살이 붙은 뼈, 살이 많이 붙은 뼈/soup ~ 수프용 뼈. 4 (구어) (~s) 해골, 시체. 5 (~s) 뼈, 골격(skeleton); (美속어) 야윈 사람.¶lazy ~s 게으름쟁이. 6 (분쟁 따위의) 씨, 대상.¶a ~ of discord 불화의 씨/a ~ of contention 논쟁점. 7 (재료로서의) 뼈, 뼈 비슷한 것(상아·고래 뼈 따위). 8 뼈대, 뼈 구실을 하는 것(우산·코르셋의 살, 배의 늑재(肋材) 따위). 9 (상아·고래뼈 따위의) 골제품. 10 (~s) (美속어) (크랩·도박 따위의) 주사위. 11 (~s) (뼈·나무로 만든) 딱딱이, 캐스터네츠; (단숙취급) (악단의) 딱딱이 치는 사람(Mr. Bones). 12 (美속어) 1달러, 1달러 은화; 돈. 13 (美) 공부 벌레. 14 (~s) (美속어) (외과) 의사. 15 (美비어) (발기한) 페니스; 발기.
a bag of bones ⇒BAG.

(as) dry as a bone (뼈처럼) 바싹 마른, 앙상한.
be all skin and bone 《구어》 피골이 상접하다.
be bred in the bone 타고난 천성이다.
be hard in the bone 완고하다, 무정하다.
bone of** one's **bone, flesh of** one's **flesh 관계가 친밀한, 밀접한 관련이 있는, 동족의.
cast (in) a bone between …의 사이에 불화를 일으키다.
feel [or ***think, believe, know***]***... in** one's **bones*** 《美구어》 …을 직감적으로 확신하다, 직감하다.
find bones in …에 구애되다; …에 반대하다.
get into** a person's **bones 사람을 매료하다.
give** a person **a bone to pick (귀찮은 상대)에게 보상을 주고 입을 다물게 하다, 유리한 조건을 주고 귀찮은 상대를 쫓아버리다.
have a bone in** one's **leg [***throat***] 발[목구멍]에 가시가 박혔다(가고[말하고] 싶지 않을 때의 핑계).
***have (got) a bone to pick with** a person* 남에게 불평이 있다, 할 말[따질 일]이 있다.
lay [or ***leave***] *one's* ***bones*** 매장되다, 죽다.
make no bones of [or ***about***] …을 개의치[겁내지] 않다; …을 숨기려 하지 않다, 솔직히 인정하다[말하다].
make old bones 《부정문에서》 오래 살다.
near [or ***close to***] ***the bone*** 《구어》 빈곤한; (이야기 따위가) 외설스러운; (발언 따위가) 진실을 알아맞히는.
No bones broken! 괜찮아!, 별일 아니다!
pick a bone with …와 싸우다, 다투다.
***point a bone at** a person* 《濠》 (원주민의 관습에서) 남에게 죽으라고[불행하라고] 저주하다.
set a (broken) bone 접골(接骨)하다.
skin and bones 뼈와 가죽(만 남은 사람).
spare** one's **bones 몸을 아끼다.
the bare bones (사물의) 핵심, 가장 중요한 부분.
throw a bone (달래기 위해) 약간 양보하다.
to the bone(s) 뼛속까지 (얼어서); 철저하게; (비용 따위를) 최저로.
without more bones 더 이상 주저하지 않고, 더 이상 반대하지 않고.
with plenty of 골격이 좋은.
work** one's **fingers to the bone 뼈 빠지게 일하다.
—[동] (~***s*** [-z]; ~***d; bon·ing***) [타] **1** 〔생선·고기〕의 뼈를 바르다.¶~ a turkey [fish] 칠면조[생선]의 뼈를 바르다. **2** 〔의복〕을 고래 수염 따위로 빳빳하게 하다. **3** 〔농업〕 …에 골분(骨粉) 비료를 주다. **4** 《英속어》 〔남의 것〕을 훔치다(steal). —[자] **1** 《속어》 부지런히 공부하다, 벼락치기로 공부하다(*up*).¶~ *up* on French 프랑스어를 벼락치기로 공부하다. **2** 빚을 갚다(*up*).
bone out 《속어》 떠나다; 그만두다, 손을 떼다.
—[부] 완전히, 철저하게(to the ~).¶~ idle [tired] 아주 게을러[지쳐].
bone·ache [bóunèik] [명] 골통(骨痛), 뼈가 쑤심.
bóne àsh [èarth] [명] 골회(骨灰).
bóne bànk [명] 〔의학〕 뼈은행.
bóne bèd [명] 〔지질〕 골층(骨層) (골편이 들어 있는 지층).
bone·bend·er [bóunbèndər] [명] 《美속어》 외과 의사.
bone·black [bóunblæ̀k] [명][U] (검은 안료용의) 골탄(骨炭).
bone·break·er [bóunbrèikər] [명] 《美속어》 **1** = bonebender. **2** 성가신[귀찮은] 일.
bóne chína [명] 본차이나, 골회(骨灰) 자기.
boned [bound] [형] **1** 뼈를 발라낸.¶~ turkey 뼈를 발라내고 조리한 칠면조. **2** (코르셋 따위가) 고래 수염을 넣어 빳빳하게 한. **3** 《복합어로》 뼈가 …한.¶a big-~ person 뼈대가 굵은 사람. **4** 골분 비료를 뿌린.
bone-dry [⌐drái] [형] 《구어》 바삭바삭 마른, 말라빠진; 절대 금주의; 목이 바싹 마른.¶a ~ luncheon 반주 없는 점심.
bóne dùst [명] =bone meal.
bone-eat·er [⌐ìːtər] [명] 《美속어》 개.
bone·fac·to·ry [bóunfæ̀ktəri] [명] 《美속어》 병원; 묘지.
bone·head [bóunhèd] [명] 《속어》 멍청이, 얼간이.
—[형] 멍청한; 완고한. ~**·ed** [형] ~**·ed·ness** [명]
bónehead pláy [명] 〔야구〕 졸렬한 플레이, 실책.
bone-i·dle [⌐áidl] [형] 게을러빠진. (또는 **bóne-làzy**)
bone·less [bóunlis] [형] 뼈 없는, 뼈를 발라낸; 알맹이가 빠진; (문장 따위가) 느슨한.
bóne manúre [명] 골분(骨粉) 비료.
bóne màrrow [명] 골수(骨髓).
to the bone marrow 골수까지, 철저히.
bóne-marrow trànsplant [명] 〔의학〕 골수 이식.
bóne mèal [명] 〔농업〕 (비료·사료용) 골분(骨粉), 골회(骨灰).
bóne òil [명] 골유(骨油).
bon·er[1] [bóunər] [명] **1** (고기의) 뼈를 발라내는 사람[것]. **2** (옷에) 고래뼈를 넣는 공인(工人). **3** 《뉴질》 (통조림·소시지용 따위의) 저급한 식육용 동물.
bon·er[2] [명] 《속어》 **1** 어처구니없는 실수, 큰 실수.¶pull [*or* make] a ~ 큰 실수를 저지르다. **2** 《美》 공부만 하는 학생. **3** 《美》 발기한 페니스; 발기.
bone·set [bóunsèt] [명] 〔식물〕 (북미산(産)) 새등골나무의 일종.
bone·set·ter [bóunsètər] [명] (무자격) 접골사.
bone·set·ting [bóunsètiŋ] [명][U] 접골.
bóne shàker [명] 《속어》 (고무 타이어가 나오기 전의) 구식 자전거; 털털이 마차[자동차].
bóne spàvin [명] 〔수의〕 (말의) 뒷다리 무릎(hock) 안에 생기는 골종(骨腫).
bone-tired [⌐tàiərd] [형] 기진맥진한.
bone·wea·ry [bóunwìəri] [형] 아주 지친.
bone·yard [bóunjɑ̀ːrd] [명] 《속어》 묘지; 폐차장, 폐기물[잡동사니] 처리장.
***bon·fire** [bánfàiər/bɔ́n-] [명] **1** (경축·신호 따위의) 큰 화톳불; (한데에서의) 모닥불.¶build a ~ 모닥불을 피우다. **2** 《美속어》 담배.
make a bonfire of 〔쓰레기 따위〕를 태워버리다.
bong[1] [baŋ/bɔŋ] [명] (큰 종의) 둥[뎅] 하는 소리.
—[동][자] (종이) 둥[뎅] 하고 울리다.
bong[2] [명][동] = bhong.
bon·go[1] [báŋgou/bɔ́ŋ-] [명] ([복] ~(***s***)) 봉고 영양(아프리카산(産)).
bon·go[2] [명] ([복] ~(***e***)***s***) 봉고 (~ drum)(라틴 음악에 쓰이는 작은 북).
bon·goed [báŋgoud/bɔ́ŋ-] [형] 《美속어》 술 취한.
Bon·hoef·fer [*G* bóːnhœfɐ] [명] **Dietrich** ~ 본회퍼(1906–45: 독일의 루터파 신학자; 나치스에 처형됨).
bon·ho·mie [bɑ̀nəmíː/bɔ́nɔmìː] [명][U] 싹싹함, 상냥함, 순박함. ⌐**mous** [형] ⌐**mous·ly** [부] 〔<F〕
Bon·i·face [bánəfèis/bɔ́nifèis] [명] **1** 보니페이스 (영국의 극작가 George Farquhar(1678–1707) 작의 *The Beaux' Stratagem*에 나오는 명랑한 여관 주인 이름). **2** (b–) 여관[식당·나이트 클럽] 주인.
bon·ing [bóuniŋ] [명][U] **1** 뼈 발라내기; 골분 비료 뿌리기. **2** (코르셋 따위에 넣는) 뻗침[살] 재료.
Bó·nin Íslands [bóunin-] [명] (the ~) 보닌 제도, 오가사와라(小笠原) 제도(2차 대전 후 미국의 관리하에 있다가 1968년 일본에 반환).
bon·ism [bánizm/bɔ́n-] [명] 선세설(善世說); 낙천주의. [참] malism **-ist** [명][형]
bo·ni·to [bəníːtou] [명] ([복] ~(***e***)***s***) 〔어류〕 가다랭이.¶a dried ~ 가다랭이포. 〔<Sp〕
bon·jour [*F* bɔ̃ʒuːʀ] [감] 안녕하십니까(good morning). [참] bonsoir 〔<F good day〕
bonk [baŋk/bɔŋk] [동] **1** 《구어》 (펑 하고) 가볍게 치다; (…와) 부딪치다, 충돌하다[시키다].¶get ~*ed* on the head 머리를 부딪치다. **2** 《英속어》 성교하다 (*with*). —[감] 펑(* 부드러운 것이 부딪치는 소리).
—[명] 가볍게 치기; 《英속어》 성교.
bon·kers [báŋkərz/bɔ́ŋ-] [형] 《속어》 술 취한; 정신이 돈, 미친(mad); 제정신이 아닌, 자유분방한.
bonk-hap·py [⌐hæ̀pi] [형] 《구어》 (성 관계 따위가)
bon mot [bán móu/bɔ́n-] [명] ([복] ***-s -s***) (재치있

는) 명언, 명문구, 가구(佳句). 〔<F good word〕
***Bonn** [ban/bɔn] 图 본(독일의 도시; 옛 서독의 수도).
bonne¹ [ban/bɔn] 图 좋은. * bon의 여성형. 〔<F〕
bonne² 图 하녀; 아이 보는 여자. 〔<F good〕
bonne a·mie [F bɔn ami] 图 (图 **-s -s** [F bɔn zami]) 좋은 여자 친구, 애인, 연인(female lover). * bon ami의 여성형. 〔<F good friend〕
bonne bouche [F bɔn buʃ] 图 (图 **-s -s**) 진미(珍味)(delicacy), (식후 따위의) 맛있는 한입거리(tidbit). 〔<F good mouth〕
bonne for·tune [F bɔn fɔrtyn] 图 (图 **-s -s**) 여자에게서 받은 호의, (남자의 자랑거리가 되는) 여자의 선물; 행운, 횡재. 〔<F〕
‡**bon·net** [bánit/bɔ́nit] 图 1 보닛(끈·리본을 턱 밑에서 매게 된 여자·어린이용 모자). 2 〔스코〕 (남자용) 테 없는 모자. (또는 **bunnet**) 3 (bonnet 식의) 쓰개; 짓털 머리 장식. 4 (기계 등의) 덮개, 갓; (英) (자동차의) 보닛 〔bonnet 1〕 (美) hood. 5 (美속어) (도박·경매 따위의) 한통속, 바람잡이(decoy). 6 〔해사〕 보닛, 종범(縱汎).
have a bee in one's **bonnet** ⇒BEE.
have a green bonnet 사업(장사)에 실패하다.
keep...under one's **bonnet** 을 비밀로 덮어두다.
— 图 …에 모자(덮개)를 씌우다. — 图 (경의를 표하여) 탈모하다.
~**·less,** ~**·like** 图
bon·net-laird [-lɛ̀ərd] 图 (스코) 소지주(小地主).
bon·net rouge [F bɔnɛ ʀu:ʒ] 图 (图 **-s -s**) 1 (프랑스 혁명 때 과격파가 쓰던) 붉은 모자. 2 과격파 당원, 과격론자, 급진주의자. 〔<F red cap〕
bon·nie [báni/bɔ́ni] 图 =bonny. 〔Bonny〕
Bon·nie [báni/bɔ́ni] 图 보니(여자 이름).
bon·ny [báni/bɔ́ni] 图 (스코) 아름다운, 고운. 2 (英방언) 건강한, (아기가) 토실토실한; 쾌활한, 기분좋은; (장소가) 조용한. 3 (英방언) 상당한, 기분좋게. 4 (스코) 예쁜 처녀[여자]. (또는 **bonnie**)
-**ni·ly** -**ni·ness** 图
Bónny Líght 图 (석유) 보니라이트 원유(나이지리아).
bo·no·bo [bənóubou] 图 난쟁이 침팬지(pygmy chimpanzee)(아프리카의 콩고강 하류에 서식).
bon·soir [F bɔ̃swa:R] 图 안녕하십니까(저녁 인사), 쉬십시오(good night). 〔<F good evening〕
bon ton [bán tán/bɔ́n tɔ́n] 图 (the ~) 1 우미(優美), 우아; 고상함, 점잖은 몸가짐; 유행이 있음. 2 상류 사회, 상류 사교 모임. 〔<F good tone〕
***bo·nus** [bóunəs] 图 1 보너스, 상여금, 특별 수당. 2 (주주에게 주는) 특별 배당금, (英) (보험) 이익 배당금. 3 (융자·계약 따위를 얻기 위한) 프리미엄, 할증금. 4 물건 살 때의 덤, 경품. 5 (정부의 기업에 대한) 보조금, 장려금. 6 (英속어) 뇌물. 7 (구어) (보통 a ~) 생각지 않은 선물.
no claim bonus (자동차 보험의) 무사고 할인.
— 图 …에 특별 수당을 내놓다.
— 图 (美속어) 멋지네!
bónus báby 图 (프로 계약시에) 막대한 계약금을 받는 스포츠 선수.
bónus dívidend 图 특별 배당.
bónus góods 图 보상 물자.
bónus íssue 图 무상 신주(無償新株).
bónus pláyer 图 (야구) (규정 급료 외에 보너스를 받기로 계약된) 옵션 계약 선수.
bónus sàle 图 경품부 세일(판매).
bónus sýstem [plán] 图 보너스 제도.
bon vi·vant [bán vi:vánt/bɔ́n-] 图 (图 **-s -s** [-z]) 미식가(美食家), 사치하는 사람; 유쾌한 사람, 쾌활하고 인상 좋은 사람(jovial companion). (또는 (英) **bon**

vi·veur [-vivə́:r]) 〔<F jolly fellow〕
bon vo·yage [F bán vɔiá:ʒ/bɔ́n-] 图 즐거운(무사한) 여행. ¶ a ~ party 환송회. — 图 여행길 무사하시기를, 안녕히 다녀오십시오. 〔<F good journey〕
*bon·y [bóuni] 图 (图 bon·i·er; -i·est) 1 뼈의. 2 뼈가 많은. ¶ a ~ fish 가시가 많은 물고기. 3 뼈가 굵은. ¶ a ~ face 억세게 생긴 얼굴. 4 뼈만 앙상한, 여윈. ¶ an underfed ~ child 영양 부족의 야윈 아이. 5 뼈 같이 딱딱한. **bón·i·ness** 图
bonze [banz/bɔnz] 图 (불교의) 중, 스님. 〔우. 큰.〕
bon·zer [bánzər/bɔ́n-] 图 훌륭한, 뛰어난; 매우.
boo¹ [bu:] 图 1 부우, 우우(경멸·비난·야유의 소리). 2 우앗, 귀신이다(사람·아이를 놀라게 하는 소리).
— 图 (图 ~**s**) 부우[우앗] 하는 소리.
before one can say boo 아차 하는 사이에.
can [or **will**] **not say boo to a goose** (구어) 몹시 겁이 많다, 기가 약하다.
— 图图 우우[우앗] 하다. — 图 …에게 우우[우앗] 하고 소리치다 (at); 〔연설자 등〕을 비웃다, 야유하다. ¶ The speaker was ~ed. 연사는 야유를 당했다.
boo² 图 (美속어) 근사한, 훌륭한(excellent).
boo³ 图 1 마리화나 (담배). (또는 ⊿ **gràss** [rèefer]) 2 (경멸적) 흑인, 검둥이.
boob¹ [bu:b] 图 1 (美속어) 얼간이, 호인; 속물; 교양 없는 사람; (英구어) (큰) 실수. ¶ make a ~ 실수를 저지르다. — 图 (英구어) (큰) 실수를 저지르다; 시험에 떨어지다.
boob² (~**s**) 图 (속어) 유방(breasts). 을 잡치다.
BOOB attáck [bú:b-] 图 (군사) 핵 미사일의 기습 공격. 〔<**bolt out of the blue**(청천벽력)〕
boo-boo [bú:bù:] 图 (美속어) 1 실수, 과오 (error). 2 가벼운 상처. 3 (~s) 불알.
bóo club 图 (美속어) 나이트 클럽.
bóob tùbe 图 (the ~) 1 (美속어) 텔레비전 (수상기). 2 (美) neckline이 깊고 몸에 꽉 끼는 끈 없는 여성 상의. 3 (美) (신축성 소재로 만들어진) 끈 없는 브래지어.
boo·by¹ [bú:bi] 图 (图 **boo·bies**) 1 바보, 얼간이(dunce). 2 꼴찌 학생; 가장 못하는 경기자, 꼴찌. 3 부비(열대·아열대산 가마우지 비슷한 새).
boo·by² 图 (속어) =boob². (美) 바다새.
bóoby hátch 图 1 (美속어) 정신 병원; 교도소. 2 (속어) =workhouse. 2 〔해사〕 (배의) 승강구 뚜껑.
boo·by·ish [bú:biiʃ] 图 바보 같은, 얼빠진.
bóoby príze 图 (경기 등에서) 꼴찌상, 최하위상.
bóoby tràp 图 1 (군사) 위장 폭탄, 부비 트랩. 2 문을 열면 머리 위로 물건이 떨어지도록 해놓은 장난 (숨겨진) 함정, 음모, 속임수.
boo·by-trap [-træp] 图图 (**-pp-**) …에 함정[위장 폭탄, 지뢰]을 설치하다.
boo·dle [bú:dl] 图 (美속어) 1 무리, 패거리, 동아리. 2 (많은) 돈; 대량의 물건. 3 매수금; 뇌물; 부정 헌금. 4 훔친 물건, 약탈품. 5 =boodler. 6 가짜 돈, (일반적으로) 돈. 7 (the ~) 전체. 〔없이〕 모두, 전부.
the whole kit and boodle (구어) 이것저것 [너나없이].
— 图图 (남으로부터) 뇌물을 받다, 부정하게 돈을 얻다. — 图 …에게 뇌물을 주다. 〔수회자.〕
bood·ler [bú:dlər] 图 (美속어) 독직(瀆職) 공무원.
boof·er [bú:fər] 图 (속어) 마약 상인(밀매인).
boo·ga·loo [bùːɡəlúː] 图 (the ~) 부갈루(2박자로 발을 끌듯이 하며 어깨와 허리를 움직이는 춤).
boo·er [búːər] 图 (형용사와 함께) …한 놈[것]. ¶ a mean-looking ~ 심술궂게 생긴 놈. 2 = bogeyman; (속어) 코딱지; 눈꼽.
boog·ie [búɡ(ː)i] 图 1 = ~**-woogie**. 2 (美속어) (경멸적) 흑인. 3 (구어) 마음껏 즐기다, 신나게 놀다; (속어) 부기에 맞추어 춤추다, 디스코를 추다.
boog·ie-woog·ie [-wúːɡi] 图图(C) 〔재즈〕 부기우기(재즈 피아노 블루스). — 图 부기우기를 추다.
boo·hoo [bùːhúː] 图图 울부짖다, 엉엉 울다. — 图 (图 ~**s**) 엉엉 울기; (엉엉) 우는 소리.

book [buk] 图 **1** 책, 책자, 단행본, 서적; 저서, 저작 (舎 bk.); (구어) 잡지, 만화 잡지.¶**a picture ~** 그림 책／**~s by Hemingway** 헤밍웨이의 저작. **2** 교본, 교과서; 공책, 연습장.¶**an English composition ~** 영작문 교본[연습장]. **3** (the ~) 명부, 리스트; 기록부; (the ~) (英) 전화 번호부[첩].¶**an address ~** 주소록／**Call me. I'm in the ~**. 전화해 줘, 번호는 전화 번호부에 나와 있어. **4** (~s) 장부, 회계 장부.¶**a ~** [or **~s**] **of account** 회계 장부／**The ~s show a profit.** 장부상으로 이익을 나타내고 있다. **5** 〈작품의〉권, 편, 책(舎 volume).¶*B-* **1 of Milton's** *Paradise Lost* 밀턴의 「실낙원」 제1권／**the ~s of the Bible** 성경 전서(全書). **6** 교훈[지식]의 원천; (비유적) 〈…의〉서(書)[기록] (*of*).¶**the ~ of Nature** 대자연의 기록[에 관한 지식의 원천]. **7** (the B-) 성서.¶**the good** *B-* 성서／**people of the** *B-* 유대인. **8** (우표·인지 따위의) 묶음철; 〔잎담배 따위의〕한 묶음.¶**a ~ of tickets** [stamps] 한 묶음의 회수권[우표]／**a ~ of matches** 떼어 쓰는 종이 성냥. **9** (오페라의) 가사(libretto); (연극·오페라 따위의) 대본, 각본; 〔재즈〕악단의 레퍼토리.¶**the ~ of an opera** 오페라의 가사. **10** 〔카드놀이〕 (whist나 bridge의) 6장 갖추기. **11** (구어) (경마 따위의) 내기 대장(臺帳); (속어) (노름판의) 물주. **12** 〔경기〕 (상대 팀·선수에 관한) 정보 메모. **13** 판단; 의견; (the ~) 규정[규칙](집); (일련의) 기준, 관례. **14** 〔증권〕 (증권 거래소 상담원의) 담당 고객; (고객의 매표 주문 기입장. **15** 〔광물〕 운모의 두꺼운 결정(結晶). **16** (美구어) 등록부; 대장(臺帳); (경찰의) 기록부; 업무 일지.
at *one's* **books** 공부하고 〔있는〕, 독서중인.
be with book (英속어) 저술중이다.
bring…to book ① …을 힐문하다, …의 책임을 묻다, …에게 해명을 요구하다; …을 벌하다. ② (英구어) 〈명(言)明) 따위를〕 검토하다, 살피다.
by [or **according to**] **the book** ① 규칙대로; 정식으로, 딱딱하게. ¶**speak** [or **talk**] **by the ~** 정식으로 [딱딱하게] 이야기하다. ② 권위를 가지고, 정확히.
call *a person* **to book** =**bring…to book** ①.
can make book on …은 틀림없다, 장담할 수 있다.
close [or **shut**] **the books** ① 회계 장부를 마감하다; 주식 명의의 개서(改書)를 정지하다. ② 끝맺다.
come to book 책임을 추궁당하다, 대갚음을 당하다.
come to the book (구어) (배심원이 되기 전에) 선서하다.
cook [or **doctor**] **the books** (구어) 장부를 조작하다.
every trick in the book 동원할 수 있는 모든 지식[경험].
go by the book 정해진 절차나 규정에 충실하다.
have *one's* **nose in a book** 책벌레이다.
hit [or **pound**] **the** [or *one's*] **books** (美구어) 맹렬히 공부하다.
in *a person's* **bad** [or **black**] **books; out of** *a person's* **books** 남의 마음에 들지 않아.
in [or **according to**] *a person's* **book** …의 생각 [의견]으로는.¶**Not in my ~.** 내 의견은 달라.
in *a person's* **(good) books** 남의 마음에 들어.
in the book(s) (구어) 기록되어 있는; 명부에 올라.
keep [or **do the**] **books** 장부를 기재하다, 기장하다; 경리 일을 보다.
know [or **read**] **like a book** 소상히 알다, 완전히.
make [or **keep**] **(a) book** (경마판에서) 물주가 되다;
not in the book 규정에 없는, 금지된.
off the book 책을 보지 않고, 외어서.
off the books (사람·이름의) 명부에서 제외되어, …
one for the book(s) (美구어) 기록해 둘[주목할] 만한 것[일]; 굉장한 일.
on the books (사람·이름의) 명단에 기재되어, …
open [or **start**] **the book for** …의 신청을 받다.
shut the books 거래를 중지하다.

suit [or **fit**] *a person's* **book** 남의 목적[계획]에 합치하다.
swear on the Book 성서를 두고 맹세하다.
take a leaf out of *a person's* **book** 남을 본받다; 남의 흉내를 내다.
take kindly to *one's* **books** 학문을 좋아하다.
throw the book (of rules) at (美속어) (범죄자를) 종신형[중형]에 처하다, …을 엄하게 벌하다.
up to books (英속어) 수업[공부]중인.
without book 암기하여; 전거(典據)[권위] 없이.¶**speak** *without* **~** 아무것도 안 보고[근거없이] 이야기하다.
write the book (…의) 선구자가 되다(*of*).
— 图 (~**ed** [-t]) 围 **1** …을 책[명부]에 올리다, 기록하다, 기장하다.¶**~ something to a person** 남의 앞으로 외상을 달아 두다, 외상으로 팔다. **2** (좌석 따위를) 예약하다(reserve)(*up*); (남에게) (초대를) 약속해 두다 (*for*).¶**I have ~ed seats for the theater.** 극장의 좌석을 예약해 두었다／**I shall ~ you** *for* **that evening.** 그날 밤 당신을 초대하겠습니다. **3** 〔예약자의 이름을〕 기입하다(*down*); 〔표를〕 발행하다, 팔다; (…행) 표를 사다 (*for*).¶**He ~ed a ticket** *for* **Paris.** 그는 파리행 표를 샀다. **4** (수동형으로) 예정하다, 약속하다; (배우 등이) …에 출연 계약을 맺다.¶**I am ~ed for a week in Paris.** 나는 파리에 1주일간 머무를 예정이다. **5** …을 탁송하다.¶(~+目+前+名) **~ freight** *to* **New York** 짐을 뉴욕까지 탁송하다. **6** (英구어) (수동형으로) 〔용의자의 죄상을 경찰 조서에 기입하다; …을 구금하다; …을 고발하다; (축구 따위에서 심판이) 〔반칙 선수의〕 이름[반칙 횟수]을 기록하다.¶**I'll be ~ed on a charge of burglary** 강도죄로 경찰에 고발되다. **7** 〔도박(꾼)·판돈〕에 대한 물주가 되다. **8** (美속어) (남)을 경찰서로 끌고가다. — 图 **1** 명부에 올리다, 이름을 등록하다. **2** (좌석 따위를) 예약하다, (일 따위를) 신청하다, 표를 사다.¶(~+前+名) **I ~ed for the play.** 그 연극표를 샀다. **3** (속어) 맹렬히 공부하다. **4** (속어) 돌아가다, 기힌되다. **5** (속어) 보증하다.
be booked for …에서 벗어날 수가 없다.
be booked up ① 예매표가 매진되다, 예약이 끝나다. ② 선약이 있다.¶**I am ~ed up for this evening.** 오늘밤은 선약이 있다. ③ (속어) 조금도 틈이 없다.
book down to 계산을 …앞으로 달아 두다.
book in (英) ① (호텔에) 예약하다 (*at, to*). ② 체크인하다(check in); (출근해) 이름을 기입하다.
book it (속어) ① 확실하다고 말하다, 보증하다. ② 즉시 떠나다; (맹렬히) 공부하다.
book off (美) 근무 시간까지 일했음을 보고하다; (사보타주의 의사 표시로서) 결근하다.
book out (英) 체크아웃하다; 이름을 기입하고 퇴근하다; (물건을) 서명하고 빌리다.
book through to …까지 전구간표를 사다.
book up ① (英) 호텔(차편)을 예약하다. ② (美속어) 맹렬히 공부하다.
— 图 **1** 책의.¶**the ~ department** [**section**] 서적부 [판매부]. **2** 책에서 얻은, 책상 물림의.¶**a ~ knowledge of sailing** 책에서 얻은 항해 지식. **3** 장부상의, 장부상의.¶**the firm's ~ profit** 그 회사의 장부상의 이익. **4**
ㄴ-less, ㄴ-like 图 딱딱한, 형식에 치우친.
book·a·ble [búkəbl] 图 (英) (좌석 따위가) 예약할 수 있는.¶**All seats ~.** (게시) 전좌석 예약제.
bóok accòunt 图 (회계) 장부상의 대차 계정.
bóok àgent 图 서적 외판원.
book·a·hol·ic [bùkəhɔ́(:)lik, -hάl-] 图 (구어) 장서광, 책벌레, 독서광. 舎 bookworm
bóok bàg 图 (등에 메는) 책가방; 종이 봉지.
book·bind·er [búkbàindər] 图 제본업자, 제책공.
book·bind·er·y [búkbàindəri] 图 Ⓤ 제본, 제책; Ⓒ 제본소, 제책소.
book·bind·ing [búkbàindiŋ] 图 Ⓤ 제책(업, 술);

bóok bùrning [명] 분서(焚書), 금서(禁書); 사상 탄압.
book café [-kæfèi] [명] =bookstore café.
bóok càrd [명] (도서관의) 도서 대출 카드.
‡**book·case** [búkkèis] [명] 책장, 책꽂이.
bóok clòth [명] 제책·장정용 클로스[천].
bóok clùb [명] (회원제) 도서 판매 회사[조직]; (회원 조직의) 독서회, 독서 클럽(《英》 book society).
bóok concèrn [명] 도서 출판 회사.
bóok còupon [명] 도서 상품권(《英》 book token).
bóok còver [명] 책 표지. [참] book jacket
bóok crèdit [명] 장부상의 대변(貸邊) 계정.
bóok dèaler [명] 서적상.
bóok dèbt [명] 장부상의 차변(借邊)[부채] 계정, 외상매출금.
bóok dròp [명] (도서관의) 도서 반환함(函).
booked [bukt] [형] **1** 등록된, 기장된; 계약된; 예약된(*up*); 예정된, 선약이 있는; 《英》 (표가) 지정된, 매진된. ¶a ~ seat 예약[지정]석. **2** 《구어》 (…하도록) 운명지어진, (…을) 벗어날 수 없는 (*for*).
book·end [búkènd] [명] (~s) 북엔드(책이 쓰러지지 않게 양쪽에 받치는 책꽂이).
Bóok·er Príze [búkər-] [명] (the ~) 《英》 부커 상(영국의 소설 문학상).
bóok fàir [명] 도서전(展), 도서 전시회.
book·hold·er [búkhòuldər] [명] 독서대(臺), 서안(書案); (연극의) 프롬프터(대사를 일러주는 사람).
book·hunt·er [búkhʌ̀ntər] [명] 책을 찾아 다니는 사람.
book·ie [búki] [명] 《구어》 =bookmaker 2.
***book·ing** [búkiŋ] [명] **1** [U] 기장, 장부 기입, 등기. **2** [U][C] (좌석 따위의) 예약; (연예인의) 출연 계약.
bóoking àgent [명] (호텔·여행사 등의) 예약계[담당자], 예약석 담당; 출연 계약 담당자.
bóoking clèrk [명] 출찰 계원; 표 판매원; 예약 계원.
bóoking òffice [명] 《英》 (역·극장 등의) 출찰구, 매표소(《美》 ticket office).
bóok ìnventory [명] 장부(상) 재고.
book·ish [búkiʃ] [형] **1** 《경멸적》 (유별나게) 책[학문]을 좋아하는; 독서에 몰두하는. ¶a ~ person 독서를 좋아하는 사람. **2** 책에서 얻는, 서적을 통한. **3** 책의[에 관한]; 문학적인(literary); 독서의. **4** 학자인 체하는, 딱딱한. ¶a ~ speech 딱딱한 연설. **~·ly** [부] **~·ness** [명]
bóok jàcket [명] 책 커버(《英》 wrapper).
***book·keep·er** [búkkì:pər] [명] 부기 계원, 장부 계원, 기장계(記帳係), 경리 사원.
book·keep·ing [búkkì:piŋ] [명][U] 부기. 「식] 부기.
bookkeeping by double [single] entry 복식[단식] 부기.
book·land [búklæ̀nd] [명][U] 〔英역사〕 칙허 보유지(칙허장(royal charter)에 의해 보유 허가를 받은 토지).
book-learn·ed [-lə̀:rnid, -lə̀:rnd] [형] 책에서(만) 배운, 실정에 어두운, 책상물림의.
bóok lèarning [명] 독서로 얻은 지식, 탁상 학문; 《구어》 학문, 학교 교육.
***book·let** [búklit] [명] 소책자, 팸플릿(pamphlet).
book·lore [búklɔ̀:r] [명] =book learning.
book·louse [búklàus] [명] ([복] ***-lice*** [-làis]) 책좀.
book·lov·er [búklʌ̀vər] [명] 애서가, 독서가.
book·mak·er [búkmèikər] [명] **1** 도서 출판인(인쇄·제책·편집자의 총칭); (한탕주의의) 편집자. **2** (경마 따위의) 사설 마권(馬券)업자, 물주.
book·mak·ing [búkmèikiŋ] [명][U] **1** 도서 출판(업), 책 만들기, 서적 편집. **2** (경마의) 마권 영업.
book·man [búkmən] [명] **1** 학식 있는 사람, 학자; 독서가. **2** 《구어》 출판업자; 제책업자; 서적 판매업자.
book·mark [búkmà:rk] [명] **1** 서표(書標); =bookplate. (또는 **bookmarker**) **2** 〔컴퓨터〕 (웹브라우저의) 즐겨찾기, 북마크.
bóok màtch [명] (종종 b--es) 종이 성냥.
book·mo·bile [búkməbì:l] [명] 이동[순회] 도서관.
bóok mùslin [명] 제책용 모슬린; (옛날에 여성 복지로 쓴) 얇고 흰 모슬린.
bóok nòtice [명] (신문·잡지의) 신간 도서 안내.
book-oath [-òuθ] [명] 《드물게》 성서에 손을 얹고 하는 맹세.
bóok of accóunt [명] 회계[경리] 장부.
Bóok of Bóoks [Gód] [명] (the ~) 성서.
Bóok of Chánges [명] (the ~) 역경(易經)(I Ching).
Bóok of Cómmon Práyer [명] (the ~) (영국 국교회의) 기도서.
bóok of fáte [명] (the ~) 운명의 서(書) (사람의 미래가 기록된 책).
bóok of hóurs [명] **1** (매일 일정한 시간에 사용하는) 기도서. **2** 〔가톨릭〕 시과경(時課經), 성무 일도서(日禱書).
bóok of lífe [명] (the ~) 〔성서〕 생명의 책(천국에 들어갈 사람의 이름을 기록하는 책. ←계시록(Rev.) 3:5).
Bóok of Mórmon [명] (the ~) 모르몬 경전(經典)(1830년 Joseph Smith가 출판했다).
Bóok of the Déad [명] (the ~) 사자(死者)의 서(고대 이집트인이 묘지에 부장한 기도문·주문서 따위).
Bóok-of-the-Mónth Clùb [명] 이달의 책 클럽(미국 최대의 회원제 도서 통신 판매 조직).
bóok of wórds [명] (오페라 따위의) 대본; 《英》 사용설명서.
bóok pàge [명] (신문 등의) 독서란, 서평란.
book·pa·per [búkpèipər] [명] 고급 서적지.
bóok pàrty [명] (서점의) 저자 서명[사인]회(會).
book·plate [búkplèit] [명] 장서표(ex libris).
bóok pòst [명] 《英》 서적 우편(서적 우송료 할인 제도; 지금은 printed paper post에 의한다).
book·rack [búkræ̀k] [명] 서안(書案); 책꽂이, 서가.
bóok ràte [명] (할인된) 서적 우편 요금.
book·rest [búkrèst] [명] (독서용) 책 받침대.
bóok revìew [명] (신문·잡지 등의) 신간 서평(書評)[안내]; 서평란; (학교 수업에서) 독후감.
bóok revìewer [명] 신간 서적 비평가, 서평가.
bóok revìewing [명] 서평, 서평하기.
Bóok Ròw [명] 《美》 (New York시 맨해튼의) 고서점 거리.
***book·sell·er** [búksèlər] [명] 서적상(인), 책장수. ¶at a ~('s) 서점에서.
book·sell·ing [búksèliŋ] [명][U] 서적 판매(업).
bóok shàre [명] 주식 명부상의 지분 (제도).
book·shelf** [búkʃèlf] [명] ([복] ***-shelves [-ʃèlvz]) 서가(書架), 책시렁.
‡**book·shop** [búkʃàp/-ʃɔ̀p] [명] 《英》 =bookstore; 《美》 소형 서점.
book·slide [búkslàid] [명] 자동 서가.
bóok socìety [명] 《英》 =book club.
book·stack [búkstæ̀k] [명] (도서관의) 책시렁, 서가.
book·stall [búkstɔ̀:l] [명] 노점의 헌책방; 《英》 (신문·잡지 따위의) 매점(newsstand).
book·stand [búkstæ̀nd] [명] =bookrack; =bookstall.
‡**book·store** [búkstɔ̀:r] [명] ([복] **~s** [-z]) 서점, 책방.
bookstore café [-kæ̀fei] [명] 서점 카페.
book·sy [búksi] [형] 《구어》 학자티를 내는, 유식한 체하는(bookish).
book·tell·er [búktèlər] [명] (녹음을 위한) 책의 낭독자.
bóok-to-bíll ràtio [-təbíl-] [명] 출하와 수주의 비율.
bóok tòken [명] 《英》 도서 상품권(《美》 book coupon).
bóok tràde [명] 출판업.
book-trough [-trɔ̀:f, -tràf/-trɔ̀f] [명] V자형 서적 전시 선반.
bóok vàlue [명] 장부 가격([약] b/v). [참] market value
book·word [búkwə̀:rd] [명] 책에서 배운 말(때로는 발음 따위를 모르는 것).
book·work [búkwə̀:rk] [명][U] (실험·실습이 아닌) 서적에 의한 연구[공부]; 〔인쇄〕 (신문과 구별하여) 서적 인쇄; (일에 부수되는) 서류 정리, 문서 업무.
***book·worm** [búkwə̀:rm] [명] **1** 반대좀(종이를 갉아먹는 벌레). **2** 독서광, 책벌레; 공부벌레.
bóok wràpper [명] 책 커버(book jacket).
Bóol·e·an expréssion [bú:liən-] [명] 〔컴퓨터〕 불 연산식(演算式), 논리식. 〔＜영국의 수학자·논리학자 George Boole(1815-64)〕
Bóolean lógic [명] 〔컴퓨터〕 불 논리(데이터 베이

Bóolean operátion 圏 〔컴퓨터〕 불[논리] 연산.
Bóolean óperator 圏 〔컴퓨터〕 논리[불] 연산자(演算子)(AND, OR, NOT, XOR 따위).
Bóolean séarch 圏 〔컴퓨터〕 논리[불] 검색 수법 (Boolean operator를 사용하는 정보 검색법).
boo·loo [búːluː] 圏 《美속어》 대학 1년생.
‡**boom**¹ [buːm] 圏 (圏 ~s [-z]) 1 (대포·우레 따위의) 쾅[쿵, 우르르] 울리는 소리, 쾅쾅. ¶the ~ of a cannon 대포의 쾅쾅. 2 (꿀벌 따위가) 윙윙거리는 소리. 3 벼락 경기, 〔경제〕 호황(好況), 급성장기; (물가·주가 따위의) 폭등, 급등; (어느 지역 따위의) 급속한 발전; (후보자·배우 등의) 인기 상승(⑪ slump, bust). ¶a ~ in shipbuilding 조선업계의 벼락 경기[호황] / a ~ in new schools 신설 학교의 급증. 4 (~s) 《美속어》 〔재즈 따위의 한 별의〕 드럼.
— (~s [-z]) 郵 1 (대포·우레 따위가) 쾅[쿵, 우르르] 울리다; (큰 파도가) 쏴아 밀려들다(out). 2 (꿀벌 따위가) 윙윙거리다, 웅 하며 돌진하다. 3 (장사가 갑작스레 번창하다, 갑자기 인기가 높아지다(as). ¶Business is ~ing. 장사가 갑자기 잘 되고 있다// (~+as 補) He is ~ing as an artist. 그는 화가로서 갑자기 인기가 높아지고 있다. ― 郵 1 (울림과 함께) …소리를 내다, …을 울리다(out). ¶(~+圄+圄) ~ out the verses 시를 큰 소리로 낭송하다 / The clock ~ed (out) twelve. 시계가 뗑뗑 하고 12시를 쳤다. 2 (광고 따위로) …을 크게 선전하다[내세우다]. ¶(~+圄+前+(名)) ~ him for senator 그를 상원 의원으로 추대하다.
boom off 《英軍속어》 싸워서 …을 격퇴하다(fight off).
— 圏 인기가 갑자기 높아진, 벼락 경기의, 급속히 발전한. ¶~ prices 폭등하는 물가.
boom² 圏 1 《해사》 붐, 돛의 아래 활대(돛자락을 펴는 데 쓰는 긴 원재(圓材)); 〔기계〕 기중기의 팔. 2 (목재 등의 유실을 막는) 방재(防材), 유목(流木) 방책; 방재 수역. 3 (마이크로폰이나 카메라의) 가동[可動]이 걸침대. 4 (비행기의) 공중 급유용 파이프 ― 郵 (속하다; 발하다.
lower the boom on 《구어》 …을 금지하다; …을 단
— 郵 1 (붐으로) 을 뺑뺑하게 하다(out, off). ¶(~+圄+圄) ~ out a sail 돛을 뺑뺑하게 펴다. 2 (港口·항구)에 방재 따위를 설치하다. 3 (기중기로) 〔물건의 위치를 움직이다.
boom-and-bust [ʹonbʌ́st] 圏鞥 (불경기 전후의) 벼락 경기 (특유의); 호·불황의 물결(의). (또는 **bóomor-bǘst**) 〔baby boomer〕.
bóom báby 圏 baby boom 시기에 태어난 사람
bóom bóx 圏 《美구어》 (휴대용의) 초대형 라디오 카세트 플레이어. 〔<boom+suburb〕
boom·burb [búːmbəːrb] 圏 신흥 위성 도시.
bóom-búst cýcle [ʹbʌ́st-] 圏 〔경제〕 호황과 불황의 순환(사이클), 경기 순환(물결).
bóom cár 圏 《美속어》 붐 카(고성능 스피커를 장치하여 음악을 시끄럽게 울려대는 자동차).
bóom cárpet [pǻth] 圏 초음속기의 충격파 피해 〔지역〕.
bóom córridor 圏 초음속기 비행 항로대(帶).
boom·er¹ [búːmər] 圏 《美구어》 1 = baby boomer. 2 한밑천 잡을 만한 곳에 몰려드는 사람; 경기를 부채질하는 사람. 3 뜨내기 노동자, 부랑자. 4 여자의 환심을 사려고 하는 사나이, 플레이 보이. 5 열렬한 지지자(편) (booster). 〔: 대성포.
boom·er² 圏 《濠》 큰 캥거루의 수컷; 《속어》 아주 큰 것.
*****boom·er·ang** [búːməræŋ] 圏 《濠》 1 부메랑; 부메랑 던지기 (경기). 2 (본인에게 되돌아오는 음모, 욕설, 공격; 긁어 부스럼. 3 〔연극〕 (배경을 그리기 위한) 이동식 발판; (조명 기구를 붙이는) 판자. 4 부모 품[고향]으로의 회귀, U턴 통신. ¶~ kid. ― 鞥 (던진 사람에게) 되돌아오다; 작업자들로 되다(on).
bóomerang efféct 圏 〔경제〕 부메랑 효과.
boo·mer·ang·er [búːməræŋər] 圏 《美속어》 =

baby buster.
bóomerang kíd 圏 《美구어》 부메랑 족(族), U턴 족(농촌이나 부모 품으로 되돌아오는 젊은이).
Bóomer State 圏 미국 Oklahoma 주의 별칭.
boom·ing [búːmiŋ] 圏 쾅[쿵] 하고 울리는; 벼락 경기의, 폭등하는; 인기 상승의; 급속히 발전하는. ~·ly 鄰
bóom·lèt [búːmlit] 圏 약간의 호경기, 약간의 인기.
bóoms·day [búːmsdèi] 圏 경제적 번영을 누리는 날(기간). 鞥 doomsday
bóom·stèr [búːmstər] 圏 《美구어》 =boomer¹.
bóom tówn [cíty] 圏 (벼락 경기로 생겨난) 신흥 도시. (또는 **bóomtòwn**)
bóom·y [búːmi] 圏 =booming.
*****boon**¹ [buːn] 圏 1 은혜, 혜택, 고마운 것, 선물; 큰 이익 (to). ¶the ~ of freedom 자유의 혜택. 2 (고어) 요청, 부탁(favor). ~·less 圏
boon² 圏 1 유쾌한, 재미있는, 쾌활한. ¶a ~ companion 유쾌한 〔술〕친구. 2 (시·고어) 친절한; 관대한; 인자한; (날씨 따위가) 온화한, 기분 좋은.
boon·dag·ger [búːndǽɡər] 圏 《美속어》 완력이 센 여자; 남자역의 레즈비언.
boon·dock [búːndɑ̀k/-dɔ̀k] 圏 《美속어》 (내구성이 강한) 야외용의. ― 鞥④ 농숙[야영]하다.
boon·docks [búːndɑ̀ks/-dɔ̀ks] 圏鞥 (단수취급) (the ~) 오지, 벽지; 황야; (미개척의) 삼림 지대.
boon·dog·gle [búːndɑ̀ɡl/-dɔ̀ɡl] 圏 1 (가죽이나 잔가지로 만드는) 간단한 수공예품. 2 (보이 스카우트가 목에 감는) 가죽으로 엮은 장식끈. 3 《구어》 쓸데없는[무의한] 일. ― 鞥④ 《구어》 쓸데없는[무의한] 일을 하다.
Boone [buːn] 圏 분. 1 **Daniel ~** (1734-1820): 미국의 서부 개척자; 전설적 영웅. 2 **Pat ~** (1934-): 미국의 팝 가수. 〔유색 인종.
boong [buːŋ] 圏 《濠구어》 원주민, 토인(Aborigine).
boon·ie [búːni] 圏 《美속어》 시골뜨기, 촌사람.
boon·ies [búːniz] 圏 《속어》 =boondocks.
boor [buər] 圏 1 거친 사람, 야인(yokel), 버릇없는 사람; 무식한 농사꾼, 교양 없는 시골뜨기; (네덜란드·독일 등의) 소작 농민. 2 = Boer.
boor·ish [búəriʃ] 圏 1 시골뜨기[농부]의, 농민 같은; 농민 특유의. 2 거친, 버릇없는. ¶a ~ man 시골뜨기, 교양 없는 사람. ~·ly 鞥 ~·ness 圏
*****boost** [buːst] 鞥④ 1 (뒤·밑에서) …을 밀어 올리다 (out, up). ⇨LIFT 〔類語〕 ¶~ (up) a person into a wagon 남을 밀어 올려 마차에 태우다. 2 (남을) 격려하다, 후원하다; 선전하다(up). 3 (값 따위를) 끌어올리다; …을 증대시키다. ¶~ prices 물가를 올리다. 4 (전기) …의 전압을 높이다, 승압(昇壓)하다. 5 《속어》 …을 들치기하다. 6 《美속어》 …와 성교하다. ― 郵 들치기하다, 도둑질하다.
― 圏 1 밀어 올리기. 2 (인기 따위의) 뒤를 밀어주기, 지지; 격려; 선전. 3 (값·임금의) 인상, 등귀 (in). ¶a ~ in salary [fare] 봉급[운임] 인상.
give a person a boost 남을 밀어 올려 주다, 남에게 활력을 불어넣다, 남을 격려하다.
boost·er [búːstər] 圏 1 (밑에서) 밀어 올리는 사람. 2 후원자, 지지자(supporter), 격려자; (인기를 위해) 선전하는 사람. 3 〔전기〕 승압기; (TV·라디오 따위의) 중폭기. 4 〔로켓〕 = rocket. 〔군사〕 (뇌관에 쓰는) 보조 화약. 5 (급정사진 곳 따위에서 쓰이는) 보조 기관차. 6 〔약학〕 약효 효능 촉진제, 보조약(synergist). 《구어》 (면역제의) 제2차 추사; (비유적) 캠퍼 추사. 7 《美속어》 들치기 전문의 지지, 〔문구〕 들치기 전문의 지지.
boost·er·ism [búːstərìzm] 圏 (추어 올리는) 선전
bóoster rócket 圏 보조 추진로켓(부스터) 로켓.
bóoster shót [injéction] 圏 =booster 6.
‡**boot**¹ [buːt] 圏 1 (圏) 장화, 부츠, 《英》 (편상화(編上靴) 따위) 목이 긴 구두, 오버슈즈(② shoe). ¶high ~s 《英》 장화 / jack 〔or Wellington〕 ~s 큰 장화 /laced

boot

~s 편상화/put on [off] (one's) ~s 장화를 신다[벗다]./be in ~s; have ~s on 장화를 신고 있다. **2** (옛날의 고문용) 구두 모양의 형틀; (주차 위반차 따위에 채우는) 바퀴 고정 기구. **3** 칼집 모양의 덮개[씌우개]. **4** (말에 신기는) 발싸개. **5** (무개(無蓋) 마차의 비·진흙을 막기 위한) 마부석가리개. **6** (타이어의 안쪽에 대는) 보강 고무, 안감. **7** (英) (자동차의) 트렁크(trunk); (합승마차의) 짐 싣는 곳. **8** (구어) (보통 a ~) 걷어참, 걷어차기. ¶ give the door a ~ 문을 차다. **9** (the ~) (속어) 해고, 해직. ¶ the order of the ~s 해고 통지. **10** (구어) 내야에서의 실책, 펌블(fumble). **11** (美속어) (해군·해병대의) 신병; 초년병; (일반적으로) 신인, 견습생. **12** [음악] 부트(오르간의 리드(reed)가 들어 있는 상자). **13** (~s) (단수취급) (英) (호텔의) 보이, 구두닦이. **14** (英속어) 돈. **15** [컴퓨터] 부트, 시동(始動)(OS(운영 체제)를 load하여 작동시키기)(图 bootstrap). **16** (美구어) 즐거움, 기쁨. **17** (英) (연극) (배우·배경을) 오르내리게 하는 장치. **18** (美속어) 비난, 비방, 헐뜯음. 「를 가하다.

beat...out of one's *boots* (美구어) ···에게 결정타 *be in* a *person's boots* 남과 같은 처지[입장]이 되다. *bet* one's *boots* (구어) 염려 없다, 틀림없다, 꼭, 맹세코. ¶ You can *bet your* ~s that it will rain tomorrow. 틀림없이 내일은 비가 올 거야.
boots and all (濠구어) 전력을 다하여.
boots and saddles (기병의) 승마 준비 나팔.
die with one's *boots on*; (英) *die in* one's *boots* (직장에서) 순직하다; 전사하다, 횡사하다.
get [give] the boot 해고되다[시키다].
go down [or shake] in one's *boots* (美구어) 겁내다, 무서워하다.
go it boots (美구어) 민첩하게 하다, 활발하게 하다.
go to bed in one's *boots* ⇒BED. 「(행동하다).
hang up one's *boots; hang* one's *boots up* (속어) 발을 씻다, 은퇴하다. 「하고 있다.
have one's *boots laced* (美속어) 십분 주의[경계]
have one's *heart in* one's *boots* 겁을 먹고 있다, 의기소침해 있다.
lick a *person's boots; lick the boots of* a *person* ⇒LICK.
lick the boots off a *person* (구어) 남을 철저히 굴복시키다, 시키는 대로 하게 하다.
like old boots (英속어) 기세 좋게, 맹렬하게; 철저
move [or start] one's *boots* (美속어) 출발하다.
Over shoes, over boots. (속담) 내친 김에 끝까지.
put the boot in; put in the boot (英구어) 약자를 짓밟다; 단호한 태도를 취하다; 숨통을 끊다.
put [or get, have] the boot on the other [or wrong] foot [or leg] 사태를 잘못 파악하다.
sink into one's *boots* (구어) (기분·정신 등이) 가라앉다.
The boot [or shoe] is on the other [or wrong] leg [or foot]. 책임은 상대방에게 있다. 얼토당토않은 생각[짓]이다, 형세가 일변했다.
too big in one's *boots* 우쭐하는, 뽐내는, 콧대 높은.
wipe one's *boots on* ···을 모욕하다, ···에게 무례한 짓을 하다.

── [타] **1** ···에게 장화[부츠]를 신기다. **2** ···을 구두 모양의 형틀로 고문하다; (주차 위반차에) 바퀴 고정 기구를 채우다. **3** (구어) ···을 차다, 걷어차다(out, over, about, in). **4** ···을 차내다, 쫓아내다; (구어) ···을 해고하다(out) (out of). ¶ ~ a person *out of* the house 남을 문 밖으로 차내다[쫓아내다]. **5** [컴퓨터] 시동시키다, (운영 체제)를 컴퓨터에 판독시키다(up). **5** (야구) [땅볼 타구]를 펌블하다. **6** (속어) (남)을 비난하다. **7** (속어) (남)을 조롱하다, (새로운 것 따위를) 알리다. ── [자] **1** 장화를 신다. **2** [컴퓨터] 시동하다. **3** (美속어) 토하다; 실수를 하다. 「가라.
boot and saddle (美속어) (명령문에서) 출발해라.

boot it ① 걷다, 행진하다. ② 실패하다, 실수하다.
boot one (야구) 실책을 하다.
boot up 컴퓨터를 시동하다.

boot² [명][U] (고어) 덤, 부가물, 행하. (*다음 숙어로)
to boot 그 위에, 게다가, 덤으로. ¶ I will give you that *to* ~. 덤으로 그것도 주겠다. 「모였다.
── [자] (고어·시) (it를 주어로) (···에) 이익이 되다, 쓸
boot³ [명] (고어) 노획물, 전리품(booty, plunder).
boot·black [búːtblæk] [명] (드물게) 구두닦이(英) shoeblack). 「소.
bóot cámp [명] (美속어) (해군·해병대의) 신병 훈련
boot·ed [búːtid] [형] **1** 구두를 신은; (특히) 승마 준비를 갖춘. **2** [조류] 부골(附骨)이 각질(角質) 비늘로 덮인.
booted and spurred 승마 채비를 하고; 여행(길 떠날) 준비를 끝내고.
boot·ee [명] **1** [búːtiː, -´] (소아용) 털실 신발. **2** [buːtíː] (가벼운) 여자용 단화; (목이 짧은) 부츠. **3** (방수·방한용) 덧신(overshoe). (또는 **bootie**)
boot·er [búːtər] [명] (구어) 축구 선수.
boot·er·y [búːtəri] [명] 구두 가게, 제화점.
Bo·ö·tes [bouóutiz] [명] [천문] 목동자리(Arcturus를 주성(主星)으로 하는 북복 성좌).
boot-faced [-féist] [형] 엄한 표정의; 무표정한.
‡**booth** [buːθ/buːð] [명] (복 **~s** [-ðz, -θs]) **1** 부스, (특정 용도의) 작은 방. ¶ a telephone ~ 전화 박스/a broadcasting ~ 방송실/a projection ~ 영사실/a polling [or voting] ~ (투표장의) 기표소. **2** 오두막, 판잣집, 가건물, 헛간(shed). **3** (시장 따위의) 포장마차, 노점, 임시 진열장.
Booth [buːθ/buːð] [명] 부스. **1** Ballington ~ (1859-1940: Volunteers of America의 창설자 (1896); 2의 아들.] **2 William ~** ("General ~") (1829-1912: 영국의 종교 지도자; 구세군의 창설자 (1865)).
bóoth híll [명] (美역사) (총 싸움으로 죽은 사람들을 매장한) 개척지의 묘지; 무연고 묘지.
boot·jack [búːtdʒæk] [명] (V자 모양의) 장화 벗는 기구.
boot·lace [búːtlèis] [명] (英) 구두끈(shoelace).
boot·leg [búːtlèɡ] [명] **1** 불법으로 제작[판매]하는 것; 밀조품, 불법 복사품, 해적판(음반(音盤)); 밀주, 밀조[밀매], 밀수(품). **2** 장화의 목. ── [동] (**-gg-**) [타] (주류 따위)를 밀조하다; (금제품)을 밀매하다. ── [자] 밀조[밀매, 밀수]하다. ── [형] 밀조[밀매, 밀수]의; 부정[위법]의. ¶ ~ liquor 밀조[밀매, 밀수]주. **~·ger, ~·ging** [명]
bóotleg cigarétte [명] 밀수 담배.
bóotleg pláy [명] [미식축구] 부틀레그 플레이(쿼터백이 패스하는 척하다가 그대로 볼을 가지고 달리는 플레이).
bóotleg túrn [명] (자동차 따위의) 급선회. 「레이).
boot·less [búːtlis] [형] 무익한(useless), 쓸데 없는, 소용 없는(unavailing). **~·ly** [부] **~·ness** [명]
boot·lick [búːtlìk] [명] (구어) (남에게) 아첨하다, 알랑거리다(toady). ── [명] 아첨꾼. **~·er, ~·ing** [명]
boot·lips [búːtlìps] [명] (美속어) 흑인.
boot·mak·er [búːtmèikər] [명] 구두장이, 제화공.
bóot pólish [명] (英) 구두닦기(shoeshine); 구두약.
boots [buːts] [명] (단·복수 양용) (英) (잔심부름을 하는 여관·호텔의) 구두닦이.
boot·strap [búːtstræp] [명] **1** (편상화의) 손잡이 가죽. **2** 일을 하기 위한 수단, 전진의 실마리. **3** [컴퓨터] 부트스트랩(예비 명령에 의해 프로그램을 load하는 방법); (컴퓨터의) 시동. ¶ ~ circuit 부트스트랩 회로 / ~ loader 부트스트랩 적재기.
pull oneself *up [or haul* oneself *up, lift* oneself, *raise* oneself*] by* one's *(own) bootstraps [or bootlaces]* 스스로의 힘으로 해나가다; 자수성가하다.
── [동][타] **1** (재귀용법으로) 노력하여 (자기)를 어떤 상태로 되게 하다. **2** [컴퓨터] =boot¹ 4. **3** 자력으로 진

bóot tàg 명 (英)=bootstrap 1.
bóot tràining 명 (美해군) (입대 직후의 훈련 (기간).
bóot trèe 명 (~s) 구두 안에 넣어 두는) 구두골.
***boo·ty** [búːti] 명 1 ⓤ (집합적) (전쟁중의) 노획물; 약탈품; ⓒ (하나의) 노획물, 강탈품. 2 ⓤ (사업 따위의) 벌이, 이득, 이익. 3 상, 상금, 상품. 「~·less 형
play booty 패거리와 짜고 상대를 속이다. 야바위치다.
booze [buːz] 명 (구어) ⓤ 술, 알코올 음료, 위스키; ⓒ 술잔치; 통음, 축제. ¶have a ~ 술판을 벌이다.
drive a person to booze or dope 남을 자포자기 하게 만들다.
hit the booze (美속어) 술을 마시다.
on the booze (구어) 줄곧 술을 마셔, 술 취하여.
—동자 (보통 진행형으로) 술을 많이 마시다, 과음하다
be boozed up 몹시 취해 있다. 「다(up).
booze it (up) 과음하다.
bóoze àrtist 명 (美속어) 술에 찌든 히피족.
booze·hound [búːzhàund] 명 술고래, 대주가. (또는 bóoze frèak [àrtist, fíghter], bóozehèad)
booz·er [búːzər] 명 (구어) 술꾼, 술고래; (英) 술집.
booz·er·oo [bùːzərúː] 명 (美속어) 법석 떨기, 술 잔치; 싸구려 술집. 「들기.
booze-up [-ʌ̀p] 명 (英속어) 술잔치, 술 마시러 떠
booz·y [búːzi] 명 (구어) 술 취한; 술고래의, 술에 빠진[중독]. **bóoz·i·ly** 부 **bóoz·i·ness** 명
bop¹ [bap/bɔp] 명 1 ⓤ 밥(1940년대의 모던 재즈) (bebop); ⓤⓒ 밥 댄스. 2 (美속어) 바보 같은 소리.
—동자 (-pp-) 1 (속어) 천천히 가다, 걷다. 2 (구어) (비)밥에 맞춰 춤추다.
bop off (속어) 재빨리 떠나다.
bop² (美속어) 명 (-pp-) 타 (주먹·막대기 따위로) … 을 때리다, 치다. 자 서로 치고받다, 싸우다; 지다, 패하다. 명 때리기, 구타; (감탄사적) 딱; (폭주족 따위의) 난투; 알약으로 된 1회분의 마약.
bo·peep [boupíːp] 명 1 아웅, 깍꼭. ¶play ~ 아옹[깍꼭] 하다(peekaboo). 2 (英속어) 잠(sleep).
bop·per [bápər/bɔ́p-] 명 (밥) 연주가[가수]; 밥 댄서; (10대의) 밥 팬. (또는 bópster)
BOQ bachelor officers' quarters (독신 장교 숙사).
bor. borough.
bo·ra [bɔ́ːrə] 명 1 (기상) 보라(아드리아 해 연안의 차고 건조한 북동 계절풍). 2 (濠) 원주민 남자의 성인식. 「<It
bo·rac·ic [bəræsik] 형 (화학)=boric.
borácic ácid 명 =boric acid.
bo·ra·cite [bɔ́ːrəsàit] 명 (광물) 방붕석(方硼石).
bor·age [bɔ́ːridʒ] 명 (유리지치(지칫과의 식물; 샐러드 및 약용). 「(작)소리.
bo·rak [bɔ́ːræk] 명 (濠·뉴질 속어) 놀림, 허튼 수
bo·rate (화학) 명 [bɔ́ːreit, -rət] 붕산염(硼酸塩).
—동타 [bɔ́ːreit] …을 붕산염으로 처리하다.
bo·rax [bɔ́ːræks] 명 1 (화학) 붕사(硼砂). 2 (美속어) 싸구려 상품, (겉만 번지르르한) 싸구려 가구; (속어) 거짓말, 속임수, 허풍. —형 (속어) 싸구려의, 품질이 떨어지는, 겉만 번지르르한.
Bo·ra·zon [bɔ́ːrəzɑ̀n/-zɔ̀n] 명 ⓤ (상표) 보라존(다이아몬드 이상의 경도를 갖는 신개발 물질).
bor·bo·ryg·mus [bɔ̀ːrbərígməs] 명 (복 **-mi** [-mai]) (생리) 복명(腹鳴), 꾸르륵 소리.
Bor·deaux [bɔːrdóu] 명 1 보르도(프랑스 남서부의 항구). 2 ⓤ 보르도 포도주(claret). 3 =~ mixture
Bordéaux míxture 명 (원예) 보르도액(살균제).
bor·del [bɔ́ːrdel] 명 (고어) =bordello.
bor·del·lo [bɔːrdélou] 명 (복 **-s**) 갈보집. [<It
‡**bor·der** [bɔ́ːrdər] 명 (복 **~s** [-z]) 1 가, 가장자리, 변두리, ⇨EDGE 유의어 ¶a hotel on the ~ of a lake 호숫가의 호텔. 2 경계(선), 국경(선), 지방; 주경

(州境)(with, between); 변경. ¶a ~ army 국경 경비대 /on the ~ 국경(경계)에 가까이, 국경상에 /over the ~ 국경을 넘어서 /pass across the ~ 월경하다.

유의어 **border** 경계선, 또는 경계선 인근 지역.
boundary 경계선. **bound** boundary의 안쪽에서 보아 앞으로는 더 갈 수 없는 한계의 뜻. **frontier** 정치적·군사적으로 본 다른 나라와의 경계 지역.

3 (the B-(s)) 잉글랜드와 스코틀랜드의 경계 지대; (the ~) 미국과 멕시코·캐나다 사이의 경계. ¶the south of the ~ (美) 멕시코. 4 (the ~) 한계, 극한, 끝장. ¶the ~ of despair 실망의 극한 /the ~s of death 임종(臨終). 5 (의복·모자 따위의) 가장자리[테두리] 장식, 선(縇) 장식. ¶a lace ~ round a tablecloth 식탁보 가장자리의 레이스 장식. 6 (원예) (정원 가장자리의) 화단; 화단의 테두리. ¶a garden with a ~ of pretty flowers 가장자리에 아름다운 꽃들이 심어진 정원.
on the border of ① …에 접하여, …의 가(경계)에.
② 막 …하려고 하여. ¶He is *on the ~ of ruin.* 그는 파멸에 직면했다.
within [*out of*] *borders* 영토 내[외]에.
—동 (~s [-z]) 타 1 …에 가장자리를 달다, 테를 두르다(with). ¶~ a tablecloth with lace 레이스로 식탁보 가장자리 장식을 달다 /a street ~ed with trees 가로수 길. 2 …와 경계를 이루다, 접하다. ¶The city is ~ed by a large airport on the south. 그 시(市)는 남쪽으로 큰 공항에 접해 있다. 자 1 인접하다, 서로 접하다(on, upon). ¶the countries ~ing on the Pacific Ocean 태평양 연안 국가들. 2 (…와) 유사하다, 비슷하다(on, upon).
~ed, ~·less 형 「각서[메모]. [<F
bor·de·reau [bɔ̀ːrdəróu] 명 (복 **~x** [-z]) 상세한
bor·der·er [bɔ́ːrdərər] 명 1 국경[변경] 지대의 주민(특히 잉글랜드와 스코틀랜드 사이의). 2 가장자리를 장식하는 사람, 테를 두르는 사람.
bor·der·ing [bɔ́ːrdəriŋ] 명 ⓤ 테를 두르는 재료; =edging. —형 서로 접한. ⇨ADJOINING 유의어
bor·der·land [bɔ́ːrdərlænd] 명 1 국경[변경], 국경 지대; 변방. 2 (the ~) 어중간한 지경[상태](between, of). ¶the ~ between sleeping and waking 비몽사몽의 지경, 꿈결 같은 상태.
***bor·der·line** [bɔ́ːrdərlàin] 명 1 (…사이의) 국경선, 경계선(between). (또는 **bórder líne**) 2 국경 연변, 지경. 3 (정신의학) 경계역 인격의 경계. 4 (비유적) 계급 따위의 경계. —형 1 경계[국경]상의, 국경(경계)에 가까운. 2 불명확한, 이도저도 아닌. 3 아슬아슬한, 위설에 가까운.
bórderline càse 명 어정쩡한[이럴 수도 저럴 수도 없는] 경우; (정신의학) (정신병과 신경증의) 경계 사례.
bórderline personálity 명 (정신의학) 경계역 인격(정서·기분·행동 등 여러 면에서 불안정한 인격).
Bórder Státes 명복 (the ~) 1 (美역사) 경계 제주(諸州) (노예 제도를 인정하던 남부 주(州) 가운데 연방 탈퇴보다는 북부의 자유주(Free States)와 타협했던 주; Delaware, Maryland, Kentucky, Missouri 주; 종종 West Virginia, Tennessee도 포함). 2 (美) 캐나다에 접한 여러 주.
bórder tàx 명 (美) (수입품에 부과되는) 국경세. 「개).
Bórder térrier 명 보더 테리어(영국 원산의 테리어
‡**bore¹** [bɔːr] 동 (~s [-z]; ~d; bor·ing) 타 1 (구멍)을 뚫다. ¶(~+명+전+명) ~ a hole through [or in, into] the board 판자에 구멍을 뚫다. 2 (속)을 도려내다, (우물·구멍)을 파다; …을 보링하다. ¶A tunnel was ~d through the mountain. 산을 뚫고 터널이 파졌다. 3 (남)을 밀고 나아가다, (남)을 밀어 젖히고 나아가다. (경마에서) (다른 말)을 젖히다; (통로)를 열다. —자 1 (기계) 구멍을 뚫다; (유정·탄광 따위)를 시굴하다. ¶(~+전+명) ~ for oil[coal] 석유

bore [석탄]를 시굴하다. **2** 구멍이 뚫리다.¶This timber ~s well. 이 목재는 구멍이 잘 뚫린다. **3** (…에 거슬러) 조금씩 나아가다. 「굴을 뚫고」 나아가다.
***bore** one's way through *[under]* …속을 헤치고
—图 ~s [-z] **1** (기계) 보링의 구멍, (우물·유정의) 시추공, 터널. **2** (총구 따위의) 강구(腔口), 포강(砲腔): 구경(口徑). **3** (엔진의) 실린더. **4** (濠) (건조지의) 가축용 우물. 「으로.
at full bore (구어) 최대한으로, 전속력으로; 전면적
bór·a·ble, ⌐·a·ble 图
‡**bore²** [bɔːr] 图® (~s [-z]; ~d; bor·ing) …을 지겹게[지루하게] 하다 (with, by).¶be ~d stiff 넌더리 내다.
be bored to death [or sleep, tears]; be bored out of mind 몹시 [심심]해 죽을 지경이다.
—图 ~s [-z] **1** 지겹게 하는 사람, 귀찮은[성가신] 사람[것].¶a dreadful ~ 지긋지긋하게 귀찮은 녀석. **2** (주어) (보통 a ~) 싫은 일, 불쾌한 일.
bore³ 图 고조(高潮), 해소(海嘯)(강어귀에 밀려 오는 높
‡**bore⁴** 图 bear¹의 과거. 「은 파도).
-bore [bɔːr] (銃) …구경(口徑)의.
bo·re·al [bɔ́ːriəl] 图 북(쪽)의; 북풍의; (때로 B~) (그리스 신화) Boreas의. 「의 신); (詩) 북풍.
Bo·re·as [bɔ́ːriəs] 图 (그리스 신화) 보레아스(북풍
bore·cole [bɔ́ːrkòul] 图 =kale.
‡**bored** [bɔːrd] 图 지루한, 지겨운, 권태로운.¶with a ~ air 지루한 듯이.
bore·dom [bɔ́ːrdəm] 图® 권태, 지루함; © 지겨운 일.¶relieve ~ 심심풀이를 하다.
bore·hole [bɔ́ːrhòul] 图 (광산) 시추공(試錐孔).
bor·er [bɔ́ːrər] 图 구멍 뚫는 사람[물건]; (기계) 구멍 뚫는 기구(auger), 천공기; 나무좀(나무나 과일에 구멍 뚫는 벌레).
bore·some [bɔ́ːrsəm] 图 지루한, 재미없는.
Bor·ges [bɔ́ːrheis] 图 **Jorge Luis** ~ 보르헤스 (1899-1986: 아르헨티나의 시인·소설가).
Bor·gia [bɔ́ːrdʒə] 图 **Cesare** ~ 보르지아(1476?-1507: 이탈리아의 추기경·전제(專制) 정치가).
bo·ric [bɔ́ːrik] 图 (화학) 붕소의, 붕소를 함유한.
bóric ácid 图 (화학) 붕산.
bo·ride [bɔ́ːraid] 图 (화학) 붕화물(硼化物).
bor·ing¹ [bɔ́ːriŋ] 图 (기계) ® 구멍 뚫기, 천공 (작업), 보링; © (뚫은) 구멍; (~s) 송곳밥, 보링 부스러기.
‡**bor·ing²** 图 지루한, 지겨운. ⇨ TEDIOUS 유의어 ¶a ~ book 지루한 책/How ~! 아이고 지루해! **~·ly** 图
bóring bìt 图 송곳 끝, 드릴의 날.
bóring machìne 图 천공기; 보링 기계.
bork [bɔːrk] 图® (美) (공인·공직 후보 등)을 (특히 언론을 통해) 공격하다, 신랄히 비판하다.
[<언론을 이용한 캠페인으로 연방 대법원 판사 인준이 거부된 R. H. Bork 판사(1927-)의 이름]
Bor·laug [bɔ́ːrlɔ(ː)g] 图 **Norman E.** ~ 볼로그 (1914- : 미국의 농학자로 녹색 혁명을 주도; 노벨 평화
‡**born** [bɔːrn] 图 bear¹의 과거분사. 「상(1970)).
—图 **1** 타고난, 선천적인; 어쩔 수 없는, 전적인.¶a ~ athlete[musician] 타고난 운동 선수[음악가]/a ~ fool 선천적 바보. **2** 태어난, 생긴.¶a recently ~ prince[idea] 갓 태어난 왕자[생각해낸 아이디어]. **3** (복합어로) …태생의.¶a German-~ scholar 독일 태생의 학자/a poverty-~ crime 빈곤이 낳은 범죄.
born and bred 토박이의, 순수한.¶He is a Parisian ~ *and bred*. 그는 파리 토박이다.
born of …에 유래[기인]하는.
born of woman 여자에게서[무릇 인간으로] 태어난.
born [not born] yesterday (비꼬아) 풋내기인[가 아닌], 숨기가 쉬는[속지 않는].
in all one's born days 태어나서 지금까지, 일생 동안
of woman born =~ *of woman*. 「안에.
There's one born every minute. (구어) 얼간이

같은 녀석도 참 많다.
Born [bɔːrn] 图 **Max** ~ 보른(1882-1970: 독일 태생의 영국 이론 물리학자: 양자 역학의 확립에 기여; 노벨 물리학상(1954)).
born-a·gain [⌐əgèn] 图 **1** (그리스도에 의해) 다시 태어난, 거듭난; 신심이 깊은; (비유적) (흥미·호기심 따위) 색다른.¶a ~ Christian 영적으로 다시 태어난 기독교도. **2** 부활한 듯한, 철저한, 신념이 굳은.
‡**borne** [bɔːrn] 图 bear¹의 과거분사.
bor·né [bɔːrnéi] 图 속이 좁은, 편협한. [<F]
Bor·ne·o [bɔ́ːrniòu] 图 보르네오(Malay 제도 중의 섬). 「한 짓을 하다.
go Borneo (美俗) 곤드레만드레 취하다; 몹시 무례
-ne·an [-niən] 图图 보르네오人(사람[말])(의).
bor·ne·ol [bɔ́ːrniòːl] 图® (화학) 용뇌(龍腦), 보르네오 장뇌(樟腦), 보르네올. 「**ic** 图
born·ite [bɔ́ːrnait] 图® (화학) 반동광(斑銅鑛). **bor·nít·**
Bo·ro·din [bɔ́ːrədìn/bɔ̀r-] 图 **Aleksandr Porfirevich** ~ 보로딘(1834-87: 러시아의 작곡가·화학자; 오페라 *Prince Igor* (1889)).
bo·ron [bɔ́ːran/-rɔn] 图® (화학) 붕소(硼素)(비금속 원소로; ⑦ B). **bo·rón·ic** 图 「규산염(硼珪酸塩).
bo·ro·sil·i·cate [bɔ̀ːrəsílikət, -kèit] 图® (화학) 붕
*****bor·ough** [bɔ́ːrou/bʌ́rə] 图 **1** (美) (일부 주의) 자치 읍·면; (Alaska주의) 군(다른 주의 county에 해당). **2** (New York시의) 자치구, 독립구(Manhattan, the Bronx, Brooklyn, Queens, Staten Island 등). **3** (英) (칙허장에 의하여 특권이 부여된) 자치 도시; (국회 의원의 선거구에의) 도시, 선거구. ¶a rotten ~ 부패 선거구. **4** (런던의) 구(區). **5** (the B-) (英) 템스강 남안의 Southwark 시. **6** (英) (옛날의) 성시(城市).
bórough cóuncil 图 (英) (borough의 칭호를 가진) 자치구 의회.
bor·ough-Eng·lish [-íŋgliʃ] 图® (옛 영국의 일부에서 행하여진) 막내 아들 상속제.
Bor·ro·mi·ni [bò(ː)rəmíːni/bàr-] 图 **Francesco** ~ 보로미니(1599-1667: 이탈리아의 건축가·조각가).
‡**bor·row** [bárou, bɔ́ːr-/bɔ́r-] 图 (~s [-z]) ⑤® **1** …을 빌리다, 차용하다, 꾸다 (*from, of*) (⇔ lend). ¶~ books *from* the library 도서관에서 책을 빌리다// May I ~ your umbrella? 우산 좀 빌려주시겠습니까? **2** (무단히) [남의 문구 따위]를 따서 쓰다; (풍습 따위)를 모방하다; (다른 나라 말)을 차용하다 (*from*). ¶~ his idea 그의 아이디어를 빌리다 (¶/~+图+前+图) words ~*ed into* English *from* French 프랑스어에서 차용한 영어. **3** (수학) (뺄셈에서) …을 윗자리에서 꾸어오다[내리다]. **4** (방언) 빌려주다(lend). **5** (토목) (매립용) 흙을 …에서 파오다. **6** (英속어) 체포하다.
—⑤ **1** 빌리다 (*from*); 무단 차용하다, 도용하다.¶I neither ~ nor lend. 나는 (돈을) 빌리지도 빌려주지도 않는다. **2** (사람·작품 등에서) 생각[문구, 속성 따위]을 따오다. **3** (골프) (그린의 경사·풍향 따위를 고려하여) 공을 치다. **4** (해사) 선수를 바람쪽[해안]으로 돌리다.
borrow (money) from [or of, (구어) *off*] …로부터 (돈을) 빌리다[꾸다]. 「만들다.
borrow trouble 쓸데없는 걱정을 하다, 긁어 부스럼을
in borrowed plumes ⇨BORROWED PLUMES.
live on borrowed time ⇨BORROWED TIME.
—图 **1** (컴퓨터) 빌림. **2** (골프) (경사·풍향 등을 고려한) 보정폭(補正幅). **3** (매립용으로 파온) 채토(採土).
~·a·ble 图 **~·er** 图
bórrow dígit 图 (컴퓨터) 빌림수(數). 「자본(금).
bór·rowed cápital [bároud-/bɔ́roud-] 图 차입
bórrowed líght 图 창 따위로부터 들어오는 간접 광; 차사광.
bórrowed plúmes 图® 빌린 옷; 빌려 온 지위[명성]; 얻은들은 지식.
in borrowed plumes 남의 옷을 빌려 입고, 남의 위

bórrowed tíme 圀 빌린 시간; (비유적) 덤의 삶.
live on borrowed time (노인·환자 등이) 살아남아 덤의 삶을 보내다, 의외로 오래 살다.
bor·row·ing [bárouiŋ, bɔːr-/bɔ́r-] 명 1 ⓤ 빌리기, 차용. 2 (습관 따위의) 차용물; 차용어; ⓤ 차용금.
bórrow pìt 명 (토목) 토사 채취장.
borscht [bɔːrʃt] 명 보르시치(빨간 순무를 넣은 러시아식 수프). (또는 bors(c)h, borshch) [<Russ]
bórscht cìrcuit [bèlt] 명 (the ~) 보르시치 벨트(미국 New York 주 Catskill 산맥에 있는 유대인의 피서용 호텔 단지).
bor·stal [bɔ́ːrstl] 명 (종종 B-) (英) 소년원(10대 후반의 비행 청소년 선도 학교). (또는 ~ **institution**)
Bórstal sỳstem (英) 소년 범죄자 감화 제도.
bort [bɔːrt] 명 ⓤ 저질 다이아몬드; 다이아몬드 부스러기(공업용·연마용). (또는 **boart, bortz**) ~**y** 형
bor·zoi [bɔ́ːrzɔi] 명 보르조이 개(러시아산(産)의 사냥개).
bos [bas, bɔːs/bɔs] 명통형 (英) =boss¹.
BOS (컴퓨터) *basic operating system*(기본 운영 체제; 하드웨어 작동·파일 관리 소프트웨어). 「kage」
bos·cage [báskidʒ/bɔ́s-] 명 덤불; 숲. (또는 **bos-**)
Bosch [baʃ/bɔʃ] 명 1 **Carl** ~ 보슈(1874-1940: 독일의 화학자; 노벨 화학상(1931)). 2 **Hieronymus** ~ 보스(1450?-1516: 네덜란드의 화가).
Bosche [baʃ/bɔʃ] 명 =Boche.
bosh¹ [baʃ/bɔʃ] 명 ⓤ (구어) 허튼 소리, 바보 같은 소리. ¶talk ~ 시시한[바보 같은] 소리를 하다. ── 감 허튼 소리 마라!, 바보 같은 소리! ── 통 타 (英속어) …을 놀리다, 조롱하다.
bosh² 명 (야금) 보시(용광로 하부의 가장 불룩한 부분).
bosk [bask/bɔsk] 명 (고어) 덤불, 관목 숲.
bos·ket [báskit/bɔ́s-] 명 (작은) 숲, 덤불, (관목) 수풀(thicket). (또는 **bosquet**)
bosk·y [báski/bɔ́ski] 형 (문어) 수목이 많은 [무성한] (wooded); 나무 그늘이 있는.
bos'n [bóusn] 명 =boatswain. (또는 **bo's'n**)
Bos·ni·a [bázniə/bɔ́z-] 명 보스니아(Bosnia and Herzegovina의 일부; 옛 왕국).
-an 명형 보스니아(의); 보스니아 사람[말](의).
Bósnia and Hèr·ze·go·ví·na [hɜ̀ːrtsəgouvíːnə] 명 보스니아 헤르체고비나(옛 유고슬라비아 연방에 속했다가 1992년 독립한 공화국; 수도 Sarajevo).
Bos·ny·wash [básnəwàʃ/bɔ́sniwɔ̀ʃ] 명 보스니아시(미국 동부의 New England에서 Washington, D.C. 에 걸친 인구 집중 지대).
[<*Bos*ton+New York City+*Wash*ington, D.C.)
‡**bos·om** [bú(ː)zəm] 명 (복 ~s [-z]) 1 가슴, 흉부; (~s) 유방; 젖가슴. ⇨ BREAST 유의어 ¶a baby sleeping in her mother's ~ 어머니 품에 안겨 잠자는 아기/press a person to one's ~ 남을 꼭 껴안다/heave the ~ (심호흡을 하여) 가슴을 부풀리다. 2 (의복의) 가슴 부분, (와이)셔츠의 가슴 (의복의) 품. 3 감각·감정이 있는 곳으로서의 가슴, 마음(속), 가슴 속, 흉금. ¶His sorrows were locked deep in his own ~. 그는 슬픔을 가슴 속 깊이 감추었다. 4 (the ~) (산 따위의) 깊은 속; 내부, 깊숙한 곳. ¶the ~ of a mountain[the nature] 산[자연]의 품. 5 (the ~) (바다·호수·정원 따위의) 표면; ¶on the ~ of the ocean 큰 바다 한복판에. 6 (the ~) 마음 놓이는[편안한] 곳; (가족·단체 등의) 내부, 집안. 7 포옹. 「다.
come home to one's bosom 마음[가슴]에 사무치
enter one's bosom (생각 따위가) 마음 속에 떠오르다.
in Abraham's bosom 죽어서, 천국에서.
in one's bosom 포옹하여.
in the bosom of one's family 온 가족이 단란한 가운데, 가족에 둘러싸여.
keep...in one's bosom …을 가슴 속에 간직해 두다.

speak one's bosom 흉금을 터놓고 이야기하다.
take a person to one's bosom ① (여자) 남을 아내로 삼다; 남을 진정한 친구로 삼다. ② 남을 애정을 가지고[따뜻하게] 맞이하다. ¶a ~ buddy[or friend] 막역한[신뢰하는] 친구/a ~ secret 소중한 비밀.
── 통타 …을 가슴에 껴안다, 포옹하다; …을 가슴[품]에 넣다; …을 숨기다; …을 가슴에 간직하다.
bos·omed [bú(ː)zəmd] 형 가슴에 품은[간직한, 감춘]; (복합어로) …한 가슴(모양)의. ¶a full-~ beauty 가슴이 풍만한 미인.
bos·om·y [bú(ː)zəmi] 형 1 (여자가) 가슴이 풍만한 (busty). ¶a ~ actress 가슴이 풍만한 여배우. 2 (가슴처럼) 불룩한. ¶~ hills 불룩하면서 둥근 언덕.
bo·son [bóusan/-sɔn] 명 (물리) 보손, 보스 입자(스핀이 정수(整數)인 소립자(素粒子)).
Bos·po·rus [básparəs/bɔ́s-] 명 (the ~) 보스포러스 해협(흑해와 지중해를 연결). (또는 **Bosphorus**)
-ran, -rán·ic, Bos·pó·ri·an 형
‡**boss¹** [bɔːs, bas/bɔs] 명 (복 **~·es** [-iz]) 1 (구어) 두목, 우두머리, 왕초, 보스. 2 (직속) 상사, 상관; 감독[관리]자; 고용주, 사장. 3 (the ~) 실권자, 지배자. ¶She is the ~ in this company. 그녀가 이 회사를 좌지우지한다. 4 (경멸적) (정당의) 당수. 「kage」
be one's own boss 누구의 지배도 안받다, 독립해 있다.
show a person who's boss 남에게 누가 주인인가를 지고 있는지 보여주다. 「을 따르겠습니다.
You're the boss. (구어) 당신이 정해 주세요, 당신
── 형 (~·es [-iz]; ~ed [-t]) 타 …을 감독하다, 지휘하다; 지시하다; 쥐고 흔들다(*about, around*).
── 자 두목[보스]이 되다, 두목 행세를 하다.
boss a person about [*or around*] 남을 좌지우지하다, 남에게 명령하다. ¶His wife ~es him *around*. 그는 아내에게 꼼짝 못한다.
boss it (구어) 마음대로 처리하다, 좌지우지하다.
boss the show (속어) 좌지우지하다, 지배[감독]하다.
── 형 주인의; (구어) 주요한, 두목[보스]인, 지배하는; (속어) 훌륭한, 뛰어난.
boss² 명 1 (동·식물) 돌기, 혹 (모양의 것). 2 (지질) 암주(岩株). 3 (장식적인) 돌기(물), 장식못. 4 (건축) 돌기 장식; (천장 따위의) 부조(浮彫), 돋을새김. ── 통타 …에 돌기장식을 하다.
boss³ 명 (부르는 말로) 암소, 송아지.
boss⁴ 명 (구어) 실패하다, 실수하다, 잘못 쏘다, 오산하다. ¶~ one's shot 잘못 쏘다. ── 명 실수, 실패, 오산; 사격이 서투른 사람. (또는 **bos**) 「정보국.
BOSS (英) *Bureau of State Security*(국가 비밀
bos·sa no·va [básə nóuvə/bɔ́sə-] 명 보사노바(브라질 기원의 음악·춤).
Bóss Chárley 명 (흑속어) 백인 보스[상사].
boss·dom [bɔ́ːsdəm, bás-/bɔ́s-] 명 정계의 보스임; 정계 보스의 영향 범위; 보스 정치.
bossed [bɔːst, bast/bɔst] 형 (건축) 돌을새김이 된, 돋을기물을 붙인(embossed).
boss-eyed [-áid] 형 (英속어) 애꾸눈의; 사팔뜨기의; 한쪽으로 치우친, 기운. 「우두머리, 회장.
boss-head [bɔ́ːʃèd, bás-/bɔ́s-] 명 (구어) 장,
boss·ism [bɔ́ːsizm, bás-/bɔ́s-] 명 ⓤ (美) 정치 보스에 의한 지배, 보스 정치(제도).
bóss làdy 명 (여성의) boss¹, 여자 보스.
boss·man [bɔ́ːsmæ̀n, bás-/bɔ́s-] 명 (구어) =boss¹.
boss-shot [-ʃàt/-ʃɔ̀t] 명 엉뚱한 실수, 큰 실책. ¶make a ~ at …에 (처음 손대어) 실패하다.
boss·y¹ [bɔ́ːsi/bɔ́si] 형 (구어) 두목 행세를 하는; 위세 부리는, 전제적인.
bóss·i·ly 부 **bóss·i·ness** 명
boss·y² 형 (건축) 돌을새김이 있는, 돌기 장식이 붙은.

bos·sy[3] [bási/bósi] 〖명〗 (부르는 말로) 암소, 송아지.
boss·y-boots [-bùːts] 〖명〗〖복〗 (구어) 오만불손한 사람[녀석].
‡**Bos·ton** [bɔ́ːstən, bás-/bɔ́s-] 〖명〗 **1** 보스턴(미국 Massachusetts 주의 주도(州都)). **2** (b-) 〖U〗 카드놀이의 일종. **3** (the b-) 왈츠의 일종.
Bóston árm 〖명〗 보스턴 전자 의수(義手)(신경 펄스를 감지하여 작동한다).
Bóston bág 〖명〗 보스턴 백(손잡이가 둘 있는 백).
Bóston brówn bréad 〖명〗 전빵의 일종.
Bóston búll 〖명〗 =Boston terrier.
Bóston créam píe 〖명〗 보스턴 (크림) 파이(2장의 스펀지케이크 사이에 크림이나 커스터드를 넣은 것).
Bos·to·ni·an [bɔːstóuniən, bas-/bɔs-] 〖형〗 보스턴(시민)의, 보스턴(시민)적인. —〖명〗 보스턴 시민.
Bóston Mássacre 〖명〗 (the ~) 〔美역사〕 보스턴 학살 사건(1770년 3월 5일 보스턴 시민이 일으킨 영국 주둔군에 대한 폭동으로 수많은 희생자가 발생).
Bóston rócker 〖명〗 보스턴 로커(등받이가 높은 목제의 흔들의자).
Bóston Téa Párty 〖명〗 (the ~) 〔美역사〕 보스턴 차(茶) 사건(1773년 12월 16일 보스턴 항에 정박중인 영국 선박에 적재했던 차를 바다에 내던진 사건).
Bóston térrier 〖명〗 보스턴 테리어(bulldog과 bull-terrier의 교배에 의한 미국산(産)의 작은 개).
bo·sun [bóusn] 〖명〗 =boatswain.
Bos·well [bázwel, -wəl/bɔ́z-] 〖명〗 **1 James ~** 보스웰(1740-95: 스코틀랜드의 전기 작가). **2** (일반적으로) 충실한 전기 작가. **~·i·an** [bàzwéliən/bɔ̀z-] 〖형〗 보스웰류의. **~·ize** 〖동〗 보스웰류로 쓰다.
bot[1] [bat/bɔt] 〖명〗 **1** 말파리(botfly)의 유충. **2** (the ~s) 보트증(症)(말 피부병의 일종). (또는 **bott**)
bot[2] [濠속어] 〖동〗 (남을) 등치다; 공갈쳐서 한턱 쓰게 하다; 등치는 사람. 「다(금품을 우려내다).
be on the bot for …을 등쳐먹다.
bot[3] 〖명〗 〔美속어〕 병(bottle). 「(<robot).
bot[4] 〖명〗 〔美구어〕 로봇; 〔컴퓨터〕 자동처리 프로그램.
BOT [bíːouːtíː] 〖명〗 〔美속어〕 (가출옥 규칙을 위반한 자가 복역해야 하는) 남은 형기. <balance of time>
BOT balance of trade; 〔컴퓨터〕 beginning of tape (테이프의 시단(始端)); build, operate and transfer (BOT 방식: 개도국에 대한 플랜트 수출 등에서 투자 회사가 건설·운영·관리를 한 뒤 현지 기업이나 정부에 매각). **bot.** botanical; botanist; botany; bottle; bottom; bought. **bo't.** bought. **B.O.T.** Board of Trade. **botan.** botanical.
*****bo·tan·i·cal** [bətǽnikəl] 〖형〗 식물(학)의; 식물에서 채취한. (또는 **botanic**) 〔약학〕 식물성 약품. **~·ly** 〖부〗
botánical gárden 〖명〗 (종종 ~s) 식물원.
*****bot·a·nist** [bátənist/bɔ́t-] 〖명〗 식물학자.
bot·a·nize [bátənàiz/bɔ́t-] 〖동〗〖자〗 식물(생태)을 연구하다; 식물을 채집하다. —〖타〗 …을 (식물학적으로) 조사[연구]하다.
‡**bot·a·ny** [bátəni/bɔ́t-] 〖명〗 (복 **-nies** [-z]) 〖U〗 **1** 식물학. ¶applied ~ 응용 식물학/geographic [systematic, morphological] ~ 식물 분포[분류, 형태]학. **2** (한 지방의) 전체 식물; 한 지방의 식물의 생태. ¶the ~ of Cuba 쿠바 지방의 식물. **3** 〖C〗 식물학 서적[연구 논문]. **4** (때로 B-) =B- wool.
Bótany Báy 〖명〗 보터니 만(灣)(오스트레일리아 Sydney 부근의 만: 원래 영국의 죄수 유형지).
be sent to Botany Bay 오스트레일리아로 유배형을 당하다. 「의 최고급 메리노 양모).
Bótany wóol 〖명〗 보터니 양모(오스트레일리아산(産)
bo·tar·go [bətáːrgou] 〖명〗 (복 **-(e)s** [-z]) 〔英〕 (숭어·참치 따위의) 알을 소금에 절여 말린 식품.
botch[1] [batʃ/bɔtʃ] 〖동〗〖타〗 …을 망쳐 놓다(up); …을 서투르게 수리하다[깁다](up); 서투르게 (말)하다. —〖명〗 어설픈[서투른] 일, 볼품 없는 솜씨; 서투르게 기운 자리, 서투른 수선: 보치(하치의 오팔석(石)).
make a botch of …을 망쳐 놓다.
~·ed·ly 〖부〗
botch[2] 〖명〗 〔고어〕 종기, 부스럼(swelling).
botch·er [bátʃər/bɔ́tʃ-] 〖명〗 서투르게 일을 하는 사람, 서투른 직공.
botch·er·y [bátʃəri/bɔ́tʃ-] 〖명〗〖U〗 서투른, 볼품 없는
botch·y [bátʃi/bɔ́tʃi] 〖형〗 서투른, 볼품 없는; 실수한.
bótch·i·ly 〖부〗 **bótch·i·ness** 〖명〗
bo·tel [boutél] 〖명〗 =boatel.
bot·fly [bátflài/bɔ́t-] 〖명〗 〔곤충〕 말파리.
‡**both** ⇒BOTH. <p. 338>
*****both·er** [báðər/bɔ́ð-] 〖동〗 (~**s** [-z]) 〖타〗 **1** …을 괴롭히다, 귀찮게 하다, 성가시게 하다(*with*, *about*, *for*). ¶~ one's parents 부모를 성가시게 하다// (~+〖目〗+(〖前〗+〖名〗)) *a person with questions* 남에게 귀찮게 질문하여 괴롭히다/ ~ *a person for money* 남에게 돈을 달라고 귀찮게 조르다// *Will it* ~ *you if*…? …해도 괜찮겠습니까?/ I'm sorry to ~ you, but… 죄송합니다만… (* 허가 따위를 구하는 정중한 표현).

〖유의어〗 **bother** 당혹·걱정을 끼치거나, 일 따위의 방해를 하다. **annoy** bother 하여 일시적으로 성나게 하다, 신경질나게 하다. **worry** 큰 불안·걱정을 끼치다. **vex** annoy보다도 큰 폐·노여움·걱정 따위를 일으키게 하다. **tease** 끈질기게 귀찮게 하여 괴롭히다. **harass** 끊임없이 요구를 해대거나, 부담을 주어 몹시 난처하게 하다. **plague** 쉴새없이 신경질나게 하거나 괴롭히거나 난처하게 하다. **pester** 참을 수 없을 만큼 귀찮게 괴롭히다. **tantalize** 자주 기대를 갖게 하다가 배신하여 애타게 하다.

2 …을 어리둥절하게 하다, 당황케 하다. ¶His inability to get the joke ~*ed* me. 나는 그가 농담을 이해하지 못해 당황했다. **3** …을 걱정시키다, 고민하게 하다. ¶It ~*s* us that he is too young. 우리가 걱정하는 것은 그가 너무 어리다는 것이다. —〖자〗 **1** 고민하다, 근심하다, 걱정하다 (*about*, *with*). ¶ (~+〖前〗+〖名〗) Don't ~ *about* the expenses. 비용 걱정은 마라. **2** 일부러 …하다, …하도록 애쓰다 (*to do*, *doing*). ¶ (~+*to do*) Don't ~ *to* fix a lunch for me. 나를 위해 일부러 도시락을 만들 것 없어요.
bother one's head [or *oneself*] *about* …의 일로
Bother you! 귀찮아! 「골치를 앓다.
can't be bothered to do [or *with doing*] …할 마음이 내키지 않는다. ¶I *can't be* ~*ed to* think. 생각하기도 싫다. 「질러진.
hot and bothered 〔구어〕 혼란한, 얽히고설킨, 어 —〖명〗 **1** 난처한 일, 고민거리 (*to*); 말썽, 걱정. ¶a spot of ~ 약간의 고민거리/ Quit your ~! 걱정하지 마라! **2** 소동, 옥신각신. ¶I had a little ~ with him about money. 돈 때문에 그와 약간 옥신각신했다.
It's no bother.; No bother (at all). 누워 떡먹기야, 별거 아니냐.
What's all this bother about? 무슨 일로 이 야단 —〖감〗 〔英〕 (가벼운 짜증·초조 따위를 나타내어) 제기랄!, 귀찮은 … 놈아! ¶Oh, ~ (it)! 에이, 지긋지긋해[패 씸하다]! / *B- the flies!* 귀찮은 파리 새끼!
both·er·a·tion [bàðəréiʃən/bɔ̀ð-] 〖명〗〔고어〕 귀찮다!, 제기랄! —〖명〗〖U〗 귀찮게 하기, 성가심; 번거로움.
both·er·some [báðərsəm/bɔ́ð-] 〖형〗 귀찮은, 번거로운, 성가신(troublesome). 「다 쓰는.
both-hand·ed [-hǽndid] 〖형〗 양손잡이의; 두 손을
bóth hánds 〖명〗〖복〗 〔美속어〕 손가락, 10닥러; 10년형(刑). 「터) 양방향 통신.
bóth-wáy communicátion [-wèi-] 〖명〗〔컴퓨터〕
both·y [báθi/bɔ́ði] 〖명〗 〔스코〕 오두막(노무자 등의 숙

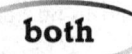

「양쪽의 (것)」이라는 뜻의 형용사·대명사. 또한 both... and...의 형식으로 상관접속사로도 쓰인다. 어느 경우나 「복수」개념을 내포하며, not과 함께 쓰면 부분 부정이 된다는 점에 유의할 필요가 있다. both의 전체 부정은 not...either이다: I want *both* books. → I don't want *either* book.

‡**both** [bouθ] 〖(한정용법) 양쪽의, 양인의, 쌍방의. ¶the buildings on ~ sides of the street 도로의 양편에 있는 건물들 / B- the boys passed the examination. 그 소년들은 둘 다 시험에 합격했다 / I don't know ~ those girls. (부분 부정) 나는 저 소녀들을 둘 다 아는 것은 아니다(한 사람만 안다).

[USAGE]¹ 형용사 **both**의 위치 —— (1) both가 정관사나 지시대명사, 인칭대명사의 소유격(these, those, my, his 등)과 함께 쓰일 때에는, 이들 앞에 놓이든가 명사 뒤에 놓인다. the both boys, his both hands와 같은 말은 현재에는 일반적이 아니다. 또한 the boys both의 경우의 both는 대명사의 동격 용법이다. (2) 정관사와 함께 쓰일 경우 보통 the를 생략하거나 both of the...로 써도 된다. ¶B- (*the*) *girls* are beautiful. =B- *of the girls* are beautiful.

both hands 〖BOTH HANDS.
have it [or **things**] **both ways** (논의 따위에서) 양다리 걸치다, 모순되는 두 가지 일을 동시에 하다.
—— 때 (보통 both of+한정 복수명사구로) 양쪽, 양자, 양인, 두 사람(둘) 다 (* both of의 뒤에는 반드시 대명사, 또는 정관사나 대명사 소유격을 수반하는 명사를 쓴다). ¶B- belong to him. 둘 다 그의 것이다 / B- of them went. 그들 둘 다 갔다 / They are ~ happy. 그들은 둘 다 행복하다(* both는 they와 동격) / They are gentlemen ~. 그들은 둘 다 신사다(* both는 gentlemen과 동격) / It is the fault of ~. 그것은 두 사람의 책임이다(* both's fault, both their fault는 잘 쓰지 않는다) / B- are not young. (부분 부정) 누 사람 모두 젊은 것은 아니다(One is not young.) / I don't know ~ of them. (부분 부정) 그들을 둘 다 아는 것은 아니다(반) I know *neither* of them. (전체 부정) 어느 한 사람도 모른다.

[USAGE]² **both**의 주의해야 할 위치 —— (1) 동격 용법으로 명사·대명사의 바로 뒤에 both를 쓸 경우, 이것은 강조된다. ¶The children ~ laughed. 아이들은 둘 다 웃었다 / Men and women ~ enjoyed dancing. 남녀 모두 춤을 즐겼다 / He and I ~ enjoyed it. 그와 나는 다같이 그것을 즐겼다. 단, 복합 어구의 경우 both가 뒤로 가는 것은 그 어구가 주어인 경우뿐이다.
(2) both와 대명사의 어순은 보통 다음의 같은 형식이 쓰인다. ¶B- are young. / B- of us are young. / We are ~ young.(* We ~ saw them. 우리 두 사람은 다 그들을 만났다 / We saw them ~. 우리는 그들 양인을 만났다. 동격의 대명사에 선행하는 both we, both us와 같은 어순은 현재 쓰이지 않는다).
(3) 명사(주어)+be, seem, appear 따위의 불완전 자동사 혹은 조동사의 경우에는 both는 동사(조동사)의 뒤에 온다. ¶Those houses *were* ~ burned. 두 집 다 탔다 / They *seem* ~ clever. 그들은 둘 다 영리해 보인다.
(4) 명사의 경우도 (美)에서는 both of...의 꼴이 쓰인다. ¶B- *of* the children laughed.
(5) both의 소유 관계는 of both로 나타낸다. 특히 (美)에서는 이 경향이 강하지만, (英)의 문어체에서는 both their... (of both of them) 같은 표현도 보인다. ¶It is ~ *our* fault [or faults]. 그것은 우리 두 사람의 잘못이다 / on ~ *their* leaving... 그들 두 사람의 출발에 임해…(* (美)에서는 이 경우에는 ~ *of them* leaving이라는 표현을 잘 쓴다).

—— 접 (both A and B의 꼴로 상관 접속사적) …도 …도, …와 …도 모두, …뿐아니라 …도. ¶*B*- men *and* women can vote. 남녀가 다 투표할 수 있다(* 이 경우는 both를 대명사로, 뒤에 오는 명사를 동격으로 생각할 수도 있다) / It is ~ good *and* cheap. 그것은 품질도 좋고 가격도 싸다 / He was ~ tired *and* hungry. 그는 피로하기도 하고 배도 고팠다.

[USAGE]³ (1) 이 both A and B의 구문에서는 A와 B는 동가(等價) (同一) 어구·절)로 하는 것이 바람직한다. 따라서 both *in* Korea and America는 문법상으로 both *in* Korea and *in* America로 하든지 *in* both Korea and America로 하는 쪽이 좋다.
(2) 또한 셋 이상의 어구에 관해서도 both A and B and C...로 할 경우가 있다.
(3) 부정형은 neither A nor B이다: He is *neither* a scholar *nor* a gentleman. 그는 학자도 아니고 신사도 아니다.

박소). (또는 **bothie**)
bó tree [bóu-] 〖(식물) (인도의) 보리수.
bot·ry·oi·dal [bátriɔ́idl/bɔ̀t-] 〖 포도송이 모양의. (또는 **bótryoid, botryose**)
Bot·swa·na [batswɑ́ːnə/bɔts-] 〖 보츠와나(아프리카 남부의 공화국; 수도 Gaborone). **-n(i)an** 〖〖
bott [bat/bɔt] 〖 =bot¹.
Bot·ti·cel·li [bàtitʃéli/bɔ̀t-] 〖 **Sandro** ~ 보티첼리(1444?-1510: 이탈리아의 화가). **~·an** 〖
‡**bot·tle**¹ [bátl/bɔ́tl] 〖 (⑨) **~s** [-z]) **1** 병, 병 모양의 용기. ¶a vacuum ~ 보온병 / uncork a ~ 병마개를 뽑다. **2** 한 병(의 양). ¶a ~ of ink 잉크 한 병 / sell by the ~ 한 병에 얼마로 팔다. **3** 젖병(nursing ~); (the ~, one's ~) (한 젖병의) 우유, 인공유. ¶The baby drank his ~. 젖먹이가 우유를 마셨다. **4** (the ~, one's ~) 술, 알코올 음료; 음주. ¶a devotee of the ~ 애주가. **5** [美구어] 대주가, 술고래. **6** (the ~) (美속어) 매춘, 남색을 파는 행위. **7** [英軍속어] 훈계, 징계. **8** [英속어] 용기, 기력, 근성, 배짱(guts). ¶lose one's ~ 기가 죽다, 주눅 들다 / have (got) a lot of ~ 용기(배짱)가 있다. **9** (노상 흥행 따위에서의) 거둔 돈, 수입. **10** (구어) 열전자관(thermionic ~), 진공관, 브라운관.
be addicted [or **take**] **to the bottle** 술에 빠지다.
bring up [or (美) **raise**] *a child on the bottle* 아이를 우유로 키우다.
crack [or **break**] *a bottle* 술병을 따다; 축배를 들다.
fight a bottle (美속어) 술을 마시다, 과음하다.
hit the bottle (속어) 술을 많이 마시다, 술에 빠져 [다, 취하다.
like one's bottle 술을 좋아하다.
no bottle (속어) 무가치한, 아무 쓸모 없는.
on the bottle (구어) 늘 술에 취해서.
over a [or **the**] **bottle** 술을 마시면서. ¶talk *over the* ~ 술을 마시면서 이야기하다.
put new wine into old bottles 새 포도주를 낡은 부대에 담다; 어울리지 않는 짓을 하다, 엉뚱한 짓을 저지르다(←마태 복음(Matt.) 9:17).
—— 〖 (**~s** [-z]; **~d; -tling**) 〖 **1** …을 병에 담다; (英) [야채나 과일]을 병조림하다. ¶~ beer 맥주를 병

에 담다 / ~ fruit 과일을 병조림하다. **2** 《英속어》 〔범인 따위〕를 붙잡다. **—**[자] **1** 《英속어》 (노상 흥행사가) 구경꾼으로부터 돈을 거두다. **2** 《美구어》 통음하다.

Bottle it! 《美속어》 닥쳐!, 조용히!, 그만!

bottle off 〔술 따위〕를 통에서 병으로 옮겨 담다.

bottle out 《英속어》 기가 죽다; 얼다; 단념하다.

bottle up ① …을 병에 밀봉하다. ② 〔감정 따위〕를 억누르다, 숨기다, 감추다. ¶~ *up* one's anger 노여움을 억누르다. ③ …을 가두다, 포위하다. ④ 〔교통 따위〕를 정체시키다.

~·lìke [형]

bot·tle² [명] 《英방언》 (건초·짚의) 다발, 건초 더미.

look for a needle in a bottle of hay ⇨NEEDLE.

bóttle bàby [명] 인공 영양아, 우유로 키운 아이; 《美속어》 술고래, 알코올 중독자.

bóttle bànk [명] (재활용을 위한) 빈병 집적장(集積場).

bóttle blònde [명] 《구어》 염색한 금발[블론드] 여인.

bot·tle·brush [bátlbrʌ̀ʃ/bɔ́t-] [명] **1** 병 씻는 솔. **2** 꽃솔나무; 쇠뜨기(field horsetail)(오스트레일리아산(産) 천인화과(天人花科)의 식물; 여름에 꽃이 핀다).

bóttle càp [명] (병의) 마개(crown).

bóttle clùb [명] 보틀 클럽(병채로 술을 사서 맡겨 두었다가 마시는 회원제 클럽).

bot·tled [bátld/bɔ́t-] [형] **1** 병조림의, 병에 든. ¶~ beer [fruit] 병맥주[병조림 과일]. **2** 《속어》 술 취한.

bóttle(d) gás [명] 휴대용 원통 용기에 든 압축 가스; 액화 석유 가스, LPG.

bóttled in bónd (위스키 따위를) 보세창고 내에서 숙성시켜 병에 담은.

bóttled wáter [명] 병[휴대용 용기]에 든 생수.

bot·tle-fed [-fèd] [형] 우유로 자란, 인공 영양의. ¶a ~ baby 우유로 키운 아이. [참] breast-fed

bot·tle-feed [-fìːd] [동][타] (*-fed* [-fed]) 〔젖먹이〕를 인공 영양[우유]으로 기르다. [참] breast-feed

bot·tle·ful [bátlfùl/bɔ́t-] [명] 한 병(의 분량).

bóttle glàss [명] 병유리(암녹색의 조제품).

bóttle gòurd [명] 호리병박.

bóttle gréen [명] (때로 a ~) 암녹색, 진한 녹색(deep green).

bot·tle·hold·er [bátlhòuldər/bɔ́t-] [명] **1** 권투 선수를 돌봐주는 사람, 세컨드(second). **2** 후원자, 조수. **3** 병을 받치는 기구[대].

bóttle ìmp [명] 병 속에 갇힌 전설상의 작은 도깨비; (물을 넣은 병 속의) 부침(浮沈) 인형.

bot·tle-man [-mæ̀n] [명] 《美속어》 술꾼, 주정뱅이.

bot·tle·neck [bátlnèk/bɔ́t-] [명] **1** 병목. **2** 좁은 통로[입구]. **3** (진행의) 장애, 애로; (교통 정체가 생기는) 병목 지점. **—**[동][타] …을 가두다; …의 진행을 방해하다. **—**[자] 장애가 되다; 진행을 방해하다. **—**[형] **1** 병목 모양의, 병목처럼 좁은. **2** 애로의, 진행을 방해하는.

bóttleneck inflàtion [명] 〔경제〕 보틀넥 인플레이션(생산 능력을 초과하는 수요 증대로 인한 물가 상승).

bot·tle·nose [bátlnòuz] [명] **1** 주먹코; (주독이 오른) 딸기코. **2** (또는 **bóttle-nosed dólphin**) 청백돌고래(북대서양산(産); 병 모양의 큰 코를 가졌다).

bót·tle-nòsed [-d] [형]

bot·tle-o(h) [-òu] [명] ([복] ~*s*) 《濠구어》 빈병 회수업자.

bóttle òpener [명] 병따개. (또는 **bóttle-òpener**)

bóttle pàrty [명] 각자가 술을 가지고 오는 파티.

bot·tler¹ [bátlər/bɔ́t-] [명] **1** (주류·음료 따위를) 병에 담는 사람[장치, 회사], 음료 메이커, 보틀러. **2** 《英속어》 겁쟁이; (노상 흥행에서) 돈걷는 사람; 안팔리는 중고차.

bot·tler² [명] 《濠속어》 멋있는 것[사람].

bóttle shòp [명] 《英》 주류 판매점[코너], 술가게(병·캔에 담은 주류 판매; 점내 음주는 금지).

bóttle stòpper [명] 병마개.

bóttle stòre [명] 《남아공》 술집.

bóttle trèe [명] 〔식물〕 줄기가 병 모양으로 불룩해지는 빈뽕나무속(屬) 나무의 속칭(오스트레일리아 원산).

bot·tle·wash·er [bátlwɑ̀ʃər, -wɔ̀ːʃ-/bɔ́tlwɔ̀ʃ-] [명] **1** 병 씻는 사람[기구]. **2** 《英구어》 허드렛일꾼.

head [or ***chief***] ***cook and bottlewasher*** 《구어》 모든 일을 혼자 하는 사람, 「사장 겸 사원 겸 급사」.

bot·tling [bátliŋ/bɔ́t-] [명][U] (음료 따위를) 병에 담기(공정); 병에 담긴 음료, 특히 포도주.

‡bot·tom [bátəm/bɔ́t-] [명] ([복] **~*s*** [-z]) **1** (the ~) 하부(下部), (산 따위의) 기슭, (나무의) 밑둥, (페이지의) 아랫부분([반] top). ¶ the ~ of a tree 나무의 밑둥 / at the ~ of a hill 언덕의 기슭에.

2 밑바닥, 아래쪽; 〔경제〕 (경기·시세 따위의) 바닥, 바닥 시세[경기]; (구두 따위의) 밑창, 밑바닥; (~s) 《속어》 구두. ¶a false ~ (용기의) 속임수로 높인 밑바닥.

3 (the ~) 물밑, (바다·하천·호수·샘 등의) 밑(바닥)([반] surface); (~s) 저지, 강가의 저지대. ¶the ~ of the sea 해저 / the rocky [sandy] ~ 암초[모래] 바닥.

4 (마음의) 밑바닥, 깊은 속, 내심. ¶love her from the ~ of one's heart 그녀를 진정으로 사랑하다.

5 〔해사〕 선저(船底), (배의) 흘수선(吃水線) 밑부분, 선복(船腹); 〔상업〕 선박, 화물선. ¶a ship with double [flat] ~ 이중 바닥으로 된 배[평저선(平底船)].

6 (의자의) 앉는 부분(seat). ¶This chair needs a new ~. 이 의자는 앉는 자리를 새로 갈아야겠다. **7** (one's ~) 《구어》 엉덩이, 둔부; 항문; 《속어》 여성 성기. ¶smack one's ~ 볼기를 때리다. **8** (the ~) (사물의) 본질, 진상; 근저(根底); (생각 따위의) 기초; 근거, 원인; 이면, 흑막. ¶ the ~ of the trouble 분쟁의 본질[진상]. **9** [U] 저력(底力); (말·개의) 끈기, 내구력. ¶a horse with good ~ 저력이 있는 말. **10** (투피스·비키니 따위 옷의) 아랫도리; (~s) 파자마의 바지. **11** (the ~) 《英》 (후미·만·플 따위의) 안쪽, 깊숙한 곳; (길 따위의) 막다른 곳. ¶at the ~ of the street 거리의 막다른 곳에. **12** 〔야구〕 **a**) (회(回)의) 말(末)([반] top). **b**) 하위 타자. **13** (the ~) 말석, 최하위, 꼴찌. ¶He is (at) the ~ of the class. 그는 반에서 꼴찌이다(＊ 《英》은 종종 the를 생략한다). **14** 《英구어》 (물을 타기 전에) 먼저 따른 술. **15** 《집합적》 (밴드의) 중저음(中低音) 악기. **16** 〔염색〕 초벌 염색의 빛깔. **17** 〔화학〕 앙금, 침전물. **18** [U] 최저속의 기어. **19** 중요성, 영향력. **20** 《美속어》 팝송의 저음부.

at (the) bottom 사실은; 근본적으로는; 내심은.

at the bottom of ① …의 주요 원인[주모자]으로. ② …의 밑바닥에.

Bottoms up! 《구어》 건배!, 자, 한 잔 쭉!

bottom up [or ***upwards***] 《美구어》 거꾸로, 뒤집혀.

from the bottom of barrel [or ***heap***] 《美구어》 밑바닥부터(의).

from the bottom up 처음부터, 당초부터 완전히.

from top to bottom ⇨TOP¹.

get to the bottom of …의 진상을 규명하다, 철저하게 조사하다.

go to the bottom 가라앉다; 탐구하다.

have no bottom 바닥을 알 수 없다, 한이 없다.

hit [or ***scrape***] ***bottom*** =*touch bottom*.

knock the bottom out of ① …을 밑바닥부터 뒤엎다; 〔계획·학설 등〕을 무효로[쓸모없게] 만들다. ② 〔시세 따위〕를 폭락하게 하다.

reach the [or ***rock***] ***bottom*** (시세가) 밑바닥까지 떨어지다.

scrape the bottom of the barrel 《구어》 부득이 최후의 수단[방책]을 쓰다.

send ... to the bottom …을 가라앉히다.

stand on *one's* ***own bottom*** 독립[자립]하다.

start at the bottom of the ladder 밑바닥부터 [맨주먹으로] 시작하다.

The bottom drops [or ***falls***] ***out.*** 《구어》 ① (시세 따위가) 밑바닥까지 떨어지다, 바닥을 치다. ② …에게 (하루 따위가) 몹시 불유쾌[불행]한 것이 되다(*for*, *of*).

to the bottom ① 밑바닥까지. ¶drain a cup *to the*~ 잔을 다 비우다. ② 철저하게.

touch bottom ① (물) 밑에 닿다; 좌초하다. ② (시세 따위가) 바닥에 이르다. ③ (사람이) 밑바닥에 떨어지다, 최악의 상태에 빠지다; 기분이 최악이다. ④ 결

론에 도달하다, 명백해지다, 이해하다. 「걸다.
venture all in one bottom 모든 것을 이 한 판에
—[동] (~**s** [-z]) [타] **1** …에 바닥(부분)을 대다.¶~ a shoe 구두에 창을 대다/~ a chair 의자에 시트[앉는 부분]를 대다. **2** 《수동형으로》 …의 기초를 두다(base), …을 근거로 삼다 (*on, upon*).¶His acts are ~*ed upon* solid belief. 그의 행동은 확고한 신념에 입각하고 있다. **3** …의 근본을 알아내다, 진상을 규명하다; 〔강 따위〕의 깊이를 재다.¶a mystery that we can't ~ 진상을 알아낼 수 없는 이상한 일/~ a river 강의 깊이를 재다. **4** 〔바다 따위〕의 밑바닥에 닿다; 〔잠수함〕을 해저에 대다. **5** 《濠》 〔광산 따위〕를 다 파내다. **6** (염색하기 전에) …을 초벌 염색하다. —[자] **1** 의거하다, 근거로 삼다 (*on, upon*). **2** 밑바닥에 다다르다 (*on*); (물가 따위가) 바닥에 닿다(*out*). **3** (지형 따위가) 가장 낮아지다.
bottom out 바닥에 닿다; (시세가) 바닥을 치다.
—[형] 《한정용법》 **1** 밑바닥의, 물밑[해저]의, 하부의; 최하위의.¶a ~ shelf 맨아래 선반. **2** 기본적인, 근본적인.¶the ~ cause [idea] 근본 원인[이념]. **3** 최후의.
come out bottom 꼴찌가 되다.

bóttom bòards [명][복] (보트의) 바닥 널, 밑판.
bóttom dòg [명] 《구어》 패배자; 약자. [참] top dog
bóttom dóllar [명] 마지막 (남은) 1달러[한 푼].
bet one's bottom dollar 《구어》 ① 마지막 한 푼[가진 돈 전부]을 걸다. ② (…을) 확신하고 있다, 절대 …이다 (*on, that*[節]).
bóttom dráwer [명] 《英》 (옷장의) 맨밑 서랍(처녀의 혼수감 따위를 넣어두는 곳); 혼수 준비[품] ([참] hope chest).¶save for one's ~ 결혼 준비를 하다.
bóttom fish [명] 해저에 사는 물고기, 저생어.
bóttom géar [명] 《英》 (자동차 따위의) 최저속 기어.
bot·tom·ing [bátəmiŋ/bɔ́t-] [명] 초벌 염색; 구두 밑창 마무리 작업; (도로 포장의) 노반용재(쇄석 따위).
bóttom lànd [명] 저지(低地), (강가의) 저지대.
***bot·tom·less** [bátəmlis/bɔ́t-] [형] **1** 밑바닥이 없는; (의자 따위가) 앉는 부분이 없는.¶a ~ box 밑빠진 상자. **2** 매우 깊은, 바닥 모를.¶a ~ sea 한없이 깊은 바다. **3** 헤아릴 수 없는; 한없는, 끝없는. **4** 근거[이유] 없는.¶a ~ accusation 근거없는 비난. **5** (댄서 등이) 나체의, 누드의.¶a ~ dancer 누드[나체] 댄서. **~·ly** 「[부] **~·ness** [명]
bóttomless bár [명] 누드 바.
bóttomless pít [명] (the ~) **1** 지옥, 나락(hell). **2** 끝까지 김을 빼는 것, 골치 썩이는 것. **3** 《美속어》 대식가.
bóttom líne [명] (the ~) **1** (기업의) 결산 공고, 재무제표(financial statement)의 마지막 행(行)(손익(損益)을 표시); 《구어》 순이익, 순손실, 재무 상태; 최저치(値). **2** 《구어》 최종 결과, 결론; 요점, 핵심, 중요한 것; 전환점.¶Give me the ~. = What's the ~? 요점이 뭐야?, 결론[요점]만 말해. **3** (여성의) 히프[둔부]선.
the bottom line is (that) 요컨대[결국은] …이다.¶*The* ~ *is* the ~. 핵심은 손익[재무 상태]이다.
bot·tom-line [-làin] [형] 이해·득실만을 따지는; 실리만 좇는, 현실주의의; 본질적인, 긴요한. —[동] 수지[요점, 결론]를 분명히 나타내다.
bot·tom-lin·er [-láinər] [명] (주주·경영인·회계사 따위) 이익[이윤] 제1주의자.
bot·tom·most [bátəmmòust/bɔ́t-] [형] 최저의(lowest); 밑바닥의; 가장 깊은; 가장 기본적인.
bot·tom-of-the-line [-əvðəlàin] [형] (동종 제품 중) 가장 값이 싼. [참] top-of-the-line
bóttom róund [명] 소의 넓적다리 바깥쪽 살.
bot·tom·ry [bátəmri/bɔ́t-] [명] 〔해상법〕 선박 저당 대차 계약(선박을 담보로 항해 비용을 빌어쓰는 계약).
bot·tom-up [-ʌ́p] [형] 아래[하부]로부터의, 일반 대중으로부터의; 하의 상달식의([참] top-down).¶~ reform 밑으로부터의 개혁.
bóttom-up mànagement [명] 〔경영〕 하의 상달식 경영, 하부 중심의 경영 관리.

bot·u·lin [bátʃulin/bɔ́t-] [명][U] 〔의학〕 보툴린(보툴리누스균에서 나오는 독소).
bot·u·li·nus [bàtʃuláinəs/bɔ̀t-] [명] 보툴리누스균. (또는 **botulinum**) **-nal** [형]
bot·u·lism [bátʃulìzm/bɔ́t-] [명][U] 〔병리〕 보툴리누스 중독(증)(보툴리누스 독소에 의한 식중독).
bou·bou [búːbuː] [명] 부부(아프리카 여러 나라의 몸에 감듯이 입는 소매 없는 긴 옷). 「파이). 〔<F〕
bou·chée [buːʃéi] [명] 부셰(고기나 생선을 넣은 소형
bou·clé [buːkléi] [명][U] 부클레 실[옷감]; 매듭 모양으로 꼰 실; 그 실로 짠 옷감. (또는 **bóuclé**) 〔<F〕
bou·din [buːdǽŋ] [명] ([복] ~**(s)**) 〔요리〕 부댕(닭고기·돼지고기·송아지 고기 따위로 만든 블러드 소시지(~ noir) 또는 화이트 소시지(~ blanc)). 〔<F〕
bou·doir [búːdwɑːr] [명] 여성의 침실[거실]. 〔<F〕
bouf·fant [buːfɑ́ːnt] [형] (옷소매·치마·머리 따위가) 부푼, 불룩한, 헐렁한. —[명] 부풀린 머리 모양. 〔<F〕
bouffe [buːf] [명] 〔음악〕 희가극(opera ~). 〔<F〕
Bou·gain·ville [명] **1** [*F* bugɛvil] **Louis Antoine de** ~ 부갱빌(1729-1811: 프랑스의 항해가). **2** [búːgənvìl, bóu-] 부겐빌 섬(서태평양 Solomon 제도 최대의 섬). 「꽃과(科)의 열대성 덩굴 식물).
bou·gain·vil·le·a [bùːgənvíliə] [명] 부겐빌레아(분
‡**bough** [bau] [명] (나무의) 가지; 큰 가지(⇨BRANCH [유의어]); 《고어》 교수대. **~·less, ~·y** [형]
boughed [baud] [형] **1** 《복합어로》 (큰) 가지의[가 있는].¶golden-~ elms 황금빛 가지의 느릅나무. **2** 큰 가지로 덮인, 가지로 햇빛을 가린.
bough·pot [báupàt/-pɔ̀t] [명] 큰 꽃병; 《英》 꽃다발.
‡**bought** [bɔːt] [동] buy의 과거·과거분사.
bóught déal [명] 〔증권〕 (채권의) 일괄 매입 인수 (방식)(증권사가 발행 주식·채권을 일괄 매수해 협정 가격으로 매도하는 거래 방식). 「한. [참] homemade
bought·en [bɔ́ːtn] [형] 《시·방언》 가게에서 산, 구입
bou·gie [búːdʒiː/-ʒiː] [명] **1** 〔의학〕 부지(요도 따위에 삽입하는 가느다란 기구), 소식자(消息子). **2** 〔약학〕 좌약(suppository). **3** 《고어》 양초.
bouil·la·baisse [bùːljəbéis/búːjəbè(i)s] [명][U][C] 부야베스(마르세유의 명물인 어패류 스튜). 〔<F〕
bouil·li [buːjíː] [명][U] 삶은 고기, 찐 고기. 〔<F〕
bouil·lon [búljɑn/búːjɔn] [명][U] 부용(맑은 고기 수프(clear soup)의 일종); (세균 배양용의) 육즙(肉汁). 〔<F strong broth〕
bóuillon cùp [명] (양쪽에 손잡이가 붙은) 부용 컵.
Boul., boul. boulevard.
Bou·lan·gism [buːlǽndʒizm] [명] 불랑제주의(1880년대에 프랑스의 장군 G. Boulanger (1837-91)가 제창한 대독일 군사 보복주의). **-gist** [명]
boul·der [bóuldər] [명] (물의 작용으로 둥글게 된) 큰 바위, 거석(巨石); 둥근 돌, 호박돌; 표력(漂礫). (또는 **bowlder**) **~ed, ~·y** [형] 「**bowldering**)
boul·der·ing [bóuldəriŋ] [명] 옥석을 깐 보도. (또는
boule [buːl] [명] 불(인조 사파이어[루비]의 원석).
Bou·le [búːli] [명] (그리스의) 의회, 하원.
boul·e·vard [bú(ː)ləvɑ̀ːrd/búːlvɑ̀ːd] [명] 넓은 가로수길; 《美》 (거리명은 B-) 대로([약] Blvd., blvd.).
bou·le·var·dier [bù(ː)ləvɑːrdíər/buːlvɑ́ːdièi] [명] (파리의) 큰 거리를 배회하는 건달, 플레이보이.
Bou·lez [búːlez/*F* bulɛ] [명] **Pierre** ~ 불레(1925-: 프랑스의 지휘자·작곡가).
boulle [buːl] [명] =buhl. (또는 **bóullewòrk**)
Bou·logne [bulóun/-lɔ́in/*F* bulɔŋ] [명] 불로뉴(파리 교외의 도시).
boult [boult] [동][타] 《폐어》 =bolt².
boul·ter [bóultər] [명] 주낙(낚싯줄).
***bounce** [bauns] [동][자] **1** (공 따위가) 튀다; 되튀다, 튀어오르다, 바운드하다; (빛·소리 따위가) 반사하다 (*back, up, down*)(*off, to*).¶(~+[副]) The ball ~*d back* from the wall. 공이 벽에 맞고 튀어나왔다. **2**

(사람이) 뛰어오르다, 뛰듯이 걷다(*about, up*); 활발히 움직이다. 요란스럽게 움직이다(*along, down*). ¶ ~ to one's feet 발딱 일어서다 // (~+前+名) She ~d out of the room in a huff. 그녀는 발끈하여 방에서 뛰쳐 나갔다. **3 (英구어)** 허풍치다. **4 (구어)** (수표 등이) 부도가 나 되돌아오다. **5 (야구)** 내야 땅볼을 치다.
— 他 **1** …을 튀기다, 되튀게 하다(*up, down*). ¶ ~ a ball 공을 튀기다 // (~+目+副) ~ a boy *up* and *down* 소년을 들어올렸다 내렸다 하다. **2 (문 따위를)** 탕 닫다(slam). ¶ ~ the door 문을 탕 닫다. **3 (美속어)** (갑자기) …에게서 해고하다, 내쫓다 (*from, out of*). ¶ (~+目+前+名) He was ~d *from* his job. 그는 해고당했다. **4 (구어)** …을 (…에 대해) 야단치다 (*for*). ¶ I was well ~d *for* my carelessness. 나는 부주의로 해서 호되게 야단맞았다. **5 (英)** 억지로[다그쳐서] (남)에게 (…)시키다 (*into doing*). **6 (美구어)** (구혼자를) 퇴짜놓다, 거들떠보지도 않다. **7 (구어)** (남에게) 부도내다. **8 (신호 따위를)** 통신위성으로 중계하다(*off*).
bounce alóng ① (볼이) 튀다; (차 따위가) 질주하다. ② **(구어)** (진행적으로) (일 따위가) 잘 진척되다.
bounce aróund (계획 따위를) 이러저리 생각하다, 궁리하다, 논의하다.
∽·ing·ly 부
bounce báck ① ⇒ 자 1. ② **(구어)** (타격·패배·병 따위에서) 곧 회복하다. ③ (…에) 영향을 주다.
bounce báck and fórth (생각 따위를) 여러 모로 검토하다.
bounce for (…의 청구서)를 지불하다; …을 대접하다.
bounce óff (*of*) …에 대한 (사람의) 반응을 살피다.
bounce óut with …라고 내뱉다. 「것 거야.
That's the way the ball bounces. 인생이란 그런
— 명 **1** (되)튐, 바운드; (갑작스런) 뛰어 오름, 도 약. ¶ catch a ball on the first ~ 공을 원 바운드로 잡다 / She rose with a ~. 그녀는 벌떡 일어섰다. **2** U 탄력(성). **3** U 활력, 원기; 왕성한 회복력. ¶ with ~ and vigor 생기발랄하게. **4** U (때로 a ~) **(英속어)** 허풍, 허세; 뻔뻔스러움, 건방짐; 자신. **5 (the ~) (美속어)** 해고, 추방; 각하(却下). **6 (레이더 스크린에 비친 반사파의 크기의) 변동, 흔들림.
get the bóunce 해고되다; (남자가 여자한테) 퇴짜맞다. 「짜 놓다.
give *a person* **the bóunce** 남을 해고하다; 남을 퇴
on the bóunce ① (공 따위가) 튀어, 바운드하여. ② **(속어)** 허풍을 떨고, 허세를 부리고.
— 부 쿵 (하고), 별안간, 느닷없이. ¶ come ~ against a person 남에게 쾅 부딪치다.
∽·a·ble 형 ∽·a·bly 부
bóunced chéck [báunst-] 명 부도 수표.
bounc·er [báunsər] 명 **1** 뛰는 사람, 뛰는 것. **2 (美속어)** (극장·댄스홀 따위의) 경비원(guard); 경호원 (bodyguard). **3** (같은 종류 중에서) 유달리 큰 것. ¶ This pumpkin is a ~. 이 호박은 유난히 크다. **4 (英속어)** 허풍선이; 큰 허풍. **5 (구어)** 부도 어음; **(美속어)** 위조 수표. **6 (야구)** (내야) 땅볼.
bounc·ing [báunsiŋ] 형 **1** 힘찬, 활기 있는, 건강한. **2** 과대한, 과장된; 큰. ¶ a lie 엄청난 거짓말. **3** 잘 튀는, 탄력있는. ¶ ~·ly 부 「누불.
bóuncing Bét [**Béss**] 명 (식물) 사포나리아, 비
bounc·y [báunsi] 형 쾌활한, 기운찬; 탄력 있는.
∽·i·ly 부 ∽·i·ness 명
****bound**[1] [baund] 형 bind의 과거·과거분사.
— 형 **1** 묶인(tied); (복합어로) …에 갇힌. ¶ a ~ prisoner 묶인 죄수 / snow-~ 눈에 갇힌 / an ice-~ ship 얼음에 갇힌 배. **2** …할 의무가 있는, …해야 하는 (*to do*); (고용살이·도제(徒弟) 등이) 계약중인; (복합어로) (심리적·법적으로) 속박된, ¶ a love-~ heart 사랑에 사로잡힌 마음. **3** 꼭 …할, …임[할 것]이 틀림없는 (*to do*). ¶ He is ~ *to* lose. 그는 반드시 진다. **4 (美구어)** …하려고) 결심하여. ¶ He is ~ *to* have his way.

그는 제 고집대로 할 배짱이다. **5** 장정(裝幀)한; **(복합어로)** …에 제본의. ¶ ~ in leather[cloth] 가죽[클로스] 표지의 / a leather-~ book 가죽 표지 책. **6 (병리)** 변비인, 변비 증세가 있는. **7 (화학)** (물질이) 결합[고정]된.
be bound úp in ⇒ BIND.
be bound úp with ⇒ BIND.
I'll be bound. (英구어) 꼭이다, 내가 보증할게.
∽·ness 명
****bound**[2] 자 (~s [-z]) **1** (사슴·망아지 따위가) 뛰다; (파도가) 넘실거리다; 약진하다, 약동하다. ⇒ JUMP 유의어 ¶ The waves ~ed. 파도가 춤을 추었다 // (~+前+名) He ~ed *into* fame. 그는 일약 유명해졌다. **2** 튀다, 튕기다, (공이) 바운드하다, 뛰어오르다. ¶ The ball ~ed against the wall. 볼은 벽에 맞아 되튀었다.
— 타 …을 튀어오르게 하다.
bound ón [or **upón**] …에게 덤벼들다.
— 명 뛰어오름, 튐, 도약; (마음의) 약동.
at a (**síngle**) **bóund** 단번에 뛰어, 일약. 「뛰어서.
by léaps and bóunds 착착, 순조롭게, 껑충껑충
on the bóund (공이) 튀고 있는, 바운드하여.
with one bóund = *at a* (*single*) *bound*.
∽·ing·ly 부
****bound**[3] 명 (~s [-z]) **1** (~s) 경계(선), 경계 지방, 변경(邊境). ⇒ BORDER 유의어 ¶ The farthest ~s of the ocean 대양의 아득한 끝 / ~s of heaven and earth 하늘과 땅의 경계. **2** (~s) 한도, 한계, 범위, 출입 허가 구역. ¶ be within[outside] the ~s of …의 범위 안[밖]에 있다; …허가 구역내[외]에 있다.
beat the bóunds (英) 교구의 경계를 조사하다.
beyond áll bounds 한없이.
go beyond [or **óutside**] **the bóunds of** …의 범위를 넘다. 「과언이 아니다.
It is within bounds to sáy that... …라고 말해도
keep within bounds 한도를 넘지 않다.
knów no bóunds 한이 없다.
out of bounds ① 지정 구역[공식적 영역] 밖에서, 장외(場外)에서. ② **(英)** (출입 따위가) 금지되어 ((美) off limits). ③ 무례하여, 도를 지나쳐.
pass [or **bréak**] **the bounds of a cómmon sense** 상식의 범위를 벗어나다.
pút [or **sét**] **bóunds to** …을 제한하다.
within [or **in**] **bóunds** ① 지정 구역[경기장] 안에서. ② 출입이 자유로워.
without bounds 한(끝)이 없는.
— 타 (~s [-z]) **1** (수동형으로) …에 경계를 긋다 (⇒ LIMIT 유의어); …와 경계를 접하다, 인접하다 (*on*). ¶ The country is ~ed *on* three sides by the sea. 그 나라는 삼면이 바다로 둘러싸여 있다. **2** …을 제한[억제]하다. ¶ Our knowledge is ~ed by our experience. 지식은 경험에 의하여 한정되어 있다. **3** (…와) 경계를 접하다, 접경하다 (*on*). ¶ (~+前+名) Germany ~s *on* France. 독일은 프랑스와 접해 있다.
****bound**[4] 형 **1** (열차·비행기 따위가) …행의; …에 가려고 하는[가는 도중의] (*for*). ¶ a ship ~ *for* New York 뉴욕행 배. **2 (복합어로)** …행의, …을 목포로 하는; …귀항(중)의 / a college-~ 대학 진학 지망의 / a north-~ ship 북쪽으로 가는 배.
****bound·a·ry** [báundəri] 명 (⊕ **-ries** [-z]) **1** (한 지역의) 경계(선), 경계, 끝(edge). ¶ the ~ of a country 국경. **2** 한계, 범위. ¶ enlarge the *boundaries* of one's knowledge 지식의 영역을 넓히다. **3 (크리켓)** (구장의) 경계선; 그것을 넘은 타격[히트].
bóundary láyer 명 (물리) 경계층(유체가 물체의 둘레를 흐를 때 물체 가까이에 생기는 얇은 층).
bound·en [báundən] 형 **1** 의무적인. ¶ one's ~ duty 피할 수 없는 의무, 본분. **2 (고어)** 은혜를 입은.
bound·er [báundər] 명 **1 (英구어)** 상스러운 사내,

버릇없는 놈; 벼락 부자(upstart). 2 《英구어》 4륜 마차; =dogcart. 3 《야구》 땅볼(grounder).

bóund fórm 圐 《문법》 구속 형태(seated의 -ed처럼 다른 언어 구조의 일부분으로서 기능하는 어형).

*bound·less [báundlis] 圐 한없는, 끝없는, 무한한; 광대한.¶a ~ ocean 가없는 대양/His ~ greed made him unhappy. 끝없는 욕망 때문에 그는 불행해졌다. ~·ly 團 ~·ness 圐

*boun·te·ous [báuntiəs] 圐 1 아낌없이 주는, 관대한; 자비심이 많은. 2 《물건이》 풍부한.¶~ production[crop] 풍부한 산물[풍작]. ~·ly 團 ~·ness 圐

boun·tied [báuntid] 圐 (정부의) 보조[장려]금이 붙는; 조성금이 주어지는.

boun·ti·ful [báuntifəl] 圐 《문어》=bounteous. ~·ly 團 ~·ness 圐

*boun·ty [báunti] 圐 1 Ⓤ 활수함, 너그러움, 후한 마음, 자비심, 박애. 2 은혜로운 것, 은혜, 하사(下賜金).¶a handsome ~ 훌륭한 하사품. 3 (범인 체포 따위의) 상금, 현상금. 4 (정부의) 장려금, 보조금.¶a ~ on exports 수출 장려금.
live on the bounty of …의 선심으로 생활하다.
share in the bounty of …의 은혜를 입다.
the natural bounty 천혜(天惠).
~·less 圐

bóunty húnter 圐 현상금을 노리는 사람.

bóunty júmper 圐 《美》 (남북 전쟁 때) 입대 장려금만 받고 탈주해버린 병사.

*bou·quet [boukéi, bu:-/bukéi] 圐 1 부케, (손에 드는) 꽃다발. 2 칭찬, 찬사. 3 (술의) 향기. [F]
throw bouquets 《美구어》 칭찬하다, 비행기 태우다.

bouquét gar·ní [-gɑ:rníː] 圐 (⊕ -s -s) 부케 가르니(향미를 내기 위해 스튜나 수프 속에 넣는 파슬리·월계수잎 따위의 작은 묶음). [F]

bou·que·tiere [búkətjɛ́ər] 圐 《요리》 야채를 곁들인. [F]

bou·qui·niste [F bukinist] 圐 (⊕ ~(s)) (Paris의 Seine 강변의) 헌책방. [F]

*bour·bon [bə́ːrbən] 圐Ⓤ 버번 위스키(~ whiskey)(옥수수가 주원료); Kentucky 주 Bourbon 원산).

Bour·bon [búərbən] 圐 1 (the ~s) 부르봉(왕)가 (한때 프랑스와 스페인을 지배했던 왕가); 그 집안의 사람. 2 극단적인 보수주의자. 「들어 있는 비스킷).
Bóurbon bíscuit 圐 부르봉 비스킷(초콜릿 크림이

Bour·bon·ism [búərbənìzm] 圐Ⓤ (프랑스의) 부르봉 왕조(의 왕가) 지지; (美) 극단적인 보수주의. **-ist** 圐

Bour·dieu [F buʀdjø] 圐 Pierre ~ 부르디외 (1930-: 프랑스의 사회학자).

bour·don [búərdn, bɔ:r-] 圐 《음악》 (백파이프 따위의) 저음관(低音管), (오르간의) 부르동 음전(音栓); 저음(bass). 「이 서는 읍(market town). [F]

bourg [buərg] 圐 (읍(town); 마을; (프랑스의) 장

*bour·geois [buərʒwɑ́ː, ´-] 圐 (⊕ ~) 1 중산 계급의 사람; 상공업자. 2 유산자, 자본가, 부르주아. 3 《경멸》 속물 근성의 사람. ─ 圐 중산 계급의; 부르주아 (근성)의; 속된, 속물적인. [F] 「성.

bour·geoise [búərʒwɑːz] 圐圐 bourgeois의 여

bour·geoi·sie [búərʒwɑːzíː] 圐Ⓤ (the ~) (단·복수 양용) 1 (상공업에 종사하는) 중산 계급. 2 유산 계급, 자본가[부르주아] 계급. 圐 proletariat [<F]

bour·geon [bə́ːrdʒən] 圐圐 =burgeon.

Bour·gogne [F buʀgɔɲ] 圐 부르고뉴(Burgundy의 프랑스명).

bourn¹ [bɔːrn] 圐 =burn².

bourn² [bɔːrn] 圐 (고어) 경계, 한계(limit); 목적지; 영역.

bour·rée [buəréi] 圐 부레(가보트(gavotte) 비슷한 옛 프랑스·스페인의 춤; 또는 그 춤곡). [<F]

bourse [buərs] 圐 (유럽 일부 도시의) 증권 거래소 (stock exchange); (the B-) 파리 증권 거래소. [<F]

bou·stro·phe·don [bùːstrəfíːdn, bàu-] 圐Ⓤ 부스트로피돈식 서법(書法)(첫행은 오른쪽으로 다음행은 왼쪽으로 써 나가는 식의 옛날 서법). ─圐 부스트로피돈식 서법(으로의).

bous·y [búːzi, báuzi] 圐 곤드레만드레 취한. (또는 [**bóoz(e)y**])

*bout [baut] 圐 1 (권투·레슬링 따위의) 한판 승부, 시합. ¶a boxing [fencing] ~ 권투[펜싱] 시합/a 12-round ~ 12회전 경기/win[lose] a ~ 시합에서 이기다[지다]. 2 (일·동작 따위의) 한바탕, 한 차례.¶a ~ of work 한바탕의 일. 3 (병의) 발작(fit); (한 차례의) 기간.¶a long ~ of illness 오랜 병환.
a drinking bout 주연(酒宴).
have a bout with a person 남과 시합하다.
(in) this bout 《英》 이때에, 이런 경우에.

bou·tique [buːtíːk] 圐 1 부티크(유행하는 숙녀복·액세서리 전문점[매장]); 소규모 양품점, 특선품점. 2 (창조적 작업을 하는 소규모의) 전문 기관[회사], 전문 (대행) 업자[회사]). 3 (소량의 고급 포도주를 내놓는) 유명 포도주 양조장. [<F *small shop*]

boutíque consúltant 圐 《완곡적》 (방위산업 관련의) 산업 스파이 조직[컨설턴트].

boutíque fárm 圐 신종 작물[가축] 재배[사육] 농장; (美) 주말 농장. **boutíque fármer**

boutíque hotél 圐 (중류층을 위한) 비즈니스 호텔, 중소 호텔.

bou·ti·quier [bùːtiːkjéi] 圐 부티크 주인.

bou·ton·niere [bùːtəniər/bùːtɔnjέər] 圐 《美》 (남자가) 단춧구멍에 꽂는 꽃. [<F]

bouts·ri·més [bùːriːméiz] 圐囱 《시》 화운(和韻)(주어진 운에 맞추어 만든 시). [F]

bo·va·rism [bóuvərìzm] 圐Ⓤ 과대한 자기 평가, 자만(conceit). **-rist** 圐 **-ris·tic** 圐

bo·vate [bóuveit] 圐 (옛날 영국의) 토지 면적의 단위.

bov(i)- [bóuv(i)-, -(ai)] 《연결》 cattle의 뜻.¶*bovine*.

bo·vid [bóuvid] 圐 《동물》 솟과의 (동물).

bo·vine [bóuvain] 圐 솟과의; 소 같은; 둔한, 느릿한(dull). ─圐 솟과의 동물(소·양·염소 따위).
~·ly 團 **bo·vín·i·ty** 圐

bóvine éxtract 圐 《美속어》 우유.

bóvine grówth hórmone 圐 소 성장 호르몬; 소 성장 호르몬(劑). (또는 **bóvine somatotrópin**)

bóvine spóngiform encephalópathy 圐 (광우병BSE). 圐 mad cow disease

Bov·ril [bávrəl/bɔ́v-] 圐 (종종 b-) 《英》 《상표》 (수프 따위에 쓰는) 쇠고기 즙; 《경멸적》 매춘부.

bov·ri·lize [bávrəlàiz/bɔ́v-] 圐屆 …을 압축[요약]하다. [<Bovril] 「싸움(을 하다).

bov·ver [bávər/bɔ́v-] 圐Ⓤ 《英속어》 (싸움할 때) 길거리

bóvver bóots 圐 《英속어》 (싸움할 때 신는) 발길

bóvver bóy 圐 깡패, 건달, 불량배. 「질용 구두.

‡bow¹ [bau] 圐 (~s [-z]) 國 1 (…에) 허리를 굽히다, 머리를 숙이다, 절[인사]하다(down) (to, before).¶(~+前+名) ~ before the King 왕 앞에서 머리를 숙이다/The boy ~ed to me. 그 소년은 내게 인사를 했다. 2 (…에) 굴복[복종]하다(down) (to).¶(~+前+名) ~ to authority 권위에 복종하다/~ to the inevitable 피할 수 없는 운명에 복종하다. 3 구부러지다, 휘다.
─圐 1 (몸을) 굽히다, 머리를 숙이다(down).¶~ one's head in prayer 머리를 숙여 기도하다. 2 (수동형으로) …을 굽히다, …의 기를 꺾다, …을 풀이 죽게 하다(down). ¶be ~ed down with [or by] care 걱정 때문에 풀이 죽어 있다. 3 (절을 하여) (감사의 뜻)을 나타내다. ¶He ~ed his thanks. 그는 감사하다고 절을 했다. 4 《인사하면서》 (…으로) 안내[인도]하다(in, out) (to, into). ¶(~+目+副) ~ a person in [out] 인사하며 남을 맞아 들이다[전송하다]. 5 《美속어》 〖영화·연극 따위〗를 개봉하다, 상연하다.

bow and scrape 오른발을 뒤로 빼면서 정중하게 절하다; 《구어》 《경멸적》 굽실굽실하다. 「하다.

bow (down) to the ground 머리가 땅에 닿도록 절

bowed down 기가 꺾여, 풀이 죽어.
bow (*oneself*) *out* ① 절을 하고 물러나다[물러서다]. ② 퇴직[퇴장]하다, 사임[용퇴]하다. ③ (…에서) 손을 떼다, 몸을 빼다 (*of*).
bow [or *bend*] *the knee* ⇒KNEE.
bow to nobody in …에서는 누구에게도 지지 않는
bow to the porcelain altar (속어) 토하다.
— 图 ~s [-z] 1 (보통 a ~) 절, 인사. ¶a courteous ~ 예의 바른 인사/with a low ~ 공손히 절을 하며. 2 (美俗어) (영화·연극 따위의) 개봉, 초연 (premiere).
exchange bows 서로 인사를 주고받다.
make [or *give*] *a bow to* …에게 절[경례]하다.
make one's bow (연예인 등이) 첫선을 보이다, 데뷔하다; (책이) 출판되다; (절을 하고) 퇴장[입장]하다.
return a [or *one's*] *bow* 답례하다. — 图 은퇴하다.
take a [or *one's*] *bow* (군중 앞에 나아가거나 멈춰서) 갈채를 받다, 인사하다.
~·ing·ly 图
‡*bow*² [bou] 图 (图 ~s [-z]) 1 활; 활을 한 번 당기기. ¶a ~ and arrow 활과 화살 / (美俗어) 아메리카 인디언 / *draw* [or *bend*] a ~ 활을 당기다. 2 (음악) (현악기의) 활, 활로 한 번 켜기. ¶a violin ~ 바이올린의 활. 3 굽은 것, 곡선. ¶a ~ *in a road* 도로의 굽은 곳. 4 활 모양의 것(부분), (말 안장의) 앞테; 무지개; (경의) 테. 5 (리본 따위의) 나비 매듭, 나비 넥타이. ¶*tie a ribbon in a* ~ 리본을 나비 매듭으로 매다. 6 (英) (활 모양의) 내닫이 창(~ *window*). 7 (활의) 사수, 궁수.
bring a person to one's bow 남을 마음대로 부리다.
draw a bow at a venture ① 함부로 활을 당기다. ② 어림짐작을 하다. — 图 괴장하다.
draw [or *bend*] *the* [or *a*] *long bow* 허풍치다.
have another [or *an extra, a second*] *string to one's bow* 다른[제2의] 계책[수단]이 있다, 만일의 사태에 대비가 되어 있다.
have two [or *many*] *strings to one's bow* ① = *have another string to one's bow*. ② 다재다능하다
string a bow 활에 시위를 메우다.
— 图 1 (활처럼) 굽은, 활 모양의. ¶~ *legs* O자형 다리. 2 (또는 bowed) (천의) 씨실이 터지다.
— 图 활처럼 구부리다[굽다]; (악기를) 활로 켜다.
~·less, ~·like 图
*bow*³ [bau] 图 1 (종종 ~s) (배의) 이물, 선수(← *stern*); (비행기의) 기수. ¶*on the starboard* ~ 우현 이물쪽에. 2 (보트의) 앞노(← *oar*). 3 앞노를 젓는 사람(bowman).
a shot across the [or *a person's*] *bows* (해사) 위협 사격; (구어) (비유적) 경고.
bows on (목표물을 향해) 정공, 일직선으로. — 图 하여.
bows under 이물에 파도를 뒤집어쓰면서, 난항(難航)
down by the bow(*s*) (해사) 이물을 아래로 하고, 뱃머리부터 가라앉으려고.
on the bow (해사) 이물쪽으로, 정면에서 좌우 45°
— 图 이물의, 이물에 있는.   ┌이내에
bow-arm [ɑ́ːrm] 图 활을 잡은 손(보통 왼손).   ┌의.
bow-back(*ed*) [bǽk(t)] 图 곱사등이의, 난쟁이
Bów bélls [bóu-] 图图 (영국 London의) 보우 교회의 종; (St. Mary-le-Bow Church의) 런던 토박이.
within the sound of Bow bells 런던 한복판에서.
bów cháser [báu-] 图 (군함의) 함수포(艦首砲).
bów cómpass [bóu-] 图 (제도) 스프링 컴퍼스.
bowd·ler·ism [bóudlərizm / báud-] 图图ⓒ 바우들러주의(서적에서 온당치 못한 곳을 삭제·정정하는 일). (<1818년에 Shakespeare의 삭제판을 출판한 의사 Thomas Bowdler(1754-1825))
bowd·ler·ize [bóudləràiz / báud-] 图⑫ (서적의 불온한 부분을) 삭제 정정하다. -*i·zá·tion* -*iz·er* 图
bow-drill [bóudril] 图 활송곳(활의 탄력을 응용한 것으로 불을 일으키는 데도 썼다).
*bowed*¹ [baud] 图 (무게 때문에) 휜, 굽은, (늙어서)

허리가 굽은. ¶*She is now old and* ~. 그녀는 이제 늙어서 허리가 굽었다. ~·ness
*bowed*² [boud] 图 1 활처럼 휜, 활 모양의, 만곡한. 2 = bow² 图 2. ~·ness
‡*bow·el* [báuəl] 图 (图 ~s [-z]) 1 (해부) 장(腸)(의 일부); (보통 ~s) 장 (전체), 내장, 창자. ¶*the large* ~ 대장 / *the small* ~ 소장. 2 (~s) (대지의) 내부, 중심부. ¶*deep in the* ~s *of the earth* 땅 속 깊이. 3 (~s) (고어) 인정, 동정심(이 생기는 부분). ¶~s *of mercy* 자비심.
bind [*loosen*] *the bowels* 설사를 멈추게[하게] 하다.
get one's bowels in an uproar (美구어) 지나치게 걱정[안달복달]하다.
have loose bowels 설사하다.
have no bowels 인정머리가 없다.
keep one's bowels open 변이 잘 나오게 하다.
move [or *empty, relieve*] *one's bowels* 변을 보다.
— 图⑫ (-*l-*, (英) -*ll-*) …의 창자를 빼내다(disembowel).
~·less 图   └bowel).
bówel móvement [mótion] 图 1 변통(便通); 배변(排便)((略) BM). 2 배설물, 똥(feces).
have a bowel movement 변을 보다(defecate).
bówel rùn 图 (美俗어) (병리) 장(위장)검사.
*bow·er*¹ [báuər] 图 1 나무 그늘의 휴식처(arbor), 정자; 나무 그늘. 2 (정취 있는) 시골집. 3 (중세 성의) 부인의 내실(boudoir). — 图⑫ …을 나뭇잎이나 가지로 덮다, 나무 그늘에 숨기다. ~·like
*bow·er*² [báuər] 图 허리를 굽히는 사람, 머리를 숙이는 사람; 아래를 향하고 있는 것.
*bow·er*³ [bóuər] 图图 (음악) 현악기 주자.
*bow·er*⁴ [báuər] 图 (해사) 이물 닻. (또는 **ánchor**)
*bow·er*⁵ [báuər] 图 (카드놀이) (euchre에서) 으뜸패, 잭(jack, knave). ¶*the best* ~ 조커 / *the right* [*left*] ~ 으뜸패의의 잭과 같은 색의 다른 잭.
bow·er·bird [báuərbə̀ːrd] 图 1 풍조과(風鳥科)의 새(뉴기니아산(産)). 2 (濠구어) 잡동사니 수집가.
bow·ered [báuərd] 图 = bowery¹.
*bow·er·y*¹ [báuəri] 图 나무 그늘의 휴식처 같은, 나무 그늘이 많은. ¶a ~ *maze* 나뭇잎이 우거진 미로(迷路).
*bow·er·y*² [báuəri / báuəri] 图 1 (New York 부근의) 네덜란드 이민 농장. 2 (the B-) (New York 시의) 바우어리가(街)(싸구려 술집·하숙이나 떠돌이로 유명); 싸구려 술집; 하숙이 즐비한 골목. — 图 (B-) (한정용법) 바우어리가(풍)의. 3 (硬鱗魚)의 일종.
bow·fin [bóufin] 图 아미아(북미산産) 육식 경린어
bów frónt [bóu-] 图 (가구) 활 모양으로 튀어나온 앞면; 활 모양의 창문. (또는 **swéll frónt**)
bów hánd [bóu-] 图 (궁술) 활을 잡는 손(보통 왼손); (음악) (악기의) 활을 쥐는 손(보통 오른손).
(*wide*) *on the bow hand* 과녁을 빗나가서.
bow·head [bóuhèd] 图 1 북극고래(Greenland whale). 2 (美학생 속어) 머리에 리본을 단 사람.
bow·hunt·ing [bóuhʌ̀ntin] 图 (스포츠로서의) 활 사냥. **-hùnt** 图 활로 사냥하다. **-hùnt·er** 图
bów·ie (*knife*) [bóui-, búːi-] 图 보우이 칼(길이 38cm 정도의 사냥용 외날 단도). (<미국의 군인·개척자 James Bowie(1799?-1836))
Bówie Státe 图 (the ~) 미국 Arkansas 주의 별칭.
*bow·ing*¹ [bóuiŋ] 图Ⓤ (음악) (바이올린 따위 현악기의) 활을 쓰는 법, 운궁법(運弓法).
*bow·ing*² [báuiŋ] 图 절을 하는; 휘어지는. ¶a ~ *acquaintance* 조금 아는 사이. — 图Ⓤ 절하기.
bów instrument [bóu-] 图 (음악) 활로 켜는 현
bow·knot [bóunàt / -nɔ̀t] 图 = bow² 5.   ┌악기.
‡*bowl*¹ [boul] 图 (图 ~s [-z]) 1 주발, 사발, 공기; (요리용의) 볼(cup보다 깊고 큰 그릇). ¶a *sugar* ~ 설탕 그릇. 2 한 주발의 양. ¶a ~ *of soup* 수프 한 그릇. 3 큰 술잔. ¶a *flowing* ~ 철철 넘치는 큰 잔. 4 술; 주연(酒宴). ¶*the gay* ~ 유쾌한 술자리. 5 주발처럼 오목

한 곳; (파이프의) 대통; (숟가락의) 오목한 곳. **6** 미식 축구 (경기장·스타디움); 원형 경기장. **7** =~ game. **8** (인쇄) (a, d 따위의) 활자의 둥근 부분.
over the bowl 술자리에서, 술을 마시면서.
── 타 극장식으로 (극장의 마루에) 주발 모양의 경사를 만들다. ── 자 (美속어) 흡입 기구에 마리화나를 넣ㅇ·like 형 [다.

‡**bowl**² 명 **1** (볼링 따위의) 공; (잔디 볼링용(用)의 편중(偏重)(bias)을 둔) 나무공. **2** (볼링의) 투구(投球), 한 번 던지기. **3** (~s) (단수취급) =lawn bowling: bowl-play bowls 볼링을 하다.
── 자 **1** 볼링을 하다; 공을 굴리다. **2** (볼링·크리켓) 투구하다. **3** (거침없이 빨리) 미끄러지다. (차·일 따위가) 잘 굴러가다(*along*). ── 타 **1** (볼링·크리켓) 공을 굴리다(던지다). **2** (볼링) (득점·성적)을 올리다, 거두다. ¶~ a good game 좋은 득점을 하다/Today I ~ed 160. 오늘은 160점을 올렸다. **3** (볼링 공으로) (핀)을 쓰러뜨리다; (사람·물건)을 쳐서 쓰러뜨리다, 부딪쳐 자빠뜨리다(*over, down*). **4** (바퀴 달린 수레로) (물건)을 나르다. **5** (크리켓) (투구하여) (타자)를 아웃시키다(*out*).
bowl a googly (英속어) 속이다.
bowl out (남)을 패배시키다(defeat).
bowl over (구어) ① …을 때려 눕히다. ② (수동형으로) 몹시 놀라게 하다, 당황하게 하다.

bowl-der [bóuldər] 명 =boulder.
bow-leg [bóuleg] 명 (보통 ~s) (병리) 내반슬(內反膝) O자형 다리. ⑤ knock-knee ~ged [-(i)d] 형 ~·ged·ness 명 [((美) derby).
bowl-er¹ [bóulər] 명 (英) (또는 ᄂ ̄ hát) 중산모자
bowl-er² 명 **1** 볼링하는 사람; 특히 candlepins나 tenpins 경기 참가자. **2** (크리켓) 투구자, 투수.
bowl-er-hat-ted [-hǽtid] 형 (英) 중산모자를 쓴; 조기(早期) 제대한. **bówl·er-hát** 자태 …에서 퇴역하다.
bowl-ful [bóulfùl] 명 주발(사발, 공기) 하나 가득.
bówl gáme 명 (美) 대학 미식 축구 선수권제, 볼 게임. ⑤ Super Bowl
bow-line [bóulin, -làin] 명 **1** 고리 매듭. (또는 ᄂ ̄ knót) **2** 돛을 팽팽하게 하는 밧줄.
on a bowline 돛을 바람 불어오는 쪽으로 펴고.

*****bowl-ing** [bóuliŋ] 명U **1** 볼링. **2** 공을 굴리며 노는 시합의 총칭 ⑤ tenpins, ninepins, lawn ~).
open the bowling (英) (일 따위를) 시작하다, 궤도에 올리다.

bówling álley 명 볼링의 레인; (종종 ~s) 볼링장.
bówling créase 명 (크리켓) 투수선(投手線)
bówling gréen 명 잔디 볼링장.   [(archer).
bow-man¹ [bóumən] 명 (활의) 사수, 궁술가
bow-man² [báumən] 명 =bow³ 3.
Bów·man's cápsule [bóumənz-] 명 (해부) 보먼 주머니, 사구체낭(絲球體囊). (<영국의 외과 의사 William Bowman(1816-92)의 이름>
bów nèt [bóu-] 명 (매 잡는 데 쓰는) 새잡이 그물; (잔가지를 엮어 만든) 왕새우(lobster) 잡는 바구니.
bów òar [báu-] 명 =bow³ 2.
bów pèn [bóu-] 명 (제도) 가막부리가 있는 스프링 컴퍼스(bow compass).
bów sàw [bóu-] 명 활톱, 실톱.
bow-ser [báuzər] 명 (비행기의) 급유차. (濠·뉴질) 급유소의 급유 펌프.
bów shòck [báu-] 명 (천문) 호상(弧狀) 충격파(태양풍이 행성의 자장과 마주쳤을 때 생기는 충격파).
bow-shot [bóuʃàt/-ʃɔ̀t] 명U (활의) 사정 (거리)(약 300m).
bow-sprit [báusprit, bóu-] 명 (해사) 제 1 사장(斜檣)(이물에서 앞으로 돌출된 둥근 재목). (⇔오른쪽 위 그림 참조)
Bów Strèet [bóu-] 명 보우가(街) (영국 London의 거리 이름으로 중앙 즉결 재판소의 소재지; 또는 그 재판소).

bow·string [bóustrìŋ] 명 **1** 활시위. **2** (옛 터키의) 교살용 밧줄. **3** (현악기의) 줄. ── 타 (활시위나 끈 따위로) …을 목졸라 죽이다.

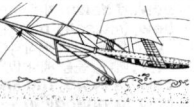
[bowsprit]

bówstring brídge 명 (현악기의 현을 받치는) 기러기발.
bów thrúster [báu-] 명 선수(船首) 추진기(프로펠러).
bów tíe [bóu-] 명 나비 넥타이; 나비 매듭.
bów wáve [báu-] 명 선수파(船首波); 두부파(頭部波) (초음속으로 이동하는 물체의 정면에 형성되는 충격파).
bów wéight [bóu-] 명 파운드 중량으로 나타낸 활의 강도.
bów wíndow [bóu-] 명 (활 모양의) 내닫이 창; (속어) 장구통배, 올챙이배. **bów-wín·dowed** 형
*****bow-wow** [báuwáu] 명 **1** 개 짖는 소리; (의성어) 명명; 우우(야유의 소리); 와글와글(떠드는 소리); (어린이말) 개, 명명. **2** 고자세, 오만; (美속어) (경멸적) 추녀. **3** (美속어) 프랑크푸르트 소시지; 총; (~s) 다리.
go to the bowwows 파멸하다, 영락하다.
── 형 고압적인, 고자세의; (~s) (美속어) 볼 만한, 멋진, 훌륭한. ── 자 명명 짖다(bark).   [투].
bów·wow stýle (the big ~) 독선적인 태도[말
bow·yer [bóujər] 명 활 만드는 사람, 활장수.

‡**box**¹ [baks/bɔks] 명 (複 ~·es [-iz]) **1** 상자; 돈궤. ¶ a wooden [tool] ~ 나무[도구] 상자. **2** 한 상자(의 용량). ¶ a ~ of candy 사탕 한 상자. **3** 선물 상자; 선물; ¶ Christmas ~ 크리스마스 선물. **4** (극장 따위의) 칸 막은 좌석(~ seat), 특등석; (법정의) 배심원석(jury ~), 증인석(witness ~). ¶ a family [press] ~ 가족석[기자석] / the royal ~ (극장의) 로열 박스. **5** (美) 마부석, (탈것의) 운전석. ¶ mount the ~ 마부석에 오르다. **6** (마굿간·화차 내부의) 한 구획, 한 칸(美) ~ stall. **7** (~s) loose ~, 7 각실; 오두막집; 초소(sentry ~); 파출소(police ~); 신호소(signal ~), 키오스크(kiosk) (공중 전화 박스·신문 매점 따위); (英) 사냥할 때 기거하는 움막. ¶ a shooting [or hunting] ~ 사냥용 움막 / a fishing ~ 낚시용 움막. **8** (야구) 타자[코치]석; 투수 마운드; 포수의 정위치. **9** (크리켓) 프로텍터. (구어) (아이스하키) 페널티 박스. **10** (신문·잡지의) 테두리한 기사, 박스; 박스 기사의 테두리. **11** (英) 여행용 트렁크. **12** (기계) (부품) 보호 상자, 축받이 통; 그 내용물. **13** (등의) 두껍닫이; 벽장. **14** (英) 크리스마스 선물함 (Christmas ~ (3))(⇔boxing day). ¶ a post-office ~ 우편함. **15** (비어) 여성[남성]의 성기; 동성애자의 항문. **16** (英구어) (the ~) 텔레비전; 축음기; =boom ~. **17** (수액을 모으는) 채집공. **18** (구어) 관(棺). **19** 궁지, 곤경. **20** (美속어) 기타; 현악기; 피아노.
a box and needle 나침반.
a box of birds (濠·뉴질 속어) 아주 멋진 사람[것].
a little box of a place 상자처럼 좁은 곳.
go home in a box 죽다, 살해되다.
in a (tight [or bad, hot]) box 궁지에 빠져, 난처하게 되어.
in the same box 같은 괴로운[난처한] 입장에서.
in the wrong box 장소를 잘못 알고, 잘못하여.
out of one's box (속어) 머리가 돈; (술·마약에) 취한.
out of the box (濠·뉴질 구어) 발군의, 특별 취급의.
── 타자 **1** …을 상자에 넣다[채우다]. **2** …에 상자를 달다. **3** …을 (좁은 곳) 가두다(*in, out, up*). ¶~ *up* a person in a small room 남을 좁은 곳에 가두다. **4** (진로)를 가로막다, 방해하다. **5** (수액 채취를 위해) (나무)에 홈을 내다. **6** (기상 자료 수집을 위해) 폭풍우의 중심을 비행하다. **7** (濠) (다른 양 떼)를 뒤섞다(*up*).
box in ① …을 상자에 넣다. ② (다른 주자)의 진로를 가로막다. ③ (적·경쟁 상대)를 몰아넣다, 포위하다.
box off ① …을 칸막이하다, 칸막이로 가두다 (…로부터) 격리하다 (*from*). ② (배)의 선수를 돌리다.

box the compass ⇒COMPASS.
box up ① 상자에 채우다. ② …에 가두다; 궁지에 몰아넣다, 포위하다. ③ (서류를) 법정에 제출하다. ④ (구어)(명령문으로) 조용히 해! ⑤ (감정 따위)를 ∠·like 제한하다. ⑥ (동물)을 뒤쫓다.
box² 몡 (주먹·손바닥의) 일격, 따귀 때림. 「다.
give a person a box on the ear 남의 따귀를 때리 ──통탄 (귀·뺨)을 손바닥(주먹)으로 때리다; …와 싸우다. ⇒BEAT 유의어── 좌 권투하다 (with, against); 프로 권투 선수가 되다.
box clever (속어) 빈틈없이 굴다.
box³ 몡 회양목(boxtree); ⓤ 그 재목. 횐 boxwood
box·aer·o·bics [bákseəróubiks/bɔ̀ks-] 명복 (단속취급) 복싱[권투] 스타일의 에어로빅.
Box and Cox 몡 (종종 b- and c-) 한 가지 역할을 번갈아 하는 두 사람.
Bóx-and-Cóx [⌐ənkáks/⌐ənkɔ́ks] 몡재 (두 사람이 한 역할을 번갈아 하다. ──명몡 교대의[로]. (<J. M. Morton의 희곡)
box·ball [báksbɔ̀ːl/bɔ́ks-] 몡 박스볼(공을 바닥에 던져 튀어가는 것을 상대가 받도록 하는 놀이).
box barrage 몡 [군사] 대공 십자포화. 「상자 침대.
bóx bèd 몡 상자형 침대; (접으면 상자 모양이 되는)
box·board [báksbɔ̀ːrd/bɔ́ks-] 몡 상자를 만드는 데 쓰는 튼튼한 판지.
bóx càlf 몡 박스 가죽(재화용 송아지 가죽).
bóx cámera 몡 (고정 초점식) 상자형 카메라.
bóx cànyon 몡 (美서부) 양쪽이 절벽인 깊은 협곡.
box·car [bákskɑ̀ːr/bɔ́ks-] 몡 1 (철도) 유개 화차. 2 (~s) (주사위 놀이에서) 주사위 2개가 다 6이 나오기. 3 (美軍속어) 대형 수송기[폭격기]. 4 (美속어) 엄청나게 큰 구두. 「(羅紗).
bóx clòth 몡 엷은 갈색의 두꺼운 멜턴(melton) 나사
bóx còat 몡 1 박스형 코트(어깨 부분이 네모진 여자용 코트). 2 (마부용) 두꺼운 외투.
bóx dràin 몡 (교차하는 부분이 상자형인) 하수구.
boxed [bakst/bɔkst] 몡 (美속어) (술·마약에) 취한; 죽은; (교도소에) 수감된. 따우 ∠ **úp**).
bóxed júice 몡 종이 팩 주스.
bóx èlder 몡 (북미산(產)) 네군도단풍.
box·en [báksən/bɔ́ks-] 몡 (古) 회양목(재목)의.
*box·er¹ [báksər/bɔ́k-] 몡 1 (프로) 권투 선수. 2 복서(불독·테리어 비슷한 중간 크기의 개).
box·er² 몡 상자 제조인[기]; 상자를 채우는 사람[기계].
Box·er 몡 (중국역사) 의화단원; (the ∼s) 의화단(義和團)(중국의 반외세 비밀 단체).
the Boxer Rebellion 의화단 사건(1899~1900년).
bóxer shòrts 몡복 복서 팬츠(권투 선수가 입는 것 같은 허리가 고무줄로 된 헐거운 반바지).
bóx·fish [báksfiʃ/bɔ́ks-] 몡 거북복(trunkfish).
bóx fràme 몡 (건축) 벽식(壁式) 구조; (내리닫이 창의) 분동함이 달린 창틀.
box·ful [báksfùl/bɔ́ks-] 몡 한 상자 가득(한 분량).
bóx gìrder 몡 박스[상자]형 거더.
box·haul [báksbɔ̀ːl/bɔ́ks-] 명탄 (해사) (선수(船首))를 바람 불어오는 쪽으로 돌리고 그 자리에서 새로운 침로로 선수를 돌리다.
box·hold·er [bákshòuldər/bɔ́ks-] 몡 (연극·스포츠 등의) 특별석 예약자; (우체국의) 사서함 소유자.
*box·ing¹ [báksiŋ/bɔ́ks-] 몡 권투, 복싱. ¶a ∼ match[tournament] 권투 시합[선수권 시합].
box·ing² 몡ⓤ 상자 만드는 재료; 창틀(casing), (창문의) 두껍닫이; 상자에 넣기.
Boxing Day 몡 (英) 크리스마스 선물 주는 날(보통 12월 26일, 그 날이 일요일이면 그 다음날).
bóxing glòve 몡 권투 글러브(glove).
bóxing kìte 몡 =box kite.
bóxing rìng 몡 복싱 링(ring).

bóxing wèights 몡 권투(선수)의 체중별 등급.
참고 체중별 등급
• light flyweight (라이트 플라이급) 48kg 이하
• flyweight (플라이급) 51kg 이하
• bantamweight (밴텀급) 54kg 이하
• featherweight (페더급) 57kg 이하
• lightweight (라이트급) 60kg 이하
• light welterweight (라이트 웰터급) 63.5kg 이하
• welterweight (웰터급) 67kg 이하
• light middleweight (라이트 미들급) 71kg 이하
• middleweight (미들급) 75kg 이하
• light heavyweight (라이트 헤비급) 81kg 이하
• heavyweight (헤비급) 81kg 이상

bóx iron 몡 (석탄 따위를 넣고 쓰는) 상자형 다리미.
bóx jùnction 몡 (英) (황색 선을 그은) 정차가 금지된 교차점. 「정석(박스) 담당자.
box-keep·er [bákskìːpər/bɔ́ks-] 몡 (극장의) 지
bóx kìte 몡 상자형 연(주로 기상 관측용).
bóx lòbby 몡 (극장의) 특별석에 딸린 복도.
bóx lúnch 몡 (美) (주문 판매하는) 도시락.
bóx màn 몡 (美속어) 금고털이 전문가; (blackjack 따위의) 프로 카드 딜러; 도박장 직원. 「신용 조사.
bóx nùmber 몡 (英) 사서함 번호; (신문의) 광고 회
bóx òffice 몡 1 (극장 따위의) 매표소(약 BO). 2 ⓤ (극장 따위의) 수익, 매상, 매표고; (흥행 따위의) 폭발적 인기, 대히트; 동원 관객수.¶This show will be good ∼. 이 쇼는 크게 히트할 것이다.
box-of·fice [⌐ːfis, ⌐ɑ̀f-/⌐ɔ̀f-] 몡 (극장 따위의) 매표소의; (예능인·흥행물 등이) 크게 인기를 끈.¶a ∼ hit[or success] 대성공, 대히트/a ∼ flop[or failure, disaster] 대실패.
bóx plèat [plàit] 몡 (스커트 따위의) 상자형 겹주름.
bóx ròom 몡 (英) 다용도실, 골방, 수납실.
bóx scóre 몡 (야구) 박스 스코어(두 팀의 선수 명단과 선수별 안타·득점·실책 따위를 기록한 표); 적요, 요약.¶reduce everything to ∼s 모든 것을 요약하다.
bóx sèat 몡 (마차의) 마부석; (극장의) 박스석; 특등석. 「지위)에(서).
in the box seat (美·濠구어) 가장 유리한 입장[조건,
bóx sét [ːsèt] **scéne** 몡 (연극) 박스 세트(3면의 벽과 천장으로 구성된 방의 세트).
box-shift·er [⌐ʃìftər] 몡 (가전 제품 따위) 상자 들이 제품 판매의 전문점[업자], 중간상.
bóx sócial 몡 (모금을 위한) box lunch 경매 파티.
bóx spànner 몡 (英) =box wrench.
bóx spring 몡 (침대의) 박스 스프링.
bóx stàll 몡 (마구간·외양간 따위의) 칸막이.
bóx sùpper 몡 도시락을 팔아 자금을 모으는 자선 단체·교회 주최의 파티.
box-tree [bákstriː/bɔ́ks-] 몡 회양목. ⇒BOX³.
box-up [⌐ʌ̀p] 몡 (濠) 양떼들의 뒤섞임; 혼란.
bóx wàgon 몡 =boxcar 1.
box·wood [bákswùd/bɔ́ks-] 몡ⓤ 회양목재(조각·악기 제조용).
bóx wrènch 몡 박스형 렌치[스패너].
box·y [báksi/bɔ́ksi] 몡 상자 모양의, 모난; (재생음이) 분명하지 못한.
‡**boy** [bɔi] 몡 (복 ∼s [-z]) 1 소년, 사내아이(*특히 18세 미만의 남자); (구어) 아들(*나이에 관계없이)(참 girl).¶a ∼ wonder 신동(神童)/her eldest ∼ 그녀의 장남. 2 어린애 같은 사나이, 단순한 남자. ¶ He is quite a ∼ in his actions. 그의 행동은 마치 어린애 같다. 3 젊은이, 청년(youth).¶a ∼ scientist 청년 과학자. 4 남학생, 『(대학) 학생; (남자) 학우¶ an old ∼ (남자) 동창생. 5 (친근감을 담아) 녀석, 놈(fellow, chap). ¶ a nice ∼ 좋은 녀석/Cheer up, old ∼! 야, 힘내라!/How's my little ∼? 어떻게 지내고 있니? 6

boy-and-girl 346 **brace**

부하; (the ~s) (한 집안·단체의) 아들들, 남자들, [술] 친구; (정치적인) 추종자, 패거리. ¶the ~s at the office 사무실의 남자들. **7** (~s) (美) 군인, 전투원. **8** (경멸적) 급사, 사환. ¶a messenger ~ 사환/a stable ~ 마구간지기, 말구종. **9** 〔해사〕 견습 선원[어부]. **10** (구어) 연인, 정부, (남자) 애인. **11** (美속어) 음경(penis); (경멸적) 흑인; 해로인. **12** (고어·속어) 샴페인.
  a boy in buttons 급사, 보이. 「사.
  boys in blue (美) 공군[해군] 병사; (美야사) 북군 병
  Boys will be boys. ① 사내아이의 장난은 어쩔 도리가 없다. ② 남자는 나이를 먹어도 어린애와 같다.
  jobs for the boys (구어) (직장의) 연고(緣故) 채용.
  one of the boys (구어) 동료들과 어울려 떠들기를 좋아하는 남자, 인기있는 남자; 동호인.
  That's the [or my] boy! 그야말로 사나이다!, 바로 그거야!, 좋았어!, 훌륭해!, 잘했다!
  the boy next door 상식이 있고 잘생긴 젊은이; 진부한 사랑 이야기에 등장하는 젊은 남성.
  the boys in the backroom (속어) (정계 따위의) 실력자들. 「조직[그룹].
  the boys uptown (속어) 정계의 실력자들; 범죄
  ── (구어) 야아!, 정말!, 멋지다!, 물론!(즐거움·놀람·경멸을 나타낸다). * Oh, ~!로도 쓴다. ¶*B−, it's damn cold!* 야 정말 춥군! 「이) 옛된.

boy-and-girl [ˊɔŋɡɔːrl] 國 소년 소녀의, (연정 따위
bo-yar [boujáːr, bɔ́iər] 國 (러시아) (옛날의) 귀족; (옛 루마니아의) 특권 계급 사람. (또는 **boyard**) [<Russ]
bo-yárd-ism, ~**ism** 國
Boyce [bɔis] 國 **William** ~ 보이스(1710?−79: 영국의 작곡가; 교회 음악으로 유명).
boy-chik [bɔ́it∫ik] 國 (美속어) 소년, 사내아이(boy, fellow). (또는 **boychick**)
*****boy-cott** [bɔ́ikɑt/-kɔt, -kət] 國(英) …을 배척하다; (불매 동맹을 맺어) …을 사지 않다[다루지 않다], 보이콧하다; (모임 따위의) 참석을 거부하다. ¶~ *a person* 아무를 배척하다 / ~ *a commercial product* 상품을 보이콧하다. ── 國(C)(U) 보이콧, 불매 동맹[운동], 배척 운동. ¶*economic* ~ 경제적 불매 동맹.
  declare a boycott against …에 대하여 불매 동맹을 선언하다.
  put a person under a boycott; put a boycott on a person 남을 공동으로 배척하다.
  ~**er** 國
  [<아일랜드의 토지관리인 Charles Boycott(1832−97)]
‡**boy-friend** [bɔ́ifrènd] 國(美) ~**s**[-z] (구어) (여자의) 남자 친구, 애인, 연인, 보이프렌드.
‡**boy-hood** [bɔ́ihùd] 國(U) **1** 소년 시대, 소년기. **2** (the ~) (집합적) 소년들, 소년 사회.
boy-hus-band [ˊhʌzbənd] 國 나이 어린 남편.
*****boy-ish** [bɔ́ii∫] 國 **1** 소년의, 소년다운; (여자 아이가) 사내 같은, 소년용의. ¶*a* ~ *hat* 남아용 모자. **2** 젊은; 쾌활한; 유치한. ~**ly** 國. ~**ness** 國
Boyle [bɔil] 國 **Robert** ~ 보일(1627−91: 영국의 화학자·물리학자; 입자론을 제창).
Bóyle's láw 〔열역학〕 보일의 법칙.
boy-meets-girl [ˊmìːtsɡɔːr] 國 (로맨스나 이야기 따위가) 판에 박힌, 진부한.
boy-o [bɔ́iou] 國(美) ~**s** (英구어) 사내아이, 젊은이; (美속어) 녀석, 친구. (또는 **bóy-o, boyoh**)
*****bóy scóut** (the B− S−s) 보이 스카우트(단(團)) (1908년 영국에서 창립된 소년단); 보이 스카우트 단원 (나이순으로 cub scout, boy scout, (美) explorer [(英) venture scout]로 구분한다). ⓕ girl scout
boy-sen-ber-ry [bɔ́izənbèri, -sn-/-bəri] 國 보이젠베리(나무딸기의 일종).
boy's-love [bɔ́izlʌ̀v] 國 쑥의 일종(southernwood).
bóy's pláy 아이들 놀이; 아주 쉬운 일, 식은 죽

먹기.
Bóys Tówn 國 (美) 소년의 거리(Father Edward J. Flanagan(1886−1948)이 1918년 미국 Nebraska 주 Omaha시 근교에 건설; 고아·불량아 수용소가 있다).
bóy tòy 國 (美속어) 성적 호기심의 대상이 되는 젊은 남자; 젊은 제비족. 「(중년) 부인.
bóy tòyer 國 (美속어) 젊은 남자를 애인으로 가진
bóy wónder 國 천재 소년, 신동.
bo·zo [bóuzou] 國 (美) ~**s 1** (美속어) 녀석, 멍청이; 거친 사람, 곧치 아픈 사람. **2** (컴퓨터) 쓸모없는 [쓰레기] 전자 우편(e-mail), 스팸 메일. ¶~ *button* [or *filter*] 필요없는 전자 우편 제거 프로그램.
bp *boiling point.* **BP** *beautiful people; Black Panther.* **BP, B.P.** *Bachelor of Pharmacy* [*Philosophy*]; 〔재정·금융〕 *basis point;* 〔상업〕 *bills payable; blood pressure; blueprint; British Patent* [*Petroleum, Pharmacopoeia, Public*]. **bp.** *baptized; birthplace;* (또는 **Bp.**) *bishop.* **b/p** *blueprint.* **b.p.** 〔재정·금융〕 *basis point; below proof* (알코올 음료의 표준 도수 이하); *bill of parcels* (적하(積荷) 명세서); 〔상업〕 *bills payable* (지불 어음)(B/P); 〔물·화〕 *boiling point.* **B.P.** 〔고고〕 *before the present* (방사성 탄소 연대 측정법에서 1950년을 기준으로 역산한 연대를 나타낸다). **BPAM** 〔컴퓨터〕 *basic partitioned access method* (기본 구분 접근 방식). **B.P.D.** *barrels per day.* **B.Pd., B.Pe.** *Bachelor of Pedagogy.* **B.P.E.** *Bachelor of Physical Education.* **B.Pharm.** *Bachelor of Pharmacy.* **B.Phil., B.Ph.** *Bachelor of Philosophy.* **bpi, BPI** 〔컴퓨터〕 *bits* [*bytes*] *per inch* (비트[바이트]/인치(자기(磁氣) 테이프 따위의 기록 밀도의 단위; 인치당 집록(集錄) 비트[바이트] 수)).
B-picture [bíːpìkt∫ər] 國 =B-movie.
bpl. *birthplace.* **BPO** *British Post Office* (영국 우편 공사). **B.P.O.E.** (美) *Benevolent and Protective Order of Elks* (엘크스 자선 보호회).
B pòwer supplý 國 B supply.
bps 〔컴퓨터〕 *bits per second* (초당 비트 수; 컴퓨터 통신 회선(回線)의 정보 전송 속도 단위). **b.pt.** *boiling point.* **B.P.W.** *Board of Public Works; Business and Professional Women's Clubs.* **Br** ⓐ 〔화학〕 *bromine; brother* (수도사; 형제(교회에서 신자끼리 서로 붙을 때 이름 앞에 붙인다)). **BR** *British Rail* (원래는 British Railways). **br.** *branch; brand; brass; bridge; brief; brig; brigade; bronze; brother; brown.* **Br.** *Breton; Britain; British.* **b.r., B/R, B.R.** *bills receivable.*
bra [brɑː] 國 (구어) =brassiere.
  burn one's bra 브래지어를 태우다; 여권 운동에 참여하다. 「에 국가(國歌).
Bra·ban·çonne [F brabɑ̃sɔn] 國 브라방손(벨기
brab·ble [brǽbl] ⓥ自(방언) 말다툼하다, 언쟁하다; 언쟁하다. ── 國 말다툼, 언쟁. ~**ment, -bler**
bra-burn·er [ˊbə̀ːrnər] 國 (속어) (1970년대의) 전투적인 여성 해방론자[여권 운동가].
*****brace** [breis] 國 **1** 걸쇠, 잠금쇠, 거멀못. **2** 버팀대, 지주(支柱). **3** 〔기계〕 (드릴 따위의) 굽은 손잡이. **4** 〔음악〕 브레이스(북 가족의 쇄심을 조절하는 가죽끈). **5** (해사) (돛의 방향을 조절하는 데 쓰는) 돛줄, 아딧줄. **6** (~s) 중괄호({ }) (國) *bracket*); 〔음악〕 브레이스(2개 이상의 5선 악보를 연결하는 괄호). **7** 〔의학〕 타투 (副杖). (종종 ~**s**) 〔치과〕 치열 교정기. **8** (~s) (英) 바지 멜빵 ((美) *suspenders*). ¶*a pair of* ~*s* 바지 멜빵 한 벌. **9** (개·사냥감 따위의) 한 쌍. ¶*a* ~ *of* (*wild*) *ducks* 한 쌍의 오리. **10** 홍분제. **11** 〔군사〕 차렷 자세.
  in a brace of shakes ⇨SHAKE.
  splice the main brace (속어) 노고를 위로하다; (힘든 일 뒤에) 술을 돌리다[마시다].

take a brace 〈英구어〉 (운동 선수 등이) 분발하다, 재기하다.
── 동태 **1** …을 걸쇠[거멀못]로 죄다; …에 버팀대를 괴다, …을 버티다. **2** (북의 가죽·활의 시위 따위를) 팽팽하게 죄다. ¶ ~ a bow 활시위를 팽팽히 죄다. **3** 〈재귀 용법으로〉 (충격·대결 따위에) 마음의 준비를 단단히 하다, 대응 태세를 갖추다 *(for, to do)*; 정신을 바짝 차리다. ¶ ~ oneself *to* hear the bad news 흉보에 대비하다. **4** (…으로) 보강하다, 뒷받침하다 *(with)*; …을 기운 나게 하다 *(up)* (형) bracing). **5** 《美속어》 …에게 돈을 빌려달라고 부탁하다, 도움을 청하다. **6** 〈해사〉 (돛)을 브레이스로 돌리다, (돛)의 방향을 바꾸다 *(about, around)*. ── 자 차렷 자세를 취하다; (공격 따위에) 대비하다, 대응 태세를 갖추다 *(for)*; 기운[용기]를 내다 *(up)*.

brace oneself up; brace one's energies 기운을 내다, 분발하다. 「하다.
brace up 〈구어〉 분발하다[시키다]; 기운나게 잔
bráce and bít 굽은 손잡이가 달린 타래 송곳.

*****brace·let** [bréislit] 명 **1** 팔찌. **2** (~s) 《美속어》 〈복수취급〉 수갑, 쇠고랑(handcuffs). ¶ put ~s on a person's hands 남에게 수갑을 채우다. **3** 가구 다리의 쇠시리 장식.

brace·let·ed [bréislitid] 형 팔찌를 낀. [brace and bit]
brácelet wàtch 명 (여성용) 소형 손목 시계.
brac·er¹ [bréisər] 명 **1** 버티는 것, 죄는 것; 죔줄, 당김줄, 띠. **2** 〈구어〉 흥분제, 강장제; 자극성 음료.
brac·er² 〈궁술〉 활골무, 팔받이.
bra·ce·ro [brɑséərou] 명 (~s) 《美남부》 (미국 입국이 인정된) 멕시코인 농장 노동자. [<Sp]
brach [brætʃ] 명 〈페어〉 암 사냥개. (또는 **bráchet**)
bra·chi- [bréiki, bræki] 연결 *arm*의 뜻.
bra·chi·al [bréikiəl, brǽk-] 형 〈해부·동물〉 **1** (사람의) 팔의; (척추 동물의) 상완(上腕)의, 상박(上膊)의. **2** 팔 비슷한, 팔 모양의. ── 명 팔, 상완.
bra·chi·ate [bréikièit, brǽk-] **1** 〈식물〉 가지[줄기]가 좌우 번갈아 나는, 교호 대생(交互對生)의. **2** (동물) 팔이 있는. ── 자 [bréikièit, brǽk-] 양 팔로 번갈아 매달리며 건너가다. **-á·tion** 명
bra·chi·o- [bréikiou, -kiə, brǽk-] 연결 *arm*의 뜻(* 모음 앞에서는 brachi-). ¶ *brachi*opod.
bra·chi·o·pod [bréikiəpɒd, brǽk-/-pòd] 명 완족류(腕足類)의 동물(파리조개·개맛 따위).
bra·chi·um [bréikiəm, brǽk-] 명 (복) ***chi·a** [-kiə] 〈해부〉 상완, 상박; (새 날개 따위의) 상완에 해당하는 부분. [cephalic.
brachy- [bræki] 연결 short의 뜻. ¶ *brachy*-
brach·y·ce·phal·ic [brækisəfǽlik] 형 〈해부〉 단두(短頭)의. (또는 **brachycephalous**) **-ceph·a·ly** [-séfəli], **-céph·a·lism** 명 단두증(症).
bra·chyl·o·gy [brəkilədʒi] 명⑤ 간약법(簡約法), 어구 생략; 표현의 간약형[단축형].
brac·ing [bréisiŋ] 형 기운을 북돋우는, 힘나게 하는; (정신을) 바짝 차리게 하는; (바람·공기 따위가) 상쾌한. ── 명 **1** ⑤ 긴장(력). **2** 〈건축〉 버팀대, 지주.
brácing càble [wìre] 명 버팀줄.
brack·en [brǽkən] 명 〈식물〉 **1** 〈英〉 (큰) 양치 식물(large fern); 고사리; 양치[고사리] 덤불.

*****brack·et** [brǽkit] 명 **1** (선반 따위를 받치는) 까치발, 선반받이; 〈건축〉 내쌓기, 소괄(corbel). **2** (까치발로 받친) 선반; 벽에 붙인 전등[가스]등. **3** (~s) 괄호(특히 square brackets([ ])를 가리킴)(동 parenthesis). ¶ Put suitable words between ~s. 적당한 말을 괄호에 넣어라. **4** (소득의) 범위, 단계; (소득에서 특히 초한) 계층 (구분). ¶ those in the higher income ~ 고소득층의 사람들. **5** (같은 계층의) 그룹, 무리, 부류. ¶ boys in his age ~ 그와 같은 연령층의 소년들/the upper age ~ 고령자층/the upper social ~ 상류 계급. **6** 〈군사〉 (포차(砲車)의) 협차(夾叉). **7** 〈속어〉 코. ¶ punch up the ~s. 〈속어〉 한방 먹이다. **8** 〈증권〉 브래킷, 서열(증권 인수 투자 은행 랭킹). 「붙이다.

in brackets 괄호로 묶어서 [넣어서]; 말하는 김에 덧
── 동태 **1** …을 까치발[선반받이]로 받치다; …에 까치발[선반받이]을 달다. **2** …을 괄호로 묶다 *(up)*. **3** (…로) 분류하다 *(into)*; …을 일괄하여 다루다 *(together)* *(with)*, (명+전+图) The pupils were ~*ed into* five groups. 학생들은 다섯 그룹으로 나뉘었다. **4** 〈군사〉 (포차가) …을 협차 포격하다. **5** 〈비유적〉 …을 고려 대상에서 제외하다, 옆으로 치워 놓다.
~·ed 형 괄호로 묶은, 일괄한.
bráck·et clóck 명 탁상 시계.
bráck·et crèep 명 소득 계층의 점동(漸動) 현상, 세율 등급의 점진(漸進)(인플레이션으로 인해 납세자 구분이 차차 세금 부담이 높은 쪽으로 밀려 올라가는 것).
brack·et·ing [brǽkitiŋ] 명 **1** 〈집합적〉 까치발, 선반받이. **2** 《美》 협차 포격식 유세(대립 후보의 유세 전후에 선거 운동원을 풀어 반대 캠페인을 벌이는 전술).
bráck·et sàw 명 〈목공〉 곡선용 톱.
Bráck·ett sèries [brǽkit-] 〈물리〉 브래킷 계열(수소 원자의 스펙트럼 계열의 하나). [<미국 물리학자 Frederick S. Brackett의 이름]
brack·ish [brǽkiʃ] 형 **1** 약간 소금기가 있는, 좀 짠. ¶ ~ water (반)염수. **2** 맛없는; 불쾌한. **~·ness** 명
bract [brækt] 명 〈식물〉 포(苞), 포엽(苞葉); 꽃의 바탕 부분. **~·ed**, **~·less** 형
brac·te·al [brǽktiəl] 형 〈식물〉 포[포엽]의; 같은).
brac·te·ate [brǽktiət, -tièit] 형 〈식물〉 포가 있는.
brac·te·ole [brǽktiòul] 명 〈식물〉 (작은 꽃자루 위에 생기는) 작은 포엽[포]. (또는 **bract·let** [brǽktlit])
brác scàle 명 〈식물〉 포린(苞鱗).
brad [bræd] 명 가늘고 대가리가 작은 못, ㄱ자 못.
── 동태 (**-dd-**) …에 ㄱ자 못을 박다.
Brad [bræd] 명 브래드(남자 이름).
brad·awl [brǽdɔ̀ːl] 명 작은 송곳.
Brad·bur·y [brǽdbəri] 명 브래드버리. **1 Malcolm (Stanley)** ~ (1932- : 영국의 소설가·비평가). **2 Ray (Douglas)** ~ (1920- : 미국의 SF 작가). **3** 〈英속어〉 **1** 파운드 지폐, 10실링 지폐(옛날 지폐).
Brad·ford [brǽdfərd] 명 브래드퍼드. **1 Gamaliel** ~ (1863-1932: 미국의 전기 작가; Psychography 파의 선구자). **2** 영국 West Yorkshire 주 중부의 도시(우스티드 모직(worsted) 생산지).
Brádford spínning [sýstem] 명 영국식 전방(前紡)(양털 방적법).
Brad·ley [brǽdli] 명 브래들리. **1 Andrew Cecil** ~ (1851-1935: 영국의 문예비평가). **2 Francis Herbert** ~ (1846-1924: 영국의 철학자). **3 Henry** ~ (1845-1923: 영국의 사전 편찬자). **4 James** ~ (1693-1762: 영국의 천문학자). **5 Omar Nelson** ~ (1893-1981: 미군 장성(육군 원수)).
Brad·shaw [brǽdʃɔː] 명 〈英〉 브래드쇼 철도 여행 안내서(~'s Monthly Railway Guide)(1839-1961년 발행; 영국 전역의 철도 시간표 수록).
Bra·dy [bréidi] 명 브레디(남자 이름).
brady- [brǽdi] 연결 slow의 뜻. ¶ *brady*cardia.
brad·y·car·di·a [brædikɑ́ːrdiə] 명⑤ 〈의학〉 서맥(徐脈), 심동지완(心動遲緩). **-dic** 형
brad·y·e·coi·a [brædiikɔ́iə] 명 〈의학〉 난청(難聽).
brad·y·ki·net·ic [brædikinétik] 형 느릿느릿 움직이는, 동작이 완만한. **-ne·sia** [-niːʒə], **-né·sis** 명
brad·y·ki·nin [brædikínin, -kái-] 명 〈생화학〉 브래디키닌(혈관 확장제).
Brády Láw 명 《美》 브래디법(정신 이상자·미성년자

brad·y·pep·si·a [brædipépsiə/-sjə] 명 소화 불량.
brad·y·seism [brǽdisàizm] 명 〔지구물리〕 완만 지동(地動)(지각의 완만한 상하 운동). 「산허리.
brae [brei, bri:] 명 〔스코·北英〕 비탈, 사면; 내리받이.
***brag** [bræg] 통 (-gg-) 환 자랑하다, 뽐내다, 호언장담하다, 허풍떨다 (*of, about*). ⇨BOAST 유의어¶ (~+前+名) He ~*s of* his rich father. 그는 돈많은 아버지를 자랑한다. ──타 …을 자랑하다.
── 명 1 Ū 자랑, 허풍; 자랑거리. 2 허풍선이. 3 Ū (포커 비슷한 카드놀이의 일종.
make brag of …을 자랑하다. 「풍을 떨다.
play a game of brag 서로 (상대를 위압하려고) 허
── 형 멋진, 일류의. ¶He had once the ~ hand of the shop. 그는 한때 그 가게 최고의 종업원이었다.
~·**ging·ly** 분 ~·**less** 형

brag·a·do·ci·o [brægədóuʃiòu] 명 (복 ~s) Ū 허풍; Ⓒ 허풍선이. -**ci·an** 명
brag·gart [brǽgərt] 명 허풍선이; 호언장담가.
── 형 허풍선이의; 자랑하는. ~·**ism** 명 〔경멸적〕 허풍, 호언장담. ~·**ly** 분
brag·ger [brǽgər] 명 자기 자랑하는 사람, 허풍선이, 떠벌이. 「리본됨; 과일 샐러드.
brag-rags [⁄rǽgz] 명복 〔美속어〕 군사 기장(記章)
brág sheet 〔美속어〕 이력서.
Brahe [brɑː, brɑːhi] 명 **Tycho** ~ 브라헤(1546-1601: 덴마크의 천문학자).
Brah·ma[1] [brɑ́ːmə] 명 〔힌두교〕 1 =Brahman[1] 2. 2 브라마, 범천(梵天)(Shiva, Vishnu와 함께 힌두교의 3 대 신의 하나로 만물 창조의 신). 〈<Skt〉
Brah·ma[2] [bréimə brɑ́ː-/brɑ́ː-] 명 (종종 b-) 브라마닭(인도의 Brahmaputra 강 유역산(產) 큰 닭).
Brah·ma[3] [bréimə/brɑ́ː-] 명 인도 원산의 소.
Brah·man[1] [brɑ́ːmən] 명 (복 ~s) 〔힌두교〕 1 (또는 **Brahmin**) 브라만, 바라문(婆羅門)(인도의 카스트 (caste) 중 최고위의 승려 계급. 2 (또는 **Brahma**) 브라만, 범(梵)(우주의 근본 원리). 〈<Skt〉
Brah·man·ic [brɑːmǽnik], -**mán·i·cal** 형
Brah·ma·n[2] [bréimən/brɑ́ː-] 명 브라만(인도 원산의 각종의, 인도 소를 품종 개량한 미국 남부의 소).
Brah·ma·ni [brɑ́ːməni] 명 브라만 계급의 여성. (또는 **Brahmanee**)
Brah·man·ism [brɑ́ːmənìzm] 명 브라만교, 바라문교. (또는 **Brahminism**) -**ist** 명
Brah·ma·pu·tra [brɑ̀ːməpúːtrə] 명 브라마푸트라 강(Tibet에서 Bengal 만(灣)으로 흐르는 강).
Brah·min [brɑ́ːmin] 명 (복 ~(s)) 1 〔힌두교〕 = Brahman 1. 2 〔美구어·경멸적〕 교양인, 지식인, 인텔리; (New England 지방 명문가의) 상류 사회 인사.
Brah·mín·ic, Brah·mín·i·cal 형 -**ist** 명
Brah·min·ism [brɑ́ːmənìzm] 명 =Brahmanism.
Brahms [brɑːmz] 명 **Johannes** ~ 브람스(1833-97: 독일의 작곡가). ~·**i·an** 형 ~·**ite** 명

***braid**[1] [breid] 명 Ⓒ Ū 1 끈 끈, 납작한 끈, 끈목, 몰. ¶a straw ~ 짚으로 꼰 끈/a gold ~ 금몰. 2 (美) (보통 ~s) (복식용 또는 이마에 매는) 리본; 땋아 늘인 머리; (집합적) (해군의) 고급 장교.
──타 …을 꼬다, 짜다; (꼬아서) …을 만들다; 〔머리〕를 땋다, (리본 따위로) 매다 (*with*); 〔의복〕을 리본으로 장식하다(trim). ¶a girl who ~*ed* her hair with a ribbon 머리를 리본으로 맨 소녀 / ~ one's hair into tresses 머리를 땋아 늘이다. 「직한[히].
braid[2] [bred, breid] 통 타 〔스코〕 노골적인[으로], 솔
braid·ed [bréidid] 형 1 (끈이나 머리 따위로) 꼰, 땋은. 2 (금몰 따위로) 장식한; 리본으로 묶은〔장식된〕.
braid·er [bréidər] 명 끈을 꼬는 사람〔기계〕.
braid·ing [bréidiŋ] 명 Ū (집합적) 꼰 끈, 끈목; (의복이나 레이스 따위의) 가장자리 장식.

brail [breil] 〔해사〕 명 쥠줄(돛을 죄는 밧줄).
── 통 타 〔세로돛〕을 죄다(*up*).
Braille [breil/F brɑːj] 명 1 **Louis** ~ 브라유 (1809-52: 프랑스의 점자법 고안자). 2 (때로 b-) 브라유식 점자(법). ── 통 타 (때로 b-) …을 브라유식 점자로 쓰다〔고치다〕.
Bráille rèader 명 점자 판독기〔장치〕. 「자〕.
Braille·writ·er [bréilràitər] 명 (브라유식) 점자〔타
‡**brain** [brein] 명 (복 ~s) 1 (종종 ~s) 〔해부〕 (척추 동물의) 뇌, 뇌수; (무척추 동물의) 중추 신경 조직. ¶ a disease of the ~ 뇌병/water on the ~ 뇌수종(腦水腫) / He killed himself by blowing out his ~s. 그는 머리를 쏘아 자살했다. 2 (때로 ~s) 지력(知力), 두뇌, 지능. ⇨MIND 유의어 ¶ a clear ~ 명석한 두뇌 / He hasn't much ~s. 그는 머리가 그다지 좋지 않다 / The idle ~ is the devil's shop. 〔속담〕 소인은 한가하면 나쁜 짓을 하기 쉽다. 3 (the ~) 〔구어〕 지적(知的)인 사람, 수재; (~s) (단·복수 양용) (속어) 지적 지도자, 브레인; (단수취급) 머리가 가장 좋은 사람. ¶the ~s of the group 그룹의 지도자. 4 인공〔전자〕 두뇌 장치(특히 컴퓨터). 5 (구어) 빈틈없음, 교활함.

[brain 1]
1 central sulcus 중앙 열구 2 cerebrum 대뇌 3 cerebellum 소뇌 4 pons 뇌교 5 medulla oblongata 연수

beat 〔or **cudgel**〕 **one's brain(s)** = **rack one's brain(s)**. 「힘을 쏟다.
beat one's brains (out) 최선을 다하다, (…에) 열심히 일하다, 일에 매진하다.
blow one's brains out ① 머리를 쏘아 자살하다. ②
crack one's brain(s) 미치다.
get one's brains fried (햇볕을 오래 쬐어) 일사병에 걸리다; 마약에 도취하다.
give brains 지혜를 빌려주다.
have good 〔or **plenty of**〕 **brains** 머리가 좋다.
have no brains 머리〔지혜〕가 없다.
have 〔or **get**〕…**on the** 〔or **one's**〕 **brain** (구어) 〔어떤 일〕에 열중하고 있다, 정신이 팔려 있다.
make *a person's* **brains reel** 남을 깜짝 놀라게 하다.
pick 〔or **suck**〕 *a person's* **brains** (자기가 노력하지 않고) 남에게 물어서 지식을 얻다, 남의 지혜를 빌다.
rack 〔or **pound, puzzle**〕 **one's brain(s)** 머리를 짜내다, 깊이 생각하다.
read *a person's* **brain** 남의 생각을 알아채다.
turn *a person's* **brain** 남을 어지럽게 하다; 남을 당황[난폭]하게 만들다, 아연케 하다.
use one's brains 머리를 쓰다. 「치다.
── 통 타 (구어) …의 골통을 부수다; …의 머리를 세게
~·**like** 형
bráin bànk (학자들을 모아 놓은) 두뇌 은행.
bráin bòx 명 (구어) 전자 계산기, 컴퓨터; (속어) (예인선의) 조종석, 〔속어〕 (화물 열차의) 차장차(車掌車).
brain-case [bréinkèis] 명 두개(brainpan).
bráin cèll 〔해부〕 뇌(신경)세포.
brain-child [bréintʃàild] 명 (복 -**chil·dren**) (美구어) 두뇌의 산물, 독창적인 계획〔생각〕. 「 「
bráin dàmage 명 〔병리〕 뇌손상. **brain-dàmaged** 형
brain-dead [-dèd] 형 1 뇌사 상태의. 2 (컴퓨터 칩 이) 용량이 적어서 (조직·기계 따위가) 구식인, 쓸모없는. 3 (구어) 무능한, 바보같은. ──(구어) 명 바보, 명청이.
bráin dèath 명 〔의학〕 뇌사(腦死)(cerebral death). 형 neomort
bráin dràin 명 1 (구어) (a ~, the ~) 두뇌 유출 (brain gain). 2 (속어) 두통거리, 어려운 문제.
brain-drain [⁄dréin] 통 두뇌〔인재〕를 유출하다〔시키다〕. ~·**er** 명 두뇌 유출자; 유출 두뇌.

-brained [breind] 연결 「…한 머리를 가진」의 뜻. ¶bright-*brained* 머리가 명석한.

brain·er·y [bréinəri] 명 (美속어) 대학.

brain·fag [bréinfæg] 명 (구어) 뇌신경 쇠약, 정신 피로.

bráin fèver 명 뇌막염, 뇌염.

bráin gàin 명 (구어) 두뇌 유입, 두뇌 유치.

bráin gỳm 명 (구어) 능력[창조력] 개발 코스[교실]; 정신 안정 시설.

brain·less [bréinlis] 형 정신 박약의; 무식한, 어리석은(stupid). ~·ly 부 ~·ness 명

bráin life 명 (brain death에 대하여 생명의 시작으로서의) 뇌생(腦生).

brain·pan [bréinpæn] 명 (구어) 두개(骨); 머리.

brain·pick·ing [bréinpikiŋ] 명 (구어) 남의 지혜[지식]를 이용하기, 남에게 정보를 얻기. **-pìck·er** 명

brain·pow·er [bréinpàuər] 명ⓤ 지력(知力), 지능; (집합적) 두뇌 집단, 지식인들; 참모진.

brain-sauce ['sɔ̀ːs] 명ⓤ (익살) 지성.

bráin scàn 명 (의학) 뇌주사(腦走査) 사진, 뇌주사도(圖)(brain scanner에 의한 X선도).

bráin scànner 명 (의학) 뇌주사 장치(뇌종양 등을 진단하는 CAT scanner).

brain·sick [bréinsik] 형 머리가 돈, 미친, 정신 착란(상태)의(crazy, mad). ~·ly 부 ~·ness 명

bráin stèaler 명 (남의 문장 따위의) 표절자.

brain-stem [bréinstèm] 명 (해부) 뇌간(腦幹).

brain·storm [bréinstɔ̀ːrm] 명 1 (英구어) (갑자스러운) 정신 착란. 2 (美·캐나다 구어) 문득 떠오른 멋진 생각, 영감(靈感). 3 =brainstorming. — 자 브레인스토밍을 하다. — 타 (문제)를 브레인스토밍에 회부하다. ~·er 명

brain·storm·ing [bréinstɔ̀ːrmiŋ] 명ⓤ 브레인스토밍, 난상 토론(회의에서 각자가 생각나는 대로 의견을 말하고 최선책을 마련하는 일).

Bráins Trùst (때로 b- t-) 명 1 (英) =brain trust. 2 (라디오·TV 프로에서 청취자의 질문에 즉석에서 대답하는) 학자·전문가 그룹.

bráin sùrgery 명 (뇌신경) 외과; 뇌 수술.

bráin tàblet 명 (美속어) 궐련(cigarette).

brain·teas·er [bréintìːzər] 명 (푸는 데) 머리를 써야 하는 것(수수께끼·퍼즐 따위); 난문, 난제.

bráin tìckler 명 (美속어) =brainteaser.

bráin trùst 명 (美) 브레인 트러스트(정부 기관 등의 정책 자문 위원회); 전문가[두뇌] 집단.

bráin trùster 명 (美) brain trust의 한 사람.

bráin tùmor 명 (병리) 뇌종양.

brain-twist·er [bréintwìstər] 명 =brainteaser.

brain·ware [bréinwɛ̀ər] 명 (컴퓨터) 브레인웨어(컴퓨터의 능률적 사용법을 연구하는 사람).

brain·wash [bréinwɔ̀ʃ, -wɑ̀ʃ/-wɔ̀ʃ] 명 타 …을 세뇌하다, 사상적으로 전향시키다; 세뇌시켜 …하게 하다(into). — 명 세뇌(洗腦). (또는 **bráin·wàsh, bráin wàsh**) ~·er 명

brain·wash·ing [bréinwɑ̀ʃiŋ/-wɔ̀ʃ-] 명ⓤ 세뇌, 정신 개조. (또는 **bráin·wàshing, bráin wàshing**) *give a person a brainwashing* 남을 세뇌시키다.

bráin wàve 명 1 (~s) (의학) 뇌파. 2 (英구어) 갑자기 떠오른 묘안, 영감(brainstorm).

brain·work [bréinwə̀ːrk] 명ⓤ 두뇌[정신] 노동, 지적 활동.

bráin wòrker 명 두뇌[정신] 노동자. [적인 작업.

brain·y [bréini] 형 (구어) (보통 여자 아이가) 총명한, 머리가 좋은. **bráin·i·ly** 부 **bráin·i·ness** 명

braird [brɛərd] 명 (스코) 싹틈; 새싹. — 자 싹이 나오다, 싹트다(sprout).

braise [breiz] 동 타 (고기·생선·야채) 를 기름에 볶은 다음 물을 조금 넣고 천천히 익히다.

brake¹ [breik] 명 1 브레이크, 제동기; (~s) 제동 장치(~ drums, ~ shoes 따위). 2 억제, 견제; 장애. 3 =brakeman 2. 4 아마(亞麻)를 으깨어 섬유를 분리해 내는 도구. 5 (英) 대형 4륜 마차. 6 (美방언·英) 큰 써레(heavy harrow). 7 프레스 브레이크(얇은 판금을 구부리는 기계)(press ~). 8 (페어) (옛날의) 고문대. *act as a brake on* [or *upon*] …을 억제하는 작용을 한다. *apply* [or *put on, hit, jam on, slam on*] *the* [or *one's*] *brakes* 브레이크를 걸다. *put the* [or *a*] *brake on* …에 브레이크를 걸다. *ride the brake* (美구어) 늘 브레이크 페달에 발을 얹어 놓다. *take off the brake* 브레이크를 풀다. [놓다. — 동 (~d [-t]; brak·ing) 타 1 …에 브레이크를 걸다. ¶~ a car 차에 브레이크를 걸다. 2 …에 브레이크 장치를 달다. 3 (아마 따위)를 으깨어 섬유를 분리해 내다. — 자 브레이크를 걸다; 브레이크가 걸리다. ~·less 형

brake² 명 덤불, 풀숲; 양치류(비교적 큰 종류의 것).

brake³ 명 (고어) break의 과거.

brake·age [bréikidʒ] 명ⓤ 제동 작용; 제동 능력; (집합적) 제동 장치.

bráke bànd 명 브레이크 밴드(brake drum에 감은 강철 띠로 제동 작용을 한다).

bráke blòck 명 =brake shoe.

bráke drùm 명 (기계) 브레이크 드럼(동(胴)).

bráke flúid 명 (자동차의) 브레이크액(液).

bráke hórsepower 명 제동 마력(略 b.h.p., bhp).

brake·light [bréiklàit] 명 브레이크등(燈).

bráke lìning 명 (자동차의) 브레이크 라이닝.

brake·man [bréikmən] 명 (美) 제동수(制動手). 2 (bobsled 팀의) 제동수(brake). (또는 (英) **brakesman**)

bráke pàd 명 (기계) 브레이크 패드(디스크 브레이크의 디스크를 누르는 패드).

bráke parachute [**chùte**] 명 (항공) 브레이크 낙하산(비행기의 후미에 부착, 착륙할 때 제동을 돕는다).

bráke pèdal 명 (자동차의) 브레이크 페달.

bráke shòe 명 제동자(制動子) (brake drum 따위를 눌러 제동하는 접촉부). (또는 **shoe**)

brake-van [-væ̀n] 명 (英) (화물 열차의) 제동차.

bráke whèel 명 브레이크 바퀴, 제동륜(輪).

brak·ie [bréiki] 명 (美속어) =brakeman. (또는 **brakey**) [제동 거리.

brák·ing dìstance [bréikiŋ-] 명 (자동차 따위의)

bráking skìd 명 (자동차 따위의) 브레이크를 세게 밟았을 때 일어나는 미끄럼.

brak·y [bréiki] 형 덤불이 우거진; 양치가 무성한.

bra·less [brɑ́ːlis] 형 브래지어를 하지 않은. ~·ness 명

Br. Am. *British America*.

bram·ble [bræmbl] 명 나무딸기속(屬)의 식물; (英) 검은 딸기(blackberry) (보통 ~s) 가시가 있는 관목 (찔레·들장미 따위). — 자 (英) 검은 딸기를 따다.

bram·bling [bræmbliŋ] 명 (조류) 되새.

bram·bly [bræmbli] 형 나무딸기[검은딸기] 같은[가 우거진]; 가시덤불이 우거진.

bran [bræn] 명ⓤ 겨; 밀기울. ¶*sift to the* ~ 밀기울만 남을 때까지 체질하다. — 타 (-nn-) (무두질할 가죽)을 겨를 넣은 물에 담그다. ~·ner 명

‡**branch** [bræntʃ, brɑːntʃ] 명 (복 ~·es [-iz]) 1 가지; 가지 모양의 것; 파생물(派生物) 2 나무 — 죽은 가지/the ~es of a lemon tree 레몬 나무 가지/the ~es of a reindeer's antlers 순록(馴鹿) 뿔의 가지.

유의어 **branch** 크기에 관계없이 성장한 가지; 특히 잎이 없는 가지를 가리키는 경향이 있다. **bough** 큰 가지; 특히 잎·꽃·열매가 달린 가지를 가리키는 경향이 있다. **limb** 줄기 또는 가지가 크게 갈라진 것. **twig** branch 끝의 작은 가지. 웹 **spray, sprig shoot** 갓 돋아난 어린 가지.

2 부문, 분과(分科). ¶various ~es of activity [industry] 활동[산업]의 여러 부문. **3** 지부, 지국, 지사, 출장소(= office); 지선(支線)(= line); 분가(= family). ¶a local ~ 지방 지점 /an overseas ~ 해외 지점 /a ~ manager 지점장 / open a ~ 지사[지점]를 개설하다. **4** 지류, 실개천. **5** 〔언어〕 어파(語派)(어족(family)의 하위 범주). **6** 〔컴퓨터〕 (프로그램의) 분기(分岐), 브랜치. 〔전기〕 지로(支路). **7** 〔해사〕 한정 수역 수로 안내 면허(증).
root and branch 철저하게, 근본적으로.
— 통 (~**es** [-iz]; ~**ed** [-t]) ㉠ **1** 가지가 나오다, 가지가 퍼지다(*forth, out*). ¶(~+뷔) The pine tree ~es out over the fence. 소나무 가지가 담장 너머로 뻗어 있다. **2** 분기(分岐)하다, 분화(分化)하다, 갈라지다(*away, off, out*). ¶(~+뷔) ~ *off* in all directions 사방으로 갈라지다. **3** (사업 따위를) 확장하다. **4** 〔컴퓨터〕 분기하다, 분기 명령을 실행하다. **5** (…에서) 파생하다(*from*). — ㉡ **1** …을 (가지 모양으로) 가르다. **2** …을 자수로 장식하다.
branch off ① ㉠ ㉢ 2. ② (차·열차 따위가) 지선[샛길]으로 들어가다. ③ (생각·집중력 따위가) 빗나가다, 산만해지다(*from*).
branch out ① 활동을 다른 분야까지 넓히다, 사업을 확장하다(*into*). ② (이야기가)(…로부터) 지엽으로 흐르다(*away*)(*from*).
~·less, ~·like 형.
bránch addrèss 명 〔컴퓨터〕 분기(分岐) 주소.
bránch constrùct 명 〔컴퓨터〕 분기 구성체.
bránch cùt 명 〔수학〕 분기선법(分岐線法).
bránched cháin [bræntʃt-/brɑːntʃt-] 명 〔화학〕 분기(分岐) 사슬.
bran-chi- [brǽŋki] 연결 = BRANCHIO-.
bran·chi·a [brǽŋkiə] 명 (목 *-chi·ae* [-kiìː]) 〔동물〕 (물고기의) 아가미(gill). **-al** 형.
bránchial árch 명 〔동물〕 새궁(鰓弓)(어류·양서류의 아가미에 붙어 있는 연골).
bránchial cléft 명 새열(鰓裂), 아감구멍.
bran·chi·ate [brǽŋkiət, -kièit] 형 〔동물〕 아가미가 있는.
bran·chif·er·ous [bræŋkífərəs] 형 〔동물〕 아가미 있는.
bran·chi·form [brǽŋkəfɔ̀ːrm] 형 아가미 모양의.
branch·ing [brǽntʃiŋ/brɑ́ːntʃ-] 명 (가지를 뻗기, 분지(分枝). 〔물리〕 (방사선 핵종(核種)의) 분기 붕괴. — 형 가지가 난, 분기의.
bránching fráction 명 〔물리〕 분기율(分岐率).
bránching rátio 명 〔물리〕 분기(分岐)[갈래]비(比).
bran·chi·o- [brǽŋkiou, -kiə] 연결 gills(아가미)의 뜻(*모음 앞에서는 branchi-). ¶*branchio*pod(새각류(鰓脚類)의 동물); *branchi*ate.
branch·let [brǽntʃlit/brɑ́ːntʃ-] 명 작은 가지.
bránch líne 명 〔도로·철도 따위의〕 지선(支線).
bránch óffice 명 지점, 지사, 지국, 지부, 출장소.
bránch póint 명 〔전기·수학〕 분기점.
bránch wàter 명 **1** (강에서) 끌어온 물, (지류·수로 따위로) 끌어온 물. **2** 수돗물, 식수(plain water).
branch·y [brǽntʃi/brɑ́ːntʃi] 형 가지가 많은.
‡**brand** [brænd] 명 (~**s** [-z]) **1** 상표(trademark), 브랜드; 품종, 품질, 등급류. ¶The coffee was of a superior ~. 그 커피는 고급품이었다 /There are two ~s of the article on the market. 시장에는 그 물건이 두 가지 나와 있다. **2** (품질·등급·제조 회사·소유자 따위를 나타내는) 소인(燒印), 도장, 화인; (특정의) 상품 종목, 브랜드 상품. **3** 낙인을 찍는 쇠 유명 브랜드 상품. **3** (가축에 찍는) 낙인(옛날에 노예·죄수에게 찍던 것); 오명, 누명. **4** (낙인용) 철인(鐵印). **5** 종류, 타입. ¶ one's own ~ of humor 그 사람 특유의 유머. **6** 타고 있는 나무, 타다 남은 나무; 횃불. **7** 〔시〕 검, 칼(sword).
a brand (plucked) from [or *out of*] *the burn-ing* [or *the fire*] 불에서 꺼낸 나무; 위난에서 구원 받은 사람; 개종자(←스가랴(Zech.) 3 : 2).
the brand of Cain 카인의 낙인, 살인죄.
— 통타 (~**s** [-z]) **1** …에 상표를 붙이다, …를 상표화하다; …에 등급을 매기다. ¶~ electronic books 전자 서적을 상표화하다. **2** (가축·죄수 따위에) 낙인을 찍다; …에게 문신을 하다. ¶On big ranches cattle are usually ~ed. 큰 목장에서는 대개 소에 낙인을 찍는다. **3** …에게 (…라는) 낙인을 찍다, 오명을 씌우다(*with, as*). ¶(~+圓+*as*+보) He was ~ed as a thief. 그는 도둑이라는 누명을 썼다. **4** …을 (마음 속에) 깊이 새기다 (*on, in*). ¶(~+圓+前+명) The scene is ~ed *on* [or *in*] my memory. 그 광경은 내 기억에 깊이 새겨져 있다.
~·less 형.
brand·a·ware·ness [brǽndəwɛ̀ərnis] 명 브랜드(상표) 인지(도).
brand·ed [brǽndid] 형 소인(燒印)이 찍힌; 상표가 붙은, 브랜드 상품의.
Bran·den·burg [brǽndənbə̀ːrg/G brándənburk] 명 브란덴부르크. **1** 독일 북동부의 주(주도 Potsdam). **2** 독일 Havel 강변의 도시. **~er** 명.
Brándenburg gàte 명 (the ~) 브란덴부르크 문 (독일의 Berlin에 있는 개선문).
brand·er [brǽndər] 명 낙인을 찍는 사람[도구].
bran·died [brǽndid] 형 브랜디를 넣은, 브랜디에 담근. ¶~ peaches 브랜디에 담근 복숭아.
brand-image [⌐ímidʒ] 명 브랜드 이미지(특정 브랜드(품)에 대해 소비자가 갖고 있는 이미지); (어떤 인물[사물]에 대해 갖는 일반적 인상.
brand·ing [brǽndiŋ] 명 (제품의) 브랜드[상표]화, 인두.
bránding íron 명 (낙인용) 철인, 인두.
bránd íron 명 (스코) **1** = trivet. **2** = gridiron.
bran·dish [brǽndiʃ] 통타 (무기·지팡이 따위) (…을 향해) 휘두르다; …을 여봐란 듯이 보이다, 과시하다(*at*). — 명 (검 따위를) 휘두르기; 과시. **~·er** 명.
bránd léader 명 인기 상품[품목].
brand·ling [brǽndliŋ] 명 붉은 줄이 있는 지렁이 (낚시 미끼용). 「계속 구입하는 정도).
bránd lóyalty 명 브랜드 로열티(고객이 한 브랜드를
bránd mánager 명 브랜드 매니저(특정 브랜드의 마케팅 전략 책임자).
bránd náme 명 **1** 상표명(trade name); 유명 상품. **2** (구어) (특정 분야에서의) 저명 인사, 유명인.
brand-name [⌐nèim] 형 **1** 상표가 있는[붙은]. **2** (구어) 유명한, 널리 알려진. ¶a ~ actor 유명 배우.
brand-new [⌐njúː/-njúː] 형 아주 새로운(entirely new), 신품의. (또는 **brán-néw**) **~·ness** 명.
Bran·do [brǽndou] 명 **Marlon** ~ 브란도(1924- ; 미국의 영화 배우).
bránd persòna 명 명사, 저명 인사.
bran·dreth [brǽndriθ] 명 (건초 따위를 너는) 삼각가(架); 우물의 나무 울타리; (불 위에 걸치는) 삼발이. (또는 **brandrith**)
Brandt [brænt/G brant] 명 **Willy** ~ 브란트(1913 -92; 독일의 정치가, 서독 수상).
Bránd X 명 **1** (구어) 모사(某社)의 제품(자사(自社) 제품을 돋보이게 하기 위해 선전 등에서 쓰는 말). **2** (b-x) 〔속어〕 마리화나.
*‡**bran·dy** [brǽndi] 명 U 브랜디. — 통타 …에 브랜디를 섞다; …을 브랜디에 담그다. [S.]
brándy and sóda 명 소다수를 탄 브랜디(명 B. &
brand·y·ball [brǽndibɔ̀ːl] 명 (英) 브랜디를 넣은
brándy bùtter 명 = hard sauce. 「캔디.
brándy snáp 명 브랜디를 넣은 생강 비스킷.
brándy snífter 명 브랜디 잔.
branks [brǽŋks] 명복 (철제의) 입마개(옛날 영국에서 수다스러운 여자에게 벌로서 씌운 재갈).
bran-new [brǽnnjúː] 형 = brand-new.
bran·ni·gan [brǽnigən] 명 (美속어) 야단 법석,

bran·ny
북새, 술잔치; 쓸데없는 말다툼. (또는 **branigan**)
bran·ny [brǽni] 형 겨의(같은); 밀기울의(같은).
brán píe 명 (英) =bran tub.
brant [brænt] 명 (복 ~(s)) 흑기러기(북미·시베리아의 북극권 지방산(產)). (또는 ㄴ[英] **brént] góose**)
brán tùb (英) 보물찾기의 그릇.
Braque [brɑːk/F bʀak] 명 **Georges** ~ 브라크 (1882-1963: 프랑스의 입체파 화가).
bras [brɑːz] 명 bra의 복수형.
brash [bræʃ] 형 **1** 성급한, 경솔한. **2** 건방진, 주제넘은. **3** (재목이) 무른, 쪼개지기 쉬운. **4** (소리가) 귀에 거슬리는; (색깔이) 야한. **5** (윤곽이) 뚜렷한. (또는 **brashy**) —명 **1** (바위·얼음의) 파편; [해시] 유빙(流水) 조각. **2** (英방언) 소나기. **3** (英방언) 가슴앓이; (병의) 발작; 강습, (격렬한) 공격. —타자 (나무의 낮은 가지를) 잘라내다. ㄴ·**ly** 부 ㄴ·**ness** 명

bra·sier [bréiʒər/-ʒjə] 명 =brazier[1,2].
Bra·sil·ia [brəzíljə] 명 브라질리아(브라질의 수도).
‡**brass** [bræs/brɑːs] 명 (복 ~·**es** [-iz]) **1** ⓤ 놋쇠, 황동(黃銅). **2** (the ~(es)) 놋쇠 제품, 놋쇠 장식. **3** [기계] 베어링. **4** (the ~) [집합적; 단·복수 양용] [음악] 금관 악기(~ instrument); (오케스트라의) 금관 악기부. **5** (동) (초상·문장(紋章)을 새긴) 놋쇠 패(牌); (英속어) 돈, 금전; (속어) 모조품, 가짜 보석. **6** ⓤ 놋쇠 색깔, 담황색. **7** ⓤ [복수취급] (구어) 고급 장교들; 고관들(high[top] ~); ⇨BRASS HAT. ¶ the top ~ of the government 정부의 고관들. **8** ⓤ (구어) 철면피, 뻔뻔스러움. **9** (美속어) 매춘부.
(**as**) **bold as brass** 몹시 뻔뻔스러운.
double in brass (美속어) (악사가) 전공 이외의 (금관) 악기를 연주하다; 전문[본직]의 이외의 다른 일을 하다.
have the brass to do 뻔뻔스럽게도 …하다. —명 **1** 놋쇠로 만든; 금관 악기의; 놋쇠 색깔의. ¶ a ~ plate 놋쇠판[패] / *The earthen pot must keep clear of the ~ kettle*. (속담) 약자는 강자와의 충돌을 피해야 한다. **2** (구어) 뻔뻔한, 유들유들한. ¶ a ~ nerve 유들유들한 신경.
not…a brass farthing (구어) 조금도 …않다.
—타 **1** (말을) 금[가죽] 마구로 치장하다; [야금] (…에) 놋쇠를 입히다(*up*). **2** (英속어) (돈을) 치르다(*up*).
be brassed off (*with*) (英구어) [군사] (…에) 넌덜머리 내다, 지긋지긋하다.
ㄴ·**ish** 형
〔造料〕.
brass·age [bræsidʒ/brɑːs-] 명ⓤ 화폐 주조료(鑄
bras·sard [bræsɑːrd, bræsɑːrd/brǽsɑːd] 명 **1** 완장. **2** (또는 **brassart**) (팔 보호용) 갑옷 토시.
bráss bánd [음악] 취주 악대, 브라스 밴드.
brass-bound [bræsbáund/brɑːs-] 형 **1** 놋쇠로 테를 장식한[보강한]; 인습적인, 완고한; (구어) 돌돌 뭉친, 경직된; 낯두꺼운, 뻔뻔스러운.
brass-col·lar [⁴kɑ́lər/-kɔ́l-] 형 (구어) 타고난, 골수의.
bras·se·rie [bræsəríː] 명 (식사도 파는) 맥줏집 (beer garden); 맥주 양조장(brewery). 〔<F〕 〔소〕.
bráss fóunder [fóundry] 명 놋쇠 주조공[주조소].
bráss hát 명 (英) (육·해군의) 고급 장교(금 모자의 금몰에서); 고급 공무원, (관계(官界)의) 실력자.
brass·ie [bræsi/brɑːsi] 명 (골프) 브라시(2번 우드). (또는 **brassy, brassey**)
bras·siere [brəzíər/bræsiə, -ziə] 명 브래지어.
bráss ìnstrument 명 금관 악기.
bráss knúckles 명 [복수 양용] (격투용) 손가락 관절에 끼우는 놋쇠 조각(英 knuckle-duster).
brass-mon·key [⁴mʌŋki] 형 (英·濠속어) (한정용법) 대단히 추운. ¶ ~ weather 몹시 추운 날씨, 혹한. —명 (또는 **bráss mónkey**) 놋쇠로 만든 원숭이.
cold enough to freeze the balls off a brass monkey (비어) (불알이 떨어질 정도로) 지독히 추운.

bráss néck 명 (英구어) 뻔뻔스러움, 철면피.
bráss pláte 명 (英) 놋쇠로 만든 표찰.
bráss rágs 명 (英) (수병·수부의) 놋쇠 닦는 넝마.
part brass rags (英속어) 사이가 틀어지다 (*with*).
bráss ríng 명 (美구어) 큰 돈벌이[대성공]의 기회; (목표로의) 성공, 부(富), 높은 자리.
brass-rub·bing [⁴rʌbiŋ] 명ⓒⓤ 묘비명 따위의 탁본(拓本)(뜨기). ¶ go ~ 탁본을 뜨다.
brass-smith [⁴smiθ] 명 놋쇠 세공인, 놋갓장이.
bráss tácks 명복 놋쇠 못[징]; (구어) (문제의) 핵심, (사물의) 근본, 요점.
get [or *come*] *down to brass tacks* (사물의) 근본을 알다; 핵심을 언급하다; 사실[요점]을 말하다.
brass·ware [bræswɛər/brɑːs-] 명ⓤ [집합적] 놋쇠 제품.
bráss wínd =brass instrument.
brass-wind [⁴wind] 명 금관 악기의.
brass·y¹ [bræsi/brɑːsi] 형 **1** 놋쇠로 만든; 놋쇠를 입힌. **2** 놋쇠 같은; 놋쇠 색깔의. **3** 뻔뻔스러운, 철면피의. ¶ a ~ salesman 낯가죽이 두꺼운 외판원. **4** (소리가) 귀에 거슬리는, 금속음의. ¶ ~ tones 금속음 / ~ cough 귀에 거슬리는 기침 소리. **5** 싸구려의, 값만 번지르르한. **bráss·i·ly** 부 **bráss·i·ness** 명
brass·y² 명 =brassie.   〔ㄴ·**tish·ness** 명
brat [bræt] 명 (경멸적) 애새끼, 꼬마 녀석. ㄴ·**tish** 형
Bra·ti·sla·va [brǽtəslɑːvə, brɑː-] 명 브라티슬라바(슬로바키아의 수도).
brat·tice [brǽtis] 명 (갱도에 마련한) 판자 또는 천으로 만든 통풍 칸막이. —타 …에 칸막이를 하다.
brat·tle [brǽtl] 자 (스코) 덜컥덜컥[쿵쿵] 하는 소리. —명 덜컥덜컥 달리다.   〔인. **-ti·ness** 명
brat·ty [brǽti] 형 (구어) 건방진, 주제넘은; 반항적
brat·wurst [brǽtwərst/brɑːt-] 명 브라트부르스트(돼지고기 소시지). 〔<G〕
Braun [braun] 명 브라운. **1 Eva** ~ (1912-45: Adolf Hitler의 정부). **2 Karl F.** ~ (1850-1918: 독일의 물리학자, 노벨 물리학상). **3 Wernher von** ~ (1912-77: 독일 태생의 미국 로켓 과학자). **4** (상표) 독일제 전기 면도기.
braun·ite [bráunait] 명ⓤ 브라운광(鑛), 갈(褐)망간
Braun·schwei·ger [bráunʃwàigər] 명 브라운슈바이크 소시지(훈제하여 향료를 넣은 간(肝) 소시지).
Bráun tùbe 명 브라운관(음극선관(cathode-ray tube)의 옛 이름). 〔<고안인 Karl F. Braun〕
bra·va [brɑ́ːvɑ, -ˊ] 감 브라바(여성 연주자·가수 등에 대한 갈채의 환호성). —명 브라바라는 외침.
bra·va·do [brəvɑ́ːdou] 명 (복 ~(**e**)**s**) ⓤⓒ 허세, 허장 성세. —자자 강한 체하다, 허세를 부리다. 〔<Sp〕
‡**brave** [breiv] 형 (**brav·er; brav·est**) **1** 용감한, 용기 있는(courageous), (아무것도) 두려워하지 않는(형) cowardly). ¶ a ~ 로 용감한 행동 / he is ~ to do=it is ~ of him to do 그는 용감하게도 …하다.

<유의어> **brave** 용감함을 나타내는 가장 일반적인 말. **bold** 대담하여 기가 꺾이지 않는. **audacious** 낯짝이 두껍고 앞뒤를 가리지 않는. **courageous** 의연하여 기세가 꺾이지 않는. **fearless** 두려움이 없는. **valiant** 영웅적으로 용감한. **gallant** 화려한 용감성을 나타낸다.

2 (the ~) (명사적) [복수취급] 용사들, 용감한 사람들. **3** 화려한, 화려하게 차린. ¶ ~ dresses 화려한 복장. **4** (고어) 훌륭한, 멋진, 뛰어난.
as brave as a lion (사자처럼) 용맹스러운.
—명 (복 ~**s** [-z]) **1** (시) 용감한 사람, 용사. **2** (북미 인디언의) 전사(戰士), 용사. **3** [페어] 폭한; 도전.
—타 **1** [곤란 따위]에 용감히 맞서다, …을 용감히 해내다. ¶ ~ dangers and hardships 위험과 곤란에 용감하게 맞서다. **2** …에 도전하다; 감히 …하다.
brave it out 과감히[꿋꿋이] 밀고 나아가다.

~·ness 몡

‡brave·ly [bréivli] 用 용감하게; 훌륭히. ¶fight ~ on the side of justice 정의의 편에서 용감히 싸우다.
bráve nèw wórld 몡 1 (a ~, the ~; 종종 B- N- W-) 《종종 경멸적》 미래 사회, 미래 사태(상황); 새로운 상황, 최근의 발전(← Shakespeare작 The Tempest). 2 찬란한 신세계(Aldous Huxley의 반(反)유토피아적 SF미래 소설).
‡brav·er·y [bréivəri] 몡U 1 용기, 용감성(⊕ cowardice). 2 《의상 따위의》 훌륭함, 화려함. ┌제법.
bráve shów 몡 1 장관, 구경거리, 미려, 강한
bra·vo¹ [bráːvou, -´-] 囷 브라보!, 잘한다!(Well done!) ── 몡 (®) ~s [-z]) 브라보라는 외침, 갈채.
── 用 (을)에게 브라보라고 외치다. [<It]
bra·vo² 몡 (⑰ ~es, -vi [-viː]) 무모한 악한, 폭한; 자객, 정부 살인자; 《美속어》 = Hispanic. [<It]
bra·vu·ra [brəvjúərə] 몡 1 《음악》 (능숙한 기교를 요하는) 화려한 곡; 화려한 연주. 2 용감한 행위.
── 囷 《음악》 활기찬, 화려한. [<It spirit, bravery]
braw [brɔː] 囷 《스코·北英》 풍채가 좋은, 옷차림이 훌륭한; 멋진(fine). ── 나들이옷. * brave의 변형.
~·lie, ~·lis, ~·ly, ~·lys 用.
brawl [brɔːl] 몡 1 말다툼, 언쟁; 《여울 따위의》 물소리; 소란(⇒ DISORDER 유의어); 《美속어》 소란스러운 파티.
── 囷 말다툼(언쟁)하다; 《여울 따위가》 소리내며 흐르다. ── 몡 《물결 따위의》 큰 소리로 하다. [<It]
언쟁하는[떠들어대는] 사람. ~·ing 몡 떠들썩한[함].
~·ing·ly 用. ~·y 용.
brawn [brɔːn] 몡U 1 억센 근육; 완력; 체력. 2 《英》 《삶아서 소금에 절인》 돼지고기; 《美》 headcheese.
brain before brawn 힘보다 머리.
brawn as well as brain 머리도 체력도.
bráwn dráin 몡 노동자·운동 선수 등의 국외 유출.
brawn·y [brɔ́ːni] 囷 근육의; 근육이 발달한; 억센, 건장한. bráwn·i·ly 用. bráwn·i·ness 몡.
brax·y [bræksi] 몡 《수의》 (양의) 비탈저(脾脫疽). (또는 bradsot) ── 囷 비탈저에 걸린.
bray¹ [brei] 몡 1 나귀의 울음 소리; 시끄러운 울음 소리; 나팔 소리; 시끄러운 소리(잡음). ── 囷 (나귀가) 시끄럽게 울다; (나팔이) 울려 퍼지다; 《···이라고》 고함치다.
bray² 囷 1 (맷돌 따위로) 갈다, 빻다, 바수다. 2 《인쇄》 《잉크를》 엷게 펴다. [사람(것).
bray·er¹ [bréiər] 몡 귀에 거슬리는 소리로 외치는
bray·er² 《인쇄》 (등사판 따위의) 손으로 미는 롤러.
Braz. Brazil; Brazilian.
braze¹ [breiz] 囷(ǫ) ···을 놋쇠로 만들다; ···에 놋쇠를 입히다; ···을 놋쇠로 장식하다; ···을 놋쇠처럼 만들다.
braze² 《야금》 囷(ǫ) 《금속》을 납땜하다. ── 몡 납땜 질. bráz·er 몡 땜장이.

*bra·zen [bréizn] 囷 1 놋쇠로 만든. 2 (색깔·강도 따위가) 놋쇠 같은. (소리가) 불쾌한 금속음의. ¶a ~ sky at sunset 해질녘의 붉은 하늘. 3 철면피의, 뻔뻔스러운.
── 囷(ǫ) 뻔뻔스럽게도 ···을 하다(out, through). ~ out one's determination 결심을 막무가내로 밀고 나가다.
brazen it [or the affair, the business, etc.] out [or through] 유들유들하게 맞서다, 끝까지 시
~·ly 用. ~·ness 몡. [치미를 떼다.
bra·zen-face [bréiznfèis] 몡 뻔뻔스러운 사람.
bra·zen-faced [-fèist] 囷 철면피의, 뻔뻔스러운. -fac·ed·ly [-fèisidli, -fèist-] 用.
bra·zier¹ [bréiʒər, -zjə] 몡 놋쇠 세공인, 놋갓장이. (또는 brasier) [용 조리 기구. (또는 brasier)
bra·zier² (금속제) 화로; 바베큐용 그릴, 숯불구이
bra·zier·y [bréiʒəri, -zjə-] 몡U 놋쇠 세공. [= B- nut.
bra·zil [brəzíl] 몡 1 = brazilwood. 2 = ~ red. 3
‡Bra·zil [brəzíl] 몡 브라질(남미의 공화국; 수도 Brasilia); (~s) 브라질 커피. ── 몡 브라질 사람.
*Bra·zil·ian [brəzíljən] 囷 브라질의; 브라질 사람의.
Brazíl nùt 몡 브라질 호두. (또는 brazil)
brazil (réd) 몡 brazilwood에서 채취한 적색 염료.
bra·zil·wood [brəzílwùd] 몡 브라질우드(적색 염료가 채취되는 열대산 나무). (또는 brazil)
Braz·za·ville [bræzəvil/bráːzəvi(ː)l] 몡 브라자빌(콩고 공화국의 수도).
BRB 몡 《속어》 《컴퓨터》 곧 돌아옴(e-메일, 전자 게시판 등의 메시지). [<Be right back]
Br. Col. British Columbia. B.R.C.S. British Red Cross Society(영국 적십자사). BrE British English. B.R.E. Bachelor of Religious Education; business reply envelope.

*breach [briːtʃ] 몡 1 파손, 터지기; 《벽·제방 따위의》 터진 곳, 갈라진 틈(in); 《공세 따위로 열린》 돌파구; 《비유적》 구멍, 결함. 2 《법률·계약 따위의》 위반, 침해, 불이행. ¶commit a ~ of the rule 규칙 위반하다. 3 절교, 불화. 4 《고래가》 물 위로 뛰어오르기. 5 밀려와서 부 heal the breach 화해를 시키다, 단교를 대처하다.
in breach of ···을 위반한, ···에 위배(저촉)되는.
stand in the breach (성벽의 터진 곳에 선다는 뜻에서) 공격의 정면에 서다, 난국에 대처하다.
step into the breach; fill [or fix] the breach 곤란에 처한 사람에게 가서 돕다; 난국의 해결을 도모하다; 일을 계승하다; (연극에서) 대역을 하다.
throw [or fling] oneself into the breach 스스로 위험에 뛰어들다(난국에 맞서다).
── 囷 1 ···을 깨뜨리다, 돌파하다. 2 《법률·약속 따위》를 어기다, 위반하다, 파기하다(break). ── 囷 《고래가》 물 위로 뛰어오르다.
~·er 몡 (가) 물 위로 뛰어오르다.
bréach of agréement 몡 협정 위반.
bréach of clóse 몡 《법률》 불법 토지 침입.
bréach of cónfidence 몡 기밀(비밀) 누설.
bréach of cóntract 몡 계약 위반.
bréach of dúty 몡 의무 불이행, 직무 태만.
bréach of étiquette 몡 결례(缺禮).
bréach of fáith 몡 배신, 신의의 배반.
bréach of príson 몡 탈옥(脫獄).
bréach of prívacy 몡 사생활(프라이버시) 침해.
bréach of prívilege 몡 《법률》 (의회 의원의) 특권 남용. [(約), (특히) 혼약 불이행.
bréach of prómise 몡 《법률》 약속 위반, 위약(違
bréach of the péace 몡 《법률》 (폭동·소요 등의에 의한) 치안 방해(죄), 법질서 문란. [(任).
bréach of trúst 몡 《법률》 신탁 의무 위반; 배임(위

‡bread [bred] 몡U 1 빵, 식빵. ¶a loaf[slice] of ~ 빵 한 조각[조각] / The ~ never falls but on its buttered side. 《속담》 빵이 떨어지면 반드시 버터 바른 쪽이 아래가 된다. 2 음식, 음식물; 양식; 생계. ¶daily ~ 일용할 양식 / Man shall not live by ~ alone. 사람이 빵으로만 사는 것이 아니요 ── 마태 복음(Matt.) 4 : 4). 3 《교회》 《성찬용》 빵. 4 《美속어》 돈; 《美속어》 생활 주요.
bread and circuses ① (대중의 불만·분노를 달래기 위한) 식사와 오락 제공; 대중의 마음을 잡는 방법. ② 《비유적》 일시적 미봉책(방편), 임시 수단.
bread and salt 《환대의 상징으로서의》 빵과 소금.
bread buttered on both sides 양쪽에 버터를 바른 빵; 안락한 생활; 뜻밖의 행운.
break bread ① 《···와》 함께 식사하다《with》. ② 빵을 찢다(조개다); 성찬식을 하다.
cast [or throw] one's bread upon the waters 빵을 물 위에 던지다; 물건을 아끼지 않고 베풀다(← 전도서(Eccles.) 11 : 1). [생계를 세우다.
earn [or gain, make] one's bread 밥벌이를 하다,
eat the bread of affliction 고난의 빵을 먹다, 비참한 생활을 하다(← 신명기(Deut.) 16 : 3).
eat the bread of idleness 무위도식하다.

in good [bad] bread 형편이 좋아[어려워].
know (on) which side *one's **bread is buttered***
자신의 이해 득실을 잘 알고 있다, 빈틈이 없다.
make bread out of …로 생계를 이어가다.
out of bread 밥줄이 끊겨, 실직하여.
quarrel with *one's **bread and butter*** ⇨BREAD AND BUTTER.
take (the) bread out of *a **person's mouth*** 남의 생계 수단을 빼앗다.
the best [greatest] thing since sliced bread (구어) 최상[최선]의 것. 「(John) 6:35).
the bread of life 〔성서〕 생명의 양식(←요한 복음
want *one's **bread buttered on both sides*** (속어) 터무니없는 요구를 하다.
── ㉰㉠ 〔요리〕 …에 빵가루를 묻히다; …에게 빵을 주다. ¶~ one's family 식구를 부양하다.
~-less ㉲ ~-less·ness ㉱

bréad and bútter ㉱ (단수취급) **1** 버터 바른 빵. **2** (구어) (one's ~) 생계 (수단), 호구지책; 필수적인 것, 기본; 검소한 생활.
earn *one's **bread and butter*** 생계를 꾸려가다.
quarrel with *one's **bread and butter*** (구어) (주로 부정문에서) (핫김에) 밥줄이 끊어질 짓[말]을 하다.
── ㉤ (구어) 제발 (살려 주시오)!

bread-and-butter [[']nbʌ́tər] ㉲ **1** 생계[최저 수입]를 위한, 고정 수입원이 되는; 돈[보수]을 바라고 하는. **2** 실용적인(practical); 세속적인, 현세적인. **3** (후한 대접에) 고마움을 나타내는, 환대에 감사하는. ¶a ~ letter (환대에 대한) 답례 편지. **4** (英) 청소년기의, 한창 먹을 나이의. ¶a ~ miss 한창 먹을 나이의 아가씨.

bréad and chéese ㉱ (단수취급) 치즈를 곁들인 빵; 간단한 식사; 생계.
bréad and mílk ㉱ (단수취급) 끓인 우유에 적신 빵.
bréad and scrápe ㉱ 버터를 아주 조금 바른 빵.
bréad and wáter ㉱ **1** (생존에 필요한) 빵과 물. **2** (단수취급) 변변치 않은 (죄수의) 식사.
bréad and wíne ㉱ **1** (미사·성찬식용) 빵과 포도주. **2** (단수취급) 성찬식(Lord's Supper).
bread·bas·ket [brédbæ̀skit/-bàːs-] ㉱ **1** (식탁용) 빵 바구니. **2** (속어) 〔농업〕 지대; 밥통. **3** (美속어) (다수의 소형 폭탄을 내장한) 대형 폭탄, 대형 소이탄. ── ㉲ 곡창 지대의[에 관한]. 「별칭.
Bréadbasket Státe ㉱ (the ~) 미국 Iowa 주의
bréad bìn (英) 뚜껑이 있는 큰 빵 상자.
bread·board [brédbɔ̀ːrd] ㉱ **1** (빵가루 따위의) 반죽판; 빵 써는 도마. **2** 〔전자〕 (실험용) 회로판. (또는 **bréad bòard**) ── ㉤ …의 (실험용) 회로판을 만들다, 실험 회로를 조립하다. ~**·ing** ㉱
bread·box [[']bàks/-bɔ̀ks] ㉱ (美) =bread bin.
bréad còrn 빵 만드는 각종 곡물.
bread·crumb [brédkrʌ̀m] ㉱ 빵의 연한 속 부분; (보통 ~s) 빵 부스러기[가루]. ── ㉤㉠ …에 빵가루를 묻히다[뿌리다].
bréad èarner ㉱ 생계 유지자; 집안의 가장. 「묻힌.
bread·ed [brédid] ㉲ (고기·생선 따위가) 빵가루를
bread·er·y [brédəri] ㉱ 빵 가게.
bread·fruit [brédfruːt] ㉱ 빵나무(남태평양 제도 원산의 뽕나무과의 상록 교목); 빵나무 열매.
bréad knìfe ㉱ 빵 써는 칼.
bréad lìne ㉱ 식량 배급을 기다리는 실업자·빈민 등의 줄[열]; (英) =**bréadline**.)
on the bread line 아주 빈곤하여, 정부의 구호 대상이 되어.
bréad mòld ㉱ (빵에 생기는) 검은 곰팡이.
bread·nut [brédnʌ̀t] ㉱ 서인도 제도산(産) 뽕나무과 식물의 하나; 그 열매(볶아서 가루로 빵아 빵을 만든다).
bréad poúltice ㉱ 끓는 물에 적신 빵으로 만든 찜
bréad sàuce ㉱ 빵가루 소스. 「약.

bréad·stick [brédstik] ㉱ 막대기 모양으로 딱딱하게 구운 빵, 막대 빵. 「(종) 빵, 빵류.
bréad·stuff [brédstʌ̀f] ㉱ (~s) 빵의 원료; Ⓤ (각
‡**breadth** [bredθ, bretθ] ㉱ **1** ⓊⒸ 나비(width)(⇨ length, thickness). ¶The box was two feet in ~. 그 상자는 폭이 2피트였다. **2** (피륙의) 한 폭, 폭으로 재는 것. ¶a ~ of cloth 천 한 폭. **3** ⓊⒸ 관대, 관용, 아량. ¶a ~ of view [mind] 견해[마음]의 넓음. **4** (~s) (토지·수면 따위의) 넓이; Ⓤ (지식·경험 따위의) 폭, 범위(extent). **5** Ⓤ (미술·음악) 여유가 있음, 웅대함, 웅대한 효과. **6** 〔논리〕 외연(denotation).
by a hair's breadth 간발의 차이로, 아슬아슬하게.
over the length and breadth of …의 전반에 걸
to a hair's breadth 한치도 어김없이, 정확히. 「쳐.
~**·less** ㉲
breadth·ways [brédθwèiz, brétθ-] ㉰ 가로로[의]. (또는 (英) **breadthwise**) 「망고(mango).
bréad trèe 1 =breadfruit. **2** =baobab. **3** 야생
bread·win·ner [brédwìnər] ㉱ (the ~) **1** 한 집안의 생계를 꾸리는 사람[대들보], 가족 부양자. **2** 밥벌이하는 도구[기술], 생업(生業). -**ning** ㉱

‡**break** [breik] ㉤ (**broke**; **bro·ken**) ㉠ **1 a)** (물건)을 깨뜨리다, 부수다, 쪼개다, 찢다, 깨다; …을 꺾다, 상처나게 하다; (새끼풀 따위)를 끊다. ¶~ a safe 금고를 부수다 / ~ a bone 뼈를 부러뜨리다 / ~ one's neck 목이 부러지다 / ~ a chain 사슬을 끊다 / ~ the seal 개봉하다 // (~+㉠+㉰+㉱) ~ a glass *in* [or *into*] pieces 컵을 산산이 부수다. **b)** (기계 따위)를 망가뜨리다, 고장내다. ¶~ one's watch 시계를 망가뜨리다.

> 유의어 **break** 가장 일반적인 말. **crush** 눌러서 으스러뜨리다. **shatter** 파편이 흩날릴 만큼 세게 break하다. **crash**, **smash** 큰 소리를 내며 break하다. **crack** 소리를 내며 금이 가다.

2 (법·약속·질서)를 어기다, 위반하다, 깨뜨리다. ¶~ one's promise [*or* word] 약속을 어기다 / ~ one's pledge [resolution] 맹세를 어기다[결심을 바꾸다] / ~ a law 법을 어기다 / ~ bounds 경계[한계]를 침범하다; 지정된 외출 구역 밖으로 나가다.
3 (연속·획일성 따위)를 깨뜨리다, 어지럽히다; (침묵·잠 따위)를 깨뜨리다, 끝내게 하다; 중단하다, 방해하다. ¶~ the silence 침묵을 깨뜨리다 / ~ one's journey 도중 하차하다 / ~ one's rest [meditation] 휴식[명상]을 방해하다 / ~ one's sleep 잠이 깨게 하다 / ~ a color 다른 색을 섞어 색조를 부드럽게 하다.
4 (반 따위)를 제압[압도]하다; …에 이기다. ¶~ opposition 반대를 이겨내다 / ~ a rebellion 반란을 진압하다.
5 (한 벌의 기물·큰돈)을 헐다 (*into*). ¶~ a set 한 벌로 된 것을 헐다 / ~ a fifty-dollar bill *into* change 50달러 지폐를 잔돈으로 바꾸다.
6 [길]을 내다, 트다, 뚫다; (에로·난국 따위)를 타개하다; (감옥)에서 탈옥하다, …으로부터 탈출하다. ¶~ open 부수고 열다 / ~ the enemy's defense line 적의 방어선을 돌파하다 / ~ jail 탈옥하다 / ~ a way through difficulties 난국을 타개해 나가다.
7 (주거)에 침입하다; (하천)을 넘어 범람하다. ¶~ a person's house 남의 집에 침입하다.
8 …을 입밖에 내다, 누설하다; (나쁜 소식 따위)를 …에게 알리다 (*to*). ¶~ a sigh [smile] 한숨[미소]짓다 / ~ a joke 농담하다 / (~+㉠+㉰+㉱) ~ one's mind *to* a person 남에게 마음속을 털어놓다.
9 [기록]을 깨다, 경신하다, …을 상회하다. ¶~ the record for the 100 meters 100m 기록을 경신하다.
10 (구어) …을 파산시키다, 도산시키다(⇨ broke ㉲).
11 (군대 등에서) …을 강등시키다; …을 면직하다; …에게서 관직을 박탈하다(※ 이 뜻일 때의 과거분사는 broken 또는 broke). ¶~ an officer 장교를 파면하다 /

The captain was *broke* [or *broken*] for neglect of duty. 대위는 직무 태만으로 해임되었다. **12** 〔건강·체력〕을 약화시키다; 〔강도·가치·위력〕을 줄이다; 〔정신·기력〕을 꺾다. ¶ ~ a fall [blow] 낙하[타격]의 힘을 줄이다 / ~ a person's spirits 남의 기를 꺾다 / a person's heart 남을 슬픔에 잠기게 하다. **13** 〔동물〕을 길들이다(*in*), 〔사람〕을 교련하다 // (~ + 目 + 前 + 名) ~ a child *in* obedience 아이를 순종하도록 가르치다 // (~ + 目 + 前 + 名) ~ a horse *to* the rein [or the bridle] 말을 (고삐·말굴레에) 길들이다. 〔남〕의 버릇을 고치다, 〔악습〕을 버리게 하다 (*of*). ¶ (~ + 目 + 前 + 名) ~ a person *of* lying 남의 거짓말하는 버릇을 고쳐주다 / I cannot ~ myself *of* the habit of smoking. 흡연 습관을 고칠 수가 없다. **15** 〔암호 따위〕를 해독하다; 〔사건·문제 따위〕를 해결하다. ¶ ~ a code 암호를 해독하다 / ~ a case 사건을 해결하다. **16** 〔법적 절차를 밟아〕…을 무효화하다. ¶ ~ a will 유언장의 효력을 없애다 / ~ an alibi 알리바이를 뒤집다. **17** 〔계획·운동 따위〕를 시작[착수]하다. ¶ ~ a campaign 운동을 시작하다. **18** 〔스포츠〕 〔공〕을 커브시키다; (갑자기) …의 방향을 바꾸다; (테니스 따위에서) 〔상대의 서브〕를 깨다, 브레이크하다. ¶ ~ a person's serve 상대의 서브를 깨다. **19** 〔음성〕 〔단모음〕을 분열시키다, 이중모음화하다. **20** 〔전기〕 〔회로〕를 끊다, 차단하다; 〔컴퓨터〕 〔프로그램〕을 debug하기 위해 실행을 중단하다. ¶ ~ an electric current 전류를 끊다. **21** 〔신문·잡지〕 **a)** 〔기사〕를 보도하며, 공표하다. **b)** 〔기사〕를 (다음 면이 아닌) 다른 페이지로 계속시키다. **22** 〔권투·레슬링〕 〔서로 엉켜 있는 선수〕를 떼어놓다, …에게 브레이크를 명하다. **23** 〔당구〕 〔공〕을 첫 큐로 흩어놓다. **24** 〔해사〕 〔접은 깃발〕을 높이 게양한 다음 펼치다.

—— 自 **1 a)** 깨지다, 부서지다, 쪼개지다, 부러지다, 무너지다, 끊기다 (*into, in*). ¶ (~ + 前 + 名) The plate *broke into* pieces. 접시는 산산조각이 났다 / The rope *broke in* two. 밧줄은 두 가닥으로 끊겼다 // (~ + 副) Glass ~s easily. 유리는 깨지기 쉽다. **b)** (기계류가) 고장나다, 부서지다. ¶ The TV set *broke*. TV가 고장났다.
2 갑자기 그만두다, 중지하다; (대가) 끊기다, 중단되다; 〔전류가〕 끊기다; 〔컴퓨터〕 〔프로그램〕을 debug하기 위해 실행을 중단하다. ¶ We *broke* for coffee. 우리는 커피를 마시려고 일을 멈추었다.
3 분해되다(*off*); 붕괴하다; (구름·안개 따위가) 걷히다, 흩어지다(*away*); (서리가) 녹다; (파도가) 부서지다; 느슨해지다(*up*). ¶ Clouds ~. 구름이 흩어진다 / Frost [Ice] ~s. 서리[얼음]가 녹는다 / His attention *broke*. 그의 주의가 산만해졌다 // (~ + 前 + 名) Waves ~ *against* the rocks. 파도가 바위에 부딪쳐 부서진다.
4 관계를 끊다, 손을 떼다, 사이가 나빠지다 (*with*).
5 (구속에서) 벗어나다; 탈출하다, 도망치다 (*out, away*) (*from*). ¶ ~ *out of* prison 탈옥하다.
6 침입하다; 돌진하다 (*in, through*). **7** 갑자기 …하다; (바람·폭풍 따위가) 돌발하다; (날씨가) 변하다; (소리·질·빛깔 따위가) 갑자기 변화하다; (물집·종기가) 터지다 (*forth, in, into, from*). ¶ The spell of fine weather has *broken*. 계속되던 좋은 날씨가 갑자기 변했다 // (~ + 前 + 名) ~ *into* a gallop (말이 보통 걸음에서) 속보로 달리다 / (~ + 副) A storm ~s (*out*). 폭풍우가 갑자기 인다 / Cheers *broke* (*forth*) *from* the crowd. 군중으로부터 환성이 터져나왔다. **8** (날이) 새다, *Day* [or Morning, *Daylight*] ~s. 날이 샌다. **9** (물고기 따위가) 물 위로 뛰어오르다. **10** (군대가) 흩어지다, 후퇴하다. ¶ The cavalry *broke* and fled. 기병대는 패주했다. **11** 〔건강·체력·시력이〕 쇠약해지다, 쇠퇴하다; 기력을 잃다, 굴복하다. ¶ His health was ~ *ing* fast. 그의 건강은 급속이 쇠약해지고 있었다. **12** 파산하다; (신용·명예·지위 따위가) 떨어지다; (가치·주가(株價) 따위가) 폭락

하다. ¶ The merchant *broke*. 그 상인은 파산했다. **13** (가슴이) 미어지다. ¶ My heart almost *broke*. 내 가슴은 미어질 듯했다. **14** 〔음악〕 (악기·음성의) 음역이 바뀌다: 엉둥한 소리가 나다; 변성(變聲)하다, (목소리가) 달라지다. ¶ His voice has *broken*. (나이가 되어) 변성했다; (감정이 격하여) 목소리가 갈라졌다. **15** 〔당구〕 (모아 둔 공을) 쳐서 흩트리다, 첫 큐를 치다; (공이) 커브하다, 브레이크가 걸리다. **16** 〔식물〕 돌연변이를 일으키다(mutate, sport). 〔원예〕 (새싹·꽃·뿌리가) 돋다, 트다, 피다. **18** 〔신문〕 (뉴스 따위가) 공표되다, 알려지다. ¶ The story *broke* in the paper. 그 이야기는 지상에 보도되었다. **19** 〔음성〕 〔단모음〕이 이중모음화하다. **20** 〔권투〕 브레이크하다, 클린치를 풀다; 브레이크 댄싱을 하다. **21** (트랙경기·경마) 스타트부터 돌진하다. **22** 〔美구어〕 (사건 따위가) 일어나다, (어떤 결과로) 되다. ¶ Things were ~ *ing* badly. 일이 잘못 되어 가고 있었다.

break a gun (총알을 재기 위해) 총을 꺾다.
break a lance with a person ⇒ LANCE.
Break a leg! 〔연극〕 잘 해봐!! (* 무대로 나가려는 배우에게 동료가 반어적으로 행운을 빌며 하는 말).
break and enter 〔주거〕 침입하다.
break away ① (경주에서) 신호 전에 출발하다. ② 탈주하다, 도망치다; 분리되다, 이탈하다; 관계를 단절하다; 독립하다 (*from*). ¶ ~ *away from* a party [prison] 탈당[탈옥]하다. ③ (날씨가) 개다 (⇒自 3). ¶ The fog *broke away*. 안개가 걷혔다. ④ (습디 따위)를 갑자기 그만두다. ⑤ …을 꺾다, 때려부수다.
break back ① 갑자기 원상태로 돌아가다, 갑자기 복직하다. ② 〔스포츠〕 (상대 디펜스를 교란시키기 위해) 급히 역방향으로 달리다 / 〔크리켓〕 (투구가) 급각도로 커브하다.
break blows with …와 치고받다.
break bread ⇒ BREAD.
break bulk 〔해사〕 뱃짐을 부리다.
break camp 텐트를 거두고 여행[행군]을 다시 시작하다.
break cover (숨은 곳에서) 갑자기 모습을 드러내다.
break down ① …을 파괴하다; …을 때려부수다. ¶ The machine *broke down*. 그 기계는 고장났다. ② …을 압도하다; …을 극복하다; 〔장애물 따위〕를 제거하다. ③ 〔숫자·물자·결과 따위〕를 분해하다, 분석하다; …을 분류하다 (*into*). ④ 부서지다, 부서져 떨어지다. 으스러지다, 분해되다. ⑤ 실패(좌절)하다; 결렬되다. ¶ The plan has *broken down*. 그 계획은 실패했다. ⑥ 건강을 해치다, 쇠약해지다; 노이로제에 걸리다. ⑦ 울음을 터뜨리다. ⑧ 정전(停電)이 되다.
break even 손익이 없게 되다, 피장파장이 되다.
break for …을 향해 돌진하다.
break forth 갑자기 …하다 (*into*). (화 따위가) 폭발하다. ¶ ~ *forth into* singing 갑자기 노래하기 시작하다.
break free [or *one's hold*] 떨치다, 떨쳐 풀다; (…에서) 도망치다, 탈주하다, 떠나다 (*from*).
break ground ① (건물 따위의) 공사를 시작하다, 착공[기공]하다. ② 〔해사〕 닻을 (바다 밑에서) 떨어지게 하다, 감아올릴 수 있도록 하다. ③ 〔항공〕 이륙하다. ④ 땅을 갈다(plow).
break in ① …을 훈련시키다, 길들이다. ② …을 쓰기 시작하다, 써서 길들이다. ③ 경험을 쌓다, 익숙해지다. ¶ The new man is ~ *ing* in well. 그 신입 사원은 적응을 잘하고 있다. ④ (무리하게) 건물에 침입하다. ⑤ 끼어들다, 말참견하다, 갑자기 말하기 시작하다 (*on, upon*).
break in a book 〔美·뉴질〕 책을 개간하다.
break in on [or *upon*] ① (갑자기) …에 침입하다, 끼어들다. ② 갑자기 …을 가로막다, 훼방놓다. ③ 갑자기 …에 나타나다, 문득 (마음)에 떠오르다, 문득 (입)에서 나오다.
break into ① …에 침입하다, 밀고 들어가다. ② (이야기 따위)를 가로막다, 방해하다. ③ 갑자기 …하기 시작하다. ④ 〔직업·분야 따위〕에 일자리를 얻다[진출

하다]. ⑤ [비상용 물자]에 손을 대다. ⑥ …를 파먹다 [파고들다].
Break it dówn! (濠속어) 집어치워!; 그럴 리 없다!
Break it úp. (구어) 싸우지[다투지] 마라.
break lóose =break free.
break néw gróund 신천지를 개척하다, 새출발을 하다.
break óff ① 을 꺾다, 따다; 부러지다, 찢어지다, 갈라지다. ② 갑자기 그만두다; 중단하다; 관계를 끊다. ③ (협상 따위가) 결렬되다; (…와의) 관계를 단절하다 (*with*). ④ (일 따위를 중단하고) 쉬다.
break ón [or ***upón***] ① 갑자기 …에 나타나다. ② …에게 명백해지다. [다.
break óne's áss 필사적으로 노력하다, 열심히 일하
break on the scéne 갑자기 나타나다.
break ópen 부수고 열다.
break óut ① (전쟁·폭동·화재 따위가) 일어나다, 발생하다, 돌발하다. ② 발진하다, 종기가 생기다; (눈물·땀 따위가) 갑자기 나다 (*in*, *with*). ¶ ~ *out with measles* 홍역에 걸리다. ③ …을 준비하다, …의 짐을 풀다, …을 은닉처에서 꺼내다. ¶ ~ *out champagne* 샴페인을 꺼내다. ④ 탈출하다, 뛰쳐나오다. ⑤ 갑자기 외치기 시작하다 (*into*); 생각해 내다. ⑥ [해사] (기(旗)를 게양하고 펼치다; (짐을 부리기 위해) 선창을 열다; 닻을 올리다. ⑦ 타락하다. ⑧ 눈을 치우다. ⑨ (濠) [금광]을 개광하다. ⑩ =*break away* ②.
break óut *dóing* 급히 …하기 시작하다.
break óver ① (파도가) 부딪쳐 …위를 씻다. ② (갈채 따위가) …에게 쏟아지다.
break sérvice [테니스] 상대의 서비스 게임을 이기다.
break shéer [해사] (닻을 내려 정박 중인 배가) 닻(줄)이 얽힐 위험이 있는 쪽에 흐르다.
break shórt 중단하다; 단축하다.
break stép (보행·행진에서) 보조를 흩뜨리다.
break the báck of ⇨BACK.
break the íce ⇨ICE.
break through ① (…을) 뚫고 지나가다, 돌파하다. (노력 끝에) 성공을 하다, 새 실마리를 얻다. ② (햇빛 따위가) (구름 사이)에서 나타나다. ③ [법률·관습 따위]를 어기다, …을 위반하다.
break úp ① …을 분리하다, 세분하다 (*into*); …을 해산하다 (배 따위)를 해체하다; [英구어] [학교가] 방학에 들어가다 (*for*); 산회하다. ¶ ~ *up a meeting* 산회하다 / ~ *up a ship* 배를 해체하다. ② …을 끝내다, 종식시키다; (추위·병 따위가) 끝나다; (날씨가) 변하다. ③ 잘게 썰다, 째다. ④ …을 파다, 개간하다. ⑤ (서리·얼음 따위가) 녹다. ⑥ (사람이) 쇠약해지다; 사기가 떨어지다. ⑦ 을 부수다; …을 중단하다. ⑧ …을 당황하게 하다. ⑨ [적]을 패주시키다. ⑩ [미식축구] 스크럼을 풀다. ⑪ [구어] 관계를 끊다, 헤어지다, 절교하다 (*with*); [친구 등] 을 사이가 벌어지게 하다. ⑫ [美구어] 크게 웃다[웃기다].
break wínd 방귀를 뀌다.
break with ① …와 관계를 끊다, 절교하다; [조직 따위]를 탈퇴하다; [전통·생각 따위]를 버리다. ② 나누다, 분배하다.
—[명] 1 파괴, 파손, 붕괴, 분쇄; 분리, 분석, 분해. 2 깨진[갈라진] 틈, 터진 데 (*in*). ¶ There is a ~ *in the wall*. 벽에 갈라진 틈이 있다. 3 중턱; 시작; 새벽, 여명. ¶the ~ *of May* 5월의 시작/the ~ *of day* 새벽. 4 돌진; 탈출, 도망, 탈출 기도. ¶make a ~ *for freedom* 자유를 찾아 탈출[돌진]하다. 5 (갑작스러운) 불화, (관계의) 단절, 절교 (*with*). 6 중지, 중단 (*in*); [컴퓨터] (프로그램의 debug을 위한) 실행의 중단; [전기] 단선(斷線), 차단[기]. ¶a ~ *in conversation* 대화의 중단/There was no ~ *in the rain*. 비는 줄곧 내렸다. 7 (보통 a ~) 급변; (말의 보조 변화 (*from*, *in*, *with*); (주가(株價)·물가의 폭락. 8 (구어) (보통 a ~) 기회, 호기, 가망; 운. 9 (the ~s) [美구어] 세상의 이

치, 세상사: 운명. ¶Those are *the ~s*. 세상사는 다 그런 것이다. 10 (구어) (사교상의) 과실, 실수; 실언. 11 ⓤⓒ (a ~) 짧은 휴식, 휴게; (英) (학교의) 휴게[휴식] 시간((美) recess); (대학의) 짧은 방학, 휴가; [방송] =station. ¶a tea[coffee] ~ 홍차[커피] 시간/a spring ~ 봄방학/Christmas ~ 크리스마스 휴가/take a ten-minute ~ 10분 간의 휴식을 취하다. 12 [운율] (행 속에서의) 휴지(休止); [인쇄] 단락(段落), 문단 사이의 1행 이상의 빈칸. 13 [당구] 연속 득점; 첫 큐; [야구·권투] 커브, 굴곡; [테니스] 서비스 브레이크; [볼링] 미스; [권투] 브레이크(의 선언) [경마·육상경기] 경주 개시. 14 (~s) 중지부첨(中止符點)(에: Then he…). 15 [음악] 갑작스러운 전조(轉調); [재즈] (솔로에 의한) 중간 삽입부. 16 우대 조치, 특별 배려. ¶tax ~ 세금 우대 조치. 17 [곡물의] 탈곡·탈립(脫粒). 18 [방아] 따위의 과정. 18 [식물] 돌연변이. 19 [해사] 선루(船樓) 끝. 20 = ~ dancing.
a fáir [or ***góod***, ***lúcky***] ***bréak*** 호기, 행운.
an éven bréak 반반의 승부.
a tóugh [or ***bád***] ***bréak*** 불운.
get a bréak on …을 면제받다, …에 특혜를 받다.
give…a bréak …를 돕다, …에 도움의 손길[구조선] 을 보내다.
Give me [or ***Gímme***] ***a bréak!*** (美구어) ① 좀 봐주세요, (한번 더) 기회를 주세요, 해보게 해주요. ② 그게 정말이야?, 믿을 수 없어!, 잠깐!
make a bád bréak 실수를 저지르다; 추태 부리다.
make a bréak for it 탈주를 시도하다.
make a bréak with …와 절교하다.
without a bréak 중단 없이.
✦ **-less** [형]
break·a·ble [bréikəbl] [형] 깨지기[부서지기] 쉬운.
—[명] (~s) 깨지기 쉬운 것. **~·ness** **-bly** [부]
break·age [bréikidʒ] [명] 1 파손, 손상, 파괴, 파손량, 파손된 부분 (*in*). 3 (~s) [단수취급] [상업] 파손료, 파손 배상[견적](액). 4 (~s) 파손품[물].
break·a·way [bréikəwèi] [명] 1 분리, 이탈; 탈퇴, 탈주; 탈당[이탈]자, 분리된 것. ¶a ~ *from traditions* 전통으로부터의 이탈. 2 (濠) (가축떼 따위가) 놀라 폭주 (stampede); 무리에서 이탈한 동물. 3 [권투] 브레이크; [럭비] (공을 가지고 상대편 골로의) 돌진; [육상경기] 신호 전의 출발. 4 [연극] 공연 중 쉽게 변화할 수 있는 소도구. —[형] 1 분리된, 이탈한. 2 [연극] (세트가) 쉽사리 변환할 수 있는; (위험 방지를 위해) 쉽게 구부러지게[망그러지게] 만든. 3 (속어) 반항적인, 인습에 따르지 않는.
bréakaway víew [명] 단면도, 내부 구조 설명도.
bréak·bone fèver [bréikbòun-] [명] [의학] 뎅그열(熱)(dengue).
break dánce [명] =break dancing.
break-dance [-dæ̀ns] [명][자] 브레이크 댄싱을 하다.
break dáncing 브레이크 댄싱, (또는 bréak·dànc·ing) **bréak dàncer**
*****break·down** [bréikdàun] [명] 1 (열차·기계 따위의) 고장, 파손. 2 몰락, 붕괴; (협상 따위의) 결렬. ¶the ~ *of law and order* 법질서의 붕괴. 3 (건강 따위의) 쇠약, 장애. ¶a nervous ~ 신경 쇠약. 4 [화학] 분해, 분석(analysis). 5 [통계적] 분석; 분류; 내역, 명세. 6 [전기] 절연 파괴. 7 시끄럽고 활발한 포크 댄스. ¶ 1 물질의 분해로 생기는. 2 (英) (사고·조난 때) 수리[복구] 작업에 쓰이는. [(crew).
bréakdown gáng [명] 급한 처리반(美) wrecking
bréakdown próduct [명] (물질의) 분해 산물.
bréakdown tèst [명] [전기] 내구성[파괴] 시험.
bréakdown vàn [trùck] [명] (英) 구난(救難)(작업)차, 레커차(車)((美) wrecker, tow car).
bréakdown vóltage [명] [전기] 절연 파괴 전압; [반도체] 항복(降伏) 전압.

break·er¹ [bréikər] 명 1 파쇄기; 파쇄자, 쇄암기(碎岩機), 쇄탄기(碎炭機). ¶a ~ of idols 우상 파괴자. 2 (말 따위를) 길들이는 사람. 3 (부딪쳐 거품 이는) 백파(白波), 쇄파(碎波). ¶*Breakers* ahead! 〔해사〕 침로상에 쇄파 있음!(암초에 주의); 앞길에 위험 있음! 4 (자동차) 브레이커. (또는 ～ strip) 5 〔섬유〕 a) =brake! 4. b) 타면기(打綿機). 6 (개간용) 가래. 〔또는 práirie ～〕 7 〔전기〕 차단기(circuit ~). 8 〔美〕 아마추어 무선가. ─ 감 〔美속어〕 (무선 통신에서)「교신 바람」. 통.

break·er² 명 〔해사〕 (구명정 따위에 싣는 소형의) 통.

break-e·ven [⁴ːvən] 형 수지가 어슷비슷한; 이익도 손해도 없는. ─ 명 1 =～ point. 2 〔에너지〕 균형점, 브레이크 이븐(핵융합 또는 핵융합이 자체적으로 지속되기 시작하는 단계). (또는 bréak éven)

bréak-éven chàrt 〔회계〕 손익 분기점 도표.
bréak-éven póint 명 손익 분기점, 채산점.

‡**break·fast** [brékfəst] 명ⓤⓒ 조반, 아침 식사(* 보통 관사 없이 쓰지만 형용사가 있을 때는 부정관사를 수반한다). ¶at ～ 조반 때에/have[or eat, 〔英〕take] ～ 조반을 먹다(* take ～는 〔美〕에서 「조반을 가지고 가다」)/have a good [hasty] ～ 조반을 잘[급히] 먹다.
breakfast of champions 〔속어〕 아침 식사 대신에 마시는 술, 해장술.　〔용〕지배〕하다.
eat a person (alive) for breakfast 〔구어〕 남을 이
from hell to breakfast 〔美속어〕 철저하게, 맹렬히.
toss [or *spill, shoot, lose*] *one's breakfast* 〔속어〕 토하다, 게우다.
─ 동자 …에게 조반을 주다. ─ 재 조반을 먹다 (on). ¶ (～+전+명) I ～ed on bread and butter alone. 나는 아침에 버터 바른 빵만 먹었다.
～-er 명 ～-less 형

bréakfast cèreal [fòod] 명 콘플레이크, 오트밀 따위 아침 식사용 곡물 가공 식품.
bréakfast cùp 명 아침용 대형 커피잔[컵].
bréakfast nòok 명 (주방의) 간이 식사 코너.
bréakfast ròom 명 거실(morning room).
bréakfast tàble 명 아침 식사용 식탁.
bréakfast télevision 명 아침 식사 시간대 텔레비전 프로.　〔a.m.〕
bréakfast tìme 명 아침 식사 시간(보통 7:30~9:00
bréak·front [bréikfrʌnt] 형명 양 측면보다 중심부가 튀어나온 (찬장·서가).
break-in [4in] 명 1 〔불법〕 침입. 2 =～ period. 3 〔美속어〕 돌아다니는 사람, 간만두는 사람.
break·ing [bréikiŋ] 명형 1 파괴, 절단; 〔전기〕 단선(斷線). 2 길들이기, 조련. 3 〔언어〕 음의 분열(고대 영어에서, 단모음의 이중모음화. 예: arm→earm(=arm), erthe→eorthe(=earth)). 4 =break dancing.
bréaking and éntering 〔법률〕 (타인의 주택·사무소의) 파괴 침입, 주거 침입. 〔슬라어 등〕.
bréaking bàll [pìtch] 명 〔야구〕 변화구(球)(커브, 너클볼 따위).
bréaking pòint 명 1 파괴[파열]점(맹창·압력에 대한 저항 등의 한계점); 인내[저항]의 한도[한계점] (사태의) 지속 한도; 결렬점. 2 변성기(變聲期).
bréaking strèngth [strèss] 명 파괴 응력(외력에 의한 파괴에 저항할 수 있는 최대 능력).
bréaking tèst 명 파괴 시험.
bréak-in tèst 명 (자동차·기계 따위의) 시운전 기간; (신입 사원 등의) 수습 (훈련) 기간.
bréak lìne 명 〔인쇄〕 패러그래프의 맨 끝줄.
break·neck [bréiknèk] 형 아주 빠른; 매우 위험한, 무모한. ¶at ～ speed 무서운 속도로. 〔결렬.
break·off [bréikɔ̀ːf/-ɔ̀f] 명 갑자기 그침[그만둠].
break·out [bréikàut] 명 1 (집단) 탈옥, 탈출, 탈주. ¶plan a ～ from the prison 탈옥을 꾀하다. 2 (화재·전쟁·전염병 따위의) 발생, 발발. 3 명세서; 내역. 4 지난 이상의 기록을 깨는 것, 과거 최고의 예. 5 〔군사〕 (포위망의) 돌파. 6 (음악 따위의) 히트, 인기 순위에 오

름. ─ 형 돌연한 증가를 일으키는; 뜻밖의 성공을 가져다주는.
bréak pòint 〔테니스〕 브레이크 포인트(리시버가 다음 포인트로 그 게임을 이길 수 있는 상황).
break·point [bréikpɔ̀int] 명 1 중지[휴지]점, 중단점. (일단로 따위). 구획점. 2 〔컴퓨터〕 브레이크 포인트.
break·through [bréikθrùː] 명 1 〔군사〕 방어선 돌파 (작전). 2 (문제 해결의) 돌파; (난관의) 타개. 3 (과학·기술 따위의) 비약적[획기적] 발전; 눈부신 발견. 4 (물가 따위의) 급등, (가치의) 급증. ─ 형 대약진의, 대발명[발견]의.
break·time [bréitàim] 명 (짧은) 휴식 시간.
break·up [bréikʌp] 명 1 분해, 분열, 붕괴; (조직의) 해체, 해산. 2 (알래스카·캐나다) 강·항구의 해빙; 해빙으로 배가 다닐 수 있게 된 첫날. 3 (친구·부부 등의) 이별, 불화, 별거; 파탄. 〔후의 가치〕.
bréakup vàlue 〔기업의〕 분할 가치(부문별 해체
break·wa·ter [bréikwɔ̀tər] 명 방파제.
break·wind [bréikwind] 명 〔英·濠〕 방풍림.
bream¹ [briːm/briːm] 명 (똑～(s)) 잉어과의 담수어; 일이 납작한 각종 담수어; 도미류의 물고기.
bream² [briːm] 동타 〔해사〕 (배 밑에 붙은 조가비·해초 따위)를 불에 그을려 떼어내다.

‡**breast** [brest] 명 1 (사람·동물의) 가슴, 흉부; (옷의) 가슴 부분. ¶a pigeon ～ 새가슴/The soldier was shot in the ～. 그 병사는 가슴에 총격을 맞았다. 2 (여성의) 젖가슴, 유방; 영양원(營養源). ¶ enlarge [reduce] one's ～s 유방 확대[축소] 수술을 받다.

〔유의어〕 **breast** 사람의 어깨에서 복부(abdomen)까지의 중간 부분에 대하여 쓴다. 또 여성의 유방도 가리킨다. **bosom** breast의 문어적인 표현; 비유적으로 마음이나 감정을 나타내는 경우에 쓴다. **bust** (여성의) 흉부; 의복의 치수에 쓴다. **chest** breast 중 가슴뼈·갈비뼈에 싸인 부분을 가리킨다.

3 흉중, 심장, 마음(heart), ¶a pain in the ～ 마음 아픔. 4 가슴 같은 곳, 돌출부, 가슴 모양의 부분; (산·언덕 따위의) 중턱. ¶the ～ of a lake 호수의 굽이.
at [*past*] *the breast* 젖을 먹고 있는[뗀]. ¶a child *at the ～* 젖먹이.
beat one's breast 가슴을 치며 슬퍼[후회]하다.
give a child the breast 아이에게 젖을 물리다.
make a clean breast of …의 가슴속을 남김없이 털어놓다, (잘못 따위)를 모조리 자백하다.
take the breast 젖을 먹다.
take to one's breast (고아)를 떠맡다, 돌보다.
─ 동타 1 …을 가슴으로 받다, …에 가슴을 내밀다. ¶～ the tape (경주에서) 테이프를 끊다, 1등이 되다. 2 …에 과감히 맞서다 (to); 〔위험·폭풍우 따위〕를 무릅쓰고 나아가다. ¶The boat ～ed the waves. 보트는 파도를 헤치고 나아갔다 // (～+전+명+명) oneself *to* danger 위험에 과감하게 맞서다. 3 (산 따위)를 〔장애 따위〕를 극복하다. ¶～ a hill 언덕을 오르다. 4 …와 나란히 가다. ─ 재 돌진하다; (사람)에게 접근하다.
breast it out 끝까지 저항하다. 〔에게〕 접근하다.
～-less 형
breast·band [brestbænd] 명 1 (말의) 가슴걸이. 2 〔해사〕 휴대 (胸帶)(측연(測鉛)으로 수심을 잴 때 몸을 받치는 밧줄).
breast-beat·ing [⁴biːtiŋ] 명 가슴을 치며 엄살 주로 감정을 나타내는[나타내게]. -bèat·er 명
breast·bone [bréstbòun] 명 〔해부〕 가슴뼈, 흉골.
bréast càncer 명 유방암.
breast-deep [⁴díːp] 형명 가슴까지 차는 깊이의[로].
breast·ed [bréstid] 형 1 가슴 부분을 댄(갑옷 따위). 2 (복합어로) (옷·갑옷의) 가슴 부분이 …한. ¶a single-[double-]～ coat 단추를 한[두] 줄로 단 상의.
breast-fed [⁴féd] 형 breast-feed의 과거·과거분

breast-feed 사. ─ 图 모유로 키운. ¶a ~ child 모유로 키운 아이.
breast-feed [-fi:d] 图图 (**-fed**) (아이)에게 젖을 먹이다(suckle, nurse); …을 모유로 키우다.
breast-feed·ing [-fi:diŋ] 图 모유 양육(의).
bréast hàrness 图 가슴걸이만으로 맨 마구(馬具).
breast-high [-hái] 图图 가슴 높이의[로]. 「술).
bréast implànt 图 유방 융기 수술; 흉부 정형 (수
breast·ing [bréstiŋ] 图 브레스팅(구두의 뒷닫이 가죽). 「름.
bréast-knot [-nàt/-nòt] 图 가슴 부분의 장식 옷고
bréast mìlk 图 모유(母乳). 「제품.
bréast-milk sùbstitute [-] 图 (분유 따위) 모유 대
bréast-not-bóttle pòlicy 图 (美) 모유 양육 복귀 정책. 「로치); 넥타이 핀.
breast·pin [bréstpìn] 图 가슴에 꽂는 장식 핀, 브
breast·plate [bréstplèit] 图 (갑옷 따위의) 가슴받이, (유대교의) 가슴받이(제사장이 가슴에 다는 네모꼴의 천); (마구의) 앞가슴받이; (거북의) 흉부갑(甲).
bréast pòcket 图 가슴 호주머니[포켓].
bréast pùmp 图 (산모용) 젖 짜는 기구.
breast·rail [bréstrèil] 图 (선미·후갑판 따위의) 가슴까지 오는 난간; (발코니 따위의) 난간.
breast·stroke [bréststròuk] 图图图 〔수영〕 평영 (平泳)(을 하다). **-stròk·er** 图
breast·sum·mer [bréstsàmər, brésəmər] 图 〔건축〕 〔문 따위의 위에 가로지른〕 상인방.
bréast sùrgery 图 유방 수술.
bréast wàll 〔토목〕 흉벽(胸壁)(face wall).
bréast whèel 图 수평축(水平軸)이 수면과 같은 높이로 된 물방아. ⓑ overshot wheel
breast·work [bréstwɔ̀ːrk] 图 **1** 흉장(胸墻), 흉벽 (가슴 높이까지 쌓은 방벽). **2** (~s) (속어) (성(性)의 대상으로서 본) 여성의 가슴, 유방; 유방을 애무하기.
‡breath [breθ] 图 **1** 〔生理〕 숨, 호흡; 호흡 작용. ¶The room was stuffy with human ~. 방은 사람의 숨으로 답답했다. **2** ⓤ 생기, 활기; 생명(력). **3** 한 번의 호흡, 한숨. **4** ⓤⓒ 잠깐 동안, 순간; 휴식 시간. **5** (a ~) (보통 부정문에서) 살랑거림, 산들거림; 속삭임. ¶a ~ of air 바람의 산들거림 / Not a ~ was heard. 숨쉬는 소리도 들리지 않았다. **6** (음성) 무성음, 기음(氣音) (p, t, k, s 따위). ⓐ voice). **7** (추울 때 보이는) 흰 김, (거울 따위에 서린) 입김의 흐림. **8** 사소함, 하찮음. **9** (a ~, the ~) 기미, 기, 티(trace). ¶the ~ of morn
above one's *breath* 소리를 내어. ¶ing 아침 내음.
a breath of fresh air 살랑거리는 상쾌한 바람; 기분좋게 해주는 사람[것]; (비유적) 화단의 모닝의 청량제.
all in a breath 연달아; 단숨에, 단번에.
as long as one *has breath* 목숨이 붙어 있는 한.
at a breath 단숨에, 단번에. 「숙을 쉬다.
below [or *beneath*] one's *breath* 소곤소곤, 낮은
catch one's *breath* =*hold* one's *breath*. 「목소리로.
change breath (美令) 한번 하다.
draw [or *take*] *a deep* [or *long*] *breath* 깊이 숨 쉬다, 심호흡하다; 한숨 놓다.
draw breath 살아 있다, 생존하다. 「다.
draw one's *breath* 숨을 들이마시다, 숨쉬다.
draw one's *first* [*last*] *breath* 태어나다[죽다].
fetch one's *breath* 숨을 다시 쉬다.
first draw breath (문어) 태어나다.
gather breath 숨을 (다시) 쉬다, 숨을 돌리다.
get one's *breath* (*again*, *back*) (운동 후 따위의) 호흡이 정상 상태로 되돌아가다.
give [or *yield*] *up* one's *breath* 숨을 멈추다, 죽다.
hold [or *keep*] one's *breath* 숨을 죽이다, 마음을 죄다; 한숨 돌리다, 잠시 숨을 가다듬다[고르다, 돌리다].
in [or *with*] *one* [or *a*] *breath* ① 단숨에; 일제히; 제일 먼저. ② =*in the same breath*.
in the next breath 그에 이어, 다음 순간에는; 한편.

in the same breath 동시에; 금방; 반면에.
keep one's *breath* (*to cool* one's *porridge*) (구어) 입을 다물다; 쓸데없이 말참견하지 않다.
knock the breath out of a person [or *a person's body*] 남을 깜짝 놀라게 하다.
lose one's *breath*; *have no breath left* 숨차다.
not a breath of …이 전혀 없는. 「힘먹이다.
out [or *short*] *of breath* 헐떡이면서, 숨이 차서.
save one's *breath* =*keep* one's *breath*.
spend [or *waste*] one's *breath* 쓸데없이 지껄이다.
stop a person's breath (구어) 남의 숨통을 끊다.
take a person's breath away; *take away a person's breath* 남을 깜짝 놀라게 하다.
take [or *recover*] *breath* 한숨 돌리다, 잠깐 쉬다.
the breath of life [or *one's nostrils*] 호흡(←창세기)(Gen.) 7 : 22); 없어서는 안 될 귀중한 것.
to the last breath 죽을 때까지.
under one's *breath* =*below* one's *breath*.
with bated breath 숨을 죽이고, 염려하여.
with every (*other*) *breath* 되풀이하여, 몇 번이고.
with one's [or *the*] *last breath* 임종시에; 끝까지.
breath·a·ble [briːðəbl] 图 들이마실 수 있는(하기에 알맞은), 신선한; (옷감 따위가) 통기성(通氣性)이 있는.
-a·bíl·i·ty, ~·ness 图
breath·a·lyze [bréθəlàiz] 图 음주 여부를 검사하
-lýz·er 图 (종주 B-) (상표) 음주 측정기.   「다.
bréath ànalyzer 图 음주 측정기(drunkometer).
‡breathe [briːð] 图 (**~s** [-z]; **~d**; **breath·ing**) ⓥ **1** 숨쉬다, 호흡하다. ¶~ in [out] 숨을 들이마시다[내뱉다]. **2** 숨을 돌리다, 휴식하다. ¶Give me a chance to ~. 좀 쉬도록 해주십시오. **3** (바람이) 산들거리다. ¶The air is *breathing* softly. 바람이 살랑살랑 불고 있다. **4** 살아 있다, 생존하다. **5** (향기가) 풍기다, 감돌다. ¶The roses ~ *fragrantly*. 장미에서 향기가 풍기고 있다. **6** 암시하다, 생각나게 하다(*of*). **7** (꽃·포도주 따위의) 외기를 쐬다[마시다].
─ⓣ **1** (공기)를 호흡하다; (냄새 따위)를 들이마시다(*in*); (숨 따위)를 내뱉다(*out*, *forth*). ¶~ fresh air 신선한 공기를 들이마시다. **2** …에게 숨돌리게 하다, 쉬게 하다. ¶~ a horse 말을 쉬게 하다. **3** …을 숨차게 하다, 헐떡이게 하다, 지치게 하다. **4** …을 말하다; …을 속삭이다; …을 알리다, 말해주다. ¶~ a blessing 축복의 말을 하다. **5** …을 표명하다, 발표하다; (정신 따위)를 구현하다. ¶The book ~s an ardent love of the country. 그 책에는 강한 조국애가 가득 차 있다. **6** …을 내뿜다, 발산하다(*out*). ¶the flowers *breathing* fragrance 향기를 풍기고 있는 꽃. **7** …을 (…에) 주입하다, (용기·영혼·생명 따위)를 불어넣다(*into*). ¶(~+图+젠+图) ~ new life *into* …에 새 생명을 불어넣다. **8** (거울 따위)에 호 하고 불다, 김이 서리게 하다.
As I live and breathe!; *As I breathe and live!* (구어) ① 이거 놀랐는걸. ② 절대로, 반드시, 결단코.
as long as one *breathes* 살아 있는 한[동안은].
breathe again =*breathe freely*.   「다.
breathe a word against …에게 한마디 불평을 하다
breathe down a person's neck 남의 적이 되어 괴롭히다.
breathe fire and slaughter [or *venom*] 마구 욕설을 퍼붓다(←사도 행전(Acts) 9 : 1).
breathe freely [or *easily, easy*] 마음을 놓다, 안도하다; 위기를 벗어나다.   「이다.
breathe…in ① …을 들이마시다. ② …에 귀를 기울
breathe on [or *upon*] …에 입김을 불다, …을 흐리게 하다; …을 더럽히다, 훼손하다.
breathe (out) one's last (breath) 마지막 숨을 거두다, 죽다.   「지키다.
not breathe a word [or *syllable*] *of* …의 비밀을
breathed [breθt, briːðd] 图 **1** (음성) 무성(無聲)

breath·er [bríːðər] 圖 1 (구어) 한숨 돌리기, 잠간의 휴식. 2 잠간 동안의 운동; (구어) (숨이 차는) 격렬한 운동[일]. 3 숨쉬는 것; 생물; (수식어와 함께) 숨쉬는 사람. **a deep ~** 숨이 깊은 사람. 4 통기공, 공기 구멍; (잠수부[함] 등의) 공기 공급 장치. 5 말하는 사람.
have [or take] a breather 한숨 돌리다, 잠깐 쉬다.
breath group [음성] 브레스 그룹(처음과 끝이 분명하게 단숨에 발음되는 음군(音群)).
breath·hold diving [bréθhòuld-] 圖 (바다표범·돌고래 따위에 특유한) 호흡 정지 잠수.
*__breath·ing__ [bríːðiŋ] 圖 ① 1 호흡 작용, 호흡, 숨쉬기. ¶His ~ became irregular. 그의 호흡은 불규칙해졌다. 2 (a ~) 한 호흡, 한숨; 한순간, 잠시, 순식간. 3 휴식, 휴지(休止). 4 입에 담는 것, 발언, 담화; 언어. 5 열망, 동경 ⟨after, for⟩. 6 미풍. 7 (그리스 문법) 기식음의 발음; 기식음 부호. 8 영감(inspiration). ── 圖 호흡하고 있는 (듯한). **~·ly**
breathing capacity 폐활량.
breathing hole (숨통 따위의) 공기 빼는 구멍; (동물의) 호흡 구멍, 기공(氣孔).
breathing period 圖 =breathing space 1.
breathing place 圖 휴식 장소; (시(詩)의) 중간 휴지(休止); 휴양지.
breathing space [room] 圖 1 숨쉴 틈, 숨 돌릴 기회; 휴식 시간(time to rest); 휴식. (또는 **breathing spell**) 2 (움직이거나 일하는) 여유.
*__breath·less__ [bréθlis] 圖 1 숨이 찬; 헐떡이는. ¶ (걱정·기대 따위의) 숨을 죽인; 숨막힐 듯한. ¶ ~ listeners 숨을 죽이고 경청하는 사람들. 3 (시) 죽은 (dead), 숨이 끊어진. 4 무풍의, 바람 한 점 없는.
in a breathless hurry; in breathless haste 숨도 쉴 수 없을 만큼 급히.
watch with breathless attention 숨을 죽이고 지켜보다.
~·ly 圓 **~·ness** 圖
*__breath·tak·ing__ [bréθtèikiŋ] 圖 깜짝 놀랄 만한, 아슬아슬한. ¶a ~ view 놀라운 광경. **-ták·er** 圖 **~·ly** 圓
breath test 圖 음주 검사(체내의 알코올분 검사)((美) breathalyzer test).
breath·y [bréθi] 圖 기식음(氣息音)의 이 섞인; 성량이 모자라는. **breath·i·ly** 圓 **breath·i·ness** 圖
B. Rec., b. rec. bills receivable(수취 어음).
brec·ci·a [brétʃiə, bréʃ-] 圖 ① (지질) 각력암(角礫岩).
Brecht [brekt/G breçt] 圖 Bertolt ~ 브레히트(1898-1956: 독일의 극작가·시인). **~·i·an** 圖
bred [bred] 圖 breed의 과거·과거분사. ── 圖 (복합어로) …하게 자란: ──출신의. ¶**city-**(country-)~ 도시[시골] 출신의 / **ill-**[**well-**]~ 버릇없게[예절바르게] 자란.
bred·i·nin [brédənìn] 圖 (약학) 브레디닌(자낭균으로 만든 면역 억제제).
bred-in-the-bone [‵-ənðəbóun] 圖 타고난; 뿌리 깊은, 확고한, 없애기 힘든.
breech [britʃ] 圖 1 (고어) 엉덩이, 볼기, 둔부(buttocks). 2 후부, 하부, 밑부분. 3 총의 개머리, 포미(砲尾). ── 圖匣 [britʃ, briːtʃ] 圖 1 (총에) 총개머리[포미]를 달다. 2 ── 圖匣 (반)바지를 입히다.
breech birth 圖 =breech delivery.
breech·block [bríːtʃblɑ̀k/-blɔ̀k] 圖 (대포의) 미전(尾栓).
breech·cloth [bríːtʃklɔ̀(ː)θ/-klɑ̀θ] 圖 (미개인이 엉덩이·허리에 두르는) 기저귀 모양의 천(loincloth).
breech delivery 圖 (의학) 골반위(骨盤位) 출산분만(아이를 거꾸로 낳는 일).
breeched [britʃt, briːtʃt] 圖 1 포미[개머리]가 있는. 2 반바지(breeches)를 입은.
*__breech·es__ [brítʃiz] 圖圓 (종종 a pair of ~) 반바지(knee ~); 승마용 바지(riding ~); (구어) 바지.
too big for one's breeches 분수를 모르는, 건방진.
wear the breeches (구어) 남편을 깔고 뭉개다, 내주장하다.
bréeches bùoy [해사] (즈크로 만든 반바지 모양의 천이 달린) 구명대.
breech·ing [brítʃiŋ] 圖 1 (말의) 엉덩이 끈. 2 (연통(煙筒)(보일러와 굴뚝을 잇는 도관). 3 (해군) 포삭(砲索)(함포를 발사할 때 포의 후퇴를 막는 밧줄).
breech·less [brítʃlis] 圖 1 포미[개머리]가 없는. 2 바지를 입지 않은.
breech·load·er [brítʃlòudər] 圖 (뒤에서 장전하는) 후장(後裝) 총[포]. 匣 muzzleloader
breech·load·ing [brítʃlòudiŋ, brìtʃ-] 圖 총포가 후장식의, 총[포]신 뒤로 장전하는.
‡__breed__ [briːd] 圖 (**~s** [-z]; **bred**) 匣 1 (동물이) (새끼)를 낳다, (알)을 까다; (경멸적) (사람이) (아이)를 낳다, 2 (동식물·병균 따위)를 번식시키다; (가축)을 사육하다(raise); (원예) …의 품종을 개량하다. ¶ ~ chickens for the market 내다 팔 병아리를 기르다. 3 (비유적) …을 일으키다, 야기하다, 낳다, …의 원인이 되다. ¶Ignorance ~s prejudice. 무지는 편견을 낳는다. 4 …을 가르치다, 양육하다. ¶(~+图+補) a person a doctor 남을 의사가 되도록 가르치다 // (~+图+補+图) His father **bred** him to the law [**for** the church]. 그의 아버지는 그를 법률가[목사]가 되도록 가르쳤다. ── 匣 1 (동물이) 새끼를 낳다; 태어나다; 자라다; 번식하다. ¶Mice ~ rapidly. 쥐는 급속히 번식한다. 2 (…에서) 씨를 받다⟨from⟩. 3 임신하고 있다.
born and bred ⇒ BORN. ⌈결혼을 하다.
breed in (and in) 동종(同種) 번식을 하다, 늘 근친
breed in the line 동종 번식을 하다.
breed out (and out) 이종(異種) 번식을 하다.
breed true (to type) (잡종이 항상) 같은 특질의 새끼를 낳다, 고정된 형(型)이 되다.
what is bred in the bone 타고난 성미, 영속적인 것.
── 圖 (~**s** [-z]) (단·복수 양용) 1 종(種); 품종; 계통(lineage); 품종. ¶a new ~ of cattle 새 품종의 소 / Scholars are a diligent ~. 학자란 부지런한 (부류의) 사람이다. 2 (캐나다·美서부) (경멸적) (백인·인디언) 혼혈아.
this happy breed of men 이 행복한 종족(영국인을 가리킨 Shakespeare의 말). **~·a·ble** 圖
*__breed·er__ [bríːdər] 圖 1 번식하는 동물[식물], 종축(種畜). 2 가축 사육자, 축산가; (식물) 재배자; 품종 개량가; 사육가, 양조가; 발전소, 장본인. 3 ~ reactor. 4 (비유적) (사건·불만의) 씨앗, 원인.
bréeder reàctor [pìle] (물리) 증식로(增殖爐).
*__breed·ing__ [bríːdiŋ] 圖 ① 1 번식, 사육, 부화. 2 품종 개량, 육종(育種); (동식물의) 사육, 보육. 3 훈련, 교육, 양성. 4 교양, 예절. ¶a man of good ~ 예절이 바른[좋은 환경에서 자란] 사람. 5 (물리) 증식(작용). 6 (비유적) 범위, 예의 범절이 있다, 예절 바르다.
have (good) breeding 예의 범절이 있다, 예절 바르다.
bréeding gròund (가축의) 사육장; (악(惡)의) 온상; (사상 따위)를 키우는 적당한 환경[장소]; 단골집.
bréeding pònd 圖 양어장.
bréeding ràtio (물리) 증식비(율).
bréeding sèason 圖 (동·식물의) 번식기, 번식 계절.
breeks [briːks] 圖 (스코·북英) =breeches.
breen [briːn] 圖圓 갈색을 띤 녹색(의).
[⟨*brown+green*⟩]
‡__breeze__¹ [briːz] 圖 (圓 **breez·es** [-iz]) 1 산들바람 (기상) 미풍(초속 1.6-13.8m). ⇒ BEAUFORT SCALE (유의어) ¶a friendly ~ 순풍. 2 (英구어) 동요, 풍파, 분규; 싸움. 3 (美·캐나다·구어) (보통 a ~) 수월한 일작업, 식은 죽 먹기(cinch). ¶It's a ~. 그것은 식은 죽 먹기다. 4 (구어) 풍문, 소문.
bat [or fan, shoot] the breeze (美구어) ① 수다 떨다(chat), 잡담하다. ② 호언장담하다.

burn the breeze (美속어) 무서운 속도로 달리다.
get [or ***have, put***] ***the breeze up*** (구어) 깜짝 놀라다, 찔끔[움찔]하다, 겁내다.
kick up a breeze 소동[분규]을 일으키다.
like a breeze 손쉽게.
make...a breeze ···을 용이하게 하다. ┃ ···러가다.
take [or ***hit, split***] ***the breeze*** (속어) 떠나다, 달아나다.
win a game in a breeze 시합에 낙승하다.
── 자 1 (it을 주어로) 산들바람이 불다. ¶ It was *breezing* offshore. 산들바람이 앞바다 쪽으로 불고 있었다. 2 거침없이[활발하게, 경쾌하게] 움직이다; (구어) 쉽고 신속하게 진행하다, 미끄러지듯 나아가다. ¶ ~ along the highway 고속 도로를 질주하다. 3 (구어) 불시에 찾아오다, 위세 좋게 들어오다, 난입하다 (*in*); 갑자기 떠나다(*out, off*); 탈옥하다. ── 타 (말)을 (전속력을 내지 않고) 편하게 달리게 하다.

breeze in [***out***] ① (美속어) 낙승[참패]하다. ② (사람이) 갑자기[잽싸게] 들어오다[나가다]. ┃. 떠나다.
breeze off ① (英속어) 침묵하다. ② 갑자기 (재빨리) ***breeze through*** ···을 대충 훑어보다; 책 지나지다, 어렵지 않게 해치우다.
breeze up (해사) (바람이) 세차지다; (소리가) 바람을 타고 높아지다.
∽·**less,** ∽·**like** 형

breeze² 명 UC (英) 타다 남은 재; 석탄[숯] 가루, 분탄
breeze³ 명 (곤충) 등에(gadfly). (粉炭).
bréeze blòck (英) (속이 빈) 가벼운 콘크리트 블록 ((美) cinder block). ┃ 붕 달린) 통로.
breeze·way [bríːzwèi] 명 (두 건물 사이를 잇는 지
breez·y [bríːzi] 형 1 산들바람이 부는, 바람이 잘 통하는; 바람이 부는. 2 상쾌한, 기분좋은; 씩씩한, 쾌활한, 위세 당당한. 3 명랑한, 격의 없는. 4 (внешний 내용이 있는, 가벼운; (태도가) 두서없는, 들뜬. 5 (美속어) 취한.
bréez·i·ly 부 **bréez·i·ness** 명

breg·ma [brégmə] 명 *pl.* **-ta** [-tə]) (인류) 브레그마, 대천문(大泉門)(두개 계측점(頭蓋計測點)의 하나).
breg·mat·ic [bregmǽtik], **-mate** [-meit] 형
breg·oil [brégɔil] 명 브레그오일(유출된 석유를 흡수해서 회수하기 위해 사용하는 제지 공업 폐기물).
brek·ker [brékər] 명 (英학생속어) 조반, 아침 식사.
brek·kie [bréki] 명 (濠속어) (호주 말은) = **brekky**)
brems·strah·lung [brémʃtràːləŋ] 명 UC (물리) 제동 복사(制動輻射). [<G]
Bren càrrier 명 (군사) 브렌(건) 장갑차 (Bren gun을 탑재한 영국군의 정찰용 장갑차).
[<*Brno*(체코의 도시)+*Enfield*(영국의 생산지)]
Bren·da [bréndə] 명 1 브렌다(여자 이름). 2 (英) 엘리자베스 2세 여왕. 3 (*b-*) (美속어) 바보.
Brén (gùn) 명 (英) 브렌 경기관총. (또는 **bren**)
brent (**gòose**) [brent-] 명 = **brant**. ┃ 사.
brent·ing [bréntiŋ] 명 (소년단의) 지방 무료 연예 봉
br'er [brəːr, brɛər] 명 (美방언) = **brother**.
Bres·son [*F* bresɔ̃] 명 **Robert** ~ 브레송(1907-99: 프랑스의 영화 감독; *nouvelle vague*의 선구자).
bres·sum·mer [brésəmər] 명 = **breastsummer**.
Bret. Breton.
Bre·tagne [*F* brətaɲ] 명 = **Brittany**.
‡**breth·ren** [bréðrin] 명 복 1 (신앙의) 형제 (* 친형제에게는 쓰지 않음); 교우(教友); 조합원; 동업자; 동포. 2 (고어) brother의 복수형; brother
Bret·on¹ [brétn] 명 브르타뉴(Brittany) 사람; U (켈트어계의) 브르타뉴 말. ── 형 브르타뉴의, 브르타뉴 말[사람]의. 형 Brittany
Bre·ton² [brətɔ́ːŋ] 명 **André** ~ 브르통(1896-1966: 프랑스의 초현실주의 시인·비평가).
Brét·ton Wóods Cònference [brétn-] 명 (the ~) 브레턴우즈 회의(1944년 7월에 열린 연합국 통화 금융 회의; 브레턴우즈 협정(Bretton Woods Agreement)이 체결되어 IBRD와 IMF가 발족했다).

[<개최지인 미국 New Hampshire 주의 도시 이름)
Brétton Wóods regìme 명 (the ~) 브레턴우즈 체제(IMF와 IBRD를 주축으로 하는 현 국제 통화 질서)
brev. brevet(ted); brevier. [(와 국악 경제의 틀).
breve [briːv, brev] 명 1 단음(短音) 기호(˘)(모음 위에 붙여 단음임을 나타낸다. 예: lĕd). 2 (법률) 소송 개시 영장(令狀); (역사) 칙령. 3 (음악) 2온음표(|o|).
bre·vet [brəvét/brévit] 명 UC (육군장교의) 명예 진급. ¶ a ~ rank 명예 계급 / a ~ officer 명예 진급 장교. ── 타 (*-t(t)-*) ···에게 명예 진급시키다.
brev·i- [brévi, -və] 연결 short의 뜻. ¶ *brevi*foliate(잎이 짧은.
bre·vi·ar·y [bríːvièri, brév-/bréviəri] 명 (가톨릭) 성무 일과서(聖務日課書); (교회) 기도서.
bre·vier [brəvíər] 명 U (인쇄) 브레비어 활자(약 8 포인트). ┃짧은.
brev·i·pen·nate [brèvəpéneit] 형 (조류) 날개가
*****brev·i·ty** [brévəti] 명 UC 1 (시간의) 짧음, 순간. ¶ the ~ of life 인생의 덧없음. 2 (문장 따위의) 간결함. ¶ *B- is the soul of wit.* 간결은 기지(機智)의 생명이다(← Shakespeare 작 *Hamlet*, II : ii).
for brevity 줄여서, 간결하게 하기 위해.
*****brew** [bruː] 타 1 (맥주 따위)를 양조하다(*up*) (발효시키다. ferment). ¶ (~+목+전+명) Beer *is ~ed from malt.* 맥주는 맥아(麥芽)로 양조된다. 2 (음료 따위)를 섞어서 만들다; (차 따위)를 끓이다(*up*). ¶ ~ tea 홍차를 끓이다. 3 (음모 따위)를 꾸미다(*up*). (파란 따위)를 일으키다. ── 자 1 (맥주 따위)를 양조하다(*up*). 2 (진행형으로) 준비 중이다; (일이) 일어나고 있다; 임박하다; (음모 따위가) 꾸며지다. ¶ *A plot* [*storm*] *is ~ing*. 음모가 꾸며지고 있다[폭풍우가 닥쳐오다].

brew up ① (맥주 따위)를 양조하다; (英·뉴질 구어) (옥외에서) 차를 끓이다. ② (음모 따위)를 꾸미다. ③ (英구어) (자동차·비행기 따위가) 불길에 휩싸이다.
drink as one has brewed; as you have brewed, so you must drink 자업 자득이다.
── 명 UC 1 (맥주 따위의) 양조; (한 번의) 양조량, 2 양조법. 3 주질(酒質). 4 (재료를 끓는 물에 넣어 만드는) 뜨거운 음료; 차, 커피. 5 양조주, (특히) 맥주; 혼합(물), 조합(액), 혼합 음료. ┃있는.
on the brew (美속어) 실직 중인, 실업 수당을 받고
suck (*some*) ***brew*** (美속어) 맥주를 마시다.
brew·age [brúːidʒ] 명 UC 맥주 양조; 양조(법).
brew·er [brúːər] 명 1 (맥주 따위의) 양조자; 맥주업자(회사). 2 음모가.
touch of the brewer (美구어) 숙취.
bréwer's càrt 명 대형 4륜 짐마차.
bréwer's dròop 명 (비어) 과음으로 인한 발기 불능.
bréwer's yèast 명 양조 효모, 양조용 이스트.
*****brew·er·y** [brúːəri/brúːri] 명 (맥주 따위의) 양조장. ¶ a ~ *tour* 양조장 견학.
brew·house [brúːhàus] 명 = **brewery**.
brew·ing [brúːiŋ] 명 1 U 양조주; (맥주의) 양조(법); (한 번의) 양조량. 2 (폭풍의 전조가 되는) 먹구름.
brew·is [brúːis] 명 (英방언) 고깃국, 수프(broth); 고깃국물[뜨거운 우유에] 적신 빵. (또는 **brevis**)
brew·pub [brúːpʌb] 명 자가 양조 맥주집[비어 홀].
brew·ster [brúːstər] 명 (고어·방언) = **brewer**.
Brèwster Sèssions 명복 (英) 주류 판매 허가증 발행을 위한 법원 개정 기간(2월 1일~14일).
brew-up [-ʌp] 명 (a ~) (英구어) 차 끓이기; 차 마시는 휴식 시간.
Brezh·nev [brézneɪf] 명 **Leonid Ilyich** ~ 브레즈네프(1906~82: 옛 소련의 정치인; 공산당 서기장).
Bri·an [bráiən] 명 1 브라이언(남자 이름). 2 (英속어) 따분한 사람, 얼뜨기.
Bri·and [briɑ̃nd/*F* briɑ̃] 명 **Aristide** ~ 브리앙(1862~1932: 프랑스의 정치가).

bri·ar¹ [bráiər] 명 =brier¹. ~·y 형
bri·ar² 명 =brier².
Bri·ard [briá:r, -á:rd] 명 브리아르(프랑스산(産) 양치기 개).
Bri·ar·e·us [briɛ́əriəs, -ɛ́ər-] 명 《그리스 신화》 브리아레우스(손이 백 개, 머리가 쉰 개인 거인).
brib·a·ble [bráibəbl] 형 매수할 수 있는, 뇌물이 통하는. (또는 **bribeable**) **brib·e·a·bil·i·ty** 명
‡**bribe** [braib] 명 (복 ~**s** [-z]) **1** 뇌물. **2** (어떤 일을 시키기 위한) 미끼, 유혹물.
give [or *offer*] *a bribe* 뇌물을 주다, 증회하다.
take [or *accept*] *a bribe* 뇌물을 받다, 수뢰하다.
── 동 (~**s** [-z]; ~**d**; **brib·ing**) …에게 뇌물을 주다; …을 (…으로) 매수하다 (*with*); …을 주어 …하게 하다 (*into*, *to do*). ¶ (~+목+전+명) ~ *a person into silence* 뇌물을 써서 입다물게 하다 // (~+목+to do) He was ~d to vote against the candidate. 그는 그 후보에게 반대 투표를 하도록 매수되었다.
bribe one's way into [*out of*] 뇌물을 주고 …에 들어가다[에서 빠져 나오다].
brib·ee [braibí:] 명 뇌물을 받는 사람, 수뢰자.
bribe-giv·er [-gìvər] 명 뇌물을 주는 사람.
brib·er [bráibər] 명 뇌물을 주는 사람, 증회자.
***brib·er·y** [bráibəri] 명|U 뇌물 수수(授受), 매수(買收). ¶ commit ~ 뇌물을 주다[받다] / They are proof against ~. 그들에게는 뇌물이 안 통한다.
bribery càse[**scàndal**] 명 증수회[뇌물 수수] 사건, 의옥(疑獄).
bribe·tak·er [bráibtèikər] 명 수뢰자(bribee).
bric-a-brac [bríkəbræk] 명|U (집합적) 골동품, 고가구, 장식품. (또는 **bric-à-brac**) [<F]
‡**brick** [brik] 명 **1** |U|C 벽돌(한 개); (집합적) 벽돌(*재료로서는 U, 한 개의 벽돌로서는 C). ¶ a fire ~ 내화(耐火) 벽돌 / houses built of ~ 벽돌집 / a building of ~ 벽돌 건물. **2** 벽돌을 만드는 재료. **3** (a ~ of) 벽돌 모양의 것; 벽돌집; (英) (쌓기 놀이의) 블록(美 block). ¶ a ~ of ice cream (벽돌처럼 굳힌) 아이스크림 / a five-story ~ 5층 벽돌집. **4** (벽 파이의) 두께를 재는 단위로서의 벽돌 한 개의 길이. **5** (구어) 호인, 좋은 사람. ¶ He's a regular ~. 그는 꽤 호인이다. **6** (美속어) 벽돌 모양으로 압축된 1kg의 대마; (벽돌 모양의) 미가공 아편. **7** (상업) ~ s and mortar. **8** U =~ red. **9** (구어) 흑평, 모욕(brickbat). **10** (the ~s) (美속어) 포장 도로, 거리; (교도소) 밖의 세계. **11** (美속어) 실패, 실수; 낙제, 불합격.
a [or *one*] *brick short of a load* (美속어) 저능.
a few [or *two, three*] *bricks shy of a load* (美속어) (머리가) 약간 모자란, 어리석은.
as dry as a brick 바싹 마른.
beat the bricks (美속어) 출옥하다.
brick by brick 벽돌을 쌓듯이, 차곡차곡.
drop a (*frightful*) *brick* (英구어) ① 실수를 저지르다. ② 난처한 말(실언)을 하다. 「급히 버리다.
drop...like a hot brick …에서 갑자기 손을 떼다.
go (*and*) *chew bricks* (속어) (명령형으로) 사라져라.
hatch a brick (속어) 격노하다. 「다, 다분히 마시다.
have a brick in one's hat 술 취해 있다(be tipsy).
hit [or *take to*] *the bricks* (美속어) ① 맨발로 돌아다니다. ② 공직에서 물러나다. ③ 교도소에서 석방되다. ④ 파업하다. ⑤ (목을 데우기 없어서) 방한거리를 매다; 거리에서 구걸하다. ⑥ 불가능한 일을 시도하다.
like a brick [or *bricks*] (구어) 기분 좋게; 활발하게, 힘차게. ¶ work *like a* ~ 열심히 일하다.
like a thousand [or *hundred, ton*] *of bricks* (구어) 맹렬한 기세로, 맹렬히.
make bricks without straw [or *clay*] 필요한 재료 없이 물건을 만들다; 비현실적인 전제로 일을 진행시키다; 헛수고하다(← 출애굽기(Exod.) 5:7).
press the bricks (美속어) ① (벌목꾼들이) 마을을 어슬렁거리다. ② (경찰관이) 담당 구역을 순찰하다.
shit a brick[or *bricks*] (비어) 몹시 조바심내다: 화내다; (감탄사적) 우라질!, 빌어먹을!, 쳇!
swim like a brick 헤엄을 전혀 못 치다, 맥주병이다.
throw bricks at …을 혹평하다.
── 타 **1** …을 벽돌로 깔다(*over*); …을 벽돌로 막다, 벽돌로 짓다(*in*, *up*). ¶ (~+목+부) ~ *up a window* 창을 벽돌로 막다. **2** (英속어) (고양이 따위)를 거세하다. …에서 난소를 떼어내다(*up*). **3** (美속어) …속이다. **4** (美학생 속어) (과목)을 낙제하다, …을 실패하다.
── 형 벽돌의, 벽돌로 지은; 벽돌색의(~-red).
built like a brick outhouse [or *shithouse*] (美속어) 단단한[매력적인] 체격을 가진.
~·ish, ~·like
Brick [brik] 명 브릭(남자 이름).
brick àgent 명 (美속어) 말단의 FBI 특별 수사관.
brick·bat [bríkbæt] 명 **1** (던지기 위한) 벽돌 조각, 돌멩이. **2** (구어) 신랄한 비평, 독설.
brick chéese 명 벽돌형의 말랑한 치즈.
brick dùst 명 벽돌 가루.
brick·field [bríkfi:ld] 명 (英구어) 벽돌 공장.
brick·field·er [bríkfi:ldər] 명 (오스트레일리아 남부에 부는) 건조하고 강한 북풍. 「사람.
brick·head [bríkhèd] 명 (구어) 돌대가리, 완고한
brick·ie [bríki] 명 (英구어) =bricklayer.
brick·kiln [bríkkil, -kiln] 명 벽돌 가마.
brick·lay·er [bríklèiər] 명 벽돌공.
brick·lay·ing [bríklèiiŋ] 명|U 벽돌 쌓기[쌓는 직업].
brick·le [bríkl] 형 (美방언) 부서지기 쉬운, 무른.
brick·mak·er [bríkmèikər] 명 벽돌 제조자[업자].
brick·mak·ing [bríkmèikiŋ] 명|U 벽돌 제조.
brick·ma·son [bríkmèisn] 명 =bricklayer.
brick réd 명 붉은 벽돌색(brick).
brick-red [ˊréd] 형 붉은 벽돌색의.
bricks and mórtar 명 **1** (재래식의) 소매(小賣) (거래); 오프라인 거래; 제조업, 굴뚝 산업. **2** (美속어) 노 「와 색; 집. **brick-and-mór·tar** 형
brick téa 명 전차(磚茶). 「사람.
brick·top [bríktàp] 명 (美속어) 붉은 머리(를 한
brick wàll 명 벽돌 담; 큰 장벽, 넘기 어려운 벽.
bang [or *knock, run*] *one's head against a brick wall* 할 수 없는 일을 하려고 하다.
see through a brick wall ⇒WALL. 「지 못하다.
talk to a brick wall 상대로부터 아무런 반응을 얻
brick·work [bríkwə̀:rk] 명 (U) 벽돌 쌓기[쌓는 공사]; 벽돌로 만든 것; (~s) 벽돌 공장.
brick·y [bríki] 형 벽돌의, 벽돌로 만든; 벽돌 같은.
── 명 (bric·kies) =bricklayer. 「소].
brick·yard [bríkjà:rd] 명 벽돌 공장[저장소, 판매
bri·co·lage [bri:koulá:ʒ] 명 (美) 브리콜라주(손에 닿는 대로 아무것이나 이용하는 일 또는 그렇게 해서 만든 작품). [<F]
bri·cole [brikóul, bríkəl] 명 (당구) 브리콜(목적구(目的球))에 맞고 한번 쿠션에 맞았다가 다른 공에 맞는 일); 간접적 행동; 기습; (중세의) 투석기. [<F]
bri·co·leur [bri:koulə́:r] 명 bricolage를 하는 사람.
*****brid·al** [bráidl] 명 신부의, 결혼식의, 신혼의. ── 명 혼례, 결혼식; (고어) 결혼 피로연. **~·ly** 부
bridal fèast 명 결혼 축하연, 피로연.
bridal fínery [**sùit, wèar**] 명 신부 의상.
bridal shòwer 명 (a ~) (美) 여자 친구들이 결혼 직전의 여성에게 줄 선물을 갖고 모이는 축하 파티.
bridal tòur 명 신혼 여행(honeymoon).
bridal wrèath 명 조팝나무(장미과).
‡**bride¹** [braid] 명 (복 ~**s** [-z]) **1** 신부(新婦), 새색시 (↔ bridegroom). ¶ a deflowered ~ 처녀가 아닌 신부. **2** (속어) 여성, 여자 친구; (익살) 아내.
bride and groom 신랑 신부.

~·less, ~·like 형
bride² 명 (레이스 편물 따위의) 있는 끈[실]; (보닛의)
bride·cake [bráidkèik] 명 =wedding cake.
bride·cham·ber [bráidtʃèimbər] 명 〔고어〕 결혼 첫날밤을 보내는 방. 〔장식끈.
‡**bride·groom** [bráidgrùːm, -grùm] 명 (복 ~s [-z]) 1 신랑(→ bride). 2 〔기독교〕 그리스도 자신.
bride price 명 신부 값(매매혼에서 신부를 사는 돈・귀금속 따위). (또는 bríde-prìce, brídewèalth)
bride's bàsket 명 신부의 바구니(은도금한 대좌가 있고 손잡이가 달린 색유리제(製)의 장식 화분).
brides·maid [bráidzmèid] 명 신부 들러리(젊은 미혼 여성). 참 groomsman
brides·man [bráidzmən] 명 (복 -men [-mən]) 신랑 들러리(best man).
bride-to-be [ˈtəbíː] 명 (복 brides-) 예비 신부.
bride·well [bráidwel, -wəl] 명 〔英〕 (부랑자·무법자를 수용하는) 감화원, 교정원; [구어] 유치장, 교도소.
‡**bridge**¹ [bridʒ] 명 (복 **bridg·es** [-iz]) 1 다리, 교량; 육교; 〔철도〕 과선교(跨線橋), [美] 신호소(gantry); 〔항공〕 (공항의) 신축식 승강로[구].¶ a bascule ~ 개폐교 / a floating ~ 부교(浮橋) / a suspension ~ 적교(吊橋), 현수교 / build [or lay] a ~ across [or over] a river 강에 다리를 놓다 / cross a ~ 다리를 건너다 / Don't cross the ~ until you come to it. 〔속담〕 지레 걱정은 하지 마라. 2 (비유적) 교량 노릇을 하는 것, 다리, 가교(架橋).¶ A common language is a ~ between different cultures. 공통어는 다른 문화 간의 교량 역할을 한다. 3 〔해사〕 선교(船橋), 함교(艦橋), 브리지(상갑판의 선장·함장 지위). 4 다리(아치 모양의 것; 〔해부〕 콧부리; 〔안과〕 브리지(안경의 렌즈와 렌즈를 잇는 부분); 〔음악〕 (현악기의) 기러기발; 〔치과〕 의치를 떠받치는, 브리지, 가공 의치(架工義齒)(bridgework); 〔당구〕 브리지(큐 자루를 받치는 손가락·손의 모양). 6 〔전기〕 전교(電橋), 브리지(~ circuit); 〔컴퓨터〕 (두 개의 LAN을 접속하는) 브리지. 7 〔문학·연극〕 =~ passage; 〔라디오·TV〕 브리지(두 프로그램 사이의 음악·해설·대화); 〔음악〕 경과구(經過句). 8 〔화학〕 (원자의) 교상(橋狀) 결합. 9 〔건축〕 (공사 현장에 설치한) 낙하물 방지용 비계. 10 〔연극〕 (배경을 그리거나 조명을 장치할 때 쓰는) 승강 적교; [英] 배우·무대 장치를 무대 위로 밀어올리는 장치.
a bridge of boats 선교(船橋), 배다리.
a bridge of gold; a golden bridge (패잔군의) 퇴각로; 난국 타개책.
build bridges 중재[조정]하다, 화해시키다.
burn one's bridges (behind one) 배수의 진을 치다. 〔다.
water under the bridge 지나간[끝난] 일.
—타 (**bridg·es** [-iz]; ~**d**; ~**ing**) ⓣ 1 …에 다리를 놓다; 다리를 놓아 (길)을 만들다; 다리로 〔강 따위〕를 건너다.¶ ~ a river 강에 다리를 놓다 / This road ~s the river. 이 길은 그 강을 넘어간다. 2 (비유적) …의 가교[중개] 역할을 하다; 〔공백[갭]〕을 메우다.¶ ~ the gap between the two 둘 사이의 간극을 메우다. 3 〔곤란 따위〕를 극복하다, 〔돈 따위가〕 일시 방편이 되다 (over). 4 〔전기〕 교락(橋絡)하다. —형 (주조) (용해된 금속이) 재료 또는 견고도가 다른 층이나 부분을 이룸.
bridge (over) a difficulty 난관을 넘다[타개하다].
~·less, ~·like 형
bridge² 명 U 브리지(카드놀이의 일종).
bridge·a·ble [brídʒəbl] 형 다리를 놓을 수 있는, 연락[연결]할 수 있는.
bridge bank 명 〔금융〕 가교 은행(부실 금융 기관의 자산·부채를 인수 운용하는 은행).
bridge·board [brídʒbɔ̀ːrd] 명 계단의 발판을 받치는 톱니끝의 옆 널빤지. (⇒오른쪽 위 그림 참조) 〔재자.
bridge·build·er [brídʒbìldər] 명 중개 조정자, 중

bridge financing 명 =bridging loan.
bridge·head [brídʒhèd] 명 〔군사〕 (적군이 있는 강기슭 따위에 구축한) 거점, 교두보.
bridge house 명 〔해사〕 선교루(船橋樓), 선교 갑판실.
⇒BRIDGE¹ 3.

[bridgeboard]

bridge lamp 명 (조절용 팔이 있는) 브리지 램프.
bridge lòan 명 =bridging loan.
bridge mùsic 명 〔라디오·TV〕 (두 프로그램 사이의) 간주(연결) 음악.
bridge pàssage 명 〔문학·연극〕 (두 개의 중요한 절[장면]을 잇는) 연결절, 연결 장면; 〔음악〕 경과구(經
bridge roll [英] 연하고 작은 롤 빵. 〔過句).
Bridg·et [brídʒit] 명 브리짓(여자 이름).
bridge tàble 명 =card table.
bridge tòll 명 다리 통행세.
bridge tòwer 명 교탑(橋塔). 〔dos의 수도).
Bridge·town [brídʒtàun] 명 브리지타운(Barbabridge-tun·nel [ˈtʌnəl] 명 (하구 따위의 있는) 터널과 다리가 이어지는 도로. 〔의 주요 돌부.
bridge·ward [brídʒwɔ̀ːrd] 명 1 다리지기. 2 열쇠
bridge·work [brídʒwɔ̀ːrk] 명 ①〔(美)〕〔치과〕 (총 칭적) 가공(架工) 의치(술). 2 〔토목〕 교량 공사 (기술).
bridg·ing [brídʒiŋ] 명 ⓤⒸ 〔건축〕 가교(架橋), 버팀목; 버팀목 설치; 〔컴퓨터〕 브리징(LAN 사이를 bridge로 연결하는 일).
bridging lòan 명 〔금융〕 연결[가교]성 차관[융자] (액), 브리지 론, 임시 융자[대출]. (또는 swing lòan)
*bri·dle** [bráidl] 명 (복 ~s [-z]) 1 (말의) 굴레(말의 머리에 다는 재갈·고삐·장식 가죽끈 따위의 총칭). 2 속박, 구속(물), 억제(물)(restraint). 3 〔해사〕 계선(繫船) 밧줄. 4 〔기계〕 물림쇠, 덧쇠. 5 (거만하게) 머리를 치켜들기. 6 〔해부〕 계대(繫帶), 소대(小帶). 〔하는 사람.
a horse going well up to the bridle 잔진하여
give the bridle to; lay the bridle on the neck of …의 고삐를 늦추다; 제멋대로 하게 하다, 자유롭게 활동시키다. 〔말조심하라.
keep one's tongue under a bridle 말을 삼가다.
put a bridle on a person's tongue 남에게 말을 못하게 하다; 남에게 말조심시키다.
— 동 (~s [-z]; ~d; -dling) 타 1 (말)에 굴레를 씌우다, 고삐를 달다. 2 …을 구속[억제]하다(restrain). ⇒CHECK 유의어¶ He ~d his indignation [desires]. 그는 분노[욕망]를 억눌렀다. — 자 턱을 당기고 머리를 쳐들다, 몸을 뒤로 젖히다; 뽐내다, 반발하다(up); (…을) 고깝게하다, 무시하다 (at); (~+前+名) ~ at a person's advice 남의 충고를 무시하다.
~·less 형 **-dler** 명 〔(는) 좁은 다리.
bridle bridge 명 (말은 다닐 수 있으나 수레는 못 다
bridle hànd 명 고삐를 잡는 손, 왼손.
bridle pàth [ròad] 명 승마 전용 도로.
(또는 bridle tràil [wày])
bridle rèin 명 말 고삐. 〔한, 길든.
bri·dle·wise [bráidlwàiz] 형 (말이) 굴레에 익숙
bri·doon [braidúːn] 명 (작은 재갈과 큰 재갈이 있는 굴레의) 작은 재갈(snaffle). ⇒BRIDLE 1.
Brie [briː] 명 1 브리(프랑스 북동부의 지방). 2 (또는 ~ chéese) ⓤ 브리 치즈(Brie 지방 원산의 흰 치즈).
‡**brief** [briːf] 형 (~·er; ~·est) 1 짧은, 단시간의; 단명한; (스커트 따위가) 짧은.¶ How ~ the life of man is! 인생이란 얼마나 짧은가 !. 2 〔문체·표현의〕 간결한, 간명한; (사람이) 말수가 적은; 퉁명스러운, 쌀쌀맞은(abrupt). ⇒SHORT 유의어¶ a ~ account 간단한 설명 / I'll be ~. 짤막하게 이야기하겠다.
to be brief 간단히 말해서, 요컨대.¶ *To be ~,* she

brief bag

is my wife now. 요컨대 그녀는 지금은 내 아내다.
— 명 (복 ~s) 1 대의, 개요, 적요. 2 《법률》소송 사건 적요서(摘要書); 영장; 《로마 교황의》서한, 교서(bull보다 비공식적인 것). 4 (~s) 발췌, 요약. 5 =briefing. 6 《영》《연극》무료 입장권, 패스. 7 (~s) 삼각 팬티(legless underpants). 「건이 많다.
have plenty of briefs 《영》《변호사가》의뢰받는 사
hold a brief for …을 변호하다, …을 지지하다.
in brief 요는; 간단히 말하면(in short).
make brief of …을 척척 해치우다.
take a brief 소송 사건을 맡다.
— 타 (~ed [-t]) 1 …을 요약하다, …의 요점을 보고하다. 2 《법률》《소송 사건》의 적요서를 작성하다; 《영》…에게 변호를 의뢰하다. 3 《군사》《출격 직전의 비행사 등》에게 간결하게 지시를 내리다. 4 …에게 지시를 내리다; …에게 요점을 말하다, 브리핑하다 (on). ¶ (~+图+[前+图]》 **a person on something** 어떤 일을 남에게 말하다.
~·er, **~·ness** 명
brief bàg 명 《영》변호사의 서류 가방; =briefcase.
brief·case [brí:fkèis] 명 1 (가죽제) 손가방, 서류 가방. 2 《속어》대형 스테레오 라디오 카세트.
brief·ie [brí:fi] 명 《미속어》단편 영화. 형 feature
brief·ing [brí:fiŋ] 명 U C 1 《군대》(출격 직전의 비행사 등에게 내리는) 간결한 작전 지시(전황 설명), 브리핑. ¶ **a ~ officer** 명령 전달 장교. 2 《기자들을 모아 놓고 하는 간단한 보고(발표), 상황 설명; 기자 회견.
bríefing ròom 브리핑실(室), 기자 회견실.
brief·less [brí:flis] 형 1 서류가 없는, 지시를 받지 않은. 2 《법정 변호사가》소송 의뢰인이 없는. ¶ **a ~ lawyer** 파리 날리는 변호사. 3 완전 나체의.
~·ly 부 **~·ness** 명
‡**brief·ly** [brí:fli] 부 (**more ~; most ~**) 1 간단히, 짧게; 《문장부사》간단히 말하여(to be brief). 2 잠시, 얼마 동안, 일시적으로.
****bri·er¹** [bráiər] 명 1 찔레, 들장미(wild rose). 2 U 찔레 덤불; C 가시가 많은 줄기[잔가지]. 3 (~s) 《영》 괴로움, 고뇌, 곤란. (또는 **briar**)
****bri·er²** 명 U 브라이어(유럽산 석남과의 관목); 브라이어의 뿌리로 만든 파이프. (또는 **briar**)
brier hòpper 《미속어》농민.
bri·er·root [bráiərrù:t, -rùt] 명 브라이어(brier²의) 뿌리; U 파이프용 나무; C 브라이어 뿌리 파이프.
bri·er·rose [-ròuz] 명 =dog rose. [**briarroot**]
bri·er·wood [bráiərwùd] 명 =brierroot. (또는 **briarwood**)
bri·er·y [bráiəri] 형 찔레가 우거진; 가시가 많은[있는](thorny); 《비유적》곤란한. (또는 **briary**)
brig¹ [brig] 명 1 《해사》브리그《가로돛의 쌍돛대 범선의 일종》. 2 《미해군》함내 영창, 《미속어》해군 교도소.
brig² 명 자타 《스코》=bridge¹. 《일반적으로》교도소.
Brig. brigade; brigadier.
****bri·gade** [brigéid] 명 1 《군사》여단(略 Bde, Brig.). ⇨ ARMY. ¶ **a mixed ~** 혼성 여단. 2 대군, 대부대; 포병 대대. 3 《군대식 편성의》단, 대, 군(群). ¶ **a fire ~** 소방대 **/ a rescue ~** 구조대. — 타 1 …을 여단으로 편제하다; …을 조(組)로 편성하다(group together).
brigáde màjor 《영미사》여단 부관《略 BM》.
brig·a·dier [brìgədíər] 명 《영미사》《육군》준장; 《구어》《미사》 =~ **general**. 2 《역사》나폴레옹 1세 군의 하사관 계급. 「**~·ship** 명
brigadíer géneral 《미군사》(육·공·해병대의) 준장; 《영군사》《육군》여단장.
brig·a·low [brígəlòu] 명 《濠》아카시아 속(屬) 나무
brig·and [brígənd] 명 노상 강도, 산적《의 한 사람》(bandit). **~·age** [-idʒ] 명 약탈, 강탈, 탈취.
brig·an·dine [brígəndì:n, -dàin] 명 《중세의》쇠 미늘 갑옷의 일종.
brig·and·ish [brígəndiʃ] 형 산적 같은. **~·ly** 부

brig·and·ism [brígəndìzm] 명 =brigandage.
brig·an·tine [brígəntì:n, -tàin] 명 《해사》브리건틴《쌍돛대 범선의 일종》. 「Brigades》의 단원들. [<It]
bri·ga·tis·ti [brì:ga:tí:sti] 명 복 붉은 여단(Red
Brig. Gen. brigadier general.
Briggs [brigz] 명 **Henry ~** 브리그스(1561–1630); 영국의 수학자》. [i·an] [-iən] 명
Briggsian lógarithm 명 《수학》=common logarithm. (또는 **Briggs lógarithm**)
Brig·ham [brígəm] 명 브리검《남자 이름》.
‡**bright** [brait] 형 (**~·er; ~·est**) 1 빛나는, 번쩍이는, 눈부신; 밝은(반 **dark**). ¶ **~ sunshine** 밝은 햇빛 **/ ~ stars** 빛나는 별 **/ ~ eyes** 빛나는 눈.

> 〔유의어〕 **bright** 가장 일반적이고 널리 쓰이는 말. **brilliant** 눈이 부실 만큼 밝게 빛나는. **radiant** 자체적으로 한결같은 광선을 내고 빛나는, 또는 그렇게 보이는. **luminous** 자체적으로 또는 반사하여 백열광을 내는.

2 《날씨가》화창한, 맑게 갠; 《비유적》《기쁨이나 희망으로》빛나는, 밝은; 《소리가》쾌활한, 낭랑한, 맑은. ¶ **a ~ day** 화창한 날 **/ Her voice sounded ~ and gay.** 그녀의 목소리는 명랑하고 즐겁게 들렸다. 3 《색채가》선명한, 강렬한(반 **dull**). ¶ **a ~ yellow** 선명한 노랑 **/ ~ red** 선홍색. 4 《액체가》투명한, 맑은; 《증거 따위가》명백한. 5 《구어》총명한, 머리가 좋은; 《태도·생각 따위가》훌륭한, 멋진; 《대화·표현 따위가》생동감 있는, 재치 있는(반 **dull**); =CLEVER 〔유의어〕¶ **a ~ boy** 똑똑한 소년 **/ a ~ idea** 멋진 생각 **/ a ~ answer** 재치 있는 대답 **/ ~ young things** 《비꼬아》영리한 젊은이들. 6 찬란한, 빛나는, 영광스러운. ¶ **a ~ period** 찬란한 시대. 7 《해사》방심하지 않는, 빈틈없는. ¶ **keep a ~ lookout** 빈틈없이 경계하다. 8 《전망·앞날이》유망한, 밝은. ¶ **a ~ future** 밝은 앞날.
(as) bright as a button 《구어》쾌활하고 똑똑한.
bright and breezy 쾌활한.
bright in the eye 《구어》얼근하게 취한.
look on [or **at**] **the bright side** (**of things**) 《사물의》밝은 면을 보다, 긍정적으로 생각하다.
— 부 밝게, 환하게(brightly). ¶ **shine ~** 밝게 빛나다.
bright and early 《기상·도착 따위가》아침 일찍.
— 명 1 (~s) 《자동차의》헤드라이트, 전조등; 《헤드라이트의》하이빔(high beams). 2 끝이 모난 호랑이. 3 《미속어》별로 검지 않은 흑인, 흑백 혼혈아. 4 U 《시》빛남, 광휘(brightness, splendor).
‡**bright·en** [bráitn] 자타 (~**s** [-z]) 타 1 …을 빛나게 하다, 밝게 하다. 2 쾌활하게 하다, 즐겁게 하다; …을 유망하게 하다(**up**). ¶ **Flowers ~ a room.** 꽃은 방을 밝게 한다 **// ~+图+[前+图]》 His presence ~ed up the party.** 그가 참석하여 모임이 즐거웠다. — 자 1 빛나다, 환해지다, 밝아지다. 2 상쾌해지다, 명랑해지다, 힘이 나다(**up**). ¶ **His face ~ed** (**up**) **at the news.** 그 소식을 듣자 그의 얼굴은 환해졌다. 3 《경기·전망 따위가》좋아지다, 유망해지다. **~·er** 광택제; 형광제.
bright-eyed [-àid] 형 눈이 맑은, 눈이 빛나는[또렷한]; 순진한 듯한; 공상적인. ¶ **a ~ girl** 눈이 맑은 소녀.
bright-eyed and bushy-tailed 《구어》원기왕성한, 기력(아이디어)이 넘치는.
bright-faced [-fèist] 형 똑똑하게 생긴.
bright·ish [bráitiʃ] 형 다소 밝은.
bríght líghts 명 복 (**the** ~) 《환락의 장소로서의》도시; 도시 생활(환락가; 예능계의 생활).
bright·line [bráitlàin] 자타 …을 눈에 띄게 하다, 강조하다. 「트럼.
bríghtline spéctrum 명 《물리》휘선(輝線) 스펙
‡**bright·ly** [bráitli] 부 (**more ~; most ~**) 1 밝게, 환하게; 맑게; 선명하게. 2 쾌활하게; 총명하게.
‡**bright·ness** [bráitnis] 명 U 1 빛남, 밝음; 광도(光

度); 휘도(輝度); 선명(함); 맑음, 투명. **2** 총명, 영리; (표정 따위의) 밝음, 쾌활(vivacity). 「해변 휴양지.
Brígh·ton [bráitn] 명 브라이턴(영국 남부의 도시; **Bright's disèase** 브라이트병(病)(신장 질환의 일종). [<영국 의사 R. Bright(1789~1858)의 이름].
bright·work [bráitwə̀ːrk] 명 브라이트워크. 1 (배 나 자동차의) 번쩍이는 쇠붙이 부분. **2** 〔해사〕(배의) 비 도장(非塗裝) 부분.
brill[1] [bril] 명 (複 ~(s)) 〔어류〕(유럽산) 가자미.
brill[2] 〔英口語〕 =brilliant.
*bríl·liance [bríljəns] 명[U] 광휘, 광채; 슬기, 탁월, 걸출; 〔광학〕 휘도(輝度), 밝기; (음색의) 맑음.
*bríl·lian·cy [bríljənsi] 명 1 재치 있는 말〔태도 따위〕. ¶ the *brilliancies* of his wit 그의 기지가 번득이 는 말. **2** =brilliance.
‡bríl·liant [bríljənt] 형 (more ~; most ~) 1) 반짝 반짝 빛나는, 눈부신, 찬란한. ⇒BRIGHT 〔유의어〕¶ a ~ gem 찬란히 빛나는 보석. **2** (업적·아이디어 따위가) 훌 륭한, 빛나는. ¶ a ~ achievement 빛나는 업적 / a ~ idea 멋진 생각. **3** 명석한, 재기가 넘치는. ¶ a ~ mind 수재, 재기 넘치는 사람. **4** (음색이) 선명한. — 명 1 〔보석〕 브릴 리언트형(잘 반짝이도록 각이 많이 나게 자른 보석, 58면 체 다이아몬드). (또는 ⌐ **cùt**) **2** [U] 〔인쇄〕 브릴리언트 활자(약 3.5 포인트). **~·ness** 명
bríll·iant cùt 명 1 브릴리언트 컷(보석을 반짝거리게 다면체로 연마하는 방식). **2** =brilliant 명 1.
bríll·iant-cùt 형
bríl·lian·tine [bríljəntìːn] 명[U] 브릴리언틴. 1 머릿 기름의 일종. **2** 〔美〕 알파카 비슷한 광택이 있는 모직물. **-tined** 형 「가 넘쳐; 훌륭히, 멋지게.
*bríl·liant·ly [bríljəntli] 부 찬란하게, 화려하게; 재기
brílliant pébbles 〔美軍俗〕〔적 미사일 요격용〕 소형 우주 병기.
Brill's disèase [brílz-] 명 〔병리〕 브릴씨 병(가벼 운 발진티푸스; 재발형). 〔<미국 의사 N. E. Brill (1859~1925)의 이름〕
*brim [brim] 명 (複 ~s [-z]) 1 (접시·컵 따위의) 가장 자리. ⇒EDGE 〔유의어〕 **2** (돌출한) 테, (모자의) 챙. ¶ a hat with a broad ~ 챙이 넓은 모자. **3** 〔고어〕 (하천·못 따 위의) 물가. (*full*) **to the brim** 가득, 넘치도록. 「위의) 물가.
— 동 (~**s** [-z]; **-mm-**) 자 넘치도록 차다: (진행형으 로) (희망 따위로) 넘치다(*over*)(*with*). ¶(~+圖) He is ~*ming over with* enthusiasm. 그는 열의가 넘친 다. — 타 …에 가득 채우다〔붓다〕(*with*). ¶(~+圖+ 前+名) ~ a glass *with* wine 잔에 포도주를 가득 따 르다.
brim·ful(l) [brímfúl] 형 넘칠 듯한, 가장자리까지 가득 찬 (*of*, *with*). ¶ ~ eyes 눈물이 글썽그렁한 눈/a glass ~ *of* wine 포도주가 그득한 유리잔/one's heart ~ *of* hope 희망에 부푼 가슴. **-fúl·ly** 부 **~·ness** 명
brim·less [brímlis] 형 가장자리가 없는, 테〔챙〕 없는.
brimmed [brimd] 형 1 테두리가 있는; (複合語로) 테두리가 …한. ¶ a broad-~ hat 챙이 넓은 모자 (술 잔 따위에) 가득 찬, 넘칠 듯한.
brim·mer [brímər] 명 가득 찬 (술)잔.
brim·ming [brímiŋ] 형 넘칠 듯한. **~·ly** 부
brim·stone [brímstòun] 명 **1** [U] 〔고어〕 유황 (sulfur). **2** 잔소리가 심한 여자(virago).
fire and brimstone 지옥의 업화(業火).
brim·ston·y [brímstòuni] 형 유황질의, 유황색의, 유황 비슷한; (비유적) 악마 같은.
brin·dle [bríndl] 명 얼룩(무늬); 얼룩무늬의 동물. [U] (담배의) 모자이크 병(病). 형 =brindled.
brin·dled [bríndld] 형 얼룩진, 얼룩무늬의.
brine [brain] 명[U] 소금물, 염수; (the ~) 〔시〕 바다, 대양(ocean); 해수; 〔廢어〕 눈물; 〔화학〕 염류 용액.
the foaming brine 파도치는 바다.
— 타 …을 소금물에 절이다, 소금물로 처리하다.

⌐·**less brín·er** 명
Bri·néll (hárdness) nùmber [brinél-] 명 〔야금〕 브리넬 경도 지수(硬度指數). 「시험기.
Brinéll machìne [téster] 명 〔야금〕 브리넬 경도
brìne pàn 명 염전(塩田), 소금 가마.
bríne pìt 명 (염전의) 제염갱(製塩坑); 염수 우물.
‡**bring** [briŋ] 타 (~**s** [-z]; **brought**) **1 a**) 〔물건〕 을 가져오다; …에 가지고 가다. ¶(~+圖+圖) (~+ 圖+前+名) ~ a cup of tea. 차 한 잔 갖다주세요 // (~+圖+圖) I'll ~ it *to* you tonight. 오늘밤 그것을 가지고 가겠습니다. **b**) (사람)을 데려오다; …에게 데리고 가다. ¶ I'll ~ my girlfriend *to* the party. 여자 친구를 파티에 데리고 가 겠습니다〔오겠습니다〕.

〔유의어〕**bring** 단순히 「가져오다, 데려오다」의 뜻; 반 대로 「가져가다, 데려가다」는 take. **fetch** 가서 가져 오다(=go, get and bring).

2 …을 오게 하다, 가져오다, 초래하다. ¶ War ~*s* disaster. 전쟁은 재난을 초래한다 / What has *brought* you here? 무슨 일로 여기에 왔느냐? // (~+圖+前+ 名) The news *brought* tears to 〔or into〕 our eyes. 그 소식을 듣고 우리는 눈물을 흘렸다. **3** …을 (어떤 상 태에) 이르게 하다 (*to*, *into*, *under*). ¶(~+圖+前+ 名) ~ the war to an end 전쟁을 끝내다 / ~ a machine *into* play 기계를 작동시키다. **4** …을 상기시 키다(recall). ¶(~+圖+前+名) The letter *brought* her face to his mind. 그 편지를 보자 그는 그녀의 얼 굴이 떠올랐다. **5** 〔의문문·부정문에서〕 (…하도록) 〔남〕 을 이끌다, (…할) 생각이 나게 하다 (*to do*). ¶(~+ 圖+*to do*) I cannot ~ myself to believe it. 아무 도 그것을 믿을 수가 없다. **6** 〔소송 따위〕를 제기하다 (*against*, *for*), 〔의안·의론 따위〕를 제출하다. 〔이유· 증거 따위〕를 제시하다. ¶(~+圖+前+名) ~ an action〔or a charge〕*against* a person 남을 상대로 소송을 제기하다 / ~ a bill *before* the National Assembly 국회에 의안을 제출하다. **7** 〔수입·이익〕을 가져오다, 〔얼마〕에 팔리다. ¶ This article ~*s* a good price. 이 물건은 좋은 값에 팔린다 // (~+圖+圖) This work *brought* me 1,000 dollars. 이 일로 나는 1,000달러 벌었다.

be brought into the world 태어나다.
bring about ① …을 가져오다, 초래하다, 불러일으키 다; …을 해내다. ¶ Gambling *brought about* his ruin. 그는 도박으로 망했다. ② (배)의 방향을 바꾸다.
bring along ① …을 데리고〔가지고〕 오다〔가다〕. ② 〔선수 등〕을 양성하다; 〔식물의〕 성장을 촉진하다.
bring a person low ⇒ LOW. 「복하게 하다.
bring a person through 〔난국·시험·병 따위〕를 극
bring around 〔or *round*〕 ① 〔남〕을 (…하도록) 설 득하다 (*to do*); 생각을 바꾸게 하다 (*to*). ② 〔남〕의 건강〔의식〕을 회복시키다. ③ =*bring about* ②. ④ 〔화 제 따위〕를 바꾸다 (*to*). ④ (사람)을 데리고 가다〔오 다〕; 〔물건〕을 가지고 가다〔오다〕. ¶ Next time you come, ~ her *around*. 다음에 올 때에는 그녀를 데리 고 오너라. 「뽐고 귀가〔귀국〕하다.
bring away 〔물건·사상·사상〕을 가지고 돌아오다.
bring back ① …을 도로 찾다, 돌려주다 (*to*); 가지고 돌아오다; 회복시키다 (*to*). ¶ ~ a person *back to* life 남을 소생시키다. ② …을 생각나게 하다.
bring down ① 〔집 따위]를 내리다; 〔물가]를 하락시 키다; 〔새〕를 쏘아 떨어뜨리다, …을 추락시키다; 〔비 행기]를 착륙시키다. ② 죽이다; …을 패멸시키다, 도 산〔파산〕시키다; 〔정부 따위]를 붕괴시키다. ③ (속어) 〔남〕의 콧대〔자존심〕를 꺾다; 기를 죽이다. ④ 〔재난 따 위〕를 초래하다 (*on*). ¶ ~ *down* anger on oneself 노여움을 사다. ⑤ …까지 〔기록〕을 계속하다 (*to*); 〔역 사 따위]를 새로이 고쳐 쓰다 (…까지) (*to*). ⑥ 〔美〕

bring-and-buy (sale)

…을 (후에) 남기다, 전하다. ⑦ 《美》 《계획 따위》를 공표하다. ⑧ 《부기》 …을 다음 페이지로 이월하다.
bríng dówn [or *cárry*] *the hóuse* ⇨HOUSE.
bring fórth ① …을 낳다(give birth); 〔싹〕을 내다. 〔열매〕를 맺다. ② …을 야기하다. ③ 〔제안·증거 따위〕를 제출하다; 제시하다.
bring fórward ① 〔안·문제 따위〕를 제출하다, 제시하다; 공표〔공개〕하다. ¶ ~ *forward an opinion* 의견을 말하다. ② 〔부기〕…을 다음 페이지로 이월하다. ③ 〔일정 따위〕을 앞당기다. ④ 〔서류·업무 따위〕의 처리〔제출〕 기일을 지정하다.
bring hóme the bácon 〔구어〕 ① 성공〔입상〕하다, 기대대로 성과를 올리다. ② 생활비를 벌다.
bring...hóme to a person ⇨HOME.
bring ín ① 〔화제〕를 꺼내다, 들여 내다. ② 〔수입·이익〕을 가져오다; 〔수확물〕을 거둬들이다. ③ 〔의안·문제·소송 따위〕를 제출〔제기〕하다. ④ 〔풍습 따위〕를 도입하다. ⑤ 〔남〕을 소개하다, 안내하다. ⑥ 〔배심이〕 〔평결〕을 답신하다. ¶ *The jury brought in a verdict of 'Not guilty.'* 배심은 무죄의 평결을 내렸다. ⑦ 〔야구〕 〔주자〕를 생환시키다. ⑧ 〔유전(油田) 따위〕의 생산량을 올리다. ⑨ …을 벌다. ¶ ~ *in a good salary* 높은 급료를 받다. ⑩ 〔범인 등〕을 체포〔연행〕하다.
bring...ínto béing [or *lífe, the wórld*] 〔아이〕를 낳다, 〔조산물으로서〕 〔아이〕를 받다; 〔어떤 것〕을 생기게 하다, 출현시키다.
bring óff ① …을 가져가다; …을 구출하다. ② 〔구어〕 〔특히 예상 밖으로〕 〔일〕을 잘 해내다, 성취하다. ③ 〔알〕을 까다, 부화하다.
bring ón ① 〔전쟁·질병 따위〕를 초래하다, 야기하다. ② 가져〔데리고〕 오다; 〔연기자〕를 무대에 등장시키다. ③ 〔화제 따위〕를 꺼내다. ④ 〔속어〕 …에게 성적 흥분을 느끼게 하다, 성적으로 자극하다.
bring óut ① …을 가지고 나오다, 데리고 나오다 (*from, of*). ② 〔의미 따위〕를 명백히 하다; 〔색·성질 따위〕를 나타내다; 〔능력 따위〕를 끌어내다. ③ …을 입밖에 내다, 말하다(utter). ④ 〔신제품 따위〕를 내놓다; …을 출판하다; 〔연극〕을 상연하다. ⑤ 〔딸〕을 사교계에 내보내다; 〔배우·가수〕를 세상에 내보내다.
bring óver ① 〔해외에서〕 데려오다(*from, to*); …을 인도하다. ② 〔남〕을 자기 편에 끌어넣다; …을 설득하다. ③ …을 개종시키다. ④ 〔해상〕 〔돛〕을 돌리다.
bring tó (* to는 부사로, [bríŋtúː]로 발음) ① …을 정신 차리게 하다, 소생시키다. ¶ *With the help of brandy he was soon brought to.* 브랜디 덕택에 그는 곧 정신이 들었다. 〔해상〕 정선(停船)시키다.
bring...to accóunt ① ~ *bring... to* BOOK. ② 〔태만·실책 따위에 대해〕 〔남〕을 꾸짖다(*from*).
bring...to béar on [or *upón*] ⇨BEAR¹.
bring togéther ① …을 끌어 모으다; 묶다, 합치다. ② …을 접촉〔재회, 화해〕시키다.
bring...to páss ⇨PASS.
bring únder ① …을 억압하다, 진압하다. ② 〔물건 따위〕를 …로 나누다, …에 포함시키다.
bring úp ① 〔아이〕를 기르다, 양육하다, 가르치다. ② 〔문제 따위〕를 꺼내다, 제기하다; 〔의원〕에게 발언을 허락하다. ③ 〔군대〕를 전진시키다. ④ 〔수동형으로〕 …을 딱 멈추다, 급정지시키다. 〔해상〕 정선시키다〔하다〕. ⑤ …을 주의를 환기하다, 야단치다(*for*). ⑥ …을 토하다. ⑦ 〔합계가〕 …에 이르게 하다(*to*). ⑧ …을 기소하다. ⑨ …에 직면하게 하다(*against*).
Just bring yoursélf. 〔초대장 따위에서〕 몸만〔빈손으로〕 오시오.

bríng-and-búy (sàle) [-ənbái-] *n* 《英·뉴질》 각자 물건을 가져와서 매매하는 자선 바자.
bring·down [bríŋdàun] *n* 〔구어〕 1 실망, 환멸, 의기 소침(하게 하는 것). 2 통렬한 비꼼, 자존심을 상하게 하는 발언; 중상(中傷). 3 무뚝뚝한〔음울한〕 사람.

―*n* 실망시키는, 무능한; 음울한.
bring·er [bríŋər] *n* 가져오는〔온〕 사람.
bring·ing-up [bríŋiŋʌ́p] *n* 〔아이의〕 양육, 훈육.
brin·ish [bríniʃ] *a* 소금물의〔로 저린, 처리한〕.
~·**ness** *n*
*brink [briŋk] *n* 1 〔벼랑·물가의〕 가장자리; 가, 끝, 언저리. ⇒EDGE 〔유의어〕 2 〔파멸의〕 위기, 중대한 국면; (…할) 찰나, 순간.
on [or *at*] *the brínk of* …의 직전에, ¶ *be on the* ~ *-less* 〔*of starvation* 아사 직전이다.
brink·man·ship [bríŋkmənʃip] *n* 〔외교〕 〔위기 상황을 인위적으로 이용하는〕 극한〔벼랑〕 정책. (또는 brinksmanship)
brin·y¹ [bráini] *a* 소금물의; 소금물 같은, 소금기 있는 (* 눈물에 대해서도 때때로 사용). ¶ *the* ~ *flood* 조수〔a ~ *taste* 짠 맛. **brín·i·ness** *n*
brin·y² *n* (the ~) 〔구어〕 바다, 대양. (또는 briney)
bríny déep *n* =briny².
bri·o [bríːou] *n* 생기, 활기(vigor), 활발. ¶ *con* ~ 〔활발하게. 〈It *vivacity*〕
bri·oche [bríːouʃ/-ɔʃ] *n* 브리오슈〔버터·달걀·효모로 만든 카스텔라 비슷한 빵〕. 〔F〕
bri·o·lette [bríːəlèt] *n* 〔보석〕 브리올레트〔표면 전체에 삼각형의 작은 면을 낸 눈물방울 모양의 다이아몬드〕.
bri·o·ny [bráiəni] *n* =bryony. 〔드〕. 〈F〉
bri·quet(te) [brikét] *n* 연탄, 조개탄 — *vt* 〔분탄 따위〕을 개어서 굳혀 연탄을 만들다. 〈F〉
bri·sa [bríːsə] *n* 1 카리브 해의 동〔북동〕 무역풍. 2 필리핀의 북동 계절풍. 〈Sp〉
bri·sance [brizáːns] *n* 〔고성능 화약의〕 강력한 폭발력. —**sant** [-zɑ́ːnt] *a* 폭발력이 센. 〈F〉
Bris·bane [brízbein, -bən] *n* 브리즈번. 1 오스트레일리아 동부의 항구(Queensland의 주도). 2 달 표면의 제4상한(象限)에 있는 분화구. 〔는〕 반 카톤. 〈F〉
brise-bise [briːzbíːz] *n* 〔창문의 아래쪽 반을 가리는 커튼〕.
*brisk [brisk] *a* (~·*er*; ~·*est*) 1 활발한, 기운찬, 쉬기 있는(lively) ⇒ACTIVE 〔유의어〕; 〔상사가〕 활기 찬, 호황의. ¶ *a* ~ *pace* 활발한 보조 / *Business is fairly* ~. 장사는 꽤 호황이다. ② 〔날씨가〕 상쾌한. ¶ ~ *weather* 상쾌한 기후. 3 〔어조가〕 날카로운; 〔맛이〕 톡 쏘는. 4 〔음료가〕 거품이 잘 이는, 발포성의. — *vt* 발랄하게 하다〔되다〕, 활기띠다〔띠게 하다〕(*up*). ~·**ness** *n*
bris·ket [brískit] *n* 1 〔동물의〕 가슴; 가슴 고기. ⇒BEEF 그림. 2 〔구어〕 〔사람의〕 가슴 아래 부분.
*brisk·ly [brískli] *ad* 활발하게, 팔팔하게, 기세 좋게, 기운차게; 왕성하게; 상쾌하게; 기분좋게. ¶ *Business is ~ carried on here.* 여기서는 사업이 활기를 띠고 있다. 〔또는 bristling〕
bris·ling [bríslíŋ] *n* 〔유럽산(產)〕 작은 청어(sprat).
*bris·tle [brísl] *n* 〔동물의 털이나 사람의 수염 따위〕 거센 털, 강모(剛毛); 강모 모양의 것 〔솔의 털〕.
set up one's [*a person's*] *bristles* 격분하다〔시키다〕.
— *vi* 1 〔털이〕 곤두서다; 털을 곤두세우다(*up*). 2 성내다, 안달하다 (*with*). ¶ *She was bristling with anger.* 그녀는 잔뜩 화내고 있었다. 3 밀생하다, 빽빽이 들어서다. 〔곤란·난문제 따위가〕 가득하다 (*with*). ¶ (~+前+名) *The project ~d with difficulties.* 그 계획에는 어려운 점들이 많았다.
— *vt* 1 〔털〕을 곤두세우다. 2 …에 강모를 심다.
-tled *a* 강모가 있는; 털이 곤두선. **~·less, ~·like** *a*
bris·tle-tail [brísltèil] *n* 〔곤충〕 좀.
bris·tling [brísliŋ] *n* =brisling.
bris·tly [brísli] *a* 1 강모처럼 많은. 2 〔강모처럼〕 밀생한; 뻣뻣한, 가시 돋친. 3 〔구어〕 불쾌한, 성〔마른〕. **brís·tli·ness** *n*
Bris·tol [brístl] *n* 1 브리스틀〔영국 잉글랜드 서남부의 공업 도시·무역항〕. 2 (b-s) 〔英비어〕 유방.
Brístol bóard *n* 〔도화지·카드용의〕 두꺼운 백상지.

Brístol Créam [Mílk] 명 《상표》 고급 셰리주(酒).
Brístol fàshion 부 《해사》 (선원 선실처럼) 정연[단정]하게. 참 shipshape
brit [brit] 명 《어 ~》 (고래의 먹이가 되는) 물벼룩[보리새우]떼; 작은 청어리. (또는 **britt**) 「=British.
Brit [brit] 명 《구어·경멸적》 영국인(Briton). —
Brit. Britain; Britannia; Briticism; British; Briton.
‡**Brit·ain** [brítn] 명 **1** =Great ~. **2** =Britannia 1.
Bri·tan·ni·a [britǽniə/-njə] 명 **1** 브리타니아(브리튼 섬의 고대 로마 이름; 특히) 브리튼 섬 서남부의 로마군 주둔 지역). **2** =British Empire. **3** 《시》=Great Britain. **4** 브리타니아 상(像)(Great Britain 및 British Empire를 상징하는 여인상). **5** =~ metal.
Británnia mètal 명 《야금》 브리타니아 합금(주석·구리·안티몬의 백색 합금). 「96%의 은).
Británnia sílver 명 《야금》 브리타니아 실버(은의
Bri·tan·nic [britǽnik] 형 대(大)브리튼의, 영국의(British). —《His [Her] ~ Majesty 영국 국왕[여왕] 폐하 (약 HBM). — 명 =Brythonic.
Bri·tan·ni·ca [britǽnikə] 형 영국의. ¶*The Encyclopaedia* ~ 브리태니커(대영) 백과 사전. — 명 **1** 대영 백과 사전. **2** 영국 관계 문헌.
britch·es [brítʃiz] 명복 《구어》=breeches.
Brit·i·cism [brítəsìzm] 명 《 U 》 《 C 》 영국 영어[어법](영국인의 특유한 말[어법]). 참 Americanism
‡**Brit·ish** [brítiʃ] 형 **1** 영국의, 대브리튼의; (미국 영어에 대하여) 영국 영어의; 영국인의; 영연방의. **2** (고대) 브리튼 사람의(the Britons)의.
 — 명 **1** (the ~) (집합적; 복수취급) 영국인; 영연방인. **2** ⓤ 영국 영어(~ English). **3** ⓤ 고대 브리튼어.
 (The) best of British! 《구어》 잘 해봐![격려나 비
Brítish Acádemy 명 (the ~) 영국 학사원. 「꼼].
Brítish Áirways 명 (the ~) 영국 항공(약 BA).
Brítish América 명 =British North America.
Brítish Associátion 명 (the ~) 영국 학술 협회.
Brítish Bróadcasting Corporátion 명 (the ~) 영국 방송 협회(약 BBC). (또는 《영구어》 **Beeb**)
Brítish Colúmbia 명 브리티시컬럼비아(캐나다 태평양 연안의 주; 주도 Victoria).
Brítish Cómmonwealth (of Nátions) 명 (the ~) 영[영국]연방(1948년부터는 British를 빼고 the Commonwealth (of Nations)라고 한다).
Brítish Cóuncil 명 (the ~) 영국 문화 협회.
Brítish disèase 명 영국병(영국 특유의 경제·산업상의 약점). 「에서 쓰이는 통화).
Brítish dóllar 명 영국 달러(전에 영국의 특정 영토
Brítish Émpire 명 (the ~) 대영 제국.
Brítish Énglish 명 영국 영어(British).
Brit·ish·er [brítiʃər] 명 《미》 영국인, 영국 본토인.
Brítish Expeditionary Fórce 명 (the ~) 영국 해외 파견군(약 BEF).
Brítish Hóme Stóres 명복 브리티시 홈 스토어즈(영국의 의류품 중심의 대형 체인점; 약 BHS).
Brítish Ísles 명복 (the ~) 영국 제도(Great Britain, Ireland, the Isle of Man 및 부근의 섬들).
Brit·ish·ism [brítiʃìzm] 명 《 U 》 《 C 》 **1** =Briticism. **2** 영국민 특유의 풍속·습관; 영국인 기질.
Brítish Ísraelite 명 영국인은 이스라엘의 잃어버린 10지파의 자손이라고 믿는 사람.
Brítish Légion 명 (the ~) 영국 재향 군인회.
Brítish Líbrary 명 (the ~) 대영(《英》) 도서관(1973년 British Museum의 도서 부문이 독립).
Brítish Muséum 명 (the ~) 대영 박물관.
Brítish Nórth América 명 **1** 캐나다. **2** 북미 대륙 및 그 주변의 영연방. 「의 골프 대회].
Brítish Ópen 명 (the ~) 브리티시 오픈(영국 최대
Brítish Petróleum Amóco 명 브리티시 페트롤륨 애모코사(영국의 석유 회사).

Brítish Ráil 명 영국 국철(약 BR).
Brítish Stándard 명 (British Standards Institution이) 정하는 영국 표준[공업] 규격.
Brítish Technólogy Gróup 명 (the ~) 영국 과학 기술 그룹(약 BTG).
Brítish Telecommunicátions 명 영국 전신전화 회사(약칭 British Telecom; 약 BT).
Brítish thérmal ùnit 명 영국식 열량 단위(1 파운드의 물을 화씨 1도 상승시키는 데 소요되는 열량; = 252 cal; 약 BTU, Btu,).
Brítish wárm 명 《英구어》 짧은 털외투.
Brítish Wèst Índies 명복 (the ~) 영국령 서인도
Brit. Mus. *British Museum*. 「제도.
*****Brit·on** [brítn] 명 **1** 브리튼인(고대 영국 남부에 살던 켈트족). **2** 《문어》 대브리튼인, 영국인(특히 잉글랜드 주민). ¶*North* ~*s* 스코틀랜드인.
Brít·rail Páss [brítreil-] 명 브리트레일 패스(영국 국철을 탈 수 있는 패스). 〈*British*+*Rail*〉
brits·ka [brítskə] 명 브리츠카(러시아식 4륜 포장마차). (또는 **britzka**)
Brit·ta·ny [brítəni] 명 브르타뉴(프랑스 북서부의 반도; 프랑스어명 Bretagne). 참 Breton¹
*****brit·tle** [brítl] 형 **1** 깨지기 쉬운, 부서지기 쉬운, 약한. ⇨ WEAK 유의어 **2** 불안정한; 상처받기 쉬운; 성마른, 급한. — 명 브리틀(호두·땅콩 따위를 섞어서 만든 사탕과자). **~·ly** 부. **~·ness** 명 **-tly** 명 「도체.
Brix scále [bríks-] 명 브릭스계(計), 자당(蔗糖) 농
brl. barrel. **bro., Bro.** (⇨ *bros.*) brother.
broach [brout∫] 명 **1** 《기계》 브로치(구멍을 넓히는 공구). **2** (고기 굽는) 꼬치, 쇠꼬챙이. **3** (통에) 구멍 내는 송곳. **4** (4각 탑 위의) 8각 첨탑. **5** (자물쇠의) 핀. **6** 석공(石工)용 정. **7** =brooch. — 《동》(타) **1** (구멍) 을 브로치로 넓히다. **2** (통에) 구멍을 내다. ¶*He* ~*ed a barrel of cider.* 그는 사과주 통의 마개를 땄었다. **3** (마시는 구멍을 내어) (술·물 따위)를 나오게 하다(*out*). ¶~ *cider* 사과주를 따라 내다. **4** (돌 따위의) 운[서두]을 떼다; (...에게) (말 따위)를 꺼내다, 끄집어 내다 (*to*, *with*). ¶~ *a subject* 문제를 꺼내다. **5** (돌) 을 새기다, 깎다, 다듬다. — 《자》**1** 《해사》 (범선이) 방향을 바꾸어 뱃전을 바람쪽으로 돌리다 (바람·파도를) 옆으로 받다. **2** (물고기·잠수함 따위가) 수면으로 나오다.
broach·er [bróutʃər] 명 **1** broach로 작업을 하는 사람; 구멍 뚫는 기구. **2** 처음 말을 꺼내는 사람, 발의자.
bróach spire 명 《교회의》 8각형 첨탑. 「제장자.
‡**broad** [brɔːd] 형 (*~·er*; *~·est*) **1** 폭이 넓은 (wide). 《거리를 나타내는 말의 뒤에서》 폭이 ...한(좁은 narrow). ¶*three feet* ~ 폭 3 피트의 /*a* ~ *river* 넓은 강 / *have* ~ *shoulders* 어깨가 넓다. **2** 광대한, 광활한 (vast). ¶*a* ~ *ocean* 드넓은 대양 / ~ *land* 광대한 토지.

> 유의어 **broad, wide**는 같은 뜻으로 쓰일 때도 많으나, 두 측면 사이의 길이·거리에는 **wide**를, 평면의 넓이에는 **broad**를 쓴다: *a* ~ [or *wide*] *street* 넓은 거리 / *an inch-wide ribbon* 1 인치 폭의 리본 / ~ *plains* 넓은 평야.

3 (사실·암시 따위가) 명확한, 분명히 알 수 있는. ¶*a* ~ *distinction* 명료한 구별 / ~ *facts* 명백한 사실. **4** (지식·경험 따위가) 넓은, 광범위한; (법률 따위가) 적용 범위가 넓은. ¶*a* ~ *experience* 폭넓은 경험 / *a* ~ *rule* 일반적 규칙 / *in a* ~ *sense* 넓은 뜻에서 / *have* ~ *views* 견해가 넓다 / *take a* ~ *view of* …을 폭넓게 보다. **5** 마음이 넓은, 관대한. ¶*a* ~ *mind* 관대한 마음. **6** (빛 따위가) 충만한, 가득한. **7** (말씨가) 천한, 상스러운, 음란한; 노골적인. ¶*a* ~ *dialect* 심한 사투리 / *a* ~ *hint* 노골적인 암시 / *a* ~ *jest* 상스러운 농담. **8** (설명·이야기 따위가) 대강의, 전반적인, 개략적인; 주요한. ¶*the* ~ *outlines of a subject* 문제의 개요. **9** 《음성》 개구음(開口音)의(open). ¶*a* ~ *vowel* 개구 모음. **10**

속박되지 않은, 자유분방한, 기탄없는. **11** 〖경제〗 (시황(市況)・거래가) 활발한.
(as) broad as it is long; (as) long as it is broad 〖英구어〗 폭도 길이도 같은; (사태가 어느 쪽이든) 결국 마찬가지인, 오십보 백보인. 〖동등한.
broad in the beam 〖구어〗 (사람이) 엉덩이가 큰; *broad on the beam* [*bow, quarter*] 〖해사〗 뱃머리에 대해 90[45, 135]도 방향에서.
in a broad way 대체로 말하면.
in broad daylight 백주에, 공공연히.
— 〖부〗 **1** 넓게, 두루; 충분히, 완전히. ¶be ~ awake 완전히 깨어 있다. **2** (심한) 사투리로. ¶They speak ~. 그들은 심한 사투리로 이야기한다.
— 〖명〗 **1** (the ~) 폭이 넓은 부분; (손) 바닥. ¶the ~ of the back[hand] 등짝[손바닥]. **2** 〖속어〗 〖경멸적〗 여자(woman); 품행이 나쁜 여자, 매춘부. **3** (the B-s) (하천이 넓어져 형성된) 호소(湖沼).

broad·arrow 〖명〗 (英) **1** (정부 소유물이나 죄수복에 찍는) 굵은 화살촉 모양의 표지. **2** 촉이 넓은 화살.
broad·ax(e) [brɔ́ːdǽks] 〖명〗 (벌목용) 날이 넓은 도끼, 큰 도끼; 전부(戰斧).
broad·band [brɔ́ːdbǽnd] 〖명〗 〖통신〗 광대역(廣帶域); 광대역 전송(~ transmission); 다중 통신망. 〔broad arrow 1〕
— 〖형〗 광대역의. 〖건축사.
bróadband árchitect 〖명〗 광대역(廣帶域) 정보망
broad·band·ing [brɔ́ːdbǽndiŋ] 〖명〗 〖경영〗 (생산성 향상을 위한 노동자 각자의) 작업 분담 영역의 확대.
bróadband ISDN 〖통신〗 광대역 ISDN(TV・하이비전 따위의 동화상을 송신할 수 있을 정도로 광역・고속의 ISDN). (또는 B-ISDN)
bróadband transmíssion 〖통신〗 광대역 전송(한 선로를 이용해 복수 채널의 신호를 동시 전송).
broad-based [-bèist] 〖형〗 기반이 넓은, 광역적인.
bróad bèan 〖명〗 잠두, 누에콩.
broad·bill [brɔ́ːdbìl] 〖명〗 부리가 넓은 새(오리・거위 따위); 〖어류〗 황새치(swordfish).
broad-blown [-blóun] 〖형〗 (꽃이) 활짝 핀.
broad bod 〖명〗 〖속어〗 여자의 몸, 여체(女體).
broad·brim [brɔ́ːdbrìm] 〖명〗 테가[챙이] 넓은 모자; (B-) 〖美구어〗 퀘이커 교도.
broad-brimmed [-brìmd] 〖형〗 챙이 넓은.
broad·brow [brɔ́ːdbràu] 〖명〗 〖英구어〗 폭넓은 취미를 가진 사람.
broad brush [-brʌ́ʃ] 〖형〗 대충의, 대략적인.
‡**broad·cast** [brɔ́ːdkæ̀st/-kὰːst] 〖동〗 (~(・*ed*)) 〖타〗 **1** …을 방송하다. ¶~ a lecture 강연을 방송하다. **2** (씨 따위)를 흩뿌리다. **3** 〖통신〗 (같은 메시지)를 복수의 수신자에게 보내다 (소문 따위)를 퍼뜨리다; 선전하다. **4** 〖구어〗 (작전 비밀)을 무심코 누설하다, 무의식적으로 나타내다. — 〖자〗 **1** 방송 프로에 나오다. **2** 사방에 퍼뜨리다, 떠벌리다. — 〖명〗〖U〗 **1** 방송; 방송 프로(출연). ¶a ~ program 방송 프로. **2** 〖통신〗 동보(同報) 통신. **3** (씨를) 흩뿌림, 산파(散播). — 〖형〗 **1** 방송된. **2** (씨가) 흩뿌려진, 산파의. **3** (소문 따위가) 널리 퍼진. — 〖부〗 널리, 광범위하게. ¶distribute ~ 널리 배포하다 / sow ~ 씨를 흩뿌리다.
broad·cast·er [brɔ́ːdkæ̀stər/-kὰːst-] 〖명〗 **1** 파종기(機); 뿌리는 사람. **2** 〖라디오・TV〗 방송자, 아나운서; 방송 회사; 방송 장치.
***broad·cast·ing [brɔ́ːdkæ̀stiŋ/-kὰːst-] 〖명〗〖U〗 방송; 방송 사업, 방송 관계의 일. ¶a ~ station 방송국.
bróadcast jóurnalism 〖명〗 방송 저널리즘.
bróadcast média 〖명〗 전파[방송] 매체.
bróadcast nétwork 〖명〗 방송망, (방송) 네트워크.
bróadcast sátellite 〖명〗 방송 위성.
Bróad Chúrch 〖명〗 (the ~) 광교회파(廣敎會派)(영국 국교회의 진보적인 교파). 〖참〗 High[Low] Church
broad·cloth [brɔ́ːdklɔ̀(ː)θ/-klɑ̀θ] 〖명〗〖U〗 〖직물〗 광폭(廣幅) 원단, 브로드천(셔츠감・옷감)((英) poplin); (美) 광폭의 검은 남자용 모직 옷감.
***broad·en [brɔ́ːdn] 〖동〗〖타〗 (하천・도로・시야 따위)를 넓히다. ¶~ one's view[mind] 시야[견문]를 넓히다. — 〖자〗 **1** 넓어지다(*out*). ¶The view ~s. 시야가 넓어진다. **2** 얼굴을 펴고 씩 웃다.
broad-faced [-féist] 〖형〗 얼굴이 넓적한.
bróad gáuge[**gáge**] 〖명〗 〖철도〗 광궤(廣軌). 〖참〗 standard gauge, narrow gauge
broad-gauge [-ɡèidʒ] 〖형〗 **1** 〖철도〗 광궤의. **2** 도량이 넓은, 관대한. **3** (美) 광범한, 대규모의; 시야가 넓은, 대국적인. ¶a ~ plan 대규모 계획. (또는 **broadgauged**)
bróad gláss 〖명〗 판유리(cylinder glass).
bróad hátchet 〖명〗 날이 넓은 손도끼.
broad·horn [brɔ́ːdhɔ̀ːrn] 〖명〗 (미국 서부의) 대형 평저선(平底船).
broad·ish [brɔ́ːdiʃ] 〖형〗 좀 넓은; 넓은 듯한.
bróad jùmp 〖명〗 멀리뛰기; (스포츠) (the ~) 멀리뛰기 경기((英) long jump). **bróad jùmper**
broad·leaf [brɔ́ːdlìːf] 〖명〗 (복 -**leaves** [-lìːvz]) (엽궐련용) 넓은 잎 담배. — 〖형〗 =broad-leaved.
broad-leaved [-líːvd] 〖형〗 잎이 넓은.
broad·loom [brɔ́ːdlùːm] 〖형〗 (양탄자가) 광폭으로 짠, 폭넓은. — 〖명〗 광폭 양탄자(~ carpet).
***broad·ly [brɔ́ːdli] 〖부〗 **1** 널리, 폭넓게, 광범위하게. ¶~ known 널리 알려진. **2** 대체로, 대개; (문장수식) 대체로 말해서. **3** 천하게, 상스럽게; 노골적으로, 거리낌없이; 사투리로. ¶smile ~ 이를 드러내고 웃다.
broadly speaking 대충 말하면, 대체로. 〖의.
broad·ly-based [-bèist] 〖형〗 광범위한; 여러 종류
***broad-mind·ed [-máindid] 〖형〗 마음이 넓은, 관대한; 편견이 없는. ~·**ly** 〖부〗 ~·**ness** 〖명〗
broad·ness [brɔ́ːdnis] 〖명〗〖U〗 **1** 나비, 폭(breadth). **2** 마음이 넓음. **3** 버릇없음, 노골적임.
bróad séal 〖명〗 국새(國璽), 국가의 정식 관인.
broad·sheet [brɔ́ːdʃìːt] 〖명〗 **1** 보통 크기의 신문(full-sized newspaper)(〖참〗 tabloid). **2** =broadside 4.
broad·side [brɔ́ːdsàid] 〖명〗 **1** 〖해사〗 (수면 위의) 현측(舷側), 뱃전. **2** 〖해군〗 한쪽 뱃전의 대포 전체; 그 일제 사격. ¶fire a ~ 한쪽 뱃전의 포 모두로 일제 사격하다. **3** 〖구어〗 (비난・험담의) 일제 공격 (*on*). **4** 한 면만 인쇄한 큰 종이[인쇄물](광고・포스터 따위). **5** (건물 따위의) 넓은 측면. **6** (英) =~ ballad.
broadside to broadside (배가) 나란히.
— 〖부〗 **1** (…에서) 뱃전을 돌리고. **2** 일제히; (美) 닥치는 대로, 무차별로.
broadside on [or *to*] …에 뱃전을 돌리고.
— 〖동〗〖자〗 **1** 뱃전을 (…으로) 돌리고 나아가다. **2** 현측 포화를 퍼붓다.
bróadside bàllad 〖명〗 (16세기경의) 통속 소설, 시.
bróadside diplómacy 〖명〗 일괄 타결 외교.
bróad sílk 〖명〗 (옷감・안감용의) 폭이 넓은 명주.
bróad spéctrum 〖명〗 〖약학〗 광역 (항균) 스펙트럼; 광범위한 효과(藥效). **bróad-spéctrum** 〖형〗 약효가 광범위한; 다목적의.
broad·sword [brɔ́ːdsɔ̀ːrd] 〖명〗 날이 넓은 칼.
broad·tail [brɔ́ːdtèil] 〖명〗 카라쿨(karakul)(소아시아산(産)의 꼬리가 굵은 양); 〖U〗 그 새끼양의 모피.
Broad·way [brɔ́ːdwèi] 〖명〗 **1** 브로드웨이(New York의 Manhattan 섬을 관통하는 거리). **2** 그 거리의 대형 극장가; (집합적) 뉴욕 시의 상업 연극; 미국 연극계. **3** (b-) 큰 거리, 대로(main street).
go to Broadway 중앙 무대로 진출하다.
— 〖형〗 브로드웨이의; (연극 따위가) 브로드웨이에 맞는.
broad·wife [brɔ́ːdwàif] 〖명〗 〖美역사〗 (주인을 달리

하는 노래를 남편으로 삼고 있는) 여자 노예.
broad·wise [brɔ́ːdwàiz] 圍 옆을 향하여, 옆으로. (또는 **broadways**)
Brob·ding·nag [brábdiŋnæg/brɔ́b-] 圓 (J. Swift 작 Gulliver's Travels에 나오는) 거인국.
Brob·ding·nag·i·an [bràbdiŋnǽgiən/brɔ̀b-] 劻 거인국의; 거대한, 방대한. — 圓 거인국 주민; 거인.
bro·cade [broukéid] 圓U 문직(紋織)(무늬를 도드라지게 짠 옷감), 금란(金襴). — 圈咎 …을 무늬를 도드라지게 짜다. **-cád·ed** 劻 무늬를 도드라지게 짠.
Bróca's área[gýrus, convolútion] [bróukəz-] 〔해부〕 브로카령(領)(대뇌의 좌전(左前) 하부에 있으며 운동성 언어 중추가 있다). 〔◁프랑스의 외과 의사 Paul Broca(1824~80)의 이름〕
broc·a·tel [bràkətél/brɔ̀k-] 圓 브로카텔(솟올무늬로 짠 brocade); 색무늬가 든 장식용 대리석.
broc·co·li [brákəli/brɔ́k-] 圓U©© 모란채, 브로콜리(꽃양배추(cauliflower)의 일종).
bro·ché [brouʃéi] 劻 능라의, 무늬를 도드라지게 짠 (brocaded). — 圓U 능라. 〔F〕 〔◁spit〕, 〔◁F〕
bro·chette [brouʃét] 圓 (요리용) 꼬치, 꼬챙이(skewer).
bro·chure [brouʃúər, -ʃɔ́ːr] 圓 팸플릿(pamphlet), 소책자, 브로셔; 광고 전단(leaflet). 〔◁F〕
brock [brak/brɔk] 圓 1 (유럽산(産)의) 오소리(badger). 2 (英) 지저분한 녀석, 상스러운 놈.
brock·age [brákidʒ/brɔ́k-] 圓 (화폐) (주조할 때생긴) 경화의 흠; 불완전한 경화.
Bróck·en bów[spécter] [brákən-/brɔ́k-] 브로켄의 요괴(산꼭대기의 구름에 자기의 모습이 크게 비치는 현상). 〔◁독일의 Brocken 산〕
brock·et [brákit/brɔ́k-] 圓 (남미산(産)의) 작은 사슴; (뿔이 나기 시작한) 2년생 붉은 수사슴.
bro·de·rie an·glaise [bróudəri-ɑːŋgléiz] 圓 (흰 천의 eyelet을 흰 실로 수 놓은) 영국 자수(의 직물). 〔◁F〕
bro·die [bróudi] 圓 (俗) 1 완전한 실패, 큰 실수. 2 투신 자살. — 圈閶 실패[실수]하다; (투신) 자살하다.
broe·der·bond [brúːdərbɔ̀ːnt] 圓 (부도덕한 목적의) 비밀 조직, 비밀 결사. 〔◁1953년 결성된 남아프리카 공화국 백인 비밀 결사의 이름〕
bro·gan [bróugən] 圓 (보통 ~s) 브로간(튼튼하고 투박한 단화; 발목까지 오는 작업화). 〔사투리. ◁Ir〕
brogue[1] [broug] 圓 (영어의) 아일랜드 사투리; 지방 사투리.
brogue[2] 圓 일상용 구두; 투박한 가죽 구두(brogan).
brogue[3] 圓 (스코) 사기, 협잡, 기만.
broi·der [brɔ́idər] 圈閶 (古어) =embroider.
broi·der·y [brɔ́idəri] 圓 (古어) =embroidery.
broil[1] [brɔil] 圈閶 1 (고기·생선 따위) 를 굽다(grill). ⇒BURN 〔유의어〕 2 …을 아주 뜨겁게 하다; (태양이) …에 내리쬐다. ¶be ~ed in the sun 햇볕에 내리쬐이다. — 圈 굽히다; 안달복달하다. — 圓 1 굽기; 구운 것, 불고기. 2 혹서, 폭서. 3 (비유적) 흥분 상태.
broil[2] 圓 싸움; 소동, 소란(disorder). — 圈閶 싸우다, 말다툼하다. **~ing·ly** 圍
broil·er [brɔ́ilər] 圓 1 (美) 고기 굽는 기구, 그릴; 굽는 사람, (직업이 아니라 임시로) …을 굽는 사람. 2 =~ chicken. 3 (俗) 찌는 듯 무더운 날.
bróiler chìcken 圓 (구이용) 영계, 브로일러.
bróiler hòuse 圓 브로일러(구이용 영계) 닭장.
broil·ing [brɔ́iliŋ] 劻 찌는[타는] 듯한, 무더운. ¶~ hot 찌는 듯이 무더운. **~ly** 圍
bro·kage [bróukidʒ] 圓 (古어) =brokerage.
‡**broke** [brouk] 圓 break의 과거; (口어) break의 과거분사. — 劻 (口어) 돈이 없는, 무일푼의, 빈털터리의, 파산한(bankrupt).
broke to the world [or **wide**]; **flat** [or **clean, dead, stone**] **broke** (口어) 무일푼의, 완전히 파산.
go broke (口어) 무일푼이 되다, 파산하다.
go for broke (俗어) 전재산[가진 돈]을 탕진하다[쏟아붓다]; 전력을 다하여 해보다, 이판사판 해보다.
— 圓U© 1 〔제지〕 (상품이 될 수 없는) 손지(損紙). 2 (~s) (양의 목·배에서 깎아낸) 저질 양모.
‡**bro·ken** [bróukən] 圓 break의 과거분사.
— 劻 1 깨진, 부서진, 찢어진, 부러진, 꺾인, 상한. ¶a ~ leg 부러진 다리 / ~ tea 가루 차. 2 고장난, 움직이지 않는. ¶a ~ clock 고장난 시계. 3 어중간한, 우수리의, 단수(端數)의. 4 (약속 따위가) 깨진, 파기된. ¶a ~ promise 깨진 약속. 5 중단된, 방해된, 단속적인. ¶a ~ sleep 선잠 / ~ words 띄엄띄엄 하는 말. 6 〔기상〕 구름이 많은; 변덕스러운. ¶~ weather 변덕스러운 날씨. 7 (표면이) 울퉁불퉁한, 기복이 있는; (짜임새가) 성긴, 거친. ¶the ~ surface of the moon 달의 울퉁불퉁한 표면. 8 건강을 해친; 쇠약한; 낙심한. ¶a ~ man 실의에 빠진 사람. 9 (말이) 조련된, 길든. 10 (언어가) 엉망인, 문법에 어긋나는, 변칙의. ¶~ English 변칙 영어. 11 막힌, 파산한; (가정·결혼 따위가) 파탄난.
~·ly 圍 **~·ness** 圓
bróken árms 圓复 (美俗) 먹다 남은 것.
bróken-bát sìngle 圓 〔야구〕 배트가 부러지면서 이루어진 안타.
bróken chórd 圓 〔음악〕 =arpeggio. 〔◁LISM.〕
bróken cólor 圓 〔그림〕 점묘법(點描法). ⇒POINTIL-
bro·ken-down [-dáun] 劻 깨진, 부서진; (건강 따위가) 나빠진, 쇠약한; 몰락한, 파산한(ruined); (기계 따위가) 못쓰게 된, 고장난, 망가진.
bróken héart 圓 실의, 절망; 실연(失戀).
***bro·ken-heart·ed** [-hɑ́ːrtid] 劻 가슴이 미어질 듯한, 슬픔에 잠긴, 상심한; 실연한. **~·ly** 圍 **~·ness** 圓
bróken hóme 圓 결손 가정[가족].
bróken líne 圓 1 파선(破線)(- - - -); 절선(折線). 2 (도로의) 점선(차선간(間)의 경계선).
bróken lót 圓 〔증권〕 단주(端株)(odd lot).
bróken móney 圓 푼돈, 잔돈.
bróken númber 圓 끝수, 단수(端數). 〔◁람.〕
bróken récord 圓 (口어) 같은 말을 되풀이하는 사람.
bróken réed 圓 부러진 갈대; 믿을 수 없는 사람[것] (←이사야(Isa.) 36 : 6).
bróken ríb 圓 (美俗) 이혼한 여성.
bróken wáter 圓 거친 수면, 놀치는 파도.
bróken wínd 圓 (말의) 폐기종(肺氣腫).
bro·ken-wind·ed [-wíndid] 劻 헐떡거리는; (수의) (말이) 천식[폐기종]에 걸린.
***bro·ker** [bróukər] 圓 1 중개인, 알선자, 브로커. 2 (결혼) 중매인. 3 〔증권〕 주식 중매인. 4 (英) 고물상, 전당포; (차압 물건의) 평가 매각인. 5 =power ~. 6 (美俗) 마약 판매상; 파멸된 마약 중독자. 7 (美俗어) 빈털터리. (…의) 중개[알선]일을 하다. **~·ship** 圓
bro·ker·age [bróukəridʒ] 圓U 1 (또는 **brokering**) 중개(업), 중매(업). 2 (또는 ~ **commission**) 중개료, 중매 수수료, 구전, 알선료. 3 〔권〕 증권 회사.
brókerage hóuse[fírm] 圓 중개[중매] 회사; (중 (포)업, 圓 중개하는, 중매의. 〔어〕 낙하산.
brok·ing [bróukiŋ] 圓U 1 중매업, 중개업. 2 전당
brol·ly [bráli/brɔ́li] 圓 (口구어) 우산, 양산; (英俗 (제).
brom- [broum] 〔연결형〕 ◁BROMO-.
bro·mal [bróuməl/-məl] 圓 〔약학〕 브로말(진통 **bro·mate** [bróumeit] 〔화학〕 브롬산염. — 圈咎 …을 브롬산과 화합시키다.
bro·mic [bróumik] 劻 〔화학〕 브롬의, (5가의) 브롬을 함유하는. ¶~ acid 브롬산.
bro·mide [bróumaid] 圓 1 〔화학〕 브롬화물. ¶sodium ~ 브롬화 나트륨. 2 〔사진〕 브로마이드 프린트(양화). 3 (美口어) 지리한[따분한] 사람, (口어) 지리한 이야기, 흔해빠진 생각; 케케묵은 말, 상투어.
brómide páper 圓 〔사진〕 브로마이드 인화지.
bro·mid·ic [broumídik] 劻 (美口어) 평범한, 진부

한, 혼해빠진. -i·cal·ly 〔부〕
bro·min·ate [bróumənèit] 〔동〕〔타〕 〔화학〕 브롬화하다, 브롬(산염)으로 처리하다. **brò·mi·ná·tion** 〔명〕
bro·mine [bróumiːn, -min] 〔명〕〔U〕 〔화학〕 브롬(할로겐족 원소의 하나; 기호 Br). 〔= **bróminism**
bro·mism [bróumizm] 〔명〕〔U〕 〔병리〕 브롬 중독. (또 **bro·mize** [bróumaiz] 〔동〕〔타〕 〔화학〕 브롬[브롬화물]으로 처리하다.
bro·mo- [bróumo, -mə] 〔連結〕 bromine의 뜻(* 모음 앞에서는 brom-). ¶*bromo*form(브로모포름), *bro·m*al.
bro·mo·crip·tine [bròuməkríptiːn] 〔명〕 〔약학〕 브로모크립틴(프로락틴의 분비 과잉 억제제).
Brómp·ton('s) mixture [còcktail] [bráːmptən(z)-/bróːmp-] 〔명〕 〔약학〕 브롬프턴 합제(合劑)(암 자용 진통 혼합액). 〔銀鑛〕
bro·my·rite [bróuməràit] 〔명〕〔U〕 〔광물〕 취은광(臭
bronc [braŋk/brɔŋk] 〔명〕 〔美〕 =bronco.
bronch- [braŋk/brɔŋk] 〔連結〕 ⇒BRONCHO-.
bron·chi [bráŋki/bróŋkai] 〔명〕〔복〕 (단 -**chus** [-kəs]) 〔해부〕 기관지.
bron·chi·a [bráŋkiə/bróŋ-] 〔명〕〔복〕 (단 -**chi·um** [-kiəm]) 〔해부〕 기관지. -**al** -**al·ly** 〔부〕
brónchial ásthma 〔명〕 〔병리〕 기관지 천식.
brónchial catárrh 〔명〕 〔의학〕 기관지 카타르.
brónchial pneumónia 〔명〕 〔병리〕 =broncho-
brónchial túbe 〔명〕 〔해부〕 기관지. ¦pneumonia.
bron·chi·ec·ta·sis [bràŋkiéktəsis/brɔŋ-] 〔명〕 〔병리〕 기관지 확장(증). -**ec·tat·ic** [-ektǽtik] 〔형〕
bron·chi·ole [bráŋkiòul/bróŋ-] 〔명〕 〔해부〕 세(細) 기관지, 기관 세지. -**ó·lar** 〔형〕
bron·chit·ic [braŋkítik/brɔŋ-] 〔형〕 기관지염의[에 걸린]. — 〔명〕 기관지염 환자. 〔지염.
bron·chi·tis [braŋkáitis/brɔŋ-] 〔명〕〔U〕 〔병리〕 기관
bron·chi·um [bráŋkiəm] 〔명〕 bronchia의 단수형.
bron·cho [bráŋkou/bróŋ-] 〔명〕 (복 ~**s**) =bronco.
bron·cho- [bráŋko, -kə/brɔŋ-] 〔連結〕 bronchia 의 뜻(* 모음 앞에서는 bronch-). ¶*broncho*pneumonia. 〔broncobuster.
bron·cho·bust·er [bráŋkoubʌ̀stər/brɔŋ-] 〔명〕 =
bron·cho·di·la·tor [bràŋkədəléitər/brɔŋ-] 〔명〕 (천식 완화용) 기관지 확장약(藥).
bron·cho·pneu·mo·ni·a [bràŋkounjumóunjə /bràŋkounjuː-] 〔명〕 〔병리〕 기관지 폐렴. -**món·ic** 〔형〕
bron·cho·scope [bráŋkəskòup/brɔŋ-] 〔명〕 〔의학〕 기관지경(鏡). — 〔동〕 〔환자〕를 기관지경으로 검사하다. ¦**-scóp·ic** 〔형〕 **-chós·co·pist** 〔명〕 〔지경 검사.
bron·chos·co·py [braŋkáskəpi/-kɔ́s-] 〔명〕 〔의학〕 기관
bróncho tàg 〔美〕 야생마 잡기 놀이(3인 1조로 일렬 종대로 서 술래(it)가 된 아이가 줄의 마지막 아이를 잡는 놀이). 〔과〕 기관지 절개(술).
bron·chot·o·my [braŋkátəmi/braŋkɔ́t-] 〔명〕 〔외
bron·chus [bráŋkəs/brɔŋ-] 〔명〕 ⇒BRONCHI.
bron·co [bráŋkou/brɔŋ-] 〔명〕 (복 ~**s**) 1 브롱코(미국 서부산(產)의 작은 야생마). 2 (캐나다 속어) 영국인; 영국으로부터의 이주민. (또는 **broncho, bronc, bronk**)
bron·co·bust·er [bráŋkoubʌ̀stər/brɔŋ-] 〔명〕 야생마를 길들이는 사람, 조마사(調馬師)(buster).
bronk [braŋk/brɔŋk] 〔명〕 〔美〕 =bronco.
Bron·son [bránsən/brɔ́n-] 〔명〕 **Charles** ~ 브론슨(1922- : 미국의 배우).
bront- [brant/brɔnt] 〔連結〕 ⇒BRONTO-.
Bron·të [bránti/brɔ́n-] 〔명〕 브론테. 1 **Anne** ~ (1829–49: 영국의 소설가; 3의 동생). 2 **Charlotte** ~ (1816–55: 영국의 소설가; *Jane Eyre* 「제인 에어」 (1847)). 3 **Emily (Jane)** ~ (1818–48: 영국의 소설가; 2의 동생; *Wuthering Heights* 「폭풍의 언덕」 (1847)).

bron·to- [brantə/brɔntə] 〔連結〕 thunder의 뜻(* 모음 앞에서는 bront-). ¶*bronto*saur.
bron·to·saur [brántəsɔ̀ːr/ brɔ́n-] 〔명〕 브론토사우루스; 뇌룡(雷龍)(쥐라기(紀)에 아메리카에 살던 공룡의 일종).

[brontosaur]

bron·to·sau·rus [bràntəsɔ́ːrəs/brɔ̀n-] 〔명〕 = brontosaur.
Bronx [braŋks/brɔŋks] 〔명〕 브롱크스. 1 (the ~) 미국 New York 시 북부의 자치 행정구. 2 (또는 ~ **cócktail**) 진·주스 따위를 섞은 칵테일. ~**·ite** 〔명〕
Brónx chéer 〔명〕〔속어〕 (입술과 혀를 진동시켜 내는) 야비한 야유[조소], 우우, 부부.
give a person **Bronx cheer** 남을 야유하다.
***bronze** [branz/brɔnz] 〔명〕〔복〕 **bronz·es** [-iz] 1 〔U〕 〔야금〕 청동(구리와 주석의 합금); 각종 구리 합금. ¶aluminum ~ 알루미늄 청동/manganese ~ 망간 청동. 2 〔U〕 청동색. 3 청동 제품(동상·메달 따위).
— 〔형〕 (***bronz·es*** [-iz]; ~**d**; ***bronz·ing***) 〔타〕 1 …을 청동색으로 하다, …에 청동 광택이 나게 하다. 2 …을 (청동 같이) 단단하게 하다; 〔남〕을 무정해지게 하다.
— 〔자〕 (볕에 타서) 청동색이 되다. — 〔형〕 청동제의; 청동색의, 황갈색의, 적갈색의. ~**·like** 〔형〕
Bronze Age (the ~) 청동기 시대(Stone Age와 Iron Age 사이); (b- a-) (그리스 신화) 청동 시대 (golden age, silver age 다음의 전쟁·부도덕의 시대).
bronzed [branzd/brɔnzd] 〔형〕 청동풍(風)의, 청동색의; (햇볕에 타서) 갈색이 된(tanned, browned).
bronze médal 〔명〕 동메달. **bronze médalist** 〔명〕
bronz·er [bránzər/brɔ́nz-] 〔명〕 브론저(피부를 태운 것처럼 보이게 하는 남성용 화장품). 〔청동 세공인.
bronze-smith [bránzsmìθ/brɔ́nz-] 〔명〕 청동 장인(匠).
Brónze Stár (Mèdal) 〔명〕 〔美군사〕 청동성장(星章)(공중전 이외의 행위로 공이 있는 군인에게 수여).
bronz·ing [bránziŋ/brɔ́nz-] 〔명〕 금속 광택 부여; 금속성 광택을 내는 청색 안료; (나뭇잎 따위의) 갈색화(化).
bronz·y [bránzi/brɔ́nzi] 〔형〕 청동의[같은]; 청동색의, 황갈색의, 적갈색의. ¦((美) pin), 〔<F〕
***brooch** [broutʃ, bruːtʃ/broutʃ] 〔명〕 브로치, 장식편
***brood** [bruːd] 〔명〕 (복 ~**s** [-z]) (집합적; 단·복수 양용) 1 (a ~) 한배 병아리, 한배 새끼. ¶a ~ of chickens 한배 병아리. 2 (경멸적) (한 집안) 아이들, 새끼들. 3 (a ~) 종류, 종족; (경멸적) 떼, 무리, 패거리. ¶a ~ of thieves 도둑떼. 4 궁리, 숙고, 심사 숙고. 5 (비어) 섹시한 젊은 여자.
in a **brood** 생각에 잠겨, 궁리하다가. 〔생각하다.
sit on **brood** ① 알을 품다. ② 생각에 잠기다, 곰곰이
— 〔동〕 (~**s** [-z]) 〔타〕 1 〔알〕을 품다. 〔병아리〕를 따뜻하게 해주다. 2 〔생각 따위〕를 마음에 품다. — 〔자〕 1 알을 품다. 2 (구름·어둠 따위가) 나직이 덮다, 내리덮다. (뒤덮듯이) 막아서다(*on*, *over*, *above*). ¶(~+團+图) *Clouds ~ed over* the mountain. 구름이 산에 나직이 끼었다. 3 곰곰이 생각하다, 이리저리 생각하다(*on*, *over*). — 〔명〕 알을 품고 있는; (번식을 위해) 키우는 것. ~**·less** 〔형〕 〔는.
bróod bìtch 〔명〕 (축대용의) 암캐.
brood·er [brúːdər] 〔명〕 알을 품고 있는 닭; 인공 부화기; 생각에 잠기는 사람.
bróod hèn 〔명〕 씨암탉. 〔언짢아, 시무룩해서.
brood·ing·ly 〔부〕 생각에 잠겨, 기분이
bróod·màre [brúːdmɛ̀ər] 〔명〕 번식용 암말.
bróod pòuch 〔명〕 〔동물〕 (유대류의) 육아낭(marsupium); (개구리·물고기의) 알주머니.
brood·y [brúːdi] 〔형〕 1 생각에 잠기는; 침울한, 기분이 언짢은. 2 (암탉이) 알을 품으려고 하는; (구어) (여성이) 아이를 갖고 싶어하는. — 〔명〕 (알을 품은) 암탉. **bróod·i·ness** 〔명〕

brook¹ [bruk] 명 시내, 개울. ~·less, ~·like 형
brook² 명 타 《부정문·의문문에서》 1 …을 견디다, 참다. ¶I cannot ~ interference. 나는 간섭을 받으면 못 참는다. 2 (일이) …을 허용하다. ¶The matter ~s no delay. 그 문제는 잠시도 지체할 수 없다. ~·a·ble 형
Brooke [bruk] 명 **1 James** ~ (1803–68: 영국의 군인·모험가; 보르네오의 Sarawak 토후). **2 Rupert** ~ (1887–1915: 영국의 시인).
Brook·ings Institution [brúkiŋz-] 명 (the ~) 《美》 브루킹스 연구소(민주당계의 진보적 정책 연구소).
brook·ite [brúkait] 명 《광물》 브루카이트, 판(板)티
brook·let [brúklit] 명 작은 개울, 실개천. [탄석です]
brook·lime [brúklàim] 명 《유럽산(産)》 개불알풀속 (屬)의 식물(남빛 총상화(總狀花)가 핀다).
Brook·lyn [brúklin] 명 브루클린(미국 Long Island 서부에 있는 New York 시의 자치 행정구). ⇒BOROUGH.
~·ése 명 브루클린 말씨[사투리]. ~·ite 명
bróok tròut 《어류》 강(江)송어(북미 동부산(産)).
broom [bru(:)m] 명 ~s [-z] 1 비, (청소용) 자루가 긴 브러시. 2 《식물》 금작화. 3 《美》 《건축》 (두들겨지어) 찌부러진 말뚝의 꼭대기 부분.
a man with the broom 개혁자.
a new broom 《英》 구악을 일소하려는 신임자. ¶*A new ~ sweeps clean.* 《속담》 신임자는 흔히 개혁을 하고 싶어한다.
(as) drunk as a broom 곤드레만드레 취하여.
have[or get] a broom[or stick] up one's ass [or butt] 《美속어》 죽어라고 열심히 일하다.
—명 타 1 …을 쓸다, 청소하다. 2 《속어》 《조직·직장 따위》의 악을 일소하다. 3 《목재 따위》를 쪼개다, 깨다. 4 《말뚝 따위》의 대가리를 찌부러뜨리다. — 자 1 《말뚝의》 대가리가 찌부러지다. 2 《美속어》 달리다; 도망치다.
broom·ball [brúːmbɔːl] 명 브룸볼(빗자루와 배구공 따위를 사용하여 스케이트를 신지 않고 빙판에서 하는 아이스하키식 경기). ~·er 명
broom·corn [brúːdərːrm, brúm-] 명 《식물》 브룸콘, 비수수(비를 만드는 재료로 쓰이는 수수류(類)).
bróom cypress 명 《식물》 댑싸리.
broom·rape [brúːmrèip, brúm-] 명 초종용속 (草蓯蓉屬)의 기생 식물.
broom·stick [brúːmstìk, brúm-] 명 빗자루; 《비유적》 《美속어》 아내; 말라깽이; 키다리, 꺽다리.
marry[or jump] over a broomstick; hop the broomstick (결혼은 하지 않고) 동거 생활을 하다.
broom·y [brúːmi] 형 금작화가 무성한.
bros., Bros. [brʌðərz; brás/brɔs] brothers. ¶ Smith *Bros.* & Co. 스미스 형제 상회.
brose [brouz] 명 U 《스코》 오트밀에 더운 물이나 우유를 붓고 휘저은 음식. **brós·y** 형
* **broth** [brɔːθ, brɑθ/brɔθ] 명 U © 1 묽은 수프; (고기 또는 생선을 끓여낸) 국물. ¶*a nice* ~ 맛있는 수프 // *Too many cooks spoil the* ~. 《속담》 사공이 많으면 배가 산으로 간다. 2 (아일) (a ~ *of a boy*) 멋진 사내, 쾌남아. ~·y 형
broth·el [brɑ́θəl, brɑ́ð-, brɔ́ːθəl-, -ðəl/brɔ́θ-] 명 매춘굴(whorehouse); 《濠》 지저분한 곳. ~·like 형
broth·el-creep·er [-kriːpər] 명 (~s) 《英속어》 두께운 크레이프 고무창의 신사화. (또는 《美》 **bróthel stòmpers**)
* **broth·er** [brʌ́ðər] 명 (복) ~s [-z], (고어) **breth·ren** [brɛ́ðrin] 《* brethren은 종교적인 의미》 1 형제; 형, 동생. ¶ *an elder [or 《美구어》 older]* ~ 형/*a young [or baby, younger]* ~ 동생, 아우/*one's big [little]* ~ 형[동생]/*a whole* ~ 친형제/*the ~s Grimm* 그림 형제.

USAGE brother to와 **brother of** —— **(1)** 옛날에는 ~ *to* the duke(공작의 동생)처럼 썼으나, 지금은 ~ *of*…로 쓰는 것이 보통(⇒TO). **(2)** 이때 동격이 되는 경우, 형제가 한 사람일 때에는 John, ~ *of* George 처럼 무관사이고, 더 있을 때에는 *a* ~ 의 식으로 부정관사를 붙이는 것이 보통. 특별히 한 사람임을 강조할 경우에는 *the* ~ *of*처럼 정관사를 붙인다.

2 의붓[이복(異腹)] 형제(half ~); 수양 형제(foster ~); 남자 친척. **3** (형제처럼) 가까운 남자, 동료 (fellow), 친구; (대학 학생회의) 회원. **4** (같은 국적·조직·직업 등에 속하는) 남성; 동포, 동료. **5** (종종 B—) 《가톨릭》 《칭호·부르는 말로》 (신앙의) 형제, 교우; 평수도사, (사제가 되지 않은) 수도사. **6** 경(卿)(군주·법관끼리의 호칭). **7** 《美속어》 흑인, 여보게, 친구(부르는 말). ¶*B—, can you spare a dime?* 쩨쩨, 한푼만 주시겠소? **8** 《美속어》 흑인 동지(soul ~). **9** 《美속어》 마약.
a brother in arms 전우. [헤로인; sister
a brother of the angle 낚시 친구.
a brother of the brush [quill, whip] 화가[저술가, 마부]. [《창세기(Gen.)》 4:9.
Am I my brother's keeper? 내가 알게 뭐냐?(—
be brother(s) to …과 비슷한[유사한] 것이다.
—— 타 《美》 《보통 Oh ~!》 이런!, 저런!, 이놈!, 고얀 것!
—— 명 타 …을 형제로서 대하다, 형제라 부르다.
~·less 형 ~·like 형
bróther chìp 명 《北美》 《관사 없이 형용사적으로》 (기질 따위가) 똑같은[꼭 닮은] 사람. [친형제.
broth·er-ger·man [-dʒəːrmən] 명 (복) **broth·ers-**
* **broth·er·hood** [brʌ́ðərhùd] 명 U 1 형제의 관계, 동기간. 2 © (보통 the ~) 《단·복수 양용》 (구어) 친목 단체, 협회; (직업의) 조합, 단체, 노동 단체; 신도회. ¶*the medical [legal]* ~ 의사회[법조인회]. 3 (형제 같은) 친한 사이. ¶*promote international* ~ 국제 친선을 증진하다. **4** (the ~) 《집합적·구저취급》 《美》 동료들, 동업자들. **5** 동포, **5** 《비유적》 형제애; 동포애, 인류애. [**ers·**] 전우.
broth·er-in-arms [brʌ́ðəriná:rmz] 명 (복) **broth·**
* **broth·er-in-law** [brʌ́ðərinlɔ̀ː] 명 (복) **broth·ers-**
1 의형제. 2 처남; 매부; 동서; 시숙, 시동생.
Bróther Jónathan 《英구어》 미국 정부; 전형적 미국인(남성)(《* 현재는 Uncle Sam》). [함, 우애.
broth·er·li·ness [brʌ́ðərlinis] 명 U 형제애; 친
* **broth·er·ly** [brʌ́ðərli] 형 형제의, 형제 같은, 형제다운; 애정이 깊은, 친한. ¶ ~ *affection* 형제애.
the City of Brotherly Love 미국 필라델피아 시의 —— 부 《고어》 형제로서, 형제같이; 친하게. [별칭.
brough·am [brúːəm, brúm-] 명 말 한 필이 끄는 4륜 마차; (무개(無蓋) 운전석이 있는) 브룸형 자동차.
‡**brought** [brɔːt] 동 bring의 과거·과거분사.
brou·ha·ha [brúːhɑːhɑ̀ː, ⌐ ⌐ ⌐] 명 U © 떠들썩한 세상 공론; 괜한 소동[흥분]; 사건, 분규.
* **brow** [brau] 명 (복) ~s [-z] 1 이마. ¶*a beetling* ~ 툭 튀어나온 이마. **2** (~s) 눈썹. ¶*the heavy* ~s 짙은 눈썹. **3** 《해부》 안와상 융기(眼窩上隆起), 눈두덩. **4** 안색, 표정. ¶*A little talk cleared his* ~. 몇 마디 했더니 그의 표정이 밝아졌다. **5** 벼랑끝, 비탈[언덕]의 꼭대기. **6** 《구어》 지성의 정도, 지적 수준. **7** 《해사》 = gangplank. **8** 《속어》 저속한 인간(lowbrow).
by the sweat of one's brow ⇒SWEAT.
draw one's brows together 눈썹을 찡그리다.
knit [or bend] one's brows 눈살을 찌푸리다.
raise one's brows (경멸하여) 이마에 팔자를 그리다.
~·less 형
brów àgue 명 편두통(偏頭痛)(migraine).
brów àntler 명 사슴 뿔의 최초의 가지.
brow·beat [bráubìːt] 명 타 《~; ~*en*》 …을 노려보다; …을 야단치다; …을 위협하여 …시키다 (*into*). ¶ They ~ him *into* agreeing. 그들은 그를 위협하여 동의하게 했다. ~·er 명

brow·beat·en [bráubìːtn] ⓐ browbeat의 과거분사. —ⓐ 겁먹은, 주눅 든.

browed [braud] ⓐ 〔복합어로〕이마가 ~한. ¶a shaggy-~ brute 털북숭이 이마를 한 짐승.

‡**brown** [braun] ⓐ (⌐)~s [-z] 1 ⓤ 갈색, 밤색. ¶dark ~ 암갈색/light ~ 엷은 갈색/red ~ 적갈색, 밤색. 2 ⓒ 갈색 그림물감[염료]. ⓒ 갈색의 것. 3 갈색 인종의 사람. 4 ⓒ 갈색의 옷. ¶wear ~ 갈색 옷을 입다. 5 (the ~) 〔英〕 날아가는 〔갈색의〕 새떼. 6 〔속어〕 동전. 7 〔美속어〕 헤로인. 8 〔속어〕 항문.
do a brown 〔속어〕항문 성교자를 하다.
fire into the brown 날아가는 새떼에 총을 쏘아대다; 군중을 향해 무차별 발포하다.
— ⓐ (~·*er*; ~·*est*) 1 〔다〕갈색의, 밤색의. 2 볕에 탄 〔그을린〕; (오븐 따위에) 노르끄레하게 그을린, 구워 낸한. 3 〔종종 B-〕 ⓐ 멕시코계 미국인의. 4 침울한, 우울한. ¶a ~ voice 우울한 목소리.
do a person brown 〔英속어〕 ~을 감쪽같이 속이다.
do it up brown [or right] 〔美속어〕 훌륭히 해내다.
— ⓐ ~s [-z]) ⓐ 갈색[밤색]이 되다; 볕에 타다; 눈다. — ⓐ ~을 갈색[밤색]으로 하다; 볕에 타게 하다; 〔요리〕 ~을 눈게 하다.
brown off 〔속어〕 (…로) ~을 따분하게 하다; 풀이 죽게 하다 (*with, by*). —ⓐ blackout
brown out 〔美〕 〔절전을 위해〕 〔전등을〕 어둡게 하다. ~·**ness** ⓝ

Brown [braun] ⓝ 브라운. 1 Charlie ~ 〔미국 만화 *Peanuts*의 주인공〕. 2 Herbert Charles ~ (1912- : 미국의 화학자; 노벨 화학상). 3 John ~ (1800-59 : 미국의 노예 제도 반대론자). 4 Michael (Stuart) ~ (1941- : 미국의 의학자; 노벨 의학·생리학상). 5 Robert ~ (1773-1858: 영국의 식물학자). 6 대학 이름 (~ University).

brówn ále ⓝ 〔英〕 브라운 에일(달큼한 흑맥주).
brówn álga [séaweed] ⓝ 〔식물〕 갈조류의 해조.
brówn bág ⓝ (갈색 봉지 등에 넣은) 도시락. 〔조〕.
brown-bag [ˋ-bæɡ] ⓥ (-*gg*-) ⓐ 1 〔자기가 마실 술〕을 레스토랑[클럽]으로 가지고 들어가다. 2 (도시락)을 갈색 종이 봉투에 넣어) 지참하다. — ⓐ 도시락을 지참하다. ~·**ging** ⓝ
brown-bag·ger [ˋ-bǽɡər] ⓝ 〔美구어〕 1 도시락을 지참하는 회사원, 평사원. 2 화이트 칼라의 기혼 남성.
brown béar ⓝ 〔유럽·북미산의〕 불곰.
brown bélt ⓝ (유도나 태권도의) 갈색 띠(의 사람).
Brówn Beréts ⓝ (the ~) 〔美〕 멕시코계 시민 단체; 그 단원; 또 그 단원이 쓰는 베레모.
Brówn Béss ⓝ 〔옛날 영국 군대의 소총〕.
brówn bétty [Bétty] ⓝ (과일·빵가루·설탕·버터 따위를 섞어서 구운) 푸딩.
brówn bréad ⓝ (밀기울이 든 밀가루로 만든) 흑빵; (당밀을 넣은) 검은 찐빵(Boston ~).
brówn cóal ⓝ 갈탄(lignite).
brówn dráin ⓝ 〔구어〕 미숙련 노동자 (해외) 유출.
Brówn decísion ⓝ (the ~) 〔법률〕 브라운 판례 (공립 학교에서의 인종 분리 교육을 위헌으로 판시한 미 연방 대법원의 1954년 판례; 인종 차별 금지에 이정표가 됨). 〔<원고 Lynda Brown의 이름〕
brówned óff ⓐ 〔英속어〕 (…로) 넌덜머리[진절머리]가 난; 안절부절 못하는, 안달복달하는 (*with*).
brówn fát ⓝ 갈색 지방(많은 포유류의 체온 유지 조직).
brown·field [bráunfìːld] ⓐ 재개발 공업(산업) 단 〔조〕
brówn góods ⓝ 갈색 제품(TV·비디오·음향 기기 따위 전통적으로 갈색을 기조로 한 가전 제품).
Brówn·i·an móvement [mótion] [bráuniən-] 〔물리〕 브라운 운동(영국 식물학자 R. Brown이 발견한 유체 속의 미립자의 불규칙 운동).
brown·ie [bráuni] ⓝ 작은 요정(한밤에 몰래 인가에 와서 가사를 거든다는 갈색의 요정). 2 (땅콩이 든) 초콜릿 과자. 3 (B-) (Girl Scouts[〔英〕 Girl Guides]의) 유년단원 〔美〕 7-8세, 〔英〕 8-11세; 갈색 제복을 입는다 (〔英〕 B- Guide). 4 〔濠〕 포도빵. 5 =brown-nose. 6 〔속어〕 마리화나가 든 초콜릿 과자. 7 =brown trout. 8 (B-) 〔상표〕 브라우니(Eastman Kodak사의 간단한 상자형 카메라). 9 〔속어〕 항문 성교자. 10 〔英속어〕 위.
Brównie Gúide ⓝ =brownie 3. 〔스키, 브랜디.
Brównie póint ⓝ 〔구어〕 (올바른 행동 따위로 얻는) 평가, 신용; (아첨하여 얻은) 평점, 점수.
brown·ing [bráuniŋ] ⓝ ⓤ 1 갈색으로 하기. 2 〔석공〕 마무리 전의 갈색 밑칠. 3 〔요리〕 갈색 착색료.
Brown·ing [bráuniŋ] ⓝ 브라우닝. 1 John Moses ~ (1885-1926: 미국의 무기 설계자). 2 Robert ~ (1812-89: 영국의 시인). 3 = ~ automatic rifle; = ~ machine gun.
Brówning (automátic rífle) ⓝ 브라우닝 자동 소총(⌐ BAR). 〔<J. M. Browning의 이름〕
Brówning machine gùn ⓝ 브라우닝 자동 기관총.
brown·ish [bráuniʃ] ⓐ 갈색을 띤.
Brown·ism [bráunizm] ⓝ 브라운주의(영국의 청교도 Robert Browne(1550?-1633)이 주창한 교회 조합주의). -**ist** ⓝ
brówn jób ⓝ 〔英속어〕 군인, 병사; (the ~) 육군.
brówn lúng (diséase) ⓝ 〔병리〕 면사폐(綿絲肺) (면공장의 종업원에게 일어나는 진폐증).
brown-nose [ˋ-nòuz] ⓝ 〔속어〕 ⓐ (남에게) 알랑거리다, 아첨 떨다. — ⓝ (또는 **brówn-nòser**) 아첨쟁이, 알랑쇠. 〔부분적 정전(소등), 등화 관제.
brown·out [bráunàut] ⓝ (절전을 위한) 전압 저하;
brówn páper ⓝ 갈색 포장지.
brówn pówder ⓝ 갈색 화약(총포용).
Brówn Pówer ⓝ 멕시코계 미국인의 정치 운동. 卿
brówn rát ⓝ 시궁쥐(Norway rat). 〔Brown Berets
brówn ríce ⓝ 현미(unpolished rice).
brown-shirt [bráunʃə̀ːrt] ⓝ 〔종종 B-〕 1 (Hitler 치하에의) 나치스 돌격대원. 2 독일 나치스 당원; (일반적으로) 파시스트. 卿 Black Shirt
brówn sóils ⓝ 갈색토(온대 초원의 황갈색 흙).
brown-state [ˋ-stèit] ⓐ (리넨 따위가) 물들지 않은.
brown-stone [bráunstòun] ⓝ 1 ⓤ 갈색 사암(砂岩)(건축 자재). 2 ⓒ (또는 ˋ-frónt) 갈색 사암을 정면에 붙인 집(부유층 저택). 卿 상류[부유] 계급의.
brówn stúdy ⓝ 깊은 생각, 묵상.
be (lost) in a brown study 깊은 생각에 잠겨 있다.
brówn stúff ⓝ 〔속어〕 아편.
brówn súgar ⓝ 황설탕; 〔美속어〕 (동남아산(産)) 저급 헤로인.
Brówn Swíss ⓝ 브라운 스위스(스위스산(産)) 갈색 젖소.
brówn-tail (móth) [-tèil-] ⓝ 〔곤충〕 독나방과 (科)의 흰나방의 일종. 〔적갈색 명금(鳴禽).
brówn thrásher [thrúsh] ⓝ 〔미국 동부산의
brówn thúmb ⓝ 〔美〕 식물 재배(원)에 재능이 없음[없는 사람]. 卿 green thumb
brówn tróut ⓝ 〔어류〕 민물송어(북유럽산(産)).
brown·ware [bráunwɛ̀ər] ⓝ ⓤ 갈색 도기(陶器).
brown·y [bráuni] ⓐ =brownish.
brows·a·ble [bráuzəbl] ⓐ (책을) 아무거나 골라 읽을 수 있는; (상점 따위가) 이것저것 뒤져볼 수 있는.
ˋ-**bíl·i·ty** ⓝ 〔컴퓨터〕 일람(一覽) 가능성.
***browse** [brauz] ⓥ 1 (새싹·풀 따위를) 먹다. ¶ (~ +ⓞ+⌐) ~ *leaves away* [or *off*] 나뭇잎을 먹다. 2 (소·사슴 따위에게) (풀을) 마음대로 먹게 하다 (*on*). 3 ~을 마음내키는 대로 읽다 〔책장·서점〕을 이리저리 뒤지다. 4 〔컴퓨터〕 〔월드 와이드 웹 (WWW) 등의 정보〕을 일람하다, 검색하다. — ⓐ 1 (소·사슴 따위가) (새싹 따위를) 먹다 (*on*). 2 아무데나 마음내키는 대로 읽다 (*among, through, in*). ¶~ *in*

the pages of a book 책을 여기저기 아무데나 읽다.
***browse** one's **way** 마음내키는 대로 읽어 나가다.
— 卧 **1** ⓒⓘ (소 따위가 먹는) 어린 잎, 새싹, 어린 가지; 어린 잎 따위를 먹기. **2** (a ~) 아무데나 여기저기 읽기[읽는 기간]. **3** 〖컴퓨터〗 〔데이터의〕 열람, 검색.
be at browse 어린잎을 먹고 있다.

brows·er [bráuzər] 卧 **1** 어린 잎을 먹는 소(사슴). **2** 책을 마음내키는 대로 읽는 사람; 책은 사지 않고 뒤져 보기만 하는 사람; 잡학가. **3** 〖컴퓨터〗 브라우저(인터넷의 월드 와이드 웹(WWW) 검색[열람] 프로그램; Mosaic, Netscape Navigator 따위). 〔*forward*〕

BRS *British Road Services*. **brt. for.** *brought*

Bruce [bruːs] 卧 *Robert* (*the*) ~ 브루스(1274-1329; 스코틀랜드 국왕).

bru·cel·lo·sis [brùːsəlóusis] 卧ⓤ 〔병리〕 브루셀라 병(undulant fever)(Brucella 균에 의한 전염병).

Brúce's spíder 卧 브루스 왕의 거미, 성공할 가망이 없는 데도 노력하는 것(Bruce 왕이 잉글랜드군에 쫓기던 중 거미가 여섯 차례나 실패 끝에 집짓기에 성공하는 것을 보고 재기에 성공했다는 고사에서).

Bruch [bruk/*G* brux] 卧 *Max* ~ 브루흐(1838-1920; 독일의 작곡가·지휘자). 〔알칼로이드〕.

bru·cine [brúːsiːn, -sin] 卧ⓤ 〔의학〕 브루신(독성).

Brü·cke, Die [diː brúːkə/*G* diː brýkə] 卧 디 브뤼케, 「다리」파(派)(20세기 초의 독일 표현주의 화가 그룹).

Bruck·ner [brúknər] 卧 *Anton* ~ 브루크너(1824-96; 오스트리아의 작곡가).

Bruhn [bruːn] 卧 *Erik* ~ 브룬(1928-86; 덴마크의).

bru·in [brúːin] 卧 (때로 B-) (갈색) 곰(bear); 곰 아저씨(* 동화 등에서 쓰임).

***bruise** [bruːz] 卧 (**bruis·es** [-iz]; ~**d; bruis·ing**) 卧 **1** …에게 타박상을 입히다; 〔과일 따위〕를 상하게 하다; 〔목재·금속〕을 오그라뜨리다. **2** 〔감정 따위〕를 상하게 하다. ¶ *My* words ~*d* his feelings. 내 말에 그는 기분이 상했다. **3** 〔약품·식품〕을 부수다, 찧그러뜨리다.
— ⓘ (보통 easily 따위와 함께 쓰여) 멍들다, 상처나다; (감정이) 상하다. ¶ *His* feelings ~ *easily*. 그의 감정은 상하기 쉽다.
— 卧 (卧 *bruis·es* [-iz]) 타박상, 멍; 〔과일·야채 따위의〕 흠, 상처; 〔마음의〕 상처, 고통.

bruised 卧 상처를 입은; (美俗) 술취한.

bruis·er [brúːzər] 卧 (보통 big ~) **1** 프로 권투 선수, 복서. **2** 〔구어〕 건장한 남자, 난폭자, 난폭한 기수(騎手). 「한.

bruis·ing [brúːziŋ] 卧 〔구어〕 힘을 소모하는, 치열

bruit [bruːt] 卧ⓥ (수동형으로) …을 퍼뜨리다, 소문내다(*about, abroad*). ¶ *The* report was ~*ed about*. 소문이 퍼졌다. — 卧 **1** 〔고어〕 풍문, 소문; 소음(noise). **2** 〔의학〕 청진기로 들을수 있는 이상음.

bru·mal [brúːməl] 卧 겨울의〔같은〕.

brum·by [brámbi] 卧 (濠) 사나운 말, 야생마; 무법자.

brume [bruːm] 卧ⓤⓒ 〔시〕 안개(mist, fog). 〈*F*〉

brum·ma·gem [brámədʒəm] 卧 겉만 번지르르한, 싸구려의, 가짜의. — 卧 싸구려, 가짜, (보석류의) 모조품. 〔< 영국 Birmingham의 사투리〕

Brum·mie [brámi] 卧 〔英구어〕 버밍엄(Birmingham) 출신자. **2** 卧 버밍엄의〔으로부터의〕. **2** = brummagem. (또는 **Brummy**)

bru·mous [brúːməs] 卧 안개가 자욱한(foggy).

brunch [brʌntʃ] 卧 〔구어〕 (점심을 겸한) 늦은 아침식사, (아침을 겸한) 이른 점심 식사, 브런치. — 卧ⓥ 브런치를 먹다. ~·**er** 〔<*breakfast*+*lunch*〕

brúnch cóat 卧 짧은 여성 실내복. = housecoat

Bru·nei [brunái, -néi/brúːnai] 卧 브루나이(보르네오 섬 서북 해안의 토후국; 수도 Bandar Seri Begawan).

bru·net [bruːnét] 卧 (여 brunette) (머리카락·눈·피부 따위가) 갈색의, 거무스름한. ¶ ~ hair 검은 머리.

— 卧 브루넷의 남자. 〈對〉 blond, blonde

bru·nette [bruːnét] 卧〔여〕 brunet의 여성형.

Bru·no [brúːnou] 卧 브루노. **1** *Giordano* ~ (1548?-1600; 이탈리아의 철학자; 반교회적인 범신론을 주장). **2** *Saint* ~ (1030?-1101; 독일의 성직자; 카르투지오 수도회(Carthusian order) 창시자).

Bruns·wick [bránzwik] 卧 브런즈윅. **1** 독일의 옛 주(현재는 Lower Saxony 주의 일부). **2 1**의 주도였던 Lower Saxony 주 동부의 도시.

Brúnswick bláck 卧 흑색 니스의 일종.

Brúnswick stéw 卧 브런즈윅 스튜(다람쥐·토끼 고기와 양파 따위 야채를 넣은 스튜).

brunt [brʌnt] 卧 (공격의) 주력, 예봉; 〔폐어〕 날카로운 공격, 맹공(assault). 「면〔집중적〕으로 받다.
bear 〔or ***carry*** 〕 ***the brunt of*** …의 공격〔비난〕을 정

‡**brush**[1] [brʌʃ] 卧 (卧 ~·**es** [-iz]) **1** 브러시, 솔; 솔질. ¶ a floor ~ 마루 청소용 브러시 / a wire ~ 와이어 브러시 / *He* gave his coat a good ~. 그는 상의를 잘 솔질했다. **2** 화필, 모필; (a ~) 화필〔모필〕을 쓰는 것; (the ~) 화법, 화풍; (the ~) 〔집합적〕 화가. ¶ a writing ~ 붓 / the ~ of Matisse 마티스의 화풍 / a brother of the ~ (동업의) 화가 / a picture from the same ~ 같은 화가의 그림. **3** 솔 모양의 것, (여우 따위의) 털이 많은 꼬리. **4** 스치기, 살짝 닿기; 가벼운 접촉; 가벼운 충돌, 소규모 접전. ¶ a ~ *with* the enemy 적과의 작은 충돌 / have a ~ *with* …와 소규모 전투를 하다 / get a ~ *from* the wheel 차바퀴에 스치다. **5** 〔美방언〕 (말의) 질주(dashing ride). **6** 〔전기〕 브러시, 브러시 방전. **7** 〔광학〕 광망(光芒)(약하고 흐릿한 광선의 모임). **8** 긁힌 상처, 가벼운 상처. **9** (the ~) 〔美속어〕 매정한 거절, 퇴짜(~-off). **10** 수염 (여성의) 음모. **11** (濠속어) 아가씨, 처녀; (the ~) 〔집합적〕 여자.

after the first brush 첫 만남 뒤에.
(as) daft as a brush 〔구어〕 아주 어리석어.
at a brush 단번에, 일거에.
at the first brush 최초의 작은 전투에서; 최초에.
be tarred with the same brush 똑같은 결점을 가지다, 같은 무리이다.
get the brush (친구·동료 등에게) 거절당하다, 따돌림받다. (애인에게) 채이다.
give…another brush …을 공들여 마무리하다.
give a person the brush 남을 매정하게 거절하다, 무시하다, 퇴짜놓다.

— ⓥ (~·es [-iz]; ~ed [-t]) 卧 **1** …에 솔질하다, …을 닦다. ¶ ~ one's hair 머리를 빗다 // (~ +卧 +團) ~ one's teeth clean 이를 깨끗이 닦다. **2** …을 솔로 털다, 털어내다(*aside, away, off*) (*from*). ¶ (~ +卧 +前 +名) B~ the dust *from* your shoes. 신발의 먼지를 털어라. **3** 〔페인트 따위〕를 솔로 칠하다. **4** …을 스치다 스치어 지나다, 살짝 닿다(*past*). ¶ *My* left hand ~*ed* the wall and found the switch. 왼손으로 벽을 더듬어 보니 스위치가 있었다. **5** (속어) (여자)와 성교하다. **6** 〔美북부〕 〔나무 밑〕의 잡초를 쳐서 길을 내다. — ⓘ **1** 이를 닦다. ¶ B~ after meal. 식후에는 이를 닦아라. **2** 머리를 빗다. **3** (먼지 따위)를 (솔질로) 떨어지게 하다(*off*). **4** 스치다, 스치고 지나가다(*against, past, by*). **5** (문제 따위)를 가볍게 언급하다, 잠깐 화제로 삼다 (*over*). **6** (말이) 질주하다. **7** 〔美속어〕 싸우다, 해치우다.

brush against …에 살짝 닿다, 스치다; 〔문제 따위〕에 부딪치다.
brush aside [or ***away***] ① …을 털어내다〔버리다〕; 취급하지 않다. ② 〔곤란·반대〕를 무시하다; 해고하다.
brush back 〔야구〕 빈볼성 투구로 (타자가) 타석에서 피하게 하다, (타자) 몸쪽 가까이에 투구하다.
brush down ① (솔·손 따위로) 먼지를 털어내다. ② 〔구어〕 (아이 등)을 야단치다 (*for*).
brush off ① …을 털어버리다, 치우다. ② …을 무시하다; 해고하다. ③ 〔구어〕 …와의 관계를 끊다, …을

외면하다. ⇨BRUSH-OFF.
brush on [그림물감·페인트 따위]를 칠하다.
brush one's way 힘[기운]을 내어 나아가다(force).
brush over …에 살짝 칠하다 (with); …을 가볍게 다루다.
brush round (美구어) 활동하다.
brush through [or ***by, past***] *a person* 남의 곁을 스쳐 지나가다.
brush...to one side …을 일축하다, 무시하다.
brush up (구어) ① …을 솔질하다, 깨끗하게 닦다. ② …의 공부를 다시 하다, …의 기억을 새로이 하다. ¶I must ~ *up* my English. 영어를 다시 해야겠다.
brush upon =*brush up* ②.
∠·a·ble 웹 ∠·er 뎽 ∠·like 웹
brush² 뎽 1 ◯ (꺾은) 잔나뭇가지, 결가지, 땔나무. 2 덤불, 잔나무숲. 3 (또는 brúshlànd) 관목이 우거진 땅[지역]. 4 (the ~) (美) 미개척지(backwoods).
brush·back [brʌ́ʃbæ̀k] 뎽 (야구) 빈볼(투수가 타자의 기를 꺾기 위해 고의로 타자를 겨눠 던지는 공).
brúsh bòrder 뎽 (해부) 브러시 보더(표피 조직 표면으로부터 조밀하게 줄지어 나 있는 미소 융털).
brúsh bùrn 뎽 찰과상, 생채기.
brúsh cùt 뎽 브러시 컷(남자의 이발 방식의 하나).
brúsh dìscharge 뎽 (전기) 브러시 방전.
brushed [brʌʃt] 웹 brush의 과거·과거분사.
—뎽 (천 따위가) 보풀이 인.
brúsh fìre 뎽 덤불 숲의 화재; 소규모 전투.
brush-fire [brʌ́ʃfàiər] 웹 소규모의, 국지적인. ¶~ *wars* 국지전. (또는 **brúsh-fìre**)
brúsh hòok 뎽 덤불 베는 낫(bush hook).
brush·ing 뎽 솔질하기; 기세 좋은; 재빠른, 스치는. —ⓤ 솔질; (~s) 쓸어 모은 것.
brush·land [brʌ́ʃlænd] 뎽 =brush² 3.
brush·less¹ [brʌ́ʃlis] 웹 (칠하는 데) 브러시가 필요 없는. ~·ness 뎽
brush·less² 덤불이 없는, 잡목을 쳐낸. ~·ness 뎽
brush-off [-ɔ́:f/-ɔ́f] 뎽 (the ~) (구어) 매정한 거절; 해고.
give [***get***] ***the brush-off*** 딱 잘라 거절하다[당하다].
brush-pen [-pèn] 뎽 화필.
brush-pen·cil [-pènsəl] 뎽 화필, 붓. 「필치.
brush·stroke [brʌ́ʃstròuk] 뎽 솔질, 붓놀림, 필력.
brush·up [-ʌ̀p] 뎽 1 깨끗이 솔질하기 [닦기], 수리, 손질; 화장을 다듬기, 몸치장. 2 다시 하기, 복습.
have a wash and brushup (英) 몸치장을 하다, 때빼고 광내다.
brúsh whèel 뎽 (기계) (청소용) 브러시 바퀴.
brush·wood [brʌ́ʃwùd] 뎽ⓤ (꺾은) 잔나뭇가지, 결가지; 잔나무[관목]숲, 덤불(thicket).
brush·work [brʌ́ʃwə̀ːrk] 뎽 회화, 그림; 화법, 화풍. ¶Renoir's ~ 르누아르의 화법.
brush·y¹ [brʌ́ʃi] 웹 브러시[솔 모양] 같은; 털이 많은, 덥수룩한.
brush·y² 뎽 관목[덤불]이 무성한. **brúsh·i·ness** 뎽
brusque [brʌsk/brusk, bruːsk] 웹 (동작·말이) 무뚝뚝한, 퉁명스러운. ⇨BLUNT 유의어 (또는 **brusk**)
∠·ly 뮈 ∠·ness 뎽 「정함.
brus·que·rie [brʌ̀skəri/brúːs-] 뎽ⓤ 무뚝뚝함, 매
*Brus·sels [brʌ́səlz] 뎽 1 브뤼셀(벨기에의 수도; NATO, EU 본부가 있다). 2 (종종 b-) (英구어) =~ sprouts.
Brússels cárpet 뎽 브뤼셀 (모직) 융단[카펫].
Brússels láce 뎽 브뤼셀 레이스(털실로 짠 고급 레이스). 「sprouts).
Brússels spróuts 뎽(복) (싹이 긴) 양배추(구어) =~
brut [bruːt] 웹 (샴페인이) 쌉쌀한, 단맛이 없는.
*brutal [brúːtl] 웹 (more ~; most ~) 1 야만적인, 짐승 같은; (감은) 자비, 무자비한, 인정머리 없는 (inhuman). ⇨CRUEL 유의어 2 거친(crude, coarse). ¶~ language 거친 말. 3 (기후·비평 따위가) 혹독한.

¶a ~ storm 지독한 폭풍우. 4 (사실 따위가) 냉엄[냉혹]한. ¶a ~ fact 엄연한 사실. 5 (美속어) 대단한, 굉장한; 유별난, 뛰어난.
bru·tal·ism [brúːtəlìzm] 뎽 1 =brutality. 2 ⓤ (건축) 브루탈리즘, 야성주의. **-ist** 뎽웹 야성주의자(의).
bru·tal·i·ty [bruːtǽləti] 뎽 잔인성, 수성(獸性), 무도함; ◯ 만행, 무도한 행위(cruel act).
bru·tal·ize [brúːtəlàiz] 뎽(타) …을 짐승처럼 만들다, 짐승처럼 되게 하다; …을 짐승같이 다루다; …에게 잔인한 짓을 하다. —(자) 잔인하게 굴다, 짐승같이 되다; 야만적이 되다. **-i·zá·tion** 「럼; 잔인하게.
*bru·tal·ly [brúːtəli] 뮈 야만스럽게, 난폭하게, 짐승처
‡**brute** [bruːt] 뎽 1 짐승, 축생. ⇨ANIMAL 유의어 2 짐승 같은(냉혹한) 사람, 비인간; (구어) 지독한 놈. ¶a ~ of a husband 냉혹한 남편. 3 (the ~) (인간의) 수성(獸性), 수욕(獸慾)(lust). 4 (구어) 힘든 일. 5 (美속어) *What a brute!* 지독한 놈이군! 「어) 코카인.
—웹 1 짐승(축생)의, 동물의. 2 감정이 없는; 이성이 없는. 3 짐승 같은, 야수성의. 4 야만적인, 잔인한. ¶~ *courage* 만용 /~ *force* 폭력. 5 관능적인, 육욕적인. 6 가감하지 않은, 적나라한. ¶a ~ *fact* 공공연한 사실.
by [or ***with***] ***brute force*** [or ***strength***] 폭력으로, 완력으로.
∠·like 웹 ∠·ly 뮈 ∠·ness 뎽
brúte-force tèchnique 뎽 (컴퓨터) 억지 기법 (컴퓨터의 힘을 빌려 문제를 억지로 푸는 기법).
bru·ti·fy [brúːtəfài] 뎽 =brutalize. **-fi·cá·tion**
brut·ish [brúːtiʃ] 웹 (경멸적) 1 야만적인, 짐승 같은 (brutal). 2 거친. 3 육욕(관능)적인. 4 이치에 안 맞는, 불합리한. 5 짐승 같은: 동물적인. ~·ly 뮈 ~·ness 뎽
Bru·tus [brúːtəs] 뎽 *Marcus Junius* ~ 브루투스 (85?–42 B.C.; 로마의 정치가; Caesar 암살자).
Bryn·hild [brínhild] 뎽 (북유럽 신화) 브린힐트(지구르트(Sigurd)가 구나르(Gunnar) 왕을 위해 아내로 바친 발키리; 후에 지구르트를 모사하다. ⇨VALKYRIE).
bry·ol·o·gy [braiɑ́lədʒi/-ɔ́l-] 뎽ⓤ 선태학(蘚苔學)
bry·o·ny [bráiəni] 뎽 브리오니아(유럽산(産) 박과(科)의 덩굴 식물): (-nies) 큰 뿌리(토제(吐劑)·하제).
bry·o·phyte [bráiəfàit] 뎽 (식물) 이끼 식물, 선태류. **bry·phýt·ic** 웹 「(류의).
bry·o·zo·an [bràiəzóuən] 뎽 (동물) 이끼벌레
Bryth·on [bríθən] 뎽 1 브리턴인(語)를 쓰는 켈트계(系)의 사람. 2 =Briton.
Bryth·on·ic [briθɑ́nik/-θɔ́n-] 웹 브리턴어의; 브리턴 사람의. —뎽 브리턴어.

b/s *bags*; *bales*, **B.S.**, **B/S** (상업) *balance sheet*; *bill of sale*(매도 증서). **b.s.** (美속어) *bullshit*. **B.S.** *Bachelor of Science*[*Surgery*]; *British Standard*(영국 공업 규격). **B.S.A.** *Bachelor of Science in Agriculture*(농학사); *Boy Scouts of America*(미국 보이 스카우트단). **B.S.A.A.** *Bachelor of Science in Applied Arts*. **BSAM** (컴퓨터) *basic sequential access method*(기본 순차 입출력 방식).
BSC (컴퓨터) *binary synchronous communications*. **B.Sc.** *Bachelor of Science*.
B schòol 뎽 =business school. (또는 **B-schòol**)
BSE *bovine spongiform encephalopathy*(광우(狂牛)병. **B.S.E.**, **B.S.Ed.** *Bachelor of Science in Education*(교육학사). **B.S.Ec.**, **B.S.Econ.** *Bachelor of Science in Economics*.
B-set·ting [bíːsètiŋ] 뎽 (사진) 비 세팅(셔터 제어 장치가 해제될 때까지 셔터가 열린 채 있는 설정).
B.S.F.S. *Bachelor of Science in Foreign Service*(외교학사). **B.S.G.D.G., b.s.g.d.g.** (프랑스) (상업) *Breveté sans garantie du gouvernement*(= *Patented without government guarantee*)(가특허).
bsh. *bushel*(s). **BSI** (경제) *business survey index*(기업 경기 실사지수). **B.S.I.** *British Standards Institution*(영국 표준 규격 협회).

B-side [bíːsàid] 圀 (음반의) B 면.
bskt. basket. **Bs/L** bills of lading. **B.S.L.** Bachelor of Sacred Literature(성전聖典 문학사); Bachelor of Science in Law [Linguistics]; Botanical Society of London(런던 식물 학회).
bsmt basement. **BSO** blue stellar object(청남 항성상 천체). **BST, B.S.T.** Bering standard time; 〔생화학〕 bovine somatotropin(⇒ BOVINE GROWTH HORMONE); British Summer Time(영국 서머 타임).
B supply 圀 〔전자〕 B 전원(진공관의 양극에 양전압을 보내는 전원).
BT British Telecommunications [Telecom]. **bt.** boat; bolt; bought. **Bt., BT.** baronet. **B.T., b.t.** (美구어) bacon and tomato sandwich. **B.T., B.Th.** Bachelor of Theology(신학사).
B-test [bíːtèst] 圀 음주 측정.
[<breath [breathalyzer] test]
bth. bathroom. **btry.** battery. **B.T.U., B.t.u.** 〔물리〕 British thermal unit(영국 열량 단위). **BTW** by the way.
B2B [bíːtùːbíː] 圀圐 기업 간 전자 상거래(의).¶ ~ commerce [or business] 기업 간 전자 상거래. (또는 **b2b, b-to-b**) [<business to business]
B2C [bíːtùːsíː] 圀圐 기업대 소비자 간 전자 상거래(의). (또는 **b2c, b-to-c**) [<business to consumer]
bu. bureau; bushel(s).
bub [bʌb] 圀 (美속어) **1** (부르는 말로) 형, 동생; 소년, 어린이, 꼬마. **2** (~s) (여성의) 유방(bubbies).
bu·bal [búːbəl] 圀 사슴영양(북아프리카산의 (産)) 큰 영양의 일종). (또는 **bubalis**)
bu·ba·line [bjúːbəlàin, -lin] 圀 사슴영양 비슷한; 물소(buffalo)의[비슷한].
bub·ba [bʌ́bə] 圀 (종종 B-) (美속어) 형제(* 부르는 말로도 쓰인다); 가까운 친구; 남부 (출신) 촌뜨기.
bub·bie [bʌ́bi] 圀 (美속어) = bub 2.
‡**bub·ble** [bʌ́bl] 圀 (~**s** [-z]) **1** (보통 ~s) 거품, 포말; (얼음·유리면 따위의) 기포(氣泡); 비누 방울. ⇨ FOAM 〖유의어〗¶ soap ~ 비누 방울/vanish like a ~ 거품처럼 사라지다/Man is a ~. (속담) 인생은 거품과 같다. **2** 물거품 같은 계획·공론; 사기, 협잡. **3** 거품 사업, 거품 투기. **4** (병 따위의) 일기, 부글부글 끓기[끓는 소리]. **5** 거품[공] 모양의 것; 둥근 지붕〔천장〕 (dome); = balloon 5; (英) = ~ car; 둥근 머리 스타일. **6** 특별한 (관심·흥미도 없는) 안전한 소수. **7** 방위(순시, 감시) 구역. **8** (시류로부터의) 돌연한 작은 변화; 〔증권〕 이상(異常) 급등가[기간]. 「일삼다.
blow bubbles ① 비누 방울을 불다. ② 공리 공론을
burst a person's bubble [or the bubble of a person] 남의 희망을 깨다, 남을 실망시키다.
prick the bubble ① 비누 방울을 튀겨 터뜨리다; 거품을 걷어내다. ② 정체를 폭로하다.
— 圑 (~**s** [-z]; ~**d**; **-bling**) 囿 **1** 거품이 일다(out, up); 거품을 걷어내다; 끓다, 비등하다. **2** 부글부글하다 (away, up); (샘 따위가) 솟다(over); (시내가) 졸졸 흐르다(gurgle)(along). **3** (여자·어린애가 흥분 따위로) 끓어오르다(over) (with); (물건 따위가) …로 넘치다 (with). — 囝 **1** …을 거품이 일게 하다. **2** (고어) …을 속이다. 「[…을 빼앗다].
bubble a person into [out of] 남을 속여 …시키다
bubble out (땅에서) 부글부글 넘쳐 나오다.
bubble over 거품이 일어 넘치다; (비유적) 흥분·열광을 억제하지 못하다. 「(일다; 번영하다.
bubble up (샘물이) 콸콸 솟다; 끓어오르다, 거품이
— 圐 (생각·계획 따위가) 거품 같은, 비현실적인, 믿을 것이 못 되는.¶ a ~ scheme 헛된 계획.
~**·less,** ~**·like** 圐
búbble and squéak (英) 쇠고기·야채 튀김.

búbble bàth (목욕용) 향료가 섞인 발포 용제(發泡溶劑); (이 용제를 넣은) 거품 욕조.
búbble cànopy 圀 〔항공〕 조종석의 유선형 바람막이[덮개]. 「자동차.
búbble càr 圀 (英구어) (투명한 덮개가 있는) 소형
búbble chàmber 圀 〔물리〕 거품 상자(방사선 궤적 (軌跡)을 측정하는 원자핵 실험 장치).
búb·ble-chas·er [-tʃèisər] 圀 (美軍속어) 폭격기.
búbble còmpany 圀 유령 회사.
búbble dànce 圀 (스트립 댄서의) 풍선춤.
búbble ecónomy 圀 거품 경제[경기].
búb·ble-gum [bʌ́blɡʌ̀m] 圀 **1** 풍선껌.¶ burst a bubble of ~ 풍선껌을 불어서 터뜨리다. **2** (또는 **búbble-gum músic**) 버블껌 음악(십대 취향의 가벼운 로큰롤). **búb·ble-gùm**(**·my**) 圐
búb·ble-gum·mer [bʌ́blɡʌ̀mər] 圀 (美속어) (십대 전반의) 어린이; 버블껌 음악 연주자.
búb·ble-head [bʌ́blhèd] 圀 (美속어) 바보, 멍청이; 샴페인을 많이 마시는 사람. ~**ed** 圐
búb·ble-jet prìnter [bʌ́bldʒèt-] 圀 〔컴퓨터〕 버블젯 프린터(ink-jet printer의 한 방식).
búbble mèmory 圀 〔컴퓨터〕 자기 기포(氣泡) 기억 장치(정보 비트의 기억에 이용되는 원형 자구(磁區)).
búbble páck 圀 투명 플라스틱 포장.   「원.
búbble quéen 圀 (美속어) (세탁소의) 여자 종업
búb·bler [bʌ́blər] 圀 **1** (음료용 수도의) 분수식 꼭지. **2** 〔화학〕 버블러(액체 속을 기포로서 기체를 통과시키는 장치).
búbble tèst 圀 (음주량을 측정하는) 풍선 테스트.
búb·ble-top [bʌ́bltɑ̀p/-tɔ̀p] 圀 **1** 버블톱(자동차 덮개 따위의 투명한 돔). **2** 버블톱이 달린 탈것. **3** 투명 비닐 우산[양산]. — 圐 버블톱이 달린.
búbble umbrélla 圀 = bubbletop 3.
búbble wàter 圀 (속어) 발포주(發泡酒), 샴페인.
búbble wràp 圀 발포(發泡) 비닐 시트(부서지기 쉬운 물건의 포장에 사용한다).
bub·bling [bʌ́bliŋ] 圐 졸졸 흐르는; 부글부글 거품이 이는.¶ a ~ brook 졸졸 흐르는 시내. ~**·ly** 凡
bub·bly [bʌ́bli] 圐 거품이 많은, 잔뜩 거품이 인.¶ ~ water 샴페인. — 圀 (종종 the ~) (英속어) 샴페인.
búb·bly-jock [-dʒɑ̀k/-dʒɔ̀k] 圀 〔스코〕 숫칠면조.
bub·by [bʌ́bi] 圀 圐 = bub; (속어) 유방, 젖퉁이.
Bu·ber [búːbər] 圀 **Martin** ~ 부버(1878-1965: 오스트리아 태생의 유태인 철학자·신학자).
bu·bo [bjúːbou/búː-] 圀 (~**es**) 〔병리〕 가래톳, 서혜샘종(鼠蹊腺腫). ~**ed** 圐 「의, 서혜샘종의.
bu·bon·ic [bjuːbɑ́nik/bjuːbɔ́n-] 圐 〔병리〕 가래톳
bubónic plágue 〔병리〕 선(腺)페스트.
bu·bon·o·cele [bjuːbɑ́nəsìːl/bjuːbɔ́n-] 圀 〔병리〕 서혜 헤르니아[탈장].
bu·bu [búːbuː] 圀 = bou-bou.
búc·cal [bʌ́kəl] 圀 〔해부〕 볼의; 입의.¶ the ~ cavity 구강(口腔). ~**·ly** 凡
buc·ca·neer [bʌ̀kəníər] 圀 **1** 해적; 바다의 무법자 (17-18세기경 카리브 해(the Caribbean Sea)의 해적들). **2** 투기꾼; 정상배, 악덕 상인. — 圐囿 해적질하다. ~**·ing** 圀ⓤ 해적질 행위, 약탈; ~**·ish** 圐 해적의.
buc·ci·na·tor [bʌ́ksənèitər] 圀 〔해부〕 협근(頰筋)(볼의 근육). **-to·ry** 圐
bu·cen·taur [bjuːsɛ́ntɔːr] 圀 〔역사〕 베니스 총독의 공식 어용선(御用船)(state barge).
Bu·ceph·a·lus [bjuːséfələs] 圀 부세팔루스(Alexander 대왕의 애마); (b-) 〔고어·익살〕 사나운 말; 승용마.
Bu·chan·an [bjuːkǽnən] 圀 뷰캐넌. **1 James** ~ (1791-1868: 미국의 제 15 대 대통령(1857-61)). **2 James McGill** ~ (1919- : 미국의 경제학자; 노벨 경제학상 수상(1986)).

Bu·cha·rest [bjú:kərèst/ˊ--ˊ] [명] 부쿠레슈티(루마니아의 수도: 루마니아 명 București).
Bu·chen·wald [bú:kənwɔ̀:ld/*G* bú:xənvalt] [명] 부헨발트(독일 Weimar 부근의 마을; 나치의 강제 수용소가 있었다(1934–45)).
Buch·man·ism [búkmənìzəm, bʌ́k-] [명] 부크맨주의(미국의 Frank Buchman(1878–1961)이 일으킨 종교 운동; 영국의 Oxford Group 운동, 미국의 Moral Rearmament Movement로 발전). 「의자.
Buch·man·ite [búkmənàit, bʌ́k-] [명] 부크맨주
Büch·ner [*G* bý:çnɐ] [명] **George** ~ 뷔히너 (1813–37: 독일의 극작가; 표현주의의 선구).
***buck**[1] [bʌk] [명] ([복] ~(*s*)) **1** 수사슴; (순록·영양·토끼·양·염소 따위의) 수컷; (청어 따위의) 수컷. **2** 멋쟁이 (남자). ¶Old ~! 여보게!, 이 사람아!(친근한 호칭). **3** 《美구어》 흑인[북미 인디언] 남자. **4** 《美속어》 (위세 당당한) 젊은이, 청년. **5** 《美속어》 달러(dollar).
(as) hearty as a buck 매우 원기 왕성한.
in the bucks 《美속어》 돈을 가지고. 「가 되다.
make a fast [or ***quick***] ***buck*** (부정으로) 벼락 부자
— [형] **1** 수컷의; 《美속어》 사내의. ¶~ Indians 인디언 남자/a ~ nigger 흑인 남자. **2** 《美軍속어》 최하위의.
buck[2] [동][자] **1** (말이나 나귀가 등짐을 떨어뜨리려고) 뛰어오르다, 날뛰다. **2** 《美구어》 완강하게 반항하다, 결사반대하다(*at, against*). ¶(~+[前]+[名]) ~ *against* fate 운명에 거스르다/~ *at*[or *against*] a reform 개혁에 강경하게 반대하다. **3** 《美구어》 (차가 덜컹 하며) 갑자기 움직이다. **4** 《英》 자랑하다, 뽐내다, 허풍 떨다(*about*). **5** 《美》 (파로(faro) 따위의) 도박을 하다(*at, against*). — [타] **1** (말이) (사람이나 짐)을 날뛰어 떨어뜨리다, 흔들어 떨어뜨리려고 하다(*off*). ¶(~+[目]+[副]) The legislature *~ed off* every reform proposal. 입법부는 개정안을 모두 다 물리쳐버렸다. **2** …을 머리[뿔]로 받다. **3** 《美구어》 …에 강경히 반항[반대]하다. **4** (눈·얼음 따위)를 헤치고 나아가다[길을 내다]. **5** (미식축구) (적진)에 공을 가지고 돌입하다. ¶~ center (상대방의) 센터에게 달려들다. **6** (도박)을 하다, (도박에서) …을 걸다. ¶~ the tiger 도박(faro)을 하다. **7** 《구어》 (문제 따위)를 피하다. 「를 쓰다.
buck for 《美軍속어》 (승진·이익 따위)를 얻으려고 기
buck into 《美》 (연구)에 무턱대고 뛰어들다; (남)과 충돌하다, …와 우연히 마주치다(run into).
buck up ① 《美구어》 기운이 나다, 열심히 일하다; …을 기운내게 하다; 《명령형으로》 힘내!(cheer up). ② …을 성장(盛裝)시키다. ③ …을 재촉하다; 《英구어》 《명령형으로》 서두르다. 「주려고 노력하다.
***buck up to** a girl* 《美구어》 (여성)에게 좋은 인상을
— [명] **1** (말이) 갑자기 등을 구부리고 날뛰는 것, 도약; 반항. **2** (럭비·미식축구) 볼을 들고 상대 진영에 돌입하는 것, 돌입. **3** 자랑, 허풍. 「도하다].
give it a buck; have a buck at it 《濠》 해보다[시
buck[3] [명] 톱질 모탕(sawhorse); (체조) 뜀틀; (나무·금속제) 문틀; 《英》 뱀장어 잡는 소쿠리[통발].
— [동][타] 톱으로 자르다, 톱질하다.
buck[4] [명] **1** (카드놀이) (포커에서) 다음 선이 될 사람 앞에 갖다 놓는 표시. **2** (the ~) 《속어》 (의사 결정의) 책임. 「[비난, 일 따위]을 전가하다.
***pass the buck to** a person* 《美구어》 남에게 책임
The buck stops here. 모든 책임은 내가 진다(*미국 Truman 대통령의 좌우명). 「다 (*to*).
— [동][타] (책임 전가를 위해) …을 (남에게) 돌리다, 건네
buck[5] [명][U] 《英방언》 (세탁용) 잿물, 알칼리액; 《집합적》 잿물로 빤 빨래[옷]. — [동][타] (빨래)를 잿물로 빨다 [표백하다]. 「거벗은, 전라의.
buck[6] [부] 《美구어》 완전히; 적나라하게. ¶~ naked 벌
Buck [bʌk] [명] **Pearl Sydenstricker** ~ 펄 벅 (1892–1973: 미국의 여류 소설가; 노벨 문학상(1938)).
buck. buckram.

buck-and-wing [ˊəndwíŋ] [명][동][자] 《美》 흑인이나 아일랜드의 clog dance에서 유래한 템포가 빠른 탭댄스(를 추다). 「우보이(cowboy).
buck·a·roo [bʌ́kərù:, ˊ-ˊ] [명] ([복] ~*s*) 《美서부》 카
búck bàsket [명] 빨래 광주리.
búck bèan [명] 조름나물(늪지 따위에 나는 식물).
buck·board [bʌ́kbɔ̀:*r*d] [명] 무개(無蓋) 경4륜마차.
búck càrt [명] 2륜 짐마차. (또는 **búck·càrt**)

(buckboard)

bucked [bʌkt] [형] 《구어》 행복한, 의기양양한.
buck·een [bʌkí:n] [명] 《아일》 부유층을 흉내내는 중·하류 계급 청년. 「이 있는) 사나운 말.
buck·er [bʌ́kə*r*] [명] (뛰어서 기수를 떨어뜨리는 버릇
‡buck·et [bʌ́kit] [명] **1** 양동이, 버킷, 물통, 들통 (《美남부》 pail). **2** (준설기의) 버킷; (물레방아·터빈 따위의) 물받이; (펌프의) 피스톤. **3** 한 버킷(의 분량)(*of*); 《구어》 (~s) 다량. ¶a ~ *of* water 물 한 양동이. **4** (볼링) 버킷(제1투구 후의 2·4·5·8 또는 3·5·6·9번 핀이 남기). **5** 《美속어》 자동차, (특히) 대형차, 중고차, 고물차; 낡은 배; 구축함. **6** 《속어》 엉덩이; 항문. **7** (컴퓨터) 버킷(직접 access 기억 장치에 있어서의 기억 단위). **8** (농구) 한 골(초창기에 basket 대신 bucket을 썼던 데서). **9** (the ~) 《美속어》 교도소. **10** 《英속어》 배변(용 버킷).
a bucket of lard 《美구어》 뚱보.
a drop in the bucket ⇨DROP. 「울다.
cry buckets 《구어》 눈물을 펑펑 흘리며 울다, 엉엉
drop** one's **buckets 《美속어》 실수를 저지르다, 얼빠진 짓을 하다.
***drop the bucket on** a person* 《濠속어》 남을 범죄 따위에 말려들게 하다, 죄에 빠뜨리다; 남의 추문을 폭
get the bucket 《속어》 해고당하다. 「로하다.
***give** a person **the bucket; give the bucket to** a person* 《속어》 남을 해고하다(dismiss).
kick the bucket 《구어》 죽다(die).
make the bucket 《美속어》 곤란한 입장이 되다.
— [동][타] **1** (물)을 양동이로 푸다[나르다](*up, out*). **2** 《英》 (말)을 난폭하게 몰다; (보트)를 급피치로 난폭하게 젓다. **3** …을 속이다. **4** 《濠속어》 …을 호되게 비난하다. — [자] **1** 버킷을 쓰다. **2** 《英구어》 (차 따위를) 난폭하게 달리다, 서두르다(*along*). **3** 《英구어》(it를 주어로) 비가 억수같이 내리다(*down*).
bucket about 《英》 (배가 폭풍으로) 심하게 흔들리다.
búcket brigàde [명] (소화(消火)를 위한) 물통 릴레이조(組); (긴급 사태에) 대응하는 사람들의 일단.
búcket convèyor [명] (기계) 버킷 컨베이어.
búcket drèdge(r) [명] 버킷 준설기.
búcket èlevator [명] (기계) 버킷 엘리베이터.
buck·et·er [bʌ́kitə*r*] [명] 무허가[엉터리] 중개[매매]인, 부정 증권업자. (또는 **buck·et·eer** [ˊíə*r*])
buck·et·ful [bʌ́kitfùl] [명] 한 양동이 분(의 양). ¶a ~ of water 물 한 양동이.
come down bucketful 《구어》 (비가) 억수로 내리다.
buck·et-head [-hèd] [명] 《美속어》 《경멸적》 바보, 멍청이; 독일 병사.
buck·et·ing [bʌ́kitiŋ] [명] (증권) 불법 거래(증권업자가 거래소를 통하지 않고 매매를 성립시키는 불법 행위).
búcket mòuth [명] 《美속어》 음담 패설을 일삼는 사람.
búcket of bólts [명] 《美속어》 트랙터 트레일러; 《속어》 털털이 차, 고물차. 「1인용 좌석).
búcket séat [명] 버킷 시트(스포츠카·비행기 따위의
búcket shòp [명] **1** (증권) 엉터리[무허가, 악덕] 증권업자[중개업자]; (불법) 도박장. **2** 《英》 암표상; (항공

권을 대량으로 사서 싸게 파는) 무허가 여행사; 할인점 (店).   「매매; 무허가 거래.
búck tráding 圈 (증권) 불성실매매; 공(空)
búck·eye [bʌ́kài] 圈 **1** 칠엽수속(屬)의 나무(horse chestnut류). **2** (B-) (구어) 미국 Ohio 주 사람.
Búckeye Státe 圈 (the ~) 미국 Ohio 주의 별칭.
búck féver 圈 (美구어) (사냥감이 다가왔을 때) 초심자가 느끼는 흥분; 첫경험 때의 흥분.
búck géneral 圈 (美軍속어) =brigadier general.
buck·horn [bʌ́khɔ̀ːrn] 圈 사슴 뿔.
Búck Hóuse 圈 (英속어) =Buckingham Palace.
Búck·ing·ham Pálace [bʌ́kiŋəm-] 圈 버킹엄 궁전(London의 영국 왕실 궁전).
Buck·ing·ham·shire [bʌ́kiŋəmʃiər, -ʃər] 圈 버킹엄셔(잉글랜드 중남부의 주; 略 Bucks(.)).
buck·ish [bʌ́kiʃ] 圈 멋부리는, 멋쟁이의; 성급한, 위세 높은. **~·ly** 副 **~·ness** 圈
búck·jùmp [bʌ́kdʒʌ̀mp] 自자 (말이 기수아 짐을 떨어뜨리려고) 뛰어오르다, 날뛰다(buck).
buck·jump·er [bʌ́kdʒʌ̀mpər] 圈 =bucker.
buck·jump·ing [bʌ́kdʒʌ̀mpiŋ] 圈 (美) 로데오의 야생마 타기 시합.
búck knée 圈 (~s) (수의) (말 따위의) 안쪽으로 굽은 무릎; 의반슬(calf knee). **búck·knèed** 圈
***buck·le** [bʌ́kl] 圈 **1** 버클, 혁대쇠; 죔쇠; 금속·염주 따위의 장식품. **2** (금속판 따위의) 휨, 비틀림(kink), 급음(bend), 부풀음(bulge). ¶a ~ in the road 노면의 기 *cover the buckle* 춤추다(dance).   「복.
make buckle and tongue meet (美구어) 살림을 꾸려나가다, 수입과 지출이 맞아떨어지게 하다.
━他타 **1** …을 (…에) 버클[죔쇠]로 채우다, 죔쇠로 죄다 *(up, down, on, together) (on, into)*; (사람)을 (좌석 따위에) 버클로 채우다 *(in, into)*. ¶He ~d the belt. 그는 허리띠를 버클로 채웠다. **2** (열·압력을 가하여) …을 구부리다, 뒤틀다*(up)*. ━自 **1** (열·압력으로 갑자기) 구부러지다, 휘다*(up)*. **2** (권위·공격 따위에 굴복하다*(under) (under, to)*. **3** 격투하다, 드잡이하다. **4** (웃·벨트 따위의) 버클을 채우다. (자동차의) 안전 벨트를 매다*(up)*.   「다; …에 착수하다.
buckle (down) to [or *to do(ing)*] …에 온힘을 쏟
buckle on (허가·갑옷 따위)를 죔쇠로 몸에 채우다.
buckle oneself to …에 전력을 기울이다.
buckle to (위기·곤경에 직면하여) 한덩어리가 되어 노력하다(* to는 부사).
buckle up 벨트[버클]를 죄다; (자동차의) 안전 벨트 **~·less** 圈   └트를 매다.
buck·led [bʌ́kld] 圈 죔쇠가 달린.
buck·ler [bʌ́klər] 圈 (왼손에 드는) 둥근 방패; 방어물, 보호자; 방어, 보호. ━他타 (고어) …의 방패가 되다; …을 막다, 지키다.
Búck·ley's chánce [bʌ́kliz-] 圈 (濠·뉴질 속어) 전혀 희망이 없음, 절망. (또는 **Búckley's hópe (and nóne)** (<32 년 동안 도피 생활을 하다가 자수 후 1 년 뒤 죽은 호주의 범인 William Buckley에서).
buck·mast [bʌ́kmæ̀st/-mɑ̀ːst] 圈 =beech mast.
búck nígger 圈 (美속어·경멸적) 덩치 큰 흑인 남자.
buck·o [bʌ́kou] 圈 (pl. ~es) 뻐기는 놈; (美) 뱃목꾼, 뱃목 사공; (아일·美구어) 젊은이.
búck pásser 圈 (상습적인) 책임 전가자.
buck·pass·ing [-pæ̀siŋ/-pɑ̀ːs-] 圈圈 (美구어) 책임 전가. 圈 buck⁴
búck prívate 圈 (美軍속어) 이등병, 신병(新兵).
buck·ra [bʌ́krə] 圈 (美남부) 백인; 주인(흑인 용어).
buck·ram [bʌ́krəm] 圈圈 버커럼(제본·양복의 심 따위에 쓰는 아교로 빳빳하게 먹인 무명 /Henry IV). 圈. 꼼꼼함; 허세.   「[Henry IV].
men in buckram 가공의 인물━Shakespeare 작

━圈 버커럼으로 만든; 빳빳한, 막막한; 꼼꼼한; 겉모 기만의. ━他타 …을 버커럼으로 튼튼하게 하다; (고어) …을 훌륭하게[훌륭하게] 보이도록 꾸미다.
búck rárebit [rábbit] 圈 (美) (오랜 계란을 얹은) **Bucks, Buck.** Buckinghamshire.   └치즈토스트.
buck·saw [bʌ́ksɔ̀ː] 圈 큰 톱틀.
buck·shee [bʌ́kʃìː, -̀] 圈 (英軍속어) 특별 수당[배급]; 하사금. ━圈 무료의, 공짜의. ━圈 무료로.
buck·shot [bʌ́kʃɑ̀t/-ʃɔ̀t] 圈 (흔히 ~(s)) 알이 굵은 산탄(큰 짐승 사냥용).
buck·skin [bʌ́kskìn] 圈圈 **1** 녹비, 사슴 가죽; (황색의) 무두질한 양가죽. **2** (~s) (복수취급) 녹비 바지[구두]; (B-) 독립 전쟁 때의 미국 병사나녹비 군복으로 싸운 병사); 미개척 삼림 지대의 주민. **3** 녹비색 말. ━圈 녹비색의; 사슴 가죽제(製)의. (bucksaw)
búck slíp [shèet] 圈 (軍사) (연락용) 쪽지, 간이 문서[메모].
búck's párty [níght, tùrn] 圈 (濠) =stag party.
buck·stick [bʌ́kstìk] 圈 허풍선이.
buck·tail [bʌ́ktèil] 圈 (사슴 꼬리털로 만든) 가짜 미
buck·thorn [bʌ́kθɔ̀ːrn] 圈 갈매나무의 일종.   「끼.
buck·tooth [bʌ́ktùːθ] 圈 (圈 **-teeth** [-tìːθ]) 뻐드렁니. **~·ed** [-t] 圈 뻐드렁니의[가 난].
buck·wag·on [bʌ́kwæ̀gən] 圈 =buckboard.
buck·wheat [bʌ́kʰwìːt] 圈 **1** ⓤ 메밀, 메밀 알갱이; 메밀가루. **2** =~ cake. **3** (美속어) 초심자, 풋내기. **4** (美속어) 친구들; 기둥 서방. **5** (美속어) 피부가 약간 흰 흑인. ━圈 메밀가루로 만든. **~·like** 圈
búckwheat bráid 圈 (리본을 맨) 짧게 땋은 머리.
búckwheat cáke 圈 메밀가루로 만든 팬케이크.
buck·wheat·er [bʌ́kʰwìːtər] 圈 (美속어) =buck
búckwheat flóur 圈 메밀가루.   └wheat 3.
bu·col·ic [bjuːkɑ́lik/-kɔ́l-] 圈 **1** 양치기의; 목가적인. ¶~ *poetry* 목가. **2** 시골의, 전원의. ¶a ~ *life* 시골 생활(의 정취); 전원생활. 3 =bucolical. ━圈 **1** (고어·익살) 농부, 양치는 사람, 시골뜨기; **2** (~s) 목가(牧歌), 전원시; 전원 시인. **-i·cal·ly** 副
‡**bud¹** [bʌd] 圈 (圈 ~s [-z]) **1** 싹, 눈, 꽃봉오리. ¶a *leaf* ~ 잎눈 /a *flower* ~ 꽃눈 / *Buds* are out. 싹이 텄다. **2** 〔동물〕 (하등 동물의) 싹 모양의 돌기, 아체(芽體)(gemma); 싹 모양의 기관(器官); 味 gusta·*tory* ~ 미뢰(味蕾) /a *tactile* ~ 촉각수(觸覺芽). **3** 미숙한 사람[물건]; 애송이 처녀[총각]; (美) 사교계에 갓 나온 여자. **4** (속어) 마리화나.
come into bud (나무 따위가) 싹이 트다.
in (the) bud 싹을 낸[내어], 봉오리 상태의[에]; (사람·사물이) 미성숙[미발달] 상태로. ¶The roses are still *in* ~. 장미꽃은 아직 봉오리 상태다.
nip [or *check, crush*]...*in the bud* …을 봉오리일 때에 따다, …의 싹을 잘라버리다.
put forth [or *shoot out*] *buds* 싹이 트다.
━自 (~s [-z]; *-dd-*) 圈자 **1** 움[싹]트다, 발아하다, 봉오리지다*(out)*; 자라기[발달하기] 시작하다; 발달하다 *(into)*. **2** 발달의 초기[단계]에 있다. **3** (美구어) (새가) 싹을 쪼다[쪼아먹다]*(on, upon)*. ━他타 **1** …을 싹트게 하다[발아시키다]; …에 눈접[아접]하다. **2** (원예) …을 눈접[아접]하다. ¶a ~ *a rose* 장미를 눈접하다.
bud off from (발아해서) [모체]로부터 갈라져 나오다; …에서 분리하여 새 조직[단체]을 만들다.
⸺·der, ⸺·less, ⸺·like
bud² 圈 (美구어) =buddy.
Bud [bʌd] 圈 (商) =Budweiser; (b-) (속어) (일반적으로) 맥주(beer).   「의 수도).
Bu·da·pest [búːdəpèst, -̀-] 圈 부다페스트(헝가리
bud·ded [bʌ́did] 圈 싹튼, 꽃봉오리진.
***Bud·dha** [búːdə/búdə] 圈 **1** (또는 **Siddhártha**) 석가모니(釋迦牟尼), 석존(釋尊)(463-383 B.C.가 유력한

buddhahead

설: 불교의 개조. **2** ⓤ (the ~) 붇타, 부처. **3** (종종 b-) 〔불교〕 아라한(阿羅漢). **4** 불상.
bud·dha·head [búːdəhèd/búd-] ⓝ (美俗어·경멸적) 아시아인, 중국인. (또는 **buddahead**)
Bud·dha·hood [búːdəhùd/búd-] ⓝ 불타의 경지, 깨달음의 경지; 불성(佛性).
Búddha stìck (美俗어) 마리화나 담배.
Buddh Ga·ya [búd gəjáː] ⓝ 부다 가야(인도 북부 Bihar 주 마을; Siddhartha 가 그 밑에서 깨달음을 얻은 보리수가 있다). (또는 **Bodh Gaya**)
bud·dhi [búːdi/búdi] ⓝ 〔힌두교·불교〕 보리(菩提), 정각; 깨달음의 지혜.
*Bud·dhism** [búːdizm/búd-] ⓝⓤ 불교, 불도, 불법.
*Bud·dhist** [búːdist/búd-] ⓝ 불교도, 불교 신자. —ⓐ 불교(도)의; 불타의.
Búddhist cróss (the ~) 만자(卍).
Bud·dhis·tic [buːdístik/bud-] ⓐ =Buddhist. (또는 **Buddhistical**) **-ti·cal·ly** ⓐⓓ
bud·ding [búdiŋ] ⓐ **1** 싹트기 시작한, 발육기에 있는. ¶ a ~ beauty 꽃봉오리 같은 아가씨. **2** 세상에 갓 진출한[알려지기 시작한], 신진의. ¶ a ~ lawyer 신진 변호사. —ⓝⓤ 싹틈, 발아; 눈접, 아접(芽椄).
bud·dle [búdl, búdl] ⓝ (광산) 세광조(洗鑛槽). —ⓥⓣ (광석)을 세광조에서 씻다. (관상용 식물).
bud·dle·ia [búdliːə/búdliə] ⓝ 취어초(열대산産)
bud·doo [búduː] ⓝ 아라비아인.
bud·dy [búdi] ⓝ **1** 동료, 단짝, 형제. ⇨FRIEND〔유의어〕 **2** (부르는 말로) 이봐, 여보게, 자네. ¶ Beat it, ~! 이봐, 썩 꺼져! **3** 에이즈 환자 간호 자원 봉사자, ··· 에이즈 환자를 위해 자원 봉사하는.
bud·dy-bud·dy [-bádi] ⓐ (美俗어) 아주 친한, 막역한; 손잡은, 동업의. —ⓝ 친구, 전우; (俗어) 속감이 안 가는 사람, 적.
buddy sýstem ⓝ **1** (군사) (같은 기종(機種) 간에 행하는) 공중 급유 방식. (위험한 일을) 2인 1조로 하는 방식. **2** 에이즈 환자 간별 자원 봉사자.
budge[bʌdʒ] ⓥⓘ (부정문에서) (ⓐ 조금 움직이다; 양보하다; ... ⓑ (의견[입장])을 바꾸다 (from). ¶ He refused to ~ an inch. 그는 한 치도 움직이지[양보하지] 않았다. —ⓥⓣ ...을 조금 움직이다; 다소 양보하게 하다; ...에게 생각(의견 따위)을 바꾸게 하다.
budge[bʌdʒ] ⓝⓤ 어린 양의 모피(방한복의 깃·안감 따위로 사용). —ⓐ 어린 양의 털가죽으로 만든.
budge[bʌdʒ] ⓝ 술, 위스키. 〔리어山産〕잉꼬.
budg·er·i·gar [búdʒəriːgàːr, -ri-] ⓝ (오스트레일리아).
‡**budg·et** [búdʒit] ⓝ **1** 예산; 예산안, 예산 집행 계획. ¶ a committee ~ 위원회 예산/ an extraordinary[a supplementary] ~ 임시[추가] 예산/include in a ~ 예산에 포함시키다. **2** 경비, 비용; 생활비. ¶ the monthly ~ for a family of four 4인 가족 월 생활비. **3** (편지·서류 따위의) 한 다발, 뭉치, 묶음, 수집물. **4** (고어) 작은 자루, 작은 주머니(의 내용).
balance one's [or **the**] **budget** 수지 균형을 맞추다.
make a budget 예산을 편성하다.
on a budget 한정된 예산으로, 불필요한 지출을 피해.
on a tight budget 돈이 없는, 빈곤한.
open the budget 예산안을 의회에 제출하다.
within [or **below**] **budget** 예산의 범위 안에서.
—ⓥⓣ (자금·시간)을 ...에 할당[배분]하다, 예산을 세우다[짜다] (for). ¶~ one's time 시간을 짜다[편성하다]. —ⓥⓘ (...을) 예산에 넣다, 예산을 짜다 (for). ②...을 고려에 넣다[참조하다].
budget for (...을) 예산을 짜다, ...을 고려하다.
—ⓐ **1** 예산에 들어 있는; 한정된 예산밖에 없는. **2** (값이) 싼, 알맞은, 검소한. ¶ a ~ hotel 싼 호텔.
búdget accòunt ⓝ (백화점 등의) 할부 크레디트 계좌; (은행 등의) 자동 납부 계좌.

budg·et·ar·y [búdʒitèri/-təri] ⓐ 예산의[에 관한]. ¶ ~ appropriation 예산 지출.
búdget compilàtion ⓝ 예산 편성.
búdget crúnch [squéeze] ⓝ (美俗어) 예산 핍박.
budg·et·eer [bàdʒitíər] ⓝ 예산 편성자, 예산 위원.
Búdget Mèssage ⓝ (the ~) (美) 예산 교서(대통령이 매년 1월 의회에 제출하는 차기 회계 연도 예산안).
búdget plàn ⓝ **1** =budget account. **2** 할부제 (installment plan).
búdget resolùtion ⓝ (美) (의회의) 예산 결의안.
búdget rèvenue ⓝ 세입(歲入), 세수(稅收).
búdget stòre ⓝ (美) (백화점의) 염가 특매장.
budg·ie [búdʒi] ⓝ (구어) =budgerigar.
bud·let [búdlit] ⓝ 어린 싹, 작은 꽃봉오리.
búd scàle ⓝ (식물) 아린(芽鱗).
Bud·wei·ser [búdwaizər] ⓝ (상표) 버드와이저 (미국의 대표적 맥주; ⓐ Bud).
bud·worm [búdwəːrm] ⓝ 새순을 갉아먹는 해충.
bue·nas nó·ches [bwéinəs nóutʃəs] ⓘⓣ =good night. 〔Sp〕 〔~ day. 〔Sp〕
bue·nas tár·des [bwéinəs táːrdes] ⓘⓣ =good day. 〔Sp〕
Bue·na Vis·ta [bwéinɑː víːstɑː] ⓝ 부에나 비스타(社) (미국 Walt Disney 계열 영화사).
bue·no [bwéinou] ⓘⓣ 좋아, 좋았어, 잘됐어. 〔Sp〕
Bue·nos Ai·res [bwéinəs áiriz] ⓝ 부에노스아이레스(아르헨티나의 수도; ⓐ BA).
bue·nos dí·as [bwéinəs díːɑːs/-nɔːs-] ⓘⓣ = good morning[day]. 〔Sp〕
Búer·ger's disèase [báːrgərz-] ⓝ (병리) 버거병, 폐쇄성 혈전 혈관염(血栓血管炎). 〔<미국의 의사 Leo Buerger(1879-1943)〕
*buff** [bʌf] ⓝ **1** ⓤ (들소·사슴 따위의 가죽을 무두질한) 황갈색 연가죽(鞣革). ② 유혁으로 만든 두꺼운 코트. **2** (가죽을 댄) 연마봉(研磨棒), 연마륜(輪); 버프(렌즈 따위를 닦는 부드러운 헝겊). **3** ⓤ 유혁 색깔, 황갈색. **4** ⓤⓒ (the ~) (구어) (사람의) 맨살갗(bare skin). **5** (美俗어) 헌신적인 연구자; 팬, ...광(狂). ¶ a jazz ~ 재즈광. **6** (구어) 들소(buffalo).
(all) in (the) buff (英구어) 알몸으로.
strip a person to the buff 남을 벌거벗기다.
—ⓥⓣ **1** 유혁으로 만든. **2** 담황색의. **3** (美) 맨살의, 발가벗은. **4** (美속어) 근골이 늠름한.—ⓥⓣ **1** (금속)을 유혁[연마륜]으로 닦다. **2** (무두질하여) (가죽)을 부드럽게 만들다. **3** ...을 담황색으로 물들이다.
∼·a·bil·i·ty ⓝ, **∼·a·ble** ⓐ
buff² ⓥⓣ ...의 충격을 완화하다; 완충기 구실을 하다. —ⓝ (고어·방언) 타격(blow), (손바닥으로) 찰싹 때리기(slap). —ⓥⓘ 의연히다.
stand buff 태도가 의연하다, 기가 꺾이지 않다.
‡**buf·fa·lo** [báfəlòu] ⓝ (ⓟⓛ ~(e)s [-z], ~) **1** 물소; 들소(ⓐ (American) bison, water ~). **2** =~ robe. **3** =buffalofish. **4** (軍속어) 수륙 양용 탱크. **5** (美俗어) 멍치가 큰 여자, 뚱뚱한 여자. —ⓥⓣ (美俗어) **1** ...을 난처하게 하다, ...을 쩔쩔매게 하다(confuse). **2** 속이다. **3** (허세를 부려서) ...에게 겁을 주다, ...을 위협하다.
Buffalo ⓝ 버펄로(미국 New York 주 Erie 호에 임한 항구 도시).
Búf·fa·lo Bíll [báfəlòu-] ⓝ 버펄로 빌(본명 W. F. Cody; 1846-1917: David Crockett와 함께 미국 서부 개척 시대의 전설적 인물). 〔숱한 큰 업적으로〕
buf·fa·lo·fish [báfəlòufiʃ] ⓝ 북미산(産)의 잉어 비슷한 물고기; (일반적으로) 왜소한 잡초. 〔Indian〕
búffalo gràss ⓝ (미국 중부 평원·호주·뉴질랜드 등의) 목초; (일반적으로) 왜소한 잡초. 〔Indian〕
Búffalo Índian ⓝ (美) 대평원 인디언(Plains Indian).
búffalo ròbe ⓝ (북미산) 들소 모피로 만든) 무릎 덮개.
búff·coat [báfkòut] ⓝ (군) 연가죽(鞣皮) 코트, 군복.
buff·er¹ [báfər] ⓝ **1** 완충 장치, 완충기(철도 차량의 충격을 완화하는 장치)(美) bumper). **2** 완화물; (약품)

의 부작용을 완화하는) 완충제(劑)[액]. **3** (남을 위해) 방패 역할을 하는 사람. **4** (비상시의) 준비금, (비상 대책으로서의) 유통 증권; 소송 완충자. **5** =~ state; ~ zone. **6** 〔생태〕 완충종(種)(어떤 육식 동물의 대용식이 됨으로써 다른 동물의 피해를 줄여주는 종의 동물). (또는 ~ **species**) **7** 〔컴퓨터〕 완충기 (기억) 장치, 버퍼. **8** 〔전자〕 완충 회로. ── 타 **1** 〔화학〕 …을 완충제로 처리하다. **2** …의 충격을 줄이다, …을 완화하다(ease); …을 보호하다 (against).
buff·er² 명 (윤내는 데 쓰는) 연마반(研磨盤), 연마봉(棒), 연마륜(輪); 연마사(師), 연마공.
buff·er³ 명 〔英속어〕 **1** 구식 사내; 놈, 녀석(* 종종 old ~). **2** (영국 해군의) 부갑판장.
búffered compúter 명 버퍼 컴퓨터(완충 장치가 있는 컴퓨터).
buff·er·ing [bʌ́fəriŋ] 명 〔컴퓨터〕 버퍼링, 완충 방법, 완충법(法).
búffer mémory 명 〔컴퓨터〕 완충 기억 장치(동작 속도가 다른 장치를 독립적으로 동작하게 하는 장치).
búffer règister 명 〔컴퓨터〕 버퍼 레지스터(주기억 장치에 넣기 전에 일차적으로 정보를 모아서 전송하는
búffer solútion 명 〔화학〕 완충액(液). [부분).
búffer stàte 명 완충국; 〔고〕 비축물.
búffer stòck 명 〔경제〕 (가격 안정을 위한) 완충 재
búffer stòp 명 차량 이탈 방지 장치(《美》 bumper).
búffer zòne 명 완충 지대; 비무장 중립 지대.
***buf·fet¹** [bʌ́fit] 명 **1** (주먹 따위로 치는) 타격; 일격. **2** 충격; (운명·거센 파도 따위의) 부대끼기, 수난, 타격(悲運). **3** 〔항공〕 =buffeting. ── 타 **1** (주먹·손으로) …을 치다, 때리다; (운명·세파 따위가)(사람을) 괴롭히다, 못살게 굴다. **2** (풍파·역경 따위)와 싸우다. ── 자 **1** (주먹이나 손으로) 싸우다, 권투하다 (with). **2** 싸우면서 나아가다. **3** (비행기가) 진동하다.
buffet one's way to 악전고투하여 …을 얻다.
~·er
***buf·fet²** [bəféi, bu-/bʌ́fei] 명 **1** 뷔페 요리.¶cold ~ 냉육(冷肉). **2** 찬장(食器) 선반. **3** (식당 따위의) 카운터, 서서 먹는 식사대; (역·열차 내의) 간이 식당, 뷔페; 선 채로 먹는 식당. ── 형 간이 식당의, 손님 각자가 집어서 먹는 식사의.¶~ service 셀프서비스식 식사 / a ~ lunch 셀프서비스의 가벼운 점심.
buffét càr 명 〔英〕 식당차. [<F]
buf·fet·ing [bʌ́fitiŋ] 명 〔항공〕 버피팅, 버퍼트(비행 중에 생기는 난기류로 인한 불규칙적인 진동).
buf·fi [búːfi] 명 buffo의 복수형.
búffing whèel [bʌ́fiŋ-] 명 (가죽을 댄) 연마륜(研磨輪)(buffer). (또는 **búff whèel**)
búff lèather 명 유혁(鞣革), 무두질한 가죽(buff).
buf·fle·head [bʌ́flhèd] 명 (북미산(産)) 작은 오리의 일종; 〔美속어〕 이상한 사람. ~**·ed** 형
buf·fo [búːfou/bʌ́f-] 〔음악〕 명 (pl. **-fi** [-fi], **~s**) (오페라에서) 광대역, 광대역을 맡은 남성 오페라 가수. ── 형 희극적인, 익살스러운, 우스꽝스러운.
buf·foon [bəfúːn] 명 광대(clown), 익살꾼; 교양없는 사람.
play the buffoon 익살부리다.
── 자 …을 놀리다, 조롱하다. ── 타 익살부리다. ~**·ish** 형 [<F]
buf·foon·er·y [bəfúːnəri] 명ⓊⒸ (보통 -eries) 광대짓, 익살; 저속한 익살[농담](rude joking).
buffy [bʌ́fi] 형 **1** 유혁(鞣革) 같은; 유혁 빛깔의, 담갈색의. **2** 〔생화학〕 buffy coat의.
búffy còat 〔생화학〕 연막(軟膜), 연층(軟層)(적혈구층에 생기는 담황색의 얇은 백혈구층).
bu·fo·te·nine [bjùːfóteníːn, -nin] 〔약학〕 부포테닌(환각을 일으키는 결정성의 유독 알칼로이드).
bu·fu [búːfu] 명 〔美속어〕 남성 동성애자, 호모, 게이. ▼호모의, 호모와의, 항문 섹스를 하는.
***bug¹** [bʌɡ] 명 **1** 반시류(半翅類)의 곤충; (일반적으로) 곤충(insect). **2** 〔英〕 빈대(bedbug). **3** 〔구어〕 미생물, 병원균(病原菌), 바이러스. **4** 〔美구어〕 (기계·기구(機構) 따위의) 결함(defect), 고장; 〔컴퓨터〕 버그(프로그램의 결함·작동 오류). **5** 〔구어〕 〔경멸적〕 잘난 체하는 사람, 잘난 사람(big ~). **6** 〔구어〕 (수식어와 함께) 열광가, …광(狂); (the ~) 열광[열중](하는 것); 정열.¶a jazz ~ 재즈광/have the movie ~ 영화에 미치다. ¶〔구어〕 도청기[장치]; (소형) 방범 벨, 정보장치. **8** 〔美속어〕 소형 자동차, (특히) 폴크스바겐; 월면차(月面車). **9** 〔경제〕 부담 중량의 5파운드 감량; 그것이 허용되는 수습 기수. **10** 별표(asterisk). **11** (카드의) 조커, (포커에서) 자유패. **12** 〔인쇄〕 유니언 숍 마크. **13** (벌레 비슷한) 제물낚시 바늘. **14** 〔美속어〕 〔교도소에서〕 정신적 불안정 상태, 정신 이상; 정신과 의사. **15** 〔학생속어〕 여자애. **16** 〔속어〕 (공업용) 큰 도가니.
be [or get] bitten by the bug of 〔구어〕…에 열광하다, 열중하다. [을 해결하다.
get the bugs out 소프트웨어 프로그램의 문제점들
go bugs 〔美구어〕 미치다, 실성하다.
have a bug on 〔美속어〕 …에게 화를 내다.
have a bug up one's **ass** [or **nose**] 〔美비어〕 망상에 사로잡히다; 안달복달하다. [르다.
have bugs in the brain 〔美속어〕 별스럽다, 색다
put a [or **the**] **bug in** a person's **ear** 〔美속어〕 남에게 넌지시 경고하다[귀띔하다]; …을 교묘히 부추기다.
put a bug on a person 남을 골탕먹이다, …을 속이다.
smell a bug 수상히 여기다.
the bug under the chip 숨은 목적, 속셈.
── 타 (**-gg-**) **1** (식물의) 해충을 구제하다, 구충하다. **2** 〔美속어〕 에 비밀 마이크를 장치하다, …을 도청하다. **3** 〔속어〕 …을 괴롭히다, 맥 빠지게 굴다. ¶Don't ~ me! 귀찮게 굴지 마라! **4** 〔美구어〕 …에게 실수하게 하다. **5** 〔美속어〕 …의 정신 감정을 하다, …을 정신 이상으로 단정하다. **6** 〔속어〕 **1** (식물로부터) 해충을 구제하다. **2** 〔美속어〕 (빨리) 떠나다, 사라지다; 도망치다(off, out); 〔美軍속어〕 철수하다(out). **3** 보기 싫은 짓을 하다. ── 자 눈알을 굴리다, 휘둥그렇게 뜨다.
bug off 〔美속어〕 ① =bug out. ② 귀찮게 굴지 않
bug out 〔美속어〕 도망치다, 내빼다. [고 물러가다.
bug up 〔美속어〕 흥분하다; 당황하다.
bug² 〔폐어·방언〕 귀신, 유령(bogy, hobgoblin).
bug·a·boo [bʌ́ɡəbùː] 명 (pl. ~s) 무서운 것; 도깨비, 요괴; 괜한 걱정거리.
bug·bear [bʌ́ɡbɛ̀ər] 명 (괜히) 무서운 것, 귀신, 유령(bugaboo) ⓐ bogy; (폐어) 도깨비. ~**·ish** 형
búg·bòy [bʌ́ɡbɔ̀i] 명 〔경마〕 견습 기수.
búg bùnny 〔美속어〕 세균전 연구가.
búg dòctor 〔美속어〕 (교도소의) 정신과 의사.
bug-eyed [-àid] 형 〔美속어〕 눈이 튀어나온, 통방울눈의; 눈이 휘둥그래진. ¶ 〔램프〕에 버그가 없는.
bug-free [bʌ́ɡfrìː] 형 결점 없는; 〔컴퓨터〕 (프로그
bug·ger¹ [bʌ́ɡər, búɡ-/búɡ-] 명 **1** 〔英비어〕 비역쟁이, 남색자(男色者), 수간자(獸姦者)(sodomite). **2** 〔속어〕 놈, 녀석. ¶a poor ~ 불쌍한 녀석. **3** 〔英속어〕 비열한 사람[남자]; 싫은 것[성가신] 것. **4** (a ~) 〔부정문에서〕 아주 조금.
a bugger of a job 귀찮은 일.
don't give [or **care**] **a bugger** 전연 상관[개의]하지 않다.
play silly buggers 〔英속어〕 바보짓 꾸물거리다.
── 타 자 **1** …와 비역하다. **2** 〔속어〕 =damn. **3** 〔英속어〕 …을 망치다(down, up). **4** 〔英속어〕 몹시 지치게 [놀라게] 하다. **5** 〔英속어〕 비역[남색, 수간]하다.
bugger about [or **around**] 〔英속어〕 ① 〔남〕을 괴롭히다, …에게 폐를 끼치다; …을 심하게 다루다. ¶Don't ~ me about! 귀찮게 좀 하지 마. ② 바보짓을 하다. [을 나타내어] 제기랄.
Bugger it!; Bugger me (dead)! 〔속어〕 〔놀라움
bugger off 〔英속어〕 〔명령형으로〕 나가다, 떠나다.
Bugger this for a lark!; Bugger a game of soldiers! 〔구어〕 이런 일 이제 지긋지긋하다.

bugger up (속어) …을 혼란시키다; 망쳐 놓다.
I'll be buggered!; Well, I am [or *I'll be*] *buggered!* (비어) 이거 놀랐는걸, 이크 큰일이다!
bug·ger² 명 (美속어) 코딱지.
bug·ger³ 명 도청 전문가.
bug·ger-all [bʌ́gərɔ̀:l] 명 (英속어) 무(無)(nothing).
bug·gered [bʌ́gərd] 형 (英비어) 기진맥진한.
búgger nòse 명 (美속어) 코딱지 같은 놈; 코딱지가 낳은 놈. ¶ *You*, ~! 이 코딱지 같은 놈아!
bug·ger·y [bʌ́gəri, búg-/bʌ́g-] 명U 1 (비어) 비역, 남색, 수간(獸姦)(sodomy). 2 =hell.
It's all to buggery (英속어) 엉망이 되었다, 잡쳤다.
like buggery (英속어) 몹시, 지독히; 대단히, 굉장히.
bug·ging [bʌ́giŋ] 명 도청(eavesdropping).
Búg·gins's tùrn [bʌ́ginz-] 명 (英) (능력주의가 아니라) 연공(年功) 서열에 의한 승진.
***bug·gy**¹ [bʌ́gi] 명 1 버기(말 한 필이 끄는 1인승 마차). 2 (美) (화물 열차 따위의) 승무원차, 전망차; (탄광·공장의) 운반차. 3 (美) 유모차(baby ~). 4 =dune ~; (속어) (고물) 자동차. ¶시대, 예전.
the horse and buggy age [or *days*] (구어) 마차
bug·gy² 명 1 빈대가 득실거리는, 벌레가 붙어 있는. 2 (속어) 미친(crazy); (…에) 정신이 없는(about). -gi·ness 명
búggy whìp 명 (美속어) 자동차용 긴 안테나.
bug·gy-whip [-hwìp] 형 (美속어) 시대에 뒤진, 구태의 나는. ¶라한 극장. —동 (美속어) 미치다(crazy).
bug·house [bʌ́ghàus] 명 (美속어) 1 정신 병원; 소굴. **Búghouse Squáre** 명 대도시 거리의 소광장(공원) (정치 선동 연설·복음 전도 따위를 하는 곳).
bug·hunt·er [bʌ́ghʌ̀ntər] 명 (구어) 곤충 채집가, 곤충학자(entomologist).
bug·hunt·ing [bʌ́ghʌ̀ntiŋ] 명U 곤충 채집.
bug·juice [bʌ́gdʒù:s] 명 (美속어) 싸구려 술, 값싼 위스키; 합성 착색 음료; 간장(soy sauce).
búg killer 명 살충제(insecticide).
***bu·gle**¹ [bjú:gl] 명(군용) 나팔; 부곡(트럼펫 비슷한 금관 악기); (고어) (사냥용) 각적(角笛), 뿔피리; (美속어) 코. —동 나팔을 불다; (사슴 수컷이) 발정 소리를 지르다. —타 …을 나팔을 불어 소집[지휘]하다.
bu·gle² 명 자난초속(屬)의 식물.
bu·gle³ 명 (보통 ~s) 원통 모양의 구슬, 관옥(管玉) (검은색의 여성복 장식용). (또는 bugled) 관옥으로
búgle càll 명 집합 나팔 (소리). [장식된.
like a bugle call 돌연, 갑자기.
búgle hòrn 명 각적(角笛), 뿔피리; 나팔(bugle).
bu·gler [bjú:glər] 명 나팔수(手); 뷰글 주자.
bu·glet [bjú:glit] 명 작은 나팔.
bu·gle·weed [bjú:glwì:d] 명 1 쉽싸리속(屬)의 약용 식물. 2 북미산(産) 콩과(科)의 야생초(wild indigo). 3 자난초속(屬)의 식물(bugle). [명 (약학).
bu·gloss [bjú:glɑs, -glɔs/-glɔs] 명 지치과(科)의 식물.
bug·ol·o·gy [bʌɡɑ́lədʒi/-gɔ́l-] 명 (美학생 속어) 생물학, 곤충학. **-gist** 명 (美학생 속어) 곤충학자.
bug-out [bʌ́gàut] 명 (속어) 1 (군사) (명령을 무시한) 후퇴, 전장 이탈. 2 게으름 피우는 사람.
búg ràke 명 (美속어) 빗(comb).
bugs [bʌgz] 명 (美속어) 생물학. —형 (또는 **búgsy**) (속어) 미친(crazy). ¶ *You're* ~. 너 돌았구나.
búg tèst 명 심리 테스트; 정신 감정.
buhl [bu:l] 명U (종종 B-) 불 상감(象嵌) (목재·금속·상아·별갑(鼈甲) 따위의 상감 세공). (또는 boul(l)e, ⏜
buhr·stone [bʌ́:rstòun] 명 =burstone. [**wòrk**)
bu·i·bu·i [búibùi] 명 (아프리카 동부 연안 지방의) 회교도 여성의 검은 어깨걸이. [<Swahili]
BUIC (美) *Back-Up Intercept Control* (예비 요격 관제 시스템). ⏜ SAGE [자동차].
Bu·ick [bjú:ik] 명 (상표) 뷰익 (미국의 GM이 제작한

ride the Buick (美학생 속어) 토하다.
[<미국의 자동차 제작자 David D. Buick의 이름]
‡**build** [bild] 동 (~s [-z]; **built**) 타 1 …을 짓다, 세우다, 건축[건설, 건립]하다, [도로·철도 따위]를 부설하다. ¶ (~+图+前+名) (~+图+图) ~ *a house for him*; ~ him *a house* 그에게 집을 지어주다 / ~ *a dam* [*bridge*] *across a river* 하천에 댐[다리]를 건설하다 / *The house is built of wood*. 그 집은 목조 건물이다.

유의어 **build** 「건조(建造)」라는 뜻의 가장 보편적인 말. **construct** 설계·공사 따위를 위한 「지적(知的) 작업」을 강조. **erect** build보다 딱딱한 말로, 「높은 것을 세우다」의 뜻이 강하다.

2 (기계류)를 조립하다; (둥지)를 짓다; (불)을 피우다. ¶ ~ *a word* 문자를 짜맞추어 단어를 만들다 / ~ *the computer* 컴퓨터를 조립하다. 3 (국가·회사 등)을 건설하다, 설립하다(*up*); (신용·관계·재산·명성 따위)를 쌓아 올리다(*up*); (인격 따위)를 형성하다(*up*); …을 증강[증진]하다(*up*). ¶ ~ *an empire* 제국을 건설하다 / ~ *up one's strength*[*health*] 체력[건강]을 증강[증진]하다. 4 (…위에) 세우다; (…)을 바탕으로 내세우다(*on, upon*). ¶ (~+图+前+名) ~ *an argument on solid facts* 분명한 사실에 의거하여 주장을 내세우다. 5 (수동형으로) (성질·몸 따위가) …하게 되어 있다. ¶ *He is slimly built*. 그는 홀쭉하게 생겼다 / *I am not built that way*. (美구어) 나는 그렇게 생겨먹지 않았어. 6 (재료)로 …을 만들다(*into*); (인격)을 도야[형성]하다; …을 훈련시키다(*into*). 7 (수동형으로) (물건)을 (장소에) 붙박다, 짜 넣다; [조항 따위]를 (계약서 따위에) 명기[첨가]하다(*into*). 8 (연마제를 가하여) …의 세정(洗淨) 효과를 높이다. 9 (속어) …을 과장하다; 예고하다; (남)을 봉으로 삼다. —자 1 건축[건조]하다; 건축업에 종사하다. ¶ *The ship is* ~*ing*. 그 배는 건조 중이다. (* be building의 형식은 능동태이나 뜻은 수동이며, 보통 be being built가 쓰인다.) 2 믿다, 의지하다(*on, upon*). 3 높아지다, 증가하다.

build a drink 여러 가지를 섞어 음료를 만들다, 카테
build a fire 불을 지피다. [일을 만들다.
build a fire under …을 격려[자극]하다.
build a fortune 재산을 모으다.
build around …을 중심으로 만들다.
build down 감소하다.
build in (수동형으로) ① …을 만들어 붙이다, 짜 넣다. ② (벽 따위로) 둘러싸다. ③ (조항 따위)를 부기하다.
build into ① (장식장 따위)를 (벽에) 붙박다. ② …의 일부로 짜 넣다; (조항 따위)를 부기하다.
build on [or *upon*] ① ⇒자 2. ② 증축하다.
build out 증축하다.
build over (토지)에 건물을 세우다.
build round …을 둘러 짓다, 건물로 둘러싸다.
build up ① (재산·인격 등)을 쌓아 올리다; 확립하다; (군비)를 증강[강화]하다; (건강)을 증진[회복]하다; (이야기)를 조작해 내다. ② …을 건물로 채우다; (장소)가 건물로 들어와 있다; 교회로 발전하다. ③ …을 부흥[갱신]시키다. ④ (교통이) 정체하다; (스타 등)을 양성하다; (신인·신제품 따위)를 홍보하다. ⑤ 자극을 주어 기분[활기]을 돋우어 주다.
build (*up*) *into* (소재)로 …으로 만들다; (조합되어) …으로 되다.
—명U 1 (체재) 만듦새, 구조. ¶ *the* ~ *of a car* 자동차의 구조. 2 (남성의) 체격 (* 여성은 figure); (속어) 육체미. ¶ *a man of slender* ~ 몸이 호리호리한 사람. 3 (흥미·줄거리의) 고조(高潮), 절정.
⏜·a·ble 형
build-down [-dàun] 명 (美속어) 빌드다운 방식, (특히) 핵탄두수 축소(신형 무기[핵탄두] 배치와 동시에 그 수량을 상회하는 구형 무기[핵탄두]를 폐기하는 방식).
‡**build·er** [bildər] 명 (~s [-z]) 1 건설[건축]자, 건설[건축]업자; (비유적) 세우는[형성하는] 것; a

build·er·ing [bíldəriŋ] 〖명〗 (고층) 빌딩 외벽 등반[타기]. (<*build*ing+bould*ering*)

‡**build·ing** [bíldiŋ] 〖명〗 (복수 **~s** [-z]) **1** 건축물, 건물, 가옥, 빌딩(〖약〗 bldg). ¶a high [*or* tall] **~** 고층 건물[빌딩]/a public **~** 공공 건물/the main **~** 본관.

〖유의어〗 **building** 「건물」의 뜻의 가장 보편적인 말. **structure** 큰 건축물을 나타내나, 특히 특정한 건축법·건축 재료를 나타내는 경우가 많다. **edifice** 으리으리한 대건축물. structure이 이 뜻으로 쓰이기도 한다.

2 ⓤ 건축, 건조, 조영(造營); 건축술. ¶a **~** area 건축 면적, 건평. **3** 〖법률〗 (별개의 주택으로서의) 가옥의 일부. **4** 고층 빌딩을 암벽 등반 기술로 오르기. — 〖형〗 건축[건조]의. **~·less** 〖형〗

building and lóan associàtion 〖명〗 =savings and loan association.

building blóck 〖명〗 **1** 건축용 블록. **2** (**~s**) (장난감용) 블록. **3** 〖조선〗 (건조 중인 배의) 용골 반목(盤木). **4** (복잡한 것을 구성하는) 기초 단위, 구성물.

building códe 〖명〗 건축 (기준) 법규.

building diagnóstics 〖명〗〖복〗 (단수취급) 빌딩 진단(빌딩의 실내 공기·비품·조명·위생 상태 등을 점검).

building estáte 〖명〗 주택지, 택지(宅地). 〖간〗.

building léase 〖법률〗 건축 부지의 임대차. (〖약〗 bldg).

building líne 〖명〗 건축선(건축 부지의 건축 한계선).

building matérials 〖명〗〖복〗 건축 자재, 건재(建材).

building páper 〖명〗 방수지(防水紙).

building pérmit 〖명〗 건축 허가, 건축 확인서.

building síckness 〖명〗 =sick-building syndrome.

building síte 〖명〗 건설[건축] 부지.

building socíety 〖명〗 (英) 주택 금융 공제 조합(美) building and loan association).

building trádes 〖명〗〖복〗 건축업(건축에 관련된 모든 업무).

build-on [⌞ɑ̀n, -ɔ̀n] 〖명〗 조립식의.

build-òp·er·ate-trans·fér [⌞ɑ́pərèit trænsfə́ːr, -ɔ́p-] 〖건설〗 BOT 방식(건설 회사가 도로·교량 따위를 자비로 건설 개통하여 통행료 징수로 건설 자금을 회수 후 그 도로·교량을 정부에 기부하는 방식; 〖약〗 BOT).

build-up [bíldʌp] 〖명〗 **1** (병력 따위의) 증강, 강화; (원료·에너지 따위의) 축적, 비축. ¶the arms **~** 군사력[무기] 증강/a **~** of salt deposits 염액의 축적. **2** 발전, 진보; 향상. ¶the **~** of light industry 경공업의 발전. **3** (수량·강도·압력 따위의) 증가, 고조. ¶the **~** in traffic 교통량 증가. **4** (신인·신제품 따위의) 선전, 광고, 홍보, 판촉. ¶a new singer's **~** 신인 가수의 홍보. **5** 《美구어》 날조, 조작. **6** 목적 달성을 위한 준비, 예비 공작. **7** 격려, 고무. (또는 **búild-ùp**)

‡**built** [bilt] 〖동〗 build의 과거·과거분사.
— 〖형〗 **1** 조립한, 조립식의. ¶a **~** mast 조립식 돛대. **2** (구어) 단단한 구조의; 좋은 체격의. ¶a well-**~** man 체격이 좋은 사람/be powerfully **~** 체격이 단단하다.

built-in [⌞ín] 〖형〗 **1** (건물에) 붙박이로 만들어 놓은, 짜맞추어 넣은. ¶a **~** bathtub 붙박이 욕조. **2** (성질 따위가) 고유의(inherent), 타고난. — 〖명〗 붙박이 가구[물건].

built-in fónt 〖컴퓨터〗 (프린터의) 내장(內藏) 폰트 (resident font).

built-in obsoléscence 〖명〗 =planned obsolescence. 「(ROM칩에 들어 있는 프로그램).

built-in sóftware 〖명〗〖컴퓨터〗 빌트인 소프트웨어

built-up [⌞ʌ́p] 〖형〗 **1** 짜맞춘, 조립된; 겹쳐서 쌓은. ¶a **~** gun 조립포(砲). **2** 건물이 빽빽이 들어찬. ¶a **~** area 시가지. **3** (Burundi의 수도).

Bu·jum·bu·ra [bùːdʒəmbúərə, -dʒum-] 〖명〗 부줌부라 (Burundi의 수도).

Bu·kha·rin [buːkáːrin, -háːr-] 〖명〗 **Nikolai Ivanovich ~** 부하린 (1888–1938: 옛 소련의 정치가; Stalin에 의해 처형됨).

Bu·kow·ski [buːkɔ́ːfski, -káf-] 〖명〗 **Charles ~** 부코프스키 (1920–94: 독일 태생의 미국 전위 시인·작가).

bul. bulletin.

‡**bulb** [bʌlb] 〖명〗 (복수 **~s** [-z]) **1** 〖식물〗 (백합·양파 따위의) 알뿌리, 구근(球根); 구근 식물. ¶Lilies grow from ~s. 백합은 알뿌리에서 성장한다. **2** 구근 모양의 물건, 구상체(球狀體); (온도계 따위의) 구(球)((백열)전구(light ~). **3** 진공 방전관(放電管). **4** 〖해부〗 안구(眼球); 골수; 연수(延髓). **5** (카메라의) 벌브 노출. **6** 〖해사〗 =bulbous bow. **7** 〖美속어〗 얼간이, 팔푼이.
— 〖동〗〖자〗 구근을 이루다; 구근 모양으로 부풀다.

bulb úp (양배추 따위가) 결구(結球)하다.
~ed, **⌞less** 〖형〗

bul·ba·ceous [bʌlbéiʃəs] 〖형〗 =bulbous **2**.

bul·bar [bʌ́lbər, -baːr] 〖형〗 구근의; 연수(延髓)의.

bul·bif·er·ous [bʌlbífərəs] 〖형〗 구근이 생기는.

bulb·i·form [bʌ́lbəfɔ̀ːrm] 〖형〗 구근 모양의.

bul·bil [bʌ́lbil] 〖명〗 〖식물〗 (참나리 따위의) 작은 비늘줄기, 주아(珠芽). (또는 **bulbel**)

bulb·let [bʌ́lblit] 〖명〗 〖식물〗 주아(bulbil).

bulb·ose [bʌ́lbous] 〖형〗 =bulbous.

bul·bous [bʌ́lbəs] 〖형〗 **1** 구근 모양의, 볼록한; (경멸적) 퉁퉁한. ¶a **~** plant 구근 식물/a **~** nose 주먹코. **2** 알뿌리[구근]에서 성장하는. **~·ly** 〖부〗

búlbous bów [-báu] 〖해사〗 구상 선수(球狀船首)(쾌속선의 밑부분을 둥글게 만든 이물).

bul·bul [búlbul] 〖명〗 **1** 〖조류〗 직박구리(아시아·아프리카산(産)). **2** 불불(페르시아의 시(詩)에 나오는 명금(鳴禽)). **3** (비유적) 가수; 시인.

Bul·finch [búlfintʃ] 〖명〗 **1 Charles ~** (1763–1844: 미국의 건축가; 국회 의사당을 건조 (1817–30)). **2 Thomas ~** (1796–1867: 미국의 저술가·신화(神話)학자; 1의 아들).

Bulg., Bulg Bulgaria; Bulgarian.

Bul·ga·nin [bulgáːnin, -gǽn-] 〖명〗 **Nikolai Aleksandrovich ~** 불가닌 (1895–1975: 옛 소련의 정치가). 「(Bulgarian).

Bul·gar [bʌ́lgər, búlgaːr/bʌ́lgɑː] 〖명〗 불가리아인

Bul·gar·i·a [bʌlgέəriə, bul-] 〖명〗 불가리아(유럽 동남부의 공화국; 수도 Sofia).

Bul·gar·i·an [bʌlgέəriən, bul-] 〖명〗 불가리아인; ⓤ 불가리아어. — 〖형〗 불가리아의; 불가리아인[어]의.

*__**bulge** [bʌldʒ] 〖명〗 **1** (통 따위의) 중배; 볼록한 부분. ¶a **~** in a ceiling 천장의 볼록한 부분. **2** (군사) (전선의) 돌출부. **3** (드물게) 〖해사〗 (배 밑의) 만곡부(bilge); 〖해군〗 벌지(군함의 어뢰 방어용의 볼록한 부분). **4** (구어) (가격 따위의) 앙등; (수량의) 일시적 증가. **5** (the **~**) 《美구어》 우위, 이점(利點)(on).

have [or **get**] **the bulge on** a person 남보다 우위에 서다, 남을 능가하다[이기다].
— 〖동〗〖자〗 **1** 불룩해지다, 둥그래지다; 돌출하다(*out*)(*with*). ¶*bulging* eyes 퉁방울눈// (~+〖부〗) His muscles **~***d out*. 그의 근육은 울퉁불퉁했다. **2** (비유적) 꽉 차 있다(*with*). ¶His mind **~***d with* ideas. 그의 머리는 아이디어로 꽉 찼다. **3** 갑자기 나타나다 (*out*); 급히 부딪치다 (*in, into*). — 〖타〗 **1** …을 불룩하게 하다, 부풀리다(*out*)(*with*). ¶He **~***d* his cheeks. 그는 볼을 볼록하게 했다 (볼 밑을) 파손시킨다.

búlg·ing búlg·ing·ly 〖부〗 「제 골프채).

bulg·er [bʌ́ldʒər] 〖명〗 〖골프〗 벌저(볼록면이 있는 목

bulg·y [bʌ́ldʒi] 〖형〗 중배가 부른; 부푼, 팽창된.

búlg·i·ly búlg·i·ness 〖명〗

bu·lim·a·rex·i·a [bjuːlìmərέksiə] 〖명〗 〖정신의학〗 과식무식증(過食無食症)(병적 기아와 식욕 부진이 교차 반복되는 정신 장애). **-réx·ic** 〖형〗 (<*bulim*ia+ano*rexia*)

bu·lim·i·a [bjuːlímiə] 〖명〗 ⓤ **1** 〖병리〗 다식증(多食

症), 식욕 이상 항진(hyperphagia). **2** 〔정신의학〕 신경성 식욕 항진(증), 신경성 과식증(ⓑ anorexia nervosa. (또는 ～ nervosa) **3** 이상 욕식욕. (또는 **boulimia**)
bu·lim·ic [bjuːlímik] ⓐ 걸신들린, 대식하는. ─ⓝ 대식증 환자. (또는 **bulimiac**)
‡**bulk** [bʌlk] ⓝ **1** 크기, 부피, 용적; (종이 따위의) 두께. ¶a ship of great ～ 큰 배 / It is of no great ～. 그것은 그리 크지 않다. **2** (the ～) 태반, 대부분. ¶The ocean forms the ～ of the earth's surface. 바다는 지구 표면의 태반을 차지한다. **3** (포장하지 않은) 상품, 산적(散積) 화물. **4** 〔해사〕 뱃짐, 화물. ¶～ sale 적하(積貨) 매매(화물을 배에 실은 채 일괄해서 팔기). **5** 〔장의 연동 운동을 돕는〕 섬유질 식품. **6** (종이·판지 따위의) 중량비(比) 두께. **7** 〔문어〕 (생물의) 몸, 신체; (a ～) (고어) (사람) (사람·물건의) 거체(巨體). **8** = ～ mail. **9** 〔제본〕 책의 표지를 제외한 부분의 두께. **10** (고어) 힘.
break bulk 짐을 부리기 시작하다.
by bulk 〔저울에 달지 않고〕 외관 그대로, 눈대중으로.
in bulk ① 포장하지 않고, 산적 화물로. ② 대량으로. ¶sell *in* ～ 대량으로 팔다, 도매로 팔다.
─ⓐ **1** 대량의, 대량으로 매매되는. **2** 산적 화물의.
─ⓥ② **1** 〔모여서〕 부피가 커지다(*up*); 덩어리로 되다 (*up*)(*into, to*). ¶～ *up into* a large sum (합치면) 큰 액수가 된다. **2** (종이나 판지가) ～ 한 두께이다. **3** 산적 화물로 수송(보관)하다. ─ⓥ① **1** …을 부풀게 하다, 커지게 하다. **2** 〔물고기 따위를〕 겹접으로 쌓다. **3** 〔뱃짐의〕 용적을 확인하다. **4** 〔화물 따위를〕 산적 화물로 수송(보관)하다.
bulk large 중요한 듯하다; (일 따위가) 커 보이다; 중대(중요)하게 생각되다. ¶The money problem ～*s large* in my mind. 돈 문제가 내 마음을 짓누르고 있다.
bulk out …을 크게(두껍게) 보이게 하다.
búlk búy clùb (英) 〔상품을 싸게 구매하기 위한〕 공동 구입 클럽.
búlk búying [**púrchase**] (英) 대량 구입(구매), 전량 매점(買占).
búlk càrrier 산적 화물선, 벌크선(船).
bulk·er [bʌ́lkər] ⓝ 〔해사〕 = bulk carrier.
bulk·head [bʌ́lkhèd] ⓝ **1** 〔종종 ～s〕 〔선내의 방을 막는〕 격벽(隔壁). **2** 〔토목〕 (갱내의) 차단벽, (터널·파이프의) 칸막이. **3** 〔건축〕 (건물의 블록 나온 부분의) 지붕, (지하실로 통하는 계단 위의) 빗각문; 옥상 출입구, (지붕의) 채광창. ～·**ed** [-t] ⓐ …을 칸막이로 구분하다(*off*).
bulk·head·ing [bʌ́lkhèdiŋ] ⓝ 격벽 건조물 ; (집합적) 격벽, 칸막이. (「인쇄물에 적용」).
búlk máil (美) 요금 별납(할인) 우편(다량의 동일 우편).
búlk-mail [＜mèil] ⓥ① …을 요금 별납 우편으로 보내다.
búlk mòdulus 〔물리〕 체적 탄성률.
búlk prodúction (美) 대량 생산.
****bulk·y** [bʌ́lki] ⓐ 부피가 큰, 엄청나게 큰; (커서) 다루기 어려운; (옷이) 헐거운, 낙낙한.
búlk·i·ly ⓐdv **búlk·i·ness** ⓝ
‡**bull**[1] [bul] ⓝ (뽁 ～**s** [-z]) **1** (거세하지 않은) 황소. ⇨ OX (참). ¶a ～ in the ring 원 안의 심중의 수컷(ⓑ cow[1]). **2** 황소 같은 사람. **4** (증권·상품 거래 따위에서) 사는 쪽, 강세 쪽(ⓑ bear[2]); (구어) (카드놀이) (가진 패와 상관없이) 세게 나오는 사람, 강력한 기관차. **5** (B-) 〔천문·점성〕 황소자리(Taurus). **6** 불독(bulldog). **7** (美속어) 경관, 형사, 간수; 두목, 보스. **8** (英) = bull's-eye. 「서투른(무신경한) 사람.
a bull in a china shop 남을 의식하지 않는 난폭자;
be hung like a bull (美속어) (남성이) 거대한 남근을 가지고 있다.
go a bull 사는 쪽이 되다. 「을 가지고 있다.
like a bull at a (five-barred) gate (구어) 맹렬히, 난폭하게; 서투르게.
score a bull [or *bull's-eye*] ⇨BULL'S-EYE.
sweat like a bull 땀을 몹시 흘리다.
take the bull by the horns (구어) 용감히 난국에 맞서다, 정면 대응하다. 「(독); 중요 인물.
the bull of the woods (美속어) 벌목 반출 작업의 감
─ⓐ **1** 수컷의(male). ¶a ～ whale 고래의 수컷. **2** 소 같은. ¶a ～ neck 굵은 목. **3** (증권) 사는 쪽의, 강세 쪽의(ⓑ bear[2]). ⇨BULL MARKET.
─ⓥ① **1** (증권) 〔값이 오를 것을 기대하고〕 …을 자꾸 사들이다. **2** 〔계획·법안 따위를〕 억지로 밀어붙치다; …을 뚫고 전진하다. **3** 〔해사〕 …을 충각(衝角)으로 이받다(ram). ─ⓥ② **1** (증권) (값이) 오르다. **2** (속어) (암소가) 암내내다. **3** 돌진하다. 「진하다.
bull ahead (결과나 주위를 생각지 않고) 무턱대고 전
bull one's way 용감하게 밀고 나가다; (…을) 뚫고 나가다 (*through*).
＜∼·like ⓐ. 「서.
bull[2] ⓝ 〔가톨릭〕 교황인(印); (교황인이 찍힌 공식) 교
bull[3] ⓝ **1** 앞뒤 안맞는 소리(아일랜드인은 모순되고 익살맞은 말을 잘하므로 Irish ～이라고도 한다). **2** ⓤ (the ～) (속어) 허풍, 허튼 소리, 쓸데없는 이야기; (감탄사적) = bullshit. **3** (美속어) 실수.
full of bull (美속어) 과장된, 허풍선이의.
shoot [or *sling, throw*] *the bull* (美속어) 허튼 소리(잡담)하다; 허풍 떨다.
─ⓥ① (허풍)을 떨다, 자랑하다.
Bull [bul] ⓝ ⇨JOHN BULL.
bull. bulletin.
bul·la [búlə, bʌ́lə] ⓝ (pl. **-lae** [-liː]) **1** 로마 교황인(印). **2** 〔병리〕 수포(水皰)(vesicle).
bul·lace [búlis] ⓝ 서양오얏나무(plum, damson).
bul·late [búleit, -lət, bʌ́l-] ⓐ 〔동·식물〕 (표면이) 수포(水皰) 모양으로 돌기된; (해부) 부풀어 오른.
bull-bait·ing [búlbèitiŋ] ⓝⓤ (英) 소 몰아뜯기(옛날에 bulldog을 부추켜서 소를 물어 죽인 경기).
búll-bat [búlbæt] ⓝ (美방언) 쏙독새(nighthawk).
búll bítch 불독의 암컷; (비어) 남자 같은 여자.
bull·boat [búlbòut] ⓝ 쇠가죽배, 가죽배. 「얄간이.
búll cálf [búlkæ̀f/-kɑ̀ːf] ⓝ **1** 수송아지. **2** 바보,
bull-dag·ger [búldæ̀gər] ⓝ (美속어) 남성역을 하는 여자 동성 연애자(butch, bulldyke).
búll dànce = stag party.
****bull·dog** [búldɔ̀ːg, -dɑ̀ɡ/-dɔ̀ɡ] ⓝ **1** 불독(mastiff (영국산)과 pug(동남아산)의 교배종: bullbaiting 용으로 키운 데서 이름이 유래). **2** 짧고 굵은 권총. **3** (英) (Oxford, Cambridge 대학의) 학생감 보좌관. **4** 〔불독 같이〕 용맹한 사람, 끈질긴 사람, 완고한 사람. **5** (美속어) = ～ edition. **6** (俗) 불독 같은, 불독처럼 턱이 네모진. ¶～ obstinacy 불독 같은 완고함. ─ⓥⓐ (-**gg**-) **1** (불독처럼) …을 공격하다. **2** (美서부) 〔소나 송아지를 뿔을 잡고〕 쓰러뜨리다. **3** 과대 선전하다, 과대 선전해서 팔아먹다. 「[er] ànt]
búlldog ànt ⓝ (濠) 대형 독개미(또는 **búll** [jump-
búlldog bònd (美속어) (증권) 불독 채권(외국 기업이 런던에서 발행하는 파운드 표시 채권). 「版).
búlldog clíp ⓝ (스프링식의) 종이 집게. 「판).
búlldog edítion ⓝ (지방판 신문의) 조조판(早朝
bull·doze [búldòuz] ⓥⓐ **1** (땅)을 불도저로 고르다(밀다), 정지(整地)하다. **2** (美속어) …을 협박하다, 위협하다 (*into doing*). **3** 〔일〕을 억지로 밀어붙이다, 강행하다 (*through*). ─ⓥ① 불도저를 사용(운전)하다. 「게 하다.
bulldoze a person into doing 남을 협박해서 ～
****bull·doz·er** [búldòuzər] ⓝ **1** 불도저. **2** 위협(협박)자; (美속어) 연발 권총. 「허튼 소리.
búll dúst (濠) 굵은 먼지, (속어) 시시한 이야기,
búll dýke (美속어) 남자역의 여자 동성 연애자. (또는 bulldiker, bulldyker)
búll frȯg (美속어) = bulldog.
‡**bul·let** [búlit] ⓝ **1** 총알, 탄환, 소총탄. ¶Every ～ has its billet. (속담) 총알에 맞고 안 맞고는 다 팔자

소관. **2** 작은 공, 소구(小球). **3** 〔인쇄〕 큰 점(책의 장(章)이나 절의 단락을 명시한다). **4** 《英속어》 해고. **5** (구어) (카드놀이) 에이스(ace). **6** (~s) (속어) 공, 완두콩. **7** 총알 같은 속구(速球). **8** 〔금융·상업〕 (증권·원리금·대금 따위의) 만기 전액 일괄 상환[결제].
a bullet with **a** *person's* **name** *on it* (구어) 〔남〕을 죽이는 탄환.
bite **(on)** *the bullet* 이를 악물고 참다[대처하다].
dodge that [or *a*] *bullet* (구어) (간신히) 문제[대립]을 피하다. ㄴ따위]를 피하다.
get the bullet (구어) 해고당하다.
give a person the bullet (구어) 남을 해고하다.
like a bullet from [or *out of*] *a gun* (구어) 맹렬한 속도로, 잽싸게.
── 🔲타 날쌔게 움직이다(move swiftly).
~**·less**, ~**·like** 🔲
búllet bàit 🔲 《美속어》 《집합적》 총알밥, 초년병.
búllet bònd 🔲 만기 전액 일괄 상환형 채권.
bul·let·head [búlithèd] 🔲 **1** 둥근 머리; 머리가 둥근 사람. **2** 바보, 고집쟁이. ~**·ed** 🔲 ~**·ed·ness** 🔲
‡**bul·le·tin** [búlətən] 🔲 (옝 ~**s** [-z]) **1** 게시, 고시; (관청의) 공보(公報), 보고.¶*an annual* ~ 연보(年報). **2** (신문·방송의) 뉴스 속보(速報); 〔방송〕 (뉴스·기상 정보 따위의) 정시 방송. **3** (단체·정부 기관 등의) 정기 보고, 회보, 편람. **4** 잡지, (학회 등의) 정기 간행물; (회사의) 사보; 소규모 신문. **5** (병상에 있는 저명 인사의) 병세 보고서. ── 🔲타 (고시·보고·회보로) ···을 알리다.
bulletin bòard 🔲 게시판, 알림판; 〔컴퓨터〕 (전자) 게시판(electronic ~). 🔲 BBS
búllet lòan 🔲 〔금융〕 (만기) 일괄 상환[반제] 융자 (만기 전에 원금 분할 상환은 없는 융자).
bul·let·proof [búlitprùːf] 🔲 방탄의.¶*a* ~ *jacket* [*vest*] 방탄복[조끼]. ── 🔲타 ···을 방탄성으로 하다.
búllet tràin 🔲 탄환 열차, 초고속 열차.
búll fíddle 🔲 (구어) 더블 베이스(double bass).
búll·fight [búlfàit] 🔲 (스페인의) 투우.
búll·fight·er [búlfàitər] 🔲 투우사(matador).
búll·fight·ing [búlfàitiŋ] 🔲 🔲 투우. ㄴ소 개구리.
búll·frog [búlfrɑ̀g, -frɔ̀ːg/-frɔ̀g] 🔲 북미산(産) 황
búll gùn 🔲 (총이나 무거운) 사격용 라이플총.
búll hául·er [**jóckey**] 🔲 《美속어》 **1** 수다. **2** 가축 운반 트럭(의 운전 기사).
bull·head [búlhèd] 🔲 **1** 머리가 큰 물고기(메기·둑중개 등). **2** 고집쟁이. **3** (열차의) 차장.
bull·head·ed [búlhédid] 🔲 완고한(obstinate); 어리석은(stupid). ~**·ly** 🔲 ~**·ness** 🔲
bull·horn [búlhɔ̀ːrn] 🔲 《美》 (휴대용) 전기 확성기, 메가폰; 핸드 마이크. ── 🔲타 ···을 확성기로 말하다 (비유적으로 대대적으로 떠들어 대다).
bul·lion [búljən] 🔲 🔲 **1** 금[은] 지금(地金), 금[은] 괴. **2** 금[은]몰(~ *fringe*); 금[은]실. ~**·less** 🔲
búllion frínge 🔲 금[은]몰.
bul·lion·ism [búljənizm] 🔲 지금(地金)주의, 금은 통화주의; 중금(重金)주의. -**ist** 🔲
búllion màrket 🔲 금은 시장.
Búllion Státe 🔲 (the ~) 미국 Missouri 주의 별칭.
bull·ish [búliʃ] 🔲 **1** (성격·태도가) 황소 같은; 완고한; 어리석은. **2** 〔상업〕 (주식의 거래 시장이) 강세(强勢)의; (경기 따위가) 장래가 밝은; (구어) (특정 종목이) 상승 기미가 있는(⇔ *bearish*).¶*a* ~ *factor* 강세 요인. **3** (구어) 낙천적인, 희망적인. ~**·ly** 🔲 ~**·ness** 🔲
búll márket 🔲 〔증권〕 강세 시장, 상승 장세. 🔲 *bear market*
búll mástiff 🔲 불마스티프(bulldog와 mastiff의 교배종인 사나운 번견(番犬)).
bull·necked [-nèkt] 🔲 (황소처럼) 목덜미가 굵은.
búll nòse 🔲 **1** (돼지의) 전염성 위축성 비염. **2** =*bullnose*. **3** (벽돌 따위의) 둥그스름한 면.
bull·nose [búlnòuz] 🔲 **1** 〔건축〕 둥그스름한 벽 따

위의 모서리; 모서리가 둥그스름한 벽돌. **2** 주먹코. **3** =*bull nose* 1.
bull-nosed [-ⁿòuzd] 🔲 (모서리가) 둥그스름한.
búll-nosed bów 🔲 (해사) =*bulbous bow*.
bul·lock [búlək] 🔲 **1** 거세한 황소. ⇨ *OX* 〔유의어〕 **2** 수송아지. 🔲 (溪속어) 거세한 황소처럼 열심히 일하다.
búllock one's wáys 맹렬히[힘으로] 밀고 나아가다.
búllock pùncher 🔲 (溪) =*bull puncher*.
búll·lou·cky [-lλki] 🔲 (溪구어) 거세한 수소 몰이꾼; (소몰이꾼이 쓰는) 상스러운 말. ── 🔲 소몰이의, 소를 돌보는; 거세한 소(bullock) 비슷한. 〔한; 수포성의.
bul·lous [búləs] 🔲 〔병리〕 수포[물집]의; 수포 비슷
búll pèn 🔲 **1** 〔야구〕 불 펜; 〔집합적〕 구원 투수. **2** 《美구어》 구치소, 유치장. **3** 외양간, 우사(牛舍). **4** 《美구어》 (목장·수 따위에서 일하는 사람들의) 합숙소; 《美구어》 (남자 대학생을 위한) 기숙사. (또는 *búllpèn*)
búll pòint 🔲 《英구어》 유리한 점, 강점; 득점; 우세.
búll pùncher 🔲 (溪) 카우보이.
búll pùp [búlpλp] 🔲 불독의 강아지.
búll ràck 🔲 《美속어》 가축 운반 트럭.
búll·ring [búlrìŋ] 🔲 투우장.
búll·roar·er [-rɔ̀ːrər] 🔲 (오스트레일리아 북미 원주민의) 종교 의식용 악기; 《英》 딸랑이.
búll sèssion 🔲 《美구어》 자유 토론회; 잡담.
bull's-eye [búlzài] 🔲 **1** (사격·양궁 따위의) 과녁 한복판의 흑점; 〔군사〕 표적권. **2** 과녁 복판을 맞힌 화살[판정]. **3** (구어) 핵심, 적중. **3** 가장 중요한 점 (crux); 정곡을 찌른 행위[발언]. **4** 〔뱃전·갑판 등에 있는 채광용〕 둥근 창. **5** 반구(半球) 렌즈(가 달린 각등(角燈)). **6** 〔해사〕 바퀴나 도르래. **7** 〔기상〕 태풍의 눈; 태풍의 전조인 비운(飛雲). **8** 눈깔 사탕.
hit [or *make*] *the bull's-eye*; *score a bull's-eye* 과녁 복판[판]을 맞히다; 성공하다.
It's [or *That's*] *a bull's-eye*. 바로 그거야(That's it.)
búll's-èyed 🔲
bull·shit [búlʃit] 🔲 (비어) **1** 허튼 수작; 거짓말 (lie); 허풍, 과장. **2** 싫은 것, 불필요한 것. ── 🔲 (~**·ted**; ~**·ting**) 허튼 소리 하다; 거짓말하다. ── 🔲 엉터리의, 바보 같은; 화가 난; 술취한.¶*a* ~ *artist* 거짓말쟁이[허풍] 선수. ── 🔲 (비어) (불쾌감을 나타내어) 헛소리 마!, 집어치워!, 거짓말 마라! ~**·ter** 🔲
búll térrier 🔲 불테리어(bulldog와 terrier와의 잡종
búll tòngue 🔲 (경운기의) 보습 날. 〔개).
búll tròut 🔲 《英》 송어류의 식용어.
bull·whack [búlhwæk] 🔲 소몰이 채찍. ── 🔲 소 채찍으로 치다(bullwhip). ~**·er** 🔲 소몰이꾼.
bull·whip [búlhwìp/búlwìp] 🔲 긴 생가죽으로 된 소채찍. ── 🔲 (-**pp**-) 소채찍으로 치다.
‡**bul·ly**¹ [búli] 🔲 **1** 약자를 못살게 구는 자, 동료들 '왕따'시키는 학생; 마구 빼기는 사람; 불량배, 골목 대장. **2** (고어) 고용된 장사(壯士). **3** 《美식축구》 스크럼. **4** 《폐어》 포주, 뚜쟁이. **5** 《폐어》 친구; 연인. 〔기다.
play [or *act*] *the bully* 약자를 못살게 굴다, 마구 빼── 🔲 ···을 못살게 굴다; (급 따위에서) 〔약자〕를 따돌리다, '왕따'시키다; 위협하다; 위협하여 ···하게[···하지 않게] 하다 (*into*/*out of*). ── 🔲 뻐기다, 거만하게 굴다.
bully a person into [*out of*] *doing* 남을 위협하여 ···하게[못 하게] 하다. 〔물건을 빼앗다.
bully a person out of a thing 위협하여 남에게서── 🔲 《英구어》 멋진, 근사한; 기운찬, 기개가 늠름한, 쾌활한.¶*feel* ~ 기분이 좋다.
── 🔲 (구어) 멋지다, 근사하다, 훌륭하다.
Bully for you! 잘한다!, 근사하다!
~**·a·ble** 🔲
bul·ly² 🔲 = ~ *beef*.
bul·ly³ 🔲 불리. **1** 〔축구〕 골 에어리어 안에서 선수들이 공을 차지하려고 벌이는 치열한 각축전. **2** 〔하키〕 양

búl·ly béef 통조림한(소금에 절인) 쇠고기.
búl·ly·boy [búlibɔ̀i] 명 《구어》 깡패, 건달(thug); 폭력 조직의 하수인; 정치 깡패.
búl·ly·ing [búliiŋ] 명 약자 괴롭히기, '왕따' 시키기.
búl·ly-off [-ɔ́(ː)f/-ɔ́f] 명 《英》 (하키) 시합 개시.
búl·ly·rag [búlirǽg] 통타 (**-gg-**) 《구어》 …을 위협하다; 못살게 굴다. (또는 **ballyrag**) **~ger** 명
búlly trèe 발라타나무(열대 아메리카산(産); 발라타 고무를 채취). [이속(屬)과 부들속(屬)의 식물.
bul·rush [búlrʌ̀ʃ] 명 (성서) 갈대(papyrus); 큰 고랭
***bul·wark** [búlwərk, bʌ́l-/búlwək] 명 1 (종종 **~s**) (축성) 토루(土壘), 보루, 방벽; (해양 따위의) 방파제. 2 (비유적) …에 대한 방파제, 방어자, 보호자 (*against*). ¶the ~ of public liberty 사회적 자유의 방패. 3 (~s) (해사) (뱃전에 두른) 방파용의 낮은 벽. ── 타 …에 방벽을 두르다, …을 방어하다.
bum¹ [bʌm] 명 《美구어·경멸적》 1 게으름뱅이, 건달; 방랑한 자; 떠돌이, 부랑자, 룸펜. ⇒ VAGABOND 유의어 2 (스포츠의) 광〔狂〕, …마니아. ¶a ski 〔golf〕~ 〔골프〕광. 3 무능한 사람〔선수〕; (돈 많은 후원자에게) 기생하고 있는 유명 선수. 4 술 마시고 법석대기. 5 《속어》 바람기 있는 여자; 저급한 매춘부. 6 열등한 동물, 잡종; 시시한 것. 7 《英》 =bumbailiff.
get the bum's rush 《美속어》 매맞고 쫓겨나다.
give a person **the bum's rush** 《美속어》 남을 두들겨 쫓아내다. [마시고 법석대다, 통음하다.
on a bum 《美속어》 술마시고 들떠서. ¶go *on a* ~ 술
on the bum 《美속어》 ① 흐트러져서, 타락하지 못하여, 고장나서, 엉망이 되어. ② 떠돌이〔거지〕 생활을 하여. ¶go *on the* ~ 문전걸식하다.
── 자 (**-mm-**) 《美구어》 남에게 기식하다, 빌어먹다; 빈둥거리며 세월을 보내다, 방탕한 생활을 하다(*about*, *around*); (자로) 계속 가다(*along*). ── 타 《美》 …을 공짜로 얻다; (…에게서) …을 뜯어내다, 값을 생각 없이 빌리다 (*off, from*). ¶(~+목+전+명) ~ money *from* a person 값을 생각도 없이면서 남에게서 돈을 꾸다. [리게 하다; 괴롭히다.
bum a person **out** 《속어》 남을 낙담시키다, 허둥거
bum out 《美속어》 마약에 의한 불쾌한 환각을 체험하다; (일반적으로) 불유쾌한 경험을 하다.
── 형 (**-mer; ~mest**) 《美속어》 1 조악한, 맛없는, 양질이 아닌. ¶~ cooking 맛없는 요리. 2 거짓된, 잘못된, 현혹시키는. 3 불유쾌한, 지긋지긋한. 4 (몸의 일부가) 정상이 아닌; 결함이 있는, 고장난.
bum² 명 《英속어》 궁둥이; 똥구멍.
bum³ 명 《軍속어》 복사기로 복제하는 서류; 폐기 처분하기 위해 비밀 서류를 넣는 자루. [적] 집행관(bailiff).
bum·bail·iff [bʌ̀mbéilif] 명 (~**s**) 《英고어·경멸
bum·ber·shoot [bʌ́mbərʃù:t] 명 《구어》 우산.
bum·ble¹ [bʌ́mbl] 자타 1 실수하다, 실책하다. 2 발이 채이다, 비틀거리다(*about, around*). 3 (…에 대해) 말을 더듬다(*on, about*). ── 타 …을 서투르게 하다, ── 명 실수, 실책. [에 실패하다.
bum·ble² 자타 (벌이) 윙윙거리다. 명 bumblebee
bum·ble³ 명 《英》 (거드름 피우는) 하급 관리, 벼슬아치. **~dom** 명명 벼슬아치 근성. [《Dickens의 소설 *Oliver Twist*에 등장하는 관리 Bumble》
bum·ble·bee [bʌ́mblbì:] 명 뒝벌.
bum·ble·pup·py [bʌ́mblpʌ̀pi] 명U 〔카드놀이〕 휘스트(whist)의 변칙적인 놀이 방법.
bum·bling [bʌ́mbliŋ] 형 실수를 저지르는, 무능한.
── 명UC 실수. [따위를 섞어서 만드는 음료).
bum·bo [bʌ́mbou] 명U 범보(럼주에 설탕·향료·물
bum·boat [bʌ́mbòut] 명 행상선(行商船).
bumf [bʌmf] 명U 《英속어》 화장지, 휴지(toilet paper); 《경멸적》 (휴지 다름없는) 공문서, 서류; 서류 업무(paperwork). (또는 **bumph**)

Bu·mi·pu·tra [bù:mipú:trə] 명 (종종 **b-**) 말레이시아 원주민; (중국계 주민과 구별하여) 말레이시아 인. **-pù·tra·i·zá·tion** 명U 말레이시아화(化) (정책).
bum·kin [bʌ́mkin] 명〔해사〕 =bumpkin².
bum·ma·lo [bʌ́məlòu] 명 (복 **~s**) 물천구(Bombay duck)(정어리과(科)).
bum·mer [bʌ́mər] 명 《美속어》 1 게으름뱅이 (idler); 부랑자. 2 마약〔환각제〕의 불쾌한 경험; 불유쾌한 일, 실망. 3 실패작, 졸작.
‡**bump** [bʌmp] 자타 (**~ed** [-t]) 타 **1** …에 충돌〔추돌〕하다; …에 쾅 하고 부딪치다; 〔보트〕 …을 뒤에서 들이받다 (*against*). ¶~ a train 열차에 충돌하다. **2** …을 쾅 하고 던지다〔부딪다〕. ¶(~+목+전+명) ~ one's head *against* the wall 벽에 머리를 쾅 부딪다. **3** 부딪혀 …을 떨어뜨리다. ¶(~+목+전+명) The cat ~ed the vase *off* the shelf. 고양이가 선반에서 꽃병을 쿵 하고 떨어뜨렸다. **4** 《美속어》 (지위 따위에서) 〔남〕을 쫓아내다, 해임〔해직〕하다; (투표로) 〔남〕을 부결하다. ¶~ corrupt politicians 부패한 정치인을 추방하다. **5** 《美속어》 〔가격·임금 따위〕를 올리다; 〔카드놀이〕 〔건 돈〕을 끌어올리다. ¶~ the price of rice 쌀값을 올리다. **6** 《속어》 임신시키다. **7** 〔여객기 예약〕의 예약을 취소하다; 〔여행 계획〕을 중지하다, 취소하다. **8** 《美속어》 죽이다. **9** 〔TV〕 〔비디오테이프에 수록된 영상이나 음성〕을 다른 사이즈의 비디오테이프에 바꾸어 옮기다. **10** 《美구어》 승진〔승급, 승격〕시키다.
── 자 **1** 부딪다, 충돌하다 (*against*). ¶~ *against* each other 서로 부딪다. **2** (반대·문제 따위에) 부딪치다 (*against, into*); (사람을) 우연히 만나다(*up*)(*into, against*). **3** (차가) 덜커덩덜커덩 나아가다(*along*). **4** 《美·캐나다》 (음악에 맞춰) 허리를 앞으로 내밀듯이 자극적으로 춤추다; 범프스를 추다. **5** 격렬하게 굴다. **6** 《美속어》 섹스를 하다.
bump fuzz 《美속어》 섹스를 하다. [다.
bump into 《구어》 …와 부딪치다; …와 우연히 만나
bump off 《美속어》 …을 죽이다, 없애다.
Dump that! 《美속어》 ① 까짓 것 잊어버려, 아무러면 어때!; (착각 따위를 했을 때) 없던 일로 해줘!, 미안해!
bump up 《구어》 〔물가·급료 따위〕를 올리다; 〔점수 따위〕를 불리다; 승진시키다.
bump up against …와 우연히 만나다.
── 감 (come, go 따위와 함께) 쿵〔쾅〕하고. ¶come [or go] ~ on the floor 쿵 하고 마루에 떨어지다.
things that go bump in the night 이상한 소리.
── 명 **1** 부딪치기, 충돌; (차·보트 등의) 추돌〔급격〕; 타격. **2** 부딪는 소리; 쿵, 쾅, (차의) 덜커덩하는 소리. **3** (충돌로 생긴) 타박상, 혹, 좌상(挫傷). ¶a ~ on one's head 머리의 혹. **4** (도로 따위의) 융기, 돌기, 장애물. ¶a ~ on a road 도로의 융기. **5** (~**s**) (여성의 가슴의) 융기; (미발육의 작은) 유방. **6** 〔해부〕 두개골의 융기; (골상학상 어떤 종류의) 재능, 능력; 직감. **7** 《항공》 상승 기류, 난기류; 범프로 인한 비행기의 요동; 에어 포켓 (air pocket); 비행기의 난폭한 착륙. **8** 《美속어》 격하, 강등; 해임, 해직, 해고; 실격, 경상, 승급. **9** 《美속어》 범프스(스트리퍼가 하복부를 내미는 동작). **10** 《속어》 (술 등의) 한 잔(slug) (걸치기).
bump of direction 《英》 방향 감각.
feel a person's **bump** 남의 재능을 타진하다.
have a [no] bump of …의 재능이 있다〔없다〕.
like a bump on a log 《美속어》 한가로이, 빈둥빈둥,
with a bump 쾅 하고. [아무 반응 없이.
~·ing·ly 부
‡**bump·er** [bʌ́mpər] 명 **1** 충돌하는 것〔사람〕. **2** 《英》 (자동차의) 범퍼, 완충기(《美》 fender); 《美》 (철도의) 완충 장치(《英》 buffer); (일반적으로) 충격을 완화시키는 것. **3** 《美》 차량 이탈 방지 장치. **4** 《크리켓》 높이 치솟는 속구. **5** (건배용으로) 술을 가득 채운 잔(glass). **6** 《구어》 (같은 종류의 것보다) 유별나게 큰 것; 풍어(豊

漁). 풍작, 만원, 히트. **7** 〔주조〕 주형에 모래를 채우는 기계. **8** (남미·쿠바에서 잡히는) 전갱이과 물고기. **9** (濠속어) (결power의) 담배 꽁초. ― **1** 유별나게 큰, 풍부한. **2** 풍년의, 풍어의. ¶~ year 풍년. **3** 만원의, 대만트한. ― 区 **1** (술 따위)를 가득 따르다, 가득 채우다. **2** (견배에서) (잔)을 죽 들이켜다. ― 区 전배하다.

búmper càr 区 (놀이 공원의) 범퍼 카, 박치기 차.
búmper cròp [hàrvest] 区 大풍작.
búmper guàrd 区 범퍼 가드(범퍼의 양쪽에 수직 방
búmper jáck 区 범퍼 잭. 「향으로 붙인 부품).
búmper stìcker [strìp] 区 자동차 범퍼에 붙인 스티커(광고·선전용).
bump·er-to-bump·er [-təbʌ́mpər] 图[区] (자동차가) 꽉 들어찬[들어차서]. ¶~ traffic 교통 체증.
bumph [bʌmf] 区 =bumf.
bump·ing [bʌ́mpiŋ] 区 〔항공〕 범핑(초과 매표 등과 예약을 받아 놓고 표 가진 승객을 태우지 않는 것).
búmping pòst 区 〔철도〕 차량 정지용 기둥.
búmping ràce 区 (英) (Oxford, Cambridge 대학의) 추돌(追突) 보트 경주(앞의 보트를 따라잡아 터치하든가, 앞질러 승부를 정한다).
bump·kin[1] [bʌ́mpkin] 区 (경멸적) 시골뜨기, 촌놈. ~·ish, ~·ly 区
bump·kin[2] 区 〔해사〕 (돛을 펴기 위해) 선체에서 뻗어나온 막대기. (또는 **boomkin, bumkin**)
bump-off [bʌ́mpɔːf/-ɔ̀f] 区 (美속어) 살인.
bump·tious [bʌ́mpʃəs] 区 오만한, 거만한, 건방진, 주제넘은. **-ly** 区 **-ness** 区
bump·y [bʌ́mpi] 区 **1** 울퉁불퉁한; (차가) 덜컹덜컹 흔들리는. ¶a ~ road 울퉁불퉁한 길. **2** (응) 돌풍이 있는, 난기류가 있는. **3** (인생 따위가) 기복[부침]이 심한. **búmp·i·ly** 区 **búmp·i·ness** 区
búm ráp 区 (美속어) 불공정한[억울한] 벌[형], 누명; 부당한 비난[비판]. **búm-ráp** 区
bum-rush [-rʌ́ʃ] 区区 (美속어) (레스토랑·공공 장소 따위에서) 내쫓다.
búm's rúsh 区 (the ~) (속어) 강제 추방, 퇴출: 강제 해산; 강제 해고, 파면; 임시 변통, 미봉책.
búm stèer 区 (美속어) 부정[가짜] 정보, 유언 비어.
búm sùcker 区 (英비어) 아첨꾼, 알랑쇠.
búm-sùck·ing 区[U] 아첨, 알랑거림.
búm tríp 区 (속어) =bad trip.
***bun**[1] [bʌn] 区 **1** (美) (둥글고 길다란) 롤빵(hamburger roll용). (英) (작고 동그란) 과자빵(향료·건포도가 들어 있다). **2** (롤빵 모양의) 쪽진 머리. ¶in a ~ 머리를 쪽지고. **3** (~s) (속어) (특히 남자의) 엉덩이 (buttocks): 여성의 성기. **4** (濠) 중산 모자.
do one's **bun** (濠) 기분을 잡치다, 화를 내다.
have (got) a bun in the oven (속어·익살) 임신.
one's buns off (美속어) 전력으로, 힘껏. 「하고 있다.
take the bun (英속어) 일등이 되다, 이기다.
bun[2] 区 (英군) (의인화하여) 다람쥐, 토끼.
bun[3] 区 (美속어) 술마시고 흥청대기. 「레 취하다.
get [or have, tie] a bun on (美속어) 곤드레만드
BUN 〔생리〕 blood urea nitrogen(혈중 요소 질소).
Bu·na [bjú:nə] 区 (商標) 〔화학〕 부나(천연 고무와 가장 유사한 합성 고무의 일종). 「(수수료, 구전.
bunce [bʌns] 区 (英속어) 횡재; (자기가 받을) 몫;
‡**bunch** [bʌntʃ] 区 (濠 ~**es** [-iz]) **1** (a ~ of) (포도 따위의) 송이, 무리(群), 덩어리(= cluster). ⇒BUNDLE 유의어 ¶a ~ of grapes 포도 한 송이/a ~ of papers 신문[서류 한 뭉치[묶음]/a ~ of queries 일련의 질문. **2** (~s) (英) 둘로 묶은 가른 머리. **3** (구어) (단·복수 양용) (사람의) 무리, 떼. ¶a ~ of students 한 무리의 학생. **4** (美속어) 거액의 돈, 거금. **5** (고어) 혹, 융기.
a bunch of fives (속어) 주먹, 주먹 한방. 「대단히.
a whole bunch; whole bunches (美구어) 매우,

the best [or **pick**] **of the bunch** [or **basket**] (구어) 가장 뛰어난 사람[것], 군계 일학.
― 区 (~**es**; ~**ed** [-t]) 区 **1** ~을 모으다, 다발짓다, 엮다: 〔의복〕 주름을 잡다(up, together). **2** (여성)에게 꽃다발을 바치다. **3** 〔야구〕 (안타)를 집중시키다. ― 区 다발이 되다, 모이다: 주름지다: 혹이 되다, 융기하다(up, out).
be bunched together 무리짓다. 「〔산달나무.
bunch·ber·ry [bʌ́ntʃbèri, -bəri/-bəri] 区 〔식물〕
búnch gràss 区 (잎이 송이처럼 모여 나는) 벼과의 풀.
búnch light 区 〔조명의〕 속광(束光).
bunch·y [bʌ́ntʃi] 区 송이를 이루는, 송이 모양의; 다발진; 융기한. **búnch·i·ly** 区 **búnch·i·ness** 区
bun·co [bʌ́ŋkou] (美구어) 区 (濠 ~**s**) [U][C] 사기, 속임수, 야바위; (카드 따위의) 속임수 놀음. ― 区 …에게 속임수를 쓰다, 속이다. (또는 **bunko**)
búnco àrtist 区 (美속어) 사기꾼.
bun·combe [bʌ́ŋkəm] 区 [U] (정치인의) 인기를 노린 연설; 공치사. (또는 **bunkum**) 「(dler).
búnco stèerer 区 (美속어) 사기꾼, 야바위꾼(swin**bund** [bʌnd] 区 **1** (동양의) 제방, 해안길, 연안 도로. **2** (B-) (중국 상하이(上海)의) 와이탄(外灘)(금융가).
Bund [bund/G bunt] 区 (濠 ~**s**) (종종 b-) **1** 동맹, 연합. **2** 국채, 정부채. 〔<G〕
bun·der [bʌ́ndər] 区 (인도) 항구, 부두.
búnder bòat 区 (인도 등지의) 연안상선(船), 항만선.
Bun·des·bank [búndəsbàŋk] 区 (독일의) 연방 (중앙) 은행(정식은 Frankfurt 소재). 〔<G〕
Bun·des·rat [búndəsrà:t] 区 **1** (독일의) 상원. **2** (스위스의) 연방 의회. 〔<G〕 「〔<G〕
Bun·des·tag [búndəstà:g] 区 (독일의) 하원.
Bun·des·wehr [búndəsvèər] 区 (독일의) 연방군, 독일군. 〔<G〕
‡**bun·dle** [bʌ́ndl] 区 (濠 ~**s** [-z]) **1** (한 덩어리로 묶은) 다발, 꾸러미(package). ¶a ~ of clothes 한 꾸러미의 옷가지/a ~ of hay [straw] 한 다발의 건초 [짚]/sell things in a ~ 물건을 다발로 팔다.

<u>유의어</u> **bundle** 많은 것을 다발짓은 것. **bunch** 같은 종류의 것의 모임; 특히 잘 다발짓은 것. **package** 판매·수송을 위해 상자 따위에 넣거나 싸서 다발지은 것. **parcel** package의 작은 것. **packet** parcel보다 더욱 작은 것. **pack** 사람이나 동물의 등으로 나르기 위한 꾸러미.

2 (a ~ of) (구어) (몇 개의 물건의) 덩어리, 떼, 단(團)·조(組). ¶a ~ of problems 많은 문제. **3** (a ~) (속어) 거금, 거액; (美속어) 귀여운 아이; 매력적인 여자. **4** 〔식물〕 관다발, 유관속(維管束)(vascular ~); 〔해부·동물〕 소속(小束), 신경 섬유속. ¶~ sheath 유관속초(鞘).
a bundle of nerves 매우 신경질적인 사람.
bundle of joy; bundle from heaven (美구어) 핏덩이, 갓난아이.
do [or **go**] **a** [or **the**] **bundle on** (속어) ① …에 큰돈을 걸다. ② …을 지지하다, 열중하다.
drop into a bundle 움츠러들다, 오그라들다.
drop one's **bundle** ① (濠속어) 항복하다; 깜짝 놀라다. ② 〔출산 속어〕 낳다.
― 区 (~**s** [-z]; ~**d**; **-dling**) 区 **1** …을 다발짓다, 묶다, 싸다, 꾸리다(up, together). ¶(~+目+周) ~ up clothes 옷가지를 꾸리다. **2** …을 서둘러 쫓아내다, 떠나게[off, out, away)(to, out of). ¶(~+目+周) They ~d the children off to bed. 그들은 아이들을 침실로 쫓아보냈다. **3** 급히 [던져 넣다, 아무렇게나 던져 넣다(into, in). ¶(~+目+周+周) He ~d his possessions into a carriage. 그는 소지품을 차 안에 던져 넣었다. **4** (관련 상품·서비스 따위)를 패키지일괄가격으로 판매[제공]하다; 〔컴퓨터〕 〔하드웨어와 소프트웨어)를 일괄[패키지] 판매하다.

— [자] **1** 서둘러 떠나다, 급히 나가다(*off, away, out*) (*out of, into*). **2** (약혼 중인 남녀가) 옷을 입은 채 같은 잠자리에 들다.
bundle in 우르르 몰려 들어오다.
bundle up 《재귀용법·수동형으로》 따뜻하게 몸을 감싸다(*in*).
bún·dler [명]
bun·dling [bʌ́ndliŋ] [명] **1** (관련 상품의) 일괄 판매, 시스템 판매; (비인기 상품·새 상품 따위의) 끼어 팔기(상술). **2** 옷입은 채 동침하기(약혼 중인 남녀가 옷을 입은 채 한 침대에서 자는 영국의 웨일즈나 미국 뉴잉글랜드의 옛 관습).
bun·do·bust [bʌ́ndəbʌ̀st] [명] 《인도》 결정, 협정.
bun-fight [⌐fàit] [명] 《英속어》 **1** 티 파티(tea party). (또는 **bún strùggle[wòrry]**) **2** 좁은 장소에서의 밀고 당김; 《비꼬아》 공식 행사.
bung[1] [bʌŋ] [명] **1** (통의) 마개; (보트의) 바닥 구멍의 마개. **2** (통의) 따르는 구멍. **3** 양조업자; 술집 주인.
Put a bung in it! 《英속어》 그만 떠들어!, 입 닥쳐!
— [동][타] **1** …에 마개를 하다, …을 막다(*up*). **2** 《속어》 (싸움 따위에서) …을 때려 눕히다, 몰매질을 하다. **3** 《속어》 〔돌 따위〕를 던지다(throw).
bung off 《英속어》 도망가다, 뺑소니치다, 빼먹다.
bung up 《속어》 ① (상처를 입혀) 부어 오르게 하다. ② 〔자동차 따위〕를 대파시키다.
bung[2] [형] 《濠속어》 고장난, 망가진; 파산한; 죽은.
go bung 실패하다; 파산하다; 죽다.
bung[3] [명] 《英속어》 팁, 뇌물. — [동][타] …에게 팁을 주다, 뇌물을 바치다.
bun·ga·loid [bʌ́ŋgəlɔ̀id] [형] 방갈로식[풍]의.
bun·ga·low [bʌ́ŋgəlòu] [명] 방갈로(베란다가 있는 목조 단층집); 작은 주택; (교외의) 작은 별장.
bun·gee [bʌ́ndʒiː, bʌ́ŋgi] [명] 번지(고무줄 다발을 면으로 덮어씌운 밧줄). (또는 **⌐ còrd**)
bun·gee-jump [-dʒʌ̀mp] [동][자] 번지 점프를 하다.
búngee jùmping [명] **1** 번지 점프[점핑]. **2** 불필요한 모험, 불장난. **búngee jùmper** [명]
bung·er [bʌ́ŋər] [명] 《濠속어》 불꽃(firework).
bung-ho [⌐hóu] [감] 《英》 《인사말》 안녕, 잘 가요; 건배.
bung·hole [bʌ́ŋhòul] [명] **1** (통의) 따르는 구멍. **2** 《美속어》 항문(anus). (또는 **búng hòle**) — [동] 《美속어》 항문 성교를 하다[받아들이다, 좋아하다].
bun·gle [bʌ́ŋgl] [동][자] 실수하다, 잡치다, 서투른 짓을 하다. — [타] …을 서투르게 하다, 잡치다, 엉망진창으로 만들다. — [명] 서투름; 실수, 실책.
make a bungle of …을 엉망진창으로 만들다, 망치다.
bun·gler [bʌ́ŋglər] [명] 실수를 하는 사람, 서투른 직공, 솜씨가 나쁜 사람.
bun·gle·some [bʌ́ŋglsəm] [형] 서투른, 어설픈, 솜씨 없는.
bun·gling [bʌ́ŋgliŋ] [명][U] 서투른 세공[일]. — [형] 서투른, 어설픈. **~·ly** [부]
bun·gy [bʌ́ndʒi, bʌ́ŋgi] [명] 《英·인도》 (Bombay 지방의) 청소부, 넝마주이. (또는 **bunji**)
bun·ion [bʌ́njən] [명] 〔병리〕 건막류(腱膜瘤)(엄지발가락 안쪽에 생기는 혹).
bunk[1] [bʌŋk] [명] **1** (열차·선박 따위의 벽에 부착된) 침대, 침상; = ~ bed. **2** 《구어》 (캠프장 따위의) 잠자는 곳; 침대, 잠자리. — [동][자] 《구어》 잠자리에 들다, (급조된 잠자리에서) 자다; 《英속어》 (…와) 성관계를 갖다(*up*)(*with*). — [타] …에게 잠자리를 마련해주다.
bunk[2] [명][U] 《美속어》 **1** 터무니없는 소리, 허풍, 허튼소리. **2** =buncombe. — [동][타] 〔남〕을 속이다; …에게 터무니없는 소리를 하다. — [형] 《美속어》 형편없는, 나쁜; 가짜의. 〔< *bunk*um〕
bunk[3] [명] 《英속어》 줄행랑. 《* 다음 숙어로》
do a bunk 도망치다, 내빼다.
— [동][타] 〔수업 따위〕를 빼먹다, 게으름 피우다(*off*).
— [자] 도망치다; 빼먹다(*off*).
bunk it 도망치다; (수업 따위를) 빼먹다.

búnk bèd [명] (어린이용) 2단 침대(의 한 단).
bunk·er [bʌ́ŋkər] [명] **1** (석탄 따위의) 큰 저장 상자; (배의) 연료 창고. **2** 〔골프〕 벙커(《美》 sand trap)(코스 안에 장애물로서 만들어진 모래땅). **3** 〔군사〕 엄폐호(掩蔽壕). **4** 장애물. — [동][타] **1** 《수동형으로》 〔골프〕 〔공〕을 벙커에 쳐 넣다. **2** 〔해사〕 〔배〕에 연료를 적재하다. **3** 《수동형으로》 …을 궁지에 빠뜨리다. — [자] 〔해사〕 배에 연료를 적재하다. — [형] 엄폐호에 들어 있는; 고립 무원의. ¶ ~ mentality 고립 무원의 정신 상태[심경].
bunk·er-bust·er [⌐bʌ̀stər] [명] 《美》 벙커[엄폐호] 파괴 폭탄(공식 명칭은 GBU 28).
Búnk·er Híll [bʌ́ŋkər-] [명] 벙커 힐(미국 Boston 근교의 야산; 미국 독립 전쟁 최초의 대격전이 벌어진 곳).
Bunk·er·ism [bʌ́ŋkərizm] [명] 《美》 =Archie ~.
búnker òil [명] 벙커유(油).
búnk fatìgue[hàbit] [명] 《美육군 속어》 (침대에서의) 휴게[수면] 시간.
búnk flỳing [명] 《英공군 속어》 (자기의 비행에 대한) 과장된 이야기, 허풍.
bunk·house [bʌ́ŋkhàus] [명] (공사장·목장 따위의) 합숙소, (나무꾼 등의) 오두막집.
bunk·mate [bʌ́ŋkmèit] [명] (합숙소 따위의) 룸메이트.
bun·ko [bʌ́ŋkou] [명] ([복] **~s**) [동] 《美구어》 =bunco.
bun·kum [bʌ́ŋkəm] [명] =buncombe.
bunk-up [⌐ʌ̀p] [명] (보통 a ~) 《英구어》 (위로 오를 때) 밑에서 받쳐 주기, 엉덩이 밀어주기.
bunn [bʌn] [명] =bun[1].
***bun·ny** [bʌ́ni] [명] **1** 《구어·어린이말》 토끼. **2** 《방언》 다람쥐. **3** =~ girl. **4** 《美속어》 (관광지 따위에서) 남자를 낚는 여자. **5** 《속어》 (동성 연애자를 상대로 하는) 창녀, 남창. **6** 《속어》 바보, 멍청이; 봉.
(as) cute as a bunny (토끼처럼) 귀여운.
quick like a bunny 《美속어》 재빠르게, 달아난 토끼처럼.
— [형] (스키에서) 초보자용의[에 적합한].
búnny bùrger [명] 토끼 고기 햄버거.
búnny fùck 《美속어·비어》 [명] 짧은 시간 동안의 성교, 한탕(quickie). — [동][자] 급하게 성교하다; (시간적으로) 질질 끌다.
búnny gìrl [명] 버니 걸(토끼 비슷한 의상을 입은 미국 Playboy Club의 웨이트리스).
bun·ny-grub [-grʌ̀b] [명] 《英속어》 신선한 야채.
búnny hòp [명] 토끼 스텝(앞사람의 허리·어깨에 두 손을 얹고 줄지어 추는 춤의 스텝).
búnny hùg [명] (the ~) 《美》 (20세기초에 유행한) 두 명이 한 조가 되어 추는 춤.
búnny slòpe [명] (the ~) (스키장의) 초보자용 슬로프.
Bún·sen búrner [bʌ́nsn-/*G* búnzən-] [명] (때로 b–) 분젠 버너(화학 실험용 가스 버너). 〔< 고안자인 독일 화학자 Robert W. Bunsen(1811–99)의 이름〕
***bunt**[1] [bʌnt] [동][타] **1** (염소·송아지가 뿔·머리로) …을 받다, 밀다(butt). **2** 〔야구〕 〔공〕을 번트하다. — [자] **1** (뿔·머리 따위로) 받다, 밀다. **2** 〔야구〕 번트하다.
— [명] **1** (머리·뿔 따위로) 받기, 밀기, 돌격. **2** 〔야구〕 번트; 번트한 공. **⌐·er** [명]
bunt[2] [명] 〔해사〕 (돛의) 중앙부; (어망 따위의) 중복부(中腹部).
bunt[3] [명][U] 〔식물〕 (밀의) 깜부기병. **⌐·ed** [형]
bun·ting[1] [bʌ́ntiŋ] [명][U] **1** (모·면의) 기(旗) 만드는 천. **2** (축제일 등에 가로(街路)·회장 따위에 두르는) 장막. **3** 《집합적》 기(旗)(flags), (배의) 장식기; 만국기. **4** [C] (갓난애의) 포대기.
bun·ting[2] [명] 〔조류〕 멧새.
bunt·line [bʌ́ntlin, -làin] [명] 〔해사〕 번트라인(가로돛 자락을 끌어올리는 데 쓰는 로프).
Bu·ñu·el [bùnwél, bùːnjuél] [명] **Luis** ~ 브뉘엘(1900–83: 스페인의 영화 감독: 초현실주의의 거장).
Bun·yan [bʌ́njən] [명] 번연. **1 John** ~ (1628–88: 영국의 설교사; *The Pilgrim's Progress* 「천로 역정」의 저자). **2 Paul** ~ ⇨ PAUL BUNYAN.
⁑bu·oy [búːi/bɔi] [명] 〔해사〕 **1** 부이, 부표(浮標). ¶ an anchor ~ 앵커 부이 / a lighted ~ 등화 부표 / a danger ~ 위험물 표시 부이. **2** 구명대, 구명 부이(life

buoyage 385 **burgess**

~). — 타동 1 (부이로) …을 뜨게 하다(*up*). 2 〖해사〗 …을 부이로 나타내다, …에 부이를 달다(*out*, *off*). ¶~ an anchor 닻의 위치를 부이로 나타내다 // (~+目+ 부사) ~ *off* a channel 수로를 부표로 나타내다. 3 (정신적으로) 지지하다, 힘을 북돋우다, 격려하다 (*with*, *by*); (가격 따위)를 올려 놓다(*up*). ¶ (~+目+부사) ~ *up* a person's courage 남의 용기를 북돋아주다 / He ~ed me *up*. 그는 내게 용기를 주었다. — 자동 뜨다, 떠오르다(float).

buoy·age [búːiidʒ/bɔ́iidʒ] 명U 〖해사〗 부표 설치; 부표식(浮標式)(부표에 관한 규정·통제); 〖집합적〗 부표; 계선(繫船) 부표 사용료.

buoy·ance [bɔ́iəns, búːjəns] 명 =buoyancy.

buoy·an·cy [bɔ́iənsi, búːjən-] 명U (종종 a ~) 1 부력(浮力). 2 부양성, 부양. 3 (타격 따위로부터의) 회복력; 낙천적 성질, 쾌활함(cheerfulness). 4 (주가의) 상승 경향; (국가 세입 따위의) 증가 추세.

*****buoy·ant** [bɔ́iənt, búːjənt] 형 1 부양성의, 뜨기 쉬운, 떠 있는. 2 (액체가) 물체를 뜨게 하는, 부력이 있는. 3 쾌활한, 낙천적인; 힘나게 하는, 격려하는. 4 (주가가) 오르는 경향이 있는; (국가 세입 따위의) 증가 추세의.

búoyant mìne 명 〖군사〗 부표 기뢰. **~·ly** 부

bup·pie [bʌ́pi] 명 《미》 흑인 여피족, 버피족. [<*black*+*yuppie*]

bur[1] [bəːr] 명 1 (밤·우엉 따위의) 가시돋힌 겉겉질. 2 (열매 따위에)가시돋힌 겉겉질이 있는 식물. 3 귀찮게 달라붙어 떠나지 않는 사람, 귀찮게 구는 사람; (가시처럼) 달라붙어 떨어지지 않는 것. 4 〖외과·치과·기계〗 절삭(切削) 도구, 버, 드릴. — 타동 (*-rr-*) …에서 bur를 벗겨내다. (또는 《영》 burr)

bur[2] 명 =burr[2,3]. 「Burmese.

bur. bureau; buried. **Bur.** bureau; Burma;

bu·ran [buːrάːn] 명 부란(시베리아 등지의 눈보라와 흑한이 수반된 폭풍). (또는 bura)

burb [bəːrb] 명 《미속어》 교외 (거주자); 교외 생활 (양식). [<*suburbia*]

Bur·ber·ry [bə́ːrbəri] 명 1 U 바바리 방수포(布). 2 (상표) 바바리 (레인) 코트(영국 Burberrys사 제품).

bur·ble [bə́ːrbl] 자동 1 부글부글 소리를 내다(bubble). 2 〖구어〗 (흥분하여) 재잘거리다(*on*, *away*); (젖먹이가) 칭얼대다. 3 (기류가) 거칠어지다. — 타동 …을 빨리 말하다. — 명 1 부글부글 소리내기; 솟아나옴. 2 재잘거림. 3 〖항공〗 급각도로 날개에 부딪친 기류의 부서짐. **-bler** 명 **-bly** 부

búrble pòint 명 〖항공〗 (날개의) 실속각(失速角), 임계각(臨界角). 「고기).

bur·bot [bə́ːrbət] 명 (복 ~(**s**)) 모캐(대구과의 민물

burd [bəːrd] 명 《스코》 숙녀(lady), 소녀(maiden).

*****bur·den**[1] [bə́ːrdn] 명 (복 ~**s** [-z]) 1 짐, (특히 무거운) 화물, 적하(積荷)(⇒LOAD 유의어). U 짐나르기, 화물의 운반. ¶a ~ of firewood (땔)나뭇짐 / a ~ of dust 쌓인 먼지. 2 (정신적인) 무거운 짐, 부담, (무거운 짐이 되어) 괴롭히는 것, 괴로움, 걱정; 책임, 의무. ¶a ~ of responsibility 책임이라는 무거운 짐 / an intolerable ~ 견디기 힘든 무거운 짐. 3 U 〖해사〗 (배의) 적하 중량, 적재량.

a beast of burden (소·말 따위) 짐 운반용 동물.

a ship of burden 화물선. 「에게 수고를 끼치다.

be a burden to [or *on, for*] …의 부담이 되다, …

bear the burden 부담을 견디다, 고생을 참다.

bear the burden and heat of the day 하루의 노고와 더위를 참다; 힘든 일을 마치다, 책임을 지고 일에 임하다(←마태 복음(Matt.) 20 : 12).

cast [or *pass*] *one's burden on another* 자기 부담을 남에게 떠넘기다. 「다, 죽다.

lay down life's burden 인생의 무거운 짐을 내려놓

share the burden 무거운 짐을 나누어 지다.

— 타동 (~**s** [-z]) 1 …에 무거운 짐을 싣다, 무거운 짐을 지우다(*with*). 2 …에 정신적인 짐을 지우다, 부담을 주다; …을 괴롭히다(*with*). ¶ (~+目+前+名) ~ the people *with* heavy taxes 국민에게 무거운 세금을 부과하다 / He is ~ed *with* a heavy debt. 그는 많은 빚을 지고 있다.

~**·er** 명 **~·less** 형

bur·den[2] 명 1 (the ~) (되풀이해서 들려주는) 취지 (趣旨), 요지, 요점, 주제. ¶the ~ of a speech 연설의 요지 / the ~ of argument 논쟁의 요지. 2 〖음악〗 (노래의) 후렴(refrain); (춤의) 장단, 반주.

like the burden of a song 되풀이하여.

búrden of próof 명 (the ~) 〖법률〗 입증(立證) 책임(재판 따위에서 주장·증거의 진실성을 입증하는 것).

búrden shάring 명 《미》 책임 분담, 비용 분담.

bur·den·some [bə́ːrdnsəm] 형 짐[부담]이 되는, 견디기 어려운, 괴로운, 성가신. ~**·ly** 부 ~**·ness** 명

bur·dock [bə́ːrdɑk/-dɔk] 명 우엉.

*****bu·reau** [bjúərou] 명 (복 ~**s**, ~**x** [-z]) 1 (보통 B-) (美) 〖관청〗의 국(局), 부, 과. ¶the Mint B- 조폐국 / the Weather B- 《미》 기상국 / the Federal B- of Investigation 《미》 연방 수사국(약 FBI). 2 사무국, 편집국; (안내 따위를 하는) 사무소, 안내소, 접수처; (신문사·통신사의) 지국. ¶an information ~ 정보부; 안내소 / an employment ~ 직업 소개소 / the Washington B- of the AP AP 통신 워싱턴 지국. 3 《美》 (거실이 달린) 옷장, 농, 화장대 (= ~ drésser); 《英》 (서랍이 있는) 책상, 사무용 책상.

bu·reauc·ra·cy [bjuərάkrəsi/-rɔ́k-] 명UC 1 관료 제도, 관료 정치. 2 〖집합적·단수취급〗 관료, 공무원. 3 관료주의. 4 관료적[관청식]인 번잡한 사무 절차(red tape). 「권력 지향가, 관료 권위주의자.

bu·reau·crat [bjúərəkræt] 명 〖정치〗 공무원, 관료.

bu·reau·crat·ese [bjùərəkrætíːz, -tíːs] 명 (추상적·전문적 표현이 많은) 관료 어법(語法), 관청 말씨.

bu·reau·crat·ic [bjùərəkrǽtik] 형 관료의; 관료 기질의, 관료적인; 관료주의[정치]의. ¶be of ~ origin 관료 출신이다. **-i·cal·ly** 부

bu·reau·crat·ism [bjúərəkrætizm, bjuərάkrət-/ bjúərəkræt-] 명U 관료주의; 관료 기질. **-ist** 명

bu·reauc·ra·tize [bjuərάkrətàiz/-rɔ́k-] 타동 관료화하다, 관료 체제화[정치화]하다. **-ti·zá·tion** 명

bu·reau de change [F byRo də ʃάːʒ] 명 《英》 *bu·reaux de c-*) (환전) 환전소. [<F]

Búreau of Índian Affáirs 명 (the ~) 《미》 (내무부의) 인디언 문제부(部)(약 BIA).

Búreau of Lánd Mánagement 명 (the ~) 《미》 (내무부의) 토지 관리국(약 BLM). 「국.

Búreau of Narcótics 명 (the ~) 《미》 마약 단속

Búreau of the Cénsus 명 (the ~) 《미》 (상무부의) 국세 조사국.

bu·reaux [bjúərouz] 명 bureau의 복수형. 「(험관).

bu·ret(te) [bjurét] 명 《화학》 뷰렛(눈금이 표시된 시

burg [bəːrg] 명 《미구어·경멸적》 도시, 읍, 마을; 〖역사〗 성시(城市). 「(또는 -**burgh**)

-burg [bəːrg] 연결 borough의 뜻. ¶Johannes*burg*.

bur·gage [bə́ːrgidʒ] 명 《英》 〖법률〗 (중세 도시민이 일정 금액을 바치고 얻은) 도시[자치읍] 토지 보유권.

bur·gee [bə́ːrdʒiː] 명 (요트 따위의) 삼각기(三角旗).

bur·geon [bə́ːrdʒən] 명 1 싹이 트다, 눈이 나오다(*out*, *forth*). 2 (급격히) 성장하다, 발전하다(*into*). — 타동 …을 싹트게 하다. (또는 **bourgeon**)

burg·er [bə́ːrgər] 명 《미구어》 =hamburger.

-burger [bə̀ːrgər] 연결 〖고기·생선·치즈 따위를 끼운 샌드위치〗의 뜻. ¶cheese*burger*, ham*burger*.

búrger bàrn 명 《미속어》 햄버거 가게.

bur·ger·dom 명 〖집합적〗 햄버거업계.

Búrger Kíng 명 버거 킹(미국의 햄버거 체인점).

bur·gess [bə́ːrdʒis] 명 1 (드물게) (영국 자치 도시

burgh (borough의) 시민, 공민. **2** 〔英역사〕 (자치 도시·대학에서 선출된) 국회 의원. **3** 〔美역사〕 (미국 독립 이전의 Virginia, Maryland의 식민지 의회의) 하원 의원.

burgh [bə́ːrg/bʌ́rə] 몡 (스콧) 자치 도시. ~**·al**

-burgh [bə̀ːrə, bə̀rə, bə̀ːrg/bə̀rə, bə̀ːg] 〔연결〕 -burg의 이형(異形). ¶ Pitts*burgh*.

burgh·er [bə́ːrgər] 몡 (자치 도시(borough)의) 주민, 시민; (유럽 여러 나라의 중산 계급의) 시민; (고어) (중세의) 시민, 상인. ~**·ship**

‡**bur·glar** [bə́ːrglər] 몡 (∼**s** [-z]) 강도, 도둑, (특히) 밤도둑(* 낮도둑은 housebreaker); (속어) 사기꾼.

búrglar alàrm 자동 도난 경보기.

bur·glar·i·ous [bərgléəriəs] 몡 주거 침입 절도(죄)의, 밤도둑의, 강도(범)의. ~**·ly** 튀

bur·glar·ize [bə́ːrglərāiz] 튀 (구어) 타 ···에 도둑질[강도질]하러 들어가다. ─ 재 도둑질[강도질]을 하다.

bur·glar-proof [bə́ːrglərprùːf] 옝 도난 방지[예방]의. ─ 튀타 ···에 도난 방지 장치를 하다.

bur·gla·ry [bə́ːrgləri] 몡 U (주거 침입) 강도, 밤도둑질; 〔형법〕 불법 주거 침입(죄), 강도죄. ⇨THEFT 유의어. ¶ commit ~ 강도질을 하다.

bur·gle [bə́ːrgl] 튀 (구어) =burglarize.

bur·go·mas·ter [bə́ːrgəmæ̀stər/-mà:s-] 몡 (네덜란드·독일·오스트리아 등지의) 시장(市長).

bur·go·net [bə́ːrgənèt/bə̀ːrgənèt] 몡 (16세기경의) 얼굴 가리개가 달린 가벼운 투구, 경장(輕裝) 투구.

bur·goo [bə́ːrguː, -´] 몡 (∼**s**) **1** U (선원용) 걸쭉한 오트밀 죽. **2** (美방언) U 맛이 진한 수프의 일종; C 이런 수프를 내놓는 야외 파티(피크닉).

Bur·gun·di·an [bəːrgʌ́ndiən] 옝 Burgundy의; Burgundy 주민의. ─ 몡 Burgundy 주민.

Bur·gun·dy [bə́ːrgəndi] 몡 **1** 부르고뉴(포도주 명산지; 프랑스어 철자는 *Bourgogne*). **2** U(C) (b-) 부르고뉴산(産) 포도주; (일반적으로) 적포도주. **3** U (b-)

bur·hel [bʌ́rəl] 몡 히말라야의 야생 양(羊). [암홍색.

‡**bur·i·al** [bériəl] 몡 ∼**s** [-z]) U(C) **1** 매장; 토장(土葬)(earth ~); 수장(水葬). ¶ ~**aerial**[**water**] ~ 풍장[수장]. **2** 매장지; 묘, 묘지(grave).

búrial càse (美) (금속·목제) 관(棺).

búrial gròund [**plàce**] 몡 매장지, 묘지(graveyard).

búrial mòund 몡 분묘, 총(塚).

búrial sèrvice 몡 매장식(埋葬式); 장례식.

Bur·iat [buərjáːt, bùəriát] 몡 =Buryat.

Bú·ri·dan's áss [bjúərədənz-] 〔철학〕 뷰리던의 당나귀(같은 거리의 장소에 같은 양과 같은 질의 건초를 놓아 두면 당나귀는 어느 쪽을 먼저 먹을까 계속 망설이다가 결국 굶어 죽는다는 논리). **2** 우유부단한 사람. 〔<14세기의 프랑스 철학자 Jean Buridan〕

búr·ied làyer [bérid-] 몡 (전자) 매복층(반도체 소자 내부의 불순물층).

bur·i·er [bériər] 몡 매장자.

bu·rin [bjúərin, bə́ːr-/bjúər-] 몡 **1** (금속·동판) 조각칼; (대리석 조각용) 끌, 정. **2** U 조각 양식, 조각법.

bu·rin·ist [bjúərinist, bə́ːr-/bjúər-] 몡 (동판·대리석 따위의) 조각사(engraver). [걸음).

bur·ka [búərkə/bə́ː-] 몡 부르카(회교도 여자가 입는

burke [bəːrk] 튀타 **1** ···을 목졸라 죽이다, 질식사시키다. **2** (의안·논의 따위를) 묵살해버리다, 논의를 중지하다.

Burke [bəːrk] 몡 버크. **1 Edmund** ~ (1729–97; 영국의 정치인·정치 사상가). **2 Robert O'hara** ~ (1820–61; 아일랜드의 탐험가; 최초로 오스트레일리아 대륙 횡단). 「사상의). (또는 **Burkian**)

Burk·ean [bə́ːrkiən] 몡 Edmund Burke의 (정치

Bur·ki·na Fa·so [bəːrkiːnə fɑ́ːsou] 몡 부르키나 파소(아프리카 서부의 공화국; 옛 이름은 Upper Volta; 수도 Ouagadougou).

Búr·kitt's lymphóma [**túmor**] [bə́ːrkits-] 몡 〔병리〕 버킷 림프종(腫)(아프리카 어린이에게 많은 암). [<아일랜드 의사 D. P. Burkitt]

burl¹ [bəːrl] 몡 **1** (실·직물 따위의) 매듭, 마디. **2** (美) (수목의) 옹이, 혹. ─ 튀타 마디를 없애고 〔천〕을 마무리하다. ~**·er**

burl² 몡 (濠구어) 시도, 해보기; 차에 타기. (또는 **birl**) *give it a burl* 한번 해보다.

burl. burlesque.

bur·la·de·ro [bə̀ːrlədéərou, bùər-] 몡 (옝 ∼**s** [-z]) 부를라데로(투우사의 도피처). 〔<Sp〕

bur·lap [bə́ːrlæp] 몡 U 올이 굵은 삼베[즈크]; (the ~) (美속어) 잠자리, 침상.

*** bur·lesque** [bərlésk] 몡U(C) 벌레스크. **1** (진지한 작품을) 희화화한 작품, 패러디; 풍자극, 익살극. **2** (또는 **burlesk**) (美·캐나다) (코미디·노래·춤 따위가 섞인) 저속한 버라이어티 쇼; 스트립 쇼. ─ 몡 **1** 희화화한, 희작풍의, 코믹한(comical). **2** 버라이어티 쇼의. ─ 튀타 (진지한 작품을) 희화화하다; (남의 소리·태도 따위를) 익살스럽게 흉내내다. ─ 재 익살스럽게 흉내내다. **-lésqu·er** 몡 광대. ~**·ly** 튀 「구극(小喜歌劇).

bur·let·ta [bərlétə] 몡 〔연극〕 (18–19세기의) 소희

bur·ley¹ [bə́ːrli] 몡 (美) (종종 B-) 벌리종(種) 잎담배(Kentucky주, Ohio주 남부에서 생산).

bur·ley² (美구어) 몡 =burlesque 2. (또는 **burly**)

bur·ley³ 몡 =burly.

bur·ly [bə́ːrli] 몡 튼튼한, 건장한, 우람한; 퉁명스러운, 무뚝뚝한, 싹싹하지 못한. **-li·ly** 튀 **-li·ness** 몡

*** Bur·ma** [bə́ːrmə] 몡 버마(Myanmar의 옛 이름으로 1989년 바뀜; 수도명 Rangoon도 Yangon으로 개칭).

Bur·man [bə́ːrmən] 몡 (∼**s**) 몡 =Burmese.

Búrma Ròad 몡 (the ~) 버마 루트(버마 산악 지대를 지나 중국의 충칭(重慶)에 이르는 전략 도로).

Bur·mese [bəːrmíːz] 몡 버마의; 버마인[어](의).

‡**burn¹** [bəːrn] 몡 (∼**s** [-z]; ∼**ed**, ∼**t**) (* 보통 (美) 에서는 ∼**ed**, (英)에서는 비유적 의미의 경우 ∼**ed**, 기타의 경우 ∼**t**를 쓴다) 재 **1** 타오르다; 타다, 불타다; 타 죽다. ¶(∼+튀) ~ *well* [*badly*] 잘 타다[타지 않다]// (∼+보) ~ *blue* [*red*] 파란[빨간] 빛을 내며 타다. **2** (난로 따위가) 불이 타다; 화염에 싸이다. ¶The furnace is ~*ing*. 난로불이 타고 있다.
3 빛나다; (불이) 켜지다. ¶*An* oil lamp ~*ed* behind the window. 석유 램프가 창 너머에 켜져 있었다. **4** (육체적인 뜻으로) (···으로) 열기를 느끼다, 상기되다, 화끈해지다; 타는 듯이 (···로) 따끔따끔하다; 열을하다 (*with*). ¶(∼+튀+명+전) His forehead [face] ~*ed with fever*. 그의 이마[얼굴]는 열로 타는 것 같다.
5 (진행형으로) (심리적인 뜻으로) (···으로) 타오르다, 뜨거워지다, 달아오르다; 격정으로 불타다, 매우 흥분하다, 발끈하다, 노하다 (*with*); (···를/···하기를) 열망하다 (*for/to do*). ¶I felt as if my face were ~*ing*. 나는 얼굴이 화끈거렸다 // (∼+튀+명+전) ~ *with anger*[*fury*, *jealousy*] 노여움[분노, 질투]에 불타다 / ~ *with love* [*shame*] 사랑에 불타다[부끄러워 얼굴이 빨개지다].
6 열로 변색하다; 숯이 되다; 햇볕에 그을다; 불에 데다. ¶The meat is ~*ing*. 고기가 타고 있다 // (∼+튀) She has a skin that ~*s easily* in the sun. 그녀의 피부는 햇볕에 잘 탄다. **7** (토론 따위가) 불꽃을 튀기다, 가열화(백열화)하다. **8** (생각·사물 따위가) (···에) 새겨지다, 강력한 인상을 주다 (*in*, *into*). **9** 부식하다, 산화하다 (···에) 되다 (*into*); 〔화학〕 연소하다; 〔물리〕 (우라늄 등이) 핵분열[핵융합]을 일으키다. **10** (놀이에서) 숨긴 것을 찾아내기[알아맞히기] 직전에 있다; (비유적) 진리에 가까워지다. **11** 타 죽다; (美속어) 전기의자로 사형에 처해지다. **12** (로켓 엔진이) 분사하다. **13** (사람이) 저주받다. ¶You may ~ for that sin. 그 죄로 너는 저주를 받을지도 모른다. **14** (美속어) 성병에 걸리다. **15** (속어) (즉흥으로) 훌륭한 연주를 하다.
─ 타 **1** ···을 불태우다, 태우다, 타오르다; (양초·가스 따위를) 켜다; (자동차 따위가) (가솔린 따위를) 연료로 사용하다. ¶ ~ *the trash* 쓰레기를 태우다 / *Your car*

~s a lot of gas. 당신 차는 휘발유가 많이 든다.

<u>유의어</u> **burn** 「태우다」라는 뜻의 가장 일반적인 말. **bake** 직접 불에 대지 않고 오븐이나 불에 단 금속·돌 위에서 굽다. **roast** 고기를 직접 불에 대거나 오븐 속에서 굽다. **broil, grill** 불 또는 석회 위에서 굽다.

2 [남]을 달아오르게 하다, 화끈하게 하다, 격정을 품게 하다(*up*); [혀 따위]를 얼얼하게 하다. ¶ That really ~s me. 그 일에는 정말 화가 난다네 / Mustard ~s the tongue. 겨자는 혀를 얼얼하게 한다.
3 …을 불에 데게 하다; …을 눋게 하다; …을 햇볕에 타게 하다, [해가] [땅]을 마르게 하다(*dry up*), [초목]을 시들게 하다. ¶ The soup is ~ed. 이 수프는 눌었다 / (~+目+補) ~ a thing brown[dry] 어떤 것을 태워서 갈색으로 만들다[말리다].
4 [숯·벽돌 따위]를 굽다, 구워서 만들다; …을 구워서 (…을) 만들다(*in, into*). ¶ ~ bricks 벽돌을 굽다.
5 (화학) …을 연소[산화]시키다; [주물용 강철 덩어리]를 불꽃으로 산화시키다; [물리] [우라늄 따위]를 핵분열시키다, 핵에너지로 이용하다.
6 (연마 과정 등에서) …을 너무 마찰시켜 망치다. **7** …을 화형시키다; (美) …을 전기 의자로 사형에 처하다. ¶ He was ~ed at the stake. 그는 화형에 처해졌다. **8** [낙인 따위]를 찍다; …을 (사람의 마음 속에) 새기다, 감명을 주다(*in, into, on*). **9** [구멍]을 태워서 뚫다(*in, through*). **10** …을 급격히 소비하다, 마구 쓰다. ¶ ~ one's energy 정력을 탕진하다. **11** (美俗) (수동형으로) …을 속이다, 사기치다, …에게서 사취하다. **12** [로켓 엔진]을 분사시키다. **13** (美俗) …에게 가짜 마약을 팔아넘기다. **14** (俗語) …을 모욕하다; [남]의 약점[잘못]을 지적하다. **15** [소문 따위]를 (재빨리) 전하다, 퍼뜨리다; [도로]를 (고속으로) 횡단하다. **16** (美俗) (상대)에게 근소한 차로 이기다; [남]을 혼내주다. **17** [카드놀이] [카드]를 맨 밑에 바로 펴서 넣다; (英) [필요 없는 카드]를 버리다, 교환하다. **18** (외과) 환부를 불에 태워 없애다. **19** [컴퓨터] [PROM]에 프로그램을 써 넣다. **20** (英) [셰리주(酒) 따위]를 철제 용기에 담아 불에 데우다. **21** (俗語) [야구 따위에서] [강속구]를 던지다. **22** (俗語) …의 정체를 폭로하다. **23** (俗語) [남]에게 성병을 옮기다. **24** [담배·대마]를 피우다.
be burned out 너무 지쳐 활동을 계속할 의욕이 없는.
be burned to ashes [or **the ground**] 타서 잿더미가 되다.
be burned to death 불에 타 죽다.
burn a hole in one's **pocket** ⇨ HOLE.
burn away ① 다 타다, 불타서 무너지다. ② …을 태우다, 소실게 하다; [페인트·피부 따위]를 태워 벗기다.
burn daylight ⇨ DAYLIGHT. ③ 계속 타다.
burn down ① 전소하다, 몽땅 타서 없어지다; 태워 없애다. ② 불 기운이 수그러지다, 화력의 기세가 꺾이다.
burn for …에게 애모하다, 연모하다, 그리워하다.
burn in ① [사진] 버닝하다, (일부분을) 진하게 인화하다. ② (도자기에) 구워 무늬를 넣다.
burn into …에 구워서 박아 넣다; (산화 작용 따위로) …을 부식시키다. ③ (인상 따위가) (마음에) 깊이 새겨지다.
burn low 화력이 약해지다, 거의 다 타다; 힘없이 타다
burn off ① …을 불태워버리다. ② [얼룩 따위]를 구워내다.
burn on 남과 납을 용접하다.
burn one (美俗) (위스키) 맥주를 글라스에 따르다.
burn one in [or **over**] (俗語) [야구] 속구를 던지다.
burn one's **boats** [or **bridges**] (**behind** one) ⇨ BOAT.
burn oneself **out** ① (美俗) 사력을 다하다; 과로로 일찍 죽다. ② (물건이) 타서 없어지다.
burn one's **fingers** ⇨ FINGER.
burn one's **lip** 열을 올려 지껄이다.
burn one's **money** 돈을 다 써버리다. 돈을 물쓰듯

burn out ① 다 타버리다. ② 정력을 다 써버리다. ③ (엔진 따위가[를]) 과열되다[과열시키다]. ④ (램프 따위가) 꺼지다, 나가다. ⑤ (분노·열의 따위가) 사그러들다. ⑥ (수동형으로) …을 화재로 내쫓기게 하다.
burn powder 발사하다, 발포하다(fire shots).
burn the breeze (美俗) 전속력으로 달리다.
burn the candle at both ends ⇨ CANDLE.
burn the earth [or **wind**] 전속력으로 달리다.
burn the midnight oil ⇨ OIL.
burn the Thames ⇨ THAMES.
burn the water 횃불을 밝혀 강에서 연어를 찍어 잡다.
burn together …을 태워서 잇다, 가열하여 합치다.
burn to win fame 명예욕에 사로잡히다.
burn up ① …을 다 태워버리다; 다 타버리다; 확 타오르다. ② (구어) (차가) (도로)를 질주하다, (차로) 폭주하다. ③ …을 열광케 하다; …을 척척 해치우다. ④ (美俗) …을 약올리다, 화나게 하다; 화를 내다, 발끈하다; (美俗) [남]을 꾸짖다. ⑤ (남)을 전기의자로 처형하다. ⑥ (美俗) [기록]을 갱신하다. ⑦ 철저하게 찾다[하다].
burn up the road ⇨ ROAD.
burn up the telephone 전화로 심하게 꾸짖다.
Burn you! 뒈져라!, 빌어먹을!
have…to burn …이 남을만큼 많이 있다.
── 图 (愛) ~s [-z] **1** 타버린 곳, 소실(燒失) 지대; (美) 초목을 태워서 개간한 땅, 화전(火田). **2** (濠) 산불. **2** [병리] 화상(火傷); (약품 따위에 의한) 화상; 동상. **3** 태워 눌리기; 탄 자국; 햇볕에 타기; 낙인. **4** (로켓 엔진의) 점화, 분사. **5** (a ~) (俗語) 흡연; 담배. **6** (俗語) 자동차 경주. **7** (俗語) 사기 행위; (美俗) 모욕, 격노. **8** (俗) (마약에 의한) 쾌감.
burn² 图 (스코·北英) 실개천(rill).
burn·a·ble [bə́ːrnəbl] 图 가연성의, 태울[놓을, 구울] 수 있는.
búrn àrtist (美俗) 사기꾼; 가짜 마약 밀매꾼.
búrn bàg 图 기밀 서류 소각 자루. **búrn-bàg** (튀)타.
burned-out [ˊáut] 图 **1** 타버린; 못쓰게 된; 식은; 기진맥진한. ¶ ~ zeal 소진(消盡)한 정열. **2** 마약에 찌든. 마약이 타는 듯이 않는. (또는 **búrnt-óut**)
*****burn·er** [bə́ːrnər] 图 **1** 태우는 사람. ¶ a charcoal ~ 숯 굽는 사람. **2** 버너, 연소기; (벽난로 따위의) 아궁이. ¶ an oil ~ 오일 버너. **3** 향로(香爐). **4** (美俗) 전기의자. **5** (미식축구) 패스를 받아 처음에는 맹렬한 속도로 달리지만 금방 지치는 선수. **6** (美俗) 사기꾼.
on the back [**front**] **burner** (구어) 거의 주목받지 못하고[크게 주목받아].
put…on the back [**front**] **burner; regulate… to the back** [**front**] **burner** (구어) …을 일단 보류하다[최우선 사항으로 하다]. (은 식용).
bur·net [bə́ːrnét, bə́ːrnit] 图 (식물) 화란오이풀(잎).
burn-in [ˊin] 图 (전자) 통전(通電) 테스트 (전자 제품의 품질 보증을 위한 성능 시험). (또는 **ˊ tést**)
*****burn·ing** [bə́ːrniŋ] 图 **1** 타오르고[타고] 있는, 연소 중인. **2** 끓는, 뜨거운. ¶ ~ water 끓는 물. **3** 열렬한, 타는 듯한. ¶ a ~ red bathing suit 타는 듯이 빨간 수영복. **4** 격렬한, 강렬한, 열렬한. ¶ a ~ desire 열정. **5** 가장 심각한, 가장 긴급한. ¶ a ~ question 가장 긴급한 문제. ── 图 **1** 연소. **2** (도자기 따위의) 소성(燒成). **3** 하소(煆燒). **4** (열에 의한) 고무의 황화(黃化). **5** 화형(火刑). **6** (소각에 의한) 경작지 등의 global.
drag from the burning (英구어) 가까스로 구조하다. **~·ly** 图
burning búsh 图 **1** (성서) 불꽃이 이는데도 타지 않는 가시덤불(←출애굽기(Ex.) 3:2). **2** 북미산(產) 참빗살나무속(屬)의 관목.
burning gháṭ 图 (힌두교의) 강변 화장터.
búrning glàss 图 볼록 렌즈, 화경(火鏡).
búrning móuntain 图 화산(volcano).

búrning òil 圀 연료유.
búrning òut 圀 (美俗어) (마약 중독자가) 스스로 마약을 끊기.
búrning pòint 圀 발화점(fire point).
*__bur·nish__ [bə́ːrniʃ] 쨈 …을 갈다, 닦다(polish); …을 광내다, 반들거리게[매끄럽게] 하다. ¶ ~ brass 놋쇠를 닦다[광내다]. — 짜 광택이 나다, 빛나다.
— 圀 ⓤ 광택, 윤; 광택이 나는 표면.
~·a·ble 쨈 ~·er 圀 연마공; 연마기. ~·ment 圀

burn-off [ˈə:f/ˈɔf] 圀 (숲·초목 따위를) 태워 토지를 개간하기.

bur·noose [bəːrnúːs/bənúːs] 圀 (아라비아인들이 입는) 두건 달린 겉옷[망토]. (또는 **burnous**) **-noosed** 쨈

burn·out [bəːrnàut] 圀 **1** (로켓) (로켓·미사일의) 연료 완전 연소(시점). **2** (엔진 따위의) 과열; (전기) 단선(斷線). **3** 화상 (흉터), 탄[눌은] 자국; 전소(全燒) 화재. **4** (심신의) 소모, 극도의 피로, 허탈감; (스트레스로 인한) 신경 쇠약. **5** (마약 중독에 의한 (burnoose) 한) 폐인; 허탈 상태의 사람. **6** (美俗어) (drag race에서의) 고속 주행. (또는 **búrn-òut**)
búrnout sýndrome 탈진[허탈] 증후군.
búrnout velócity 圀 (로켓의) 연소 종료 속도.
búrn ràte 圀 (경제) 신생 기업의 지출 속도[비(比)].
burns 圀 (美俗어) = sideburns.
Burns [bəːrnz] 圀 **Robert** ~ 번스(1759-96: 스코틀랜드의 국민 시인; *Auld Lang Syne* 작사).
burn·sides [bəːrnsàidz] 圀 (美) 번사이드 수염(구레나룻과 콧수염만을 기른 수염). ⓐ **sideburns** 〈남북 전쟁 때 북군 장군 Ambrose E. Burnside (1824-81)의 이름〉

*__burnt__ [bəːrnt] 쨈 burn의 과거·과거분사. — 쨈 **1** 태운, 눌은; 화상을 입은. ¶ a ~ taste [smell] 탄 맛[냄새] / *A ~ child dreads the fire.* 〈속담〉 불에 (burnsides) 덴 아이는 불을 무서워한다. **2** (안료 따위가) 태워서 만든, **3** (곡물이) 병든.

búrnt álmond 圀 번트 아몬드(로스트한 스위트 아몬드).
búrnt álum 圀 소명반(燒明礬).
búrnt líme 圀 생석회(quick lime).
búrnt ócher 圀 철단(鐵丹)(페인트의 착색제로 쓰는 적갈 안료).
búrnt óffering [sácrifice] 圀 번제(燔祭)(제단에서 구워 신에게 바치는 제물); (구어) 지나치게 구운 음식.
burnt-out [ˈáut] 쨈 = burned-out.
búrnt pláster 圀 소석고(燒石膏).
búrnt siénna 圀 대자(代赭)(그림 물감).
búrnt úmber 圀 암갈색, 밤색(그림 물감).
burn-up [bəːrnʌ̀p] 圀 **1** (원자·물리) (핵연료의) 연소; 연소율, 연소도. **2** (로켓) (대기와의 마찰로 인한) 로켓의 소진. **3** (英구어) (폭주족의) 오토바이 경주; (차·오토바이의) 질주.
burn·y [bəːrni] 쨈 (구어) 불타는, 연소하고 있는.
búr òak 圀 북미 동부산(産) 떡갈나무의 일종.
Bü·ro·land·schaft [G býrólantʃaft] 圀 사무실용 실내 디자인(패널·관엽 식물 따위의 이동식 칸막이를 이용한 설계). (또는 **burolandschaft**)
burp [bəːrp] 圀 (구어) 트림(~s) 술, 맥주. — 짜 트림하다. — 쨈 (젖먹이 등)에게 트림을 시키다.
búrp gùn 圀 (美군어) (휴대용) 자동 기관 단총.
burp·y [bəːrpi] 쨈 (구어) 트림을 잘하는; 트림이 나게 하는.
búrp·i·ness 圀

*__burr__[1] [bəːr] 圀 **1** (동판 조각 따위의) 거친 조각, (자른 곳의) 깔쭉깔쭉한 자리. **3** 숫돌. **4** (英) (수목 따위의) 옹이. **5** (美俗어) 냉대, 괄시(cold shoulder). — 쨈 깔쭉깔쭉한 곳을 갈다. (금속에서) 깔쭉깔쭉한 곳을 없애다. (도려낸) 철재(鐵材).
burr[2] 圀 **1** (리벳의) 와셔(washer). **2** (판금 속에서)

burr[3] 圀 후음(喉音)(목젖을 떨어 울리는 r의 거친 음); 거친[사투리가 강한] 발음; 쌩쌩[웽웽](하는 소리).
— 짜 후음으로 말하다; 거칠게[사투리로] 발음하다.
burr[4] 圀 = burstone.
búrr cell 圀 (병리) 유극(有棘)적혈구.
búrr cùt [háircut] 圀 (俗어) = crew cut.
búrr-drìll [ˈdril] 圀 (치과) 버드릴, 절삭 도구.
búrr-head [bəːrhèd] 圀 (美俗어) 흑인.
bur·ri·to [bərítou, bu-] 圀 (~s) 부리토(고기와 치즈를 tortilla로 싸서 구운 것; 멕시코 요리의 일종).
bur·ro [bəːrou, búːr-/bʌ́r-] 圀 (~s) (짐 나르는) 작은 당나귀; 당나귀(donkey).
bur·role [bəróul] 圀 (美俗어) 사람; (비밀 따위의) 폭로자; 구걸, 비럭질.
Bur·roughs [bəːrouz/bʌ́r-] 圀 버로즈. **1 Edgar Rice** ~ (1875-1950: 미국의 소설가; *Tarzan*의 작가). **2 William Seward** ~ (1855-98: 미국의 가산기 발명가). **3 John** ~ (1837-1921: 미국의 자연사가·시인).
*__bur·row__ [bəːrou/bʌ́r-] 圀 **1** (두더지 따위의) 굴, 구멍, 흙둔덕; 총(塚). **2** 은신처, 피난처. — 짜 **1** 구멍을 파다, 진로를 개척하다 (*in, into, under*). ¶ ~ 앞 + 명 ~ *into* bed 잠자리에 파고들다. **2** 구멍 속에서 살다, 숨다. **3** (…을) 찾다, 뒤지다; (연구 따위에) 몰두하다 (*in, into*). **4** (…에) 바짝 다가서다 (*against, into*). — 쨈 **1** [언덕 따위에] 구멍을 파다, 굴을 만들다. **2** (재귀용법으로) (지하·구멍에) 잠복하다[파고들다].
~·er 圀 구멍[굴] 파는 사람; 혈거(穴居) 동물.
burr·stone [bəːrstòun] 圀 (돌절구를 만드는) 규석(硅石).
bur·ry [bəːri] 쨈 가시가 있는[많은], 가시와 같은.
bur·sa [bəːrsə] 圀 (*pl*. **-sae** [-siː], ~**s**) **1** (해부·동물) 낭(囊), 포(包), 활액낭(滑液囊). **2** (중세의) 대학 기숙사. **-sal**, **-sate** 쨈
bur·sar [bəːrsər/bə́sə] 圀 (대학의) 회계원, 출납계원; (중세의) 대학생; (스코) (대학의) 장학생.
bur·sa·ri·al [bəːrsˈɛəriəl] 쨈 회계의, 출납의; 장학생의.
bur·sa·ry [bəːrsəri] 圀 (수도원의) 금고; (英) (대학의) 경리과; 장학금(scholarship).
bur·sec·to·my [bəːrsɛ́ktəmi] 圀 (의학) 낭포 절제.
bur·si·form [bəːrsəfɔ̀ːrm] 圀 (해부) 주머니 모양의, 낭상(囊狀)의(saccate).
bur·si·tis [bəːrsáitis] 圀 ⓤ (병리) 활액낭염(滑液囊炎).

‡__burst__ [bəːrst] 쨈 (~) 짜 **1** 폭발하다, 파열하다, 갑자기 뛰다(*up, out*). ¶ *The bomb* ~. 폭탄이 터졌다 // (~ + 앞) *The box* ~ *into* fragments. 상자가 산산조각이 났다. **2** (부스럼·실밥 따위가) 터지다; (비눗방울 따위가) 터지다; (둑 따위가) 붕괴되다. **3** (보통 *open*) (꽃망울이) 터지다, 활짝 벌어지다. **4** (감정을) 이겨내지 못하다; (가슴이) 찢어지다; 갑자기 …하다(*out*)(*into, doing*). ¶ (~ + 앞 + 명) ~ *with* rage. 끝내 그의 노여움이 폭발했다 / ~ (*out*) *into* tears [laughter] 갑자기 울음[웃음]을 터뜨리다. **5** (진행형에) (터질 듯이) 가득 차다, 충만하다, 터질 듯하다 (*with*). ¶ (~ + 앞 + 명) He is ~ing *with* health [joy, happiness]. 그는 건강[기쁨, 행복]이 넘쳐흐르고 있다. **6** 갑자기 뛰어들다[뛰어 나가다]; 갑자기 보이게[들리게] 되다, 갑자기 나타나다; 오다[생기다]. ¶ (~ + 앞 + 명) ~ *through* the door 문으로 뛰어들어오다[나가다]. **7** (진행형으로) …하고 싶어 안달하다 (*to do*).
— 쨈 **1** …을 파열시키다, 찢다, 째다; 터트리다, 붕괴시키다. ¶ ~ one's bonds 속박을 끊다 // (~ + 명 + 앞) ~ the door open; ~ open the door 문을 확 밀어서 열다. **2** …을 찔러서 찢다, 밀어서 터트리다. ¶ ~ one's clothes (뚱뚱해져서) 옷이 터지게 하다. **3** …을 충만케 하다, 가득 채우다. ¶ grain that ~*s a* granary 창고를 가득 메운 곡식. **4** …을 홍청망청 쓰다. **5** [컴퓨터 따위

burster 389 **busby**

의 연속된 용지)를 한 장씩 절단하다; 복사지와 합지를 떼어 내다(out).
be bursting to do 《구어》 …하고 싶어 못 견디다.
burst a blood vessel 《美구어》 매우 흥분하다.
burst at the seams (장소 따위가) 넘칠 정도로 꽉 (들어)차다; 대만원이다.
burst away ① 급히 떠나다. ② 파열하다.
burst forth ① 《고어》 갑자기 …하기 시작하다 (in, into). ② (…로부터) 갑자기 나타나다[뛰어나오다] (from, out of); (역병·화재 따위가) 돌발하다: (피 따위가) 분출하다: (꽃이) 활짝 피다. ③ (노여움·고함 따위가) 왈 일어나다.
burst in ① (문이 안쪽으로) 세차게 열리다: (문을) 안쪽으로 세차게 열다. ② 말을 가로막다, (남의) 이야기에 끼어들다. ③ (…에) 밀어닥치다, 난입하다 (on, upon). ④ (사람이) 뛰어들다: (물 따위가) 흘러들다.
burst into ① (방 따위에) 난입하다, 밀려[뛰어]들다. ② 갑자기 …하기 시작하다. ⇒圄㉓ 4. ¶ ~ into blossom 활짝 피다 / ~ into flame 불이 확 타오르다.
burst oneself (무리하여) 몸을 해치다.
burst one's sides with laughing 포복절도하다.
burst out ① =burst forth. ② (옷이) 찢어질 정도로 커지다 (of).
burst through ① …을 부수고[밀어젖히고] 나가다. ② (구름·틈 따위에서) 갑자기 나타나다.
burst up ① 파열하다, 폭발하다. ② 《속어》 파산[파멸]하다. 圄 BUST up, bust-up
burst upon [or ***on***] 돌연 (사람·눈) 앞에 나타나다, 갑자기 (귀)에 들리다; (진상 따위)를 문득 알게 되다. ¶ ~ upon [or on] one's ears [view] 갑자기 들려오다[보이게 되다].
— 圄 1 파열, 작렬, 폭발; 돌발, 격발, 발발. ¶ a ~ of applause 갑자기 터지는 박수갈채. 2 갑작스러운 활동; 분기(奮起). ¶ He won the race with a splendid ~ of speed at the last. 그는 막바지에 놀라운 스피드를 내어 그 경주에서 이겼다. 3 (감정의) 폭발. 4 《군사》 (특정 장소에서의) 탄환의 폭발; 집중 사격; (자동 화기에 의한) 연사(連射), 연발. ¶ an air ~ 공중 폭발. 5 파열의 결과, 파열된 곳. 6 시야가 갑자기 열리기; 펼쳐진 전망. 7 (음주 따위의) 한 순배(bout); 《구어》 흥청대기(⑦ bust²). 8 《컴퓨터》 버스트(데이터 전송에서 한 단위로 취급되는 연속 신호).
at one [or ***a***] ***burst*** 분발하여, 단숨에.
go on the burst 《속어》 술 마시고 떠들다.
in sudden bursts 이따금 생각난 듯이 힘을 내어.
make a final burst 라스트 스퍼트를 하다.
burst·er [bə́:rstər] 圄 1 폭파하는 사람; 폭발물, 작약(炸藥). 2 《濠》 세차고 차가운 남풍(buster). 3 버스터(컴퓨터 따위의 연속 용지를 한 장씩 절단하는 기계).
burst·ing [bə́:rstiŋ] 圄 U C 폭발. —圉 《서술용법》 《구어》 아주 열성인.
búrsting chàmber 圄 작약실(炸藥室).
búrsting chàrge 圄 작약(burster).
búrsting pòint 圄 (노여움·초조함 따위를) 억제할 수 있는 한계점, 폭발점.
bur·stone [bə́:rstòun] 圄 버스톤(규산질 암석의 총칭); 버스톤 맷돌. (또는 **buhrstone, burrstone**)
burst-proof [bə́:rstpruːf] 圉 (자물쇠가) 강한 충격
burst-up [-ʌp] 圄 《속어》 =bust-up.
bur·then [bə́:rðən] 圄 《고어》 =burden.
bur·ton [bə́:rtn] 圄 1 《해사》 권양(卷揚) 장치, 경창차(輕槍車). 2 (때로 B-) 《英》 버턴 맥주(영국 Staffordshire 주 Burton-on-Trent산(産) 맥주).
go for a burton 《英속어》 꺼지다, 사라지다: (비행사가) 전사하다; (물건이) 망가지다.
Bur·ton [bə́:rtn] 圄 버턴. **1 Richard ~** (1925–84: 영국의 배우). **2 Richard Francis ~** (1821–90: 영국의 탐험가·동양학자; *Arabian Nights*를 영역).

Bu·run·di [burúndi] 圄 부룬디(중앙 아프리카의 공화국; 수도 Bujumbura). ~-**an** 圉圄
bur·weed [bə́:rwìːd] 圄 밤송이 같은 열매를 맺는 식물(우엉·도꼬마리 따위).
‡**bur·y** [béri] 圉 (**bur·ies** [-z]; **bur·ied**) ㉠ 1 …을 묻다, 매장하다, 파묻다. ¶ (~+圄+前+圄) ~ *be buried deep in snow* [*under the ground*] 눈 속[땅 속] 깊이 묻히다. 2 …을 매장하다, 장사지내다(inter); (성직자가) …의 장례식을 치르다; (가족)을 잃다. ¶ He's dead and *buried*. 그는 죽어 묻혔다. 3 …을 가리우[가리]다; …을 찌르다, 찔러 넣다. ¶ (~+圄+前+圄) ~ one's hand *in* sand 손을 모래 속에 찔러 넣다. 4 …을 덮어 감추다, 숨기다. **~** *treasure* 보물을 숨기다 /(~+圄+前+圄) ~ one's face *in* one's hands 두 손으로 얼굴을 가리우다. 5 (재귀용법·수동형으로) (…에) 파묻히다, 은둔하다, 사람 눈에 안 띄게 하다; (…에) 몰두[골몰]하다. ¶ (~+圄+前+圄) She was *buried in* grief [thought]. 그녀는 슬픔[생각]에 잠겼다. 6 …을 잊어버리다, 망각하다; (비유적) …을 묻어버리다, 단념하다. ¶ ~ one's past 과거를 잊어버리다. 7 《美속어》 (친구)를 배반하다.
— ㉠ 1 (…에) (파)묻히다 (in). ¶ ~ *in* one's studies 연구에 몰두하다. 2 〔해사〕 뱃머리에 물을 뒤집어쓰다.
be buried =bury oneself. ¶ ㉓.
be buried alive ① 생매장되다. ② =bury oneself
bury a dagger in *a person's heart* 남의 심장에 비수를 꽂다.
bury a person at sea 남을 수장(水葬)하다.
bury oneself ① (…에) 몰두하다, 빠지다 (in). ② 시골에 파묻혀 살다, 세상에서 잊혀지다; (건물 따위가) 구석진 곳에 있다 (사람의) 매장되다.
bury one's head in the sand ⇒ HEAD.
bury the hatchet ⇒ HATCHET.
Bury yourself! 《美속어》 딱 질색이다!, 동이나 처 먹어라!
— 圄 〔해사〕 하우징(선수 아래쪽의 돛대 부분)(housing).
Bur·yat [buərjáːt, būrʲáːt] 圄 (圉 ~(**s**)) 부랴트족(族)(러시아의 Buryatia 자치 공화국에 사는 몽고인); U 부랴트어(語). — 圉 부랴트족[어]의.
bur·y·ing [bériiŋ] 圄 매장.
búrying bèetle 圄 〔곤충〕 송장벌레(gravedigger).
búrying gròund[**plàce**] 圄 =burial ground.
‡**bus** [bʌs] 圄 (~·**(s)es** [-iz]) 1 버스, 승합차. ¶ a school [sightseeing] ~ 스쿨 [관광] 버스. 2 《구어》 단거리 왕복 여객기, (낡은 대형) 자동차, 오토바이; 《美》 (둘 따위의) 식기 운반용 왜건; 《美》 =busboy. 3 모선(母線), 간선(幹線), 주(主)케이블, 버스. a) 〔전기〕 몇 개의 전원 또는 공급 회로가 접속되는 도선. b) 〔컴퓨터〕 CPU를 다른 내부 장치와 연결하는 전송 공통 회로. (또는 **~ bàr, bús·bàr**) 4 《우주》 로켓·미사일의 모기(母機); 우주 버스. 5 《군사》 버스(미사일의 복수 탄두 부분).
drive the (porcelain) bus 《美학생 속어》 화장실에서 토하다.
get on [***off, out of***] ***the bus*** 버스에 타다[버스에서 내리다].
go on a bus; go by bus 버스로 가다, 버스 여행하다.
like the back (end) of a bus 《구어》 꼴사나운, 보기 흉한.
miss the bus 버스를 놓치다; 《구어》 호기를 놓치다.
— ㉠ (~·**(s)es** [-iz]; ~**(s)ed** [-t]; ~**(s)ing**) ㉠ 《美구어》 1 버스[승합차]로 가다 (to). 2 《美》 …을 버스로 나르다. ¶ ㉠ …을 busboy [busgirl]로 일하게 하다; (쓰고 난 식기 따위)를 왜건에 실다. 3 《美》 (아이)를 (다른 학구에) 버스 ***bus it*** 시키다. 〔통학시키다(인종 차별 해소용).
bus. bushel(s); business. 〔**bús bòy**〕
bus·boy [bʌ́sbɔ̀i] 圄 식당 웨이터의 조수. (또는
bus·by [bʌ́zbi] 圄 버즈비 모자(bearskin)(영국의 근위병·경기병(輕騎兵) 등이 쓰는 예장용 털모자).

bus·car [báskɑːr] 명 (美속어) 뜻밖의 기쁨, 예상외의 좋은 것; 친구; 빌린 돈.
bús condùctor 명 버스 차장; (전기) 모선(母線).
bús condùctress 명 버스 여차장. [(bus).
bús dèpot 명 버스 터미널(차고).
bús driver 명 1 버스 운전사. 2 (컴퓨터) 버스 드라이버(버스에 신호를 보내는 구동 장치). [**bús girl**]
bus·girl [básgəːrl] 명 여자 웨이터 보조. (또는
‡**bush**¹ [buʃ] 명 (쪽 ~**es** [-iz]) 1 관목(shrub). 2 (종종 the ~) 관목숲, 덤불.¶A bird in the hand is worth two in the ~.(속담) 남의 돈 천 냥이 내 돈 한 푼만 못하다. 3 (비유적) 덤불(과 같은 것); 여우 꼬리; (美속어) 턱수염(beard). 4 Ū (오스트레일리아 등의) 미개간지, 오지; (지리) 총림지(叢林地). 5 (술집 간판으로서의) 담쟁이 가지; (일반적으로) 술집의 간판; 술집.¶Good wine needs no ~.(속담) 좋은 물건에는 광고가 필요 없다. 6 (the ~es) (美속어) 시골, 시골 소도시. 7 (속어) (야구) 마이너 리그(~ league). 8 (비어) (여성의) 음모; 음부; (성적 대상으로서의) 여자; 성교, 성행위; (美학생속어) 매력적인 여자. 9 (美속어) (자가 재배의) 마리화나.
beat around [or (英) **about**] **the bush** ① 숲 언저리를 두들겨 사냥감을 몰아대다. ② 돌려서 말하다. 변죽을 울리다, 요점을 피하다.
beat the bushes (어찌할 바를 모르고) 이리저리[열심히] (…을) 찾아다니다 (*for*).
go bush (濠) 인적이 드문 곳으로 도망치다, 야생으로 되돌아가다.
take the rag off [the bush] ⇒RAG. [돌아가다.
take to the bush =*go bush*; (濠) 산적이 되다.
— 형 1 (구어) 시골의; 거친.¶a ~ airline 지방 항공노선. 2 미개의, 오지의. 3 = ~-league.
— 동㉘ 우거지다, 빽빽이 자라다; 덤불이 되다, 덤불처럼 되다[나다]. — ㉓ 1 …을 관목으로 뒤덮다[버티다]; …에 나뭇가지를 세우다. — ㉓ (南) 녹초가 되게 하다. 2 (美속어) 총림지에서 살다; 야영하다 [하다.
bush it (濠) 총림지에서 살다; 야영하다
bush out (美구어) (미개척지에) 도로를 내다.
bush up (濠) 숲속에 숨다(잠복하다).
~·**less**, ~·**like** 형
bush² 명 (英) (기계) 1 부시(마찰이나 부식을 방지하기 위한 금속통). 2 (끼웠다 뺐다 할 수 있는) 축받이.
— 동㉓ …에 부시를 끼우다.
Bush [buʃ] 명 부시. 1 George (Herbert Walker) ~ (1924- : 미국의 정치가; 제41대 대통령). 2 George W. ~ (1946- : 미국의 정치가; 제43대 대통령; 1의 아들). ~·**ian** 형명 ~·**ies** [-iz] 부시 인사.
bush. bushel(s).
búsh báby 명 (아프리카산(産)) 여우원숭이의 일종.
búsh bèan 명 강낭콩의 일종.
bush·beat·er [búʃbìːtər] 명 (배우·운동 선수를) 발굴하는 사람, 스카우트(scout). [탐색.
bush·beat·ing [búʃbìːtiŋ] 명 (속어) 철저한 수사
búsh càt 명 (아시아·아프리카산(産)) 작은 고양이류 (아시아산(産)) 사향고양이.
bush·craft [búʃkræft] 명 (濠) 오지 생활에 필요한 기능, 오지 생존 요령(길 찾기, 수렵, 식료 발견 따위).
bushed [buʃt] 형 1 숲을 이룬, 관목에 뒤덮인. 2 (濠) 길을 잃은; 어찌할 바를 모르는. 3 (美구어) 피곤한, 지친(tired). 4 (캐나다 구어) (오랫동안 혼자 살아) 정신이 불안정한, 노이로제에 걸린.
‡**bush·el¹** [búʃəl] 명 1 부셸(곡류 따위의 계량 단위; ⓐ bu(s).). **a**) **美** 약 8갱론(美)(= 8 gallons)(美) 35ℓ, (英) 약 36ℓ. **b**) 무게 단위: 60 pounds, 보리 48 pounds, 오트밀 32 pounds, 라이보리·옥수수 50 pounds. 2 부셸 되. 3 (美구어) (a ~) 다량, 다수.¶a ~ of kisses 키스 세례. [⇨LIGHT¹.
hide one's light [or *candle*] *under a bushel*
measure a person's corn by one's own bushel 자기 기준으로 남을 평가하다(헤아리다).

bush·el² 동㉓ (**-l-**, (英) **-ll-**) (의복)을 수선하다, 개조하다. ~·**er**, (英) ~·**ler** 명 의복 재봉사 조수.
bush·el·bas·ket [búʃəlbæskit/-bàːs-] 명 부셸 바구니(1부셸들이).
bush·el·man [búʃəlmən, -mæn] 명 의복 수선하는 사람(busheler).
bush·er [búʃər] 명 (속어) (야구) =bush leaguer 1.
bush·fight·er [búʃfàitər] 명 게릴라병(兵), 유격
bush·fight·ing [búʃfàitiŋ] 명 게릴라전. [병.
bush·fire [búʃfàiər] 명 잡목림 지대의 산불.
búsh frúit 명 관목의 열매.
bush·ham·mer [búʃhæ̀mər] 명 부시해머(돌 표면을 다듬는 망치). (또는 **búsh hàmmer**)
búsh hàrrow 명 부시 해로(써레의 일종).
búsh hàt 명 (濠군사) 쳉 넓은 제모.
búsh hòg 명 부시 호그(트랙터로 견인하여 초목 따위를 제거하는 기구); =bush-hog.
bush-hog [-hɔ̀ːg/-hɔ̀g] 동 (**-gg-**) (지상의) 나무 따위를 bush hog로 제거하다.
búsh hòok 명 낫의 일종. [축받이통(筒).
bush·ing [búʃiŋ] 명 (전기) 부싱, 투관(套管); (기계)
búsh jàcket[**còat**] 명 부시 재킷(허리까지 내려오는 벨트 달린 웃옷). (또는 **safári jàcket**)
bush·land [búʃlænd] 명 (캐나다) (오지의) 숲지대.
bush-law·yer [-lɔ̀ːjər, -lɔ́ːjər] 명 (濠구어) 법률 전문가인 체하는 사람; (뉴질랜드의) 가시나무.
búsh lèague 명 (속어) (야구) =minor league.
bush-league [-lìːg] 형 (인물·작업 내용 따위가) 이류의, 미숙한.
búsh lèaguer 명 1 bush league의 선수. (또는 **busher**) 2 (美속어) 수준 이하의 사람.
búsh line 명 1 (캐나다) 북부 총림지대를 나는 정기 항공로. 2 (뉴질) 총림(叢林) 한계(고산에서 총림이 성립 [할 수 있는 한계선).
búsh lòt 명 (캐나다) 삼림지.
bush·man [búʃmən] 명 1 나무꾼. 2 (濠) 개척자, 오지(奧地) 거주자. 3 (the B-) 부시먼 족(族)(남아프리카의 Kalahari 사막 부근에 사는 키 작은 종족). 4 (B-) Ū 부시먼어(語). ~·**ship** Ū =bushcraft.
bush·mas·ter [búʃmæ̀stər/-màːs-] 명 (열대 아메리카산(産)의 거대한 독사(毒蛇).
búsh paròle 명 (美속어) 탈옥(수).
búsh pìg 명 숲돼지(아프리카 남·동부산(産)).
búsh pìlot 명 (오지·벽경) 노선의 조종사.
bush·rang·er [búʃrèindʒər] 명 삼림(총림) 거주자(주민); (濠) 오지의 산적. -**ràng·ing** 명
búsh shìrt 명 =bush jacket; safari shirt.
búsh sìckness 명 (수의) 부시병(病)(흙 속의 코발트 부족으로 인한 동물의 병).
búsh tèlegraph 명 1 (북소리·봉화 따위에 의한) 밀림 속의 통신 (방법). 2 (濠) (경찰의 움직임에 관한 범죄자들 간의) 구두 정보 전달. 3 (구어) 구전(口傳), 뜬소문.
bush·veld [búʃvelt, -félt] 명 (濠) 총림 지대; (때로 B-) 남아프리카 Transvaal 중앙부의 저지대(低地帶).
bush·wa(h) [búʃwɑː, -wɔː] 명 (美속어) 1 말린 쇠똥. 2 실없는 소리, 바보 같은 소리, 허풍.
bush·whack [búʃʷæ̀k/-wæ̀k] 동㉘ 삼림에 살다; 삼림을 개간하다[돌아다니다]; (숲을 이용하여) 기습하다, 게릴라 공격을 하다. — ㉓ …을 기습하다, 잠복하고 기다리다; 게릴라가 되어 싸우다.
bush·whack·er [búʃʷæ̀kər/-wæ̀k-] 명 삼림을 개간하는 사람; (美역사) 남북 전쟁 당시의 남군 게릴라병(兵); (일반적으로) 게릴라병(guerrilla).
bush·whack·ing [búʃʷæ̀kiŋ/-wæ̀k-] 명 Ū 삼림을 헤치고 나아가기; 기습.
*****bush·y** [búʃi] 형 (~**er**; ~**est**) 1 수풀(삼립) 같은, 무성한, 관목이 무성한; 털이 많은(덥수룩한). **búsh·i·ly** 부 **búsh·i·ness** 명
bus·i·ly [bízəli] 부 바쁘게; 활발하게; 열심히.
‡**busi·ness** [bíznəs] 명 (쪽 ~**es** [-iz]) Ū 1 직업,

일; 업무, 실무, 사무; 영업. ⇨OCCUPATION [유의어]
¶the family ~ 가업 // What's his ~? =What line of ~ is he in? 그의 직업은 무엇입니까?
2 장사, 매매, 거래; 경기, 상황(商況); 사업, 실업(實業). ¶active ~ 활발한 거래 / carry on ~ 사업을 하다 / *B*– is brisk [poor, dull]. 경기가 좋다[나쁘다].
3 [C] 〔상업〕 법인, 기업, 회사, 상사, 단체; 가게, 상점. ¶establish [*or* build up] a ~ 상사를 설립하다 / close [open, set up] a ~ 폐업하다[개업하다, 사업을 일으키다].
4 거래액; (고객의) 애용, 단골 거래(patronage). ¶increase ~ by advertizing 광고로 거래액을 늘리다 / draw ~ to a store 가게에 고객을 끌어들이다.
5 [U] (보통 one's ~) 본분, 직무, 직분; [C] 주요 관심사. ¶know *one's* ~ 자기 직분을 알다 / *Everybody's ~ is nobody's ~.* 《속담》 공동 책임은 무책임.
6 《보통 부정문에서》 관여하는 근거, 간섭해야 할 일; (…할) 권리 (do*ing*, 《英》 *to* do). ¶That's no ~ of yours. =What ~ is that of yours? 그것은 네가 알 바 아니다, 쓸데없는 참견을 하지 마라.
7 (주어진) 업무, 용무; (일시적인) 용건, 볼일; 잡무. ¶come away from ~ 용무[근무]를 마치다 / go to London on official ~ 공무로 런던에 가다. **8** 일정, 의사 일정. ¶the ~ of the day [meeting] 그날의 일정[회의의 의사 일정]. **9** [C] 사건; (막연히) 일; 《구어》 귀찮은[불쾌한] 일. ¶It's an awkward ~. 그것은 성가신 일이다 / I am sick of the whole ~. 만사가 아주 싫어졌다. **10** 〔연극〕 연기, 몸짓, 표정(stage ~). **11** 《구어》 분야, 방면. ¶the most knowledgeable person in that ~ 그 방면에서는 가장 조예가 깊은 사람. **12** (the ~) 《美속어》 마약 주사용의 기구. **13** 《경멸적》 건물, 건조물. **14** 《완곡적》 배변, 용변; 《美속어》 (애완 동물의) 배설물.

at business 집무중에, 출근하여.
be in business 《구어》 ① 영업중이다. ② 일에 매달리다, 일을 시작하다. ③ 《구어》 《때로 be back in ~ 》 (만반의 준비를 하고) 재개하다, 궤도에 오르다.
be not in the business of …을 목적으로는 하지 않고 있다.
Business as usual. 《게시》 정상 영업중.
Business is business. 계산은 계산이다, 장사는 장사다; 일은 일(인정이나 관용은 금물).
come [*or* ***get***] ***to business*** ① 일에 착수하다, 볼일을 보다. ② 본론에 들어가다.
do** a person's **business** (**for** him); **do [*or* ***make***] ***the business for*** *a person* 남을 해치우다, 죽이다.
do business with …와 거래하다.
do good business (장사가) 번창하다.
do** one's **business 볼일을 보다; 《구어》 《완곡적》 용변을 보다(ease oneself).
do the business 《구어》 필요한 일을 하다, 적절한 조치를 취하다.
enter [*or* ***go into***] ***business*** 실업계에 들어가다.
get back in business 업무를 재개하다, 사업을 다시 시작하다.
get down to business 진지하게 일에 몰두하다; 본론에 들어가다.
get the business 《구어》 참혹한 꼴을 당하다; 꾸중듣다, 혼나다 (*for*).
give** a person **the business 《구어》 ① 남을 괴롭히다, 혼내주다. ② 남을 몹시 꾸짖다. ③ 남을 죽이다.
go [*or* ***be***] ***about** one's **business*** ① 자기 할 일을 하다. ② 《명령형》 썩 나가시오(해고할 때 따위).
Good business! 잘했다!, 잘 됐다!
go to business 집무하다, 일을 시작하다.
***have business with** a person* 남에게 용무가 있다; 남에게 할 말이 있다.
***have no business to** do* …할 권리가 없다, …해서는 안 되다.
How's business? 《구어》 요즘 경기는 어때?, 장사 잘 돼?
in the business 《구어》 매춘을 하여.
in the business of ① …에 종사하여. ② …을 할 작정으로.
(***It's*** [*or* ***That's***]) ***none of your business.*** 《구어》 상관 마, 참견 마. ⇨[명] 6.
know** one's **business 전문가이다, 일에 정통하다.
like nobody's [*or* ***no** one's*] ***business*** 《구어》 맹렬히, 무섭게, 굉장히; 매우, 대단히.
make a business of …을 업[장사]으로 삼다.
make a long business of …하는 데 시간이 걸리다.
***make it** one's **business to** do* 책임지고 …하다.
man of business ① 사업가. ② 대리인, 대변인.

> [USAGE] **a man of business**와 **a businessman** ——「실업가, 실무에 밝은 사람, 사무 능력이 있는 사람」의 뜻으로는 둘 다 쓰이며, a man of ~ 쪽이 보다 구어적이다. a man of ~는 「돈벌이에 능한 사람」의 뜻도 있다.

mean business 진정[진심]이다(be serious). ¶I *mean* ~. 나는 진심이다.
mind** one's **own business 남의 일에 간섭하지 않다, 쓸데없는 참견은 않다. ¶*Mind your* (*own*) ~! 《구어》 참견 마!, 쓸데없는 짓 그만둬!
on business 볼일이 있어, 업무로. ¶No admittance except *on* ~. 《게시》 무용자 출입 금지.
on the business 《英속어》 =*in the business*.
Open [***Closed***] ***for business.*** 《게시》 영업중[폐점].
out of business 파산[폐업, 실직]하여.
proceed to [*or* ***take up***] ***business*** 의사 일정에 들어가다; 일에 착수하다.
send [*or* ***see***] *a person* ***about** his **business*** 남을 나무라다; 남을 쫓아내다, 해고하다, 실하다.
stick to** one's **business 일에 전념하다; 직무에 충실하다.
take care of business 《속어》 일을 잘 처리하다; 할 일을 하다.
talk business 상담을 하다; 진지한 이야기를 하다.
That's not business. 그것은 가외의 일이다.
We are in business. 《구어》 그럽시다. ¶How about going to the park?—Right, *we're in* ~. 공원에라도 갈까요?—그럽시다.
What's your business here? 무슨 용건으로 오셨습니까?
—[형] **1** 영업[직업, 직무]상의. **2** 장사가 행해지는, 장사에 적합한. **3** 《한정용법》 (도구의 부분 따위가) 본래의 기능을 다하는. ¶the ~ surface of a file 줄의 깔쭉깔쭉한 부분.

búsiness àcumen [명] 뛰어난 사업 감각, 상재(商才).
búsiness addrèss [명] 근무처 주소.
búsiness administràtion [명] (기업) 경영, 관리; 《美》 경영학.
búsiness àgent [명] 《英》 영업 대리점[인]; 《美》 (노동 조합의) 집행 위원.
búsiness automàtion [명] 사무 자동화. [참] office automation
búsiness bàchelor [명] (임지 따위에의) 단신 부임자.
búsiness càrd [명] (업무용) 명함.
búsiness cènter [명] 번화가, 중심지.
búsiness clàss [명] (비행기의) 비즈니스석.
búsiness còllege [명] 《美》 실업 학교; 경영 대학.
búsiness commùnity [명] 재계, 업계, 경제계.
búsiness condìtions [명][복] 경기, 상황(商況).
búsiness correspòndence [명] 상업 통신(문).
búsiness cỳcle [명] 경기 변동[순환] (《英》 trade cycle).
búsiness dày [명] 영업일, 평일.
búsiness depàrtment [명] (회사의) 영업부.
búsiness dìstrict [명] (도시 계획 따위의) 상업 지역.
búsiness èditor [명] (신문·잡지의) 경제부장.
búsiness educàtion [명] 실업[실무] 교육.
búsiness ènd [명] (the ~) **1** 《英》 (회사 따위의) 영업부. **2** 《구어》 (총구·드라이버의 끝처럼) 제구실을 하는 부분; (문제의) 중요한 부분, 심장부.
búsiness Ènglish [명] 상업 영어.
búsiness flìer [명] 비즈니스[업무상] 항공 여객.

búsiness gàme 몡 비즈니스 게임(기업 경영 전략을 시뮬레이션에 의해 훈련·연습하는 것).
búsiness gìrl 몡 (속어) 매춘부.
búsiness gráphics 몡 사무[업무] 도표(圖表).
búsiness hóurs 몡覆 영업[업무], 집무 시간.
búsiness incubator 몡 벤처[하이테크] 기업 육성 시설, 비즈니스 인큐베이터. 〔산업 스파이 활동〕
búsiness intélligence 몡 기업 정보 수집 활동.
búsiness létter 몡 상용[업무용] 편지.
*__búsi·ness·like__ [bíznislàik] 몡 실무적인; 실제적인, 능률적인. ¶in a ~ way 능률적[실무적]으로.
búsiness lúnch 몡 업무를 겸한 점심 (식사).
búsiness machìne 몡 사무 기기(컴퓨터 따위).
búsiness magazìne 몡 경제 (전문) 잡지.
‡__búsi·ness·man__ [bíznismæ̀n] 몡 (覆 -men [-mèn]) 실업가, 상인; 실무가, 사무가.
búsiness mánagement 몡 (경영)=business administration.
búsiness mánager 몡 업무 관리자; 영업 지배인.
búsinessman's rísk 몡 (상업) (주식 따위) 상당한 위험이 따르는 투자.
búsiness òffice 몡 사무소, 영업소.
búsiness párk 몡 상업 지구; 경공업 단지.
búsi·ness·peo·ple [bíznispì:pl] 몡覆 (집합적) 회사원, 실업가. 〔업가.
búsi·ness·per·son [bíznispə̀:rsn] 몡 회사원, 실
búsiness plán 몡 사업 계획.
búsiness práctice 몡 상관습(商慣習).
búsiness quárters 몡覆 상가, 번화가.
búsiness recéssion 몡 경기 후퇴[침체], 불경기.
búsiness repl̀y càrd 몡 (수신인의 주소·성명이 인쇄된) 상용(商用) 반송 엽서. 〔우편 봉투.
búsiness repl̀y ènvelope 몡 상용(商用) 반송
búsiness repl̀y màil 몡 상용(商用) 반송 우편.
búsiness schóol 몡 1 (美) 경영 대학원. (또는 속어) B schòol, bíz schòol) 2 =business college.
búsi·ness·speak [bíznispì:k] 몡 상용어(商用語).
búsiness sùit 몡 신사복((英) lounge suit).
búsiness-to-búsiness 몡 기업 간의(약 B2B).
búsiness to búsiness àd 산업 광고, 제조업자 대상 광고(약 B-B).
búsiness-to-consúmer 몡 기업·소비자 간의
búsiness trìp 몡 출장. 〔(약 B2C).
búsi·ness·wom·an [bíznizwùmən] 몡 (覆 -wom·en [-wìmin]) 여성 실업가.
búsiness yéar 몡 사업 연도.
bus·ing [básiŋ] 몡U 버스 수송; (美) (인종 차별 폐지를 위한) 강제 버스 통학. (또는 bussing)
busk¹ [bʌsk] 몡 (옛방언) 턉 ···을 준비하다, ···의 채비를 하다; ···을 예쁘게 장식하다; 턌 서둘러 준비하다, 서두르다(hurry up). 〔코르셋. búsked
busk² 몡 (코르셋의) 가슴 부분을 버티는 살대; (방언)
busk³ 몡턌 (英) 통행인을 상대로 재주를 보이다; (연예인이) 거리 공연을 하다. ∼·er 거리 공연 연예인.
bus·kin [báskin] 몡 1 (∼s) (바닥이 두꺼운 편상화(編上靴), 반장화; (그리스·로마 시대의 비극 배우가 신었던) 편상 반장화. 2 비극(tragedy); (비극) 연기. put on the buskins 비극을 쓰다[연기하다].
bus·kined [báskind] 몡 반장화를 신은; 비극의.
bús làne 몡 (英) 버스 전용 차선((美) busway).
bús lìne 몡 버스 노선; 버스 회사.
bus·load [báslòud] 몡 버스 한 대의 수용 능력, 버스 한 대에 가득 찬 사람들.
bús locàtion sỳstem 몡 버스 접근 표시 장치.
bus·man [básmən] 몡 버스 기사[차장], 버스 승무원.
búsman's hóliday 몡 (보통 a ∼) (구어) 일상 근무와 비슷한 일을 하며 보내는 휴가. 〔어].
bus·per·son [báspə̀:rsn] 몡 =busboy(* 중성 용

buss¹ [bʌs] (英구어) 몡 (큰 소리의) 키스.
── 턌 (···에게) 소리내어 키스하다.
buss² 몡 쌍돛대 평저(平底) 범선[어선].
bús sèrvice 몡 버스편(便); 버스 운행.
bus·es [básiz] 몡 bus의 복수형.
bús shélter 몡 (英) 지붕이 있는 버스 정류장, 버스 대합소. 〔정류장의 지붕.
bus·sing [básiŋ] 몡 =busing.
bús stàtion [términal] 몡 버스 터미널[차고]. (또
bús stòp 몡 버스 정류장.   〔는 bús dèpot.
bus·y [bízi] 몡 (속어) 버스 운전 기사.
‡__bust¹__ [bʌst] 몡 1 흉상(胸像), 반신상(覆 statue, torso). 2 상반신; (여성의) 가슴, 흉부(bosom), 버스트; (여성복의) 가슴둘레. ⇒BREAST 〔유의〕¶She has a full ∼. 그녀는 가슴이 풍만하다.
bust² (구어) 1 (a ∼) (주먹으로) 때리기, 강타. 2 실패; 파산 (가격의 폭락, (장사의) 불경기, 불황(覆 boom¹); 파산; 실직. 3 펑크, 파열. 4 술잔치, 마시며 흥청망청 떠들기(spree). 5 실패자, 파산자. 6 (속어) 체포; (the ∼) (속어) 경찰. 7 (군대에서의) 강등 명령; 낙제[제적] 통지. 8 (美속어) (농구의) 멋진 슛. 9 (濠속어) 강도. 10 (속어) 탈옥.
go on the bust 술 마셔서 법석을 떨다.
── 턌턍 1 (구어) (주먹으로) ···을 치다, 때리다. 2 (속어) (도살장 소 따위를) 밧줄을 걸어 넘어뜨리다. 3 (구어) ···을 부수다; ···을 못쓰게 만들다; ···을 파산[파멸]시키다(up). 4 (트러스트)를 해체하여 작은 회사로 나누다. 5 (속어) ···을 찢다, 째다, 파열시키다. 펑크내다. 6 (군대에서) ···을 사병으로 강등시키다. 7 (구어) ···을 (현행범으로) 체포하다; 단속하다; (경찰이) 급습하다, 가택 수색을 하다; (속어) [남]을 밀고하다. 8 (美) [야생마 따위]를 길들이다. 9 (농구) (멋진 슛)을 던져 넣다. 10 (美학생 속어) (시험·학과)에 떨어지다, 낙제하다.
── 턌 (속어) 1 파산하다; 파멸하다. 2 파열하다. 3 (사람이) 길게[나가] 쓰러지다, 덜컥 나자빠지다; 지치다, 맥을 못추다.
bust a gut (美속어) =break one's ass.
bust along (美속어) 빨리 나아가다, 스피드를 내다.
bust balls (美속어) 혹독하게 단련하다; 벌을 주다.
bust on (속어) ① ···을 마구 때리다; ···을 몹시 비판[질책]하다. ② ···을 웃음거리로 만들다. ③ ···을 알리다[밀고하다].
bust out (구어) ① (진행형으로) (일제히) 싹트다, 꽃피다. ② (···로부터) 도망치다(from). ③ 갑자기 ···하다 (doing).
bust up (구어) ① 부서지다, ···을 부수다; 파산[파멸]하다[시키다]. ② (···와) 사이가 틀어지다, 절교[이혼]하다 (with); 사이를 벌려 놓다, 절교[이혼]시키다. 〔다.
fit to bust (구어) 크게, 매우. ¶laugh fit to ∼ 크게 웃
── 턌 (또는 busted) 1 (구어) 파산한, 무일푼의. 2 (구어) 부서진, 못쓰게 된. 3 (美속어) 체포된; 술취한.
be clean [or dead] bust 완전히 빈털터리다.
go bust 파산하다.
bus·tard [bástərd] 몡 (조류) 너새, 능에.
bust·ed [bástid] 몡 (美속어) =bust².
bust·er [bástər] 몡 1 (美속어) 때려부수는 사람 [것]; 맹렬한 것; 거대한[뛰어난] 것, 큰 것. 2 (美속어) 큰 남자, 거한. 3 (속어) 흥청망청 떠들기(spree); 떠드는 사람. 4 (B-) (구어) 이봐(마땅치 않은 상대방을 부르는 말). 5 (濠) 차갑고 세찬 남풍(burster). 6 (美구어) baby ∼. 7 (美) 야생마를 길들이는 사람(bronco ∼). 8 (美속어) (마약) 진통제. 9 (濠속어) 타락.
-bust·er [bástər] 〔연결〕 destroyer의 뜻. ¶block-buster, trustbuster. 〔정뱅이.
bust·head [básthèd] 몡 (美속어) 값싼 위스키; 주
bus·tier [bustjéi] 몡 뷔스티에(어깨끈이 없고 웨이스트까지 오는 브래지어; 그와 비슷한 윗도리). (<F)
‡__bus·tle¹__ [básl] 몡 (∼s [-z]; ∼d; -tling) 턌 1 활발하게 움직이다; 분주히 돌아다니다; 법석을 떨다[떨며 돌아다니다] (about, around, up). 2 (구어) (활기가)

넘쳐흐르다, 훙청거리다(*with*). — 타 [사람]을 서두르게 하다, 재촉하다; …을 분발하게 하다; 소란하게 하다. *bustle up* 부지런히[열심히] 일하게 하다; 서두르다.
— 명 ⓤ (때로 a ～) 법석, 소동; 잡답(雜沓), 혼잡; 웅성거림. ¶ din and ～ 소란스러움.
be in a bustle 법석을 떨다; 활기가 있다.
bus·tle² 명 허리받이(예전에 여성의 스커트 뒤를 불룩하게 하기 위해 허리에 댄 것). -**tled** 형 허리받이를 댄.
bus·tler [bʌ́slər] 명 수선[법석]을 떠는 사람.
bust-line [bʌ́stlàin] 명 버스트라인, 가슴선.
bus·tling [bʌ́sliŋ] 형 바쁜 듯한; 떠들썩한; 혼잡한.
bus-top [⁻tàp/-tɔ̀p] 명 버스의 2층 좌석. [～-**ly** 부]
bús topólogy 명 [컴퓨터] 버스 토폴로지(한 줄의 전송 케이블에 복수의 node가 접속되는 방식).
bust-out [⁻àut] 명 (사기 치려고 남이 돈을 건네는) 결정적 순간; (～s) (도박에서) 조작된 주사위.
búst shòt 명 상반신 사진을 찍는 것(⊕ BS).
bust-up [⁻ʌ̀p] 명 (구어) 1 (우정·부부 관계의) 파탄, 헤어짐. 2 폭발; (美) 붕괴. 3 술마시기, 떠들기.
bust·y [bʌ́sti] 형 (구어) (여성이) 유방이 큰, 가슴이 풍만한. 파 bosomy **búst·i·ness** 명 ⓤ
bu·sul·fan [bju:sʌ́lfən] 명 [약학] 부술판(백혈병 치료제).
bus·way [bʌ́swèi] 명 (美) 버스 전용 차선[도로].
‡**bus·y** [bízi] 형 (**bus·i·er**; **bus·i·est**) 1 (언제나) 바삐 움직이고 있는, 부지런히 일하고 있는, 한눈을 팔지 않고 …하고 있는, 쉬지 않는(*about, at, over, in, with, doing*). ¶ a ～ tongue 수다쟁이 / ～ hands 부지런히 일하고 있는 손. 2 여가가 없는, 분주한, (일이) 밀려 있는. ¶ a ～ day 바쁜 날 / I shall be ～ all tomorrow. 내일은 온종일 바쁘다.

[USAGE] *busy in -ing*와 *busy -ing* —— 오늘날에는 in을 생략하는 것이 보통. 역사적으로는 in이 있는 형태가 쓰였으며, 따라서 -ing는 동명사이지만, 오늘날에는 현재분사에 가깝고, 특히 다른 요소가 끼어들게 되면 -ing는 한층 더 분사적이다: I will be ～ next Sunday *preparing* for a journey.

3 (남의 일에) 참견 잘하는(*in*). ¶ He *is* too ～ *in* other people's business. 그는 남의 일에 너무 참견한다. 4 번화한, 떠들썩한, 활기찬. ¶ a ～ street 번화한 거리 / a ～ shop 활기찬[손님이 붐비는] 가게. 5 (美) (전화가) 통화중인((英) engaged); (방이) 사용중인. ¶ Line's ～. = The line is ～. (지금) 통화중입니다.
(as) busy as a bee ⇨ BEE.
be busy at [or *with*] …에 몰두하다, 바쁘다.
get busy (美구어) 일을 시작하다(*doing*); 활발해지다.
keep busy (美구어) 일을 계속하다.
— 타 재 (**bus·ies** [-z]; **bus·ied**) (수동형·재귀용법으로) …을 바쁘게 하다[일하게 하다], 종사하게 하다(*about, at, by, in, with, (in) doing*).
busy oneself with …로 바삐 움직이다[종사하다].
— (속어) 탐정, 형사; 경찰관.
búsy bée 일벌레, 부지런한 일꾼.
bus·y·bod·y [bízibɑ̀di/-bɔ̀di] 명 참견하기 좋아하는 사람, 주제넘게 나서는 사람(meddler).
bus·y·bus·y [bízi(:)bìzi(:)] 형 ⓤ 바쁨, 번잡함.
búsy ídleness 명 하찮은 일에 바쁨[바쁜 척함].
bús·y·ness [bízinis] 명 ⓤ 바쁨, 분주함. 참 business
búsy sígnal[**tòne**] 명 (전화의) '통화중' 신호.
bus·y·work [bíziwə̀:rk] 명 ⓤ 바쁘기만 하고 실속 없는 일; 시간 때우기 공부[과제, 일].

‡**but¹** ⇨ BUT. (p. 394)
but² [bʌt] 명 (스코) 바깥쪽 방(참 ben); (방이 둘인 집의) 부엌(kitchen). — 부 바깥에[으로], 밖에[의].
but and ben with a *person* 남과 마주보고서; 남과 친밀하게 살아가다.
but³ [bʌt] 명 =butt⁵. [마취제.]
bu·ta·caine [bjuːtəkèin] 명 [약학] 부타카인(국소

bu·ta·di·ene [bjùːtədáiːn, -daìːn] 명 ⓤ [화학] 부타디엔(무색·가연성 탄화수소; 합성 고무의 원료).
bu·tane [bjúːtein, -⁻] 명 ⓤ [화학] 부탄(포화 지방성 탄화수소). ～ **fuel** 부탄(포화) 가스.
Bu·ta·zol·i·din [bjùːtəzúlidin/-zɔ́l-] 명 [약학] (상표) 부타졸리딘(류머티즘·통풍 등의 진통·해열제).
butch [butʃ] 명 1 (美속어) 남자역을 하는 여성 동성연애자. 2 (美) (남성의) 까까머리(crew cut보다 짧음). (또는 ⁻ **háircut**) 3 (속어) (부르는 말로) 터프가이; 난폭한 사내; (영차·경기장 따위에서의) 판매원; (경멸적) 내과 의사. 4 (속어) 실패, 실수. — 형 1 (여성의 동성연애에서) 남자역의; (여성이) 사내 같은; (남성이) 난폭한; 일부러 사내티를 내는. — 타 ※ 다음 숙어로만 쓴다.
butch up 사내같이 굴다.
‡**butch·er** [bútʃər] 명 (雌 ～**s** [-z]) 1 푸주한, 정육점 주인. 2 도축장 종업원, 식육 시장 종업원. 3 (경멸적) 학살자, 살육자(※ 독재자·군 장성·판사 등 불필요한 죽음을 초래하는 사람). 4 (열차·극장 안에서) 과자·잡지 따위를 파는 판매원. 5 (美속어) 서투른 의사[치과의]; 일을 망치는 사람.
the butcher, the baker, the candlestick maker 푸주한·빵집·초대집; 온갖 직업의 사람들.
— 타 1 …을 도살하다. ⇨ KILL 유의어 2 …을 학살[살육]하다, 참살하다; 사형에 처하다. 3 …을 망쳐 놓다.
～-**er**
butch·er·bird [bútʃərbə̀ːrd] 명 [조류] 때까치(shrike); (오스트레일리아·뉴기니산(産)) 대형 육식조.
bútcher blóck 명 (명암 효과의 두꺼운 합판에 이와 비슷한 비닐 소재). **bútch·er-blóck** 형
bútcher knife 명 푸주에서 쓰는 칼.
butch·er·ly [bútʃərli] 형 백정[도살자] 같은; 잔인한, 흉포한; 솜씨가 서투른. -**li·ness** 명 [hook.
butch·er's [bútʃərz] 명 1 정육점, 푸주. 2 =～
bútcher's bíll 명 1 정육점의 계산서. 2 전사자 명부, 사고 조난자 명부; (드물게) 전비(戰費).
bútcher's-broom [-brùːm, -brùm] 명 [식물] 나도죽백(잉글랜드산(産) 백합과(科)의 상록 관목).
bútcher's hóok 명 1 (英속어) 한번 보기, 일견. 2 (형용사적) (濠구어) 기분이 언짢은, 화난.
go butcher's (hook) at …에 화를 내다.
have a butcher's hook at …을 한번 보다. [병원.]
bútcher shòp 명 고깃간, 새고기 판매점; (美속어)
bútcher's méat 명 (식용) 짐승 고기, 수육(獸肉).
bútcher wàgon 명 (美속어) 구급차.
butch·er·y [bútʃəri] 명 1 도축[도살]장. 2 ⓤ 도축업, 푸주업. 3 ⓤ 학살(虐殺); 학살, 참살, 살육. 4 ⓤ 서투름, 서투른 솜씨.
make a butchery of 서툴러 …을 엉망으로 만들다.
bu·te·o [bjúːtiòu] 명 [조류] 말똥가리.
‡**but·ler** [bʌ́tlər] 명 집사(執事); 급사장; 주류 담당 급사; 식당 지배인. ～-**like** 형 ～-**ship** 명
But·ler [bʌ́tlər] 명 버틀러. 1 Benjamin Franklin ～ (1818-93): 미국의 정치가. 2 Nicholas Murray ～ (1862-1947): 미국의 교육가; 노벨 평화상(1931)). 3 Samuel ～ (1612-80): 영국의 시인. 4 Samuel ～ (1835-1902): 영국의 소설가. [사이에 있다.]
bútler's pántry 명 찬방(饌房), 식기실(식당과 주방
but·ler·y [bʌ́tləri] 명 식기실.
Buts·kell [bʌ́tskəl] 명 정적끼리 같은 정책을 지지하는, 오월동주(吳越同舟)의. -**kel·lism** 명
[<英국 보수당 지도자 R. A. Butler(1902-82)와 노동당 지도자 Hugh Gaitskell(1906-63)의 이름]
‡**butt¹** [bʌt] 재 타 1 (짐승이) …을 머리로 떠밀다, 뿔로 받다, (～+图+전+图) …에 부딪히다, 충돌하다. 2 …에 부딪히다, 충돌하다.
— 재 1 부딪다, 뿔로 받다(*against, into*). ¶ (～+전+图) Going round the corner, I ～ed *into* John. 모퉁이를 돌다가 존과 부딪쳤다. 2 돌출하다 (*on,*

and, or와 더불어 가장 기본적이고 중요한 등위접속사이자 대립 관계에 있는 어·구·절을 연결하는 유일한 등위접속사이기도 하다. 그 밖에 종속접속사와 전치사로도 여러 가지 용법이 있으면, 부정어와 상관어로 쓰이고 성구로서의 활용도도 높은 중요한 기능어이다. 원래 「제외하고」라는 뜻의 부사·전치사로 쓰이다가 나중에 접속사 용법이 생겼는데, 나중에 생긴 것이 더 중요하게 되었다. 그러나 집[젠]무의 품사 구분은 반드시 명확하게 할 수 없다는 점도 있다.

‡**but** [bʌt, 약 bət] — 접 **I. 등위접속사**

1 a) (선행하는 서술에 대하여 반대·반의(反意)·대조·제한 따위의 내용을 이끌어) 그러나, 하지만, 그렇지만(yet, however). ¶He is poor, ~ (he is) happy. 그는 가난하지만 행복하다 / I had not walked a mile, ~ I got tired. 나는 1마일을 걷지 않았는데 지쳐버렸다 / He is well read, ~ lacks experiences. 그는 박식하지만 경험이 부족하다 / Things had been bad enough, ~ the worst was yet to come. 이미 사태는 굉장히 나빠졌지만 최악의 사태는 아직 오지 않았다 / He is a rich ~ unhappy man. 그는 부유하지만 불행한 사람이다. **b)** (선행하는 서술의 이유를 설명하여) 왜냐하면(because). ¶I'm sorry I am late, ~ there's a lot of traffic on the road. 늦어서 죄송합니다. 길이 막혀 그렇게 되었습니다.

2 (선행하는 not과 대응해서) …이 아니고. ¶It is *not* red, ~ black. 그것은 붉지 않고 검다 / I did *not* go, ~ stayed at home. 나는 가지 않고 집에 있었다 / It is *not* I ~ you who are to blame. 나쁜 것은 내가 아니라 너다.

3 (감탄사·감동의 표현 따위 뒤에서 특별한 뜻은 없이) ¶Eh! B- that's a queer story! 뭐라고, 그것 참 기이한 이야기군! / Good heavens, ~ she's beautiful! 놀랐는걸, 대단한 미인이야! / Heavens, ~ it rains! 허어, 잘도 쏟아지는군! / Beg pardon, ~ haven't you met my sister on the way? 죄송한 말씀이지만, 도중에 내 여동생을 만나지 않았던가요?

4 (글머리에 써서) **a)** (화제의 전환으로) 그럼, 자. ¶B- now to the second question. 그럼 두번째 질문입니다. **b)** 완전히, 정말. ¶You speak like your mother. B- exactly. 너는 네 어머니처럼 말하는구나. 정말 똑같아. **c)** (여성어)(놀람·못마땅함 따위를 나타내어) 어머나; 그래도, 아니. ¶B- how lovely! 어머나, 귀엽기도 해라!(* 이때 but은 부사로 볼 수도 있다.)

II. 종속접속사

5 …을 제외하고, …이외에(except, save). ¶All ~ he had fled. 그 사람 이외는 모두 도망쳤다 / None ~ a fool would believe it. 바보가 아닌 이상 아무도 그것을 믿지 않을 것이다 / It is a game played nowhere ~ in Korea. 그것은 한국 이외에서는 행해지지 않는 경기이다 / Who could have done it ~ she? 그녀가 아니고 누가 그것을 할 수 있었겠나?(* but 다음의 대명사를 목적격으로 바꾸면 전치사 용법이 된다).

6 …하지 않으면, …이 아니(라)면(if…not, unless); …이라는 것이 없다면(* 종종 that을 수반). ¶I would go abroad ~ *that* I am poor. 가난하지만 않으면 해외 여행을 할 텐데 / B- that I saw it, I could not have believed it. 보지 않았다면 나도 믿지 못했을거야 / Nothing would satisfy him ~ he must go there. 그는 그곳에 가지 않고서는 도저히 직성이 풀리지 않을 것이다.

7 (부정문 또는 의문문에 이어 필연적인 결과·부대 상황 따위를 나타내어)(뒤에서부터 번역하여) …하지 않고서는(…않다); (앞에서부터 번역하여) (…하면) 반드시 … 하다. ¶It never rains ~ it pours. (속담) 비가 오면 반드시 억수같이 퍼붓는다. 나쁜 일은 잇달아 일어나기 마련이다. 불행은 겹치는 법 / You cannot look into the index ~ you will find the word. 색인을 찾아보면 반드시 그 말이 있을 것이다 / He had never confided ~ he had been betrayed. 그는 남을 믿고 속마음을 털어놓았다가는 꼭 배신당했다.

8 …과 다른 방법으로, …과 달리, …이외에는(otherwise than). ¶What can one call it ~ genius? 그것을 천재라 하지 않으면 무엇이라고 불러야 한단 말인가? / I know little of them ~ from hearsay. 나는 소문으로밖에 그들을 잘 모른다 / There is nothing for it ~ let it run its course. 되어 가는 대로 맡기는 수밖에 도리가 없다 / She did nothing ~ laugh. 그녀는 웃고만 있었다 / They had no other choice ~ (to) surrender. 그들은 항복하는 이외에 달리 방법이 없었다.(* but 다음에 명사·대명사가 와서 문장[절]이 끝날 경우에는, 이 but은 전치사로 볼 수도 있다). ⇨⑤ 1.

9 (문어에서는 but that, 구어에서는 but what으로도 쓰여) **a)** (부정문·의문문에 쓰인 deny, doubt, question, wonder 따위 뒤에서) …라고, …이라는 것을. ¶I do not *doubt* ~ *that* you are surprised. 아마 깜짝 놀라셨겠지요 / I don't *deny* ~ *that* it is difficult. 그것이 어렵다는 것을 부정하지 않는다 / I shouldn't *wonder* ~ she wants to be a singer. 나는 그녀가 가수가 되고 싶어한다 해도 별로 놀라지 않는다 / There is no *doubt* ~ *(that)* he was murdered. 그가 살해되었다는 것은 의심할 여지가 없는 사실이다. **b)** (not so나 not such에 호응하여) …하지 않을 만큼. ¶No one is *so* old ~ *that* he may learn. 아무리 늙어도 배울 수 없는 것은 아니다 / He is *not such* a *fool* ~ he knows it. 그는 그것을 모를 만큼 바보는 아니다. **c)** (say, think, believe, expect, fear, know, see, be sure 따위 동사의 부정문·의문문 뒤에서) …은 아니라고. ¶Never *fear* ~ I'll go. 꼭 갈 테니 걱정하지 마라 / I don't *know* ~ it is all true. 아마 그것은 모두가 정말이겠지 / Who *knows* ~ *that* everything will come out right? 만사가 잘 되어갈지 누가 알겠는가? / There is *no knowing* ~ such an accident may happen. 어쩌면 그같은 사고가 일어날지도 모른다. **d)** (it cannot be, it is impossible, is it possible 따위 뒤에서) …이 아니라고. ¶*It was impossible* ~ he should see it. 그가 그것을 보지 않았을 리가 없다 / How *is it possible* ~ *that* we should be discontented? 우리가 어찌 불만을 품지 않을 수 있겠는가?

10 (주절 중의 명사·대명사를 한정하는 절을 이끌어) …이 아닌 것 같은. ¶No leader worthy of the name ever existed ~ he was an optimist. 낙천가가 아니고서는 지도자라고 할 만한 지도자가 있어본 예가 없다 / There was never a new theory ~ someone objected to it. 새로운 학설이 나오면 반드시 누군가가 그에 반대했다.

— 전 **1 a)** …을 빼고는[제외하고는], …밖에는; …이외의(except, save) (* 접속사와 구별하기 어려운 경우가 있다). ¶No one replied ~ me. 나 이외에는 아무도 대답하지 않았다 / There was no one left ~ me. 남은 것은 나뿐이었다 / I did not want to be anything ~ a writer. 작가 이외에는 아무것도 되고 싶지 않았다 / I want nothing ~ a little time. 나는 그저 약간의 여가를 갖고 싶을 뿐이다 / What is life ~ a search for a friend? 인생이란 친구를 찾는 일이 아니고 무엇이랴? **b)** (英) (first, last, next 뒤에서) …을 빼고(美 except). ¶They live next door ~ one. 그들은 한 집 건너 이웃에 살고 있다 / He was the last ~ one to

arrive. 그는 맨 끝에서 두 번째로 도착했다.
2 (that節을 목적어로 하여) …이라는 것을 제외하고는, …이라는 것 이외에는. ¶Nothing would please her ~ that we go along. 그들 가족은 그 이외에 그녀를 기쁘게 해줄 길이 없으리라 / I ask nothing from you ~ that you should come to see me once in a while. 이따금 놀러 와 달라는 것 이외에는 바랄 것이 없다.
── 代 (관계대명사) (부정을 수반한 말을 선행사로 하여) …이 아닌(that[who]…not). ¶There is no one ~ wants to be happy. 행복을 바라지 않는 사람은 없다 / There is no rule ~ has exceptions. 예외 없는 규칙은 없다 / There is scarcely any man ~ loves his country. 자기 나라를 사랑하지 않는 사람은 드물다 / Nobody ~ has his faults. 결점이 없는 사람은 없다 / No one ~ errs. (속담) 잘못을 저지르지 않는 사람은 없다. 원숭이도 나무에서 떨어질 때가 있다. (*종속절의 주어 또는 대명사의 목적어를 생략한 접속사라고도 볼 수 있다.)
── 副 **1 a)** (문어) 그저, 오직, 단지, 오로지, 겨우(only). ¶He is ~ a child. 그는 어린애에 지나지 않는다 / There is ~ one God. 신은 오직 하나뿐이다 / His own work is ~ a tiny part in a vast process. 그의 일은 거대한 공정 가운데 작은 한 부분일 뿐이다 / This took him ~ a few minutes. 그는 이것을 하는 데 단 몇 분밖에는 걸리지 않았다 / Life is ~ an empty dream. 인생이란 허무한 꿈에 지나지 않는다. **b)** (can, could와 함께) 달리 어찌할 길이 없어; 그저 …할 뿐. ¶We could ~ listen to his plea. 우리는 그의 간청을 들어줄 수밖에 없었다 / I can ~ hear. 아무튼 들어보지 / If I could ~ see him! 하다 못해 그 사람을 만날 수만 있다면. **c)** 그저 (…하기만 하면). ¶Man can learn everything if he will ~ try. 그럴 마음만 먹으면 사람은 무엇이든 배울 수 있다.
2 바로, 막(just). ¶He left ~ an hour ago. 그는 바로 한 시간 전에 떠났다 / It happened ~ yesterday. 그것은 바로 어제 일어난 일이다.
all but ① …을 제외하고는 모두. ② 거의, 하마터면(nearly, almost). ¶My dog was all ~ run over by a car. 내 개는 하마터면 차에 치일 뻔했다.
anything but ① 결코 …이 아닌. ⇨ANYTHING.
but for ① …이 없다면, 없다면(without, if it were not for); …이 없었다면, 않았다면(if it had not been for, without). ¶B- for his idleness, he would be a good man. 게으르지만 않다면 그는 좋은 사람일 텐데 / B- for your help, I could not have succeeded. 너의 도움이 없었다면 나는 성공하지 못했을 것이다. ② (직설법에서) …를 빼고는(except). ¶Everyone has helped ~ for you. 당신을 제외하고 모두가 거들어 주었어요.
but good (구어) 호되게, 철저하게, 완전히.
but then ⇨THEN.
but too 유감스럽게 너무나도.
cannot but do (문어) …하지 않을 수 없다(cannot help doing). ¶I cannot ~ admire his honesty. 그의 성실성에는 그저 탄복하지 않을 수 없다.
cannot help but do (美구어) ⇨HELP.
do nothing but do …하기만 하다.
have no choice but to do …할 수밖에 달리 도리가 없다, …하지 않을 수 없다(cannot choose but do). ¶I had no choice ~ to follow his advice. 나는 그의 충고에 따를 수밖에 달리 방도가 없었다.
(It is) not that A but that B A이기 때문이 아니라 B이기 때문이다. ¶She is often absent, not that she dislikes school ~ that she is in poor health. 그녀가 자주 결석하는 것은 공부가 싫어서가 아니라 몸이 약해서이다.
It is odds [or **ten to one**] **but…** 아마도, 십중팔구. ¶It is odds ~ you lose. 십중팔구 네가 질거다.
It shall go hard but… 어떤 일이 있어도 …하지 않을 수 없다.
not but what [or **that**]…; (고어) **not but…** …이 아닌 것은 아니지만. ¶I can't do it; not ~ what you might (be able to do it). 나는 할 수가 없다. 너도 못하리라는 것은 아니지만.
nothing but 그저 …일 뿐(only). ¶He is nothing ~ an opportunist. 그는 그저 기회주의자일 뿐이다 / She did nothing ~ cry. 그녀는 그저 울 뿐이었다.
There is nothing for it but to do …할 수밖에 다른 도리가 없다. ¶There was nothing for it ~ to wait for a chance. 기회를 기다릴 수밖에 별 도리가 없었다.
── 名 **1** 「그러나」라는 말. ¶B- me no ~s. 「그러나, 그러나」라고만 하지 말게(*첫번째 buts는 動, 뒤의 buts는 名) / The ~ just explodes everything like a bomb. 그렇지「그러나」라고만 하고 있다가는 폭탄처럼 한꺼번에 터지고 말거야. **2** (구어) (보통 ~s) 제한, 조건; 이의, 반대; 예외. ¶Do as I tell you, no ~s about it. 이러쿵저러쿵 둘러대지 말고 시키는 대로 해라.
ifs and [or **or**] **buts** ⇨IF.
── 動 「그러나」라고 말하다. ⇨名 1.

butt in (구어) …에 참견하다, 주제넘게 나서다(on, to).
butt one's **way through** …을 밀어 제치고 나아가다.
butt out (속어) 참견을 그만두다.
── 自 머리[뿔]로 받기; ── 他 머리[뿔]로 받다; 대단한 기세로. 「충돌하다.
come [or **run**] **butt against** [or **into**] …에 정면 한 통(액량 단위; hogshead의 배(倍)). **3** =water ~.
butt³ 名 **1** 굵은 쪽의 끝, (총의) 개머리판, (창의) 손잡이 끝, (낚싯대의) 손잡이; 나무의 밑동. **2** 가죽의 두꺼운 부분, 두꺼운 가죽. **3** 나머지, 남은 조각; (담배의) 꽁초; (속어) 담배, 궐련. **4** (美구어) 궁둥이, 엉덩이(buttocks). **5** (美속어) (병역·형기의) 마지막 해. **6** 옆 깨 선 돼지 어깨살(Boston ~).
bust one's **butt** (속어) 힘껏 노력하다.
butt and butt 끝과 끝을 맞대어서.
butt naked (美must어) 완전히 알몸뚱이의[로].
get off one's **butt** 우물쭈물하지 않다. 「하다.
spring a butt (해사) 갑 널빤지의 접합부를 느슨하게
── 自 (담배를) 비벼서 끄다. ── 他 (美속어) 속어) 매우, 굉장히. ¶I was ~ late. 아주 늦었다.

butt⁴ 名 **1** (사격의) 과녁, 표적. **2** (~s) 사격장; 흙둑덕. **3** (종종 the ~) (냉소·비꼼·경멸의) 대상. ¶make a person the ~ of ridicule 남을 놀림감으로 삼다. **4** (폐어) 목표; 한계. ── 自 끝을 맞대다(on); 인접하다(to). ── 他 …의 끝에 접하다; (두 끝을) 접합하다.
butt⁵ 名 가자미, 넙치류(類). (또는 **but**)
butt⁶ 名 (고기 잡는) 바구니, 그물.
butte [bju:t] 名 (지리) 뷰트(평원의 고립된 산·언덕).
butt end 名 **1** 굵은 쪽의 끝; 개머리판; 말뚝 머리. **2** 나머지, 남은 조각; (판자의) 이은 부분. 「찌른다.
butt-end [⁻end] 名及 (아이스하키) 스틱으로 상대를
but·ter¹ [bʌ́tər] 名U **1** 버터, 유지(乳脂); (복합어로) 빵에 바르는 것. ¶apple ~ 사과 버터 / peanut ~ 땅콩 버터. **2** 버터 모양의 것. ¶~ of zinc [tin] 염화아연 [주석]. **3** (구어) 아부, 아첨. 「첨하다.
lay on the butter; spread the butter thick 아부하다, 아첨하다.
look as if butter would [or **will**] **not melt in** one's **mouth** 시치미 떼다, 점잔 빼다.
── 他(自) (~s [-z]) **1** (빵에) 버터를 바르다, 버터로 맛을 내다. **2** …에 액상의 접착제를 바르다. **3** (구어) …에 아부하다, 아첨하다(up).
butter one's **bread on both sides** 비경제적인 일

butter up (구어) …에 알랑거리다 (*to*); 웃사람에게 아첨하다. ¶Don't ~ *me up!* 내게 아첨 떨지 마라!
Fine words butter no parsnips. (속담) 아무리 좋은 말이라도 말만으로는 아무 소용이 없다.
have one's bread buttered for life 평생 편안히 먹고 살아갈 만하다. ⇨BREAD.
know on which side one's bread is buttered
~ed, ~·less, ~·like 형
butt·er² 뿔[머리]로 받는 짐승.
bút·ter-and-égg màn [bʌ́tərənég-] 명 (속어) 시골에서 온 부자; 도회지 구경을 나와 돈을 마구 뿌리는 농민; 후원자, 돈줄. 「양용」해란초류의 식물.
bút·ter-and-éggs [bʌ́tərənégz] 명 (단·복수취급)
bút·ter·ball [bʌ́tərbɔ̀ːl] 명 1 버터볼(작은 공 모양으로 만든 버터). 2 (美방언) =bufflehead. 3 (구어) 뚱뚱한 사람, 땅딸보.
bútter bèan 강낭콩; (미국 남부산(產)) 까치콩.
bútter bìn 명 (냉장고의) 버터 수납고.
bútter bòat 명 배 모양의 소스 그릇. 愚 sauceboat
bútter·box [bʌ́tərbɑ̀ks/-bɔ̀ks] 명 (속어) 네덜란드인; 멋 부리는 사람.
bútter bòy 명 (英속어) 신참[풋내기] 택시 기사.
bútter·bur [bʌ́tərbə̀ːr] 명 (식물) 머위류.
bútter chìp 명 버터를 담는 접시.
bútter còoler 명 냉장용의 탁상 버터 용기.
bútter·cream [bʌ́tərkrìːm] 명 버터크림 캔디.
bútter·cup [bʌ́tərkʌ̀p] 명 (식물) 미나리아재비; (美속어) 순진한 소녀.
bútter dìsh 명 (식탁용) 버터 접시. 「든다.
bútter·fat [bʌ́tərfæ̀t] 명ⓤ 우유의 지방(버터를 만
bútter·fin·gered [bʌ́tərfìŋgərd] 형 물건을 잘 떨어뜨리는, 서투른(clumsy); (야구·크리켓 따위에서) 공을 잘 놓치는.
bútter·fin·gers [bʌ́tərfìŋgərz] 명 (단수취급) 물건을 (손에서) 잘 떨어뜨리는 사람; 부주의한 사람, 서투른 야구 선수; 서투른 사람.
bútter·fish [bʌ́tərfìʃ] 명 (복 ~·(·es)) 버터피시(대서양 연안산(產)의 미끈거리는 물고기).
‡**but·ter·fly** [bʌ́tərflài] 명 (복 -flies [-z]) 1 나비. 2 변덕스러운 사람, 바람기 있는 여자; 맵시를 내는 사람; 쾌락주의자. 3 (the ~) 〔수영〕 ~ stroke. 4 (-flies) (긴장에서 오는) 불안, 공포감.
break a butterfly on the [or *a*] *wheel* ⇨WHEEL.
have [or *get*] *butterflies in the stomach* [or *tummy*] (美속어) 안달하다, 안절부절 못하다.
— 타 1 (요리) (생선·고기)를 나비 날개 모양으로 가르다. 2 (거주지)를 (나비처럼) 잇따라 옮기다. — 자 (나비처럼) 펄펄 날아다니다. — 형 1 (한정용법) (요리) 나비 날개 모양으로 가른. (또는 **butterflied**) 2 (美 ~-like 형식) 멋있는, 볼품없는.
bútterfly bàll 명 (美속어) 〔야구〕 너클볼.
bútterfly bòmb 명 (군사) 나비형 폭탄(두 개의 날개가 회전하면서 천천히 낙하한다).
bútterfly càse 명 (美속어) 머리가 돈 사람.
bútterfly chàir 명 버터플라이 체어(쇠파이프의 프레임에 천을 씌운 의자).
bútterfly effèct 명 (the ~) 나비 효과(한 곳의 조그마한 힘이 다른 곳에 커다란 영향을 미친다는 카오스 (chaos) 분야의 용어). 愚 chaos theory
but·ter·fly·er [bʌ́tərflàiər] 명 접영[버터플라이] 선수. 「고기과(科)의 물고기.
but·ter·fly·fish [bʌ́tərflàifìʃ] 명 (열대산(產)) 나비
bútterfly nèt 명 포충망(捕蟲網).
bútterfly nùt = wing nut.
bútterfly pìtch 명 (美속어) =butterfly ball.
bútterfly stròke 명 (the ~) 〔수영〕 버터플라이, 접영(蝶泳). 「게 된 테이블.
bútterfly tàble 명 양쪽에 덧붙인 판자를 접을 수 있

bútterfly vàlve 나비꼴 밸브. 愚 throttle valve
bútterfly wèed 명 양부자가리속(屬)의 식물.
bútterfly wìndow 명 (자동차의) 삼각창.
but·ter·head [bʌ́tərhèd] 명 (美속어) (흑인의) 망신; (학생) 얼간이, 멍청이, 덜렁이.
but·ter·ine [bʌ́təriːn, -rìn] 명ⓤ 인조 버터.
bútter·is [bʌ́təris] 명 말굽 깎는 칼.
bútter knìfe 명 (식탁용) 버터 나이프.
but·ter·milk [bʌ́tərmìlk] 명ⓤ 버터밀크(우유에서 버터를 분리한 뒤에 남는 신맛 나는 액체).
bútter mùslin 명 (英) =cheesecloth.
but·ter·nut [bʌ́tərnʌ̀t] 명 1 버터넛(의 열매·나무) (북미산 호두의 일종). 2 (~s) 홈스펀의 갈색 작업복. 3 (美역사) (남북 전쟁 때) 남군 병사. 「종).
bútternut squásh 버터넛 호박(겨울 호박의 일
bútter prìnt 명 버터 덩어리에 무늬를 찍기 위한 나무틀; 그것으로 찍은 무늬.
bútter sàuce 명 버터 소스(버터를 녹여 레몬 따위를 첨가한 소스).
but·ter·scotch [bʌ́tərskɑ̀tʃ/-skɔ̀tʃ] 명 버터스카치(버터로 만든 당과(taffy)의 일종); 버터스카치의 풍미.
bútter sprèader 명(에) 버터를 바르는 주걱.
bútter trèe 버터나무(씨에서 식용유 채취).
but·ter·weed [bʌ́tərwìːd] 명 1 (꽃·잎이 노란) 국화과의 들풀. 2 ~s horseweed. 3 양박주가리과.
but·ter·wort [bʌ́tərwɔ̀ːrt] 명 벌레잡이제비꽃.
but·ter·y¹ [bʌ́təri] 형 1 버터 모양의; 버터를 바른; 버터가 들어 있는. 2 (구어) 치사하게 알랑거리는, 아첨하는. -ter·i·ness 명
but·ter·y² 명 식품[음료] 보관실; (英) (대학의) 식품·음료 판매점, 식당; 지하 포도주 저장실.
búttery hátch 명 식품실과 식당 사이에 있는 음식을 나르는 작은 문.
butt·fuck [bʌ́tfʌ̀k] 명동 (美비어) (…와) 비역(을 하다)(assfuck).
bútt·head [bʌ́thèd] 명 (美속어) 바보 같은[꼴보기 싫은] 놈.
bútt hìnge 명 경첩. 「싫은) 녀석.
butt·hole [bʌ́thòul] 명 (美속어) =anus.
butt·in·sky [bʌtínski] 명 (美속어) 참견쟁이, 간섭하기 좋아하는 사람. (또는 **buttinski**)
bútt jòint [건축] 맞대이음(끝과 끝을 겹치지 않고 접합하는 방법). 愚 butt weld
butt·leg [bʌ́tlèg] 동 (-gg-) (美속어) (궐련을 세율이 높은 주로) 대량 밀수하다. ~·ging, ~·ger 명
but·tock [bʌ́tək] 명 1 (보통 ~s) (사람·동물의) 엉덩이, 둔부. 2 (종종 ~s) (해사) 선미. 3 (英) (레슬링) 허리치기. — 타 (英) 〔레슬링〕 …을 허리치기로 던지다. ~ed 형
‡**but·ton** [bʌ́tn] 명 (복 ~s [-z]) 1 (의복의) 단추. ¶ fasten [undo] ~s *on a coat* 상의의 단추를 채우다[끄르다]. 2 (벨의) 누름 단추. 3 단추 비슷한 것; (시계의) 용두; (단추 모양의) 손잡이; (기장(記章), 배지). ¶ wear *a police* ~ 경찰 배지를 달다. 4 (식물) 싹, 봉오리; (피지 않은) 버섯. 5 (~s) (단수취급) (英구어) (금단추가 달린 제복을 입은) 현관 보이, 급사: cf. **buttons**. 6 (야금) (용해 후에 도가니 속에 남는) 금속 알갱이. 7 (펜싱) 칼끝에 댄 작은 가죽 뭉치. 8 (권투 속어) 턱 끝. 9 지력, 지능; 제정신. 10 (a ~) (英) (부정·의문·조건문) 쓸모없는 것; 소량. 11 (~s) 소량의 마약. 12 (또는 jóy ~) (美속어) 음핵. 13 (美속어) (농담 따위의) 끝맺는 말; 광고 방송 종료시에 사용하는 효과음[음악]. 14 [컴퓨터] 버튼(GUI 환경이나 하이퍼텍스트에서, 마우스로 클릭하는 화면의 가상적인 버튼).
a boy in buttons (제복을 입은) 보이, 급사.
as bright as a button 번쩍번쩍하는.
cute as a button (여성·어린아이 등이) 귀여운.
do not care a button 조금도 개의치 않다.
do not have all one's buttons (구어) 정상이 아

니다, 지각이[지혜가] 없다. 「가 좀 모자라다.
have a button short [or ***loose, missing***] 머리
have a soul above buttons 현재의 일[직업]이 자기의 재능에 맞지 않다고 생각하다.
have lost all *one's* ***buttons*** (구어) 제정신이 아니
have some [or ***a few***] ***buttons missing*** 좀 이상한 데가 있다, 정상이 아니다.
hold [or ***take***] *a person* ***by the buttons*** 남을 붙잡아 놓고 긴 이야기를 늘어놓다.
not worth a button 한푼의 가치도 없는. 「ly).
on the button (美구어) 어김없이, 정확히(precise-
press [or ***push***] *a person's* ***buttons*** (속어) 남의 반감을 사다, (말로) 남을 화나게 하다.
press [or ***push, touch***] ***the button*** ① (벨 따위의) 단추를 누르다. ② (일의) 실마리를 만들다.
— 타 (~**s** [-z]) ① …에 단추를 채우다, …을 단추로 잠그다. (비유적) …을 굳게 닫다, 봉하다, 가두다(*up*). ¶~ **a button** 단추를 채우다[잠그다] / (~+目+똅) ~ (*up*) *one's coat* (*to the chin*) 코트의 단추를 (목까지 꼭) 채우다 / The enemy is ~*ed up*. 적은 독안에 든 쥐다. 2 (옷)에 단추를 달다. 3 (펜싱) (칼끝에) 작은 가죽 뭉치를 대다;…을 그 칼끝으로 찌르다.
— 자 (옷에) 단추가 채워지다, 단추로 잠그다(*up, down*). ¶ (~+前+똅) This dress ~*s down* the back. 이 드레스는 등에서 단추를 채우게 되어 있다.
button *a person's* ***mouth*** 남을 침묵시키다.
button down ① (사실 따위)를 확인[분명히]하다. ② (수동형으로) (사람이) 준비가 되어 있다. 「두다.
button into [or ***in***] 단추를 채워 (호주머니에) 넣어
button it (속어) 입을 다물다, 조용히 있다.
button through (코트 따위가) 위에서 아래까지 단추가 달려 있다.
button up ① …을 단추로 꼭 잠그다. ② (속어) 입을 꼭 다물다. (지갑을) 꼭 잠그다; (건물 따위) 자물쇠를 단단히 잠그다; (물건을) 안전하게 치우다; (수동형으로) 입이 무겁다, 말이 없다. ③ (수동형으로) …해내다; 실시[결정]하다. ④ 굳게 지키다.
button (*up*) *one's* ***lip(s)*** (속어) 입을 다물다.
~**·er** 명 ~**·like** 형 「tonbush.
but·ton·ball [bʌ́tnbɔ̀ːl] 명 =button tree.
but·ton·bush [bʌ́tnbʊ̀ʃ] 명 북미산(産) 세팔란투스(꼭두서니과의 저목).
bútton dày (漢) 가두 모금일(기부자에게 단추나 배지를 달아준다). ⓐ tag day
but·ton·down [-dàun] 형 1 (셔츠의 칼라가) 단추로 잠그는, 버튼다운의. 2 (복장이나 행동 따위가) 틀에 박힌, 독창성이 결여된; 평범한.
but·toned-up [bʌ́tndʌ́p] 형 (구어) 착실히 관리[운영]되는; 보수적인, 내향적인.
*****but·ton·hole** [bʌ́tnhòul] 명 단추 구멍; (英) 단추 구멍에 꽂는 꽃(美) boutonniere). — 타 1 (옷에) 단추 구멍을 뚫다; …의 단추 구멍을 달다. 2 (남)을 붙들어 놓고 이야기를 길게 늘어놓다. **-hòl·er** 명
búttonhole stítch 단추 구멍 감치기.
but·ton·hook [bʌ́tnhùk] 명 단추걸이(고리).
but·ton·less [bʌ́tnlis] 형 단추가 없는[떨어진].
bútton màn 명 (美속어) (범죄 조직의) 졸개.
bútton múshroom (갓이 안 생긴) 작은 버섯.
but·ton-on [-àn/-ɔ̀n] 형 단추가 달린, 단추로 잠그는
bútton shòe 명 단추로 잠그는 단화.
but·ton·stick (군복 따위의) 단추를 닦는 놋쇠 막대.
but·ton-through [-θrùː] 형 앞쪽에 위에서 아래까지 버튼이 달린 (부인복).
bútton trèe 아메리카 플라타너스; 그 열매.
but·ton·wood [bʌ́tnwùd] 명 =button tree.
but·ton·y [bʌ́təni] 형 단추 같은; 단추가 많이 달린.
bútt plàte (총의) 개머리판.
but·tress [bʌ́tris] 명 1 버팀벽. 2 지지(물), 버팀으로

것[사람]. ¶a ~ of the cause of democracy 민주주의의 버팀목.
3 버팀벽 모양의 것. — 타 …을 버팀벽으로 받치다; …을 버티다, (사람·계획 따위)를 지지[뒷받침]하다(*up*) (*with, by*).
~**·less,** ~**·like** 형
bútts and bóunds 명 (법률) (토지의) 경계선.
bútt sháft 명 (살촉이 없는) 연습용 화살.
butt·stock [bʌ́tstɑ̀k/-stɔ̀k] 명 (화기의) 총개머리.
bútt wèld 명 맞댄 용접[단접(鍛接)].

[buttress 1]
1 buttress 버팀벽
2 flying buttress 플라잉 버트레스

but·ty¹ [bʌ́ti] 명 (英방언) 버터 바른 빵 한 조각; 샌드위치. (또는 **buttie**)
but·ty² [bʌ́ti] 명 1 (英방언) 동료, 패거리. 2 (탄광의) 채청부인, 덕대(노동자의) 감독, 십장. ¶a ~ **gang** 채청부 조합. (또는 **buttie**)
bu·tut [butúːt] 명 (통 ~(**s**)) 부투트(감비아의 통화 단위; 동화: 1 dalasi=100 butut).
bu·tyl [bjúːtəl] 명 (화학) 부틸기(基)(의).
bútyl ácetate 명 (화학) 초산 부틸(과실과 같은 냄새가 난다; 용제·페니실린 추출제).
bútyl álcohol 명 (화학) 부틸 알코올.
bu·tyl·ene [bjúːtəliːn] 명 (화학) 부틸렌. — 형 부틸렌기(基)를 함유하는.
bútyl nítrite 명 (화학) 질산 이소부틸(탈취제·마약 대용품). 「터를 함유한.
bu·tyr·a·ceous [bjùːtəréiʃəs] 형 버터 모양의, 버
bu·tyr·ate [bjúːtərèit] 명 (화학) 낙산염(酪酸塩).
bu·tyr·ic [bjuːtírik] 형 (화학) 낙산의[에서 얻은].
bu·tyric ácid 명 (화학) 낙산, 부티르산.
bux·om [bʌ́ksəm] 형 (여자가) 토실토실하고 예쁜, 가슴이 풍만하고 매력적인; 건강하고 쾌활한. ¶a ~ beauty 가슴이 풍만한 미인 / a ~ matron 여성 시민 운동가. ~**·ly** 부 ~**·ness** 명
‡**buy** [bai] 타 (~**s** [-z]; **bought**) 명 1 …을 사다, 구입하다; 사다, 대접하다(sell). ¶I will ~ the book, expensive or inexpensive. 비싸든 싸든 그 책을 사겠다 // (~+目+前+명) ~ **a pencil** *for* 500 won 연필을 500원에 사다 / ~ books *at* a bookstore 서점에서 책을 사다 / I bought it *for* cash[on credit]. 그것을 현금[외상]으로 샀다 // (~+目+目) *B*— me the book. =*B*— the book *for* me. 나한테 그 책을 사다오.

유의어 **buy** 격식을 차리지 않은 말로서, 모든 구매 행위에 두루 쓰이는데, 보통 고액이 아닌 일상적인 물건 구입에 쓴다. **purchase** 격식을 갖춘 말로서, 대량·고액의 구입에 쓴다.

2 (수동형으로) (대가·희생을 치르고) …을 얻다(*with*). ¶The victory was dearly *bought*. 그 승리에는 값비싼 희생이 따랐다 / You shall ~ this dear. 이번 일로 톡톡히 대가를 치를 것이다 // (~+目+前+명) ~ favor *with* flattery 아첨으로 호감을 사다. 3 …을 매수하다(*off*); …를 상당한 돈을 주고 고용하다. ¶~ a public official 공무원을 매수하다. 4 (신학) 속죄하다. 5 (돈이) …을 살 수 있다, 사는 데 도움이 되다. ¶Money cannot ~ happiness. 돈으로 행복을 살 수 없다 / $5,000 will ~ the car. 5,000달러면 그 차를 살 수 있다. 6 (속어) (의견·설명 따위)를 받아들이다[수용하다], 믿다; …에 속아넘어가다, 속다. ¶I won't ~ any part of the explanation. 그 설명은 전적으로 받아들일 수 없다. 7 (야구) (선수)와 계약을 맺다. 8 (카드놀이) (패)를 뽑다, 도르다. 9 (불행·실패 따위)를 만나다, 당하다. 10 (美속어) 하다, 저지르다, 해버리다. — 자

사다; 상품을 사들이다; 사는 쪽이다.
buy a pig in a poke [or ***bag***] ⇨PIG.
buy as is 내용의 보증 없이 사다, 보이는 그대로 사다.
buy back …을 되사다.
buy down 이른 시기에 원금의 일부를 앞당겨 반제하여 주택 융자금의 이율을 떨어뜨리다. 「*into* ① ② ③.
buy in ① …을 사들이다, 구입하다. ② 《속어》 =*buy*
buy into ① 《구어》 …을 받아들이다, 묵인하다; …을 믿다; …에 찬성하다. ② 《속어》 〔주(株) 따위〕를 사들이다; …의 주주가 되다. ③ 《美속어》 (돈을 지불하고) …의 회원이 되다. ④ 《濠》 …에 말려들다.
buy it [or ***that***] ① 《구어》 (수수께끼·질문이 풀리지 않아) 포기하다. ② 《英속어》 전사하다; 총을 맞다.
buy off …을 매수하다; (돈을 지불하고) 〔협박 따위〕를 벗어나다 (*with*); 〔사람〕을 제대시키다.
buy oneself in 돈을 내고 회원이 되다.
buy out ① …을 사들이다, 권리를 사다; …을 매점하다. ② …을 돈으로 제대시키다 (*of*).
buy over …에 뇌물을 쓰다(bribe), …을 매수하다.
buy the farm [or ***ranch***] 《美속어》 살해되다, 죽다.
buy time 《구어》 (…하며) 시간을 벌다 (*by* do*ing*).
buy up ① …을 매점하다, …을 매절하다; (중앙 은행 따위가) 〔특정 통화〕를 사들이다. ② 〔회사·토지 따위〕를 매수하다.
I'll buy it. 《구어》 모르겠다, 두손들었다.
— [명] (a ~) **1** 구매; 《美》 산[살] 물건. **2** 《美구어》 싸게 산 좋은 물건(bargain). ¶a good ~ 싸게 잘 산 물건.
on the buy 열심히 사들여.

buy·a·ble [báiəbl] [형] 살 수 있는; 매수할 수 있는.

Búy Américan àcts [명][복] 《美》 미국 제품 (의무) 조달 법규.

Búy Américan pòlicy [명] (dollar 방어를 위해 대외 원조에 적용하는) 미국 상품 우선 매입 정책.

buy·back [báibæ̀k] [명] 되사들이기, 환매(還買); 교환 매매, 물물 거래. — [형] 되사는. ¶~ prices 되사는 값. (또는 **búy-bàck**)

buy-down [⌐dàun] [명][형] 《美》 바이다운 방식(의) (차입 계약 당시에 차주가 일시금을 지불하고 사후의 정기 반제 이자 부담을 경감하는 방식).

‡**buy·er** [báiər] [명] ([복] ~***s*** [-z]) **1** 사는 사람, 사는 쪽, 구매자; 소비자. **2** (회사의) 구매 담당 직원, 바이어, 구매부. [반] seller

búyers' associátion [명] 구매 조합.

búyers' inflàtion [명] 수요 과잉 인플레이션.

búyers' màrket [명] 구매자 시장(상품 공급이 과잉인 시황(市況)). [참] sellers' market

búyer's òption [명] 〔증권〕 매수 선택권.

búyers' strìke [명] 소비자 불매 동맹; 불매 운동.

buy-in [⌐ìn] [명] **1** 매입, 사들이기. **2** (경매 최저 가격 이하에서의) 낙찰. **3** 〔카드놀이〕 게임에 참여하기 위해 사는 일정량의 칩(chip).

buy·ing [báiiŋ] [명] 구매, 사들임, 구입.

búying pòwer [명] =purchasing power.

buy-off [⌐ɔ̀ːf/-ɔ̀f] [명] 《美》 **1** 매입; 매수(bribe). **2** (제품·서비스에 관한) 전(全) 권리 매점; (매입시의) 거래 조건. **3** 전속[매절] 계약을 한 사람.

búy òrder [명] 〔증권〕 매수(買受) 주문. [반] sell order

buy·out [báiàut] [명] (상품 따위의) 매점(買占); (기업·주식 따위의) 매수(買收), 경영권 장악.

búyout fìrm [명] 기업 매수·합병(M&A) 전문 회사.

buz·ka·shi [búːzkɑ́ːʃi] [명] 부즈카시(아프가니스탄의 국기(國技)로, 말을 타고 죽은 염소를 빼앗는 경기).

‡**buzz**[1] [bʌz] [명] ([복] ~***·es*** [-iz]) **1** (기계·벌 따위의) 윙윙거리는 소리; 웅성거림. **2** 《구어》 속삭임; 풍설, 뜬소문. **3** 전화 벨[부저] 소리; (a ~) 《구어》 전화 걸기. ¶Give me a ~, will you? 전화 주시겠습니까? **4** 《구어》 흥분, 열광; 취한 쾌감. **5** 〔음성〕 마찰; 유성 마찰음(특히 [z]음). **6** 《美속어》 순찰차. **7** 《美속어》 볼에 재빨리 하는 키스.
get a buzz out of 《美구어》 …을 즐기다. 「게 하다.
give *a person* ***a buzz*** 《美구어》 남을 웃기다, 재미있
have [or ***get***] ***a buzz on*** 《속어》 (술·마약으로) 거나하게 취하다. 「망시키다.
kill [or ***stomp***] *a person's* ***buzz*** 《美속어》 남을 실
— [동] (~***·es*** [-iz]) [자] **1** (기계·벌 따위가) 윙윙거리다; 낮은 진동음을 내다. **2** 와글와글 떠들다; 웅성대다; 어수선[떠들썩]하다; (소문이) 자자하다 (*with*). ¶The room ~*ed with* excitement. 방 안은 흥분으로 술렁거렸다. **3** 《英속어》 《명령문》 가다, 떠나다(*off, along*). ¶*B– off!* 썩 꺼져라! **4** 분주히 돌아다니다. **5** (사람을) 버저로 부르다 (*for*). — [타] **1** 〔날개 따위〕를 윙윙 소리 나게 하다. ¶The fly ~*ed* its wings. 파리가 윙윙 날개 소리를 냈다. **2** 〔소문〕을 퍼뜨리다, 수군대다; 떠들썩하게 말을 전하다. **3** …에 붕붕 소리로 신호하다; 〔남〕을 버저로 불러들이다. **4** 《구어》 …에게 전화를 걸다. **5** 〔항공〕 …의 위를 저공 비행하다. ¶~ a field 들판 위를 저공 비행하다. **6** 《英방언》 〔술병〕을 마지막 한 방울까지 다 마시다. **7** 《英구어》 …을 휙 던지다. **8** 〔남〕에게 질문하다, 인터뷰하다. **9** 《美속어》 …에게 알랑거리다, 아첨하는 소리를 하다. **10** 《美속어》 …을 후무리다, 빼앗다.
buzz in 도착하다, 들어오다.
buzz off ① 《美》 전화를 탁 끊다. ② ⇨[자] 3.

buzz[2] [명] **1** 《속어》 (남성의) 짧게 깎은 머리(crew cut). **2** 《英방언》 =bur[1]1. **3** 더부룩한 것; 머리카락이 더부룩한 가발; 털이 더부룩한 송어 낚시용 제물낚시.

buzz[3] [감] 케케묵은 이야기야, 말도 안 돼. (또는 **buz**)

buz·zard [bʌ́zərd] [명] **1** 〔조류〕 (유럽산) 말똥가리; (미국산) 대머리수리류(類)의 속칭. **2** (종종 old ~) 《속어》 얼간이, 바보. **3** 《美》 탐욕스런 사람, 메스꺼운 사 ~**·lìke** [형] ~**·ly** [형][부] 「람.

búzz bòmb [명] 폭명탄(爆鳴彈), 붕붕탄(제2차 세계대전중 독일이 썼던 자동 조종 폭탄)(V-1 robot bomb).

búzz bòok [명] 《美속어》 베스트 셀러 (책).

búzz bòx [명] 《英속어》 자동차. 「**búzz-wàgon**)

buzz-bug·gy [⌐bʌ̀gi] [명] 《美속어》 자동차. (또는

buzz-buzz [⌐bʌ̀z] [명] (경기장 등의) 와와, 와글와글.

buzz·er [bʌ́zər] [명] **1** 윙윙 소리내는 (전기) 기구; 윙윙거리는 벌레(파리·모기 따위); 기적(汽笛), 사이렌. **2** 버저. **3** 《軍속어》 신호수. **4** 《속어》 경찰관[탐정] 배지. **5** 《속어》 전화.

buzz·ing [bʌ́ziŋ] [형] 윙윙거리는, 웅성대는; 《美속어》 취한. ~**·ly** [부]

buzz-kill [⌐kìl] [명] 《美속어》 기분 잡치게 하는 것[녀석]. 「칵테일.

buzz·mak·er [bʌ́zmèikər] [명] 《美속어》 도수 높은

buzz-phrase [⌐frèiz] [명] (비즈니스·정부·기술 따위의 분야에서) 많이 쓰이는 전문 용어.

búzz sàw [명] 《美》 둥근 전기톱(circular saw).
monkey with the buzz saw 《속어》 위험한 일에 손대다, 재난을 초래하다.

búzz sèssion [명] 비공식 소(小)그룹 회의.

buzz·wig [bʌ́zwìg] [명] **1** 숱이 많은 큰 가발; 그것을 쓰는 사람. **2** 지체가 높은 사람, 중요 인물.

buzz·word [bʌ́zwə̀ːrd] **1** (전문가나 관공서·업계의) 전문 용어, 특수 용어; 전문적 (냄새가 풍기는) 유행어(cyberspace, interface, paradigm 따위). **2** 선전 문구, 캐치프레이즈.

buz·zy [bʌ́zi] [형] 윙윙거리는; 《美속어》 취한.

b.v. *b*ook *v*alue(장부 가격). **B.V.** *B*lessed *V*irgin.

BVDs [bìːvìːdíːz] [명] 《美구어》 《상표》 남성용 속옷.

B.V.M. *B*lessed *V*irgin *M*ary(성모 마리아). **BVR** 〔군사〕 *b*eyond *v*isual *r*ange(시계외(視界外)). **bvt.** brevet(ted). **BW** *b*acteriological [*b*iological] *w*arfare; *b*ond with *w*arrant(신주 인수권부 사채(社債)). **BW, B/W** *b*lack and *w*hite. **B.W.** *B*oard of *W*orks.

bwa·na [bwɑ́ːnə] 명 《東아프리카》《부르는 말로》주인님, 나리(master, sir에 상당).
BWG, B.W.G. Birmingham *w*ire *g*auge(버밍엄 선경(線徑) 게이지). **B-W-H** *b*ust-*w*aist-*h*ip. **BWI** 〔경제〕 *b*usiness *w*arning *i*ndicators(경기 예고 지표). **B.W.I.** *B*ritish *W*est *I*ndies(영령 서인도 제도).
BWR, B.W.R. *b*oiling *w*ater *r*eactor(비등수형 원자로). **BX** *b*ase *ex*change. **bx.** (훅 **bxs.**) box.
‡**by**¹ ⇨BY. 〈p. 400〉
‡**by**² [bai] 감 안녕(good-by). ¶*By* now. Come again sometime! 이만 안녕. 또 와요. (또는 **bye**)
by, b.y. 《美》〔지질〕*b*illion *y*ears(10억 년).
by- 〔연결〕 by 〔형태〕로 (* bye-로도 쓰며, 두 낱말로 떼어서 하이픈으로 연결하거나, 또는 한 낱말로도 쓴다). **1** 부수적인, 종속적인, 2차적인, 부차적인. ¶*by-*product, *by*law, *by*pass. **2** 떨어져 있는, 옆으로 벗어난. ¶*by*way. **3** 곁의, 가까이의. ¶*by*stander. **4** 은밀한, 간접적인. ¶*by*-end.
by-and-by [́-ənbái] 명 (the ~) 미래, (가까운 장래; 내세(來世). ¶in the sweet ~ 즐거운 미래에.
by-bid·der [́-bìdər] 명 (경매에서 값을 올리기 위해 고용된) 바람잡이. **-ding**
Byb·los [bíbləs] 명 비블로스(레바논의 수도 Beirut 부근에 있는 고대 페니키아의 항구 도시).
by-blow [́-blòu] 명 **1** 우연한 일격(재난); 남의 일로 입는 피해. **2** 《英》 (또는 **býe-blòw**) 사생아(bastard).
by-by [báibài] 감 명 부 =bye-bye.
bye¹ [bai] 명 **1** 〔스포츠〕 (토너먼트에서) 부전승(한 사람(팀)). **2** 〔골프〕 (매치 플레이에서) 이미 승부가 나서 더 이상 플레이 할 필요가 없을 때 남은 홀. **3** 〔크리켓〕 타구에 의하지 않은 득점, 보조적인 것. **4** 두번째의 것, 보조적인 것. (또는 **by**)
by the bye [or *by*] 그런데, 말이 났으니 말이지(by the way).
draw a bye 부전승이 되다.
take a bye 《美속어》 잠깐[먹지] 않기로 하다, 통과하다.
— 명 =by¹.
‡**bye**² [bai] 감 =by².
bye- [bái] 〔연결〕 ⇨BY-.
bye-blow [́-blòu] 명 =by-blow 2.
bye-bye [báibài, bái bái] 감 《구어》 안녕, 잘 있어, 잘 가(good-by, 《美》 bye now). — 명 UC 〔어린이 말〕 (종종 ~s) 자장자장. ¶go to ~ 잠자다. — 부 잠자러로, 잠자리에. 자러 가다, 잠자리에 들다.
go bye-bye 〔어린이말〕 ① 떠나다, 나가다. ② 잠자러 가다.
by-ef·fect [́-ifèkt] 명 부대 효과, 예상 밖의 효과.
by-e·lec·tion [́-ilèkʃən] 명 중간 선거, 《英》 (국회의원의) 보결 선거. (또는 **býe-eléction**)
Bye·lo·rus·sia [bjèlouráʃə] 명 =Belarus. **-sian** 형 백러시아(의); 백러시아 사람(의); U 백러시아말(의).
by-end [́-ènd] 명 2차적인 은밀한 목적; 이기적인 동기, 사욕(私心).
by-form [́-fɔ̀ːrm] 명 〔언어〕 부차(副次) 형식, 이형 (異形) (직접적으로 관련되어 있지만 좀 덜 쓰이는 어형; spelled에 대한 spelt 따위).
*****by·gone** [báigɔ̀ːn, -gɑ̀n/-gɔ̀n] 형 지나간, 과거의, 기왕의; 시대에 뒤떨어진. ¶~ days 지나간 날, 옛날. — 명 지나간 일, 기왕지사. ¶*Let* ~*s be* ~*s.* (속담) 과거의 일은 잊어버리자.
by-job [́-dʒɑ̀b/-dʒɔ̀b] 명 부업.
by-lane [́-lèin] 명 옆길, 샛길, 골목길.
by·law [báilɔ̀ː] 명 **1** 《美》 (조합 따위의) 규칙, 규약, 내규; 부칙, 세칙, 준칙(準則). **2** 《英》 (지방 자치 단체 등의) 조례(條例), 지방법. (또는 **byelaw**)
by·li·na [bilíːnə] 명 (훅 **-ny** [-ni], ~**s**) 빌리나(러시아의 민요·발라드).
by·line [báilàin] 명 **1** (철도의) 병행선(竝行線). **2** (신문·잡지 기사의) 필자명을 쓰는 기사의 첫머리 행. **3**〔축구〕 (또는 **byeline**) 골라인(goal line). **4** 부업(副業). — 동타 (기사를) 기명(記名)으로 쓰다, 필자 이름을 밝히다. ¶a ~*d* story 기명 기사. (또는 **bý-line**)
by·lin·er [báilàinər] 명 (신문·잡지의) 기명 기사[논설]를 쓰는 기자.
by·low [báilou] 명 《美속어》 대형 주머니칼.
by-name [́-nèim] 명 성(姓); 별명. (또는 **býname**)
BYO [bíːwàióu] 명 《濠·뉴질》 주류 지참이 허용되는 주류 판매 면허가 없는 식당; =BYOB. [<*b*ring *y*our *o*wn]
BYOB, B.Y.O.B. *b*ring *y*our *o*wn *b*ooze [or *b*ottle, *b*eer]((파티의 안내장 등에서)) 술은 각자 지참할 것; 주류 지참 파티.
BYOB principle [rùle] 명 수익자 부담 원칙.
byp. bypass.
*****by·pass** [báipæ̀s/-pɑ̀ːs] 명 **1** (자동차 전용의) 우회로, 바이패스. **2** (보조적) 우회적 방법(접근법). **3** (수도·가스 따위의) 측관(側管), 보조관. **4** 〔전기〕 분로(分路), 측로. **5** 〔통신〕 바이패스(음성·정보 따위를 기존 전화 회선의 통신 매체로 전달하는 것). **6** 〔의학〕 부혈행로(副血行路), 바이패스; 〔의학〕 바이패스 형성 수술. — 동타 (~*ed*, 〔드물게〕*-past*) **1** 〔장애물 따위를〕 샛길을 지나 돌아가다, …을 우회하다. ¶~ a city 시를 우회하다. **2** 〔질문·의견 따위를〕 회피하다, 무시하다. ¶~ a question 질문을 피하다. **3** 〔물·가스 따위를〕 측로로 흘리다. **4** 〔…의 상관·감독자 등을〕 무시하다; …을 앞지르다. **5** 〔의학〕 바이패스로 대체하다, …에 바이패스를 형성하다. (또는 **by-pass**) ~**er** 명
býpass capácitor [condénser] 명 〔전기〕 측로(側路) 축전기.
býpass rátio 명 〔항공〕 바이패스비(比) (터보팬 엔진에서 풍관(風管)을 통과하는 공기량을 코어(core) 부분을 통과하는 공기량으로 나눈 값).
býpass sùrgery 명 (심장 따위의) 바이패스 수술.
býpass technólogy 명 〔통신〕 바이패스 기술(전화 회사의 전선망을 쓰지 않는 통신 기술).
by·past [báipæ̀st/-pɑ̀ːst] 형 과거의[옛날의], 지나간.
by-path [́-pæ̀θ/-pɑ̀ːθ] 명 ~**s** [-pæ̀ðz, -pɑ̀ːðz/-pɑ̀ːðz] 옆길, 골목길, 샛길, 지름길, 우회로(byway). ¶the ~*s* of history 측면사(側面史). — 명 …을 피해 가다, 우회하다.
by-play [́-plèi] 명 (무대에서, 원줄거리의 진행중에 행하는) 부극(副劇); 측면 대사; 지엽적인 사건.
by-plot [́-plɑ̀t/-plɔ̀t] 명 (소설·희곡 따위의) 부차적 줄거리(subplot). 〔의〕 부작용.
*****by-prod·uct** [́-prɑ̀dəkt/-prɔ̀-] 명 부산물; (뜻밖의 2차적) 결과.
byr *b*illion *y*ears.
Byrd [bəːrd] 명 버드. **1** Richard Evelyn ~ (1888-1957: 미국의 해군 소장·극지 탐험가). **2** William ~ (1543-1623: 영국의 작곡가).
Býrd Lànd 명 버드랜드(Ross 해 남동쪽에 있는 남극 대륙의 일부; R. E. Byrd가 발견·탐험했음).
byre [báiər] 명 외양간, 우사(牛舍).
by-road [́-ròud] 명 옆길, 샛길, 지름길.
By·ron [báiərən] 명 **George Gordon ~** 바이런 (1788-1824: 영국의 낭만파 시인).
By·ron·ic [baiərɑ́nik/-rɔ́n-] 형 바이런의; 바이런의 시 같은; 바이런적 기풍의(낭만적·정열적·냉소적인 것). **-i·cal·ly** 부 **Bý·ron·ism** 명
by-sit·ter [́-sìtər] 명 가까이에 앉아 있는 사람; 방관자, 구경꾼(onlooker).
by·speech [́-spìːtʃ] 명 방백(傍白), 독백.
bys·si·no·sis [bìsənóusis] 명 (훅 **-ses** [-siːz]) UC 〔병리〕 면폐(綿肺)(증), 비시노시스(면공장 근로자에게 많은 폐질환).
bys·sus [bísəs] 명 (훅 ~**es, bys·si** [bísai]) **1** 〔동물〕 (연체 동물이 바위에 달라붙을 때 쓰는) 족사(足絲). **2** U (미라 따위를 싼 고대의) 아마포(亞麻布).
bys·sa·ceous [biséiʃəs], **-sal, -soid** 형

「곁에 위치하는」이 원뜻으로 거기서 「준거」의 의미가 생겼고, 동작 동사와 결합하여 「경유·통과·시간」을 나타내고 각종의 비유적 의미를 발달시켰다. 「곁에」의 뜻으로는 전치사와 부사를 겸하는 소위 전치사적 부사(prepositional adverb)이지만, 수동형의 과거분사 뒤에서 동작의 주체를 나타내는 용법을 포함하여 전치사적으로만 쓰이는 용법이 훨씬 더 많다.

‡by¹ [bai] 젠 I. 장소·위치

1 (평면적·공간적으로) …의 옆에(서), …의 가까이에, …의 곁에, …의 근방에; …이 미치는 곳에. ¶a tree by the house 그 집 곁에 있는 나무 / a house by the river 강가의 집 / cottages scattered along by the lake 호반에 흩어져 있는 오두막집들 / sit by the fire 난롯가에 앉다 / Come and sit by me [or my side]. 이리 와서 내 옆에 앉아라 / I want you always by me. 늘 내 곁에 있어 주었으면 좋겠다.

USAGE¹ (1)「…가까이에, 곁에」의 뜻의 by는 다소 막연한 느낌, at는 보다 더 접근된 느낌, beside는「접근해서 옆(왼쪽, 또는 오른쪽」이라는 느낌이 강하다: by the gate / at the gate / beside the gate. * 다음에서는, by는 행위자를 나타내는 경우와 혼동을 가져올 우려가 있어서 beside를 쓰는 편이 좋다. ¶A bottle of poison was found by the deceased. 고인의 곁에는 독약병이 한 개 있었다. (2) 지명 앞에는 by를 쓰지 않는다. ¶She lives in a town near Paris. 그녀는 파리 근교의 소도시에서 산다.

2 (환경·조건) …을 수반하여, …의 밑에서. ¶Lovers walk by moonlight. 연인들은 달빛 아래를 걷는다.

3 (방위) …(쪽)으로 기운. ¶North by East 동쪽으로 기운 북쪽, 북미동(北微東) (22.5도 동쪽으로 기운 북쪽) / He sailed N by NE from Pago Pago. 그는 파고파고에서 북미북동으로 항해했다.

4 (들르는 장소, 방문처) …에(으로, 에서). ¶Drop by my office this afternoon. 오늘 오후 내 사무실에 들러 주게 / She came by my house for a few minutes yesterday. 그녀는 어제 내 집에 잠시 들렀다.

II. 준거·관계

5 (준거(準據)) …에 의하여, …에 따라서, …에 준(準)하여. ¶judge persons by appearances 사람을 외모로 판단하다 / tell the time by the sun 해를 보고 시간을 판단하다 / This is a bad movie by any standards. 어떤 기준으로도 이것은 좋지 못한 영화이다 / The good man lives by faith. 착한 사람은 믿음으로 산다 / She had nothing to remember him by. 그녀에게는 그를 추억할 만한 것이 아무것도 없었다 / It is just five o'clock by my watch. 내 시계로는 정각 5시이다 / I knew her by her walk. 걸음걸이로 그녀라는 것을 알았다 / By others' faults wise men correct their own. (속담) 지혜로운 사람은 남의 흠을 보고 자기의 흠을 고친다.

6 (서언(誓言)) …에 걸고, …에 맹세하여. ¶I swear by God that I will speak the truth. 진실을 말할 것을 하느님 앞에 맹세합니다 / By God, I never observed it. 신에게 맹세하지만 나는 그것을 본 적이 없었다 / By Heavens, I will have his heart's blood. 맹세코 저 녀석을 죽이고 말겠다 / Strange, by my faith! 정말로 이상한 일이다.

7 (관계) …에 관하여는, …에 대해서는; …의 점에서는. ¶an Italian by birth 태생은 이탈리아인 / a lawyer by profession 직업은 변호사 / He was a Tory by habit and conviction. 습관으로나 신념으로나 그는 보수당원이었다 / They were peasants by occupation and Catholics by religion. 그들은 생업으로는 농부, 종교로는 가톨릭 교도였다 / Man is by nature a social man. 인간은 본래 사회적 동물이다 / I know him by name, but not by sight. 그의 이름은 알지만 얼굴은 모른다.

8 (이해관계) …을 위하여(for); …에 대하여(toward). ¶do one's duty by one's friends 친구를 위해서 할 일을 다하다 / He did well by his children. 그는 아이들에게 잘해주었다.

III. 경유와 그 수단

9 (경유) …을 따라서(along); …을 지나서(through); …을 경유해서. ¶by (way of) Siberia 시베리아 경유로 (* 이 의미로는 by 단독으로 쓰는 일은 드물다) / travel by land [water] 육로 [수로]로 여행하다 / walk by the river 강가를 걷다 / He came by the highway. 그는 고속 도로로 왔다 / I came by the field. 나는 들을 거쳐서 왔다 / She entered the kitchen by the back door. 그녀는 뒷문을 통해서 주방으로 들어갔다.

10 (운수·전달의 수단) …으로, …에 의해서(on). ¶by bus [train, ship] 버스 [열차, 배]로 / by letter [post, telegram] 편지 [우편, 전보]로 / conveyance by rail 철도 수송 / It's faster to go by plane than by boat. 비행기로 가는 편이 배보다 빠르다 / She arrived by air. 그녀는 비행기로 왔다 / I sent the letter by special delivery. 나는 편지를 속달로 부쳤다.

USAGE² **by car, by train, etc.**──(1)「by+교통기관」의 경우 보통은 관사를 생략한다: by car / by plane / by ship. (2) 교통 기관이 형용사로 수식되거나, 특정한 것인 경우에는 관사를 붙인다: by an early train / by [or on] the 9:30 train. (3)「…의 속에서」의 뜻을 나타내는 경우에는 in을 쓰고 관사를 붙인다: in [or on] a bus / I met him in [or on] the 9:30 train.

11 a) (수단·방법·원인·작용·매개 따위) …에 의해서 (through); …으로(with). ¶ light to read by 독서용 전등불 / by the help of God 신의 도움으로 / by this means 이 방법으로 / earn one's living by writing 글로 생계를 세우다 / teach by example 모범을 보여 가르치다 / learn by heart 암기하다 / take by force 완력으로 빼앗다 / What do you mean by that? 그것은 무슨 뜻이냐? / I relax on weekends by playing golf. 주말에는 골프로 몸을 푼다. **b)** (동작을 받는 주체의 부분) (신체·물건의) …을 (잡고, 잡아당기고 따위) (* 보통 정관사를 쓰는 법이 원칙). ¶ catch a dog by the tail 개의 꼬리를 잡다 / hold a horse by the nose 말 고삐를 잡다 / He seized her by the arm. 그는 그녀의 팔을 잡았다.

IV. 행위·번역·사상의 주체

12 (제조·발명·창작 따위의 행위자) …에 의하여 (* 주로 수동형과 함께 쓰인다). ¶The phonograph was invented by Edison. 축음기는 에디슨에 의하여 발명되었다 / The book was published by Random House. 그 책은 랜덤 하우스에서 출판되었다 / Have you read the latest novel by O'Hara? 오하라의 최근 작품을 읽었느냐? / Who is this poem by? 이 시의 작자는 누구인가?

USAGE³ 수동형과 **by, with, of**──(1) by는 행위자 (사람에게만 한정되는 것은 아니다), with는 수단 또는 도구를 나타낸다. ¶He was killed by an enemy with a sword. * 받아들이는 느낌에 따라 by, with 어느쪽으로도 쓰이는 일이 있다. ¶He gained his purpose by [or with] flattery. 그는 아첨으로 그의 목적을 달성했다. (2) 동사가 행위보다는 상태를 나타내는 경우에는 with를 쓰는 일이 많다. ¶be covered with snow / be crowded with visitors / be delighted *with* [or *at*] the result. (3) 다소 오래된 문체에서는 of를 쓰는 일이 있다. admire, beloved, hate나 「저버리다」라는 뜻의 동사 (abandon, desert, forsake)의 수동형에 많다.

13 (아기를 갖는 주체) …에게서 (태어난). ¶Eve had two sons *by* Adam. 이브는 아담과의 사이에 두 아들을 두었다 / My brother has one child *by* his first wife. 형에게는 전처의 자식이 하나 있다.

14 (네발짐승의 애비) …을 애비로 하는. ¶Equipoise II *by* Equipoise 에퀴포이즈(말 이름)를 애비로 하는 에퀴포이즈 2세.

15 (의견·견해) …의 생각으로는. ¶It's O.K. *by* me. 나는 괜찮소.

V. 통과와 그 양태

16 (통과) …의 옆을 지나서, …을 거쳐서(past). ¶He went *by* the church. 그는 교회를 지나쳤다 / She passed *by* me without saying a word. 그녀는 한마디도 없이 내 옆을 지나쳤다.

17 (정도·차이) …만큼, …의 차(差)로. ¶*by* a long way 훨씬 / too many *by* one 하나가 더 많은[초과된] / win the race *by* five yards 5야드 차로 경주에 이기다 / miss the train *by* two minutes 2분 차로 기차를 놓치다 / The new tug is larger than the old one *by* a great deal. 새로 구입한 예인선은 이전 것보다 훨씬 크다 / He's taller than his sister *by* three inches. 그는 여동생보다 키가 3인치 크다.

18 (연속) …씩; 연속하여, 차례로. ¶drop *by* drop 한 방울씩, 똑똑 / piece *by* piece 1개씩 / one *by* one 한 개[사람]씩 / step *by* step 한 발짝씩, 한 발 한 발 / little *by* little 조금씩 / day *by* day 하루하루 / *by* twos and threes 삼삼오오 / *by* degrees 점차, 차츰 / *by* turns 교대로 / Modern life changes no longer century *by* century, but year *by* year. 현대 생활은 이제 세기마다가 아니라 해마다 달라져가고 있다 / Laughter became easier minute *by* minute. 차츰 마음놓고 웃을 수 있게 되었다.

19 …을 곱하여, …을 곱하는 수로 하여; (가로·세로·길이·너비가) …인. ¶Multiply 18 *by* 57. 18에 57을 곱하라 / The room was 10 feet *by* 12 feet. 방은 폭이 10피트, 길이가 12피트였다.

20 …으로 나누어, …을 나누는 수로 하여. ¶Divide 99 *by* 33. 99를 33으로 나누어라.

21 (계량단위) …을 단위로 하여. ¶work *by* the day 일당으로 일하다 / board *by* the month 달로 정해서 하숙하다 / materials bought *by* the yard 야드 단위로 구입한 양복지 / tickets fabricated *by* the hundred 100매 단위로 철한 티켓 / Apples are sold *by* the bushel. 사과는 부셸 단위로 판매된다 / I'm paid *by* the week. 나는 주급을 받고 있다.

【USAGE】[4] **by hundreds,** *etc.*──「몇 백으로 셀 수 있을 만큼」이라고 할 때는 by hundreds, by the hundred, by the hundreds의 세 가지가 있는데, 맨 나중의 것이 흔히 쓰인다.

VI. 시간의 경과

22 (기간) …동안에, …중에(during). ¶*by* day 낮에(는) / *by* daylight 해가 있을 동안에 / work *by* night and sleep *by* day 밤에 일하고 낮에 자다.

23 (시간의 한계) …까지는(not later than). ¶*by* tomorrow 내일까지는 / I usually finish work *by* five o'clock. 나는 대체로 5시까지는 일을 마친다 / *By* the time the fruit was on the table they were all pretty drunk. 과일이 식탁에 오를 때쯤에는 모두 상당히 취해 있었다 / He must be there *by* this time. 그는 지금쯤 그곳에 도착해 있음에 틀림없다.

【USAGE】[5] **by the time**──(1)「…까지에는」이란 시간을 나타내는 by는 전치사이기 때문에, 뒤에 절(節)이 올 경우는 by the time (that)을 쓴다: *by the time (that)* they got there. (2) by the time (that)이 이끄는 절 속에서는 미래의 일은 현재형으로, 미래완료의 일은 현재완료형으로 나타낸다. ¶We must finish this *by the time he arrives.* / I will be in London *by the time you have arrived* in New York.

【USAGE】[6] **by** and **until**──by는 「(미래의 어느 때)까지(는)」이라는 동작·행위의 완료 시점을 나타내는 데 비해 until은 「(미래의 어느 때)까지」 계속되는 상태의 종점을 나타낸다. 따라서 by는 계속을 뜻하는 동사, until은 순간을 나타내는 동사와 함께 쓰이지 않는다. ¶He will *come by* noon. / He *slept until* noon.

24 (결과) …때문에, …의 결과로서. ¶*by* mistake 잘못해서 / We met *by* chance. 우리는 우연히 마주쳤다 / win the game *by* forfeit 몰수 게임으로 승리하다.

(all) by *oneself* ① 혼자 힘으로, 혼자서(unaided). ¶He studied English *by himself*. 그는 독학으로 영어를 공부했다. ② 홀로, 외톨이로(alone). ¶She lived (*all*) *by herself*. 그녀는 혼자서 살고 있었다.

by accident or design 고의이든가 우연이든가.

by a long way 훨씬, 뛰어나게, 빼어나게.

by me ① (브리지 및 그 밖의 카드놀이에서 선언하는 말로서) 패스. ② (포커에서 선언하는 말로서) 체크 (check)나. ¶Is my pair of tens still high?──*By me*. 내 10의 페어가 또 위냐?──체크요.

by the bye [or **by**] ⇒BYE.

by the way ⇒WAY.

come by ⇒COME.

what by..., (and) what by...; what by...and (what by)... …하기도 하고 …하기도 하면서; …이나 이랑 …으로. ¶*what by* threats, (*and*) *what by* entreaties=*what by* threats *and* entreaties 위협하기도 하고 달래기도 하면서.

── 《부》 **1** (장소·위치) 가까이에(near), 바로 이웃[가까이]에; 곁에, 바로 옆에(at hand). ¶sit [stand] *by* 곁에 앉다[서다] / Nobody was *by*. 아무도 옆에 없었다 / The school is close *by*. 학교는 바로 근처에 있다 / They lived hard *by*. 그들은 바로 근처에 살고 있었다 / He rushed to a drugstore near *by*. 그는 바로 이웃에 있는 약국으로 뛰어갔다.

2 (때) 지나서, 지나서(past). ¶pass *by* 지나치다, 지나가다 / hurry *by* 급히 지나가다 / The car drove *by*. 차가 달려갔다 / A bird flew *by*. 새가 날아갔다.

3 (보통 lay, put, set와 함께) (비축을 위해) 옆으로, 제쳐놓고. ¶*Put* your work *by* for the moment. 잠깐 일손을 멈추게 / Those apples were *put by* for the winter. 그 사과들은 겨울용으로 비축되었다.

4 (시간) 지나서, 흘러가서(over, past). ¶in times gone *by* 지나간 시대에, 옛날에 / Two years passed *by*. 2년이라는 세월이 흘렀다.

5 《美구어》(call, come, go, stop 따위와 함께) 남의 집에[으로]. ¶I was hoping you'd *stop by* on your way home. 네가 집에 가는 길에 들러주기를 바라고 있었다 / Next time you're over this way, please *come by*. 다음번 이곳에 올 때는 들러주십시오.

by and again 《美》 때때로, 이따금.

by and by 이윽고, 곧. ¶*By and by* her anxiousness was eased. 이윽고 그녀의 불안한 마음도 가라앉았다.

by and large 대체로; 대강, 대충; 어느 면으로 보든. ¶*By and large*, the war slows cultural development. 대체로 전쟁은 문화의 발전을 지연시킨다.

── 《형》 (또는 **bye**) **1** 한쪽의, 옆에[곁에] 있는; 큰길을 벗어난. ¶They came down a *by* passage. 그들은 옆길로 내려왔다. **2** 부차적인, 종속적인; 우연한, 계제의. ¶It was only a *by* comment. 그냥 해본 말이다.

── 《명》=bye[1].

by the by [or **bye**] ⇒BYE[1].

*by·stand·er [báistændər] 圀 구경꾼, 방관자, 국외자. ¶ an innocent ~ 단순한 구경꾼; 사건[사고]의 목격자.
býstander efféct 圀 (심리) 방관자 효과(범죄·남의 불행 따위를 군집한 사람의 하나로 목격할 경우 그에 가담하려는 생각이 그만큼 엷어지는 것).
by-street [⊣stri:t] 圀 옆길, 샛길, 뒷골목, 골목길.
by-talk [⊣tɔ:k] 圀Ⓤ 곁들인 이야기; 여담, 잡담.
byte [bait] 圀 (컴퓨터) 바이트(정보 기억 용량 단위; 통상 8 bits로 이루어진다).
by-time [⊣tàim] 圀Ⓤ 여가(spare time).
by·walk [báiwɔ̀:k] 圀 사도(私道), 소로, 샛길.
by·way [báiwèi] 圀 **1** 샛길, 옆길, 우회로; 지름길. **2** (보통 the ~s of) (학문·연구 따위의) 부차적 분야, 세상에 알려지지 않은 분야.
by·word [báiwə̀:rd] 圀 **1** 상투적인 말; 전해져 내려오는 말, 속담, 격언. **2** (경멸적) (…의) 표본, 대명사; 웃음거리, 조롱거리 (*for*). **3** 별명.
by-work [⊣wə̀:rk] 圀Ⓤ 부업.
by-your-leave [⊣jərli:v] 圀 (상대방의) 허락을 구「함.
Byz. Byzantine.
*Byz·an·tine [bízənti:n, -tàin, báizən-/bizǽntain] 阅 **1** 비잔티움(Byzantium)의; 비잔틴[동로마] 제국의; 그리스 정교회의. **2** (건축·미술) 비잔틴 양식의. **3** 미로 같은, (복잡하게) 뒤얽힌; 음모의, 권모술수의.
— 圀 비잔틴인; (건축·미술 등에서) 비잔틴파의 사람.
Byzantine árchitecture 圀 비잔틴 건축(5–6세기경 Byzantium을 중심으로 성행했던 양식).
Byzantine Chúrch 圀 동방 교회, 그리스 정교회 (Eastern Church).
Byzantine Émpire 圀 (the ~) 비잔틴 제국, 동로마 제국(A.D. 476–1453; 수도 Constantinople).
Byzantine schóol 圀 (the ~) (미술) 비잔틴파 (4–15세기에 Constantinople에서 성행했던 화파).
By·zan·tin·esque [bìzəntinésk] 阅 (건축 양식·화풍이) 비잔틴풍인.
By·zan·tin·ism [bízənti:nìzm, -tai-, bái-/bizǽntinìzm] 圀Ⓤ 비잔틴주의, 비잔틴식[풍](비잔틴의 정신·기풍). **-ist** 圀 비잔틴 문화[역사] 연구가.
By·zan·ti·um [bizǽnʃiəm, -tiəm/bizǽntiəm, bai-] 圀 비잔티움(Constantinople (지금의 Istanbul)의 옛 이름).
BZ [bi:zí:] 圀 (美육군) 비지 가스(착란성 독가스).
Bz. benzene.
BZZ ⓘ 삐삐, 뻭뻭(장난감 피리나 버저가 울리는 소리); 윙윙, 붕(벌이 날아다니는 소리).

C

C, c [siː] 명 (복 **C's, Cs; c's, cs**) 1 영어 알파벳의 셋째 자. ¶*C* for Charlie Charlie의 C(국제 전화 통화 용어). 2 C[c]이 나타내는 소리. 3 〔수학〕 제3의 기지수 [량]. 4 〔논리〕 제3의 가정(假定)의 사람[물건]. 5 C자 형의 것.

c calorie; 〔광학〕 candle(s); centi-; 〔라틴〕 *circa*, *circiter*, *circum*(=about) (연호 앞에 붙여서 「…경」(예: *c* 1445 1445년경); 〔물·화〕 curie(s); 〔컴퓨터〕 cycle(s).

c̄ 카 1 〔광학·물리〕 진공 상태에서의 빛의 속도(초속 약 299,793km). 2 〔물리·음향〕 음속. 3 〔수학〕 constant.

C [siː] 명 1 (속) 코카인(cocaine). 2 (the ~) (美속어) 1세기. 3 (또는 **C-note**) (美속어) 100달러 지폐(* century의 약칭에서).

C 카 1 〔차례·연속된 것 중의〕 3번째(의 것). 2 〔학업 성적의〕 C(B아래; 미). 3 〔품질의〕 C 클래스, C 급. 4 C 사이즈(신발의 폭이나 브래지어의 컵 사이즈; D보다 작고 B보다 크다). 5 〔음악〕 「다」음; 「다」조. ¶a sonata in *C* major[minor] 「다」장조[단조] 소나타. 6 〔로마 숫자의〕 100. ¶CXV 115/IC 99. 7 Celsius. 8 centigrade. 9 〔전기〕 a) capacitance. b) 1.5 볼트 건전지 사이즈의 하나(직경 2.5cm, 길이 4.8cm). 10 〔화학〕 carbon. 11 〔물리〕 charge conjugation; compliance; coulomb. 12 〔생화학〕 cysteine; cytosine. 13 〔채권의〕 C등급. 14 〔컴퓨터〕 C(미국 벨 연구소가 개발한 범용 프로그래밍 언어). ┏county.

C 〔문법〕 complement; consonant; coulomb;

c. calm; calorie; candle(s); carat; carbon; carton; case; catcher; cathode; 〔크리켓〕 caught; centavo; cent(s); center; centigrade; centime; centimeter; century; chairman; chairperson; chapter; chief; child; church; 〔라틴〕 *circa*, *circiter*, *circum*; cirrus; city; clockwise; cloudy; coefficient; cognate; cold; color; colt; 〔라틴〕 *congius*(=gallon); 〔음악〕 contralto; copper; copy; (또는 ⓒ, c) copyright; corps; cubic; 〔라틴〕 *cum*(처방전에 with의 뜻); cup(s); 〔물리〕 curie(s); current; cycle(s). **C.** Calorie; Canadian; Cape; 〔야구〕 catcher; cathode; Catholic; Celsius; Celtic; Centigrade; College; Commander; Command Paper; 〔약학〕 〔라틴〕 *congius*(=gallon); Congress; Conservative; 〔음악〕 contralto; Corps.

C- (美군사) Cargo(수송기)(예: C-54/C-130). **ⓒ** 카 copyright (판권, 저작권).

Ca [kɑː] 명 〔병원 속어〕 암(cancer).

Ca 카 calcium. **CA** California; chronological age(역(曆)연령, 생활 연령). **ca.** 〔법률〕 case(s); cathode; centiare; 〔라틴〕 *circa*. **C.A.** Central America; Confederate Army. **C.A., c.a.** (英) chartered accountant(공인 회계사); chief accountant; Civil Aviation; coast artillery(해안 경비대); commercial [consular] agent; Consumers' Association; controller of accounts; Court of Appeal; current assets. **C/A** capital [cash] account; change of address(예약 구독자 등의 주소 변경); credit [current] account. **CAA, C.A.A.** (美) Civil Aviation Administration(민간 항공 관리국); Civil Aviation Authority.

Caa·ba [kάːbə] 명 =Kaaba.

CAAC Civil Aviation Administration of China(중국 민용 항공 총국(국영 항공 회사)).

‡**cab¹** [kæb] 명 (복 **~s** [-z]) 1 택시. 2 길거리 마차 (손님을 기다렸다가 태우는, 말 한 필이 끄는 2륜[4륜] 마차). 3 (기관차의) 기관사실; (트럭·버스 따위의) 운전대[석]; (공항의) 관제탑[실]. 4 (엘리베이터의) 칸.

first cab off the rank (濠구어) 맨 먼저 하는 사람, 호기(好機) 따위를 누구보다도 빨리 잡는 사람.
take a cab; go by cab 택시를 타고 가다.
— 동자 (**~s** [-z]; **-bb-**) 택시[마차]를 타다[로 가다].
cab it 택시로 가다. ¶~ *it* home 택시로 귀가하다.

cab² 명 (美속어) (교과서의) 자습서. — 동자 (**-bb-**) 훔치다; 커닝하다. ┏「리터」 상당. (또는 **kab**)

cab³ 카 고대 헤브라이의 건량(乾量) 단위(2쿼트(약 2.2

Cab., cab. Cabinet, **CAB, C.A.B.** (美) *Civil Aeronautics Board*(민간 항공 위원회); (英) *Citizens' Advice Bureau*(시민 상담소).

ca·bal [kəbǽl] 명 1 (the ~) 〔집합적; 단·복수 양용〕 비밀 결사; (문예·연극계의) 파벌, 동인; 밀계, 음모. 2 〔역사적〕 (Charles 2세 시대의) 외무 위원회. (5인) 각료팀. — 동자 (**-ll-**) 음모를 꾸미다. 작당하다 (*against*). **~·ler** 명

cab·a·la [kǽbələ, kəbάː-] 명 ⓤ (중세 유대교 학자들의) 신비 철학, 카발라; ⓒ 신비적 교리, 밀교(密敎). (또는 **cabbala, kab(b)ala**)

cab·a·lism [kǽbəlìzm] 명 ⓤⓒ 1 (유대의) 신비적 교리, 카발라 사상[교리]; 비밀 교리. 2 난해한 어구를 써서 곤혹케 하기. **-list** 명

cab·a·lis·tic [kæ̀bəlístik] 형 유대 신비 철학의; 신비적인, 불가사의한. (또는 **cabalistical**) **-ti·cal·ly** 부

cab·al·le·ro [kæ̀bəljέərou] 명 (복 **~s**) 1 (스페인의) 신사, 기사(騎士). 2 (美서남부 등) 기수(騎手). a) (여성의) 호위자, 에스코트, 숭배자(cavalier). 〔<Sp〕

ca·bal·lo [kəbάːjou] 명 (복 **~s**) 1 (스페인) 말(horse). 2 (美속어) 헤로인; 코카인.

ca·ban·a [kəbǽnə/-bάːnə] 명 (美) 1 오두막집. 2 (해수욕장·풀장의) 간이 탈의실. (또는 **cabaña**) 〔<Sp〕

cab·a·ret [kæ̀bəréi/-́--] 명 1 카바레, 나이트클럽. 2 (英) (카바레의) 여흥, 플로어 쇼; (풍자 촌극·노래 등이 딸린) 무대 연예. — 동자 카바레에 출입하다. 〔<F〕
cabaret shòw (英) =floor show.

‡**cab·bage¹** [kǽbidʒ] 명 (복 **-bag·es** [-iz]) 1 ⓤⓒ 양배추; 양배추의 결구(結球)[잎]. 2 ⓤ (美속어) 돈, 지폐. 3 (英구어) 얼간이; 무기력한 사람. 4 (美속어) 여성 *my cabbage* (호칭) 여보, 당신(darling). ┏성기.
— 동자 (**-bag·es** [-iz]; **~d; -bag·ing**) (식물이 양 ~ **like** 형 ┏배추처럼) 결구하다.

cab·bage² ⓤ 훔친 물건, (맞춤집이) 손님 몰래 속여먹는 천. — 동 (…을) 훔치다, 슬쩍하다.

cábbage bùtterfly 명 배추흰나비.

cab·bage·head [kǽbidʒhèd] 명 1 양배추의 결구; (구어) 크고 둥근 머리. 2 (속어) 바보, 얼간이(dolt).

cábbage lèaves 명 (美속어) 지폐(greenback).

cábbage nèt 명 (데치는 데 쓰는) 양배추 그물.

cábbage pàlm[trèe] 명 캐비지야자나무(새순은 식용).

cábbage palmétto 명 =palmetto.

Cábbage Pàtch Kids 명 배추밭 아이들, 배추 머리 인형(1980년대 초 미국에서 크게 유행한 인형).

cábbage ròse 명 서양 장미.

cab·bage·town [kǽbidʒtàun] 명 (캐나다) 빈민굴; 슬럼가(slum).

cábbage whíte 명 =cabbage butterfly.
cab·bage·worm [kǽbidʒwə̀ːrm] 명 배추벌레.
cab·ba·la [kǽbələ/kəbáː-] 명 =cabala. **-lism,**
-list 명 **-lis·tic, -lis·ti·cal** 형 **-lis·ti·cal·ly** 부
cab·by [kǽbi] 명 (구어) =cabdriver. (또는 **cabbie**)
cab·driv·er [kǽbdràivər] 명 택시 기사; 마부.
ca·ber [kéibər] 명 (스코) 장대, 들보; (스코틀랜드 고지 주민들이) 힘을 겨루기 위해 던지는 원목[각목].
tossing the caber 장대 던지기 경기.
cab·ette [kæbét] 명 소형 택시 운전사.
*****cab·in** [kǽbin] 명 (복 ~s [-z]) 1 오두막집, 통나무집, 방갈로(log); (복합어로) 작은 집[건물]. 2 (특별 2등 선실의) 객실(⇨CABIN CLASS); (군함의) 함장실; 사관실. 3 (항공) (항공기의) 조종실, 여객실, 화물실; (우주선의) 선실; (케이블카의) 객실. 4 (美) (철도의) 신호소. 5 (트럭·디젤기 따위의) 운전석[대](cab). 6 (美) (트레일러의) 거실; 작은 별장. — 자 오두막집에 살다, 오두막살이를 하다. — 타 …을 가두다, 묶다, 단단히 싸다. — 형 (선실·선과의) 특별 2등의.
cábin atténdant 명 (여객기·여객선의) 객실 승무원.
cábin bòy 명 캐빈 보이(고급 선원·선객 당번 사환).
cábin clàss 명 특별 2등급(first class(1등)와 tourist class(2등) 중간의 선객 등급). **cáb·in-clàss** 형부
cábin còurt 명 (도로변의) 모텔(motel).
cábin crèw 명 (비행기의) 객실 승무원.
cábin crúiser 명 =cruiser 3. 「에 갇힌.
cab·ined [kǽbind] 형 선실이 있는; 비좁은, 좁은 곳
*****cab·i·net** [kǽbənit] 명 1 (종종 the C—) 내각 (집합적; 단·복수 양용) 각료, (美) (대통령의) 고문단. ¶a shadow ~ (英) 재야 내각(차기 집권에 대비하여 야당이 조직하는 것) *form a new* ~ 새 내각을 조직하다. 2 각의실, 회의실; (英) 각의(閣議). ¶*in* ~ 각의에서. 3 장식 선반, 수납장; (미술관 따위의) 진열장; 작은 장롱, 캐비닛; (스테레오·TV 따위의 넣는) 캐비닛, 콘솔 (console). ¶a bedroom ~ 침실장. 4 귀중품 함, 보석상자. 5 (고물·골동품 따위의) 수집실; (생물·광물 따위의) 소품 컬렉션. 6 (사진) 캐비닛판. 7 = ~ war. 8 온도와 습도를 조절한 작은 방, (특히) 생물 표본 배양실. 9 (박물관 따위의) 소견열실; 사실(私室), 밀실.
 — 형 1 (종종 C—) 내각의. ¶a C— meeting of a /a C— member 각료/~ resignation en bloc 내각 총사직. 2 사실(私室)(용)의. 3 비밀의, 은밀한. 4 귀중품 상자[장식장] 따위에 보관해 두기 알맞은, 아름다운, 소형의, 캐비닛판의. 5 (사진) 캐비닛판의.
cábinet cóuncil 명 각료[국무] 회의, 각의(閣議).
cábinet edítion 명 캐비닛판(library edition의 popular edition의 중간판). 「각료.
cab·i·ne·teer [kæ̀bənitíər] 명 (구어) 내각의 일원.
cábinet góvernment 명 (종종 C— g—) 내각 책임제 (정부), 의원 내각제(parliamentary system).
cab·i·net-mak·er [kǽbənitmèikər] 명 1 고급 가구 제작자; 조각(組閣)중인 총리.
cab·i·net-mak·ing [kǽbənitmèikiŋ] 명 U 1 고급 가구의 제작; 고급 가구 제작업. 2 조각(組閣).
cábinet mínister 명 (종종 C— M—) 장관, 각료.
cábinet órgan 명 =reed organ. 「료(閣僚).
cábinet phótograph 명 캐비닛판 (사진).
cábinet piáno 명 작은 세로형 피아노. 「하).
cábinet pícture 명 소형 유화(油畵)(가로 3피트 이
cábinet púdding 명 캐비닛 푸딩(카스텔라·과일·우유·달걀 따위로 만드는).
cábinet reshúffle 명 개각(改閣).
cábinet wíne 명 (독일산) 고급 백포도주.
cab·i·net·work [kǽbənitwə̀ːrk] 명 (정교한) 고급 가구; 고급 나무 세공; 가구 제작(업). **~·er** 명
cábin féver 명 폐소성(閉所性) 발열(폐쇄된 곳에 장기 체류에서 생기는 불안·권태감 따위의 이상 정신 상태).
cábin gírl 명 (美속어) 호텔·모텔의 여종업원.

cábin pàssenger 명 특별 2등 선객. ⇨ CABIN CLASS.
ca·bi·o [kəbáiou, -báiə/-báiəu] 명 (어류) =cobia.
*****ca·ble** [kéibl] 명 (복 ~s [-z]) 1 케이블, 굵은 밧줄, 강삭(鋼索). 2 (전기) (전선·전화선용) 케이블; 해저 케이블(전선). ¶build [or lay] a submarine ~ 해저 케이블을 부설하다. 3 U C 해외 전신[전보], 외전(cablegram); (구어) 전보(telegram). 4 (해사) **a)** 닻줄, 닻사슬. **b)** (구어) =~('s) length. 5 (건축) (원주 따위의) 밧줄 장식. 6 = ~-stitch. 7 U = ~ television.
cut [or *slip*] *one's cable* (속어) (해사) 죽다; 배수의 진을 치다; (가족·단체 따위와) 인연을 끊다.
jump the cable (속어) 배터리가 나간 차를 (부스터 코드로) 충전하여 시동시키다.
 — 타 (~s [-z]; ~d; -bling) 타 1 (통신) 해저 케이블로 보내다; (사람)에게 …하도록[…이라고] 외전[해외 전보]을 치다. 2 …을 케이블로 묶다, …을 밧줄로 매다. 3 …에 케이블을 설치하다. — 자 1 (…에) 해외 전보를 치다 (*to*). 2 = ~-stitch.
cable up (집에) 유선 TV의 케이블을 접속하다.
nothing to cable home about (구어) 평범한, 시시한. ~·**like** 형
cáble addréss 명 (해외 전신용) 수신처 약호.
cáble bírd 명 (美구어) 통신 위성 Satcom의 애칭.
cáble búoy 명 케이블 부이[부표](해저 케이블 표시용).
cáble cár 명 케이블 카.
ca·ble·cast [kéiblkæ̀st/-kàːst] 명 유선[케이블] TV 방송. — 타 유선 TV 방송의. — 명 (~·*ed*) 유선 TV 방송을 하다. — **·er** 명 유선 TV 방송 회사.
cáble códe 명 전보 암호.
ca·ble·gram [kéiblgræ̀m] 명 해저 전신; 해외 전보.
cáble hóme 명 유선 TV 수신 가정.
cáble-láid [kéiblléid] 형 9가닥으로 꼰(3개의 밧줄을 하나로 꼰 다음, 다시 그 3개로 꼰).
cáble nétwork 명 유선 TV 방송망.
Cáble Néws Nétwork 명 = CNN.
cáble óperator 명 케이블 텔레비전 방송 중계업자.
cáble órder 명 전보 주문.
ca·ble·pho·to [kéiblfòutou] 명 (신문사·경찰용островом)
cáble ráilway 명 케이블 철도.
ca·blese [kéiblíːz] 명 U (해외) 전보 용어[문체].
cáble shíp 명 해저 전선 부설선, 케이블선(船).
cáble('s) léngth 명 (해사) 케이블(해상 거리의 단위; 보통 100길 또는 120길; (美해군에서) =720피트).
cáble státion 명 케이블 텔레비전 방송국.
ca·ble-stitch [-stítʃ] 명 밧줄무늬 뜨개질. — 타자
밧줄무늬 뜨개질을 하다. 「를 받는 방송.
cáble télevision 명 유선[케이블] TV. (略) CATV
(또는 (pay) cable) 「(graphic transfer).
cáble tránsfer 명 (해외) 전신환(電信換)(英) tele-
cáble TV 명 =cable television.
ca·ble·vi·sion [kéiblvìʒən] 명 유선 TV 방송.
 (<*cable television*>) 「로프웨이.
ca·ble·way [kéiblwèi] 명 삭도(索道), 공중 케이블,
cab·man [kǽbmən] 명 =cabdriver.
cab·o·chon [kǽbəʃàn/-ʃɔ̀n] 명 (복 ~s [-z]) 카보송(모나게 컷하지 않고 윗부분을 둥글게 간 보석).
 — 부 카보송식으로. 「(<F>)
ca·boo·dle [kəbúːdl] 명 (구어) 한 떼, 무리, 군중.
the whole (*kit and*) *caboodle* ⇨ KIT¹.
ca·boose [kəbúːs] 명 (화물 열차의 맨 뒤에 있는) 승무원실, 제동수실; (英) 선내 조리실(ship's galley).
Ca·bot [kǽbət] 명 **John ~** 캐벗(1450-98?: 이탈리아의 항해가; 1497년 북아메리카가 대륙에 도달).
cab·o·tage [kǽbətidʒ, kæ̀bətáːʒ] 명 U 연안 항행; 연안 무역; (항공) 국내 항공권(權).
ca·bo·tin [kæbətǽn] 명 (복 *-tine* [-tíːn]) 연기가 서툰 배우; 지방 순회 극단의 배우. (<F>)

cáb ránk 图 (英) =cabstand.
ca·bret·ta [kəbrétə] 图 카브레타(가죽)(장갑·구두용의 양가죽).
cab·ri·ole [kǽbrioul] 图 1 (가구의) 굽은 다리(영국 Anne 여왕 시대의 가구의 특색). 2 (발레) 도약중에 한쪽 발로 다른 발을 치는 동작.
cab·ri·o·let [kæbriəléi] 图 1 (말 한 필이 끄는) 2륜 포장 마차. 2 (접어 넣기식) 포장 지붕의 쿠페(coupe)형 자동차(convertible). [<F] 〔cabriole 1〕
cab·stand [kǽbstænd] 图 택시 승차장(〈英〉cab rank).
cab·stop [kǽbstɑp/-stɔp] 图 궤도 택시(cab-track)의 정류장.
cab·track [kǽbtræk] 〔cabriolet 1〕
图 궤도 택시(환상(環狀)의 고가 궤도 위를 자동 운전하는 전기 자동차).
CAC central airconditioning.
ca·ca [káːkáː] 图图版 (어린이말) 응가(를 하다).
ca'can·ny [kɑːkǽni, kɔː-] 图⑪ⓒ (英) (노동자의) 태업(業) slowdown, (英) go-slow; (스코) 매우 신중함. — 图재 (스코) 신중하게 일을 진행시키다, 조심스럽게 해 나가다; (英) 태업하다.
ca·ca·o [kəkáːou, -kéi-] 图 (复 ~s) 1 카카오(나무)(중남미 열대지방 원산; 씨는 코코아 및 초콜릿의 원료). 2 (또는 bèan, cócoa (bèan)) 카카오 씨(열매).
cacáo bùtter 图 =cocoa butter.
CAC-40 index 图 CAC-40 지수(파리 증권 거래소(Paris Bourse)의 지표 주가 지수). 「(또는 cacháça)
ca·cha·ca [kəjáːsə] 图 카샤사(브라질산(產)의 럼주).
cach·a·lot [kǽʃəlɑ̀t, -lòu/-lɔ̀t] 图 =sperm whale.
cache [kæʃ] 图 1 (식료품·탄약·귀중품 따위의) 은닉 장소, 지하 저장소; 저장물, 은닉 물자. 2 (컴퓨터) =~memory. 「다.
make a cache [or **caches**] **of** ···을 저장[은닉]하 — 图 은닉 장소에 감추다[저장하다]. [<F]
cáche mèmory 图 (컴퓨터) 캐시 기억 장치(주(主) 기억 장치와 중앙 처리 장치 사이에 두어지는 고속 완충 기억 장치).
cache·pot [kǽʃpɑ̀t/-pɔ̀t] 图 (화분용) 장식받침 그릇.
ca·chet [kæʃéi] 图 1 (공문서 따위의) 봉인. 2 공식 인가(승인)의 인장. 3 (뚜렷한) 특징, 표적. 4 우수성; 위신; 높은 위신[명성]. 5 (의학) 오블라토, 캡슐. 6 (우편물에 표시되어 있는) 회사명, 선전, 표어, 의장(意匠).
acquire [or **get**] **one's cachet** 공인 받다[되다].
ca·chex·i·a [kəkéksiə] 图 (병리) 악액질(惡液質)(암·만성 질환에 의한 쇠약·불건강 상태). ¶cancerous ~ 암성 악액질. (또는 **cachexy**)
-**chéc·tic, chéc·ti·cal, -ic** 图
cach·in·nate [kǽkənèit] 图재 (문어) 버릇없이 크게 웃다, 껄껄 웃다, 가가대소하다.
-**ná·tion** 图 크게 웃음. -**ná·tor** 图 -**ná·to·ry** 图
ca·chou [kəʃúː, kǽʃuː] 图 =catechu; (알약·정제로 된) 구중(口中) 방향약. [<F]
ca·chu·cha [kətʃúːtʃə] 图 카추차(볼레로(bolero) 비슷한 3/4박자의 활발한 스페인 춤); 그 무곡. [<Sp]
ca·cique [kəsíːk] 图 1 (멕시코·서인도 제도의) 추장; (중남미·스페인의) 정계의 거물; (필리핀의) 대지주. 2 열대 아메리카산(產)의 찌르레깃과(科)의 새. (또는 **cazique**) [<Sp] 「가죽 창 구두).
cack [kæk] 图 어린이용 구두(뒤축이 없는 부드러운
cack-hand·ed [-hǽndid] 图 (英구어) 왼손잡이의; 서투른, 바보스런(clumsy).
*****cack·le** [kǽkl] 图재 1 (암탉·거위 따위가) 꼬꼬댁[꽥꽥]하고 날카롭게 울다. 2 깔깔 웃다. 3 떠들썩하게 지껄이다. — 图 (생각·기분 따위)를 큰 소리로 말하다, 새된 목소리로 지껄이다(out). — 图 1 꼬꼬댁[꽥꽥] 우는 소리. 2 깔깔거리는 웃음소리. 3 (부질없는) 수다.
cut the cackle ① (英구어) 곧 요점[본론]으로 들어가다, 행동으로 옮기다. ② (명령형으로) 입 닥쳐.
cáckle bròad 图 (속어) 수다쟁이 여자; 상류 사회의 여성.
cáckle fàctory 图 (속어) 정신 병원. 「공동 시장).
cack·ler [kǽklər] 图 수다쟁이.
CACM Central American Common Market(중미
cac·o- [kǽkou, -kə] (연결 형)으로 bad, evil, poor, unpleasant의 뜻. ¶cacodyl, cacography.
cac·o·de·mon [kæ̀kədíːmən] 图 악령, 악마; (英) 악의 있는 사람. (또는 **cacodaemon**)
-**de·mo·ni·ac** [-dimóuniæ̀k], -**de·mon·ic** [-dimánik/-mɔ́n-]
cac·o·dyl [kǽkədil] (화학) 图 1 카코딜기(基). 2 (또는 **dicacodyl**) ⓤ 카코딜, 디카코딜(악취가 심한 맹독성 액체). — 图 카코딜기를 함유하는.
cac·o·e·py [kǽkouèpi, kəkóuəpi] 图ⓤ 발음 불량, (↔ orthoepy) **càc·o·e·pís·tic** 图
cac·o·ë·thes [kæ̀kouíːθiːz] 图ⓤ (억제하기 힘든) 충동; 악습, 악벽; ···광(mania). (또는 **cacoethes**)
cac·o·gen·e·sis [kæ̀kədʒénəsis] 图 종족 퇴화; (의학) 발육 이상(불량); 기형(畸形).
cac·o·gen·ics [kæ̀kədʒéniks] 图(复) (단수 취급) 열생학(劣生學).
ca·cog·ra·phy [kəkɑ́grəfi/kækɔ́g-] 图ⓤ 악필, 서투른 글씨(↔ calligraphy); 오자(誤字), 오철(誤綴)(↔ orthography). -**pher** 图 「말씨(발음).
ca·col·o·gy [kækɑ́lədʒi, kə-/-kɔ́l-] 图ⓤ 틀린
ca·co·phon·ic [kæ̀kəfɑ́nik/-fɔ́n-] 图 =cacophonous. -**i·cal·ly** 图
ca·coph·o·nous [kəkɑ́fənəs/kækɔ́f-] 图 귀에 거슬리는; 음조가 나쁜; 불협화음의. ~**·ly** 图
ca·coph·o·ny [kəkɑ́fəni/kækɔ́f-] 图 귀에 거슬리는 음색; 불협화음; (음악) 불협화음만으로 된 악곡.
cac·ta·ceous [kæktéiʃəs] 图 선인장과(科)의.
cac·tus [kǽktəs] 图 (复 ~·es, -ti [-tai]) 선인장.
~**·like, các·toid** 图
cáctus jùice 图 (美구어) =tequila.
ca·cu·mi·nal [kəkjúːmənl/kæ-] (음성·의학) 图 후굴(後屈)의; 반전음의. — 图 반전음(反轉音), 권설음(卷舌音).
cad [kæd] 图 1 (특히 여성에게) 예의를 모르는 남자, 상스러운 남자. 2 (英고어) (학생과 구별하여) 그 동네 청소년. 『 (속어) 사환.
CAD [kæd] 图 1 캐드, 컴퓨터 이용 설계. [<computer-aided design] 2 관상동맥(冠狀動脈) 질환. [<coronary artery disease]
ca·das·tral [kədǽstrəl] 图 토지 대장의. ~**·ly** 图
ca·das·tre [kədǽstər] 图 토지 대장. (또는 **cadaster**)
ca·dav·er [kədǽvər] 图 (해부용의) 시체; (속어) 시체 같은, 창백한; 말라빠진, 말라빠진. ~**·ly** 图 ~**·ness** 图
ca·dav·er·ous [kədǽvərəs] 图 시체의; 죽은 사람 같은, 창백한; 말라빠진, 말라빠진. ~**·ly** 图 ~**·ness** 图
CAD/CAM [kǽdkæ̀m] 图 캐드캠, 컴퓨터 이용 설계·제조 시스템. (또는 **CADCAM**) [<computer-aided design/computer-aided manufacturing]
CADD computer-aided drug design(컴퓨터 이용 설계).
cad·dice [kǽdis] 图 =caddis[1,2]. 「한 약의 조제).
cad·die [kǽdi] 图 1 (골프) 캐디. 2 (C-) (美속어) =Cadillac 1. 3 (스코) 심부름꾼; 사환. 4 =~ cart. — 图재 (~**d**; **-dy·ing**) caddie로서 일하다. (또는 **caddy**) 「(caddy)」
cáddie bàg 图 (골프의) 캐디백.
cáddie càrt [**càr**] 图 (골프장의) 캐디 카트.
cad·dis[1] [kǽdis] 图ⓤ 소모사(梳毛絲); ⓒ 소모사 끈.
-**dised** (또는 **caddice**)
cad·dis[2] 图 =caddisworm.

cad·dis·fly [kǽdisflài] 圀 날도래류(類) (벌레). (또는 cáddicefly) [~·ly 图 ~·ness 圀

cad·dish [kǽdiʃ] 图 버릇없는, 야비한, 천한.

cad·dis·worm [kǽdiswə̀ːrm] 圀 (곤충) 물여우 (caddisfly의 유충; 낚시의 미끼로 쓴다).

cad·dy[1] [kǽdi] 圀 1 (英) (빈번히 사용하는 물건을 넣어 두는) 상자, 갑7. 2 =tea ~.

cad·dy[2] 圀동작 =caddie.

cáddy spòon 圀 (손잡이가 긴) 찻숟갈.

-cade [kèid, kéid] 연결 procession, parade의 뜻. ¶aquacade, motorcade.

*__ca·dence__ [kéidns] 圀⒞⒰ 1 (소리나 말의) 율동적 흐름, 리듬, 억양; (명서문 끝 따위의) 목소리의 하강조; (시의) 리듬, 가락, 운율. 2 (춤 따위의) 리듬, 박자. 3 (음악) 마침법(악곡·악장 끝 소절의 정형적 화음). ¶ authentic ~ 정격[완전] 마침법/mixed ~ 혼합 마침법. 4 (군사) (행진의) 보조(步調). (또는 **cadency**)
—图타 …을 리드미컬하게[율동적으로] 하다. —자 율동적으로 흐르다[움직이다]. [브레이크를 밟는 다.

cádence bráking 圀 (감속하기 위해) 반복적으로

ca·denced [kéidnst] 圀 리드미컬한, 율동적인.

ca·den·cy [kéidnsi] 圀 =cadence; (문장) 분가 (分家) 가문. [내려가는(falling).

ca·dent [kéidnt] 圀 =cadenced; (고어) 떨어지는,

ca·den·za [kədénzə] 圀 (음악) 카덴차(협주곡에서 악장의 끝 부분에 삽입된 화려한 독주 부분).

ca·det[1] [kədét] 圀 1 (美) 사관 학교 생도, 사관 후보생(* midshipman). 2 육군 대학 학생; 경찰 대학 학생. 3 수습[연수, 실습]생(trainee). 4 장남 이외의 아들; 남동생; 막내 아들. 5 (속어) 뚜쟁이.
~y 圀 =cadetship. ~·ship 圀 cadet의 지위[신분].

ca·det[2] [kædéi] 圀 (성명 뒤에 붙여) 동생 쪽. [F]

ca·dét còrps [kədét-] 圀 (英) 학도 군사 훈련단.

ca·dét fámily [kədét-] 圀 분가(分家).

ca·dette [kədét] 圀 1 (C-) 12~14세의 걸스카우트. (또는 C- scòut) 2 (濠) 여성 국가 공무원.

ca·dét téacher [kədét-] 圀 교(육 실습)생.

cadge [kædʒ] (구어) 圀 1 (…을) 조르다, 우려내다. 등쳐먹다; 구걸[걸식]하다 (*from, off*). 2 (英방언) 행상하다. —图 구걸, 우려내기.
be on the cadge for …을 조르다. [코] 행상인.

cadg·er [kædʒər] 圀 (英) 식객, 거지; 떠돌이; (스

cadg·y [kǽdʒi] 圀 (英방언) 1 명랑한. 2 바람기가 많은, 호색의. 3 (동물이) 발정하는.

cádg·i·ly 图 **cádg·i·ness** 圀

ca·di [káːdi, kéi-] 圀 (회교 국가의) 하급 법관.

Cad·il·lac [kǽdilæk] 圀 1 (상표) 캐딜락(미국 General Motors Corp. 사제 고급 승용차). 2 (때로 c-) Ⓤ (속어) 1온스의 헤로인, (때로) 코카인.

Cad·me·an [kædmíːən] 圀 카드모스(Cadmus)의.

Cadméan víctory 圀 카드모스(Cadmus)의 승리, (패배나 다름없는) 쓰라린 승리, 희생이 큰 승리, 신승(辛勝). ⒜ Pyrrhic victory

cad·mi·um [kǽdmiəm] 圀⒰ (화학) 카드뮴(금속 원소로; 기호 Cd). **cád·mic** 圀

cádmium cèll 圀 (전기) 카드뮴 전지.

cádmium órange 圀 카드뮴 오렌지(주황색 안료·

cádmium póisoning 圀 카드뮴 중독. [물감).

cad·mi·um-pol·lut·ed [-pəlúːtid] 圀 카드뮴 오염의. [이르는 안료·그림물감).

cádmium réd 圀 카드뮴 레드(선홍색에서 심홍색에

cádmium yéllow 圀 카드뮴 옐로(선황색 안료 및 그림물감).

Cad·mus [kǽdməs] 圀 (그리스 신화) 카드모스(용을 죽이고 Thebes를 건설한 페니키아 왕자).

C.A.D.O. (美공군) *Central Air Documents Office*.

ca·dre [kǽdri/káːdə] 圀 1 (보통 ~s) (집합적) (군사) 간부진, 기간 요원; (정당 따위의) 핵심 그룹(당원). 2 기초 (공사), 뼈대(framework); 개요.

ca·dre·man [kǽdrimən, -mæn/káːdə-] 圀 (군대의) 장교, 간부; (정당의) 간부.

ca·du·ce·us [kədjúːsiəs / -djúː-] 圀 (복 **-ce·i** [-siài]) 1 (그리스 신화) 사자(使者)의 지팡이 (신들의 사자 Hermes의 지팡이; 평화와 의술의 상징). 2 미육군 의무대의 기장. **-ce·an** 圀

[caduceus 1]

ca·du·ci·ty [kədjúːsəti/-djúː-] 圀Ⓤ 노쇠; 취약함; 박약함, 덧없음.

ca·du·cous [kədjúːkəs/-djúː-] 圀 1 (식물) (잎 따위가) 떨어지기 쉬운, 빨리 떨어지는, 조락성(早凋性)의. 2 (동물) (털 따위가) 빠지기 쉬운. 3 잠시의, 덧없는. 4 (법률) 실효된.

CAE *College of Advanced Education; computer-aided engineering*(컴퓨터 이용 엔지니어링).

cae·cal [síːkl] 圀 맹장의. ~·ly 图

cae·ci·tis [siːsáitis] 圀Ⓤ 맹장염

cae·cum [síːkəm] 圀 (복 **-ca** [-kə]) (英) =cecum.

cae·no·gen·e·sis [siːnoudʒénəsis] 圀 =ceno-genesis. [산(産) 흰색 치즈).

Caer·phil·ly [kɑːrfíli] 圀 케어필리 치즈(영국 Wales

*__Cae·sar__ [síːzər] 圀 1 **Gaius Julius** ~ 카이사르, 시저(100?-44 B.C.: 로마의 장군·정치가·역사가). 2 로마 황제(Augustus 황제부터 Hadrian 황제까지의 칭호). 3 (종종 c-) 황제, 최고 군주, 독재 군주; (신과 대비하여) 지상의 군주(— 마태 복음(Matt.) 22 : 21). 4 (종종 c-) (英구어) (의학) 제왕 절개(로 낳은 아이).
appeal to Caesar ① 최고 권력자에게 호소하다. ② 총선거에서 국민에 호소하다.
Caesar's wife 의혹을 살 행위를 해서는 안 되는 사람. ¶like ~'s wife 의혹이 없이. [<Caesar's wife must be above suspicion.이라는 Caesar의 말]

Cae·sar·e·an [sizέəriən] 圀 카이사르[시저]의; 제왕(황제)의; 독재 군주(적)의; 제왕 절개 수술의[에 의한]. —圀 1 (종종 c-) =~ **section**. 2 카이사르파의 사람; 전제 정치 지지자. (또는 **Caesarian**)

Caesárean séction 圀 (때로 c-) 제왕 절개술(술). (또는 **Caesar, Caesárean (operátion)**)

Cae·sar·ism [síːzərìzm] 圀Ⓤ 전제[제왕] 정치(주의); 제국주의. **-ist** 圀 전제주의자. **Cǽe·sa·rís·tic** 圀

Cáesar sálad 圀 (요리) 시저 샐러드(상추, 치즈, 안초비, 날달걀 따위를 버무린 샐러드).

cae·si·um [síːziəm] 圀Ⓤ (화학) =cesium.

cae·su·ra [siʒúərə/-zjú(ː)rə] 圀 (복 **~s, -rae** [-riː]) (운율) 중간 휴지(休止)(시행(詩行)내에서 일어나는 의미의 단절; 운각(韻脚) 분해에서는 2개의 수직선(∥)으로 나타낸다). 또는 **cesura** | **-ral, -ric** 圀

CAF (스페인) *Corporacion Andina de Fomento*(안데스 개발 은행); *currency adjustment factor*(통화 시세 변동 할증료); *cost, assurance, and freight*(운임 포함 가격); *cost and freight*(운임·보험료 포함 가격).

C.A.F., c.a.f. *cost and freight*(운임 포함 가격); *cost, assurance, and freight*(운임·보험료 포함 가격).

ca·fard [kɑːfɑːr] 圀 극도의 우울, 우울증.

*__ca·fé__ [kæféi, kə-/kæfei/F kafe] 圀 1 커피점, 다방; (주류도 파는) 간이 식당, 싸구려 음식점, ووجبل집, 바(barroom). 3 Ⓤ 커피. (또는 **cafe**) [<F coffee]

CAFE [kæfei, kə-] 圀 (美) 연료비 효율 규정. [<*Corporate Average Fuel Economy*]

CAFEA *Commission on Asian and Far East Affairs*(아시아 극동 문제 위원회).

ca·fé au lait [kæféi ou léi, kæféi-/F kafe olɛ] 圀Ⓤ 1 카페오레(커피에 뜨거운 우유를 탄 것). 2 (때로 a ~) 옅은 갈색(light brown). 3 (英속어) 인도인의 피가 섞인 잡종. [<F coffee with milk]

ca·fé brû·lot [kæféi bruːlóu, kæféi-] 圀 카페 브뤼로(커피에 설탕, 레몬, 시나몬, 브랜디를 넣고 불을 붙

여 브랜디의 알코올분을 태운 후 마신다; burnt brandy coffee라고도 함). [<F]

ca·fé car [kæfei kɑːr, kæféi-] 명 식당차(흡연실).
ca·fé chan·tant [kæfei ʃɑːntɑ́ːŋ, kæféi-] 명 (복 c- -s, -s -s) 음악[노래]을 듣는 카페.
ca·fé con le·che [kæfei kɑn létʃei, kæféi-] 명 밀크 커피. [<Sp] 「는 짧은 커튼.
café curtain [⌃] 명 카페 커튼(창문 위쪽 따위에 다
ca·fé fil·tre [kæfei fíːltrə] 명 (여과기로 거른) 커 피. (또는 **filtre**). [<F] 「black coffee]
ca·fé noir [kæfei nwáːr] 명 블랙 커피. [<F
ca·fé roy·ale [kæféi rɔiǽl] 명 코냑·레몬 껍질·설탕을 탄 커피. [<F coffee royal]
café society [⌃] 명 (나이트클럽 따위를 드나드는) 상류 사회 사람들.
‡**caf·e·te·ri·a** [kæ̀fətíəriə] 명 (복 ~s [-z]) 카페테리아(셀프 서비스 식당). ── 형 카페테리아(식)의; 다양한 선택지에서 선택 가능한.
cafetéria ófficing 명 카페테리아식 근무(재택 근무나 출퇴근 근무의 선택권을 주는 방식).
cafetéria plàn 명 (경영) 카페테리아 방식(종업원이 자유 선택토록 된 부가 급부·복지 제도).
ca·fé thé·â·tre [F kafe teatr] 명 (복 -s -s) 극장 다방, 카페테아트르(논쟁적인 주제의 강연이나 실험 연극을 하는 카페).
caff [kæf] 명 (영구어) 간이 식당, 스낵점(café).
caf·fe [kæfei] 명 =café. [<It]
caf·fe·ic [kæfíːik] 형 (화학) 커피의, 카페인의.
caf·fein·at·ed [kæfəneitid] 형 카페인이 든[함유된].
caf·fein(e) [kæfíːn/⌃-] 명 Ⓤ (화학·약학) 카페인 (커피·차 따위에서 채취하는 알칼로이드; 흥분제·이뇨제). **-féin·ic** 형 「 을 뺀(decaffeinated).
caf·feine-free [-fríː] 형 카페인 없는, 카페인 성분
caf·fein·ism [kæfínizm/⌃-] 명 카페인 중독.
caf·fè lat·te [kæfei lǽtei, -láːtei] 명 카페라테, 밀크 커피. [<It coffee with milk]
caf·tan [kǽftæn] 명 카프탄(근동 지역에서 입는 소매가 길고 띠가 달린 긴 옷). (또는 **kaftan**).
‡**cage** [keidʒ] 명 (복 **cag·es** [-iz]) 1 새장, (짐승의) 우리. 2 (구어) 감옥, 포로 수용소. 3 우리형 구조물(은행 창구 따위). 4 (속어) 낡은 차. 5 (엘리베이터의) 칸; (기중기의) 운전실; (탄갱의 광주리 모양의) 승강대. 6 (외장되지 않은) 뼈대, 철골 구조. 7 포가(砲架), 포좌(砲座). 8 (야구) 타격 연습용 이동식 백스톱(batting ~); (포수의) 마스크. 9 (하키·농구의) 골, 바스켓. 10 (美속어) 사람의 골격. 11 슬립·드레스 위에 입는 얇은 천·레이스로 된 겉옷. 12 (美속어) 학교. 13 (대형) 실내 연습장(경기장).
── 타 (~**s** [-iz]; ~**d**; **cag·ing**) 1 …을 새장[우리]에 넣다, 감금하다(*in*, *up*). 2 (구어) (하키·농구에서) (공)을 골에 넣다.
cage up …을 감옥에 가두다, 투옥하다.
⌃**less**, ⌃**like** 형
Cage [keidʒ] 명 케이지. 1 **John** ~ (1912-92: 미국의 전위 작곡가). 2 **Nicolas** ~ (1964- : 미국의 영화 배우; 본명 Nicholas Kim Coppola).
cáge bird 명 새장에 넣어 기르는 새.
cage·ling [kéidʒliŋ] 명 새장의 새(caged bird).
cag·er [kéidʒər] 명 (美구어) 농구 선수; 주장군.
cag·ey [kéidʒi] 형 (구어) 주의 깊은, 신중한(cautious); 빈틈없는 (*about*). (또는 **cagy**)
~**ness** 명 **cág·i·ly** 부 빈틈없이. **cág·i·ness** 명
Cag·ney [kǽgni] 명 **James** ~ (1899-1986: 미국의 영화 배우).
ca·goule [kəɡúːl] 명 카굴(무릎까지 오는 얇고 가벼운 아노락(anorak)). (또는 **kagool**)
ca·hier [kæjéi, kɑː-] 명 (입법 기관의) 의사록, 보고서; (가제의) 팸플릿; 필기장, 연습장. [<F]

ca·hoot [kəhúːt] 명 (보통 ~**s**) (美속어) 공동; 공모.
go (*in*) cahoots; go in cahoot with (속어) 똑같이 나누다, 등분[균분]하다; 한몫 끼다, 한패가 되다.
in cahoot(s) (속어) 공동으로, 협력하여; 공모하여, 한통속[한패]이 되어 (*with*). 「업[교수](시스템)].
CAI computer-assisted instruction(컴퓨터 이용 수
cai·man [kéimən] 명 (복 ~**s**) (중남미산(產))의 큰 악어(alligator). (또는 **cayman**)
Cain [kein] 명 1 (성서) 가인(Adam과 Eve의 장남; 동생 Abel을 살해). 2 형제를 죽인 사람; 살인자.
raise Cain (속어) 큰 소동을 벌이다; 성내다.
the curse of Cain 영원한 방랑자가 가인이 받은 형벌.
⌃**ism** 명 ⌃**·it·ic** 형 「Cenozoic.
Cai·no·zo·ic [kàinəzóuik, kèi-] 명 (지질) =
ca·ïque [kɑːíːk/kaiíːk] 명 (Bosporus 해협에서 사용되는 좁고 긴) 노 젓는 배; (지중해 동부의) 작은 돛배. (또는 **caique**) [<F<It]
caird [kɛərd] 명 (스코) (떠돌이) 행상 땜장이; 부랑자.
Cai·rene [kaiəríːn, kéiríːn] 형 (때로 c-) 카이로 (Cairo)의. ¶the ~ society 카이로 사교계. ── 명 Cairo 시민.
cairn [kɛərn] 명 1 (이정표·기념비용의 피라미드형) 돌무더기, 케른, (또는 **carn**) 2 =~ terrier. ── 타 케른으로 표시하다. ~**ed**, ⌃**y** 형
cairn·gorm [kéərŋgɔ̀ːrm] 명 (광물) 연수정(煙水晶)(smoky quartz); (속어) =**Cáirngorm stòne**
cáirn térrier 명 케언 테리어 개(Scotland 원산).
*****Cai·ro** [káirou] 명 카이로(이집트의 수도).
cais·son [kéisn, -sɑn/kéisən] 명 1 (토목) 케이슨, 잠함(潛函)(수중 작업용의 밑바닥이 없는 상자). 2 (dock의) 보트형 수문(水門), (선체 수리용의) 부함(浮函). 3 (침몰선 인양용의) 방수 상자. 4 탄약[폭약] 상자; 탄약차. ~**ed** 형
cáisson disèase [병리] 케이슨병, 잠함병, 잠수병.

[caisson]
1 crane 2 air locks
3-5 shaft
6 concrete wall
7 girders 8 riverbed
9 working chamber

cai·tiff [kéitif] (고어·시) 명 비열[비겁]한 자, 겁쟁이. ── 형 비열한, 겁많은.
ca·jole [kədʒóul] 타 (남)을 감언으로 속이다; (남)을 치켜세우다; (남)을 속여[치켜 세워] …하게[못하게] 하다 (*into*, *out of*). …시키다 …못하게 하다.
cajole *a person into* [*out of*] *doing* 남을 꾀어 …하게[못하게] 하다
cajole *a thing from* [or *out of*] *a person* 남을 속여 …을 빼앗다.
~**ment** 명 =cajolery. **-jól·er** 명 **-jól·ing·ly** 부
ca·jol·er·y [kədʒóuləri] 명 ⓊⒸ 감언으로 속이기, 꾀기; 감언 이설, 사탕발림.
Ca·jun [kéidʒən] 명 1 케이전인(미국 Louisiana 주민 중 Acadia(현재의 Nova Scotia) 출신 프랑스계 이민의 자손); 2 케이전어(케이전인이 쓰는 프랑스어 방언). 3 케이전인(미국 Alabama 주와 Mississippi 주의 백인과 인디언 및 흑인의 혼혈인); Ⓤ 케이전 음악(블루스와 유럽 민속 음악이 결합된 것). (또는 **Cajan**)
‡**cake** [keik] 명 1 ⓊⒸ 케이크, 양과자. ¶a piece [or slice] of ~ 케이크 한 조각 / You can't eat your ~ and have it (too). (속담) 먹은 케이크는 남지 않는 법; 일이란 양립하기 어렵다. 2 (납작하고 얇게 구운) 딱딱한 빵; 팬케이크; 철판으로 구운 과자. ¶brown a ~ 과자를 갈색으로 굽다. ¶야채를 갈아서 기름에 튀긴 것. ¶a fish ~ 어묵. 4 (일정한 모양의) 덩어리; 압축한 딱딱한 덩어리. ¶a ~ of soap 비누 한 개 / a bean ~ 콩깻묵. 5 Ⓤ 유채·면, 돈지 폐물기. 6 (美속어) 성적 매력이 있는 여자. 7 (the ~) 분할되는 것의 전체. 8 (비어) 여성의 성기; (~s) (美속어) 엉덩이. 9 (美속어) 색골, 바람둥이. 10 (섬유) 케이크(실이 감긴 북).

a piece of cake [or *pie*] ① ⇨图 1. ② (구어) 식은 죽 먹기, 누워서 떡 먹기, 땅 짚고 헤엄치기. ③ =图 6.
a [or *a person's*] *slice* [or *cut, share*] *of the cake* 이익; (당연히 받을) 이익(금)의 몫.
cakes and ale ① 맛있는 음식과 술, 갖가지 즐거움. ② 흥청망청 즐기기. ③ 한가한 생활.
go [or *sell*] *like hot cakes* 날개 돋친 듯 팔리다.
have one's cake and eat it, too 독차지하다; 원하는 것을 모두 얻다.
have one's cakes baked 넉넉하게 살다.
hurry up the [or *one's*] *cakes* (美) 일을 서두르다.
ice [or *put the icing on*] *the cake* ⇨ICE.
One's cake is dough. (구어) 계획은 실패했다.
take the cake [or (英) *biscuit*] 【구어】(비꼬아) 빼어나다, 보통이 아니다; 최저[최악]이다.
the Land of Cakes 스코틀랜드.
You can't have your cake and eat it (too). 케이크는 먹으면 없어진다; 양쪽 다 좋을 수는 없다.
──图 [~*d* [-t]; *cák·ing*] 国 (과자 모양으로) …을 굳히다, 덩어리로 만들다; (수동형으로) …을 붙이다 (*with*), ──回 (과자 모양으로) 굳어지다, 응고하다.
cáke flòur 【케이크용】 고급 밀가루.
cake-hole [‐hòul] 图 (英속어) (사람의) 입.
cáke ìnk 먹, 막대 모양으로 굳힌 잉크.
cáke màkeup 图 케이크(고형) 파운데이션.
cake-mix [‐mìks] 图 즉석식 케이크 재료[믹스].
cake-tin [‐tìn] 图 (케이크를 굽기 위한) 금속 틀.
cake·walk [kéikwɔ̀ːk] 图 **1** 케이크워크(복잡하고 색다른 걸음걸이 경기; 상품은 케이크임). **2** 케이크워크곡(曲). **3** (구어) 쉬운 일. ──回 케이크워크하듯이 걷다; 케이크워크춤을 추다. ~**er** 图
cáking còal [kéikiŋ‐] 图 점결탄(粘結炭).
cak·y [kéiki] 图 케이크 같은; 고형(固形)의.
CAL China Airlines((대만의) 중화 항공 공사(公司)); [kæl] computer-aided [-assisted] learning(컴퓨터 이용 학습); Continental Air Lines. **cal.** calando; calendar; caliber; *calorie*(s). **Cal.** California; Calvin; large *calorie*(s).
Cál·a·bar bèan [kǽləbàːr‐] 图 (식물) 칼라바르콩.
cal·a·bash [kǽləbæ̀ʃ] 图 (식물) 호리병박; (인도та(科)의) 괴불나무; 호리병박 제품. 〔교도소.
cal·a·boose [kǽləbùːs] 图 (美) 유치장, 구치소;
ca·la·di·um [kəléidiəm] 图 (식물) 칼라듐(열대 아메리카산(産) 관상 식물). 〔북부의 항구 도시〕.
Cal·ais [kǽlei] 图 칼레(Dover 해협에 면한 프랑스
cal·a·man·co [kæ̀ləmǽŋkou] 图 (U 캘러맹코 모직; C (~s) 캘러맹코천의 옷. (또는 **calimanco**)
cal·a·man·der [kæ̀ləmǽndər] 图 (식물) 흑단(黑檀)의 일종(Ceylon산(産) 고급 가구용 목재).
cal·a·mar·y [kǽləmèri/-məri] 图 오징어, 화살꼴뚜기. (또는 **cal·a·mar** [kǽləmàːr])
cal·a·mi [kǽləmài] 图 calamus의 복수형.
cal·a·mine [kǽləmàin, -min] 图 (U) **1** 칼라민(산화아연에 약 0.5%의 산화제2철을 섞은 비수용성 분말). **2** (광물) 이극광(異極鉱), 규(珪)아연광; 능(菱)아연광.
cálamine lòtion 图 (약학) 칼라민 로션(피부염용).
cal·a·mite [kǽləmàit] 图 노목(蘆木)의 고생대 거목). 〔‐míːt·ən, cà·lam·i·tóid [kəlǽmətɔ̀id]
ca·lam·i·tous [kəlǽmətəs] 图 재난을 가져오는; 재난의, 불행한; 비참한. ~**ly** 图 ~**ness** 图
‡**ca·lam·i·ty** [kəlǽməti] 图 (pl. **-ties** [-z]) C(U (지진·홍수·화재 따위) 대재해; (실명·실직 따위) 재난; (일반적으로) 재앙, 재난; 큰 불행[불운], 비운, 고난. ⇨DISASTER 【유의어】¶ *A miserable ~ befell him.* 처참한 재앙이 그에게 들이닥쳤다.
cal·a·mus [kǽləməs] 图 (pl. **-mi** [-mài]) **1** 창포의 뿌리. **2** 종려(palm)의 일종. **3** (조류) (깃의 깃촉.
ca·lan·do [kɑːláːndou] 图 (음악) 점점 줄어서[줄인], 차차 약하게. 〔<It〕

ca·lash [kəlǽʃ] 图 **1** 말 두 필이 끄는 4륜 포장 마차; 그 마차의 포장. **2** (여성용) 포장형 후드(18세기경 유행).
calc. calculate(d); calculating.
calc- [kælk] 【연결】 ⇒CALC1-.
cal·ca·ne·um [kælkéiniəm] 图 ((pl.) **-ne·a** [-niə]) =calcaneus. 〔(해부) 종골(踵骨)〕.
cal·ca·ne·us [kælkéiniəs] 图 (pl. **-ne·i** [-niài])
cal·car [kǽlkɑːr] 图 (새) ~**car·i·a** [kælkɛ́əriə] 〔(생물) 머느리발톱; 머느리발톱 모양의 돌기.
cal·car·e·ous [kælkɛ́əriəs] 图 석회질의, 석회를 함유하는. ~**ly** 图 ~**ness** 图
cal·ce·o·lar·i·a [kæ̀lsiəlɛ́əriə] 图 (식물) 칼세올라리아속(屬)의 식물(슬리퍼 모양의 꽃이 핀다; 관상용).
cal·ces [kǽlsiːz] 图 calx의 복수형.
cal·ci- [kǽlsi, -sə] 【연결】 calcium, lime의 뜻(* 모음 앞에서는 calc-). ¶ *calciferous, calcify, calcareous.*
cal·cic [kǽlsik] 图 (화학) 석회성의, 석회질의, 칼슘[제]의 함유하는. * 석회(lime)는 산화칼슘의 통칭.
cal·cif·er·ol [kælsífərɔ̀ul, -rɔ̀l] 图 (U) (생화학) 칼시페롤, 비타민 D_2.
cal·cif·er·ous [kælsífərəs] 图 (화학) 탄산칼슘 (calcium carbonate)을 생성하는[함유하는].
cal·ci·fi·ca·tion [kæ̀lsəfikéiʃən] 图 (U) **1** 석회화 (작용). **2** (생리) 석회화, 조직내 석회 침착(沈着); (해부) 체내 석회 조직. **3** (지질) 석회 지질; (토양의) 석회화 작용. **4** (태도 따위의) 경화.
cal·ci·fy [kǽlsəfài] 图 (생리) (…을[이]) 석회질로 하다[되다], 칼슘의 침전물로 경화시키다[하다]; (정치적 의견·입장 등을[이]) 경화시키다[하다].
cal·ci·mine [kǽlsəmàin, -min] 图(U) 칼시민(벽이나 천장용의 수성 도료). ──图 …에 칼시민을 칠하다. (또는 **kalsomine**) ‐**mìn·er** 图
cal·ci·na·tion [kæ̀lsənéiʃən] 图 (U) **1** (화학) 하소(煆燒); (야금) 소성(燒成). **2** (야금) 소광법(燒鑛法).
cal·cine [kǽlsain, -sin] 图 (…을) 하소하다, (물질) 태워 휘발 성분을 없애고 재 모양의 물질로 만들다.
cal·ci·na·ble [kǽlsənəbl] 图 〔소기(燒)〕.
cal·cin·er [kǽlsáinər/‐‐‐] 图 하소로(煆燒爐), 하
cal·cite [kǽlsait] 图 (광물) 방해석(方解石).
cal·ci·to·nin [kæ̀lsətóunin] 图 (U) (생화학) 칼시토닌(혈액 속의 칼슘치를 조절하는 호르몬).
cal·cit·ri·ol [kælsítriɔ̀ːl/‐ɔ̀l] 图 **1** 칼시트리올(비타민 D 복합체의 하나). **2** 칼시트리올 약제(골다공증 치료제).
‡**cal·ci·um** [kǽlsiəm] 图(U) (화학) 칼슘(기호 Ca).
cálcium ársenate 图 (화학) 비산 석회(살충제).
cálcium blócker 图 (약학) 칼슘 길항제(拮抗剤). (또는 **cálcium chánnel blócker**) 〔이드〕.
cálcium cárbide 图 (화학) 탄화칼슘, (속칭) 카바
cálcium cárbonate 图 (화학) 탄산칼슘.
cálcium chlóride 图 (화학) 염화칼슘.
cál·ci·um-éntry blócker [‐éntri‐] 图 (약학) 칼슘 차단제(심장 발작 예방약). 〔(消石灰).
cálcium hydróxide 图 (화학) 수산화칼슘, 소석회.
cálcium líght 图 칼슘광(光), 석회광, 라임라이트(석회를 산수소염 속에서 가열할 때 생기는 백색광).
cálcium óxide 图 (화학) 산화칼슘, 생석회.
cálcium phósphate 图 (화학) 인산칼슘[석].
cálcium súlfate 图 황산칼슘, 석고(石膏).
cálcium sùpplement 图 (약학) 칼슘 강장제.
cal·cog·ra·phy [kælkágrəfi/‐kɔ́g‐] 图 (U) 크레용 [파스텔] 화법.
calc-sin·ter [‐síntər] 图 =travertine.
calc-spar [‐spàːr] 图 =calcite. (또는 **cálcspàr**)
calc-tu·fa [‐tjùːfə/‐tjùː‐] 图 (지질) 석회화(華). (또는 **cálc-tùff**)
cal·cu·la·ble [kǽlkjuləbl] 图 **1** 계산할 수 있는; 어림 계산(어림)할 수 있는, 예측이 가능한. **2** 신용할[믿을,

cal·cu·la·graph [kǽlkjuləgrǽf/-grɑ̀ːf] 명 (전화 따위의) 통화 시간 기록기.

‡**cal·cu·late** [kǽlkjulèit, -kjə-] 타 (**-lat·ed**; **-lat·ing**) 태 1 …을 계산하다, 셈하다, 산출[추계]하다. ⇨COMPUTE 유의어 ¶ (～+됨+前+图) The population of the city is ～d at 300,000. 그 도시 인구는 30만명으로 추산된다. 2 (수동형으로) (어떤 목적에) 적합하게 하다, …을 의도하다 (for); …할 듯하다 (to do). ¶ (～+됨+前+图) be ～d for modern conditions 현대의 상태에 적합하도록 되어 있다//a project ～d to fail 실패할 듯한 계획. 3 (장래의 일을 산정(算定)하다), 예측하다, 어림[추정]하다, 평가하다. ¶ We shall win by a narrow majority, I ～. 아슬아슬한 득표차로 우리가 이길 것으로 본다. 4 (美구어) …이라고 생각하다, 상상하다(that 图); …할 작정이다, 계획이다 (to do). ¶ He ～d to do it. 그는 그것을 할 작정이었다.
— 자 1 계산하다; 견적을 내다. 2 기대하다, 의지하다 (on, upon, doing). ¶ (～+图+图) ～ on fine weather 좋은 날씨를 기대하다 / Don't ～ on his help. 그의 도움을 기대하지 마라.

cal·cu·lat·ed [kǽlkjulèitid] 형 1 산출된, 산정된; 어림된, 추정의. 2 작정된, 기도된, 고의적인, 계획적인. ¶ a ～ riot 계획적인 폭동. 3 …할 것 같은 (to do). **～·ly** 부 **～·ness** 명 [에 알맞은(for).

cálculated rísk 명 (추정) 위험률[예상 실패 확률].

cal·cu·lat·ing [kǽlkjulèitiŋ] 형 1 계산하는, 계산용의. ¶ a ～ scale[or rule] 계산자[척]. 2 빈틈없는, 신중한. 3 타산적인, 이기적인, 약삭빠른. **～·ly** 부

cálculating machíne 명 계산기, 자동 계산기.

cálculating táble 명 (로그표 따위) 계산 조견표.

‡**cal·cu·la·tion** [kælkjuléiʃən] 명 (～s [-z]) 1 U 계산(하기), 산출; C 계산 결과. ¶ make a ～ 계산하다. 2 UC 어림, 예측, 예상. ¶ The result is beyond ～ at present. 현재로서는 결과를 예상할 수가 없다. 3 UC 장래에 대한 고려, 조심; 신중한 계획; U 타산; 심사숙고. **～·al** 형

cal·cu·la·tive [kǽlkjulèitiv, -lət-] 형 계산상의; 어림[추측]의; 타산적인, 빈틈없는; 신중한; 계획적인.

cal·cu·la·tor [kǽlkjulèitər] 명 계산하는 사람; 계산기(를 조작하는 사람); 계산표, 산출표.

cal·cu·lous [kǽlkjuləs] 형 〖병리〗 결석(結石)(질)의, 결석증에 걸린, 결석이 있는, 결석으로 생긴.

cal·cu·lus [kǽlkjuləs] 명 (**-li** [-lài], **～·es**) 1 U (수학) 미적분학 (특수 기호 체계를 사용하는) 고등 계산법. ¶ differential ～ 미분학/integral ～ 적분학. 2 〖병리〗 결석(結石) (치아의) 치석. ¶ a renal ～ 신장 결석, 석(腎石) / a biliary ～ 담석. 〖법 算法〗.

cálculus of fínite dífferences 명 (수학) 차분법.

cálculus of pléasure 명 쾌락 계산(얻을 수 있는 쾌락과 피할 수 있는 고통의 양(量)으로 선택지(肢)를 평가하는 일).

cálculus of variátions 명 (수학) 변분법(變分法).

Cal·cut·ta [kælkʌ́tə] 명 캘커타(인도 동부의 항구 도시; 서벵골(West Bengal)주의 주도). 〔는.
like the Black Hole of Calcutta 무더워 숨이 막히

cal·dar·i·um [kældɛ́əriəm] 명 (**-i·a** [-iə]) (고대 로마 목욕탕의) 고온 욕실(高温浴室).

cal·de·ra [kældɛ́ərə, kɔːl-] 명 〖지질〗 칼데라(화산체 중앙부의 분화구보다 크게 움푹 팬 지형).

cal·dron [kɔ́ːldrən] 명 (美) ＝cauldron.

Cald·well [kɔ́ːldwel, -wəl] 명 **Erskine ～** 콜드웰 (1903-87; 미국의 소설가).

Ca·leb [kéiləb/-leb] 명 갈렙(히브리(Hebrew) 지도자의 한 사람. ←민수기(Num.) 13 : 6).

ca·lèche [kəlɛ́ʃ] 명 (～**s** [-z]) 1 (캐나다) 말이 끄는 2륜 포장 마차. 2 ＝calash 1. 〔F〕

Cal·e·do·ni·a [kæ̀lədóuniə] 명 (시) 칼레도니아 (스코틀랜드의 옛 이름). 참 Albion **-an** 형명 스코틀랜드의 (사람).

cal·e·fa·cient [kæ̀ləféiʃənt] 명 (의학) 발열제(發熱劑)(겨자 따위). — 형 열을 느끼게 하는, 인적(引赤)의, 달아오르게 하는.

cal·e·fac·tion [kæ̀ləfǽkʃən] 명U 따뜻하게 하기, 가열; 가열 상태. **-tive** 형 따뜻하게 하는.

cal·e·fac·to·ry [kæ̀ləfǽktəri] 명 열을 내는, 가열 [난방]용의. — 명 (수도원의) 난방실 방. 〔기. 〔도〕.

ca·lem·bour [kǽləmbuər] 명 재담, 말재주 부리

‡**cal·en·dar** [kǽləndər] 명 (～**s** [-z]) 1 달력, 캘린더; 역법(曆法). ¶ a wall-～ 벽에 거는 달력 / a daily pad ～ 일력(日曆) / the Moslem ～ 회교력 / the lunar [solar] ～ (태)음양력 / the Gregorian[Julian] ～ 그레고리오[율리우스]력. 2 (단수취급) 행사 예정표, 일정표; (공문서의) 기록부; (법원의) 소송 사건표; (美) 의사 일정표; (英) (대학의) 강좌 일람표; (페어) 요람(要覽). ¶ a court ～ 법정 일정 / a university ～ 대학 학사 일정표.
on the calendar ① 달력에 실려[기입되어]. ② 일정에 올라, 예정되어.
— 타 …을 (일람표[일정표]에) 기입해 넣다; …을 기록하다; …을 예정하다; (문서를) 정리·분류해 목록을 만
— 형 (한정용법) 통속적인; 캘린더의. 〔들다.

ca·lén·dric, ca·lén·dri·cal 형

cálendar árt 명 달력에 쓸 통속적인 그림[사진].

cálendar clóck 명 날짜가 나오는 시계.

cálendar dáy 명 역일(曆日)(자정부터 다음날 자정까지의 24시간).

cálendar mónth 명 역월(曆月)(1월·2월 따위).

cálendar wátch 명 날짜가 나오는 (손목)시계.

cálendar yéar 명 역년(曆年)(1월 1일부터 12월 31일까지). 참 fiscal year

cal·en·der[1] [kǽləndər] 명 캘린더(천·종이 등에 광택을 내는 기계); (자동차 타이어용의) 고무 먹이는 기계를 만드는 기계, 고무 먹이는 기계. — 타 …을 캘린더에 걸다, …에 광택을 내다. **-er** 명

cal·en·der[2] [kǽləndər] 명 (회교국의) 탁발 수도승(dervish).

cal·ends [kǽləndz] 명복 (때로 단수취급) (고대 로마력의) 초하루. (또는 **kalends**)
on [or at, till] the Greek calends 아무리 지나도 [절코] …않는(그리스력에는 calends가 없다). ¶ I shall pay the debt on the Greek ～. 빚은 언제까지고 결코 갚지 않겠다. 〔금잔화의 약용).

ca·len·du·la [kəléndʒulə] 명 (식물) 금잔화; 말린

cal·en·ture [kǽləntʃər, -tʃuər/-tʃuə] 명U (병리) 열대성 열병; 일사병, 열사병. **-tú·ral, -tú·rish** 형

ca·les·cent [kəlésnt] 형 뜨거워지는, 온도를 더해오는, **-cence** 명 증온(增温), 가열.

‡**calf**[1] [kæf, kɑːf/kɑːf] 명 (**calves** [kævz/kɑːvz]) 1 송아지(보통 1살 이하). 참 ox 2 (코끼리·물개·고래 따위의) 새끼. 3 UC (복 ～**s**) 송아지 가죽. ¶ a book bound in ～ 송아지 가죽으로 장정한 책. 4 서투른 풋내기, 순진한 남자. 5 (빙산에서 분리된) 얼음덩이.
eat the calf in the cow's belly 독장수셈을 하다.
in [or with] calf (소 말 등이) 새끼를 배어.
kill [or serve up] the fatted calf (성서) (…을 환영해) 성대한 환영 준비를 하다, 성찬을 마련하다(←누가복음(Luke) 15 : 27). 〔을 숭배하다.
shake a wicked [or mean] calf 춤을 잘 추다.
slip the [or her] calf (소 따위가) 유산(流産)하다.
worship the golden calf 부(富)를 숭배하다.
～·hood ～·ish ～·less ～·like

calf[2] 명 (**calves**) 장딴지, 종아리. ⇨FOOT 그림.

calf-bound [kǽfbàund/kɑ́ːf-] 형 (책이) 송아지 가죽으로 장정된.

calf-doz·er [kǽfdòuzər/kɑ́ːf-] 명 소형 불도저.

cálf knée 명 X각(脚), 외반슬(外反膝)(knock-knee).

cálf lóve 명 (구어) 풋사랑(puppy love).

cálf's-foot jélly [kǽvzfùt-/káːvz-] 명 송아지 족(足) 젤리. 「(제본·제화용). (또는 **calf**)
calf·skin [kǽfskìn/káːf-] 명 U (고급) 송아지 가죽
cálf's tèeth 명 젓니.
Cal·ga·ry [kǽlɡəri] 명 캘거리(캐나다 Alberta 주의 도시; 1988년 동계 올림픽 개최지). 〔속어〕마리화나.
Ca·li [káːli] 명 칼리(콜롬비아 남부의 도시); (c-) 〖美〗
Cal·i·ban [kǽləbæ̀n] 명 1 캘리밴(Shakespeare 작 The Tempest 에서 Prospero 를 섬기는 반수인(半獸人) 노예). 2 (캘리밴처럼) 추악하고 무도한 남자.
*cal·i·ber, (英) -bre [kǽləbər] 명 1 (원통형 물건의) 직경. 2 (총포의) 구경(口徑); (총알의) 직경.¶a gun of 14-inch ~ 구경 14인치 포. 3 U 재능, 덕량, 도량; 인품, 사람됨, 인물.¶a man of poor ~ 재능이 부족한 사람/a statesman of excellent ~ 훌륭한 정치가. 4 U (사물의) 품질, 등급.¶dictionaries of this ~ 이 정도의 사전. 5 (형용사적) (복합어로) …구경의; …급의.¶a 22-~ gun 22 구경 총/an Oscar-~ performance 오스카상감 연기. -bered, (英) -bred 구경 …의.
cal·i·brate [kǽləbrèit] 타 1 (직경·구경 따위를) 재다, 구경을 정하다. 2 (계기)에 눈금을 매기다; (계기)의 눈금을 정확히 조정하다. 3 (비유적) (…을 향하여) 조정하다, 대상을 (…에) 맞추고 깊이 생각하다. 4 환산(換算)하다, …을 다른 것과 대응시키다.
-**brat·er, -brà·tor** 눈금 측정기[검사기].
cal·i·bra·tion [kæ̀ləbréiʃən] 명 1 U (총포 따위의) 구경[눈금] 측정; 탄도벽(彈道癖); 〔통신〕(주파수의) 교정. 2 (~s) 눈금.
Cáli càrtel 칼리 카르텔(콜롬비아의 칼리(Cali)를 본거지로 하는 마약(코카인) 밀수 조직).
cal·i·ces [kǽləsìːz] 명 calix의 복수형.
ca·li·che [kəlíːtʃi] 명 〔지질〕칼리치(건조 지대의 탄산칼슘이 굳어진 지층); 칠레 초석(硝石).
cal·i·cle [kǽlikl] 명 〔동물〕(산호 따위의) 소배상부(小杯狀部)(기관); 〔동·식물〕 =calyculus.
*cal·i·co [kǽlikòu] 명 (~(e)s) U(C) 1 사라사(무늬를 날염한 무명천). 2 (美) 흰 캘리코, 옥양목(美) (muslin). 3 얼룩 무늬가 있는 동물.
a piece of calico (美속어) (섹스 상대로서의) 여자.
— 명 1 캘리코(제)의. 2 사라사의; 사라사 무늬의; 얼룩 무늬의.¶a ~ pony 얼룩 조랑말.
cal·i·co·back [kǽlikòubæ̀k] 명 〔곤충〕 빨강·검정의 반점이 있는 노린재의 일종(양배추의 해충).
cálico bùg 명 =calicoback.
cálico prínting 명 사라사 날염[염색].
Calif. California.
cal·if·ate [kǽləfèit] 명 =caliphate.
‡**Cal·i·for·nia** [kæ̀ləfɔ́ːrnjə, -niə] 명 1 캘리포니아 (미국 태평양 연안의 주; 주도 Sacramento; 약 Calif., Cal.). 2 the Gulf of ~ 캘리포니아 만.
Califórnia bláck tíe 명 캘리포니아 남자 야회복 (반바지·화려한 긴 양말·나비 넥타이·운동화 따위로 이뤄지는 약식 야회복).
*Cal·i·for·nian [kæ̀ləfɔ́ːrnjən, -niən] 형 캘리포니아(주)의; 캘리포니아 주민의.— 명 캘리포니아 주민.
Califórnia póppy 명 〔식물〕금영화(金英花)(California 주 주화(州花)).
Califórnia rédwood 명 =redwood.
Califórnia rósebay 명 〔식물〕만병초(핑크색 꽃이 핀다)(pink rhododendron).
Califórnia súnshine 명 〖美속어〗 =LSD. 〔형〕.
Califórnia tílt 명 뒤축이 앞쪽보다 많이 높은 여자 구두.
Cal·i·for·ni·cate [kæ̀ləfɔ́ːrnikèit] 자타 (도시화·무질서한 개발로 인하여) …의 경관(景觀)[미관]을 해치다. (또는 **Californate, Californiate**) **-cátion** 명
cal·i·for·nite [kǽləfɔ́ːrnait] 명 캘리포니아(석) (비취와 비슷한 California산 광물).

cal·i·for·ni·um [kæ̀ləfɔ́ːrniəm] 명 U 〔화학〕 칼리 포르늄(인공 방사성 원소의 하나; 기호 Cf).
ca·lig·ra·phy [kəlíɡrəfi] 명 =calligraphy.
Ca·lig·u·la [kəlíɡjulə] 명 칼리굴라(12-41: 로마 황제; 포학·낭비로 미움을 사 암살됨).
cal·i·ol·o·gy [kæ̀liálədʒi] 명 조소학(鳥巢學).
cal·i·pash [kǽləpæ̀ʃ, ˌ-ˈ-] 명 바다거북의 등고기(수프용). (또는 **callipash**)
cal·i·pee [kǽləpìː, ˌ-ˈ-] 명 U 바다거북의 뱃살.
cal·i·per [kǽləpər] 명 1 (~s) 캘리퍼스, 측경(測徑) 양각기(원통의 외경(外徑), 구멍의 내경 따위를 재는 기구).¶inside [outside] ~s 내측(內測) [외측] 캘리퍼스. 2 (종이·판지 따위의) 두께. — 타 을 캘리퍼스로 재다. (또는 **calliper**) ~**er** 명

[calipers]

cáliper còmpass 명 =caliper 1.
cáliper rùle 명 캘리퍼스 자(측경기(測徑器)의 일종).
*ca·liph [kéilif, kǽl-] 명 칼리프(마호메트 후계자로서의 회교 국가의 교주 겸 국왕(Sultan)의 칭호). (또는 **calif, kalif, kaliph, khalif**)
~**al** ~**ate** [kéiləfèit] 명 칼리프의 지위[직].
cal·is·then·ic [kæ̀ləsθénik] 형 〖한정용법〗 미용 [유연] 체조의. (또는 **callisthenic**) **-i·cal** 형
cal·is·then·ics [kæ̀ləsθéniks] 명 〖단수취급〗 미용 체조법; 〖복수취급〗 미용 체조, 유연 체조. (또는 **callisthenics**)
ca·lix [kéiliks, kǽl-] 명 (複 **cal·i·ces** [kǽləsìːz]) 〔가톨릭〕 미사용 잔, 성작(聖爵)(chalice). 〔<L〕
calk¹ [kɔːk] 명 =caulk.
calk² 명 미끄럼 방지용 징[스파이크]; (구두창의) 미끄럼 방지용 징. — 타 에 미끄럼 방지용 징[스파이크]를 박다; (미끄럼 방지용 징으로) …에 상처를 내다.
calk³ 타 (도안 등의 뒷면에 색분필을 칠하고, 앞면을 철필 따위로 문질러) …을 옮겨 그리다, 윤곽을 (트레싱하여) 베끼다.
calk·er¹ [kɔ́ːkər] 명 =caulker. 〔이스하여〕베끼다.
calk·er² 명 =calk².
calk·in [kɔ́ːkin, kǽl-] 명 =calk².
‡**call** [kɔːl] 타 1 (~s [-z]) (큰소리로) …을 부르다, 불러 내다(out); 〔명단 따위를〕 소리내어 읽다; 〔사람〕을 (…하라고) 부르다 (to); ¶~ a taxi 택시를 부르다/I'll ~ the roll. (교실에서) 출석을 부르겠어요.// (~+目+副) He ~ed me out. 그는 나를 불러 냈다.
2 …을 명하다; …을 선언[포고]하다; …을 요구하다; …을 오게 하다, 불러들이다; …에게 명령하다.¶~ a halt 정지를 명하다/~ a strike 파업을 지령하다/The American ambassador was ~ed home. 미국 대사는 본국으로 소환되었다.
3 〔잠자는 사람〕을 (불러) 깨우다; 〔마음 따위에〕 …을 떠오르게 하다; 〔남의 주의〕를 끌다.¶C- me at six o'clock. 나를 6시에 깨워 주시오/He ~ed (our) attention to it. 그는 우리의 주의를 그것에 쏠리게 했다.
4 〔관청 등에〕 …을 소환[호출]하다; 〔회의 등〕을 소집하다.¶~ a witness 증인을 소환하다/~ a meeting [the National Assembly] 회의[국회]를 소집하다.
5 …을 토의(심의)에 부치다 (in, to).¶~ a case 사건을 심의에 부치다, 사건을 재판에 회부하다.
6 (美) …에게 전화를 걸다, …을 전화로 불러 내다((英) ring); …에 전화로 이야기하다 (on).¶C- me at nine. 9시에 나한테 전화 주세요// (~+目+前+名) C- him on the telephone. 그에게 전화해라/He ~ed me from Paris. 그는 파리에서 내게 전화를 걸어왔다.
7 〔울음소리를 흉내내어〕 〔새·동물〕을 불러[꾀어]들이다. 8 〔스포츠〕 a) (우천(雨天) 따위로) 〔시합〕을 중지하다. b) (심판이 아무에게) …의 판정을 내리다, …을 선언하다.¶ (~+目+副) The umpire ~ed him out. 심판은 그에게 아웃을 선언했다. 9 〖구어〗 …에게 (약속)

이행을 요구하다, (이야기의) 증거를 요구하다. **10** …의 변제[상환, 지불]를 요구하다; 〔반환·납입〕을 청구하다. ¶~ a bond 공채 납입을 최고(催告)하다 / ~ the payment of one's loan 채권의 상환을 요구하다. **11** …을 …이라고 이름짓다, …이라고 부르다. ¶(~+国+圈)~ a spade a spade 물건을 그 이름으로 부르다; 솔직히 말하다 (⇨SPADE) / We ~ed him John. 우리는 그를 존이라고 이름지었다 / They ~ed him a liar. 그들은 그를 거짓말쟁이라고 불렀다. **12** …을 …이라고 단정하다, 생각하다. …으로 간주하다, 어림하다; (美口어)…을 예언[예상]하다. ¶(~+国+圈) I ~ that fair. 나는 그것이 공평하다고 생각한다 / They ~ed it ten miles. 그들은 그것을 약 10마일로 잡았다. **13** 〔당구〕(포켓에 15개의 공 중)〔포켓에 넣을 공〕을 지정하다. **14** 〔카드놀이〕〔상대방의 패〕를 보이라고 요구하다. **15** 〔英방언〕〔남〕을 꾸짖다, 비난하다(on). **16** 〔컴퓨터 프로그램에서〕 …의 제어를 서브루틴(subroutine)에 전하다. **17** 〔허위·혜성〕을 폭로하다. **18** 〔흥행·뉴질〕〔경마〕를 실황 중계 방송하다. **19** 〔야구〕(사인·지시대로)〔시합〕을 진행하다. **20** (美口어) …에게 도전하다.
── *vi.* **1** (큰소리로) 부르다, (도와 달라고) 소리치다 (to, for / to do). ¶(~+圖+圈) ~ to a person for help 남에게 도와 달라고 소리치다 // (~+圖+圈+to do) I ~ed to him to stop. 나는 그에게 멈추라고 소리쳤다. **2** (…을) 방문하다, (…에) 들르다(* '장소'의 경우 call at, '사람'의 경우 call on); (상인 등이 일 때문에) (…을) 정기적 방문을 하다(for); (열차·기선 따위가) (…에) 도중 정차[기항(寄港)]하다. ¶(~+圖+圈) ~ at his house 그의 집을 방문하다 / C— on my uncle 삼촌을 방문하다 / C— again. 또 오십시오(점원이 손님에게). **3** 전화를 하다(to). **4** 〔카드놀이〕(상대방의 패를 보이도록) 요구하다, 콜을 하다. **5** (무선으로) 송신하다, 호출하다(to). **6** (새·동물이) 울다. **7** (美口어) 정확히 예고[예보]하다. **8** 트집 잡다. **9** (漢) 경마를 실황 방송하다.
be called on to *do* …할 필요가 있다, …해야 하다.
be called to *do* 신의 뜻에 따라 …을 맡다[하다].
call *A* ***after*** *B* B의 이름을 따서 A라고 이름 붙이다. ¶She was ~ed Elizabeth after the queen. 그녀는 여왕의 이름을 따서 엘리자베스로 불리었다.
call about ① 〔英〕 …의 조사(검토)를 위해 방문하다. ② (美) …일로 전화를 걸다.
call after ① …을 부르며 뒤쫓다. ② …을 뒤에서 부르다
call *a person* ***forward; call forward*** *a person* (…를) 앞으로 불러내다.
call *a person* ***names*** ⇨ NAMES.
call *a person* ***over the coals for*** ⇨ COAL.
call *a person* ***to account*** 남의 책임을 묻다; 책망하다.
call *a person* ***to witness*** ⇨ WITNESS.〔하다.
call aside 주의를 주다, 꾸짖다.
call at …에 잠깐 들르다; (열차 따위가) 〔역 따위〕에 정차하다; (배가) 〔항구〕에 기항하다.
call *a thing one's* ***own*** …을 소유하다.
call away ① 가게[떠나게] 하다. ② …을 불러내다, 소집하다. ¶The manager ~ed him away. 지배인이 그를 불러냈다. ③ (주의)를 다른 데로 돌리다.
call back ① 〔남〕을 되부르다. ② (기운 따위)를 되찾다; 〔기억 따위〕를 되살리다, …을 상기하다, 상기시키다. ¶This picture ~s back my college days. 이 사진을 보니 대학 시절이 생각난다. ③ 〔실언 따위〕를 취소하다, 철회하다. ④ 나중에 다시 …에게 전화하겠습니다. ¶I'll ~ you back. 나중에 다시 전화하겠습니다.
call by (美口어) 들르다. ¶He ~ed by for Susie. 그는 수지를 데리러 들렀다.
call down ① 아래쪽으로 소리치다[부르다]. ② 〔천벌·은총〕을 내려주십사고 빌다(on). ③ (美口어) 〔남〕을 꾸짖다, 야단치다(for); (美속어) …에게 싸움을 걸다. ¶He ~ed me down for talking too much. 그는 내가 너무 지껄인다고 야단쳤다. ④ (속어) …을

헐뜯다, 깎아 내리다. ⑤ 〔군사〕〔포격 따위〕를 명령하다. ⑥ …에게 내려오라고 말하다.
call for ① …을 큰소리로 부르다. ② (소리쳐) …을 청하다. ¶He ~ed for a cup of tea. 그는 큰 소리로 홍차를 한 잔 달라고 말했다. ③ 〔배우 등〕을 갈채하여 불러내다. ④ …을 필요로 하다; …을 요구하다. ¶The task ~s for great courage. 그 일은 큰 용기를 필요로 한다. ⑤ 〔물건〕을 가지러 들르다; 〔남〕을 부르러[데리러, 마중하러] 들르다.
call forth ① …을 앞으로 불러내다. ② (비유적) …을 끌어 내다; 〔용기 등〕을 불러일으키다.
call for trumps 〔카드놀이〕 상대방에게 으뜸패를 내도록 만들다. 〔러들이다.
call forward 〔사람〕을 (말하고 있는 사람 쪽으로) 불
call in ① (…에) 잠깐 들르다; (배가) 잠시 정박하다(at); …을 잠깐 방문하다(on). ② (美) 전화로 보고하다. ③ (전진 기지·유포·선전 따위에서) …을 철수하다, 회수하다, 철회하다. ④ …을 불러들이다; 〔남〕을 초대하다 〔조언·원조〕를 구하다; 〔의사〕를 부르다. ¶~ in 〔the police [an expert〕 경찰[전문가]을 부르다 / ~ in professional advice 전문적 조언을 구하다. ⑤ 〔대출금·담보 따위〕를 회수하다; 〔화폐·결함 상품 따위〕의 회수 명령을 내리다; 〔화폐·결 〔TION.
call…in 〔or ***into***〕 ***question*** 〔or ***doubt***〕 ⇨ QUES-
call in sick 전화로 병결(病缺)을 알리다.
call…into being ⇨ BEING.
call it a day ⇨ DAY.   ***call it quits*** ⇨ QUITS.
call it square ⇨ SQUARE.
call off ① …을 세다, 차례로 소리내어 읽다. ② (구어) 〔계획〕을 중지하다; 〔약속·예약 따위〕를 취소하다; …을 포기하다. ¶The game was ~ed off on account of rain. 그 시합은 비 때문에 중지되었다.
call on 〔or ***upon***〕 ① (이름을 불러서) 〔학생〕에게 시키다. ② ⇨ 동자 2. ③ 〔하느님 등의 이름〕을 불러 기도하다. ④ 〔원조 따위〕를 청하다; 요구하다(for). ¶~ on a person's service 남의 원조를 청하다.
call out ① (…을) 큰소리로 외치며 인사하다. ¶In his pain he ~ed out loudly. 너무나 아파서 그는 고래고래 소리를 질렀다. ② (구어) (상대)에게 도전하다. ③ 〔英〕 …에게 결투를 신청하다. ④ 〔군대 따위〕를 소집하다, 출동시키다; 출동하여 …하게 하다(to do). ④ 〔야구〕(심판이) …에게 아웃을 선고하다. ⑤ 〔재능·힘 따위〕를 끌어내다, 불러일으키다. ¶The danger ~ed out the best in her. 위험이 닥치자 그녀의 가장 좋은 점이 나타났다. ⑥ (美口어) 〔노동자〕에게 파업을 지령하다.
call out for …을 전화 주문하다; 몹시 필요로 하다.
call out to *a person* ***for*** …을 달라고 소리치다.
call over ① …을 불러 모으다. ② …을 점호하다, 〔명부 따위〕를 소리내어 읽다. ③ 예고 없이 들르다(to).
call round (구어) (…에) 잠깐 들르다, 방문하다(at).
call the shots 〔or ***tune***〕 ⇨ SHOT. 〔말하다.
call things by their names (속이지 않고) 분명히
call to *a person* (주의를 끌려고) 〔남〕에게 소리치다.
call to arms 군대를 동원하다, 전투 준비를 명령하다.
call together 소집하다.
call to mind 〔or ***memory***〕 상기하다.
call to order ⇨ ORDER.
call to the colors 군대로 소집하다, 징병하다.
call up ① …에게 전화를 걸다, …을 전화로 깨우다 (〔英〕 ring up); 통신을 보내다. ¶What time shall I ~ you up? 몇 시에 깨워드릴까요? ② 〔영혼 따위〕를 주문하다, 불러내다. ③ 〔힘·용기 따위〕를 불러일으키다. ④ (사물이) …을 생각나게 하다. ¶The music ~ed up old times. 그 음악을 들으니 옛날 생각이 났다. ⑤ …을 마음 속에 그리다. ⑥ (英) …을 (군대에) 소집하다(〔美〕 draft); 〔군대 따위〕를 동원하다; 〔증인 따위〕를 소환하다. ¶~ up for active duty 현역에 소

calla 412 **callithump**

집하다. ⑦ 〔의안〕을 상정하다. ⑧ 〔컴퓨터〕 〔정보〕를 호출하다.
Don't call us, we'll call you. (취업 면접 때 상투 어구로) (필요하면) 연락 드리겠습니다.
feel called to do [or **to**] …하는 […직책을 맡는] 것 을 신의 소명으로 여기다.
(Now) that's what I call ~ 그것이야말로 진짜 …
what is called; what you [or **they, we**] **call; what one calls** 소위, 이른바.
──图 (⑧ ~s [-z]) **1** 부르는 소리, 외치는 소리; 부르기; (새·짐승의) 울음소리; (사냥 따위에서) 서로 부르는 소리, 신호 소리, **2** (보통 a ~) (전화의) 호출, (먼 곳 따위의) 통화; 〔컴퓨터〕 불러내기). **3** (…에의) 소집, 초대; (취임) 요청 (*for, to*). **4** (…에의 […한)) 〔종교상의〕 의무, 사명; 하느님의 소명 (*to [into* do, *of*). **5** (the ~) (장소·직장 등의) 매력, 유혹. **6** (짧은) 방문; 공식 방문, (직업상의) 방문; (열차의) 정차; (배의) 기항(寄港). **7** (부정문·의문 문에서) 필요, 이유, 근거 (*for, to* do); (어떤 제품에의) 수요 (*for*); (…에의) 요구, 요망 (*on*). **8** (계약 조건에 기초한) 정식 지불 요구; 납입 청구. **9** 출석 점호 (roll ~). **10** 〔연극〕 리허설의 (통고); (감독의) 연기 개시 명령; 커튼 콜. **11** 〔스포츠〕 (심판의) 판정. **12** 〔카드놀이〕 콜. ⇨ 图 4. **13** 〔금융〕 =~ option. **14** 〔濠〕 (경마의) 레이스 실황 방송. **15** (今) 생리적 요구.
(above and) beyond the call of duty 직무 범위 를 넘어서.
a call to quarters 〔군사〕 (소등 15분전의) 귀영(歸營).
a call to the bar 변호사 자격 면허. 「나팔.
a call to the colors 군기(국기) 게양(하)기) 나팔.
a house of call ⇨HOUSE.
answer [or **obey**] **the call (of duty)** (사명감·의 무감 따위의) 부름에 응하다.
at [or **on**] **call** ① (의사처럼) 언제든지 수요에 응할 수 있는. ② 청구가 있는 즉시 지불할(갚을) 수 있는; 곧 입수할 수 있는. ¶*money on* ~ 〔상업〕 당좌 대출금.
at *one's* **call** ① (…가) 소집하면(부르면, 신호하면) 곧 모이는. ② (물건이) 언제든지 사용할 수 있는.
be at *a person's* **beck and call** ⇨BECK[1].
call of nature ① 〔구어·완곡적〕 대소변이 마려움. ② (the ~) 자연의 본능.
give *a person* **a call** 남에게 전화를 걸다.
have no call to do ~ 할 필요는 없다.
have the call 인기가 있다; 수요가 많다.
make [or **pay**] **a call** 방문하다. 「걸다.
make [or **place, put in**] **a (phone) call** 전화를
pay a call 〔구어·완곡적〕 화장실에 가다.
take a call 관객의 갈채(앙코르)에 답례하다.
within call ① 부르면 들리는 곳에, 가까운 곳에. ② (남의) 세력권 내에; (명령 등에) 즉각 응할 수 있는.
cal·la [kǽlə] 图 **1** 칼라(아프리카 원산(産)의 천남성과(科)의 원예 식물. 또는 ~ **lily**) **2** 칼라(유럽·북아메리카의 한랭한 늪에 나는 식물).
call·a·ble [kɔ́ːləbl] 图 **1** 부를 수 있는. **2** (공채 따위) 수시로 상환할 수 있는. **3** (대출금 따위) 청구 즉시 지불되는.
call alàrm 图 (장애자·노약자의) 긴급 호출 장치.
cal·lant [kǽənt] 图 〔스코〕 젊은이(lad); 소년(boy). (또는 **cal·lan** [kǽlən])
Cal·las [kǽləs] 图 **Maria Meneghini** ~ 칼라스(1923–77; 미국 태생의 그리스의 소프라노 가수).
call-a-thon [-əθɑ̀n/-θɔ̀n] 图 장시간(연속) 전화 토론.
call·back [kɔ́ːlbæ̀k] 图 **1** (일시 해고 노동자의) 재고용. **2** (결함 상품의 회수를 위한) 회수 요청. 〔전화 수신자가 뒤에〕 전화를 다시 걸기, 회답 전화. **3** (결함 상품 따위의) 회수(recall). **4** (상담·애프터서비스를 위한 고객 재방문. ─图 호출의, 회답 전화의.
càll-back pày [-bæ̀k-] 图 〔노동〕 특별 기준외 수당; 비상 초과 근무 수당.

cállback sèrvice 图 콜백 서비스(국제 전화료가 비싼 나라에서 싼 나라로 전화할 경우 상대국에서 다시 걸게 하는 방식으로 요금 부담을 덜어주는 서비스).
cáll bèll 图 초인종. 「미끼 상품.
cáll bìrd 图 후림새(decoy bird); (손님을 끌기 위한)
call-board 图 〔-bɔ̀ːrd〕 图 고시판, 게시판.
cáll bòx 图 **1** 〔美〕 (경찰·소방서 연락용의) 비상 전화; 〔英〕 공중 전화 박스(= 〔美〕 pay station, telephone booth). **2** 〔美〕 우편 사서함.
cáll·boy [kɔ́ːlbɔ̀i] 图 **1** (무대의) 호출 담당자(caller). **2** (호텔의) 보이(bellboy, page).
cáll càrd 图 = call slip.
cáll connèct sýstem 图 〔英〕 전화 접속기(장치).
call-day [-dèi] 图 〔英〕 〔법률〕 (법학원 학생에게) 변호사 자격이 수여되는 날. (또는 **cáll dày**)
cálled gàme [kɔ́ːld-] 图 〔야구〕 콜드 게임.
cálled strìke 图 〔야구〕 (타자가) 놓쳐 버린 스트라이크. (심판에 의해) 스트라이크로 선언된 투구.
‡**call·er[1]** [kɔ́ːlər] 图 (⑧ ~**s** [-z]) **1** 방문객, 내방자. ⇨VISITOR 〔유의어〕 **2** 부르는 사람; 소집자; 초대해 주는 사람; 전화를 거는 사람; (댄스의) 지시자; (빙고의) 수를 읽는 사람. **4** 〔濠〕 레이스의 해설자.
cal·ler[2] [kǽlər, kɑ́ːl-] 图 〔스코〕 (생선 따위가) 신선한, 갓 잡은; (날씨·바람 따위가) 상쾌한, 선선한.
cáll·er-páid sèrvice [-pèid-] 图 〔통신〕 유료 전화 정보 서비스(dial-up service).
cal·let [kǽlət] 图 〔스코〕 매춘부; 〔英방언〕 심술궂은 여자, 수다스럽고 성질 사나운 여자. 〔한〕 함포 사격.
call-fire [-fàiər] 图 〔군사〕 (상륙군 엄호·지원을 위한)
cáll fórwarding 图 자동 전송(轉送) 전화 서비스.
cáll gìrl 图 (전화로 불러 오는) 매춘부, 콜걸.
cáll hòuse 图 〔美속어〕 (call girl이 있는) 매춘굴.
cal·li- [kǽli, -lə] 〔연결〕 beauty의 뜻. ¶*calli*graphy, *calli*sthenics.
cal·li·gram [kǽləgræm] 图 캘리그램(이름·글자 따위를 도안화한 것); 도형시(關形詩).
cal·li·graph·ic [kæ̀ləgrǽfik] 图 서도의; 달필의, 필기체의. (또는 **calligraphical**) **-i·cal·ly** 图
cal·lig·ra·phy [kəlígrəfi] 图〔U〕 **1** 달필, 명필, 능서(能書)(⇌ cacography). **2** 필적. **3** 서법; 서예, 서도. **-pher, -phist** 图 서예가, 달필가.
call-in [-ìn] 图 〔방송〕 시청자(청취자) 전화 참가 프로 (또는 **show**); (방송국의) 전화 인터뷰.
── 图 시청자(청취자) 전화 참가(인터뷰) 형식의.
‡**call·ing** [kɔ́ːliŋ] 图〔U/C〕 **1** 부르기, 외침(소리); 점호. ¶the ~ *of a roll* 점호. **2** 직업, 가업, 생업. ⇨OCCUPATION〔유의어〕 By ~, he is a programer. 그의 직업은 프로그래머이다. **3** 호출, 소환; 소집. ¶the ~ *of Congress* 의회의 소집. **4** (…에의 강한) 희망, 의무감, 충동 (*to, for, to* do). **5** (성직에의) 하느님의 부르심, 성소(聖召). **6** 발정한 암고양이의 울음소리.
miss *one's* **calling** 진로를 잘못 잡다(들어서다).
cálling càrd 图 **1** 명함(visiting card). **2** 〔구어〕 흔적, 발자취.
càll-in pày 图 〔노동〕 출근 수당(사전 통보가 없어 출근했다가 일이 없을 때 지불되는 수당).
cáll-in show 图 ⇨ call-in.
cal·li·o·pe [kəláiəpi] 图 **1** 증기 오르간. **2** (C-) 〔그리스 신화〕 칼리오페(웅변·서사시의 여신).
cal·li·op·sis [kæ̀liɑ́psis/-ɔ́p-] 图 = coreopsis.
cal·li·per [kǽləpər] 图 图 〔英〕 = caliper.
cal·li·pyg·i·an [kæ̀ləpídʒiən] 图 엉덩이 모양이 잘생긴. (또는 **cal·li·py·gous** [kæ̀ləpáigəs])
cal·lis·then·ic [kæ̀ləsθénik] 图 = calisthenic.
Cal·lis·to [kəlístou] 图 **1** 〔그리스 신화〕 칼리스토(Zeus와 정을 통했기 때문에 Hera의 질투를 받아 곰이 된 님프). 또는 **Kallisto**). **2** 〔천문〕 목성의 제4위성.
cal·li·thump [kǽləθʌ̀mp] 图 〔美북부〕 =shiv-

aree; 《美중서부》 어린이 가장 행렬. (또는 **callathump**)
thúmp·i·an 형 떠들썩한 음악의[음악대].
cáll létters 명동 (방송국 등의) 호출 부호, 콜 사인.
cáll lòan 명 《금융》 콜 론, 콜 대출금(은행간의 요구불《要求拂》 단기 자금 대출). (또는 **demánd lòan**) ⇒ CALL MARKET, CALL MONEY. 图 time loan
cáll màrk 명 = call number.
cáll màrket 명 《금융》 콜[단자] 시장(중개업자들 call broker, 대출하는 쪽에서 call loan, 대출받는 쪽에서 call money라 한다).
cáll mòney 명 《금융》 콜 머니, 단기 차입 자금.
call-night [⁼nàit] 명 call-day의 밤.
cáll númber 명 《도서관》 (도서의) 청구 번호.
call-on [⁻ɔn] 명 《英》 콜온(부두 노동자의 호출 대기).
cáll óption 명 1 매입 선택권[특권]. (또는 **búyer's óption**) 2 (부채 따위의) 중도 상환권.
cal·los·i·ty [kəlásəti/kælós-] 명 1 ⓤ 냉정, 냉담; 무감각. 2 《식물》 식물의 굳어진 부분. 3 (피부 등의) 경화(硬化) 상태; 《병리》 =callus 1.
*****cal·lous** [kǽləs] 형 1 굳어진, 굳은. 2 무감각한, 냉정한, 냉담한 (to). ¶ ~ to insults 모욕당해도 태연하다. 3 《생리》 (피부가) 경결한, 굳어진; 못이 박힌. ── 자 굳어지다; 무감각해지다. ── 타 …을 굳어지게 하다; …을 무감각하게 하다. ── 명 《피부의》 못(callus).
~·ly 무정하게. ~·ness 무정.
call-out [⁼àut] 명 1 직장 복귀 명령. 2 콜 아웃(삽화 따위의 특정 부분에 주의를 환기시키는 문자·부호).
cal·lo·ver [⁻òuvər] 명 1 점호(roll call). 2 《英》 경마에서 다음 레이스 출주마의 리스트를 읽기(이것으로 우승 예상마를 정해 도박을 한다).
cal·low [kǽlou] 형 1 미숙한, 경험이 없는. 2 (새가) 아직 깃털이 나지 않은. 3 (아일) (목장의) 저습지의.
── 명 1 (곤충) (아직 부화한) 일개미. 2 (아일) 저습지의 목장. ~·ly ~·ness 명
cáll ràte 명 《금융》 콜[대차] 금리. ⇔CALL MARKET.
cáll sàles 명 (호텔) 방문 판매.
cáll sìgn 명 = call letters.
cáll slìp 명 도서 청구표.
call-up [⁼ʌ̀p] 명 1 《英》 (인원) 소집, 소집(령)(《美》 draft); 소집[징집] 기간; 징병수. 2 등용; 초빙. 3 (무선) 호출.
cal·lus [kǽləs] 명 (복 ~·es [-iz]) 1 (병리) 피부 경결; 굳은살, 액(callosity). 2 《병리》 가골(假骨)(골절 부분에 생겨 유착 작용을 하는 뼈 조직). 3 《식물》 유합(癒合) 조직. ── 동 (…이) 굳은살[못]이 박이다.
cáll wáiting 명 통화중 알림(통화중 다른 전화가 오면 잠시 알아보인 뒤 통화할 수 있는 방식).
‡**calm** [kɑːm] 형 (~·er; ~·est) 1 (날씨·바다 따위가) 고요한, 조용한, 잔잔한. ¶ a ~ sea 잔잔한 바다. 2 차분한, 침착한, 냉정한(⇔ agitated, excited). ¶ a ~ voice 차분한 목소리. 3 (사회·정치 정세 따위가) 평온한. 4 (구어) 주제넘은, 뻔뻔스러운.

유의어 calm 격동·흥분이 없는; 본래는 바다·날씨에 쓰는 말. still 소리나 움직이는 기척이 없는. quiet 소음·동요 따위가 별로 없는. silent, noiseless 존재·움직임을 알아채릴 만큼 소리를 내지 않는. hushed 소리를 내지 않아 조용한. tranquil calm 보다 차분한 고요함, 평화를 즐기는 상태. serene 기품·우아·맑음 등이 깃든 조용함.

(as) calm as a millpond; calm like a millpond (바다 따위가) 매우 평온[고요]한.
── 명 1 조용함, 고요, 평온. ¶ the ~ before the storm 폭풍 뒤의 고요/*After a storm comes a ~*. (속담) 폭풍 뒤에 고요가 온다. 2 ⓤⓒ 무풍 상태, a dead ~ 바람 한 점 없는 고요/the region of ~ (적도 부근의) 무풍대. 3 ⓤ 차분함, 침착, 평정(平靜).
── (~s [-z]) 타 …을 가라앉히다, 차분하게 하다, 평온하게 하다. ¶ ~ a dog 개를 달래어 조용하게 하다.
── 자 (바다·마음·사회 상태가) 가라앉다, 잠잠해지다; (사람이) 차분해지다(down). ¶ (~+튼) The sea soon ~ed down. 바다는 곧 잔잔해졌다.
calm oneself 마음을 가라앉히다.
~·ing·ly 부

calm·a·tive [káːmətiv, kǽlmə-] 《의학》 형 진정시키는(sedative). ── 명 진정제.
‡**calm·ly** [káːmli] 부 조용히, 차분하게, 평온하게.
*****calm·ness** [káːmnis] 명 ⓤ 평온; 침착.
ca·lo [kəlóu] 명 칼로(미국 남서부에서 멕시코계 젊은이들이 쓰는 암흑가 은어가 혼합된 스페인어).
cal·o·mel [kǽləmel, -məl] 명 ⓤ 《약학》 감홍(甘汞). 영화 제1 수은(하제·살균제용).
cal·o·res·cence [kæ̀lərésns] 명 ⓤ 《물리》 백열(상태)(가시 광선보다 낮은 주파수를 가진 복사 집합체의 흡수로 생긴다). **-cent** 형
Cálor Gàs [kǽlər-] 명 《상표》 캘러 가스(용기에 넣은 가정용 액화 부탄 가스).
cal·o·ri- [kǽləri] 《연결형》 heat의 뜻. ¶ *calori*meter.
ca·lor·ic [kəlɔ́ːrik, -lár-] 형 1 (생리) 칼로리의, 열량의. ¶ a low ~ diet 저(低)칼로리 식사. 2 열의, 열에 관한; (엔진이) 열기로 운전되는. 3 고(高)칼로리의. ¶ a ~ meal 고칼로리식(食). ── 명 ⓤ 1 열(heat). 2 (고어) 열소(熱素). **-i·cal·ly** 부
cal·o·ric·i·ty [kæ̀lərísəti] 명 ⓤ 《생물》 온열력(溫熱力)(체온을 유지하는 힘).
*****cal·o·rie** [kǽləri] 명 1 (물·화) 칼로리(열량의 단위). a) 소(小)[그램] 칼로리(small [or gram] ~)(1g의 물의 온도를 1℃ 높이는 데 드는 열량; 약 cal). b) 대(大)[킬로그램] 칼로리(large [or kilogram] ~) (1kg의 물의 온도를 1℃ 높이는 데 드는 열량; 약 Cal). 2 (생리·영양) 칼로리. a) large ~에 상당하는, 생물이 내는 열량이나 음식물이 가지는 열량 단위를 나타내는 단위. b) 이 단위의 열량을 내기 위해 필요한 음식물의 양. (또는 **calory**)
cal·o·rie-con·trolled [-kəntróuld] 형 칼로리를 억제[조절]한. ¶ a ~ diet 칼로리를 억제한 식사.
cálorie intake 명 칼로리 섭취량.
cal·o·ri·fa·cient [kæ̀lərəféiʃənt, -làr-] 형 (음식물이) 열을 발생하는(heat-producing).
cal·o·rif·ic [kæ̀lərífik] 형 열의, 열을 발생하는; (구어) (사람을) 살찌게 할 것 같은. **-i·cal·ly** 부
calorífic válue [pówer] 명 발열량.
cal·o·ri·fi·er [kəlɔ́ːrəfàiər, -lár-] 명 (증기를 이용한) 온수기, 액체 가열기.
cal·o·rim·e·ter [kæ̀lərímətər] 명 《물리》 칼로리미터, 열량계, 열량 측정 장치.
cal·o·rim·e·try [kæ̀lərímətri] 명 ⓤ 《물리》 열량 측정(법). **-ri·met·ric** [-rəmétrik], **-ri·met·ri·cal** 형 **-ri·mét·ri·cal·ly** 부
cal·o·ry [kǽləri] 명 = calorie.
ca·lot [kəlát/-lɔ́t] 명 머리에 꼭 맞는 테[챙] 없는 모자. (그러한 디자인의) 여자·어린이 모자.
ca·lotte [kəlát/-lɔ́t] 명 1 = zucchetto; = skullcap 1. 2 (그저) 반(半) 돔, 둥근 지붕.
calque [kælk] 명 《언어》 의미 차입어(구); 번역 차용(어)(loan translation).
CALS commerce at light speed(광속 상거래; 상기래의 모든 과정을 전산 관리하는 체제); *c*omputer-aided *a*cquisition and *l*ogistic *s*upport(생산·조달·운용 지원 통합 정보 시스템). **CALS/EC** commerce at light speed/electronic commerce.
Cal·tech [kǽltèk] 명 (美구어) 캘리포니아 공과 대학교. (또는 **Cal. Tech., Cal. tech.**)
[<*Cal*ifornia Institute of *Tech*nology]
cal·trop [kǽltrəp] 명 1 (식물) 가시가 난 이삭·열매를 가진 식물(납가새·마름 따위). 2 (군사) 마름쇠, 여철(藜鐵). (또는 **calthrop, caltrap**)
cal·u·met [kǽljumèt] 명 (북아메리카 인디언의) 긴

담뱃대, 평화의 파이프(peace pipe)(화친의 표시).
smoke the calumet together 화해[화친]하다.
ca·lum·ni·ate [kəlΛmnièit] 타 ···을 중상하다, 비방하다. **-á·tion, -à·tor**
ca·lum·ni·ous [kəlΛmniəs] 형 중상적인, 비방하는. (또는 **calumniatory**) **~·ly** 부
cal·um·ny [kǽləmni] 명 1 Ü 중상(하기), 명예 훼손, 악담. 2 (개개의) 비방, 욕. ─ 타 중상[비방]하다.
cal·u·tron [kǽljutrὰn/-trɔ̀n] 명 (물리) 칼루트론 (전자기(電磁氣)적 방법에 의한 동위 원소분리기).
Cal·va·dos [kǽlvədóus, -dάs/-dɔ́s] 명 (때로 c-) 칼바도스(Normandy 지방산 사과 브랜디).
Cal·va·ry [kǽlvəri] 명 1 갈보리의 언덕, 골고다의 언덕(Golgotha)(예루살렘 근처의 "해골"이라 불리던 언덕으로, 예수가 십자가에 못 박힌 곳). 2 (종종 c-) 예수의 십자가상. 3 (종종 c-) 엄청난 괴로움, 수난.
calve [kæv/kɑːv] 동 1 (소·코끼리 따위가) 새끼를 낳다. 2 (빙산·빙하가) 얼음덩이를 떨어뜨리다.
***calves** [kævz/kɑːvz] 명 **calf**¹,² 의 복수형.
Cal·vin [kǽlvin, -vən] 명 **John** ~ 칼뱅(1509-64: 프랑스 태생의 스위스 신학자·종교 개혁자).
Cal·vin·ism [kǽlvinìzm] 명 (신학) 칼뱅주의, 칼뱅교(Calvin이 주창한 예정설). **-ist** 명
Cal·vin·is·tic [kæ̀lvənístik] 형 1 칼뱅파(派)의. 2 (종종 경멸적) 도덕적으로 엄격한, 쾌락을 부정하는. **-ti·cal** **-ti·cal·ly** 부
cal·vi·ti·es [kælvíʃiìːz] 명 대머리(baldness).
calx [kælks] 명 (복) **~·es, cal·ces** [kǽlsiːz] (화) 광회(鑛灰), 금속회; (고어) (생)석회(lime).
cal·y·ces [kǽləsìːz, kéil-] 명 **calyx**의 복수형.
cal·y·cine [kǽləsin/-sàin] 형 (식물) 꽃받침(calyx)의에 관한; 꽃받침 같은. (또는 **calycinal**)
cal·y·cle [kǽlikl, kéil-] 명 (식물) = calyculus.
ca·lyc·u·lus [kəlíkjuləs] 명 (복) **-li** [-lài]) 1 (동물) 작은 컵(봉오리) 모양의 조직. 2 (식물) 부악(副萼).
Ca·lyp·so [kəlípsou] 명 (~s) 1 (그리스 신화) 칼립소(Odysseus를 유혹한 바다의 요정). 2 (c-) 칼립소 무곡. 3 (c-) 칼립소(서인도 제도의 Trinidad 원주민이 부르는 일종의 재즈 송가); 그 음악에 맞추어 추는 춤. ─ 형 (c-) (음악) 칼립소풍의.
ca·lyp·so·ni·an [kæ̀lipsóuniən, kəlíp-] 형 칼립소 소곡조가, 칼립소 가수. ─ 형 칼립소풍의.
ca·lyp·tra [kəlíptrə] 명 (식물) 1 선모(蘚帽)(포자낭(胞子囊)을 싸고 있는 조직); 내막(內膜)(태류(苔類)의 자낭병(子囊柄)을 싸는 조직). 2 근관(根冠)(root cap). **-trate** 형
ca·lyx [kéiliks, kǽ-] 명 (복) ~·**es, cal·y·ces** [-ləsìːz]) (식물) 꽃받침, 악(萼)(sepal).
cályx spráy (과수원의) 살충 분무액.
cal·za·da [kɑːlsάːðə, -θɑː-] 명 포장 도로; (라틴 아메리카의) 큰 길.
cam [kæm] 명 (기계) 캠(정원동(定圓動)을 왜운동(歪圓動) 또는 전후동(前後動)으로 바꾸는 장치).
CAM [kæm] 컴퓨터 (이용) 제조. (<computer-aided[-assisted] manufacturing).
Cam. Cambridge.
CAMAC [kǽmæk] 명 (컴퓨터) 캐맥(NASA의 계측 기와 컴퓨터 사이의 인터페이스(interface) 표준 규격).
ca·ma·ra·de·rie [kὰːmərάːdəri/kæ̀m-] 명 U 우정, 동지애(comradeship). (<F)
cam·a·ril·la [kæ̀mərílə] 명 (옛 스페인 왕의) 비공식 고문단; 비밀 결사; 작은 회의실.
cam·as(s) [kǽməs] 명 (식물) 애기백합(북미 서부산(産)). 1 나도여로속(屬)의 초본(death ~).
Camb. Cambridge.
cam·ber [kǽmbər] 동자 (가운데가 위로) 휘다(arch). ─ 타 ···을 휘게 하다. ─ 명 UC 1 (도로·갑판 따위의) 약간 위로 휜 곳. 2 (중앙이 약간 들린) 꼬리보. 3 (항공) (날개의) 만곡, 캠버. 4 (어선 따위를 매어 두는) 작은 선거(船渠).
cámber bèam 명 (건축) 꼬리보, 우미량(牛尾梁).
cam·bi·o [kǽmbiòu] 명 외국 통화 교환소. (<Sp)
cam·bism [kǽmbizm] 명 U 환(煥) 이론[업무].
cam·bist [kǽmbist] 명 (금융) 1 환어음 매매업자; 외국환 전문가, 환전상. 2 각국 도량형·통화 편람[환산표]. **~·ry** 명 [식물] 웨일스인(Welshman).
cam·bi·um [kǽmbiəm] 명 (복) **~s, -bi·a** [-biə]) (식물) 형성층[조직].
Cam·bo·di·a [kæmbóudiə] 명 캄보디아(인도차이나 반도의 공화국; 수도 Phnom Penh), (= Khmer)
Cam·bo·di·an [kæmbóudiən] 형 캄보디아(인·문화)의. ─ 명 캄보디아인; U 크메르어(Khmer).
cam·brel [kǽmbrəl] 명 (영방언) (푸줏간의) 고기를 매달아두는 쇠갈고리(gambrel). [름.
Cam·bri·a [kǽmbriə] 명 캄브리아(Wales의 옛 이
Cam·bri·an [kǽmbriən] 형 1 (지질) 캄브리아기(紀)[계]의.¶**the** ~ **period [system]** 캄브리아기[계]. / 명 1 (**the** ~) (지질) 캄브리아기[계]. 2 웨일스인(Welshman).
cam·bric [kéimbrik] 명 U 케임브릭(손수건 따위에 사용되는 고급 아마포·면포). [어린이용 음료].
cámbric téa 명 케임브릭 티(우유·홍차·설탕을 넣은
***Cam·bridge** [kéimbridʒ] 명 1 잉글랜드 동부 Cambridgeshire의 주도(케임브리지 대학교의 소재지). 2 케임브리지 대학교(~ **University**). 3 = Cambridgeshire. 4 미국 Massachusetts 주의 도시 (Harvard 대학교의 소재지). [= Oxford blue
Cámbridge blúe 명 (때로 a ~) 담청색(淡靑色).
Cámbridge Certíficate 명 (**the** ~) 케임브리지 영어 검정(시험).
Cám·bridge·shire [kéimbridʒʃiər, -ʃər] 명 케임브리지셔(잉글랜드 동부의 주; 주도 Cambridge).
Cambs. Cambridgeshire.
cam·cord·er [kǽmkɔ̀ːrdər] 명 캠코더, 휴대용 비디오 카메라. (<*cam*era+re*corder*)
‡**came** [keim] 동 **come**의 과거.
‡**cam·el** [kǽməl] 명 (복) ~s [-z]) 1 낙타. ¶**the Arabian [Bactrian]** ~ 단봉[쌍봉] 낙타 / *It is easier for a ~ to go through the eye of a needle than for a rich man to enter into the kingdom of God.* 낙타가 바늘귀로 들어가는 것이 부자가 하느님의 나라에 들어가는 것보다 쉬우니라(← 마태 복음(Matt.) 19:24). 2 황[담]갈색. 3 (해사) 부함(浮函)(얕은 곳을 지날 때 배를 뜨게 하는 장치).
a camel sticking his nose under the tent 주제넘게 나서는 사람. [못 견디게 하다.
break the camel's back 무거운 짐을 잇따라 지워
strain at a [or *every*] *gnat and swallow a camel* 하루살이는 걸러내고 낙타는 삼키는도다, 작은 일에 구애되어 큰 일을 소홀히 하다(← 마태 복음 ─ 형 낙타색의, 황[담]갈색의. [(Matt.) 23:24).
~·like 형
cam·el·back [kǽməlbæ̀k] 명 1 낙타의 등; (의자 따위의) 낙타등 모양의 등받이. ¶**on** ~ 낙타를 타고. 2 (타이어 수리용) 재생 고무. ─ 부 낙타를 타고.
cámel bird 명 타조(ostrich).
cámel càr 명 =carrier car. [기병.
cam·el·eer [kæ̀məlíər] 명 낙타를 모는 사람; 낙타
cam·el·hair [kǽməlhɛ̀ər] 명 =camel's hair. ─ 형 =camel's-hair.
ca·mel·lia [kəmíːljə, -líə] 명 동백나무, 동백꽃.
ca·mel·o·pard [kəméləpὰːrd, kǽmələ-] 명 (폐어) 기린; (**C-**) (천문) 기린자리(Camelopardalis).
Cam·e·lot [kǽməlὰt/-lɔ̀t] 명 카멜롯(영국 Exeter 근처의 전설적인 도시; 아서왕(King Arthur)의 궁정이 있었다는 곳). 2 (미) 매혹적인 시대[분위기](John F.

Kennedy 대통령 재임 시절의 Washington D.C.).

cam·el·ry [kǽməlri] [명] 낙타 기병; 낙타대.

cámel's hàir [명] 낙타털; 낙타 털실 직물.

cam·el's-hair [-hὲər] [형] **1** 낙타털로 만든. ¶~ yarn 낙타 털실. **2** (화필이) 다람쥐 꼬리털로 만든. ¶a ~ brush 다람쥐 꼬리털 화필.

cámel's nòse [명] 극히 작은 일부, 빙산의 일각.

Cám·em·bert (chèese) [kǽməmbὲər-] [명] 카망베르 치즈(맛이 진하고 부드러운 프랑스 치즈).

cam·e·o [kǽmiòu] [명] ([복] **~s**) **1** 카메오 세공(보석 따위의 돋을새김). **2** 카메오(돋을새김을 한 마노 따위의 장신구). **3** (문학 작품·연극의) 주옥 같은 장면[묘사]. **4** 〔영화·연극〕 (한 장면에 잠깐 나오는) 유명 스타[인사] 특별 출연 (장면), 얼굴 내비치기 (장면). ¶a ~ appearance in the play 그 연극에의 특별 출연. (또는 ∠ **pàrt** [**ròle**]) **5** 《美속어》 카메오 깎기(옆은 짧게, 정수리는 평탄하거나 모나게 깎는 흑인 젊은이 특유의 머리 모양). **—**[형] **1** 작은, 소규모의. **2** (카메오 세공같이) 작고 깔끔한. **—**[동][타] 카메오 새김을 하다. 〔<It〕

‡**cam·er·a** [kǽmərə] [명] **1** ([복] **~s** [-z]) 카메라, 사진기; TV 카메라; 비디오 카메라. **2** ([복] **-ae** [-rìː]) 〔법률〕 판사의 사실(私室). **3** =~ obscura.

in camera 〔법률〕 판사의 방에서, 비공개 심리로; 은밀하게(privately).

off camera (방송 중인) TV 카메라에 촬영되지 않고.

on camera 촬영 중에; 생방송 중에.

cámera àngle [명] (피사체에 대한) 카메라의 각도.

cam·er·a-con·scious [-kɑ̀nʃəs/-kɔ̀n-] [형] 《美》 카메라에 익숙치 않은[를 의식하는]. [반] camera-wise

cam·er·a-eye [-ái] [명] (the ~) 사진처럼 공정·정확한 보도[관찰] (능력). **-éyed** [형]

cam·er·al [kǽmərəl] [형] **1** 판사[의원]의 사실(私室)의. **2** =cameralistic.

cam·er·a·list [kǽmərəlist] [명] 관방학파(官房學派) 경제학자(17-18세기 독일의 중상주의(重商主義) 경제학자 또는 관리). **-lìsm** [명] 중상주의.

cam·er·a·lis·tic [kæ̀mərəlístik] [형] 국가 재정의; 카메럴리즘의, 관방학의. **—**[명] (~s) 《단수취급》 재정학.

cámera lú·ci·da [-lúːsidə] [명] 〔광학〕 (프리즘을 이용한) 전사[사생]기.

cam·er·a·man [kǽmərəmæ̀n, -mən] [명] (영화·TV의) 카메라맨, 촬영 기사, (신문 따위의) 사진 기자. [참] photographer

cámera ob·scú·ra [-ɑbskjúərə/-ɔb-] [명] (사진기의) 어둠 상자; 암실(暗室).

cam·er·a·plane [kǽmərəplèin] [명] 사진 촬영용 비행기.

cám·er·a-read·y còpy [-rèdi-] [명] 〔인쇄〕 제판용 최종 교료지(校了紙); =mechanical.

cámera rehéarsal [명] 〔방송·영화〕 정식 분장·의상으로 카메라 앞에서 하는 총연습.

cámera scrìpt [명] 〔TV〕 카메라의 위치나 이동 따위를 지시하는 대본.

cam·er·a-shy [-ʃài] [형] 사진 찍히기를 싫어하는, 사진 혐오의.

cámera tùbe [명] 〔TV〕 촬상관(撮像管)(image tube).

cam·er·a-wise [-wàiz] [형] 카메라에 익숙한. [반] camera-conscious

cam·er·a·work [kǽmərəwə̀ːrk] [명] 카메라 사용법[기술].

cam·er·ist [kǽmərist] [명] 《구어》 사진가.

cam·er·len·go [kæ̀mərléŋgou] [명] ([복] **~s**) 〔가톨릭〕 로마 교황의 시종[재정관], 교황청 관리 담당 추기경. (또는 **camerlingo**) 〔<It〕

Cam·e·roon [kæ̀mərúːn] [명] **1** 카메룬(서아프리카의 공화국; 수도 Yaoundé). (또는 **Cameroun**) **2** (the ~) 카메룬 산(서아프리카 해안의 활화산).
~·i·an [명][형] 카메룬 사람(의); 카메룬의.

Came·roun [kæ̀mrúːn] [명] =Cameroon.

ca·mik [kάːmik] [명] (에스키모인의) 바다표범 가죽 장화.

cam·i·knick·ers [kǽmənikərz] [명][복] 《英》 캐미니커(캐미솔과 니커즈가 이어진 여성용 속옷). (또는 **camiknicks**) 〔<*cami*sole+*knickers*〕

Ca·mil·la [kəmílə] [명] 카밀라. **1** 여자 이름. **2** 〔로마신화〕 Aeneas와 싸운 로마의 용감한 소녀.

cam·i·on [kǽmiən] [명] 큰 짐마차; (군용) 트럭, 버스. 〔<F〕

ca·mise [kəmíːz, -míːs] [명] 커미즈(가볍고 낙낙한 「셔츠); 겉옷.

cam·i·sole [kǽməsòul] [명] **1** 캐미솔(짧은 슬립형의 여성용 속옷·화장옷). **2** (옛날 남성이 입은) 소매 달린 재킷[셔츠]. **3** 정신병자 구속복(strait jacket).

cam·let [kǽmlit] [명][U][C] **1** 방수천; 방수천으로 만든 옷. **2** 낙타직(織); 낙타직 의복. **—**[동][타] (**-tt-**) …을 대리석 무늬로 장식하다.

cam·mies [kǽmiz] [명][복] 《美軍속어》 (얼룩무늬) 위장 전투복.

cam·o·mile [kǽməmàil] [명] 카밀레(chamomile) (유럽산(産) 국화과(科)의 약용 식물).

Ca·mor·ra [kəmɔ́ːrə, -mάrə/-mɔ́rə] [명] 카모라당(1820년경 조직된 이탈리아의 정치적 비밀 결사); (c-) 비밀 결사, 범죄 조직. **-rism, -rist** [명] 〔<It〕

***cam·ou·flage** [kǽməflɑ̀ːʒ] [명] **1** [U][C] 〔군사〕 카무플라주, 위장. **2** [U] 변장, 속임(수). **3** 위장 수단[도구]; 위장(전투)복. **—**[동][타] …을 위장시키다; …을 속이다, 숨기다. ¶*a* ~*d* truck 위장한 트럭. **—**[자] 위장하다.
~·a·ble [형] **-flàg·er** [명] 속이는 사람. **-flág·ic** [형]

cámouflage nét [명] 〔군사〕 위장망.

cam·ou·flet [kæ̀məfléi, ∠-∸] [명] 지하 폭발(로 생긴 구멍); (적의) 지하갱 폭파용 폭탄[지뢰]. 〔<F〕

cam·ou·fleur [kæ̀məflə́ːr] [명] 〔군사〕 위장시키는 사람, 위장 기술자. 〔<F〕

‡**camp**[1] [kæmp] [명][C][U] **1** 야영지, 노숙지; 캠프장; 임간(林間) 학교, 합숙. ¶the ~ eye 캠프의 감시인 / make a ~ 진 치다. **2** 야영 천막, 야영 설비[시설]; 《보통 복합어로》 수용소. ¶a prisoner-of-war [*or* POW] ~ 포로 수용소 / a refugee ~ 난민 수용소. **3** 가건물[천막]에 거주하는 사람들. **4** [U] 야영, 캠핑; 노숙. **5** (작전중인) 군대; 야영대. ¶an aviation ~ 항공대. **6** 군대 생활. **7** 《집합적》 캠핑 용구. **8** (주의·사상이 같은) 동지, 동료; 진영. **9** 《濠·뉴질》 가축의 휴식 장소. **10** (협회의) 지부, 분회.

be in the same [***enemy's***] ***camp*** 동지[적측]이다.

break up [or ***strike***] ***a camp*** 천막을 걷다.

change camps 입장[주장]을 바꾸다.

go to camp ① 입대하다. ② 《濠·뉴질》 자다, 누워서 「쉬다.

have a camp 잠시 쉬다.

in different camps 입장을 달리하여[하고].

in the same camp 같은 의견을 가지고; 협력하여.

make [or ***pitch***] ***(a) camp*** 천막을 치다.

take into camp 이기다; 속이다; 제것으로 하다; 죽「이다.

—[동] (~*ed* [-t]) [자] **1** 천막을 치다, 캠프를 치다. **2** 야영하다, 캠프하다. **3** 임시로 거주하다. **4** 《구어》 (안전[쾌적]한 장소에) 자리를 잡고 앉다; …에 앉아 버티다. **5** 《濠·뉴질》 (가축이 휴식처에) 모이다. **—**[타] …을 야영시키다; …에 일시적인 숙소를 제공하다.

camp down 천막을 치다, 자리잡다.

camp on the trail of …뒤를 집요하게 따라가다.

camp out 야영하다, 밖에서 자다, 캠프 생활을 하다; 임시로 살다; 최저 생활을 하다.

camp[2] [명] 《속어》 **1** [U] 과장된[기상 천외의] 행동[표현]. **2** 부자연스러운[진부한] 것을 즐기기, 색다른 것에 대한 취미; 기상 천외의 예술 표현. **3** 과장되고 우스꽝스런 몸짓[표현]을 하는 사람. **4** 《美속어》 호모(의 과장된 여성적인 몸짓).
—[동] **1** 과장되게 행동하다(*up*). **2** =~ *it up* ②.

camp about 장난치고 다니다.

camp it up 《속어》 ① 동성애를 겉으로 드러내다. ② 일부러 눈에 띄는[과장된] 행동을 하다.

—[형] 《속어》 **1** (남자가) 나긋나긋한; 동성애의. **2** 케케묵거나 속된 점이 오히려 묘미 있는; 과장하는.

CAMP *C*ampaign *A*gainst *M*arijuana *P*lanting(마리

화나 재배 반대 운동).
Cam·pa·gna [kæmpá:njə, kəm-] 图 (the ~) 캄 파냐(로마) 평야; (c-) 평야, 평원. (<It)
‡**cam·paign** [kæmpéin] 图 (图 ~s [-z]) 1 (군사) (일련의) 군사 행동; 전역(戰役), 회전(會戰). 2 출정, 종군. 3 (정치적·사회적) 운동, 조직적 활동, 경쟁; 선거 운동, 유세. ¶ a sales ~ 판매 촉진 운동 / a political ~ 정치 운동 / an antipollution ~ 공해 반대 운동 / a ~ chairman 선거 사무장 / a ~ for [against] …찬성[반대] 운동 / enter upon a ~ 운동을 시작하다 / plan a ~ 작전 계획을 짜다.
— 图 선거 운동을 하다.
mount a campaign 선거 운동을 하다.
on campaign 종군[출정]하여; 유세(운동)에 나서서.
— 图 (~s [-z]) 困 1 종군하다, 전투에 참가하다. 2 (…을 위하여/…에 반대하여) 운동을 하다[일으키다](*for*/*against*). 3 (美) …에 출마하다 (*for*). 4 판촉 활동을 하다.
— 他 (말·보트·자동차 따위)를 경기에 출장시키다.
go campaigning 싸움터로 나가다, 종군하다.
~**·a·ble** 图 광고 선전에 알맞은.
campaign bàdge 图 종군 기장.
campaign biògraphy 图 후보자의 약력.
campaign bòok 图 선거 운동용 팸플릿.
campaign bùtton 图 캠페인 버튼(후보자의 이름, 때로는 사진이나 슬로건을 넣은 둥근 배지).
campaign chèst 图 1 운동[정치] 자금, 선거 자금.
campaign clùb 图 (美) 선거 후원회. ㄴ2 서랍장.
campaign èmblem 图 (美) 정당의 심벌(민주당은 당나귀, 공화당은 코끼리 따위).
cam·paign·er [kæmpéinər] 图 1 종군자; 노병; 노련한 사람. 2 (정치·사회 따위의) 운동가.
campaign finance 图 선거 자금 조달 (제도). ¶ a ~ bill [law] 선거 자금 법안[법].
campaign fùnd 图 (기부에 의한) 선거 운동비.
campaign mànager 图 선거 사무장.
campaign mèdal 图 (군사) =service medal.
campaign pròmise 图 선거 공약.
campaign ribbon 图 종군 기장, 전역(戰役) 기념장.
campaign spèaker 图 (선거) 유세원.
campaign spèech 图 정견 발표; 선거 연설.
campaign swìng 图 (美) 선거 유세.
campaign tràil 图 선거 유세 (코스).
Cam·pa·nel·la [*It* kampanélla] 图 **Tommaso** ~ 캄파넬라(1568-1639): 이탈리아 도미니크회 수도사; 옥중에서 「태양의 도시」를 씀).
cam·pa·ni·form [kæmpǽnəfɔ̀:rm] 图 종(鐘) 모양의.
cam·pa·ni·le [kæ̀mpəní:li] 图 (图 ~s, -li [-li]) 종루, 종탑. 图 belfry, bell tower (<It)
cam·pa·nol·o·gy [kæ̀mpənálədʒi/-nɔ́l-] 图 종학(鐘學). 명종술(鳴鐘術); 주종술(鑄鐘術). **-ger** 图 종 만드는 사람. **-no·lóg·i·cal** 图 **-no·lóg·i·cal·ly** 图 **-gist** 图
cam·pan·u·la [kæmpǽnjulə/kəm-] 图 종 모양의 꽃이 피는 식물(초롱꽃(bellflower) 따위).
cam·pan·u·late [kæmpǽnjulət, -lèit/kəm-] 图 (식물) (꽃 부리의) 종 모양의.
cámp bèd 图 (英) (접을 수 있는) 캠프용 침대((美) cot).
cámp chàir 图 (접을 수 있는) 간편한 의자.
camp·craft [kǽmpkræft/-krɑ̀:ft] 图U 캠프술, 천막 생활법.
Càmp Dávid 图 캠프 데이비드(미국 메릴랜드 주에 있는 대통령 전용 산장).
Càmp Dávid Accòrds 图⑩ (the ~) 캠프 데이비드 협정(1979년 미국 중재로 체결된 이집트·이스라엘 평화 협정).
*****camp·er** [kǽmpər] 图 1 캠프하는 사람, 천막 생활자, 야영자. 2 캠프용 트레일러.
cam·pe·si·no [kæ̀mpəsí:nou] 图 (图 ~s) (라틴 아메리카의) 시골 사람, (특히 인디오의) 농업 노동자, 농민.
cam·pes·tral [kæmpéstrəl] 图 들[평야, 평원]의;

전원의; 시골의.
cámp fèver 图 야영 열병(熱病).
Càmp Fire 图 (the ~) (美) 캠프 파이어단(團)(소년·소녀 친목 단체; 원래 ~ Girls로 출발).
*****camp·fire** [kǽmpfàiər] 图 1 야영의 모닥불, 캠프 파이어. 2 (모닥불을 둘러싼) 모임, 친목회.
cámpfire bòy 图 (속어) 아편 중독자.
Cámp Fire Gìrls 图图 (the ~) (美) 캠프 파이어 소녀단(1910년 창설).
cámp fòllower 图 1 비(非)전투 종군자(군대를 따라다니는 상인·세탁부·매춘부 등). 2 (경멸적) 진영밖의 지지[동조]자.
camp·ground [kǽmpgràund] 图 캠프장, 야영지; 야외 집회장. ㄴ펜(terpene)의 일종).
cam·phene [kǽmfi:n, -´] 图U (화학) 캄펜(테르
cam·phol [kǽmfɔ(:)l, -foul] 图 (화학) 용뇌(龍腦)(borneol).
*****cam·phor** [kǽmfər] 图U (화학·약학) 1 장뇌(樟腦). 2 장뇌 같은 것. ~**·á·ceous** 图
cam·phor·ate [kǽmfərèit] 他 …에 장뇌를 넣다, 장뇌로 처리하다.
cámphor bàll (방충용) 장뇌알(mothball).
cam·phor·ic [kæmfɔ́(:)rik, -fár-] 图 장뇌질의, 장뇌가 든, 장뇌에서 채취한.
cámphor ìce 图 장뇌 연고(軟膏).
cámphor òil 图 장뇌유.
cámphor trèe [làurel] 图 녹나무(장뇌의 원료).
cam·pim·e·ter [kæmpímətər] 图 (안과) 시야계 (視野計)(가시(可視) 범위를 측정하는 기계).
camp·ing [kǽmpiŋ] 图U 캠프 생활; 야영. ¶ go ~ 캠핑을 가다.
camp·ing-out [-àut] 图 =campout.
cámping sìte 图 =campsite. ㄴ꽃 따위).
cam·pi·on [kǽmpiən] 图 석죽과(科)의 식물(동자
cámp mèeting 图 야외(천막) 전도 집회.
cam·po [kǽmpou] 图 (图 ~s) (남미의) 대초원.
cam·o·ree [kæ̀mpərí:] 图 보이[걸] 스카우트의 소규모 집회[지방 대회]. 图 jamboree
cam·po san·to [kǽmpou sǽntou] 图图 (cámpi sàn·ti) [kǽmpi: sǽnti:] (공동) 묘지. (<It)
camp·out [kǽmpàut] 图 야영, 집단적 캠프 생활. (또는 **càmp-òut**) ㄴ물을 훔쳐먹는 새).
cámp ròbber 图 (조류) 캠프 로버새(야영장의 음식
cámp schòol 图 임간(林間) 학교.
camp·site [kǽmpsàit] 图 캠프장, 야영지. (또는 **cámp·site**, **cámping sìte**)
camp·stool [kǽmpstù:l] 图 (캠프용의) 접의자.
‡**cam·pus** [kǽmpəs] 图 (图 ~·es [-iz]) 1 (대학 등의) 교정; 캠퍼스, 학교의 구내. 2 (美) 대학; (대학의) 분교. 3 (대학 등의) 고등 교육계; 대학 생활. 4 (고대 로마의 경기·집회용) 광장.
off campus 대학교외에서.
on (the) campus 교내에서, 대학에서.
— 图 (한정용법) 대학(구내)에서의, 대학의.
— 图 (별로서 야간에) 대학/기숙사로부터 외출을 금
cámpus àctivism 图 학생 운동.   ㄴ하다.
cámpus àctivist 图 운동권 학생, 학생 운동가.
cámpus autònomy 图 대학[학원] 자치.
cámpus bùtcher 图 (속어) 여학생을 농락하는[여학생에게 친절한] 남학생.   ㄴ요(要)분규.
cámpus disòrder [dìspute, ríot] 图 학원 소
cámpus Énglish 图 학생 속어(dormitory ~ 기숙사 속어).   ㄴ비 본부).
cámpus políce [guàrd] 图 (美) 대학 경비원(경
cámpus univèrsity 图 단일 캠퍼스 대학교.
camp·y [kǽmpi] 图 (美속어) =camp².
cámp·i·ly 图 **cámp·i·ness** 图
cam·shaft [kǽmʃæ̀ft/-ʃɑ̀:ft] 图 (기계) 캠축(軸).
Ca·mus [kæmjú:] 图 **Albert ~** 카뮈(1913-60: 프

cam wheel 〖기〗 캠 톱니바퀴.
cam·wood [kǽmwud] 〖식〗U 서아프리카산(産) 콩과(科)의 단단한 나무(붉은 염료를 채취).
‡**can**¹ ⇒CAN. ⟨p. 418⟩
‡**can**² [kæn] 〖미〗 (〖복〗 ~s [-z]) 1 (금속제의) 통, 용기. ¶a trash ~ 쓰레기통/a milk ~ 우유통/a sprinkling ~ 물뿌리개. 2 (금속성의) 조끼, 큰 컵(tankard); (영화의) 필름통. 3 (통조림의) 깡통(〖영〗 tin). 4 (보통 the ~) 〖미속어〗 교도소, 유치장. 5 (the ~) 변소; 욕실. 6 엉덩이; (보통 ~s) 〖미속어〗 젖, 유방. 7 〖군속어〗 수중 폭뢰(爆雷); 구축함; (폭주족의) 개조 차량; (일반적으로) 자동차. 8 〖미속어〗 1온스의 마리화나.
a can of worms 〖구어〗 복잡하고 어려운 문제[상황], 골칫거리; 덤벙대는 사람.
a (tall) can of corn 〖미속어〗 〖야구〗 높이 솟은 이지
carry [or *take*] *the can* 〖영·캐나다 속어〗 책임을 지다, 남의 일로 야단을 맞다.
get [or *have*] *a can on* 〖미속어〗 취하다.
hand a person the can 〖미속어〗 남을 해고하다.
in the can ① 유치장에 갇혀. ② 〖영화 필름·비디오테이프 따위가〗 편집[촬영]이 끝나, 상영할 수 있는 상태로 되어. ③ 〖구어〗 (계약 따위가) 체결되어.
kick the can down the road 문제를 뒤로 미루다.
pass the can to 〖英속어〗 …에게 책임을 떠넘기다.
tie a can to [or *on*] *a person* 남을 해고하다.
— 〖타〗⓪ (~s [-z]; -*l*(*l*)-) … 을 통조림하다. 2 (필름·테이프 따위에) 녹음[녹화]하다. 3 〖구어〗 …을 호되게 비판하다[꾸짖다]. 4 〖미속어〗 (남을) 해고하다; 끝내게 하다, 버리다; 중지시키다. ¶get ~ned 해고되다/ *C*~ *that noise*! 〖속어〗 조용히 해!. 5 〖英속어〗 취하다; 〖미속어〗 (남) 을 옥사[유치장]에 가두다. 6 (핵연료를 금속 용기에) 밀봉하다. 7 〖골프〗 (공)을 쳐서 홀에 넣다.
Can it! 〖미속어〗 조용히 해!, 입 다물어! 〔다.
can. canceled; cancellation; canon; canto; canton; cantoris. **Can.** Canada; Canadian.
Ca·na [kéinə] 〖성서〗 가나(이스라엘(Israel) 북부 갈릴리(Galilee)의 옛 도시; 그리스도가 최초로 기적을 행한 곳. ⇨요한 복음(John) 2:1-11).
Ca·naan [kéinən] 〖성서〗 1 〖성서〗 가나안의 땅(현재의 Palestine). 2 약속의 땅, 천국, 낙원, 이상향.
Ca·naan·ite [kéinənàit] 〖성서〗 1 가나안인(Canaan)사람. 2 U 셈어족(語族)(헤브라이어·페니키아어 따위로서, 고대 팔레스타인·시리아에서 사용). — 〖형〗 가나안(사람)의; 셈 말의. -*ìt·ic*, -*ìt·ish*
‡**Can·a·da** [kǽnədə] 〖형〗 캐나다(수도 Ottawa).
Cánada bálsam 〖형〗 캐나다 발삼(발삼 전나무(balsam fir)에서 채취한 유성(油性) 수지).
Cánada Dày 〖형〗 캐나다 연방 기념일(7월 1일).
Cánada góose 〖형〗 〖조류〗 캐나다 기러기.
Cánada jày 〖형〗 〖조류〗 캐나다 어치(camp robber).
Cánada líly 〖형〗 〖식물〗 캐나다 백합(북미산의 오렌지색·빨간색 꽃이 피는 백합나).
‡**Ca·na·di·an** [kənéidiən] 〖형〗 ⓪ 캐나다(산(産))의; 캐나다인의. — 〖복〗 ~s [-z] 캐나다인.
Canádian bácon 〖형〗 캐나다식 베이컨(돼지 허리살의 소금 절임 훈제).
Canádian Énglish 〖형〗 캐나다 영어.
Canádian Fálls 〖형〗 (the ~) (Niagara Falls의 캐나다쪽 부분인) 캐나다 폭포.
Canádian Frénch 〖형〗 캐나다(식) 프랑스어. — 〖형〗 캐나다 프랑스어의; 프랑스어를 쓰는 캐나다인의.
Ca·na·di·an·ism [kənéidiənìzm] 〖형〗 1 캐나다어(제일)주의; 캐나다(인)의 특성[습관, 국민성, 문화]. 2 캐나다 영어 어법.
Canádian Móunted Políce 〖형〗 (the ~) 캐나다기마 경찰대. 〔리가 주원료임〕.
Canádian whískey 〖형〗 캐나디언 위스키(라이 보

ca·naille [kənéil] 〖형〗 ⓪ (the ~) 〖집합적〗 하층민, (인간) 쓰레기; 무산(無産) 계급, 프롤레타리아. 〔<F〕
‡**ca·nal** [kənǽl] 〖형〗 (~s [-z]) 1 운하, 수로. ¶the Panama[Suez] *C*~ 파나마[수에즈] 운하. 2 (바다의) 후미, 작은 만. 3 〖해부·식물〗 관(管), 도관, 맥관(脈管). ¶the alimentary ~ 소화관. 4 〖천문〗 (화성의) 운하.
suck canal water 〖미속어〗 난처해지다[어렵게] 되다.
— 〖타〗 (~s [-z]; -*l*(*l*)-) …에 운하를 파다, 운하를 만들다. 〔통행세.
-〖자〗 〖통행세.
ca·nal·age [kənǽlidʒ] 〖형〗 ⓪ 운하 개설[수송]; 운하
canál bóat 〖형〗 (밑바닥이 평평한) 운하용의 짐배.
ca·nal-built [-bìlt] 〖형〗 (배가) 운하 통행용 규격의.
can·a·lic·u·lus [kǽnəlíkjuləs] 〖형〗 (〖복〗 -*li* [-lài]) 〖해부·동물〗 (뼈 따위에 있는) 소관(小管), 세관(細管). -*u·lar* 〖형〗 -*u·lá·tion* 〖형〗
ca·nal·i·za·tion [kənǽlizéiʃən, kǽnəl-/kǽnəlai-] 〖형〗 1 운하 개설, 운하화(化). 2 운하 체계. 3 (수도·가스·전기 따위의) 배관(配管) 계통; 배관, 공급. 4 〖심리〗 (감정 따위의) 배출구 부여.
ca·nal·ize [kənǽlàiz, kǽnəlàiz] 〖형〗 1 …에 운하를 내다; …을 운하로 만들다. 2 …을 수로로 이끌다. 3 …에 방향을 잡아 주다; …에 배출구를 주다. 4 (항행 심도(深度)를 유지하기 위하여) (강)을 준설(浚渫)하다.
-〖자〗 수로로 흘러들다.
ca·nal·ler [kənǽlər] 〖형〗 운하용 짐배(canal boat).
canál lòck 〖형〗 운하의 수문. 〔anode rays
canál rày 〖형〗 〖물리〗 커낼선(線)(양전기선의 일종).
Canál Zóne 〖형〗 (the ~) 파나마 운하 지대(Panama ~)(파나마 운하 및 그 양안 지역; ⓐ CZ, C.Z.).
can·a·pé [kǽnəpi/-péi] 〖형〗 1 카나페(빵·토스트·크래커에 치즈·캐비아·안초비 따위를 얹은 것). 2 (18세기 프랑스에서 쓰인) 소파. 〔<F〕
ca·nard [kənά:rd/kænά:d] 〖형〗 1 허위 보도[소문], 유언(流言). 2 〖항공〗 선미익기(先尾翼機)(날개 앞부분에 수평 꼬리날개에 해당하는 작은 날개가 달린 비행기). 3 〖 〗 〖조류〗 오리. — 〖자〗 〖타〗 1 (뜬소문이) 퍼지다. 2 (악기로) 오리 울음 같은 소리를 내다. 〔Islands.
Ca·nar·ies [kənέəriz] 〖형〗 (the ~) =Canary
‡**ca·nar·y** [kənέəri] 〖형〗 (〖복〗 -*nar·ies* [-z]) 1 〖조류〗 카나리아(~ bird). 2 카나리아빛, 밝은 황색(~ yellow). 3 U =~ wine. 4 〖속어〗 (댄스 악단에 소속된) 여자 가수. 5 〖속어〗 밀고자(informer). 6 (the ~) 카나리 댄스(지그(jig)와 비슷한 3박자의 활발한 춤). 7 〖속어〗 젊은 여자. 8 (〖복〗) 죄수. 9 선황색의 다이아몬드.
— 〖형〗 카나리아빛의, 밝은 황색의. — 〖자〗 〖미속어〗 (여자 가수가) 노래하다.
canáry bírd 〖형〗 카나리아(canary).
ca·nar·y·bird flòwer [**vìne**] [kənέəribə̀:rd-] 〖형〗카나리아덩굴(한련속(屬)의 1년초).
canáry créeper 〖형〗 =canarybird flower.
canáry gráss 〖형〗 유럽갈풀(카나리아 제도산(産)).
Canáry Íslands 〖형〗 (the ~) 카나리아 제도(대서양 아프리카 서북 해안에 가까운 스페인령의 제도). 〔이).
canáry séed 〖형〗 canary grass의 열매(작은 새의 모
canáry-wíne [-wàin] 〖형〗 U 카나리아 제도산(産)의 백포도주.
canáry yéllow 〖형〗 (때로 a ~) 카나리아빛(선황색).
ca·nas·ta [kənǽstə] 〖형〗 U 〖카드놀이〗 커내스터(두 벌의 카드로 2~6인이 하는 rummy 비슷한 카드놀이).
ca·nas·ter [kənǽstər] 〖형〗 U (남미산(産))의 질이 나쁜 살담배.
Ca·nav·er·al [kənǽvərəl] 〖형〗 **Cape** ~ 케이프 커내버럴(미국 Florida 주 동부의 대서양 연안에 있는 갑(岬); 케네디 우주 센터의 소재지).
cán bànk 〖형〗 (재활용용) 빈 깡통 수집소.
Can·ber·ra [kǽnbərə/-bərə] 〖형〗 캔버라(오스트레일리아의 수도).
cán bùoy 〖형〗 캔 부이(항로 표지용 무등(無燈) 부표).

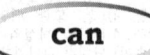

고대 영어에서는 「알고 있다(know)」는 뜻의 본동사로 쓰였지만, 지금은 「…할 수 있다」(능력), 「…하는 수가 있다」(가능성), 「…해도 좋다」(허가) 따위의 뜻을 갖는 조동사로만 쓰인다. 조동사이므로 may, must 등 다른 조동사와 마찬가지로 다음의 특징을 갖는다. (1) 동사의 원형을 수반하며, 현대 영어에서는 인칭 변화가 없다. ⇨ 주의¹ (2) 의문문은 주어와의 도치에 의하여 만든다. (3) can으로 시작되는 물음에는 본동사없이 can 또는 cannot, can't로만 대답하는 것이 원칙이다. (4) 그 앞에 다른 조동사를 덧붙일 수 없으므로 필요한 경우에는 be able to로 대용한다. 과거형 역시 가정법으로 오해 받기 쉬운 could 보다는 was[were] able to로 대용하는 경우가 많다. ⇨ 유의어

‡**can**¹ [강 kæn, 약 kən] 죠통 (**could**; 부정형 **cannot**, (美) **can not** [kǽnət, -́-, kənát/kǽnət, kǽnət], **can't** [kænt, kɑːnt/kɑːnt])

주의¹ (**1**) 원형부정사를 수반하지만, 문맥에 따라 생략하는 일도 있다: I ~ do what you ~(do). 네가 할 수 있는 일은 나도 할 수 있다. (**2**) 고어 thou에 응하는 어형 **canst, couldst** 이외는 어느 주어에 대해서도 어형이 바뀌지 않는다. (**3**) 부정사·분사·동명사의 어형은 없고 be able to 따위로 대용한다. (**4**) 부정의 경우 구어에서는 보통 **can't**를 쓴다.

── 죠 **I. 능력을 나타내어**
1 (지식에 입각한 능력이나 건강한 힘으로) …할 수 있다, 할 힘이 있다; …하는 법을 알고 있다. ¶He ~ read and write. 그는 읽고 쓸 수 있다 / C- you lift the box? 그 상자를 들 수 있겠습니까? / ~ he speak English? 그는 영어를 할 줄 압니까? (*상대에게 직접 묻는 경우 can은 노골적으로 들리기 때문에 Do you speak …?로 하는 것이 보통이다) / She ~ solve the problem easily, I'm sure. 그녀라면 그 문제를 쉽게 풀 수 있다고 생각한다 / He's over eighty but ~ still read without glasses. 그는 80세가 넘었지만 아직도 안경 없이 책을 읽을 수 있다.

USAGE 이 뜻의 can은 흔히 지각동사 see, hear, feel, smell 따위나 believe, imagine, remember, understand 따위와 함께 쓰이나, can의 뜻이 분명히 나타나지 않는 경우가 많다: I ~ see the lake from this room. 이 방에서는 호수가 보인다 / I ~ remember her well. 그녀의 일을 잘 기억하고 있다.

유의어 **can** 「할 수 있다」라는 뜻의 가장 광범위한 말; 이하의 모든 말로 바꾸어 쓸 수 있다. **may** 관용적 표현 이외로는 가능성·추측 등의 허가의 뜻을 나타내는 것이 보통. **be able to** 적극적으로 무엇을 하는 능력을 나타낸다; 완료형·미래형에서 can의 대용을 한다. **be capable of** 어떤 일을 받아들이거나 보통의 요구를 충족시키는 능력을 나타낸다. **can afford to** 금전적·시간적, 기타의 면에서 「중대한 지장을 초래하지 않고 할 수 있다.」

2 …할 권력[재력]을 지니고 있다. ¶A dictator ~ impose his will on the people. 독재자는 자기의 의지를 국민에게 강요할 권력을 지니고 있다 / I can't afford such a car. 나는 그런 자동차를 살 만한 재력이 없다.
3 …할 권리[자격]을 지니고 있다. ¶He ~ change whatever he wishes in the script. 그는 자기가 원하는 대로 대본을 변경할 권한을 지니고 있다 / We ~ vote when we are twenty. 20세가 되면 선거권이 주어진다.
II. 가능성·추측 따위를 나타내어
4 (주위의 사정·고유의 성질·이론적 근거에 의해서) …할 수 있다. ¶I ~ assure you I never catch cold. 장담하지만 나는 절대로 감기 따윈 걸리지 않는다 / C- you come to the party tomorrow? 내일 파티에 오실 수 있겠습니까? / This car ~ hold five persons. 이 차는 다섯 사람이 탈 수 있다 / How ~ you be so unkind? 너는 어쩌면 그렇게 불친절할 수 있느냐[불친절하게 태연하게 있을 수 있느냐]? / C-

hatred be described as a religious emotion? 증오심을 종교적 감정이라고 말할 수 있을까?
5 (때로는) …하는 일이[수가] 있다, …일[할] 가능성이 있다. ¶A fussy referee ~ ruin a bout. 규칙을 너무 따지는 레퍼리는 시합을 망칠 가능성이 있다 / Educated people ~ be horrible, you know. 교양있는 사람일지라도 끔찍한 짓을 저지르는 수가 있다 / Curiosity ~ get you into trouble. 호기심 때문에 말썽이 생기는 수가 있다 / Cocktail parties ~ be boring. 칵테일 파티는 지루할 수 있다.

주의² **can**과 **may** ── 둘 다 가능성을 나타내지만 can은 순수한 가능성(…하는 일도 있을 수 있다)을 나타내는 데 대하여, may는 절반에 가까운 가능성(…일지도 모른다, …아닐지도 모른다)을 나타낸다.

6 (부정문·의문문에 있어서의 강조) …일 리가 없다; 도대체[정말로] …일까? ¶I ~ not be mistaken. 내가 틀렸을 리가 없다 / It ~not be true. 그것이 정말일 리가 없다 / I am sure she ~ have no objection. 나는 장담하지만 그녀가 반대할 리 없다 / C- it be true that he was once in prison? 그가 교도소살이를 했다는 게 사실일까? / Someone knocked on the door. She said, "Who ~ this be?" 누군가가 문을 노크했다. 「도대체 누구일까?」라고 그녀는 말했다.

주의³ 의문사+**can** 의문사와 함께 써서, can을 강조하면 놀라움·당혹감·초조감을 나타낸다: What *cán* he be doing? 그는 도대체 뭘 하고 있는 걸까? / How *cán* I leave you? 어떻게 너와 헤어질 수 있단 말이냐?
III. 허가·권고 따위를 나타내어
7 (구어) (허가) …해도 좋다. ¶C- I speak to you a moment? 잠깐 말씀드려도 될까요? / C- I have a glass of water? 물 한 잔 마셔도 될까요[주시겠어요]? / You ~ go home now. 이제 집에 가도 좋다 / You *can't* do that sort of thing. 그런 짓을 해서는 못써.

주의⁴ (**1**) 일반적으로 허가를 물을 때는 May I…? 쪽이 보다 더 공손한 표현으로 되어 있으며, 구어에서는 보통 can을 쓴다. C- I come in?─Yes, you ~. 들어가도 좋습니까?─예, 좋습니다.
(**2**) cannot[can't]은 가벼운 금지를 나타내며, may not[mayn't]보다 즐겨 쓰인다.

8 (구어) (명령·권고) …하라, …하는 편이 낫다. ¶You ~ stop lying now. 거짓말 작작해 / You ~ wait till I've finished my beer. 내가 맥주를 다 마실 때까지 기다려줘 / You ~ put that idea out of your head. 그런 생각은 버리는 게 낫다 / She ~ wait. 그녀는 기다리면 된다. (*무생물을 주어로 하여, That ~ wait.(그것은 뒤로 미루는 것이 좋다)처럼 쓰이는 수도 있다.)
9 (자발적 호의·의뢰) (남이 …에게), …해주다, (내가 남에게) …해주다; (구어) …해 주시겠습니까? ¶C- you pass me the salt? 소금 좀 집어 주시겠습니까? / I ~ do that for you. 그렇게 해드리지요 / You ~ drop me here. 여기서 내려주세요 / What ~ I do for you? 무엇을 (보여) 드릴까요, 무슨 볼일로 오셨는지요? / Leave

me alone, *can't* you? 제발, 혼자 있게 내버려두세요.
10 (구어) (목적·의도의 부사절에서 may의 대응) ¶ He saves money, so (that) he ~ buy some good land. 그는 좋은 땅을 사기 위해서 돈을 저축한다.
11 (구어) (비난·원망) …해도 좋으련만. ¶ You ~ spare me for a moment. 나를 잠시 내버려두면 안되겠나 / She ~ go to hell. 그 따위 것쯤, 지옥에나 가라라.
12 (의무) …하지 않으면 안된다(must). ¶ If you will succeed, you ~ work hard. 성공하고 싶으면 열심히 공부하지 않으면 안된다.
as...as(...)can be 더할 나위 없이. ¶ She is *as* happy *as* (happy) ~ *be*. 그녀는 더할 나위 없이 행복하다.
can but *do*; (구어) ***can only*** *do* …할 수 있을 뿐이다. ¶ I ~ *but* advise him. 나는 그에게 충고할 수 있을 뿐이다.
cannot away with ⇨ AWAY.

cannot but *do* …할 수 밖에는 없다. …하지 않을 수 없다. ¶ I *cannot but* protest against injustice. 부정 행위를 보고 가만히 있을 수 없다.
cannot do...without doing …하기만 하면 꼭 …한다. …하지 않고는 …할 수가 없다. ¶ I *cannot* see him *without* thinking of his father. 그를 보기만 하면 그의 아버지 생각이 난다. ———[구어적].
cannot help doing ⇨ HELP. (* cannot but do 보다 구어적).
cannot...too 아무리 …해도 지나치지 않다. ¶ One *cannot* be *too* careful. 사람은 아무리 주의해도 지나치는 법이 없다.
I can too. (구어) (아냐) 할 수 있어요 (* You can't(넌 할 수 없어)라는 상대방의 말을 받아서 하는 말. 파격적인 표현으로는 Can too.도 된다).
————㉠ (페어) 할(know). ¶ They ~ well on horseback. 그들은 마술(馬術)에 능하다 [←Shakespeare 작 *Hamlet* 4:7].

canc. cancel(ed); cancellation.
can·can [kǽnkæn] 명 (the ~) 캉캉춤. [<F]
can·car·ri·er [<kæriər] 명 (속어) 책임지는 사람.
‡**can·cel** [kǽnsəl] 통 (~*s* [-z]; -*l*-, (英) -*ll*-) 타 **1** …을 지우다, 삭제하다(*out*). ¶ ~ something with a mark 표에 선을 그어서 지우다. **2** …을 무효로 하다, 취소[철회]하다(call off). ¶ ~ permission 허가를 취소하다 / ~ one's order for books 책 주문을 취소하다. **3** (기차표 따위)를 편치로 찍다, …에 소인(消印)을 찍다. ¶ ~ a stamp 우표에 소인을 찍다. **4** …을 소멸시키다; …을 상쇄[중화]하다; 보상하다(*out*). **5** (수학) 약분하다, 맞줄임하다. **6** (인쇄) …을 삭제하다, 빼다. **7** (음악) (계정)을 청산[말소]하다. **8** (美) (음악) (샤프·플랫으로 반음 변화한 음)을 (제자리표를 넣어) 취소하다.
————㉠ 상쇄되다(*out*), (수학) 약분되다. ¶ The two *a*'s on each side of an equation ~. 방정식 양변의 a는 약분된다.
————명 **1** 취소, 삭제, 말살; (계약의) 해제. **2** (인쇄) 생략, 말소; 삭제 부분. **3** (a pair of ~s) (개찰용) 펀치. **4** (음악) 제자리표(natural). **5** (컴퓨터) 취소, 삭제.
can·cel·a·ble [kǽnsələbl] 형 (* (英) -cel-la-) 취소[말소]할 수 있는, 폐지[삭제]할 수 있는, 해제[해약]할 수 있는; (수학) 약분되는. **-bíl·i·ty** 명
cáncel báck órder 명 (상업) 미조달(未調達) 주문의 취소 (약 CBO).
can·cel·bot [kǽnsəlbɑt, -bɔt/-bɔt] 명 (컴퓨터) 캔슬보트(인터넷상의 어떤 특정 메시지 file을 일괄 소거시키는 소프트웨어). [<cancel + robot]
can·celed [kǽnsəld] 형 취소된, 거부된; 소인(消印)
cánceled chéck 명 지불필 수표; 폐기된 수표.
can·cel·er [kǽnsələr] 명 지우는 사람[것]; (우표의) 소인기(器).
can·cel·(l)a·tion [kænsəléiʃən] 명[U] **1** 취소, 말소; 폐지; (수학) 약분, 소거(消去). **2** 소인, 편치로 찍기. **3** 예약 취소; 예약 취소된 객실[항공권 따위].
cáncel(l)er róbot 명 (컴퓨터) = cancelbot.
can·cel·lous [kǽnsələs] 형 (해부) (뼈 따위가) 다공질(多孔質)(조직), 해면(海綿) 모양(조직)의.
‡**can·cer** [kǽnsər] 명 (~*s* [-z]) **1** [U[C] (병리) 암(癌). ¶ (a) ~ of the stomach 위암 / get ~ 암에 걸리다 / die of lung ~ 폐암으로 죽다. **2** (사회 따위의) 암; 해악, 악폐. **3** (the C-) (천문) 게자리; (점성) 거해궁(巨蟹宮)(the Crab). ⇨ ZODIAC 그림. **4 tropic of** C- 북회귀선, 하지선(夏至線). ————통 암(암과 같이) 벌레먹다, 좀먹다. ~**ed** 명 암에 걸린.
can·cer·ate [kǽnsərèit] 자 암이 되다, 암성(癌性)이 되다. **-á·tion** 명
cáncer géne 명 암 유전자(oncogene).
cáncer gùn 명 (암 치료용) 직선 전자 가속기.
can·cer·o·gen·ic [kænsərədʒénik] 형 (병리)

발암성의. [과 같은; 불치의. ~**·ly** 부
can·cer·ous [kǽnsərəs] 형 암의, 암에 걸린; 암
can·cer·pho·bi·a [kænsərfóubiə] 명 암 공포증. (또는 **cancerophobia**) **-cer·o·phòbe** 명 암공
cáncer stíck 명 (속어·익살) 궐련, 담배. [포증자.
can·croid [kǽŋkrɔid] 형 **1** (병리) 암종(癌腫) 모양의. **2** (동물) 게 모양의. ————명 **1** (병리) 유암(類癌)(종), 피부암. **2** 게 따위의 갑각류(甲殼類) 동물.
Can·cun [kænkúːn/Sp kɑːŋkúːn] 명 칸쿤(멕시코 남동부 Yucatan 반도 연안의 섬; 휴양지).
c & b (크리켓) caught *and* bowled (by). **C & C** computer *and* communication(컴퓨터·통신 통합 정보 기술).
can·de·la [kændíːlə] 명 (광학) 칸델라(광도(光度)의 국제 단위; ㉠ cd). [<L candle] [㉠ 수평력.
can·de·la·bra [kændəláːbrə] 명 candelabrum
can·de·la·brum [kændəláːbrəm, -léi-] 명 (목 -*bra* [-brə], ~*s*) 나뭇가지 모양의 촛대. [<L]
can·dent [kǽndənt] 형 작열(灼熱)의; 백열(白熱)의.
can·des·cent [kændésnt] 형 백열의(incandescent). **-cence** 명 백열. ~**·ly** 부
c. & f. (상업) cost *and* freight. (또는 C. & F., C and F) **C. & I.** commerce *and* industry; commercial *and* industrial.
‡**can·did** [kǽndid] 형 **1** 솔직한, 숨김없는; 노골적인; 표리가 없는. ⇨ FRANK [유의어] ¶ a ~ person 싫은 소리도 서슴없이 말하는 사람. **2** (사진 따위에서) 포즈를 취하지 않은; 뽐내지 않는; 격식을 차리지 않는. **3** 공정한; 공평한, 편견 없는. ¶ Give me a ~ hearing. 허심 탄회하게 들어 주게 // ~ about the matter 그 일에 공평한. **4** (고어) 흰; 순결한, 깨끗한.
to be candid with you 털어놓고 말하자면, 실은.
~·**ly** 부 ~·**ness** 명 [(의 일종).
can·di·da [kǽndidə] 명 (종종 C-) 칸디다(곰팡
can·di·da·cy [kǽndidəsi] 명[U] 입후보; 후보 자격 ((英) candidature(*for*).
‡**can·di·date** [kǽndidèit, -dət] 명 **1** 지원자, 지망자; 수험자(생)(*for*). ¶ a ~ *for* an exam 수험 지망자. **2** 후보자(*for*). ¶ a ~ *for* governor 지사 후보자. **3** 학위 취득 희망자. ¶ a doctoral ~ 박사 논문 제출 자격자. **4** …을 할 것 같은 사람, …이 될 만한 사람(*for*). ¶ a ~ *for* fame 장차 이름을 날릴 사람. **5** 지원자(期).
offer *oneself* ***as a candidate*** 입후보하다.
put up a candidate 후보를 내세우다.
run candidate at …에 입후보하다.
~·**ship, -da·ture** [-dətʃər] 명 (英) = candidacy.
cándid cámera 명 소형 카메라; 몰래 카메라.
can·di·di·a·sis [kændidáiəsis] 명 (목 -*ses* [-sìːz]) (병리) 칸디다증(症)(칸디다에 의한 감염증).

cándid phótograph 圐 스냅 사진.
can·died [kǽndid] 圐 1 설탕으로 끓인, 설탕에 절인[조린]. 2 (설탕처럼) 결정(結晶)된, 당화(糖化)한. 3 달콤한, 구변 좋은. 4 《美속어》 코카인 중독의.
have a candied tongue 구변이 좋다.
C.&L.C. 《인쇄》 capitals *and* lowercase letters.
‡**can·dle** [kǽndl] 圐 (復 ~s [-z]) 1 양초. ¶light [blow out, put out] a ~ 촛불을 켜다[끄다]. 2 양초 모양의 물건; 등불, 불빛. 3 《광학》 칸델라(candela); 촉광(燭光); 국제 표준 촉광.
burn the [*or a, one's*] *candle at both ends*; *burn both ends of the candle* 정력[재산]을 낭비[탕진]하다, (체력으로) 무리를 하다. 「재선.
by the candle 촛불이 다 탈 때까지, 촛불로 시간을
cannot [*or be not fit to*] *hold a candle to* …에는 비교도 안 되다, …에 미치지 못하다.
curse with bell, book, and candle 《드물게》《가톨릭》으로 파문(破門)하다.
hide one's candle [*or light*] *under a bushel* 자기의 선행[재능]을 감추다; 겸손하다.
hold a candle to ① …을 위하여 불을 켜다; …을 돕다. ②《부정문에서》 …와 비교하기에 알맞다, 동류(同類)이다. 「다[에 가담하다].
hold a candle to the devil (알면서) 나쁜 일을 돕는
hold a candle to the sun 헛된 짓을 하다.
not worth the candle 《드물게》 애쓴[돈을 쓴] 보람 [값어치]이 없는, 수지가 안 맞는.
sell [*or let*] *by the* [*or by inch of*] *candle* (경매에서) 촛동강이가 다 타기 직전의 값을 낙찰 가격으로 하여 팔다.
— 圐탄 (~s [-z]; ~d; -dling) 〔계란〕을 등불[촛불]
cán·dler 圐 에 비추어 선별하다.
can·dle·ber·ry [kǽndlbèri / -bəri] 圐 《식물》 1 소귀나무(wax myrtle)(의 열매). 2 쿠쿠이나무; 그 열매 (양초 대용)(candlenut). 「쓸모 없는 물건.
cándle ènds 타다 남은 촛동강;
can·dle·fish [kǽndlfìʃ] 圐 (復 ~·(es)) 미국 서북 근해에서 잡히는 빙어 비슷한 식용어(지방이 많아 말려서 양초로 대용한다).
can·dle·foot [-fùt] 圐 (復 -feet) = foot-candle.
can·dle·hold·er [kǽndlhòuldər] 圐 = candle
cándle ìce 고드름. [stick.
*****can·dle·light** [kǽndllàit] 圐ⓤ 1 촛불. 2 (희미한) 인공 조명[등불]. 3 해질녘, 땅거미질 무렵. ~·er 圐 촛불 점화기; 《의식에서》 촛불 점화하는 사람.
can·dle·lit [kǽndllìt] 圐 촛불에 비쳐진, 촛불을 켠.
(또는 **cándle-lighted**)
Can·dle·mas [kǽndlməs, -mæs] 圐 《가톨릭》 성촉절(聖燭節)(2월 2일). 圉 Groundhog Day
can·dle·nut [kǽndlnʌ̀t] 圐 쿠쿠이나무; 쿠쿠이나무 열매. (또는 **candleberry**)
can·dle·pin [kǽndlpìn] 圐 양초 모양의 막대기; (~s) 《단수취급》 십주희(十柱戱)(tenpins) 비슷한 놀이.
can·dle·pow·er [kǽndlpàuər] 圐 《광학》 광도(光度)(예전의 광도 단위)(略 c.p.). (또는 **cándle pòwer**)
can·dle·stand [kǽndlstænd] 圐 대형 촛대.
*****can·dle·stick** [kǽndlstìk] 圐 촛대(candleholder).
can·dle·wick [kǽndlwìk] 圐 1 양초의 심지. 2 현삼과(玄蔘科) 식물의 일종. — 圐 (직물이) 양초 심지 같
can·do [-dúː] 圐 《美구어》 의욕적인, 행동파의, 하면 된다는 정신의; 유능한. ¶a ~ executive 유능한 간부 /~ economics 실행 가능한 경제 정책. — 圐 행동력, 추진력, 실력.
*****can·dor, 《英》 -dour** [kǽndər] 圐ⓤ 1 솔직, 담백 (frankness); 성실, 정직. 2 공평, 공평무사(公平無私), 공명정대; 치우침이 없음. 3 《페어》 순결.
with candor 공정하게.

CAN·DU [kændúː] 圐 캐나다형 중수로(重水爐). (<*Can*adian *d*euterium *u*ranium)
C and W country *and* western.
‡**can·dy** [kǽndi] 圐 (復 -dies [-z]) ⓤⓒ 1 《美》ⓤ 《집합적》 사탕 과자, 캔디; ⓒ (한 알의) 캔디(《英》 sweet(s)). ¶ a piece of ~ 캔디 한 개. 2 《英》ⓤ 《집합적》 얼음사탕; ⓒ (한 알의) 얼음사탕(《英》 sugar ~, 《美》 rock ~). 3 《속어》 코카인; 해시시(hashish); LSD가 든 각설탕.
— 圐 (-dies [-z]; -died) 탄 1 …을 설탕에 조리다, 설탕 절임으로 하다. 2 〔설탕·시럽 따위〕를 졸여서 결정(結晶)시키다. 3 …에 사탕 따위를 묻히다, …에 당의(糖衣)를 입히다. 4 …을 달콤하게[즐겁게] 하다. — 재 1 설탕이 발라지다, 당의가 입혀지다; 얼음사탕 모양으로 굳어지다. ~-like 圐
Can·dy [kǽndi] 圐 캔디(여자 이름). 「자).
cándy apple 圐 사과 엿(사과에 엿을 입힌 막대 과
cándy àss 圐 《美비어》 소심(비겁)한 사내; 계집애 같은 사내(sissy). **cán·dy-àss(ed)** 圐 소심한, 무기력한.
cándy bàr 圐 초코바.
cándy bùtcher 圐 《美》 (열차·경기장의) 과자 장수.
cándy càne 圐 (크리스마스용의) 홍백색 가락엿.
cándy flòss 圐 《英》 솜사탕(《美》 cotton candy); (비유적) 설탕발림으로[알맹이가] 없는 계획.
cándy gìrl 圐 과자 파는 소녀[아가씨].
cándy màn 圐 《美속어》 마약 밀매인. 「모임.
cándy pùll 圐 (젊은이들의 친목을 위한) 과자 만드는
cándy stòre 圐 과자 가게(《英》 sweet shop).
cándy strìpe 圐 흰 바탕에 한 색깔만으로 된 줄무늬; 이발소의 적백색 간판 기둥. **cán·dy-strìped** 圐
cándy strìper 圐 《美구어》 10대의 자원 간호 조무사.
can·dy·tuft [kǽnditʌ̀ft] 圐 구주냉이(겨잣과(科)의 관상용 식물).
cándy wédding 圐 캔디혼식(婚式)(결혼 3주년 기
‡**cane** [kein] 圐 (復 ~s [-z]) 1 지팡이, 단장(walking stick). 2 (마디가 있는) 줄기; 그런 줄기가 있는 식물(사탕수수·등나무·대나무 따위). 3 (용재(用材)로서의) 등나무류(rattan); (조갠) 대나무[등나무] 재목. 4 (체벌용) 회초리(鞭 ferule).
give [*get*] *the cane* 회초리로 때리다[맞다].
— 圐탄 (~s [-z]; ~d; can·ing) 1 …을 회초리로 때리다, 지팡이로 치다. ¶ (~+目+전+名) ~ a lesson *into* a person 회초리로 때리면서 학과를 가르치다. 2 …을 등나무[대나무]로 만들다; 〔의자 따위〕에 등나무를 ~-like 圐 사용하다. 3 《英》 흔들내다.
cane·brake [kéinbrèik] 圐 등나무 숲, 대나무 밭.
cánebrake ráttler [**ráttlesnake**] 圐 《미국 동남부산(產)》 방울뱀.
cáne chàir 圐 등의자. [업.
cáne lànd 사탕수수 재배지.
ca·nel·la [kənélə] 圐 《식물》 (서인도제도산(產)의) 백속나무(껍질), 백계피(桂皮).
ca·neph·o·ra [kənéfərə] 圐 (復 -rae [-riː]) 1 (고대 그리스에서) 머리에 제례용 공물(供物) 바구니를 인 소녀. 2 (는 **ca·ne·phore** [kǽnəfɔ̀ːr]) 《건축》 머리에 바구니를 인 소녀상을 본뜬 기둥.
ca·nes·cent [kənésnt] 圐 (식물에) 백색 또는 회색의 솜털이 난; 흰색의. **-cence** 圐
cáne sùgar 圐 사탕수수 설탕. 圉 beet sugar
cane·work [kéinwə̀ːrk] 圐ⓤ 등나무 세공(품).
can·ful [kǽnfəl] 圐 (復 ~s, cans·ful) 한 통 가득 (한 분량). ¶ a ~ of water 한 통 가득한 물, 물 한 통.
cang(ue) [kæŋ] 圐 칼(옛 중국의 형틀).
cán hòuse 圐 《美속어》 매춘굴.
Ca·nic·u·la [kəníkjulə] 圐 《천문》 천랑성(天狼星) (Sirius, the Dog Star).
ca·nic·u·lar [kəníkjulər] 圐 《천문》 천랑성의; (천랑성이 새벽에 뜨는) 한여름의. ¶ ~ days 《여름의) 복중.
can·id [kǽnid, kéinid] 圐 《동물》 갯과 동물(개·여

ca·nine [kéinain, kǽn-] 〖형〗 1 개의, 개 같은; 갯과(科)의. ¶ a ~ laugh 냉소. 2 〖해부·동물〗 송곳니의, 견치의. ¶ ~ teeth 송곳니. ─〖명〗 1 〖동물〗 갯과의 동물. 2 송곳니, 견치. **ca·nin·i·ty** [keinínəti] 〖명〗

can·ing [kéiniŋ] 〖명〗 1 매질, 채찍질. ¶ ~ sentence 태형. 2 등나무로 엮은 앉을 자리(등) 부분.

Ca·nis Ma·jor [kéinis méidʒər] 〖명〗 〖천문〗 큰개자리. [<L Greater Dog] [<L Lesser Dog]

Ca·nis Mi·nor [kéinis máinər] 〖명〗 〖천문〗 작은개자리.

can·is·ter [kǽnistər] 〖명〗 1 (뚜껑이 붙은) 깡통, 작은 상자(금속제). 2 (또는 ∠ shót) 산탄통(case shot). ¶ a tear-gas ~ 최루탄. 3 캐니스터(탄환·미사일·폭약 등의 보존 장치). 4 (가스 마스크의) 여과 장치통.

***can·ker** [kǽŋkər] 〖명〗 1 〖UC〗 (병리) (특히 입안·입술 따위의) 궤양(潰瘍), 아구창(鵝口瘡). 2 〖UC〗 〖수의〗 말발굽에 생기는 병, 제암(蹄癌). 3 〖UC〗 〖식물 병리〗 (나무의) 암종병(癌腫病). 4 =cankerworm. 5 (비유적) (사회에 만연하는 악, 사회를 썩게 하는) 해독; (마음을 좀먹는) 고뇌. 6 〖방언〗 찔레. ─〖타〗 1 …을 궤양에 걸리게 하다. 2 …을 썩이다; …을 부식(腐蝕)하다, 서서히 파괴하다. ─〖자〗 궤양에 걸리다, 구강암에 걸리다.

can·kered [kǽŋkərd] 〖고어〗 1 부패(타락)한. 2 언짢은, 심술궂은. 3 (식물이) 자벌레에 먹힌; 암종병에 걸린. 4 궤양에 걸린. **-ly** 〖부〗 **-ness** 〖명〗

can·ker·ous [kǽŋkərəs] 〖형〗 궤양성의, 궤양 같은; 궤양의 원인이 되는; 궤양화시키는.

cánker ràsh 〖병리〗 성홍열.

cánker sòre 〖명〗 =canker 1, 3.

can·ker·worm [kǽŋkərwə̀:rm] 〖명〗 (과수나 수목을 해치는) 자벌레; 그와 비슷한 해충.

can·na [kǽnə] 〖명〗 칸나(열대 원산의 관상 식물).

can·na·bin [kǽnəbin] 〖명〗 칸나빈(인도삼에서 채취하는 수지; 마취제·진정제용).

can·na·bis [kǽnəbis] 〖명〗〖U〗 1 〔인도〕 대마(大麻), 대마초(hemp). 2 칸나비스(대마에서 추출한 해시시, 마리화나 따위 환각성 마약). **can·na·bic** [kənǽbik] 〖형〗

can·na·bism [kǽnəbìzm] 〖명〗 마리화나 중독(증).

***canned** [kǽnd] 〖형〗 1 통(병)조림한(英) tinned). ¶ ~ beer 깡통 맥주. 2 (구어) 녹음(녹화)된; 촬영이 끝난. ¶ ~ music 레코드 음악. 3 (속어) (공동·반복 이용을 위해서) 미리 준비된. 4 (속어) 술 취한, 몹시 박힌, 진부한. 6 (美속어) 해고된, 목잘린. 7 (속어) 수감된.

cánned góods 〖명복〗 1 통조림류(제품). 2 (美속어) (단수취급) 처녀, 동정.

cánned héat 〖명〗 휴대 연료(고체 알코올 따위).

can·nel (còal) [kǽnl-] 〖명〗 촉탄(燭炭)(기름·가스를 많이 함유한 석탄).

can·nel·lo·ni [kæ̀nəlóuni] 〖명〗 카넬로니. 1 파스타 속에 저민 고기나 치즈를 넣어 구운 요리. 2 크림을 넣고 설탕을 뿌린 파스타 말이. (또는 **cannelons**)〔<It〕

can·ne·lure [kǽnəljuər] 〖명〗 (소총탄의) 약협 압입구(藥莢壓入溝), 탄피 홈; (저항을 줄이기 위한) 탄띠 홈.

can·ner [kǽnər] 〖명〗 1 통조림 제조업자. 2 (美) 품질이 낮은 통조림용 동물. 〔소(jail).

can·ner·y [kǽnəri] 〖명〗 통조림 공장; (美속어) 교도

Cannes [kæn (z)] 〖명〗 칸(프랑스의 지중해 연안 휴양지; 매년 국제 영화제(~ Film Festival)가 열린다).

***can·ni·bal** [kǽnəbəl] 〖명〗 1 식인종; (비유적) (사람을 잡아먹는) 귀신. 2 동족끼리 잡아먹는 동물(의 동물). ─〖형〗 1 사람을 잡아먹는. 2 동족끼리 잡아먹는. **~ic** [kæ̀nəbǽlik] 〖형〗 **~ly** 〖부〗

can·ni·bal·ism [kǽnəbəlìzm] 〖명〗〖U〗 1 동족끼리 잡아먹는 풍습, 식인 (풍습). ¶ practice ~ 사람 고기를 먹다. 2 야만, 만행, 잔인한 행위. 3 〖경영〗 (대기업에 의한) 소기업 흡수 합병; 부품el상품의 분리 전용; 인력(자산)의 차출 전용. **-ís·tic** 〖형〗 **-ís·ti·cal·ly** 〖부〗

can·ni·bal·ize [kǽnəbəlàiz] 〖타〗 1 사람 고기를 먹다; 동족끼리 잡아먹다. 2 (폐품을 이용하여 기계를) 수리하다, 조립하다. 3 (기계의 재사용 부품을) 떼어내다; 고물상을 경영하다. 4 (경영) (신제품을 내놓아) 제품의 신구 교대를 꾀하다; (자사의 신규·유사 상품끼리) 서로 잡아먹다. 5 (남의 작품에서) 도용하다. **-i·zá·tion** 〖명〗

can·i·kin [kǽnikin] 〖명〗 1 작은 통; 작은 컵. 2 (나무로 만든) 양동이, 물통. (또는 **canikin**)

can·ning [kǽniŋ] 〖명〗〖U〗 통조림(병조림) 제조(업).

‡can·non [kǽnən] 〖명〗 (@ ~(s) [-(z)]) 1 대포; (전투기의) 기관포(* 현재는 gun을 쓴다); 캐논포(砲). 2 〖기계〗 이중축; (시계의) 태엽통. 3 = ~ bit. 4 (종의) 매다는 고리. 5 = ~ bone. 6 (英) 〖당구〗 =carom; (공 따위의) 반동. 7 (美속어) 권총; (속어) 소매치기. ─〖자·타〗 1 대포를 쏘다. 2 (英) 〖당구〗 캐롬을 치다. 3 (…에) 세차 충돌하다(against, into, with). ─〖자〗 포격하다. 2 (英) 〖당구〗 (공)을 캐롬으로 치다, 충돌하여 되돌아오게 하다. 〔만나다.

cannon into [or **against**] *a person* 남과 우연히

can·non·ade [kæ̀nənéid] 〖명〗 1 연속 포격(bombardment). 2 (말에 의한) 공세, 비난 세례. ─〖동〗 (연속) 포격(공격)하다; (공격처럼) 줄줄이 퍼져 나가다.

can·non·ball [kǽnənbɔ̀ːl] 〖명〗 1 (공 모양의 옛날) 포탄(지금은 shell이 보통). 2 (美구어) 특급(탄환) 열차. 3 (구어) 무릎을 안고 뛰어내리는 다이빙. 4 (테니스) 총알 같은 서브. (또는 **cánnon bàll**) (한정용법) 1 (다이빙에서) 무릎을 안고 뛰어내리는. 2 (속어) 고속의. ─〖동〗〖자〗 (속어) 고속으로 전진하다(움직이다).

cánnon bít (말의) 둥근 재갈.

cánnon bòne 〖명〗 〖동물〗 (말의) 정강이뼈.

cánnon crácker 〖명〗 대형 불꽃(폭죽).

can·non·eer [kæ̀nəníər] 〖명〗 포병(artilleryman).

cánnon fòdder 〖명〗 대포의 밥, 병졸, 보병.

cánnon prímer 〖명〗 〖군〗 화관(火管).

cánnon·proof [kǽnənprùːf] 〖형〗 방탄(防彈)의.

can·non·ry [kǽnənri] 〖명〗〖UC〗 포격, 발포; (집합적) 대포.

cánnon salúte 〖명〗 예포(禮砲). 〔대포.

cánnon shòt 〖명〗 포탄; 포격, 발포; 착탄 거리.

‡can·not [kǽnɑt, kənɑ́t/kǽnɔt, -nət] 〖조〗 can의 부정형. ⇒CAN. 〈p. 418〉

〖USAGE〗 **cannot, can not, can't** ── (1) (英)에서는 보통 cannot을 쓰나, (美)에서는 대개 can not으로 쓴다. can not은 cannot보다 다소 격식을 차리거나 강조적으로 쓴다. (2) (美)에서는 보통 cannot으로 쓰며 (문어)의 경우도 「…일 리가 없다」의 뜻일 경우 흔히 can't를 쓴다.

can·nu·la [kǽnjulə] 〖명〗 (@ ~s, **-lae** [-liː]) 〖외과〗 삽입관, 투관(套管)(침(針)). **-lá·tion** 〖명〗

can·ny [kǽni] 〖형〗 1 주의 깊은, 조심성 있는, 신중한. 2 영리한, 빈틈없는. 3 능숙한, 노련한. 4 검소한, 알뜰한. 5 (스코) 더할 나위 없는, 훌륭한. **b)** (부정문에서) 안전한, 무난한. **c)** 조용한, 고요한, 온순한. ¶ a brook 잔잔하게 흐르는 시내. **d)** 기분 좋은. **e)** 아름다운. **f)** (고어) 신비스러운 힘을 가진. ─ 〖부〗 (또는 **cannily**) 1 신중히; 영리하게, 빈틈없이. 2 (스코) 주의 깊게. 3 (스코 방언) 상당히, 꽤. **-ni·ness** 〖명〗

‡ca·noe [kənúː] 〖명〗 (@ ~s [-z]) 카누(paddle로 젓는 작은 배), 통나무배, 가죽배(짐승의 가죽을 씌운 배).

in the same canoe (뉴질) 같은 부족의.

paddle one's own canoe 자립하다, 남에게 의지하지 않고 혼자 해나가다.

─〖동〗 (~**s** [-z]; ~**d**; ~**·ing**) 〖자〗 1 카누를 젓다, 카누를 타다. 2 카누로 가다. ─〖타〗 …을 카누로 운반하다. **~·ist** 〖명〗 카누 젓는 사람.

ca·noe·ing [kənúːiŋ] 〖명〗 카누타기(경기).

ca·no·la [kənóulə] 〖명〗 〖농업〗 캐놀라(평지(유채)의 개량 변종의 하나).

can·on[1] [kǽnən] 〖명〗 1 〖종교〗 교회법, 계율, 종규(宗

canon 規), 법전(~ law). **2** 법령, 법률, 법규. **3** (종종 ~s) (행동·사상 따위의) 표준, 규준, 규범. ¶ the ~s of taste 취미의 표준. **4** 정전(正典); 성전(聖典), 경전(經典). **5** (문학) 진짜 작품(목록); ® Apocrypha. **6** (종종 the C~) [가톨릭] 미사 전문(典文). **7** [가톨릭] 신자(성인) 명단. **8** [음악] 카논, 전칙곡(典則曲). **9** ⓤ [인쇄] 카논 활자(48 포인트의 큰 활자). ~·**like** 웹

can·on² 웹 **1** (英) 대성당 참사회원(參事會員); 사제평의원. **2** [가톨릭] 성당 참사회원(~s regular).

ca·ñon [kǽnjən] 웹 =canyon. [< Sp]

can·on·ess [kǽnənis] 웹 수녀, 여자 수도회 회원.

ca·non·i·cal [kənɑ́nikəl/-nɔ́n-] 웹 **1** 종규(宗規)로 정한, 교회법에 따른, 교회[계율]의. ¶ ~ dress 성직자의 복장. **2** 정전(正典)의, 성전(聖典)의; 정전 목록에 든; 규범[표준적]인. **3** 권위있는; 공인된; 정통(파)의. **4** [수학] (표적 따위의) 정준(正準)의. **5** [음악] 카논(형식)의. (또는 **canonic**) — 웹 (~s) 성직자의 복장, 법의. ~·**ly** 분 [法]

canónical hóur 웹 (the ~) **1** [가톨릭] 성무공과(聖務工課)(교회법에 정해진 하루 7회의 기도 시간). **2** (英) (오전 8시부터 오후 3시까지의) 결혼식 거행 시간.

canónical púnishment 웹 (파면·파문 따위) 교회법에 따른 형. [합; 정전성(正典性).

can·on·ic·i·ty [kæ̀nənísəti] 웹ⓤ 교회법에 합치

can·on·ics [kənɑ́niks/-nɔ́n-] 웹 (단수취급) 경전 연구, 정전학(正典學).

can·on·ist [kǽnənist] 웹 교회법에 정통한 사람, 교회법 학자, 정전(正典) 학자. **-ís·tic, -ís·ti·cal** 웹

can·on·i·za·tion [kæ̀nənizéiʃən/-naiz-] 웹ⓤ **1** 성인품(聖人品)에 올리기, 시성(諡聖); 열성식(列聖式). **2** 정전(正典) 승인. **3** (교회로서) …을 승인[공인]하기.

can·on·ize [kǽnənaiz] 웹® **1** [교회] …을 시성하다, 성자의 반열에 올리다. **2** …을 정전(正典)으로 인정하다. ¶ ~d books 공인 정전. **3** (교회로서) …을 승인[인가]하다. **4** …을 찬양하다, …을 영광되게 하다.

cánon láw 교회법, 종규(宗規). [-**iz·er** 웹

cánon láwyer 웹 =canonist.

can·on·ry [kǽnənri] 웹ⓤ 성당 참사회원의 직; (집합적) 참사회원.

cánons régular [가톨릭] 수도 참사회원.

ca·noo·dle [kənúːdl] 웹 (美속어) ⓐ (남녀가) 껴안다; 껴안고 애무하다, 성교하다 (with). — ® …를 껴안고 애무하다. **-dler** 웹

cán ópener 웹 깡통따개(英) tin opener); (美속어) 금고털이용 (조립식 쇠지렛대 (jimmy).

can·o·pied [kǽnəpid] 웹 천개(天蓋) 있는.

Ca·no·pus [kənóupəs] 웹 [천문] 카노푸스(용골(龍骨)자리의 1등성(星)).

*****can·o·py** [kǽnəpi] 웹 **1** 닫집, 천개(天蓋)(왕좌·제대·설교대 따위의 상부를 가리는 장식). **2** 닫집처럼 늘어진 것, 그늘(shade). ¶ a ~ of shade 죽음의 그늘. **3** (건축) 차양. **4** 하늘, 천공(天空). ¶ the ~ of heaven 창공. **5** (비행기 조종석의) 덮개; 낙하산의 갓. under the canopy (강조) 도대체. — 웹® …을 닫집으로(처럼) 가리다.

cánopy expréss 웹 (군사) 유개(有蓋) 트럭.

ca·no·rous [kənɔ́rəs] 웹 음악적인, 선율이 아름다운, 잘 울리는. ~·**ly** 분 ~·**ness** 웹

Ca·nos·sa [kənɑ́sə/-nɔ́s-] 웹 카노사(이탈리아 북부의 옛 성; 1077년 신성 로마 제국 황제 Henry 4세가 교황 Gregory 7세 앞에서 회개, 파문이 풀린 곳). **go to Canossa** 처음에는 세게 나가다가 나중에는 굴복하다, 개심(改心)하다, 용서를 빌다.

cans [kænz] 웹⑰ (구어) 헤드폰.

canst [kænst, 약 kənst] ⓐ (고어·시) can의 2인칭·단수·현재형(* 주어가 thou일 경우에 쓴다: thou canst =you can).

cant¹ [kænt] 웹ⓤ **1** 위선적인 말(투), 빈말, 공염불

(空念佛). **2** 변말, 은어. ¶ talk in ~ 은어로 말하다. **3** 특수어, 유행어. ¶ a ~ phrase 한때의 유행어. **4** (거지 따위의) 청승맞은 목소리[말투]. — 웹ⓐ **1** 위선적인 말투로 말하다; 공염불하다, 점잔빼며 말하다; 전문어로 말하다. **2** 청승맞은 목소리로 말하다. ~·**ing·ly** 분

cant² 웹 **1** 튀어나온 모서리, 돌각(突角); (건물 따위의) 모서리, 모퉁이, 구석. **2** 기울기, 경사. **3** (제방 따위의) 사선(斜線), 사면, 사각(斜角). **4** 경사면, 사면. **5** (갑자기) 밀기, 찌르기, 던지기. **6** (원목에서 켜낸) 지저깨비 판자. — 웹 기운, 경사진. — 웹® **1** …을 비스듬히 자르다, …을 비스듬히 하다. **2** …을 기울이다. **3** (갑자기) …을 던지다; …의 방향을 바꾸다. — ⓐ 기울다, 경사지다; 뒤집히다. **~·ic** 웹

‡**can't** [kænt/kɑːnt] cannot의 단축형.

cant. cantonment. **Cant.** Canterbury; Canticles; Cantonese. [뒤에 쓰인다].

Can·tab 웹 =Cantabrigian(주로 학위명

can·ta·bi·le [kɑːntɑ́ːbilei/kæntɑ́bili] (음악) 분 노래 같은(처럼), 노래하는 듯한[하듯이]. — 웹 노래하는 듯한 음조의 곡, 칸타빌레. [< It]

Can·ta·brig·i·an [kæ̀ntəbrídʒiən] 웹 **1** (영국의) Cambridge(대학)의. **2** (미국 Massachusetts 주(州)의) Cambridge의; Harvard대학의. — 웹 **1** Cambridge 출생자[주민]. **2** Cambridge 대학[졸업]생; Harvard 대학[졸업]생. ® Oxonian [< L]

can·ta·la [kæntɑ́ːlə] 웹 [식물] 용설란과의 다육(多肉) 식물; 그 잎에서 나오는 질긴 섬유.

can·ta·le·ver [kǽntəlìːvər] 웹 =cantilever.

can·ta·loup(e) [kǽntəlòup/-lùːp] 웹ⓤⓒ 캔털루프(멜론의 일종); 머스크멜론.

can·tan·ker·ous [kæntǽŋkərəs] 웹 심술궂은, 걸핏하면 싸우는. ~·**ly** 분 ~·**ness** 웹

can·ta·ta [kəntɑ́ːtə/kæn-] 웹 (음악) 칸타타(독창·중창·합창 따위로 이루어진 성악곡). [< It] [< L]

Can·ta·te [kæntɑ́ːtei] 웹 [성서] 시편(詩篇) 제98장.

can·ta·tri·ce [kæ̀ntətríːtʃei, -tríːs] 웹® (~·**ci**[-tʃi]) 여자 (오페라) 가수. [< It]

cánt dòg 웹 (英) =cant hook.

can·teen [kæntíːn] 웹 **1** 수통. **2** (英) 군인 매점(美) Post Exchange(=PX)). **3** (기지 따위의) 클럽, 간이 오락장[식당]; 무료 군인 접대소. **4** (공장·학교·회사 등의) 구내(교내) 식당. **5** 휴대용 식기 세트[통].

can·ter [kǽntər] 웹 (보통 a ~) (말의) 느린 구보(gallop과 trot의 중간); 가벼운 예비 운동, 예행 연습. **win at** [or **in**] **a canter** 쉽게 이기다, 낙승하다. — 웹 천천히 구보하다(시키다).

canter one's wits 지혜[머리]를 쓰다.

*****Can·ter·bur·y** [kǽntərbèri, -bəri/-bəri, -bèri] 웹 캔터베리(영국 Kent 주에 있는 도시; 영국 국교 총본산의 소재지); (c-) 악보대(臺), 독서대.

Cánterbury bélls 웹 [식물] 풍륜초(風輪草), 앵초(櫻草).

Cánterbury tále [stóry] 웹 장황[지루]한 이야기; 꾸며낸 이야기. [(초서(Chaucer)의 시(詩)).

Cánterbury Táles 웹 (The ~) 캔터베리 이야기

can·thar·i·des [kænθǽrədìːz] 웹® (원형 **-thar·is**[-θǝris]) **1** [곤충] 가뢰(Spanish fly). **2** (약학) (단·복수 양용) 칸타리스(가뢰의 가루로 만든 자극제, 이뇨제).

cánt hòok 웹 갈고리 달린 막대기(제재소에서 통나무를 걸어올려 굴리는 데 사용). ® peavey

can·thus [kǽnθəs] 웹 (복 **-thi**[-θai]) [해부] 안각(眼角). **-thal** 웹

can·ti·cle [kǽntikl] 웹 **1** [성서] 성서의 어구절에 곡을 붙인] 성서 노래, **2** 찬(송)가. **3** (the C~s) (구약 성서 중의) 솔로몬의 아가(雅歌)(The Song of Solomon).

can·ti·le·na [kæ̀ntəlíːnə] 웹

[cant hook]

(음악) 칸틸레나(서정적인 선율). [<It]
can·ti·lev·er [kǽntəli:vər] 圏 (토목·건축) 외팔보; 내다지 들보; (항공) 캔틸레버식 날개. — 配 외팔보처럼 돌출하다. — 他 …을 외팔보처럼 만들다.
cántilever brídge 圏 캔틸레버식 다리.

[cantilever bridge]

can·til·late [kǽntəlèit] 圏 (…을) 영창(詠唱)하다. **-lá·tion** 圏
can·ti·na [kæntí:nə] 圏 (美방언) 술집. [<Sp]
cant·ing [kǽntiŋ] 圏 경건(敬虔)을 가장한, 점잔을 빼고 말하는, 위선적인 말투의.
cánting árms 圏(복) 가명(家名)에서 따온 문장(紋章).
can·tle [kǽntl] 圏 1 말안장의 뒷부분, 안미(鞍尾). 2 (토지 따위의) 자투리, 조각, 한쪽 귀, 일부(portion).
can·to [kǽntou] 圏 (複 ~**s**) 1 편(編)(장편시의 단락). 2 (옛날의) 노래, 주선율. 3 (스포츠) 시합의 한 구분(야구의 …회, 권투의 …라운드 따위). [<It]
can·ton [kǽntən, kæntán/-tɔn] 圏 1 (스위스 연방의) 주(州); (프랑스의) 소군(小郡) (몇 개의 commune으로 구성된다). 2 (문장) (방패 무늬의 오른쪽 위 끝의) 작은 구획. 3 (건축) (건물의 모서리에서 밖으로 튀어나온) 벽기둥. — 他 1 …을 구분하다. 2 …을 주 (현)로 나누다. 3 [kæntán, -tóun/kɔntún] (병사 등)을 숙영(宿營)시키다, (군대 따위에) 숙사를 배정하다. **~·al** 圏 **~·al·ism** 圏
Can·ton [kæntán, ´-/-tón] 圏 광동(廣東)(중국 남부의 도시; 영어식 표기). (또는 **Guangdong**)
Cánton crépe 圏 광동 비단(크레이프).
Can·ton·ese [kæntəní:z] 圏 (複 ~) 광동(廣東) 사람; ① 광동어(사투리). — 圏 광동의; 광동인(어)의.
Cánton flánnel 圏 광동 플란넬(한쪽 면에만 보풀을 세운 무명 직물).
can·ton·ment [kæntánmənt, -tóun-/-tú:n-] 圏 (군사) 숙영(宿營)(지), 막사; (임시의) 겨울철 막사, 임시 병사 할당. 「장(株江)(중국 남부 최대의 강).
Can·tón Ríver [kæntán-/-tón-] 圏 (the ~) 주
can·tor [kǽntər] 圏 성가대 합창 지휘자, 선창자; (유대교의) 기도문 독창자. 「내 성가대석 북쪽의.
can·to·ri·al [kæntɔ́:riəl] 圏 성가대 지휘자의; 교회
can·to·ris [kæntɔ́:ris] 圏 (음악) 북쪽 합창대가 노래하는 부분. [<L] 「난(mischief).
can·trip [kǽntrip] 圏 (스코) 주문(呪文)(spell); 장
Cantuar. [kǽntjuɑ̀:r] (라틴) *Cantuariensis* (=of Canterbury).
can·tus [kǽntəs] 圏 (複 ~) = firmus; 전례(典禮) 성가, 성가대의 정선율, 성가조(調).
cántus fír·mus [-fə́:rməs] 圏 (기독교회의) 전통적인 단선(單旋) 성가; (음악) 정선율(定旋律)(대위법 작곡의 기본이 되는 선율).
cant·y [kǽnti, káːn-] 圏 (스코) 쾌활한; 기운찬, 활발한, 활기찬. **cánt·i·ly** 圉 **cánt·i·ness** 圏
Ca·nuck [kənʌ́k] 圏 (경멸적) 캐나다 사람; (캐나다 속어) (특히) 프랑스계의 캐나다 사람. — 圏 캐나다(사람)의.
Ca·nute [kənjú:t/-njú:t] 圏 1 카누트(994?-1035; 덴마크 사람으로 잉글랜드·덴마크·노르웨이 왕). (또는 **Cnut, Knut**) 2 호언 장담하는 사람.
Ca·nut·ism [kənjú:tizm/-njú:t-] 圏 (英) 카누트적 태도; 카누트주의(끝까지 변화에 저항하고자 하는 완고한 기도(企圖)).
‡**can·vas** [kǽnvəs] 圏 (複 ~**es** [-iz]) ① 1 돛베, 범포(帆布), 즈크(삼베, 무명 등으로 짠 올이 굵은 천); (the ~) (권투·레슬링의) 매트. 2 화포(畫布), 캔버스; ⓒ 캔버스에 그린 유화(油畫). 3 (집회용의) 천막, 텐트. 4 (옷의 심(心), 자수용 형겊으로 쓰이는) 빳빳한 천. 5 (역사·소설 따위의) 배경, 무대. 6 (the ~) 서커스; 순회 흥행장. 7 (레이스용 보트의 천으로 덮은) 머리[꼬리] 끝 부분. 「상의 일을 하려고 하다.
carry too much canvas 능력 이상으로 넘치는 짓[능력 이상의 일을] 하다.
hit [or **kiss**] **the canvas** 녹다운 당하다, 패배하다.
on the canvas (권투) 녹다운되어서, 캔버스에 쓰러져서; 패배 직전의.
under canvas ① (해사) (배가) 돛을 펴고. ② (군대가) 야영중에, 천막을 치고. 「소한 차이로 이기다.
win by a canvas (보트 경주에서) 간신히 이기다.
~·like 圏 「시골뜨기.
cánvas bàck 圏 (美속어) 부랑자; 떠돌이 노동자;
can·vas·back [kǽnvəsbæ̀k] 圏 (複 ~**s**) 붉은 머리흰죽지(북미산(産)) 들오리의 일종).
cánvass bòat 圏 캔버스[즈크] 보트.
*****can·vass** [kǽnvəs] 他 1 (투표·의견·기부 따위를) …에게 의뢰[간청]하다, …의 주문을 받으러 다니다 (*for*); (선거구 따위를) 유세하고 다니다. ¶ (~+目+前+名) ~ a district *for* votes 투표를 호소하기 위해 선거구를 돌며 유세하다. 2 …을 상세히 조사하다; (투표)를 점검하다; 토의[검토]하다. 3 (英) (의견·계획)을 제출하다. — 自 1 선거 운동을 하다, (의견을) 구하러 다니다 (*for*); 주문을 받으러 다니다. ¶ (~+前+名) ~ *for* a candidate 입후보자를 위해 유세하다 / ~ *for* a newspaper 신문의 구독 신청을 받으러 다니다. 2 토론[논의]하다. 3 (美) 개표를 점검하다. — 圏 1 조사, 의론 조사. 2 (기부·주문을 받기 위한) 호별 방문, 권유. 3 토론, 논의. 4 (美) 선거 운동, 유세.
can·vass·er [kǽnvəsər] 圏 1 (선거 따위의) 운동원, 유세원; (보험 회사 따위의) 외판원. 2 개표 검사원.
cánvas shóes 圏 즈크화.
cánvas strétcher 圏 캔버스 틀.
can·y [kéini] 圏 등나무(cane)로 만든; 등나무가 많은.
*****can·yon** [kǽnjən] 圏 (하천이 흐르는) 깊은 골짜기, 협곡(gorge); (지면 따위의) 깊은 균열. (또는 **cañon**)
can·yon·ing [kǽnjəniŋ] 圏 협곡타기(암벽타기, 수영, 미끄러져 내리기 등이 결합된 극한 스포츠).
can·zo·ne [kænzóuni] 圏 (複 ~**s**, **-ni** [-niː]) (음악) 칸초네(이탈리아의 서정적 가곡). [<It]
can·zo·net [kæ̀nzənét] 圏 칸초네타(밝고 경쾌한 짧은 가요곡). (또는 **canzonetta** [-tə]) [<It]
caou·tchouc [káutʃuk, kautʃú:k] 圏① 탄성 고무(India rubber); 생고무(pure rubber).
‡**cap**[1] [kæp] 圏 1 (테 없는) 모자. ¶ a hunting ~ 사냥 모자 / a peaked ~ 앞챙이 달린 모자. 2 레이스 모자(실내용 여성 모자). 3 (복합어의) 모자; 정·계급 따위를 나타내는 제모(制帽); (英) 운동(선수)모. ¶ a college [*or* square] ~ 대학의 제모, 사각모. 4 (형태·용도 따위가) 모자 같은 것; 병뚜껑; (만년필의) 뚜껑; (구두의) 코; 슬개골(膝蓋骨); (시계의) 속뚜껑; 투구. ¶ a steel ~ 철모. 5 (the ~) 정상; 최고. ¶ a snowy ~ 눈이 덮인 산봉우리. 6 (놈·신분·지출·실력 따위의) 상한선(上限線), 최고 한도. 7 (식물) 버섯의 갓. 8 (건축) 주두(柱頭); (해사) 돛대 꼭대기의 이음목. 9 뇌관; (장난감 권총의) 딱총알. 10 (복합어의) (각종 크기의) 종이(예를 들면 foolscap). 11 (여우 사냥 따위에서) 비회원으로부터 거두는 회비. 12 (광산) (천장을 떠받치는 버팀대 머리의) 가로판. 13 (닳은 고무 타이어에 덧대는) 새 고무층. 14 (대패의) 덧날. 15 (英구어) 피임용 페서리(diaphragm). 16 (수학) 캡(2개의 집합에 공통인 부분을 나타내는 기호 ∩). 17 (조류) (새의 특징을 나타내는) 머리(頭部). 18 (치과) (이의) 치관(齒冠). 19 (전기) (전자관의) 캡.
a feather in one's cap ⇒ FEATHER.
assume the black cap 사형 선고를 내리다.
blow one's cap 속어 화내다, 발끈하다.
cap in hand (구어) 모자를 손에 들고[벗고], 공손히.
cap of liberty; liberty cap (역사) (노예에게 주어진) 자유의 모자; (공화당의 상징인) 삼각 모자.
cap of maintenance 관모(영국왕 대관식 때 왕 앞

cap 에서 받아들여 드는 모자).　　　「생각하다.
fit the cap on (넌지시) 빗대어 하는 말을 자기 일로
fling [or ***throw***] ***one's cap over the windmill***
무모한 행동을 하다, 관습에 도전하다. 「경례를 받다.
gain the cap of (英구어) …에게서 존경의 표시로
get [or ***gain, win***] ***one's cap*** (英) 선수가 되다.
If the cap [or (美) ***shoe***] ***fits, wear it.*** (속담) 그
말이 옳다고 여기거든 [짚이는 데가 있거든] 자기 일로
in the cap (광맥이) 좁고 짧은.　　　　「알아라.
kiss caps with …와 함께 술을 마시다.
pop a cap (속어) 총을 쏘다, 발포하다.
pull caps [or ***wigs***] 드잡이하다, 싸움을 하다.
put [or ***place***] ***a cap on*** …에 상한선[한도]를 두다.
put on one's considering [or ***thinking, conjuring***] ***cap*** 심사숙고하다.
ready as a borrower's cap 즉석에서.
send [or ***pass, take***] ***round the*** [or ***a***] ***cap;
send the cap round*** (모금을 위해) 모자를 돌리
다. * 이렇게 해서 모은 돈을 cap money라 한다.
set one's cap for [or (英) ***at***] (속어) (여자가) (남
자)의 호감을 사려고 애쓰다, (여자가) (남자)를 유혹
하여 남편으로 삼으려 하다, …의 비위를 맞추다.
snap one's cap (美속어) 흥분하다, 갈팡질팡하다.
The cap fits. (비평이) 적중하다.
***throw up one's cap; throw one's cap in the
air*** 아주 기뻐서 모자를 던져 올리다.
touch one's cap to …에게 약간의 경의 표시만을 하
다, 인사치레를 하다. 　　　　　　　　「사를 해야요?
Where is your cap? (어린이에게 타이르는 말로) 인
— 동 (**-pp-**) ① …에 모자[덮개]를 씌우다; 뚜껑을
씌우다; 쇠붙이를 붙이다. 2 …을 완성하다, 마무리하
다; (야구) 승리를 굳히는 득점을 하다. ¶ a ~ meal
with dessert 디저트로 식사를 마치다. 3 (다른 것)을
능가하다(*with*). 4 …보다 좋은 것(일화, 인용구 등)을
꺼내다. ¶ ~ a story (좋은) 이야기 끝에 그보다 더 좋은
이야기를 하다. 5 …의 꼭대기를 덮다. ¶ Snow has
~*ped* Mt. Halla. 눈이 한라산을 덮었다. 6 (스코·뉴
질)…에게 학위를 수여하다; (美)…에게 (견습 기간 완
료의 표시로) 간호사 모자를 씌우다. 7 (英) (경기자에
게 선수기를 주다; ···을 선수로 뽑다. 8 …에게 탈모(경
례)하다. 9 …의 상한을 정하다. — ㉮ 1 경례하다, 탈
모하다 (*to*). 2 (비회원이) 클럽의 여우 사냥에 참가
be capped for …의 선수가 되다. 　　　　「가하다.
cap off (속어) 끝마치다, 완료하다.
cap on (美속어) …을 공격하다, 비방[모욕]하다.
cap out (속어) 잠들다; 죽다.
cap the climax 도(度)를 넘다; 예측을 벗어나다, 예
상 외로 잘하다, 뜻밖의 행동을 하다.
cap to ① …에 경의를 표하다. ② …에 찬성하다.
cap verses 시구(詩句)의 끝자를 따서 글짓기하다.
That caps it all! 최고다, 그 이상의 것은 없다.
to cap (it) all 모든 것보다 월등히; 결국에는.
~·less 형
cap² 명 대문자(capital letter); (~s) (인쇄) 대문자
활자. — 동⒯ (**-pp-**) …을 대문자로 쓰다[인쇄하다].
cap³ (구어) 대장(隊長), 선장, 반장. [<*captain*]
cap⁴ 명 (마약 따위의) 캡슐. [<*capsule*]
bust a cap 마약[헤로인]을 주사하다.
pop a cap 캡슐에 든 마약을 마시다.　　　「용하다.
— 동⒯ (**-pp-**) (마약) 마약을 사다; (캡슐에 든 마약)을 사
cap out (美속어) 마약을 복용하고 의식을 잃다.
CAP, C.A.P. *Civil Air Patrol*(민간 항공 정찰대);
(英) *Code of Advertising Practice*(광고 윤리 강령);
combat air patrol(전투 공중 초계(哨戒)); *Common
Agricultural Policy*(EU의 공통 농업 정책); *computer-aided printing* [*production*]. **cap.** *capital;
capitalize*(d); *capital letter; capsule;
captain;* (라틴) *caput*(=chapter); *foolscap.*

ca·pa [káːpə] 명 투우사가 사용하는 붉은 망토.
ca·pa·bil·i·ty [kèipəbíləti] 명 (*pl.* ~*·ties* [-z]) 1 능력, 재능, 수
완 (*of, for, to do*). ¶ have the ~ *of* dealing [or *to
deal*] with the problem 그 문제를 처리할 능력이 있
다. 2 (…에 대한) 수용력, 용량, 성능 (*for*); (국가의) 전
쟁 능력. 3 (-*ties*) 가능성, 발전 능력, 장래성.
above [or ***beyond***] ***one's capability*** 능력밖의[에
있는], 가능성이 없는[없어].
ca·pa·ble [kéipəbl] 형 1 유능한, 수완 있는, 역량이
있는; …에 필요한 능력[자격]을 갖춘 (*for, in*). ¶ a ~
man 유능한 사람//the man ~ *for* the job 그 일에
적격인 사람. 2 …할 능력이 있는; …
을 받기 쉬운 (*of*). ⇒CAN 유의어 3 (나쁜 뜻으로) 감히
…할, …도 불사할 (*of*). ¶ He is ~ *of* stealing. 그는 도
둑질도 불사할 사람이다. 4 (…을) 수용할 수 있는, …할 수
여지가 있는 (*of*). ¶ a room ~ *of* 30 people 30명을 수
용할 수 있는 방. 5 (폐어) 소유할 법적 자격[권리]를 지
be capable of ⇨ 2, 3, 4. 　　　　　　　　　　「닌.

USAGE *capable of* ── (1) *able to*가 적극적 능력
을 나타내는 데 대하여, *capable of*는 소극적 능력·
순응성을 나타낸다. (2) *capable of*의 주어는 사람 또
는 사람의 동작이 미치는 대상인 경우가 보통이다.

capable de tout 무엇이든 할 수 있는. [F]
~·ness ~·bly 부 유능하게, 잘.
ca·pa·cious [kəpéiʃəs] 형 용량이 큰, 많이 들어가
는, 포용력이 있는, 널찍한, 관대한; (기억력이)
좋은. ¶ a ~ mind 활달한 마음. **~·ly** 부 **~·ness** 명
ca·pac·i·tance [kəpǽsətəns] 명 (전기) 1 ① 전
기[정전(靜電)] 용량. 2 축전기, 콘덴서.
ca·pac·i·tate [kəpǽsətèit] 동⒯ 1 (남)에게 (…하
는 것)을 가능하게 하다, 능력을 부여하다 (*to do*). 2 …
에게 (법적) 자격[권한]을 부여하다. ¶ ~ him *for* an
office 그에게 어떤 직책을 가질 자격을 주다.
-tá·tion 명 **-tà·tive** 형 =capacitive.
ca·pac·i·tive [kəpǽsətiv] 형 (전기) 전기 용량의,
용량성(性)의. **~·ly** 부 　　　　　　　　　(condenser).
ca·pac·i·tor [kəpǽsətər] 명 (전기) 축전기, 콘덴서
ca·pac·i·tor pickup (전축의) 가변 용량형 픽업.
ca·pac·i·ty [kəpǽsəti] 명 (*pl.* -*ties* [-z]) ① 1
(종종 a ~) 수용력, (건물 따위의) 수용 인원, 정원; 용
량, 용적, 체적. ¶ This room has a seating ~ *of* 20.
이 방에는 20인의 좌석이 있다. 2 (때로 a ~) 포용력;
수용력; 도량. ¶ a mind of great ~ 도량이 큰 마음. 3
(종종 a ~) (회사·공장 따위의) 생산 능력, 조업 능력.
4 (때로 a ~) (심신의) 능력, 정신 능력; 성능, 재능, 역
량, 잠재력 (*for, of, to do*). ⇒ABILITY 유의어 ¶ a man
of ~ 수완가//the ~ *for* English 영어의 능력. 5 (법)
지위, 자격, 입장; 관계; (법률상의) 자격, 능력. ¶ in a
civil ~ 일개 시민으로서. 6 (물리) 열 용량; (전기) 전기
(정전) 용량. 7 (전기) 최대 출력; (전기) 기억 용량.
at (***full***) ***capacity*** 전면 가동[조업]으로.
be filled [or ***packed***] ***to capacity*** 만원이다.
be in capacity 법률상의 능력을 가지다.
beyond capacity 능력 밖의, 감당할 수 없이; 초
capacity to action 소송 능력. 　　　　　　「만원으로.
in one's capacity as =*in the capacity of*.
in the capacity of …로서, …의 자격으로[입장에서].
to capacity 최대한으로, 꽉 차게.
with a capacity of 용량 …의.
within capacity 처리(감당)할 수 있어.
── 형 최대한의, 만원의, 수용력의 최대한까지의. ¶ a
audience 만원 청중/a ~ production 완전 조업 생산.
capácity utilizátion (경제) 설비 가동률.
cáp and béll 명 방울 달린 어릿광대 모자.
cáp-and-cóllar mórtgage 변제 금리 상·하
한선이 사전 책정되어 있는 저당 융자.
cáp and gówn 명 (대학의) 가운과 4각모.

cap-a-pie [kæpəpíː] 🔳 머리에서 발끝까지(from head to foot), 온몸에. ¶a knight armed ~ 완전 무장한 기사(騎士). (또는 **cap-à-pie**) 〔<F〕

ca·par·i·son [kəpǽrəsn] 🔳 (~s) 장식 마구(馬具), 아름다운 말옷; 성장(盛裝), 아름다운 복장. ── 🔳 〔말〕에게 말옷을 입히다; ~을 성장하다.

cáp clòud 🔳 (산봉우리에 걸리는) 흰 삿갓구름.

Cap·com [kǽpkàm/-kɔ̀m] 🔳 (우주 비행사와 교신하는 지상) 교신 담당자. (또는 **CapCom, CAPCOM**) 〔<*cap*sule *com*municator〕

‡**cape**[1] [keip] 🔳 1 케이프, 어깨에 걸치는 망토(코트가 붙어 있거나 또는 따로따로 입을 수 있는). (투우사의) 카파(capa). 2 =capeskin. ── 🔳 🔳 (투우사나 그 조수가) 카파를 흔들어 〔소〕를 돌진시키다. **caped** 🔳

‡**cape**[2] 🔳 1 곶, 갑(headland). 2 (the C-) = C- of Good Hope; =C- Cod. ── 🔳 🔳 (배가) 조타성(操舵性)이 우수하다. ── 희망봉의; 남아프리카의.

Cápe bóy 🔳 흑백 혼혈의 남아프리카인.
Cápe bùffalo 🔳 아프리카 물소.
Cápe Canáveral 🔳 =Canaveral.
Cápe Cód 🔳 1 케이프 코드, 코드갑(岬)(미국 Massachusetts 주 동남부의 반도). 2 (또는 ⁓ **cóttage**) (Cape Cod에서 유행한) 중앙에 굴뚝이 있는 오두막집.
Cápe Còd túrkey 🔳 《속어》 대구(codfish).
Cápe Còlony 🔳 Cape of Good Hope 의 옛 이름.
Cápe Cólored 🔳 🔳 〔남아공〕 백인과 유색 인종과의 혼혈의 (사람).
Cáped Crusádor 🔳 배트맨(Batman).
cápe dòctor 🔳 《남아공》 여름의 강한 동남풍.
Cápe Hórn 🔳 케이프 혼(남미 대륙 최남단의 갑(串)).
Ča·pek [tʃǽpek] 🔳 **Karel ~** 차페크(1890–1938; 옛 체코슬로바키아의 극작가·소설가; 희곡 *R.U.R.*에서 robot라는 말을 만들어냈다.
Cápe Kénnedy 🔳 케이프 케네디(Cape Canaveral 의 옛 이름). 「(작은 케이프).
cape·let [kéiplit] 🔳 케이프릿(어깨에 걸칠 정도의
cap·e·lin [kǽpəlin] 🔳 (북양산(産)) 빙어과(科)의 작은 물고기(대구의 낚싯밥 따위로 사용). (또는 **caplin**)
Ca·pel·la [kəpélə] 🔳 1 《천문》 카펠라(마부자리(Auriga) 중의 1등성). 2 (월면(月面)) 제4분원(分圓)에 있는 카펠라 분지.
Cápe of Gòod Hópe 🔳 1 (the ~) 희망봉(아프리카 남서부에 있는 갑(岬)). 2 케이프 주(Cape Province)(남아프리카 공화국의 한 주; 주도(州都) Cape Town).

*[**ca·per**[1] [kéipər] 🔳 깡충깡충 뛰어다니다(*about*). 1 까불며 뛰어다니기, 깡충깡충 뛰어다니기. 2 (~s) 못된 장난, 광태(狂態). 3 《미속어》 (강도 따위의) 위법 행위, 나쁜 짓, 범죄; 간계, 흉계.
cut capers** [or ***a caper] 《구어》 ① 깡충깡충 뛰어다니다. ② 까불대다, 못된 장난을 하다, 광태를 부리다.
~·er 🔳 **~·ing·ly** 🔳

ca·per[2] 🔳 백화채나무(지중해 지방 원산의 가시 많은 관목); 그 꽃봉오리(식초에 절여 조미료로 사용).
cap·er·cail·lie [kæpərkéilji] 🔳 《조류》 《유럽산》 큰뇌조(雷鳥). (또는 **capercailzie**)
Ca·per·na·um [kəpə́ːrneiəm, -niəm] 🔳 가버나움(갈릴리 호반의 옛 도시; 예수의 전도 중심지).
cape·skin [kéipskin] 🔳 케이프스킨(외투용 양가죽).
Ca·pe·tian [kəpíːʃən] 🔳 카페 왕조(987–1328)의. ── 🔳 카페 왕조(의 왕), 카페 왕가의 사람.
Cápe Tòwn 🔳 케이프 타운(남아프리카 공화국의 입법부 소재지). (또는 **Cápetòwn**) 🔳 Pretoria
Càpe Vérde [-və́ːrd] 🔳 (the ~) 카보베르데(아프리카 서쪽 대서양상의 섬나라; 수도 Praia).
cap·ful [kǽpfùl] 🔳 1 모자에 하나 가득(한 분량); 조금, 소량. 2 산들바람.
a capful of wind 《해사》 산들바람.
cáp gùn 🔳 =cap pistol.

ca·pi·as [kéipiəs/-æs] 🔳 (🔳 ~**es** [-iːz]) 〔법률〕 구인장, (구속) 영장. 〔<L〕
cap·il·lar·i·ty [kæ̀pəlǽrəti] 🔳 🔳 1 털 모양, 모관 모양. 2 《물리》 모세관 현상(작용, 인력(引力)).
cap·il·lar·y [kǽpəlèri/kəpílərí] 🔳 1 털(모양)의, 털처럼 가는. 2 모세관의; 모세 혈관의. 3 《해부》 모세관 현상의. ── 1 (또는 ⁓ **véssel**) 〔해부〕 모세 혈관. 2 (또는 ⁓ **túbe**) 모세관.
cápillary áction 🔳 《물리》 모세관 작용(현상).
cápillary attráction 🔳 《물리》 모세관 인력.
cápillary phenómenon 🔳 =capillary action.
cápillary repúlsion 🔳 《물리》 모세관 척력(斥力).
ca·pi·ta [kǽpətə] 🔳 caput의 복수형.

‡**cap·i·tal**[1] [kǽpətl] 🔳 (🔳 ~**s** [-z]) 1 수도, 서울; 주도(州都), 성도(省都); (산업 따위의) 중심지. 2 대문자, 두문자(~ letter). 3 《때로 a ~》 자본(금); 자산, 원금(❀ interest). ¶foreign ~ 외자 / fixed ~ 고정 자본 / invest one's ~ in a business 어느 사업에 투자하다. 4 🔳 《종종 a ~》 《구어》 금액. 5 《종종 C-》 《집합적》 자본가 계급(❀ labor). 6 🔳 자원, 밑천; (자본이 되는) 능력, 체력; 지식, 기능. ¶Good health and energy are his ~. 건강과 정력이 그의 밑천이다. 7 《회계》 순자산; 전(순)주식 투자. 8 🔳 장래를 위한 비축[저축].
live on one's capital 무위도식하다. 〔삼대를 잇다.
make capital (out) of …을 이용하다, …을 기회로
on capital 자본〔원금〕에 대해서. ¶pay 9% interest *on* ~ 원금에 대해서 9퍼센트의 이자를 지불하다.
speak in capitals 어조를 힘주어 말하다.
── 🔳 1 자본의, 자산의; 원금(밑천, 본선)의. ¶a ~ stock〔fund〕 자본주(株)〔금〕. 2 매우 중요한, 으뜸가는, 주요한; 중앙 관서가 있는. ⇨CHIEF 《유의어》 ¶a ~ city 수도. 3 《영》 훌륭한, 뛰어난; 일등의, 일류의. ¶That's a ~ idea. 그것은 훌륭한 착상이다. 4 대문자의, 두문자의. 5 (처벌로서) 죽어 마땅한, 사형에 처할. ¶a ~ sentence 사형 선고. 6 중대한, 대단한, 치명적인. ¶a ~ error 치명적인 잘못(실수).
with a capital [or ***big***]... 《구어》 뛰어난, 진정한 (*…은 선행하는 낱말의 머리글자 대문자). ¶an artist *with* a ~ A 매우 뛰어난 예술가.
── 🔳 멋지다, 좋다, 훌륭하다.

cap·i·tal[2] 🔳 《건축》 기둥머리.

cápital accóunt 🔳 자본(금) 계정; (~s) 순자산 계정.

cápital ássets 🔳 《상업》 고정〔자본〕 자산. 《미》 current assets

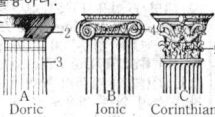

Doric 도리아식   Ionic 이오니아식   Corinthian 코린트식

[capital[2]]
1 plinth 2 echinus 3 fluting
4 volute 5 acanthus

Cápital Béltway 🔳 《미》 =beltway 2. 「지출.
cápital expénditure 🔳 설비 투자; 《회계》 자본
cápital flíght 🔳 (외국으로의) 자본 도피, 도피 자본.
cápital gáin 🔳 자산 매각 소득, 자본 이득.
cápital gáins distribùtion 🔳 《경제》 자본 이득
cápital gáins táx 🔳 자본 이득세. 「의 배당.
cápital góods 🔳 🔳 《경제》 자본재(財).
cap·i·tal-in·ten·sive [-inténsiv] 🔳 《경제》 자본 집약적인, 🔳 labor-intensive
cápital invéstment 🔳 자본 출자, 설비 투자.
*[**cap·i·tal·ism** [kǽpətəlìzm] 🔳 🔳 자본주의, 자본주의 제도. ¶financial [or finance] ~ 금융 자본주의 / industrial [commercial] ~ 산업〔상업〕 자본주의 / people's ~ 인민〔대중〕 자본주의 / revised [welfare] ~ 수정〔후생〕 자본주의.
*[**cap·i·tal·ist** [kǽpətəlist] 🔳 자본가; 자본주의자; 《속어》 (큰) 부자, 자산가. ── 🔳 =capitalistic.

cap·i·tal·is·tic [kæpətəlístik] 형 자본(가)의; 자본주의의[적인].¶~ economy 자본주의 경제/a ~ state 자본주의 국가. **-ti·cal·ly** 부

cápitalist róad 명 (중국의) 주자파(走資派)의 정책

cápitalist róader 명 주자파(走資派)(중국의 문화혁명 때 자본주의 노선을 걷는다고 규탄되었던 세력).

cap·i·tal·i·za·tion [kæpətəlizéiʃən/-lai-] (*(英) -sation**) 명 ① 1 자본화. 2 〔회계〕 (사업에의) 투자; (지불금의) 자산 계상; (기대 수익 등의) 현시가 계상; 주식 자본. 3 ① (a ~) 자본 총액.¶~ ratio 자본 구성 비율. 4 대문자[두문자]로 쓰기. 5 수도(首都)로 삼기.

cap·i·tal·ize [kæpətəlàiz] (*(英) -ise**) 타 1 …을 대문자로 쓰다[인쇄하다, 쓰기 시작하다]. 2 〔회사의〕 수권 자본[주식, 사채]의 발행액을 결정[승인]하다.¶a company ~d at $100,000,000 1억 달러의 회사. 3 〔부채 따위〕를 주식으로 전환하다, 자본화(化)하다. 4 〔회계〕 〔지출〕을 자산으로 계상하다. 5 …에 자본을 투자[공급]하다, 출자하다. 6 〔주식·부동산 등〕의 시세[현재 가치]를 어림잡다. 7 …을 이용하다, …을 기화로 삼다[틈타다].¶~ the vanity of women 여성의 허영심을 이용하다. ㅡ자 …을 이용하다, 기화로 삼다[틈타다] (on).¶~ on another's mistake 남의 실수를 기화로 삼다. **-iz·a·ble** 형 **-iz·er** 명

cápital létter 대문자. (또는 **capital**) 형 small letter

주의 대문자의 주요 용법―― **(1)** 인칭 대명사의 1 인칭 단수 주격: *I*. **(2)** 문장의 첫머리: *It was in 1999 that…* **(3)** 문장 중에 나오는 인용문의 첫머리: *George said, "The book is too difficult."* **(4)** 고유 명사, 달력의 월명(月名), 요일명, 축제일 따위: *John Milton/Korea/the White House/January/Monday.* **(5)** 관직·칭호·지위의 명칭이 고유 명사로 쓰인 경우나: *King of England/Prime Minister/Doctor Faustus.* **(6)** 신(神)의 이름, 기타 이에 준하는 명칭: *God/Jehovah/the Almighty/the Saviour/the Holy Ghost/Satan.* **(7)** 공공 기관 등: *the Government/the Supreme Court/the Ministry of Education.* **(8)** 정당, 종파, 학술(우호) 단체 따위: *Democratic Party/Protestants/the Lions Club.* **(9)** 저서·논문의 제목은 첫머리와 명사·대명사·형용사·동사·부사를 대문자로 쓴다: *The Merchant of Venice/The History of the English Novel.* **(10)** 전쟁, 기타 역사상 유명한 사건·시대: *World War II/the Black Death/the Dark Ages.* **(11)** 시(詩)의 각행의 첫머리. 단, 현대시에서는 대문자로 쓰지 않는 경우도 적지 않다. **(12)** 의인화(擬人化)된 추상 명사: *Haste thee Nymph, and bring with thee Jest, and youthful Jollity.* 님프여, 어서 가서 익살과 싱싱한 환희를 데려와주려무나.

cápital lévy 명 자본 과세, 자본세.
cápital lóss 명 자본 손실. 형 capital gain
cap·i·tal·ly [kæpətəli] 부 1 멋지게; 훌륭하게; 대단히 잘. 2 극형(極刑)으로.
cápital márket 자본 시장, 장기 금융 시장. 참 money market
cápital néeds 명복 자금 수요, 소요 자금.
cápital óutlay 명 =capital expenditure.
cápital púnishment 명 사형, 극형.
cápital shíp 명 주력함(전함·순양함·항공 모함 등).
cápital síns 명복 =deadly sins.
cápital stóck 명 1 자본주(회사가 발행한 총주식수). 2 (회사의) 주식 자본; 수권 자본, 자본금. 3 〔경제〕 자본 스톡.
cápital strúcture 명 자본 구성.
cápital súm 명 〔보험〕 (지급되는 보험금의) 최고액.
cápital súrplus 명 (美) 자본 잉여금.
cápital térritory 명 수도권(首都圈).
cápital tránsfer táx 명 양도[증여, 상속]세.
cápital túrnover 명 자본 회전율.
cap·i·tate [kæpəteit] 형 〔식물〕 두상(頭狀)(꽃차례주).

cap·i·ta·tion [kæpətéiʃən] 명① 인원별 계산[할당], 균등할(均等割); 인두세(人頭稅).
capitátion gránt 명(인원수에 따른) 보조금.
Cap·i·tol [kæpətl] 명 1 (美) (the ~) (Washington, D.C.에 있는) 국회 의사당(~ Hill); (보통 c-) 주의회의 사당(statehouse). 2 Jupiter의 신전(殿) Capitoline Hill); =Capitoline Hill.
Cápitol Híll 명 1 (美) 국회, 의회(Congress)(또는 **the Hill**); 국회 의사당이 있는 언덕. 2 (the ~) =Capitoline Hill.
Cap·i·to·line [kæpətəláin/kəpítə-] 형 (로마의) Jupiter 신전의; ~ Hill의. ― 명 = Capitoline Hill.
Cápitoline Híll 명 카피톨리누스 언덕(고대 로마의 일곱 언덕의 하나로 Jupiter 신전이 있었다).
Cápitol políce 명 (美) 국회 경비대.
ca·pit·u·la [kəpítjulə] 명 capitulum의 복수형.
ca·pit·u·lar [kəpítjulər] 명 성당(교회) 참사회원; (~s) 참사회의 법규. ― 형 1 〔식물〕 두상(頭狀)(꽃차례)의(capitate). 2 참사회의(에 관한). **~·ly** 부
ca·pit·u·lar·y [kəpítjuleri/-ləri] 형 참사회의. ― 명 1 참사 회원. 2 (-laries) (프랑크 왕국의) 법규집.
ca·pit·u·late [kəpítʃuleit] 자 (조건부 또는 무조건) 항복[굴복]하다 (to). **-là·tor** 명
ca·pit·u·la·tion [kəpìtʃuléiʃən] 명① 1 무조건 항복; 조건부 항복; ⓒ 항복 문서. 2 항목표, 일람표. 3 (종종 ~s) 거류 외국인에게 일정한 특권을 주는 협정. **-la·to·ry** 형 〔투항〕주의. **-ist** 명
ca·pit·u·la·tion·ism [kəpìtʃuléiʃənìzm] 명 항복주의.
ca·pit·u·lum [kəpítʃuləm] 명 (복 *-la* [-lə]) 1 〔식물〕 두상꽃차례, 두상화(頭狀花); 버섯류의 갓. 2 〔해부〕 뼈의 소두(小頭). 3 〔헌 정체〕.
Cap·let [kæplit] 명 〔약학〕 〔상표〕 캐플릿(당의를 입힌 정제).
cap·lin [kæplin] 명 = capelin.
cap'n [kæpn] 명 《속어》 = captain.
ca·po [káːpou, kæpou] 명 (복 ~s) 마피아의 지부장. 〈It head, leader〉
ca·po·ei·ra [kàːpouéirə] 명 〔무용〕 카포에이라(아프리카 기원의 브라질 남성 민속 무용).
ca·pon [kéipən/-pən] 명 〔식용용의〕 거세한 수탉[수탉기]; (美속어) 여자 같은 남자; 동성 연애자.
Ca·pone [kəpóun] 명 **Al(phonse)** ~ 카포네 (1899–1947: 이탈리아 태생의 미국 마피아단 두목).
ca·pon·ize [kéipənàiz] 타 〔수탉〕을 거세하다. **-i·zá·tion, -iz·er** 명
cap·o·ral [kæpərəl, kæpəræl/kæpəráːl] 명① 카포랄(프랑스제의 싸구려 살담배).
cap·o·re·gime [kàːpourəʒíːm] 명 (美속어) 마피아의 부지부장(capo 다음 자리). 〈It lieutenant〉
ca·pot [kəpát, -póu/-pɔ́t] 명 〔카드놀이〕 (piquet에서의) 전승(全勝). ― 타 (-*tt*-) (piquet에서) (상대방)에게 전승하다.
ca·pote [kəpóut] 명 1 (군인·여행자 등의) 두건 달린 긴 외투. 2 카포트 모자(여성·어린이용 끈이 달린 테 없는 모자). 3 (탈것의) 포장, 차덮개. 4 (투우사의) 어깨망토, 케이프(cape). 〈F〉
cap·pa·per [kǽpèipər] 명 엷은 갈색 포장지; 편지지의 일종. (또는 **cap pàper**)
cap·per [kæpər] 명 1 모자 제조공[판매인]. 2 (병 따위의) 마개를 씌우는 기계[사람]. 3 (美속어) (도박꾼의) 앞잡이; (경매의) 값을 올리는 사람. 4 (속어) 결말, 끝장.
cáp pístol 명 (종이 화약으로 소리 내는) 장난감 권총.
cap·puc·ci·no [kæputʃíːnou, kàː-] 명 ①ⓒ 카푸치노(끓인 우유(크림) 거품에 향료 cinnamon을 뿌린 커피). 〈It〉
Ca·pri [káːpri/kæpríː] 명 1 카프리 섬(이탈리아의 나폴리 만에 있는 작은 섬; 관광지). 2 ① 카프리 포도주. 3 (~s) 꼭 끼는 여성용 바지(~ pants).

cap·ric [kǽprik] 형 염소의[와 같은]; 〖화학〗 카프르
cápric ácid 명 카프르산(酸).   〔산의.
ca·pric·ci·o [kəpríːtʃiòu/-príːtʃ-] 명 (복 ~s [-z]) 1 ① 까불기, 장난. 2 ① 변덕, 일시적 기분. 3 〖음악〗 카프리치오, 기상(奇想)곡, 광상곡. 〔It〕
*ca·price [kəpríːs] 명 ①① 1 변덕, 일시적 기분, 바람기, 순간적인 충동. ¶ the ~s of a woman 여자의 바람기. 2 변덕스러운 성질. 3 일시적 기분의 작품, 희작(戲作). 4 〖음악〗 = capriccio. 〔It〕
*ca·pri·cious [kəpríʃəs, -príːʃ-/-príʃ-] 형 변덕스러운, 마음이 변하기 쉬운, 바람이 있는; (날씨·바람 따위가) 불안정한, 불규칙적인. ~**·ly** 부 ~**·ness** 명
Cap·ri·corn [kǽprikɔ̀ːrn] 명 1 〖천문〗 산양자리 (the Goat). 2 〖점성〗 마갈궁(磨羯宮)(황도 12궁 중의 제 10 궁). ⇨ZODIAC 그림. 3 **tropic of ~** 동지선(冬至線), 남회귀선. 〔1, 2.
Cap·ri·cor·nus [kæ̀prikɔ́ːrnəs] 명 = Capricorn
cap·ri·fi·ca·tion [kæ̀prəfikéiʃən] 명 〖원예〗 (무화과 나무의) 충매 수분(蟲媒授粉).
cap·ri·fig [kǽprəfìg] 명 (남유럽·소아시아산의(産)) 야생 무화과. 2 그 열매.
cap·rine [kǽprain, -rin] 형 염소의, 염소 같은.
cap·ri·ole [kǽpriòul] 명 〖댄스〗 깡충 뛰기, 도약; 〖馬術〗 (말이 전진하지 않고 뛰는) 수직 도약. —자 (말이) 도약하다, 깡충 뛰다.
caps. *capital letters*; 〖라틴〗 *capsula* (= capsule).
cáp scréw 명 둥근머리 볼트.
Cáp Sép [로켓] *capsule separation*(캡슐 분리).
cap·si·cum [kǽpsikəm] 명 가짓과(科) 고추속(屬)의 식물; 그 열매. 〔을 둘러싸는 단백질의 외피.
cap·sid [kǽpsid] 명 〖생물〗 캡시드(바이러스의 핵산
cap·size [kǽpsaiz/-´-] 자타 뒤집히다, 전복시키다. ¶ The boat ~ d. 보트가 전복되었다. —타 뒤집어 엎다, 전복시키다. ⇨UPSET 유의어 ¶ A strong wind ~ d the boat. 강풍으로 보트가 뒤집혔다. — 명 전복.
-siz·a·ble 형 **cap·síz·al** 명
cap·so·mere [kǽpsəmìər] 명 캡소미어(capsid 위에 배열하여 그 구조 단위가 되어 있는 단백질 분자의 집합체).
cap·stan [kǽpstən, -stæn] 명 캡스턴. 1 〖해사〗 닻 따위의 무거운 물건을 들어올리기 위한 장치. 2 테이프 리코더의 테이프 회전 속도 조절 장치.
cápstan bàr 명 캡스턴을 돌리는 (쇠)막대. [capstan 1]
cápstan láthe 명 = turret lathe.
cápstan táble 명 = drum table.
cap·stone [kǽpstòun] 명 1 (벽·건조물의 꼭대기에 얹힌) 갓돌, 관석(冠石)(coping). 2 ① 마지막 마무리; 절정, 극치(acme).
cap·su·lar [kǽpsələr/-sju-] 형 꼬투리[캡슐]의; 꼬투리[캡슐] 모양의; 꼬투리[캡슐] 같은.
cap·su·late [kǽpsəlèit/-sju-] 형 꼬투리[캡슐] 모양의; 꼬투리[캡슐]에 든. (또는 **capsulated**) —타 캡슐에 넣다. 요약하다. **-lá·tion** 명 캡슐에 넣기.
*cap·sule [kǽpsəl, -sjúːl/-sjuːl] 명 1 작은 용기 (주머니, 상자). 2 (약을 싸는) 캡슐. 2 〖식물〗 삭과(蒴果); 삭(蒴); 씨주머니. 3 〖해부〗 막낭(膜囊), 피막(被膜), 삭 모양의 기관(器官). 4 작은 낭, 작은 포피(包被). 5 (우주 로켓의) 캡슐. 6 병마개. 7 요약, 개요; 간략한 보고. — 타 1 ···을 캡슐로 싸다, ···의 캡슐을 씌우다. 2 ···을 요약하다, 작게 뭉뚱그리다. — 형 1 아주 작은; 소형의. 2 우주 캡슐에 관한]. 3 간결한, 요약의.
cápsule commúnicator 명 (우주선 탑승자와 통화하는) 지상 연락원(ⓒ CapCom).
cap·sul·ize [kǽpsəlàiz/-sju-] 타 요약하다, 간략하게 하다; 캡슐에 넣다.

capt. *Captain* (또는 **Cpt, CPT**); *caption*.
‡cap·tain [kǽptən, -tin/-tin] 명 (복 ~**s** [-z]) 1 (단체 따위의) 장, 수령, 우두머리; 재벌 총수, 거물. ¶ a ~ of industry 실업계의 거두, 대실업가. 2 〖군사〗 육군 대위; 해군 대령; (美) 공군 대위; (英軍) (장성에 상당하는) 합대 부관, (美軍) (임시의) 합대 참모. 3 군지도자, 역전의 지휘관; 전략가. 4 선장, 함장, 정장(艇長), 기장. 5 (배의 각 부서의) 장(長), 구역장, 주임; (공장 따위의) 반장, 직공장; (美) (경찰·소방서의) 총경, 지서장; (지방 선거구의) 당 지도자. 6 〖스포츠〗 (팀의) 주장; (英) (학교의) 반장. 7 (美) (호텔 등의) 보이장 (bell ~), 급사장(head waiter).
be the captain of *one's* **soul** (古) 자기 운명을 뜻대로 할 수 있다.
Captain Ármstrong (속어) 부정을 행하는 기수(騎手). ¶ come C- *Armstrong* (기수가) 미리 짜고 하는 시합을 하다.
Captain Cóok(**er**) 〖뉴질〗 야생화(野生化)된 돼지.
captain of the héad(**s**) (해군 속어) 선장(船上) 변소의 책임자; 무능한 인간.   〔장으로 되다.
— 타 ···을 지휘하다, 통솔하다, 명령하다; (팀의) 주
cap·tain·cy [kǽptənsi] 명 ①① *captain*의 직[지위, 행동, 자격]. (또는) 명예 장교.
cáptain géneral 명 (복 **-s g-**, **c- -s**) 총사령관.
cáptain's bíscuit 명 질 좋은 건빵.
cáptain's cháir 명 캡틴 체어(Windsor chair형의
cap·tain·ship [kǽptənʃip] 명 ① = captaincy;
captain 으로서의 재능[수완].   〔수 있는 좌석.
cáptain's táble séating 명 (식당에서) 합석할
CÁPTAIN Sýstem [kǽptən-] 명 (상표) 캡틴 시스템(중앙의 컴퓨터로부터 가정의 TV 수상기에 정보를 제공하는 비디오텍스 시스템). 〔< *Character and Pattern Telephone Access Information Network*〕
cap·tan [kǽptæn, -tən] 명 캡탄(농업용 합성 유기 살균제).
cap·ta·tion [kæptéiʃən] 명 인기 전술; 아첨.
*cap·tion [kǽpʃən] 명 1 (신문 기사·공문서 (文章) 따위의) 표제, 제목. 2 (사진·삽화의) 설명문, 캡션. 3 〖영화〗 자막(subtitle). 4 〖법률〗 (법률 문서의) 두서(頭書) (작성한 장소·일시·권한 따위를 기술한 부분). 5 (古) 체포. — 타 ···에 표제[설명, 자막]를 붙이다.
~**·less** 형
*cap·tious [kǽpʃəs] 형 1 (사소한 잘못·결점 따위를) 흠[트집]잡는, 까다로운. 2 말꼬리를 잡고 늘어지는, 심술궂은. ~**·ly** 부 ~**·ness** 명
cap·ti·vate [kǽptəvèit] 타 (사람의 마음)을 매혹하다, 사로잡다; ···의 넋을 빼앗다; (魔로) (사람)을 사로잡다; 정복하다. ⇨ATTRACT 유의어 ¶ The children were ~ d by the story. 아이들은 그 이야기에 홀딱 빠져들었다. **-vá·tion** 명 매혹(하기); 매력. **-và·tive** 매혹적인. **-và·tor** 매혹하는 사람[것].
cap·ti·vat·ing [kǽptəvèitiŋ] 형 매혹적인. ~**·ly** 부
‡cap·tive [kǽptiv] 명 (복 ~**s** [-z]) 1 포로, 인질, 죄수. 2 사랑에 사로잡힌 사람; (아름다움 따위에) 매료된 사람(*of, to*). ¶ He became a ~ to her beauty. 그는 그녀의 미모에 완전히 사로잡혔다.
— 형 1 포로가 된; 감금[유폐]된. 2 (기구(氣球) 따위가) 계류(繫留)된, 매어져 있는. 3 (사랑·아름다움 따위에) 사로잡힌. 4 (소기업이) 대기업(타회사)에 지배되는. 5 (美) 강제로 듣게 되는.   〔로 하다[잡아 가두다].
take [or **hold, lead**] **a** *person* **captive** 남을 포로
cáptive áudience 명 (라디오·확성기 따위에서 나오는 선전 등을) 싫어도 들어야 하는 청중.
cáptive ballóon 명 계류 기구.
cáptive fíring [**tést**] 명 (로켓의) 고정(固定) 테스트, 정지(靜止) 시험.
*cap·tiv·i·ty [kæptívəti] 명 ① 감금, 사로잡힌 몸[상

태]; 구류[감금] 기간; (the C-) [성서] 바빌론 유수(幽囚) *in captivity* 포로가 되어.
cap·tor [kǽptər] 圀 잡는 사람, 포획자; 수상[당첨]자.
cap·tress [kǽptris] 圀 captor의 여성형.
‡**cap·ture** [kǽptʃər] 圀⨩ (〜**s** [-z]; 〜**d**; -tur·ing) 1 …을 붙잡다, 체포하다; …을 생포하다, 포로로 하다. ⇨CATCH [유의어] 2 …을 공략[점령]하다, 함락시키다. 3 [상품 따위]를 획득하다. 4 [사람의 마음·주의 따위]를 끌다, 사로잡다. ¶〜 his attention 그의 주의를 끌다. 5 [물리] [원자가] [소립자]를 포획하다. 6 [영화·글 따위로] …을 표현[포착]하다, 7 [서양장기] [말]을 잡다. 8 [컴퓨터] [데이터 따위]를 입력하다, 집적하다.
—圀 (〜**s** [-z]) 1 Ⓤ (보통 the 〜) 포획, 나포; 탈취, 공략, 약탈; the 〜 of a fishing boat 어선의 나포. 2 포획물, 잡힌 사람, 포로, 노획물; 상품. 3 Ⓤ (the 〜) [물리] [원자가] 다른 소립자를 포획하는 일. 4 [컴퓨터] 데이터 수집[입력]. **-tur·a·ble** 휑 **-tur·er** 圀
cap·u·chin [kǽpjutʃin, -ʃin] 圀 1 (중남미산(産) 거미원숭이의 일종. 2 (여자용) 두건 달린 외투. (또는 **capuchine**) 3 (C-) [가톨릭] 카푸친회 수도사.
ca·put [kéipət, kǽp-] 圀 (⨩ -*pi·ta* [kǽpətə]) [해부] [뼈 따위의] 두상부(頭狀部). [<L head]
cáput mór·tu·um [-mɔ́ːrtʃuəm] [연금] 폐물, 찌꺼기, 앙금; [화학] 벵갈라, 철단(鐵丹). [<L]
cap·y·ba·ra [kæpəbɑ́ːrə] 圀 캐피바라(현존 최대의 설치(齧齒) 동물; 또는 **capibara**)
‡**car** [kɑːr] 圀 (⨩ 〜**s** [-z]) 1 자동차, 승용차(美 automobile, 英 motorcar). ¶ drive a 〜 자동차를 운전하다. 2 전차; 시내 전차(美 streetcar, 英 tramcar). 3 (美) [복합어로] 철도 차량, 객차, 화차(*英)에서 객차에는 carriage, 화차에는 wagon, van 을 쓴다. ¶ a passenger [freight] 〜 객[화물]차 / a dining [sleeping] 〜 식당[침대]차. 4 (비행선·경기구 (輕氣球)의) 곤돌라, 매단 바구니; (美) [엘리베이터의] (타는) 칸(cab). 5 [시] 전차(戰車). 6 [英방언] 바퀴 달린 운반구; (짐)마차, 광차(鑛車). 7 활어조(活魚槽).
by car 자동차로. ¶ *go by* 〜 자동차로 가다.
Calling all cars! [경찰] 모든 차량은 현장으로 출동하라!

get into [out of] the car 차에 타다[차에서 내리다].
in a person's car 남의 차로[를 타고].
take a car 차를 타다.
—圀⨩ 차에 태우다, 차로 운반하다; (〜 *it æ*) 차로 가다.

CAR Central African Republic; (英) Civil Air Regulations(민간 항공 규칙); computer-aided retrieval(컴퓨터 이용 검색). **car.** carat(s); cargo; carpentry. **Car.** Charles. **CARA** (美) Classification *and* Ratings Administration(영화 협회의) 분류·기준 심사 위원회).
ca·ra·ba·o [kɑ̀ːrəbɑ́ːou] 圀 (⨩ 〜(**s**)) (필리핀산(産)) 물소(water buffalo). [「(-bāin))
car·a·bin [kǽrəbin] 圀 =carbine. (또는 **car·a·bine**)
car·a·bi·neer [kæ̀rəbəníər] 圀 1 carbine 총을 가진 기병, 기총병(騎銃兵). 2 (the C-s) 영국 근위(近衛) 제3[6] 용기병(龍騎兵) 연대. (또는 **carabinier, carbineer**)
car·a·bi·ner [kǽrəbìːnər] 圀 카라비너(하켄의 구멍과 자일을 연결하는 타원형 또는 D자형 금속 고리).
ca·ra·bi·ne·ro [kɑ̀ːrəbənéərou] 圀 (⨩ 〜**s** [-z]) (밀수 감시) 세관원; 국경 경비병; (필리핀의) 연안 경비관. [<Sp]
car·a·bi·nie·re [kæ̀rəbinjέəri] 圀 (⨩ -*ri* [-ri]) 경찰관. [<It]
car·a·cal [kǽrəkæl] 圀 [동물] 카라칼(서남 아시아에 사는 적갈색 스라소니); Ⓤ 카라칼의 모피.
car·a·ca·ra [kɑ̀ːrəkɑ́ːrə] 圀 카라카라((중남미산(産) 독수리 비슷한 매의 일종).
Ca·ra·cas [kərɑ́ːkəs/-rǽk-] 圀 카라카스(베네수엘라의 수도).
car·ack [kǽrək] 圀 =carrack.
car·a·cole [kǽrəkòul] 圀 1 [馬術] (좌우로의) 반(半)회전[선회]. 2 (드물게) 나선 계단. —圀⨩ (승마에서) 반회전하다, 반선회하다. **-còl·er** 圀
car·a·cul [kǽrəkəl] 圀 =karakul.
ca·rafe [kəræf, -rɑ́ːf] 圀 (식탁·연단용의) 유리 물병.
*****car·a·mel** [kǽrəməl, -mèl/-mél] 圀 1 캐러멜 (과자). 2 Ⓤ 고아서 조린 설탕, 캐러멜(음식물의 착색 또는 가미용(加味用)). 3 Ⓤ 캐러멜색, 연한 갈색.
car·a·mel·ize [kǽrəməlàiz, kɑ́ːrm-] 圀⨩ [설탕

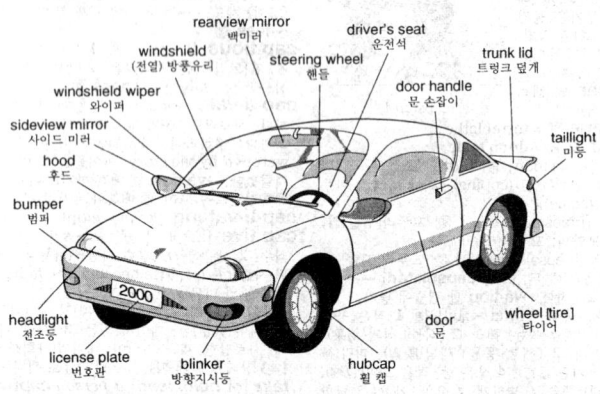

[car]

따위]를 캐러멜로 만들다, 캐러멜화(化)하다. ── [자] 캐러멜이 되다. **-̀i·zá·tion** [명]

ca·ran·gid [kərǽndʒid] [명] 〔어류〕 전갱이(방어를 포함). ── [형] 전갱잇과의.

car·a·pace [kǽrəpèis] [명] (갑각류의) 갑각, 껍질, (거북·게 따위의) 등딱지. **-pàced, -̀pá·cial** [형]

***car·at** [kǽrət] [명] 캐럿(다이아몬드 따위 보석의 중량 단위; 200mg; [약] c., car., ct.); =karat.

‡car·a·van [kǽrəvæ̀n] [명] **1** (사막의) 대상(隊商), 캐러밴; 여행자[순례자] 무리. **2** 대형 운반차, (한 떼의) 포장 마차. ¶a ~ of emigrants 이주민의 한 무리. **3** 《英》 주거용 트레일러(trailer). ── [동][자] (~*s* [-z]; *-n(n)-*) 캐러밴 여행을 하다, 캐러밴으로 운반하다. 「차장.

cáravan pàrk [sìte] [명] 《英》 주거용 트레일러 주

car·a·van·sa·ry [kæ̀rəvǽnsəri] [명] 대상용 여관; 큰 여관. (또는 **car·a·van·se·rai** [-rài]) **-̀van·sé·ri·al** [형]

car·a·vel [kǽrəvèl] [명] (스페인·포르투갈에서 15–16세기경 사용했던) 경쾌한 소형 범선. (또는 **carvel**)

car·a·way [kǽrəwèi] [명] **1** 캐러웨이(미나릿과(科) 회향풀의 일종). **2** (또는 **~ sèeds**) 캐러웨이 열매.

carb- [kɑːrb] [연결] ⇨CARBO-.

car·barn [kɑ́ːrbɑ̀ːrn] [명] 《美》 전차[버스] 차고.

car·ba·zole [kɑ́ːrbəzòul] [명] 카르바졸(염료 원료).

car·be·cue [kɑ́ːrbəkjùː] [명] 폐차 처리기(폐차를 불 위에서 회전시키며 처리한다). 〔<*car*+barbe*cue*〕

cár bèd [명] 카 베드(휴대용 유아 침대).

car·bide [kɑ́ːrbaid, -bid] [명] 〔화학〕 카바이드, 탄화물; [U] 탄화 칼슘(calcium ~). 「(총신이 짧은 소총).

car·bine [kɑ́ːrbiːn, -bain] [명] 카빈총; 기총(騎銃)

car·bi·neer [kɑ̀ːrbəníər] [명] =carabineer.

car·bo- [kɑ́ːrbou, -bə] [연결] carbon의 뜻(＊모음 앞에서는 carb-). ¶*carbo*rundum, *carb*azole.

***car·bo·hy·drate** [kɑ̀ːrbouhάidreit] [명] 〔화학〕 탄수화물, 함수(含水) 탄소; (~s) 《구어》 전분 식품.

carbohýdrate lòading [명] 전분 식품 섭취(지구성 경기를 하기 직전에 탄수화물 중심의 식사를 하는 일).

car·bo·lat·ed [kɑ́ːrbəlèitid] [형] 석탄산(石炭酸)을 함유한, 페놀을 함유한. 「탄산의, 콜타르성의.

***car·bol·ic** [kɑːrbɑ́lik/-bɔ́l-] [형] 〔화학〕 페놀의, 석

carbólic ácid [명] 〔화학〕 페놀, 석탄산.

carbólic sóap [명] 석탄산 비누(약산성).

car·bo·lize [kɑ́ːrbəlàiz] [동][타] …을 페놀[석탄산]로 처리하다; …에 페놀[석탄산]을 타다.

car·bo-load·ing [-lòudiŋ] [명] 《구어》 =carbohydrate loading.

Car·bo·loy [kɑ́ːrbəlɔ̀i] [명] 《상표》 카볼로이(코발트 바탕에 텅스텐 탄화물 분말을 구워 붙인 단단한 합금).

cár bòmb [명] 자동차 폭탄(자동차에 폭약을 싣고 목표물에 돌진하는 특공대용 폭탄). **cár-bòmb** [동]

‡car·bon [kɑ́ːrbən] [명] ([복] ~*s* [-z]) **1** [U] 〔화학〕 탄소([기] C). **2** 〔전기〕 (전지의) 탄소봉(棒), 탄소판(板). **3** [U][C] 카본지(紙)(~ paper). **4** (카본지로 복사한) 사본, 복사물(~ copy). 「탄소를 함유한.

car·bo·na·ceous [kɑ̀ːrbənéiʃəs] [형] 탄소(질)의;

car·bo·nade [kɑ̀ːrbənéid] [명] 카르보나드(쇠고기와 양파를 맥주로 조린 요리). 〔<F〕

car·bo·na·do¹ [kɑ̀ːrbənéidou] [명] ([복] ~*(e)s*) 카르보나도(칼질하여 구운 고기, 새[생선]구이); 그 고깃조각. ── [동][타] 〔고기 따위〕를 칼질하여 굽다; 《고어》 …을 칼질하다, 난도질하다(slash). 〔<Sp〕

car·bo·na·do² [명] ([복] ~*(e)s*) 카르보나도(브라질산(産)의 흑색 다이아몬드; 시추용). 〔<Port〕

cárbon àrc [명] 〔전기〕 탄소 아크; 아크등(燈).

Car·bo·na·ri [kɑ̀ːrbənɑ́ːri] [명][복] ([단] *-ro* [-rou]) 〔역사〕 카르보나리당(黨)(19세기 초 Naples에서 결성된 혁명파 비밀 결사). **-rism** [명] **-rist** [명][형] 〔<It〕

car·bon·ate [명] [kɑ́ːrbənèit, -nət] 〔화학〕 탄산염. ¶calcium ~ 탄산칼슘 / ~ of soda 탄산소다. ── [동][타] [kɑ́ːrbənèit] **1** …을 탄산염으로 바꾸다, 탄화(炭化)하다. **2** …에 탄산을 포화시키다. ¶~*d* water [drinks, beverages] 탄산수[음료]. **3** …을 활기띠게 하다. **-à·tor** [명] 「탄화(carbonization); 탄산 포화.

car·bon·a·tion [kɑ̀ːrbənéiʃən] [명][U] 탄산화 작용,

cárbon blàck [명] 카본 블랙(탄소 가루).

cárbon cópy [명] **1** 카본지로 편지·서류 따위를 복사한 것, 사본([약] c.c.). **2** 《구어》 꼭 닮은 사람[물건].

car·bon-cop·y [-kɑ̀pi/-kɔ̀-] [동][타] 복사하다, 사본을 뜨다. ── [형] 똑같은, 판에 박은 듯한.

cárbon cỳcle [명] 〔생태〕 탄소 순환; 〔물리〕 =carbon-nitrogen cycle. 「정 연대.

cárbon dàte [명] (화석·유물 따위의) (방사성) 탄소 측

car·bon-date [-dèit] [동][타] …의 연대를 방사성 탄소로 측정하다.

cárbon dàting [명] (방사성) 탄소 연대 측정법.

cárbon dióxide [명] 〔화학〕 이산화탄소, 탄산가스.

cárbon dióxide snòw [명] 드라이 아이스(dry ice).

cárbon fìber [명] 카본[탄소] 섬유.

cárbon 14 [-fɔ́ːrtíːn] [명] 〔화학〕 탄소 14(탄소의 방사성 동위 원소; [기] ^{14}C, C^{14}).

***car·bon·ic** [kɑːrbɑ́nik/-bɔ́n-] [형] **1** 〔화학〕 탄소의; 탄소를 함유하는. **2** (C-) 〔지질〕 =Carboniferous 1.

carbónic ácid [명] 탄산.

carbónic-ácid gàs [명] 탄산가스(carbon dioxide).

Car·bon·if·er·ous [kɑ̀ːrbənífərəs] 〔지질〕 [형] **1** 석탄기(紀)의, 석탄계(系)의. ¶the ~ period 석탄기. **2** (c-) 석탄을 산출[함유]하는. ── [명] (the ~) 석탄기.

car·bon·i·za·tion [kɑ̀ːrbənizéiʃən/-nai-] [명][U] 탄화; (코크스 제조 따위의) 석탄 건류(乾溜).

car·bon·ize [kɑ́ːrbənàiz] (＊《英》 **-ise**) [동][타] **1** …을 탄화하다, 숯으로 만들다. **2** …에 탄소를 바르다; …에 탄소를 함유시키다. **-ìz·a·ble** [형] **-ìz·er** [명]

cárbon knòck [명] (엔진의) 불완전 연소에 의한 노크 소리.

car·bon·less [kɑ́ːrbənlis] [형] 탄소가 없는, 탄소를 함유[사용]하지 않은.

cárbon mícrophone [명] 탄소 마이크로폰.

cárbon monóxide [명] 〔화학〕 일산화탄소(CO).

cár·bon-ní·tro·gen cỳcle [-náitrədʒən-] [명] 〔물리〕 탄소(-질소) 사이클.

car·bon·ous [kɑ́ːrbənəs] [형] 탄소의; 탄소를 함유하는; 탄소처럼 칙칙한, 흑색의.

cárbon pàper [명] 카본지(紙); 카본 인화지.

cárbon pìle [명] 흑연 원자로.

cárbon pròcess [명] 〔사진〕 카본 인화법.

cárbon stàr [명] 〔천문〕 탄소성(星).

cárbon stéel [명] 탄소강(鋼).

cárbon tàx [명] (환경 보전을 위한) 탄소세(稅).

cárbon tetrachlóride [명] 〔화학·약학〕 4염화탄소(무색·불연성(不燃性)의 액체; 소화제(消火劑)).

cárbon 13 [-θə́ːrtìːn] [명] 〔화학〕 탄소 13(탄소의 방사성 동위 원소; [기] ^{13}C, C^{13}).

cárbon tìssue [명] 〔사진〕 카본 인화지.

cárbon 12 [-twélv] [명] 〔화학〕 탄소 12(탄소의 방사성 동위 원소; [기] ^{12}C, C^{12}).

car·bon·yl [kɑ́ːrbənìl] [명][U] 〔화학〕 카르보닐(기(基))(일산화탄소와 금속의 착염(錯鹽)). ── [형] 카르보닐기(基)를 함유하는.

cár-boot sále [-bùːt-] [명] 《英》 =garage sale.

car·bo·ra [kɑːbɔ́ːrə] [명] 《濠》 코알라.

car·bo·rane [kɑ́ːrbərèin] [명][U] 〔화학〕 카르보란(탄소·붕소·수소의 화합물). 「운반[이동]하는.

car·borne [kɑ́ːrbɔ̀ːrn] [형] 자동차에 실린; 자동차로

car·bo·run·dum [kɑ̀ːrbərʌ́ndəm] [명][U] 카보런덤, 탄화 규소; (C-) 그 상품명. 〔<*carbo*-+Co*rundum*〕

car·box·yl [kɑːrbɑ́ksil/-bɔ́k-] [형] 카르복시기(基)

를 함유하는. —[명] =~ group. **càr·box·ýl·ic** [형]
car·box·yl·ate [kɑːrbɑ́ksəlèit/-bɔ́k-] [동][타] 〔유기화합물〕을 카르복시화(化)하다, 〔유기체〕에 카르복시기 -COOH를 도입하다. —[명] 카르복시산염.
car·box·yl·a·tion [kɑːrbɑ̀ksəléiʃən/-bɔ̀k-] [명] 〔화학〕 카르복시화(化), 카르복시 치환. 「(基).
carbóxyl gròup [ràdical] [명] 카르복시[탄산]기
carboxýlic ácid [명] 〔화학〕 카르복시산, 카르본산.
car·boy [kɑ́ːrbɔi] [명] 카르보이, 내산(耐酸)병(상자[채롱]에 넣은 큰 유리병; 극약 용기). **~ed** [형]
car·bun·cle [kɑ́ːrbʌŋkl] [명] **1** 〔병리〕 옹(癰), 정(疔), 부스럼, 여드름. **2** (꼭대기 부분을 둥글게 간) 석류석(garnet); 홍옥(紅玉). **3** [U] 짙은 적갈색.
car·bun·cled [kɑ́ːrbʌŋkld] [형] **1** 〔병리〕 옹·정이 있는. **2** 석류석[홍옥]을 끼운.
car·bun·cu·lar [kɑːrbʌ́ŋkjulər] [형] 〔병리〕 옹(癰)의[같은], 벌겋게 염증을 일으킨(inflamed).
car·bu·ret [kɑ́ːrbərèit, -bju-/-bjurèt] [동][타] (*-t-*, 《英》 *-tt-*) …을 탄소와 화합[혼합]시키다, …에 탄소 화합물을 섞다. ¶ *~ed* hydrogen 탄화 수소.
car·bu·re·tion [kɑ̀ːrbəréiʃən, -bju-/-bjuréʃ-] [명][U] 기화(氣化); 탄화. (또는 **carburation**)
car·bu·re·tor [kɑ́ːrbərèitər, -bju-/-bjurèt-] [명] (내연 기관의) 기화기(氣化器), 카뷰레터; 탄화 장치. (또는 **carburator, carburet(t)er, carburettor**)
car·bu·ri·za·tion [kɑ̀ːrbərizéiʃən/-bju-] [명][U] 〔화학〕 탄화(炭化); 〔야금〕 침탄(浸炭).
car·bu·rize [kɑ́ːrbəràiz/-bju-] [동][타] 〔금속〕을 탄소로 처리하다; =carburet.
car·ca·jou [kɑ́ːrkədʒùː, -kəʒùː] [명] 미국산(產) 오소리의 일종(wolverine).
car·ca·net [kɑ́ːrkənèt] [명] (관(冠) 모양의) 머리 장식; 《고어》 (금·보석이 박힌) 목걸이. **~·(t)ed** [형]
cár càrd [명] (전철·버스 등의) 차내[차외] 광고.
cár càrrier [명] (수출용) 자동차 운반선.
car·case [kɑ́ːrkəs] [명][동][타] =carcass.
***car·cass** [kɑ́ːrkəs] [명] **1** (짐승의) 시체; (도살하여 내장을 제거한) 짐승 몸통. **2** 《속어》 《경멸적》 사람의 시체; 살아 있는 인체. **3** 생명·기력을 잃은 것; 잔해. ¶ *~es* of old tires 헌 타이어 잔해. **4** (건물·배의) 골조, 뼈대. ¶ ~ roofing 지붕의 뼈대. **5** 〔군사〕 소이탄의 일종.
park** one's **carcass 《속어》 앉다, 자기 자리를 정하다.
save** one's **carcass 죽음을 면하다.
—[동][타] 〔집·배 따위〕의 뼈대[골조]를 세우다.
~·less [형]
cárcass mèat [명] (통조림에 대하여) 날고기.
car·ci·no- [kɑ́ːrsənou, -nə] [연결] cancer, tumor의 뜻. ¶ *carcino*gen.
car·ci·no·em·bry·ón·ic ántigen [kɑ̀ːrsənouèmbriɑ́nik-/-ɔ́n-] [명] 〔의학〕 암배(癌胚)[태아] 항원(抗原)(암환자의 혈액에서 볼 수 있는 당단백).
car·cin·o·gen [kɑːrsínədʒən] [명] 〔병리〕 발암 물질. **càr·cin·o·gén·ic** [형] 발암(성)의. **càr·ci·no·ge·níc·i·ty** [명] 발암성. 「〔병리〕 발암 (현상).
car·ci·no·gen·e·sis [kɑ̀ːrsənoudʒénəsis] [명]
car·ci·no·ma [kɑ̀ːrsənóumə] [명] (복 **~s, ~·ta** [-tə]) 〔병리〕 암(cancer), 악성 종양. **~·tòid** [형]
car·ci·nom·a·tous [kɑ̀ːrsənɑ́mətəs/-nɔ́m-] [형] 〔병리〕 암의, 악성 종양의.
car·cin·o·sar·co·ma [kɑ̀ːrsənousɑːrkóumə] [명] 〔병리〕 암육종(癌肉腫).
cár còat [명] 《美》 카코트(스포티한 7부 코트).
‡**card**[1] [kɑːrd] [명] (복 **~s** [-z]) **1 a)** 카드, …증(證), …권(券). ¶ an index ~ 색인 카드 / an identification [ID] ~ 신분증 / a membership ~ 회원권 / a boarding ~ 탑승권. **b)** 신용 카드(credit ~). ¶ a banker's ~ (은행) 신용 카드. **2** 명함(calling [《英》 visiting] ~). ¶ a business ~ 업무용 명함 / exchange *~s* 명함을 교환하다. **3** 엽서(postcard); (인사·축하·안내·초대 따위의) 카드, …장(狀). ¶ a birthday ~ 생일 축하 카드 / a New Year [Christmas] ~ 연하장[크리스마스 카드] / a greeting [an invitation, an introduction] ~ 인사[초대, 소개]장 / receive a ~ for a wedding 결혼 청첩장을 받다. **4** (카드놀이의) 패, 카드; (~s) 《단수취급》 카드놀이. ¶ a deck[《英》 pack] of *~s* 한 벌의 카드 / play *~s* 카드놀이를 하다 / cut *~s* 카드를 떼다 / win at *~s* 카드놀이에서 이기다 / tell a person's fortune from *~s* 카드로 남의 운수를 점치다. **5** 가지고 있는 유리한 패; 수단, 방책. ¶ We still have another ~ to play. 아직 또 다른 유리한 패[방책]가 남아 있다. **6** 프로그램, 목록; 식단표; 〔골프〕 스코어 카드. **7** (경기의) 순서, (시합의) 대전 편성; 시합; 흥행물, 구경거리. ¶ a drawing ~ 특별 프로, 인기물 / That is the best ~ for the event. 그것은 그 행사의 가장 인기 있는 프로이다. **8** 《구어》 좀 별난 녀석[인물], 재미있는[대단한] 녀석. ¶ a knowing ~ 빈틈없는 사람 / an odd ~ 괴짜 / a good ~ 좋은 녀석 / a cool ~ 아무렇지도 않은 얼굴로 터무니없는 것을 요구하는 사람. **9** 게시, 통고, 광고, 성명문. **10** (the ~) 《英구어》 합당한[적절한] 것, 딱 들어맞는 것. **11** (~s) 《英구어》 (고용주측이 보관하는) 피고용자에 관한 서류(국민 보험증도 포함된다). **12** 〔컴퓨터〕 프린트 배선 기판. **13** 《속어》 1회분의 마약. **14** (나침반·자석의) 방향 지시반(compass ~)
a house** [or **castle**] **of cards 엉성한 계획, 성공할 가망이 없는 계획(카드로 집을 짓는 어린이 놀이에서).
ask for** one's **cards 《英구어》 사직을 자청하다.
count on** one's **cards 유리한 위치를 믿다, 성공을 예상하다. 「고르도록 하다(*upon*).
force a card (마술사가 의도하는) 카드를 무의식중에
get** [or **have**] one's **card punched 자기의 권리[가치]를 보증받다.
get** [or **be given**] one's **cards 《英구어》 해고당하다[되다]. 「하다.
give** a person **his** [**her**] **cards 《英구어》 남을 해고
give cards and spades 《美구어》 (자기의 우세를 과시하여 상대에게) 유리한 조건을 주다; (…에게) 이기다.
go in with good cards 든든한 비호를 받고 있다, 성공을 확신할 만한 근거가 충분히 있다.
go through the** (**whole**) **card 《英구어》 (선택할 때) 모든 것을 고려[검토]하다.
have a card up** one's **sleeve 비상시에 내놓을 으뜸패를 가지고 있다, 비책을 가지고 있다.
have** [or **hold**] (**all**) **the cards in** one's **hands 성공할 가망이 있다, 자신이 있다. 「하다.
hold all the cards (상황 따위를) 완전히 장악[지배]
***hold** [or **keep, play**] one's **cards close to** [or **near**] one's [or **the**] **chest** [or **vest**]* 비밀로 하다, 속을 안 드러내다.
in** [or 《英》 **on**] **the cards 있음직한, 일어날 듯한; 아마 (…할 것 같은). 「돌아오다.
***leave** one's **card for** a person* 남에게 명함을 두고
mark** a person's **card 《英속어》 (…에게) 몰래 알리다.
No cards. (장례식 광고문에서) 개별 통지 생략.
pack cards with 《고어》 …와 책략을 꾸미다.
play all** one's **cards 온갖 방법을 총동원하다.
play** one's **best** [or **strongest**] **card 가장 확실하다고 생각되는 수단을 사용하다, 최선의 방책을 취하다.
play** one's **cards 일을 처리하다; 계획을 실행하다.
***play** one's **cards well** [**badly**]* 카드놀이가 능숙하다[서투르다]; 일을 잘[서투르게] 진행하다, 능숙하게[서투르게] 행동하다.
play** one's **last card 최후의 수단을 쓰다.
play the** [or one's]**...card (목적 달성이나 우위 확보를 위해) …의 전술[카드]을 사용하다.
***put** [or **lay down, place**] (**all**) one's **cards on the table; show** one's **cards** [or **hand**]* 가진 패

를 탁자 위에 내놓다, 자기 패를 보이다; 계획[의도]을 드러내다, 솔직하게 털어놓다.
speak by the card 명확하게[확신을 가지고] 말하다.
stack the cards ⇒STACK. 「맞아.
That's the card (for it). (구어) 바로 그거야, 그래
The cards are in one's hands. 으뜸패를 쥐고 있다, 주도권을 쥐고 있다, 우세하다.
throw [or **fling**] **up** one's **cards** 가진 패를 버리다; 패배를 자인하다; 계획을 단념하다.
—⑤🕮 1 …에게 카드를 도르다. 2 [견본 따위]를 카드에 붙이다. 3 …을 카드에 기입하다, [득점]을 카드에 기록하다, …의 목록을 작성하다. 4 (美俗語) (나이트 클럽 따위에서) …의 신분증을 조사하다.

card[2] 🕮 (섬유용) 소모기(梳毛機); 보풀을 세우는 기계. —⑤🕮 …을 빗다[세우다].
card out [인쇄] 행간(行間)을 넓히다.
CARD (英) *C*ampaign *a*gainst *R*acial *D*iscrimination. **Card.** [가톨릭] Cardinal.
card·a·hol·ic [kà:rdəhɔ́:lik/-hɔ́l-] 🕮 신용 카드를 사용하여 낭비하는 사람, 습관적 신용 카드 사용자.
car·da·mom [ká:rdəməm] 🕮 소두구(小豆蔲)(아시아 열대 지역산(産)의 생강과(科) 식물); 그 열매(향료·의약용). (또는 **cardamum, cardamon**)
***card·board** [ká:rdbɔ̀:rd] 🕮🕮 1 보드지, 판지(板紙), 마분지. 2 (비유적) 알맹이가 없는 것, 비현실적인 것. —🕮 판지의[로 된]; 비현실적인; 알맹이가 없는, 부자연스러운. ¶ a ~ smile 억지 웃음.
cárdboard cíty (밤에 노숙자들이 몰려드는) 판지촌[거리]. 「[단체의] 정식 회[당]원.
card-car·ri·er [4kæriər] 🕮 (정당의) 정식 당원.
card-car·ry·ing [4kæriiŋ] 🕮 1 (회원·당원이) 증명서를 가진, 정식의. ¶ a ~ member 정식 회원[당원], 단원. 2 진짜의, 전형적인, (격의) 없는.
cárd càse 🕮 포켓용 명함 케이스, 카드 상자.
cárd càtalog[**file**] 🕮 (도서관의) 카드식 목록.
cárd clòthing 🕮 (방적기용) 침포(針布).
cárd còunter 🕮 트럼프 도박사.
card·er [ká:rdər] 🕮 (털 따위를) 빗질하는 사람, 보풀 세우는 직공; 소모기(梳毛機), 보풀 세우는 기구.
cárd file 🕮 =card index. 「[bridge 따위].
cárd gàme 🕮 카드 게임, 트럼프 (놀이)(poker,
card·hold·er [ká:rdhòuldər] 🕮 1 정식 회원[당원], card-carrier. 2 도서 대출증 소지자. 3 신용[현금] 카드를 발급받은 사람. 4 (타자기의) 카드 홀더.
car·di- [ká:rdi] 🕮 ⇒CARDIO-.
car·di·ac [ká:rdiæk] 🕮 (의학) 1 심장의. ¶ ~ disease 심장병[질환] / ~ incident 심부전(心不全) / ~ transplantation 심장 이식. 2 (위와 식도의 경계에 있는) 분문(噴門)의. —🕮 (의학) 강심제; 심장병 환자.
cárdiac arrést[**fáilure**] 🕮 [병리] 심장 마비, 심
go into cardiac arrest 심장이 멎다. 「[박 정지.
cárdiac àsthma 🕮 [병리] 심장(성) 천식.
cárdiac cýcle 🕮 심장 추기(周期).
cárdiac glýcoside[**glúcoside**] 🕮 (약학) 강심배당체(强心配糖體)(식물에서 얻는 강심제).
cárdiac infárction 🕮 심근 경색.
cárdiac màssage 🕮 심장 마사지.
cárdiac múscle 🕮 (해부) 심근(心筋).
cárdiac neurósis 🕮 (병리) 심장 신경증.
car·di·al·gi·a [kà:rdiǽldʒiə, -dʒə] 🕮 (병리) 가슴앓이(heartburn); (또는 **cardiodynia**) 심장통(痛).
car·di·ant [ká:rdiənt] 🕮 강심제(强心劑), 「[시].
Car·diff [ká:rdif] 🕮 카디프(영국 웨일스의 항구 도 시).
car·di·gan [ká:rdigən] 🕮 카디건(단추 달린 스웨터). (또는 ⌐ **swèater** [**jàcket**]) 「프랑스의 디자이너].
Car·din [F kardɛ̃] 🕮 **Pierre** ~ 카르댕(1922- ,
***car·di·nal** [ká:rdənl] 🕮 1 가장 중요한, 주요한, 기본적인. ¶ of ~ significance 대단히 중요한. 2 진홍[주

홍]색의. 3 [점성] 기본상(基本相)의. —🕮 1 (가톨릭) 추기경. 2 (여성용) 두건 달린 외투. 3 (조류) (북미산(産)) 홍관조(紅冠鳥). (또는 ⌐ **bírd**[**grósbeak**]) 4 🕮 진홍색. (또는 ⌐ **réd**) 5 =~ number.
~·**ly** 🕮 ~·**ship** 🕮 =cardinalate.
car·di·nal·ate [ká:rdənəlèit] 🕮🕮 (가톨릭) (집합적) 추기경; 추기경의 지위[직, 권위].
cárdinal bíshop 🕮 (가톨릭) 주교 추기경.
cárdinal déacon 🕮 (가톨릭) 부제(副祭) 추기경.
cárdinal flówer 🕮 (식물) (북미산) 분홍숫잔대.
cárdinal númber[**númeral**] 🕮 기수(基數)(one, two, forty 따위). ⓐ ordinal number
cárdinal póints 🕮 기본 방위(方位)(북남동서(N, S, E, W)의 순으로 말하다).
cárdinal síns 🕮🕮 (the ~) =deadly sins.
cárdinal vírtues 🕮🕮 기본 덕목(고대 철학에서는 justice, prudence, temperance, fortitude 네 가지 덕); 기독교에서는 거기에 hope, faith, charity를 더하여 일곱 가지 덕).
cárdinal vówels 🕮 (음성) 기본 모음(8개의 모음군).
cárd índex 🕮 카드식 색인. 「[듣다; …을 분류하다.
card-in·dex [4ndeks] 🕮 …의 카드식 색인을 만
card·ing [ká:rdiŋ] 🕮🕮 소면(梳綿), 소모(梳毛)(양모·면화를 잣기 전의 공정). 「(機). ⓐ CARD[2].
cárding machine 🕮 소면기(梳綿機), 소모기(梳毛
car·di·o- [ká:rdiou, -diə] 🕮 heart(심장)의 뜻 (* 모음 앞에서는 cardi-). ¶ *cardio*graph, *cardi*algia.
car·di·o·ac·tive [kà:rdiouǽktiv] 🕮 (약학) (약 따위가) 심장 작용성의.
car·di·o·gen·ic [kà:rdiədʒénik] 🕮 심장성의; (병리) 심장병으로 인한.
cardiogénic shóck 🕮 심장성 쇼크.
car·di·o·gram [ká:rdiəgræm] 🕮 심장 운동도 (圖); 심전도(心電圖)(electrocardiogram).
car·di·o·graph [ká:rdiəgræf/-grà:f] 🕮 심장 운동계; 심전계(electrocardiograph).
⌐**gráph·ic** ⌐**óg·ra·phy** 🕮 심장 운동 검사.
car·di·oid [ká:rdiɔ̀id] 🕮 (수학) 카디오이드, 심장형.
car·di·ol·o·gy [kà:rdiálədʒi/-ɔ́l-] 🕮🕮 심장(병)학. ⌐**o·lóg·ic**, ⌐**o·lóg·i·cal** ⌐**-gist** 🕮
car·di·om·e·ter [kà:rdiámətər/-ɔ́m-] 🕮 (의학) 심장계(心臟計). ⌐**-e·try** 🕮 심장계 검사법.
car·di·o·my·op·a·thy [kà:rdioumaiápəθi/-ɔ́p-] 🕮 (병리) 심근증(心筋症). 「장병.
car·di·op·a·thy [kà:rdiápəθi/-ɔ́p-] 🕮 (병리) 심
car·di·o·pul·mo·nar·y [kà:rdioupʌ́lmənèri/-nəri] 🕮 심장과 폐의, 심폐(心肺)의.
cardiopúlmonary resuscitátion 🕮 심폐 기능 회복(소생)법(ⓐ CPR).
car·di·o·res·pi·ra·to·ry [kà:rdiouréspərətɔ̀:ri] 🕮 심폐(기능)의, 심장과 호흡기의.
car·di·o·scle·ro·sis [kà:rdiousklíərousis, -sklə-] 🕮 (병리) 심장경화증.
car·di·o·scope [ká:rdiəskòup] 🕮 (의학) 심장경(鏡).
car·di·o·sur·ger·y [kà:rdiousə́:rdʒəri] 🕮 심장 외과. 「장 절개(술).
car·di·ot·o·my [kà:rdiátəmi/-ɔ́t-] 🕮 (의학) 심
car·di·o·ton·ic [kà:rdioutánik/-tɔ́n-] 🕮 (의학) 강심성의. —🕮 강심제(약).
car·di·o·vas·cu·lar [kà:rdiouvǽskjulər] 🕮 (해부) 심장 혈관의, 심혈관(心血管)의. ¶ ~ disease 심장 혈관 질환.
car·di·o·ver·sion [kà:rdiouvə́:rʒən/-ʃən] 🕮 (의학) (전기 충격에 의한) 심박(心拍) 정상화.
car·di·tis [ka:rdáitis] 🕮 (병리) 심장염, 심염 **-dit·ic** [-ditik] 🕮 「(心炎).
car·doon [ka:rdú:n] 🕮 (식물) 엉겅퀴류(類)의 일종; 지중해 지방산의 다년생 식용 식물. (또는 **cardon**)
card·phone [ká:rdfòun] 🕮 (英) 카드식 공중 전화.

card·play·er [káːrdpleiər] 圏 (자주) 카드놀이를 하는 사람.
cárd pláying 카드놀이.
cárd púnch 圏 (英)=key punch.
cárd réader 圏 (컴퓨터) 카드 판독기[장치].
cárd·room [káːrdru(ː)m] 圏 카드놀이용 방.
cárd shàrk 圏 (美) 카드놀이의 명수; =cardsharp.
card·sharp [káːrdʃɑ̀ːrp] 圏 카드놀이 사기꾼, 사기 도박사. (또는 **cardsharper**) ~**ing**
cárd tàble 圏 카드놀이용 테이블.
cárd tràv 圏 명함 받이[접시].
cárd vòte [vóting] 圏 (英) 카드 투표(노동 조합 따위에서 대의원이 대표하는 조합원의 수에 따른 표수를 가지고 하는 투표). ⓐ block vote

‡**care** [kɛər] 圏 (圏 ~**s** [-z]) 1 ⓤ 걱정, 근심, 심려 (心慮), 우려; (고어) 슬픔, 비탄. ¶ *C- has aged my father.* 아버지는 근심 걱정으로 늙으셨다 / *C- is no cure.* (속담) 근심은 할수록 몸에 해롭나 / *C- killed the cat.* (속담) 근심 걱정은 몸에 해롭다.

〖유의어〗 **care** 책임·공포·불안 따위의 정신적 중압(重壓). **concern** 애착·책임·존경 따위를 가지고 있는 것에 대한 걱정에 가까운 관심. **anxiety** 불행·재난 따위를 염려하는 불안과 공포의 괴로움. **worry** anxiety보다 더 초조하고 불안한 정신적 고통; 종종 쓸데없는 걱정.

2 (종종 ~s) 걱정거리, 마음에 걸리는 일, 번거로운 일; 주목[관심]의 대상, (주의를 요하는) 일[사람], 책임이 있는 것[일]; ¶ *domestic [or family] ~s* 집안 일 / *worldly ~s* 속세(俗世)의 번뇌 / *daily ~s of life* 일상 생활의 번거로움 / *the ~s of the State* 국사(國 事)/*be full of ~s* 걱정이 태산 같다 / *Our first ~ is* … 우리의 첫째 관심사는 …이다. 3 ⓤ (세심한) 주의, 조심, 배려; 노력. ¶ *want of ~* 부주의 / *devote great ~ to work* 일에 세심한 주의를 기울이다. 4 관심사; 취미, 소원 (*for*). ¶ *He has no ~ for sports.* 그는 스포츠에 취미가 없다. 5 ⓤ 보호; 돌봄, 간호; (英) 육아(child-care); 감독, 관리; 보관; **medical** [*or* **health**] ~ 의료 (서비스); 의료 보험 / *The child is in my ~*. 그 아이는 내가 돌보고 있다.

be free from care 근심 걱정이 없다.

care of; in care of …씨 전교(轉交), …씨 방(方)(* 편지 겉봉에 c/o로 줄여서 쓴다). ¶ *Mr. Smith c/o Mr. Jones* 존스씨 방 스미스씨/*Address me in ~ of P Company.* 내 편지는 P사 전교(轉交)로 보내 주십시오. / *~ of souls* (교회) 목회(牧會), 사목(司牧).

have a care; take care (고어) 주의하다, 조심하다 (*about, in, to do*).

take care of ① …을 돌보다, 뒷바라지하다; …에 조심하다, 신경을 쓰다; …을 소중히 하다. ¶ *Please take good ~ of the house while I am away.* 내가 없는 동안 집을 잘 봐주십시오. ② (구어) …을 책임지고 떠맡다, …의 책임을 지다. ¶ *take ~ of running the company* 회사 운영의 책임을 지다. ③ (구어) …을 처리[수습]하다(deal with). ④ (속어) …을 처분[제거] 하다, 죽이다. ¶ *I took ~ of my house.* 나는 집을 처분했다. ⑤ (약 따위가) …에 든다.

Take care (of yourself)! (구어) (명령형으로) 자, 그럼, 잘 가; 몸조심해(* 헤어질 때 인사말).

take…into care [어린이] 양육 시설에 맡기다.

under [or *in*] *the care of a person; under a person's care* 남의 신세를 지고, 남에게 보호[간호]되어. [서) 취급 주의.

with care 주의 깊게, 신중히; (포장·꼬리표 따위에 — 圏 (~s [-z]; ~d; cár·ing) 圏 1 (부정문·의문문에서) 걱정하다, 관심을 가지다, 마음을 쓰다, 유념하다 (*about, for*). ¶ *Nobody ~s.* 알게 뭐야? / *I don't ~ a bit* [*or at all*]. 나는 조금도 개의치 않는다 // (~+*if*圈) *Will you go?* —*I don't ~ if I go.* 가겠니? —가도 괜찮지 (* *I don't care if* … 은 오히려 「…하고 싶다」의 뜻을 지니고 있다)// (~+*前*+名) *He doesn't ~ for light literature.* 그는 대중 문학에 관심이 없다 / *He ~s about nobody but himself.* 그는 자기 자신의 일에만 신경을 쓴다. 2 돌보다, 간호하다 (*for*). ¶ (~+*前*+名) *I'll ~ for his education.* 내가 그의 학자금을 대주겠다. 3 (의문문·부정문에서) 좋아하다; (…)하고 싶어하다 (*for*). ¶ (~+*前*+名) *I don't ~ for apples.* 나는 사과를 좋아하지 않는다 / *Would you ~ for a walk?* 산책을 하지 않겠습니까?(* 대답이 yes인 경우 *I ~ for a walk.*은 불가. *I like*…로 대답한다).

— 圏 1 (부정문·의문문에서) …을 우려[걱정]하다, …에 관심이 있다(*wh*節, *that*節). ¶ *I don't ~ what happens now.* 이제는 무슨 일이 일어나도 상관없다/*Who ~s when he marries?* 그가 언제 결혼하든 나는 관심이 없다. 2 (의문문·부정문에서) …하고 싶다, …하기를 좋아하다(*to do*). ¶ *I don't ~ to do it today.* 오늘은 마음이 내키지 않는다/ *Would you ~ to have some kind* [*or sort*] *of drink?* 뭣 좀 마시겠습니까?

care for ① …을 좋아하다[바라다]. ⇨ⓥ 3. ② (환자 등)을 간호하다, 돌보다. ③ …을 걱정[염려]하다, …에 관심이 있다. ¶ *Do you ~ for the result?* 결과가 어떨지 걱정됩니까?

couldn't care less (구어) 조금도 개의치 않다, 아무래도 상관없다.

for all [or *anything, what*] *one cares* (구어) (부사적) 아무래도 상관없다. ¶ *He may fail for all I ~.* 그 녀석이 실패하건 말건 내가 알 바 아니다.

I don't care what you say. (구어) 뭐라고 말씀하신다 해도(* 다음에 오는 말을 강하게 긍정). ¶ *I don't ~ what you say,* you won't find a pleasanter spot than this. 뭐라고 말씀하신다 해도 이곳처럼 쾌적한 장소는 없을 것입니다.

See if I care! (구어) 마음대로 해.

Who cares? 알게 뭐야.

CARE [kɛər] 圏 국제 원조 구호 기구(벨기에 본부를 둔 민간 단체); (비유적) 고향 소식. ¶ ~ *package* (기숙사에서) 부모의 차입품. [< Cooperative for Assistance and Relief Everywhere]

cáre càrd (개인) 의료 카드(진료 기록이 입력된 IC 카드).

ca·reen [kərí:n] 圏ⓣ (해사) (청소·수리를 위하여) (배)를 기울이다; (기울은) (배)를 청소[수리]하다.
— ⓘ 1 (해사) 배를 기울여 청소[수리] 하다. 2 (美) (차가 좌우로) 흔들리며 달리다(*along*); (차가 커브에서) 기울다. ¶ ~ *s* [소[수리]하기, 경선(傾船).
— 圏 (the ~) (배)를 한 쪽으로 기울이기, 기울여서 하는

on the careen 경사져서, 기울어서.
~**·age** 圏 경선(傾船); 경선 수리(소). ~**·er** 圏

‡**ca·reer** [kəríər] 圏 (圏 ~**s** [-z]) 1 (일생의) 경력, 이력. ¶ *a brilliant* [*glorious*] ~ 눈부신[화려한] 생애 / *a ~ in law* 법률가로서의 경력 / *begin* [*or start*] *one's ~ as a journalist* 저널리스트로 인생의 첫발을 내딛다. 2 일생의 직업, 생계를 위한 직업; (특수 훈련을 받는 전문적) 직업. ¶ *follow a literary* [*stage*] ~ 문필가[무대] 생활을 하다. 3 (직업에서의) 성공, 출세; (정당·주의 따위의) 발전, 진전. ¶ *All ~s are open to talent.* 재능 있는 사람에게는 성공의 길이 열려 있다. 4 ⓤ 진행, 경과. 5 ⓤ 질주; 전속력.

build one's career on …로 출세하다, 명성을 얻다.
in [or *at*] *full* [or *mad*] *career* 전속력으로, 쏜살같이.
in mid career 도중에서.
in [or *at*] *the full career* 파죽지세로, 최고조[절정]에.
make [or *take*] *a career* 출세하다.
One's career is run. …의 생애는 끝났다.
— 圏 전문의, 본직의, 직업적인. ¶ *a ~ military officer* 직업 군인[장교].
— 圏 질주하다, 바쁘게 이리저리 뛰어다니다 (*about*).

caréer àim 생애[일생]의 목표. [병사.
caréer bòy 圏 (英속어) (군사) 훈장에 눈이 뒤집힌

caréer díplomat 명 직업 외교관.
caréer educàtion 명 (美) (교육) 커리어[직업] 교육(진로나 직업 선택을 위한 전문 교육 커리큘럼).
caréer gírl 명 =career woman.
ca·réer·ism [kəríərizm] 명 입신 출세주의.
ca·réer·ist [kəríərist] 명 입신 출세주의자.
caréer mán 명 전문 직업인, 프로; 직업 외교관.
caréer páth 명 출세(성공)에의 길[진로], 유망한 직업.
caréer plánning 명 생애 계획, 진로 계획.
caréer prógress 명, (직위 따위의) 승진.
caréers máster 명 (英) 직업(진로) 지도 교사.
Caréers Ófficer 명 (英) 직업(진로) 지도 교관.
caréer strátegy 명 취업 전략, 진로 전략.
caréer sýstem 명 종신직제(終身職制).
caréer wóman 명 자활 여성, (전문) 직업 여성. 참 career man
*__care·frée__ [kέərfríː] 형 근심[걱정]이 없는, 태평한; (경멸적) 무책임한. ¶a ~ life 근심 걱정이 없는 생활.
__be carefree with__ …에 무관심[무책임]하다.
__in carefree mood__ 느긋한 기분으로.
__~·ness__ 명
‡__care·ful__ [kέərfəl] 형 (__more__ ~; __most__ ~) 1 주의 깊은, 조심성 있는(__about, in, of, with__). ¶a ~ man 조심성 있는 사람, 신중한 사람 / Be ~ when you drive a car. 자동차를 운전할 때는 조심해라 / She is ~ __about__ her dress. 그녀는 복장에 신경을 쓴다 / He is ~ __in__ choosing his friends. 그는 친구를 선택하는 데 신중하다 / Be ~ __with__ the fire. 불 조심해라 / Be ~ __not__ to use bad language. 나쁜 말을 쓰지 않도록 주의해라.

유의어 __careful__ 실수를 피하고 완벽을 기하려고 세심한 주의와 옳은 판단을 하는. __cautious__ 위험·손해를 경계하여 신중한. __discreet__ (미묘한 일에 대해) 앞일을 생각하고 언행에 사려 분별이 있는. __wary__ 위험·계략 등을 탐지할 수 있도록 주의를 기울이는.

2 소중히 하는, 신경을 쓰는, 유의하는; …을 돌보는, …의 뒤를 봐주는 (__of, about__). ¶You must be more ~ __of__ other people's feelings. 좀더 다른 사람의 감정에 유의하도록 해라. 3 (사물에 대하여) 고심한, 애쓴; 정성들인, 꼼꼼한, 면밀한. ¶a ~ piece of work 고심한 작품 /a ~ analysis 면밀한 분석. 4 (英구어) …에 인색한, 째째한(mean) (__with__). 5 (고어) 난처한; 걱정[염려]되는.
__be careful of__ [or __about__] ① …을 조심[주의]하다. ¶__Be__ ~ __of__ those steps. 계단을 조심하시오. ② …을 소중히 하다, …에 유의하다. ¶He __is__ ~ __of__ his health [money]. 그는 건강[돈]을 소중히 여긴다.
‡__care·ful·ly__ [kέərfəli] 부 (__more__ ~; __most__ ~) 주의 깊게, 신중히; 정성들여, 애써서(with care). ¶Drive ~! 운전 조심해! [스러움; 배려, 신중; 고심.
*__care·ful·ness__ [kέərfəlnis] 명 주의 깊음, 조심
__cáre làbel__ 명 (의류 따위의) 취급 주의 라벨.
__care-lad·en__ [-lèidn] 형 =careworn.
__cár electrònics__ 명 카 일렉트로닉스(자동차의 안전 주행·운전 조작 등을 컴퓨터로 조절하는 시스템).
‡__care·less__ [kέərlis] 형 (__more__ ~; __most__ ~) 1 부주의한, 신중하지 않은(__in__). ¶Never be ~ __in__ driving. 운전에 신중을 기해라 /She is ~ __in__ morals. 그녀는 품행이 단정치 못하다. 2 경솔한, 덜렁덜렁한, 경망스러운; 부정확한, 불완전한, 틀리는 /a ~ mistake [remark] 경솔한 실수[언사] /~ work 정성들이지 않은 일. 3 무관심한, 개의치 않는(__about, of, in__). 4 소탈한, 젠체하지 않는, 꾸밈이 없는. 5 (고어) 근심이 없는, 걱정이 없는. ¶a ~ life 마음 편한 생활.
__be careless of__ [or __about__] …에 무관심하다[개의치 않다]. ¶__be__ ~ __about__ one's appearance [or dress] 복장에 무관심하다.

*__care·less·ly__ [kέərlisli] 부 부주의하게, 경솔하게, 소홀하게; 무관심하게. ¶I ~ took the wrong bus. 나는 멍청하게도 버스를 잘못 탔다. [경망; 무관심.
*__care·less·ness__ [kέərlisnis] 명 부주의, 경솔.
__cár emission__ 명 (~s) 자동차 배기 가스.
__Car·en__ [kέərən] 명 카렌(여자 이름). [간호인.
__cáre pártner__ 명 (병자와 생활을 함께 하면서 돌보는)
__car·er__ [kέərər] 명 돌보는 사람, 간호하는 사람.
*__ca·ress__ [kərés] 명 애무(포옹·키스 따위). —[동태] 1 …을 애무[포옹]하다(fondle). 2 (바람 따위가) …을 스치다; (음악·목소리 따위가) …에 부드럽게 울리다. 3 …에게 친절하게 대하다, …을 귀여워하다.
__~·a·ble, -rés·sant__ 형 __~·er__ 명
__ca·ress·ing__ [kərésiŋ] 형 애무하는 (듯한), 귀여워하는; 달래는 듯한. __~·ly__ 부
__ca·ress·ive__ [kərésiv] 형 애무의, 애무하는 듯한, 기분좋은. ¶a ~ breeze 기분좋은 산들바람. __~·ly__ 부
__car·et__ [kǽrit] 명 (교정용) 탈자(脫字) 기호, 삽입 기호(∧). [<L]
__care·tak·er__ [kέərtèikər] 명 1 시중드는[돌보는] 사람. 2 (건물 따위) 관리인, (英) 수위(janitor). 3 (일시적인) 대행자[기구]. —형 (한정용법) 잠정적인.
__cáretaker góvernment__ 명 과도[선거 관리] 내각.
__care-worn__ [kέərwɔ̀ːrn] 형 근심·고통 따위로 지친 [야윈, 초췌한]. ¶a ~ mother 근심 걱정으로 지친 어머니.
__cár exhàust__ 명 (자동차의) 배기 가스. [진 어머니.
__Cá·rey Strèet__ [kέəri-] 명 1 캐리가(街) (파산 법원이 있던 London의 거리). 2 (英) 파산 (상태), 도산.
__bring a person into Carey Street__ 남을 파산시키다.
__end up on Carey Street__ 파산[도산]하다. [다.
__car·fare__ [káːrfὲər] 명 (버스·지하철·택시 따위의) 승차 요금, 운임; 버스[전철] 요금.
__car·fax__ [káːrfæks] 명 (英) (도로의) 교차점, 네거리.
__car·fen·tan·il__ [kὰːrféntənil] 명 (약학) 카펜타닐 (강력한 마취약). [(渡船) 항공기). (또는 __ferry__)
__cár fèrry__ 명 카 페리 (자동차나 화차를 운반하는 도선
__car·float__ [káːrflòut] 명 철도 차량 운반선.
__car-free__ [-fríː] 형 (거리 따위가) 자동차 없는, 자동차 통행 금지의.
__car·ful__ [káːrfùl] 명 차 한 대분, 차 하나 가득.
‡__car·go__ [káːrgou] 명 (美) ~(__e__)__s__ [-z] ⓒ⋃ 1 (배나 비행기 따위의) 적하(積荷), 선하(船荷); (美) (트럭의) 화물. 2 짐, 화물; 무거운 짐(←LOAD 유의어). ¶__load__ a ship with ~ 배에 짐을 싣다. 3 (美속어) 마약 봉지. —[동태] 짐을 싣다; 수송하다.
__cárgo bày__ 명 (우주 왕복선의) 화물실.
__cárgo bèd__ 명 (트럭의) 짐칸, 화물칸.
__cárgo bòat[shíp]__ 명 (英) 화물선.
__cárgo capàcity__ 명 화물 적재량.
__cárgo clùster [reflèctor]__ 명 하역 조명등.
__cárgo cùlt__ 명 (종종 C- C-) 카고 컬트 (적하(積荷) 숭배; 남태평양 뉴기니아 지역 주민의 신앙).
__cárgo liner__ 명 정기 화물선[수송기]. (또는 __cárgo-lìner__)
__cárgo plàne__ 명 화물 수송기.
__cárgo pòcket__ 명 카고 포켓 (용량이 큰 호주머니).
__car·hop__ [káːrhɑ̀p/-hɔ̀p] 명 (美) 드라이브인 식당 (drive-in restaurant)의 종업원.
__Car·ib__ [kǽrib] 명 (pl. ~(__s__)) 카리브인 (남미 동북부의 인디오); ⋃ 카리브어. __~·an__ 명 카리브 사람[말] (의).
__Car·ib·be·an__ [kærəbíːən, kəríbiən] 명 카리브 해 [사람, 말]의. — 명 카리브 (the ~) = ~ Sea.
__Caribbéan Cúrrent__ 명 (the ~) 카리브 해류.
__Caribbéan Séa__ 명 (the ~) 카리브 해.
__ca·ri·be__ [kəríːbi] 명 (어류) 피라냐(piranha). (<Sp)
__Car·i·bees__ [kǽrəbìːz] 명 =Lesser Antilles.
__car·i·bou__ [kǽrəbùː] 명 (pl. ~(__s__)) 카리부 (북미산 (産) 순록(馴鹿)). 참 reindeer
*__car·i·ca·ture__ [kǽrikətʃər/-tjùə] 명 1 풍자화(畫),

캐리커처, 풍자문, 풍자 만화. **2** ⓤⓒ 만화화(化)[기법]; 희화법(戲畫法)[기법]. **3** 서투른 모양; 부당한 것. ¶ a ~ of trial 부당한 재판. ── ④ 여 나타내다. *make a caricature of* …을 만화로 그리다, 풍자하다. ──⑧⑤ …을 풍자 만화로 그리다, 풍자적으로 묘사하다. **-tur·a·ble** ⑧ 만화화하기 쉬운. **-tur·al** ⑧ (풍자) 만화의[같은]. **-tur·ist** ⑨ 풍자 만화가

Car·i·com, CARICOM [kǽrikàm/-kɔ̀m] ⑨ 카리브 공동체, 카리브 공동 시장(1974년 발족한 지역 경제 협력체). 〈*Cari*bbean *Com*munity, *Cari*bbean *Com*mon Market〉 「따위의 부식). 〈L〉
car·ies [kɛ́əri:z/-ri:z] ⑨ⓤ (병리) 카리에스(뼈·이
CARIFTA [kæríftə] ⑨ 카리브 자유 무역 연합(Caricom의 전신). 〈*Cari*bbean *F*ree *T*rade *A*ssociation〉
car·il·lon [kǽrəlɑ̀n, -lən/kərɪ́ljən] ⑨ **1** (선율을 연주할 수 있도록 배열한) 편종(編鐘); (편종으로 연주되는) 명종곡(鳴鐘曲). **2** (오르간의) 종음전(鐘音栓). ──⑧ⓤ (*-nn-*) 편종을 연주하다. 〈F〉
car·il·lon·neur [kæ̀rələnə́:r/kərɪ́ljənə:] ⑨ 편종 연주자(carillon player). 〈F〉
ca·ri·na [kəráinə, -ri:-] ⑨ (⑧ **~s, -nae** [-ni:]) (동물) 용골(모양의 돌기); (식물) 용골판(瓣). **-nal**
Ca·ri·na [kəráinə] ⑨ **1** (천문) 용골(龍骨)자리(아르고(Argo)자리의 일부; 주성(主星)은 카노푸스성(星)(Canopus)). **2** [kəríːnə, -rái-] 커리너(여자 이름).
car·i·nate [kǽrənèit, -nət] ⑧ (동물·식물) 용골 모양의 (돌기가 있는). (또는 **carinated**). ── ⑨ (조류) 용골 모양의 흉골(胸骨)을 가진 새. **·ná·tion** ⑨
cár industry ⑨ 자동차 산업((⑨) auto industry).
car·ing [kɛ́əriŋ] ⑧ 돌보아주는, 뒷바라지하는. ¶ the ~ profession 복지 관계 직업. ──⑨ 복지[의료] 관련 사업[직업]. **~·ly** ⑨ 기꺼이
car·i·o·ca [kæ̀rióukə] ⑨ **1** 카리오카(삼바를 개작한 남미의 춤); 카리오카 곡. **2** (C-) Rio de Janeiro 주민.
car·i·ole [kǽrioùl] ⑨ **1** 말 한 필이 끄는 소형 2륜 무개 마차; 포장을 친 짐마차. (또는 **carriole**) 「하는.
car·i·o·stat·ic [kɛ̀əriəstǽtik] ⑧ 충치 발생을 억제
car·i·ous [kɛ́əriəs] ⑧ 카리에스(caries)에 걸린; 충치가 된; 부패한. (또는 **cariose**) **·ós·i·ty**, **~·ness**
car·jack·ing [káːrdʒæ̀kiŋ] ⑨ 차량 강탈, 자동차 도둑질. **·jàck·er** ⑨ 〈*car*+*hijacking*〉
cár jòckey ⑨ ((⑨) (주차장·차고의) 주차 관리원.
cark [kaːrk] ⑨ 괴로움, 심려; 근심거리. ──⑧⑤ 괴롭히다, 걱정시키다. ──④ 괴로워하다, 걱정하다.
cark·ing [káːrkiŋ] ⑧ **1** 애타게 하는; 곤란한; 골치 아픈. ¶ ~ cares 성가신 걱정거리. **2** 인색한. **~·ly** ⑨
cár knòcker ⑨ 철도 차량 검사[수리]원.
carl [kaːrl] ⑨ **1** (스립) 건장한 사나이; 버릇없는 녀석; 구두쇠. **2** (고어) 농부. **3** (폐어) 농노(bondman). (또는 **carle**) **·ish ·ish·ness**
Cár·ley (flòat) [káːrli-] ⑨ (해사) 고무제 구명정.
cár lìcense ⑨ (자동차의) 등록증(번호); 번호판.
cár line ⑨ ((⑨) 시가 전차 노선.
car·lin(e) [káːrlin, kə́ər-] ⑨ (스코) 노파; 마녀.
car·ling [káːrliŋ] ⑨ (해사) 칼링, 부분적 종량(縱樑).
Car·list [káːrlist] ⑨ **1** 카를로스 당원(스페인의 Don Carlos가의 왕위 계승을 주장하는 사람). **2** 샤를 10세 당원(프랑스의 Charles X 과 Bourbon 왕가를 지지하는 사람). **-lism** ⑨
car·load [káːrloùd] ⑨ ((⑨)) 화물 자동차 1대분의 화물; (법률) 최저 선적량(⑧ CL). 「내의 화물량.
car·load·ings [káːrlòùdiŋz] ⑨(⑧) (⑨) 일정 기간 **cárload lòt** ⑨ ((⑨)) 화차 전세 취급 기준량.
cárload ràte ⑨ 화차 전세 운임(률). 「lingian.
Car·lo·vin·gi·an [kàːrləvíndʒiən] ⑧⑨ =Caro
Car·lo·witz [káːrləwits] ⑨ 칼로비츠주(酒)(유고슬라비아 Carlowitz산(産)의 적포도주).

Cárl·ton (Clúb) [káːrltən-] ⑨ ((⑨) (런던에 있는) 보수당(Conservative Party) 본부.
Car·lyle [kɑːrláil] ⑨ **Thomas ~** 칼라일(1795-1881: 영국의 비평가·역사가·사상가). 「주).
Carm. Carmarthenshire(영국 웨일스 지방 남서부의
car·ma·gnole [kɑ̀ːrmənjóul] ⑨ 카르마뇰(프랑스 혁명 참가자들의 복장, 또는 당시 유행했던 노래와 춤).
car·mak·er [káːrmèikər] ⑨ 자동차 제조 회사.
car·man [káːrmən] ⑨ ((⑨) (전차) 승무원, 차장, 운전사; 차량 유송 정비사; 짐마차의 마부(carter).
Car·mel·ite [káːrməlàit] ⑧ (가톨릭) 카르멜(Carmel)회의 수사[수녀]. ── 카르멜회(수사[수녀])의.
Car·men [káːrmən] ⑨ 카르멘(Bizet 작곡의 오페라 (1875) Carmen의 여주인공 집시).
car·min·a·tive [kɑːrmínətiv/káːrmin-] ⑧ 구풍 제(驅風劑). ── ⑨ 위장내의 가스를 배출하는, 구풍의.
car·mine [káːrmin/-main] ⑨ⓤ **1** 심홍색, 양홍색 (洋紅色). **2** 카민, 양홍(코치닐(cochineal)에서 만드는 안료). ── ⑧ 심홍색의, 양홍색의. ── ⑨ (染).
car·mín·ic ácid [kɑːrmínik-] ⑨ (화학) 카민산
carn [kaːrn] ⑨ =cairn.
car·nage [káːrnidʒ] ⑨ⓤ 살육, 대학살; (고어) (집합적) (전쟁터 따위에서의) 시체.
***car·nal** [káːrnl] ⑧ **1** 세속의, 속세(세속)적인, 쾌락을 즐기는; 물질적인, 비정신적인. ¶ ~ ambitions 세속적인 야심. **2** (법률) 성욕[욕정]의, 색정적인. ¶ ~ affections 육욕적인 사랑(⑧ Platonic love) / ~ appetite [or desires] 성욕, 육욕.
~·ism ⑨ 세속[육욕]주의, **~·ly** ⑨ **~·ness** ⑨
cárnal abúse ⑨ (법률) 강제 추행, (소녀) 성폭행.
car·nal·i·ty [kɑːrnǽləti] ⑨ⓤ 세속성(性); 음탕 (lust); 육욕에 빠지기, 음탕. 「하다.
car·nal·ize [káːrnəlàiz] ⑧⑤ …을 육욕에 빠지게
cárnal knówledge ⑨ (법률) 성교, 육체 관계. ¶ have ~ of …와 성관계를 맺다.
car·nal·lite [káːrnəlàit] ⑨ (광물) 광로석(光鹵石).
Car·nap [káːrnæp] ⑨ **Rudolf P. ~** 카르나프 (1891-1970: 독일 태생의 미국 철학자).
car·nap·(p)er [káːrnæ̀pər] ⑨ 자동차 도둑. 〈*car*+*kidnapper*〉
‡**car·na·tion** [kɑːrnéiʃən] ⑨ (⑧ **~s** [-z]) **1** 카네이션(미국 Ohio 주의 주화(州花)). **2** ⓤ 담홍색, 분홍색; (폐어) 그림의 살색. ── ⑧ 담홍색의.
***Car·ne·gie** ⑨ **1** [kɑːrnéigi] **Andrew ~** 카네기(1835-1919: 미국의 강철왕). **2** [káːrnəgi] **Dale ~** 카네기(1888-1955: 미국의 저술가; 화법·연설법 전문가).
Cárnegie Corporátion ⑨ (the ~) ((⑨) 카네기 재단(A. Carnegie가 설립한 교육 진흥 재단).
Cárnegie Endówment for Internátional Péace ⑨ (the ~) ((⑨) 카네기 국제 평화 기금(A. Carnegie가 설립한 국제 평화 연구 및 출판 지원 기금).
Cárnegie Háll ⑨ 카네기 홀(미국 New York 시에 있는 세계적으로 유명한 연주회장; 1891년 개관).
Cárnegie ùnit ⑨ ((⑨) 카네기 학점[단위](대학 입학 자격이 주어지는 중·고교 기준 수업 양 단위).
car·nel·ian [kɑːrníːljən] ⑨ (광물) 홍옥수(紅玉髓).
car·net [kɑːrnéi] ⑨ (⑧ **~s** [-z]) 카르네(차량의 무관세 국경 통과 허가증); 지하철[버스] 회수권; (항공) (FAI 발행의) 비행기 승무원 카드. 〈F〉
car·ney [káːrni] ⑧⑧ⓘ =carny[1,2].
car·ni·fy [káːrnəfài] (화학) ⑧⑥ …을 육질화(肉質化)하다, 육질로 바꾸다. ──④ 육질이 되다.
‡**car·ni·val** [káːrnəvəl] ⑨ (⑧ **~s** [-z]) **1** (무관사 단수) 사육제, 카니발(가톨릭 국가에서 사순절(Lent) 직전의 1주일간 행해지는 축제)(⑧ Mardi Gras). **2** 법석 대는 축제 분위기, 야단법석; (행사적인) …대회, …제(祭). ¶ a winter sports ~ 동계 스포츠 대회/a ~ of bloodshed 유혈 소동, 유혈 참사. **3** ((⑨)) (서커스 따위의)

Car·niv·o·ra [kɑːrnívərə] 명 〈동물〉 식육류(食肉類)[목(目)]; (c-) 〈집합적〉 육식 동물.

car·ni·vore [káːrnəvɔ̀ːr] 명 육식 동물; 식충(食蟲)식물. **car·nív·o·ral** 형

car·niv·o·rous [kɑːrnívərəs] 형 육식성의; 식충성의(⇨ herbivorous).¶~ animals 육식 동물. **-rism** 명 **~·ly** 부 **~·ness** 명

car·nose [káːrnous] 형 육(肉)의; 육질(肉質)의. (또는 **carnous**)

car·no·tite [káːrnətàit] 명U 〈광물〉 카르노광[석]

car·ny¹ [káːrni] 형타 〈美구어〉 …를 치켜세우다; 감언이설로 속이다. ── 명 교활한, 교묘한. ── 형 감언이설의.

car·ny² 〈美구어〉 순회 공연하는 흥행단원, 순회 쇼단의 연예인 3. ── 형 순회 쇼의; 카니발의. (또는 **carney, carni(e)**)

car·ob [kǽrəb] 명 〈식물〉 (지중해 연안산) 구주콩나무.

‡**car·ol** [kǽrəl] 명 (축 ~s [-z]) 1 기쁨의 노래, 축가. 2 찬송가, 성가.¶a Christmas ~ 크리스마스 캐럴. 3 (지저귀는) 새소리. ── 동 (~**s** [-z], **-l-**, 〈英〉 **-ll-**) 재 1 기뻐[즐겁게] 노래하다; 지저귀다. 2 찬송가를 부르며 돌아다니다(go ~ing). ── 타 …을 즐겁게 노래하다; …을 노래로 찬양[축하]하다. **~·er, ~·ing** 명

Car·ol [kǽrəl] 명 캐롤(사람의 성·이름).

Car·o·le·an [kæ̀rəlíːən] 형 〈영국왕〉 Charles 1[2]세 시대풍(風)의. ── 명 Charles 1[2]세 시대 사람.

Car·o·li·na [kæ̀rəláinə] 명 1 북미 대서양 연안의 영국 식민지(1729년 현재의 North Carolina 주와 South Carolina 주로 분할). 2 (the ~s) 남·북 캐롤라이나 주.

Car·o·line [kǽrəlàin, -lin] 명 캐롤라인(여자 이름). ── 영국왕 Charles 1[2]세(시대)의.

Cároline Íslands 명 (the ~) 캐롤라인 제도(필리핀 동남쪽의 군도(群島); Micronesia 연방을 구성).

Car·o·lin·gi·an [kæ̀rəlíndʒiən] 명 〈프랑크 왕국의〉 카를링거 왕조(시대)의. ── 명 카를링거 왕조의 왕[사람]; (the ~s) 카를링거 왕조(751–987).

Car·o·lin·i·an¹ [kæ̀rəlíniən] 형 1 미국 캐롤라이나 식민지의; 남[북] Carolina 주의. 2 =Caroline. ── 명 남북 Carolina 주민(출신자).

Car·o·lin·i·an² 형명 =Carolingian.

car·om [kǽrəm] 〈美〉 명 1 〈당구〉 캐롬(cue ball이 잇따라 두 개의 표적공에 맞는 일). 2 (~s) 〈3구4구취급〉 캐롬즈, 보통 당구. (또는 **billiards**) 3 맞고 되튀기; 바운드; 바운드된 공. ── 동재 1 맞고 되튀기다(off). 2 〈당구〉 캐롬이 되다. ── 타 〈당구〉 〈공〉을 캐롬시키다. (또는 **carrom**, 〈英〉 **cannon**)

Ca·ros·sa [kɑːróːsɑː] 명 Hans ~ 카로사(1878–1956; 독일의 작가·시인).

car·o·tene [kǽrətiːn] 명 〈화학〉 카로틴(당근·고추 등에 함유되어 있는 적황색 색소). (또는 **carotin**)

ca·rot·e·noid [kərɑ́tənɔ̀id/-rɔ́t-] 〈생화학〉 명 카로티노이드(동·식물에 함유된 황·적색 색소). ── 형 카로티노이드의; 같은. (또는 **carotinoid**)

ca·rot·ic [kərɑ́tik/-rɔ́t-] 형 무감각의, 인사불성의; =carotid.

ca·rot·id [kərɑ́tid/-rɔ́t-] 명 〈해부〉 경동맥(頸動脈). (또는 ~ **artery**) 형 경동맥의. **~·al, -i·de·an** 형

ca·rous·al [kəráuzəl] 명U 주연(酒宴), 흥청거리는 연회(revel); =carrousel.

ca·rouse [kəráuz] 재 (a ~) 주연, 흥청대는 잔치. ── 재 흥청대며 마시다, 통음하다.

carouse it (술)을 진탕 마시다.

-rous·er 명 **-rous·ing·ly** 부

car·ou·sel [kæ̀rəsél/kæ̀ruːzél] 명 =carrousel.

carp¹ [kɑːrp] 동재 허물을 들추다, (하찮은 일로) 투 덜대다. 트집을 잡다(*out, on*)(*at, about*).¶~ *at errors* 잘못을 나무라다. ── 명 트집, 불평, 푸념.

*carp² 명 (축 ~(s)) 잉어; 잉어과의 물고기.

carp. carpentry.

-carp [kɑːrp] 〈연결〉 fruit의 뜻.¶endo*carp*, meso*carp*

car·pal [káːrpəl] 〈해부〉 형 완골(腕骨)의, 손목(뼈)의.¶a ~ *joint* 완관. ── 명 완골, 손목뼈.

car·pa·le [kɑːrpéili] 명 〈해부〉 =carpal.

cárpal túnnel sỳndrome 명 〈병리〉 수근관(手根管) (압박) 증후군(손목의 통증·무력감).

cár párk 〈英·濠〉 주차장(〈美〉 parking lot).

Car·pá·thi·an Móuntains [kɑːrpéiθiən-, -ðiən-] (the ~) (중부 유럽의) 카르파티아 산맥.

car·pe di·em [káːrpi díːəm] 현재를 즐겨라; 현재의 기회를 잡아라. 〈<L seize the day〉

car·pel [káːrpəl] 명 〈식물〉 암술잎, 심피(心皮).

car·pel·late [káːrpəlèit] 형 〈식물〉 암술잎[심피]이 있는.

‡**car·pen·ter** [káːrpəntər] 명 (축 ~**s** [-z]) 목수, 목공; 선장(船匠); (극장 따위의) 무대 장치 담당원.¶~'*s shop* 목공소 / ~'*s tools* 목수의 연장.

the carpenter's son 목수의 아들(Jesus Christ를 이름). ── 타 목수일을 하다. ── 타 목수일로 …을 만들다; [줄거리·논문 따위] 를 기계적으로 구성하다.

Car·pen·ter [káːrpəntər] 명 **John Alden ~** 카펜터(1876-1951; 미국의 작곡가).

cárpenter ànt 명 왕개미.

cárpenter bèe 명 어리호박벌.

cárpenter('s) scène 〈연극〉 (무대 장치하는 동안 막전(幕前)에서 연출되는) 시간 벌기 장면, 막전 연극.

cárpenter's squáre 명 (목수용) 곱자, 직각자.

car·pen·try [káːrpəntri] 명U 1 목수직, 목수일, 목공. 2 ⓒ 목공품. 3 (문학 작품 따위의) 구성(법).

carp·er [káːrpər] 명 트집쟁이, 잔소리꾼.

‡**car·pet** [káːrpi] 명 1 융단(천), 깔개, 양탄자, 카펫 (⇔ rug).¶a *woolen* ~ 모직의 융단천 /a *Persian* ~ 페르시아 융단 /*beat a* ~ 양탄자를 털다. 2 (융단을 깔아 놓은 것 같은) 넓은 평면.¶a *grassy* ~ 잔디밭 /a ~ *of flowers* 널은 꽃밭. 3 ⓒ 융단 폭격(~ *bombing*). 4 〈군사〉 카펫(항공기의 전자 방해 장치).

a figure in the carpet 끝 분간하기 어려운 무늬.

dance the carpet 〈속어〉 (처벌·책망을 받으러) 출두하다, 호출되다.

on the carpet ① 〈英〉 (의제 따위가) 심의중인, 검토중인, 연구중인. ② 〈구어〉 (call, put, be와 함께) (상사로부터) 꾸중을 받아, 불려 가서.

(out) on the carpet 〈美남부〉 결혼하고 싶어서.

pull the carpet [*or rug*] (*out*) *from under a person* 〈구어〉 남의 계획을 망쳐놓다, 발목을 걸다.

roll out the red carpet for a person 남을 크게 환영하다.

step off the carpet 〈속어〉 결혼하다.

sweep [*or brush*]…*under the carpet* 〈英구어〉 〈부끄러운 일·약점 따위〉를 감추다.

walk the carpet (윗사람에게) 꾸중을 듣다.

── 동타 1 …에 양탄자[융단]를 깔다; (풀 따위가) …을 온통 뒤덮다(*with*).¶(~+图+前+图) *The stone is ~ed with moss*. 그 돌은 이끼로 뒤덮여 있다. 2 〈수동형으로〉 …을 호출하다, 책망하다.

~·less, ~·like 형

car·pet·bag [káːrpitbæ̀g] 명 (양탄자 천의) 여행 가방. ── 형 (**-gg-**) 재 1 간편한 차림으로 여행하다. 2 〈구어〉 한몫 보려고 떠돌아다니다, 엉뚱한 곳에 끼어들어 이득을 챙기다. ── 타 〈구어〉 …에 뒤늦게 끼어들어 이득을 챙기다.

car·pet·bag·ger [káːrpitbæ̀gər] 명 1 한몫 보려고 돌아다니는 떠돌이, 철새 정치인; 외래자. 2 〈美역사〉 (경멸적) 남북 전쟁 직후에 남부에 한몫 보려고 건너온 북부 사람, 투기꾼. 3 〈英〉 선거구에 연고가 없는 후보자. **~·y** 명 [람[도구].

car·pet·beat·er [káːrpitbìːtər] 명 양탄자 터는 사

cárpet bèd 명 양탄자 무늬처럼 심은 꽃밭.

cárpet bèdding 명 〔원예〕 양탄자 무늬로 화단을 꾸미기.
cárpet bèetle [bùg] 명 〔곤충〕 수시렁이의 일종 (유충은 양탄자나 모직물을 쏠아 먹는다). 「격을 하다.
car·pet-bomb [-bàm/-bɔ̀m] 타 융단[무차별] 폭
cárpet bómbing 명 융단 폭격 (방식).
cárpet dánce 명 (무도용 마루가 아닌 곳에서의) 약식 무도(회).
car·pet·ing [káːrpitiŋ] 명U 양탄자천, 깔개용 재료; (집합적) 융단, 양탄자, 깔개류.
cárpet knight 명 실전 경험이 없는 기사; 나약한 남자, 여자 곁에서만 맴도는 남자(lady's man).
cárpet ròd 명 (계단 아래의) 양탄자 누르개. 「슬리퍼.
cárpet slìpper 명 (~s) (카펫 천으로 만든) 실내용
cárpet snàke [pỳthon] 명 (오스트레일리아산) 얼룩뱀(diamond snake의 일종).
cárpet swèeper 명 양탄자용 (전기) 청소기.
cárpet tìle 명 카펫 타일(카펫 재료로 만든 타일).
cár·pet-wèed [káːrpitwìːd] 명 〔식물〕 석류풀류
cárpet yàrn 명 양탄자 짜는 실. 「(類).
car·phone [káːrfòun] 명 카폰, 자동차 무선 전화. (또는 **cár phòne, cár-phòne**)
car·pi [káːrpai] 명 carpus의 복수형.
-car·pic [káːrpik] 연결 -carp로 끝나는 낱말을 형용사로 이루다. ¶ endocarpic(내과피(內果皮)의.
carp·ing [káːrpiŋ] 형 트집잡는; 잔소리가 심한; 심술궂은. ¶ a ~ tongue 독설. — 명U 트집잡기, (허물을) 책망하기. **-ly** 부
car·po- [káːrpou, -pə] 연결 fruit의 뜻. ¶ carpology.
car·pol·o·gy [kaːrpálədʒi/-pɔ́l-] 명U 과실학(果實學). **-po·lóg·i·cal** 형 과실학의. **-gist** 명 과실학자.
cár pool 명 (출퇴근 때) 자동차의 공동 이용(합승), 카풀; (택시의) 합승.
car·pool [káːrpùːl] 자타 자동차를 공동 이용[합승] 하다, 카풀에 가입하다. ¶ do ~ ing 합승하다. — 타 (아이들을) 같이 태워 보내다. 「**cár pòoler**
car·pool·er [káːrpùːlər] 명 car pool 회원. (또는
car·port [káːrpɔ̀ːrt] 명 (지붕만 있는) 간이 차고.
-car·pous [káːrpəs] 연결 '…한[―개의] 열매를 가진'의 뜻. ¶ apocarpous(이생심피(離生心皮)의).
car·pus [káːrpəs] 명 (pl. **-pi** [-pai]) 〔해부〕 손목 (wrist); (집합적) 손목뼈(wrist bones).
Carr [kaːr] 명 카. **1 E(dward) H(allett)** ~ (1892-1982: 영국의 정치학자·역사가). **2 John Dickson** ~ (1906-77: 미국의 추리 소설가).
car·rack [kǽrək] 명 〔고어〕 갈리온배(galleon) (15-16세기에 사용된 대형 무장 상선). (또는 **carack**)
cár rádio 명 카 라디오.
car·ra·geen [kǽrəgiːn] 명 〔식물〕 진두발의 일종(식용 해초)(Irish moss). (또는 **caragreen, carragheen**)
car·ra·gee·nin [kǽrəgiːnən] 명U carrageen으로 만든 수지성 다당류(多糖類) (식품·화장품의 유화제). (또는 **carrageenan**)
car·re·four [kǽrəfùːər/-́-] 명 **1** 십자로, 교차로. **2** (교차로의) 광장. **3** (C-) 카르푸르(프랑스의 대형 슈퍼마켓). <F>
car·rel(l) [kǽrəl] 명 (도서관의) 개인용 열람석[실].
cár rèntal 명 자동차 대여업.
‡**car·riage** [kǽridʒ] 명 (pl. **-riag·es** [-iz]) **1** 마차 (자가용 4륜 마차의); 차, 운반차. ¶ a closed [an open] ~ 유[무]개 마차/a pair [four] horse ~ 두[네] 필이 끄는 4륜 마차/a State ~ (황족용) 특별 마차/drive [or ride] in a ~ 마차를 타고 가다. **2** (英) (철도의) 객차, 차량(美) car) (★ coach). ¶ a sleeping ~ 침대차/a first-class ~ 1등차. **3** U 운반, 운송, 수송. ¶ a bill of ~ 송장(送狀)/the ~ of goods by sea [land, air] 화물의 해상(육상, 공중) 수송. **4** U 운임, 운송비, 수송비. **5** (대포의) 포가(砲架), 포차(砲車), 대차(臺車) (gun ~); (기계 따위의) 대가(臺架), 운반대; (타자기의) 캐리지(용지 감아 넣는 부위). **6** (a ~, the ~) 몸가짐, 동작, 태도. ¶ ○ MANNER 유의어 ¶ a graceful ~ 우아한 몸가짐/a free and easy ~ 느긋하고 서두르지 않는 태도. **7** 〔美〕= baby ~. **8** U 〔고어〕 (사업 따위의) 관리, 경영. **9** (의회에서 동의안의) 통과, 의결.
free of carriage 운임 무료로.
car·riage·a·ble [kǽridʒəbl] 형 **1** (길이) 마차가 통과할 수 있는. **2** = portable.
cárriage clòck 명 (초기의 여행용) 휴대 시계.
cárriage dòg 명 흑백 얼룩의 Dalmatian종의 개.
cárriage drìve 명 (英) (저택·공원 안 따위의) 마차 길, 차도.
cárriage fòlk [còmpany] 명 (속어) 자가용 마차를 가질 만한 신분의 사람들, 부유층.
cárriage fórward 부 (英) 운임 후불[수취인 지불]
cárriage frée 부 (英) 운임 무료로. 「로.
cárriage hòrse 명 마차 (끄는) 말.
cárriage hòuse 명 마차 차고.
cárriage páid 부 (英) 운임 선불로, 운임 지불필로.
cárriage pòrch 명 (현관 지붕 밑의) 마차 대는 곳.
cárriage tràde 명 (the ~) (집합적) (레스토랑·극장 따위의) 부자 손님; 부유층 (고객과의 거래).
cárriage·wày [kǽridʒwèi] 명 (英) 차도; 〔고어〕 마차 길. = **cárriage ròad**.
cárrick bènd [kǽrik-] 〔해사〕 캐릭 벤드(밧줄의 끝과 끝을 잇는 방법의 하나).
Car·rie [kǽri] 명 캐리(여자 이름: Caroline의 애칭).
car·ried [kǽrid] 형 운반된; (英방언) 열중한, 황홀해진, 넋을 잃은.
‡**car·ri·er** [kǽriər] 명 (**~s** [-z]) **1** 운송인; 우편 집배원; 신문 배달원. **2** 수송기(선, 차); 항공 모함(aircraft ~). ¶ a nuclear ~ 핵 항공 모함. **3** (자)전거·화물 열차 따위의) 운반 용기, 짐받이; (기계) 운반 장치. **4** 운송업자, 운송 회사 (common ~); 항공 회사. **5** 〔전염〕 병원균 매개체, 보균자(물). ¶ disease-~s 병균 보유자. **6** (물·회) 담체(擔體). **7** (무선) 반송파(搬送波) (~ wave).
8 = ~ pigeon. **9** (염색) 현색제(顯色劑). **10** = ~ bag. **11** 하수로, 배수구(溝). **12** 보험업자, 보험 회사. **13** (美 속어) 마약 판매인.
cárrier bàg (英) 종이나 폴리에틸렌제) 쇼핑 백.
car·ri·er-based [-bèist] 형 (항공 모함에 기지를 둔, 함재의. ¶ ~ planes 함재기(艦載機).
cárrier báttle gròup (美) (군사) 항공 모함 전투군(약 CBG). 「a ~ aircraft 함재기.
car·ri·er-borne [-bɔ̀ːrn] 형 항공 모함에 적재된. ¶
cárrier càr 명 자동차 운반(수송) 트럭.
cárrier-frèe [-friː] 형 (화학) (방사성 동위원소가) 무(無)운반체의.
cárrier-frèe ísotope 명 (원자력) 혼합물이 없는
cárrier nàtion 명 해운국(海運國).
cárrier pigeon 명 전서구(傳書鳩)(homing pigeon).
cárrier ròcket 명 운반 로켓, 발사용 로켓.
cárrier tòne 명 (컴퓨터) (모뎀의) 변조(變調) 신호음.
cárrier transmíssion 명 (통신) 반송파 전송(傳送).
cárrier wàve 명 (통신) 반송파(搬送波). 「送).
car·ri·ole [kǽriòul] 명 = cariole.
car·ri·on [kǽriən] 명U 죽은 동물의 고기, 썩은 고기; 부패(물), 오물. — 형 썩은 고기를 먹는; 썩은 고기 같은, 더러운. ¶ a ~ bird 썩은 고기를 먹는 새.
cárrion cròw 명 (유럽산) 까마귀의 일종; (미국 남부산) 검은 새매.
Car·roll [kǽrəl] 명 캐롤. **1 Lewis** ~ (1832-98: 영국의 동화 작가 Charles Lutwidge Dodgson의 필명; *Alice's Adventures in Wonderland*). **2** (또는 **Carrol**) 남자 이름. 「이 끄는 2륜 포장 마차.
car·ro·ma·ta [kærəmáːtə] 명 (필리핀의) 말 한 마리
car·ron·ade [kærənéid] 명 〔역사〕 카로네이드 포

(砲)(구경이 크고 포신이 짧은 함포).
cár·ron òil [kǽrən-] 명 U 카론유(油)(화상약).
***cár·rot** [kǽrət] 명 1 당근 (뿌리). 2 (~s) 〈속어〉 붉은 머리[털](의 사람). 3 〈구어〉 보상, 보수(reward); 먹이; 설득 수단. 「보수와 벌.
carrot and [or or] stick 당근과 채찍, 회유와 위협.
—동타 〈美〉 (가공하기 전) (모피)에 질산을 처리하다.
cár·rot-and-stíck pólicy [-ənstìk-] 명 당근과 채찍(회유와 위협) 정책.
cár·rot-top [-tɑ̀p/-tɔ̀p] 명 〈美속어〉 머리카락이 붉은 사람(redhead). (또는 **cárrot tòp**)
cár·rot·y [kǽrəti] 형 당근빛의, 주황색의; 붉은 머리의.
car·rou·sel [kæ̀rəsél, -zél/kæ̀ru:zél] 명 〈美〉 1 회전 목마. 2 〔역사〕 마상 시합; (집단의) 기마 곡예. 3 (공항의 수화물 컨베이어. (또는 **carousel**)
‡**car·ry** [kǽri] 동 (**-ries** [-z]) 타 ① 1 운반하다, 가지고[들고] 가다; 보내다, 수송하다(transport). ¶~ goods in a ship 화물을 배로 운반하다/~ a child in one's arms 아이를 안고 가다/~ something on one's back [shoulder] …을 등에 지고[어깨에 메고] 가다 // A tanker *carries* oil. 유조선[차]은 석유를 수송한다.

〖유의어〗 **carry** 수단을 불문하고 「운반하다」란 뜻의 가장 일반적인 말. **bear** 운반되는 것의 무게 또는 중요성을 강조하는 말. **convey** carry보다 딱딱한 말; 연속적 또는 하나로 뭉뚱그려, 또는 일정한 경로·수단으로 운반됨을 암시. **transport** 대량의 화물을 수송 전용 수단에 의해 장거리 운반하다. **transmit** 운반 능력을 강조하는 말; 유형물·무형물 모두에 사용된다.

2 …을 가지고 있다; …을 휴대하다, 가지고 다니다 (*about*, *around*). 〔기억〕을 가지고 있다; 〔정보 따위〕를 기억하고 있다; (군함이) 〔대포〕를 장비하다; (배가) 〔돛〕을 올리다. ¶~ a cane in one's hand 손에 지팡이를 들고 다니다 / ~ one's identification card [driver's license] 신분증[운전 면허증]을 갖고 다니다.
3 〔소식 따위〕를 전하다(*to*); (신문 따위가) 〔뉴스〕를 (정기적으로) 싣다, 보도하다. ¶~ a message *to* a person 남에게 말을 전하다 / Newspapers ~ weather reports. 신문은 일기 예보를 싣고 있다.
4 〔소리·물 따위〕를 …을 전하다[나르다]; 〔질병〕을 퍼뜨리다, 전염시키다(spread); (눈으로) 훑어보다(*along*). ¶The air *carries* a sound. 공기는 음을 전달한다.
5 〔탈것·가방 따위〕를 …를 수용하다; 담을[실어나를] 수 있다. ¶The suitcase will ~ enough clothes for a week. 그 여행 가방은 1주일분의 옷을 넣을 수 있다.
6 〔무게·물건 따위〕를 떠받치다, 지탱하다; …을 감당하다, 유지하다(support). ¶Those columns ~ the roof. 그 원주들이 지붕을 떠받치고 있다 / He *carries* his age well. 그는 나이를 먹었어도 건장하다.
7 〔머리·몸 따위〕를 일정한 자세로 유지하다; 《재귀용법으로》 처신하다. ¶ (~+目+前+名) She *carried* her head *high*. 그녀는 머리를 높이 치켜들고 있었다.
8 …을 촉구하다; 〔결심 따위〕를 실행에 옮기다; (어떤 상태로) …을 이끌다; 〔어떤 상태〕에 적응하다, 유효하게 하다 (*to*, *into*). ¶ (~+目+前+名) Let's ~ the plan *into* effect. 자, 그 계획을 실행에 옮겨 보자.
9 (유리 진지)를 빼앗다, 함락시키다; 〔경쟁·경기〕에서 주도권을 잡다, 리드하다. ¶~ a city by storm 도시를 급습 점령하다 / ~ the game to the Yankees 양키즈팀과의 시합에서 주도권을 잡다.
10 《수동형으로》 〔동의·의안 따위〕를 통과시키다; 〔선거〕에서 이기다; 〔주장〕을 관철시키다. ¶The decision was *carried* unanimously. 결의문은 만장 일치로 통과되었다 / We *carried* the candidate. 우리는 그 후보를 당선시켰다.
11 (어떤 방향·점까지) …을 넓히다, 연장하다 (*to*, *into*). ¶ (~+目+前+名) The war was *carried into* Asia. 그 전쟁은 아시아까지 확대되었다. 12 …을 감동시키다; 〔청중〕을 사로잡다[경청케 하다]; …의 지지를 얻다 (*with*). 13 〔의미·중요성 따위〕를 갖다, 내포하다; 〔권위·책임·이자 따위〕를 수반하다, 낳다 (involve); …에 정당성[유효성]을 부여하다. ¶ ~ an important meaning 중요한 의미를 가지다 / ~ 6% interest 6퍼센트 이자가 붙다 / His judgment *carries* great weight. 그의 판단은 대단한 무게가 있다. 14 〔상업〕 (상점에) …을 (재고로) 가지고 있다; …을 팔고 있다. ¶This store *carries* clothing for men. 이 상점에서는 남자용 의류를 팔고 있다. 15 〔농작물 따위〕를 산출하다; 〔가축〕을 기르다; 〔돈·음식 따위가〕 〔사람·가축〕을 먹이다, 유지하다. ¶This money will ~ me for about a month. 이 돈으로 약 한 달은 생활할 수 있을 것이다. 16 〔수〕를 한 자리 올리다; (장부 따위에서) …을 이월하다; (다른 장부로) …을 이기(移記)하다. 17 《진행형으로》 〔열매〕를 달고 있다; 〔아기〕를 배고 있다.
18 〈美〉 〔음악〕 〔주선율〕을 노래하다. 19 〔골프〕 〔거리·장애물 따위와〕를 한 번에 쳐서 넘다. 20 〔사냥〕 …의 자국을 좇다. 21 〔하키〕 〔퍽〕을 몰고 전진하다. 22 〔군사〕 〔무기·깃발〕을 (규칙에 따라) 게양하다, 지니는 자세를 취하다. 23 〈英구어〉 〔취기·고령 따위〕를 교묘히 감추다[드러내지 않다]. 24 〈美남부〉 〔여성 등〕을 동반해 가다, 수행하다 (*to*). ¶ ~ her *to* a dance 그녀를 댄스 파티에 데리고 가다.

— 자 1 가지고 가다, 들어 나르다; 운송업을 경영하다. ¶fetch and ~ (물건)을 가지고 오거나 가지고 가다. 2 (음향·탄환 따위가) 이르다, 닿다. ¶His voice doesn't ~ well. 그의 목소리는 잘 들리지 않는다 / This rifle *carries* nearly a mile. 이 총의 사정 거리는 약 1 마일이다. 3 (말이) 머리를 알맞게 치켜들고 있다. ¶~ well 머리를 바르게 치켜들고 있다. 4 《진행형으로》 임신중이다. ¶She's ~ing big. 배가 부르다. 5 (달리고 있는 동물이) 발에 눈을 묻히다; (사냥개가) 냄새를 찾아 추적하다. 6 (법안·제안이) 가결[통과·승인]되다. 7 〈美속어〉 무장하고 있다, 총을 지니고 있다. 8 〈美속어〉 마약을 운반하다.

carry...about [or **around**] …을 갖고[지니고] 다니다
carry a case 〈美속어〉 보석(保釋)되다. 「다.
carry all [or **everything**] **before** *one* 파죽지세로 나아가다; 큰 성공을 거두다, 수월하게 이기다.
carry...along ① …을 납득[감복]시키다; 〔사람〕을 격려[지원]하다. ② =*carry...about*.
carry a person high (**and dry**) 〈美〉 남을 짓궂게 놀리다[괴롭히다].
carry [or **sweep**] *a person* **off his feet** ⇒ FOOT.
Carry arms! 〔구령〕 어깨총!
carry a tune 정확하게[음정을 틀리지 않고] 노래하다.
carry away 《수동형으로》 ① …을 가져가버리다, 운반해 가다; (파도·바닷물이 배에서) …을 휩쓸어 가다. ¶The bridge was *carried away* by the torrent. 다리는 격류에 떠내려갔다. ② (비유적) …의 넋을 잃게 하다, …을 열중케 하다; …을 흥분시키다. ③ 〈英〉 (배가) 돛대 따위를 파손당하다. ④ =*carry off* ③.
carry back ① …에게 …을 회상하게 하다; (대변)을 도로 가져가[오]다. ② 〔부기〕 전기분으로서 대변(貸邊)에 기재하다. 〔된 작업을 모두 마치다.
carry both ends of the log 〔滯〕 두 사람에게 할당
carry conviction 설득력이 있다; 그럴듯 하다.
carry down ① 가지고 내리다. ② (사상 따위가) 후세에 전해지다[남다]. ③ 〔부기〕 이월하다.
carry fire in one hand and water in the other 언행이 일치하지 않다; 알랑거리다, 속이다.
carry forward ① 〔사람·사물〕을 전진시키다; 〔사업 따위〕를 진척시키다. ② 〔부기〕 〔총계 따위〕를 다음 페이지로 넘기다, 이월하다.
carry in 가지고 들어가, 가지고 들어오[오]다.
carry...into …을 …에 옮기다[가두어 들이다]. 「다.
carry it; 〈고어〉 **carry it away** 이기다, 승리를 거두

carry it off (well) (구어) 멋지게 해내다; 태연하다, 시치미를 떼고 있다.
carry lee helm [해사] 역풍을 거슬러 돌릴 수 있을 만큼.
carry live 생중계하다.　　　［극한 침로를 취하다.
carry off ① (상품·명예 따위)를 획득하다, 쟁취하다. ② …을 대담하게 해치우다, 밀고 나아가다; [역할·임무 따위]를 훌륭히 해내다. ③ (병 따위가) …의 생명을 빼앗다. ¶He was *carried off* by cancer. 그는 암으로 죽었다. ④ [포로 따위]를 끌고 가다. ⑤ [남]을 유괴하다; …을 빼앗아 가다. ⑥ [나이 따위]를 느끼지 못하게 하다.
carry on ① …을 영위하다, 경영하다, 관리하다; [사무]를 처리하다. ¶~ *on* the new enterprise 새로운 사업을 경영하다. ② …을 계속하다, 속행하다 (*with*); [절차 따위]를 밟다. ¶~ *on with* the job 그 일을 계속하다. (중단했다가) 다시 시작하다, 재개하다. ③ (구어) 처신하다, 행동하다. ⑤ (구어) 무례하게 굴다 [행동하다]; [진행형으로] …에 앙앙거리다 (*at, about*); 바람을 피우다 (*with*)(⑧ carryings-on). ⑥ (구어) [분노·불쾌 따위로] 안색이 변하다, 노발대발하다. ⑦ [해사] 모든 돛을 활짝 펴고 항행하다.
carry oneself 행동하다, 처신하다. ［승리를 거두다.
carry one's point 상대를 설득하다; 저항을 물리치다.
carry out ① [계획 따위]를 실행에 옮기다, 실천하다, 성취하다. ② [명령]을 수행하다. ¶He did not ~ *out* his promise to us. 그는 약속을 이행하지 않았다. ③ …에 따르다, …을 지키다. ③ …을 밖으로 끌어내다.
carry over ① …을 연기하다. ② [상품 따위]를 이월하다. ② (자기편으로) …을 끌어들이다, 설득하다. ③ [부기] =*carry forward*. ④ [증권] …을 다음 결산일까지 이월하다. ⑤ …하다, 도를 지나치다.
carry something too far …을 극단에 이를 때까지
carry sword (군사) '어깨에 칼' 자세를 취하다.
carry the ball ⇒BALL.
carry the can (구어) (…을 위해서) 책임[의무]을 지다.
carry the day 승리를 얻다, 이기다. 　　 ［다(*for*)
carry [or ***bring down***] ***the house*** ⇒HOUSE.
carry the war into the enemy's camp [or ***country***] ⇒WAR.
carry things (off) with a high hand 만사에 고압적으로 하다.
carry through ① …을 완성하다, 성취하다. ② [어려운 입장에 있는 사람]을 끝까지 지원하다, 뚫고 나아가게 하다. ¶His courage *carried* him *through*. 그는 용기가 있어 최후까지 버텼다. ③ 일관하다, 지속하다; [계획 따위]를 수행하다, 실현하다.
carry too many [or ***the biggest***] ***guns*** (드물게) 상대로서 벅차다[너무 세다]. 　　　［나아가는 키를 잡다.
carry weather helm (해사) 바람 부는 쪽으로 배가
carry [or ***have***] ***weight*** ⇒WEIGHT.
carry...with *one* (* 수동형으로는 쓰지 않는다) ① …을 휴대하다, 데리고 가다, 가지고 가다. ¶I always ~ a lot of money *with* me. 나는 항상 많은 돈을 갖고 다닌다. ② …을 기억하고 있다. ③ [남]을 설득시키다. (청중)을 납득시키다.
to ***carry*** [or ***to be carrying***] ***on with*** 당장은 [의]; 당분간, 얼마 동안은(for now).
—똉 ① (총칭 a ~ of) (총 따위의) 사정(射程). 2 [골프] (타구의) 비(飛)거리. 3 (美) (하천·운하 따위 사이의) 육상 운반; (수로를 잇는) 연수육로(連水陸路); 운반, 수송, 운반차. 4 (군사) 어깨총 자세. 5 (美) -**ri·a·ble**, ~**.a·ble** [속어] 대량의 마약.
car·ry·all [kǽriɔ̀ːl] 똉 1 (말 한 필이 끄는) 4륜 포장[유개] 마차. 2 (마주보는 긴 좌석이 있는) 버스. 3 (여행용) 큰 가방, 잡낭. 4 캐리올(토목용 토사·쇄석 반출 장치).
car·ry·a·long [-əlɔ̀ːŋ/-əlɔ̀ŋ] 똉 휴대용.
car·ry·back [kǽribæ̀k] 똉 (美) (세금의 과납 등에 의한) 환급(액).

cárry bàg 똉 =carrier bag. 　　　［침대.
car·ry·cot [kǽrikɑ̀t/-kɔ̀t] 똉 (英) (유아용) 휴대용
car·ry·for·ward [kæ̀rifɔ́ːrwərd] 똉 =carryover; (美) (손실의) 이월(移越) 공제.
car·ry-in [-ìn] 똉 (가전 제품 따위)를 들고 가면 수리 [점검]해 주는 (방식의); (美북중부) (파티 따위가) 각자가 음식을 지참하는는. —똉 수리점에 들고 갈 수 있는 (가전) 제품; 각자 음식을 지참하는 파티.
car·ry·ing [kǽriiŋ] 똉 적재; 운송. —똉 적재의; 운송의; (목소리가) 잘 들리는; (美속어) 마약을 지니고 있는; 총을 소지하고 있는.
cárrying capácity 똉 1 (적재량[능력]; (전선의) 송전 능력. 2 (목초지 따위의) 부양 능력; (생태) 포화(飽和) 수준; 수용력. 　　　［부 합금금. 2 운송비; 유지비.
cárrying chàrge 똉 1 [상업] 이월 일변(日邊); 월
car·ry·ings-on [kǽriiŋzɑn/-ɔ́n] 똉 정신나간[어리석은] 행동; 남녀간의 음탕한 희롱, 농탕치기.
cárrying tràde 똉 운수업; 해운업.
car·ry-on [-ɑ̀n/-ɔ̀n] 똉 (항공기 내에) 들고 들어갈 수 있는. ¶a ~ bag 기내에 갖고 들어갈 수 있는 가방. —똉 1 (승객의) 기내 휴대 수하물. 2 (a ~) (구어) = carryings-on. 3 (속어) 흥분 상태.
car·ry-out [-àut] 똉 (美) (요리 따위가) 사가지고 갈 수 있는. —똉 사서 들고 가는 요리[음식물](美) takeout, (英) takeaway). (또는 **cárryòut**)
car·ry·o·ver [-òuvər] 똉 1 이월품(移越品); 앞선 것으로서[법에서]의 영향. 2 (부기) (a ~, the ~) 이월; (미국 소득세법에서) 이월 공제할 수 있는 법규.
cár sèat 똉 (자동차의) 유아용 의자; 자동차의 좌석.
car·sick [kɑ́ːrsìk] 똉 차멀미가 난. ¶ seasick¶get ~ 차멀미하다. ~**ness** 똉 (美) 차멀미. (~ 운송 서비스).
Cár Slèeper [철도] 카 슬리퍼(승객·승용차 동시
Car·son [kɑ́ːrsn] 똉 카슨. 1 **Johnny** ~ (1925— : 미국의 코미디언·TV 사회자). 2 **Rachel L.** ~ (1907–64: 미국의 여성 해양 생물학자; 과학 평론가; 농약의 해독을 고발한 *The Silent Spring*(1962)으로 환경 보호 운동의 선구자가 됨). 　　　　　　　　 ［(州都).
Cárson City 똉 카슨 시티(미국 Nevada 주의 주도
‡**cart** [kɑːrt] 똉 1 2륜[4륜] 짐마차(⑧ wagon). 2 2륜 경(輕)마차. 3 손수레, 소형 운반차; 식사 운반차((美) trolley). ¶a golf[grocery] ~ 골프 카트[쇼핑 손수레].
be in the cart (英속어) 난처한 입장에 있다, 불리한 상태에 있다; (경제적으로) 어려움에 처해 있다.
on the water cart (속어) 금주하여, 술을 끊고.
put [or ***set, get, have***] ***the cart before the horse*** 본말을 전도하다; 비논리적인 짓을 하다.
—똉① …을 짐수레로 나르다; (힘들여) 운반해 가다 (*away, off, around*). 2 (크리켓) (공)을 강타하다. 3 (英속어) …을 곤란하게 하다, 난처하게 하다. —⑨ 1 짐수레를 사용하다. 2 (크리켓) 강타하다. 　 ［다니다.
cart about …을 가지고 돌아다니다; …을 안내하며
cart away [or ***off***] …을 (짐마차로) 가져 가다: (英구어) 없애다. ¶*C—* yourself *off*! 썩 꺼져!
↙**·a·ble** ↙**·er**
cart·age [kɑ́ːrtidʒ] 똉U 짐차로 나르기; 짐차 운임.
Car·ta·gé·na Prótocol (on Biosáfety) [kɑ̀ːrtədʒíːnə-, -héinə-] (the ~) 카르타헤나 의정서(2000년 1월 Colombia의 Cartagena 회의에서 채택된 유전자 변형 식품 안전 협약).
carte[1] [kɑːrt] 똉 (드물게) (펜싱) =quarte.
carte[2] [kɑːrt] 똉 1 메뉴(menu), 식단표 (à la carte). 2 (스코) (카드놀이의) 패; 지도(地圖).
carte blanche [kɑ́ːrt blɑ́ːntʃ/-blɑ́ːntʃ] 똉 (⑧ -*s* -*s*) 1 (서명이 있는) 백지 위임장. 2 (…의) 백지[전권] 위임 (*in*); (…할) 자유 (*to do*). 3 (카드놀이) (피켓 놀이에서) 그림패가 없는 손에 쥔 패. [<F]
carte de vi·site [kɑ́ːrt də vizíːt] 똉 (⑧ *cartes d- v-*) 명함; 명함(용) 사진. [<F]

car·tel [ka:*r*tél] 圏 1 〔경제〕 카르텔, 기업 연합(含 trust). 2 포로 교환 (협정서). 3 (종종 C-) (프랑스·벨기에 정계의) 당파 연합. 4 연합, 제휴. 5 (결투의) 도전장. ~**-ism** 圏Ⓤ 기업 연합주의.

cár telephone 圏 자동차용 무선 전화, 카폰.

car·tel·ist [ka:*r*télist] 圏 카르텔의 일원; 카르텔론자. — 圏 (또는 **cartelistic**) 카르텔의, 카르텔적인; 카르텔화(化)의, 카르텔화를 주장하는.

car·tel·ize [ká:*r*təlaiz, ká:*r*təlâiz] (*** 〈英〉 -ise**) 〜 타 圏 카르텔[기업 연합]을 만들다, 카르텔화하다. **càr·tel·i·zá·tion, -iz·er**

cart·er [ká:*r*tər] 圏 짐마차꾼, 마부.

Car·ter [ká:*r*tər] 圏 **James Earl ~, Jr.** 카터 (1924- : 미국의 제39대 대통령; 통칭은 Jimmy ~; 노벨 평화상(2002년)).

Car·te·sian [ka:*r*tí:ʒən/-ʒən] 圏 데카르트(Descartes)의, 데카르트 학파의. — 圏 데카르트 철학 신봉자, 데카르트 학도. ~**-ism** 圏 데카르트 철학.

Cartésian coórdinates 圏 〔수학〕 데카르트 좌표, 평행 좌표. 「카르트 좌표계(系).

Cartésian coórdinate sýstem 圏 〔수학〕 데

Cartésian díver[dévil] 圏 =bottle imp.

Cartésian dóubt 圏 〔철학〕 데카르트적 회의(절대 진리에 도달하기 위해 모든 것을 회의해 보는 방법).

cart·ful [ká:*r*tfúl] 圏 짐마차 하 대분(의 양).

Car·thage [ká:*r*θidʒ] 圏 카르타고(북아프리카의 고대 도시 국가; 기원전 146년 로마군에 의해 멸망).

Car·tha·gin·i·an [kà:*r*θədʒíniən] 圏圏 카르타고(사람)의.

Carthagínian péace 圏 카르타고적 평화(패자에게 완전 예속을 요구하는 가혹한 평화 조약).

cárt hòrse 圏 짐마차(를 끄는) 말.

Car·thu·sian [ka:*r*θú:ʒən/-θjú:ziən] 圏 〔가톨릭〕 카르투지오회(會)(1086년 St. Bruno가 설립한 수사수녀). — 圏 카르투지오 수도회의.

Car·tier [ká:*r*tiéi/F kartje] 圏 카르티에. 1 **Jacques** ~ (1491-1557: 프랑스의 항해가). 2 (상표) 프랑스의 고급 보석 상점(에서 만든 보석·향수 따위).

car·ti·lage [ká:*r*tilidʒ] 圏Ⓤ〔ⓒ〕 〔해부〕 연골(軟骨), 연골 조직.

car·ti·lag·i·nous [kà:*r*tələ́dʒənəs] 圏 연골의, 연골질의; (동물) (물고기가) 골격이 연골로 되어 있는.

cart·load [ká:*r*tlòud] 圏 짐마차 한 대분: 〔구어〕 대량.

car·to·gram [ká:*r*təgræm] 圏 통계 지도. 「량.

car·to·graph [ká:*r*təgrǽf/-grà:f] 圏 (그림이 있는) 지도. **car·tóg·ra·pher** 圏 지도 제작가.

car·to·graph·ic [kà:*r*təgrǽfik] 圏 지도 제작(상)의. (또는 **cartographical**) **-i·cal·ly** 원

car·tog·ra·phy [ka:*r*tɑ́grəfi/-tɔ́g-] 圏Ⓤ 지도 제작(법), 제도(법), (또는 **chartography**)

car·to·man·cy [ká:*r*toumǽnsi] 圏Ⓤ 카드 점(占).

car·ton [ká:*r*tn] 圏 1 (큰 판지 상자, 카턴; 판지. 2 판지 상자 안에 넣은 것. ¶a ~ **of** cigarettes 담배 한 포(10갑). 3 과녁 복판의 흰 점; 명중탄. — 圏Ⓣ 카턴에 넣다(수납하다). — 원 짐지로 카턴을 만들다.

‡**car·toon** [ka:*r*tú:n] 圏 1 시사 풍자 만화, 토막 만화. 2 〈英〉 연속 만화(comic strip). 3 만화 영화(animated ~). 4 〔미술〕 실물 크기의 밑그림. — 圏Ⓣ ...을 만화화로 풍자하다. — 원 만화를 그리다. ~**-ish** 圏

car·toon·ist [ka:*r*tú:nist] 圏 만화가; 밑그림쟁이.

car·top [ká:*r*tɑ́p/-tɔ̀p] 圏 (물건이) 자동차 지붕에 싣고 다니기에 알맞은. (또는 **cártòppable, cár tòppable**)

car-top [ká:*r*tɑ́p/-tɔ̀p] 圏 자동차 지붕에 싣고 운반하는. — 원 자동차 지붕에 싣고 운반하다. — 圏 (짐이) 자동차 지붕에 싣고 운반할 수 있는.

car-top·per [-tɑ́pər/-tɔ̀p-] 圏 자동차 지붕에 싣고 운반할 수 있는 소형 보트.

car·touch(e) [ka:*r*tú:ʃ] 圏 1 〔건축〕 소용돌이 장식. 2 〔고대 이집트의 기념비 따위의 왕의 이름을 둘러 싼〕 원형의 장식 테두리. 3 탄약통[상자]. 〔< F < It〕

*****car·tridge** [ká:*r*tridʒ] 圏 1 〔군사〕 약포(藥包); 발포용 화약통. ¶a ball [blank] ~ 실[공포]탄. 2 작은 용기. 3 (사진) 파트로네(롤 필름 통). 4 (전축의) 카트리지 (바늘 케이스). 5 (녹음·녹화용) 카트리지 테이프(cassette보다 크다). 6 〔컴퓨터〕 카트리지. 7 (~s) (구세군 대원의) 헌금.

cártridge bàg 圏 탄약 주머니.

cártridge bèlt 圏 〔군사〕 탄약)띠, 탄대(彈帶).

cártridge bòx 圏 탄약 상자.

cártridge càse 圏 약협(藥莢), 탄피.

cártridge chàmber 圏 (총의) 약실(藥室).

cártridge clìp 圏 (총기의) 클립, 탄창.

cártridge ìncrement 圏 〔군〕 장약.

cártridge pàper 圏 약포지(藥包紙); 도화지, 하도롱지.

cártridge pèn 圏 카트리지식 만년필. 「롱지.

cárt ròad [tràck] 圏 =cartway.

car·tu·lar·y [ká:*r*tjuléri/-ləri] 圏 특허장[권리 증서] 대장(chartulary); 특허장[기록 문서] 보관소.

cart·way [ká:*r*twèi] 圏 짐마차길, 울퉁불퉁한 길.

cart·wheel [ká:*r*thwì:l/-wì:l] 圏 1 (짐수레 따위의) 바퀴. 2 (보통 ~s) 옆으로 재주넘기. ¶turn a ~s 옆으로 재주를 넘다. 3 〔美俗〕 1달러 은화. 4 (여성용) 챙이 넓은 모자. 5 원 옆으로 재주넘기를 하다. 6 뱅글뱅글 돌며 나아가다. ~**-er** 圏

cárt whìp 圏 (짐마차 마부가 쓰는) 굵은 채찍.

cart·whip [-hwìp] 圏Ⓣ ...을 굵은 채찍으로 때리다.

cart·wright [ká:*r*trài] 圏 수레 만드는 목수.

car·un·cle [kǽrəŋkl, kərʌ́ŋ-] 圏 1 〔식물〕 종부(種阜), 씨혹. 2 〔동물〕 (새의 머리 부분의) 축 처진 살; (닭의) 볏. 3 〔해부〕 육구(肉丘)(눈물언덕 따위).

ca·rún·cu·lar, ca·rún·cu·lous 圏

Ca·ru·so [kərú:sou] 圏 **Enrico** ~ 카루소(1873-1921: 이탈리아의 테너 가수).

‡**carve** [ka:*r*v] 圏 (~**-d** [-z]; ~**d; carv·ing**) Ⓣ 1 (나무·돌 따위를) 새기다, 조각하다; 새겨서 ...을 만들다 (*into*). ¶(~+囟+前+名) ~ stone [wood] *for* a statue 돌[나무]을 새겨서 상(像)을 만들다 / ~ marble *into* a statue 대리석으로 상을 새기다. 2 (나무·돌 따위에) 조각하다 (*in, on*). ¶(~+囟+前+名) ~ a figure *in* wood [stone] 나무[돌]에 인물을 조각하다 / 〔새기다〕/ ~ one's name *on* a tree 나무에 이름을 새겨 넣다. 3 (진로 따위를) 트다, 개척하다 (*out*). 4 (고기를) 썰다; (식탁에서) ~를 베어 나누다. ¶He ~*d* the meat. 그는 고기를 베어 나누어 주었다. — 원 1 조각하다. 2 고기를 베어[썰어] 내다.

carved in stone 〔美구어〕 불변의, 변하는 일이 없는.

carve for *oneself* 제멋대로 행동하다. 「다.

carve *one's* **way to** 스스로 길을 개척하여 ...에 이르

carve out ① (명성·지위 따위)을 노력하여 얻다, 자수성가하다. ¶ ~ *out* a career 출세하다. ② (진로·토지 따위)를 개척하다, 트다. ¶ ~ *out* a niche market 틈새 시장을 개척하다. ③ 자르다, 잘라내다.

carve up ① 베어 나누다, 잘게 썰다. ② (유산·영지 따위)를 (자기 편의대로) 분할하다. ③ ...를 급히 추월하다. ④ 〔속어〕 (...에)...에게 상처를 입히다.

car·vel [ká:*r*vəl] 圏 =caravel.

cárvel-built [-bìlt] 圏 〔해사〕 (뱃전의 외판(外板)을) 포개지 않고 맞대어 붙인.

carv·en [ká:*r*vən] 圏 〈시〉 조각한(carved).

*****carv·er** [ká:*r*vər] 圏 1 조각가. 2 (식탁에서) 고기를 베어 나누어 주는 사람; (~s) 식탁용 고기 써는 도구. ¶a pair of ~s 고기 써는 나이프와 포크.

Car·ver [ká:*r*vər] 圏 카버. 1 **George Washington** ~ (1864?-1943: 미국의 식물학자·화학자). 2 **John** ~ (1575?-1621: Pilgrim Fathers의 지도자). 3

Raymond ~ (1939-88): 미국의 단편 작가·시인).
carv·er·y [káːrvəri] 圈 손님의 요구에 따라 로스트비프 등을 베어서 제공하는 레스토랑.
carve-up [-ʌ̀p] 圈 (英俗어·경멸적) (강탈품 따위의) 분배; (일반적) 분할; 싸움.
*****carv·ing** [káːrviŋ] 圈 **1** Ⓤ 조각(술); Ⓒ 조각물[작품]. **2** Ⓤ (식탁에서 주인이) 고기를 베어 나눠주는 것.
cárving fòrk 圈 (고기 써는 데 쓰는) 대형 포크.
cárving knìfe 圈 (고기 써는 데 쓰는) 대형 나이프; (英俗어) 아내(wife).
cár wàsh 圈 (美) 세차 기계; 세차장; 세차. (또는 **cárwàsh**)
car·y·at·id [kæ̀riǽtid] 圈 *-i·des* [-ədiːz] (건축) (그리스 건축의) 여인상(女人像) 기둥. ❋ telamon
-i·dal 圈 [caryatid]
car·y·op·sis [kæ̀riápsis/-óp-] 圈 *-ses* [-siːz], *-si·des* [-sədiːz] (식물) 곡과(穀果)(grain), 영과(穎果).

CAS (항공) calibrated *air*speed(수정 대기 속도); collision avoidance system(충돌 방지 장치).
C.A.S. Certificate of Advanced Studies.
ca·sa [káːsə, -saː] 圈 (美남서부) 집, 가옥. [<Sp]
ca·sa·ba [kəsáːbə] 圈 카사바(머스크멜론의 일종). (또는 **cassaba**, **⊸ mèlon**) (<Turkey 항구 Kasaba)
Cas·a·blan·ca [kæ̀səblǽŋkə] 圈 카사블랑카(모로코 서북부의 항구).
cas·al [kéisəl] 圈 (문법) 격(case)의.
Ca·sals [kəsǽlz, -sáːlz, kɑːsáːl] 圈 **Pablo ~** 카살스(1876-1973: 스페인의 첼로 연주자·지휘자).
Cas·a·no·va [kæ̀zənóuvə, kæ̀s-] 圈 **1 Giovanni Jacopo ~** 카사노바(1725-98: 이탈리아의 작가·엽색가). **2** (때로 c-) 호색가, 엽색가(rake).
Cas·bah [kǽzbə, -bɑː, káːz-] 圈 카스바(알제리 북부의 원주민이 사는 옛 시가지). (또는 **Kasbah**)
cas·ca·bel [kǽskəbel] 圈 (구장포(口裝砲)의 포신 미부(尾部)에 있는) 미주(尾珠), 혹 모양의 돌기.
*****cas·cade** [kæskéid] 圈 **1** 작은 폭포, 계단 폭포; (정원 따위의) 인공 폭포; (넓은 의미로) 폭포. **2** 폭포 모양의 천·레이스 장식. **3** 폭포 모양의 꽃뭉치; (국화 따위의) 현애(懸崖) 가꾸기. **4** (화학) 캐스케이드(계단처럼 연결된 화학용 실험 장치). **5** Ⓒ|Ⓤ (전기) (유도 전동기의) 종속(縱續); (축전지의) 직렬. **6** (경영) (정보의) 조직내 단계적 신속 전달. **7** (음) 직렬~ **⊸ shower**, ~ing (전기) 폭포가 되다, 폭포처럼 떨어지다. **⊸** **1** ~를 폭포처럼 떨어뜨리다; 단계적으로 행하다. **2** (전기) …을 종속 접속하다, 직렬이 되게 하다.
cascáde contról (컴퓨터) 종속 제어.
Cascáde Ránge 圈 (the ~) 캐스케이드 산맥(California 주 북부의 산맥). (또는 **the Cascades**)
cascáde shòwer 圈 (물리) 방사선이 단계적으로 입자수를 중대하여 가는 현상.
cas·car·a [kæskɛ́ərə/-káːrə] 圈 **1** (식물) 털갈매나무(미국 태평양 연안산(產)). (또는 **⊸ búckthorn**) **2** = ~ **sagrada**.
cascára sa·grá·da [-səgréidə, -gráː-] 圈 털갈매나무의 껍질(완하제(緩下劑)).
cas·ca·ril·la [kæ̀skəríːlə] 圈 카스카릴라(서인도 제도산(產)의 등대풀과(科) 파두속(巴豆屬)의 관목).
‡case¹ [keis] 圈 (複) **cas·es** [-iz]) **1** 사건; 문제. ¶a ~ of injustice 부정 사건 / a most exciting ~ 손에 땀을 쥐게 하는 사건 / a ~ of conscience 양심의 문제.
2 (보통 the ~) 실정, 진상, 실태(fact); 상황, 상태, 처지, 형세. ¶ That is not the ~. 그것은 사실이 아니다 / If you do so, you will make your ~ worse. 그렇게 한다면, 너의 입장은 더욱 나빠질 것이다.
3 경우; 사례, 예(例)(instance). ⇨EXAMPLE 유의어 ¶ in your ~ 너의 경우에는 / It is a different ~. 그것은 별개 문제이다 / Take the ~ of Mr. Smith. 스미스씨의 경우를 생각해 보아라.
4 (a ~) (사실·이유 따위의) 진술, 변명, 주장; 근거, 사유; 충분한 논의; 증거. ¶ a ~ for capitalism 자본주의(옹호)론 / a ~ for a defendant 피고의 주장 / put up a poor ~ 납득이 안 가는 사유를 대다 / State your ~ briefly. 하고 싶은 말을 간단히 진술하시오.
5 (수식어와 함께) (병의) 증세, 병상(病狀); (내과·외과의) 환자(patient). ¶ fever ~s 열병 환자 / mental ~s 정신병 환자 / a ~ of measles 홍역 (증세), 홍역 환자 / His ~ is alarming. 그의 병세는 안심할 수가 없다.
6 (법률) 판례; 소송, 소송 사건. ¶ appeal a ~ 상소하다 / file a ~ in a court 제소하다 / try [decide] a ~ 사건을 심리[판결]하다. **7** (문법) 격(格). ¶ the nominative [objective, possessive] ~ 주격[목적격, 소유격].
8 (구어) 사람; 괴짜, 기인(奇人). ¶ a difficult ~ 아주 까다로운 사람, 다루기 힘든 녀석 / He is a ~. 그는 괴짜다. **9** (美俗) 애태우는 사랑, 홀딱 반함; 정사(情事).
10 (보호·구제의) 대상, 해당자. ¶ a relief [or welfare] ~ 복지 대상자. **11** = ~ **shot**.
***a case in point** 해당 예; 문제가 되고 있는 사례.
***a gone case** 회복할 가망이 없는 환자.
***as is often the case** (…의 경우에) 흔히 있는 일이지만 (with).
***as the case may be** 경우[사정]에 따라.
***as the case stands** 이런 이유로, 지금 실정으로는.
***be in case** (古어) (…ың) 용의[각오]가 있다. (…일지라도) 괜찮다[상관없다](to do). ¶ 쁘다.
***be in good [evil] case** 살림 형편[건강]이 좋다[나쁘다].
***bring a case** (…에 대하여) 소송을 일으키다(against).
***case by case** 하나하나 (신중하게), 개별적으로, 사례별로.
***case of the shorts** 돈이 없음, 자금난. ¶ 별로.
***cold case** (英俗어) 농담, 실없는 소리, 어리석은 일.
***come [or get] down to cases** (美) 본론[문제의 핵심]으로 들어가다; (재판관이) 심리하다.
***drop [or dismiss] a case** 소송을 취하하다.
***gain [lose] one's case** 승소[패소]하다.
***get off a person's case** (구어) 남을 방해하는[괴롭히는] 짓을 그만두다, 남에 대한 비난을 그만두다.
***get [or be] on a person's case** (美俗어) (남에게) 간섭하다; (남을) 괴롭히다, 성가시게 하다.
***have a case on a person** (俗어) (이성(異性)에게) 빠져 있다, 열중해 있다.
***have a good [or strong] case for** (소송에 이길 수 있는) 충분한 사유가 있다.
***in any case** (사정이) 어떻든 간에, 여하튼(anyway, anyhow). ¶ In any ~, I'll go there tomorrow. 여하튼 내일 거기에 가겠다.
***in case** = *just in case*.
***in case of** ① (보통 글머리에서) …의 경우에는, …이 일어나 면. ② (美 문어에서) …에 대비하여.
***in case (that...)** ① …하는 경우는, 만일 …이면. ② …일 경우에 대비하여, …이면 안 되므로. ¶ Take an umbrella with you *in* ~ it rains. 비가 올 경우에 대비하여 우산을 가지고 가거라.

USAGE **in case of**와 **in case (that...)**——in case of 다음에는 명사가 오지만, in case (that...)은 절을 이끈다: *In* ~ *of* rain, the picnic will be put off. / *In* ~ (*that*) it should rain [or it rains], the picnic will be put off. 비가 올 경우에는 소풍은 연기될 것이다. ✶ lest…although가 문어적이어서 현대 영어에서는 별로 쓰이지 않는 데 비해서, in case는 구어적이며, 또 in case (that...) 절 안에서는 「should + 원형 부정사」보다 직설법을 쓰는 편이 한층 더 구어적이다. if와 비교해서 in case는 「혹시나, 만일」이라는 뜻이 강하고, 특히 미래의 일에 대비한다는 뜻을 내포한다.

***in either case** 어느 경우에나, 여하간에.

in good case 순조롭게, 순탄하게, 무사히.
in nine cases out of ten 십중팔구, 거의 틀림없이.
in no case 어떤 경우에도 …하지 않다, 결코 …이 아니다.
in some cases 경우에 따라서는, 어쩌면.
in that case 그 경우는, 그렇다면.
in the case of …에 관하여는, …에 관하여 말하면 (as regards). ¶ *In the ~ of* Mr. A there is no excuse. A씨의 경우는 변명의 여지가 없다.
It's the case. 그것이 진상[사실]이다.
(just) in case 만일의 경우에 대비하여; …하면 안 되므로.
lay the case 진술하다.
make (out) one's *case* [or *a* ~ *case*] (…라고) 주장하다, 자기 주장이 정당함을 입증하다; …에 대한 의견을 진술하다 (*for, against*).
meet the case (제안·의견이) 납득[만족]할 수 있다.
on the case 《美》 사건을 조사하여; 《美속어》 개인적인 사항을 논하여.
put [or ***set***] ***(the) case*** ① (찬성·반대의) 이유를 설명하다 (*for, against*). ② …이라고 가정하다 (*that* 節).
such [or ***that***] ***being the case*** 사정이 그러하므로.
‡**case**² 명 (복 **cas·es** [-iz]) **1** 상자, 용기(容器), 케이스. ¶ a ~ *for books* 책 상자 / *a jewel* ~ 보석 상자 / *a packing* ~ 포장용 상자. **2** (가죽제) 용기, 주머니; 《英》 여행 가방. ¶ *a cigarette* ~ 담뱃갑 / *a dressing* ~ 화장품 그릇. **3** 집(sheath), 덮개, 통(筒); (시계 따위의) 딱지, 껍데기; 탄약통. ¶ *a knife* ~ 칼집. **4** 한 상자의 분량; 한 짝, 한 세트. ¶ *a ~ of ginger ale* 진저에일 한 상자. **5** (문·창문 따위의) 틀; 〔제본〕 책의 표지, 책을 넣는 케이스; 〔인쇄〕 식자용 상자. **6** 《美속어》 1 달러; 《英속어》 갈보집; 변소.
keep cases (on…) 《美》 (…을) 지키다.
work at case 조판하다.
— 타 (*cas·es* [-iz]; ~ *d* [-t]; *cas·ing*) **1** …을 상자[집, 통]에 넣다, 상자에 담다; (상자)의 뚜껑을 덮다. **2** …의 측면을 대다; …을 둘러싸다; 〔건물의 외벽 따위)을 덮다. ¶ ~ *a wall with stone* 벽을 돌로 마무리하다. **3** 《美속어》 (범행 전에) (집 따위)를 미리 살피다.
case a person for 《美속어》 …하려고 남을 염탐하다.
case it around ① 예비 조사하다, 검토[점검]하다. ② 새로운 일을 하다.
case out 《美속어》 ① 힘을 모으다[합치다]. ② (명령형으로) 꺼져.
case the deck (속어) (도박사가) 모든 카드의 움직임을 보고 기억해 두다.
case the joint 《美속어》 예비 검토[점검]하다.
cás·er 명 「컴퓨터 지원 소프트웨어 공학」.
CASE computer-*a*ided *s*oftware *e*ngineering (컴퓨터 지원 소프트웨어 공학).
ca·se·ase [kéisièis] 명 카세인과 단백질을 분해하는 효소(치즈 제조용).
ca·se·ate [kéisièit] 자 〔병리〕 건락상(乾酪狀)이 되다, 치즈 모양이 되다.
ca·se·a·tion [kèisiéiʃən] 명 〔병리〕 **1** 건락화(변성). **2** 〔생화학〕 카세인 변성(응해)이 치즈로 변하는 것.
cáse báy 명 〔목공〕 (천장·마루에서) 두 개의 주된 재목(들보) 사이의 공간.
case·book [kéisbùk] 명 (법률·의학 따위의) 사례집, 판례집; 사건 기록부.
case·bot·tle [-bàtl/-bɔ̀tl] 명 (상자에 넣기 좋게 만든) 모난 병.
case·bound [kéisbàund] 형 (책이) 단단한 표지의, 양장으로 된.
case-by-case [-béikèis] 형 축조적(逐條的)인, 건(件)별의, 사례별로 처리하는.
cáse dòugh 명 《美속어》 비상금.
cáse énding 명 〔문법〕 격(변화) 어미, (격을 나타내는) 활용 어미(boy's의 's 따위).
case·ful [kéisfùl] 명 한 상자의 분량.
ca·se·fy [kéisəfài] 타 치즈질(質)로 만들다[이 되다].
case-hard·en [kéishɑ̀ːrdn] 타 **1** (야금) 〔철〕 표면을 경화(硬化)하다, 표면을 열처리하다. 〔철〕 담금질하다. **2** …을 뻔뻔스럽게 만들다, 신경을 무디게 하다. ~ *ed* 형 담금질한.
cáse hístory 명 사례사(事例史), 개인 경력 (기록), 신상 조사(서); 병력(病歷), 기왕증(旣往症).
ca·sein [kéisiːn/-siin] 명 〔생화학〕 카세인, 건락소(乾酪素); 〔미술〕 카세인 유제(乳劑)〔그림 물감〕.
cáse knífe 명 칼집에 든 나이프; 식탁용 나이프.
cáse láw 명 판례법[위례법]. 酊 statute law
case·load [kéislòud] 명 (판사·의사 등의) 담당 건수, 취급 건수. (또는 **cáse lòad**)
case·mate [kéismèit] 명 포곽(砲廓)(군함의 함포 방호용 방벽); 포대(砲臺). **-màt·ed** 형 포곽[포대]을 설비한.
*****case·ment** [kéismənt] 명 **1** 여닫이창의 창틀; 여닫이창. (또는 ~ **window**) **2** (일반적으로) 창. **3** 틀, 덮개. **4** = ~ *cloth*.
cásement clóth 명 커튼[옷감]용 엷은 무명천.
cáse mèthod 명 사례 중심 교육법(case-study method); = case system.
cáse nòte 명 《美속어》 **1** 달러 (지폐).
ca·se·ous [kéisiəs] 형 치즈[건락(乾酪)]의, 치즈 모양의.
cáse récord 명 = case history.
ca·sern(e) [kəzə́ːrn] 명 〔군사〕 막사(幕舍)(barrack).
cáse shót 명 (대포의) 산탄(散彈). 酊 shrapnel
cáse stúdy 명 사례(事例) 연구; = case history.
cáse sýstem 명 〔법률〕 판례 중심 교육.
*****case·work** [kéiswə̀ːrk] 명 〔사회〕 케이스워크 (문제가 있는 개인 또는 가족을 충고·지도하는 사회 복지 활동). (또는 **cáse wòrk**) ~ *er* 명
case·worm [kéiswə̀ːrm] 명 둘 둘레에 집을 짓는 유충(幼蟲)(도롱이벌레·옷좀나방의 유충·풀여우 따위).
‡**cash**¹ [kæʃ] 명 ∪ **1** 현금; 정화(正貨)(지폐(note)와 주화(coin)). ¶ *prompt* [or *spot*] ~ 현찰, 맞돈 / *convert* [or *turn*] *into* ~ 현금으로 바꾸다. **2** (외상에 대하여) 현찰 지불, 맞돈. ¶ ~ *with order* 현찰 주문 / *give a discount for* ~ 현찰 지불시에 할인을 해주다. (또는 ⊂ *dòwn*) **3** (구어) 부(富), 재산, 돈. **4** (폐어) 금고.
be in [***out of***] ***cash*** (수중에) 현금이 있다[없다].
be short of cash 현금이 부족하다.
cash down 〔상업〕 현금[현찰]으로, 즉시불로.
cash on [or 《英》 *in*] ***hand*** 수중에 있는 현금.
cash on the nail [or ***barrelhead***] 현금, 맞돈.
Cash or charge? (지불을) 현금으로 하시겠습니까, 카드로 하시겠습니까?
do one's *cash* 《英속어》 돈을 탕진하다[없애다].
equal to cash (구어) 확실한 가치가 있는; 훌륭한 업적이 있는.
in (the) cash 형편이 좋은, 부유한.
make cash off (구어) …을 이용해 큰돈을 벌다[한 밑천 잡다].
keep the cash 금전 출납 업무를 보다.
pay in cash 현찰로 지불하다.
— 형 현찰의, 현찰 지불의; (결제 방식이) 현금주의의.
— 타 (*~·es* [-iz]; ~ *ed* [-t])¹ ~ 에 현찰을 지불하다, (어음 따위)를 현찰로 바꾸다. ¶ ~ *a check*; *get a check* ~ *ed* 수표를 현찰로 바꾸다. **2** 〔카드놀이〕 (반드시 이길 패) 먼저 내고 이기다. 「지고 있다.
be cashed up 《濠구어》 돈을 (필요 이상으로) 많이 가지다.
cash down 《美구어》 맞돈으로 지불하다; 청산하다.
cash in ① (수표 따위)를 현찰로 바꾸다; (자산 따위)를 현금화하다. ② 일을 매듭[결말] 짓다; 손을 떼다. ③ (구어) 경제적으로 성공[번창]하다; (돈 따위)를 벌다. ④ 《美속어》 죽다.
cash in on (구어) …으로 (돈)을 벌다; …을 이용하다, …에 편승하다; …에 돈을 걸다.
cash [or ***hand, pass***] ***in*** one's *chips* 《美속어》 ① (도박에서) 칩을 현금으로 바꾸다. ② 죽다.
cash up (상점에서) (그날 매상)을 계산하다; (필요한 비용을) 완전히 치르다[내다].
cash² 명 (옛날 중국·인도 등지의) 소액 화폐.

cash·a·ble [kǽʃəbl] 형 현금으로 바꿀 수 있는.
▸**-bíl·i·ty**, **~·ness** 명
cásh accóunt 명 〔부기〕 현금 계정.
cásh and cárry 명 (현금 지불·무배달) 할인점.
cash-and-car·ry [-ənkǽri] 형 현찰 판매·무배달 주의의; (상거래에서) 현물 매입·선물 매도를 동시에 하는.
cásh ássets 명복 현금 자산.
cásh bàlance 명 현금 잔고.
cásh bàlance plàn 명 〔美〕 통산(通算) 퇴직금 적립제(직종·직장이 바뀌어도 존속된다).
cásh bàr 명 (파티 따위에서의) 유료 바.
cásh básis 명 현금주의(현금 수지를 기준으로 손익을 계산하는 방법). cf. accrual basis
cash·book [kǽʃbùk] 명 현금(금전) 출납부.
cash·box [kǽʃbàks/-bɔ̀ks] 명 돈궤, 금고; 현금 보관함. (~es) 부(富).
cash·boy [kǽʃbɔ̀i] 명 현금 수납을 돕는 소년 점원.
cásh càrd 명 〔英〕 캐시 카드, 현금 인출 카드.
cásh cárrier 명 (출납계와 연결된) 금전 전송[수송] 장치(압축 공기를 이용해 현금을 보낸다).
cásh còw 명 〔구어〕 돈벌이가 되는 상품[사업], 달러 박스.
cásh crédit 명 당좌(보증) 대출(⇨ C.C., c.c.).
cásh cròp 명 환금 작물(作物), 상품 작물.
cásh cústomer 명 현금 고객.
cásh dèsk 명 (상점의) 계산대.
cásh díscount 명 현찰 할인; 할인 금액.
cásh dispènser 명 (은행의) 현금 자동 지급기. (또는 cash-dispensing machine)
cash-draw·er [kǽʃdrɔ̀ər] 명 (동전·지폐를 분류해서 넣어 두는) 현금 서랍.
cashed [kæʃt] 형 〔美속어〕 (육체적·정신적으로) 소모된, 지쳐버린; 돈을 다 써버린; 〔속어〕 (마리화나가) 유효 성분이 없어진.
cash·ew [kǽʃu:, kəʃú:] 명 캐슈(열대 아메리카 원산의 옻나무과(科)의 식물); =~ nut. 〔곡지〕.
cáshew ápple 명 캐슈 애플(cashew nut의 열매
cáshew nùt 명 캐슈 너트(cashew의 열매).
cásh flòw 명 (때로 a ~) 캐시 플로, 현금 유출입(流出入)[흐름], 현금 수지. 1 기업의 현금 입출; 현금 잔액 변동. 2 세금 공제후 순익에서 감가상각비 및 그 밖의 현금 지출을 하지 않은 비용을 합한 금액(주식 배당·신규 설비 구입 따위에 쓸 수 있는 자금).
cásh gìrl [kǽʃgɔ̀:rl] 명 (계산대에서) 현금 수납을 돕는 여점원.
cásh-hún·gry [-hʌ́ŋgri] 형 현금이 없는, 현금을 갖고 싶어하는.
***cash·ier¹** [kæʃíər] 명 1 (호텔·상점 따위의) 현금 출납계, 계산원; (회사의) 회계원[담당자]. 2 〔美〕 (은행의 현금 운용 담당) 지배인; 〔英〕 (은행의) 출납계(teller).
cash·ier² 타 1 (사관·관리) 를 (징계) 면직하다; …을 해고하다. 2 (물건) 을 버리다; …을 거부하다.
cashíer's chéck 명 〔美〕 자기앞 수표.
cash-in [ʃín] 명 (채권 따위의) 상환.
cash·less [kǽʃlis] 형 현금이 없는[필요치 않은].
cáshless society 명 현금이 없는[필요치 않은] 사회, 신용 카드 사회.
cásh machíne 명 현금 자동 인출[예입]기.
cásh mánagement accòunt 명 〔금융〕 어음 관리 계좌, 금융 자산 종합 계좌(⇨ CMA).
cásh màrket 명 현금(거래) 시장.
cash·mere [kǽʒmiər, kǽʃ-] 명 U 1 캐시미어직(織)(인도 Kashmir 지방산(産)의 고급 직물). 2 C 캐시미어직의 옷. 3 캐시미어털(실). 4 인조 캐시미어 직물. (또는 kashmir)
cash·o·mat [kǽʃəmət] 명 〔美〕 (은행의) 현금 지급기.
cásh on arríval 〔상업〕 착하불(着荷拂).
cásh on delívery 〔상업〕ᅳ대금 상환 인도, 화물 상환불(拂)(〔美〕 collect on delivery; ⇨ C.O.D.).
cash-out [ʃáut] 명 현금 지불[상환]; 현금 매상; 현금 잔고. (또는 **cáshòut**)

cásh pàyment 명 현찰[맞돈] 지불.
cásh·point [kǽʃpɔ̀int] 명 =cash dispenser.
cásh príce 명 〔상업〕 현찰 가격. 〔비율.
cásh rátio 명 (지불 준비를 위한 총예금에 대한) 현금
cásh règister 명 금전 등록기.
cash-rich [-rítʃ] 형 보유 자금[현금]이 풍부한.
cásh sàle[**trade**] 명 〔美〕 현찰 판매; 〔증권〕 당일 결제 거래.
cásh-store [-stɔ̀:r] 명 〔美〕 현찰 판매점.
cásh-strapped [-strǽpt] 형 돈에 궁하고 있는.
cásh transáction 명 〔증권〕 실물 거래.
cásh válue 명 (보험의) 해약 반환금. (또는 (**cásh**) **surrénder válue**) 〔casimire〕
cas·i·mere [kǽsəmìər] 명 =cassimere.
cas·ing [kéisiŋ] 명 1 U 포장(하는 것). 2 U 포장 재료; (소시지의) 껍질, 피(皮)(동물의 창자); 타이어의 외피(外皮). 3 (문·창의) 틀; 액자. 4 U (유전(油田) 따위의) 쇠 파이프; (의복·커튼의) 끈(고무줄)을 넣는 부분. 5 〔해사〕 (기선의) 굴뚝을 둘러싼 벽. 6 (덮기 위해 씌운) 유리의 층(層).
cás·ing·head gàs [kéisiŋhèd-] 유정(油井)
cásing knife (벽지를 다듬는) 도배용 칼.
ca·si·no [kəsí:nou] 명 (복 ~**s**) 1 카지노, 도박(오락)장. 2 (이탈리아 시골의) 작은 주택. 3 〔카드놀이〕 카지노(숫자 맞추기로 21점을 먼저 올리면 이긴다). 〔It〕
***cask** [kæsk/ka:sk] 명 1 (포도주 따위를 저장하는) 통(barrel). 2 한 통의 분량. ¶twenty ~s of beer 맥주 20통. ᅳ타 …을 통에 넣다, 쟁이다. ⇨-like 형
***cas·ket** [kǽskit/ká:s-] 명 1 (美) 관(棺)(coffin), 2 (보석·귀중품 따위의) 작은 상자. ᅳ타 …을 관 같은 상자에 넣다. ~-like 형 〔(海).
Cás·pi·an Séa [kǽspiən-] 명 (the ~) 카스피해
casque [kæsk] 명 투구(helmet)(모양의 모자); (동물) 투구 모양의 돌기(突起). **casqued** [-t] 형
cas·sa·ba [kəsá:bə] 명 =casaba.
Cas·san·dra [kəsǽndrə] 명 1 〔그리스 신화〕 카산드라(Troy의 왕 Priam과 Hecuba의 딸; 예언 능력이 있었으나 믿는 사람이 없었다). 2 불길한 예언자; 세상이 믿어주지 않는 예언자.
play Cassandra 예언(예측)하다, 예언자 노릇을 하다.
cas·sa·reep [kǽsəri:p] 명 cassava 뿌리에서 낸 조미료.
cas·sa·ta [kəsá:tə] 명 (견과(堅果)·과일이 든 아이스크림. 〔It〕
cas·sa·tion [kæséiʃən] 명 U C 〔법률〕 (판결 따위의) 폐기, 파기(破棄)(annulment). **-al** 형
cas·sa·va [kəsá:və] 명 〔식물〕 1 카사바(열대 지방산). 2 U 카사바 녹말[전분](tapioca의 원료).
cas·se·role [kǽsəròul] 명 1 (식탁용) 찜 냄비. 2 찜 냄비 요리. 3 (화학 실험용) 손잡이 달린 작은 접시. *en casserole* (요리를) 냄비째 (내놓는), 찜 냄비 요리의. ᅳ타 …을 찜 냄비로 찌다[조리하다]. 〔F〕
‡cas·sette [kəsét, kæ-] 명 1 (녹음·녹화용 테이프의) 카세트. 2 =audio〔video〕 ~. 3 〔사진〕 필름통. 4 (보석용) 작은 상자. 5 〔요업〕 =sagger. ᅳ타 …을 카세트에 녹음[녹화]하다. (또는 **casette**) 〔F〕
cassétte plàyer 명 카세트 플레이어.
cassétte recórder 명 카세트 녹음기.
cassétte tàpe recórder 카세트식 테이프 리코더. 〔전송 TV수상기.
cassétte télevision 명 카세트식 비디오 테이프
cas·sia [kǽʃə/kǽsiə] 명 U 계피(桂皮); 석결명(石決明)·센나(senna)류(類); 그 나무껍질 및 껍질 속의 건조부(乾燥部). 〔아산 녹나무속(屬)〕.
cás·sia-bark trèe [-bà:rk-] 육계(肉桂)(아시
cas·si·mere [kǽsəmìər] 명 U 캐시미어직(織). (또는 **casimere, casimire**)
cas·single [kǽsiŋl] 명 카싱글(양면에 한곡씩 수

cas·si·no [kəsíːnou] 명U =casino 3.
Cas·si·o·pe·ia [kæ̀siəpíːə] 명 1 (천문) 카시오페이아자리. 2 (그리스 신화) 카시오페이아(Cepheus의 아내이며 Andromeda의 어머니). **-ian** 형
cas·sit·er·ite [kəsítəràit] 명U (광물) 석석(錫石).
cas·sock [kǽsək] 명 1 카속(성직자의 검정색 긴 겉옷); (드물게) 검은 더블의 비단 조끼. 2 성직자, 목사. **~ed** 형
cas·so·war·y [kǽsəwèri/-wèəri] 명 (조류) 화식조(火食鳥)(오스트레일리아·뉴기니산(産)).
‡**cast** [kæst, kɑːst/kɑːst] 타 (**cast**) 타 1 ~을 던지다, 내던지다. 던져 올리다(넣다). ¶⇒THROW 유의어. ¶~ seed 씨를 뿌리다/(~+모+前+명) ~ a stone at a person 남에게 돌을 던지다.
2 [눈]을 돌리다, [마음]을 쏟다, [시선]을 향하다(up, down)(at); [빛 따위]를 쪼이다, [그림자 따위]를 드리우다; [마법]을 걸다; [불안·의혹 따위]를 던지다(on, upon, over). ¶~ a glance at ~을 흘끗 보다/He ~ his eyes down the page. 그는 그 페이지를 아래쪽으로 훑어보았다. ¶~뽑다.
3 [제비]를 뽑다; [주사위]를 던지다. ¶~ lots 제비를
4 [낚싯줄]을 던지다; [그물]을 던지다; [닻]을 내리다. ¶~ an anchor 닻을 내리다.
5 [쓸데없는 것]을 내버리다(aside, away, off).
6 (새가) [깃털]을 떨구다, (뱀이) [허물]을 벗다; [잎·열매]를 떨어뜨리다, [동물이] …을 조산(早産)하다; [꿀벌 따위가] 분봉하다; (사람이) [옷]을 벗어 버리다[던지다]; [말이] [편자]를 잃다(off). ¶A horse ~ his shoe. 말의 편자가 떨어져 나갔다.
7 [벌·곤충의 떼]를 쫓아버리다; [걱정·속박 따위]를 (…에서) 배제하다, 물리치다(from); [쓸모 없는 가축]을 솎아내다; …을 해고하다(off, away, aside); [법률]을 패소(敗訴)시키다. ¶He was ~ in a law suit. 그는 소송에 졌다. 8 [안에서] 밖으로 내다, 뿜어내다. 토하다, 게우다. 9 (강제적으로) 넣다, 수용하다(in, into). 10 준비하다, 사전에 계획하다(in, into). 11 [표]를 던지다; [축복·명예 따위]를 주다, [비난·모욕 따위]를 퍼붓다, 가하다(on, upon). ¶~ a ballot 투표하다// (~+모+前+명) ~ glory upon one's name 명성을 떨치다/~ a slur on a person's reputation 남의 명성을 손상시키다. 12 (영화·연극) [배우]를 뽑다, 배역하다(as, for). ¶~ an actor for a play 연극의 배우를 뽑다/~ a role to an actor 배우에게 역(役)을 맡기다. 13 [지금(地金) 따위]를 주조(鑄造)하다, 틀에 넣어 만들다(in, into). ¶~ metal into coins 금속을 동전으로 주조하다. 14 [숫자·전표 따위]를 계산하다, 합계하다(up); [점성도·천궁도(天宮圖)]를 따지다, 점치다; …을 예측하다. ¶~ a horoscope 천궁도를 펼쳐 별점을 치다. 15 [매듭·편물의 코]를 만들다; …을 (비틀어) 구부리다; [헝겊이] (바람이 불어가는 쪽으로) [이물]을 돌리다. 16 (사냥개에게) …의 냄새를 쫓게 하다.
—자 1 던지다; 주사위를 던지다. 2 주형(鑄型) 속에서 만들어지다. 3 계산하다, 늘다; 계획하다. 4 …을 추측하다, 예측하다. 5 (재목이) 휘다, 뒤틀리다. 6 (영화·연극) 배역하다. 7 (사냥개가) 냄새를 찾다. 8 (해사) 이물을 바람 불어가는 쪽으로 돌리다. 9 (폐어) 숙고하다. 10 (英방언) 게우다, 토하다. 11 (英방언) (나무가) 열매를 맺다.
be cast away (배가) 표류하다.
cast about [or *around, round*] ① 찾아다니다(for). ② (이리저리) 궁리(획책, 연구)하다. ③ (해사) 바람 불어가는 쪽으로 침로를 바꾸다.
cast adrift 흐름에 맡기다.
cast aside ① [옷]을 벗어 던지다. ② [불안 따위]를 물리치다. ③ …을 버리다, 폐기시키다.
cast a spell on …를 매혹시키다, …에게 요술을 걸다.
cast away …을 물리치다, 제거하다. 그는 일생을 헛되이 보냈다. ¶He ~ his life away. …을 낭비하다. 낼 …을 빼어 닮다.
cast back ① (옛날로) 거슬러 올라가다, 회상하다(to).
cast behind 추월하다, 앞지르다.
cast beyond the moon 터무니없는(제멋대로) 추측하다.
cast down ① …을 밑으로 던지다, 넘어뜨리다. ② (수동형으로) …을 의기소침하게 하다, 낙담시키다(by). ¶He was ~ down by the news. 그는 그 소식을 듣고 실망했다. ③ …을 멸시하다; …을 꺾다, 파괴하다. ④ (시선) 을 내리깔다, [머리]를 숙이다.
cast forth …을 버리다[내쫓다[내다].
cast...in a person's teeth ⇒TOOTH.
cast in one's lot with [or *among*] ⇒LOT.
cast loose (배)를 풀어 놓다, 밧줄을 풀다.
cast off ① …을 버리다, 물리치다. ② (속박)을 벗어나다, (옷)을 벗어 던지다. ③ ~ *off* one's grief 슬픔을 떨쳐버리다. ③ (해사) (밧줄)을 풀다 (매어 놓은 배)를 끌어내다. ④ (편물)을 마무리하다, (뜨개질의 코)를 감치다. ⑤ (인쇄) (원고)를 조판 페이지로 어림하다. ⑥ (인연)을 끊다, (교제)를 그만두다, (남)과 의절하다, 돌보지 않다. ⑦ (매 사냥에서) (매)를 풀어 놓다 (여우 사냥에서) (개)를 풀어 놓다. ⑧ (스퀘어 댄스나 컨트리 댄스에서) 다른 커플과의 위치를 바꾸다.
cast on (뜨개질의) 첫 코를 뜨다; …을 재빨리 입다.
cast one's bread upon the waters ⇒BREAD.
cast oneself on [or *upon*] …에 몸을 맡기다, …리 손을 쓰다.
cast one's net wide 원하는 것을 얻기 위해 이리저리 손을 쓰다.
cast out …을 내쫓다, 내던지다, 떨쳐 버리다(from).
cast over (수동형으로) …을 (…으로) 덮다(감싸다).
cast pearls before swine ⇒PEARL.
cast up ① …을 (해안에) 밀어 올리다. ② (흙 따위)를 쌓아 올리다. ③ …을 토하다. ④ …을 계산하다, 합계하다. ⑤ (불쾌한 일 따위)를 생각나게 하다(at, to). ⑥ (머리)를 갑자기 들다. ⑦ (스코) 나타나다. ⑧ …을 비난하다. …이다.
The die is cast. 주사위는 이미 던져졌다; 벌인 춤.
—명 1 던지기; 던진 것; 던져지는 거리. 2 (주사위의) 던짐; (낚싯줄의) 던져 넣기, 투망(投網)질; 낚시터. 3 운(運). ¶at the last ~ 마지막으로 다시 한번 해보려고/try another ~ 다시 한번 꾀하다. 4 (영화·연극) 캐스트, 배역; (the ~) (집합적; 단·복수 양용) 출연자 전원. ¶an all-star ~ 스타 총출연. 5 (야금) 주조; 거푸집, 주형(鑄型); 소조물(塑造物); 소조; 1회의 주조에 필요한 금속의 양; (의학) 깁스 붕대; (병리) (소변의) 원주(圓柱). 6 (a ~, the ~) 외형, 외관; 종류; 경향, 성질. ¶a ~ of features [mind, character] 용모[성품, 성격]/He is of a serious ~. 그는 착실하다. 7 휨, 비뚤어짐, 뒤틀림. 8 (a ~) 색채, 색조; …한 기미; 소량. ¶a slight ~ of red 약간 불그레한 색조. 9 도중에서 차에 태우기. 10 계산; 예측. 11 저급 모직물. 12 (활의) 탄성(彈性). 13 (고어) 견본, 실례. 14 원조, 조력. 15 (꿀벌의) 분봉.
a cast in the eye 사팔뜨기.
at a single cast 한 방에, 맥없이, 싱겁게.
stake one's all on a single cast 한 판 승부에 모든 것을 걸다.
within a stone's cast (돌을 던져 닿을 정도로) 가까운 거리에, 엎어지면 코 닿을 데에.
—형 (동물이 일어서지 못하게 뒤 있는); (영화 따위가) 배역이 정해진; 성형(成型)된.
Cas·ta·li·a [kæstéiliə] 명 카스탈리아(그리스 Parnassus 산에 있는 샘; Apollo와 Muses에 바쳐진 샘; 시적 영감의 원천). (또는 **Castaly, Castalie**) **-an** 형
cas·ta·net [kæ̀stənét] 명 (~s) 캐스터네츠(타악기). ¶a pair of ~s 한 벌의 캐스터네츠.
cast·a·way [kǽstəwèi/kɑ́ːst-] 명 1 난파자(難破者), 표류자. 2 표류물, 내버린 물건. 3 (사회가) 따돌리는 사람, 깡패. —형 1 표류하는, 난파된. 2 내버려진, 버림받은.

cast·down [kǽstdàun/kάːst-] 형 =downcast.

***caste** [kæst, kɑːst/kɑːst] 명 1 카스트(인도의 세습적 계급; Brahman(승려), Kshatriya(무사), Vaisya(농민·상인), Sudra(노예)의 사성(四姓)으로 이루어진다); 카스트 제도. 2 사회적 계급(social class); 사회적 지위[위신]. 3 (사회) 폐쇄적[특권적] 계급 (제도); 특권 계급. 4 (곤충) (집단 생활을 하는 곤충의) 직능형(職能型), 계급형. ¶ the worker ~ 일벌.
lose caste ① 카스트의 계급이 낮아지다. ② 사회적 지위를 잃다. 영락하다.
── 형 폐쇄적 사회 계급의, 특권 계급의, 카스트의.
~·ism ~·less

cas·tel·lan [kǽstələn, kæstélən] 명 성주(城主). (또는 **chatelain**) ~·ship

cas·tel·lat·ed [kǽstəlèitid] 형 〔건축〕 성곽 모양의, 성같이 지은; 성이 많은. 〔築城〕.

cas·tel·la·tion [kæ̀stəléiʃən] 명U 성 쌓기, 축성

cáste màrk (인도에서 이마에 붙이는) 카스트 표지; (소속 집단·계급의) 명확한 성질, 특이성.

cast·er [kǽstər/kάːst-] 명 1 던지는 사람; 주조자(鑄造者); 배역(계산) 담당자; 투표자. 2 (가구류의) 다리 바퀴. 3 (식탁용) 양념병 (스탠드); 뿌리는 용기. ~·less

cáster sùgar 명 =castor sugar.

cas·ti·gate [kǽstəgèit] 타 1 …을 (때려서) 응징하다, 징벌(懲罰)하다. 2 …을 혹평하다. 3 (책 따위) 교정하다, 첨삭[수정]하다. **-gà·tive** 형 **-gà·tor** 명 징계자; 교정자. **-ga·tò·ry** 형

cas·ti·ga·tion [kæ̀stəɡéiʃən] 명UC 징계, 견책, 징벌; 혹평; 첨삭, 정정, 교정, 수정.

Cas·tile [kæstíːl] 명 1 카스티야(스페인 중부의 한 지방; 중세에 이곳에 있었던 왕국). 2 (또는 ~ **sóap**) U 캐스틸 비누(올리브유가 주원료).

Cas·til·ian [kæstíljən] 명U 카스티야어(語)[방언]; C 카스티야인. ── 형 카스티야(어)의.

cast·ing [kǽstiŋ/kάːst-] 명 1 던지기. 2 주조(鑄造); C 주물(鑄物). 3 배역. 4 낚싯줄 던지기[던지는 방법]. 5 C (뱀 따위의) 허물.

cásting diréctor 명 (영화·연극 따위의) 배역 책임자.

cásting nèt 명 =cast net.

cásting vòte [vòice] 명 캐스팅 보트, 결정표(찬반 동수일 때 의장이 던지는 결정 투표)(deciding vote).

cást íron 명 주철(鑄鐵). ⇨ wrought iron

cast-i·ron [⌐áiərn] 형 1 주철로 만든. 2 융통성이 없는, 딱딱한. 3 튼튼한, 건강한. ¶ a ~ stomach 튼튼한 위.

cást-íron plànt 명 =aspidistra.

‡**cas·tle** [kǽsl, kάːsl/kάːsl] 명 (복 ~s [-z]) 1 성(城), 성곽. ¶ *An Englishman's house is his* ~. (속담) 영국 사람의 집은 성이다(남의 침입을 용납하지 않는다). 2 견고한 성채, 안전 지대. 3 (성곽식으로 지은) 큰 저택, 성관(城館). 4 〔서양장기〕 성장(城將)(rook).
a castle in the air [or *in Spain*] 공중 누각, 터무니없는 공상, 환상(幻想), 백일몽. ¶ *build a* ~ *in the air* 공중에 누각을 짓다, 백일몽을 꾸다, 되지도 않을 일을 몽상하다.
a castle of cards ⇨ CARD.
── 타 (~*s* [-z]; ~*d*; ~*tling*) 1 성을 쌓다, 성곽으로 둘러싸다; 성 안에 두다. 2 〔서양장기〕 성장(rook)으로 지키다(왕을) 지키다.
~·like

cas·tle-build·er [-bìldər] 명 축성가(築城家); 공상가, 몽상가(daydreamer).

Cástle Cátholic 명 (경멸적) 영국의 북아일랜드 지배를 지지하는 가톨릭 교도. 〔lated.

cas·tled [kǽsld/kάːsld] 형 성이 있는; =castel-

cástle púdding 명 캐슬 푸딩(작은 컵 모양의 틀에 넣어 구운 푸딩).

Cás·tle·rob·in bòmb [kǽslrὰbin-/kάːslrɔ̀bin-] 명 캐슬로빈 폭탄(신관을 못 빼게 장치한 폭탄).

cást nèt 명 〔어업〕 투망(投網)(casting net).

cast-off [kǽstɔ̀ːf/kάːstɔ̀f] 형 벗어 던진, 포기된, 버림받은. ¶ ~ *clothing* 벗어 던진 의류, 헌옷. ── 명 1 (구어) (보통 ~s) 버림받은 사람[것]. 2 〔인쇄〕 (원고를) 조판 페이지로 어림하기.

cas·tor[1] [kǽstər/kάːs-] 명 1 U 해리(海狸)(비버)향(香), 2 비버 모자(beaver hat). 3 U (상의용) 두꺼운 나사천. 4 바다살, 해리, 비버(beaver).

cas·tor[2] 명 =caster 2, 3.

cas·tor[3] 명 =chestnut 5.

Cas·tor [kǽstər/kάːs-] 명 〔천문〕 쌍둥이자리(Gemini)의 알파성(星)(Pollux의 아우별).

Cástor and Póllux 명 〔그리스 신화〕 카스토르와 폴룩스(Zeus와 Leda의 쌍둥이 아들; 뱃사람의 수호신).

cástor bèan 명 피마자씨((英) castor seed); 피마자, 아주까리. (또는 **castor-bèan**)

cástor óil 명 피마자유(하제(下劑)·윤활유용).

cástor óil àrtist 명 (美구어) 의사(doctor).

cástor-óil plànt 명 피마자, 아주까리.

cástor sùgar 명 (英) 분말 백설탕, 정제한 흰 설탕.

cas·trate [kǽstreit/-⌐] 타 1 〔동물〕 …을 거세하다; (남소)를 제거하다. 2 〔식물〕 …의 꽃밥을 없애다. 3 (책·법안 따위)의 부적당한 부분을 삭제[정정]하다, …의 골자를 빼버리다. **-tra·tor** 명

cas·tra·tion [kæstréiʃən] 명UC 1 〔동물〕 거세, 남소 제거. 2 〔식물〕 꽃밥[수술]을 없애기, 제웅(除雄). 3 삭제, 정정.

castrátion còmplex 명 〔정신분석〕 거세 콤플렉스.

cas·tra·to [kæstrάːtou, kə-] 명 (복 ~**s**, -**ti** [-tiː]) 카스트라토(변성기 이전의 높은 음역을 유지하기 위해 거세된 남성 가수).

Cas·tro [kǽstrou] 명 **Fidel** ~ 카스트로(1927-): 쿠바의 혁명가; 국가 평의회 의장(1976-)).

Cas·tro·ism [kǽstrouìzm] 명 카스트로주의[사상].
-ist, -ite [-àit] 명형 카스트로 지지자(의).

cást stéel 명 주강(鑄鋼). **cást-stéel** 형

‡**cas·u·al** [kǽʒuəl] 형 (*more* ~; *most* ~) 1 우연의, 뜻하지 않은; 우발적인. ⇨ACCIDENTAL [유의어] ¶ a ~ *meeting* 우연한 만남 / a ~ *visitor* 뜻밖의 방문객 / a ~ *fire* 실화(失火). 2 부주의한, 조심성 없는; 문득 생각난, 되는 대로의, 무심코 한, 즉석의. ¶ a ~ *remark* 무심결에 한 말. 3 〔경멸적〕 무관심한, 태평한, 믿을 수 없는. ¶ a ~ *air* 무관심한 태도 / a ~ *answer* 건성으로 하는 대답 / a *very* ~ *sort of person* 도무지 믿을 수 없는 사람 / *be* ~ *about one's clothes* 복장에 무관심하다. 4 임시의, 이따금의, 부정(不定)의. ¶ a ~ *customer* 뜨내기 손님 / ~ *expenses* 임시 비용 / *earn a living by* ~ *labor* 임시로 일해서 생활비를 벌다. 5 (의복 따위가) 약식의, 캐주얼한, 평상복의. ¶ ~ *wear* 평상복. 6 (美) 임시 구호를 받는. ¶ *the* ~ *poor* 임시 구호를 요하는 빈곤자.
── 명 (복 ~**s** [-z]) 1 임시[계절, 일용직] 노동자. 2 (英) 임시 구호를 받는 사람. 3 〔군사〕 대기[파견]병, 임시로 소속된 병사. 4 (보통 ~s) 캐주얼, 평상복; 캐주얼 슈즈. 5 (美) (디자이너 브랜드의) 고가 캐주얼을 입는. 〔젊은이.
~·**ness** 명

cásual dày [Fríday] 명 (美) 평상복 출근일, 캐주얼 데이.

cásual hòuse 명 (英) 빈민 구호소.

cas·u·al·ism [kǽʒuəlìzm] 명 1 (노동자 등의) 임시 고용. 2 〔철학〕 우연론. **-ist** 명

cas·u·al·ize [kǽʒuəlàiz] 타자 (정규 고용인)을 임시 노동자가 되게 하다. **-i·zá·tion** 명

cásual làborer 명 임시 고용[일용직] 노동자.

***cas·u·al·ly** [kǽʒuəli] 부 우연히, 뜻밖에, 무심코, 문득; 이따금, 때때로; (복장이) 약식으로, 캐주얼하게.

cásual séx 명 불특정 다수와의 성관계.

***cas·u·al·ty** [kǽʒuəlti] 명 1 (재해·사고 따위의) 사

상자, 피해자; 〔군사〕 (전사·부상 등에 의한) 사상자, 사고병; (-ties) 사상자 수[규모]. ¶heavy *casualties* 많은 사상자. **2** 재해, 뜻하지 않은 사고, 기화(奇禍). **3** =~ department.

cásualty depàrtment 图 (英) (병원의) 응급 병동, 응급실((美) emergency room).

cásualty gàs [àgent] 图 〔군사〕 살상 가스.

cásualty insùrance 图 상해[재해] 보험.

cásualty lìst 图 사상자 명부[명단].

cásualty wàrd 图 =casualty department.

cásual wàrd 图 (英) (구빈원(救貧院)의) 부랑자 임시 수용소[실]; (美) 응급 병동, 응급실.

cásual wàter 图 〔골프〕 비 따위로 코스에 고인 물.

cas·u·ist [kǽʒuist/kǽzju-] 图 결의론자(決疑論者); 허위 도덕 문제에 대한 궤변가(sophist).

cas·u·is·tic [kæ̀ʒuístik/kæ̀zju-] 图 결의론적인; 궤변적인. (또는 **casuistical**) **-ti·cal·ly** 甲

cas·u·ist·ry [kǽʒuəstri/kǽzju-] 图 UC 〔철학〕 결의론(決疑論); 궤변, 견강부회(牽强附會).

ca·sus bel·li [kéisəs béli ai] 图 개전(開戰)의 이유·구실이 되는 사실[사건]; (말)싸움의 직접 원인. 〔<L〕

ca·sus foe·de·ris [kéisəs fédəris] 图 (圈 ~) 〔국제법〕 조약 해당 사유. 〔<L〕

‡**cat** [kæt] 图 **1** 고양이; 고양잇과의 동물류(lion, tiger, panther, leopard 따위)(* tomcat 수고양이, she-cat 암고양이, kitten 새끼고양이). ¶A ~ *has nine lives*. (속담) 고양이는 목숨이 아홉 개다, 여간해서는 죽지 않는다/A ~ *may look at a king*. (속담) 고양이도 임금님을 볼 수 있다, 누구나 그 나름의 권리가 있다/*Care killed the* [or *a*] ~. (속담) 근심은 (아홉인) 고양이도 걱정 때문에 죽었다, 걱정은 몸에 해롭다/*Curiosity killed the* ~. (속담) 호기심이 신세를 망친다/*There's more than one way to kill* [or *skin*] *a* ~. (속담) 목적을 달성하는 데는 여러 방법이 있다/*When the* ~'s *away, the mice will play*. (속담) 고양이가 없으면 쥐가 설친다, 호랑이 없는 골엔 토끼가 왕. **2** □ 고양이 털 [가죽]. **3** 《구어》《경멸적》(입이 거친) 심술궂은 여자. **4** 《美속어》 사람, 녀석, 놈; 재즈 연주자, 재즈광(狂). **5** (the ~) =˅˅-o'-nine-tails. **6** (英) (양끝이 뾰족한) 짤막한 나무토막[막대기]; 그것을 치는 놀이(tipcat). **7** 〔해사〕 **a)** (의돛대의) 작은 범선(catboat). **b)** 닻걸이(닻을 끌어올려 걸어 두는 선재(船材))(cathead). **8** 메기(catfish). **9** (C-) 《구어》=caterpillar 2; =catamaran 1; =catapult 2. **10** 《英구어》=~ burglar. **11** 《英속어》매춘부; (비어) 여성 성기(pussy). **12** 육각가(六脚架)(어떤 위치에서나 세 발로 선다). **13** 《美속어》 방탕한 사람, 바람둥이 (사내), 빈둥거리는 사람; 떠돌이 (노동자). **14** (the ~'s) 《美속어》 최고(의 인물, 물건)(cat's meow); (C-) 《美속어》 캐딜락(Cadillac).

a bag of cats (아일 구어) 성미가 급한[까다로운, 짓궂은] 사람. 「심이 강한.

(as) curious as a cat 몹시 캐묻기 좋아하는, 호기

(as) nervous as a cat on a hot tin roof (美속어) 몹시 신경질적인.

before the cat can lick her ear 결코 …아니다 (never)(자기 귀를 핥을 수 있는 고양이는 없다는 데서).

bell the cat ⇨BELL. 「펴보지 않고 사다.

buy a cat in a [or *the*] *bag* [or *sack*] (美) 잘 살

Cat's (*hind*) *foot!* (美) 어머머!

Dog my cats! (구어) 제기랄 (놈)!, 뒈져라!

enough to make a cat laugh (고양이도 웃을 만큼) 아주 우스운, 아주 시시한.

enough to make a cat speak (英) (술 따위가 고양이도 한마디 할 만큼) 썩 좋은; 맛있는. 「무사하다.

fall on one's legs like a cat (英) 용케 빠져나가다,

fight like cats and dogs 심하게 싸우다[다투다], 끝까지 싸우다.

fight like Kilkenny cats 사생 결단으로 싸우다.

find out which way the cat has jumped (구어) =see which way the cat jumps.

grin like a Cheshire cat 공연히 히죽히죽 웃다.

(Has the) cat got your tongue? (英구어) (아이에게) 왜 입을 다물고 있니?

Holy cats! (구어) 에구머니나!, 정말!, 저런!

It rains cats and dogs. ⇨RAIN.

land like a cat (고양이처럼) 떨어져 사뿐히 서다; 어려움을 거든히 면하다, 운이 좋다. 「누설하다.

let the cat out of the bag (구어) (무심코) 비밀을

like a cat on a hot tin roof [or (英) *on hot bricks*] 들떠서, 안절부절 못하여.

like a scalded cat 마구 돌진하여.

like the cat that stole the cream 아주 만족한 듯, 흡족하여. 「보내다.

live [or *lead*] *a cat-and-dog life* 싸움으로 세월을

live under the cat's foot 엄처 시하에서 살다.

Look (at) what the cat dragged [or *brought*] *in!* (구어) 누군가 했더니 (당신이군요); 당신을 만나게 되다니.

look like something the cat dragged [or *brought*] *in* (경멸적) (사람이) 흠뻑 젖어 있다; 옷 따위가) 남루하다.

look like the cat that ate [or *swallowed*] *the canary* 아주 희열에 찬 모습을 하고 있다; 큰 성공을 거둔 모습을 하고 있다.

not be [or *have enough*] *room to swing a cat* 아주 옹색하다, 비좁다.

not have a cat in hell's chance (英속어) 성공할 가망성이 전혀 없다.

play cat and mouse with ⇨CAT AND MOUSE.

play like a cat with a mouse 놀림감으로 삼아 괴롭히다. 「*canaries*) 소동을 일으키다.

put [or *set*] *the cat among the pigeons* [or

see [or *watch*] *which way the cat jumps;*

see how the cat jumps (정치가 등이) 형세를 관망하다, 기회를 엿보다.

shoot the [or *a*] *cat* (속어) 왝 토하다(vomit).

sick as a cat 몹시 욕지기가 나서, 메스꺼워서(고양이가 자주 토하는 데서).

Suffering cats! (英속어) (형편없는 노래 따위에 대해서) 집어치워라!, 그만둬라, 때려 치워!

That cat won't jump. 그 제안은 실현될 것 같지 않다[실현이 불가능하다]. 「〔훌륭한〕 것.

the cat's meow [or *pajamas*, *whiskers*] 근사한

There's no room to swing a cat (in). (집·방·공간 따위가) 매우 비좁다.

turn the cat in the pan 표변하다, 배반[배신]하다; 변절(變節)하다. 「*way the cat jumps*.

wait for the cat to jump (구어) =see which

what [or *something*] *the cat dragged* [or *brought*] *in* (美속어) 언짢은[더러운] 놈(것).

— 图 (*-tt-*) ① **1** …을 아홉 가닥으로 된 채찍으로 때리다. **2** 〔닻〕을 닻걸이에 걸다, 끌어올리다. — ① **1** (속어) 토하다. **2** (속어) (상대를 안 가리고) 여자 꽁무니를 쫓아다니다(*around*).

CAT clear-air *t*urbulence(청천(晴天) 난기류); (英) College of *A*dvanced *T*echnology(첨단 과학 기술원); computer *a*daptive *t*est; computer-aided testing(컴퓨터에 의한 시험); computer-aided-assisted *t*ype-setting(컴퓨터 사식(寫植)); 〔의학〕 computerized *a*xial *t*omography(컴퓨터 X선 체축(體軸) 단층 촬영); *c*redit *a*uthorization *t*erminal(신용 카드 신용도 조회 단말기). **cat.** catalog(ue); catamaran; catechism.

cat·a- [kǽtə] 〔접투〕 down, against, back의 뜻(* 모음 앞에서는 cat-, 파열음 앞에서는 cath-). ¶*cataphyll*,

*cata*clysm, *cata*strophe.
cat·a·bol·ic [kæ̀təbálik/-ból-] 〖생리·생물〗이화(異化) 작용의. **-i·cal·ly** 〖부〗
ca·tab·o·lism [kətǽbəlìzm] 〖U〗〖생리·생물〗이화(작용). (또는 **katabolism**) 〖반〗 **anabolism**
ca·tab·o·lite [kətǽbəlàit] 〖생리·생물〗이화 작용(분해) 산물.
ca·tab·o·lize [kətǽbəlàiz] 〖동〗타 〖영양물 따위〗를 이화하다. —〖자〗이화 작용을 받다, 이화하다.
cat·a·chre·sis [kæ̀təkríːsis] 〖UC〗(복 **-ses** [-siːz]) (어원의 오해에 따른) 용어의 오용(誤用); 철자의 오용; 부자연스러운 말씨; 비유의 남용.
-chres·ti·cal, -chrés·ti·cal 〖형〗용어[철자, 비유]가 잘못된. **-chrés·ti·cal·ly** 〖부〗
cat·a·clasm [kǽtəklæ̀zm] 〖문법〗 파열, 분열.
cat·a·cli·nal [kæ̀təkláinəl] 〖지질〗(산골짜기 따위가) 지층 경사를 따라 하강하는, 암층(岩層) 경사의.
cat·a·clysm [kǽtəklìzm] 〖명〗 1 (사회적·정치적) 격변, 대변동(upheaval). 2 〖지질〗지각(地殻)의 격변. 3 대홍수, 범람(flood, deluge).
cat·a·clys·mic [kæ̀təklízmik] 〖형〗대변동의; 대격동의. ¶ ~ **changes** 격변; 천재지변. (또는 **cataclysmal**) **-mi·cal·ly** 〖부〗
cat·a·clys·mist [kæ̀təklízmist] 〖명〗 격변론자.
cat·a·comb [kǽtəkòum/-kùːm] 〖명〗 1 (~s) 지하 납골당[묘지]. 2 (**the C-s**) (로마의) 카타콤(초기 기독교도의 피난처). 3 복잡한 지하 통로; (비유적) 복잡하게 얽힌 길. 4 포도주 저장실. **²cúm·bal** 〖형〗 〈Gk〉
ca·tad·ro·mous [kətǽdrəməs] 〖형〗 〖물고기〗가 산란을 위해〗바다로 가는, 강류성(降流性)의. 〖반〗 **anadromous**「구차.
cat·a·falque [kǽtəfɔ̀ːk/-fæ̀lk] 〖명〗 관대(棺臺); 영
Cat·a·lan [kǽtələn, -læ̀n] 〖형〗 카탈로니아(Catalonia)의; 카탈로니아인[어]의. —〖명〗카탈로니아인; 〖U〗카탈로니아어.
cat·a·lase [kǽtəlèis] 〖명〗 〖생화학〗 카탈라아제(과산화 수소 분해 효소). **-lát·ic** 〖형〗
cat·a·lec·tic [kæ̀təléktik] 〖운율〗 〖형〗 운각(韻脚)이 불완전한. —〖명〗 불완전 운각의 시행(詩行).
cat·a·lep·sy [kǽtəlèpsi] 〖명〗〖U〗 〖정신의학〗 강경증(強硬症)(근육 경직 따위의 증상). (또는 **catalépsis**)
cat·a·lep·tic [kæ̀təléptik] 〖형〗 강경증의. —〖명〗 강경증 환자. **-ti·cal·ly** 〖부〗
Cat·a·lin [kǽtəlin] 〖명〗〖상표〗 카탈린(장신구 보석용 합성 수지).
cat·a·lo [kǽtəlòu] 〖명〗 =**cattalo**
‡**cat·a·log** [kǽtəlɔ̀ːg, -làg/-lɔ̀g] 〖명〗 (복 **~s** [-z]) 1 (도서관) 장서 목록, 도서 목록. **a** ~ **card** ~ (도서관의) 카드 목록. 2 (알파벳 순서의) 목록, 카탈로그; 일람, 열거. ⇒LIST 〖유의어〗¶ **a** ~ **of articles for sale** 판매품 목록 / **recite a** ~ **of his faults** 그의 결점을 모조리 들다. 3 (美) 대학 편람(안내서) ((英) **prospectus, calendar**). —〖동〗 (~**s** [-z]) 타 …의 목록을 만들다; …을 목록에 수록하다. —〖자〗목록에 오르다. (또는 **catalogue**) **-lóg·ic, -lóg·i·cal** 〖형〗 **-ist** 〖명〗
cat·a·log·er [kǽtəlɔ̀ːgər, -làg-/-lɔ̀g-] 〖명〗 목록(카탈로그) 편집(작성)자. (또는 **cataloguer**)
cat·a·logue [kǽtəlɔ̀ːg, -làg/-lɔ̀g] 〖명〗〖동〗=**catalog**.
cat·a·logue rai·son·né [-rèzənéi] 〖명〗 해설이 붙은 분류 목록. 〈F **reasoned catalog**〉
Cat·a·lo·ni·a [kæ̀təlóuniə, -nju] 〖명〗 카탈로니아 (스페인 동북부 지중해 연안 지방).
ca·tal·pa [kətǽlpə] 〖명〗 개오동나무류의 식물.
ca·tal·y·sis [kətǽləsis] 〖명〗(복 **-ses** [-siːz]) 〖UC〗 1 〖화학〗 촉매 작용, 접촉 반응. 2 (촉매적 요인에 의해 야기되는) 작용, 운동, 유인(誘因). (또는 **katalysis**)
cat·a·lyst [kǽtəlist] 〖명〗 〖화학〗 촉매. 2 남에게 좋은 감화를 주는 사람[것]; 자극제, 촉진제.
cat·a·lyt·ic [kæ̀təlítik] 촉매[접촉](반응)의, 촉매 [접촉] 반응을 일으키는. ¶ ~ **reaction** 촉매 반응.
-i·cal·ly 〖부〗
catalytic convérter 〖명〗 촉매 변환 장치(자동차 배기 가스 속의 유해 성분 정화 장치).
catalytic crácker 〖명〗 (석유 정제용) 접촉 분해 장치. (또는 **cát cracker**)
catalytic crácking 〖명〗 〖화학〗 접촉[촉매] 분해.
catalytic refórming 〖명〗 〖화학〗 접촉 개질(改質) (탄화 수소의 옥탄가(價)를 높이기 위한 방법).
cat·a·lyze [kǽtəlàiz] 〖동〗타 …의 촉매 작용을 하다; 촉진시키다. **-lýz·er** 〖명〗 =**catalyst**.
cat·a·ma·ran [kæ̀təmərǽn] 〖명〗 1 캐터머랜(두 척의 작은 배를 널빤지로 연결하여 돛을 단 것); 쌍동선(雙胴船) 〖반〗 **trimaran**. 2 (인도·남미 등의) 뗏목배. 3 (구어) 잔소리가 심한 여자. 4 (캐나다) 나무 썰매.
cat·a·me·ni·a [kæ̀təmíːniə] 〖명〗 (단·복수 양용) 〖생리〗 월경(menses). **-al** 〖형〗
cat·a·mite [kǽtəmàit] 〖명〗 남색(男色)의 상대가 되는 소년, 연동(戀童).
cat·a·mount [kǽtəmàunt] 〖명〗 고양잇과의 야생 동물 퓨마(cougar), 스라소니(lynx) 따위).
cat·a·moun·tain [kæ̀təmáuntn] 〖명〗 고양잇과의 야생 동물(또는 **cat-o'-mountain**); 싸움꾼.
cat-and-dog [⌐ənd:ɔ́ːg/-dɔ́g] 〖형〗 1 (개와 고양이처럼) 사이가 나쁜. 2 (속어) (주식 따위가) 매우 투기적인. ¶ ~ **stocks** 등락이 심한 불안정한 주(株).
be on cat-and-dog terms 견원지간이다.
lead [or **live**] **a cat-and-dog life** (구어) (부부가) 아웅다웅 싸움만 하면서 지내다.
cát and móuse [rát] 〖명〗 술래잡기 놀이의 일종.
play cat and mouse 실랑이를 하다.
play cat and mouse with …을 가지고 놀다, 희롱하다; (상대) 앞을 앞지르기[이기기] 위해 계략을 쓰다, 기회를 기다리다.
cat-and-mouse [⌐ənmáus] 〖명〗 (英구어) 1 괴롭히다 숨어있다. 2 쫓고 쫓기는; 기회를 엿보는. 〖법〗
Cat-and-Mouse Act (英) 단식(斷食) 죄수 가출옥
cat·a·pha·sia [kæ̀təféiʒə, -ʒiə/-ziə] 〖명〗 〖병리〗 응답 반복증(똑같은 말을 계속 되풀이하는 언어 장애).
cat·a·plane [kǽtəplèin] 〖명〗 캐터펄트(catapult) 사출용 항공기.
cat·a·plasm [kǽtəplæ̀zm] 〖명〗 〖의학〗 습포(濕布), 찜질(poultice).
cat·a·plex·y [kǽtəplèksi] 〖명〗 〖병리〗 탈력(脫力) 발작, 캐터플렉시(사지 마비 증상). **-pléc·tic** 〖형〗
***cat·a·pult** [kǽtəpʌ̀lt, -pùlt] 〖명〗 1 쇠뇌, 석궁, 투석기. 2 (항공 모함의) 함재기 사출(射出) 장치, 캐터펄트; (글라이더의) 시주기(始走器). 3 (英) 고무줄 새총(美) **slingshot**). —〖동〗타 1 (쇠뇌·캐터펄트로) …을 사출하다[날리다]. 2 (수동형으로) 급격히[강력히] 움직이다; 갑자기 …가 되다 (**to**). 3 (英) 고무줄 새총으로) …을 쏘다. —〖자〗기세좋게 움직이다[나르다]. **-púl·tic** 〖형〗
***cat·a·ract** [kǽtərækt] 〖명〗 1 큰 폭포; (보통 ~s) 급류, 2 호우(豪雨); 대홍수(flood), 3 (안과) 백내장(白內障)(의 혼탁 부분). 4 〖기계〗(광산 펌프의) 수력 절동기(節動機). **-rác·tal**, **~·ed**, **-rác·tous** 〖형〗
***ca·tarrh** [kətáːr] 〖명〗〖U〗 1 〖병리〗 카타르; 코(인후) 카타르. 2 (英) 감기. **-al** 〖형〗 카타르(성)의. **-al·ly** 〖부〗 **~·ed, ~·ous** 〖형〗
cat·ar·rhine [kǽtəràin] 〖동물〗 협비류(狹鼻類) 원숭이(의).
ca·tas·ta·sis [kətǽstəsis] 〖명〗 (복 **-ses** [-sìːz]) (연극) 극작의 직전의 최고조로, 클라이맥스.
***ca·tas·tro·phe** [kətǽstrəfi, -fiː] 〖명〗 1 큰 재해(災害), 큰 이변, 대참사. ⇒DISASTER 〖유의어〗 2 파국, 비극적 결말. 3 〖CU〗대실패; 재난, 불행, 불운. 4 (연극에서) 대단원. 5 〖지질〗 (지각의) 격변, 변동(cataclysm).

catástrophe risk 몡 [보험] 이상(異常) 재해 위험.
catástrophe thèory 몡 [수학] 카타스트로피[파국] 이론(불연속적인 현상을 설명하기 위한 기하학 이론).
cat·a·stroph·ic [kæ̀təstráfik/-strɔ́f-] 몡 대이변의, 파멸적인; 비극적인; [구어] 최악의. (또는 **catastrophical**) **-i·cal·ly** 톞
ca·tas·tro·phism [kətǽstrəfìzm] 몡 [지질] 격변설, 천변지이설(天變地異說). **-phist** 몡
cat·a·to·ni·a [kæ̀tətóuniə, -njə] 몡U [정신의학] 긴장증(緊張症)(정신 분열증의 일종).
cat·a·ton·ic [kæ̀tətánik/-tɔ́n-] 몡 [정신의학] 긴장증의, 긴장증에 관한. — 몡 긴장증 환자.
Ca·taw·ba [kətɔ́ːbə] 몡 1 (원예) 카토바 포도(미국 동부 지방의 적색종); U 카토바 포도주. 2 카토바족 (남·북 Carolina 주에 살았던 인디언); U 카토바어(語).
cát bàndit 몡 [美속어] 남몰래 침입하는 도둑[강도].
cát bèar =lesser panda.
cat·bird [kǽtbə̀ːrd] 몡 [조류] 개똥지빠귀의 일종.
cátbird sèat [position] 몡 [美] 유리한 입장[조건]; 선망의 대상이 되는 입장[상태].
sit in the catbird seat (구어) 유리한[우세한] 입장에 있다; 우쭐하다.
cát blòck 몡 [해사] 닻을 끌어올리는 데 쓰는 도르래.
cat·boat [kǽtbòut] 몡 캣보트(이물에 돛대가 하나 있는 종범선(縱帆船)).
cát búrglar 몡 [英구어] 지붕창이나 2층의 창문으로 침입하는 강도.
cat·call [kǽtkɔ̀ːl] 몡 1 (집회·극장 따위에서 불만을 나타내는) 날카로운 휘파람 소리; 야유. 2 고양이 울음 소리를 내는 의음기(擬音器). — 몡 고양이 울음 소리를 내다, 야유하다. **~·er** 몡

‡**catch** [kætʃ] 몡 (~·es [-iz]; caught) 톞 1 …을 잡다, (추적하여) 붙잡다. ¶ a runaway horse 고삐 풀린 말을 잡다 /~ the pickpocket 소매치기를 붙잡다. 2 (덫·그물·함정으로) …을 잡다; (사람)에게 잡아 주다; (사람)을 함정[계략]에 빠뜨리다. ¶~ fish 물고기를 잡다[낚시하다] / (~+몡+몡) A wolf was caught alive. 늑대가 생포되었다.

3 [몸의 부분 따위]를 (붙)잡다, 쥐다 (by). ¶ catch a person by the arm:~ a person's arm 사람의 팔을 붙잡다 (* by the arm: a person에 초점을 맞추고 붙잡는 부분을 덧붙인 표현이고, a person's arm은 (구어)로 arm에 초점을 둔 표현이다).

4 (공 따위)를 받다; [야구] …의 포수를 맡아 하다; [크리켓] (타구)를 노바운드로 잡아 (타자)를 아웃시키다. ¶~ a ball 공을 잡다.

> 鬼의어 **catch** 도망치거나 숨거나 움직이는 것을 잡는다는 뜻의 일반적인 말. **capture** catch보다 저항이 심하거나, 상대하기가 벅참을 뜻하는 말. **nab** (구어) catch와 같은 뜻으로 급히 거칠게 잡는 것을 강조. **seize** 사람이나 물건을 꽉 잡는다는 뜻으로, 비유적으로도 쓰인다. ⇨TAKE

5 (열차 따위)의 시간에 대어 가다; 시간에 닿다; 따라잡다(땐 miss, lose). ¶~ a train 열차 시간에 대어 가다. 6 …을 알아채다; (…하고 있는 현장)을 발견하다, 덮치다 (at, in, doing). ¶ (~+몡+몡+몡) He was caught in (the act of) stealing. 그는 도둑질하는 현장을 들켰다 // (~+몡+-ing) She caught a man following her. 그녀는 한 사나이가 미행하는 것을 눈치챘다 / I caught him speaking ill of me. I that 나쁘게 말을 하고 있는 것을 발견했다. 7 (낙하물·타격 따위가) …에 맞다, …을 치다, …에 타격을 주다 (on). ¶ The blow caught me on the nose. 나는 코를 그 일격에 맞았다 // (~+몡+몡) I caught him one [or a blow] on the cheek. 나는 그의 뺨을 한 대 갈겼다. 8 (수동형으로) (비 따위)를 만나다; (바람)을 받다; (돛)을 쬐다 ¶~ the wind (돛 따위가) 바람을 안다. 9 (숨)을 죽

이다, 억누르다, 멈추다; 자제하다. ¶ I caught my breath. 나는 숨을 죽였다. 10 (전염병)에 걸리다; 감염하다. ¶~ (a) cold easily 감기에 잘 걸리다 // (~+몡+몡) the disease from a patient. 환자로부터 병이 옮다. 11 (태도·버릇 따위)에 영향을 받다, 물들다. ¶~ a person's manner 남의 태도에 물들다. 12 …이 (못 따위)에 걸리다; …에 휘감기다; (문 따위)가 …을 끼우다. ¶ (~+몡+몡+몡) be caught between [or in the middle of] ~ …의 중간에 끼어 난처해지다 /~ a person in his words 남의 말꼬리를 잡다. 13 (불)이 붙다, (불길)이 옮겨 붙다. ¶~ fire easily 바로 붙다. 14 (사람·사물)이 (남의 눈·주의)를 끌다, (남의 마음)을 사로잡다. ¶ Beauty ~es the eye. 미인은 남의 눈을 끈다. 15 (상황·발언 따위)를 이해하다, 알아듣다. ¶ I didn't quite ~ what he said. 나는 그가 한 말을 잘 알아들을 수 없었다. 16 (벌 따위)를 받다. ¶~ the dickens [or devil] 심하게 꾸중을 듣다. 17 (구어) [연극·TV 등]을 (놓치지 않고) 보다, 시청하다, 듣다. ¶~ a radio program 라디오(프로)를 듣다. 18 (사람)을 속이다. ¶ No one was caught by his sugary words. 아무도 그의 달콤한 말에 속지 않았다. 19 (사진·소설 등이) (성격·분위기 따위)를 정확히 재현하다[묘사하다]. 20 (감각 기관 따위에 의해) …을 하다. ¶~ sight [or a glimpse] of her 그녀를 잘 못 보다. 21 (휴식 따위)를 잠간 취하다. 22 (美속어) (작업 중에) (가벼운 식사)를 하다. 23 (수동형으로) 임신하여 있다.

— 쬐 1 재빨리 붙들다, 붙잡으려고 하다 (at). 2 걸리다 (in, on); (자물쇠 따위가) 잠기다; (목소리 따위)가 메다. ¶ The lock won't ~. 그 자물쇠는 잠기지 않는다 // (~+몡+몡) The kite caught in a tree. 연이 나무에 걸렸다. 3 (불 따위가) 붙다, 타다; 번지다. ¶ This firewood ~es easily. 이 장작은 불이 잘 붙는다. 4 (야구) 포수를 맡아 보다. 5 (연못 등에) 얼음이 얼다 (over). 6 (농작물이) 낟알이 성장하다. 7 (병)이 전염[감염]되다. 8 (미끼)에 물고기가 배다; (美속어) 임신하다.

be caught by [감언이설 따위]에 넘어가다, 걸려들다.
be caught in ① (비 따위)를 만나다. ¶ be caught in a shower 소나기를 만나다. ② =be caught by.
be caught short ⇨SHORT.
be caught up in ① (사건·흥분 따위)에 휘말려 들다. ② …에 열중[몰두]하다.
be caught without …이 없는 상태에 빠지다.
catch a crab (보트의 노를) 헛젓다; 노를 헛저어 (보트를) 뒤집다.
catch a person **at it** (남)을 현행범으로 붙잡다.
catch a person **cold** 남의 허를 찌르다.
catch a person **dead** (구어) (부정형·수동형으로) 남의 보여[들려] 주고 싶어하지 않는 것을 보이[듣]다.
catch a person **out** ① (야구) (공을 받아서) 남을 아웃시키다. ② (남의 잘못[거짓])을 간파하다. ③ (구어) 책략을 써서 남을 해치우다.
catch a person **with his pants down** (속어) 남을 기습하다, 불시에 습격하다; 남의 허를 찌르다.
catch a person **without** 남에게 (필요한 때에) …이 없다. ¶ '닥치는 대로; 어떻게 해서든.
catch as catch can (부사적) 앞뒤를 가리지 않고, 마구잡이로.
catch at ① …을 붙잡으려고 하다, 필사적으로 손을 뻗다. ¶ A drowning man will ~ at a straw. (속담) 물에 빠진 사람은 지푸라기라도 붙잡는다. ② (기회·제안 따위)를 붙잡다; …에 달라붙다. ¶~ at a person's proposal 남의 제안을 기꺼이 받아들이다.
catch a turn (해사) (계주(bitt)·캡스턴(capstan) 따위에) 밧줄을 한바퀴 감다.
catch away …을 날치기하다, 재빨리 빼앗아가다.
catch hold of …을 잡다[파악하다]; …을 이해하다, …을 손에 넣다.
catch in ① …와 연락이 닿다. ② (벨

트 따위로) [옷]을 (허리 부분 따위에서) 줄이다[죄다].
catch it [or ***hell***] (구어) 꾸지람을 듣다, 벌을 받다. ¶ You will ~ *it*. 넌 야단맞을 거야.
catch it in the neck 몹시 꾸지람을 듣다.
Catch me! (구어) 절대로 안 해! ¶ C— *me* at it again! 두번 다시 그런 짓은 안 해!
Catch me later [or ***some other time***]. (구어) 나중에 이야기합시다.
catch on ① (…에) 걸리다, 달라붙다; (…을) 붙잡다 (*to*). ② 인기를 얻다, 유행하다, 히트하다 (*with*). ③ 이해하다 (*to*). ④ (기회를) 재빨리 포착하다. ⑤ 취직하다, 채용되다 (*with*).
catch one's breath ① ⇨한 9. ② 한숨 돌리다; 호흡이 가라앉을 때까지 쉬다.
catch one's death of cold 심한 독감에 걸리다.
catch oneself 하던 말[일]을 갑자기 멈추다.
catch one's eye 눈에 띄다.
catch one's foot 무릎을 꿇다.
catch out ① 〖야구·크리켓〗 공을 잡아서 [타자]를 아웃시키다. ② (남)을 (뜻밖의 장소에서) 만나다. ③ (英구어) (남)의 잘못[거짓말 따위]을 간파하다, …을 궁지에 빠뜨리다; [일]을 꿰뚫어 보다.
catch over 얼어붙다.
catch sight of …을 발견하다; …을 힐끗 보다.
catch some rays (구어) 살갗을 태우다; 안녕.
catch some Z's (속어) (쿨쿨) 자다. 「언권을 얻다.
catch the Speaker's eye (英의회) (하원에서) 발
catch up ① …을 갑자기 [느닷없이] 들어올리다. ② (수동형으로) ⇨ *be caught up in*. ③ …을 받아들이다[몸에 지니다]. ¶ ~ *up* the habit of drinking 술버릇이 붙다. ④ 〖옷소매·머리 따위〗를 올려서 고정시키다; 〖옷·머리 따위〗를 …에 걸다. ⑤ (질문이나 비판으로) (말하는 사람)을 방해하다, 비난을 퍼붓다 (*on*); (남)의 잘못을 지적하다 (*on*). ⑥ (美) (말 할 말)을 준비하다. ⑦ (美俗) 부정의 현장을 덮치다. ⑧ 최신 뉴스를 알리다 (*on*). ⑨ 응보(應報)가 되다 (*with*).
catch up on ① (일·공부·잠 따위)의 부족[처진 것]을 만회하다[채우다]. ② (유행·정보 따위)에 정통하다, 뒤지지 않다. ③ 〖美〗 (일 따위)를 마무리하다. ④ (英구어) (질병·과오 따위가) (사람·삶 따위)를 망치다.
catch up with ① 〖사람·차·나라 따위〗를 따라잡다. ② = *catch up on* ①, ②, ③. ③ 〖美〗 (행위 따위)가 예상대로) …에게 나쁜 결과를 가져오다. ④ …를 체포[처벌]하다, 혼내다.
Catch you later! (구어) 안녕!, 자 그럼 다음에!
First catch your hare. ⇨ HARE.
— 〖명〗 (됫 ~*es* [-iz]) **1** 잡기, 포획. **2** 고리, 걸쇠; (문의) 잠근쇠. **3** (숨·목소리의) 막힘, 목멤, 걸림. **4** 잡힌 것[사람]; 포획량[물]. ¶ get a good ~ of sardine 정어리를 많이 잡다. **5** 손에 넣을 가치가 있는 것; (구어) 좋은 결혼 상대자; 횡재한 물건. ¶ a good ~ 좋은 결혼 상대. **6** (the ~) 〖美속어〗 (계획 따위의) 결함. **7** (美) 함정, 책략, 계략; 문제점. **8** (노래 따위의) 절, 부분, 단편(斷片). **9** 〖음악〗 돌림노래, 윤창곡. **10** 개치 볼; 포구(捕球); 포수[내야수]. ¶ a good ~ 공을 썩 잘 받는 사람. **11** (배를 저을 때 노)를 물 속에 넣는 방법. **12** 술래잡기. **13** 〖농업〗 (농작물의 충분한) 발아(發芽).
a catch in [or ***to***] ***it*** (구어) (*there is*와 함께) 함정, 「계략.
by catches 때때로, 가끔, 이따금.
catch as catch can ⇨ 〖숙어〗
no catch; not much of a catch 대단치 않은 물건, 별것 아닌 것.
play catch 캐치 볼을 하다.
— 〖형〗 남을 속이는[현혹시키는]; 속기[걸려들기] 쉬운, (catchy); 남을 매혹시키는, 흥미를 돋우는.
catch·a·ble [kǽtʃəbl] 〖형〗 잡을 수 있는, 붙들 수 있는.
catch·all [kǽtʃɔ̀ːl] 〖명〗 잡동사니 주머니[바구니, 상자]. 잡다한 것을 넣은[담은]; 포괄적인, 광범한.

catch-as-catch-can [-əzkǽtʃkǽn] 〖명〗〖U〗(레슬링) 자유형. 〖형〗 Greco-Roman — 〖형〗 (또는 **cátch-cán**) 수단을 가리지 않는, 닥치는 대로의. — 〖부〗 수단을 가리지 않고, 닥치는 대로. 「(개수용의) 찌꺼기받이.
cátch bàsin 〖명〗 (美) (하수구의) 쓰레기받이, 집수기;
cátch càr 〖명〗〖美속어〗 교통 위반 차량 단속차.
cátch cròp 〖명〗 단기 작물, 간작물(間作物).
cátch cròpping 〖명〗 간작(間作).
cátch dràin 〖명〗 (산허리의) 물받이 도랑.
catch-'em-a-live-o [-'əməláivou] 〖명〗(英속어) 파리잡는 끈끈이 종이.
*‡**catch·er** [kǽtʃər] 〖명〗 (뙛 ~*s* [-z]) **1** 잡는 사람[도구], 포획기. **2** (야구) 캐처, 포수. **3** 포경선(捕鯨船).
cátcher rèsonator 〖명〗 〖전자〗 속도 변조(變調) 진공관(管) 전극.
catch·fly [kǽtʃflài] 〖명〗 끈끈이귀갯과(科)의 식물.
catch·ing [kǽtʃiŋ] 〖형〗 **1** 감염성의, 옮기 쉬운. ¶ Yawning is ~. 하품은 옮아 간다. **2** 남을 끌어당기는, 매혹적인(catchy). — **·ly** 〖부〗 — **·ness** 〖명〗
catch·light [kǽtʃlàit] 〖명〗 반사광(反射光). 「phrase.
catch·line [kǽtʃlàin] 〖명〗 광고 선전 문구; = **catch-**
catch·ment [kǽtʃmənt] 〖명〗〖U〗 담수(湛水); ©〖C〗 담수량; 저수지; (저수지의) 물.
cátchment àrea [**bàsin**] 〖명〗 **1** 유역; (저수지의) 담수 지역. **2** (英) 통학[통원] 구역[범위, 거리]. 「(남.
catch-out [-áut] 〖명〗 간파(看破); (기대 따위의) 어긋
catch·pen·ny [kǽtʃpèni] 〖형〗 (물건이) 겉만 번드르한; 돈만 벌면 그만이라는 식의. — 〖명〗 겉만 번드르르한 값싼 상품.
cátch phràse 〖명〗 (남의 주의를 끄는) 기발한 문구[구(警句)], 캐치프레이즈; 표어, 슬로건. (또는 **catch-**
cátch pit 〖명〗 (英) = catch basin. 「**phrase**.
catch·pole [kǽtʃpòul] 〖명〗 (고어) 집행관; 대리인 (deputy). (또는 **catchpoll**) **-pòl(l)·er·y** 〖명〗
cátch quòta 〖명〗 어획량 할당. 「어 감치기.
cátch stitch 〖명〗 (재봉에서) 열십자 뜨기; (제본) 얽
cátch title 〖명〗 (약식 서명(書名)) 도서 목록 따위에서 긴 도서명을 생략한 것), 약기 표제(略記表題).
catch-22 [-twèntitúː] 〖명〗 (때로 C-) (美구어) **1** (모순된 규칙 따위에 얽매여) 꼼짝 못하기; 모순되는 규칙 [상황]; 함정, 계략. **2** (일반적으로) 부조리한 상황[문제], 딜레마, 진퇴양난의 상태. — 〖형〗 꼼짝할 수 없는. ¶ a ~ situation 진퇴유곡, 옴짝달싹 못하는 상태.
[<미국 작가 J. Heller (1923-99)의 소설 제목]
catch·up [kǽtʃəp, kétʃ-] 〖명〗 = ketchup.
catch-up [ˈʌp] 〖명〗 (스포츠 경기·생산 따위에서) 따라잡기 위한 노력; 뒤진 것을 만회하기, 격차 해소.
play catch-up (ball) (구어) ① (스포츠) (점수 차이를 극복하려고 무리하여 싸우다. ② (뒤진 것[불리한 것]을 극복하려고) 분투하다.
— 〖형〗 기사회생의, 반전을 꾀하려는.
catch·weight [kǽtʃwèit] 〖스포츠〗 〖명〗〖U〗 체중 무제한체[급]. — 〖형〗 무제한급의[으로].
catch·word [kǽtʃwə̀ːrd] 〖명〗 **1** (정당 등의) 표어, 슬로건. **2** (사전·참고서 등의) 난외 표제어, 중요어 [기사]; = keyword. **3** (고서의 맨아래 난외에 인쇄된) 다음 페이지의 첫 말. **4** (연극의) 실마리 대사(cue).
catch·y [kǽtʃi] 〖형〗 **1** (곡 따위가) 재미있고 외기 쉬운. ¶ a ~ tune 외기 쉬운 노래. **2** (문제 따위가) 틀리기 쉬운; 현혹시키는, 걸려들기 쉬운, 방심할 수 없는. **3** 단속적(斷續的)인, 발작적인, 변덕스러운. ¶ a ~ wind 단속적으로 부는 바람. **cátch·i·ness** 〖명〗
cát dàvit 〖명〗 〖해사〗 앵커 대빗, 닻을 달아올리는 기둥.
cát dòor 〖명〗 고양이 출입문. (또는 **cát flàp**)
cate [keit] 〖명〗 (~s) (고어) 우량 식품; 진미, 좋은 맛 (dainty). 「교리(敎理) 교육.
cat·e·che·sis [kæ̀təkíːsis] 〖명〗 (뙛 **-ses** [-siːz])
cat·e·chet·i·cal [kæ̀təkétikəl] 〖형〗 (교수법의) 문

cat·e·chism [kǽtəkìzm] 명 1 〖종교〗 ⓤ 교리 문답; ⓒ 교리 문답집. 2 (일반적으로) 문답식 교과서[입문서]. 3 (a ~, the ~) (정견(政見)을 알아보기 위한) 질문 항목, 연속적 질문, 질문 공세. 4 ⓤ 문답식 교수법. *put a person through a catechism* 남에게 질문의; 공세를 펴다.
-**chís·mal** 형 교리 문답의, 문답식의.
cat·e·chist [kǽtəkist] 명 교리 문답 교사; 전도사.
-**chís·tic**, -**chís·ti·cal** 형 -**chís·ti·cal·ly** 부
cat·e·chize [kǽtəkàiz] 타 …에게 문답식으로 (교리를) 가르치다, …에게 질문하다; …을 따져 묻다.
-**chìz·a·ble** -**chi·zá·tion**, -**chìz·er** 명
cat·e·chol·a·mine [kæ̀təkóuləmin/-kɔ́l-] 명 〖생화학〗 카테콜아민(자율 신경 자극제).
-**chòl·a·min·ér·gic** 형 카테콜아민이 작용하는.
cat·e·chu [kǽtətʃùː, -kjùː] 명 ⓤ 〖화학〗 카테큐(콩과(科) 식물에서 채취하는 천연 색소).
cat·e·chu·men [kæ̀tətʃjúːmən/-men] 명 〖교회〗 세례(영세) 지원자, 교리 교육을 받는 예비 신자(세례 적으로) 초심자, 입문자. 「범주(範疇)의.
cat·e·go·ri·al [kæ̀təgɔ́ːriəl, -gɑ́-/-gɔ́-] 형 〖언어〗
cat·e·gor·i·cal [kæ̀təgɔ́rikəl, -gɑ́r-/-gɔ́r-] 형 1 절대적인, 무조건의; 단정적인. 2 〖논리〗 (명제가) 정언적(定言的)인, 단언적인; (삼단논법에서) 정언적 명제를 가지고 있는. 3 분류별의, 범주에 속하는, 범위내의 (또는 **categoric**) ~·**ly** 부 ~·**ness** 명
categórical gránt 명 (특정 목적의) 개별 보조[조성]금. @ **block grant**
categórical impérative 명 〖논리〗 정언적 명령; 〖윤리〗 지상 명령(양심의 절대적 도덕률; Kant의 용어).
categórical propositíon 명 〖논리〗 정언 명제.
categóric cóntact 명 〖사회〗 카테고리적[부류적] 접촉(소속 집단의 속성을 토대로 한 인간끼리의 접촉).
cat·e·go·rize [kǽtəgəràiz] 타 …을 범주에 넣다; …을 유별(類別)[분류]하다. -**rist**, -**ri·zá·tion** 명
*__cat·e·go·ry__ [kǽtəgɔ̀ːri/-gə-] 명 1 범주, 종류, 구분, 부문, 부속(部屬). ⇨SORT 유의어 2 〖형이상학〗 범주; (아리스토텔레스 철학에서) 최고류(最高類); (칸트 철학에서) 선험적(先驗的) 근본 개념. 3 (-ries) 〖단수취급〗 문장놀이. 4 〖문법〗 품사(part of speech).
cátegory kíller 명 (美) 저가(할인) 판매 전문점.
cátegory ròmance 명 카테고리 로맨스(줄거리·결말 따위가 일정한 틀에 의해 쓰여진 낭만적인 소설).
ca·te·na [kətíːnə] 명 (복 -*nae* [-niː]) 1 연쇄, 연속; 사슬. 2 〖기독교〗 성서 주석집.
ca·te·nac·ci·o [kɑ̀ːtənɑ́ːtʃiou] 명 〖축구〗 카테나치오(수비에 4인의 백을 중시하는 형태). [<It door bolt]
cat·e·nar·y [kǽtənèri/kətíːnəri] 명 〖수학〗 현수선(懸垂線)의; (전동차 따위의) 현수삭(索). — 명 (또는 **catenárian**) 현수선의; 사슬(모양)의.
cátenary brídge 명 적교(弔橋), 현수교.
cat·e·nate [kǽtənèit] 형 1 …을 연쇄(連鎖)[연결]하다; …을 사슬 모양으로 만들다. 2 암기하다. — 형 =**catenulate**. -**ná·tion** 명 「한(의).
cat·e·nu·late [kətínjulət, -lèit] 형 사슬 모양으
ca·ter[1] [kéitər] 자타 1 (파티 따위에) 음식(요리)을 (출장) 준비하다, 공급[조달]하다 (*for, at*). ¶ (~+图+匣)~ *for a feast* 연회를 위한 요리를 준비하다. 2 요구 (소망)를 들어주다; (…에) 영합하다 (*to*); (식사·여흥 따위)를 (…에게) 제공하다(하여 흥분시키다) (*to, for*). — 타 ⓔ …의 음식(요리)을 준비하다, …을 조달하다.
ca·ter[2] (주사위의) 넉점; (카드놀이의) 네끗짜리 패.
cat·er·an [kǽtərən] 명 〖스코 역사〗 산적, 약탈자.
cat·er·cor·ner [kǽtərkɔ̀ːrnər] 형부 〖美구어〗 비스듬하게 가로지르다. — 형부 =**cater-cornered**.
cat·er·cor·nered [kǽtikɔ̀ːrnərd/kǽtə-] 형 대각선의, 비스듬한. — 형 대각선으로, 비스듬히.
ca·ter·cous·in [-kʌ̀zn] 명 〖고어〗 친구, 먼 친척.

ca·ter·er [kéitərər] 명 (연회·기내식 따위의) 요식 조달인; 출장 연회[요식]업자; (호텔 따위의) 지배인, 연회 주선 담당자; (여흥 따위의) 제공자.
ca·ter·ess [kéitəris] 명 **caterer**의 여성형.
ca·ter·ing [kéitəriŋ] 명 (연회·기내식 따위의) 요식 조달업; 출장 연회업; 그 음식. — 형 요리[식품] 조달의; 출장 연회의. ~·**ly** 부
*__cat·er·pil·lar__ [kǽtərpìlər] 명 (복 ~s [-z]) 1 (나비·나방 따위의) 애벌레, 쐐기벌레. 2 (C-) 〖상표〗 무한 궤도식 트랙터(~ *tractor*); 캐터필러. 3 남을 등쳐먹는 사람, 착취자. 「무한 궤도 (디딤판).
cáterpillar trèad [tràck] 명 (트랙터·탱크 등의)
cat·er·waul [kǽtərwɔ̀ːl] 자 1 (발정기의 고양이처럼) 울다, 울부짖다; 아우성치다. 2 싸움을 하다, 서로 으르렁거리다. — 명 (또는 **caterwauling**) 발정기의 고양이의 울음소리; 이것과 비슷한 소음[소리].
cat-eyed [-àid] 형 고양이의 눈 같은; (고양이처럼) 어둠 속에서도 잘 보이는.
cat·face [kǽtfèis] 명 벌레 먹은[기형] 과일.
cat·fall [kǽtfɔ̀ːl] 명 〖해사〗 양묘삭(揚錨索).
cat·fight [kǽtfàit] 명 (여자들의) 심한 (말)다툼.
cat·fish [kǽtfìʃ] 명 (복 ~·(*es*)) 메기류의 물고기.
cát flàp =**cat door**. 「베도라치류의 물고기.
cát fòot (고양이가 발처럼) 짧고 포동포동한 발. 「다.
cat·foot [-fùt] 자 살그머니 나아가다, 살금살금 걷
cat·gut [kǽtgʌ̀t] 명 ⓤ 1 장선(腸線)(양 따위의 창자로 만드는 질긴 줄; 악기의 현·테니스 라켓의 줄 따위로 쓰인다). 2 〖의상〗 바이올린; 〖집합적〗 현악기.
cath. cathartic; catheter; cathode. **Cath**. (종종 c-) Cathedral; Catherine; Catholic.
cath- [복합어] 부 ⇨ **CATA-**.
Cath·ar [kǽθɑːr] 명 (복 -*a·ri* [-ərài], ~**s**) 카타르파(派)의 사람(엄격한 금욕주의를 지킨 중세의 기독교도), (또는 **Catharist**) -**a·rism** 명 -**a·rís·tic** 형
*__ca·thar·sis__ [kəθɑ́ːrsis] 명 (복 -*ses* [-siːz]) ⓤⓒ 1 〖미학〗 정화(淨化), 카타르시스(비극 따위에 의한 정서·정신의 정화와 승화). 2 〖일반적으로〗 정서를 상쾌하게 해주는 것. 3 〖의학〗 (하제에 의한) 배변, 변통(purgation). 3 〖정신의학〗 정화법(억압된 정서를 배출시키는 정신 요법).
ca·thar·tic [kəθɑ́ːrtik] 형 1 배변의, 변을 잘 통하게 하는(purgative). 2 카타르시스의, 정신 정화 작용이 있는[을 일으키는]. (또는 **cathartical**) — 명 하제(下劑).
-**ti·cal·ly** 부 -**ti·cal·ness** 명 「다, 따져 묻다.
cat·haul [kǽthɔ̀ːl] 명타 〖속어〗 (집요하게) 심문하
Ca·thay [kæθéi] 명 1 (고어·시) 중국(China). 2 캐세이 퍼시픽 항공(Cathay Pacific Airways; 홍콩의 항공 회사) ⓒ **CX**. 「〖양쪽에 돌출한 멍에).
cat·head [kǽthèd] 명 〖해사〗 양묘가(揚錨架)(이물
ca·the·dra [kəθíːdrə, kǽθə-] 명 (복 -*drae* [-driː]) 1 교좌(教座), 주교좌(主教座). 2 (대학 교수 따위의) 강단(講壇); 강좌. 3 권위 있는 자리. 4 고대 로마의 여 *ex cathedra* 위압적으로, 권위로써. 「성용 의자.
*__ca·the·dral__ [kəθíːdrəl] 명 (복 ~**s** [-z]) 1 대성당 2 (주교좌가 있던) 대교회. — 형 1 주교좌가 있는, 주 교회의. 2 권위 있는.
cathédral céiling 명 가람(伽藍) 천장(천장의 골조가 겉으로 드러나 있는 천장). 「있는 반투명 유리).
cathédral glàss 명 판상(板狀) 유리(장식 무늬가
Cath·er [kǽðər] 명 **Willa (Silbert)** ~ 캐더 (1873–1947: 미국의 여류 소설가).
Cath·er·ine [kǽθərin] 명 캐서린(여자 이름).
Cátherine whèel 명 1 〖문장〗 (주위에 돌기가 있는) 바퀴 무늬. 2 바퀴 모양의 창. 3 윤전(회전) 불꽃.
cath·e·ter [kǽθətər] 명 〖의학〗 (요도·방광 등에 삽입하는) 도관(導管), 카테터. 「테터를 꽂다. -**i·zá·tion** 명
cath·e·ter·ize [kǽθətəràiz] 타 …에 도관[카
cath·e·tom·e·ter [kæ̀θətɑ́mətər/-tɔ́m-] 명 캐시토미터(높이의 차이를 정밀하게 측정하는 광학 기기).

ca·thex·is [kəθéksis] 圈⑩ⓒ (圈 *-thex·es* [-iːz]) 〔정신분석〕 커섹시스(특정의 사람·물건·관념에의 심적 에너지의 집중). **-théc·tic** 圈

cath·ode [kǽθoud] 圈 (전자관·전해조의) 음극(陰極)(축전지의) 양극. 倾 anode (또는 **kathode**)

cáthode fóllower 圈 〔전기〕 음극 접지형(接地型)

cáthode ràÿ 圈 〔물리〕 음극선.   [증폭로으로 쓰임.

cáthode-ray tùbe 圈 브라운관(吸 CRT); 〔전기〕 음극선관.

ca·thod·ic [kæθɑ́dik, kə-/-θɔ́d-] 圈 음극의. (또는 **cathodal, cathodical**) **-i·cal·ly** 圈

cath·o·lic [kǽθəlik] 圈 1 전반적인, 보편적인. 2 (취미나 감정이) 폭넓은, 마음이 넓은, 관대한. ¶ **a man of ~ tastes** 취미가 다양한 사람. **ca·thól·i·cal·ly** 圈 **~·ness** 圈

‡**Cath·o·lic** [kǽθəlik] 圈 1 (로마) 가톨릭 교회의; (신교(Protestant)에 대하여) 구교(舊敎)의. 2 〔신학〕 로마 가톨릭교의(Roman ~); 앵글로 가톨릭교의(Anglo-~). 3 (그리스 정교(Orthodox Church)에 대해) 서방 교회의(Western ~). 4 (동서 교회 분열 이전의) 전(全) 그리스도 교회의. —— 圈 (로마) 가톨릭 교도; 구교도.

Cátholic Apostólic Chúrch 圈 (the ~) 가톨릭 사도 교회.

Cátholic Chúrch 圈 (the ~) (로마) 가톨릭 교회.

Cátholic Emancipátion Act 圈 (the ~) 〔영역사〕 가톨릭 교도 해방령(1829년에 반포된 법령).

Cátholic Epístles 圈 (the ~) (신약 성서 중의) 공동 서한, 사목 서한, 공서(公書)(James, Peter, Jude 및 John이 일반 신도에게 보낸 7개 서한).

***Ca·thol·i·cism** [kəθɑ́ləsìzm/-θɔ́l-] 圈⑩ 1 가톨릭 교회의 교리·조직·신앙. 2 (c-) =catholicity.

cath·o·lic·i·ty [kæ̀θəlísəti] 圈⑩ 1 보편성; 마음이 넓음, 관대함, 포용성. 2 (C-) =Catholicism 1.

ca·thol·i·cize [kəθɑ́lisàiz] (* 〈英〉 *-cise*) 圈 1 보편화하다, 일반화하다[되다]; 관대하게 하다[되다]. 2 (C-) 가톨릭교적으로 하다[되다]. **-ci·zá·tion** 圈

ca·thol·i·con [kəθɑ́ləkən/-θɔ́l-] 圈 만능약, 만병통치약(panacea).

Cátholic Revíval 圈 (the ~) =Oxford movement.

cát hòok 圈 〔해사〕 닻을 매다는 고리.

cát·house [kǽthàus] 圈 〈美俗〉 창녀집, 매음굴; (부두 노동자의) 싸구려 여인숙.

cat·ice [kǽtais] 圈 살얼음(shell ice).

Cat·i·line [kǽtəlàin] 圈 카틸리나(108?-62 B.C.: 로마의 정치가; 공화 정부 전복 음모를 꾸몄으나 실패함).

cat·i·on [kǽtaiən, -àiən] 圈⑩ (물·화〕 1 양(陽)이온, 2 양(陽)원자(군). 倾 anion (또는 **kation**) **-ón·ic** **-ón·i·cal·ly** 圈   [〔성(陽)性〕 세제.

cationic detérgent 圈 (화학) 양이온 세정제, 양

cat·kin [kǽtkin] 圈 〔식물〕 미상화(尾狀花)(버드나무·자작나무 따위의 꽃). **~·àte** 圈

cát làp 圈 〈英口語〉 묽은(싱거운) 음료[차].

cat·lick [kǽtlìk] 圈 1 〈口語〉 대강 씻기. 2 〈美俗〉 가톨릭. (또는 **cát lick**)   [교도.

cat·lick·er [-lìkər] 圈 〈美중북부·경멸적〉 가톨릭

cat·like [kǽtlàik] 圈 고양이 같은(feline); 교활한; 살금살금 하는(stealthy); 소리를 내지 않는.

cat·ling [kǽtlìŋ] 圈 1 장선(腸線)(catgut)(현악기나 테니스 라켓용). 2 (외과용) 절단도(切斷刀)(양날이 있는 작은 칼). 3 〈고어〉 작은 고양이(kitten).

cát màn 圈 1 캐터필러(caterpillar) 운전사. 2 〈서커스단의〉 맹수 조련사. 3 =cat burglar.

cat·mint [kǽtmìnt] 圈 〈英〉 =catnip.

cat·nap [kǽtnæ̀p] 圈 선잠, 노루잠.
—— 圈 (*-pp-*) 선잠 자다, 졸다(doze).

cat·nap² 圈 고양이 도둑. (또는 **catnapper**)

cat·nip [kǽtnip] 圈 1⑩ 〈美〉 개박하(고양이가 좋아하는 식물). 2 매력적인 것[상황].

cat-o'-nine-tails [-ənàintèilz] 圈兩 (단·복수 양용) 아홉 가닥 채찍(cat)(채벌용).

ca·top·trics [kətɑ́ptriks/-tɔ́p-] 圈兩 (단수취급) 반사광학(光學)(거울에 의한 상(像)의 형성 연구). **-tric, -tri·cal** 거울의, 반사의. **-tri·cal·ly** 圈

ca·touse [kətáus] 圈 소란, 동요, 격변.

cát rig 圈 〔해사〕 catboat에 쓰이는 범장(帆裝)(이물에 있는 외돛대에 한 장의 돛을 가진다).

cat-rigged [-'rìgd] 圈 〔해사〕 catboat식으로 범장한.

cáts and dógs 圈 1 〈속어〉 투기적으로 싸구려 주권; 잡동사니(odds and ends). —— 圈 (* 다음 성구로만 쓴다). *It rains cats and dogs.* ⇒RAIN.

CÁT scàn [kǽt-] 圈 〔의학〕 (CAT scanner에 의한) 컴퓨터 X선 체축(體軸) 단층 촬영 사진. (또는 **CT scàn**) 圈 CAT 영상 장치. (또는 **CT scànner**)

CÁT scànner 圈 〔의학〕 컴퓨터 X선 체축 단층 촬

CÁT scànning 圈 〔의학〕 컴퓨터 X선 체축 단층 촬영법. (또는 **CT scànning**)   [것.

cát's crádle 圈 실뜨기 놀이(로 만든 모양); 복잡한

cat's-ear [kǽtsìər] 圈 금혼속(屬)의 식물.

cat's-eye [-ái] 圈 1 묘안석(猫眼石)(보석). 2 (도로의) 야간 반사 장치; (자동차의) 후미 반사경.

cat's-foot [-fùt] 圈 (圈 *-feet* [-fìːt]) 1 =ground ivy. 2 두메떡쑥류의 식물.

cát shàrk 圈 〔어류〕 두툽상어.

cat·skin·ner [kǽtskìnər] 圈 =cat man 1.

cat-sleep [-slìːp] 圈 =catnap.

cat's-meat [-mìːt] 圈 〈英〉 고양이 먹이용 고기; 질이 낮은 고기. 倾 dog's meat   [람[것].

cát's meów 圈 (the ~) 〈美속어〉 최고의[훌륭한] 사

cat-soup [kǽsùːp] 圈 〈美구어〉 =ketchup.

cát's pajámas 圈 =cat's meow.

cat's-paw [-pɔ̀ː] 圈 1 남의 도구로 이용되는 사람, 앞잡이(tool). 2 〔해사〕 (활차(滑車)에 밧줄을 걸 때의) 매듭의 일종. 3 〔해사〕 잔잔한 바람; 그 바람이 미치는 해역(海域). (또는 **cátspàw**)

make a cat's-paw of a person 남을 앞잡이로 쓰다.

cát squírrel 圈 =gray squirrel.

cat's-tail [-tèil] 圈 =cattail.

cát sùit 圈 〈英〉 캣슈트(목에서 발까지 전신에 꼭 끼는, 바짓가랑이가 있는 원피스). (또는 **cátsùit**)

cat·sup [kǽtsəp, kétʃəp] 圈 =ketchup.

cát's whìsker 圈 =cat whisker.

cat·tail [kǽttèil] 圈 1 부들(倾 〈英〉 reed mace). 2 =catkin. 3 〈美속어〉 마리화나 담배.

cat·ta·lo [kǽtəlòu] 圈 (~, **~(e)s**) 캐털로(축우(畜牛)와 들소의 교배종). [<*cattle* + *buffalo*]

cat·ter·y [kǽtəri] 圈 고양이를 기르는[돌보는] 곳.

cat·tish [kǽtiʃ] 圈 1 고양이 같은; 소리를 내지 않는, 몰래 하는. 2 심술궂은, 악의 있는. **~·ly** **~·ness** 圈

‡**cat·tle** [kǽtl] 圈 (집합적·복수취급) 1 소류(類)의 반추 동물, 축우. ⇒OX 〔유의어〕¶ **fifty** (**head of**) **~** 소 50마리 / **raise ~** 소를 키우다. 2 (드물게) 가축(livestock). ⇒FAMILY USAGE 3 들소, 물소. 4 (경멸적) 짐승 같은 놈들, 개새끼들. **~·less** 圈

cáttle brèeding 圈 목축(업).

cat·tle-cake [-kèik] 圈 〈英〉 (가축용) 농축 사료 덩어리.   [오디션.

cáttle càll 圈 〈美속어〉 (출연 엑스트라를 뽑는) 집단

cáttle càr 圈 1 〔철도〕 가축 운반용 화차. 2 〈속어〉 남은 객석; 만원 전차; 3등차; (비행기 추락 후의) 보통석.

cáttle dòg 圈 〔濠·뉴질〕 목축견(牧畜犬).

cáttle drìve 圈 소몰이; 〈美속어〉 교통 체증.   [랑.

cáttle dròver 圈 소몰이꾼(cowboy).

cáttle gùard [〈英〉 **grìd**] 圈 (가축 탈출 방지용) 도

cáttle lèader 圈 (소 따위를 끄는) 쇠코뚜레.

cat·tle-lift·er [-lìftər] 圈 〈英〉 =cattle rustler.

cat·tle-lift·ing [-lìftiŋ] 圈 소[가축] 도둑질.

cat·tle·man [kǽtlmən, -mæn] 명 (美) 소치는 사람[남자]; (소)목장 주인, 목우업자(牧牛業者).
cáttle mutilàtion 명 소[가축] 살해(되는 일).
cáttle pàss 명 (철도·도로 아래에 있는) 가축 통로.
cáttle pèn 명 외양간, 가축 우리.
cáttle pìece 명 소의 그림.
cáttle plàgue 명 (수의) 우역(牛疫)(rinderpest).
cáttle pròd 명 가축[소]몰이 막대(전류가 흐름).
cáttle rànch 명 대규모 소 방목장.
cáttle rànge 명 (가축) 방목지. 「로.
cáttle rùn 명 (목초가 있는) 외양간 앞 마당; 소의 통
cáttle rùstler 명 소도둑. (또는 **cáttle-rùstler**)
cat·tle·ship [kǽtlʃip] 명 가축 운반용 대형 선박.
cáttle shòw 명 1 축우 전시[품평]회. 2 (美구어) (선거·취업 따위의) 후보 공개 집회[면접].
cáttle tràin 명 (美俗) 캐딜락(Cadillac).
cáttle trùck 명 (英) (철도) 가축차(美 stock car); (비유적) 혼잡하서 불쾌한 차. 「난초와 식물」
catt·ley·a [kǽtliə] 명 카틀레야(열대 아메리카산의
cat·ty [kǽti] 형 1 고양이 같은. 2 (구어·경멸적) 심술궂은, 악의 있는, 음흉한. **-ti·ly** 부 **-ti·ness** 명
CATV community antenna television(난시청 지역의) 공동 안테나 TV); cable television(유선 TV).
cat·walk [kǽtwɔ̀:k] 명 (무대·공장·교량 등에 설치된) 좁은 통로(담당원·작업자 등의 전용 통로); (패션쇼·미인 대회 등의) 객석으로 뻗어나온 좁고 긴 스테이지.
cát whisker 명 (무선) 광석 검파기(檢波器)의 광석에 접속시키는 가는 철사; (전자) 반도체와의 접촉선.
Cau·ca·sia [kɔ:kéiʒə/-ʒə] 명 카프카스 (지방) (흑해와 카스피해 사이의 지방).
Cau·ca·sian [kɔ:kéiʒən/-ʒən] 형 1 카프카스 사람의; 백인종의. 2 카프카스 산맥 지방의 3 카프카스 어족(語族)의. — 명 1 카프카스 사람(주민). 2 백인. 3 U 카프카스 제어(諸語).
Cau·ca·soid [kɔ́:kəsɔ̀id] 형 (인류) 백인종, 코카소이드. — 명 코카소이드의, 백인종의.
***Cau·ca·sus** [kɔ́:kəsəs] 명 1 (the ~) 카프카스 산맥(the Caucasian Mountains). 2 =Caucasia.
cau·cus [kɔ́:kəs] 명 1 (美) 정당의 지방 대회, 당원 집회(대통령 후보 지명 전당 대회에 참석할 대의원 선출). 2 (美) 정당 간부 회의; 의원 총회. 3 (종종 C-) (美) (특정 이익을 대변하는 의원의) 회파(會派), 의원 모임; (일반적으로) 모임, 단체. 4 (英) 정당의 지방 위원회. — 동(자) 정당의 의원 총회[간부 회의, 지방 위원회]를 열다. — (타) (의원 총회 따위에) 토의[처리]하다.
cáucus stàte 명 (美) (대통령 후보를 지명하는) 당원 집회 개최 주(州).
cau·da [káudə, kɔ́:-] 명 (해) (복 **-dae** [-di:]) (해부)
cau·dad [kɔ́:dæd] 부 (동물) 꼬리 근처에. 「로의.
cau·dal [kɔ́:dl] 형 (해부·동물) 꼬리의, 꼬리 부분의; 꼬리 모양의(taillike); (몸의) 후단의. **~·ly** 부
cáudal anesthésia 명 (의학) 미골(尾骨) 마취.
cáudal fin 명 꼬리지느러미.
cau·date [kɔ́:deit] 형 (동물) 꼬리가 있는; 꼬리 모양부속기관이 있는. (또는 **caudated**) **cau·dá·tion** 명
cau·dil·lis·mo [kɔ̀:di/ʤíːzmou] 명 caudillo 지배체제, 군사 독재. 〈Sp〉
cau·dil·lo [kɔ:dí:ljou, -di:ou] 명 (복 **~s**) 1 (스페인어권 국가의) 군사 독재자; (게릴라) 지도자; (사병 조직을 거느린) 정계 보스. 2 (El C-) 스페인의 독재자 F. Franco 총통(1892-1975). 〈Sp〉
cau·dle [kɔ́:dl] 명 (환자용) 자양(滋養) 유동식(미음).
‡**caught** [kɔ:t] 동 catch의 과거·과거분사.
caul [kɔ:l] 명 1 대망막(大網膜)(태아의 머리에 붙은 양막(羊膜)의 일부). 2 여성 모자의 뒤쪽에 있는 그물; 여성용 그물 모자. 3 (예비) 가발의 그물 모양 밑바탕.
caul·dron [kɔ́:ldrən] 명 큰 솔, 큰 냄비(caldron).
the Bàttle of the Cáuldron 제2차 세계 대전 중 북아프리카 Tobruk에서 있었던 영·독 간의 탱크전(戰).

cau·les [kɔ́:li:z] 명 caulis의 복수형.
cau·les·cent [kɔ:lésnt] 형 (식물) (지상) 줄기가 있는, 유경(有莖)의.
cau·li·cle [kɔ́:likəl] 명 (식물) 어린 줄기.
cau·lic·o·lous [kɔ:líkələs] 형 (식물) (균류 따위가) 다른 식물의 줄기에 자라는.
cau·li·flo·rous [kɔ̀:liflɔ́:rəs] 형 (식물) 줄기에 꽃
***cau·li·flow·er** [kɔ́:ləflàuər/kɔ́li-] 명CU 콜리플라워, 꽃양배추; (식용으로 하는) 콜리플라워의 머리 부분.
cáuliflower éar 명 (권투 선수 등의) 찌그러진 귀.
cau·line [kɔ́:lin, -lain] 형 (식물) 줄기의, 줄기 윗부분의, 줄기에서 나오는.
cau·lis [kɔ́:ləs] 명 (복 **-les** [-li:z]) (식물) (초본의 주된) 식물의 줄기.
caulk [kɔ:k] 동(타) 1 (배의 널판·창문·탱크 따위의) 틈[균열]을 틀어막다(with). 2 (금속판의 이음새)를 두드려서 단단히 죄다. — (자) (英軍속어) 자다, 일을 그만두고) 잠시 쉬다. 휴식하다. (또는 **calk, cork**)
cáulk óff (속어) 낮잠 자다, 자다.
caulk·er [kɔ́:kər] 명 1 (배 따위의) 누수(漏水) 방지를 하는 사람, 틈새 메우는 도구[기구](또는 **calker**)
caulk·ing [kɔ́:kiŋ] 명U 틈새 메우기, 코킹; 그 재료 (tar, oakum(뱃밥) 따위).
caus. causative.
caus·a·ble [kɔ́:zəbl] 형 야기될 수 있는, 일어나는.
caus·al [kɔ́:zəl] 형 1 원인의(이 되는); 인과 관계의. ¶ ~ relation 인과 관계. 2 (문법·논리) 원인[이유]을 나타내는. 3 (물리) 인과율(因果律)을 따르는, 인과적. **~·ly** 부 「인.
cau·sal·gi·a [kɔ:zǽldʒiə, -dʒə] 명 작열통(灼熱痛)(타는 듯한 아픔을 느끼는 신경통의 일종). **-gic** 형
cau·sal·i·ty [kɔ:zǽləti] 명UC 1 인과 관계, 인과성. ¶ the law of ~ 인과율. 2 원인, 작인(作因).
cau·sa sí·ne quá non [kɔ́:zə sáini kwei·nán/-nón] 명 필수(필요) 조건, 불가결한 원인. 〈L〉
cau·sa·tion [kɔ:zéiʃən] 명U 1 인과 작용, 야기시키기. 2 인과 관계. 3 원인, 기인. **~·al** 형 **-ist** 명
cau·sa·tion·ism [kɔ:zéiʃənìzm] 명 인과론[설].
caus·a·tive [kɔ́:zətiv] 형 1 원인이 되는, 야기시키는. ¶ an event ~ of war 전쟁의 원인이 되는 사건. 2 (문법) 원인을 나타내는, 사역적인. — 명 (문법) 사역을 나타내는 말, 사역동사(cause, let, make 따위). **~·ly** 부 **~·ness**, **-tív·i·ty** 명
cáusative vérb 명 (문법) 사역 동사.
'cause [kɔ:z, kʌz, 약 kəz] 접 (구어) =because.
‡**cause** [kɔ:z] 명 (복 **caus·es** [-iz]) 1 UC 원인(인 effect); 원인이 되는 사람(것); 기인(起因). ¶ ~ and effect 원인과 결과, 원인/analyze the ~s of failure 실패의 원인을 분석하다/The flood was the ~ of much damage. 홍수 때문에 큰 손해가 났다. 2 UC 이유, 동기, (행동의) 근거; 지당[정당한 이유(for, to do). ⇒REASON ¶ ascertain the real ~ 진짜 원인을 확인하다/ ~ for a crime 범죄의 동기. 3 UC (법률) 소송 이유, 소송 (사건), ¶ the day[hour] of ~ 재판 날짜[시간]/plead one's own ~ 소송 이유를 제출하다. 4 논의의 주제(主題), 논점; (비유적) 결정을 요하는 일. 5 (사회적인) 운동, 주의, 주장; 대의(大義), 이상, 목적; (전체의) 이익. ¶World peace is the ~ he works for. 세계 평화야말로 그가 헌신하는 목표이다.

〖USAGE〗 **a cause, the cause**——「···의 주의·목적을 위하여」의 뜻으로는 정관사를 붙인 뒤에 동격의 of를 취한다. 단, 형용사에 수식되어 단독으로 쓰이는 경우는 부정관사를 취하는 경우도 있다: fight *for* a great ~ / work *in* a common ~. * 위의 예와 같이 cause 앞에 놓이는 전치사는 in이나 for가 보통. 단, serve, service, benefit 따위가 앞에 있는 경우에는 to가 온다: serve *to* the ~ of freedom.

for* [*without*] *good cause 정당한 이유가 있어[없이].
give* (*a person*) *cause for (남에게) 〔화 따위〕를 나게 하다. 「로.
in a good cause 대의(명분)을 위해, 훌륭한 목적으
in the cause of …을 위해. ¶*in the* ~ *of* world peace 세계 평화를 위해.
make common cause with …와 제휴[협력]하다, 공동 전선을 펴다(*against*).
set the cause for …의 명분[대의]을 주다.
— [동][타] (***caus·es*** [-iz]; ***~d; caus·ing***) **1** …의 원인이 되다, …을 (결과로서) 야기하다. ¶What ~*d* his ruin? 어째서 그는 파멸했느냐?/His ruin was ~*d* by his faults. 그의 파멸은 그의 잘못에 의한 것이었다/Speeding ~*s* lots of accidents. 과속이 수많은 사고를 일으킨다. **2** …에게 …시키다. ¶ (~+[目]+*to* do) The rain ~*d* the river *to* overflow. 비 때문에 강이 범람했다. **3** …에게 〔고통·손해 따위〕를 (안겨)주다. ¶Your letter ~*d* her a great deal of distress. 네 편지 때문에 그녀는 몹시 괴로워했다.
cause-and-ef·fect [ˊ-ənifékt] [형] 인과 관계의, 원인·결과의 관계에 있는. 「사건. 〔<F〕
cause cé·lè·bre [kɔ́ːz səlébrə] [명] 유명한 (재판)
cause·less [kɔ́ːzlis] [형] **1** 원인[이유]이 없는; 정당한 이유가 없는, 까닭 없는(groundless). ¶~ anger 까닭 없는 노여움. **2** 우연한. **~·ly** [부] **~·ness** [명]
cáuse lìst [명] 《英》 〔법률〕 소송 사건 목록, 공판 일정표. 「사람[것].
caus·er [kɔ́ːzər] [명] 원인이 되는 사람; 야기시키는
cáuse-re·lát·ed màrketing [ˊ-rilέitid-] [명] 〔상업〕 캠페인형 마케팅(사회 봉사 따위 명분을 내세운 판촉·기업 이미지 제고 활동).
cau·se·rie [kòuzəríː/kóuzəri] [명] 한담, 만담, 잡담; (신문 문예란 등의) 수필, 수상, 만필(漫筆). 〔<F〕
cause·way [kɔ́ːzwèi] [명] **1** (낮은 지대·습지에 흙을 쌓아 만든) 둑[제방]길; 수상 가교(架橋). **2** (차도보다 높은) 인도. **3** (포장한) 간선 도로, 큰 길; 고속 도로.
— [동][타] 〔도로〕에 자갈을 깔다; …에 둑길을 만들다.
cau·sey [kɔ́ːzi] [명] 《英방언》 =causeway; 《고어》 고대 로마의 주요 도로.
caus·tic [kɔ́ːstik] [형] **1** 〔화학〕 가성(苛性)의, 부식성(腐蝕性)의. ¶~ alkali 가성 알칼리. **2** 신랄한, 빈정대는. ¶a ~ remark 혹평. **3** 〔수학·광학〕 화선(~ curve)의; 화면(~ surface)의. — [명][U][C] **1** 〔의학·화학〕 부식제(劑); 소작제(燒灼劑). ¶common [*or* lunar] ~ 질산은(窒酸銀). **2** 〔광학〕 =~ curve; ~ surface.
-ti·cal·ly, ~·ly [부] **~·ness** [명]
cáustic cúrve [명] 〔광학〕 화선(火線).
caus·tic·i·ty [kɔːstísəti] [명][U] **1** 〔화학〕 부식성, 가성도(苛性度). **2** 신랄(함), 통렬(함), 빈정댐.
cáustic líme [명] 〔화학〕 생석회.
cáustic pótash [명] 〔화학〕 수산화칼륨.
cáustic sóda [명] 〔화학〕 가성소다, 수산화나트륨.
cáustic súrface [명] 〔광학〕 화면(火面).
cau·ter·ant [kɔ́ːtərənt] 〔의학〕 [명] 부식제; 부식기(器), 소작기(燒灼器). — [형] 부식성의(caustic).
cau·ter·ize [kɔ́ːtəràiz] [동][타] **1** 〔의학〕 〔상처 따위〕를 소작제(燒灼劑)[달군 쇠]로 태우다, 부식하다; 〔상처 따위〕에 뜸을 뜨다. **2** 〔양심 따위〕를 마비시키다.
ˋ-i·zá·tion [명] 소작, 부식; 뜸뜨기.
cau·ter·y [kɔ́ːtəri] [명] **1** 소작 도구; =caustic 1. **2** [U] 소작법(法); 소작, 뜸뜨기. ¶moxa ~ 쑥뜸.
‡**cau·tion** [kɔ́ːʃən] [명] ([복] ***~s*** [-z]) **1** [U] 조심, 경계, 신중. ¶You should use ~ in crossing a busy street. 차의 통행이 많은 길을 건널 때는 조심해야 한다. **2** [U][C] 경고, 주의(교통 신호의 주의도 caution이라 한다). ¶give a ~ to one's friend 친구에게 주의를 주다. **3** 《구어》 별난 사람[것], 묘한 놈[물건]; 요주의 인물. **4** [U] 〔스코 법률〕 보증, 담보; 보증인[서].
by way of caution; for caution's sake 경고로서, 다짐하기 위해서.
***throw caution to the wind*(*s*)** 큰마음 먹고 하다, 대담한 행동을 취하다; 앞뒤 가리지 않고 하다.
with a caution 훈계하여.
with caution 조심하여, 신중하게.
— [동][타] (***~s*** [-z]) …에게 경고하다, 주의를 주다(*about, against, for*); …하도록 충고하다, 타이르다(*to* do). ⇨WARN [유의어] ¶He was ~*ed against* being late. 그는 지각하지 말라고 주의를 받았다/I ~*ed* him not *to* drink too much. 과음하지 말라고 그에게 충고했다. **~·er** [명] 주의[경고]를 주는 사람; 보증인.
cau·tion·ar·y [kɔ́ːʃənèri/-nəri] [형] **1** 경계의; 주의를 촉구하는, 경고의. ¶~ advice 충고/a ~ tale 교훈적인 이야기. **2** 담보의, 보증의. **3** 《폐어》 주의 깊은.
cáution mòney [명] 《英》 (신입생이 대학에 내는) 신원 보증금. 「림을 한 사람.
cáution sìgn [명] 《美속어》 야단스러운[현란한] 옷차
‡**cau·tious** [kɔ́ːʃəs] [형] (***more*** ~; ***most*** ~) 조심성 있는, 주의 깊은, 신중한. ⇨CAREFUL [유의어] ¶a ~ person [manner] 조심성이 많은 사람[태도]//He is ~ not *to* tell secrets. 그는 비밀을 누설하지 않도록 조심한다. **~·ness** [명]
***cau·tious·ly** [kɔ́ːʃəsli] [부] 조심스럽게, 신중히.
cav [kæv] [명] 《美軍속어》 =air cavalry.
CAV 〔전자〕 *c*onstant *a*ngular *v*elocity(광학식 비디오 디스크의 트랙에 TV의 한 프레임분을 기록하는 방법; [참] CLV). **cav., Cav.** cavalier; cavalry; cavity.
ca·va [káːvə] [명] =kava.
cav·al·cade [kæ̀vəlkéid] [명] **1** 기마 행렬[행진], 마차의 행렬. **2** 행진, 행렬(procession). **3** (사건·행동 따위의) 극적 진전[전개]. — [동][자] 행렬에 참가하다.
***cav·a·lier** [kæ̀vəlíər] [명] **1** 말탄 무사(武士); 기사(knight). **2** 기사도 정신을 가진 사람. **3** (여성에게) 시중드는 남자; (여성의) 춤 상대; 싹싹한 남자, 호남(好男). **4** (C-) 〔英역사〕 (Charles 1세 시대의) 왕당원(王黨員)(Royalist)([참] Roundhead). — [형] **1** 교만한, 건방진. **2** 대범한, 호방한, 소탈한. **3** (C-) 〔英역사〕 왕당원의.
— [동][자] **1** 여성에게 시중들다; 춤 상대가 되다. **2** 거만[교만]하게 굴다. **~·ism, ~·ness** [명]
cav·a·lier·ly [kæ̀vəlíərli] [부] 기사(인 것)처럼; 교만하게; 대범[호방]하게. — [형] 기사 특유의; 거만한.
***cav·al·ry** [kǽvəlri] [명] **1** (the ~) 《집합적》 《보통 복수취급》 〔군사〕 기병(대); 《美》 장갑 기동 부대, 기갑(정찰) 부대; 헬리콥터 기동대(air ~). ¶heavy [light] ~ 중[경]기병. **2** 《집합적》 말 탄 사람; [U] 승마. **3** [U] 《폐어》 마술(馬術). 「원.
cav·al·ry·man [kǽvəlrimən] [명] 기병; 기갑 부대
ca·vate [kéiveit] [형] **1** 바위를 뚫은. **2** 동굴이 된, (동)굴 같은.
cav·a·ti·na [kæ̀vətíːnə] [명] ([복] ***-ne*** [-nei]) 〔음악〕 카바티나(짧은 아리아; 단순한 선율의 기악곡). 〔<It〕
‡**cave**[1] [keiv] [명] ([복] ***~s*** [-z]) **1** 굴, 동굴. ⇨HOLE [유의어] **2** 지하 술창고; 지하층 카페·쇼 룸. **3** 《英》 (정당으로부터의) 탈당; 탈당파([참] Adullamite). **4** 《美속어》 작고 창문 없는 사무실. **5** =~-in.
— [동] (***~s*** [-z]; ***~d; cav·ing***) [타] **1** …을 굴로 만들다, 파다. **2** …을 꺼지게 하다, 함몰시키다(*in*). ¶ (~+[目]+[副]) He ~*d* my hat *in*. 그가 내 모자를 우그러뜨렸다. **3** …의 동굴을 탐험하다. **4** 《구어》 〔사람〕을 녹초가 되게 하다. — [자] **1** 함몰[붕괴]하다; 동굴 탐험하다. **2** 《구어》 양보[굴복, 항복]하다. **3** 《英》 탈당하다. **4** 《속어》
cave* (*back*) *over 뒤집히다, 뒤집어지다. 「파다.
cave in ① (건물·동굴 따위가) 함몰하다(*on*). ② 꺼지다, 움푹 들어가다. ③ 《구어》 (사업 따위가) 실패하다, 파산하다. ④ 《구어》 항복[굴복]하다.
ˊ·like [형]
ca·ve[2] [kéivi] 《英학생 속어》 [명] 주의, 조심, 감시.

── 囹 (선생님 오신다) 조심해라(Look out!). 〔<L〕
CAVE 〔컴퓨터〕 Cave Automated Virtual Environ- ment(가상 현실 조성실).
cáve àrt 몡 동굴 벽화.
ca·ve·at [kǽviət/-æt] 몡 **1** 〔법률〕 (소송 따위의) 절차 정지 신청; 예고 기재(豫告記載). **2** 경고, 주의. *file* [or *enter, put in*] *a caveat against* ① …에 대하여 절차 정지를 신청하다. ② …을 경고하다.
cáveat émp·tor [-émptɔːr] 〔상업〕 매수자의 위험 부담. 〔<L let the buyer beware〕
ca·ve·a·tor [kǽviətər/-èitə] 몡 〔법률〕 절차 정지 신청자; 예고 기재자. **2** 경고자(警告者).
cáveat vénditor 〔상업〕 매도자 위험 부담. 〔<L〕
cáve bèar 몡 동굴 곰(구석기 시대 동물).
cáve cà·nem [kéivi kéinəm] 개조심. 〔<L〕
cáve dràwing 몡 =cave art.
cáve dwèller 몡 **1** 동굴 생활하는 사람; (선사 시대의) 혈거인(穴居人). **2** 〘美口〙 대도시의 아파트 생활자.
cáve dwèlling 몡 혈거〔동굴〕 생활. (「력이 없음).
cáve·fish [kéivfìʃ] 몡 동굴 물고기(눈은 퇴화해서 시
cave-in [ˈɪn] 몡 **1** (광산 따위의) 함몰, 낙반, 붕괴 (collapse); 함몰 장소. **2** 타락; 실패; 굴복, 굴종.
cáve màn 몡 **1** (석기 시대의) 혈거인. **2** (口) (여성에게) 야만스럽게 행동하는 사람, 세련되지 못한 사람. **3** =caver. (또는 **cávemàn**)
cav·en·dish [kǽvəndiʃ] 몡띠 납작 담배(향료를 넣은
cáve páinting 몡 =cave art. (「섭는 담배).
cav·er [kéivər] 몡 동굴 학자; 동굴 탐험가.
*****cav·ern** [kǽvərn] 몡 **1** (특히 큰) 굴, 동굴. ⇨HOLE
〖유의어〗 **2** 〔병리〕 (결핵에 의한 폐의) 공동(空洞).
── 통타 …을 동굴 속 따위에 가두다; …에 굴을 파다.
cav·erned [kǽvərnd] 몡 동굴이 있는.
cav·er·nic·o·lous [kæ̀vərníkələs] 몡 (동물이) 동굴에 서식하는.
cav·ern·ous [kǽvərnəs] 몡 **1** 굴이 있는〔많은〕; 굴 같은. **2** (눈·빰 따위가) 움푹 들어간. ¶~ *eyes* [*cheeks*] 움푹 들어간 눈〔빰〕. **3** (소리 따위가) 깊이 울리는, 공동음(空洞音)의. ¶a ~ *voice* 깊이 울리는 목소리. **4** 작은 구멍〔틈〕투성이의. **~·ly** 뿐.
cav·es·son [kǽvəsn] 몡 코굴레(noseband)(사나운 말을 길들이기 위하여 코에 씌우는 가죽의 끈).
cav·i·ar(e) [kǽviɑːr, ˌ-´-] 몡띠 캐비어(철갑상어 (sturgeon) 알의 소금 절임; 전채(前菜)로 먹는 진미).
caviar(e) to the general 너무 고상하여 속인은 그 가치를 모를 일품(←Shakespeare 작 *Hamlet* 2 : 2).
ca·vie [kéivi] 몡 〔스코〕 새장.
cav·il [kǽvəl] 통 (*-l-*, 〖英〗 *-ll-*) 자 (하찮은 일에) 이론(異論)을 제기하다, 트집 잡다, 쓸데없이 흠잡다 (*at, about, with*). ¶(~+前+名) I have not the smallest intention of ~*ing about* it. 나는 그 일에 트집을 잡으려는 생각은 조금도 없다. ── 타 …의 트집을 잡다, 쓸데없이 흠을 들춰내다. ── 몡띠ⓒ 시시한 책망, 쓸데없는 반대. **~·er** 몡 트집쟁이.
cav·ing [kéiviŋ] 몡띠 동굴 탐험; 함몰.
cav·i·tar·y [kǽvətèri/-təri] 몡 〔해부·병리〕 공동 (空洞)의; 공동 형성의.
cav·i·ta·tion [kæ̀vətéiʃən] 몡띠 공동(空洞) 현상 (프로펠러 따위의 뒤에 생기는 진공부; 그로 인한 장애).
*****cav·i·ty** [kǽvəti] 몡 (복 -*ties*) **1** 움푹 팬 곳, 구멍. ⇨HOLE 〖유의어〗 **2** 〔해부〕 (체내 기관의) 강(腔). ¶the abdominal [oral, nasal] ~ 복〔구, 비〕강. **3** 〔치과〕 충치 (구멍). ¶get a ~ in a back tooth 어금니 하나가 썩다.
give a person **cavities** 〖美俗〙 남에게 상냥하게 -**tied** 몡 (「귀엽게〕 느껴지다〔느낌을 주다〕.
cávity résonator 몡 〘美俗·英俗〙 (말이) 뛰어다니다(prance); (사람이) 뛰어다니다, 장난치며 돌아다

니다, 흥청대다(*about, around*). **~·er** 몡
CAVU 〔항공〕 ceiling and visibility unlimited(시계 (視界) 양호).
ca·vy [kéivi] 몡 (남미산(產)) 기니 피그(guinea pig), (「모르모트.
caw [kɔː] 몡 까악까악, 까마귀의 울음 소리. ── 자 (까마귀가) 까악까악 울다(*out*).
CAW computer-assisted writing.
Cax·ton [kǽkstən] 몡 **1** William ~ 캑스턴 (1422?-91: 영국 최초의 활판 인쇄업자). **2** 〘出版〙 캑스턴판(版). **3** 띠〔인쇄〕 캑스턴 활자. (「초(key).
cay [kei, ki:] 몡 (서인도 제도의) 작은 섬; 암초, 산호
cay·enne (pépper) [kaién-/kei-] 몡 카옌 고추 (French Guiana의 도시 Cayenne 원산).
Cay·ley [kéili] 몡 〔지질〕 케일리암(岩)(월면(月面) 고지의 우묵한 곳을 메우고 있는 물질).
cay·man [kéimən] 몡 (복 ~**s**) =caiman.
Cáy·man Islands [kéimæ̀n-, -mən-] 몡 복 (the ~) 케이맨 군도(자메이카 북서부의 섬들로 영국령; 조세 피난지(tax haven)로도 유명). (「북비 인디언.
Ca·yu·ga [keijúːɡə, kai-] 몡 (복 ~(**s**)) 카유가족(族)
cay·use [kaijúːs, káiuːs] 몡 **1** (복 ~**s**) 〘美西部〙 조랑말(Indian pony); 말. **2** (C-) (복 ~(**s**)) 카이유스족의 사람(Oregon 주 동부의 인디언); 띠 카이유스족의 말.
cb center back; center of buoyancy; centibar.
Cb 〔화학〕 columbium(*현재는 niobium); 〔기상〕 cumulonimbus. **CB** Cape Breton; cash book; Cavalry Brigade; chemical and biological(생화학 (무기)의); 〘통신〙 citizens(') band; 〔군사〕 confined [or confinement] to barracks(외출 금지); convertible bond(전환 사채); county borough. **C/B** cashbook; circuit breaker; cost benefit. **C.B.** chemical and biological; 〔라틴〕 *Chirurgiae Baccalaureus*(= Bachelor of Surgery)(외과의(外科醫) 학사); 〘英〙 Companion of the Order of the *Bath*(제3급〔최하위〕 바스 훈위자(動位者)). **C.B.A.** cost benefit analysis; Council for British Archaeology. **CBC** Canadian Broadcasting Corporation(캐나다 방송 협회); complete blood count(혈산(血算)). **C.B.D.**, **c.b.d.** cash before delivery(대금 선불); central business district(중심 업무 지구). **C.B.E.** Commander (of the Order) of the British Empire(영국 훈장 상급 훈사(動士)).
CB·er [sìːbíːər] 몡 〘美口〙 시민대(市民帶) 라디오의 소유〔교신〕자, 시민 라디오 팬. (또는 **CB'er, CB.er**)
CBF cerebral blood flow. **CBG** Carrier Battle Group(항공 모함 전투단). **CBI** Caribbean Basin Initiative(카리브 지역 개발 촉진 계획); China, Burma, India; computer-based instruction(컴퓨터 원용(援用) 학습 지도); Confederation of British Industry (영국 산업 연맹). **CBL** cable; computer-based learning(컴퓨터 원용(援用) 학습). **CBM** confidence-building measure(신뢰 구축 조치); cubic meter. **CBMS** computer-based messaging system(컴퓨터에 의한 정보 전달 시스템). **CBO** cancel back order; community based organization (지역 활동 시민 단체); 〘美〙 Congressional Budget Office(연방 의회 예
C-bomb [síːbàm/-bɔ̀m] 몡 코발트 폭탄. (「산부.
CBR chemical, biological, and radiological(화학·생물·방사능의). ¶~ *warfare* 화생방전.
CB ràdio 몡 〘통신〙 시민(대) 라디오. 〘美〙 Citizens' Band 〔Citizens' Band Radio〕
CBS 〘美〙 Columbia Broadcasting System(* 정식 명칭은 CBS Inc.). **CBT** Chicago Board of Trade(시카고 상품 거래소; 세계 최대의 곡물 시장); computer-based test; computer-based training. **CBU, c.b.u.** cluster [or canister] bomb unit(산탄형 폭탄); completely built up(완전 조립필 (상품)). **CBW, C.B.W.** chemical and biological warfare [weapons](생화학

CB wéapons 〔略〕 생화학 무기.
cc., c.c. carbon copy; chapters; cubic centimeter.
C.C., c.c. carbon copy; cash credit; cashier's check; chief clerk; circuit court; city council(or); civil code [court]; common councilman; (프랑스) compte courant(=current account); consular clerk; contra credit; county club [clerk, commissioner, council, court]; cricket club.
CCA car cargo(자동차 운반선). **C.C.A.** (美) Circuit Court of Appeals(순회 항소원). **CCC** central computer complex; (美) Civilian Conservation Corps(민간 자연 보호 청년단); Commodity Credit Corporation (농산물 안정 공사).
C.C.C. Corpus Christi College (Cambridge 대학의 한 학료(學寮)). **CCCP** 〔러시아〕 Soyuz Sovetskikh Sotsialisticheskikh Respublik(=Union of Soviet Socialist Republics)(옛 소비에트 사회주의 공화국 연방). 〔略〕 USSR **CCD** 〔전자〕 chargecoupled device(전자 결합 소자); Civil Censorship Department(민간 검열부); Conference of Committee on Disarmament(제네바) 군축 위원회 회의).
CCD Bible 〔略〕 〔가톨릭 교회용〕 개정 신·구약 성서. [<Confraternity of Christian Doctrine]
C.C.F. Chinese Communist Forces(중국 공산군). **CCI** Chamber of Commerce and Industry(상공 회의소); Civil Communication Intelligence. **CCIRN** 〔컴퓨터〕 Coordinating Committee of Intercontinental Research Networks(대륙간(구미) 연구 네트워크 위원회). **CCL** Contingent Credit Line. **C-CLAW** [síːklɔ̀ː] 〔略〕 〔음악〕 close-combat laser assault weapon(근접 전투용 레이저 공격 병기).
C clef 〔略〕 〔음악〕 가온[다]음자리표, 중음부 기호. 〔略〕 clef
CCMS (우주) checkout, control and monitor subsystem(점검·초일기·발사 관제 시스템). **CCP** Chinese Communist Party. **C.C.P.** Code of Civil Procedure(민사 소송법); Court of Common Pleas (민사 법원); credit card purchase. **CCS** 〔통신〕 central control station; collective call sign. **CCTV** closed-circuit television(폐쇄 회로 TV). **CCU** (TV) camera control unit; coronary-care unit(심장병 치료 병동). **CCUS** Chamber of Commerce of the United States(미국 상공 회의소). **CCV** 〔항공〕 control-configured vehicle(형태 변환 항공기). **ccw** counterclockwise. **CCW** (美) carrying a concealed weapon(은닉 흉기 소지). **cd** candela(s). **Cd** ⑦ 〔화학〕 cadmium. 〔pact disk〕
CD [síːdíː] 〔略〕 (複 ~('s)) 콤팩트 디스크. [<com-**CD** cash dispenser(현금 자동 지급기); certificate of deposit(양도성 예금 증서); Civil Defense. **cd.** cord(s). **C/D, c/d** 〔부기〕 carried down(이월); certificate of deposit. **c.d.** cash discount; cum dividend; current density. **C.D., CD** certificate of deposit; civil defense; civil disobedience; contagious diseases(전염병). **CDA** (美) Communications Decency Act(통신 품격법). **CDC** (美) Center(s) for Disease Control and Prevention(질병 통제 예방 센터); 〔컴퓨터〕 command and data-handling console. **CDE** Conference of Disarmament in Europe(유럽 군축 회의). **CDI** (美) Comprehensive Dissertation Index(종합 학위 논문 색인); conventional defense initiative(비핵 방위 구상). **CD-I** compact disc interactive(대화형 CD). **CDL** (美) commercial driver's license(1종 운전 면허증).
CDMA 〔통신〕 code division multiple access(코드 [부호] 분할 다중 접속). 〔略〕 TDMA **CDN** ⑦ 〔국제 자동차 식별 기호〕 Canada.
CD plàyer 〔略〕 CD(콤팩트 디스크) 플레이어.

Cdr, CDR Commander. **Cdre** Commodore.
CD-ROM [síːdíːrɑ́m/-rɔ́m] 〔略〕〔Ⓤ〕 〔컴퓨터〕 CD롬. [<compact disc read-only memory]
CDS central data system. **CDT** (美) Central daylight time(중부 여름 시간). **CDTV** compact disk television. **CDU** 〔독일〕 Christian Democrat (ic) Union(기독교 민주 동맹). **CDV** compact disk video. **Ce** ⑦ 〔화학〕 cerium. **c.e.** compass error.
C.E. Chief Engineer; Church of England(영국 국교회); Civil Engineer; Corps of Engineers(기사단 (技師團)); Council of Europe(유럽 회의).
-ce [s] 〔접미〕 추상명사 어미. ¶ diligence, intelligence.
CEA carcinoembryonic antigen; College English Association; (美) Commodity Exchange Authority; 〔항공〕 control electronics assembly; (美) Council of Economic Advisers(대통령) 경제 자문 위원회); County Education Authority.
ce·a·no·thus [siːənóuθəs] 〔略〕 〔북미산〕 털갈매나무.
‡cease [siːs] 〔略〕 (**ceas·es** [-iz]; **~d** [-t]; **ceas·ing**) ② 1 (...을) 그만두다, 중지하다 (from). ⇒STOP 〔유의어〕 ¶ The publication of the magazine ~d with the May number. 그 잡지는 5월호로 폐간했다 // (~+前+名) ~ from strife 싸움을 그만두다. **2** 그치다, 끝나다. ¶ The rain has ~d. 비가 그쳤다 / His influence ~d with his death. 그의 권세는 그의 죽음과 함께 끝났다. **3** (폐어) 죽다. —— ⓣ (...하는 것을) 그만두다, 끝내다 (doing); (...이) 아니게 되다 (to do). ¶ ~ work 일을 그만두다 // (~+-ing) It has ~d raining. 비가 그쳤다 // (~+to do) It ~d to be new. 그것은 이미 새것이 아니었다. 〔略〕 begin

[USAGE] **cease**와 **stop**—— cease가 동명사나 to부정사와 함께 쓰일 때는 딱딱한 문어적 표현이 되므로 흔히 stop 쪽이 많이 쓰인다.

Cease fire! (구령) 사격 중지!
—— 〔略〕〔Ⓤ〕 중지, 중절(中絶)(ceasing). (* 다음 숙어로)
without cease 끊임없이, 그칠 사이 없이. ¶ Space extends without ~ in all directions. 우주는 모든 방향으로 끊임없이 퍼져 나가고 있다.
cease-and-de·sist òrder [-əndizíst-] 〔略〕 (美) (부당 경쟁·부당 노동 행위에 대한) 정지 명령.
cease-fire [-fáiər] 〔略〕 휴전, 정전; (군사) 전투 중지; 휴전(전투 중지) 명령. ¶ a ~ agreement 휴전 협정.
*cease·less [síːslis] 〔略〕 끊임없는; 끝이 없는. ¶ ~ rain 끊임없이 내리는 비. **~·ly** ⓐ. **~·ness** 〔略〕
ceas·ing [síːsiŋ] 〔略〕〔Ⓤ〕 중지, 중절(中絶).
without ceasing 끊임없이.
CEC Commodity Exchange Commission.
ce·cal [síːkəl] 〔略〕 〔해부〕 맹장(모양)의; 막대한.
ce·cec·to·my [siséktəmi] 〔略〕 (부분적) 맹장 절제.
ce·ci·form [síːsəfɔ̀ːrm] 〔略〕 맹장 모양의. ┌(술).
Ce·cil·ia [sisíːljə] 〔略〕 **1 Saint** ~ 성(聖)세실리아(?-230?; 로마의 순교자; 교회 음악의 수호 성인). **2** 세실리아(여자 이름).
ce·ci·tis [sisáitis] 〔略〕 맹장염. (또는 **caecitis**)
ce·ci·ty [síːsəti] 〔略〕 (비유적) =blindness.
ce·cró·pi·a (mòth) [sikróupiə-] 〔略〕 〔북미산(產)〕 산누에나방.
Ce·crops [síːkrɑps/-krɔps] 〔略〕 〔그리스 신화〕 케크로프스(아티카(Attica)의 창설자이며 초대 왕).
ce·cum [síːkəm] 〔略〕 (複 **-ca** [-kə]) 〔해부·동물〕 맹장(盲腸). (또는 **caecum**) ┌「경제 개발 위원회).
CED (美) Committee for Economic Development
*ce·dar [síːdər] 〔略〕 **1** 양삼나무; 히말라야 삼나무 (Himalaya ~); 레바논 삼나무 (~ of Lebanon); 삼나무 비슷한 각종 나무. **2** 〔略〕 삼나무 재목, 시더 재목. (또는 **cedarwòod**) **3** (英속어) 연필. [<Gk]
cédar bìrd 〔略〕 =cedar waxwing.

cédar chèst 〖명〗 삼나무[시더] 장농.
ce·darn [síːdərn] 〖형〗 《시》 삼나무의; 삼나무로 만든.
cédar of Lébanon 〖명〗 레바논 시더(교목의 일종).
cédar wáxwing 〖명〗 여새(북미산(産) 작은 새).
CEDC children in *especially* difficult circumstances(특히 곤란한 상황에 처한 어린이).
cede [siːd] 〖타〗 **1** (권리·영토 따위)를 (…에게) 양도하다 (to). ¶ ~ territory *to* Russia 러시아에 영토를 할양(割讓)하다. **2** …을 양보하다; (토론에서) …을 인정하다, 받아들이다. **céd·er** 〖명〗.
ce·di [séidi] 〖명〗 (複 ~**s**) 세디(가나의 화폐 단위).
ce·dil·la [sidílə] 〖명〗 세디유(c의 밑에 붙이는 기호(¸); a,o,u 앞의 c가 [s]음임을 나타냄. 예: façade [fəsɑ́ːd]). 「인. C자 모양의.
cee [siː] 〖명〗 **1** C의 글자, C자형. **2** (C-) 〖속〗 코카
CEEB 《美》 College *E*ntrance *E*xamination *B*oard (대학 입학 시험 위원회).
Cee·fax [síːfæks] 〖상표〗 시팩스(영국 BBC의 문
cée spring 〖〗 =C spring. 「자 다중 방송 시스템).
CEI cost effectiveness *i*ndex(비용 효과 지수).
cei·ba [séibə] 〖명〗 케이폭(kapok) 나무; 그 섬유.
ceil [siːl] 〖타〗 **1** (판자·회반죽으로) (건물)의 천장을 대다. **2** (배)의 내부에 판자를 대다.
cei·lidh(e) [kéili] 〖명〗 《스코·아일》 술[춤]판.
‡**céil·ing** [síːliŋ] 〖명〗 (複 ~**s**) **1** (보통 the ~) (건조물의) 천장(널); 천장 비슷한 것. **2** (조선) (배의) 내부 판자. **3** (가격·임금 따위의) 상한, 최고 한도(⇨ floor). **4** (항공) (항공기의 상승, 가시(可視) 최고 한도. **5** (기상) 운고(雲高), 운저(雲底) 고도.
from floor to ceiling 바닥에서 천장까지.
hit [or *go through*] *the ceiling* [or *roof*] ① (시세가) 폭등하다, 최고에 달하다. ②《美속어》분통을 터뜨리다, 발끈하다.
reach the ceiling 한계점에 도달하다.
set [or *fix, impose*] *a ceiling on* …의 최고 한계 ──〖형〗 천장의; 최고 한도의, 상한(선)의. 「를 정하다.
~ed 〖형〗 천장이 있는. 「底高度)를 재는 탐조등).
céiling líght 〖명〗 운조등(雲照燈)(야간에 운저 고도(
céiling príce 〖명〗 최고 (한정) 가격.
céiling sýstem 〖명〗 실링 방식(관세 인하 특혜 방식).
ceil·om·e·ter [siːlάmətər/-lɔ́m-] 〖명〗 운고계(雲高
cel [sel] 〖명〗 (영화) 셀(동화(動畫) 그리는 데 쓰는 투명 셀룰로이드 시트). (또는 **cell**) [< *cell*uloid]
Cel. Celsius.
cel·a·don [sélədɑn, -dn/-dɔ̀n] 〖명〗〖형〗 회(담)록색 (pale green), 회(담)청색(pale blue); 청자(중국산(産) 회록색 채색 자기(彩色磁器)). ──〖명〗 청자색의.
Ce·lan [ʃelάːn] 〖명〗 **Paul** ~ 첼란(1920-70: 루마니아의 유태계 시인; 본명 Paul Antschel).
cel·an·dine [séləndàin] 〖명〗 **1** 애기똥풀(양귀비과의 식물). (또는 **gréater** ~) **2** (또는 **lésser** ~) 미나리아재비의 일종. 「트 인조견); (C-) 그 상표명.
cel·a·nese [sélənìːz, -́-́] 〖명〗〖U〗 셀러니즈(아세테이
-cele[1] [siːl] 〖연결〗 tumor의 뜻. ¶ varico*cele*.
-cele[2] 〖연결〗 ⇨ COELE.
ce·leb [səléb] 〖명〗 《속》 유명인, 명사. [< *celeb*rity]
Cel·e·bes [séləbiːz, səlíːbiz] 〖명〗 셀레베스(인도네시아의 한 섬; 인도네시아 명(名)은 Sulawesi).
cel·e·brant [séləbrənt] 〖명〗 **1** (미사·성찬식 집전) 사제(司祭). **2** (제전·의식 따위의) 집행자, 참석자. **3** 찬양자, 찬송하는 사람.
‡**cel·e·brate** [séləbrèit] 〖동〗 (**-brat·ed; -brat·ing**) 〖타〗 **1** (의식·제전 따위)를 행하다 (…으로) …을 올리다. ¶ ~ a victory 승전(勝戰)을 기념하다 (*with*). ¶ ~ *a festival* [*wedding*] 축제[결혼식]을 거행하다. **2** …을 널리 알리다, 공표하다. **3** …을 (…의 일로) 칭찬하다, 찬양하다 (*for*). ¶ (~ +目+前+名)

People ~*d* him *for* his glorious victory. 사람들은 그의 영광스러운 승리를 찬양했다. ──〖자〗 **1** 기념일 따위를 축하하다, 축전을 베풀어 기념하다. **2** (사제가) 의식을 거행하다. **3** 《美구어》 마음껏 축배를 들다. **4** 흥겹게 마시다, 흥청거리다.
-bràt·er, -brà·tor **-brà·tive, -bra·tò·ry**〖형〗
‡**cel·e·brat·ed** [séləbrèitid] 〖형〗 **1** (…으로/…로서) 유명한, 이름 높은 (*for/as*). ⇨FAMOUS〖유의어〗¶ He was ~ *for* his many novels. 그는 많은 소설을 내어 유명(有名)하다 (the ~) 유명한. **~·ness** 〖명〗.
‡**cel·e·bra·tion** [sèləbréiʃən] 〖명〗 **~s** [-z] **1** 〖U〗 축하. **2** 식, 축전, 제전; 의식, 성찬식(의 집행). ¶ hold a ~ 축하회를 열다. **3** 〖U〗〖C〗 칭찬, 찬양; (~s) 찬 *in celebration of* …을 축하하여. 「사.
cel·e·bret [séləbret] 〖명〗 (가톨릭 교회의) 성직자(사제) 신분 증명서.
* **ce·leb·ri·ty** [səlébrəti] 〖명〗 **1** 고명(高名)한 사람, 유명 인사, 명사. **2** 〖U〗 명성, 지명도(知名度), 고명. ¶ a man of ~ 저명한 인사. **3** (형용사적) 유명한.
ce·leb·u·tante [səlébjutαnt] 〖명〗 화제의 사교계 등장 인물. [< *celeb*rity + *debutante*] 「리.
ce·ler·i·ac [səlériæk, -lìər-] 〖명〗 뿌리를 쓰는 셀러
ce·ler·i·ty [səlérəti] 〖명〗〖U〗 《문어》 신속, 민첩(swiftness), 속력. ¶ *with astonishing* ~ 굉장한 속력으로.
* **cel·er·y** [séləri] 〖명〗〖U〗 셀러리. 「악기).
ce·les·ta [səléstə] 〖명〗 첼레스타(피아노 비슷한 건반
ce·leste [səlést] 〖명〗 **1** 〖U〗 하늘빛. **2** (음악) 첼레스트 (오르간의 음전(音栓); 피아노의 약음 약음[弱音] 장치).
* **ce·les·tial** [səléstʃəl] 〖형〗 **1** 하늘의, 천상계(天上界)의, 천국의(↔ terrestrial); 거룩한, 신성한; 지상의 것으로는 생각할 수 없을 만큼 아름다운(earthly). ¶ ~ bliss 천상의 지복(至福) /a ~ beauty 절세 미녀. **2** 하늘의, 천체의, 천공(天空)의(↔ earthly). **3** 비행의. ¶a ~ *fix* 비행 위치. **4** (C-) 중국(인)의. ⇨ CELESTIAL EMPIRE. ──〖명〗 **1** 천인(天人), 천사. **2** (C-) (고어·익살) 중국인(Chinese). **3** 하늘빛.
-ti·al·i·ty 〖명〗 **~·ly** 〖부〗 **~·ness** 〖명〗
celéstial bódy 〖명〗 천체(天體).
Celéstial Cíty 〖명〗 (the ~) 천도(天都) 예루살렘 (Bunyan작 *Pilgrim's Progress* 「천로 역정(天路歷程)」의 주인공 Christian의 여행 목적지).
celéstial Émpire 〖명〗 (the ~) = Chinese Empire.
celéstial equátor 〖명〗 (the ~) 〖천문·항해〗 천구(天球)의 적도.
celéstial glóbe 〖명〗 천구의(天球儀). 「(測) 유도.
celéstial guídance 〖명〗 (항공기·우주선의) 천측(天
celéstial híerarchy 〖명〗 천사(天使)의 9계급.
celéstial horízon 〖명〗 〖천문〗 수평선, 지평선.
celéstial látitude 〖명〗 (the ~) 〖천문〗 황위(黃緯).
celéstial lóngitude 〖명〗 (the ~) 〖천문〗 황경(黃經).
celéstial márriage 〖명〗 영원한 결혼(모르몬교의 결혼; 내세까지 이어지는 결혼이라고 믿음). 「역학(力學).
celéstial mechánics 〖명〗 (단·복수 양용) 천체
celéstial navigátion 〖명〗 천측[천체 관측] 항법(航法). (또는 **célo-navigation**)
celéstial sphére 〖명〗 천구(天球).
ce·li·ac [síːliæk] 〖형〗 배의, 복강(腹腔)의. ──〖명〗 소아 지방변증(便症) 환자.
céliac diséase 〖명〗 〖병리〗 소아 지방변증(脂肪便症) (소아의 만성 영양 장애). (또는 **céliac-sprúe**)
céliac pléxus 〖명〗〖해부〗 복강 신경총(神經叢).
cel·i·ba·cy [séləbəsi] 〖명〗〖U〗 독신 (상태, 생활); (신부·승려의) 독신[금욕] 〔생활, 주의〕. **-bát·ic** 〖형〗
cel·i·ba·tar·i·an [sèləbətɛ́əriən] 〖명〗〖형〗 독신의, 독신주의의. 독신주의자(celibate).
cel·i·bate [séləbət, -bèit] 〖명〗 (종교적 이유에 의한) 독신자, 독신주의자; 금욕하고 있는 사람. ──〖형〗 독신의; 독신 서약을 한, 독신주의의; 금욕하는.

‡**cell** [sel] 몡 (⑧ ~s [-z]) 1 (수도원·교도소 따위의) 작은 방, 독방, 밀실; (시) 암자; (시) 오두막집; (시) 무덤. ¶a condemned ~ (英) 사형수 독방. 2 (작게 구분된) 방, 칸; (특히 벌집의 육각형) 방(蜂房), 소방. 3 (정치·사회·종교 단체 따위 대조직의) 기본 조직; (군사) 반(班), 팀; (단·복수 양용) (정당·비밀 조직 따위의) 세포, 지부. ¶a Communist ~ 공산당 세포. 4 (생물) 세포; (조직 내의) 공동부(空洞部). 5 (곤충) (시맥(翅脈)으로 나뉘어져 있는) 시실(翅室). 6 (태생) 자실(子室). 7 (식물) 꽃가루방. 8 (전기) (한 벌 구성의) 전지(* cell이 모인 것이 battery). 9 (물·화) 전해조(電解槽). 10 (항공) (쌍엽 비행기의) 날개 구조; (기구·비행선의) 가스 주머니. 11 (컴퓨터) 셀. 12 (수학) 포체(胞體).
──⑧㊀ 감방 생활을 하다; (속어) (…와) 한 방을 쓰다.
~-like 몡   ┌한 방에서 살다.
cel·la [sélə] 몡 (⑧ **-lae** [-liː]) (건축) (고대 그리스·로마 사원의) 성상(聖像) 안치소, 신전(神殿)
‡**cel·lar** [sélər] 몡 (⑧ ~s [-z]) 1 (식량·포도주 따위의) 지하 저장실; =wine ~, (속어) =coal ~. 2 지하실, 지하층. 3 저장 포도주, 오래된 술. 4 (the ~) (구어) (스포츠) 최하위, 꼴찌.
down cellar (美) 지하실에(서). 〔금〕 저장하고 있다.
have a good [*small*] *cellar* (英) 포도주를 많이[조금]
──⑧㊀ …을 지하실에 저장하다.
~-less 몡
cel·lar·age [sélərɪdʒ] 몡 (U) 1 (집합적) 지하 저장실. 2 지하 저장 면적. 3 지하 저장 보관료, 지하실 사용료.
céllar dwèller (구어) (스포츠) 최하위[꼴찌] 팀.
cel·lar·er [sélərər] 몡 (수도원 등의) 보급품 담당자.
cel·lar·et(te) [sèlərét] 몡 (식당의) 술병 선반, 찬장.
cel·lar·man [sélərmən] 몡 (⑧ -men [-mèn]) (호텔 따위의) 알코올 음료 공급 담당자, 주류 취급 책임자
céll biòlogy 세포 생물학.   ┌자; 술장수.
céll-block [sélblɑ̀k/-blɔ̀k] 몡 (교도소의) 독방동(棟).
céll bòdy 세포체(細胞體).
céll cỳcle 세포 주기, (세포) 분열 주기.
céll division 몡 (생물) 세포 분열.
celled [seld] 몡 (복합어로) …의 세포를 가진. ¶a single-~ organism 단세포 생물.
céll fùsion 몡 (생물) 세포 융합.
céll lìne (생물) 세포계(系) (초대 배양 세포에서 대를 이어 얻어진 세포(군)의 계통).   ┌는 '**cellist**'.
cel·list [tʃélɪst] 몡 첼로 주자(奏者), 첼로 연주가. (또
céll lỳsis (생물) 세포 용해(세균·항체에 의한 세
cell·mate [sélmèɪt] 몡 감방 친구. ┌포 붕괴 현상).
céll-me·di·at·ed immúnity [-ˈmiːdiéɪtɪd-] (생물)
 세포(매개)성 면역.
céll mèmbrane[**wàll**] 몡 (생물) 세포막.
céll nùcleus 몡 (생물) 세포핵.
*cel·lo** [tʃélou] 몡 (⑧ ~s) 첼로; (구어) (~s) (악단의) 첼로 주자. (또는 **'cello**) [<It violoncello의 단축
cel·lo·phane [séləfèɪn] 몡 셀로판. ┌형]
wrapped in cellophane (속어) 가까이하기 어려운.
── (또는 **cellophaned**) 셀로판으로 된, 셀로판의.
cell·phone [sélfòun] 몡 =cellular phone. (또는 **céll phóne**)
céll sàp (생물) 세포액(液).
céll thèory 몡 세포설(說).
céll thèrapy 몡 세포 요법(療法) (양(羊)의 태아의 세포 현탁액(懸濁液)을 주사하는 회춘술).
cel·lu·lar [séljulər] 몡 1 세포의, 세포 모양의, 세포질의, 세포로 된. 2 (섬유) (옷감 따위가) 성긴; 이가 쳐 보이는. ¶a ~ shirt 성글게 짠 셔츠. 3 (건축) 구획식의; (벌집 따위의) 작은 방으로 된, 다공식의(porous); 흡습성(吸濕性)의. ¶a ~ radiator 벌집식 방열기(放熱器). 4 (무선 전신의) 셀룰러[구획] 방식의, 이동 전화의. 5 (세포 사용의). **-lár·i·ty** 세포질(성). **~·ly** 몡
céllular communicátion 몡 이동 통신.
céllular enginéering 몡 (의학) 세포 공학 (피부 이식 따위).   ┌획으로 나누어진.
cel·lu·la·rized [séljulərɑ̀ɪzd] 몡 세분화된; 소구
céllular móbil rádio 몡 =cellular phone.
céllular telephone [**télephone**] 몡 휴대폰, 카폰, 휴대용 전화(mobile phone).
céllular respirátion 몡 (생물) 세포 호흡.
céllular thèrapy 몡 =cell therapy.
cel·lu·lase [séljuléɪs] 몡 (화학) 셀룰라아제(셀룰로오스[섬유소]를 분해하여 포도당으로 만드는 효소.
cel·lu·late [séljulèɪt] 몡㊀ …을 세포질로 만들다, 세포 조직으로 하다; …을 구획화하다. ── [séljulət, -lèɪt] =cellular.
cel·lu·lat·ed [séljuléɪtɪd] 몡 세포 모양의.
cel·lu·la·tion [sèljuléɪʃən] 몡 (분열에 의한) 세포 형성, 세포 조직.   (小室), 소강(小腔).
cel·lule [sélju:l] 몡 (생물) 작은 세포; (생물학) 소실
cel·lu·lite [séljulàɪt, -lìːt] 몡 셀룰라이트 (여성의 엉덩이·넓적다리 피하에 쌓여 있는 지방 축적물).
cel·lu·li·tis [sèljulàɪtɪs] 몡 (U) (병리) 봉와 조직염 (蜂窩組織炎), 소포염(小胞炎).
*cel·lu·loid** [séljulɔ̀ɪd] 몡 (U) 1 셀룰로이드 (원래 상표 이름). 2 영화(사진) 필름; =cel. 3 영화(의 세계).
on celluloid 영화로.
── 몡 1 (美구어) 영화의[에 관계 있는]. 2 셀룰로이드 의. 3 (비유적) 인공적인, 생명이 없는; 비현실적인.
*cel·lu·lose¹** [séljulòus] 몡 (U) (나무 따위의) 섬유소 (纖維素); (화학) 셀룰로오스 (합성 섬유소). ¶~ silk 인
cel·lu·lose² 몡 작은 구멍이 많은.   ┌조 견사·인견.
céllulose ácetate 몡 (화학) 아세틸 셀룰로오스.
céllulose nítrate 몡 (화학) 니트로셀룰로오스, 질 산(窒酸) 섬유소.
cel·lu·lo·sic [sèljulóusɪk] 몡 (화학) 셀룰로오스의 [를 함유한]. ── 셀룰로오스 화합물. **-lós·i·ty** 몡
cel·lu·lous [séljulás] 몡 세포가 많은, 세포로 이루어진.
céll wàll (생물) (특히 식물의) 세포막[벽].┌어진.
céll yèll (美구어) 휴대폰 통화 때 흔히 내는 불필요 한 고성.
ce·lo·scope [síːləskòup] 몡 (의학) 체강경(體腔鏡), 체강 검사기. (또는 **celioscope, coeloscope**)
Cel·o·tex [séloteks] 몡 (상표) 셀로텍스 (단열 방음제).
Cels. Celsius (centigrade 7).
Cel·si·us [sélsɪəs] 몡 =centigrade 2.
Célsius thermómeter 몡 섭씨 온도계, 백분도(百分度) 온도계. (® Fahrenheit, Réaumur [<창안자인 스웨덴 천문학자 Anders Celsius(1701-44)의 이름]
celt [selt] 몡 (고고) (선사 시대의) 돌[청동] 도끼.
*Celt** [kelt, selt] 몡 켈트인; (the ~s) 켈트족 (현재는 Irish, Gaels, Welsh, Bretons가 이에 속함). (또는 **Celt**, Celtic.   ┌**Kelt**.)
*Celt·ic** [kéltɪk, sélt-] 몡 (U) 켈트어 (인도 유럽 어족의 한 어파로서 Irish, Scots Gaelic, Welsh, Breton의 여러 언어를 포함). ── 몡 켈트인[어]의. ¶~ literature 켈트 문학. (또는 **Keltic**)   ┌있다).
Céltic cróss 몡 켈트 십자가 (십자가 중심에 ring이
Céltic frínge 몡 켈트의 외변인(外邊人) (잉글랜드 외변에 사는 Scots, Irish, Welsh 및 Cornish); 그 주거 지역.
Celt·i·cism [kéltəsɪ̀zm, sél-] 몡 (U)(C) 켈트풍(風); 켈트인 기질; 켈트어휘[어법], **-cist, Célt·ist** 몡
Céltic twílight 몡 켈트의 박명(薄明) (아일랜드 민화의 신비스런 분위기). [<W.B. Yeats의 민화집 제목]
cel·ti·um [séltɪəm] 몡 (화학) =hafnium.
Cel·to- [kéltou, -tə, sél-] Celtic의 뜻. ¶~-Germanic(켈트 게르만의).   ┌학자, 켈트어[민족] 학자.
Celt·ol·o·gist [keltɑ́lədʒɪst, selt-/-tɔ́l-] 몡 켈트어
cel·tuce [séltɪs] 몡 (U) 셀터스 (셀러리(celery)와 상추(lettuce)를 교배시킨 야채). [<celery+lettuce]
cem, cem. cement. **CEMA** Council for Economic Mutual Assistance.

cem·ba·lo [tʃémbəlou] 명 (복 ~**li** [-li:], ~**s**) 〔음악〕 1 =harpsichord. 2 =dulcimer. **-ba·list** 명

‡**ce·ment** [simént] 명 U 1 시멘트(참 concrete). 2 접합[접착]제(adhesive); 경화재(硬化材)(치과용 시멘트·도자기 접착제 따위). 3 (비유적) 잇는 것, 결합시키는 것, 유대(紐帶). ¶Time is the ~ of friendship. 시간은 우정을 굳게 한다. 4 〔야금〕 (삼탄(滲炭)용으로 쓰이는) 숯가루. ⇒CEMENTATION 2. 5 〔해부〕 (치아의) 시멘트질. 6 〔암석〕 (쇄설암(碎屑岩)의) 석기(石基).

in cement 굳어서, 완고하게, 강경하게.

—⑤⑤ 1 …을 시멘트로 접합하다[굳히다]; …을 굳게 결합시키다. 2 …에 시멘트를 바르다. —⑤ 접합하다, 굳다. **~·a·ble** 형 **~·er** 명 **~·less** 형

ce·men·ta·tion [sì:məntéiʃən/sì:men-] 명 U 1 시멘트 접합[바르기]; 접합, 결합, 교착(膠着). 2 〔야금〕 시멘트(처)리, 침탄법(浸炭法).

cemént city 명 〔美구어〕 (공동) 묘지(cemetery).

cemént héad 명 〔美속어〕 머리가 둔한 사람, 바보.

ce·ment·ite [siméntait] 명 〔금속〕 시멘타이트(고온에서 강(鋼) 속에 생기는 탄화철). 〔트의 특질을 지닌.

ce·men·ti·tious [sì:məntíʃəs, sèmən-] 형 시멘트의

cemént mixer 명 시멘트[콘크리트] 믹서.

ce·men·tum [siméntəm] 명 〔치과〕 시멘트질(質).

cem·e·te·ri·al [sèmətíəriəl, -tér-/-tíər-] 형 공동 묘지의; 매장용의

‡**cem·e·ter·y** [sémətèri/-tri] 명 (복 **-ter·ies** [-z]) (교회에 부속되지 않은) 묘지, 매장지, 공동 묘지. 참 churchyard, graveyard

CEMF counter electromotive force(역기전력(逆起電力)). **cen.** center; central; century.

cen·a·cle [sénəkl] 명 1 (C-) (그리스도와 사도가) 최후의 만찬을 가진 방. 2 〔가톨릭〕 묵상의 집. 3 (작가 등의) 동인; 동인 집회소.

Cen. Am. *Central America*.

-cene [si:n] 〔연결〕 recent, new의 뜻. ¶Pleistocene.

ce·no-¹ [sí:nə, sénə/sí:nə] 〔연결〕 recent, new의 뜻. ¶Cenozoic. 「의 뜻. ¶cenobite.

ce·no-² [sí:nou, -nə, sén-/sí:nə] 〔연결〕 common

ce·no·bite [sí:nəbàit] 명 (수도원 따위에서 공동 생활하는) 수도사. 참 anchorite (또는 **coenobite**)
-bít·ic, **-bít·i·cal** [-bít·i·cal·ly] 부 **-bit·ism** 명 공동 생활 (제도); 수도사 생활.

ce·no·gen·e·sis [sì:nədʒénəsis, sèn-] 명 〔생물〕 변형 발생, 신발생(계통 발생이 아닌 개체 발생). 참 palingenesis **-ge·nét·ic** 형 **-ge·nét·i·cal·ly** 부

ce·no·spe·cies [sí:nəspì:ʃi:z] 명 〔유전〕 집합종 (種), 공동종.

cen·o·sphere [sénəsfìər] 명 세노스피어(플라이애시(fly ash) 속에 보이는 엷은 유리질 분말(粉末球); 가볍고 초고압에 견뎌 심해 탐사·우주선에 이용된다).

cen·o·taph [sénətæf, -tà:f] 명 1 (전몰 용사) 기념비. 2 (the C-) (런던 Whitehall 거리에 있는) 제1·2차 세계 대전 전몰자 기념비. **-táph·ic** 형

Ce·no·zo·ic [sì:nəzóuik, sèn-] 〔지질〕 신생대(新生代)의. ¶the ~ era 신생대. — 명 신생대.

cens. censor; censorship.

cense [sens] ⑤⑤ …에 향을 피우다; …에 분향하다.

cen·ser [sénsər] 명 (쇠사슬에 매단) 향로(성당의 전례용(典禮用)). **~·less** 형

*****cen·sor** [sénsər] 명 1 (출판물·영화·방송·우편물 따위의) 검열관, 검열 담당자. 2 풍기 단속자. (영국 대학의) 학감(學監). 3 비난하는 사람, 까다로운 [흠잡는] 사람. 4 (고대 공화정(共和政) 로마의) 감찰관(시세(市勢) 조사와 풍기 단속을 관장). 5 U 〔정신분석〕 잠재 의식 억제력. —⑤ⓣ …을 검열하다. (검열관이) 〔글·말 따위〕를 삭제[수정]하다. **cen·só·ri·an** [-só:riən] 형 검열(관)의.

cen·sor·a·ble [sénsərəbl] 형 검열을 받는, 검열에 걸릴

cen·sor·ate [sénsərit] 명 검열 기관. 〔걸릴 (듯한).

cen·so·ri·al [sensɔ́:riəl] 형 검열관의; 감찰관의; 검열의; 비판적인.

cen·so·ri·ous [sensɔ́:riəs] 형 지나치게 비판적인, 트집만 잡는, 까다로운. **~·ly** 부 **~·ness** 명

*****cen·sor·ship** [sénsərʃip] 명 U 1 검열 (제도). 2 검열관의 직무[직권, 임기]. 3 〔정신분석〕 (프로이트의) 꿈의 학설에서) 잠재 의식 억제력.

cen·sur·a·ble [sénʃərəbl] 형 비난할 (만한), 책망 받을 만한. **~·ness** 명 **-bly** 부

*****cen·sure** [sénʃər] 명 U ⓒ 불신임 (결의), 견책, 징계; 비난, 책망, 혹평. ¶a tacit ~ 말없는 비난/escape ~ 견책을 모면하다/pass a vote of ~ *on* …에 대한 불신임 결의를 통과시키다.
hint censure of …을 풍자하다.
—⑤ⓣ …을 비난하다, 책망하다; 견책하다; …을 혹평 [악평]하다. ⇒CRITICIZE 〔유의어〕 ¶~ careless work 부주의한 일을 나무라다. —⑤ 불찬성을 표명하다; 비난
~·less 형 〔[책망, 견책]하다; 혹평하다.

censure motion 명 〔정계〕 징계[문책] 동의.

cen·sur·er [sénʃərər] 명 비난[책망]하는 사람.

*****cen·sus** [sénsəs] 명 국세 조사, 인구 조사. ¶the Bureau of the C— (美) 국세 조사국(상무부 산하 기구). *take a census of* …의 국세 조사를 하다.
—⑤ⓣ …의 인구를 조사하다.
-su·al [-ʃuəl] 형

cénsus pàper 명 국세[인구] 조사표.

cénsus retúrns 명복 국세 조사 신고.

cénsus tàker 명 국세[인구] 조사원.

cénsus tràct 명 국세 조사 표준 구역(인구 조사를 위해 미국 조사국이 쓰는 대도시의 일정한 표준 지역).

‡**cent** [sent] 명 1 (단위로서의) 100. ¶per ~ 100에 대하여 ⇒PERCENT. 2 센트(미국·캐나다의 dollar, 스리랑카의 rupee, 네덜란드의 guilder 따위의 100분의 1의 동전 단위; 략 ₵, ⓒ, C., ct.); 1센트 동전. 3 (구어) 푼돈; (a ~) (부정문에서) (美) 조금[한푼](도 …하지 않는). ¶do not give a ~ *on* …에 전혀 신경을 안 쓰다. 4 (음악) 반음(semitone)의 100분의 1의 음정.
cent per cent 100%(의 이자); 예외 없이. 「이다.
feel like two cents 부끄럽게 생각하다, 마음이 쓰
hundred per cent (구어) 완전히; 지성(至誠)으로.
like thirty cents (속어) 싸구려의, 가치 없는.
not a (red) cent 조금도 … 아닌. ¶I don't care *a ~ for* it. 그런 것은 전혀 개의치 않는다.
put [or *get*] *in one's two cents worth* ⇒WORTH.

cent. cental; centered; centiare; centigrade; centime; centimeter; centum; century.

cent- [sent] 〔연결〕 ⇒CENTI-.

CENTAG [séntæg] 명 (NATO의) 중앙 방면군.
(＜*Cent*ral (European) *A*rmy *G*roup)

cen·tal [séntl] 명 (英) 100파운드(약 45.36kg; 곡물의 무게를 재는 단위)((美) hundredweight).

cen·ta·mat·ic [sèntəmǽtik] 명 (2장 이상의 용지에 구멍을 뚫을 때) 중심 위치를 자동으로 맞추는.

cen·tare [séntɛər] 명 센티아르(100분의 1아르; 1m²)(centiare).

cen·taur [sɛ́ntɔːr] 명 1 (C-) 〔그리스 신화〕 켄타우로스(상반신은 사람, 하반신은 말의 모습을 한 괴물. 2 (centaur와 같은) 기괴한 것[사람]; 이중 인격[성질]을 가진 사람. 3 (C-) 〔천문〕 = Centaurus 2. 4 명기수(名騎手). 5 (C-) 〔로켓〕 센토(재점화 가능형 액체 연료 엔진).

[centaur 1]

Cen·tau·rus [sentɔ́:rəs] 명 1 〔그리스 신화〕 켄타우루스(Ixion과 Nephele의 아들; Centaur족의 시조). 2 〔천문〕 켄타우루스자리.

cen·tau·ry [séntɔːri] 명 1 용담과에 속하는 초본. 2 수레국화속(屬)의 식물.

cen·ta·vo [sentáːvou] 명 (복 ~s) 센타보(멕시코·필리핀·쿠바 등의 peso나 포르투갈·브라질의 escudo의 100분의 1에 해당하는 화폐 단위).

cen·te·nar·i·an [sèntənɛ́əriən] 명 100년의, 100살의. ─명 100살(이상)인 사람.

***cen·te·nar·y** [séntənèri, séntənèri/sentíːnəri] 명 1 100년간의. 2 100년마다의, 100년마다 일어나는; 100년제의. 3 100주년 기념일, 100년제(祭). 2 100념간, 1세기(century).

***cen·ten·ni·al** [senténiəl] (美) 명 100년째의; 100년 기념일[의]; 100년 존속하는; 100살의. ─명 100주년 기념일, 100년제(centenary); 100년 기념일의 축제. ~·ly 부 100년마다. 〔해〕.

centénnial ànnivérsary 명 100(주)년 기념(=Centénnial Stàte) (the ~) (美) Colorado 주의 별칭(독립 100년째의 해(1876)에 합중국에 가입한 데서).

‡**cen·ter,** (英) **-tre** [séntər] 명 (복 ~s [-z]) 1 (보통 the ~) 중심, 중앙, 한가운데(⇨MIDDLE 유의어); (회전의) 중심점, 중심축(軸); 〔수학〕 (도형이나 체계(體系)의) 중심, 중앙부, 중심점. ⇨CIRCLE 그림. ¶the ~ of a wheel 차축(車軸) / right in the ~ of … 의 한가운데에 / draw a circle round a given ~ 주어진 점을 중심으로 원을 그리다. 2 중심지; 중심 인물, 중심물, 중추(中樞); (英) 〔메니어 회원(Fenians)의〕 지도자. ¶a social ~ 사교상의 중심 인물 / a busy commercial ~ 번화한 상업 지구 / a ~ of pleasure trade 환락(교역)의 중심지. 3 (시설로서의) ~센터, 중앙 시설. ¶a medical ~ 의료 센터, 중앙 (종합) 의료 시설. 4 본원(本源), 기원(起源); 핵. ¶an earthquake ~ 진원지(震源地). 5 (the C-) 〔정치〕 중간파; 온건파. 6 〔축구·하키·야구〕 중견(스 센터 (필드); (축구 따위에서) 센터로의 킥(패스). 7 〔군사〕 (부대의 양익(兩翼)에 대하여) 중앙(주축) 부대, 본대. 8 〔생리〕 신경 중추. ¶the vasomotor ~ 혈관 운동 신경 중추. 9 〔기계〕 (선반의) 센터. 10 (표적의) 중심권; 중심권 명중(탄). 11 〔건축〕 =centering.

catch on (the) center (美) (증기 기관의 피스톤이) 중앙에 서다; 이러지도 저러지도 못하게 되다.

come to the center (美속어) 사람들 앞에 나서서, 두드러진 지위를 차지하다.

front and center ⇨FRONT.

have a soft center (사람이) 남보다는 마음이 약하다.

on center (美) 〔건축〕 (기둥 따위가) 중심에서 중심까지 …의 간격으로. ¶The studs are set 20 inches on ~. 샛기둥이 중심에서 각각 20인치 간격으로 세워져 있다.

right, left and center; left, right and center 도처에서; 닥치는 대로.

─통 (~s [-z]; ~ed, (英) ~d; ~·ing, (英) -tring) 타 1 …을 중심에 놓다. 2 …을 중심에 모으다, (한 점에) 집중시키다 (on, upon, (a)round). ¶ ~(+目+前+名) He ~ed his attention on the problem. 그는 그 문제에 주의를 집중했다. 3 …의 중심을 결정하다, 중심에 세 표를 하다. 4 (렌즈 따위를) 조정하다; …을 중심[정위치]에 오도록 하다. 5 〔축구〕 (공)을 센터로 차대다[하다]. 6 (美구어) (사람)을 선출하다(out). ─자 중심(점)에 있다; 집중하다 (on; (구어) round, around, about, in, at); 센터링하다. ¶ (~+前+名) The story ~s on the rare adventure. 그 이야기는 희한한 모험을 중심으로 하고 있다. 「이 중심이 되다.

center about [or **around, on**] …에 집중하다, …

center a person **out; center out** a person (美구어) 남을 (벌 따위의) 본보기로 고르다[뽑다].

center down 아주 문제에 집중[전념]하다

─ 〔한정용법〕 중심의, 중앙에 있는; 중도[온건]파의. ~·a·ble, ~·less 형

cénter báck 명 (배구·수구의) 후위 중앙에 위치하

cénter bìt 명 타래 송곳.

cénter bòard [séntərbɔ̀ːrd] 명 〔해사〕 (배밑바닥에 붙이는 지느러미 모양의) 가동 용골(可動龍骨).

cen·tered [séntərd] 형 1 중심이 있는; 중앙에 있는; 집중된. 2 〔인쇄〕 중앙에 붙은. ¶a ~ dot 가운뎃점, 중점(中點). 3 〔복합어로〕 …중심[본위]의. ¶consumer-~ 소비자 본위의.

cénter fìeld 명 〔야구〕 센터(필드)(의 수비 위치).

cénter fíelder 명 〔야구〕 센터 필더, 중견수.

cen·ter·fire [-fàiər] 형 1 (탄피가) 밑바닥 중앙에 뇌관이 있는. 2 (화기가) ~을 사용토록 만들어진.

cen·ter·fold [séntərfòuld] 명 1 =center spread. 2 잡지의 접어 넣은 페이지(누드 사진 따위를 접은 것). 3 (美속어) 섹시한 여자(남자).

cénter fórward 명 〔축구·하키〕 센터 포워드.

cénter hálf(back) 명 〔축구·하키〕 센터 하프.

cen·ter·ing [séntəriŋ] 명 〔건축〕 홍예틀, 멍가(供架)(아치의 건조(建造) 따위에 사용하는 가구(架構)).

cénter làne 명 (편도 홀수 차선의) 중앙 차선, 가변 차선. 「(the ~) 중도 좌파.

cen·ter-left [-léft] 명 (정치적) 중도 좌파의.

cen·ter·line [séntərlàin] 명 100 센터 라인, 중심선, 중앙선. (또는 **cénter line**) 「판의.

cen·ter·most [séntərmòust] 형 한가운데의, 한복

cénter of attráction 명 〔물리〕 인력의 중심; (비유적) 인기의 초점, 관심(中心).

cénter of búoyancy 명 〔물리〕 부력(浮力)의 중심.

cénter of cúrvature 명 〔수학〕 곡률(曲率) 중심.

cénter of floatátion 명 〔해사〕 부면심(浮面心).

cénter of grávity 명 1 〔역학〕 중력[무게, 질량] 중심, 중심(重心). 2 중심 인물, 중심물; 초점.

cénter of máss 명 〔물리〕 질량(質量) 중심.

cénter-of-máss coòrdinate sýstem 명 〔물리〕 질량 중심계(系). 「심.

cénter of préssure 명 〔물리·항공〕 압력(中心.

cénter of sýmmetry 명 〔결정〕 대칭(對稱) 중심, 반전(反轉)중심.

cen·ter·piece [séntərpìːs] 명 1 탁자 가운데에 놓는 장식물(은·유리 제품·자수·레이스 따위); (천장의) 중심부의 장식. 2 중심물, 중심적 존재. 3 (정책·계획 따위의) 주된 특징; 최중요 항목; 인기물.

cén·ter-piv·ot irrigátion [-pìvət-] 명 (대형 스프링클러에 의한) 회전 살수(撒水).

cénter púnch 명 〔기계〕 센터 펀치(금속 세공 따위에서 중심점[선]에 구멍을 뚫는 끝이 뾰족한 도구).

cen·ter-right [-ráit] 명 (정치적) 중도 우파의. ─명 (the ~) 중도 우파.

cénter sèat 명 (비행기의) 가운데 좌석.

cen·ter·sec·ond [-sèkənd] 명 =sweep-second.

cénter spréad 명 (신문·잡지에서) 중앙에 마주보는 양면; 양면에 걸친 기사.

cénter thrée-quárter 명 〔럭비〕 센터 스리쿼터(백)(스리쿼터백 중앙의 2명), 2명).

cen·tes·i·mal [sentésəməl] 형 100분의 1의; 백진법(分法)의, 백진법(進法)의. 명 decimal. ~·ly 부

cen·tes·i·mo [sentésəmòu] 명 1 명 ~mi [-miː]) 첸테지모(lira의 100분의 1에 해당하는 이탈리아·바티칸의 화폐 단위); 그 동전. 2 명 ~s) 센테시모 (파나마·우루과이의 화폐 단위로 peso의 100분의 1).

cen·ti- [sénti, -tə, sǎːn-/sén-] 名 hundredth의 뜻(* 모음 앞에서는 cent-)(미터법 단위의 100분의 1). ¶centigram, centimeter, centare, centiare.

cen·ti·are [séntiɛ̀ər] 명 =centare. 「바). 명 bar

cen·ti·bar [séntibɑ̀ːr] 명 〔기상〕 센티바(100분의 1

***cen·ti·grade** [séntəgrèid] 명 1 (눈금이) 백분도(百分度)의. 2 (온도계가) 섭씨의(약 C)(Celsius). 명 백분도(섭씨) 눈금; 백분도(섭씨) 온도계.

céntigrade thermómeter 명 섭씨 온도계, 명 Celsius thermometer, Fahrenheit

cen·ti·gram, (英) **-gramme** [séntigræm] 명 센티그램(100분의 1그램; 약 cg.).
cen·ti·li·ter, (英) **-li·tre** [séntilìːtər] 명 센티리터 (100분의 1리터; 0.6102입방 인치에 해당; 약 cl).
cen·til·lion [sentíljən] 명 (美·프랑스) 10의 303승 (乘); (英·독일) 10의 600승. 「100분의 1프랑」
cen·time [sáːntiːm] 명 상팀(프랑스의 화폐 단위로
‡**cen·ti·me·ter,** (英) **-tre** [séntimìːtər] 명 ~s [-z] 센티미터(0.3937인치에 해당; 약 cm).
cen·ti·me·ter-gram-sec·ond [-græmsèkənd] 명 (물리) (길이·질량·시간의) 센티미터·그램·초(秒) 단위제(單位制)의(약 CGS, cgs). 「장자.
cen·ti·mil·lion·aire [sèntimiljənéər] 명 억만
cen·ti·mo [séntəmòu] 명 (복 ~s) 센티모(스페인의 peseta, 코스타리카의 colon, 베네수엘라의 bolivar, 파라과이의 guarani의 100분의 1의 화폐 단위).
*****cen·ti·pede** [séntəpìːd] 명 (동물) 지네(절지(節肢) 동물의 순각류(脣脚類)). **cen·típ·e·dal** 형
cen·ti·poise [séntəpɔ̀iz] 명 (물리) 센티푸아즈(점도(粘度)의 CGS 단위; 100분의 1푸아즈; 약 cP).
cen·ti·sec·ond [séntisèkənd] 명 100분의 1초.
cen·ti·stere [séntistìər] 명 센티스티어(1m³의 100분의 1).
cent·ner [séntnər] 명 (유럽의 수개국에서) 50kg에 상당하는 무게 단위(110.23상형 파운드에 해당).
cen·to [séntou] 명 (복 ~s) (명작에서 뽑아 모은) 발췌 시구(詩句); (명곡의 부분을 뽑아서 엮은) 발췌 악곡.
CENTO, Cento [séntou] 명 중앙 조약 기구(1959-79). [<*Cen*tral *T*reaty *O*rganization]
Centr. Central.
centr- [sentr] 연결 ⇨CENTRI-.
‡**cen·tral** [séntrəl] 형 (**more ~; most ~**) 1 중심의, 중심을 형성하는; 중앙의, 중심에 있는, 중심에 가까운, 중심부에 있어 편리한. ¶a bank in a ~ location 중심부에 있어 편리한 은행/The sun has the ~ place in the solar system. 태양은 태양계의 중심을 이루고 있다. 2 (…에) 중심적인, 중추적인, 주된, 지배적인 (*to*). ¶the ~ character in a novel 소설의 중심 인물. 3 (정견 따위가) 중도파의. ¶take a ~ position on a problem 어떤 문제에 중도적인 입장을 취하다. 4 (해부·생리) 중추 신경의; 척추체(脊椎體)의. ¶the ~ nervous system 중추 신경계. 5 (음성) 중설음(中舌音)의.
── 명 1 (보통 무관사) 전화 교환국(약 (英) exchange); (드물게) 교환원. 2 본점, 본국(本局), 본부.
get central 교환원을 부르다.
~·**ly** 부 중심(적)으로, 중심이 되어; 중앙에.
Céntral Áfrican 형 중앙 아프리카 공화국[주민, 언어]의. ── 명 중앙 아프리카의 (원)주민.
Céntral Áfrican Repúblic 명 중앙 아프리카 공화국(프랑스 공동체 회원국; 수도 Bangui).
céntral alárm sýstem 명 중앙 경보 장치.
Céntral América 명 중앙 아메리카, 중미(中美).
Céntral Américan 형 중앙 아메리카의 주민.
── 명 중앙 아메리카의; 중앙 아메리카 주민의.
céntral ángle 명 (수학) 중심각.
Céntral Ásia 명 중앙 아시아.
céntral bánk 명 중앙 은행.
céntral bánker 명 중앙 은행장(총재).
céntral bódy 명 (생물) =centrosome; (식물) 중앙체(남조류(藍藻類)의 세포 중심부의 색이 없는 부분).
céntral cásting 명 (촬영소의) 배역부(配役部).
straight from central casting; right out of central casting 전형적인, 틀에 박힌. 「도시.
céntral cíty 명 (메갈로폴리스의) 중심 도시, 핵(核)시
Céntral Commíttee 명 (the ~) (옛 소련 공산당의) 중앙 위원회; (정당 따위의) 중앙 위원회. 「사 법원.
Céntral Críminal Cóurt 명 (the ~) (英) 중앙 형
céntral cút 명 (완곡적) (여성의) 음부(陰部).

céntral dógma 명 (유전) 센트럴 도그마(유전 정보의 전달·발현에 관한 중심 가설).
cen·tral-fire [-fàiər] 형 =center-fire.
céntral góvernment 명 중앙 정부.
céntral héating 명 (열탕·스팀 따위에 의한) 중앙 난방 (장치), 집중 난방, 센트럴 히팅. 「아의 중앙부.
Cen·tra·lia [sentréiljə, -liə] 명 (濠) 오스트레일리
Céntral Intélligence Ágency 명 (the ~) (美) 중앙 정보국(약 CIA).
cen·tral·ism [séntrəlìzm] 명 ⓤ 중앙 집권화, 중앙 집권 제도; 중앙 집권주의. **-ist** 명 **-ís·tic** 형
cen·tral·i·ty [sentrǽləti] 명 ⓤ 중앙의 위치; 중심적 역할[위치]; 구심성(求心性); 중추성(中樞性).
cen·tral·i·za·tion [sèntrəlizéiʃən/-laiz-] 명 ⓤ 집중하기; 집중화; (행정상의) 중앙 집권(화); 권력의 집중. *de*centralization
cen·tral·ize [séntrəlàiz] 동태 …을 집중하다, 중앙 화하다, 중심에 모으다[끌어당기다]; …을 중앙 집권화하다. ── 자 (한점(중앙)에) 집중하다. **-iz·er** 명
céntralized fíre contról 명 (군사) 중앙 사격 통제[지휘].
céntralized schóol 명 =consolidated school.
céntral lócking 명 센트럴 로킹(자동차의 운전석 도어를 잠그면 다른 모든 도어가 동시에 잠기는 방식).
cen·tral·ly-heat·ed [séntrəlihìːtid] 형 중앙(집중) 난방(장치)의.
céntral nérvous sýstem 명 (해부) 중추 신경계.
cen·tral·ness [séntrəlnis] 명 ⓤ 중심임, 중심에 있음. 「있는 대공원).
Céntral Párk 명 센트럴 파크(미국 New York 시에
Céntral Pówers 명복 (제1차 대전중에 연합군과 싸운 독일·오스트리아 등의) 동맹 제국(諸國).
céntral procéssing únit 명 (컴퓨터) 중앙 연산 [처리] 장치(약 CPU). (또는 **céntral prócessor**).
céntral projéction 명 (기하) 중심 투상[투영]법.
céntral resérve [reservátion] 명 (英) (도로의) 중앙 분리대.
Céntral Resérve Bánks 명복 (the ~) (美) 중앙 준비 은행(New York, Chicago, St. Louis 소재).
céntral spréad 명 (신문 따위의) 중앙 대면 페이지.
Céntral (Stándard) Tíme 명 (美) 중앙 표준시 (약 C.(S.)T.).
‡**cen·tre** [séntər] 명동 (英) =center.
cen·tri- [séntri, -trə] 연결 center의 뜻(* 모음 앞에서는 centr-). ¶ *centri*fugal, *centr*oid(중심(重心)), *centr*osphere. (또는 **centro-**)
cen·tric [séntrik] 형 1 중심의, 중심에 있는; 중심적 인, 중추적인(central). 2 (해부·생리) 중추의. (또는 **~·al**) **-tri·cal·ly** 부 **cen·tríc·i·ty** 명
cen·trif·u·gal [sentrífjugəl] 형 1 중심에서 밖으로 향하는, 원심(遠心)의. 2 원심력의, 원심력에 의한(반 centripetal). ¶a ~ pump (용돌이식) 원심 펌프. 3 (생리) 중추로부터 흥분을 운반하는, 원심 신경성의, 원심성의. ¶ ~ nerves 원심 신경. 4 (식물) 유한 꽃차례의. ── 명 (기계) 원심 분리기[기].
cèn·trif·u·gál·i·ty 명 원심 운동. ~·**ly** 부
centrífugal fórce 명 원심력.
cen·trif·u·gal·ize [sentrífjugəlàiz, -fə-/sèn·trifjúː-] 동태 =centrifuge.
centrífugal machíne 명 (기계) 원심력 응용 기계.
centrífugal súgar 명 분밀당(分蜜糖).
cen·tri·fuge [séntrəfjùːdʒ] 명 원심기, 원심 분리기. ── 동태 …에 원심 작용을 받게 하다; …을 원심 분리기로 분리[탈수, 시험]하다. **cen·trif·u·gá·tion** 명
cen·tri·ole [séntriòul] 명 (생물) 중심 소립(小粒) [소체](중심체의 중심에 있는 소립).
cen·trip·e·tal [sentrípətl] 형 1 중심으로 향하는, 구심(求心)의. 2 구심력에 의한(반 centrifugal). 3 (생

리) 구심성, 구심성의(afferent).¶~ nerves 구심 신경. 4 〖식물〗 무한 꽃차례의. ~·ism ~·ly 튐
cen·trip·e·tal fórce 구심력(求心力). 「중도 정치.
cen·trism [séntrizm] 톙 (종종 C-) 중도[온건]주의,
cen·trist [séntrist] 톙 (종종 C-) 〖유럽·대륙에서〗 중도[중간] 파 의원[당원]; (일반적으로) 온건한 사람.
— 튐 중도파의, 온건한, 온건한.
cen·tro- [séntrou, -trə] 〖연결〗 ⇨CENTRI-. 「있는.
cen·tro·bar·ic [sèntrəbǽrik] 톙 중심(重心)의[이
cen·troid [séntroid] 톙 〖물리〗 =center of mass. 2 〖수학〗 (삼각형의) 중심(重心), 도심(圖心).
cen·troi·dal [─의] 중심체. **·sóm·ic** 톙
cen·tro·some [séntrəsòum] 톙 〖생물〗 (세포
cen·tro·sphere [séntrəsfiər] 톙 1 〖생물〗 (세포의) 중심구(球). 2 〖지질〗 (지구의) 중심핵(核).
cen·trum [séntrəm] 톙 (복 ~s, -tra [-trə]) 1 중심, 중추. 2 〖해부·동물〗 추체(椎體)(추골(椎骨)의 중심체). 3 (지진의) 진원지.
cents-off [séntsɔ́ːf] 톙 〖美〗 쿠폰 지참자 할인 판매
cen·tum [séntəm] 톙 100(hundred).¶per ~ 100 에 대하여(per cent).
cen·tu·ple [séntəpl/-tjuː-] 톙 100 배의(hundredfold). 튐 100 배(의 양). — 튐 ⋯을 100배하다.
cen·tu·pli·cate 튐 [sentjúːplikèit/-tjuː-] ⋯을 100배하다; 튐 을 100 부 찍다, — 톙 [sentjúːplikət, -keit] 100배의. — 튐 [sentjúːplikət, -keit] 100배; in centuplicate 100 부 찍은[복사한]. 「100부(部).
·cá·tion 튐
cen·tu·ri·al [sentjúːriəl/-tjúər-] 톙 100년의, 1세기의; 백인대(百人隊)[조]의. 「되는; 아주 오랜.
cen·tu·ried [séntʃərid] 톙 수백년[수세기]이나 계속
cen·tu·ri·on [sentjúːriən/-tjúər-] 톙 (고대 로마의) 백인대(century) 대장.
‡cen·tu·ry [séntʃəri] 튐 (복 -ries [-z]) 1 (임의의) 100년(간).¶half a ~ ago 50년 전. 2 (서수사와 함께) (the ~, 종종 C-) 세기(略 c., cent.); (무관사) ⋯세기 의 것.¶the later 18th ~ 18세기의 후기/the last two decades of the 19th ~ 19세기의 마지막 20년∥This armor is 15th ~ 이 갑옷은 15 세기 것이다. 3 100으로 된 1 조; 백인대(고대 로마의 군대), 백인조(고대 로마의 투표 단위).¶a ~ of sonnets 1 조로 된 100편의 소네트. 4 (C─) ⓤ 〖인쇄〗 센추리(활자의 한 서체). 5 100.¶by ~s of poems 시백선(詩百選). 6 〖크리켓〗 100 점[100 runs]. 7 〖美속어〗 100 달러 (지폐), 〖英속어〗 100 파운드 (지폐). 8 〖스포츠〗 100 야드[미터] 경주[경영(競泳)]; (자전거 따위의) 100마일 레이스. 〔음에.
around the turn of the century 세기가 바뀔 즈 **during the past century** 지난 100년 동안.
— 튐 =centennial.
céntury light 〖美속어〗 휴대용 3 발이(century stand) 조
céntury nòte 〖美속어〗 100 달러 지폐. 「명등.
céntury plànt 용설란(龍舌蘭)(agave)(멕시코 원산. 〔수 년에 한 번 꽃이 핀다는 전설에서〕
Céntury Séries 톙 〖美공군〗 센추리 시리즈(기종(機種) 명칭이 100 번대 이후의 신형 초음속 전투기 F-117, F-106 따위).
céntury stànd 튐 3 발이(의 C-stand). 「[임자].
CEO, C.E.O. chief executive officer(최고 경영 책
Ce·ops [kéops] 톙 쿠푸(이집트 제4왕조의 왕, 기자 (Giza)에 있는 이 왕의 피라미드는 현존하는 것 중 최대 이다. (또는 Khufu).
CEP [sep] 튐 〖군사〗 원형 공산(圓形公算) 오차. 〔<circular error probability〕
ceph·al- [séfəl] 〖연결〗 ⇨CEPHALO-.
ce·pha·lad [séfəlæd] 튐 머리 쪽(에)으로. 「통.
ceph·a·lal·gi·a [sèfəlǽldʒə, -dʒiə] 톙 〖의학〗 두
ceph·a·late [séfəlèit, -lèit] 톙 〖동물〗 머리가 있는; 머리 모양의 부분이 있는.

ce·phal·ic [səfǽlik/sə-, ke-] 톙 1 머리의, 두부(頭部)의. 2 두부에 있는, 두부로 향한.¶a ~ eye 두안(頭眼) (연체 동물의 머리 부분에 있는 눈). 3 머리 모양의.
-ce·phal·ic [səfǽlik/sə-, ke-] 〖연결〗 head의 뜻. ⓑ cephalo-.¶brachycephalic(단두증(短頭症))
cephálic índex 〖인류〗 두부 지수(頭部指數)(머리의 가로와 세로의 비; 인류의 특징을 가리는 기준).
ceph·a·li·za·tion [sèfəlizéiʃən/-laiz-] 톙 〖동물〗 두화(頭化)(중요 기관(器官)의 두부(頭部)로의 집중 경향).
ceph·a·lo- [séfəlou, -lə] 〖연결〗 head의 뜻(* 모음 앞에서는 cephal-).¶cephalothorax, cephalalgia(두통).
ceph·a·lo·cide [séfələsàid] 톙 (군사 쿠데타 따위 때) 지식인층의 집단 학살.
ceph·a·lom·e·ter [sèfəlámətər/-lɔ́m-] 톙 두부측정기. 「측정(법).
ceph·a·lom·e·try [sèfəlámətri/-lɔ́m-] 톙
ceph·a·lo·pod [séfələpɑ̀d/-pɔ̀d] 톙 〖동물〗 두족류(頭足類)(오징어·문어 따위). — 톙 두족류의.
ceph·a·lo·spo·rin [sèfəlouspɔ́ːrin] 톙 〖약학〗 세팔로스포린(세팔로스포륨속(屬)에서 얻는 항생 물질).
ceph·a·lo·tho·rax [sèfəlouθɔ́ːræks] 톙 (복 ~·es, -ra·ces [-rəsìːz]) 〖동물〗 (거미류·갑각류(甲殼類) 두족류의) 두흉부(頭胸部). 「있는.
ceph·a·lous [séfələs/séf-, kéf-] 톙 머리 (부분이)
-ceph·a·lous [séfələs/séf-, kéf-] 〖연결〗 headed 의 뜻.¶brachycephalous(단두증(短頭症))
Ceph·a·lus [séfələs] 톙 〖그리스 신화〗 세팔루스 (Attica의 사냥꾼; Procris의 남편). (또는 **Kephalos**)
Cé·phe·id vàriable [síːfiid-] 톙 〖천문〗 세페이드 변광성(變光星).
Ce·phe·us [síːfiəs/-fjuːs] 톙 1 〖천문〗 세페우스자리(북극성 주위를 도는 별자리). 2 〖그리스 신화〗 세페우스(에티오피아의 왕 Cassiopeia의 남편이며 Andromeda의 아버지).
-cep·tor [séptər] 〖연결〗 taker, receiver의 뜻.¶preceptor.
cer- [siər] 〖연결〗 ⇨CERO-.
ce·ra·ceous [səréiʃəs] 톙 밀랍 같은(waxlike); 밀 **ceram.** ceramic. 「납질의.
ce·ram·al [sərǽməl] 톙 =cermet.
ce·ram·ic [sərǽmik] 톙 도예(陶藝)의, 요업(窯業)의; 도자기(陶磁器)[도기]의, 세라믹의.¶~ art 제도술, 도예술/the ~ industry 요업. — 톙 ⓤ 도예, 요업; 요업제품, 도자기. (또는 **keramic**)
cerámic enginéering 톙 요업학.
cerámic óxide 톙 세라믹 산화물(고온 초전도 물질).
ce·ram·ics [sərǽmiks] 톙 1 ⓤ (단수취급) 제도술, 도예. 2 (복수취급) 요업 제품, 도자기.
ce·ram·ist [sərǽmist/sérə-] 톙 도공, 도예가 (ceramic artist). 요업가. (또는 **ceramicist**)
ce·ras·tes [sərǽstiːz] 톙 뿔뱀(아프리카산 독사).
ce·ras·ti·um [sərǽstiəm] 톙 점나도나물(석죽과의 풀).
cer·at- [sérət] 〖연결〗 ⇨CERATO-. 〔식물〕.
ce·rate [síəreit/-rət] 톙ⓤ 〖약학〗 납(蠟) 고약.
cer·at·ed [síəreitid] 톙 밀랍을 입힌.
cer·a·to- [sérətou, -tə] 〖연결〗 horn의 뜻(* 모음 앞에서는 cerat-).¶ceratoglossus(대각설근(大角舌筋)); ceratodus.
cer·a·to·dus [sərǽtədəs, sèrətóudəs] 톙 세라토두스(오스트레일리아산(産) 폐어(肺魚)).
Cer·be·re·an [sərbíəriən] 톙 Cerberus의[와 같 은]; 엄중하고 무서운.
Cer·be·rus [sə́ːrbərəs] 톙 1 〖그리스·로마 신화〗 서버러스(머리가 셋 달리고 꼬리가 뱀인 지옥을 지키는 개; Kerberos의 영어명). 2 (복 ~·es, -ber·i [-bərài]) 엄중하고 무서운 문지기.
give [or throw] a sop to Cerberus ⇨SOP.
-ber·ic 톙
cere¹ [siər] 톙 〖조류〗 (육식조(肉食鳥)·앵무새 따위

의 윗부리에 있는) 납막(蠟膜). **cered, ~·less** 혱
cere² 동타 1 (고어) (시체)를 밀랍 먹인 천(cerecloth)으로 싸다. 2 (폐어) …에 밀랍을 바르다.
‡**ce·re·al** [síəriəl] 혱 (똑 ~s [-z]) 1 곡물; ① 곡류가 나는 식물. 2 ① (아침 식사용) 곡물 가공 식품, 시리얼(oatmeal 따위). — 혱 곡류[물]의; 곡물로 만든. ¶ ~ diet 곡물식(穀物食).
cer·e·bel·lum [sèrəbéləm] 몡 (똑 ~s, **-bel·la** [-bélə]) (해부·동물) 소뇌. ⇨BRAIN 그림. **-lar** 혱
ce·re·br- [sərí:br, sérəbr/sérіbr] (연결) ⇨CEREBRO-.
ce·re·bra [sərí:brə, sérə-] 몡 cerebrum의 복수형.
ce·re·bral [sərí:brəl/sérə-] 혱 1 (해부·동물) 대뇌의, 뇌의. 2 지적인, 두뇌적인, 이성적인. 3 (음성) 설배음(舌背音)의, 반전음(反轉音)의. ¶ a ~ consonant (英) 반전 자음. — 몡 (음성) 반전 자음. **~·ly** 튀
cerebral áccident 몡 (병리) 뇌졸중.
cerebral anémia 몡 (병리) 뇌빈혈. 「화증.
cerebral artèriosclerósis 몡 (병리) 뇌동맥 경
cerebral córtex 몡 (해부) 대뇌 피질.
cerebral déath 몡 =brain death.
cerebral dóminance 몡 (대뇌) 반구 우위성(優位
cerebral hémisphere 몡 (해부) 대뇌 반구. 「性).
cerebral hémorrhage 몡 (병리) 뇌일혈.
cerebral hyperémia 몡 (병리) 뇌충혈.
cerebral infárction 몡 (병리) 뇌경색.
cerebral pálsy 몡 (병리) 뇌성 마비.
cerebral thrombósis 몡 (병리) 뇌혈전(증).
cerebral túmor 몡 (병리) 뇌종양.
cerebral váscular áccident 몡 =cerebrovascular accident.
cer·e·brate [sérəbrèit] 동자 1 뇌[대뇌]를 쓰다, 뇌가 작용하다. 2 생각하다, 사고하다. — 타 …을 머리 [두뇌]를 써서 하다.
cer·e·bra·tion [sèrəbréiʃən] 몡① 1 뇌[대뇌] 작용 [기능]. 2 정신 활동, 사고(思考)(thinking).
cer·e·bric [sérəbrik, sérə-] 혱 뇌[대뇌]의.
cer·e·bri·tis [sèrəbráitis] 몡 (병리) 뇌염.
ce·re·bro- [sərí:brou, -brə, sérə-] (연결) cerebrum의 뜻(* 모음 앞에서는 cerebr-). ¶ cerebritis, cerebrospinal.
ce·re·broid [sərí:brɔ̀id, sérə-] 혱 (해부) 대뇌와 비슷한, 뇌수(腦髓)[뇌질(腦質)] 모양의.
ce·re·bro·side [sərí:brəsàid, sérə-] 몡 (생화학) 세레브로시드(뇌·신경 조직의 당지질(糖脂質)).
cer·e·bro·spi·nal [sərí:brəspáinl, sèri-] 혱 (해부·생리) 뇌척수(腦脊髓)의; 중추 신경 계통의.
cerebrospinal flùid 몡 (생리) 뇌척수액(腦脊髓液), 뇌척수액 (약 CSF).
cerebrospinal meningítis [féver] 몡 (병리) 뇌척수막염. 「nervous system.
cerebrospinal nérvous sỳstem 몡 =central
cer·e·bro·vas·cu·lar [sərí:brouvǽskjulər, sèrə-] 혱 (해부·생리) 뇌혈관의. ¶ ~ accident (약 CVA).
cerebrováscular áccident 몡 (병리) 뇌혈관
ce·re·brum [sərí:brəm, sérə-] 몡 (똑 ~s [-z], **-bra** [-brə]) (해부·동물) 대뇌; (익살) 뇌. (<L)
cere·cloth [síərklɔ̀(:)θ/-klɔ̀θ] 몡 (똑 **-cloths** [-klɔ̀(:)ðz/-klɔ̀θs]) (시체를 싸는) 밀랍 입힌 천.
cere·ment [síərmənt, sérə-] 몡 =cerecloth; (英고어) (보통 ~s) 수의(壽衣)(graveclothes).
*cer·e·mo·ni·al [sèrəmóuniəl] 혱 1 의식(儀式) (용)의, 의례상의. ¶ ~ usage 의례상의 관례 / a costume [or dress] 예복. 2 정식(正式)의, 공식의 (formal). ¶ a ~ visit 공식 방문. — 몡 1 의식, 예식. 2 (가톨릭) 의례서(儀禮書); 의식 해설서. 3 의례(적 태도). **~·ly** 튀
cer·e·mo·ni·al·ism [sèrəmóuniəlìzm] 몡① 의식 존중; 형식에 구애됨, 형식주의. **-ist** 몡

cer·e·mo·ni·ous [sèrəmóuniəs] 혱 1 의식을 중히 여기는, 지나치게 형식에 따른; 매우 정중한, 딱딱한. 2 예식[의식]에 따른; 정식의. **~·ly** 튀 **~·ness** 몡
‡**cer·e·mo·ny** [sérəmòuni/-mə-] 몡 (똑 **-nies** [-z]) 1 의식, 식전(式典), 예식, 식; 종교 의식. ¶ a congratulatory [funeral] ~ 축하식[장례식] / a graduation [or commencement] ~ 졸업식 / hold [or perform] a marriage [or wedding] ~ 결혼식을 거행하다.

유의어 **ceremony** 종교적·사회적·국가적인 엄숙한 의식. **rite** 종교·기타의 ceremony 중에서 엄격히 정해진 형식에 따라 하는 발언·행위. **ritual** 어떤 종교·단체 따위의 모든 ceremony, rite의 총칭.

2 ① 겸손[정중]한 행동; 의례, 예법. ¶ with all due ~ 극히 엄숙히, 공손하게. 3 ① 허례(虛禮); 관례 준수, 형식에 구애됨(formality).
master [or mistress] of ceremonies ① (美) (사교 모임·쇼 따위의) 사회자(약 M.C.). ② (식전·연회 따위의) 의전관[담당자].
No ceremony! 스스러워할 것 없습니다, 염려 마시고 마음대로 하세요. 「올라다.
perform [or **hold, observe**] **a ceremony** 식을
stand on [or **upon**] **ceremony** 격식을 차리다. 너무 딱딱해 격의없이 사귈 수 없다; 딱딱한 태도를 강요하다. ¶ Please don't stand on ~ (with me). 자, 격식은 버리고 편히 행동합시다.
with ceremony 어마어마하게, 격식을 차려서.
without ceremony 격식을 차리지 않고, 허물없이; 수수하게.
Ce·ren·kov [tʃərénkɔ:f/-kɔf] 몡 ¶ **Pavel A.** ~ 체렌코프(1904–90: 옛 소련의 물리학자; 노벨 물리학상).
Cerénkov còunter 몡 (물리) 체렌코프 계수관(체렌코프 효과를 이용한 방사선 검출기).
Cerénkov effèct 몡 (the ~) (물리) 체렌코프 효과(Cerenkov radiation을 발생시키는 일). 「射).
Cerénkov radiàtion 몡 (물리) 체렌코프 복사(輻
Ce·res [síəri:z] 몡 1 (로마 신화) 케레스(농업·풍작의 여신; 그리스 신화의 Demeter에 해당). 2 (천문) 케레스 소행성(小行星). 「의 물질).
ce·re·sin(e) [sérəsin] 몡 (화학) 세레신(밀랍 모양
ce·re·us [síəriəs] 몡 (식물) 손가락 선인장(남미 북부산). 「부 원산(原産).
ce·ri·a [síəriə] 몡 (화학) 산화세륨.
ce·ric [sírik, sér-] 혱 (화학) (4가(價)의) 세륨(cerium)을 함유한.
cer·iph [sérif] 몡 (드물게) =serif.
ce·rise [səríːs, -ríːz] 몡① (똑 단수취급) 및 버찌색의.
ce·rite [síərait] 몡 (광물) 세라이트(세륨을 함유한 광
ce·ri·um [síəriəm] 몡 ① (화학) 세륨(기 Ce). 「물).
cer·met [sə́:rmet] 몡 (야금) 서멧, 도성(陶性) 합금(耐熱性의 합금).
CERN, Cern [sə:rn] 몡 유럽 공동 원자핵 연구 기구, 세른. [<F Conseil européen pour la recherche nucléaire]
cer·nu·ous [sə́:rnjuəs/-nju-] 혱 (식물) (꽃 따위가) 수그러진, 수하(垂下)성의.
ce·ro- [síərou, -rə] (연결) wax의 뜻(* 모음 앞에서는 cer-). ¶ ceroplastic, cerate.
ce·ro·plas·tic [síərouplǽstik] 혱 1 밀랍 모형의. 2 밀랍으로 소상(塑像)을 만든.
ce·ro·plas·tics [sìərouplǽstiks] 몡복 (단수취급) 밀랍 모형술; 대뇌 (단수취급) 밀랍 세공.
cert [sə:rt] 몡 (英속어) 확실한 일; (경마) 우승 후보 말 (*certainty의 단축형).
a dead [or **an absolute**] **cert** 절대 확실한 일.
for a cert 틀림없이, 확실히. 「tified; certify.
cert. certain(ty); certificate(d); certification; cer-
‡**cer·tain** [sə́ːrtn] 혱 (**more ~, ~·er; most ~, ~·est**) 1 (사람이) 틀림없는; 믿을 수 있는; 의심하지

않는, 확신하는 (of doing, about, that 節, wh. 節, wh. to do). ⇨SURE 유의어 ¶a ~ fact 틀림없는 사실 // He is ~ of getting it. =He is ~ (that) he will get it. 그는 그것을 입수할 수 있다고 확신한다 / They were not ~ which way they should take [or way to take]. 그들은 어느 길을 택해야 좋을지 자신이 없었다. * wh. 節, wh. to do는 보통 부정문·의문문에서 쓰인다.
2 반드시 …하는, 피할 수 없는 (to do). ¶face ~ death 피할 수 없는 죽음에 직면하다 // One is ~ to die. 사람은 다 죽는다 / He is ~ to come. 그는 꼭 온다.
3 확실한, 부정할 수 없는, 논의[반박, 의심]의 여지가 없는 (It is ~ that 節 [wh. 節]). ¶ ~ evidence 확실한 증거 // It is ~ that he will win the election. 그가 당선될 것이 확실하다.
4 (한정용법) 특정의, 일정한. ¶at a ~ time 정해진 시간에 / on a ~ day 정해진 날에 / at a ~ place 정해진 장소에서 / We have no ~ dwelling place. 우리는 정처가 없다(←고린도 전서(1 Cor.) 4:11).
5 (한정용법) 어떤, 어느, 모(某)(* 말하기가 거북한 경우, 완곡하게 말하기 위해, 또는 경멸의 뜻을 가지고 쓴다). ¶a ~ Mr. Green 그린 씨라는 분 / under ~ conditions 어떤 조건 아래에서는 / for a ~ reason 어떤 이유로 / in a ~ sense 어떤 의미에서는.

> (USAGE) a certain과 some의 용법 — some은 순수하게 부정·미정의 경우에 쓰이지만, 알고 있으면서도 말하지 않을 경우에도 쓴다. a certain은 알고 있지만 일부러 말하지 않는 경우, 말할 필요가 없는 경우에 쓰며, 때로는 경멸의 뜻을 내포한다: some lady / a ~ lady / a lady of a ~ age (실은 상당히 나이든 부인). * a Mr. Smith 「스미스 씨라는 사람」보다도 a certain Mr. Smith라는 쪽이 더 강조적(强調的)이다. 또 Mr., Mrs. 따위를 붙이지 않는 경우는 a Smith라 하지 않고 a certain이나 one을 써서 a certain Smith, one Smith처럼 쓴다.

6 믿을 만한, 신뢰할 만한, 움직일 수 없는. ¶a ~ fact 움직일 수 없는 사실 / The report is ~. 그 보도는 확실하나. **7** (한정용법) (a ~) (많지는 않으나) 다소의, 약간의, 어느 정도의. ¶feel a ~ reluctance 어쩐지 마음이 내키지 않다.
for certain (구어) 확실히(* 보통 know, say 따위의 뒤에 쓰인다). ¶I know for ~ that it rained in Seoul last night. 어젯밤 서울에 비가 내렸다는 것은 확실하다 / I don't know for ~. 나는 확실히는 모른다.
for certain sure (속어) 확실히.
in a certain condition ⇨CONDITION.
make certain (of, that…) ① (…을) 확인하다. ② (자리·일 따위를) 확실히 손에 넣다. ③ …하도록 손쓰다, 반드시 …하도록 하다.
of a certain description 수상쩍은 장사를 하는. ¶a woman of a ~ description 매춘부.
to a certain extent [or **degree**] 어느 정도까지.
— 튀 (방언) =certainly.
— 대 (복수취급) (…중의) 약간의 사람[것], 약간 (of).
‡**cer·tain·ly** [sə́ːrtnli] 튀 (more ~; most ~) 1 틀림없이, 확실히, 의심할 여지 없이, 반드시, 꼭. ¶most ~ 절대로 틀림없이 / He will ~ come. 그는 꼭 올 것이다. 2 (질문·의뢰에 대한 대답) 물론, 종고말고. ¶May I have this book? —Certainly. 이 책을 가져도 됩니까? — 되고말고. 3 (강조) 아주, 매우(very).
Certainly not! (not을 강조) 안 될 말씀이요. ¶Do you mind if I smoke here? — C— not! 여기서 담배를 피워도 됩니까? — 되고말고요.
* Certainly not! 은 I certainly don't mind! 의 뜻.
*‡**cer·tain·ty** [sə́ːrtnti] 명 **1** ① 확실성; 확실성, 필연성; 확신. ¶the ~ of death 죽음의 필연성 / objective ~ 객관적 확실성. **2** 확실한 것; 틀림없는 사실. ¶Death and taxes are certainties. 죽음과 세금은 면할 수 없

다. **3** (경마) 우승 후보마.
for [or **of, to] a certainty** 틀림없이, 의심할 여지 없이. 「이, 꼭.
with (absolute) certainty 확신을 가지고; 틀림없
Cert. Ed. (英) Certificate in Education(수료증).
cer·tes [sə́ːrtiːz / -tiz] 튀 (고어) 확실히, 참으로.
certif. certificate; certificated.
cer·ti·fi·a·ble [sə́ːrtəfàiəbl, ˋ-ˋ-] 형 **1** 증명할 수 있는; 보증할 수 있는. **2** (英) 정신병이라고 증명할 수 있는; (정신적으로) 이상한. ¶a ~ desire 미친 듯한 욕망. **~·ness** **-bly** 튀
‡**cer·tif·i·cate** [sərtífikət] **1** 증명서. ¶a health ~ 건강 진단서 / a ~ of birth [death] 출생[사망] 증명서 / a ~ of nationality 국적 증명서. **2** 졸업 증명서, 면허증, 자격증, 인가장(認) diploma). ¶a teacher's ~ 교사 자격증. **3** (법률) (법률상의 증거가 되는) 증명서. ¶a ~ of purchase (사법상의 경매에서의) 매수(買受) 증명서. **4** (美) (정부가 금·은의 보관을 증거로 발행하는) 증권. **5** 증권. ¶a ~ of share [or stock] (특정수의 주식 소유자임을 증명하는) 주권.
— 동 타 [sərtífəkèit] (-cat·ed; -cat·ing) **1** …을 인증하다. ¶(~ + that 節) I do hereby ~ that… 여기에 …임을 증명합니다. **2** …에게 증명서[면허증, 자격증 따위]를 주다.
-ca·to·ry 형
cer·tif·i·cat·ed [sərtífəkèitid] 형 (英) 면허를 가진, 자격이 있는. ¶a ~ teacher 유자격 교사.
certificate of admeásurement 명 (해사) 선복(船腹) 측량 증서, 국제 톤수(噸) 증서.
certificate of depósit 명 (금융) 예금 증서; 양도성 예금 증서 (negotiable ~)(略 CD).
certificate of enróllment 명 선박 등록 증서, 등부(謄簿) 면허 증명서. 「가증.
certificate of incorporátion 명 법인 설립 인
certificate of indébtedness 명 차입(借入) 증명서, 채무 증서.
certificate of órigin 명 (상업) (수출입 상품의) 원산지 증명서(略 CO). 「서.
certificate of régistry 명 (해사) 선적(船籍) 증명
Certificate of Sécondary Education 명 (英) 중등 교육 수료증[시험] (1988년 이후 General ~으로 변경).
certificate of stóck 명 =stock certificate.
*‡**cer·ti·fi·ca·tion** [sə̀ːrtəfikéiʃən, sərtífə-] 명 ① **1** 증명, 보증; (수표의) 지불 보증. **2** 증서 교부. **3** ② 증명서, 보증서. **4** (英) 정신 이상 증명.
*‡**cer·ti·fied** [sə́ːrtəfàid] 형 **1** 증명된, 공인된, 증명서 [면허증]를 가진. ¶a ~ pilot 면허증을 가진 조종사. **2** 보증된, 보증부(附)의. ¶a ~ invoice 영사(領事) 보증 송장(送狀). **3** (英) 정신 병원에 강제 입원된; (법적으로) 정신 이상이라고 선고받은.
cértified chéck 명 (美) 보증 수표, 자기앞 수표.
cértified máil 명 (손해 배상을 하지 않는) 배달 증명 우편(英) recorded delivery).
cértified mílk 명 (美) 품질 보증 우유.
cértified núrse-mídwife 명 (美) 공인 간호사 조산원(略 CNM).
cértified públic accóuntant 명 (美) 공인 회계사(略 CPA).
*‡**cer·ti·fy** [sə́ːrtəfài] 탕 **1** …을 증명하다; …을 보증하다, 책임지고 맡다; …에게 (…의) 믿을 만한 정보를 제공하다. ⇨APPROVE 유의어 ¶ ~ their marriage 그들의 결혼을 (문서로) 증명하다 / (~ + that 節) I ~ that he is a diligent student. 나는 그가 착실한 학생임을 보증한다 / I hereby ~ that… 이에 …임을 증명한다 / This is to ~ that… …임을 증명합니다. **2** …에 확신을 가지고 말하다, 틀림없이 …이라고 말하다. **3** (은행이) (수표의 지불)을 보증하다. **4** (英) (의사가) …을 정신 이상이라고 증명하다. **5** …에게 증명서[면허장 따위]

를 주다. ― ⓐ 증명하다 (to); 보증하다 (for). ¶ (~+
톰+쎔) I believe it to be true, but I am not able to
~ to that effect. 그것이 사실이라고 믿지만, 그렇다는
것을 증명할 수는 없다. -fi·er 톰 증명자.
cer·ti·o·ra·ri [sə̀ːrʃiərέərai, -ri/-tiːɔ́ːrɛ̀ərai] 톰
〔법률〕 (상급 법원이 하급 법원에 명령하는) 서류 이송
(移送) 명령(서). 〔<L〕 ¶ (certainty, sureness).
cer·ti·tude [sə́ːrtətjùːd/-tjùːd] 톰Ⓤ 확신; 확실(성).
ce·ru·le·an [sərúːliən] 톰 심청색(深靑色), 감청
색, 하늘색. ― 톰 심청색의, 감청색의, 하늘색의.
cerúlean blúe 톰 세룰리안 블루(밝고 선명한 청
색); 그 그림 물감.
ce·ru·men [sirúːmən/-men] 톰Ⓤ 귀지(earwax).
ce·rú·mi·nous glànd 톰〔해부〕이도선(耳道腺).
ce·ruse [síəruːs, sirúːs] 톰Ⓤ **1**〔화학〕백연(白鉛),
연백(鉛白)(염기성 탄산납). **2**(화장용) 분.
ce·rus·site [síərəsàit/sίər-] 톰 백연광(鑛)(납의
원광(原鑛)). (또는 **cerusite**)
Cer·van·tes [sərvǽntiːz] 톰 **Miguel de ~**
(Miguel de Cervantes Saavedra) 세르반테스(1547-
1616: 스페인의 소설가; Don Quixote의 저자).
cer·van·tite [sərvǽntàit] 톰Ⓤ 백안광(白安鑛)(안
티몬 산화물).
cer·ve·lat [sə́ːrvəlӕt, -làː, séər-] 톰 훈제 소시지
의 일종. (또는 **cer·ve·las** [sə́ːrvəlàː])
cer·vic- [sə́ːrvik] 톰 ⇨CERVICO-.
cer·vi·cal [sə́ːrvikəl] 톰〔해부〕목의, 경부(頸部)
의, 자궁 경관부(頸管部)의.
cérvical cáp 톰 (피임용) 자궁경(子宮頸) 캡.
cérvical smear 톰〔의학〕자궁 경관 도말(頸管塗
抹), 경관 스미어(자궁암 검사를 위한 것).
cer·vi·ci·tis [sə̀ːrvəsáitis] 톰〔병리〕자궁경(관)염.
cer·vi·co- [sə́ːrvəkou, -kə] 톰 cervix의 뜻(*
모음 앞에서는 cervic-). ¶ **cervic**odynia(경통(頸痛)),
cervicitis(의, 짙은 갈색의.
cer·vine [sə́ːrvain] 톰 사슴의, 사슴 같은; 사슴털색
cer·vix [sə́ːrviks] 톰 (⑨ **~·es, -vi·ces** [-váisiːz,
-vísiːz]) 〔해부〕 **1** 경부(頸部), 목. **2** (자궁·방광 따위
의) 경상부(頸狀部). **cér·vi·cal** 톰   [Cesarian)
Ce·sar·e·an [sizέəriən] 톰=Caesarean. (또는
Ce·sar·e·vitch [sizέərəvìtʃ/-záːr-] 톰 (c-) (제정
(帝政) 러시아 시대의) 황태자. (또는 **Cesarewitch**)
ce·si·um [síːziəm] 톰Ⓤ〔화학〕세슘(금속 원소; 기
호 Cs). (또는 **caesium**)
césium clòck 톰 세슘 원자 시계.
césium 137 [-wʌ́nhʌ́ndrid̀θə̀ːrtisévən] 톰〔물
화〕 세슘 137(세슘의 인공 방사선 원소; 기호 ¹³⁷Cs).
(또는 **radiocesium**)
ces·pi·tose [séspitòus] 톰〔식물〕군생(群生)의,
총생(叢生)의. **-ly** 톰
cess¹ [ses] 톰 **1** (英) 세(稅), 과징금(課徵金)(*현재
는 rate를 쓴다). **2** (스코) 지조(地租)(land tax); (아
일) 군대 부과세, (인도) 수출입 물품세. ⇨ **rate** ―
톰 (英) …에 과세하다. (또는 **sess**)
cess² [ses] 톰 (英·아일 구어) 운(運)(luck).
Bad cess to you! 제기랄, 뒈져버려라!
*****ces·sa·tion** [seséiʃən] 톰Ⓤ© 정지; 휴지(休止),
단절, 중단. ¶ ~ of hostilities [or arms] 휴전, 정전 / ~
of friendship 절교(絕交).
ces·ser [sésər] 톰〔법률〕 (임대차 기간·연금 따위
의) 종기(終期)의 도래, 종료, (권리의) 실효.
ces·sion [séʃən] 톰Ⓤ© **1** (토지·권리의) 양여(割
讓), 양도; (재산의) 양여. ¶the ~ of territory 영토 할양.
2 © 할양(랑)한, 양여(한) 것. **3**〔법률〕 재산(권리) 인도.
ces·sion·ar·y [séʃəǹeri/-nəri] 톰〔법률〕 양수인
(讓受人), 수탁자(受託者)(assignee).
Cess·na [sésnə] 톰〔상표〕세스나(미국의 Cessna Air-
craft Co. 제작의 경비행기).

Cés·sna repèllent 톰 (美속어) (여객기의) 착륙(신
호)등.   [pipe)
cess·pipe [séspàip] 톰 (구정물의) 배수관(waste
cess·pit [séspit] 톰 =cesspool.
cess·pool [séspùːl] 톰 **1** 구정물 구덩이; 분뇨 구덩
이. **2** 정화조. **3** (비유적) 더러운 장소, (죄악의) 구렁텅
이(소굴). ¶ a ~ of iniquity 죄악의 소굴.
c'est la vie [se la viː] 인생이란 그런 것이다, 그것
이 인생이다. 〔<F That's life./Such is life.〕
ces·tode [séstoud] 톰〔동물〕촌충류(寸蟲類)(의).
ces·toid [séstɔid] 톰〔동물〕 (벌레가) 띠 모양의, 촌
충과 같은. ― 톰 촌충류(cestode).
ces·tus¹, (英) -tos [séstəs] 톰 (⑨ **-ti** [-tai]) (허
리)띠(belt); 〔그리스·로마 신화〕 Venus[Aphrodite]의
띠(애정을 일으키는 장식이 붙어 있었다고 한다).
ces·tus² 톰 (⑨ **~·es**) (고대 로마의) 가죽끈 권투 장
ce·su·ra [səzjúərə] 톰 =caesura.   [갑.
CET, C.E.T. Central European Time(중앙 유럽 표
준시); Common External Tariff.   ¶ **cetacean**.
cet- [sit] 톰 whale의 뜻(* 자음 앞에서는 ceto-).
CETA [síːtə] 톰 (美) 종합 직업 훈련법(정부 지원의
실업자 재훈련·고용 계획). 〔<Comprehensive
Employment and Training Act〕   [따위].
Ce·ta·cea [sitéiʃə] 톰⑨ 고래목(目)(고래·돌고래
ce·ta·cean [sitéiʃən] 톰〔동물〕 고래류의. ― (또는
cetaceous) 톰 고래류의 포유 동물.
ce·tane [síːtein] 톰Ⓤ〔화학〕세탄(메탄계의 무색·
액체상의 포화 탄화수소).
cétane nùmber[ràting] 톰〔화학〕세탄가(價)
(중유 기관용 연료의 발화성을 표시하는 지수).
cete [siːt] 톰 (고래의) 떼, 집단.
cet·er·ach [sétərӕk] 톰〔식물〕양치(羊齒)의 일종.
ce·te·ris pa·ri·bus [sétəris pǽrəbəs] 톰 다른
사정이 같다면(⑨ cet. par.). (또는 **cáeteris pári·
bus**) 〔<L other things being equal〕
CETI communication with extra(-)terrestrial
intelligence(외계 지적 생물과의 교신). 톰 SETI
ce·to- [síːtou, -tə] 톰 ⇨CET-.
cet. par. ceteris paribus. **C.E.T.S.** Church of
England Temperance Society.
Ce·tus [síːtəs] 톰〔천문〕고래자리(the Whale).
ce·týl·ic ácid [sitílik-] 톰 =palmitic acid.
ce·vi·tám·ic ácid [sìːvaitǽmik-] 톰〔생화학〕
비타민 C. 〔<c+vitamin+-ic〕
Cey·lon [silán/-lɔ́n] 톰 실론(인도 동남방의 인도양
에 있는 섬나라; 1972년 스리랑카(Sri Lanka)로 개칭).
Cey·lon·ese [sìːlənìːz/sèlə-] 톰 실론섬의; 실론인
의. ― (⑨ ~) 실론인.
Ce·zanne [sizán, sei-] 톰 **Paul ~** 세잔(1839-
1906: 프랑스의 화가).
Cf ⑦ californium. **CF** centrifugal force(원심력);
commercial film(광고 선전용 TV 필름). **cf.** [síːéf,
kəmpέər] (라틴) confer(=compare)(비교하라. …참
조). * 문두(文頭)에서는 Cf. **c/f** 〔부기〕 carried
forward(이월 이월). **c.f., cf.** 〔제본〕 calf; 〔야구〕
center field(er). **C.F.** (英) Chaplain to the
Forces(종군 목사). **CFA** chartered financial
analyst(공인 재무 분석사); (프랑스) Communauté
Financière Africane(아프리카 금융 공동체).
CFA fránc 톰 CFA 프랑(아프리카 금융 공동체 국가
의 통화 단위).
CFC chlorofluorocarbon(불화염화탄소 화합물; 프레
온 가스); (ROK-US) Combined Forces Command
(한미 연합군 사령부).
CFCs súbstitute 톰 CFC 대체 물질, 대체 프레온
CFDA Council of Fashion Designers of America.
CFE (英) College of Further Education. **CFF**
compensatory financing facility((국제 통화 기금

(IMF)의) 보상 융자 제도). **C.F.I., c.f.i.** cost, freight, and insurance(운임·보험료 포함 가격). * 보통은 C.I.F.라 한다. **CFL** Canadian Football League. **cfm** cubic feet per minute. **CFM** chlorofluoromethane. **CFO** chief financial officer((기업의) 재무 담당 최고 책임자). **C⁴** 〔군사〕 command, control, communications and computers(지휘·통제·통신·컴퓨터; 군(軍)조직의 4대 요소). **C⁴I** 〔군사〕 command, control, communications, computers and intelligence(지휘·통제·통신·컴퓨터·정보 수집; C⁴에 정보 수집을 첨가한 것). **CFRP** carbonfiber-reinforced plastics(탄소 섬유 강화 플라스틱). **cfs** cubic feet per second. **CFS** chronic fatigue syndrome(만성 피로 증후군); 〔무역〕 container freight station(컨테이너 화물 처리장). **CFTC** 〔美〕 Commodity Futures Trading Commission(상품 선물(先物) 거래 위원회). **cg** centigram(s). **CG** Commanding General; computer graphics. **c.g.** center of gravity. **C.G.** Captain General; Captain of the Guard; Coast Guard; Coldstream Guards; Commanding General; computer graphics; Consul General. **C.G.H.** Cape of Good Hope(희망봉). **CGI** 〔컴퓨터〕 computer-generated imagery (컴퓨터로 만든 화상(畫像)). **CGM** Conspicuous Gallantry Medal(〔英〕 무공 훈장). **cgm.** centigram(s). **cGMP** cyclic GMP. **cgo.** cargo. **CGS, cgs** centimeter-gram-second (system). **C.G.S.** 〔英〕 Chief of the General Staff(참모 총장). **CGT** Capital Gains Tax. **ch.** chain; channel; chapter; 〔서양장기〕 check; child(ren); chronic; church. **Ch.** Chairman; Chaldean; Chaldee; champion; chapter; Charles; 〔서양장기〕 check; China; Chinese; Christ; church. **c.h.** candle hour(s; 〔스포츠〕 centerhalf; central heating; clearinghouse; courthouse; custom house. **CH, C.H.** 〔英〕 Companion of Honour.

cha [tʃɑː] 囘 〔英속어〕 차(tea). (또는 **char**)
Cha·blis [ʃæbliː/ʃæbli] 囘⃝ 샤블리 포도주(프랑스 Burgundy 지방산(産) 백포도주).
cha-cha(-cha) [tʃɑːtʃɑː/tʃɑː] 囘 차차차(Latin America에서 시작된 빠른 리듬의 춤; 그 음악). 囝 차차차를 추다.   「비(沸沸).
chac·ma [tʃǽkmə] 囘 (남아프리카산(産)) 차크마 비
cha·conne [ʃækɔːn, ʃɑː-/ʃəkɔːn] 囘 (종종 C-) 샤콘느(스페인에서 비롯되었다는 옛날 춤; 그 음악).
chad [tʃæd] 囘⃝ 〔컴퓨터〕(펀치 카드의) 천공 부스러기.
~·less 囘
Chad [tʃæd] 囘 1 Lake ~ 차드 호(아프리카 중부). 2 차드(아프리카 북부에 있는 공화국; 수도 N'Djamena). (또는 **Tchad**)
Chad·band [tʃǽdbænd] 囘 구변 좋은 위선자. (<Dickens 작 Bleak House의 등장 인물 이름)
Chad·i·an [tʃǽdiən] 囘 차드의; 차드 사람(의). — 囘 차드 사람, 차드 국민.
cha·dor [tʃɑːdɔːr] 囘 차도르(인도·이란 등지의 여성들이 베일이나 숄로 사용하는 커다란 천). (또는 chadar, chaddar, chuddar)
chae·bol [tʃǽbəl] 囘 〔〔한국〕 재벌(財閥)(business conglomerate). ② crony capitalism
chaet- [kiːt] 囵囘 ⇒CHAETO-.
chae·to- [kiːtou, -tə] 囵囘 hair의 뜻(* 모음 앞에서는 chaet-). ⌐chaetophorous(동물의) 강모가 난.
chae·tog·nath [kiːtɑgnǽθ/-tɔg-] 囵囘 모악(毛顎) 동물의.
chae·to·pod [kiːtəpɑd] 囘 모촉류(毛觸類)의 동물
***chafe** [tʃeif] 囿国 1 …을 쓸려 벗겨지게(따끔거리게) 하다. ¶The stiff collar ~d my neck. 빳빳한 옷깃에 목의 살갗이 벗겨졌다. 2 …을 쓸려 줄게 하다, 마멸(摩滅)시키다. 3 〔손 따위〕를 비비다, 비벼서 따뜻하게 하다. 4 〔남〕을 화나게 하다; 안달나게 하다. ¶My teasing ~d him. 그는 내 농담에 화를 냈다. — 囝 1 마찰하다 (against). 2 쓸려 닳아지다(벗겨지다], 쓸려 벗겨지다, (마도)가 …에 부딪치다 (against, on). ¶ The rope ~d against the branch. 밧줄이 나뭇가지에 쓸려 끊어졌다. 3 안달나다, 화를 내다 (at, against, under). ¶~ at an injustice 부정에 분노하다.   「달하다.
chafe at the bit 짜증나다, (진행의 지연 따위로) 안
— 囘 1 마찰(열); ⌐ 벗겨짐. 2 안달, 짜증, 노여움.
in a chafe 안달이 나서, 분통이 터져.
chaf·er [tʃéifər] 囘 〔英〕 풍뎅이.
***chaff¹** [tʃæf, tʃɑːf/tʃɑːf] 囘⃝ 1 왕겨. 2 (사료용으로 절단한) 짚, 여물. 3 쓰레기, 잡동사니, 쓸모없는 것. 4 (꽃의) 포(苞). 5 (레이더의 추적을 피하기 위해) 비행기에서 뿌리는 얇은 금속 조각.
be caught with chaff 쉽게 속아 넘어가다.
chaff and dust 쓸모없는 것, 폐물.
offer chaff for grain 곡물(穀物)이라면서 껍데기(왕겨)를 내놓다; 가짜로 사람을 낚으려 하다.
separate [or **sift**] **the wheat** [or **grain**] **from the chaff** 진짜와 가짜를 구분하다; 선악을 분간하다.
— 囿 〔볏짚 따위〕을 썰다.
~·less, ~·like 囘
chaff² [tʃæf] 囿国 (악의 없이) …을 놀리다, 희롱하다. — 囝 농담을 하다 (about). — 囘⃝ (악의 없는) 놀림, 희롱 〔美속어〕 허풍. **~·ing·ly** 囘
chaff-cut·ter [tʃǽfkʌtər/tʃɑːf-] 囘 여물 써는 작두.
chaf·fer¹ [tʃǽfər/tʃɑːfə] 囘 값을 깎기, 흥정. — 囿国 1 흥정하다(bargain). ¶ ~ over a price 값을 흥정하다. 2 (말)을 주고받다. — 囿 1 (말)을 주고받다. 2 (폐어) …을 거래하다, 교환하다. **~·er** 囘
chaf·fer² [tʃǽfər/tʃɑːfə] 囘 놀리는〔농담하는〕사람.
chaf·finch [tʃǽfintʃ] 囘 〔英〕 〔조류〕 푸른머리되새 (유럽산(産) 애완용 명금(鳴禽)).
chaff·y [tʃǽfi/tʃɑːfi] 囿 1 왕겨가 많은, 왕겨와 같은. 2 하찮은, 시시한. **cháff·i·ness** 囘 풍모.
cháf·ing dìsh [tʃéifiŋ-] 囘 1 요리점 보온용 냄비.
cháfing gèar 囘 〔해사〕 마멸막이(삭구 따위의 마찰을 막기 위해 씌우는 헌 돛·가죽 따위의 조각).
Chá·gas' disèase [ʃɑːgəs-] 囘 〔병리〕 샤가스병 (중남미의 수면병의 일종). 〔<발견자인 브라질의 의사 C. Chagas(1879-1934)의 이름〕   「함.
cha·grin [ʃəɡrín/ʃǽɡrin] 囘⃝ 원통함, 억울함, 분
to one's chagrin 본(원)통하게도; 유감스럽게도.
— 囿 (보통 수동형으로) …을 원통하게(억울하게) 여기게 하다, 번민하게 하다 (at, by). ¶He was ~ed at [or by] his failure. 그는 실패한 것을 원통해했다.
~·grined 囘 분하게 여기는. ⇒ **ashamed**
‡**chain** [tʃein] 囘 (愼 ~s [-z]) 1 쇠사슬. ¶an endless ~ 순환 사슬 / a gold watch on a silver ~ 은줄이 달린 금시계 / prisoners in ~s 사슬에 묶여 있는 죄수들. 2 (고랑, 족쇄, 고삐 따위) 묶는 것, 구속하는 것. 3 (보통 ~s) 속박, 구속; 감금. ¶freed from ~s 속박에서 벗어난. 4 (보통 a ~ of) 연쇄, 연속, 일련(一連). ⇒ SERIES 囜㉠ ¶a ~ of mountains 산맥 / a ~ of thoughts (연달아 떠오르는) 일련의 생각. 5 〔해사〕 닻줄; (~s) 측연(測鉛) 투하대(돛대의 버팀대 아래쪽 뱃전에 돌출한 부분). ¶mooring ~s 계선(繫船) 사슬. 6 〔전기〕 회로. 7 (은행·호텔 따위의) 계열망, 체인 (조직), 연쇄점. ¶build up a ~ of stores 연쇄점을 만들다. 8 〔측량〕 측쇄(測鎖)(거리 측정기); 측쇄의 길이. * Gunter's 〔surveyor's〕 chain(66피트), engineer's chain(100피트). 9 〔화학〕 원자 (연쇄)의 연쇄. 10 〔컴퓨터〕 체인, 일련의 계산 명령. 11 〔미식축구〕 야드 체인. 12 〔생물〕 연쇄상 구균; (세균) 연쇄. 13 =~ shot.
brighten the chain 옛정을 두텁게 하다.
chain and ball; ball and chain ⇒BALL.

drag the chain (濠속어) 꾸물거리며 맡은 일을 안하다.
hug one's **chains** 속박[예속]을 감수하다.
in the chains 〔해사〕 수심을 재기 위해 측연 투하의 위치에 서 있다.
off the chain (濠·뉴질) 책임이 없는.
on the chain 사슬에 매여, (행동을) 속박당하여.
yank a person's **chain** (美속어) 남을 속이다, 곤란하게 하다.
— 图他 (~s [-z]) 1 …을 사슬로 매다(up, together) (to). ¶(~+图+園) C— up the dog. 개를 사슬로 매둬라. 2 …을 묶다[얽매다](down)(to, with); …을 속박[구속]하다, 감금하다. ¶(~+图+前+图) He is ~ed to his work. 그는 일에 얽매여 있다. 3 (測量) …을 측쇄로 재다. 4 〔컴퓨터〕 〔관련 항목을〕 연쇄하다.
cháin ármor 图 =chain mail.
chain-belt [t∫éinbèlt] 图 금속 사슬 벨트; (자전거의) 체인. (또는 **cháin bèlt**).
cháin bònd 图 〔건축〕 이어쌓기.
cháin bràke 图 〔기계〕 체인 브레이크.
cháin brèak 图 〔라디오·TV〕 체인 브레이크(지방 방송국에서 자체 방송 시간에 넣는 짧은 광고).
cháin brìdge 图 쇠사슬 적교(吊橋).
cháin càble 图 〔해사〕 닻줄(닻의 쇠사슬).
cháin córal 图 사슬 산호.
cháin cóupling 图 〔기계〕 연결 쇠사슬.
chain-drink [-drìŋk] 图 (…을) 내리 계속 마시다.
~·er 图 〔驅動〕 시스템.
cháin drìve 图 〔동력의〕 체인 전도 (方式), 체인 구동.
chaî·né [∫enéi] 图 〔발레〕 셰네(사슬처럼 작은 동작을 그리며 연속하여 회전하는 동작).
cháin férn 图 쌓는고사리속(屬)의 식물.
cháin gàng 图 图 한 쇠사슬에 묶인 죄수들.
cháin gèar 图 =chain drive.
chain·ing [t∫éiniŋ] 图 〔컴퓨터〕 체이닝, 연쇄적 처리.
chain·less [t∫éinlis] 图 쇠사슬이 없는; 쇠사슬에 매이지 않은, 속박 없는.
chain·let [t∫éinlit] 图 작은 쇠사슬(little chain).
cháin létter 图 연쇄 편지, 행운의 편지.
cháin líghtning 图 1 갈지자로 치는 번개. 2 (맛없는) 싸구려 위스키. 〔몬드형의 고리로 엮은 물건도 울타리.
cháin-link fénce [-lìŋk-] 图 굵은 철사를 다이아
cháin lòcker 图 〔해사〕 체인 로커, 닻줄 보관고.
cháin máil 图 쇠사슬 갑옷(chain armor).
chain·man [t∫éinmən] 图 (图 **-men** [-mən]) 〔측량〕 측쇄(測鎖)로 측량하는 사람.
cháin méasure 图 〔측량〕 체인 도량법(度量法).
cháin mólding 图 〔건축〕 사슬 모양의 쇠시리.
cháin of commánd 图 〔행정상 또는 군대의〕 지휘 [명령] 계통. 〔커로 통하는 인쇄기(타이프).
cháin pìpe 图 〔해사〕 체인 파이프(갑판에서 체인 로
cháin pláte 图 〔해사〕 돛대의 버팀줄 멈춤쇠.
cháin prínter 图 〔컴퓨터〕 체인 프린터(사슬 모양으로 배열되어 회전하면서 인쇄되는 고속 프린터).
cháin pùmp 图 사슬 펌프.
chain-re·act [-riækt] 图图 〔물·화〕 연쇄 반응을 일으키다. ~·ing 图 〔반응로, 원자로.
cháin-re·àct·ing píle [-riæktiŋ-] 图 〔물리〕 연쇄
cháin reáction 图 〔물·화〕 연쇄 반응; (연쇄 반응적인) 사건의 잇따른 발생.
cháin reáctor 图 〔물·화〕 원자로(reactor).
cháin réflex 图 〔심리〕 연쇄 반사.
cháin ríveting 图 이음매를 따라 나란히 징을 박는
cháin rúle 图 〔수학〕 연쇄 법칙. 〔일.
cháin sàw 图 〔동력엔진〕 톱, 전기톱. 〔것〕.
cháin shòt 图 연쇄탄(2개의 탄환을 사슬로 연결한
chain-smoke [-smóuk] 图图 줄담배를 피우다.
— 他 〔담배〕를 잇달아 피우다.
cháin smòker 图 줄담배를 피우는 사람, 골초, 용고 뚜리. (또는 **cháin-smòker**) 〔티처.
cháin stítch 图 〔자수·뜨개질의〕 사슬뜨기, 체인 스
chain·stitch [t∫éinstìt∫] 图他 사슬 모양으로 바느질하다, 사슬뜨기를 하다. — 他 …을 사슬뜨기[체인 스티치]로 하다. 〔shop [or store〕〕.
*****cháin stóre** 图 연쇄점, 체인 스토어((英)) multiple
cháin wàle 图 〔해사〕 =channel². 〔의) 사슬 바퀴.
cháin·wheel [t∫éinʰwìːl/-wìːl] 图 〔자전거 따위
cháin·work [t∫éinwəːrk] 图回 1 〔자수·재봉 따위의〕 사슬 무늬, 사슬 모양의 장식; 사슬 모양으로 바느질한 것, 사슬 편물. 2 사슬 세공.

‡**chair** [t∫ɛər] 图 (图 **~s** [-z]) 1 (등이 있는 1인용) 의자,(* 등이 없는 것은 stool, 2인용 이상은 bench, sofa). ¶ a cane(-bottomed) ~ 등의자/an easy ~ 안락 의자/a folding ~ 접는 의자/sit on〔or in〕 a ~ 의자에 앉다. 2 (the ~) 권위 있는 지위; 관청의 의자; 법관(석); 의장석[직], 회장[좌상(座上), 사회자 등]의 직무 [소임]; (美) 의장, 위원장, 사회자(* 남녀 양쪽에 쓰이는 중립어. 图 chairman, chairwoman); (美) 대통령 [주지사]의 직; (英) 시장의 직[임기]. ¶ occupy the presidential ~ of a university 대학 총장직을 맡다/Chair! Chair! 의장! 의장!(혼란한 의사당 내의 정리를 요구하는 소리)/ The speaker abandoned the ~. 그 의장은 사임했다. 3 (the ~, 종종 the C—) (대학의) 강좌; 대학 교수(의 직). ¶ The Philosophy C— is vacant. 철학 교수 자리가 비어 있다. 4 (美속어) 전기의자(electric ~). ¶ escape the ~ 사형을 면하다 / send a man to the ~ 사람을 사형에 처하다. 5 (美) (the ~) 증인석((英) box). 6 (英) 〔철도〕 좌철(座鐵)(레일 고정용 쇠붙이). 7 =sedan ~. 8 (교향악단의) 연주자석[지위].
above[below] the chair (英) (시의회 의원 등의) 시장 경력이 있는[없는].
almost [or nearly] fall off one's **chair** (구어) 깜짝 놀라다. 〔요구하다.
appeal from the chair (의원이) 의장 재정(裁定)을
in the chair 의장석에 앉아, 의장[회장]을 맡아; (속어) 환대의 주인이 되어.
leave the chair 의장[회장]석을 떠나다; 폐회하다.
on the edge of one's **chair** (구어) 의자에서 몸을 내밀고, (…에) 흥미[관심]를 갖고, 긴장하여.
pass the chair (완료형으로) (의장·시장 따위의) 임기를 마치다.
take a chair (자리에) 앉다. 〔기를 마치다.
take the chair ① 의사를 시작하다, 개회하다. ② 사회하다, 의장을 맡다. ③ (美) 증인이 되다.
— 图他 1 …을 의자에 앉히다. 2 …의 직책을 맡게 하다, …에 취임시키다. 3 (英) 〔우승자 등〕을 의자에 앉혀 높이 메어올리다. — 图 사회[의장]을 맡다.
~·less 图.
cháir bèd 图 긴 의자 겸용 침대. 〔사무직의.
chair·borne [t∫ɛərbɔ́ːrn] 图 〔공군〕 지상 근무의,
cháir càr 图 〔철도〕 좌우 양쪽에 1인용 의자가 늘어선 특등 객차. 2 =parlor car.
chair·la·dy [t∫ɛərlèidi] 图 =chairwoman.
cháir·lìft [t∫ɛərlìft] 图 (스키장 따위의) 체어 리프트, 리프트(ski lift). (또는 **cháir lìft**).

‡**chair·man** [t∫ɛərmən] 图 (图 **-men** [-mən, -mèn]) 1 의장, 좌장, 사회자; 위원장. ¶ the C— of Committee (영국 의회의) 전원 (全院) 위원장 / the C— of the Atomic Energy Commission 원자력 위원회 의장. 2 (회사·악단의), (英) 사장. 3 (美) (대학의) 주임 교수, 학과장. 4 가마꾼, 휠체어를 미는 사람. 5 감독, 책임자. — 图他 〔회의 따위〕를 사회하다.
cháirman of the bóard 图 이사회 회장.
chair·man·ship [t∫ɛərmənʃìp] 图 1 (보통 a ~) chairman의 직[신분, 지위, 기간]. 2 Ⓤ chairman의 재능[수완, 소질].
chair·one [t∫ɛərwʌ̀n] 图 =chairperson.

chair-o-plane [⌐ouplèin] 圀 (유원지 따위의) 회전 공중 그네. (또는 **cháir(o)plàne, cháir-a-plàne**)

chair·per·son [tʃɛ́ərpə̀ːrsn] 圀 의장, 위원장; 사회자(* 남녀 양쪽에 쓰이는 중립어); (대학의) 학과장[주임]. ~**ship** 圀 [판자].

cháir ràil 圀 [건축] 중인방(中引枋)(벽면 보호용 긴

cháir wàrmer 圀 (美속어) 1 (호텔의 로비 따위에서) 의자에 장시간 앉아 있는 사람. 2 게으름뱅이; (사무실에서) 자리만 지키는 사람.

chair·wom·an [tʃɛ́ərwùmən] 圀 (chairman의 여성형) 여성 의장[사회자, 위원장](chairlady).

chaise [ʃeiz] 圀 1 경(輕)포장 마차(말 한 필이 끄는 2인승 2륜 마차)(post ~). 2 =~ longue.

chaise longue [ʃéiz lɔ́ːŋ, tʃéiz-] 圀 긴 안락의자. [<F] 「딸린 의자. [<F]

chaise per·cée [ʃéiz pɛərséi, tʃéiz-] 圀 변기가

cha·la·za [kəléizə] 圀 (pl. ~s, -zae [-ziː]) 1 〔동물〕 알끈(알의 노른자위와 씨눈을 지탱하고 있는 나선형의 띠). 2 〔식물〕 합점(合點)(배주(胚珠)의 외피가 주심(珠心)에 접하는 점). **-zal, -zi·an**

Chal·ce·don [kǽlsədàn, kǽlsiːdn/kǽlsidən] 圀 칼케돈(소아시아 서북부의 고대 도시).
the Council of Chalcedon 칼케돈 총회의(451년의 전세계 기독교도 회의).

chal·ced·o·ny [kælsédni/-dəni] 圀 〔광물〕 옥수(玉髓)(석영의 변종).

chal·cid [kǽlsid] 圀 =chalcidfly.

chal·cid·fly [kǽlsidflài] 圀 수중다리좀벌(벌목(目) 수중다리좀벌과(科)의 곤충; 유충은 다른 곤충에 기생).

chal·co- [kǽlkou, -kə] 〔連圀〕 copper, brass의 뜻 (* 모음 앞에서는 chalc-). ¶**chalc**ograph, **chalcan**thite(황산동) 「리의 원광」

chal·co·cite [kǽlkəsàit] 圀 휘동광(輝銅鑛)(구

chal·co·gen [kǽlkədʒən, -dʒèn] 圀 〔화학〕 칼코겐, 산소족 원소.

chal·co·gen·ide [kǽlkədʒənáid] 圀 〔화학〕 칼코

chal·co·graph [kǽlkəgræ̀f, -gùː] 圀 동판(화).

chal·cog·ra·phy [kælkágrəfi/-kɔ́g-] 圀 동판조각술. **-pher** 圀 **-co·gráph·ic, -co·gráph·i·cal** 圀 **-phist** 圀 「대의.

Chal·co·lith·ic [kæ̀lkəlíθik] 圀 금석(金石) 병용 시

chal·co·py·rite [kæ̀lkəpáirait/-páiə-] 圀⑪ 황동광(黃銅鑛)(구리의 괴상(塊狀) 원광).

Chal·da·ic [kældéiik] 圀圀 =Chaldean.

Chal·de·a [kældíːə] 圀 칼데아(바빌로니아 남부 Tigris 및 Euphrates 강 유역의 옛 지방; 신(新) 바빌로니아 왕국(626-538 B.C.)). (또는 **Chaldaea**)

Chal·de·an [kældíːən] 圀 1 칼데아인(바빌로니아 지배의 기초를 닦은 고대 셈족). 2 점성가; 점성가(占星家). 3 ⑪ 칼데아어(語). ―圀 칼데아(인)의; 점성술의, 비법(秘法)의. (또는 **Chaldaean, Chaldaic, Chaldee**)

chal·dron [tʃɔ́ːldrən] 圀 ⑪ 촐드론(영국에서 석탄·석회 따위를 재는 단위; 32-36 bushels에 해당).

cha·let [ʃæléi/⌐⌐] 圀 1 샬레(스위스 산지의 목동집). 2 스위스풍[식] 산장, 별장. [<F]

(chalet 1)

chal·ice [tʃǽlis] 圀 1 〔문어〕 술잔, 컵. 2 〔교회〕 **a)** 칼리스(성찬 미사용 잔); 성배(聖杯). **b)** (성찬·미사용 포도주가 담긴 잔. 3 배상화(杯狀花); 술잔 모양의 물건. 「상화(杯) 핀.

chal·iced [tʃǽlist] 圀 1 잔에 부은. 2 배상화의, 배

‡**chalk** [tʃɔːk] 圀 ⑪ⓒ 분필, 백묵, 초크; 색분필. ¶a piece of ~ 분필 한 자루/ a red ~ 붉은 색 분필/ colored ~s 색분필 몇 자루/ write in red ~ 붉은 분필로 쓰다. 2 (the ~) 백묵으로 표시한 기호[선]. 3 ⑪ 〔지질〕 (화석화된 조개껍질에 의한) 백악(질)(百堊(質)); 석회 가루. ¶French ~ 활석; 재봉용 초크. 4 (英) 득점 (기록). 5 (美속어) 인기[우승 후보] 말; (술집 따위의) 계산, (외상값) 기록. 6 (美속어) 분유(粉乳). 6 〔당구〕 큐 끝에 칠하는) 초크. 7 (속어) =amphetamine.
as like as chalk and [or (is) to] cheese; as different as chalk from cheese; (as) like (or (much) alike] as chalk and cheese 〔구어〕 외관은 비슷하나 실질은〕 전혀 다른.
by a long chalk [by (long) chalks (英) 훨씬, 단연코; 〔부정문에서〕 전연.
come up to (the) chalk (美속어) 다시 시작하다, 만족할 만하다, 수준에 도달하다.
do not know [or can't tell] chalk from cheese 선악(善惡)을 분간하지 못하다.
make chalk of one and cheese of another 두 사람을 차별 대우하다, 한쪽을 편애하다.
walk a chalk line [or mark] (美속어) =walk the chalk. 「망하다.
walk [or stump] one's chalks (속어) 떠나다, 도
walk the [or a] chalk ① 〔구어〕 (취하지 않았다는 것을 증명하기 위해) 똑바로 걷다. ② (美속어) 정확히 [규칙대로] 행동하다, 명령대로 행동하다.
―⓶ (~**ed** [-t]) 1 …을 분필로 쓰다[표시하다] (down, up). 2 …에 분필을 칠하다. 3 …에 백악을 섞다. …을 백악으로 처리하다. 4 …을 표백하다, 희게 하다. ―⓶ (도료가) 풍화하여 가루처럼 되다.
chalk a person's **hat** (美속어) (기차의) 무임 승차를 허락하다. 「〔수치가〕 되게 하다.
chalk it up against …에게 죄를 덮어씌우다; …의
Chalk it up to experience! (실패 따위를) 좋은 경험이라고 생각하자.
chalk on a barn door (美구어) 대충 계산하다.
chalk one up on …에게 이기다, …을 능가하다.
chalk out ① [계획 등] 개요를 만들다[설명하다]; …을 설계[계획]하다. ② 백묵으로 …의 윤곽을 그리다.
chalk up ① 분필로 [득점 따위] 적어 두다; 외상으로 달아 두다. ② 〔기록〕 달성하다; …을 얻다, 득점 [승리]하다; 〔이익 따위〕를 크게 올리다. ③ …을 …의 탓으로 하다 (to, against).
―圀 1 백악질의; 백악으로 만든. 2 (속어) [말을 기 있는; 〔경마〕 인기 있는 말에 거는.
~·like 백악질의.

chálk and tálk =chalk talk.
chálk bèd 〔지질〕 백악층.
chálk·board [tʃɔ́ːkbɔ̀ːrd] 圀 (美) 칠판(비차별적 용어로 blackboard 대신 쓰임).
chalk·er [tʃɔ́ːkər] 圀 (흑인속어) 백인처럼 행동하는 흑인, 함부로 백인과 사귀는 흑인.
chalk·ie [tʃɔ́ːki] 圀 (濠속어) 교사(敎師).
chálk mixture 圀 (유아용) 설사약의 일종.
chálk·pit [tʃɔ́ːkpìt] 圀 백악갱(白堊坑).
chalk·stone [tʃɔ́ːkstòun] 圀 ⑪ 1 〔병리〕 (손가락 마디 따위의) 통풍석(痛風石). 2 백악괴(塊).
chálk stripe 圀 초크 스트라이프(짙은 색 복지에 그려진 가는 흰 줄무늬).
chálk tàlk 圀 (美) 칠판에 분필로 써 가며 하는 강의; 스스럼없는 분위기의 강의[토론].
chalk·y [tʃɔ́ːki] 圀 1 백악질의, 분필처럼 흰. 2 초크가 묻은. 3 (사진) (노출 과다로) 세부를 알 수 없는, 선명치 않은. **chálk·i·ness** 圀

‡**chal·lenge** [tʃǽlindʒ] 圀 (® **-leng·es** [-iz]) 1 (경기·권위에의) 도전; (결투·시합에의) 신청; 도전장 (to do). 2 **a** ~ to a game [duel] 시합[결투] 신청. 2 (해볼 만한) 과제, 난제; 보람, 각오. ¶a mission with more ~ 보다 보람 있는 임무/ Our primary economic ~ is to curb inflation. 우리가 직면한 제1의 경제적 과제는 인플레 억제이다. 3 설명의 요구; 요

청, 청구. **4** 〔군사〕 수하(誰何). **5** ⓤ 〔법률〕 (배심원에 대한) 거부, 기피. **6** ⓤ 《美》 (투표의 무효를 주장하는) 이의(異議) 제기; 문제 제기, 의심하기. **7** ⓤⓒ 〔사냥〕 사냥개가 냄새를 맡고 짖어대기. **8** 〔의학〕 공격(면역 반응의 항원 또는 예방 접종의 병원균 투여).
accept [or ***take up***] ***a challenge*** 도전에 응하다.
meet a challenge 도전에 대응하다, 요청에 응하다; 과제 해결에 나서다, 시련을 이겨내다.
rise to the challenge 난국[시련]에 잘 대처하다, 임기 응변으로 처리하다.
— ⓣ (*-leng·es* [-iz]; *~d*; *-leng·ing*) ⓣ **1** …에 도전하다, …에게 토론[시합]을 신청하다 (*to, to do*). ¶ ~ *criticism* 비평에 맞서다 //（~+圉+囲+圀）~ *a person to a game* 남에게 시합을 신청하다. **2** …에 이의를 제기하다; …을 의심하다; (회계의) 잘못·부정을 엄밀히 조사하다. ¶ ~ *a person's statement* 남의 진술에 의심을 품다. **3** 〔설명 따위〕을 당연한 일로 요구하다. **4** 〔군사〕 …에게 수하하다. ¶ *The sentinel* ~*d us* with "Who goes there?" 보초가 우리에게 수하했다. **5** 〔법률〕 〔판사·배심원〕을 기피하다. **6** 〔찬탄·주의〕를 불러 일으키다; 〔관심〕을 환기시키다; 자극하다; (난제 따위가) 남의 능력을 시험하다. **7** 《美》 〔투표〕를 무효라고 주장하다; (투표인의) 무자격을 주장하다. **8** 〔의학〕 …에 면역성 테스트를 하다. — ⓐ **1** 도전하다. **2** 〔사냥〕 (사냥개가 냄새를 맡고) 짖다. **3** 〔법률〕 배심원(증거의 승인)을 기피하다.
chal·lenge·a·ble [tʃǽlindʒəbl] ⓐ 도전할 수 있는; 비판의 여지가 있는. 「우승컵.
chállenge cùp [tróphy] ⓝ (비유적) (경기의)
chal·lenged [tʃǽləndʒd] ⓐ **1** 심신 양면에서 애써야 하는; 《美》 장애가 있는(disabled); (the ~) 《명사적》 심신 장애자들.
chállenge flàg ⓝ (경기의) 도전기(旗).
chal·leng·er [tʃǽlindʒər] ⓝ **1** (격투의) 도전자(⊕ defender). **2** 기피 신청인; 수하(誰何)하는 사람. **3** (라디오) 발신기. **4** (the C-) 챌린저 호(미국의 우주 왕복선). 「해구의 최심부; 8,200m).
Chállenger Déep ⓝ 챌린저 해연(海淵)(마리아나
chal·leng·ing [tʃǽlindʒiŋ] ⓐ **1** (일·생각 따위가) 흥미를 끄는, 도발적인. **2** (사람·개성 등이) 매력적인(fascinating). **~·ly** 咡
chal·lis [ʃǽli/tʃǽli(s)] ⓝⓤ 샬리(사라사풍(風)의 여자 옷감). (또는 **challie, chally**) 「제하는 실내비옷).
chal·one [kǽloun] ⓝ (생리) 칼론(생리 활동을 억
chal·u·meau [ʃǽləmóu] ⓝ (⊗ *-x*) 샬류모. **1** 클라리넷의 최저 음역. **2** 17–18세기경의 목관악기. ⟨F⟩
cha·lyb·e·ate [kəlíbiət, -bìeit] ⓐ (광천(鑛泉)·약이) 철분을 함유한. — ⓝ 철제(鐵劑); 철천(鐵泉)(水).
cham [kæm] ⓝ **1** (고어) =khan'. **2** (the Great C-) 타타르의 왕; 문단의 원로(특히 영국 비평가 Samuel Johnson(통칭 Dr. Johnson)(1709–84)을 가리킴).
cha·made [ʃəmάːd] ⓝ (고어) 〔군사〕 담판[항복]의 뜻을 알리는 (북·나팔 따위의) 신호; 후퇴 신호.
cham·ae·phyte [kǽməfàit] ⓝ 〔식물〕 지표(地表)
chamb. chamberlain.
‡**cham·ber** [tʃéimbər] ⓝ (⊗ *-s* [-z]) **1** 방, 사실(私室) 《詩·고어》 침실. ¶ *a privy* ~ 궁정의 사실. **2** (~s) 《英》 (사무·주거용) 셋방. **3** (복합어로) (궁전·관저의) 한 방; 대기실; 공무 집행실. ¶ *an audience* ~ 접견실. **4** (협회 따위의) 회의소, 회관; 그 기관. **5** (때로 C-, the ~) …의 의회, 의원; 의의장. ¶ *the lower* [*upper*] ~ (*of legislature*) 하원[상원]. **6** 법원; (~s) 판사 집무실(공판이 필요 없는 사건을 처리하는); 《英》 법학원(의 Inns of Court)의 변호사 사무실. **7** (美) 회의실, 출납실. **8** (동·식물의) 실방(室房), 공동(空洞)(심장의) 심실(心室). **9** 탄창(彈倉) (총의 약실(藥室), (권총의) 운동실(輪胴); (엔진의) 공기실(air ~). **10** = pot. — ⓣ **1** 실내악을 연주하는; 실내악이 행

해지는; 실내용으로 만들어진. — ⓣ … 방에 가두다; …에 방을 만들다; (탄알)을 약실에 재다, 장전하다.
chámber cóncert ⓝ 실내악 연주회.
chámber cóuncil ⓝ 비밀회의.
chámber cóunsel ⓝ **1** 《英》 법률 고문(법정에 나오지 않는 변호사)(《美》 office lawyer). (또는 **chámber cóuncelor**) **2** (변호사의) 조언, 감정(鑑定).
cham·bered [tʃéimbərd] ⓐ 공실[공동]이 있는; (복합어로) (…한) 실(室)이 있는.
chámbered náutilus =nautilus 1.
*****cham·ber·lain** [tʃéimbərlin] ⓝ **1** 시종(侍從), 궁중의 고관. ¶ *the Lord C-* 시종장. **2** 《英》 (기초 자치 단체의) 출납계원. **3** (귀족 집회의) 집사, 재산 관리인(steward). **4** =camerlengo.
Cham·ber·lain [tʃéimbərlin] ⓝ 체임벌린. **1 Arthur Neville ~** (1869–1940): 영국의 정치가: 수상(1937–40)). **2 (Joseph) Austin ~** (1863 – 1937: 영국의 정치인; 노벨 평화상(1925)). **3 Owen ~** (1920– : 미국의 물리학자: 노벨 물리학상(1959)).
cham·ber·maid [tʃéimbərmèid] ⓝ (호텔·여관의) 침실 담당 여자 종업원; 《고어》 (귀부인의) 몸종.
chámber músic ⓝ 실내악.
chámber of cómmerce ⓝ 상공 회의소(⊕ C of C); (속어) 요강, 화장실.
Chámber of Députies ⓝ (프랑스의) 국민 회의(현재는 National Assembly).
chámber of tráde ⓝ 《英》 상공 회의소.
chámber òpera ⓝ 실내 오페라.
chámber òrchestra ⓝ 실내 관현악단.
chámber pòt ⓝ (침실용) 변기, 요강.
chámber práctice ⓝ 《英》 (변호사의 법정 활동과 구별하여) 사무실에서의 일(《美》 office practice).
chámber préssure ⓝ (로켓 엔진의) 연소실 압력.
cham·bray [ʃǽmbrei] ⓝⓤ 샴브레이 직물(얇은 줄무늬 또는 바둑판 무늬가 있는 평직 무명 양복지).
cha·me·le·on [kəmíːliən, -ljən] ⓝ **1** 〔동물〕 카멜레온(카멜레온(科)) 동물의 총칭; 주위의 색깔에 따라 몸의 빛깔을 바꿀 수 있다). **2** 변덕스러운 사람, 지조 없는 사람, 기회주의자; 바람기가 있는 사람. **3** (C-) 〔천문〕 카멜레온자리. **~·like** ⓐ
cha·me·le·on·ic [kəmìliάnik/-ɔ́n-] ⓐ **1** 카멜레온 같은. **2** 바람기가 있는; 지조가 없는.
cham·fer [tʃǽmfər] ⓝ **1** (끝 부위로 판) 홈. **2** 모서리를 깎아 만든 면(面). — ⓣⓔ …의 모서리를 깎다; …을 깨끗이 하다; …의 홈을 파다. **~·er** ⓝ
cham·my [ʃǽmi] ⓝ (구어) =chamois 2.
cham·ois [ʃǽmi] ⓝ (⊗ ~, F *-oix*) **1** 스위스 영양(羚羊). **2** ⓤⓒ (또는 ≺ léather) 섀미(羊)의 가죽(양·사슴·염소의 무두질한 가죽); 모조 섀미(셈)(가죽(면포를 가공한 것). — ⓣⓔ …을 무두질해서 섀미 가죽으로 만들다; …을 섀미 가죽으로 문지르다(닦다). — ⓐ **1** 섀미 가죽의. **2** 담황갈색의.
cham·o·mile [kǽməmàil, -miːl] ⓝ =camomile.
champ¹ [tʃæmp] ⓣⓔ **1** (말이 안달이 나서) (재갈·여물 따위)를 소리내어(우적우적) 씹다. **2** (스코) 짓이기다. — ⓐ 이 가는 소리를 내다: 달려들어 물다 (*at*); 《구어》 분해하다) 이를 갈다.
champ (***at***) ***the bit*** ⓘ (말이 안달이 나서 재갈을 물) ② 애가 타다, 기다리지 못해 몸이 달아 있다.
— ⓝ 우적우적 씹기; 이 가는 소리. (또는 **chomp**)
≺·ër ⓝ
champ² ⓝ **1** (구어) =champion. **2** (the ~) 최고의 것[사람]. **3** 《구어》 부르는 말) 대장, 왕초. — ⓐ 멋있는.
cham·pac [tʃǽmpæk, tʃʎmpæk] ⓝ 챔팩나무(동인도산(産) 목련과 나무. (또는 **champaca, champak**)
*****cham·pagne** [ʃæmpéin] ⓝⓤ **1** 샴페인. **2** 샴페인 색, 녹색을 띤 황색. **3** 최고 〔사치〕품. ¶ *a ~ unionist* (경멸

champagne cup

적) 노동 귀족. [<프랑스의 원산지 Champagne]
cham·págne cùp 圀 샴페인에 감미·향료를 타서 얼음에 채운 여름 음료. 圀 귀한 손님.
champagne trick 圀 (美속어) (매춘부의 돈 많은).
cham·paign [tʃæmpéin] 圀 평야, 평원; (페어) 싸움터(battlefield). — 圀 평야의.
cham·pers [ʃæmpərz] 圀 (단수취급) (英구어) = champagne. 圀 조의; 소송 지원 약속이 있는.
cham·per·tous [tʃǽmpərtəs] 圀 (법률) 소송 방
cham·per·ty [tʃǽmpərti] 圀 (법률) 이익 분배를 조건으로 하는 소송 방조, **-tor** 圀 [섯(식용). [<F]
cham·pi·gnon [ʃæmpínjən/tʃæm-] 圀 샴피뇽 버
‡**cham·pi·on** [tʃæmpiən] 圀 ⓒ **~s** [-z] 1 (경기의) 우승자, 선수권 보유자, 챔피언 (in). ¶a swimming ~ 수영 우승자. 2 (품평회의) 최고상 수상자[물·동물 등]. 3 (주의·주장 따위를 위해 싸우는) 투사, 옹호자.
— 圀 1 우승한, 선수권을 차지한. ¶a ~ swimmer 수영 우승자. 2 (구어) 일류의, 더할 나위 없는. ¶a ~ blunder 어처구니없는 실책.
— 图 (英방언) 멋지게, 그 이상 더없이.
— 图타 1 (앞장 서서) ···을 옹호하다(⇒ SUPPORT 유의어). 을 위해 싸우다. ¶He ~ed his friend. 그는 앞장서서 친구를 감싸주었다. 2 (폐어) ···에 도전하다.
~·less, ~·like 圀
cham·pi·on·ess [tʃǽmpiənis] 圀 champion의 여성형. 하는 대관(大官).
Chámpion of Éngland (the ~) 국왕을 호위
‡**cham·pi·on·ship** [tʃǽmpiənʃìp] 圀 1 선수권, 우승; 선수권 보유 기간; 우승자의 명예[지위]. ¶a ~ series 선수권 쟁탈전 / the Heavyweight Boxing C- 세계 헤비급 권투 선수권 / gain [or win] a golf ~ 골프 선수권을 획득하다. 2 ⓤ 옹호, 변호; 옹호자임. 3 (종종 ~s) 선수권 대회, 결승전.
chámpionship séries [tʃǽmpiənʃìp-] 圀 (美) (야구) 리그별 숫자 결정전(World Series 출전 팀 결정을 위한 American League와 National League의 7전 4 선승제의 플레이 오프.
champ·le·vé [ʃɑ̀ːnləvéi] 圀 바탕 새김 칠보(七寶) (세공)의. — 圀 (乗) **~s** [-z] 샹르베 칠보. [<F]
Champs É·ly·sées [ʃɑ̀ːmz eilizéi/-líːzei] 圀 샹 젤리제(파리의 번화가 및 그 주변 공원).
chan. channel. **Chan(c).** Chancellor; Chancery.
‡**chance** [tʃæns, tʃɑːns] 圀 (乗) **chanc·es** [-iz] 1 ⓤ (종종 a+형용사 ~) 우연; 행운, 운명, 운; ⓒ 우연한 사건. ¶a lucky ~ 행운 / a mere ~ 순전한 우연 / a game of ~ 운에 맡긴 노름. 2 기회, 좋은 기회, 승산(of); (~s) 장래성, 예상, 전망. ¶It is nine ~s out of ten against the plan. 그 계획은 십중팔구 잘될 가망이 없다 / He may have a ~ of becoming [or to become] principal. 그는 교장이 될지도 모른다. 3 기회, 호기(for, of, to do). ⇒OPPORTUNITY 유의어 ¶ the main ~ ⇒MAIN CHANCE / a ~ in a thousand 천재 일 우의 기회 / I will give him another ~. 나는 그에게 다 시 한 번 기회를 주겠다. 4 (야구) (척살(刺殺)·포살(捕殺))의 기회, 5 (고어) 재난, 재앙. 7 (美구어) 상당수[량]; 얼마의 수[양, 거리]. ¶a smart [or fine, right] ~ of lawyers 상당수의 변호사들. 8 복권 추첨권. 9 (英) 뜨내기 손님, (호텔 레스토랑에서) 숙박객 이외의 손님.
a dog's chance 지극히 적은 기회. (연히(도).
as chance [or *luck*] *would* [or *will*] *have it* 우
be in with a chance of doing ···할 가망이 있다.
blow a chance to do ···할 기회를 날려 버리다.
by any chance 만약에, 혹시나.
by chance 우연히, 뜻밖에. ¶I met him by ~. 우연히 그를 만났다. [「좋게」
by ill [(*a*) *lucky, a fortunate*] *chance* 운나쁘게
by some chance 어쩌다가, 어떤 계제에.

chance-come

Chance would be a fine thing. (구어) 그렇게 된다면야 할 수 있다면) 더할 나위 없겠는데.
fancy one's [*a person's*] *chances* (구어) 자기[남]의 성공을 믿고 있다; (남)에게 승산 있다고 보다.
Fat chance! (구어·반어적) 설마, 그럴 리 없어!
give...half a chance (if 절에서) ···에 조금만이라도 기회를 준다면; (부정문에서) ···에 조금도 기회를 주지 않다.
have a [*no*] *chance* 가망이 있다[없다]. ⇒圀 2.
have a chance in hell (*of doing*) (···할) 가망이 조금 있다.
have a fat chance of ···할 가망이 전혀 없다.
have [*or keep*] *an eye to* [*or on, for*] *the main chance* (구어) 자기에게 제일 유리한 기회를 노리다; 자기의 이익을 추구하다.
leave...to chance ···을 운에 맡기다.
let the chance go 기회를 놓치다. [없다!, 천만에!
No [*or Not a*] *chance!* (유감이지만) 그럴 가능성은
not have [*or stand*] *a chance* (*a snowball's chance in hell*; *not have* [*or stand*] *a dog's* [*or a cat in hell's*] *chance*; *not have the ghost of chance* 가망[희망]이 전혀 없다.
on the chance of doing; *on the (off) chance that...* ···하는 것을 은근히 기대하고, 혹시 ···할지도 모른다고 생각하다.
on the off chance 요행을 바라고, 만일의 경우에.
stand a (good) chance [*or show*] (*of doing*) (···의) 승산(가망)이 (충분히) 있다.
stand no chance against ···에 대해서 승산이 없
stand one's chance 운에 맡기다.
take a (long) chance; take (long) chances (美구어) 위험을 무릅쓰다, 흥하든 망하든 해보다.
take a [*or one's*] *chance on* [*or with*] ···(인 것)에 내기를 걸다. ···이라고 해보다.
take an even chance 승산이 엇비슷한 일을 운에
take [*or run*] *one's* [*or the*] *chance* (*of doing*) (···을) 운에 맡기고 해보다기 (···의) 기회를 이용하다.
ten chances to one 10대 1의 가능성.
The chances are against [*in a person's favor, in favor of a person*] 형세는 ···에게 불리[유리]하다. ¶The ~s were in his *favor*, but he failed. 형세는 그에게 유리했는데 실패했다.
(The) chances are (that...) (구어) 아마 ···일 것이다; ···할 가능성이 충분하다.
There is good chance of ···할 가능성이 있다(충분하다).
when you get a chance (美구어) 혹시[만약] 기회
— 圀 (한정용법) 우연의, 불시의, 뜻밖의. ¶a ~ customer 오다가다 들른 손님 / a ~ hit 요행수로 맞기 / a ~ child 사생아 / a ~ visit 뜻밖의 방문.
— 图 (*chanc·es* [-iz]; **~d** [-t]; **chanc·ing**) 困 때마침[우연히] (···)하다(*to do*); (···을) 우연히 발견하다[만나다] (*on, upon*) (*현재는 보통 happen). ¶ (~+*to do*) I ~*d to* meet her. 나는 우연히 그녀를 만났다. (*it*를 주어로 하여) (~+*that* 節) It ~*d that* we rode in the same train. 우리는 우연히 같은 열차에 탔다. — 他 (구어) (it을 목적어로 하여) ···을 되는 안 되는 해보다, 운에 맡기고 해보다, 감행하다. ¶I'll ~ it. 되든 안 되든 해보겠습니다.
and chance it (속어) 결과는 어떻든, 여하튼.
as it may chance 그때의 형편에 따라, 사정에 따라.
chance it [*or one's luck*] 운수를 시험해 보다.
chance on [*or upon*] ···과 우연히 마주치다; ···을 우연히 발견하다. [보다.
chance one's arm (英구어) 운을 하늘에 맡기고 해
chance the consequence 운을 하늘에 맡기다.
~·less 圀
chance-come [ˈkám] 圀 (英) 우연의.

chance·ful [tʃǽnsfəl/tʃɑ́ːns-] 휑 사건이 많은; 기회가 많은 (고어) 위험한, 모험적인.
chan·cel [tʃǽnsəl/tʃɑ́ːn-] 명 (교회의) 내진(內陣), 제단 주변의 사제석(司祭席), 설교단.
chan·cel·ler·y [tʃǽnsələri/tʃɑ́ːn-] 명 1 ⓤ chancellor의 직(지위). 2 chancellor의 관청[부, 국, 관리]. 3 대사관[영사관]의 사무국. (또는 **chancellory**)
***chan·cel·lor** [tʃǽnsələr/tʃɑ́ːn-] 명 1 (C-) (英) 장관, 대법원장, 대법관(영국의 각종 고관명을 나타낸다). ¶ the Lord (High) C- (of Great Britain) 대법관 (영국 최고의 사법관이며, 귀족원 의장). 2 (종종 C-) (독일·오스트리아의) 총리(prime minister). 3 (美) 형평법(衡平法) 법원 판사. 4 (英) (대사관의) 1등 서기관. 5 (英) (명예직의) 대학 총장(ⓐ (美) president); (美) (대학) 분교의 총장. 6 (교회) 교회법 고문.
~·ship 명 chancellor의 직[지위, 임기].
Cháncellor of Éngland 명 (the ~) (英) 대법관.
Cháncellor of the Díocese [Bíshop] 명 (the ~) (英국교회) bishop의 종교법 고문.
Cháncellor of the Dúchy of Láncaster 명 (the ~) (英) 랭커스터 공작령 대법관.
Cháncellor of the Exchéquer 명 (the ~) (英) 재무 장관.
chance-med·ley [-mèdli] 명 ⓤ 1 (법률) 과실 치사, 정당 방위 살인. 2 부주의, 무계획적 행위.
chance-met [-mèt] 형 우연히 만난.
chánce mùsic 명 우연성 음악(aleatory music).
chanc·er [tʃǽnsər/tʃɑ́ːn-] 명 (英속어) 위험한 짓 [도박]을 해보는 사람.
chan·cer·y [tʃǽnsəri/tʃɑ́ːn-] 명 1 chancellor의 사무소. 2 (영국의) 대법관청, 공문서 보관소. 3 (英) 대법관 법정(고등 법원의 일부). 4 (법률) 형평법 법원; 형평법. 5 (교황청의) 상서원(尙書院). 6 (레슬링) 헤드록(headlock).
in chancery ⓛ (법률) 형평법 법원에 소송중인. ⓒ (속어) (레슬링·복싱) 머리가 상대방의 겨드랑이 밑에 짓눌려서. ⓓ 궁지에 몰려; 불리한 입장이 되어.
chan·cre [ʃǽŋkər] 명 (병리) 경성 하감(硬性下疳) (매독의 초기 증상). **chán·crous** 형
chan·croid [ʃǽŋkrɔid] 명 (병리) 연성(軟性) 하감.
chanc·y [tʃǽnsi/tʃɑ́ːn-] 형 1 우연한; (결과가) 불확실한; 위태로운. 2 (스코) 행운의. (또는 **chancey**)
chánc·i·ly 튀 **chánc·i·ness** 명 [〈F]
***chan·de·lier** [ʃæ̀ndəlíər] 명 샹들리에. ~ed 형
chan·delle [ʃændél] 명 (항공) 명 급상승 방향 전환.
—자타 급상승 방향 전환을 하다.
chan·dler [tʃǽndlər/tʃɑ́ːn-] 명 1 상인(商人). ¶ a ship ~ 선박 용구 상인. 2 (美·英고어) 양초 제조 판매인. 3 잡화상(양초·기름·비누·페인트 따위를 판다).
Chan·dler [tʃǽndlər/tʃɑ́ːn-] 명 **Raymond T.** ~ 챈들러(1888-1959: 미국의 추리 소설가).
chan·dler·y [tʃǽndləri/tʃɑ́ːn-] 명 1 양초 창고. 2 잡화점. 3 (때로 -dleries) 잡화류.
Cha·nel [ʃənél] 명 1 **Gabrielle ('Coco')** ~ 샤넬(1882-1971: 프랑스의 디자이너·향수 제조업자). 2 (상표) 샤넬(향수).
Chang [tʃɑːŋ/tʃæŋ] 명 = ~ **Jiang**.
chang·a·ble [tʃéindʒəbl] 명 = **changeable**.
Chang·bai Shan [tʃɑ́ːŋbái ʃɑ́ːn] 창바이산(長白山)(백두산의 중국명).
Chang·chun [tʃɑ́ːŋtʃún] 명 창춘(長春)(중국 지린 (吉林)의 성도(省都)).
‡**change** [tʃeindʒ] 타 (**chang·es** [-iz]; ~d; **chang·ing**) 타 1 (외관·모양 따위가) 바꾸다, 고치다, 변경하다, 변화시키다 (into). ¶ ~ one's address 주소를 바꾸다 / ~ one's character 성격을 고치다 / one's habits 습관을 바꾸다 // (~+목+전+명) ~ water into vapor 물을 증기로 변화시키다.

〖유의어〗 **change** 보통 명백히 다른 것으로의 변화를 뜻하나, 아래의 모든 단어를 대신할 수 있다. **alter** 전체적으로는 변하지 않고, 어떤 특수한 점이 변하다. **vary** 시일의 경과나 성장 등의 변화로 생기는 차이를 뜻할 때가 많다. **convert** 특정한 목적에 합치되도록 change하다.

2 (…을) …으로 바꾸다, 교환하다, 갈다; …을 갈아입다 (for, with). ¶ ~ one's clothes 옷을 갈아입다 // (~+목+전+명) ~ places with …와 장소를 바꾸다/C- seats with each other. 서로 자리를 바꾸어 주세요(* places, seats의 복수형에 주의)/You had better ~ wet clothes for dry ones. 젖은 옷을 마른 옷으로 갈아입는 것이 좋겠소.
3 (기차·버스 따위에서) …으로 갈아타다, 환승하다 (for). ¶ (~+목+전+명) You must ~ trains for Suwon at Guro. 너는 구로역에서 수원행으로 갈아타야 한다(* trains의 복수형에 주의).
4 (수표·환어음 따위를) 현금으로 바꾸다; (돈)을 환전하다, 잔돈으로 바꾸다 (into, for, to). ¶ ~ a ten-dollar bill 10 달러짜리 지폐를 잔돈으로 바꾸다 // (~+목+전+명) Can you ~ me this ten-dollar bill? 이 10달러짜리 지폐를 잔돈으로 바꿔 주시겠어요? // (~+목+전+명) ~ dollars into pounds 달러화(貨)를 파운드화로 환전하다.
5 (아기)에게 기저귀를 갈아채우다. ¶ ~ a baby 아기의 기저귀를 갈다. 6 (자동차의 기어)를 바꾸다. ¶ ~ [or (美) shift] gear(s) 변속하다.
— 자 1 변화하다, 바뀌다, 변하다 (from, to, into). ¶ The times ~. 시대는 변한다 // (~+전+명) The wind ~d from south to north. 풍향이 남쪽에서 북쪽으로 바뀌었다 / Summer ~s to fall. 여름이 가면 가을이 온다. 2 교체하다, 교대하다 (with). 3 (탈것을) 갈아타다 (for). ¶ ~ for New York 뉴욕행으로 갈아타다. 4 (옷을) 갈아입다 (from, out of, into, to, for). ¶ ~ for dinner 식사를 위해서 옷을 갈아입다 / ~ into silk 비단옷으로 갈아입다. 5 (조수의 간만·달의 모양이) 변하다; 변성(變聲)하다. 6 (술·우유 따위가) 맛이 변하다.
7 (자동차의 기어를) (…으로) 바꾸어 넣다 (into).
All change!; (美) All qut [or off]! 종점입니다! [여러분, 갈아타 주십시오(* 버스·전차 등의 안내 방송).
change about (구어) ⓛ (지위·처지가) 바뀌다. ② 방향 전환하다; 변절하다; 탈당하다.
change back 본래(모양·성격·상태 따위)대로 되돌아가다 (to, into); 되돌리다. [로 바꾸다.
change down [up] (자동차의) 기어를 저속[고속]으
change foot [or feet] ⇒FOOT.
change for the better [worse] (날씨·병 따위가) 좋아지다[나빠지다].
change front (군사) 공격 방향을 바꾸다.
change hands ⇒HAND.
change jobs with …와 번갈아 일을 하다.
change off ⓛ (美구어) (사람)과 교대[교체]하다 (with); (일 따위)를 교대[교체]하다 (at). ② (英) (스포츠) (중간 휴식 후) 포지션을 바꾸다.
change oneself into …으로 변장하다.
change one's feet (구어) 신을 갈아 신다.
change one's mind 의견[생각, 결심]을 바꾸다, 고쳐 생각하다.
change one's tune ⇒TUNE.
change over ⓛ (제도·계획·기호 따위를) 바꾸다, 이행하다 (from, to); (기계 따위)를 전환하다. ② (두 사람이) 역할[지위, 장소]을 바꾸다; (스포츠) 코트를 바꾸다.
change round (구어) = **change over**. ② (바람이) 방향을 바꾸다.
chop and change ⇒CHOP².
— 명 (복) **chang·es** [-iz]) 1 변화, 변동; 변경, 개수(改修); 수정; 편차(偏差); 변절 (in, of). ¶ social ~s 사회적 변화 / a ~ for the better [worse] 바람직한[바람

직하지 않은)_ 변화. **2** 교체 (*of*); 이동; 경질(更迭); 갈아 입기; 갈아타기, 환승. **3** (구어) (보통 a ~) 기분 전환; 전지(轉地) (요양). **4** 대용물, 대체물(substitute). **5** ⓤ 잔돈, 거스름돈.¶small ~ 잔돈. **6** ⓤ (종종 C-, 'C-') 〔英〕〔상업〕 거래소, 교환소(* Exchange의 약어로 이 되어 종종 'Change로 쓰는 일이 있다). **7** (~s) (음악) 전조(轉調); 종소리의 변곡(變曲). **8** (the ~) (구어) =~ of life. **9** 〔스포츠〕 배턴 터치. **10** (속어) 유익한 정보. **11** 〔수학〕 순열, 치환. **12** 〔페어〕 번덕(스러움).
and change 그것과 우수리 몇 센트[퍼센트].
a piece [or *hunk*] *of change* (美속어) (많은) 돈.
changes and chances 변천, 부침(浮沈).
for a change; for changes ① 여느 때와 달리, 가끔, 때때로. ② 전지 요양으로; 기분 전환으로.
get no [or *little*] *change out of* [or *from*] *a person* (구어) 남에게서 아무것도 알아낼 수 없다; (논쟁·싸움에서) 남에게서 이기지 못하다.
get short change 괄시받다, 냉대받다.
give a *person* (*his*) *change* 남을 위해서 진력하다; 남에게 보답[보복]하다; 남에게 당연한 상[벌]을 주다.
give a *person no change* (구어) 남에게 아무런 만족도 주지 않다; 남에게 아무것도 알리지 않다.
give a *person short change* (구어) 남을 괄시[냉대]하다.
go through changes (속어) 노력하다; 매우 고생하다.
go through the changes (美구어) ① 세상의 변천을 경험하다. ② 생활을 다시 세우다.
make a change (···을 변경하다 (*in*). ② (사물이) 취향이 바뀌어 즐겁다; 기분 전환이 되다 (*from*).
mark the change 변화의 단락이 되다.
put a person through changes (구어) 남을 놀라게 하다, 뜻밖의 일로 남에게 충격을 주다.
put the change on [or *upon*] *a person* (구어) 남을 속이다.
ring the changes ① 한 벌의 종을 순서를 바꿔서 울리다. ② (비유적) (…에 대해) 방법을 바꿔 가며 하다, 여러 가지로 바꿔 말하다 (*on*).
take one's [or *the*] *change out of a person* [남]에게 보복하다.
change·a·bil·i·ty [tʃèindʒəbíləti] 명 변하기 쉬움, 가변성, 불안정.
‡change·a·ble [tʃéindʒəbl] 형 (*more ~; most ~*) **1** (사람의 성질·기후 따위가) 변하기 쉬운, 변하는 경향이 있는; 바꿀 수 있는; (날씨가) 불안정한.¶The weather is ~ at this time of the year. 해마다 이맘때는 날씨가 불순하다. **2** (광택·외관이) 여러 가지로 변해 보이는 (~ 씨계)인) 번덕스러운, 조처대없는.
(as) changeable as weather (사람·성질)이 변덕스러운.
~·**ness** 명 -**bly** 부 「위의 반전, 전환.
change·about [tʃéindʒəbàut] 명 (위치·방향 따위의) 회전; 전향.
chánge bòoth 명 잔돈 환전소. 「…으로 바꾸기.
change-down [-dàun] 명 (자동차의 기어를) 저속
change·ful [tʃéindʒfəl] 형 끊임없이 변화하는; 변화가 많은; 불안정한. ~·**ly** 부 ~·**ness** 명
chánge gèar 명 (자동차·기계의) 변속기, 변속 장치, 체인지 기어.
chánge hòuse 명 **1** (스코) 여인숙; 선술집. **2** 노 **chánge kèy** 체인지 키(한 자물쇠에만 열 수 없는 열쇠). 명 master key
change·less [tʃéindʒlis] 형 변하지 않는; 일정 불변의(constant). ~·**ly** 부 ~·**ness** 명
change·ling [tʃéindʒliŋ] 명 **1** [민화] 바꿔친 아이 (선녀(仙女)들이 납치해 가는 아이 대신에 두고 간다는 작고 못생긴 아이·동물)(elf child). **2** 변색한 우표. **3** (고어) 배신자, 변절자; 머저리, 바보, 백치(idiot).
chánge machine 명 잔돈 환전기(changemaker).
change·mak·er [tʃéindʒmèikər] 명 자동잔돈 환전기; (지하철 따위에) 잔돈을 교환해주는 사람.
chánge of áir 명 전지 요양; 기분 전환.

for a change of air [or *climate*] 전지 요양으로; 기분 전환으로[상이]. 「〔일부(日付)〕 변경선.
chánge-of-dáy líne [-ˈəvdéi-] 명 (the ~) 날짜
change-of-ends [-ˈəvéndz] 명 〔테니스〕 체인지 코트.
chánge of héart 명 변심. 「코트.
chánge of lífe 명 (the ~) 갱년기, 폐경기.
chánge of páce 명 **1** (틀에 박힌 행동 양식의) 일시적 변경; 기분 전환. **2** 〔야구〕 =change-up.
chánge of tíde 명 (the ~) 조수[조류]가 바뀔 때; 시류가 바뀔 때, 전환기; 위기. 「(이전).
chánge of vénue 명 〔법률〕 재판 관할 구역 변경
chánge of vóice 명 (사춘기의) 변성(變聲).
change·o·ver [tʃéindʒòuvər] 명 **1** (정책 등의) 전환; (내각 따위의) 경질; (지위·입장·환경 따위의) 변화; (형세의) 역전. **2** 〔스포츠〕 (릴레이 경주의) 배턴 터치. (또는 change, takeover) 주머니.
change·pock·et [tʃéindʒpɑ̀kit/-pɔ̀kit] 명 잔돈
chánge pùrse 명 잔돈 지갑.
chang·er [tʃéindʒər] 명 변덕이 심한 사람; 바꾸는 사람[것]; 바뀐 것; 레코드 자동 교환 장치.
chánge ringing 명 전조타종(轉調打鍾)(종을 4분음표로 타종하는.) (또는 change-ringing)
change·room [tʃéindʒrù(ː)m] 명 옷 갈아입는 방.
change·round [tʃéindʒràund] 명 전향(轉向), 견 의 변경. 「로 바꾸기. **2** (구어) 체인지업.
change-up [ˈ-ʌp] 명 **1** (자동차 기어 따위의) 고속
chánge whèel 명 〔기계〕 변속(變速) 기어.
Chánging of the Gúard 명 (the ~) (London 근위 기병 연대의) 위병 교대(식).
chánging ròom 명 〔英〕 (체육관 따위의) 탈의실.
Chang Jiang [tʃɑ́ːŋ dʒjɑːŋ] 명 창장(長江)(중국 Yangtze River(揚子江)의 별칭). (또는 **Chang Kiang**)
Chang·sha [tʃɑ́ːŋʃɑ́ː] 명 창사(長沙)(중국 후난(湖南) 성). (또는 **Ch'ang-sha**)
‡**chan·nel**[1] [tʃǽnl] 명 (복 ~**s** [-z]) **1** 해협; (배가 통하는) 수로; (도로의) 배수로, 도랑.¶cut a ~ 수로를 내다 (English) C- 영국 해협. **2** 강바닥, 하상(河床). **3** (해사) 항로. **4** (정보 따위가 흐르는) 경로, 루트; (~s) (소정의) 연락 수단; (왕복 따위의) 경로.¶the ~ of trade 무역 경로/a reliable ~ 믿을 만한 소식통. **5** 통신로(라디오·TV·전신 따위의 통신을 전달하는 경로, 채널, 주파수대(帶).¶broadcast on C- 9 채널 9로 방송하다. **6** (화제·사상·행동 등의) 방향; 활동 분야. **7** (방향 따위의) 순로(順路), 계통, 방면.¶break out into a new ~ 새로운 방면을 개척하다. **8** 수도, 수관(水管) **9** (문지방 따위의) 홈, (기둥 따위의) 장식용 세로홈; (일반적으로) 좁고 긴 홈(groove); 총검(銃劍)의 홈. **10** 〔컴퓨터〕 통신로, 회로. **11** =~ iron. **12** (속어) (마약을 놓는) 정맥. **13** 영매(靈媒), 영매자. **14** (재즈·대중음악에서) 브리지.
change the channel (속어) 화제를 바꾸다.
─ 동 (~**s** [-z]; -*l-*, -*ll-*) **1** ···에 수로를 내다, 도랑을 파다. **2** ···을 수로로 운반하다; ···을 이끌다, 보내다, 전달하다. **3** (관심·노력 따위)를 …에 돌리다[집중하다]. ¶He ~ed all his energy into fixing his bicycle. 그는 온힘을 다해 자전거 수리에 매달렸다. **4** (속어) (마약)을 정맥에 놓다. **5** (영(靈) 따위)와 교신하다. 「명 수로(도랑)가 생기다.
channel off (물길 따위)를 다른 쪽으로 돌리다; …을 다른 목적에 돌리다.
chan·nel[2] 명 〔해사〕 (뱃전에 돌출한) 수평판(돛대의 버팀줄의 경사도를 크게 하기 위한 것).
chánnel hòpping 명 =channel-surfing.
chan·nel·ing [tʃǽnəliŋ] (* 英) **nel·ling**) 명 **1** 〔건축〕 홈 새김 장식. **2** 〔물리〕 채널링. **3** (산·사자(死者)와의) 영적 교신[대화].
chánnel íron [bàr] 명 홈이 패어 있는 형재(型材).
Chánnel Islands 명 (the ~) (영국 해협의) 채널

제도(諸島).
chánnel léase 명 (유선 TV의) 채널 임대.
chan·nel-surf·ing [-sə̀ːrfiŋ] 명 채널 서핑(TV 채널을 바꿔 가며 관심 있는 프로를 찾는 것).
Chánnel Túnnel 명 영불 해협 터널(영국과 프랑스를 잇는 해저 터널), ⓐ chunnel
chánnel zàpping 명 =channel-surfing.
chan·son [ʃǽnsən] 명 샹송, 노래. 〔<F〕
chan·son·nier [ʃæ̀nsəːnjéi] 명 샹송 작가(가수).
***chant** [tʃænt, tʃɑːnt/tʃɑːnt] 명 1 노래; 창가. 2 (시편 따위의 단조로운) 창화(唱和); 영창조(詠唱調); (영창조의) 찬송가, 성가. 3 단조로운 노래[말투]. 4 (항의 따위의) 구호 외치기, 슬로건(slogan).
— 타 1 …을 노래하다. 2 (시나 노래를 지어) …을 축복하다, 찬송하다. 3 (찬송가·성가) 를 제창(합唱)하다. 4 (항의 구호)를 일제히 외치다. — 자 1 노래하다, 창화하다. 2 항의 구호를 외치다. 「여서 팔다.
chant horses (팔기 위해) 말을 자주 추켜올리다; 속
chant the praises [or eulogy] of a person;
chant a person's praises 남을 마구 칭찬하다 대다.
∼·a·ble 형 **∼·ing·ly** 부 계속 칭찬하다.
chan·tage [ʃɑ̃ːntidʒ] 명 공갈, 협박. 〔<F〕
chant·er [tʃǽntər/tʃɑːnt-] 명 1 (찬송가 따위를) 영창(詠唱)하는 사람; 노래하는 사람. 2 성가대원, 성가대 지휘자. 3 (백파이프(bagpipe)의) 지관(指管). 4 (속어) 협잡 도박꾼. **∼·ship** 명
chan·te·relle [ʃǽntərél/tʃɑ̀ːn-] 명 살구버섯(살구 맛이 나는 향긋한 식용 버섯). 〔<F〕 〔<F〕
chan·teur [ʃæntə́ːr] 명 (카바레 등의) 남자 가수.
chan·teuse [ʃɑːntə́ːs] 명 chanteur의 여성형.
chant·ey [ʃǽnti, tʃǽn-] 명 (∼s) (선원들이 부르는) 뱃노래. (또는 **shant(e)y**)
chan·ti·cleer [tʃǽntəkliər/-́-̀] 명 수탉(rooster). (또는 **chantecler**) 〔<중세의 서사시 *Reynard the Fox*에 나오는 수탉의 이름〕
chan·toos·ie [ʃæntúːsi] 명 (美 속어) = chanteuse. 「chanter
chant·ress [tʃǽntris/tʃɑ́ːnt-] 명 여자 가수. ⓐ
chan·try [tʃǽntri/tʃɑːnt-] 명 1 (교회) (사후의 명복을 비는 매일 미사를 조건으로 하는) 헌금; (그 돈으로 지은) 예배당. 2 (교회당 부속의) 소예배당, 기도소.
chant·y [ʃǽnti, tʃǽn-] 명 =chantey. 「nukkah.
Cha·nu·kah [xɑ́ːnəkə, hɑ́ː-] 명 (유대교) =Ha-
***cha·os** [kéiɑs/-ɔs] 명ⓤⓒ 혼돈(混沌), 대혼란; 무질서(⇨ cosmos). ⓐ CONFUSION (문의어) 2 (성서) 천지 창조 이전의 혼돈. 3 (ⓐ) (그리스 신화) 카오스(천지 창조에 의해 처음으로 나온 신; 혼돈의 화신). 4 (물리·수학) 카오스, 혼돈 5 (폐어) 심연(深淵).
cháos théory ⇨ (물리·수학) 카오스[혼돈] 이론(카오스의 배후에는 질서가 내재하며, 그 법칙에 따라 미래 상태가 결정된다고 보고 그 법칙성을 찾아내려는 연구).
***cha·ot·ic** [keiɑ́tik/-ɔ́t-] 형 대혼란의, 무질서한; 혼돈된, ⓐ cosmic **-i·cal·ly** 부 **-i·cism** 명
chaótic dynámics ⇨ =chaos theory.
chao-tzu [tʃáutsúː] 명 교자(餃子), 만두(중국 요리).
chap[1] [tʃæp] 자 (**-pp-**) 타 1 (추위 따위가) (피부를) 트게 하다, …을 거칠게 하다, 2 …을 붉게 하다 (재목을) 갈라지게 하다; …에 금가게 하다. — 자 (손 따위가) 트다, 거칠어지다; (땅·목재 따위에) 금이 가다.
— 명 1 (∼s) 금, (거친 피부의) 튼 자리. 2 (스코) (∼·py (살갗이) 튼; 금이 간. 「대 때리기.
*‡**chap[2]** 명 1 (英구어) 놈, 녀석, 사나이, 사내아이(* man 또는 boy를 소탈하게 표현한 말; (美)에서는 주로 boy, fellow); (부르는 말로) 이봐, 어이, *a good [or nice]* ∼ (호감이 가는) 좋은 사나이 / *Old [or My dear]* ∼! 이 사람아! 2 (英방언) 고객, 단골 손님.
chap[3] 명 =chop[3].
chap., Chap. chaplain; chapter.
cha·pa·ra·jos [ʃæ̀pəréious] 명 (美) (카우보이의) 가죽 바지. (또는 **chaparajos**) 〔<Sp〕
chap·ar·ral [ʃæ̀pərǽl, tʃæ̀p-] 명 (美스·남부) 작은 떡갈나무의 수풀(덤불); (일반적으로) 덤불.
chaparrál bird[còck] 명 =roadrunner.
chap·book [tʃǽpbùk] 명 (가두 판매되는) 싸구려 책; 작은 이야기·노래 따위의 소책자.
chape [tʃeip] 명 1 (칼집의) 물미(끝에 씌운 쇠). 2 (혁대의) 걸쇠. **∼·less** 형 「군모. 〔<F〕
cha·peau [ʃæpóu] 명 (⋏ ∼*x* [-z], ∼s) 모자(hat).
chapéau brás [-brɑ́ː] 명 삼각 모자. 〔<F〕
*‡**chap·el** [tʃǽpəl] 명 (∼s [-z]) 1 (학교·왕실 부속의) 예배당, 채플. ¶ 1 왕실 왕실 부속 예배당. 2 (ⓐ) (국교회(Church of England) 이외의 개신교의) 교회당 (ⓐ church); (스코) 가톨릭 교회, 성당. 3 (교회에 딸린) 예배소, 분회당(分會堂). 4 예배식, 5 (교회·궁정 내의) 성가대, 악단. 6 인쇄소; (집합적) 인쇄공 조합.
— 형 (英) 국교 이외의 파에 속하는, 비국교도의.
∼·ry 명 예배당 관할 구역. (또는 **chápel gòer)
chap·el·go·er [tʃǽpəlgòuər] 명 (英) 비국교도.
cha·pelle ar·dente [*F* ʃapel ɑRdɑ̃t] 명 촛불이나 횃불을 켜 놓은 영구대. 〔<F *burning chapel*〕
chap·el·mas·ter [tʃǽpəlmæ̀stər/-mɑ̀ːs-] 명 성가대[합창단] 지휘자. 「출장 성당; (완곡적) 장의사.
chápel of éase (교회의) 분회당(分會堂), 사체
chápel of rést 영안실.
chap·er·on(e) [ʃǽpəròun] 명 1 샤프롱(젊은 미혼 여성이 사교계에 나갈 때 시중드는 보호자로, 보통 중년 여성). 2 (15세기에 유행한) 머리 장식.
— 타 (젊은 여성)의 보호자로서 따라다니다[다니며 돌보다](escort).
∼·age [-idʒ] 명 시중들기. **∼·less** 형
chap·fall·en [tʃǽpfɔ̀ːlən] 형 1 아래턱이 움푹 들어간. 2 풀이 죽어 있는, 낙담한. (또는 **chopfallen**)
chap·i·ter [tʃǽpətər] 명 (건축) 기둥머리.
chap·lain [tʃǽplin] 명 1 (chapel의) 사제, 신부, 목사; (교도소의) 교회사(教誨師); (군대의) 종군 신부, 군목. 2 (집회의) 예배 사회자.
∼·cy, ∼·ry, ∼·ship chaplain의 직(지위), 임기].
chap·let [tʃǽplit] 명 1 (머리 장식용) 화관(花冠). 2 염주. 3 (가톨릭) 작은 염주; 작은 염주를 세면서 올리는 기도(⇨ rosary). 4 (건축) 염주 모양의 쇠시리, 구슬선. ∼**·ed** [-id] 형 화관을 쓴; 구슬선의.
Chap·lin [tʃǽplin] 명 **Charlie[Charles S.]** ∼ 채플린(1889-1977: 영국의 영화 배우·제작자·감독).
chap·man [tʃǽpmən] 명 (∼*-men* [-mən]) (英) 호객 장사꾼, 행상인(peddler). **∼·ship** 명
chap·pal [tʃǽpəl] 명 인도의 가죽 샌들.
chapped [tʃæpt] 형 1 살갗이 튼, 피부가 갈라진. 2 (美속어) 성난, 화가 난.
chap·pie [tʃǽpi] 명 (英구어) 녀석, 사나이, 꼬마 (chap; 멋쟁이 (사나이). (또는 **chappy**)
chaps [tʃæps] 명 (美 속어) =chaparajos.
*‡**chap·ter** [tʃǽptər] 명 (∼s [-z]) 1 (책·논문 따위의) 장(章)(ⓐ c., cap., ch., chap.); 제목; (담화의) 화제. ¶ *the first* ∼ C― I [One] 제 1 장. 2 (역사·인생의) 한 장[구획], 중요한 사건; 삽화. 3 (美) (조합·단체 따위의) 지부, 분회. 4 (英) (교회) (수도원의 한 관구·수도원 전체의) 집회. b) (종교 단체의 관구·수도원의) 총회. c) (집합적) 성당 참사회원, 성직 대표자; 그 총회. 5 (일반적으로) 총회. 6 (교회) 성서의 짧은 구절. 7 (시계 문자반의 숫자)기호. 8 (英) (일련의) 사건, (…의) 연속 (*of*). 9 (야구) 이닝(inning).
a chapter of accidents 일련의 불행한 사건.
read a person a chapter 남을 단단히 타이르다.
to the end of the chapter ⇒ END.
— 타 (책·논문 따위를) 장(章)으로 나누다. **∼·al** 형
chápter and vérse 1 확실[충분]한 근거; 권위 있는 전거. 2 (美속어) 규칙집; 상세한 정보. 3 (부사적)

정확하게, 상세히.
Chápter 11[XI] 몡 (美) 미국 파산법 제11장; (이에 따른) 파산 기업 법정 관리, 회사 갱생(U.S. Bankruptcy Code(미국 파산법) Chapter 11).
  file for Chapter 11 protection; file under Chapter 11 (파산 기업의) 법정 관리[파산법에 따른 갱생]를 신청하다.
chápter hòuse 몡 1 (교회) 성당 참사회 회의소. 2 (美) (대학 동창회 지부 따위의) 회관(會館).
chápter rìng (시간을 표시하는 기호·숫자가 적혀 있는 시계의) 문자반 위의 윤상부(輪狀部).
chapter 7[VII] 몡 (美) 미국 파산법 제7장, 파산 조항; (이에 따른) 파산.
char¹ [tʃɑːr] 타 (-rr-) 1 …을 숯으로 하다. 2 …을 까맣게 태우다. — 자 까맣게 타다, 숯이 되다. — 몡 1 까맣게 탄 것. 2 숯(charcoal); (제당용) 골탄(骨炭).
char² 몡 (복 ~(s)) 곤들매기류 물고기(연어과(科) 담수어). (또는 charr)
char³ (英) 몡 1 (구어) 잡역부(雜役婦)(charwoman). 2 집안의 잡다한 일. 3 (~s) (시간(일급제)의) 잡일, 잡무, 집안일 거들기. — 자 (-rr-) 타 1 (집안일·잡일 따위를) 하다. 2 …을 수리하다, 고치다. — 자 (시간(일)급제로) 가사를 돕다, 잡역부로서 일하다. (또는 **chare**)
char⁴ 몡 (英구어) =tea. (또는 **cha**)
char. character; charter.
char·a [ʃɛrə] 몡 (英구어) =char-à-banc.
char-à-banc [ʃǽrəbæ̀ŋ, -bɑ̀ːŋ] 몡 (英) 대형 관광 버스(* 현재는 coach). (또는 **chárabànc**)
‡**char·ac·ter** [kǽriktər, -rək-] 몡 (복 ~s [-z]) 1 UC (사람·사물의) 성질, 성격, 기질. ¶a man of lovable ~ 애교 있는 사람/a generic (동·식물의) 속성/assume an international ~ 국제성을 띠다. 2 U (종합적인) 성질, 특질. ⇨QUALITY 유의어 ¶~ of the country 그 지방의 특징.
3 UC (도덕적) 특성, 성격. ¶insular ~ 섬나라 근성/moral ~ 덕성(德性)/national ~ 국민성.

> 유의어 **character** 인물 평가의 기준이 되는 그 사람 특유의 도덕적 특성. **individuality** 남과 분명히 다른 개인적 특징. **personality** 외관과 내면적 특징이 하나로 어우러져 남에게 주는 인상.

4 U 인격, 품성, 덕성; 정직, 고결, 청렴. ¶a man of ~ 인격자/a man of fine ~ 인품이 훌륭한 인물/elevate the ~ of a newspaper 신문의 품격을 높이다/train [or polish, cultivate] one's ~ 인품을 갈고 닦다. 5 U (좋은) 평판, 명성. ¶lose [injure, redeem] one's ~ 명성을 잃다[훼손하다, 회복하다]/get a good ~ 호평을 받다.
6 (사람·사물의) 특성에 관한 서술; (전(前)고용주가 고용인에게 주는) 인물 평가서, 추천장(~ reference). ¶twenty years' ~ 20년 근속 증명서/His employer gave him a very good ~. 고용주가 그에게 아주 좋은 추천장을 써 주었다. 7 U 지위, 신분, 자격. ¶in one's ~ as an ambassador 대사 자격으로. 8 사람, 인물. ¶a real ~ 실재 인물/a public ~ 세상에 널리 알려진 사람, 공인(公人)/bad ~s 불량배. 9 (구어) 개성이 강한 사람; 괴짜, 기인(奇人). ¶He is quite a ~. 그는 상당히 괴짜이다. 10 (연극·영화·소설 속의) 등장 인물, 배역; (만화의) 캐릭터; (17-18세기 영문학의) 인물 묘사(~ sketch). ¶a leading ~ 주역/impersonate a ~ 어떤 인물로 분장하다. 11 문자, 기호, 부호. ¶an alphabetic ~ 알파벳 문자/Chinese ~s 한자/musical ~s 악보/in large [small] ~s 큰[작은] 글자로. 12 [집합적] (한 나라의) 문자(chractery); 서체(書體). 13 (생물) (유전의) 형질(形質). ¶acquired ~s 획득 형질. 14 (페의) 암호, 기인(奇人). 15 (컴퓨터) 캐릭터, 글자, 문자, 부호. ¶a reader 문자 판독 장치. 16 (수학) (군(群)의) 지표(指標).

give a person a good [bad] character 남을 칭찬하다[헐뜯다]. 「꼭 맞아(with).
in character 성미에 맞아; 조화되어, 어울려; 배역에
in the character of [or *as*] ① …의 자격으로. ② …역으로 분장하여.
out of character 성미에 맞지 않아; 조화되지 않아, 안 어울려; 배역에 맞지 않아(with).
— 형 (연극) (배우가) 성격적인; (배역·연기 등이) 성격 연기의 자질을 요구하는.
— 동 타 (고어) 1 (성격)을 묘사하다, 기술하다. 2 …을 조각하다, 새기다, 파다.
cháracter àctor 몡 성격 배우. 「성격 방호(防護)
cháracter àrmor 몡 (심리) (약점을 감추기 위한)
cháracter assassinàtion 몡 (美) (공인(公人) 등에 대한) 중상, 비방, 인신 공격.
cháracter bùilding 몡 인격 형성.
cháracter còde 몡 (컴퓨터) 문자 식별 코드.
cháracter dénsity 몡 (컴퓨터) 문자 밀도.
cháracter disórder 몡 성격 이상.
cháracter displáy 몡 (컴퓨터) 문자 표시 장치.
char·ac·ter·ful [kǽriktərfəl] 형 특징[특질, 특징]을 잘 나타내는; 특징적인, 독특한. **~·ly** 부
cháracter gènerator 몡 (TV) 문자 생성기(器).
‡**char·ac·ter·is·tic** [kæ̀riktərístik] 형 (more ~; most ~) 독특한, 특유의, 특징 있는 (of). ¶the ~ enthusiasm of youth 젊은이의 특색인 열성/It's ~ of him. 그것은 참으로 그다운 일이다. (또는 **characteristical**)
— 몡 1 특질, 특성, 특색, 특징. ⇨FEATURE 유의어 ¶the ~s of the nation 그 국민의 특성. 2 (수학) (로그의) 지표(指標), 지수.
-ti·cal·ly 부 특징으로서, 특성을 나타내도록.
characterístic cúrve 몡 (물리) 특성 곡선; (사진) 특성 곡선, 농도(濃度) 곡선. 「(固有) 방정식.
characterístic equátion 몡 (수학) 특성(고유
characterístic fréquency 몡 (전기) 특성 주파수; (물리) 고유 진동수; (화학) 특성 진동수.
characterístic fúnction 몡 (수학) 특성(고유) 함수; 특성 다항식(characteristic polynominal).
characterístic polynóminal 몡 (수학) 특성 다항식, 고유 다항식.
characterístic radiátion 몡 특성 방사선.
characterístic róot [**válue**] 몡 (수학) 고유치(値); 고유 방정식의 근.
characterístic véctor 몡 (수학) 고유 벡터. 「도.
characterístic velócity 몡 (항공·우주) 특성 속
char·ac·ter·i·za·tion [kæ̀riktərizéi ʃən/-raiz-] 몡 (글·극중의 인물·배우의) 성격 묘사; (특성·인품 따위의) 기술, 설명, 평가.
****char·ac·ter·ize** [kǽriktəràiz] (* (英) **-ise**) 동 타 1 …의 특성을 나타내다[밝히다]. 2 …의 특성을 기술(記述)하다. ¶ (~+몡+as 뮈) It must be ~d as a success. 그것은 성공이라고 단정해야 한다. 3 …에 특성을 주다, 특징을 이루다. ¶His style is ~d by simplicity. 그의 문체는 간결한 게 특징이다.
-iz·a·ble 형 **-iz·er** 몡
char·ac·ter·less [kǽriktərlis] 형 1 특징[개성]이 없는, 평범한. 2 (근무) 증명서가 없는.
char·ac·ter·ol·o·gy [kæ̀riktərάlədʒi/-rɔ́l-] 몡 (심리) 성격학, 성격 연구; 성격 판단.
-o·lóg·i·cal 형 **-o·lóg·i·cal·ly** 부
cháracter pàrt (연극) 성격역(役). 「소곡.
cháracter pìece 몡 (음악) 캐릭터 피스(피아노용
cháracter recognítion 몡 (컴퓨터) 문자 인식.
cháracter réference 몡 (英) 추천서, 소개장.
cháracter skétch (인물묘사) 묘사; 인물 촌평.
cháracter stùdy 몡 성격 묘사 소설.
cháracter tỳpe 몡 (심리) 성격 유형.

character witness 명 성격 증인(법정 등에서 원고나 피고의 평판·인품 따위에 관해 증언하는 사람).

char·ac·ter·y [kǽriktəri] 명 1 (~) 문자 수단으로서의) 문자[기호]의 사용. 2 (집합적) (한 나라의) 문자.

cha·rade [ʃəréid·-ráːd] 명 1 (~s) (단수취급) 몸짓놀이, 제스처 게임(몸짓으로 나타내는 말을 알아맞히는 놀이). 2 (이 놀이에서 쓰이는) 수수께끼의 말. 3 뻔한 속임수.

cha·ran·go [tʃərǽŋgou] 명 (옥 ~s) 차랑고(남아메리카의 일종의 소형 기타).

cha·ras [tʃɑ́ːrəs] 명 (속어) 해시시(hashish) 「머리.

char·broil [tʃɑ́ːrbrɔ̀il] 타동 (고기 따위를) 숯불로 굽다.

*__**char·coal**__ [tʃɑ́ːrkòul] 명 1 ⓤ 숯, 목탄. 2 목탄 연필; 목탄화(畵). ― 타동 …을 목탄으로 그리다; …에 숯을 칠하다. ~**·y** 형 「은 비스킷.

charcoal biscuit 명 (소화를 돕기 위해) 목탄을 섞은 비스킷.
charcoal burner 명 숯 굽는 사람; 숯 풍로, 화로.
charcoal drawing 명 목탄화(畵).
charcoal gray 명 짙은 회색(dark gray).
charcoal rot 명 (식물병리) 탄저병(옥수수 등의 병).

chard [tʃɑːrd] 명 (식물) 근대(Swiss)(잎은 식용).

char·don·nay [ʃɑ̀ːrdənéi] 명 샤르도네(쓴맛의 백포도주). (<F)

chare [tʃɛər] 명동 (영) =char³.

charg·a·ble [tʃɑ́ːrdʒəbl] 형 =chargeable.

‡**charge** [tʃɑːrdʒ] 동 (**charg·es** [-iz]; ~**d**; **charg·ing**) 타동 1 …에게 (지불·대금 따위를) 청구[요구]하다, (대금으로) (금액)을 청구하다 (for). ¶~ him twenty dollars for the broken window 창문 파손료로 20달러를 청구하다 / That store ~s $20 for leather gloves. 저 가게에서는 가죽 장갑을 20달러에 받는다. 2 (세금 따위를) …에게 부과하다 (on, upon, to); (사람·토지 따위에) (세금 따위)를 부과하다 (with). ¶~ tax on his house. 그의 주택에 세금을 부과하다. 3 …을 차변(借邊)에 기입하다; (미) …을 부채(대출) 속에 넣다; 외상으로 달아 놓다, 외상으로 구입하다; …의 부담으로 하다 (to). ¶C~ it, please. 외상으로 달아 두십시오 / ~ expense to a person's account 비용을 남의 계좌(計座)에 올리다. 4 (마음·정신)에 부담을 주다; (임무 따위를) …에게 위탁하다, 맡기다; (재귀용법으로) 떠맡다 (with). ¶ (~ +명+전+명) ~ oneself with …의 책임을 떠맡다 / I am ~d with the task. 나는 그 일을 책임지고 있다. 5 (남)에게 명령하다 (to do); (판사가) (배심원)에게 (사건 내용)을 설명하다. ¶I ~ you strictly not to commit such a crime again. 두 번 다시 그런 죄를 범하지 않도록 엄중히 명한다. 6 …을 비난하다, 나무라다 (with, at); 고소[고발]하다 (with); (죄 따위)를 뒤집어씌우다, …의 탓으로 돌리다 (to, against). ¶ (~+명+전+명) ~ a crime on her 죄를 그녀의 탓으로 돌리다 / He was ~d with a crime. 그는 기소되었다 (*(미)에서는 It is ~d that he committed a crime/ He is ~d with stealing a car. 그는 자동차 절도 혐의로 기소 상태이다).

유의어 **charge** 보통 무거운 죄를 법에 의해 고소[고발]하다. **accuse** 죄상을 들어서 본인을 직접 엄하게 책망하다. **indict** (검사·배심단 등이) 증거를 고려한 끝에 필요하다고 인정하여 기소하다. **impeach** 공직자의 부정을 헌법의 절차에 따라 탄핵하다; 일반적으로는 사람을 고소하여 답변을 하게 하다.

---

7 (짐을) …에 싣다 (물건을) (그릇)에 채우다, 담다 (with). ¶~ a glass with wine 컵에 포도주를 채우다. 8 (총포)에 장전하다 (with); (축전지)에 충전하다 (up); (물리) …을 대전(帶電)시키다. ¶~ a storage battery 축전지에 충전하다 // (~+명+전+명) ~ a gun with powder 대포에 포탄을 장전하다. 9 (일반적으로) …에 채워 넣다, 가득 채우다; …을 다른 물질로 채우다, 포화(飽和)시키다 (up) (with). ¶ (~+

명+전+명) a brush ~d with black ink 먹을 듬뿍 머금은 붓 / ~ water with salt 물에 소금을 포화시키다. 10 (적진·요새 따위에) 돌격[돌입]하다; (스포츠) (축구·럭비 따위에서) (볼을 가진 선수)를 (규칙을 어기고) 몸으로 부딪치다 (down); (총·창 따위)를 겨누다. 11 (재료 따위를) (용광로 따위)에 투입하다 (into, with). 12 (책·자료 따위)를 대출(신청)하다 (out). 13 (방패 따위)에 문장(紋章)을 넣다 (with, on, upon).
― 자 1 돌진[돌격]하다; (돌격)을 가하다. ¶We ~d at the enemy. 우리는 적을 돌격했다. 2 대금[지불]을 청구하다 (for); (…을) 외상으로 구입하다. 3 지불을 달아 두도록 달다; 셈을 해 차변에 기입하다. 4 (배터리가) 충전되다. 5 (판사가) 배심원에게 설명하다. 6 (개가) 명령에 따라 앉다.

be charged with ① …로 가득 차 있다. ② …을 책임 맡고 있다, …의 혐의를 받다.
charge down (럭비 따위에서) 공을 몸으로 막다.
charge like a bull at a gate (소가 머리로 돌진하듯) 사정없이 대들다.
charge off ① …을 결손[필요 경비]으로 공제하다. ② (…의) 탓으로 돌리다 (to). ③ (구어) (기세 좋게) 뛰쳐 나가다, 도망치다.
charge up (구어) ① (청중·군중)을 선동하다; 흥분하게 하다. ② (마취제)에 마취되다, 취하다. ③ (미) …의 탓으로 돌리다. ④ 충전하다.

― 명 (옥 **charg·es** [-iz]) 1 ⓤⓒ (종종 ~s) 요금, 대금, 청구 대금, 비용, 사용료, 수수료 (for); 경비, 경비. ⇨PRICE 유의어 ¶ the ~ for admission 입장료 / a list of ~ 요금표 / No ~ is made for this service. 무료 서비스입니다. 2 ⓒ (회계) 차변(借邊)(부채란) 기입; 외상; (도서의) 대출 기록. ¶put down $1,000 to his ~ 1,000달러를 그의 앞으로 달다. 3 재정상의 부담; (부동산의) 부채, 채권; 과세 (on, upon). 4 짐, 무거운 짐, 부담. 5 ⓤⓒ (화약 1 발분의) 장전; (용기 한 개의) 분량; (연료 1 회분의) 투입(량); (비유적) 박력, 여운, 축적. 6 ⓒ (구어) (약 1회분의) 복용량; (구어) (한 잔의 술); (속어) 마약 주사(1회분의 양). 7 (전기) 충전; (물리) 전하(電荷). ¶ (an) electric ~ 전하/ on ~ 충전하여. 8 ⓤ 감독; 운영; 보관, 관리; 보호. ¶ the hospital under his ~ 그가 관리하고 있는 병원. 9 ⓤ (맡겨진) 책임, 의무; ⓒ 맡은 물건; 수탁물(受託物); 맡겨진 사람(환자·신도 등). 10 ⓤ 명령, 호령, 훈계; 설명 (to, to do). ¶a judge's ~ to the jury 배심원에 대한 판사의 설명. 11 비난; 혐의; 고소, 고발 (against, of); 문책. ¶a ~ of murder 살인 혐의 / a false ~ 무고한 죄 / retract a ~ 고소를 취하하다 / What's the ~? 무슨 혐의지? 12 돌격[진격]; (돌격) 나팔; (스포츠) (축구·럭비 등에서의) 차징, 반칙 행위. 13 문장(紋章), 의장(意匠). 14 (로켓) 고체 추진제(推進劑) 입자. 15 (美속어) (보통 a ~) 흥분, 스릴; (마약에 의한) 도취감.

at a charge of …의 비용으로.
at a small charge 적은 비용으로.
at one's **own charge** 자비로.
be a charge on a person 남에게 부담을 끼치다; 남의 신세를 지다. 「다.
become a public charge 사회의 성가신 존재가 되
bring [or make] a charge against a person 남을 고발하다; 남을 비난하다. 「니까?
Cash or charge? (계산대에서) 현찰입니까 외상입
face a charge of …혐의를 받다. ¶face a ~ of theft 절도 혐의를 받다.
free of charge 무료로.
get a charge out of (구어) …에 스릴[기쁨]을 느끼다, …을 즐기다.
give a person a charge (구어) 남을 즐겁게 하다, 흥분시키다.
give…in charge to a person …을 남에게 맡기다.
give a person in charge 남을 경찰에 인도하다.
have charge of =take charge of.

in charge ① …을 맡은, 담당한.¶a physician *in* ~ 주치의. ② (英) 체포되어, 구류되어. 「저, 위탁되어.
in charge of ① …을 맡아서, 담당하여. ② …에게 맡겨
in full charge 손살같이 달려. 「맡겨져 있는.
in the charge of; in *a person's* **charge** 남에게
lay a charge 비난[고소]하다.
lay...to *a person's* **charge** …을 남의 탓으로 돌리
make a charge against …을 비난하다.
make a charge for …의 견적을 내다; …의 대금을
No charge for admission. 입장 무료. ¶청구하다.
on charges of; on a [or **the**] **charge of** …혐의
pay by charge (신용) 카드로 지불[결제]하다. 「로, …죄로.
press charges 고발[기소]하다.
put a person on a charge 남에게 책임을 지우다.
put...under [**in**] *a person's* **charge** …을 남에게
맡기다.
return to the charge 돌격[토론]을 다시 시작하다.
reverse the charges (英) (전화 요금을) 수신인부
sound the charge 돌격 나팔을 불다. 「로 하다.
take charge (구어) (일·물건 따위가 비정상 결과를
가져와) 감당하지 못하다, (차가) 폭주하다.
take charge of …을 떠맡다, 돌보다: …의 책임을 지
take in charge (英) 체포하다(arrest). 「다.
without charge 무료로.
char·gé [ʃɑːrʒéi/ʃáːʒei] 명 =~ d'affaires
charge·a·ble [tʃɑ́ːrdʒəbl] 형 1 (부담·비용을) 책 임져야 할 (*on, upon, to*); (세금이) 부과되어야 할 (*on, upon, with*).¶a ~ call 유료 통화/be ~ *on* him [*to* his account] 그가 맡아야[지불해야] 하다. 2 (책임·죄·허물을) 져야 할 (*on, upon, for, with*); 고 소되어야 할 (*with*). 3 돌보아 주어야 할, (사회의) 신세를 느는 (*to*), 4 (고어) 값비싼.
 -**bíl·i·ty**, ~**ness** -**bly** 부. 「account).
chárge accóunt 명 (美) 외상 계정(英) credit
charge·a·hol·ic [tʃɑ́ːrdʒəhɔ́(ː)lik] 명 크레디트 카
드를 남용하는 사람, 크레디트 카드 중독자.
charge-a-plate [-əpléit] 명 신용[외상 거래] 카드.
charge·back [tʃɑ́ːrdʒbæ̀k] 명 1 (금융) 임금 취소. 2 (美) (신용 카드 발행전 따위의) 지불 거절. 3 (~s) 부
chárge cárd 명 =credit card. 「도 어음.
chárge conjugátion 명 (물리) 전하 공액(荷電共軛), 「전하(電荷) 결합 소자(素子)(약 CCD).
chárge-cou·pled device [ʃkʌpld-] 명 (전자)
chárge cústomer 명 외상 손님; 신용 거래처.
charged [tʃɑ́ːrdʒd] 형 1 (물리) 대전(帶電)[하전(荷電)]한.¶a ~ body [particle] 대전체[하전 입자]. 2 (연설 따위가) 감격한, 격앙된, 열정적인. 3 (논평 따위가) 자극적인, 반론을 불러일으킬 듯한. [동의어].
 charged up (美俗) (마약으로) 기분이 좋은; 흥분
char·gé d'af·faires [ʃɑːrʒéi dəféər/ʃɑ́ːʒei dæféə] 명 ~s d'- [-ʃɑ́ːrʒéiz-/ʃɑ́ːʒeiz-] 대리 대사 [공사]. [<F]
chárge dénsity 명 (물리) 전하 밀도(電荷密度).
chárged párticle béam 명 하전 입자빔.
charge·ful [tʃɑ́ːrdʒfəl] 형 (폐어) 고가의, 값비싼.
charge·hand [tʃɑ́ːrdʒhæ̀nd] 명 (英) 십장(什長)(foreman): 조장, 반장(십장 다음 직위).
chárge nùrse 명 (英) (병동(病棟)의) 수간호사.
charge-off [-ɔ́ːf/-ɔ́f] 명 (불량 채권 따위의) 상각.
chárge of quárters 명 (당직) 하사관; 그 임
chárge pláte 명 =charge-a-plate. 「무(약 CQ).
charg·er¹ [tʃɑ́ːrdʒər] 명 1 (짐을 탈것에 따위를) 채우는 사람[것]: (총포의) 장전수: 장전(장약, 삽입)기. 2 돌격자: (군사) 군마(軍馬): (시) (일반적으로) 말. 3 (전기) 충전기(充電器). 4 (美俗) (고속 엔진으로 갈아 끼운 중고차(hot rod) 의) 운전자.
charg·er² [고어] 큰 접시.

chárges colléct 명 운임 도착지불(到着地拂).
chárge shéet 명 (英) (경찰의) 조서(調書), 사건 기
록부. 「하게. 2 아깝은 듯이, 인색하여.
char·i·ly [tʃɛ́əriii] 부 1 조심스럽게, 주의하여, 꼼꼼
char·i·ness [tʃɛ́ərinis] 명(U) 1 조심성(caution). 2
인색함, 근검. 3 (폐어) 완전무결.
Chár·ing Cróss [tʃɛ́əriŋ-] 명 채링 크로스(영국 London 도심의 Trafalgar 광장 동쪽 번화가).
*****char·i·ot** [tʃǽriət] 명
1 (역사) (1인승 2륜의) 전차(戰車)(전쟁·경기용).
2 (18세기의) 4륜 경마차: (시) 꽃마차, 멋진 마차. 3 (익살) 고물 자동차. ─ 동 타 전차를 몰

[chariot 1]

다, 전차에 타다. ~**like** 형
char·i·ot·eer [tʃæ̀riətíər] 명 1 chariot 모는 사람. 2 (C-) (천문) 마부자리(Auriga).
cha·ris·ma [kərízmə] 명(U)(C) (복 ~**ta** [-tə]) 카리스마. 1 **a**) 비범[특수]한 통솔력, 교조적 영도력. **b**) 사람들을 감복시키는 특별한 힘[매력]. 2 (신학) 신으로부터 받은 초능력. (또는 **charism**)
char·is·mat·ic [kæ̀rizmǽtik] 형 영도자로서의 매력이 있는, 카리스마가 있는; 카리스마적인; 카리스마파(派)의. ─ 명 카리스마파 신자. -**i·cal·ly** 부
*****char·i·ta·ble** [tʃǽrətəbl] 형 1 자비로운, 너그러운, 관대한 (*to, toward*). 2 자선(사업)의.
~**ness** -**bly** 부
‡char·i·ty [tʃǽrəti] 명 (복 -**ties** [-z]) 1 (U)(C) 자선(행위), 적선; 자비심, 박애, 인심, 관용; (형용사적) 자선의, 자선적인.¶a ~ ball [concert] 자선 무도회[음악회]/a man of ~ 자선가. 2 자선 금품, 구호품.¶She lives on ~. 그녀는 구호품으로 살아간다. 3 자선(구호) 기금[단체, 시설, 시료원(施療院), 양육원; (-ties) 자선 사업.¶devote oneself to *charities* 자선 사업을 위해 헌신하다/contribute to *charities* 자선 단체에 기부하다. 4 (U) (기독교) (신의) 자애(慈愛): (신·인간에 대한) 사랑; 인간애, 이웃 사랑.¶*C-* *begins at home*. (속담) 자비는 내 집부터 시작한다. 5 꽃고비(관상용 식물)(Jacob's ladder). 「한하여).
(*as*) *cold as charity* (형식적인 자선 행위처럼) 냉담
for the sake of charity; for charity's sake 자선을 위해.
in [*or out of, with*] *charity* 불쌍히 여겨; 귀엽게
chárity bazáar 명 자선 바자.
chárity bòy 명 자선 학교의 남학생.
chárity chíld 명 고아원 원아.
Chárity Commíssion(ers) 명 (英) (정부의) 자선 사업 감독 위원회.
chárity dáme[**mòll**] 명 군(軍) 위안부.
chárity gírl 명 자선 학교의 여학생; (속어) =charity
chárity hóspital 명 자선 병원. 「dame.
chárity schóol 명 (英역사) 자선 학교, 빈민 학교.
chárity shópping evént 명 자선 바자[쇼핑 사].
chárity shów 명 자선 쇼.
chárity stámp 명 자선 우표.
chárity wálk 명 자선 크로스컨트리 경보(競步).
chárity wórk 명 자선 사업.
cha·ri·va·ri [ʃívərìː, -ʃəri-] 명 =shivaree.
chark [tʃɑːrk] 명 코크스. ── 동 타 …을 구워서 숯을 만들다, 코크스로 만들다.
char·la·dy [tʃɑ́ːrlèidi] 명 (英) =charwoman.
char·la·tan [ʃɑ́ːrlətən] 명 1 아는 체하는 사람, 허풍선이; 사기꾼. 2 가짜[돌팔이] 의사. -**tán·ic**, -**tán·i·cal** 형 -**tán·i·cal·ly** 부 ~**ish**, -**ís·tic** 형
char·la·tan·ism [ʃɑ́ːrlətənìzm] 명 =charlatanry.
char·la·tan·ry [ʃɑ́ːrlətənri] 명(U) 허풍, 엉터리,

Char·le·magne [ʃáːrləmèin] 〖명〗 샤를마뉴 대제(大帝)(742-814; 서로마 제국[프랑크 왕국]의 황제).

Charles [tʃɑːrlz] 〖명〗 **1** ∼ I 찰스 1세(1600-49; 청교도 혁명 때 처형). **2** 찰스 왕세자(1948- : 영국 여왕 Elizabeth II의 큰아들). **3** 〖美속어〗 코카인; 〖美흑어속어〗백인(白人).

Charles's Wain [tʃɑːrlziz wéin] 〖명〗 〖英〗 북두칠성.
Chárles the Gréat 〖명〗 =Charlemagne.
Charles·ton [tʃɑːrlztən/tʃɑːls-] 〖명〗 찰스턴. **1** 미국 West Virginia 주의 주도. **2** 미국 South Carolina 주의 항구. **3** (the ∼) 미국에서 1920년대에 유행한 춤.
— 〖자〗 찰스턴을 추다.

Char·ley [tʃɑːrli] 〖명〗 **1** 찰리(남자 이름; Charles의 애칭). **2** (c-) 〖英속어〗 바보; 〖美속어·경멸적〗 백인 나리(Mr. Charlie).
Chárley Cóke 〖명〗 〖美속어〗 코카인; 코카인 중독자.
Chárley Góon 〖명〗 〖美속어〗 경찰(관).
chárley hòrse 〖명〗 〖美구어〗 (근육의 피로에 의한) 팔·다리의 경직, 쥐. ¶ I got a ∼. 발에 쥐가 났다.
Char·lie [tʃɑːrli] 〖명〗 **1** 찰리(Charles의 애칭). **2** (통신에서) C자를 표시하는 부호. **3** 〖英속어〗 바보; 월경. **4** (종종 c-) (∼s) 유방, 젖. **5** 〖속어〗 코카인. **6** 〖美속어〗 (∼s) 불알.
Charlie's dead 〖英속어〗 속옷이 보인다.
Chárlie Nébs [-nébz] 〖명〗 〖美속어〗 경찰, 순경.
Chárlie Tángo 〖명〗 〖美軍속어〗 관제탑.

char·lock [tʃɑːrlək/-lɔk] 〖명〗 겨자류의 식물.
char·lotte [ʃɑːrlət] 〖명〗 샬로트(과일 크림 따위를 빵이나 카스텔라로 싼 푸딩).
Char·lotte [ʃɑːrlət] 〖명〗 샬로트(여자 이름; 애칭 Lottie, Lotty).
[에 커스터드를 씌운 것).
chárlotte rússe [-rúːs] 〖명〗 샬로트 루스(카스텔라
‡**charm** [tʃɑːrm] 〖명〗 **1** 〖U〗〖C〗 매력; (∼s) (여자의) 아름다운 용모, 미색. ¶ feminine ∼s 여성미/the ∼s of nature 자연의 매력/break the ∼ 환멸을 느끼게 하다. **2** 마력(魔力), 마법(spell). **3** (마귀를 쫓는) 부적; 주문(呪文), 주술 (against); *a life* ∼ 목숨을 지켜주는 부적. **4** (팔찌 따위에 다는) 작은 장식물. **5** 〖물리〗 참(하드론(hadron)을 구별하는 물리량의 일종).
act [or *go*, *work*] *like a charm* (계획 따위가) 잘 진척되다; (약 따위가) 신통하게 듣다; (기계 따위가) 잘 작동하다. 〖동하다〗
be under the charm 마법에 걸려 있다.
The third time's a charm. 〖美〗 삼세번 만의 행운.
turn on the charm 매력을 풍기다[발산하다].
— 〖타〗 [∼ s [-z]] **1** (수동형으로) …을 황홀하게 하다, 매료시키다 (with) (⇒ATTRACT 〖유의어〗); …을 기쁘게 하다 (to do). ¶ I shall be ∼ed to come to your house. 기꺼이 댁으로 찾아 뵙겠습니다 // (∼ + 몸 + 쩐 + 名) I was ∼ed with her conversation. 나는 그녀의 대화에 매료되었다. **2** …에 마력을 걸어 …하게 하다 (into, to); …에 마력을 부여하다. ¶ (∼ + 몸 + 副) ∼ a person asleep 남을 마력으로 잠이 들게 하다. **3** (분노·슬픔 따위를) 마력으로 달래다 (away). ¶ (∼ + 몸 + 副) ∼ away one's toothache 신통력으로 치통을 고치다. — 〖자〗 **1** 매력적이다, 매력을 지니다. **2** 마법을 걸다. **3** (약 따위가) 이상하게 잘 듣다, 신통하게 듣다.
chárm bràcelet 〖명〗 장식이 된 팔찌.
charmed [tʃɑːrmd] 〖형〗 **1** (…에) 매료된, 도취된; 아주 즐거워하는 (with, to do). ¶ a ∼ audience 도취된 군중. **2** 마력[주문]에 의해 지켜주는 듯한. **3** (마력·주문으로 보호되고 있는 것처럼) 행운의, 불사신의, 특권적인.
chármed círcle 〖명〗 배타적 집단; 특권 계급.
chármed life 〖명〗 (마력이 지켜주는 듯한) 아주 행복한 생명[생활]: 불사신. ¶ bear a ∼ (어떤 재난에 부딪혀도) 불사신이다 (← Shakespeare 작 *Macbeth* 5 : 8).
chármed quárk 〖명〗 〖물리〗 참 쿼크.
charm·er [tʃɑːrmər] 〖명〗 **1** 매력적인 〖구어〗 인

기 있는 사람, 미녀. **2** 마술사.
char·meuse [ʃɑːrmúːz] 〖명〗 〖U〗 사르뮤즈(견직물).
charm·ing [tʃɑːrmiŋ] 〖형〗 (*more* ∼; *most* ∼) **1** 매력적인, 애교 있는; 유쾌한, 즐거운. **2** 마력을 가는.
∼**·ly** 〖부〗 ∼**·ness** 〖명〗
char·mo·ni·um [tʃɑːrmóuniəm] 〖명〗 〖물리〗 차모늄(참 쿼크(charmed quark)와 참 반(反)쿼크로 이루어지는 모든 입자).
chárm schóol 〖명〗 신부 학교, 차밍 스쿨.
char·nel [tʃɑːrnl] 〖명〗 납골당(∼ house). — 〖형〗 **1** 시체를 안치하는, 납골(당)의. **2** 죽음과 같은; 몸이 오싹하는; 음산한.
chárnel hòuse 〖명〗 영안실, 납골당, 시체 안치소.
Cha·ro·lais [ʃærəléi] 〖명〗 샤를레(프랑스 원산(原産) 육우(肉牛)). (또는 **Charolaise, Charollais**)
Char·on [kɛ́ərən/kɛ́ər-] 〖명〗 **1** 〖그리스 신화〗 카론(저승으로 가는 강(Styx)의 뱃사공). **2** 〖익살〗 나룻배 사공.
Charon's boat [or *ferry*] 임종[최후].
have one foot in Charon's boat [or *ferry*] 임종이 가깝다.
Cha·ró·ni·an, Cha·rón·ic 〖형〗
char·poy [tʃɑːrpɔi] 〖명〗 (∼s) (인도의 대나무로 만든) 간이 침대. (또는 **charpai**)
char·qui [tʃɑːrki] 〖명〗 〖U〗 쇠고기 육포. **-quid** 〖명〗
charr [tʃɑːr] 〖명〗 =char².
char·ra·da [tʃɑːrɑ́ːdə] 〖명〗 차라다(멕시코의 rodeo).
char·rette [ʃərét] 〖명〗 (전문가들의) 토론회, 심의회. (또는 **charette**) [〈F]
char·ry [tʃɑːri] 〖형〗 목탄질의, 숯 같은; 숯투성이의, 숯검정의.
‡**chart** [tʃɑːrt] 〖명〗 **1** 표(表); 도표; 그래프(graph). ¶ a *bar* [*pie*] ∼ 막대[원] 그래프 / *show on a* ∼ 도표로 나타내다. **2** 해도(海圖), 수로도; 공도(空圖). **3** (특수한 상황·사실 따위를 나타내는) 약도; …도(圖). ¶ a *topographic* ∼ 지형도 / *a physical* ∼ 지세도(地勢圖) / *a weather* ∼ 일기도. **4** (the ∼s) (음반 따위의) 히트 차트, 주간[월간] (판매) 순위표. **5** 〖美구어〗 (재즈 따위의) 편곡. **6** 〖의학〗 진료 기록부, 차트(*medical* ∼). **7** 〖경마〗 경주판(말의 성적표. **8** 〖식당의〗 메뉴.
— 〖타〗 **1** …을 도표[해도]로 만들다[기록하다, 나타내다]. **2** …을 계획하다. ¶ ∼ *a course of action* 행동 방침을 세우다. — 〖자〗 (음반 따위가) 인기 순위에 오르다 [실리다].
∼**·a·ble** 〖형〗
‡**char·ter** [tʃɑːrtər] 〖명〗 (∼**s** [-z]) **1** (종종 the C-) 헌장, 선언; 강령. ¶ the Great *C-* (영국의) 대헌장 (Magna Carta) / the *C-* of the United Nations 유엔 헌장. **2** (법인·단체 따위의) 설립 조항, 허가서; (중앙기관·모(母)회사로부터의) 지부[지점] 설립 허가. **3** (국왕 등으로부터의) 윤허장, 특허장. **4** 특권, 특허; 〖英법률〗 양도[날인] 증서. **5** (항공기·버스 따위의) 전세. **6** 용선(傭船) 계약(서). — 〖타〗 (∼**s** [-z]) **1** …에게 특허[특권, 특전]를 주다, (지부·지점 따위의) 설립을 인가하다. **2** 〖항공기·선박 따위를〗 전세 내다 (⇒HIRE 〖유의어〗). ¶ ∼ *a course of action* 전세 낸, 대절한. **2** 특허[인가]에 의한. 특권을 가진. ∼**·a·ble**, ∼**·less** 〖형〗 [용선료.
char·ter·age [tʃɑːrtəridʒ] 〖명〗 임대차[용선] 계약;
chárter cólony 〖명〗 〖美史〗 특허 식민지(영국왕이 각 무역 회사에 준 특허장에 의하여 건설된 식민지).
char·tered [tʃɑːrtərd] 〖형〗 **1** 특허[면허]를 받은, 공인된; 〖익살〗 천하가 다 아는 난봉꾼. **2** 전세 낸; 용선 계약을 한. ¶ a ∼ *bus* 전세 버스.
chártered accóuntant 〖명〗 〖英〗 공인 회계사(약 C.A.)(〖美〗 certified public accountant; 약 C.P.A.).
chártered bánk 〖명〗 〖캐나다〗 특허 은행.
chártered cómpany 〖명〗 〖英〗 특허 회사(국왕의 특허장에 의해 설립된 회사; 동인도 회사 따위).
chártered survéyor 〖명〗 〖英〗 공인 건축사.
char·ter·er [tʃɑːrtərər] 〖명〗 용선자(傭船者), 전세내는 [사람.
chárter flíght 〖명〗 전세기(편), 전세 여객기.

Char·ter·house [tʃάːrtərhàus] 圈 1 카르투지오 회 수도원(Carthusian monastery)(영국 London에 있었다). 2 (the ~) (1611년 그 자리에 세워진) 양로원.

chárter mémber 圈 (회사·단체 따위의) 창립 위원((英) founder member).

chárter pàrty 圈 용선 계약(서)(약 c/p).

chárter school 圈 (美) (교육 위원회의 통제를 안 받는) 독립 공립 초·중등 학교.

Chárter 77 [-séventisévən] 圈 헌장 77(1977년 체코슬로바키아 Husak 정권의 인권 탄압을 고발한 자유와 지식인 257명에 의한 인권 선언; 그 단체).

chárt hòuse 圈 [해사] (배의) 해도실(海圖室).

Chart·ism [tʃάːrtizm] 圈 (노동자들에 의한) 차티스트 운동 People's Charter(인민 헌장) 법제화 운동(1837-48)); 인민 헌장주의. **-ist** 圈 「분석가.

chár·tist [tʃάːrtist] 圈 1 지도 작성가. 2 주식 차트 분석가.

chart·less [tʃάːrtlis] 圈 해도가 없는; 해도에 실려 있지 않은. 「raphy.

char·tog·ra·phy [kɑːrtάgrəfi/-tóg-] 圈 =cartog-

char·treuse [ʃɑːrtrúːz, -trúːs] 圈 1 (C-) 샤르트뢰즈 주(酒)(프랑스 Chartreuse의 카르투지오회(會) 수도원에서 만든 황·녹 2종의 리큐어). 2 圈 연두색. 3 (C-) 카르투지오 수도원(Carthusian monastery). [〈F]

chárt ròom 圈 [해사] =chart house. 「lary.

char·tu·lar·y [tʃάːrtʃuləri/tʃάːtjuləri] 圈 =cartu-

char·wom·an [tʃάːrwùmən] 圈 (빌딩의 청소원 등) 일용(日傭) 잡역부; (英) 일용 가정부, 파출부.

char·y [tʃɛ́əri] 圈 1 주의 깊은, 조심하는, 신중한 (of). 2 삼가는, 저어하는, 내성적인 (of). 3 아끼는 (of). ¶be ~ of a person's praise 남에게 찬사 보내기에 인색하다. 4 까다로운, 가리는 (about).

Cha·ryb·dis [kərίbdis] 圈 1 (이탈리아 Sicily 섬 앞바다의) 큰 소용돌이. 2 [그리스 신화] 카리브디스(바다의 소용돌이가 괴물로 의인화된 것). ⇨ Scylla *between Scylla and Charybdis* ⇨SCYLLA.

Chas. Charles.

‡**chase¹** [tʃeis] 圈 (*chas·es* [-iz]; *~d* [ ]; *chas·ing*) ⓣ 1 …을 뒤쫓다, 추적하다; …을 추격하다 (*down, up*). 《英구어》 …을 조사하다. ¶~ a thief 도둑을 뒤쫓다. 2 …을 쫓아 버리다 (*from, out of*), …을 몰아 버리다 (*away, off, out*). ¶(~+罔+前+名) ~ a fox *out of* its burrow 여우를 굴에서 몰아내다/~ fear *from* the mind 공포심을 몰아내다/¶(~+罔+前+名) ~ flies *off* 파리를 쫓아버리다. 3 (짐승 따위를) 사냥하다. ¶~ rabbits 토끼 사냥을 하다. 4 (美) (여자)에게 구애하다, 치근덕거리다. 5 (구어) …로 [독한 술의 입가심을 하다 (*with*). ¶~ whisky *with* water 물로 위스키를 입가심하다. ── ⓘ 1 뒤쫓다, 분주히 돌아다니다 (*about, around, off*) (*after, for*); …을 얻으려 애쓰다 (*after*). ¶(~+前+名) The police ~d *after* the murderer. 경찰은 살인범을 추적했다. 2 (구어) 달리다, 서두르다 (*around, round, about, off*).

chase (after) rainbows 몽상에 빠지다, 이뤄질 수 없는[허황된] 꿈을 좇다.

chase the dragon (속어) ⇨DRAGON. 「어버리다.

Go (and) chase yourself. (구어) 썩 꺼져, 나가 죽

── 圈 (圈 *chas·es* [-iz]) 1 ⓤⓒ 추적, 추격, 추구; (영화) 추격(추적) 장면. ¶the ~ of[or for] pleasure 쾌락의 추구. 2 ⓤ (the ~) 사냥, 수렵. ¶spoils of the ~ 사냥한 짐승/a lover of the ~ 사냥 애호가. 3 추적 [포획] 대상, 쫓기는 것[사람]. 4 (英) (사냥개를 풀어) (사냥터에서의) 수렵권, 동물을 길러 둘 권리. 5 = steeplechase. 6 (재즈의) 2인 이상이 변갈아 하는 연주. 7 (美속어) 담합

a wild goose chase 헛수고, 쓸데없는 노력.
give chase 추적하다, 뒤쫓다, 추격하다 (*to*).
in (full) chase (of) (…을) (전력을 다해) 뒤쫓아.
lead a person a (merry [or *hard*]) *chase* [or

dance) 애먹인 끝에 잡다; 남에게 수고하게 하다.
~·a·ble 圈

chase² [ ] 圈 1 (인쇄) 체이스(조판을 죄는 틀). 2 홈 (groove), 홈통; 오목하게 긴 부분(이음매에 난, 또는 파이프 따위의 매설에 쓰이는 홈). 3 포의 전신(前身)(포신에서 포구까지); 포신, 총신(barrel). ── ⓣⓘ …에 (나선상의) 홈을 파다, 갈구포을 내다.

chase³ [ ] ⓣⓘ (금속)에 돋을새김을 하다.

cháse gùn 圈 (군항의) 추격포(追擊砲)(chaser).

chas·er¹ [tʃéisər] 圈 1 쫓는 사람, 추격자. 2 (구어) 입가심 음료, 체이서(독한 술 뒤에 입가심으로 마시는 맥주·물·커피 따위; 순한 술 뒤에 마시는 독한 술). 3 (군함의) 추격포; 구잠정(驅潛艇); (구잠정의) 장착되는 추격포. 4 사냥꾼. 5 (英) (연극) (경희극(輕喜劇帷) 따위의) 종막; 종막의 음악; (관객 교체 시간의) 음악, 짧은 영화. 6 (美속어) 여자 뒤꽁무니를 쫓아다니는 사내. 7 (美속어) 교도관.

chas·er² 圈 조금사(彫金師).

chas·ing [tʃéisiŋ] 圈 ⓤ 조금술(彫金術); 조금무늬.

***chasm** [kǽzm] 圈 1 (지면·암석 따위의) 갈라진 틈, 균열; 협곡. 2 (벽 따위의) 크게 벌어진 틈. 3 (연속된 것의) 틈, 중단, 간극(gap). ¶a ~ in time 시간의 틈. 4 균열; (감정·취미·의견 따위의) 차이, 간격.

chás·mal, chás·mic 圈 갈라진 틈과 같은, 틈의.

chasmed [kǽzmd] 圈 갈라진 틈[균열]이 있는.

chas·mo·ga·mous [kæzmάgəməs/-mɔ́g-] 圈 (식물) (꽃이) 개화 수정(開花受精)의. (또는 **chasmogamic**)

chas·mog·a·my [kæzmάgəmi/-mɔ́g-] 圈 (식물) 개화 수정. 「=chasmic.

chasm·y [kǽzmi] 圈 1 갈라진[째진] 틈이 많은. 2 =chasmic.

chasse [ʃæs] 圈 (독한 술 담배 따위의 뒤에) 입가심의 리큐어 주류(현재는 pousse-café). 圈 chaser² [〈F

chas·sé [ʃæséi/-ˊ-] 圈 [댄스] 샤세(발을 빨리 미끄러지듯이 옮기는 스텝). ⓘ 샤세로 추다. [〈F

chas·seur [ʃæsə́ːr] 圈 1 (프랑스의) 추격병, 경보병, 경기병. 2 (제복을 입은) 시종, 급사. 3 사냥꾼. [〈F]

chas·sis [tʃǽsi/ʃǽsi] 圈 (圈 ~ [-z]) 1 (자동차의) 차대(車臺), 섀시. 2 (포차(砲車)의) 포가(砲架), 포대. 3 (항공기의) 착륙용 각부(脚部). 4 (라디오·TV의) 섀시 (각 부품을 고정시키는 대(臺)); 섀시에 고정된 것. 5 (개비닛 따위의) 틀, 뼈대. 6 (美속어) (여성의) 몸, 섹시한 자태(姿態). [〈F *châssis* frame]

*chaste** [tʃeist] 圈 1 정숙한; 순결한, 더럽혀지지 않은. 2 처녀의, 동정의. 2 (성질·언행이) 우아한, 순수한. 3 (문체가) 고상한, 간결한.
~·ly 圈 ~·ness 圈

chas·ten [tʃéisn] ⓣ 1 (신이) (남을) 징벌하다, 혼내다, 단련하다. ¶a spirit ~ed *by* adversity 역경에 단련된 정신. 2 (열정 따위를) 억제하다, 완화하다. 3 (사상·문체 따위의) 순화하다, 세련되게 하다, 우아하게 하다. ~·er 圈 ~·ing·ly 圈 ~·ment 圈 」하다.

chas·tis·a·ble [tʃæstáizəbl] 圈 징벌받을 만한.

*chas·tise** [tʃæstáiz, ˊ-ˊ] ⓣ 1 …을 징벌하다, 혼내 주다, …에게 체벌을 가하다 (*for*). 2 심하게 꾸짖다[비난하다] (*for*). 3 (고어) (열정 따위를) 억제하다. -**tis·er** 圈 징벌하는 사람, ~·**ment** 圈 매질, 징벌.

*chas·ti·ty** [tʃǽstəti] 圈 ⓤ 1 순결, 정절, 정조. 2 순결함, 우아함. 3 (취미·언행) 따위의 고상함, 간소함.

chástity bèlt 圈 정조대(貞操帶).

chas·u·ble [tʃǽzjubl, -zəbl] 圈 (교회) 상제복(上祭服), 카수블(사제가 alb 위에 입는 제복). **-bled** 圈

‡**chat¹** [tʃæt] 圈 (-*tt*-) ⓘ 1 한담하다, 한가롭게 이야기하다, 담소하다 (*away*) (*with, about*). ¶(~+前+名) ~ *with* a friend 벗과 담소하다 / ~ *of* old times 옛 이야기를 나누다 / Let's ~ *over* tea. 차를 마시면서 이야기나 하자. 2 [컴퓨터] 채팅하다, 전자 메시지를 주고 받다. ── ⓣ (英구어) …에게 구애하다, …를 꾀다(*up*).

chat up (英) (…에게) 말을 걸다. ② (남자가 여자

에게 흑심을 품고) 말을 걸다.
— [명] 1 한담, (한가로운) 잡담; 좌담. ¶I've just dropped in for a ~. 잡담이나 하려고 잠시 들렀습니다. 2 《英》 가십(gossip). 3 (잘 지저귀는) 지빠귓과의 작은 새.
have a chat (with) (…와) 잡담하다.
None of your chat. 참견하지 마.
∠·ting [명]
chat² [명] 1 미상화(尾狀花). 2 익과(翼果), 시과(翅果). 3 (보리 따위의) 이삭(spike).
***châ·teau** [ʃætóu/∠-] [명] (복 **~s, ~x** [-z]) 1 (프랑스의) 성. 2 (프랑스의 성을 모방하여 지은) 대저택, 큰 별장. 3 (종종 C–) = ~ wine. (또는 **chateau**)
Châ·teau·bri·and [ʃætoubriɑ́:ŋ] [명] 샤토브리앙. 1 **Vicomte de** ~(1768–1848: 프랑스의 소설가·정치가·로만파 선구자). 2 (종종 c–) 필레 고기로 만드는 최고급 비프스테이크.
châ·teau wine [∠] [명] (종종 C–) 샤토 포도주(프랑스 Bordeaux산(産) 고급 포도주). 〔<F〕
chat·e·lain [ʃǽtəlèin] [명] 성주(城主)(castellan).
chat·e·laine [ʃǽtəlèin] [명] 1 여자 성주(城主), 성주 부인; 대저택의 여주인. 2 숙녀용 허리띠 장식용 사슬(열쇠·시계·지갑 등을 매달고 다닌다). 〔<F〕
cha·toy·ant [ʃətɔ́iənt] [형] 광택[색채]이 변화하는; 진주 광택의. — [명] 광택이 변화하는 보석.
-ance, -an·cy [명]
chát ròom [명] 채팅 룸, 대화방(복수 회원이 채팅을 즐길 수 있게 한 컴퓨터 통신 서비스).
chát shòw [명] 《英》 〔방송〕 (명사와의) 대담 프로(《美》 talk show).
Chat·ta·noo·ga [tʃæ̀tənú:gə] [명] 채터누가(미국 Tennessee 주의 도시; 남북 전쟁의 격전지).
chat·tel [tʃǽtl] [명] 1 〔법률〕 동산; (~s) 가재(家財). ¶goods and ~s 일체의 동산. 2 《고어》 노예.
cháttel hòuse [명] (바베이도스의) 이동식 목조 주택.
cháttel mòrtgage [명] 《美》 동산 (양도) 저당.
cháttel pérsonal [명] (복 **-s p-**) 순수 동산.
cháttel réal [명] (복 **-s r-**) 부동산적 동산.
‡chat·ter [tʃǽtər] [동] (**~s** [-z]) [자] 1 (원숭이·새 따위가) 꽥꽥[짹짹] 울어 대다(*away*). 2 (시시한 이야기를) 재잘재잘 지껄이다(*away, on*) (*about, over*). ¶ *Who ~s to you will ~ of you.* 《속담》 남의 소문을 네게 말하는 자는 네 소문도 말할 것이다. 3 (추위·공포 때문에 이가) 딱딱 소리내다; (기계 따위가) 덜컹덜컹 진동하다(*together*). ¶Fear made his teeth ~. 그는 공포로 이가 딱딱 마주쳤다. — [타] 1 …을 빠른 말로 지껄이다. 2 〔기계·이 따위〕를 달각달각[딱딱] 소리내다.
— [명] 1 재잘거림, 잡담. 2 (원숭이·새 따위가) 꽥꽥 울기[우는 소리], 새의 지저귐. ¶the ~ of sparrows 참새들의 지저귐. 3 (이가) 딱딱 마주치는 소리, (기계의) 덜컹덜컹 하는 소리.
~·ing·ly [부] **~·y** [형]
chat·ter·bot [tʃǽtərbɑ̀t/-bɔ̀t] [명] 대화[인공 지능]형 프로그램; 인공 지능 로봇. 〔*chatter*+robot〕
chat·ter·box [tʃǽtərbɑ̀ks/-bɔ̀ks] [명] 수다쟁이.
chat·ter·er [tʃǽtərər] [명] 1 수다쟁이. 2 참새목(目)의 각종 새(특히 waxwing, stonechat 따위).
chátter màrk [명] 1 〔기계〕 (진동으로 깎는 면에 생기는) 주름무늬. 2 〔지질〕 채터 마크(빙하의 침식으로 인한 암석 표면의 불규칙한 얕은 가로 홈).
chat·ter·pie [tʃǽtərpài] [명] 《속어》 =chatterbox.
chat·ty [tʃǽti] [형] 수다스러운, 말하기 좋아하는; 잡담(조)의, 격의 없는, 허물없는. **-ti·ly** [부] **-ti·ness** [명]
Chau·cer [tʃɔ́:sər] [명] **Geoffrey** ~ 초서(1340?–1400: 영국의 시인, 「영시의 아버지」; [약] Chauc.).
Chau·ce·ri·an [tʃɔ:síəriən] [형] 초서(Chaucer)의, 초서(의 작품)풍의. — [명] 초서 연구가[예찬가].
chaud·froid [ʃóufrwɑ́:] [명][U] 〔요리〕 쇼프르와(젤리나 마요네즈를 곁들인, 조류(鳥類)의 냉육(冷肉) 요리). (또는 **cháud-fróid**) 〔<F〕
chaud-med·ley [ʃóudmèdli] [명] 〔법률〕 격정(激情) 살인. [참] chance-medley.
chauf. chauffeur.
chauf·fer [tʃɔ́:fər] [명] (손으로 들어 나를 수 있는) 소형 난로.
***chauf·feur** [ʃóufər, ʃoufə́:r] [명] (자가용차의) 고용 운전사. [여] chauffeuse — [동][타] 1 …을 (자가용차에) 태우고 가다; …을 자가용차로 안내하다(*around, about*). 2 …의 고용 운전사로 일하다. — [자] (자가용차의) 운전사로서 일하다. 〔<F〕
chauf·feuse [ʃoufə́:z] [명] chauffeur의 여성형. 〔<F〕
chaul·moo·gra [tʃɔ:lmú:grə] [명] 대풍수(大風樹)의 일종(인도산(産) 교목; 씨에서 대풍자유를 채취).
chaulmóogra òil [명] 대풍자유(大風子油).
Chau·tau·qua [ʃətɔ́:kwə] [명] 1 **Lake** ~ 셔토쿠어(미국 New York 주 서남부에 있는 호수; 그 호숫가의 마을). 2 셔토쿠어 호숫가의 하기 교육 집회. 3 (종종 c–) 하기 강습회, 여름 시민 대학 강좌.
chau·vin·ism [ʃóuvənìzm] [명][U] 1 열광[맹목]적 애국주의; (같은 성(性)·인종에의) 맹신, 배타주의([참] jingoism). 2 남성 우월주의(male ~). **-ist** [명] 열광적인 애국자; 남성 우월주의자. **-ís·tic** [형] **-ís·ti·cal·ly** [부]
chaw [tʃɔ:] [동] 《방언》 질경질경 씹다(chew).
chaw up 《美구어》 …을 여지없이 해치우다.
— [명] 《속어》 (a ~) 한 입(의 분량); (한 입의) 씹는 담배.
chaw·ba·con [tʃɔ́:bèikən] [명] 《英·경멸적》 시골뜨기, 촌놈. (또는 **cháw bàcon**)
chawl [tʃɔ:l] [명] (인도 산업 도시의) 대집단 주택.
chay [ʃei] [명] =chaise.
cha·yo·te [tʃaióuti] [명] 오이의 일종. 1 열대 아메리카산(産) 박과(科)의 덩굴 식물. 2 그 열매.
ChB, Ch.B. 《라틴》 *Chirurgiae Baccalaureus*(= Bachelor of Surgery). **ch. ch.** *ch*rist *ch*urch.
CHD 〔의학〕 *c*ongenital [*c*ongestive, *c*oronary] *h*eart *d*isease. **chd.** chord. **Ch. E.** *ch*emical [*ch*ief] *e*ngineer.
‡cheap [tʃi:p] [형] (**~·er; ~·est**) 1 (값이) 싼, 염가의 ([반] dear, expensive). ¶a ~ edition 염가판 / ~ labor 저임금 노동 / a ~ store 물건값이 싼 가게. 2 (밑천이 들지 않는) 싸구려의, 값싼, 가치 없는; 비열[천박]한. ¶~ jewelry 싸구려 보석 / ~ conduct 천박한 행위.

> [유의어] **cheap** 값이 싼 이외에도 싸구려·빈약함을 뜻한다. **inexpensive** 나쁜 뜻은 없고, 품질이 좋은 데 비해서는 값이 싸다는 뜻이 내포되어 있다; cheap를 피하기 위해 이 말을 쓰는 수가 많다.

3 간단히 얻을 수 있는, 손쉽게 입수할 수 있는. ¶a ~ victory 낙승(樂勝). 4 《美》 저리(低利)의; (인플레이션 따위로) 가치가 떨어진. ¶~ credit 저금리의 융자. 5 《英》 할인한. ¶a ~ ticket 할인표. 6 《美구어》 인색한. 7 부끄러운, 풀이 죽은.
cheap and nasty 값이 싸고 질이 나쁜.
cheap as dirt; dirt cheap 아주 값싼, 헐값의.
cheap at the price 그 값이라도 싼.
cheap at twice the price 아주 값싼(두 배의 값이라도 싼).
cheap by the dozen 《美》 매우 비싼(한 다스라면 싸지는).
feel cheap ① 부끄럽게 여기다, 풀이 죽다, 어리둥절하다. ② 《英속어》 기분이 언짢다. ¶I *feel* ~ still. 아직도 기분이 언짢다.
have a cheap opinion of …을 가볍게 여기다[경시하다].
hold...cheap …을 깔보다, 경시하다.
make oneself (too) cheap 스스로 값싸게 굴다.
— [부] 싸게, 염가로. ¶buy ~ and sell dear 싸게 사서 비싸게 팔다 / I got it ~. 나는 그것을 싸게 손에 넣었다.
get off cheap (값이) 싸게 치이다; (벌 따위가) 가볍게 끝나다.
— [명] 《英구어》 (the ~) 염가본[판].
on the cheap 싸게. ¶travel *on the* ~ 싸게 여행하다.
∠·ish [형] **∠·ish·ly** [부]
chéap chìc [명] 돈을 적게 들인 옷치레[멋부림].

chéap dàte [drùnk] 명 《美속어》 빨리 취하는 사람.
cheap·en [tʃíːpən] 타 1 …을 싸게 하다, …의 값을 내리다; 《고어》 …의 값을 깎다. 2 …을 깔보다. 3 …의 가치·위엄 따위를 떨어뜨리다, …을 값싸게 하다 (with). ¶ ~ oneself 자신을 비하하다. — 자 싸지다.
cheap gibe 명 냉혹[비정]한 비웃음. | ~**-er**
cheap high 명 《美속어》 아질산 아밀(amyl nitrate) (각성제).
cheap·ie [tʃíːpi] 명 싸구려 물건[영화]. — 형 싸구려의, 값싼. (또는 **cheapy**)
cheap·jack [ˈdʒæk] 명 행상인; 싸구려 술집[매춘굴]. — 형 행상인의[에 어울리는]; 값싸고 질 나쁜. (또는 **chéap jàck [jòhn]**, **chéap·jòhn**)
chéap lábor 명 저임금 노동. **chéap-lábor** 형
chéap lóve 명 매춘(賣春)
cheap·ly [tʃíːpli] 부 싸게, 싼 값에; 경멸적으로.
chéap móney 명 이자가 싼 돈, 저리(低利) 자금.
cheap·ness [tʃíːpnis] 명(U) 염가, 저렴; 천격스러움
cheap·o [tʃíːpou] 명(형) 《속어》 = cheapie.
cheap·shit [tʃíːpʃit] 명 《美속어》 싸구려의, 질이 나쁜.
chéap shót 명 《美속어》 비열한 말[행위]; 〔스포츠〕 비열한 플레이.
cheap-shot ártist 명 《美·캐나다》 저항할 수 없는 상대에게 저격[부당]한 비판을 퍼붓는 사람.
cheap·skate [tʃíːpskèit] 명 《美구어》 구두쇠.
‡cheat [tʃiːt] 명 1 속이는 사람, 사기꾼 《협잡꾼. 2[U](C) 속이기, 속여서 빼앗기, 부정 행위; 《법률》 사기(죄), 사취; (시험에서의) 커닝. 3 개보리류의 1년생 잡초(chess).
— 타 1 …을 속이다, 기만하다, 사기치다; …에게서 사취하다 (out, of); 속여서 …하게 하다 (into). ¶ (~ + 목 + 전 + 명) ~ a person *into* the belief that… 남에게 …라고 믿게 하다 / ~ her *into* marriage [or marrying] 그녀를 속여 결혼하게 하다. 2 …을 교묘히 벗어나다, 피하다. ¶ ~ death 죽음을 면하다. 3 〔지루함·피로 따위를〕 이럭저럭 넘기다.

[유의어] **cheat** 남의 눈을 속여 이익을 얻다. **deceive** 고의로 사실을 감추거나 그릇된 것을 믿게 하다. **trick** 계략으로 속이다. **victimize** 비열한 방법으로 남을 속여 희생시키다.

— 자 1 사기를 치다, 속임수를 쓰다, 부정 행위를 하다; (시험에서) 커닝하다 (at, in, on). ¶ ~ *at* an examination 시험에서 커닝하다. 2 《美속어》 부정(不貞)[불의]을 저지르다 (on). ¶ ~ *on* one's wife 아내를 ╰·a·ble 형 ╰·ing·ly 부 [속이고 바람피우다.
cheat·er [tʃíːtər] 명 1 사기꾼, 협잡꾼. 2 《美》 (~s) 안경(glasses); 눈방 패드(falsie).
chéat shèet 명 《美속어》 커닝용 쪽지. [서.
chéat stìck 명 《美속어》 계산자, 계산기; 임금 명세
Che·chen [tʃétʃen] 명 (~(s)) (러시아 남부 북카프카스 지방의) 체첸족; 체첸어. — 형 체첸족의.
Che·chen·ya [tʃétʃénjə] 명 체첸(러시아 남부 카프카스 산맥 북쪽의 자치 공화국; 수도 Grozny).
‡check [tʃek] 타 (~ed [-t]) 1 …을 급히 멈추게 (⇒STOP [유의어]); …을 저지하다; …을 지연시키다; 방해하다, ¶ ~ one's steps 갑자기 걸음을 멈추다 / He ~ed me in my work. 그는 내 일을 방해했다.
2 …을 억제하다, 견제하다; …을 가감하다. ¶ He could not ~ his anger. 그는 분노를 억누를 수가 없었다.

[유의어] **check** 행동·진행을 방해하거나 영향력·세력을 저지하다. **curb** 수단을 써서 어떤 범위 안에 머무르게 하다. **restrain** 힘·권력 따위로 못 하게 하다. **bridle** 강한 감정·욕망을 억누르다.

3 …의 정오(正誤)를 확인하다, …을 조사[검사]하다 (*over*, *through*, 《美》 *out*); …와 대조하다 (*against*, *with*); …에 대조필의 표(√)를 하다 《英》 tick)(off). ¶ (~ + 목 + 전 + 명) C- your answer *with* mine. 너의 답을 내 것과 맞추어 보아라. // (~ + 목 + 부) Did you ~ them *off*? 그것들을 대조해 보았느냐?
4 …에 물표를 달다; 〔수화물 따위〕를 일시 보관시키다, 〔모자·외투 따위〕를 보관소에 맡기다 (*in*, *at*); 〔수화물〕을 물표를 받고 부치다. ¶ ~ trunks *to* …에게 트렁크를 수화물로 부치다 / C- your coat *at* the cloakroom. 코트를 보관소에 맡기십시오.
5 …에 격자(체크) 무늬를 넣다, …을 바둑판 무늬로 하다. 6 〔서양장기〕 〔장군〕을 부르다. 7 《구어》 〔남을〕 비난하다[야단치다], 《美》 에게 잔소리를 하다. 8 《美》 에 금[갈라진 틈]을 내다. 9 《농업》 = checkrow. 10 〔아이스하키〕 〔상대의 공격·움직임〕을 방해하다. 11 《美속어》 취소하다.
— 자 1 일치하다, 부합하다 (*out*)(*with*). 2 (딱) 멈추다; (사냥개가) 냄새를 놓치고 멈춰 서다. 3 《美》 (확인을 위해) 조사하다 (*up*)(*on*, *into*, *for*). ¶ Let me ~. =I'll ~. 어디 좀 봅시다. 4 《美》 수표를 발행하다 (*on*, *upon*). 5 〔목재·페인트 따위가 건조하여〕 갈라지다, 금이 가다. 6 〔서양장기〕 장군을 부르다. 7 〔카드놀이〕 체크하다. 8 〔사냥〕 〔매〕가 노리던 사냥감을 버리고 다른 것을 뒤쫓다 (*at*).
check back ① 〔기록 따위를 조사하여 과거로〕 거슬러 올라가다. ② (…에게) 다시 연락하다, 만나다.
check in 《美》 ① 숙박 수속을 하다, 체크인하다; 탑승 수속을 하다; (…에게) 《호텔》 방을 예약해두다 (*at*), 〔공항에서〕 〔짐〕을 맡기다. ③ 《구어》 〔타임 리코더를〕 누르고〕 출근하다, 출근했음을 알리다. ④ (회의에) 등록하고 참석하다. ⑤ 《구어》 죽다.
check into ① 기장하고 〔호텔·회의〕에 들어가다. ② …에 도착하다, 출근하다.
check into the net 《美속어》 …의 도착[출발]을 [알리다.
check off ① 《美구어》 (근무에서) 돌아오다; (정시에) 일을 끝내다. ② 조사[점검]하다, 대조필 표시를 하다; (급료에서 조합비 등을) 공제하다. [⇒图③ 3, 4.
check on ① (회사가) 정시에 업무를 시작하다.
check out ① 《美》 〔맡긴 물건〕을 되찾다. ② (계산을 치르고) 호텔에서 나오다. ③ 《구어》 〔타임 리코더를 누르고〕 퇴근하다, 퇴근을 알리다. ④ 《속어》 죽다. ⑤ 《속어》 사직하다. ⑥ 〔도서관의 책〕을 대출하다. ⑦ …을 확인하다. ⑧ (은행에서) 〔돈〕을 수표로 인출하다. ⑨ 〔슈퍼마켓 등에서 계산원이〕 합계 금액을 내다. [점검]하다, 조사하다.
check over …의 건강 진단을 하다; 〔인쇄물〕을 대조
ckeck that 《美속어》 〔앞에 말한 것〕을 취소하다, 정정하다. [대조[점검]하다.
ckeck through …을 면밀히 조사하다; 〔인쇄물〕을
ckeck up ① …을 대조하다, …의 진위를 확인하다 (*on*); …의 건강 진단을 하다.
check with ① 일치[합치]하다. ② …와 상담하다, …에게 문의[조회]하다; …와 대조하다.
check you later 《美속어》 그럼 또 (만납시다).
— 명 1 ① (종종 a ~) (갑작스러운) 정지, 방해(자, 물); 반격, 격퇴. ¶ meet with a ~ 방해[반격]에 부딪치다. 2 ① (종종 a ~) 억제, 제어; ② 억제[제어]하는 사람[것, 수단]. ¶ have a ~ *on* …을 억누를 힘이 있다. 3 검사, 대조, 사증(査證); 〔컴퓨터〕 체크, 검사; 검사 기준; 검사필 표(√); 《英》 tick); 〔일 따위의〕 감독. ¶ make a ~ *on* data 자료를 검사하다. 4 수표(《英》 cheque). ¶ a dishonored ~ 부도 수표 / draw [cash] a ~ 수표를 발행하다[현금화하다]. 5 〔식사의〕 전표, 계산서《英》 bill). ¶ C-, please. 계산서 주세요. 6 《美》 물표, 보관증《英》 ticket). 7 ① 〔체크[격자]〕 무늬, 바둑판의 한 칸; 체크 무늬의 천. 8 ① 〔서양장기〕 장군 (공격). ¶ The king is in ~. 장군이다. 9 《美》 《속어》 칩, 사기(犬) (chip). 10 《美》 〔목재 등의〕 갈라진 금, 건열(乾裂). 11 사냥개가 냄새를 놓치기. 12 〔석공〕 맞장부이음. 13 〔아이스하키〕 공격 저지[방어]. 14 《美구어》 1달러. 15 《美구어》 (마약 등의) 작은 꾸러미, 소량. 16 《美방언》 가벼운 식사, 간식.

give *a person* **a blank check** 남의 자유 재량에 맡기다. 「(에서) 칩을 현금으로 바꾸다.
hand [or **cash, pass**] **in** *one's* **checks** (카드놀이)
keep [or **place, put**] **a check on** ① …을 억제[저지]하다, 억누르다. ② …을 감독하다.
keep [or **hold**]...**in check** =keep a check on ①.
— 囹 1 (장기에서) 장군! 2 (美구어) 좋다!, 알았다!
— 圐 1 검사용의, 대조용의. 2 체크 무늬의.
~·a·ble, ~·less 圐

check·back [tʃékbæk] 圐 마무리 점검, 검증.
chéck bèam 圐 (항공) (조종사가 착륙에 앞서 그 위치를 확인하기 위해 발사하는) 확인 전파.
chéck bìt 圐 (컴퓨터) 체크[검사] 비트(정보의 전달·축적의 오류 유무를 검사하기 위한 부과 비트).
check·book [tʃékbùk] 圐 수표장((英) chequebook).
chéckbook díplomacy 圐 금권[금전] 외교.
chéckbook jóurnalism 圐 (美) 금전 저널리즘 (돈으로 독점 취재·보도하는 언론계 제상).
chéckbook pólitics 圐(美) (단수취급) 금권 정치.
chéck càrd 圐 체크 카드, 수표 보증 카드. (또는 (英) **chéque** [bǽnk(er's)] **càrd**)
chéck crèw [**gàng, mòb, tèam**] 圐 (美속어) (노동 현장의) 흑백 혼성 작업반[도당].
chéck dìgit 圐 검사 숫자; =check bit.
checked [tʃekt] 圐 1 체크 무늬의. 2 (음성) (모음의) 폐음절(閉音節) 중의, 폐음음(閉音音)의 (뿐 free). ¶~ vowels 억지 모음(hit, wet, shut 따위의, 폐음절 중의 모음 [i], [e], [ʌ]). 3 (공항에서) (수하물이) 표검을 받고 맡긴[실은] (⊙ carry-on). ¶ a ~ baggage 맡긴 수하물.
*****check·er¹, chéq·uer** [tʃékər] 圐 1 (美) 체커의 말 (draughtsman). 2 (美) (~s) (단수취급) 체커 (놀이)((英) draughts). 3 (~s) 체크 무늬, 격자 무늬; (그 무늬 개개의) 칸. 4 마가목류의 나무. 5 (또는 ~) (속에) 적당한 것. — 圐 1 …을 체크 무늬로 하다. 2 …을 얼룩달룩하게 물들이다; …을 다채롭게 하다, 여러 가지로 변화시키다.
check·er² 圐 1 검사원, 점검인. 2 (외투·모자 따위의) 보관원. 3 (슈퍼마켓 따위의) 계산원.
check·er·ber·ry [tʃékərbèri] 圐 북미산(産) 백록 나무속(屬)의 식물; 그 열매.
check·er·board [tʃékərbɔ̀:rd] 圐 1 (美) 체커[서양 장기]판((英) draughtboard). 2 바둑판[격자] 무늬의 것. 3 (美속어) 흑백 혼성 작업장[지역]. — 圐 囹 바둑판 모양으로 줄세우다. 「(시간대) 독자 프로 방송.
chécker bòarding 圐 (방송) (계열 방송의 프라임
check·ered [tʃékərd] 圐 1 변화가 많은. ¶ a ~ life 기복이 심한[기구한] 생애. 2 체크 무늬의; 얼룩달룩한.
chéckered flág 圐 체커스 플래그(자동차 경주의 주행 종료를 알리는 바둑판 무늬의 신호기).
check·er·man [tʃékərmən] 圐 (美) =checker¹ 1.
check·er·oo [tʃékərùː, ⌣⌣] 圐 (~s) (속어) 체크 무늬인 것. 「모양으로.
check·er·wise [tʃékərwàiz] 圐 체크[바둑판] 무늬
check·er·work [tʃékərwə̀:rk] 圐 1 바둑판 무늬 세공. 2 (축열로(蓄熱爐)의) 격자 쌓기(내화 벽돌 사이에 간격을 둔다). 3 (운명 따위의) 변천, 부침(浮沈).
check·hook [tʃékhùk] 圐 멈춤고삐의 끝을 거는 안 장의 고삐걸이.
check·in [tʃékìn] 圐 (호텔의) 숙박 수속, 체크인; (비행기의) 탑승 수속; (회의 따위의) 참가 수속 (장소). (뿐 checkout (또는 **chéck-ìn**))
chécking accòunt 圐 당좌 예금((英) current account), (⊚ savings account
chécking còpy 圐 (잡지사 등이 광고주에게 보내 는) 게재 광고 확인용 증정본.
check·kit·ing [tʃékàitiŋ] 圐 (속어) 공(空)수표 발행.
check·less society [tʃékləs-] 圐 =cashless society. 「밧줄. 2 =checkrein.
chéck lìne 圐 1 (해사) 배의 진행을 제어하는 굵은
check·list [tʃéklìst] 圐 (美) 대조표, 일람표; 선거인 명부. (또는 **chéck lìst**) — 圐 (항목)으로 넣다.
chéck·mark [tʃékmὰ:rk] 圐 대조[검사, 점검] 표시 (√ 따위). 「외통수. 2 곤경; 대실패, 좌절, 멸망.
check·mate [tʃékmèit] 圐 1 (서양장기) 외통 장군, **give checkmate (to)** 〈서양장기〉 (상대방에게) 장군을 부르다. 「숨통을 끊다.
play checkmate with …을 궁지에 몰아넣다, …의
say checkmate to ① 〈서양장기〉 …에게 장군을 부르다. ② …을 이기다, 파(破)하다.
— 圐囹 1 〈서양장기〉 (상대방 왕)을 외통수로 몰아넣다. 2 …을 곤경에 몰아넣다; 실패하게 하다, 좌절시키다.
— 圐 〈서양장기〉 장군! (* 현재는 보통 Mate!)
chéck nùt 圐 (기계) =lock nut.
check-off [tʃékɔ̀(:)f/-ɔ̀f] 圐 1 급료에서의 조합비 공제. 2 배당금 등의 일부를 정치 자금 따위로 기부하기.
check·out [tʃékàut] 圐 1 (호텔의) 계산, 퇴숙 절차, 체크아웃; 퇴숙 시간(~ time)(뿐 checkin). 2 (슈퍼마켓의) 계산; (또는 ⌣ **còunter**) 계산대. 3 (기계 따위의) 점검, 검사. (또는 ⌣ **chéck-òut**)
chéckout ràck 圐 (슈퍼마켓 등의) 계산대 옆 상품 선반(충동 구매를 유발하는 효과가 있다).
chéckout scànner 圐 체크아웃 스캐너(상품에 붙 어 있는 bar code를 판독하는 광학 기기).
check-o·ver [⌣òuvər] 圐 철저한 검사[조사].
check·point [tʃékpɔ̀int] 圐 1 (美) (여행·통행인 따위의) 검문소. 2 (항공) 표지(標識)가 되는 지형. 3 (컴퓨터) 체크포인트, 검사점(=breakpoint).
Chéckpoint Chárlie 圐 체크포인트 찰리. 1 (동서독 분단시) 동서 베를린 경계에 있던 검문소(1990년 6월에 철거). 2 (구어) 적대 세력 사이의 검문소.
chéck protèctor 圐 =checkwriter.
chéck ràil 圐 (美) =guardrail.
check·rein [tʃékrèin] 圐 멈춤 고삐(말이 머리를 숙이지 못하게 하는). (비유적) 견제 수단.
check·roll [tʃékròul] 圐 =muster roll, checklist.
check·room [tʃékrù(:)m] 圐 (외투·가방 따위의) 휴대품 보관소((英) cloakroom); (역 따위의) 수하물 보관소((英) left-luggage office).
check·row [tʃékròu] 圐 (美) (농업) 정조식(正條植)이랑. — 圐囹 (농작물)을 정조식 이랑에 심다.
chécks and bálances 圐 (정치 권력의) 견제와 균형(3권 분립의 기본 원리), 3권 분립.
check·stand [tʃékstænd] 圐 계산대. 「신호등.
chéck strìng 圐 (버스 운전사에게 하차를 알리는)
check·tak·er [tʃéktèikər] 圐 (극장 등의) 표받는 사람. 「과 이자를 합부로 판매하는 방식).
chéck tràding 圐 은행 수표 할부 판매(수표의 금액
check·up [tʃékʌ̀p] 圐 대조, 검사, 시험 (on); (구어) (정기) 신체 검사, 건강 진단(medical [physical] ~).
chéck vàlve 圐 역류 방지 밸브.
check·weigh [tʃékwèi] 圐囹 (컨테이너·화물 따위의 무게)를 검사하다, 계량하다.
 ~·er, ~·man 圐 (탄광의) 검량(檢量) 감시인.
check·writ·er [tʃékràitər] 圐 수표 금액 인쇄기.
ched·dar [tʃédər] 圐 (종종 C-) U 체더 치즈. (또는 ⌣ **chéese, Américan** ⌣) [<영국 Somerset 주의 원산지명] 「폭약의 일종).
chedd·ite [tʃédait, ʃéd-] 圐 (화학) 체다이트(강력
che·der [xéidər, héi-] 圐 (英속어) 독방(獨房).
Che. E. *Chemical Engineer.*
chee·cha·ko [tʃiːtʃɑ́ːkou] 圐(⊚ ~s) 풋내기, 신참자. (또는 **chechako, cheechaco**)
chee-chee [tʃíːtʃìː] 圐U (경멸적) 아시아·유럽 혼혈인이 사용하는 부정확한 영어. <Hind>
‡**cheek** [tʃiːk] 圐 1 볼, 뺨. ¶ rosy ~s 장밋빛 볼/kiss

a person on the ~ 남의 볼에 키스하다. 2 (~s) (바이스의) 턱; (용기의) 측면, 옆면, (문간의) 가로 기둥. 3 (구어) (~s) 궁둥이, 엉덩이(buttocks). 4 ⓤ (구어) 뻔뻔스러움, 철면피, 건방진 말[태도].
bite [or **suck**] *one's* **cheeks** 웃음을 꾹[눌러] 참다.
cheek by jowl (…과) 나란히; (…과 사이가) 밀접[긴밀]
cheek to cheek 뺨과 뺨을 맞대고, 「하여(with).
give *a person* **cheek** 남에게 건방진 말을 하다.
have much [or **plenty of**] **cheek** 낯가죽이 두껍다, 뻔뻔스럽다.
have the cheek to *do* 건방지게도[뻔뻔스럽게도]
None [or **No more**] **of your cheek!**; **Don't give me any of your cheek.** 건방진 소리 마라!
The cheek of it! = *What a cheek*!
to *one's* **own cheek** 자기 전용으로, 독차지하여.
turn the other cheek 부당한 처사를 관대히 용서
What a cheek! 뻔뻔스럽게! 「하다.
(**with** *one's*) **tongue in** (*one's*) **cheek** 표리가 다른[불성실한] 말을 하다; 비꼬아 말하다.
——타 (英구어) …에게 건방진 말을 하다, 건방진 태
cheek it 뻔뻔스럽게 밀어붙이다. 「도를 취하다.
cheek up *a person* 남에게 건방진 대답을 하다.
~·less
cheek·bone [tʃíːkbòun] 명 광대뼈.
cheeked [tʃiːkt] 형 (합성어로) 뺨이 …한, …한 뺨을 한. ¶rosy-~ youngsters 뺨이 발그레한 젊은이들.
chéek póuch 명 (원숭이·다람쥐 등의) 볼주머니.
chéek stràp 명 말고삐의 양쪽 가죽끈.
chéek tòoth 명 어금니, 구치(臼齒)(molar).
cheek·y [tʃíːki] 형 (구어) 건방진, 뻔뻔스러운. ⇒IMPERTINENT 유의어 **chéek·i·ly** 부 **chéek·i·ness** 명
cheep [tʃiːp] 자타 (병아리·생쥐 등이) 삐약삐약[찍찍, 짹짹] 울다. 타 …을 삐약대는 목소리로 말하다.
——명 삐약삐약[찍찍, 짹짹] 우는 소리.
not hear [or **have**] *a* **cheep from** [or **out of**] …로부터 소식[연락]이 없다, …의 소리가 들리지 않다.
cheep·er [tʃíːpər] 명 (도로 등의) 새끼; 겻먹이.
‡**cheer** [tʃiər] 명 (복 ~s [-z]) 1 환호, 환성, 갈채; 만세(hurrah); (스포츠의) 성원, 응원. ¶a ~ section (美) 응원단. 2 ⓤ 격려, 기운을 북돋우기. ¶words of ~ 격려의 말. 3 ⓤ 기분, 심기(心氣). 4 ⓤ 원기, 쾌활, 활기, 명랑. 5 ⓤ 음식, 성찬. ¶birthday ~ 생일 잔치 // The fewer the better ~. 맛있는 음식은 사람이 적을수록 좋다. 6 (고어) 표정, 안색.
be of good cheer 원기 있다; (명령형으로) 기운 내라, 정신 차려라.
bring cheer to …을 격려하다, 위로하다. 「주다.
chase cheers (淙) (정치가 등이) 민중의 비위를 맞춰
give [or **raise**] *a* **cheer** 갈채하다.
give [or **do**, **make**] *a person* **the cheer** 남을 환
give three cheers for …을 위해 만세 삼창하다.
make cheer 유쾌하게 하다, 즐기다.
make [or **enjoy**] **good cheer** 잔치를 성대하게 하다.
two cheers (익살) 건성으로 하는 격려.
with good cheer 힘차게, 기분좋게; 기꺼이, 쾌히.
——타 (~s [-z]) 1 …에게 갈채를 보내다, …을 환호하여 맞이하다(*on*); …에게 성원을 보내다, …을 응원하다 (*to*). ¶(~+ 目 + 前 + 名) a team to victory 팀을 응원하여 이기게 하다. 2 …을 기쁘게 하다, …의 기운을 돋우어 주다(*up*). ¶(~+ 目+ 副) Everyone was ~ed up at the news. 그 소식에 모두들 기뻐했다.
——자 1 갈채[환호]하다; 성원[응원]하다(*for*, *over*, *at*). 2 기운이 나다(*up*). ¶(~+ 副) ~ up at good news 희소식에 기운이 나다.
cheer…to the echo 남에게 큰 갈채를 보내다.
Cheer up! 힘을 내라!
——(~s) 1 (英구어) 건배, 건강을 위하여(To your health!). 2 (英구어) (전화 인사로) 안녕(Good-bye!);

(호의에 대해) 감사합니다(Thank you.). 3 (美속어) 잘했습니다(well done); (반어적) 안 돼!
‡**cheer·ful** [tʃíərfəl] 형 (**more** ~; **most** ~) 1 기분이 좋은, 기쁜 듯한, 쾌활한, 원기 왕성한. ⇒GLAD 유의어 ¶a smiling ~ man 생글생글 웃는 명랑한 사나이 / ~ conversation 명랑한 대화. 2 상쾌한, 즐거운, 밝은; (반어적) 싫은. ¶Things have a ~ look. 사태는 유망하다/That's a ~ remark. (반어적) 그 말은 그냥 넘길 수 없네, 그것 지독한 말이군. 3 마음에서 우러나온, 기꺼이 하는. ¶a ~ giver 기꺼이 주는 사람.
‡**cheer·ful·ly** [tʃíərfəli] 부 기분좋게, 선선히, 기꺼이.
***cheer·ful·ness** [tʃíərfəlnis] 명ⓤ 기분좋음.
cheer·ing [tʃíəriŋ] 형 격려가 되는 (것), 낙관적인 (것); 환호하는 (것). ~·ly 부
cheer·i·o [tʃíərióu] 감명 (복 ~s) (英구어) 1 안녕, 잘 있어(good-bye). 2 (건배 때의) 축하합니다, 건배, 만세(To your health!). (또는 **cheero**)
*cheer·lead·er [tʃíərliːdər] 명 (美) (보통 여성) 응원 단장, 치어리더, 치어걸. 「(기술).
cheer·lead·ing [tʃíərliːdiŋ] 명 치어리더의 지휘
cheer·less [tʃíərlis] 형 기운이 없는, 활기 없는, 재미없는; 쓸쓸한, 음산한. ~·ly 부 ~·ness 명
cheer·ly [tʃíərli] 부 1 힘을 내서, 힘차게(선원을 격려하는 말). 2 = cheerfully. 형 (고어) = cheerful.
*cheer·y [tʃíəri] 형 기분좋은, 명랑한, 유쾌한. 2 (보기에) 원기 있는. **chéer·i·ly** 부 **chéer·i·ness** 명
‡**cheese**[1] [tʃiːz] 명 (복 **cheeses** [-iz]) 1 ⓤ 치즈; ⓒ (어떤 형태로 굳힌) 치즈 (* 보통은 물질명사이나 일정한 형상의 것 또는 그 한 조각을 가리킬 때는 보통명사). ¶green ~ 생치즈(미숙성의 치즈) / a ~ 치즈 한 개. 2 ⓤ 치즈 모양의 것; 치즈와 비슷한 것; (속어) 국부(局部)의 때; ⓒ 구주희(九柱戱)의 공; (美속어) (유아가) 토해 낸 우유; ⓤ (야금) 주괴(鑄塊)의 횡단면; 치즈 강괴(鋼塊)(치즈플로 된 강철편[주괴]). 3 (여자가 무릎을 굽히고 하는) 절(curtsy). 4 (학생 속어) 미소. 5 (속어) 거짓말; 난센스(nonsense); 허풍. 6 (속어) (英구) (속어) 매력 있는 여자. 8 (美속어) 코카인.
bread and cheese ⇒BREAD. 「다.
chew the cheese (美속어) 토하다, 게우다.
cut a cheese (속어) 방귀 뀌다.
eat cheese (美군속어) 밀고하다.
get *one's* **cheese** (美속어) 목적을 달성하다; 보상받다.
hard cheese (英속어) 불운(tough luck). ② (구어) (감탄사적) 안됐습니다, 유감입니다.
make cheeses (여성이) 허리를 낮추고 인사하다; 빙글빙글 돌다가 갑자기 주저앉아 스커트를 부풀리다.
Say cheese! 웃어요!, 치즈 하세요! (사진 찍을 때).
——자타 (구어) (유아가) 우유(凝乳)를 토하다 (美속어) 토하다; 방귀 뀌다; 사정(射精)하다.
——타 (야금) 치즈 강괴(鋼塊)로 단조(鍛造)하다.
cheese off (美속어) 괴롭히다, 성가시게 굴다.
cheese[2] 타 (속어) …을 그치다, 그만두다. 자 (속어) 굽실거리다.
Cheese it! 그만둬!(Stop!); 조심해!, 도망쳐라!
Cheese off! (英구어) 꺼져!, 가버려!, 저리 가!
cheese[3] 명 (the ~) (속어) 1 바로 그것[그 사람], 안성맞춤인 것. ¶That's the quite ~. 바로 그것이다. 2 1등품, 고급품. 3 거물, 우두머리. 4 (속어) 매력적인 여성.
cheese·board [tʃíːzbɔːrd] 명 치즈 접시; (식전·후에 내놓는) 모듬 치즈. (또는 **chéese trày**)
cheese·box [tʃíːzbɑ̀ks/-bɔ̀ks] 명 (美속어) (교외의) 싸게 지어 파는 주택.
cheese·burg·er [tʃíːzbə̀ːrɡər] 명 치즈버거.
cheese·cake [tʃíːzkèik] 명 1 치즈케이크(치즈가 든 과자). 2 (구어) (미녀의) 반나체 사진(⇔ beefcake). 3 (속어) 성적 매력이 있는 여성; 여성의 섹스 어필, 곡선미, 각선미. 4 (속어) 누워 떡 먹기. (또는 **chéese càke**)

—國 (속어) 간단한, 아주 쉬운.
cheese·cloth [tʃíːzklɔ̀(ː)θ/-klɔ̀θ] 图Ⓤ 올이 성긴 얇은 무명(원래 치즈를 숙성할 때 썼다).
cheese cùtter 图 1 치즈 커터(철사를 판자에 고정시킨 것). 2 (모자의) 큰 네모 차양. 3 (해사) 치즈 커터(centerboard의 일종). 4 (속어) 구린 방귀 뀌는 사람.
cheesed [tʃíːzd] 图 (英속어) (…에) 싫증이 난, 지겨운; 화가 나는(off)(with).
chéese èater 图 (속어) 밀고자, 스파이; 배반자.
cheese·head [tʃíːzhèd] 图 (나사 따위의) 뭉툭한 대가리의; (美속어) 바보, 멍청이. ~-ed
cheese·mon·ger [tʃíːzmʌ̀ŋɡər] 图 치즈 장수.
cheese·par·ing [tʃíːzpɛ̀əriŋ] 图 째째한, 인색한. —图 1 치즈 부스러기. 2 (~s) 가치가 없는 것, 잡동사니. 3 Ⓤ 인색. 4 (~s) 사전(私錢)(여자들이 은밀하게 푼푼이 모은 돈). -pàr·er
chéese plàte 图 1 치즈 접시. 2 (웃옷의) 큰 단추.
chéese scòop [tàster] 图 (식탁용) 치즈 주걱.
chéese stràw 图 (樂 c- -s) 치즈 스트로(치즈 가루를 뿌려 구운 길쭉한 비스킷).
chéese tùb [vàt] 图 치즈 응고용 원형(原型).
chees·y [tʃíːzi] 图 1 치즈(질)의; 치즈 맛같은 냄새]의. 2 (美속어) 값싼, 저급의, 하등의. 3 (거리가) 지저분한. 4 (美속어) 위선적인. 5 (美속어) (사람이) 따분한; 날렵한. **chées·i·ly** 图 **chées·i·ness** 图
chee·tah [tʃíːtə] 图 (동물) 치타(아프리카·서남 아시아산); Ⓤ 그 털가죽. (또는 **chetah, cheeta, chita**)
Cheev·er [tʃíːvər] 图 **John** ~ 치버(1912-82: 미국의 소설가).
chef [ʃef] 图 주방장; 요리사. 〔<F chief〕
chef-d'œu·vre [ʃeidʌ́ːvrə] 图 (樂 **chefs-** [ʃei-]) 걸작, 명작(masterpiece). 〔<F principal work〕
chéf's sálad 图 셰프 샐러드(양상추 위에 저민 닭고기, 햄, 치즈 따위를 얹은 것). 〔요리便覽〕
chéf's spécial [suggéstion] 图 오늘의 특선
chei·lo·plas·ty [káiləplæ̀sti] 图 (의학) 입술 성형수술. (또는 **chiloplasty**)
chei·r(o)- [káirou, -rə] 連 ⇨CHIRO-. 〔「손」의 전신〕
Che·ka [tʃéikɑː] 图 체카(옛 소련의 비밀 경찰(G.P.U.
Che·khov [tʃékɔːf, -kɑːf/-kɔf] 图 **Anton Pavlovich** ~ 체호프(1860-1904: 러시아의 단편 작가·극작가).
Chek Lap Kok [tʃék lap kɔ́k] 图 책랍콕(赤鱲角)(Hong Kong의 새 국제 공항). 〔'위의' 경제比.
che·la¹ [kíːlə] 图 (樂 **-lae** [-liː]) (새우·게·전갈 따위의) 집게발.
che·la² [tʃéilɑː/-lə] 图 (인도에서 불교의) 입문자, (종교가의) 제자. ~**·ship** 图 〔<Hind〕
che·late [kíːleit] 图 집게발을 가진, 집게발 비슷한. —图 (화학) 킬레이트 화합물, 집게발형 착염(錯鹽)(혈색소·엽록소 따위). —颱 킬레이트 화합물을 만들다.
chélating àgent 图 (화학) 킬레이트 시약(試藥).
Chel·le·an [ʃélɪən] 图 (고고) 아브빌기(期)(Abbevillian)(구석기 시대 전기)의.
che·loid [kíːlɔid] 图 (병리) =keloid.
che·lo·ni·an [kilóunɪən] 图 거북류의. —图 거북류의 동물(turtle, tortoise).
Chel·sea [tʃélsi] 图 첼시(영국 런던 서남부 Thames 강 북안의 한 구; 화가·문인 거주지로 유명했던 곳).
Chélsea bún 图 첼시 번(건포도가 든 둥글말이 일종).
Chélsea wàre 图 첼시 도자기(18세기에 Chelsea에서 구워 낸 연(軟)도자기).
Chel·ten·ham [tʃéltənəm] 图 첼튼엄(잉글랜드 서부의 도시; 명문 Cheltenham College·경마장·광천(鑛泉)으로 유명). 2 (인쇄) 첼튼엄 활자.
Chel·tó·ni·an
chem [kem] 图 (구어) 화학 무기(chemical weapon).
chem. chemical(s); chemist; chemistry.
chem- [kiːm, kem] 連 ⇨CHEMO-.
Chem. E. *Chemical Engineer*.

chem·ic [kémik] 图 연금술의; 화학의.
‡**chem·i·cal** [kémɪkəl] 图 화학의, 화학상의, 화학적인; 화학 작용에 의한; 화학 약품의(에 의한).¶~ action [analysis] 화학 작용[분석]/~ combination 화합(化合). —图 (樂) ~s [-z] (~s) 화학 약품[제품]; (속어) 마약, 약물. @ fine [heavy] ~ -**ly** 图
chémical abúse 图 약물 남용.
chémical affínity 图 〔화학〕 (화학) 친화력.
chémical bálance 图 〔화학〕 (분석용) 화학 저울.
chémical bónd 图 〔화학〕 결합, 「물질로 인한 암」.
chémical carcinogènesis 图 화학 발암(화학 발암 유발 물질).
chémical dàting 图 〔고고〕 화학적 연대 측정법.
chémical depéndency 图 약물 의존(依存).
chémical enginéer 图 화학 공학 기술자.
chémical enginéering 图 화학 공학.
chémical equátion [fórmula] 图 화학식[방정식].
chémical índustry 图 (the ~) 화학 공업.
chémical kinétics 图图 (단수취급) 〔화학〕 반응 속도론.
chémical láser 图 〔화학〕 화학 레이저(전기 에너지 대신 화학 반응 에너지를 사용).
Chémical Máce 图 (상표) 에어로졸 스프레이식 최루 가스(mace). 〔削〕 가공.
chémical machíning 图 〔야금〕 화학적 절삭(切削).
chémical oceanógraphy 图 해양 화학(바닷물의 화학적 성질을 다루는 학문).
chémical óxygen demànd 图 화학적 산소 요구량(단위는 ppm.; @ COD). 〔하전어 CW〕.
chémical wárfare 图 (독가스 따위를 사용하는) 화학 전.
chémical wéapon 图 화학 병기.
Chémical Wéapons Convéntion 图 (the ~) 화학 무기 금지 협정(1997년 발효; @ CWC).
chem·i·co- [kémikou, -kə] 連 ⇨CHEMO-.
chem·i·co·bi·ol·o·gy [kèmikoubaiɑ́lədʒi/-ɔ́l-] 图Ⓤ 생화학(生化學). 「리 화학의.
chem·i·co·phys·i·cal [kèmikoufízikəl] 图 물화학. 「약 사용 재배.
chem·i·co·phys·ics [kèmikoufíziks] 图Ⓤ 물
chem·i·cul·ti·va·tion [kèmikʌ̀ltəvéiʃən] 图 농액 관수(灌木). 「법. **-pher** **chèm·i·gráph·ic** 图
chem·i·ga·tion [kèməɡéiʃən] 图 (농예) 화학용
che·mig·ra·phy [kəmíɡrəfi] 图 화학 식각(食刻)
chem·i·lum·i·nes·cence [kèmilu:mənésns] 图 화학 루미네슨스, 화학 발광. **-cent** 图
che·min de fer [ʃəmǽn də fɛ́ər] 图 (카드놀이) 슈맹드페르(baccarat의 일종). 〔<F〕
*****che·mise** [ʃəmíːz] 图 1 슈미즈(여성용 내의); 슈미즈 드레스(~ dress). 2 (토루(土壘)의) 옹벽(擁壁). 〔<F〕
chem·i·sette [ʃèməzét] 图 슈미제트(장식이 달리고 소매가 없는 여성용 내의). 〔<F〕
chem·ism [kémizm] 图Ⓤ 화학 작용. 「수]하다.
chem·i·sorb [kèməsɔ́ːrb] 颱Ⓤ 화학적으로 흡착(흡
‡**chem·ist** [kémist] 图 1 화학자. 2 (英) 약제사(pharmacist); 약종상; (美) druggist. 3 (또는 ~'s (shòp)) (英) 약국(pharmacy, 美) drugstore).
‡**chem·is·try** [kémistri] 图Ⓤ 1 화학.¶applied [or practical] ~ 응용 화학/organic [inorganic] ~ 유기 [무기] 화학/physical [pharmaceutical] ~ 물리[약] 화학. 2 화학적 성질[성능, 반응, 작용, 결합]. 3 ⓊⒸ 신비[불가사의]한 반응[작용, 과정].¶the ~ of love 사랑의 불가사의. 4 Ⓤ (구어) 성격, 기질, 마음, 생리적 감각; (사람과 사람 사이의) 상성(相性), 공통점; 친근감, 공감, 친화력; (비유적) 성분.¶The ~ with her isn't right. 그녀와는 생리적으로 맞지 않는다.
chem·i·type [kémitàip] 图 화학 제판(製版).
che·mo- [kíːmou, -mə/kém-] 連 chemical, chemistry의 뜻(* 모음 앞에서는 chem-).¶chemotherapy, chemurgy. (또는 **chem-, chemi-, chemico-**)

chem·o·au·to·troph [kìːmouóːtətràf/kèmouóː-tətrɔf] 圖 화학 합성 자가(自家) 영양 생물.
-**au·to·tróph·ic** -**au·to·tróph·i·cal·ly** 團
che·mo·im·mu·no·ther·a·py [kìːmouimju:-nouθérəpi/kèm-] 圖 (의학) 화학 면역 요법.
che·mo·nu·cle·ar [kìːmounjúːkliər/kèm-] 圖 해화학의, 핵분열에 의한 화학 작용의.
chem·o·phil·i·ac [kìːmoufíliæk/kèm-] 圖圖 약을 좋아하는 (사람).
che·mo·pro·phy·lax·is [kìːmoupròufəlǽksis/kèm-] 圖 (의학) 화학적 예방(법). (또는 **chèmopre·vén·tion**) -**lác·tic** 圖 「화학 수용, -tive 圖
che·mo·re·cep·tion [kìːmourisépʃən/kèm-] 圖
che·mo·re·cep·tor [kìːmouriséptər/kèm-] 圖 (생리) 화학 수용기(受容器). (또는 **chemoceptor**)
che·mo·re·flex [kìːmouríːfleks/kèm-] 圖 (생리) 화학 반사(反射). —圖 화학적 반사의.
che·mo·sen·sing [kìːmousénsiŋ/kèm-] 圖 (생리) 화학적 감각. -**sén·sor** 圖
che·mo·sen·so·ry [kìːmousénsəri/kèm-] 圖 (생리) 화학적 감각의.
che·mo·sorb [kíːməsɔ̀ːrb] 圖圖 =chemisorb.
che·mo·sphere [kíːməsfìər/kém-] 圖 (the ~) (기상) 화학권(化學圈)(고도 50-60km의 성층권에서 광(光)화학 반응이 일어나는 범위). **chè·mos·phér·ic** 圖
che·mo·ster·i·lant [kìmoustérələnt/kèm-] 圖 (해충·유해 동물 따위에 사용하는) 화학 불임약.
che·mo·ster·i·lize [kìːmoustérəlàiz/kèm-] 囲 (동물)을 화학 불임케 하다. -**stèr·i·li·zá·tion**
chem·o·sur·ger·y [kìːmousə́ːrdʒəri/kèm-] 圖 (의학) 화학 외과 요법(화학적 방법을 사용한 조직 제거).
che·mo·syn·the·sis [kìːmousínθəsis/kèm-] 圖U (식물·생화학) 화학 합성. 圖 photosynthesis
-**syn·thét·ic** 圖 -**syn·thét·i·cal·ly** 團
che·mo·tax·is [kìːmoutǽksis/kèm-] 圖 (생물) 주화성(走化性).

che·mo·tax·on·o·my [kìːmoutæksánəmi/kèm-] 圖 (생화학·생물) 화학 분류(생화학적 성분 비교 분석에 의한 생물의 분류). -**o·nóm·ic**, -**o·nóm·i·cal** 圖 -**o·nóm·i·cal·ly** 團 -**mist** 圖
che·mo·ther·a·peu·tic [kìːmouθèrəpjúːtik/kèm-] 圖 화학 요법의[에 의한]. (또는 **chemothera·peutical**) -**ti·cal·ly** 團
che·mo·ther·a·peu·tics [kìːmouθèrəpjúːtiks/kèm-] 圖圖 (단수취급) (의학) =chemotherapy.
che·mo·ther·a·py [kìːmouθérəpi/kèm-] 圖 (의학) 화학 요법. -**pist** 圖 화학 치료 의사.
che·mo·troph [kíːmətràf, -trɔ̀ːf/kémətrɔ̀f] 圖 (세균·생물) 화학적 영양 생물(무기 화합물을 에너지원으로 하는 자가 영양 생물). -**tróph·ic** 圖
che·mot·ro·pism [kimátrəpìzm/-mɔ́t-] 圖 굴화성(屈化性), 향화성(向化性).
-**mo·tróp·ic** 圖 -**mo·tróp·i·cal·ly** 團
chem·ur·gy [kémə:rdʒi, kəmə́:r-] 圖U 농예(農藝) 농산(農産)화학. **chem·úr·gic**, **chem·úr·gi·cal** 圖 **chem·úr·gi·cal·ly** 團
Chen Du·xiu [tʃʌ́n dùːʃúː] 圖 천두슈(陳獨秀) (1879-1942: 중국의 사상가·혁명가; 중국 공산당 창립자). (또는 **Chen Tu·hsiu**)
Cheng·du [tʃʌ́ŋdúː] 圖 청두(成都)(중국 쓰촨(四川)성의 성도). (또는 **Chengtu**, **Ch'eng·tu**)
che·nille [ʃəníːl] 圖 셔닐 실, 모올사(毛蟲絲)(벨벳처럼 보풀을 세운 장식용 비단실); 그 직물.
Chen·nai [tʃénai/*Hind* sennéi] 圖 센네이(Madras의 인도식 이름; 1996년 개칭).
Chen Shui·bian [tʃʌ́n ʃùibjén] 圖 천수이볜(陳水扁)(1951- : Taiwan의 정치인; 제10대 총통(2000-)).
cheong·sam [tʃɔ́ːŋsàːm] 圖 청삼(長衫)(중국 여성복; 다리 옆이 트인 원피스). [<Chin]
Che·ops [kíːɑps/-ɔps] 圖 =Khufu.
*****cheque** [tʃek] 圖 (英) 수표(美) check).
cheque·book [tʃékbùk] 圖 (英) =checkbook.
chéque cárd 圖 (英) =check card.
*****cheq·uer** [tʃékər] 圖圖囲 (英) =checker[1].
Che·quers [tʃékərz] 圖 체커즈(잉글랜드의 Aylesbury에 있는 영국 총리의 지방 관저).
cher [ʃɛər] 圖 (속어) 매력적인, 품위 있는; 최신 유행에 정통한, 현대적 감각을 가진. [<F]
cher·chez la femme [*F* ʃɛrʃe la fam] 여자를 조심하라; 사건 뒤에는 여자가 있다. [<F]
cher·eme [kéri:m] 圖 American Sign Language (미국식 수화(手話) 언어)의 기본 단위. **che·ré·mic** 圖
Che·ren·kov [tʃərénkɔːf/-kɔf] 圖 =Cerenkov.
ché·rie [*F* ʃérí] 圖 (~s) 귀여운 사람; 애인, 연인 (* 여성에게 말을 걸 때 쓴다). [<F]
‡**cher·ish** [tʃériʃ] 囲 (~**es** [-iz]; ~**ed** [-t]) 1 …을 소중히 하다; …을 따뜻이 돌보다, 소중히 기르다, 양육하다. 2 (야심·감정 따위)를 마음에 품다, 가슴 속에 간직하다; (추억)을 그리워하다. ⇨HUG 圖圖 ¶ ~ the memory of one's boyhood days 소년 시절(의 추억)을 그리워하다/ ~ the religion in the heart 그 종교를 마음 속으로 신봉하다// (~+圖+前+名) ~ a resentment [*or* grudge] against … 에 원한을 품다.

圖圖 **cherish** 마음 속에 소중히 간직하다. **foster** 마음 속에 어떤 생각을 품고 키워 나가다. **harbor** 나쁜 생각이나 감정을 마음 속에 품다.

~·**a·ble** 圖 ~·**er** 圖 ~·**ing·ly** 團
Cher·nen·ko [tʃərnénkou] 圖 Konstantin Ustinovich ~ 체르넨코(1911-85: 옛 소련의 정치가; 공산당 서기장(1984-85)).
Cher·no·byl [tʃəːrnóubəl] 圖 체르노빌(우크라이나의 마을; 1986년 핵발전소에서 원자로 폭발 사고가 발생).
Chernóbyl sýndrome 圖 체르노빌 증후군(현대 과학 기술의 불신 풍조).
cher·no·zem [tʃə́ːrnəzèm, tʃə́ːr-] 圖 체르노젬(土)(유럽·러시아·북미 중앙부 등의 냉온대·아(亞)습윤 기후의 스텝지대에 발달한 비옥한 토양).
Cher·o·kee [tʃérəkìː, ⌃-⌃] 圖 (圖 ~(**s**)) 체로키족(族)(북미 인디언); U 체로키어(語).
Chérokee róse 圖 금앵자(金櫻子)(흰꽃이 피는 덩굴 장미; 미국 Georgia 주의 주화(州花)).
che·root [ʃərúːt] 圖 양끝을 자른 엽궐련.
‡**cher·ry** [tʃéri] 圖 (~·**ries** [-z]) 1 버찌(서양 벚나무의 열매). ¶ *C*~ ripe, ~ ripe! 빨갛게 익은 버찌요!(상인이 외치는 소리). 2 서양 벚나무, (각종) 벚나무; U 벚나무 재목. 3 벚나무 비슷한 나무; 버찌 같은 열매. 4 U 버찌색, 선홍색. 5 (美속어) 처녀(막); U 처녀성. 6 (美속어) (볼링) (스페어를 잡을 때) 앞쪽 핀만 쓰러뜨리기. 7 (속어) 숫집; 초심자; (美속어) 초범자; (전선에 배치된) 실전 경험이 없는 신병; U 경험 부족. 8 (美속어) 순찰차 위의 적색등. 9 (美속어) 좋은 것.
cop [*or* **pop**] *a person's* **cherry** (속어) 남의 처녀 [동정]를 빼앗다. 「로) 경험이 없다.
have *one's* **cherry** (속어) 처녀[동정]이다; (일반적으로
lose *one's* **cherry** (美속어) 처녀의 순결을 잃다.
make [*or* **get, have, take**] **two bites** [*or* **another bite**] **at** [*or* **of**] **a** [*or* **the**] **cherry** ⇨BITE.
—圖 1 서양 벚나무의, 선홍색의. ¶ ~ lips 붉은 입술. 2 벚나무 재목으로 만든. ¶a ~ cabinet 벚나무로 만든 장롱. 3 (음식물에) 버찌를 사용한, 버찌 냄새가 나는. 4 (美속어) 처녀의; 신품의. 5 (美속어) 신품과 같은.
chérry ápple 圖 각시능금나무.
‡**chérry blóssom** 圖 (~**s**) 벚꽃. 「찌 송이.
cher·ry·bob [-bɑ̀b/-bɔ̀b] 圖 (2개가 붙은) 버
chérry bómb 圖 빨갛고 둥근 폭죽.

chérry brándy 명 체리 브랜디(버찌로 양조).
chérry fàrm 《美속어》 경범죄자 수용 농장.
chérry òrchard 명 《속어》 여자 대학 (기숙사).
cher·ry-pick [-pìk] 동타 《구어》 꼼꼼히[신중하게] 고르다. — 자 (특매품 따위만을) 골라 사다.
chérry pìcker 명 1 버찌 따는 사람. 2 《구어》 이동식 작업대가 달린 기중기; 《美구어》 엔진 상부의 높은 곳에 운전석이 있는 견인차. 3 《美속어》 처녀(와의 섹스)를 좋아하는 남자.
chérry pìe 명 1 버찌가 든 파이. 2 《英》 (보랏빛) 헬리오트로프(heliotrope); 쥐오줌풀(valerian). 3 《美속어》 쉽게 몸을 허락하는 여자.
chérry plúm 명 《식물》 미로발란살구(식용의 노랗거나 붉은 열매를 맺는다); 그 열매.
chérry réd 명 선홍색(鮮紅色); 《~s》 《英속어》 = bovver boots. 〔《조개》 대합(quahog).
cher·ry·stone [tʃéristòun] 명 《식물》 버찌의 씨;
‡**chérry trèe** 명 벚나무. 〔島〕.
cher·so·nese [kə́ːrsəniːz, -nìːs] 명 《시》 반도(半島).
chert [tʃəːrt] 명UC 《광물》 각암(角岩), 흑규석(黑硅石). ~·**y** 형 각암의, 흑규석으로 된.
*****cher·ub** [tʃérəb] 명 《복》 ~**s**, 1, 2에서는 **-u·bim** [-bìm]》 1《성서》 케루빔. 2 《교회》 지품 천사(智品天使)《천사의 하나; 지식을 관장》(→ANGEL 주의); 지품 천사의 상. 3 순진무구한 어린이, 귀여운 어린이; 통통하게 살찐 순진한 사람, 동안(童顔)의 사람.
che·ru·bic [tʃərúːbik] 형 케루빔의[같은]; 귀여고 순진하게 생긴, 통통하고 귀여운. **-bi·cal·ly** 부
cher·vil [tʃə́ːrvil] 명 차빌(파슬리과 식물; 샐러드용).
Cher·yl [ʃérəl] 명 셰럴(여자 이름).
Ches·a·peake [tʃésəpiːk] 명 ~ **Bay** 체서피크만(灣)《미국 Maryland 주와 Virginia 주에 걸친 만》.
Chésapeake Báy retrìever 명 체서피크 베이 리트리버《Maryland산(産) 사냥개》.
Chesh·ire [tʃéʃər, -ʃiər] 명 = ~ cheese. 〔사람.
Chéshire cát 명 히죽히죽 웃는 고양이; 항상 웃는 **grin like a Cheshire cat** 까닭 없이 히죽 웃다.
Chéshire chéese 명 체셔 치즈《영국 서부 체셔 주산(産) 치즈》. 〔람; 체코어.
ches·key [tʃéski] 명 《속어·경멸적》 체코계(系) 사
‡**chess¹** [tʃes] 명UC 체스, 서양 장기. ¶play (at) ~ with …와 체스를 두다. 〔널빤지.
chess² 명 《복》 ~(**·es**》 부교(浮橋) 위에 가로로 까는
chess³ 명 참새귀리의 잡초.
chess·board [tʃésbɔ̀ːrd] 명 체스판.
ches·sel [tʃésəl] 명 (치즈를 굳힐 때 쓰는) 틀.
chess·man [tʃésmæn, -mən] 명 체스의 말.
chess-piece [-piːs] 명 졸(卒)(pawn)을 제외한 체스의 말.
‡**chest** [tʃest] 명 1 가슴; 흉곽《내의 기관》; 폐; U 가슴둘레 치수. ⇨ BREAST 〔동의어〕 ¶a cold in the ~ 기침감기 / He measures 37 inches round the ~. 그의 가슴둘레는 37인치이다. 2 수납함, 보존함, 궤; 《선원의》 소지품 상자. ¶a jewelry[medicine] ~ 보석[약] 상자 / a carpenter's ~ 목수의 연장통. 3 《공공 단체의》 금고; U 금고 속의 돈, 자금. ¶the community ~ 사회 구제 기금, 공동 모금. 4 《차 등의》 수송용 포장 상자, 상품 상자. 5 《포장 상자 따위의》 내용물(의 양). ¶a ~ of tea 차 한 상자(의 양). 6 옷장, 장롱. ¶a ~ of clothes 옷장에 가득 찬 옷. 7 U 《구어》 가슴 속, 생각. 8 《가스 따위의》 밀폐용기.
Chest out! 《구령》 가슴 펴!
get something off one's chest (…을 털어놓아) 마음의 짐을 덜다. 〔걸리는 일이 있다.
have something on one's chest 《구어》 마음에 **play it**[**or one's cards**] **close to the chest** 신중히 하다, 비밀로 하다; 불필요한 위험을 피하다.
puff out one's **chest; puff** one's **chest out** 가슴
chést bèd 명 (밑에) 서랍이 붙은 침대. 〔을 펴다.

chest·ed [tʃéstid] 형 《복합어로》 가슴이 …진. ¶broad-~ 가슴팍이 넓은 / flat-~ 가슴이 납작한 / full-~ 가슴이 풍만한.
Ches·ter [tʃéstər] 명 체스터(남자 이름).
ches·ter·field [tʃéstərfìːld] 명 체스터필드. 1 《美》 《때로 C-》 싱글 외투의 일종. 2 《英》 침대 겸용 긴 소파.
Ches·ter·field [tʃéstərfìːld] 명 **4th Earl of ~** 체스터필드《경》(1694-1773: 영국의 정치가·저술가).
Ches·ter·field·i·an [tʃèstərfìːldiən] 형 체스터필드《경(卿)》과 같은; 귀족다운, 위엄 있는, 우아한.
Ches·ter·ton [tʃéstərtən] 명 **G**(**ilbert**) **K**(**eith**) ~ 체스터턴(1874-1936: 영국의 작가·평론가).
Chéster Whíte 명 흰돼지《미국 Pennsylvania 주의 Chester 원산(原産)》.
chest·ful [tʃéstful] 명 큰 상자에 가득(한 양).
chést hárdware 명 《軍속어》 가슴의 훈장.
chést méasurement 명 가슴둘레 치수.
chést nòte 명 《음악》 = chest voice.
‡**chest·nut** [tʃésnʌ̀t, -nət] 명 1 밤《나무》. 2 U 밤나무 재목. 3 밤나무 비슷한 나무[열매」(horse ~ 따위). 4 U 밤색; C 밤색털의 말, 구렁말. 5 《구어》 (an old ~) 《진부한》 이야기; 케케묵은 농담, 일화. 6 《말 다리의 안쪽에 생기는》 못. 7 《美속어》 유방; 《~s》 불알.
drop…**like a hot chestnut** [or **potato**] …을 얼른[지체없이, 아낌없이] 버리다.
pull a person's chestnuts out of the fire 불 속의 밤을 줍다, (남을 구하기 위하여) 위험을 무릅쓰다.
— 형 밤색의, 적갈색의; 밤색털의; 《음식 따위》 밤이 ~·**ty** 형 〔든, 밤을 넣어 만든.
chéstnut blìght 명 《식물병리》 밤나무 줄기 마름병.
chest·nut·ting [tʃésnʌ̀tiŋ, -nət-] 명U 밤 줍기.
chést of dráwers 《침실용》 옷장(bureau).
chest-on-chest [-ɑ́ntʃèst/-ɔ̀n-] 명 《대소 2개로 한 벌을 이루는》 2층장. 《또는 **tállbòy**》
chést protèctor 명 《방한용》 가슴받이; 《야구》 《심판·포수의》 프로텍터.
chést règister 명 《음악》 흉성 성역(胸聲聲域).
chest-thump·ing [-θʌ̀mpiŋ] 명 허풍, 호언장담.
chést tòne 명 《음악》 흉성음《비교적 저음의 목소리》.
chést tròuble[**disèase**] 명 《만성》 폐질환.
chést vòice 명 《음악》 《저음역의》 흉성(胸聲).
chest·y [tʃésti] 형 1 《구어》 흉부가 잘 발달한. 2 《속어》 교만한, 으쓱대는. 3 《英구어》 가슴이 약한; 《가래가》 결핵성의. **chést·i·ly** 부 **chést·i·ness** 명
che·tah [tʃíːtə] 명 = cheetah.
che·val-de-frise [ʃəvǽldəfríːz] 명《복》 **che·vaux-**[-vóu-] 》 《군사》 《기병 방어용》 방책(防柵), 녹채(鹿砦). 〔F〕
che·va·let [ʃèvəléi, ʃəvəléi] 명 1 《현악기의》 줄받침. 2 《적교(吊橋)의》 교대(橋臺). 〔F〕
che·vál glàss [ʃəvǽl-] 명 《전신이 비치는》 큰 거울.
che·va·lier [ʃèvəlíər] 명 1 훈위(勳位) 소유자, 수훈자, 수위자(授位者). ¶a ~ of the Legion of Honor 레지옹도뇌르 훈위 소유자. 2 《고어》 《중세의》 기사. 3 《프랑스 역사》 최하위의 귀족. 4 《기사처럼》 용감한 사람. 5 =~ d'industrie. 〔F〕 ¶a ~ 사기꾼, 협잡꾼. 5
che·va·lier d'in·dus·trie [F ʃəvalje dɛ̃dystri]
che·vet [ʃəvéi] 명 《교회당의》 맨 안쪽.
Chev·i·ot [tʃéviət, tʃíːv-] 명 1 세비엇종(種)의 양(Cheviot Hills 원산). 2 (c-) U 그 털로 짠 직물.
Chev·ro·let [ʃèvrəléi, -'--] 명 《상표》 시보레《미국 GM 사 제작의 자동차 이름; 애칭 Chevy》.
chev·ron [ʃévrən] 명 1 《V자형 무늬의》 수장(袖章) 《계급·근무 연한 따위를 나타낸다》. 2 《문장》 산(山) 모양의, 역V자형, 《또는 **cheveron**》 3 《건축》 지그재그 무늬가 있는 쇠시리; 산(山) 모양의 쇠시리. 《또는 **mòlding**》 4 (C-) 셰브론《미국의 석유 회사》.
in chevron 《문장》 《방패 모양으로 놓은 무늬가》 갈매

기 무늬 모양으로 배열된.
per chevron 〔문장〕 갈매기 모양으로 되게 방패 모양의 중심을 향해 양쪽에서 비스듬히 올라간.
~ed 웹 「표지.
chévron bòard 웹 급커브를 나타내는 갈짓자 도로
chev·ro·tain [ʃévrətèin, -tin] 웹 사슴 비슷한 작은 반추 동물(아프리카·아시아 열대산(產)으로, 뿔이 없다). (또는 chevrotin)
chev·y [tʃévi] 〔英〕 웹타 1 …을 뒤쫓다. 2 …의 신경을 건드리다, 〔집요하게〕 성가시게 괴롭히다. — 쩐 뒤쫓기어다니다, 급히 도망치다. — 웹 1 사냥에서의 외침. 2 사냥; 추적. 3 ① 술래잡기의 일종. (또는 chiv(v)y)
Chev·y [ʃévi] 웹 〔美구어〕 =Chevrolet.
‡**chew** [tʃuː] 탄 (~s [-z]) 타 1 …을 씹다, 깨물다(up) (함 gnaw, bite). ¶ ~ one's food well 음식을 잘 씹어 먹다. 2 (물어뜯은 것처럼) …에 상처를 내다(up). 3 (물어뜯어) 〔상처·구멍 따위〕를 만들다. 4 …을 심사숙고하다, 의논하다(over). ¶ He spent the whole night ~ing the matter over. 그는 그 문제를 밤새도록 생각했다. — 쩐 1 씹다, 깨물다(at, on). 2 〔구어〕 씹는 담배를 씹다. 3 심사숙고하다(over, on).
bite off more than one can chew ⇒BITE.
chew a lone drink [*summer*, *song*] 〔美속어〕 홀로 쓸쓸하게 술을 마시다〔여름을 보내다, 노래를 부르다〕.
chew a person's ass (*out*) 〔美속어〕 =*chew out*.
chew a person's balls off 〔속어〕 호되게 꾸짖다.
chew a person's ear (*off*) 〔美속어〕 장황하게 지껄이다(혼자 지껄이다, 잔소리하다).
chew away …을 물어 뜯어내다, 깨물어 뜯다.
chew face 〔美학생속어〕 키스하다.
chew on 쩐 1, 2. ② 〔美구어〕 …에 대해서 질문하다, 잔소리하다. ③ …을 입에 물다. ④ =*chew over*.
chew out 〔美·캐나다 구어〕 …을 호되게 꾸짖다, 야단치다
chew over …을 심사숙고하다, 깊이 생각하다. 「단치다.
chew the cheese 〔美속어〕 ⇒CHEESE.
chew the [or *one's*] *cud* ⇒CUD.
chew the rag [or *fat*] ⇒RAG[1].
chew the scenery ⇒SCENERY.
chew up ① 씹다. ② …을 엉망으로 부수다. ③ 〔英속어〕 …을 호되게 꾸짖다. ④ 〔美구어〕 〔수동형으로〕 …을 걱정하다(*about*).
like a piece of a chewed string 〔구어〕 피곤해서 쇠약해진.
— 웹 (복) **~s** [-z] 1 씹기. 2 씹히는 것; 한 번 씹는 분량. ¶a ~ of tobacco 씹는 담배의 한 번 씹는 분량.
have a chew at [or *on*] …을 한 입 물다.
chew·a·ble [tʃúːəbl] 웹 씹을 수 있는, 씹는. ¶ ~ aspirin 씹는 아스피린. — 웹 씹도록 만들어진 것.
chewed [tʃuːd] 웹 〔美속어〕 피곤한; 질, 패한; 파손된.
chew·er [tʃúːər] 웹 1 씹는 사람〔것〕; 씹는 담배 상용자. 2 〔문제 따위를〕 숙고하는 사람. 3 반추 동물.
chéw·ing gùm [tʃúːiŋ-] 웹 추잉 검, 껌(gum).
chew·ings [tʃúːiŋz] 웹복 음식물.
chéwing tobàcco 웹 씹는 담배. 「鳴禽」.
che·wink [tʃiwíŋk] 웹 〔북미산(產)〕 되새류의 명금
chew·y [tʃúːi] 웹 〔음식물이〕 잘 씹히지 않는; 질긴.
chéw·i·ness 웹
Chey·enne [ʃaiǽn, -én] 웹 (복 ~(**s**)) 1 샤이엔족(族)〔북미 인디언의 한 부족〕; ① 샤이엔족의 언어. 2 샤이엔(미국 Wyoming 주(州)의 주도).
chez [F ʃe] 웹 …의 집〔가게〕에서(at, in); …와 함께 (with); …의 사이에서. 〔<F〕
CHF *congestive heart failure*(울혈성 심부전).
chg. change; charge. **chgd.** changed; charged.
chi [kai] 웹 그리스 알파벳의 제22번째 자(X, χ).
Chi. [tʃai] 웹 〔속어〕 시카고(Chicago). (또는 **Chic.**)
chi·ack [tʃáiæk] 〔英·濠구어〕 웹타 …을 놀리다, 비웃다. — 웹 놀림, 비웃음; 실없는 농담. (또는 **chyack**)

Chiang Ching-kuo [tʃɑːŋ tʃiŋɡwɔ́ː] 웹 장 징궈 (蔣經國)(1910-88: 중화 민국(타이완) 총통(1978-88)). (또는 **Jiang Jingguo**)
Chiang Kai-shek [tʃɛŋ kaiʃék, dʒɑːŋ-] 웹 장제스(蔣介石)(1887-1975: 중화 민국(타이완) 총통(1950-75)). (또는 **Jiang Jieshi**)
Chi·an·ti [kiánti/-ǽːn-] 웹① 키안티(이탈리아 Chianti 지방산(產) 적포도주). 「(yuan)의 10분의 1).
chiao·tzu [tʃjáutsúː] 웹 =chaotzu.
chi·a·ro·scu·ro [kiàːrəskjúərou/-skúər-] 웹 (복 ~**s**) 1 〔미술〕 (그림의) 명암의 배분(에 의한 묘사), 명암법, 2 명암만으로 표현한 그림(판화 따위), 목화(墨畫). 3 〔문학〕 명암 대조법. — 웹 명암(법)의; 절반만 나타낸. **-rism, -rist** 웹 〔<It〕
chi·as·ma [kaiǽzmə] 웹 (복 ~**s**, ~**ta** [-tə]) 〔생물〕 키아스마, 염색체 교차(交叉); 〔시신경의〕 교차. (또는 **chiasm**) **-mal, chì·as·mát·ic, -mic** 웹
chi·as·mus [kaiǽzməs] 웹 (복 -**mi** [-mai]) 〔수사〕 교착(交錯) 〔배열법〕 (2개의 같은 관계에 있는 구 또는 절이 반복될 때의 어순의 전치(轉置). 예: "white lilies and roses red," "We live to die, but we die to live."). **-ás·tic** 웹 교착 배열법의.
chi·bouk [tʃibúːk] 웹 터키인이 사용하는 긴 담뱃대. (또는 **chibouque**) 〔<Turk〕
chic [ʃi(ː)k] 웹 〔여성·복장의〕 멋〔맵시〕 있는; 세련된. — 웹 (복장의) 스타일, 우아함, 멋; 유행, 현대(당세풍. **~·ly** 튀 **~·ness** 웹 〔<F〕
chi·ca [tʃíːkə] 웹 여자애. 〔<Sp chick〕
‡**Chi·ca·go** [ʃikɑ́ːɡou, -kɔ́ː-] 웹 시카고(Illinois 주에 있는 미국 제3의 도시), ~**an** 웹 웹
Chicágo blàck 〔美속어〕 마리화나의 일종.
Chicágo Bóard of Tráde 웹 (the ~) 시카고 상품 거래소(세계 최대의 상품 거래소로 곡물 외에 채권 선물·지수 준 따위의 취급; 웹 CBT).
Chicágo Mércantile Exchánge 웹 (the ~) 시카고 상업 거래소(육류·지수 옵션 따위의 취급; 웹 CME).
Chicágo piáno 웹 〔美속어〕 〔영화〕 톰슨식 자동소총(Thompson submachine gun). 「탄.
Chicágo píneapple 웹 〔美속어〕 수류탄, 소형 폭탄
Chicágo schóol 웹 (the ~) 1 〔경제〕 시카고 학파 (미국 시카고 대학을 중심으로 하는 자유주의 경제학파). 2 〔건축〕 시카고파(1880-1910년 활약했던 시카고의 건축가 그룹으로 초고층 건물 설계를 발전시켰다).
Chi·ca·na [tʃikɑ́ːnə, -kǽnə] 웹 치카나〔멕시코계 미국인 여성〕. — 웹 멕시코계 미국인 여성의.
chi·cane [ʃikéin, tʃi-] 웹 1 =chicanery. 2 〔카드놀이〕 (브리지에서) 으뜸패의 한 장도 없는 수〔를 가진 사람〕. 3 시케인(자동차 경주장의 감속용 장애 노면). — 웹타 1 〔남〕을 속이다, 책략에 빠뜨리다. 2 …을 발뺌하다, …에 대하여 옹색한 변명을 늘어놓다. — 쩐 속이다, 위계를 쓰다, 궤변을 늘어놓다.
chicane a person into doing 남을 그럴듯한 말로 속여서 …하게 하다.
chicane a person out of a thing 남에게서 물건을 **-cán·er** 웹   「속여서 빼앗다〔사취하다〕.
chi·can·er·y [ʃikéinəri, tʃi-] 웹① 책략(trickery), 속임수, 궤변; 변명, 발뺌, 교활한 수법.
chi·ca·nis·mo [tʃìːkɑːníːzmou] 웹 (멕시코계 미국인의) 강한 민족적 긍지. 웹 Chicano
Chi·ca·no [tʃikɑ́ːnou] 웹 (복 ~**s**) 치카노(멕시코계 미국인 남성). — 웹 멕시코계 미국인의; 그 문화의.
chi·chi[1] [ʃíːʃíː] 웹 허식에 흐르는; 겉만 번지르르한, 일부러 꾸민; 〔경멸적〕 복장에 심히 마음을 쓰는. — 웹① 야한 것, 허식(虛飾); ⓒ 젠체하는 사람. 〔<F〕
chi·chi[2] [tʃítʃíː] 웹 〔속어·비어〕 여자의 가슴; 젖퉁이; 성적 매력이 있는 여자.

‡**chick**[1] [tʃik] 명 1 병아리; 새새끼. 2 《애칭》 아이, 어린애; (the ~s) (한 집안의) 아이들. 3 《美속어》 매력적인 젊은 여자, 계집애, 영계(* 남성들의 은어); (부르는 말로) 아가씨. 4 《美軍속어》 우군기(전투기).
have neither chick nor child; be without chick or child 아이가 하나도 없다.

chick[2] 명 (인도·동남 아시아 지방의) 대나무 발.

chick·a·bid·dy [tʃíkəbìdi] 명 《어린이말》 삐악삐악; 아기, 귀여운 애; 《고어》 병아리.

chick·a·dee [tʃíkədì] 명 박새류.

chick·a·ree [tʃíkərì] 명 (북미산(産)) 붉은다람쥐.

Chick·a·saw [tʃíkəsɔ̀ː] 명 (명 ~(s)) 치커소족(族) (의 사람)(북미 인디언).

‡**chick·en** [tʃíkən] 명 (복 ~s [-z]) 1《美》닭(⇔ fowl). 2 병아리. 3 새새끼. 4 ⓤ 닭고기. 5 (보통 no ~) 《구어》 미숙한 사람, 애송이; 매력적인 계집아이, 영계. ¶ She's no (spring) ~. 그녀는 이제 어린애가 아니다. 6 《속어》 겁쟁이, 비겁자; 신병. 7 《구어》 (종종 a game of ~) 담력 겨루기; (상대를 굴복시키려는) 도발적 정책(책략). 8 《속어》 호모의 대상으로의 소년; 남창. 9 《美속어》 (강도·유괴 따위의) 희생자, 봉. 10 《美軍속어》 번거로운 규율(규칙); 《속어》 사소한[하찮은] 일; 《경멸적》 육군 대령(의 기장).
Chickens come home to roost. 《속담》 누워서 침뱉기, 자업자득이다. ⇨ROOST.
choke the chicken 《美속어》 (남자가) 자위하다.
count one's chickens before they are hatched 떡을 받을 생각도 않는데 김칫국부터 마신다.
get it where the chickens got the ax 《美구어》 혼나다, 호되게 당하다. 「리에 들다.
go to bed with the chickens 《美구어》 일찍 잠자
It's (a case of) the chicken and [or on] the egg. 닭이 먼저냐 달걀이 먼저냐의 경우이다, 보기에 따라 결론을 낼 수 없는 경우이다.
play chicken 담력을 겨루다; 서로 도발하다.
run around like a chicken with its head cut off 미친 듯이 돌아다니다.
Which came first, the chicken or the egg? 《구어》 닭이 먼저냐 달걀이 먼저냐?, 어느 쪽이 원인이고 어느 쪽이 결과냐?
— 형 1 닭고기를 사용한. ¶ ~ croquettes 치킨 크로켓. 2 작고 연한. ¶ a ~ lobster 작은 새우. 3 《속어》 겁많은. ¶ Don't be ~. 《구어》 겁많다 마. 4 《美軍속어》 사소한 일에 엄한.
— 동(자)《구어》 겁내다; 겁나서 그만두다(*out*); (…로부터) 손떼다 (*out of*); …하지 않다.
chicken out 《구어》 (공포·두려움으로) 뒷걸음질하여

comb 볏
tail feathers 꼬리깃
beak 부리
back 등
wattle 육수
hackle 목덜미 털
breast 가슴
thigh 허벅지
shank 정강이
toe 발톱

[chicken]

chick·en-and-egg [-ənég] 형 (문제 따위가) 닭이 먼저냐 달걀이 먼저냐 식의; 모두가 승복할 명확한 결론을 내릴 수 없는. ¶ a ~ situation [problem, dilemma] 확실하게 단정할 수 없는 상황[문제, 딜레마]. (또는 **chicken-or-egg**)

chicken brèast 명 새가슴(pigeon breast).
chick·en-brèast·ed [-bréstid] 형 새가슴의.
chicken cholera 명 =fowl cholera.
chicken còlonel 《美軍속어》 대령. (또는 **bird**
chicken còop (닭장, 계사(**còlonel**)
chicken fèed 명 1 닭 모이. 2 =chicken money. 3 (적에게 흘려보내는) 가짜 정보. 4 하찮은 것[사람].
chicken fíxings 명 《美구어》 닭고기(맛있는) 요리.
chick·en-frý [-frái] 동(타)《고기·야채 따위》를 튀긴 옷을 입혀 기름에 튀기다. — 명 튀김 요리.
chicken hàwk 명 가금(家禽)을 습격하는 말똥가리 류; 《美속어》 청소년을 탐하는 중년 동성애남.
chicken hèad 명 《美속어》 바보, 멍청이.
chicken hèart 명 겁쟁이, 소심한 사람.
chick·en-heart·ed [-háːrtid] 형 마음 약한, 소심한; 겁 많은. ~·ly 부 ~·ness 명
chicken in the básket 명 《요리》 치킨 바스켓(프라이드 치킨을 바구니에 담은 것).
chicken líver 명 겁쟁이, 얼뜬 사람. 「한, 나약한.
chick·en-liv·ered [-lívərd] 형 겁이 많은; 소심
chicken mòney 명 《美속어》 푼돈, 잔돈. 「[튀김]
chicken núgget 명 치킨 너겟(반죽을 입힌 닭고기
chick·en·pox [tʃíkənpɑ̀ks/-pɔ̀ks] 명 ⓤ 《병리》 작은마마, 수두(水痘). (또는 **chícken pòx**)
chicken rùn 명 (철망을 둘러친) 닭장; 《속어》 (전쟁 지역 따위에서의) 난민 탈출.
chicken sèxer 명 병아리 감별사.
chick·en·shit [tʃíkənʃit] (비어) 명 쓸데없는 사소한 일; 《경멸할》 실없는 이야기; 거짓말. — 형 사소한 것에 얽매이는; 하찮은, 천한; 겁이 많은.
chicken sòup 명 1 닭고기 수프. 2 《美속어》 치킨 수프(화성의 유기체 존재 탐사 시험에 쓰인 아미노산·비타민 용액). 「(사)의 비상 탈출 스위치.
chicken switch 명 《美속어》 (비행기·우주선 조종
chicken thief 명 《구어》 좀도둑; 물건 파는 배.
chicken tràcks 명 《美속어》 알아볼 수 없는 글씨.
chicken wíre 명 (닭장·새장용) 6각형 눈의 철망.
chicken yàrd 명 양계장; 《英》 fowl-run).
chick·furt·er [tʃíkfərtər] 명 닭[새]고기 소시지.
chick·ie[1] [tʃíki] 명 《속어》 젊은 여자, 여자아이.
chick·ie[2] [tʃíki] 감 위험하다!, 뛰어라!, 도망쳐라!
— 명 (범죄를 저지르는 동안의) 파수, 망보기.
lay chickie (범죄 현장에서) 망을 보다.
chick·let(te) [tʃíklit] 명 《美속어》 계집애, 소녀.
chick·ling [tʃíkliŋ] 명 1 병아리; 새새끼. 2 (또는 ⌐ vètch) 연리초속(屬)의 1년생 덩굴식물.
chick·pea [tʃíkpìː] 명 이집트콩, 병아리콩.
chick·weed [tʃíkwìːd] 명 《식물》 별꽃.
chic·le [tʃíkl] 명 ⓤ 치클(중남미 열대 지방산(産) 나무에서 채취하는 추잉 검의 원료). (또는 ⌐ gùm)
Chi·com [tʃáikɑ̀m/-kɔ̀m] 명(형) 《美》《경멸적》 중국 공산당원(의). (<*Chi*nese+*com*munist)
chic·o·ry [tʃíkəri] 명 1 ⓤⓒ 치코리(국화과(科)의 식물). 2 ⓤ 치코리의 가루, 《美속어》 아편. (또는 **chiccory, chickory**)

*****chide** [tʃaid] 동 (*chid*(*-ed*), *chid*(*-ed*), *chid·den*; *chid·ing*) (타) 1 꾸짖다(scold), 잔소리하다. 2 (폭풍·파도 따위가) 사납게 일다. — (자) 1 …을 꾸짖다, …에게 잔소리를 하다 (*for*, *with*); (⇨REPROACH) (꾸짖어) 《남》에게 …하게 하다 (*into*, *to*); (꾸짖어) (남)을 쫓아내다 (*away*). 2 …을 비난하다, …에 불만을 표시하다. **chíd·er** 명 **chíd·ing·ly** 부

‡**chief** [tʃiːf] 명 (복 ~s) 1 (조직·단체의) 장(長), 우두

머리, 지휘자; 장관, …장; 과장, 계장.¶the ~ of a family 가장 / the ~ of police 《美》 경찰서장 / a branch ~ 지점[지부]장. 2 추장, 족장, 지배자.¶a red Indian ~ 북미 인디언 추장. 3 《구어》 상사, 두목, 보스. 4 [U] 〔문장〕 방패꼴 문장 윗부분의 3분의 1. 5 《속어》 (낯선 사람에 대해) 선생님, 손님, 여보세요. 6 《美속어》 LSD(환각제). 7 《고어》 주요[중요] 부분. 8 (보통 C–) 〔해사〕 1등 기관사; 〔美육군〕 부장, 과장.
all chiefs and no Indians 《美속어》 =*too many chiefs and not enough Indians*.
big [or ***great***] ***white chief*** 《익살》 위대한 백인 우두머리; 권위자, 주요 인물.
in chief ① 우두머리의, 최고의.¶the commander *in* ~ 최고 지휘관, 사령관 / the editor *in* ~ 편집 주간, 주필. ② 《고어》 주로. ③ 군주 직속의.
too many chiefs and not enough Indians 《美속어》 누구나 감독이 되려고 하여 일하지 않는다, 사공이 많으면 배가 산으로 간다.
—[형] 1 최고의, 제1 위의, 최고 권위의, 상사(上司)의.¶a ~ accountant 회계 주임 / a ~ secretary 비서장 / a ~ engineer 기사장. 2 가장 중요한, 주된.¶a ~ point 주요점 / his ~ merit 그의 주된 장점.

> [유의어] **chief** 지위·권력·중요도 따위가 최고이고 그 밑에 종속되는 것이 있다. **main** 어떤 큰 것을 구성하는 부분·단위 중에서 크기·세력·중요도가 최고인. **principal** 권력·중요도·크기 따위가 최고인. **major** (동종의 것을 둘로 분리해서 생각하여) 중요도·수·양 따위가 큰 쪽의. **capital** 중요도·우수성 따위의 점에서 동종의 것 중 최고인.

—[부] 《고어》 주로(chiefly), 특히.
chief [or ***chiefest***] ***of all*** 그 중에서도 특히.
∠·less [형] **∠·ship** [명] 「the chief of police).
Chíef Cónstable [명] (the ~) 《英》 경찰서장(《美》
chief·dom [tʃíːfdəm] [명][U][C] 두목, 두목의 지위[권위]; 지배지; 지배하에 있는 사람들.
Chíef Exécutive [명] 1 (the ~) 《美》 대통령; (the c– e–) 주지사; 행정 장관(시장 등). 2 (c– e–) =chief executive officer. 「임자(약 CEO, C.E.O.).
chíef exécutive òfficer [명] (기업의) 최고 경영 책
chíef fináncial òfficer [명] (기업의) 재무 담당 최고 책임자([약] CFO, C.F.O.).
chíef informátion òfficer [명] (기업의) 정보 통신 담당 최고 책임자([약] CIO, C.I.O.).
chíef inspéctor [명] 《英》 경감(inspector의 위, superintendent의 아래).
Chíef Júdge [명] 《美》 〔법률〕 수석 판사, 하급 법원장.
chíef jústice [명] (the ~) 〔법률〕 수석 재판관, 재판장; (C– J–) 《美》 연방 대법원장.
‡**chief·ly** [tʃíːfli] [부] 1 주로(mainly); 대체로. 2 무엇보다도, 우선, 먼저, 특히(especially). —[형] 우두머리의[에 걸맞은].
chíef máster sérgeant [명] 〔美공군〕 원사(元士).
chíef máte [ófficer] [명] 〔해사〕 일등 항해사.
Chíef of Nával Operàtions [명] (the ~) 《美》 해군 참모 총장([약] CNO).
Chíef of Stáff [명] (the ~) 《美》 1 육[공]군 참모 총장. 2 (c– of s–) 참모장; (대통령의) 수석 보좌관.
chíef of státe [명] (the ~) (국가) 원수(元首)[주석].
chíef óperating òfficer [명] (기업의) 업무 집행 담당 최고 책임자(보통 회장 밑의 사장으로 일상 업무를 총괄; [약] COO).
chíef pétty òfficer [명] 《美》 (해군·연안 경비대의) 상사; 〔英해군〕 상사. 「dent의 위).
chíef superinténdent [명] 《英》 총경(superinten-
***chief·tain** [tʃíːftən, -tin] [명] 1 (산적 따위의) 두목, 지도자, 지휘자; 수령. 2 (부족의) 추장, (씨족의) 족장. 3 《고어·시》 지휘자, 대장. **~·cy** [명] chieftain의 지위[직책]. **~·ess** [명] 여자 수령; 수령의 처.
chief·tain·ship [tʃíːftənʃìp] [명] 1 =chieftaincy. 2 chieftain의 수완. 「최고 책임자([약] CTO).
chíef technólogy òfficer [명] (기업의) 기술 담당
chíef wárrant ófficer [명] 《美》 〔군사〕 상급 준위.
chield [tʃiːld] [명] 《스코》 젊은이; 남자. (또는 **chiel**)
chiff·chaff [tʃíftʃæ̀f, -tʃɑ̀ːf] [명] 솔새(휘파람새류의 명금(鳴禽)). 〔<의성어(擬聲語)〕
chif·fon [ʃifɑ́n, ∠-/ʃifɔ́n] [명][U] 시폰(비단·나일론 따위); (~s) 여성복의 장식 레이스[리본]. —[형] 1 시폰으로 만든, 시폰과 같은. 2 (파이·케이크 따위가) 휘저은 계란의 흰자위·젤리 등을 넣은. 〔<F〕
chif·fo·nier [ʃìfəníər] [명] (거울 달린) 양복장(《英》 tallboy); 《英》 낮은 찬장. (또는 **chiffonnier**) 〔<F〕
chig·ger [tʃígər] [명] 1 진드기의 유충. 2 =chigoe.
chi·gnon [ʃíːnjɑn/ʃíːnjɔn] [명] 시뇽(여자 뒷머리에 땋아 붙인 쪽). **~ed** [형] 〔<F〕
chig·oe [tʃígou] [명] 모래벼룩.
Chi·hua·hua [tʃiwɑ́ːwɑː, -wə] [명] 치와와(멕시코 원산의 세계 최소의 개의 한 품종).
chil·blain [tʃílblèin] [명] (~s) 〔병리〕 동상(凍傷).
chil·blained [tʃílblèind] [형] 동상에 걸린.
‡**child** [tʃaild] [명] ([복] ***chil·dren***) 1 어린이(보통 14세 이하; boy, girl은 18세 이하)([반] adult); 아동.¶rear [educate] a ~ 아이를 기르다[교육하다]. 2 갓난아이, 젖먹이, 유아.¶*The ~ is father of the man.* 《속담》 세 살 적 버릇 여든까지 간다. 3 어린애 같은 사람, 유치한 사람.¶a ~ couple 어린애 같은 부부 / Don't be a ~. 철없는 짓 하지 말아라. 4 (나이에 관계없이 부모에 대하여) 아이, 자식.¶an only ~ 외아들 / the eldest ~ 맏이. 5 자손; 추종자, 숭배자. 6 (어떤 힘이나 작용의) 영향을 받은 사람; 산물, 소산.¶a ~ of nature [the age] 자연의 아들[시대의 총아] / Poems are the *~ren* of fancy. 시는 공상의 소산이다. 7 《英방언·고어》 여자 아이. 8 《고어》 =childe.
a child of God 신의 아들; 신자, 착한 사람.
a child of the Devil 악마의 아들; 악인.
a child of the forest 《美》 인디언.
as a child 어릴 때.
from a child 어릴 때부터
the children of Izaak Walton 강태공들. 〔<낚시광인 영국 작가 Izaak Walton(1593–1683)의 이름〕
the children of this world 세상 사람들; 세상 물정
this child 《속어》 자신, 나. 「에 밝은 사람들.
with child 임신중인(pregnant).¶get a woman *with* ~ 임신시키다.
chíld abùse [명] 어린이[아동] 학대.
child-bat·ter·ing [∠bæ̀təriŋ] [명] 아이를 매질하기, 어린이 학대 행위. (또는 **chíld bèating**) **-ter·er** [명]
child·bear·ing [tʃáildbɛ̀əriŋ] [명][U] 출산, 분만. —[형] 아이를 낳을 수 있는, 출산에 알맞은.
child·bed [tʃáildbèd] [명][U] 분만중인 상태, 진통 상태.¶lie [*or* be] in ~ 분만중이다.
chíldbed féver [명] 〔병리〕 산욕열(產褥熱).
chíld bénefit [명] 《英》 (정부가 지급하는) 아동 수당.
child·birth [tʃáildbə̀ːrθ] [명][U][C] 출산, 분만.¶a difficult ~ 난산 / die in ~ 분만중 죽다.
child·care [tʃáildkɛ̀ər] [명][U] 어린이 양호[보육]; 육아(育兒); 《英》 (일시적인) 무의탁 아동 보호. —[형] (또는 **chíld-càre**) 유아 보육의.
chíld-care cènter [명] 탁아소, 보육원(nursery).
chíld-care lèave [명] 육아 휴가.
chíld cústody [명] 〔법률〕 (이혼·별거시) 자녀 양육권.
childe [tʃaild] [명] 《고어》 도령, 귀공자.¶*C– Harold's Pilgrimage* 귀공자 해럴드의 편력(Byron의 장편시).
chíld endówment [명] 《濠》 (정부가 지급하는) 아동 수당. 「Day.
Chil·der·mas [tʃíldərməs] [명] =Holy Innocents'

child exploitátion 圀 미성년 노동자 착취, 착취적인 아동 노동.
child guidance 圀 (전문가에 의한) 문제아 지도[상담, 재교육]. [10월 첫째 월요일].
Child Health Day 圀 《美》 어린이 보건의 날(매년
‡**child·hood** [t∫áildhùd] 圀Ⓤ 유년 시대; 아이인 상태[신분], 유년[아동]기; 요람기, 초기. ⓟ adulthood ¶ the ~ of science 과학의 요람기.
be in one's *second childhood* 망령하다.
from [or *since*] *early childhood* 아주 어릴 때부터
in one's *childhood* 어릴 적에. [터.
child·ing [t∫áildiŋ] 圀 임신중의(pregnant); (비유적) 열매를 잘 맺는(fruitful).
‡**child·ish** [t∫áildi∫] 圀 (*more* ~; *most* ~) 1 어린애 같은; 철없는, 유치한.¶a ~ idea 유치한 생각 / Put away a ~ thing. 철없는 짓 작작 해라. 2 어린이의, 어린이다운[에 걸맞은]. **~·ly** 圀 **~·ness** 圀
child lábor 圀 미성년자 노동.
child lábor abúse 圀 =child slavery.
child·less [t∫áildlis] 圀 아이가 없는, 자손이 없는.
~·ness 圀
*child·like** [t∫áildlàik] 圀 어린이 같은[다운], (어린애처럼) 순진한, 솔직한; 어린이용의.¶~ innocence 어린이 같은 순진함. **~·ness** 圀

[유의어] **childlike** 좋은 뜻으로「어린이 같은」. **childish** 나쁜 뜻으로「어린이 같은」. **infantile** =very childish; 원래는「유아의」를 뜻하며, 감정적 색채가 없는 말.

Child·line [t∫áildlàin] 圀 《英》 피학대 아동을 위한 전화 상담 (서비스).
child·ly [t∫áildli] 圀 (드물게) 어린이 같은[다운].
child·mind·er [t∫áildmàindər] 圀 《英》 (맞벌이 부부를 위해) 아이를 돌보아 주는 사람; 보모. [것.
child·mind·ing [t∫áildmàindiŋ] 圀 어린이 돌보는
child moléster 圀 아동 성희롱자(pedophile).
child molestátion
child·nap·ping [´-næpiŋ] 圀 (이혼 절차가 끝나기 전에) 부모 중 한쪽이 일방적으로 자식을 빼앗아가는 일.
child·ness [t∫áildnis] 圀 《고어》 어린이다움.
child pornógraphy [(구어) **pórn**] 圀 어린이를 등장시킨 외설물, 어린이 포르노(물).
child pródigy 圀 신동, 천재아.
child-proof [t∫áildprù:f] 圀 1 어린애라도 다룰 수 있는, 아이들에게 안전한. 2 어린애가 다룰 수 없는.
child psychíatry 圀 아동 정신 의학치료술.
child psychólogy 圀 《심리》 아동 심리학.
‡**chil·dren** [t∫íldrən] 圀 child의 복수형.
Children should be seen and [or *but*] *not heard.* 아이들은 그 자리에 있어도 되지만 얌전히 있어야 한다(* 영국의 엄격한 전통적 어린이 예의 범절).
Children of Gód 圀 ⓐ 하느님의 아들파(派) (1970년대 초 근본주의 개신교도의 한 파).
Children of Israel 圀 유대인, 헤브라이인.
Children's Dày 圀 《美》 어린이날(신교계의 기념일; 6월 둘째 일요일).
child-re·síst·ant [´-rízistənt] 圀 =childproof.
Child Ríghts 圀 《美》 어린이의 권리(거주·교육·의료의 권리와 기본적 인권 등; 유엔 아동 권리 조약 (Convention on the Rights of the Child)에 규정).
child slávery 圀 어린이 노예, 어린이 노동 학대.
child's pláy 圀 매우 손쉬운 일; 사소한 일, 하찮은 일.¶It's mere ~ for him. 그것은 그에게는 식은죽 먹
child suppòrt 圀 양육비(보). [기다.
child-tráding ring [-tréidiŋ-] 圀 어린이[유아] 밀매 조직.
child wélfare 圀 아동 복지.
child wífe 圀 어린 아내.
child wòman 圀 《美》 소녀(girl) (* 비차별 용어).

chil·e [t∫íli] 圀 =chili. 「Chili」
*****Chil·e** 圀 칠레(남미의 공화국; 수도 Santiago). (또는
Chil·e·an [t∫íliən] 圀圀 칠레인(의), 칠레의. (또는 Chilian) 정부의 통제하에 두다.
Chil·e·an·ize [t∫íliənàiz] 圀(印) 칠레화하다; 칠레
Chile píne 圀 칠레삼나무(monkey puzzle).
Chile sáltpeter 圀 《鑛》 칠레 초석(硝石)(질산(窒酸)·비료 제조의 원료; 칠레에서 많이 난다).
chil·i [t∫íli] 圀Ⓤ《植》 ~es) 1 (관목성의) 칠레 고추(의 꼬투리), 칠리(~ pepper). 2 《美》 = ~ con carne.
──圀 《美속어》 멕시코(풍)의.
Chil·i [t∫íli] 圀 =Chile. 「**-ád·al**, **-ád·ic** 圀
chil·i·ad [kíliæd] 圀 천(千); 천 년(millennium).
Chil·i·an [t∫íliən] 圀圀 =Chilean.
chil·i·arch [kíliɑ̀ːrk] 圀 (고대 그리스·로마의) 천(千)부장, 천인대장(千人隊長).
chil·i·asm [kíliæzm] 圀Ⓤ 《신학》 지복(至福) 천년설, 천년 왕국설(그리스도가 재림하여 천년간 지상을 통치한다는 설). ⓟ millennium **-àst** 圀 천년 지복설 신봉자. **-ás·tic** 圀 천년 지복설의(을 믿는).
chil·i·bowl [-bòul] 圀 《美속어》 아주 짧게 머리를 깎기; 빡빡이 못한 녀석, 바보 녀석.
chíli con cár·ne [t∫íli kɑn káːrni] 圀 칠레 고추를 넣은 스튜풍의 멕시코 요리. 〈Sp〉
chíl·i·dog [t∫ílidɔ̀:g] 圀 칠리도그(빵과 소시지 사이에 chili con carne을 끼어 넣은 핫 도그).
chíli èater 圀 《美속어》 멕시코 사람, 히스패닉
chíli pèpper 圀 =chili 1. 【(Hispanic)계(系) 사람.
chíli pòwder 圀 칠레 고춧가루. 「소스」.
chíli sàuce 圀 칠리 소스(토마토에 고추를 섞은
‡**chill** [t∫íl] 圀 (~s [-z]) 1 (보통 a ~, the ~) 불쾌한 추위, 차가움.¶a wintry ~ 겨울의 추위. 2 (몸의 떨림을 수반하는) 한기, 으스스함, 오한; 《英》 (오한이 따르는) 감기.¶give a person a ~ 남을 오싹하게 하다 / feel a ~ run down one's spine 등줄기가 오싹해지다. 3 (비유적) (a ~) 냉담(한 태도); 실의; 흥을 깨뜨림.¶A ~ came over his heart. 그의 의기가 꺾였다. 4 《야금》 냉강 금속(冷剛金屬). 5 (니스·래커 도장의) 흐린 부분(bloom). 6 《美속어》 찬 (캔)맥주.
cast [or *throw*] *a chill over* [or *on*] …에 찬물을 끼얹다, …의 판을 깨다.
catch [or *take, get*] *a chill* 오한을 일으키다, 감기
chills and fever 《美구어》 학질, 말라리아열.
have [or *feel*] *a chill* 오한이 나다, 몸이 으스스하다.
put on the chill 《美속어》 …에게 냉담하게 굴다.
put the chill on a person ① 남에게 쌀쌀하게 대하다, 쌀쌀한 태도를 취하다. ② 사람을 죽이다(kill).
send chills [or *a chill*] *up* [or *down, up and down*] *a person's spine* 남의 등골을 오싹하게 하다.
take the chill off (포도주·우유 따위를) 조금 데우다.
──圀 1 차가운; 한기가 도는.¶a ~ breeze 살을 에는 듯한 찬바람 / The wind blows ~. 바람이 차다. 2 (비유적) 낙담하게 하는, 풀이 죽게 하는; 냉담한, 쌀쌀한.¶~ prospects 밝지 않은 전망/a ~ reception 냉대. 3 (속어) (계획 따위가) 완벽한; 좋은, 굉장한(cool).
──圀 (**~s** [-z]) 태 1 차가워지다; 오한이 나다, 오싹오싹하다. 2 《야금》 (주철을 금형에 넣었을 때) 표면이 급격히 경화(冷硬)하다. 3 《美속어》 순순히 따르다; (저항 없이) 붙잡히다. 4 정열을 잃다, 냉담해지다 (out).
──㉠ 1 …을 춥게 하다, 식히다, 냉각하다; …을 오싹하게 하다.¶~ a person to the bone [or marrow] 추위가 뼛속까지 스며들다/be ~ed with fear 공포로 오싹해지다. 2 (음식) 을 냉장하다.¶~ed meat 냉장육. 3 …의 열을 식히다.¶~ a person's hope 희망을 잃게 하다. 4 《야금》 (금형에 넣어) (주철의 표면)을 냉경(冷硬)시키다. 5 《英구어》 (술·액체)을 약간 데우다. 6 《美속어》 (불만 따위)을 해소하다. 7 《美속어》 …을 죽이다, …을 화나게 하다; …을 때려 기절시키다.

chill car

8 〔도장(塗裝)한 면〕을 냉각시켜 흐리게 하다.
chill** a person's **blood 남의 간담을 서늘하게 하다.
chill out (美俗語) (사람이) 냉정해지다, 침착해지다; (명령형으로) 침착해!, 마음 편히 가져!
Chill with you later. (美俗語) 그럼 또 만나.
─**ness**
chíll càr 명 (美) 냉장차(車).
chilled [tʃild] 형 냉각된, 냉장한; (주물 따위가) 냉강(冷剛)한. ¶ ~ beef 냉장 쇠고기.
chill·er [tʃílər] 명 1 모골이 송연하게 하는 것〔사람〕. 2 (구어) (살인극 따위) 스릴러물〔소설, 영화〕, 공포물〔소설, 영화〕; 통속물. 3 냉각 장치〔담당자〕. 4 식히는〔흥을 깨는〕것〔사람〕. 5 (美俗語) 권총, 피스톨.
chill·er-dill·er [-dílər] 명 (구어) =chiller 2.
chíll fàctor 〔기상〕 =windchill factor.
chil·li [tʃíli] 명 (pl. ~*es*) =chili.
chil·li·ly [tʃílili] 부 (= chilly).
chill·ing [tʃíliŋ] 형 냉랭한, 으스스한; 냉담한, 쌀쌀한; 무서운, 끔찍한. ─**ly** 부
chílling éffect 무서운 영향; 억제〔움츠림 효과〕.
chíll mòld 명 〔야금〕 냉각 주형(冷却鑄型).
chill·out [tʃílàut] 명 (美俗語) (연료 부족으로 인한) 난방 정지 (기간).
chíll pìll 명 (美俗語) 진정제. ¶Take a ~. 진정해라.
chill·room [tʃílrù(ː)m] 명 냉장실.
‡chill·y [tʃíli] 형 (*chill·i·er; chill·i·est*) 1 으슬으슬한; 차가운, 추운. ¶a ~ breeze 살을 에는 듯한 바람. 2 한기가 드는, 추워들 타는. ¶feel ~ 한기가 든다. 3 냉담한, (마음이) 차가운. ¶a ~ manner 냉담한 태도. 4 모골이 송연해지는, 무서운. ─ 부 냉담하게. ─ 명 (美俗語) 감기. **chíll·i·ness** 명 [U] 차가움; 오한; 냉담.
chi·lo- [káilou, -lə] 〔연결 형태〕 lip, labial의 뜻. ¶chiloplasty.
chi·lo·plas·ty [káiləplæ̀sti] 명 [U] 입술 성형 수술.
Chíl·tern Húndreds [tʃíltərn-] 명(복) (the ~) (英) 칠턴 3군(郡)(London 서북방의 영국왕 영지). *accept* [or *apply for*] *the Chiltern Hundreds* 하원 의원직을 사퇴하다. * 하원 의원이 사퇴하려면 Chiltern Hundreds의 관리직을 신청하는 전통이 있다.
Chi·lung [tʃíːlúŋ] 명 지룽(基隆)(대만의 항구 도시). (또는 **Chi-lung, Keelung, Kilung, Jilong**)
chi·mae·ra [kimíərə, kai-] 명 은상어과(科)의 물
chimb [tʃaim] 명 =chime². 〔고기〕 =chimera.
‡chime¹ [tʃaim] 명 (~*s* [-z]) 1 (현관에 달린) 차임; 그 소리. 2 (조율되어 있는) 한 벌의 종; (~s) (음악) chime(管鐘), 차임(한 벌의 금속관을 수직으로 달아 매어 쓴 타악기); (오르간의) 종소리의 음전(音栓). 3 (~s) (한 벌을 이룬 종이 연주하는) 선율. 4 [U] C 아름다운 화음; 음향(音響), 선율. 5 [U] C 조화, 일치.
fall into chime with ...와 조화되다.
in chime 조화되어, 일치해서. 「을 맞추다.
keep chime with ...와 조화를 유지하다, (이) 와 장단 ─ 동 (~*s* [-z]; ~*d*; *chim·ing*) 자 1 (방울이나 종이) 조화되어 울리다〔울려 퍼지다〕. ¶The bells are *chiming*. 종이 조화된 가락으로 울려 퍼지고 있다. 2 (방울이나 종으로) 아름다운 소리를 내다, 한 벌의 종을 울리다. 3 운율을 붙여 (노래하듯) 말하다; 단조로운 억양으로 말하다. 4 조화되다, 동조하다 (*with*). ¶~ *with* one's *mood* 자기 기분과 조화되다. ─ 타 1 (종이나 방울로) (음악 따위를) 연주하다; (종을) 울리다, 치다. ¶~ a bell 종을 울리다. 2 (종이) (시간을) 알리다, (남) 을 울려서) (시간을) 알리다; (남) 에게 ...시키다 (남) 을 부르다. ¶The clock ~*d* five. 시계가 5시를 알렸다. 3 ...을 단조로운 가락으로 말하다〔되풀이하다〕.
chime in ① (동의를 표시하기 위해) 갑자기 대화에 끼어들다, 논의에 가담하다. ② 보조를 같이하여 합류하다. ③ 조화되다; 장단을 맞추다 (*with*).
chime² 명 1 (맥주통 따위의 바닥과 아가리의) 테두리.

Chin

2 갑판의 흠. (또는 **chimb, chine**)
chim·er¹ [tʃáimər] 명 종을 울리는 사람.
chim·er² 명 =chimere.
chi·me·ra [kimíərə, kai-] 명 1 (때로 C-) (그리스 신화) 키마이라, 키메라(사자의 머리·양의 몸통·뱀의 꼬리를 가지고 입에서 불을 뿜는 괴수). 2 (장식 미술 따위의) 괴물. 3 (기괴한) 환상; 실현될 것 같지 않은 꿈. 4 〔발생〕 키메라, (이조직(異組織) 〔구조〕의) 공생체(共生體). (또는 **chimaera**) (<Gk)
chi·mere [tʃimíər] 명 (英) (bishop이 입는) 헐겁고 소매가 없는 웃옷. (또는 **chimar, chimer**)
chi·mer·i·cal [kimérikəl/kai-] 형 상상의, 가공의, 환상 속의, 현실과 동떨어진. (또는 **chimeric**)
~·**ly** 부 ~·**ness** 명 「현상.
chi·me·rism [kimíərizm, kai-] 명 〔생물〕 키메라
‡chim·ney [tʃímni] 명 (~*s* [-z]) 1 굴뚝. ¶smoke like a ~ 담배를 몹시(마구) 피우다. 2 (기관차·기선의) 굴뚝, 연통(smokestack). 3 (남포의) 등피. 4 굴뚝 모양의 것(분화구 따위). 5 (등산) 난로, 6 (등산) 침니(암벽에 세로로 갈라진 틈). 7 (美俗語) 머리; 모자. ─ 동(자) (등산) 침니를 오르다. ~·**less, ~·like** 형
chímney brèast 명 방 안의 벽난로가 돌출해 있는 부분, 벽난로의 아궁이가 바로 윗부분.
chímney càp 명 굴뚝의 갓.
chímney còrner [**nòok**] 명 벽난로의 귀퉁이 쪽 〔측면〕; 불에 가까운 곳; 노변(爐邊)(fireside).
chímney jàck 명 굴뚝의 회전식 갓.
chímney pìece 명 벽난로 선반.
chímney pòt 명 1 (英) (통풍용) 토관(土管), 판금통 (板金筒). 2 =chimney-pot hat.
chímney-pot hát 명 (口語) 실크 해트(top hat).
chímney shàft 명 =chimney stalk.
chímney stàck 명 (英) 여러 개의 연통을 한데 모아 붙여 놓은 굴뚝(특히 지붕 위로 나온 부분); 굴뚝이나
chímney stàlk 명 굴뚝의 지붕 위로 나온 부분; (공장의) 높은 굴뚝. 「=chimney swift.
chímney swàllow 명 1 = barn swallow. 2 (美)
chímney swèep(er) 명 굴뚝 청소부〔도구〕.
chímney swìft 명 칼새(남·북미산(產)).
chímney tòp 명 1 굴뚝 꼭대기. 2 굴뚝의 지붕 위로 나온 부분. 3 =chimney pot 1.
chímney whèel 명 =smokejack.
chim·pan·zee [tʃìmpænzíː, tʃimpǽnzi] 명 침팬 「지.
***chim·pan·zee** [tʃìmpænzíː, tʃimpǽnzi] 명 침팬
‡chin [tʃin] 명 (~*s* [-z]) 1 아래턱, 턱끝(이 jaw). 2 (속어) 이야기; 잡담. ¶have a ~ with her 그녀와 잡담하다. 3 (구어) ~-up.
be chin deep ① 턱까지 물에 잠기다. ② =*up to the chin in air* (화가 나서) 턱을 내밀고. 「*chin*.
Chin up! (구어) 힘내!, 기죽지 마!
keep one's *chin up* (구어) (난국에 맞서) 의연한 자세를 유지하다, 용기를 잃지 않다, 낙담하지 않다.
lead with one's *chin* (구어) 경솔하게 행동하다.
rub [or *stroke*] one's *chin* 턱을 쓰다듬다 (* 뭔가를 생각하는 몸짓). 「의 표시로) 턱을 내밀다.
stick [or *thrust*] one's *chin out* (도전·반항·결의
take it on the chin (美俗語) (권투에서) 턱을 얻어 맞다, 패배를 맛보다, 큰 타격〔손해〕를 받다; 고통이나 벌을 참아내다. 「(*in*).
up to the [or one's] *chin* (英俗語) 깊이 빠져〔들어〕
wag one's *chin* (美俗語) 재잘거리다, 지껄이다.
(with the) chin in (one's) *hand* 손으로 턱을 괴고.
─ 동 (~*s* [-z]; *-nn-*) 타 1 (턱걸이 운동에서) 〔철봉〕 까지 턱을 가져가다, (재귀용법으로) 턱걸이하다. ¶~ a bar 철봉에서 턱걸이를 하다. 2 (구어) (바이올린 따위) 를 턱에 대다. 3 (고어) ...와 잡담하다. ─ 자 1 턱걸이 하다. 2 (속어) 지껄이다.
Chin, Chin. China; Chinese.

chi·na [tʃáinə] 명 ① 자기, 도자기; 《집합적》 도자기 제품, 오지(사기) 그릇; 도자기 인형; 《여성어》 접시, 식기류. ¶ a piece of ~ 도자기 한 점. ─형 ① (도)자기제(製)의; (도)자기 같은 느낌을 주는. ② 20회째의, 20주년 기념의; 도혼식(陶婚式)의.

‡Chi·na [tʃáinə] 명 ① the People's Republic of ~ 중화 인민 공화국, 중국(수도 Beijing). ② the Republic of ~ 중화 민국(타이완(臺灣); 수도 Taipei). *from China to Peru* 《문어》 세계 도처에.
China Áirlines 명 중화 항공 공사(公司)(대만의 항공 회사; ⓐ CAL).
China áster 명 과꽃.
chí·na bárk [káinə-, kíːnə-] 명 기나피(cinchona(기나나무)의 껍질; 키니네(quinine)를 채취한다).
chi·na·ber·ry [tʃáinəbèri/-bəri] 명 ① 멀구슬나무 (아시아 원산). ② = soapberry. 「로 이용하는 것).
Chína cárd 명 중국 카드(중국과의 관계를 외교 무기
China Céntral Télevision 명 (중국의) 중앙 전시대(中央電視台)(베이징의 중앙 TV국; ⓐ CCTV).
china chín 명 《美속어》 = glass jaw.
china cláy 명 고령토, 도토(陶土)(kaolin).
china clóset 명 찬장(유리가 끼워져 있는 것).
china crêpe 명 = crepe de China.
Chína dóll 명 《美속어》 섬세한[가냘픈] 미인; 중국 여
China ínk 명 먹(India ink). 「성.
Chi·na·man [tʃáinəmən] 명 (복 -men) ① 《경멸적》 중국인(Chinese). ② (c-) (도)자기 상인. ③ 《크리켓》 좌완 투수의 느린 커브볼. 「가망성이 없다.
have not a Chinaman's chance 거의(전혀) 가능성
Chína órange 명 운향과(科)의 식물(필리핀 원산).
Chína róse 명 월계화(아욱과)의 부용과 같은 속
China Séa 명 (the ~) 중국해(海). 「(중국의 식물).
China sýndrome 명 중국 증후군, 최악의 원자로[핵] 사고 (시나리오)(미국 핵발전소의 노심 용융(meltdown) 사고가 일어날 경우 용출 연료가 지하로 흘러 지구 내부를 뚫고 중국까지 도달한다는 상상상의 대참사). [《美국 영화(1979) 제목》.
Chína téa 명 중국 차(茶).
Chi·na·town [tʃáinətàun] 명 《외국 도시에 있는》 중국인 거리, 차이나타운. (또는 **Chína Tówn**)
China trée 명 = chinaberry 1.
chi·na·ware [tʃáinəwɛ̀ər] 명 ⓤ (도)자기 제품.
Chína wátcher 명 중국 (문제) 연구가, 중국통(通) (Pekingologist). (또는 **China-wàtcher**)
china wédding 명 도혼식(결혼 20주년 기념).
Chína Whíte 명 《美속어》 《강력한 합성》 헤로인.
chin·bone [tʃínbòun] 명 아래턱.
chin·ca·pin [tʃíŋkəpin] 명 = chinquapin.
chinch [tʃíntʃ] 명 빈대(bedbug); ~ bug.
chínch bùg 명 노린재와 비슷한 보리의 해충.
chin·chil·la [tʃíntʃílə] 명 ① 친칠라(다람쥐 비슷한 동물). ② ⓤ 친칠라의 모피. ③ 친칠라의 모피 제품(코트나 상의 따위). ④ 외투용 두꺼운 모직물.
chin-chin [tʃíntʃín] 명 ① 정중하고 격식을 갖춘 이야기. ② 가벼운 잡담. ─ 동⬚타 ① 정중하고 격식을 갖추어 이야기 하다, 지껄여대다. ─ 감 《함부로》 지껄여대다. (인사로서) 야아, 안녕하세요, 안녕히 계십시오[가십시오]; 건배! [< Chin 請請]
chínch pàd 명 《美속어》 간이 숙박소, 싸구려 여인숙.
CHINCOM [tʃínkɑm/-kɔm] 명 대(對)중국 수출 통제 위원회. ⓐ COCOM [<*Chin*a+*com*mittee]
chin·cough [tʃíŋkɔ̀f, -kɑ̀f/-kɔ̀f] 명 《병리》 백일해.
chín dímple 명 턱 보조개. 「일해(百日咳).
chine¹ [tʃáin] 명 《英방언》 《좁고 깊은》 협곡.
chine² [tʃáin] 명 ① 척주(脊柱). ② (요리용) 살이 붙은 등뼈. ③ (산 따위의) 등성이, 마루. ─ 동타 ① (도살할 때) …을 등뼈를 따라 베다, …의 등뼈를 자르다.
chine³ 명 = chime².
Chi·nee [tʃáiniː] 명 《속어》 = Chinese.

‡Chi·nese [tʃàiníːz, -níːs] 명 (복 ~) ① 명 중국어 (명 Mandarin). ② 중국인; (the ~) 《복수취급》 중국 국민. ③ 《英구어》 중국 요리. ─ 명 중국(풍)의; 중국인의; 중국어의, 한자(漢字)의.
Chinese béllflower 명 도라지(balloonflower).
Chinese blóck 명 목탁.
Chinese bóxes 명 크기에 따라 차례로 포개 넣게 「만든 상자.
Chinese cábbage 명 배추.
Chinese cháracter 명 한자.
Chinese chéckers 명 《단·복수 양용》 다이아몬드 게임(2-6명의 경기자가 6각의 별꼴 판 위에서 10개의 말을 상대편에 진지로 전진시키는 게임).
Chinese cínnamon 명 계피(cassia bark).
Chinese Cómmunist Párty 명 (the ~) 중국 공산당.
Chinese cópy 명 완전한 모조; (결점까지 똑같이 모방한) 모조품, 해적판. 「이전의 왕조).
Chinese Émpire 명 (the ~) 중화 제국(신해 혁명
Chinese fíre drìll 명 대혼란 (상태), 야단법석.
Chinese ínk 명 = India ink.
Chinese lántern 명 《장식용》 종이 초롱.
Chinese móney 명 《구어》 가짜 돈, 장난감 돈.
Chinese phóenix 명 봉황새. 「것; 난문(難問).
Chinese púzzle 명 매우 복잡한 수수께끼; 복잡한
Chinese réd 명 진홍색(scarlet); 주홍색; 크롬적(赤)(chrome red); 《美속어》 헤로인.
Chi·nese-rés·tau·rant sýndrome [-réstərənt-] 명 중국 요리점 증후군, 중국 요리 멀미(중국 요리를 먹은 후의 두통·현기증 따위 현상).
Chinese Revolútion 명 (the ~) 신해(辛亥) 혁명 (1911년 청조(清朝)를 쓰러뜨린 중국의 민주주의 혁명).
Chinese sáxophone 명 《美속어》 아편 흡입용 파이프. 「종사의 실수에 의한》 추락.
Chinese thrée-point lánding 명 《美속어》 《조
Chinese tobácco 명 《美속어》 아편.
Chinese Wáll 명 (the ~) 만리 장성(Great Wall); (a C- w-) 넘기 어려운 장벽.
Chinese whíte 명 ① 아연화(亞鉛華)(백색 그림 물감의 일종). ② = zinc white. ③ 《속어》 합성 헤로인.
Chinese wóod òil 명 동유(桐油)(tung oil).
Chinese yuán 명 위안(元)(중국의 화폐 단위).
Ch'ing [tʃíŋ] 명 청(清), 청조(1616-1911).
chink¹ [tʃíŋk] 명 ① 《…을 쨍그랑 울리게 하다(소리내다). ② 쨍그랑 소리나다. ─ 명 ① 쨍그랑 하는 소리. ② ⓤⓒ 《속어》 주화(coin), 현금(ready cash).
chink² [tʃíŋk] 명 ① 갈라진 틈, 균열; 좁은 틈새, 간극(間隙). ② 《틈새에서 새어 나오는》 빛; 《비유》 빠져나갈 구멍.
the [*or a*] *chink* [*or crack*] *in one's armor* 약점, ─ 동타 …의 틈새[금]을 메우다. 「아픈 곳.
Chink [tʃíŋk] 명 《경멸적》 중국인. ─ 형 중국(인)의. (또는 **Chinkie, Chinky**)
chin·ka·pin [tʃíŋkəpin] 명 = chinquapin.
chin·ky [tʃíŋki] 형 금이 간, 틈이 많은; 《美학생어》 인색한, 쩨쩨한.
chin·less [tʃínlis] 형 턱끝이 쑥 들어간, 《英구어》 의지력이 없는, 나약한, 우유부단한. 「석은[바보] 자식.
chinless wonder 《英속어》 《가문이 좋은 집의》 어리
chín músic 명 《고어》 《속어》 잡담, 수다.
chinned [tʃínd] 형 《복합어로》 턱이 …한. ¶ double-~ 2중턱의.
chi·no¹ [tʃíːnou] 명 (복 美) 치노(제복·운동복용의 면직물); (~s) 치노 바지. 「치노로 만든.
chi·no² [tʃíːnou] 명 (복 ~s) 《경멸적》 멕시코계(系) 미국인.
Chi·no- [tʃáinou, -nə] 연결 「중국의 뜻」 (명 Sino-). ¶ *Chino*-Korean(한중(韓中)의).
chi·noi·se·rie [ʃiːnwɑ̀ːzəríː, -wɑ́ːzəri] 명 (17-18세기 유럽에서 유행한 복장·가구 등의) 중국 양식(취미).
Chi·nook [ʃinúk, -nɑ́ːk/tʃi-] 명 (복 ~s) ① 치누크

족(族)(미국 Columbia 주 강어귀의 인디언); 치누크족 사람; ⓤ 치누크어(語)(Chinookan). **2** (c-) 미국 Rocky 산맥의 동쪽으로 불어내리는 건조하고 따뜻한 바람. **3** (C-) 미국 서부 Washington, Oregon 주의 해안에 부는 습하고 따뜻한 서남풍(wet c-). **4** =c- salmon.

Chinóok Járgon 몡 치누크 혼합어.
chinóok sálmon 몡 북태평양산 큰 연어. 〔별칭.
Chinóok Státe 몡 (the ~) 미국 Washington 주의
chinóok wínd 몡 (美·캐나다) 치누크 바람(겨울철 로키 산맥 동쪽이나 태평양 연안의 부는 따뜻한 바람).
chin-qua-pin [tʃíŋkəpin] 몡 북미산(産) 칭커핀 밤나무(의 열매). (또는 **chincapin, chinkapin**)
chín rèst 몡 (바이올린의) 턱받침.
chín stràp 몡 (모자의) 턱끈; (미용 정형용) 턱끈; 고삐의 일부. 〔총좌(銃座).
chín túrret 몡 (폭격기나 무장 헬리콥터의) 기수 밑의
chintz [tʃints] 몡 ⓤ 사라사 무명의 일종.
chintz·y [tʃíntsi] 혱 **1** 사라사 무명과 같은. **2** (구어) 싸구려의, 값싼; 초라한, 보잘것없는.
chin-up [‑ʌ̀p] 몡 지치는 일이 없는, 의연한, 용감한. ── 몡 턱걸이. ¶ do ten ~s 턱걸이를 열 번 하다.
chin·wag [tʃínwæ̀ɡ] 몡 (-**gg**-) (속어) 잡담하다, 수다떨다. ── 몡 잡담, 수다.
chín whískers 몡 턱수염(beards).

‡**chip**[tʃip] 몡 **1** (나무·돌 따위의) 한 토막, 부서진 조각, 부스러기. ¶ *The chip doesn't fly far from the stump.* (속담) 그 아버지에 그 아들. **2** (과자류의) 얇은 한 조각; (美·濠) (~s) 감자칩(potato ~s), (英구어) (~s) 감자 튀김((美) French fries). **4** 저민 자국, 깨진 파편, 칼자국. **5** (포커 따위에서 현금 대신 사용하는 작은 원판 모양의) 산가지, 칩. **6** (구어) 다이아몬드 따위의 작은 조각. **7** (美) 말라서 맛이 없어진 것; 하찮은 것. **8** (보통 ~s) (美) 건조한 똥의 한 조각(연료용). **9** (바구니 제조용) 무늬목, 지푸라기; ── s basket. **10** (골프) = ~ shot; (美) (축구) 위로의 짧은 킥. **11** (~s) (속어) 금전, 돈. **12** (C-) (英구어) 배에 타고 있는 목수. **13** (전자) (the ~) 칩, 반도체 조각(素子)(microchip).

a chip in porridge [or ***pottage, broth***] 독도 약도 되지 않는 첨가물, 있으나마나 한 것.
a chip of [or ***off*] *the old block*** 좋은 뜻으로) 조상의 피를 이어받은 사람, 아버지를 꼭 닮은 아들.
a chip on one's [or *the*] ***shoulder*** 시비조, 적대적 성향, 불만; 불만(불평)의 씨앗인 것.
as dry as a chip 무미건조한.
buy chips 투자하다.
call in one's ***chips*** 끝났음을 알리다.
cash [or ***hand, pass***] ***in*** one's ***chips*** (美) ① (포커 따위에서) 칩을 현금으로 바꾸다. ② (속어) 연공(年貢)을 바치다; 가게를 걷어치우다; 죽다.
do not care a chip (…을) 전혀 개의치 않다 (*for*).
have had one's ***chips*** (英구어) 가망 없다. 운이 다하다; 지다; 죽음을 당하다.
in the chips (美속어) 부자인, 부유한.
let the chips fall where they may (구어) 결과가 어찌되건 (소신(생각)대로 하다).
play one's ***last chip*** 최후(비장)의 수단을 사용하다.
the bug under the chip (美속어) 본심, 다른 특별한 생각. 〔「위기(시련)에 빠졌을 때에, 막바지에서,
when the chips are down (美) 일단 유사시에;
with a chip on one's ***shoulder*** (美구어) 싸울 기세로; (구어) 잊을 수 없는 불만(불평)을 갖고
── 툥 (-**pp**-) 톼 ① (도끼나 정으로) …을 자르다, 깎다. **2** 〔작은 부분〕을 잘라내다, 깎아내다. ¶ ~ *bits of rock* 바위의 일부를 떼어내다. **3** (작은 부분을 잘라내어) …의 모양을 훼손하다, (칼날·컵 따위의) 이를 빠다. **4** 깎아 …을 만들다. ¶ ~ *a toy out of wood* 나무를 깎아 장난감을 만들다. **5** (병아리가 알의 껍질)을 깨다. **6** (포커 따위에서) 산가지를 내어 …을 걸다. **7** (英구어) …을

놀리다. **8** (濠) 〔괭이로) …을 갈다. ── 톼 **1** 잘게 빻아지다, 이가 빠지다. **2** (골프) 칩 샷(~ shot)을 치다.
chip at …에게 덤벼들다; …에게 독설을 퍼붓다, 싸움을 걸다.
chip away ① (…을) 조금씩 잘라내다 (*at*); 벗겨지다. ② (자존심·희망 따위가) 서서히 사라지다.
chip in ① (선물 따위를 위해) 돈을 추렴하다, 제몫을 내다, 기부하다. ② (英구어) 남의 이야기에 갑자기 끼어들다, 방해하다. ③ (포커 등에서) 돈을 걸다 (*with*).
chip off ① …을 갈아내다, 깎아내다. ② (도자기 따위)의 이가 빠지다.
chip·pa·ble 혱

chip² 툥자 (-*pp*-) 짹짹거리다(울다). ── 몡 짹짹 우는
chip³ 몡 (레슬링) 안다리 후리기. 〔소리.
chíp bàsket 몡 무늬목으로 엮은 바구니.
chíp·bòard [tʃípbɔ̀ːrd] 몡ⓤⓒ 판지(板紙).
chíp bònnet [‑hǽt] 몡 야자잎 밀짚 모자.
chíp càrd 몡 칩 카드, IC 카드(마이크로 칩을 장치한 카드로 현금 카드·신용 카드·진료 카드 따위로 이용).
chíp·hèad [tʃíphèd] 몡 (美속어) 컴퓨터광(狂).
chíp hèater 몡 (濠) (나무 부스러기를 태우는) 가정용 온수기.
chíp·màk·er [tʃípmèikər] 몡 반도체 (칩) 제조업자.
chíp·màk·ing [tʃípmèikiŋ] 몡 〔전자〕 반도체 제조, 칩 제조. 〔다람쥐.
chip·munk [tʃípmʌ̀ŋk] 몡 (미국·유럽산(産)) 줄무늬
chípped béef [tʃípt‑] 몡 얇게 썬 훈제 쇠고기.
Chip·pen·dale [tʃípəndèil] 몡 치펜데일풍의 가구 (우아한 곡선을 이용한 장식적인 것). ── 혱 치펜데일풍의. 〔<영국의 가구 디자이너 Thomas Chippendale (1718?-79)의 이름〕
chip·per¹ [tʃípər] 혱 (美구어) 원기 왕성한; 명랑한; 건강한, 강건한; 깔끔한, 말쑥한. ── 톼 기력을 돋우다(*up*). ── 톼 힘을 내다(*up*).
chip·per² 톼 **1** (새가) 짹짹거리다, 짹짹 울다 (chirp). **2** 나불나불 지껄이다.
chip·per³ 몡 **1** (표면을) 깎는 사람(도구), 대패(질 하는 사람). **2** (벌프용) 칩(쇄목) 만드는 기계.
Chip·pe·wa [tʃípəwɔ̀ː, ‑wèi, ‑wə] 몡 (복 ~**s**)
chip·pie [tʃípi] 몡 (속어) =**chippy¹**. 〔=Ojibwa.
chip·ping [tʃípiŋ] 몡 **1** 조금 빠는 ~s) 토막; 잘게 부서진 것, 나뭇조각; (英) (철로·도로 포장용) 자갈. ── 몡 짹짹 우는. 〔참새의 일종〕
chípping spárrow 몡 갈색머리 멧새(북미산(産)).
chip·py¹ [tʃípi] 몡 **1** (속어) 바람난 여자; 매춘부. (또는 **chippie**) **2** =chipping sparrow. ── 톼자 (남자를) 홀리다. 바람피우다.
chip·py² 몡 =chipmunk. 〔자가) 지껄이다.
chip·py³ 혱 〔아이스하키〕 거친 플레이를 하는; 성급한, 화를 잘내는; (속어) 무미건조한; 활발한.
chip·py⁴ 몡 (英구어) **1** 목수, 목공. **2** fish and chips 판매점.
chip·py-house [‑hàus] 몡 (英속어) 매춘굴.
chíppy jòint (英속어) 매춘굴.
chíp shòp (英) fish and chips 판매점.
chíp shòt 몡 〔골프〕 칩 샷(볼을 짧게 쳐올리기).
chíp wàr 몡 반도체 전쟁(반도체 업계의 치열한 경쟁).
chip·wich [tʃípwitʃ] 몡 (美) 칩위치(감자 튀김이나 비스킷 조각을 넣은 일종의 샌드위치).
Chi-rac [*F* ʃiraːk] 몡 **Jacques** ~ 시라크(1932- : 프랑스의 정치인; 대통령(1995-)).
chirk [tʃəːrk] 톼자 (문 따위가) 삐걱거리다; (쥐·새 따위가) 짹짹 울다. ── 톼 …을 기운나게 하다 (*up*). ── 혱 (美속어) 쾌활한, 활기찬.
chirm [tʃəːrm] 톼자 (새가) 시끄럽게 지저귀다(울다). ── 몡 지저귐, 새 우는 소리.
chi·ro- [káirou, ‑rə] 옐 hand의 뜻(* 모음 앞에서는 chir-). ¶ *chiropractic*. (또는 **cheir(o)-**)
chi·rog·no·my [kairágnəmi/‑rɔ́ɡ‑] 몡ⓤ 수상술 (手相術).

chi·ro·graph [káirəgræf, -grà:f] 명 1 자필 증서; (봉건 시대의) 차지(借地) 계약서; 그 증서의 한쪽. 2 자필(自筆)[사인]에 따르는 책임. 3 (교황의) 친서(親書).

chi·rog·ra·phy [kairágrəfi/-rɔ́g-] 명 U 손으로 쓰기; 필적, 서체; 서도. **-pher** 명 **-ro·gráph·ic, -ro·gráph·i·cal** 형 「話法」.

chi·rol·o·gy [kairálədʒi/kaiərɔ́-] 명 U 수화법(手話法).

chi·ro·man·cy [káirəmænsi] 명 U 수상술(手相術)(palmistry). **-cer** 명 수상가(手相家).

Chi·ron [káirən/kái(ə)rən] 명 1 〔그리스 신화〕 케이론(반마(半人半馬)의 켄타우로스(centaur)의 한 사람; Achilles의 스승으로 의술·무술의 대가). 2 〔천문〕 키론(1977년 발견된 혜성). (또는 **Cheiron**)

chi·rop·o·dy [kirápədi, kai-/kirɔ́p-] 명 U 발치료((美) podiatry). **chi·ro·pód·i·cal -dist** 명 발치료 전문의. 요법; =chiropractor.

chi·ro·prac·tic [kàirəpræktik] 명 척추 교정 지압 요법.

chi·ro·prac·tor [káirəpræktər] 명 척추 교정 지압 요법 전문가.

chi·rop·ter [kairáptər/-rɔ́p-] 명 익수(翼手)류 동물.

chi·rop·ter·an [kairáptərən/-rɔ́p-] 명 =chiropter. — 형 (또는 **chiropterous**) 익수류(동물)의.

‡**chirp** [tʃəːrp] 자 (~ed [-t]) 1 =chirrup 1. 2 (사람이) 새[벌레]의 울음소리 같은 소리를 내다; 떠들썩하게 이야기하다. 3 (여성 가수가) 노래하다. 4 《美속어》 경찰에 내통하다[정보를 알리다]. — 타 새[벌레]의 울음소리 같은 소리로 말하다. — 명 짹짹, 찍찍(새·벌레의 울음소리). **-er** 명 **-ing·ly** 부

chirp·y [tʃə́ːrpi] 형 1 《구어》 쾌활한, 명랑한; 흥청거리는, 즐거워 보이는. 2 짹짹 지저귀는, 찍찍 울어대는. **chírp·i·ly** 부 **chírp·i·ness** 명

chirr [tʃəːr] 자 1 (여치 따위가) 찍찍[찌르륵찌르륵] 울다. 2 (그러한) 소리를 내다. — 명 찍찍, 찌르륵찌르륵(여치 따위의 울음소리).

chir·rup [tʃíːrəp/tʃír-] 자 1 (새·벌레가) 짹짹[찍찍] 울다. 2 (아기 등을 어르면서) 쯧쯧거리다. 3 《속어》 (극장 따위에서 동원 부대가) 박수 갈채를 보내다. — 명 짹짹, 찍찍 (하는 울음소리). **-per** 명

chir·rup·y [tʃíːrəpi/tʃír-] 형 명랑한, 쾌활한.

chi·rur·geon [kairə́ːrdʒən] 명 《고어》 외과 의사.

chi·rur·ger·y [kairə́ːrdʒəri] 명 《고어》 외과 의술.

Chis·an·bop [tʃízənbàp/-bɔ̀p] 명 《상표》 지산법(指算法)(한국의 배성진이 개발한, 손가락을 이용한 초보 산수 교육용 계산법).

‡**chis·el** [tʃízəl] 명 1 끌, (금속용) 정. ¶a cold ~ (철판 따위를 자르는) 강철 끌. 2 조각용 끌, 조각도(刀); 정(釘) (the ~) 조각술. 3 ⓒU《속어》 속임, 부정, 사기, 협잡. **full chisel** 《美속어》 전력력으로.
— 타 (-l-, (英) -ll-) 1 …을 끌로 파다[자르다, 깎다, 도려내다]; …을 (…으로) 조각하다 (out (of), from, into). ¶(~+목+전+명) ~ a statue out of [or from] marble ~ marble into a statue 대리석상(像)을 조각하다. 2 《美속어》 (남)을 속이다, 협잡질하다; (남에게) [물건]을 속여서 빼앗다 (out of). — 자 1 끌을 사용하다, 조각하다. 2 《美속어》 부정을 저지르다. ¶(~+前+명) ~ for good marks 좋은 점수를 따려고 커닝하다. **chisel** a person **out of** 남을 속여서 …을 편취하다. **chisel in on** 《美속어》 …에 끼어들다, 간섭하다.
~-like 형

chis·eled [tʃízəld] 형 (*《英》-elled) 1 끌로 조각한[파낸]. 2 윤곽이 분명한, 깊이 조각한, 잘생긴(clear-cut). ¶~ features 윤곽이 분명한 얼굴.

chis·el·er [tʃízələr] 명 (*《英》-el·ler) 1 끌질하는 사람, 조각사, 조각가; [조각] 도구. 2 《美속어》 사기꾼. 3 (아일) 아이, 젊은이.

chit¹ [tʃit] 명 1 (음식값 따위의) 계산서, 청구서, 청구전표; 수표, 어음; 영수증. 2 (英) 단신(短信), 각서, 메모; (인물) 추천장, 소개장.

chit² 〈구어〉 명 1 어린이. 2 〔경멸적〕 (건방진) (계집)아이(* a ~ of a girl로); 짐승 새끼.

chit³ 명 눈, 싹(shoot, sprout). — 자 (-tt-) 《英방언》 (씨 따위가) 싹을 내다, 발아하다, …의 싹을 따다.

chit-chat [tʃítʃæ̀t] 명 (* chat의 반복형) 1 간단한 대화, 잡담. ¶engage in ~ 잡담을 시작하다. 2 소문거리; 소문. — 자 (-tt-) 잡담하다, 수다 떨다. **~·ty** 형

chi·tin [káitin] 명 U 〔생화학〕 키틴질(質)(갑각(甲殼)류 껍질의 주성분). **~·oid, ~·ous** 형 키틴질의.

chit·lin circuit 명 《속어》 (흑인 연예인이 출연하는) 나이트클럽바, 극장).

chit·lin(g)s [tʃítlinz, -liŋz] 명 =chitterlings.

chi·ton [káitn/-ton] 명 1 키톤(고대 그리스의 헐거운 가운). 2 딱지조개의 일종(sea cradle). 「제도.

chít sýstem 명 (the ~) 외상 거래 제도; 전표 지불

chit·ter [tʃítər] 자 1 《美》 지저귀다(twitter). 2 《英방언》 (추위로) 떨다. — 명 저저귐.

chit·ter·lings [tʃítlinz, -liŋz] 명 (요리용 돼지·송아지 따위의) 소장[곱창]; 《속어》 (사람의) 창자. (또는 **chitlings, chitlins**)

chit·ty [tʃíti] 명 =chit¹. 「타 …을 자르다, 찌르다.

chiv [tʃív] 《속어》 명 칼, 단도(shiv); 면도칼. —

chi·val·ric [ʃivǽlrik/ʃívəl-] 형 =chivalrous.

*‡**chiv·al·rous** [ʃívələs] 형 1 기사도(제도, 시대)의. 2 기사다운, 기사도에 맞는; 용기 있는; (여성에게) 예의바른. 3 (적 따위에) 관대한, 의협적인, 돈키호테적인.
~·ly 부 **~·ness** 명 (quixotic).

*‡**chiv·al·ry** [ʃívəlri] 명 U 1 기사도, 기사도 정신, 무협(武俠). 2 (중세의) 기사 제도; 기사도 수행. 3 (여성·약자에 대한) 정중한 태도, 친절. 4 〔고어·집합적〕 기사단(團); 기사도를 존중하는 용사들; 화려한 신사들. 5 (고어) 기사다운 용감한 행위. 「세기).
the Age of Chivalry 기사 제도 시대(유럽의 10–14 **the flower of chivalry** 기사도의 정화, 기사의 귀감.

chive [tʃaiv] 명 〔식물〕 (종종 ~s) 골파의 일종.

chiv·(v)y [tʃívi] 명 타 《英》=chevy.

chiz(z) [tʃiz] 명 《英속어》 명 속임수, 야바위. — 타 …을 속이다. 〔<chisel〕

Ch. J. Chief Justice. **CHK, chk.** check.

chla·myd·i·a [kləmídiə] 명 〔병리〕 클라미디아(성병의 하나). **-i·al** 형

chla·mys [kléimis, klǽ-] 명 (복 **~·es, chlam·y·des** [klǽmədì:z]) 클라미스(고대 그리스 남자의 짧은 외투).

Chlo·e [klóui] 명 클로에. 1 여자 이름. 2 전원시에 나오는 양치기소녀.

chlor- [klɔːr] 〔연결〕 ⇒ CHLORO-¹,².

chlo·ral [klɔ́ːrəl] 명 U 〔화학〕 1 클로랄(알코올에 염소를 작용시켜서 얻는 무색유상(油狀)의 액체; DDT의 원료). 2 (또는 ~ hýdrate) 포수(抱水) 클로랄(결정상(結晶狀) 물질; 최면제·마취제·진정제).

chlo·ral·ism [klɔ́ːrəlìzm] 명 U 클로랄 중독증.

chlo·ral·ize [klɔ́ːrəlàiz] 타 …을 클로랄로 처리하다.

chlo·ram·phen·i·col [klɔ̀ːræmfénikòːl, -kàl] 명 U 〔약학〕 클로람페니콜(항생 물질).

chlo·rate [klɔ́ːreit, -rət] 명 〔화학〕 염소산염.

chlor·dane [klɔ́ːrdein] 명 〔약학〕 클로로데인(무취의 살충제). (또는 **chlordan**) 「조류(綠藻類).

chlo·rel·la [klərélə] 명 〔식물〕 클로렐라(단세포 녹

chlo·ric [klɔ́ːrik] 형 〔화학〕 염소의; 염소를 함유한.

chlóric ácid 명 〔화학〕 염소산.

chlo·ride [klɔ́ːraid, -rid] 명 〔화학〕 염화물.

chlóride of líme 명 표백분(bleaching powder).

chlóride pàper 명 〔사진〕 클로라이드 인화지.

chlo·ri·dize [klɔ́ːrədàiz] 타 (금속 따위)를 염산 또는 염소로 처리하다, 염화물로 하다.

chlo·ri·nate [klɔ́ːrəneìt] 图围 **1** [화학] …을 염화물로 하다; …에 염소를 작용시키다. **2** (물)을 염소로 살균하다. **-ná·tion** 图ⓤ 염소화; 염소 소독[처리]. **-ná·tor** 图 염소 처리용 탱크. [화수소.
chlórinated hýdrocarbon 图 [화학] 염화 탄
chlórinated líme 图 =bleaching powder.
chlo·rine [klɔ́ːriːn] 图ⓤ [화학] 염소(㉠ Cl).
chlórine dióxide 图 2산화 염소, 과산화 염소(ClO₂).
chlórine wàter 图 염소수(표백액).
chlo·rite¹ [klɔ́ːrait] 图 [광물] 녹니석(綠泥石). **-rít·ic** 图
chlo·rite² 图 [화학] 아염소산염.
chlor·mad·i·none (ácetate) [klɔːrmǽdənòun (-)] 图 클로르마디논(경구 피임약).
chlo·ro-¹ [klɔ́ːrou, -rə] [연결] green의 뜻(* 모음 앞에서는 chlor-). ¶*chloro*phyll, *chlor*ella.
chlo·ro-² [연결] chlorine의 뜻(* 모음 앞에서는 chlor-). ¶*chloro*form, *chlor*ide.
chlo·ro·a·cé·tic ácid [klɔ̀ːrouəsíːtik-] 图 클로로아세트산(염료 제조용).
chlo·ro·a·ce·to·phe·none [klɔ̀ːrouəsìːtoufənóun] 图 클로로아세토페논(최루 가스에 사용).
chlo·ro·ben·zene 图 클로로벤젠.
chlo·ro·bró·mide pàper [klɔ̀ːroubróumaid-] 图 [사진] 클로로브로마이드 인화지.
chlo·ro·dyne [klɔ́ːrədàin] 图ⓤ [약학] 클로로다인(마취·진통제).
chlo·ro·flu·o·ro·car·bon [klɔ̀ːroufluərouká:rbən] 图 [화학] 염화불화탄소 화합물, 프레온 가스 (Freon gas)(㉠ CFC). ▷ Kyoto Protocol
chlo·ro·flu·o·ro·meth·ane [klɔ̀ːrouflùərəméθein] 图 클로로플루오로메탄(㉠ CFM).
chlo·ro·form [klɔ́ːrəfɔ̀ːrm] 图 [화학·약학] 클로로포름(마취제). ━图围 …을 클로로포름으로 마취시키다[죽이다, 처리하다]. **-fór·mic** 图
chlo·ro·form·ist [klɔ́ːrəfɔ̀ːrmist] 图 마취사.
Chlo·ro·my·ce·tin [klɔ̀ːroumaisíːtn] 图 [상표] [약학] 클로로마이신제(製). ⇨ CHLORAMPHENICOL.
chlo·ro·phyl(l) [klɔ́ːrəfìl] 图 [식물·생화학] 엽록소(葉綠素), 클로로필. **-phýl·loid** 图
chlo·ro·phyl·lous [klɔ̀ːrəfíləs] 图 엽록소의[를 함유한]. (또는 **chlorophyllose**)
chlo·ro·pic·rin [klɔ̀ːrəpíkrin, -páik-] 图ⓤ [화학·군사] 클로로피크린(살충제·독가스용).
chlo·ro·plast [klɔ́ːrəplæ̀st] 图 [식물] 엽록체. **-plás·tic** 图
chlo·ro·prene [klɔ́ːrəprìːn] 图ⓤ [화학] 클로로프렌(무색의 액체; 합성 고무 원료).
chlo·ro·quine [klɔ́ːrəkwìn/-kwìːn] 图ⓤ 클로로퀸(말라리아 치료약).
chlo·ro·sis [kləróusis] 图ⓤ **1** [식물] (엽록소 결핍에 의한) 백화(白化), 황백화. **2** 위황병(萎黃病)[철분 결핍에 의한 빈혈병], **-rót·ic** 图 **-rót·i·cal·ly** 图
chlo·rous [klɔ́ːrəs] 图 [화학] 3가(價)의 염소를 함.
chlórous ácid 图 아염소산. │ │유함; 아염소산의.
chlor·prom·a·zine [klɔːrprɑ́məzìːn] 图 클로르프로마진(진정제). │리팍스(살충제).
chlor·pyr·i·fos [klɔːrpírəfɑ̀s/-fɔ̀s] 图 클로로피
chlor·tet·ra·cy·cline [klɔ̀ːrtètrəsáiklin, -klin] 图 [약학] 클로르테트라시클린(항생 물질의 일종; 상품명은 Aureomycin).
chM, ch.M. [라틴] *Chirurgiae Magister*(= Master of Surgery). **chm.** chairman; chamber; checkmate; choir-master. **chmn., chn.** chairman. **CHO** carbohydrate.
choc [tʃɑk/tʃɔk] 图 [英구어] =chocolate. [美구어] 초콜릿 음료, 코코아; [美구어] 술, 맥주.
choc. chocolate.
choc·bar [tʃɑkbɑ̀:r/tʃɔ́k-] 图 =choc·ice.

cho·cha [tʃóutʃə] 图 [비어] =cunt.
choc·ice [tʃɑ́kàis/tʃɔ́k-] 图 [英] 초코 아이스 캔디.
chock [tʃɑk/tʃɔk] 图 **1** 쐐기, 초크; 쐐기 (바퀴 따위가 구르는 것을 막는) 바퀴굄, 받침나무. **2** [해사] **a)** 도삭기(導索器). **b)** (보트·통 따위의) 초코바/초콜릿 목(臺木). **3** (제작 기계의) 베어링.

(chock 2 a))

━图围 **1** …을 쐐기로 고정시키다[죄다]; [차바퀴·통 따위]에 받침나무를 괴다. **2** [해사] (보트)를 받침나무로 괴다, (보트)를 대목 위에 올려놓다. **3** [英구어] (방 따위를) 그득 비좁게 하다, 가득 채우다(*up*)(*with*).
chock up ㉠ …을 쐐기로 단단히 고정시키다. ㉡ (방 따위)를 (가구 따위로) 가득 채우다(*with*).
━图 꼭 맞게, 단단히. ¶ *~ against the edge* 가장자리에 단단히.
chock·a·block [tʃɑ́kəblɑ̀k/tʃɔ́kəblɔ̀k] 图 **1** [해사] 위 활차가) 서로 닿을 정도로 바싹 당기인. **2** 가득 찬, 움직일 수 없게 된(*with*). (또는 **chóck-a-blóck**)
chock·er [tʃɑ́kər/tʃɔ́k-] 图 [英구어] 진절머리나는; (滿구어) 꽉 들어찬. (또는 **chocka, chokker**).
chock-full [-fúl] 图 [구어] (…으로) 가득 찬 (*of*). (또는 **chóck-fúl, chóke-fúll**)
choc·o [tʃɑ́kou/tʃɔ́k-] 图 (圑 ~**s**) (濠속어) (제2차 세계 대전중의) 민병(民兵); 징집병. (또는 **chocko**)
choc·o·hol·ic [tʃɑ̀kəhɔ́ːlik, -hǽl-/tʃɔ̀kəhɔ́l-] 图 초콜릿 중독자. (또는 **chocaholic**)
‡**choc·o·late** [tʃɑ́kələt, tʃɑ́ːk-/tʃɔ́k-] 图ⓤ **1** 초콜릿. **2** ⓤⓒ 초콜릿 과자[음료]. ¶ *~ in cake* 덩어리로 된 초콜릿/*a bar of* ~; *a* ~ *bar* 판 초콜릿, 초코바/*a box of* ~*s* 초콜릿 과자 한 상자. **3** 초콜릿색, 갈색. (또는 ~ **brówn**) **4** (美속어·경멸적) 흑인; =hashish.
━图 초콜릿으로 만든, 초콜릿색의; [美-lat·y] │속어·경멸적] 흑인의.
choc·o·late-box [-bɑ̀ks/-bɔ̀ks] 图 초콜릿 상자; (구어) (초콜릿 상자에 그려진 것 같은) 낭만적인 그림. ━图 (또는 **chócolate-bòxy**) (그림) 낭만적인.
chócolate chìps 图 **1** (디저트 따위에 넣는) 초콜릿 과자 **2** (美속어) 환각제(LSD). │역.
Chócolate Cíty 图 [美속어·경멸적] 흑인 거주 지
chócolate crèam 图 크림이 든 초콜릿.
chócolate sóldier 图 비전투원; 비전투 부대 군인; 전쟁을 꺼리는 군대.
cho·co·la·tier [tʃɑ̀kələtíər, tʃɑ̀ːk-/tʃɔ̀k-] 图 초콜릿 제조 판매업자.
Choc·taw [tʃɑ́ktɔː/tʃɔ́k-] 图 (圑 ~(**s**)) **1** [집합적] 촉토족(族)(북미 인디언의 모스키기 어족(語族) (Muskogean) 중의 한 종족); 촉토인(人). **2** 圑 ~. **3** [美구어] 기묘하여 뜻을 알 수 없는 것(말·문자 따위). **4** (c-) 촉토 스텝(피겨 스케이팅의 스텝의 일종).
choff [tʃɑf/tʃɔf] 图 [美속어] 음식물.
‡**choice** [tʃɔis] 图 (圑 **choic·es** [-iz]) **1** 선택, 선정 (*from, among*). ¶ *make a ~ (from) among so many* 많은 것 가운데서 고르다/*make a careful ~ of*: *be careful in the ~ of* …을 깊이 생각해서 고르다.

> ⓒ유의어 **choice** 많은 것 중에서 자기 의사로 선택하는 권리 또는 기회. **selection** 광범한 속에서 분별 있게 하는 선택. **election** 어떤 목적·공직에 적합한지의 여부를 잘 판단해서 하는 선택. **alternative** 서로 용납하지 않는 둘 중 어느 하나를 골라잡는 선택; 3개 이상에 쓰는 수도 있다. **preference** 기호·편애에 의한 선택. **option** choice보다 한층 선택의 자유·권리를 강조하는 말.

2 ⓤ 선택력[권], 선택의 자유, 기호; ⓒ 선택의 기회 (*of*). **3** 선택된 사람; 선택물. ¶ *This hat is my* ~. 이 모자를 택하겠다. **4** (a ~) [집합적] 선택의 풍부함[다양

성, 폭, 범위].¶We have a great ~ of fancy goods. 저희 가게는 다양한 장신구를 갖추고 있습니다. **5** (the ~) 우수한 것; 특선품, 정선물, 일품(逸品), 정수. **6** (the ~) 둘 가운데 하나, 대체 수단, 대안(alternative). ¶Death was the only ~. 남은 길은 죽음뿐이었다. **7** ⓤ (美) 상급(上級)의 쇠고기.

at one's (own) choice 좋을 대로, 마음대로, 자유 선택으로.
be spoilt for choice 선택지(肢)가 많아 고르기가 어렵다.
by choice 기호에 따라, 특히 좋아서.¶I came here *by* ~. 내가 좋아서 이곳에 왔다.
for choice 고른다면.¶You may take Latin *for* ~. 고른다면 라틴어를 택할 수 있다.
from choice 자기가 좋아서, 기꺼이.
give a choice 고르게 하다, 선택권을 주다
have no choice ① 선택의 여지가 없다, 대안이 없다. ② 특별히 좋아하는 것은 없다, 아무거나 좋다.
have no choice but to *do* …할 수밖에 없다.
have one's [or the] choice 선택할[고를] 수 있다.
make (one's) choice of …을 고르다[골라잡다].
of choice 특선의, 특상품인; 최상의.
offer a choice 마음대로 고르게 하다.
of one's (own) choice 특별히 좋아서, 자기가 좋아서, 스스로 선택한.「것을 갖다.
take one's choice 어느 쪽인지 정하다, 마음에 드는
There is no choice between …사이에 차이가 드는
without choice 가리지 않고, 무차별로.「다.
You can have your choice. 마음대로[마음에 드는 것을] 고르시오.
——형 (**choic·er; choic·est**) **1** 가려 뽑은, 신중히 선택된; 우수한, 정선된, 고급의.¶~ goods 우수품. **2** 〔방언〕(사람이) 가리는, 까다로운.¶be ~ *of* one's food 식성이 까다롭다. **3** 〔美〕(쇠고기가) 상질인(prime과 ~·**ly** 부. ~·**ness** 명 [good의 중간 등급].

‡**choir** [kwaiər] 명 (복 ~**s** [-z]) **1** (the ~) 〔집합적; 단·복수 양용〕 합창단; (교회의) 성가대. **2** (가수·악단 등의) 일단, (지저귀는 새 따위의) 한 떼; (밴드·오케스트라의) 악기군.¶a ~ *of* dancers 무용단/a string ~ (오케스트라의) 현악기부. **3** 〔건축〕 성가대석. **4** (신을 찬송하는) 천사의 무리.
join the choir invisible 〔비유적〕 죽다(die).
——통 〔시〕(성가대·새·천사 등이) 합창하다.
~·**like** 형
choir·boy [kwáiərbɔ̀i] 명 **1** (성가대 소속의) 소년 대원. **2** 〔美俗〕 고지식한 풋내기 경관.
choir·girl [kwáiərgə̀ːrl] 명 소녀 성가대원.
chóir lòft 명 (교회당 2층의) 성가대석. 「대 지휘자.
choir·mas·ter [kwáiərmæ̀stər/-màːs-] 명 성가
chóir òrgan 명 (반주용) 최저음 파이프 오르간.
chóir schòol 명 〔英〕 성가대 학교.
chóir scrèen 명 성가대석과 회중석 사이의 칸막이.
‡**choke** [tʃouk] 통 (~d [-t]; **chok·ing**) 탄 **1** …을 숨통을 끊다, …을 교살하다; (연기 따위로) …을 질식시키다, 숨막히게 하다; (관(管)·장소 따위)를 메이게 하다, 막다(*up*)(*with*). ¶The gas ~d people. 가스로 사람들이 질식했다/She was ~*d with* tears. 그녀는 눈물로 목이 메었다 // (~+图+前+名) ~ one's utterance *with* tears 눈물로 말이 막히다. **2** …의 성장[진전, 움직임]을 저지하다; 〔식물)을 말려죽이다; (불)을 끄다.¶a field ~*d with* briars 찔레 덩굴이 우거져 농작물이 자라지 않는 밭/~ a fire 불을 끄다. **3** 〔감정·눈물〕을 억누르다, 억제하다(*down, back*).¶ (~+图+副) ~ *down* one's rage 분노를 꾹 참다/~ *back* one's passion 격정을 억누르다. **4** 〔수동형으로〕 (감정으로) 가슴에 메다(*with*).¶He was ~*d with* her rudeness. 그는 그녀의 무례에 가슴에 메었다. **5** 〔내연 기관에 보내는 공기〕를 줄이다, 멈추다, (내연 기관의) 초크를 당기다. ⇒图 **2**. **6** 〔스포츠〕 〔배트·라켓〕를 짧게 잡다. **7** 〔남〕을 실망시키다, 화나게 하다. **8** 〔컴퓨터〕 보내진 정보를 받아들이지 않다. ——ⓐ **1** 숨이 막히다, 질식하다(*on, over*); 막히다, 메다(*up*)(*with*). ¶~ *with* smoke 연기로 숨이 막히다/~ *on* one's food 음식이 목에 걸리다. **2** (성장·발전 따위가) 저지되다(*with*). **3** 〔식물이〕 죽다; 〔속어〕 죽다; 〔美俗 어〕실패[실수]하다.
choke a darkie 〔濠俗어〕 똥을 누다.
choke back 억제하다, 참다.
choke down ① 억제하다. ② 〔음식〕을 억지로 삼키 「다.
choke in 〔美구어〕 발언을 삼가다, 입을 다물고 있다.
choke off ① …을 질식사시키다, 교살하다. ② 〔논의·계획 따위〕를 그만두게 하다; 〔남〕에게 생각 끝에 단념하게 하다. ③ 〔속어〕 〔남〕을 (…한 일로) 야단치다.
choke up ① …을 질식시키다; …을 말라죽게 하다. ② (모래 등이) 〔수로·강어귀 등〕을 막다; (먼지 따위가) …을 메게 하다, 막다(*with*).¶be ~*d up with* refuse 쓰레기로 막히다. ③ 〔구어〕 (감정이 격하여) 말이 나오지 않다; 〔속어〕 긴장하여 실력을 발휘하지 못하다.
——명 **1** 질식, 폐색; 오열하는 듯한 (목소리). **2** (내연 기관의) 공기 흡입 조절 장치, 초크; 〔기계〕 (공기·물 따위의) 폐색 장치. **3** 〔전기〕 =~ coil. **4** (管 따위의) 협착부(狹窄部), 폐색부. **5** (유도에서) 조르기. **6** 〔구어〕 (~s) 호흡 곤란. **7** 〔英俗어〕 =chokey[2], **8** 〔스코〕 턱, 뺨, 머리.
——형 (배트·라켓으로) 짧게 잡는; (배트·라켓의) 손잡
~·**a·ble** ~**d** [-t] 형 실망하여, 넌더리난.
choke·bore [tʃóukbɔ̀ːr] 명 총구가 좁아진 총신; 그런 총구를 가진 산탄총.
choke·cher·ry [tʃóuktʃèri] 명 〔북미산(産)〕 산벚나무의 일종; 그 열매.
chóke còil 명 〔전기〕 초크 코일.
choke·damp [tʃóukdæ̀mp] 명 Ⓤ (탄갱 따위에 괴는) 질식[탄산] 가스(blackdamp).
choke·full [tʃfúl] 형 =chock-full.
chóke póint 명 우회하기 어려운 길[지점], 관문, 애로. (또는 **chókepóint**)
chok·er [tʃóukər] 명 **1** 숨막히게 하는 것[사람], 질식시키는 것; 막는[죄는] 것. **2** 〔구어〕 초커(목에 꼭 끼는 짧은 목걸이); 높이 세운 옷깃; 예복용 흰 넥타이. **3** =choke coil. **4** 〔美구어〕 담배. **5** 〔속어〕 실망시키는 것, 곤혹스러운 것.
chok·ey[1] [tʃóuki] 형 =choky[1].
chok·ey[2] [tʃóuki] 명 (복 ~**s**) **1** 〔英속어〕 유치장, 교도소, 감옥(prison). **2** 〔인도〕 파출소, 초소.
chok·ing [tʃóukiŋ] 형 **1** 질식할 것 같은, 숨막히는, 답답한; (감정이 격하여) 목멘.¶a ~ voice (감동으로) 숨막힐 듯한 소리로. **2** 〔전기〕 색류(塞流)의.
——명 질식, 숨막힘. ~·**ly** 부
cho·kra [tʃóukrə] 명 〔인도〕 사환, 하인. 〔<Hind〕
chok·y[1] [tʃóuki] 형 질식할 것 같은; (감동 때문에) 숨막힐 듯한. (또는 **chokey**)
chok·y[2] [tʃóuki] 명 =chokey[2].
Chol. cholesterol.
chol- [koul, kɑl/kɔl] 연결 gall, bile의 뜻 (* 자음 앞에서는 chole-, cholo-).¶*chol*agogue(담즙 배출 촉진제), *chol*uria(담뇨(膽尿)(증)), *chole*cystitis(담낭염), *chole*cystostomy, *cholo*chrome(담즙 색소).
cho·lan·gi·og·ra·phy [kəlænd̪ʒiɑ́grəfi, kou-/-ɔ́g-] 명 〔의학〕 담관(膽管) 촬영(법).
cho·le- [koulə, kɑ́lə/kɔ́li] 연결 ⇒**CHOL**-.
cho·le·cyst [kóuləsɪ̀st, kɑ́l-/kɔ́l-] 명 〔해부〕 담낭, 쓸개. **-cýs·tic** 형
cho·le·cys·tec·to·my [kòuləsistéktəmi, kɑ̀l-/kɔ̀l-] 명 〔의학〕 담낭 절제술(술).
cho·le·cys·tos·to·my [kòuləsistɑ́stəmi/kɔ̀lisistɔ́s-] 명ⓤⒸ 〔외과〕 담낭 절개(술).
chol·er [kɑ́lər/kɔ́l-] 명ⓤ 〔英고어〕 짜증, 신경질, 성마름, 화; 담즙(bile).

chol·er·a [kálərə/kɔ́l-] 명U (병리) 콜레라, 호열자. ¶ Asiatic [or Asian, epidemic, malignant] ~ 진성 콜레라 / European [or summer] ~ 유럽[여름] 콜레라. **chòl·e·rá·ic** 형 콜레라성의.

chólera bèlt (배를 차지 않게 하는) 복대(腹帶).

chólera in·fán·tum [-infǽntəm] 명 (병리) 소아 콜레라.

chólera mór·bus [-mɔ́ːrbəs] 명 급성 토사증.

chol·er·ic [kálərik/kɔ́l-] 형 화를 잘 내는, 격하기 쉬운, 성마른; (폐어) 담즙질의. **-i·cal·ly, ~·ly** 부 **~·ness** 명 콜레라.

chol·er·ine [kálərin/kɔ́l-, -ràin] 명U 경증(輕症) 콜레라.

cho·le·sta·sis [kòuləstéisis] 명 (복 *-ses* [-siːz]) 담즙(膽汁) 분비 장애.

cho·les·ter·ic [kəléstərik, kòulestér-] 형 (물화) 콜레스테릭 상태의(액정(液晶)의 분자 배향이 나선식으로 된 상태). [terol.

cho·les·ter·in [kəléstərin] 명 (속어) =choles-

cho·les·ter·ol [kəléstərɔ̀ul, -ràl/-rɔ̀l] 명 U (생화학) 콜레스테롤. [리] 콜레스테롤 혈증(血症).

cho·les·ter·ol·e·mi·a [kəlèstərəliːmiə] 명 (병

cho·les·ter·ol-free [-friː] 형 (식품의) 콜레스테롤을 함유하지 않은, 저콜레스테롤의.

cho·les·ter·ol-low·er·ing [-lóuəriŋ] 형 콜레스테롤치(値)를 내리는.

cho·les·ter·ol-rich [-rítʃ] 형 콜레스테롤이 많은.

cho·li·am·bus [kòuliǽmbəs] 명 (복 *-bi* [-bai]) (운율) 파행 약강격(단장단장단장약장격)(단장격의 마지막 시각(詩脚)이 장장격(spondee), 또는 장단격(trochee)으로 되어 있는 것)(scazon). (또는 **choliamb**) **-bic** 형

cho·line [kóuliːn, kál-] 명U (생화학) 콜린(뇌·담즙·난황 등에 함유된 비타민 B의 복합체).

cho·lin·es·ter·ase [kòulənéstəreis, kàl-/kɔ̀l-] 명 (생화학) 콜린에스테라아제.

cho·li·no·lyt·ic [kòulənəlitik] 형 (생화학·약학) 항(抗)콜린성의. — 명 항콜린성 물질, 항콜린제

cho·li·no·mi·met·ic [kòulinoumimétik, -mai-] 형 (생화학·약학) 콜린성의, 콜린 자극성의. — 명 콜린 자극제(부교감 신경 자극약).

chol·la [tʃóuljɑː, -jə] 명 (복) ~s [-z] (美) (식물) (미국 서남부산(産)) 선인장의 일종.

cho·lo [tʃóulou] 명 (복) ~s (美) 멕시코계 미국인 사이에서, 이때 불량배; (경멸적) 멕시코인; 스페인인과 인디오의 혼혈인.

chol·o- [kóulou, -lə, kál-] 연결 ⇒CHOL-.

Cho·mo·lung·ma [tʃòuməlúŋmə] 명 초몰룽마 (Mt. Everest의 티벳어명).

chomp [tʃamp/tʃɔmp] 명동 =champ¹.

Chom·sky [tʃámski/tʃɔ́m-] 명 **(Avram) Noam** ~ 촘스키(1928- : 미국의 언어학자·문명 비평가; 변형 생성 문법을 창시). **-ski·an, ~·an, ~·ite** (언어) 촘스키의; 촘스키 언어 이론의, 변형 생성 문법의.

chondr- [kandr/kɔndr] cartilage(연골)의 뜻 (*자음 앞에서는 chondri-, chondrio-, chondro-). ¶ *chondral*(연골의), *chondrin*; *chondriglucose*(연골 포도당); *chondriosome*(입체자(粒體子)) = *chondrosarcoma*(연골 육종(肉腫))

chon·dri- [kándri] 연결 ⇒CHONDR-.

chon·dri·fy [kándrəfài/kɔ́n-] 자타 연골화(軟骨化)하다. — 연골화되다.

chon·drin [kándrin/kɔ́n-] 명 U 연골질. [DR-.

chon·dri·o- [kándriou, -driə/kɔ́n-] 연결 ⇒CHON-

chon·drite [kándrait/kɔ́n-] 명 (광물) 구립 운석 (球粒隕石), 콘드라이트.

chon·dro- [kándrou, -drə/kɔ́n-] 연결 ⇒CHONDR-.

chon·droid [kándrɔid/kɔ́n-] 형 연골 모양의.

chon·drule [kándruːl/kɔ́n-] 명U (광물) 콘드룰 (condrite에 함유된 구립).

Chong·qing [tʃɔ̀ːŋtʃíŋ] 명 충칭(重慶)(중국 쓰촨(四川)성 양즈강변의 도시). (또는 **Chungking, Ch'ung ch'ing**)

choo-choo [tʃúːtʃúː] 명 (복 ~s) (유아어임말) 칙칙폭폭(기차 소리).((英) puff-puff). — 동자 1 기차 소리를 흉내내다. 2 기차를 타고 가다.

chook [tʃu(ː)k] 명 (복) 1 닭, 병아리. 2 연상의 여자. 3 구구(가축을 부를 때 내는 소리). (또는 **chookie, chooky**)

‡**choose** [tʃuːz] 타 (**choos·es** [-iz]; **chose**; **cho·sen**; **choos·ing**) 1 …을 고르다, 선택하다, 가려 뽑다 (*from*, (*from*) *among*, *between*); …로 선출하다 (*for*, *as*, *to be*). ¶ deliberately ~ a book 생각해서 책을 고르다 // (~+目+前+名) ~ *one among many* 많은 것 중에서 하나를 고르다 // They chose him *for* their leader. = They chose him *as* [*or* to be] their leader. 그들은 그를 자기들의 지도자로 뽑았다.

> [유의어] **choose** 자기의 판단으로 골라 손에 넣다(채용한다). **select** 광범한 속에서 주의 깊게 살펴 적당한 것을 고르다. **elect** 어떤 직책·목적에 가장 알맞은 사람[것]을 고르다. **prefer** 기호·소망이 딴것에 대한 것보다 강하다; 반드시 입수·채용을 뜻하지는 않는다. **pick** select의 구어적인 말.

2 (차라리) …하는 쪽을 택하다(prefer)(*over*); …하려고 결심하다(*to do*, *wh*. 節). ¶ (~+*to do*) He did not ~ *to go*. 그는 가고 싶어하지 않았다. 3 …을 원하다, 바라다. ¶ Take whichever you ~. 어느 것이건 좋은 것을 택하라. — 자 1 고르다, 선택하다 (*from*, *among*, *out of*, *between*). ¶ (~+前+名) ~ *between* the two 둘 중에서 고르다. 2 원하다, 바라다.

as you choose 원하시는 대로, 좋도록.
cannot choose but do …하지 않을 수 없다.
choose A before B B보다 A를 택하다. ¶ ~ *death before dishonor* 불명예보다 죽음을 택하다.
choose how (英구어) 좋아하든 좋아하지 않든 간에.
choose off (美속어) 싸움을 걸다.
choose up (구어) ① 선수를 선발하다, 팀을 구성하다. ② (선수를 뽑아) (팀·편 따위)를 만들다.
if you choose 바란다면, 원한다면.
nothing [*not much, little*] *to choose between A and B* A와 B 사이에 우열이 전혀(거의) 없다.
pick and choose ⇒PICK.
chóos·a·ble 형 **chóos·ing·ly** 부
choos·er [tʃúːzər] 명 고르는 사람; 선거인.
choos·y [tʃúːzi] 형 (구어) 이것저것 가리는, 까다로운, 피restoreous. **chóos·i·ly** 부 **chóos·i·ness** 명

‡**chop**¹ [tʃap/tʃɔp] 타 (**-pp-**) 1 (도끼 따위로) …을 (쳐서) 자르다, 찍어서 가르다(*down*, *off*, *away*) (*with*)(⇒CUT 유의어). (보통 ~ one's way) …을 잘라 길을 내다, 잘라서 …을 만들다. ¶ (~+目+副) ~ *branches away* [*or off*] 가지를 치다 / I ~ *ped down* the shady tree. 그늘이 지게 하는 나무를 잘라 넘어뜨렸다 // (~+目+前+名) We must ~ *a path through* the forest. 우리는 숲을 헤쳐고 길을 내지 않으면 안 된다. 2 …을 잘게 썰다, 다지다, 난도질하다 (*up*); (비유적) …을 세분하다 (*into*); (말 따위)를 더듬거리다. ¶ ~ *firewood* 장작을 패다 / She ~ *ped her words* in grief. 그녀는 너무도 슬퍼서 더듬거리며 말했다 // ~ *up* a cabbage 양배추를 잘게 썰다 // ~ meat *into* small pieces 살코기를 저미다. 3 (테니스 따위에서) (공)을 잘라 치다; (권투) (상대)에게 일격을 가하다. 4 (면화) …을 축다. 5 (서아프리카) …을 먹다. 6 (예산 따위)를 삭감하다. 7 (英구어) 해고하다; (계획 따위)를 중지하다. — 자 1 찍다, 쳐서 자르다, 난도질하다(*away*)(*at*). ¶ (~+前+名) ~ *at* a tree 나무를 찍다. 2 갈라지다. 3 (테니스 따위에서) 공을 깎아 치다 (*at*); (권투) 클린치 때 가격하다(*at*). 4 갑자기 날아떠

chop about 난도질하다.
chop at …에게 치고(갈부림하며) 덤벼들다.
chop down (안(案) 따위)를 파기하다, 묵살해 버리다.
chop [or **cut**] **down to size** ⇒SIZE¹.
chop in [or **into**] (구어) (말을 갑자기 가로막다, 말 참견하다(cut in). ¶~ *in* words 말참견하다.
chop off 잘라(베어) 내다; 갑자기 (남)의 이야기를 가로막다.
chop one's **teeth** (미국속어) 쓸데없이 말참견하다, 쓸데없는 말을 하다.
chop out [or **up**] (지층이) 갑자기 노출되다.
chop upon (속어) ① …을 습격하다. ② …에게 갑자기 달려들다. ② 우연히 만나다.
— 图 1 (보통 a ~) 쳐서 자르기, (도끼 따위로 치는) 타격, 찍기. ¶take a ~ at …을 쳐서 자르다. 2 저미기, 3 (스포츠) =~ stroke. (야구) 크게 바운드되는 타구; (권투) 촙(위쪽에서 내리치는 짧고 날카로운 타격); (속어) 주먹의 일격. 4 자른 한 조각, 절단한 조각; (갈비뼈에 붙은 양·돼지·송아지 따위의) 고기 조각. ¶pork ~s 포크 촙. 5 (the ~, a ~) (해면의) 삼각 파도, 불규칙적인 잔물결. 6 (속어·서아프리카구어) 음식물. 7 (濠·뉴질) 배당, 몫; (~s) 나무베기 경기. 8 (미국속어) 무례한 말.
for the chop (英구어) ① 해고될 듯한; 살해될 듯한. ② (극장 따위가) 폐쇄된.
get [or **be given**] **the chop** (英구어) ① 살해(해고)되다. ② (계획 따위가) 중단(중지)되다.
give...the chop (英구어) …을 해고하다; …을 죽이다; (구어) (제안 따위)를 파기하다.

chop² 图 (-pp-) 丞 1 (바람 따위가) 갑자기 방향을 바꾸다. (풍향이) 급변하다(about, around). 2 (생각방언) 생각이 흔들리다, 변심하다(about). 3 (폐어) 물물교환하다. 4 (폐어) 말을 주고받다, 토론하다. — 围 (英방언) …을 교역하다, 교환하다. (들리다, 망설이다.
chop about ① 바람이 자주 바뀌다. ② (마음이) 흔들리다.
chop and change (마음·방침 등을) 자주 바꾸다.
chop (a)round =*chop about* ①. ⇒~①.
chop back (풍향이) 갑자기 제대로 돌아오다; 갑자기 되돌아오다.
chop logic ⇒LOGIC.
chop words 심한 말을 주고받다, 언쟁하다; 핑계를 대다.
— 图 급변(急變), 돌변. (대다.
chops and changes 변전(變轉); 무정견(無定見).

chop³ 图 (보통 a ~) 턱; 구강(口腔); 볼. 2 (해협 따위의) 입구. ¶the ~*s* of the Channel (대서양쪽의) 영국 해협의 입구. 3 (미국속어) 재능, 기량; (미국속어) (트럼펫 연주자의) 혀·입술·이의 사용법, 연주 기교.
beat [or **flap, bat, bump**] one's **chops** [or **gums, jaw, jowls, lip**] (미국속어) 쉬지 않고 지껄여대다, 쓸데없는 말을 떠들어대다.
bust [or **break**] a person's **chops** (속어) 남에게 잔소리하다. 「고생을 하다.
bust [or **break**] one's **chops** (속어) 분투하다. 「
lick [or **smack**] one's **chops** ① 입맛을 다시다(relish). ② (낙을 삼고) 기다리다(over).

chop⁴ 图 1 (인도·중국 등지의) 관인(官印), 면허(장), 출항(양륙) 허가증, 여행 허가증; 상표. 2 (英구어) 품질, 등급. ¶the first [second]-~ articles 1[2]급품.
be not much chop (濠구어) 전혀 쓸모가 없다; 대단 **no chap** (濠·뉴질구어) =*no* GOOD. 「찮다.

chop-chop [tʃáptʃáp/tʃɔ́ptʃɔ́p] 튀 形 (속어) 빨리빨리, 급히. 쨉 (또는 **chóp chóp**) (<중국의 상업 영어)
chop·fall·en [tʃápfɔ̀l(ə)n/tʃɔ́p-] 形 =chapfallen.
chop·house [tʃápháus/tʃɔ́p-] 图 1 싸구려(간이) 음식점; 스테이크 요리점. 2 (구어) 중국의 세관.
Cho·pin [ʃóupæn] 图 **Frédéric François** ~ 쇼팽 (1810–49; 폴란드 태생의 작곡가·피아니스트).
chop·log·ic [tʃáplɔ̀dʒik/tʃɔ́plɔ̀dʒ-] 图 궤변. — 形 (또는 **choplogical**) 궤변을 늘어놓는.

chopped [tʃɑpt/tʃɔpt] 图 1 잘게 썬, 다진. 2 (미국속어) (자동차가) 유선형인; (자동차·오토바이 따위가) 개조된. ¶a ~ hog 개조 오토바이.
chopped liver 图 1 양파·계란 따위를 넣은 간 요리. 2 (미국속어) 패배자; 약자. 3 (부정문에서)(미국속어) 쓸모없는 것[사람]; 푼돈. 4 (英속어) 질(膣)(vagina).
chop·per [tʃápər/tʃɔ́p-] 图 1 쳐서 자르는 사람 (것); 나무꾼. 2 고기 자르는 도끼(칼)(cleaver); (英) 도끼. ⇒AX 유의어. 3 (미국구어) 헬리콥터. 4 (~s) (속어) 이(teeth), 의치(義齒). 5 (전자) 직류 교류 변환기. 6 (미국속어) 개찰원, 표 받는 여자. 7 (미국속어) 자동 소총 (소지자). 8 (구어) (개조한) 오토바이. 9 (야구) 크게 바운드하는 타구. 10 (미국속어) 음경(penis).
get [or **be given**] **the chopper** =*get* [or *be given*] *the* CHOP¹.
(구어) 헬리콥터로 날라, 헬리콥터로 수송하다.

chop·ping¹ [tʃápiŋ/tʃɔ́p-] 图 쳐서 자르기; 잔잔한 물결. — 形 1 쳐서 자르는(자르기 위한), 저미기 위한. 2 파도가 일렁이는, 삼각파도가 이는. 3 (英구어) (아이가) 크고 튼튼한, 씩씩한.
chop·ping² 形 (풍향이) 바뀌기 쉬운, 급변하는; 기분 (생각이) 변하기 쉬운, 변덕스러운(jerky).
chópping blòck[bòard] 图 도마.
on the chopping block (미국속어) 중대한 위기에 처 **chópping knife** 图 잘게 써는 칼, 식칼. 「한.
chop·py [tʃápi/tʃɔ́pi] 形 1 물결이 일렁이는, 삼각파도가 이는. 2 (풍향·시장 따위가) 변동이 심한. 3 (문체 따위가) 일관되지 않은. 4 (손 따위가) 터서 갈라진. **-pi·ly** 튀 **-pi·ness** 图
chóp shòp 图 (구어) 훔친 차를 해체하여 그 부품을 파는 곳(가게). ⇒ **chop-shòp**)
chop·sock·y [tʃápsàki/tʃɔ́psɔ̀ki] 图 (미국속어) 무술 영화(martial arts film). 「기를 저미는 스테이크).
chop·steak [tʃápstèik/tʃɔ́p-] 图 촙스테이크(다진 고 **chop·stick** [tʃápstìk/tʃɔ́p-] 图 1 (~s) 젓가락. ¶a pair of ~s 젓가락 한 벌. 2 (~s) (단수취급) 촙스틱(두 손의 둘째 손가락을 써서 피아노로 연주하는 간단한 왈츠). 3 (英속어) (경멸적) 아시아인. 「깎아치기).
chóp stròke 图 (테니스·크리켓) 촙 스트로크(공을 **chóp sú·ey** [sóo·y] [sóoui] 图 (美) 촙 수이(고기와 야채의 잡탕). ¶a ~ shop 중국(요리)집.
cho·ral [kɔ́ːrəl] 图 합창의, 합창곡의; 합창대의, 성가대의. ¶the *C*~ Symphony 합창 교향곡(Beethoven의 교향곡 제9번). — 图 =chorale.
~·ly 튀 합창으로. 「코랄; 합창대, 성가대.
cho·rale [kəræl, kɔ́ːrəl/kɔráːl] 图 합창곡, 성가.
cho·ral·ist [kɔ́ːrəlist] 图 합창(성가)대원; 합창곡 작 **chóral sérvice** 图 합창 예배. 「곡가.
chóral socíety 图 합창단; 합창 음악 동호회.
chóral spéaking 图 (시·산문의) 제창.
*chord¹ [kɔːrd] 图 1 정감, 심금(心琴). 2 (기하) 현 (弦). 3 CIRCLE 그림. 3 (토목) (truss의) 현재(弦材). 4 (항공) 익현(翼弦). 5 (해부) 건(腱), 삭(索)(cord); the vocal ~s 성대. 6 (고어·시) (악기의) 현.
strike a chord 뭔가 생각나게 하다, 들은 일이 있다.
strike [or **touch**] **the chord with** …의 공감을 얻다; 심금을 울리다.
chord² 图 (음악) 코드, 화음. ¶break [or spread] a ~ 화음을 차례로 연주하다. — 围围 화음을 연주하다, 화음을 넣다(덧붙이다). — 丞 (음이) 조화되다, 화음 되다. ⇒ 图 化, 「음의.
chord·al [kɔ́ːrdl] 图 1 (해부) 삭(索)의. 2 (음악) 화 **chor·date** [kɔ́ːrdeit] 图 (동물) 척삭(脊索) 동물의. — 图 척삭 동물문에 속하는 동물. 「색 동물군.
chore [tʃɔːr] 图 1 허드렛일, 잡일, (집안의) 자질구레한 일. 2 (~s) 늘 하는 일, 일과; 가사(家事). ¶do household ~s 집안일을 하다. 3 힘드는(하기 싫은) 일.
— 图丞 잡일(허드렛일)을 하다. — 围 (英) 훔치다.

cho·re·a [kərí:ə/kɔ(:)ríə] 명ⓤ 〖병리·수의〗무도병〖舞蹈病〗.
chóre bòy 잔심부름하는 아이.
cho·reg·ra·phy [kərégrəfi] 명 =choreography.
cho·re·ic [kərí:ik] 형 무도병의, 무도병에 걸린; 〖비슷한〗.
cho·re·i·form [kəríəfɔ:rm] 형 〖병리〗무도병의
chore·man [tʃɔ́:rmən, -mæn] 명 (복 -men) (공장 따위의) 잡일꾼, 노무자.
cho·re·o- [kɔ́:riou, -riə-/kɔ́riə] 연결 dance의 뜻.
¶ *choreo*drama. 「무용극.
cho·re·o·dra·ma [kɔ́:rioudrá:mə, -dræmə] 명
cho·re·o·graph [kɔ́:riəgræf/kɔ́riəgrɑ:f] 타 〖음악〗에 발레를 안무하다. — 자 안무가로서 일하다.
cho·re·og·ra·pher [kɔ̀:riágrəfər] 명 안무가.
cho·re·og·ra·phy [kɔ̀:riágrəfi/kɔ̀riɔ́g-] 명ⓤ (발레 등 무대 무용의) 안무(법); 무용 기보법; 무용술, 무용. **-o·gráph·ic** **-o·gráph·i·cal·ly** 「법 연구.
cho·re·ol·o·gy [kɔ̀:riáladʒi/kɔ̀riɔ́-] 명 무용 기보
cho·ri·am·bus [kɔ̀:riǽmbəs/kɔ̀ri-] 명 (복 ~·es, -bi [-bai]) (운율) (고전시의) 장단단장격(長短長短格)(⌣ ⌣ ⌣ ⌣), (영시의) 강약약강격(×× × ×). (또는 **choriamb**) **-bic** 형
cho·ric [kɔ́:rik, kár-/kɔ́r-] 형 합창의; 합창곡풍의; 합창용의. ¶a ~ ode 합창곡조의 서정가(敍情歌).
chóric spéaking [spéech] 〖연극〗 슈프레히코르(한때의 모두가 일제히 대사를 말하기).
cho·rine [kɔ́:ri(:)n] 명 (미국어) =chorus girl.
cho·ri·oid [kɔ́:riɔ̀id] 명ⓔ 〖해부〗=choroid. (또는 **chorioidal**)
cho·ri·on [kɔ́:riàn/-riən] 명 〖발생〗 융모막(絨毛膜), 난막(卵膜); 장막(漿膜); 난각(卵殼). **-ri·al**, **-ón·ic** 형
choriónic gonadotróp(h)in 〖생화학〗 융모막(性) 생식선 자극 호르몬.
choriónic víllus 〖발생〗 장막 융모, 융모 융모.
chórion víllus bíopsy 〖해부〗 융모(絨毛) 생체 검사.
cho·rist [kɔ́:rist] 명 [고어] 합창자(단원, 가수].
chor·is·ter [kɔ́:ristər, kár-/kɔ́r-] 명 (소년) 성가대원; 성가대 지휘자.
cho·rog·ra·pher [kərɑ́grəfər/-rɔ́g-] 명 지지학자(地誌學者), 지방 지세도(地) 편찬자.
cho·ro·graph·ic [kɔ̀:rəgræfik, kɔ̀-] 형 지지(地誌)의, 지지학의. **-i·cal** 형 **-i·cal·ly** 부
cho·rog·ra·phy [kərɑ́grəfi/kɔ:rɔ́g-] 명ⓤ 〖지리〗지지(地誌), 지방 지세도; 지지 편찬; 지지학.
cho·roid [kɔ́:rɔid] 명 〖해부〗 (안구의) 맥락막, 장막(漿膜) 모양의 (특히 안구의) 맥락막(脈絡膜)의(같은). — 명 (안구의) 맥락막(~ coat). ⇒ EYE 그림. (또는 **choroidal**)
chóroid còat [mèmbrane] 명 〖해부〗(안구의)
cho·rol·o·gy [kərɑ́lədʒi/-rɔ́l-] 명 (생물) 분포학.
-ro·lóg·ic, **-ro·lóg·i·cal** 형 **-gist** 명
chor·tle [tʃɔ́:rtl] 자 (혼자 기뻐) 킬킬거리다, 신이 나서 웃다(이야기하다), 기뻐하다. — 명 (a ~) 희열(등의)소리. **-tler** 명
‡**cho·rus** [kɔ́:rəs] 명 (복 ~·es [-iz]) 1 (음악) a) 합창단(隊). b) 합창곡(가). ¶a ~ for male 남성(男聲)합창곡/a mixed ~ 혼성 합창곡. c) 합창절(節)(부); 후렴. 2 합창; 제창; 일제히 하는 발언. ¶My question was answered by a ~ of noes [yeses]. 나의 물음에 모두가 이구동성으로 「아니오」[「그렇습니다」]라고 대답했다. 3 (뮤지컬 따위의) 코러스(무용수와 가수); 그 노래, 춤. 4 (고대 그리스 연극의) 합창 무용, 노래 무용; 가무단.
in chorus 일제히, 이구동성으로.
— 자 1 합창하다. 2 일제히[이구동성으로] 말하다.
chórus bòy 명 (연극) (뮤지컬의) 코러스 보이.
chórus gìrl 명 (연극) (뮤지컬의) 코러스 걸; 쇼 걸 (show girl).

chórus líne 명 코러스 라인(뮤지컬 무대에서 주연급과 코러스를 구분하는 선).
chórus màster 명 합창대장[지휘자].
‡**chose**[1] [tʃouz] 동 choose의 과거; (폐어) 과거분사.
chose[2] [ʃouz] 명 (법률) 물(物), 재산, 동산.
a chose in action 권리 재산, 무체(無體) 동산.
a chose in possession 소유 재산, 유체(有體) 동산.
chose ju·gée [ʃouz ʒu:ʒéi] 명 해결[기정] 사실[사항], 기결 문제. 〖F〗
‡**cho·sen** [tʃóuzn] 동 choose의 과거분사. — 형 1 뽑힌, 선택된, 기회에 맞는, 좋아하는; (the ~) (명사적) 선택된 사람들. ¶a ~ book 선정 도서/one's ~ color 좋아하는 색. 2 (신학) 신에게 선택된.
chósen péople 명 (종종 C- P-) (the ~) 신의 선민(選民)(유대인의 자칭).
chou [ʃu:] 명 (복 **choux** [ʃu:z], 2 에서는 [ʃu:]) 1 (숙녀복 머리의) 리본의 매듭 장식; 장미꽃 장식. 2 슈크림(cream puff). 3 (애칭) =darling. 〖F〗
Chou En-lai [dʒóu ènlái, tʃóu-] 명 =Zhou Enlai.
chough [tʃʌf] 명 (유럽산의) 붉은부리까마귀.
chouse[1] [tʃaus] 명 (고어·英구어) 명타 (남) 을 속이다, 기만하다, 사기치다 (*of*, *out of*). ¶~ a person *out of* his money 남을 속여서 돈을 빼앗다. — 명ⓤ 사기, 협잡; 사기꾼; 멍청이. **chóus·er** 명
chouse[2] 명타 (미) (가축) 을 거칠게 몰다; (소) 를 몰
chóux pástry 슈크림 피(皮). 「아 붙이다.
chow[1] [tʃau] 명 (미) 음식물; 식사, 식사 시간. — 동자
chow down (미속어) 먹다; 식사하다. 「먹다.
chow[2] 명 (종종 C-) =chow chow; (濠) (경멸적)
chow[3] 명 =ciao. 「중국인.
chów chòw 명 (종종 C- C-) 차우차우(중국산 개).
chow-chow [tʃáu] 명 1 (중국식 요리) 김치. 2 (중국·인도의) 잡탕, 음식물; 식사. 3 (美) 겨자 절임 피클. — 형 잡동사니, 갖가지 물건을 섞은;
chow·der [tʃáudər] 명 (美) 차우더(조개 또는 생선과 야채류로 만든 진한 수프 또는 스튜류 요리).
chow·der·head [tʃáudərhèd] 명 (속어) 바보, 멍청이(blockhead). **~ed** 형
chow·der·house [tʃáudərhàus] 명 어패류 전문
chów hàll (속어) 식당. 「식당, 생선 요릿집.
chow·hound [tʃáuhàund] 명 (美속어) 대식가, 먹는 데 열심인 사람(glutton).
chów líne (美구어) (군대 따위에서) 급식을 받는 줄. 「〖<Chi〗
chow mein [tʃàu méin] 명 볶은 국수, 초면(炒麵).
chow·time [tʃáutàim] 명 (속어) 식사 시간.
choz·rim [kɔːzrím] 명 이스라엘로 돌아온 유대인.
CHQ *Corps Headquarters*(군단 사령부). **Chr.** *Christ*(ian); *Christopher*; *Chronicles*.
chre·ma·tis·tic [krì:mətístik] 형 이재학(理財學)의.
chre·ma·tis·tics [krì:mətístiks] 명ⓤ (단수취급) 축재론(蓄財論); 이재학(理財學).
chres·tom·a·thy [krestáməθi/-tɔ́m-] 명 (주석이 붙은 학습용) 명구집, 명문선. **-to·máth·ic** 형
Chris [kris] 명 크리스. 1 남자 이름 (Christopher의 애칭). 2 여자 이름 (Christine의 애칭).
chrism [krízm] 명ⓤ (교회) 1 성향유(聖香油) (세례·견신(堅信)·서품(敍品) 등 교회의 의식에서 쓰는 향료가 든 기름). 2 (도움을) 성향유를 발라 성(聖)하게 하기, 도유식(塗油式). **chrís·mal** 형
chris·ma·to·ry [krízmətɔ̀:ri/-təri-] 명 (교회) 성향유 그릇, 성향유병. — 명ⓤ 성향유의.
chris·om [krízəm] 명 (교회) 1 =chrism. 2 (폐어) (유아의) 세례용 흰 옷. 3 =~ child.
chrísom chíld 유아; 생후 1개월 이내에 죽은 유아.
Chris·sake [krǽisseik] 명 (美속어) (for ~) 제

발!, 아무쪼록! 〔<for Christ's sake〕
Chris·sie [krísi] 몡 **1** 크리시(여자 이름; Christiana, Christina, Christine의 애칭). **2** (濠속어) =Christmas.
‡**Christ** [kraist] 몡 **1** 그리스도, 예수(* 원래 칭호로서 Jesus the ~라고 했으나 현재는 Jesus ~로 고유명사가 되었다). **2** (the ~) (구약 성서에 예언된) 구세주(Messiah). **3** 〔성서〕 (제사(祭司)·예언자·왕으로서) 기름이 부어져 성별(聖別)된 사람(the anointed). **4** 그리스도의 모습, 이상적 인간. **5** (구어) =goodness, heavens. ¶~ before Christ 서력 기원전(💥 B.C.). 〔en.
By Christ! 맹세해!, 틀림없어! 「틀림없이 …이다.
Christ knows that [or *what*]... 확실히 …이다.
for Christ's name 부탁인데,   「록.
for Christ's sake (구어) 제발!, 부탁인데!: 아무쪼록.
in Christ's name (구어) 도대체, 대관절.
Thank Christ! (구어) 고마워!
— 몡 (속어) **1** 어머나!, 뭐라고!(놀람·분노를 나타냄). **2** (yes, no 앞에서) 절대로. ¶ *C—, no!* 절대 안 돼.
Chríst chìld 몡 (the ~) 아기 예수. (또는 **Chríst-child**) 「십자표.
christ-cross [krískrɔ̀ːs/-krɔ̀s] 몡 십자, 십자형.
christ-cross-row [-róu] 몡 (고어) 알파벳. (또는 **crísscross-ròw**)
chris·ten [krísn] 통타 **1** …에게 세례를 베풀어 기독교도로 만들다(baptize). **2** (수동형으로) (남)에게 세례를 베풀어 이름짓다; (배 따위)를 명명하다. ¶ (~+목+보) *be ~ed Luke* 누가라는 세례명을 받다. **3** (드물게) …을 (처음으로) 쓰기 시작하다. **~·er** 몡
Chris·ten·dom [krísndəm] 몡 **1** (the ~) (집합적) 전(全) 기독교도(Christians). **2** [U] 기독교의 세계, 기독교국. **3** [폐어] =Christianity.
chris·ten·ing [krísnɪŋ] 몡[U][C] 세례(洗禮); 세례식(baptism); 명명하기; (일반적으로) 명명식.
Christ·hood [kráishud] 몡[U] 그리스도[구세주]임; 그리스도의 성격[신성(神性)].
‡**Chris·tian** [krístʃən] 몡 **1** 그리스도의 (가르침에 관한), 기독교의; 기독교를 믿는, 기독교도의 [다운]. ¶ *the ~ religion* 기독교 / *~ countries* 기독교 제국(諸國) / *the ~ creed* 기독교[교도]의 신조 / *~ art* 기독교 예술. **2** 경건한; 자비로운, 친절한; 이웃을 사랑하는; (구어) 훌륭한, 품위 있는. ¶ *~ charity* 이웃 사랑, 박애. **3** (때로 c-) (구어) 인간다운; 문명적인. ¶ *Such behavior isn't ~.* 이같은 행위는 인도에 어긋난다.
— 몡 (복) **~s** [-z] **1** 기독교인(人); 기독교국 사람. **2** (구어) 훌륭한[교양 있는] 사람. **3** (英방언) (동물에 대해) 인간. **4** 크리스천(남자 이름).
(as) cool [or *calm*] *as a Christian with aces wired* (속어) 태연하게, 침착하게, 자신있는 차분한 태도로.
Let's talk like Christians. 점잖게 이야기하자.
make a Christian out of a person (美속어) 남에게 [억지로] 마음먹은 대로의 행동[태도]을 취하게 하다.
Chrístian búrial 몡 교회장(教會葬)   「합.
Chrístian Coalítion 몡 (美) (the ~) 기독교 연
Chrístian Democrátic Únion 몡 (the ~) 기독교 민주 동맹(독일의 보수 정당; 💥 CDU).
Chrístian Démocrats 몡 (the ~) 기독교 민주당(원)(유럽 여러 나라의 가톨릭교적 정당(원)).
Chrístian Di·ór [-dióːr] 몡 크리스천 디오르(여성의상 따위의 브랜드). 〔<프랑스의 의상 디자이너 Christian Diorr(1905-1957)의 이름〕
Chrístian Éra 몡 (the ~) 서력 기원, 서기(💥 CE).
Chris·ti·a·ni·a [krìstʃiǽniə/-tiánə] 몡 **1** 크리스티아니아(Oslo의 옛 이름). **2** (또는 **Christie, Christy**) (스키) 크리스티아니아 회전법.   「[신앙].
Chris·tian·ism [krístʃənìzm] 몡 [U] 기독교 (교리),
*Chris·ti·an·i·ty** [krìstʃiǽnəti/-ti] 몡 **1** [U] 기독

교; 기독교 신앙[신조·교리]; 기독교적 성격[정신]. **2** 기독교 교파. **3** [U] 기독교도임; (집합적) 기독교도.
Chris·tian·ize [krístʃənàiz] 통타 (남·국민)에게 기독교를 전하다, 기독교도로 만들다, 기독교로 개종시키다; …에게 기독교 교리를 불어넣다.— 짠 기독교도가 되다. **-i·zá·tion** 몡 기독교(교도)화. **-ìz·er** 몡
Chrís·tian·like [krístʃənlàik] 휌 기독교도답게, 기독교도에 어울리는.   「기독교도답게[에 걸맞게].
Chrís·tian·ly [krístʃənli] 휌 =Christianlike. — 부
‡**Chrístian náme** 몡 (姓에 대해) 이름; 세례명(baptismal name). 💥 family name, surname

>💥 서양인의 이름: Christian name, first name, given name, family name, surname에 대하여
>—(1) John Milton이면 Milton이 「성」(family name, surname)이고 John이 「이름」이다. 또 John Stuart Mill의 경우, John을 first name, Stuart를 middle name, Mill을 last name이라고도 한다.
>(2) 기독교도 가정에서 아이가 태어나면 등록소 호적부에 올리고, 그 몇 주일 후에 교회에서 세례식 때 명(christening)을 한다. 그때 아이에게 주어지는 이름이 세례명(Christian name)인데, 대개는 성서에 나오는 인명이나 일가 친척의 이름을 따서 지어진다. 비기독교도의 「이름」은 세례명이 아니므로 first name 또는 given name쪽이 일반적이다.
>(3) 부자 또는 형제가 동명인 경우에는 이름 끝에 Sr.(=senior)나 Jr.(=junior), 3rd(=third) 따위를 붙여서 구별한다. ¶ John Smith, Sr.

Chrístian póp 몡 크리스천 팝(록 음악의 하나로 신의 구원을 노래한다). (또는 **heavenly metal**)
Chrístian ríght 몡 (the ~) 기독교 우파(의 사람).
Chrístian Scíence 몡 크리스천 사이언스(1866년 미국 여성 Mary Baker Eddy(1821-1910)가 창설한 기독교의 한 교파; 신앙 요법이 특색).
Chrístian Scíence Mónitor 몡 크리스천 사이언스 모니터(Christian Science가 발행하는 일간 신문).
Chrístian Scíentist 몡 크리스천 사이언스 신자.
Chrístian Sócialism 몡 [U] 기독교 사회주의.
Chrístian Sócialist Únion 몡 (the ~) 기독교 사회 동맹(독일의 보수 정당; 💥 CSU).
Chris·tie¹ [krísti] 몡 =Christiania 2.
Chris·tie² 몡 크리스티. **1 Dame Agatha** ~(1891-1976: 영국의 여류 추리 소설가). **2** 남자 이름(Christopher의 애칭). **3** 여자 이름(Christine의 애칭).
Chris·tie's [krístiz] 몡 크리스티(런던에 본점을 둔 미술품 경매소). (또는 **Christine**)
Chris·ti·na [krìstíːnə] 몡 크리스티나(여자 이름).
Christ·kil·ler [⁻kìlər] 몡 (美속어·경멸적) 유대인.
Christ·less [kráistlis] 휌 기독교 정신에 위배되는; 기독교를 믿지 않는, 비기독교적인.   「도적인.
Christ·like [kráistlàik] 휌 그리스도 같은, 그리스도 같은(Christlike). **-li·ness** 몡
Christ·ly [kráistli] 휌 그리스도의, 그리스도다운;
‡**Christ·mas** [krísməs] 몡 **1** (무관사·단수) 크리스마스, 성탄절(12월 25일)(💥 Xmas). ¶ *a ~ book* 크리스마스용 책 / *a number* (잡지 따위의) 크리스마스 특집호 / *A Merry ~ (to you)!* 성탄절을 축하합니다!, 메리 크리스마스! (또는 **~ Day**) *a* =Christmastide. **3** 크리스마스에 주는 선물. **4** (속어) 봉급 날. **5** (英방언) 크리스마스 장식에 쓰는 상록수 가지.
at Christmas 크리스마스철에.
cancel a person's Christmas (美속어) 남을 죽이다.
on Christmas 크리스마스(날)에.
— 몡 (속어) =Christ.
Chrístmas bòx 몡 (英) 크리스마스 선물(고용인·우편 집배원에게 준다). 💥 **Boxing Day**   「[케이크].
Chrístmas càke 몡 크리스마스 케이크(보통 프루트
Chrístmas càrd 몡 크리스마스 카드.

Chrístmas càrol 명 1 크리스마스 캐럴[송가]. 2 (A C- C-) Charles Dickens작의 소설(1843).
Chrístmas clùb 명 (美) (크리스마스 때 쓰기 위한) 회원의 정기 적금 계좌.
Chrístmas còokie 명 크리스마스 쿠키.
Chrístmas Dày 명 (무관사·단수) 성탄절, 크리스마스 축제일(12월 25일).
Chrístmas dìnner 명 (가족들의) 성탄 만찬.
Chrístmas Éve 명 (무관사·단수) 크리스마스 전야.
Chrístmas fàctor 명 (생화학) 크리스마스 인자(因子)(혈액 응고 인자의 하나).
Chrístmas flòwer 명 =poinsettia.
Chrístmas gìft[prèsent] 명 크리스마스 선물.
Chrístmas hólidays [(美) vacátion] 명复 (the ~) 크리스마스 휴가; (각급 학교의) 겨울 방학.
Chrístmas líghts 명复 (장식용) 크리스마스 등불.
Chrístmas pàntomime 명 =pantomime 2.
Chrístmas píe 명 (英) =mince pie.
Chrístmas púdding 명 (英) 크리스마스 때 먹는 플럼푸딩(plum pudding).
Chrístmas ròse 명 성탄꽃, 크리스마스 로즈(크리스마스 무렵 청백색 꽃이 피는 미나리아재비과의 식물).
Chrístmas sèal 명 크리스마스 실.
Chrístmas sèason 명 크리스마스 시즌((美)에서는 추수 감사절부터 크리스마스날까지).
Chrístmas stòcking 명 산타 클로스의 선물을 받기 위해 침대 따위에 걸어놓는 양말. 〔다음(기본의).
Christ·mas·sy [krísməsi] 형 (구어) 크리스마스
Christ·mas·tide [krísməstàid] 명 (무관사·단수) 크리스마스 철[시즌](Christmas Eve에서 New Year's Day까지, (英) Epiphany(1월 6일)까지).
Christ·mas·time [krísməstàim] 명 =Christmastide.
Chrístmas trèe 명 1 크리스마스 트리. 2 (볼링) 크리스마스 트리(3·7·10 또는 2·7·10의 스플릿). 3 (여러 꼬마 색전등이 달린) 제어반, 계기판, 섬광 장치. 4 유정(油井) 맨꼭대(채유 제어 장치).
Chrístmas wrèath 명 크리스마스 화환.
Chris·to- [krístou, -tə, kráis-] 연결 Christ의 뜻. ¶*Christology.*
Chris·tol·o·gy [kristálədʒi/-tɔ́l-] 명 1 (U) (신학의 한 분야인) 그리스도론. 2 (UC) 그리스도에 관한 학설, 그리스도 연구. **-o·lóg·i·cal** 형 **-gist** 명
Chris·toph·a·ny [kristǽfəni/-tɔ́f-] 명(U) (부활후의) 그리스도의 출현(재현). 〔름; 애칭 Chris, Kit).
Chris·to·pher [krístəfər] 명 크리스토퍼(남자 이
Christ's-thorn [kráistsθɔ̀ːrn] 명 갯대추나무(예수의 가시관(冠)에 사용되었다는 가시 돋친 관목).
Chrís·ty mínstrels [krísti-] 명复 크리스티 악단 (얼굴을 검게 칠하고 흑인 노래를 부르는 순회 악단).
chrom- [kroum] 연결 ➾CHROMO-.
chro·ma [króumə] 명(U) (광학) 색의 순도(純度), 색도; 색의 선명도, 채도(彩度). 〔➾CHROMATO-.
chro·mat- [kroumǽt, krə-, króumæt] 연결
chro·mate [króumeit] 명 (화학) 크롬산염(鹽).
chro·mat·ic [kroumǽtik, krə-] 형 1 색(색채)의에 관한; 채색[착색]한, 색채가 있는. ¶~ polarization 색편광(色偏光). 2 (음악) 변위음(變位音)의, 반음계(半音階)의. ¶a ~ chord 반음계의 화음. — (음악) (또는 ♭ **sign**) 임시표[기호]. **-i·cal·ly** 부 채색을 하여; 반음계적으로.
chromátic aberrátion 명 색수차(色收差).
chromátic cólor 명 (광학) 유채색(有彩色).
chro·mat·i·cism [kroumǽtəsìzm, krə-] 명(U) (음악) 반음계 (사용); 반음계가 많은 곡의 형식.
chro·ma·tic·i·ty [kròumətísəti] 명(U) (광학) 색도.
chro·mat·ic·ness [kroumǽtiknis] 명(U) 채도(彩度).
chro·mat·ics [kroumǽtiks, krə-] 명(단수취급) 색채학. (또는 **chròmatólogy**) **chró·ma·tist** 명
chromátic scále 명 (음악) 반음계. 〔색채학자.
chromátic sígn 명 (음악) 임시표, 반음 기호(올림표(♯), 내림표(♭), 제자리표(♮) 따위)(accidental).
chro·ma·tid [króumətid] 명 (유전) (세포 분열에 앞서 염색체가 종렬(縱裂) 2분된) 염색 분체(分體).
chro·ma·tin [króumətin] 명(U) (생물) (염색체의) 염색질, 크로마틴. **-tín·ic, -tòid** 형
chro·ma·tism [króumətìzm] 명(U) 1 (식물 녹색 부분의) 변색. 2 (광학) =chromatic aberration.
chro·ma·to- [króumǽtou, -tə, krə-, króumət-] 연결 color, chromatin의 뜻(* 모음 앞에서는 chromat-). ¶*chromatograph, chromatophore.*
chro·ma·to·gram [króumǽtəgrǽm] 명 (화학) 크로마토그램(색층열(色層列)).
chro·ma·to·graph [króumǽtəgrǽf/-gràːf] 명
타 (화학) ···을 색층(色層) 분석하다; 색도 인쇄로 하다. — 명 크로마토그래프(색층 분석 장치); 색도 인쇄기; 착색판(着色版).
chro·ma·tog·ra·phy [kròumətəgrǽfi/-tɔ́g-] 명(U) (화학) 크로마토그래피(색층 분석). **-pher** 명 **to·gráph·ic** 명 **-gráph·i·cal·ly** 부
chro·ma·tol·o·gy [kròumətálədʒi/-tɔ́l-] 명(U) 1 =chromatics. 2 색채에 관한 논문. **-gist** 명
chro·ma·tol·y·sis [kròumətáləsis/-tɔ́l-] 명 (생물·병리) 염색질 용해. **chro·màt·o·lýt·ic** 형
chro·mat·o·phore [krəmǽtəfɔ̀ːr, króumət-] 명 1 (동물) 색소 세포, 색소체. 2 (식물) (세포 내의) 유색체, 색소체.
chro·màt·o·phór·ic, chro·mà·toph·or·ous 형
chro·ma·to·scope [króumǽtəskòup] 명 크로마토스코프(여러 색의 광선을 혼합하는 장치).
chro·ma·trope [króumətròup] 명 (활동의) 회전채광판. 〔사진(법), 컬러 사진.
chro·ma·type [króumətàip] 명(U)(C) 크롬지(紙)
chrome [kroum] 명(U) 1 크롬(chromium). 2 (구어) (자동차 따위의) 크롬 도금. 4 크롬 가죽(~ leather). — 동타 1 〔연색)···을 크롬 염료로 염색하다. 2 ···에 크롬 도금하다. 3 (가죽을) 크롬 화합물로 무두질하다.
-chrome [kroum] 연결 colored thing, coloring matter의 뜻. ¶*monochrome, polychrome.*
chróme gréen 명 크롬 녹색(녹색 안료의 하나).
chróme léather 명 크롬 가죽(제화용). 〔을 하다.
chrome·plate [króumplèit] 명타 ···에 크롬 도금
chróme réd 명 크롬 레드(적색 안료의 하나).
chróme stéel 명 크롬강(鋼).
chróme yéllow 명 연황(鉛黃)(황색 안료의 하나).
chro·mic [króumik] 명 (화학) 3가(價)의 크롬을 함유한, 제2크롬의; 크롬산의. ¶~ **acid** 크롬산.
chro·mite [króumait] 명 1 (화학) 아(亞)크롬산염. 2 크롬 철광(chrome iron).
chro·mi·um [króumiəm] 명(U) 1 크롬(광택 있는 단단한 금속 원소로; 기호 Cr). 2 =chrome 3.
chro·mi·um·plate [-plèit] 동타 크롬 도금하다. — 명 크롬 도금하기. 〔(비유적) 허식(虛飾)의.
chro·mi·um·plat·ed [-plèitid] 형 크롬 도금한;
chrómium stéel 명 =chrome steel.
chro·mo [króumou] 명 (~s) 1 =chromolithograph. 2 (美속어) 보기 싫은 놈. 3 (濠속어) 매춘부.
chro·mo- [króumou, -mə] 연결 (* 모음 앞에서는 chrom-). 1 color의 뜻. ¶*chromogen, chromatic.* 2 (화학) **a)** chromium의 뜻. **b)** 〔유색체(有色體)의〕 뜻.
chro·mo·dy·nam·ics [kròumoudainǽmiks] 명复 (물리) =quantum ~. **-ic** 형
chro·mo·gen [króuməʤən, -ʤèn] 명 1 (화학) 색원체(色原體). 2 색소(色素) 발생 박테리아.
chro·mo·graph [króuməgrǽf/-gràːf] 명 =

chromolithograph. —⑤㉠ …을 젤라틴 등사판으로 복사하다.
chro·mo·lith·o·graph [króumoulíθəgræf/-grɑ̀ːf] ⑤ 다색(多色)[착색] 석판 인쇄(의 그림). (또는 **chrómogràph**) —⑤㉠ 다색 석판으로 인쇄하다.
chro·mo·li·thog·ra·phy [kròumoulíθɑ́grəfi/-θɔ́g-] ⑤ 다색 석판술. **-pher** ⑤ **-li·tho·gráph·ic** ⑧
chro·mo·mere [króuməmìər] ⑤ 〖유전〗 염색(소)립((小)粒)(염색체의 구성체). **·mo·mér·ic** ⑧
chro·mo·ne·ma [kròumənˈɪːmə] ⑤ (⑨ **~·ta** [-tə]) 〖유전〗 염색사(絲), 나선사. **·ne·mát·ic** ⑧
chro·mo·pho·to·graph [kròumoufóutəgræf/-grɑ̀ːf] ⑤ 〖사진〗 컬러[원색] 사진.
chro·mo·pho·tog·ra·phy [kròumoufətɑ́grəfi/-tɔ́g-] ⑤ 천연색 사진(술). **-pher** ⑤ 색소 단백질.
chro·mo·pro·tein [kròumouproutíːn] ⑤ 〖생화〗 색소 단백질.
chro·mo·some [króuməsòum] ⑤ 〖유전〗 염색체. **·só·mal** ⑧ **·só·mal·ly** ⑪
chrómosome màp ⑤ 〖유전〗 염색체 지도.
chrómosome nùmber ⑤ 〖유전〗 염색체수.
chrómosome translocàtion 〖유전〗 염색체 전위(轉位).
chro·mo·sphere [króuməsfìər] ⑤ 〖천문〗 채층(彩層)(태양 둘레의 홍색 가스층); 천체 둘레의 가스체. **·sphér·ic** ⑧
chro·mo·type [króumətàip] ⑤ 다색 석판 인쇄(술); 컬러 사진.
chro·mous [króuməs] ⑧ 〖화학〗 2가(價)의 크롬을 함유한, 아(亞)크롬산의. ⑧ chromic.
chron. chronicle; chronograph; chronological; chronology; chronometry. **Chron.** Chronicles.
chron- [krɑn, kroun/krɔn] ⑪ ⇨CHRONO-.
***chron·ic** [krɑ́nik/krɔ́n-] ⑧ 1 상습적인, 오래 끄는, 고질적인. ¶a ~ liar 상습적 거짓말쟁이. 2 장기간에 걸친, 만성적인. ¶a ~ inflation 만성적 인플레이션. 3 (병이) 만성인, 고질인; 만성병[숙환]을 앓는, 지병이 있는. ¶a ~ disease 만성병/a ~ case 만성병 환자. 4 (英속어) 고약한, 지독한.
***something chronic** (英속어) 대단히, 몹시.
— ⑤ 1 만성[고질]병 환자, 지병이 있는 사람. 2 (the ~) (美속어) (약효가 오래 가는) 강한 마리화나.
chro·nic·i·ty (병의) 만성(도).
chron·i·cal [krɑ́nikəl/krɔ́n-] ⑧ 1 시간의. 2 = chronic 3. **~·ly** ⑪ 상습[만성]적으로.
chrónic drínker ⑤ 알코올 의존증 환자, 알코올 중독자.
chrónic fatígue sýndrome 〖병리〗 만성 피로 증후군(⑫ CFS). (또는 (美) **yúppie flù**)
***chron·i·cle** [krɑ́nikl/krɔ́n-] ⑤ 1 연대기(年代記), 편년사(編年史); 역사책; 이야기(narrative). 2 (the C-) (신문명으로서) …신문.
— ⑤㉠ …을 연대기에 싣다, 연대순으로 기록하다.
chrónicle pláy [hístory] ⑤ 사극(史劇)(사실(史實)을 자유롭게 다룬 엘리자베스 1세 시대의 극).
chron·i·cler [krɑ́niklər/krɔ́n-] ⑤ 연대기 편자, 편년사가(編年史家); (사건의) 기록자.
Chron·i·cles [krɑ́niklz/krɔ́n-] ⑤⑨ (the ~) 〖단수취급〗 (구약 성서의) 역대기(歷代記)(⑫ Chr(on).).
chron·o- [krɑ́nou, -nə, krɔ́un-/krɔ́n-] ⑪ "time의 뜻(* 모음 앞에서는 chron-). ¶**chronometer**.
chron·o·bi·ol·o·gy [krɑ̀nəbɑiɑ́lədʒi/-ɔ́l-] ⑤ 시간 생물학(생체 리듬의 조직적 연구). **·bi·o·lóg·i·cal** ⑧ **·gist** ⑤
chron·o·gram [krɑ́nəɡræm/krɔ́n-] ⑤ 1 연대 표시명(銘)(문장 중의 대문자를 로마 숫자로 하여 합치면 연대(年代)를 표시하게 되어 있는 명(銘) 또는 기록). 2 크로노그래프에 의한 기록. **-gram·mát·ic, -gram·mát·i·cal** ⑧ **-gram·mát·i·cal·ly** ⑪ **-grám·mat·ist** ⑤
chron·o·graph [krɑ́nəɡræf/króunəɡrɑ̀ːf] ⑤ 〖물리〗 1 크로노그래프(시간의 경과를 도형으로 기록하는

장치). 2 스톱 워치. — ⑤㉠ …의 시간을 크로노그래프로 재다[기록하다]. **chro·nóg·ra·pher** ⑤ **·gráph·ic** ⑧ **·gráph·i·cal·ly** ⑪ **chro·nóg·ra·phy** ⑤
chronol. chronological; chronology.
chron·o·log·i·cal [krɑ̀nəlɑ́dʒikəl/krɔ̀nəlɔ́dʒ-] ⑧ 연대순의, 연대학적인. ¶a ~ period 연대/a ~ table 연표/~ age 생활 연령. (또는 **chronologic**) *in chronological order* 연대순으로.
~·ly ⑪ 연대순으로.
chro·nol·o·gist [krənɑ́lədʒist/-nɔ́l-] ⑤ 연대학자, 연표학자, 편년사가(編年史家). (또는 **chronologer**)
chro·nol·o·gize [krənɑ́lədʒàiz/-nɔ́l-] ⑤㉠ …을 연대순으로 배열하다, …의 연표를 만들다.
chro·nol·o·gy [krənɑ́lədʒi/-nɔ́l-] ⑤ 1 ⓤ 연대학(年代學). 2 연대순 배열; 연대기; 연표.
chro·nom·e·ter [krənɑ́mətər/-nɔ́m-] ⑤ 크로노미터(경도(經度) 측정용 정밀 시계); 초정밀 시계.
chron·o·met·ric [krɑ̀nəmétrik/krɔ̀n-] ⑧ 크로노미터[에 관한]; 크로노미터로 측정한. (또는 **·ometrical**) **·ri·cal·ly** ⑪ 〖측정(법); 시간 측정학.
chro·nom·e·try [krənɑ́mətri/-nɔ́m-] ⑤ⓤ 시간 측정법.
chro·non [króunɑn/-nɔn] ⑤ 크로논(가설적인 시간의 단위; 광자(光子)가 전자(電子)의 직경을 가로지르는 데 요하는 시간; 약 10^{-24}초). 〔보기〕(時報機).
chron·o·pher [krɑ́nəfər, króun-/krɔ́n-] ⑤
chron·o·scope [krɑ́nəskòup/krɔ́n-] ⑤ 크로노스코프(광속 따위를 재는 초(秒)시계); 초정밀 시계. **·scóp·ic** ⑧ **·scóp·i·cal·ly** ⑪ **chro·nós·co·py** ⑤
-chro·nous [króunəs] ⑫ of time, of period의 뜻. ¶ *isochronous, synchronous.*
chrys- [kris] ⑫ ⇨CHRYSO-.
chrys·a·lid [krísəlid] ⑧ =chrysalis. — ⑤ 1 번데기의, 번데기에 관한. 2 준비기의.
chrys·a·lis [krísəlis] ⑤ (⑨ **~·es, chry·sal·i·des** [krisǽlədìːz]) 1 〖곤충〗 번데기; 고치. 2 준비[과도적] 단계[시기].
chry·santh [krisǽnθ] ⑤ (英구어) =chrysanthe-
***chry·san·the·mum** [krisǽnθəməm] ⑤ 국화.
Chrysánthemum Thróne ⑤ (the ~) 일본 천황(天皇)(일본이 일본 황실의 문양이다).
Chry·se·is [kraisíːəs] ⑤ 〖그리스 신화〗 크리세이스(아폴로의 사제 Chryses의 아름다운 딸).
chrys·el·e·phan·tine [krìsəlɪfǽntin/-tain] ⑧ (고대 그리스 조각에서) 금과 상아를 입힌.
Chrys·ler [krɑ́islər/krɑ́iz-] ⑤ 크라이슬러. 1 *Walter Percy* ~ (1875-1940: 미국의 자동차 회사 Chrysler Corporation의 창설자). 2 (상표) 크라이슬러(자동차). ⑧ DaimlerChrysler.
chry·so- [krísə, -sou] ⑫ gold, golden, yellow 의 뜻(* 모음 앞에서는 chrys-). ¶ *chrysolite.*
chrys·o·ber·yl [krísoubərəl] ⑤ⓤ 〖광물〗 금록옥(金綠玉), 크리소베릴(보석으로 씀).
chrys·o·graph [krísəɡræf/-ɡrɑ̀ːf] ⑤ 금니(金泥)로 쓴 사본. — ⑤㉠ 금니로 쓰다.
chrys·o·lite [krísəlàit] ⑤ 〖광물〗 감람석(橄欖石), 크리솔라이트(olivine). **·lít·ic** ⑧
chrys·o·prase [krísouprèiz] ⑤ⓤ 〖광물〗 녹옥수(綠玉髓), 크리소프레이즈. 〔石腦〕
chrys·o·tile [krísətàil, -til] ⑤ 〖광물〗 온석면(溫
chs. chapters. **CHT** cylinder *h*ead *t*emperature.
cht. chest.
Chuang-tzu [tʃwɑ́ŋtsúː] ⑤ 1 장자(莊子)(기원전 4세기경의 중국의 신비론자·철학자). (또는 **Chwangtse**) 2 「장자」(장자의 도교(道敎)에 관한 저작).
chub [tʃʌb] ⑤ (⑨ **~(s)**) 황어속(屬)의 민물고기.
chub·by [tʃʌ́bi] ⑧ 토실토실 살찐, 땅딸막한; (볼 등이) 포동포동한, 오동통한. ⇨FAT 〖유의어〗 ¶a ~ face 포동포동한 얼굴. **-bi·ly** ⑪ **-bi·ness** ⑤

chúb pàckage[pàckaging] 图 처브 포장(햄·소시지처럼 양 끝을 묶은 포장).

***chuck**[1] [tʃʌk] 图® 1 …을 (가까이에) 획 던지다, 팽개치다(*away, out*).¶~+图+图) ~ *away* rubbish 쓰레기를 버리다 / ~ *money about* 돈을 내버려주다. 2 [턱 따위]를 가볍게 치다[어루만지다](*under*).¶~ *her under the chin* 그녀의 턱을 토닥거리다. 3 (구어) (회장(會場)·방 따위에서) [남]을 내쫓다, 몰아내다(*out, off*).¶ *Why don't you* ~ *him?* 그를 해고하는 것이 어때? 4 [의안(議案) 따위]를 부결하다; (구어) 그만두다, 포기하다, 중지하다, 그만두다(*up*)(英) …와 교제를 끊다(*up, in*).¶(~+图+图) ~ *up one's job* 사직(辭職)하다. 5 (음식물 따위)를 토하다.
—图 (美속어) 토하다(*up*).
chuck a dummy ① (美속어) (음식물·동정 따위를 얻으려고) 기절한 체하다. ② (속어) 토하다.
chuck away ① 버리다. ⇨图 1. ② 낭비하다.¶ ~ *away a lot of money* 큰 돈을 낭비하다. ③ (기회)를 놓치다. ④ (작은 소리로) (말)을 무심코 입밖에 내다.
chuck down (구어) (침대 따위)에 몸을 내던지다.
chuck in (濠속어) 기부하다. 〔두다, 중지하다.
chuck it (**it**) (英구어) (하고 있는 일·말 따위)를 그만두다.
chuck off (구어) ① (…로부터) 도망치다, 피하다. ② (…에서) 해방되다. ③ (濠·뉴질 속어) (…을) 비웃다.
chuck oneself away on (구어) (남보기에) [하찮은 사람]과 결혼하다, 교제하다.
chuck one's weight about (개인적 이익을 위해) 자기의 지위[권력]를 이용[활용]하다; 뽐내다.
chuck out ① 쫓아내다. ② (의안 따위)를 부결하다. ③ (무능코) 지껄이다. ④ (계획 따위)를 망치다.
chuck out one's chest (구어) 가슴을 펴다.
chuck over (구어) 갑자기 교제를 끊다[안끊다].
chuck together (구어) ① (급히) …을 그러모으다. ② (책)을 (급히) 쓰다. ③ (건물 따위)를 (단기간에) 짓다.
chuck up (구어) 그만두다, 단념하다. ⇨图 4. 〔다.
chuck [or **throw**] **up the sponge** 패배를 인정하다, 항복하다.
—图 1 (턱 따위의) 애무, 가볍게 두드림. 2 (英) 던져 올리기, 획 내던지기; 갑자기 움직이는[방향 전환하는] 일. 3 (the ~) (속어) 해고. 4 무죄 판결.
get the chuck 해고되다.
give *a person* **the chuck** (속어) ① 남을 갑자기 해고하다. ② 남과 늑닫없이 관계를 끊다.

chuck[2] 图 1 ⓒ 목정(~ *steak*)(소의 목덜미 고기). ⇨BEEF 그림. 2 (쐐기 또는 꺾쇠로 사용하는) 통나무. 3 (기계) (선반 따위의) 물림쇠. 4 (美서부 속어) 음식, 식품. —图⑧ (기계) …을 척에 걸다, 척으로 고정하다.

chuck[3] 图⑧ (닭 따위가) 꼬꼬 하고 울다. —图 (닭) 을 구구 하고 부르는; (말)을 킬킬 하고 몰다. 3 (닭을 부르는) 구구 하는 소리; (말을 몰 때의) 킬킬 하는 소리. 2 (고어) 당신, 자네, 너(친밀한 사이의 호칭).

chuck[4] 图 (美속어) 백인. 〔일종.
chuck-a-luck [-əlʌk] 图 (美) 주사위 놀이의
chuck-er-out [tʃʌkəráut] 图 (® **chuck-ers-**) (英속어) (극장 따위의) 경비원, 문지기(*bouncer*).
chuck-far-thing [-fɑ̀ːrðiŋ] 图 동전 던지기(치기)
play (**at**) **chuck-farthing with** …을 위험을 무릅쓰고 해보다.
chuck-full [-fúl] 图=chock-full.
chuck-hole [tʃʌkhòul] 图 길의 움푹한 곳.

‡**chuck·le** [tʃʌkl] 图圈 (~s [-z]; ~d; -ling) 1 낄낄 웃다, (만족하여) 싱긋이 웃다; 혼자서 속으로 웃다(재미있어 하다)(*at, over*). 2 ⇨LAUGH 유의어.¶ ~ *while watching TV* TV를 보며 낄낄 웃다 // (~+图) ~ *out* 낄낄거리며 말을 하다 (*cluck*).
—图 [-s [-z]] 1 낄낄 웃음, (만족스런) 싱글벙글 웃음. 2 (암탉이 병아리를 부를 때의) 꼬꼬 하는 소리.
-ler 图 **-ling·ly** 图
chuck·le·head [tʃʌklhèd] 图 (구어) 바보, 모자

는 사람, 멍청이. **~·ed** 图 **~·ed·ness** 图
chúck wàgon 图 (美서부) 1 (목동이나 나무꾼의) 취사용 마차. 2 도로변의 작은 식당. (또는 **chudder**)
chud·dar [tʃʌ́dər] 图=chador. (또는 **chuddah**, **chuddar**)
chuff[1] [tʃʌf] 图 시골뜨기; 버릇없는 사람; 구두쇠.
—图® (英속어) …을 힘나게[기쁘게] 하다(*up*). 〔한.
—图 (英방언) 토실토실 살찐; 자신만만한, 득의 양양
chuff[2] 图 증기 기관(차)의 느릿느릿한 배기음; 칙칙 하는 소리. —图® 칙칙 하는 소리를 내다.
chuff[3] 图 (속어) 엉덩이; (英속어) 음모(陰毛).
chuffed [tʃʌft] 图 (英구어) 1 즐거운. 2 불쾌한.
chuff·y [tʃʌ́fi] 图 촌스러운, 버릇없는, 교양 없는; 무뚝뚝한; 인색한; (스코) 통통하게 살찐. (또는 **chuffie**)
chúff·i·ly 图 **chúff·i·ness** 图
chug[1] [tʃʌg] 图 (기관차 따위의) 칙칙폭폭 소리(*chug-chug*); 통[철병] 하는 소리. —图® (**-gg-**) 칙칙폭폭 소리를 내다; (구어) 칙칙폭폭 소리를 내며 지나가다 (*along, away*). **-ger** 图
chug[2] (속어) 图 图=chug-a-lug. —图 꿀꺽 마시기[삼키기]. 〔choo.
chug·a·chug·a [tʃʌ́gətʃʌ́gə] 图 (美속어) =choo-
chug-a-lug [-əlʌ̀g] 图 (**-gg-**) (美속어) (…을) 단숨에 들이켜다[꿀꺽꿀꺽 마시다]. —图 단숨에 쭉, 꿀꺽 꿀꺽. (또는 **chuck-a-lug**) 〔츠.
chúk·ka (**bòot**) [tʃʌ́kə-] 图 복사뼈까지 오는 부
chuk·ker [tʃʌ́kər] 图 (폴로) 한 시합 중의 1회(시간은 7분 30초; 한 시합은 8회). (또는 **chukka**(**r**))

***chum**[1] [tʃʌm] 图 1 친구, 벗, 옛 친구. ⇨FRIEND 유의어.¶ *boyhood* ~*s* 죽마고우 / *They became* ~*s with each other in a week.* 그들은 일주일 사이에 서로 친해졌다. 2 (美) (대학 따위의) 과(科) 친구, 한 방 친구(*roommate*). (濠) 이민. 3 (경멸적) (남자 사이에서) 이봐 친구, 자네. —图® (**-mm-**) ① 친하게 사귀다(*up*). ② (남과) 방을 같이 쓰다(*with*). —图® (英) (기숙사 등에서) …을 같은 방을 쓰게 하다.

chum[2] 图 밑밥; (통조림 공장의) 생선 찌꺼기.
—图 밑밥으로 물고기를 모아 낚다. (비유적) 미끼로
chum the fish (美학생 속어) 토하다. 〔잡다.
chum·mage [tʃʌ́midʒ] 图⑪ 1 합숙, 동숙(同宿); 방값. 2 (美속어) 신고료(신입 죄수가 내는 돈).
chum·mer·y [tʃʌ́məri] 图 공동 숙소(宿所).
chum·my [tʃʌ́mi] 图 (구어) (…와) 사이좋은, 친한 (*with*); 붙임성 좋은, 상냥한. —图 단짝, 친구.
-mi·ly 图 **-mi·ness** 图
chump [tʃʌmp] 图 1 (구어) 바보, 멍청이, 얼간이.¶ *Don't be a* ~. *He's kidding you.* 바보처럼 굴지 마. 그는 너를 놀리고 있는 거야. 2 굵고 짧은 나무 토막. 3 (막대 따위의) 굵은 쪽. 4 (속어) 머리.
make a chump out of (美속어) …에게 창피를 주다.
off one's chump (英속어) 미쳐서; 흥분하여.
chunk[1] [tʃʌŋk] 图 (美) 1 (빵·치즈·목재 따위의) 큰 덩어리, 두꺼운 조각.¶ *a ~ of cheese* 치즈의 큰 덩어리. 2 (구어) 다부지게 생긴 사람, 몸이 딱 벌어진 사람; 억센 동물(말). 3 상당한 양, 대량.¶ *have a ~ of money* 상당한 돈을 갖고 있다. 4 (美속어) 섹스; 여자. 5 (美속어) 해시시(*hashish*).
blow chunks (美학생 속어) 토하다, 게우다.
extinguish *a person's* **chunk** (美속어) 남을 죽이다.
—图® 덩어리로 자르다[만들다]. —图 덩어리가 되다.
chunk[2] 图® (美속어) 던지다; (모닥불)을 지피다.
chunk·y [tʃʌ́ŋki] 图 (美) 1 땅딸막한, 다부지게 생긴. 2 (먹을 것 따위가) 덩어리진; 거친. 3 (의류 따위가) 올이 굵은[성긴]. **chúnk·i·ly** 图 **chúnk·i·ness** 图
chun·nel [tʃʌ́nl] 图 (철도용) 해저 터널; (the C—) 영·불 해협 해저 터널. [<*channel*+*tunnel*〕 〔하다.
chun·ter [tʃʌ́ntər] 图® (英) 투덜거리다, 불평
‡**church** [tʃəːrtʃ] 图 (® **~·es** [-iz]) 1 (기독교의) 교

회(당), 성당; 《英》 국교회의 교회당([참] chapel). **2** [UC] 《무관사》 (교회의) 예배 (집회); (예배 장소로서의) 교회. ¶ between ~*es* 《드물게》 예배 사이에 / after ~ 예배 후에. **3** (the ~) 《집합적》 기독교도; 기독교계[교단]. **4** (the C-) (독립된 교파를 뜻하는) 교회. ¶the Presbyterian *C*- 장로 교회 / the Eastern *C*- 동방 교회(그리스 정교회) / the Western *C*- 서방 교회(로마 가톨릭 교회) / the Established *C*-; the State *C*- 국교(《英》 국교회). **5** (도시·국가의) 전체 기독교도, 각 교파의 신도. **6** (the ~) (특정한 기독교회의) 전(全)신도, 회중(會衆). **7** (때로 C-) (국가에 대해 종교 조직·권력으로서의) 교회, 교권. ¶the separation of ~ and state 정교(政敎) 분리. **8** (the ~) 교회의 교직, 교역(敎役). **9** (the C-) 로마 가톨릭 교회; 종교 개혁 이전의 기독교회. **10** (the C-) (기독교 이외의) 종교 조직[회중], 교회(당). ¶the Jewish *C*- 유대교회(당).

attend church 교회에 (예배보러) 가다.

be asked in church 교회에서 결혼식의 예고를 하다[반대자의 신청을 접수하다].

go into [or ***enter, join***] ***the church*** [or ***Church***] 성직에 취임하다, 목사가 되다.

go to church ① (교회로) 예배보러 가다. ② 교회에서 결혼식을 올리다, 결혼하다.

in [or ***at***] ***church*** 예배중에[인]. 「야기를 지껄이다.

talk church ① 종교를 논하다. ② 《속어》 재미없는 이

— [형] 교회의, 예배의. ¶~ affairs 교회의 사무[일] / a ~ bell 교회의 종 / ~ living 성직록(祿) / ~ music 교회 음악 / a ~ social 교회의 친목회.

— [동][타] **1** (감사 등 특별한 예배를 위해) …을 교회에 데리고 가다; 〔순산한 여인〕을 위해 출산 감사의 예배를 올리다. **2** 《美남부》 …을 교회 규칙에 따르게 하다.

Chúrch Assémbly [명] (the ~) 영국 국교회 총회.

Chúrch Cátholic [명] (the ~) =Catholic Church.

church·go·er [tʃə́ːrtʃgòuər] [명] **1** 교회에 다니는 사람, 예배 참석을 게을리하지 않는 사람. **2** 《英》 국교회 신도([참] Nonconformist).

church·go·ing [tʃə́ːrtʃgòuiŋ] [형] 교회에 참석하는, 항상 교회에 다니는. — [명][U] 교회에 다니기.

Church·ill [tʃə́ːrtʃil] [명] **Winston** (**Leonard Spencer**) ~ 처칠(1874-1965: 영국의 정치가·저술가; 노벨 문학상(1953)).

Church·ill·i·an [tʃəːrtʃíliən] [형] 처칠의[같은], 처칠류(流)의. — [명] 처칠 연구가. 「순산 감사 예배.

church·ing [tʃə́ːrtʃiŋ] [명][U] (산후의 여인을 위한)

chúrch invísible [명] (the ~) 〔신학〕 보이지 않는 교회(지상 및 천국에 있는 참된 그리스도 교도의 총체). [참] church visible 「의) 국교주의.

church·ism [tʃə́ːrtʃìzm] [명][U] **1** 교회주의. **2** (영국

chúrch kèy [명] (끝이 삼각형인) (음료) 깡통[병] 따개.

church·less [tʃə́ːrtʃlis] [형] **1** 교회 없는. **2** 교회에 속하지 않는; 교회에 다니지 않는, 무종교의.

church·like [tʃə́ːrtʃlàik] [형] 교회 같은[에 특유한].

church·ly [tʃə́ːrtʃli] [형] 교회의[에 관한]; 교회를 연상케 하는; 교회에 어울리는; 교회에 충실한, 믿음이 독실한; 종교상의. **-li·ness** [명]

church·man [tʃə́ːrtʃmən] [명] **1** 성직자, 목사. **2** (열렬한) 신자(信者), 지지자. **3** 《英》 국교회(國敎會) 신 ~**·ly** [형] ~**·ship** [명] 「도.

chúrch mèmber [명] 교회 신도.

chúrch mílitant [명] (the ~) 〔신학〕 싸우는 교회(현세의 악과 싸우는 지상(地上)의 교회[신자들]).

chúrch mòuse [명] 교회에 사는 쥐; 가난한 사람.

(as) poor as a church mouse [or ***church mice***]; ***no richer than a church member*** ⇨MOUSE.

Chúrch of Chríst, Scíentist [명] (the ~) Christian Science Church의 정식 명칭.

Chúrch of Éngland [명] (the ~) 영국 국교회.

Chúrch of Jésus Chríst of Látter-day Sáints [명] (the ~) 말일 성도 예수 그리스도 교회(Mormon Church의 정식 명칭). 「Church.

Chúrch of Róme [명] (the ~) =Roman Catholic

Chúrch of Scótland [명] (the ~) 스코틀랜드 교회.

chúrch ràte [명] 〔교회〕 (영국·아일랜드에서 교구민의 가옥·토지에 할당하여 징수하던) 교회 유지세.

chúrch régister [명] 교회 기록[교적]부.

church·scot [tʃə́ːrtʃskɑ̀t/-skɔ̀t] [명][U] (교인이 납부하던) 연보금, 목사 생활비. (또는 **chúrchshòt**)

chúrch sèrvice [명] 예배; (영국 국교회의) 기도서.

chúrch tèxt [명] 〔인쇄〕 고딕 활자체의 일종.

chúrch tìme [명] 예배 시간.

chúrch triúmphant [명] (the ~) 〔신학〕 개선(凱旋) 교회(현세에서 악과의 싸움에 이겨 승천한 기독교도들). [참] church militant

chúrch vísible [명] (the ~) 〔신학〕 보이는 교회(참된 신자와 거짓 신자가 혼재된 지상[현세]의 전(全)그리스도 교도). [참] church invisible

church·ward [tʃə́ːrtʃwərd] [부] 교회 쪽으로. (또는 **churchwards**) — [형] 교회 쪽으로의.

church·ward·en [tʃə́ːrtʃwɔ̀ːrdn] [명] **1** 교구 위원(영국 국교회·미국 감독 교회에서 회계 따위의 사무를 관장하는 교구 대표자). **2** 《英》 긴 사기 담뱃대.

church·wom·an [tʃə́ːrtʃwùmən] [명] 열성적인 여신도; (영국 국교회의) 여성 교인.

church·y [tʃə́ːrtʃi] [형] **1** 교회 의식 따위를 엄격히 지키는. **2** 국교적인, 국교를 지지하는. **chúrch·i·ness** [명]

***church·yard** [tʃə́ːrtʃjɑ̀ːrd] [명] 교회의 경내; 교회(부속) 묘지; 《형용사적》 (기침이) 숨이 넘어갈 듯이 심한. ¶*A green Christmas* [or *Yule*] *makes a fat* ~. 《속담》 크리스마스에 따뜻해서 눈이 오지 않으면 (이듬해에는 병이 돌아) 죽는 사람이 많다. 「한 기침.

churchyard cough 《英구어》 (숨이 넘어갈 듯한) 심

churl [tʃəːrl] [명] **1** 농부, 시골뜨기. **2** 무례한[무뚝뚝한, 상스러운] 사람. **3** 구두쇠. **4** 〔英역사〕 (앵글로색슨 시대의) 최하층 자유민. 「쁜 술을 마시다.

put a churl upon a gentleman 좋은 술 뒤에 나

churl·ish [tʃə́ːrliʃ] [형] 《경멸적》 **1** 시골뜨기의. **2** 상스러운, 막된, 붙임성 없는. **3** 인색한, 구두쇠의. **4** (토지가) 경작[처리]하기 어려운. ~**·ly** [부] ~**·ness** [명]

churn [tʃəːrn] [명] **1** (버터 제조용) 우유 교반기(攪拌器); 그 비슷한 용기. **2** 《英》 (커다란) 우유통. **3** 세게 휘젓기, 교반(攪拌). **4** (증권·상품 위탁 거래에서 수수료를 챙기기 위한 부당한) 회전 매매, (빈번한) 전매.

— [동][타] **1** (버터를 만들기 위해) …을 휘젓다. **2** (크림을 휘저어서) 〔버터〕를 만들다(*out*). **3** (일반적으로) …을 세게 휘젓다; 《구어》 …을 당황하게 하다, 자제를 잃게 하다(*up*). **4** (증권업자가) 〔고객의 증권〕을 과도하게 회전 매매하다. — [자] **1** 우유 교반기를 돌리다. **2** (액체가) 세차게 움직이다; (파도 따위가) 기슭을 때렸다가 밀려가다; 동요하다. **3** 《구어》 (속이) 메스껍다. ¶My stomach ~*ed* at the sight. 그 광경을 보고 내 속이 뒤집혔다. **4** (증권업자가) 과도하게 회전 매매하다.

churn out 대량 생산하다, 〔작품〕을 양산(量産)하다.

~·a·bíl·i·ty [명] **~·a·ble** [형]

chúrn dàsher [**stàff**] [명] =churner.

churn·er [tʃə́ːrnər] [명] 휘젓는 기구, 교반기.

churn·ing [tʃə́ːrniŋ] [명][U] **1** (우유) 교반(攪拌). **2** 1회에 만들어내는 버터의 양.

churr [tʃəːr] [명] (쏙독새 따위의) 찍찍[쪽쪽] 우는 소리. — [동][자] (쏙독새 따위가) 찍찍[쪽쪽] 하고 울다.

chut [tʃʌt] [감] 체!, 쯧쯧!(tut) (마뜩찮을 때 혀차는 소리).

chute¹ [ʃuːt] [명] **1** 활송(滑送) 장치(물·석탄 따위를 내려보내는 홈통·관); =dust ~. **2** 비탈진 활주로. **3** 폭포; 급류, 여울. 「게] 되다.

go down the chute 《美구어》 파멸하다; 무효가[못 쓰

out of the chute 처음에는, 최초에; 제일 먼저.

— [동][타] …을 활송 장치로 떨어뜨리다. — [자] 활송 장

chute 치로 내려가다.
chute² (구어) 명 낙하산(parachute). ―타자 낙하산으로 내리다. ―타 (낙하산으로) …을 떨어뜨리다.
chute-the-chute [ʃúːtðəʃúːt, ʃúːtə-] 명 (美) 1 (유원지 등의) 롤러코스터, 워터 슈트; 급경사의 미끄럼틀. 2 (비유적) 급격한 변화. (또는 **shoot the chutes, chute-the-chutes**)
chute-troop·er [ʧtrúːpər] 명 (구어) =chutist.
chut·ist [ʃúːtist] 명 낙하산병(parachutist).
chut·ney [tʃʌ́tni] 처트니(카레 따위에 치는 달고도 매운 인도 원산의 조미료). (또는 **chutnee**)
chut·tie [tʃʌ́ti] 명 〈濠구어〉 껌. (또는 **chutty**)
chutz·pa [hútspə, xúts-] 명 (美속어) 뻔뻔스러움, 철면피, 후안 무치(厚顔無恥). (또는 **chutzpah, hutzpa(h)**) [<Yid]
Chu·vash [tjuːvɑ́ːʃ] 명 (稷 **-es, -va·shi**) 츄바시족(러시아의 Volga강 중류 연안에 사는 터키어계 소수
chy, chy. chimney. (민족); U 그 말.
chy·la·ceous [kailéiʃəs] 형 유미(乳糜)의(모양의).
chyle [kail] 명U 〔생리〕 유미(乳糜). **chý·lous** 형
chyme [kaim] 명U 〔생리〕 유미즙(위의 소화 작용으로 먹은 음식이 변화한 부드러운 물질). **chý·mous** 형
chy·mo·pa·pa·in [kàimoupəpéiin, -páiin] 명 〔약학〕 키모파파인(파파인에서 추출한 효소).
Ci (기상) cirrus; [化·화] curie(s). **CI** cast iron; certificate of insurance; Color Index; 〔기상〕 comfort index(쾌적 지수; 略 DI); confidential informant(비밀 정보원); corporate identity. **c.i.** ② class interval; corrugated iron; cost and insurance. **C.I.** Channel Islands; Chief Inspector [Instructor]; Commonwealth Institute. **CIA, C.I.A.** Central Intelligence Agency. **Cia.** (스페인) Compañía(=company).
cia·o [tʃau] 감 (이탈리아) (구어) 안녕하세요; 잘 가 [있어], 안녕, 그럼 또 만나자(* 스스럼 없는 인사말).
ci·bo·ri·um [sibɔ́ːriəm] 명 (稷 **-ri·a** [-riə]) 1 (제단 위의) 닫집; 닫집 모양의 사당. 2 〔가톨릭〕 성합(聖盒)(미사용 성체 담는 그릇).
CIC (군사) Combat Information Center(전투 정보 지휘소); Counterintelligence Corps (방첩 부대).
Cic. Cicero. **C.I.C.** Commander in Chief; Counterintelligence Corps (방첩 부대).
*****ci·ca·da** [sikéidə, -káː-/-káː-] 명 (稷 **~s, -dae** [-diː]) 매미(locust). [<L]
ci·ca·la [sikáːlə] 명 (稷 **~s**) 1 매미(cicada). 2 = grasshopper 1.
cic·a·trice [síkətris] 명 =cicatrix.
cic·a·tri·cial [sìkətríʃəl] 형 〔의학〕 흉터의, 상처 자국의; 〔식물〕 엽흔(葉痕)의.
cic·a·tri·cle [síkətrikl] 명 1 〔동물〕 (노른자의) 배자(胚子). 2 〔식물〕 =cicatrix 2.
cic·a·trix [síkətriks, sikéitriks] 명 (稷 **-tri·ces** [-tráisiːz]) 1 〔의학〕 흉터, 상처 자국. 2 〔식물〕 탈리흔 (脫離痕)(씨가 떨어져 나간 자국), 엽흔(葉痕)(잎이 떨어져 나간 자국). **ci·cát·ri·còse** 형
cic·a·trize [síkətràiz] 타 (상처)에 자국이 생기게 하다, 흉터를 내다. ―자 흉터가 생기다, 아물다.
-trí·zant **-tri·zá·tion, -triz·er**
cic·e·ly [sísəli] 명 (미나릿과의) 뱀도랏류(類).
Cic·e·ro [sísərou] 명 **Marcus Tullius ~** 키케로 (106-43 B.C.; 로마의 정치가·웅변가·저술가).
cic·e·ro·ne [sìsəróuni, tʃìtʃə-] 명 (稷 **~s, -ni** [-niː]) (명승 고적 등의) 안내인, 가이드(guide).
play [or *do the*] **cicerone to** …을 관광 안내하다.
―자 (관광객을) 안내하다. [<It Cicero]
Cic·e·ro·ni·an [sìsəróuniən] 형 키케로의; 키케로처럼 웅변적인; 단아한, 운율적인. ―명 키케로 연구가[숭배자]; 키케로풍의 문장가. **-rón·i·cal·ly** 튐
CICS customer information control system.

CICT Commission of International Commodity Trade((UN) 국제 상품 무역 위원회).
Cid [sid] 명 **The ~**(*El ~ Campeador*) 엘시드(기독교 국가를 위해 무어인과 싸운 스페인의 전설적 영웅 Ruy[or Rodrigo] Díaz de Bivar(1040?-99)의 칭호). * Cid는 「수령·총통」이란 뜻.
C.I.D., CID Criminal Investigation Department((美) (법무부) 검찰국; (英) (런던 경찰청(Scotland Yard)의) 범죄 수사과; (美군사) 범죄 수사대).
-ci·dal [sáidl] 연결 killing, having power to kill 의 뜻(* -cide의 형용사형). ¶ homic*idal*.
-cide [said] 연결 killer, the act of killing의 뜻. ¶ homic*ide*, suic*ide*.
*****ci·der** [sáidər] 명U 1 (美) 사과술, 사과 주스 (sweet ~). 2 (英) 사과주((英) hard ~)(* 우리 나라에서 말하는 「사이다」는 soda pop). (또는 (美) **cyder**)
all talk and no cider 말만 많고 결론은 나지 않는 일.
~·ish, ~·like 형
cider cùp 명 사과주·리큐어·소다수를 칵테일한 청량 음료.
ci·der·kin [sáidərkin] 명U 약한 사과주.
cíder prèss 명 사과즙 짜는 기계.
cíder vínegar 명 사과즙 (발효) 식초.
ci·de·vant [F sidəvɑ̃] 형 이전의, 전의(former)(* 은퇴한 공직자에 쓰임). ¶ a ~ official 전직 관리.
―명 전에는, 이전에는. [<F heretofore]
CIDS Computer Information Delivery Service.
Cie., cie. (프랑스) compagnie(=company).
CIEC Conference of International Economic Cooperation(국제 경제 협력 회의). **CIF** (컴퓨터) central information *file*; (또는 **C.I.F., c.i.f.**) cost, insurance, and *freight*(운임·보험료 포함 가격).
CIF & C cost, *insurance, freight, and* commis*sion*(운임·보험료 및 수수료 포함 가격).
cig [sig] 명 (구어) =cigar, cigarette.
ci·ga·la [sigáːlə] 명 (구어) =cicada.
*****ci·gar** [sigɑ́ːr] 명 (稷 **~s** [-z]) 여송연, 엽궐련, 시가.
Give him a cigar! (구어) (구어) 옳아!; (구어) 이겼어, *no cigar* (구어) 보람없이 실패로 끝나다, 잘 되 안 된.
¶ *be close but no ~* 역부족이다.
¶ *~·less, ~·like* 형
‡cig·a·ret(te) [sìgərét, ⌣́-́] 명 궐련, 담배(tobacco).
¶ *a pack* [or *carton*] *of ~s* 담배 한 갑.
cigarette with no name (美속어) 마리화나 담배.
cigarétte càrd 명 (예전의) 담뱃갑에 들어 있던 그림 카드.
cigarétte càse 명 담배 케이스.
cigarétte gìrl 명 (레스토랑 따위의) 담배팔이 소녀.
cigarétte hòlder 명 궐련 물부리(* pipe는 살담배용).
cigarétte pàper 명 담배 마는 얇은 종이.
cigarétte-vénding machine 명 담배 자판기.
cigár hòlder 명 엽궐련용 작은 물부리.
cig·a·ril·lo [sìgəríllou] 명 (稷 **~s**) 작은 엽궐련.
ci·gar·light·er [-làitər] 명 (자동차의) 담배용 라이터.
cig·a·root [sìgərúːt] 명 (美속어) =cigarette.
ci·gar-shaped [-ʃéipt] 형 궐련 모양의. [shop].
cigár stòre 명 (美) 담배 가게((美) tobacconist's
cigár-store Indian 명 (옛날 담배 가게 간판이었던) 북아메리카 원주민의 목각 인형.
ci·lan·tro [silɑ́ːn-] 명 고수(coriander)의 잎(향신·조미료·샐러드·수프용).
cil·i·a [síliə] 명(稷) (단 **-i·um** [-iəm]) 1 속눈썹. 2 〔동물〕 섬모(纖毛), 〔식물〕 잎 따위의) 섬모.
cil·i·ar·y [sílièri/-liəri] 형 1 (눈의) 모양체(毛樣體)의; 속눈썹의. 2 〔동물〕 섬모의. ¶ *~ movement* 섬모 운동.
cíliary bòdy 명 〔해부〕 (눈의) 모양체.
cil·i·ate [síliət, -lièit] 형 〔동물〕 섬모충류에 속하는 원생 동물(짚신벌레 따위). ―형 (또는 **ciliated**) (동·식물) 섬모(섬털)를 가진; 섬모충류의. **~·ly** 튐
cil·i·a·tion [sìliéiʃən] 명U 속눈썹(섬모)이 있음; (동

합적) 속눈썹; 섬모.
cil·ice [sílis] 명 1 모직 의복; (수도사가 입던) 마미단(馬尾緞) 셔츠. 2 (墨) 낙타 털로 짠 마미단 천.
Ci·li·cia [silíʃə] 명 실리시아(소아시아 동남부에 있던 고대 국가). **-cian** 명형
cil·i·o·late [síliələt, -lèit] 형 섬모가 있는.
cil·i·um [síliəm] 명 cilia의 단수형.
CIM *c*omputer *i*nput from *m*icrofilm(컴퓨터 입력 마이크로 필름); *c*omputer*i*-ntegrated *m*anufacturing[*m*anufacture](컴퓨터 조작 통합 생산).
ci·me·li·a [simí:liə] 명용 (단 **-li·um** [-liəm]) 보물; (보석을 박은 법의(法衣) 따위의) 교회 보물.
ci·me·li·arch [simí:liɑ̀:rk] 명 교회의 보물 보관실.
ci·met·i·dine [səmétidi:n] 명 (약학) 십이지장궤양 치료제, 제산제.
ci·mex [sáimeks] 명 (墨 *cim·i·ces* [símasi:z]) 명 [빈대(bedbug).
Cim·me·ri·an [simíəriən] 명 1 킴메리오스 사람 [족](Homer의 시에서 영원한 어둠의 나라에 살았다는 민족); 고대 Crimea의 유목민. ── 형 1 (그리스 신화) 킴메리오스 사람의. 2 (종종 c-) 몹시 어두운; 음침한. ¶ ~ darkness 영원한 어둠. **~ism** 명
C. in C., C-in-C *C*ommander *in C*hief (최고 사 [령관).
CINC [siŋk] 명 =C. in C.
cinch [sintʃ] (美) 명 1 (말의 안장 띠, 뱃대끈. 2 (구어) 꽉 쥐기, 단단히 붙잡기. ¶ have a ~ on a bat 배트를 꽉 잡다. 3 (속어) 확실한 일, 쉬운 일; (스포츠에서) 우승이 확실한 팀[선수], 우승후보. ¶ That's a ~. 그런 일은 누워 떡먹기다. 4 (또는 ∠ *belt*) 신치 벨트(여성용 폭이 넓은 벨트). ── 동타 1 (말)에 뱃대끈을 매다; …을 바짝 죄다. 2 …을 꽉 쥐다; 확보[보증]하다. 3 (구어) …을 궁지에 몰아넣다.
have [or ***get***]... ***cinched*** (美속어) …에 성공할 것이 틀림없다, …에 성공한 것이나 다름없다.
cin·cho·na [siŋkóunə, sin-] 명 (植物) 기나(幾那)나무; ⓤ 기나피(키네네를 채취한). **-chón·ic** 형 [< 페루의 총독 부인 Chinchon이 1638년에 열병 치료에 사용]
cin·cho·nine [síŋkəni:n, -nin, sin-] 명ⓤ (약학) 신코닌(기나피에 함유된 알칼로이드; 키니네 대용).
cin·cho·nism [síŋkənìzm, sin-] 명ⓤ (병리) 키니네 중독(귀울림·두통·현기증 따위를 수반한다).
cin·cho·nize [síŋkənàiz, sin-] 동타 …을 키니네로 처리하다.
Cin·cin·nat·i [sìnsənǽti] 명 1 신시내티(미국 Ohio 주의 도시). 2 (속어) (볼링) 신시내티(8·10번 핀의 스플릿). **~·an** 명
CINCLANT [síŋklæ̀nt] (美軍) *C*ommander-*in*-*C*hief, *Atlantic*(대서양군 최고 사령관).
CINCLANTFLT (美海軍) *C*ommander-*in*-*C*hief, *Atlantic Fleet*(대서양 함대 사령관).
CINCPAC [síŋkpæ̀k] (美海軍) *C*ommander-*in*-*C*hief, *Pacific*(태평양 지구 총사령관).
CINCPACFLT (美海軍) *C*ommander-*in*-*C*hief, *Pacific Fleet*(태평양 함대 사령관).
cinc·ture [síŋktʃər] 명 1 (고어·문어) 띠(belt, girdle). 2 띠처럼 두르는 것; 테두리; 울. 3 (고대 건축의 원주의) 환대(環帶) 장식. ── 동타 …에 띠를 두르다 [죄다]; …을 둘러싸다.
***cin·der** [síndər] 명 1 ⓤ (석탄·목재 따위의) 덜 탄 부스러기, 잉걸불, 뜬숯; (~s) 타고 남은 것, 재. 2 (야금) 쇠똥, 슬러그, 광재(鑛滓). 3 (~s) (지질) 분석(噴石).
burn [*be burnt*] ***to cinders*** [*or* ***a cinder***] (케이크 따위를(가)) 새까맣게 태우다(타다).
── 동타 (고어) …을 태우서 재로 만들다.
~·like, ~·ous, ~·y 형 [**bréeze blòck**)
cínder blòck (美) (건축용) 콘크리트 블록. (또는 **cinder còncrete** 석탄재 콘크리트.
cínder còne (지질) 분석구(噴石丘).
***Cin·der·el·la** [sìndərélə] 명 1 신데렐라; 신데렐라 동화(민화). 2 숨은 미녀; 비참한 처지에 빠진 사람. 3 갑자기 유명해진 사람. 4 = ~ *dance*.
Cinderella of the Arts 예술의 신데렐라; 시(詩).
── 형 갑자기 성공[출세]한, 갑자기 유명해진.
Cinderélla cómplex 명 (심리) 신데렐라 콤플렉스(남성에 대한 여성의 잠재적인 의존 심리).
Cinderélla dánce 자정에 끝나는 무도회.
Cinderélla líberty 명 (美海軍 속어) 자정까지는 돌아와야 하는 외출. [「성공[출세]담.
Cinderélla stóry 신데렐라 이야기; (갑작스런
Cinderélla téam 무명의 우승팀. [주용 트랙,
cínder páth [**tráck**] (육상) (석탄재를 깐) 작은 길, 경
cínder stár (속어) 육상 경기 선수.
cin·der·y [síndəri] 형 1 타다 남은 부스러기 같은, 뜬숯의. 2 뜬숯이 많은, 뜬숯이 흩어져 있는.
cin·e [síni, sínei] 명형 (英) 영화의; 영화관(의). (또는 **ciné**) [<F] [*Cine*rama.
cin·e- [sìni, -nə] (연결) cinema의 뜻. ¶ *cine*camera,
cin·e·an·gi·og·ra·phy [sìnièndʒiágrəfi/-5g-] 명 (의학) 혈관 영화 촬영(법). **-o·gráph·ic** 형
cin·e·aste [síniæ̀st, sínei-] 명 영화인(감독 등 제작 관련 전문인); 영화 애호가. (또는 **cineast**) [<F
cin·e·cam·er·a [sínəkæ̀mərə] 명 (英) 영화 촬영기(美) movie camera), [film). (또는 **cíne film**)
cin·e·film [sínəfilm] 명 (英) 영화 필름((美) movie
‡cin·e·ma [sínəmə] 명 (墨 **-s** [-z]) (英) 1 (하나의) 영화((美) motion picture). ¶ a ~ actor[show] 영화 배우[흥행]. 2 (the ~) (집합적) 영화((美) movies); (the ~) 영화 제작[산업]. 3 영화관(movie theater[*or* house]).
go to the [*or a*] ***cinema*** 영화를 보러 가다.
-mát·ic **-mát·i·cal·ly** 부 [<*cinema*tograph]
cínema círcuit 명 영화의 흥행 계통.
cínema cómplex 복합 영화관.
cínema fán 영화 팬.
cin·e·ma·go·er [sínəməgòuər] 명 (英) 영화를 자주 보는 사람((美) moviegoer.
Cin·e·ma·Scope [sínəməskòup] 명 (상표) 시네마스코프(와이드 스크린 방식의 영화). **‡Scóp·ic** 형
cin·e·ma·theque [sínəmətèk] 명 1 영화 필름 보관소, 시네마테크. 2 실험[전위] 영화 극장.
cin·e·mat·ics [sìnəmǽtiks] 명용 (단·복수 양용) 영화 제작[촬영]술, 영화 예술.
cin·e·ma·tize [sínəmətàiz] 동 1 …을 영화화하다. 2 (英) = cinematograph. [<*cinema* + drama*tize*]
cin·e·mat·o·graph [sìnəmǽtəgræ̀f/-grɑ̀:f] (英) 명 1 영사기; 영화 촬영기; 영화 상영; 영화. 2 ⓤ (종종 the ~) 영화 제작 기술. ── 동 …을 영화로 찍다, 영화 카메라로 촬영하다. (또는 **kinematograph**)
cin·e·ma·tog·ra·pher [sìnəmətágrəfər/-tɔ́g-] 명 영화 촬영 기사. (또는 (英) **cinematóg·raphist**)
cin·e·ma·to·graph·ic [sìnəmæ̀təgrǽfik] 형 영화의, 영사의. (또는 **cinematographical**) **~·ly** 부
cin·e·ma·tog·ra·phy [sìnəmətágrəfi/-tɔ́g-] 명 ⓤ 영화 촬영법[기술].
ci·né·ma vé·ri·té [si:nəmə vèritéi] 명 시네마 베리테(다큐멘터리풍 영화). [<F]
cin·e·mese [sínəmi:z] 명 영화 용어.
cin·e·mi·crog·ra·phy [sìnimaikrágrəfi/-krɔ́g-] 명 현미경 영화촬영법(세균의 운동을 연구하기 위한 것).
cin·e·mo·gul [sínəmòugəl] 명 (美) 영화계의 거물.
cin·e·phile [sínəfàil] 명 (英) 영화 팬.
cin·e·plex [sínipleks] 명 시네플렉스, 복합 영화관. [<*cine*ma + com*plex*]
cin·e·pro·jec·tor [sìnəprədʒéktər] 명 영사기.
Cin·e·ram·a [sìnərǽmə/-rá:mə] 명 (상표) 시네라마(3대의 영사기를 동시에 사용하여 입체감을 내는 초와이드 스크린 방식). [<*cine*ma + *panorama*]

cin·e·rar·i·a [sìnərɛ́əriə] 명 1 시네라리아(국화과의 관상용 식물). 2 cinerarium의 복수형. [~s] 납골당.
cin·e·rar·i·um [sìnərɛ́əriəm] 명 (복 -i·a [-iə],
cin·e·rar·y [sínərèri/-rəri] 형 유골의, 유골을 넣어 두는. ¶a ~ urn 유골 단지.
cin·er·a·tor [sínərèitər] 명 화장로(火葬爐). (또는 **cremator**) **-e·rá·tion** 명
ci·ne·re·ous [siníəriəs] 형 1 재가 된; 재 같은. 2 (깃털 따위가) 잿빛의, 회색의. (또는 **cin·er·í·tious**) [(또는 **Cinhalese**)
Cin·ga·lese [sìŋgəlíːz, -líːs] 형명 =Sin(g)halese.
cin·gu·late [síŋɡjulət, -lèit] 형 [해부·동물] (곤충따위가) 대(帶)(cingulum)가 있는, 띠 모양의 것이 있는.
cin·gu·lot·o·my [sìŋɡjulátəmi/-lɔ́t-] 명 [의학] 대상회전(帶狀回轉) 절제(술)(간질병 치료 시술). (또는 **cingulectomy**) -mist 명
cin·gu·lum [síŋɡjuləm] 명 (복 -la [-lə]) [해부·동물] 띠 (모양의 것); [치과] 치대(齒帶). **-lar, -làt·ed** 형
Cinn. Cincinnati.
cin·na·bar [sínəbɑ̀ːr] 명 1 진사(辰砂)(붉은 결정체로 수은의 원광). 2 주색(朱色). **-bár·ic, -bár·ine** 형
***cin·na·mon** [sínəmən] 명 1 ⓤ 육계(肉桂), 계피(桂皮), 시나몬. 2 계수나무. 3 ⓤ 계피 향료. 4 ⓤ 계피색(황갈색 또는 적갈색). — 형 계피 향료로 맛들인; 계피색의. **~ed** 형
cínnamon bèar 명 (북미산(産)의) 갈색곰.
cínnamon fèrn [식물] 꿩고비(북미산(産)).
cin·na·mon·ic [sìnəmάnik/-mɔ́n-] 형 계피의, 계피에서 채취한.
cínnamon stòne 명 [광물] 육계석(肉桂石).
cínnamon tòast 명 시나몬 토스트(설탕과 계피를 바른 버터 토스트). [문. (<F five-to-seven)
cinq-à-sept [F sɛ̀kasɛt] 명 저녁 때의 애인 집 방
cinq·foil [síŋkfɔ̀il] 명 =cinquefoil.
cin·quain [siŋkéin, ʹ-] 명 1 다섯 개(사람)로 이루어진 집단. 2 (운율) 5행 단시; 5행으로 된 절.
cinq(ue) [siŋk] 명 (주사위·카드 따위의) 5(five), 다섯 끗. [<F]
cin·que·cen·to [tʃìŋkwitʃéntou] 명 (종종 C-) 16세기, 1500년대(16세기의 이탈리아 문학·예술을 지칭). **-tist** 16세기의 이탈리아의 작가(예술가). [<It]
cinque·foil [síŋkfɔ̀il] 명 1 양지꽃(장미과의 식물). 2 [건축] 오판(五瓣)(다섯 꽃잎) 장식, 매화꼴 장식. 3 [문장] 다섯잎 클로버 모양의 문장.
CINS [sinz] 명 (美) 보호 관찰을 요하는 아동. 참 JINS [<child(children) in need of supervision]
Cin·za·no [tʃinzάːnou] 명 (상표) 베르무트주(酒)(이탈리아산(産) 반주용).
C.I.O., CIO chief information officer((기업의) 정보 통신 담당 최고 책임자); (美) Congress of Industrial Organizations(산업별 노동 조합). 참 AFL-CIO
CIOMS Council for International Organization of Medical Sciences(국제 의학 단체 협의회).
ci·on [sáiən] 명 =scion.
CIP Cataloging in Publication.
Ci·pan·go [sipǽŋgou] 명 (고어) =Japan.
***ci·pher** [sáifər] (* (英) **cy-**) 명 1 (숫자의) 영(0). 2 아라비아 숫자; 아라비아식 기수법(記數法). ¶ a number of three ~s 세 자리의 수. 3 가치 없는 것; 보잘것없는 사람. 4 ⓤⓒ 암호, 부호. ¶a ~ code [telegram] 암호 전신법[전신]. 5 (암호를 푸는) 열쇠. 6 짜맞춘 글자. 7 ⓤ (英) (고장으로 인한) 파이프 오르간의 자명(自鳴). *in cipher* 암호로. — 동1 () 숫자를 사용하다; 계산하다. 2 (英) (파이프 오르간이) 저절로 울다. — 타 1 …을 계산하다 [구어] …을 생각해내다(out). ¶~ *out a sum* 합계를 산출하다 / ~ *out a plan* 계획을 생각해내다. 2 …을 암호로 쓰다(벡 decipher). **~·a·ble** 형 **~·er** 명

ci·pher·ing [sáifəriŋ] 명 ⓤ 계산, 연산(演算).
cípher kèy 명 암호 푸는 열쇠.
cípher télegram 명 암호 전보.
ci·pher·text [sáifərtɛ̀kst] 명 암호문.
ci·pho·ny [sáifəni] 명 암호 전화법(도청 방지용).
cip·o·lin [sípəlin] 명 ⓤ 대리석의 일종(이탈리아산(産); 흰색과 녹색의 줄무늬가 있다). (또는 **cipollino**)
CIQ customs, immigration and quarantine(세관·출입국 관리 및 검역; 입국 수속). **cir., circ.** (라틴) circa, circiter, circum(=about); circle; circuit; circular; circulation; circumference; circus.
cir·ca [sə́ːrkə] 전부 약, 대략, …경(약 ca, ca., c., c., cir., circ.). ¶born ~ 1550 1550년경 출생. [<L about]
cir·ca·di·an [səːrkéidiən, -kǽd-] 형 [생리] 24시간 주기(周期)의. **~·ly** 부
circádian clóck 체내 시계.
circádian rhýthm 명 24시간 주기의 생활 리듬.
cir·ca·lu·na·di·an [sə̀ːrkəluːnǽdiən] 형 태음일(太陰日)마다의; 24시간 50분의 주기를 갖는. **~·ly** 부
cir·can·ni·an [səːrkǽniən] 명 연(年) 주기의. (또는 **circannual**)
Cir·cas·sia [sərkǽʃə, -ʃiə/səːkǽsiə] 서카시아, 체르케스(카프카스 산맥 북부의 흑해에 면한 지방).
Cir·cas·sian [sərkǽʃən/-sian] 서카시아 사람, 서카시아 지방의 원주민; ⓤ 체르케스어. — 형 (또는 **Circássic**) 서카시아 지방의; 체르케스 사람[말]의.
Cir·ce [sə́ːrsi] 명 1 (그리스 신화) 키르케(Homer의 시 Odyssey에 나오는 마녀). 2 매혹적인 여자, 요부형의 미인. **Cir·cáe·an, Cir·cé·an** 형
cir·ci·nate [sə́ːrsənèit] 형 1 둥글게된; 고리 모양의. 2 [식물] (양치류처럼) 잎이 소용돌이 모양의. **~·ly** 부
cir·ci·ter [sə́ːrsətər] 전부 =circa.
***cir·cle** [sə́ːrkl] 명 (복 ~s [-z])
1 원(圓), 원둘레, 원주. ¶draw a ~ 원을 그리다.
2 원으로 둘러싸인 평면, 원형; 원형의 것, 원형의 구조물; 환상 도로, (철도의) 환상선(C-) (London 지하철의) 환상선(C- Line); [천문] (해나 달 둘레에 나타나는) 무리. ¶a ~ of trees 둥그렇게 심은 나무들 / sit in a ~ 둥글게 앉다 / form a ~ around …을 둘러싸다.
3 고리, 고리 모양의 장식품, 왕관; [고고] (스톤헨지(Stonehenge)의) 환상 열석(環狀列石).
4 (美) (시가의) 원형 광장, 로터리 / (英) circus; 원형 곡예장 (극장의) 원형 관람석. ¶a dress ~ 특등석.
5 (활동·세력 따위의) 범위. ¶a narrow ~ of acquaintance 좁은 교제 범위 / in a domestic ~ 집안 식구끼리 / within its ~ 그 범위 내에.
6 (~s) [집합적; 단·복수 양용] (주의·목적 따위를 같이하는 사람들의) 집단, …계(界), …사회; 동아리, 서클. ¶business [diplomatic] ~s 실업[외교]계 / official [political] ~s 관계(官界)[정계] / upper [or well-bred] ~s 상류 사회 / social ~s 사교계 / join [or enter] the ~ of …계에 가입[가담]하다.
7 순환; 일주(一周). ¶the ~ of the seasons 사철의 순환. 8 [논리] 순환 논법. ¶argue in a ~ 순환 논법으로 논하다. 9 (완전한) 한 계통, 한 계열, 전체. ¶the ~ of sciences 학문의 전계통. 10 (독일·이탈리아 등지의) 행정 구분의 하나. 11 [지리] 위선(緯線), 권(圈). ¶the Arctic [Antarctic] C- 북[남]극권 / the ~ of latitude [longitude] 등위도[등경도]선. 12 [천문] **a)** 천체의 궤도. **b)** 천체의 공전(公轉) 주기. **c)** 자오의(子午儀).
come full circle (한 바퀴 돌아, 여러 가지 변화를 거쳐) 본 자리로 되돌아오다.

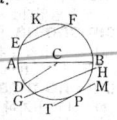

[circle 1]
AB diameter 직경
C center 중심
CD, CA, CB radii 반경
EF chord 현
EKF arc 호
TM tangential line 접선
P point of tangency 접점
GH secant 할선

full círcle 충분한.¶*full* ~ *thinking* 충분한 생각.
go [or **run, rush**] **aróund** [or **round**] **in círcles** (의논 따위가) 개미 쳇바퀴 돌 듯 하다; 헛수고하다.
in a círcle 원형을 이루어; 순환법으로.
run círcles aróund [or **round**] *a person* 〈구어〉 남보다 훨씬 빨리 가다[하다]; 남을 훨씬 능가하다.
squáre the círcle ⇒SQUARE.
swing round [or **around**] **the círcle** ⇒SWING.
— 图 (**~s** [-z]; **~d**; **-cling**) ㊀ 1 (둥글게) …을 둘러싸다; …에 동그라미를 치다.¶*Please* ~ *the right answer.* 정답에 동그라미를 치시오. **2** …을 선회하다, 순회하여 걷다.¶*The earth* ~*s the sun.* 지구는 태양의 둘레를 돈다. **3** …을 우회하다, 피해서 지나가다.
— ㊁ **1** (비행기 따위가) 선회하다, 돌다(*around, over, round*). ⇒TURN 유의어 ¶(~+團) ~ *round* 빙빙 돌다, 선회하다. **2** (영화·TV) 화면의 원이 커지면서[작아지면서] 영상이 나타나다[사라지다](*in / out*).
círcle aróund [or **round**] (술 따위가) 돌려지다.
círcle báck 크게 한 바퀴 돌다.
cír·cler 图 원을 그리는 사람[것].
círcle gráph 图 〔수학〕 =pie chart.
cír·clet [sə́ːrklit] 图 1 작은 원, 작은 고리. 2 반지, 팔찌; (머리에 쓰는) 장식 고리.
cír·cle·wise [sə́ːrklwàiz] 图 둥글게, 원형으로.
cír·cling [sə́ːrkliŋ] 图 (마술에서) 원돌기 돌기.
Cir·clo·ra·ma [sə̀ːrklərǽmə/-rɑ́ːmə] 图 〈상표〉 서클로라마(원주(圓周)상의 스크린 위에 몇 대의 영사기로 동시에 상영하는 영화). (또는 **Circarama**)
circs [sə́ːrks] 图 图 〈영구어〉 사정, 상황, 처지(circumstances).¶*under the* ~ 이런 사정으로, 현재 상황으로서 / *in better* ~ 더 좋은 상황에서.
‡**cír·cuit** [sə́ːrkit] 图 1 순회, 순행; 순회 여행.¶*on the* ~ 순회중에. **2** 순회 행로; 우회로, 우회.¶*make a long* ~ 멀리 우회하다. **3** 정기적 순회 행사(순회 재판·순회 목사의 설교 따위); (순회 목사의) 순회 교구, (순회 재판 변호사의) 순회 재판구. **4** 주위, 원주(圓周); 〔기하〕 타원(ellipse); 경계선으로 둘러싸인 부분. **5** ⓊⒸ (극장·나이트클럽 따위의) 체인(망).¶*a film on the 20th Century Fox* ~ 20세기 폭스사(社) 체인 상영 영화. **6** 〔스포츠〕 연맹, 리그; 순회 경기, 이 순회 경기 참가 선수. **7** 〔전기〕 a) 회로. b) (라디오 따위의) 배선, 전기 기계의 회로 계통. c) 배선도.¶*a closed* [*an open*] ~ 폐쇄[개방]회로 / *a magnetic* ~ 자로(磁路) / *a return* ~ 회귀회로(回歸回路) / *a short* ~ 단락(短絡), 쇼트. **8** (자동차의) 환상 경주로.
clóut [or **hít**] **for the círcuit** 〈야구 속어〉 홈런을 날리다.
go the [or **on**] **círcuit** 순회 재판을 돌다.
máke [or **dó**] **a círcuit of** …을 한 바퀴 돌다.
ríde círcuit 〔법률〕 (판사가) 순회 재판을 하다.
— 图 …을 일주하다, 순회하다.
~·al 图
círcuit blów 图 〈야구 속어〉 =circuit clout.
círcuit bòard 图 〔전기〕 회로기판. (또는 **board**)
círcuit brèaker 图 **1** 〔전기〕 회로 차단기. **2** (때로 ~s) 〔경제〕 (금융·주식 파동에 대비한) 거래 일시 중지 (조치), 안전 장치. **3** (저소득층) 재산세 공제 조치.
cír·cuit-brèak·ing [-brèikiŋ] 图 〔경제〕 주가 변동폭 규제 조치.
círcuit clóser 图 〔전기〕 회로 접속기.
círcuit clóut [**drive**] 图 〈야구 속어〉 본루타, 홈런.
círcuit cóurt 图 순회 재판소.
círcuit cóurt of appéals 图 〈미〉 연방 고등 법원(1948년 Court of Appeals로 개칭).
círcuit júdge 图 순회 법원[재판소]의 판사.
cir·cu·i·tous [səːrkjúːətəs] 图 에움길[우회로]의; 에두르는, 직접적이 아닌.¶*a* ~ *argument* 우회적인 논 *take a circuitous road* 에움길을 가다. 〔의.
~·ly 图 **~·ness** 图

círcuit rìder 图 **1** (감리교파의) 순회 목사. **2** 순회 서비스 담당 공무원[간호사]. 〔계〕; 회로 소자(素子).
cir·cuit·ry [sə́ːrkitri] 图Ⓤ (전기·전자의) 회로 (설
círcuit slúgger 图 〈속어〉 〈야구〉 홈런 타자.
círcuit tráining 图 서킷 트레이닝, 체력 단련법.
círcuit wállop 图 〈야구 속어〉 =circuit clout.
cir·cu·i·ty [səːrkjúːəti] 图ⓊⒸ 우회, 돌아서 가기; 에둘러 말하기.
‡**cír·cu·lar** [sə́ːrkjulər] 图 **1** 원의; 원형의, 둥근.¶*a* ~ *cone* 원추체(圓錐體). **2** 빙빙 도는, 원을 그리는; 일주하는; 순회의, 주유(周遊)의; 회람의; 순환하는.¶*a* ~ *stair* 나선 계단 / *a* ~ *railway* 환상(環狀) 철도 / *a* ~ *tour* [*ticket*] 순회[일주] 여행[승차권] / *a* ~ *motion* 원운동 / *a* ~ *number* 〔수학〕 순환수. **3** 에둘러 말하는, 간접적인. **4** 동의의, 동아리[서클]의.
— 图 회람장, 회장; 안내장, 광고 쪽지.
sénd out a círcular 회람장을 돌리다, 회람시키다.
~·ly 图 **~·ness** 图
círcular díchroism 图 〔광학〕 원편광 이색성(圓偏光二色性); 원편광 이색성 분광(分光) 분석.
círcular érror 图 **1** 〔시계〕 원호(圓弧) 오차(진자가 큰 호를 그릴 때 생기는 오차). **2** 〔군사〕 착탄(着彈) 오차, 원형 오차(목표에서 낙하점까지의 거리).
círcular fíle 图 〈미속어〉 (사무실 따위의) 쓰레기통.
cir·cu·lar·i·ty [sə̀ːrkjulǽrəti] 图Ⓤ 원형 (모양); 고리 모양, 환상(環狀); (논지 따위의) 순환성.
cir·cu·lar·ize [sə́ːrkjuləràiz] 图㊀ **1** (회람 따위)를 돌리다; …에 회람장을 돌리다. **2** …을 회람장으로 알리다. **3** …을 둥글게 하다, 원형으로 하다. **·i·zá·tion** 图 회부, 회람. **-iz·er** 图
círcular méasure 图 〔수학〕 호도법(弧度法).
círcular nóte [**létter**] 图 **1** 회람장, 회장. **2** 순회 신용장(몇개의 거래 은행에 보낸 신용장).
círcular órbit 图 원(형) 궤도.
círcular pláne 图 뒤대패(compass plane).
círcular polarizátion 图 〔광학〕 원편광(圓偏光).
círcular sáw 图 〔동력식〕 둥근 톱.
círcular tóur 图 회유(回遊)[유람] 여행.
círcular velócity 图 **1** 〔물리〕 〔로켓의〕 원궤도(圓軌道) 속도. **2** 〔경제〕 (화폐의) 유통 속도.
‡**cir·cu·late** [sə́ːrkjulèit] 图 (**-lat·ed**; **-lat·ing**) ㊁ **1** 돌다, 운행하다; (혈액 따위가) 순환하다(*through, in, around*).¶(~+前+名) *Hot water* ~*s through these pipes.* 더운 물이 이들 파이프를 통해서 순환한다. **2** 〈미〉 (사람이) 순환하다, 여행하며 돌다. **3** a) (술 잔 따위가) 돌려지다. b) (소문이) 퍼지다, 돌다 (*among, through*).¶*The story* ~*d through the town* [*among the people*]. 그 이야기는 온 도시에[사람들 사이에] 퍼졌다. c) (화폐·어음 따위가) 유통되다; (신문·서적 등이) 보급되다, 배포되다(*through, among*).¶*Money* ~*s among people.* 돈은 돌고 돈다. **4** 〔수학〕 (소수가) 순환하다. — ㊀ **1** (소문 따위)를 퍼뜨리다, 유포하다. ⇒SPREAD 유의어 **2** (출판 따위)를 돌리다. **3** 〔책〕을 보급시키다; 〔신문·잡지 따위〕를 배포 [배달]하다; 〔편지 따위〕를 회람시키다; 〔화폐·어음 등〕을 유통시키다. **-lát·a·ble** 图
círculating cápital 图 유동 자본. 图 fixed capital
círculating décimal 图 〔수학〕 순환 소수.
círculating líbrary 图 이동[순회] 도서관; 회람식 도서관; (유료) 대출 도서관.
círculating médium 图 통화(화폐·수표 따위).
círculating núrse 图 순회 간호사.
‡**cir·cu·la·tion** [sə̀ːrkjuléiʃən] 图 (목 ~s [-z]) Ⓤ **1** 운행, 돌기, (공기의) 유통; (혈액의) 순환.¶*increase the* ~ *of air in a room* 방 안의 공기 유통을 잘 되게 하다 / *whip up the* ~ (*of the blood*) 혈액 순환을 잘 되게 하다. **2** a) (화폐 따위의) 유통; (뉴스의) 전달, (정보·교통 따위의) 흐름; (소문 따위의) 유포; (신

문·잡지 따위의) 보급, 배포. b) ⓤⓒ (신문·잡지 따위의) 발행 부수, 판매 실적. ¶The London Press has a large ~. 런던 프레스는 발행 부수가 많다. 3 통화; 유통어음. ¶the present ~ of Korea 한국의 현재의 통화. *in circulation* ① (화폐 따위가) 유통되고 있는, 현재 쓰이고 있는. ② (사람이) 활동하고 있는, 현역이다. ¶be back *in* ~ 평상 생활로 돌아오다, 활동을 재개하다. *out of circulation* ① (화폐 따위가) 유통되고 있지 않는. ② (사람이) 활동하고 있지 않는, 퇴역의. *put...in* [or *into*] *circulation* …을 유통[유포]시키다.

cir·cu·la·tive [sə́ːrkjulèitiv, -lətiv] 형 순환적인, 유통성이 있는; 유통을 촉진하는.

cir·cu·la·tor [sə́ːrkjulèitər] 명 1 (여기저기) 돌아다니는 사람, 순회자. 2 (뉴스 따위의) 전달자; (소문·질병 따위를) 퍼뜨리는 사람. 3 (액체의) 순환 장치. 4 〔수학〕 순환 소수.

cir·cu·la·to·ry [sə́ːrkjulətɔ̀ːri/sə̀ːrkjuléitəri] 형 (혈액·공기·교통 따위의) 순환(상)의, 유통의.

circulatory sýstem 〔해부·동물〕 순환계(통).

cir·cu·lus [sə́ːrkjuləs] 명 (복 *-li* [-lài]) 물고기 비늘의 나이테(비늘에 있는 동심원으로 하나가 1년).

circum. circumference.

cir·cum- [sə́ːrkəm, sərkʌ́m] 접두 around, about의 뜻. ¶*circum*scribe, *circum*stance.

cir·cum·am·bi·ent [sə̀ːrkəmǽmbiənt] 형 주위의; (공기·액체가) 에워싸는, 둘러싸는. **-ence**, **-en·cy** 명 **-ly** 부

cir·cum·am·bu·late [sə̀ːrkəmǽmbjulèit] 동 1 (걸어서) …을 돌아다니다, 순행하다. 2 (목적) 주위에 서서히 접근하다; (남의 주위 따위를) 넌지시 알아보다; 에둘러 말하다. **-àm·bu·lá·tion** 명 **-là·tor** 명 **-la·tò·ry** 형

cir·cum·a·vi·ate [sə̀ːrkəméivieit] 동(타) 〔세계〕를 비행기로 일주하다. **-a·vi·á·tion** 명

cir·cum·bend·i·bus [sə̀ːrkəmbéndəbəs] 명ⓤ (英구어) 에움길, 멀리 돌아감; 에둘러 말하기.

cir·cum·cen·ter, [sə́ːrkəmsèntər] 〔기하〕 외심(外心)(외접원의 중심). 〔원(外接圓〕. **-tre**

cir·cum·cir·cle [sə́ːrkəmsə̀ːrkl] 명 〔기하〕 외접원.

cir·cum·cise [sə́ːrkəmsàiz] 동태 1 (남자)에게 포경 수술을 하다; (여자)에게 음핵[소음순] 제거 수술을 하다; (특히 유대교·회교의 의식으로) …에게 할례(割禮)를 베풀다; ⇒CIRCUMCISION 1, 2. …을 정신적으로 정(淨)하게 하다, …의 마음을 정화하다. **-cis·er** 명

cir·cum·cised [sə́ːrkəmsàizd] 형 할례받은(유대인을 이른다).

cir·cum·ci·sion [sə̀ːrkəmsíʒən] 명ⓤ 1 할례(유대교·회교의 의식). 2 (남성의) 포경 수술, (여성의) 음핵 절제. 3 정신적 정화. 4 (C-) 〔페어〕 기독교도 할례축(祭)(1월 1일). 5 (the C-) 〔성서에서〕 유대인(the Jews). 6 (the ~) 정신적 정화를 받은 사람.

***cir·cum·fer·ence** [sərkʌ́mfərəns] 명ⓤⓒ 1 원주, 원둘레. ¶a point on the ~ 원주 위의 한 점. 2 주위, 주선(周線). ¶The ~ of one's chest 가슴 둘레 / This lake is about three miles in ~. 이 호수는 둘레가 약 3마일이다. 3 주변의 길이; 범위; 둘레 안의 면적.

cir·cum·fer·en·tial [sərkʌ̀mfərénʃəl] 형 1 원주의, 주위의. 2 에두르는. ¶a ~ manner of speech 에둘러 말하는 투. **-ly** 부

cir·cum·flex [sə́ːrkəmflèks] 명 1 곡절(曲折)적인, 곡절 악센트의. 2 만곡한. — 명 곡절 악센트; 그 부호(^ mark)(모음 위의 ^, ~, ˘ 따위). 동태 …을 만곡시키다; 곡절 악센트(부호)를 붙이다. **-fléx·ion** 명

circumflex áccent =CIRCUMFLEX.

cir·cum·flight [sə́ːrkəmflàit] 명 천체 궤도 비행.

cir·cum·flu·ence [sərkʌ́mfluəns] 명ⓤ 회류(回流), 구비 도는 흐름.

cir·cum·flu·ent [sərkʌ́mfluənt] 형 둘레를 흐르는, 회류의(flowing around); 주위를 둘러싸는.

cir·cum·flu·ous [sərkʌ́mfluəs] 형 1 =CIRCUMFLUENT. 2 물로 둘러싸인.

cir·cum·fuse [sə̀ːrkəmfjúːz] 동태 1 (빛·액체 따위)를 주위에 붓다[쏟다], 끼얹다(*about*, *around*). 2 (빛·액체 따위로) …을 둘러싸다, (빛·액체 따위에) …을 담그다(*with*, *in*). **-fú·sion** 명 끼얹기, 살포.

cir·cum·ga·lac·tic [sə̀ːrkəməgəlǽktik] 형 〔천문〕 성운(星雲) 주위의, 성운 주위를 운행하고 있는.

cir·cum·glob·al [sə̀ːrkəmglóubəl] 형 〔천문〕 지구를 도는, 지구 주위의. **-ly** 부

cir·cum·gy·rate [sə̀ːrkəmdʒáireit] 동 회전하다[시키다], 선회[원운동]하다[시키다].

cir·cum·gy·ra·tion [sə̀ːrkəmdʒairéiʃən] 명ⓤⓒ 회전, 선회; (비유적) 재주넘기; 임시 변통. **-gý·ra·to·ry** 형

cir·cum·in·ces·sion [sə̀ːrkəminséʃən] 명 〔신학〕 성삼위(聖三位) 상호 내재성.

cir·cum·ja·cent [sə̀ːrkəmdʒéisnt] 형 주위의, 주변의; 경계를 접하는. **-cence**, **-cen·cy** 명

cir·cum·lit·to·ral [sə̀ːrkəmlítərəl] 형 연안의, 해안에 인접하고 있는.

cir·cum·lo·cu·tion [sə̀ːrkəmloukjúːʃən] 명ⓤⓒ 넌지시 둘러 말하기, 완곡어법; 둘러대는 표현, 핑계. *without circumlocution* 단도직입적으로. **~·al** 형 완곡의, 둘러대는. **~·ist** 명

Circumlocútion Óffice 명 관료주의적인[번문욕례(繁文縟禮)의] 관청(* C. Dickens의 조어(造語)).

cir·cum·loc·u·to·ry [sə̀ːrkəmlákjutɔ̀ːri/-lɔ́kjutəri] 형 넌지시 둘러 말하는, 완곡한.

cir·cum·lu·nar [sə̀ːrkəmlúːnər] 형 〔문〕 달 주위를 도는, 달을 둘러싸는.

cir·cum·me·rid·i·an [sə̀ːrkəmmərídiən] 형 〔천문〕 자오선 근처의.

cir·cum·nav·i·gate [sə̀ːrkəmnǽvəgèit] 동태 1 …을 두루 항행하다, (특히 세계)를 배로 일주하다. ¶~ the earth 배로 지구를 일주하다. 2 …을 우회하다. **-ga·ble** **-gà·tor** **-ga·to·ry** [-gətɔ̀ːri] 형

cir·cum·nav·i·ga·tion [sə̀ːrkəmnǽvəgéiʃən] 명ⓤⓒ (배를 이용한) 세계 일주.

cir·cum·nu·tate [sə̀ːrkəmnjúːteit/-njúː-] 동(자) (식물의 덩굴손 따위가) 회선 전두(回旋轉頭) 운동을 하다, 원을 그리면서 자라다. **-nu·tá·tion** **-ta·tò·ry** 형

cir·cum·oc·u·lar [sə̀ːrkəmákjələr/-ɔ́k-] 형 눈 주위의.

cir·cum·plan·e·tar·y [sə̀ːrkəmplǽnətèri/-təri] 형 〔천문〕 행성 부근의; 행성을 도는.

cir·cum·po·lar [sə̀ːrkəmpóulər] 형 〔지리〕 (지구의) 극지 부근의; 〔천문〕 (천체의) 주극(周極)의, 천극(天極)을 도는. ¶the ~ ocean 극해(極海). 〔점원의 반경.

cir·cum·ra·di·us [sə̀ːrkəmréidiəs] 명 〔기하〕 외

cir·cum·ro·tate [sə̀ːrkəmróuteit] 동(자) (바퀴처럼) 회전[윤전(輪轉)]하다. **-ro·tá·tion** **-ta·to·ry** 형

cir·cum·scribe [sə̀ːrkəmskráib, `---`] 동태 1 …의 둘레를 긋다, …을 선으로 둘러싸다. 2 …을 테두리 속에 넣다, 가두다, 속박하다; …을 한정[제한]하다. 3 ⇒LIMIT 유의어 3 〔기하〕 을 외접시키다(® inscribe). ¶a ~d circle 외접원. b) (한 도형이) (다른 도형)을 외접하여 둘러싸다. 4 (논리적으로) …을 규정하다. 5 사발통문으로(둥글게 빙 둘러)…에 서명하다. **-scríb·a·ble** **-scríb·er** 명

cir·cum·scrip·tion [sə̀ːrkəmskrípʃən] 명ⓤⓒ 1 제한, 한정; 둘레를 긋는 것, 주위, 윤곽; 한계선. 2 구역, 범위. 3 ⓒ (화폐·인장 따위의) 둘레에 새긴 글자. 4 (고어) 의미의 한정. 5 〔기하〕 외접. **-tive** 형 **-tive·ly** 부

cir·cum·so·lar [sə̀ːrkəmsóulər] 형 태양 둘레를 도는, 태양 주변의.

cir·cum·spect [sə́ːrkəmspèkt] 형 사방을 살피는, 용의주도한; 조심성 있는, 심사 숙고한, 신중한. ¶a ~ action 신중한 행동. **~·ly** 부 **~·ness** 명

cir·cum·spec·tion [sə̀ːrkəmspékʃən] 명U 세심한 관찰[주의], 신중한 행동; 경계, 용의주도.

cir·cum·spec·tive [sə̀ːrkəmspéktiv] 형 주의 깊은, 신중한. ¶ ~ behavior 신중한 행동. **~·ly** 부

‡**cir·cum·stance** [sə́ːrkəmstæns, -stəns] 명 (복 **-stanc·es** [-iz]) **1** (~s) (주변의) 상황, 환경, 사정. ¶ the whole ~s 자초지종, 상세한 내용/unforeseen ~s 예견하지 못한 상황/according to ~s 상황에 따라서/under certain ~s 어떤 경우에는/under the existing ~s 현 상황으로는/as far as ~s permit 사정이 허락하는 처지./That depends on ~s. 그것은 사정 나름이다. **2** (~s) (남의) 처지, 살림 형편. ¶ one's private ~s 내막, 개인적인 처지. **3** 사실(fact); (우연한) 사건, 우연히 생긴 일; U 운명. ¶ a fortunate ~ 다행한 일. **4** U (사실·사건의) 부수적인 것, 이차적인 것; (중요하지 않은) 세부, 세목, 전후 사정. ¶Time cuts off ~. 상세하게 설명할 틈이 없다. **5** U (고어) 야단스러움, 형식[격식]에 치우침.

a mere [or **remote, poor**] **circumstance** (美) 하찮은 사람[것]. [를 극복하다.
be master of one's **circumstances** 자신의 처지
(**be**) **not a circumstance to** (美구어) …와는 비교가 안 되다, …에 비하면 하잘 것 없다.
fall in circumstances 몰락[영락]하다.
in bad [or **reduced, straitened**] **circumstances** 살림이 옹색[궁핍]하여.
in easy [or **good**] **circumstances** 아무 불편 없이, 안락하게, 편안히.
under [or **in**] **no circumstances; not under** [or **in**] **any circumstances** 어떠한 일이 있어도 결코 …아니다[않다].
under normal circumstances 보통은, 통상은.
under [or **in the** [or **these**]] **circumstances** 그런 사정이므로, 사정이 사정이기 때문에; 현장에서는.
with (**much** [or **great**]) **circumstance** (매우) 상세하게, 장황하게. [하게, 허물없이.
without circumstance 격식을 차리지 않고, 소탈
with pomp and circumstance 위풍 당당히.
—동태 (수동형으로) (어떤 상황·관계에) …을 두다. ¶ be better ~d 보다 나은 입장에 있다/be differently ~d 입장을 달리하다.

cir·cum·stanced [sə́ːrkəmstæ̀nst, -stənst] 형 (부사(구)와 함께) (어떤) 상태(사정, 입장, 관계)에 있는. ¶ a man poorly ~ 빈곤한 처지에 있는 사람.

cir·cum·stan·tial [sə̀ːrkəmstǽnʃəl] 형 **1** 정황적 (情況的)인, 주위의 사정에 따른. **2** 부수적인; 이차적인; 우발적인. ¶ of ~ importance 이차적 중요성이 있는. **3** 상세한, 세부에 걸친. ¶ a ~ report of an accident 사고에 대한 상세한 보고. **4** 형식에 치우친, 딱딱한.

circumstántial évidence 명 (법률) 정황 증거, 간접 증거(indirect evidence). 참 direct evidence

cir·cum·stan·ti·al·i·ty [sə̀ːrkəmstæ̀nʃiǽləti] 명UC **1** 자상함, 상세. **2** 사정, 정세. **3** 우연성.

cir·cum·stan·tial·ly [sə̀ːrkəmstǽnʃəli] 부 **1** 상세히, 자초지종. **2** 사정에 따라, 임기응변으로. **3** 우연히. **4** 상황 증거에 의해.

cir·cum·stan·ti·ate [sə̀ːrkəmstǽnʃièit] 동태 **1** …의 상황을 보여주다[설명하다]. **2** 상황 증거로 …을 입증하다. **3** …을 상세히 설명하다. **-á·tion** 명

cir·cum·stel·lar [sə̀ːrkəmstélər] 형 별 둘레의, 별 주위를 도는. [지구 둘레의]를 도는.

cir·cum·ter·res·tri·al [sə̀ːrkəmtəréstriəl] 형

cir·cum·val·late [sə̀ːrkəmvǽleit] 형 성벽·참호 따위로 둘러싸인. —동태 …을 성벽·참호로 둘러싸다. **-val·lá·tion** 명

cir·cum·vent [sə̀ːrkəmvént, ´- ´-] 동태 **1** (계략 따위로, 적을) 포위하다; 책략에 빠트리다. **2** (남)을 속여 넘기다, 기만하다, 한수 더 뜨다; (법률 따위)의 빠져

나갈 길을 찾다. ¶ try to ~ the law 법망을 빠져나가려 애쓰다. **3** …을 돌다, 일주하다; …을 우회하다.

cir·cum·vent·er [sə̀ːrkəmvéntər] 명 책략가; 기만자. (또는 **circumventor**)

cir·cum·ven·tion [sə̀ːrkəmvénʃən] 명UC 계략에 빠트리기; 속여넘기기, 기만. **-tive** 형

cir·cum·vo·lute [sə̀ːrkʌ́mvəlùːt] 형 소용돌이치다, 서리다; …을 휘감아들이다.

cir·cum·vo·lu·tion [sə̀ːrkʌ̀mvəlúːʃən] 명UC **1** 회전, 선회; 1회전, 일주, **2** 소용돌이, 서림. **3** 만곡(彎曲). **4** 우회로; 넌지시 하는 행동. **-to·ry** 형 [키다[하다].

cir·cum·volve [sə̀ːrkəmvɑ́lv/-vɔ́lv] 동 회전시

‡**cir·cus** [sə́ːrkəs] 명 (복 **-es** [-iz]) **1** 서커스, 곡예; (the ~) 서커스 공연. ¶ a water ~ 물을 가지고 하는 곡예/pitch [or put up] a ~ 서커스의 천막을 치다/run a ~ 서커스 흥행을 하다. **2** 곡(복·복수 양음) 서커스단, 곡마단(團). ¶ a traveling ~ 순회 서커스단. **3** 원형의 곡예장; (고대 로마의) 원형 경기장. ¶ the C- Maximus(고대 로마의) 원형 대경기장. **4** (英) (방사형 도로가 집중하는) 원형 광장. ¶ Piccadilly C- (런던의) 피카딜리 광장. **5** (구어) 야단법석(uproar); 재미있는 [유쾌한] 사람[무리, 일]. **6** (美) 만사 순조. ¶ It's a ~. 만사가 순조롭다. **~·y** 형

circus cátch 명 (美속어) (야구) 절묘한 포구(捕球).

cirque [səːrk] 명 **1** (지질) 권곡(圈谷), 카르(빙하의 침식으로 생긴 반원형의 움푹한 땅). **2** (시) 천연의 원형 극장; 원, 고리, 둥근 테. **3** (고대 로마의) 원형 경기장.

cir·rate [síreit] 형 (동·식물) =cirrose.

cir·rho·sis [siróusis] 명UC (병리) 간경변(肝硬變).

cir·rhot·ic [sirɑ́tik/-rɔ́t-] 형 (병리) 간경변의.

cir·ri [sírai] 명 cirrus의 복수형.

cir·ri- [síri, -rə] 연결 ⇨ CIRRO-.

cir·ri·ped [sírəpèd] 명 만각류(蔓脚類)(바위·조개 껍질 따위에 붙어 사는 거북다리·달 따위의). — 형 만각류의. (또는 **cir·ri·pede** [sírəpìːd])

cir·ro- [sírou, -rə] 연결 cirrus(권운)의 뜻. ¶ cirrocumulus, cirrostratus.

cir·ro·cu·mu·lus [sìroukjúːmjuləs] 명 (복 **~, -li** [-lai]) (기상) 권적운(卷積雲), 견적운(絹積雲), 조개구름. **-lar, -la·tive, -lous** 형

cir·rose [sírous, sirốus/sírous] 형 **1** (식물) 덩굴손이 있는; (동물) 촉모(觸毛)[모상 돌기]가 있는. **2** (기상) 권운의, 권운 같은. (또는 **cirrhose**) **-ly** 부

cir·ro·stra·tus [sìroustréitəs, -strǽt-] 명 (복 **~, -ti** [-tai]) (기상) 권층운(卷層雲). **-tive** 형

cir·rous [sírəs] 형 =cirrose.

cir·rus [sírəs] 명 (복 **-ri** [-rai]) **1** (식물) 덩굴손; (원생 동물의) 모상(毛狀) 돌기, 극모(棘毛). **2** (복 ~) (기상) 권운(卷雲), 조개 권층운. [< L curl]

cirs- [səːrs] 연결 ⇒ CIRSO-.

cir·sec·to·my [səːrséktəmi] 명 (의학) 정맥류(靜

cir·so- [sə́ːrsə] 연결 varix(정맥류)의 뜻(* 모음 앞에서는 cirs-). ¶ cirsocele 정맥류(靜脈瘤), cirsoid.

cir·soid [sə́ːrsɔid] 형 (병리) 정맥류 모양의.

CIS Center for Integrated Systems((美 스탠퍼드 대학) 집적 회로 연구 센터); Chemical Information System; Commonwealth of Independent States (독립 국가 연합); (우주) communication interface system(대(對)인공 위성 교신 시스템); Congressional Information Service; Counterintelligence Service (대(對)첩보부).

cis- [sis] 접두 on the near side of, subsequent to 의 뜻. ¶ cisalpine, cisatlantic. 참 trans-

cis·al·pine [sisǽlpain, -pin] 형 (로마에서 보아) 알프스 이쪽의, 알프스 남쪽의.

cis·at·lan·tic [sìsətlǽntik] 형 (美) (말하는 사람 쪽에서) 대서양 이쪽 편의.

cis·co [sískou] 명 (복 **~(e)s**) (미국 5대호에서 나

는) 연어와 비슷한 물고기(whitefish).
cis·lu·nar [sislúːnər] 형 〖천문〗 달 궤도 안쪽의, 달과 지구 사이의.
cis·mon·tane [sismǽntein/-móun-] 형 산 이쪽의; 〖…의; 알프스 산(맥) 이쪽의.
cis·pon·tine [sispɑ́ntain, -tən] 형 다리 이쪽의; (London에서) 템스 강 북쪽의.
cis·sie [sísi] 형 =sissy. (또는 **cissy**)
cist [sist, kist] 명 1 〖고고〗 선사 시대의 석관(石棺). 2 〖고대 로마의〗 성기함(聖器函).
Cis·ter·cian [sistə́ːrʃən] 형 시토 수도회의 수도사. ─ 명 시토 수도회의. ¶the ~ Order 시토 수도회(1098년 프랑스의 수도사 Robert de Molesme(1029?-1111)이 주도하여 Citeaux에 창설). ~**ism** 명
cis·tern [sístərn] 명 1 (옥상에 설치한) 물탱크, (수세식 화장실의) 저수 탱크; (빗물을 저장하는) 천수조(天水槽); 저수지. 2 (분비액 따위를 저장하는) 저장기, 조(槽), 강(腔), 낭(囊). 〖자(gene)〗. ~**ic** 형
cis·tron [sístrɑn/-trɔn] 명 〖유전〗 시스트론, 유전자.
cis·tus [sístəs] 명 물푸레나무속(屬)의 관목.
cit [sit] 명 〖美〗 시민(citizen); 〖속어〗 일반인; (~s) (군복에 대해) 민간복, 사복.
cit. citadel; citation; cited; citizen; citrate.
C.I.T. California Institute of Technology(캘리포니아 공과 대학); counselor in training.
cit·a·ble [sáitəbl] 형 인용할 수 있는; 소환할 수 있는.
***cit·a·del** [sítədl, -dèl] 명 1 (도시를 지키는) 성채, 요새. 2 성, 아성; 견고한 장소. 3 최후의 피난처. 4 (군함의) 포대, 포탑(砲塔). 5 (구세군의) 전도소(本部).
Cit·a·del 명 (the ~) 〖美〗 시타델, 사우스 캐롤라이나 주립 사관학교(정식 명칭은 Military Academy of South Carolina; 1842년 설립).
ci·ta·tion [saitéiʃən] 명 1 ⓤ 인용(quotation); ⓒ 인용구[문]. 2 (사실・선례 따위의) 열거, 예거. 3 〖법률〗 ⓤ 소환; ⓒ 소환장. 4 〖美〗 (군사) (전시의 공훈에 대한) 표창(장); 감사장. ~**al** 형
citátion fòrm 〖언어〗 대표형(영어의 원형 부정사 따위); 인용형(어떤 말이 하나만 따로 발음될 때의 음절).
ci·ta·tor [saitéitər, ──] 명 인증하는 사람[것], 표창하는 사람; 인용하는 사람; 판례 기록. 〖문의〗.
ci·ta·to·ry [sáitətɔ̀ːri/-təri] 형 인용(장)의; 소환(장)의; 표창의.
***cite** [sait] 〖동〗타 1 (전거(典據)로) 〖작가・책・한 절〗을 인용하다. 인증(引證)하다. 〖주〗 The devil can ~ Scripture for his purpose. 악마도 자신의 목적을 위하여 성경을 인용할 수 있다(—Shakespeare작 The Merchant of Venice). 2 (지지・증명・확인 따위를) 예로서 말하다; 예로서 …에 언급하다. 3 〖법률〗 …을 (…혐의로) 법정으로 소환하다, 출두를 명하다 (for). ¶ ~ him for contempt 법정 모독 혐의로 그를 소환하다. 4 …을 생각해내다; …을 입에 올리다. 5 〖병사 등〗을 소집하다. 출동시키다. 6 〖美〗 (유공 군인・부대)에 대해 표창장[감사장]을 수여하다; (…의 명예)을 표창하다 (for). 7 (고어) 흥분시키다. ─ 명 인용문.
cite·a·ble [sáitəbl] 형 =citable. ┌ **cít·er** 명
cite-out [⌐áut] 명 〖美〗 소환장 교부 석방(경범 체포자가 많을 때 뒷날 출두하라는 소환장만 주는 일).
CITES, Cites Convention on International Trade in Endangered Species of Wild Fauna and Flora(멸종 위기에 처한 동・식물의 국제 무역에 관한 조약; 일명 워싱턴 조약(Washington Convention)).
cith·a·ra [síθərə] 명 고대 그리스의 7-11현의 현악기. ┌.
cith·er [síθər] 명 =cittern.
cith·ern [síθərn] 명 =cittern.
Cit·i·corp [sítikɔ̀ːrp] 명 시티코프(미국 Citibank의 지주 회사; 미국의 최대 은행).
cit·ied [sítid] 형 도시가 있는, 도시가 된.
cit·i·fied [sítifàid] 형 (구어) (습관・복장 따위가) 도시풍의, 도시적인, 도시에서 닮고 싶어 하는. (또는 **cityfied**)
cit·i·fy [sítifài] 〖동〗타 …을 도시화하다.

다, 도시풍으로 만들다. (또는 **cityfy**) -**fi·cá·tion** 명
‡cit·i·zen [sítəzən, -sən/-zən] 명 (⇔) ~**s** [-z]) 1 국민, 공민. ¶become American ~s 미국 국민이 되다.

〖유의어〗 **citizen** 국민으로서 정부에 충성을 맹세하고 그 보호를 받는 사람; 공민권을 가진다; 주로 공화국국민에게 쓴다. **subject** 군주국의 국민, 또는 피정복국의 국민. **national** 주로 외국에 거주하는 국민.

2 (시민권이 있는) 시민; 도시인. ¶a ~s movement 시민 운동/the ~s of Seoul 서울 시민. 3 〖美〗 (군인・경찰 등에 대하여) 일반인, 민간인(civilian). 4 주민, 거주자(resident); (넓은 의미로) 구성원. ¶senior ~s 노인, 고령자. 5 (외국인에 대하여) 본국인, 본토 사람. 6 (美속어) 보수적인 사람; 고지식한 사람.
a citizen of the world 세계인, 국제인.
~**·hood** 명 ~**·ly** 형
cítizen defénse 명 시민 방위, 민방위. ┌형.
cit·i·zen·ess [sítəzənis, -sən-] 명 citizen의 여성.
cit·i·zen-friend·ly [-fréndli] 형 (공무원 따위가) 일반 시민이 알기 쉬운, 시민 친화적인.
cit·i·zen·ize [sítəzənàiz] 〖동〗타 …에게 공민권을 주다.
cit·i·zen·ry [sítəzənri] 명 〖UC〗 (집합적; 단・복수 양용) 일반 시민, 시민.
cítizen's arrést 명 일반 시민의 범인(흉악범) 체포.
cítizens bánd 명 (종종 C-B-) 〖美〗 시민 (밴드) 디오(개인용 주파수대(帶) 및 그 라디오; ≒CB).
***cit·i·zen·ship** [sítəzənʃìp] 명〖UC〗 공민권, 시민권; 시민의 자격(신분, 의무); (개인의) 시민성(정신). ¶grant [acquire, lose] ~ 시민권을 주다[얻다, 잃다].
cítizenship pàpers 명 〖美〗 시민권 증서(국외에서 태어난 미국인・미국에 사는 외국인에게 준).
cítizen súit 명 〖법률〗 시민 소송(환경 오염 따위에 대해 직접 피해자가 아닌 일반 시민이 제기하는 소송).
CITO Charter of International Trade Organization(국제 무역 기구 헌장).
citr- [sitr] 〖연결〗 ⇒citri-.
cit·ral [sítrəl] 명 〖화학〗 시트랄(담황색・비수용성(非水溶性)의 강한 레몬 냄새가 나는 액상(液狀) 알데히드).
cit·rate [sítreit, sáit-] 명 〖화학〗 시트르산염.
cit·re·ous [sítriəs] 형 레몬빛의, 담황색(淡黃色)의.
cit·ri- [sítri, -rə] 〖연결〗 citron, citric acid, citrus의 뜻(* 모음 앞에서는 citr-). ¶**citri**culture, **citr**ate. (또는 **citr-, citro-**)
cit·ric [sítrik] 형 1 감귤류의; 감귤류에서 채취한. 2 〖화학〗 시트르산(性)의.
cítric ácid 명 시트르산, 구연산. ┌**ist** 명
cit·ri·cul·ture [sítrikλltʃər] 명 감귤 재배. -**tur-**
cit·rin [sítrin] 명 〖생화학〗 시트린. (또는 **vitamin P**)
cit·rine [sítri(ː)n, -rain] 형 레몬빛의, 담황색의. ─ 명 1 레몬빛, 담황색. 2 〖광물〗 황수정(黃水晶).
Ci·tro·ën [sítrouən, -èn] 명 시트로엔(프랑스의 자동차 회사; 1974년 Peugeot 사에 합병됨).
cit·ron [sítrən] 명 1 시트론(감귤류 식물); 그 열매. 2 시트론 나무. 3 설탕에 절인 시트론 껍질. 4 〖U〗 담황색. 5 =~ melon. ┌ 담황색의.
cit·ron·el·la [sìtrənélə] 명 시트로넬라(남부아시아 산(産)의 향기가 나는 풀); =~ oil.
cit·ron·el·lal [sìtrənélæl, -nél-] 명 시트로넬랄(무색의 액체상 알데히드; 조미료・향수 제조용).
citronélla òil 명 시트로넬라유(油)(약・향수의 원료).
cítron mèlon 명 시트론 멜론(과육이 단단한 수박).
cit·rous [sítrəs] 형 =citrus. ┌ (**citron**)
cit·rus [sítrəs] 명 감귤류(~ fruit) (시트론・레몬・유자 따위); 감귤류 나무(~ tree). ─ 형 감귤류의.
cit·tern [sítərn] 명 시턴(기타 비슷한 옛 현악기; 16-17세기에 영국에서 유행). (또는 **cither, cithern**)
‡cit·y [síti] 명 (⇔ **cit·ies** [-z]) 1 도시, 도회 (都會) town). ¶do the ~ 시내를 구경하다. 2 (행정상의) 시(市)(〖英〗 보통 bishop이 있는 곳(town)으로 국왕으로

부터 시의 칭호를 받은 도시); **(美)** 시(시장과 시의회 의원이 통치하는 자치체); **(캐나다)** 시(일정수 이상의 인구를 갖는 주요 자치체). **3** (the ~) (집합적; 단·복수양용) 시의 주민, 전시민. ¶All the ~ knows the news. 전 시민이 그 뉴스를 알고 있다. **4** (the C-) **(英)** **a)** 구(舊) 런던시(Lord Mayor와 시의회가 통치한다). **b)** 그 상업·금융의 중심 구역(미국 New York City의 Wall Street에 해당; 영국의) 재계(財界), 금융계. **5** (역사) (고대 그리스 등의) 도시 국가(~state).
one on the city **(美속어)** (식당에서) 물 한 잔의 주문.
something in the city **(英구어)** 의심스러운 금융업
the city of the dead 묘지. 「자.

cíty árticle 图 (신문의) 상업·경제 기사.
cíty assémbly 图 시의회(municipal assembly).
cíty bànk 图 시중 은행.
cit·y·bil·ly [sítibìli] 图 도시에서 자라서 컨트리 음악을 연주하는 사람(가수), 도시의 컨트리 음악 애호가.
cit·y·born [-bɔ̀ːrn] 图 도시에서 태어난.
cit·y·bred [-brèd] 图 도시에서 자란.
cíty bùs 图 시내 버스.
cíty bùster 图 (구어) 큰 폭탄(원자 폭탄·수소 폭탄 따위).
cíty chícken 图 돼지(송아지) 고기의 꼬치 튀김.
cíty còde 图 **1** 도시 코드, 도시 약호(略號)(항공 회사 등에서 사용되는 세 글자로 된 약호: London은 LON, New York은 NYC, 서울은 SEL로 하는 것 등). **2** (the C- c-) **(英)** (증권) 기업 인수·합병 규칙.
Cíty Cómpany 图 **(英)** 런던시 상업 조합.
cíty cóuncil 图 시의회.
cíty cóuncilor 图 시의회 의원.
cíty delívery 图 시내 배달. 图 rural delivery
cíty dèsk 图 (신문) **(美)** 사회부, 지방부; **(英)** 경제부.
cíty edítion 图 (신문의) 지방판, 시내판.
cíty édítor 图 (신문) **1 (美)** (신문의) 지방 기사 편집장, 사회부장. **2 (英)** 경제 기사 편집장, 경제부장.
cíty fáther 图 (보통 ~s) **(美)** 시의 지도적 인물(시의회 의원 등).
cit·y·fy [sítifài] 图(-*fied*) =citify.
cíty gás 图 도시 가스.
cíty háll 图 (종종 C- H-) 시청, 시 청사; 시 당국.
cíty informátion 图 시내 안내.
cíty magazíne 图 시티 매거진(특정 지역 독자를 위한 잡지). (또는 *régional* [*metropólitan*] *magazíne*)
cíty màn 图 (종종 C-) (불가산(家); 실가산업·금융의 중심지(the City)에서 은행업에 종사하는 사람. 「담당관, 시장.
cíty mánager 图 **(美)** (시의회가 임명한) 시정(市政)
Cíty of Brótherly Lóve 图 (the ~) 미국 Pennsylvania 주 Philadelphia 시의 별칭.
Cíty of Dávid 图 (the ~) (성서) 다윗의 도성[도시]. * Jerusalem(←사무엘하(2 Sam.) 5:6) 또는 Bethlehem(누가 복음(Luke) 2:4)을 말한다.
cíty óffice 图 시청.
Cíty of Gód 图 (the ~) 하느님의 도성[도시](←시편 (Ps.) 46:4), 새 예루살렘(New Jerusalem, Heavenly City); 천국(heaven). 「별칭).
Cíty of Líght 图 (the ~) 빛의 도시(프랑스 Paris의
Cíty of Lílies 图 (the ~) 백합의 도시(Florence의
Cíty of Lóndon 图 (the ~) =city 4. 「별칭).
Cíty of réfuge 图 (the ~) (성서) 도피하는 자의 성읍[도시](고대 유대에서 실수로 살인한 자의 피난처로 인정받은 6개 성읍. →여호수아(Josh.) 20).
Cíty of the Séven Hílls 图 (the ~) 일곱 언덕의 도시(Rome의 별칭).
cíty órdinance 图 도시 조례(條例)((英) by-law).
cíty pàge 图 **(英)** (신문의) 경제면((美) financial
cíty plánner 图 도시 계획가. 「page).
cíty plán(ning) 图 도시 계획.
cíty police 图 시 경찰국.
cíty ròom 图 (신문·TV 따위의) 지방판 편집실(직원).

cit·y·scape [sítiskèip] 图 도시 경관(townscape).
cíty slícker 图 **(美구어)** (경멸적) 도회풍이 든 사람.
cit·y·state [-stèit] 图 도시 국가(고대 그리스의 polis, 현대의 Singapore 따위).
cíty términal 图 (공항 버스의) 시내 터미널.
cit·y·ward(s) [sítiwərd(z)] 图图 도시쪽의(으로).
cíty wáter 图 수도 (용수). 「도시의[로].
cit·y·wide [sítiwàid] 图图 전(全)도시의[에].
CIU *computer interface unit.* **civ.** *civil(ian).*
civ·et [sívit] 图 **1** ⓤ 영묘향(靈猫香). **2** 사향고양이 (~ cat). **3** ⓤ 사향고양이의 가죽. ~·**like** 图
cívet càt 图 **1** 사향고양이; 그 가죽. **2** **(美)** 스컹크.
civ·ex [síveks] 图 시벡스(핵무기 제조의 원료가 되는 순수 플루토늄의 생산 방지를 위해 핵연료를 증식로에서 재처리하는 시스템). [*civi*lian+*ex*traction]
*** civ·ic** [sívik] 图 **1** 시의, 도시의; 시립의. ¶a ~ problem 도시 문제/a ~ college 시립 대학. **2** 시민의, 공민의; 시민다운, 시민적인, 시민간의. ¶~ duties 시민의 의무. -**i·cal·ly** 图 시민으로서.
cívic cénter [**(英)** **céntre**] 图 **1** (도시의) 중앙[관청] 지구. **2 (英)** 시민 회관; (지역의) 집회소.
cívic crówn [**wréath**] 图 시민의 영관(榮冠)(전우를 구한 병사에게 주는 떡갈나뭇잎 관). 「(기구).
cívic gróup [**organizátion**] 图 시민(운동) 단체
cívic hóusecleaning 图 (시민에 의한) 부패[오직] 추방·정화 운동
civ·i·cism [sívəsìzm] 图ⓤ 시민주의, 시정(市政) 존중; 공민 중심주의(정신).
civ·ic-mind·ed [-máindid] 图 공동 사회의 이익을 염두에 둔, 공중 도덕이 있는. ~·**ly** 图 ~·**ness** 图
cívic móvement 图 시민 운동.
cívic ríghts 图 공민권, 시민권.
civ·ics [síviks] 图 (단수취급) **1 (美·캐나다)** (학과목의) 공민[국민] 윤리, 윤리 사회. **2** 시정학; 시정
civ·ies [síviz] 图(복) =civvy 2. 「론, 시정 연구.
*** civ·il** [sívəl] 图 **1** 시민[공민]의; 시민[공민]으로 이루어진; 시민[공민]으로서의. ¶~ duties 공민으로서의 의무/~ spirit 시민 정신. **2** 국가의, (사법·입법에 대하여) 행정(부)의; 국내의, 사회의. ¶~ war 내란. **3** (외정(外政)에 대하여) 내정(內政)의; (관에 대하여) 민간(인)의, 일반인의; (군에 대하여) 문민의(图 military); (교회에 대하여) 세속의(图 ecclesiastical). ¶~ administration 민정(民政)/~ authorities 문관, 민사 당국자. **4** 문명의, 개화한(图 savage). **5** (~·*er, more* ~; ~·*est, most* ~) (···를) 정도로) 공손한, 예의바른, 친절한(*to, to do*). ⇒POLITE 유의어 **6** (때로 C-) (법률) 민법의; 민사의; 로마 시민법의(图 criminal, political). ¶the C- Court 민사 법원. **7** (천문(天文)시)·천문력에 대하여) 상용(常用)의.
do the civil 정중(공손)하게 처신하다(굴다).
keep a civil tongue in one's head 말을 삼가다.
~·**ness** 图
cívil áction 图 (법률) 민사 소송.
cívil affáirs 图 (정령지의) 민정; 국사, 국내 문제.
Cívil Áir Patról 图 (군사) 민간 항공 초계 부대(图 CAP).
cívil aviátion 图 민간 항공.
Cívil Aviátion Administrátion of Chína 图 (the ~) 중국 민항(图 CAAC; 图 CA).
Cívil Aviátion Authórity 图 (the ~) **(英)** 민간 항공국(图 CAA).
Cívil Aviátion Secúrity Sérvice 图 **(美)** 민간 항공 경비부(공항 경비를 맡은 기관).
cívil códe 图 민법전(民法典).
cívil commótion 图 (국내의) 폭동, 소요.
cívil dámage 图 **(美군사)** 민간(비군사적) 피해.
cívil dáy 图 (천문) 역일(曆日)(calendar day).
cívil déath 图 (법률) 시민적의 박탈[상실]; 사망.
cívil defénse 图 (전쟁·홍수·화재 등 비상 재해시

civil disobédience 圈 시민 불복종(납세 거부 따위에 의한 시민의 정치적 공동 반항).
civil divórce 圈 민사(민법상) 이혼.
civil engineer 圈 토목 기사(약 C.E.).
civil engineering 圈 토목 공학; 토목 공사.
*ci·vil·ian [sivíljən] 圈 1 평민, 일반 시민, 비전투원, 민간인; 문관, 공무원. 2 로마법(민법) 학자, 로마법(민법)의 대가. 3 (구어) 비전문가, 문외한. 4 (~s) (군복에 대한) 민복복, 평복. —圈 평민의, 민간의; 문관의.
civílian contról 圈 문민 통제, 문민(민간) 통치.
civílian góvernment 圈 문민(민간인) 정부.
ci·vil·ian·ize [sivíljənàiz] 圈他 …을 군 관리에서 민간 관리로 바꾸다, 문민화하다. -i·zá·tion 圈 문민화.
civílian milítia 圈 (美) 민간인 무장 집단, 사병(私兵) 조직.
*ci·vil·i·ty [sivíləti] 圈 1 ① 정중, 공손, 예의바름. 2 (종종 -ies) 정중(공손)한 행동(말). 3 ① (고어) 문명, 문화. *exchange civilities* 문안 인사를 나누다.
with civility 정중하게.
civ·i·liz·a·ble [sívəlàizəbl] 圈 교화(教化)(문명)화할 수 있는.
‡**civ·i·li·za·tion** [sìvəlizéiʃən/-lai-] (*(英) -sa-tion*) 圈 (樹 ~s [-z]) ① 1 문명, 문화(⇒CULTURE 유의어). ¶modern ~ 현대 문명 / with the progress of ~ 문명의 발달에 따라. 2 문명화, 개화(하기); 문명 상태. ¶the ~ of primitive tribes 원시 부족의 문명화. 3 (집합적) 문명국(국민)들, 문명 세계. 4 (국가·민족 또는 어느 시기의) 문명 (양식). ¶ancient Irish ~ 고대 아일랜드 문명 (양식). 5 문화적 생활, 고도 문명 사회; 문명의 이점(이기). **~al** 圈
*civ·i·lize [sívəlàiz] (*(英) -lise*) 圈他 1 …을 개화시키다, 문명으로 이끌다, 교화하다. 2 …을 세련되게 하다. 3 …에게 문화 생활의 습관(편리함)이 몸에 배다.
-liz·a·to·ry -liz·er 圈
‡**civ·i·lized** [sívəlàizd] (*(英) -lised*) 圈 1 문명(문화)적인, 개화된. ¶~ life 문화 생활. 2 *(more ~, most ~)* 예절바른, 교양있는: 세련된. 3 문명인의, 문화인의. 4 다루기(사용하기) 쉬운; 잘 조직화된. **~ness** 圈
cívil láw 圈 1 민법 (樹 criminal law). 2 (로마법·만민법에 대한) 시민법. 3 대륙법. 4 국내법 (樹 international law).
cívil líberty 圈 (보통 -ties) 시민적 자유, 공민의 자유 (언론·사상의 자유 따위 기본권).
cívil life 圈 시민(일반)의 생활.
cívil líst 圈 1 (의회에서 책정한) 왕실 경비. 2 문관 봉급표; 문관의 봉급 (총액).
Cívil Lórd 圈 (英) (해군 본부의) 문관 위원.
civ·il·ly [sívəli] 圈 1 시민(국민)답게. 2 민법상; 민사. 3 예의바르게. 4 (종교적이 아닌) 세속적으로.
cívil márriage[céremony] 圈 (법률) (종교 의식을 따르지 않는) 시민 혼인, 신고 결혼.
cívil núclear pówer 圈 (美軍사) 잠재적 핵무기 개발 가능국.
cívil párish 圈 (英) (교구(教區)와 구별하여) 지방 행정구.
cívil ríghts 圈[복] (때로 C- R-) (美) 공민권; 민권.
cívil ríghter[ríghtist], cívil-ríghtist 圈 시민권 옹호자, 민권 운동가. **cívil-ríghts** 圈
Cívil Ríghts Áct 圈 (the ~) (美) 민권법(인종 차별 철폐·소수파 권익 보호를 규정; 1964년 제정).
cívil ríghts móvement 圈 (美) 민권 운동(1960년대에 본격화된 주로 흑인의 기본권 보장 운동).
cívil sérvant 圈 문관, 공무원(특히 public servant); (유엔 따위 국제 기관의) 행정 사무관.
cívil sérvice 圈 (the ~) 행정 기관, (정부) 관청; (the C- S-) (집합적; 단·복수 양용) 전(全)공무원; 전 (全)문관. ¶C- S- Commissioners 공무원 시험 위원.
cívil socíety 圈 시민 사회; 문명 사회.

civ·il·spo·ken [-spóukən] 圈 말씨가 정중한.
cívil státe 圈 혼인 상태(관계)(독신·결혼·이혼 따위).
cívil súit 圈 민사 소송.
cívil wár 圈 1 내란, 내전(內戰). 2 (the C- W-) a) (美) 남북 전쟁(1861-65). b) (英) (Charles 1세 시대의) 국회파와 왕당파간의 싸움(1642-46, 1648-52). 圈 Great Rebellion c) 스페인 내전(1936-39).
cívil yéar 圈 (the ~) 역년(曆年)(calendar year).
civ·ism [sívizm] 圈 ① 공공심, 공민 정신.
civ·i·tas [sívitæs/L kí:witɑ̀:s] 圈 (樹 -ta·tes [-téitì:z]) 1 (공동체 의식을 가진) 시민, 공동체 구성원; 공동체 의식. 2 (CIVITAS) 키비타스, 국제 시민 교육 기구(비정부 교육 단체 협의회).
civ·vy [sívi] 圈 (樹 *civ·vies, civ·ies*) (구어) 1 (군인에 대하여) 일반인, 민간인, 문민. 2 (-vies) (군복에 대하여) 평복, 민간복, 신사복.
cívvy stréet 圈 (종종 C- S-) (英구어) (군대에 대해) 민간인의 생활(세계, 신분). ¶ ~지 않고.
in civvy street (英구어) 민간인으로, 군대에 입대하지 않고.
CIWS *close-in weapons system*(근접 방어 병기 시스템). **CJ, C.J.** Chief Judge [Justice]; (美속어) crystal joint.
C-jam [sídʒæm] 圈 (美속어) 코카인.
CJD Creutzfeldt-Jakob disease. **ck.** cask; check; cook. **ckw.** clockwise. **cl** centiliter(s); clarinet; clearance; closet. **Cl** 卽 (화학) chlorine.
CL carload; cash letter; center line; civil [common] law; critical line. **cl., cL** carload; centiliter(s); claim; class; classical; classics; classification; clause; clearance; clergy(man); clerk; climb; close; council. **c.l.** carload (lot); center line; civil [common] law. **C/L** carload (lot); cash letter(당좌 어음 (또는 예금 일람표).
clab·ber [klǽbər] 圈 (美) ① 산패(酸敗)하여 응고한 우유. —自 (우유가) 산패하여 응고하다. —他 …을 응고시키다. 圈 형쉬스러운 아이, (또는 *clobber*)
clack [klæk] 圈自 1 찰칵(덜커, 탁) 소리나다, 덜커 덜커 소리나다. 2 재잘거리다. 3 (암탉 따위가) 꼬꼬 울다. —他 1 …을 재잘재잘 떠들어대게 하다. 2 …을 찰칵 (탁, 덜커) 소리나게 하다. —圈 1 찰칵(덜커) 하는 소리. 2 재잘거림, 수다. 3 (美속어) 혀. ¶*Hold your ~*! 입 다물어! 4 (기계) ~ valve. = CLACK VALVE.
cláck válve 圈 (기계) 나비형 밸브, 역류 방지 밸브.
*clad¹ [klæd] 圈 (고어·문어) *clothe*의 과거·과거분사. —圈 (일반적으로) 차려입은; 장비한. ¶*well-~ children* 잘 차려입은 아이들.
clad² 圈自 (~, ~*-ding*) (부식 방지를 위해) (금속)을 피복(被覆)(도금)하다. —圈 피복된 것.
clad·ding [klǽdiŋ] 圈 (금속) 클래드(피복(가공)법; (핵연료의) 피복). ¶ (화한 생물군(群)).
clade [kleid] 圈 (생물) 클레이드(공통의 선조에서 진화한 생물군(群)).
cla·dis·tics [klədístiks] 圈 (단수취급) (생물) 분기학(分岐學)/(생물의 분류법에 관한 학문).
-tic **-ti·cal·ly** 圈 **clá·dist** 圈 (圈).
clad·o·gram [klǽdəgræ̀m] 圈 (생물) 분기도(分岐圖).
‡**claim** [kleim] 圈 (~s [-z]) 他 1 (당연한 권리로서) …을 요구하다, 청구하다. ⇒ DEMAND 유의어 ¶ ~ *damages* 손해 배상을 요구하다. 2 (권리·소유·자격 따위)의 승인을 요구하다, …의 권리를 주장하다 *(to do)*. ¶*Both sides ~ed the victory.* 양측이 다 승리했다고 주장했다 / *Where do I ~ my baggage?* 짐은 어디서 찾습니까? 3 (구어) …을 (사실이라고) 주장하다. ¶ (~ *to do*) *He ~ed to have reached the top of the mountain.* 그는 산 정상에 올랐다고 주장했다. 4 (사물이) …을 필요로 하다, 요구하다; …의 가치가 있다. (사고 등이) 빼앗다, 앗아가다. ¶*Death ~ed him.* 그는 죽었다. 5 (英경찰) 체포하다. 6 (완곡적) 훔치다.
—自 1 (…의) 권리를 주장(요구)하다; (신념·의견을)

주장하다; 〖법률〗 손해 배상을 요구하다 (*against, on*). ¶ (~+[전]+[명]) ~ *against* a person 남에게 배상을 요구하다. 남을 고소하다. **2** 토지를 점유하다.
claim *a person's* **pound of flesh** 남에게 빚을 갚으라고 몹시 독촉하다.　　　　　「되찾다(*from*).
claim back …의 반환을 요구하다; …을 (…로부터)
— [명] (복 ~**s** [-z]) [C][U] **1** (당연한 권리로서의) 요구; 청구; 주장 (*for, to*). ¶ a ~ *for* damages 손해 배상 청구. **2** (당연한) 권리, 자격; 요구권 (*to, on*). ¶ He has no ~ *on* me. 그는 내게 아무것도 요구할 권리가 없다. **3** (소유권·사실의) 주장, 단언 (*to, to be*). **4** 청구물, 요구하는 땅, (채굴 따위를 위한) 불하 청구지. ¶ **stake out a** ~ 말뚝을 쳐서 배분된 토지의 경계를 긋다. **5** 수차소, 찾는 곳. ¶ baggage ~ 수화물 찾는 곳. **6** (보험·배상 따위의) 지불 요구; (~에) 상품 따위의) 선전 문구; 특허 신청. **8** 이론(異論), 이의; (상거래 따위의) 클레임, 불만, 해명 요구 (*to*).
jump a claim ① ((美)) 남이 선취한 토지(채굴권)를 가로채다. ② 남의 권리 따위를 속여서 빼앗다.
lay claim to …에 대한 권리(소유권)를 주장하다; …의 자격이 있다고 주장하다.
put in a claim for …에 대해(…)을 요구하다.
set up a claim to …에 대한 권리를 제기하다.
stake (out) a claim (…에 대해) 권리(소유권)를 주장하다 (*to, on*).　　　　　「장하다 (*to, on*).
~-**less** [명] (권리) 요구할 수 없는; 주장할 수 없는, 청구할 수 없는.
claim·a·ble [kléiməbl] [형] (권리로서) 요구할 수 있는, 주장할 수 있는.
cláim àgent [명] ((美俗)) 〈경마〉 당첨권 분실을 주장
*****claim·ant** [kléimənt] [명] **1** 요구자, 권리 주장자; (배상 따위의) 청구자, 신청자. **2** ((법률)) 원고.
cláim chèck [tàg] [명] 물품 보관증, 물표; (공항에서의) 수화물 인환증.　　　　　「출전마, 매각 경마.
claim·er [kléimər] [명] = claimant; ((경마 경마의)
cláim·ing ràce [kléimiŋ-] [명] 매각 경마(말을 일정한 금액으로 경주 후에 매각하는 조건을 붙여 출전시키는 경마).
claim-jump·er [ˈdʒʌmpər] [명] ((美)) (불허된 광구 따위의) 선취 특권 횡령자. -**jùmp·ing** [명]
claims·man [kléimzmən] [명] (재해 보험의) 지급액 산정 담당자.　　　　　「力), 영(靈)청력.
clair·au·di·ence [klɛərɔ́ːdiəns] [명][U] 투청력(透聽
clair·au·di·ent [klɛərɔ́ːdiənt] [형] 투청력이 있는.
— [명] 투청력자, 초인적인 청력자. ~·**ly** [부]
clair·voy·ance [klɛərvɔ́iəns] [명][U] 날카로운 통찰력; 투시, 투시력, 천리안.
clair·voy·ant [klɛərvɔ́iənt] [형] 투시력이 있는, 천리안의; 투시의. — [명] ((여)) clairvoyante) 투시자, 천리안이 있는 사람. ~·**ly** [부]
*****clam¹** [klæm] [명] (복 ~(**s**)) **1** 대합 조개. **2** ((美구어)) 말없는 사람, 말수가 적은 사람; 멍청한 사람; ((美방언)) 입. **3** ((美속어)) 잘못. **4** ((美속어)) 1달러(의 금액).
(as) happy as a clam (at high water [or **tide], in the mud)** ((美구어)) 기꺼이, 아주 즐겁게.
close as a clam 꼭 쥐고 내놓지 않는, 인색한.
shut up like a clam ((구어)) (갑자기) 입을 다물다.
— [동][자] (-**mm**-) 대합조개를 잡다.　　「(~ **up**).
clam up ((美구어)) 입을 다물다; 답변을 거부하다.
~-**like** ~-**mer**
clam² [명] (보통 ~s) 꺾쇠(clamp).
clam³ [명] 차갑고 끈끈한 상태; 축축한 상태.
cla·mant [kléimənt] [형] **1** 시끄러운(noisy). **2** 긴급한, 다급한. ~·**ly** [부]
clam·bake [klǽmbèik] [명] ((美)) **1** 해변 대합 구이 파티. **2** 떠들썩한 모임(정치 집회). **3** (라디오 프로의) 실패한 리허설; 화려한 실패. **4** 즉흥 재즈 연주회.
*****clam·ber** [klǽmbər, klǽmər] [동][자] (~을) 손발로(힘들여) 기어오르다(*up, about, over*). ¶ ~ *up* a wall 벽을 기어오르다. — [명] 등반, 기어오름. ~-**er**

clám chówder [명] 클램 차우더(대합을 넣은 수프).
clám dìggers [명] (장딴지까지 내려오는) 반바지. (또는 **clámdiggers**)
clam·my [klǽmi] [형] 축축한, 차고 끈적끈적한; 불쾌한(*with*). -**mi·ly** [부] -**mi·ness** [명]
*****clam·or**, ((英)) -**our** [klǽmər] [명] ~**s** [-z]) **1** 큰 외침소리, 아우성치는 소리, 절규; (악기·자동차 따위의) 시끄러운 소리; (동물의) 울부짖음. **2** (불만·항의·요구 따위의) 외침, 아우성 소리; 민중의 외침; 야유 (*against, for, of*). ⇨ NOISE [유의어] ¶ make ~**s** *against* lower pay [*for* better pay] 임금 인하 반대(임금 인상)를 부르짖다. **3** 소동, 소란.
— [동] (~**s** [-z]) [자] 외치다, 절규하다; 떠들어대다 (*out*). ¶ (~+[부]) ~ *out* 큰 소리로 떠들다 // (~+[전]+[명]) ~ *against* [*for*] the government's policy 정부 정책에 떠들썩하게 반대(찬성)하다 / We ~*ed for* admission. 우리는 시끄럽게 떠들며 입장을 요구했다. — [타] …을 시끄럽게 말하다, 떠들어대다; 외쳐대다; …에게 …시키다 (*into, out of*). ¶ ~ one's demands 요구 사항을 외쳐대다 // (~+[목]+[부]) The speaker was ~*ed down*. 연사는 야유를 받고 하단했다. ~·**er**, ~·**ist** [명]　　　　　「다.
*****clam·or·ous** [klǽmərəs] [형] **1** 시끄러운, 소란한. **2** 시끄럽게 요구(주장)하는. ¶ ~ demands 끈덕진 요구. ~·**ly** [부] ~·**ness** [명]
*****clamp¹** [klæmp] [명] **1** 꺽쇠, 죔쇠, 거멀못; 꽂쇠; 차륜(바퀴) 잠금쇠. **2** (~s) 집게; (외과용) 겸자(鉗子). **3** ((건축)) 접합부에 대는 오리목; ((조선)) 보받이 판자.
put the clamps on ((美속어)) 강도질하다.
— [동][타] ~을 꺾쇠로 죄다, 고정시키다, 죔쇠로 죄다; 강제로 시키다, 강제하다(*on*); (주차 위반 차량)에 바퀴 잠금쇠로 채워 움직이지 못하게 하다; …에 꺾쇠를 걸다.
clamp down (on) ((美구어)) (…을) 탄압하다, 단속하다.　　　　　「다.　「무거운 발소리.
clamp² [동][자] 육중하게 걷다, 무거운 발소리를 내며 걷
clamp³ [명] (벌토·쓰레기 따위의) 더미, 퇴적; (흙·짚을 덮어서 저장하는) 감자 더미. — [동][타] …을 높이 쌓다.
clamp·down [klǽmpdàun] [명] ((美속어)) 탄압, 엄중한 단속(crackdown) (*on*).
clamp·er [klǽmpər] [명] **1** 꺾쇠, 집게. **2** (구두창에 대는) 못박은 작은 철판, 동철(冬鐵).　　「setscrew
clámp(·ing) scrèw [명] 죄는 나사못, 고정나사.
clam·shell [klǽmʃèl] [명] **1** 대합 조가비. **2** (대합 모양의) 흙 퍼올리는 버킷(강바닥 따위 준설용).
clam·worm [klǽmwɔ̀ːrm] [명] 갯지렁이.
*****clan** [klæn] [명] **1** (스코틀랜드 고지의) 씨족. **2** (경멸적) 한패, 동아리, 도당, 파벌. ¶ the Sinatra ~ 시나트라 도당. **3** ((생물)) 족; 일족; ((인류)) (동일 조상으로) 씨족 (tribe보다 작은 단위); (일반적으로) 일가, 일문. **4** (생물의) 종(種), 속(屬), 과(科). ~·**less** ~·**ship**
Clan·cy [klǽnsi] [명] **Tom** ~ 클랜시(1947- : 미국의 추리 작가).
clan·des·tine [klændéstin] [형] 비밀의, 내밀의, 남몰래 하는; 불법의; 숨어 기리는. ¶ ~ dealings 비밀 거래. ~·**ly** [부] ~·**ness** [명] **clàn·des·tín·i·ty** [명]
*****clang** [klæŋ] [명] 땡그랑, 쨍그랑; 금속이 서로 부딪치는 소리, 쨍쨍하는 소리. — [동] (…을) 땡그랑(쨍그랑)하고 울리다. [타] clank
clang·er [klǽŋər] [명] ((英구어)) 큰 실수, 실언(失言).
drop a clanger ((英구어)) 큰 실수를 저지르다.
clan·gor, ((英)) -**gour** [klǽŋər, klǽŋɡər] [명] 땡그랑, 쨍그랑(금속성의 소리). — [동][자] 땡그랑 울리다, 쨍그랑쨍그랑 울려퍼지다. ~·**ous** [형] ~·**ous·ly** [부]
clank [klæŋk] [명] 절컥절컥(무거운 쇠사슬 따위가 서로 부딪쳐 나는 금속음). — [동] **1** 절컥절컥 하고 소리내다 (울리다). **2** 절컥절컥 소리를 내며 움직이다. **3** ((美속어)) 당황하다, (공포로) 움츠러들다. — [타] …을 절컥 거리다. ~·**ing·ly** [부] ~·**ing·ness** [명] ~·**less** [형]

clanked [klæŋkt] 형 《美학생 속어》 피로한, 지친.
clan·nish [klǽniʃ] 형 《경멸적》 1 씨족의. 2 〈같은 패거리·당원으로〉 단결심이 강한, 파벌〔당파〕적인, 배타적인. **~·ly** 부 **~·ness** 명 「벌적 감정.
clan·ship [klǽnʃip] 명(U) 씨족 제도; 씨족 정신; 파
clans·man [klǽnzmən] 명 같은 씨족의 사람, 일족〔문중〕의 사람. **~·ship** 명
clans·wom·an [klǽnzwùmən] 명 clansman의 여성형.
‡**clap**¹ [klæp] 동 (**-pp-**) 타 1 〈손바닥 따위〉를 세게 치다, 때리다; 〈새가〉 날개치다. ¶He ~*ped* his hands, when the maid appeared. 그가 손뼉을 치자 하녀가 나타났다. 2 …에게 박수갈채하다, 박수를 보내다. ¶~ a performer 연주자에게 박수를 보내다. 3 〈환영·격려의 뜻으로〉 〈어깨 따위〉를 가볍게〔친근하게〕 치다, 툭치다 (*on*); 〈실패·실망의 뜻으로〉 툭 치다 (*to*). ¶ (~+目+前+名) I ~*ped* him *on* the shoulder. 나는 그의 어깨를 툭 쳤다. 4 〈급격한 동작으로 힘차게〉 ·놓다, 대다; 쾅 닫다; 〈돛 따위〉를 확 펴다. ¶(~+目+前+名) ~ a board *over* a pit 구멍을 판자로 탁막다. 5 〔세탁물 따위〕를 두드려서 펴다. 6 〈영장〉을 집행하다; 〔세금 따위〕를 부과하다. — 자 1 손뼉을 치다. 2 재빨리 움직이다〔행동하다〕; 돌진하다.
clap *a person in* [*into*] *prison* 남을 감옥에 처넣다.
clap eyes on ⇨EYE.
clap hold of …을 붙잡다.
clap on ① 〈옷 따위〉를 재빨리 몸에 걸치다〔입다〕; 〈추가의〉 돛을 확 펴다. ¶~ *all* sail *on* 돛을 모두 펴다. ② 〈수갑을〉 탁 채우다; 〔브레이크〕를 갑자기 밟다. 3 …에 〈벌금 따위〉를 부과하다.
clap out ① 《속어》 〈수동형으로〉 …을 녹초가 되도록 피곤하게 하다. ② 〈손뼉을 쳐서〉 박자를 맞추다.
clap spurs to a horse 말에 급히 박차를 가하다.
clap up ① …을 급조하다, 서둘러 준비하다. ② 〔거래 따위〕를 서둘러 결정짓다, 체결하다. ¶~ *up* a bargain 서둘러서 거래를 매듭짓다. ③ …을 투옥하다. ④ 계속해서 많은 박수를 보내다.
— 명 1 (a ~) 찰싹 때리기〔때리는 소리〕, 손바닥에 치기〔짝는 소리〕; 박수·갈채, 칭찬; 그러, 우정의 표시로) 〈…을〉 툭 치기 (*on*). 2 날개치기〔치는 소리〕; 〈천둥 따위의〉 쾅쾅. ¶a ~ *of* thunder 천둥 소리. 3 일격; 일
at a clap 일격에, 대번에, 「순간; 급격한 동작.
in a clap 갑자기, 당장에.
clap² (the ~) 〔비어〕 성병; 〔특히〕 임질(gonorrhea).
— 동 (**-pp-**) 타 …에게 임질을 옮기다.
clap·board [klǽbərd/klǽpbɔ̀ːd] 명 1 비막이널 (《英》 weatherboard). 2 《英》〈통 따위를 만드는〉 떡갈나무 판자. — 타 …에 비막이널을 대다.
clap·net [klǽpnèt] 명 〈새 잡는〉 덫그물.
clap·om·e·ter [klæpɑ́mətər/-ɔ́m-] 명 박수 측정기.
clapped-out [klǽptáut] 형 《英구어》 지친, 혀덕이는; 낡아빠진. (또는 **clápped óut**)
clap·per [klǽpər] 명 1 박수치는 사람, 손뼉치는 사람; 치는 것, 딱따기. 2 〈종·방울의〉 추 《속어》〈수다쟁이의〉 tongue(=). 4 = clapstick. 5 (~s) 《英속어》 스피드광(狂).
like the clappers 《英속어》 매우 빨리; 떠들썩하게.
clap·per·board [klǽpərbɔ̀rd] 명 (~s) 〔영화〕 딱딱이(촬영 시작·종료 신호용).
clap·per·claw [klǽpərklɔ̀ː] 타 《고어》 …을 때리고 할퀴다; …을 욕하다, 꾸짖다. **-er** 명
clap·stick [klǽpstìk] 명 〔영화〕 = clapperboard.
cláp tràck 명 클랩 트랙(사운드 트랙에 미리 녹음된 박수 소리).
clap·trap [klǽptræ̀p] 명(U) 1 인기를 끌기 위한 수단〔방책·말〕, 얼렁뚱땅하는 언동. 2 알맹이 없는 말, 실없는 소리. — 형 인기를 끌기 위한, 얼렁뚱땅하는.
claque [klæk] 명 《집합적; 단·복수 양용》 1 〔극장·

정치 집회 따위에 돈받고 동원된〕 박수꾼, 바람잡이. 2 남에게 추종하는 패거리. (<F *claquer* clap)
cla·queur [klækə́ːr] 명 바람잡이, 동원된 박수꾼. 「(또는 **claquer**) (<F)
clar. clarinet.
Clar·a [klɛ́ərə, klǽrə] 명 클라라(여자 이름).
Clar·a·bel·la [klɛ̀ərəbélə] 명 클라리벨라 음전(音栓)(감미로운 음색의 음전). (또는 **claribella**)
Clare [klɛər] 명 클레어(사람 이름; Clara 및 Clarence
Clar·ence [klǽrəns] 명(U) 4인승 4륜마차. 「의 애칭).
Clar·ence [klǽrəns] 명 클래런스(남자 이름).
Clàrence Hóuse 명 클래런스 하우스(London의 Elizabeth 여왕 저택). 영국(宗 길고 굵은 활자체).
clar·en·don [klǽrəndən] 명(U) 〔인쇄〕 클래런든
clar·et [klǽrit] 명(U) 1 클라레(프랑스 Bordeaux 산(産)의 일반적으로) 적포도주. 2 클라레색(짙은 자홍색). 3 《속어》 피.
tap [or *broach*] *a person's claret* 남을 때려서 코
— 동 클라레 빛의, 자홍색의. 「피가 나게 하다.
cláret cùp 명 클라레 컵(클라레에 레몬즙·브랜디·과실·설탕 따위를 섞고 탄산수를 탄 청량 음료).
cla·rif·i·cant [klǽrəfikənt] 명 〔화학〕 〈액체〉 청정제(淸淨劑).
clar·i·fi·ca·tion [klæ̀rəfikéiʃən] 명(U) 1 정화(淨化); 정화법, 〈액체 따위의〉 청정법. 2 〈내용·이유 따위〉를 분명하게 하기, 해명; 명확화.
clar·i·fi·er [klǽrəfàiər] 명 맑게 하는 사람〔것〕, 정화기; 설탕 정제기(器); 정화제.
*‡**clar·i·fy** [klǽrəfài] 동 1 〔생각·문제 따위〕를 명백히 하다. ¶He *clarified* his proposal. 그는 자기의 제안을 분명히 밝혔다. 2 〈액체·기체 따위〉를 투명하게 하다, 맑게 하다. 3 〔의식 따위〕를 뚜렷하게 하다. — 자 1 분명해지다. 2 투명하게 되다, 맑아지다.
*‡**clar·i·net** [klæ̀rənét] 명 1 클라리넷. (또는 《고어》 **clarionét**) 2 〈오케스트라의〉 클라리넷 주자; 클라리넷 음전(音栓). **~·(t)ist** 클라리넷 연주자. (<F
*‡**clar·i·on** [klǽriən] 명 1 클라리온(옛날 전쟁 때 사용한 트럼펫의 일종); 《시》 클라리온 (나팔) 소리. 2 〈풍금의〉 클라리온 음전(音栓). — 형 날카롭고 맑은, 명확한, 낭랑하고 우렁찬 〈소리〉. — 동(자) 클라리온을 불다: 클라리온 같은 (높은) 소리를 내다. — 타 클라리온을 불어서〔부는 것 같은 높은 소리로〕 알리다.
clárion càll 명 커다란 소리; 행동을 촉구하는 말.
*‡**clar·i·ty** [klǽrəti] 명(U) 1 〈액체·음색의〉 맑음, 청명, 청징(淸澄), 명쾌. 2 〈논리·표현 따위의〉 명백, 명료.
Clark [klɑːrk] 명 클라크. 1 **Mark Wayne ~** (1896-1984; 미국의 군인; 한국전 때 주한 유엔군 1군 사령관). 2 남자의 이름 또는 성.
Clarke [klɑːrk] 명 **Arthur C. ~** 클라크(1917- : 영국의 SF 작가·과학 저술가).
clark·i·a [klɑ́ːrkiə] 명 클라키어(미국 서부 원산의 바늘꽃과(科)의 관상용 식물).
clar·o [klɑ́ːrou] 명 〈엽궐련이〉 빛깔이 엷고 맛이 순한. — 명 (美) **~(e)s** 맛이 순한 엽궐련.
clart [klɑːrt] 명 《스코·北英》 끈적끈적한 것으로 … 을 더럽히다. — 명 〔구두에 묻은〕 진흙. **~·y** 형
clar·y [klɛ́əri] 명 샐비어(salvia)류의 관상용 식물.
*‡**clash** [klæʃ] 명 (~**·es** [-iz]) 1 〈종 따위가〉 땡땡(울리는 소리), 〈무기 따위의〉 쨍강쨍강(맞부딪치는 소리). ¶It came down with a ~. 그것이 쨍그랑 소리를 내며 떨어졌다. 2 충돌(하다), 심하게 부딪치기; 무력 충돌, 소규모 전투 (*between*). 3 〈견해·이해의〉 충돌, 알력, 불일치, 대립 (*between*). ¶the ~ *of* opinions 의견의 충돌. 4 〈행사·일시 따위의〉 겹침.
— 동 (~**·es** [-iz]; ~**·ed** [-t]) 자 1 〈종 따위가〉 땡땡 울리다, 〈무기 따위가〉 쨍강쨍강 울리다. 2 〈큰 소리를 내며〉 〈…과〉 심하게 부딪치다 (*into, against*). ¶The swords ~*ed*. 칼이 쨍그랑 맞부딪쳤다. 3 〈시합·전투 따위에서〉 맞붙다, 격돌하다 (*with*,

against). **4** (의견 따위가) 충돌하다, (규칙 따위에) 저촉되다; 일치하지 않다; (색 따위가) 어울리지 않다 (*with*, *against*).¶Their interests ~. 그들은 이해관계가 상치된다// (~+前+图) Those colors ~ *with* her dress. 저 색들은 그녀의 옷과 어울리지 않는다. — 囲 (종 따위)를 땡땡땡 치다, (칼 따위)를 쨍강쨍강 맞부딪치다; …을 심하게 부딪치게 하다(*against*).
~·er 图 ~·ing·ly 图

clash·land [klǽʃlənd] 图图 (비행기가) 불시착하다.

‡**clasp** [klǽsp, klɑːsp/klɑːsp] 图 **1** (목걸이·브로치·핸드백 따위의) 걸쇠, 죔쇠, 버클, 호크(hock). **2** (보통 a ~) 꽉 쥐기[잡기], 악수; 포옹. ¶He gave my hand a hard ~. 그는 나의 손을 꼭 잡았다. **3** 종군기념 약장(略章). — 囲 (~ed [-t]) 囲 **1** (걸쇠로) …을 고정시키다, 죄다; …에 걸쇠를 채우다. **2** …을 힘있게 [꽉] 쥐다[잡다]; …을 꼭 껴안다, 포옹하다.¶I ~*ed* my hands (together) at the news. 나는 그 소식을 듣고 두 손을 꼭 잡았다(* 절망·기원·감동을 나타내는 몸짓)// (~+图+前+图) He ~*ed* her *by* the hand. 그는 그녀의 손을 꼭 잡았다. **3** (덩굴이) …에 휘감기다.
— 囲 (걸쇠 따위로) 고정하다, 죄다. **2** 꼭 쥐다.

clásp énvelope 图 쇠줄 달린 봉투.

clasp·er [klǽspər/klɑ́ːsp-] 图 **1** 휘감기는 것[사람]. **2** (식물의) 덩굴손, 포충엽. **3** (~s) (곤충의) 끌어안는 기관, 교미기(交尾器), 미각(尾脚).

clásp hóok 图 채우는 갈고리.

clásp knife 图 접는 주머니칼, 접칼.

clásp náil 图 대가리 없는 못(cut nail).

‡**class** [klǽs, klɑːs/klɑːs] 图 (图 ~·es [-iz]) **1** 종류(⇒SORT [유의어]), 부류, 조(組); 부문, 동류.¶a good ~ of man 선인(善人) / be of that ~ 저 부문에 속하다 / These form a ~ by themselves. 이들은 스스로 한 부문을 이룬다.
2 등급, 급, 레벨; (복합어로) (탈것의) …등(급).¶high ~ 일류, 상등 / low ~ 하등, 하급 / the first ~ 제1등 [급] / a poor ~ of house 별로 좋지 않은 집 / a first-~ ticket 일등 (차)표 / travel *by* first ~ 1등석으로 여행하다.
3 ⓒ⒰ 학급, 반, 클래스; (초등 학교의) 학년; (집합적; 단·복수 양용) 클래스[반] 학생들; 수업 (시간); (수업중의) 교실; 강습; (美) (대학의) 강의.¶a first-year ~ (초등 학교의) 1학년 / a graduating ~ 졸업반; (between ~*es* 휴식 시간에 / in [after] ~ 수업중[방과후]에 / be (at the) top of the ~ 반에서 수석이다 / take a ~ in cookery 요리 강습을 받다 / There are no ~*es* on Saturday. 토요일은 수업이 없다.
4 (美) (집합적) 동기생, 졸업 동기생; (군대의) …년병.¶the 2001 ~ 2001년도(입대)병 / the ~ of 2005 2005년도 졸업반 / He graduated from Harvard in the ~ of 2000. 그는 2000년에 하버드를 졸업했다.
5 (英대학) 우등 합격 등급, 우등급. **6** ⒞Ⓤ (美) (종종 ~*es*) (집합적; 단·복수 양용) (복합어로) (사회의) 계급, 사회층; Ⓤ 계급 제도.¶the educated ~ 지식 계급 / the higher [or upper] ~*es* 상류 계급 / the middle ~*es* 중류 계급, 중산층 / the lower ~*es* 하층 계급 / the propertied ~*es* 유산 계급 / the working ~*es* 노동자 계급. **7** (the ~*es*) (집합적) 유산 계급, 지식 계급, 상류 계급.¶the ~*es* and masses 상류 계급과 일반대중, 사회 전체. **8** Ⓤ (구어) 우수, 탁월, 고급, 걸출; (속칭) 품위·예의범절 따위의 훌륭함; 품위, 기품, 격조.¶She's got real ~. 그녀는 정말 기품이 있다. **9** (생물) 강(綱)(생물 분류학상 문(門)(phylum)과 목(目)(order) 사이에 위치). ⇒CLASSIFICATION [참고].

attend [or *go to*] *class* 수업[강의]에 출석하다.
be [or *stand*] *in a class by itself* [or *oneself*]; *be in a class of* [or *on*] *its* [or *one's*] *own*; *be in a class apart* 타의 추종을 불허하다, 단연 우수하다, 다른 것과 전혀 다르다.
be in a different class from …보다 월등하다.
be no class (구어) 보잘것없다, 열등하다.
be not class enough (*to do*) (…할 만큼) 잘하지 못하다.
cut class 수업[강의]을 빼먹다.
do a bit of class (속어) (범죄자들 사이에서) 적어도 수준급의 범죄를 저지르다.
Go to the head [or *top*] *of the class!* (상대의 말에 빈정대어) 그저 대단하구나!
have a class 수업이 있다.
have [or *show*] *class* 품위[기품]가 있다.
in a class with …와 동등하게.
not in the same class as [or *with*] …와 격이 다른, 비교가 안 되는.
take [or *get, obtain*] *a class* 우등으로 졸업[진급]하다, 우등급을 따다.
— 图 **1** (학급의, 계급적인. ¶~ difference 계급차. **2** 클래스[반]의; 같은 반의, 동기의; …학년도의. **3** (구어) (질·지위·품격 따위가) 뛰어난; 우수한, 일류의.¶a ~ hotel 고급 호텔.
— 囲 (~es [-iz]; ~ed [-t]) 囲 **1** …을 분류하다; …의 등급[품등]을 정하다; (…와) 같은 부류에 넣다 (*among*, *with*); …라고 생각하다 (*as*).¶be ~ed *as* …으로서 분류되다 / it *among* poetry 시 부문에 넣다 / be ~ed *in* three groups 세 그룹으로 분류되다 / be ~ed *with* …와 동일한 부류에 소속되다. **2** (학생) 을 학급으로 나누다, …의 반에 넣다. **3** (英대학) …에게 우등급을 주다.¶He got a degree, but was not ~ed. 그는 학위는 받았지만 우등급을 따지 못했다.
— 囲 (부류·등급 따위에) 속하다, …의 일원이다 (*as*). ¶(~+as [補]) those who ~ *as* believers 신도라는 사람들.
class up (구어) …의 질[기풍, 분위기]을 좋게 하다; …의 품격[위엄]을 높이다. ⇒*classify*.
class. classic(al); classification; classified;
class·a·ble [klǽsəbl/klɑ́ːs-] 图 분류할 수 있는.
cláss áct 图 ⒞Ⓤ (구어) 일류의[뛰어난] 사람[것].
cláss áction [**súit**] 图 (美) (법률) (이해가 일치하는 사람들과 공동 하여 내는) 집단 대표 소송, 공동 소송.
class·book [klǽsbùk/klɑ́ːs-] 图 **1** (美) (출결·성적 따위를 기록하는) 교무 수첩, 출석부. **2** (美) 졸업 기념 앨범. **3** (英) 교과서.
cláss cléavage 图 〔법〕 유년열(類年裂)(어떤 언어 형식이 두 개의 형식류(類)로 쓰이는 일).
cláss cónflict 图 =class struggle.
class-con·scious [-kǽnʃəs/-kɔ́n-] 图 (상류) 계급 의식을 가진, 계급 의식에 눈뜬; 계급 투쟁에 적극 참가하는.
cláss cónsciousness 图 계급 의식.
cláss dày 图 (때로 C- D-) (美) (졸업생이 개최하는) 졸업 축하회[학예회]. 「급」 구분.
cláss distínction 图 (사회의) 계급 구분; 종류[등
class·er [klǽsər/klɑ́ːs-] 图 (담배 따위를) 분류하는 사람; (양) 양모 평가 선별자.
class-feel·ing [-fíːliŋ] 图 계급적 적대감. 「mate.
class-fel·low [klǽsfèlou/klɑ́ːs-] 图 (英) =class-
‡**clas·sic** [klǽsik] 图 **1** (문학·예술 따위가) 제1급의, 일류의, 최고급의, 우수한.¶modern ~ writers 현대의 일류 작가들. **2** (문학·예술의) 고대 그리스·로마(풍)의; 고전(古典)의, 고전적인, 고풍의.¶~ myths 고대 그리스·로마 신화 / ~ poetry 고전풍의 시. **3** 표준의, 모범적인; 전형적인. **4** (장소 따위가) (역사적·문화적·문학상) 유서 깊은, 유명한.¶a ~ event 유서 깊은 행사. **5** (*more* ~; *most* ~) (의상 따위가) 전통적인, 전통 스타일의.¶wear ~ clothes 전통 의상을 입다. **6** (英) 우아한; 우수한.
— 图 **1** 고전 (작품); 명작, 걸작; 일류[고전적] 작가. **2** (고어) 고전학자; 고전주의자(classicist). **3** (the ~s) (단수취급) (고대 그리스·로마의) 고전 문학; 고전어; (~s) (대학의) 고전 강좌[코스]. **4** 최고의 것, 최고 작품.¶ancient and modern ~s 고금의 명저. **5** (구어)

전통적[고전적, 유서 깊은] 행사; 〔스포츠〕 (전통적인) 대시합. ¶the midsummer pro baseball ~ 《美》 (프로 야구의) 올스타전. **6** 《美구어》 우승 차(~ car).

‡**clas・si・cal** [klǽsikəl] 圈 **1** (종종 C-) (고대 그리스・로마의) 고전 문학의, 고전어의(愈 archaic). ¶the ~ languages 고전어(그리스어・라틴어)/~ studies 고전 연구/a ~ scholar 고전학자. **2** (문학・예술・과학 따위가) 고전[전통]파의, 고전주의의(간소・균형・조화 따위를 중시하는); 고전적인; 의고적(擬古的)인; (음악) 고전파의, 클래식의. ¶~ music 고전파 음악, 클래식 음악(* classic music은 틀림)/~ literature 고전주의 문학. **3** 최고급의, 일류의; 모범적인, 전형적인. **4** (신기하고 이례적인 학설과 구별하여) 정통파의, 전통적인. **5** (교육이) 인문적인, 일반 교양적인(愈 technical).
~**·ness** 圈 고등 학교 겸 대학.

clássical cóllege 圈 《캐나다 퀘벡 주(州)의》 8년제
clássical economics 圈 고전파[정통파] 경제학(파)(Adam Smith에서 David Ricardo에 이르는 자본주의 경제 법칙을 체계화한 경제학 사상 체계).
Clássical Gréek 圈 고전 그리스어; 고대 그리스어.
clas·si·cal·i·ty [klæ̀səkǽləti] 圈 **1** 〔문학・예술 양식의〕 고전적 특질, 단아(端雅). **2** 고전적 교양[학식].
Clássical Látin 圈 고전 라틴어.
clas·si·cal·ly [klǽsikəli] 甲 **1** 고전적으로, **2** 관행에 따라, 규범대로, **3** 고전 연구에 의하여.
clássical schóol 圈 (the ~) 〔경제〕 고전[정통] 경제학파. 愈 classical economics 〔산(産)〕 자동차.
clássic cár 圈 클래식 카(vintage car)(1925–42년
clas·si·cism [klǽsəsìzm] 圈① **1** 〔문학・예술의〕 고전주의, 의고(擬古)주의; (종종 C-) 고전적 양식(cf. romanticism). **2** 〔교육상의〕 상고(尙古)주의. **3** (종종 C-) 고전의 학식; 고전학. **4** 고전어풍[어형]. (또는 clássicalism)
clas·si·cist [klǽsəsist] 圈 **1** 고전학자; 그리스・로마 연구의 대가. **2** 〔문학・예술상의〕 고전주의자. **3** 고전 교육 창도자. (또는 clássicalist)
clas·si·cize [klǽsəsàiz] 围타 ...을 고전풍으로 하다. ─ 자 고전풍을 모방하다.
clássic ráces 圈복 (the ~) **1** 《英》 5대 경마(競馬)(Derby, Oaks, St. Leger, Two Thousand Guineas, One Thousand Guineas). **2** 《美》 3대 경마(Kentucky Derby, Preakness Stakes, Belmont Stakes).
clássic róck 圈 클래식 록(음악) (1950–70년대초의 rock music).
cláss identificàtion 圈 〔사회〕 계급 귀속 의식.
clas·si·fi·a·ble [klǽsəfàiəbl] 圈 분류할 수 있는.
‡**clas·si·fi·ca·tion** [klæ̀səfikéiʃən] 圈 (复 ~s [-z]) ①C **1** 분류, 구분, 유별(類別); 등급 매기기; 유형, 부류, 범주. ¶by ~ 분류하면, 분류에 따라. **2** 〔동・식물〕 분류.

〔참고〕 동물의 분류 단계는 문(門)(phylum), 강(綱)(class), 목(目)(order), 과(科)(family), 속(屬)(genus), 종(種)(species), 변종(變種)(variety). 식물에서는 문(門)(division) 이외는 동물과 같다.

3 《美》 (정부・군대 문서의) 기밀 종별(種別). **4** 〔도서관〕 도서 분류법. ~**·al** 圈 〔람표.
classificátion schédule 圈 〔도서관의〕 분류 일
classificátion society 圈 선급(船級) 협회(상선의 선급을 결정하는 기관 조직).
classificátion yàrd 圈 《美》 철도 조차장(操車場).
clas·si·fi·ca·to·ry [kləsífikətɔ̀:ri, klǽsəfi-/klæ̀sifikéitəri] 圈 분류상의; 분류의. **-tó·ri·ly** 甲
*****clas·si·fied** [klǽsəfàid] 圈 **1** 분류된, 분배된. ¶a ~ telephone directory 직업별 전화 번호부. **2** 《美》 (정보・문서 등이) 기밀 등급의; (일반적으로) 비밀의, 기밀 취급의. **3** 구인(求人) 광고가 있는. ¶the ~ section of a newspaper 신문 광고란. **4** 《英》 (국도 따위가) 등급이 붙여진. ─ 圈 = ~ ad.

clássified ád [advertísement] 圈 《美》 (신문 따위의) 항목[부문]별 광고, 3항목 광고, 구인[구직] 광고(want ad). 愈 display advertising
clássified ádvertising 圈 (집합적) 안내 광고(란); 안내 광고 ج영업(담당자).
clássified informàtion 圈 《美》 (공공 문서의) 기밀 정보 (표시); 기밀 서류(Eyes Only(1급), Sensitive (2급), Secret Classified(3급)로 삼분됨).
clas·si·fi·er [klǽsəfàiər] 圈 **1** 분류하는 사람[것]. **2** 〔화학〕 분립기(分粒器). **3** 〔언어〕 분류사(辭).
‡**clas·si·fy** [klǽsəfài] 围 (-**fies** [-z]; -**fied**) 围 **1** ...을 분류하다, 유별하다(into, in, as); 등급을 매기다, 등급으로 나누다. ¶~ books by subjects 책을 각 과목별로 분류하다. **2** 《美》 〔문서 따위〕의 기밀 취급하다. ─ 冈 분류되다. **-fi·a·ble** 圈
cláss ínterval 圈 〔통계〕 계급 간격, 계급폭.
clas·sis [klǽsis] 圈 (复 **-ses** [-siːz]) 〔드물게〕 (교회) (개혁파 교회의) 지방 목사・장로 감독회; (목사・장로 감독회가 관할하는) 관구부 내의 교회, 교구(教區).
cláss·ism [klǽsizəm/klɑ́ːs-] 圈 계급 주의[사상].
cláss·ist [klǽsist/klɑ́ːs-] 圈 계급주의자. ─ 圈 계급주의의, 계급 의식이 강한.
cláss·less [klǽslis/klɑ́ːs-] 圈 (사회가) 계급이 없는; (개인이) 사회적 계급에 속하지 않은. ~**·ness** 圈
cláss-list [-lìst] 圈 《英》 (대학의) 우등 시험 합격자 명단; 수강생 명단.
cláss magazìne 圈 격조 높은 잡지, 고급지.
cláss·man [klǽsmæn, -mən/klɑ́ːs-] 圈 《英》 (대학의) 우등 시험 합격자.
cláss màrk 圈 **1** 〔통계〕 계급값. **2** 〔도서관〕 = class number. 〔《美》 동기생.
‡**cláss·mate** [klǽsmèit/klɑ́ːs-] 圈 급우, 반친구.
cláss mèaning 圈 〔문법〕 유(類)의 의미(형태류(form class)에 공통되는 의미).
cláss mèeting 圈 학급회, 학급의 모임.
cláss nóun [náme] 圈 〔문법〕 종속(種屬) 명사, 보통 명사(common noun).
cláss nùmber 圈 《美》 도서 분류 번호.
cláss òfficer 圈 《美》 학급 위원.
cláss rìng 圈 《美》 졸업 기념 반지.
‡**cláss·room** [klǽsrùːm/klɑ́ːs-] 圈 (复 ~**s** [-z]) 교실. 교실의. 〔burnout.
classroom combat fatìgue 圈 《美》 = teacher
cláss schédule 圈 수업(수강) 시간표.
cláss strúggle 圈 **1** 계급 대립. **2** (또는 **cláss wár[wárfare]**) (the ~) (마르크스주의의) 계급 투쟁.
cláss sùit 圈 집단 소송(class action).
cláss wòrd 圈 〔문법〕 유어(類語). 〔업.
cláss·work [klǽswə̀ːrk/klɑ́ːs-] 圈 학교 공부, 수
cláss·y [klǽsi/klɑ́ːsi] 圈 《美구어》 고급의, 훌륭한; 세련된, 멋진; 상류의, 귀족적인.
cláss·i·ly 甲 **cláss·i·ness** 圈 〔암.
clast [klǽst] 圈 〔지질〕 쇄설암(碎屑岩), 파편(破片)
clas·tic [klǽstik] 圈 **1** 〔생물〕 (해부(解剖) 모형이) 분해할 수 있는. **2** 〔지질〕 쇄설성의(碎屑性의).
clat·ter [klǽtər] 圈 **1** (a ~, the ~) (접시・기계・말발굽 따위가) 덜커덕거리는 소리; 소음. ¶the ~ of machinery 기계의 소음. **2** 떠들썩한 이야기 소리; 잡담; 남의 소문 이야기. ¶the ~ of tongues[noisy laughter] 왁자지껄하는 이야기 소리[웃음 소리].
── 圈 (~**s** [-z]) 冈 **1** 덜걱덜걱[덜커덕덜커덕] 울리다 [소리가 나다]. **2** (덜커덕거리며) 빨리 나아가다, 급히 가다(about, along, away, over). **3** 왁자그르르 떠들다, 왁자지껄한 말소리가 들리다. ── 围 ...을 덜커덕거리게 [쿵쿵그락거리게] 하다.
clatter about 통통걸음으로 걸어다니다.
clatter along 덜커덕덜커덕 소리내며 달려가다; 발굽

소리를 내며 말을 달리다. 「거리며 빨리 가다.
clatter down (접시 따위가) 와르르 떨어지다; 덜커덕
clat·ter·er [klǽtərər] 명 덜커덕거리는 물건; 말 많은[수다스러운] 사람. 「스럽게.
clat·ter·ing·ly [klǽtəriŋli] 부 덜커덕거리며; 수다
clat·ter·y [klǽtəri] 형 덜커덕거리는, 시끄러운.
Claud(e) [klɔːd] 명 클로드(남자 이름).
Clau·di·a [klɔ́ːdiə] 명 클로디아(여자 이름).
clau·di·cant [klɔ́ːdikənt] 형 《폐어》 절뚝거리는 (lame). 「절뚝거림.
clau·di·ca·tion [klɔ̀ːdəkéiʃən] 명U 파행(跛行),
Clau·di·us [klɔ́ːdiəs] 명 1 클로디우스(남자 이름). 2 클라우디우스(로마 황제; 10 B.C.–A.D. 54).
claus·al [klɔ́ːzəl] 형 조항(條項)의; 〖법〗 절(節)의.
‡**clause** [klɔːz] 명 (*claus·es* [-iz]) 1 (법규·조약 따위의) 조항, 조목, 절.¶a penal ~ 벌칙/a saving ~ 단서. 2 〖문법〗 절(節)(⇔ phrase).¶a noun ~ 명사절/an adjective ~ 형용사절[or adverb] ~ 부사절/a main [or principal] ~ 주절/a subordinate [or dependent] ~ 종속절/an independent ~
clause by clause 조목조목, 축조로. 「독립절.
claus·tral [klɔ́ːstrəl] 형 수도원의; 은둔의; 편협한.
claus·tro·phobe [klɔ́ːstrəfòub] 명 폐소(밀실) 공포증 환자(claustrophobic).
claus·tro·pho·bi·a [klɔ̀ːstrəfóubiə] 명U 〖정신병〗 밀실[폐소] 공포증. ⓐ agoraphobia **-bic** 형
cla·vate [kléiveit] 형 《생물》 (끝 부분이) 곤봉[방망이] 모양의. (또는 **clavated**) **~·ly** 부
clave[1] [kleiv] 동 《고어》 cleave[2]의 과거.
cla·ve[2] [kláːvei] 명 클라베스(두 손에 잡고 마주 부딪쳐 울리는 타악기; 룸바 연주 따위에 사용된다.
clav·e·cin [klǽvəsin] 명 〖음악〗 클라브생(harpsichord). 〈F〉 「야기, 잡담. **~·ist** 명 야기꾼
cla·ver [kléivər, kláː-] 명 〖스코·아일〗 쓸데없는 이
clav·i·cem·ba·lo [klæ̀vətʃémbəlòu] 명 (맥 *-li* [-liː]) 클라비쳄발로(harpsichord). **-bal·ist** 명 ~ 주자.
clav·i·chord [klǽvəkɔ̀ːrd] 명 클라비코드(피아노의 전신인 건반 악기). **~·ist** 명
clav·i·cle [klǽvikl] 명 〖해부·동물〗 쇄골(鎖骨) (collarbone). **cla·víc·u·lar, cla·víc·u·late**
cla·vier [kləvíər/kláːviər] 명 (악기의) 건반; (연습용) 무음(無音) 건반; 클라비어(건반 악기의 총칭). (또는 **klavier**) **~·ist** 명
clav·i·form [klǽvəfɔ̀ːrm] 형 =CLAVATE.
‡**claw** [klɔː] 명 (맥 **~s** [-z]) 1 (새·짐승의) 갈고리 발톱, (게·새우의) 집게발; 〔경멸적〕 사람의 손. 2 갈고리 발톱 모양의 것; (가늘고 긴) 손가락; (장도리의) 못뽑이 (끝). 3 (비유적) (공격의) 손, 마수. 4 《속어》 경찰.
cut [or *clip, pare*] *the claws of* …에게서 공격력을 빼앗다, …을 무력하게 하다.
get [or *have*] *one's claws in* [or *into*] ① …을 붙잡다; 공격하다. ② 《구어》 …에게 일부러 듣기 거북한 소리를 하다. ③ 〔남자〕를 유혹하다.
have one's claws out (美속어) 당장에라도 덤벼들 듯이 하다, 당장 해치울 기세이다.
in [or *within*] *a person's claw* ① 〔경멸적〕 남의 손 아귀[마수]에 들어[걸려]. ② 〔익살〕 붙들려.
put the claws on (美속어) ① …을 체포하다; …을 밀고하다. ② …에게 돈을 빌리다.
tooth and claw [or *nail*] ⇨ TOOTH.
—동타 1 (갈고리 발톱으로) …을 잡아째다, 움켜잡다. 2 (손·발톱으로) …을 후비어 파다. 3 …을 (양손으로) 헤치고 나아가다. 4 등[목]을 비난하다. 5 《속어》 체포하다. —자 1 손[발톱으로 할퀴다 (잡으려고) 손으로 더듬어 듣다 (*at, for*). 2 〔스코〕 (가려운 곳을) 살살 긁다.
claw back (英) ① (물건을) 애써서 되찾다. ② (정부가) 〔교부금〕을 세금으로 환수하다.
claw down 끌어내리다; 꼼짝 못하게 하다.

claw hold of …에 매달리다, …을 꽉 움켜잡다.
Claw me and I'll claw thee. (속담) 네가 할퀴면 나도 할퀼 테다, 오는 말이 고와야 가는 말이 곱다.
claw off 〔해사〕 〔이물〕을 (…의) 바람 불어오는 쪽으로 돌리다; 바람을 비스듬히 받으며 배를 전진시키다.
claw one's way ① 기듯이 나아가다 (*to*). ② 고난을 극복하고 출세하다 (*to*).
claw-back [-bæ̀k] 명©U (英) 1 교부금을 세금으로 환수하기. 2 방해, 장애; 결점. 3 《속어》 아첨.
cláw bàr 게발 모양의 지렛대.
cláw clùtch 명 서로 맞무는 클러치.
clawed [klɔːd] 형 (복합어로) (…의) 손톱[발톱]이 있는. ¶iron-~ 무쇠 손톱[발톱]이 있는.
cláw hàmmer 명 1 노루발 장도리. 2 (구어) 연미복
cláw hàtchet 명 노루발 도끼. 「(tail coat).
cláw sètting (英) 티파니 세팅(Tiffany setting) (반지 따위에 6-8개의 보석을 고정시키는 세공법).
‡**clay** [klei] 명U 1 점토(粘土).¶potter's ~ 도토(陶土). 2 흙(earth); 진흙(mud). 3 인간(신이 흙을 재료로 인체를 창조했다는 성서의 고사에서); (죽은) 인체; 육체,¶a man of common ~ 보통 사람. 4 자질, 천품, 천성, (인간성) 됨됨이. 5 ⓒ 도제(陶製) 담뱃대. 6 = ~ pigeon 1. 7 (美속어) 양질의 해시시(hashish).
as clay in the hands of the potter (도공의 손 안에 있는 점토처럼) 마음대로.
die and turn to clay 죽어서 흙이 되다. 「쉽다.
have feet of clay 다리가 튼튼하지 못하다, 넘어지기
make bricks without clay ⇨ BRICK.
moisten [or *soak, wet*] *one's clay* (구어) 술을 마시다, 한잔 하다.
—동타 …에 점토를 섞다[바르다].
~·like 형
clay·bank [kléibæ̀ŋk] 명U 황갈색:ⓒ 황갈색의 말. (말의) 황갈색의. 「생기 없는(lifeless).
clay-cold [-kòuld] 형 (시체가) 점토처럼 차가운;
cláy cóurt 〖테니스〗 클레이 코트(바닥이 흙으로 된 코트). ⓐ grass court, hard court
clay·ey [kléii] 형 점토가 많은, 점토질[모양]의; 점토 빛의.
cláy íronstone 명 이철광(泥鑛鐵). 「를 바른.
clay·ish [kléiiʃ] 형 점토질[모양]의; 점토를 바른.
cláy míneral 명 점토 광물.
clay·more [kléimɔ̀ːr] 명 1 (옛날 스코틀랜드 고지 사람이 쓰던) 쌍날의 큰 칼. 2 손잡이가 달린 날이 넓은 칼. 3 = ~ mine. 「향성 파편 지뢰.
cláymore míne (美군사) 클레이모어 지뢰, 지
clay·pan [kléipæ̀n] 명 1 〔지질〕 점토반(盤)(hardpan). 2 (濠) (비온 후 물이 고이는) 점토질 웅덩이.
cláy pígeon 명 1 (美사격) 클레이 피전(점토제 표적). 2 (美속어) 쉽사리 속아넘어가는 사람, 봉. 3 (美속어) 매우 쉬운[편한] 일. 4 (美속어) 항공 모함에서 발진하는 비행기. 5 (美속어) 보행자.
cláy pípe 도관(土管); 도제(陶製) 담뱃대.
cláy pit 명 점토 채굴장.
cláy ròad (美)(뉴질) 포장 안 된 시골길.
cláy shóoting 명 클레이 사격(trapshooting).
cláy sláte 명 점판암(粘板岩).
cláy stóne 〔지질〕 = argillite.
clay·ware [kléiwɛ̀ər] 명 (도자기 따위의) 점토 제품.
cld. called; canceled; cleared (goods in shipping) (선박의 적하(積荷) 관세를 지불하는); cloud; colored.
-cle [kl] 〔접미〕 ⇨ CULE.
clead·ing [klíːdiŋ] 명 1 〔기계〕 (보일러·실린더의) 덮개, (터널의) 사방(砂防) 말뚝. 2 〖스코〗 의복, 의류.
‡**clean** [kliːn] 형 (**~·er**; **~·est**) 1 깨끗한, 청결한: 더럽지 않은, 산뜻한; 순결한, 신선한; 청결함을 좋아하는 (⇔ dirty, unclean).¶a ~ room 깨끗한 방/a ~ servant 깨끗한 것을 좋아하는 하인 /make a ~ start 새 삶을 시작하다.

2 (육체적으로) 깨끗한, 순결한; (정신적·도덕적으로) 더러움이 없는, 순결한, 결백한 (of); (경기(자)·싸움·규칙 따위가) 정정당당한, 스포츠맨다운. ¶a ~ fighter 정정당당하게 싸우는 선수/lead a ~ life 깨끗한 생활을 하다/He has a ~ record. 그는 전과가 없다.
3 상스럽지 않은, 추잡하지 않은. ¶a ~ conversation[joke] (상스럽지 않은) 품위 있는 대화[농담].
4 순수한, 다른 것이 섞이지 않은; (물·공기 따위가) 오염되지 않은, 더럽혀지지 않은. ¶~ wine 순수한 포도주/~ air[water] 오염되지 않은 공기[물].
5 결점[오류, 고장, 문제]이 없는, 흠없는; (칼날 따위가) 매끈한. ¶~ timber 마디가 없는 재목.
6 (첨가·교정으로) 더럽혀지지 않은; (깨끗해서) 읽기 쉬운; 아무것도 쓰여 있지 않은, 백지의. ¶a ~ copy 정서. **7** 완전한, 남김없는. ¶win the election by a ~ sweep 선거에서 완승하다. **8** 정당한, 당연한. ¶the ~ thing (美구어) 올바른 행위, 정직. **9** (균형이 잡혀서) 날씬한, 맵시가 좋은, 단정한. ¶~ limbs 날씬한 팔다리/have ~ lines 모양이 반듯하다. **10** (기술·동작이) 솜씨 좋은, 능란한. ¶a ~ hit (야구) 깨끗한 안타. **11** (물리) 방사성 낙진이 없는; 방사성이 아닌; (구어) (설비가) 방사능에 오염되지 않은, 방사능이 적은. **12** (해사) **a)** (항구 따위에) 장애물이 없는, 안전한(國 foul). ¶a ~ harbor 안전한 항구. **b)** (배 밑에 해초류·조가비 따위가) 붙어 있지 않은; 뱃짐이 없는; (포경선 등이) 잡은 것이 없는. **13** (성서) (인간이 율법에 비추어) 잘못이 없는, 깨끗하지 않은 것(새·짐승 따위가) 정결한, 식용의. **14** (물고기가) 산란기를 지난; 식용으로 알맞은(* 산란기의 물고기는 식중독을 일으키기 쉬우므로 foul fish라고 한다). **15** (구어) 무고한, (마약·무기 따위를) 몰래 지니고 있지 않은. **16** 균이 없는, 청정한. **17** (행동이) 계획대로의, 순조로운. **18** (말의 다리가) 고장[상처]이 없는. **19** (美속어) 경찰이 없는; 사고[장애가] 없는. **20** (속어) 마약을 쓰지 않은.
(as) clean as a whistle 먼지 하나 없이 깨끗한[하게]; 아주 안전하게, 쉽게[쉬운].
clean and sweet 말끔한, 깔끔한.
come clean (구어) (…에게) (잘못 따위를) 자백하다, 불다; 사실을 말하다, 입을 열다 (with, about).
have a clean mouth 상스러운 말을 하지 않다.
keep one's hands clean 양심의 가책을 느낄 일이 없다, 청렴결백하다.
make a clean breast of …을 깨끗이 털어놓다.
make a clean sweep of …을 일소하다.
Mr. Clean (정치인 등) 청렴한 인사.
show a clean pair of heels 삼십육계 줄행랑을 놓다.
── 團 **1** 깨끗하게; 청결하게. **2** (구어) 완전히, 충분히. ¶cut ~ (날붙이 따위가) 잘 들다/He is ~ mad. 그는 완전히 미쳤다/I ~ forgot to go there. 나는 그곳에 가는 것을 깜빡 잊었다. **3** 능숙하게, 거뜬히, 보기 좋게. ¶jump ~ over 거뜬히 뛰어넘다. **4** (구어) 공명정대[정정당당]하게. ¶play the game ~ 정정당당히 시합하다.
clean full (해사) (돛·돛배가) 바람을 가득 안고.
── 個 (~s [-z]) **1** …을 깨끗하게 하다; …을 말끔히 치우다, 정돈[청소]하다. ¶~ one's teeth 이를 닦다.

┌─────────────────────────────────┐
│ 유의어 **clean** 부착물 따위를 제거하여 말끔한 상태로 │
│ 되돌리다; 방법·수단을 불문한다. **cleanse** (화학적 │
│ 방법 따위로), 특히 유해물을 완전히 제거하고 깨끗하 │
│ 게 하다; 정신적·도덕적인 뜻으로도 사용한다. │
└─────────────────────────────────┘

2 …을 깨끗이 비우다. ¶~ fish (요리 전에) 생선의 내장을 제거하다. ── 個 깨끗해지다; 청소하다; 청소되다.
clean a person's clock (美속어) 참담한 꼴을 당하게 하다; 이기다.
clean down 쓸어[씻어]내다; (벽 따위를) 깨끗이 씻어[닦아] 내리다; (솔질을 하여) 깨끗하게 하다.
clean...from [or *off*] (물건에서) …을 털어 내다, 제거하다.
clean house ⇨HOUSE.
clean A of B A로부터 B를 깨끗이 벗겨[털어] 내다.
clean one's plate (요리를) 깨끗이 먹어 치우다.
clean out ① …을 말끔히 쓸어내다; (필요없는 것 따위) 처분[정리]하다. ② (속어) (남)에게서 (돈을) 빼앗다, (도박·불경기 따위가 (사람)을) 빈털터리로 만들다. ¶He was ~ed out. 그는 빈털터리가 되었다. ③ (돈·자원 따위)를 다 써버리다. ④ (美속어) (어떤 장소)에서 (물건을) 몽땅 가져(훔쳐)가다 (of). ⑤ (가게)에서 재고품을 다 팔다; (장소)를 비우다. ⑥ (美속어) (적·위험 인물 등)을 축출[배제]하다; (장소)에서 사람을 쫓아내다.
clean the board (구어) (도박에서) 판돈을 모두 벌다.
clean the slate ⇨SLATE[1]. 벌다; 큰 돈을 벌다.
clean up ① …을 청소하다, 깨끗이 하다. ② (몸(가짐))을 단정하게 하다. ③ (구어) (일 따위)를 마무리하다; 먹어 치우다; 소탕하다 (on). ④ (구어) (장사·도박·투기로) 돈을 크게 벌다, 이익을 올리다. ⑤ (구어) (정계(政界)) 등)을 정화하다, 숙청하다; (부패 따위)를 일소하다. ⑥ (사람·일 등의) 뒷처리를 하다 (after).
clean up on (속어) …을 이기다, 해치우다.
clean up one's act 행동 거지를 고치다[바로 하다].
clean up the floor with a person (美속어) 남을 해치우다, 쓰러뜨리다.
── 團 **1** (a ~ 따위가) 하는 것, 손질, 청소. **2** (역도) 클린(바벨을 어깨 높이까지 들어 올리는 것).
~**·ness** 国回 청결, 결백.

clean·a·ble [klíːnəbl] 園 깨끗이 할 수 있는. 「정」.
Cléan Áir Áct 閨 (美) 대기 오염 방지법(1970년 제
cléan and jérk 閨 (역도) 용상(聳上). 「health 3.
cléan bíll 閨 **1** 전면 과세표 새 법안. **2** = ~ of
cléan bíll of héalth 閨 **1** (선원 등의) 완전 건강 증명서. **2** (의사에 의한) 건강 증명서. **3** (또는 **cléan bíll**) (공식 기관 발행의) 인물[신원] 보증서.
cléan bíll of ládíng 閨 무고장(無故障) 선하증권.
cléan bòmb 閨 깨끗한 폭탄(방사능 방출이 적은 핵
cléan bréak 閨 갑작스런[대초의] 중단. 「폭탄).
cléan-bred [-bréd] 閨 순종의; 소중히 키운.
cléan configurátion 閨 (항공) 순항(巡航) 형태.
cléan créeps 閨 (속어) (경멸적) =Greenpeace.
cléan-cút [-kʌ́t] 閨 **1** 윤곽이 뚜렷한, 말쑥한; 맵시 있는. ¶~ features 또렷한[반듯한] 이목구비[용모]. **2** 명확한, 단호한. ¶a ~ view on the problem 그 문제에 대한 명확한 견해. **3** 몸가짐[옷차림]이 단정한.
cléan énergy 閨 무공해 에너지(태양열 따위).
‡**cléan·er** [klíːnər] 閨 **1** ~**s** [-z]) 청소[청결]을 하는 사람, 세탁업자; 청소부. **2** 세제(洗劑). **3** 청소기. **4** (보통 ~s) (美) 드라이 클리닝업자(점).
go to the cleaners (美) (도박 따위로) 빈털터리가 되다; (부정한 돈이) 합법화되다.
take [or *send*] *a person to the cleaners* (속어) 남에게서 돈을 잃게 하다; 빈털터리로 만들다; 혹평하다.
cléan-fín·gered [-fíŋgərd] 閨 **1** 깔끔한 손가락의. **2** 정직한, 청렴한. **3** (소매치기가) 솜씨가 날랜.
cléan fíngers 閨 매수당하지 않음, 청렴 결백.
cléan flóat 閨 (경제) 자유 변동 시세제(時勢制).
cléan-hand·ed [-hǽndid] 閨 결백한, 무고한, 죄를 범하지 않은. ~**·ness** 国
cléan hánds 閨 정직; 무구(無垢), 무죄, 결백.
have clean hands [or *fingers*] 결백하다, 양심의 가책을 느낄 일이 없다.
with clean hands 떳떳이, 청렴결백하게.
cléan índustry 閨 무공해 산업.
‡**cléan·ing** [klíːniŋ] 閨 **1** 청소. ¶general ~ 대청소/do the house ~ 집안 청소를 하다. **2** 세탁, 클리닝. ¶dry ~ 드라이 클리닝. **3** (속어) (운동 경기에서의) 완패; (美속어) 벼락 경기로 돈이 되기; (경제적인) 큰 손해. **4** (구어) 살인. **5** (~s) 먼지, 티끌. **6** (~s) 간벌(間伐). ── 閨 깨끗[청결]하게 하는.

cléaning wòman [làdy] 명 (빌딩 등의 시간급) 청소부(婦).
clean·ish [klí:niʃ] 형 산뜻한, 좀 깨끗한.
clean·li·ly [klénlili] 부 깨끗이, 산뜻하게.
clean-limbed [⁻límd] 형 팔다리가 균형이 잡힌; 자세가 좋은.
*****clean·li·ness** [klénlinis] 명U 1 청결. 2 청결을
cléan líving 명 오염되지 않은 건강한 생활; (특히) 흡연 공해 없는 생활. ─ 형 ; 청렴 결백한.
clean-liv·ing [⁻lívin] 형 (도덕적으로) 깨끗하게 사
*****clean·ly¹** [klénli] 형 1 깔끔한, 청결한, 산뜻한; 결벽증의, 品 3 깨끗이. 3 (폐어) (도덕적으로) 깨끗한.
*****clean·ly²** [klí:nli] 부 1 깨끗이, 청결하게. 2 결백하게, 부정을 하지 않고. ¶ live ~ 청렴하게 살다. 3 멋지게, 빈틈없이. 4 (고어) 완전히, 몽땅.
clean-out [klí:nàut] 명 1 청소; 일소(一掃). 2 전부 훔치는 것, 싹쓸이. 3 (美속어) (의학) 배변(排便). 4 (보일러 따위의) 청소 구멍.
cléan ròom 명 (美) (우주선·병원 따위의) 청정실, 무균실; (정밀 기계 공장 따위의) 무진실(無塵室).
cleans·a·ble [klénzəbl] 형 깨끗이 할 수 있는, 청결하게 할 수 있는, 결백하게 할 수 있는.
*****cleanse** [klenz] 타(료) 1 …을 청결하게 하다, 깔끔하게 하다, 깨끗이 하다. ⇒CLEAN (유의어) 2 …을 제거하다, 일소하다(*from*, *of*). ¶ ~ the mind *of* [or *from*] vice 마음에서 사악함을 없애다. 3 (성서) (나병 환자)를 고치다. ─ 자 깨끗해지다, 청결해지다.
cleans·er [klénzər] 명 1 깨끗하게 하는 것; 세탁하는 사람. 2 (비누·소다 등의) 세척제, 세제; 클렌징 크림.
clean-shaved [⁻ʃéivd] 형 =clean-shaven.
clean-shav·en [⁻ʃéivən] 형 깨끗이 면도한.
cléan shéet 명 오점(흠)이 없는 경력; 백지(白紙).
cleans·ing [klénziŋ] 명U 1 깨끗이 하기, 정화; 죄를 깨끗이 씻기. ¶ ethnic ~ 민족 정화; 소수 민족 박해, 인종 청소. 2 (~s) 쓸어서 버린 쓰레기. 3 (보통 ~s) (가축의) 후산(後産). 4 (美) 청소. ─ 형 1 정화하는; 청정(청결)하게 하는; (환상 따위)를 없애는 데 도움이 되는, (긴장 따위)를 완화시키는.
cléansing créam 명 클렌징 (세안용) 크림.
cléansing depártment 명 청소과.
cléansing tíssue 명 (화장용) 티슈 페이퍼.
clean·skin [klí:nskìn] 명 (濠) 1 낙인 찍지 않은 가축. 2 (속어) 전과가 없는 사람.
cléan sláte 명 =clean sheet.
cléan swéep 명 1 일소, 숙청. 2 (선거에서) 표를 휩쓸기, 압도적 승리(landslide); (연속 시합의) 전승.
clean·up [klí:nʌ̀p] 명 1 (대)청소; (a ~) (부패·범죄·악습 따위의) 일소, 정화 (운동). 2 (속어) 큰 벌이, 이익. 3 (야구) (타순의) 4번; 4번 타자. ─ 형 (야구) 4번 타순의. ─ 명 (야구) 4번 타자로.
Cléan Wáter Àct 명 (美) 수질 오염 방지법.
‡**clear** [kliər] 형 (~·*er*; ~·*est*) 1 맑은, 갠(fine); 밝은(light), 환한, 밝게 빛나는. ¶ a ~ sky 맑게 갠 하늘. 2 투명한, 맑은, 투시할 수 있는. ¶ ~ air [water] 투명한 공기(물) /as ~ as crystal 수정처럼 투명한. 3 (소리·색깔 따위가) 맑은, 깨끗한, 윤기가 있는, 명랑한; (형태·윤곽 등이) 뚜렷한. ¶ a ~ complexion 환한 안색 /in a ~ voice 청아한 목소리로. 4 (사실·논리 따위가) 명백한, 의심할 여지가 없는, 명료한(↔ *dark*); 잘 아는(이해된)(↔ *vague*). ¶ a ~ statement 조리 있는 진술 / make things ~ 사물(사정)을 분명히 하다, 설명하다 // Is that ~? =C- enough? (내 말) 알아듣겠어? /It is ~ *that* he pretends to be ill. 분명히 그는 꾀병 부리고 있다.

유의어 **clear** 의심·혼란을 일으킬 여지가 없이 뚜렷한. **plain** 복잡하지 않고 단순·분명한. **distinct** 용이하게 다른 것과 구별되어 보일(들릴, 이해될) 만큼 분명한.

evident 외면적 상황에서 곧바로 추론할 수 있는. **apparent** 외면적 상황에서 추론하면 분명히 알 수 있는. **obvious** 두드러져 보일 만큼 아주 뚜렷한. **manifest** 분명히 표면에 드러나 있어서 추론의 필요가 없는. **patent** 누구나 분명히 알 수 있는. **palpable** (원래는 시각 이외의) 감각으로 곧 알 수 있는.

5 분명히 아는, 자신이 있는(*about*, *as to*). ¶ I am not ~ *about* that matter. 그 일에 관해서는 확신이 없다. 6 (두뇌 따위가) 명석한, 이해가 빠른. ¶ a ~ head 명석한 두뇌 /a ~ remembrance 뛰어난 기억력. 7 방해가 없는, 걸릴 것이 없는, 트인(*of*). ¶ a ~ channel 전용 채널 /a ~ passage 앞이 탁 트인 길 // roads ~ *of* traffic 통행자가 없는 도로. 8 순수한; (구어) 전적인; 순익의. ¶ a ~ month 꼬박 한 달 / a ~ profit 순이익 / win a ~ victory 완승을 거두다. 9 (목재가) 마디가 없는, 홈이 없는; 상처(얼룩, 검버섯)이 없는. ¶ (a) ~ skin 검버섯이 없는 피부. 10 (부채·책임 따위의) 속박이 없는, 자유로운, (…이) 전혀 없는, (…을) 면한(*of*). ¶ a person ~ *of* debt 빚이 전혀 없는 사람 / be ~ *of* errors (worry) 전혀 잘못(걱정)이 없다 / Tomorrow is ~. 내일은 비어 있다(일이 없다). 11 (음성) ([l]의 발음이) 맑은; (음이) 마찰이나 기식(氣息)을 동반하지 않은. (⇔ *dark*). 12 죄가 없는, 결백한, 결벽한. ¶ have a ~ conscience 양심에 거리낄 게 없다. 13 접 따위를 부린. 14 암호화되지 않은, 보통문의. 15 벌거벗은, 드러낸. 16 (병이) 회복된. 17 (알이) 수정되지 않은, 무정란의. 18 (美구어) (술이) 다른 것이 섞이지 않은.

All clear! ① 적기 없음, 공습 경보 해제. ② 아무도 없어, 이 됐다. ─ 형 밝은; 명명백백한.
as clear as day [or *daylight, noonday*] 대낮처럼.
get clear of …에서 떨어지다, …을 피하다(벗어나다).
keep clear 주차를 금지하다; (게시) 주차 금지.
keep clear of …에서 떨어져 있다, …을 피해 있다.
make oneself clear (상대방에게) 자기의 말을 이해시키다.
see one's way clear 전도에 장애가 없다.
sit [*stand*] *clear of* …에서 떨어져서 앉다(서다); …을 멀리하다. ─ 부 지금이 기회다.
The coast is clear. 거칠 것이 없다: 때는 지금이다.
─ 타 (~s [-z]) 타 1 (의문·불안 따위)를 풀다, 분명하게 하다; 맑게 하다, 깨끗이하다(*up*). ¶ ~ the mystery 수수께끼를 풀다 / ~ the head 머리를 맑게 하다 // (~+目+團) That ~s it all *up*. 그것으로 모든 것이 판명됐다.
2 (의심)을 풀다, …의 결백을 증명하다(*up*) (*of*, *from*). ¶ ~ one's honor 명예를 회복하다 // (~+目+團) ~ ambiguity *up* 미심쩍은 점을 밝히다 // (~+目+前+名) ~ oneself *of* a charge 혐의를 풀다.
3 …을 치우다, 제거하다; (남)을 배제하다 (*of*, *from*); (접시)의 요리를 비우다. ¶ ~ one's conscience 양심의 거리낌을 없애다 / ~ the sea 소해(掃海)하다 / ~ the table 식탁을 치우다 // (~+目+前+名) ~ the air *of* dust 공기 중의 먼지를 제거하다 / ~ the pavement *of* the snow; ~ the snow *from* the pavement (포장) 도로의 눈을 제거하다.
4 (기침 따위)로 (목)의 가래 따위를 뱉아내다; (주의를 끌기 위해) 헛기침하다. ¶ ~ one's throat 헛기침하다.
5 (닿지 않고) …을 뛰어넘다; …을 (잘) 지나치다; (법망 따위가) (의회)을 통과하다; …을 뚫고 지나가다. ¶ ~ a difficult situation 난국을 뚫고 나가다 / ~ a fence 담장을 뛰어넘다 / The bill ~ed the Senate. 법안은 상원을 통과했다.
6 (배가) (항구·육지)를 떠나다; (선박)의 출항 절차를 밟다. ¶ ~ the land (배가) 육지를 떠나다 / ~ a ship 출항 절차를 밟다. 7 (상업) (재고품)을 싼값으로 팔아치우다(정리하다). 8 (어음·수표 따위)를 교환하다; (빚·어음 따위)를 청산하다. ¶ ~ a debt 빚을 갚다 / ~ the

check 수표를 현금으로 바꾸다. **9** **(구어)** …의 이익[순익]을 올리다. ¶ ~ $500 on the sale 그 판매로 500달러를 벌다. **10** …을 개간[개척]하다. ¶ ~ land [a forest] 땅[숲]을 개간하다. **11** 〔미간〕을 펴다, 환하게 하다. **12** 〔계획 따위〕에 대해 (당국의) 허가를 얻다[주다]. **13** 〔셈〕을 치르다, 청산하다. **14** (통제관이) 〔비행기〕의 이륙을 허가하다. **15** **〔법률〕** 〔미결 소송 사건〕을 처리[심리]하다. **16** **〔컴퓨터〕** 〔자료·데이터〕를 지우다.

—[자] **1** 분명해지다; (기분·마음·하늘 따위가) 맑아지다(*off, away, up*); (구름 따위가) 걷히다; (액체가) 맑아지다; 녹다. ¶ My head *~ed*. 머리가 맑아졌다 // (~+[副]) It *~ed off*. 하늘이 개었다. **2** **(속어)** 가버리다; 물러나다(*off, out*). ¶ (~+[前]+[名]) ~ *out of* the way 방해가 안 되도록 물러나다. **3** 출항 절차를 마치다; 출항하다. **4** 〔상업〕 재고품을 싸게 팔아치우다; (식사의) 뒷처리를 하다(*away, off*). **5** (수표·어음 따위를) 교환하다, 청산하다. **6** (의안 따위가) 심의를 거치다, 승인[승낙]을 얻다. **7** 〔컴퓨터〕 (데이터·명령을) 지우다.

clear away ① 청소하다; 〔의혹 따위〕를 일소하다. ② 〔식탁·방해물 따위〕를 치우다; 〔일 따위〕를 마무리하다. ③ (안개 따위가) 걷히다. ④ 떠나다, 도피하다.

clear off ① …을 제거하다, 치우다. ② 〔빚 따위〕를 갚다. ③ …을 팔아치우다. ④ (안개 따위가) 걷히다, (비가) 멎다. ⑤ 달아나다, 떠나다; …을 떠나게 하다.

clear out ① …을 청소하다, 정돈하다. ② …을 비우다, …의 내용물을 죄다 내놓다. ③ …을 빈털터리로 만들다. ④ …을 팔아치우다, 폐기 처분하다. ⑤ 출항하다. ⑥ 가버리다. ⑦ **(구어)** (힘으로) …을 배제하다.

clear outward [***inward***] 출항[입항] 수속을 하다.

clear the air [or ***atmosphere***] 분위기를 밝게 하다; 암운[의혹·오해 따위]을 일소하다.

clear the deck for action 갑판 위를 정리하여 전투 준비를 하다.

clear the way 길을 비키다[열다].

clear up ① (날씨가) 개다. ② 〔일 따위〕를 마무르다, 해결하다; 〔의문·오해 따위〕를 풀다. ③ …을 치우다, 청소하다. ④ (고민·감기 따위가) 해소되다, 사라지다.

—[부] (*~·er; ~·est*) **1** 분명히, 뚜렷이. ¶ show ~ 분명히 보이다 / speak loud and ~ 큰 소리로 분명히 말하다. **2** **(구어)** 전적으로, 충분히. ¶ get [*or* go] ~ out 완전히 밖으로 나가다. **3** 떨어져서, 접촉하지 않고. ¶ stand ~ of the problem concerned 그 문제와는 전혀 관계가 없다. **4** **(美구어)** 줄곧, (동안) 내내. ¶ run ~ to the station 역까지 줄곧 달리다.

get clear away [or ***off***] 완전히 떨어지다; 도망치다, 가버리다.

—[명] (the ~) **1** 빈 곳, 공지, 빈틈. **2** (하늘·날씨 따위가) 갬. **3** 〔건축〕 안목, 안치수. **4** (암호문에 대해) 보통문. **5** 옹이[상처]가 없는 목재. **6** (교통 신호의) 파란불.

in clear (구어) =*in the clear* ④.

in the clear ① 안치수로. ② 자유로이, 방해[위험]없이. ③ 무고하여, 결백하여. ④ (암호가 아니라) 보통 문자로. ⑤ 빚이 없이; **(美속어)** 자산가로.

clear·a·ble [klíərəbl] [형] 깨끗이 할 수 있는.

cléar-áir tùrbulence [명] 청천 난기류(晴天亂氣流) (갑작스런 대기중의 난류 현상; [약] CAT).

***clear·ance** [klíərəns] [명] **1** [U] 깨끗이 치우기, 청소. **2** [U] 개간, 삼림 벌채; [C] 개척지. **3** [U][C] 〔기계〕 여유, 틈새. **4** 〔상업〕 어음 교환(액). **5** [U][C] 출항[이륙, 착륙] 허가(증); 통관 절차; 허가. ¶ You got your ~ to leave. 이제 가도 좋다. **6** [U] 기밀 문서[정보] 취급 인가 (security ~). **7** =~ sale. **8** 순이익. **9** 〔의학〕 (신장 따위의) 청소[정화]치(値).

cléarance òrder [명] 〔법률〕 철거 명령.

cléarance pàpers [명][복] 입출항[이착륙] 허가증[서류].

cléarance sàle [명] 재고 정리[떨이] 판매, 재고품 염가 판매. (또는 **(濠) cléaring sàle**)

clear-cut[1] [ˊkʌ́t] [형] **1** 윤곽이 뚜렷한, 윤곽이 정돈된. ¶ a ~ face 윤곽이 뚜렷한 얼굴. **2** (발언·생각 따위가) 명확한, 명쾌한. ¶ a ~ explanation 명쾌한 설명.

clear-cut[2] [형] (숲의 관리·보호·개간 따위를 위해) 개벌(皆伐)[삭벌기]한. —[명] 개벌지, 삭벌기한 숲. —[동][타] [ˊˋ] 〔숲의 한 구역〕을 개벌[삭벌기]하다.

cleared [klíərd] [형] 통관 수속을 필한, 허가[인가]된; 지불이 끝난.

clear·er [klíərər] [명] **1** 치우는[제거하는] 사람[물건]. **2** 〔연극〕 =property man.

clear-eyed [ˊáid] [형] **1** 눈이 맑은; 눈이 밝은; 시력이 좋은. **2** 총명한, 통찰력 있는; 현실적인.

clear·head·ed [klíərhédid] [형] 두뇌가 명석한, 머리가 좋은; 이해력 있는. **~·ly** [부] **~·ness** [명]

***clear·ing** [klíəriŋ] [명][U] **1** 청소, 소제. **2** (장애물의) 제거; 소해(掃海). **3** [C] (숲속의) 개간지. **4** 〔상업〕 (은행 상호간의) 어음 교환; (~s) (하루의) 어음 교환액.

cléaring bàlance [명] 어음 교환 차액.

cléaring bànk [명] 어음 교환 조합 은행.

cléaring hòspital [stàtion] [명] 〔군사〕 야전 병원.

clear·ing·house [klíəriŋhàus] [명] 어음 교환소; 정보 교환소, 정보 센터. (또는 **cléaring hòuse**)

cléaring lìne [명] ⇨CLEARING MARK.

cléaring lòan [명] 당일 변제 대출[융자](day loan).

cléaring màrk [명] 〔해사〕 무장애 표시(선박의 안전 운항진로 한계선(clearing line)을 나타내는 육표(陸標) 또는 해도상의 표시).

‡clear·ly [klíərli] [부] (***more*** ~; ***most*** ~) **1** 밝게; 맑게. ¶ The moon shines ~. 달이 밝게 비치고 있다. **2** 명료하게, 분명하게; **(문장 수식)** 분명한 것은, 의심할 여지 없이. ¶ I heard the voice ~. 나는 그 소리를 분명히 들었다 // *C*–, he knows the fact. 분명히 그는 그 사실을 알고 있다. **3** (대답에서) 아무렴, 그렇고 말고.

to put it clearly **(문두에서)** 분명히 말해서.

***clear·ness** [klíərnis] [명][U] **1** 맑음, 선명, 맑고 밝음. **2** 명백, 명확함. **3** 장애 없음, 흠없음. **4** 결백.

clear·out [klíəràut] [명] **(英)** (불필요한 물품의) 일소, 처분; 청소; 배변(排便).

clear-sight·ed [ˊsáitid] [형] **1** 눈이 잘 보이는, 시력이 좋은. **2** 명민한, 신견지명이 있는. **~·ly** [부] **~·ness** [명]

clear·skin [klíərskìn] [명] **(濠)** =cleanskin.

clear·starch [klíərstɑ̀ːrtʃ] [동] (셔츠·홑이불 따위를) 풀먹이다. [참] starch

clear·sto·ry [klíərstɔ̀ːri/-stəri] [명] =clerestory. **-ried** [형]

clear·way [klíərwèi] [명] **(英)** 주[정]차 금지 도로; (긴급시) 대피로.

cléar wídth [명] (목공에서의) 안치수, 안목.

clear·wing [klíərwìŋ] [명] 유리날개나방(~ moth) (식물의 해충).

cleat [kliːt] [명] **1** 쐐기, 마개. **2** 〔해사〕 밧줄 걸이, 받침 나무. **3** 클리트(전선을 눌러 고정시키는 것). **4** 눌러 고정시키는 나무[금속]. **5** (~s) (구두창의) 미끄럼막이 징[고무, 가죽]. —[동][타] …을 cleat로 누르다, cleat에 고정시키다.

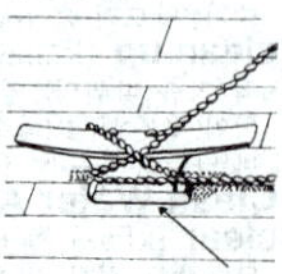

〔cleat 2〕

cleav·a·bil·i·ty [klìːvəbíləti] [명][U] 벽개성(劈開性), 절개할 수 있음.

cleav·a·ble [klíːvəbl] [형] 쪼갤[찢을] 수 있는; 벽개성의; 절개할 수 있는.

cleav·age [klíːvidʒ] [명][U][C] **1** 쪼개짐, 찢어짐, 열개(裂開), 분열. **2** 갈라진 곳, 틈, 홈. ¶ the ~ *between* rich and poor 빈부간의 틈. **3** 〔생물〕 수정란(受精卵)의 세포 분열, 난할(卵割). **4** (결정(結晶)의) 벽개성. **5** 〔화학〕 (분자·화합물의) 분열. **6** **(구어)** 유방 사이의 골짜기; 여성의 음부. **7** 의견[이해 관계]의 불일치.

cleave**[1] [kliːv] [동] (cleft, ~d, clove; cleft, ~d, cloven***) [타] **1** …을 쪼개다, 찢다; (나뭇결·갈라진 곳을 따라) …을 쪼개다[째다]. ⇨TEAR [유의어] ¶ (~+[目]+[副]/[補]) ~ it *asunder* [*open*] 그것을 발기발기 찢다[절개하다] // (~+[目]+[前]+[名]) ~ it *in* two 그것을 두 조각

내다. **2** (공기·물 따위)를 밀어 헤치고[가르며] 나아가다. 힘차게 나아가다.¶~ the water 물을 헤치고 나아가다. **3** (길 따위)를 개척하여 나아가다.¶(~+圖+ 圍+젭) ~ a path *through* a wilderness 황야에 길을 내며 나아가다. ── 国 **1** 쪼개지다, 찢어지다. **2** (⋯을) 헤치고 나아가다, (새 따위가) 날아가다(*through*).
cleave down 베어 쓰러뜨리다.   「가다.
cleave one's way through ⋯을 밀어 헤치고 나아
cleave[2] 国勉 (~d, clove; ~d) **1** (⋯에) 달라붙다, 점착[고착]하다(*to*). **2** (⋯에) 집착하다, 충실히 붙어 있다(*to*).¶~ *to* an idea 어떤 생각을 고수하다.
cleav·er [klíːvər] 圄 쪼개는[찢는] 사람[기구]. **2** (푸주의) 큰 식칼. **3** (지질) 빙하나 설원에 돌출해 있는 바위의 융기.   「(식물). (또는 **clivers**)
cleav·ers [klíːvərz] 圄勉 (단수취급) 갈퀴덩굴(류의
cleek [kliːk] 圄 **1** (골프) 클리크(4번 우드 또는 1번 아이언의 별칭). **2** (스코·북英) 큰 갈고리. ── (스코) 勉印 ⋯을 (꽉) 잡다. ── 国 팔꿈을 끼고 가다.
clef [klef] 圄 (음악) 음자리표, 음부(音部) 기호.¶G ~ 높은[사]음자리표(고음부(treble) 기호)/F ~ 낮은 [바]음자리표(저음부(bass) 기호)/C ~ 가온[다]음자리표(중음부 기호).
clef·fer [kléfər] 圄 (美俗) 작곡가; 작사가.
***cleft**[1] [kleft] 圄 **1** 쪼개진 틈, 갈라진 틈; 쪼개진 조각(split). **2** 분열선. **3** (속어) (여성의) 음부. ── 圃 **1** 쪼개진, 갈라진; 분할된. **2** (잎이) 깊게 갈라진.
in a cleft stick 진퇴 양난에 빠져, 궁지에 몰려.
***cleft**[2] *cleave*[1]의 과거·과거분사.
cléft gráft 圄 (접목(接木)의) 할접(割接).
cléft infínitive 圄 (문법) 분리 부정사.
cléft líp = *harelip*.
cléft pálate 圄 구개(口蓋) 파열, 언청이.
cléft séntence 圄 (문법) 분열문(It... that에 의해 분리된 문장. 예: It is *wine* that Tom likes.).
cleg(g) [kleg] 圄 (英) 등에(gadfly); 말파리(horsefly); 쇠파리.   「단단한 껍질·막으로 싸여 있는.
clei·do·ic [klaidóuik] 圃 (발생) (동물 따위의 알이)
cleis·to·gam·ic [klàistəɡǽmik] 圃 (식물) = *cleistogamous*. **-i·cal·ly** 뷔
cleis·tog·a·mous [klaistάɡəməs/-tɔ́ɡ-] 圃 (식물) 폐화(閉花) 수정의. **-ly** 뷔   「폐화 수정.
cleis·tog·a·my [klaistάɡəmi/-tɔ́ɡ-] 圄[U] (식물)
clem [klem] 囯 (-*mm*-)(英方언) 印 (굶주림 따위로) ⋯을 여위게 하다, 굶주리게 하다. ── 国 여위다, 굶주리다. (또는 **clam**)
Clem (속어) 圄 (종종 c-) 소도시읍, 시골 주민; 서커스 단원과 지역 주민의 싸움. ── 国印 (-*mm*-) (c-) (난동꾼들을) 쫓아버리다.   「의 풀 또는 관목.
clem·a·tis [klémətis] 圄 미나리아재빗과 으아리속
Cle·men·ceau [klèmənsóu] 圄 **Georges Eugène Benjamin** ~ 클레망소(1841-1929: 프랑스의 정치가; 수상(1906-09, 1917-20)).
clem·en·cy [klémənsi] 圄[U]印 **1** (성격·성질의) 온화, 온순; 관대, 자비. **2** (죄인 등에 대한) 관대한 조치, 자비. **3** (날씨의) 온화함, 따뜻함.
Clem·ens [klémənz] 圄 **Samuel Langhorne** ~ 클레멘스(1835-1910: 미국 작가 Mark Twain의 본명).
clem·ent [klémənt] 圃 **1** (성질이) 온후한, 자비로운, 관대한, 동정심이 있는. **2** (날씨 따위가) 온화한, 따뜻한.¶~ weather 온화한 날씨. ~·**ly** 뷔
Clem·ent [klémənt] 圄 클레멘트(남자 이름).
clem·en·tine [kləməntáin, -tíːn] 圄 클레멘타인(tangerine과 sour orange의 잡종인 소형 오렌지).
Clem·en·tine [kləməntáin, -tíːn] 圄 클레멘타인. **1** 여자 이름. **2** 19세기 미국의 골드러시 때 광부의 딸을 노래한 민요; 그 주인공. 또는 **Clèm·en·tí·na**)
clem·o [klémou] 圄 (美俗) 가석방; 감형; 탈옥.
***clench** [klentʃ] 印印 **1** (이)를 악물다, (입)을 굳게

다물다; (주먹)을 꼭 쥐다; ⋯을 (손 따위로) 단단히 쥐다(*in, with*). **2** (문제)를 결말짓다, ⋯을 해결하다.¶~ *a bargain* 계약을 체결하다. **3** (해사) (큰 밧줄 따위의 끝)을 반대로 꼬부려 잡아매다; (못·볼트 따위의 끝)을 두드려 꼬부리다. **4** (권투에서) (상대)를 부둥켜안다(clinch). ── 国 꽉 다물다, 꼭 쥐다. ── 圄 심취다.
clench one's teeth [or **jaws**] 이를 악물다, 굳게 결의하다. ── 圄 **1** 단단히 쥐기, (이를) 악물기. **2** (해사) 밧줄 끝을 반대로 꼬부려 잡아맨 매듭. **3** (권투의) 클린치.
clench·er [kléntʃər] 圄 = *clincher*.
clénch-físt(ed) salúte [-ˈfíst(id)-] 圄 (美) 주먹을 내미는 항의의 몸짓.   「菌薬) clindamycin).
Cle·o·cin [klíousin] 圄 (상표) 클레오신(항균약(抗
cle·o·me [klióumi] 圄 (식물) 백화채(白花菜).
Cle·o·pa·tra [klìːəpǽtrə, -pάː-] 圄 클레오파트라. **1** 여자 이름. **2** 이집트의 여왕(69-30 B.C.).
Cleopatra's nose 클레오파트라의 코: (비유적) 중대한 영향을 미치는 사소한 일.
clep·sy·dra [klépsədrə] 圄 (~**s, -drae** [-driː]) 물시계. 〔<L〕「= *kleptomania*.
clep·to·ma·ni·a [klèptəméiniə, -njə] 圄 (심리)
clep·to·ma·ni·ac [klèptəméiniæk] 圄 (심리) = *kleptomaniac*.
clere·sto·ry [klíərstɔ̀ːri/-stəri] 圄 **1** (건축) (교회 따위의) 지붕 위에 높은 채광창이 달려 있는 층. **2** (열차 지붕 따위의) 통풍[채광]창. (또는 **clearstory**) **-ried** 圃

[clerestory 1]

***cler·gy** [kláːrdʒi] 圄 **1** (the ~) (집합적; 복수취급) (사제·목사 등의) 교역자, 성직자(雁 laity).¶The ~ are opposed to the bill. 성직자는 법안에 반대하고 있다. **2** = *clergymen*. **~·like** 圃
‡**cler·gy·man** [kláːrdʒimən] 圄 (**-men** [-mən]) **1** 성직자, 교역자(雁 minister 3). **2** (기독교의) 목사, (영국 국교회의) 사제.   「두염.
clergyman's (sóre) thróat 圄 (의학) 만성 후
cler·gy·wom·an [kláːrdʒiwùmən] 圄 (雁 -**women** [-wìmin]) **1** (익살) 목사의 아내[딸]. **2** 여자 목사; (드물게) 수녀.   「의(clerical).
cler·ic [klérik] 圃 성직자의, 목사의. ── 圄 목사의, 성직
***cler·i·cal** [klérikəl] 圃 **1** 서기의, 사무원의; 필사원(筆寫員)의.¶a ~ error 오기(誤記)/~ work 서기의 일, 필사/a ~ staff 사무 직원. **2** 성직의, 목사의.¶a ~ life 목사 생활. **3** (정치적으로) 성직권을 지지하는. ── 圄 **1** 성직자, 목사. **2** (~**s**) (구어) 성직복, 목사복. **3** (정치상의) 성직권 지지자. **-cál·i·ty** 圄 **-ly** 뷔
clérical cóllar 圄 로만 칼라(Roman collar)(가톨릭 성직자의 목 뒤에서 고정하는 가늘고 빳빳한 흰 깃).
cler·i·cal·ism [klérikəlìzm] 圄[U] **1** 교회권 (확장) 주의, 성직자 중심주의, 교회 정치주의 (雁 *secularism*). **2** (정치적) 교권, 성직자(교회)의 정치적 세력. **3** 교권권 옹호, 성직자의 정치 세력 옹호. **-ist** 圄
cler·i·cal·ize [klérikəlàiz] 勉印 ⋯을 성직자가 되게 하다; 성직 중심주의화하다.
cler·i·hew [klérəhjùː] 圄 (운율) 자서전적인 4행 희시(戲詩), 인물을 풍자하는 내용의 4행시.   「계급.
cler·i·sy [klérəsi] 圄 (집합적) 학자; 지식층, 지식
‡**clerk** [kləːrk/klɑːk] 圄 **1** 사무원, 회사원; (은행의) 행원.¶a bank ~ 은행원/a lady ~ 여사무원/a ~ in [or of] a foreign firm 외국 상사의 사원. **2** (美) 판매원; (호텔의) 프런트 안내계(desk ~). **3** (법원·의회 등의 따위의) 서기, 기록계, 진행계.¶a municipal [or city] ~ 시청 서기[공무원]/the head ~ 서기장, 상점 지배인. **4** 교회 서기, 교구의 집사. **5** 성직자, 교역자. **6** (고어) 읽고 쓸 줄 아는 사람; 학자.

clerk in holy orders (英) 성직자, 목사.
clerk of St. Nicholas 노상 강도, 도둑.
Clerk of the Closet (英) 국왕 전속 목사 〔인〕.
clerk of the course (경마장 등의) 코스 요원[관리
Clerk of the Peace (英) (지방 자치체의) 치안 서기.
clerk of (the) works (英) 현장 공사의 현장 감독.
clerks and jerks (美軍) 행정병; 후방[예비] 부대.
the Clerk of (the) Weather ① (익살) 날씨의 신. ② (美속어) 기상대장. ――⑤困 『(for, in)』
――⑤困 (…에서) 사무원[서기, 점원]으로서 근무하다
～·ish, ～·like 刨   〔위〕.
clerk·dom [klɔ́ːrkdəm/kláːk-] 囹回 서기의 직[신
clerk·ess [kláːrkis] 囹 여자 사무원.
clerk·ly [klɔ́ːrkli/kláːk-] 刨 1 성직자[목사]의[다운]. 2 사무원[서기]의; (美) 점원의[다운]. 3 (古어) 학자의[다운]; 달필의. ――㎞ 사무원[점원]답게. **-li·ness** 囹
clerk·ship [klɔ́ːrkʃip/kláːk-] 囹回 1 사무원[서기·점원]의 신분[직]; 성직자의 신분. 2 (임상 실습중의) 의과 대학생의 신분. 3 (古어) 학식; (집합적) 성직자.
Cleve·land [klíːvlənd] 囹 클리블랜드. 1 미국 Ohio주의 도시. **2 Stephen Grover** ～ (1837–1908) 미국의 제 22·24대 대통령.
‡**clev·er** [klévər] 刨 (**～·er; ～·est**) 1 영리한, 총명한, 머리가 좋은; 재치있는, 똑똑한(⑩ stupid). ¶ **a** ～ **boy** 영리한 소년 / **say a** ～ **thing** 똑똑한[기발한] 말을 하다 // **It is** ～ **of him** [or **He is** ～] **to solve the problem.** 그는 그 문제를 풀 정도로 머리가 좋다.

┌─ **유의어** ─────────────────────────
│ **clever** 머리 회전이 빨라 상황·문제에 대한
│ 대처가 재빠름; 미국 영어에서는 "교활한"이란 뉘앙
│ 스를 풍긴다. **wise** 매우 intelligent해서 시야가 넓고
│ 건전한 판단력의 뜻이다. **bright, smart** 둘 다 구어
│ 적인 표현으로 젊은이에게 흔히 사용되지만 **bright**는
│ 머리의 활동과 태도 따위가 활발함, **smart**는 남보다
│ 뛰어나거나 빨리 빈틈없음을 암시. **intelligent** 학습·습득·판단의 능력을 보통 이상으로 타고난; 동물에도 쓰인다. **intellectual** 매우 intelligent한 데다가, 교육·교양을 쌓은 결과 주로 지식 분야에 흥미와 능력을 지닌; 동물에는 사용되지 않는다.
└──────────────────────────────────

2 솜씨 좋은, 숙련된; (…에) 능한, (…을) 잘하는(**at, in, with**) (⑩ clumsy). ¶ ～ **fingers** 뛰어난 손재주, 재주 있는 손재주 / He is ～ **with the pen.** 그는 글씨를 잘 쓴다. 3 (언동·생각·작품 따위가) 교묘한, 정교한; 독창적인. ¶ **a** ～ **apparatus** 정교한 기계. 4 (口語) 빈틈이 없는, 번드르르한, 겉으로만이는. ¶ **make a** ～ **excuse** 번드르르하게 변명하다. 5 (방언) 사람 좋은, 호인의. 6 …에 맞는, 적합한, 편리한. 7 아름다운; 건강한. **get clever with** …을 꼭둑지르다.
not too clever (濠口語) 기분이 좋지 않은.
too clever by half (英口語·경멸적) (자기 이익을 챙기는 데) 빈틈이 없는; 아주 지능적인, 지나치게 교활한.   〔건방진 녀석, 아는 체하는 사람.
clev·er-boots [-bùːts] 囹 (口語) 영리한 사람;
clev·er-clev·er [-klévər] 刨 (口語) 똑똑한 체하는, 재치를 뽐내는.   〔아는 체 뽐내며 녀석.
Cléver Dick[**dick**] 囹 (美속어) 머리가 좋은 사람,
clev·er·ish [klévəriʃ] 刨 1 잔꾀가 있는, 똑똑해 보이는. 2 꽤 교묘한, 매우 솜씨 좋은. ~·**ly** 刨
*****clev·er·ly** [klévərli] 刨 1 영리하게, 솜씨 좋게, 재치있게; 영리하게 완전하게, 만족하게.
*****clev·er·ness** [klévərnis] 囹回 1 영리함, 재치있음. 2 교묘함, 재주 좋음.   〔석.
cléver sticks 囹⑩ (단수취급) (英) 아는 체하는 녀
clev·is [klévis] 囹 U자형의 고리, U링크.
clew [kluː] 囹 1 실뭉치, 실꾸리, 테실; 〔그리스 신화〕 (미로를 인도하는) 실, 길잡이 실. 2 〔조사·연구의〕 실마리, (문제 해결의) 실마리, 단서(clue). 3 (海) 돛귀; 돛귀의 고리. 4 (～**s**) (해먹(hammock)의) 달아매는 줄.

from clew to earing 가로돛의 밑에서부터 위까지; (비유적) 구석에서 구석까지, 샅샅이, 철저히.
spread a large clew (海사) ① 많은 돛을 올리다. ② 장관을 이루다.
spread a small clew (海사) ① 돛을 조금만[몇 개만] 올리다. ② 눈에 띄지 않는 모습을 하고 있다.
――⑤㈲ 1 (실)을 둥글게 감다. 2 (힌트를 주어) …을 지도하다, …에게 단서를 제공하다.
clew down (海사) 돛귀를 끌어 내려서 (돛)을 펴다.
clew up (海사) 돛귀를 끌어 올려서 (돛)을 접다. ② (일)을 끝마치다.
CLI computer-*l*ed *i*nstruction(컴퓨터 주도 학습).
*****cli·ché** [kliːʃéi, kli-/klíːʃei] 囹 1 (경멸적) (진부한) 상투 어구. 2 (경멸적) (예술·문학·연극 따위에서) 상투적인[흔히 있는] 줄거리[전개], 장면, 효과, 표현]. 3 (英) (인쇄) 연판(鉛版), 스테레오판, 전기판. ――刨 진부한, 고리타분한, 틀에 박힌. (또는 **cliche**) [F]
cli·ché(ʹ)d [kliːʃéid, kli-/klíːʃeid] 刨 상투적인 문구가 많은, 상투어 투성이인; 케케묵은, 진부한.
‡**click**¹ [klik] 囹 1 딸깍[찰칵] 하는 소리. ¶ **the** ～ **of a latch** 걸쇠가 딸깍 하는 소리. 2 (기계) 걸쇠, 빗장, 딸깍 소리를 내며 잠기는 것. 3 (음성) (혓 하며) 혀 차는 소리. 4 말이 앞뒤의 편자를 서로 맞부딪치기[맞부딪치는 버릇]. 5 (美속어) (순간적인) 이해(해결), 번득임; (흥행의) 성공, 대히트. 6 도당, 소집단, 파벌. 7 (口語) ～(**s**) **and mortar**.
――⑤困 1 딸깍[찰칵] 소리나다. 2 (口語) (일이) 잘 되어가다. (英) (공연 따위가) 성공하다, (관객 등에게) 인정받다(*with*). 3 (이성과) 뜻이 맞다, 의기 투합하다(*with*). 4 (口語) (사람이) 갑자기 알게 되다, 문득 깨닫다(*with*). 5 (컴퓨터) (마우스의 버튼을) 클릭하다(*on*). 6 (軍속어) 살해되다. ――㊉ 1 …을 딸깍 소리나게 하다. 2 혀를 찰칵 소리내며 …을 치다. ¶ **The soldier** ～**ed his heels and saluted.** 그 병사는 발꿈치를 딱 부딪치며 경례했다. 3 (컴퓨터) (마우스의 버튼)을 클릭하다. (마우스 조작으로) (아이콘)을 선택하다.
click for (英구어) …을 운좋게 입수하다.
click off 찰칵찰칵 소리를 내며 기록하다[기록을 반복
～**·less** 刨   〔하다].
click² 囹 (속어) =kilometer. (또는 **klick**)
click béetle 囹 방아벌레(snapping beetle).
click·er [klíkər] 囹 1 딸깍[찰칵] 소리내는[울리는] 것. 2 (제화 공장의) 공장장; (인쇄) 식자 반장. 3 (英구어) (상점의) 호객꾼. 4 리모콘(remote control).
click·e·ty-clack [klíkətiklǽk] 囹 덜컹덜컹(전차 바퀴소리 따위). ――⑤困 덜컹덜컹 소리를 내다. (또는 **clickety-click, clickity-clack**)   〔(을 겸한).
clíck(s) and mórtar 囹 제조업과 인터넷 사업
click stóp 囹 클릭 스톱(카메라의 조리 따위에서 일정한 눈금마다 째각 소리를 내며 정지하는 장치).
‡**cli·ent** [kláiənt] 囹 1 소송[변호] 의뢰인; (공공 기관에) 상담하는 사람, 민원인. 2 (상점의) 고객, 단골 손님. 3 (고대 로마 귀족의) 예속 평민. 4 사회 복지의 수혜자; 남의 보살핌을 받는 자, 식객, 피보호자, 예속자. 5 ＝～**state**. 6 (컴퓨터) 클라이언트(수신쪽의 하드웨어[소프트웨어]). ――刨 1 단골 손님의. 2 (경제적·군사적으로) 타국에 의존하는. ～**·less** 刨 ～**·ship** 囹
cli·ent·age [kláiəntidʒ] 囹 (집합적) ＝clientele. 2 (보호자에 대한 피보호자의) 종속 관계, 예속, 의존.
cli·en·tal [kláiéntl, kláiəntl] 刨 의뢰인의, 고객의.
cli·ent-cen·tered thérapy [-sèntərd-] 囹 (정신의학) 환자 중심 요법(환자의 잠재 능력을 끌어내어 스스로 전응케 하면서 돕는 치료법).
cli·en·tele [klàiəntél, kliːɑːn-/klìːən-] 囹 (집합적; 단·복수 양용) 1 (변호사의) 소송 의뢰인. 2 단골 (손님), (劇團·클럽의) 단골, (병원의) 환자, 동지.
cli·en·ti·tis [klàiəntáitis] 囹 의존국 과신; 사대주의.
clíent sérver sỳstem 囹 (컴퓨터) 클라이언트 서

client state 명 보호국; 〈종〉속국. (또는 **client**)

‡cliff [klif] 명 1 (해안 따위의) 벼랑, 절벽. 2 〔골프〕 벙커(bunker)의 사면(斜面). ~**·like** 형

cliff diving 명 암벽 다이빙 (경기).

cliff dweller 명 1 (보통 C- D-) 암굴 거주인(선사시대에 미국 서남부의 암굴에 거주하던 종족). 2 (대도시의) 아파트 거주자. **cliff dwelling** 명 암굴 거주.

cliff-hang [∼hæŋ] 자타 1 위태로운 상태에 놓이다. 2 cliff-hanger를 쓰다[제작하다]. (또는 **clíffhàng**)

cliff-hang·er [∼hæŋər] 명 1 (TV·영화의) 모험물 (시리즈). 2 손에 땀을 쥐게 하는 것; 예측 불허의 시합 [경쟁]; 호각(互角)의 경쟁자.

cliff-hang·ing [∼hæŋiŋ] 형 (시합 따위가) 손에 땀을 쥐게 하는, (드라마 따위가) 아슬아슬한, 모험적인. (또는 **clíffhàngìng**)

Cliff Nótes 명 클리프 노츠(사) (미국의 참고서 출판사); (비유적) 요약본.

Clif·ford [klífərd] 명 클리퍼드(남자 이름).

cliffs·man [klífsmən] 명 (복 -men [-mən]) 절벽에 잘 오르는 사람.

cliff·y [klífi] 형 낭떠러지를 이룬, 절벽의, 가파른.

Clift [klift] 명 Montgomery ~ 크리프트(1920-66: 미국의 영화 배우).

clim. climate.

cli·mac·ter·ic [klaimǽktərik, klàimæktérik] 명 1 〔생리〕 갱년기; (여성의) 폐경기(閉經期). 2 액년(厄年). ¶the grand ~ 대액년(보통 63세). 3 전환기, 위기. ― 형 = **cli·mac·ter·i·cal** [-tərikəl] [>-térikəl]) 갱년기의; 액년의; 전환점의, 위기의. -**i·cal·ly** 부

cli·mac·te·ri·um [klàimæktíəriəm] 명 〔의학〕 갱년기의 증상·장애.

cli·mac·tic [klaimǽktik] 형 절정[최고조]의, 절정에 도달하는; 〔수사〕 점층법(漸層法)의. ¶~ arrangement 최고의 협정. (또는 **climactical**) -**ti·cal·ly** 부

‡cli·mate [kláimit, -mət] 명 ⓤⓒ (어떤 지역의) 기후(복 weather). ¶a humid ~ 습한 기후/an influence of the ~ 기후의 영향.

USAGE **the climate in Seoul**과 **the climate of Seoul**—둘 다 「서울의 기후」라는 뜻이지만, 전자는 the climate가 의미상의 중심이고 in Seoul은 그 장소를 나타내는 수식 요소〔종속적 요소〕인 데 반하여, 후자는 「다른 장소가 아니라 서울의」처럼 Seoul에 의미의 중점이 있다.

2 (기후상으로 본) 지방, 지대, 지역. ¶a change of ~ 전지(轉地). 3 (어떤 지역·시대·사회의 지배적인) 풍조, 사조, (지적·정신적) 풍토; 기풍. ¶the political ~ 정치 정세/the cultural ~ of France 프랑스의 문화적 풍토.

climate control 명 실내 온도 조절 (장치).

cli·mat·ic [klaimǽtik] 형 기후(상)의, 풍토의. (또는 **climatical, cli·mat·al** [kláimətl]) -**i·cal·ly** 부

cli·ma·tize [kláimətàiz] 타자 …을 새로운 환경에 순응시키다; [건물 따위]를 기후에 적합하게 개조하다.

cli·mat·o·graph [klaimǽtəgræf/-gràːf] 명 기후 그래프. (또는 **climatogram**)

cli·ma·tol·o·gy [klàimətάlədʒi/-tɔ́l-] 명ⓤ 기후학, 풍토학. **-to·log·ic** [-təlάdʒik/-lɔ́dʒ-], **-to·lόg·i·cal** 형 **-to·lόg·i·cal·ly** 부 **-gist** 명

cli·ma·to·ther·a·py [klàimətəθérəpi] 명 〔의학〕 기후 요법(기후가 인체에 끼치는 영향을 이용한 치료).

‡cli·max [kláimæks] 명 1 (사건·생각·표현 따위의) 절정, 정점; (연극·영화 따위의) 최고조, 클라이맥스. 2 ⓤ 〔수사〕 클라이맥스, 점층법(漸層法)(문세를 점차 높여 가는 수사법; 또 그 최후의 가장 중요한 부분)(← anticlimax). 3 ⓤ 〔생태〕 극상(極相)(식물 군락의 안정기). 4 ⓤ 오르가슴(orgasm).

cap the climax ⇨ CAP¹.
reach [or **come to**] **a climax** 절정에 달하다.
― 자타 정점[최고조]에 달하다[으로 끌고 가다].

clímax commùnity 명 〔식물〕 극상 군락(群落).

‡climb [klaim] 자 (~s [-z]) 타 1 (손발을 사용하여) 기어오르다(up, onto, on), 기어내리다(down); (산·계단 따위)를 오르다. ¶~ like a monkey 원숭이처럼 기어오르다 // (~+전+명)Monkeys ~ well. 원숭이는 나무에 잘 오른다 // (~+전+명) ~ up the Matterhorn 마터호른 봉을 등반하다 / ~ to the top 정상에 오르다. 2 (비행기·연기·해 따위가) 떠오르다, 상승하다(to); (물가·기온 따위가) 오르다. ¶The sun ~ed above the clouds. 태양이 구름 위로 떠올랐다/The prices are ~ing steadily. 물가가 꾸준히 오르고 있다. 3 (노력에 의하여) 입신하다, 출세하다(rise) (to); 승진하다. ¶ (~+전+명) ~ from poverty to wealth 가난에서 벗어나 부자가 되다 / ~ to power 출세하여 권력을 잡다. 4 (식물 따위가) 오르막이 되다. 5 (식물이) 휘감겨 올라가다(over). 6 (손발을 사용하여 기둥이) 나아가다(into, out of). ¶~ into [out of] a car (어린아이 등이) 차에 타다[차에서 내리다]. 7 급히[어렵게] 입다[벗다](into, out of).
― 타 1 〔나무 따위〕를 기어오르다, 〔산 따위〕에 오르다(up); (차 따위가) 〔언덕·고갯길〕을 오르다. ¶~ a mountain 등산하다 // (~+명+명) ~ a ladder up 사다리를 오르다.

유의어 **climb** 노력하여 오르다. **ascend** 상당히 높이까지 이르러, 또는 당당하게 오르다. **mount** 좀 높은 곳에 오르다, 올라타다. **scale** 곤란·위험을 극복하고 오르다. **go up** 승강기·케이블카 따위로 오르다.

2 (천체·연기·비행기 따위가) …에 서서히 떠오르다, 상승하다. ¶The sun has ~ed the sky. 태양이 하늘 높이 떠올랐다. 3 (비유적) (노력하여) 〔고위직 따위〕에 올라가다. ¶~ the way to success 성공의 길을 올라가다. 4 (식물 따위가) …에 휘감겨 올라가다, 기어오르다.

climb down ① (…에서) 기어내리다(from). ¶He ~ed down (from) the mast. 그는 돛대에서 기어내려왔다. ② 〔구어〕 (지위 따위에서) 내려오다, 물러나다 (from); 양보하다, 단념하다.

climb [or **go**] **up (the) wall(s)** (구어) 노하다, 노해 있다, 초조해 하다, 광란 상태가 되다[돼 있다].

Go climb a tree! 〔미구어〕 저리 가!, 꺼져!

― 명 1 (a ~) 오르기, 등반; 상승. ¶a long ~ 장시간의 등반, 오르는 곳, 높은 곳; 경사면. ~**·a·ble** 형 기어오를 수 있는.

climb-down [∼dàun] 명ⓤⓒ 1 (기어) 내려오기, 하강. 2 (구어) 양보; 단념; (성명·요구 따위의) 철회.

***climb·er** [kláimər] 명 1 기어오르는 사람[물건]; 등산가, 나무에 오르는 사람. ¶an alpine ~ 고산 등산가 / a mountain ~ 등산가. 2 출세하려고 노력하는 사람, 출세주의자, 야심가. 3 기어오르는 식물(담쟁이덩굴 따위). 4 (아이젠 따위) 등반 용구. 5 반금류(攀禽類)(딱다구리 따위). 6 〔속어〕 밤도둑.

climb indicator 명 〔항공〕 승강계(昇降計).

climb·ing [kláimiŋ] 형 기어오르는; 상승하는.
― 명 기어오르기, 등반, 등산; 상승.

climbing fern 명 〔식물〕 실고사리속(屬).

climb·ing·fish [kláimiŋfiʃ] 명 (복 ~ (-es)) = climbing perch.

climbing frame 명 (英) 정글 짐 ((美) jungle gym).

climbing iron [spur] 명 (~s) (전신주·나무 등의) 등반용 스파이크 (등산용) 아이젠.

climbing perch 명 〔어류〕 등목어(登木魚).

climbing plant 명 =climber 3.

climbing rope 명 자일, 등산용 로프.

climbing rose 명 덩굴장미. [상승.

climb-out [kláimàut] 명 (비행기의 이륙 직후의) 급

clime [klaim] 몡 (시) 1 지방, 토지; 나라. ¶breathe the air of northern ~s 북쪽 나라에 살다. 2 =climate.
cli·mo·graph [kláiməgræf/-grɑ̀ːf] 몡 클라이모 그래프, 기후 그래프.
clin. clinical.
clin- [klain] 연결 ⇨CLINO-.
***clinch** [klintʃ] 탄 1 (대갈못의 끝)을 꼬부리다, 쳐서 납작하게 하다. 2 …을 못 따위로 고정시키다, 죄다(*together*). 3 (구어) (거래 따위)를 결말짓다; (논의·문제 따위)를 매듭짓다; …에게 대응하다; …를 지지하다. ¶~ a bargain 거래를 성립시키다 / ~ a championship 선수권을 획득하다. 4 (해사) (삭구)를 반대로 꺾어 잡아매다. 5 (입)을 꽉 다물다; (이)를 악물다. 6 (권투) (상대)를 껴안다, 클린치하다. ── 자 (권투) 맞붙들다, 클린치하다; (속어) 격렬하게 포옹하다.
── 몡 1 끝을 꼬부려 못; 못 끝을 꼬부린 부분. 2 고정시키기, 죄기, 고착; 고정시키는 도구. 3 (권투) 클린치. 4 (속어) 격렬한 포옹. 5 (해사) (로프의 끝)을 반대로 꺾어 잡아맨 매듭. 6 (고어) 말장난, 신소리.
in a clinch ① (권투 선수가) 클린치하여. ② (…을) 꼭 ~·**ing·ly** 匣 부둥켜 안고[쥐고].
clinch·er [klíntʃər] 몡 1 못 끝을 꼬부려 고정시키는 사람; 못 끝을 꼬부리는 연장. 2 고착시키는 것, 죄는 기구, 꺾쇠. 3 결정적 요인[수단, 방법]; 확실한 증거.
clinch·er-built [-bilt] 匣 =clinker-built.
clin·da·my·cin [klìndəmáisin] 몡 (약학) 클린다 마이신(반(半)합성 항생제).
cline [klain] 몡 (생물) (지역적) 연속 변이(變異) (현상); (언어) 점차적 연속대. **clín·al** **clín·al·ly** 匣
‡**cling** [kliŋ] 자 (~*s* [-z]; **clung**) 1 (…에) 달라붙다, 점착(粘着)하다(*together*)(*to, onto*). ¶(~+前+명) The wet clothes clung to my skin. 젖은 옷이 살갗에 달라붙었다. 2 (…에) (손·발로 감아) 매달리다, 꼭 달라붙다; (…에서) 떨어지지 않다; (멍굴 따위가 벽에) 들러붙다(*to*). ⇨STICK 유의어 ¶(~+前+명) The child ~*s to* me. 아이가 내게 매달려 떨어지지 않는다. 3 (사상·희망·기억 따위에) 집착하다, (…을) 고집하다(*to, onto*). ¶(~+前+명) ~ *to* an old custom 구습을 고수하다. 4 (냄새 따위가) (…에) 배어 들다(*to*).
cling together (구어) 단결하다; 밀착하다.
── 몡 U 점착, 밀착; 집착, 애착.
cling·er [klíŋər] 몡 점착[밀착]하는 것; 애착을 버리는 사람, 고집하는 사람.
clíng fílm 몡 (식품 포장용) 랩(plastic wrap).
clíng·ing [klíŋiŋ] 匣 밀착성의; (옷이 몸에) 달라붙는; (경멸적) 의존심이 강한. ~·**ly** 匣 ~·**ness** 몡
clínging clóthes 몸에 착 달라붙는 의상.
clínging víne 몡 (구어) 무력해서 걸핏하면 남에게 의지하는 사람(특히 여자), 자립할 수 없는 사람.
clíng péach 씨가 잘 안 빠지는 복숭아.
clíng·stone [klíŋstòun] 몡 씨가 잘 빠지지 않는. ── 몡 씨가 잘 빠지지 않는 과일. ⓐ freestone
cling·y [klíŋi] 匣 점착력이 강한, 점착성의(clinging). **clíng·i·ness** 몡
‡**clin·ic** [klínik] 몡 1 (의대·부속 병원의) 진료소(의 의사), 진찰실; (대학의) 부속 병원, 전문 병원, 클리닉; (英) (입원 시설이 없는) 의원. 2 (美) 임상(臨床) 강의[실습]; (집합적) 임상 강의반 학생. 3 집단 개업 (group practice). 4 (의학 이외의) 단기 실습; 단기 강좌, 세미나. 5 (일반적으로) 전문 상담소. ¶a speech ~ 발음[화술] 교정 상담소. ── 匣 =clinical.
*****clin·i·cal** [klínikəl] 匣 1 진료소의. 2 병상의, 병실에서 사용되는. ¶a ~ diary 병상 일지. 3 임상(치료, 진찰)의. ¶~ lectures 임상 강의 / ~ instruction 임상[실 지] 교수 / ~ medicine 임상 의학. 4 (판단 따위가) 분석 적인, 매우 객관적인, 냉철한. 5 (종교) 병상[임종]에서 행해지는. ¶~ conversion 임종 귀의(歸依) / ~ baptism 병상 세례. ~·**ly** 匣 ~·**ness** 몡
clínical déath 몡 (의학) 임상사(臨床死).
clínical ecólogy 몡 임상 생태학. **clínical ecólogist** 몡
clínical pathólogy 몡 임상 병리학.
clínical pharmacólogy 몡 임상 약학.
clínical psychólogy 몡 임상 심리학.
clínical récord 몡 (의학) 임상 기록, 카르테.
clínical thermómeter 몡 체온계, 검온기.
clin·i·car [klínikɑ̀r] 몡 병원차.
cli·ni·cian [klíniʃən] 몡 임상의(醫); 임상 의학자.
clin·i·co·path·o·log·ic [klìnikoupæθəládʒik/-lɔ́dʒ-] 匣 (의학) 임상 병리학의[적인]. (또는 **clinico·pathological**) **-i·cal·ly** 匣 **-pa·thol·o·gy** [-pəθάlədʒi/-θɔ́l-] 몡 임상 병리학.
clink[¹] [kliŋk] 자 1 (동전·컵 따위가 맞부딪쳐) 짤 랑[쨍강] 울리다. 2 (드물게) (시(詩) 따위의) 운이 맞다, 듣기 좋게 울리다. ── 탄 1 (동전·컵 따위가) 짤랑[쨍 강] 울리게 하다. ¶~ glasses 글라스를 쨍강 부딪치다 (건배할 때). 2 (드물게) …의 운을 맞추다. ── 몡 1 (동 전·컵 따위가 맞부딪쳐) 짤랑[쨍강] 하고 울리다, 소리. 2 (고어) 시의 운, 가락이 있는 울림. 3 (英) (검은딱새 따 위의) 날카로운 울음소리. 4 (美속어) 돈, 화폐.
clink[²] 몡 (the) ~ (속어) 교도소, 감옥, 유치장(lockup); U 투옥. *in the* ~ 투옥[구류]되어.
clink[³] 몡 (美속어) 흑인, 니그로.
clink·er[¹] [klíŋkər] 몡 1 (도로 포장용의) 단단한 벽 돌. 2 (석탄 따위를 태우고 난 다음의) 타지 않은 덩어리; 쇠똥. ── 자 타다 남다.
clink·er[²] 몡 쨍 하고 울리는 것[사람].
clink·er[³] 몡 (美속어) 실패, 실수; (야구) 실책, 에러; (영화 등의) 실패작, 연주의 실수. 2 (英속어) 멋진 사람[동물, 물건]. 3 (~*s*) 족쇄, 수갑; (the ~) (美속어) =clink². (美속어) (장거리 전화의) 잡음.
clink·er-built [-bìlt] 匣 (목공) 겹쳐 이은; (조선) (보트·배 따위가) 뱃전을 겹쳐 댄. ⓐ **clack**.
clink·e·ty-clank [klíŋkitiklæŋk] 몡 clickety-
clink·ing [klíŋkiŋ] 匣 1 짤랑[쨍그랑]거리는. 2 (英속어) 멋들어진, 뛰어나게 좋은. ── 匣 떨어지게, 훌 륭하게. ¶a ~ fine day 날씨가 이주 좋은 날.
clink·stone [klíŋkstòun] 몡 (광물) 향암(響岩).
cli·no- [kláinou, -nə] 연결 slope의 뜻(* 모음 앞에서는 clin-). ¶*clinometer*
cli·nom·e·ter [klainάmətər/-nɔ́m-] 몡 경사계 (傾斜計)(지층의 주향(走向)·경사각을 측정).
cli·no·met·ric [klàinəmétrik] 匣 (결정체(結晶體) 면의) 경사각인; 경사계의. (또는 **clinometrical**)
clin·quant [klíŋkənt] 匣 (금속 조각 따위로) 번쩍번쩍 빛나는, 금빛으로 번쩍이는. ── 몡 금박으로 된 가짜, 번드르르한 싸구려.
Clin·ton [klíntən] 몡 클린턴. 1 **Bill** [**William Jefferson**] ~ (1946-): 미국의 정치가, 제42대 대통령(1993-2001). 2 **Hillary Rodham** ~ (1947-): 미국의 상원의원; 1의 부인.
Clin·ton·ite [klíntənàit] 몡 클린턴 추종자[지지자].
Cli·o [klíːou/klái-] 몡 1 (그리스 신화) 클리오(역사의 여신; Nine Muses의 하나). 2 (광고) 클리오상 (賞)(미국 TV 광고상); 그 상의 트로피(trophy).
cli·o·met·rics [klìːoumétriks/klài-] 몡(단수 취급) 계량 경제사(史). **-ric, -ri·cal** **-ri·cal·ly** 匣
cli·o·nym [klíənim, kláiə-] 몡 역사어(역사가 만들어낸 말).
‡**clip**[¹] [klip] 탄 (~*ped* [-t]; ~·*ping*) 타 1 (작은 가지·털 등)을 (가위로) 자르다, 가지런히 깎다, 깎아 다듬다(*away, off*). ¶We ~ our dog every summer. 우리는 매년 여름 개의 털을 깎아 낸다. 2 (…에) …을 깎아내다, 잘라내다. (美) (신문·잡지의 기사)를 오려내다 (*from, out of*). 3 (금화·은화의) 가장자리를 깎아내다. 4 …을 단축[생략]하다; (약)을 급하게 발음하다. 5 (비용 따위)를 삭감하다. 6 (구어) …을 후려갈기다, 흔내 주다. 7 (속어) …을 속여 빼앗다,

속이다. 8 《美속어》 체포하다. 9 《美속어》 죽이다, 사살하다. —[자] 1 (가위로) 자르다, 잘라내다; 《美》 (기사를 신문·잡지 등에서) 오려내다. 2 《구어》 질주하다, 빨리 날다.
clip a [or ***the***] ***butt*** 《美구어》 (나중에 피우려고) 담배를 잘라내다.
clip a person's wings; clip the wings of a person ⇨WING.
clip one's words 말꼬리를 흐리다.
—[명] 1 깎기, 깎아내기, 깎아 다듬기, 전지(剪枝). 2 깎은 것, 깎아낸 것; (1회·한 철에) 깎아낸 양모의 양, 가위로 한 번 깎아낸 양; (영화 필름의) 컷된 장면; (신문 따위의) 오려낸 것, 클리핑. 3 (~s) 가위, 전지 가위. 4 《구어》 강타, 통타; (채찍의) 상처. 5 (a ~) 《구어》 속도, 보조; 민첩한 동작. ¶at a good ~ 매우 빨리. 6 《美구어》 한 번, 한 차례. 7 《美속어》 영리한[빈틈없는] 사람; 사기꾼. 8 《美속어》 (TV의) 특보[긴급] 토막 뉴스.
at a [or ***one***] ***(first) clip*** 한 번에, 단숨에.
∠·pa·ble [형]

‡clip² [동][타] (**~ped** [-t]; **~·ping**) 1 …을 (클립으로) 고정시키다[끼우다] (*together*) (*to, on, onto*); 꽉 쥐다[잡다]. 2 …을 둘러싸다, 에워싸다. 3 〔미식축구〕 …을 클리핑하다(뒤에서 공을 안 가진 상대방의 다리에 부딪치는 반칙). 4 《고어》 …을 껴안다, 포옹하다. —[명] 1 꼭 끼우는 것; 끼우는 금속 기구, 고정 핀, 종이 집게, 클립. ¶a tie ~ 넥타이 핀. 2 〔미식축구〕 클리핑. ⇨[타] 3. 3 =cartridge ~. 4 (편자의) 철심(鐵心). 5 《고어》 포옹.

clíp àrt [명] 오려붙이기 예술(책 따위의 삽화를 오려 붙여 공예품을 만듦).

clip-art·ist [∠ὰ:rtist] [명] 《美속어》 프로급 사기꾼; 도둑.

clip·board [klípbɔ̀:rd] [명] 종이 끼우개판; 클립보드; 회람판.

clip-clop [∠klὰp/-klɔ̀p] [명] 타가닥타가닥(말발굽 소리), 이와 비슷한 율동적인 발소리. —[동][자] (-pp-) 타가닥타가닥 소리내며 걷다[뛰다].

clip-fed [∠fèd] [형] (총이) 자동 장전식의; 총알이 장전된.

clíp jòint [명] 1 《속어》 (바가지를 씌우는) 하급 카바레[레스토랑]. 2 〔석공〕 회반죽을 쓴 결합.

clip-on [∠ὰn/-ɔ̀n] [형] 클립으로 고정되는. —[명] 클립으로 고정되는 것; (~s) 안경에 부착시키는 선글라스.

clipped [klipt] [형] 짧게 깎은, 깎아낸; 발음을 생략한.

clípped fórm [wórd] [명] (단어의) 단축어[생략어] (예: fan<*fan*atic; pike<turn*pike* 따위).

clip·per [klípər] [명] 1 깎아내는 사람. 2 (~s) 가위, 전지 가위, 이발기(hair ~s), 손톱깎이(nail ~s). 3 쾌속 범선[비행정]; 대형 여객기; 빠른 말. 4 《속어》 멋진 사람[물건], 일품(逸品), 매력있는 여자. 5 〔전기〕 클리퍼.

clip·per-built [-bìlt] [형] 〔해사〕 (배가) 쾌속 항해를 위해 만들어진, 쾌속 범선식으로 만들어진.

clip·pe·ty-clop [klípitiklάp/-klɔ́p] [명] =clip-clop.

clip·pie [klípi] [명] 《英구어》 (버스·전차의) 여차장. (또는 **clippy**)

clip·ping [klípiŋ] [명][U][C] 1 깎기, 베어내기, 오려내기. 2 (~s) 베어낸 것, 깎아낸 털; 《美》 (신문 따위의) 오려낸 것, 클리핑(scrap, 《英》 cutting); (신문의) 잡보란(雜報欄). 3 =clipped form. 4 〔미식축구〕 클리핑. —[형] 1 베어내는, 깎아내는, 가위질하는. 2 《구어》 쾌속의. 3 《속어》 일류의, 멋들어진, 훌륭한. **~·ly** [부]

clípping bùreau [àgency] [명] 《美》 발췌 통신사 (신문·잡지 따위의 기사를 발췌하여 제공하는 회사) (《英》 press cutting agency).

clip·sheet [klípʃi:t] [명] 편면(片面) 인쇄(간행)물(보존·복사용).

clique [kli(:)k] [명] (문예·학술의 배타적인) 도당, 파벌. ¶an academical ~ 학벌. —[동][자] 《구어》 도당을 짜다, 파벌을 만들다. **∠·less, clí·quey, clí·quy** [형]

cli·quish [klí(:)kiʃ] [형] 당파심이 강한, 파당적인; 배타적인. ¶a ~ fashion 배타적인 방법[풍조].
~·ly [부] **~·ness** [명][U] 당파심, 파벌 근성.

cli·quism [klí:kizm] [명][U] 당파심, 배타주의.

clit [klit] [명] 《속어》 =clitoris.

clit·ic [klítik] 〔문법〕 [형] (단어가) 접어적(接語的)인. —[명] (전, 후)접어.

clit·o·ri·dec·to·my [klìtəridéktəmi] [명] 음핵(陰核) 절제(술).

clit·o·ris [klítəris, kláitə-] [명] 〔해부〕 음핵(陰核), 클리토리스. **-ral, cli·tór·ic** [형]

C.Lit(t). 《英》 *C*ompanion(s) of *Lit*erature(문학 훈작사).

clit·ter-clat·ter [klítərklǽtər] [부] 덜걱덜걱, 달그락달그락.

cliv·ers [klívərz] [명] =cleavers.

clk. clerk; clock. **CLL** *c*hronic *l*ymphocytic *l*eukemia. **cll.** clauses. **Cllr.** 《英》 Councillor.

clm. column.

clo [klou] [명][복] 옷, 의복(clothes). (또는 **clo'**)

clo. closet; clothing.

clo·a·ca [kloυéikə] [명] ([복] **-cae** [-si:/-ki:]) 1 하수도[관, 구(溝)]. 2 옥외 변소(privy). 3 (부도덕한) 소굴. 4 〔동물〕 (조류·어류의) (총)배설강(腔). **-cal** [형]

‡cloak [klouk] [명] 1 소매 없는 외투(망토·케이프와 비슷한 겉옷). 2 은폐하는 수단[물건], 가면, 가장; 구실, 핑계. 3 (~s) 《英》 =cloakroom 3.
under a [or ***the***] ***cloak of*** …의 가면을 쓰고, …을 핑계로, …의 구실 아래.
—[동] (**~ed** [-t]) [타] 1 …에게 외투를 입히다. ¶**~ed** in white silk 하얀 실크 외투를 입고. 2 …을 은폐하다. —[자] 외투를 입다.
∠·less [형]

cloak-and-dag·ger [∠əndǽgər] [형] 스파이 활동의, 음모의; (연극·소설 따위가) 첩보물의.

cloak-and-suit·er [∠ənsú:tər/-sjú:t-] [명] 《구어》 양복 제조[판매]업자.

cloak-and-sword [∠ənsɔ́:rd] [형] (영화·연극에서 쾌걸이 활약하는) 모험과 로맨스의, 활극의. **~·er** [명]

cloak·room [klóukrù(:)m] [명] 1 (극장·호텔·클럽 따위의) 휴대품 보관소(《美》 checkroom); 《英》 (역의) 수하물 임시 보관소(《美》 baggage room). 2 《美》 (의회의) 의원 휴게실. 3 《英》 (공중) 화장실, 변소.

clob·ber¹ [klάbər/klɔ́b-] [동][타] 《속어》 1 …을 사정없이 때리다, 때려 눕히다. 2 (시합 따위에서) …을 완패시키다, 여지없이 해치우다. 3 …을 혹평하다.
~ed [형] 《속어》 몹시 취한.

clob·ber² 《英·濠속어》 [명] 《복수취급》 의복; 장비. —[동][타] 나들이옷[의복]을 입히다.

clob·ber³ [명] (구두 수선용) 검은 풀. —[동][타] 〔도자기 따위〕에 마무리칠을 하다. [<F]

clo·chard [klóυʃərd, klouʃά:r] [명] 방랑자, 떠돌이.

cloche [klouʃ/klɔʃ] [명] 1 (원예 식물용의) 종 모양의 유리 덮개([참] bell jar). 2 종 모양의 여성 모자. [<F]

‡clock¹ [klak/klɔk] [명] 1 시계, 괘종[탁상] 시계([참] watch). ¶an alarm ~ 자명종/an electric ~ 전자 시계/set a ~ by the radio 시계를 라디오의 시보에 맞추다/The ~ has struck five. 시계가 5시를 쳤다. 2 =time ~; 《구어》 스톱 워치. 3 《구어》 =speedometer; =odometer; =taximeter. 4 《英속어》 (사람의) 얼굴; (얼굴에) 일격을 가하기. 5 〔컴퓨터〕 클록. **a**) 논리 회로의 작동을 제어하는 타이밍 신호. **b**) 일정한 간격마다 펄스를 발생하는 회로. 6 =biological ~. 7 (the C–) 〔천문〕 시계자리.
against the clock ① 시간에 쫓겨서. ② 스톱 워치로 재서.
around [or ***round***] ***the clock*** ① 24시간 계속하여, 주야 겸행으로. ② 휴식도 취하지 않고, 쉬지 않고.
beat the clock 정각까지[전에] 일을 마치다.
by [or ***according to***] ***the clock*** 정확히, 또바기.
clean a person's clock (싸움 따위에서) 이기다.
enough to stop a clock 《구어》 (얼굴이) 몹시 추한[못생긴].
fight the clock 시간에 쫓기며[제한된 시간을 잘 활용해] 일을 꾸려 나가다.
hold the clock on …의 시간을 스톱 워치로 재다.
kill [or ***run out***] ***the clock*** 〔스포츠〕 (축구 따위에서 리드를 지키기 위해) 시간을 끌다.
like a clock 정확히; 규칙적으로; 자동적으로.

put [or ***set, turn***] ***the clock back*** ① 시계 바늘을 거꾸로 돌리다. ② 시대에 역행하다; 진보를 방해하다. ③ 옛날로 되돌아가다.
put [or ***set, turn***] ***the clock forward*** [or ***on, ahead***] ① 시계 바늘을 앞당겨 놓다. ② (미래의) 모습[형편]을 상상하다.
race (against) the clock 시간과 싸우다; 촌각을 아끼다.
sleep the clock (a)round 꼬박 12[24]시간 자다.
stop the clock 기한을 연장하다.
tell the clock 몇 시라고 말하다; 시간을 재다[기록하다].
watch the clock; keep [or ***have***] ***one's eyes on the clock*** 《구어》 (수업·작업 따위가) 끝날 때만 기다리다.
when one's clock strikes 임종 때에.
work against the clock 시간에 맞추어 마치려고 열심히 일하다.
—[동][타] **1** 《구어》 〔경기 등〕의 시간을 재다, 타임을 기록하다; (기록기로) 〔작업량·답파 거리 따위〕를 측정하다. **2** 《구어》 〔기록 따위〕를 달성하다(*up*); 〔득점〕을 올리다, 승리하다(*up*). **3** 《英속어》 〔남〕을 때리다. **4** 《英속어》 …에 마음을 쏟다, 주의하다; 뚫어지게 바라보다; 보다. —[자] 타임 리코더로 작업 시간을 기록하다.
clock in [or ***on***] (타임 리코더로) 출근 시간을 기록하다; 일을 시작하다.
clock out [or 《英》 ***off***] (타임 리코더로) 퇴근 시간을 기록하다; 일을 마치다.
clock up …을 기록하다, 이룩하다.

clock² [명] (스타킹·양말의 발목 위쪽의) 자수 장식.
—[동][타] 〔스타킹·양말〕을 자수로 장식하다.
clóck càrd [명] 시간 기록 시계[타임 리코더]의 카드.
clóck cỳcle [명] 클록 사이클(clock 신호의 주파수).
clock·di·al [klákdàiəl/klɔ́k-] [명] =clockface.
clock·er [klákər/klɔ́k-] [명] (경기의) 계시원(計時員); (입장자 수·교통량 따위의) 조사원.
clock·face [klákfèis/klɔ́k-] [명] 시계의 문자반(盤).
clóck frèquency [명] 〔컴퓨터〕 =clock speed.
clóck gòlf [명] 클록 골프(홀을 중심으로 원주상의 12 지점에서 퍼팅하는 게임).
clock-hour [-àuər] [명] (수업·진찰 따위의 60분 단위) 1시간.
clock·ing [klákiŋ/klɔ́k-] [형] 《北英》 둥지를 떠나지 않는, 둥지에 붙어 있으려고 하는; 알을 품는 시기의. ¶a ~ hen 포란기(抱卵期)의 암탉.
clock·like [kláklàik/klɔ́k-] [형] 시계처럼 정확한, 규칙적인.
clock·mak·er [klákmèikər/klɔ́k-] [명] 시계점 주인; 시계 제조[수리]공, 시계공. **-màk·ing** [명]
clock·pulse [klákpʌ̀ls/klɔ́k-] [명] 〔전자〕 각시(刻時) 펄스(전자 회로 따위의 펄스상(狀)의 전기 신호).
clóck rádio [명] 시계가 붙은 라디오.
clóck spèed [ràte] [명] 〔컴퓨터〕 클록 스피드[레이트](clock의 주파수; CPU 따위의 동작 속도를 결정한다).
clóck stànd [tùrret] [명] 시계대(臺).
clóck tòwer [명] 시계탑.
clóck wàtch [명] 자명식 회중 시계.
clóck wàtcher [명] **1** 시계만 들여다보는 게으른 직장인[학생], 게으름뱅이. **2** 속이 좁은[쩨쩨한] 사람.
clóck wàtching [명][형]
clock·wise [klákwàiz/klɔ́k-] [부] 시계 방향으로, 오른쪽으로. [반] counterclockwise —[형] 오른쪽으로 도는. ¶~ rotation 시계 방향[오른쪽] 회전.
clock·work [klákwə̀ːrk/klɔ́k-] [명][U] 시계 장치, 태엽 장치; 《형용사적》 시계[태엽] 장치의. ¶a ~ toy 태엽 장치의 장난감 / a ~ bomb 시한 폭탄.
(as) regular as clockwork 시계로 잰 것처럼 정확하게.
like clockwork (시계처럼) 정확하게, 규칙적으로; 원활하게, 술술.
clóckwork órange [명] 로봇화한 사람.
***clod** [klad/klɔd] [명] **1** 덩어리, 흙덩이. ¶cast a ~ between …의 사이를 나쁘게 하다, 이간질하다. **2** [U] (the ~) 흙(earth, soil). **3** 흙(덩이) 비슷한 것; (영혼에 대하여) 육체. **4** 《구어》 얼간이, 바보. ¶You ~! 이 바보야! **5** 소의 어깨살 (부분). **6** (~s) 《英속어》 동전, 1페니.
—[동] (**-dd-**) [타] …에 흙덩이를 던지다. —[자] 흙덩어리가 되다. **∠·like** [형]
clod·dish [kládiʃ/klɔ́d-] [형] **1** 흙덩이의[같은]. **2** 우둔한, 굼뜬. **~·ly** [부] **~·ness** [명]
clod·dy [kládi/klɔ́di] [형] **1** 흙덩이가 많은, 흙덩이 같은. **2** 품위 없는, 천한. **-di·ly** [부] **-di·ness** [명]
clod·hop·per [kládhɑ̀pər/klɔ́dhɔ̀p-] [명] 《구어》 **1** 《경멸적》 시골뜨기; 바보, 얼간이. **2** 튼튼하고 무거운 신[작업화], (맞지 않아) 덜거덕거리는 구두. **3** 《美속어》 고물 자동차[버스, 비행기].
clod·hop·ping [kládhɑ̀piŋ/klɔ́dhɔ̀p-] [형] 거친, 예절없는; 시골뜨기 같은.
clod·poll [kládpòul/klɔ́d-] [명] 얼간이, 멍청이, 바보. (또는 **clodpate, clodpole**)
clo·fi·brate [kloufáibreit, -fíb-] [명] 〔약학〕 클로피브레이트(혈중 콜레스테롤 농도 저하제).
clog** [klag, klɔːg/klɔg] [동] (-gg-***) [타] **1** …을 방해하다; (먼지·기름 따위가) 〔기계의 운전〕을 방해하다; 〔짐승의 다리〕에 (달아나지 못하게) 무거운 나무를 달다(*up*). ¶~ a person's movements 남의 행동을 방해하다. **2** 〔관(管) 따위〕를 막다, 막히게 하다; (자동차가) 〔길〕을 막다; 〔마음 따위〕를 (불안 따위로) 우울하게 하다, 괴롭히다(*up*) (*with*).
—[자] **1** (관 따위가) (…으로) 막히다(*up*) (*with*); (기계 따위가) 잘 안 돌아가다. ¶This pipe ~*s* very easily. 이 관은 툭하면 막힌다. **2** (액체가) 진해지다, 끈끈하게 달라붙다, 굳어지다. **3** 《美》 나막신 춤을 추다.
—[명] **1** 방해(물), 장애(물); (먼지 따위가 쌓여서 생기는 기계의) 고장. **2** (짐승·사람의 다리에 다는) 차꼬. **3** (~s) (진창용의) 나무바닥 신; 나막신; =~ dance. **4** =~ almanac.
pop one's clogs 《英구어》 죽다.
clóg àlmanac [명] 막대 달력(목재의 네 귀퉁이에 칼자국을 내어 날짜를 표시했던 원시적인 달력).
clóg dànce [명] 나막신 춤. **clóg dàncer** [명]
clog·gy [klági/klɔ́gi] [형] 방해가 되는; 장애물 투성이의; (액체가) 끈끈하게 달라붙는, 굳기 쉬운; (관이) 막히기 쉬운. **-gi·ly** [부] **-gi·ness** [명]
cloi·son·né [klɔ̀izənéi/klwɑːzɔ́nei] [명] 칠보 세공. —[형] 칠보 세공의. 〔<F〕
***clois·ter** [klɔ́istər] [명] **1** (~s) 〔건축〕 (교회·수도원 등의 안뜰을 둘러싼) 회랑(回廊), 보행 복도; 안뜰. **2** 수도원; (the ~) 수도원 생활, 은둔 생활. **3** (the ~) (마을에서 떨어진) 조용한 외딴곳. —[동][타] **1** …을 수도원에 가두다; …을 은둔하게 하다. ¶(~+[目]+[前]+[名]) ~ oneself (up) *in* a monastery 수도원에 틀어박히다. **2** …에 회랑을 설치하다, …을 회랑으로 둘러싸다. **~·er** [명] **~·less, ~·like** [형]

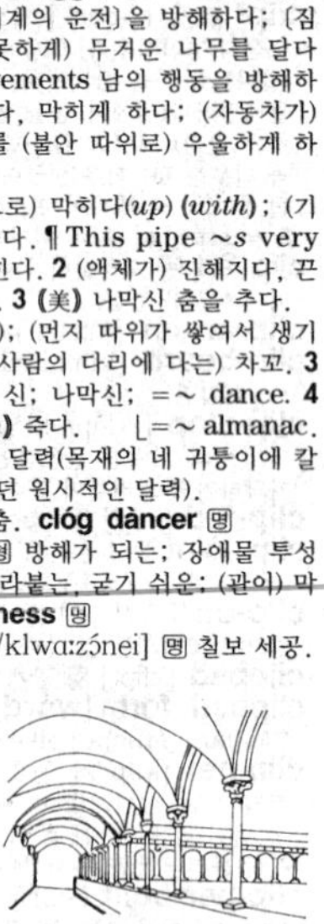
[cloister 1]

clois·tered [klɔ́istərd] [형] **1** 은둔한; 수도원에 틀어박힌. ¶a ~ life 은둔 생활. **2** 회랑이 있는.
clóister gàrth [명] 회랑이 있는 안뜰. [참] garth
clois·tral [klɔ́istrəl] [형] **1** 수도원의, 수도원 같은; 수도원에 들어간. **2** 은둔한, 속세를 떠난. (또는 **claustral**)
cloke [klouk] [명][동] 《폐어》 =cloak.
clomb [kloum] [동] 《고어》 《美》 climb의 과거·과거분사.
clom·i·phene [kláməfìːn/klɔ́m-] [명][U] 〔약학〕 클로미펜(배란(排卵) 촉진제).
clomp [klamp/klɔmp] [동][자] 무거운 발소리를 내며 [쿵쿵] 걷다. —[명] 무거운 발소리[걸음걸이].
clon·al [klóunəl] [형] 무성 번식의; 복제(품)의. **~·ly** [부] 클론에 의하여.
clone [kloun] [명] **1** 〔생물〕 《집합적》 클론, 영양계(營養系)(어떤 생물의 한 개체에서 무성(無性) 번식에 의해 증식한 생물군). **2** 《구어》 복제 생물, 복제 인간; 복사

clonesome

판, 복제품. **3** (구어) 로봇, 인조 인간, 기계적으로 움직이는 사람; 복사판인 사람, 모방자. **4** [컴퓨터] (하드웨어가 거의 같은) 호환기(互換機). **2** 복제하다, 똑같이 만들다. ¶ ~d sheep Dolly 복제양 돌리. **clón·er** 명

clone·some [klóunsÀm] 형 (美속어) 남을 흉내내는, 독창성이 없는, 기계적인(robotlike).

clon·ic [klánik/klɔ́n-] 형 [병리] 간헐성(경련)의. **clo·níc·i·ty** 명 간헐성 경련.

clon·i·dine [klánidìːn/klɔ́n-] 명 [약학] 클로니딘 (혈압 강하제).

clon·ing [klóuniŋ] 명 [생물] 클로닝, 생물 복제.

clon·ish [klóuniʃ] 형 (美속어) 남의 흉내를 내는[내기 좋아하는], 독창성이 없는, 흔해빠진.

clonk [klaŋk/klɔŋk] 명 쿵[쾅] 하는 소리(를 내다); (구어) …을 치다. (또는 **clunk**)

clo·nus [klóunəs] 명[U] [병리] 간헐성 경련.

cloop [kluːp] 명 펑(마개가 뽑히는 소리). (코르크 마개가) 펑 소리를 내다.

clop [klɑp/klɔp] 명동자 =clop-clop.

clop-clop [´klɑ̀p/klɔ̀p-] 명 타가닥타가닥 (말발굽 소리). ─ 동자 [´´] 타가닥타가닥 소리를 내다.

clo·que [kloukéi] 명 클로케(무늬·도안 따위를 도드라지게 짠 직물). (또는 **cloky, cloqué**)

‡**close**[1] [klouz] 동 (**clos·es** [-iz]; ~**d**; **clos·ing**) 타 **1** …을 닫다, 잠그다(開 open); …을 막다; [구멍·틈 따위를] 막다, 메우다; [주먹을] 쥐다. ¶ ~ an entrance [a door] 입구[문]을 닫다 / ~ a book [the eyes] 책을 덮다[눈을 감다] / ~ a gap 틈을 메우다. **2** (공장·학교 따위를) 폐쇄하다, 닫다(up, down); …을 폐쇄[봉쇄]하여 영업[사용]을 중지[금지]하다(to). ¶ ~ a street to traffic 도로의 통행을 금하다 / ~ the door to foreigners 쇄국하다 / The harbor is ~d to navigation. 그 항구는 선박 출입이 금지되어 있다.

유의어 **close, shut**──close는 보통 열려 있는 것을 닫는다는 뜻인 데 대하여 shut는 문·뚜껑·빗장 따위를 밀거나 당기는 동작을 암시하면서, 들이지 않거나 내보내지 않는 행위의 뜻이 강하다.

3 …을 종결하다, 완료하다; [모임 따위를] 마치다, 끝내다; [문제·교섭 따위를] 끝맺다; [계약 따위를] 체결하다; [신청·계산 따위를] 마감하다. ¶ ~ a discussion 토론을 종결하다 / ~ a speech 연설을 끝마치다 / a letter 편지를 끝맺다 / ~ a contract 계약을 맺다 / a bargain 거래를 맺다 / That chapter is ~d. 그 이야기는 끝났다. **4** (군사) [대열] 좁히다; [힘 따위를] 집결하다, 결집하다(up). **5** (해사) [다른 배 따위] 접근하다. **6** [전기] [회로·전류] 접속하다; [전등] 끄다. **7** (고어) (사람·동물을) 가두다 (in, into). ¶ ~ her in the closet 그녀를 벽장에 가두다. **8** [컴퓨터] (파일을) (데이터를) 기록하여 종료 처리하다.
─ 자 **1** (문 따위가) 닫히다, 잠기다, (상처 따위가) 아물다, (꽃잎 따위가) 오므라지다(up); (손·손가락이) …을 꽉 잡다(on, upon). ¶ The window will not ~. 창문이 닫히지 않는다 / My eyes are closing. (잠이 와서) 눈이 감기려 한다. **2** 끝나다, 종료되다; 폐회하다; [연극이] 끝나다; (학교·사무실 등이) 영업을 중지하다, 휴일이 되다, 폐점하다(at). ⇨END 유의어 ¶ The party ~d at ten. 파티는 10시에 끝났다. **3** 결합[집결] (結集)하다(together). **4** 가까이 가다, 접근하다, 다가가 [서다](in, down)(on, around). **5** [대열이] 밀집하다(接戰)하다(with). **6** [공권] (거래 가격이) …으로 끝나다(at). **7** 일치되다, 합의하다; 응하다(with).

close about [or **around**] …을 둘러싸다. ¶ The enemy ~d about us. 적은 우리를 포위했다.
close an account (…와) 신용 거래를 끊다, 청산하다(with).
close a person's eye 남의 눈을 때려 부어오르게 하다.
close down ① 폐쇄[폐업]하다. ② (英) (그날의) 방송을 끝내다, 방송이 끝나다. ③ (美) (어둠·안개 따위가) 다가오다, 내리다(on).
close down on ① [반란 따위를] 진압하다. ② [마약 따위를] 단속하다.
close in ① …을 둘러싸다, 가두다. ¶ ~ in a place by a wall 담으로 장소를 둘러싸다. ② (문·창 따위를) 안에서 잠그다. ③ (어둠·안개 따위가) 다가오다(on). ④ (해가) 차츰 짧아지다. ⑤ (구령) 집합!
close it up 간격을 좁히다.
close off ① …을 고립시키다. ② …의 흐름을 막다.
close on ① (손이) …을 꽉 쥐다. ② …에게 서서히 다가오다. ⌜죽다.
close one's career [or **life, days**] 생애를 마치다.
close one's door to …에 대해 문호를 폐쇄하다.
close one's hand on …을 잡다, 쥐다. ⌜다(to).
close one's mind 마음을 닫다, 귀를 기울이지 않
close one's purse to …에 돈 내기를 거부하다.
close out (美구어) [상품을] 싸게 팔아치우다; …을 매각하다, 처분하다. ⌜벼들다.
close over …을 뒤덮어 가리다; 가두다; 사방에서 덤
close round =close about.
close the books 결산하다; (모집 따위를) 마감하다.
close [or **shut**] **the door upon** ⇨ DOOR. ⌜다.
close the eyes of …의 눈을 감겨주다, 임종을 지키
close the ranks ① 열의 간격을 좁히다. ② 진영을 굳게 하다; 결속을 굳히다, 일치 단결하다.
close up ① …을 꼭 닫다; (일시적으로) 폐쇄하다[되다], 업무를 중지하다. ② (간격·대열 따위를) 좁히다, 밀집하다, 모이다. ③ (상처가) 아물다; (구멍이) 막히다. ④ (구어) 입을 다물다.
close upon (**the world**) 죽다.
close with ① …에 육박하다. ② (적)과 접전하다. ② (英) (제의)에 동의하다, 응하다; (남)과 합의하다, 협의가 이루어지다.
── 명 **1** 닫기, 잠그기, 폐쇄. **2** 끝, 종결; 종말, 폐회; 마감. ¶ at the ~ of the season 시즌이 끝날 때에. **3** (英) (개인 소유의) 담을 두른 땅, 소유지; (대학 등의) 구내, 경내; 교정(校庭). ¶ break a person's ~ 남의 소유지에 침입하다. **4** (스코) (좁은) 통로; (英) 골목길. **5** [음악] 종지법, 종지형; 종지 기호. **6** (고어) 접전, 결투.
at close of play (英구어) 최종적으로, 결국.
at the close of day 해질녘에.
bring…to a close …을 끝내다.
come to a close 끝나다.
draw to a close 끝에 가까워지다.

‡**close**[2] [klous] 형 (**clos·er**; **clos·est**) **1** (거리·시간적으로) (아주) 가까운, (…에) 접근한, 이웃의(to) (⁎ 거리의 뜻으로는 near보다 가까움을 나타낸다). ¶ a view 가까이에서 본 경치, 근경(近景) / at ~ range 근거리에서 / be ~ in age 나이가 비슷하다 / The house is ~ to the river. 집은 바로 강 가까이에 있다.
2 (관계·애착도가) 친한, 친밀한, 친근한(to); 긴밀한, 밀접한(intimate; distant). ⇨ FAMILIAR 유의어 ¶ a ~ friend 친우, 친한 친구 / people ~ to him 그와 가까운 사람들 / be ~ with a person 남과 친하다.
3 (상태·정도가) 아주 흡사한, 유사한, (…에) 가까운 (to). ¶ a ~ resemblance 아주 비슷함 / She is ~ to tears. 그녀는 당장이라도 눈물을 터트릴 듯하다.
4 a) (주의·관찰이) 면밀한, 세심한, 용의 주도한. ¶ a ~ description 면밀한 묘사 / need ~ attention 세심한 주의가 필요하다. **b)** (번역 따위가) 충실한, 정확한. ¶ a ~ translation 정확한[원문에 충실한] 번역.
5 (간격이) 밀집한, 꽉찬; (옷감 따위가) 올이 촘촘한[가는], ~ a thicket 우거진 잡목숲 / a close 밀집 대형(隊形) / a ~ texture 올이 촘촘한 직물 / a printing [writing] 자간을 좁혀 빽빽하게 인쇄하기[쓰기].

[유의어] close 사이에 빈틈이 없이 촘촘한. dense 빛·물 따위가 통과하지 못할 만큼 밀집한. thick 다수가 모여 된 집단이 된. compact 좁은 범위에 가득히 또한 가지런하게 찬.

6 (선거·시합·경기 따위가) 호각(互角)의, 접전의. ¶have a ~ contest [or game] with …과 접전을 벌이다/a ~ district (美) (선거의) 접전 지구. **7** (옷 따위가) 꼭 맞는. ¶a ~ hat 꼭 맞는 모자. **8** (방이) 바람이 잘 안 통하는, (공기가) 후텁지근한, 숨막히는. (구어) (날씨가) 무더운. ¶a ~ room 답답한 방/a spell of ~ weather 한동안의 무더운 날씨/a hot ~ afternoon 무더운 오후. **9** (…에 대해) 감추려고 하는; 말수가 적은 (about); 마음을 터놓지 않는, 내성적인. ¶She is ~ about her own affairs. 그녀는 자기 자신에 대한 이야기는 하지 않는다. **10** (구어) (…을) 놓지 않는, (…에) 인색한 (with); 돈에 쪼들리는. ¶a ~ man 구두쇠/Money is ~. 돈이 안 돈다//be ~ with one's money 돈에 인색하다. **11** 한정된, 비공개의, 입수하기 어려운. **12** 닫힌, 잠긴, 밀폐된 (shut). ¶a ~ box 밀폐된 상자. **13** 둘러싸인, 둘러싸고 있는; 갇힌, 감금된; 가두는, 감금하는. ¶keep a person ~ at home 남을 가택 연금하다. **14** 숨겨진, 비밀의. ¶~ privacy 극비. **15** 비좁은, 협소한, 옹색한. ¶a ~ alley 비좁은 뒷골목. **16** (머리털·잔디 따위가) 매우 짧게 깎인, 아주 짧은. **17** 금렵(禁獵)의, (법률에서) 금지하고 있는 (면 open). ¶a ~ season [or time] (英) 금렵기 ((美) a closed season). **18** (음성) 입을 좁게 벌리는 (면 open). ¶~ vowels 폐(閉)모음 ([iː], [uː] 따위).

be close to …에 접근해 있다; …에 가깝다.
be close to one's *heart* 늘 생각하고 있다, 마음에서 떠나지 않다.
in close association [or *connection*] *with* …와 가깝게 지내여, 밀접하게 제휴하여. [보다(감시하다).
keep a close eye [or *watch*] *on* …을 주의깊게
keep…close 남을 비밀로 해 두다. [다.
keep [or *lie*] *close*; ***keep oneself close*** 숨어 있
take a close look at …을 주의깊게[세심히] 보다.
too close to call 승패를 가리기 힘든, 아슬아슬한 접전이어서 판정하기 어려운.

— *부* **1** (공간·거리가) (…에) 아주 가까이, 밀접하게 (*to, by*); (시간적으로) (…) 가까이, (…) 쯤 (*to, on, upon*); (수량이) 대략 …, 쯤 전후 (*to*). ¶live ~ *to* the *park* 공원 바로 옆에 살다/~ *upon noon* 정오쯤. **2** 빽빽하게. ¶sit [stand] ~ 바싹 붙어 앉다[서다]. **3** 친밀하게; 내밀히. **4** 엄밀히, 정밀하게, 정확하게, **5** 꼭 들어맞게, 딱 맞게. ¶fit ~ 꼭 맞다. **6** 아주 짧게. ¶cut the lawn [hair] ~ 잔디[머리]를 짧게 깎다. **7** 인색하게. ¶live ~ 인색하게 생활하다.

(close) at hand 바로 가까이에; 절박하여.
close but no cigar (美속어) 빠듯하게, 아슬아슬한
close by (…의) 바로 가까이; ㅣ게, 매우 가깝게.
close in with …에 접근하여, 가까이 다가가서.
close on [or *upon*] (나이·시간·수치 따위가) …에 가깝게; 대충, 거의 (*nearly*).
close to home (구어) 아픈 곳을 찔러, 통렬하게.
close to the wind (해사) (바람이 불어오는 쪽으로 이물을 돌리고) 비스듬히 바람을 받으며.
close up (…에) 밀착하여, 다가가서 (*to*).
come close to doing 하마터면[거의] … 할 뻔하다.
cut [or *run*] *it close* (시간 따위를) 절약하다.
go close (경마) 근소한 차이로 이기다, 신승하다.
press a person close 남을 호되게 몰아세우다.
run [or *cut*] *a person close* 남을 바싹 몰아대다.
sail close to [or *near*] *the wind* ⇒WIND¹.
(too) close for comfort (구어) (싫은 정도로) 코
up close 바로 가까이에(서). [앞에 닥쳐.

clóse áir suppòrt [klóus-] 图 (군사) 근접 항공 지원.
close-at-hand [klóusəthǽnd] 图 임박한, 아주 가까이에 있는[다가선].
close-by [klóusbái] 图 바로 곁에 있는, 지척의.
clóse cáll [klóus-] 图 (구어) **1** (a ~) 위기 일발, 구사일생, 아슬아슬한 탈출 (close shave). ¶have a ~ 구사일생으로 살아나다. **2** 승패가 아슬아슬한 경기의 판정.
  by a close call 간발의 차이로, 간신히, 구사일생으로.
clóse commúnion [klóus-] 图 (교회) 폐쇄 성찬식 (같은 교파 교인들만 참여하는 성찬식).
clóse cómpany [klóus-] 图 (英) 비공개 회사 (closed company). [corporation.
clóse corporátion [klóus-] 图 =closed
close-cropped [klóuskrápt/-krɔ́pt] 图 (머리를) 짧게 깎은. (또는 **close-cut**)
clóse cróss [klóuskrɔ̀ːs/-krɔ̀s] 图 **1** 근친 교배 (近親交配) (incest breeding). **2** 근친 교배에 의한 자손. —图 … 을 근친 교배시키다.
close-cut [-kʌ̀t] 图 =close-cropped.
‡**closed** [klóuzd] 图 **1** 닫힌, 폐쇄된, 통행 금지인. **2** 끝난, 결말이 난, 완결된. **3** 닫은, 밀폐된; (게시) 폐점의, 휴업의. ¶C— Today. (게시) 금일 휴업 / We're ~. (게시) 휴업중. **4** 비공개의; 관계자 외 출입 금지인; 폐쇄적인, 배타적인; 쇄국적인; 자급 자족의. ¶~ mail 봉함 우편. **5** (자동차가) 지붕이 있는, 상자형의. **6** (냉장 장치 따위가) 밀폐식의, 순환형의. **7** (스포츠) (스탠스 따위가) 좁은; (경기장이) 출발점과 결승점이 같은. **8** (음성) 자음으로 끝나는, 폐음절 (閉音節)의 (open). ¶~ syllables 폐음절. **9** (수학) 닫혀 있는. **10** (병리) 비개방성의; (골절이) 외상이 없는. [비공개[비밀]로.
  with [or *behind*] *closed doors* 문을 닫고,
clósed accòunt 图 차액이 없는 대차 계정.
clósed bóok 图 (구어) 영문을 알 수 없는 것, 분명치 않은 것; 이해할 수 없는 인물; 끝난[완결된 된] 일.
clósed cáption 图 (TV) (CCTV의) 제한 자막 (청각 장애인용). [제한 자막이 나타나는.
closed-cap·tioned [-kǽpʃənd] 图 (TV 프로가)
closed-cell [-sèl] 图 독립[밀폐] 기포(氣泡)의.
clósed cháin 图 (화학) 닫힌 고리 (3개 이상의 원자가 고리 모양을 이루고 있는 구조). [cuit
clósed círcuit 图 (전기) 폐쇄 회로. 영 open cir-
clósed-cír·cuit 图 폐쇄 회로의; 유선의.
clósed-circuit télevision 图 폐쇄 회로 TV, 유선 TV (영 CCTV).
clósed commúnity 图 (생태) 폐쇄[閉鎖][밀생] 군락 (식물이 서로 근접하여 나 있는 군락).
clósed cómpany 图 (英) =closed corporation.
clósed corporátion 图 (美) (주식) 비공개 회사.
clósed cýcle 图 (공학) (같은 물질을 되풀이하여 사용하는) 밀폐 사이클. [의. ¶a ~ session 비밀 회의.
clósed-door [-dɔ́ːr] 图 문을 잠근; 비밀의, 비공개
clósed écosystem 图 (생태) 폐쇄[閉鎖] 생태계.
closed-end [-énd] 图 (투자 신탁의) 자본액 고정 (固定)의, 폐쇄식의; (담보가) 대부 금액을 고정한. 영 open-end
clósed-end invéstment (trúst) còmpany 图 폐쇄 투자 (신탁) 회사 (자본금이 고정되어 발행 주식의 상환·환매 의무가 없는 투자 회사). 영 mutual fund
clósed-énd mòrtgage 图 폐쇄 담보 (만기전 상환·채권 추가 발행이 불가능한 담보).
clósed lóop 图 (컴퓨터·전자) 폐쇄 회로 [루프].
closed-loop [-lúːp] 图 (자동 제어가) 피드백 기구 (機構)로 자동적으로 조정되는.
closed-mind·ed [-máindid] 图 옹졸한, 소견이 좁은, 완고한. [sale 폐업 대매출.
closed-out [klóuzdàut] 图 폐업의; 점포 정리의. ¶a ~
close-down [klóuzdàun] 图 조업 정지; 공장 폐쇄, 폐업(廢業); 폐점; (英) 방송(방영) (시간) 종료.
clósed prímary 图 (美) 제한 예비 선거 (유자격 당

clósed rúle 〖美의회〗 폐쇄 룰(rule)(상정된 법안 수정 금지).
clósed schólarship 명 자격자 한정(限定) 장학금.
clósed séa (the ~) 〖국제법〗 영해. ↔ open sea
clósed séason 〖美〗 금렵기(《英》 close season).
clósed sét 명 〖수학〗 폐집합(閉集合).
clósed shóp 명 1 클로즈드 숍(노동 조합원만을 고용하는 사업소)(↔ open shop). 2 〖컴퓨터〗 프로그램 작성이나 작동을 전문 담당자만이 하는 방식.
closed-stack [-stǽk] 명 〖도서관〗 (이용자가 서가에 접근할 수 없는) 폐가식(閉架式)의. 〖조우(遭遇).
clóse encóunter [klous-] 명 (UFO와의) 접근
clóse·fìst·ed [klóusfístid] 형 〖구어〗 구두쇠의, 인색한(stingy). ~·ly 부 ~·ness 명
close-fít·ting [klóusfítiŋ] 형 (옷이) 몸에 꼭 맞는.
clóse-gráined [klóusgréind] 형 (목재 따위의) 나뭇결이 촘촘한, 결이 촘촘한.
clóse hármony [klous-] 〖음악〗 밀집 화성.
clóse-háuled [klóushɔ́ːld] 〖해사〗 형 (바람을 옆으로 받고 돛을) 활짝 편. — 부 (돛을) 활짝 펴고.
clóse-ín [klóusìn] 형 인접한; 가까운 거리에서의; (도시의) 중심에 가까운.
clóse-knít [klóusnít] 형 유대가 긴밀한, 굳게 뭉친; (논리적으로) 밀접하게 구성된[짜여진].
clóse-lípped [klóuslípt] 형 말수가 적은, 과묵한.
clóse-lóok sàtellite [klóuslùk-] 〖군사〗 정밀 정찰 위성, 스파이 위성.
‡**close·ly** [klóusli] 부 (more ~; most ~) 1 가까이, 접근하여; 친밀히, ¶He resembles his father ~. 그는 그의 아버지를 꼭 닮았다. 2 꼭, 빈틈없이, 단단히, ¶shut ~ 밀폐하다 / Her skirt fits ~. 그녀의 스커트는 몸에 꼭 맞는다. 3 면밀히, 엄밀히, 차근히. ¶listen ~ 가만히 귀를 기울이다 / watch a person ~ 남을 주의깊게 지켜보다 / translate a poem ~ 시를 (원문에) 충실하게 번역하다. 4 검소하게, 인색하게.
clóse·ly-knít [-nít] 형 =close-knit.
clóse-móuthed [klóusmáuðd, -máuθt] 형 말수가 적은, 터놓지 않는.
clóse·ness [klóusnis] 명 ① 1 밀폐, 꼭 닫음. 2 막힘, 무더움, 답답함. 3 친밀, 친근. ¶the ~ of our friendship 우리의 두터운 우정. 4 이색함. 5 접근, 근사. 6 (직물 따위의) 올이 촘촘함. 7 엄밀, 엄중, 엄함.
clóse órder [klous-] 〖군사〗 밀집 대형(隊形).
clóse·óut [klóuzàut] 명 〖美〗 폐업 대매출, 재고 정리 판매 (on); 투매품.
close-óut [klóuzàut] 형 〖속어〗 완료, 성취.
clóse-pácked [klóuspǽkt] 형 꽉찬, 충만한.
clóse posítion [klous-] 〖음악〗 밀집 위치.
clóse príce [klous-] 형 〖증권〗 매도가와 매수가(앞 거래값과 다음 거래값)이 아주 접근해 있는 상태.
clóse punctuátion [klous-] 명 구두점을 많이 사용하는 서식(書式).
clóse quárters [klous-] 명복 1 좁고 답답한 숙소[장소]; 접근전, 백병전: 밀착, 육박. 〖달라붙어.
at close quarters ① 백병전이 되어. ② 근접하여,
*clos·er [klóuzər] 명 1 닫는 사람, 끝맺는 사람; 폐색(閉塞) 기구. 2 접합(接合)하는 사람, 접합 기구. 3 〖석공〗 귓돌, 귓벽돌, 갓돌. 4 〖야구〗 최종회.
clóse-rún thìng [klóusrÀn-] 〖구어〗 (a ~) 아슬아슬한 일; (선거 따위의) 대접전, 아슬아슬한 승리.
clóse scóre 〖음악〗 클로스 스코어(복수의 파트를 한 악보에 쓴 것).
clóse séason [klous-] 〖英〗 =closed season.
clóse-sét [klóussèt] 형 한데 몰린, 밀집한; 단단하게 살쩐.
clóse sháve [klous-] 〖구어〗 =close call 1.
clóse shót [klous-] 〖영화·TV〗 근사(近寫), 클

clóse-stool [klóuzstùːl, klóus-] 명 (뚜껑이 붙은)
clóse suppòrt [klous-] 〖군사〗 근접 지원.
‡**clos·et** [kláːzit / klɔ́z-] 명 1 (서재 따위의) 작은 방, 사실(私室). 2 〖美〗 (옷·주방 용구 따위의) 수납실, 골방; 찬장, 벽장, 반침(《英》 built-in cupboard). ¶a china ~ 사기그릇 찬장. 3 〖英〗 =water ~.
come out of the closet (속어) (신조·정치적 입장 따위를) 공개하다; 호모임을 드러내다. ¶ 〖나지 않는.
of the closet 실제적 경험이나 지식이 없는, 공론에 지 — 형 사적인, 비밀의; 사실(私室)에 적합한; 비실제적인. ¶a ~ consultation 비밀 회의.
— 타 (수동형·재귀용법으로) …을 (벽장 따위에) 가두다; (밀담을 위하여) …을 사실에 가두다 (with). ¶ (~ + 목 + 전 + 명) ~ oneself in the study 서재에 틀어박히다 / He was ~ed with the minister. 그는 장관과 밀담했다.
clóset dráma [plày] 〖연극〗 레제 드라마(《독일》 Lesedrama)(공연보다 읽을거리로 적합한 희곡).
clos·et·ed [kláːzitid / klɔ́z-] 형 1 몰래[내밀히] 하는; 비밀의, 2 갇힌.
clóse thíng [klous-] 〖구어〗 =close-run thing.
clóset homosèxual 명 =closet queen 1.
clóse tíme [klous-] 〖英〗 =close season.
clóset líberal 〖美속어〗 (정치면에서) 자유주의자임을 감추고 있는 자유주의자.
clóset polítician 명 비실제적인 정치가.
clóset quèen 〖속어·구어〗 1 은밀한 동성애를 즐기는 남자. (또는 clóset càse [quèer]) 2 (숨어서 하는) 여장 취미의 남자.
clóset stáll 명 대변소(大便所). ↔ urinal
clóse-úp [klóusÀp] 명 1 〖사진·TV·영화〗 클로즈업, 근접 촬영. 2 상세한 관찰[기술, 음미]. 3 (명) 전기(傳記). — 부 클로즈업의, 근접 촬영의; 지금 거리에서의; 상세한.
clóse-wo·ven [klóuswóuvən] 형 촘촘하게 짠.
*clos·ing [klóuziŋ] 명 ① 1 폐쇄; 폐장, 폐점. 2 결산; 마감; 〖증권〗 종장. ¶the ~ of books 장부 마감. 3 종결, 종료; (부동산 취득의) 체결; (연설 따위의) 끝맺음; (편지의) 끝맺는 말, 결구(結句). 4 닫는[죄는] 물건[도구]. — 형 1 폐점[폐장, 폐회]의. ¶a ~ address 폐회사. 2 결산의, 마감의, 정지의. ¶the ~ account 결산. 3 끝[종료]의. ¶the ~ hour of life 임종.
clósing cósts 명복 부동산 매매 비용.
clósing dáte 명 마감 날; 매상일.
clósing òrder 〖英〗 (물수 재산에 관한) 폐쇄 명령.
clósing príce 〖증권〗 마감[최종] 시세, 종가(終
clósing tíme 〖美사로〗 종업[폐점] 시간. 〖價).
clo·sure [klóuʒər] 명① 1 폐지, 폐쇄, 마감; 폐점, 폐회. 2 종지, 종결. 3 〖폐어〗 (사유지의) 담, 울타리. 4 〖음성〗 폐쇄(음). 5 (the ~, a ~) 〖英〗 (의회에서의) 토론 종결(《美》 cloture). 6 〖英〗 (의회에서 토론을) 종결시키다[하다](《美》 cloture).
clot [klɑːt / klɔt] 명 1 (피 따위의) 엉긴 덩어리, 응괴(凝塊); 덩어리(mass). ¶a ~ of blood 응혈(凝血). 2 〖英구어〗 바보, 멍청이. 3 (사람의) 떼, 소집단. — 동 (-tt-) 타 응혈[응괴]하다; 응결하다; …을 응고시키다, 응결(凝結)시키다; …을 응괴[핏덩어리]로 덮다.
clot·bust·er [klɑ́tbÀstər / klɔ́t-] 명 혈전(血栓) 용해제.
‡**cloth** [klɔ:θ, klɑθ / klɔθ] 명 (복) ~s [klɔːðz, klɑ́ðz / klɔ́ðz] ① (종류를 나타낼 때는 ⓒ) 1 직물; 모직물, 평직 나사. ¶a ~ coat 나사로 상의(上衣). 2 피륙, 옷감, 천. 3 ⓒ (어떤 용도의) 헝겊 조각, 걸레, 행주: 책상보, 식탁보. 4 〖연극〗 막, 배경막. 5 클로스(제본용 면포). 6 검정 성직복[수도복]; 〖집합적〗 성직자; 성직. ¶men of the ~ 목사, 성직자. 7 〖해사〗 〖집합적〗 돛; 범포(帆布). ¶carry much ~ 돛을 완전히 펴다.

***cut one's coat according to** one's* [or *the*]
lay the cloth 식사 준비를 하다. [*cloth* ⇨COAT.
***out of** (**the**) *whole cloth* ⇨WHOLE.
remove [or ***draw***] ***the cloth*** 식사 후 식탁을 치우다.
respect *a person's **cloth; pay the respect
due to the cloth*** 성직자 신분에 대하여 경의를 표하다.
wear the cloth 성직자[목사]가 되다.
— 형 1 직물의[로 된]. 2 =clothbound.
⌞·like 형
cloth·back [klɔ́:θbæ̀k/klɔ́θ-] 〔제본〕 클로스 장정본. 형 paperback 「스로 장정된.
cloth·bound [klɔ́:θbàund/klɔ́θ-] 형 (책이) 클로
clóth càp 명 〔英〕 (노동자가 쓰는) 납작한 모자(the ~) 〔英구어〕 노동자 계급. **clóth-càpped** 형
cloth-cap [스kæp] 형 〔英〕 노동자 계급의.
‡**clothe** [klouð] 타 (~**s** [-z]; ~*d, clad; cloth·ing*) 1 (수동형·재귀용법으로) …에게 옷을 입히다 (*in*); …에게 의복을 지급하다 (*with*). ¶ ~ oneself 옷을 입다 // (~+图+前+名) He ~*d* himself *in* his best. 그는 나들이옷을 입었다. 2 …을 뒤덮다 (*with, in*). (~+图+前+名) Spring ~*s* the land *with* green leaves. 봄은 신록으로 대지를 뒤덮는다. 3 (권력·영광 따위를) …에게 부여하다, 주다 (*with, in*); 〔사상 따위〕를 표현하다 (*in*). ¶ (~+图+前+名) He ~*d with* authority 권력을 부여받다 / He struggled to ~ his face *in* a smile. 그는 얼굴에 미소를 띠려고 애썼다.
clothe and feed ~에게 의식을 공급하다. 「냈했다.
cloth-eared [스iərd] 형 난청의, 귀가 먹은; 둔감한.
clóth èars 명(복) 〔英〕 잘 안 들리는 귀, 난청; 음치.
‡**clothes** [klouz, klouðz] 명 (집합적) 옷, 의복, 의류. ¶ secondhand ~ 헌 옷/two suits of ~ 옷 두 벌/put on [take off] one's ~ 옷을 입다[벗다]/*Fine* ~ *make the man*. 〔속담〕 옷이 날개.

> 유의어 **clothes** 개개의 의류가 집합한 것. **clothing** 집합적으로 의류하다; **dress** 보통 예복이나 사교장에 어울리는 의복. **garment** 하나의 의류; 격식차린 말.

2 (명) 침구(bedclothes). 3 세탁물.
in long clothes 아직 젖먹이어서; 어리고 유치하여.
clothes-bag [스bæ̀g] 명 빨래[세탁물] 자루.
clothes·bas·ket [klóuzbæ̀skit, klóuðz-/-bà:s-] 명 세탁물[빨래] 바구니.
clothes-brush [스brʌ̀ʃ] 명 양복솔, 옷솔.
clóthes drỳer 명 빨래[세탁물] 건조대.
clóthes hànger 명 옷걸이.
clothes·horse [klóuzhɔ̀:rs, klóuðz-] 명 1 빨래걸이. 2 유행복을 입는 사람; 패션 모델.
clothes·line [klóuzlàin, klóuðz-] 명 1 빨랫줄. 2 〔속어〕 (야구) (강한) 라이너(line drive). 3 〔미식축구〕 벌린 팔을 갑자기 공을 가진 상대 선수의 머리에 걸게 하는 태클. 4 〔美속어〕 개인의 고민, 가정 불화.
able to sleep on [or ***upon***] ***a clothesline*** 〔英속어〕 어떤 장소에서도 잘 수 있는; 어떤 불편한 생활도 견딜 수 있는.
— 타(자) 〔미식축구〕 (상대 선수)를 팔을 벌려 태클하다.
clothes·man [klóuzmæ̀n, klóuðz-] 명 (복 **-men** [-mèn]) 헌옷 장수.
clóthes mòth 명 옷좀나방.
clothes-peg [스pèg] 명 〔英〕 =clothespin.
clothes·pin [klóuzpìn, klóuðz-] 명 〔美〕 빨래 집게.
clóthes pòle 명 빨랫줄 매는 기둥, 바지랑대.
clothes·press [klóuzprès, klóuðz-] 명 양복장, 옷장(chest, wardrobe).
clóthes pròp [pɔ̀st] 명 〔英〕 =clothes pole.

clóthes ràck 명 (금속봉의) 옷걸이. 「투이 걸이.
clóthes trèe 명 (가지가 있는 기둥 모양의) 모자[외
clóthes wrìnger 명 빨래 짜는 기구.
cloth·ier [klóuðjər, -ðiər] 명 모직물 제조업자, 모직물 상인; 양복점 주인; 의류상.
‡**cloth·ing** [klóuðiŋ] 명[U] 1 (집합적) 의복, 의류. ¶ a ~ store 옷 가게/food, ~ and shelter 의식주. 2 덮개. ¶ under the ~ of love 사랑이라는 미명 아래. 3 〔해사〕 돛.
clothing óptional 형 옷을 안 입어도 되는, 누디스트[나체족]의. ¶ ~ lifestyle 누드족 생활 양식.
clóthing wòol 명 방모사(紡毛絲)용 양모.
clóth mèasure 명 피륙용 자.
Clo·tho [klóuθou] 명 〔그리스 신화〕 클로토(운명의 세 여신(the Fates) 중의 하나; 생명의 실을 잣는 여신).
clóth of góld 명 금란(金襴)(금실을 넣어 짠 천).
clóth of sílver 명 은란(銀襴)(은실을 넣어 짠 천).
clóth yàrd 명 1 피륙 야드(3 피트). 2 긴 화살(cloth yard 길이의 화살).
clot·ted [klátid/klɔ́t-] 형 1 응고한, 굳어진; 응혈(凝血)의; 엉겨붙은. 2 (美) 완전[순진]한. **~·ness** 명
clótted créam 명 (英) 응고[고체] 크림.
clótted nónsense 명 헛소리, 엉터리. 「은.
clot·tish [klátiʃ/klɔ́t-] 형 〔英구어〕 바보[얼간이] 같
clot·ty [kláti/klɔ́ti] 형 덩어리가 많은; 응고한, 핏덩어리의; 응고하기 쉬운, 응결성(凝結性)의.
clo·ture [klóutʃər] 명(美의회) 〔U〕〔C〕 토론 종결((英) closure). — 타 (토론을) 종결하(여 곧 가결)하다.
clou [klu:] 명 구경거리, 흥미의 초점.
‡**cloud** [klaud] 명 (복 ~**s** [-z]) 1 〔C〕〔U〕 구름. ¶ a dark ~ 먹구름 / a bank of ~s 층운, 구름 봉우리 / rise above the ~s 구름 위에 우뚝 솟다 / *Clouds* form [*or* rise]. 흐려진다, 구름이 인다 / *Every* ~ *has a silver lining*. 〔속담〕 괴로움의 이면에는 기쁨이 있다. 2 구름 모양의 것, 자욱한 먼지[연기] (*of*). ¶ a ~ *of* dust [smoke] 자욱한 먼지[연기]. 3 〔벌레·새 따위의〕 큰 때, 무리 (*of*). ¶ a ~ *of* mosquitoes [flies] 모기[파리] 때. 4 〔액체·거울 따위의〕 흐림, 〔대리석 따위의〕 흠. ¶ crystal without ~s 흠 없는 수정. 5 〔얼굴 표정의〕 흐림, 근심하는 기색, 어두운 그림자. ¶ a ~ *of* sorrow 슬픈 기색 / a ~ *of* war 전운. 6 크고 가벼운 스카프. 7 〔美방언〕 흑인(의 떼).
a cloud no bigger than [or ***a cloud the size of***] ***a man's hand*** (재난 따위의) 희미한 조짐.
a cloud of words 구름 잡는 듯한 이야기.
a cloud on the horizon [or ***in the sky***] (닥쳐오는) 불행[재난 따위]의 징조.
blow a cloud 〔구어〕 담배를 피우다.
cast a cloud over [or ***on***] …을 어둡게[흐리게] 하다; …에 어두운 그늘을 드리우다, 찬물을 끼얹다.
drop from the clouds 난데없이 나타나다.
have one's head in the clouds 공상에 잠기다.
in the clouds ① 하늘 높이. ② 〔구어〕 공상에 잠겨, 멍청하게. ③ 비현실적으로, 가공적으로.
kick up the clouds 〔속어〕 교수형에 처해지다.
on a cloud 〔구어〕 더없이 기분이 좋아, 의기 충천하여; (마약 따위에) 취하여.
under a cloud 〔구어〕 ① 꾸지람을 받아, 의심을 받고. ② (be, leave, remain 따위의 뒤에서) 우울하여, 곤경에 처하여. 「하여.
under cloud of night 야음을 틈타서, 어둠을 이용
— 타 (~**s** [-z]) 타 1 …을 흐리게 하다, 구름으로 덮다; 〔하늘 따위〕를 어둡게 하다. ¶ The tears ~*ed* her eyes. 그녀의 눈은 눈물로 흐려졌다. 2 …을 어둡게 하다; …을 우울하게 만들다. ¶ Her face was ~*ed* with anxiety. 그녀의 안색은 근심으로 흐려 있었다. 3 〔문제 따위〕를 모호하게 하다; 〔판단·사실 따위〕를 흐리게 하다. ¶ *Old age* ~*ed* his memory. 〔마음 따위〕를 혼란시키다.

연로하여 그의 기억력은 무디어졌다. **4** …에 어두운 빛을 드리우다; [명성 등]을 더럽히다; [남]에게 혐의를 두다. ¶ ~ one's reputation 명성을 더럽히다. **5** …을 구름 무늬가 지게 하다. ── ⓥⁱ (하늘이) 흐려지다(*over*, *up*); (얼굴·눈·마음 등이) 어두워지다, 흐려지다(*over*). ¶ (~+前) The sky ~*ed over*. 하늘은 온통 흐렸다.
~-**like** 형 「처럼 보이는 구름띠.
cloud·bank [kláudbæŋk] 명 〔기상〕 구름둑(제방
cloud·ber·ry [kláudbèri] 명 야생의 진들딸기.
cloud-built [-bìlt] 형 구름 같은; 속이 빈; 공상적인, 꿈같은. 「우. (또는 **clóudbust**)
cloud·burst [kláudbə̀ːrst] 명 억수, (갑작스런) 호
clóud bùrster [**bùster**] 명 〔속어〕 **1** 〔야구〕 높은 플라이. **2** 고층 건물(*skyscraper*). **3** 신형 고속 비행
clóud càp 명 〔기상〕 명=cap cloud. 「기.
cloud-capped [-kæpt] 형 구름을 인, 구름으로 덮인; 구름 사이로 우뚝 솟은. 「누각. (또는 **clóud càstle**)
cloud-cas·tle [-kæsl] 명 몽상, 백일몽; 공중[사상]
clóud chàmber 명 〔물리〕 안개 상자(기체 중의 하전 입자(荷電粒子)의 운동을 관찰 기록하는 장치).
clóud còver 명 운량(雲量).
cloud-cuck·oo-land [-kùːkúːlæ̀nd] 명 ⓤ 때로 C--C--L-) 이상향, 공상의 세계. 「말 살충제 살포법.
clóud drìft 명 흘러가는[든] 구름; (비행기에서의) 분
cloud·ed [kláudid] 형 **1** 흐린, 어두운. ¶ a ~ sky 구름낀[흐린] 하늘. **2** 우울한; 혼란된. **3** 애매 모호한. **4** 구름 모양[무늬]의. 「(덮인 삼림).
clóud fòrest 명 운무림(雲霧林)(열대 지방의 운무에
cloud-hop·ping [-hàpiŋ/-hɔ̀p-] 명 〔항공〕 (비행기 모습을 감추기 위해) 구름 뒤에 숨어 비행하기.
cloud·i·ness [kláudinis] 명 **1** 흐린 날씨, 흐림; 〔항공〕 운량(雲量). **2** 구름 무늬. **3** (색채·광택의) 흐림. **4** (시력·정신력·지력(知力)의) 둔함, 몽롱함, 활발치[분명치] 못함. **5** (액체의) 흐림, 탁함. **6** 우울, 불쾌함.
cloud·ing [kláudiŋ] 명 ⓤ **1** 구름무늬, 얼룩무늬. **2** (운나는 면의) 흐림.
clóuding of cónsciousness 명 의식의 혼탁.
cloud-kiss·ing [-kìsiŋ] 형 하늘에 닿을 듯이 높은.
cloud·land [kláudlæ̀nd] 명 ⓤⓒ 공상의 세계, 이 상향, 동화 속의 나라; 하늘(*sky*).
*****cloud·less** [kláudlis] 형 구름이 없는, 맑게 갠, 청명한(*clear*). ~·**ly** 부 ~·**ness** 명
cloud·let [kláudlit] 명 조각 구름, 작은 구름.
clóud níne [(고어) **séven**] 명 〔구어〕 하늘에라도 날아오를 듯한 기분; 의기 양양.
on cloud nine** [or ***seven] 기분이 날아갈 듯하여, 의기 양양하여; (마약 따위에) 취하여.
clóud phýsics 명 〔단수취급〕 구름 물리학.
clóud ràck 명 조각 구름의 떼.
clóud rìng 명 (적도상에 있는) 운대(雲帶), 운권(雲圈).
cloud·scape [kláudskèip] 명 **1** 구름 그림[경치, 사진]. **2** 구름 모양.
clóud sèeding 명 (인공 강우를 위한) 구름 씨뿌리기(드라이아이스나 요오드화은 따위).
cloud-world [-wə̀ːrld] 명 =cloudland.
‡**cloud·y** [kláudi] 형 (**cloud·i·er; cloud·i·est**) **1** 흐린, 구름이 많은. ¶ a ~ sky 흐린 하늘 / It is ~ today. 오늘은 날씨가 흐리다. **2** 구름의, 구름모양의. ¶ a ~ pillar 구름 기둥, 기둥 모양의 구름. **3** 구름무늬의; (운나는 면이) 흐린. ¶ ~ marble 구름무늬 대리석. **4** (술 따위가) 맑지 않은, 탁한. ¶ ~ liquid 탁한 액체. **5** 분명하지 않은, 흐릿한. ¶ eyes ~ with sleep 졸음에 겨운 눈 / a ~ picture 흐릿한 사진. **6** (우울·근심으로) 침울한; 불쾌하게 하는. ¶ ~ looks 우울한 표정. **7** 혐의를 받은, 불명예스러운. **clóud·i·ly** 부 흐려서; 흐
clough [klʌf] 명 〔英방언〕 협곡, 골짜기. 「릿하게.
clout [klaut] 명 **1** (a ~) 〔구어〕 (주먹[단단한 것으로) 한 대 치기, 손바닥으로 때리기. **2** (a ~) 〔야구〕 강타, 장타. **3** ⓤ (정치적) 힘, 영향(력)(*political* ~), 권력, 정치 세력; 연고, 연줄. **4** (활로짓의) 과녁의 중심(에 적중한 화살). **5** 〔고어〕 옷, 누더기, 걸레. **6** 〔고어〕 헝겊 조각, 덧대어 깁는 천. **6** (또는 ～ **nàil**) (구두 바닥·차륜 따위의) 철편, 징. 「력[영향력]을 갖고 있다.
carry** [or ***have] **considerable clout** (상당한) 권
give a person a clout 남에게 한 대 먹이다.
── ⓥᵗ **1** 〔구어·방언〕 (주먹·손바닥으로) …을 치다, 때리다 (*with*). ¶ ~ a person's head 남의 머리를 갈겨 하다. **2** 〔고어·방언〕 …에 붕대를 감다; …에 천을 맞대어 깁다, …을 수선하다; (구두 밑창 따위에) 징을 박다. **3** 〔美구어〕 〔야구〕 〔공〕을 강타하다. **4** 〔美속어〕 날치기하다; 〔차〕를 훔치다. 「표〔장소]의 사전 답사꾼.
~-**er** 명 〔야구〕 강타자; 〔美속어〕 자동차 도둑, (훔칠 목
clóut náil 명 (구두창의) 징, 못.
clove¹ [klouv] 명 **1** 정향(丁香)나무; (~s) 정향(정향나무의 꽃봉오리를 말린 향료). ¶ oil of ~s 정향유. **2** = ~ pink.
clove² 명 〔식물〕 (백합·양파 따위의) 소인경(小鱗莖).
clove³ 명 cleave¹의 과거. 「보통 8pounds에 상당).
clove⁴ 명 클로브(양모·치즈 따위의 중량 단위;
clóve gillyflower 명 =clove pink.
clóve hítch 명 〔해사〕 감아매기(밧줄 매듭의 하나).
clo·ven [klóuvən] 명 cleave¹의 과거분사.
── 형 갈라진, 쪼개진(*split*), (둘로) 나뉘어진, 분열한.
clóven hóof [**fòot**] 명 **1** (소·사슴·양 따위의) 갈라진 발굽, 우제(偶蹄). **2** 악마(Satan), 악마의 유혹.
show the cloven hoof** [or ***foot] (악마가) 본성을 드러내다, 정체가 드러나다.
clo·ven-hoofed [-húːft] 형 **1** 발굽이 갈라진. **2** 악마의; 마성의(*devilish*). (또는 **clóven-fóoted**)
clóve óil 명 정향유(丁香油)(향료·의약용).
clóve pínk 명 카네이션(*carnation*).
‡**clo·ver** [klóuvər] 명 ～s [-z] ⓤⓒ 클로버, 토끼풀. ¶ four-leaf(*ed*) ~ 네잎 클로버(행운의 상징).
be [or ***live***] ***in clover*** 호사스럽게[안락하게] 살다.
like pigs in clover 〔속어〕 아주 편히[최고로] 행복한.
~**ed**, ~·**y** 형
clóver kicker 명 〔美속어〕 백성, 농민; 시골 소년.
clo·ver·leaf [klóuvərliːf] 명 (複 ～**s**, -**leaves**) (네잎 클로버 모양의) 입체 교차로. ── 형 네잎 모양무늬의. ¶ a ~ aerial 클로버형 안테나. ～**ed** [-t] 형
‡**clown** [klaun] 명 **1** (서커스 따위의) 광대, 피에로 (*jester*). **2** 익살꾼, 재담꾼. **3** 〔속어〕 얼간이, 바보; 버릇[교양] 없는 사람. **4** 촌놈; 촌뜨기(*rustic*).
make a clown of oneself 바보 흉내를 내다.
play the clown 익살 떨다.
── ⓥⁱ **1** 광대짓을 하다; 익살부리다; 농하다(*about*, *around*). **2** 〔美속어〕 〔권투〕 시합을 날조하다(녹아웃 당한 체하다). ── ⓥᵗ (~ it로) 광대짓을 하다.
clown about [or ***around***] ***with*** …을 놀리다.
clown·er·y [kláunəri] 명 ⓤⓒ 광대짓, 익살.
clown·ing [kláuniŋ] 명 ⓤ (어릿)광대학[술].
clown·ish [kláuniʃ] 형 광대 같은, 우스꽝스러운; 촌 뜨기 같은, 품위 없는. ~·**ly** 부 ~·**ness** 명 「량.
clówn wàgon 명 〔美속어〕 화물 열차의 승무원용 차
clox [klɔks/klɔks] 명 〔상업〕 clock²의 복수형.
clox·a·cil·lin [klàksəsílin/klɔ̀k-] 명 〔약학〕 클록사실린(합성 페니실린의 하나).
cloy [klɔi] ⓥᵗ **1** (음식을 쾌락 따위로) …을 넌더리나게 [물리게] 하다; 과식시키다[배부르게] 하다 (*with*). ── ⓥⁱ 싫증나다, 넌덜나다; 물리다. ～-**ed·ness** 명
cloy·ing [klɔ́iiŋ] 형 싫증나게 하는, 넌더리나는, 물리게 하는. ~·**ly** 부 ~·**ness** 명
cloze [klouz] 형 (테스트 방법으로) 빈 칸 채우는, 빠진 단어를 보충하는. ¶ a ~ test 빈 칸 채우기 시험.
CLR *Central London Railway*; *clear*; *computer language recorder*. **clr.** *clear(ance)*; *color*;

cooler. **Clrm.** classroom. **CLS** (컴퓨터) close; Comparative Literature Studies. **CLT** computer language translator. **CLU** Civil Liberties Union(인권 옹호 연맹). **C.L.U.** Chartered Life Underwriter(공인 생명 보험사).

‡**club** [klʌb] 명 (복 ~s [-z]) **1** (집합적; 단·복수 양용) (복송·사교 따위의) 클럽, 동호회; (방위·무역 따위를 위한) 국가 협의체.¶a tennis ~ 테니스 클럽/a country ~ 컨트리 클럽/an Alpine ~ 산악회/the NATO ~ 북대서양 조약기구 연합체. **2** = clubhouse; 나이트 클럽, 카바레. **3** 곤봉; 경찰봉. **4** (골프의) 클럽(golf ~); (하키의) 스틱. **5** [카드놀이] 클럽; (~s) (단·복수 양용) 클럽의 패 전부. **6** [식물] 곤봉 모양의 구조(기관). **7** [해사] 보조 개프(gaff); [해사] = clubfoot.
in the (pudding) club (英속어) 임신하여.
Join [or Welcome to] the club! (구어) (같은 입장의 사람에 대해) 나도 마찬가지야!, 나 역시 그래!
on the club (英속어) (질병에 의한 휴직으로) 공제조합으로부터 도움[급부]을 받아.
the best club in London (英) (익살) 하원(下院).
— 통 (~s [-z], -bb-) 타 **1** …을 곤봉으로 때리다; [총 따위]을 곤봉 대신으로 쓰다.¶~ a rifle 총을 거꾸로 쥐다//(~+목+전+명) ~ a person *to* death 남을 때려 죽이다. **2** (사람)을 모아서 클럽을 만들다; …을 합동[결합]시키다(together).¶(~+목+튐) ~ persons *together* 사람들을 모으다. **3** (금전·지혜 등)을 서로 내놓다; [지출 등]을 분담하다.¶~ expenses 지출을 분담하다. **4** (야구) …을 치다. — 자 **1** 클럽을 조직하다; (공동 목적을 위하여) 협력[합동]하다 (together); (금전 따위)을 분담하여 내다.¶(~+튐) ~ *together* 서로 협력하다//(~+전+명) ~ *with* a person 남과 협력하다. **2** 클럽(활동)에 참가하다, 클럽 회원이 되다. **3** (해사) (감속을 위해) 조류 속에 닻을 끌다.
~**bing** 명

club·ba·ble [klʌ́bəbl] 형 클럽 회원에 알맞은; 사교적인, 교제를 잘하는. **-bil·i·ty**, **~ness** 명
club bàg 명 (美) (위에서 지퍼로 여는) 여행 가방.
clubbed [klʌbd] 형 (과실·뿌리 따위) 곤봉 모양의.
club·by [klʌ́bi] 형 **1** 상냥한, 사교적 같은, 회원제의, 배타적인. **clúb·bi·ly** 부
club càr 명 (특별 클럽차, 사교 객차(lounge car).
club chàir 명 낮고 육중한 안락 의자.
club clàss 명 = business class.
club coùpe 명 클럽 쿠페 차(문이 두 개로, 뒷자리에 타려면 앞좌석 등받이를 제치도록 된 자동차).
club·dom [klʌ́bdəm] 명 U 클럽계, 클럽 생활; (집합적) 클럽.
club flòor [lèvel] 명 (美) (호텔의) 귀빈용 플로어.
club fòot 명 (가구 따위의) 굽은 다리.
club·foot [klʌ́bfùt] 명 (복 -feet [-fí:t]) **1** 만곡족(彎曲足)(짧고 굽은 기형의 발); 발의 선천성 기형. **2** (배) 뱃머리의 삼각돛(jib) 끝에 대는 원재(圓材). **~ed** 형
club·hand [klʌ́bhæ̀nd] 명 만곡수(일종의 선천적 불구); 손의 굽음[기형]. **~ed** 형
club·haul [klʌ́bhɔ̀ːl] 타 [해사] 닻을 내려 끌며 [배]를 바람 불어오는 방향으로 돌리다.
club·house [klʌ́bhàus] 명 (복 **-hous·es** [-hàuziz]) 클럽 회관(집회소); (美) (스포츠 클럽의) 라커 룸, 경의실(更衣室).
club·land [klʌ́blæ̀nd] 명 U 클럽 지구, 클럽가(街) (영국 London의 St. James's Palace 부근).
club làw 명 폭력, 폭력주의 지배.
club·man [klʌ́bmən, -mæ̀n] 명 사교 클럽의 회원; 사교가. **~·ship** 명
Clúb Me·di·ter·ra·née [-mèiditərɑːnéi] 명 지중해 클럽(휴가촌·호텔들을 운영하는 프랑스 회사).
club·mo·bile [klʌ́bməbìːl] 명 (美) 이동 클럽차(클럽과 같은 설비를 갖춘 트레일러 또는 버스).

club mòss 명 (식물) 석송(石松).
Clúb of Róme 명 (the ~) 로마 클럽(범지구적 문제에 관해 정기적으로 제언·연구 발표를 하는 경영인·경제학자·과학자의 국제 연구 단체; 1968년 창설).
club·room [klʌ́brùːm] 명 클럽(집회)실.
club·root [klʌ́brùːt] 명 (식물병리) (양배추 따위의) 뿌리 비대병, 뿌리혹병, 근류병(根瘤病).
clúb sándwich 명 (美·캐나다) 클럽 샌드위치(보통 세 겹으로 된 토스트에 고기·야채 따위를 끼운 것).
club-shaped [-ʃeìpt] 형 곤봉 모양의.
clúb sóda 명 = soda water.
clúb sófa 명 = club chair.
clúb stèak 명 클럽 스테이크(소 허릿살 스테이크).
club·wom·an [klʌ́bwùmən] 명 사교 클럽의 여성 회원; 사교계 여성.

*****cluck**[1] [klʌk] 자 **1** (암탉이) 꼬꼬 하고 울다(부르다). **2** (불만·놀라움·관심 따위를 보이기 위해) 혀를 차다. — 타 **1** (암탉이) 꼬꼬 하고 부르다. **2** (관심·우려 따위)를 말로 나타내다; (혀)를 차다. — 명 (암탉의) 꼬꼬 소리; (일반적으로) 암탉의 우는 소리와 닮은 소리.
cluck[2] 명 (美속어) 둔한 사람, 얼간이; 위조 지폐; (경멸적) 피부가 아주 검은 흑인. (또는 **kluck**)
clúck and grúnt 명 (美속어) 햄에그.

‡**clue** [kluː] 명 **1** (문제·수수께끼·신비를 푸는) 실마리, 열쇠; (조사·연구의) 단서(*to*); (이야기·생각의) 줄거리; (속어) 정보, 개인적인 의견.¶with this ~ to go upon 이것을 실마리로. **2** (그리스 신화) (미궁을 빠져 나갈) 길을 인도하는 실, 길 표지, 도표(道標)(clew).
do not have a clue; have no clue (英구어) **1** 전혀 알지 못하다. **2** 능력[수완]이 없다.
get [or *find*] *a clue to* …의 실마리를 얻다; (속어) 알다, 이해하다.
— 통 타 **1** (구어) …에게 (…에 대한) 해결의 실마리[정보]를 주다(*in*). **2** (실)을 둥글게 감다.
be (all) clued up (…에) 밝다, 정통하나 (*on, about*).
clue a person in [or *up*] (속어) 남에게 (…에 관해 유익한) 정보를 주다, 가르치다, 설명하다(*on*).
Clue in! (美속어) 주의해!
Clue·do [klúːdou] 명 (상표) 클루도(가상 살인 사건의 범인·흉기·범행 장소를 찾아내는 게임).
clue·less [klúːlis] 형 **1** 실마리[단서]가 없는. **2** (英구어) 우둔한, 바보스런; 무력한.
totally clueless (美학생 속어) 아무 것도 모르는; 오 ~·ly 부 [리무중인.

clúm·ber spániel [klʌ́mbər-] 명 클럼버 스패니얼(영국종 사냥개).

*****clump** [klʌmp] 명 **1** (나무의) 밀집(지); 숲, 덤불.¶a ~ of bamboos 대나무 숲/a ~ of trees 나무 숲. **2** 세균 덩어리, 응괴. **3** (a ~, the ~) 무거운 발소리[걸음걸이]. **4** = ~ sole. **5** (속어) 일격, 딱 때림.
— 자 **1** (세균이) 군생(群生)하다, 덩어리지다(*together*). **2** 무거운 걸음걸이로[발소리를 내며] 걷다(*about, around*). — 타 **1** …을 한데 모으다, 덩어리지게 하다. **2** (세균)을 군생시키다, 응집(凝集)시키다(*together*). **3** …을 때리다, 세게 치다(*hit*).
~**·ish** 형 = clumpy. ~**·like** 형

clúmp sòle 명 (구두의) 두꺼운 이중창.
clump·y [klʌ́mpi] 형 **1** 덩어리진, 덩어리가 많은. **2** 나무숲이 많은, 울창한. **3** (발소리가) 무거운, 더듬거리는.

*****clum·sy** [klʌ́mzi] 형 **1** 어색한, 뻑뻑한; 서투른 (*about, at, in, with*); (도구 따위가) 다루기 어려운; 모양 없는, 볼품 없이 크게 만든.¶a ~ driver 서투른 운전 기사/be ~ *with* a tool 도구 다루는 솜씨가 서투르다. **2** (언동 따위가) 궁색한; 눈치 없는. **-si·ly** 부 **-si·ness** 명

clunch [klʌntʃ] 명 U (광산) 경화 점토(硬化粘土); 연질(軟質) [석회암.

‡**clung** [klʌŋ] 동 cling의 과거·과거분사.

Clu·ni·ac [klúːniæk] 형명 (베네딕트파에서 갈라진) 클뤼니(Cluny)파 수도사(의).

clunk [klʌŋk] 통 1 (머리 따위를) 세게 치다. 2 =clonk. 명 1 강타, 세게 치기. 2 (구어) =clunkhead. 3 =clonk. 4 낡은 자동차. 5 (속어) 시체. (또는 **klunk**)

clunk·er [klʌ́ŋkər] 명 (美구어) 3 바보. 4 서투른 골퍼.

clunk·head [klʌ́ŋkhèd] 명 (속어) 바보, 얼간이.

clunk·y [klʌ́ŋki] 형 1 거추장스럽게 무거운; 서투른. 2 말[행동]이 세련되지 못한, 투박한. **clúnk·i·ness** 명

Clú·ny làce [klúːni-] 명 클뤼니 레이스(손으로 뜬 레이스의 일종). [< F 프랑스의 도시 Cluny]

cluse [kluːz] 명 산등성이를 가로지르는 협곡.

‡**clus·ter** [klʌ́stər] 명 (⊕ ~s [-z]) 1 (꽃·과실 따위의) 송이, 다발(bunch). ¶a ~ of grapes 포도 한 송이. 2 (같은 종류의 사람·물건의) 일단, 무리, 군중. ¶a ~ of bees 꿀벌 떼. 3 (美육군) 훈장 리본에 붙인 작은 금속편(같은 훈장을 거푸 받았다는 표시). 4 (음성) 연속 자음(한 음으로 발음되는 둘 이상의 연속자음). 5 (천문) 성단(星團). 6 (군사) =~ bomb; 지뢰군(群), 클러스터(지뢰 부설의 단위). 7 (컴퓨터) 클러스터(단말 제어 장치와 그에 접속된 복수 단말의 총칭).

in a cluster; in clusters 떼지어; 송이를 이루어.
— 타 (~s [-z]) 타 1 …을 떼지게 하다, 밀집시키다(together). 2 …을 떼지어 뒤덮다. 3 …을 송이지게 하다. — 자 1 송이를 이루다, 주렁주렁 달리다. 2 (벌 따위가) 떼짓다, 군생(群生)하다((a)round).

~·ing·ly 부 **~·y** 형

clúster bòmb (군사) 집속(集束)[산탄형] 폭탄.

clúster bòmb únit (군사) 집속 폭탄(파편 폭탄 (fragmentation bomb)들을 묶어놓은 폭탄; 略 CBU).

clúster còllege 명 (美) (종합 대학 안의 독립된) 교양[인문] 학부, 단과 대학.

clus·tered [klʌ́stərd] 형 1 무리를 이룬, 군생(群生)한. 2 [건축] 다발 기둥의. [柱.

clústered còlumn (건물의) 다발 기둥, 족주(簇

clúster hèadache [병리] 군발성(群發性) 두통.

clúster pìne [식물] =pinaster.

clúster zòning 집합 주택 구역제.

‡**clutch**¹ [klʌtʃ] 통 (~es [-iz]; ~ed [-t]) 타 1 …을 꽉 쥐다; 끌어[껴]안다; …을 꽉 잡으러 들다; …에 매달리다. ¶HOLD 유의어 ¶~ power 권력을 쥐다(/~ one's child to one's breast 아이를 품에 꼭 껴안다. 2 (속내) (남의 마음을) 사로잡다, 매혹하다. 3 (美속어) (답배를) 피우다. — 자 1 꽉 잡다; 꺼잡다; 매달리다(at). ¶(~+前+图) A drowning man will ~ at a straw. (속담) 물에 빠진 사람은 지푸라기라도 잡는다. 2 (자동차의) 클러치를 넣다. 3 (속어) (공포 따위로) 당황하다(up).
clutch hold of …을 움켜쥐다.
clutch up 무서워하다, 당황하다(on).
— 명 (⊕ ~·es [-iz]) 1 꽉 잡기[쥐기], 3 잡고 있는[잡으려는] 손, 손가락; (~es) 마수, 지배(력), 손아귀; (美속어) 포옹, 악수. ¶I have him in my ~es. 그는 내 수중에 있다. 3 (기계·자동차) 클러치; 클러치 조작 장치. ¶let in[out] the ~ 클러치를 넣다[빼다]. 4 (구어) 위기, 절박한 경우; (야구) 핀치(pinch). 5 (끈·손잡이가 없는) 여성용 소형 핸드백(~ bag).
fall [or **get**] **into the clutches of** …의 손에 잡히다, …의 손아귀에 들다.
get out of the clutches of …의 수중에서 빠져 나오다, …의 독수(毒手)에서 도망치다.
in the clutches (구어) 참을 수 없는[괴로운] 상황에, 위기에 처해서.
make a clutch at …을 꽉 붙잡으려고 하다.
put in one's **clutch** (속어) 침묵하다.
ride the clutch (美속어) 클러치[브레이크] 페달에 발을 올려놓은 채 운전하다.
within clutch 잡을 수 있는 곳에, 손이 닿는 곳에.

— 명 1 중대 국면에서 해낸, 결정적인. 2 (美속어) 중대 국면에서 의지할 수 있는; (스포츠) 위기[찬스]에 강 **~·er** 명 [한, ¶a ~ player 위기에 강한 선수.

clutch² 명 1 한번에 품은 알(보통 13개). 2 알의 한 배; 한 배에 깐 병아리. 3 같은 부류의 많은 사람[것].
— 타 (병아리를) 까다(hatch).

clútch bàg[pùrse] 명 =clutch¹ 5.

clutched [klʌtʃt] 형 (美속어) 침착하지 못한, 신경질적인; 긴장한, 상기된.

clútch hit [야구] 적시타(timely hit).

clútch hìtter [야구] 찬스에 강한 타자.

clut·ter [klʌ́tər] 통 1 을 흩뜨리다, 어지르다, 뒤죽박죽을 만들다(up)(with). — 자 (英방언) 다급하게 뛰다; 소란을 피우다, 빠른 말로 지껄이다. ¶~ along a street 거리를 다급하게 뛰다. — 명 1 혼란, 난잡; 어질러진 물건, 뒤죽박죽된 물건 더미. 2 소음, 떠들썩한 [덜커덕거리는] 소리.

clut·ter·fly [klʌ́tərflài] 명 =litterbug.

CLV (美) Cleveland(또는 **Clv.**); (전자) *constant linear velocity.*

clyde [kláid] 명 (美속어) 1 유행[시대]에 뒤진 사람, 융통성 없는 사람, 얼간이. 2 머리, 두뇌; 지력(知力).

Clydes·dale [kláidzdèil] 명 1 클라이즈데일(종(種)의 하나)(스코틀랜드산(産)의 짐마차용 말). 2 =~ terrier. 3 (美속어) 뛰어난[우수한] 남자.

Clýdesdale térrier 명 스코치 테리어의 일종.

clyp·e·ate [klípiət, -èit] 형 1 방패 모양의; (곤충) 두순(頭盾)이 있는, 액편(額片)이 있는. (또는 **clyp·e·i·form** [klípiəfɔ̀ːrm])

clyp·e·us [klípiəs] 명 (⊕ **-e·i** [-ài/-iː]) (곤충) 두순, 이마조각, 액편(곤충의 윗 입술과 이마 사이의 부분). **-e·al** 형

clys·ter [klístər] 명 [의학] 관장(灌腸)(제(劑)).
— 명 타 …에게 관장을 하다.

Cly·tem·nes·tra [klàitəmnéstrə] 명 [그리스 신화] 클리템네스트라(Agamemnon의 아내로 정부와 공모해 남편을 살해). (또는 **Clytaemnestra**)

cm, cm. centimeter(s). **Cm** (기상) cumulonimbus mammatus; ⑦ (화학) curium. **CM** circulation manager; command module; commercial message; Common Market. **c/m** call of more((주식 자본에서) 추가 주문권). **c.m.** center of mass; church missionary; common meter; corresponding member; court-martial. **C.M.** common meter; Congregation of the Mission; court-martial. **CMA** cash management accounts (현금 관리 계정); (美) Chemical Manufacturers Association(화학 공업 협회); Committee on Military Affairs; Court of Military Appeals. **C.M.A.** certificate of management accounting; certified management accountant(공인 관리 회계사). **CMC** Cable Music Channel(유선 TV 음악 방송); certified management consultant; Commandant of the Marine Corps(해병대 사령관). **Cmd.** (英) Command Paper. **cmd.** command. **cmdg.** commanding. **Cmdr.** Commander. **Cmdre.** Commodore. **CME** Chicago Mercantile Exchange (시카고 상업 거래소). **CMI** (英) Central Monetary Institutions(공적 금융 기관); computer managed instruction(컴퓨터 관리 교육). **cml.** chemical; commercial. **cmmz** commercial zone. **CMN, Cmn.** commission. [⇒COME.

c'mon [kəmɑ́n/-mɔ́n] (구어) come on의 단축형.

CMOS, Cmos [síːmɔ̀s, -mɑ̀s] (전자) complementary metal-oxide semiconductor(상보(相補)형 금속 산화막 반도체). **CMP** (컴퓨터) compare; (美) Controlled Materials Plan; cytidine monophosphate. **cmp.** compromise. **CMSgt** (美 공 군)

chief *master sergeant*. **Cmte** Committee. **CMU** Canadian Maritime Union. **CMV** cytomegalovirus. **Cn** (기상) cumulonimbus. **CN** Canada; Canadian National Railways; carbon-*n*itrogen; chloroacetophenone. **C/N** *c*ircular *n*ote (순회 신용장(여러 거래 은행 앞으로 보낸 신용장)); *c*onsignment *n*ote; *c*redit *n*ote (부담 승인서; (상업) 입금표 통지서). **CNA** *C*entral *N*ews *A*gency(대만 중앙 통신사). **CNC** *c*omputer *n*umerical *c*ontrol (컴퓨터 수치 제어). **Cncl.** Council. **Cnclr.** Councilor. **CND, C.N.D.** (英) *C*ampaign for *N*uclear *D*isarmament (핵 비무장 운동). **CNG** *c*ompressed *n*atural *g*as. **CNM** (美) *c*ertified *n*urse *m*idwife(공인 간호·조산사). **CNN** (美) *C*able *N*ews *N*etwork(뉴스 전문 케이블 방송망; 1980년 개국). **CNO** *c*arbon, *n*itrogen, *o*xygen; (또는 **C.N.O.**) (美) *C*hief of *N*aval *O*perations(해군 참모 총장).
Cnos·sus [násəs/nɔ́s-] 图 =Knossos.
C-note [síːnòut] 图 100달러[파운드] 지폐.
cnr. corner. **CNS, cns, C.N.S.** *c*entral *n*ervous *s*ystem(중추 신경 계통). **cntr, Cntr.** center; container. **co, .co** (컴퓨터) *c*ompany(인터넷 도메인 e-mail 주소에서 미국 이외의 회사 표시. 예: XYZ.co.kr). **Co** ⑦ 〔화학〕 cobalt. **CO** *c*arbon *mon*oxide; (英) *c*arriage *o*fficer(운송 담당 경찰); *c*ash *o*rder; (美우편) *C*olorado; *C*ommanding *O*fficer; *C*ontinental *A*irlines. ***Co.,** co. *C*olorado; *c*ompany; *c*ountry; *c*ounty. **C/O** *c*ash *o*rder; *c*ertificate *o*f *o*rigin. ***c.o., c/o** (우편) (in) *c*are *o*f(…전교(轉交), …씨방(方)); (부기) *c*arried *o*ver(이월). **C.O.** *c*ash *o*rder; *C*olonial *O*ffice; *C*ommanding *O*fficer(사령관); *c*onscientious *o*bjector.
co- [kou] 접두 1 with, together, joint, jointly의 뜻 (＊ 모음 또는 h, gn 앞에서 쓴다). ¶ *coadjutor, cohabit, cognate.* 2 접두어 com-, con- 따위가 라틴 어계의 단어에 붙을 때 ㅣ 대신 쓰인다. ¶ *concentric, co-centric, commingle→co-mingle.* 3 〔수학·천문〕 complement 의 뜻. ¶ *cosine, cofactor,* ⇒ COM-.
co·ac·er·vate [kouǽsərvət, -vèit] 图 [물·화] 코아세르베이트, 액적(液滴). ―图 코아세르베이트의.
co·ac·er·va·tion [kouæ̀sərvéiʃən] 图 [물·화] 코아세르베이션, 액적 형성.
‡**coach** [koutʃ] 图 (㉴ **~es** [-iz]) 1 (美) 버스, 승합 자동차(motor~); (英) 장거리[관광]용 대형 버스. 2 세단형 유개 자동차. 3 (말 네 필이 끄는) 4륜 대형 마차; 역마차; (英) 공식 마차. ¶ *a state ~* 국왕(국빈)용 공식 마차 / *Lord Mayor's ~* 런던 시장의 공식 마차. 4 (철도) 객차; =day ~; (美) 객차; (버스·철도의) 차량 (美 car). 5 (美) (여객기의) 보통석, 이코노미 클래스; 〔해사〕 함미실(艦尾室). 6 (수험 준비의) 가정 교사, (경기·연기 따위의) 코치, 지도원; (야구) 1루[3루] 코치. 7 (濠) (야생의 소[말]를 꾀어들이는) 후림 소[말].
―图 (~**es** [-iz]; ~**ed** [-t]) ㉘ 1 …을 마차로 나르다. 2 (수험생 등을) 가르치다; (경기에서) …을 코치하다, 지도하다; (야구) (주자)에게 지시를 내리다. ¶ *~ a boat's crew for a race* 레이스를 위해 조정 선수를 코치(지도)하다. ― ㉗ 1 마차로 여행하다. 2 코치로 일하다. 3 수험 지도를 하다, 가정 교사를 하다; 가정 교사의 지도를 받고 공부하다.
― 图 이코노미 클래스로, 보통석으로.
~·a·bíl·i·ty 图 **~·a·ble** 图 「차, 4두(頭) 마차.
coach-and-four [-ənfɔ́ːr] 图 말 네 필이 끄는 마차.
drive a coach-and-four [or *-six*] *horses through* (英) (허점투성이의 법망 따위)를 쉽게 빠져나가다, (법률 따위)를 무시해 버리다; 논파하다.
coach-and-six [-ənsíks] 图 말 여섯 필이 끄는 마차.
cóach bòx 图 (마차의) 마부석.

coach·build·er [kóutʃbìldər] 图 (英) 자동차 차체 제작공. **ᐧbùild·ing** 图.
coach-built [-bílt] 图 (자동차의 차체(가)) 나무[목재]로 된, 목재 틀에 금속판을 끼운; 주문 제작의.
cóach dòg 달마티아종의 개(Dalmatian).
coach·ee [koutʃíː] 图 (구어) 마부(coachman).
coach·er [kóutʃər] 图 1 코치, 지도자, 훈련자; (야구) 주루(走壘) 코치. 2 =coach horse; =coach 7.
cóach fèllow 图 (한 마차를 끄는) 짝 말; 동료.
cóach·ful [kóutʃfùl] 图 마차 가득(한 승객).
cóach hòrn 图 역마차의 나팔.
cóach hòrse 图 마차용 말.
cóach hòuse 图 1 마차 두는 곳. 2 (또는 **cóaching hòuse** [ínn]) (역사) (도로변의) 말을 바꿀 수 있는 여관.
coach-load [kóutʃlòud] 图 버스 여행 승객들[단체].
***coach·man** [kóutʃmən] 图 (㉴ **-men** [-mən]) 1 (마차의) 마부. 2 파리 낚시(특히 송어 낚시용).
~·ship 图 마부의 자격(신분); 마부의 기술.
cóach óffice 图 승합 마차 매표소.
cóach pàrk 图 (英) 장거리[관광] 버스 주차장.
cóach's bòx [kóutʃiz-] 图 (야구) 코치석(席).
cóach-seat clót [-sìːt-] 图 =economy-class syndrome.
cóach stàtion 图 (英) (장거리) 버스 정류장.
coach·work [kóutʃwəːrk] 图㉘ 자동차[철도 차량]의 설계[제작] (기술); ⓒ 자동차 차체.
co·act [kouǽkt] 图 (…와) 함께 일하다, 협력하다 (*with*). **co·ác·tor** 图.
co·ac·tion[1] [kouǽkʃən] 图㉘ 압력; 강제.
co·ac·tion[2] [kouǽkʃən] 图㉘ 1 공동 작업, 협력. 2 (생태) (생물) 상호 작용.
co·ac·tive[1] [kouǽktiv] 图 위압적인; 강제적인.
~·ly 图 **co·ac·tív·i·ty** 图.
co·ac·tive[2] 图 공동 작업의. **~·ly** 图 **cò·ac·tív·i·ty** 图.
coad. coadjutor. 「图.
co·ad·ap·ta·tion [kòuædəptéiʃən, -ædæp-] 图㉘ 상호 적응, 상호 진화, 공(共)진화. **~·al** 图 **~·al·ly** 图.
co·a·dapt·ed [kòuədǽptid] 图 (자연 도태에 의해) 상호 순응[적응]한.
co·ad·ja·cent [kòuədʒéisnt] 图 서로 이웃하는; 근접한.
co·ad·just [kòuədʒʎst] 图㉘ 서로 조절[조정]하다.
~·ment 图 [-]. 图㉘ 협력자; 조수.
co·ad·ju·tant [kouǽdʒutənt] 图 서로 돕는[협력하는].
co·ad·ju·tor [kouǽdʒutər, kòuədʒúːtər] 图 1 조수, 보좌(역); 원조자. 2 (교회) 감독보(補) (가톨릭) 보좌 주교.
co·ad·ju·tress [kouǽdʒutris] 图 1 여자 조수[보조원]. 2 (교회) 수녀원장보(補).
co·ad·ju·trix [kouǽdʒutriks] 图 (㉴ **-tri·ces** [-tráisìːz])=coadjutress.
co·ag·u·late [kouǽgjulət, -nèit] 图㉘ (생물) 착생(着生)의, 결합한. **-ná·tion** 图 **-nà·tive** 图.
co·ad·ven·ture [kòuədvéntʃər] 图㉘ 모험을 함께 하다. ―图㉘ 공동 모험. **-tur·er** 图 「작업.
co·a·gen·cy [kouéidʒənsi] 图㉘ 협동, 협력; 공동
co·a·gent [kouéidʒənt] 图 조력자, 협동자, 동료.
co·ag·u·la·ble [kouǽgjuləbl] 图 응고[응결]시킬 수 있는, 응고성의. **-bíl·i·ty** 图.
co·ag·u·lant [kouǽgjulənt] 图 응고[응결]제; 응혈[지혈]제. (또는 **coagulator**) 「고 효소.
co·ag·u·lase [kouǽgjulèis, -lèiz] 图 (생화학) 응고
co·ag·u·late [kouǽgjulèit] 图㉘ …을 응고시키다, 응결시키다. ―图㉗ 응고하다. **-là·tive, -la·to·ry** 图 [-lət-, -lèit] (폐어) 응고의.
co·ag·u·la·tion [kouæ̀gjuléiʃən] 图㉘ 응고, 응결; ⓒ 응고[응결]물; 응결[응혈]제.
coagulátion fàctor (생화학) 응고 인자.
co·ag·u·la·tor [kouǽgjulèitər] 图 응고[응결]제.

co·ag·u·lum [kouǽgjuləm] 图 (圈 **-la** [-lə]) 응고물, 침전물; 응괴(clump); 응혈(clot).
co·ai·ta [kuaitá:] 图 (남미의) 거미원숭이.
‡**coal** [koul] 图 (圈 **~s** [-z]) 1 ⓤ 석탄. ¶ brown ~ 갈탄/hard ~ 무연탄/soft ~ 역청탄/small ~ 분탄(粉炭). 2 (~s) 연료용으로 부셔뜨린) 석탄; 그 한 덩어리. ¶ a hot [or live] ~ 타고 있는 석탄 / a ton of ~s 석탄 1톤 / lay in ~s for winter 겨울에 대비하여 석탄을 사들이다. 3 목탄. 4 (美속어) (~s) 흑인 집단.
a cold coal to blow at 해 보아야 소용없는 일.
(as) black as coal 새까만.
blow hot coals 몹시 화내다.
blow the coals 분노[격정]에 부채질하다, 부추기다.
call [or *drag, haul, rake, take*] *a person over the coals for* ⋯의 일로 남을 야단치다, 혼내주다.
carry [or *bear*] *coals* ① 천하고 힘들고 더러운 일을 하다. ② 굴욕을 감수하다.
carry [or *take*] *coals to Newcastle* 쓸데없는[필요없는] 짓을 하다, 헛수고하다(* Newcastle이 석탄산지인데서).
coal and cake (英속어) 빈털터리인.
deal in coal (美속어) ① (흑인이 아닌 사람이) 흑인과 사귀다. ② 특히 아주 새까만 흑인과 사귀다.
heap [or *cast, gather*] *coals of fire on a person's head* 원수를 은혜로 갚아 남을 부끄럽게 [후회하게] 하다(←로마서 12:20).
pour on the coal (美속어) (자동차 등의) 속도를 올리다.
stir coals 분쟁을 일으키다, 악감정을 부채질하다.
— 卧 (~s [-z]) 卧 1 ⋯을 구워서 숯을 만들다. 2 (배 따위에) 석탄을 공급하다. — 国 (배가) 연료로 석탄을 싣다, 석탄의 공급을 받다.
coal bàll 탄구(炭球)(탄층 속에 있는 식물 화석을 함유한 광물질의 둥근 덩어리). [**cóalbèaring**].
coal-bear·ing [ˊbèəriŋ] 图 석탄을 산출하는. (또는 **coal seam**).
cóal bèd 图 (석)탄층(coal seam).
coal-bin [kóulbìn] 图 석탄통, 석탄 저장소.
coal-black [ˊblǽk] 图 새까만.
coal-box [kóulbàks/-bɔks] 图 석탄통; (軍속어) 검은 연기가 나는 연막탄.
cóal brèaker 图 쇄탄기, 쇄탄소(碎炭所).
cóal briquétte 图 연탄, 구공탄.
cóal bùnker 图 (배·기차의) 석탄 창고, 저장소.
cóal càr 图 (美) 1 (철도의) 석탄 수송 화차. 2 (탄광의) 석탄 운반차.
cóal cèllar 图 (주택의) 지하 석탄 창고[저장실].
cóal cùtter 图 콜 커터, 절탄기(切炭機).
cóal depòt 图 저탄장.
cóal dùst 图 석탄 가루, 탄진(炭塵); 분말탄.
coal·er [kóulər] 图 1 석탄 운반선[화차]; 탄갱 철도. 2 (美) 석탄 산지(山地); 탄상(商).
co·a·lesce [kòuəlés] 困 1 하나로 되다, 합체하다; (상처 따위가) 아물어 붙다, 유착하다 (in, into). 2 합동하다; (정당 등이) 연합[제휴]하다, 합병하다 (in, into). — 卧 합병[연합]시키다.
co·a·les·cence [kòuəlésns] 图 ⓤ 1 하나로 합침; 유착. 2 합병, 합동, 연합, 제휴.
co·a·les·cent [kòuəlésnt] 图 1 하나로 합친; 유착한. 2 합병[합동, 제휴]한, 연합의.
coal-face [kóulfèis] 图 1 노출된 석탄층의 표면; 채탄 막장, (또는 **cóal fàce**) (the ~) (업무 따위의) 제일선, 현장.
cóal fàctor 图 (英) 석탄 도매상[중개 상인]. [현장].
cóal field 图 탄전, 석탄 매장 지대.
coal-fired [ˊfàiərd] 图 석탄으로 가열된; 석탄으로 움직이는, 화력(火力)에 의한. ¶ ~ plants 화력 발전소.
coal-fish [kóulfìʃ] 图 (圈 ~·(**es**)) 검정대구(북대서양산(產)).
cóal flàp 图 (英) (coal cellar의) 석탄 투입구 뚜껑.
cóal gàs 图 석탄 가스.
cóal gòose 图 (英) (조류) 가마우지.

cóal hàtch 图 (배의) 석탄 창고의 해치[출입문].
cóal hèaver 图 석탄 운반 인부, 석탄 하역 인부.
cóal hòd 图 (美방언) =coal scuttle.
cóal hòle 图 1 (배의) (건축물 따위의) 지하 저탄장. 2 (지하 저탄장의) 석탄 투입구. 3 (美속어) 교도소, 감옥, 영창(營倉), 독방.
cóal hòuse 图 석탄 저장소, 석탄 창고.
coal·i·fi·ca·tion [kòuləfikéiʃən] 图 (지질) 탄화
coal·ing [kóuliŋ] 图 석탄 싣기[공급]. [(炭化) 작용.
cóaling stàtion 图 (선박의) 석탄 공급소; (기차의) 석탄 공급역. [건류(乾溜) 코크스).
Coal·ite [kóulait] 图 (상표) 반해탄(半骸炭)(저온
* **co·a·li·tion** [kòuəlíʃən] 图 ⓤⓒ 1 합동, 연립. 2 (정치적인) 제휴, 연립. ¶ form a ~ between two parties 양당이 제휴[연합]하다. — **al** 图 **~·er** 图
coalítion fórces 图 다국적군, 연합군.
coalítion góvernment [**cábinet**] 图 연립 정부[내각].
co·a·li·tion·ism [kòuəlíʃənìzm] 图 (정치상의) 연합[연립, 제휴]주의[정책]. **-ist** 图
coal·less [kóullis] 图 석탄이 없는.
coal·man [kóulmən] 图 석탄 상인[배달인].
cóal màster 图 탄광주.
cóal mèasures 图卧 (지질) 협탄층(夾炭層), 석탄계, (C–M–) 석탄층.
cóal mèrchant 图 석탄 소매업자.
cóal mìne 图 1 탄광, 탄갱. 2 (美속어) 아주 새까만
cóal mìner 图 (탄광의) 갱부, 광부. [흑인.
cóal mìning 图 채탄; 탄광업, 채탄업.
coal-mouse [kóulmàus] 图 (圈 **-mice** [-màis]) =coal tit, the **cólemouse**).
cóal òil 图 (美) 석유, 등유(kerosene, paraffin).
cóal òwner 图 탄광주.
cóal pàsser 图 (美) 석탄 운반 인부.
cóal pìt 图 탄갱, 채탄장(coal mine). 2 (美) 숯 굽는 곳[가마]. (또는 **cóalpit**).
cóal plànt 图 (고생대) 석탄기(石炭紀) 식물.
cóal plàte 图 =coal flap.
cóal·sack [kóulsæ̀k] 图 1 (즈크제의) 석탄 부대. 2 (C–) (천문) 석탄 부대(남십자자리 부근에 있는 암흑 [운).
cóal scòop 图 석탄용 부삽.
cóal scrèen 图 (석탄을 고르는) 굵은 쇠그물 체.
cóal scùttle 图 (가정용) 석탄 양동이, 석탄통.
cóal sèam 图 석탄층(coal bed).
Cóal Stàte 图 (the ~) 미국 Pennsylvania 주의 별칭.
cóal tàr 图 콜타르, **cóal-tàr** 图
cóal-tar pìtch 图 콜타르 피치, 역청(瀝青).
cóal tìt 图卧 (조류) (유럽산(產)) 박새, (또는 **coletit**).
coal-whip·per [ˊhwipər/-wip-] 图 (英) (배의) 석탄 양륙기(揚陸機), 석탄 양륙 인부.
coal·y [kóuli] 图 석탄의, 석탄질의; 석탄이 나는; 석탄 같은; 석탄을 포함한; 아주 검은, 새까만.
coam·ing [kóumiŋ] 图 (때로 ~s) (해사) 방수 테두리(갑판 승강구 따위의 침수 방지용).
co·an·chor [kouǽŋkər] 图 (美) (TV·라디오 프로의) 공동 앵커(사회자, 진행자). — 卧 (TV·라디오 프로를) 공동으로 진행[사회]하다. **~·ship** 图
Co·án·da effèct [kouændə–] 图 (the ~) (항공) 코안다 효과(유체가 만곡면을 흐를 때 그 표면에 밀착하여 흐르는 성질). [시키다.
co·apt [kouǽpt] 图卧 (뼈·상처 따위를) 접착[접합]
co·ap·ta·tion [kòuæptéiʃən] 图 1 (생물) (양자의) 적응. 2 접착, 유합(癒合); (의학) 접골. [질에 싸인.
co·arc·tate [kouá:rkteit] 图 (번데기가) 단단한 껍
co·arc·ta·tion [kòuɑ:rktéiʃən] 图 1 (병리) (혈관 내강의) 협착; 대동맥 협착증. 2 (곤충) 몸통이 딱딱한 껍질에 싸인 상태.
‡**coarse** [kɔ:rs] 图 (**coars·er; coars·est**) 1 (품질

coarse aggregate

이) 조악(粗惡)한, 조잡한, 열등한, 하등의. ¶ ~ food [or fare] 조식(粗食) / ~ goods 조악품. **2** (천 따위가) 올이 성긴, (가루 따위가) 굵고 거친, 거칠게 만든(⇔ **fine**). ¶ ~ cloth 올이 성긴 천. **3** (소리가) 귀에 거슬리는, 빼각거리는. **4** (사람·태도 등이) 야비한, 천한; 상스러운, 추잡한, 외설적인. ¶ ~ language 품위 없는 말투 / a ~ joke 추잡한 농담. **5** (금속 따위가) 정련(精鍊)되지 않은, 무쇠의. ~**·ly** 튀 ~**·ness** 명

coárse ággregate 명 굵은[거친] 골재(骨材).

coarse fish 명 **1** 잡어(雜魚). **2** (英) (연어와 송어를 제외한) 담수어; 그 살. **coarse fishing** 명

coarse-grained [-gréind] 형 **1** 결이 거친, 올이 성긴, 알이 굵은; 품위 없는, 거친, 속된. ¶ a ~ person 우락부락한 사람. ~**·ness** 명

coars·en [kɔ́:rsn] 타 **1** …을 조잡하게 하다; (천·나뭇결·낱알 따위를) 거칠게 하다; …을 천하게 하다.
—자 조잡하게[품위 없게] 되다.

co·ar·tic·u·la·tion [kòuɑːrtìkjuléiʃən] 명 (음성) 동시 조음(調音); 부차[2차] 조음.

COAS crewmen optical alignment sight ((우주선의) 광학 관찰용 기기).

‡**coast** [koust] 명 **1** 해안, 해변, 연안; 연안 지역, 해안 지대. ⇨ SHORE 유의어 ¶ ~ traffic 연안 무역. **2** (the C~) (美중어) 태평양 연안 지방(the West C~), **3** (美·캐나다) (썰매·자전거로 활주할 수 있는) 비탈(진 언덕); (a ~) (자전거·썰매로 하는) 활주, 활강(滑降). **4** (美속어) (마약·재즈 따위에 의한) 도취. **5** (~s) (폐어) 국경(지대); 변경.
Clear the coast! (구어) (길을) 비켜!
(from) coast to coast (美) 대서양 연안에서 태평양 연안까지; 전국에 걸쳐.
keep the coast clear 방해물을 깨끗이 치워 두다.
on the coast (美속어에서, ②) (美) 가까이에서, 바로 곁에.「에 방해물[적]이 없다, 때는 지금이다.
The coast is clear. (구어) 위험은 사라졌다, 근처
— 자 **1** (눈·얼음 위를 썰매로) 미끄러져 내려가다; (자전거로 페달을 밟지 않고) 비탈길을 내려가다 (along). **2** (연안 무역선이 항구에서 항구로) 연안을 항하다. **3** (우주선이) 타력(惰力)으로 비행하다. **4** (명성·재산 따위의 힘으로) 쉽게 승진[성공]하다(along), 과거의 실적에 기대어 성공하려 하다; (美속어) 쉽게 시험에 합격하다. ¶ We are ~ing along now. 우리는 지금 잘 나가고 있다. **5** (美속어) (마약·재즈 따위에) 기분이 좋아지다, 마약에 취하다. **6** (폐어) 멀리 돌아서 가다. —타 **1** …의 연안을 따라 항행[비행]하다. **2** (남과) 나란히 가다. **3** (로켓 따위) 타력(惰力)으로 진행시키다.
coast home (속어) 낙승하다, 쉽게 당선되다.

*coast·al [kóustəl] 형 연안의, 해안을 따라 있는, 근해의. ~·ly 부 「근권, 해안 자유 이용권.

cóastal áccess ríghts 명(복) (법률) 해안 접

cóastal pláin 명 연안 평야, 연안 평지.

Cóastal Státes Organizátion 명 (美) 연안주(州) 기구(대평양·대서양·5대호에 접한 30개 주와 5개 신탁통치로 구성; ⊕ CSO).

cóastal wáters 명(복) (美) 연안 해역.

Cóastal Zóne Mánagement Áct 명 (the ~) (美) 연안 지역 관리법(해안 환경 보존법; 1972년 제정).

cóast artillery 명 해안 포대; 해안 방위 포병대.

coast defénse ship 명 해안방위함.

coast·er [kóustər] 명 **1** 연안 운항선, 연안 무역선; 연안 무역업자. **2** (언덕을 활강하는 데 사용하는) 썰매; 오락용 활주차, 롤러 코스터(roller ~). **3** (식탁용) 바퀴달린 쟁반; (글래스·접시 따위) 받침.

cóaster bràke 명 코스터 브레이크(페달을 거꾸로 밟아서 세우는 자전거용 제동기).

Cóast Guàrd 명 (the ~) (美) 해안 경비대, 수상 경찰(관); (c-g-) (일반적으로) 연안 경비대(원).

cóast-guard cùtter 명 (美) 연안 경비정.

cóast·guards·man [kóustgɑ̀ːrdzmən] 명 (美) (pl. **-men** [-mən]) (美) 연안 경비대원.

coast·ing [kóustiŋ] 명 **1** 연안 항로의, 근해 항로의. ¶ a ~ vessel 연안 운항선. **2** 타성으로 나아가는. —명 (美) 연안 항행; 연안 무역. **2** (美) 해안선의 지형; 해안선 지도. **3** (美) (썰매로 하는) 언덕 활강; (자전거 따위의) 타력 운전.

cóasting flíght 명 (로켓) 관성(慣性) 비행.

cóasting tráde 명 연안 무역.

coast·land [kóustlænd] 명(U) 연안[해안] 지대.

*coast·line [kóustlàin] 명 해안선; 해안선 지역.

cóast líner 명 연안 정기선.

cóast pílot 명 **1** 수로지(水路誌) (연안 상태·항만 시설 따위를 기술한 정부 간행 안내서). **2** 연안 수로 안내인, 도선사(導船士).

Cóast Ránges 명(복) (the ~) 코스트 산맥(멕시코 Lower California에서 Alaska 동남부에 이름).

coast-to-coast [‐təkóust] 형 (美) 대서양 연안에서 태평양 연안에 이르는, 대륙 횡단의, 전국에 걸친. ¶ a ~ highway (美) 대륙 횡단 고속 도로.

coast·wait·er [kóustwèitər] 명 (英) 연안 수송 화물 담당 세관원.

coast·ward [kóustwərd] 부 해안 쪽으로, 해안을 향하여. (또는 **coastwards**) —형 해안으로 향하는; 해안에 가까운. 「wise.

coast·ways [kóustwèiz] 부(형) (고어) = **coast**-

coast·wise [kóustwàiz] 부 해안[연안]을 따라. —형 연안의. ¶ ~ business [trade] 연안 거래[무역].

‡**coat** [kout] 명 **1** (남자 양복·여성 슈트의) 웃옷, 코트리 (jacket). **2** 외투, 코트. **3** (동식물의) 모피; 가죽; 막(膜), 점막, 각질, 껍질. ¶ the ~s of an onion 양파 껍질. **4** (먼지 따위의) 층, 퇴적(堆積), 쌓인 것; (페인트 따위의) 칠; 도금(鍍金). ¶ the first ~ (벽의) 초벌칠 / a ~ of dust 쌓인 먼지. **5** (고어) 페티코트 (petticoat); 스커트. **6** (폐어) 직업[지위·계급을 나타내는 상의.

a coat and skirt 외출용 여성 슈트.

a coat of mail 쇠미늘 갑옷. 「옷.

a coat of many colors (성서) 채색한[장식을 한]

cut one's coat according to one's cloth (英) 분수에 맞는 생활을 하다.

dust a person's coat (for him) (속어) 남을 때리다.

on the coat (濠속어) ① (내기가) 속임수인. ② 싫어서, 싫어하여.

pick [or **find**, **make**] **a hole** [or **holes**] **in a person's coat** (구어) 남의 흠을 찾다.

pull a person's coat (美속어) 남에게 (비밀 따위를) 알려다[누설하다].

take off one's coat ① (싸우려고) 웃옷을 벗다. ② (일 따위에) 본격적으로 착수하다 (to).

trail [or **drag**] **one's coat** [or **coattails**] (남에게) 도발적인 행동을 하다, 싸움을 걸다 (to).

turn [or **change**] **one's coat** 변절하다, 배신하다; 개종(改宗)하다. 「입다, 군인이 되다.

wear the king's [or **queen's**] **coat** (英) 군복을 —타 **1** …에게 웃옷을 입히다, …을 웃옷으로 덮다. **2** (수동태으로) (페인트 따위에) …에 칠하다; (주석 따위를) …에 입히다; (먼지 따위가) …의 표면을 덮다 (with, in). ¶ (~+목+前+명) ~ wood with paint 나무에 페인트칠을 하다 / The car is ~ed with dust. 차는 먼지로 뒤덮혀 쓰고 있다.

~**·er** 명 ~**·less** 형

cóat ármor 명 = COAT OF ARMS.

cóat càrd 명 (카드놀이) 그림 카드 (face card).

cóat càrrier 명 직업을 전전하는 사람.

coat-dress [kóutdrès] 명 코트드레스 (코트처럼 위에서 아랫단까지 단추가 달린 원피스).

coat·ed [kóutid] 형 **1** 웃옷을 입은; 겉칠을 한. **2**

cóated páper 〔명〕 코트지(紙)(slick [or art] paper).
coat·ee [kouti:/←-] 〔명〕 (유아용) 짧은 웃옷.
cóat gène 〔생화학〕 외각(外殼)[피막(被膜)] 유전자.
cóat hànger 〔명〕 양복걸이, 웃걸이(hanger).
co·a·ti [kouá:ti] 〔명〕 긴꼬너구리(남미산(産) 아메리카너구리과(科)의 동물). (또는 ᵕ-móndi [-múndi])
***coat·ing** [kóutiŋ] 〔명〕〔U〕〔C〕 1 칠하기, 덧씌우기; (음식의) 코팅(겉에 입히는 것); 피복제(被覆劑), 도료. 2 웃옷용 천. 3 〔광학〕 (렌즈의 반사 방지를 위한) 코팅.
cóat of árms 〔명〕 1 (방패 모양의) 문장(紋章), 가문(家紋). 2 (갑옷 위에 입는) 문장이 박힌 겉옷.
cóat prótein 〔명〕 외각 단백질(바이러스의 capsid를 구성하는 단백질의 총칭).
cóat·rack [kóutræk] 〔명〕 코트[모자]걸이.
cóat·room [kóutrù(:)m] 〔명〕 =cloakroom.
cóat·tail [kóuttèil] 〔명〕 1 (남자 상의의) 뒷단; (갈라진) 웃옷 뒷자락의 한 쪽. 2 〔美〕 강력한 후보자의 후광.
on the coattails of ① …후에, …에 뒤이어. ② … 덕분에, …의 도움으로.
ride [or **climb, hang**] **on a person's coattails** 남의 덕분에[인기에 편승하여] 성공[출세, 당선]하다.
trail [or **drag**] **one's coattails** 〔구어〕 명맹이 있다.
coat-trail·ing [´trèiliŋ] 〔형〕〔명〕〔英〕 화나게 하는[하기], 도발하는[하기].
cóat trèe =clothes tree. 〔기〕, 도발하는[하기].
co·au·thor [kouɔ́:θər, ᵕ-] 〔명〕 공저자, 공동 집필자. ─〔동〕 …을 공동 집필하다.
***coax¹** [kouks] 〔동〕〔타〕 1 (남)을 (달콤한 말로) 달래어 …시키다 (to do, into doing, to do) (~+목+前+名) ~ a child to take [or into taking] his medicine 아이를 달래어 약을 먹이다/~ a person into good temper 달콤한 말로 남의 기분을 좋게 하다. 2 〔물건〕을 잘 다루어 뜻대로 되게 하다(up) (to do). ¶ (~+목+to do) ~ a fire to burn 불을 잘 타게 하다 / (~+목+前+名) ~ a key into a lock 자물쇠에 열쇠를 잘 끼워넣다. 3 (감언으로 꾀어) (물건)을 빼앗다, 끌어내다(from, out of). ¶ ~ a thing out of a person 감언이설로 남에게서 물건을 빼앗다. ─〔자〕 구슬리다. 달래다, 어르다. 〔데리고 가다.
coax a person **away** [or **out**] 남을 꾀어내다; 속여
coax a person **round** 남을 구슬리다.
─〔명〕 감언, 발라 맞추기.
ᵕ-er 〔명〕 비위 맞추는 사람, 알랑쇠.
co·ax² [kouǽks, ᵕ-] 〔명〕 =coaxial cable.
co·ax·al [kouǽksəl] 〔형〕 =coaxial.
co·ax·i·al [kouǽksiəl] 〔형〕 같은 축(軸)의, 공통 축을 가진, 동축(同軸) 케이블의. ¶ ~ cylinders 동축 실린더.
─〔명〕 =~ cable; =~ speaker. **~·ly**
coáxial cáble [líne] 〔전기〕 동축 케이블[선로].
coáxial spéaker 동축 스피커.
coax·ing [kóuksiŋ] 〔명〕〔U〕 감언으로 꾀기, 달래기.
─〔형〕 살살 달래는. **~·ly** 〔부〕
cob¹ [kab, kɔb] 〔명〕 1 옥수수 속대(corn ~). 2 백조의 수컷. 3 곱종(種)의 말. 4 〔英〕 (점토와 짚을 섞은) 거친 벽토, 진흙. 5 〔英구어〕 거미(spider). 6 〔英국〕 a) 중요 인물, 지도자. b) (석탄·빵 따위의) 둥근 덩이; =cobloaf. 7 〔美속어〕 농부; 촌사람. 8 =cobnut; =hazel 1; = hazelnut.
get [or **have**] **a cob on** 〔英속어〕 노하다, 화내다.
off [or **on**] **the cob** 〔美속어〕 시대에 뒤진, 케케묵은; 감상적인.
cob² 〔명〕 〔방언〕 갈매기. (또는 **cobb**) 〔다.
cob³ 〔동〕〔타〕 (**-bb-**) 〔英구어〕 …의 볼기를 때리다; 바수
***co·balt** [kóubɔ:lt] 〔명〕〔U〕 1 〔화학〕 코발트(은백색의 금속 원소; 기호 Co). 2 =cobalt blue.
cóbalt blúe 〔명〕 코발트 블루(산화 코발트를 함유하는 청색 그림 물감); 암청색.
cóbalt bòmb 〔명〕 1 코발트 폭탄(C-bomb). 2 =cobalt-60 bomb. 〔의[를 함유하는].
co·bal·tic [koubɔ́:ltik] 〔형〕 〔화학〕 (3가(價)) 코발트
co·bal·tite [koubɔ́:ltait, ᵕ-ᵕ] 〔명〕 휘(輝)코발트광(鑛). (또는 **co·bal·tine** [kóubɔ:lti:n, -tin])
cóbalt 60 [-síksti] 〔명〕 〔화학〕 코발트 60(코발트의 방사성 동위 원소). 〔기(암 치료용).
cóbalt-60 bòmb 〔명〕 (납으로 밀봉한) 코발트 60 용
cóbalt víolet déep 〔명〕 진보라색; 자색 안료.
cóbalt víolet líght 〔명〕 밝은 보라색 (안료).
cob·ber [kábər/kɔ́b-] 〔명〕 〔濠·뉴질 구어〕 (남자끼리의) 친구; 동료, 한패. ─〔타〕 * 다음 숙어로만 쓴다.
cobber up with a person 남과 친구가 되다.
cob·ble¹ [kábl/kɔ́bl] 〔명〕 1 자갈, 조약돌(cobblestone). 2 (~s) 〔英〕 (자갈만한) 석탄. 3 〔속언〕 (금속 세공의) 결함[불량품]. ─〔동〕〔타〕 (도로 따위에) 자갈을 깔다, 그 돌로 포장하다.
cob·ble² 〔동〕〔타〕 〔구두 따위〕를 고치다, 수선하다; (구어) …을 날림으로 해치우다(up, together).
***cob·bler** [káblər/kɔ́b-] 〔명〕 1 구두 수선공, 신기료장수 (* 지금은 shoemaker가 보통). ¶ *The* ~'s *wife goes the worst shod.* 〔속담〕 구두 수선공의 아내는 떨어진 신발을 신게 하고, 대장장이의 집에 식칼이 논다. 2 〔英〕 프루트 파이(fruit pie)의 일종. 3 코블러(포도주에 레몬·설탕 따위를 섞고 얼음을 넣은 음료). 4 〔고어〕 서투른[어설픈] 직공. 5 (염색 따위가 잘 안 된) 불량품[불합격품] 직물. 6 〔美속어〕 (여권·지폐 따위의) 위조자. 7 〔濠속어〕 (다루기 힘들어) 마지막에 털을 깎는 양. 8 (~s) 〔英속어〕 불알. 9 (~s) 〔英속어〕 시끄러운 소리.
cóbbler's wáx 구두 꿰매는 실에 바르는 왁스.
cob·ble·stone [káblstòun/kɔ́bl-] 〔명〕 (도로 포장용) 조약돌, 자갈. **-stòned** 〔형〕 〔한(uneven).
cob·bly [kábli/kɔ́b-] 〔형〕 자갈로 포장한; 울퉁불퉁
cób còal 〔명〕 둥근 석탄덩이, 피탄(塊炭).
Cob·den·ism [kábdənìzm/kɔ́b-] 〔명〕〔U〕 〔역사〕 코브든주의(자유 무역·국제 협조·평화주의 등이 기조). 〔<영국의 경제학자 Richard Cobden(1804-65)의 이름〕
Cob·den·ite [kábdənàit/kɔ́b-] 〔명〕〔형〕 코브던주의자(의), 자유 무역주의자(의).
co·bel·lig·er·ent [kòubəlídʒərənt] 〔명〕〔형〕 공동 참전국(의); 맹방(의). ⓢ ally¹
co·bi·a [kóubiə] 〔명〕 〔어류〕 날쌔기. 〔어선.
co·ble [kóubl] 〔명〕 〔스코·北英〕 바닥이 평평한 외돛
cob·loaf [káblòuf/kɔ́b-] 〔명〕 작은 둥근 빵(bun).
cob-nosed [´nòuzd] 〔형〕 〔구어〕 주먹코의.
cób·nùt [kábnʌt/kɔ́b-] 〔명〕 (유럽산(産)) 개암나무; 그 열매(큰 모양으로 식용).
COBOL, Co·bol [kóubɔ:l/-bɔl] 〔명〕〔U〕 〔컴퓨터〕 코볼(사무 처리용 공통 프로그램 언어). 〔<common business-oriented language〕
***co·bra** [kóubrə] 〔명〕 코브라. 1 인도·아프리카산(産) 독사. 2 코브라 가죽. 3 (C─) 〔美〕 육군의 다용도 헬리콥터. 4 (C─) 독일제(製) 대전차 유도 미사일. 〔<Port〕
cob-roll·er [´ròulər] 〔명〕 〔美속어〕 갓 태어난 가축; 새끼 돼지.
co·burg [kóubə:rg] 〔명〕〔U〕 코버그. 1 안감·복지용의 능직물. (또는 **cobourg**) 2 (때로 C─) 위에 십자형의 홈이 있는 둥근 빵. (또는 **cobourg, ᵕ lòaf**)
***cob·web** [kábwèb/kɔ́b-] 〔명〕 1 거미집[줄]. 2 얇은 직물. 3 (거미집처럼) 섬세한 것; 미묘하게 뒤얽힌 공리공론(空理空論). 4 (~s) (머리의) 혼란; (특히) 정신적인 피곤, 〔구어〕 (자다 일어난 때의) 흐리멍덩함, 졸음; 케케묵어서 쓸모가 없는 것, 케케묵은 법률. **~s of** superstition 케케묵은 미신. 5 (교묘히 짜여진 계획·음모 따위의) 그물, 간계, 함정.
blow [or **clear**] **away the cobwebs from** one's **brain** 〔구어〕 (산책·여행 따위를 해서) 머리를 맑게

have a cobweb in the throat (속어) 목이 마르다.
have cobwebs (속어) 오랫동안 섹스를 하지 않다.
take the cobwebs out of one's **eyes** 눈곱을 떼다, 졸린 눈을 비비다.
—팀(**-bb-**) 1 (거미가) …에 줄을 치다; …을 (그물 모양의 것으로) 덮다. 2 …을 혼란시키다, 멍하게 하다.
~bed 휑

cob·web·by [kɑ́bwèbi/kɔ́b-] 휑 거미줄을 친, 거미줄[먼지]투성이의, 거미집 모양의; 얇고 가벼운.

COC Chamber of Commerce; (美공군) Combat Operations Center(전투 지휘 본부).

co·ca [kóukə] 圕 코카(남미 원산의 작은 나무); Ⓤ 말린 코카 잎(코카인을 채취한다); (兼속어) 코카인.

Co·ca-Co·la [kòukəkóulə] 圕Ⓤ (상표) 코카콜라 (약칭 Coke); ⓒ 1병[잔]의 코카콜라. (또는 **coca-cola**)

Co·ca·col·o·nize [kòukəkɑ́lənàiz/-kɔ́ulə-] 㕢 (외국)을 미국상화하다, …에 미국의 문화[생활 양식]을 침투시키다. **-ni·zá·tion** 圕 〜자.

co·ca·hol·ic [kòukəhɔ́:lik/-hɔ́lik] 圕 코카인 중독

co·cain(e) [koukéin, ´-] 圕Ⓤ 코카인(코카 잎에서 채취하는 마약·마취제).

cocaíne baby 圕 (兼속어) 코카인 유아.
cocaíne còwboy 圕 (兼속어) 코카인 밀매업자.
cocaíne czàr 圕 코카인 왕(王), 마약왕.

co·cain·ism [koukéinizm, kóukənìzm] 圕Ⓤ (병리) 코카인 중독. **-ist** 圕 (병리) 코카인 중독자.

co·cain·ize [koukéinaiz, kóukənàiz] 㕢 …을 코카인으로 마비시키다[처리하다]. **·ni·zá·tion** 圕

-coc·cal [kɑ́ksəl/kɔ́k-] 「coccus(구균)의, coccus로 된」의 뜻. ¶streptococcal(연쇄 구균성의).

coc·ci [kɑ́ksai/kɔ́k-] 圕 coccus의 복수형.
-coc·ci [kɑ́ksai/kɔ́k-] 연결 -coccus의 복수형.

coc·cid [kɑ́ksid/kɔ́k-] 圕 깍지진디과(科)의 곤충.

coc·cid·i·oi·do·my·co·sis [kɑksìdiɔ̀idou-maikóusis/kɔk-] 圕 (병리) 콕시디오이데즈증(症)(폐·피부에 생기는 질병).

coc·cid·i·um [kɑksídiəm/kɔk-] 圕 (兼 **-i·a** [-iə]) 콕시듐(척추 동물 소화 기관의 기생충).

coc·coid [kɑ́kɔid/kɔ́k-] 圕 구균(球菌) 비슷한; 구상 (球狀)의. (또는 **coccoidal**) — 圕 구상의 세포[유기체].

-coc·coid [kɑ́kɔid/kɔ́k-] 연결 「coccus(구균) 같은, 공 모양의」의 뜻. ¶streptococcoid(연쇄 구균 같은).

coc·cus [kɑ́kəs/kɔ́k-] 圕 (兼 **-ci** [-sai, -si]) 1 (세균) 구균(球菌). 2 (식물) (분리과(分離果)의) 심피(心皮), 소견과(小乾果). **-cal, -cic, -cous** 圕

-coc·cus [kɑ́kəs/kɔ́k-] 연결 (兼 **-ci**) coccus 의 뜻. ¶streptococcus(연쇄 구균). [(尾骨)의.

coc·cyg·e·al [kɑksídʒiəl/kɔk-] 圕 (해부) 미골

coc·cyx [kɑ́ksiks/kɔ́k-] 圕 (兼 **-cy·ges** [-sáidʒiːz], **~·es**) (해부·동물) 미골(尾骨).

co·chair [kòutʃɛ́ər] 圕 (위원회·토론회 등에서) 공동 의장을 맡다, 의장직을 나눠 맡다. — 圕 공동 의장.

co·chair·man [kòutʃɛ́ərmən] 圕 공동 의장; 부의장. ¶a ~ country 공동 의장국.

co·chair·per·son [kòutʃɛ́ərpə̀ːrsn] 圕 공동 의장 (非성차별형의). [국. 공용 식용 닭;

co·chin [kóutʃin, kɑ́tʃ-] 圕 코친(닭)(아시아 원산의

Co·chin-Chi·na [kóutʃintʃáinə] 圕 코친차이나 (베트남 최남단 지역의 프랑스 식민지 때의 명칭).

coch·i·neal [kɑ̀tʃəníːl, ´-´-/kɔ̀tʃíniːl, `-`-] 圕 1 Ⓤ ⓒ 코치닐(연지벌레 암컷을 말려서 만든 진홍색(眞紅色) 염료). 2 코치닐색. 3 = ~ insect.

cóchineal ínsect 圕 연지벌레.

coch·le·a [kɑ́kliə/kɔ́k-] 圕 (兼 **-ae** [-ìː], **~s**) 1 (해부) (내이(內耳)의) 와우각(蝸牛殼), 달팽이관. 2 나선 계단(의 있는 탑). **-ar** 圕

cóchlear ímplant 圕 달팽이관 이식, 인공 귀.

coch·le·ate [kɑ́kliət, -èit/kɔ́k-] 圕 달팽이 모양의, 나선형의. (또는 **cochleated**)

‡**cock**[1] [kɑk/kɔk] 圕 1 **a)** 수탉((美) rooster)((兼 hen); (일반적으로) 새의 수컷; 누른도요(woodcock). ¶a game ~ 싸움닭/a ~ pheasant 수펑/a ~ robin 울새의 수컷/Every ~ crows on its own dunghill. (속담) 이불속에서 활개친다/ As the old ~ crows, the young ~ learns. (속담) 서당 개 삼 년에 풍월한다. **b)** (동틀·게·연어 따위의) 수컷. 2 (수탉 모양의) 풍향계(風向計)(weathercock). 3 두목, 대장, 보스; (英구어) 동료, 친구. 4 (가스·수도·술통 따위의) 고동, 꼭지, 콕(tap, faucet). 5 (총의) 공이치기, 격철(擊鐵); 총의 공이치기를 세우기, 발사 태세. 6 (해시계·저울의) 바늘, 지침(指針). 7 (고어) 수탉의 울음 소리, (새벽에) 수탉이 울기; 새벽, 계명(鷄鳴). ¶the first [second] ~ 첫닭[두 번째 닭]이 울기; 그 울음 소리. 8 (비어) 음경(陰莖) (penis); (美남부) (악살) 여자의 성기). 9 (英속어) 허튼 소리; (英속어) 바보같은 짓, 무모한[경솔한] 행동.

a cock on its [for his] own dunghill ⇒DUNGHILL.
all to cock (속어) 실수하여; 혼란하여.
at [or **on**] *full* [*half*] *cock* ① 꼭지를 완전히[반쯤] 들어 놓고. ② 공이치기를 완전히[반쯤] 잡아당기고. ③ 충분히[불충분하게] 준비되어.
go off at half cock (총이) 빨리 격발되다; (계획 따위가) 서둘러서[준비 부족으로] 실패하다.
live like a fighting cock ⇒FIGHTING COCK.
Old cock! (부르는 말로) 여보게!, 이봐! ⇒⑨ 3.
That cock won't fight. (英속어) 그런 수단[말]은 통하지 않아; 그런 계획은 뜻대로 되지 않을 거야.
(the) cock of [or **o'**] *the walk* (구어·경멸적) 혼자 우쭐대는 사람, 독불 장군; (그룹의) 두목.

— 圕 1 수컷의(male). 2 최고[최강]의, 훌륭한, 멋있는.
— 㕢 1 (총의) 공이치기[격철]를 잡아당기다. ¶〜 a gun 총의 공이치기를 잡아당기다. 2 공이치기를 ~·like 圕 [기대당겨 발사 준비를 하다.

cock[2] 圕 1 (모자 차양이) 위로 젖혀지기. 2 (코끝이) 위로 쳐들기; (눈을) 치떠보기, 눈짓(の).
— 㕢 1 (모자의) 차양을 위로 젖히다, (모자를) 멋으로 삐딱하게 쓰다. ¶〜 one 못 모자의 차양을 젖혀 올리다; 모자를 멋으로 삐딱하게 쓰다. 2 (귀)를 쫑긋 세우다(up). 3 (손발·관절)을 구부리다. 4 (英속어) (계획)을 쓸모없게 하다, 혼란하게 하다. — 㕢 (개의 꼬리 따위가) 곤추서다; (사람이) 몸을 뒤로 젖히다(up); 거만하게 굴다, 뽐내다.

cock a deaf 'un (英속어) 들리지 않는 체하다.
cock a snook at ⇒SNOOK[1].
cock it up (英속어) 실수하다.
cock off (英속어) 실패하다. [표정].
cock one's nose 코끝을 위로 치켜세우다(* 경멸의
cock the [or **one's**] *eye at a person* 남에게 눈짓하다; 남을 흘끔 쳐다보다.
cock the leg (개가) 방뇨하다.
cock the [or **one's**] *little finger* 많은 술을 마시다.
cock up (英속어) 실수하다; (계획 따위)를 망치다.

cock[3] 圕 (원추형의) 건초 더미, 짚가리. — 㕢 (건초 따위)를 원추형으로 쌓다, 짚가리를 만들다.

cock·ade [kɑkéid/kɔk-] 圕 꽃 모양의 모표(帽標). **-ád·ed** 圕 꽃 모양의 모표가 달린.

cock-a-doo·dle-doo [ˊədùːdldúː] 圕 圕 (兼 〜**s**) 1 꼬끼오(수탉 울음 소리). 2 (어린이말) 꼬꼬닭, 수탉. —㕢 꼬끼오 울다(crow). —圕 꼬끼오!

cock-a-hoop [ˊəhúːp] 圕圕 1 의기 양양한[하게], 득의 만면한[하여], 뽐내는[뽐내면서], 기뻐하는[하게]. 3 상태[컨디션]가 나쁜[스럽게]; 혼란스런[스럽게].

Cock·aigne [kɑkéin/kɔk-] 圕 1 (놀면서 호강스럽게 살 수 있는) 환락향(歡樂鄕), 무릉 도원. 2 (英구어) 런던(Cockney의 별명 땀), the **Cockayne**

cock-a-leek·ie [ˋəlìːki] 圕Ⓤ (스코) 코카리키(부

cock·a·lo·rum [kàkələ́ːrəm/kɔ̀k-] 명 1 (구어) 젠체하는[건방진] 사내(특히 몸집이 작은 사내). 2 허풍, 자랑하는 말. 3 개구리뜀(놀이).

cock·a·ma·mie [kákəmèimi/kɔ́k-] 형명UC (美속어) 나쁜, 저급한; 어처구니 없는[믿을 수 없는](일[것]). (또는 **cockamamy**)

cóck-and-búll stòry [-ənbúl-] (a ~) 터무니없는 이야기, 황당 무계한 이야기.

cock-and-hen [-ənhén] 형 (학급·클럽 등이) 남녀 혼합[혼성]의.

cock·a·tiel [kàkətíːl/kɔ̀k-] 명 앵무새의 일종(오스트레일리아 원산; 애완용). (또는 **cockateel**)

cock·a·too [kákətùː, -̀-ː/kɔ̀kətúː] 명 (복 ~s) 1 도가머리가 있는 앵무새의 총칭. 2 (濠·뉴질) 소농(小農), 농민, (濠구어) (강도·도박 따위의) 망보기.

cock·a·trice [kákətris/kɔ́kətràis] 명 1 괴사(怪蛇)(전설상의 괴물로 이것이 한번 노려보면 사람은 그 자리에서 죽는다고 한다). 2 (성서) 독사(←이사야서(Isa.) 11:8). 3 사악한 사람; (페어) 매춘부.

cóck bèad 명 (목공) 돋을 구슬 장식 테두리.

cóck·bird [kákbə̀ːrd/kɔ́k-] 명 수탉.

cock·boat [kákbòut/kɔ́k-] 명 (큰 배에 딸린) 작은 배, (본선·모선과 해안 사이의 연락용) 거룻배. (또는 **cóckleboàt, cóckleshèll**)

cock·chaf·er [káktʃèifər/kɔ́k-] 명 떡갈잎풍뎅이. (또는 **Máy bèetle[bùg]**)

cock·crow [kákkròu/kɔ́k-] 명 (문어) 닭이 우는 시각, 새벽, 여명. (또는 **cockcrowing**)

cocked [kakt/kɔkt] 형 위로 젖혀진, 위로 향하게 한.

cócked hát 차양을 위로 젖힌 모자; (현재는 특히 정장용(正裝用)의) 삼각모.

knock [or *beat*] *... into a cocked hat* (구어) …을 때려눕히다; …을 여지없이 해치우다.

cock·er¹ [kákər/kɔ́k-] 명 =~ spaniel.

cock·er² 명 싸움닭 사육자, 투계사.

cock·er³ 타 (병자를) 소중히 하다, (어린이)의 응석을 받아 주다(up). —명 (英구어) 동료, 친구.

Cock·er [kákər/kɔ́k-] 명 **Edward ~** 코커 (1631-75; 영국의 수학자).

according to Cocker (英) 정확하게(는); 엄밀하게.

cock·er·el [kákərəl/kɔ́k-] 명 (1년생 미만의) 어린 수탉; 걸핏하면 싸우는 젊은이.

cócker spániel 코커 스패니얼(사냥·애완용 개).

cock·et [kákit/kɔ́k-] 명 (英·스코) 세관 관인(官印); 관세 납부 증서.

cock·eye [kákài/kɔ́k-] 명 1 (구어) 사팔눈, 사시(斜視). 2 (美속어) 좌완 투수.

cock·eyed [kákàid/kɔ́k-] 형 1 사팔뜨기의, 사시의. 2 (속어) 기울어진, 비뚤어진. ¶be built ~ 등[허리]이 구부러져 있다, (체격이) 볼썽사납다. 3 (속어) 어리석은, 멍청한; 술에 취한; 완전히 틀린. ¶a ~ war 어리석은 전쟁/He was absolutely ~. 그는 곤드레만드레 취해 있었다. —부 비스듬히; 대단히, 심히.
~·ly 부 ~·ness 명 [폭(暴)풍].

cóckeye(d) bób 명 (濠속어) 갑작스러운 심한 폭풍.

cock·fight [kákfàit/kɔ́k-] 명 닭싸움, 투계 (시합).

cock·fight·ing [kákfàitiŋ/kɔ́k-] 명UC 닭싸움, 투계(鬪鷄)(cockfight).

beat cockfighting 이렇게 재미있는 일은 없다; 놀라다. —명 닭싸움[투계]의.

cock·hap·py [-hǽpi] 형 (美속어) (여자가) 몸가짐이 헤픈.

cock·head [kákhèd/kɔ́k-] 명 (속어) (음경의) 귀두.

cock·horse [kákhɔ̀ːrs/kɔ́k-] 명 흔들 목마, (말타기 놀이의) 말(장난감 말·빗자루·어른의 무릎 따위). (또는 **rócking hòrse, hóbbyhòrse**)

ride a cockhorse 기쁨에 취하다, 환희에 넘치다. —부 걸터타고, 타고 앉아. [leekie.

cock·ie·leek·ie [kàkiliːki/kɔ̀k-] 명 =cock-a-

cock·ish [kákiʃ/kɔ́k-] 형 =cocky¹.

cock·le¹ [kákl/kɔ́kl] 명 1 새조개류; 그 조가비(cockleshell). 2 (가죽·종이 따위의) 주름, 구김살. 3 (바닥이 얕은) 작은 배(cockle). 4 (美) 카를(새조개 모양의 캔디).

cockles of the [or *one's*] *heart* 마음속, 심중, 본심.

warm [or *delight*] *the cockles of the* [or *a person's*] *heart* 남을 마음으로부터 기쁘게 하다[기쁨을 북돋우다].
—동(~) 자 1 주름지다, 구김살지다. 2 잔물결이 일다.
—타 …에 주름살[구김살]지게 하다.

cock·le² 명 보리밭의 잡초, 호밀풀, 독보리.

cock·le³ 명 스토브(stove), 난로.

cock·le·boat [káklbòut/kɔ́k-] 명 (뱃바닥이 얕은) 작은 배(cockle); =cockboat.

cock·le·bur(r) [káklbə̀ːr/kɔ́k-] 명 도꼬마리류(국화과(科)의 잡초); 우엉(burdock).

cock·le·shell [káklʃèl/kɔ́k-] 명 1 새조개(cockle)의 조가비. 2 (해사) =cockboat. 3 순례자가 착용한 (조개껍질) 기장(記章).

cóckle stàirs 나선 계단. [가비]

cock·loft [káklɔ̀ːft/kɔ́klɔ̀ft] 명 작은 다락방.

*****cock·ney** [kákni/kɔ́k-] 명 1 (종종 C-) 런던 토박이, 런던내기(특히 런던 East End 지구의 노동자 계급으로 독특한 사투리가 있다). 2 (종종 C-) 런던 사투리, 런던 영어(* 대표적인 특징으로서 h음의 탈락을 들 수 있으나, 반대로 모음으로 시작되는 말에 h음이 삽입되는 경우도 있다. 예: ham and egg→'am an' hegg/up the hill→'hup the 'ill/Harry and his girl Harriet→'Arry an' 'is gal 'Arriet. 또, [ei]를 [ai]로 발음하는 것도 특징. 예: rain [rein] → [rain] / station [stéiʃən] → [stáiʃən]). 3 (폐어) 응석받이; 유약한 도시인. 4 (濠) snapper의 치어.
—형 (종종 C-) 런던 사람[토박이]의, 런던에서 자란; 런던 사투리의. ¶speak with a C- accent 런던 사투리로 말하다.
~·**ish** 형 ~·**ish·ly** 부

cock·ney·dom [káknidəm/kɔ́k-] 명U 1 런던토박이 거주 지역, 런던 토박이 사회. 2 (집합적) 런던 토박이(cockneys); 런던 말씨의 기질.

cock·ney·ese [kàkniíːz/kɔ̀k-] 명U 런던 말씨[사투리]. ⇨COCKNEY 2.

cock·ney·fy [káknifài/kɔ́k-] 타 말씨·풍습 따위를[가] 런던 토박이식으로 하다[되다]. (또는 **cocknify**) **-fi·cá·tion** 명

cock·ney·ism [kákniìzm/kɔ́k-] 명UC 런던 토박이의 특성[기질]; 런던 말씨[사투리]. ⇨COCKNEY 2.

cock·ney·ize [kákniàiz/kɔ́k-] 타 런던 토박이식으로 되다[하다]. [박이 작가들.]

Cóckney Schòol 명 런던파(派)(19세기의 런던 토

cóck of the nórth 명 (조류) 되새(brambling).

cóck-of-the-róck [-ʌvðərák / -ɔ́k] 명 (복 ~s, *cocks-*) 바위새(남미산 미식조과(美飾鳥科)의 새).

cóck of the wálk (구어) ⇨COCK¹.

cóck of the wóods 명 =pileated woodpecker.

*****cock·pit** [kákpit/kɔ́k-] 명 1 (비행기·우주선의) 조종실. 2 (요트·보트 따위의) 조타석; (경주용 차의) 운전석. 3 (군함 갑판 밑의) 하급 사관실(전시에는 부상자 수용실이 된다). 4 투계장; 시합장; 싸움터.

cóckpit crèw 명 (항공) (조종실 근무의) 운항 승무원

cóckpit vòice recórder 명 (항공) (조종실) 음성 기록 장치(약 CVR). [보석.]

cóck·ring [kákriŋ/kɔ́k-] 명 남근(男根)에 끼우는

cock·roach [kákròutʃ/kɔ́k-] 명 (곤충) 바퀴; (美속어) 소기업가, 자잘한 일로 몹시 바쁜 사람.

cocks·comb [kákskòum/kɔ́ks-] 명 1 (수탉의) 볏. 2 맨드라미. 3 (광대가 쓰는) 고깔 모자(coxcomb). 4 (4개 이상의 분출구가 있는) 가스 버너.

cock's-foot [kákfùt / kɔ́ks-] 圏 =orchard grass. (또는 **cócksfòot**)

cock·shot [kákʃàt/kɔ́kʃɔ̀t] 圏 표적 떨어뜨리기 (공·막대기 따위를 던져 상품을 떨어뜨리는 놀이); 그 한 번 던지기. 「해질녘, 황혼.

cock·shut [kákʃàt / kɔ́k-] 圏Ⓤ (英방언) 저녁때.

cock·shy [kákʃài/kɔ́k-] 圏 1 =cockshot. 2 과녁, 표적; 공격(비난, 조롱)의 표적(대상).

cocks·man [káksmæn/kɔ́ks-] 圏 (美비어) 여자를 잘 후리는 남자, 난봉군; 색스에 강한 남자.

cóck spárrow 圏 1 참새의 수컷. 2 잘난 체하는 작은 사내.

cock·spur [kákspə̀:r/kɔ́k-] 圏 1 (수탉의) 머느리 발톱. 2 (북미산) 산사나무. 3 물여우(날도래의 유충).

cock·suck·er [káksʌ̀kər/kɔ́k-] 圏 (비어) 1 비열한 사람[놈]; 형편없는 자식[새끼](지독한 욕설). ¶ You ~! 이 개새끼야! 2 남자 성기를 빠는 사람[남자]; 여자 역할하는 남성 동성애자.

cock·suck·ing [⁻sʌ̀kiŋ] 圏 (비어) 비열한; 역겨운; 저속한(* 종종 강조어로 쓰인다).

cock·sure [káksúər/kɔ́k-] 圏 1 자신 만만한, 확신하는; 독단적인, 자부심[자만심]이 너무 강한 (of, about). ¶ She hates his ~ attitude. 그녀는 그의 독선적인 태도를 싫어한다// I am ~ of my success. 나는 틀림없이 성공한다. 2 확실히 믿고 있는, 반드시…하는 (to do). ¶ His success is ~. 그의 성공은 확실하다. **~·ly** 男 **~·ness** 圏

cock·swain [káksən, -swèin/kɔ́k-] 圏 =coxswain.

cock·sy [káksi/kɔ́k-] 圏 =coxy.

*****cock·tail**¹ [káktèil/kɔ́k-] 圏 1 칵테일(martini, manhattan 따위의 혼합주); 혼합물. 2 칵테일 요리(생굴·대합·게·새우 따위에 소스를 친 전채(前菜) 요리); 과일 칵테일; 과일 주스. 3 (~s) =~ party. 4 (美속어) 마리화나가 든 담배. —圏 칵테일의; 칵테일 파티용의. —图 칵테일을 마시다; 칵테일 파티에 가다. —타…에게 칵테일을 내다; …을 위해 칵테일 파티를 열다.

cock·tail² 圏 1 꼬리 자른 말; 잠종말. 2 사이비 신사, 벼락 출세자.

cócktail attìre 圏 비즈니스 복, 준정장.

cócktail bàr 圏 =cocktail lounge.

cócktail bèlt 圏 교외의 고급 주택 지대.

cócktail diplómacy 圏 칵테일 외교(평화적 협상을 통한 분쟁 해결을 꾀하는 외교).

cócktail drèss 圏 칵테일 드레스(여성의 준(準) 정장).

cock·tailed [káktèild/kɔ́k-] 圏 (말 따위가) 꼬리를 자른; 엉덩이를 비쩍 쳐든.

cócktail efféct 圏 칵테일 효과(약의 혼용에 따른 상승 효과[부작용]).

cócktail glàss 圏 칵테일잔[글라스].

cócktail hòur 圏 칵테일이 나오는 시간, 칵테일 아워(저녁 식사 전인 오후 5시에서 8시 정도 사이).

cócktail lòunge 圏 (호텔·공항 따위의) 칵테일 라운지, 칵테일 바, 술집, 휴게실.

cócktail pàrty 圏 칵테일 파티.

~ phenómenon 圏 칵테일 파티 현상(주위에 많은 사람이 이야기하고 있어도 상대의 말을 서로 잘 알아 들을 수 있는 일).

cócktail sàuce 圏 칵테일 소스(어패류 칵테일·전채 따위에 치는 소스).

cócktail shàker 圏 칵테일 세이커(술을 혼합하는 용기).

cócktail stìck 圏 칵테일 스틱(칵테일의 버찌나 올리브 따위에 꽂는 가는 꼬챙이).

cócktail tàble 圏 =coffee table.

cock·teas·er [káktìːzər/kɔ́k-] 圏 (속어·비어) 남자를 유혹하면서 마지막에 성교를 거부하는 여자. (또는 **cóck tèaser**, **cóck·tèase**)

cock·up [kákʌ̀p/kɔ́k-] 圏 1 (물건의 가장자리·끝이) 위로 휨; 앞 차양이 젖혀진 모자. 2 (인쇄) 어깨글자 (Y²의 ² 따위). 3 (英속어) 혼란; 지리 멸렬, 대실패.

cock·y¹ [káki/kɔ́ki] 圏 1 으쓱대는, 건방진, 젠체하는. 2 생기있는, 쾌활한. 3 (美속어) 훌륭한, 멋있는.

cóck·i·ly 男 **cóck·i·ness** 圏 「atiel.

cock·y² 圏 1 (濠구어) 소농(cockatoo). 2 =**cock·a·leek·ie** [kàkilí:ki/kɔ̀k-] 圏 =cock-a-leekie. (또는 **cockieleekie, cockyleeky**)

cock·y·òl·(l)y bìrd [kàkiáli-/kɔ̀kiɔ́li-] 圏 (어린이말) 작은 새, 쨱쨱, 찍찍.

co·co [kóukou] 圏 (복 ~s) 1 코코야자; 코코야자의 열매(coconut). 2 (구어) (사람의) 머리. 3 (속어) =cocoa. —圏 코코넛 껍질의 섬유로 만든.

*****co·coa** [kóukou] 圏Ⓤ 1 코코아(cacao의 씨를 가루로 만든 것); 코코아 (음료): 카카오나무(cacao). 2 코코아 빛. —圏 코코아(빛)의.

—图 * 다음 숙어로만 쓴다.

I should cocoa [or *coco*]. (속어) 그렇고 말고(I should say so. 의 압운): (반어적) 천만에, 당치도 않다.

cócoa bèan 圏 카카오 열매(cacao bean).

cócoa bùtter 圏 카카오 기름(cacao butter).

cócoa nìb 圏 카카오 씨의 떡잎.

co·coa·nut [kóukoʊnʌ̀t] 圏 =coconut.

cócoa pòwder 圏 분말 코코아; 갈색 화약.

COCOM [kóukʌ̀m/kɔ́kɔ̀m] 圏 코콤, 대(對)공산권 수출 통제 위원회. (또는 **Cocom**) [<Coordinating Committee for Export to Communist Areas]

co·co·mat [kóukoumæ̀t] 圏 코코야자 껍질의 섬유로 만든 매트; (특히) 현관 매트.

co·con·scious [koukɑ́nʃəs/-kɔ́n-] 圏 (심리) 부의식적(副意識的)의. **-·ly** 男 **~·ness** 圏

co·con·spir·a·tor [⁻kənspírətər] 圏 공모자.

*****co·co·nut** [kóukənʌ̀t] 圏 1 코코넛(코코야자(coco)의 열매). 2 (~) (사람의) 머리. 3 =~ palm. 4 (美속어) 1달러; (~s) 유망. 5 (속어·경멸적) 백인을 흉내 내는 흑인. (또는 **cocoanut**)

That accounts for the milk in the coconut. (익살) 그것으로 충분히 알았다.

cóconut íce 圏 말린 코코넛 사탕과자.

cóconut màtting 圏 =cocomat.

cóconut mìlk 圏 야자 열매의 즙, 야자유(乳).

cóconut òil 圏 야자유(油).

cóconut pàlm [trèe] 圏 코코야자(coco).

cóconut shỳ 圏 (英) 야자 열매 떨어뜨리기 (놀이).

co·coon [kəkúːn] 圏 1 (누에 따위의) 고치. 2 (거미 따위의) 알을 싸는 보호용 자루, 난낭(卵囊). 3 (비닐 따위) 덮개. —圏 고치를 만들다. —타 …을 고치로 싸다; (고치로 싸듯이) …을 휩싸다 (from, against). **~·like** 圏

co·coon·er·y [kəkúːnəri] 圏 양잠소(養蠶所).

co·coon·ing [kəkúːniŋ] 圏 집에 틀어박힌 생활, 가정 위주의 생활 (양식). ⇨ couch potato

cóco pàlm 圏 =coconut palm.

co·cotte¹ [koukɑ́t/kɔ́t] 圏 (고어) 매춘부. [<「hen」]

co·cotte² 圏 (내열 도자기) 찜냄비.

Coc·teau [kɑktóu/kɔk-] 圏 **Jean** ~ 콕토(1889–1963: 프랑스의 시인·작가·영화 감독). 「병행하는.

co·cur·ric·u·lar [kòukərikjulər] 圏 정규 교과와

Co·cy·tus [kousáitəs] 圏 (그리스 신화) 한탄의 강(저승(Hades)의 강의 하나로, 아케론 강(Acheron)으로 흘러든다). **-te·an** 圏

*****cod**¹ [kɑd/kɔd] 圏 (복 ~**s**) (어류) 대구(codfish).

cod² 圏 1 주머니. 2 (방언) (콩 따위의) 깍지.

cod³ (英속어) 圏 (-dd-) 속이다(hoax), 놀리다. —圏 속이는, 놀리는, 조롱하는. —圏 속이기; 조롱, 놀림; 허튼 소리. ¶ Cod*s*! 헛소리 마!

Cod [kɑd/kɔd] 圏 =Cape ~.

COD [kɑd/kɔd] 圏 (환경) 화학적 산소 요구량; 수중 피(被)산화 물질. [<chemical oxygen demand]

C.O.D. *Concise Oxford Dictionary*; (또는 **c.o.d.**)

collect[(英) cash] *on* delivery(대금 상환(相換)).
co·da [kóudə] 명 (음악) 코다(종결부의 소악장(小樂章)); (발레의) 피날레; (희곡·소설 따위의) 결말. [<It]
cod·bank [kάdbæŋk/kɔ́d-] 명 대구 어초(漁礁).
cod·der [kάdər/kɔ́d-] 명 대구잡이 어선[어부].
cod·ding [kάdiŋ/kɔ́d-] 명형 대구잡이.
cod·dle [kάdl/kɔ́dl] 타 1 …을 상냥하게 다루다, 응석받이로 기르다(*up*). ¶ ~ oneself 자기 몸을 아끼다 [소중히 하다]. 2 (잔뜩 먹여) …을 튼튼하게 만들다(*up*). 3 (달걀 따위)를 뭉근한 불로 끓이다, 물렁하게 삶다. — 명 1 (구어) 응석받이, 허약하게 자란 사람, 약골. 2 (아일) 햄과 베이컨 조각으로 만든 스튜. **-dler**
‡**code** [koud] 명 (복 ~s [-z]) 1 법전; 법체계. ¶ the civil [criminal] ~ 민(형)법(전). 2 조례(條例). ¶ the fire [health] ~ 소방[보건] 조례. 3 (도덕·사회 생활상의) 법도, 규약, 관례, 도덕. ¶ the moral ~ 도덕률 / the religious ~ 종교적인 규약 / the ~ of ethics 윤리의 규범 / the ~ of a school 학칙. 4 신호법, 신호; 암호, 약호(略號), 부호. ¶ the International C— 만국 공통 전신 부호; 만국 선박 신호 / a telegraphic ~ 전신 암호 / a ~ telegram 암호 전보. 5 (컴퓨터) 코드, 부호; 부호 시스템. 6 (유전) 유전 암호(genetic ~). 7 (美속어) 심장 발작 환자. — 타 1 …을 법전으로 작성하다(codify). 2 (정보)를 (전신·컴퓨터 따위의) 기호[부호]로 만들다, 코드화하다 (*into*). — 자 1 유전 암호를 지정하다 (*for*). 2 (美속어) 심장 발작을 일으키다. **~·less** 형
CODE (美) *Cable Online Data Exchange*.
códe bòok 명 기호[암호] 일람표, 전신 전화 약호첩.
códe-brèak·er [kóudbrèikər] 명 암호 해독자.
Co·dec [kóudek] 명 (전자) 코덱, 부호기, 복호기(復號器). **decoder** [<*coder-decoder*]
co·dec·li·na·tion [kòudekləneiʃən] 명 (천문) 극거리(極距離)(적위(赤緯)의 여각(餘角)).
códe dàting 명 (식품 등에 대한) 날짜 표시제.
co·de·fend·ant [kòudiféndənt] 명 공동 피고.
códe flàg 명 (해사) 신호기(旗).
códe gròup 명 부호군(符號群), 암호 문자군.
co·deine [kóudi:n] 명U (약학) 코데인(아편에서 뽑는 진통제·최면제). (또는 **codéia, codeína**)
co·den [kóudən] 명형 도서 분류 코드.
códe nàme 명 1 (비밀 첩보원 등의) 암호명. 2 (또는 **códe phràse**) 암호용 문자어.
códe-nàme 타 …의 암호명을 짓다.
Code Na·po·lé·on [F kɔd napɔleɔ̃] 명 나폴레옹 법전(1804~07년에 공포된 프랑스 민법전). [<F]
códe nùmber 명 코드 번호.
Code of Hammurábi 명 (the ~) 함무라비 법전.
códe of hónor 명 사교상의 예법, 신사[숙녀]도; (옛날의) 결투의 예법.
cod·er [kóudər] 명 (컴퓨터) 코더(encoder).
códe-shàr·ing [-ʃɛ̀əriŋ] 명 (항공사 간의) 항공기 코드[편명] 공유.
códe-swìtch·ing [-swìtʃiŋ] 명 (언어) 코드 변환 [전환]. **códe-switch** 자
co·de·ter·mi·na·tion [kòuditə̀ːrməneíʃən] 명 (美) (노사간이나 정부와 의회간의) 공동 (정책) 결정; 근로자의 경영 참가.
cod·et·ta [koudétə] 명 (복 ~s) (음악) 코데타(작은 코다(coda)). [<It]
códe wòrd 명 1 =code name. 2 (공격 의도를 담은) 암시[완곡] 어구. 3 =codon. (또는 **códewòrd**)
co·dex [kóudeks] 명 (복 **-di·ces** [-dəsìːz]) 1 (고전·성서의) 사본; (고어) 법전, 법령집. 2 (약학) 공정 의약품집.
cod·fish [kάdfiʃ/kɔ́d-] 명 (복 ~·(es)) =cod¹.
make codfish of (美) …을 결정적으로 이기다.
códfish aristòcracy 명 (美속어) (대구 어업으로 돈을 번) 벼락 부자들; 신흥 계급.

codg·er [kάdʒər/kɔ́dʒ-] 명 1 (구어) 괴짜, 괴팍한 노인[늙은이]. 2 (英방언) 노랭이.
cod·i·cil [kάdəsəl/kɔ́d-] 명 1 유언 보충서. 2 (일반적으로) 추가 (조항); 부록. 「의; 추가의.
cod·i·cil·la·ry [kàdəsíləri/kɔ̀d-] 형 유언 보충서
co·di·col·o·gy [kòudəkάlədʒi/-kɔ́l-] 명U (고전·성서 따위의) 사본 연구, 사본학. **-co·lóg·i·cal** 형
cod·i·fi·ca·tion [kàdəfikéiʃən, kòud-/kɔ̀d-] 명U 1 체계화, 집대성. 2 법전 편찬; 성문화, 법전화.
cod·i·fy [kάdəfài, kóud-/kɔ́d-] 타 1 (법률 따위)를 법전으로 편찬하다, 성문화하다. 2 …을 체계화하다, 집대성하다; 분류하다. **-fi·a·bíl·i·ty, -fì·er** 명
cod·ing [kóudiŋ] 명 (통계) (정보의) 부호화. 2 (컴퓨터) 코딩, 프로그래밍. 3 (유전) 암호 부여.
cod·ling¹ [kάdliŋ/kɔ́d-] 명 1 (英) (요리용의) 갸름한 사과. 2 작은 풋사과. 3 = moth. (또는 **codlin**)
cod·ling² 명 작은 대구; 대구 치어.
códling mòth 명 사과좀나방의 일종.
cod·lins-and-cream [kάdliŋzənkri:m/kɔ́d-] 명 = willow herb.
cód-liv·er òil [-líivər-] 명 (대구) 간유.
cod·man [kάdmən/kɔ́d-] 명 (복 **-men** [-mən]) 대구잡이 어선. 「지역(range).
co·do·main [kòudouméin] 명 (수학) 변역(變域).
co·dom·i·nant [koudάmənənt/-dɔ́m-] 명 (생태) 상호 우성(優性)의.
co·don [kóudαn/-dɔn] 명 (유전) 코돈(특정 아미노산을 지정하는 유전 정보의 최소 단위).
cod·piece [kάdpiːs/kɔ́d-] 명 1 (15-16세기의 남자 복장에서) 바지 앞 주머니. 2 (페어) 음경.
co·driv·er [-dráivər] 명 (자동차 경주 따위의) 교체 [교대] 운전자. **-drìve** 타자
cods·wal·lop [kάdzwὰləp/kɔ́dzwɔ̀ləp] 명U (英속어) 실없는 소리, 난센스; 바보스런 일.
cód wàr 명 대구 전쟁(대구 어장 확보를 위한 분쟁).
co·ed [kóuéd, ⸗⸗] 명 (남녀 공학 대학의) 여학생; (英) 남녀 공학제 학교[대학]. — 형 남녀 공학(제)의, (美) (공학제 학교의) 여학생의; 남녀 양용의. (또는 **có·éd**) [<*coeducational student*]
cóed crèw 명 (美속어) (해군의) 남녀 혼합 승무원.
cóed dórm 명 (美) (대학의) 남녀 공용 기숙사.
co·e·di·tion [-ídiʃən] 명 (서로 다른 언어·나라·출판사에 의한) 동시 출판(본).
co·ed·i·tor [kouédətər] 명 공동 편집자. **~·ship**
co·ed·u·cate [kouédʒukèit] 타자 …에게 남녀 공학의 교육을 하다.
*‡**co·ed·u·ca·tion** [kòuedʒukéiʃən] 명U 남녀 공학.
co·ed·u·ca·tion·al [kòuedʒukéiʃənl] 형 남녀 공학의. ¶ a ~ college 남녀 공학 대학. **~·ism** 명 **~·ly**
coef(f). *coefficient*.
co·ef·fi·cient [kòuifíʃənt] 명 1 (수학) 계수(係數). ¶ Three is the ~ of *x* in 3*x*, 3*x*에서의 3은 *x*의 계수이다. 2 (물리) 계수, 율. 3 공동 작인(作因). 4 정도 (程度). — 형 공동 작용의. **~·ly** 부 「계수.
coefficient of accelerátion 명 (경제) 가속도
coefficient of correlátion 명 (통계) 상관 계수.
coefficient of drág 명 (항공) 항력(抗力) 계수.
coefficient of elasticity 명 (물리) 탄성(彈性) 계수, 탄성률. 「률].
coefficient of expánsion 명 (물리) 팽창 계수
coefficient of fíneness 명 (조선) 방형(方形) 계수.
coefficient of fríction 명 (기계) 마찰 계수. 「수.
coefficient of perfórmance 명 (열역학) 성능 계수(약 COP).
coefficient of restitútion 명 (물리) 반발 계수.
coefficient of variátion 명 (통계) 변동 계수.
coefficient of viscósity 명 (물리) 점성 계수[률].
coel- [si:l] 연결 cavity의 뜻. (또는 **coeli-, coelo-**)

coe·la·canth [síːləkænθ] 몡 실러캔스, 강극어(腔棘魚)(현존하는 중생대 어종; 「살아있는 화석」으로 유명).

-coel(e) [siːl] 연결 small cavity(와(窩)·소강(小腔))의 뜻. ¶enterocoele(장액강(腸體腔)). (또는 **-cele**)

coe·len·ter·ate [siléntərèit, -rət] 몡 강장(腔腸) 동물(해파리(jellyfish) 따위). ── 혱 (또는 **coelenteric**) 강장 동물의, 강장 동물문에 속하는.

Co·el·ho [kaéilju:, kɔ-] 몡 Paulo ~ 켈료 (1947- : 브라질의 작가).

coe·li·ac [síːliæk] 혱 〔해부〕 복강(腹腔)의.

coe·lom [síːləm] 몡 (복 ~s, **-lo·ma·ta** [silóumətə]) 〔동물〕 (강장 동물의) 체강. (또는 **celom, coelome**) **coe·lom·ic** [silámik/-lɔ́m-] 혱

coe·lo·stat [síːləstæt] 몡 〔천문〕 실로스탯(2개의 평면 반사경을 써서 일주(日周) 운동을 하는 천체를 연속 관측할 수 있는 장치).

co·empt [kouémpt] 몡타 매점(買占)하여 지배하다.

coe·nes·the·sia [sìːnəsθíːʒə, -ziə] 몡 U 〔심리〕 체강(體腔)(건강감·허탈감 따위 막연히 느끼는 전신의 감각). (또는 cenesthesia, cenesthesis, coenesthesis) **-thet·ic** [-θétik] 혱

coe·no- [síːnou, -nə, sen-] 연결 ⇒CENO-².

coe·no·bite [síːnəbàit, sénə-] 몡 =cenobite.

coe·no·cyte [síːnəsàit, sénə-] 몡 〔생물〕 다핵 세포(多核細胞), 다핵체. **-cyt·ic** [-sítik] 혱

coe·no·spe·cies [síːnəspìːʃiːz] 몡 〔생물〕 [cies.

co·en·zy·mat·ic [kouènzaimætik, -zi-] 혱 〔생화학〕 조(助)효소에 관한, 조효소적인. **-i·cal·ly** 부

co·en·zyme [kouénzaim] 몡 〔생화학〕 조(助)[보조]효소.

co·e·qual [kouíːkwəl] 혱 (지위·능력 따위가) (…와) 동등한, 필적하는 (*with*). ── 몡 동등한 사람[것]. **cò·e·quál·i·ty** 몡 동등, 동권. **~·ly** 부 **~·ness** 몡

*****co·erce** [kouə́ːrs] 타 1 (물·감정 따위로) …을 억압하다, 구속하다; 지배하다. 2 (일)을 강요하다, (남)에게 억지[강제]로 시키다 (*into*). ⇒FORCE 〔유의어〕¶ obedience 복종을 강요하다 /¶ (~+목+전+명) ~ a person *into* submission [silence] 억지로 남을 복종 [침묵]시키다. **-érc·er** 몡 **-ér·ci·ble** 혱

co·er·cion [kouə́ːrʃən] 몡 U 1 강제, 억압, 위압, 강압; (정부·경찰 따위의) 강제력, 권력. ¶under ~ 강요받아. 2 압정, 탄압 정치. **~·ar·y** 혱 **~·ist** 몡

co·er·cive [kouə́ːrsiv] 혱 강제[고압, 억압]적인. **~·ly** 부 **~·ness** 몡

coércive fórce 몡 〔자기〕 =coercivity.

co·er·civ·i·ty [kòuəːrsívəti] 몡 〔자기〕 포화(飽和) 보자력(保磁力).

COESA (美) Committee on Extension to the Standard Atmosphere(표준 대기 당설 위원회).

coes·ite [kóusait] 몡 〔광물〕 코사이트(고온·고압에서 합성되는 고밀도의 동질 이상(同質異像)).

co·es·sen·tial [kòuisénʃəl] 혱 동질(同質)의 (*with*). **-sèn·ti·ál·i·ty** 몡 **~·ly** 부 **~·ness** 몡

co·e·ta·ne·ous [kòuitéiniəs] 혱 동기(同期)의; 같은 기간의; 같은 시대의. **-ta·ne·i·ty** [-təníːəti] 몡 **~·ly** 부 **~·ness** 몡

co·e·ter·nal [kòuitə́ːrnl] 혱 영원히 공존하는. **~·ly** 부 **-ni·ty** 몡 영원 공존.

co·e·val [kouíːvəl] 혱 1 같은 나이의; 같은 시대[연대]의 (*with*). ── 몡 같은 시대의 사람[물건]. **~·ly** 부

co·e·val·i·ty [kòuivǽləti] 몡 U 시대를 같이함, 동시대; 동연배, 동갑.

co·ev·o·lu·tion [kòuevəlúːʃən/-íːv-] 몡 〔생물〕 공진화(共進化). **~·ar·y** 혱 [이) 공진화하다.

co·e·volve [kòuiválv/-vɔ́lv] 재 (복수의 생물종

COEX (한국) Convention and Exhibition (코엑스; 종합 전시장).

co·ex·ec·u·tor [kòuigzékjutər] 몡 (유언 따위의) 공동 집행[수행]자. ┌tor의 여성형.

co·ex·ec·u·trix [kòuigzékjutriks] 몡 coexecu-

co·ex·ist [kòuigzíst] 자 1 동시[같은 장소]에 공존하다, 공존하다 (*with*). 2 (…와) 평화 공존하다 (*with*).

***co·ex·ist·ence** [kòuigzístəns] 몡 U 공존; (적대국[세력] 간의) 평화 공존(정책). ¶peaceful ~ 평화 공존 (정책). (또는 **coexistency**) **-ent** 혱 공존하는.

co·ex·tend [kòuikstǽnd] 타 (시간·공간적으로) 같은 넓이로 펴지게 하다[퍼지다]. **-tén·sion** 몡

co·ex·ten·sive [kòuiksténsiv] 혱 동일한 시간[공간]에 걸치는[퍼지는] (*with*). **~·ly** 부

co·fac·tor [kóufæktər] 몡 1 〔생화학〕 공동 인자, 보조 요인. 2 〔수학〕 공동 인자; 여(餘)인자[인수]. (또는 **signed minor**)

C. of B. (은행) confirmation *of* balance. **C. of C.** Chamber *of* Commerce; coefficient *of* correlation. **C. of E.** Church *of* England; coefficient *of* elasticity; Council *of* Europe.

co·fea·ture [kóufìːtʃər] 몡 (주종연물에 딸리는) 부수적 상영물, 단편 영화. ── 몡타 …을 동시 상영하다. **-tured** 혱

co·fer·ment [koufə́ːrment] 몡 =coenzyme.

‡**cof·fee** [kɔ́ːfi, káfi/kɔ́fi] 몡 (복 ~s [-z]) 1 U 커피; C (구어) 한 잔의 커피. ¶a cup of ~ 커피 한 잔 / strong[weak] ~ 진한[연한] 커피 / black ~ (우유 또는 크림을 넣지 않은) 블랙 커피 / café noir) / white ~; ~ with milk 우유를 탄 커피(café au lait) / make one's breakfast ~ 아침 식사 커피를 끓이다 / order two ~s 커피를 두 잔 주문하다. 2 U C (美) 커피 모임, (커피를 곁들인) 간담회(가벼운 식사); 커피 시간(~ break). 3 C (식물) 커피 나무. U (집합적) 커피 열매(~ berry), 커피콩. ¶green ~ 볶지 않은 커피콩. 4 U 커피색, 다갈색.

coffee and cake(s) ① 커피와 케이크[도넛]의 가벼운 식사. ② (美속어) 싼 월급, 푼돈.
── 혱 커피색의.

cof·fee-and [-ǽnd] 몡 (美구어) 롤빵[도넛]과 커피만의 가벼운 식사(가장 싼 식사); (美속어) 최저 생활 필수품. ── 혱 최저의, 보잘것없는. (또는 **cóffee ánd**)

cof·fee-and-cáke jòb [-ənkéik-] 몡 (美속어) 보수가 적은 하찮은 일(* job 대신 joint, layout, place, spot을 사용하기도 한다).

cóffee bàg 몡 (1인분의 커피를 넣은) 커피 봉지.

cóffee bàr 몡 (英) (스탠드식으로 커피와 가벼운 식사를 제공하는) 커피 바; (美) 커피 전문점.

cóffee bèan 몡 커피콩, 커피 열매.

cóffee bèrry 커피 열매; (속어) 커피콩.

cof·fee·ber·ry [kɔ́ːfibèri/kɔ́fibəri] 몡 미국 California산(産) 상록 관목.

cóffee brèak 몡 커피 시간, 작업중 중간 휴식 시간.

cóffee·cake 몡 (美) [kɔ́ːfikèik/kɔ́f-] 몡 U C 커피케이크(커피와 함께 먹는 건포도·향료 따위가 든 케이크).

cof·fee-col·ored [-kʌ́lərd] 혱 커피색의, 암갈색의; 갈색의. ┌ 「게으름뱅이.

cóffee còoler 몡 (美속어) 편한 일을 바라는 사람.

cóffee crèam 몡 커피용 크림(지방분이 적은 것).

cóffee cùp 몡 커피잔.

cóffee grìnder 몡 1 커피콩 가는 기계. 2 (美속어) 매춘부. 3 (美속어) (영화관의) 영사 기사; 털털이 자동차. 4 (美軍속어) 프로펠러기(機).

cóffee grounds 몡 커피 찌꺼기.

cof·fee·hol·ic [kɔ́ːfihɔ́ːlik/kɔ́fihɔ́l-] 몡 커피광, 커피 중독자. [(모임).

cóffee hòur 몡 1 =coffee break. 2 커피 마시며

cof·fee·house [kɔ́ːfihàus/kɔ́f-] 몡 (美) (가벼운 식사도 파는) 커피점, 다방; (英) 클럽식 다방. ── 몡재 (구어) 잡담하다, 가벼운 대화를 나누다.

cóffee klàt(s)ch 몡 (커피를 마시며 하는) 잡담[다

화(茶話)] (모임). (또는 **káffee klàtsch**)
cof·fee-klat(s)ch [-klæ̀tʃ] 圈 다화(茶話) 모임을 열다에 가다. 〔유세.
cóffee-klátsch campáign 圈 (美) 가정 방문
cóffee lightener [whitener] 圈 (유제품이 아닌) 커피용 크림, 대용 크림.
cóffee machine 圈 커피 자판기.
cóffee màker 圈 1 커피 끓이는 기구. (또는 **cóffeemàker**) 2 커피를 타는 사람; 커피 판매 회사[업자].
cóffee mill 圈 =coffee grinder 1. 〔피 파티.
cóffee mórning 圈 (보통 모금을 위한) 아침의 커
cóffee nìbs 圈 대중(굵게) 간 커피 원두.
cóffee pèrcolater 圈 (여과기가 달린) 커피 끓이는
cóffee plànt 圈 커피나무. 〔기구.
cof·fee·pot [kɔ́:fipàt/kɔ́fipɔt] 圈 1 커피포트, 커피 주전자. 2 (美속어) (심야 영업의) 간이 식당. 3 (美속어) 소형 증기 기관차.
cóffee ròom 圈 (호텔 따위의) 간이 식당, 다방.
cóffee sèt [sèrvice] 圈 커피 세트, 커피 도구 한벌.
cóffee shòp 圈 (美) (가벼운 식사도 제공하는) 다방: (英) 커피콩 판매점.
cóffee spòon 圈 커피 스푼.
cóffee stànd [stàll] 圈 차와 간식을 파는 노점.
cóffee tàble 圈 (거실용) 소형 탁자.
cóffee-table bóok 圈 (그림·사진 중심의) 탁상용 대형 호화판 책.
cof·fee·ta·bler [-tèiblər] 圈 =coffee-table book.
cóffee tàvern 圈 간이 식당; 다방.
cóffee trèe 圈 커피나무.
cof·fer [kɔ́:fər, káf-/kɔ́f-] 圈 1 (귀중품을 넣는) 상자, 궤. 2 (~s) 금고, 재원. ¶ the ~s of the state 국고. 3 (잠함(潛函)(cofferdam) 같은) 상자 모양의 관. 4 〔건축〕 소란 반자(천장이나 아치 따위의 안쪽에 만든 장식적으로 오목한 부분). ─ 圈圈 1 …을 귀중품 상자에 넣다, 금고에 넣다. 2 …을 (格欄)으로 장식하다. ¶ a ~ed ceiling 소란 반자, 우물 천장. **~·like** 圈   〔coffer 4〕
cof·fer·dam [kɔ́:fərdæ̀m/kɔ́f-] 圈 임시 방죽; (토목) 잠함; (조선) 코퍼댐(흡수선 밑 수리용의 울).
cof·fer·ing [kɔ́:fəriŋ/kɔ́f-] 圈 소란 반자.
‡**cof·fin** [kɔ́:fin, káf-/kɔ́f-] 圈 ~**s** [-z] 1 관(棺), 널((美) casket). 2 (말의) 발굽통(발굽뼈가 있는 부분). 3 낡은 배(~ ship). (美속어) 위험한 차[비행기 따위]. 4 〔인쇄〕 나무테. 5 (美軍속어) 탱크, 전차. 6 (美속어) 금고.
drive [or *put*] *a nail into a person's coffin* (근심·무절제 따위가) 사람의 수명을 줄이다, 명을 재촉하다.
in one's coffin 매장되어, 죽어서.
─ 圈圈 1 …을 관에 넣다, 입관하다. 2 (책 따위를) 사 **~·less** 圈   〔장하다.
cóffin bòne 圈 (말의) 발굽뼈.
cóffin còrner 圈 〔미식축구〕 코핀 코너, 죽음의 코너(골라인 10야드 앞 이내의 좌우 코너).
cóffin jòint 圈 (말의) 발굽 관절.
cóffin nàil [tàck] 圈 (美속어) 1 궐련(cigarette); 골초. 2 수명을 단축하는 것; 음주.
cóffin plàte 圈 관 뚜껑에 붙이는 금속 명패.
cof·fle [kɔ́:fl, káfl/kɔ́fl] 圈 (사슬 따위로 한 줄로 묶인) 한 무리의 짐승[노예]. ─ 圈圈 〔자적인 가치관을 가진.
co·fig·u·ra·tive [koufígjurətiv] 圈 각 세대가 독
C of S Chief of Staff; Church of Scotland.
co·func·tion [koufʌ́ŋkʃən] 圈 〔수학〕 여(餘)함수.
cog[1] [kag, kɔːg/kɔg] 圈 1 (톱니바퀴의) 톱니; 톱니바퀴(cogwheel). 2 (구어) 큰 조직 속의 하찮은 일원.
give it some cog (속어) (오토바이의) 스피드를 내다.
slip a cog 실패하다, 실수하다.
─ 圈 (**-gg-**) 〔야금〕 〔주괴(鑄塊)를〕 두드려 펴다.
cog[2] 圈 (**-gg-**) 1 (주사위로) 속임수를 쓰다, 부정을 저지르다. 2 속여먹다. ─ 圈 (페어) 속임수, 야바위.
cog[3] 〔목공〕 圈 (판자 따위의 끝이 짜맞춤 때 그 끝에 만드는 돌기). ─ 圈 (**-gg-**) 장부를 달다, 장부로 잇다.
cog[4] 圈 (중세의) 외돛 상선. (페어) 작은 배.   〔ity.
cog. cognate; cognizant. **c.o.g.** center of grav-
Co·gas [kóugæs] 圈 코개스(석탄 또는 석유를 원료로 하여 만드는 가스의 총칭). 〔<*coal-oil-gas*〕
co·gen·cy [kóudʒənsi] 圈 ⓤ 설득력이 있음, 설득력; 타당성, 적절함; 강제력이 있음.
co·gen·e·ra·tion [kòudʒenəréiʃən] 圈 열병합(熱併合) 발전, 폐열 발전. ¶ a ~ plant 열병합 발전소.
co·gent [kóudʒənt] 圈 남을 수긍[승복]시키는, 설득력이 있는; 적절한; 강제력 있는, 강제적인. **~·ly** 圈
cogged[1] [kagd/kɔgd] 圈 톱니(바퀴)가 달린.
cogged[2] 圈 장부가 달린.   〔톱니〕.
cog·ging[1] [kágiŋ/kɔ́g-] 圈 〔집합적〕 톱니바퀴(의
cog·ging[2] 〔건축〕 圈 〔집합적〕 장부(cogged joints).
cog·i·ta·ble [kádʒətəbl/kɔ́dʒ-] 圈 생각할 수 있는, 사고의 대상이 될 수 있는. **-bíl·i·ty** 圈
cog·i·tate [kádʒətèit/kɔ́dʒ-] 圈圈 깊이[곰곰이] 생각하다, 심사 숙고하다 (*on*, *over*, *about*). ─ 圈 …을 고안[궁리, 계획]하다. **-tàt·ing·ly** 圈 **-tà·tor** 圈
cog·i·ta·tion [kàdʒitéiʃən/kɔ̀dʒ-] 圈 1 사고(思考), 숙고, 명상. ¶ after much ~ 이것저것 생각한 끝에. 2 사고력. 3 ⓒ 생각, 고안, 착상, 계획.
cog·i·ta·tive [kádʒətèitiv, -tət-/kɔ́dʒitət-] 圈 깊이 생각하는; 사고력 있는. **~·ly** 圈 **~·ness** 圈
co·gi·to, er·go sum [kádʒitòu ə́:rgou sám/kɔ́dʒ-] 나는 생각한다, 그러므로 나는 존재한다 (Descartes의 말). 〔<L I think, therefore I am.〕
cogn. cognate.
co·gnac [kóunjæk, kán-/kɔ́n-] 圈ⓤ 1 (종종 C-) 코냑(프랑스의 Cognac 지방에서 나는 고급 브랜디). 2 (일반적으로) 프랑스산(産) 양질의 브랜디.
*****cog·nate** [kágneit/kɔ́g-] 圈 1 조상이 같은, 같은 혈족의, (특히) 여계친(女系親)의. 2 〔언어〕 같은 어족[어원]의; (언어가) 동계(同系)의. ¶ ~ languages 동계 언어. 3 같은 종류의, 유사한, 같은 성질의 (*with*, *to*). ¶ a ~ idea 비슷한 생각. ─ 圈 1 같은 혈족, 친족, 여계친. 2 동계 언어. 3 유사한 물건, 같은 종류의 것.
~·ly 圈 **~·ness** 圈
cógnate óbject 圈 〔문법〕 동족 목적어.

> **USAGE** 동족 목적어─to tell *tales*, to smile a bright *smile*과 같이 동사와 같은 어원의 목적어를 동족 목적어라고 한다. smile과 같이 자동사에 붙은 경우는 행위의 양태(樣態)를 나타내는 수가 많다. 또 확대하여 동사의 동의어가 목적어인 경우에도 동족 목적어라고 하기도 한다: to fight a *battle*.

cog·nat·ic [kagnǽtik/kɔg-] 圈 =cognate.
cog·na·tion [kagnéiʃən/kɔg-] 圈ⓤ (혈통·언어 따위의) 동족 관계, 동계(同系). **~·al** 圈
cog·ni·tion [kagníʃən/kɔg-] 圈ⓤ 1 인식(력[작용]). 2 인식의 소산; 인식된 것; 지식. **~·al** 圈
cog·ni·tive [kágnətiv/kɔ́g-] 圈 1 인식의; 인식에 의한; 경험적 지식에 바탕을 둔. 2 인지(認知)되는; 지각력[인식력] 있는. **~·ly** 圈 **-tív·i·ty** 圈
cógnitive devélopment 圈 인지 발달.
cógnitive díssonance 圈 인지적(認知的) 불협화(모순 또는 상반되는 신념·태도 따위를 동시에 갖는 데서 오는 심리적 불안).   〔학.
cógnitive linguístics 圈ⓤ (단수취급) 인지 언어
cógnitive méaning 圈 〔언어〕 지적(知的) 의미.
cógnitive psychólogy 圈 인지 심리학.
cógnitive science 圈 인지 과학(정신적 작업의 질과 그것을 가능케 하는 뇌의 작용[기능]을 연구).

cógnitive scíentist 명

cógnitive thérapy 명 인지 요법. (또는 **cógnitive behávior thèrapy**) 「지주의.

cog·ni·tiv·ism [kágnətivìzm/kɔ́g-] 명 〔철학〕 인

cog·ni·za·ble [kágnəzəbl/kɔ́g-] (* 〔英〕 **-sa·ble**) 형 1 인식할 수 있는, 알 수 있는, 지각할 수 있는. 2 〔법률〕 승인할 수 있는; (범죄 따위가 법원의) 재판 관할권 안에 있는, 심리할 수 있는. **~·ness** **-bly** 부

cog·ni·zance [kágnəzəns/kɔ́g-] (* 〔英〕 **-sance**) 명 1 알기, 인식, 인지, 지각; 지식의 한계, 인식 범위. 2 〔법률〕 승인; 재판 관할권; 법원의 인지, 재판상의 공지(公知); 공청(公聽). 〔英〕 고백. 3 C 〔문장〕 기장(記章), 문장(紋章), 4 감독, 통할.

be [or *lie*] *within* [*beyond, out of*] *one's cognizance* 인식할 수 있는 범위 내[밖]에 있다.
come to a person's cognizance 남에게 알려지다.
have cognizance of …을 알고 있다.
take cognizance of …을 정식으로 인정하다.

cog·ni·zant [kágnəzənt/kɔ́g-] (* 〔英〕 **-sant**) 형 1 (…을) 인식하고 있는, 알고 있는, 깨닫고 있는 (*of*). 2 〔법률〕 재판 관할권이 있는. 3 〔紋章〕 앞서 있는.

cog·nize [kagnáiz/kɔgnáiz, ´-´] 타 〔철학〕 …을 인식[인지]하다, 알다. **-niz·er** 명

cog·no·men [kagnóumən/kɔgnóu-] 명 (복 **~s, -nom·i·na** [-námənə/-nóm-]) 1 성(surname). 2 이름, 명칭; 별명(nickname). 3 (고대 로마인의) 가명(家名), 세 번째 이름. ⓑ agnomen, nomen.

cog·nom·i·nal [kagnámənl/kɔgnóm-] 명 1 성(姓)의, 가명(家名)상의. 2 동성(同姓)의, 동명의. **~·ly** 부

cog·no·scen·ti [kànjəʃénti, kàgnə-/kɔ̀njə-] 명 복 **-te** [-ti] (the ~) (집합적) (미술·문예 작품 따위의) 감정가(鑑定家). (또는 **conoscenti**) 〈It〉

cog·nos·ci·ble [kagnásəbl/kɔgnɔ́s-] 형 인식할 수 있는, 알 수 있는. — 명 인식할 수 있는 것. **-bíl·i·ty** 명

cog·nos·ci·tive [kagnásətiv/kɔgnɔ́s-] 형 인식 능력이 있는. ¶ ~ *powers* 인식력. **~·ly** 부

cog·no·vit [kagnóuvit/kɔg-] 명 〔법률〕 (민사 법원에서의) 피고의 자백, 재판상의 채무 인낙(認諾), 피고에 의한 원고 청구의 인낙. 〈L〉 「레일(rack rail).

cog·rail [kágrèil/kɔ́g-] 명 (아프트식 철도의) 톱니꼴

cóg ràilway [**ràilroad**] 명 톱니꼴 레일 철도.

cog·wheel [kághwì:l/kɔ́gwì:l] 명 톱니바퀴. (또는 **gearwheel**) 「공자녀님).

co·hab [kouhǽb] 명 〔구어〕 (미혼의) 동거자[동거자.

co·hab·it [kouhǽbit] 자 1 (미혼 남녀가) 동거(同居)하다; (…와) 함께 살다 (*with*). 2 양립하다, 단결하다. 3 (이종 동물 따위가) 함께 서식하다. **~·er, -i·tor** 명

co·hab·it·ant [kouhǽbitənt] 명 동거자.

co·hab·i·ta·tion [kouhæbitéiʃən] 명 U 1 동서, 동거; 공동 생활; 공동 서식. 2 공존, 양립; (정당 사이의) 권력 분담, (여·야의) 공동 통치.

co·hab·it·ee [kouhæbitíː] 명 동서자(同棲者).

co·heir [kouέər] 명 공동 상속인. ⓑ **coheiress**

co·heir·ess [kouέəris] 명 **coheir**의 여성형.

co·heir·ship [kouέərʃip] 명 공동 상속 자격.

co·here [kouhíər] 자 1 밀착[결합]하다. ⇒STICK 유의어 2 〔물리〕 응집(凝集)하다; 〔식물〕 합착(合着)을 보이다. 3 (논리·문체 따위가) 조리가 서다, 일관성이 있다. ¶ His story does not ~. 그의 이야기는 조리가 서지 않는다. 4 (…와) 일치하다, 어울리다 (*with*). 5 (사회·집단·개인이) 하나로 합쳐지다, 단결하다.

co·her·ence [kouhíərəns, -hér-/-híər-] 명 U 1 밀착, 응집(cohesion). 2 (논리·이야기 따위의) 일관성, 논리 정연함. 3 일치, 통일. (또는 **coherency**)

***co·her·ent** [kouhíərənt, -hér-/-híər-] 형 1 (…와) 서로 밀착되어 있는, 응집성의 (*with, to*). 2 (각 부분이) 일치하는. ¶ (이야기 따위가) 조리가 선, 일관성이 있는; 알기 쉬운. ¶ a ~ *argument* 조리가 선 논의/a ~

plan 일관된 계획. 4 통일성 있는. 5 〔물리·광학〕 가(可)간섭성의. 6 〔식물〕 합착(슴)의. 7 〔수학〕 연접(連接)의. **~·ly** 부 밀착하여; 조리가 서서, 앞뒤가 맞아.

co·her·er [kouhíərər, -hέr-/-híər-] 명 밀착하는 사람[것]; 〔무선〕 코허러(초기 무선 전신의 검파기).

***co·he·sion** [kouhíːʒən] 명 U 1 (각 부분의) 결합, 부착, 점착(粘着). 2 〔물리〕 (분자의) 응집. 3 〔식물〕 합착(合着). 4 (정신적인) 결합, 단결. **~·less** 형

***co·he·sive** [kouhíːsiv] 형 1 결합력 있는, 단결된, 밀착된. 2 점착성의; 〔물리〕 (분자가) 응집성의.
~·ly 부 **~·ness** 명

co·ho [kóuhou] 명 (~) ≒ salmon. (또는 **cohoe**)

COHO *coherent oscillator*.

co·ho·bate [kóuhoubèit] 명·타 〔약학〕 …을 다시 증류하다. **-bá·tion, -bà·tor** 명

co·hort [kóuhɔːrt] 명 1 (고대 로마의) 보병대; (~s) 〔문어〕 군대. 2 그룹, 대(隊), 단(團). 3 한패, 동료, 동아리; 공범자. 4 〔통계〕 군(群), 코호트(특정한 통계적·인구적 특성을 공유하는 사람들의 집단); 〔생물〕 동일 연령층; 목(目)(order).

cóho sálmon 명 (북태평양) 은연어. (또는 **cóhoe sílver**] **sálmon**)

co·hosh [kóuhaʃ, -hɔʃ] 명 코호시(북미 원산의 노루삼속 약초; 갱년기 증세 치료). ⓑ **baneberry**

co·host [kóuhoust, ´-´] 명 (라디오·TV) (프로그램 따위를) 공동 사회하다. — 명 (´-´) 공동 사회자.

COI 〔英〕 *Central Office of Information.*

co·i·den·ti·ty [kòuaidéntəti] 명 (둘 이상의 것 사이의) 동일성.

coif¹ [kɔif] 명 1 머리에 꼭 맞는 모자[후드]; (수녀 등이 베일 밑에 쓰는) 후드. 2 〔英역사〕 변호사의 법모(法帽); 변호사의 직(지위). 3 〔역사〕 (옛 무사가 투구 밑에 쓰던) 금속제의 모자. — 타 …에 후드를 씌우다.
〈F〉 「(또는 **coiffe**)

coif² [kwaːf, kɔif] 명 머리형. — 타 = coiffure.

coif·feur [kwaːfə́ːr] 명 (남자) 이발사, 미용사. 〈F〉

coif·feuse [kwaːfə́ːz] 명 **coiffeur**의 여성형. 〈F〉

coif·fure [kwaːfjúər] 명 머리형, 머리 땋는 방식; 머리 장식(headdress). — 타 〔머리〕를 머리 땋는 방식으로 장식하다; (…의 머리)를 정발[결발]하다. 〈F〉

coign(e) [kɔin] 명 = quoin. (* 다음 숙어로)

coign of vantage (관찰·행동하기에) 유리한 입장.

‡**coil**¹ [kɔil] 명 (~*s* [-z]) 1 …을 (…에) 돌돌 감다, 사리다(*up*) ((*around*)). ¶ (~ + 명 + 부) *The snake* ~ed *itself up.* 뱀은 똬리를 틀었다 // (~ + 명 + 전 + 명) ~ *a wire around a stick* 막대기에 철사를 친친 감다. 2 고리를 짓다, 사리다, 똬리를 틀다, 감기다(*up, around*). 소용돌이치며 나아가다. — 명 (복 ~*s* [-z]) 1 고리, 사리는 것, 사리. ¶ *wind a rope in a ~* 밧줄을 둥글게 돌돌 감다. 2 (새끼줄·철사 따위의) 한 사리, 한 타래; 우표의 한 마름(500장분); 말아 올린 머리 카락. ¶ *a ~ of rope* 밧줄의 한 사리. 3 〔전기〕 코일. 4 피임 링(IUD). 5 모기향(mosquito ~). **´-·er** 명

coil² [kɔil] 명 〔고어·시〕 소동, 혼란; 고생, 성가심.
shuffle off this mortal coil 죽다(←Shakespeare 작 *Hamlet* III.i. 67).

‡**coin** [kɔin] 명 (복 ~*s* [-z]) UC 1 경화(硬貨), 동전, 화폐. ¶ *a silver* ~ 은화/*current* ~ 통화. 2 (구어) 금전; 현금. ¶ *Much* ~, *much care.* (속담) 돈이 많으면 걱정도 많다. 3 〔건축〕 = quoin.

coin of the realm (악상) 법화(法貨).

pay a person (back) in his own [or *the same*] *coin* (구어) 남에게 앙갚음하다.

pay in [or *with*] *coin* 동전으로 지불하다.

the other side of the coin 정반대의 견해; (사물의) 반대면, 다른 면. 「그것으로 끝나지 않는다.

There is the other side of the coin. 이야기는

toss [*flip*] *a coin* 동전을 던져[튀겨] 결정하다.

Coin —웹 경화(硬貨)의; (기계가) 코인식(式)의.
—팀 (~s [-z]) 타 1 〔화폐〕를 주조하다. 2 〔금속〕을 화폐화하다, 화폐로 주조하다. 3 〔신어(新語) 따위〕를 만들어 내다. ¶~ **words** 새로운 말을 만들어 내다. 4 〔머리〕를 써서 돈을 모으다. —⑭ 1 〔英구어〕 가짜 돈을 만들다. 2 경화를 주조하다.
coin money [or *it*] (*in*) 〔英구어〕 〔진행형으로〕 돈을 많이 벌다. ¶He's ~*ing money* with that new invention. 그는 그 신발명으로 돈을 많이 벌고 있다.
to coin a phrase 새로운〔참신한〕 표현을 쓴다면.
‿·a·ble 웹
Coin, COIN [kɔin] 웹 =counterinsurgency.
***coin·age** [kɔ́inidʒ] 웹ⓤ 1 경화 주조. 2 〔집합적〕 경화. 3 화폐 제도; 경화 주조권. 4 만들어 냄; ⓒ 만들어 낸 것, 신조어(新造語). ¶~ *of new words* 신어를 만들어 냄 / *the* ~ *of fancy*(*the brain*) 상상〔두뇌〕의 산물.
cóin assòrter 주화 분류기. 「전화, 소형 금고.
cóin bòx 〔공중 전화 따위의〕 동전 통; 〔英〕 공중
cóin chànger 주화〔동전〕 교환기.
***co·in·cide** [kòuinsáid] 恐魚 1 동시에 동일 공간을 차지하다, 〔장소가〕 일치하다, 동시에 일어나다(*with*). ¶(~+粵+名) The death of Chaucer may be said to ~ *with* the end of the Middle English period. 초서의 죽음과 함께 중세 영어 시대도 끝이 났다고 말해도 좋을 것이다. 2 〔양·무게 따위가〕 …에 상당하다. 3 〔의견 따위가〕 일치하다(*in*); 〔성질 따위가〕 맞다, 부합하다(*with*). ⇨AGREE 類義語 ¶(~+粵+名) ~ *in* opinion 의견이 일치하다 / Your interests ~ *with* mine. 너와 나는 이해 관계가 일치한다.
***co·in·ci·dence** [kouínsidəns] 웹ⓤ 1 〔우연의〕 일치, 부합. ¶(a) strange ~ 기연(奇緣) / It was a mere ~. 그것은 단순한 우연의 일치였다. 2 〔공간·시간 기타의〕 합치, 동시 발생, 같은 곳에 공존함; ⓒ 동시 발생 사건. ¶~ *of* two events 두 사건의 시간적 일치.
by a curious coincidence 이상 야릇한〔기이한〕 우연의 일치로.
What a (*happy*) *coincidence!* 무슨 우연이람!
coíncidence cìrcuit〔**còunter**〕 웹 〔전기〕 동시회로.
***co·in·ci·dent** [kouínsidənt] 웹 1 〔때·곳이〕 일치하는, 동시에 일어나는(*with*). 2 꼭 일치하는, 부합하는; 딱 맞는, 같은 것의(*with*). ¶What has occurred is ~ *with* my hopes. 내가 바라던 대로 되었다. —웹 동시발생 사건〔일〕. **~·ly** 웹 일치하여, 부합하여; 동시에.
co·in·ci·den·tal [kouìnsidéntl] 웹 일치하는, 부합하는; 〔우연적인〕 동시 발생의. **~·ly** 웹
coíncident indicàtor 웹 〔美〕 〔경제〕 동시 지표, 일치 지표(GNP·개인 소득·광공업 생산 지수 따위 동시성을 띠고 변동하는 경기 동향 지표).
coin·er [kɔ́inər] 웹 경화 주조자; 위조 화폐 만드는 사람; 〔신어(新語)의〕 조어자(造語者). 「상속.
co·in·her·it·ance [kòuinhérətəns] 웹ⓤ 공동
co·in·her·i·tor [kòuinhéritər] 웹 공동 상속자.
cóin làundry 웹 〔자동 세탁기를 갖춘〕 셀프서비스 세탁소. (=〔美〕 **Laundromat**, 〔英〕 **launderette**)
cóin machìne 웹 =slot machine.
coin-op [-áp/-ɔp] 웹 〔구어〕 =coin-operated.
coin-op·er·at·ed [-ápəreìtid/-ɔp-] 웹 〔구어〕 동전 투입식의, 자동 판매식의. — 웹 코인식 세탁기〔판매기〕.
cóin pùrse 웹 〔동전〕 잔돈 지갑.
cóin retùrn 웹 동전 반환구.
cóin shòp 웹 동전·메달 판매점.
cóin sìlver 웹 동전 주조용 은(銀).
cóin slòt [**slit**] 웹 〔자동 판매기의〕 동전 투입구.
co·in·stan·ta·ne·ous [kòuinstəntéiniəs] 웹 동시에 일어나는; 동시성의. **~·ly** 웹
co·in·sti·tu·tion·al [kòuinstətjúːʃənl/-tjúː-] 웹 남녀별 학급 편성 고교의.

co·in·sur·ance [kòuinʃúərəns] 웹ⓤ 공동 보험.
co·in·sure [kòuinʃúər] 웹 공동 보험에 들게 하다〔들다〕. **-súr·a·ble** 웹
Co·in·tel·pro [kòuintélprou] 〔美〕 〔FBI의〕 대(對)파괴자 정보 활동. 〔<*counter intel*ligence *pro*gram〕 「매트용〕.
coir [kɔiər] 웹 야자열매 겉껍질에서 뽑는 섬유(밧줄·
cois·trel [kɔ́istrəl] 웹 〔古어〕 1 〔기사(騎士)의 말을 돌보는〕 하인. 2 악당, 놈팡이.
coit[1] [kɔit] 웹 〔濠洲구어〕 궁둥이. (또는 **quoit**)
co·it[2] [kóuət] 웹 〔여자와〕 성교(하다).
co·i·tal [kóuitl] 웹 성교의, 교미(交尾)의. **~·ly** 웹
co·i·tion [kouíʃən] 웹 =coitus. **~·al** 웹
coítion dèath 웹 복상사(腹上死).
co·i·tus [kóuitəs] 웹ⓤ 성교(sexual intercourse).
cóitus in·ter·rúp·tus [-ìntərʌ́ptəs] 웹 〔의학〕 질외(膣外) 사정, 성교 중단, 중절(中絶) 성교.
cóitus re·ser·vá·tus [-rèzərvéitəs, -vá:-] 웹 〔의학〕 parents에 있는 소리 (A)
co·jo·nes [kəhóuneis, -niːz] 웹稷 고환(睾丸); 용기(勇氣). 〔<Sp〕 「코크스를 연료로 쓰다.
coke[1] [kouk] 웹ⓤ 〔화학〕 코크스. ¶use ~ for fuel
Go and eat coke! 〔美속어〕 썩 꺼져!
— 웹 코크스로 만들다〔되다〕.
‿·like, cók·y 웹
coke[2] [kouk] 웹ⓤ 코카인(cocaine). — 웹타 마약〔코카인〕에 취하게 하다(*up*).
Coke [kouk] 웹 1 〔상표〕 =Coca-Cola. 2 (c-) 〔구어〕 콜라, 한 잔〔병〕의 콜라.
coke·a·hol·ic [kòukəhɔ́ːlik/-hɔ́l-] 웹 〔美속어〕 코카인 중독자〔상용자〕. 「기어가는 듯한 느낌).
cóke bùgs 웹 〔속어〕 코카인 환각(전신에 벌레가
coke·head [kóukhèd] 웹 〔美속어〕 =cokeaholic.
cóke machìne 〔콜라 따위〕 청량 음료 자판기.
cóke òven 웹 코크스 제조로(爐).
co·ker·nut [kóukərnʌt] 웹 〔英〕 =coconut.
cok·er·y [kóukəri] 웹 coke 제조소.
cok·ie [kóuki] 웹 〔美속어〕 1 코카인 중독자(의); 2 풋내기(의). (또는 **cokey**)
cók·ing còal [kóukiŋ-] 웹 점결탄(粘結炭).
col [kɑl/kɔl] 웹 1 〔지리〕 〔봉우리와 봉우리 사이의〕 안부(鞍部), 고개, 콜. 2 〔기상〕 기압골.
COL *computer-oriented language*; (또는 **c.o.l., col**) *cost of living*(생계비). **col.** *collected*; *collection*; *collector*; *college*; *colonel*; *colonial*; *colony*; *color*; *column*; *counsel*. **Col.** *College*; *Colombia*; *Colonel*; *Colonial*; *Colony*; *Colorado*; *Colossians*; *Columbia*.
col-[1] [kəl, kʌl/kəl, kɔl] 〔접두〕 ⇨COM-.
col-[2] [koul, kɑl/koul, kɔl] 〔연결〕 ⇨COLO-.
co·la[1] [kóulə] 웹 1 (C-) 콜라나무(아프리카산(産)); ⓤ 콜라나무에서 추출한 콜라 엑스(강장제). 2 ⓒⓤ 〔구어〕 콜라(콜라 엑스로 맛을 낸 탄산 음료). (또는 **kola**)
co·la[2] [kóulə] 웹 colon[2]의 복수형; colon[2]의 복수형.
COLA [kóulə] 웹 〔美〕 〔경제〕 생계비 조정(급료 따위의 물가 연동제에 의한 조정). 〔<*c*ost *o*f *l*iving *a*djustment〕 「카〕 콜라 중독자.
co·la·hol·ic [kòuləhɔ́ːlik/-hɔ́l-] 웹 〔美속어〕 〔코
col·an·der [kʌ́ləndər, kɑ́l-] 웹 〔부엌용〕 여과기. — 웹타 …을 여과하다, 거르다. (또는 **cullender**)
cóla nùt 웹 =kola nut.
co·lat·i·tude [koulǽtətjùːd/-tjùːd] 웹ⓤ 〔천문·항해〕 여위도(餘緯度)(90도에서 어느 위도를 뺀 나머지).
col·can·non [kəlkǽnən, kɑ́lkənən] 웹 콜캐논(양배추 등의 야채와 감자를 삶아 으깬 아일랜드 요리).
col·chi·cine [kɑ́ltʃəsìːn, -kə-/kɔ́l-] 웹ⓤ 〔약학〕 콜히친(통풍 치료제).
col·chi·cum [kɑ́ltʃikəm/kɔ́l-] 웹 1 콜키쿰(유럽산

백합과의 식물). **2** 〖약학〗 =colchicine.
Col·chis [kɑ́lkis/kɔ́l-] 〖명〗 콜키스(흑해 동해안에 있던 옛 나라; 그리스 신화에 나오는 황금 양털로 이름난 나라).
col·co·thar [kɑ́lkəθər/kɔ́l-] 〖명〗〖화학〗 철단(鐵丹)(황화철(黃化鐵)을 가열해서 만드는 적색 안료(顔料); 녹막이·연마제용). (또는 **crocus**)
‡**cold** [kould] 〖형〗 (~·er; ~·est) **1** 추운, 찬, 차가운, 저온의; (사람이) 오한이 나는; 식은(⇔ hot). ¶ a ~ day 추운 날 / a ~ wind 찬바람 / a ~ fit 오한, 한기 / a ~ bath 냉수욕 / feel ~ 춥게 느끼다, 한기가 들다 // My soup has gotten ~. 수프가 식어버렸다.

> 〖유의어〗 **cold** "추운, 차가운"의 뜻의 일반적인 말. **cool** "시원한". 때로는 "불쾌한"을 뜻한다. **chilly** 추위(cold)로 몸이 부르르 떨리는. **icy** 비·바람·물 따위가 꿰을 에는 듯이 차가운. **freezing** 얼어붙도록 차가운. **frosty** 서리가 내리는 (듯한). **frigid** 혹한의.

2 냉정한, 침착한; 냉담한, 쌀쌀한(⇔ warm). ¶ ~ reason 냉정한 이성 / a ~ heart 냉정한 마음, 무정 / in the ~ light of reason 냉정하게 생각해 보면 / ~ in manner 태도가 냉담[쌀쌀]한 / ~ at heart 냉혹한. **3** 재미없는, 흥을 깨뜨리는, 낙심시키는, 울적한. ¶ a ~ jest 김새는[썰렁한] 농담 / ~ news 언짢은 소식. **4** (죽어서) 싸늘해진, 죽은; (구어) ((out)) (맞아서) 의식 불명의, 실신한. ¶ knock a person (out) ~ 남을 때려 기절시키다. **5** (여성이) 성적 욕구가 없는, 불감증의. **6** (맛 따위가) 약한; (짐승이 남긴 냄새가) 희미한. ¶ a ~ scent 희미하게 남은 냄새. **7** (알아맞히기 놀이 따위에서) 알아맞히지 않는; (속어) (스포츠·게임 따위에서) 점수가 안 나는, 컨디션이 나쁜. **8** 〖미술〗 한색(寒色)의(⇔ warm). ¶ ~ colors 한색 / a picture ~ in tone 차가운 색조의 그림. **9** (흙이) 열을 흡수하기 어려운. **10** (구어) 마음대로 하는, 아주 익숙한, 자유 자재의. **11** (미) 준비가 없는, 즉석의. **12** (미속어) 훌륭한, 최고의. **13** (미속어) 인기 없는, 팔리지 않는.

(as) cold as a fish [or *a frog, charity, ice,* (*a*) *marble,* (*a*) *stone, hell,* (*a*) *bastard*] 몹시 차가운; 냉담한, 쌀쌀한; 비정한.「서; 죽어버려서.
(as) cold as a wagon tire (미) 완전히 식어버려
cold enough to freeze the balls off a brass monkey (속어) (날씨가) 몹시[지독히] 추운.
colder than hell (미구어) 지독히[몹시] 추운.
Cold hands, warm heart. (속담) 손이 차가운 것은 마음이 따뜻하다는 증거이다.
cold in death 죽어서.
cold in hand 무일푼의, 빈털터리의.
from cold 예고[사전 통고] 없이, 갑자기.
get [or *have*] *a person cold* 남을 마음대로 주무르다; 호되게 야단치다[해치우다].
give [or *show*] *the cold shoulder to a person* ⇨COLD SHOULDER.
go in cold (대책·계획 없이) 우선 저지르고 보다.
hardly cold in one's grave 죽은 지 얼마 되지 않은.
in cold blood ⇨BLOOD. *in cold print* ⇨PRINT.
leave a person cold (구어) 남의 흥을 돋우지 못하다, 실망시키다.
make a person's blood run cold (공포 따위로) 남을 오싹하게 만들다.「어) 취해서.
out cold ① (구어) 의식을 잃고, 기절하여. ② (미속
stone cold 아주 차가운.
throw [or *pour*] *cold water on* ⇨WATER.
── 〖부〗 **1** 전적으로, 확실히, 완전히, 충분히; 깨끗이, 두말 없이. ¶ turn a person down ~ 남에게 딱 잘라 거절하다 / know something ~ 어떤 것을 확실히 알다. **2** (미구어) 준비 없이; 갑자기.
catch a person cold (구어) 남의 의표를 찌르다.
go cold all over (…때문에) 오싹해지다 (*with*).
stop cold [or *dead*] (구어) 갑자기 멈추다[서다].

── 〖명〗 (복) ~s [-z] ① 〖U〗 **1** (종종 the ~) 추위, 한랭, 냉기, 냉기. ¶ die from ~ 얼어죽다 / feel the ~ 추위가 뼈에 스미다. **2** 빙점 이하의 추위. ¶ five degrees of ~ 영하 5도. **3** 〖C〗 (종종 a ~) 감기, 고뿔. ¶ a bad [or severe] ~ 독감 / a slight ~ 가벼운 감기 / a head ~; a ~ in the head [or nose] 코감기 / a ~ in [or on] the chest [or lungs] 기침 감기 / 「목감기」= a sore throat / be in bed with a ~ 감기로 누워 있다 / have [or (구어) have got] a ~ 감기에 걸려 있다.
blow cold 관심을 보이지 않다, 냉담하다.
blow hot and cold ⇨BLOW¹.
catch [or *take, (*미구어*) get*] *(a) cold* ① 감기에 걸리다 (* catch a *bad* cold처럼 형용사가 붙은 경우 외에는 보통 무관사). ② 곤경[어려움]에 부딪치다. ③ (속어) 큰 손해를 입다.
cold without (英구어) (단맛이 없는) 냉수만을 탄 브랜디[위스키].
come in from [or *out of*] *the cold* ① (간첩 등이) 냉혹한 활동의 제일선에서 물러나다. ② 유명[망명, 잠복]에서 돌아오다; 정체를 드러내다.
Feed a cold and starve a fever. 감기에는 잘 먹고, 열에는 음식을 삼가라 (* 민간 요법).
(out) in the cold ① 한데에 버려진 상태로. ② 무시당한[해], 따돌림당한[해]. ¶ He was left *out in the* ~. 그는 따돌림[냉대]을 받았다.「방한복.
cóld·bar sùit [kóuldbɑ̀ːr-] 〖명〗 (미군사) (혹한용)
cóld báth 〖명〗 냉수욕.「성].
cóld bíscuit 〖명〗 (미속어) 성적 매력이 없는 여성[남
cóld blást 〖명〗 (용광로에 불어넣는) 냉풍, 찬바람.
cóld blóod 〖명〗 맥주.
cold-blood·ed 〖형〗 [-blʌ́did] **1** 무정한, 냉혹한; 사무적인. **2** (동물이) 냉혈의. ¶ a ~ animal 냉혈 동물. **3** 열의가 없는, 무감동의. **4** 추위에 약한, 추위를 타는. **5** (말 따위가) 잡종의. ~·**ly** 〖부〗 ~·**ness** 〖명〗
cóld bóot 〖컴퓨터〗 콜드 부트(컴퓨터의 전원을 넣어서 개시하는 시동 프로세스).
cold-call [kɔ́ːl] 〖명〗 (보험·투자 신탁 따위의) 가입 권유 전화; 예약 없는 방문 판매. (또는 **cóld cáll**) ── 〖동〗 (보험·투자 신탁 따위의) 가입[구입]을 전화로[방문하여] 권유하다. **cold cálling** 〖명〗
cóld cáller 〖명〗 전화를 이용하는 가입[구입] 권유자.
cóld cásh 〖명〗 현금, 현찰.「〖동〗 공급 체계).
cóld cháin 〖명〗 저온 유통 체계(야채·생선·육류의 냉
cóld chísel 〖명〗 (금속 가공용) 정.
cold-cock [kɑ́k/-ɔ́k] 〖동〗(미속어) (남)을 때려 눕히다, 실신할 정도로 때리다.
cóld cóffee 〖명〗 (미속어) =cold blood.
cóld cómfort 〖명〗 달갑잖은 위안, 별 위안이 되지 못
cóld cóunsel 〖명〗 달갑잖은 충고[조언]. 「하는 것.
cóld créam 〖명〗 콜드 크림.
cóld cùts 〖명〗 (미) 콜드 컷(각종 얇게 저민 냉육(冷肉)과 치즈의 모듬요리).
cóld déck 〖명〗 **1** (속어) (속임수를 쓰기 위한) 한 벌의 카드. **2** (제재소에 가기 전의) 통나무 더미.
cold-deck [-dèk] 〖동〗 속이다, 사기하다(cheat). ── 〖형〗 부정한, 교활한. **cóld-déck·er** 〖명〗
cóld désert 〖명〗 한랭 사막; 툰드라.「[편].
cold-drawn [-drɔ̀ːn] 〖형〗 상온(常溫)에서 잡아늘인
cóld dúck 〖명〗 (때로 C- D-) 버건디(Burgundy)와 샴페인의 혼합주.
cold-fax·ing [-fǽksiŋ] 〖명〗 일반적 팩스 송신.
cóld féet 〖명〗 (구어) 겁, 공포심, 주눅.
get [or *have*] *cold feet* 무서워하다, 주눅 들다.
cóld físh 〖명〗 (구어) 냉담한[쌀쌀한] 사람.「[床].
cóld fràme 〖명〗 (원예용의 난방 장치가 없는) 냉상
cóld frònt 〖명〗 〖기상〗 한랭 전선. ⇔ warm front
cóld fúsion 〖명〗 〖물리〗 상온(常溫) 핵융합.
cold-ham·mer [-hǽmər] 〖동타〗 (쇠붙이)를 상온

(常溫)에서 벼리다.
cold-heart·ed [́há:rtid] 톙 무정한, 냉담한(indifferent), 불친절한. ~·ly 튀 ~·ness 톙
cold·ish [kóuldiʃ] 톙 좀 추운, 으슬으슬한, 꽤 추운.
cóld líght 톙 냉광(冷光)(형광·인광(燐光) 따위).
cold-liv·ered [́lívərd] 톙 냉정한, 감정이 없는.
‡**cóld·ly** [kóuldli] 튀 (*more* ~; *most* ~) 1 춥게; 싸늘하게, 2 차갑게, 냉담하게, 쌀쌀하게; 냉정히.
cóld méal 톙 냉찬(冷餐)(요리하여 식힌 것).
cóld méat 톙 1 냉육(冷肉)(요리하여 식힌 쇠고기 따위). 2 (속어) 시체. ¶a ~ cart 영구차/a ~ box 관(棺).
cóld móoner 톙 월면 화구 외인설(月面火口外因說) 주장자(달의 분화구는 운석의 충돌에 의한 것이라고 주장하는 사람).
cóld móulding 톙 상온(常溫) 주조.
*cóld·ness** [kóuldnis] 톙U 추위, 냉기, 한기; 냉담.
cóld òne 톙 (구어) 차게 한 맥주 한 잔.
cóld pàck 톙 1 냉찜질. 2 (통조림의) 저온(低溫) 처리법. 3 (美속어) (권투) 케이오(knockout).
cold-pack [́pæ̀k] 톙 1 …에 냉찜질을 하다. 2 (과실 따위를) 저온 처리법으로 통조림하다.
cóld pátch 톙 콜드 패치(자동차 타이어 튜브 수리용 고무 조각; 접착제로 붙인다). ―톙 …치로 수리하다.
cold-patch [́pæ̀tʃ] 톙 (자동차 타이어 튜브를) 콜드 패치
cóld péace 톙 냉전중의 소강 상태, 긴장 속의 평화.
cóld píg 톙 (英속어) (잠이 깨도록) 끼얹는 냉수.
cold-pig [́píg] 톙 (英속어) …에게 (잠이 깨도록) 냉수를 끼얹다.
cóld póle (기상) 한극(寒極)(남북 양반구에서 연평균 온도가 최저인 곳).
cold-proof [́prù:f] 톙 방한(防寒)의, 내한(耐寒)의.
cóld rémedy 톙 감기약.
cold-roll [́ròul] 톙 (금속)을 냉간[상온] 압연하다.
cóld-róll·ing [́róuliŋ] 톙 냉간 압연(冷間壓延).
cóld ròom (원예) (구근 따위의) 냉장실.
cóld rúbber 톙 저온 처리한 질긴 합성 고무.
cóld sàw 톙 상온 톱(상온에서 강판을 절단하는 톱).
cóld shórt 톙 (야금) (쇠붙이가) 추위에 약한 성질.
cold-short [́ʃɔ̀:rt] 톙 (야금) (쇠붙이가) 추위에 약한. ~·ness 톙
cóld shóulder 톙 (the ~) (구어) 냉대, 경시(輕視). *give* [or *show, turn*] *the cold shoulder to* a *person* 남에게 쌀쌀하게 대하다, 냉대하다.
cold-shoul·der [́ʃòuldər] 톙 (구어) …을 냉대하다, 무시하다. ―톙 (두) 어깨가 드러난. ¶a ~ dress 어깨가 드러난 드레스.
cóld shútdown 톙 (원자로의) 냉각 운전 정지.
cóld·slaw [kóuldslɔ̀:] 톙 =coleslaw.
cóld snàp [**spéll**] 톙 (구어) (일시적인) 한파(寒波).
cóld sóre 톙 (구어) (의학) 입술 헤르페스(herpes)(감기나 열병 때문에 입언저리에 생기는 발진).
cóld spòt (생리) 냉점(피부의 냉각점).
cóld stárt (컴퓨터) 콜드 스타트, 완전 시작(일반 컴퓨터의 초기의 프로그램 로드).
cóld stéel 톙 날붙이(총기류에 대해 칼·총검 따위).
cóld stórage 톙 1 냉장. 2 (구어) (일시적인) 보류, 동결. 3 (美속어) 무덤.
put something in cold storage …을 연기하다, 「미루다.
cóld stòre 톙 냉장 창고. 「장해 두다.
cold-store [́stɔ̀:r, ́̀] 톙 (식료·모피 따위)를 냉
cóld swéat 톙 (공포·흥분 따위로 인한) 식은땀.
cóld táble 톙 찬[식힌] 요리가 차려진 식탁).
cóld túrkey 톙 1 갑작스런 마약 사용 중지(마약 환자 등의 치료로). 2 (구어) 매정한 말[이야기]. 3 (부사적) 통명스럽게, 무뚝뚝하게; 준비 없이, 느닷 없이.
go cold turkey 마약을 갑자기 끊다.
cóld týpe (인쇄) 콜드 타이프(사진 식자·컴퓨터 식식 이외 금속 활자를 안 쓰는 조판 방식).
cóld wár 톙 냉전(冷戰), (노사간의) 분쟁[냉전] 상태;

(the C―W―) 동서[미·소] 냉전. **cóld-wár** 톙
cóld wár mentálity 톙 냉전(적) 사고.
cóld wárrior 톙 냉전주의자, 냉전(시대)의 정치가.
cóld wáter 톙 (구어) (희망·계획 따위를) 흐리게 하기, 훼방놓기; 퇴짓돌, 비난. 「집다.
throw cold water on …에 찬물을 끼얹다; …을 트
cold-wa·ter [́wɔ̀:tər] 톙 1 (아파트 따위가) 온수 공급 설비가 없는. 2 금주(禁酒) 그룹의. 「넌트.
cóld wáve 톙 1 (기상) 한파. 2 콜드 파마, 저온 퍼머
cold-weld [́wéld] 톙타 냉(冷) 용접하다(우주 공간 따위에서 열이나 압력을 쓰지 않고 접착시킨다).
cóld wórk 톙 (금속의) 상온 가공. 「하다.
cold-work [́wə̀:rk] 톙타 (금속)을 상온[냉간] 가공
cole [koul] 톙 양배추 따위의 평지과(科) 식물; 평지.
collar the cole 돈을 훔치다.
post [or *tip*] *the cole* 지불하다, 현금을 내놓다.
co·lec·to·my [kəléktəmi] 톙U (외과) 결장 절제(結腸切除)(술).
Co·le·op·ter·a [kòuliáptərə, kɔ̀l-/kɔ̀liɔ́p-] 톙 초시목(鞘翅目), 갑충목(甲蟲目).
co·le·op·ter·an [kòuliáptərən, kɔ̀l-/kɔ̀liɔ́p-] 톙 초시목[갑충목]에 속하는. ―톙 갑충(甲蟲).
co·le·op·ter·on [kòuliáptərən, kɔ̀l-/kɔ̀liɔ́p-] 톙 *-ter·a* [-tərə]) 초시목의 곤충; 갑충. **-ter·ist** 톙
co·le·op·ter·ous [kòuliáptərəs, kɔ̀l-/kɔ̀liɔ́p-] 톙 (곤충) 초시목의, 갑충목의.
Cole·ridge [kóulridʒ] 톙 **Samuel Taylor** ~ 콜리지(1772-1834: 영국의 시인·비평가·철학자).
cole·seed [kóulsì:d] 톙U 평지씨, 채종(菜種).
cole·slaw [kóulslɔ̀:] 톙 (美) 콜슬로(양배추 샐러드). (<D) 「롤 능도交 강하제).
co·les·ti·pol [kəléstipàl] 톙 콜레스티폴(콜레스테
co·le·us [kóuliəs] 톙 콜레우스(아시아·아프리카 열대 지방 원산의 잎이 아름다운 관상용 식물).
cole·wort [kóulwə̀:rt, -wɔ̀:rt] 톙 =cole.
col·farm [kálfà:rm/kɔ́l-] 톙 =kolkhoz.
co·li [kóulài] 톙 장[결장]에 존재하는 세균(의), (특히) 대장균속(屬)의 세균(의).
col·ic [kálik/kɔ́l-] 톙 (종종 the ~) (병리) 복통, 산통(疝痛). ―톙U 결장의(結腸)의.
col·icky [káliki/kɔ́l-] 톙 산통의; 산통을 일으키는.
col·i·count [kálikàunt/kɔ́l-] 톙 (바닷물 따위에 함유된) 대장균의 수. (또는 **cóliform cóunt**)
col·i·form bacíllus [**bactérium**] [káləfɔ̀:rm-, kóul-/kɔ́l-] 톙 (세균) 장내(腸內) 박테리아, 대장균.
col·i·se·um [kàlisí:əm/kɔ̀lisíəm] 톙 (원형) 대극장, 경기장; (the C~) =Colosseum. 「염. *-lít·ic* 톙
co·li·tis [kəláitis, kou-] 톙U (병리) 대장염, 결장
coll. collateral; colleague; collect(ion); collective; collector; college; collegiate; colloquial.
collab. collaboration; collaborator.
*col·lab·o·rate** [kəlǽbərèit] 톙자 1 공동으로 일하다, 공동 연구하다, 합작하다; 제휴하다 (*with*/*on*, *in*). ¶(~+전+명) ~ *on* a *work with* a *person* 남과 공동으로 일을 하다. 2 (점령군·적국에) 협력하다 (*with*). ¶ ~ *with* an enemy 적에 협력[부역]하다.
*col·lab·o·ra·tion** [kəlæ̀bəréiʃən] 톙U 1 협력, 협동; 합작, 공저(共著), 공동 연구 (*with*/*in*); 합작[공동 제작]품. ¶The book was a ~ of four authors. 그 책은 네 사람의 공저였다. 2 (점령군·적국에) 협력, 부역.
in collaboration with …과 협력[공동, 제휴]하여.
with collaboration from [or *of*] …의 협력을 얻어.
~·**ist** 톙 (점령군·적국에의) 협력자, 부역자.
col·lab·o·ra·tive [kəlǽbərèitiv, -rət-] 톙 협력적인, 협력하는; 합작의, 공동 제작의. ~·ly 튀
col·lab·o·ra·tor [kəlǽbərèitər] 톙 1 공동 제작자, 합작자, 공저자(共著者). 2 (점령군·적국에의) 협력자, 부역자(collaborationist).

col·lage [kɑlάːʒ] 圈 1 [미술] ⓤ 콜라주; ⓒ 콜라주 작품. 2 [영화·연극] 콜라주(별로 관련이 없는 장면·이미지들의 연결로 이루어진 작품). ━ 匡圄 …을 콜라주로 하다. -lág·ist 圈 (<F)

col·la·gen [kάlədʒən/kɔ́l-] 圈 ⓤ [생화학] 콜라겐, 교원질(膠原質)(결체(結締) 조직 및 뼈의 성분; 끓이면 젤라틴이 된다). -gén·ic, col·lág·e·nous

cóllagen disèase 圈 [병리] 교원병(膠原病).

col·laps·a·ble [kəlǽpsəbl] 圈 =collapsible.

col·lap·sar [kəlǽpsɑːr] 圈 [천문] =black hole 1.

‡**col·lapse** [kəlǽps] 匡 (-laps·es [-iz]; ~d [-t]; -laps·ing) 瓲 1 (건조물 따위가) 무너지다, 붕괴하다; (사람이) 넘어지다, 쓰러지다, 졸도하다. 2 (계획·희망 따위가) 좌절하다, 실패하다. ¶ His plan ~d. 그의 계획은 좌절되었다. 3 (가격이) 폭락하다. 4 (신체가 급격히) 쇠약해지다, 기가 꺾이다; 재기 불능이 되다. ¶ His health is *collapsing* day by day. 그는 날로 쇠약해져 가고 있다. 5 (의자 따위가) 접을 수 있다. ━ 唾 1 …을 부수다, 무너뜨리다. 2 (의자 따위)를 접다. ¶ a chair[telescope] 의자[망원경]를 접다. 3 [예·혈관 따위]를 허탈케 하다. ━ 圈 (옥 -laps·es [-iz]) ⓤ 1 무너짐, 붕괴, 도괴; (계획 따위의) 좌절; (가격 따위의) 폭락. ¶ the ~ of a tower 탑의 붕괴 / the ~ of a ministry 내각의 붕괴. 2 (신체 따위의 급격한) 쇠약; (의지 따위의) 꺾임, 의기 소침. ¶ in a state of ~ 의기 소침하여, 풀이 죽어서.

col·laps·i·ble [kəlǽpsəbl] 圈 접을 수 있는, ¶ a ~ chair 접는 의자. ━ 圈 접을 수 있는 물건. **-bíl·i·ty** 圈

‡**col·lar** [kάlər/kɔ́l-] 圈 (옥 ~s [-z]) 1 칼라, 깃. ¶ a stand-up [turndown] ~ 세운[접은] 칼라. 2 (훈장의) 수장(首章), (英) 나이트 작위 훈장의 목걸이; (여자의) 목걸이(necklace). ¶ a ~ of pearls 진주 목걸이 / the ~ of SS [*or* esses] S자로 이은 수장(首章)(런던 시장·고등 법원장 등이 패용한다). 3 (개·말의) 목걸이, 목테; (말의) 어깨띠. ⇒HARNESS 그림. 4 [동물] 목털 무늬; [식물] 경령(頸領)(뿌리와 줄기와의 경계부); [동물] (연체동물 따위의) 목주름. 5 [기계] 고리, 집관(接管). 6 [건축] 주환(柱環). 7 (구어) 요리의 둘둘 만 고기. 8 (美속어) 체포; 경찰놈(cop). 9 (컵에 붙은 맥주의) 거품(head). 10 (장화의 위쪽 둘레에 꽤맨) 짚으로 꺾은 가죽(모피)(cuff); (가구 다리의 끝부분에 장식하는) 띠[고리] 모양의 쇠시리. 11 (기계) 이음고리, 고리관(管).

against the collar (고어) 몹시 고생을 하며, 애를 써; 곤란을 무릅쓰고. [모으다].

build a collar (美속어) (체포하기 위해) 증거를 굳히다

feel a person's collar (英속어) (경찰이) 남을 체포하다, 연행하다.

fill one's collar (구어) 본분[직무]을 다하다.

go for the collar (야구) (시합을) 무안타로 끌고 가다.

have one's collar felt (속어) (경찰에게) 잡히다.

hot under the collar (속어) 화가 나서; 흥분하여; 당혹하여, 놀라서. 「취직을 하여.

in collar ① 굴레를 쓰고, 일할 채비가 되어. ② (구어)

in the collar (활동에) 속박을 당하고.

keep a person up to the collar 남을 혹사하다, 바짝 일시키다.

make a collar (속어) 체포하다. [호되게 부려먹다.

out of collar (英구어) 실직하여, 일정한 일자리가 없어.

put the collar on [피하고 싶어하는 사람을] 붙들다.

seize [or *take, grab*] *a person by the collar* 남의 멱살을 잡다, 남을 추궁하다.

slip (*the*) *collar* ① 굴레를 벗기다. ② 곤란을 모면하다; 일에서 손을 떼다; 제약에서 벗어나다. 「다.

wear [or *take*] *a person's collar* 남의 명령에 따르다.

work up to the collar (英 안부리고) 열심히 일하다. ━ 匡圄 1 …에 칼라를 달다; 굴레를 씌우다. 2 …의 멱살을 잡다. (구어) …을 잡다, 체포하다. ¶ The policeman ~*ed* the thief. 경찰이 그 도둑을 잡았다. 3 (럭비) 공을 가진 상대방을 태클하다(tackle). 4 (고기)를 둘둘 말다. 5 (구어) …을 훔치다, 가로채다. 6 (美속어) …을 완전히 이해하다. 7 …을 지배하다, 독점하다. 8 (말을 걸어서) (남)을 잡고 지체시키다. ¶ ~ him for an hour 말로 한 시간 동안 그를 붙잡아 놓다.

collar a nod (속어) 자다(sleep).

-col·lar [kάlər] 圈 [연결] 『…칼라의』의 뜻. ¶ *pink-collar*, *white-collar*. 「梁」

cól·lar·bèam [kάlərbìːm/kɔ́l-] 圈 [건축] 종보(宗

cól·lar·bòne [kάlərbòun/kɔ́l-] 圈 쇄골(鎖骨)(clav-

cóllar bùtton 圈 (美) 칼라 단추. [icle).

col·lard [kάlərd/kɔ́l-] 圈 칼라드(kale의 한 변종); (또는 ~ **grèens**) ~s 그 잎(식용).

col·lared [kάlərd/kɔ́l-] 圈 1 칼라를 단, 굴레를 씌운; 칼라 비슷한 부분이 있는. 2 (고기 따위를) 둘둘 만.

col·lar·et(te) [kάlərét/kɔ́l-] 圈 1 (모피·레이스 따위로 만들어 붙인 여자 옷의) 조그만 칼라. 2 병목에 붙이는 선전용 종이.

cóllar hàrness 圈 목에 거는 마구(馬具).

col·lar·less [kάlərlis/kɔ́l-] 圈 칼라[깃]이 없는.

cóllar rìng 圈 (와이셔츠의) 목둘레 때.

cóllar stùd 圈 (英) =collar button.

cóllar wòrk 圈 (비탈 따위에서 말이) 치끌기; 힘든[시 고된] 일.

collat. collateral.

col·late [kɑléit, kou-, kóuleit, kάl-] 匡 …을 대조하다, 대조 확인하다 (*with*); [텍스트]를 교정(校訂)하다. ¶ (~+圄+前+圈) I must ~ it, word by word, *with* the Greek original. 나는 한 단어 한 단어 그리스어 원문과 대조해야만 하다. 2 (제본) [책]의 페이지(순서)를 맞추다, 낙장(落張)을 조사하다. 3 (컴퓨터) 대조 확인하다; 배열 순서가 같은 복수의 파일을 하나로 모으다. 4 (교회) (bishop이) …에게 성직을 부여하다 (to). **-lát·a·ble** 圈 **-lá·tor** 圈

*****col·lat·er·al** [kɑlǽtərəl/kɔl-] 圈 1 나란히 있는, 옆으로 늘어선; 평행하는, 나란히 나아가는. 2 [식물] 병립(並立)하는, 대생(對生)하는. 3 부수적인 (*with*); 보조적인, 부차적인. ¶ a ~ surety 부보증인 / ~ office 겸임(兼任). 4 증권류를 담보로 한, 추가 담보로 보증된. ¶ a ~ loan 담보 대출금, 대충 자금(對充資金) / ~ security 근저당(根抵當). 5 본제(本題)에서 벗어난, 2차적인, 간접의. ¶ a ~ cause 간접적인 원인. 6 방계(傍系)의(圈 lineal). ¶ a ~ family 분가(分家). ━ 圈 1 (유자를 위한) 담보 (물건); 대충물, 대충 물자. 3 방계 친족. 3 부수적 사실, 부대 사항. 4 [해부] (혈관·신경 등의) 측부지(側副枝). ‡**·ál·i·ty** 圈 **·ly** 風 **~·ness** 圈

colláteral cásualty 圈 (군사) 민간인 사상자.

colláteral dámage 圈 (군사) 부수적(민간) 피해.

col·lat·er·al·ize [kɑlǽtərəlàiz/kɔl-] 匡圄 (대출금)을 담보 물건으로 보증하다; (부동산·유가 증권 따위를) 담보 물건으로 내놓다. **-i·zá·tion** 圈

colláteral lígament 圈 [해부] 측부(側副) 인대.

colláteral lòan 圈 [금융] 증권(부동산) 담보 융자.

col·la·tion [kəléi∫ən, kou-, kɑ-] 圈ⓤⓒ 1 (원문 따위와의) 대조 (확인). 2 (서적의) 페이지 순서 조사, 낙장(落張) 조사. 3 (bishop의) 목사를 성직임(benefice)에 천거하는 일, 성직 임명, 성직 수임(授任). 4 ⓒ (단식중에 허용되는) 간단한 식사; 가벼운 식사. 5 (수도원에서의) 성서·성인 전기의 회독(會讀).

col·la·tive [kɑléitiv, kou-] 圈 1 대조하는, 서로 맞추어 보는. 2 (교회) 성직에 임명된.

col·la·tor [kɑléitər, kou-] 圈 1 대조 확인자, 대조자. 2 (제본의) 접지 맞추는 사람[기계], 낙장 조사원. 3 [컴퓨터] (천공 카드의) 대조 장치.

*****col·league** [kɑ́liːg/kɔ́l-] 圈 (관직·직업상의) 동료 (associate). ⇒FRIEND 유의어. **~·ship** 圈 동료 관계.

‡**col·lect¹** [kəlékt] 匡圄 1 …을 모으다, [사람]을 집합시키다 (*up, together*). ⇒GATHER 유의어. ¶ men ~*ed* from each county 각 주(州)에서 모인 사람들. 2 (우표·표본 따위)를 수집하다. ¶ ~ postage stamps 우표

를 수집하다. **3** 〖세금·집세 따위〗를 징수[수금]하다; 〖급료 따위〗를 받다; 모금하다.¶~ taxes 세금을 징수하다 / ~ contributions for a school 학교를 위한 기부금을 모으다. **4** 〖생각〗을 가다듬다; 〖용기〗를 불러일으키다; 〖재귀용법으로〗 〖마음〗을 가라앉히다.¶~ one's courage 용기를 불러일으키다. **5** 〖구어〗 …을 마중 나가다, 부르러 가다; 〖수화물 따위〗를 받아서[가져] 오다(*from*).¶~ him *from* the airport 공항으로 그를 마중 나가다. **6** 〖빛·에너지 따위〗를 흡수하다. **7** 〖馬術〗 〖말〗을 수축 자세를 취하게 하다. **8** 〖고어〗 …을 추측하다. ── ⓐ **1** 모이다, 집합하다(*together*).¶ A crowd of students ~*ed* in front of the dean. 많은 학생들이 학장 앞에 모였다. **2** 쌓이다, 축적되다.¶ Dust and rubbish have ~*ed* on the desk. 먼지와 쓰레기가 책상 위에 쌓여 있다. **3** 수금하러 오다(*on*); 모금하러 가다(*for*). **4** 〖우표 따위〗를 수집하다. **5** 〖馬術〗 〖말〗이 수축 자세를 취하다. **collect** *oneself* 마음을 가라앉히다. **collect one's thoughts** 생각을 정리하다. ── 〖형부〗 〖美〗 요금 수취[수신인 지불(로)]; 〖화물이〗 착불(着拂)의[로].¶call him ~ 그에게 수신인 지불로 전화를 걸다. 〚集稿文〛 특호(特號).

col·lect² [kálekt/kɔ́l-] 〖명〗 〖가톨릭〗 본기도, 집도문.

col·lect·a·ble [kəléktəbl] 〖형〗〖명〗=collectible

col·lec·ta·ne·a [kàlektéiniə/kɔ̀l-] 〖명〗〖복〗 발췌, 선집(選集), 잡록(雜錄)(anthology).

colléct cáll 〖명〗 컬렉트 콜, 요금 수신인 부담 통화.¶ place a ~ to him 그에게 수신인 부담 콜로 전화를 걸다.

col·lect·ed [kəléktid] 〖형〗 **1** 모은, 수집된, 침착한. **2** 모은, 수집된.¶~ papers 논문집. **3** 〖馬術〗 〖진행중의 말이〗 몸을 움크린, 움츠린 자세의; 수축보(步) 모양의. *cool, calm and collected* 태연히, 태연자약하게. ~·ly 〖부〗 ~·ness 〖명〗

col·lect·i·ble [kəléktəbl] 〖형〗 모을 수 있는; 수금할 수 있는. ── (~s) 수집할 가치가 있는 것(골동품 따위); 문화적 수집품. (또는 **collectable**)

‡col·lec·tion [kəlékʃən] 〖명〗 (~s [-z]) **1** ⓤ 수집, 채집; ⓒ 〖英〗 우편물 수집. **2** 〖표본·미술품 따위의〗 수집물, 소장품(所藏品).¶ a ~ of postage stamps 우표 수집. ⓤⓒ 수금, 징수; ⓒ 모금, 기부금.¶a ~ box 〖교회의〗 헌금함. **4** 〖쓰레기 따위의〗 더미, 축적, 퇴적; 〖사람의〗 모임.¶ a ~ of garbage 쓰레기 더미. **5** (~s) 〖英〗 〖대학의〗 학기말 시험. **6** 〖고급 의류업의〗 신작 발표회, 컬렉션; 〖집합적〗 그 발표 작품. **7** 〖馬術〗 수축 자세. **8** 〖사고·능력 따위의〗 집중; 침착, 평정. *make* [or *take up*] *a collection for* …을 위해 모금하다. *make a collection of* …을 수집하다.

colléction àgency 〖명〗 수금 대행업자.

*col·lec·tive [kəléktiv] 〖형〗 **1** 모인, 집적된. **2** ~ knowledge 축적된 지식. **2** 총체적인, 연합된.¶the ~ body of a university 대학 전체/a ~ note 연명 통첩, 공동 문서. **3** 집단의, 단체의; 공동의, 공유(共有)의; ~ property 공유 재산. **4** 〖과실(果實)이〗 집합적인. **5** 집산주의의; 〖문법〗 집합명사의. ── 〖명〗 **1** 〖문법〗=~ noun. **2** 집합체, 집단; 공동체; **3** =~ farm. **4** 집산주의 사회. ~·ly 〖부〗 ~·ness 〖명〗

colléctive agréement 〖명〗 노동[단체] 협약.

colléctive bárgaining 〖명〗 〖노사간의〗 단체 교섭.

colléctive behávior 〖명〗 〖사회〗 집단 행동.

colléctive fárm 〖명〗 〖공산 국가의〗 집단 농장, 콜호스(kolkhoz) 〖구 소련 따위〗.

colléctive frúit 〖명〗 집합과(果), 다화과(多花果)〖뽕〗.

colléctive góods 〖명〗 공유 재산〖도로·공공 건물 따위〗.

colléctive guílt 〖명〗 집단 죄책감〖죄의식〗.

colléctive léadership 〖명〗 집단 지도 〖체제〗.

colléctive márk 〖명〗 〖회사·조합 등의〗 단체 마크.

colléctive nóun 〖명〗 〖문법〗 집합명사〖audience, committee, family 등〗. 〖동[집단] 소유(제).

colléctive ównership 〖명〗 〖사회주의 이론에서〗 공

colléctive secúrity 〖명〗 집단 안전 보장.

colléctive unscónscious 〖명〗 〖심리〗 〖개인의 무의식 속에 공통으로 존재하는〗 집단적[보편적] 무의식.

col·lec·tiv·ism [kəléktəvìzm] 〖명〗〖ⓤ〗 집산주의; 집단 행동[사고]. -**ist** 〖명〗 〖-ti·cal·ly〗 〖부〗

col·lec·tiv·is·tic [kəlèktəvístik] 〖형〗 집산주의적인.

col·lec·tiv·i·ty [kàlektívəti/kɔ̀l-] 〖명〗 집단성; 집산(주)의; 집단, 집합체; 〖집합적〗 민중, 인민.

col·lec·ti·vize [kəléktəvàiz] 〖명〗〖타〗 〖민중·산업·조직 따위〗를 집산화(集産化)하다, 공영화(共營化)하다. **-vi·zá·tion** 〖명〗 집산화. 〖수집광.

col·lec·to·ma·ni·a [kəlèktəméiniə] 〖명〗 수집벽,

collèct on delívery =C.O.D.²

***col·lec·tor** [kəléktər] 〖명〗 〖종종 복합어로〗 **1** 수집가, 채집자.¶a ticket ~ 표 받는 사람/a ~ of postage stamps 우표 수집가. **2** 수금인, 징세관(徵稅官); 〖인도의〗 수세관(收稅官) 겸 지방 장관. **3** 수집기(장치). **4** 〖전자〗 집전자(集電子), 컬렉터〖도체(導體)에 접촉하여 전류로 모으는 장치〗. **5** =solar ~, ~·**ship** 〖명〗ⓤⓒ 수금인[수세관]의 직권[관할 구역]; 수세권(收稅權).

colléctor's ìtem[**píece**] 〖명〗 〖美〗 수집가들이 탐내는 진품[명품]; 수집 대상품.

col·leen [káli:n, -́-́/kɔ́li:n, -́-́] 〖명〗 〖아일〗 아가씨, 소녀; 아일랜드 아가씨(Irish girl).

‡col·lege [kálidʒ/kɔ́l-] 〖명〗 -**leg·es** [-iz] **1** 〖무관사·단수형〗 〖넓은 의미로〗 대학, 칼리지; 〖美〗 (university(종합 대학)에 대해) 단과 대학〖종종 구분 없이 쓰이기도 한다〗; (university 산하의) 단과 대학, 학부(faculty), 연구소; 〖형용사적〗 대학의, 대학생용의.¶a ~ student 대학생/go to ~ 대학에 입학하다. **2** 〖직업 교육 학교로〗 〖정규 교육 제도의 계열 밖에 있는〗 전문[실무] 학교; 〖a barber ~ 이용(理容) 학원 / the Royal Naval C- 〖英〗 해군 사관 학교. **3** 〖英〗 학료(學寮)〖university를 구성하는 교수 및 학생 자치체(自治體)〗. **4** 〖英·캐나다·濠〗 사립 중고등 학교(public school)〖Eton C-, Winchester C- 따위처럼 교명에 쓰임〗; 〖美〗 〖Rugby, Harrow〗. 〖대학·전문 학교의〗 교사(校舎); 기숙사. **6** 〖집합적〗 단·복수 양용〗 〖대학 따위의〗 교직원·학생 전체. **7** 단체, 공동체, 학회, 협회; 일단(一團).¶a ~ of physicians 의사회/the electoral ~ 〖美〗 대통령 선거인단. **8** 〖기금으로 공동 생활하는〗 성직자 단체. **9** 〖속어〗 교도소, 감옥 〖노약자·고아 등의〗 수용 시설.

be in [or *at*] *college* 대학 재학중이다.

Cóllege Bóards 〖명〗〖美〗 (the ~) 〖美〗 〖상표〗 칼리지 보드, (SAT 따위) 대학 입학 자격 시험. 참조 ETS, SAT

col·lege-bred [-brèd] 〖형〗 대학을 나온, 대졸(大卒)의.

cóllege càp 〖명〗 대학 제모(制帽).

cóllege chùm 〖명〗 〖英속어〗 죽마고우.

cóllege èntrance exám 〖명〗 대학 입학 시험.

cóllege fáir 〖명〗 대학 진학 설명회, 대학 박람회.

cóllege íce 〖명〗 〖美〗 =sundae.

cóllege líving 〖명〗 〖英〗 대학이 임명권을 가진 성직 〖聖職〗.

cóllege lóan 〖명〗 〖美〗 대학생 학비 대부금.

Cóllege of Árms 〖명〗 〖英〗 계보 문장원(系譜紋章院). (또는 **Héralds' Còllege**)

Cóllege of Cárdinals 〖명〗 (the ~) 〖가톨릭〗 추기경단[단](Sacred ~).

cóllege of educátion 〖명〗 교원[교육] 대학.

cóllege of íce 〖명〗 =sundae.

Cóllege of Jústice 〖명〗 (the ~) 〖스코〗 고등 법원.

cóllege of the apóstles 〖명〗 (the ~) (그리스도 12제자의) 사도단.

col·lege-pre·par·a·to·ry [-pripǽrətɔ̀:ri] 〖명〗 대학 입학 준비의. (또는 〖구어〗 **cóllege-prép**)

cóllege pùdding 〖명〗 〖英〗 (1인분의) 건포도 푸딩.

col·leg·er [kálidʒər/kɔ́l-] 〖명〗 **1** 〖英〗 Eton교 장학생. **2** 〖美〗 대학생. **3** 〖英고어·속어〗 교도소 재소자.

cóllege trý 閺 (美구어) (팀·동문 따위의 명예를 위한) 최대의 노력, 최선; (성공을 위한) 필사적 노력.
give...the (old) college try …에 최선을 다하다.
cóllege wídow 閺 (美구어) 대학가에 살면서 상대를 잇따라 바꾸어 가면서 학생과 교제하는 미혼 여성.
col·le·gial [kəlíːdʒəl/-dʒiəl] 閺 **1** =collegiate. **2** [kəliːgiəl] 동료 각자가 평등하게 책임을 지는, 합의제의; (가톨릭) 사교들이 권한을 평등하게 공유하는.
~·ly 閺
col·le·gi·al·i·ty [kəliːdʒiǽləti, -giǽl-] 閺 **1** 동료 간의 협조·협력 관계. **2** (가톨릭) 주교(bishop)들이 교황과 함께 행정에 참여하기.
col·le·gian [kəlíːdʒən, -dʒiən] 閺 **1** 대학의 학생 [졸업생]. **2** 단체(협회, 학회 따위)의 일원. **3** (英구어) 교도 재소자.
*col·le·giate** [kəlíːdʒət, -dʒiət] 閺 **1** 대학의. ¶a ~ life 대학 생활. **2** 대학생의[다운]; 대학생용의. ¶a ~ dictionary 대학생용 사전. **3** (英) 독립된 대학 학료를 가진(参 college 3). **4** 단체 조직의, 조합의; 동료 각자가 평등하게 권한을 가지는. **~·ly** 閺 **~·ness** 閺
collégiate chúrch 閺 **1** 대성당(bishop이 아닌 dean의 관리하에 있는, 2 (美) 장로회의 관리하에 있는 교회 또는 교회의 연합; (수명의 목사가 공동 관리하는) 협동 교회. **3** (구어) 대학 부속 교회[예배당].
col·le·gi·um [kəlíːdʒəm/kəlíːgi-] 閺 *·gi·a* [-dʒiə], **~s**) **1** =college 8. **2** (옛 소련의) 자문 위원회. **3** (가톨릭) Sacred College (of Cardinals): 신학교.
col·len·chy·ma [kəléŋkəmə] 閺 (식물) 후각(厚角) 조직. **-chym·a·tous** [kàləkímətəs/kɔ́l-] 閺
col·let [kálit/kɔ́l-] 閺 **1** (보석 반지의) 거미발. **2** (기계) 콜릿(둥근 막대기를 꽉 물리는 데 사용하는); (시계 유사(遊絲)의) 중심 고리. ━ 閺 (보석 따위)를 거미발에 끼우다.
*col·lide** [kəláid] 閺 **1** 충돌하다, 부딪치다(*with, against*). ¶Two motorcars ~d head-on. 두 대의 자동차가 정면 충돌하였다//(~+前+名) The boat ~*d with* a rock. 보트가 바위에 충돌하였다. **2** (의견·목적 따위가) ···와 일치하지 않다, 상충하다(*with*). ━ 閺 (물리) (입자 따위)를 충돌시키다.
col·lid·er [kəláidər] 閺 (물리) 충돌형 가속기.
col·lie [káli/kɔ́li] 閺 콜리(Scotland 원산의 양 지키는 개). **~·like** 閺 [메어] 석탄 상인.
col·lier [káljər/kɔ́l-] 閺 (英) 석탄선 (선원); 광부.
col·lier·y [káljəri/kɔ́l-] 閺 (英) 탄갱(炭坑); 채탄소.
col·li·gate [káligèit/kɔ́l-] 閺 (사례 따위)를 결합하다, 한데 묶다; 맺다, (여러 사실)을 통합 종합하다. ━ 閺 집단의 일원이 되다(일원 이다). ¶~ a number of instances 여러 사례를 종합하다.
·gá·tion 閺⃝ 종합, 총괄.
col·li·mate [káləmèit/kɔ́l-] 閺 **1** (렌즈·광선)을 평행하게 하다. **2** (망원경)의 시준(視準)[조준]을 조정하다. ···을 시준(視準)하다. **·má·tion** 閺
col·li·ma·tor [káləmèitər/kɔ́l-] 閺 **1** (광학) 시준기; (천문) 시준의(視準儀). **2** (물리) 프리즘에 평행광(光)을 투사하는 분광기의 대롱.
col·lin·e·ar [kəlíniər, kou-/kɔl-] 閺 동일 선상의, 공선(共線)상의, 공선적인. **·ár·i·ty** 閺 **~·ly** 閺
col·lins [kálinz/kɔ́l-] 閺 (종종 C-) 콜린스(진[위스키]에 레몬[라임] 주스·소다수·설탕을 넣은 칵테일).
col·lins[2] 閺 (英구어) 음식 대접에 대한 인사장(bread-and-butter letter).
‡**col·li·sion** [kəlíʒən] 閺 (象 **~s** [-z]) ⃝⃞ **1** 충돌 (crash); (물리) (분자 따위의) 충돌 (*with, between*). ¶the ~ *between* two dump trucks 덤프 트럭 두 대의 충돌. **2** (이해 관계 따위의) 대립, 충돌, 알력, 부조화 (*with*). ¶a ~ of interests 이해의 상층.
be in collision with …와 대립[충돌] 상태에 있다.
come into collision (with) (…와) 충돌하다.

~·al 閺
collísion avòidance 閺 (자동차의 앞뒤에 부착하는) 충돌 방지용 레이더 경보 장치.
collísion cóurse 閺 (열차·탄도탄 따위의) 충돌 코스; (비유적) (의견 따위의) 충돌이 불가피한 상황.
be on a collision course with (이대로 가다가는) …와 충돌을 피할 수 없다, 정면 충돌 상태에 있다.
collísion mát 閺 (해사) 방수 매트(배의 충돌 따위로 생긴 구멍을 막는 응급용 매트).
col·lo·cate [káləkèit/kɔ́l-] 閺 **1** …을 나란히 놓다. **2** (일정한 순서로) …을 배치[배열]하다. ━ 閺 (언어) (다른 특정 어휘와) 연어(連語)를 이루다 (*with*).
*col·lo·ca·tion** [kàləkéiʃən/kɔ̀l-] 閺 ⃝⃞ **1** 병치 (並置), 배치, 배열. **2** (문장 중의) 말의 배치; (언어) 연어(連語), 연어 관계[리스트]. **~·al**, *cà·tive* 閺
col·lo·cu·tor [kəlákjutər, káləkjùːt-] 閺 말상대, 대화 상대, 대화자.
col·lo·di·on [kəlóudiən] 閺 ⃝⃞ (화학) 콜로디온(필름 제조용 용액). **~·ize** 閺
col·lo·di·on·ize [kəlóudiənàiz] 閺 콜로디온으로 처리하다.
col·lo·di·um [kəlóudiəm] 閺 =collodion.
col·logue [kəlóug] 閺 (방언) 밀담하다 (*with*); 모의하다, 공모하다(conspire).
col·loid [káloid/kɔ́l-] 閺 (물·화) 콜로이드, 교상체(膠狀體), 교질(膠質). ━ 閺 =colloidal.
col·loi·dal [kəlɔ́idl/kɔ-] 閺 (물·화) 콜로이드(모양)의, 교질의. ¶~ silver 콜로이드 은(銀).
col·loi·dal·i·ty [kàloidæləti/kɔ̀l-] 閺 **~·ly** 閺
col·lop [káləp/kɔ́l-] 閺 (英방언) **1** (베이컨 따위의) 얇은 고깃점; 얇은 조각. **2** (살찐 사람의) 피부의 주름.
colloq. colloquial(ism); colloquially.
‡**col·lo·qui·al** [kəlóukwiəl] 閺 (*more* ~; *most* ~) 구어(체)의, 일상 회화의(⇔ formal). ¶~ French 구어체 프랑스어. **·ál·i·ty** 閺 **~·ly** 閺 **~·ness** 閺
col·lo·qui·al·ism [kəlóukwiəlìzəm] 閺 ⃝⃞ 구어적 표현, 구어체, 회화체. **-ist** 閺 입담 좋은 사람.
col·lo·qui·um [kəlóukwiəm] 閺 (象 **~s, -qui·a** [-kwiə]) 전문가 회의, 학회; 세미나; 토론회.
col·lo·quize [káləkwàiz/kɔ́l-] 閺 대화하다.
col·lo·quy [káləkwi/kɔ́l-] 閺 ⃝⃞ **1** 대화, 대담; 대화체 문학 작품. **2** (정식) 회담, 협의; (美) (의회의) 자유 토론. **3** (개혁파·장로파 교회의) 교무회(教務會).
col·lo·type [káləṭàip/kɔ́l-] 閺 ⃝⃞ 콜로타이프 (판)(사진을 응용하여 제판하는 인쇄법의 한 가지); 콜로타이프 인쇄물. ━ 閺 콜로타이프로 인쇄하다.
·týp·ic 閺 **·týp·y** 閺 (*with*). **·lúd·er** 閺
col·lude [kəlúːd] 閺 몰래 결탁하다; 공모하다.
col·lu·nar·i·um [kàljunέəriəm/kɔ̀l-] 閺 (象 *·i·a* [-iə]) (의학) 세비제(洗鼻劑).
col·lu·sion [kəlúːʒən] 閺 ⃝⃞ 공모(共謀); (법률) (소송 따위의) 결탁, 통모(通謀) (*with, between*). ¶…와 짜고[공모하여], …와 공모하고.
in collusion with …와 짜고[공모하여]. ¶*act in ~ with* the secret police 비밀 경찰과 짜고 행동하다.
col·lu·sive [kəlúːsiv] 閺 공모한, 결탁한, 서로 짜고 하는; 기만적인. **~·ly** 閺 **~·ness** 閺
col·ly[1] [káli/kɔ́li] 閺 (英방언) …을 검댕으로 검게 하다; …을 더럽히다. ━ 閺 ⃝⃞ 먼지, 검댕(soot).
col·ly[2] 閺 =collie.
col·lyr·i·um [kəlíəriəm] 閺 (象 *·i·a* [-iə], **~s**) (의학) 안약, 세안제(洗眼劑)(eyewash).
col·ly·wob·bles [káliwàblz/kɔ́liwɔ̀blz] 閺 (the ~) (美구어) (단·복수 양용) **1** (급성 신경성) 복통, 복명(腹鳴), 배앓이. **2** 공포감, 불안, 신경 과민.
Colo. Colorado.
co·lo- [kóulou, -lə, kál-/kɔ́l-] 連 colon[2]의 뜻.
col·o·bus [káləbəs/kɔ́lə-] 閺 (象 **~·es, -bi**

[-bái]) 〔동물〕 콜로부스속(屬)의 원숭이.
co·lo·cate [koulóukeit] 图卧 〔둘 이상의 부대 등〕을 같은 장소에 배치하다[시키다]; 같은 장소를 공용하다[시키다]. **cò·lo·cá·tion** 图
col·o·cynth [káləsinθ/kɔ́l-] 图 콜로신스 오이(또는 **bítter ápple**); ⓤ 이것을 정제한 하제(下劑).
Co·logne [kəlóun] 图 **1** 쾰른(독일의 라인 강변 공업 도시; 독일어 철자는 Köln) **2** (종종 c–) ⓤ (또는 ~ wáter) =eau de ~.
Co·lom·bi·a [kəlʌ́mbiə/-lɔ́m-] 图 콜롬비아(남미 서북부의 공화국; 수도 Bogotá). **-an** 图图 콜롬비아 사람(의); 콜롬비아의.
Co·lom·bo [kəlʌ́mbou] 图 **1** 콜롬보(스리랑카 공화국의 항구 도시·수도). **2** 콜롬보 분지(달의 표면 제 4 분원(分圓)에 있는 직경 50 마일 정도의 분지).
Colómbo Plán 图 (the ~) 콜롬보 계획(1950년 발족한 동남 아시아 종합 개발 계획).
‡**co·lon**[1] [kóulən] 图 (옥 ~**s** [-z]) 1 콜론(:).

> 참고 콜론의 주요 용법 — (1) 본래는 피리어드(period)와 세미콜론의 중간 정도의 절단력을 가진 구두점이지만, 현재에는 「즉(that is to say, viz.)」의 뜻으로 쓰는 것이 보통. 예: These are the main exports: iron, copper, wheat, and cotton. (2) 그 밖에 편지의 인사말(salutation)의 뒤, 시각의 표시, 비례의 표시 등에 쓰인다. 예: Dear Sir: (* 이 다음 행을 바꾸어 본문을 시작한다. 단, 콜론을 쓰는 것은 공식적인 경우이며, 보통의 편지에서는 Dear George, 처럼 콤마가 쓰인다); 5 : 30 p.m./The oil should be mixed 1 : 3. (3) 콜론 다음에 완전한 문장이 올 경우에는 대문자로 시작하는 것이 보통. 예: The following decision was reached: He should be banished immediately. 다음과 같은 결정에 이르렀다, 즉, 그는 당장 추방되어야 한다.

2 (옥 **-la** [-lə]) 〔고어·시〕 (2 내지 6의 음각(韻脚)이 있는) 시구(詩句). 〔結腸〕, 대장 전체.
co·lon[2] [kóulən] 图 (옥 ~**s**, **-la** [-lə]) 〔해부〕 결장
co·lón[3] [koulóun] 图 (옥 ~**s**, **-lo·nes** [-lónes]) 콜론(코스타리카·엘살바도르의 화폐 단위).
co·lon[4] [kóulən, kəlán] 图 〔알제리의〕 식민지 농민, 농업 이주민, 대농장주. 〔<F〕 〔bacillus〕.
có·lon bacíllus [kóulən-] 图 대장균(coliform
‡**colo·nel** [kə́ːrnl] 图 (옥 ~**s** [-z]) **1** 《美》 (육군·공군·해병대의) 대령; (다른 나라 군대의) 대령; 《英》 연대장; 〔호칭〕(lieutenant ~). **2** 《美속어》 (서·남부에서) 지방 호족(土豪)[유지](* 명칭으로도 쓴다).
~**·cy**, ~**·ship** 图ⓤ colonel의 계급[신분].
Colónel Blimp [-blímp] 图 《英》 거만[완고]한 민주의자[군인, 정부 관리]. 〔<영국의 만화가 David Low(1891–1963)의 작품에 등장하는 인물 이름〕
colónel commándant 图 《英육군》 여단장 (brigadier). 〔~**s**〕《英》명예 연대장.
colo·nel-in-chief [-intʃíːf] 图 (옥 **colo·nels-**,
‡**co·lo·ni·al** [kəlóuniəl] 图 **1** 식민지의, 식민지풍의; (경멸적) 식민지인 특유의. ¶a ~ policy 식민 정책. **2** (종종 C–) (미국이 독립하기 전의) 식민지 시대의; 에스러운. ¶~ architecture 식민지 시대풍의 건축/the old ~ days (독립 전의) 미국의 영국 식민 시대. **3** 〔생태·동물〕 군체(群體)를 이루는, (식물) 군락(群落)을 형성하는. — 图 (옥 ~**s** [-z]) 식민지 주민; 식민지 시대 양식의 건물. ~**·ly** 图
colónial ánimal 图 〔생물〕 군체(群體) 동물(군체(colony)를 이루는 동물의 총칭; 산호·이끼 벌레 따위).
colónial góose 图 (濠) 양고기 통구이.
co·lo·ni·al·ism [kəlóuniəlìzm] 图 ⓤ (경멸적) 식민지주의, 식민정책; 식민지풍[기질]. **-ist** 图图 식민주의자(의), **-ís·tic** 图
co·lo·ni·al·ize [kəlóuniəlàiz] 图卧 식민지화하다.

-i·zá·tion 图ⓤ 식민지화; 식민(지 상태).
Colónial Óffice 图 (the ~) 《英》 식민부(현 외무연방부(Foreign and Commonwealth Office)로 통합).
colónial rùle 图 식민지 지배[통치]. 〔합〕.
co·lon·ic [koulánik, kə-/-lɔ́n-] 图 〔해부〕 결장(結腸)의. — 图 결장 세척, 관장(enema).
‡**col·o·nist** [kálənist/kɔ́l-] 图 **1** 식민지 주민. **2** 식민지 개척자, 식민지 이주자. **3** 《美》 (선거 투표를 위한) 일시적인 이주민[식물].
col·o·ni·tis [kòulənáitis] 图 〔의학〕 결장염(結腸炎).
col·o·ni·za·tion [kàlənizéi∫ən/kɔ̀lənai-] 图ⓤ **1** 식민지 건설, 식민(지) 상태. **2** 《美》 (선거 표를 위한 유권자의) 일시적인 이주. ~**·ist** 图
col·o·nize [kálənàiz/kɔ́l-] (* 《英》 **-nise**) 图卧 **1** …을 식민지로 하다, …에 식민지를 건설하다. ¶England ~d India. 영국은 인도를 식민지로 하였다. **2** 〔남〕을 식민지로 보내다, 이주시키다. ¶~ laborers in a mining region 노동자를 광산 지역에 이주시키다. **3** 〔동식물이〕 〔새로운 지역〕에 군락(群落)[콜로니]을 이루다. **4** 《美》 (선거를 위해 불법적으로) 〔유권자〕를 이주시키다. **5** 〔공작원 따위〕를 잠입시키다 (with). — 图 **1** 식민지를 개척하다; 식민지로 이주하다. **2** 〔생물〕 군락화(群落化)하다. **-niz·a·bíl·i·ty** 图 **-níz·a·ble** 图
col·o·niz·er [kálənàizər/kɔ́l-] 图 **1** 식민지 개척자, 식민자. **2** 《美》 (선거 따위에서) 전입 유권자. **3** 〔동물〕 이주종(移住種).
col·on·nade [kàlənéid/kɔ̀l-] 图 **1** 〔건축〕 열주(列柱), 주랑(柱廊). **2** 가로수. **-nád·ed** 图
co·lon·o·scope [koulánəskòup, kə-/-lɔ́n-] 图 〔의학〕 결장경(鏡). 〔경 검사(법)〕.
co·lon·os·co·py [kòulənáskəpi/-nɔ́s-] 图 결장
‡**col·o·ny** [káləni/kɔ́l-] 图 (옥 **-nies** [-z]) **1** 〔집합적〕 식민(단); 이민(단). ¶send out a ~ to Brazil 브라질에 이민을 보내다. **2** 식민지. ¶a settlement 식민지/Crown C– 《英》 직할 식민지/a self-governing ~ 자치 식민지. **3** 植의 영토, 속령(屬領); 《단·복수 양용》 그 주민. **4** (the Colonies) 《美》 동부 13주(미국 독립 때 이 13개로 합중국을 형성했다). **5** (외국인) 거류지, 조계(租界); 〔단·복수 양용〕 거류민; …인(人) 거리[촌] (村). ¶the Korean ~ in Los Angeles L.A.의 한국인 촌. **6** (같은 직업의 사람들이 모여 사는) 취락, 집단 (거주지); (특정 질병 환자의) 격리 지구[시설]; 거기에 격리된 사람들. ¶a leper ~ 나환자 요양소/a ~ of artists 예술인 마을. **7** 〔동물〕 군체(群體), (개미·벌·새 따위의) 집단; 〔식물〕 군락(群落).
col·o·phon [káləfàn, -fən/kɔ́ləfən] 图 (옛날 책의) 간기(刊記), 판권(版權), 권말 장식 무늬; 출판사의 표지(標識) 도안.
from title page to colophon (책의) 속표지에서 판권 페이지에 이르기까지, 첫장에서 끝장까지. 图
-**phón·ic** 图 〔from cover to cover
col·o·pho·ny [káləfòuni, kəláfə-/kəlɔ́fə-] 图 ⓤ 수지(樹脂), 송진(rosin). 〔ocynth.
col·o·quin·ti·da [kàləkwíntidə/kɔ̀l-] 图 =col-
‡**col·or, -our** 《英》 [kʌ́lər] 图 (옥 ~**s** [-z]) **1** ⓤⓒ 빛깔, 색, 색채; 〔그림〕 색조, 채색. ¶pale [dark, light] ~**s** 엷은[어두운, 밝은] 색 /primary [or primary] ~**s** 원색/secondary ~**s** 등화색(等和色), 중간색.

> 유의어 **color** 「빛깔」을 뜻하는 일반적인 말; 원색에는 이 말을 쓴다. **hue** 시에서는 color와 같은 뜻; 보통 색조를 가리킨다. **shade** 빛깔의 명암·농담(濃淡). **tint** 보통 밝고 미묘한 색조에 쓴다. **tinge** 전면적으로 엷게 착색된 상태.

2 ⓤⓒ 혈색, 안색; 혈색 좋은[건강해 보이는] 안색: 얼굴을 붉힘, 홍조. ¶You have no [or very little] ~. 당신은 혈색이 아주 나쁩니다. **3** ⓤⓒ 색깔, 특히 백인(외의) 피부색, 살빛; (집합적) 유색 인종, 흑인. ¶people

of all ~s 온갖 인종의 사람들. **4** ⓤ (문학 작품 따위의) 개성, 묘미, 맛(zest), 생채(生彩): (~s) 본성, 성질; 인품, 성격; (~s) 특색; (구어) 〔라디오·TV〕 (스포츠 실황 방송중의) 배경 설명, 해설. ¶ local ~ 지방색. **5** 그림 물감; 페인트, 안료(顔料); 염료, 물감. ¶ water ~s 수채화 그림 물감 / oil ~s 유화 그림 물감. **6** (~s) (표지 (標識)가 되는) 색깔, 상징; (학교·팀 따위를 나타내는) 옷, 모자, 리본, 기장(記章). ¶ the ~s of a school 학교 색. **7** (~s) 군기, 연대기, 선박기; (구어) 〔미국 해군의〕 국기 게양식; (the ~s) 군대. ¶ the regimental ~s 연대기 / the Queen's [or King's] ~ 영국 국기 (Union Jack). **8** ⓤ 겉모양, 외관; 겉치레, 그럴듯함, 참말 같은 느낌; 구실, 핑계. ¶ some ~ of truth 얼마간의 진실. **9** (물리) (quark의) 컬러, 색. **10** 〔음악〕 음색, 음질; 다양한 표현. [*colors*.
appear in** one's **true colors =*show* one's (*true*)
be given** one's **colors =*get* one's *colors*.
be with the colors =*join the colors*.
call to the colors 징병[소집]하다. 〔굴을 붉히다.
change color ① 안색이 달라지다, 창백해지다. ② 얼
come off** [or **through**] **with flying colors ① 의기양양하게 개선하다. ② (비유적) 크게 면목을 세우다, 훌륭히 해내다.
come out in** one's **true colors 본성을 드러내다.
describe something ***in very black colors*** 편견을 가지고 …을 말하다.
desert** one's **colors ① 탈영[탈주]하다; 탈당하다. ② 지지[원조]를 그만두다, 변절하다.
display false colors =*hang out false colors*.
gain color 혈색이 좋아지다.
get** [or **win**] one's **colors (英) (대표) 선수가 되다.
give (a) false** [**true**, **correct**] **color to …의 사실을 왜곡하다[똑바로 전하다]. 〔게 꾸미다, 윤색하다.
give** [or **lend**] **color to 〔이야기 따위〕를 그럴 듯하
hang out false colors ① (배가) 가짜 국기를 게양하여 국적을 속이다. ② 마음에도 없는 것을 말하다.
have a high color 얼굴을 붉히다; (열 따위로) 얼굴이 빨개지다.
have the color of …같은 검새가 보이다. 〔영화.
in (full) color(s) 색깔을 넣은. ¶ a movie *in* ~ 컬러
join [or **follow**, **go with**] **the colors*** 입대하다.
lay on the colors (too thickly) (두껍게) 먹지덕지 색칠을 하다; 치켜세우다, 과장되어 말하다.
lose color 핏기가 가시다, 파랗게 질리다.
lower** [or **haul down**] one's **colors ① 깃발을 내리다; 항복하다. ② 요구를 완화하다, 겸손해지다.
make colors 〔해사〕 (함선에) 국기를 게양하다.
nail** one's **colors to the mast 태도[주의, 주장]를 분명히 하다; 의지를 끝까지 굽히지 않다.
off color ① 빛깔이 벗겨져 있는, 색깔이 좋지 못한. ② (구어) 건강이 좋지 않은, 기분이 언짢은. ③ (美속어) 악취미의, 괴상한.
paint**…**in bright** [**dark**] **colors ① …을 화려[수수]하게 묘사하다. ② …을 높이 칭찬[혹평]하다.
put a false color [or **false colors**] ***upon*** =*give* (*a*) *false color to*.
sail under false colors ① 국적을 위장하고 항해하다. ② 본성[신념, 주의 따위]을 속이고 살아가다.
salute the colors 군기(軍旗)에 대해 경례하다.
see the color of *a person's money* 남이 (급료 등을) 지불할 능력이 있는지 확인하다.
see things in their true colors 사물의 진상을 보다.
serve with the colors 현역에 복무하다.
show [or **display**] ***oneself in*** one's ***true colors*** 본성[본색]을 드러내다.
show [or **display**, **reveal**] one's (**true**) **colors*** 의견[입장, 계획]을 분명히 하다, 실토하다; 본성[본색]을 드러내다.

stick to one's ***colors*** 자기 주의[주장, 입장]를 고수
strike one's ***colors*** 항복하다; 기를 내리다. 〔하다.
take one's ***color from*** …을 흉내내다.
under color of …을 구실 삼아[핑계로]. ¶ *under* ~ *of friendship* 우정을 구실 삼아.
under colors (경마) (말이 공식 경주에 복색(服色)을 갖추고) 출장하여.
with colors nailed to the mast 철저하게.
with flying colors; with colors flying 의기양양하게, 우쭐대며; (사업·시험 따위에) 대성공하여.
without color (꾸밈 없이) 있는 그대로.
with the colors 현역에 복무하여.
── ⓥ (~**s** [-z]) ⓣ **1** …을 채색하다, 색칠하다; 물들이다; [얼굴]을 붉히다. ¶ ~ *a picture* 그림에 색을 하다. **2** …을 실물과는 다른 것으로 보이게 하다, (사실 따위)를 왜곡하다(*up*). **3** …에 특색을 부여하다; …을 윤색하다. **4** …에 영향을 주다. ¶ ~ *every aspect of life* 생활[삶]의 모든 면에 영향을 미치다. ── ⓥ **1** (과실 따위)물들다, 색이 나다, 빛깔이 달라지다. ¶ *The apples are beginning to* ~. 사과가 (익어서) 물들기 시작한다. **2** 얼굴을 붉히다(*up*).
color in 〔그림 따위〕에 색을 칠하다.
col·or·a·ble [kʌ́lərəbl] ⓐ **1** 착색[채색]할 수 있는. **2** 겉보기의; 그럴 듯한; 가짜의, 위조의. **-bíl·i·ty** ⓤⓒ 착색[채색] 가능성. **~·ness** ⓝ **-bly** ⓐⓓ
Cólor Abstráction ⓝ (미술) 색채 추상화.
col·o·rad·o [kʌ̀lərǽdou, -ráː-/kɔ̀lərɑ́ː-] ⓐ (여송연에) 빛깔과 맛이 중간 정도의. ── ⓝ 콜로라도 시거.
Col·o·rad·o [ ] ⓝ **1** 콜로라도(미국 서부의 주; 주도 Denver; ⓒ Colo.). **2** (the ~) 콜로라도 강(Grand Canyon 협곡). **-rád·an, ~·an** ⓐⓝ 〔벌레.
Coloŕado (potáto) bèetle ⓝ 콜로라도 감자잎
Coloŕado Spríngs ⓝ 콜로라도 스프링스(미국 Colorado 주의 도시·온천휴양지; 미국 공군 사관 학교 소재지); 미국 공군 사관 학교. **~·iste.** 〔＜F〕
col·or·ant [kʌ́lərənt] ⓝ 착색제(着色劑), 염료, 안료.
col·or·a·tion [kʌ̀ləréiʃən] ⓤⓒ **1** 착색, 채색, 배색. **2** 착색법, 채색법. **3** (생물의) 천연색. ¶ *protective* [*warning*] ~ 보호[경계]색. **4** (목소리 등의) 음색, 음조. **5** 입장, 자세, 경향. **~·al** ⓐ **~·al·ly** ⓐⓓ
col·o·ra·tu·ra [kʌ̀lərətjúərə/kɔ̀l-] ⓝ (음악) ⓝ **1** 콜로라투라(기교적으로 화려한 기교적 선율). **2** 그런 특색이 있는 악곡. **3** 콜로라투라를 잘 부르는 소프라노 가수. ── ⓐ 콜로라투라(소프라노 가수)의. (또는 **coloratúra**)
cólor bàr ⓝ (美) =color line. 〔＜It *coloring*〕
col·or·bear·er [kʌ́lərbɛ̀ərər] ⓝ 기수(旗手).
col·or·blind [-blàind] ⓐ **1** 색맹의, 색각 이상의. **2** 〔사진〕 파랑·보라·자외선에만 감광(感光)하는. **3** (美) 인종 차별을 하지 않는, 인종에 대한 편견이 없는. ¶ *a* ~ *society* 인종 차별[편견]이 없는 사회. **4** (美속어) 자기 돈과 남의 돈의 구별이 되지 않는; 예사로 훔치는.
cólor blíndness ⓝ **1** 색맹, 색각(色覺) 이상. **2** 인종 차별 철폐, 인종 평등.
cólor bòx ⓝ 그림 물감통.
col·or·breed [kʌ́lərbrìːd] ⓥⓣ (유전) (작물이나 가축)을 일정한 색을 가진 변종으로 선택 육종하다.
col·or·cast [kʌ́lərkǽst/-kɑ̀ːst] ⓝ 컬러 TV 방송. ── ⓥ 컬러 TV 방송을 하다.
col·or·cast·er [kʌ́lərkæ̀stər/-kɑ̀ːst-] ⓝ (스포츠 실황 방송에서) 생생한 묘사를 하는 아나운서[해설자]. (또는 **cólor còmmentator**)
cólor chàrt ⓝ 색 견본(色表), 컬러 차트.
cólor cìrcle ⓝ 색 서클(색상을 원주상에 스펙트럼의 차례로 늘어놓은 것).
cólor còde ⓝ 색 코드[표시]〔색 분류 식별 체계〕.
col·or·code [-kòud] ⓥⓣ (전선·수도관 등)을 (구별하기 쉽게) 색으로 칠해) 구분하다.

cólor còmmentator 명 스포츠 (중계 방송) 해설자.
cólor còmpany 명 (군사) 군기(軍旗) 중대.
cólor condìtioning 명 색채 조절.
cólor còntrast 명 (심리) 색대비(어떤 색이 다른 색에 둘러싸여 있을 때 그 색감이 달라지는 일).
cólor defíciency 명 색각(色覺) 결여(color blindness).
cól·or·de·fí·cient 형
***col·ored** [kʌ́lərd] 형 1 착색된, 색채가 있는, (검정·회색·하양 이외의) 색깔 있는. ¶~ shirts 색깔 있는 셔츠. 2 (종종 C-) 유색(인종)의; 흑인의(* 지금은 African-American, black 등이 보통). 3 (C-) (남아공) (흑·백) 혼혈의. 4 윤색한, 과장된, 외양만 그럴 듯한; 왜곡된. ¶a ~ view 왜곡된 견해, 편견. 5 (복합어로) …색의. ¶cream-~ 크림색의. ─ 명 1 (보통 ~s) 유색(인), 흑인; (the ~) (복수취급) 유색 인종, (특히) 흑인종. 2 (종종 C-) (남아공) (흑·백) 혼혈인(人).
cólored màn 명 (美) 흑인(black).
cólored stóne 명 (다이아몬드 이외의) 천연 보석.
col·or·er [kʌ́lərər] 명 착색자, 채색자.
col·or·fast [kʌ́lərfǽst/-fɑ́ːst] 형 변색되지 않는, 색이 바래지 않는. **~ness** 명
col·or·field [kʌ́lərfìːld] 형 (추상화에서) 선보다 색채를 두드러지게 한(강조한). (또는 **color-field**)
cólor fílm 명 컬러 필름; 천연색 영화.
cólor fílter 명 (사진) 여광기(濾光器)(판), 컬러 필터.
cólor fórce 명 (물리) 색력(色力)(quark를 결합하는 강한 힘).
‡**col·or·ful** [kʌ́lərfəl] 형 (*more* ~; *most* ~) 1 색채가 풍부한, 극채색(極彩色)의, 울긋불긋한. 2 (시대 등이) 파란만장한, 화려한; (경력·성격 등이) 다채로운. ¶~ events 다채로운 행사. 3 생생한, 흥미진진한. ¶a ~ narrative 생생한 이야기. **~ly** 부 **~ness** 명
col·or·gen·ic [kʌ̀lərdʒénik] 형 (컬러 TV 따위에서) 빛깔아이 선명한.
cólor gúard 명 군기 위병(衛兵); 기수.
col·or·if·ic [kʌ̀lərífik] 형 빛깔을 내는, 색채가 나게 하는, 채색하는; 빛깔의; (문체 등이) 현란한, 화려한.
col·or·im·e·ter [kʌ̀lərímətər] 명 비색계(比色計), 색도계. **-i·mét·ric**, **-i·mét·ri·cal** 형 **-i·mét·ri·cal·ly** **-try** 명 비색(比色) 정량(분석), 측색학(測色學).
***col·or·ing** [kʌ́ləriŋ] 명U 1 착색, 채색. ¶give ~ to …에 채색을 하다. 2 착색법, 채색법. 3 (얼굴의) 혈색, 안색. ¶unhealthy ~ 건강하지 못한 안색. 4 (때로 a ~) 겉보기, 외관; 윤색. ¶He lies with a ~ of truth. 그는 참말 같은 거짓말을 한다. 5 착색제, 그림 물감, 물감. 6 (작품 따위의) 색깔, 문체, 특징적 견해.
cóloring bóok 명 (윤곽만 인쇄된) 색칠하기 그림책.
cóloring màtter 명 그림 물감; 착색제[도료]; 색소.
col·or·ist [kʌ́lərist] 명 1 (사진·머리카락 따위의) 착색자, 채색자. 2 색채 효과를 잘 내는 화가; 음색의 장식법에 능한 연주(작곡)가; 문체가 화려한 작가.
-is·tic 형 (채)색의(에 관한); 음색을 강조하는.
col·or·ize [kʌ́ləràiz] 동他 1 (흑백 영화 따위를) 컴퓨터로 컬러화하다. ¶~ *old black-and-white movies for television* TV용으로 흑백 영화를 컬러화하다. 2 (정보 따위를) (의도적으로) 왜곡하다. **-i·zá·tion** 명
cól·or·key [-kìː] 동他 =color-code.
*col·or·less [kʌ́lərlis] 형 1 빛깔이 없는, 무색의. 2 (안색이) 창백한, 핼쓱한; 색채가 부족한; (빛깔이) 칙칙한, 흐릿한. 3 특징(특색)이 없는, 개성이 없는; 흐리멍덩한. ¶a ~ *person* 흐리멍덩한 사람. 4 공평한, 치우치지 않은, 중립적인. **~ly** 부 **~ness** 명
cólor líne 명 흑인(유색 인종)에 대한 차별(법규, 제도)(color bar).
cross the color line 인종 차별의 담을 넘다; 피부색에 의한 차별을 하지 않다.
draw the color line 피부색에 의한 차별을 하다; 유색 인종과의 교제를 거부하다.

col·or·man [kʌ́lərmən, -mæ̀n] 명 1 (英) 그림 물감 장수; 도료(塗料) 상인; 착색공, 채색사. 2 (美구어) = color commentator. (또는 **cólor màn**)
cólor mátching 명 (염색·조명) 배색, 색 맞추기.
cólor mèter 명 (사진) 색도계, 컬러 미터.
cólor míxture 명 (염색·조명) 혼색.
cólor músic 명 (조명) 색채 음악(빛깔·형태·명암 따위의 배합의 변화로 스크린 따위에 음악적 느낌을 그려낸다). 「강화법.
cólor páinting 명 선(모양)보다 색채를 강조하는 추
cólor párty 명 (英) 군기대(軍旗隊), 군기 호위대.
cólor phàse 명 (동물의) 계절 따위에 따른 변색; 체색(體色)이 변하는 동물; 유전에 의한 체색 변환.
cólor phóto 명 컬러 사진, 천연색 사진.
cólor photógraphy 명 컬러(천연색) 사진술.
cólor prèjudice 명 유색 인종(흑인)에 대한 편견.
cólor prínt 명 채색 판화; 컬러 프린트(컬러 사진 인화).
cólor prínting 명 채색 판화법, 원색 인쇄. 「화).
cólor schème 명 (실내 장식·의상 따위의) 색채 설계; (일반적으로) 배색 계획.
cólor scréen 명 (사진·광학) = color filter.
cólor separàtion 명 색분해.
cólor sèrgeant 명 군기(旗) 호위 상사; (구세군의)
cólor sèt 명 컬러 TV 수상기. 「기수.
cólor sígnal 명 (전자) (TV의) 색신호.
col·or·slide [kʌ́lərslàid] 명 (사진의) 컬러 슬라이드.
cólor súpplement 명 (신문 따위의) 컬러 부록면
cólor télevision 명 컬러 TV. 「(페이지).
cólor tèmperature 명 (물리) 색온도.
col·or·tint·ed [-tíntid] 형 머리카락을 염색한.
cólor wásh 명 수성(水性) 도료, 수성 페인트.
col·or·wash [kʌ́lərwɔ̀ʃ, -wɔ̀ːʃ] 동他 …을 수성 도료로 칠하다.
col·or·way [kʌ́lərwèi] 명 =color scheme.
col·or·y [kʌ́ləri] 형 1 (구어) 빛깔이 좋은, 다채로운. 2 때깔 좋은, 상품이 우수한. ¶~ *coffee* 고급 커피.
Co·los·sae [kəlási:/-lɔ́s-] 명 골로새(소아시아의 고대 프리지아(Phrygia) 남서부에 있던 도시).
*co·los·sal [kəlásəl/-lɔ́s-] 형 1 거대한; 막대(大)…; (조상(彫像)이) 실물의 2배 크기의. ¶HUGE 유의어 ¶a ~ scheme 웅대한 계획. 2 거상(巨像)(colossus)과 같은. 3 (구어) 놀라운, 어마어마한. **~ly** 부
Col·os·se·um [kàləsí:əm/kɔ̀l-] 명 1 콜로세움(고대 로마의 원형 대경기장). 2 (c-) =coliseum.
Co·los·sian [kəláʃən/-lɔ́ʃ-] 명 1 골로새 사람. 2 (the ~s) (단수취급) 골로새서(신약 성서 중의 한 서(書)로 사도 바울의 편지). ─ 형 골로새(사람)의.
co·los·sus [kəlásəs/-lɔ́s-] 명 (목 **-si** [-sai], **~·es**) 거상(巨像); (the C-) Helios의 거상(Rhodes 섬에 있었다는 청동 거상; 세계 7대 불가사의 중의 하나)(C- of Rhodes). 2 거대한 물건; 대국(大國); 대회사, 대기업; 거인, 위대한 사람.
co·los·to·my [kəlástəmi/-lɔ́s-] 명UC (외과) 인공 항문 형성(술); 인공 항문.
co·los·trum [kəlástrəm/-lɔ́s-] 명U (생리) 초유(初乳)(출산 후 3일경까지 분비되는 모유). **-tral** 형
co·lot·o·my [kəlátəmi/-lɔ́t-] 명 (외과) 결장 절개
‡**col·our** [kʌ́lər] 명U동 (英) =color. 「(술)(術).
-co·lous [kələs] 연결 inhabiting 의 뜻. ¶*arenicolous*(모래 속에 사는). 「상인. (<F)
col·por·teur [kálpɔ̀rtər/kɔ́l-] 명 (종교) 서적 행상인.
col·po·scope [kálpəskòup/kɔ́l-] 명 (의학) 질경(膣鏡), 질화대경. 「鏡) 검사.
col·pos·co·py [kalpáskəpi/kɔlpɔ́s-] 명 질경(膣
Col. Sergt. *color sergeant.*
‡**colt** [koult] 명 1 망아지(4살 이하의) ; (수컷) 당나귀(얼룩말) 새끼(參 filly). 2 (구어) 경험 없는 젊은 사람, 풋내기; (英) (프로 크리켓의) 신인 선수. 3 (해사)

(형벌용의) 매듭 밧줄. ~ hòod 명
Colt [koult] 명 《상표》 콜트식 자동 권총, 45구경 권총. [<미국의 발명자 Samuel Colt(1814-62)의 이름]
col·ter [kóultər] 명 〔쟁기의 술바닥에 대는〕 보습 끝의 날. (또는 coulter)
colt·ish [kóulti] 형 1 미숙한; 야성의; 제멋대로 구는; 장난치는. 2 망아지 같은, 활발한. ~·ly 부 ~·ness 명
colts·foot [kóultsfùt] 명 〔식물〕 관동(款冬), 머위 (국화과)의 다년생 식물).
col·u·brine [káljubràin, -brin/kɔ́lju-] 형 뱀과 같은; 뱀과(科)의.
col·um·bar·i·um [kàləmbɛ́əriəm/kɔ̀l-] 명 (복 **-i·a** [-iə]) 납골당(納骨堂); 유골 안치소; =columbary.
col·um·bar·y [káləmbèri/kɔ́ləmbəri] 명 비둘기장.
*****Co·lum·bi·a** [kəlámbiə] 명 1 컬럼비아. 미국 South Carolina 주의 주도. 2 (the ~) 미국 서북부의 강. 3 〔시〕 미국, 아메리카 합중국(* 미국을 의인화한 호칭으로 적·백·청의 옷을 입은 여성으로 나타냄; 여성 취급임) cf. Uncle Sam. 4 북아메리카산(産) 큰 양. 5 〔우주〕 컬럼비아호(미국의 우주 왕복선 제 1 호). [<아메리카 대륙 발견자 Christopher Columbus의 이름]
Co·lum·bi·an [kəlámbiən] 형 1 미국의, 아메리카 합중국의. 2 Christopher Columbus의. ── 명 Ü 〔인쇄〕 컬럼비아(약 16 포인트의 활자).
col·um·bine[1] [káləmbàin/kɔ́l-] 명 매발톱꽃속(屬)의 식물. 〔<의(dove-colored)〕
col·um·bine[2] 형 비둘기의, 비둘기 빛의; 비둘기색
Col·um·bine [káləmbàin/kɔ́l-] 명 콜롬비나(희극이나 무언극에 나오는 어릿광대(Harlequin)의 애인).
co·lum·bite [kəlámbait] 명 Ü 〔광물〕 컬럼바이트(검은 결정체의 광석).
co·lum·bi·um [kəlámbiəm] 명 Ü 〔화학〕 콜룸븀 (niobium의 옛 이름).
‡**Co·lum·bus** [kəlámbəs] 명 콜럼버스. 1 Christopher ~(1446?-1506: 이탈리아의 항해자; 1492년 아메리카 대륙을 발견). 2 미국 Ohio 주의 주도(州都).
Colúmbus Dày 콜럼버스 기념일(10월의 두 번째 월요일로 공휴일; 원래는 10월 12일로 Columbus의 아메리카 대륙 발견 기념일). (또는 Discóvery Dày)
col·u·mel·la [kàljumélə/kɔ̀l-] 명 (복 **-lae** [-li:]) 〔해부·동·식물〕 소주(小柱), 중축(中軸)(axis)〔달팽이 껍데기의 중축·고둥 따위의 축주(軸柱)·식물의 과축(果軸) 따위〕. -**lar** 형
‡**col·umn** [káləm/kɔ́l-] 명 (복 ~**s** [-z]) 1 〔건축〕 원주(圓柱); 지주(支柱); 기둥. ¶ the Doric [Corinthian] style 도리아[코린트]식 원주. 2 기둥 모양의 것[부분]; 버팀대. ¶ the spinal ~ 척추 / a ~ of mercury[water] 수은주[물기둥]. 3 〔신문·잡지 따위의 세로로 구획된 단(段), 난(欄); 칼럼, 특약 정기 기고 (란)(서명이 있는 논평·특별 기사 등); 〔인쇄〕 세로단 (段), 세로행. ¶ an agony ~ 〔신문의〕 흉보란(凶報欄)(사람 찾기·사망 따위의 광고) / advertisement [home affairs, literary, sports, want] ~s 광고[가정, 문예, 스포츠, 구인]란 / pages (printed) in double ~s 세로 2단조(로 인쇄된) 페이지. 4 〔덧셈 따위에서 차례로 내려 쓴 숫자의〕 세로행; 〔인명 따위의〕 세로로 된 일람표; 〔컴퓨터〕 세로(칸), 칼럼. ¶ add a ~ of figures 세로 배열의 숫자들을 더하다. 5 〔단·복수 양용〕 〔군대의〕 종대(縱 line); 〔함대의〕 종렬. ¶ the fifth ~ 제 5 열, 제 5 부대(이적 행위를 하는 사람). 6 〔식물〕 꽃술 기둥(난초과(科)의 꽃 따위의 암꽃술과 수꽃술이 유착한 기관). 7 〔美〕 〔정당·후보자 등의〕 지지자[후원자] 명부.
crowd the columns of a newspaper 신문 지상을 떠들썩하게 장식하다.
dodge the column 〔구어〕 일을 게을리 하다, 태업을 하다.
in column of fours [platoons, companies] 4 열[소대, 중대] 종대로. ¶ march in ~ of fours 4 열 종대로 행진하다.

in our [or *these*] *columns* 〔신문의〕 본란에서, 본지에서.
the column of the nose 콧대.
co·lum·nar [kəlámnər] 형 원주형의, 원주형으로 만든; (또는 **columnal**) 세로단으로 인쇄[조판]한.
col·um·nar·i·ty [kàləmnǽrəti] 명 ~**·ized** 형
col·umned [káləmd/kɔ́l-] 형 원주가 있는, 원주로 지탱된; 세로단으로 나눈[인쇄한]. (또는 **columnated**)
co·lum·ni·a·tion [kəlÀmniéiʃən] 명Ü 〔건축〕 원주 사용법; 〔집합적〕 원주 전부.
cólumn ínch 〔인쇄〕 1인치 칼럼 난(가로 1란(欄)과 세로 1인치의 지면; 광고료의 단위).
col·um·nist [káləmnist/kɔ́l-] 명 〔신문의〕 특별란 담당자; 정기 기고가, 칼럼니스트.
co·lure [kəlúər, kou-, kóuluər] 명 〔천문〕 분지경 선(分至經線), 사계선(四季線)(춘분점·추분점을 지나는 2 분경선(equinoctial ~)과 하지점·동지점을 지나는 2 지경선(solstitial ~)이 있다). 〔지의 씨〕
col·za [kálzə, kóul-/kɔ́l-] 명 〔식물〕 평지(rape); 평
cólza òil 평지 기름(rape oil).
COM[1] 컴퓨터 출력 마이크로필름[마이크로피시]. [<*c*omputer *o*utput *m*icrofilm [microfiche]]
COM[2] *c*oal-*o*il *m*ixture(석탄·석유 혼합 연료).
com. *com*edy; *com*ic; *com*ma; *com*mentary; *com*merce; *com*mission(er); *com*mittee; *com*mon(ly); *com*munication; *com*munity. **Com.** *Com*mander; *Com*mission(er); *Com*mittee; *Com*modore; *Com*monwealth; *Com*munist.
com- [kəm, kɑm/kɔm] 〔접두〕 1 *with, together, jointly, in combination*의 뜻. ¶ *combine*, *compare*. 2 *completely*의 뜻(* 1 모두에서는 col-; b, m, p 앞에서는 com-; gn, h, w 및 모음 앞에서는 co-; r 앞에서는 cor-; 그 밖의 경우에는 con-).
.com 〔인터넷〕 ⇒ DOTCOM.
co·ma[1] [kóumə] 명 혼수 상태; 무기력, 무감각.
in a coma 혼수 상태에 빠져서.
co·ma[2] 명 (복 **-mae** [-mi:]) 1 〔천문〕 코마(혜성의 핵 둘레의 대기(大氣)). 2 〔광학〕 혜성형 수차(收差), 코마(입사(入射) 광선으로 생기는 혜성 모양의 상(像)). 3 〔식물〕 엽관(葉冠); 씨에 난 솜털, 그 송이.
co·make [kòuméik] 타 연서(連署)하다, 공동으로 서명하다. 〔약속 어음 발생시의〕 연대 보증인.
co·mak·er [kouméikər] 명 연서인(連署人).
co·man·age [²mǽnidʒ] 타 〔회사 등을〕 공동 경영하다. ~**·ment, -ag·er** 명
Co·man·che [kəmǽntʃi, kou-] 명 (복 ~(**s**)) (the ~(s)) 〔북미 인디언의〕 코만치족〔사람〕; Ü 코만치 말. ── 형 코만치족의.
co·mate[1] [kouméit] 명 친구, 동료, 한패, 단짝.
co·mate[2] [kouméit] 형 〔식물〕 씨에 난 솜털(coma)이 있는, 갓털이 있는; 털 모양의.
co·mat·ic [kouméitik] 형 〔광학〕 코마(coma)의; (영상·화상의) 코마(coma) 때문에 흐려진.
com·a·tose [kámətòus/kóumə-] 형 혼수성의, 혼수 상태의; (비유적) 활기[생기]가 없는, 멍한.
~**·ly** 부 ~**·ness, -tós·i·ty** 명
cóma vígil 명 〔의학〕 각성(可覺性) 혼수(부분적 의식이 있고, 헛소리를 하는 섬망(譫妄) 상태).
‡**comb**[1] [koum] 명 (복 ~**s** [-z]) 1 빗, 머리빗; 말빗; 빗 모양의 물건. 2 소면기(梳綿機). 3 (닭의) 볏, 볏 모양의 물건(물마루·산마루·투구의 장식 따위). 4 벌집, 벌집 모양의 물건.
cut the comb of a person 남의 콧대를 꺾다.
go over with a fine-toothed comb ⇒ FINE-TOOTHED COMB.
── 타 (~**s** [-z]) 타 1 〔머리·털〕을 빗다, 빗질하다. 2 〔털끝 따위의〕 털을 빗어 없애다; (손가락을) 빗대신 사용하다. 3 (양모·삼 등을) 빗질하다. 4 샅샅이[철저히] 찾다 (*through*) (*for*). ¶ (~ +명+부+명) I ~ed the files

for the missing paper. 없어진 서류를 찾아 서류철을 샅샅이 뒤졌다. ―[자] (물결이) 넘실거리다, 부서지다.
comb off 〔머리의 티끌 따위〕를 빗어 내다.
comb out ① 〔머리〕를 빗질하다; …을 빗어 내다, 빗질하여 제거하다. ② 〔불순물 따위〕를 골라내다, 제거하다 (*from*). ③ 〔잉여 인원·물품 등〕을 정리하다 (*from*). ④ 면밀히 수색하다; 〔신병〕을 긁어모으다.
comb through 구석구석[철저히] 찾다.
comb up 머리를 빗어 다듬다.
∼ed, ∠·less [형] **∠·less·ness** [명] **∠·like** [형]

comb² [ku:m, koum] [명] =combe.

comb. combination; combined; combining; 「combustion.

‡com·bat [동] [kəmbǽt, kámbæt, kʌ́m-/kɔ́mbæt] (**-t-**, 《英》 **-tt-**) [타] …와 싸우다, …에 반항하다. ¶∼ a movement [prejudice] 어떤 운동[편견]에 맞서 싸우다 / ∼ a disease [an enemy] 질병[적]과 싸우다. ―[자] 싸우다, 격투하다; 분투하다 (*with, against, for*). ¶(∼+[前]+[名]) ∼ *for* freedom of speech 언론의 자유를 위해 싸우다 / ∼ *with* [or *against*] a person for a thing 어떤 일 때문에 남과 싸우다 / They will ∼ *with* the guerrillas. 그들은 게릴라와 싸울 것이다.
―[명] [kámbæt, kʌ́m-/kɔ́mbæt] 전투, 실전(實戰); 투쟁, 싸움; 논쟁, 논전 (*with, against*). ⇨BATTLE [유의어] ¶∼ orders 전투 명령 / ∼ troops 전투 부대 / a kite ∼ 연싸움 / a single ∼ 결투, 1 대 1의 싸움 // a ∼ *against* difficulties 고난과의 싸움 / fight a close ∼ *with* an enemy 적과 백병전을 벌이다.
a trial by combat 결투 재판.
in combat 전투중에, 전투중의. ¶life and death *in* ∼ 삶과 죽음의 고빗사위[아슬아슬한 순간].
∼·a·ble [형] **∼·(t)er** [명]

cómbat àircraft [명] 전투기.

cómbat àir patról [명] 〔군사〕 전투 공중 초계(哨戒).

cóm·bat-a·lert státus [-ələ́:rt-] [명] 〔군사〕 전투 경계 (대기) 태세.

***com·bat·ant** [kəmbǽtənt, kámbət-/kɔ́mbət-, kʌ́m-] [명] 전투원, 전투 부대. ―[형] 싸우는, 싸우고 있는, 싸움을 거는; 호전적인, 전투적인.

cómbat bòot [명] 전투용 반장화, 전투화, 군화.

cómbat càr [명] 〔美군사〕 전투[군용] 차량, 전투용 장갑 자동차.

cómbat fatìgue [명] 〔정신의학〕 전투 피로증, 전투 「신경증(battle fatigue).

Cómbat Ínfantryman Bàdge [명] 〔군사〕 전투 보병 기장(記章)(略 CIB).

com·bat·ive [kəmbǽtiv, kámbət-/kʌ́m-] [형] 곧잘 싸우려 하는; 투쟁적인, 전투적인, 호전적인(pugnacious). **∼·ly** [부] **∼·ness, còm·ba·tív·i·ty** [명]

cómbat jàcket [명] =battle jacket.

cóm·bat-level alért [명] 〔군사〕 전투 수준 경계(령, 「태세).

cómbat neuròsis [명] =battle fatigue.

cómbat pày [명] 위험 특별 수당.

cómbat plàne [명] 전투기.

cómbat ràtion [명] (야전용) 휴대 식량. 「태세가 된.

com·bat-read·y [-rédi] [형] 전투 준비가 된, 임전

cómbat tèam [명] 〔美군사〕 (작전상의) 연합 전투 부

cómbat ùnit [명] 전투 단위(fighting unit). 「대.

cómbat zòne [명] **1** 〔군사〕 작전[전투] 지역. **2** 《속어》 (범죄가 많은) 환락가.

combe [ku:m, koum] [명] 《英》 좁고 깊은 골짜기. (또는 **comb, coomb(e)**)

comb·er [kóumər] [명] **1** (양털·솜 따위를) 빗기는 사람, 빗기는 기구; 소면기(梳綿機). **2** 밀려오는 물결, 부딪치는[부서지는] 파도(breaker).

comb. form *combining form.*

com·bin·a·ble [kəmbáinəbl] [형] 결합[화합]할 수 있는. **-bin·a·bíl·i·ty, ∼·ness** [명]

com·bi·nate [kámbənèit/kɔ́m-] [동][타] **1** =combine. **2** 〔배합 자물쇠〕의 숫자[문자]를 맞추다.

‡com·bi·na·tion [kàmbənéiʃən/kɔ̀m-] [명] ([복] **∼s** [-z]) [U][C] **1** 결합, 연합, 단결; 팀워크, 콤비; 공동(동작). **2** 결합된 것, 짜맞추어진 것. **3** 결사(結社), 단체, 조합. **4** (자물쇠의) 숫자[문자] 배합; (색채의) 배합. **5** (∼s) 《英》 콤비네이션(아래위가 붙은 내의). **6** 〔화학〕 화합(化合)(물); 〔수학〕 조합, 결합; 〔컴퓨터〕 조합, 짜맞춤; 〔결정〕 집형(集形). **7** (다용도) 겸용 기구. **8** 〔재즈〕 =combo 1. **9** 사이드카가 달린 오토바이.
by a happy combination of circumstances 운이 좋아서.
enter into a combination with …와 연합[제휴] 「하다.
in combination with …와 결합[합동]하여, 짝지어.
make [or ***form***] ***a good*** [***strong***] ***combination*** 「좋은[강력한] 콤비가 되다.
∼·al [형]

combinátion bàt [명] 〔탁구〕 (양면에 각기 다른 고무를 붙인) 양면 이질 러버 라켓.

combinátion càr [명] 〔철도〕 혼합 객차(1등과 2등, 또는 객실과 화물실 따위를 가진 차량).

combinátion dòor [명] 콤비네이션 도어(여름에는 망창, 겨울에는 바람막이 패널 등을 갈아끼우게 된 옥외 「문).

combinátion drùg [명] 복합약.

combinátion lòck [명] 숫자[문자] 배합 자물쇠.

combinátion ròom [명] 《英》 (케임브리지 대학의) 사교실, 휴게실(common room).

combinátion sàle [명] 끼워팔기식 판매. [참] tie-in

combinátion squàre [명] 조합자(치수·각도·기울기 따위를 재는 각종 자를 조합한 목공용 자).

com·bi·na·tive [kámbənèitiv, kəmbáinə-/kɔ́mbinə-] [형] **1** 결합의, 결합에 관한; 결합성의, 결합력이 있는, 결합에 의한. **2** 〔언어〕 (음이) 연음(連音)에 따라 변하는. ¶∼ sound change 연음 변화.

com·bi·na·to·ri·al [kəmbàinətɔ́:riəl, kàmbə-/kɔ̀mbi-] [형] 연결[결합]의; 〔수학〕 조합의. **∼·ly** [부]

combinatórial análysis [명] =combinatorics.

combinatórial topólogy [명] 〔수학〕 조합적 위상(位相) 기하학.

com·bi·na·tor·ics [kəmbàinətɔ́:riks, kàmbə-] [명][복] 《단수취급》 〔수학〕 순열(順列) 조합론.

‡com·bine [동] [kəmbáin] (**∼s** [-z]; **∼d**; **-bin·ing**) [타] **1** …을 결합시키다, 연합시키다, 협력시키다 (*together*) (*with, into*). ⇨JOIN [유의어] ¶∼ two companies 두 회사를 합병하다 // (∼+[目]+[前]+[名]) ∼ factions *into* a party 파벌을 합쳐 한 정당이 되게 하다. **2** …을 겸하다, 겸비하다; 함께 지니다 (*with*). ¶(∼+[目]+[前]+[名]) ∼ work *with* pleasure 일에 재미를 곁들이다. **3** 〔화학〕 …을 화합시키다(*together*) (*with*). ¶The acid and alkali are ∼*d* to form salt. 산과 알칼리가 화합하여 염이 된다. **4** [kámbain] 《美》 〔밀 따위〕를 콤바인으로 수확하다. ―[자] **1** 결합하다, 합동하다, 겸비하다 (*with, against*). ¶Oil and water do not readily ∼. 기름과 물은 잘 섞이지 않는다 // (∼+[前]+[名]) Everything ∼*d against* him. 모든 것이 그를 괴롭게 했다. **2** (공동 목적을 위해) 연합하다, 합병[협력]하다. ¶The two firms ∼*d* to attain better management. 그 두 회사는 경영 합리화를 위해 합병했다. **3** 〔화학〕 화합하다. ¶Hydrogen ∼*s with* oxygen to form water. 수소는 산소와 화합하여 물이 된다. **4** [kámbain] 콤바인으로 수확하다.
―[명] [kámbain, kəmbáin/kɔ́m-] ([복] **∼s** [-z]) **1** 《美구어》 기업 합동; (정치적) 연합; 합동, 제휴; 《단·복수 양용》 합동체, 합동 기업. **2** 복식 수확기(收穫機), 콤바인. **3** 그림이나 콜라주의 짜맞춤. **-bín·er** [명]

com·bined [kəmbáind] [형] 결합한, 연합한, 협동한; 화합한. ¶the ∼ forces [fleets] 연합군[함대].
∼·ly [부] **∼·ness** [명]

combíned árms [명][복] 〔군사〕 연합 부대(통합 작전 「부대).

combíned éxercises [명][복] (동맹국의 군대 또는 육·해·공군의) 합동 훈련.

combíned immunodefíciency disèase 图 (의학) 복합 면역 부전증(不全症)(B cell, T cell 양쪽의 면역 결핍).
combíned operátions 图 합동 작전.
combíne hàrvester 图 콤바인, 복식 수확기(機).
comb·ing [kóumiŋ] 图①C 1 빗질; 소모(梳毛). 2 (~s) (빗질하여) 빠진 머리털[양털].
cómbing machíne 图 소모기(梳毛機).
cómbing wòol 图 소모용(梳毛用) 양털.
com·bín·ing fòrm [kəmbáiniŋ-] 图 〖문법〗 연결형(복합어·합성어를 만드는 요소; Russo-Korean의 Russo- 따위).
combíning pòwer 图 〖화학〗 화합력. 「(當量).
combíning wèight 图 〖화학〗 화합량, 〖화학〗 당량
cómb jélly 图 빗살해파리(ctenophore).
com·bo [kámbou/kɔ́m-] 图 (⑩ ~s) 1 〖구어〗 소규모 재즈 악단, 캄보. 2 〖구어〗 =COMBINATION 2, 3. 3 〖濠속어〗 토착민과 결혼한[동거하는] 백인 남자. 4 〖구어〗 o 모듬 요리. [<*combination*+-o (익살스러운 느낌을 나타내는 접미사)] 「(ket의) 복합 점포.
cómbo stòre 图 〖구어〗 (drugstore & supermar-
comb-out [ʌ́ut] 图 〖구어〗 (보통 a ~) 1 일제 검거; 철저한 수색; 인원 정리. 2 콤아웃(머리 모양의 마무리).
combs [kɑmz/kɔmz] 图 (英구어) =COMBINATION 5. 「까위져서 빛이 약해진.
com·bust [kəmbʌ́st] 图 〖천문〗 (행성이) 태양에 가
com·bus·ti·ble [kəmbʌ́stəbl] 图 1 가연성의, 불붙기 쉬운. 2 흥분하기 쉬운, 잘 달아오르는. ━ 图 (보통 ~s) 가연성 물질, 잘 타는 물건.
ᐸ**bíl·i·ty** 图①C 연소[가연]성. ~**ness** 图 **-bly** 图
*ᐸ**com·bus·tion** [kəmbʌ́stʃən] 图① 연소. ¶complete ~ 완전 연소/spontaneous ~ 자연 발화. 2 〖화학〗 연소, (유기체의) 산화. 3 격동, 소동.
combústion chàmber 图 (기계) (엔진의) 연소실.
combústion èngine 图 연소 기관.
combústion fùrnace 图 연소로(爐).
ᐸ**combústion tùbe** 图 연소관.
com·bus·tive [kəmbʌ́stiv] 图 연소성의, 연소의.
com·bus·tor [kəmbʌ́stər] 图 〖항공〗 (제트 엔진의) 연소 장치.
comd. command(ing). 「(파워의) 연소 장치.
COM·DEX [kámdèks/kɔ́m-] 图 〖컴퓨터〗 컴덱스 (컴퓨터와 그 관련 업계를 대상으로 하는 전시회). [<*Computer Dealers Exposition*]
comdg. commanding. **Comdr., comdr.** commander. **Comdt., comdt.** commandant.
‡**come** ⇒COME. 〈p. 555〉 「는).
come-and-go [ʌ̀ŋóu] 图⑩ 내왕(하는), 왕래(하
come-at-a·ble [ʌ́ætəbl] 图 〖구어〗 접근하기 쉬운, 사귀기 쉬운, 교제하기 쉬운.
come·back [kʌ́mbæ̀k] 图 1 〖구어〗 (본래의 지위나 인기에로의) 복귀, 재기, 컴백. 2 〖구어〗 말대꾸(retort); 재치 있는 응답. 3 (美속어) 불평 거리; 반품(의 손님). 4 〖美〗 보상, 변상. 5 〖濠〗 (식용·원모(原毛) 양용의) 양.
*make one's **comeback** on* …에 복귀하다.   「볼.
come·back·er [kʌ́mbæ̀kər] 图 〖야구〗 투수 앞 땅
cómeback wín 图 역전승(come-from-behind win).
come-by-chance [ʌ́baitʃǽns/-tʃɑ́ːns] 图 〖英구어〗 사생아(chance child).
COMECON [kámikɑ̀n/kɔ́m-] 图 경제 상호 원조회의, 코메콘(냉전 시대의 소련·동유럽 사회주의 국가 경제 협력 기관; 1949-91). (또는 **Comecon**)
[<*Council for Mutual Economic Assistance*]
come-day-go-day [ᐸdèigóudèi] 图 일이 없는, 게으른; 무관심한.
*ᐸ**co·me·di·an** [kəmíːdiən] 图 1 희극 배우, 코미디언. ¶*a low ~* 저속한 희극 배우. 2 희극 작가. 3 익살꾼, 잘 웃기는 사람.   「스러운.
co·me·dic [kəmíːdik, -méd-] 图 희극의; 우스꽝

co·mé·die de mœurs [kɔ̀ːmeidíː də méːrs] 图 풍속 희극. 〔<F *comedy of manners*〕
Co·mé·die Fran·çaise [kɔ̀ːmeidíː frɑːnséz] 图 코메디 프랑세즈(고전극 상연으로 유명한 프랑스 국립 극장).   「배우. 〔<F〕
co·me·di·enne [kəmìːdién, -mèi-] 图 여자 희극
comédie noire [-nwɑːr] 图 =BLACK COMEDY. 〔<F〕   「극, 소희극. 〔<It〕
co·me·di·et·ta [kəmìːdiétə, -mèi-] 图 단편 희
com·e·dist [kɑ́mədist/kɔ́m-] 图 희극 작가.
com·e·do [kɑ́mədòu/kɔ́m-] 图 (⑩ ~**s**, **-do·nes** [-dóuniːz]) 〖의학〗 여드름.
come·down [kʌ́mdàun] 图 〖구어〗 (권위·명예 따위의) 실추, 영락, 몰락; (속어) 실망, 기대 밖.
‡**com·e·dy** [kɑ́mədi/kɔ́m-] 图 (⑩ **-dies** [-z]) 1 (편의) 희극, 희극 영화. ⓤ (희곡의 한 분야로서의) 희극, 희극 문학(⇔ tragedy, farce). ¶*as good as a ~* 희극처럼 재미있는/*a light ~* 가벼운 희극/*a musical ~* 희가극. 2 ⓤⓒ (연극·문학·실생활에 있어서의) 희극적 요소, 희극적 사건. ¶*There is plenty of ~ in life.* 인생에는 희극적인 일이 많다. 3 (⑩ 구어, 인간(인생을 희극적으로 묘사한 작품). ¶*the Divine C*- (단테의) 신곡 (神曲)/*the Human C*- (발자크의) 인간 희극.
cut the comedy (속어) 농담[허튼 수작]을 그만두라.
cómedy dráma 图 희극적 요소를 가미한 드라마, 코미디 드라마.   「작가, 코미디 작가.
com·e·dy·wright [kɑ́mədìràit/kɔ́m-] 图 희극
come-from-be·hind [ᐸfrəmbiháind] 图 역전의, 선두를 제친. ¶*a ~ win* 역전승.
come-hith·er [ᐸhíðər, kəmíð-] 图 〖구어〗 (성적으로) 발칙인, 유혹적인, 요염한. ¶*a ~ look* 유혹적인 눈길. ━ 图 유혹; (가축 따위를) 부르는 소리. ~**ness** 图
come-in [ᐸin] 图 〖美속어〗 (서커스에서) 표를 사려고 서 있는 사람의 줄; (개장(開場)한 뒤) 공연할 때까지 기다리는 사람.
*ᐸ**come·late·ly** [ᐸléitli] 图 신참의, 새로 가입[가담]한.
*ᐸ**come·ly** [kʌ́mli] 图 용모가 아름다운, 어여쁜, 고운 (⇒BEAUTIFUL 유의어); 알맞은, 적당한, 어울리는. **-li·ly** 图 **-li·ness** 图   「변명.
come-off [ᐸɔːf/-ɔ́f] 图 〖美구어〗 결론, 결말; 뺄뺌.
come-on [ᐸɑ̀n/-ɔ̀n] 图 〖美구어〗 1 유혹, 자극; (손님을 끌기 위한) 특매품, 특별 상품; 성적 도발, 섹스 어필. 2 사기꾼, 바람잡이; 사기에 말려든 사람, 봉.
*give a person the **come-on*** (여성이) 남을 성적으로 유혹하다.
come-out·er [ᐸáutər] 图 (종교 단체 등의) 이탈자; 〖구어〗 급진적 개혁가.   「같게. 〔<It〕
co·me prí·ma [kòumei príːmə] 图 〖음악〗 처음과
*ᐸ**com·er** [kʌ́mər] 图 1 오는 사람[물건]. ¶*all ~s* (특정 목적을 위해 모인) 출석자 전원/*a first ~* 선착자(先着者). 2 〖美구어〗 유망한 사람[물건], 진보 발전하고 있는 사람[물건]. 3 (복합어로) 오는[도착하는] 사람, 온 사람. ¶*a latecomer* 지각자; 신참(新參).
co·me so·pra [kòumei sóuprə] 图 〖음악〗 위[앞] 와 같이.   〔<It〕
co·mes·ti·ble [kəméstəbl] 图 먹을 수 있는. ¶— 图 (~**s**) 식료품, 음식물.   「seaweed 식용 해초.
com·et [kɑ́mit/kɔ́m-] 图 〖천문〗 혜성, 살별; (비유적) 혜성 같은 것[존재]. ~**·like** 图   「은.
com·e·tar·y [kɑ́mitèri/kɔ́mitəri] 图 혜성의[과 같
com·eth·er [kouméðər] 图〖图〗(英) =COME-HITHER.
*put the **comether** on* (英구어) 구슬리다, 달콤한 말로 유혹하다; (여성을) 유혹하다.   「ical〕
co·met·ic [kəmétik] 图 =COMETARY. (또는 **comet-**
cómet sèeker [fínder] 图 혜성 탐색용 망원경.
come-up·pance [kʌ̀mʌ́pəns] 图 〖구어〗 당연한 보복[벌], 천벌. (또는 **còme-úp(p)ance**)
COMEX [kóumeks] 图 뉴욕 상품 거래소. (또는

‡**come** [kʌm] 图 (~s [-z]; came; ~; com·ing)
㉠ I. 오다
1 (이야기하는 사람 쪽으로) 오다; (상대방에게로, 상대와 같은 방향으로) 가다. ¶(~+圏) C— here[this way], please. 이 쪽으로 오십시오/C— in. 들어와요/He has ~ ten miles. 그는 10마일 떨어진 곳에서 왔다/C— downstairs. Dinner's ready.—I'm coming. 내려와요. 저녁 준비 됐어요—(예), 내려갑니다(* 이 경우 I'm going.은 안 된다) // (~+to do) C— to see me. 놀러 와요. 한번 들르시오/Will you ~ to have dinner with us? 함께 식사하러 오지 않겠습니까?(*《美구어》에서는 come see me, come have dinner처럼 원형부정사를 쓰기도 한다)/There is a woman ~ to see you at the door. 어떤 여자분이 당신을 만나러 문간에 와 있습니다(* 이 문장의 come은 과거분사이고, 앞에 who has[is]가 생략되어 있다. There is나 It is로 시작되는 구문에서는 구어문에서 관계대명사의 주격이 생략되는 경우가 많다) // (~+前+名) ~ into[out of] the room 방으로 들어오다[에서 나오다]/Will you ~ to the dance tonight? 오늘밤 댄스 파티에 오시겠습니까?/May I ~ to your house [or and visit you] next Sunday? 《전화로》 다음 일요일에 댁으로 찾아뵈도 될까요?/Shall I ~ with you? 같이 갈까요?(* 이 경우에는 go를 써도 좋다.
2 도착하다, 도달하다, 닿다(arrive). ¶(~+前+名) He came to the end of the road. 그는 도로의 끝에 다다랐다/Where have you ~ from? 어디서 오셨습니까?(* Where do you ~ from? 과의 차이에 주의. ⇨㉠ 21) // (~+圏) The train is coming in now. 열차가 지금 들어오고 있다.
3 (때가) 오다, 다가오다, 돌아오다. ¶the world to ~ 내세(來世), 후세/Christmas ~s once a year. 성탄절은 일년에 한 번 돌아온다/I wish tea [or coffee] break would ~ soon. 휴식 시간이 빨리 왔으면 좋겠다/His hour has ~. 그의 임종이 다가왔다/The time will ~ when the truth proves to be true. 그 소문이 사실로 판명될 때가 올 것이다/Spring has [or is] ~. 봄이 왔다[이제는 봄이다] (* come, go, rise, set 따위의 운동을 나타내는 몇몇 자동사는 완료형의 조동사로서 have, be 두 가지를 취하는데, have의 경우에는 동작에, be의 경우에는 상태에 중점을 둔다).
4 (구어) 《가정법 현재형으로》 ~이 오면(when... ~s). ¶a year ago ~ Christmas 이번 크리스마스가 되면 꼭 일년 전에/I'll be twenty ~ April. 4월이면 나는 스무살이 된다. * 진지한 문장에 쓰면 옛 문투의 맛을 풍긴다.
5 (순서에 따라) 오다; (차례가) 돌아오다. ¶My turn has ~. 내 차례다/A comes ~s ten. 9 다음은 10이다 // (~+前+名) The letter r ~s between q and s. r이라는 글자는 q와 s 사이에 온다 // (~+to do) I now ~ to consider the next subject. 이제 다음 문제를 생각할 때다.
6 다다르다, 이르다(reach)(to). ¶(~+前+名) Her hair ~s to her back. 그녀의 머리는 등 뒤에까지 늘어져 있다.
7 손에 들어오다, 팔고 있다; 공급되다. ¶Both riches and honor ~. 재산과 명성이 동시에 들어온다 // (~+前+名) Used cars ~ at a low price. 중고차는 싼 값으로 구할 수 있다/This dress ~s in four sizes. 이 옷은 4가지 사이즈가 (팔리고) 있다.

8 《美속어》 오르가슴에 달하다.
II. 발생·출현하다
9 나타나다(appear); (아이가) 태어나다. ¶The shadows came and went in the firelight. 불빛에 그림자가 나타났다 사라졌다 하였다 // (~+前+名) A smile came to his lips. 그의 입술에 미소가 떠올랐다.
10 일어나다, 닥치다(take place, occur, happen). ¶I'm ready for whatever ~s. 어떤 일이 일어나더라도 각오는 되어 있다 // (~+前+名) No harm will ~ to you. 너에게 해로운 일은 없을 것이다 // (~+that圏) How ~s it [or How does it ~] that you didn't know? 자네가 그것을 몰랐다니 대체 어떻게 된건가? (* do를 쓰지 않는 것은 관용적 고문형).
11 (어떤 때에) 해당하다(fall)(on). ¶(~+前+名) Christmas came on a Monday that year. 그해의 크리스마스는 월요일이었다.
12 생각나다; (머리·마음 속에) 떠오르다(to, into). ¶The inspiration never came. 영감은 끝내 떠오르지 않았다 // (~+前+名) A bright idea came to my head[or me]. 멋진 생각이 머리에 떠올랐다.
13 (결과로서) ~ 생기다, 발생하다(of, from). ¶(~+前+名) No good ~s of dishonesty. 부정직한 행위는 좋지 못한 결과를 가져온다/See what ~s of it. 그 결과 어떻게 되는지 잘 봐라/Illness may ~ from a poor diet. 질병은 잘 못먹어서 생기는 수도 있다.
14 형성되다, 되다, 생겨나다, 생성하다. ¶Peace will ~ between them in time. 결국 그들 사이에는 화해가 이루어질 것이다 // (~+前+名) A chicken ~s from an egg. 달걀이 부화해서 병아리가 된다.
15 (씨앗이) 싹트다.
III. 상태·결과에 이르다
16 (…이) 되다(become). ¶(~+圏) The shoelace came loose[untied]. 구두끈이 느슨해졌다[풀렸다] / The work will soon ~ easy with a little practice. 그 일은 조금만 익숙해지면 곧 수월해질 것이다 / What I have long hoped has at last ~ true. 내 오랜 소망이 마침내 실현되었다.
17 (어떤 상태에) 이르다, 옮아가다, 들어가다(to, into). ¶(~+前+名) ~ into existence 생겨나다, 시작되다 / ~ into flower 꽃이 피다 / ~ into force 효력을 발생하다 / ~ into sight 보이기 시작하다 / ~ into use 쓰이게 되다 / ~ into the world 태어나다 / ~ into a person's favor 남의 마음에 들게 되다 / ~ to a conclusion 결론에 도달하다 / The ship came into action. 배는 움직이기 시작했다.
18 …하게 되다(to do). ¶You will ~ to like it. 당신은 그것을 좋아하게 될 것이다/He has ~ to see that he was wrong. 그는 자기가 잘못이었음을 알게 되었다 /He came to be a noted scientist. 그는 유명한 과학자가 되었다/The fact came to be revealed. 그 사실이 밝혀졌다 /His advice came to be considered important. 그의 충고는 중요한 것으로 여겨지게 되었다/How did you ~ to be there? 어떻게 거기에 가게 되었나요?
19 (금액 따위가 …이) 되다(amount); (결국 ~에) 귀착하다(to). ¶(~+前+名) My taxes came to $3,000 last year. 내 세금은 작년에 3천 달러였다/A liar ~s to grief at last. 거짓말쟁이는 결국 불행하게 된다/What he says ~s to this. 그의 이야기는 결국 이런 것이다.

20 (美속어) 성공할 듯하다, 잘 될 듯하다.

Ⅳ. 기타 용법

21 (…의) 출신이다; 헐뜯[집안]이다(*from, of*). ¶(~十前+名) She ~s *from* Florida. 그녀는 플로리다 출신이다 / She ~s *from* a middle-class family. 그녀는 중류 가정 출신이다 / He ~s *of* a royal line. 그는 왕족이다 / Where do you ~ *from*? 출신지가 어디십니까? (* 이 뜻으로는 항상 현재형으로 쓴다. (美)에서는 come from 과 be from을 쓴다.

22 (美속어) (운동 선수·말 등이) 갑자기 힘을 내다.

23 (명령형으로·감탄사적) 자, 이봐(now); 그만, 진정해(* 노여움·초조감·항의·비난 따위의 느낌을 나타낸다). ¶*C*-, ~. 자, 어서 / *C*-, tell me what has happened. 이봐, 무슨 일이 일어났는지 말을 해 / Oh, ~ now. 설마 (그럴 리가).

── 囲 **1** (英) ~을 하다, 행하다(do, act), 해내다(perform). ¶~ the bully over a person (英속어) 남을 못살게 굴다 / ~ a joke [*or* trick] on a person 남을 놀리다 / ~ a hand at cards 카드놀이에 끼다. **2** (구어) …역을 맡아하다, …인 체하다(play)(* 비난의 뜻이 함축되어 있다. 보통 정관사가 붙은 명사를 수반한다). ¶~ the moralist [great man] 도덕군자[위인]인 체하다. **3** [어떤 나이]가 되어 가다(approach). ¶He is *coming* twenty years old. 그는 20세가 다 되어 간다.

as…as they come 매우[더없이] ~한.

as it comes ① 있는 그대로; 그 자리에서. ② (홍차 따위의 농도가) 아무래도 좋은.

come about ① 일어나다, 생기다(happen, occur). ② (해사) 바람 불어오는 쪽으로 배를 돌리다(tack); (바람의 방향이) 바뀌다. ③ …에 관한 일로 오다.

come across ① …와 마주치다; …을 우연히 발견하다. ② (美속어) (빚을) 갚다, [약속·의무]를 이행하다(*with*). ¶*come across with*. ③ [머리 속에] 떠오르다, …의 마음 속을 스치다. ¶A doubt *came across* my mind. 내 마음 속에 문득 의문이 스쳤다. ④ (사람·이야기 등이) 이해되다, 인상을 주다; (구어) 행동거지로 보아 …으로 보여지다(*as*). ⑤ 정보를 누설하다, 배신하다. ⑥ (여자가) 몸을 내맡기다. ⑦ …을 건너[저쪽에] 오다.

come across with ① (속어) (기대·요구에 응하여) …을 주다; [금전 따위]를 지불하다, 넘겨주다. ② …을 자백하다(confess).

come after ① …의 뒤를 잇다; …에 잇따르다(follow). ¶those who ~ *after* us 우리 뒤에 오는[뒤를 잇는] 사람들. ② …을 찾다, 구하다; (구어) …을 뒤쫓다. ③ …을 가지러[찾으러] 오다.

come again ① 돌아오다. ② 같은 말을 되풀이하다; 좀더 자세히 말하다. ¶May I ~ *again*, please? 한번 더 말씀해 주시겠어요? / *C*- *again*? (英구어) 뭐라고 하셨죠?; 정말입니까?, 거짓말 아니죠?

come along ① 함께 가다(*with*). ¶May I ~ *along with* you to the movies? 영화 보러 같이 가도 괜찮습니까? ② (구어) (명령형으로) 자 빨리!: 힘내!: 이봐 자네, 괜찮아?: 잠깐만!: 설마. ¶*C*- *along*, we haven't got much time! 자 빨리, 시간이 얼마 없단 말이야! ③ (구어) (진행형으로) 잘해 나가다; 살아나가다(get along)(*with*). ¶This company is *coming along* very well. 이 회사는 아주 잘 되어가고 있다. ④ 동의하다(agree)(*with*). ⑤ (사람·기회 등이) (우연히) 찾아오다, 나타나다. ⑥ (구어) 출두하다(appear), 참가하다(*to*). ⑦ (사람이) ~을 나르다(*with*). ⑧ (사람이) …을 뒤따라오다(*to*).

come a long way 크게 발전[진보]하다; (구어) 건강해지다; 출세하다.

come and do (구어) (명령문에서) …하러 오시오. ¶*C*- *and* see me tomorrow. 내일 놀러 오시오.

Come and get it! (구어) 와서 식사하시오.

come and go ① 오락가락하다; (세월이) 오고가다.

변천하다; (빛이) 명멸하다. ¶Money will ~ *and go*. 돈이란 돌고 도는 것. ② (…을) 믿고 찾아가다(*upon*). ③ 잠깐 들르다.

come apart (물건이) 부서지다, 낱낱이 흩어지다; (사람이 정신적으로) 무너지다, 흐트러지다.

come apart at the seams (美구어) ① (계획·일 따위가) 실패로 돌아가다. ② (육체적·정신적으로) 못쓰게 되다, 결딴나다.

come around [*or* (英) *round*] ① (정기적으로) 돌아오다. ¶A leap year ~s *around* every four years. 윤년은 4년에 한 번씩 돌아온다. ② 의식[건강]을 회복하다, 소생하다(recover); (구어) (노여움·고통 따위가) 가라앉다. ③ (구어) 슬쩍 들르다(*to*). ④ (구어) 감언으로 속이다. ⑤ 의논을 매듭 짓다; [의견·태도 따위]를 바꾸다. ⑥ 여느 때보다 돌아가다. ⑦ (바람·배가) 방향을 바꾸다. ⑧ (속어) (예정보다 늦게) 생리하다 (* 이 경우에는 round를 쓰지 않는다).

come around [*or* (英) *round*] *to…* ① (구어) (지연된 뒤에) 겨우 …에 착수하다. ② [남의 의향]에 의견·결정 따위를 바꾸다, 동조하다; (바람의 방향이) …으로 바뀌다. ¶He is *coming around* to *my opinion*. 그는 나에게[내 의견에] 동조하려 하고 있다.

come at ① [사실·진리 따위]를 찾아내다, 터득하다; [생각 따위]를 이해하다. ② …을 공격하다. ¶A tiger *came at* the hunter. 호랑이가 사냥꾼에게 덤벼들었다. ③ 뜻하다, 의도하다. ¶What are you *coming at*? 어떻게 할 작정입니까? ④ …에 이르다, 도달하다; …에 가까우다.

come away ① 벗겨지다, 떨어져 나가다. ¶The branch *came away*. 가지가 부러져 나갔다. ② 떠나다, 멀어지다. ¶*C*- *away* from this place. (나와 함께) 이곳을 떠나요. ⑤ (스코 구어) (명령형으로) 들어오시오.

come away with 결국 …한 감정[인상]을 갖다.

Come away with it! (그것을) 말해 버려라.

come back ① 돌아오다(*from*); 생각나다, 상기하다(*to*). ¶~ *back from* abroad 외국에서 돌아오다. ② (구어) 회복하다; 복귀하다(*to*); 복고풍으로 돌아가다(*in*). ¶~ *back* to power 재집권하다. ③ (구어) 말대꾸하다(retort), 적절한 응수를 하다(*at*). ④ (제도 따위가) 원상태로 돌아오다. ⑤ (구어) 다시 한번 말하다, …에게 대답하다(*to*).

Come back…, all is forgiven! (익살) 다 용서할 테니 …야 제발 돌아와다오(* 가출한 사람을 찾을 때).

come back [*or* *down*] *to earth* 현실로 돌아오다, 제정신이 들다.

come before ① (사람이) …앞에 나타나다, 출두하다; (문제 따위가) …에 제출되다. ② …에 우선하다, 낫다, 중요하다. ③ (문제 따위가) …에서 논의[심의] 되다.

come between ① …사이에 오다[위치하다]. ② …의 사이를 가르다; 이간질하다. ¶Money *came between* the married couple. 돈이 부부 사이를 갈라놓았다.

come by ① …을 얻다, 입수하다(obtain, acquire). ¶How did you ~ *by* such a large sum of money? 어떻게 그런 큰 돈을 손에 넣게 되었는가? ② (美) …에 들르다(call at). ③ …와 마주치다. ④ 지나치다. ⑤ [상처 따위]를 우연히 입다. 「로부터 물려 받다.

come by…honestly (美구어) [성격 따위]를 부모

come clean ⇒ CLEAN.

come close to doing = come near to doing.

come-day, go-day (구어) 그날 벌어 그날 먹는, 무사안일주의의. ¶a ~-*day, go-day* attitude 될 대로 되겠지 하는 식의 태도.

come down ① 넘어지다; 떨어지다, 내리다; (값·온도·비용 따위가) 하락하다; (체중 따위가) 줄다; 영락(零落)하다(*in*). ¶~ *down in* price 값이 내리다. ② 대대로 전해지다, 상속되다(*to*). ¶The custom has ~ *down* to us. 그 풍습은 오늘날까지 전해 내려오고 있

있다. ③ (높은 곳에서) 내려오다; (대도시·북쪽에서) 오다 (*from*). ④ 《구어》 돈이 풍족하다. ⑤ (망설이다가) 결정하다 (*in favor of, against*). ⑥ 《英》 …대학 출신이다 (*from*). ⑦ 《속어》 (약 기운이 떨어져) 평상 상태가 되다; 낫다, 깨어나다.
come down handsome ⇨HANDSOME.
come down on [or ***upon***] ① …을 덮치다, 습격하다. ② 《구어》 …에게 (느닷없이) 요구하다 (*for*). ¶He *came down on* me *for* the payment of five thousand dollars which I had owed him. 그는 느닷없이 내게 5,000달러 빚진 것을 갚으라고 요구해 왔다. ③ 《구어》 …을 야단치다; 호되게 비난하다 (*for*). ④ …에 반대의 입장을 취하다. ¶He *came down* hard *on* gambling. 그는 도박에 강력히 반대했다. ⑤ …을 벌하다; 잘못을 비난하다. ⑥ 〔남〕에게 (…하도록) 요구하다 (*to* do).
come down to ① 결국 …(하는 것)이 되다, …로 귀착되다(⇨[자] 18); 《구어》 …와 같아지다; …할 처지가 되다. ② 《구어》 (값을) …까지 내리다[깎다]. ③ …에 달라붙다, 몰두[전념]하다, …와 씨름하다. ④ …에 이르다, 미치다. ⑤ 《when it comes down to…로》 《구어》 …이 되면, …에 관해 말한다면.
come down to earth = *come back to earth*.
come down with ① …의 병에 걸리다. ¶~ *down with* pneumonia [a cold] 폐렴[감기]에 걸리다. ② 《英구어》 돈을 내다[지불하다]; 돈을 …에 기부하다 (*to*).
come first 우선하다. ¶My country ~*s first*. 조국이 「우선이다.
come for ① …의 목적으로 오다; 〔물건〕을 가지러 오다; 〔사람〕을 맞으러 오다. ② (무기 따위를 가지고) 〔남〕을 덮치러 오다 (*with*).
come forth (제안 따위가) 나오다; 공표되다.
come forward ① 나서다, 앞으로 나오다(present oneself); 지원하다(volunteer). ¶~ *forward* to help 돕겠다고 나서다. ② (문제 따위가) 의제로 제시[제안]되다; (상품이) 출시되다. ③ (기회 따위가) 잡을 수 있게 되다; 성공하다, 명성을 얻다. ④ …을 진척[진전]시키다 (*with*).
come from behind 《美구어》 추월하다; 〔야구〕 역전 「(逆轉)하다.
come good 《구어》 잘 되어가다.
come hell or high water 《구어》 어떤 일이 있어도.
come home ① 귀가[귀향]하다. ② 절실히 느껴지다 (*to*). ③ 〔해사〕 (닻이) 끌리기 시작하다.
come home to *a person* ⇨HOME.
come home to roost ⇨ROOST.
come in ① (집·방 따위에) 들어오다, 들어가다(enter). ② (기차·배 따위가) 도착하다. ③ 쓰이기 시작하다; 유행하기 시작하다. ¶This fashion *came in* several years ago. 이 패션은 수년 전부터 유행하기 시작했다. ④ (시기·계절 따위가) 시작되다. ⑤ 《구어》 《진행형으로》 참가하다; (일 따위의 일부분을) 담당하다. ⑥ (…등으로) 결승점에 들어오다, 골인하다. ¶Tom *came in* second in the race. 톰은 경주에서 2등으로 들어왔다. ⑦ 입상하다; 당선하다. ⑧ (정당이) 정권을 잡다. ⑨ (수입으로서) 들어오다. ⑩ (농작물 따위가) 수확이 되다; 익다. ⑪ (바다가) 만조(滿潮)가 되다. ⑫ (뉴스가 방송국 따위에) 들어오다; 〔방송〕 (기자 등이) 해설하다. ⑬ 〔무선통신〕 《명령형으로》 이야기하십시오. ⑭ 《it를 주어로 날씨를 나타내는 형용사와 함께》 (날씨가) …하기 시작하다. ⑮ (열차·선박·비행기 등이) 목적지에 접근하다. ⑯ 〔크리켓〕 타석에 서다. ⑰ 《美속어》 (동물이) 새끼를 낳다.
come in favor [or ***support***] ***of*** = *come out for*.
come in for ① 〔재산·돈〕을 받다, 수취하다. ② 〔비판·체벌·주목 따위〕를 받다, 뒤집어 쓰다. ¶~ *in for* a severe beating 늘씬하게 얻어맞다. ③ (장래 언젠가) …에 도움이 되다. 「되다, 유익[편리]하다.
come in handy [or ***useful***] (언젠가) …에 도움이
come in on ① (사업·계획 따위에) 참여하다. ② 《it를 주어로》 생각나게 하다.
come into ① …에 들어가다, (어떤 상태가) 되다. ⇨[자] 17. ② …을 상속받다. ¶~ *into* a large fortune 큰 재산을 상속받다. ③ 참가하다.
come into *one's* ***own*** ⇨OWN.
come in with 〔그룹·사업 따위〕에 참가하다.
come it ① 《can't, couldn't와 함께》 목적을 이루다. ② ⇨*come it over*.
come it over [or ***with***] 《구어》 ① 《부정명령문에서》 …에 대해 거드름 피우다. ② (사람에게) …을 믿게 하다 (*that*). 「강력하게 하다; 과장하다.
come it (too [or ***a bit, rather***]***) strong*** 《英구어》
come near to …에 가깝다, 맞먹다, …이라 해도 좋을 정도이다. 「to를 생략하기도 한다).
come near to doing …할 뻔하다(∗《구어》에서는
come of age 성년[어른]이 되다.
come off ① 〔장소〕를 떠나다, 〔자리〕를 벗어나다. ② 《구어》 (예정대로) 일어나다, 행하여지다. ¶When did the exhibition ~ *off*? 그 전시회는 언제 있었습니까? ③ 결국 …이 되다; …의 결과가 되다. ¶I have never ~ *off* lucky in gambling. 나는 도박에서 재미를 본 적이 없다. ④ 《구어》 잘 되다, 성공하다, 실현하다, 해내다. ¶His attempt to persuade her did not ~ *off*. 그녀를 설득하려는 그의 시도는 성공하지 못했다. ⑤ 그만두다, 끝나다. ⑥ (말 따위에서) 떨어지다; (단추 따위가) 떨어지다; (페인트 따위가) 벗겨지다. ⑦ (단추·자루 따위를) 떼어내다; (페인트 따위를) 벗겨내다. ⑧ (일 따위에서) 손을 떼다. ⑨ (돈·세금 따위가) 공제되다. ⑩ 《양태 부사(구)와 함께》 (사람이) 해나가다, 행동하다. ⑪ (극 따위가) 공연을 끝내다. ⑫ 〔크리켓〕 투구를 그만두다, 강판하다. ⑬ 《비어》 오르가슴에 도달하다.
Come off it [or ***the grass***]***!*** 《구어》 어리석은[뻔한, 돼먹지 않은] 소리 그만둬, 마음대로 해; 그만 둬, 그런 짓하지 마. ¶*C– off it*, Tom. Who will believe such a story? 그만둬라, 톰. 누가 그런 소릴 믿겠니?
come on[1] (∗on은 [부] [ɔ́n]) ① 진보[발전]하다; (식물이) 자라나다, 성장하다 (*with, in*). ¶~ *on with* [or *in*] one's studies 학업이 진보하다. ② (자연 현상이) 차차 …으로 되다. ¶It *came on* dark. 《英》 차차 어두워졌다/It *came on* to rain toward evening. 《英》 저녁 무렵에 비가 내리기 시작했다. ③ 등장하다, 나타나다; (전화·TV 따위에) 나오다; 〔스포츠〕 시합에 출전하다. ¶The next singer *came on*. 다음 가수가 등장했다. ④ (질병 따위가) 엄습하다; (열·두통 따위가) 나다. ⑤ (극·영화 따위가) 상연[상영]되다. ⑥ (공판·소송이) 시작되다. ⑦ (전등 따위가) 들어오다. ⑧ (화제 따위를) 받아들이다. ⑨ =*come on strong*.
come on[2] [or ***upon***] (∗on, upon은 [전]) ① …을 급습하다, 불시에 습격하다. ② 〔신상〕에 일어나다, 덮치다. ¶What has ~ *upon* you? 무슨 일인가? ③ …의 마음 속에 떠오르다. ④ 《구어》 …에게 요구하다, 부탁하러 오다 (*for*). ⑤ …의 부담이 되다. ⑥ …와 우연히 마주치다. ¶I *came upon* the announcement in the paper. 신문의 그 발표가 우연히 눈에 띄었다. ⑦ 〔임무 따위〕를 맡다. ⑧ 《속어》 인상을 주다; 효과가 있다.
Come on. 《구어》 《명령형으로》 ① (상대의 주의를 끌기 위해) 야, 이봐; (명령문 앞에 쓰여 강조의 뜻으로) 자아 자아. ¶*C– on*, don't sit there dreaming. 이봐. 멍청하게 앉아 있지 마라. ② (상대의 행동을 재촉하여) 빨리빨리, 시작해. ③ (경기 따위의 응원으로) 그래 바로 그거야, 잘했어. ④ (싸움에서) 자 덤벼, 한번 해볼래. ⑤ 《반어적》 그만 둬, 마음대로 해; 설마, 바보같이 (…처럼) 행동하다. (∗상대방에 대한 가벼운 항의).
come *one's* ***way*** ⇨WAY.
come on in 《美구어》 《명령형으로》 자 들어오시오. ¶*C– on in* for a moment if you're not busy. 바쁘지

않으면 잠깐 들어 오시오.

come on like gang busters 《美속어》 요란하게 시작하다[굴다]; (말·태도로) 위압하다, 기를 죽이다.

come on strong 《구어》 ① 위압적이다. ② 《경멸적》 관심이 있는 듯한 기색을 보이다.

come on to ① 《속어》 〔여자〕에게 유혹의 눈길[몸짓]을 보내다; …와 성교하다. ② 〔흥미·화제 거리 따위〕로 눈을 돌리다. ③ …쪽으로 오다[가다]. ④ 〔무대·법정 따위〕에 나오다, 등장하다. ⑤ (집·토지 따위가) 〔시장〕에 매물로 나오다.

come out ① 나타나다, 출현하다; (상품이) 출시되다, (책이) 출간되다. ¶When did the new magazine ~ *out*? 언제 그 새 잡지가 나왔습니까? ② 알려지다, 드러나다; (의미 따위가) 분명해지다; (문제 따위가) 풀리다. ¶The motive of the crime will ~ *out* at the trial. 그 범죄의 동기는 재판에서 밝혀지게 될 것이다. ③ (꽃·봉오리가) 피다, 벌어지다. ④ (사교계·무대 따위에) 데뷔하다. ⑤ (시험 따위에서) 어떤 성적을 올리다 (*in*). ⑥ (어떤 결과로) 끝나다. ¶It will ~ *out* all right in the end. 결국에는 좋게 될 것이다. ⑦ (결과가) 나오다, 발표되다; (합계·평균 따위가) …이 되다. ⑧ (사람 등이) 사진에 찍히다, 사진이 되다. ⑨ 《英》 파업을 하다(《美》 walk out). ⑩ (이·못 따위가) …에서 빠지다 (*of*). ⑪ (드라이브하러) 집을 나서다 (*for*); …로 나들이하다 (*to*). ⑫ 《well, badly와 함께》 …로부터 이익을 얻다[얻지 못하다](*of*). ⑬ 태도를 표명하다; 《속어》 동성 연애를 공공연히 드러내다.

come out against …에 반항하다, 반대하고 나서다.

come out for [or ***on the side of***] …에 대한 지지를 표명하다, …의 지지 성명을 내다.

come out in (사람·얼굴·팔 등이) 〔두드러기 따위〕로 뒤덮이다. ¶I ~ *out in* rashes after eating eggs. 나는 계란을 먹으면 두드러기가 난다.

come out of ① …에서 나오다; 〔병·곤경 따위〕에서 벗어나다. ② 《well, badly와 함께》 …로 이득을 보다[못 보다].

come out of that 《美구어》 참견을 그만두다; 단념하다.

come out of the closet ⇨CLOSET.

come out on the right [***wrong***] ***side*** (장사꾼이) 손해를 안 보다[보다].

come out with ① …을 자백하다, 토로하다, 암시하다. ② …을 공표하다, 말하다, 〔안 따위〕를 제출하다, 〔성명〕을 발표하다, 〔질문〕을 하다. ¶He *came out with* the most useful suggestion. 그는 가장 쓸모있는 제안을 했다. ③ …을 세상에 내보내다; 〔책〕을 출판하다, 〔상품〕을 출시하다.

come over[1] (＊over는 [전]) ① …에게 일어나다; (어떤 상태가 일시적으로) 〔사람〕을 엄습하다. ¶A fit of chilliness *came over* me. 갑자기 한기가 느껴졌다. ② …을 속이다, 속여서 …하게 하다.

come over[2] (＊over는 [부]) ① 《英》 (…한 기분·상태로) 되다(become). ¶I *came over* sleepy [dizzy, chilly]. 졸음이 왔다[현기증이 났다, 오한이 났다]. ② 《美구어》 (이성의 정열을) 북돋우다. ③ (…로부터) 오다, 찾아오다 (*from*); 해외에서 오다, 이주해오다. ④ …로 의견을 바꾸다, …편에 붙다 (*to*). ⑤ (사람·말이) 생각한 대로 의미[인상]를 전달하다.

come right in 《명령형으로》 자 들어오시오.

come round ① 《英》 =*come around*. ② 〔해사〕 배를 바람 불어오는 쪽으로 돌리다.

come round to =*come around to*.

come short ⇨SHORT.

come the heavy 《구어》 점잔빼다, 거만한 태도를 취하다.

come through ① 《美》 성공하다, 해내다; (기대·요구 따위에) 부응하다(*with*). ¶~ *through with* one's promise 약속을 지키다. ② 《美구어》 고백하다, 털어놓다. ③ 통과하다, 지나가다. ¶*Coming through*, please. 좀 갑시다. ④ (위기·병 따위를) 이겨내다. ⑤ (통지 따위가) 도착하다; (결과 따위가) 발표되다; (사람이) …으로 통신하다 (*on*). ⑥ (능력 따위가) 뚜렷이 나타나다; (소리 따위가) 들리다.

come to[1] (＊to는 [부] [túː]) ① 의식을 회복하다. ② 〔해사〕 배를 바람 불어오는 쪽으로 돌리다. ③ 〔해사〕 정박하다.

come to[2] (＊to는 [전] [tə]) ⇨[자] 6, 12, 17, 19.

come together 모이다, 집합하다; 화해하다.

come to harm 다치다, 불행을 겪다.

come to heel 뒤에서 따르다, (규칙·명령 따위에) 충실히 따르다.

come to much ⇨MUCH.

come to no good 잘 안되다, 신통치 않다.

come to oneself [or ***one's senses***] 의식을 되찾다, 정신을 차리다; 본심으로 돌아가다, 진지하게 행동하다.

come to pass 일어나다, 발생하다.

come to power 권력[정권]을 잡다.

come to stay (기후 따위가) 오래 계속되다, 변하지 않다; (외래의 습관 따위가) 토착화하다.

come to that 《구어》 그 일에 대해서는, 그 경우에는, 그렇게 말하면, 덧붙이면(＊if it *comes* to that의 생략형).

come to the book 《구어》 (배심원이 되기 전에) 선서하다.

come to think of it 《구어》 《독립부정사적》 (다시) 생각해보니, 그러고 보니.

come true (예언·예감 따위가) 적중하다, 사실로 되다; (꿈 따위가) 현실화 되다.

come under ① …의 부문[범주]에 들다. ¶Tea and sugar ~ *under* the head of groceries. 차와 설탕은 식료품류에 속한다. ② …의 관할[지배] 아래 있다; …의 영향을 받다. ¶~ *under* a person's notice 남이 알게 되다. ③ 〔포화 따위의 공격〕을 받다.

come up ① 오르다, 올라가다; 출세하다, 승진하다. ¶~ *up* to the room (2층의) 그 방으로 올라가다. ② 다가오다, 가까이 오다 (*to*). ¶A pretty girl *came up* (*to* me). 예쁜 소녀가 다가왔다. ③ (식물이) 싹이 나오다. ④ 유행하다. ⑤ (폭풍우 따위가) 일다. ⑥ 언급되다, 화제가 되다. ¶The subject never *came up* among us. 우리 사이에서는 그것이 화제가 된 적이 없다. ⑦ (법안 따위가) 상정되다, 제출되다; (…의) 의제[후보]가 되다 (*for*). ⑧ (사건이) 심리되다; (피고가 법정에) 출두하다. ⑨ (물고기 따위가) 수면 위로 올라오다. ⑩ 《英》 (런던에) 가다; 《美》 (북부로) 오다. ⑪ 《英》 (대학에서) 신학기를 맞다, 기숙사에 들어가다; 대학에 들어가다. ⑫ 〔군사〕 (물자가 전선에) 수송되다. ⑬ (기회·뜻밖의 일 따위가) 생기다. ⑭ 《구어》 (먹은 것이) 올라오다. ⑮ 《구어》 (복권에서) (사람·번호 따위가) 맞다, 이기다. ⑯ 《구어》 《부정명령문에서》 실제보다 잘 보이려 하다, 무리하다. ⑰ (세탁물이) 깨끗이 빨리다; (은식기 따위가 닦아서) 광택이 나다. ⑱ 〔해사〕 그물의 힘을 늦추다. ⑲ 《명령형으로》 달려! (＊말 따위에게 하는 말).

come up against …에게 대항하다; …와 충돌하다.

come up for the third time (물에 빠진 사람이) 세 번째로 수면에 떠오르다; 구조 받을 수 있는 마지막 기회가 주어지다.

come upon =*come on*[2].

come up (the) hard (way) 고초를 겪고 성공하다.

come up to ① …에 달하다. ¶The water *came up to* the floor. 물이 마루에까지 찼다. ② …에게 말을 걸다. ③ (질·양 따위가) …와 비슷하다, …에 필적하다; 〔기대·기준 따위〕에 어긋나지 않다.

come (up) to (the) scratch ⇨SCRATCH.

come up with ① …에 다가가다, 따라가다, 따라잡다. ¶~ *up with* a traveler on foot 도보 여행자를 따라잡다. ② 《美》 〔필요한 물건〕을 공급하다, 주다, 산출하다. ③ …을 제안하다, 〔어떤 생각〕을 꺼내다; …이 생각나다, 떠오르다. ④ …을 발견하다.

come what may [or ***will***] 어떤 일이 있어도, 결과야 어쨌든, 반대를 무릅쓰고.

comfit / coming

come with …이 딸려 있다.
come with a hair's breadth 바로 코앞까지 오다.
come within 〔책임·일 따위]의 범위 안에 있다[든다].
coming up (구어) (식당 따위에서) 다 됐습니다.
get [or *take*] *what's coming to* (구어) 당연한 벌[보수, 응보]을 받다.
have…coming (*to*) 〔벌·어려움 따위〕를 감수하다; 〔휴가〕를 얻다. 「어째서[왜] …인가?
How comes it that…?; (구어) *How come…?*
if it comes to that =come to that.
Let them [or *'em*] *all come!* 덤빌테면 모두 덤벼!
not know whether [or *if*] *one is coming or going* (구어) 뭐가 어떻게 되어가는지 전혀 모르다.
see a person coming 남의 약점을 노리다[틈타다].
take…as it comes (일)을 그때 그때 처리하다.
things to come 장차 일어날 일, 미래.
This is where we came in. (구어) ① 여기는 출발한[…하기 시작한] 곳이다, 원점으로 되돌아왔어; 그 이야기는 전에 들은 일이 있다. ② 여기서부터 보았어[이야기했어].
What's come of [or *over*]*…?*; *What is… coming to?* (구어) …은 어떻게 된거야?, …에게 무슨 일이 있었는가?
What will [*have*] *come of…?* …은 어떻게 되는[된] 겁니까?(* 보통 좋지 않은 일에 쓰인다.) 「면.
when it comes (*down*) *to doing* …할 계제가 되면
when it comes [or *you come*] (*down*) *to it* 기본적으로, 근본적으로(basically, essentially).
where a person is coming from (美속어) 남이 무슨 생각을 하고 있는지; 남의 의도가 무엇인지.
— 명 (비어) 1 정액; 정액 비슷하게 끈적끈적한 것(음식물 따위). (또는 **cum**) 2 성적 절정감, 오르가슴.
on the come (속어) 후불[연불]로.¶buy a car *on the* ~ 후불로 차를 구입하다.

comex 〔<Commodity Exchange of New York〕
com·fit [kʎmfit, kám-] 명 (나무 열매 따위를 넣은) 당과(糖菓).
‡**com·fort** [kʎmfərt] 명태 1 …을 위로하다; 기력을 북돋우다, 격려하다; …을 안심시키다(relieve); 〔어린애·동물〕을 달래다.¶~ a person who is in sorrow 슬픔에 잠겨 있는 사람을 위로하다 / ~ oneself with the thought that …이라 생각하고 스스로를 위로하다.

〖유의어〗 **comfort** 비탄·고뇌를 완화시키고 나아가서 희망·기력을 갖게 함으로써 기운을 북돋우다. **console** 친절과 동정을 나타내어 비탄·고뇌를 완화시키다; comfort보다 뜻이 소극적이고 격식을 차리는 말. **solace** 무료함·우울·고독 따위의 감정을 달래다.

2 〔육체〕를 편하게 하다. 3 (고어) …을 원조하다.
— 명 1 ⓤ 위로, 위안; 안심.¶words of ~ 위로의 말. 2 위안을 주는 사람, 위안이 되는 물건[일]; (~s) 생활을 편하게 해주는 물건.¶It is a ~ to know that he is alive. 그가 살아 있다는 것을 알고는 위안이 된다 / The hotel has every modern ~. 그 호텔에는 현대적이고 쾌적한 온갖 설비가 있다. 3 (美중·남부) 깃털 이불 (comforter). 4 ⓤ 쾌적함, 안락, 편안함.⇒EASE
〖유의어〗¶love ~ 안일(安逸)을 좋아하다.
be a comfort to …의 위안이 되다.¶He *is* a great ~ *to* his mother. 그는 그의 어머니에게 커다란 위안이다.
be of (*good*) *comfort* 편안하게 있다.
cold comfort 달갑지 않은 일[위로].
find [or *take*] *comfort in* …을 낙으로 삼다.
give comfort to …을 위로하다.
in comfort 편안하게, 안락하게.¶relax *in* cool ~ 아주 편안하게 쉬다. 「in.
take [or *derive*] *comfort from* =find comfort
‡**com·fort·a·ble** [kʎmftəbl, -fərt-] 형 (more ~; most ~) 1 쾌적한, 기분이 좋은: 안락한, 마음 편한, 편안한.¶a ~ house 아늑한 집 / a ~ night 쉽[잘] 수 있는 밤 / ~ circumstances 쾌적한 환경.

〖유의어〗 **comfortable** 몸과 마음에 두루 고통·고민·귀찮은 일 따위가 없는; 평온·행복·만족을 주는. **easy** 걱정·의심·귀찮음 따위가 일으킬 듯한 이유가 전혀 없는. **cozy** 따뜻하게 보호되어 comfortable한. **snug** 필요한 만큼의 것을 충족시켜 comfortable한.

2 위안이 되는; 사귀기 쉬운.¶~ words 위안이 되는 말 / a ~ person to be with 같이 있으면 마음 편한 사람. 3 (구어) (금전적으로) 불편한[부족함]이 없는, 충분한, 넉넉한.¶a ~ income [salary] 넉넉한 수입[봉급]. 4 (의견·설명 따위가) 납득할 수 있는, 기분좋게 받아들여지는.¶be ~ with her explanation 그녀의 설명에 납득하다. 5 (일 따위가) 편한, 쉽게 할 수 있는.¶a ~ job 쉬운 일. 6 (美속어) 술취한.

(*as*) *comfortable as an old shoe* (구어) (사람이) 사귀기가 쉬운[편한]. 「무 걱정 없이, 팔자 좋게.
in comfortable circumstances (금전적으로) 아
make oneself comfortable (완곡히) 오줌을 누다.
— 명 (美북부) 깃털 이불(comforter).
-**bil·i·ty**, **~·ness** 명
*****com·fort·a·bly** [kʎmftəbli, -fərt-] 부 안락하게, 쾌적하게, 기분좋게; 불편 없이; 잘 조절되어.
be comfortably off 안락하게[아쉬울 것 없이] 살아가다, 유복하다.
*****com·fort·er** [kʎmfərtər] 명 1 위로하는 사람[물건], 위안자. 2 (the C—) 〔신학〕 성령(the Holy Spirit). 3 (英) 털실목도리. 4 (美) 깃털 이불. 5 (英) (젖먹이를 달래기 위한) 고무 젖꼭지.
com·fort·ing [kʎmfərtiŋ] 형 격려[힘]가 되는; 위안[안심]이 되는. ~**·ly** 부
com·fort·less [kʎmfərtlis] 형 위안이 없는; (생활을) 편케 하는 것이 없는; 살기가 편치 못한, 쓸쓸한. ~**·ly** 부 ~**·ness** 명
cómfort stàtion [**ròom**] 명 공중 화장실[변소] ((英) public convenience). 「위한 정차.
cómfort stòp 명 ((시외 버스 따위의) 용변[휴식]
cómfort wòman 명 (종군) 위안부.
com·frey [kʎmfri] 명 (식물) 나래지치, 컴프리.
com·fy [kʎmfi] 형 (구어) =comfortable.
‡**com·ic** [kámik/kɔ́m-] 형 (*more* ~; *most* ~) 1 희극의, 희극에 관한; 희극적인. 2 희극을 하는, 희극에서 연기하는, 희극을 만드는.¶a ~ actor[writer] 희극 배우[작가]. 3 웃기는, 익살맞은; 만화의.¶a ~ song 익살맞은 노래. — 명 1 희극 배우. 2 (美) 만화; (英) 만화 잡지((美) ~ book); 만화[희극] 영화. 3 (~s) = ~ strip. 4 (the ~) 〔문학·예술·인생 따위의〕 희극적 요소. 명 tragic
*****com·i·cal** [kámikəl/kɔ́m-] 형 익살맞은, 웃기는, 우스운, 우스꽝스런; (폐어) =comic.¶a ~ appearance 우스꽝스런 모습. ~**·ly** 부 ~**·ness** 명
com·i·cal·i·ty [kàmikǽləti/kɔ̀m-] 명ⓤ 우스움, 익살스러움, 재미; ⓒ 익살맞은 것[사람].
cómic (**bòok**) 명 (美) 만화책[잡지].
cómic ópera 명 희가극(喜歌劇).
com·ic·op·er·a 형 곧이 들을 수 없는, 지나치게 우쭐대어 익살스러운, 우스운.
cómic relief 명 (비극적인 장면 사이에 끼어 넣어 긴장 따위를 풀어 주는) 희극적 요소.
cómic strip 명 (신문·잡지 따위의) 연속[연재] 만화 ((英) strip cartoon).
Com. in Chf. *Commander in Chief* (최고 사령관).
Com·in·form [kámɪnfɔ̀ːrm/kɔ́m-] 명 (the ~) 코민포름(유럽 9개국의 공산당이 결성한 조직(1947-56)). 〔<*Com*munist *Inform*ation Bureau 공산당 정보국〕
‡**com·ing** [kʎmiŋ] 형 (복 ~s [-z]) ⓒⓤ 접근, 도

래, 도착; (the C–) 그리스도의 재림. 「세).
coming of age 성인 연령(＊(美) 18–21세, (英) 18
comings and goings (구어) 도착과 출발, 왕래, 출입; (인물 등의) 동정, 소식.
Coming Soon (게시) (영화의) 개봉 박두, 근일 개봉.
— [형] **1** 다가오는, 가까이 오고 있는, 다음의. ¶this ~ Sunday 이번[다음] 일요일. **2** 팔리기[두각을 나타내기] 시작한; 전도 유망한. ¶a ~ man 전도 유망한 사람.
coming and going 도피할 곳이 없는, 도저히 면할 길이 없는. 「i–) 수입, 세입.
cóming ín [명] (복) **-s i-**) **1** 들어가기; 개시. **2** (보통 –s
com·ing-out [-áut] [명] (복) ***com·ings-***) **1** (the ~) (사교계 따위의) 데뷔; 사회 진출. **2** (구어) 동성애자임을 공개하기.
com·int [kámìnt/kɔ́m-] [명] (도청에 의한) 통신 정보 수집 (활동). 〔<*com*munication+*int*elligence〕
Com·in·tern [kámintə̀:rn, ⌐-⌐/kɔ́m-] [명] 코민테른 (레닌 등에 의해 결성된 국제 공산당 기관(1919–43); 제 3 인터내셔널(The Third International)이라고도 불린다). (또는 **Komintern**) 〔<*Com*munist *Intern*ational〕
COMISCO [kəmískou] [명] (the ~) 국제 사회주의자 회의 (위원회). 〔<*Com*mittee of the *I*nternational *S*ocialist *Co*nference〕
com·i·tad·ji [kòumətá:dʒi, kàm-] [명] (발칸 지방의) 비정규(非正規) 부대. 〔<F〕
co·mi·ti·a [kəmíʃiə] [명] (복) ~) (고대 로마의) 인민 집회, 시민 회의. **-tial** [-ʃəl] [형]
com·i·ty [káməti/kɔ́m-] [명][U][C] 예의, 예절.
cómity of nátions [명] 〔법률〕 (the ~) 국제 예의; (국제 예의를 존중하는) 우호국. 「위 만화.
com·ix [kámiks/kɔ́m-] [명] (복수취급) 만화(책); 전
coml. commercial. **comm.** commander; commerce; commercial; commission; committee; commonwealth.
‡**com·ma** [kámə/kɔ́mə] [명] (복) **~s** [-z]) **1** 콤마, 구점(句點)(,). ¶inverted ~s 인용 부호(콤마를 거꾸로 한 모양으로 보이는 데서). **2** 〔음악〕 콤마, 소음정(小音程) (가까운 두 음 사이의 미소한 음정차(差)). 「철저하게.
to the last comma and dot 세부에 이르기까지,

> **[주의]** **comma**의 주요 용법 —— (**1**) 동격, 부르는 말: those industrious people, the Koreans 근면한 국민, 즉 한국인/George, come here. (**2**) 삽입 요소의 명시: Correct errors, if any, in the following passage. (**3**) 독립적 성격이 강한 부사(구)(nevertheless, furthermore, of course, etc.)나 약한 감탄사(oh, well, etc.) 뒤. (**4**) (비교적 긴) 독립적 성격이 강한 요소가 주어에 선행하거나 주문(主文) 뒤에 이어질 경우: He left the room, saying nothing to me. 그는 나에게 아무 말도 하지 않고 방에서 나갔다. (**5**) 추후에 부가된 수식 요소의 앞: Somebody, who [*or* whom] I don't know, spoke to me. 어떤 낯선 사람이 나에게 말을 걸어 왔다. (**6**) 강조·대조를 위해서(특히 접속사를 쓰지 않는 경우): It was George, not Mary, who told it to me./I came, I saw, I conquered. 왔노라, 보았노라, 이겼노라. (**7**) 문장의 뜻을 명확히 하기 위해서: Not long after, he was taken sick. 얼마 안 되어 그는 병이 들었다([참] not long after he was taken sick 그가 병이 난 후 오래지 않아). (**8**) 수의 단위 표시: $1,000,000. (**9**) 2개 이상의 명사를 셀 경우(＊정식 문체 및 세는 것을 하나하나 강조할 경우는 (A, and B, and C, and D의 형태로) and 앞에 comma를 쓰기도 하나 보통은 쓰지 않는 경우가 많다). (**10**) 하나의 명사에 둘 이상의 형용사가 대등하게 걸려 있는 경우 그 형용사 사이: the dark, gray sky 어두운 잿빛 하늘([참] the dark gray sky 암회색 하늘).

cómma bacíllus [명] 〔의학〕 콤마상(狀)균(아시아 콜레라의 병원균).
com·ma-coun·ter [-kàuntər] [명] (美속어) 자잘한 일에 구애되는 사람, 좀생원; 까다로운 교정[편집]자.
cómma fáult [splíce] [명] 〔문법〕 콤마 오용(접속사 없이 두 문장을 콤마로 잇기).
‡**com·mand** [kəmǽnd/-má:nd] [동] (**~s** [-z]) [타] **1** (권위·특권을 가지고) …을[에게] 명령하다, 명하다. ⇨ORDER [유의어] ¶~ silence 조용히 하라고 명하다 // (~+[목]+*to* do) (~+(*that*)[절]) I ~*ed* him *to* do it. =I ~*ed* (*that*) he (should) do it. 그에게 그것을 하도록 명했다(＊should를 생략하는 것은 미국 용법).
2 〔군대·군함 따위〕를 지휘[통솔]하다; …을 지배하다. ¶~ the air [sea] 제공[제해]권을 장악하다 / The captain ~*s* his ship. 선장은 배를 지휘한다.
3 …을 자유자재로 쓰다, 마음대로 하다, 구사하다; 〔감정〕을 억제하다. ¶~ a large vocabulary 풍부한 어휘를 구사하다 / You may ~ my services. 무슨 일이든 분부만 내려주십시오.
4 〔동정·존경 등〕을 모으다, 불러일으키다, …을 받을 만한 가치가 있다(deserve). ¶Great men ~ respect. 위대한 사람은 존경을 받는다.
5 〔경치 따위〕를 바라보다, 내려다보다(look over), 내려다보는 위치를 차지하다. ¶a window ~*ing* a view of a lake 호수가 잘 보이는 창문 / My house ~*s* a lovely view. 우리 집은 전망이 좋은 곳에 있다.
6 (물건이) …의 값에 팔리다, (사람이) …을 얻을 수 있다. ¶A computer engineer ~*s* a good salary nowadays. 오늘날 컴퓨터 기사는 많은 급료를 받는다.
7 주문하다(order).
— [자] **1** 명령을 내리다; 지휘하다. ¶God ~*s* and man obeys. 신은 명하고 사람은 그에 따른다 / Who ~*s* here? 이곳 지휘자가 누구야? **2** (경치를) 바라보다, 바라보는 위치를 차지하다. 「난.
born to command 윗사람이 될 자격[자질]을 타고
command attention 남의 주의를 끌게 하다.
command oneself 자제[극기]하다.
command one's temper [feelings] 분노[감정]를 억제하다. 「정중한 맺음말).
Yours to command. 삼가 말씀드립니다(＊편지의
— [명] (복) **~s** [-z]) **1** 명령, 호령, 구령; (英) (국왕의) 초대; [U] 지휘(권), 통솔(권). ¶give a ~ 명령을 내리다 / give a word of ~ 구령하다 / Who is the officer in ~? 지휘관은 누구인가? / He has a hundred men under his ~. 그는 100 명을 지휘한다 // a ~ to retreat 철수 명령 / order the ~ to halt 정지를 명하다. **2** [U] (때로 a ~) (집단 따위의) 통솔[지배]력; (언어의) 구사 능력; (감정 따위의) 억제력; (돈을) 마음대로 쓰기. ¶a ~ of language 자유로운 언어 구사 능력. **3** [U] 내려다봄, 전망; 위치를 차지하고 있음. **4** [U] 〔군사〕 관하(管下), 관할 지역; [C] 사령부; 관하의 부대. ¶the Supreme *C*– 최고 사령부 / the United Nations *C*– 유엔군 사령부. **5** 〔컴퓨터〕 명령, 지령, 지시.
assume* [or *take*] *command of …을 지휘하다.
at* [or *by*] *a person's command ① 남의 명령으로[에 따라]. ② 남의 명령에 따를 태세가 되어 있는. ③ 남의 손아귀에 있는; 남이 마음대로 할[쓸] 수 있는.
at command 장악하고 있는; 자유로 쓸 수 있는.
at the word of command 명령에 따라; 명령이 내리자마자.
be in command of …을 지휘하다; …을 내려다보다.
by command of …의 명령으로, …의 명령을 받고.
get a command 지휘관으로 임명되다.
have a (good) command of …을 자유자재로 구사할 수 있다.
have command over oneself 자제할 수 있다.
in command of …을 지휘하여; …을 마음대로 하여; 〔어떤 위치〕를 차지하여. ¶They are not strong *in* their ~ *of* English. 그들은 영어가 신통치 않다.

lose [*be in*] *command of* oneself 자제력을 잃다 [자제하고 있다]. 참을 수 없게 되다[참고 있다].
on [or *upon*] *command* 명령을 받고, 명령에 따라.
under (*the*) *command of* …의 지휘[지배]하에.
— 형 1 명령의, 지휘(권)의, 지휘를 위한. 2 지휘자[지 령자]의, 지휘관에 관한. 3 명령에 따라 행해지는.
~·a·ble, ~·less 형

com·man·dant [kàməndǽnt, -dáːnt, ´-`-] 명 (도시·요새 따위의) 사령관, 지휘관; (美국사) (군관학교의) 교장(의 칭호); 지령자, 명령자. ~·ship 명

commánd càr 명 〔美육군〕 지휘용[사령]차.

commánd destrúct 명 (로켓) 지령(指令) 파괴 (엉뚱한 방향으로 날아가는 로켓을 폭파하는 시스템).

com·mand-driv·en [-drìvən] 형 (컴퓨터) 커맨드[사용자가 명령을 주어야 하는] 방식의.

commánd ecònomy 명 〔경제〕 지령 경제. (중앙 정부가 주도하는) 계획 경제(planned economy).

com·man·deer [kàməndíər/kɔ̀m-] 타 1 (강제적으로) …을 병역에 복무시키다, 징병하다. 2 (군용·공용으로) 〔개인 재산〕을 징발하다. 3 (구어) …을 억지로 빼앗다. — ④ 인원[물자]을 징용[징발]하다.

‡**com·mand·er** [kəmǽndər/-máːnd-] 명 ~s [-z]) 1 명령자; 지도자, 지휘자. 2 지휘관, 사령관, 부대장. 3 (해군) 중령; 부함장. 4 (중세) 지부 장관(勳爵士); (친목 단체 등의) 지부장. 5 경찰서장. 6 큰 나무 망치.
the Commander of the Faithful (회교) 대교주.
~·ship 명 commander의 직[지위].

commánder in chíef 명 (複 commanders i-c-) (종종 C-(-)in(-)C-) (육해공 전군을 통수하는) 최고 사령관; 육[해]군의 총사령관.

com·mand·er·y [kəmǽndəri/-máːnd-] 명 UC 상급 훈작사의 신분[직위], 상급 훈작사의 관할 영토; (비밀 결사·친목 단체 등의) 지부[집합소]. 〔도導〕

commánd guídance 명 (유도탄 따위의) 지령 유도.

***com·mand·ing** [kəmǽndiŋ/-máːnd-] 형 1 지휘하는, 명령하는; 위엄 있는, 당당한, 훌륭한. 2 요충지를 차지하는; 전망이 좋은. 3 상당히 뛰어난, 인상적인, 사람을 끄는, 꽤 큰. ¶ *a ~ position* 우세한 지위/*a ~ lead in the final period* 마지막 단계에서의 압도적인 우세. ~·ly 부, ~·ness 명

commánding ófficer 명 〔美국사〕 (소위부터 대령까지의) 부대 지휘관, 부대장(部隊長)(略 CO).

commánding shíp 기함(旗艦)(사령관이 탄 군

*com·mand·ment [kəmǽndmənt/-máːnd-] 명 1 명령, 계율, 지령; 계율(戒律); (C-) (모세의) 십계(the Ten Commandments)의 하나. 3 명령하기; 명령권, 지휘권.

commánd mòdule 명 (우주) (우주 탐색선의) 사령선(司令船), 모선(母船)(略 CM).   〔밤.

commánd nìght 명 〔英〕 어전(御前) 연극[연주]의

com·man·do [kəmǽndou/-máːn-] 명 (複 ~(e)s) 1 (종종 C-) 〔英〕 (제2차 세계 대전 때의 연합군측의) 특수 부대(원); 특공대(원). 2 (일반적으로) 특전대, 특공대, 게릴라 부대(원). 3 (남아공의 보어(Boer)인이 원주민의 약탈대에 대비한) 의용병단.

commánd operàtion 명 커맨드 수술(머리나 목 따위의 암치료를 위한 대수술). 〔슬關〕(略 Cmd.).

commánd pàper 명 〔英〕 (의회에 대한) 칙령서(勅

commánd perfórmance 명 〔英〕 어전(御前) 연주 〔공연〕.

commánd pòst 명 〔美국군〕 전투 지휘소(略 CP).

commánd pòst éxercise 명 (군사) 지휘소 훈련[연습](略 cpx).   〔선임상사.

commánd sérgeant májor 명 〔美국사〕 부대

commánd sỳstem 명 (잠수함·비행기·미사일 따위의) 지령 방식.   〔기, 무게]이다, 같은 넓이를 갖다.

com·meas·ur·a·ble [kəméʒərəbəl] 형 같은 크기[

com·meas·ure [kəméʒər] 타 …와 같은 크기

comme ci, comme ça [kóːm síː kóːm sáː] 그저 그런; 좋지도 나쁘지도 않은. 〔F〕

com·me·dia del·l'ar·te [kəméidiə delάːrti] 명 (要 c- -s, -s d-) 코메디아 델라르테(16-18세기 이탈리아의 즉흥 가면 희극). 〔<It comedy of art〕

comme il faut [kɔ̀m iːl fóu] 명 당연한; 적당한, 나무랄 데 없는. ¶ *It is quite ~.* 그것은 전혀 나무랄 데 없다. 〔<F as it ought to be〕   〔한.

com·mem·o·ra·ble [kəmémərəbəl] 형 기념할 만

*com·mem·o·rate [kəmémərèit] 타 1 (물건이)…의 기념이 되다; …의 명예를 후세에 전하다. 2 (의식·제전으로) …을 기념하다, 축하하다. 3 (연설·문장에서) …을 칭찬하다, …의 찬사를 말하다.

*com·mem·o·ra·tion [kəmèməréiʃən] 명 1 ⓤ 기념, 축하. 2 기념제[식], 축전(ceremony); 기념물[비]. 3 (C-) 〔英〕 Oxford 대학 (창립) 기념제.
in commemoration of …을 기념하여. ¶ *in ~ of the victory* 전승을 기념하여.
~·al 형

com·mem·o·ra·tive [kəmémərèitiv/-rə-] 형 1 기념의, 기념이 되는. 2 (화폐·메달·우표 따위가) 기념으로 발행된, (…을) 기념하는 (*of*). ¶ *a ~ coin* [*stamp, medal*] 기념 주화[우표, 메달] / *a stamp ~ of* …기념 우표. — 명 기념품[물]. ~·ly 부, ~·ness 명

commémorative íssue 명 기념호(잡지 따위);기념 발행물(우표·주화 따위).   〔거행자[참가자〕.

com·mem·o·ra·tor [kəmémərèitər] 명 기념제

com·mem·o·ra·to·ry [kəmémərətɔ̀ːri] 형 = commemorative.

‡**com·mence** [kəméns] 타 (*-menc·es* [-iz]; *~d* [-t]; *-menc·ing*) …을 시작하다, 개시하다. 〔유의어〕 BEGIN *~ hostilities* 적대 행동을 취하다 / *~ the study of law* 법률을 공부하기 시작하다. — ⓐ 1 시작되다(*with*). ¶ *The first term ~s in March.* 1 학기는 3 월에 시작된다 // (~+前+图) *We will ~ with this work.* 이 일부터 시작합시다. 2 〔英〕 (대학에서) 학위를 받다. ¶ (~+前+图) *~ in arts* 인문 과학의 학위를 받다. ~·a·ble 형 *-menc·er* 명

*com·mence·ment [kəménsmənt] 명 1 UC 시작, 개시. 2 〔美〕 = ~ exercises; (대학의) 학위 수여식; 졸업식(날). ¶ *a ~ address* 졸업식 식사(式辭).

commencement èxercises 명복 〔美〕 졸업식.

*com·mend [kəménd] 타 1 …을 칭찬하다, 기리다, 찬양하다. ¶ *His work ought to be highly ~ed.* 그의 일은 격찬을 받아야 한다. 2 추천하다, 천거하다. ¶ (~+图+前+图) *~ a person to* (*the notice of*) *one's friends* 남을 친구에게 추천하다. 3 …을 맡기다, 위탁하다 (*to*). ¶ (~+图+前+图) *~ one's soul to God* 하느님께 영혼을 맡기다[안심하고 죽다]/ *I ~ it to your notice.* 그 점에 주의하십시오. 4 (재귀용법으로) (사물이) 마음에 들다 (*to*).
commend itself [or *oneself*] *to* …에게 좋은 인상을 주다, …의 마음을 끌다. ¶ *The suggestion does not ~ itself to me.* 그 제안은 내 마음에 들지 않는다.
Commend me to (고어) …에게 안부 전해 주십시오 ¶ (비꼬아·반어적) …에 한하다, …이 제일이다. ¶ *C— me to my own home.* 내 집이 제일이다.
~·er 명, ~·ing·ly 부

com·mend·a·ble [kəméndəbəl] 형 추천할 수 있는; 칭찬할 만한, 훌륭한. ~·ness 명 -bly 부

com·men·dam [kəméndæm] 명 UC (교회) (폐어) (성직의 공백으로 인한) 성직급(給) 일시 보유(1836 년부터 폐지); (보유된) 성직급.

*com·men·da·tion [kàməndéiʃən/kɔ̀men-] 명 1 ⓤ 칭찬, 찬양. 2 ⓤ 추천. ¶ *a letter of ~* 추천장. 3 칭찬하는 것, 찬사(讚辭); (전공 따위에 대한) 상(장), 표창(장) (*for*); (~s) (고어) 인사, 인사치례. 4 ⓤ (중세

법률〕 (영토의) 위탁, 위임.

com·mend·a·to·ry [kəméndətɔ̀:ri/-təri] [형] 칭찬하는; 추천하는. ¶a ~ letter 추천장.

com·men·sal [kəménsəl] [형] **1** 식탁을 같이 하는. **2** (동·식물이 한 쪽만 이익을 얻지만 다른 쪽에는 해를 주지 않는) 편리(片利) 공생적(共生的)인([참] parasitic, symbiotic). **3** (사회 집단이) 공존[공생]하는. **—**[명] **1** 식사 친구. **2** 공생 동물[식물]. **~·ly** [부]

com·men·sal·ism [kəménsəlizm] [명][U] **1** 〔생물〕 공생, 편리(片利) 공생. **2** (식사 자리에서의) 친교.

com·men·sal·i·ty [kàmensǽləti/kɔ̀m-] [명][U] **1** 식사를 함께 함; 친교. **2** 〔생물〕 (편리(片利)) 공생.

com·men·su·ra·ble [kəménsərəbl/-ʃə-] [형] **1** 같은 단위로 계산할 수 있는; 〔수학〕 약분할 수 있는 (*with*). ¶a ~ number 약분할 수 있는 수. **2** 균형 잡힌, 상응[비례]하는 (*to*). **-bíl·i·ty, ~·ness** [명] **-bly** [부]

com·men·su·rate [kəménsərət/-ʃə-] [형] **1** 같은 정도[크기, 넓이, 기간]의. **2** 액수[크기, 정도]가 상응하는, 적당한, 균형이 잡힌 (*to, with*). **3** 공통의 단위를 가진, 같은 단위로 계산할 수 있는; 약분[통분]할 수 있는. **~·ly** [부] **~·ness** [명]

com·men·su·ra·tion [kəmènsəréiʃən/-ʃəréi-] [명][U] **1** 약분, 통약. **2** 균등; 같은 양[크기]; 균형, 상응.

‡com·ment [kάment/kɔ́m-] [명][U][C] **1** 논평, 비평; 의견(*on, upon, about*). ⇨REMARK [유의어] ¶ He listened quietly and without ~. 그는 조용히 아무 말 없이 듣고 있었다. **2** 주석(注釋); 설명; 해석 (*on, upon, about*). ¶add ~*s* or explanations 주석 또는 설명을 붙이다 // ~*s on* a text 원문의 주석. **3** 소문, 세평.

No comment! 아무것도 할 말이 없습니다!

—[동][자] **1** 논평하다, 비평하다, 의견을 말하다; 이러쿵저러쿵 말하다(*on, upon, about*). ¶ (~+[前]+[名]) Everybody ~*ed* humorously *about* [or *on*] her new dress. 사람들이 모두 그녀의 새 옷에 대해서 이러쿵저러쿵 말들을 했다. **2** 주석(注釋)을 달다[쓰다]; 설명하다. **—**[타] 《드물게》 …에 주석을 달다; …에 논평을 하다. **~·a·ble** [형] **~·er** [명]

***com·men·tar·y** [kάmənteri/kɔ́məntəri] [명] **1** 논평, 비평; 시사[뉴스] 해설; 시사 평론 (*on*). **2** 해설, 주해; 평석서(評釋書), 주석서(*on*). ¶a ~ *on* the Bible 성서 주석. **3** (보통 -ies) 실록, 사건의 기록. ¶Caesar's *Commentaries on the Gallic War* 시저의 「갈리아 전기(戰記)」. **4** (라디오·TV의) 실황 방송, 시사 해설; (영화 따위의) 해설.

a running commentary ① (본문의 순서에 따른) 연속 주석. ② 동시 해설, 실황 방송. ③ 논평.

-tar·i·al [ˌtέəriəl] [형]

com·men·tate [kάməntèit/kɔ́m-] [동][타] …을 논평[비평]하다; …을 실황 해설하다; 《美》 …에 해설을 쓰다, 주석을 달다. **—**[자] (실황) 해설하다, 해설자로서 일하다; (…을) 비평[논평]하다 (*on*). **-tà·tive** [형]

com·men·ta·tion [kàməntéiʃən/kɔ̀m-] [명][U] 주석을 달기, 논평[해설]하기.

***com·men·ta·tor** [kάməntèitər/kɔ́m-] [명] **1** (라디오·TV의) 시사 문제 해설자; 실황 방송자. **2** (서적·음악 따위의) 주석자. **3** 미사의 사회자. **com·mèn·ta·tó·ri·al** [형] **com·mèn·ta·tó·ri·al·ly** [부]

‡com·merce [kάmərs/kɔ́m-] [명][U] **1** 상업; 통상, 무역. ¶domestic [*or* internal] ~ 국내 무역 / the Chamber of *C*– 상공 회의소. **2** (사회적) 교류, 교제; (의견 등의) 교환. **3** 《드물게》 성교. **4** 영적[정신적] 교섭. **5** (C–) 《美구어》 상무부(the Department of C–). **—**[동][자] 사귀다, 교제하다 (*with*).

‡com·mer·cial [kəmə́:rʃəl] [형] (***more*** ~; ***most*** ~) **1** 상업[통상, 무역]의, 상업[무역]상의; 상업에 종사하는, 거래 때 쓰이는[행해지는]. ¶ ~ correspondence 상업 통신(문) / a ~ museum 상품 진열관 / a ~ school 상업 학교 / a ~ town 상업 도시 / a ~ transaction 상거래. **2** 영리적인, 돈벌이주의의. ¶a ~ company 영리 회사 / a ~ drama 상업 연극. **3** (화학 약품·제품이) 공업용의, 시판용의. ¶ ~ soda 시판용 소다. **4** 대중 상품화한, 폭넓은 시장 판로가 있는; 시판의. **5** (물건의) 품질이 상품이 아닌, 보통의; 덕용(德用)[업무용]의; 《美》 (쇠고기의 등급이) 중간 품질의. **6** 《美》 〔라디오·TV〕 상업[민간] 방송의, 민방(民放)의; 광고 방송의, 스폰서가 있는. ¶ a ~ program 상업[광고] 방송 프로. **7** (항공편 따위가) 영업용인, 군용이 아닌; (자동차가) 영업용인, 상용인. **8** 세일즈맨용의. ¶a ~ hotel 세일즈맨용 호텔.

—[명] ([복] **~s** [-z]) **1** 〔라디오·TV〕 광고 방송[프로], 커머셜, 스폰서가 있는 방송 프로 (*for, to*); 민간[상업] 방송, 민방(民放). ¶do a ~ *for* Nike 나이키 광고에 출연하다. **2** 《英구어》 = ~ traveler. **3** 《美》 (식육 규격에서) 중간 품질. **4** 《속어》 찬사, 추천(의 말). **5** 《속어》 청중의 요청에 따라 연주되는 음악[곡]. **~·ly** [부]

commércial àgency [명] 《美》 상업 신용 조사소.

commércial árt [명] 상업 미술[디자인].

commércial ártist [명]

commércial attaché [명] (재외 공관 소속) 상무관.

commércial bánk [명] 시중[상업, 일반] 은행.

commércial brèak [명] 〔라디오·TV〕 CM 브레이크(광고 방송에 의한 프로그램의 중단 시간).

commércial bróadcasting [명] 상업[민간] 방송.

commércial còde [명] 커머셜 코드(전보용 약자 코드; 알파벳 3–5자의 조합).

commércial còllege [명] 상과 대학, 상업 전문 학교.

com·mer·cial·ese [kəmə̀:rʃəlí:z] [명][형] 상업 통신문 용어(의).

commércial extínction [명] 상업 목적의 포획에 의한 멸종(滅種).

commércial fértilizer [명] 화학 비료.

com·mer·cial·ism [kəmə́:rʃəlizm] [명][U] 상업[영리]주의, 상인 근성; 상관습; [U][C] 상용어(법). **-ist** [명] 상업[영리]주의자; 상인. **-ís·tic** [형]

com·mer·ci·al·i·ty [kəmə̀:rʃiǽləti] [명][U] 영리적 가치, 영리성.

com·mer·cial·i·za·tion [kəmə̀:rʃəlizéiʃən/-ai-] [명][U] 상업[영리]화; 상품화.

com·mer·cial·ize [kəmə́:rʃəlàiz] [동][타] **1** …을 상업화하다, 영리적으로 이용하다. **2** …을 시장에 내놓다, 상품화하다. **3** (이익 추구를 위해서) …의 질을 떨어뜨리다, 통속화시키다. **-ìz·er** [명]

commércial láw [명] 상법.

commércial mèssage [명] 광고 방송.

commércial pàper [명] 기업 어음(기업이 발행하는 무담보 약속 어음; [약] CP); (일반적으로) 어음; 수표.

commércial pílot [명] 상업용 항공기 조종사.

commércial rádio [명] 민방(民放) 라디오; 스폰서 제공의 라디오 프로.

commércial tráveler [명] =traveling salesman.

commércial tréaty [명] 통상 조약.

commércial TV [명] 민방(民放) TV; 스폰서 제공의 TV 프로.

commércial véhicle [명] (요금을 받는) 영업용 차.

com·mer·ci·o·gen·ic [kəmə̀:rʃiədʒénik] [형] 상품적 매력이 있는, 채산[수지]이 맞는.

com·mère [kάmεər/*F* kɔmε:ʀ] [명] (연예·쇼 프로 따위의) 여성 사회자. 〔<F〕

COMMFU [kamfú:/kɔm-] [명] 《美軍속어》 완전한 군사적 실패. 〔<*c*ompletely *m*onumental *m*ilitary *f*uck-*u*p〕

com·mie¹ [kάmi/kɔ́mi] [명] 《방언》 공깃돌. (또는 **commy**)

com·mie² [명][형] (종종 C–) 《구어·경멸적》 공산당원(의), 빨갱이(의)(communist). (또는 **commy**)

com·mi·nate [kάmənèit/kɔ́m-] [동][타] (벌·보복·저주 따위로) …을 위협하다. **—**[자] 저주하다.

com·mi·na·tion [kàmənéiʃən/kɔ̀m-] [명][C][U] **1** (벌·보복 따위에 의한) 위협, 으름장; 저주. **2** (영국 국교회의 대재 참회식(大齋懺悔式) 때 낭독되는) 신벌(神罰)의 경고. **-nà·tive** [형] **-nà·tor** [명]

com·min·a·to·ry [kəmínətɔ̀:ri/kɔ́minətəri] 형 강박적인, 위협적인(threatening).

com·min·gle [kəmíŋgl/kɔ-] 통타 …을 뒤섞다, 혼합하다 (with)(⇨MIX 유의어); (자금·자산 따위를) 하나로 합치다. ── 자 뒤섞이다. **-gler** 명

com·mi·nute [kɑ́mənjùːt/kɔ́minjùːt] 통타 …을 잘게 빻다, 가루로 만들다; …을 세분하다. ── 형 잘게 빻아진, 가루로 된. **-nú·tion** 명 U 분쇄; 세분.

cóm·mi·nut·ed frácture [kɑ́mənjùːtid-/kɔ́minjùːt-] 명 [외과] 복잡 골절.

com·mi·nu·tor [kɑ́mənjùːtər/kɔ́minjùːt-] 명 쇄기(폐기물 처리를 위해 고체를 분쇄하는 기계).

com·mis·er·a·ble [kəmízərəbl] 형 가엾은, 불쌍한.

com·mis·er·ate [kəmízəreit] 통타 …을 가엾게 (딱하게) 여기다, 불쌍하게 생각하다 ‥ 애처로워하다; …을 동정하다 (for, on, over, about). ¶~ a misfortune 불운을 가엾게 여기다. ── 자 애처로워하다, 동정하다 (with/on, over). ¶ (~+ 전+ 명) ~ with a person on a loss 남의 손실에 동정하다.
-à·tive 형 **-à·tive·ly** 부 **-à·tor** 명

com·mis·er·a·tion [kəmìzəréiʃən] 명 U 가엾게 여김, 연민; (~s) 동정[애도]의 말. ⇨ PITY 유의어

com·mis·saire [kɑ̀misɛ́ər/kɔ̀m-] 명 (자전거 경기에서 반칙을 감시하기 위해) 차를 타고 따라가는 심판원.

com·mis·sar [kɑ́məsɑ̀ːr/kɔ̀misɑ́ː] 명 (옛 소련의) 인민 위원(commissariat의 장관; 1946부터는 minister가 정식 명칭); (공산국 정부의) 정치(통제) 위원, 대표. [< Russ]

com·mis·sar·i·at [kɑ̀məsέəriət/kɔ̀m-] 명 1 (옛 소련의) 인민 위원회(1946년에 ministry로 개칭). 2 (美) 군수 물자 수송 수단, 병참 조직; 병참부(兵站部). 3 (일부 유럽 국가의) 경찰청. 4 U 식량 (공급).

com·mis·sar·y [kɑ́məsèri/kɔ́miseri] 명 1 (美) (군대·광산·벌목장 따위의) 판매소, 매점. 2 (美) (영화 촬영소 등의) 식당, 간이 식당. 3 (드물게) 대리사 [교회] 주교 대리, 감독 대리. 4 (옛 소련의) 인민 위원. 5 (프랑스의) 총경. 6 (페어) (군사) 병참부 장교. 7 양식(糧食). 8 (英) (Cambridge 대학의) 부총장 보좌인.
-sar·i·al [-sέəriəl] 형 **~·ship** 명

cómmissary géneral 명 (후 commissaries g-) (군사) 병참부; 수석 대표[대리].

‡**com·mis·sion** [kəmíʃən] 명 (복 ~s [-z]) 1 U C (권한·직무의) 위임, 위탁. ¶ ~ of full power 전권 위임. 2 U (위임에 의한) 명령, 사명; (위임된) 임무, 직권, 권한. ¶ carry out one's ~ successfully 사명을 공리에 수행하다. 3 (美) 장교 임관[발령]; U 장교의 지위[권한]; 임명. ¶ receive one's ~ as a captain 대위의 사령장을 받다. 4 (집합적) 위원회; (복수취급) (개개의) 위원. ¶ the Atomic Energy C— (美) 원자력 위원회/a permanent ~ 상임 위원회/a ~ of inquiry 조사 위원회. 5 위임 사항; 부탁받은 일; U (제작 따위의) 의뢰, 주문. ¶ I have some ~s for you. 몇 가지 부탁이 있습니다. 6 U[C] (법률) (범죄 따위의) 수행; 범죄. 7 U (상거래의) 위탁, 대리(권); C 대리 수수료, 구전. ¶ a return ~ 환부(還付) 수수료/get [allow, charge] a ~ of ten percent 10%의 수수료를 받다[주다, 청구하다]. 8 (美) 지방 자치체의 국장[과장]. ─ 타
get[resign] one's commission 장교로 임관[퇴역]하다.
go beyond one's commission 월권 행위를 하다.
in [or into] commission ① (군함·장교) 취역중인; 현역의. ¶ a naval officer in ~ 현역 해군 장교. ② (기계가) 언제라도 사용할 수 있는. ③ 위임[위탁]된. ¶ have it in ~ to do …할 것을 위임받고 있다.
on commission 위임[위탁]을 받고, 대리로; 수수료로. ¶ sale on ~ 위탁 판매.
on the Commission 치안 판사직에 취임하여.
out of commission ① (군함·장교 등이) 퇴역하여. ¶ put a ship out of ~ 함정을 퇴역시키다 / go out

of ~ 퇴역하다. ② (기계가) 고장나서, 못쓰게 되어.
sit on a commission 위원회의 위원이다.
── 타 (~s [-z]) 타 1 (…하도록) 위임하다, 권한을 주다, 사명을 주어 파견하다, …에게 위임장을 주다. 2 (일 따위를) 위탁하다, 의뢰하다, 주문하다. ¶ (~+ 명+to do) She ~ed the artist to paint a portrait. 그녀는 화가에게 초상화를 그리도록 의뢰했다. 3 …을 (장교 등)으로 임관하다. ¶ (군함의) 따위를) 취역시키다. ── 자 1 (기계가) 작동하다. 2 (군함이) 취역하다.
~·a·ble, ~·al, ~·ar·y, -sive 형 **-sive·ly** 부

commission ágent 명 (英) 중개인(상), 위탁 매매인, 거간꾼, 브로커; 마권(馬券)업자(bookmaker).

com·mis·sion·aire [kəmìʃənέər] 명 (英) 1 (호텔·관청 따위의) 수위, 수위 조합원; 심부름꾼. 2 (수입업자를 위한 외국 시장에서의) 구매 대행업자. [<F]

commission bróker 명 (상업) 수수료 중매인.
commission dày 명 (英) 순회 재판 개정일.
com·mis·sioned [kəmíʃənd] 형 (군함 따위가) 취역된; 임명된. ¶ a ~ ship 취역함.

commissioned ófficer 명 (육·해군의) 장교, 사관. 참 noncommissioned officer

‡**com·mis·sion·er** [kəmíʃənər] 명 (복 ~s [-z]) 1 (위임된) 위원, 이사, 대표. ¶ the EU's ~ for agriculture 유럽 연합의 농업 담당 위원. 2 (관청의) 국장, 청장, 장관: 지방 행정관; 사무장. ¶ a police ~ (美) (도시의) 경찰국장 /the C— of Patents 특허청장. 3 (美) (프로 스포츠 협회[연맹]의) 총재, 커미셔너. 4 (옛 식민지의) 판무관(辦務官). 5 (속어) 도박 브로커. **~·shíp** 명

commissioner for óaths 명 (법률) 선서 관리관(증인 등에게 정식으로 선서를 시키는). [소.
commission hòuse 명 위탁 판매점; 증권 중개
commission mèrchant 명 위탁 매매인, 중개상.
commission of the péace 명 (the ~) (英) (집합적) 치안 판사; 치안 판사 임명(장).
commission pènnant 명 (해사) 취역기(旗).
commission plán 명 (지자체(地自體)의) 위원회 제.
commission sàle 명 위탁 판매.
com·mis·sure [kɑ́məʃùər/kɔ́miʃùər] 명 1 이은 자리, 이음매, 접합된 자리. 2 (식물) 2개의 심피(心皮)의 접합 부분[면]. 3 (해부·동물) (신경의) 교련(交連)(부). **-mís·su·ral** 형

‡**com·mit** [kəmít] 타 (-tt-) 1 (죄·과실 따위를) 범하다; (나쁜 짓을) 행하다. ¶ ~ a crime [an error] 죄[잘못]를 저지르다/ ~ murder [suicide] 살인[자살]하다.
2 …을 위임[위탁]하다, 맡기다; (의안 등을) 위원(회)에 위탁하다 (to). ¶ (~+ 명+ 전+ 명) ~ one's soul to God 영혼을 신에게 맡기다, 죽다.
3 (기록·기억 따위에) …을 맡기다, 적어 놓다(to). ¶ (~+ 명+ 전+ 명) ~ one's idea to paper 생각난 것을 종이에 적어 두다 / ~ a story to memory 이야기를 암기하다.
4 (병원·전쟁터 등으로) …을 보내다, 수용하다, 구류하다. ¶ (~+ 명+ 전+ 명) ~ a patient to a state hospital 환자를 주립 병원에 보내다 / The troops were ~ted to the front line. 그 부대는 일선으로 배치되었다.
5 (수동형·재귀용법으로) (도의적·법적으로) 꼼짝 못할 입장에 서다, 관련되다, 참여하다 (in). ¶ That will ~ us. 그러면 우리는 꼼짝 못하게[난처하게] 된다 // She became ~ted in the matter. 그녀는 그 문제에 말려들었다. 6 (재귀용법으로) (문제·질문에 대하여) 자기의 입장[의지]을 분명하게 말하다[표명하다](on). ¶ ~ oneself on women's right 여권에 대한 자신의 입장을 밝히다. 7 (수동형·재귀용법으로) (자기 자신)을 (약속 등으로) 구속하다, …에 언질을 주다, 약속하다; …에 전념하다 (to, to do). ¶ He was ~ted to the cause of world peace. 그는 세계 평화를 위해서 전념했다 / ~ oneself to going [or go] 간다는 언질을 주다 // (~+ 명+to do) He ~ted himself to make a fresh start

in life. 그는 새 인생을 시작하겠다고 맹세했다. **8** (수동형으로) 체면[명성]을 위태롭게 하다, …에 누를 끼치다. **9** …을 (처분에) 부치다, (…으로) 처분하다 (to). ¶The murderer was ~*ted* for trial. 살인자는 재판에 회부되었다. ─⑩ (…의) 의무를 지다, (…을) 약속하다 (to).
Commit no nuisance. (게시) 소변 금지.
commit oneself on …에 관한 입장을 밝히다.
commit oneself to [*or in*] …에 몸을 맡기다. ¶~ *oneself to* a civic movement 시민 운동에 참여하다.
commit one's honor 명성[체면]을 위태롭게 하다.
commit to the waves [*earth, grave*] …을 수장 [매장]하다.
without committing myself 분명히 약속할 ~*ter* 圏 └질 수는 없지만.

*com·mit·ment [kəmítmənt] 圏 **1** (…의 / …하겠다는) 공약, 서약, 약속, 언질 ; 의무, 책임(obligation) (*to* / *to do*). ¶repeat one's ~ to help 지원을 거듭 다짐하다. **2** Ⓤ (…에의) 관련, 연루 ; 개입, 참여 (*to*). ¶an all-out ~ *to* the campaign 그 운동에의 전면적 참여. **3** (…에의) 헌신, 전념, 열심 (*to*). ¶She has a ~ *to* religion. 그녀는 종교에 푹 빠져 있다. **4** Ⓤ 위임, 위탁 ; (의회) (의안의) 위원회 회부. **5** ⓊⒸ 수감, 투옥, 구류 ; (정신 병원 따위에의) 수용, 입원. **6** 수용 명령, 수용 영장, 구류 영장. **7** ⓊⒸ 〔법률〕 (죄 따위를) 저지름, 범행. **8** 재정적 의무 이행 약속, 출자(액) ; 〔증권〕 (유가 증권의) 매매 (계약).

com·mit·ta·ble [kəmítəbl] 圏 **1** 재판에 부쳐야 할 ; (죄 따위를) 범하기 쉬운. **2** 위탁할 수 있는. **3** 수용 [투옥]되어야 할.

com·mit·tal [kəmítl] 圏Ⓤ **1** =COMMITMENT. **2** (형용사적) 매장(埋葬). ¶~ prayer 매장 기도.

com·mit·ted [kəmítid] 圏 **1** (주의·주장에) 전념하는, 헌신적인 (*to*) ; 뚜렷한 정치[사회] 의식을 가진(작가·작품 등) ; 독단적인 견해를 가진. **2** …에 얽매인, 관계하는, 구속되는, (…을) 약속한 (*to*). **3** 〔정치〕 제휴한, 동맹을 맺은.

‡*com·mit·tee* [kəmíti] 圏 圏 (圏 ~*s* [-z]) **1** (…의) 위원회, 평의회 (* 구성원 중시 때는 복수 취급) (*for, on*) ; (집합적) 전위원(圈 committeeman). ⇨FAMILY USAGE ¶a standing [special] ~ 상임[특별] 위원회 / a steering [joint] ~ 운영[합동] 위원회 / the House of Representatives Judiciary C─ 〔美〕 하원 법사 위원회 / refer to a ~ 위원회에 회부하다. **2** [ⓒ] kɔ̀miti̇́] 〔법률〕 관재인(管財人), 수임자, 수탁자, 후견인 ; (정신 병자 등의) 후견인 (*for*). 「디」 위원회에서 심의중이다.
be in committee 위원회를 개최중이다 ; 에 출석하다
sit [*or be*] *on a committee* 위원회에 속하다, 위원 ~·**ism**, ~·**ship** 圏 └이다.

commìttee Énglish 圏 공문서식 영어.

com·mit·tee·man [kəmítimən, -mæ̀n] 圏 (위원회의) 위원(의 한 사람) ; (선거구의) 위원장[정치 지도자, 선거 대책 위원 ; (노동 조합의) 현장[직장] 대표 위원.

commìttee méeting 圏 위원회 (회의). 「위원회.
commìttee of óne 圏 (the ~) 〔익살〕 1인(一人)─
Commìttee of Rúles 圏 (the ~) 〔美〕 (하원의) 운영[법규] 위원회 ; 〔美〕 (하원 등의) 전원(全院) 위원회.
commìttee of the whóle (*hóuse*) 圏 (the ~) ─
Commìttee of [*or on*] *Wáys and Méans* 圏 (the ~) 〔美〕 하원 세입(歲入) 위원회.
com·mit·tee·per·son [kəmítipə̀ːrsn] 圏 〔美〕 =COMMITTEEMAN (* 비차별적 용어).
commìttee róom 圏 위원회 회의실. 「정).
commìttee stàge 圏 〔英〕 (국회의) 위원회 심의 (과
com·mit·tee·wom·an [kəmítiwùmən] 圏 committeeman의 여성형.
com·mix [kəmíks/kɔm-] 圖 〔고어·시〕 혼합하다 (blend), 섞다(mix).

com·mix·ture [kəmíkstʃər/kɔm-] 圏ⓊⒸ 혼합 (물) ; (생찬식에서의) 혼화(混和). 「=communist.
com·mo[1] [káːmou/kɔ́m-] 圏 (~*s*) 圏 〔豪속어〕
com·mo[2] [káːmou/kɔ́m-] 圏 (~*s*) 〔美속어〕 교도소 매점에서 복역수가 사는 사탕이나 과자 (따위). [<commodity]
com·mo[3] [káːmou/kɔ́m-] 圏 (~*s*) 〔美속어〕 소동(commotion).
Commo. Commodore. [〔美軍속어〕 통신.
com·mode [kəmóud] 圏 **1** (장식이 달린) 서랍장 ; 장롱, 옷장. **2** 이동식 세면대. **3** 실내용 변기 ; (환자용) 바퀴 달린 의자형 변기 ; 변소, 화장실. **4** (1700년경 프랑스에서 유행한 높은) 여성용 머리 장식.
com·mod·i·fi·ca·tion [kəmɑ̀dəfikéiʃən/-mɔ̀d-] 圏 (예술 따위의) 상업[상품]화. -**mód·i·fy** 圖ⓊⒸ
com·mo·di·ous [kəmóudiəs] 圏 **1** 넓은, 널찍한, 넓고 편리한, (집 따위가) 방 배치가 널찍[넉넉]한. **2** (고어) 알맞은. ~·**ly** 圓 ~·**ness** 圏

‡*com·mod·i·ty* [kəmɑ́dəti/-mɔ́d-] 圏 (圏 -**ties** [-z]) **1** (종종 -ties) 〔경제〕 상품, 산물품(產物)(특히 거래소 취급 대상으로 품질이 규격화된 농·광산품 ; coffee, copper, cotton, sugar, wheat, wool 따위) ; 1차 상품, 원자재. ¶staple *commodities* 주요 상품 / prices of *commodities* ; ~ prices 물가. **2** (종종 -ties) 일용품, 생활 필수품 ; 유용[편리]한 것. ¶household *commodities* 가정용품. **3** (고어) 편리, 유리, 이익.

commòdity agrèement 圏 (국가간의) 상품 협정.
commòdity dóllar 圏 〔美〕 〔경제〕 상품 달러(달러 가치를 기초 상품 가치 지수로 결정하는 방식).
commòdity exchànge 圏 상품 거래소. 「거래.
commòdity fùtures 圏(圏) 〔상업〕 상품 선물(先物)
Commódity Fútures Tráding Commíssion 圏 〔美〕 상품 선물 거래 위원회(圏 CFTC).
commòdity mòney 圏 〔경제〕 자연[물품] 화폐.
commòdity plàstics 圏 범용(汎用) 플라스틱[수지].
commòdity táx 圏 물품세.

*com·mo·dore [káːmədɔ̀ːr/kɔ́m-] 圏 **1** 〔美〕 〔해군·해안 경비대〕 준장, 〔英〕 〔해군〕 사령관(소함대의 주석 함장) ; 〔공군〕 준장(air ~)(圏 Cdre., Cmdre., Com.). **3** (상선단의) 선임 선장. **4** (경칭) 제독. 〔<D〕
Com·mo·dore-in-Chief [-intʃíːf] 圏 〔英군사〕 공군 최고 사령관. (또는 **Cómmodore in Chíef**)

‡*com·mon* [káːmən/kɔ́m-] 圏 (~·*er, more* ~ ; ~·*est, most* ~) **1** (…의) 공통의 ; 공유의 (*to*). ⇨MUTUAL 〔유의어〕 ¶a ~ ancestor 공통의 조상 / ~ interests 공통의 이해 / a ~ language 공통어 // Love of money is ~ to all men. 금전욕은 만인에게 공통이다. **2** 공공의, 사회 전체의. ¶a ~ high road 공도(公道) / ~ welfare 공공 복지. **3** 공통의 ; 일치한, 단결한. ¶a ~ defense [enterprise] 공동 방위[사업]. **4** 일반적인, 이름난, 잘[널리] 알려진 ; (학명이 아니라) 속명의(vernacular) ; 악명 높은(notorious). ¶a word in ~ use 널리 쓰이는 단어 / a ~ thief 악명 높은 도둑. **5** 통례의, 잘 일어나는, 흔히 있는. ¶a ~ event [*or* occurrence] 흔히 일어나는 사건[일] / a ~ experience 흔히 겪는 경험 / a ~ saying 속담 / a ~ sight 흔히 볼 수 있는 광경. **6** 보통의, 평범한 ; 계급·지위가 없는 ; 진부한, 흔해빠진. ¶a ~ soldier 사병 / ~ ability 평범한 역량 / make a ~ remark 케케묵은 말을 하다. **7** 통속의, 열등한 ; (경멸적) (사람·행동 등이) 천한, 상스러운. ¶a ~ accent 품위 없는 말투 / ~ furniture 조잡한 가구.

┌──┐
│ 〔유의어〕 **common** 뛰어난 점이 없는, 흔히 볼 수 있는 ; 나쁜 뜻으로는 조잡한, 열등한. **general** 어떤 종류·무리의 대다수에게 두루 있는. **average** 평균적인. **ordinary** 일상적·일반적 표준에서 average인 ; 나쁜 뜻으로는 그저 average 또는 그 이하의(* common 쪽이 경멸적). **normal** 충족해야 할 (최저한의) 표준에서 크게 벗어나지 않은, 이상(異常)이 아닌. **usual** 습관적으로 흔히 있고 기이한 감이 나지 않는.   │
└──┘

8 〔해부〕 (혈관·신경이) 공통의 줄기에서 나온. 9 〔운율〕 (음절이) 장단(長短) 공통의. 10 〔문법〕 보통명사의; 통성(通性)의, 통격(通格)의.¶a ～ case 통격. 11 〔수학〕 공통의, 공약[약분]의, 인수(因數)의.
(as) common as an old shoe (구어) 젠체하지 않는, 조심성없이 소극적인. 「범한; 아주 천한.
(as) common as muck [or **dirt**] (구어) 극히 평
by common consent 만장 일치로.
common (or) garden (형용사적) 흔해빠진, 흔히 볼 수 있는. 「히 말하는.
to use a common phrase [or **word**] 이른바, 흔
── (또) ～**s** [-z] 1 (보통 ～s) 공유지, 공원; (공동으로 사용하는) 울타리 없는 황무지, 목초지.¶play cricket on a village ～ 마을 공원에서 크리켓을 하다. 2 ⓤ (법률) 공동 사용권, 입회권.¶～ of piscary [pasturage] 어업[방목] 입회권. 3 (때로 C-) 〔교회〕 (예배의) 일반 의식문(儀式文), (미사의) 통상문 [미사곡]. 4 (～s) ⇨COMMONS. 5 (증권) ＝ ～stock. 6 (속어) ＝ ～sense.
above [or **beyond**] **the common** ＝*out of (the) common*.
in common 공동으로, 공통으로; (글머리에서) …와 마찬가지로, …와 공통으로 (*with*).¶They have nothing *in ～ with* each other. 그들에게는 공통점이 하나도 없다.
out of (the) common 비범한; 드문.
～·a·ble 공유의, 공동 사용의. **～·ness**
com·mon·age [kámənidʒ/kɔ́m-] 명ⓤ 1 공유, (목초지의) 공동 사용. 2 공유물[공유지]의 사용권. 3 ⓒ 공유물, 공유지. 정합적 ＝commonalty 1.
Common Agricultural Policy (EU(유럽 연합)의) 공통 농업 정책(약 CAP).
com·mon·al·i·ty [kàmənǽləti/kɔ̀m-] 명 1 (the ～) ＝commonalty 1. 2 속성의 공유; 공통점. 3 평범한[흔히 있는] 사건.
com·mon·al·ty [kámənəlti/kɔ́m-] 명 1 (the ～) (집합적; 단·복수 양용) 평민, 서민(＊ 개인은 common-er); 일반 사람들. (또는 **commonality**) 2 (the ～) 법인(法人); 사회, 공동체, 집단; 그 구성원.¶the ～ of mankind 인간 사회/the ～ of professors 교수단.
cóm·mon·ar·e·a chárge [-ɛ́əriə-] 명 (아파트 따위의) 관리비. 〔컴퓨터〕＝COBOL.
common búsiness òriented lánguage
cómmon carótid àrtery 명 〔해부〕 총경동맥(總頸動脈)(경동맥 중 그 기점에서 분기점까지의 사이).
cómmon cárrier 명 (철도·버스 등의) 운수업자[회사]; (전화·데이터 통신 따위의) 공중 통신업자.
Cómmon Cáuse 명 코먼 코즈, 「공통의 목적」 운동(공익 압력 단체; 1970년 발족).
cómmon chórd 명 〔음악〕 보통 화음(장단 3도 및 5도로 된 세 화음).
cómmon cóld 명 (유행성이 아닌) 보통 감기, 고뿔.
cómmon córe 명 (英) (학교의) 필수 과목.
cómmon cóst 명 〔회계〕 공통(共通) 경비.
cómmon cóuncil 명 시(市)의회; 읍[면]의회.
cómmon críer 명 광고[선전] 업자; ＝town crier.
cómmon críminal 명 상습범.
cómmon décency 명 상식적인 예절.
cómmon denóminator 명 1 〔수학〕 공통 분모. 2 (집단·동료 사이의) 공통점, 공통의 특질[신조].
cómmon divísor [**fáctor**] 명 〔수학〕 공약수(公約數). ⇨COMMON MEASURE.
com·mon·er [kámənər/kɔ́mənə] 명 1 평민, 서민 계급의 사람(집합적) commonalty). 2 (英) 하원 의원(집합적) the Commons).¶the Great C- 위대한 하원 의원(W. Pitt의 별명). 3 (Oxford 대학 등의) 자비생, 보통 학생. 4 공유[입회]권 소유자.
Cómmon Éra (the ～) ＝Christian Era.
cómmon fráction 명 (美) 〔수학〕 분수(分數)(英

vulgar fraction). 반 decimal fraction 「garden.
com·mon·gar·den [-gáːrdn] 명 ＝common-or-
cómmon gás (美俗) 보통 휘발유.
cómmon génder 명 〔문법〕 통성(通性)(남녀 양성에 통용되는 baby, parent 따위).
cómmon góod 명 공익(公益); (스코) 공유 재산 [기금].¶work for the ～ 공익을 위해 일하다.
cómmon gróund 명 (사회 관계·논의·상호 이해 등의) 공통 기반; (관심·견해 따위의) 일치점.
be on common ground 의견이 일치하다; 공통점이 있다.
Common ground! (英) 동감이오! 찬성.
cómmon infórmer 명 (범죄의) 직업적 밀고자.
com·mon·ize [kámənaiz/kɔ́m-] 타 (美) (고유명사를) 보통명사화하다; (보통명사)를 고유명사에서 만들다. 「로 구성되는 배심).
cómmon júry 명 〔법률〕 보통 배심(陪審)(일반인으
cómmon knówledge 명 누구나 알고 있는 것, 상식; 주지의 (불쾌한) 사실. 반 common sense
cómmon·land [kámənlænd/kɔ́m-] 명 〔법률〕 ⓤ 공유지(公有地), 공유지(共有地).
cómmon láw 명 (the ～) 〔법률〕 1 관습법, 불문법, 불문율, 보통법.¶at [or in] the ～ 보통[관습]법상. 2 영미법(英美法) (전체).
com·mon·law [-lɔ́ː] 명 관습법의(에 의한); 민사상의.¶a ～ husband [wife] 내연의 남편[처].
cómmon-law márriage 명 보통법 혼인(결혼식을 갖추지 않은 (동거) 혼인); 내연 관계, 동서(同棲).
cómmon léarning 명 보통 학식(초·중학교 학생이 교외 생활에 필요하다고 간주되는 것).
cómmon lódging 명 (英) 간이 숙박소.
cómmon lógarithm 명 〔수학〕 상용(常用) 로그.
‡**com·mon·ly** [kámənli/kɔ́m-] 부 (*more* ～; *most* ～) 1 대개, 보통, 일반적으로; 보통 정도로. 2 (경멸적) 천하게, 상스럽게; 통속적으로.
cómmon mán 명 (the ～) 보통 사람, 일반 시민 (common citizen); 평민.
Cómmon Márket 명 (c- m-) 공동 시장; (the ～) 유럽 공동 시장(EC의 전신인 EEC의 속칭).
cómmon méasure 명 1 〔수학〕＝common divisor.¶the greatest ～ 최대 공약수(약 GCM). 2 〔음악〕＝common time; 〔운율〕＝common meter.
cómmon méter 명 〔운율〕 보통율(普通律)(약강사 보격(弱強四步格)(iambic tetrameter).
cómmon múltiple 명 공배수(公倍數).¶ the least [or lowest] ～ 최소 공배수(약 LCM).
cómmon náme 명 (학명에 대해서) 속명, 속칭; ＝common noun.
cómmon nóun 명 〔문법〕 보통 명사. 「sance.
cómmon núisance 명 (보통 a ～) ＝public nui-
com·mon-or-gar·den [-ɔːrgáːrdn] 명 (英구어) 극히 보통의, 흔해빠진; 표준형의.¶a ～ house 표준형 집. (또는 (美) ～-**variety**)
cómmon péople 명 (the ～) 인민, 민중.
‡**com·mon·place** [kámənplèis/kɔ́m-] 명 1 평범한, 보통의, 재미없는, 개성 없는.¶a ～ fellow 평범한 놈. 2 흔해빠진, 진부한, 틀에 박힌.¶a ～ remark 진부한 의견. ── (또) -**plac·es** [-iz]) 1 평범한 말, 진부한 문구. 2 평범한 일, 재미없는 일. 3 (고어) 인용[참조물로서 가치가 있는 것, 명구(名句). (또는 ＝**plac·es** [-iz]; ～**d** [-t]; -**plac·ing**) 1 비망록[명문집]에 써 넣다[적어 두다], 비망록[명문집]에서 인용하다. 2 진부한 말을 하다. ~·**ly** 부. ~·**ness** 명
cómmonplace bòok 명 비망록; 명문집.
cómmon pléas 명 (복) (C- P-) (미국의 일부 주 및 영국의 옛) 민사 법원(Court of Common Pleas); (英법률) 민사 소송.
cómmon práyer 명 (the ～) (영국 국교회의) 공식 기도문, 성공회(聖公會) 기도서; (the C- P-) 성공회 기

도서(the Book of Common Prayer).
cómmon próperty 图 1 (한 사회의) 공유[공동] 재산; (비유적) 일반 대중의 것으로 생각되는 사람[것]. 2 주지의 사실, 상식.
cómmon rátio 图 〔수학〕 공비.
cómmon róom 图 〔英〕 (대학 등의) 교수[학생] 휴게실, 환담실; 〔집합적〕 휴게실 이용자.
com·mons [kámənz/kóm-] 图 1 (the ~) 평민; (단·복수 양용) 평민[서민] 계급. 2 (the C—) (단·복수 양용) (영국·캐나다의) 하원(The House of C—)(* 상원은 The House of Lords); 〔집합적〕 하원 의원. 3 〔英〕 (단수취급) (대학 등의) 공동 식탁(이 있는 식당); (단·복수 양용) (공동 식탁에 나오는) 식사. 4 (일반적으로) 음식.
be on short commons 음식을 충분히 받지 못하다.
cómmon schóol 图 〔美역사〕 공립 초등 학교.
cómmon séal 图 회사인(印); (법인 등의) 공인(公印).
:**cómmon sénse** 图 상식, (경험으로 터득한) 상식적 판단력, 양식, 분별. 參 common knowledge
com·mon-sense [-séns] 图 상식적인, 상식[양식]을 가진, 양식 있는. (또는 **cómmon-sénse**)
-sén·si·cal 图 **-sén·si·cal·ly** 图
cómmon sháres 图(복) = common stock 1.
cómmon stóck 图 1 〔美〕 〔증권〕 보통주(株)(⇔ preferred [or preference] stock). 2 〔축산〕 실용축(實用畜)(육종용의 순수 종축(種畜)이 아닌 것).
cómmon tíme 图 〔음악〕 보통 박자(4분의 4박자; ⑰ C).
cómmon tóuch 图 대중성, 대중에 호소하는 힘, 대중 감화력.
cómmon trúst fúnd 图 공동 투자 신탁 자금.
com·mon·weal [kámənwi:l/kóm-] 图① 1 (the ~) 공공[사회] 복지. 2 (고어) = commonwealth. (또는 **cómmon wéal**)
*__com·mon·wealth__** [kámənwèlθ/kóm-] 图 1 연방; (the C—) 영연방(the British C— (of Nations)). 2 (the C—) 영국의 자치령(오스트레일리아). ¶*the C— of Australia* 오스트레일리아 연방. 3 국가; 공화국, 민주 국가; 〔집합적; 단·복수 양용〕 국민. 4 (the C—) 〔英역사〕 공화 정치(1649-60). 5 (C—) 〔美〕 주(州)(state)(* 공식적으로는 Massachusetts, Pennsylvania, Virginia, Kentucky에만 쓰다); (the C—) 코먼웰스(* 미국의 자치령으로서 Puerto Rico에 대한 공식 명칭). 6 (공동의 이해 관계로 단결한) 단체, 사회. ¶*the ~ of painters* 화가계 / *the ~ of science* 과학계. 7 (고어) = commonweal.
Cómmonwealth Dày 图 (the ~) 영연방 경축일 (빅토리아 여왕 탄생 기념일로 5월 24일; 전에는 Empire Day라 했다). ⓦ Victoria Day
Cómmonwealth Gámes 图 (the ~) 영연방 경기 대회(영연방 국가들이 4년마다 개최한다).
Cómmonwealth of Indepéndent Státes 图 (the ~) 독립 국가 연합(옛 소련을 구성했던 15개국 중 발트 3국을 제외한 12개국으로 1991년 발족한 공동체; CIS).
Cómmonwealth of Nátions 图 (the ~) = British Commonwealth (of Nations).
cómmon yéar 图 평년. ⓦ leap year
com·mo·ran·cy [kámərənsi/kóm-] 图 〔英법률〕 (어느 장소에서의) 거처; 〔美〕 거주, 주거, 가주소.
*__com·mo·tion__** [kəmóuʃən] 图①© 1 (물질·파도 따위의) 격동; (정신적인) 동요, 흥분; (정신적·사회적인) 소동, 폭동, 동란. 2 지속적 움직임, 주기적 운동.
be in commotion 동요하고 있다.
make [or create] much commotion 큰 소동을 ~al, -tive 图 피우다.
com·move [kəmúːv] 图연 …을 심하게 동요시키다, 어지럽히다; 선동하다, 흥분시키다.
commr. commissioner; commoner.

com·mu·nal [kəmjúːnəl, kámju-/kómju-] 图 1 사회의, 공동체의. 2 지방 자치체의, 시읍면(민)의. ¶*a ~ election* 시읍면 선거. 3 공동[공유]의; 공공의. ¶*~ land* 공유지. 4 원시 공산제의, 공산주의적 공동체의; (C—) 파리 코뮌(Commune)의(⑧ commune³ 4). 5 공동체 사이의, (인도) (대립하는) 인종·종교 공동체의. ¶*a ~ riot* 촌락 간의 폭동. **~·ly** 图
com·mu·nal·ism [kəmjúːnəlìzm, kámju-/kómju-] 图① 지방 자치주의; 공동체주의; 다민족[부족] 중심주의. **-ist** 图 **-ís·tic** 图
com·mu·nal·i·ty [kàmjunǽləti/kɔ̀m-] 图 공유(공공)(성); (집단 내의) 의견[이해] 일치; 연대(감).
com·mu·nal·ize [kəmjúːnəlàiz, kámju-/kómju-] 图연 공유화(공공화)하다; (토지·사업 등)을 지방 자치체의 재산으로 하다. **-i·zá·tion** 图 지방 자치화.
commúnal márriage 图 = group marriage.
com·mu·nard [kámjunàːrd/kóm-] 图 1 (종종 c—) 〔프랑스 역사〕 (1871년의) 파리 혁명 정부 지지자. 2 (c—) commune의 거주자.
*__com·mune¹__** [kəmjúːn] 图ⓐ 친하게 이야기하다; 친하게 사귀다(교제하다), 공감[교감]하다 (*with*).
commune with nature 자연을 가까이하다[즐기다].
commune with oneself [or one's own heart] 깊이 생각하다, 심사 숙고하다.
——图 [kámjuːn/kóm-] ⓤ 간담, 환담; 친교, 사상[감정]의 교환.
com·mún·er 图
com·mune² [kəmjúːn] 图ⓐ 〔美〕 성찬을 받다(receive communion); 성체를 배령(拜領)하다.
com·mune³ [kámjuːn/kóm-] 图 1 코뮌(프랑스·이탈리아·스위스의 최소 자치구); (일반적으로) 지방 자치 행정구, 지방 자치체. 2 (단·복수 양용) (공산주의적) 공동체 (사람들); 농촌 공동체; (중국의) 인민 공사 (People's ~). 3 (공동 이익의 옹호·촉진을 위한) 지역 사회, 지방 공동체; 히피 부락, 공동 생활촌. 4 (the C—) 〔프랑스 역사〕 파리 코뮌(Paris C—). **a)** 1789-94년 프랑스 혁명 때 파리에 생긴 혁명적 자치 단체. **b)** 1871년 3-5월 파리를 지배한 사회주의 정권.
com·mu·ni·ca·ble [kəmjúːnikəbl] 图 1 (정보·사상 따위가) 쉽게 전달되는, 전해지는; (병이) 전염성의. ¶*a ~ disease* 전염병; (완곡) 성병. 2 이야기하기를 좋아하는, 수다스러운. **-bíl·i·ty** 图ⓤ 전달 능력, 문의(文意) 전달. **~·ness** 图 **-bly** 图
com·mu·ni·cant [kəmjúːnikənt] 图 1 성찬을 받는 사람, 성체 배령자. 2 (정보 따위의) 전달자, 제보자 (informer). ——图 전(달)하는; …으로 통하는.
Com·mu·ni·care [kəmjúːnikɛ̀ər] 图 〔英〕 종합 복지 센터.
*__com·mu·ni·cate__** [kəmjúːnəkèit] 图 (**-cat·ed; -cat·ing**) 연 1 (사상·의사·정보 따위)를 전하다, 전달하다, …을 알리다, 통지하다 (*to, with*). ¶~ *the story to her* 이야기를 그녀에게 전하다. 2 (열·운동 따위)를 전하다; (병)을 감염시키다 (*to*). 3 …에게 성찬을 받게 하다, …에게 성체를 주다. 4 (고어) …을 함께하다, 나누다(share) (*with*). ¶ (~+圓+前+名) ~ *opinions with* him 그와 의견을 교환하다. ——ⓐ 1 (구두·전화·편지 따위로) …와 통신하다, 연락을 취하다; 이야기를 나누다 (*by/with*). ¶ (~+前+名) ~ *by telephone* 전화로 통화하다 // ~ *with* one's teacher 선생님과 통신하다. 2 통하다, 연결되다 (*with*). ¶(~+前+名) The living room ~*s with* the dining room. 거실은 식당과 통해 있다. 3 (병이) 옮다 (*to*). 4 성찬을 받다, 성체를 배령하다. 5 (고어) 참가하다.
com·mu·ni·ca·tee [kəmjúːnikətìː] 图 피전달자.
*__com·mu·ni·ca·tion__** [kəmjúːnəkéiʃən] 图 (⑧ ~s [-z]) 1 ⓤ 통신, 통화, 서신 왕래; 전달, 연락; (방송의) 의견; 교통, 교제 (*with*). ¶ have no ~ *with* …와 서신 왕래[통신, 연락]가 없다. 2 ⓒ 전달[전파]하는 것; (병의) 전염; (열의) 전도; (동력의) 전

communication cord

달.¶~ of disease 병의 전염. **3** UC (전달된) 뉴스, 정보, 통지, 문서, 통신문, 전언; 학회 발표 논문.¶Your ~ came in time to change my plan. 네 편지가 때맞춰 왔기 때문에 나는 계획을 바꿨다. **4** 교제, 교우, 친교. **5** UC (…사이의) 통로; 교통; 연락(便), 교통(便)(to, between). **6** (~s) (단수취급) 통신 시설[기관]; (방송 따위의) 보도 기관; (도로·철도 따위의) 교통망, 수송 기관; (군사) 수송[보급]로; 병참선. **7** (~s) (단수취급) 정보 공학[기술]. **8** (종종 ~s) (단·복수 양용) (美) 커뮤니케이션학(언어·비언어적 수단에 의한 개념 전달을 연구).
a means of communication 교통[통신] 기관[수단].
in communication with …와 내왕[교통, 통신, 연락]하여.
~**al** 형
communicátion córd 명 (열차 내의 비상 신호줄).
communicátion diréctor 명 (美) (대통령의) 공보 담당 수석 비서.
communicátion enginèering 명 통신 공학.
communicátion ínterface 명 커뮤니케이션 인터페이스(두 개의 장치를 연동시키는 전자 회로).
communicátion línes 명 (군사) 병참선.
communicátions códe wòrd 명 통신 부호용 단어(A for Alfa, B for Bravo 등의 Alfa, Bravo).
Communicátions Décency Àct 명 통신 품격법(인터넷상의 외설물 배포를 금지한 법률; 1996년 발효; 약 CDA). 「SEC.
communicátion secúrity 명 (군사) =COM-
communicátions gáp 명 (연령차·정보 부족 따위에 의한) 의사 소통[상호 이해]의 결여. 「CS.
communicátions sátellite 명 통신 위성(약
communicátion(s) théory 명 정보 이론.
communicátions zóne 명 (군사) 병참 관구(兵站管區), 후방 지원 지대.
com·mu·ni·ca·tive [kəmjúːnəkèitiv/-kə-] 형 **1** 이야기하기를 좋아하는, 수다스러운; 터놓은. **2** 전달의, 통신[교통]에 관한. (또는 **communicatory**)
~**·ly** 부 ~**·ness** 명 「능력.
communicátive cómpetence 명 (언어) 전달
com·mu·ni·ca·tor [kəmjúːnəkèitər] 명 통보자, 전달자; 발신기, (열차 내의) 통보기.
com·mu·ni·ca·to·ry [kəmjúːnikətɔ̀ːri/-təri] 형 =communicative
com·mu·ni·col·o·gy [kəmjùːnəkáləd͡ʒi/-kɔ́l-] 명U 커뮤니케이션학(學). **-gist** 명
***com·mun·ion** [kəmjúːnjən] 명 **1** U 친교; 교류; 영적 교감 *(with).* ¶the ~ of heart with heart 이심전심 / seek ~ with …와의 교제를 바라다. **2** (단·복수 양용) (기독교의) 종교 단체; 종파. **3** (종종 C-) (기독교) 성찬식; (가톨릭) 성체 배령(拜領)(Holy C-). **4** U 공유(共有); 참여. ¶the ~ of land 토지의 공유.
be in communion with …와 같은 종파[교파]에 속해 있다.
be of the same communion 같은 종파[교파]에
communion in both kinds (빵과 포도주의) 양종(兩種) 성찬식, 두 형색(形色)에 의한 영성체.
communion in one kind (빵만의) 일종 성찬식.
hold communion with …와 친하게 지내다, 영적 교감을 가지다.
hold communion with oneself (종교·도덕적인 일로) 깊이 내성(內省)하다. 「다, 영성체하다.
receive [or partake of] Communion 성찬을 받
take [or go to] Communion 성찬식[영성체]에 참
~**·a·ble,** ~**·al** 형 ~**·al·ly** 부 「석하다.
commúnion cúp 명 (교회) (성찬·영성체에 쓰이는) 성작(聖爵), 영성체용 잔.
commúnion hýmn 명 (교회) 성찬식 성가.
com·mun·ion·ist [kəmjúːnjənist] 명 (교회) 성찬에 대한 특별한 주장[견해] 소유자; 성체 배령자.
commúnion of sáints 명 (the ~) 성도의 교제;

(가톨릭) 모든 성인의 통공(通功).
commúnion pláte 명 (가톨릭) 성반(聖盤)(영성체하는 사람의 턱 밑에 대는 접시). 「앞의 난간).
commúnion ráil 명 (교회) 성체 배령대(臺)(제단
Commúnion Súnday 명 (교회) 성찬 주일.
commúnion táble 명 (교회) 성찬대.
com·mu·ni·qué [kəmjúːnikéi, -́-̀-̀] 명 공식 성명(서)[발표], 코뮈니케. ¶issue a joint ~ 공동 코뮈니케를 발표하다. [<F communicated]
‡**com·mun·ism** [kámjunìzm/kɔ́m-] 명U **1** 공산주의. **2** (C-) (마르크스·레닌주의에 바탕을 둔) 공산주의 이론[운동, 체제]. **3** =communalism.
‡**com·mun·ist** [kámjunist/kɔ́m-] 명 **1** 공산주의자; 좌익[좌경]. **2** (C-) 공산당(원). **3** (보통 C-) = Communard. ── 형 공산주의(자)의; (C-) 공산당의.
Cómmunist Chína 명 중공(中共)(중화 인민 공화국의 속칭). 약 China
com·mu·nis·tic [kàmjunístik/kɔ̀m-] 형 (종종 C-) 공산주의(자)의. **-ti·cal** **-ti·cal·ly** 부
Cómmunist Internátional 명 = Comintern.
Cómmunist Léague 명 (the ~) 공산주의 동맹(1847년 London에서 결성; 제1 인터내셔널의 선구).
Cómmunist Manifésto 명 (the ~) 공산당 선언(Marx와 Engels가 1848년에 발표).
Cómmunist párty 명 (the ~) 공산당.
com·mu·ni·tar·i·an [kəmjùːnətɛ́əriən] 명 (공산주의적) 공동 사회의 일원; 공동체주의자. ── 형 공동체주의(의)의. ~**·ism** 명
‡**com·mu·ni·ty** [kəmjúːnəti] 명 (복 **-ties** [-z]) **1** 공동 사회, 공동체; 지역 사회; 시읍면 자치체; 그 사람들. ¶a village ~ 촌락 공동체. **2** (the ~) (단·복수 양용) (특정의 특질·이익·직업을 가진 사람들의) 사회, …계. ¶the Jewish ~ 유대인 사회 / the ~ of scholars 학자의 세계. **3** (생태) (동물의) 군집(群集); (식물의) 군락(群落). ¶an oak forest ~ 오크 삼림 군락. **4** (the ~) 일반 사회, 공중(公衆). ¶the welfare of the ~ 사회 복지. **5** (교회) (계율에 따라) 공동 생활을 하는 단체. **6** U (재산 따위의) 공동 소유; (사상·이해 관계의) 일치, 유사(類似). ¶~ of goods 재산의 공유 / ~ of interests 이해의 일치. **7** U 교제, 교류. **-tal** 형
commúnity affáirs 명 =community relations.
commúnity anténna télevision 명 공동 시청 안테나 TV(약 CATV).
commúnity cáre 명 공동적 보호(노령·신체 장애 재택자들을 위한 사회 복지 제도).
commúnity cénter 명 지역 문화 회관, 마을 회관.
commúnity chèst [fùnd] 명 공동 모금.
commúnity chúrch 명 (종파를 초월한) 합동 교회.
commúnity cóllege 명 (美) 지역 사회 대학(지역 주민에 전문 대학 정도의 직업 교육을 하는 기관).
commúnity héalth cènter 명 (지역) 보건소.
commúnity hóme 명 (英) 소년원, 감화원.
commúnity médicine 명 지역 의료(가정의(醫)의 일반 진료).
commúnity physícian 명 지역 담당 의사.
commúnity policing 명 지역 경비(범죄를 줄이기 위해 경관을 할당하여 지역 주민과 친밀하게 하는 일).
commúnity pólitics 명 (정치적 전술로서) 지역 중시의 정치 자세. 「재산.
commúnity próperty 명 (美법률) (부부의) 공유
commúnity relátions 명 (美) **1** (민족·종교·언어 등이 다른 주민이 함께 사는) 지역 조정[화해] 활동. **2** (경찰의) 지역 방범 홍보 활동.
commúnity schóol 명 지역 사회 학교.
commúnity sérvice 명 지역 봉사 활동; (법률) 지역 봉사(형벌의 일종). 「합창.
commúnity sínging 명 (잘 알려진 노래의) 단체
commúnity spírit 명 공동체 의식.

com·mu·ni·ty·wide [kəmjúːnətiwáid] 형 지역 사회 전체의(에 걸친).

com·mu·nize [kámjunàiz/kɔ́m-] 타 1 (토지·재산)을 공유화하다. 2 (때로 C-) …을 공산화하다; 공산주의자로 만들다. **-ni·zá·tion** 명

com·mut·a·ble [kəmjúːtəbl] 형 1 교환[전환]할 수 있는. 2 통근 가능한, 통근 범위 내의. 3 (법률) 감형할 수 있는. **-bíl·i·ty**, **~·ness** 명

com·mu·tate [kámjutèit/kɔ́m-] 타 (전기) (전류)의 방향을 바꾸다; [전류]를 정류(整流)하다.

com·mu·ta·tion [kàmjutéiʃən/kɔ̀m-] 명 1 (U) 교환, 변환 (for, into); (C) 교환물. 2 보상(금), 대체(對替). 3 (U)(C) (법률) 감형; (의무 따위의) 경감. 4 (U) (전기) 정류(整流). 5 (U) (美) 정기(회수)권 통근.

commutátion tìcket 명 (열차·전차 따위의) 정기권, 회수권(commuter's [英] season) ticket).

com·mu·ta·tive [kəmjúːtətiv, kámjutèi-, kɔ́m-] 형 교환(대체)의; 상호의, 서로의; (수학) 교환 가능한. **~·ly** 부 **~·ness**, **-tí·vi·ty** 명

commútative cóntract (법률) 쌍무 계약, 등가 계약.

commútative láw (논리) 교환 법칙(논리 작용의 단계의 순서를 바꾸어도 결과는 바뀌지 않는다는 법칙).

com·mu·ta·tor [kámjutèitər/kɔ́m-] 명 1 (전기) 정류기, 전환기; (직류 발전기의) 정류자(整流子) 2 (수학) 교환자(子).

com·mute [kəmjúːt] 타 1 …을 교환하다, 대체하다; 바꾸다 (into, to, for). 2 (지불 방법)을 바꾸다, 대체(對替)하다 (to, into, for). 3 (형벌·의무 따위)를 경감하다 (to, into); ¶a death penalty to life imprisonment 사형을 무기형으로 바꾸다. 4 =commutate. ── 자 1 대용하다; 대용으로 쓸 수 있다. 2 분할불 대신 일괄(一括)로 지불하다. 3 정기적으로 왕복하다, (美) (정기권·회수권으로) 통근[통학]하다 (from / to, between). ¶~ from Inchon to Seoul 인천에서 서울로 통근[통학]하다. 4 (수학) 요소의 위치를 바꾸어도 같은 결과가 나오다. ¶one's ~ to and from work 직장 통근 왕복 거리.

com·mut·er [kəmjúːtər] 명 (철도의) 정기권[회수권] 이용자, 통근자. ¶a suburban ~ 교외에서 다니는 통근자. ── 형 1 통근(자)의. ¶a ~ railroad 통근 철도. 2 지방 항공(노선)의.

commúter àircraft 명 근거리 도시간 왕복 여객기.

commúter àirline 명 통근 항공 회사(근거리 도시간 노선을 운행하는 항공사).

commúter bèlt 명 교외의 통근자 주택 지대, 베드타운(美 bedroom town).

commúter càr 명 (2 인승) 통근(통학)용 자동차.

commúter cóuple 명 (직장으로 인해) 별거하는 부부, 주말 부부. 영 commuter marriage

com·mut·er·land [kəmjúːtərlænd] 명(U) (대도시 근교의) 주택 지구, 위성 도시. (또는 **commuterdom**, **commuterville**)

commúter márriage 명 =commuter couple.

commúter's tìcket 명 통근권, 정기권. (또는 **commuter pass**)

commúter tàx 명 통근세(근무처 소재의 시가 시외 통근자에게 부과하는 소득세).

com·my[^1] [kámi/kɔ́mi] 명 (방언) =commie[^1].

com·my[^2] 명 =commie[^2].

Cóm·o·ro Íslands [kámərðu-/kɔ́m-] 명복 (the ~) 코모로 군도(인도양 서부의 군도).

Com·o·ros [kámərðuːz/kɔ́m-] 명 (the ~) 코모로 (인도양 서부의 섬나라; 수도 Moroni). **-ran** 형명

co·mose [kóuməus] 형 (식물 따위의) 털이 많은, 잔털이 나 있는(hairy, comate).

comp[^1] [kamp/kɔmp] (구어) 명 (인쇄) 식자(compposition); 식자공(compositor). ── 자타 식자하다, 조판하다. ── 자 식자공으로서 일하다.

comp[^2] (구어) 명 무료 초대권[초대 손님]; 증정품. ── 형타 무료 초대하다. (<complimentary)

comp[^3] (구어) 명 벌충; 보상(compensation). ¶unemployment ~ 실업 수당. [형(comprehensive).

comp[^4] (구어) 명 (보통 ~s) (전공 과목 등의) 종합 시험.

comp[^5] (美구어) 명(재즈) (리듬을 강조하기 위하여 불규칙한 간격의 화음으로) 반주하다. ── 명 반주(자).

(<accompany) ¶~ 스트에 참가하다.

comp[^6] (구어) 명 =competition. ── 자타 경기[콘테

comp[^7] (구어) 명 일시불(compounding).

comp. companion; comparative; compare; compensation; compilation; compiled; compiler; complement; complete; composer; composition; compositor; compound; comprehensive; comprising; comptroller.

‡**com·pact**[^1] 형 [kəmpǽkt, kámpæt] (**more** ~; **most** ~) 1 꽉 들어찬, 빽빽한, 촘촘한; (체격이) 꽉 짜인; 죄어진(⇒CLOSE[^2] 유의어). 2 조촐한, 아담한; (차 따위가) 소형(小型)의, 작고 쓸모 있게 설계된. 3 (문제가) 간결한, 요령있는. ¶write ~ sentences 간결한 문장을 쓰다. 4 (…으로) 되어 있는 (of).

in a compact mass 밀집하여.

── 타 [kəmpǽkt] (타) (타) 1 (수동형으로) …을 빽빽[촘촘]하게 하다, 꽉 채우다; …을 압축하다 (into). 2 …을 탄탄하게 하다; …을 안정시키다. 3 전부 …으로 구성하다 (of). 4 (약)[금속가루]을 거푸집에 넣어 압축하다. ── (자) (눈 따위가) 굳어지다, 응고하다; 꽉 채워지다.

be compacted of …으로 되다[되어 있다].

── 명 [kámpækt/kɔ́m-] 1 콤팩트(휴대용 분갑). 2 소형차(영 subcompact). (또는 ↙ cár) 3 (약용) (금속가루를 거푸집에 넣어 압축해서 굳힌 것, 성형체).

~·ly 부 **~·ness** 명

*com·pact[^2] 명 [kámpækt/kɔ́m-] (U)(C) 계약; 협정, 맹약(盟約). ¶general ~ 공인(公認), 여론 / social ~ 사회 계약 // ~ between parties 정당간 협약.

make [or *enter into*] *a compact* 합의하다, 계약

── 자타 협정을 맺다(with). [을 맺다(with).

cómpact cámera 명 콤팩트 카메라(36mm 카메라).

cómpact cassétte tàpe 명 카세트 테이프.

cómpact dísk 명 콤팩트 디스크(약 CD). (또는 **cómpact áudio disc**)

cómpact dísk plàyer 명 CD 플레이어.

com·pact·ed [kəmpǽktid] 형 꽉 찬; 옹골진; 탄탄한; 안정된. **~·ly** 부 **~·ness** 명

com·pact·er [kəmpǽktər] 명 =compactor.

com·pact·i·ble [kəmpǽktəbl] 형 꽉 채울 수 있는; 압축할 수 있는, 굳힐 수 있는; 간결히 할 수 있는. **-bíl·i·ty** 명

com·pac·tion [kəmpǽkʃən, kɑm-/kəm-] 명 꽉 채움; 꽉 찬 상태, 압축; 간결화; (지질) (퇴적물의) 압축 (작용).

com·pac·tor [kəmpǽktər, kámpæk-] 명 1 꽉 채우는 사람[물건]. 2 (美)(美방)의 쓰레기 압축기; 폐물 분쇄기. 3 (못자리·노반 따위의) 정지(整地) 기계.

cómpact vídeo dísc 명 (음성·영상 재생의) 콤팩트 레이저 디스크(약 CVD).

com·pa·dre [kəmpɑ́ːdrei] 명 (美남부) 친구, 단짝. [Sp]

com·pa·ges [kəmpéidʒiːz] 명 (복 ~) (복잡한 부분으로 이루어진) 구조, 골조; 단단한 구조.

com·pand·er [kəmpǽndər] 명 (전자) 컴팬더, 압신기(壓伸器)(압축기와 신장기를 결합한 장치). (또는 **compandor**) (<compressor+expander)

com·pand·ing [kəmpǽndiŋ] 명 (전자) 송신 신호를 압축하여 수신 신호를 신장시키는 방법.

‡**com·pan·ion**[^1] [kəmpǽnjən] 명 (복 **~s** [-z]) 1 친구; 동료; 상대, 짝. ⇒FRIEND 유의어 ¶bad ~s 나쁜 친구들 /a ~ of one's youth 어릴 때의 친구 /a ~ in arms [crime] 전우(戰友)[공범자]. 2 반려자(남편·아

내·애인 등); (우연히 생긴) 친구, (여행의) 길동무; 늘 따라[붙어] 다니는 것. ¶ one's life ~ 일생의 반려자(아내) /a traveling ~ 여행의 길동무. **3** (환자·노인 등에게 고용되는 여성) 간호인, 말 상대. **4** (쌍을 이루고 있는 것의) 한쪽, 한짝. ¶ a ~ volume 자매편(姉妹編). **5** (C-) (책 이름으로) 입문서, 지침, 편람(guide), (…의) 벗 (to); …용 도구 한벌. **6** [천문] 동반성(同伴星)(*) primary), (또는 ~ **stàr**) **7** (C-) (英) 최하급 훈작사(勳爵士), 계급의 최하급자. ¶ a ~ of the Bath 최하급 바스 훈작사(*) C.B.).

make a companion of …을 친구로 삼다; …을 동 — (图타) …와 동반하다, …에 수행하다, 따라가다. — (④ [문어] 함께 가다, 동행하다; 사귀다.

~**less** [ionway.
com·pan·ion² 图 [해사] 선실 지붕창: = compan-
com·pan·ion·a·ble [kəmpǽnjənəbl] 图 사귐성이 좋은, 사교적인, 친구로 사귀기 좋은; 부드러운, 따뜻한.
-bíl·i·ty, ~ness -bly 图
com·pan·ion·ate [kəmpǽnjənət] 图 동료의, 동반자의, 우애적인; (옷이) 잘 조화된, 잘 어울리는.
compánionate márriage 图 (美) 우애 결혼(피임, 합의 이혼, 이혼 후의 상호 부양 의무 면제를 전제로 한 결혼 형태). 图 trial marriage
compánion cèll 图 [생물] 반(伴)세포.
compánion hàtch [héad] 图 =companion².
compánion hàtchway 图 선실 갑판, 공동으로.
compánion làdder 图 [해사] 선실과 갑판 사이의 계단; (배 안의) 승강 계단. [훈작사(*) C.H.)
Compánion of Hónour 图 (the ~) (英) 명예
Compánion of Líterature 图 (英) 문학 훈작사(*) C.Lit(t).)
compánion píece 图 (문학 작품·작곡 따위의) 자매편.
compánion sèt 图 (난로가에 두는 쇠꼬챙이·부삽 등) 난로용 기구 세트; (쌍을 이루는) 촛대.
*com·pan·ion·ship** [kəmpǽnjənʃìp] 图 **1** 친구 사이, 우의(友誼) 교우. **2** [집합적] (英) [인쇄] 식자공 동료. **3** (C-) (英) 최하급 훈작사 지위. *) COMPANION⁷ 7.
com·pan·ion·way [kəmpǽnjənwèi] 图 [해사] (갑판 밑의) 선실로 통하는 승강구[계단].
‡**com·pa·ny** [kʌ́mpəni] 图 (图 **-nies**) [-z] **1** [집합적; 단·복수 양용] 일단(一團), 일행; 극단, …좌(座); (사회적·종교적) 집단. ¶a strolling ~ 유랑 극단 /a theatrical [or dance] ~ 극단[무용단].
2 ⓤ [집합적; 단·복수 양용] 친구, 동료, 동아리, 함께 (* 개인을 가리키기도 한다). ¶make the ~ laugh 동석한 사람들을 웃기다 /John and ~ (구어) 존과 그 친구들, 존 일당 /A man is known by the ~ he keeps. (속담) 친구를 보면 그 사람을 알 수 있다.

> **유의어 company** 「동료」를 뜻하는 가장 넓은 뜻의 말. **band** 같은 목적이나 또는 운명을 함께하는 긴밀히 조직된 집단. **party** 공통의 목적으로 일시적으로 모인 사람들. **troop** 군대처럼 긴밀한 한 단위로 편성된 집단. **circle** 공동 관심사로 부담 없이 어울리는 적은 인원수의 친구; 복수형으로는 「…계(界)[계급]」의 뜻. **set** 취미·사상·생활 양식 따위가 비슷한, 특히 상류층 사람들. **coterie** set보다도 동질성이 더 강하고 친밀한 적은 인원수의 친구. **clique** 신분·지성 따위를 내세우는 배타적인 소수의 친구. **ring** 사욕·부정을 즐기는 소수의 친구.

3 ⓤ 교우, 친교, 교제; 우정; (사교적인) 회합, 모임; [집합적; 단·복수 양용] 무관심 사교계 (사람들). ¶ avoid the ~ of strangers 낯선 사람과의 교제를 피하다 /go into ~ 사교계에 나가다. **4** ⓤ 동석(同席), 동행, 동반. ¶ in the ~ of his father 그의 아버지와 함께 [동석하여]. **5** ⓤ [무관사·단수형으로] (구어) 동석자 (들); 손님, 방문자. ¶ invite ~ to dinner 손님을 식사에 초대하다. **6** ⓤ (일반적으로) 사회. ¶ shine in ~ 사회에서 유명하다. **7** 회사, 상사, 상회(略) co; 회사명은 Co. [kʌ́mpəni, kou]). ¶a joint-stock ~ 주식 회사 /a life insurance ~ 생명 보험 회사 /a limited (liability) ~ (英) 유한 책임 회사 /a publishing ~ 출판사 / work for [or at, in] a big ~ 큰 회사에 근무하다. **8** (C-) (회사명에 이름이 나오지 않는) 공동 경영인; (…and C-) …상회. ¶ Thomas Smith & C- 토머스 스미스 상회(토머스 스미스와 공동 경영인의 회사라는 뜻). **9** (중세의) 동업 조합, 길드(guild). **10** [단·복수 양용] (군사) **a**) [집합적] 중대. *) ARMY ¶ a ~ commander 중대장. **b**) (소수의) 일단의 병사. **11** (장비도 포함하는) 소방대. **12** [단·복수 양용] 승무원 전원. **13** 그 밖의 사람들. ¶ Napoleon, Stalin, and ~ 나폴레옹, 스탈린 그리고 그와 같은 부류의 사람들. **14** (the C-) (美속어) (CIA, FBI 따위) 정보[첩보] 기구. [쁘다].
be good [bad, poor] company 사귐성이 좋다[나
fall into company with …와 우연히 길동무가 되다.
for company 동행자로서; 이야기 상대로.
get into [avoid] bad company 못된 친구와 사귀다[사귀지 않다].
get one's company =receive one's company.
give a person **one's company** 사교상 남과 사귀다.
have company (present) 손님이 (와)있다.
in company 사람들 앞에서[틈에서].
in company with …와 함께, 공동으로.
in good company ① 좋은 친구와 사귀어. ② (구어·익살) (어떤 일은 못해도) 다른 (훌륭한) 사람들과 마찬가지로.
keep [or bear] a person **company** 남과 동행하다; 남과 어울리다, 남의 상대를 해주다.
keep company with …와 친해지다; (구어) (결혼 상대로서) …와 사귀다; …에게 구혼하다. [귀다.
keep good [bad] company 좋은[나쁜] 친구와 사
keep to one's **own company** 혼자 있다.
love one's **own company** 고독을 사랑한다.
part company (with) ① (…와) 헤어지다, 갈라서다, 절교하다. ② (…와) 의견을 달리하다.
present company excepted; excepting present company 여기 계신 여러분들은 별도로 하고 (* 비난 섞인 말을 할 때의 표현).
receive company 손님을 맞이하다, 방문을 받다.
receive one's **company** 대위로 승진하다.

— 图 **1** 남 앞에서의; 교제상의. **2** 회사(관계)의; 회사 소유의. ¶ ~ policy 회사의 방침 /~ time 근무 시간.
— (图 [고어] (A) 교제하다 (with). — (타) …와 동행하다, …을 따라가다.

cómpany cafetèria 图 사원 식당. [역.
cómpany diréctor 图 (英) (회사의) 대표 이사, 중
cómpany dóctor 图 [경영] 기업 컨설턴트.
cómpany gràde 图 (군사) 위관급(尉官級). 图 field grade [(社)도, 종업원 숙소.
cómpany hòusing [condomínium] 图 사택
cómpany ímage 图 기업[회사] 이미지. [앞말이.
cómpany màn 图 회사 인간; 회사편 종업원, 회사
cómpany mànners 图 (구어) 남 앞에서만 차리는 예의 범절, 격식 차린 예절.
on one's **company manners** 점잔빼며. [제1인].
com·pa·ny-mìnd·ed [-máindid] 图 회사 우선
cómpany mònkey 图 (美육군 속어) 회사원.
cómpany ófficer 图 (군사) (중대 근무의) 위관(尉官); 중대 소속 장교. [총무부장.
cómpany sècretary 图 (주식 회사의) 총무부장.
cómpany sérgeant-májor 图 (英군사) 중대 선
cómpany sòng 图 사가(社歌). [임 상사.
cómpany's stópcock 图 옥외 지수전(止水栓).
cómpany stóre 图 (회사의) 매점, 구매부.
cómpany tòwn 图 회사 (의존) 도시(여러 면에서

한 회사에 의존하는 도시).

cómpany únion 囹 (美) 어용 조합; (독립) 단위 조합.
compar. comparative; comparison.
***com·pa·ra·ble** [kámpərəbl/kóm-] 囹 1 비교할 수 있는, 공통점이 있는; …와 동류[동종]의 (*with*). 2 필적하는, 비길 만한 (*to*).
-bíl·i·ty, ~·ness -bly 틧
cómparable wórth 囹 남녀 동일 임금 원칙. 「ist.
com·par·a·tist [kəmpǽrətist] 囹 =comparativ-
***com·par·a·tive** [kəmpǽrətiv] 囹 1 비교의, 비교에 의한. ¶a ~ method 비교 연구법. 2 비교적인, 상대적인, 어지간한; 상당한. 3 〖문법〗 비교급의(囹 positive, superlative). ¶the ~ degree 비교급. ── 〖문법〗 (the ~) 비교급. **~·ness** 틧
compárative advántage 囹 비교 우위(優位).
compárative ádvertising 囹 (타회사의 상품과 비교하며 자사 제품의 우수성을 선전하는) 비교 광고 ((美) knocking copy).
compárative góvernment 囹 비교 정치학.
compárative linguístics 囹 (단수취급) 비교 언어학. **compárative línguist** 틧
compárative líterature 囹 비교 문학.
:com·par·a·tive·ly [kəmpǽrətivli] 틧 비교적, 상당히; 어지간히; 비교하여[해보면].
compárative philólogy 囹 =comparative linguistics. 「족(종족) 심리학.
compárative psychólogy 囹 비교 심리학.
compárative spót 囹 비교 스폿 광고(자사의 제품을 타사의 것과 비교하는 짧은 광고).
compárative státement 囹 비교 재무표, 비교 대조표.
compárative wórth 囹 (美) (동일 임금의 기준이 되는) 남녀간의 다른 직종의 업무에 대한 대등(對等) 가치.
com·par·a·tiv·ist [kəmpǽrətivist] 囹 비교 언어학자(comparative linguist); 비교 문학자.
com·par·a·tor [kəmpǽrətər, kámpərèi-] 囹 비교 측정기(測定器)(길이·거리·색채 등을 비교한다).
:com·pare [kəmpέər] 됨 (~s [-z]; ~d; -par·ing) 튠 1 …을 비교하다, 견주어보다, 대조하다 (*with, to*). ¶~ two dictionaries [novels] 두 사전[소설]을 비교 검토하다 // (~+目+前+名) ~ German *with* English 독일어를 영어와 비교하다.

[유의어] **compare** 유사점과 상이점을 찾아내어 가치·우수성을 알아내다. **contrast** 상이점을 강조하여 대비시키다.

2 …을 비유하다, 비기다(liken) (*to*). ¶Life is often ~*d to* a voyage. 인생은 흔히 항해에 비유된다 / Nothing is to be ~*d to* its beauty. 그 아름다움에 비길 만한 것은 아무것도 없다.

[USAGE] **compare to**와 **compare with** ── 두 개를 구체적으로 비교해서「견주어볼」경우는 with를, 추상적·비유적으로 비교하는「비유할」경우에는 to를 사용한다. 그러나 최근에는「견주어볼」때에도 (특히 수동형의 경우) to를, 「비유할」경우 with를 쓰기도 한다.

3 〖문법〗(형용사·부사)를 비교급·최상급으로 변화시키다. ── 튄 1 (부정문·의문문에서) 필적하다, 동등하다; 겨루다 (*with*). ¶(~+前+名) No lady can ~ *with* her. 그녀에 필적하는 숙녀는 없다 / Art cannot ~ *with* nature. 예술은 자연과 비할 바가 못된다. 2 (favorably, poorly와 함께) (…와) 비교하여 …하다 (*with*). ¶~ *poorly* [*favorably*] *with* her works 그녀의 작품과 비교해 형편없다[뛰어나다].
(**as**) **compared with** [or **to**] …와 비교하여.
compare notes ⇒ NOTE.
not to be compared with [or **to**] …와 큰 차이가 나; …에 비할 바가 못 되어, 상대가 안 되어.
── 囹 비교, 비류(比類). (* 다음 숙어로)

beyond [or *past, without*] *compare* 무엇과도 비교할 수 없을 만큼, 비길 데 없이, 무쌍한. ¶joy *beyond* *-pár·er* 틧 L~ 무상(無上)의 기쁨.

‡com·par·i·son [kəmpǽrəsn] 囹 (U) (C) ~**s** [-z] U(C) 1 비교, 대조, 대비 (*with, to*). ¶the ~ of A and B A와 B의 비교/if a ~ be made 만일 비교한다면. 2 〔수사〕 비유(圇 simile, metaphor); 예시, 실례. ¶"A man brave as a lion" is a common ~. 「사자처럼 용맹한 사람」은 흔히 쓰이는 비유이다. 3 (부정문에서) 비교 가능성[여지]; 유사; 필적(하는 것) (*between, to*). ¶There is no ~ *between* them. 그들 사이에는 비교의 여지가 없다 / It defies all ~. 그것과 필적할 만한 것이 없다. 4 〖문법〗 (형용사·부사의) 비교변화(형).

bear [or *stand*] *comparison with* …에 필적하다. ¶*bear* a very favorable ~ *with* …와 비교해서 우위에 서다. 「없을 만큼, 비할 데 없이.
beyond [or *past, without*] *comparison* 비길 수 *by* [or *in*] *comparison with* …와 비교하면.
challenge comparison with …와 우열을 겨루다.
make [or *draw, establish*] *a comparison* 비교하다 (*between, with*).
out of (*all*) *comparison* =*beyond comparison*.
com·par·i·son-shop [-ʃɑ̀p/-ʃɔ̀p] 됨튄 (경합하는 물품의 가격을 비교하다. ── 틘 (경합 상품의) 〔가격·품질을〕 비교하다; (상품의 가격·품질을) 〔경합 상점〕과 비교하다; (사원, 스파이 ~er) 사원.
compárison shòpper 囹 경쟁 상품[업체] 정탐
com·part [kəmpάːrt] 됨튄 …을 칸막이하다, 칸을 막다, 〔구획으로〕 나누다; …을 세부 설계하다.
***com·part·ment** [kəmpάːrtmənt] 囹 1 구획, 구분, (옷장 따위의) 칸막이; 〔건축〕 설계의 주요 구획 (panel, coffer 따위). ¶a ~ ceiling 소란(小欄) 반자. 2 (객차·여객선 따위의) 칸막이 객실; (美) (열차의) 침대칸(囹 bedroom, roomette); (배의) 방수 격실(防水隔室)(watertight ~). ¶a smoking ~ (열차의) 흡연실(吸煙室). 3 ~ glove ~. 4 (英) (법안 따위의) 분할 토의 방식. ── 됨튄 …을 구분하다, 칸막이하다; (구어) 관계자 외의 출입을 제한하다.
com·part·men·tal [kəmpɑːrtméntl, kɑ̀m-/kɔ̀m-] 囹 (방·토지 따위가) 구분된, 칸막이된; 구획으로 나뉜. ¶a ~ office 작은 방들로 나뉜 사무실. **~·ly** 틧
com·part·men·tal·ize [kəmpɑːrtméntəlàiz, kɑ̀m-] 됨튄 …을 구분하다, 칸을 막다. **·i·zá·tion** 囹
com·part·men·ta·tion [kəmpɑ̀ːrtməntéiʃən] 囹 〔해사〕 선체의 구획화; 부문화, 구분.
‡com·pass [kámpəs] 囹 (⑤) ~**es** [-iz] 1 나침반, 나침의(儀). ¶a ~ needle 나침침. 2 (보통 ~es) (제도용) 컴퍼스; (the Compasses) 〔천문〕 나침반자리. ¶a pair of ~es 컴퍼스 한 개/a bow ~ 스프링 컴퍼스/a beam ~ 빔 컴퍼스(넓빤지에 장치하는 큰 컴퍼스). 3 U(C) (the ~) (둘러싸인) 지역, 구역; 범위, 한계 (⇨ RANGE [유의어]); 주위, 둘레. ¶forty meters in ~ 둘레 40m. 4 U (음성의 음역(音域). ¶a voice of great ~ 음역이 넓은 목소리. 5 U 적당한 정도, 중용; 조심. 6 우회로(detour).
beyond one's compass; *beyond the compass* *of one's powers* 힘이 미치지 않는.
box the compass 방위를 차례차례 열거하다; (의견·방침 따위가) 결국 출발점으로 되돌아오다.
fetch [*go*] *a compass* 에둘러 말하다[가다].
in (**a**) *small compass* 간결히, 긴밀히.
keep within compass 중용을 지키다.
within compass 정도껏, 분수에 맞게. ¶speak *within* ~ 조심스레 말하다.
within the compass of …의 범위 내에.
── 됨튄 1 …을 빙 순회하다, 일주[일순]하다. 2 …을 둘러싸다, 에워싸다. ¶an island ~*ed by* the sea 바다에 둘러싸인 섬. 3 …을 달성하다; …을 획득하다. ¶~

one's purpose 목적을 달성하다. **4** 〔음모 따위〕를 계획하다, 꾸미다(plot). **5** …을 (완전히) 이해하다.
── 형 구부러진; 둥근.

com·pass·a·ble [kǽmpəsəbl] 형 둘러쌀 수 있는; 성취[이해]할 수 있는. ── 〔면〕, 나침패(羅針牌).
cómpass càrd 명 〔항해〕 (나침반의) 지침면(指針面).
cómpass còurse 명 〔항해〕 나침로(路).
cómpass dìal 명 자침(磁針)이 달린 휴대용 해시계.

*****com·pas·sion** [kəmpǽʃən] 명 ⓤ 측은히 여기는 마음, 연민, 동정 〈for, 《英》 on, upon〉. ⇨PITY 유의어
have [or **feel, show, take**] **compassion for** [or **on**] …을 측은히 여기다.
in compassion 동정하여 〈to〉.
out of compassion 측은히 여겨, 동정하여.
~·less 형

*****com·pas·sion·ate** [kəmpǽʃənət] 형 인정 많은, 동정적인, 정다운 〈toward〉, 《英》 (수당·휴가 등이) 온정으로 허락되는, 특별한. ── [kəmpǽʃənèit] 타 …을 측은히[가엾게] 여기다, …에 동정하다.
~·ly 부 **~·ness** 명

compássionate allówance 명 《英》 특별 수당.
compássionate consérvatism 명 온정적 보수주의(미국 Bush 대통령의 통치 이념).
compássionate lèave 명 《英》 특별 휴가.
compássion fatìgue 명 (지나치게 빈번하거나 장기적인 자선·기부 행위에 대한) 동정심 감퇴[피로].
cómpass locàtor 명 〔항공〕 (계기 착륙 시스템의) 무선 유도 표지(標識). ── 〔면〕을 깎는 대패.
cómpass plàne 명 뒷[굽은]대패(오목면이나 볼록 면을 깎는).
cómpass pòint 명 〔컴퍼스의〕 32방위(方位)(의 어느 하나); 방위 각도(角度)(11˚15´).
cómpass ròse 명 〔항해〕 나침도(羅針圖)(해도에 그린 원형 방위도). 동 compass card
cómpass sàw 명 둥글게 자르는 톱, 실톱. 〔材〕.
cómpass tìmber 명 〔조선〕 굽은 재목, 만곡재(彎曲材).
cómpass wìndow 명 돌출한 반원형 창.

com·pat·i·bil·i·ty [kəmpǽtəbíləti] 명 ⓤ **1** 양립 〔공존, 조화〕의 가능성, 적응되지 않는 것. **2** 〔컴퓨터〕 (데이터의) 호환성. **3** 〔TV·라디오〕 양립성; 〔화학〕 융화 〔상용(相溶), 혼화(混和)〕성. **4** 〔식물〕 (교잡(交雜)으로 수정이 가능한) 화합성, (접목의) 친화성; 〔생물〕 (혈액이나 조직의) 적합성.

*****com·pat·i·ble** [kəmpǽtəbl] 형 **1** 양립할 수 있는, 모순 없는, 조화하는〈congruous〉; 양용(兩用)의〈with〉.¶His interests are not ~ with mine. 그의 이해(利害)는 나의 이해와 양립하지 않는다. **2** 〔TV〕 양립식의(흑백 수상기로는 흑백으로 수상할 수 있는 컬러 TV의 방송 방식). **3** 〔컴퓨터·전자〕 호환성의, 호환 사용할 수 있는. **4** 〔화학〕 융화〔상용〕성의. **5** 〔식물〕 타화(他花) 수정이 쉬운; 친화성의; 〔생물〕 거부 반응을 일으키지 않는. ── 명 호환성이 있는 장치〔기종〕; 〔컴퓨터의〕 호환기. **~·ness** 명 **-bly** 부

compátible cólor [**sỳstem**] 명 〔TV〕 양립식, (흑백) 겸용식(컬러 TV).
compátible compúter 명 호환성이 있는 컴퓨터.

com·pa·tri·ot [kəmpéitriət/-pǽtri-] 명 같은 나라 사람, 동포; 《구어》 동료, 동지, 친구. ── 형 같은 나라의; 동포의. **-ót·ic** 형 **~·ism** 명 ⓤ 동포임; 동포애.
compd. compound. 〔의식〕; 동지애.
com·peer [kəmpíər, kámpiər/kómp-, -´-] 명 대등한 자〈equal〉, 동년배; 동지, 동료〈comrade〉.

‡com·pel [kəmpél] 타 〈~s [-z]; -ll-〉 **1** …에게 억지로 시키다, 무리하게 …시키다. ⇨FORCE 유의어
¶〈~+目+to do〉 ~ a person to confess 남에게 억지로 자백케 하다/Hunger ~led him to surrender. 그는 배고픈 나머지 어쩔 수 없이 항복했다./The rain ~led us to stay indoors. 우리는 비 때문에 부득이 집에 있어야 했다. **2** (남에게) …을 강요하다〈from〉. ¶

〈~+目+前+名〉 They ~led obedience [silence] from us. 그들은 우리에게 복종[침묵]을 강요했다. **3** (무리하게) …을 굴복시키다, 따르게 하다; …을 압도하다.¶〈~+目+前+名〉 ~ a person to one's will 남을 무리하게 자기 뜻에 따르게 하다. **4** (고어) …을 몰다; 몰아 모으다. ── 자 강제하다; 거역하기 어려운 힘을 갖다. **~·lent** 형 **~·ler** 명 강제[강요]하는 사람.

com·pel·la·ble [kəmpéləbl] 형 강제[강요]할 수 있는. **-bly** 부

com·pel·la·tion [kὰmpəléiʃən/kɔ̀m-] 명 ⓤ (이름이나 호칭의) 부름; 명칭, 호칭, 경칭.

*****com·pel·ling** [kəmpéliŋ] 형 **1** 강제적인, 억지스러운, 위압적인.¶~ ambition 주체할 수 없는 야망. **2** 사람을 가만히 두지 않는, 마음을 끄는; 존경하지 않을 수 없게 하는.¶a ~ smile 무심코 끌려드는 미소. **~·ly** 부

com·pend [kάmpend/kɔ́m-] 명 =compendium.
com·pen·di·ous [kəmpéndiəs] 형 **1** 간단하고도 요령 있는, 간명(簡明)한, 간결한. **2** 《구어》 분량이 많은〔큰〕. **~·ly** 부 **~·ness** 명

com·pen·di·um [kəmpéndiəm] 명 〈 ~·s, -di·a [-diə]〉 **1** 개론, 개설; 개요, 요약, 적요(摘要); 《英》 명세[일람]표, 총목록. **2** (여러 물건을 넣은) 세트.

com·pen·sa·ble [kəmpénsəbl] 형 (손해·상해 쪽이가) 보상 대상이 되는, 보상할 수 있는. **-bíl·i·ty** 명

*****com·pen·sate** [kάmpənsèit/kɔ́mpən-, -pen-] 타 〔형〕 **1** …에게 보상하다, 변상하다, 배상하다, 보답하다; 《美》 (보수·급료를) …에게 지불하다 〈for/with〉.¶〈~+目+前+名〉 ~ a person for loss 남에게 손해 배상을 하다 / ~ a person for his services 도움에 보답하다. **2** …을 보충[벌충]하다, 상쇄하다〈with, by〉.¶〈~+目+前+名〉 ~ evil with good 악을 선으로 상쇄하다(補한다). **3** 〔기〕 (흔들이 따위)를 보정(補整)하다. **4** 〔경제〕 (통화)의 금 함유량을 보정하다. ── 자 보상[보충]하다, 메우다〈for, to〉.¶〈~+前+名〉 Nothing can ~ for the loss of a mother. 그 어떤 것도 어머니의 죽음을 보상할 수는 없다.
-sàt·ing·ly 부

cómpensàted dòllar [kάmpənsèitid-] 명 =commodity dollar. 〔상〕 상형 반도체.
cómpensated semicondúctor 명 〔물리〕 보
com·pen·sat·ing bàlance [kάmpənsèitiŋ-] 명 **1** (시계 등의 속도 조절용) 보정(補整) 바퀴. (또는 **compensation** [**cómpensated**] **bàlance**) **2** (금융) 보상 예금(은행이 융자선에 요구하는 최저 예금 액).

‡com·pen·sa·tion [kὰmpənséiʃən/kɔ̀mpən-, -pen-] 명 〈 ~·s [-z]〉 ⓤⓒ **1** 보상, 배상, 변상, 보충, 대가(代價), 갚음, 같음.¶receive money as ~ for …의 보상[배상]으로서 돈을 받다. **2** (노고에 대한) 보수, 보답; (공무원 등의) 급료.¶pains with sorry ~s 별로 보답이 없는 수고. **3** 〔생물〕 보상 작용(어느 기관(器官)의 결함을 보충하는 다른 기관·부분의 이상 발달). **4** 〔심리〕 보상 작용(열등감을 감추기 위한 행위). **5** 〔기계〕 (흔들이 따위의) 보정(補整). 〔…으로서, **in** [or **by way of**] **compensation for** …의 보상 **make compensation for** …을 벌충[보상]하다.
~·al 형 balance 1.
compensátion bàlance 명 =compensating
compensátion inflàtion 명 〔기업 경영자의〕 보수 플레(고액화 현상).
compensátion péndulum 명 〔시계〕 보정 진자 (振子)(기온 변화에도 주기가 변하지 않는 진자).
compensátion pòint 명 〔식물〕 보상점(식물의 탄산가스와 산소의 방출·흡수가 똑같은 때의 빛의 세기).
compensátion tràde 명 구상(求償) 무역.
com·pen·sa·tive [kάmpənsèitiv, kəmpénsə-] 형 =compensatory.
com·pen·sa·tor [kάmpənsèitər/kɔ́m-] 명 **1** 보상자, 배상자. **2** 〔기계〕 보정기, 조정기; 〔광학〕 보정판.

com·pen·sa·to·ry [kəmpénsətɔ̀ːri/kɔ̀mpənséi-təri] 형 보상의, 배상의; 보답의, 보수의; 보충의. ¶~ payment 보상금, 배상금.

compénsatory léngthening 명 〔언어〕 대상(代償) 연장(자음의 약화·소멸로 그 앞의 모음이 장음화되는 현상).

com·per [kámpər/kɔ́m-] 명 경기[콘테스트] 단골 참가자. [<*compe*tition+*per*son]

com·père [kámpεər/kɔ́m-] (英) 명 (방송 프로 따위의) 사회자. ── 타 (…을) 사회[진행]하다; (…을) 안내하다. (또는 **compere**) [<F *godfather*]

‡**com·pete** [kəmpíːt] 자 (*-pet·ed; -pet·ing*) 1 경쟁하다, 다투다, 겨루다 (*with, against, for, in*).

> 유의어 **compete** 상·지위 그 밖의 보답을 얻기 위해 남과 경쟁하다. **contend** 강력하게 대립하는 것과 격렬하게 다투다; 다툴 필요성을 강조하다. **contest** 어떤 것을 입수·확보하기 위해 남에 대항하여 자신의 우월을 증명하다.

2 (경기 등에) 참가(출전)하다 (*in*). ¶~ *in* the race 경주에 출전하다. 3 필적하다, 어깨를 겨루다 (*with, in*). ¶(~+젠+명) Other goods cannot ~ *with* this in the quality. 품질에 있어서 이것과 견줄 상품은 없다.
compete with a person *for* (a prize) 남과 (상)을 타려고 경쟁하다.
compete with a person *in* doing 남과 경쟁으로 …하다.
compete with a person *in* (price [quality]) 남과 (가격[질])으로 경쟁하다.
-pét·er -pét·ing·ly 부

***com·pe·tence** [kámpətəns/kɔ́m-] 명 U 1 (어떤 일을 하는) 능력, 역량; 적성, 자격 (*for, in, to* do). ⇒ABILITY 유의어 ¶~ *for* a task 일을 수행하는 능력 / I doubt his ~ *for* such a post. 그가 그런 지위에 적임인지 의심스럽다. 2 충분한 양 (보통 a ~) (웬만큼 생활할 수 있는) 자산, 재산, 수입. 3 〔법률〕 권한, 권능; 법적 능력(자격). 4 〔발생〕 반응력(성)(배포(胚胞) 세포군의 주위 상황에 반응하는 가능성). 5 〔언어〕 언어 능력; (지질) 컴피턴스, 암설(岩屑)을 움직이는 흐름의 능력.
acquire [or *amass, earn*] *a competence* 상당한 재산을 모으다. 「아무의 권한에 속하다.
be within one's *competence to* do …하는 것은
exceed [or *go beyond*] one's *competence* 월권 행위를 하다, 권한을 넘어서다. 「꽤 가지고 있다.
have [or *enjoy*] *a modest competence* 자산을
have competence over …을 관할하다.

com·pe·ten·cy [kámpətənsi/kɔ́m-] 명 =competence 1-3.

***com·pe·tent** [kámpətənt/kɔ́m-] 형 1 유능한, 할 능력[역량]이 있는 (*at, in*); 충분한 자격을 갖춘, 적임의 (*for, to* do). ¶a ~ secretary 유능한 비서 / He is ~ *for* the position. 그는 그 지위에 적임이다. He is ~ *to* do the task. 그는 그 일의 적임자다. 2 상당한, 충분한. ¶a ~ supply of provisions 충분한 식량 공급 / have a ~ knowledge of …에 대한 충분한 지식이 있다. 3 〔법률〕 (증인 등이) 법적 능력[자격]이 있는; (관청·법원 등이) 관할권이 있는; (행위가) 합법적인, 정당한. ¶the ~ authorities 주무(主務) 관청 / the ~ court 관할 법원. 4 (행위 따위가) 합법적, 정당한. 5 〔발생〕 반응력이 있는. **~·ly** 부 **~·ness** 명

‡**com·pe·ti·tion** [kàmpətíʃən/kɔ̀m-] 명 (*~s* [-z]) UC 1 경쟁, 겨룸 (*with, for*). ¶bitter ~ *for* leadership 치열한 주도권 다툼. 2 〔힘·기량 따위를 겨루는〕 경기회, 대회, 시합, 콘테스트; 입학 시험(보통 the ~). 3 경쟁 상대; 《집합적; 단·복수 양용》 경쟁자, 대항자. ¶a rifle ~ 권투 시합 / a rifle ~ 사격 대회. 3 〔생태〕 생존 경쟁. 4 〔상업상의〕 경쟁. ¶a price ~ 가격 경쟁 / a free ~ 자유 경쟁. 5 〔사회〕 경쟁(같은 목적을 쟁취하기 위한 사회적 항쟁).

in competition with a person *for* …을 얻으려고 남과 경쟁하여.

***com·pet·i·tive** [kəmpétətiv] 형 1 경쟁의, 경쟁으로 결정되는; (장사가) 자유 경쟁의, 경쟁적인; 〔품질·가격 따위가〕 남에게 뒤지지 않는. ¶a ~ power [market] 경쟁력[경쟁 시장] / a ~ supply [demand] 경쟁적 공급 [수요]. 2 경쟁을 좋아하는, 경쟁심이 강한.
at competitive prices 남보다 싼 가격으로.
~·ly 부 **~·ness** 명

compétitive coexístence 명 경쟁적 공존.
compétitive exclúsion 명 〔생태〕 경쟁적 배제.

‡**com·pet·i·tor** [kəmpétətər] 명 경쟁자, 경쟁 상대 (*in*). ¶a ~ *in* business 경쟁 업자. **~·ship** 명

compétitor ánalyst 명 (완곡적) 산업 스파이.

com·pet·i·to·ry [kəmpétətɔ̀ːri/-təri] 형 =competitive. 「여성형.

com·pet·i·tress [kəmpétətris] 명 competitor의

com·pi·la·tion [kàmpəléiʃən/kɔ̀m-] 명 1 U (책 따위의) 편집, 편찬; C 편집한 것, 편찬물. ¶~ *of* a dictionary 사전 편찬. 2 〔컴퓨터〕 (프로그램의) 컴파일하기. 「편찬의; 편집물의.

com·pil·a·to·ry [kəmpáilətɔ̀ːri/-təri] 형 편집의,

***com·pile** [kəmpáil] 타 (*~d*) 1 〔자료〕 를 모으다, 편찬하기 위해 종합하다, 집계하다. ¶(~+명+전+명) ~ materials *into* a magazine 자료를 모아 잡지를 만들다. 2 (자료를 모아) 〔책〕 을 편찬하다, 편집하다. ¶~ a guidebook 안내서를 만들다. 3 〔컴퓨터〕 …을 컴파일하다. (프로그램) 을 다른 언어로 번역하다. 4 〔英속어〕 〔크리켓〕 …을 득점하다.

com·pil·er [kəmpáilər] 명 1 편집자, 편찬자. 2 (또는 **compiling routine**)〔컴퓨터〕 컴파일러(고급 언어로 쓰여진 프로그램을 기계어로 번역하는 프로그램; COBOL, FORTRAN 등).

compíler lánguge 명 〔컴퓨터〕 컴파일러 언어 (ALGOL, FORTRAN 등).

comp·ing [kámpiŋ] 명 경기[콘테스트] 참가 취미.

compl. complement(ary); complete(d).

com·pla·cen·cy [kəmpléisnsi] 명 1 U 흐뭇한 만족, 충족감; (경멸적) 자기 만족, 득의(得意). 2 만족감을 주는 것, 위안이 되는 것. (또는 **complacence**)

com·pla·cent [kəmpléisnt] 형 1 (자기의 우월성에) 만족하는, 자기 만족의, 흐뭇해 보이는 (*about, toward*). 2 은근한, 상냥한. **~·ly** 부

‡**com·plain** [kəmpléin] 자 (*~s* [-z]) 타 1 불평[푸념]하다, 불만을 말하다, 투덜대다 (*of, about*). ¶be always ~*ing* 늘 불평위는 소리를 하다 // (~+전+명) ~ *of* little supply 공급이 적다고 불평하다 / ~ *about* high prices 물가가 비싸다고 투덜대다 / (~+that 절) He is always ~*ing that* he cannot find time to do what he wants to (do). 그는 하고 싶은 일을 할 시간이 없다고 늘 투덜거린다.

> 유의어 **complain**「불평·불만을 말하다」라는 뜻의 가장 일반적인 말. **grumble** 혼잣말처럼 투덜투덜 complain하다. **growl** 성난 목소리로 complain하다. **murmur** 낮은 목소리로 complain하다. **whine** 애처로운 소리로 complain하다.

2 (고통·병의 상태를) 호소하다 (*of, about*). ¶(~+전+명) ~ *of* a headache [stomachache, sore throat] 두통[복통, 목의 통증]을 호소하다. 3 (정식으로) 불평[고충]을 호소하다, (…에) 고소하다 (*to*/*of*). ¶~ *to* the police *of* …에 대해 경찰에 호소하다 // (~+전+명+that 절) He ~*ed to* me *that* he had been rude to her. 그녀는 그가 자기를 모욕했다고 내게 호소했다. 4 (시) (바람 말소리가) 구슬픈 소리를 내다.
── 타 (…을) 불평하다, 불만을 말하다; 호소하다 (*to* do).
Can't complain.; Nothing to complain about. (구어) (How are you? 등의 인사에 대하여)

그저 그래, 나쁘지 않아. 「소하다.
complain against …에 관하여 하소연하다; …을 고
~**·a·ble** 图 **~·ing·ness** 图
com·plain·ant [kəmpléinənt] 图 《법률》 공소인
(公訴人), 고소인, 원고(plaintiff).
com·plain·er [kəmpléinər] 图 불평가, 투덜대는
사람, 불만을 말하는 사람. 「듯이, 투덜대면서.
com·plain·ing·ly [kəmpléiniŋli] 图 불만스러운
‡**com·plaint** [kəmpléint] 图 **1** ⓤⓒ 불평, 불만, 푸
념, 넋두리; 고충; 비난, 구지람(*against, on, about,
of*). ¶ people's ~ *against* government 정부에 대한
국민의 불만 / a cause of ~ 불평의 씨[원인]. **2** 불평[불
만, 푸념]의 씨; 신체적 고통의 원인, 병; ⓤ 불평[불만,
통증]의 호소. ¶ a chronic [female] ~ 만성[부인]병/
have a heart ~ 심장이 나쁘다. **3** 〖법률〗고소, 소송
제기; (美) (민사 소송에서) 원고의 최초의 신청, 소장.
be full of complaints 불평 투성이다, 불평이 많다.
*direct [or make] one's complaint against a
person* 남에게 불평을 말하다, 시비걸다, 트집잡다.
lay a (formal) complaint before the court 법
원에 정식으로 고소하다. 「소하다.
lodge a complaint with (the court) (법원에) 고
make a complaint about …에 관해 항의하다, 클
레임을 걸다.
make [or *bring, file, lay, lodge*] *a complaint
~·ive* 图 **|** *against* …을 고소하다.
compláint depàrtment 图 (백화점 따위의) 고객
불만[고충] 처리부, 고객 상담실.
com·plai·sance [kəmpléisns, -zns, kámplə-
zèəns/kəmpléizns] 图 남의 비위를 맞춤, 친절; 상
냥함; 은근함, 공손함; 고분고분함(compliance).
com·plai·sant [kəmpléisnt, -znt, kámpləzènt/
kəmpléiznt] 图 남의 비위를 맞추는, 상냥한; 공손한,
정중한, 친절한; 고분고분한. **~·ly** 图
com·pla·nate [kəmpləneit/kóm-] 图 평평하게
된[한]; 같은 평면에 놓인. **-ná·tion** 图ⓤ 평면화.
com·pleat [kəmplíːt] 图 (모든 면에서) 숙달한, 완
벽[완전]한(complete). ¶ the ~ actor, at home in
comedy and tragedy 희극과 비극 모두 만능인 배우.
com·plect [kəmplékt] 图图 (페어) 함께 엮다, 섞
어 짜다(interweave).
com·plect·ed[1] [kəmpléktid] 图 《복합어로》 얼굴
빛이 …한. ¶ a dark-~ man 얼굴 빛이 검은 남자.
com·plect·ed[2] 图 (구어) 섞어 짠; 복잡한.
‡**com·ple·ment** [kámpləmənt/kóm-] 图 **1** 보충
물, 보완물, 완전하게 하는 것(*to*); 보충량. ¶ an indis-
pensable [a necessary] ~ 불가결[필요]한 보충물 / a
~ *to* the law 법률을 보완하는 것.

〖유의어〗**complement** 완전한 것이 되게 하는 데에 절
대 필요한 보충. **supplement** 일단 완전한 것이 되
어 있는 물건에 그저 덧붙이는 것.

2 한 쌍으로 된 것의 한쪽. **3** 전량(全量), 필요한 것의 전
부, 한 벌; 총계. ¶ the moon in her ~ 만월. **4** (함선
의) 전 승무원 (탈것의) 정원 (공장·직장 따위의) 정수
(定數). ¶ Now the ship has her full ~ of men. 이제
전 승무원이 승선했다. **5** 〖문법〗 보어; 보충문. **6** 〖기하〗
여각(餘角); 여호(餘弧); 〖수학〗 여집합(餘集合), 보집합
(補集合). **7** 〖음악〗 보충 음정(어떤 음정에 몇 도의 음정
을 보충하여 옥타브를 이루게 하는 것). **8** 〖면역〗 (혈
액·림프 속의) 보체(補體). **9** =complementary color.
——图图 [kámpləmént/kóm-] **1** …을 보충하다,
보태다, 보완하다. **2** (페어) =compliment. **-er** 图
com·ple·men·tal [kàmpləméntl/kòm-] 图 보
충적인, (서로) 보완하는. **~·ly** 图
com·ple·men·tar·i·ty [kàmpləməntǽrəti/
kòm-] 图 (물·화) 상보성(相補性). 「원리.
complementárity príncìple 图 〖물리〗 상보성

com·ple·men·ta·ry [kàmpləméntəri/kòm-]
图 **1** 보충이 되는, 보충하는(*to*); 서로 보완하는. **2** 〖수학〗
여각의; 여호(餘弧)의, 여집합의, 보수(補數)의. **3** 〖생화
학〗 상보성(相補性)의; 보완 의학(~ medicine)의.
——图 **1** 서로 보완하는 것, 상보적 관계에 있는 것. **2**
= ~ color. **-ri·ly** 图 **-ri·ness** 图
compleméntary ángle 图 〖기하〗 여각.
compleméntary árc 图 〖기하〗 여호.
compleméntary céll 图 〖식물〗 전충(塡充) 세포.
compleméntary cólor 图 〖미술〗 **1** 보색(補色),
여색(餘色). **2** = secondary color.
compleméntary distribútion 图 〖언어〗 상호
보충적 분포. 「전자.
compleméntary géne 图 〖유전〗 보족(補足) 유
compleméntary médicine 图 대체 의학[의료]
(한방·침구술(鍼灸術) 따위)(alternative medicine).
com·ple·men·ta·tion [kàmpləməntéiʃən/kòm-
plimen-] 图 **1** 〖언어〗 = complementary distribu-
tion. **2** 〖유전〗 상보성(相補性); 〖동물〗 (동일종 또는 근
연종(近緣種)의 두 개체 사이의) 합식(合植). **3** 〖문법〗 보
문화(補文化). **4** 상호 관세 인하 협정.
‡**com·plete** [kəmplíːt] 图 (*more ~, -plet·er;
most ~, -plet·est*) **1** 전부가 갖추진, 빠진 것이 없
는, 전부의, 전부 완결 소설 / the ~
works of Shakespeare 셰익스피어 전집.

〖유의어〗**complete** 필요한 부분 따위가 모두 갖추어져
「완전한」. **perfect** 어떤 규율·양식에 합치하고 아주
뛰어나서 「완전한, 완벽한」. **entire** complete하여
각 부분으로 분리될 수 없는 통일체를 이루어 「완전
한」. ⇒WHOLE 〖유의어〗**thorough** 각 세부(細部)에 주
의가 철저하여 「완전한」. **intact** 손상·변화 따위를 안
받고 본래의 상태로 「온전한」.

2 완성된, 완결된, 마무리된; 〖한정용법〗 (기간이) 만
(滿)… (whole). ¶ The year is now ~. 올해도 이제 다
갔다. It is to be ~ in four volumes. 그것은 4권으로
완결될 예정이다. **3** 철저한, 전적인; 문자 그대로의. ¶ a
~ ass [*or* fool] 철저한 바보 / a ~ failure [victory] 완
패[완승] / a ~ stranger 전연 모르는 타인. **4** 〖한정용법〗 (필
요한 특질·기능 등을 모두 갖추어) 완벽한, 더할 나위 없
는, 나무랄 데 없는; (고어) 숙달[숙련]된. ¶ a ~ golfer
(기술·매너가 다) 완벽한 골퍼 / a ~ lady 완벽한 숙녀. **5**
(명사 뒤에서) (…이) 완비된; (…이) 붙은, 들어 있는
(*with*). ¶ a house ~ *with* furniture 가구가 완비된
집. **6** 〖미식축구〗 (포워드 패스가) 잘 받아내어진. **7** 〖수
학〗 완비의, 완전한. ¶ ~ solution 완전 해답. **8** 〖문법〗
(술어·술부가 목적어·보어를 필요로 하지 않는) 완전한.
9 〖식물〗 각 부분을 완전하게 갖춘. ¶ a ~ leaf [flower]
갖춘잎[꽃].
——图图 (*-plét·ed; -plét·ing*) **1** …의 수·양을 채워
완전한 것이 되게 하다, 전부 갖추다. ¶ Two more
books will ~ this series. 두 권만 더 나오면 이 총서
가 완간된다. **2** …을 끝내다, 완료[완결]하다, 완성하다,
성취하다 (*doing*). ¶ ~ the construction of a monu-
ment 기념비의 건설을 완성하다. **3** 〖미식축구〗 (포워드
패스)를 성공시키다; (야구) (시합)을 완투하다.
to complete one's misery 가뜩이나 불행한 데다.
-plét·a·ble 图 **-plét·ed·ness, ~·ness, -plét·er** 图
compléte blóod còunt 图 〖의학〗 전혈구(全血
球) 측정(圈 CBC). 「를 포함한 비료).
compléte fértilizer 图 완전 비료(인산·질소·칼리
compléte fráctùre 图 완전 골절.
compléte gáme 图 〖야구〗 완투 시합.
com·plete·ly [kəmplíːtli] 图 완전히, 철저히; 충분
히; 전적으로; 완벽하게. 「트.
compléter sét 图 (조미료통 따위의) 보조 식기 세
*‡**com·ple·tion** [kəmplíːʃən] 图ⓤ **1** 완성, 완료, 종
료(end); 〖법률〗 (부동산) 매매의 완료; (과정 따위의)

수료; 달성, 성취. ¶approach [or near] the ~ of …의 완성이 가까워지다 / be near ~ 완성 단계에 있다. 2 〔미식축구〕 잘 받아낸 포워드 패스.
bring...to completion …을 완성하다.
on completion of …이 완성[완료]되었을 때에.
com·ple·tist [kəmplí:tist] 图 완전주의자(의).
com·ple·tive [kəmplí:tiv] 图 완성의, (…을) 완성[완료]하는 (*of*); 〔문법〕 완료적인[의(相)의]. **~·ly** 囝
‡**com·plex** [kəmpléks, kámpleks/kómpleks] (*more ~; most ~*) 1 (서로 관련된) 여러 부분으로 이루어진, 복합의, 혼성(混成)의. ¶a ~ tone 복합음. 2 복잡한; 뒤얽힌, 얽히고 설킨. ¶a ~ argument 복잡한 논의 / ~ machinery 복잡한 기계 (장치).

〔유의어〕 **complex** 각 부분·요소가 서로 깊이 관련된; 지식·경험 따위의 축적을 암시. **complicated** 아주 complex한; 이해 또는 해결이 극히 곤란함을 강조. **intricate** 지나치게 얽혀 얼핏 보기에 이해하기 곤란한; 현혹되기 쉬움을 강조. **involved** 복잡하게 얽혀 분해하기 어려운; 때로는 혼란을 암시. **knotty** 아주 complicated하고 intricate한; 해결·이해가 거의 불가능한 것을 암시.

3 〔문법〕 (단어·문장이) 복합의. ¶a ~ word 복합어. 4 〔수학〕 복소수(複素數)의. 5 〔화학〕 착물(錯物)의.
── 图 [kámpleks/kóm-] (옝 ~*es* [-iz]) 1 복합체, 합성물. 2 〔정신분석〕 콤플렉스. ¶an inferiority [a superiority] ~ 열등[우월]감. 3 (…에 대한) 고정 관념, 강박 관념; 〔구어〕 이유 없는 편견, 혐오 (*about*). ¶a woman ~ 여성 공포감 / a height ~ 고소(高所) 공포증 / have a ~ *about* sex 섹스를 병적으로 두려워하다. 4 단지(團地); 복합 빌딩, 종합 청사; 복합 공장 단지, 콤비나트(러시아어의 *kombinat*). ¶an apartment [a housing] ~ 아파트[주택] 단지 / a leisure ~ 종합 레저 센터. 5 〔수학〕 복소수. 〔화학〕 착(錯)화합물; 복합체.
── 图 [kəmpléks, kámpleks] 囝 1 …을 복잡하게 하다. 2 〔화학〕 …와 착물(錯物)을 만들다; (병 따위)를 형성하다. ── 囝 〔화학〕 복합체를 형성하다.
~·ly 囝 **~·ness** 图
cómplex fráction 图 〔수학〕 번분수(繁分數).
*com·plex·ion [kəmplékʃən] 图 1 얼굴의 윤기, 안색; 얼굴 빛깔, 살결; 생김새, 용모. ¶a good [bad] ~ 좋은[나쁜] 안색. 2 (~, the ~) (사태의) 外觀, 형세, 양상(aspect), 상황. ¶the ~ of the war 전국(戰局). 3 관점, 견지; 태도, 마음가짐. 4 〔폐어〕 성질. (또는 *complection*).
have a beautiful [or *fine, rosy*] *complexion* 혈색이 좋다.
put another complexion on …의 형세를 바꾸다.
take a serious complexion 중대한 양상을 띠다.
~·al 图 안색의; 천성의. **~·al·ly** 囝
com·plex·ioned [kəmplékʃənd] 图 (복합어로) 얼굴색이 …한. ¶a fair-~ girl 얼굴색이 흰 소녀.
com·plex·ion·less [kəmplékʃənlis] 图 안색이 나쁜, 얼굴에 윤기가 없는; 핏기 없는, 창백한.
*com·plex·i·ty [kəmpléksəti] 图 囝囗 복잡, 복잡성, 착잡; 囗 복잡한 것, 착잡한 것.
cómplex númber 图 〔수학〕 복소수(複素數).
cómplex pláne 图 〔수학〕 복소 평면, 가우스 평면.
cómplex preposítion 图 〔문법〕 복합전치사(*in spite of, out of* 따위).
cómplex sált 图 〔화학〕 착염(錯鹽). 〔루어진 문장〕.
cómplex séntence 图 복문(주절과 종속절로 이).
cómplex sýstems 图 (복잡계(複雜界)(기상·생명 현상·화학 반응·수리 통계·경제 활동 따위 수많은 요소가 모여 만드는 체계). ¶infinite ~ 무한 복잡계. (또는 **complexity systems**)
cómplex sýstems scíence 图 복잡계 과학(복잡계의 상호 작용과 비선형성의 본질과 결과를 연구).
com·pli·a·ble [kəmplíəbl] 图 〔폐어〕 =compliant.

*com·pli·ance [kəmpláiəns] 图 囗 1 (요구·신청 따위의) 응낙, 승낙, 수락 (*with*). 2 유순(柔順), 고분고분함. 3 맹종, 굴종; 비굴. 4 〔물리〕 컴플라이언스.
in compliance with …에 따라, …에 응하여.
com·pli·an·cy [kəmpláiənsi] 图 =compliance.
com·pli·ant [kəmpláiənt] 图 고분고분한, 순종하는(⇒OBEDIENT 〔유의어〕); 시키는 대로 하는, 맹종하는; 비굴한. **~·ly** 囝 〔규; 복잡한 문제[사태].
com·pli·ca·cy [kámplikəsi/kóm-] 图 복잡, 분
*com·pli·cate [kámpləkèit/kóm-] 囝 1 …을 (…으로) 복잡하게[뒤얽히게] 하다; 이해[처리]하기 어렵게 하다, 곤란하게 하다 (*with*). 2 (병 따위)를 악화시키다. ¶~ one's cold 감기를 악화시키다. ── 囝 (일이) 복잡하게 되다. ── 图 [kámplikət/kóm-] 1 복잡한, 뒤얽힌. 2 〔식물〕 (잎 따위가) 겹쳐진; (곤충 등의 날개가) 세로 접어 겹쳐진. ¶a ~ embryo 겹쳐진 배(胚).
‡**com·pli·cat·ed** [kámpləkèitid/kóm-] 图 (*more ~; most ~*) 복잡한, 뒤섞인, 착잡한(⇔ COMPLEX 〔유의어〕); (…에게) 복잡한, 알기 어려운 (*for*). ¶a ~ puzzle 풀기 어려운 퍼즐. **~·ly** 囝 **~·ness** 图
*com·pli·ca·tion [kàmpləkéiʃən/kòm-] 图 1 囗 囗 복잡(화); 복잡한 상태, 착잡, 분규. ¶a ~ of rules 복잡한 규칙. 2 복잡하게 만드는 요소, 분규의 원인; 곤란한 상황, 복잡한 상태; (종종 ~s) 뒤얽힌 관계. 3 〔병리〕 병발; (~s) 합병증. 4 〔심리〕 혼화(混化), 복화(複化).
com·plic·it [kəmplísət] 图 공모(共謀)한[의]; 연좌의[한], 공범인.
com·plic·i·tous [kəmplísətəs] 图 =complicit.
com·plic·i·ty [kəmplísəti] 图 囝囗 (범죄 따위의) 공범, 공모; 연좌, 연루 (*in*); (…와의) 공모 (*with*). ¶~ *in theft* 절도 공범 (관계).
com·pli·er [kəmpláiər] 图 승낙하는 사람, 응낙자.
‡**com·pli·ment** 图 [kámpləmənt/kóm-] 1 (…에 대한) 찬사, 발림말 (사교상의) 칭찬; 경의 (의 표시) (*to, on, upon*). ¶an empty ~ 입에 발린 칭찬 / deserve a ~ 찬사를 받을 만하다 / Thank you for your ~. 칭찬해 주셔서 감사합니다. 2 (보통 ~*s*) (의례적) 인사, 안부의 인사말. ¶the ~*s* of the season 계절 인사. 3 〔고어·방언〕 선물, 팁(tip). 〔있는 찬사, 겉치레 칭찬〕.
a doubtful [or *left-handed*] *compliment* 저의 *as a compliment to* …에 대한 경의의 표시로.
Extend [or *Give, Send*] *my compliments to* …에게 안부 전해 주시오.
in compliment to …에 경의를 표하여.
make [or *pay*] *a compliment to a person on* [or *upon*] 남에게 …에 관해 칭찬[축하]하다.
make [or *pay, present*] *one's compliments to a person* ① 남을 문안 인사차 방문하다, 남에게 경의를 표하다. ② 남에게 안부를 전하다.
return the [or *a*] *compliment* (상대의 말·행위에 대하여) 똑같이 답례하다, 반례하다; 대갚음하다.
with the compliments of Mr. A; with Mr. A's compliments 근정(謹呈)─A로부터(책·기타 선물에 쓰는 문구). ¶*With the author's* ~ 저자 근정.
── 囝 [kámpləmènt/kóm-] 囝 1 〔남〕에게 (…의) 찬사를 말하다, 칭찬하다; 〔남〕에게 (…에 대해) 인사말을 하다; (…을) 축사를 하다 (*on, for*). ¶a ~ (남+囝+前+图) ~ a person *on* the birth of a son 남에게 득남 축하 인사를 하다. 2 〔남〕에게 (…을) 증정하다 (*with*). ¶(~+囝+前+图) ~ her *with* a book 그녀에게 책을 증정하다. 3 〔古〕 인사하다, 안부 전해달라고 말하다. 〔…하게 하다[…을 빼앗다〕.
compliment a person into [or *out of*] 남을 추켜서 **~·a·ble** 图 **~·er** 图 **~·ing·ly** 囝
com·pli·men·ta·ry [kàmpləméntəri/kòm-] 图 1 찬사의, 칭찬의, 경의를 표하는; 겉치레 말을 하는, 아첨하는(flattering); 인사를 차리는; 축하의, 치하하는. ¶a ~ address 축사. 2 무료의(free); 초대의; 우대

하는. ¶a ~ dinner 초청 만찬. **-ri·ly** 早 **-ri·ness** 名
compliméntary béverage 名 (기내의) 서비스 [무료] 음료.
compliméntary clóse[clósing] 名 (편지의) 맺음말, 결구(結句)("Cordially," "Sincerely yours" 따위).
compliméntary cópy 名(책)의 증정본; 견본.
compliméntary tícket[cóupon] 名 우대권.
cómpliments slíp 名 근정표(謹呈票)(저서 등을 증정할 때 그것에 붙이는, 보통 인쇄된 길쭉한 쪽지).
com·plin(e) [kámplin/kóm-] 名 [교회] 잠자기 전의 기도, 종과(終課), 최종 기도.
com·plot [kámplɔt/kómplɔt] 名 (고어) 공모(共謀). — [kəmplát/-plɔ́t] (-**tt**-) 공모하다.
com·plót·ment, com·plót·ter 名
‡**com·ply** [kəmplái] 動变 (-**plies** [-z]) 따르다, 동의하다, 승낙하다 (with). ¶(~+前+名) ~ with a person's request 남의 요구에 응하다 / ~ with a rule 규칙에 따르다 // He *complied with* a bad [good] grace. 그는 마지못해[쾌히] 응낙했다.
com·po [kámpou/kóm-] 名[C,U] (複 ~**s**) 혼합물, 합성물; 회반죽, 모르타르; 모조품. [<*composition*>]
*com·po·nent [kəmpóunənt, kɑm-] 形 구성 요소[성분]를 이루는, 구성하고 있는. ¶a ~ part 구성 부분[요소]. 名 1 구성 요소[부분], 성분; (기계·자동차 따위의) 부품: (스테레오의) 컴포넌트. → ELEMENT 유의어. 2 (물리) (힘·속력 따위의) 분력(分力). ¶a ~ of force 분력 / a ~ of velocity 속도의 분속도(分速度). 3 (화학) 성분(화합물·혼합물을 구성하는 각 요소). 4 (수학) (벡터장(場)의) 성분. 5 (언어) 성분. **còm·po·nén·tal, ~ed, còm·po·nén·tial** 形
com·po·nen·try [kəmpóunəntri] 名 (집합적) (기계·자동차·스테레오 따위의) 구성 부분, 부품.
cómpo rátions 名 (군사) 비상 휴대 식량.
com·port [kəmpɔ́ːrt] 動再 (재귀용법으로) 처신하다, 행동하다(behave). ¶ ~ oneself gracefully [with dignity] 우아하게[위엄 있게] 행동하다. — 動 어울리다, 조화를 이루다(suit) (with). ¶ (~+前+名) His behavior does not ~ *with* his status. 그의 거동은 신분에 어울리지 않는다. **~·ment** 名
*com·pose [kəmpóuz] 動 (-**pos·es** [-iz]; ~*d*; -*pos·ing*) 但 1 (수동형으로) ⋯을 구성하다, ⋯의 일부 [구성 요소]를 이루다; (수동형으로) ⋯으로 이뤄지다 (*of*). ¶ (~+前+名) The troop was ~*d* entirely *of* American soldiers. 그 부대는 전부 미국인 병사로 구성되어 있었다. 2 (시·문장)을 짓다; (음악) ⋯을 작곡하다; (미술) (그림)을 구도(構圖)하다; (머리를 써서) ⋯을 창작하다. ¶ ~ a sentence 문장을 짓다 / ~ a song 노래를 작곡하다. 3 (인쇄) 활자로 짜다; (원고 따위)를 조판[식자]하다. ¶ ~ an article 논설을 활자로 짜다. 4 (안색·태도 따위)를 부드럽게 하다; (마음)을 가라앉히다, ⋯을 창작하다. ¶ ~ one's emotions 감정을 억제하다 // (~+目+前+名) ~ one's mind *for* 마음을 가다듬고 ⋯을 시작하려고 하다. 5 (논쟁 따위)를 가라앉히다, 해결하다, 조정하다. ¶ ~ a dispute 분쟁을 조정하다. — 自 1 문학[음악] 작품을 창작하다, 문장[시]을 짓다, 작곡하다. 2 구도로서 그리다. 3 활자를 짜다; 식자[조판]하다. **-pós·a·ble** 形
*com·posed [kəmpóuzd] 形 (마음이) 가라앉은, 침착한(calm), 평온한, 편안한(tranquil).
-pós·ed·ly 早 **-pós·ed·ness** 名
*com·pos·er [kəmpóuzər] 名 1 구성자, 제작자, 구도자(構圖者); 작곡가; 저자(author). 2 조정자.
com·pos·ing [kəmpóuziŋ] 形 진정시키는. ¶ ~ medicine 진정제. 名 (인쇄) 식자.
compósing fràme[stànd] 名 (인쇄) 식자대(臺).
compósing machìne 名 (인쇄) 식자기.
compósing ròom 名 (인쇄소의) 식자[조판]실.
compósing stìck 名 (인쇄) 식자용 스틱.

*com·pos·ite 形 [kəmpázit/kɔ́mpəzit] 1 각종 요소로 된; 합성의, 복합의(compound). 2 (식물) 국화과(科)의. 3 (C-) (건축) 콤퍼짓식의, 혼합식의(고대 로마 건축 양식의 하나). 4 (로켓) a) (로켓 또는 미사일이) 2단 이상의, 다단식(多段式)의. b) (발사 화약이) 혼합 연료와 산화제(酸化劑)로 되어 있는. 5 (해상) (배가) 철골과 목재 합성의. 6 (수학) 복합[합성] 함수의, 합성수의.
— 名 [kəmpázit/kɔ́mpəzit] 1 합성물, 혼성물(compound). 2 (식물) 국화과 식물. 3 합성화(畫), 합성 사진. 4 (영) (노동 조합 회의(the Trade Union Congress)에 상정할 산하) 합동 의안.
— 動他 [kəmpázit/kɔ́mpəzàit, -pəzít] 1 합성하다. 2 (영) (각 지부에서 제출한) (결의안)을 (당대회·노동 조합 회의에 상정하는) 합동 의안으로 정리하다.
~·ly 早 **~·ness** 名
compósite cárriage 名 (영) (철도) 혼성차(서로 용도가 다른 화물차나 객차를 혼합한 차량).
compósite cólor sìgnal 名 (컬러 TV 방송에 사용되는) 합성 컬러 신호.
compósite índex 名 (경제) (가격·경제 지표 따위의) 종합 지수.
compósite modulátion 名 (전기) 복합 변조.
compósite númber 名 (수학) 합성수.
compósite phótograph 名 합성 사진.
compósite schóol 名 (캐나다) (보통 교양과 실업 교육을 행하는) 종합 중등 학교.
‡**com·po·si·tion** [kàmpəzíʃən/kɔ̀m-] 名 (複 ~**s** [-z]) 1 [U] 구성, 합성, 조립. ¶ the ~ of forces [waves] (물리) 힘[파동]의 합성. 2 [U] 창작, 작문(법), 작시(법), (음악) 작곡(법); [C] (한 편의) 작품, 문장; 음악 작품, 작곡; 작품, 제작물. ¶ a ~ book (美) 작문 연습장 / an English ~ (한 편의) 영작문 / a musical ~ 음악 작품 / write a ~ 작문을 하다 // a ~ *for* the piano 피아노곡 / his earlier ~*s* 그의 초기 작품. 3 [U] [C] 배합, 배치; 조직, 구조; 조성; (미술) (인쇄) 식자, 조판. ¶ the ~ of a picture 그림의 구도. 4 [U] 합성(품)되어 있는 상태, 구조; [C] 합성물, 혼성물, (회반죽 따위의) 이긴 것; 모조품; 합금. 5 [C] 기질, 성질. There is something eccentric in his ~. 그의 성질에는 좀 별난 데가 있다. 6 (문법) (낱말의) 복합, 복합법; 문장 구성법. 7 화해, 타협; (채권자와 채무자 사이의) 화해, 화의(和議), 시담(示談); 화의금. — 動 (타협)하다.
come to a composition with *a person* 남과 화해하다.
make a composition with (*one's creditor*) (채권자)와 화해하다.
~·al 形 **~·al·ly** 早
com·po·si·tion·al·ism [kàmpəzíʃənəlizm/kɔ̀m-] 名 (미술) 구성파.
com·pos·i·tive [kəmpázətiv/-pɔ́z-] 形 합성적인; 종합적인. **~·ly** 早
com·pos·i·tor [kəmpázitər/-pɔ́z-] 名 (인쇄) 식자공.
com·pos mén·tis [kámpəs méntis/kóm-] 形 제정신의; (법률) 정상적인, 정신이 건전한. [<L]
com·post [kámpoust/kómpɔst] 名 합성물, 혼합물; [U] 혼합 비료, 퇴비(堆肥). ¶ a ~ heap 퇴비 더미. — 動他 ⋯에 퇴비를 주다; ⋯로 퇴비를 만들다. **-a·ble** 形名 **~·er** 名
*com·po·sure [kəmpóuʒər] 名[U] 침착, 태연 자약, 냉정, 평정. ¶ have great ~ 아주 침착하다.
keep [lose, recover] *one's* **composure** 평정을 유지하다[잃다, 되찾다].
with composure 침착하게.
com·po·ta·tion [kàmpətéiʃən/kɔ̀m-] 名 술잔치.
com·po·ta·tor [kámpətèitər/kɔ́m-] 名 술친구.
com·pote [kámpout/kɔ́mpɔt, -pout] 名 1 설탕졸임[조림]한 과일(보통 디저트용). 2 (과자·과일 따위를 담아 내는) 굽 달린 접시.
com·po·tier [kàmpətíər/kɔ̀m-] 名 = compote 2.
‡**com·pound**[1] [kámpaund, -´-/kɔ́mpaund] 形 혼합의, 혼성의, 합성의, 복합의; 복잡한. ¶ a ~

compound substance 혼합물. **2** 둘 이상의 기능[작용]을 가진. ¶a ~ organ 여러 기능을 가진 기관. **3** 〖문법〗 복합의; 중문(重文) (~ sentence)의. **4** 결합한, 집합된; 〖식물〗 복합의, 〖동물〗 군체(群體)로 이루어진. ¶a ~ inflorescence 복합 꽃차례. **5** 〖음악〗 복합 박자(~ time)의. **6** 〖화학〗 화합물의; 〖기계〗 복식의, 연성(連成)의; 〖전기〗 복권식으로 감은. ¶a ~ motor 복권식 전동기(電動機) /a ~ impulse turbine 연성(連成) 충동 터빈.
— [kámpaund/kɔ́m-] (~**s** [-z]) **1** 혼합물, 합성물. ¶A medicine is usually a ~. 약은 보통 합성물이다. **2** 〖화학〗 화합물. **3** 〖문법〗 복합어(~ word).
— [kəmpáund, kámpaund] (~**s** [-z]) ⓥ **1** (성분 따위)를 뒤섞다, 혼합하다 (*with*); 〔약 따위〕를 조합(調合)하다; (여러 가지를 합쳐서) 〔하나의 것〕을 만들어내다 (*into*). ¶~ a medicine with ~을 (부분·요소 따위로) 구성하다, 〔낱말 따위〕를 합성하다, 조립하다(*together*) (*from*, (英) *of*). **3** (반제(返濟) 요구액보다 적은 액수를 지불하여) 〔부채〕를 화의(和議)하다; 〔법률〕 〔범죄〕를 합의 처리하다. ¶~ an offense 죄를 합의 처리하다. **4** 〖전기〗 (모터 따위)를 복권식으로 감다. **5** …을 증가(강화)하다. **6** 〔이자〕를 복리로 지불[계산]하다. ¶This bank ~s interest semiannually. 이 은행은 반 년마다 이자를 복리로 지불한다. ⓥ **1** 타협[화해]하다; 화의하다 (*with* / *for*). ¶(~+前+图) ~ *with* a person *for* a thing 어떤 일을 남과 타협하다. **2** 뒤섞이다, 혼합하여 하나로 되다. **3** 〖속어〗 (경주중인 개·말 따위가) 지다.

compound the felony (고소를 하지 않고) 중죄를 담합 처리하다; 사태를 악화시키다.

~**·a·ble** ⓐ ~**·ed·ness**, ~**·er** ⓝ

com·pound² [kámpaund/kɔ́m-] ⓝ (인도·말레이시아 등지에서) 울타리로 둘러싼 백인 저택[상업] 지구; (아프리카에서) 울타리로 둘러싼 원주민 노동자 주택지구; 포로 수용소; (일반적으로) 울타리로 둘러싼 지역.

cómpound addítion ⓝ 〖수학〗 제등수(諸等數)[복명수(複名數)]의 덧셈.

cómpound ánimal ⓝ 군체(群體) 동물(산호·이끼벌레 따위).

cómpound B ⓝ 〖생화학〗 복합 B 물질(corticos).

cómpound cólor ⓝ 혼화색(混和色). [terone).

cóm·pound-cóm·plex séntence [-kámpleks-/-kɔ́m-] ⓝ 〖문법〗 중복문(重複文), 혼문(混文) (종속절과 대등절을 가진 글).

cómpound E ⓝ 〖생화학〗 복합 E 물질(cortisone).

cómpound éngine ⓝ 2단 팽창 기관, 복합 발동기.

cómpound éye ⓝ 〖동물〗 겹눈(곤충 등의).

cómpound fáult ⓝ 〖지질〗 복습곡(複褶曲).

cómpound flówer ⓝ 〖식물〗 두상화(頭狀花)(국화과(科) 식물 따위). [tion).

cómpound fráction ⓝ 〖수학〗 =complex frac-

cómpound frácture ⓝ 〖의학〗 복합 골절(骨折).

cómpound frúit ⓝ 〖식물〗 겹열매, 복과(複果).

cómpound hóuseholder ⓝ (英) 지방세는 집주인이 내기로 하고 세든 사람.

cómpound ínterest ⓝ 복리(複利).

cómpound ínterval ⓝ 〖음악〗 복합[겹] 음정.

cómpound léaf ⓝ 〖식물〗 겹잎, 복엽(複葉).

cómpound léns ⓝ 〖광학〗 복합 렌즈.

cómpound mágnet ⓝ 복합 자석.

cómpound méter ⓝ 〖음악〗 복합 박자 기호.

cómpound micróscope ⓝ 복합 현미경(2개 이상의 렌즈를 사용한 광학 현미경).

cómpound númber ⓝ 제등수(諸等數), 복명수(複名數). (* one minute twenty seconds(1분 20초) 따위의 두 개 이상의 단위[명칭]로 표시되는 수).

cómpound pérsonal prónoun ⓝ 〖문법〗 복합 인칭 대명사(인칭 대명사 뒤에 -self가 붙은 것).

cómpound rélative ⓝ 〖문법〗 복합 관계사.

cómpound séntence ⓝ 중문(重文)(and, or, but 등의 등위접속사로 2개 이상의 단문을 결합한 문장).

cómpound subtráction ⓝ 〖수학〗 제등수(諸等數)[복명수(複名數)]의 뺄셈.

cómpound tíme ⓝ 〖음악〗 복합 박자.

cómpound wórd ⓝ 복합어, 합성어(armchair, baby-sit 따위). 「으로 감은.

com·pound-wound [-wáund] ⓐ 〖전기〗 복권식

com·pra·dor(e) [kàmprədɔ́ːr/kɔ̀m-] ⓝ 매판(買辦)(옛날 중국에서 외국 상사 따위에 고용되어 외국과의 상거래 따위를 한 중국인). 〔<Port〕

Com·preg [kámpreg/kɔ́m-] ⓝⓒ (상표) (합성수지로 접착한) 고압(高壓) 베니어[합판].

com·preg·nate [kəmprégneit] ⓥⓣ (합성 수지로) …을 밀착[접착]시키다. 〔<*compress*+im*pregnate*〕

‡**com·pre·hend** [kàmprihénd/kɔ̀m-] ⓥⓣ (~**s** [-z]) **1** …을 이해하다, 알다, 파악하다. ⇒UNDERSTAND ⓨⓔⓘ ¶~ his behavior 그의 행동을 이해하다. **2** …을 포함하다, 포괄하다, …에 미치다. ⇒CONTAIN ⓨⓔⓘ ¶The price ~s service charges. 대금에는 봉사료[수수료]가 포함되어 있다. ~**·ing·ly** ⓐⓓ 이해하여.

com·pre·hen·si·bil·i·ty [kàmprihènsəbíləti/kɔ̀m-] ⓝ ⓤ 이해할 수 있음, 알기 쉬움; 포괄성.

com·pre·hen·si·ble [kàmprihénsəbl/kɔ̀m-] ⓐ 이해할 수 있는, 알기 쉬운, 뜻이 명료한(intelligible) (*to*). ~**·ness** ⓝ **-bly** ⓐⓓ

‡**com·pre·hen·sion** [kàmprihénʃən/kɔ̀m-] ⓝ **1** ⓤ 이해, 파악; 이해력, 파악력, 지각력(知覺力). ¶~ tests 이해력 시험 /It passes my ~. 나로서는 그것을 도무지 이해할 수 없다. **2** ⓤⓒ (이해하여 얻은) 지식; (언어 능력에 관한) 시험. **3** ⓤ 포함, 포괄(성); 〔논리〕 내포(内包), 〔a term of ~ 뜻이 넓은 말. **4** ⓤ (종교) (英) 이견(異見)의 허용, 신교(信教)의 자유.

above [or *beyond*] *one's comprehension* 이해할 수 없는.

within one's comprehension 이해할 수 있는.

‡**com·pre·hen·sive** [kàmprihénsiv/kɔ̀m-] ⓐ (*more* ~; *most* ~) **1** 포괄적인, 두 가지 이상의 것을 포함하는; 광범위한. ¶a ~ report 포괄적 보고 /a ~ mind 시야가 넓은 사람. **2** 이해하는; 이해력이 있는, 이해가 빠른. ¶~ faculty 이해력. **3** 〖보험〗 종합 담보[책임]의. — ⓝ (英구어) = ~ school; (종종 ~**s**) = ~ examina-

be comprehensive of …을 포함하다. [tion.

~**·ly** ⓐⓓ ~**·ness** ⓝ

comprehénsive examinátion ⓝ (美) 종합 시험(전공 과정 등록을 위한 시험). 「임 보험.

comprehénsive insúrance ⓝ 〖보험〗 종합 책

comprehénsive schòol ⓝ (英) (실업 교육도 실시하는) 종합 중등 학교; (美) 종합 고등 학교(진학반, 취업반 따위로 짜여져 있다). ⓐ grammar school

Comprehénsive Tést Bàn Tréaty ⓝ (the ~) 포괄적 핵실험 금지 조약(1998년 발효; ⓒ CTBT).

com·pre·hen·siv·ist [kàmprihénsivist/kɔ̀m-] ⓝ 통합[포괄]주의자(일반적이고 광범위한 지식·연구를 지지, 전문적 연구에 반대하는 사람); (英) 중등 학교의 종합화 추진자.

com·pre·hen·siv·i·za·tion [kàmprihènsivizéiʃən/kɔ̀mprihènsivai-] ⓝ (英) (중등 학교의) 종합화.

****com·press** [kəmprés] ⓥⓣ **1** 〔공기·가스 따위〕를 압축하다, 압착하다; …을 꽉 누르다; …에 밀어 넣다, 단단히 죄다 (*into*). ¶~ gas 가스를 압착하다. **2** 〔언어·사상 따위〕를 압축하다, …을 요약하다 (*into*).

— [kámpres/kɔ́m-] ⓝ **1** 〖의학〗 (혈관을 압축하는) 압박붕대; 습포(濕布). **2** (솜을 곤포(梱包)하는) 압착 기계.

****com·pressed** [kəmprést] ⓐ **1** 압축[압착]된, 축된; (문장 따위가) 간결해진. **2** (함께) 눌린, **3** 평평해진. **4** 〖식물〗 측면이 평평한, 편평(扁平)한. **5** 〖동물〗 (물

compréssed áir 圐 압축 공기.
compréssed-áir íllness [-ɛ̀ər-] 圐 잠함병
compréssed spéech 圐 압축 언어(발언된 말을 보다 빠른 템포로 재생한 것).
com·press·i·bil·i·ty [kəmprèsəbíləti] 圐Ⓤ 압축성, 압축 가능성; 〔물리〕 ⓒ 압축률.
com·préss·i·ble [kəmprésəbl] 圐 압축[압착]할 수 있는, 압축성의. ¶~ fluid 압축성 유체.
***com·prés·sion** [kəmpréʃən] 圐Ⓤ **1** 압축, 압착; 압축 상태. **2**〔문장·문체 등의〕간결, 단축, 요약. **3** ⓒ〔식물〕화석 식물. **4**〔내연 기관의〕압축량;〔잠함(潛函)에 들어가기 전의〕응압(시험);〔컴퓨터〕(데이터의) 압축. **5**〔의학〕압박(증). ¶cerebral ~ 뇌 압박. ~·**al** 圐
compréssional wàve 圐 =compression wave.
compréssion igníton 圐〔기계〕압축 점화[착화].
compréssion rátio 圐〔기계〕압축비(실린더 내로 흡입된 가스 용적과 압축된 가스 용적의 비율).
compréssion wáve 圐〔물리〕압축파.
com·prés·sive [kəmprésiv] 圐 압축[압착]의; 압축력이 있는, 압착하는. ~·**ly** 図
***com·prés·sor** [kəmprésər] 圐 **1** 압축자; 압축[압착] 장치. **2**〔해부〕압축근(筋). **3**〔외과〕(혈관) 압박기(器). **4**〔전자〕컴프레서.
com·prés·sure [kəmpréʃər] 圐 =compression 1.
***com·príse** [kəmpráiz] 圄 **1** …을 포함하다, 포괄하다. ⇨CONTAIN〖유의어〗¶be ~d in …에 포함되어 있다. **2** …으로 성립되다, 이루어지다(consist of). ¶The United States ~s 50 states. 미국은 50개 주로 이루어져 있다. **3** …을 구성하다. 「다.
be comprised of …으로 구성되다, …으로 이루어지-
-prís·a·ble 圐 **-prís·al** 圐Ⓤ 포함, 함유; 개략, 대요.
com·príze [kəmpráiz] 圄 =comprise.
‡**com·pro·mise** [kámprəmàiz/kɔ́m-] 圐 (쌍方) **-mis·es** [-iz] **1** Ⓤⓒ 타협, 양보; 화해 (with). ¶a life of ~ 타협의 생활 / reach a satisfactory ~ 만족스러운 타협에 이르다. **2** 절충(안), 절충한 것, 중간의 것. ¶a ~ between Korean and foreign styles 한국식과 외국식의 절충. **3**〔명예·신용 따위를〕위태롭게 하기; (굴욕적인) 양보, 굴종.
by compromise 타협하여. 「협하다.
make [or **arrange**] **a compromise with** …와 타--圄 (**-mis·es** [-iz]; ~d; **-mis·ing**) 圄 **1**〔분쟁 따위를〕타협하여[서로 양보해서] 해결하다; (재판에 걸지 않고) 화해하다 (on, over / with). ¶(~+圄+圄+圄) ~ a dispute with a person 남과 타협하여 분쟁을 해결하다. **2**〔주의·주장〕을 양보하다, 굽히다 (with). **3**〔남에게〕〔의혹·나쁜 평판 따위〕을 받게 하다;〔명예·신용 따위〕를 위태롭게 하다, 떨어뜨리다. ¶~ one's reputation [honor] 자기의 평판[명예]을 더럽히다. — 図 타협하다, 양보하다, 화해하다; (불리·불명예스러운) 양보를 하다 (with). ¶(~+圄+圄) ~ with a person 남과 타협하다 // ~ on these terms 이런 조건으로 타협하다. 「게 나가 되다.
be compromised by …으로 위태롭게 되다; …에
compromise oneself 의혹을 초래하다; (스스로) 신용을 떨어뜨리다, 혐의를 구기다.
-mìs·er 圐 **-prom·is·sa·ry** [kɑmprɑ́məsèri] 圐
com·pro·mised [kámprəmàizd/kɔ́m-] 圐〔병리〕면역 반응 따위가 제대로 발휘되지 못하는.
com·pro·mis·ing [kámprəmàiziŋ/kɔ́m-] 圐 평판을 떨어뜨리는, 의심을 초래하는. ~·**ly** 図
com·pro·vín·cial [kàmprəvínʃəl/kɔ̀m-] 圐圐 같은 대주교구(大主敎區)의 (주교).
compt. compartment; comptroller.
compte ren·du [kɔːnt rɑːndʲú] 圐 (圄 **-s -s**)〔업무·회의 따위의〕보고(서); 지불 청구서. 〔<F〕
comp·to·graph [kɑ́mptəgræ̀f/kɔ́mptəgrɑ̀ːf] 圐 자동 기록 계산.
Comp·tom·e·ter [kɑmptámətər/-tɔ́m-] 圐 (상표) 고속도 계산기(초기 사무용 계산기의 일종).
Comp·ton [kámptən/kɔ́mp-] 圐 콤프턴. **1 Arthur Holly** ~ (1892–1962: 미국의 물리학자; 노벨 물리학상(1927)). **2** 미국의 유명 대백과 사전.
Cómpton effèct 圐〔물리〕콤프턴 효과(물질에 의해 산란된 X선의 일부가 파장이 길어지는 현상).
comp·trol·ler [kəntróulər] 圐 감사관, 검사관(controller). ¶a ~ of accounts 회계 검사관. ~·**ship**
Comptróller Géneral of the U.S. 圐 (the ~) 미국 회계 감사원 원장.
Comptróller of the Cúrrency 圐 (the ~)〔美〕통화 감사원장.
com·pu- [kámpju/kɔ́m-] 연렬「컴퓨터」의 뜻. ¶compuword 컴퓨터 언어.
com·pu·fess [kámpju·fès/kɔ́m-] 圐 (가정에서) 컴퓨터로 하는 가톨릭의 고해. 〔<computer+confess〕
***com·púl·sion** [kəmpʌ́lʃən] 圐Ⓤ **1** 강제, 억지; 강제[강요]당한 상태. **2** 강요[강제]하는 것[사람]; 〔좋지 못한 일을 하려는〕충동 (to do); 〔심리〕강박 충동. ¶~ acts (이성에 어긋나는) 충동적인 행위.
by compulsion 강제적으로. 「이.
under [or **on, upon**] **compulsion** 강요되어, 부득
***com·púl·sive** [kəmpʌ́lsiv] 圐 **1** 강제적인, 억지의. **2** 강박 관념에 사로잡힌;〔심리〕충동성의. ¶a ~ gambler 상습적 노름꾼. ~·**ly** 図 ~·**ness** 圐
compúlsive búying [shópping] 圐 충동 구매.
compúlsive smóker 圐 담배 없이는 못 견디는 사람, 골초.
***com·pul·so·ry** [kəmpʌ́lsəri] 圐 **1** 강제하는, 강제적인, 강요하는(圀 voluntary). ¶~ measures 강제 수단. **2** 강제된; 의무적인, 필수의(圀 elective). ¶~ insurance 의무 보험. — 圐 (스포츠 경기의) 규정 종목. **-ri·ly** 図 **-ri·ness** 圐
compúlsory educátion 圐 의무 교육.
compúlsory evént 圐 (제조·피겨 스케이팅 등의) 규정 종목. 「(수용).
compúlsory púrchase 圐〔英법률〕강제 매입
compúlsory sérvice 圐 강제 병역, 징병.
compúlsory súbject 圐 (英) 필수 과목(美) required subject).
com·púnc·tion [kəmpʌ́ŋkʃən] 圐Ⓤ 양심의 가책, 마음의 거리낌, 마음의 아픔; 뉘우침, (가벼운) 후회 (for) (圀 remorse). ¶I have no ~ for what I have done. 내가 한 일을 조금도 후회하지 않는다.
with compunction 뉘우쳐서.
without (**the slightest**) **compunction** (아무 거리낌없이, (매우) 천연덕스럽게.
~·**less** 圐
com·púnc·tious [kəmpʌ́ŋkʃəs] 圐 꺼림칙한, 마음이 아픈, 후회스러운, 뉘우치는. ~·**ly** 図
com·pur·ga·tion [kàmpərgéiʃən/kɔ̀mpə-:] 圐Ⓤ〔英고어〕〔법률〕면책 선서(피고가 자기의 무죄를 선서하고 일정수의 친구·친지가 피고의 말이 진실임을 증언하면 석방되는 제도).
com·pur·ga·tor [kámpərgèitər/kɔ́mpə-:] 圐 면책 선서자. ⇨COMPURGATION.
com·pu·scam [kámpjuskæ̀m] 圐 컴퓨터 관련 합정 수사 사건; 컴퓨터 관련 스캔들.
Com·pu·Serve [kámpjusəːrv] 圐 컴퓨서브(미국의 컴퓨터 온라인 정보 제공 서비스 회사: 정식 명칭은 Compuserve Information Service).
com·pút·a·ble [kəmpjúːtəbl] 圐 계산할 수 있는, 산출할 수 있는; 측정할 수 있는. **-bíl·i·ty** 圐 **-bly** 図
***com·pu·ta·tion** [kàmpjutéiʃən/kɔ̀m-] 圐Ⓤⓒ **1** (단·복수 양용) 계산, 산출; 계산법. **2** 계산의 답[결과], 산출된 수치. **3** 컴퓨터 조작[사용]. ~·**al** 圐
computátional bíology 圐 컴퓨터 생명 공학.

computátional flúid dynàmics 명 계산 유체 역학.

computátional linguístics 명 컴퓨터 언어학.

com·pu·ta·tive [kámpjutèitiv/kɔ́m-] 형 계산의, 계산을 요하는. ~·ly 부

***compute** [kəmpjúːt] 타(동)타 1 …을 계산한다, 산출하다; …을 어림잡다, 산정(算定)하다. ¶ ~ the distance of the moon from the earth 지구에서 달까지 의 거리를 산출하다 // (~+图+前+图) ~ one's loss at $100,000 손해를 10만 달러로 추정하다. 2 …을 컴퓨터로 처리[계산]하다. ── 자 1 계산하다. 2 컴퓨터를 조작하다. ¶ ~ on Windows 윈도 프로그램으로 컴퓨터를 조작하다. 3 (구어) 뜻이 통하다, 일리가 있다.

> 유의어 **compute** 어떤 자료·수식(數式)의 계산 작업 그 자체. **calculate** 자료에 의거하여 수식을 세우고 그것을 compute하는 모든 과정을 가리킨다. **estimate** 불충분한 자료로 개략적 수치를 계산한다. **reckon** compute와 같은 뜻; 보통 암산으로 해결될 수 있는 간단한 계산. **figure** reckon과 같은 뜻; 때때로 번거로움을 암시.

── 명U 계산. ¶beyond ~ 계산할 수 없는.

com·pút·ed tomógraphy [kəmpjúːtid-] 명 (美) =computerized axial tomography(⇔ CT).

‡**com·put·er** [kəmpjúːtər] 명 (동 ~s [-z]) 컴퓨터, 전자 계산기; 계산하는 사람, 계산기. ┌puter crime

compúter abúse 명 컴퓨터 부정 이용. ⇔ com-

com·pút·er-aid·ed desígn [-èidid-] 명 컴퓨터 이용 설계(⇔ CAD).

compúter-aided manufácturing 명 컴퓨터 이용 생산[제작] (⇔ CAM). ┌publishing (⇔ CAP).

compúter-aided públishing 명 =desktop

com·pút·er·ate [kəmpjúːtərət] 형 컴퓨터에 정통한[능한]. **-a·cy** 명 [<computer+literate]

com·pút·er-based léarning [-bèist-] 명 컴퓨터를 학습 도구로서 이용하기.

compúter-based méssaging sýstem 명 컴퓨터를 이용한 정보 전달 시스템.

compúter bréak-in 명 컴퓨터에 의한 불법 침해.

compúter cónferencing 명 컴퓨터 회의.

compúter críme 명 컴퓨터 범죄.

compúter cúlture 명 컴퓨터 문화.

compúter dáting 명 컴퓨터 중매[맞선, 교제].

com·put·er-en·hanced [-inhǽnst/-hάːnst] 형 (위성·사진 따위가) 컴퓨터 처리로 화상(畫像)이 나다 선명해진.

com·put·er·ese [kəmpjùːtəríːz, -ríːs] 명U 컴퓨터 관련 전문 용어; =computer language.

compúter flúency 명 컴퓨터를 자유로이 다룰 수

compúter fráud 명 =computer crime. └있음.

com·put·er-friend·ly [-fréndli] 형 컴퓨터(이론)에 밝은, 컴퓨터 조작을 잘하는(computerate).

compúter gáme 명 컴퓨터 게임. ⇒ video game

compúter gráphics 명 (단수취급) 컴퓨터 그래픽(⇔ CG). (또는 **compúter-generated gráphics**)

com·put·er·hol·ic [kəmpjùːtərhɔ́(ː)lik, -hάl-] 명 (구어) =computernik.

compúter illíteracy 명 컴퓨터에 어두움, 컴맹(盲).

compúter illíterate 명 컴퓨터에 익숙치 않은 사람, 컴맹(盲)인 사람.

com·put·er·ist [kəmpjúːtərist] 명 컴퓨터 전문가, 취미로서의 컴퓨터 사용자. (또는 **compúter·màn**)

com·put·er·ite [kəmpjúːtərìt] 명 =computernik.

com·put·er·ize [kəmpjúːtəràiz] 타(동)타 …을 컴퓨터화하다, (컴퓨터를 이용해서) 자동화하다; [정보]를 컴퓨터로 처리하다. ── 자 컴퓨터를 사용[도입]하다.
-iz·a·ble 형 **-i·zá·tion** 명

com·pút·er·ized áxial tomógraphy [kəm-pjúːtəràizd-] 명 컴퓨터 (X선 체축(體軸)) 단층 촬영 (⇔ CAT). ┌COBOL, FORTRAN.

compúter lánguage 명 컴퓨터 언어. ⇔ ALGOL,

com·put·er-like [kəmpjúːtərlàik] 형 컴퓨터 같은[비슷한]. ¶with ~ precision 컴퓨터처럼 정확하게.

compúter líteracy 명 컴퓨터 조작[다루는] 능력, 컴퓨터에 밝음.

compúter líterate 명 컴퓨터에 밝은 사람, 컴퓨터를 잘 다루는 사람. **com·pút·er-lít·er·ate** 형

com·put·er·man [kəmpjúːtərmǽn] 명 (동 -men [-mèn]) =computerist.

compúter módel 명 컴퓨터 모델(현상이나 시스템을 컴퓨터 프로그램화한 것).

compúter nèrd 명 (구어) 컴퓨터광(狂).

com·put·er·nik [kəmpjùːtərnìk] 명 (구어·경멸적) 컴퓨터에 미친 사람, 컴퓨터화 추진론자.

com·put·er·ol·o·gy [kəmpjùːtərάlədʒi/-rɔ́l-] 명U 컴퓨터학. ┌터 기종.

compúter órphan 명 (구어) 생산이 중단된 컴퓨

compúter pál 명 PC통신으로 알게 된 친구. (또는 **ón-line búddy**)

com·put·er·phobe [kəmpjúːtərfòub] 명 컴퓨터를 싫어하는 사람, 컴퓨터 공포증이 있는 사람.

com·put·er·pho·bi·a [kəmpjùːtərfóubiə] 명U 컴퓨터 공포증. (또는 **compúter phóbia**) **-bic** 형

com·put·er·phone [kəmpjúːtərfòun] 명 컴퓨터폰(컴퓨터와 전화를 결합한 통신 시스템).

compúter ráider 명 (구어) 컴퓨터 범죄자.

compúter revolútion 명 컴퓨터 혁명. (또는 **informátion revolútion**)

com·put·er-sav·vy [-sǽvi] 형 =computerate.

compúter scíence 명 컴퓨터 과학(컴퓨터의 설계·프로그래밍·조작 따위에 관하여 연구하는 학문).

compúter scíentist 명 컴퓨터 과학자[전문가].

compúter secúrity 명 컴퓨터 보안(컴퓨터 virus 나 hacking에 대한 방지). ┌용어.

com·put·er·speak [kəmpjúːtərspìːk] 명 컴퓨터

compúter státe 명 컴퓨터 국가(일반 국민의 활동이나 국가 정책을 컴퓨터가 관리하는 국가 체제).

compúter typesétting 명 [인쇄] 컴퓨터 식자(植字), 전산 사식(컴퓨터에 의한 조판; ⇔ CTS).

compúter vírus 명 컴퓨터 바이러스.

compúter vísion 명 컴퓨터 비젼. 1 비디오 카메라로 포착한 정보를 컴퓨터로 처리하는 일(로봇에 의한 항행 또는 원격 조작 등에 이용). 2 시각 정보를 감축 신호로 변환하여 맹인 등에게 도움을 주려는 시스템.

com·put·er·y [kəmpjúːtəri] 명U 컴퓨터 시설; (집합적) 컴퓨터; 컴퓨터의 사용[제조, 조작].

com·put·ing [kəmpjúːtiŋ] 명 컴퓨터 사용; 계산, 연산. ¶ ~ power 연산력. ┌(통계가) 컴퓨터 집계의.

com·pu·tis·ti·cal [kəmpjuːtístikəl/kɔ̀m-] 형

com·pu·toc·ra·cy [kəmpjuːtάkrəsi/kɔ̀mpjutɔ́k-] 명U 컴퓨터 중심[지배]의 정치[사회].

com·pu·to·pi·a [kὰmpjuːtóupiə] 명 컴퓨토피아 (컴퓨터에 의한 이상적인 사회) ⊕ computopolis [<computer+utopia]

com·pu·to·po·lis [kὰmpjuːtάpəlis] 명 컴퓨터 도시, 정보 도시(고도의 정보 기능을 지닌 미래 도시).

com·pu·tron [kάmpjuːtrὰn/kɔ́mpjuːtrɔ̀n] 명 컴퓨트론. 1 컴퓨터 처리 능력의 단위. 2 (가공의) 컴퓨터 구성 입자. ┌언어.

com·pu·word [kάmpjuːwə̀ːrd/kɔ́m-] 명 컴퓨터

Comr. commissioner.

‡**com·rade** [kάmræd, -rid/kɔ́mreid] 명 (동 ~s [-z]) 1 동료, 친구(* 보통 남자끼리 사용). ⇒FRIEND 유의어 2 (같은 정당·친목 단체 따위의) 당원, 회원; (공산당의) 당원, 동지, 동무(* 호칭으로도 쓰인다); (the ~s) (경멸적) 공산당원.

com·rade·ly [kámrædli, -rid-/kɔ́mreid-] 형 동료의, 동료다운; 동료에 어울리는.

com·rade·ship [kámrædʃip, -rid-/kɔ́mreid-] 명UC 동료 사이, 동료끼리의; 동지애, 우애.

coms [kɑmz/kɔmz] 명 (구어) =combination 5.

Com·sat [kámsæt/kɔ́m-] 명 1 (상표) 콤샛(미국의 통신 위성 회사). (또는 **COMSAT**) 2 (종종 c-) 통신 위성. [<*Com*munications *Sat*ellite Corporation]

COMSEC [kámsek/kɔ́m-] 명 (군사) 통신 보안. [<*com*munication+*sec*urity] [somol.

Com·so·mol [kàmsəmɔ́:l/kɔ̀msəmɔ́l] 명 =Kom-

Com·stock·er·y [kámstɑkəri/kɔ́mstɔkəri] 명UC (종종 c-) (예술 작품의) 풍기상의 엄한 단속[검열]. [<미국의 개혁가 A. Comstock(1844-1915)의 이름]

com·symp [kámsimp/kɔ́m-] 명 (美속어) (경멸적) 공산당 동조자. [<*com*munist *symp*athizer]

comte [kɔ:nt/F kɔ̃t] 명 백작(count).

Comte [kɔ:nt/F kɔ̃t] 명 (**Isidore**) **Auguste** (**Marie François**) ~ 콩트(1798-1857: 프랑스의 철학자; 실증주의 철학 체계의 창시자).

Com·ti·an [kámtiən/kɔ́m-] 형 콩트(철학)의.

Comt·ism [kámtizm/kɔ́:nt-] 명U (Comte의) 실증 철학, 콩트 철학[사상]. **-ist** 명 실증 철학자.

Co·mus [kóuməs] 명 (그리스·로마 신화) 코모스 (축제·주연·환락의 신).

con[1] [kɑn/kɔn] 부형 (제안 따위에) 반대하여[하는], 반대로[의](↔ pro[1]). ¶She's very ~ (it). 그녀는 강력히 반대하고 있다. —명 (~s) 반대론(자), 반대 투표(자), 반대(의 입장). ¶pros and ~s 찬반 양론. —전 …에 반대하여. [<L]

con[2] [kɑn/kɔn] 타 (**-nn-**) …을 (암기할 만큼 잘) 배우다, 암기[정독]하다, 상세히 조사하다. ¶ ~ by heart 암기하다.

con[3] [kɑn/kɔn] (해사) 타 (**-nn-**) 배]의 조타(操舵)를 지휘하다, 진로를 지휘하다. ¶ ~ a ship 배의 조타를 지휘하다. —명 조타 지휘, 조함(操艦) 지휘; 조함 지휘자의 위치.

con[4] (구어) 타 사기의, 속이는. ¶a ~ man 사기꾼. —타 (**-nn-**) **1** (남)을 속이다. (남)을 속이고 (금품 따위를) 갈취하다(*out of*); (남)을 속이고 (…)하게 하다 (*into*). **2** (감언이설로) …을 구워삶다. —명 **1** 신용 사기(극)(confidence game); 횡령, 유용. **2** 감언이설, 거짓말. [<*con*fidence]

con[5] 명 (속어) 죄수(convict); 전과자(ex-convict).

con[6] 명 (속어) 폐병, 폐결핵. [<*con*sumption]

con[7] 명 (음악) …을 가지고(*with*). [<It]

CON [kɑn/kɔn] 명 (컴퓨터) 콘(MS-DOS에서 콘솔을 나타내는 논리적 장치명).

con. concerto; conclusion; connection; consolidated; constant; consul; continued; (라틴) *contra*(=against). **Con.** Conformist; Consul.

con- [kən, kɑn/kɔn] 접두 com-의 변형(* b, h, l, m, p, r, w를 제외한 자음 앞에서). ¶*con*done, *con*nection, *con*vene.

Co·na·kry [F kɔnakʀi] 명 코나크리(아프리카 북부 기니(Guinea)의 수도). (또는 **Konakri**)

con a·mo·re [kɑn əmɔ́:ri, koun-/kɔn-] **1** 애정을 가지고, 정답게; 열렬히. **2** (음악) 부드럽게. [<It]

Co·nan [kóunən] 명 코난. **1** 남자 이름. **2** Robert E. Howard작 역사 공상 소설(1932)의 주인공(무적 용사).

Cónan Dóyle 명 ⇨DOYLE.

cón àrtist [màn] 명 (구어) 사기(협잡)꾼; 놀고 먹는 사람; (달변의) 거짓말쟁이. [~**al** 명

co·na·tion [kounéiʃən] 명UC (심리) 능동, 의욕.

co·na·tive [kánətiv, kóun-/kɔ́n-] 형 능동의, 노력의. **2** (문법) (동사 또는 접사(接辭)에 대해) 능동적인, 노력[의욕]을 뜻하는. —명 (문법) 능동태.

co·na·tus [kounéitəs] 명 노력; (인간의 노력을 촉구하는) 의욕, 노력; (스피노자 철학) 자존심(自存性).

con brí·o [kɑn brí:ou, koun-/kɔn-] (음악) 힘차게, 활발하게(spiritedly). [<It with spirit]

conc. concentrate(d); concentration; concerning; concerto; concrete. **Conc.** Council.

con·cat·e·nate [kɑnkǽtəneit/kɔn-] 타 …을 (쇠사슬 모양으로) 잇다, 연결하다. —형 (쇠사슬처럼) 연결된. **-ná·tion** 명 연결, 연쇄. **-ná·tor** 명

***con·cave** [kɑnkéiv, ´-/kɔnkéiv] 형 오목한, 요면 (凹面)의(↔ convex). ¶a ~ lens 오목 렌즈/a ~ mirror 오목 거울. —[kánkeiv/kɔ́n-] 명 요면, 움푹 들어간 곳, 오목한 부분; (the ~) 하늘.

the spherical concave (시) 하늘. [다.
—타 [kɑnkéiv, ´-/kɔnkéiv] …을 오목하게 하 **~·ly** 부 **~·ness** 명

con·cav·i·ty [kɑnkǽvəti/kɔn-] 명 오목한 상태, 요형(凹形); C 오목한 것[부분], 요면[부분].

con·ca·vo-con·cave [kɑnkéivoukɑnkéiv/kɔn-] 형 (렌즈가) 양쪽면이 오목한(biconcave).

con·ca·vo-con·vex [-kɑnvéks, -kɔn-/-kɔn-] 형 한쪽은 오목하고 다른 한쪽은 볼록한, 요형(凹凸)의; (광학) 요철 렌즈의.

‡**con·ceal** [kənsí:l] 타 (~**s** [-z]) **1** (사람·물건 따위)를 숨기다, 감추다 (*from*). ⇨HIDE 유의어 ¶(~+목+전+명) The tree ~ed him *from* view. 그는 나무에 가려서 보이지 않았다. **2** (일·감정 따위)를 비밀로 하다 (*from*). ¶I do not ~ anything *from* you. 나는 네게 아무것도 숨기지 않는다.

conceal oneself 잠복하다. [~**·er** 명
~·a·bíl·i·ty 명 **~·a·ble** 형 **~·ed·ly** 부 **~·ed·ness,**

***con·ceal·ment** [kənsí:lmənt] 명UC **1** 숨기는 일, 은닉, 은폐, 숨기기. ¶ ~ of birth 출산의 은닉[부신고]. **2** 숨겨져 있음; 숨어 있기, 잠복. **3** C 은닉처[수단], 잠복처[수단]. [잠복해 있다.

lie [or *be, remain*] *in concealment* 숨어 있다,

***con·cede** [kənsí:d] 타 **1** …을 (마지 못해) 인정하다, 시인하다. ¶ ~ defeat 패배를 인정하다 // (~+*that* 절) Everyone ~*s that* two and three make(s) five. 2+3이 5라는 것은 누구나 인정한다. **2** …을 (권리·특권으로서) 용인하다; (권리·특권 따위)를 주다, 허용하다 (*to*). ¶ (~+목+전+명) ~ shorter working hours *to* the staff 사원에게 노동 시간 단축을 허용하다. **3** (공식 발표 전에) …을 자신의 패배[상대방의 승리]로 인정하다. ¶ ~ the election to his opponent 선거에서 상대의 승리를 인정하다. —자 **1** 양보하다, 용인하다 (*to*). ¶ (~+전+명) ~ *to* a person 남에게 양보하다/ ~ *to* a person's opinion 남의 의견을 용인하다. **2** (시합 따위)에서 패배를 인정하다. **-céd·er** 명

con·ced·ed·ly [kənsí:didli] 부 (美) 명백히, 분명히.

‡**con·ceit** [kənsí:t] 명 **1** U 자부심, 자만심, 만심(慢心). ⇨PRIDE 유의어 ¶be full of ~ 자부심이 강하다. **2** 상상, 공상; 변덕, 즉흥적인 생각; (독자적인) 발상, (기발한) 착상. **3** (英방언) 개인적 의견[평가], 사견; 호의적인 의견[평가]. ¶In my own ~ 내 사견으로는. **4** (폐어) 이해력. [만에 빠져 있다.

be eaten up with conceit 눈뜨고 못볼 정도로 자
in one's own conceit 제만에는.
out of conceit with …에 싫증이 나서, 정나미가 떨
with conceit 자만하여, 우쭐해서. [어져서.
—타 (재귀법으로) [자기]를 추켜세우다. **2** (고어·英방언) 호의를 가지다; …이 좋아지다. **3** (폐어·방언) …을 상상[생각]하다.

***con·ceit·ed** [kənsí:tid] 형 **1** 자만심이 강한, 우쭐대는. **2** (고어) …한 생각[감정]을 갖고 있는, …이라는 의견의. **3** (폐어) 영리한, 기발한. **~·ly** 부 **~·ness** 명

***con·ceiv·a·ble** [kənsí:vəbl] 형 상상[생각]할 수 있는, 있음직한. ¶the best method ~ 생각할 수 있는 가장 좋은 방법. **~·bíl·i·ty** 명 **~·ness** 명 **-bly** 부

‡**con·ceive** [kənsí:v] 타 (~**s** [-z]; ~**d**; **-ceiv·ing**) 타 **1** (계획 따위)를 착상하다, 생각해내다; (생

각·의견·감정 따위)를 마음에 품다.¶~ a plan [an idea] 계획[구상]을 세우다 / ~ a hatred 원한을 품다. 2 (can, could와 함께 부정문·의문문에서) …을 마음에 그리다, 상상하다; …이라고 여기다, 생각하다.¶(~+图+(to be)图) ~ something (to be) possible 어떤 일을 가능하다고 생각하다 // (~+that 節) I ~ that it is true. 그것은 진실이라고 생각한다 // (~+wh. 節) I cannot ~ how that can be. 어떻게 그럴 수 있는지 상상을 못 하겠다. 3 (수동형으로) …을 말로 표현하다.¶be ~d in plain terms 쉬운 말로 표현되어 있다. 4 (아버지가) (자식)을 보다(beget); (어머니가) (아이)를 배다, 임신하다.¶~ two children 두 아이를 얻다. 5 (수동형으로) (특정한 방법으로) (무엇인가)를 시작하다, 창건하다.¶a new nation ~d in liberty 자유라는 이념으로 세워진 나라. 6 (고어) …을 이해[납득]하다.¶I ~ you. 당신의 기분은 이해합니다. ── 国 1 생각이 떠오르다, 상상하다, 생각하다 (of).¶(~+前+图) ~ of a plan 한가지 계획을 생각해내다. 2 임신하다. 3 이 해하다. **-céiv·er** 图 (의) 공동 점취자.
con·cel·e·brant [kənsélǝbrənt/kɔn-] 图 (미사 사)를 공동 집행하는 사람.
con·cel·e·brate [kənsélǝbrèit/kɔn-] 国 (미사)를 공동 집행하다. ── 国 미사의 공동 집전을 하다. **-brá·tion** 图
con·cent [kənsént] 图UC (고어) (음·소리의) 일치, 조화.
con·cen·ter [kənséntǝr, kən-/kɔn-] 国 한 점에 집중시키다[하다].
‡**con·cen·trate** [kánsəntrèit/kɔ́n-] 国 (**-trat·ed**; **-trat·ing**) 国 1 …을 한 점[중심]에 모으다, (군대)를 집결시키다; (힘·정신 따위)를 …에 집중하다 (on, upon).¶(~+图+前+图) ~ one's attention [efforts] on [or upon] …에 주의[노력]을 집중하다 / ~ rays to [or into] a focus 광선을 초점에 모으다. 2 (불순물 따위를 제거하여[줄여서]) …을 순화(純化)하다. 3 (화광) (광석)을 선광(選鑛)하다.¶(~+前+图) Population tends to ~ in large cities. 인구는 대도시에 집중하는 경향이 있다. 2 …에 집중하다, 온 힘을 기울이다, 전심전력하다 (on, upon).¶~ upon a problem 어떤 문제에 전심전력하다. 3 수화농축되다. ── 图 1 농축물[식품], 농축액. 2 (채광) 정광(精鑛). 3 图 =concentrated.
con·cen·trat·ed [kánsəntrèitid/kɔ́n-] 图 1 (정신·노력 따위가) 집중적인; 밀집된; (증오 따위가) 심한.¶make a ~ effort 전심전력하다. 2 농축된, 진한.¶~ food[milk] 농축 식품[우유]. **~·ly** 副
cóncentrate spràyer 图 (동력식) 고농 분무기.
*con·cen·tra·tion [kànsəntréiʃən/kɔ̀n-] 图UC 1 집중(하기); 집중 상태, 밀집. 2 (정신·노력 따위의) 집중, 전념(專念), 전심전력, 골몰.¶power of ~ (정신의) 집중력. 3 (군사) (부대·함대의) 집결; 집결된 부대 (포화의) 집중. 4 집중된 것, 집단. 5 (a ~, the ~) 농축, 농축도; (화학) 농도; (채광) 선광. 6 특정 주제·분야에 대한 집중 연구; 집중 강의. 7 (회사·공장의) 합병; 집중화. 8 U (카드놀이) 카드 알아맞히기 놀이. [소.
concentrátion càmp 图 (정치범 등의) 강제 수용
con·cen·tra·tive [kánsəntrèitiv/kɔ́n-] 图 집중적인, 골몰하는, 열중하는 성격의. **~·ness** 图
con·cen·tra·tor [kánsəntrèitǝr/kɔ́n-] 图 집중시키는 사람[물건, 장치]; 발화(發火) 집중 장치; 채광기; 농축기; (통신) 집선(集線) 장치. [concenter.
con·cen·tre [kənséntǝr, kən-/kɔn-] 图 (英) =
con·cen·tric [kənséntrik] 图 1 동심(同心)의, (원(圓)·구(球)가) 동일한 중심을 가진.¶~ circles 동심원. 2 집중적인 (**concentrical**의) 동일한 중심 [축]을 갖는 (동심원 따위의). **-tri·cal·ly** 副
con·cen·tric·i·ty [kànsəntrísǝti/kɔ̀n-] 图U 동
*con·cept [kánsept/kɔ́n-] 图 1 개념; 관념, 사상, 생각; 발상, 착상. ⇒THOUGHT 유의어 ¶an abstract ~

추상 개념. 2 구상된 것; 구성 개념. 3 (광고) (상품·판매의) 기본적 테마, 컨셉트. ── 图 새로운 착상의, 시작 (試作) 단계의, 시대를 앞질러가는. ── 图 国 (구어) … 의 개념을 전개하다; …을 생각해내다.
con·cep·ta·cle [kənséptǝkl] 图 (생물) 생식과(生殖窠), 생식기관, (巢)(조류(藻類)에서 생식 세포가 형성될 때 생기는 빈 곳).
còn·cep·tác·u·lar 图
cóncept árt 图 =conceptual art.
cóncept càr 图 (소비자 반응을 살펴보기 위한) 미래형 시제차(試製車), 컨셉트 카.
‡**con·cep·tion** [kənsépʃən] 图 (图 **~s** [-z]) 1 U 마음에 품는[그리는 것, 상상(력); 개념 작용[형성], 개념화; 구상력. 2 개념, 관념, 생각. ⇒THOUGHT 유의어 ¶my ~ of life 나의 인생관 / have a clear ~ of …에 관해 명확한 개념을 가지다. 3 착상, 고안(design); 계획.¶hit a ~ 명안이 떠오르다. 4 U 임신, 수태; C 태아. 5 (일련의 사건 따위의) 시초. [을 뛰어 넘어.
beyond (all) conception 상상도 할 수 없는, 상상
have no conception of …을 전혀 알지 못하다.
~·al 图 개념의[에 관한], 개념적인; 계획의.
concéption contròl 图 수태 조절, 피임.
con·cep·tive [kənséptiv] 图 1 개념(상)의. 2 생각하는 힘이 있는. 3 (드물게) 임신할 수 있는.
cóncept ròom 图 (고객의 요청·기호를 맞추기 위해 꾸민 호텔의) 특별 객실, 컨셉트룸.
cóncept tèsting 图 (상업·광고) 컨셉트 시험(신제품의 소비자 반응을 조사하는 마케팅 전략).
con·cep·tu·al [kənséptʃuǝl] 图 개념의[에 관한]; 개념 형성의; 개념 예술의. **~·ly** 副
concéptual árt 图 개념 예술(작품보다 작가의 개념과 제작 과정을 중시하는 현대 미술의 한 흐름).
concéptual ártist 图 개념 예술가.
con·cep·tu·al·ism [kənséptʃuǝlìzm] 图 U (철학) 개념론(nominalism과 realism의 절충론).
con·cep·tu·al·ist [kənséptʃuǝlist] 图 (철학) 개념론자.
con·cep·tu·al·ize [kənséptʃuǝlàiz] 图 国 …을 개념화하다; 개념적으로 해석하다. ── 国 개념화하다; 개념으로 생각하다. **-i·zá·tion**, **-iz·er** 图
cóncept vídeo 图 컨셉트 비디오(음악과 그 이미지를 전달하는 영상(映像)을 조화시킨 비디오).
‡**con·cern** [kənsə́ːrn] 图 (**~s** [-z]) 1 a) …에 관계하다, 이해 관계가 있다; …에 중요하다, 영향을 주다, …의 관심사이다.¶This ~s my honor. 이것은 내 명예에 관계된다. **b)** …에 관한 것이다.¶The call ~ed my sister. 전화는 내 여동생에 관한 것이었다. 2 (재귀용법·수동형으로) …에 관계가 있다, 관여하다, 참여하다, 종사하다 (in, with, about).¶(~+图+前+图) ~ oneself with public work 공공 사업에 관여하다 / I am not ~ed in [or with] the affair. 나는 그 일과 관계가 없다. 3 (재귀용법·수동형으로) …을 걱정하다, 염려하다 (about, over, for).¶(~+图+前+图) ~ oneself about the future 앞날을 염려하다 / They are ~ed over the affair. 그들은 그 사건에 대해 걱정하고 있다.
as concerns …에 관하여[대해서는].
so [or as] far as...be concerned …에 관한 한.
To whom it may concern (불특정 상대에 대한 편지·증명서 따위의 첫머리에 써서) 관계자 제위[각위].
where...be concerned …에 관한 일이라면.
── 图 (**~s** [-z]) 1 (종종 ~s) 관심사, 중대사; 제반사; 사건; (개인적) 용무, 볼일.¶everyday ~s 일상사 It's no ~ of mine [or none of my ~]. 그것은 내가 알 바 아니다/Mind your own ~s. 네 일이나 해, 남의 일에 참견 마라. 2 U (…에 대해) 중요한 관계, 중요성 (to), 图 a matter of serious ~ to us 우리에게 매우 중대한 일. 3 U 걱정, 근심(about, over, for); 관심, 배려, 마음 씀 (about, over, with). ⇒CARE 유의어

¶show much [or great] ~ for the patient 그 환자에 대해 큰 우려를 나타내다// I appreciate your ~. (편지 말) 귀하의 배려에 감사합니다. 4 (…와의) 관계, 관련 (with): (…에 대한) 이해 관계, 출자(出資)(in); 주(株), 주식. 5 사업, 영업; 상사, 회사; 재벌, 재단, 콘체른. 6 (구어) (막연히) 것, 일, 사물, 장치; (어딘가 결정이 있는) 사람. ¶a selfish ~ 이기적인 녀석. 7 ⓒ (퀘이커 교도의) 신의(神意)에 대한 확신.
feel concern about [or *over, for*] …에 불안을 느끼다, 염려하다.
have a concern in …에 이해 관계가 있다; 출자[관여]하다.
have no concern with …와는 아무런 관계도 없다.
with [*without*] *concern* 염려[무관심]하여.

*con·cerned [kənsə́:rnd] 형 1 관심[흥미]이 있는; (정치적·사회적) 의식을 가진. 2 걱정스러운, 염려하고 있는. ¶a ~ look 염려스러운 표정. 3 (명사 뒤에서) 관계 있는, 관계하고 있는, 당해(當該). ¶the authorities ~ 관계 당국/ the parties ~ 이해 관계자, 당사자. 4 사회[정치] 문제에 관심이 있는.
-cérn·ed·ly 부 걱정하여. -cérn·ed·ness 명

‡con·cern·ing [kənsə́:rniŋ] 전 1 (명사 뒤에서) …에 관하여[관한], …에 대하여[대한]. ¶an article ~ the general election 총선거 관련 기사. 2 (명사 앞에서) …에 관한 것, …에 관한 한. —형 ⟨고어⟩ your letter 귀하의 편지에 대해 말씀드리면, 3 형 성가신; 중대한.

con·cern·ment [kənsə́:rnmənt] 명 ⓤ (문어) 1 중요(성), 중대(성). ¶a matter of ~ 중요한 일. 2 관계 (to): 이해 관계, 관여 (with, in). 3 걱정, 근심, 염려 (about, for). 4 ⓒ 관계하고 있는 일, 업무. 5 관심사.

‡con·cert [kánsə(:)rt/kɔ́nsət] 명 1 음악회, 연주회, 콘서트; 독창회, 독주회, 리사이틀. ¶a rock ~ 록 콘서트. 2 ⓤ 협조, 제휴; 협력; 일치, 조화.
in concert ① 일제히, 소리를 맞추어. ② (…와) 제휴 [협력]하여 (*with*). ③ 연주중.
— 형 [kánsə(:)rt/kɔ́nsət] 1 음악회의. ¶a ~ hall 음악회장. 2 음악회에서 연주되는[하는].
— 타 [kənsə́:rt] ㉮ 1 …을 협정[협조]하다, …의 공동 계획을 세우다; …을 (…와) 공동으로 하다 (*with*). 2 …을 계획하다, 안출하다. — 자 ㉯ 공동 계획을 세우다; (…와) 공동 행동을 취하다 (*with*).

con·cer·tan·te [kànsərtánti/kɔ̀ntʃətǽnti] (악) [-ti:]) 협주적(協奏的)의, 협주곡 형식의. — 명 *-ti* [-ti:] 협주 교향곡, 콘체르탄데.

con·cer·ta·tion [kànsərtéiʃən/kɔ̀n-] 명 (정치에서 이해를 달리하는 정파간의) 협조, 공동 보조.

con·cert·ed [kənsə́:rtid] 형 1 협정된, 합의된; 공동의. ¶take ~ action 일치된 행동을 취하다. 2 (음악) 합창[합주]용으로 편곡된. 3 (속어) (노력 따위가) 비상한, 혼신의. ~·ly 부 ~·ness 명 (의[온갖] 노력.
concérted éffort 명 일치 단결[협력]; (구어) 혼신
concérted intervéntion 명 (경제) 협조 개입(주요 국가 중앙 은행들의 통화 시장 공동 개입).
concérted lóan 명 (경제) 협조 융자.

con·cert·go·er [kánsə(:)rtgòuər/kɔ́nsət-] 명 음악회에 자주 가는 사람. -gò·ing 명

cóncert gránd (piáno) 명 연주회용 그랜드 피아노.

con·cer·ti·na [kànsərtí:nə/kɔ̀n-] 명 1 (음악) 콘서티나(육각형의 소형 아코디언). 2 (또는 ~ wíre) 콘서티나형 철조망. — 자타 (英) (콘서티나처럼) 접다; (구어) 납작해지다. -tín·ist 명 콘서티나 연주자

con·cer·ti·no [kàntʃərtí:nou/kɔ̀n-] 명 (약 ~s, -ni [-ni:]) (음악) 1 소(小)협주곡, 콘체르티노. 2 (합주 협주곡의) 독주 악기군(群). 3 (콘체르티노로 연주되는) 합주 협주곡의 일절.

con·cert·ize [kánsərtàiz/kɔ́n-] 자타 콘서트에 출연하다; 연주 여행을 하다. -iz·er 명

con·cert·mas·ter [kánsə(:)rtmæ̀stər/kɔ́nsət-mà:s-] 명 (美) 오케스트라의 수석 연주자(英

leader)(지휘자를 보조하는 제1 바이올리니스트). (또는 con·cert·meis·ter [-màistər-])

cóncert músic 명 연주 음악. 영 film music

con·cer·to [kəntʃéərtou/-tʃéə-] 명 (약 ~s, -ti [-ti:]) (음악) 협주곡, 콘체르토. (<It)

concérto grós·so [-gróusou] 명 (약 concerti gros·si [-gróusi]) (음악) 합주 협주곡, 콘체르토 그로소.

cóncert óverture 명 (악) 연주회용 서곡.

cóncert párty 명 1 (英) (피서지의) 연예쇼. 2 (금융) (증권) 작전 세력; 비밀 기업 사냥꾼 연합.

cóncert perfórmance 명 (오페라 등의) 연주회 형식 공연(배경·의상·연기 따위를 생략한 것).

cóncert pítch 명 1 (음악) 합주조(合奏調)(보통의 음도보다 약간 높은 음도). 2 (구어) (비유적) (능률·컨디션 따위의) 호조, 절호의 상태, 최고조.
at concert pitch for …에 컨디션이 호조로.

cóncert réading 명 일제히 낭독함.

cóncert tóur 명 (연주자·악단의) 연주 여행.

cóncert wórk 명 일제 작업.

*con·ces·sion [kənséʃən] 명 1 ⓤⓒ (…에게의) 양보; 허용, 허가, (특권 등의) 허여(許與) (to); 양여물(讓與物). 2 (당국의) 면허, 특허 (from); (…하는) 이권, 특권 (to do). ¶a mining ~ 광산 채굴권. 3 (美) 토지[매장] 사용권; (석유·광물) 채굴권; 구내 매점. ¶an ice cream ~ (공원 등의) 아이스크림 매장 (사용권). 4 ⓤⓒ (…의) 할인권 (on). ¶a ~ on train fare 철도 요금 할인. 5 거류지, 조계(租界). 6 (캐나다) 군구(郡區)내의 하위 행정구의 하나.
make [or *grant*] *a concession to* …에게 양보하다.

con·ces·sion·aire [kənsèʃənɛ́ər] 명 (정부로부터 사용권 따위를 얻은) 특권(허가) 소유자; (美) (해변·공원·오락장 따위의) 매점[매장] 사용권자.

con·ces·sion·al [kənséʃənəl] 명 무료의. ¶~ fares for senior citizens 고령자의 무료 운임.

con·ces·sion·ar·y [kənséʃənèri/-ʃənəri] 형 양보의; 할인의. — 명 =concessionaire. [sionaire.

con·ces·sion·er [kənséʃənər] 명 =conces-

concéssion stánd [shóp] 명 (美) (구내) 매점.

con·ces·sive [kənsésiv] 형 양보하는, 양보적인; (문법) 양보의, 양보를 나타내는. ¶a ~ clause (although, even if 등이 이끄는 절). ~·ly 부

conch [kaŋk, kantʃ/kaŋk, kɔntʃ] 명 (약 ~s, ~·es [kántʃiz/kɔ́ntʃ-]) 1 조개, 조가비. 2 권패(卷貝), 고동. 3 (로마 신화) Triton의 나팔(소라고동). 4 =concha 1. 5 =concha 2. 6 (종종 C-) (美속어) Florida Keys의 주민; 바하마 사람. ←·ate, ~·ed 형

con·cha [káŋkə/kɔ́ŋ-] 명 (약 *-chae* [-ki:]) 1 (해부) 외이(外耳), 외이각. 2 (건축) 반원형 지붕, 둥근 천장, (교회당 등의) 후진(後陣)(apse). -chal 형

con·chie [kántʃi] 명 =conchy.

con·chif·er·ous [kaŋkífərəs/kɔn-] 형 (동물) 조가비가 있는; 조가비를 함유하는.

con·chi·tis [kaŋkáitis/kɔŋ-] 명 ⓤ (의학) 외이염.

con·choid [káŋkɔid/kɔ́ŋ-] 명 (기하) 콘코이드.

con·choi·dal [kaŋkɔ́idl/kɔŋ-] 형 (광물) 조가비 모양의. ~·ly 부

con·chol·o·gy [kaŋkálədʒi/kɔŋkɔ́l-] 명 ⓤ 패류학(貝類學). còn·cho·lóg·i·cal [-kəl] 형 -gist 명

con·chy [kántʃi/kɔ́n-] 명 (英속어) 양심적 참전(병역) 기피자(conscientious objector).

con·cierge [kànsiéərʒ; (F) kɔ̃siɛrʒ] 명 수위, 문지기; (아파트 따위의) 관리인; (호텔 따위의) 접객 담당자, 안내인. ⟨F⟩

conciérge sérvice 명 (美) 심부름 대행업(사).

con·cil·i·a·ble [kənsíliəbl] 형 달랠 수 있는, 조정할 수 있는.

con·cil·i·ate [kənsílièit] 타 1 (적개심 따위)를 누그러뜨리다, 달래다; …을 회유하다, 무마하다. 2 (남

의 존경·호의 등)을 획득하다, 환심을 사다. **3** (대립)을 조정하다, 양립시키다. — ⓐ 화해하다; (…사이를) 조정하다, (노동 쟁의에서) 조정역을 맡다(*between*). **-at·ing·ly** ⓟ
con·cil·i·a·tion [kənsìliéiʃən] ⓝ ⓤ **1** 달램, 위로; 회유; (쟁의의) 조정, 화해. ¶labor trouble ~ 노동 쟁의의 조정. **2** 우호(협력) 관계. 「정법.
Conciliátion Act ⓝ (the ~) (英) (노동 쟁의) 조
con·cil·i·a·tive [kənsílièitiv, -silìətiv] ⓐ =conciliatory. 「중재자.
con·cil·i·a·tor [kənsíliètər] ⓝ 조정자; 회유자.
con·cil·i·a·to·ry [kənsíliətɔ̀ːri/-təri] ⓐ 융화적인, 달래는; 회유적인. **-ri·ly** ⓟ **-ri·ness** ⓝ
con·cin·nate [kánsənèit/kɔ́n-] ⓥⓣ (요소·부분 따위)를 교묘하게 조화융합시키다.
con·cin·ni·ty [kənsínəti] ⓝ ⓤⓒ (수사) 전체적 조화(를 이룬 구성); (문체의) 우아함(elegance).
con·cin·nous [kənsínəs] ⓐ (문체 따위가) 우아한; 조화된. **~·ly** ⓟ
‡**con·cise** [kənsáis] ⓐ (*more ~, -cis·er; most ~, -cis·est*) (말·문체 따위가) 간결한, 간명한. ¶with a ~ style 간결한 문체로. **~·ly** ⓟ **~·ness** ⓝ
con·ci·sion [kənsíʒən] ⓝ ⓤ **1** (문체의) 간명, 간결. **2** 절단; 절제, 삭제. **3** (경멸적) =circumcision.
con·clave [kánkleiv, káŋ-/kɔ́ŋ-, kɔ́n-] ⓝ **1** 비밀 회합(회의). **2** 교황 선거(추기경 총회의 비밀 투표에 의한다). 그 회의실. **3** (집합적; 단·복수 양용) 추기경.
in conclave 밀의 중에(의). ¶sit *in* ~ 비밀 회의에 참석하다.
‡**con·clude** [kənklúːd] ⓥ (~*s* [-z], ~*d; -clud·ed; -clud·ing*) ⓣ **1** …을 끝내다, 종결하다, 완료하다 (finish), …의 결말을 짓다. ¶*Concluded*. (연재물 등의 말미에) 완결, 끝 / ~ an argument 논쟁을 끝내다 ∥ (~+圓+圀+圀) He ~d his speech *by* quoting a passage from Shakespeare. 그는 세익스피어의 한 구절을 인용함으로써 연설을 마쳤다. **2** (조약 따위)를 체결하다(*with*) ¶~ (a) peace 강화 조약을 체결하다 ∥ (~+圓+圀+圀) ~ a treaty *with* the country 그 나라와 조약을 맺다. **3** …이라고 추론(추단)하다, (추단으로) 결론을 내리다. ¶(~+*that*) I can ~ from my experience *that*… 나의 경험으로 …이라고 단언할 수 있다∥(~+圓+圀 to be 圀) ~ the plan to be the best 그 안이 최선이라고 결론짓다. **4** (美) (최종적으로) …을 결정(결심)하다. ¶(~+*to do*) I ~d not *to* go. 나는 (결국) 가지 않기로 했다. **5** (폐어) …을 가두다. — ⓐ **1** 끝나다, 종료(완료)되다. ¶The meeting ~d in uproar. 회합은 소란 속에 끝났다. **2** (…이라는 말로) 이야기를 끝맺어끝내다, 마치다(*by, with*). **3** 결론짓다, 결론에 도달하다. 「로 말하면.
(*and*) *to conclude* (그리고) 마지막으로, 결론적으
To be concluded. 「다음 호에 완결(연재물 따위의 말미에)」
-clúd·a·ble -clúd·er -clúd·i·ble 「서).
con·clud·ing [kənklúːdiŋ] ⓐ 종결의, 최후의, 끝맺는. ¶a ~ remark 끝맺는 말.
‡**con·clu·sion** [kənklúːʒən] ⓝ (⚌ ~*s* [-z]) **1** ⓤ 결말, 종말, 종결; ⓒ (단수형으로) 종국, 끝맺음. ⇒END 유의어 **2** 결과, 결말, 성과. **3** 결론, 결정, 최종의 타결(*of*). **4** ⓤⓒ (조약 따위의) 체결 (*of*). ¶~ *of* a treaty 조약의 체결. **5** 추단, 추정; (논리) 결론, 귀결, (3단 논법의) 단안. **6** ⓤ (법률) **a)** 금반언(禁反言). **b)** (부동산 양도 증서 따위의) 말미, 결어(結語) 부분; (변호사의) 최종 변론. **7** (문법) (조건절에 대한) 귀결절(apodosis).
a foregone conclusion 필연적[처음부터 알고 있는] 결론(결과).
at the conclusion of …을 끝맺음에 있어서.
bring…*to a conclusion* …을 결론짓다, 매듭짓다.
come to a conclusion 종결되다, 결론에 도달하다.
come to [or *arrive at, reach*] *the conclusion*
that… …이라는 결론에 도달하다.
draw conclusions 추단하다; 단안[결론]을 내리다.
in conclusion 마지막으로, 끝으로(finally); 요는.
jump [or *leap, rush*] *to* [or *at*] *a conclusion* 성급하게 단정하다, 속단하다.
try conclusions with …와 자웅[우열]을 겨루다.
*‡**con·clu·sive** [kənklúːsiv] ⓐ **1** 확정적인, 결정적인, 단호한; 종국의; (법률) 종결적인. ¶give a ~ reply 확답을 주다. **2** 추단의, …으로 결론짓는 (*of*).
~·ly ⓟ **~·ness** ⓝ 「결정적 증거.
conclúsive évidence [próof] ⓝ (법률) 확증.
conclúsive presúmption ⓝ (법률) 종결적 추정(반증이 허락되지 않는 추정).
con·coct [kankákt/kənkɔ́kt] ⓥⓣ **1** …을 섞어서 만들다, 조합[조제]하다, 조리하다. **2** (이야기 따위)를 꾸며내다: (음모 따위)를 꾸미다, 꾀하다. ¶~ an alibi 알리바이를 조작하다. **~·er**, **-cóc·tor** ⓝ
con·coc·tion [kankákʃən/kənkɔ́k-] ⓝ ⓤ **1** 혼합, 조제; 조합[조제]물, 혼합 음료. **2** 날조(물), 조작한 것, 꾸며낸 이야기; 책모(contrivance).
con·coc·tive [kankáktiv/kənkɔ́k-] ⓐ 조합[조제]의; 날조의, 책모의.
con·col·or·ous [kankʌ́lərəs/kɔn-] ⓐ (몸의 일부분이 다른 부분과) 같은 색의(*with*); 단색의.
con·com·i·tance [kankámətəns/kənkɔ́m-] ⓝ ⓤ **1** 부수, 공존. **2** =concomitant. **3** (가톨릭) 병존(倂存)(성찬 안에 그리스도의 피와 몸이 공존한다는 신앙 [설]). (또는 **concomitancy**)
con·com·i·tant [kankámətənt/kənkɔ́m-] ⓐ 수반(隨伴)하는(*with, to, of*). ⓝ 부수하는 성질[사정], 부수물(*of*); (~*s*) 부대 상황[사정]. **~·ly** ⓟ
‡**con·cord** [kánkɔːrd, káŋ-/kɔ́ŋ-, kɔ́n-] ⓝ ⓤ **1** (의견·감정 따위의) 일치; (이해[利害]의) 합치, 조화(harmony)(↔ discord). **2** 평화, 우호; 친선 관계. **3** (국가 간의) 협조, 협약, 우호 협정. **4** (음악) 협화음(↔ discord). **5** (문법) (인·격·수·인칭의) 일치, 호응(of).
in concord (*with*) (…와) 조화[화합]하여, 사이좋게.
— ⓥⓣ ~*s* [-z] 색인을 위해 (단어)를 배열하다.
~·al ⓐ
Con·cord [káŋkərd/kɔ́ŋ-] ⓝ 콩코드. **1** 미국 Boston 북서쪽의 마을; 독립 전쟁의 두번째 전투지. **2** 미국 New Hampshire 주의 주도(州都). **3** [káŋkɔːrd/kɔ́ŋ-] (또는 ~ **grápe**) 콩코드 포도(알이 굵고 검푸른 포도).
*‡**con·cord·ance** [kankɔ́ːrdns, kən-/kən-] ⓝ **1** ⓤ 일치; 조화. **2** (알파벳순의) 어구[용어] 색인. ¶a ~ of Shakespeare 세익스피어 용어 색인.
in concordance with …와 일치하여; …에 따라.
con·cord·ant [kankɔ́ːrdnt/kən-] ⓐ 일치하는; 조화된(harmonious). **~·ly** ⓟ
con·cor·dat [kankɔ́ːrdæt/kən-] ⓝ **1** 협정, 협약. **2** (로마 교황과 정부간의) 조약, 콩코르다트, 정교(政教) 조약. **-da·to·ry** ⓐ [<F]
Con·corde [kankɔ́ːrd, káŋ-/-ː/kɔnkɔ́ːd] ⓝ (상표) 콩코르드(영국·프랑스가 공동 개발한 초음속 여객기).
Con·cor·di·a [kankɔ́ːrdiə/kən-] ⓝ (로마 신화) 콩코르디아(평화의 여신). [[<F contest]
con·cours [kənkúər/kɔn-] ⓝ 콩쿠르, 경연, 경기.
*‡**con·course** [kánkɔːrs, káŋ-/kɔ́ŋ-, kɔ́n-] ⓝ **1** 집합, 군집; 군중(crowd). **2** (공원의) 차도, 산책길, 중앙 광장. **3** (역·공항의) 중앙 홀[통로]. **4** (하천의) 합류(점). **5** 큰 거리, 대로, 가로수길. **6** (美) 경마장, 경기장.
con·cres·cence [kankrésns/kən-] ⓝ ⓤ **1** (생물) (조직·세포 따위의) 합생(合生), 유착(癒着). **2** (발생) 배(胚)분자의 결합. **-cent** ⓐ
‡**con·crete** [kánkriːt, káŋ-/kɔ́ŋ-, kɔ́n-] ⓐ **1** 구체적인, 명확한; 유형의, 구상(具象)적인, 실재하는(↔ abstract). ¶a ~ proof 구체적 증거. **2**

실제[현실]의; 특수한. **3** 콘크리트(제)의. ¶a ~ pavement 콘크리트 포장 도로. **4** 응결한, 고체의. 「화하다.
take a concrete form 실제의 형태를 취하다, 구체
— [명] **1** [U] 콘크리트; [C] 응고물, 응결물. ¶reinforced [*or* armored] ~ 철근 콘크리트. **2** 구체적 관념, 구체 명사(名辭); (the ~) 구체물; = ~ poetry, 그 시인.
in the concrete 실제적으로, 구체적으로([반] in the abstract). ¶explain the idea *in the* ~ 생각을 구체적으로 설명하다. 「하다.
set [or ***cast***] ***in concrete*** 최종적으로 굳히다, 확정
— [동] (**-cret·ed; -cret·ing**) [타] **1** …에 콘크리트를 치다, 콘크리트로 처리하다. **2** [kənkríːt] …을 응결시키다, 굳히다. **3** [kankríːt/kən-] …을 실제적으로 하다, 구체[구상]화하다. — [자] **1** 응결하다, 굳어지다. **2**
~·ly [부] **~·ness** [명] ⌊콘크리트를 치다.

cóncrete júngle [명] 빌딩 숲을 이룬 (생존 경쟁이 치열한) 대도시, 콘크리트 정글.
cóncrete mìxer [명] 콘크리트 믹서[혼합기].
cóncrete músic [명] 콘크리트 음악, 구체 음악(테이프에 녹음한 자연음을 조작·변형해서 편집한 음악). [<F musique concrète] 「사(名辭).
cóncrete náme [térm] [명] 〔논리〕 구체[구상] 명
cóncrete nóun [명] 〔문법〕 구상 명사(具象名詞)(물질적·구체적 사물을 나타냄).
cóncrete númber [명] 〔수학〕 명수(名數).
cóncrete póetry [명] 시각시(視覺詩), 구상시(시를 그림 모양으로 배열하는 전위시(前衛詩)).
cóncrete univérsal [명] 〔철학〕 (헤겔 철학에서) 구체적 보편성(참된 보편은 구체적이라는 생각).
con·cre·tion [kankríːʃən/kən-] [명][U] **1** 응고, 응결. **2** [C] 응고물, 응결체. **3** 〔병리〕 결석(結石). **4** 〔지질〕 결핵(結核), 응괴(凝塊). **5** [U][C] 구체화[실체화](한 것), 구상 작용; 구체성.
con·cre·tion·ar·y [kankríːʃənèri/kənkríːʃənəri] [형] 응결한, 응고의; 〔지질〕 결핵성의.
con·cret·ism [kankríːtizm, kaŋ-/kɔ́nkriːtìzm] [명] 구상주의(concrete poetry의 이론·실천). **-ist** [명]
con·cre·tive [kankríːtiv/kən-] [형] 응결성의, 응결력이 있는. **~·ly** [부]
con·cre·tize [kánkrətàiz, káŋ-/kɔ́ŋkriː-, kɔ́n-] [동][타] …을 구체화시키다; …을 응고시키다. — [자] 구체화하다. **con·crèt·i·zá·tion** [명]
con·cu·bi·nage [kankjúːbənidʒ, kaŋ-/kən-] [명][U] 첩을 둠, 축첩(畜妾); 첩임, 첩의 신분; 내연 관계.
con·cu·bi·nar·y [kankjúːbənèri, kaŋ-/kənkjúːbinəri] [형] 첩의, 첩살이를 하는; 내연 관계의. — [명] 첩, 내연 관계에 있는 사람.
con·cu·bine [káŋkjubàin, kán-/kɔ́ŋ-] [명] **1** 첩, 내연의 처. **2** (일부 다처제에서) 첫째 부인을 제외한 아내.
con·cu·pis·cence [kankjúːpəsəns, kaŋ-/kən-] [명][U] 정욕, 색욕; 탐욕; 〔성서〕 욕망, 욕정.
con·cu·pis·cent [kankjúːpəsənt, kaŋ-/kən-] [형] 욕심 많은, 탐욕스러운; 호색의, 음란한.
***con·cur** [kənkə́ːr] [동][자] (**-rr-**) **1** (남에게) 동의하다 (*with*), (의견 따위가) 일치하다 (*in*). ¶(~+[前]+[名]) I don't ~ *with* you *on* this point. 이 점에서는 너와 의견이 같지 않다 / The judges all ~*red in* giving John the prize. 심사위원은 모두 존에게 상을 주기로 의견이 일치했다. **2** 협력하다, (여러 가지 사정이) 서로 관련되다. ¶(~+*to* do) The events in his childhood ~*red to* make him what he is. 어릴 적의 사건들이 서로 작용하여 현재의 그를 만들었다. **3** 겹치다, 동시에 일어나다 (*with*); (원인·요소가) 겹쳐 …이 되다. ¶~ *with* Christmas 크리스마스와 겹치다. **4** 《폐어》 합류하다.
con·cur·rence [kənkə́ːrəns/-kʌ́r-] [명][U] (종종 a ~) **1** (여러 요소·원인·사건 따위의) 동시 발생[작용], 겹침; 협력. ¶~ in helping the poor 빈민 구제에의 협력. **2** 의견의 일치, 동의 (*of*). ¶~ *of* opinion 견해의 일치. **3** 〔기하〕 (선·면의) 집합점. **4** 〔법률〕 (권리의) 경합, 동일 권리. **5** 〔컴퓨터〕 병행성(竝行性). **6** 《고어》 경쟁.
in concurrence with ① …와 공동으로, 협력하여. ② …와 동시에.
con·cur·rent [kənkə́ːrənt/-kʌ́r-] [형] **1** (…와) 동시 발생의, 병발하는, 공존하는; (선 따위가) 평행한 (*with*). ¶It was ~ *with* the event. 그것은 그 사건과 동시에 발생했다. **2** (요소·원인 따위가) 협력하는. **3** 겸무의, 겸직의; 동등한 권위를 가지는. **4** (의견 따위가) 일치하는, 동의하는 (*with*). **5** 동일점에 모이는, 동일점에서 교차하는. — [명] **1** 병발 사건; 동시에 작용하는 원인. **2** 《고어》 경쟁자. **~·ly** [부]
concúrrent operátion [명] 〔컴퓨터〕 (둘 이상의 명령어에 대한) 병행 연산[처리], 동시 처리.
concúrrent prócessing [명] 〔컴퓨터〕 =multiprocessing; =parallel processing.
concúrrent resolútion [명] 〔美의회〕 (상·하원의) 동일 결의(주지사·대통령의 서명이 필요없다).
con·cuss [kənkʌ́s] [동][타] **1** …을 뒤흔들다; …에게 (뇌)진탕을 일으키게 하다. **2** 《고어》 …을 협박하다.
con·cus·sion [kənkʌ́ʃən] [명][U][C] **1** 진동; 격동, 충격. **2** 〔병리〕 (뇌)진탕. ¶have a ~ of the brain 뇌진탕을 일으키다. **3** 협박. **-sant, ~·al, -sive** [형]
concússion grenàde [명] 충격 수류탄(파편이 아니라 폭발력 자체로 충격을 가해 피해를 주는 수류탄).
con·cy·clic [kansáiklik, -sík-/kɔn-] [형] 〔기하〕 (점이) 동일 원주상의. 「conductor.
cond. condenser; condition(al); conductivity;
‡**con·demn** [kəndém] [동][타] (~**s** [-z]) **1** …을 옳지 않다고 보다(disapprove), 비난[힐난]하다, 책망하다 (*for*). ⇨CRITICIZE [유의어] ¶We ~ cruelty and cruel people. 우리는 잔인성과 잔인한 사람들을 비난한다 // (~+[目]+[前]+[名]) ~ a person *for* his conduct 남의 행위를 책망하다. **2** (표정·말씨 따위가) 〔남〕에게 유죄인 듯한 인상을 주다, …에게 재난을 가져오다. **3** …에게 (…형을) 선고하다, 〔남〕을 유죄로 판결하다 (*to*); …에게 (…하도록) 선언하다 (*to* do). ¶(~+[目]+[前]+[名]) ~ a person *to* death 남에게 사형을 선고하다 / They were ~*ed of* treason. 그들에게 반역죄가 선고되었다 // (~+[目]+*to* do) ~ a person *to* be hanged 남에게 교수형을 선고하다. **4** 《수동형으로》 (고난 따위에) 〔남〕을 운명짓다 (*to*). ¶(~+[目]+[前]+[名]) be ~*ed to* poverty 가난하게 살 운명이다. **5** 〔물건 따위〕를 불량품[사용 불능]으로 판정하다, 폐기 처분하다. **6** (의사가) …에게 불치 선고를 내리다, 손들다. **7** 〔美법률〕 〔재산·토지〕를 수용(收用)하다. **~·ing·ly** [부]
con·dem·na·ble [kəndémnəbl] [형] 비난해야[받아야] 할, 책망해야[받아야] 할. **-bly** [부]
***con·dem·na·tion** [kàndemnéiʃən/kɔ̀n-] [명][U][C] **1** 비난. **2** [U] 유죄 선고[판결]; 불치 선고. **3** 비난[유죄 선고]의 근거[이유]. **4** 불량품 판정. **5** 《美》 (재산 등의) 몰수, 수용 (명령). 「난의; 처벌[유죄 선고]의.
con·dem·na·to·ry [kəndémnətɔ̀ːri/-təri] [형] 비
con·demned [kəndémd] [형] **1** 비난받은; 유죄(특히 사형·무기형의) 선고를 받은; 사형수를 위한. ¶a ~ cell [*or* ward] 사형수 감방 / a ~ sermon 사형수에 대한 설교. **2** 폐기[몰수]를 선고받은, 폐기[몰수]된.
con·demn·er [kəndémər] [명] (죄의) 선고자; 비난자. (또는 **con·dem·nor** [kəndemnɔ́ːr])
con·den·sa·ble [kəndénsəbl] [형] 응축[압축]할 수 있는; 요약[단축]할 수 있는. **-bíl·i·ty** [명]
con·den·sate [kəndénseit, kándənsèit] [명] (가스·증기 따위의) 응축물, 응축액; 압축물.
***con·den·sa·tion** [kàndenséiʃən/kɔ̀n-] [명][U] **1** 응축, 압축; 〔화학〕 축합(縮合), 액화; 〔물리〕 응결, 냉축(冷縮). **2** 응축 상태; [C] 응축체. **3** (표현의) 간략화, 단축, 요약(한 것). **4** 〔정신분석〕 (기억·감정 따위의) 압축. **~·al, ⌐sà·tive** [형]

condensátion nùcleus 영 (기상) 응결핵.
condensátion tràil 영 =contrail.
‡**con·dense** [kəndéns] 围 (**-dens·es** [-iz]; **~d** [-t]; **-dens·ing**) 围 1 …을 응축시키다, 압축하다, 농축하다(围 rarefy). ¶ be ~d into thick soup (졸아들어) 걸쭉한 수프가 되다. 2 (사상·진술 따위)를 간추리다, 요약(단축)하다. ¶ ~ a story 이야기를 요약하다 // (~+围+前+名) ~ a statement *into* a few words 진술을 몇 마디로 간추리다. 3 (기체)를 응축시키다, 액화하다. 4 (렌즈가) (광선)을 모으다. 5 (전기)의 강도를 높이다. ── 汨 1 줄어들다, 응축되다; 요약되다. 2 (액체가) 고체화되다, (기체가) 액화하다 (*into*).
*con·densed [kəndénst] 혱 1 압축된; 농축된, 진해진; (기체가) 액화된. ¶ ~ fruit juice 농축 과즙. 2 간결한, 요약된. 3 [인쇄] (활자가) 장체(長體)의 (⇔ expanded). ~·ly 븟 ~·ness 몡
condénsed mátter 몡 고체; 농축액(液).
condénsed mílk 몡 (가당(加糖)) 연유(煉乳).
*con·dens·er [kəndénsər] 몡 1 (문장 따위의) 요약자(要約者). 2 (기체·증기 따위의) 농축기(器), 액화 고체화) 장치; (증기 기관의) 응축기, 복수기(復水器). 3 집광(集光) 렌즈, 집광 장치. 4 [전기] 축전기, 콘덴서.
con·den·ser·y [kəndénsəri] 몡 (美) 연유 제조 공장.
con·den·si·ble [kəndénsəbl] 혱 =condensable.
*con·de·scend [kàndəsénd/kɔ̀n-] 围汨 1 (손아랫사람에 대해) 자기를 낮추다, 겸손하게 굴다, 으스대지 않고 …하다 (*to*). ¶ (~+*to do*) The minister ~ed to eat with the beggars. 장관 신분으로 거지들과 식사를 함께 했다. 2 자신을 굽혀 …하다, 창피를 무릅쓰고 …하다. ¶ (~+*to do*) ~ to accept bribes 지조를 굽히고 뇌물을 받다 // (~+前+名) ~ to trickery 몰락[타락]하여 사기를 치다. 3 상냥하게 대하다, 친절을 베풀다 (*to*). ¶ He seems to be ~*ing* all the time. 그는 늘 상냥한 척한다. 4 (스코) 상세하게 적다 (*upon*). ~·ent, ~·er
con·de·scend·ence [kàndəséndəns/kɔ̀n-] 몡 1 ⓤ =condescension. 2 (스코) (원고측의) 명세표.
con·de·scend·ing [kàndəséndiŋ/kɔ̀n-] 혱 겸손한, 공손한; 저자세의; (아랫사람에 대해) 일부러 겸손한; 생색내는 듯한, 은혜라도 베푸는 듯한. ~·ly 븟
con·de·scen·sion [kàndəsénʃən/kɔ̀n-] 몡 겸손, 공손; 저자세; (자기를 낮추어서 나타내는) 오만; 은혜를 베푸는 듯한 태도. -**sive** 혱 -**sive·ly** 븟
con·dign [kəndáin] 혱 (죄에 대한 형벌 따위가) 적절한, 알맞게 엄한, 지당한(adequate). ~·ly 븟
con·di·ment [kándəmənt/kɔ́n-] 몡ⓒⓤ (종종 ~s) 조미료, ≠**mén·tal**, ≠**mén·ta·ry** 혱
con·dis·ci·ple [kàndisáipl/kɔ̀n-] 몡 같은 선생의 제자; 동급생.
‡**con·di·tion** [kəndíʃən] 몡 (褒 ~**s** [-z]) 1 ⓤ (사람·사물의 특별한) 상태, 사정; ⓒ (종종 ~s) (주위의) 양상, 상황, 현황. ⇨STATE 유의어 ¶ the ~ of affairs 형세, 사태. 2 ⓤ 건강 상태; (경기자의) 컨디션. ¶ His ~ is improving. 그의 건강 상태는 좋아지고 있다. 3 사회적 지위; ⓤ 신분, 처지. ¶ a man of ~ 신분이 좋은 사람/people of every ~ 모든 처지의 사람들. 4 (제한적인) 조건, 필요 조건 (*of*, *for*); (~s) 지불 조건. ¶ working ~s 노동[근로] 조건. 5 [법률] **a)** 규정, 조항. **b)** 사건, 결과. 6 (美) **a)** (가입학·가진급 학생이 받는) 추가 시험. **b)** 시험 미필 과목. 7 [문법] (조건문의) 조건절. 8 [논리] 조건, 전건(前件)(antecedent). 9 [병리] (몸의) 이상, 질병, 아픔. ¶ a heart ~ 심장의 이상 / a skin ~ 피부 질환.
be in good [bad, poor] condition (음식물이) 보존 상태가 나쁘다; (사람이) 건강이 양호하다[좋지 않다]; (기계가) 상태가 좋다[나쁘다].
be in no condition to do …하기에 적합하지 않다.
…할 형편이 못 되다.
change [or alter] one's condition 처지[환경]을 바꾸다, 새 생활을 시작하다; (고어·방언) 결혼하다.
conditions of acceptance 승낙 조건.
in a delicate [or a certain, an interesting] condition 임신중이.
in [out of] condition ① 건강 상태가 좋은[나쁜]. ② (물건의) 보존 상태가 좋은[나쁜], 사용할 수 있는[없는]; 만족스러운[만족스럽지 않은] 상태에.
make [or impose] conditions 조건을 붙이다.
make it a condition that… …을 조건으로 하다.
meet the conditions 조건에 맞다.
of humble condition 신분이 천한.
on [or upon, (美) under] condition that… …이라는 조건으로; 만일 …이라면(if). ¶ I will do it on ~ *that* I am paid. 돈을 준다면 그것을 하겠다. 「은.
on no condition 어떤 조건에서도[일이 있어도] …않
on (one) condition; on conditions 조건부로.
on this [that, what] condition 이[그, 어떤] 조건으로. 「[학] 필요 충분 조건.
the necessary and sufficient condition (수
under favorable [difficult] conditions 좋은[나쁜] 사정하에, 순조로운[어려운] 처지에.
under [or in] the present [or existing] conditions 현상태로는.
── 围汨 1 …을 알맞은 상태로 하다, …의 컨디션을 조절하다[가다듬다], (냉·난방으로) (공기)를 조절하다. ¶ ~ the air of a room 방의 공기를 조절하다 / Exercise ~s your muscles. 운동을 하면 근육이 풀린다. 2 …을 결정[좌우, 지배]하다; …의 필요 조건이 되다 (*on*, *upon*). ¶ Ability and effort ~ success. 능력과 노력은 성공의 조건이다 // (~+围+*to do*) Fear ~ed the boy to behave in such a way. 공포 때문에 소년은 그런 식으로 행동하게 되었다. 3 …을 조건으로 하다, 조건으로서 규정하다 (*on*, *upon*). ¶ (~+围+前+名) The loan was ~ed on widespread structural reforms. 차관 조건은 광범한 구조 개혁의 이행이었다. 4 [개·말 따위의] 컨디션을 (최상으로) 조절하다[가다듬다]. 5 (사람·동물)을 (…하도록) 길들이다, 훈련시키다; [심리] …에게 조건 반사를 일으키게 하다 (*to*, *to do*). ¶ (~+围+*to do*) The dog was ~ed to expect food when he heard a bell. 그 개는 벨소리를 들으면 음식을 기대하는 조건 반사를 일으키도록 훈련되어 있었다. 6 (양모·생사 따위)를 검사해 등급을 매기다. 7 (美) [학생]에게 추가 시험을 조건으로 하여 진급[입학]을 허가하다.
── 汨 조건을 붙이다.
*con·di·tion·al [kəndíʃənl] 혱 1 조건부의; 제한이 붙은; 잠정적인. ¶ a ~ offer 조건부 제안. 2 (…을) 조건으로 한, …나름의 (*on*, *upon*). ¶ It is ~ on [or upon] your ability. 그것은 당신의 능력 나름이다. 3 [문법] 조건을 나타내는. ¶ a ~ clause 조건절. ¶ [전제가] 가정적인, 가정을 하나 이상 가진. 5 [수학] (부등식)의 조건부의. ── [문법] 조건법; 조건절. ~·ly 븟
conditional convérgence 몡 [수학] 조건 수렴.
conditional díscharge 몡 [법률] 조건부 석방.
conditional equátion (수학) 방정식.
con·di·tion·al·i·ty [kəndìʃənǽləti] 몡ⓤ 1 조건부, 조건부 제한. 2 [금융] (IMF의) 융자 조건.
conditional móod 몡 [문법] 조건법.
conditional operátion 몡 [컴퓨터] 조건부 연산.
conditional probabílity 몡 [통계] 조건부 확률.
conditional sále 몡 [법률] 조건부 판매.
condition códes 몡 [컴퓨터] 컨디션 코드(연산 과나 명령의 실행 결과에 따라 정해지는 정(正), 부(負), 0 따위의 상태를 나타내는 코드).
con·di·tioned [kəndíʃənd] 혱 1 조건부의(conditional). 2 (복합어로) 어떤 조건하에 있는. ¶ ill-~ 불량 상태의. 3 [심리] 후천적으로 얻은, 조건 지워진. 4

conditioned response (어떤 목적으로) 조절되는. **5** 냉난방 장치가 있는(air-~). **6** 《美》 (학생이) 조건부 입학[진급]한, 가진[입학]한.
con·di·tioned respónse [réflex] 图 《심리》조건 반사[반응](반복 훈련[치료]에서 생기는 반응).
con·di·tioned stímulus 图 《심리》조건 자극.
con·di·tion·er [kəndíʃənər] 图 **1** 조건 지우는 사람[사물]. **2** (유용성을 더하기 위한) 첨가물[약제]. ¶ a hair ~ 정발제. **3** (운동 경기의) 코치. **4** 공기 조절[냉난방] 장치. **5** (섬유 따위의) 품질 검사관.
con·di·tion·ing [kəndíʃəniŋ] 图田 **1** 《심리》조건부, 조건 형성; 조건 반사. **2** (동물의) 컨디션 조절, 조교(調教), **3** (공기) 조절. **4** (상품의) 검사. ━图 《샴푸·화장품 따위가》 고르게 하는, 유연하게 하는.
condítion pòwder 图 《동물용》 컨디션 조절약.
condítion précedent 图 《법률》 정지 조건.
condítion súbsequent 图 《법률》 해제 조건.
con·do [kándou/kɔn-] 图 (图 ~s) 《美구어》 =condominium. ━图 =condoize. (<*condo*minium)
con·do·ize [kándouàiz/kɔ́n-] 图 (타) 《건물》을 분양 아파트로 개조하다.
con·do·la·to·ry [kəndóulətɔ̀ːri/-təri] 图 애도의 뜻[조의]을 나타내는, 문상의.
con·dole [kəndóul] 图 (자) 조의를 표하다, 문상하다, 조문하다, 애도하다 (*with, upon*). ━ 타 〔폐어〕 (남의 죽음)을 애도하다, 슬퍼하다 ; (남)에게 조위의 말을 하다. **-dól·er** 图 **-dól·ing·ly** 甲
con·dole·ment [kəndóulmənt] 图 =condolence.
con·do·lence [kəndóuləns] 图田 문상, 조위, 애도; (종종 ~s) 애도의 말, 조사(弔詞) (*on*). ¶ a letter of ~ 문상 편지. 「에 애도의 조의를 표하다.
present [or *express*] *one's condolences to* ···
con·do·lent [kəndóulənt] 图 문상[조위]의, 애도하는. 「피임 도구.
con·dom [kándəm, kʌ́n-/kɔ́n-] 图 콘돔(남성용).
con·do·ma·ni·a [kàndəméiniə/kɔ̀n-] 图 **1** (임대 아파트의) 분양 아파트화 붐. **2** 《구어》 콘도광(狂).
cóndom cúlture 图 (콘돔 사용을 강조하는) 성도덕 풍조[문화]. 「동 통치[지배]의.
con·dom·i·nate [kəndɑ́mənət/kɔndɔ́m-] 图 공
con·do·min·i·um [kàndəmíniəm/kɔ̀n-] 图 (图 ~s, *-i·a* [-iə]) **1** 분양 아파트(오피스텔), 콘도. **2** 田(©) (국제법) 2개국 이상에 의한 공동 통치[관리(지)].
con·do·na·tion [kàndounéiʃən/kɔ̀n-] 图田 (죄의) 용서, 묵과; 《법률》 (간통의) 유서(宥恕).
con·done [kəndóun] 图 (타) (묵인)을 용서하다; 묵인(묵과)하다, 눈감아 주다. ⇨EXCUSE 〔유의어〕 **2** (어떤 행위가) (죄)의 갚음[속죄]이 되다. **3** 《법률》 (간통)을 용서하다; 유서하다. **-dón·a·ble** 图 **-dón·er** 图
con·dor [kándər/kɔ́ndɔ̀] 图 **1** 콘도르(남미산(産) 독수리). **2** (남미의) 콘도르 금화.
Con·dor·cet [kòndɔːrséi/F kɔ̃dɔRsE] 图 **Marquis de** ~ 콩도르세(1743-94: 프랑스의 수학자·철학자).
con·dot·tie·re [kɔ̀ndɑtjɛ́ərei, -ri] 图 (图 *-ri* [-ri:]) **1** (14-15세기 이탈리아의) 용병 대장. **2** 용병.
condr. conductor. 「외인 부대 병사. (<It)
con·duce [kəndjúːs/-djúːs] 图 (자) (어떤 결과에) 이르다, ···으로 이끌어 가다 (*to, toward*); 도움이 되다, 공헌하다. ¶ War ~s to subsequent misery. 전쟁에는 참상이 따른다. **-dúc·er** 图 「cive.
con·du·ci·ble [kəndjúːsəbl/-djúː-] 图 =condu-
con·du·cive [kəndjúːsiv/-djúː-] 图 (···에) 도움이 되는, 조성[촉진]하는, 촉구하는 (*to*). ¶ Temperance is ~ *to* long life. 절제는 장수를 가져온다. **-ness** 图
‡**con·duct** [kándʌkt/kɔ́n-] 图 **1** 행위, 품행, 행실, 거동. ⇨ACT 〔유의어〕 ¶ good [bad] ~ 착한[나쁜] 행위 / She is above such ~. 그녀는 결코 그런 짓을 할 사람이 아니다. **2** 운영, 관리; 수행, 처리. ¶ the ~ of a war 전쟁의 수행. **3** (무대·연극 따위의) 처리법; (줄거리의) 각색, 윤색. **4** 지휘, 지도, 안내. **5** © 《드물게》 호송[자], 에스코트.
the rules of conduct 처세훈. 「의 안내[지휘]로.
under the conduct of ···의
━ 图 [kəndʌ́kt] 타 **1** 《재귀용법으로》 처신하다, 거동하다, 행동하다; (업무 따위)를 실시하다. ¶ ~ *a market research* 시장 조사를 하다 / ~ *oneself well* [*carefully, nobly*] 훌륭하게[신중하게, 품위있게] 처신하다. **2** (사업 따위)를 경영하다, 관리하다. **3** (악단·군대 따위)를 지휘하다. ¶ ~ *an orchestra* 관현악단을 지휘하다. **4** ···을 안내하다, 인도하다. ⇨GUIDE 〔유의어〕 **5** 〔물리〕 〔열·전기·소리 따위〕를 전하다, 전도(傳導)하다. 〔도관 따위를 통하여〕 운반하다. ━ 图 **1** 〔길 따위가〕 통하다, 이르다 (*to*). **2** 지휘자 역할을 하다. **3** 안내하다. **4** 《美》 거동하다. ¶ ~ *a person in* [or *into*] ···로 남을 안내하다.
conduct a person over a place 남에게 어떤 장소를 안내하여 보이다.
conduct away (경찰관 등이) 데리고 가다, 연행하다 (*from*); (지시를 안 따르는 사람을) 퇴장시키다.
con·duct·ance [kəndʌ́ktəns] 图田 〔전기〕 컨덕턴스, 전기 전도율; 전도 계수(係數).
cónduct códe 图 행동 규범.
con·dúct·ed ÉMI [kəndʌ́ktid íːməi] 图 〔전기〕 전도 전자(傳導電磁) 방해(전자(電子) 기기의 전원 선로를 따라 전달되는 잡음). 图 radiated EMI (<*electromagnetic interference*)
condúcted tóur 图 안내인이 딸린 여행.
con·duct·i·ble [kəndʌ́ktəbl] 图 전도성의, (열·전기 등)를 전하는. **-bíl·i·ty** 图
con·duc·tion [kəndʌ́kʃən] 图 《물 따위를 파이프로》 이끌기; 《물리》 (열·전기 따위의) 전도; 전도율; (생리) (지각(知覺) 따위의) 전도.
condúction bànd 图 《물리》 전도대(帶).
condúction cúrrent 图 전도 전류.
con·duc·tive [kəndʌ́ktiv] 图 전도(성)의, 전도력이 있는. ¶ ~ *power* 전도력. 「리》 〔열·소리·전기 따위의〕 전도성(을, 력, 도).
con·duc·tiv·i·ty [kàndʌktívəti/kɔ̀n-] 图田 〔물
condúct mòney 图 증인 소환비(증인에게 지급되는 여비와 체재비); (응모병에게 지급되는) 응모 여비.
‡**con·duc·tor** [kəndʌ́ktər] 图 (图 ~s [-z]) **1** 안내자, 가이드; 지도자. **2** 경영자, 지배인, 관리인. **3** 〔버스·열차의〕 차장 (*《英》* 열차 차장은 guard). **4** 〔음악〕 지휘자. **5** 〔열·전기·소리 따위의〕 전도물, 도체(導體); 도선. ¶ *a good* [*bad*] ~ 양도체[불량도체]. **6** 피뢰침. **con·duc·to·ri·al** [kàndʌktɔ́ːriəl/kɔ̀n-] 图 **~·ship** 图
condúctor láureate 图 명예 지휘자.
condúctor ráil 图 송전 도체(導體) 레일(전차에 전류를 보내는 레일). 「성형.
con·duc·tress [kəndʌ́ktris] 图 conductor의 여
cónduct shèet 图 《英군사》 (사병의) 품행기록(부).
con·duit [kándwit, -dit/kɔ́ndit] 图 **1** (물·가스 따위의) 도관(導管), 수도관, 홈통. **2** 수로, 도랑. **3** 〔전기〕 선거(線渠). **4** 〔고어〕 샘, 분수.
cónduit sýstem 图 〔철도〕 지하 선거(線渠)식; (전등의) 전선관(電線管)식.
con·du·pli·cate [kəndjúːplikət/kəndjúː-] 图 《식물》 (싹 속의 꽃잎·잎이) 두 겹으로 된. **-cá·tion** 图
con·dyle [kándail, -dl/kɔ́ndil] 图 《해부》 과(顆), 과상(顆狀), 관절구(丘). **-dy·lar** 图
con·dy·lo·ma [kàndəlóumə/kɔ̀n-] 图 (图 ~s, *-ma·ta* [-tə]) 《병리》 콘딜롬, 습우(濕疣).
Cón·dy's flúid [kándiz-/kɔ́n-] 图 《상표》 콘디소독액. (<19세기 영국의 의사 H. B. Condy의 이름)
****cone** [koun] 图 **1** 《기하》 원뿔꼴, 원뿔. ¶ a circular ~ 원(직)원뿔 / an elliptical ~ 타원뿔 / a right circular ~ 직원뿔. **2** 원뿔꼴의 것; (도로 공사 때의) 원뿔 표지; 폭풍 경보구(球)(storm ~). ¶ an ice-cream ~ 아이스

크림콘. 3 〔식물〕 구과(毬果)(솔방울 따위). 4 화산추(원뿔화산): 코니데. 5 〔해부〕 원뿔체, 추상체(눈의 망막 중심부에 있는 감광(感光) 세포).
— 圄 1 …을 원뿔꼴로 만들다. 2 (수동형으로) (비행기가 적의) 서치라이트(searchlight)에 비추어지다.
cone óff 〔도로〕 콘(cone)을 원뿔꼴 표지로 폐쇄하다.
Cón Éd 〔美구어〕 Consolidated Edison 전력 회사.
cone·flow·er [kóunflàuər] 圄 삼일국화의 일종 (국화과(科)); 북미 원산.
cone·head [kóunhèd] 圄 (속어) 1 바보, 멍청이. 2 (경멸적) (세상 물정 모르는) 지식인.
Con·el·rad [kánlræd/kɔ́n-] 圄 (美) 코넬래드 방식(적기·미사일이 AM국의 주파수를 이용할 수 없도록 하는 민간 방공 전파 관리 체제). [<control of electromagnetic *radiation*〕 곤죽.
cone·nose [kóunnòuz] 圄 (미국 남부산(産)) 흡혈
con es·pres·si·o·ne [kán ispresióuni/kɔ́n-] 圄 〔음악〕 표정을 담아서. [<It]
Con·es·tó·ga (**wágon**) [kànəstóugə-/kɔ́n-] 圄 (개척 시대에 미국 서부에서 사용된) 대형 포장 마차.
co·ney [kóuni, káni] 圄 =cony.
Có·ney Ísland [kóuni-] 圄 코니 아일랜드(New York시 Long Island의 남쪽 해안에 있는 섬; 유원지).
conf. (라틴) *confer*(=compare); conference; confessor; confidential. **Conf.** Confederation; Conference; Confessor.
con·fab (구어) [kánfæb/kɔ́n-] 圄 =confabulation.
— [kənfǽb/kɔnfǽb] (-*bb*-) =confabulate.
con·fab·u·late [kənfǽbjulèit] 圄困 1 담소(담론)하다, 간담하다; 협의하다 (*with*). 2 〔정신의학〕 기억과 기억 사이를 메우다, 작화(作話)하다. **-là·tor** 圄
con·fab·u·la·tion [kənfæ̀bjuléiʃən] 圄(U)C 1 담소, 담론, 간담; 협의, 회담. 2 〔정신의학〕 작화.
con·fab·u·la·to·ry [kənfǽbjulətɔ̀ːri/-təri] 圄 담소하는 식의, 간담하는 식의.
con·fect 圄國 [kənfékt] 1 …을 조제(調製)하다, 조합(調合)하다. 2 …을 설탕 절임으로 만들다, 사탕 과자로 만들다. 3 …을 조립하다, 만들다.
— 圄 [kánfekt/kɔ́n-] 사탕 과자, 당과, 캔디.
con·fec·tion [kənfékʃən] 圄 1 당과, 캔디: (과일 따위의) 설탕 절임(preserve). 2 (약학) 당제(糖劑), 시럽. 3 (여성용) 기성 복식품(服飾品). 4 圄 조제, 조합. 5 고급 여성 비료 .
— 圄國 (고어) 당과·당제를 만들다; 조제하다.
con·fec·tion·ar·y [kənfékʃənèri-/-ʃənəri] 圄 제과 공장(회사); 과자 보관소; 당과(candy), 설탕 절임; 과자점.— 圄 당과의, 설탕 절임의; 조제의.
con·fec·tion·er [kənfékʃənər] 圄 과자 제조인(판매업자); 과자점, 과자 장수.
confectioners' súgar 圄 정제된 가루 설탕.
con·fec·tion·er·y [kənfékʃənèri-/-ʃənəri] 圄 (집합적) 과자, 당과(케이크·파이 따위 포함); 圄U 당과 제조[판매](업), 제과; 당과 제조[판매]소, 과자점.
confed. confederate; confederation.
__con·fed·er·a·cy__ [kənfédərəsi] 圄 1 (단·복수 양용) (정치상의) 연합(체), 동맹(국); 연방. 2 (불법적인) 도당, 모의 집단; U C 공모. 3 (the C-) 〔美역사〕 = Confederate States of America.
con·fed·er·al [kənfédərəl] 圄 2개국 이상에 걸친, 다국간의.¶ ~ agreements 다국간 협정.
__con·fed·er·ate__ [kənfédərət] 圄 1 연합한, 동맹한; 공모(결탁)한. 2 (C-) 〔美역사〕 남부 연합(the Confederacy)의(圁 Federal). ¶ the *C-* Army 남군.
— 圄 [kənfédərət] 圄 동맹자(국), 연합자(국), 연방자(국). 2 공모자, 연루자, 한패 (*in*). 3 (C-) 〔美역사〕 남부 연합 지지자, 남부파의 사람, 남부 동맹 참가주(州)의 사람.— 圄 [kənfédərèit] 圄 동맹시키다(하다), 연합시키다(하다). 2 도당을 짜다, 한패가 되다 (*with*).
confederate *oneself* [or **be confederated**] **with** …와 동맹하다, …와 공모하다.
Confédèrate Memórial Dày 圄 (the ~) (美) (남북 전쟁시의) 남군 전몰자 추념일.
confédèrate róse 圄 〔식물〕 부용(芙蓉).
Confédèrate Státes of América 圄(복) (the ~) 〔美역사〕 아메리카 남부 연합(노예 폐지론에 반대하여 1860-61년에 걸쳐 미합중국에서 탈퇴한 남부 11개 주가 결성; 圁 CSA).
__con·fed·er·a·tion__ [kənfèdəréiʃən] 圄 1 U 동맹, 연합. ⇒ALLIANCE 圁類 2 연합국, 동맹국; 연방. 3 (the C-) 〔美역사〕 아메리카 식민지 동맹(1781-89년 Articles of C-에 따라 결성된 식민지 13개 주의 연합체). ~·**ism**, ~·**ist** 圄
Confederátions Cúp 圄 컨페더레이션 컵 국제 축구 대회(대륙간 챔피언 결정전).
con·fed·er·a·tive [kənfédərèitiv, -rət-] 圄 연맹의, 연방의; 동맹(연합)의.
__con·fer__ [kənfə́ːr] 圄 (-*rr*-) 囚 1 (은혜·선물·자격·칭호 따위를) 수여하다, 주다 (*on, upon*). ⇒GIVE 圁類 ¶ (~+圄+前+名) ~ a favor *upon* a person 남에게 호의를 베풀다, 총애하다. 2 (명령형으로) 참조하라(圁 *cf.*); (피어) 비교하다. — 困 의논(상의)하다, 협의하다; 회담하다 (*with / on, about*). ⇒CONSULT 圁類 ¶ (~+前+名) ~ *with* him *on* [or *about*] the matter 그 문제를 두고 그와 협의하다.
con·fer·ee [kànfərí:/kɔ̀n-] 圄 1 의논 상대; 회담 출석자(참가·가담자), 회담자. 2 (상·학위를) 수여받는 사람, 수령자. (또는 **conferree**)
__con·fer·ence__ [kánfərəns/kɔ́n-] 圄 (-*enc·es* [-iz]) 1 회의, 회담, 협의회(* 회의 1회 열리는 것). 회견. ⇒MEETING 圁類 ¶ a disarmament [peace] ~ 군축(평화) 회담(회의) /a general ~ 총회 / an international ~ 국제 회의 /a press ~ 기자 회견. 2 U (중요 문제의) 협의, 상담. 3 (美) 〔정치〕 (국회 의원에 의한) 양원 협의회. 4 (교회) **a)** (연차) 총회. **b)** (총회에 참가하는) 교단, 교회 연맹. 5 (美) 〔스포츠〕 경기 연맹, 운동 단체 연합. 6 (자격·학위 따위의) 수여.
be in **conference** *with* …와 협의중이다.
go into [or *have*] **conference** *with* …와 협의하다.
hold [or *give, have*] *a* **conference** 회의(협의회) *meet in* **conference** 협의회를 열다. [를 열다.
— 圄 회의를 열다(개최하다); 회의에 출석하다.
Cónference Bòard 圄 (美) 콘퍼런스 보드(비영리 민간 조사 연구 기구).
cónference càll 圄 전화 회의. [원 협의회.
cónference committee 圄 (美) (상·하원의) 양
cónference lines 圄 〔해사〕 해운 동맹 항로.
Cónference on Secúrity and Coopèration in Éurope 圄 유럽 안전 보장 협력 회의 (圁 CSCE). 圁 Helsinki accords
con·fer·en·tial [kànfərénʃəl/kɔ̀n-] 圄 회의의.
con·fer·ment [kənfə́ːrmənt] 圄U 수여, 서훈; 협의.
con·fer·ra·ble [kənfə́ːrəbl] 圄 수여할 수 있는, 수여해야 할.
con·fer·ral [kənfə́ːrəl] 圄 (美) =conferment.
con·fer·ree [kànfərí:/kɔ̀n-] 圄 =conferee.
con·fer·rer [kənfə́ːrər] 圄 수여자; 협의자.
__con·fess__ [kənfés] 圄 (~·*es* [-iz], ~*ed* [-t]) 囚 1 …을 자백(고백)하다, 실토하다, 털어놓다 (*to*). ¶ She ~*ed* her secret [crime] *to* her friends. 그녀는 비밀 [죄]을 친구들에게 털어놓았다. 2 (사실·진실이라고) …을 인정(자인)하다. ⇒ADMIT 圁類 ¶ (~+*that* 節) I must ~ *that* I haven't done it. 저는 사실 그것을 하지 않았습니다 / (~+圄+(*to be*) 補) The man ~*ed* himself (*to be*) guilty. 그 남자는 죄를 범했다고 자인했다. 3 …의 신앙을 고백하다. …에게 (충성)을 맹세하다 (*to*). 4 (사제에게) (죄)를 고백(고해, 참회)하다 (*to*); (사제가) (신도)의 고백을 듣다. 5 (사정 따위가) …이라

는 것을 나타내다, 입증하다. **—** [자] **1** 고백[자백]하다, 인정[자인]하다 (*to*). ¶ (~+[前]+[名]) ~ *to* a crime 죄를 인정하다 / I ~ *to* (having) a weakness for wine. 실은 술이라면 사족을 못 씁니다. **2** (사제에게) 죄를 고백[고해, 참회]하다 (*to*); (사제가) 고백을 듣다.

be confessed of a crime 고해하여 죄의 사함을 받다.

「고백하다.

confess oneself to God 자기의 죄를 하느님에게

I confess (that)... 《구어》 사실을 말하면 …이다.

to confess the truth 사실대로 말하면, 실은.

~**·a·ble** [형] ~**·ing·ly** [부]

con·fess·ant [kənfésnt] [명] 고백자; 고해 신부.

con·fessed [kənfést] [형] (사실이라고) 인정된, 정평이 있는(admitted), 명백한.

stand confessed as …이라는 것[죄상]이 명백하다.

con·fess·ed·ly [kənfésidli] [부] 공인되어; 명백히, 의심할 여지없이(admittedly); 자백[고백]에 따르면.

‡**con·fes·sion** [kənféʃən] [명] (복) ~**s** [-z]) **1** [U] 자백, 고백 (*of, to*); 자인, 참회. ¶a ~ *of* one's fault 죄의 고백. **2** [U][C] 신앙 고백. **3** 고백서, 자백서, 진술서. **4** [U] 〔가톨릭〕 고해(告解). **5** 《단·복수 양용》 (같은 신앙의) 교파, 종파; 교회, 성당. **6** 《고어》 순교자의 무덤; 제단.

an auricular [or ***a particular, a sacramental***] ***confession*** (성직자에게 하는) 비밀 고해.

a public confession 공중 앞에서의 고백.

confession and avoidance 〔법률〕 승인 및 이의 (고소 사실을 일단 승인하고 그것을 무효화하기 위한 다른 사실을 주장하는 항변).

go to confession (사제에게) 고해하러 가다.

hear confession (신부가) 고해를 듣다. 「다 (*to*).

make (a) confession (…에게) 자백[참회, 고백]하

con·fes·sion·al [kənféʃənl] [형] 자백[고백, 참회]의; 신앙 고백의. **—** [명] **1** 고백[고해]실; (the ~) 참회. **2** 《고어》 (18세기 프랑스의) 팔걸이 의자.

con·fes·sion·al·ism [kənféʃənəlìzm] [명][U] 신조주의(신앙 고백을 중시). **-a·li·an** [ˋéiliən] [형][명]

con·fes·sion·al·ist [kənféʃənəlist] [명] 고백자, 고해자, 참회하는 사람.

con·fes·sion·ar·y [kənféʃənèri/-ʃənəri] [형] 고백의, 사적[비밀] 고백의. **—** [명] 《고어》 고백[고해]실.

conféssion of fáith [명] =confession 2.

con·fes·sor [kənfésər] [명] **1** 자백[자인, 고백]자. **2** 고해(告解) 신부. **3** 기독교 신앙 고백자; 순교하지 않은 성인. **4** (the C–) 참회왕(영국왕 Edward).

con·fet·ti [kənféti] [명][복] ([단] ***-to*** [-tou]) **1** 《단수취급》 (결혼식·퍼레이드 따위에서 뿌리는) 색종이 조각. **2** 캔디, 봉봉(bonbons). 〔<It〕

con·fi·dant [kánfədæ̀nt, -dɑ̀:nt/kɔ́nfidæ̀nt] [명] (비밀, 특히 연애 문제 따위를 털어놓을 수 있는) 믿을 만한[절친한] 친구, 상담 상대. 〔<F〕

con·fi·dante [kànfidǽnt, -dɑ́:nt/kɔ̀nfidæ̀nt] [명] **1** confidant의 여성형. **2** 양 끝에 3각형 좌석이 있는 소파[긴 의자]. 〔<F〕

‡**con·fide** [kənfáid] [동] (~**s** [-z]; ***-fid·ed; -fid·ing***) [자] **1** (신뢰하여 비밀 등을) 터놓다, 털어놓다 (*in*). ¶ (~+[前]+[名]) She always ~*d in* her mother. 그녀는 항상 어머니에게 속마음을 털어놓았다. **2** 믿다, 신뢰하다, 신용하다 (*in*). ¶ (~+[前]+[名]) You can ~ *in* his good faith. 그의 성실성은 믿을 만하다. **—** [타] **1** (비밀을 지켜줄 것으로 믿고) …을 (남에게) 말하다, 털어놓다 (*to*). ¶ ~ one's secret *to* her 그녀에게 비밀을 털어놓다. **2** 신뢰하여 …을 맡기다, 위임[위탁]하다. ¶ (~+[目]+[前]+[名]) ~ a task *to* a person's charge 남에게 일을 맡기다.

confide oneself to a person 남에게 일신을 맡기다, 남에게 의지하다.

-fíd·er [명]

‡**con·fi·dence** [kánfədəns/kɔ́n-] [명] ([복] ***-denc·es*** [-iz]) [U] **1** (전면적인) 신뢰, 신용, 신임, (비밀을 지킨다는) 신뢰 (*in*). ⇨BELIEF [유의어] **2** 《英》 〔정치〕 (내각의) 신임 (*in*). ¶a vote of ~ 신임 투표(의 한 표) // a want of ~ *in* the Cabinet 내각에 대한 불신임. **3** 자신, 확신(*in*); 대담성; 뻔뻔함; 사기. ¶lack ~ *in* one's own strength 자신의 역량에 대한 확신이 결여되다.

> [유의어] **confidence** 남의 원조·영향의 유무와는 관계없는 「자신(自信)」. **assurance** confidence보다 센 뜻; 거드름·자만심 등 나쁜 의미일 때도 있다. **self-con·fidence, self-assurance** 외부로부터의 원조·영향이 없음을 강조하는 말.

4 주제넘음, 뻔뻔스러움. **5** 확실함, (미래에 대한) 확신(assurance). **6** 《고어》 신뢰의 근거, 확신[자신]을 주는 것. **7** 비밀, 속내 이야기. ¶I have no wish to hear ~*s*. 속내 이야기는 듣고 싶지 않다.

be full of confidence 자신만만하다.

give one's confidence to; have [or ***place, put, show***] ***confidence in*** …을 신뢰하다.

have the confidence to do 대담하게도 …하다.

in one's confidence 털어놓고.

in (strict) confidence (절대) 비밀로, 극비로.

in the confidence of …에게 신임을 받아; …의 기밀에 참여하여.

lose confidence 자신감을 잃다.

make a confidence [or ***confidences***] ***to*** …에게 터놓다. 「밀을 털어놓다.

take a person into one's confidence 남에게 비

win the confidence of …의 신용을 얻다.

with confidence 자신[확신]을 가지고. ¶He goes at his work *with* ~. 그는 자신만만하게 일을 한다.

— [형] 《美》 사기의, 협잡의.

— [동][타] **1** 《美》 〔남〕을 (신용하게 만들어 놓고) 속이다. **2** 《美중부》 신용하다.

cónfidence búilding mèasures [명] 〔정치〕 상호 신뢰 조성 장치([약] CBM). 「사기.

cónfidence gàme [《英》 **trìck**] [명] 사기극, 신용

cónfidence ìnterval [명] 〔통계〕 신뢰 구간(區間).

cónfidence lìmits [명][복] 〔통계〕 신뢰 한계.

cónfidence màn [명] 《英》 사기[협잡]꾼(conman).

cónfidence trìckster [명] =confidence man.

cónfidence vòte [명] (내각 등의) 신임 투표.

‡**con·fi·dent** [kánfədənt/kɔ́n-] [형] (***more*** ~; ***most*** ~) **1** 확신하는, 굳게 믿고 있는 (*of*). ⇨SURE [유의어] ¶We are ~ *of* our success. 우리는 성공을 확신한다 // I am ~ *that* there will be no war. 나는 앞으로 전쟁은 없으리라고 굳게 믿는다. **2** 자신이 있는. ¶We are ~ *in* saying that... 우리는 자신 있게 …이라고 말할 수 있다. **3** 자신만만한; 주제넘은, 뻔뻔스러운. **4** 《폐어》 신뢰할 수 있는.

be confident in oneself 자신만만하다.

— [명] 친구, 믿을 수 있는 벗(confidant). ¶a ~ of a secret 비밀을 터놓을 수 있는 친구.

~**·ness** [명]

***con·fi·den·tial** [kɑ̀nfədénʃəl/kɔ̀n-] [형] **1** 은밀한; 비밀의, 내밀한; 《美》 (공문서 등이) 기밀의. ¶a ~ report 기밀 보고 / a ~ letter 친서(親書), 밀서. **2** 비밀을 터놓는, 친밀한, 허물없는. ⇨FAMILIAR [유의어] **3** 비밀을 위탁받은, 신임받은, 심복의. ¶a ~ agent 비밀 탐정 / a ~ clerk 비서. **4** 첩보[비밀 정보] 기관의.

get [or ***become***] ***confidential with*** …와 터놓고 지내는 사이가 되다, 아주 가까워지다.

strictly confidential 극비(＊겉봉에 씀).

with [or ***in***] ***a confidential tone*** 소곤소곤.

-den·ti·ál·i·ty [명][U] 기밀[비밀]성. ~**·ness** [명]

confidéntial communicátion [명] 〔법률〕 비밀 정보(변호사·의사·사제 등에게 내밀히 알린 내용; 법정에서의 증언을 강요할 수 없다).

***con·fi·den·tial·ly** [kɑ̀nfədénʃəli/kɔ̀n-] [부] **1** 은밀하게, 비밀 이야기로; 사적으로; 《문장을 수식하여》

우리끼리 이야기지만. **2** 터놓고.
*__con·fi·dent·ly__ [kάnfədəntli/kɔ́n-] _위_ 확신을 가지고, 자신있게, 대담하게.
__con·fid·ing__ [kənfáidiŋ] _형_ 신뢰[신용]하는, (섣불리) 신용하는, (남을) 잘 믿는. ~·ly _위_ ~·ness _명_
__con·fig·u·ra·ble__ [kənfíɡjurəbl] _형_ 〔컴퓨터〕 설정 (변경) 가능한.
__con·fig·u·ra·tion__ [kənfìɡjuréiʃən] _명_ **1** (각 요소·부분의) 상대적 배치[배열]; 그것에 의해 결정되는 외형, 형태. **2** 〔천문〕 **a)** 성위(星位). **b)** 성군, 별자리. **3** 〔물·화〕 원자 배열. **4** 〔컴퓨터〕 (시스템의) 구성. **5** 〔심리〕 형태(Gestalt). ~·al _형_ __-ra·tive__ _형_
__con·fig·u·ra·tion·ism__ [kənfìɡjuréiʃənìzm] _명_ U 〔심리〕 형태[게슈탈트] 심리학(Gestalt psychology).
__con·fig·ure__ [kənfíɡjər/-ɡə] _타동_ (어떤 틀에 맞추어) 형성하다 (to); 배열[배치]하다; 〔컴퓨터〕 …을 (시스템으로) 구성하다.
‡__con·fine__ _동_ [kənfáin] (~_s_ [-z]; ~_d_; _-fin·ing_) _타_ **1** …을 한정하다, 제한[국한]하다 (수동형·재귀용법으로) …에 한정시키다 (to). ⇒LIMIT 유의어 ¶~ one's remarks to errors in the report 보고서 중 오류에만 국한시켜 발언하다. **2** …을 가두다, 유폐하는, 구금[감금]하다 (in, within, to). ¶(~+목+전+명) ~ a convict in jail 죄수를 교도소에 감금하다. **3** (수동형으로) 해산 자리[병상]에 눕다. ¶be about to be ~d 해산이 가까워지다. — _자_ (고어) 인접하다 (on, with, to). confine oneself to …에 틀어박히다; …에 국한하다. ¶I will ~ myself to facts. 사실을 말하는 선에서 그치겠다.
— _명_ [kάnfain/kɔ́n-] (종종 ~_s_ [-z]) **1** (~s) 경계 지[선], 국경; 변경. **2** 한계, 범위. **3** 〔고어〕 유폐, 감금. **4** 〔폐어〕 교도소.
on the confines of ① (영토 등)의 경계에. ② …에 임하여.
within [beyond] the confines of …의 범위 내 [밖]에. __-fín·a·ble__, ~·__a·ble__, ~·__less__ __-fín·er__ _명_
__con·fined__ [kənfáind] _형_ 한정된, 좁은; (…에) 갇힌 (to); 해산 자리에 누운. __-fin·ed·ly__ _위_ __-fin·ed·ness__ _명_
__con·fin·ee__ [kənfainí:] _명_ 피(被)감금자, 유폐자.
*__con·fine·ment__ [kənfáinmənt] _명_ U **1** 국한, 한정, 제한; (…에 대한) 억제 (to). **2** 감금, 유폐; (군사) (재판까지의) 구금. **3** UC 해산 자리에 들기; 출산, 분만.
under confinement 구금[감금]되어.
‡__con·firm__ [kənfə́:rm] _타동_ (~_s_ [-z]) **1** (진술 따위)를 확실하게 하다, 확증하다; (…임)을 뒷받침하다 (that_접_, wh_절_). ¶This ~ed my suspicions. 이것으로 나의 의혹이 뒷받침되었다. **2** …을 확인하다. ¶~ one's reservation 예약을 확인하다. **3** (법적으로) (계약 따위)를 승인하다, 인증하다; (임명 따위)을 인정하다; (조약·협정 따위)를 비준하다. ¶~ a treaty 조약을 비준하다. **4** …을 더욱 견고하게 하다, 굳히다, 강화하다; …에게 (결심·의견·습관 따위를) 굳히게 하다 (in). ¶(~+목+전+명) ~ a person in his decision 남의 결심을 더욱 굳어지게 하다. **5** (교회) …에게 견진 성사(堅振聖事)를 주다[베풀다].
get confirmed in …에 만성[고질]이 되다.
~·__a·bíl·i·ty__ _명_ ~·__a·ble__ _형_ ~·__er__ _명_ ~·__ing·ly__ _위_
__con·fir·mand__ [kὰnfərmǽnd/kɔ̀nfə-] _명_ 〔교회〕 견진 성사(堅振聖事) 지원자.
*__con·fir·ma·tion__ [kὰnfərméiʃən/kɔ̀n-] _명_ **1** U 확정, 확증; 견고(公固)하게 함, 확립. **2** 확증(의 사례), 증거, 증언. **3** U (정식) 시인, 확인; (임명 따위의) 인준; (조약 따위의) 비준. ¶~ of sale [purchase] 매각[매입]의 승인. **4** UC (교회) 견진 (성사); 안수례(按手禮).
in confirmation of …을 확인하여, …의 확증으로서.
lack confirmation 확인이 되지 않다, 확실치 않다.
~·__al__ _형_
__confirmátion procédure__ _명_ (美) (의회의) 인준 [비준, 승인] 절차.

__con·fir·ma·tive__ [kənfə́:rmətiv] _형_ =confirmatory. 「하게 하는, 확증적인 (of).
__con·fir·ma·to·ry__ [kənfə́:rmətɔ̀:ri/-təri] _형_ 확인
*__con·firmed__ [kənfə́:rmd] _형_ **1** (진술 따위가) 확인된; (조약 따위가) 비준된; (결정 따위가) 굳어진. ¶~ reports 확인된 보고. **2** 상습적인, 뿌리 깊은, 습관이 된. ¶a ~ drunkard 주정뱅이 / a ~ criminal 상습범. **3** (병이) 만성인, 고질인. ¶a ~ disease 고질, 만성병.
__-fírm·ed·ly__ [-fə́:rmidli] _위_ __-fírm·ed·ness__ _명_
__con·fir·mee__ [kὰnfərmí:/kɔ̀n-] _명_ 〔법률〕 추인을 받는 사람; (교회) 견진 성사를 받는 사람.
__con·fir·mor__ [kὰnfərmɔ́:r/kɔ̀nfəːmɔ́:] _명_ 〔법률〕 추인자(追認者), 확인자. 「〔수〕할 수 있는.
__con·fis·ca·ble__ [kənfískəbl, kάnfəs-] _형_ 몰수[압
*__con·fis·cate__ [kάnfəskèit, kənfískeit/kɔ́nfis-] _타_ (직권으로) …을 압수하다, 몰수[징발]하다 (from).
— _형_ 몰수[압수, 징발]된. __-càt·a·ble__ __-cà·tor__ _명_
__con·fis·ca·tion__ [kὰnfiskéiʃən/kɔ̀n-] _명_ UC 몰수, 압수(품); 징발(requisition).
__con·fis·ca·to·ry__ [kənfískətɔ̀:ri/-təri] _형_ 몰수[압수]의(면서), 가혹한.
__Con·fit·e·or__ [kənfítiɔ:r/kɔn-] _명_ 〔가톨릭〕 (미사 때와 자기 전에 드리는) 고백의 기도. <L I confess>
__con·fi·ture__ [kάnfətʃùər/kɔ́n-] _명_ 당과(糖菓), 캔디.
__con·fla·grant__ [kənfléiɡrənt] _형_ 활활 타오르는.
*__con·fla·gra·tion__ [kὰnfləɡréiʃən/kɔ̀n-] _명_ 큰 화재; (욕망 따위의) 돌발. __´gra·tive__ _형_
__con·flate__ [kənfléit] _타_ 〔서로 다른 것〕을 융합하다, 합쳐[결합]시키다, 합성하다.
__con·fla·tion__ [kənfléiʃən] _명_ UC 합체, 결합, 융합; (책 따위의) 두 종류의 이본(異本)의 합성; 합성본.
‡__con·flict__ _동자_ [kənflíkt] **1** (이해 관계·의견 등이) (…와/…의) 어긋나다, 충돌하다, 상충하다 (with/on, over). ¶(~+전+명) His testimony ~s with yours. 그의 증언은 당신의 증언과 어긋난다. **2** (고어) (…과) 싸우다, 다투다 (with).
— _명_ [kάnflikt/kɔ́n-] UC **1** (…와의/…사이의/… 을 둘러싼) 싸움, 전투; (장기간의) 투쟁(⇒ QUARREL 유의어); 말다툼; 쟁의, 논쟁 (with / between / over). **2** (…와의/…사이의/…을 둘러싼) (이해 관계·의견 등의) 충돌, 대립, 상충 (with / between / over). **3** (행위·감정 따위의) 불일치, 부조화(╬ accord); (심리적) 갈등. **4** (물체 따위의) 충돌.
be in [or come into] conflict with ① …와 충돌하다, 모순되다. ② …와 싸우고 있다[싸우다].
__cón·flict·ful__, __-flíc·tive__, __cón·flict·less__, __-flíc·to·ry__, __-flíc·tu·al__
__con·flict·ed__ [kənflíktid] _형_ (구어) 모순된, 마음에 갈등이 있는; 혼란스러운; 우유부단한.
__con·flict·ing__ [kənflíktiŋ] _형_ 서로 다투는; 상반되는, 모순되는, 일치하지 않는; 충돌하는. ~·__ly__ _위_
__con·flic·tion__ [kənflíkʃən] _명_ UC 다툼, 충돌; 모순.
__cónflict of ínterest__ _명_ **1** (공직자의) 공익(公益)과 사리(私利)의 충돌. **2** (개인 내부의) 이해의 상충[대립].
__cónflict of láws__ _명_ **1** 법률의 저촉[충돌]. **2** 저촉법, 국제 사법(私法)(private international law).
__cónflict resolútion__ _명_ 갈등[대립] 해소.
__con·flu·ence__ [kάnfluəns/kɔ́n-] _명_ **1** (하천 따위의) 합류; 합류점; 합류한 하천. **2** 모임, 집합(gathering); 군중. **3** (생각·의견 따위의) 일치.
__con·flu·ent__ [kάnfluənt/kɔ́n-] _형_ **1** 합류하는, 합치는. **2** (병리) (발진이) 융합성[합류성]의을 가진).
— _명_ 합류한 강[하천]; 지류(tributary).
__con·flux__ [kάnflʌks/kɔ́n-] _명_ =confluence.
__con·fo·cal__ [kənfóukəl/kɔn-] _형_ (수학) 초점을 공유하는, 공초점(共焦點)의.
*__con·form__ [kənfɔ́:rm] _동자_ **1** (규칙 등에) 따르다, 순응하게 하다; (들어맞게 하다; (기준을) 충족시키다 (to,

with). ¶ (~+前+名) ~ to [or with] the laws [customs] 법률[관습]에 따르다. **2** (형상·성질이) 같아지다, 동형으로 되다 (to, with). ¶ (~+前+名) A coat must ~ to the figure of the wearer. 상의는 입는 사람의 몸에 맞아야 한다. **3** (英) 영국 국교를 신봉하다. **4** [지질] (지층이) 정합하게 하다, 일치시키다 (to). **2** (규율·관습 등에) …을 따르게 하다, 순응시키다, 맞추다 (to). ⇒ADAPT〖유의어〗

conform oneself to …에 따르다, …을 지키다. ¶ ~ oneself to the fashion 유행에 따르다.

— -**er** 명 ~**·ing·ly** 부
con·form·a·ble [kənfɔ́ːrməbl] 형 **1** (형상·성질이) 같은, 닮은, 유사한. **2** 들어맞는, 적합한, 조화된, 일치된 (to, with). ¶ be ~ to a standard 표준에 들어맞다. **3** 순종하는, 유순한 (to). ¶ be ~ to one's father's wishes 아버지의 의사에 순종하다. **4** [지질] (지층이) 정합의 (整合의). -**bíl·i·ty** 명, ~**·ness** 명 -**bly** 부
con·for·mal [kənfɔ́ːrməl] 형 [지도·사상(寫像) 변환에서] 정각(正角)의. ¶ a ~ map 정각 지도.
confórmal projéction 명 [지도] 정각 도법.
con·form·ance [kənfɔ́ːrməns] 명 ⓤ 일치, 적합; 순종, 순응 (to, with).
con·for·ma·tion [kànfɔːrméiʃən/kɔ̀n-] 명 **1** 형태, 조직, 구조. **2** (각 부분의 균형 잡힌) 배치. **3** 맞춤, 적합, 순응 (to). **4** [화학] (입체) 배좌(配座) (원자기) 의 입체적 배치). ~·**al** 형
conformátional análysis 명 [화학] 배좌 해석.
con·form·ist [kənfɔ́ːrmist] 명 **1** (관례에) 따르는 사람, 순응하는 사람 (to). ¶ a ~ to the fashion 유행에 따르는 사람. **2** (종종 C-) 영국 국교도. **3** (관습 따위에) 따르는; 체제 순응적인. -**ism** 명
*con·form·i·ty [kənfɔ́ːrməti] 명ⓤ (pl. -**ties**) **1** (형상·성질 따위의) 상사, 유사(to, with); 적합, 일치, 조화(to, with). ¶ ~ in shape 형태의 유사 // ~ with his views 그의 의견과의 일치. **2** (규칙·명령·습관 등에) 따름, 순응, 복종 (with, to). ¶ ~ to the law 법에 순응하기. **3** (종종 C-) 영국 국교의 신봉[준봉]. **4** [지질] (지층의) 정합(整合).

in conformity with …와 일치하여, …에 따라.

‡con·found [kanfáund, kən-/kən-] 타동(~**s** [-z]) **1** …을 혼동하다; (사람·이름·탈 등을) 잘못하여 동일시하다 (with). ¶ (~+目+前+名) ~ means with end 수단과 목적을 혼동하다. **2** (혼란 때문에) …을 당황[당혹]케 하다; (수동형으로) 어리둥절하게 하다 (at, by). ¶ be ~ed at the sight of …을 보고 당황하다. **3** (고어) …을 부끄럽게 하다, 창피를 주다. **4** (고어) [적 따위를] 무찌르다, 쳐부수다, 패배시키다; (희망·계획 따위를) 뒤엎다, 꺾다, 좌절시키다. **5** [ˋˊ/kɔ́n-] (구어) …을 저주하다; (감탄사적) 제기랄, 빌어먹을! (damn). ¶ C- you [or him, it]! 제기랄! **6** 반박[논박]하다. **7** (폐어) 낭비하다.

~**·a·ble** 형 -**er** 명 ~**·ing·ly** 부
*con·found·ed [kənfáundid, kən-/kən-] 형 **1** 혼란된; 당황한, 어리둥절한. **2** (구어·완곡적) 저주할, 괘씸한, 지독한. ¶ a ~ fool 지독한 바보. — 부 (구어·완곡적) 엄청나게, 지독하게. ¶ ~ hard 무지무지하게 어려운. ~**·ly** 부 ~**·ness** 명
con·fra·ter·ni·ty [kànfrətə́ːrnəti/kɔ̀n-] 명 (단·복수동형) (종교·자선 등의) 단체, 협회; 조합. -**nal** 형
Con·fra·vi·sion [kɔ́nfrəvìʒən] 명 (英) 면 도시 간의 회의용 텔레비전, 콘프라비전.
con·frere [kánfrɛər/kɔ́n-] 명 (조합·협회 등의) 동료 회원; (직업·연구 등의) 동료, 동업자. [<F]
‡con·front [kənfránt] 타동(~**s**) **1** …에 면하다, 직면하다; …와 마주보다. ¶ two buildings ~*ing* each other 서로 마주보는 두 건물 // (~+目+前+名) be ~*ed* by [or with] a difficulty 곤란에 직면하다. **2** [적·위

험·죽음 따위에] 맞서다, 적대하다. **3** …을 마주보게 하다, 대결시키다; (증거 따위를) 들이대다 (with). ¶ (~+目+前+名) ~ the accused with his accusers 피고와 원고를 대결[대질]시키다. **4** (비교·검사 등에서) …을 맞추어 보다, 대비하다 (with). ¶ (~+目+前+名) ~ an account with another 한 계정을 다른 계정과 대조하다. ~**·al** 형 ~**·er** 명 ~**·ive** 형
con·fron·talk [kànfrəntɔ́ːk/kɔ̀nfrʌn-] 명 [TV] 대결 토론 프로. <*confrontation+talk*>
con·fron·ta·tion [kànfrəntéiʃən/kɔ̀nfrʌn-] 명 ⓊⒸ **1** 직면, 조우, 대결 (with). ¶ be in ~ with hardships 곤란에 직면하다. **2** (법정에서의) 대결, 대심(對審), 대질 (with). ~**·al** 형
con·fron·ta·tion·ist [kànfrəntéiʃənist / kɔ̀nfrʌn-] 명 대결주의자. 명 대결주의(자)의; 전통적 가치[방법]에 대립하는. -**ism** 명
confrontátion státe 명 인접 적(대)국. 「tation.
con·front·ment [kənfrántmənt] 명 =confron-
Con·fu·cian [kənfjúːʃən] 형 공자의, 유교의, 유학자[유생]의. — 명 공자의 교의(敎義) 신봉자, 유학자, 유생(儒生). ~**·ism** 명 ~**·ist** 명형
Con·fu·cius [kənfjúːʃəs] 명 공자(孔子) (551?-479? B.C.; 중국어명 K'ung-tzu). 「(子曰).
Confucius (, he) say (英구어) 공자 가라사대, 자왈
con fuo·co [kun fwóːkou/kən fuːóukou] 부 [음악] (연주의 지시로서) 정열을 가지고. [<It]
con·fus·a·ble [kənfjúːzəbl] 형 혼란되기 쉬운.
— 명 혼갈리기 쉬운 말. -**bíl·i·ty** 명 -**bly** 부
‡con·fuse [kənfjúːz] 타동 (-**fus·es** [-iz]; ~**d**; -**fus·ing**) 터 **1** …을 마구 뒤섞다, 뒤죽박죽으로 하다, 혼란시키다. ¶ ~ one's ideas 생각을 혼란시키다. **2** …을 혼동하다, …을 잘못 구별하다, …을 틀리다 (with) (畵 distinguish). ¶ (~+目+前+名) ~ liberty with license 자유와 방종을 혼동하다. **3** (수동형으로) …을 당황케 하다, 어리둥절케 하다 (with, at, by/about, on). ⇒EMBARRASS〖유의어〗¶ She was ~*d* at her blunder. 그녀는 자기 실수에 당황했다. **4** (고어) 파멸[몰락]시키다. — 자 구별[식별]하지 못하는, 혼동하다.

get [or *be, become*] *confused about* …에 당황하다, 갈팡질팡하다, 어리둥절해지다.

*con·fused [kənfjúːzd] 형 **1** 혼란한, 난잡한. ¶ ~ noises 소음/a ~ statement [account] 애매한 진술 [설명]. **2** 당황한, 어리둥절한, 어찌할 바를 모르는.
-**fus·ed·ly** [-fjúːzidli, -zdli] 부 -**fús·ed·ness** 명
con·fus·ing [kənfjúːziŋ] 형 혼란시키는 (듯한), 어리둥절하게 하는. ~**·ly** 부 ~**·ness** 명
‡con·fu·sion [kənfjúːʒən] 명 ⓊⒸ (종종 a ~) 혼란, 난잡, 무질서; 소란, 소동. ¶ wild [or much, great] ~ 심한 혼란 / save ~ with …의 혼란을 완화하다.

> 〖유의어〗 **confusion** 뒤죽박죽으로 뒤섞여 하나씩 구별할 수 없는 상태. **disorder** 정상적인 위치·배열 등이 흐트러진 상태. **mess** 불결·무질서의 혼란 상태. **chaos** 아직 아무런 질서도 없는 초기의 혼란 상태를 뜻하는 경우가 많다. **muddle** 솜씨가 서툴러서 일어난 혼란. **snarl** 뒤엉켜서 정리하기 어려운 상태. **jumble** 조사되지 않은 물건이 난잡하게 놓여 있는 상태.

2 (종종 a ~) 혼동, 혼미, 착각, 모호(*between*, *of*, *with*). ¶ ~ *of* morality and religion 도덕과 종교의 혼동/The question is involved in much ~. 그 문제는 매우 착잡하다. **3** (a ~) (마음의) 혼란, 갈팡질팡, 당황, 곤혹, 난처함. ¶ conceal one's ~ 마음의 혼란을 감추다. **4** (정신의학) (의식의) 착란, 혼미. **5** (고어) 패배, 파멸. **6** (법률) 혼동(채무자가 채권의 양도를 받는 따위). **7** (감탄사적) (C-!) 빌어먹을!, 제기랄!

be in confusion 당황하다, 혼란되어 있다. ¶ *All is in* ~. 온통 뒤죽박죽이다. 「대혼란.

confusion worse confounded 2중 3중의 혼란,

covered with confusion 갈팡질팡하여, 어쩔 줄 몰라.
drink confusion to (문어) …을 저주하며 원함의 잔 「을 들다.
in the confusion of the moment 혼란(속)통에.
throw [or **put**]…**into confusion** …을 혼란에 빠뜨리다, 뒤죽박죽으로 만들다, 어쩔 줄 모르게 하다.
~**al** 형

confúsion ágent 명 (美군사) 첩보 교란 요원.
con·fu·ta·tion [kànfjutéiʃən/kɔ̀n-] 명 U 논파, 설파, 논박; 반론, 반증. **con·fú·ta·tive** 형
con·fute [kənfjúːt] 타동 1 (논설·증언 따위)를 (…으로) 논파[설파]하다, 논박하다; (증거를 대어) …을 꼼짝 소리 못하게 하다 (with, by). ¶~ him with facts 사실을 들어 그를 꼼짝 못하게 하다. 2 (패어) …을 뒤엎다, 망쳐 놓다. -**fút·a·ble** 형 -**fút·er** 명
Cong. Congregation; Congregational(ist); Congress; Congressional.
con·ga [káŋɡə/kɔ́n-] 명 1 콩가(아프리카 기원의 Cuba의 춤); 그 춤곡. 2 (또는 ~ **drum**) 콩가 드럼(손으로 치는 북). 자동 콩가를 추다. (<Sp Congo)
cón gàme 명 (美구어) =confidence game.
con·gé [kánʒei/kɔ́n-] 명 (1-4에서 보통 one's ~) 1 작별, 작별 인사. 2 출발 허가, 퇴거 허가. 3 (돌연한) 해고, 면직. 4 (고어) (작별의) 절(bow). 5 (건축) 쇠시리의 한 방식. (또는 **congee**) (<F)
get one's congé 해고되다.
give a person his congé 남을 면직시키다.
pour prendre congé [púərˈprɑ̃ːndr-] 작별 인사 차 (*명함 아래쪽에 P.P.C.로 약기(略記)). (<F)
take one's congé 작별 인사하다.
con·geal [kəndʒíːl] 타동 1 …을 얼리다, 응고[응결]시키다. ¶ Horror ~*ed* his blood. 그는 무서워서 피가 얼어붙을 지경이었다. 2 (주의 따위)를 정착시키다.
자동 1 얼다, 응결하다. 2 정착하다. -**ed·ness** [-idnis], ~**er** 명 -**ment** 명 =congelation.
con·geal·a·ble [kəndʒíːləbl] 형 얼기 쉬운, 쉽게 응고[정착]되는. -**bíl·i·ty, ~·ness** 명
con·gee [kándʒi/kɔ́n-] 명 =congé. — 자동 작별[하직]하다, 절하다(bow).
con·ge·la·tion [kàndʒəléiʃən/kɔ̀n-] 명 1 U 응고, 응결, 동결. ¶ a point of ~ 응고점. 2 응고물, 동결물. 3 동상(凍傷).
con·ge·ner [kándʒənər/kɔ́n-] 명 1 같은 종류의 물건[사람]. 2 같은 속(屬)(genus)의 동식물. ¶the tiger and its ~*s* 호랑이와 그 동속(同屬)의 동물.
con·ge·ner·ic [kàndʒənérik/kɔ̀n-] 형 1 (또는 **con·gén·er·ous**) (…와) 동종[동속, 동류]의 (*to, with*). 2 관련된; 관련 서비스를 하는. ¶ a ~ investment company 투자 관련 회사.
*****con·gen·ial** [kəndʒíːnjəl] 형 1 (…와) (성질·취미 등이) 같은; 성미가 맞는 (*with, to*). ¶ He was ~ to company. 그는 일행과 마음이 맞았다. 2 (…의) 취미[기호, 성미]에 맞는, (…에게) 쾌적한 (*to*). ¶ a work ~ *to* a person's taste 남의 취미에 맞는 일.
~**·ly** 부 ~**·ness** 명
con·ge·ni·al·i·ty [kəndʒìːniǽləti] 명 U C (성질·취미 등의) 합치; 서로 맞는 일; 적응성, 적합성; 쾌적함.
Congeniálity Awárd 명 (상을 회의소에서 서비스 우수 상점에 주는) 감사장, 우수상.
con·gen·i·tal [kəndʒénətl] 형 1 (병·장애 따위가) 타고난, 선천적인, 선천적으로(魯 inborn, innate). ¶~ idiocy 선천적 정신 박약. 2 (구어) 고질적인; 손을 쓸 수 없는, 완전한. ~**·ly** 부 ~**·ness** 명
congénital deféct 명 = birth defect.
cón·ger (**èel**) [káŋɡər/kɔ́n-] 명 (어류) 붕장어.
con·ge·ries [kándʒəriːz/kəndʒíəriːz] 명 복 (단·복수 동형) 그러모은 것, 집합, 집단, 집적(集積); 퇴적.
*****con·gest** [kəndʒést] 타동 1 (보통 수동형으로) …을 (…으로) 억지로[과도하게] 채워넣다, 붐비게 하다; 너무 밀집시키다 (*with*). ¶ The swimming pool is much ~*ed* with teenagers. 수영장은 10대들로 몹시 혼잡하다. 2 (병리) 울혈[충혈]시키다; (코가) 막히게 하다. ¶ His liver is ~*ed*. 그의 간장은 울혈되어 있다. — 자동 1 (…으로) 붐비다, 혼잡하다 (*with*). 2 (병리) 울혈 [충혈]되다.
con·gest·ed [kəndʒéstid] 형 1 (사람·교통 등이) 붐비는, 혼잡한; (화물 따위가) 정체한. ¶ a ~ district (건물 따위의) 밀집 지역; 교통 혼잡 지역; 인구 과잉 지역 / ~ traffic 혼잡[정체]한 교통. 2 (병리) 울혈[충혈]된; (코가 막힌. ¶ ~ organ 충혈된 기관.
*****con·ges·tion** [kəndʒéstʃən] 명 U 1 (인구의) 밀집, 과잉; (교통·장소 등의) 혼잡; (화물 따위의) 폭주; 정체; 과도한 부담, 과로. ¶ ~ of population 인구 과잉 / relieve the ~ of traffic 교통 혼잡을 완화하다 / mental ~ 정신적 과로. 2 (병리) 울혈, 충혈. ¶ ~ of the brain 뇌충혈 / arterial ~ 동맥성 충혈.
con·ges·tive [kəndʒéstiv] 형 (병리) 충혈의, 울혈성의. 「부전(心不全).
congéstive héart fáilure 명 (병리) 울혈성 심
con·glo·bate [kaŋglóubeit, kəŋ-/kɔ́ŋgloubèit] 형 둥글게 된, 둥근, 공 모양의. — 타동 …을 둥글게 하다, 공 모양으로 하다[만들다]. — 자동 둥글게[공 모양으로] 되다. -**ly** 부 (화) 구상체(球狀體).
con·glo·ba·tion [kàŋgloubéiʃən/kɔ̀n-] 명 구형
con·globe [kaŋglóub/kɔn-] 동 =conglobate.
con·glo·bu·late [kaŋglóubjulèit] 동 덩어리로 되게 하다[되다]. -**lá·tion** 명 (거대) 복합 기업의 형성.
con·glom·er·a·cy [kəŋglámərəsi/-glɔ́m-] 명
con·glom·er·ate [kəŋglámərət, kəŋ-/-glɔ́m-] 명 1 집성(체)(集成(體)); 집괴(集塊). 2 (경제) (거대) 복합(複合) 기업, 재벌 그룹. 3 (지질) 역암(pudding stone). — 형 1 (여러 가지 물체가 모여) 둥글게 뭉쳐진, 집괴[단괴(團塊)] 모양의. 2 (과실 따위가) 밀생한. 3 (지질) 역암(집괴)성의. ¶ ~ clay 역암토. 4 복합[재벌]
기업의. — [kəŋglámərèit, kəŋ-/-glɔ́m-] 타동 …을 둥글게 뭉치다, 집괴 모양으로 만들다. — 자동 둥글게 뭉쳐지다, 집괴 모양이 되다; 복합 기업[재벌 그룹]의 일원이 되다. -**át·ic, -a·tive, -er·ít·ic** 형
conglómerate integrátion 명 (경영) (기업의) 다각적 통합; 기업 재벌 그룹[집단]화.
con·glom·er·a·teur [kəŋglàmərətə́ːr/-glɔ̀m-] 명 (복합) 복합[다각] 기업 경영자; 재벌.
con·glom·er·a·tion [kəŋglàmərèiʃən/-glɔ̀m-] 명 1 U (상이한 물체들의) 모임, 집합, 응집. 2 집성체, 집괴(cluster). 3 (거대) 복합 기업[그룹] 형성.
con·glom·er·a·tize [kəŋglámərətàiz/-glɔ́m-] 타동 복합 기업화[그룹화]하다. -**ti·zá·tion** 명
con·glom·er·a·tor [kəŋglámərèitər/-glɔ́m-] 명 =conglomerateur. (대기업복합 기업)병(病).
=**con·glom·er·í·tis** [kəŋglàmərítis/-glɔ̀m-] 명
con·glu·ti·nate [kəŋglúːtənèit] 타동 …을 (아교 따위로) 붙이다, 교착[접합]시키다; (뼈 따위를) 유착(癒着)시키다. — 자동 (아교 따위로) 붙다, 교착하다; (뼈 따위가) 유착하다. — 형 붙은, 교착한; 유착한.
-ná·tion -ná·tive 형
con·go [káŋɡou/kɔ́n-] 명 =congou.
Con·go [káŋɡou/kɔ́n-] 명 (the ~) 1 콩고 공화국 (아프리카 중부의 나라; 공식 명칭 Republic of the ~; 수도 Brazzaville). 2 콩고 민주 공화국(아프리카 중부의 나라; 공식 명칭 Democratic Republic of the ~; 옛 이름 Zaire; 수도 Kinshasa). 3 콩고 강(아프리카 중부에서 대서양으로 흘러드는 강). 「(azo) 염료의 일종).
Cóngo cólor [**dýe**] 명 (화학) 콩고 염료(아조
Con·go·lese [kàŋgoulíːz] 형 ~의; 콩고인의; 콩고어 [어]의. 명 ~인; 콩고어. U 콩고어의 일종.
cóngo snàke [**èel**] 명 (미국 동남부산(產)) 도롱뇽

con·go(u) [káŋgu:/kɔ́ŋ-] 图 U 콩후차(工夫茶)(중국산(產) 홍차의 일종).

con·grats [kəŋgræts, kən-] 图 복수 (구어) =congratulations.

con·grat·u·lant [kəŋgrǽtʃulənt, kən-] 图 축하할, 축하[경하, 경축]의. — 图 축하하는 사람.

‡**con·grat·u·late** [kəŋgrǽtʃuleit, kən-] 图 🅣 (-lat·ed; -lat·ing) (남)에게 축하[경하, 경축]하다, ···에게 축하의 말을 하다 (on, upon, (구어) for). ¶ I ~ you. 축하합니다 // (~ + 圍 + 囲 + 名) I ~ you on your engagement[success]. 약혼[성공]을 축하드립니다.

congratulate *oneself* **on** ⋯을 기뻐하다, 자랑스러워하다. ¶ I ~ *myself on* finding a good job. 좋은 일자리를 구해서 기쁘다.

‡**con·grat·u·la·tion** [kəŋgrǽtʃuléiʃən, kən-] 图 (-s [-z]) U 축하, 경하, 경축; C (~s) 축하의 말, 축사 (*on, upon*). ¶ a matter for ~ 경하할 일 / All of us offer ~s *on* your achievement. 우리 일동은 귀하의 위업에 대해 축사를 드립니다.

in congratulation of ⋯을 축하하여.

offer *one's* **congratulations** 축사를 하다 (*to*).

— 圖 (~s) (졸업·승진·결혼·출산 따위에 대해) 축하합니다 (*on*). ¶ *Congratulations*! You have just become the father of a boy. 축하합니다! 아들입니다.

con·grat·u·la·tor [kəŋgrǽtʃuleitər, kən-] 图 축하하는 사람, 축하객, 하객; 축사를 하는 사람.

con·grat·u·la·to·ry [kəŋgrǽtʃulətɔ̀:ri, kən-/-təri] 图 축하의, 경축[경하]의. ¶ a ~ speech 축사 / send a ~ telegram to a person 남에게 축전을 보내다.

con·gre·gant [káŋgrigənt/kɔ́ŋ-] 图 (집회 따위에) 모이는 사람; (유대 교회의) 회중의 한 사람.

*__con·gre·gate__ [káŋgrigeit/kɔ́ŋ-] 图 모이다, 집합하다. ¶ ~ in the park 공원에 집합하다. — 🅣 ···을 많이 모으다. ⇒ GATHER 유의어 — 图 [káŋgrigət, -gèit/kɔ́ŋ-] 모인; 집단의, 집합적인.

-gà·tive -gà·tor

*__con·gre·ga·tion__ [kàŋgrigéiʃən/kɔ̀ŋ-] 图 1 모임, 집합; C (종교적) 집회. 2 (집합적: 단·복수 양용) 모인 사람들, 회중(會衆); 신도단, 신도 조합[협회]. ¶ The ~ was small. 회중은 적었다. 3 (the ~) (성서) 이스라엘 사람, 유대 민족. 4 그리스도 교회; (가톨릭) 교황청 추기경 위원회, (order에는 속하지 않으나 간단한 서원을 하는) 수도회; (베네딕토회의) 수도원 연합. 5 (英) (대학의) 평의원 총회. 6 (美) (식민지 시대의) 교구, 촌락.

con·gre·ga·tion·al [kàŋgrigéiʃənl/kɔ̀ŋ-] 图 1 집회의; 회중의, 회중이 행하는 ¶ ~ singing 회중의 합창 / ~ worship 회중의 예배, 집회 예배. 2 (C-) 조합 교회제[파]의. ¶ the C- Church 조합 교회. **~·ly** 图

con·gre·ga·tion·al·ism [kàŋgrigéiʃənəlìzm, kɔ̀ŋ-] 图 조합 교회제[주의](각 교회가 자치·독립되어 위로부터의 지배를 거부하는 신교 교회 제도); (C-) 조합 교회의 교리. **-ist** 图 图 조합 교회주의자(의). **-ize** 图 🅣 조합 교회제로 하다.

‡**con·gress** 图 [káŋgris/kɔ́ŋgres] (图 ~·es [-iz]) 1 (C-) (무관사) 图 의회, 의회(상원과 하원(the House of Representatives)의 양원제; 공화국 등의) 의회, 국회(* Congress는 주로 미국, Parliament는 영국의 국회를 말하며, 南 한국의 국회를 National Assembly라고 한다). ¶ a member of C- 국회 의원 / Library of C- (美) 국회 도서관 / C- met for the first time in 1789. 미국 국회는 1789년에 처음으로 개최됐다. 2 (C-) (국회의) 회기(session). ¶ the 84th C- 제 84회 의회. 3 (단·복수 양용) (국가의 대표자·사절·위원 등의 정식의) 회의; (교회·학회·정치 등의) 집회, 대회. ¶ the Trades Union C- (英) 노동 조합 총연합회 / a medical ~ 의학 학회 / the International P.E.N. C- 국제 펜 클럽 대회. 4 친밀한 교제; (구어) 성적(性的) 교섭. 5 (C-) =C- Party.

be elected to Congress 국회 의원에 선출되다.

in Congress 국회 개회중.

— 图 🅘 [kəŋgrés, kən-] 회합하다, 대회를 열다.

cóngress bòot[gàiter, shòe] [kɔ́ŋgres C-] (美) (~s) (20세기 초기에 유행한) 발목까지 오는 장화.

Cóngress càp 图 (때로 c- c-) 인도 국민회의파의 원이 쓰는 테 없는 흰 모자.

*__con·gres·sion·al__ [kəŋgréʃənl, kən-] 图 1 회의의, 집회의. 2 (C-) (美) 국회의, 의회의. ¶ a C- committee 의회의 분과 위원회. **~·ist** 图

Congréssional Búdget Óffice 图 (the ~) (美) 의회 예산국(略 CBO).

congréssional dístrict 图 (美) 하원의원 선거구.

Congréssional Médal (of Hónor) 图 (the ~) (美) 명예 훈장(의회가 수여하는 최고 무공 훈장).

Congréssional Récord 图 (the ~) (美) 연방 의회 의사록.

Congréssional Reséarch Sérvice 图 (the ~) 의회 조사국(Library of Congress 산하 입법·심의 연구 기구).

congréssional stàffer 图 (美) 의회 스태프(의 「한 사람).

*__con·gress·man__ [káŋgrismən/kɔ́ŋgres-] 图 (图 -men [-mən]) (종종 C-) (美) 국회 의원, (특히) 하원 의원. ≒ **congressperson**

con·gress·man-at-large [-ətlá:rdʒ] 图 (图 **congressmen-**) (美) 선주(全州) 난일 선거구 출신 연방 하원 의원.

Cóngress of Indústrial Organizátions 图 (the ~) (美) 산업별 노동 조합 회의(略 C.I.O., CIO).

Cóngress of Viénna 图 (역사) 빈 회의(나폴레옹 전쟁 후 1814~15년 빈에서 열렸던 국제 평화 회의).

Cóngress Párty 图 (the ~) (인도의) 국민회의파.

con·gress·per·son [káŋgrispə̀:rsn/kɔ́ŋgres-] 图 (종종 C-) (남녀 통칭으로) 국회 의원, 하원 의원.

con·gress·wom·an [káŋgriswùmən/kɔ́ŋgres-] 图 (종종 C-) (美) 여성 국회 의원, 여성 하원 의원.

Con·greve [káŋgri:v, kán-/kɔ́ŋ-] 图 **William** ~ 콩그리브(1670~1729; 영국의 극작 작가).

con·gru·ence [káŋgruəns, kəŋgrú:-/kɔ́ŋgru-] 图 U 1 일치, 적합, 조화; 적합성 (*with, between*). 2 (수학) 합동. ¶ a ~ expression 합동식.

con·gru·en·cy [káŋgruənsi] 图 =congruence.

con·gru·ent [káŋgruənt, kəŋgrú:-/kɔ́ŋgru-] 图 1 일치하는, 조화된 (*with*). 2 (수학) 합동의. ¶ Corresponding parts of ~ figures are equal. 합동형의 대응하는 부분은 같다. **~·ly** 图

con·gru·i·ty [kəŋgrú:əti] 图 (U)(C) 1 일치, 조화; 적합 (*with, between*), (-ties) 일치점. 2 (수학) 합동(성).

con·gru·ous [káŋgruəs/kɔ́ŋ-] 图 1 일치하는, 조화하는; 적절한, 적당한 (*with, to*). 2 (수학) 합동의. **~·ly** 图 **~·ness** 图

con·ic [kánik/kɔ́n-] 图 원뿔꼴의. (또는 **conical**). — 图 (기하) 원뿔 ~ =conics. (~s) =conics. ¶ a centered ~ 유심 2차 곡선. **-i·cal·ly** 图 **-i·cal·ness** 图

con·i·coid [kánikɔ̀id/kɔ́n-] 图 (기하) 2차 곡면.

cónic projéction 图 (지도) 원뿔 도법. (또는 **cónical projéction**)

con·ics [kániks/kɔ́n-] 图 복 (단수취급) 원뿔 곡선론.

cónic séction 图 (기하) 원뿔 곡선.

co·nid·i·um [kounídiəm] 图 (图 **-i·a** [-iə]) (식물) (균류(菌類)의) 분생자(分生子), 분생 포자.

co·ni·fer [kánəfər, kóun-] 图 (식물) 구과(毬果)식물, 침엽수(pine, fir, cypress, yew 등).

co·nif·er·ous [kounífərəs, kə-] 图 (식물) 구과를 맺는, 침엽수의. ¶ a ~ forest 침엽수림.

co·ni·form [kóunəfɔ̀:rm] 图 원뿔꼴의.

conj. conjugation; conjunction; conjunctive.

con·jec·tur·al [kəndʒéktʃərəl] 图 추측의, 억측의; 추측하기 좋아하는. ¶ a ~ opinion 억측. **~·ly** 图

con·jec·ture [kəndʒéktʃər] 〔UC〕 **1** 짐작, 추측, 억측. ¶ a mere [well-founded] ~ 단순한[충분한 근거가 있는] 추측 / hazard a ~ 어림짐작하다 / be lost in ~ 억측에 잠기다. **2** 〔폐어〕 (앞호 등의) 판독. *make* [or *form, give*] *a conjecture on* …을 추측하다. — 등타 …을 짐작[추측]하다. ⇨GUESS 유의어 ¶ ~ *the fact from* …으로 그 사실을 추측하다 // (~+*that*) I cannot ~ *that*… …임을 추측할 수가 없다. — 재 짐작 -tur·a·ble 형 -tur·a·bly -tur·er 명 [추측]하다.

cón jòb 〔구어〕 사기 (행각); 신용 사기.

con·join [kəndʒɔ́in] 결합하다, 결합시키다, 연결하다[되다]. **~·er** 명

con·joined [kəndʒɔ́ind] 형 **1** 결합된, 연합한. ¶ ~ *events* 일련의 관련 사건들. **2** 〔화폐〕 (초상 따위가) 같은 방향을 보고 부분적으로 겹쳐진. **con·jóin·ed·ly** 부

con·joint [kəndʒɔ́int] 형 연합의, 결합의, 연대의. ¶ a ~ *action* 공동 동작. — 명 **1** (이익이나 의무 따위에 있어서의) 한 동아리. **2** (~s) (재산의 공동 소유자로서의) 부부. **~·ly** 부 **~·ness** 명

con·ju·ga·ble [kándʒəgəbl/kɔ́n-] 형 활용[변화]할 수 있는; 결합할 수 있는. **-bly** 부

con·ju·gal [kándʒugəl/kɔ́n-] 형 부부(간)의, 혼인(상)의. ¶ ~ *affection* [*relations*] 부부애[사이, 관계]. **~·ly** 부 혼인 (상태), 부부 생활.

con·ju·gal·i·ty [kàndʒugǽləti/kɔ̀n-] 명 부부임.

cónjugal ríghts 명(복) 〔법률〕 부부 동거(성교)권.

con·ju·gant [kándʒugənt/kɔ́n-] 명 〔생물〕 접합 개체, 접합체.

*__**con·ju·gate**__ 동 [kándʒugèit/kɔ́n-] 타 **1** 〔문법〕 (동사)를 활용시키다: (동사의 활용형을 나타내다, 활용형을 말하다); decline, inflect). **2** (폐어) (결혼 따위로) …을 결합시키다. — 재 **1** 〔생물〕 접합(융합)[교미]하다. **2** 〔문법〕 (동사가) 활용되다, 변화하다. **3** 〔화학〕 (단백질이) 비(非)단백질과 결합하여 복합 단백질이 되다. **4** 〔드물게〕 성교하다. — 형 [kándʒugət, -gèit/kɔ́n-] **1** 쌍이 된, 결합한. **2** 〔식물〕 잎이 쌍을 이룬(솔잎 따위). **3** (책의 2페이지들) 한 장으로 인쇄한. **4** 〔문법〕 어원이 같은. **5** 〔수학〕 켤레의. ¶ ~ *angles* [*arcs*] 켤레각[호](弧). **6** 〔화학〕 짝의, 켤레의. ¶ ~ *acid* [*base*] 짝산[염기].

— 명 [kándʒugət, -gèit/kɔ́n-] 〔문법〕 동일 어원의 말; 〔수학·화학〕 켤레.

~·ly 부 **~·ness** 명 **-gà·tive** 형 **-gà·tor** 명

cónjugate áxis 명 〔수학〕 켤레축. (복소수)

cónjugate cómplex númber 명 〔수학〕 켤레

con·ju·gat·ed [kándʒugèitid/kɔ́n-] 형 〔화학〕 복합의.

cónjugated prótein 명 복합 단백질.

‡**con·ju·ga·tion** [kàndʒugéiʃən/kɔ̀n-] 명 (복)~s [-z] 〔UC〕 **1** 〔문법〕 (동사의) 활용, 변화(활 declension, inflection); (동사의) 활용[변화]형. ¶ *regular* [*irregular*] ~ 규칙[불규칙] 변화 / *strong* [*weak*] ~ 강[약]변화. **2** 결합, 연결. **3** 〔생물〕 접합.

~·al 형 **~·al·ly** 부

con·junct [kəndʒʌ́ŋkt, kándʒʌŋkt] 형 **1** (…와) 결합[연합]한; 공동의; 밀접한 관계가 있는, 긴밀한 (with). **2** 〔문법〕 (대명사 따위가) 결합형의.

— 명 [kándʒʌŋkt/kɔ́n-] 〔문법〕 접합사, 접속부사 (*then, above all* 따위). **~·ly** 부

‡**con·junc·tion** [kəndʒʌ́ŋkʃən] 명 (복)~s [-z] 〔UC〕 결합됨, 연합, 합동; 공동. **2** (사건·상황의) 관련, 연결; 동시 발생. **3** 〔문법〕 접속사. ¶ *coordinate* [*subordinate*] ~ 등위[종속] 접속사. **4** 〔논리〕 연언 (連言) 명제; 언어 기호(& 따위). **5** 〔천문〕 (2개 이상의 천체의 외견상의) 근접, 합(合).

in conjunction with …와 함께, …과 협력하여.

~·al 형 **~·al·ly** 부 〔에 관련하여.

con·junc·ti·va [kàndʒʌŋktáivə/kɔ̀n-] 명 (복) ~s, **-vae** [-vi:] 〔해부〕 (눈의) 결막. **-val** 형

*__**con·junc·tive**__ [kəndʒʌ́ŋktiv] 형 **1** 결합하는, 연접(連接)의; 연결[결합]의; 공동[합동]의. ¶ ~ *tissue* 결합 조직 / ~ *action* 공동 행위. **2** 〔문법〕 접속사적의. **~·ly** 부

conjúnctive ádverb 명 〔문법〕 접속부사(*also, however* 따위). 〔과〕 결막염.

con·junc·ti·vi·tis [kəndʒʌ̀ŋktəváitis] 명 〔안

con·junc·ture [kəndʒʌ́ŋktʃər] 명 **1** (위기를 수반하는 사건 따위의) 마주치기. **2** 위급 사태, 위기. **3** 결합.

at [or *in*] *this conjuncture* 이 (위급한) 때에.

-tur·al 형

con·ju·ra·tion [kàndʒuréiʃən/kɔ̀n-] 명 (UC) **1** (신의 이름이나 주문으로) 악마를 불러냄; 주문, 주술; 마법. **2** (마술적인) 탄원, 기원. **3** 요술.

*__**con·jure**__ [kándʒər, kʌ́n-/kʌ́n-] 동 **1** (사람 등)을 마력으로 좌우하다[움직이다]. **2** (마술 따위로) (악마·영혼 따위)를 불러내다, 출현시키다(*up*); (구어) (식사 따위)를 재빨리 준비하다(*up*); …을 (…로부터) 잽싸게 꺼내다(*up*) (*from, out of*). **3** …을 상기하다. 떠올리다(*up*). ¶ (~+图+副) *His imagination* ~*d up a scene of horror*. 그는 무서운 광경을 상상했다. **4** [kəndʒúər] …을 탄원하다, 기원하다. ¶ (图+*to do*) *I* ~ *you to help me*. 제발 나를 도와 주십시오. — 재 **1** (주문으로) 악마[영혼]를 불러내다. **2** 마법[마술, 요술]을 부리다(부리게 하다).

a name to conjure with 주문에 쓰이는 이름; 유력한 사람의 (이름); 발음이 까다로운 이름.

conjure away …을 마력으로 쫓다.

conjure out ① 마법(주술, 요술, 마술)으로 …을 나오게 하다. ② (남을 감언이설로 속여서) (물건)을 빼앗다

conjure up ⇒ 타 2, 3. 〔 (*of*).

cónjure màn 명 (미국 남부·서인도 제도의) 마법사.

con·jur·er [kándʒərər/kʌ́n-] 명 **1** 마법사; 요술쟁이. **2** 탄원[기원]하는 사람. **3** 아주 영리한 사람. (또는 *conjuror*)

con·jur·ing [kándʒəriŋ/kʌ́n-] 명 〔UC〕(동) 요술(의), 마술(의), 마법(의). ~ *trick* (물건을 사라지게 하는) 요술, 마술.

con·ju·ry [kándʒəri/kʌ́n-] 명 주술, 마법; 요술.

conk[1] [kɔŋk/kɔŋk] 명 〔속어〕 머리; 머리를 치기; 코.

bust one's conk 열심히 일하다, 힘껏 하다.

off one's conk 〔英〕 머리가 돌아, 미쳐서.

— 동타 〔속어〕 (남)의 머리를 때리다[치다].

conk[2] 동재 〔구어〕 **1** 망가지다, 고장나다. **2** 〔美〕 (피로 따위로) 잠들다: 의식을 잃다; 죽다.

conk off 〔속어〕 ① 일을 게을리하다, 게으름피우다. ② 잠자다. 〔 〔자다〕; 의식을 잃다.

conk out 〔속어〕 (기계 따위가) 망가지다, 고장나다.

conk[3] 명 〔균류〕 콩크, 코(말굽 버섯 따위 목질균류에 生菌類)의 선반 모양의 한 자실체; 수목을 썩게 한다.

conk[4] 〔美속어〕 명 콩크(고수머리를 알칼리 용액 따위로 퍼기; 또는 그렇게 편 헤어 스타일). — 동타 〔고수머리〕를 (약품으로) 펴다.

conk-bust·er [-bʌ̀stər] 명 〔美속어〕 싸구려 술; 난문, 난제; 지적인 사람, 인텔리.

conked-out [káŋktàut/kɔ́ŋkt-] 형 〔속어〕 고장난, 못쓰게 된; 〔美〕 잠들어 버린.

conk·er [káŋkər/kɔ́ŋk-] 명 〔英구어〕 상수리 열매; (~s) (상수리) 상수리 열매 놀이(끈에 매단 상수리로 상대방의 상수리를 쪼개는 놀이). 〔의) 고장.

conk·out [káŋkàut/kɔ́ŋk-] 명 〔속어〕 (엔진 따위

conk·y [káŋki/kɔ́ŋki] 〔英속어〕 명 코가 큰 (bignosed). — 명 코가 큰 사람. 〔중하게, 〈It〕

con mae·stà [kɑn maistɑ́:/kɔn-] 부 〔음악〕 장

con·man [kánmən/kɔ́n-] 명 〔美속어〕 협잡꾼, 사기꾼(con artist); 쉽게 돈 버는 사람. (또는 **cón màn**) (<*confidence man*) 〔행위[태도].

con-man·ner·ism [-mǽnərizm] 명 사기꾼 (적인)

con·man·ship [kánmənʃip/kɔ́n-] 명 사기술.

con mo·to [kɑn móutou/kɔn-] 부 〔음악〕 기운차

conn [kɑn/kɔn] 图열 =con³.
conn. connected; connection; connector; connotation. **Conn.** Connecticut.
con·nate [káneit/kón-] 웹 1 타고난, 생래(生來)의; (병 따위가) 선천적인. ¶a ~ disease 선천병. 2 동시 발생의; 같은 성질의. 3 【식물】 (잎이) 합생(合生)의, 합착(合着)의. 4 〖지질〗 동생(同生)의.
~·ly 튀 **~·ness**, **con·ná·tion** 명
con·nat·u·ral [kənǽtʃərəl] 휑 1 타고난, 선천적인; (…에) 고유한(to). 2 같은 성질의, 동질의; 동족의.
-rál·i·ty 명 **~·ly** 튀 **~·ness** 명
‡**con·nect** [kənékt] 图 **―** 탄 1 …을 (…에) 결합시키다, 잇다, 이다; 접속시키다(up) (to, with). ⇒ JOIN 유의어 ¶(~+목+전+명) ~ this wire to that 이 철사를 저것과 잇다. 2 (전화로) …을 (…에게) 연결시키다, 이어주다 (with, to); …을 (…으로) 연결하다 (by). ¶You are ~ed. (전화에서) 연결되었습니다 // (~+목+전+명) ~ two towns by a railroad 두 도시를 철도로 연결하다. 3 〔수동형·재귀용법으로〕 (사업 등에서) …을 (…와) 관계시키다; …을 (…와) 친척 관계로 만들다 (with). ¶(~+목+전+명) He ~s himself with the firm. 그는 그 회사에 관계하고 있다 / He is well ~ed. 그는 안면이 넓다. 4 …으로 (…를) 연상하다, 결부하여 생각하다 (with). ¶(~+목+전+명) ~ prosperity with trade 번영을 무역과 결부시켜 생각한다. 5 〔토론 등〕의 논리를 일관시키다, 앞뒤가 맞게 하다. 6 〔전선·관 따위〕를 전원[본관]에 연결하다(up).
― 재 1 (…와) 연결되다, 연속[접속]되다(up) (with, to). 2 (기차·기선이) (…와) 연결[접속]되다 (with). ¶(~+전+명) This train ~s with another at Seoul. 이 열차는 서울에서 다른 열차와 접속된다. 3 (문맥·생각 따위가) (…와) 연관[연결]되다, 맥이 통하다(with). 4 〖미구어〗 (…와) 마음이 통하다, 잘 지내다, 가까워지다 (with). ¶~ with voters 유권자들과 가까이 지내다. 5 〖미속어〗 (…와) 연락을 취하다, 만나다; (…와) 딱 들어맞다 (with). 6 〖구어〗 〔스포츠〕 득점에 연결시키다, 득점이 되도록 때리다[치다, 던지다]. 7 〖미〗 (강도 등이) 성공하다. 8 〖속어〗 …의 (마약 따위) 금지품을 사다.
be connected with …와 관계[연락]이 있다.
connect up 〔가스·전기 따위〕 …을 (본선에) 접속하다; 〖구어〗 …에 결합하다, 관계시키다 (to).
― 명 접속의. ¶ ~ charge for a new cable-TV channel 새 케이블 TV 채널 접속 비용.
-·a·bíl·i·ty 명 **~·a·ble** 휑 **-·i·bíl·i·ty** 명 **~·i·ble** 휑
con·nect·ed [kənéktid] 휑 1 연결[접속]된; 관계가 있는; 일관된. 2 (복합어로) 연줄[연고]이 …한. ¶a well-~ man 연줄이 좋은 사람. **~·ly** 튀 **~·ness** 명
con·nect·er [kənéktər] 명 =connector.
connéct hóurs 명영 〖컴퓨터〗 접속 시간.
*****Con·nect·i·cut** [kənétikət] 명 코네티컷(미국 동북부 New England의 주; 주도 Hartford; 약 Conn.).
con·nec·ting [kənéktiŋ] 휑 연결하는.
connécting línk 명 사슬의 연결 부분; 〔기계〕 연결 링크.
connécting ród 명 〔기계〕 (기관 등의) 연결봉.
‡**con·nec·tion** [kənékʃən] 명 (영 **~s** [-z]) 1 UC 결부, 결합; (사건·행동 따위의) (…와의) 관련, 관계 (with); 연결하는 것, (기계 따위의) 연결부. ¶the ~ between cause and effect 인과 관계 / the ~ of the suspect with the crime 용의자와 범죄와의 관련. 2 UC 논리적 연계[관련성]; (단어·문장 따위의) 전후 관계, 맥락(context); 연상. ¶ ~ between ideas 사상간의 관련성. 3 UC **a)** (인간적·사회적) 관계, 교제; (~s) 연줄, 연고; 친척, 연고자; (결혼에 의한) 인척 (관계). ¶ have no ~ whatever with the affair 그 사건과는 아무런 관계도 없다. **b)** (남녀간의) 관계, 친교; (들락 거리게) 성교. 4 (~s) 단골, 단골 거래처[손님], 고객; (변호사 등의) 의뢰인. ¶our worldwide ~s 우리 회사의 전 세계 거래처. **5** (정치·종교 따위의) 단체, 종파. **6** UC **a)** (전화의) 연결, 접속. ¶a bad phone ~ 전화의 접속 불량, 혼선. **b)** (기차·비행기 따위의) 연락; 접속; 연결열차[비행기] 등]; (종종 ~s) 환승. ¶a good ~ of trains 기차의 편리한 접속 / miss one's ~ 연락선[기차]을 놓치다. **7** 비밀[공모] 조직; (마약 따위의) 밀매 루트[조직], 공급원; 〖속어〗 마약 밀매인. (또는 〖영〗 **connexion**)
be in connection 연결되어 있다; 전화가 이어져 있다. ¶You are in ~. 전화가 연결되었습니다.
enter into a connection with …와 관계를 맺다.
establish (a) connection 거래 관계를 맺다; 단골을 만들다.
form a connection 관계를 짓다; (남녀가) 관계를 맺다.
form useful connections 유력한 연줄을 만들다.
get [miss] a connection with …와 연락이 닿다 [끊어지다].
have a bad connection (전화가) 접속 불량이다, 혼선되다, 감이 멀다.
have a connection with …와 관계가 있다.
have connections in …에 연줄이 있다.
in connection with ① …와 관련하여(concerning). ② …와 연락되어. ¶ **in this [that] connection** 이와[그와] 관련하여; 이 [그] 문맥에서는.
make connection(s) at …에서 연락선[접속]하다.
of good connections 좋은 친척[연줄]이 있는.
take up one's **connections** 〖미속어〗 대학을 나오다.
~·al 휑
con·nec·tion·ism [kənékʃənizm] 명 〔심리〕 결합설(심적 과정은 모두 자극과 반응 사이의 생득적 또는 습득적 결합(bond) 작용에 의한다는 설). **-ist** 명
con·nec·tion·less [kənékʃənlis] 휑 〖컴퓨터〗 (데이터 통신에서) 무접속의. ↔ connection-oriented
con·nec·tion-o·ri·en·ted [-ɔ́:rièntid/-ɔ́ri-] 휑 〖컴퓨터〗 (데이터 통신에서) 송신할 때마다 접속을 확립하는.
connéction póint 명 〖컴퓨터〗 접속 포인트, 액세스 포인트.
connéction tícket 명 바꿔 타는 차표, 환승표.
con·nec·tive [kənéktiv] 휑 접속하는, 연결하는; 결합성의. **―** 명 1 연결[결합]시키는 것. 2 〖문법〗 접속어, 연결어(접속사·관계사 따위). 3 〔식물〕 약격(葯隔), 약대(葯帶). 4 (해부·동물) 종(縱)연합 신경, 신경 연계. 5 〔논리〕 결합 기호, 결합자(結合子). **~·ly** 튀
connéctive tíssue 명 〔해부〕 결합 조직.
con·nec·tiv·i·ty [kànəktívəti/kɔ̀n-] 명 UC 접속성; 〖컴퓨터〗 상호 통신 능력, 접속 가능성.
con·nec·tor [kənéktər] 명 **1** 연결자, 연락자; 연결[접속]물. **2** (차량의) 연결기; 연결담당(원); 〔전기〕 접속자(接續子), 연결자, 커넥터. (또는 **connecter**)
Con·ner·y [kánəri, kɔ́n-] 명 **Sean ~** 코네리 (1930- : 영국의 영화 배우). **┌~·al** 휑
‡**con·nex·ion** [kənékʃən] 명 〖영〗 =connection.
Con·nie [káni/kɔ́ni] 명 코니. **1** 여자 이름(Constance의 별칭). **2** 남자 이름(Conrad, Cornelius의 별칭). **3** 〖미속어〗 포드사의 승용차 Lincoln Continental.
cónning tówer [kániŋ-/kɔ́n-] 명 〔군사〕 (군함의) 사령탑; (잠수함의) 전망탑.
con·nip·tion [kənípʃən] 명 (종종 ~s) 〖미구어〗 히스테리의 발작); 울화통, 발끈함. (또는 **~ fit**)
con·niv·ance [kənáivəns] 명 UC 1 (나쁜 일 따위의) 눈 감아줌, 묵인, 묵과; 〔법률〕 (범죄의) 묵인, 묵허 (at, in). ¶ ~ at a person's fault 남의 과실의 묵인. 2 (…와의) 공모(with). (또는 **connivence**)
in connivance with …와 공모하여.
with the connivance of …의 묵인 아래.
-ant 휑 **-ant·ly, -niv·ent·ly** 튀
con·nive [kənáiv] 图재 1 (…을) 못 본 체하다, 묵인하다 (at). ¶ ~ at gambling 도박을 묵인하다. 2 (…와) 공모하다, 묵계하다 (with); 음모를 꾸미다 (to do). ¶ ~ with a criminal 범죄자와 공모하다. **―** 탄 〖구어〗

con·niv·er [kənáivər] 묵인자, 눈감아 주는 사람.
con·niv·er·y [kənáivəri] 묵인, 묵허(默許).
con·nois·seur [kànəsə́:r/kɔ̀nisə́:] (미술품 따위의) 감정가, 감식가, 전문가; (술 따위의) 감정가, 품평인 (*in, of*). ¶ a ~ *in* painting[wine] 그림[포도주]의 감정가. ~**ship** ⓤ 감식안; 감정업. [<F]
con·no·ta·tion [kànətéiʃən/kɔ̀n-] ⓝ 1 암시[함축, 연상, 내포](하는 물건). 2 (종종 ~s) 〔단수취급〕함축, 언외(言外)의 뜻. ¶ These two words have different ~s. 이 두 단어에는 서로 다른 어감이 있다. 3 〔논리〕 내포(內包)(⇔ denotation). ~·al ⓐ
con·no·ta·tive [kánətèitiv/kɔ́n-] ⓐ 1 (…의 뜻을) 암시하는, 함축하는 (*of*). ¶ a ~ sense 언외의 의미 // be ~ *of* …라는 뜻을 암시하다. 2 〔논리〕 내포적인 (⇔ denotative). ~·ly ⓐ
con·note [kənóut] ⓥⓣ 1 (말이 원래의 의미 외에) [부수적인 의미를] 암시하다, 내포[함축]하다. ¶ The word 'home' usually ~s comfort and security. 「가정」이라는 말에는 보통 위안과 안전이라는 어감이 내포되어 있다. 2 …을 (결과·조건으로) 포함하다, 수반하다. ¶ Injury ~s pain. 다치면 아프기 마련이다. 3 〔논리〕 …을 내포하다 (⇔ denote). ─ⓥⓘ 다른 말과의 관련에 있어서만 의의[내용]를 가지다.
con·no·tive [kənóutiv] ⓐ = connotative. ~·ly ⓐ
con·nu·bi·al·i·ty [kənjù:biǽləti/-njù:-] ⓝⓤ 결혼 (생활), 부부 관계(사이); 부부 특성.
co·ño [kóunjou] (속어) ⓘ 〔분노·당혹·놀람 따위를 나타내어〕 젠장, 빌어먹을. ─ⓝ 여음(女陰). [<Sp]
co·noid [kóunɔid] ⓐ 원뿔꼴의. ─ⓝ 원뿔곡선체.
co·noi·dal [kounɔ́idl] ⓐ = conoid. ~·ly ⓐ
co·no·scope [kóunəskòup, kán-] ⓝ 〔광학〕 코노스코프, 편광경(偏光鏡). **·scóp·ic** ⓐ
‡**con·quer** [káŋkər/kɔ́ŋ-] ⓥ (⋅ *o* 〔 ŋ〕) ⓣ 1 (적·영토 등을) 정복하다, 탈취하다, 싸워서 획득하다. ⇨DEFEAT 〖유의어〗 ¶ ~ territories 영토를 탈취하다 / ~ an enemy 적을 정복하다 / ~ liberty[fame] 자유[명성]를 획득하다 / the ~ed 패자, 피정복자 (⇔ conqueror). 2 (곤란 따위)를 극복하다, 〔유혹 따위〕에 이기다; 〔산 따위〕를 정복하다. ¶ ~ bad habits[passions, difficulties] 악습[격정, 곤란]을 이겨내다. 3 (여자)를 자기 것으로 하다. ─ⓥⓘ 승리를 얻다, 이기다.
stoop to conquer 수치를 무릅쓰고 목적을 달성하다, 짐으로써 이기다.
to conquer or to die 먹느냐 먹히느냐 하고 (싸우다), 죽을 때까지 (싸우다).
~·a·ble ⓐ ~·a·ble·ness ⓝ ~·ing ⓐ ~·ing·ly ⓐ
‡**con·quer·or** [káŋkərər/kɔ́ŋ-] ⓝ (~s [-z]) 1 정복자, 승리자. 2 (the C-) 〔영역사〕 정복왕(William the C-)(1066년에 영국을 정복한 Normandy공 William 1세의 별칭). 3 (英) = conker.
play the conqueror 결승전을 하다.
‡**con·quest** [káŋkwest, káŋ-/kɔ́n-] ⓝ 1 ⓤ 정복. ¶ the ~ of the sea 대양의 정복 / a desire of ~ 정복욕. 2 ⓤ 〔애정 따위의〕 획득; (이성을) 피어 차지함; ⓒ 피어서 차지한 사람[여자], 애정에 넘어간 사람[여자]. 3 ⓤ 극복; (노력에 의한) 획득. ¶ the ~ of liberty[fame] 자유[명성]의 획득. 4 정복으로 얻은 것, 점령지, 정복지. ¶ the ~s of Napoleon 나폴레옹의 정복지. 5 (the C-) = Norman C.
make a conquest of …을 피어 차지[정복]하다.
con·qui·an [káŋkiən/kɔ́ŋ-] ⓝ ⓤ 카드놀이의 일종.
con·quis·ta·dor [kɑnkwístədɔ̀:r/kɔn-] ⓝ (~s, -*do·res* [-dɔ́:riz]) (16세기에 멕시코·페루를 정복한) 스페인의 정복자; (일반적) 정복자. [<Sp]
Con·rad [kánræd/kɔ́n-] ⓝ **Joseph** ~ 콘래드 (1857-1924: 폴란드 태생의 영국 소설가).

Con·rail [kánrèil/kɔ́n-] ⓝ (美) 연합 철도 회사, 콘레일(1976년 발족한 반관 반민 회사). (또는 **Con-Rail, ConRail**) [<*Consolidated Rail* Corporation]
cón ròd ⓝ (구어) = connecting rod.
cons [kɑnz/kɔnz] ⓝ (美속어) 〔컴퓨터〕 〔한 항목〕을 리스트의 첫머리에 써넣다. ─ⓣ, 발명하다.
cons up (부분적인 것)을 하나로 통합하다; …을 만들다.
cons. consecrated; conserve; consignment; consolidated; consonant; constable; constitution(al); construction; consul; consulting. **Cons.** Conservative; Constable; Constitution; Consul.
con·san·guin·e·ous [kànsæŋgwíniəs/kɔ̀n-] ⓐ 혈족의(akin), 동족의, 혈연의. (또는 **consánguine, cònsanguíneal**) ~·ly ⓐ
con·san·guin·i·ty [kànsæŋgwínəti/kɔ̀n-] ⓝⓤ 혈족 (관계), 동족, 친족 (관계); 밀접한 관계. ¶ lineal [collateral] ~ 직계[방계] 친족.
‡**con·science** [kánʃəns/kɔ́n-] ⓝ (⒨ -*scienc·es* [-iz]) ⓤⓒ 1 양심, 선악의 판단력; 도의심; 분별. ¶ a social ~ 사회적 양심/qualms of ~ 양심의 가책. 2 양심적임, 성실성. ¶ an artistic ~ 예술적 양심.
a bad [or *guilty*] *conscience* 떳떳치 못한[꺼림칙한] 마음.
clear one's conscience 마음이 편해지게[마음에 거리낌이 없도록] 하다. 「소하다.
consult one's (own) conscience 자기 양심에
for conscience' [or *conscience*] *sake* 양심상; 결려, 양심상; 재발. 「낌이 없다.
have a good [or *clear*] *conscience* 마음에 거리
have…on one's conscience; *have a conscience about* …을 꺼림칙해 하다, …이 마음에 걸리다.
have the conscience to do (반어적) 뻔뻔스럽게 도[태연히] …하다, …하고도 양심의 가책을 받지 않다.
in (all) conscience; *upon one's conscience* ⓣ 노의상, 양심에 비추어, ⓘ 틀림없이, 반드시.
in conscience 마음에 걸려서.
keep a person's conscience 남을 양심에 부끄럽지 않게 행동하게 하다. 「다.
make a matter of conscience of doing 반드시 …하기로
make…a matter of conscience …을 양심적으로 처리하다. 「(어) 이런, 저런; 어머나, 쩟!
My conscience! (고어) 〔놀람·반박·곤혹을 나타내어〕
on one's conscience 양심을 걸고, 반드시.
out of all conscience 실로, 과연.
sleep on a calm conscience 마음 편히 자다.
the freedom [or *liberty*] *of conscience* 신교 [양심]의 자유. 「안심하고.
with an easy [or *a good, a safe*] *conscience*
cónscience clàuse ⓝ 〔법률〕 양심 조항(종교·양심상의 이유로 병역 의무 따위를 거부하는 것을 허용).
cónscience invèstment ⓝ 양심적 투자(일정한 윤리적 기준에 합치되는 회사의 주식에만 투자하기).
con·science·less [kánʃənslis/kɔ́n-] ⓐ 양심 [도의심] 없는, 파렴치한. ~·ly ⓐ ~·ness ⓝ
cónscience mòney ⓝ 속죄의 헌금, 양심적 납금 (양심의 가책으로 탈세자 등이 익명으로 내는 세금).
con·science-strick·en [-strìkən] ⓐ 양심의 가책을 받는, 마음에 걸리는.
(또는 **cón·science-smìt·ten** [-smìtn])
*‡**con·sci·en·tious** [kànʃiénʃəs/kɔ̀n-] ⓐ 양심적인, 성실한; 꼼꼼한, 세심한. ¶ a ~ judge 양심적인 재판관 / a ~ study 면밀한 연구. ~·ly ⓐ ~·ness ⓝ
consciéntious objéction ⓝ (도덕적·종교적 신념에 의한) 양심적 거부[참전] 기피(의 CO).
consciéntious objéctor ⓝ 양심적 병역 기피자.
con·sci·en·ti·za·tion [kànʃièntizéiʃən/kɔ̀n- ʃièntai-] ⓝ (라틴아메리카에서의) 무지한 대중의

재고 운동.
con·scion·a·ble [kánʃənəbl/kɔ́n-] 휑 (고어) 양심적인; 공정한, 바른. ~·**ness** 명 -**bly** 튀

‡**con·scious** [kánʃəs/kɔ́n-] 휑 (*more* ~; *most* ~) 1 의식하고 있는, 자각하고 있는, 알고[알아채고] 있는 (*of*). ⇨AWARE 유의어 ¶a ~ liar 알면서 거짓말하는 사람//be ~ *of* one's own merits[guilt] 자기의 장점[죄]을 자각하다. 2 제정신의, 의식이 있는. ¶remain ~ 의식이 있다. 3 자의식이 강한, 수줍어하는, 심약한. ¶He is too ~. 그는 지나치게 부끄럼을 탄다. 4 신중한; 의식적인, 고의적인. ¶a ~ artist 신중하게 붓을 잡는 화가. 5 (복합어로) …을 의식하는, …에 눈뜬. ¶a sex-~ girl 성에 눈뜬 소녀.
become conscious 제정신이 들다, 의식을 되찾다.
be [or ***become***] ***conscious of*** …을 자각하다, 알고 있다.
—— (*the* ~) (정신분석) 의식.
~·**ly** 튀 의식적으로, 자각하여.

‡**con·scious·ness** [kánʃəsnis/kɔ́n-] 명 (종종 a ~, one's ~) 의식, 자각, 자의식 (*of*); 생각, 감정. ¶the ~ *of* guilt 죄의식/the ~ *of* kind 동류 의식.
a stream of consciousness 의식의 흐름.
bring *a person* ***to consciousness*** 남을 소생시키다.
come to consciousness 정신이 들다, 정신을 차리다. ⌜식을 잃다[회복하다].
lose *one's* ***consciousness*** *one's consciousness* 의
raise *one's* ***consciousness*** (사회적[정치적]) 의식을 높이다[고양시키다].

con·scious·ness-ex·pand·ing [-ikspǽndiŋ] 휑 의식 확대의; 환각을 일으키는.
con·scious·ness-rais·ing [-rèiziŋ] 명 1 (심리) 자기 발견(법). 2 의식 함양(법)(의). —— 휑 =con- sciousness-expanding. -**ràis·er** 명
con·scribe [kənskráib] 태 1 (한계 따위)를 특정하다, 제한하다. 2 징병하다.
con·script 명 태 [kánskript] …을 (군대에) 징집하다, 징병하다(draft); …을 징용[징발]하다 (*into*).
—— 명 [kánskript/kɔ́n-] 징집병, 신병((미) draft).
—— 휑 [kánskript/kɔ́n-] 징집[징병]된, 병적에 편입된. ¶a ~ soldier 징집병. ~·**a·ble** 휑
con·script·ee [kənskriptíː, kɔ̀n-] 명 2 입법부 의원.
징집병, 신병(conscript).
cónscript fáthers 명 (단) 1 (고대 로마의) 원로원 의원
con·scrip·tion [kənskrípʃən] 명 1 징병(제(도); (집합적) 징모병. ¶evade ~ 징병을 기피하다 /~ age 징병 적령. 2 (전시의) 징용, 징발. ~·**al** 휑
con·scrip·tion·ist [kənskrípʃənist] 명 징병주의자, 징병제 지지자. ⌜system 징병제 제도.
con·scrip·tive [kənskríptiv] 휑 징병의. ¶the ~
*con·se·crate [kánsəkrèit/kɔ́n-] 태 1 …을 신성하게 하다, 성화(聖化)하다; (가톨릭) (미사에서) (빵과 포도주)를 성별(聖別)하다; 축성하다; (교회) …을 봉헌하다; …을 성직에 임명하다 (*to*); desecrate). ¶(~ + 목 + 전 + 명) ~ a church *to* divine service 교회당을 예배(성사)에 바치다, 헌당(獻堂)하다. 2 (어떤 목적에) …을 바치다, 전렴하다. ⇨DEVOTE 유의어 ¶(~+목+ 전+명) He ~*d* his life *to* church. 그는 교회를 위하여 일생을 바쳤다. 3 (수동형으로) …을 존중[숭배]의 대상으로 하다; 귀중한 것으로 하다. ¶a tradition ~*d* by time 예로부터 전하여진 귀중한 전통. 신에게 바쳐진; 신성화된(sacred). -**cràt·ed·ness** 명 -**cràt·er** 명

*con·se·cra·tion [kànsəkréiʃən/kɔ̀n-] 명 UC 1 신성화; 봉헌, 정진, 헌신 (*to*). ¶~ *of* one's life *to* education 교육에의 헌신. 2 성별(聖別)(미사에서 빵과 포도주를 예수의 몸과 피가 되게 하는 의식). 3 (구어) ⌜봉헌식.
서품, 서품식.
con·se·cra·tive [kánsəkrèitiv/kɔ́n-] 휑 성별의.
con·se·cra·tor [kánsəkrèitər/kɔ́n-] 명 성별자, 봉헌자; 주교 서품자. (또는 **consecrater**).
con·se·cra·to·ry [kánsəkrətɔ̀ːri/kɔ́nsikrèitəri] 휑 신성하게 하는, 성별의; 봉헌의(dedicatory).
con·se·cu·tion [kànsikjúːʃən/kɔ̀n-] 명 UC 1 (사건 따위의) 연속, 속발. ¶~ *of crimes* 범죄의 연발. 2 논리의 일관(성), 조리; 추론. 3 (문법) (시제·어법 따위의) 일치. 4 (음악) 시퀀스(어떤 선율이나 화성 진행이 반복되어 나타나는 일).

*con·sec·u·tive [kənsékjutiv] 휑 1 연속적인, 계속되는. ⇨SUCCESSIVE 유의어 ¶~ numbers 연속 번호 / win three ~ victories 3연승하다. 2 논리가 일관된, 앞뒤가 맞는. ¶~ reasoning 앞뒤가 맞는 추론. 3 (문법) 결과를 나타내는. ¶a ~ clause 결과절. 4 (음악) (음정이) 병행의. ~·**ly** 튀 ~·**ness** 명
consécutive íntervals 명 (음악) 병행 음정.
con·seil d'é·tat [kɔːnsèi deitáː] 명 국무원; 민원 (民怨) 감찰관, 옴부즈맨(ombudsman). [<F]
con·se·nes·cence [kànsənésəns/kɔ̀n-] 명 노쇠, 전신 쇠약.
con·sen·su·al [kənsénʃuəl] 휑 1 (법률) 합의상의, 합의에 의한. ¶a ~ marriage 합의 결혼. 2 (생리) 교감(交感) 작용의, 교감성의. ~·**ly** 튀

*con·sen·sus [kənsénsəs] 명 1 (의견 등의) 일치, 합의. ¶a ~ *of opinion* 의견의 일치. 2 일치된 의견, 대다수의 의견, 컨센서스, 총의; 여론. ¶the national ~ 국민의 총의, 국민적 합의. 3 (생리) 교감 작용. [<L]
con·sen·sus-driv·en [-drívn] 휑 (의사 결정 따위가) 컨센서스[전원 합의] 주도의.
consénsus géntium [-dʒénʃiəm] 명 인민의 합의, 전체 의견, 여론. [<L]
consénsus pòlitics 명 합의 정치.
consénsus sèquence 명 (생화학) 공통 배열.

‡**con·sent** [kənsént] 태재 동의하다, 승낙하다 (*to*, *to do*) (⇨ dissent). ⇨AGREE 유의어 ¶ (~ + 전 + 명) ~ *to* a suggestion [proposal] 제안[제의]에 동의하다. // (~+*that* 절) He ~*ed that* I should start at once. 그는 내가 곧 출발하는 것에 동의했다.
—— 명 U 1 동의(assent), 묵인, 허가 (*to*, *to do*). ¶by his express ~ 그의 명확한 승낙을 받고/at the mutual ~ 상호간의 합의로/with or without ~ 승낙이 있건 없건/Silence gives ~. (속담) 침묵은 승낙의 표시다. 2 (의견 따위의) 일치.
by common [or ***general***] ***consent***; ***with one consent*** 만장 일치로, 이의없이; 이구동성으로.
give [***refuse***] *one's* ***consent*** 승낙하다[하지 않다].
obtain *a person's* ***consent*** 남의 승낙을 얻다.
the age of consent (법률) (결혼 따위의) 승낙 연령.
withhold *one's* ***consent*** 승낙을 보류하다. [령.
with the consent of …의 동의를 얻어.
~·**er** 명 ~·**ing** 휑 ~·**ing·ly** 튀 만장 일치.
con·sen·ta·ne·i·ty [kənsèntənéiəti] 명 일치;
con·sen·ta·ne·ous [kànsentéiniəs/kɔ̀n-] 휑 일치된, 합치된, 합당[적합]한 (*to*, *with*); 만장 일치의. ~·**ly** 튀 ~·**ness** 명
consént decrèe 명 (법률) 1 =consent judgment. 2 동의 판결(심결(審決)).
con·sen·tience [kənsénʃəns] 명 UC 동의, 의견의 일치; (감각적) 조화감, 일치감.
con·sen·tient [kənsénʃənt] 휑 일치하는, 합치하는; 동의하는, 찬성하는; (의견 따위가) 만장 일치의.
con·sént·ing adúlt [kənséntiŋ-] 명 (英) (동성 연애가 허용되는 21세 이상의 남자) 호모.
성인(同意成人)(법적으로 동성 연애가 허용되는 21세 이상의 남자) 호모. ⌜의 완료형.
consént jùdgment 명 (법률) 화해 판결, 재판상
con·sen·tu·al [kənséntʃuəl] 휑 (법률) 합의의, 합의상의. ¶a ~ *divorce* 합의(협의) 이혼.

‡**con·se·quence** [kánsəkwèns, -kwəns/kɔ́nsikwəns] 명 (-*quenc·es* [-iz]) 1 (보통 ~s) 결과; 귀추. ⇨EFFECT 유의어 ¶ a necessary ~ 필연적인 결

과 / accept the ~ of …의 결과를 감수하다 / There might be some serious ~s. 중대한 결과가 생길 수도 모른다. **2** 결론, 귀결(conclusion). ¶It follows as a logical ~ that… 논리적 결론으로서 …으로 되다. **3** ⓤ 중요성, 중대함; (지위·입장 따위의) 중요성, 저명함; 자존, 잘난 체함. ⇨IMPORTANCE 유의어
by natural consequences 자연적 결과로; 자연의 추이에 따라.
give oneself **an air of consequence** 잘난 체하다.
have grave consequences 중대한 결과를 초래하다(* 외교에서는 「전쟁의 완곡한 표현」).
in [or **as a**] **consequence** ① 그 때문에, 따라서, 그 결과. ② (~의) 탓으로, 결과로서 (of).
of (great) consequence (매우) 중대[중요]한. ¶a man of great ~ in art 예술계의 중진 / It is of much ~. 그것은 매우 중요하다.
of little [no] consequence 거의[전연] 중치 않음. ¶a matter of little ~ 대단치 않은 일.
take [or **answer for**] **the consequences** (자기 행위의) 결과를 감수하다, 결과에 대해 책임을 지다.
The consequence is that… 그 결과[결론]는 …이다. ¶…하게 되다.
with the consequence that… 그 결과로서 당연...
*con·se·quent [kánsəkwènt, -kwənt/kɔ́nsikwənt] ㉠ **1** 결과의, 결과로서 일어나는 (on, upon, to). ¶the rise in the cost of living and the ~ distress of the people 생활비 앙등과 그로 인해 국민들이 겪는 고초. **2** (논리상) 필연적인, 당연한; 줄 따위가) 일관된, 앞뒤가 꼭 맞는. **3** 〖지질〗 (강 따위가) 필종(必從)의. **4** 〖문법〗 (조건문의) 귀결을 짓는. — ㉡ **1** (당연한) 결과; 결론. **2** 〖논리〗 후건(後件) (조건 명제(命題)나 가언(假言) 명제의 후반부. 예: If John is ill, he will remain indoors). **3** (수학) 〖비(比)의〗 후항(後項), 후율(後率). **4** 〖지질〗 필종(必從)의 지형(⑧ ~ stream). **5** 〖음악〗 (fugue 또는 canon에서의) 주제의 응답.
con·se·quen·tial [kùnsəkwénʃəl/kɔ̀n-] ㉠ **1** 결과로서 일어나는, 결과의; 간접의. **2** (논리적으로) 앞뒤가 들어맞는, 조리가 서는; 당연한, 필연적인. **3** 중요한, 중대한, 거드름 피우는, 뽐내는, 거드름 피우는.
-quen·ti·al·i·ty ㉠ ~·ly ⓐ ~·ness ㉠
consequential damages ㉠ 〖법률〗 간접 손해.
con·se·quen·tial·ism [kɔ̀nsəkwénʃəlìzm/kɔ̀n-] ㉠ 〖철학〗 결과주의(행위의 윤리성은 그 결과만으로 판단해야 한다는 윤리 학설).
consequential loss insurance ㉠ 간접 손해 보험.
*con·se·quent·ly [kánsəkwèntli, -kwənt-/kɔ́nsikwənt-] ⓐ 그 결과로, 필연적으로, 따라서, 그러므로, 그 까닭에. ⇨THEREFORE 유의어
cónsequent stréam ㉠ 〖지질〗 필종천(必從川) (지표면의 최초의 경사 방향으로 흐르고 있는 하천).
Conserv. Conservation; Conservatory.
con·serv·a·ble [kənsə́ːrvəbl] ⓐ 보존할 수 있는.
con·serv·an·cy [kənsə́ːrvənsi] ㉠ **1** (英) (항해·어업 따위의) 관리 위원회(⑧ conservator); the Thames C- 템스 강 관리 위원회. **2** ⓤ (자연 환경·천연자원의) 보존, 관리; 그 단체. -ant ⓐ
*con·ser·va·tion [kɔ̀nsəːrvéiʃən/kɔ̀n-] ㉠ⓤ **1** (환경·자원·문화재 따위의) 보존, 보호, 유지(⑯ destruction). ¶(the) ~ of wildlife 야생 생물 보호 / ~ of social order 사회 질서의 유지. **2** (관청에 의한 하천·삼림 따위의) 관리, 보호. ⓒ 보호 관리구; 보호림(林), 관리 하천, 보호 어장. **4** (과일 따위의 보존)법. **5** (물·열 따위의) 항존(恒存), 불멸. ~·al ⓐ
conservátion área (英) 〖자연·문화적 건물 보존(의) 구역.
con·ser·va·tion·ist [kɔ̀nsəːrvéiʃənist/kɔ̀n-] ㉠ 자연 보호론자. — ㉠ 자연 보호주의의.

---

conservátion of énergy ㉠ 〖물리〗 에너지 보존(의 법칙). 「량 보존(의 법칙).
conservátion of máss [mátter] ㉠ 〖물리〗 질
*con·ser·va·tism [kənsə́ːrvətìzm] ㉠ⓤ **1** 보수주의; 보수 기질, 보수성. **2** (종종 C-) 영국 보수당의 주의 [강령]. **3** (우주 개발·원자력 등에서의) 안전 제일주의.
‡con·ser·va·tive [kənsə́ːrvətiv] ⓐ (more ~; most ~) **1** 보수적인, 보수주의의 (in, about); (i) progressive). ¶He is ~ in his habits. 그는 습관을 좀처럼 바꾸지 않는다. **2** (언행 따위가) 온건한; 조심스러운 (in, about). ¶It is ~ to say that…. …라고 말해도 과언이 아니다. **3** (의상 따위가) 검소한, 수수한; (스타일 따위가) 전통적인, 고풍의 (in, about). **4** 보존력이 있는. **5** (종종 C-) 보수당(원)의; (C-) 보수파 유대교(도)의.
be conservative about …을 조심하다, 절제하다.
— ㉠ **1** 보수적인 사람, 보수주의자. ¶a fanatical ~ 광신적 보수주의자. **2** (C-) (英국의) 보수당원; 보수파 유대교도. **3** 보존하는 것[수단], 방부제.
~·ly ⓐ ~·ness ㉠
Consérvative Párty ㉠ (the ~) (英) 보수당(공식 명칭 Conservative and Unionist Party). ⇨ Labour Party
consérvative súrgery ㉠ 〖의학〗 보존 외과(될 수 있는 한 절제(切除)를 하지 않는). 「보수화.
consérvative swing [shift] ㉠ 〖정치〗 우경화.
con·ser·va·tize [kənsə́ːrvətàiz] ⓥ 보수적으로 하다[되다]. -ti·zá·tion
con·ser·va·toire [kənsə́ːrvətwàːr, -́-́] ㉠ 〖프랑스의〗 음악[미술] 학교(conservatory); (the C-) 파리 음악원, 콩세르바투아르. (<F)
con·ser·va·tor [kənsə́ːrvətər, kənséitər/kɔ́nsəvətə] ㉠ **1** (미술품 따위의) 보호자, 보존자. **2** 〖법률〗 (미성년자·무능력자 등의) 후견인, 재산 관리인. **3** (박물관 따위의) 관리인, 직원. **4** (英) (항해·어업의) 관리 위원; 치안 위원. ¶~s of a river 하천 관리 위원 / ~s of peace 치안 위원, 보안관. ~·ship ㉠
con·ser·va·to·ry [kənsə́ːrvətɔ̀ːri/-təri] ㉠ **1** 온실에 딸린 재배·전시용 온실. **2** (美) =conservatoire. — ㉠ 보존성의, 보존력이 있는.
*con·serve [kənsə́ːrv] ⓥ ㉡ **1** …을 보존하다, 유지하다. ¶~ one's strength [health] 자기의 체력[건강]을 유지하다. **2** (환경 따위)를 보호[보존]하다. ¶~ forests 삼림을 보호하다. **3** (과일)을 설탕 절임으로(해서) 보존하다, 잼으로 만들다. **4** 〖물리〗 (에너지 따위)를 일정량으로 유지하다. — ㉠ [kánsəːrv, kənsə́ːrv/kɔ́nsəːv] **1** (~s) (과일 따위의) 설탕 절임, 잼(jam). **2** 〖의학〗 당제(糖劑). -sérv·a·ble ⓐ -sérv·er ㉠
con·shy [kánʃi/kɔ́n-] ㉠ = conchy.
‡con·sid·er [kənsídər] ⓥ ㉡ [~s [-z]] ㉠ **1** …을 고찰하다, 숙고하다, 곰곰이 생각하다. ¶~ a matter in all its aspects 문제를 모든 면에서 고찰하다 // (~ + that 節) I ~ that he ought to help me. 나는 그가 나를 도와주어야 할 것으로 생각하고 있다 / (~ + wh. to do) I ~ed what to buy there. 나는 거기서 무엇을 살 것인가를 생각했다 // (~ + ~ing) I am ~ing going to London. 런던에 갈까 생각하고 있습니다. **2** …을 …으로 생각하다, (…으로) 여기다. ⇨THINK 유의어 ¶(~ + 目 + as 補) He ~ed Hamlet as an example of a Shakespearean tragedy. 그는 「햄릿」을 셰익스피어 비극의 한 전형으로 생각했다 // (~ + 目 + (to be) 補) I ~ him (to be) worthy of confidence. 나는 그를 믿을 만한 사람으로 생각한다.

USAGE **consider** (as) — He ~ed me (as) an enemy. 와 같은 문장에서 as를 쓰는 것은 regard as 와의 유추·혼동에 의한 것이므로 사용할 수 없다고 하지만 실제로는 많이 쓰고 있으며, 특히 수동형에 자주 쓰인다: He is ~ed as a most trustworthy man.

3 …을 참작하다, 고려에 넣다; …을 배려하다, 〔남의 감정 따위〕를 헤아리다. ¶~ his diligence 그의 부지런함을 참작하다 / We should ~ his youth. 그가 젊다는 점을 헤아려 주어야 한다. **4** …에 주의(관심)를 기울이다, 마음을 쓰다. ¶He never ~s others. 그는 남에 대해 전혀 신경을 쓰지 않는다. **5** (수동형으로) …을 존중하다, 존경하다(＊종종 well, greatly를 수반한다). ¶He is greatly ~ed by townsmen. 그는 시민들로부터 크게 존경받고 있다. **6** …의 (구입·채택)에 관해 고려하다. ¶~ an apartment 아파트 구입을 고려하다. **7** 〔고어〕 …을 눈여겨 보다, 주시하다. — ⓐ **1** 숙고하다, 고려하다. ¶Let me ~ a moment. 잠깐 생각해 봅시다. **2** 눈여겨 보다, 주시하다.

all things considered 만사를 고려해서, 이것저것 ~**·er** ⓝ └생각해서, 결국.

‡**con·sid·er·a·ble** [kənsídərəbl] ⓐ **1** (*more* ~; *most* ~) (수량·크기·정도 따위가) 어지간한, 상당한, 적지 않은. ¶a ~ income [distance, labor] 상당한 수입[거리, 수고] / a ~ sum of money 상당한 금액. **2** 고려해야 할, 중요한, 주목해야 할; 무시하지 못할. └로.

to a considerable extent 대단히, 무시못할 정도 — ⓝ (종종 a ~) (구어) 상당한 수[양, 크기, 정도]; 많음, 다량. ¶a ~ of money 상당히 많은 돈.

by considerable (美구어) 다량으로; 대단히.

do considerable for …을 (정성껏) 보살피다.

— ⓐ (방언) = considerably.

‡**con·sid·er·a·bly** [kənsídərəbli] ⓐ 어지간히, 꽤, 상당히. ¶Prices have increased ~. 물가가 상당히 올랐다.

***con·sid·er·ate** [kənsídərət] ⓐ **1** (남에 대해) 동정심[이해심]이 많은, 친절한 (*of, to, toward*). ⇒ THOUGHTFUL 〔유의어〕 ¶a ~ *girl* 친절한 소녀 / She is ~ *of* others. 그녀는 남들에 대해 이해심이 많다. **2** 사려 깊은, 신중한; (고어) 주의 깊은. ~**·ly** ⓐ ~**·ness** ⓝ

‡**con·sid·er·a·tion** [kənsìdəréiʃən] ⓝ (樂∼[-z]) **1** Ⓤ 고려, 고찰, 숙려(熟慮), 심사 숙고. ¶It is a matter for ~. 그것은 한번 생각해 보아야 할 (중요한) 일이다 / give a problem one's careful ~ 문제를 주의 깊게 고찰하다. **2** (결정할 때) 고려해야 할 사항[이유, 동기]. ¶I spared him from ~s *of* mercy. 불쌍해서 그를 용서해 주었다. **3** (숙고 끝에 얻은) 생각, 사상. ¶an interested ~ 자기만을 위한 생각 / *personal* ~s 개인적인 생각. **4** (a ~) 보수, 보답 (*for, of*). ¶a small ~ *for* her kindness 그녀의 친절에 대한 조그마한 보답. **5** 〔법률〕 약인(約因), 대가(對價); (법원에 의한 사건의) 심리. **6** Ⓤ 배려, 이해, 참작 (*for, of*). ¶show ~ *for* a person's position 남의 지위를 참작하다. **7** Ⓤ (드물게) 중요함, 중대함. ¶men *of* ~ 상당한 자리에 있는 사람들. **8** Ⓤ 존중, 존경.

after due consideration 충분히 고려한 끝에.

for a consideration 보수를 받고[받으면]. └경하다.

have consideration for …을 마음에 두다; …을 존

have no consideration for …을 고려하지 않다, 마음에 두지 않다; …을 존경하지 않다.

in consideration of [or *for*] ① …의 보수로서, …에 대한 보답으로, ② …을 고려해서.

leave…out of consideration …을 도외시하다.

on [or *under*] *no consideration* 절대로 …아니다 [않다] (never).

out of consideration for …을 참작해서, …을 봐

take…into consideration …을 고려[참작]하다.

the first consideration 첫째 요건, 가장 중요한 일.

treat a person with consideration 남을 정중하게 대우하다. └대우하다.

under consideration 고려[생각]중인.

con·sid·ered [kənsídərd] ⓐ **1** 깊이 생각한, 숙고한 끝의. **2** 존경받는, 중시되는.

‡**con·sid·er·ing** [kənsídəriŋ] ⓟ …을 고려하면, …으로서는; …에 비해. ¶a hearty old man ~ his age 나이에 비해 기력이 좋은 노인 / C— her age, she reads well. 그녀는 나이에 비해 잘 읽는다. —ⓐ (구어) (문미에 쓰여) 그런대로, 제법. ¶That's not so bad. ~. 그런대로 그렇게 나쁘지 않다 / He does well, ~. 그는 제법 잘한다. — ⓒ …이므로, …을 생각하면. ¶*C—* (*that*) *he was new to this business, he did very well.* 이 일이 처음인 점을 감안한다면 그는 아주 잘했다.

con·si·glie·re [kòːnsiljére] ⓝ (뭐∼**·ri** [-ri]) (마피아 두목의) 상담역; (美) 법률 고문. 〔<It〕

*****con·sign** [kənsáin] ⓥⓣ **1** …을 넘겨 주다, 인도하다; …을 맡기다, 위임하다, 말기다 (*to*). ¶(~＋囝＋前＋몀) ~ *a child to* a person's care 아이 돌보는 일을 남에게 맡기다 / ~ *one's soul to God* 자기의 영혼을 하느님에게 맡기다, ~ *money in* a bank 은행에 예금하다. **2** …을 충당하다, 할당하다 (*to*). ¶(~＋囝＋前＋몀) He ~ed this room *to* his private use. 그는 이 방을 자기 전용으로 했다. **3** (상업) 〔판매〕를 위탁하다; 〔상품〕을 탁송하다 (*to*). ¶(~＋囝＋前＋몀) ~ *goods to* an agent 상품의 판매를 대리점에 위탁하다.

— ⓥⓘ (폐어) 동의하다; 복종하다, 굴복하다.

be consigned to misery 비참한 신세가 되다.

consign the body to the flames [*watery grave*] 시체를 화장[수장]하다.

consign…to oblivion …을 잊어버리다.

~**·a·ble** ⓐ 위탁할 수 있는.

con·sig·na·tion [kànsignéiʃən/kɔ̀nsain-] ⓝ Ⓤ **1** (상업) 위탁, 공탁; 탁송. **2** 교부. └로 해서.

to the consignation of …앞으로, …을 수취인으로.

con·sign·ee [kànsaini:/kɔ̀n-] ⓝ (화물·상품의) 인수인; 수탁자. ⇨ consignor

con·sign·er [kənsáinər] ⓝ = consignor.

con·sign·ment [kənsáinmənt] ⓝ **1** Ⓤ 교부, 탁송, 위탁; 위탁 판매 (略 cons.). **2** (단·복수 양용) (상업) 탁송품, 위탁 화물; 위탁 판매품.

on consignment 위탁 판매로.

— ⓝ 위탁[탁송]된, 위탁의.

on consignment basis 위탁 생산[판매] 베이스로.

consígnment nòte (英) (항공편의) 위탁 화물 운송장, 출하 통지서(air waybill).

consígnment prodúction ⓝ 위탁 생산.

consígnment sàle [**sélling**] ⓝ 위탁 판매.

consígnment shèet ⓝ 화물 상환증.

con·sign·or [kənsáinər] ⓝ (위탁 판매의) 위탁자, (화물의) 발송인, 화주(貨主). ⇨ consignee

‡**con·sist** [kənsíst] ⓥⓘ **1** (부분·요소로) 이루어져 있다 (*of*) (＊ of 다음에는 성분·재료를 나타내는 복수 명사 또는 ~ 이상의 명사가 따른다). ¶(~＋前＋몀) *Most books* ~ *of several chapters.* 대부분의 책은 몇 개의 장으로 이루어져 있다 / *Our dinner* ~*ed of three courses only.* 우리 정찬에는 세 코스밖에 나오지 않았다. **2** (…에) 있다, 존재하다, 내재하다 (*in*). ¶(~＋前＋몀) *In what does happiness* ~? 행복이란 무엇이냐? / *Wisdom does not* ~ *only in knowing facts.* 지혜라는 것은 그저 사실을 알고 있다는 것만은 아니다 (＊ in 다음에는 내재적(內在的) 관계를 나타내는 추상명사 또는 동명사가 따른다). **3** 양립하다, 조화하다 (*with*). ¶(~＋前＋몀) *Health* ~*s with temperance.* 건강은 절제와 함께한다. **4** (고어) 공존하다, 두 존속하다.

cón·sist [kánsist/kɔ́n-] ⓝ 〔철도〕 (기관차를 제외한) 열차의 편성 (차량); 열차 편성표(表).

*****con·sist·en·cy** [kənsístənsi] ⓝ Ⓤ **1** (물질의) 단단함, 경도(硬度). **2** (액체의) 농도, 밀도; 점도, 점성. **3** (인격 등의) 견고함, 절조(節操); 지속성. ¶an endeavor of lasting ~ 지속적인 노력. **4** 양립함, 모순되지 않음, 조화 (*with*); (주의·언동 따위의) 일관성, 언행 일치 (*in, of*). ¶~ *in* one's behavior 행동의 일관성. **5** 〔논리·수학〕 무(無)모순성. (또는 **consistence**)

*****con·sist·ent** [kənsístənt] ⓐ **1** (의견 따위가) 일치하는, 양립하는, 모순되지 않는 (*with*). ¶It is not ~

with what you told me before. 그것은 당신이 전에 말한 것과 다르다. **2** (주의·방침 따위가) 변함없는, (사람이) 시종 일관된, 언행이 일치하는 (*in*); 견실한; 절조 있는. ¶He is not ~ *in* his action. 그의 행동은 앞뒤가 맞지 않는다. **3** 결합하는, 응집하는. **4** 〔고어〕 고정된, 확고한. **5** 〔논리·수학〕 (이론이) 모순이 없는.

con·sist·ent·ly [kənsístəntli] ⑨ **1** 끊임없이, 항상. **2** 일관되게, 착실히.

con·sis·to·ry [kənsístəri] ⑨ **1** 교회 회의, 종교 법원; 그 회의실; 그 집회. **2** 〔가톨릭〕 (교황이 소집하는) 추기경 회의. **3** 〔종종 C-〕〔영국교회〕 주교 회의(C~ Court); 〔장로교회〕 장로회. **4** (일반적으로) 집회, 회의. **còn·sis·tó·ri·al, còn·sis·tó·ri·an** ⑨

con·so·ci·ate [kənsóuʃiət, -ʃièit] ⑨ 연합[합동]한; 합병[제휴]한. —— [kənsóuʃièit, -ʃièit] 제휴자, 조합원. —— [kənsóuʃièit, -si-] ⑨ 연합[합동]하다; 합병[제휴]하다 (*with*).

con·so·ci·a·tion [kənsòusiéiʃən, -ʃi-] ⑨ **1** ⓤ 연합, 결합. **2** 〔기독교〕 (회중파의) 협의회. **3** 〔생태〕 우 군집(優群集). ~·al ⑨ ~·al·ism ⑨ 정치 연합.

con·sol [kánsəl, kənsál/kɔ́nsɔl] ⑨ ⇒CONSOLS.

consol. consolidated. 〔음이 진정되는.

con·sol·a·ble [kənsóuləbl] ⑨ 위안할 수 있는, 마

*con·so·la·tion [kànsəléiʃən/kɔ̀n-] ⑨ **1** ⓤ 위안, 위로. ¶spiritual ~ 정신적 위안 /find ~ *in* studying 연구에서 위안을 찾다. **2** (a ~) 위안을 주는 사람, 위안해 주는 것[사실]; 〔완곡〕 애인, 연인. **3** 〔스포츠〕 패자전. **4** 〔⑨〕 패자 부활(전)의. 〔위 결정전.

consolátion final 〔스포츠〕 (9-16위까지의) 순

consolation mòney ⑨ 위자료.

consolátion prìze ⑨ 보상(賞), 감투상.

consolation ràce[màtch, stàkes] ⑨ (경주·시합·경마 따위의) 패자 부활전.

con·sol·a·to·ry [kənsálətɔ̀ːri/-sɔ́lətəri] ⑨ 위안의, 위안이 되는. **-ri·ly** ⑨ **-ri·ness** ⑨

‡**con·sole¹** [kənsóul] ⑨⑤ (~s [-z]; ~d; -sol·ing) […의 슬픔(고통 따위)을 덜다] 위로하다, 힘내게 하다 (*for, on*); 〔재귀용법으로〕 …에 만족하다, 납득하다. ⇒COMFORT 〔유의어〕¶ ~ oneself by thinking … 그리고 생각해서 자위하다 /Nothing could ~ her grief, 아무도 그녀의 슬픔을 달랠 수는 없었다. **-sól·a·ble** ⑨ **-sól·er** ⑨ **-sól·ing·ly** ⑨

con·sole² [kánsoul/kɔ́n-] ⑨ 콘솔. **1** (오르간의) 연주대(건반 (keyboard)과 페달(pedal) 따위를 포함). **2** (방바닥에 놓는 대형 스테레오·텔레비전 등의 캐비닛. **3** =~ table. **4** 〔건축〕 소용돌이꼴 까치발; 〔컴퓨터 등의〕 조작[제어] 테이블; (비행기의 관제용 계기반; (기계·기기 등의) 제어 장치.

[console² 4]

cónsole mìrror ⑨ 까치발로 벽에 받쳐 단 거울.

cónsole tàble ⑨ (소용돌이꼴 까치발의 다리로) 벽에 붙여진 작은 테이블.

con·so·lette [kànsəlét/kɔ̀n-] ⑨ (TV·전축 따위를 넣는) 소형 캐비닛.

*con·sol·i·date [kənsálədèit/ -sɔ́l-] ⑤⑧ **1** (학교·회사 따위를) 합병하다; (흩어져 있는 것을) 하나로 뭉치다, 통합하여 …으로) 하다 (*into*). ¶ ~ one's estates 재산을 정리하다 /~ (+⑧+名) two companies *into* one 두 회사를 한 회사로 합병하다. **2** (구어) 정리하다. ¶ ~ his library 서재를 정리하다. **3** (권력·지위 따위)를 공고히 하다; 〔군사〕 〔진지〕를 강화하다. ¶ ~ one's power 권력을 강화하다. — ⑧ **1** 하나로 되다, 통합되다, 합병되다. **2** 굳어지다, 튼튼해지다. ⑨ 통합된, 합병된, 합쳐진; 강화된. ⑨ **1** 굳

con·sol·i·dat·ed [kənsálədèitid/-sɔ́l-] ⑨ **1** 굳 혀진, 강화된, 단단히 다져진. **2** 합병된, 통합된. ¶a ~ bond 정리 공채 /a ~ railroad 연합 철도. **3** 〔회계〕 모회사와 자회사의 재무 내용을 묶은. ¶a ~ balance sheet 연결[결합] 대차 대조표.

consólidated annúities ⑨⑧ =consols.

consólidated fináncial státement ⑨ 〔회계〕 연결[결합] 재무 제표(財務諸表).

consólidated fúnd ⑨ (the ~) (영) 정리 공채 기

consólidated schóol ⑨ (미) 통합 학교.

*con·sol·i·da·tion [kənsàlədéiʃən/-sɔ̀l-] ⑨ **1** ⓤ (회사 따위의) 합병, 통합 (부채 따위의) 정리. ¶ ~ of public loans 공채의 정리 /~ of banks 은행의 합병. **2** ⓤ (화물의) 혼재(混載)하는, 혼재 화물 취급(groupage). **3** ⓤ 단단히 다지기, 강화. ¶ ~ of an empire 제국의 강화. **4** 통합체, 합병체, 통일체.

con·sol·i·da·tor [kənsálədèitər/-sɔ́l-] ⑨ **1** 통합자, 정리자, 통합하는 사람. **2** 혼재 (수송)업자(회사). **3** 굳히는 사람[물건], 강화하는 사람[물건].

con·sol·i·da·to·ry [kənsálədətɔ̀ri/-sɔ́lidətəri] ⑨ 통합하는, 합병하는; 굳히는, 다지는, 공고히 하는.

cónsol màrket ⑨ (the ~) (런던 거래소내의) 콘솔 [공채] 시장.

con·sols [kánsəlz/kɔ́nsɔlz] ⑨⑧ (영국의) 콘솔 공채(公債), 정리 공채(1751년에 이율이 다른 각종 공채를 정리해서 이율을 통일한 것). (또는 **bánk annúities**) 〔<*consol*idated annuities〕

con·som·mé [kànsəméi/kɔ̀nsəmei] ⑨ⓤ 콩소메, 맑은 수프. 〔<F〕

con·so·nance [kánsənəns/kɔ́n-] ⑨ⓤ **1** 조화, 일치. **2** (음의) 조화, 쾌조. **3** ⓤⓒ 〔음악〕 협화, 협화음 (⑧ dissonance). **4** ⓤ 〔운율〕 자운(자음만의 압운(押韻)) assonance). **5** 〔물리〕 공명(共鳴)(resonance). (또는 **consonancy**)

*in [out of] consonance with …와 일치[조화]하는

*con·so·nant [kánsənənt/kɔ́n-] ⑨ **1** 〔음성〕 자음(音) vowel). **2** 자음자(字). —— ⑨ **1** 일치하는, 조화하는, 모순되지 않는 (*with, to*) (⑧ dissonant). ¶actions ~ *with* one's character 성격과 합치하는 행위 /a rule ~ *to* reason 합리적인 규칙. **2** (어음(語音)이) 유사한. **3** (음의) 조화하는, 화음의 (⑧ dissonant). **4** 〔음악〕 협화음의 (⑧ dissonant). **5** 〔음성〕 자음의(consonantal). **6** 〔물리〕 공명의, 공명하는. ~·**like** ⑨ ~·**ly** ⑨

con·so·nan·tal [kànsənǽntl/kɔ̀n-] ⑨ 자음의, 자음성의(子音性의). (또는 **consonantic**) ~·**ly** ⑨

con·so·nan·tal·ize [kànsənǽntəlàiz/kɔ̀n-] ⑧ (음)을 자음화하다. **-nàn·tal·i·zá·tion** ⑨

con·so·nant·ism [kánsənəntìzm/kɔ́n-] ⑨ 〔언어〕 (특정 언어의) 자음 체계.

cónsonant shíft ⑨ 〔언어〕 자음 추이(推移)(어느 언어의 발전 단계에서 자음 음소의 발음이 변화하는 것).

cónsonant sỳstem ⑨ 〔음성〕 자음 조직.

con·sor·di·no [kan sɔːrdíːnou, koun-/kɔn-] ⑨ 〔음악〕 약음기(mute)를 붙여서. 〔It〕

*con·sort [kánsɔːrt/kɔ́n-] ⑨ **1** 배우자; (보통 국왕의) 배우자. ¶a prince ~ 여왕의 부군(夫君) /a queen ~ 중궁, 왕비. **2** 동료, 짝. **3** 동행 선박(함정). **4** 〔음악〕 합주단, 합창대. **5** 일치, 조화; 연합, 제휴, 협동.

*in consort with …와 협력해서, …와 함께.

—— [kənsɔ́ːrt] ⑧ **1** 교제하다, 사귀다(*together*) (*with*). ¶ (~+[前]+[名]) Do not ~ *with* thieves. 도둑들과 어울리지 마라. **2** 일치하는, 조화하다 (*with*). ¶ (~+[前]+[名]) Pride does not ~ well *with* poverty. 긍지는 가난과 잘 어울리지 않는다. —— ⑧ …을 조화시키다; 친구로 삼다.

-sórt·a·ble ⑨ **-sórt·er, -sórt·ion** ⑨

con·sor·ti·um [kənsɔ́ːrʃiəm/-tiəm] ⑨ (⑧ **-ti·a** [-ʃiə(-tiə)]) **1** 〔경제〕 (대형 사업의) 합작 기업, 콘소시엄; 〔개발 도상국에 대한〕 국제 차관단, 채권국 회의. **2

(학교나 단체의) 연합, 제휴; 협회, 조합. 3 〔법률〕 부부 공동 생활 권익. **-ti·al** 형 〔<L〕

con·spe·cif·ic [kànspisífik/kɔ̀n-] 형 〔동·식물〕 같은 종(種)의. —명 〔줄거리, 개요

con·spec·tus [kənspéktəs] 명 개설, 개관; 요지.

‡**con·spic·u·ous** [kənspíkjuəs] 형 (more ~; most ~) 1 잘 보이는, 똑똑히 보이는, 눈에 잘 띄는. ¶a ~ landmark 잘 보이는 육표(陸標). 2 (남의) 이목을 끄는, 돋보이는, 이채로운; 저명한 (for). ⇨OUTSTANDING 유의어 ¶a ~ man 이채를 띠는 인물.

be conspicuous by its[a person's] absence 그것[남]이 없는 것이 오히려 이상하다. 「타내다.

cut a conspicuous figure 이채를 띠다, 두각을 나

make oneself conspicuous 돋보이게 행동하다.

còn·spi·cú·i·ty 명 **~·ly** 부 **~·ness** 명

conspícuous consúmption [wáste] 〔경제〕 (재산·신분 따위를 자랑하기 위한) 과시적 소비.

*con·spir·a·cy** [kənspírəsi] 명|U|C| 1 모의(謀議), 공모, 음모(plot)(*against, to*); 음모단. ¶unmask a ~ 음모를 폭로하다/a ~ *against* the government 정부 타도의 음모//a ~ *to* hijack an airplane 비행기 납치 음모. 2 〔법률〕 공동 모의. 3 공동 행위, 결탁. 4 (어떤 결과를 가져오게 한 요인의) 겹침, 동시 발생.

in conspiracy 공모[작당]하여.

take part in conspiracy 한 패에 가담하다.

-a·tive 명 「묵하자는 약조.

conspiracy of sílence 명 (불리한 일에 대해) 침

conspíracy théory 명 음모설(역사적 사건 따위를 음모 측면에서 해석하는 것).

con·spi·ra·tion [kànspəréiʃən/kɔ̀n-] 명 협력; (폐어) 모의. **~·al** 명 (plotter).

*con·spir·a·tor** [kənspírətər] 명 음모자, 공모자

*con·spir·a·to·ri·al** [kənspìrətɔ́:riəl] 명 음모의, 공모의. **~·ly** 부

*con·spire** [kənspáiər] 동자 1 (…에게/…하려고) 음모를 꾸미다[꾀하다](*against/to do*); (…와) 공모하다(*with*). ¶(~+전+명) ~ *against* a person's life 남을 죽이려는 음모를 꾸미다. 2 협력하여서 도와서 …하다 (*to do*); (어떤 결과를 가져오도록 사정이) 겹치다, 일시에 일어나다. ¶(~+*to do*) All things ~*d to* make him prosperous. 이러저러한 일이 모두 원인이 되어 그는 성공했다. —타 …을 획책하다, 모의하다, 꾸미다. ¶~ a crime 범죄를 모의하다. **-spír·er** 명

con·spír·ing·ly [kənspáiəriŋli] 부 공모해서.

con spír·i·to [kan spíritou, koun-/kɔn-] 부 〔음악〕 활기 있게, 힘차게. 〔<It with spirit〕

cons't. consignment. **const.** constable; constant; constituent; constitution; construction.

Const. Constantine; Constantinople; Constitution(al).

*con·sta·ble** [kánstəbl/kʌ́n-] 명 1 보안관, 치안관. 2 (英) 경찰관, 순경. 3 (중세 군주국의) 군 총사령관; (왕실의) 장관. ¶the C– of France (프랑스 왕조 시대의) 궁내 장관/the Lord High C– of England (중세의) 영국군 총지휘관. 4 (성(城)의) 성주, 관리 장관.

outrun [or *overrun*] *the constable* 빚을 지다; 경찰의 손[법망]을 벗어나다.

~·ship 명

con·stab·u·lar [kənstǽbjulər] 명 =constabulary.

con·stab·u·lar·y [kənstǽbjulèri/-ləri] 명 〔집합적; 단·복수 양용〕 경찰의 관할구; (한 관할구의) 경찰대; (군대식 조직의) 보안대. —명 경찰관[경찰대]의.

Con·stance [kánstəns/kɔ́n-] 명 Lake ~ 콘스탄츠 호(독일·오스트리아·스위스 접경의 호수).

*con·stan·cy** [kánstənsi/kɔ́n-] 명|U| 1 (애정·충성 따위의) 불변(성), 항구성; 지조가 굳음, 충실, 절개. ¶eternal ~ 영원한 절개. 2 (질·상황 따위의) 한결같음. 3 〔심리〕 항상성(恒常性). (생태) 항존성(恒存性).

for a constancy 영구적인 것으로서, 영속적으로.

‡**con·stant** [kánstənt/kɔ́n-] 형 (more ~; most ~) 1 (상황·질 따위가) 불변의, 일정한, 한결같은. ¶as ~ as the northern star 북극성처럼 변함없는. 2 (동작·상태가) 부단의, 끊임없는: 규칙적으로 되풀이되는, 빈번하게 발생하는. ⇨CONTINUAL 유의어 ¶~ trouble 끊임없이 일어나는 골칫거리. 3 (지조·애정 따위가) 변함없는, 흔들림이 없는, 굳은, 확고한 (*in, to*). ⇨FAITHFUL 유의어 ¶a ~ lover[friend] 변함없는 애인[친구]/be ~ *to* one's wife 아내에게 성실하다. —명 1 변하지 않는 것. 2 〔물리〕 불변량[수]. 3 〔수학〕 상수(常數), 불변수, 율. ¶the circular ~ 원주율.

con·stant·an [kánstəntæ̀n/kɔ́n-] 명 콘스탄탄 (구리와 니켈의 합금). 〔친구: (美俗어) (완곡적) 애인.

cónstant compánion 명 영원한 동반자, 성실한

cónstant dóllar 명 〔경제〕 불변[고정] 달러(昇)(기준년도의 물가지수로 조정해 인플레이션 부분을 뺀 실질 달러화 가치; 7 C$).

Con·stan·tia [kənstǽnʃə/kɔn-] 명|U| 콘스탄시아 포도주(남아프리카 Cape Town 부근산(産)).

Con·stan·tine [kánstəntìn/kɔ́nstəntàin] 명 1 콘스탄티누스 1세(?-715: 로마 교황). 2 ~ **the Great** 콘스탄티누스 대제(大帝)(280?-337: 로마 황제; Constantinople을 건설; 기독교를 공인).

*Con·stan·ti·no·ple** [kànstæntənóupl/kɔ̀n-] 명 콘스탄티노플(터키 Istanbul의 옛 이름).

cón·stant-lév·el ballóon [-lévəl-] 명 (대기중의 데이터 수집용) 정고도(定高度)[정기압] 기구(氣球).

‡**con·stant·ly** [kánstəntli/kɔ́n-] 부 (more ~; most ~) 1 변함없이, 끊임없이, 빈번하게. 2 (구어) (진행형과 함께) 늘, 언제나. 「명; 단언; 주장.

con·sta·ta·tion [kànstətéiʃən/kɔ̀n-] 명 확언, 증

con·sta·tive [kɑ́nstéitiv] 명 〔언어〕 진술적인, (사실) 확인의. ¶a ~ sentence 진술문. —명 진술문, 사실 확인문; 확인적인 발언.

con·stel·late [kánstəlèit/kɔ́n-] 동 (성좌의 별처럼) 떼를 짓다[짓게 하다], 촘촘히 차다[박히다] (cluster); 성좌[성군]을 이루다. ¶a ~*d* sky 별이 총총한 하늘.

*con·stel·la·tion** [kànstəléiʃən/kɔ̀n-] 명 1 〔천문〕 별자리, 성좌; (별자리가 차지하는) 천계(天界)의 구분. ¶a ~ in the northern hemisphere 북반구의 별자리. 2 〔점성〕 성운(星運), 성위(星位). 3 (유사한 것의) 집합체. 4 (비유적) 기라성 같은 모임[무리], 화려하게 차려입은 신사 숙녀의 모임(galaxy). ¶a ~ of wits and beauties 기라성 같은 미인과 재사(才士)들. 5 형(型); (조직적인) 배치, 배합.

~·al, con·stel·la·to·ry [kənstélətɔ̀ːri/-təri] 명

con·ster·nate [kánstərnèit/kɔ́n-] 동타 (수동형으로) …을 깜짝 놀라게 하다, 당황케 하다. ¶be ~*d* at the news 그 소식을 듣고 대경 실색하다.

con·ster·na·tion [kànstərnéiʃən/kɔ̀n-] 명|U| 대단한 놀람, 경악(astonishment, dismay).

throw a person into consternation 남을 깜짝
to one's consternation 놀랍게도. 「놀라게 하다.
with [or *in*] *consternation* 경악해서.

con·sti·pate [kánstəpèit/kɔ́n-] 동타 1 (수동형으로) …을 변비에 걸리게 하다. ¶be ~*d* 변비에 걸려 있다. 2 움직임없게 하다. 3 (구어) 방해하다.

con·sti·pa·tion [kànstəpéiʃən/kɔ̀n-] 명|U| 변비.

con·stit·u·en·cy [kənstítʃuənsi/-tju-] 명 1 〔집합적; 단·복수 양용〕 선거구민, 유권자. 2 선거구. ¶a three[single-member] ~ 정원 3인 선거구[소선거구]. 3 〔집합적〕 지지자층, 후원 단체; 구독자[고객]층.

nurse [or *strengthen*] *one's constituency* (英) (의원이) 선거구의 기반을 다지다. 「차지하다.

sweep a constituency 선거구에서 압도적 다수를

*con·stit·u·ent** [kənstítʃuənt/-tju-] 형 1 구성하는, 구성 요소[성분]를 이루는. ¶the ~ parts of bread

빵의 성분. **2** 선거[지명]권이 있는; 헌법 제정[개정]권을 가진. **—**[명] **1** (구성) 요소, 성분, 구성물. ⇨ELEMENT [유의어] ¶three great ~*s* of modern education 현대 교육의 3대 요소. **2** 선거인, 선거구민. **3** 〔법률〕 대리 지정인, (대리인에 대해) 본인(principal). **4** 〔문법〕 (문장의) 구성 요소, 성분. **~·ly** [부]

Constituent Assémbly [명] (the ~) 〔프랑스 역사〕 국민 의회(1789–91); (c– a–) 제헌 의회.

constituent bódy [명] 선거 모체(母體)(유권자의 총체).

constituent pówer [명] 헌법 제정[개정]권.

constituent strúcture [명] 〔언어〕 구(句) 구조.

‡con·sti·tute [kánstətjùːt/kɔ́nstitjùːt] [동][타] (**-tut·ed**; **-tut·ing**) **1** (요소로서) …을 구성하다, …의 일부를 이루다; 《수동형으로》 〔사람〕을 (체격적·체질적으로) …의 상태로 만들다. ¶Seven days ~ a week. 7일로 1주일이 된다 // (~+[目]+[副]) She is *delicately* ~*d*. 그녀는 몸매가 우아[연약]하다. **2** …을 (…에) 임명하다, 선정하다; …을 (…으로) 만들다. ¶~ him chairman 그를 의장으로 선출하다. **3** 〔법률〕을 제정하다; 〔기관 등〕을 설립하다. ¶~ an acting committee 임시 위원회를 설치하다. **4** 〔회의·법정 등〕에 대해 법적인 형식을 부여하다, …을 합법화하다; …을 성립시키다. **5** 〔위협 따위〕를 가하다; 〔어떤 상태 따위〕를 만들어 내다, 야기하다; (가치·의의 따위가) …와 같다, 다름없다 (*to*). **6** 《고어》 …을 두다.

constitute** *oneself** 스스로 …이 되다. ¶~ *oneself* a guide 안내역을 자청해 나서다.

con·sti·tut·ed [kánstətjùːtid/kɔ́nstitjùːtid] [형] 구성된; 임명[선출]된; 제정[설립]된. ¶the ~ authorities 당국, 관헌; 현직원.

‡con·sti·tu·tion [kɑ̀nstətjúːʃən/kɔ̀nstitjúː-] [명] ([복] ~**s** [-z]) **1** [U] 구성, 구조, 조직. ¶the physical ~ of the sun 태양의 물리적 구조. **2** [U][C] 체격, 체질; 성질, 기질; 건강. ¶a man of delicate ~ 몸매[체질]가 우아[연약]한 사람 / have a gentle ~ 성질이 온화하다. **3** 헌법, 국가 기본법(특정국 헌법을 가리킬 때는 the C–); (회사·단체 따위의) 정관; 규약, 규칙. ¶a written ~ 성문 헌법 / establish a ~ 헌법을 제정하다 / amend the ~ 헌법을 개정하다. **4** 관습, 관행; 법령. **5** [U] (법률 따위의) 제정, (위원회 따위의) 설립, (사람의) 임명; 선임(appointment). **6** 형성, 편성. **7** 정체(政體).

by constitution 타고난[나기를]; 본질적으로.

have a cold constitution 냉한 체질이다.

suit [or ***agree with***] *one's* ***constitution*** 체질[성미]에 맞다.

undermine *one's* ***constitution*** 몸을 망치다.

***con·sti·tu·tion·al** [kɑ̀nstətjúːʃənl/kɔ̀nstitjúː-] [형] **1** 체격의, 체질의; 기질상의, 타고난. ¶a ~ weakness [*or* infirmity] 타고난 허약(체질). **2** 보건·건강을 위한, 건강에 좋은. ¶a ~ walk 건강을 위한 산책. **3** 구성상의, 조직상의; 본질적인, 근본적인. **4** 헌법(상)의, 입헌적인, 입헌 정치의; 합헌(合憲)의, 합법적인. ¶a ~ crisis 헌법의 위기 / a ~ law 헌법에 준거한[합헌적인] 법률. **—**[명] 《경멸적》 건강을 위한 산책[운동]. ¶take a ~ 건강을 위해 산책하다.

constitútional assémbly [명] (the ~) 헌법 제정 회의.

Constitútional Convéntion [명] (the ~) 〔美역사〕 헌법 제정 회의(1787년 5월 Philadelphia에서 개최); 헌법 (제정) 회의.

constitútional cóurt [명] 헌법 재판소.

constitútional fórmula [명] 〔화학〕 구조식.

constitútional góvernment [명] 입헌 정치.

con·sti·tu·tion·al·ism [kɑ̀nstətjúːʃənəlizm/kɔ̀nstitjúː-] [명][U] **1** 입헌주의; 헌정 옹호, 호헌주의. **2** 입헌 정치, 입헌 제도.

con·sti·tu·tion·al·ist [kɑ̀nstətjúːʃənəlist/kɔ̀nstitjúː-] [명] 입헌주의자, 헌법 옹호자; 헌법학자.

con·sti·tu·tion·al·i·ty [kɑ̀nstətjùːʃənǽləti/kɔ̀nstitjùː-] [명][U] 입헌성; 합헌성, 합법성.

con·sti·tu·tion·al·ize [kɑ̀nstətjúːʃənəlàiz/kɔ̀nstitjúː-] (＊《英》 **-ise**) [동][타] …에 헌법을 시행하다, …을 입헌 제도화하다. **-i·zá·tion** [명]

con·sti·tu·tion·al·ly [kɑ̀nstətjúːʃənəli/kɔ̀nstitjúː-] [부] **1** 체질상, 체질적으로. ¶be ~ infirm 체질적으로 허약하다. **2** 성격적으로, 선천적으로. ¶be ~ oversensitive 선천적으로 신경 과민이다. **3** 구조상, 구조적으로. **4** 입헌적으로, 헌법상; 합법적으로.

constitútional mónarchy [명] 입헌 군주제[국].

constitútional psychólogy [명] 체질(體質) 심리학.

Constitútion Stàte [명] (the ~) 헌법주(미국 Connecticut 주의 별칭).

con·sti·tu·tive [kánstətjùːtiv/kɔ́nstitjùː-] [형] **1** 구성하는, 성분을 이루는 (*of*); 구성 요소의; 구조의. ¶~ elements 구성 분자. **2** 본질적인. ¶~ components 본질적 요소. **3** 제정권이 있는, 설정권이 있는. **~·ly** [부]

con·sti·tu·tor [kánstətjùːtər/kɔ́nstitjùː-] [명] 구성자, 조직자; 제정자, 설정자. (또는 **constituter**)

constr. construction; construed.

‡con·strain [kənstréin] [동][타] (~**s** [-z]) **1** …을 강제하다, 강요하다; 《수동형으로》 〔남〕에게 억지로 …하게 하다 (*to* do). ⇨FORCE [유의어] ¶~ obedience 복종을 강요하다 // (~+[目]+*to* do) ~ a person *to* work 남에게 억지로 일을 시키다. **2** …을 가두다, 감금하다, 속박하다. ¶ (~+[目]+[前]+[名]) He was ~*ed in* the prison. 그는 감옥에 갇혔다. **3** …을 억제하다.

be constrained to *do* 부득이 …하다.

constrain *a person* ***from*** *doing* 남에게 …하지 못하게 하다.

constrain *one****self*** 무리를 하다; 자제하다.

feel constrained …을 하지 않을 수 없다고 생각하다 (*to* do); 부자연스런[거북한, 갑갑한] 느낌이 들다.

~·a·ble [형] **~·er** [명] **~·ing·ly** [부]

con·strained [kənstréind] [형] **1** 강제적인, 강요된. ¶~ obedience 강제적인 복종. **2** 억지로 지은, 굳어진, 경직된, 어색한, 부자연스러운; 갑갑한. ¶a ~ manner 부자연스러운 태도 / a ~ smile 억지 웃음. **-strain·ed·ly** [-stréinidli] [부]

constráin·ing fórce [kənstréiniŋ-] [명] 〔물리〕 속박력.

***con·straint** [kənstréint] [명][U] **1** 제한, 속박, 구속; (감정 따위의) 억제. **2** (태도 따위의) 부자연스러움, 뻣뻣함, 어색함, 당혹; 삼감. ¶feel [*or* show] ~ in a person's presence 남 앞에서 거북스러워하다. **3** 강제, 압박(감); [C] 강제[속박]하는 물건(*on*). **4** 〔언어〕 제약.

by constraint 억지로, 무리하게.

under [or ***in***] ***constraint*** 압박을 받아.

with constraint 스스럽게.

without constraint 스스럼없이; 기탄없이.

con·strict [kənstríkt] [동][타] **1** …을 단단히 죄다[조르다], 압축하다. ¶The bottle is ~*ed* in the middle. 그 병은 가운데가 잘록하다. **2** …의 자연스런 발전[추이, 발육]을 저해하다; 〔움직임 따위〕를 속박하다. **—**[자] 수축하다, 오그라들다.

con·strict·ed [kənstríktid] [형] 죄인, 잘록한; 압박된; 갑갑한; 좁은. ¶a ~ view of life 편협한 인생관.

con·stric·tion [kənstríkʃən] [명] **1** [U] (단단히) 죔, 조름, 압축. **2** (흉부(胸部) 따위의) 죄어지는 느낌, 압박감 (*in*). ¶~ *in* one's chest 흉부의 압박감. **3** 압축된 부분, 잘록한 부분; 죄는 물건. **4** [U] 〔음성〕 (성대의) 협착(狹窄), 수축; 〔생리·병리〕 협착.

con·stric·tive [kənstríktiv] [형] 단단히 죄는, 압축하는, 수축성의; 〔음성〕 협착(음)의. **—**[명] 〔음성〕 마찰음(fricative). **~·ly** [부] **~·ness** [명]

con·stric·tor [kənstríktər] [명] **1** 먹이를 졸라 죽이는 큰 뱀. **2** 〔해부〕 괄약근(括約筋), 수축근. **3** 압박하는 사람[물건]; 압박기(器).

con·stringe [kənstrínd͡ʒ] [동][타] …을 죄다, 압착하다; 수렴시키다.

con·strin·gen·cy [kənstríndʒənsi] 몡 ⓤ 수축성.
con·strin·gent [kənstríndʒənt] 휑 압축[수축]시키는; 수축성의, 수렴성(收斂性)의. ―**bíl·i·ty** 몡
con·stru·a·ble [kənstrúːəbl] 휑 해석할 수 있는.
‡**con·struct** 동타 [kənstrʌ́kt] **1** (부품 따위)를 조립하다; (철도·다리 따위)를 건설[부설]하다, (건물 따위)를 세우다(쥰 BUILD 유의어 destroy). ¶ ~ a house 집을 짓다. **2** (이론·글·계획 따위)를 구성하다, 고안하다, …을 궁리하다, 생각해 내다. ¶ ~ a theory 이론을 구축하다 / ~ the plot of a novel [play] 소설[연극]의 줄거리를 구성하다. **3** (기하) …을 작도하다. ― 몡 [kánstrʌkt/kɔ́n-] **1** 건조물, 구조물, **2** (심리) 복합 개념(심상); (법) 구문; (미술) (구성주의) 작품. **~·er** 몡 건설[건조]자. **~·i·ble** 휑
‡**con·struc·tion** [kənstrʌ́kʃən] 몡 (⑧ **~s** [-z]) **1** ⓤⓒ 건설, 건조, 건축(☞ destruction); 건축 기술, 건축; 건축 공사. ¶ a bridge of recent ~ 최근에 건설된 다리 / It has been four years in ~. 착공한 지 4년이 된다. **2** ⓤ 건축 양식, 건축법, 구성. ¶ objects of similar ~ 비슷한 건축 양식의 건물. **3** 건물, 건조물; ⓤ 건축업(계). ¶ a flimsy [solid] ~ 약한 [견고한] 건물. **4** (법) 구문, 구조, 어구의 구성. **5** (법률·원문·행위 따위의) 해석, 설명. **6** ⓤ (기하) 작도. **7** ⓤ (심리) 구성 작용. **8** 3차원의 예술 작품, 입체 구성.
bear a construction (…하게) 해석되다.
put a bad [good] construction on …을 나쁘게 [좋게] 해석하다. *…* 설중인, 공사중인.
under [or *in* (*the*) *course of*] *construction* 건조중[공사중]의.
con·struc·tion·al [kənstrʌ́kʃənəl] 휑 **1** 건설의; 구조상의, 구성적인. **2** 해석상의. **~·ly** 분
con·struc·tion·ist [kənstrʌ́kʃənist] 몡 **1** (美) (법률 등의) 해석자. **2** (미술) 구성파 화가(Constructivist). **-ism** 몡 [대한] 건설 (단기) 융자.
constrúction lòan (금융) 건설 프로젝트에 대한 건설 융자.
constrúction pàper 미술 공작용 색판지.
*****con·struc·tive** [kənstrʌ́ktiv] 휑 **1** (사고 따위가) 건설적인(☞ destructive); ~ criticism [opinion] 건설적인 비평[의견]. **2** 구조[구성]적인, 구조[구성]상의. ¶ ~ faculty 구성력. **3** (다른 사실 따위로부터의) 추정에 따른. **4** (법률) 법정(法定)의, 추정의, 해석상의, 의제(擬制)의, 준(準)…. ¶ a ~ crime 준범죄 /a ~ fraud 법정 사기. **5** (기하) 작도의. **~·ly** 분 **~·ness** 몡
constrúctive dismíssal (英) (법률) 추정적 해고 (표면적으로는 자발적 퇴직이지만 실상은 부당 해고의 일종으로 간주되는 퇴직).
constrúctive interférence (물리) 건설적 간섭 (둘 이상의 동일 진동파가 겹쳐 강한 진폭을 이루는 것).
Con·struc·tiv·ism [kənstrʌ́ktivìzm] 몡 (종종 c-) ⓤ (미술) 구성주의(20세기 초에 러시아 미술가들 사이에 일어난 추상파의 신운동); (연극) 구성주의(추상적이고 단순화·양식화된 무대 장치를 쓴다). **-ist** 몡형
con·struc·tor [kənstrʌ́ktər] 몡 **1** 건조자, 건설자. **2** 조선 기사. (또는 **constructer**)
*****con·strue** 동 [kənstrúː] 타 **1** …을 (…으로) 뜻으로 파악하다, …을 해석[설명]하다; …을 추론하다(infer) (*as*). ¶ Different lawyers may ~ the same law differently. 법률가가 다르면 같은 법률도 달리 해석될 수가 있다. **2** …을 번역[해석]하다 (*into*). **3** (문장)의 구문법(syntax)을 설명하다, (문장)을 구성 요소로 분석하다. **4** (단어·구)를 짝맞추다, 문법적으로 결합하다. **5** (~ + 目 + 前 + 名) The verb 'rely' is usually ~*d with* the preposition 'on' or 'upon'. 동사 rely는 보통 전치사 on 또는 upon과 함께 쓰인다. ― 자 문법적으로 분석되다[해석되다]. ― 몡 [kɑ́nstruː/kɔ́nstruː] ⓤ 직역, 축어역; 구문 분석. **con·strú·er** 몡
con·sub·stan·tial [kànsəbstǽnʃəl/kɔ̀n-] 휑 동질(同質)의, 동체의. **~·ly** 분
con·sub·stan·tial·ism [kànsəbstǽnʃəlìzm/

kɔ̀n-] 몡 ⓤ (신학) 양체 공존설. **-ist** 몡
con·sub·stan·ti·al·i·ty [kànsəbstæ̀nʃiǽləti/kɔ̀n-] 몡 ⓤ 동질, 동체(임).
con·sub·stan·ti·ate [kànsəbstǽnʃièit/kɔ̀n-] 동타 **1** (신학) 양체(兩體) 공존설을 믿다[설명하다]. **2** 동질[동체]로 되다. ― 자 **1** …을 동질[동체]로 하다. **2** …을 동질[동체]로 간주하다.
con·sub·stan·ti·a·tion [kànsəbstæ̀nʃiéiʃən/kɔ̀n-] 몡 ⓤ (신학) 양체 공존설(성찬의 빵과 그리스도의 몸, 포도주와 그리스도의 피가 동질이라는 설).
con·sue·tude [kɑ́nswitjùːd/kɔ́nswitjùːd] 몡 ⓤ 습관(custom); (법률적인) 관습, 관례.
con·sue·tu·di·nar·y [kɑ̀nswitjúːdənèri/kɔ̀nswitjúːdinəri] 휑 관습의; 관례의. ¶ the ~ law 관습법, 불문율. ― 몡 **1** 관습법, 불문율, **2** (수도원·교회 등의) 관례서, 식례집(式例集), 의식서(儀式書).
*****con·sul** [kɑ́nsəl/kɔ́n-] 몡 **1** 영사(領事). ¶ an acting [honorary] ~ 대리 [명예] 영사. **2** (로마 역사) 집정관. **3** (프랑스 역사) 집정(1799–1804년의 최고 행정관). **~·ship** 몡 consul의 직 [임기]. [수수료.
con·sul·age [kɑ́nsəlidʒ/kɔ́nsju-] 몡 ⓤ 영사 증명
con·su·lar [kɑ́nsələr/kɔ́nsju-] 휑 영사의, 영사관의. ¶ a ~ assistant 영사관보(補) / be in the ~ service 영사직에 있다. **2** (역사) 집정(관)의.
cónsular àgent 몡 영사 대리.
cónsular ínvoice 몡 (상업) 영사 송장(送狀).
cónsular óffice 몡 영사관.
con·sul·ate [kɑ́nsəlit/kɔ́nsju-] 몡 **1** 영사관. **2** ⓤ 영사의 직 [임기, 권한]. **3** (the C–) (프랑스 역사) 집정 정부 (시대)(1799–1804). [ⓤ 총영사의 직.
cónsulate général 몡 (⑧ **-s g-**) **1** 총영사관. **2**
cónsul général 몡 (⑧ **-s g-**) 총영사.
‡**con·sult** 동 [kənsʌ́lt] 타 **1** …의 의견을 듣다, …에게 조언[정보]을 구하다, …에게 상의[의논]하다, (의사에게) 진찰받다. ¶ ~ a doctor 의사의 진찰을 받다.

> 유의어 **consult** 권위·자격이 있는 사람이나 서적 등에서 의견·조언·정보를 구하다. **confer** 대등한 입장에서 의견을 교환하다.

2 (서적 등)을 참고로 하다, 들춰 보다; …을 조사하다 (*for*). ¶ ~ a dictionary 사전을 찾다 / ~ a watch 시계를 보다. **3** (남의 이해 관계·편의 따위)를 고려에 넣다, 고려하다. ¶ ~ one's own interests 자기 자신의 이해 문제를 생각하다.
― 자 **1** 고려하다; 상담[상의]하다(*with*). **2** (…의) 고문[상담역]으로 일하다(*for*).

> (USAGE) (1) **consult**와 **consult with** ― 예컨대 의사의 진찰을 받는다든가 변호사의 감정을 의뢰한다든가 또는 부모·선배·교사 등의 의견을 듣는 경우나 자기에게 지식을 제공해 주는 것・사전 따위를 조사할 때에는 「consult + 목적어」의 형식을 쓰며, 자기와 대등한 사람과 의논할 경우에는 「consult with + 목적어」의 형식을 사용한다. ~ a doctor [dictionary] / ~ *with* a friend. * 최근에는 consult with를 써야 할 경우에도 with를 생략하는 일이 많다.
> (2) **consult on**과 **consult about** ― 어느 특정한 문제에 한해서 상의하는 느낌일 때는 on을, 어떤 문제를 중심으로 이와 관련되는 여러 가지 일에 관하여 상의하는 경우에는 about을 사용한다. ~ *on* important matters / ~ *about* one's health.

consult a person's **convenience** 남의 사정을 고려하다.
consult a person's **pleasure** 남의 형편을 묻다.
consult one's **own reason** 자신의 이성으로 분별하다.
consult one's **pocketbook** 주머니 사정을 고려하다.
consult (*with*) *one's pillow* ⇒ PILLOW.

— 圐 [kánsʌlt/kənsʌ́lt] (고어) 상담, 협의(회); (선~.a.ble 圐 동적인) 비밀 회합.

con·sul·tan·cy [kənsʌ́ltənsi] 圐U 1 컨설턴트업; 상담원의 일[사무소]. 2 =consultation.

***con·sult·ant** [kənsʌ́ltənt] 圐 1 상의하는 사람, 의견을 듣는 사람. 2 (전문적 의견·조언을 주는) 상담역, 고문, 컨설턴트(의사·변호사·탐정 등); (美) (병원의) 부장, 과장. ~·ship 圐 consultant임의 지위, 업.

***con·sul·ta·tion** [kànsəltéiʃən/kɔ̀n-] 圐U 1 상담, 협의(with); (사전) 찾아보기. ¶personal ~ 직접 상담/through the arduous ~ of a dictionary 사전을 노상 찾아보면서/hold a ~ with a person about …에 대해서 남과 상의하다. 2 (의사의) 진찰; (변호사의) 자문; (전문가의) 감정. 3 (종종 ~s) (전문가의) 협의회, 심의회. 4 참고, 참조, 조사.

Consultátion on Chúrch Únion 圐 (the ~) (美) 교회 합동 협의회.

con·sul·ta·tive [kənsʌ́ltətiv] 圐 상담의, 상의의, 심의의, 협의의, 자문의. ¶a ~ body [committee 자문 기관[위원회]. (또는 **con·sul·ta·to·ry** [-tɔ̀ːri/-təri], **consultive**) ~·ly 圐

con·sult·er [kənsʌ́ltər] 圐 (남에게) 상의하는 사람, 의견을 묻는 사람; 협의자.

con·sult·ing [kənsʌ́ltiŋ] 圐 진찰의; 고문(격)의, 자문의. ¶a ~ physician 자문[진찰] 의사/a ~ lawyer 고문 변호사/a (physician's) ~ room 진찰실.

consúlting fírm 圐 컨설턴트 회사(설계나 기술을 제공하는 회사). 교향청 고문.

con·sul·tor [kənsʌ́ltər] 圐 상담자, 충고자; 로마

con·sum·a·ble [kənsúːməbl/-sjúːm-] 圐 소비 [소모]할 수 있는, 다 써버릴 수 있는. ● ~ commodities 소모품. — 圐 (보통 ~s) 소모품. **·bíl·i·ty** 圐

‡**con·sume** [kənsúːm/-sjúːm] 圐 (~s [-z]; ~d; ~·ming) 圐 1 ~을 소비하다, 소모하다, 소진하다 (in, on). ¶~ much time (in) reading 많은 시간을 독서에 쓰다. 2 [시간·금전 따위] 을 낭비하다, 탕진하다. ¶~ one's fortune 재산을 탕진하다. 3 …을 다 먹어 버리다, 걸신들린 것처럼 먹다, …을 죄다 먹어치우다(마셔버리다). 4 (불·질병 따위가) …을 소멸시키다, 파괴하다. ¶…을 여위어 하다. ¶The student was ~d by his study. 그 학생은 공부에 지쳤다. 5 (수동형·재귀용법으로) …을 열중하게 하다, 몰두하게 하다; (질투·증오 따위가) …의 마음에 맺히다, 사무치다 (by, with). ¶be ~d [or ~ oneself] with envy [rage] 질투로 가슴을 태우다 (노발대발하다). — 圐 소비되다; 파괴되다; 여위다, 수척해지다. **-súm·ed·ly** [-súmidli] 圐 (폐어).

‡**con·sum·er** [kənsúːmər/-sjúːm-] 圐 (美 ~s [-z]) 1 소비[소모]하는 사람, 소모되는 물건. ¶immoderate ~s of tobacco 과도한 애연가. 2 (경제) (冬 producer). ¶a ~s' cooperative society 소비자 협동 조합. 3 (~s) (생태) 소비자(다른 생물을 먹는 생물체). ~·ship 圐

consúmer ádvocate 圐 =consumerist.

consúmer cónfidence índex 圐 (경제) 소비자 신뢰 지수(경기에 대한 소비자 견해를 보여주는 지수).

consúmer crédit 圐 (소비재 할부 구입자에 대한) 소비자 금융.

consúmer dúrables 圐圐 (경제) 내구(耐久) 소비재.

consúmer fínance 圐 (금융) 소비자 금융(기업이 아니라 개인 대상의 금융 업무).

consúmer góods 圐圐 (경제) 소비재.

con·sum·er·in·ti·mate [-ˈintəmət] 圐 (상품이) 친화적인, 고객 중시[제일주의]의.

con·sum·er·ism [kənsúːmərìzm/-sjúːm-] 圐 U 1 소비자 중심주의; 소비자 보호 (운동). 2 소비 옹호 [지상]론.

con·sum·er·ist [kənsúːmərist/-sjúːm-] 圐 소비자 중심주의자(보호 운동가)(의).

con·sum·er·ize [kənsúːməràiz] 圐圐 (* (英) -**ise**) 圐圐 [상품·제품]을 대량 소비에 적합하게 하다, 보급 상품화하다. **~i·zá·tion** 圐 소비자화(化).

consúmer magazíne 圐 소비자 잡지, (영리 추구의) 상업 잡지. ● trade magazine

consúmer móvement 圐 (경제) 소비자 운동

consúmer orientátion 圐 (마케팅) 소비자 지향 (指向) (소비자 지향적인 마케팅 이념). 「CPI).

Consúmer Príce Índex 圐 소비자 물가 지수(약

Consúmer Próduct Sáfety Act 圐 (美) 소비자 제품 안전법(약 CPSA).

Consúmer Próduct Sáfety Commíssion 圐 (美) 소비자 제품 안전 위원회(약 CPSC).

consúmer prófile 圐 소비자 프로필.

consúmer reséarch 圐 (경제) 소비자 조사, 시장[수요] 조사.

consúmer resístance 圐 (경제) 소비자 저항, 구매 거부(冬 sales resistance).

Consúmers' Associátion 圐 (the ~) (英) 소비자 협회(冬 CA).

consúmer satisfáction 圐 소비자 만족(도).

consúmers' coóperative 圐 소비생활 협동조합.

consúmers' góods 圐圐 (경제) 소비재(財). 冬 capital goods (또는 **consúmers' ítems**)

consúmer spénding 圐 (경제) 개인 소비 (지출).

consúmer stríke 圐 (소비자의) 불매 운동.

consúmer térrorism 圐 소비 생활 용품 테러(식품·약품 따위에 독극물을 넣거나 넣었다고 협박하는 범죄 행위). **consúmer térrorist**

Consúmer Únion of US [-juːéːs] 圐 미국 소비자 협의(1936년 설립된 세계 최대의 소비자 교육 기관).

con·sum·ing [kənsúːmiŋ/-sjúːm-] 圐 1 소비하는. ¶the ~ public 일반 소비자. 2 (불꽃·감정 따위가) 격렬한, 타오르는. ¶~ fight 타오르는 투지. 3 여위게 하는, 애태우는. ~·ly 圐 ~·ness 圐

*‡**con·sum·mate** 圐 [kánsəmèit/kɔ́n-] 圐 1 …을 완성하다, 완료하다; …을 정점에 달하게 하다. ¶The news ~d her happiness. 그 소식을 듣고 그녀의 행복은 절정에 달했다. 2 (초야를 치름으로써) [결혼]을 완성하다. ¶~ a marriage 신방에 들다. — 圐 완료하다; 결혼을 완성시키다. — 圐 [kənsʌ́mət, kánsəm-] 완성된, 완전한, 이상 없는; (사람이) 교양 있는. ¶~ skill 신기(神技)에 가까운(완전한) 기술. 2 순전한, 터무니없는. **con·súm·mate·ly** 圐 **-mà·tor** 圐

con·sum·ma·tion [kànsəméiʃən/kɔ̀n-] 圐U 1 마무리, 완성, 성취; (목적·소망 따위의) 달성. 2 완전 (한 경지), 극치. 3 (초야를 치름에 따른) 결혼 완성.

con·sum·ma·tive [kánsəmèitiv/kɔ́n-] 圐 완전한, 완성하는; 완성하는, 끝손질의. ~·ly 圐

‡**con·sump·tion** [kənsʌ́mpʃən] 圐U (경제) 소비(冬 production). ¶household ~ 가정 소비. 2 소모, 소진; 파괴; 썩어 문드러짐, 노후(老朽). 3 (늘~) 소비량(액). ¶a daily [an annual] ~ per head 1인당 1일 [1년] 소비액. 4 먹는(마시는) 것, 체내 섭취; 음식 섭취 [소비]량. 5 (병리) (고어) 체력의 진행성 소모, 폐결핵.

consúmption crédit 圐 =consumer credit.

consúmption dúty [táx] 圐 소비세. 「goods.

consúmption góods 圐 (경제) =consumption

con·sump·tive [kənsʌ́mptiv] 圐 1 소비(성)의. 2 파괴적인, 소모적인, 낭비적인. ¶a ~ war 소모전. 3 (병리) 폐병(폐결핵)의. ¶a ~ patient 폐결핵 환자. — 圐 (고어) 폐결핵 환자. ~·ly 圐 ~·ness 圐

cont. containing; contents; continent(al); continue(d); contra; contract; control(ler). **Cont.** Continental.

con·ta·bes·cence [kàntəbésns/kɔ̀n-] 圐 위축, 소모; (식물) 수술이나 꽃가루의 위축. **-cent** 圐

‡**con·tact** 圐 [kántækt/kɔ́n-] 圐 1 접촉, 만남, 인접

(with). ¶a point of ~ 〔수학〕 접점(接點) /the path of ~ 〔수학〕 접점의 궤적[자취]/a disease communicated by ~ 접촉성 전염병. **2** (~s) 교제, 교섭, 사귐; 관계, 연락; (구어) 연고, 연줄. ¶a man with many ~s 발이 넓은 사람. **3** 〔전기〕 접촉, 혼선; ⓒ 접촉 장치. **4** ⓒ 〔의학〕 (접촉성 전염병 환자와의) 접촉자, 보균 용의자; (감염에 따른) 피부염. **5** 〔사회〕 (개인 사이의 사회 관계). **6** ⓒ (스파이 등의) 연락원, 정보원; 중개인, 교량 역할을 하는 사람. **7** 〔군사〕 (적과의) 접촉; (공중과 지상과의 작전) 연락; 〔항공〕 근접 정찰, 육안에 의한 지상 관찰. **8** 〔수학〕 상접(相接), 접촉. **9** 〔천문〕 (천체의 외관상의) 접촉; 〔지질〕 (다른 종류의 암석의) 접촉. **10** (美) ~s (구어) =~ lens. [지 않다].
be in [out of] contact with …와 접촉하고 있다[있지 않다]
be in good [or *intimate*] *contact with; have good contacts with* …과 친하다, 친교가 있다
bring [or *put, throw*] *a thing* [*person*] *into contact with* …에 물건[사람]을 접촉시키다.
come into [or *in*] *contact with* …와 접촉하다, …와 만나다. [접촉하다.
establish contact with …와 연락을 취하다.
get [*keep*] (*in*) *contact with* …와 연락이 있다[접촉을 유지하다]. [제를 시작하다[끊다].
make [*break*] *contact* (전류를) 연결하다[끊다]; 교
make [*lose*] *contact with* …와 연락이 되다[끊기다], 접촉하다[접촉이 끊기다]; …와 친해지다[멀어지다]. [피하다.
shun [or *avoid, flee*] *contact with* …와 접촉을 ─ 형 **1** 접촉의; 촉발성의; 교제의. ¶~ allergy 접촉 알레르기. **2** (항공) 시계(視界) 비행의.
── 뿐 〔시계(육안) 비행으로.
── 통 [kántækt, kəntǽkt] ㉠ **1** …와 접촉시키다. **2** (구어) 〔남〕과 연락[교제]하다. ── ㉡ 접촉하다.

ᴜsᴀɢᴇ **contact**를 「…와 연락을 취하다」(get into touch with)의 뜻으로 쓰는 것은 원래 미국어의 상업 용어였으나, 현재는 일반적으로 사용된다.

── 감 〔항공〕 준비 완료(비행기의 발진 직전의 신호).
con·tact·a·ble [kəntǽktəbl] 형 연락 가능한.
cóntact áction 형 접촉 작용.
cóntact áddress 명 주소 이외의 연락처.
cóntact ágent 명 〔화학〕 촉매(제). [촉원(原).
con·tac·tant [kəntǽktənt] 명 〔의학〕 접촉물, 〔농〕
cóntact appróach 명 〔항공〕 시계(視界)[육안] (비행) 진입.
cóntact bréaker 명 〔전기〕 (전류) 차단기.
cóntact catálysis 명 〔화학〕 접촉 촉매 반응[작용].
cóntact cemént 명 (합판 따위에 쓰는) 합성 접착제.
cóntact cláuse 명 〔문법〕 접촉절.
cóntact dermatítis 명 〔병리〕 접촉 피부염.
con·tact·ee [kəntæktí:/kɔn-] 명 피접촉자; 우주인에게 접촉된 사람. [의 접촉면에 생기는 접기).
cóntact electricity 명 접촉 전기(상이한 두 물질
cóntact explósive 명 촉발성 폭약, 지뢰, 기뢰.
cóntact flíght [flýing] 명 〔시계(視界)〕 비행.
cóntact hígh 명 (美속어) 접촉 도취(마약에 취한 사람과 접하거나 냄새만 맡아도 취한 기분이 되는 일).
cóntact hítter 명 〔야구〕 공을 잘 맞추는 타자.
cóntact inhibítion 명 〔생물〕 접촉 저지(세포끼리 접촉하면 운동·성장·분열이 정지하는 현상).
cón·tact·in·híb·it·ed 형
cóntact léns 명 (종종 ~es) 콘택트 렌즈. [잠지.
cóntact magazíne 명 (남녀 또는 동성간의) 교제
cóntact máker 명 〔전기〕 전류 접촉 장치, 접촉자.
cóntact mán 명 (거래 따위의) 중개자; (사업가가 고용하는) 관공서 교섭자; 정보 제공자.
cóntact metamórphism 명 〔지질〕 접촉 변성
cóntact míne 명 촉발(觸發) 지뢰[기뢰, 수뢰].

con·tac·tor [kántæktər/kɔ́ntæk-] 명 〔전기〕 접촉기(깜빡이 네온사인용 스위치 따위).
cóntact páper 명 〔사진〕 밀착용(인화)지.
cóntact poténtial 명 〔전기〕 접촉 전위차(電位差).
cóntact prínt 명 〔사진〕 밀착 인화(印畫).
cóntact prócess 명 〔화학〕 (황산 제조의) 촉매법.
cóntact shéet 명 〔사진〕 밀착 인화지.
cóntact spórt 명 (축구·럭비 따위) 접촉 경기.
con·tac·tu·al [kəntǽktʃuəl/kəntǽktju-] 형 접촉의; 접촉하고 있는. **~·ly** 뿐 [이 허용되는.
cóntact vísit 명 (교도소의) 자유 면회(육체적 접촉
con·ta·gion [kəntéidʒən] 명 U **1** 접촉 전염, 감염 (獨 infection). ¶Cholera spreads by ~. 콜레라는 접촉 전염으로 퍼진다. **2** (접촉) 전염병; 병균, 병독, 병원체(病原體). **3** 악영향, 폐풍, 병폐; (도덕적) 타락, 부패. **4** 감화, 영향, 감염. ¶the ~ of unrest 불안의 전염. **5** 〔경제〕 (금융·통화 위기 따위의) 연쇄 파급, 전염, 확산. ¶market [export] ~ 시장[수출] 위기 확산 / be fearful of financial ~ 금융 위기의 파급 확산을 우려하다. **6** 〔생태〕 군락, 집락(集落); 집중 분포군(群). **7** (고어) 독(poison). **~ed** 형
contágion efféct 명 〔경제〕 연쇄 파급[확산] 효과, 전염 효과(한 나라의 경제 붕괴는 전세계로 파급된다는 이론). (또는 **fináncial dómino**)
*con·ta·gious** [kəntéidʒəs] 형 **1** 전염(접촉)성의; 전염병을 일으키는, 전염병의 원인이 되는. ¶a ~ disease 전염병. **2** (동작 따위가) 옮기 쉬운, 퍼지기 쉬운, 영향을 미치는. ¶Laughter is ~. 웃음은 옮기 쉽다. **3** 〔생태〕 군락을 이루는, 집중 분포하는.
~·ly 뿐 **~·ness, -gi·os·i·ty** [-dʒiásəti/-ɔ́s-] 명
‡con·tain [kəntéin] 통自 (**~s** [-z]) **1** …을 가지다, 포함[함유]하다, …이 들어 있다. ¶The box ~s 30 apples. 그 상자에는 사과가 30개 들어 있다.

유의어 **contain** 내용물로서 포함하다. **include** 전체를 구성하는 일부분으로 포함하다. **comprehend** 어떤 문제의 범위 안에 포함하다. **comprise** 전체의 구성 요소로서 포함하다. **embrace** 광범위하게, 또는 여러 가지를 포함하다. **involve** 필연적인 조건·결과로서 포함하다.

2 …을 넣을 수 있다, …의 용적이 있다, …을 수용할 수 있다. ¶That pitcher will ~ a quart of milk. 저 주전자에는 우유 1쿼트가 들어간다. **3** (내용·성분으로서) …을 포함하다, …으로 이루어지다[구성되다]. ¶This metal ~s gold. 이 금속에는 금이 함유되어 있다. **4** (부정어와 함께) (감정)을 억누르다, 억제하다. ¶I cannot ~ my anger. 나는 화가 치밀어서 참을 수 없다. **5** 〔수학〕 …으로 나뉘어 떨어지다: 〔어떤 수〕를 인수(因數)로 가지다. ¶10 ~s 2 and 5. 10은 2와 5로 나누어진다. **6** (기하) (변이) (각)을 끼다, (도형)을 둘러싸다. **7** (수량이) …와 같다, 맞먹다. ¶A pound ~s 16 ounces. 1파운드는 16온스이다. **8** (군사) (적)을 견제하다, (적대 세력·사상)을 봉쇄하다. ¶a ~*ing* force 견제 부대. **9** (재해·질병의 발생 따위)를 억제하다.
be contained between [*within*] …의 사이[안]에
contain oneself 자제하다. [(포함되어) 있다.
~·a·ble 형 넣을[억제할] 수 있는.
con·tained [kəntéind] 형 자제하고 있는, 침착한, 냉정한. **-tain·ed·ly** [-téinidly] 뿐
contáined ángle 명 〔수학〕 협각(夾角), 끼인 각.
‡con·tain·er [kəntéinər] 명 (**~s** [-z]) **1** 그릇(vessel, receptacle). **2** (화물 운송용) 컨테이너.
con·tain·er·board [kəntéinərbɔ̀:rd] 명 골판지, 용기용 판지. (또는 **container bóard**)
contáiner cár 명 컨테이너 수송 차량(英) lorry).
con·tain·er·i·za·tion [kəntèinərizéiʃən/-rai-] 명U 컨테이너에 의한 화물 수송, 컨테이너화(化).
con·tain·er·ize [kəntéinəràiz] 통他 (화물)을 컨

테이너에 넣га[넣어서 수송하다]; 〔선박·항만 시설·철도 따위〕를 컨테이너 수송용으로 만들다. —團 컨테이너 수송 방식을 채용하다. 「항(港).
con·tain·er·port [kəntéinərpɔ̀ːrt] 團 컨테이너
con·tain·er·ship [kəntéinərʃìp] 團 컨테이너선.
~**ping** 團 (화물의) 컨테이너 수송(업).
con·tain·ment [kəntéinmənt] 團① 1 억제, 속박; 〔군사〕 견제. 2 〔적국·반대 세력 따위의〕 봉쇄 (정책). 3 〔원자력〕 (사고시의 방사능 유출을 막기 위한) 노심(爐心)의 완전한 격납.
contáinment bòom 團 오일 펜스(oil fence).
contáinment pòlicy 團 봉쇄 정책.
contam. contaminate. 「물질.
con·tam·i·nant [kəntǽmənənt] 團 오염균, 오염
con·tam·i·nate [kəntǽmənèit] 1 (접촉하여) …을 더럽히다; (오물·방사능 따위로) …을 오염시키다(by, with). ¶the atmosphere ~d by radioactivity 방사능으로 오염된 대기. 2 …에 나쁜 영향을 미치다, …을 악에 물들게 하다, 타락시키다(by, with). ¶a civilization ~d by another 다른 문명에 의해 악영향을 받은 문명. 3 〔언어〕 (말·글)을 혼성하다 (blend). —團 [kəntǽmənət, -nèit] 오염 물질, 오염을 일으키는 것. **-na·ble, -nous**
*****con·tam·i·na·tion** [kəntǽmənéiʃən] 團 1 더럽히기, 더러움, 오염, 오탁(汚濁) (독물·방사능 따위에 의한) 오염. ¶radioactive ~ 방사능 오염. 2 ⓒ 더럽히는, 타락시키는 것; 나쁜 영향. 3 〔언어〕 혼효(混淆), 혼성(예: brunch<breakfast+lunch; different than<different from+other than); (2개의 문학 작품의) 혼성. 4 〔지질〕 (마그마의) 혼성 (작용), 동화 작용.
con·tam·i·na·tive [kəntǽmənèitiv] 團 더럽히는, 오염시키는; 타락시키는 「것, 오염물.
con·tam·i·na·tor [kəntǽmənèitər] 團 더럽히는
con·tan·go [kəntǽŋgou] 團 (-(e)s) 지급 유예금, 이연(移延) 금리, 이연료. 團 backwardation
contángo dày 團 (英) 〔증권〕 이월(移越) 결산일.
contd. contained; continued. 「화. 〈F〉
conte [kɔːnt/F kɔ̃ːt] 團 단편(短篇), 콩트; 중세 설
con·temn [kəntém] 團冏 …을 경멸하다, 모욕하다.
~**er** **-tém·ni·ble** **-tém·ni·bly**, **-ing·ly** 冏
contemp. contemporary. 「**-tém·nor**
con·tem·pla·ble [kəntémpləbl] 團 예상(생각)할 수 있는, 꾀할 수 있는.
*****con·tem·plate** [kɑ́ntəmplèit, -təm-/kɔ́n-] 團 (-plat·ed; -plat·ing) 冏 1 …을 눈여겨 보다, 응시하다, 가만히 보다; 〔예술품 따위〕를 감상하다. 2 …을 숙고하다, 고찰하다; …을 묵상하다. ⇒ THINK 冏冏¶~ the situation 사태를 숙고하다. 3 …을 의도하다; (…하려) 계획하다(doing). ¶~ a tour around the world 세계 일주 여행을 계획하다 // (~+ing) He ~s leaving hospital. 그는 퇴원할까 생각하고 있다. 4 …을 예기하다. ¶I did not ~ any objection from him. 그의 반대는 예상치 못했다. —冏 (심사) 숙고하다, 명상하다. **-plàt·ing·ly**
*****con·tem·pla·tion** [kɑ̀ntəmpléiʃən/kɔ̀n-] 團① 1 주시, 눈여겨 봄. 2 숙고, 명상, 묵상. ¶spiritual ~ 종교적 묵상. 3 생각; 의도; 계획. 4 예상, 기대.
be in [**or under**] **contemplation** 계획중이다.
be lost [**or absorbed, sunk**] **in contemplation** 명상에 잠기다.
have...in contemplation …을 꾀하고 있다.
in contemplation of …을 예상(예기)하여.
con·tem·pla·tive [kəntémplətiv, kɑ́ntəmplèi-] 團 1 (심사) 숙고하는, 묵상(명상)에 잠기는; (신앙·수도 생활 등의) 정관적(靜觀的)인. ⇒ PENSIVE 冏冏¶a ~ life 명상 생활. 2 응시하는. 「시하고 있다.
be contemplative of …을 숙고하고 있다; …을 응
—團 = contemplator.

~**ly** 冏 ~**ness** 團
con·tem·pla·tor [kɑ́ntəmplèitər/kɔ́n-] 團 (심사) 숙고하는 사람, 명상가, 정관자; 수도자(사).
con·tem·po 團 (구어) 최신식의, 최신 유행의. (<contemporary)
con·tem·po·ra·ne·i·ty [kəntèmpərənèiəti] 團 같은 시대임[시기]임.
con·tem·po·ra·ne·ous [kəntèmpəréiniəs] 團 동시의, 동시에 발생(존재)하는; 같은 시대(시기)의 (with). ⇒ CONTEMPORARY 冏冏
be contemporaneous with …와 동시대다, 동시대에 속하다.
~**ly** 冏 ~**ness** 團
‡**con·tem·po·rar·y** [kəntémpərèri/-rəri] 團 1 동시대(동시기)의, 동시대에 일어나는(일어난); 같은 연령의, 동년배의 (with). ¶Goethe was ~ with Beethoven. 괴테는 베토벤과 같은 시대 사람이다.

冏冏 **contemporary** 주로 사람이나 작품에 쓰인다. **contemporaneous** 사건에 쓰인다.

2 현대의, 당대의. ¶our ~ events 당대의 사건 / ~ literature 현대 문학. —團 (團 **-rar·ies**[-z]) 1 (…와) 같은 시대(시기)의 사람 (of). ¶our contemporaries 우리와 같은 시대의 사람들, 현대의 사람들 /a ~ of Goethe 괴테와 같은 시대 사람 /They were contemporaries at college. 그들은 대학 동기생다. 2 (…와) 같은 나이(동년배)의 사람. ¶He treats me as his ~. 그는 나를 자기의 동년배처럼 취급한다. 3 (신문·잡지의) 동업지 (동시대 발행의) 다른 신문·잡지. ¶our ~ 동업 신문(잡지), 동업지(紙·誌) /a home ~ 본국의 신문. **-rár·i·ly** 冏 **-rar·i·ness** 團
con·tem·po·rize [kəntémpəràiz] 團冏 …을 같은 시대에 놓다, 동시대로 하다; 현대화하다. —冏 시대를 같이하다.
‡**con·tempt** [kəntémpt] 團① 1 경멸, 멸시, 모욕 (for). ¶an object of ~ 경멸의 대상. 2 경멸당함, 불명예, 치욕. 3 (법정·국회 등에 대한) 모욕(모독죄); 무례, 모욕(모독)죄(* 명예 훼손 관련의「모욕」은 insult).
beneath contempt 경멸할 가치조차 없는.
bring a person into contempt 남을 모욕하다.
bring contempt upon (**one's family name**) (자신의 가명(家名))을 욕되게 하다.
fall into contempt 창피당하다.
feel [**or have**] **a** (**great**) **contempt for** …을 (몹시) 업신여기다. 「다(경멸하다).
have [**or hold**] **a person in contempt** 남을 깔보
in contempt of …을 무시(경멸)하여.
live in contempt 굴욕스럽게 살다.
show [**throw**] **contempt** 경멸(모욕)하다.
*****con·tempt·i·ble** [kəntémptəbl] 團 경멸할 만한, 비열한; 하찮은. **-bíl·i·ty**, ~**ness** **-bly** 「(죄).
contémpt of Cóngress 團 (美) 의회(국회) 모독
contémpt of cóurt 團 법정(법원) 모욕(죄). ¶hold him in ~ 그를 법정 모욕죄로 구금하다.
*****con·temp·tu·ous** [kəntémptʃuəs] 團 모욕적인, 경멸적인, …을 업신여기는 (of, about).
be contemptuous of …을 경멸하다, 업신여기다.
~**ness** 團 「적으로, 거만하게.
*****con·temp·tu·ous·ly** [kəntémptʃuəsli] 冏 경멸
‡**con·tend** [kəntént] 團 (~**s** [-z]) 冏 1 (곤란·장애와) 싸우다 (with, against); (…을 위해) 투쟁하다 (for). ¶(~+團+團) ~ with difficulties [an antagonist] 곤란(적대자)과 싸우다 /~ against an obstacle 장애와 싸우다 /~ for freedom 자유를 위해 싸우다. 2 다투다, 다투다, 겨루다, 경쟁하다. ⇒ COMPETE 冏冏 3 논쟁하다, 토론(토의)하다; 반박하다. —團 1 (강력히) …을 주장하다. ¶(~+that 節) She ~s that money can not buy happiness. 그녀는 돈으로 행복을 살 수 없다고 주장한다. 2 …을 다투다, 겨루다.

con·tend·er [kənténdər] 명 (우승 따위를 다투는) 경쟁자, 라이벌(팀); 논쟁하는 사람 (for).

‡**con·tent**¹ [kántent/kɔ́n-] 명 1 (보통 ~s) 속에 든 것, 내용물. ¶the ~s of a cask 통 속에 들어 있는 것. 2 (~s) (문서·연설 등의) 내용; (내용의) 목차. ¶the ~s of a book 책의 내용/the ~ of education 교육의 내용/a table of ~s 목차, 차례. 3 (문서·연설 등의) 요지, 취지, 진의(眞意). ¶the ~ of a statement 성명(聲明)의 요지. 4 〔철학·논리〕 (개념을 구성하는) 내용; (형식에 대한) 내용. 5 수용력; 용적, 용량; 체적. 6 면적; 범위; 크기, 길이. ¶linear ~ 길이/solid ~ 용적, 체적. ¶iron ~ of an ore 광석의 철(鐵) 함유량. 8 (~s) 〔컴퓨터〕 (인터넷 상의) 정보, 콘텐트: (PC 통신으로 제공되는) 데이터, 소프트웨어.

‡**con·tent**² [kəntént] 형 (*more* ~; *most* ~) 〔서술 용법〕 1 바라던 바를 이룬, 만족한 (*with*) (반) discontent). 2 마음 편한, 안심인. ¶live[die] ~ 편안히 살다 [죽다]. 3 기꺼이 …하는 (*to do*). …에 만족하는, 체념하고 있는. 4 〔영〕 동의하는, 찬성인 (* 「찬성·불찬성」은 영국 상원에서는 yes, no 대신에 content, not content를 쓰며, 하원에서는 ay 또는 aye, no를 쓴다). *be content to do* 기꺼이 …하다. *be content with* …에 만족하다.
── 타 1 …의 소망을 들어주다, …을 만족시키다. ¶Nothing ~s him. 그는 무슨 일에도 만족하지 않는다. 2 〔재귀용법으로〕 …에 만족하다, 흡족해하다 (*with*). ¶(~+뫀+囲+명) He ~ed himself with his position. 그는 자신의 지위에 만족하고 있었다.
── 명 1 ① 만족; 만족감. ¶live in peace and ~ 평화와 만족 속에 살다.

┌─유의어─┐
content (욕망이 완전히 충족되지는 않아도) 불만을 품지 않고 마음을 편안히 가지는 상태. **contentment** content와 같은 뜻이지만, 특히 환경 따위에 만족하기. **satisfaction** 욕망·필요 따위의 충족, 그에 따르는 쾌감.
└─────┘

2 (~s) 〔영〕 (상원의) 찬성 투표(자)(반) noncontent). *to one's heart's content* 마음껏, 실컷, 만족할 때까지. ~**·a·ble** 형 ~**·ly** 부 ~**·ness** 명
cón·tent-ad·dréss·a·ble mémory [-ədrésəbl-] 명 〔컴퓨터〕 내용 주소화(住所化) 기억 장치, 연상(聯想) 기억 장치.
cóntent análysis 명 〔사회·심리·컴퓨터〕 내용 분석.

*****con·tent·ed** [kənténtid] 형 만족한 (*with*); 마음 편한, 기꺼워하는, 기꺼이하는. ¶a ~ look 만족스러운 표정. *be contented to do* 기꺼이 …하다. *be contented with* …에 만족하다.
~**·ly** 부 ~**·ness** 명 [용〔알맹이〕이 없는.
con·tent-free [kántentfrí:/kɔ́n-] 형 〔정보〕 내

*****con·ten·tion** [kəntén∫ən] 명 1 ① 싸움, 다툼, 투쟁; 경쟁 (*with, against, on, about, over*). ¶a bone of ~ 싸움의 원인, 불화의 씨. 2 ①ⓒ 언쟁, 논쟁, 논전(論戰). ¶fierce ~s 격론. 3 논점, 주장. 4 〔통신〕 회선(回線) 쟁탈. ~**·al** 형

con·ten·tious [kəntén∫əs] 형 1 싸우기 좋아하는, 논쟁〔토론〕을 좋아하는. 2 (문제 따위가) 논쟁을 불러일으키는, 이론의 여지가 있는. ¶a ~ problem 논쟁〔말썽〕을 불러일으키는 문제. 3 〔법률〕 소송〔계쟁(係爭)〕의.
~**·ly** 부 ~**·ness** 명

*****con·tent·ment** [kənténtmənt] 명 ①ⓒ 1 만족하기, 만족. ⇒CONTENT² 〔유의어〕 ¶*C— is better than riches.* (속담) 만족은 부귀보다 낫다. 2 (고어) 만족시키기. *in* [or *with*] *contentment* 만족하여, 만족스럽게.
cóntent sùbject 명 〔교육〕 내용 교과(실용 과목에 대해 역사·과학 등 지식 파악이 목적인 교과). 〔word.
cóntent wòrd 명 〔문법〕 내용어. 반 function
con·ter·mi·nous [kəntə́:rmənəs/kɔn-] 형 1 공통 경계를 갖는, 서로 접촉하는, (…와) 인접하는 (*with, to*). 2 (시간·공간·의미 따위가) 동일 한계〔범위〕 내의 (*with*). (또는 **conterminal, coterminal**)
-**mi·nál·i·ty** 명 ~**·ly** 부 ~**·ness** 명

‡**con·test** [kántest/kɔ́n-] 명 1 (…을 겨냥한/…을 둘러싼) 경쟁, 경기, 시합, 콩쿠르 (*for*/*over*). ¶a close ~ 호각의 경쟁/an English oratorical ~ 영어 웅변 대회/a bitter ~ *for* the prize 치열한 수상 경쟁. 2 (…와의) 논쟁, 논전; 싸움 (*against, with*).
beyond contest 논쟁의 여지 없이, 분명히. [다.
decide a contest between …간의 논쟁을 해결한
── [kəntést] 타 1 …을 다투다, 겨루다, …을 목표로 싸우다 (*with, against*). ⇒COMPETE 〔유의어〕 ¶(~+뫀+囲+명) ~ a victory *with* a person 남과 승리를 다투다. 2 …에 관하여 논쟁하다. ¶~ a suit 소송에 관해서 논쟁하다. 3 〔판정·권리 등〕에 이의〔이론〕을 제기하다. ¶~ a will 유언을 무효라고 주장하다. ── 자 다투다; 겨루다, 경쟁하다; 논쟁하다 (*with, against*/*for*).
contest with [or *against*] *a person* 남과 논쟁하
-**tést·er** 명 -**tést·ing·ly** 부
con·tést·a·ble [kəntéstəbl] 형 다툴 만한, 논쟁의 여지가 있는. ~**·ness** 명 -**a·bly** 부
con·tést·ant [kəntéstənt] 명 1 (경기 대회 따위의) 출전자, 경쟁자; (토론 따위의) 논쟁〔경쟁〕 상대. 2 (선거 결과에) 이의를 제기하는 사람; 〔법률〕 (유언의 유효성에 대한) 이의 신청자.
con·tes·ta·tion [kàntestéi∫ən/kɔ̀n-] 명 ① 1 논쟁, 논전; 소송. ¶an issue in ~ 쟁점. 2 논점, 주장. *be in contestation* 소송〔논쟁〕중이다.
con·tést·ed eléction [kəntéstid-] 명 〔영〕 경쟁 선거; 〔미〕 (낙선자로부터) 무효 소송을 제기당한 선거.
con·test·ee [kàntestí:/kɔ̀n-] 명 경쟁자, 경기자.
***con·text** [kántekst/kɔ́n-] 명 ①ⓒ (문장의) 문맥, 맥락, 전후 관계; (사건 따위의) 정황(情況), 배경.
in this context 이 문맥〔상황〕에서는, 이와 관련해서.
out of context 전후 관계〔문맥, 정황〕를 무시하고.
~**·less** 형 [전후 관계와 분리하여.
con·téx·tu·al [kəntékst∫uəl] 형 전후 관계상의, 문맥상의. ~**·ly** 부
contéxtual definítion 명 〔철학〕 문맥 정의(定義).
con·tex·tu·al·ism [kəntékst∫uəlìzm] 명 〔미〕 콘텍스추얼리즘, 콘텍스트 이론. 1 〔영화〕 영화는 그 사회·정치·문화적 맥락에서 봐야 한다는 영화 비평 이론. 2 〔건축〕 건축물은 그 주위의 기존의 것들과 조화를 이루어야 한다는 미학적 주장. -**ist** 명
con·tex·tu·al·ize [kəntékst∫uəlàiz] 타 (적당한) 문맥에 넣다〔짜맞추다〕; 전후 관계를 설정하다.
con·tex·ture [kəntékst∫ər] 명 ①ⓒ 1 구조, 구성, 조직; 문장 구조, 문체. 2 =context. 3 짜맞추기, 짜는 법; 직물. -**tur·al, -tured** 형
contg. containing; continuing.
con·ti·gu·i·ty [kàntəgjúəti/kɔ̀n-] 명 ①ⓒ 1 접촉, 인접, 근접 (*with*). 2 계속, 연속; 퍼짐. 3 〔심리〕 접근. *in contiguity with* …와 인접하여.
con·tig·u·ous [kəntígjuəs] 형 1 접촉하는, 인접하는 (*to, with*); 근접한. ¶The city is ~ to the ocean. 그 도시는 대양에 접해 있다. 2 (사건 따위가) 연속된; 다음의; 동일 한계내의. ~**·ly** 부 ~**·ness** 명
contíguous zòne 명 〔국제법〕 접속 수역(연안국이 통관·출입국 관리를 하는 수역).
contin. continued.
con·ti·nence [kántənəns/kɔ́nti-] 명 ①ⓒ 자제(自制), 극기; (특히 성적인) 금욕, 절제; 절정; (대·소변을) 참기. ¶~ *in speech* 말을 삼가기, 언어의 절제.

‡**con·ti·nent**¹ [kántənənt/kɔ́nti-] 명 1 대륙. ¶the New C— 신대륙. 2 (섬·반도 따위와 구별해서) 본토, 육지. 3 (the C—) (영국에서 본) 유럽 대륙; 〔미〕 북미 대륙.

4 (육지의) 연장, 육지대(帶). **5** (고어) 용기(容器), 그릇.
con·ti·nent² 📖 **1** 자제하는, 절제하는. **2** 억제하는, 금욕의, 정절을 지키는; (대·소변을) 참는. **~·ly** 🔤

‡**con·ti·nen·tal** [kàntənéntl/kɔ̀nti-] 📖 **1** 대륙의, 대륙적인. **2** (보통 C-) (영) 유럽 대륙의, 유럽 대륙적[풍]인.¶C- literature 대륙 문학. **3** (C-) (미) (미국 독립 전쟁 당시의) 아메리카 식민지의; 미국 대륙의. ─ 📖 (똑 ~s [-z]) **1** 대륙의 주민, 대륙인; (보통 C-) (영) 유럽 대륙인. **2** (C-) (미) (독립 전쟁 당시의) 미국인[미대륙] 군인(~ Army); 미국 지폐. **3** (미구어) (부정문에서) 조금, 미량(微量).
be not worth a continental 조금도 가치가 없다, 한 푼의 가치도 없다. 「않다.
not care[or **give**] **a continental** 조금도 개의치 ~·**ly** 🔤 ~·**i·ty** [kàntənəntǽləti] 📖 대륙적임[기질].
Continéntal Ármy 📖 (미역사) (독립 전쟁 당시의) 미국군.
continéntal blockáde 📖 =continental system.
continéntal bréakfast 📖 (영국식에 대해) 유럽 대륙식 조반(빵과 커피로 된 가벼운 식사; 약 CB).
continéntal clímate 📖 대륙성 기후.
continéntal códe 📖 대륙 모스(Morse) 부호.
Continéntal Cóngress 📖 (the ~) (미역사) 대륙 회의(독립 전쟁 당시 Philadelphia에서 열린 영국 식민지 각주(州)의 대표자 회의).
continéntal divíde 📖 **1** 대륙 분수계(分水界). **2** (the C- D-) 로키 산맥 분수계(the Great Divide).
continéntal dríft 📖 〔지리〕 대륙 이동[표류](설).
continéntal ísland 📖 대륙에 부속되는 섬.
con·ti·nen·tal·ism [kàntənéntəlìzm/kɔ̀nti-] 📖 ① **1** 대륙주의[기질]; (영국에 대하여) 유럽 대륙식의 양식. **2** 대륙을 좋아하기, 대륙 심취. **-ist** 📖 대륙주의자.
con·ti·nen·tal·ize [kàntənéntəlàiz/kɔ̀nti-] 📖 ⑥ **1** 대륙풍[적]으로 만들다; (종종 C-) 유럽화하다. **-i·zá·tion** 📖 대륙 형성; 대륙화.
continéntal quílt 📖 (영) 새털 이불(duvet).
continéntal séating 📖 (종종 C-) (극장에서) 전후 좌석 사이의 공간을 넉넉하게 잡는 좌석 배치 방식.
continéntal shélf 📖 〔지리〕 대륙붕.
continéntal slópe 📖 대륙붕 사면(斜面).
Continéntal Súnday 📖 (the ~) 대륙식 일요일 (레크리에이션을 주로 하는 일요일).
continéntal sýstem 📖 **1** =French system. **2** (the C- S-) 대륙 봉쇄(Napoleon이 1806년에 영국에 대해서 사용한 정책). 「및 대륙 사면의 총칭).
continéntal térrace 📖 대륙 단구(段丘)(대륙붕
Continéntal United Státes 📖 (군사) 미국 본토(약 CONUS). 「gency; 접촉.
con·tin·gence [kəntíndʒəns] 📖 =contin-
con·tin·gen·cy [kəntíndʒənsi] 📖 ① **1** 우연(성), 우발(偶發), 불확실. **2** 뜻밖의 일, 우발 사건, 불의의 사고.¶prepare for the ~ 만일의 사태에 대비하다. **3** 부수적 사건. **4** 임시 지출. 「지.
not...by any possible contingency 설마 …않겠
contíngency cláuse 📖 (매매 계약의) 우발 사고 조항.
contíngency fée =contingent fee.
contíngency fùnd 📖 (회계) 임시비, 우발 손실 충당금. (또는 **contíngent fùnd**) 「(随伴性).
contíngency mànagement 📖 〔심리〕 수반성
contíngency plàn 📖 비상[긴급]시 대책, 만일의 사태에 대비하는 방재 계획(emergency plan).
contíngency resérve 📖 =contingent fund.
contíngency táble 📖 〔통계〕 분할표(分割表).
contíngency tàx 📖 임시세(재정 적자 보전용).
contíngency théory 📖 조건 이론, 정황 이론.
con·tin·gent [kəntíndʒənt] 📖 **1** (…에) 의존하는, …하에 달린, 조건부의; (…에) 부수적으로 일어나는 (*on, upon*).¶It is ~ on success. 그것은 성공 여부에 따라서 정해진다. **2** 불확실한, 있을 수 있는; (…에) 따르는 (*to*).¶risks ~ to the investment 투자에 따르는 위험. **3** 우발적인, 우연한; 뜻밖의, 돌연한(⇒ ACCIDENTAL) 임시의.¶~ expenses 뜻밖의 지출/~ service 일시적인 복무. **4** (법률) 불확정의. **5** (논리) (명제가) 우연적인, 경험적(인). ─ 📖 **1** (기부 따위의) 할당[분담](액). **2** (군·복수 양용) 분견대, 분견 함대; 파견대. **3** 우연(뜻밖의) 사건, 우발 사건. **~·ly** 🔤
contíngent annúity 📖 불확정 유기(有期) 연금 (장래의 불확정한 사건의 발생에 의해 발효되는 연금).
contíngent benefíciary 📖 (보험) 우발(偶發) 수익자, 차순위 보험금 수취인.
Contíngent Crédit Line 📖 (금융) (IMF의) 긴급 신용(융자) 제도(금융 위기에 빠진 회원국에 대한 저리 자금 긴급 지원 제도; 약 CCL).
contíngent fée 📖 성공 보수, 성공 사례금.
contíngent liabílity 📖 우발 채무, 불확정 책임.
contíngent resérve 📖 =contingency fund.
contíngent wòrker 📖 (시간제·요일제·기간제 파위) 조건부 임시 고용 노동자.
con·tin·u·a [kəntínjuə] 📖 continuum의 복수형.
con·tin·u·a·ble [kəntínjuəbl] 📖 계속할 수 있는.
‡**con·tin·u·al** [kəntínjuəl] 📖 **1** 끊임없는, (시간이) 연속적인.¶The dog kept up a ~ barking. 그 개는 쉴 새없이 짖어댔다. **2** 단속적으로 일어나는; 빈번한, 되풀이 되는.¶~ visits to the theater 빈번한 극장 출입.

[유의어] **continual** 오랫 동안 단속적으로 되풀이해서 일어나는. **continuous** 시간적 또는 공간적으로 끊기지 않고 오래 계속되는. **constant** 계속·반복의 간격·비율·상황이 일정 불변함을 강조. **incessant** 운동·활동에 중단이 없음을 강조. **perpetual** 언제까지고 반복되는 계속되는; 때로 짜증스러움을 암시.

~·ál·i·ty, ~·ness
‡**con·tin·u·al·ly** [kəntínjuəli] 🔤 **1** 쉴새없이, 끊임없이 잇따라 **2** 빈번히, 자꾸; 자주.
*****con·tin·u·ance** [kəntínjuəns] 📖Ⓤ (a ~, the ~) **1** 계속, 지속, 연속; 계속 기간.¶the ~ of bad weather 계속되는 악천후. **2** (생물·지위·상태 따위의) 존속, 체류, 재직 (*of, in, at*).¶the ~ of species 종(種)의 존속/~ *in* office 유임, 재직. **3** (소설 이야기 따위의) 계속, 속편. **4** (미) 〔법률〕 (소송 절차의) 연기, (재판의) 속행. 「(얼마 동안 계속되는)
***of long**[**short, some**] **continuance** 오랫[잠깐.
con·tin·u·ant [kəntínjuənt] 📖 (음성) 계속음, 연속음(음질을 바꾸지 않고 연장하는 자음; [f, v, m, s, r] 따위). ⓐ stop ──📖 계속음의.
*****con·tin·u·a·tion** [kəntìnjuéiʃən] 📖 Ⓤ **1** 계속하기, 계속, 지속; 잇따르기, 연속; 존속.¶in ~ 연속해서. **2** Ⓤ 연장하기, 연장. **3** Ⓤ 확대, 신장(伸長), 추이(推移).¶the ~ of a story 이야기의 진전. **4** (이야기 따위의) 계속, 속편; 〔법률〕 연기.¶C- follows. 계속 다음호. **5** (건물의) 이어대기, 증축 (*to*).¶build a ~ of[or to] a room 방을 증축하다. **6** (~s) 바지에 이어댄 각반(긴 양말). **7** (증권) 바지. **7** (상업) 결산의 이월(移越).
continuátion clàss 📖 (야간 따위의) 보충 학습반.
continuátion dày 📖 이월 결산일(contango day).
continuátion ràte 📖 이월 일변.
continuátion schòol 📖 (근로 청소년) 보습 학교; (캐나다) (벽지의) 작은 중등 학교. 「째 장 이하).
continuátion shèet 📖 연속 지면(편지·문서의 둘
con·tin·u·a·tive [kəntínjuèitiv/-njuətiv] 📖 **1** 연속적인, 계속적인; (생각이) 관련이 있는. **2** 〔문법〕 제속적인, 비(非)제한적인(⑨ restrictive). ─ 📖 **1** 연속된 것. **2** 〔문법〕 계속사(詞)[어](관계대명사·접속사·전치사 따위). **3** (음성) =continuant. **~·ly** 🔤 **~·ness** 📖
continuátive úse 📖 〔문법〕 (관계사의) 계속 용법. (I met a tall man, *who* was blind. (나는 키 큰 사람을

만났는데 그는 장님이었다)에서 who 이하의 절 따위).

con·tin·u·a·tor [kəntínjuèitər] [명] 계속하는 사람[것]; 계승자, 후계자. ¶the ~ of Goethe 괴테의 후계자.

‡**con·tin·ue** [kəntínju:] [동] (~s [-z]; ~d; -u·ing) [자] 1 계속되다, 연속되다, 이어지다, 연장되다; (…을) 계속하다 (*on, with*). ¶His speech ~d an hour. 그의 연설은 1시간 동안 계속되었다 // (~+[前]+[名]) ~ *on* one's course 여전히 자기 방침대로 하다 / He ~d *with* his study. 그는 자기 연구를 계속했다.

> [유의어] **continue** 계속되어 「그치지 않음」을 강조. **last** 특정한 기간 계속되다; 손상·소멸되거나 하지 않고 계속되다. **endure** 외부로부터의 파괴력·영향에 저항하여 계속되다. **persist** 보통 또는 예상외로 완강히 오래 지속되다.

2 (중단되었다가 다시) 계속되다, (중도에서 또) 이어지다. ¶The game ~d after a rain. 비가 그친 뒤 시합이 속개되었다. 3 존속[영속(永續)]하다. ¶ (~+[前]+[名]) The habits ~d *into* adult life. 그 버릇은 어른이 되어서도 고쳐지지 않았다. 4 (장소에) 머무르다, 체재[체류]하다, (상태·지위·범위 등에) 머물다, 남다 (*at, in*). ¶ (~+[前]+[名]) ~ *in* office another year 다시 1년간 근무를 계속하다 / ~ *at* one's post 유임하다. 5 여전히 …이다. ¶ (~+[補]) He ~s well. 그는 여전히 건강하다. ── [타] 1 …하기[하는 것]를 계속하다, 계속 …하다 (*to* do, do*ing*). ¶ (~+*to* do) He ~d *to* cause his parents great anxiety. 그는 계속 부모님께 큰 걱정을 끼쳤다 // (~+*-ing*) ~ *working* for a long time 오랫동안 일을 계속하다. 2 …을 계속하다; 연달아[계속해서] …을 하다; (중단했다가 다시) …을 계속하다, (중도에서 또) 계속하다; …을 계속시키다; …을 (지위 따위에) 머무르게 하다. ¶ ~ one's walk for miles 몇 마일 줄곧 걷다 // (~+[目]+[前]+[名]) ~ a person *in* office 남을 유임시키다. 3 …을 연장하다. 4 [말]을 잇다, 계속해서 말하다. 5 〔상업〕 …을 이월(移越)하다. 6 〔법률〕 …을 연기하다, 미결인 채 놔두다.
To be continued. 다음 호에 계속. [참] To be concluded.
-u·er [명]

con·tin·ued [kəntínju:d] [형] 연속된, 연속적인, 계속된, 불변의, 부단한. ~**·ly** [부] ~**·ness** [명]

contínued bónd [명] (일정 기간) 상환 연기 채권.

contínued educátion [명] 성인(成人) 교육.

contínued fráction [명] 〔수학〕 연분수(連分數).

contínued propórtion [명] 〔수학〕 연(連)비례.

contínued stóry [명] 연재[연속] 소설(serial).

con·tin·u·ing [kəntínju:iŋ] [형] 연속적인, 영속하는; 갱신(更新)할 필요가 없는, 지속[계속]하는. ~**·ly** [부]

contínuing educátion [명] (美) 성인 교육, 평생 교육 (과정). ¶New York University School of *C– E–* 뉴욕 대학교 평생 교육원 / *continuing* legal *education* 변호사 정기 재교육.

contínuing resolútion [명] (美) 예산 계속 결의.

***con·ti·nu·i·ty** [kàntənjú:əti/kɔ̀ntinjú:-] [명] 1 [U] 연속(성, 상태), 계속(성, 상태); (논리적으로) 밀접한 관련. ¶the ~ of a story 이야기 줄거리의 흐름. 2 [UC] 계속되는 것, 연속체, 계속물. 3 〔영화·방송〕 대본, 콘티; 〔방송〕 (프로 사이의) 막간물(음악 따위). ¶a ~ writer 연출 대본 작가. 4 〔수학〕 연속.

continúity equàtion [명] 〔물리〕 연속 방정식.

continúity gìrl [clèrk] [명] 〔영화〕 촬영 기록원.

continúity prògram [명] 〔상업〕 계속 주문(고객이 중지를 요구하지 않는 한 계속 보내줌).

continúity stùdio [명] (프로그램 사이사이를 메우는) 막간 방송 스튜디오.

con·tin·u·o [kəntínjuòu] [명] (복 ~s) 〔음악〕 콘티누오, 통주(通奏) 저음(figured bass). 〔<It〕

‡**con·tin·u·ous** [kəntínjuəs] [형] 1 연속의, 계속적인; 부단한, 끊임없는 (*with*). ⇨CONTINUAL [유의어] ¶~ development 부단한 발전 / ~ rain 줄곧 내리는 비, 장마 / be ~ *with* it 그것과 연결되어 있다. 2 〔식물〕 마디가 없는. 3 〔수학〕 연속의. 4 〔문법〕 진행(형)의(progressive). ~**·ness** [명]

contínuous asséssment [명] 〔교육〕 계속 평가.

contínuous bráke [명] (전(全)차량에 작동하는) 관통(貫通) 브레이크.

contínuous cásting [명] 〔야금〕 연속 주조법(鑄造法).

contínuous creátion thèory [명] 〔천문〕 연속 창조설(steady state theory).

contínuous cúrrent [명] 〔전기〕 직류(直流)(direct current). [참] alternating current

contínuous cútter [míner] [명] 〔광업〕 연속 채탄기.

contínuous-expánsion èngine [명] 연속 열기관(증기 기관의 일종).

contínuous fúnction [명] 〔수학〕 연속 함수.

contínuous gróup [명] 〔수학〕 연속군(群).

contínuous índustry [명] 일관 생산업.

***con·tin·u·ous·ly** [kəntínjuəsli] [부] 《진행형에서》 연속해서, 계속적으로, 끊임없이.

contínuous spéctrum [명] 〔물리〕 연속 스펙트럼.

contínuous státionery [명] (컴퓨터용) 연속 인자(印字) 용지.

contínuous ténse [명] 〔문법〕 계속[진행형] 시제(progressive tense).

contínuous wáve [명] 〔통신〕 지속파.

con·tin·u·um [kəntínjuəm] [명] (복 -tin·u·a) 1 연속(체); 느린 변화. ¶space-time ~ 시공(時空)의 연속체, 4차원. 2 〔수학〕 연속체. ¶number ~ 수(數)연속체.

contl. continental.

con·to [kántou/kɔ́n-] [명] (복 ~s [-z]) 콘토(포르투갈의 화폐 단위; 1,000 escudos에 해당).

con·toid [kántɔid/kɔ́n-] 〔음성〕 [형] 자음(子音) 같은(consonantlike). ── [명] 자음 같은 음.

con·tor·ni·ate [kəntɔ́:rniit] [형] 둘레에 깊은 홈이 있는. ── [명] 둘레에 홈이 있는 동전.

con·tort [kəntɔ́:rt] [동][타] 1 …을 비틀다, 구부리다, 찌그러뜨리다 (*with*). ¶ ~ one's face 얼굴을 찡그리다. 2 〔문장[말]의 뜻 따위〕를 곡해하다, 왜곡하다. ── [자] (얼굴 따위가) (…로) 일그러지다 (*with*).

con·tort·ed [kəntɔ́:rtid] [형] 1 잡아 비튼, 비틀린, 일그러진. 2 〔식물〕 (꽃잎 등이) 회선상(回旋狀)의, 비틀어져 있는. ~**·ly** [부] ~**·ness** [명]

con·tor·tion [kəntɔ́:rʃən] [명][UC] 1 뒤틀림, 찌그러짐, 비틀림; (바위 따위의) 기형. ¶make ~s of one's face 얼굴을 찡그리다. 2 (의미·용법 등의) 곡해, 왜곡. ~**·al,** ~**ed** [형]

con·tor·tion·ist [kəntɔ́:rʃənist] [명] (몸을 자유자재로 구부리는) 곡예사; 곡해하는 사람. **-ís·tic** [형]

con·tor·tive [kəntɔ́:rtiv] [형] 찌그러진, 뒤틀린; 비틀어지기 쉬운. ~**·ly** [부]

***con·tour** [kántuər/kɔ́n-] [명] 1 윤곽; 외형. ⇨FORM [유의어] ¶the ~ of a face 얼굴의 윤곽. 2 (산 따위의) 윤곽선; 등고선(等高線)(~ line). ¶ ~ farming 등고선 재배. 3 (때로 ~s) 여체(女體)의 곡선. 4 〔음성〕 억양[음조] 곡선(intonation ~). 5 (지도를 길잡이로 하는) 하이킹. 6 (美) 개략, 형세. ── [형] 1 등고[윤곽]를 나타내는. 2 (체형에) 맞춰 만들어진. 3 〔농업〕 등고선을 따라 행하는. ── [동][타] 1 …의 등고선을 그리다[나타내다]. 2 …의 윤곽을 그리다[나타내다], …의 윤곽을 이루다. 3 (등고선을 따라) 산허리 둘레에 〔길 따위〕를 내다.

cóntour chàir [còuch] [명] 인체선(線)에 맞게 만든 의자.

cóntour chàsing [명] 〔항공〕 저공 비행.

cóntour cùrtain [명] 〔연극〕 콘투어 커튼(끌어올리는 줄에 의해서 다양한 모양이 만들어지는 커튼).

cóntour fèather [명] 새의 몸을 감싼 깃털.

cóntour ìntegral [명] 〔수학〕 폐곡선(閉曲線) 적분.

cóntour ìnterval [명] 〔지리〕 등고선 간격.

cóntour lìne [명] 등고선(等高線).

cóntour máp 등고선 지도. 〔식 경작.
cóntour plówing〔(英) **plóughing**〕 등고선
cóntour shéet 침대 매트리스를 싸는 시트.
cóntour tòne 곡선 음조(음의 높낮이를 곡선으로 표현하는 것; 중국어의 4성 같은 것).
contr. contract(ed); contraction; contralto; contrary; contrasted; control(ler).
con·tra [kɑ́ntrə/kɔ́n-] …에 반대하여, …에 대하여; …에 대비해서. — 副 반대로, 반대로.
pro and contra 찬반 양론으로[두 갈래로].
— 名 1 (보통 ~s) 반대, 반대 의견. 2 (부기) 대변란(貸邊欄). 3 (C-) 반정부 세력 분자, 반정부 병사, (특히) 니카라과의 Sandinista 정부에 대한 반정부 게릴라.
pros and contras 찬반 양론.
con·tra- [kɑ́ntrə/kɔ́n-] 〔連結〕 against, opposite, opposing의 뜻. ¶*contraband, contradict*.
con·tra·band [kɑ́ntrəbænd/kɔ́n-] 名 ⓤ 1 (집합적) 수출입 금제품, 밀수품.¶*absolute* [*or unconditional*] ~ 절대 금제품(무기 따위) / *conditional* ~ 조건부 금제품. 2 밀수, 밀무역; 부정 거래. 3 =~ *of war*. 4 《美軍史》(남북 전쟁중에) 북군쪽으로 도망간 흑인 노예. — 形 (수출입) 금지의, 금제의; 부정의.¶~ *goods* 금제품. ~·**ist** 名 밀수업자, 금제품 매매상.
cóntraband of wár 名 《국제법》 전시 금제품(중립국이 교전국에 공급할 수 없는 무기 따위의 물자).
cóntraband tráde 名 밀무역; 부정 거래.
cóntraband tráder
con·tra·bass [kɑ́ntrəbèis/kɔ̀ntrəbéis] 名 《음악》1 최저음 악기. 2 콘트라베이스. — 形 콘트라베이스의, 최저음(악기)의. ~·**ist** 名 콘트라베이스 연주자.
con·tra·bas·soon [kɑ̀ntrəbəsúːn/kɔ̀n-] 名 《음악》 콘트라바순(double bassoon). ~·**ist** 名
con·tra·cept [kɑ̀ntrəsépt/kɔ̀n-] 動他 수태시키지 않다, 피임시키다. 〔임(법).
con·tra·cep·tion [kɑ̀ntrəsépʃən/kɔ̀n-] 名 ⓤ 피
con·tra·cep·tive [kɑ̀ntrəséptiv/kɔ̀n-] 形 피임(용)의. — 名 피임법[기구].
con·tra·clock·wise [kɑ̀ntrəklɑ́kwaiz/kɔ̀ntrəklɔ́k-] 形 副 시계 바늘과 반대 방향으로 도는[돌게], 왼쪽으로 도는[돌게](counterclockwise).
‡**con·tract**── [kɑ́ntrækt/kɔ́n-] 1 ⓤⓒ (…와의/… 을 위한) 계약, 약정, 협약 (*with* / *for* / *to do*).¶~ *goods* 약정품 / *an express* [*implied*] ~ 명시(明示)[묵시] 계약, 명약(明約)[묵약] 계약 / *a written* [*a verbal, an oral*] ~ 서면[구두] 계약 / *close* [*cancel, annul*] *a* ~ 계약을 맺다[취소하다]. 2 계약서; 협약서.¶*draw up a* ~ 계약서를 작성하다. 3 청부, 도급, 하청.¶~ *work* 청부, 청부일[공사]. 4 ⓤⓒ (정식) 약혼. 5 a) 名 ~ *bridge*의 ~. b) ~ *bridge*에서 최고 값을 부르기; 그 트릭의 수(數). 6 (속어) 청부 살인업; 살인 청부, 살인 명령.
by contract 도급으로. 〔을 맺다.
make [*or enter into*] *a contract with* …와 계약
put out…to contract …을 청부하다, 하청 주다.
under contract with [*or to*] …와 계약하여. 〔다.
— 形 [kɑ́ntrækt/kɔ́n-] (계약에 의해) 일을 청부
— 動 [kəntrǽkt] 他 1 [kɑ́ntrækt, kɔ́n-] (일)을 (…와) 계약[약정]하다 (*with*).¶~ *an alliance with Russia* 러시아와 동맹을 맺다. 2 …하기로 청부하다, 도급 맡다 (*to do, doing*).¶~ *to build a bridge* 교량 공사를 도급 맡다. 3 (친교·혼약 따위)를 (사람·단체 등과) 맺다 (*with, to*). 4 (자연히) …의 습관이 붙다, (병)에 걸리다; (부채 따위)를 지다. 5 …을 축소하다, 수축시키다; …을 줄이다, 좁히다.¶~ *a muscle* 근육을 수축시키다. 6 주름지게 하다, (이맛살)을 찡그리다.¶~ *one's brows* 이맛살을 찌푸리다. 7 《문법》(음 따위를 생략·결합하여) (말)을 단축하다, 생략하다 (*to*): ne'er<never, o'er <over. — 自 1 줄다, 쪼그라들다, 수축되다. 2 계약하다; 약혼하다 (*with*).

as contracted 계약대로.
be contracted to …와 약혼 관계에 있다.
contract friendship with …와 친교를 맺다.
contract marriage [*or matrimony*] *with* …와 혼약을 맺다.
contract (*oneself*) *in* 참가 계약을 하다 (*to, on*).
contract (*oneself*) *out* (*of*…) 《英》(계약·협약 따위를) 파기하다; (…에서) 탈퇴하다; (…의) 적용 제외 계약을 하다.
contract out ① 《英》(…에의) 불참을 계약[정식 표명]하다 (*of*). ② 〔일 따위〕를 하청[도급]주다 (*to*). ③ =*contract* (*oneself*) *out* (*of*…).
cóntract bónd 名 계약 이행 보증서(계약 위반에 의한 손실 보상을 제3자가 보증하는 증서). 〔변종.
cóntract brídge 名 (카드놀이) auction bridge의
cóntract cárrier 名 (특수) 운송업자.
con·tract·ed [kəntrǽktid] 形 1 수축한, 단축한; 찡그린, 찌푸린. 2 축약된, 생략된.¶*a* ~ *noun* 《문법》 생략 명사(예: ma'am, o'clock 따위). 3 (마음·생각 따위가) 좁은, 편협한, 인색한.¶*a* ~ *idea* 좁은 생각. 4 옹색한, 곤궁한.¶~ *circumstances* 곤궁한 형편. 5 계약한, 협정된; 약혼된. ~·**ly** 副 ~·**ness** 名
cóntract fárming 名 《美》 계약 농업; (사회주의 국가에서의) 농업 청부제.
cóntract híre 名 《英》 계약 임대(lease).
con·tract·i·ble [kəntrǽktəbl] 形 수축[단축]할 수 있는, 수축단축성의. ~·**bíl·i·ty,** ~·**ness** 名 ~·**bly** 副
con·tract·ile [kəntrǽktil/-tail] 形 수축하는, 수축성의, 수축의.¶~ *force* [*muscle*] 수축력[근](筋).
con·trac·til·i·ty [kɑ̀ntræktíləti/kɔ̀n-] 名 ⓤ 수축성.
con·tract·ing [kəntrǽktiŋ] 形 1 수축성이 있는. 2 [kəntrǽktiŋ/kɔ́n-] 계약의, 청부의.¶~ *parties* 계약 당사자, 동맹국.
‡**con·trac·tion** [kəntrǽkʃən] 名 ⓤ 1 수축[단축]하기, 축소하기; 수축, 단축, 축소. 2 ⓒ 《문법》(말 따위의) 생략·축약(예: dep't(=*department*), 약(約)(=*et cetera*), e'er (=*ever*), can't (=*cannot*)). 3 [생리] (근육의) 수축, 위축; (종종 ~s) 진통. 4 [경제] (통화·자금 따위의) 제한, 축소; 불황, 경기 후퇴. 5 [수학] 생략산(算)(계산서 해석(解析)의) 축약, 강제(降階). 6 (빚을) 지기; (병에) 걸리기; 버릇 붙기, 습벽(習癖) (*of*).¶*the* ~ *of a disease* 병에 걸림. ~·**al** 形
con·trac·tion·ar·y [kəntrǽkʃənèri, -əri] 形 소비 지출 감소의, 경제 축소의, 경기 후퇴의.
con·trac·tive [kəntrǽktiv] 形 수축하는, 수축성의. ~·**ly** 副 ~·**ness** 名
cóntract kílling 名 청부 살인(murder-for-hire).
cóntract kíller 名
cóntract lábor 名 계약 노동(자).
cóntract mán 名 《美·속어》 청부 살인자(hit man).
cóntract màrriage 名 (일정 기간의) 계약 결혼.
cóntract nòte 名 매매 계약서; 약속 어음.
‡**con·trac·tor** [kɑ́ntræktər, kəntrǽk-] 名 1 계약자; 청부업자, 하청[도급]업자, 토건업자.¶*a building* ~ 건축 청부업자. 2 [해부] 수축근(筋).
cóntract práctice 名 계약 진료.
con·trac·tu·al [kəntrǽktʃuəl] 形 계약(상)의; 계약으로 보증된. ~·**ly** 副
con·trac·ture [kəntrǽktʃər] 名 [병리] (근육·힘줄 따위의) 연축, 구축(拘縮). ~·**tured** 形
cóntract yéar 名 (광고) 계약년[기간](계약된 광고가 실리는 12개월의 기간).
con·tra·cy·cli·cal [kɑ̀ntrəsáiklikəl/kɔ̀n-] 形 (정책 등이) 경기(景氣) 조정(형)의.
con·tra·dance [kɑ́ntrədæns] 名 =contredanse.
‡**con·tra·dict** [kɑ̀ntrədíkt/kɔ̀n-] 動 他 …에 반대 주장을 하다, 반박하다, 항변하다.¶*I hate to* ~ *you, but I don't think so.* 말대꾸 같습니다만 제 생각은 다

립니다. 2 〔주장·말〕을 부정하다, 부인하다. ¶ ~ the rumor [news] 소문[뉴스]을 부인하다. 3 (성명·행동 따위가) …에 모순되다. ¶ The facts ~ the theory. 그 사실은 이론과 상반된다. 4 〔폐어〕 …에 반대하다.
contradict oneself 모순된 말을 하다.
~·a·ble 圈 부인[반대]할 수 있는. ~·er, -dic·tor 圈

*con·tra·dic·tion [kàntrədíkʃən/kɔ̀n-] 圈 1 Ⓤ 부정, 부인; 반박, 반대 (주장); Ⓒ 부인(하는 진술). 2 Ⓤ 모순, 당착; Ⓒ 모순된 언동. 3 Ⓤ[Ⓒ] 〔논리〕 모순 대당(矛盾對當). ¶ the law of ~ 〔논리〕 모순율(律).
in contradiction to [or *with*] …에 상반[반대]되어.
contradiction in terms 圈 〔논리〕 명사(名辭)의 모순(예: a virtuous tyrant).

con·tra·dic·tious [kàntrədíkʃəs/kɔ̀n-] 圈 1 반대[반박, 반론, 논쟁]하기 좋아하는. 2 〔고어〕 자기 모순 ~·ly 團 ~·ness 圈 └적인.
con·tra·dic·tive [kàntrədíktiv/kɔ̀n-] 圈 모순되는, 모순이 들어 있는. ~·ly 團 ~·ness 圈
con·tra·dic·to·ry [kàntrədíktəri/kɔ̀n-] 圈 1 모순된, 상반된; 정반대의 (*to*). ⇒OPPOSITE 유의어 ¶ a plan ~ to common sense 상식으로는 받아들일 수 없는 계획. 2 반박의, 반박하는, 부정적인; 부정하기 좋아하는. ─ 圈 1 정반대의 것. 2 반대론, 반박론; 모순되는 주장[말]. 3 〔논리〕 모순 대당(矛盾對當).
-ri·ly 團 -ri·ness 圈 모순(성).
contradíctory cóncept 圈 〔논리〕 모순 개념.
con·tra·dis·tinc·tion [kàntrədistíŋkʃən/kɔ̀n-] 圈 Ⓤ 대조, 대비(對比)(comparison) (*to*, *from*, *with*).
in contradistinction to [or *from*, *with*] …와 대비
-tive 圈 -tive·ly 團 └시켜서.
con·tra·dis·tin·guish [kàntrədistíŋgwiʃ/kɔ̀n-] 圈團 …을 비교[대조]해서 구별하다, 대비하다 (*from*).
con·trail [kántreil/kɔ́n-] 圈 (비행기·로켓 따위의) 비행운(雲)(vapor ~).
con·tra·in·di·cate [kàntrəíndikèit/kɔ̀n-] 圈團 〔의학〕 (징후·증상 따위가) (특정 요법·약제)에 대해서 금기(禁忌)를 나타내다. **-cant** 圈 = contraindication. **-càt·ed** 圈 금기의. **-in·di·cá·tion** 圈Ⓤ 〔의학〕 금기.
con·tra·lat·er·al [kàntrəlǽtərəl/kɔ̀n-] 圈 (몸의) 반대쪽의, 반대쪽에 위치하는.
con·tral·to [kəntrǽltou/kɔ́n-] 圈 〔음악〕 (團 ~s) 1 콘트랄토, 여성(女聲) 최저음(⇨BASS¹); 콘트랄토 음부(音部) 2 알토(남성 최고음). 3 콘트랄토 가수, 알토 가수. ─ 圈 콘트랄토의; 알토의. [< It *contra+alto*]
cóntra múndum [-mʌ́ndəm] 圈 일반적인 의견 [세론]에 구애되지 않고. [<L against the world]
con·tra·oc·tave [kàntrəáktiv/kɔ̀ntrəɔ́k-] 圈 〔음악〕 콘트라옥타브, 아래 1점음(點音).
con·tra·or·bit·al [kàntrəɔ́:rbitl/kɔ̀n-] 圈 역궤도 ~·ly 團 └비행의.
cóntra pá·cem [-páːkem, -péisəm] 團 〔법률〕 평화를 저해하여. [<L against the peace]
con·tra·plete [kántrəplìːt/kɔ́n-] 圈 〔철학〕 보완 [보전극의], **²plé·tal** 圈
con·tra·pose [kántrəpòuz/kɔ́n-] 圈團 1 대립 위치에 두다. 2 〔명제〕를 대우(對偶)시키다.
con·tra·po·si·tion [kàntrəpəzíʃən/kɔ̀n-] 圈 1 대치, 대립, 대조(antithesis). 2 〔논리〕 환질 환위(換質換位)(법); 대우(對偶); 조건 명제.
in contraposition to [or *with*] …에 대치[대조]
-pós·i·tive 圈 └하여.
con·trap·pos·to [kòuntrəpástou/-pɔ́s-] 圈 〔미술〕 콘트라포스토(후기 르네상스 시대의 인물 표현법).
con·tra·prop [kántrəpràp/kɔ́ntrəprɔ̀p] 圈 〔항공〕 동축(同軸) 프로펠러(서로 반대 방향으로 회전).
con·trap·tion [kəntrǽpʃən] 圈 〔구어〕 (기계 따위의) 새로운 고안, 신안(contrivance) (경멸적) 기묘한 고안물, 괴상한 기계. **-tious** 圈

con·tra·pun·tal [kàntrəpʌ́ntl/kɔ̀n-] 圈 〔음악〕 대위법(對位法)의, 대위법적인. ~·ly 團
con·tra·pun·tist [kàntrəpʌ́ntist/kɔ̀n-] 圈 〔음악〕 대위법에 능한 작곡가. (또는 **contrapuntalist**)
con·trar·i·an [kɔntrέəriən] 圈 1 반대 의견을 가진 사람; 반대자, 이단자. 2 〈증권〉 (통념과 반대되는 투자를 하는) 역(逆)투자가, 반대 사고의 주식 투자 운용자. ─ 圈 1 반대 의견의; 반골의, 이단의. 2 〈증권〉 역투자의. **-ant** 圈
con·tra·ri·e·ty [kàntrəráiəti/kɔ̀n-] 圈Ⓤ[Ⓒ] 1 반대, 불일치, 모순. 2 Ⓒ 상반되는 사실, 모순점. 3 〔논리〕 반대 대당(對當).
con·tra·ri·ly [kántrərəli/kɔ́ntrəri-] 團 1 반대로; 이에 반(反)해서. 2 [kəntrέərəli] 심술궂게, 고집스럽게.
con·tra·ri·ness [kántrerinis/kɔ́ntrəri-] 圈Ⓤ 반대; (구어) 심술, 외고집.
con·trar·i·ous [kəntrέəriəs] 圈 〔고어〕 고집이 센; 반대의. ~·ly 團 ~·ness 圈
con·trar·i·wise [kántreriwàiz/kɔ́ntrə-] 團 1 반대로, 거꾸로. 2 이에 반(反)해서. 3 고집스럽게, 심술궂게.
‡con·trar·y [kántreri/kɔ́ntrə-] 圈 (*more* ~; *most* ~) 1 (성질이) 반대의, 정반대의. ⇨OPPOSITE 유의어 ¶ a ~ opinion 반대 의견 / ~ propositions 반대 명제(命題). 2 (…의) 어긋나는, 상반되는, 받아들이지 않는 (*to*). ¶ ~ *to* custom 관습에 어긋나는 / ~ *to* fact 사실과 반대의 / It is ~ *to* rules. 그것은 규칙 위반이다. 3 (방향·위치가) 거꾸로의, 역(逆)의, 반대쪽의. ¶ look the ~ way 외면하다. 4 불리한, 역(逆)의, 형편이 나쁜. ¶ ~ weather 악천후 / ~ winds 역풍(逆風). 5 [또는 kəntrέəri] (구어) 외고집의, 고집을 부리는; 제멋대로 구는. ¶ a ~ man 고집센 사람. 6 〔식물〕 직각(直角)의.
─ 圈 (團 -ries [-z]) 1 (보통 the ~) 반대, 정반대. ¶ do the ~ of a rule 규칙을 어기다. 2 상반되는 것의 한쪽; 상반되는 사물[성질]. 3 〔논리〕 반대 명제.
by contraries 거꾸로, 정반대로; 예상과 어긋나게.
¶ interpret *by contraries* 정반대로 해석하다.
on the contrary ① 그와는 반대로, 이에 반(反)해서, 그렇지만. ② 〔문두에서〕 그렇기는커녕.
to the contrary ① (수식어는 어구 뒤에서) 그와 반대로[의], 반대 결과로[의]. ¶ There is no evidence *to the* ~. 그렇지 않다는 증거는 없다. ② (美) 〔문두에서〕 = *on the contrary*.
─ 團 반대로, 거꾸로, (…에) 반(反)하여서 (*to*). ¶ go ~ *to* a person's wishes 남의 의사를 어기다.
cóntrary mótion 圈 〔음악〕 반진행(反進行).
cóntrary térms 圈 〔논리〕 반대 명사.
con·tra·sea·son·al [kàntrəsíːzənəl/kɔ̀n-] 圈 시기[계절]에 맞지 않는.
‡con·trast [kəntrǽst, kántræst/kəntráːst] 團 1 …을 대조하다, 대비하다 (*with*, *to*). ¶ ~ A *with* [or *to*] B A와 B를 대조하다. 2 …와 좋은 대조를 이루다, (대비시켜서) …을 더 두드러지게 하다. ─ 圈 (…에) 대조를 이루다, 대비해서 뚜렷한 차이를 나타내다 (*with*). ¶ (~+箇+图) This color ~s *well with* green. 이 색깔은 녹색과 좋은 대조를 이룬다.
as contrasted with …와 대조해서.
─ 圈 [kántræst/kɔ́ntraːst] 1 대조[대비]하기; 대조, 대비 (*to*, *with*). (수사) 대조법. 2 (대조에 의해 나타나는) 현저한 차이, 상이(相異) (*between / to*, *with*). 3 대조적인 사람[것], 정반대의[큰 차이가 나는] 사람 [것] (*for*, *to*). 4 〔미술〕 (상이한 모양·선·색깔 따위의) 대조, 대치(對置); (사진·음화(陰畵)의) 흑백(명암)의 대조. 5 (이미·심리) 대비.
be a contrast to …와는 정반대다.
by [or *in*] *contrast* ① (앞 문장을 받아) 그에 반해서, 그와 대조적으로. ② …와 대조하여, …에 비해서(*with*).
form [or *make*, *present*] *a striking contrast to* [or *with*] …와 현저한 대조를 이루다.

for the sake of contrast 대조하기 위해, 두드러지게 하기 위해서.
in contrast with [or **to**] …와 대조를 이루어, …와는 대조적으로[뚜렷이 달라서].

[USAGE] **contrast with, contrast to**──contrast 가 동사인 경우에는 with를, 명사인 경우에는 to 또는 with를 동반한다: The snow-crowned peak ~s finely *with* the blue sky. / The snow-crowned peak formed a fine ~ *to* [or *with*] the blue sky. * 「A와 B와의 현저한 대조」는 a strong ~ *between* A and B라고 한다.

~·a·ble 형 ~·a·bly, ~·ed·ly, ~·ing·ly 부
con·tras·tive [kəntrǽstiv/-trɑ́ːs-] 형 1 대조[대비]적인 (to). 2 〔언어〕 (두 언어 간의) 일치·차이를 연구하는. ¶a ~ grammar 대조 문법. ~·ly 부
contrástive linguístics 명(복) 〔단수취급〕 〔언어〕 대조 언어학.
cóntrast mèdium 명 〔의학〕 조영제(造影劑).
con·trast·y [kəntrǽsti, kɑ́ntræs-/kəntrɑ́ːs-] 형 〔사진〕 대조가 심한, 명암이 뚜렷한.
con·tra·sug·gest·i·ble [kɑ̀ntrəsədʒéstəbl/kɔ̀n-] 형 〔심리〕 암시에 역반응을 나타내는.
con·trate [kántreit/kɔ́n-] 형 〔기계〕 (회전면에 대하여) 톱니가 직각의, 가로톱니의.
cóntrate whèel 명 =crown wheel.
con·tra·val·la·tion [kɑ̀ntrəvəléiʃən/kɔ̀n-] 명 (공격군이 수비군의 요새 주위에 쌓는 참호 등).
con·tra·vene [kɑ̀ntrəvíːn/kɔ̀n-] 타 동 1 (주의·진술 따위에) 반대하다; …와 모순되다, 2 〔법률·규칙 따위〕를 어기다, 범하다, …에 위배되다. **-vén·er** 명
con·tra·ven·tion [kɑ̀ntrəvénʃən/kɔ̀n-] 명(U)(C) 1 (주의·진술 따위에의) 반대, 반론. 2 위반, 위배; 위반 행위; 〔법률〕 경범죄.
in contravention of …에 위반해서.
con·tra·yer·va [kɑ̀ntrəjə́ːrvə/kɔ̀n-] 명 〔식물〕 콩 나무과의 열대 아메리카산(産) 다년초.
con·tre·coup [kántrəkùː/kɔ́n-] 명 〔의학〕 콩트 르쿠, 반충(反衝) 손상(충격을 받은 쪽의 반대쪽 뇌에 생기는 손상). 〈F〉
con·tre·danse [kɑ́ntrədæ̀ns, -dɑ̀ːns/kɔ́ntrədɑ̀ːns] 명 대무(對舞)(마주 보고 상대를 바꿔가며 추는 춤); 대무곡(曲). (또는 **contradanse**) 〈F〉
con·tre·jour [kɑ̀ntrəʒúər/kɔ̀n-] 명 〔사진〕 역광(逆光)의. 〈F counter-daylight〉
con·tre·temps [kántrətɑ̀ːŋ/kɔ́ːn-] 명 (복 ~ [-z]) 1 뜻하지 않게(공교롭게) 일어난 사건. 2 임씨름, 말다툼, 싸움. 3 〔음악〕 =syncopation. 〈F〉
contrib. contribution; contributor.
‡**con·trib·ute** [kəntríbjuːt] 타 동 (**-ut·ed; -ut·ing**) 타 1 〔돈 따위〕를 기부하다, 주다 (*for, to, toward*). ¶ (~+목+전+명) ~ *money to* relieving *the* poor 빈민을 구제하기 위해 기부하다. 2 …에 기여하다, 공헌하다 (*to*); 〔의견·지식 따위〕를 제공[진술]하다. ¶ ~ suggestions 조언을 주다. 3 〔글·기사 따위〕를 기고하다 (*to*). ¶ (~+목+전+명) ~ articles *to* journals 잡지에 기고하다. ──자 1 기부를 하다 (*to*). 2 공헌하다; (…의) 한 원인[도움]이 되다, 원조하다 (*to*). ¶ (~+전+명) His effort ~*d to* his present success. 그의 오늘날의 성공을 노력이 한 원인이었다. 3 기고하다 (*to*). ¶ ~ to a magazine 잡지에 기고하다. **-ut·a·ble** 형
‡**con·tri·bu·tion** [kɑ̀ntrəbjúːʃən/kɔ̀n-] 명 (복 ~s [-z]) (U)(C) 1 기부, 출자; 기증품, 기부금 (*to*). ¶ monetary ~ 기부금 / benevolent ~s 자선 기부금. 2 (신문·잡지 따위에의) 기고, 투고; 기고[투고] 작품[기사] (*to*). 4 세금, 조세; 〔고어〕 (점령지의 주민에게 부과하는) 군세(軍稅), 징발세(徵發稅); 〔법률〕 분담세, 분담[부담]금. 5 〔보험〕 해 분담(공동 해상 보험 분담금).
lay...under contribution …에게 강제적으로 기부시키다; …에게 방위세를 부과하다.
make a contribution to [or **toward**] …에 기부~·al 형 〔공헌〕하다.
con·trib·u·tive [kəntríbjutiv] 형 기여하는, 공헌적인 (*to*). ~·ly 부 ~·ness 명
*con·trib·u·tor [kəntríbjutər] 명 1 기부자; 공헌자. 2 (신문·잡지 따위에의) 기고[투고]자. **-tó·ri·al** 형
con·trib·u·to·ry [kəntríbjutɔ̀ːri/-təri] 형 1 기부의, 출자하는; 분담하는. 2 기여하는, 공헌하는, 이바지하는, (…에) 도움이 되는 (*to*). 3 (조세(군세)에 의한 수 있는, 갹출제의. ──명 1 출자 의무; 출자(의무)자, 기부자; 지불 주주(株主). 2 〔英〕 〔법률〕 무한 책임 사원. 3 유인(誘因).
contributory infringement 〔법률〕 특허권 침해 방조.
contributory negligence 명 〔법률〕 기여[조성(助成)] 과실(過失).
cón trick 명 〔英구어〕 =confidence game.
con·trite [kəntráit, kɑ́ntrait/kɔ́n-] 형 죄를 깊이 뉘우치고 있는, 회한(悔恨)의 (정을 나타내는). ¶ ~ tears 회한의 눈물. ~·ly 부 ~·ness 명
con·tri·tion [kəntríʃən] 명 (U) 뉘우침, 회오, 회한; [교회] 통회. 명 attrition   [수 있는.
con·triv·a·ble [kəntráivəbl] 형 고안[안출]해 낼
con·triv·ance [kəntráivəns] 명 1 고안물, 발명품, 장치. 2 고안, 발명; 발명의 재간. 3 계략, 모략.
‡**con·trive** [kəntráiv] 타 (~s [-z]; ~d; -triv·ing) 타 1 …을 연구하다, 고안하다, 발명하다. ⇔ INVENT [유의어] ¶ ~ a new kind of engine 신형 엔진을 발명하다 / ~ an excuse 핑계를 꾸미다. 2 (못된 짓 따위)를 계획하다, 꾸미다; …을 시도하다[꾀하다] (*to do*). ¶ ~ robbery 강도 짓을 꾀하다 / ~ a person's death 남을 죽이려고 기도하다. 3 잘[용케] …하다; 어떻게든 …하다; 일부러 …저지르다 (*to do*). ¶ (~+*to do*) I will ~ *to* come back home by ten o'clock. 어떻게든 10시까지는 집에 돌아오도록 하겠다. ──자 1 궁리[마련]하다; (가사를) 꾸려 가다. ¶ Can you ~ without it? 그것 없이도 해나갈 수 있습니까? 2 계획하다, 꾀하다.
cut and contrive 잘[용케] 꾸려 나가다.
con·trived [kəntráivd] 형 인공적인, 부자연한, 꾸민, **-triv·ed·ly** [-tráivədli] 부
con·triv·er [kəntráivər] 명 고안자; 계략가; (가사 따위를) 솜씨있게 꾸려 나가는 사람.
‡**con·trol** [kəntróul] 타 동 (~s [-z]; -ll-) 1 …을 지배하다, 통제[관리]하다, 지휘[감독]하다, 좌우하다. ⇨ GOVERN [유의어] ¶ ~ prices 물가를 통제하다 / A captain ~s his ship and its crew. 선장은 배와 선원을 관리 감독한다. 2 〔감정 따위〕를 억제하다: 〔질병·해충 따위〕의 만연을 막다. ¶ ~ one's emotions [anger, grief] 감정(화, 슬픔)을 억누르다. 3 …을 대조[조회]하다, 맞추어 보다. 4 〔지출·계정 따위〕를 제한[규제]하다, 가감[조절]하다. ¶ ~ payments 지불을 조절하다.
control oneself 자제하다, 감정을 억제하다.
──명 (복 ~s [-z]) 1 (U) 지배(력), 통제(력), 단속, 관리, 감독, 지휘 (*over, of, on*). 즉속 가지는 제한/light ~ 등화 관제/traffic ~ 교통 정리/a professor's ~ *over* the class 교수의 클래스 장악. 2 a) (U) 제지, 억제(력), 제어 (*over, of, on*); 〔야구〕 제구력(制球力), 컨트롤; [컴퓨터] 제어 b) (~s) 억제[제어] 수단; 〔기계·비행기〕의 조종 장치. 3 (실험 결과 따위의) 조사(照査), 조사(照査) 표준; 대조부(簿), 부본(副本). 4 〔심령술〕 영매(靈媒)의 언행을 지배하는 혼령. 5 (자동차 경주 따위에서 수리를 위한의) 경주 중단 구역; 차체 검사소; (도로의) 서행[속도 제한] 구역; 〔합격〕 단속[속도 양옹] 관리자, 검사자; (C) (~s) 관제실[7] (우주) 제어.
be at the controls (자동차·비행기 따위를) 운전[조

control account

종]하고 있다, 지배하고 있다.
be in control of …을 관리[제어]하고 있다.
bring [or ***get***]***…under control*** …을 억누르다, 억제하다: [화재]를 진압하다. ¶에 차 있다.
feel in control 무엇이든 할 수 있다고 느끼다, 자신
gain [or ***hold, take***] ***control of*** …을 지배[장악]하다.
get [or ***go***] ***out of control*** 억제[제어, 통제]할 수 없게 되다.
have [***lose***] ***control of*** [or ***over***] …을 제어하다[할 수 없게 되다]. ¶*have ～ over* oneself 자제하다.
under control 통제[제어]되는, 지배되는. ¶Everything is *under ～*. 만사가 순조롭다[오케이다].
under [or ***in***] ***the control of*** …의 지배[관리]를 받고.
without control 제멋대로, 함부로, 통제없이.
～·less 휑

contról accòunt 몡 〔부기〕 총괄[통제] 계정.
contról bàll 몡 〔컴퓨터〕 =track ball.
contról bènch 몡 〔美〕 (교도소 내의) 징벌 위원회.
contról bòard 몡 (기기 따위의) 제어반(制御盤).
contról bòoth 몡 =control room.
contról chàrt 몡 〔통계〕 품질 관리 도표.
contról clòck 몡 기준(基準) 시계(master clock).
contról còlumn 몡 〔항공〕 조종간.
contról commànds 몡복 〔컴퓨터〕 제어 코맨드 (control key를 쓴다).
contról-con·fíg·ured véhicle [-kənfígjəd-] 몡 형태 변환 비행기.
contról expériment 몡 대조 실험.
contról frèak 몡 〔구어〕 (병적으로) 지배욕이 강한 사람, 지배광(狂).
contról grìd 몡 〔전자〕 (전자관의) 제어 격자(格子).
contról gròup 몡 1 〔전자〕 제어 집단. 2 〔항공〕 조종 장치. 3 〔약학〕 대조군(對照群)(동일 실험에서 실험 요건을 가하지 않은 그룹).
contról kèy 몡 〔컴퓨터〕 제어 키.
con·tról·la·ble [kəntróuləbl] 휑 지배[관리, 관제] 할 수 있는; 조절[제어] 가능한.
-bíl·i·ty, ～·ness 몡 **-bly** 閇
con·trólled [kəntróuld] 휑 억제[통제, 관리]된. ¶*～ society* 통제 사회.
contrólled circulátion 몡 (잡지·신문의) 무료 배포 부수. 「표 지연 지불.
contrólled disbúrsement 몡 〔美〕 고의적인
contrólled ecónomy 몡 통제 경제. 「물질.
contrólled súbstance 몡 규제 약품(藥品), 규제
***con·tról·ler** [kəntróulər] 몡 (회계 따위의) 감사관, 검사관; 관리자, 통제자; 감독관, 단속인. ¶a *C- General* 이사장, 주관자(主管者); 감독 장관, 회계 감사 원장. 2 〔英〕 〔항공〕 항로 표정반(標定盤). 3 〔전기〕 제어기, 정류기(整流器); 〔항해〕 (닻줄을 멈추게 하는) 억륜기(抑輪器). 4 (또는 **contról unit**) 〔컴퓨터〕 컨트롤러, 제어 장치. 「리인의 직무[자격].
con·tról·ler·ship [kəntróulərʃip] 몡 감사관[관
contról lèver 몡 =control stick.
con·tról·ling accòunt [kəntróuliŋ-] 몡 = control account.
contrólling ímage 몡 작품의 주제를 강조하기 위해서 반복 사용하는 문학적 기교.
contrólling ínterest 몡 지배(적) 지분(持分), 기업 지배권(회사 경영권 장악에 필요한 주식의 보유 따위).
contról màrk 몡 (용도 확인용으로) 수표에 곁들여 인쇄된 숫자[도안].
con·tról·ment [kəntróulmənt] 몡〔U〕 감사, 감독, 관리, 단속; 제어. 「제어반, 조작반.
contról pànel 몡 1 =control board. 2 〔컴퓨터〕
contról pòint 몡 〔항공 사진〕 제작의 기준점.
contról ròcket 몡 제어용 로켓.
contról ròd 몡 〔핵물리〕 (원자로의) 제어봉(棒).

contról ròom 몡 (녹음 스튜디오의) 조정실, (원자력
contról stìck 몡 〔항공〕 조종간. 「발전소) 제어실.
contról stòrage 몡 〔컴퓨터〕 제어 기억 장치.
contról sùrface 몡 〔항공〕 가변익(movable air-
contról tòwer 몡 〔항공〕 관제탑. 「foil).
contról ùnit 몡 〔컴퓨터〕 제어 장치[유닛](CPU의 일부로 시스템 전체의 조작을 제어한다).
con·tro·ver·sial [kàntrəvə́ːrʃəl/kɔ̀n-] 몡 토론의 [을 좋아하는], 논쟁상의; 논쟁의 여지가 있는. **～·ly** 閇
con·tro·ver·sial·ism [kàntrəvə́ːrʃəlìzm/kɔ̀n-] 몡 논쟁적 정신, 논쟁벽. **-ist** 몡 토론가, 논쟁자.
***con·tro·ver·sy** [kántrəvə̀ːrsi/kɔ́n-, kəntróvəsi] 몡〔U|C〕 1 논쟁: 논의, 토론; 〔지상의〕 논전. ⇨ARGUMENT 〔유의어〕academical ～ 학문상의 논쟁. 2 언쟁, 싸움.
be in controversy with …와 논쟁중이다.
beyond [or ***out of, without***] ***controversy*** 논쟁의 여지 없이, 당연히.
have [or ***enter into, engage in***] ***a controversy with*** [or ***against***] …와 논쟁하다.
hold [or ***carry on***] ***a controversy with*** [or ***against***] …와 의론하다.

con·tro·vert [kántrəvə̀ːrt/kɔ̀ntrəvə́ːt] 囲타 1 〔증언 따위〕를 논박하다, 부인하다. 2 …에 관해 논쟁[토론]하다. **～·er** 몡 **-vért·i·ble** 휑 **-vért·i·bly** 閇 **～·ist** 몡
con·tu·ma·cious [kàntjuméiʃəs/kɔ̀ntju-] 휑 1 〔누가 아무리 해도 말을 듣지 않는, 반항적인; 불손하기 짝이 없는. 2 〔법률〕 (법정의) 소환[명령]에 응하지 않는.
～·ly 閇 **～·ness, -mác·i·ty** 몡
con·tu·ma·cy [kántjuməsi/kɔ́ntju-] 몡〔U|C〕 완강한 불복종; 권위 무시, 명령 불복종; 〔법률〕 법정 모독.
con·tu·me·li·ous [kàntjumilíəs/kɔ̀ntju-] 휑 무례한, 오만 불손한. **～·ly** 閇 **～·ness** 몡
con·tu·me·ly [kántuməli, kəntjúː-/kɔ́ntjuːmli] 몡 (언동의) 오만함, 무례함; 모욕(적인 취급).
con·tuse [kəntjúːz/-tjúz] 囲타 …에 타박상을 입히다. **-tú·sion** 몡 타박상. **-tú·sioned, -tú·sive** 휑
co·nun·drum [kənʌ́ndrəm] 몡 1 (익살스러운 말장난으로 대답하는) 수수께끼; 난문. 2 수수께끼 인물.
con·ur·ba·tion [kànəːrbéiʃən/kɔ̀n-] 몡 (주변에 많은 소도시가 모여 있는) 집합 도시, 도시권.
CONUS [kánəs/kɔ́n-] 몡 〔美군사〕 미국 본토(군).
〔<*Continental United States*〕
co·nus ar·te·ri·o·sus [kóunəs ɑːrtiəriəóusəs] 몡 (복 **-ni·si** [-nai -sai]) 〔해부〕 (양서류·사람의 우심실) 동맥 원추(圓錐). 〔<L〕
conv. convenient; convent; convention(al); conversation; converter; convertible; convocation.
con·va·lesce [kànvəlés/kɔ̀n-] 囲자 (앓고 난 뒤에) 차츰 건강을 회복하다, 병이 나아가다.
con·va·les·cence [kànvəlésns/kɔ̀n-] 몡〔U〕 병후 a ～) 건강 회복(기), 병이 나아져 감.
con·va·les·cent [kànvəlésnt/kɔ̀n-] 휑 병이 차츰 나아가는, 회복기의; (한정용법) 회복기에 있는 (환자의). ¶a ～ *hospital* 회복기 환자 요양소. ─ 몡 회복기의 환자, 앓고 난 사람. **～·ly** 閇
con·vect [kənvékt] 囲자 대류(對流)로 열을 보내다. ─ 囲타 (따뜻한 공기)를 대류로 순환시키다. **-véc·tive** 휑 대류(성)의, 전달(운반)력이 있는. **-véc·tive·ly** 閇
con·vec·tion [kənvékʃən] 몡〔U|C〕 전달; 〔물리〕 (열·전기의) 대류(對流), 환류(還流); 〔기상〕 대류, 상승 기류; 운반, 전달. **-al** 휑 대류의. 「난방기.
con·vec·tor [kənvéktər] 몡 방열기(放熱器); 대류
con·ve·nance [kánvənɑ̀ːns/kɔ́n-] 몡〔U〕 1 편의; 적당함. 2 (～s) 관습, 세상의 관례; 예절.
con·vene [kənvíːn] 囲자 (회원 등이) 모이다; (회의가) 개최되다. ─ 囲타 1 …을 모으다, 소집하다. 2 …을 불러내다, 호출[소환]하다. **-vén·a·ble** 휑 **-vén·a·bly** 閇
-vén·er, -vé·nor 몡 소집자, 주최자.

‡con·ven·ience [kənvíːnjəns] 圀 (⑧ *-ienc·es* [-iz]) **1** Ⓤ 형편이 좋음; 편리함, 편의; 이익. ¶a marriage of ~ 정략 결혼. **2** Ⓤ (개인의) 형편이 좋을 때(상태). ¶You may come at any time that suits your ~. 형편 좋을 때 언제든 와도 된다. **3** 편리한 것, 유용품; (문명의) 이기(利器); (~s) 편리한 시설, 의식주의 편익. ¶a house full of ~s of every sort 모든 편리한 설비를 갖추고 있는 집/a hotel with modern ~s 현대 시설을 갖춘 호텔. **4** (英) 화장실. ¶public ~ 공중 화장실.
as a matter of convenience; according to one's convenience 편의상; 형편에 따라.
at one's (own) convenience 형편이 좋을 때에, 편리할 때에. 「빨리.
at your earliest convenience 형편이 닿는 대로
await a person's convenience 남의 형편 좋을 때를 기다리다.
consult [or *follow*] *one's own convenience* 자기의 편의를 도모하다; (명령문) 형편대로 하시오.
for convenience' sake; for the sake of convenience 편의상.
for the convenience of …의 편의를 도모하다.
make a convenience of (구어) …을 자기 마음대로 사용하다, 자기의 편의에 이용하다.
to a person's convenience …에게 형편이 좋은.
convénience abórtion 圀 (의학적 이유가 아닌) 편의적 임신 중절[낙태].
convénience fóod 圀 인스턴트 식품.
convénience góods 圀 일용 잡화.
convénience márket 圀 일용 잡화 식료품 시장.
convénience óutlet 圀 (전기) 실내 콘센트.
convénience stóre 圀 일용 잡화 식품점, 편의점.
con·ven·ien·cy [kənvíːnjənsi] 圀 (고어) =convenience.
‡con·ven·ient [kənvíːnjənt] 圀 (*more ~; most ~*) **1** 형편이 좋은; 편리한, 알맞은 (*for, to*). ¶use a ~ tool 편리한 도구를 사용하다/When will it be ~ for you to come? 언제쯤 오시는 것이 편하겠습니까? (* (美)에서는 전치사 for를 쓰는 경향이 있다.) **2** 가까운, 가까워서 편리한; 손쉬운 (*to, for*). ¶His house is ~ to the bus stop. 그의 집은 버스 정류장에서 가깝다.
if it is convenient for [or *to*] *you* 형편이 좋다면.
make it convenient to do 형편[틈]을 보아 …하다.
*con·ven·ient·ly [kənvíːnjəntli] 團 형편이 좋게; 편리하게; 안성맞춤으로.
*con·vent [kánvənt, -vənt/kɔ́nvənt] 圀 수도회, 신앙 단체; 수녀원, 수도원; (폐어) 집회. ── 氏 (폐) *go into a convent* 수녀가 되다. 〔어〕 =convene.
con·ven·ti·cle [kənvéntikl] 圀 (16-17 세기의 영국 비(非)국교도의) 비밀 집회, 그 집회소.
-cler côn·ven·tíc·u·lar
‡con·ven·tion [kənvénʃən] 圀 (⑧ *~s* [-z]) **1** (정치적·종교적) 집회, 대표자 회의, 협의회. ⇨MEETING [유의어] *be in* ~ 회의중이다/*hold an annual* ~ 연차 대회를 열다. **2** (美) (각당의 대통령 후보 지명 따위를 위한) 전국 대회, 전당 대회(national ~). **3** (英) (비공식) 집회; (英역사) (1660년, 1668년 국왕의 소집 없이 열린) 의회. **4** (국가간 따위의) 협정, 협약, 조약; 국제권·특허권 따위의 국제 협정. ¶a postal ~ 우편 협정. **5 a)** (사회의 일반적인) 관례, 관습, 인습. ¶a slave to ~ 인습의 노예. **b)** 인습 존중, 의례. **c)** (예술의) 관례 사항. ¶stage ~ 무대 관행. **6** (카드놀이) (브리지에서) 컨벤션, 약속(파트너에게 자기 패의 정보를 알리기 위한 신호).
*con·ven·tion·al [kənvénʃənl] 圀 **1** 전통적인; 인습에 사로잡힌, 항간의 통례적인, 관습적인 (*in*); (the ~) (명사적) 인습적인 것. ¶~ *morality* 인습적 도덕/~ *symbols* 관용 기호/~ *ways* 종래의 방식. **2** 틀에 박힌, 형식적인, 상투적인. ¶~ *phrases* 판에 박힌 문구/~ *remarks* 틀에 박힌[평범한] 소견. **3** (법정(法定)에 의하여) 협정[협약]상의. ¶~ *neutrality* 협정 중립 / a ~ *tariff* 협정세율. **4** 국회의, 집회의; 회의의. **5** (병기가) 재래형의, 통상의, 비핵(非核)의. **6** [미술] 독창성이 없는, 인습적인; (조형 미술에서) 양식화(樣式化)된.
── 圀 (카드놀이) = convention 6.
~·ly 圀 관례[인습]적으로; 진부하게.
con·ven·tion·al·ism [kənvénʃənəlìzm] 圀 Ⓤ **1** 인습[전통] 고수, 관례주의 (답습). **2** 인습적 사물; 판에 박힌[상투적인] 문구. **-ist**
con·ven·tion·al·i·ty [kənvènʃənǽləti] 圀 ⓊⒸ **1** 인습성; 인습[관례]의 존중[고집]. **2** (종종 -ties) 인습, 관례. **3** 인습적 형식, 틀에 박힌 양식.
con·ven·tion·al·ize [kənvénʃənəlàiz] 탸 **1** …을 인습[관례]화하다, 관례에 따르게 하다. **2** [미술] 을 양식화하다. ── 氏 인습[관례]를 따르다. **-i·zá·tion** 圀
convéntional wár 圀 재래식 전쟁.
convéntional wéapon 圀 통상[재래식] 병기(비핵병기의 총칭). 團 nuclear weapon
convéntional wísdom 圀 고래(古來)의 지혜, (세간의) 일반 통념[통설], 속설(俗說), 상식.
con·ven·tion·ar·y [kənvénʃənèri/-ʃənəri] 圀 **1** 특별 계약의. **2** (英) 협정 차지(借地)의. ── 圀 협정 차지(인). 「시설이 완비된 종합 빌딩)
convéntion cénter 컨벤션 센터(회의장·숙박
con·ven·tion·eer [kənvènʃəníər] 圀 (美) 대회 출석자, 대회[회의]에 참가[출석]하다.
con·ven·tion·er [kənvénʃənər] 圀 **1** =conventioneer. **2** 대회[회의]의 일원.
convéntion háll 圀 (호텔 따위의) 회의장.
convéntion hotél 圀 회의를 개최하는 호텔.
Convéntion on Biológical Divérsity 圀 생물 다양성 보존 협약(1993년 발효).
Convéntion on Internátional Cívil Aviátion 圀 국제 민간 항공 협정. 「대륙붕 조약.
Convéntion on the Continéntal Shélf
Convéntion on the Ríghts of Chíldren 圀 (유엔) 어린이 권리 조약(1990년 발효).
Convéntion Reláting to the Státus of Refugées 圀 (유엔) 난민 조약(1954년 발효).
convéntion tóur 圀 관광을 겸한 집회 여행.
cónvent schóol 圀 수녀원 부속 학교.
con·ven·tu·al [kənvéntʃuəl] 圀 수도원의, 수녀원의; 수녀원적인. ── 圀 수도사, 수녀; (C-) (프란체스코 수도회에 속한) 컨벤추얼 수도사. **~·ly** 團
con·verge [kənvə́ːrdʒ] 氏 (~d) **1** (선·길 따위가) 한 점[선]에 집중하다 (*on, upon, at, in*). ¶(~+前+名) The mountains ~ *into* a single ridge. 그 산들이 모여서 하나의 산등성이를 이룬다. **2** (의견·관심 따위가) (한 곳에) 집중하다 (*on, upon, at, in*). ¶People's interest ~ *d on* the election. 국민들의 관심이 선거에 집중되었다. **3** (사람이) …주변에 무리를 이루다 (*on*). **4** (수학·물리) 수렴(收斂)하다. 團 diverge ── 탸 …을 한 점[선]에 집중시키다.
con·ver·gence [kənvə́ːrdʒəns] 圀 Ⓤ **1** 한 점[선]에의 집중; 집중성, 집중 상태, 집중도(度); Ⓒ 집합점. (또는 **convergency**) **2** (사상·경제력 따위의) 수렴(收斂), 격차 축소. ¶*the* ~ *theory* 수렴 이론. **3** (수학·물리) 수렴; (생리) 폭주(輻輳), 수렴(근점 주시(近點注視)때 두 눈이 안쪽으로 향하는 일); (기상) 수렴 현상; (생물) 근사(近似) 현상, 수렴. 團 divergence
convérgence líne 圀 (기상) 수렴선. 「gence 1.
con·ver·gen·cy [kənvə́ːrdʒənsi] 圀 =conver-
con·ver·gent [kənvə́ːrdʒənt] 圀 한 점으로 집중하는, 집중성이 있는; (수학·물리) 수렴성(收斂性)의; (생물) 2차적 유사(類似)의(團 divergent). ¶~ *light* 수렴광(光) / a ~ *series* 수렴 무한 급수(級數). **~·ly** 團

convérgent thínking 명 [심리] 집중적 사고.
con·ver·ger [kənvə́ːrdʒər] 명 논리적 추론(推論)에 능숙한 사람.
con·vérg·ing léns [kənvə́ːrdʒiŋ-] 명 [광학] 수렴 렌즈. 반 diverging lens
con·vers·a·ble [kənvə́ːrsəbl] 형 1 마음을 터놓고 이야기할 수 있는, 말걸기 쉬운; 말을 잘 하는, 이야기를 좋아하는. 2 화제에 알맞은. ~·ness 명 -bly 부
con·ver·sance [kənvə́ːrsəns, kánvər-/kənvə́ː-] 명ⓤ 정통(精通), 잘 알고 있음: 친밀, 친교. (또는 **conversancy**)
con·ver·sant [kənvə́ːrsənt, kánvər-/kənvə́ː-] 형 1 (…에) 정통한, 잘 알고 있는(with, in, about). ¶be ~ with the subject 그 문제에 정통하다. 2 친밀한, 친교가 있는(with, among). ~·ly 부
‡**con·ver·sa·tion** [kànvərséiʃən/kɔ̀n-] 명 (복 ~s [-z]) ⓤ 1 회화; ⓒ 대담, 대화, 담화, 좌담; (사무적인) 회담; (~s) (외교상의) 비공식 회담(with/about, on). ¶a private ~ 사사로운 이야기. 2 교제, 사교(성), 친교. 3 성교. ¶criminal ~ [법률] 간통. 4 [고어] 생활 태도[양식]. 5 [폐어] (경험 등에 의한) 숙지(熟知), 정통함. 6 = ~ piece. 7 [컴퓨터] = conversational mode.
be in conversation with …와 대담[이야기]중이다.
change the conversation 화제를 바꾸다.
enter [or *fall, get*] *into conversation with* …와 이야기를 시작하다. 「…와 대화하다.
hold [or *have, carry on*] *a conversation with*
make conversation (사교상) 잡담하다: 이런저런 이야기를 하기에 여념이 없다.
*****con·ver·sa·tion·al** [kànvərséiʃənl/kɔ̀n-] 형 1 회화(체)의, 담화(식)의. 2 이야기하기를 좋아하는, 이야기를 잘하는, 격의 없는. 3 [컴퓨터] 대화형의. ~·ly 부
con·ver·sa·tion·al·ist [kànvərséiʃənəlist, kɔ̀n-] 명 이야기하기를 좋아하는 사람, 이야기를 잘 하는 사람. (또는 **conversationist**)
conversátional móde 명 [컴퓨터] 대화 모드.
conversátional quálity 명 (연설·낭독에서) 대화처럼(자연스럽게) 말하는[읽는] 법.
conversátion píece 명 1 (18세기에 유행한) 풍속화. (또는 **conversátion pícture**) 2 화제거리를 제공하는 일[것]; 장식품, 골동품. 3 화제거리, 화두(話頭). 4 [연극] 대화극.
conversátion pít 명 [미] 대화실(거실 따위의 차분히 대화할 수 있도록 바닥을 한 단계 낮춘 자리).
conversátion stópper 명 [구어] (말문·대화를 가로막는) 예기치 않은 발언[사건].
con·ver·sa·zi·o·ne [kànvərsàːtsióuni] 명 (복 ~s, -ni) (문예·학술에 관한) 좌담[간담, 토론]회. [<It]
‡**con·verse¹** 명자 [kənvə́ːrs, kánvəːrs/kɔ́nvəːs] [-t]; *-vers·ing*) 1 격의 없이 이야기하다, 담화를 주고받다(with/on, about). ⇒SPEAK 유의어 ¶(~ +전+명) ~ *with* a person [or *about*] a subject 남과 어떤 문제에 관해 이야기하다. 2 [컴퓨터] (기기와) 대화하다. 3 [폐어] 가까이 사귀다: (영적(靈的)으로) 교제하다(with).
— 명 [kánvəːrs/kɔ́n-] ⓤ 1 담화. 2 친교, 교제: (폐어) 영적 교제. -vers·er 명
*****con·verse²** 형 [kənvəːrs, kánvəːrs/kɔ́nvəːs] 거꾸로 된, 역(逆)의, (순서·방향·행위 따위가) 반대의. ¶~ arrangement of parts 부품의 반대 배치. — 명 [kánvəːrs/kɔ́n-] 1 반대, 역 (of). 2 [논리] 환위 명제(換位命題); 두 말 사이의 역(逆)관계. 3 [수학] 역.
and converse 그 반대도 역시 같다.
~·ly 부 거꾸로, 반대로; 거꾸로 말하면. 「수 있는.
con·ver·si·ble [kənvə́ːrsəbl] 형 거꾸로[전환] 할
‡**con·ver·sion** [kənvə́ːrʒən, -ʃən] 명ⓤ 1 전환, 변환, 변화; (배 따위의) 개조, 개장(改裝) (into). ¶~ of iron *into* steel 철에서 강철로의 변성(變成). 2 개심(改心); 귀의(歸依), 개종(改宗); (주의·당파 따위의) 전향 (to). ¶~ of the Jews *to* Christianity 유대인의 기독교로의 개종. 3 [수학] 전환법. 4 [논리] (주사(主辭)와 빈사(賓辭)의) 환위(換位)(법). 5 [정신분석] 전환(轉換) (억압된 마음속의 소망이 신체적 증상으로 표출되는 일). 6 [화학] 변이(變移). 7 [법률] 횡령; 재산 전환. ¶~ of public money *to* one's own 공금 횡령. 8 (공채(公債) 따위의) 이체(移替); (화폐의) 태환(兌換); (외국 화폐간의) 환산. 9 [컴퓨터] 전환, 이행. ⇒CONVERT 타 8. 10 [문법] 품사의 전환. 11 [럭비·미식축구] (트라이·터치다운 뒤의) 골킥(에 의한 득점); [농구] 자유투(에 의한 득점). --al, --ar·y 형 전환의; 개종의.
convérsion ágent 명 [금융] (전환 사채를 주식으로 전환하는) 전환 대리 기관(인).
convérsion disórder 명 [정신의학] 전환 장애. 「전환 히스테리.
convérsion fáctor 명 [경제] 전환 계수.
convérsion héater 명 [영] 전열기.
convérsion hystéria 명 = conversion disorder.
convérsion príce 명 전환 가격.
convérsion rátio 명 [물리] 전환 비율, 전환 계수.
convérsion táble 명 (도량형 따위의) 환산표.
con·ver·sive [kənvə́ːrsiv] 형 1 전환[변화]을 일으키는, 전환[변화]성의. 2 [논리] 환위적(換位的)인.
con·ver·sus [kənvə́ːrsəs] 명 (복 **-si** [-sai, -siː]) [교회] 교회[수도원] 관리인.
‡**con·vert** [kənvə́ːrt] 타 1 …을 변환[전환, 변화]시키다; …을 개조(改造)하다 (into, to). ⇒ CHANGE 유의어 ¶a ~ed cruiser 개장 순양함 ∥ (~ + 목 + 전 + 명) ~ cotton *into* cloth 면사(綿絲)를 천으로 가공하다. 2 [화학] …에 화학 변화를 일으키다. 3 …을 개심시키다; …을 개종(改宗)시키다 (주의·당파 따위)를 변경[전환]시키다 (to). ¶~ a Roman Catholic *to* Protestantism 가톨릭 교도를 신교로 개종시키다. 4 …을 전용(轉用)하다; …을 부정하게 유용하다; [법률] (공금 따위)를 횡령하다. 5 …을 거꾸로 하다, 바꾸어 놓다; [논리] (주사(主辭)와 빈사(賓辭))를 환위(換位)하다. 6 …을 태환(兌換)하다, 환전하다 (into, to, for). ¶~ bank notes *into* gold 은행권을 금으로 태환하다. 7 [증권 따위]를 교환하다, (공채 따위)를 차환(借換)하다. 8 [컴퓨터] [코드·프로그램]을 변환하다; (어떤 매체에 기록되어 있는) 데이터를 다른 매체에 옮기다. 9 [럭비·미식축구] (트라이·터치다운으로) 추가 득점하다; [농구] (자유투)로 득점하다. — 자 1 전환[변화]하다. 2 개종(改宗)하다; 전향[개심]하다. 3 (외화로) 환전[환산]하다. 4 [럭비·미식축구] (트라이·터치다운 뒤) 골킥으로 추가 득점하다. 5 [농구] 자유투로 득점하다.
be [or *get*] *converted* 회개[개심]하다, 개종하다.
— 명 [kánvəːrt/kɔ́n-] 개종자, 전향자.
make a convert of …을 개종[전향]시키다.
con·vér·tive 형 「´plane.
con·vert·a·plane [kənvə́ːrtəplèin] 명 = convert-
con·vert·ed [kənvə́ːrtid] 형 개종한; 개조한.
preach to the converted 부처에게 설법하다.
convérted próduct 명 가공 플라스틱 제품.
con·vert·er [kənvə́ːrtər] 명 1 전환[변환]시키는 사람; 개종[전향, 교화]시키는 사람. 2 직물 가공업자. 3 (전기) 변환기, 변류기(變流器). 4 [물리] = reactor. 5 [컴퓨터] 변환기, 컨버터. 6 [야금] 전로(轉爐).
convérter reáctor 명 [핵연료] 전환로(轉換爐).
con·vert·i·bil·i·ty [kənvə̀ːrtəbíləti] 명ⓤ 1 전환[개종]할 수 있음. 2 전환성; [금융] (화폐의) 태환성.
*****con·vert·i·ble** [kənvə́ːrtəbl] 형 1 전환[변환]할 수 있는; 개조할 수 있는(into). 2 개종[전향]시킬 수 있는. 3 [논리] 환위(換位)할 수 있는, 바꾸어 말할 수 있는. 4 현금화(化)할 수 있는; (화폐가) 태환성이 있는(into). 5 같은 가치의; 같은 뜻의. ¶~ terms 등가어, 동의어. 6 (자동차·유람선의) 지붕[포장]을 접(어넣)을 수 있게 된. — 명 1 [미] 컨버터블, 무개차, 오픈카. 2 전환 가능한 것, 동등

한 것; 동의어. 3 =~ bond. 4 소파 침대(sofa bed).
~·ness 몡 -bly 윤 「CB」.
con·vértible bónd 몡 (금융) 전환 사채(社債).
con·vértible cúrrency 몡 (타국 통화와의) 교환 가능 화폐; 태환 지폐. 「사채.
con·vértible debénture 몡 (금융) 전환 무담보 전환
con·vértible húsbandry 몡 (농업) 윤작(輪作).
con·vértible insúrance 몡 전환 가능 보험.
con·vértible nóte 몡 태환권(兌換券)[지폐].
con·vert·i·plane [kənvə́ːrtəplèin] 몡 (헬리콥터처럼 수직 비행도 가능한) 전환식 항공기. (또는 con·vertaplane, convertoplane)
con·vert·ite [kánvərtàit/kɔ́n-] 몡 (고어) 1 개종자, 귀의자(歸依者)(convert). 2 갱생한 매춘부.
con·ver·tor [kənvə́ːrtər] 몡 (英) =converter.
*con·vex [kanvéks, kən-/kɔnvéks, ´-] 1 볼록면(面)의, 돌출한, 가운데가 높은(concave). ¶a ~ lens [glass] 볼록 렌즈. 2 (수학) (다각형에서) 어느 내각(內角)이든 180도 이하의. — [kánveks/kɔ́n-] 몡 볼록면, 철면(凸面)(체), 볼록 렌즈, 돌출부.
~·ed·ly 윤 ~·ed·ness 몡 ~·ly 윤
con·vex·i·ty [kənvéksəti] 몡UC 볼록한 모양; 볼록면, 철면(체).
con·vex·o-con·cave [kənvèksoukɑnkéiv/-kɔnkéiv] 몡 1 한쪽 면은 볼록하고 한쪽 면은 오목한, 요철(凹凸)의. 2 (광학) 요철 렌즈의. ¶a ~ lens 요철 렌즈.
con·vex·o-con·vex [kənvèksoukɑnvéks/-kɔn-] 몡 양면이 볼록한. ¶a ~ lens 양면 볼록 렌즈.
con·vex·o-plane [kənvéksouplèin] 몡 한쪽 면은 평면이고 다른 쪽 면은 볼록면인, 평철면(의).
‡con·vey [kənvéi] 타 (~s [-z]) 1 (여객·화물 따위)를 나르다, 운송하다, 수송하다. ⇒CARRY 유의어 ¶ Buses ~ passengers. 버스는 승객을 수송한다. 2 (음·열·전류 따위)를 전달하다; (질병 따위)를 (사람에게) 옮기다 (to). ¶~ tuberculosis to her 그녀에게 결핵을 옮기다 / Air ~s sound. 공기는 소리를 전달한다. 3 (감정·의미·통신 따위)를 전달하다, 알리다 (to). ¶ (~+目+前+名) ~ the expression of grief to a person 남에게 슬픔의 뜻을 전하다. 4 (법률) (재산 따위)를 양도하다 (to). ¶ (~+目+前+名) ~ one's property to a person 남에게 재산을 양도하다.
~·a·ble 윤
*con·vey·ance [kənvéiəns] 몡 1 Ⓤ 운반, 수송; (열 따위의) 전도(傳導); (의사·사상 따위의) 전달. ¶~ by land 육상 수송 / means of ~ 수송기관. 2 Ⓒ 교통(수송) 기관. ¶a public ~ 대중(공공) 교통 기관. 3 Ⓤ (법률) (부동산·재산권 따위의) 양도; Ⓒ 양도 증서.
con·vey·anc·er [kənvéiənsər] 몡 1 운반자, 전달자. 2 (법률) (부동산) 양도 취급인(특히 변호사).
con·vey·anc·ing [kənvéiənsiŋ] 몡Ⓤ (법률) (부동산) 양도 절차(조사·증서의 작성 따위).
con·vey·or [kənvéiər] 몡 1 수송업자, 운반인; 전달자. 2 수송(운반) 장치, 컨베이어; ¶~ belt. 3 (부동산) 양도인. (또는 conveyer)
convéyor bélt 컨베이어 벨트.
con·vey·or·ize [kənvéiəràiz] 동타 …에 컨베이어를 설비하다. -i·za·tion, -iz·er 몡
*con·vict [kənvíkt] 동타 ⓐⓑ …의 유죄를 증명(판결)하다; …을 유죄라고 선고하다 (of, for); (수동형으로) (…의) 판결을 받다 (of). ¶a ~ed prisoner 기결수 / be ~ed of having committed theft 절도죄로 유죄 선고를 받다. 2 …에게 (…을) 깨우치게 하다 (of), (양심 따위)를 가책받게 하다. ¶be ~ed of one's mistake 과오를 깨우치다 // His conscience ~ed him. 그는 양심의 가책을 받았다. 「판결을 내리다.
convict a person of (murder) 남에게 (살인죄)의 — [kánvikt/kɔ́n-] 몡 1 유죄의 입증된 피고, 기결수; 수형자(受刑者), 죄수. 2 (속어) 신용할 수 없는 사

람, 책사(筞士); (美) (곡마단의) 얼룩말.
— 몡 (고어) 유죄로 결정된.
con·víct·a·ble, con·víct·i·ble 몡
cónvict cólony 몡 유형수(流刑囚) 식민지.
cónvict góods 몡 죄수가 만든 물품.
‡con·vic·tion [kənvíkʃən] 몡 ~s [-z]) 1 Ⓤ (법률) 유죄 판결(명결) (for). ¶a ~ for murder 살인죄의 유죄 판결 / a summary ~ 즉결 재판. 2 Ⓤ 죄의 자각시키기, 설득. ¶bring a person to ~ of sin 남에게 죄를 자각시키다. 4 ⓤⓒ 신념, 확신. ⇒BELIEF 유의어 ¶a man of strong ~ 신념이 강한 사람. 「아들이다.
be open to conviction 도리에 따르다, 설득을 받
carry conviction 설득력이 있다.
in the full [half] conviction that... …이라고 완전히 확신하고[거지반 믿고], 「받아,
under conviction(s) 죄를 느끼고, 양심의 가책을
under the conviction that... …이라는 신념을 바탕으로, …이라고 굳게 믿고,
~·al 몡 확신시키는; 뉘우치게 하는.
conviction politícian 신념(의지)의 정치인.
con·vic·tive [kənvíktiv] 몡 확신시키는 (of). ¶a ~ answer 납득이 가는 대답 // be ~ of …을 확신시키는 힘이 있다. ~·ly 윤
‡con·vince [kənvíns] 동타 (-vinc·es [-iz]; ~d [-t]; -vinc·ing) 1 (도리를 깨우쳐서) (남)에게 확신시키다, 납득시키다, 깨닫게 하다; (수동형으로) …라고 확신하다 (of, that). 2 설득하여 (…하게) 하다, …하도록 설득하다 (to do). ¶~ him to work hard 그를 설득하여 열심히 일하게 하다.
be convinced of [that...] …을[…라고] 확신하다.
convince a person of [that...] 남에게 …을[…라는 것을] 납득시키다.
convince oneself of …을 확인[확신]하다.
~·ment 몡 확신; 회오. -vínc·er 몡
con·vinced [kənvínst] 몡 확신에 찬, 신념 있는 (of). ¶He was ~ of the truth of his reasoning. 그는 자신의 추리가 옳다고 확신했다.
-vinc·ed·ly [-sidli, -st-] 윤 -vinc·ed·ness 몡
con·vin·ci·ble [kənvínsəbl] 몡 설득할 수 있는, 도리를 아는. -bíl·i·ty 몡
*con·vinc·ing [kənvínsiŋ] 몡 1 설득력 있는, 납득이 가는, 납득시키는. ¶a ~ argument 설득력 있는 논법. 2 (승리 따위가) 확실한, 명백한. ~·ly 윤 ~·ness 몡
con·vive [kánvaiv/kɔ́n-] 몡 식사(席) 친구. 〔<F〕
con·viv·i·al [kənvívíəl] 몡 1 연회의; 연회를 좋아하는; 연회에 적합한. ¶a ~ gathering [meeting] 친목회, 연회. 2 들뜬 기분의, 유쾌한, 흥겨운; 친밀감 있는.
~·ist 몡 연회를 좋아하는 사람; 쾌활한 사람. ~·ly 윤
con·viv·i·al·i·ty [kənvìviǽləti] 몡 1 Ⓤ (연회석의) 흥겨움, 들뜬 기분; 쾌활. 2 연회, 잔치.
con·vo·ca·tion [kànvəkéiʃən/kɔ̀n-] 몡 1 Ⓤ (의회 등의) 소집; (소집된) 의회, 집회. 2 (C-) (영국 국교회의) 주교 회의; (감독 교회의) 주교구(主敎區) 회의. 3 (英) (대학의) 평의회. ~·al 몡 -al·ly 윤
con·vo·ca·tor [kánvəkèitər/kɔ́n-] 몡 1 (회의·의회)를 소집하는 사람. 2 의회·의회의 참석자.
con·voke [kənvóuk] 동타 …을 불러모으다, (회의 등)를 소집하다. -voc·a·tive [-vákətiv/-vɔ́k-] 몡
-vo·cant [kànvəkǽnt/kɔ̀n-], -vók·er 몡
con·vo·lute [kánvəlùːt/kɔ́n-] 동타 …을 감아 넣다, 둘둘 말다. — 몡 서로 뒤엉키다. — 몡 둘둘 말린 (감김); 소용돌이형의, 회선형(回旋形)의; (식물) 한쪽으로 감긴, 포선형(抱旋形)의. ~·ly 윤
con·vo·lut·ed [kánvəlùːtid/kɔ́n-] 몡 1 회선형의, 둘둘 말린(감긴); 포선형의. 2 복잡한, 뒤엉킨.
~·ly 윤 ~·ness 몡
cónvoluted túbule 몡 (해부) 곡세뇨관(曲細尿管).

con·vo·lu·tion [kànvəlúːʃən/kɔ̀n-] 명 1 나선, 회선(回旋); 나선형의 것; 복잡하게 뒤엉킨 것[일]. 2 [해부] 뇌회(腦回)(gyrus). ~·al, ~·ar·y 형

con·volve [kənvάlv/-vɔ́lv] 타자 …을 나선형[소용돌이꼴]으로 감다[말다], 둘둘 말아[감아] 넣다. —자 뒤엉키다, 휘감기다. ~·ment 명

con·vol·vu·lus [kənvάlvjuləs/-vɔ́l-] 명 (복 ~·es, -li [-lài]) 메꽃류(類).

***con·voy** 타 [kάnvɔi, kənvɔ́i/kɔ́n-] …을 호위[호송]하다; (고어) [손님·귀부인 등]을 안내하다. — 명 [kάnvɔi/kɔ́n-] 1 ⓤ 호위, 호송. ¶sail under ~ of a destroyer 구축함의 호위하에 항행하다. 2 [집합적; 단·복수 양용] 호위군[부대, 함대]; 호송받는 군단(軍團), 호송 선단[차량대]; (동일 지령하의) 군용 차량대. *in convoy* (수송 차량·선박이 호위 따위를 위해) 대열[선단]을 이뤄. *under convoy* (…의) 호위를 받으며(*of*).

cónvoy sỳstem 명 [경영] (기업 집단[재벌]의) 선단식 경영 (체제).

con·vul·sant [kənvʌ́lsənt] 형 경련을 일으키는, 경련성의. — 명 경련제.

con·vulse [kənvʌ́ls] 타자 1 …에 심한 진동을 일으키다; …에 대소동을 일으키다. ¶An eruption ~d the island. 화산 폭발이 그 섬을 진동시켰다. 2 (수동형으로) …을 경련시키다, …에 몸부림치게 하다 (*with*). — 자 경련하다. ¶… 하다[분노에 떨다].

be convulsed with laughter [*anger*] 복장 절도
-vúls·ed·ly 부 **-vúls·ive** 형 **-vùls·i·bíl·i·ty** 명

***con·vul·sion** [kənvʌ́lʃən] 명 1 동란, 소동, 혼란. ¶a political ~ 정치적 파동. 2 (자연계의) 변동, 이변. ¶a ~ of nature 자연계의 격변(지진 따위). 3 (~s) (웃음 따위의) 발작. 4 (~s) [병리] 경련, 경풍.
fall into a fit of convulsions; have convulsions 경련을 일으키다, 경기가 나다.
throw into convulsions 경련이 일어나게 하다; 자지러지게 웃기다; (민심을) 동요시키다.

con·vul·sion·ar·y [kənvʌ́lʃənèri/-ʃənəri] 형 경련성의. — 명 (종교적 도취로) 경련 상태에 빠지는 사람.

con·vul·sive [kənvʌ́lsiv] 형 1 경련성의; 발작적인. ¶~ rage 발작적인 격노. 2 진동성의; 격렬한, 격동적인. ¶a ~ effort 필사의 노력. **~·ly** 부 **~·ness** 명

co·ny [kóuni, kʌ́ni] 명 1 토끼의 모피. 2 토끼. 3 바위 너구리. 4 (고어) 멍청이. (또는 **coney**)

***coo**¹ [kuː] 자타 1 (비둘기가) 구구 울다. 2 (구어) (애인끼리) 달콤하게 속삭이다 (갓난애 등에게 부드럽게 말을 걸다 (*over, at*)). — 타 …을 달콤한 말로[말하며]. ¶~ one's words 달콤한 말을 속삭이다.
bill and coo (애인들이) 달콤한 속삭임을 주고받다. — 명 구구구(비둘기 따위의 울음 소리).
⌐·ing·ly 부   「타내는 소리).

coo² 감 (속어) 어럽쇼!, 뭐라구! (놀람·의아심을 나
COO (美) chief operating officer(기업의) 최고 업무 집행 책임자; CEO 밑의 실무 총책). ⌐ CEO

coo·boo [kúːbuː] 명 (濠구어) 원주민의 어린이.

co·oc·cur [kòuəkə́ːr] 자 동시에 일어나다. (또는 **cooccur**) **~·rence** 명

cooch [kuːtʃ] 명 1 쿠치(허리를 뒤트는 여자의 춤). 2 (美속어) 여자의 음부; 섹스 상대로서의 여자; 성교.

coo·ee [kúːiː] 명자 (濠) 어어이(오스트레일리아 원주민이 신호로 외치는 소리).
within (a) cooee (*of*) (英·濠구어) (…이) 부르면 들리는 거리에, (…에) 매우 가까이에(서).
— 동자 어어이 하고 부르다[외치다]. (또는 **cooey**)

coo·er [kúːər] 명 (새 따위) 구구 소리를 내는 것; (애인끼리) 달콤하게 이야기하는[속삭이는] 사람.

coof [kuːf] 명 (스코) 얼간이, 멍청이, 바보.

‡cook [kuk] 타 (~*ed* [-t]) 타 1 [음식]을 요리하다: …에게, …을 요리해주다 (*for*). 2 …에 영향[자극]을 주

다. 3 (구어) …을 꾸며내다, 날조하다, 위조하다(*up*). ¶~ a report 보고서를 날조하다. 4 (속어) …을 못쓰게 만들다[망쳐 놓다]. 5 (美속어) 전기 의자로 처형하다. 6 …에 방사선을 쬐다. 7 (마약) 을 가열하여 물에 녹이다. 8 (英속어) (수동형으로) 매우 지치게 하다. ¶*be absolutely* ~*ed* 몹시 피로하다. — 자 1 요리하다, 식사 준비를 하다; 요리사[쿡]로 일하다. 2 (음식이) 요리되다, 삶아지다, 구워지다, 익다. ¶(~+)] This meat ~s *quite well*. 이 고기는 잘 익는다. 3 (구어) 생기다, 일어나다. 4 (美속어) 흥분하다. 5 방사성을 띠다. 6 (더위로) 녹초가 되다. 7 (美구어) 잘 되어가다, 성공하다.
be cooked alive 찌는 듯이 덥다.
cook a person's goose (구어) 남의 희망[계획·명성 따위]을 망쳐 놓다.
cook for oneself [or *one's own meals*] 자취하다.
cook off (탄약통 등이) 과열로 폭발[자연 발화]하다.
cook on the front burner =*cook with gas*.
cook out (美) 야외에서 요리[파티]하다.
cook the books 장부를 속이다.   「하다.
cook up ① …을 재빨리 요리하다. ② …을 조작[날조]
cook with gas [or *butane, electricity, microwave, radar*] (美속어) 잘 작동하다; 매우 잘하다; 첨단적인 일을 잘 알다.   「이야? 잘 있었어?
What's cooking?; What cooks? (구어) 무슨 일
— 명 1 요리사, 쿡. ¶a head ~ 주방장 / *Too many* ~*s spoil the broth*. (속담) 요리사가 너무 많으면 국을 망쳐놓는다, 사공이 많으면 배가 산으로 올라간다. 2 (美속어) 지도자.   「르다.
be a good [*bad*] *cook* 요리하는 솜씨가 좋다[서투
⌐·a·ble 요리할 수 있는 (것). ~·less 명

Cook [kuk] 명 **James** ~ 쿡(1728-79: 오스트레일리아·뉴질랜드를 탐험한 영국의 항해가).

cook·book [kúkbùk] 명 (美) 요리책(英) cookery book). 2 상세한 설명서; [로켓] 비행 계획서.
— 형 (속어) 판[틀]에 박은, 기계적인.

cóok chèese 명 (탈지유로 만든) 쿡 치즈.

cook-chill [⌐tʃìl] 명 (식품이) 가열 조리한 후 냉동시킨. — 명 요리를 냉동시켰다가 후에 데워내는 방식.

cooked [kukt] 형 (美속어) 정신을 잃은; 녹초가 된.

cook·ee [kúkiː] 명 (美속어) 요리사 조수; 캠프 요리사.

cook·er [kúkər] 명 1 (냄비·솥 따위) 가열용 요리 기구, 취사 도구, 요리용 풍로[화덕]. ¶a gas ~ 가스 레인지. 2 요리 재료, 조리해서 먹는 것. ¶a good ~ 요리하기 쉬운 식품. 3 계산 따위를 속이는 사람.

***cook·er·y** [kúkəri] 명 1 ⓤ 요리법; 요리. 2 (美) 조리실, 취사장.

cóokery bòok 명 (英) =cookbook.

cóokery schòol 명 요리 학원[학교].

cook·ey [kúki] 명 (속어) =cookie, cooky.

cook·gen·er·al [⌐dʒénərəl] 명 (복 **cooks-**) (英) 요리와 가사를 도맡은 가정부.   「따위의 옥외 취사장.

cook·house [kúkhàus] 명 (배의) 취사실; (캠프

‡cook·ie [kúki] 명 1 쿠키(美) biscuit). 2 (스코) 과자빵(bun). 3 (美구어) (부르는 말) 귀여운 소녀, 애인. 4 (속어) 놈, 사내, 사람 (* smart, tough 따위를 앞에 써서); 매력적인 젊은 여성. 5 [컴퓨터] 쿠키(인터넷 접속시 PC의 하드 드라이브에 저장되는 사용자의 개인 신상 파일). 6 (~s) (美속어) 위[胃] 속에 있는 것. 7 (美속어) 여성 성기, 질(膣); 여성적인 남자 호모. 8 [야구] 던타(單打). 9 (英軍속어) 폭탄. (또는 **cooky**)
get one's cookies (美속어) 짜릿한 쾌감을 느끼다.
see which way the cookie crumbles (구어) 정관(靜觀)하다.
That's [or *This is*] *the way* [or *how*] *the cookie crumbles; This is how it crumbles cookie-wise.* (구어) 세상사란 다 그런 거야.
toss [or *blow, drop, lose, snap, spill, shoot,*

throw] one's cookies (속어) 토하다.
tough cookies (속어) (감탄사적) 딱하기도 하지, 재수 없군요.
cóokie cùtter 图 1 쿠키 찍는 틀. 2 (속어) 경찰관
cookie-cutter [-kÌtər] 图 모양이 같은; 판에 박힌, 진부한.
cóokie-cutter appróach 图 일률적[진부한] 접근 방식.
cóokie jàr 图 1 쿠키(과자)단지[통]. 2 (구어) (주부의) 사전[비상금] 감춰두는 병.
have one's hand in the cookie jar (구어) 자기의 지위를 이용하여 부정을 저지르다[뇌물을 받다].
with one's hand in the cookie jar 현장에서 붙들려, 현행범으로.
cóokie prèss 图 쿠키 (종류를 갖가지 모양으로) 찍어내는 (제과) 기계.
cóokie pùsher 图 (美속어) (경멸적) (파티 따위) 사교 모임에만 열중하는 젊은 사람, 유약하고 겁많은 사내; 아첨꾼; (국무부의) 관리, 전통에만 얽매인 외교관.
cóokie shèet 图 쿠키 시트(비스킷 따위를 굽는 철판[알루미늄판].
cook-in [´in] 图 자가(自家) 요리; 요리 교실; (TV 따위의) 요리 프로.
‡**cóok·ing** [kúkiŋ] 图ⓤ 요리, 조리; 요리법.
do the cooking 요리를 하다.
— 图 요리하기에 알맞은(圈 eating); 요리용의. ¶ ~ apples 요리용 사과/~ utensils 요리 기구.
cóoking schòol 图 (드물게) = cookery school.
cóoking tòp 图 (버너 네개 달린) 캐비넷형 레인지.
Cóok Íslands 图 쿡 제도(남태평양의 뉴질랜드령).
cook-off [´:f/-ɔ̀f] 图 요리 콘테스트.
cook·out [kúkàut] 图 (美·캐나다) 야외 요리(파티). (또는 **cóok·òut**)
cook·room [kúkrùm, -rum] 图 (특히 배 안의) 취사실.
cook·shop [kúkʃàp,-ʃɔ̀p] 图 (英) 작은 요릿집, 식당.
Cóok's tóur [kúks-] 图 쿡사(Cook社)식의 관광 여행; 수박 겉핥기식 검토[조사].
cook·stove [kúkstòuv] 图 요리용 레인지.
cook·top [kúktàp/-tɔ̀p] 图 요리용 레인지의 윗부분; = cooking top.
cook-up [´Àp] 图 즉석에서 만든 것; 날조, 조작.
cook·ware [kúkwɛ̀ər] 图 요리 기구, 취사 도구.
cook·y [kúki] 图 = cookie. (구어) (벌목운·선박 따위의) 쿡 (조수); (여자) 요리사.
‡**cool** [ku:l] 圈 (~**·er**; ~**·est**) 1 (날씨·공기 따위가) 찬, 시원한, 선선한, 상쾌한; (물건·장소 따위가) 시원해 보이는(圈 warm). ¶ a ~ breeze 서늘한 바람 / a ~ dress 시원해 보이는 옷. 2 (액체가) 찬, 식은; (제온이) 평열(平熱)로 된. ¶ The coffee isn't ~. 커피는 식지 않았다. 3 차분한, 냉정한. ¶ a ~ head 냉철한 두뇌(의 소유자). 4 열의가 없는; 냉담한, 쌀쌀한 (toward, to). ¶ a ~ greeting 냉담한 인사 / ~ toward his hobby 그의 취미에 무관심한. 5 (구어·경멸적) 뻔뻔스러운, 낯두꺼운. ¶ a ~ cheek 철면피. 6 (구어) (금액·수량 따위가) 과장이 없는, 에누리없는; 거금의. ¶ It will cost you a ~ thousand dollars. 그것은 거금 천 달러가 들 것이다. 7 차가운 빛깔의, 한색(寒色)의. 8 (사냥) (짐승이 남긴 냄새가) 희미한. 9 (美구어) 멋진, 근사한, 훌륭한; (사교적으로) 세련된, 스마트한. ¶ a real ~ comic 정말 훌륭한 희극 배우. 10 (재즈) 냉정하고 지적(知的)인; 전위적인(▷ hot). 11 (보도·표현 따위가) 조심스러운. 12 (물리) 방사능에 오염되지 않은. 13 (美속어) 컨디션이 좋은. ¶ How have you been? —I'm ~. 컨디션이 어때? — 최고예요.
a cool customer[or *card, fish, hand*] 뻔뻔한 (as) *cool as a cucumber* 아주 냉정한.
Cool beans[or *bananas*]! (놀람을 나타내어) 와!
cool (,*calm*) *and collected* 아주 냉정하고 침착한.
get cool 서늘해지다, 식다.
give a person a cool reception 남을 냉대하다.
have (a) *cool cheek* 뻔뻔하다.

in cool blood 태연하게; 신중하게; 냉정하게.
keep cool; keep a cool head 냉정하다.
keep oneself cool 납량(納凉)하다; 냉정[침착]하다.
leave a person cool 남의 흥을 돋우지 못하다; 남에게 감명을 주지 못하다.
nice and cool 상쾌하게 서늘한.
remain cool 냉담하다.
That's cool. 아주 좋아.
━━ 图 = coolly. 「도를 취하다.
play (*it*) *cool* (구어) 침착하게 행동하다, 여유있는 태 ━━ 图 1 (the ~) 시원한 공기[기분], 서늘한 것[장소, 때]. ¶ in the ~ of the morning 아침 나절의 시원한 때에. 2 (구어) (one's ~) 냉정함; (美구어) 자신. 3 (속어) = ~ jazz. 4 (속어) 세련. 「흥분하다.
blow [or *lose*] *one's cool* (美속어) 감정적이 되다.
keep [or *maintain*] *one's cool* (美속어) 냉정을 유지하다, 자제하다.
━━ (~s [-z]) 働 1 서늘해지다, 차가워지다, 식다 (*down, off*). ¶ Your porridge will soon ~. 죽이 금방 식겠소. 2 (격한 감정이) 가라앉다, 식다, 누그러지다 (*down, off*). 3 (···에) 무관심해지다 (*down, off, to, toward*). ━━ 個 1 ···을 서늘하게 하다, 차게 하다, 식히다; ···에 서늘한 감각을 주다 (*down, off*). ¶ The rain has ~ed the air. 비가 와서 시원해졌다. 2 (열정·분노 따위)를 식히다; (사람)을 달래다, 진정시키다. 3 (사람의 재치를 무색하게 하다 (*off*). 4 (美구어) (상대)의 기[전의]를 꺾다 (*out*). 5 (美속어) (사람)을 죽이다, 없애다 (*down, off*).
cool down ① 서늘해지다[하게 하다], 식다, 식히다. ② (노염 따위가) 가라앉다, 진정되다; 가라앉히다, 진정시키다. ③ 무관심해지다 (*on, toward, to*). ④ (美속어) 죽이다, 없애다. 「이다.
cool it (美속어) 냉정해지다; 말려들지 않다; 속도를 줄
cool it with (美속어) ···을 그만두다; ···을 끊다.
cool off = *cool down*.
cool one's coppers ▷ COPPER[1].
cool oneself 몸을 식히다, 납량하다.
cool one's heels ▷ HEEL[1].
cool out (속어) 냉정해지다[하게 하다], 침착해지다 [하게 하다]; (사람)을 달래다; (美속어) 상대방의 의도를 탐색하다.
cool over 세밀히 검토하다. 「요한 말은 하지 않다.
keep one's breath to cool one's porridge 불필
cool·ant [kú:lənt] 图ⓜⓤ (엔진·원자로 따위의) 냉각제(劑)[액], (자동차 따위의) 냉각수(水); 절삭유.
cóol bòx[bàg] 图 쿨러(cooler), 아이스 박스.
cóol cát (美속어) 1 재즈 팬, 재즈통(通). 2 유능한 사람[친구]; 인기가 좋은[능력 있는] 친구.
cool-down [´dàun] 图 1 (극저온) 냉동. 2 쿨다운 (격렬한 운동 후 정리 운동으로 맥박·호흡 따위를 서서히 정상 상태로 되돌리기).
‡**cool·er** [kú:lər] 图 (图 ~s [-z]) 1 냉각시키는 것; 냉각기[장치]; (美) 냉장고; 냉방 장치. ¶ a water ~ 냉수기, 식수 냉각기. 2 냉각[해열]제(劑). 3 청량 음료; 얼음으로 차게 한 알코올 음료. 4 (속어) 교도소, 유치장, 독방; (군대) 영창.
put...in the cooler (구어) 보류하다. 「사람.
cóol gùy (美속어) (반어적) 멋쟁이라고 자만하는
cóol hànd 图ⓜ 냉정하고 침착한 (사람).
cool-head·ed [´hédid] 图 냉정한, 차분한.
~·ly 图 **~·ness** 图
Cool·idge [kú:lidʒ] 图 Calvin ~ 쿨리지(1872-1933; 미국의 제30대 대통령(1923-29)).
coo·lie [kú:li] 图 (인도·중국의) 하급 노동자, 막일꾼, 쿨리; (쿨리 같은) 저임금 노동자. (또는 **cooly**)
cóolie hát (쿨리가 쓰는) 고깔 모자.
cóolie jàcket[còat] 图 쿨리 재킷(쿨리가 입던 것과 비슷한 누비 상의(上衣)).

cool·ing [kúːliŋ] 옝ⓊⒷ 냉각(하는). ¶ ~ drinks 청량 음료/a ~ room 냉각실. ~·ly 튀 ~·ness 옝

cool·ing-off [-ɔ́(ː)f, -áf/-ɔ́f] 옝 할부 판매 계약 취소 보증 제도.

cóoling-óff pèriod 옝 **1** (노동 쟁의 등의) 냉각 기간. **2** 계약 취소 기간(물품·서비스의 구입 계약을 재고·해약할 수 있는 기간). **3** (분노 따위의) 진정 기간.

cóoling tìme 옝 =cooling-off period.

cóoling tòwer 옝 (원자로 따위의) 냉각탑, 냉수탑.

cool·ish [kúːliʃ] 옝 약간 차가운, 써늘한, 선득한.

cóol jázz 옝 쿨 재즈(모던 재즈의 한 형식).

*__**cool·ly**__ [kúːli, kúːli] 튀 서늘하게; 냉정히, 차분하게; 냉담하게; 뻔뻔스럽게.

*__**cool·ness**__ [kúːlnis] 옝Ⓤ 서늘함, 냉기; 냉정함, 차분함, 침착; 냉담, 쌀쌀함; 뻔뻔스러움.

cool-off [-ɔ́ːf/-ɔ́f] 옝 (분청 따위의) 냉각 수 (기간).

cóol-off màn (美속어) (사기 도박에서 많이 잃은 사람을 무마하는) 무마역.

coolth [kuːlθ] 옝 (구어·익살) =coolness.

coo·ly [kúːli] 옝 =coolie.

coom [kuːm] 옝 검댕, 석탄 가루; 매연; 먼지.

coomb[1] [kuːm, koum] 옝 (英) =combe. (또는
coomb[2] [kuːm] 옝 =coom.   ⌈**coombe**)

coon [kuːn] 옝 **1** (동물) 미국너구리. **2** (경멸적) 흑인; (濠구어) 원주민. **3** (美구어) 촌놈; 바보; 사내.

a gone coon 구제할 길 없는 사람; 절망적인 궁지에 빠진 사람; 절망적인 사태(상황).

go the whole coon 철저히 하다. ⌈일만 하다.
hunt [or skin] the same old coon 언제나 똑같은
tree the coon (美구어) 문제를 풀다; 찾던 사람을 바싹 뒤쫓다(막다른 골목에 몰아 넣다).

—— 国 (美속어) 도둑질하다.

coon-can [kúːnkæn] 옝Ⓤ 쿤캔(카드놀이의 일종).

coon·hound [kúːnhàund] 옝 너구리 사냥용 개. (또는 **cóon dòg**)   ⌈안.

cóon's áge (口語) (보통 부정문에서) 기나긴 동

coon·skin [kúːnskìn] 옝Ⓤ 미국너구리 가죽 (제품); 너구리 모피 모자.

coon·tie [kúːnti] 옝 (식물) 미국소철의 일종; 그 뿌리에서 채취하는 식용 녹말.

coon·y [kúːni] 옝 눈치 빠른, 약삭빠른.

coop [kuːp, kup] 옝 **1** (새·작은 짐승들이) 둥우리, 새장, 우리. **2** 비좁은 장소. **3** (속어) 교도소, 감방.

fly the coop (美구어) 도망치다; 탈옥하다.   ⌈피우다.
in the coop (속어) (근무 시간중에는) 조는, 게으름

—— 国 **1** …을 둥우리(우리)에 넣다; (종종 수동형으로) …을 가두어 넣다, …을 감금하다(*up*) (*in*). ¶ He was ~*ed up in the elevator*. 그는 엘리베이터 안에 갇혔다. —— 困 (美속어) (경찰관이) 순찰차에서 졸다.

co-op [kóuàp/-ɔ́p] 옝 (the ~) (구어) 소비[생활] 협동 조합(매점). **2** (美) (조합식) 공동 주택. **3** 광고 (제품 메이커와 소매업자의 광고비 분담[공동 부담]).

on the co-op 협동 조합 방식으로.

—— 옝 =cooperative 2.

go co-op 협동 조합이 되다: (조합식) 공동 주택으로 (<*cooperative*)   ⌈만들다.

coop., co-op., coöp. cooperation; cooperative

coop·er [kúːpər, kúp-] 옝 **1** 통 만드는 사람, 통장이, 통 수선인. **2** (英) 술집. **3** Ⓤ 혼합 흑맥주(porter와 stout를 반반씩 탄 맥주). —— 国Ⓣ **1** (통)을 만들다, 수선하다. **2** (구어) (모양·때무새 따위)를 매만지다(*up*, *out*). —— 困 통 제조업을 하다.

cooper up [or *out*] 수선하다; 모양을 내다.

~·ing 옝Ⓤ 통 조업(업), ~·y 옝 =cooperage.

Coo·per [kúːpər, kúpər] 옝 쿠퍼. **1 Gary (Frank James)** (~1901-61: 미국의 영화 배우). **2 Peter** ~ (1791-1833: 미국 최초의 기관차를 발명자).

coop·er·age [kúːpəridʒ, kúp-] 옝 **1** Ⓤ 통 만드

는 직업; 통 만드는 품삯. **2** 통장이의 작업장[제품].

co·op·er·ant [kouǽpərənt/-ɔ́p-] 옝 프랑스의 개발 도상국 원조단 단원(미국의 Peace Corps에 해당). [<F]

*__**co·op·er·ate**__ [kouǽpərèit/-ɔ́p-] 困ⓃⒷ (*-at·ed; -at·ing*) **1** 협력하다, 협동하다 (*with / in, for, on*); 협력하여 …하다 (*to do*). ¶ (~ + 전 + 图) ~ *with a person for* …을 위해 남과 협력하다. **2** (상황이) 서로 도움이 되다 (*to do*). ¶ *All things* ~ *for the best*. 만사 호조다. // (~ + *to do*) *Everything* ~ *d to make our plan a success*. 모든 일이 잘 조절되어 우리 계획은 성공했다. **3** 경제 협력을 하다. (또는 **co-operate**)

*__**co·op·er·a·tion**__ [kouàpəréiʃən/-ɔ́p-] 옝Ⓤ ~s [-z]) **1** Ⓤ 협동, 협력, 협조 (*with / in*). ¶ *give one's* ~ 협력하다 / *obtain* ~ *from* …으로부터 협력을 얻다. **2** (경제) 협동 조합; (Ⓤ) (사회) 협동 조합. ¶ *a producers'* [*consumers'*] ~ 생산[소비] 협동 조합. **3** Ⓤ (생태) 협동 (작용). (또는 **co-operation**)

in cooperation with …와 협력[협동]하여.

with the cooperation of …의 협조를 얻어.

~·ist 옝

*__**co·op·er·a·tive**__ [kouǽpərətiv, -ápərèi-/-ɔ́pərə-] 옝 **1** 협동의, 협력의, 협조적인. ¶ *a* ~ *principle* 협력주의. **2** 협동 조합의. ¶ *a* ~ *movement* 협동 조합 운동. —— 옝 **1** ~ society. ¶ *a farmers'* [*farm*] ~ 농업 협동 조합. **2** (또는 **có·òp**, ⌐ *apártment*) (美) 조합식 공동 주택(의 방). (또는 **co-operative**)

~·ly 튀 ~·ness 옝   ⌈association.

coóperative bánk (美) =savings and loan

coóperative fárm 옝 협동 농장; 집단 농장.

coóperative hóuse 옝 조합 주택.

coóperative múltitasking 옝 (컴퓨터) (애플리케이션간의) 협력식 다중 작업, 협동 다중 작업.

coóperative society 옝 (구어) 생활 협동 조합, 소비 조합.   ⌈농업 협동 조합 매점.

coóperative stóre 옝 생활 협동[소비] 조합 매점;

co·op·er·a·tiv·ize [kouǽpərətivàiz] 国Ⓣ 협동조합화하다. **-i·zá·tion** 옝

co·op·er·a·tor [kouǽpərèitər/-ɔ́p-] 옝 **1** 협력자, 협동하는 사람. **2** 협동 조합원, 소비 조합원.

co·opt [kouápt/-ɔ́pt] 国Ⓣ **1** (위원회 등이) (새 위원)을 임원을 호선(互選)하다; 천거[임명]하다 (*onto*). **2** (美) (반대파·소수파 따위)를 흡수하다. **3** (남의 것)을 마음대로 쓰다; 자기 것으로 만들다. (또는 **co-ópt**)

cò·op·tá·tion, -óp·tion 옝 신회원[위원] 선출. **-óp·ta·tive, -óp·tive** 옝 신회원 선출의[에 대한].

Coord. coordinate; coordination

*__**co·or·di·nate**__ [kouɔ́ːrdənət, -nèit] 옝 **1** 동등의, 동위(同位)의, 동격의, 대등한 (*with*)(옙 subordinate). ¶ ~ *authority* 동등한 권위 / *a man* ~ *in rank with* …와 계급이 같은 사람. **2** 대등한 관계를 나타내는; (문법) 등위(등위)의. **3** (수학) 좌표의; (화학) 배위(配位)의. —— 옝 [kouɔ́ːrdənət, -nèit] **1** (계급·권력 따위가) 동등한 사람[것], 동격자. **2** (문법) 등위[동격] 어구. **3** (~s) (수학) 좌표. ¶ *parallel* ~s / *polar* ~*s* 극(極)좌표. **4** ((one's) ~s) (美) (현대) 있는 옷, 소재지; 연락처. **5** (~s) (의상·가구 따위의) 코오디네이트(색깔·소재·디자인이 서로 조화를 이루는 것).

—— 国 [kouɔ́ːrdənèit] Ⓣ **1** …을 대등하게[동위로, 동격으로] 하다. **2** …을 순서있게 정리하다. ¶ ~ *one's idea* 자기 생각을 정리하다. **3** …을 조정하다; (옷)와 조화시키다 (*with*). —— 困 **1** 대등[동등]하게 되다, 동위의 동격이 되다. **2** 잘 정리되다, 조화되다, 균형이 잡히다 (*with*). (또는 **co-ordinate**) ~·ly 튀 ~·ness 옝

coórdinate cláuse 옝 (문법) 등위절(等位節). 옝 subordinate clause

coórdinate conjúnction 옝 등위 접속사(and, but, or 등). (또는 **coórdinating conjúnction**)

co·or·di·nat·ed [kouɔ́ːrdənèitid] 옝 (단일 목적을

위해) 복수의 근육계(筋肉系)를 사용할 수 있는.
coórdinated univérsal time 〖천문〗=universal time coordinated.

***co·or·di·na·tion** [kouɔ̀ːrdənéiʃən] 〖□〗 1 동위(化), 동격(화); 등위[대등] 관계. 2 통일; 조화, 일치, 조정; (근육 운동의) 공동 작업. 3 〖문법〗 등위. 4 〖화학〗 배위(配位).

co·or·di·na·tive [kouɔ́ːrdənèitiv/-nət-] 〖□〗 1 동위의, 동등한, 동격의, 대등한. 2 조정된. 3 〖문법〗 등위의. 4 〖언어〗 등위적인.

***co·or·di·na·tor** [kouɔ́ːrdənèitər] 〖□〗 동등[대등]하게 하는 사람[것]; 조정자; (기획·진행 따위의) 책임자, 코오디네이터. (또는 **co-ordinator**)

Coors [kúərz] 〖□〗 (상표) 쿠어스(미국의 Adolph Coors 사제(社製)의 맥주).

Coos [ku:s] 〖□〗 쿠스어(語)(미국 Oregon주 해안 지방 「토착 인디언의 언어).

coot [ku:t] 〖□〗 1 쇠물닭 (유럽 및 아시아에 분포하는 물새); 〖美〗 검둥오리; 물새. 2 (구어) 얼간이, 괴짜.
(as) bald as a coot (쇠물닭처럼) 머리가 벗겨진.
(as) stupid as a coot 정말 명텅구리의.

coot·ie [kú:ti] 〖□〗 이(louse). (또는 **cóoty**)

co-own [kouóun, ´-´] 〖□⑤〗 공동 소유하다.

co-own·er [kouóunər] 〖□〗 〖법률〗 공동 소유자.

cop[1] [kap/kɔp] 〖□⑤〗 (-**pp**-) (속어) 1 …을 잡다, 획득하다; …을 체포하다.¶~ *a prize* 상을 타다. 2 〖英〗 …을 훔치다. 3 〖美〗 (사람에게) …을 조르다 (*from*).
cop a mope (美속어) 도망치다.
cop a plea (美속어) (무거운 죄를 모면하기 위해서 가벼운) 죄를 인정하다; (관용을 기대하여) 자백하다.
cop it (英속어) 꾸지람 듣다, 벌 받다; 죽음을 당하다, 살해[피살]되다.
cop out (속어) ① 경찰에 자백하다. ② 붙잡히다. ③ (약속 따위를) 어기다, 배신하다; (책임 따위를) 회피하다 (*on, of*). ④ 포기하다 (*on*); 탈락하다. ⑤ 주의(主義)를 바꾸다, 타협하다; 도피하다.
cop (some) Z's (속어) 선잠을 자다.
Cop that! (英속어) 자, 이걸 보시오. 「잠혔다.
—〖□〗 (英속어) 붙잡힘, 체포.¶It's a fair ~ 마침내 붙
cop and heel (美속어) ① (교도소에서의) 탈주, 도망. ② 위기 일발.
no [or *not much*] *cop* (英속어) 쉽지 않은; 가치가 「없는.

cop[2] 〖□〗 (俗) 경찰관, 순경, 경관(**copper**[2]).
good cop, bad cop; nice cop, tough cop (美속어) (사람을 다루는 데 있어서의) 회유와 협박, 당근 *on the cops* 경찰관이 되어서. 「과 채찍.

cop[3] 〖□〗 1 (방적 기계 추축(主軸)에 감긴) 원추형 실꾸리. 2 〖英〗 (언덕의) 꼭대기; (새의) 볏, 도가머리.

CoP copilot. **cop.** copper; copulative; copy; copyright(ed). **Cop., Copt.** Coptic.

Co·pa·ca·ba·na [kòupəkəbǽnə] 코파카바나 (브라질 Rio de Janeiro에 있는 모래톱 해안; 관광지·해수욕장).

co·pa·cet·ic [kòupəsétik, -sít-] 〖□〗 (美속어) 홀륭한; 틀림없는; 아주 만족스러운. (또는 **copasetic, copasetty, copese(t)tic**)

co·pai·ba [koupéibə, -pái-] 〖□⑤〗 코파이바 발삼 (~ balsam). (또는 **copaiva**)

co·pal [kóupəl, -pæl] 〖□⑤〗 코펄(열대 나무에서 채취되는 수지; 니스·래커 등의 원료).

co·palm [kóupɑ̀:m] 〖□〗 소합향나무(북미산(産)). 〖□〗 (소합향에서 채취한) 방향성 액체 수지.

co·par·ce·nar·y [koupɑ́ːrsənèri/-nəri] 〖□⑤〗 〖법률〗 공동 상속에 인정되는 부동산 공동 상속, 공동 재산 공유(共有); 공동 소유. 〖□〗 부동산 공동 상속인.
´-ce·ner 〖□〗 〖법률〗 (부동산) 공동 상속인.

co·par·ent [kóupɛ̀ərənt, -pɛ̀ər-] 〖□〗 (자녀 양육을 분담하는) 부모[별거] 부모. —〖⑤〗 (이혼 후 공동으로 자녀를) 양육하다.

co·part·ner [kòupɑ́ːrtnər] 〖□〗 1 협동자, 조합원, 동료; (기업 따위의) 공동 출자자, 동업자. 2 공범자, 공모자. **~·ship** 〖□⑤〗 협동, 공동 경영, 합자제(制). 「자.

co·pay·ment [kòupéimənt] 〖□〗 공동 지불. (의료 보험·연금 따위의) 사용자 부담[지불].

‡**cope**[1] [koup] 〖□〗 (~**d** [-t]; **cóp·ing**) 〖자〗 1 (부정문에서) …와 (대등하게) 하다, …에 대항하다 (*with*). 2 (문제 따위를) 잘 대처[처리]하다 (*with*). ¶ (~+前+名) ~ *with* difficulties 곤란을 타개[수습]하다 / ~ *with a task* 일을 처리하다. 3 (고어) 상대하다. —〖타〗 (英구어) …와 다투다, 겨루다, …에 대항[대적]하다; …와 충돌하다. ´-**less** 〖□〗 ´-**less·ness** 〖□〗

cope[2] 〖□〗 1 대법의(大法衣)(성직자가 법의 위에 걸쳐 입는 긴 겉옷). 2 (옷옷·천개(天蓋)처럼) 덮는 물건. 3 천공(天空), 대공(大空). 4 (건어) (담의) 갓돌.
the cope of night [heaven] 밤의 장막(창공).
—〖⑤〗 (지붕의 용마루 따위에) 덮개를 씌우다; …에 옷옷이나 대법의를 입히다; (담이나) 갓돌을 얹다.

COPE Committee on Political Education((미국 AFL-CIO의) 정치 교육 위원회).

COPEC Conference on Christian Politics, Economics and Citizenship.

co·peck [kóupek] 〖□〗 =kopeck.

***Co·pen·ha·gen** [kòupənhéigən, -hάː-, ´-`-/kòupənhéigən] 코펜하겐(덴마크의 수도).

copenhágen blúe 〖□〗 회청색. 「脚類).

co·pe·pod [kóupəpɑ̀d/-pɔ̀d] 〖□〗 〖동물〗 요각류(橈

cop·er [kóupər] 〖□〗 (英) 말장수, 마상(馬商).

Co·per·ni·can [koupɑ́ːrnikən] 〖□〗 1 코페르니쿠스(설)의, 지동설의. 2 획기적인, 혁명적인, 철저한. ¶a ~ *reform* 영국적인 개혁. **~·ism** 〖□〗

Copérnican sýstem [théory] 〖□〗 (the ~) 코페르니쿠스 체계[설], 지동설 ⇨ Ptolemaic system

Co·per·ni·cus [koupɑ́ːrnikəs, kə-] 〖□〗 **Nicolaus** ~ 코페르니쿠스(1473-1543: 폴란드 천문학자; 지동설 제창).

co·pe·set·(t)ic [kòupəsétik] 〖□〗 =copacetic.

Cópe's rúle 〖□〗 〖생물〗 코프의 법칙(비특수형의 법칙 등 정향(定向) 진화에 기초한 법칙). 〖<미국 고생물학자 Edward D. Cope(1840-97)의 이름]

cope·stone [kóupstòun] 〖□〗 1 갓돌, 관석(冠石) (**coping**); 갓돌용의 돌. 또는 **cóping stòne**) 2 마지막 손질, 마무리, 완성; 극치, 절정.

cop·i·a·ble [kápiəbl] 〖□〗 카피[복사, 복제]할 수 있는.

cop·i·er [kápiər/kɔ́p-] 〖□〗 1 복사계, 모사[복사]하는 사람; 복사기(copy machine). 2 모방자, 표절자.

co·pi·lot [kóupàilət] 〖□〗 〖항공〗 부(副)[보조] 조종사.

cop·ing [kóupiŋ] 〖□〗 (담이나 난간의 꼭대기에 얹는) 두겁대, 갓돌; (벽돌담 따위의) 갓돌 공사.

cóping sàw 〖□〗 (세공용) 실톱.

cóping stòne 〖□〗 (英) =copestone.

***co·pi·ous** [kóupiəs] 〖□〗 1 많은, 대량의, 풍성한. ⇒ PLENTIFUL 〖유의어〗¶a ~ *harvest* 풍작. 2 (내용·사상·표현 따위가) (너무) 풍부한; (작가가) 다작의.¶ ~ *notes* 자세한 주(注) / a ~ *preacher* 능변(설교)가.
-́·os·i·ty 〖□〗 **-́·ly** 〖부〗 **~·ness** 〖□〗 「는 총탄.

cop·kill·er [´kìlər] 〖□〗 (美속어) 방탄 조끼를 관통하

co·pla·nar [kòupléinər] 〖□〗 (수학) (점·선이) 같은 평면에 있는. **~·i·ty** [kòupleinǽrəti] 〖□〗

Cop·land [kóuplənd] 〖□〗 **Aaron** ~ 코플란드(1900-90: 미국의 작곡가). 「〖중합체(重合體).

co·pol·y·mer [koupɑ́limər/-pɔ́l-] 〖□〗 〖화학〗 혼성

cóp òpera 〖□〗 (美속어) 경찰관에 관한 연극[영화].

cop-out [´àut] 〖□〗 (美속어) 1 책임 회피; 책임 회피의 구실[수단]. 2 (책임 따위를) 회피하는 사람. 3 (사회 따위에서의) 탈락자, 현실 도피자. 4 체포되는 것; 자백. 5 체념, 포기, 단념. 6 약속 위반. 7 (속어) 밀고자.

‡**cop·per**[1] [kάpər/kɔ́p-] 〖□〗 (~**s** [-z]) 1 〖□〗 동

학) 구리, 동(금속 원소; [기] Cu). **2** 동전; (~s) 《속어》 잔돈.¶ask for ~*s* 잔돈을 요구하다. **3** 구리 그릇, 동제품. **4** 《英》 큰 구리솥. **5** [U] =~ red. **6** (~s) 입과 목.
clear** one's **coppers 《英속어》 가래를 뱉다.
cool** one's **coppers 술 깨는 물을 마시다.
have hot coppers (음주 후) 목이 몹시 마르다.
— [형] 구리의; 구리로 만든; 구릿빛의.¶~ wire 구리선.
— [동][타] **1** 〔배 밑 따위〕를 구리로 입히다; 구리로 도금하다. **2** 《구어》 …을 지키다. **3** 체포하다. **4** 《속어》 〔카드놀이〕 …에 대해 반대로 돈을 걸다.
copper a tip 시키는 것을 반대로 하다; (직감의) 반대로 돈을 걸다.
~·ish [형] 구리 같은[를 함유한].

cop·per² [명] 《美속어》 경찰관, 순경. [참] cop² — [동][자] 경찰관으로 근무하다.
Cópper Àge [명] (the ~) 〔고고〕 동기(銅器) 시대.
cop·per·as [kápərəs/kɔ́p-] [명][U] 〔화학〕 녹반(綠礬), 황산제일철(염료·의약품·잉크 따위 제조용).
cópper béech [명] 너도밤나무의 일종(유럽산(産)).
Cópper Bélt [명] (the ~) 구리 광산 지대(잠비아와 자이르의 국경 지대가 중심임).
cópper bìt [명] 납땜 인두(의 끝).
cópper bòttom [명] 《英속어》 초과 노동 운전사.
cop·per-bot·tom [-bátəm/-bɔ́t-] [명] (배·냄비 따위의) 구리 밑바닥; [U] 튼튼함, 안전, 확실함.
cop·per-bot·tomed [-bátəmd/-bɔ́t-] [형] (배가) 밑바닥에 동판을 깐[입힌]; 《英구어》 (보증 따위가) 확실한, 안전한.
cópper bràcelet [명] 구리 팔찌.
cop·per-col·ored [-kʌ̀lərd] [형] 구릿빛의.
cop·pered [kápərd/kɔ́p-] [형] 구리를 입힌, 구리로 도금한.
cópper glánce [명] 〔광물〕 휘동광(輝銅鑛)(chalcocite).
cop·per·head [kápərhèd/kɔ́p-] [명] **1** 아메리카살무사(북미산(産) 독사). **2** (C–) 《美》 (남북 전쟁 당시) 남부에 동정한 북부 사람.
cop·per·heart·ed [kápərhɑ̀ːrtid/kɔ́p-] [형] 밀고자가 되기 쉬운; 신뢰할 수 없는.
cópper Índian [명] 캐나다 Yellowknife족 인디언.
cop·per·ize [kápəràiz/kɔ́p-] [동][타] 구리로 도금하다.
cop·per-leaf [-lìːf] [명] ([복] ***-leaves***) 〔식물〕 깨풀.
cop·per·nose [kápərnòuz/kɔ́p-] [명] (술꾼의) 딸기코, 비사증 코; 대주가, 주호(酒豪).
cop·per·plate [kápərplèit/kɔ́p-] [명] **1** (인쇄용) 동판. **2** 동판으로 인쇄한 것. **3** [U] 동판 조각; 동판 인쇄. **4** [U] 동판에 조각한 듯이 쓴 글씨.
write like copperplate 동판으로 찍은 것처럼 깨끗이 쓰다.
— [형] 동판에 새긴; 동판으로 인쇄한; (글자가) 깨끗한.¶~ printing 동판 인쇄. — [동][타] 동판으로 인쇄하다; 동판에 새기다.
cópper pyrítes [명] 〔광물〕 황동[적동]광.
cópper réd [명] 구릿빛.
cop·per-skin [-skìn] [명] 아메리카 인디언.
cop·per·smith [kápərsmìθ/kɔ́p-] [명] **1** 구리 세공인, 구리 그릇 제조인. **2** 〔조류〕 오색조(五色鳥).
Cópper Státe [명] (the ~) 미국 Arizona 주의 별칭.
cópper súlfate [vítriol] [명] 〔화학〕 황산구리.
cop·per·ware [kápərwὲər/kɔ́p-] [명] 구리 제품.
cópper wòrks [명] 구리 공장.
cop·per·y [kápəri/kɔ́p-] [형] 구리의, 구리로 만든; 구리 같은; 구릿빛의; 구리를 함유한.
cop·pice [kápis/kɔ́p-] [명] 《英》 =copse. **-piced** [형] **-pic·ing** [명] 정기 벌채.
cop·pice·wood [kápiswùd/kɔ́p-] [명] =copsewood.
Cop·po·la [kápələ/kɔ́p-] [명] **Francis (Ford)** ~ 코폴라(1939– : 미국의 영화 감독·각본가).
cop·ra [káprə/kɔ́p-] [명][U] 코프라(코코야자 핵·과육(果肉) 말린 것; 야자유 원료). (또는 **copperah**)
co-pres·i·dent [kóuprèzədənt/ˊˋ--] [명] 공동 사장.

cop·ro- [káprə/kɔ́p-] [연결] dung(똥)의 뜻(✽ 모음 앞에서는 copr-).¶*copro*lite.
co·proc·es·sor [kòuprásesər/-próu-] [명] 〔컴퓨터〕 코프로세서, 공동[협조] 프로세서(주(主) 프로세서의 기능을 보완하는 부가 기능을 가진 프로세서; 수치 연산용·입출력용 등).
co·pro·duce [kòuprədjúːs/-djúːs] [동][타] 〔영화 따위〕를 공동 제작[생산]하다. (또는 **cò-prodúce**) **-dúc·er, -dúc·tion** [명]
co·prod·uct [kòuprádʌkt, -dəkt/-prɔ́d-] [명] 부산물(by-product).
cop·ro·lag·ni·a [kɑ̀prəlǽgniə/kɔ̀p-] [명] 〔정신의학〕 분변 발정증(糞便發情症)(배설물을 보거나 생각하면 성적 흥분을 느끼는 변태 성욕증). **-nist** [명]
cop·ro·la·li·a [kɑ̀prəléiliə/kɔ̀p-] [명][U] 〔정신의학〕 강박적 외설어증(猥褻語症). **-ac** [형][명]
cop·ro·lite [káprəlàit/kɔ́p-] [명][U] 분석(糞石)(동물 똥의 화석). **-lít·ic** [형]
cop·rol·o·gy [kəpráləd ʒi/kɔprɔ́l-] [명][U] 외설[호색] 문학. **còp·ro·lóg·i·cal** [형]
cop·roph·a·gous [kəpráfəgəs/kɔprɔ́f-] [형] 똥을 먹는, 분식성(糞食性)의(투구풍뎅이 따위).
còp·ro·phá·gi·a [kɑ̀prəféidʒiə], **-gist, -gy** [명]
cop·ro·phil·i·a [kɑ̀prəfíliə/kɔ̀p-] [명] 〔정신의학〕 분변 기호벽(糞便嗜好癖)(똥을 병적으로 좋아하는 증세). **-ac** [명] **-ic** [형] **co·próph·i·lìsm** [명]
cop·roph·i·lous [kəpráfələs/-rɔ́f-] [형] **1** (어떤 종류의 버섯처럼) 똥을 먹고 자라는, 분생(糞生)의. **2** 변태적으로 똥에 흥미를 가지는.
co-pros·per·i·ty [kòuprɑspérəti, -prɔs-] [명][U] 공영(共榮), 상호 번영.
cóps and róbbers [명] (어린애들의) 도둑 잡기 놀이.¶play ~ 도둑 잡기 놀이를 하다.
copse [kɑps/kɔps] [명] 잡목숲(coppice).
copse·wood [kápswùd/kɔ́ps-] [명] 《고어》 잡목숲; (잡목숲 밑의) 잔나무, 덤불(underwood).
cóp shòp [명] 《美속어》 경찰서.
cóp síckness [명] 《美속어》 마약을 하고 싶어지기; 금단 증상.
cops·y [kápsi/kɔ́psi] [형] 잡목숲 같은[이 많은].
Copt [kɑpt/kɔpt] [명] **1** 콥트 사람(고대 이집트인의 자손). **2** 콥트 교도(이집트의 기독교도). (또는 **Copht**)
cop·ter [káptər/kɔ́p-] [명] 《구어》 =helicopter.
Cop·tic [káptik/kɔ́p-] [명][U] 콥트 말; [C] 콥트 사람. — [형] 콥트 사람[말]의.
Cóptic Chúrch [명] (the ~) 콥트 교회(이집트 고래의 기독교회).
co-pub·lish [kòupʌ́bliʃ] [동][타] 공동 출판하다. (또는 **copublish**) **~·er** [명]
cop·u·la [kápjulə/kɔ́p-] [명] ([복] ~***s***, ***-lae*** [-lìː]) **1** 잇는 것, 연결물. **2** 〔논리〕 〔문법〕 연사(連辭), 계사(繫辭), 연결사(詞), 연결 동사 (주어와 술어를 연결하는 말; be가 대표적인 예). **3** 〔해부〕 접합자(接合子). **-lar** [형]
cop·u·late [동][자] [kápjulèit/kɔ́p-] 성교하다, 교미하다, 교접하다 (*with*). — [형] [kápjulət, -lèit/kɔ́p-] 결합된, 연결된. **-la·tò·ry** [형]
cop·u·la·tion [kɑ̀pjuléiʃən/kɔ̀p-] [명][U] 결합, 연결; 성교, 교미, 교접.
cop·u·la·tive [kápjulèitiv, -lə-/kɔ́p-] [형] **1** 결합[연결]시키는. **2** 〔문법〕 연결사적인, 계사적(繫辭的)인; 연결적인, 연결된 어군[절]으로 이루어진. **3** 성교의, 교미의, 교접의. — [명] 〔문법〕 연결사, 계사. **~·ly** [부]
cópulative conjúnction [명] 〔문법〕 연결 접속사 (and, also 따위).
cópulative vérb [명] 〔문법〕 연결사적 동사(be 따위).
⁑**cop·y** [kápi/kɔ́pi] [명] ([복] ***cop·ies*** [-z]) **1** (원본·서류 따위의) 베끼기, 복사, 복제(⇨FACSIMILE [유의어]); 모사(模寫), 모방; 사본, 부본(副本); 〔법률〕 등본, 초본.¶a ~ of a letter 편지의 사본. **2** [C][U] (인쇄용) 원고, 초고; (신문 따위의) 기사 거리; 광고문, 카피. **3** (동일한 책·잡지·사진 따위의) 한 부(部), 한 권.¶an auto-

graph ~ 자서본(自署本)/a complimentary [or presentation] ~ 증정본/an additional ~ 추가 인화(사진)/a current ~ of *Newsweek* 뉴스위크의 최근호. **4** (英구어) (학교의) 작문, 숙제. **5** (고어) (습자용) 대본. 글씨본. **6** [영화] 복사 인화. **7** (복제한) 예술 작품.
a clean [or ***fair***] ***copy*** 정서, 청서.
a copy of verses (연습 과제의) 짧은 시구(詩句).
a foul [or ***rough***] ***copy*** 초고(草稿).
hold *one's* ***copy*** 교정원 보조 역할을 하다.
keep a copy of …의 사본을 떠 두다.
knock up copy (英) 원고를 정리하다.
make [or ***take***] ***a copy*** (***of***) (…을) 복사하다.
make good copy 좋은 기사 거리[원고]가 되다.
write from a copy 본을 보고 쓰다.
── 타 (***cop·ies*** [-z]) **1** (서류 따위를) 복사하다; (그림을) 모사하다; (예술 작품 등에서) (자연 따위를) 모방하다 (*from, off, in, into*). **2** (사람이나 작품을) 본뜨다; (남의 태도·양식) 을 흉내내다. [유의어] IMITATE **3** …의 카피를 (…에) 보내다(*to*). ── 자 **1** 복사하다, 베끼다 (*off, after, from, into*). ¶ (~+전+명) ~ *into* a notebook 공책에 베끼다. **2** 모방하다, 흉내 내다: (英) (시험 답안을) 몰래 베끼다, 커닝하다 (*after, from, out of*). ¶ (~+전+명) ~ *after a good precedent* 좋은 선례를 본뜨다.
copy from nature [or (*the*) ***life***] 사생(寫生)하다.
copy out 전부 베끼다.
copy., copr. Copyright.
cop·y·book [kápibùk/kɔ́pi-] 명 **1** 습자책, 습자본. **2** 복사부(簿), 부본철. ¶ 의 잘못을 저지르다.
blot *one's* ***copybook*** 이력을 더럽힐 정도의. **2** (英) 완벽한, 모범적인; 진부한, 틀에 박힌.
cópybook máxims 명복 (습자책에 나오는 식의) 평범한[진부한] 격언.
cop·y·boy [kápibɔ̀i/kɔ́pi-] 명 (신문사의) 원고 당 사환. 여 copygirl
cop·y·cat [kápikæ̀t/kɔ́pi-] 명 (구어) (경멸적) 흉내내는 사람, 모방자. ── 형 모방의. ── 타 (남의 흉내를 내다; [남의 작품을] 표절[모방] 하다. ~**·ism** 명
cópy dèsk 명 (美) (신문사의) 편집자용 책상; 편집 기자.
cop·y·ed·it [kápièdit/kɔ́pi-] 타 (원고를) 정리 [편집·교열] 하다. (또는 **cópy-èdit**)
cópy èditor 원고 정리[편집·교열] 자; (신문·잡지의) 교열 부장. (또는 **cópyèditor**)
cop·y·fit·ting [kápifìtiŋ, kɔ́pi-] 명 (인쇄) 카피 피팅(인쇄 지정에 의해 원고를 짜면 얼마의 스페이스가 필요한가를 계산하는 것). **-ter** 명 (담당 여자 사환.
cop·y·girl [kápigə̀ːrl, kɔ́pi-] 명 (신문사의) 원고 담당 여사환.
cop·y·graph [kápigræ̀f/kɔ́pigrɑ̀ːf] 명 젤라틴판 (版), 곤약판 (복사기)(hectograph).
cop·y·hold [kápihòuld/kɔ́pi-] 명 **1** (英법률) 등본 보유권(지)(현재는 폐지). ── 형 등본 보유권의[에 의한]; 등본 보유권자의.
cop·y·hold·er [kápihòuldə*r*/kɔ́pi-] 명 **1** (인쇄나 타이프라이터의) 원고 누르개. **2** 교정(校正) 조수. **3** (英법률) 등본 보유권자. **-hòld·ing** 명 교정 보조.
cop·y·ing [kápiiŋ/kɔ́pi-] 명(U)명 복사(용의), 등사 (용의). ¶ ~ ink 복사 잉크.
cópying machine 명 =copy machine.
cópying pèncil 명 (지워지지 않는) 카피 펜슬.
cópying prèss 명 복사기.
cópying ribbon 명 (타자기의) 복사용 리본.
cop·y·ist [kápiist/kɔ́pi-] 명 **1** (문서의) 복사 담당자, 등사계, 필생(筆生), 필경자(筆耕者). **2** 모방자.
cópy machine 명 복사기. (또는 **cópier**)
cópy pàper 명 **1** 복사용지. (또는 **cópying pàper**) **2** 원고 용지.
cópy protèction 명 (컴퓨터) (프로그램·플로피 디스크 따위의) 복사 방지 조치. ─ 「교열」하다.
cop·y·read [kápiriːd/kɔ́pi-] 타 (원고)를 정리
cop·y·read·er [kápiriːdə*r*/kɔ́pi-] 명 (신문의) 편집[정리] 부원[기자]; 원고 정리원.
***cop·y·right** [kápirait/kɔ́pi-] 명(U)명 판권, 저작권 (약 ⓒ). ¶ **have** [or **hold**, **own**] **the** ~ **of a book** 책의 판권을 갖고 있다/**infringe the** ~ 판권을 침해하다/ *C*─ **reserved.** 판권 소유. ── 형 판권이 살아 있는, 저작권을 가진. ¶ This book is still ~. 이 책은 아직 판권이 살아 있다. ── 타 …의 판권[저작권]을 취득하다; …의 저작권을 보호하다. ¶ ~ **a book** 책의 저작권을 취득하다. ── 「판권」 소유자.
~**·a·ble** 형 저작권을 취득할 수 있는. ~**·er** 명 저작권자.
cópyright (depósit) líbrary 명 (英) 납본 도서관(영국에서 출판되는 모든 서적 1부를 기증받음).
cópyright hòlder 명 판권[저작권] 소유자.
cópyright pàge 명 (출판) 간기(刊記), 판권 표시면.
cópy tàg 명 (문법) 반복 부가 의문문 (긍정과 부정이 선행문과 일치하는 부가 의문문. 예: You are a boy, *are you?*). ── 「**cópytàster**」
cop·y·tast·er [-tèistə*r*] 명 원고 심사원. (또는 **cópy typist** 명 타이프 사본 작성자.
***cop·y·writ·er** [kápiraitə*r*/kɔ́pi-] 명 원고 쓰는 사람; 광고 문안 작성자, 카피라이터. **-writ·ing** 명 광고 문안 작성.
cop·y·wrong [kápirɔ̀ːŋ, -rɔ̀ŋ] 명 해적판.
coq au vin [F kokovɛ́] 명 코코뱅(붉은 다음 포도주로 찐 닭요리). [<F cock with wine]
cóq fèather [kák-/kɔ́k-] 명 닭의 깃털(여성 모자의 테두리 장식용).
co·que·li·cot [kóuklikòu] 명 개양귀비, 우미인초 (虞美人草)(corn poppy). [<F]
co·quet [koukét/kɔ-, kou-] 명자 (**-tt-**) **1** (여자가) 아양떨다, 교태를 부리다, 꼬리치다 (*with*). ¶ ~ *with him* 그를 따라다니다. **2** 가지고 놀다, 만지작거리다; (가벼운 기분으로) 손대보다, 심심풀이로 해보다 (*with*). ¶ ~ *with a knife* 칼을 가지고 장난하다/ ~ *with business* 장사에 손을 대다. ── 형 =coquettish. ── (폐어) 여자를 농락하는 남자. [<F]
co·quet·ry [kóukitri, koukét-/kɔ́kit-] 명(U)명 **1** (여자의) 교태; 추파를 던지기, 아양(떨기). **2** (주의·의견 따위에 대한) 농락. [<F]
co·quette [koukét/kɔ-] 명 **1** 바람둥이 여자, 요부 (flirt). **2** (볏이 있는) 벌새. ── 자 =coquet. [<F]
co·quet·tish [koukétiʃ/kɔ-, kou-] 형 남자를 후리는, (여자의) 남자에게 아양부리는, 교태를 부리는, 요염한. ~**·ly** 부 ~**·ness** 명 [<F]
co·quille [kouki:l/kɔ-] 명 코키유(조가비 또는 조가비 모양의 그릇에 담아 구운 요리). [<F shell]
co·qui·na [koukí:nə] 명(U) 코키나, 패각암(貝殼岩). [<Sp shellfish] ── 「나무. (또는 **Core, Kore**) ── **pálm**]
co·qui·to [koukí:tou] 명 (**pl.** ~**s**) 칠레종려(樺櫚)
cor[1] [kɔːr] 명 (英방언) (놀람·불신 따위를 나타내어) 저런!, 어머나!; 설마!
cor[2] 명 ~**·di·a** [kɔ́ːrdiə] (해부) 심장. [<L]
cor. corner; cornet; coroner; corpus; correct(ed); correction; correlative; correspondence; correspondent; corresponding. **Cor.** Corinthians; Corsica.
cor- [kɔːr, kɔ(ː)r, kɑr] 접두 ⇒COM-.
Co·ra [kɔ́ːrə] 명 (그리스 신화) 코레(처녀성을 상징하는 여신(Persephone)).
cor·a·cle [kɔ́ːrəkl, kár-/kɔ́r-] 명 (英) 고리 배(왜일스 등지의 엮은 고리에 가죽을 씌운 작은 배).
cor·a·coid [kɔ́ːrəkɔ̀id, kár-/kɔ́r-] 명 오훼골(烏喙骨), (= ~ **bóne**) ── 형 오훼골의.
***cor·al** [kɔ́ːrəl, kɑ́r-/kɔ́r-] 명(U) **1** 산호. **2** 산호충(蟲). [U] **3** 산호 세공; 산호로 만든 장난감 젖꼭지. **4** (U) 산호빛. **5**

[U] 새우 알(삶으면 산호빛이 되기 때문). ―[형] **1** 산호로 만든. **2** 산호를 만드는. **3** 산호빛의. **~·lìke** [형]

córal ísland [명] 산호섬.

cor·al·lif·er·ous [kɔ̀ːrəlífərəs, kɑ̀r-/kɔ̀r-] [형] 산호가 나는; 산호질(質)의.

cor·al·line [kɔ́ːrəlin, -làin/kɔ́rəlàin] [형] 산호질의; 산호 비슷한; 산호빛의. ―[명] **1** 산호물풀(과(科)의 해초). **2** 산호 모양의 생물(이끼벌레·히드로충 따위).

cor·al·lite [kɔ́ːrəlàit, kɑ́r-/kɔ́r-] [명][U] **1** 한 개의 산호충 골격. **2** 화석 산호. **3** 산호수(樹). **4** 산호빛 대리석.

cor·al·loid [kɔ́ːrəlɔ̀id, kɑ́r-/kɔ́r-] [형] 산호 모양의, 산호 같은. (또는 **còrallóidal**)

córal pínk [명] 산호색(노란색을 띤 핑크색).

córal ràg [명] 산호초 석회암.

córal réd [명] (때로 a ~) 붉은 산호빛.

córal rèef [명] 산호초. 「과(科)의 식물).

cor·al·root [kɔ́ːrəlrùːt/kɔ́r-] [명] 산호뿌리난초(난초

córal snàke [명] 산호뱀(미국 남부산(産) 독사).

córal trèe [명] 인도콩(인도산(産) 콩과(科)의 식물).

córal wédding [명] 산호혼식(결혼 35주년). ⇨WEDDING ANNIVERSARY

co·ram ju·di·ce [kɔ́ːræm dʒúːdisìː] 〔법률〕 판사 앞에서. 〔<L〕 「서, 공공연히. 〔<L〕

co·ram po·pu·lo [kɔ́ːræm pɔ́pjulou] 대중 앞에

cor an·glais [kɔ̀ːrɑːŋgléi] [명] (복 **-s a-**) 〔음악〕 잉글리시 호른(English horn). 〔<F〕

cor·ban [kɔ́ːrbən, -bæn] [명] 〔성서〕 코르반(유대인이 소원 성취의 답례로 신에게 바치던 제물). 「〔<F〕

cor·beil(le) [kɔ́ːrbel] [명] 〔건축〕 꽃바구니 장식.

cor·bel [kɔ́ːrbəl] [명] 〔건축〕 **1** 코벨, 내쌓기(위층벽이 아래층보다 돌출하도록 쌓기). **2** (대들보·도리 따위의) 받침 나무, 까치발. ―[동][타] (**-l-**, 《英》 **-ll-**) **1** …에 초엽을 대어 위층을 내쌓다(*out, off*). **2** …을 받침 나무로 받치다.
corbel out [or *off*] 초엽으로 위층을 내쌓다.

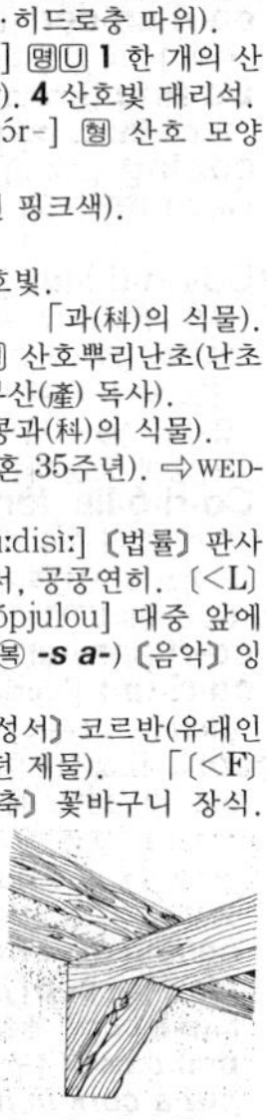
(corbel 2)

~·ing [명] 〔건축〕 초엽 구조; 초엽쌓기 방법.

cor·bel-step [-stèp] [명] 〔건축〕 =corbiestep.

córbel tàble [명] 초엽 선반(난간 또는 처마나 천장 돌림띠 밑에 일렬로 늘어선 초엽쌓기).

cor·bie [kɔ́ːrbi] [명] 《스코》 큰까마귀(raven); 까마귀(crow). (또는 **corby**)

cor·bie·step [kɔ́ːrbistèp] [명] 〔건축〕 코벨단(段)(박공(膊栱)의 양쪽에 붙인 층계 모양의 돌출물). (또는 **córbel stèp, crówstèp**)

cor·bi·na [kɔːrbíːnə] [명] 〔어류〕 (미국 California 연안산(産)) 동갈민어과(科)의 물고기. (또는 **corvina**)

cor·bli·m(e)y [kɔːrbláimi] [감] 《英속어》 어어, 아차, 저런(God blind me.의 변형; 경악·불쾌감의 표시).

‡cord [kɔːrd] [명] (복 **~s** [-z]) **1** [U][C] 끈, 가는 노끈; 가는 새끼줄.¶untie a ~ 끈을 풀다. **2** [C][U] 〔전기〕 코드(《英》 flex). **3** 〔해부〕 삭상(索狀) 조직, 대(帶) (chord). ¶the silver ~ 탯줄; 〔성서〕 은(銀)줄/the spinal ~ 척수(脊髓)/the vocal ~*s* 성대. **4** [U] 골지게 짠 천, 코르덴 천; (~s) 코르덴 바지. **5** (~s) 구속, 속박.¶the ~*s* of love 사랑의 굴레. **6** 코드 척(尺)(장작의 체적 단위; 128ft³(3.6246m³)). **7** 〔언어〕 기호 체계, 코드. ―[동][타] …에 장식끈을 달다; …을 끈으로 동이다; (코드로 나누어) 〔장작〕을 쌓아올리다.¶~ (*up*) a box 상자를 묶다. **∠·er** [명] **∠·like** [형]

cord·age [kɔ́ːrdidʒ] [명][U] **1** 《집합적》 끈, 밧줄; 삭조(索條). **2** 코드 척(尺)으로 쌓아올린 장작의 분량.

cor·date [kɔ́ːrdeit] [형] (조가비·잎 따위가) 심장형의.

cord-cord·less [∠kɔ́ːrdlis] [형] (전기 기구가) 교류·충전 겸용의.¶a ~ shaver 충전 가능한 전기 면도기.

cord·ed [kɔ́ːrdid] [형] **1** 끈이 있는, 끈으로 된; 끈 모양의. **2** (천의 무늬를) 골지게 짠. **3** 끈으로 묶은. **4** (목재·장작을) 1 코드씩 나눠 쌓은.

Cor·de·lier [kɔ̀ːrdəlíər] [명] 코르들리에. **1** 프란체스코회 수도사. **2** (the ~s) 프랑스 혁명 시대 파리의 정치 결사.

cor·delle [kɔːrdél/kɔ́ːdəl] [명] (미국·캐나다에서 쓰이는 배의) 끄는 밧줄. ―[동][타] 〔배〕를 밧줄로 끌다.

córd fòot [명] 《美》 코드 푸트(장작 계산 단위; 16ft³).

‡cor·dial [kɔ́ːrdʒəl/-djəl] [형] (*more* ~; *most* ~) **1** 진심에서 우러나는, 마음으로부터의; 따뜻한, 우정[애정] 어린, 인정 있는; 친절하고 공손한. ⇨AMIABLE [유의어]¶a ~ greeting 진심에서 우러나온 인사/a ~ liking 진심으로 좋아함. **2** (음식물·약이) 강장성(強壯性)의; 기운을 돋우는.¶a ~ food 강장식/a ~ medicine 강장[강심]제. ―[명] (복 **~s** [-z]) **1** 기운을 돋우는 것. **2** 강심[강장]제. **3** [U] 코디얼주(酒), 리큐어. **~·ness** [명]

cor·dial·i·ty [kɔːrdʒǽləti, kɔ̀ːrdʒiǽl-/kɔ̀ːdi-] [명] **1** [U] 진심, 성심 성의; 인정, 온정; 성실. **2** (-ties) 진심에서 우러나온 언동; 인정 넘치는 언동, 온정의 표시.

***cor·dial·ly** [kɔ́ːrdʒəli/-diəli] [부] 성심 성의로, 정성껏, 진심으로; 정중하게, 친절하게.
Yours cordially; Cordially yours 경구(敬具)(편지의 끝맺음 말).

cor·di·er·ite [kɔ́ːrdiəràit] [명] 근청석(菫青石).

cor·di·form [kɔ́ːrdəfɔ̀ːrm] [형] 심장 모양의.

cor·dil·le·ra [kɔ̀ːrdəljέərə, kɔːrdílərə/kɔ̀ːdiljέərə] [명] (대륙에 뻗은) 대산맥, 주요 산계(山系). **-ran** [형]

cord·ing [kɔ́ːrdiŋ] [명][U] 끈, 밧줄(cordage); 〔직물〕 골지게 짜기; 장식 끈.

cor·dis [kɔ́ːrdis] [형] (처방전에서) 심장의. 〔<L〕

cord·ite [kɔ́ːrdait] [명][U] 코르다이트 폭약(끈 모양의 무연 화약). 「없는; 전지로 작동하는.

cord·less [kɔ́ːrdlis] [형] 줄[끈]이 없는; 코드가 필요

córdless phòne [명] 무선 전화기, 휴대폰[전화].

Cor·do·ba [kɔ́ːrdəbə, -və] [명] 코르도바. **1** 스페인 남부의 도시(무어인 지배 시대의 수도). (또는 **Cordova**) **2** (c–) 니카라과의 화폐 단위; 그 은화.

cor·don [kɔ́ːrdn] [명] **1** 장식끈, 묶는끈; (어깨에서 겨드랑이 밑으로 걸치는) 수장(綬章), 장식 리본(기사(騎士) 훈장·명예장 따위).¶the blue ~ 청수장(참 ~ bleu)/the grand ~ 대수장(최고 기사 훈장). **2** 〔군사〕 초병선(哨兵線); (사고 현장·전염병 지구 따위의) 교통 차단선; (경찰의) 비상(경계)선.¶a sanitary ~ 방역선/a ~ of police (경찰의) 비상(경계)선. **3** 〔축성〕 성벽과 흉벽(胸壁) 사이의 불쑥 내민 갓돌. **4** 〔건축〕 (천장의) 돌림띠. **5** 〔원예〕 외대 가꾸기.
post [or *draw, place*] *a cordon* 비상[격리]선을 치다, 차단[격리]하다. 「하다(*off*).
―[동][타] …에 비상선[초병선]을 치다, …을 차단[격리]
cordon off …을 차단[격리]하다.

cor·don bleu [*F* kɔʀdɔ̃ blø] [명] (복 **-s -s**) **1** 청수장(青綬章)(부르봉 왕조 시대의 최고 훈장). **2** 높은 영예. **3** 청수장 착용 자격의 소유자. **4** (한 분야의) 권위자, 명인; 《익살》 일류 요리사. 〔<F〕

cor·don·net [kɔ̀ːrdənét, -néi] [명] 〔의상〕 코드넷(실이나 줄로 무늬를 넣은 가두리 장식). 〔<F〕

cor·don sa·ni·taire [*F* kɔʀdɔ̃ sanitɛʀ] [명] (복 **-s -s**) 격리선; 교통 차단선; 방역선; 완충 지대. 〔<F〕

cor·dot·o·my [kɔːrdɑ́təmi/-dɔ́t-] [명] 〔의학〕 척추 신경로 절단술. (또는 **chordotomy**)

Cor·do·van [kɔ́ːrdəvən] [형] **1** (스페인의) 코르도바(Cordoba, Cordova)의. **2** (c–) 코도반 가죽의[으로 된]. ―[명] **1** 코르도바 사람. **2** [U] (c–) 코도반 가죽.

***cor·du·roy** [kɔ́ːrdərɔ̀i, ∸–∠] [명] **1** [U] 코르덴(천). **2** (~s) 코르덴 바지. **3** (또는 ∠ **róad**) (소택지 따위의) 통나무 길. ―[형] **1** 코르덴(제)의. **2** (길 따위가) 통나무를 가로놓아 만든. ―[동][타] 통나무를 가로놓아 〔길 따위〕를

만들다; (습지 따위)에 통나무를 깔아 길을 내다.
cord·wain [kɔ́ːrdwein] 명ⓤ (고어) 코도반 가죽 (cordovan). **~·er** 명 (고어) 코도반 가죽 직공; 제화공. **~·er·y** 명 (고어) 구두 제조, 제화.
cord·wood [kɔ́ːrdwùd] 명ⓤ 코드(cord) 단위로 쌓은 목재(장작)(명 6); 길이 4피트짜리 목재.
*__core__ [kɔːr] 명 **1** (과실 따위의) 속, 응어리, 과심(果 部). **2** (the ~) (문제의) 핵심; (물건의) 중심부, 중요 부분, 심장부. ¶the ~ of a problem 문제의 핵심. **3** 정수 (精髓); 마음속. **4** [전기] (전자석(電磁石) 따위의) 철심 (鐵心), 발전자(發電子) 철심(magnetic ~); [주조] 코어, 심형(心型); (나무의 목질부); (베니어판의) 심목(心木); (밧줄·새끼의) 심. **5** [광산] (채광·지질학에서) 코어(시추기에 의해 채취된 흙·바위·광물의 원통형 채취 샘플). **6** [인류] (석기 시대의) 석재. **7** [지질] (지구의) 중심부; [물리] (원자로의) 노심(爐心). **8** [컴퓨터] 자심 (磁心), 자기(磁氣) 코어; [컴퓨터] = ~ memory.
at the core 마음 밑바닥에서, 근저에서는. ¶be at the ~ of the issue 쟁점의 핵심이다 / be rotten at the ~ 근성이 썩어 있다.
to the [or one's] core 철저하게, 뼛속[마음속]까지. ¶an Englishman to the ~ 철저한[진짜] 영국인.
── 타 **1** (과실의) 속응어리]를 빼다[없애다](out). **2** …을 중심부에서 잘라내다[뽑아내다], …에서 견본을 떼어내다[채취하다]. **3** (주물)에 공동(空胴)을 만들다.
core dump ⓘ (컴퓨터의) 기억 장치의 내용을 전부 표시하다. **2** 생각한 것을 모두 털어놓다[드러내다].
── 명 중심[중핵]덤프, 근간을 이루는.
~·less 형 (회의).
CORE (美) Congress of Racial Equality(인종 평등
Co·re·a [kəríːə, -ríə] 명 (고어) =Korea.
Co·re·an [kəríːən, -ríən] 명형 (고어) =Korean.
co·re·cip·i·ent [kòurisíːpiənt] 명 공동 수상자.
córe cíty 핵(核) 도시, 중심 도시(central city).
córe curriculum 명 [교육] 중핵 교육 과정, 코어 커리큘럼(사회 실생활 문제를 중심으로 한 커리큘럼).
córed cárbon 명 [전기] (아크등용) 유심(有心) 탄 소 막대.
córe drill 명 코어 드릴, 명 diamond drill
co·re·late [kɔ́ːrəlèit, kàr-/kɔ́r-] 자타 (英) =cor·relate. **·la·tion** 명
co·re·li·gion·ist [kòurilídʒənist] 명 같은 종교 신자.
córe·mak·er [kɔ́ːrmèikər] 명 [주조] 심형 제작공.
córe mèmory 명 [컴퓨터] 자심(磁心) 기억 장치. (또는 córe stòrage)).
co·re·mi·um [kɔːríːmiəm, kə-/kou-] 명 (pl. **-mi·a** [-miə]) (누룩 곰팡이 등의) 분생자(分生子) 자루 다발.
co·re·op·sis [kɔ̀ːriápsis/-ɔ́p-] 명 [식물] 금계국 (金鷄菊), 큰금계국, 기생초.
córe óven 명 (주조) 주형용(鑄型用) 심형 건조로.
Co·re·per [F kɔrepe] 명 (EU의) 상임 대표 위원회.
[< le Commission de Représentants Permanents]
core·quake [kɔ́ːrkwèik] 명 (천문) 천체의 중심핵의 구조적 붕괴.
co·req·ui·site [kòurékwəzit] 명 (교육) 공동 필수 과목.
córe sègment 명 (우주 실험실의) 기밀 작업실.
co·res·i·dence [kòurézədəns] 명 (英) 남녀 공학 기숙사(美 coed dorm).
co·re·spon·dent [kòurispándənt] 명 [법률] (간통을 원인으로 하는 이혼 소송에서) 공동 피고.
corespóndent shóes 명(複) (英) 2색(色)의 신사
córe stòrage 명 [컴퓨터] =core memory.
córe tíme 명 코어 타임(flextime제에서 반드시 출근 해야 할 의무 시간대(帶)).
córe tùbe 명 (지질) 코어 튜브(지면[월면] 표본 채취 용 관(管)).
corf [kɔːrf] 명 (pl. **corves** [kɔːrvz]) (英) **1** [채광] 석탄[광석] 운반차[바구니, 삼태기]. **2** 활어조(活魚槽).

Cor·fam [kɔ́ːrfæm] 명 (상표) 코팸(제화용 인조 가죽).
Cor·fu [kɔ́ːrfjuː] 명 코르푸(그리스 서해안의 섬·그 「항구 도시).
cor·gi [kɔ́ːrgi] 명 코기 개(犬)(Wales산(産)).
co·ri·a [kɔ́ːriə] 명 corium의 복수형.
co·ri·a·ceous [kɔ̀ːriéiʃəs, kàr-/kɔ̀r-] 형 가죽의, 가죽으로 만든; 가죽 같은. (또는 **corious**)
co·ri·an·der [kɔ̀ːriǽndər/kɔ̀riǽn-] 명 고수(미나 릿과(科)의 식물); 고수의 열매(향료 재료).
Co·rine [kɔːrín, ka-/kɔ-] 명 (美속어) 코카인. (또는 **corinne, corrine**) 「core 5.
cor·ing [kɔ́ːriŋ] 명 중심을 뽑아냄; (지질·채광) =
Cor·inth [kɔ́ːrinθ, kár-/kɔ́r-] 명 코린트, 코린트스(고대 그리스의 도시; 상업·예술의 중심지).
*__Co·rin·thi·an__ [kərínθiən] 형 **1** 코린트의. **2** 사치스러운, 방탕한. **3** (문체 따위가) 화려한. **4** (건축) 코린트식의. ⇒CAPITAL[2] 그림 (Doric, Ionic). ¶the ~ order 코린트 양식. ── 명 **1** 코린트 사람. **2** (the ~s) (단수취급) (성서) 고린도서(書). **3** 돈 많은 사교가; (요트·승마 등을 하는) 아마추어 운동가; (고어) 난봉꾼.
Co·ri·ó·lis fórce [kɔ̀ːrióuləs-] 명 [물리] 코리올리의 힘(지구의 자전으로 인해 비행 물체가 오른쪽 또는 왼쪽으로 편향되는 힘). [<프랑스 토목 공학자 G. G. Coriolis(1792-1843)] 「천 부지 공동 소유권자.
co·ri·par·i·an [kòuripɛ́əriən/-rai-] 명 (법률) 하천의 공동 소유자.
co·ri·um [kɔ́ːriəm] 명 (pl. **-ri·a** [-riə]) (해부) 진피 (dermis); (곤충) 혁질부(革質部).
‡__cork__ [kɔːrk] 명 **1** ⓤ 코르크, 코르크층(層). **2** = ~ oak. **3** 코르크 마개. (고무·유리로 만든) 마개; 낚시찌, 코르크 제품. ¶burnt ~ (화장용의) 코르크 숯 / draw [or pull out] a ~ 마개를 뽑다. **4** ⓤ (식물) 코르크 조직, 전피(栓皮).
behind the cork (美속어) 몹시 취한.
blow [or pop] one's cork (구어) 발끈하다, 화내다.
like a cork 쾌활하게; 곧 원기를 회복하여.
pop a cork (구어) (샴페인 따위를 터뜨려) 축하하다.
put a cork in it (구어) 입에 마개를 하다, 잠자코 있다.
── 형 코르크의. 코르크로 만든. 「다.
── 타 **1** …에 코르크(제품)를 붙이다. **2** (병)에 코르크 따위의 마개를 하다; 병을 코르크 마개로 막다[밀폐하다](up). **3** (눈썹·얼굴 따위를) 코르크 먹으로 검게 칠하다[분장하다]. **4** (감정 따위를) 억제하다; 제지하다. ── 자 (식물·의학) 코르크화하다; (속어) 발끈하다.
~·like 형
cork·age [kɔ́ːrkidʒ] 명 ⓤ **1** (손님이 가지고 온 술에 대하여 레스토랑·호텔에서) 병마개 따주고 받는 봉사 요금. **2** 병마개를 뽑기[끼우기]. 「재); 코르크제 게시판.
cork·board [kɔ́ːrkbɔ̀ːrd] 명 코르크판(방습·보온
corked [kɔːrkt] 형 **1** 코르크 마개를 한. **2** (포도주 따위가) 코르크 냄새가 나는(corky). **3** 코르크 먹으로 검게 칠한[화장한]. **4** (속어) 몹시 취한.
cork·er [kɔ́ːrkər] 명 **1** (코르크 따위의) 마개를 하는 사람[기계]. **2** (英구어) (토론 따위에) 결말을 짓는 한 마디, 결정적인 주장. **3** (구어) 놀라운[굉장한] 것[사람], 터무니없는 거짓말[놈].
play the corker 꼴 사나운 짓을 하다.
cork·ing [kɔ́ːrkiŋ] 형 (美속어) 훌륭한, 멋진. ── 부 훌륭하게, 멋지게; 아주, 매우(very).
córk jàcket 명 (코르크로 만든) 구명 조끼.
córk òak 명 코르크나무.
cork·screw [kɔ́ːrkskrùː] 명 **1** 코르크 마개뽑이. **2** (종종 C-) (상표) 코르크스크루(나선형 제트코스터).
── 형 (마개뽑이처럼) 나선형의. ¶~ curls 나선 모양의 고수머리 / a ~ staircase 나선 계단 / a ~ dive 선회 강하(降下). ── 자 …을 나선 모양으로 움직이게[나아가게] 하다; 나선 모양으로 움직이다[나아가다].
cork-tipped [-típt] 형 (英) (궐련이) 코르크 모양의 필터가 있는.

cork tree 명 =cork oak; 황벽나무.
cork·wood [kɔ́ːrkwùd] 명 **1** 라이트네리아(북미산(産) 낙엽 교목). **2** 목질부가 가볍고 기공(氣孔)이 있는 나무(발사(balsa) 따위).
cork·y [kɔ́ːrki] 형 **1** 코르크(성질)의; 코르크 모양의, 코르크 같은. **2** (구어) 들뜬, 활발한, 발랄한. **3** (포도주 따위가) 코르크 냄새가 나는. **4** (속어) 몹시 취한.
córk·i·ly 부 **córk·i·ness** 명.
corm [kɔːrm] 명 [식물] 알줄기, 구경(球莖).
 ~·**like**, **cór·moid**, **cór·mous** 형.
cor·mo·rant [kɔ́ːrmərənt] 명 **1** [조류] 가마우지. **2** (비유적) 먹보, 대식가; 욕심꾸러기. ── 형 많이[게걸스럽게] 먹는; 욕심꾸러기의.
‡**corn**¹ [kɔːrn] 명 (옥 ~s [-z]) ① **1** (집합적) (미) 옥수수(Indian ~, (영) maize), (영) **break** ~ 옥수수를 따다 / ~ **in the ear [or shuck]** 껍질을 벗기지 않은 옥수수. **2** (집합적) **a)** 곡물(grain) (※ (영)에서는 집합적으로 보리, 밀(wheat), (스코)에서는 귀리(oats), (미)에서는 옥수수를 가리키는 것처럼, 일반적으로 그 땅의 주요 곡물을 가리킨다). ¶ *Up* ~, *down horn*. (속담) 곡식값이 오르면 쇠고기값이 내린다. **b)** 곡초(穀草)(탈곡 전의 밀·호밀·보리 따위). ¶ a field of ~ 밀[옥수수]밭 / a sheaf of ~ 곡초 한 다발. **3** ⓒ (밀·호밀·보리·옥수수 따위의) 알갱이, 낟알. **4** (美) (= ~ whiskey; 술, 밀조주. **5** (속어) 케케묵은 생각[이야기], 진부한 익살, 감상적인 음악[이야기], 연극. **6** 사탕수수 (sweet ~). **7** (스키) 싸라기눈(~ snow). **8** 곡물상.
acknowledge [or *admit, confess, own*] *the corn* (美) 제 잘못[과실, 실패]을 인정하다.
be worth (*one's*) *corn* 임금만큼의 가치가 있다, 밥값은 한다. 「무진장(←창세기(Gen.) 42:1).
corn in Egypt (음식물 따위의) 풍부한 공급, 풍요.
earn one's corn (구어) 생활비를 벌다. 「(호강)하다.
eat one's corn in the blade 수입을 예상하고 낭비
measure a person's corn by one's own bushel 자기를 표준으로 하여 남을 판단하다.
── (~s [-z]) 타 **1** (화약 따위)를 작은 알(모양)으로 뭉치다. **2** (고기·물고기)를 소금에 절여 보존하다; …에 짠맛을 내다, 소금을 뿌리다. **3** (토지)에 곡식을 심다. **4** …을 곡물로 기르다, …에 곡식을 주다. ¶ *C─ him well, he'll work the better*. (속담) 돈만 많이 주면 더 잘 일한다. ── (~s [-z]) (곡식 이삭에) 알이 들다[여물다].
corn² 명 [병리] **1** 못, 티눈, 물집. **2** 말굽 종창(腫脹).
tread [or *step, trample*] *on a person's corns* [or *toes*] (구어) 남의 감정을 상하게 하다.
Corn. Cornish; Cornwall. 「*corn*.
-**corn** [kɔːrn] 연결 horn의 뜻. ¶ longi*corn*, uni-
corn·ball [kɔ́ːrnbɔ̀ːl] (美속어) 명 **1** 시골뜨기; 고리타분한 녀석. **2** 눈물을 짜내는 달콤한 영화[연극]. **3** (당밀 따위를 바른) 팝콘. ── 형 케케묵은, 진부한.
corn béef 명 =corned beef. 「(수수 주산지).
Córn Bélt 명 (the ~) 옥수수 지대(미국 중서부의 옥
córn bòil(ing) 명 (美) 삶은 옥수수를 먹는 파티.
córn bòrer 명 조명충나방의 유충(옥수수 해충).
corn·brash [kɔ́ːrnbræ̀ʃ] 명 [지질] 석회 사암층(砂岩層)(곡물 재배에 적절).
córn bréad 명 옥수수빵.
córn càke 명 옥수수 과자.
córn chàndler 명 곡류 소매상인.
córn chìp 명 콘칩, 옥수수칩(스낵의 일종).
córn-chip efféct [-tʃìp-] 명 콘칩 효과(술을 마실수록 늘어 끝내 알코올 의존증이 되는 것).
corn·cob [kɔ́ːrnkɑ̀b/-kɔ̀b] 명 옥수수 속대; ─ =
córncob pìpe 명 옥수수 속대로 만든 담뱃대. ⌐pipe.
córn còckle 명 [식물] 선옹초.
córn còlor 명 담황색. **córn-còl·ored** 형.
corn-crack·er [<krǽkər] 명 **1** (경멸적) 미국 남부의 가난한 백인. **2** (속어) 미국 Kentucky 주 주민. **3** =corn crake. 「주의 별칭.
Córn-Cracker Státe 명 (the ~) 미국 Kentucky
córn cràke 명 [조류] 흰눈섭뜸부기.
corn·crib [kɔ́ːrnkrìb] 명 옥수수 창고.
córn dànce 명 (옥수수 파종 및 수확 때 추는) 북미 인디언 춤. (또는 gréen ~).
córn dòdger 명 (美남부) 딱딱하게 구운 옥수수빵.
córn dòg 명 (美) 콘 도그(꼬치 핫도그의 일종).
córn dòlly 명 (美) (장식용) 짚 꾸라기 인형.
cor·ne·a [kɔ́ːrniə] 명 [해부] 각막(角膜). -**al** 형.
córn éarworm [-ə̀ːrwə̀ːrm] 명 =bollworm.
*****corned** [kɔːrnd] 형 **1** 소금에 절인. **2** (구어) 술취한.
córned béef 명 콘 비프(쇠고기 소금절이).
Cor·neille [kɔːrnéi] 명 **Pierre** ~ 코르네유(1606-84; 프랑스의 극작가). 「목.
cor·nel [kɔ́ːrnl] 명 층층나무속(屬)의 각종 교목[저
cor·nel·ian [kɔːrníːljən] 명 =carnelian.
cor·ne·ous [kɔ́ːrniəs] 형 각질(角質)의; 뿔 같은.
‡**cor·ner** [kɔ́ːrnər] 명 (옥 ~s [-z]) **1** 모, 모서리, 모퉁이, 구석; 끝, 가장자리. ¶ a ~ of a box 상자 한 구석 / a stove in the ~ of a room 방구석에 있는 난로.
2 (길)모퉁이; 돌출부, 튀어나온 모서리. ¶ a house on the ~ 모퉁이집 / a ~ of land 바다 따위에 돌출한 땅 / at [or on] the ~ of the street 길모퉁이에.

USAGE **at** [**in, on**] **the corner** ─ 「모퉁이」가 지점인 경우 at, 구석의 구획 안에 있으면 in, 모퉁이 땅에 접촉하고 있는 집 따위의 경우는 on을 쓴다. ※ 보기에 따라 면 대신 at을 쓰는 경우가 있다.

3 외딴 곳, 구석진 곳, 한쪽 구석, (모든) 부분; (종종 ~s) 지방, 지역; (the C─) (濠구어) 오스트레일리아 중부 지방. ¶ a dark ~ 어두운 구석 / see every nook and ~ in the house 집안 구석구석을 살피다. **4** (~s) (인품의) 모, 특징. **5** 궁지, 곤경, 난처한 입장. ¶ **in a tight ~** 궁지에 빠져서. **6** (상업) (주식이나 상품의) 매점(買占). **7** (the C─) (英속어) London의 태터솔(Tattersall's)에 있는 도박장. **8** 모퉁이에 대는 것, 코너(모퉁이를 보호하는 것). **9** (축구) 명 =~ kick; (하키) 코너 히트; (권투) (링)의 코너.

cut corners ① 지름길로 가다; 마구 돌진하다. ② 돈[시간, 노력]을 절약하다.
cut (*off*) *a* [or *the*] *corner* ① =*cut corners*. ② (자동차가) 커브에서 보도로 오르다.
do in a corner 은밀히 행하다.
drive [or *force, put*] *a person into a corner* 남을 궁지에 몰아넣다. 「정하다.
establish [or *make*] *a corner in* [or *on*] …을 매
hold one's corner up 자기 역할[책무]을 다하다.
in the corner 궁지에 빠져서, 코너에 몰려서.
(*just*) *around* [or *round*] *the corner* ① 길모퉁이를 돈 곳에. ② (구어) (거리·시간적으로) 바로 다가와서, 임박하여. ③ 위기[고비]를 넘겨. ④ 상대를 앞질러서.
keep a corner 조그마한 자리[지위]를 차지하다.
leave no corner unsearched 철저히 찾다. 「갖다.
look out of the corner of one's eyes 곁눈질로
on the corner (구어) 실업하여, 일자리를 잃어.
put [or *stand*] … *in the corner* (英) (벌로) …을 방구석에 세우다.
rough corners (성질 따위의) 거칢; 버릇없는 태도.
round [or *rub*] *off a person's corners* 남의 성품을 원만하게 만들다. 「데를 없애다.
rub the corners off a person 남의 (성격의) 모난
(*the*) *four* [or *all the*] *corners of the earth* 세계의 구석구석; 도처, 방방곡곡. 「힘을 다하다.
trim one's corners (美구어) 가능한 범위 내에서 모
turn the corner 모퉁이를 돌다. ② (경마) 최종 코너를 돌다. ③ (병·사업 따위) 고비를 넘기다; 위기를 뚫고 나아가다.

within [without] the four corners of …의 허용하는 범위 내에서[범위를 넘어서].
— 图 ~s [-z] 图 1 …에 모[모서리]를 내다 (with). ¶ (~+图+前+名) ~ walls with stone 벽의 모서리를 돌로 하다. 2 …을 모퉁이[구석]에 놓다; …을 모퉁이[구석]에 몰아넣다; …을 궁지에 몰아넣다. 3 〔상업〕 매점하다, 〔시장〕을 독점하다 (in). ¶ ~ wheat 밀을 사재다. — 图 1 모퉁이[모]를 이루다; 모퉁이에 있다 (on). ¶ the spot where the three states ~ 3개 주(州)가 모를 이루어 인접한 지점. 2 매점하다 (in). ¶ (~+前+名) ~ in stocks 재고품을 매점하다. 3 〔구어〕 급커브를 돌다.
corner the market 상품[주식]을 매점하다[사재다].
— 形 모퉁이에 있는; 모퉁이[구석]에서 쓰이는.
cor·ner·back [kɔ́ːrnərbæk] 图 〔미식축구〕 코너백 (수비 위치의 하나; 제일 바깥쪽을 지키는 하프백).
córner béad 图 〔건축〕 코너 비드(기둥이나 벽의 모서리를 보호하기 위하여 대는 금속 막대기).
córner-boy [-bɔ̀i] 图 〔英〕 거리의 불량배[소년].
córner càbinet 图 (방구석에 두는) 구석장, 장식장.
cor·ner-cut·ting [-kʌ́tiŋ] 图 (공사의) 부실[악질] 공사.
cor·nered [kɔ́ːrnərd] 形 1 (복합어로) 모퉁이[구석]이 있는, 모가 난; (몇 가지) 입장이 있는. ¶ a four-~ contest for a prize 상을 둘러싼 네 사람의 경쟁. 2 궁지에 몰린, 진퇴 유곡의. ¶ a ~ rat 궁지에 몰린 쥐.
cor·ner·er [kɔ́ːrnərər] 图 〔상업〕 매점자(買占者).
córner hít 图 〔하키〕 코너 히트.
cór·ner·ing skíd [kɔ́ːrnəriŋ-] 图 (자동차 따위가) 커브를 돌 때의 미끄러짐.
córner kíck 图 〔축구〕 코너 킥.
cor·ner·man [kɔ́ːrnərmæn, -mən] 图 1 〔英〕 흑인 악단의 양끝에 서서 캐스터네츠나 탬버린을 쳐서 흥을 돋우는 사람(end man). 2 〔英〕 거리의 부랑자. 3 〔상업〕 매점 상인. 4 〔농구〕 전위(forward). 5 〔미식축구〕 = cornerback; 〔권투〕 세컨드.
córner refléctor 코너 리플렉터(입사 광선을 역평행으로 되돌려 행성간의 거리를 측정하는 반사경).
córner shóp 图 구멍 가게.
cor·ner·stone [kɔ́ːrnərstòun] 图 1 〔건축〕 주춧돌; 초석, 정초(定礎). 2 (사물의) 기초, 토대. ¶ the ~ of democratic government 민주 정치의 초석.
cor·ner·wise [kɔ́ːrnərwàiz] 副 모가 나게, 각을 이루어; 비스듬히, 어긋나게. (또는 **cornerways**)
cor·net [kɔːrnét/kɔ́ːnit] 图 1 〔음악〕 코넷(관악기); 코넷 연주자. 2 = cornetto. 3 (과자 따위를 넣는) 원뿔꼴의 종이 봉지. 4 〔英〕 = ice-cream cone. 5 (Sister of Charity의 수녀가 썼던) 흰색 큰 모자; (옛날) 여성의 장식용 두건. 5 〔해군의〕 신호기. 6 〔英〕 기병대 기수(旗手).
cór·net·cy 图 기병대 기수의 직[임무]. 〔手〕.
cor·net-à-pis·tons [-əpístənz] 图 (變 **cor·nets-**) (cornet). 〔<F〕
cor·net·(t)ist [kɔːrnétist/kɔ́ːnit-] 图 코넷 연주가.
cor·net·to [kɔːrnétou] 图 (變 **-net·ti** [-néti]) 코넷(15·16세기의 목제 악기). (또는 **cornett**)
córn exchánge 图 〔英〕 곡물 거래소(지금은 음악회당·전시장 따위로 쓰인다). 〔broker〕.
córn fáctor 图 곡물 중개인[도매상](美) grain broker).
corn-fed [kɔ́ːrnfèd] 形 1 (가축 따위를) 옥수수[밀]로 기른. 2 〔美속어〕 커서 굳센; 촌스러운.
***corn·field** [kɔ́ːrnfìːld] 图 〔英〕 밀밭; 옥수수밭.
córnfield ánt 图 〔곤충〕 (북미산의) 암갈색) 털개미.
córnfield mèet 图 〔美속어〕 기차의 정면 충돌.
corn-flag [kɔ́ːrnflæg] 图 〔식물〕 노랑붓꽃.
corn-flakes [kɔ́ːrnflèiks] 图 콘플레이크.
córn flóur 图 1 〔英〕 = cornstarch. 2 〔美〕 옥수수 가루; 〔英〕 곡물의 가루. (옹초(corn cockle).
corn-flow·er [kɔ́ːrnflàuər] 图 팔랑개비국화(); 선
corn-husk [kɔ́ːrnhʌ̀sk] 图 옥수수 껍질.

Córn·husker Státe 图 (the ~) 미국 Nebraska 주의 별칭. (껍질 벗기기; ⓒ 옥수수 껍질 벗기기 축제.
corn-husk·ing [kɔ́ːrnhʌ̀skiŋ] 图 ⓤ 옥수수
cor·nice [kɔ́ːrnis] 图 1 〔건축〕 처마 돌림띠; 코니스 (entablature의 윗부분). 2 천장 돌림띠; (커튼의 윗부분을 덮는) 상인방(上引枋). 3 벼랑 끝에 차양처럼 얼어붙은 눈더미. — 图 ~에 돌림띠를 붙이다. **-niced** [-t] 形
cor·niche [kɔ́ːrnij, kɔːrníːʃ] 图 (전망이 좋은) 해안의 절벽을 따라 난 도로(~ road).
Cor·nish [kɔ́ːrniʃ] 形 英国 콘월(Cornwall) 지방의; 콘월 사람[말]의. — 图ⓤ 콘월말(콘월 지방의 켈트 방언).
Córnish bóiler 图 코니시 보일러(원통형 연통을 갖는 보일러).   (체 크림.
Córnish créam 图 英国 Cornwall 지방 특산의 고
Cor·nish·man [kɔ́ːrniʃmən] 图 (영국의) Cornwall 사람[주민].
Córnish pásty 图 양념을 한 야채와 고기를 넣은 Cornwall 지방의 파이 요리.   (도자기 제조용.
Córnish stóne 图 콘월석(石)(영국 Cornwall산(産)
córn júice 图 〔구어〕 = corn whiskey.
Córn Láws 图 〔英역사〕 곡물 조례(條例) (1846년 폐지); (c- l-) 곡물 거래 법규.   〔스키
córn líquor 图 = corn whiskey. 〔속어〕 싸구려 위
corn·loft [kɔ́ːrnlɔ̀ːft/-lɔ̀ft] 图 곡물 창고(granary).
corn·meal [kɔ́ːrnmìːl] 图ⓤ 맷돌에 탄 옥수수 가루; 〔英〕 맷돌에 탄 보릿[밀]가루; 〔스코〕 = oatmeal.
córn míll 图 옥수수 타는 기계; 图ⓤ 제분기.
córn múffin 图 콘 머핀(옥수수가루로 만든 빵).
córn óil 图 옥수수 기름(美) maize oil).
cor·no·pe·an [kɔːrnóupiən, kɔːrnóupiən/kɔːnóupjən] 图 = cornet 1; (오르간의) 코넷 음전(音栓).
córn pícker 图 옥수수 수확기(機).
córn pláster 图 티눈에 바르는 고약.
córn póne 图 〔美남부·중부〕 옥수수 빵.
corn-pone [-pòun] 图 〔美속어〕 남부풍의, 시골티
córn póppy 图 〔식물〕 개양귀비.   (나는.
córn rént 图 〔英〕 현물(밀로 내는) 소작료.
corn·row [kɔ́ːrnròu] 图 (~s) 세 가닥으로 땋아 붙인 흑인 머리형. — 图 (머리를) 세 가닥으로 땋다.
córn shóck 图 (세워 놓는) 옥수수 줄기의 단.
córn sílk 图 옥수수 수염.   (부기.
córn smút 图 (옥수수의) 흑수병(黑穗病); 옥수수 깜
córn snàke 图 〔동물〕 북미산의 독 없는 뱀.
córn snów 图 〔美〕 〔스키〕 싸라기눈.
corn·stalk [kɔ́ːrnstɔ̀ːk] 图 옥수수대; 〔英〕 〔美구어〕 키다리(오스트레일리아 태생의 백인의 별명).
corn·starch [kɔ́ːrnstàːrtʃ] 图ⓤ 콘스타치(옥수수 녹말)((英) corn flour).
Córn Státe 图 (the ~) 미국 Iowa 주의 별칭.
córn súgar 图 옥수수 당(糖).
córn sýrup 图 옥수수 시럽.
cor·nu [kɔ́ːrnjuː/-njuː] 图 (變 **-nu·a** [-njuə/-njuə]) (해부) 뿔(horn); 각상(角狀) 돌기. ~**al** 形
cor·nu·co·pi·a [kɔ̀ːrnjukóupiə/-njuː-] 图 1 〔그리스 신화〕 풍요의 뿔(Zeus에게 젖을 먹였다고 하는 염소의 뿔). 2 풍부, 풍요; 풍작. 3 (원통형의) 뿔[종이 봉지], 콘(cone); 원뿔꼴 의 장식.

[cornucopia 1]

-an, -ate 形 풍부한, 풍요한.
cor·nus [kɔ́ːrnəs] 图 층층나무(cornel).
cor·nute [kɔːrnjúːt, -njúːt] 形 = cornuted.
— 图 〔고어〕 cuckold.
cor·nut·ed [kɔːrnjúːtid/-njúːt-] 形 1 뿔이 있는; 뿔 모양을 한. 2 〔고어〕 오쟁이진, 아내에게 배신당한.
Corn·wall [kɔ́ːrnwɔːl/-wəl] 图 콘월(잉글랜드 남서부의 주).

córn whìskey 명 옥수수 위스키.
corn·y¹ [kɔ́ːrni] 형 **1** 곡물의(이 풍부한); 옥수수의(가 풍부한). **2** (美속어) (익살 따위가) 진부한, 구식의; (사람이) 순박한; (재즈 따위가) 감상적인, 멜로드라마적인.
córn·i·ly 부 **córn·i·ness** 명 곡물이 풍부함.
corn·y² 형 티눈의(같은), 티눈이 생긴.
co·rol·la [kərálə/-rɔ́lə] 명 [식물] 꽃부리, 화관.
cor·ol·la·ceous [kɔ̀rəléiʃəs, kàr-/kɔ̀r-] 형 꽃부리(화관)이 있는, 꽃부리 모양의.
cor·ol·lar·y [kɔ́ːrələri, kár-/kərɔ́ləri] 명 **1** (수학) 계(系). **2** 추론(推論). **3** (당연한) 결과; 부수적인 것. ¶ Good health is a ~ of having good habits. 건강은 좋은 습관을 가진 데서 오는 당연한 결과이다. ─ 형 추론의, 결과로서[부수적으로] 생기는.
co·rol·late [kɔ́rəleit, kɔ́ːrəlèit/kɔ́rələt] 형 〖식물〗 꽃부리(화관)이 있는. (또는 **corollated**)
*****co·ro·na** [kəróunə] 명 (복 **~s, -nae** [-niː]) **1** 관(冠). (고대 로마에서 전공(戰功)을 기려 수여된) 화관. **2** (천문) 코로나, 광관(光冠)(개기 일식 때 그 주위의 흰빛). (태양·달 주위의) 광환(光環), 무리. **3** (C─) 〖상표〗 코로나(끝이 가느다란 엽궐련). **4** (해부) 관상물(冠狀物)(이·두개골 따위의 상부). **5** 〖건축〗 돌림띠의 상부; 원형 샹들리에. **6** 〖식물〗 (수선화 따위의) 부화관(副花冠), 소관(小冠). **7** (전기) 코로나 방전(放電). **8** 용접 응고 부분. 〈L〉
Coróna Austrális [-ɔːstréilis] 명 〖천문〗 남쪽 왕관자리(the Southern Crown).
Coróna Bore·ál·is [-bɔ̀ːriǽlis, -éil-] 명 〖천문〗 북쪽 왕관자리(the Northern Crown).
cor·o·nach [kɔ́rənək, kár-, -nəx/kɔ́r-] 명 (스코틀랜드·아일랜드의) 장송가, 만가(挽歌)(dirge).
coróna dischárge (전기) =corona 7.
co·ro·na·graph [kəróunəgræf, -gràːf] 명 〖천문〗 코로나그래프(코로나 관측 장치). **-gráph·ic** 형
cor·o·nal [kɔ́rənl, kár-/kɔ́r-] 명 **1** 작은 관; (보석의) 관금(冠金). **2** 화관, 화환. **3** (비유적) 영관(榮冠). ─ [kəróunl, kɔ́ːrənl, kárə-/kɔ́rə-] 형 **1** 관의; 화관의. **2** (해부) 두뇌(頭腦)의, 관상(冠狀)의; (치과) 관측(冠側)의. **3** (천문) 코로나의, 광관(光冠)의. **4** (음성의) 혀끝이 반전(反轉)한; 혀끝의. ─ (·l)ed 형 **~·ly** 부
corónal hóle (천문) (태양의) 코로나 홀.
corónal róot 〖식물〗 관근(冠根).
corónal súture 〖해부〗 (두골의) 관상 봉합.
cor·o·nar·y [kɔ́ːrənèri, kár-/kɔ́rənəri] 형 **1** 관의(같은), 화관의. ¶ a ~ laurel 월계관. **2** 〖해부〗 (심장의) 관상(동맥)의; 심장의. **3** 〖병리〗 관상(동맥) 질환의(에 걸린). ─ 명 (병리) =heart attack; =~ thrombosis; =~ artery.
córonary ártery 〖해부〗 (심장의) 관상 동맥.
córonary-bypass súrgery [-báipæs-] (의학) 관상 동맥 바이패스 수술. [계관대(鷄冠帶)].
córonary cúshion[bánd] 명 (수의) (동물의)
córonary (héart) diséase (병리) 관상 동맥성 심장 질환. [손].
córonary insufficiency 〖병리〗 관부전(冠不)
córonary ríng 명 =coronary cushion. [증).
córonary thrombósis (병리) 관상 동맥 혈전
córonary véin 〖해부〗 (심장의) 관상 정맥.
cor·o·nate [kɔ́ːrəneit, kár-/kɔ́r-] 형 (동·식물이) 소관(小冠)을 쓴, 관상부(冠狀部)가 있는.
*****cor·o·na·tion** [kɔ̀rənéiʃən, kàr-/kɔ̀r-] 명 (국왕의) 대관식, 즉위식; Ⓤ 대관(戴冠).
co·ro·na·vi·rus [kəróunəváiərəs] 명 〖병리〗 (호흡기 질환의 원인이 되는) 코로나 형상의 바이러스.
cor·o·ner [kɔ́rənər, kár-/kɔ́r-] 명 검시관(檢屍官)(약 cor.). **~·ship** Ⓤ 검시관의 직(임무).
córoner's ínquest 명 (검시관에 의한) 검시, 사인
córoner's júry (법률) 검시 배심(陪審). [심문.
*****cor·o·net** [kɔ́ːrənit, -nèt, kárə-/kɔ́r-] 명 **1** 작은

관; (귀족의) 보관(寶冠). **2** 머리 장식; (시) 화관. **3** (창문·문 상부의) 장식. **4** (수의) (말의) 제관(蹄冠).
~·like 형 **~(·t)ed** [-id] 형 관을 쓴; 귀족의.
co·ro·no·graph [kəróunəgræf, -gràːf] 〖천문〗 =coronagraph. **-gráph·ic** 형
co·ro·tate [kòurouteit] 명(자) 동시 회전하다.
-tá·tion **-tá·tion·al** 형
co·ro·zo [kəróusou/-zou] 명 (복 **~s**) **1** 상아야자(남미산(產)). (또는 **~ pálm**) **2** (또는 **~ nút**) 상아자 열매(인조 상아의 재료). [poration.
corp., Corp. corporal (또는 **corpl., Corpl.**); cor
cor·poc·ra·cy [kɔːrpákrəsi/-pɔ́-] 명 관료주의적 기업 경영(체제), 기업 관리주의. **cór·po·cràt** 명
cor·po·ra [kɔ́ːrpərə] 명 corpus의 복수형
*****cor·po·ral¹** [kɔ́ːrpərəl] 형 **1** 육체[신체]의; (동물) 몸통의. 〖해부〗 (머리·수족을 제외한) 체간의. ¶ ~ pleasure 육체적 쾌락. **2** 개인의. ¶ ~ possessions 사유물. **3** (고어) =corporeal. **~·ly** 부
cor·po·ral² 형 **1** (군사) 상병; 하사(약 Corp., Cpl.); (英해군) 위병 하사(ship's ~). **2** (C─) (군사) 코퍼럴(미군의 지대지 미사일). **3** (美) (어류) 잉어과의 담수어.
corporal's guard (하사가 분대장인) 작은 분대; 작은 집회; 소수의 신봉자.
the Little Corporal 꼬마 하사(나폴레옹 1세의 별명).
~·cy, ~·ship 상병[하사]의 계급.
cor·po·ral³ 명 〖교회〗 성찬포[성체포(布)].
cor·po·ral·i·ty [kɔ̀ːrpərǽləti] 명ⓤⒸ **1** 유형(有形)(적 성질·상태), 형체가 있음. **2** 육체(를 갖추고 있음). **3** (-ties) 신체적인 일, 육체적 욕망.
córporal óath (고어) 성찬포나 성서 등에 손을 대고 하는 서서. [형; (학교 등에서의) 체벌.
córporal púnishment 명 (법률) 체형(體刑), 태
*****cor·po·rate** [kɔ́ːrpərət] 형 **1** 법인 조직의. ¶ ~ property[name] 법인 재산[명의]. **2** (공동) 단체의, 공동의; 단결한; 협동 조합 주의의; 지역적인. ¶ ~ responsibility 공동 책임. **3** 기업의, (주식) 회사의. ¶ ~ profit 회사 수익, 기업 이윤.
in one's corporate capacity 법인의 자격으로.
~·ly 부 **~·ness** 명
córporate ádvertising 명 기업 광고.
córporate áircraft (기업용) 상용 항공기.
córporate América 명 미국 경제계[체제].
córporate anoréxia 명 기업 영양 실조증(기업 downsizing에 따른 활력 상실).
córporate bódy 명 법인(체). (또는 **body corporate**) [임과 역할을 강조한 말].
córporate cítizen 명 기업 시민(기업의 사회적 책
córporate cóunty 명 =county corporate.
córporate cúlture 명 기업 문화[체질], 사풍(社風).
córporate éspionage 명 산업[기업] 스파이 활동.
córporate exécutive 명 회사 중역[간부 (사원)].
córporate fáilure 명 기업 도산[파산]. [조.
córporate góvernance 명 기업의 소유·경영 구
córporate hospitálity 명 (기업의) 우량 고객 우대. [업(전략)(약 CI).
córporate idéntity 명 기업 이미지 통합[회사 각
córporate ímage 명 회사[기업] 이미지.
córporate íncome táx 명 =corporation tax.
córporate ládder 명 기업의 직제[서열]; 출세[승진] 계단[가도].
córporate lógo 명 회사[기업] 로고. [(회사) 재건.
córporate mákeover 명 (새 경영진에 의한) 기업
córporate mán 명 (독불 장군에 대해) 조직 인간.
córporate párk 명 =office park.
córporate ráider 명 기업 매수인, 기업 매수 공작자.
córporate sécret 명 기업[회사] 기밀. [ing 명
córporate spý 명 기업 스파이. **córporate spý·**
córporate státe 명 (영토·권력 확장만을 추구하는)

비인간적인 법인형(法人型) 국가; =corporative state.
córporate tákeover 阅 기업 인수.
córporate táx 阅 =corporation tax.
córporate tówn 阅 (법인 단체의) 자치 도시.
córporate wélfare 阅 기업 지원 정책[복지책].
‡cor·po·ra·tion [kɔ̀ːrpəréiʃən] 阅 (⑧ ~s [-z]) **1** 법인, 사단 법인; 조합, 협회. **2** (美) 유한 회사, 주식 회사(⑧ limited liability company) (⑧ Corp.). ¶a trading ~ 종합 상사/the C— 〘英〙 법인 회사법(⑧ company law). **3** (the C—) 〘단·복수 양용〙 〘英〙 시 자치 단체; 시정 집행 기관. **4** 단체. ¶an ecclesiastical ~ 종교 단체. **5** (구어·익살) 신체; (올챙이)배. **~·al** 阅
corporátion ággregate 阅 사단 법인.
corporátion láwyer 阅 (美) 회사의 고문 변호사.
corporátion sóle 阅 단독 법인(왕, 교황 등).
corporátion stóck 阅 〘英〙 시(市)의 공채.
corporátion stóp[cóck] 阅 (수도·가스의) 분기 전(分岐栓).
corporátion táx 阅 (the ~) 법인세. 〘전(分岐栓)〙
cor·po·rat·ism [kɔ́ːrpərətìzm] 阅 협동 조합주의 [제도, 방식]. **-ist** 阅
cor·po·ra·tive [kɔ́ːrpərèitiv, -pərət-/kɔ́ːpərət-] 阅 **1** 법인의[단체의]. **2** 협동 조합주의의.
córporative státe 阅 협동 조합주의 국가.
cor·po·rat·iv·ism [kɔ́ːrpərèitəvìzm, -pərət-] 阅 = corporatism.
cor·po·rat·ize [kɔ́ːrpərətàiz] 國他 …을 민영화하다. **-i·zá·tion** 阅
cor·po·ra·tor [kɔ́ːrpərèitər] 阅 법인[단체]의 일원.
cor·po·re·al [kɔːrpɔ́ːriəl] 阅 **1** 육체의(bodily)(⑧ spiritual); 육체적인, 유형의(形而下)의. ¶MATERIAL 유의어 **2** 〘법률〙 유체(有體)의, 유형의. ¶~ hereditament 유형 세습 재산/~ movables 유형 동산.
~·ist 阅 **~·ly** 閉 **~·ness** 阅
cor·po·re·al·i·ty [kɔːrpɔ̀ːriǽləti] 阅(U) 유형(적 성질·상태), 구체성; 육체적 존재, 육체. 〔形〕; 물질성.
cor·po·re·i·ty [kɔ̀ːrpəríːəti] 阅(U) 형체가 있음, 육체
cor·po·sant [kɔ́ːrpəzӕnt] 阅 세인트 엘모의 불 (St. Elmo's fire)(폭풍우 때 돛대·탑 꼭대기에 일어나는 방전 현상). 連語
‡corps [kɔːr] 阅 (⑧ ~ [-z]) **1** 〘군사〙 **a)** 군단. ⇨ARMY 관련어 **b)** 특수 부대. ¶an army ~ 군단/the Army Ordnance C— 육군 병기단/the Army Service C— 병참대/the U.S. Marine C— 미 해병대/the C— of Engineers (미국의) 육군 공병단. **2** 단체, 대(隊), 반. ¶a press ~ 기자단. **3** (독일 대학의) 학우회.
córps área 阅 〘군사〙 군단 작전 지구, 군단 관구.
córps de bal·let [kɔ́ːr də bӕléi, -bǽlei] 阅 〘단·복수 양용〙 발레코르 드 발레; 군무(群舞) 발레리나들. 〔<F〕
córps d'é·lite [kɔ́ːr deilíːt] 阅 정예 부대. 〔<F〕
córps di·plo·ma·tique [-dìpləmӕtíːk] 阅 (the ~) 외교단(⑧ CD, C.D.). 〔<F〕
*corpse [kɔːrps] 阅 **1** (사람의) 시체, 송장. ¶a walking[living] ~ 산송장. **2** (비유적) 생명[효력, 활력]을 잃은 것. ——閱 〘英속어〙 실수하다.
córpse cándle 阅 도깨비불(묘지 따위의 인광(燐光)).
córpse wátch 阅 (초상집의) 밤샘, 경야(經夜).
corps·man [kɔ́ːrmən] 阅 **1** 〘美군사〙 위생병; (일반적으로) 병사. **2** (단체의) 단원.
córps of commissionáires 阅 〘英〙 수위 조합.
cor·pu·lence [kɔ́ːrpjuləns] 阅(U) 비만, 비대.
cor·pu·len·cy [kɔ́ːrpjulənsi] 阅 = corpulence.
cor·pu·lent [kɔ́ːrpjulənt] 阅 (병적으로) 비대한, 뚱 뚱한, 살찐. ⇨FAT 유의어 **~·ly** 閉
*cor·pus [kɔ́ːrpəs] 阅 (⑧ **-po·ra**, 2에서 **~·es**) **1** 〘집합적〙 (문서·법전의) 집성(集成), 전집. ¶the ~ of civil law 민법전(民法典). **2** (언어) 언어 자료, text의 집적(集積). **3** 본체, 주체, 주요부. **4** (수입·이자의 대상인)

원금, 자본, 자금. **5** (사람·동물의) 몸; 사체. **6** 〔해부〕 기관(器官)의 주요 부분, 특수 기관. **7** 전체, 총체. 〔<L〕
Córpus Chrís·ti [-krísti, -tai] 阅 〘가톨릭〙 그리스도 성체절(聖體節)(원래는 Trinity Sunday 다음의 목요일, 현재는 다음의 일요일). 〔<L〕
cor·pus·cle [kɔ́ːrpəsl, -pʌsl/-pʌsl] 阅 **1** 〔해부〕 (피·임파액 속의) 혈소구(血小球). ¶red[white] ~s 적 [백]혈구. **2** 미소체(微小體). **3** 〘물리〙 미립자.
cor·pús·cu·lar [kɔːrpʌ́skjulər] **cor·pùs·cu·lár·i·ty** 阅 **cor·pús·cu·lat·ed, cor·pús·cu·lous** 阅
corpúscular radiátion 阅 〘물리〙 입자선(粒子線).
corpúscular théory 阅 〘물리〙 입자설.
cor·pus·cule [kɔːrpʌ́skjuːl] 阅 = corpuscle.
córpus de·líc·ti [-diliktai] 阅 (⑧ **cor·po·ra d-**) 〘법률〙 범죄의 주체, 죄체(罪體)(범죄의 객관적 사실); (범죄의) 명백한 증거, (특히) 피살자 시체. 〔<L〕
córpus júr·is [-dʒúːris] 阅 (⑧ **cor·po·ra j-**) 법 대전(法大典); 교회법 집성. 〔<L body of law〕
Córpus Júris Ci·ví·lis [-siváilis, -víːl-] 阅 로마법[시민법] 대전.
córpus lú·te·um [-lúːtiəm] 阅 (⑧ **cor·po·ra lu·te·a** [-lúːtiə]) 〔해부〕 (난소의) 황체(黃體). 〔<L〕
córpus lúteum hórmone 阅 〘생리〙 황체 호르몬.
〔해부〕 황체면.
córpus spon·gi·ó·sum [-spʌndʒióusəm] 阅
córpus ví·le [-váili] 阅 (⑧ **cor·po·ra víl·i·a** [-váilia]) 실험용 시체; 무가치한 실험 재료. 〔<L〕
corr. correct(ed); correction; correspond(ence); correspondent; corrupt(ed); corruption.
cor·rade [kəréid] 國(타) 〘지질〙 ⑧ 〘지질〙 깎아내다, 침식하다. **2** (강물로 바위 따위가) 무너지다. ——閱 (모래·자갈이 섞인 하류(河流)가) (바위 따위)를 닳게 하다.
cor·ral [kərǽl/-rɑ́ːl] 阅 **1** 가축 우리; 짐승을 사로잡는 덫우리. **2** (야영 때의) 원진(圓陣). ——閱(타) (-ll-) **1** (가축 따위)를 우리에 넣다, 가두다; …에 우리를 만들다. **2** (美구어) …을 사로잡다; …을 모으다, 입수하다. **3** 〘집차 따위〙로 둥글게 진을 치다.
cor·ra·sion [kəréiʒən] 阅(U) 〘지질〙 마식(磨蝕)(토사·자갈 섞인 흐르는 물에 의한 침식 작용). **-sive** 阅
‡cor·rect [kərékt] 國(타) **1** 〔잘못〕을 고치다, 바로잡다; …을 교정하다; 첨삭(添削)하다. ¶~ mistakes in an exercise 연습 문제의 잘못을 고치다/~ a printer's proof 교정쇄를 교정하다. **2** …의 잘못을 지적하다. ¶~ a speaker 연사의 잘못을 지적하다. **3** 〔남〕을 (…의 일로) 타이르다, 혼내주다, 벌주다 (for). ¶(~+閱+前+⑧) ~ a child for telling lies 아이를 거짓말한다고 나무라다. **4** (악영향 따위)를 억제하다; …을 중화하다; 〔병·약습〕을 고치다. ¶~ manners [principles] 버릇[원칙]을 고치다/~ one's habit 습관을 고치다. **5** 〘수학·물리〙 …을 조정하다, 보정(補正)하다(adjust). ¶~ the reading of a barometer 기압계의 눈금을 보정하다. ——國 **1** 바로잡다, 정정(교정)하다. **2** (중권) (주가가) 조정 국면에 들어서다. (급등·급락 후 일시적으로 반전[회복]하다.
stand corrected 오류[잘못]을 인정하다; 정정을 승
——閱 (**more ~, ~·er; most ~, ~·est**) **1** 올바른, 틀림[결점] 없는; 정확한 ¶a ~ spelling 올바른 철자/~ pronunciation 정확한 발음. **2** 적절한, 적당한 (for). 온당한, 관습적인, 정식의; (표현이) 차별적이 아닌, (정치·사회적으로) 물의를 일으키지 않는. ¶~ behavior 올바른 행실/do the ~ thing 적절한 일을 하다.

> 유의어 correct, right 같은 뜻으로 쓰며, 서로 바꿔 쓸 경우가 많으나 correct는 과오·결점이 없음을, right는 진실·규범에 어긋나지 않음을 강조. **accurate** 진실·규범에 맞도록 주의함을 암시. **exact** 진실·규범과 완전히 일치함을 강조. **precise** 세부까지 [때로는 꼼꼼할 정도로] exact한.

all present and correct (英구어) 좋다(all correct).
That's correct. 맞습니다, 옳습니다(That's right.)
(＊ Correct.라고도 한다).
~·a·bíl·i·ty 명 ~·a·ble 형 ~·i·bíl·i·ty 명 ~·i·ble 형 ~·ing·ly 부 1 로그램. 2 예의 범절.
corréct cárd 명 (the ~) 《속어》 1 (경기 따위의) 프
corrécting flúid 명 수정액, 화이트.
corrécting pláte [léns] 명 〖광학〗 보정(補正) 렌즈(특수한 반사 망원경에 사용하는 입사 광선 조절용).
＊**cor·réc·tion** [kərékʃən] 명 1 정정, 수정, 교정; 첨삭; ○ 정정[수정]한 곳.¶marks of ~ 교정 기호/~ of proofs 교정. 2 처벌, 징계; (보통 ~s) (감금·가출옥·집행 유예 따위에 의한) 교정(矯正), 징벌.¶a house of ~ 감화원. 3 억제, 중화(中和). 4 《수학·물리》 보정(補正)(치, 량). 5 《주식》 (주가의 급락·급등 뒤의) 일시적 반발, 조정; 하향 수정, 하락(downturn).
be subject [or ***open***] ***to correction*** 틀린 것이 있으면 정정하기로 한다. [인.
beyond correction 혼을 내도 안 통하는, 구제불능
make a correction 잘못을 바로잡다, 고치다. [고.
under correction 잘못된 곳이 있으면 정정키로 하
cor·rec·tion·al [kərékʃənl] 형 1 개정의, 수정의, 정오(正誤)의. 2 교정적인, 징계의.
corréction(al) facílity 명 《美》 교도소, 교정 시설. (또는 **corréctional cénter[institútion]**)
corréctional òfficer 명 교도관, 간수.
corréction flúid 명 =correcting fluid.
corréction(s) òfficer 명 =correctional officer.
corréction tàpe 명 타이프 수정 테이프.
corréction thìng 명 (the ~) 《구어》 안성맞춤의 것, 꼭 들어맞는 것. [이).
cor·rec·ti·tude [kəréktətjù:d/-tju:d] 명 ○ (품행, 처신의) 방정, 단정.
cor·rec·tive [kəréktiv] 형 1 바로잡는, 개정[정정]하는; 교정(矯正)하는 (of). ¶ ~ exercises 교정 운동. 2 (약의) 중화하는. ─ 명 1 교정물, 교정책. ¶a ~ of faults 실수를 없애는 방법. 2 중화제(中和劑). ~·ly 부
corréctive máintenance 명 〖컴퓨터〗 고장 수리.
corréctive tráining 명 비행 소년 보도(輔導).
＊**cor·réct·ly** [kəréktli] 부 1 올바르게, 정확히; 적당히, 적절히. 2 (문장 수식) 정확히 말하면.
cor·rect·ness [kəréktnis] 명 1 정확함, 정확성. 2 (행동의) 방정, 단정.
cor·rec·tor [kəréktər] 명 1 정정자, 교정자(校正者).¶a ~ of the press (신문의) 교정원. 2 교정자(矯正者); 벌주는 사람. 3 검열자, 비평가.
corréctor pláte 명 〖광학〗 =correcting plate.
correl. correlative(ly).
＊**cor·re·late** [kɔ́ːrəlèit, kár-/kɔ́r-] 명 타 1 …을 서로 관련, 적시키다, …사이의 상관 관계를 입증하다 (with, to).¶ ~ expenses and income 지출와 수입을 관련시키다. ─ 재 서로 관련하다, 상호 관계를 갖다 (to, with).¶(~+전+명) Geography ~s with [or to] many other studies. 지리학은 다른 많은 학문과 관련이 있다. ─ 형 서로 관련이 있는; 〔지질〕 같은 층위(層位)의. ─ 명 서로 관계가 있는 것[사람].
-làt·a·ble 형
＊**cor·re·la·tion** [kɔ̀ːrəléiʃən, kàr-/kɔ̀r-] 명 ○○ 1 상호 관련, 상관 (with, between). 2 (통계) 상관 관계(를 나타내는 도표). 3 〔생리〕 상관 작용. 4 〔지질〕 (층위(層位)의) 대비. (또는 《英》 **corelation**) ~·al 형
correlátion coéfficient 명 〖통계〗 상관 계수.¶a ~ table 상관 계수표.
correlátion rátio 명 〖통계〗 상관비(相關比).
cor·rel·a·tive [kərélətiv/kɔr-] 형 1 (··· 와) 상호 관계가 있는 (with, to); 상호 의존 관계에 있는. 2 〔문법〕 상관적인, 상호 관계가 있는. 3 유사한. ─ 명 상관물; 〔문법〕 (보통 ~s) 상관어(구); ○ 상관적 어법. ~·ly 부 ~·ness 명 **-tív·i·ty** 명

correlative conjúnction 명 〔문법〕 상관 접속사 (both…and, either…or 따위).
correlative térms 명 〔논리·문법〕 상관 명사(名辭)
corresp. correspondence. [(“형,ија” “아우” 등).
‡**cor·re·spond** [kɔ̀ːrəspánd, kàr-/kɔ̀rəspɔ́nd] 재 (~s [-z]) 1 일치하다, 부합하다, 상응하다 (with, to). ⇒AGREE 유의어². ¶(~+전+명) Her white hat and shoes ~ with her white dress. 그녀의 흰 모자와 구두는 흰 드레스와 조화가 잘 된다. 2 (구조·기능·양 따위가) 같다, (…에) 해당[상당]하다, 대응하다 (to).¶ (~+전+명) The broad lines on the map ~ to roads. 지도 위의 굵은 선은 도로를 가리킨다. 3 편지 왕래를 하다, 소식을 주고받다 (with).¶(~+전+명) He wishes to ~ with her. 그는 그녀와의 편지 왕래를 바란다. 4 〔수학〕 (…에) 대응하다 (to, with).
‡**cor·re·spond·ence** [kɔ̀ːrəspándəns, kàr-/kɔ̀rəspɔ́nd-] 명 ○○ **-enc·es** [-iz] ○ 1 일치, 부합; 조화 (with, to, between).¶ ~ between the two 양자간의 일치/a ~ of his words to [or with] his actions 그의 언행 일치. 2 (구조·기능·양) 유사(analogy); 해당; 대응, 일치 (with, between). 3 (때로 a ~) 편지 왕래, 통신; 연락 (with, between). ¶one-way [two-way] ~ 일방적[양자간] 통신/exchange ~ in English 영어로 편지를 주고받다. 4 〔집합적〕 통신문, 편지, (독자의) 투고; 문서.¶ commercial [or business] ~ 상업 통신문/diplomatic ~ 외교 문서. 5 〖수학〗 대응.
be in [or ***have***] ***correspondence with*** …와 서신 왕래[거래 관계]를 하고 있다. [연락을 끊다.
drop (*one's*) ***correspondence with*** …와의 통신
enter [or ***get***] ***into correspondence with*** …와 서신 왕래를 시작하다.
keep up correspondence 서신 왕래를 계속하다.
learn by correspondence 통신 교육〔강좌〕을 받다.
correspóndence clérk 명 통신 담당자.
correspóndence còllege 명 통신 대학.
correspóndence còlumn 명 (신문·잡지의) 독자 통신란, 투고란.
correspóndence còurse 명 통신 교육 과정.
correspóndence depártment 명 문서과.
correspóndence prínciple 명 〔물리〕 대응원리.
correspóndence schóol 명 통신 교육 학교.
correspóndence théory 명 〔철학〕 대응설(지각이나 경험을 통하여 확인할 수 있는 사태와 명제만을 진리로 보는 입장). ─ 명 =correspondence 1.
cor·re·spond·en·cy [kɔ̀ːrəspándənsi/-pɔ́nd-]
‡**cor·re·spond·ent** [kɔ̀ːrəspándənt, kàr-/kɔ̀rəspɔ́nd-] 명 1 편지 주고받는 사람, 통신자.¶a bad [or poor, negligent] ~ 편지 쓰기를 싫어하는 사람/a good ~ 편지를 자주 쓰는 사람. 2 (신문·방송 등의) 특파원, 통신원, 통신 기자; (신문·잡지의) 기고가. ¶a special ~ for (…신문) 특파원/a war ~ 종군 기자/our London ~ 본사의 런던 특파원. 3 (외국의) 거래선, 거래자; 지방 주재원. 4 일치[상응]하는 것. ─ 형 상응하는, 일치하는, 대응하는 (with, to). ~·ly 부
correspóndent accòunt 명 대리 계좌.
correspóndent bánk 명 《美》 대행 은행(중소 은행의 업무를 대행하는 대형 은행).
＊**cor·re·spond·ing** [kɔ̀ːrəspándiŋ, kàr-/kɔ̀rəspɔ́nd-] 형 1 (…에) 상당하는; 대응하는; 유사한 (to, with). ¶ the ~ period of last year 작년 동기(同期). 2 통신하는; 거래하는. ~·ly 부 [(位치).
correspónding ángles 명 〔기하〕 동위각(同
correspónding mémber 명 통신 회원.
cor·re·spon·sive [kɔ̀ːrəspánsiv, kàr-/kɔ̀rəspɔ́n-] 형 1 노력에 반응하는. 2 〔고어〕 =corresponding. ~·ly 부
cor·ri·da [kɔːríːdə] 명 투우(鬪牛). [〈Sp〕
‡**cor·ri·dor** [kɔ́ːridər, kàr-, -dɔ̀ːr/kɔ́ridɔ̀ː, -də]

(웍) **~s** [-z] 1 (여러 방의 출입구가 있는) 복도, 낭하, 회랑. (英) (객차·객선의) 편측(片側) 복도, 2 항공기 전용로; (로켓의) 제한 통로; (주요 교통 기관을 가진) 인구 밀집 지대, 주요 수송 루트. 3 회랑(回廊) 지대(대륙에서 항구 따위로 통하는 좁고 긴 지형). ¶the Polish C- 폴란드 회랑. ~ed 웍

cór·ridor cárriage 웍 (英) 복도식 차량[객차].

córridor còach 웍 (英) 복도식 객차.

córridors of pówer 웍웍 (단수취급) (the ~) 권좌, 보이지 않는 권부. 「train).

córridor tràin 웍 (英) 복도 열차(美) vestibule

cor·rie [kɔ́ːri, kάri/kɔ́ri] 웍 (스코) 산중턱의 둥굴.

cor·ri·gen·dum [kɔ̀ːrədʒéndəm, kὰr-/kɔ̀r-] 웍 (웍 **-da** [-də]) 1 정정해야 할 것, 오자(誤字). 2 (**-da**) (단수취급) 정오표(正誤表). [<L]

cor·ri·gent [kɔ́ːridʒənt, kάr-/kɔ́r-] 웍 (의학) 교정약(矯正藥)(약제의 맛·과민 작용·냄새를 완화하는 약).

cor·ri·gi·ble [kɔ́ːridʒəbl, kάr-/kɔ́r-] 웍 1 고칠 [교정할] 수 있는, 2 순순히 잘못을 고치는, 순종하는 3 정정할 필요가 있는. **-bíl·i·ty**, **~·ness** **-bly** 웍

cor·ri·val [kəráivəl] 웍 경쟁 상대(rival). **~·ry** 웍

cor·rob·o·rant [kərάbərənt/-rɔ́b-] 웍 1 확증적인. 2 튼튼하게 하는; (약 따위가) 강장성(强壯性)의. — 웍 1 확증적 사실. 2 강장제(tonic).

cor·rob·o·rate [kərάbərèit/-rɔ́b-] 웍 1 (증거 따위로) (소신 따위)를 확증하다, 입증하다; …을 뒷받침하다, 튼튼하게 하다. 2 (법률·조약 따위)를 확인하다. — 웍 확증하는. — 웍 [kərάbərət/-rɔ́b-] (고어) 확증된; 강화[보강]하는.

cor·rob·o·ra·tion [kərὰbəréiʃən/-rɔ̀b-] 웍 1 (이론 따위를) 확실히 하기, 확증, 뒷받침. 2 확증적인 진술[사실], 입증하는 것; [법률] 보강 증거. [여].

in corroboration of …을 확증하기 위하여[확인하여]

cor·rob·o·ra·tive [kərάbərèitiv, -rət-/-rɔ́b-] 웍 확증하는; 보강하는. — 웍 (고어) 강장제. **~·ly** 웍

cor·rob·o·ra·tor [kərάbərèitər/-rɔ́b-] 웍 확증자[물].

cor·rob·o·ra·to·ry [kərάbərətɔ̀ːri/-rɔ́b-] 웍 확증적인.

cor·rob·o·ree [kərάbəri/-rɔ́b-] 웍 (濠) 1 (원주민의) 종교적·호전적 집회[춤]; 남자의 성인식. 2 떠들썩한 집회[축제]; 축제 소동. (또는 **corroboboree**)

cor·rode [kəróud] 웍웍 1 (금속 등)을 부식(腐蝕)[침식]하다(*away*). ¶Acids ~ metals. 산은 금속을 부식시킨다. 2 (마음·건강 따위)를 해치다, 좀먹다; (사회·도덕 따위)를 퇴폐시키다. ¶Anxiety ~*d* her heart. 걱정 근심이 그녀의 마음을 좀먹었다. — 웍 1 부식되다, 부패하다. 2 (괴로움 따위로 마음이) 좀먹다.

-ród·a·bíl·i·ty **-ród·a·ble** **-ród·er**, **-ròd·i·bíl·i·ty** **-ród·i·ble** 웍

cor·ro·dent [kəróudnt] 웍 부식[침식]력이 있는.

cor·ro·sion [kəróuʒən] 웍웍 1 부식[침식] 작용[상태]; 부식[침식]에 의해 생긴 것. 2 (걱정의) 마음을 좀먹기; (기력 따위의) 쇠퇴; 도덕적 퇴폐. **-al** 웍

cor·ro·sive [kəróusiv] 웍 1 부식[침식]성의, 부식하는. ¶~ action 부식 작용. 2 (정신적으로) 좀먹는, 유해한. 3 (비판·풍자 따위가) 통렬한, 날카로운. ¶~ satire 신랄한 풍자. — 웍 부식시키는 것; 부식제(劑). ¶Most acids are ~*s*. 대부분의 산은 부식 작용을 한다.

~·ly 웍, **~·ness**, **-sív·i·ty** 웍 「제2수은.

corrósive súblimate 웍 (화학) 승홍(昇汞), 염화

CORRTEX [kɔ́ːrtèks] 웍 연속 거리 시간 측정용 반사율 계측 장치(핵폭발 실험 규모 측정용). [<*Continuous Reflectometry for Radius Versus Time Experiment*]

cor·ru·gate 웍 [kɔ́ːrəɡèit, kάr-/kɔ́r-] 웍 …을 주름지게 하다, 물결 모양으로 만들다. — 웍 주름지다, 물결 모양으로 되다. — [-ɡət, -ɡèit] **=corrugated**.

cor·ru·gat·ed [kɔ́ːrəɡèitid, kάr-/kɔ́r-] 웍 물결 모양의, 주름이 있는, 골진. ¶a ~ box 골판지 박스.

córrugated íron 웍 골함석, 골철판.

córrugated páper 웍 골판지.

cor·ru·ga·tion [kɔ̀ːrəɡéiʃən, kὰr-/kɔ̀r-] 웍 1 웍 물결 모양으로 되기[하기]; 주름 잡기, 주름짐. 2 물결 모양의 주름; (이마의) 주름; 홈, 골, 옷주름.

cor·ru·ga·tor [kɔ́ːrəɡèitər] 웍 1 (해부) 추미근(皺眉筋). 2 골판지 제조기[원].

‡**cor·rupt** [kərʌ́pt] 웍 (**~·er, more ~; ~·est, most ~**) 1 부정한; 지위를 악용한, 뇌물로 움직이는, 부패한. ¶~ practices (선거에서의) 부정 행위, 수회 행위/a ~ official 부패 공무원/a ~ judge 수회 판사. 2 비도덕적인, 타락한, 퇴폐적인. ¶a ~ society 퇴폐적인 사회. 3 썩은, 부패한; 더러워진, 불결한. ¶~ air 오염된 공기. 4 유해[위험]한. ¶~ ideas 위험한 사상. 5 (원고 따위가) 개악된; (언어가) 방언으로 된, 전와(轉訛)된. ¶a ~ manuscript 개악된 원고/~ Spanish 스페인어 사투리. — 웍웍 1 …을 매수하다, …에게 뇌물을 주다(*with*). 2 …을 부패[타락]시키다. ¶~ public morals 풍기를 문란케 하다. 3 …을 부패시키다, 썩이다; …을 더럽히다, 불결하게 하다. 4 (원고 따위)를 개악하다; (언어)를 전와(轉訛)시키다. — 웍 1 썩다. 2 타락하다, 매수되다. 3 (원문이) 개악되다; (언어가) 전와되다. 「시킨다.

Power[*Money*] *corrupts.* 권력[돈]은 인간을 타락 **~·ly** 웍, **~·ness** 웍 「람]; 증회자(贈賄者).

cor·rupt·er [kərʌ́ptər] 웍 부패[타락]시키는 것[사

cor·rupt·i·ble [kərʌ́ptəbl] 웍 1 부패하기 쉬운; 2 타락하기 쉬운, 뇌물로 좌우되는, 매수할 수 있는. 3 (언어가) 전와(轉訛)되기 쉬운, 매수되기 쉬움. **-bíl·i·ty** 웍, **~·ness** 웍 **-bly** 웍

*****cor·rup·tion** [kərʌ́pʃən] 웍웍 1 (도덕적) 부패, 타락. ¶the ~ of the parliament 의회의 부패. 2 매수; 부정 행위, 증수회, 오직. 3 (물건의) 부패; (방언) 고름. 4 웍 **a**) (언어 따위의) 전와(轉訛); 전와된 어형. **b**) (원작의) 개악. 「오손(汚損).

corruption of blood (英법률) (중죄로 인한) 혈통 **-·ist** 웍 수회자, 부패 공무원[정치가].

cor·rup·tive [kərʌ́ptiv] 웍 부패[타락]시키는 (*of*); 부패성의; 퇴폐적인. **~·ly** 웍

corrúpt práctices àct 웍 (美) 부패 행위[부정]

Cors. Corsica. 「거] 방지법.

cor·sage [kɔːrsάːʒ] 웍 1 웍 코르사주(여성이 가슴·어깨에 다는 작은 꽃장식). 2 (여성복의) 조기(bodice).

cor·sair [kɔ́ːrsɛər] 웍 1 (Barbary 지방에 출몰했던 회교도의) 약탈선. 2 (일반적으로) 해적; 해적선.

corse [kɔːrs] 웍 (고어·시) (인간의) 시체(corpse).

corse·let [kɔ́ːrslit] 웍 1 상체를 싸는 갑옷. (또는 **corslet**) 2 [kɔ̀ːrsəlét] 코르셋과 브래지어를 한데 합친 여성의 속옷(all-in-one). (또는 **corselette**) 3 (곤충·어류) 흉갑(胸甲).

*****cor·set** [kɔ́ːrsit] 웍 (웍 **~s**) 1 (고어) 중세의 조끼. 2 …에 코르셋을 입히다. 2 …을 엄격하게 규제하다. **~ed** 웍 코르셋을 착용한. **~·less** 웍

córset còver 웍 코르셋 위에 입는 내복. 「[<F]

cor·se·tier [kɔ̀ːrsətíər] 웍 corsetiere의 남성형.

cor·se·tiere [kɔ̀ːrsətíər/kɔ̀ːrsetiéə] 웍 코르셋 제조인[판매업자].

cor·set·ry [kɔ́ːrsitri] 웍 1 코르셋 제조[판매](업). 2 (집합적) 여성 속옷류(코르셋·거들·브래지어 등).

Cor·si·ca [kɔ́ːrsikə] 웍 코르시카섬(지중해에 있는 프랑스령 섬으로 Napoleon 1세의 출생지).

Cor·si·can [kɔ́ːrsikən] 웍 코르시카섬의; 코르시카섬 사람[방언]의. 「옹 1세.

the Corsican ogre [or *robber, upstart*] 나폴레 — 웍 코르시카섬 사람; 웍 코르시카섬 방언. ¶the (*great*) ~ (경멸적) 나폴레옹 1세.

cors·let [kɔ́ːrslit] 웍 **=corselet 1**.

cor·tege [kɔːrtéʒ/-téiʒ] 명 《단·복수 양용》 1 행렬, 의식의 행렬. ¶a funeral ~ 장례 행렬. 2 《집합적》 수행원, 시종들. (또는 **cortège**) 〔<F〕

Cor·tes [kɔːrtiz/-tes, -tez] 명복 (the ~) (스페인·포르투갈의) 의회. 〔<Sp〕

Cor·tés [kɔːrtéz/-´-] 명 **Hernan(do)** ~ 코르테스 (1485-1547: 스페인 군인). (또는 **Cortez**)

cor·tex [kɔ́ːrteks] 명 (복 **-ti·ces** [-təsiːz]) 1 《식물》 수피(樹皮), (과일의) 껍질, (약용) 목피. 2 《해부》 (뇌·신장 따위의) 피질(皮質), 외피. 〔<L bark〕

cor·ti·cal [kɔ́ːrtikəl] 형 1 외피(성)의, 외층의; 피질의. 2 《식물》 외피[과피]의, 피층의. **~·ly** 부

córtical bráille 대뇌 피질 점자법(대뇌의 시각 조직에 자극을 주어 맹인이 점자를 해독할 수 있는 시스템).

cor·ti·cate [kɔ́ːrtikət, -kèit] 형 피질이 있는, 외피가 있는; 외피(수피) 모양의. (또는 **corticated**) **-cá·tion** 명

cor·ti·co·pon·tine cèll [kɔ̀ːrtikoupántiːn-/-pón-] 《해부》 피질교(皮質橋) 세포(대뇌 피질에 있으며 시각 자극을 뇌교(腦橋)로 보내는 세포).

cor·ti·co·ster·oid [kɔ̀ːrtikoustérɔid] 명 《생화학》 코르티코스테로이드(부신 피질에서 분리된 스테로이드의 총칭; 염증 치료제).

cor·ti·co·tro·pin [kɔ̀ːrtikoutróupin/-trɔ́p-] 명 《생화학》 코르티코트로핀(부신 피질을 자극하는 호르몬). (또는 **corticotrophin**) 〔<It〕

cor·ti·le [kɔːrtíːlei] 명 (복 **-li** [-liː]) 《건축》 안마당.

cor·tin [kɔ́ːrtn, -tin] 명 《생화학》 코르틴(부신선(副腎腺)에서 분비되는 호르몬).

cor·ti·sone [kɔ́ːrtəzòun, -sòun] 명U 코티존(부신 피질 호르몬의 일종; 류머티스성 관절염에 특효).

co·run·dum [kərʌ́ndəm] 명U 《광물》 강옥(鋼玉), 금강사(金剛砂)(루비 따위).

co·rus·cant [kərʌ́skənt, kɔ́ːrəs-, kár-] 형 반짝반짝 빛나는.

cor·us·cate [kɔ́ːrəskèit, kár-/kɔ́r-] 자 빛나다, 반짝이다; (재치 따위가) 번득이다.

-cá·tion 명 반짝임; (비유적) (재치 따위의) 번득임.

cor·vée [kɔːrvéi/´-´] 명 1 《봉건 시대의》 강제 노역(勞役), 부역. 2 《공익을 위한》 노역, 근로 봉사; 무급 노동. 〔<F〕

corves [kɔːrvz] 명 corf의 복수형.

cor·vet(te) [kɔːrvét] 명 《해군》 1 《옛날의》 코르벳함(평갑판·일단 포장의 목조 군함). 2 《英》 코르벳함(대공·대잠 장비를 갖춘 소형 고속함).

cor·vine [kɔ́ːrvain, -vin] 형 까마귀의[와 같은].

Cor·vus [kɔ́ːrvəs] 명 《천문》 까마귀자리(the Crow).

Cor·y·bant [kɔ́ːrəbənt, kár-/kɔ́r-] 명 (복 **-ban·tes** [`-bǽntiːz], **~s**) 1 《그리스 신화》 코리반트(여신 Cybele의 시종); 코리반트승(僧)(Cybele의 사제(司祭)). 2 (c-) 술마시고 떠드는 사람.

cor·y·ban·tic [kɔ̀ːrəbǽntik, kàr-/kɔ̀r-] 형 1 떠들썩한, 난장판의(frenzied). 2 (C-) Corybant의.

Cor·y·don [kɔ́ːrədn, kár-/kɔ́ridn] 명 코리돈(고전의 목가에 나오는 목동 이름); 시골 젊은이.

cor·ymb [kɔ́ːrimb, kár-/kɔ́r-] 명 《식물》 산방 꽃차례. **~ed, ~·like** 형

co·rym·bose [kərímbous] 형 산방 꽃차례의, 산방 모양의(corymblike). (또는 **corymbous**), **~·ly** 부

cor·y·ne·bac·te·ri·um [kɔ̀ːrənibæktíəriəm, kərìnə-/kɔ̀rini-] 명 (복 **-ri·a** [-riə]) 《세균》 코리네박테리아(디프테리아균 등). **-ri·al** 형

cor·y·phae·us [kɔ̀ːrəfíːəs, kàr-/kɔ̀r-] 명 (복 **-phae·i** [-fíːai]) 1 《고대 그리스 극의》 합창단 지휘자. 2 지도자, 리더. 3 (C-) 《그리스 신화》 코리파이우스(Zeus에 붙어 다니는 이름; 'highest'의 뜻). 〔<F〕

cor·y·phée [kɔ̀ːrəféi, kàr-/kɔ̀r-] 명 《발레》 코리페(소군무(小群舞)의 주역; 솔로의 자격은 없다).

co·ry·za [kəráizə] 명 《병리》 코감기, 코 카타르. 2 《수의》 코리자(가금류의 전염병). **-zal** 형

cos[1] [kas/kɔs] 명 = ~ lettuce.

cos[2], **'cos** [kaz/kɔz] 접[구어] = because.

cos[3] [kas/kɔs] 명 《수학》 = cosine.

cos. companies; counties. **C.O.S., c.o.s.** cash on shipment(선적불(船積拂), 적하불(積荷拂)); chief of staff.

Co·sa Nos·tra [kóuzə nóustrə] 코자 노스트라(미국의 비밀 범죄 조직으로 Mafia와 제휴). 〔<It〕

co·saque [kouzáːk, -zǽk] 명 크래커 봉봉(cracker bonbon). 〔<F〕 「국의 흑인 배우·코미디언〕.

Cos·by [kázbi/kɔ́z-] 명 **Bill** ~ 코스비(1937- : 미

co-script·er [kòuskríptər] 명 《영화》 각본 공동 작가.

cose [kous] 자재 《俗》 = coze.

co·sec [kóusiːk] 명 《수학》 = cosecant.

co·se·cant [kousíːkənt, -kænt/-kənt] 명 《수학》 코시컨트(약 cosec).

co·seis·mal [kousáizməl, -sáis-] 형 (지진의) 등 진파권상의(等震波圖上의). ¶a ~ zone 등진역(域). ── 명 등진선(線). (또는 **coseismic**)

co·self [kòusélf] 명《美》 그 자신, 남자[여자] 자신 (*himself, herself 대용의 중성어).

co·set [kóuset] 명 《수학》 잉여계[류](剰餘系[類]).

co·sey [kóuzi] 형명 = cozy.

cosh [kaʃ/kɔʃ] 《英구어》 명 (금속 따위를 속에 넣은) 곤봉; 경찰봉(《美》 blackjack, sap); 회초리; 벌. *get the cosh* 회초리로 벌받다. *under the cosh* 옴짝달싹 못하고[여]. ── 타 …을 곤봉으로 때리다.

cosh·er [káʃər/kɔ́ʃ-] 타 …에 응석부리게 하다; …을 귀여워하다, 응석을 받아주다(*up*).

co·sie [kóuzi] 형 = cozy. **-si·ly** 부 **-si·ness** 명

co·sign [kòusáin] 타자 연대 보증인으로 서명하다, 연서하다. **~·er** 명 연서인, 연대 보증인.

co·sig·na·to·ry [kòusignətɔ́ːri/-təri] 형 연대 보증의; 연서(連署)의. ── 명 연대 보증인; 연서자, 연판자(連判者); 연서국(國).

co·sine [kóusain] 명 《수학》 코사인(약 cos).

cós léttuce 양상추(lettuce)의 일종.

cosm- [kazm/kɔzm] 연결 ⇒ cosmo-.

*cos·met·ic [kazmétik/kɔz-] 명 1 (~s) 화장품. 2 겉치레, 눈속임; 허식, 치장. ── 형 1 화장(용)의, 미용의. 2 장식적인, 표면적인. 3 《외과》 미용 정형의; (치과) 보철의. **-i·cal·ly** 부

cosmétic bàg [càse] 명 화장품 가방[통].

cos·me·ti·cian [kàzmətíʃən/kɔ̀z-] 명 화장품 업자; 미용사, 메이크업 전문가. 「으로 아름답게 꾸미다.

cos·met·i·cize [kazmétəsàiz/kɔz-] 타자 외면적

cosmétic psychólogy 명 미용 심리학.

cosmétic súrgery 명 미용 성형 외과(수술).

cos·me·tol·o·gy [kàzmətálədʒi/kɔ̀zmətɔ́l-] 명U 화장품학, 미용술; 미용업. **-to·lóg·i·cal** 형 **-gist** 명 미용사(beautician)

*cos·mic [kázmik/kɔ́z-] 형 1 (지구에 대해) 우주의, 천체의. ¶ ~ space 우주 공간. 2 우주적인, 광대무변한. 3 우주 비행의. ¶a ~ rocket 우주 로켓. 4 (드물게) 질서있는, 조화된, 정연한(↔ chaotic). **~·ly** 부

cos·mi·cal [kázmikəl/kɔ́z-] 형 1 = cosmic. 2 《천문》 해돋이와 동시에 일어나는(↔ acronical).

-cál·i·ty 명 우주의 법칙에 의한, 우주적으로.

Cósmic Báckground Explòrer Sàtellite 명 우주 배경 탐사 위성, 코비 위성(약 COBE).

cósmic dúst 명 《천문》 우주진(塵).

cósmic fóg [clóuds] 명 성운(星雲). 「출 현상」.

cósmic jét 명 《천문》 우주 제트(우주에서의 가스분

cósmic nóise 명 《물리》 우주 잡음(galactic noise).

cósmic philósophy 명 《철학》 = cosmism.

cósmic radiátion 명 《물리》 = cosmic ray.

cósmic ráy 图 (보통 ~s) [천문] 우주선(線).
cósmic spéed 图 [로켓] 우주 속도.
cósmic státic 图 =cosmic noise. 「**-mist**
cos·mism [kázmizm/kɔ́z-] 图 우주(진화)론.
cos·mo [kázmou] 图 (⑧ ~s) 도회적인 분위기[센스]. ─ 图 《美속어》 유행의. [<*cosmopolitan*]
cos·mo- [kázmou, -mə/kɔ́z-] 《연결》 world, universe의 뜻 (* 모음 앞에서는 cosm-). ¶*cosmology, cosmonaut, cosmism.*
cos·mo·bi·ol·o·gy [kàzməbaiáləʤi/kɔ̀zməbai-ɔ́l-] 图 우주 생명 상관론(相關論).
cos·mo·chem·is·try [kàzməkémistri/kɔ̀z-] 图 우주 화학. **-ist** 图 **-i·cal** 图 「주견.
cos·mo·dog [kázmədɔ̀g/kɔ́z-] 图 (러시아의) 우
cos·mo·drome [kázmədròum/kɔ́z-] 图 (러시아의) 인공 위성·우주선 발사 기지.
cosmog. cosmogony; cosmography.
cos·mo·gen·ic [kàzməʤénik/kɔ̀z-] 图 우주선(線)에 의해서 생기는. 「=cosmogony.
cos·mog·e·ny [kazmáʤəni/kɔzmɔ́ʤ-] 图⑪
cos·mog·o·ny [kazmágəni/kɔzmɔ́g-] 图 **1** 우주 창조설[발생론]. **2** ⓒ 우주의 생성. **-nal, còs·mo·gón·ic, còs·mo·gón·i·cal** 图 **-nist** 图
cos·mog·ra·phy [kazmágrəfi/kɔzmɔ́g-] 图 천지학(天地學), 우주 지리학; 우주 구조론. **-pher**
cos·mo·graph·ic [kàzməgrǽfik/kɔ̀z-], **còs·mo·gráph·i·cal** 图 **còs·mo·gráph·i·cal·ly** 图 **-phist** 图
cos·mo·log·i·cal [kàzməláʤikəl/kɔ̀zməlɔ́ʤ-] 图 우주론의, 우주 철학적인. (또는 **cosmologic**) **-i·cal·ly** 图
cosmológical cónstant 图 [천문] (아인슈타인 방정식의) 우주 상수(常數).
cos·mol·o·gy [kazmáləʤi/kɔzmɔ́l-] 图⑪ [철학·천문] 우주론, 우주 철학. **-gist** 图
cos·mo·naut [kázmənɔ̀t, -nàt/kɔ́z-] 图 (러시아의) 우주 비행사(美 astronaut).
cos·mo·nau·tic [kàzmənɔ́tik, -nát-/kɔ̀z-] 图 우주 비행(사)의. **-ti·cal·ly** 图
cos·mo·nau·tics [kàzmənɔ́tiks/kɔ̀z-] 图⑧ (단수취급) 우주 항공학. 「자 우주 비행사.
cos·mo·nette [kàzmənét/kɔ̀z-] 图 (러시아의) 여
Cosmop. cosmopolitan.
cos·mo·plas·tic [kàzməplǽstik/kɔ̀z-] 图 세계 형성의, 우주 창조의.
cos·mop·o·lis [kazmápəlis/kɔzmɔ́p-] 图 국제 도시(cosmopolitan city). ⓔ **metropolis**
*****cos·mo·pol·i·tan** [kàzməpálətən/kɔ̀zməpɔ́l-] 图 **1** 전세계에 걸친, 세계적인; 국제적인, 여러 나라 사람으로 이뤄진. ¶a ~ city 국제 도시/a ~ population 전세계의 인구/Music is one of the most ~ arts. 음악은 가장 세계적인 예술의 하나이다. **2** (동·식물) 전세계적으로 분포된, 보편적 종(種)의. **3** 세계주의의, 코즈머폴리턴의. **4** (국제적) 시야가 넓은, 국외의. **5** 세련된, 도회적인. ─ 图 세계주의자, 세계인, 코즈머폴리턴. **2** 전세계적으로 분포된 동식물. **~·ly** 图
cos·mo·pol·i·tan·ism [kàzməpálətənìzm/kɔ̀zməpɔ́l-] 图⑪ 세계주의, 코즈머폴리턴 기질.
cos·mo·pol·i·tan·ize [kàzməpálətənàiz/kɔ̀zməpɔ́l-] (*英* **-ise**) 图 세계(주의)적으로 하다[되다]. **-i·zá·tion** 图
cos·mo·po·lite [kazmápəlàit/kɔzmɔ́p-] 图 **1** 세계 시민, 세계주의자, 코즈머폴리턴. **2** 세계적으로 분포되어 있는 동식물. ─ 图 =cosmopolitan.
cos·mo·po·lit·i·cal [kàzməpəlítikəl/kɔ̀z-] 图 세계적 정책의. **-ly** 图
cos·mo·pol·i·tics [kàzməpálətiks/kɔ̀zməpɔ́l-] 图⑧ (단·복수 양용) 세계 정책[정치].
cos·mop·o·lit·ism [kazmápəlàitizm/

图 =cosmopolitanism.
cos·mo·ra·ma [kàzmərǽmə, -rá:-/kɔ̀zmərá:-] 图 코즈모라마(세계 각지의 풍경을 들여다보는 요지경). ⓔ **diorama, panorama -rám·ic** 图
*****cos·mos** [kázməs, -mous/kɔ́zmɔs] 图 (⑧ ~, 2,4는 ~**es**) ⓤ **1** (the ~) (질서 정연한) 세계, 우주. ⇨UNIVERSE 유의어. **2** ⓒ (사상 따위의) 완전한 체계[집적]. **3** 질서, 조화(⑩ chaos). **4** ⓒ (식물) 코스모스. **5** (또는 **Kosmos**) ⓒ-) (옛 소련의) 코스모스 인공 위성.
cos·mo·sphere [kázməsfìər/kɔ́z-] 图 (지구 중심의) 우주 입체 모형. 「트론(양성자 가속 장치).
cos·mo·tron [kázmətràn/kɔ́zmətrɔ̀n] 图 코스모
COSPAR, Cos·par [káspɑr/kóus-] 图 코스파, 국제 우주 공간 연구 위원회(유엔 산하의 우주 관측·연구 협력 기구). [<*Committee on Space Research*]
co·spon·sor [kòuspánsər/-spɔ́n-] 图 공동 스폰서(최자), 제안자, 후원자. ─ 图图 …의 공동 스폰서가 되다; [결의안 따위]를 공동 제안하다. **~·ship** 图
Cos·sack [kásæk, -sək/kɔ́sæk] 图 **1** 코사크 사람; (the ~s) 코사크족(族). **2** 코사크 기병(~ horseman); (노동 쟁의 등에 출동하는) 기동대원. **3** (~s) (헐렁한) 코사크 바지. ─ 图 코사크인의.
Cóssack hát 图 코사크 모자(총이 높고 챙이 없는 방한모). 「의한). 전초(前哨)
cóssack póst 图 (때로 C-) [군사] (수명의 기병에
cos·set [kásit/kɔ́s-] 图他 (-**tt**-) …을 귀여워하다; …의 응석을 받아 주다(pamper) (*with*). ─ 图 **1** 집에서 기르는 어린 양. **2** 애완 동물. 「cozzie]
cos·sie [kázi/kɔ́zi] 图 《濠구어》 수영복. (또는
‡**cost** [kɔːst/kɔst] 图ⓒⓤ **1** 원가, 가격; (상품·서비스에 대한) 대가, 값; (총종 ~s) 비용, 경비. ⇨ PRICE 유의어. ¶the prime ~ 매입 원가/at a low ~ 싼 비용으로/the ~ of production 생산비/cut ~s 비용을 절감하다. **2** (흔히 ~) 희생, 손실; 벌금; (돈·시간 등의) 소비. **3** (~s) [법률] 소송 비용. ¶Each party to pay their ~s. 소송 비용은 쌍방 부담으로 한다.
at cost of …의 비용으로. 「손해를 보고.
at a great [or *heavy*] *cost* 큰돈을 들여서, 막대한
at a high [or *great*] *cost to* …에 큰 희생을 치루고.
at all costs 어떤 희생을 치르더라도, 기어코.
at any cost =*at all costs*. ¶*accomplish one's aim at any ~* 만난을 무릅쓰고 목적을 이루다.
at a person's cost 남의 비용으로, 남에게 손해를 주고.
at cost 원가로. 「치고.
at the cost of …의 비용을 지불하고, …을 희생하고. ¶*work at the ~ of* one's health 건강을 해치면서 일하다.
below cost 원가 이하로. 「일하다.
count the cost 미리 비용[손실, 불리함]을 따지다;
cover the cost [앞일을 어림잡아 보다.
free of cost; cost free 무료로.
on cost (입찰) 원가대로.
to one's cost ① 자기 부담으로, 자비로. ② 《英》 손해를 입고; 혼이 나고, 쓴맛을 보고.
whatever the cost =*at all costs*.
─ 图 (*cost*) 他 **1** [돈·시간·노력 따위]가 들다, …을 필요로 하다, (값)이 …이다. (남)에게 …을 소비하게 하다. ¶It ~s too much. 그것은 너무 비싸다 // (~+图+图) It ~ me ten dollars. 그것은 10달러였다. **2** (행위의 결과)…을 희생시키다. 잃게 하다, 대가를 치르게 하다, [고통 따위]를 …에게 주다. ¶(~+图+图) The work ~ him his life. 그 일로 그는 목숨을 잃었다. **3** (구어) (*will*과 함께) …에게 (예상 이상의) 비용이 들다. 비싸게 치이다. ¶It will ~ you to go by plane. 비행기로 가면 비용이 많이 든다. **4** (상업) …의 원가[생산비]를 계산하다(at). ¶~ a car 자동차의 원가 계산을 하다. * cost은 원래 자동사이므로 수동형은 될 수 없다. ─ 自 **1** 비용이 들다, 비싸게 치이다. **2** 노력이 들다; 손실을 입다. **3** …의 원가를 산정하다.

cost *a person* **dear** [or **dearly**] 남에게 비싸게 먹히다; (…때문에) 남이 혼나다.
cost what it may (문어) 아무리 비용이 들지라도; 어떤 희생을 치르더라도, 기필코(at any ~).
cost- [kəst/kɔst] 연결 ⇨COSTO-.
cos·ta [kástə/kɔ́s-] 명 (복 **-tae** [-tiː]) 1 (해부) 늑골(肋骨)(rib). 2 (식물) 주맥(主脈). 3 (곤충 날개의) 전연맥(前緣脈). [<L rib, side]
cost-ac·count [⹁-əkàunt] 명타 …의 원가 계산을 하다, 원가의 견적을 내다.
cóst accòuntant 명 (英) 원가 계산 담당자.
cóst accòunting 명 (회계) 원가 계산(회계).
cos·tal [kástl/kɔ́s-] 형 1 (해부) 늑골(肋骨)의 있는. ¶~ **nerves** 늑간(肋間) 신경. 2 (식물) 주맥의이 있는].
cóstal respirátion 명 늑골 호흡, 흉곽 호흡.
cóst and fréight 명 (상업) 운임 포함 가격(약 C.A.F., C. & F., CF).
co·star [kóustɑːr] 명 (주역(主役)의) 공연(共演) 스타. — 자 (-**rr-**) 공연하다[시키다]. (또는 **có-stàr**)
cos·tard [kástərd, kɔ́s-/kʌ́s-] 명 1 영국종의 큰 사과; 그 나무. 2 (고어·익살) 머리(head).
Cos·ta Ri·ca [kástə ríːkə/kɔ́s-] 코스타리카 (중미의 공화국; 수도는 San José). [<Sp rich coast]
Cos·ta Ri·can [kástə ríːkən/kɔ́s-] 코스타리카 사람의. — 명 코스타리카(사람)의.
cos·tate [kásteɪt, kɔ́steɪt/kɔ́s-] 형 1 (해부) 늑골이 있는. 2 (식물) 잎이 주맥(costa)이 있는.
cóst bénefit 명 (경영) 비용 편익(便益) (분석).
cóst-bén·e·fìt 형
cóst-bénefit anàlysis 명 (경영) 비용 편익 분석.
cóst bòok 명 (英) 회계 장부, 원가 원장(元帳).
cóst cènter 명 (경영) 원가 중심점, 원가 부문; (기업의) 무수입(無收入) 부서, 사무 부서.
cóst clèrk 명 (英) =cost accountant.
cost-cut [-kʌt] 명 (~; ~**·ting**) …의 경비를 삭감하다.
cos·tean [kɑstíːn/kɔs-] 자동자 (英) (광맥을 찾기 위해) 도랑이나 수갱(竪坑)을 파다. (또는 **costeen**)
cost-ef·fec·tive [-ɪféktɪv] 형 비용 효과가 큰, 비용 효율이 높은. **~·ly** 부 **~·ness** 명U 비용 효과.
cost-ef·fi·cient [-ɪfíʃənt] 형 =cost-effective.
-cien·cy 명 비용 효과.
cos·ter [kástər/kɔ́s-] 명 =costermonger.
cos·ter·mon·ger [kástərmʌ̀ŋɡər/kɔ́s-] 명 (英) 과일[야채·생선] 행상인. 명 소리치며 행상하다.
cost-free [kɔ́stfríː/kɔ́st-] 형부 무료의[로].
cóst inflátion 명 =cost-push inflation.
cost·ing [kɔ́ːstɪŋ/kɔ́s-] 명 (英) (상업) 원가 계산. — 형 가격이 비싼; (정신적으로) 부담이 되는.
cóst, insúrance, and fréight 명 (상업) 운임 보험료 포함 가격(약 C.I.F.).
cos·tive [kástɪv/kɔ́s-] 형 1 변비의, 변비에 걸린 (constipated). 2 (고어) (동작·반응이) 느린. 3 (비유적) 인색한. **~·ly** 부 **~·ness** 명
cóst kèeper 명 = cost accountant.
‡cost·ly [kɔ́ːstli, kɑ́st-/kɔ́st-] 형 (**-li·er; -li·est**) 1 비용이 많이 드는, 값비싼. ⇨EXPENSIVE 유의어 ¶ **a** ~ **jewel** 값비싼 보석. 2 희생이 많은, 손실이 큰. 3 귀중한, 가치 있는. 4 (고어) 사치한. **-li·ness** 명
cost·mar·y [kɔ́stmɛ̀əri, kɑ́st-/kɔ́st-] 명 쑥국화.
Cost·ner [kɔ́stnər] 명 **Kevin** ~ 코스트너(1955–: 미국의 영화 배우·감독).
cos·to- [kástou, -tə/kɔ́s-] 연결 rib의 뜻(* 모음 앞에서는 cost-). ¶ *costotomy, costate.*
cóst of líving 명 생계비, 생활비(living costs).
cóst-of-lív·ing 형
cóst-of-líving adjùstment 명 생계비 조정(임금·사회 보장 급부 따위의 물가 연동제; 약 COLA).
cóst-of-líving allòwance [bònus] 명 (소비자 물가 지수에 바탕을 둔) 생계비 수당, 물가 수당.
cóst-of-líving index 명 생계비 지수, 소비자 물가 지수(consumer price index). [골 절제(술).
cos·tot·o·my [kɑstátəmi/kɔstɔ́t-] 명 (의학) 늑
cóst òverrun 명 예상 초과 비용; (관급 공사에서) 본래의 견적보다 (예산을) 초과하는 비용.
cóst perfórmance 명 (경제) 비용 대 성능 비율. 또는 **cóst / perfórmance [cóst-perfórmance] ràtio**
cóst per thóusand 명 (광고) 경비 효율 지표(광고를 접하는 시청자 또는 독자 1,000명당에 소요되는 경비; 약 CPM, cpm).
cost-plus [-plʌ́s] 명 이익 가산 원가[코스트플러스] 방식의[에 의한], 비용에 이익을 가산한 방식의. — 명 이익 가산 원가[코스트플러스] 방식.
cóst príce 명 (경제) 원가; 원가(prime cost).
cost-push [-pùʃ] 명 코스트 인플레이션의. — 명 =~ inflation.
cóst-push inflátion 코스트 인플레이션(임금과 생산비 상승으로 생긴 인플레이션).
cost-share [-ʃɛ̀ər] 명타 …의 비용을 분담하다.
cóst shèet 명 원가 계산표.
‡cos·tume [kástjuːm/kɔ́stjuːm] 명 (~**s** [-z]) 1 U (어떤 국민·계급·시대·지방의 특유의) 복장, 옷차림. ¶ ceremonial ~ 예복; 현대식 옷(사용하다). 시 힙한 스타일 복장을 하다. 2 U (무대나 가장 무도회에서 입는) 시대 의상, 가장복. ¶ **stage** ~ 무대 의상. 3 여성복 한 벌. 4 (현대어로) (특수한 때·계절에 맞는) 복장, 유행복. ¶ **a winter** ~ 동복 /a **hunting** ~ 수렵복.
— 타 [-⹁-/-⹁-] (~**s** [-z]; ~**d; -tum·ing**) (남)에게 의상을 입히다, ~을 위하여 의상을 마련하다. ¶ a play 연극 의상을 준비하다. — 형 [-⹁-/-⹁-] 1 (특정의) 의상을 입은[사용한]. ¶a ~ **party** 가장 파티. 2 (특정한) 의상의. ¶~ **accessories** (특정) 의상 장신구. 3 시대극의, 시대 의상을 입고 연기하는.
cóstume báll 명 가장 무도회.
cóstume fìlm [pìcture] 명 시대물[사극] 영화.
cóstume jèwelry 명 인조 장신구(모조 보석).
cóstume pìece [dràma, plày] 명 사극, 시대극.
cos·tum·er [kástjuːmər, -⹁-/kɔstjúːmə] 명 1 (연극·무도회용의) 의상업자, (무대의) 의상 담당자. 2 (美) (기둥 모양의) 옷[모자]걸이(clothes tree).
cos·tum·er·y [kɑstjúːməri/kɔstjúː-] 명 복장; 복식 디자인.
cos·tum·ey [kɑstjúːmi/kɔstjúːmi] 형 (美) 무대 의상 같은, 지나치게 차려 입은.
cos·tum·i·er [kɑstjúːmiər/kɔstjúːm-] 명 =**costumer** 1. [tumer 1.
cóst ùnit 명 (회계) 원가 (계산) 단위.
co·su·per·ví·sion [kòusuːpərvíʒən] 명 (기업경영에의) 근로자 참여(worker participation).
co·sure·ty [kouʃúərəti, -ʃúərti/-ʃúəti] 명 연대 보증인. **~·ship** 명 [participation].
co·sur·veil·lance [-ˌsərvéɪləns] 명 =worker
co·sy [kóuzi] 형명동 (英) = cozy.
cot[¹] [kat/kɔt] 명 1 (주로 至의) 간이 침대; (美) (캠핑용) 휴대용 간이 침대(英) camp bed); (병원의) 베드, 소침대. 2 (英) (난간이 있는) 어린이용 침대. 3 (해사) 매단.
cot[²] 명 1 (시) 오두막집, 작은 집. 2 (양 따위의) 우리. 3 (보호용) 손가락 깍지(고무 색); 덮개. — 타 (-**tt-**)
cot[³] 명 cotangent. [(양)을 우리에 넣다.
co·tan·gent [koutǽndʒənt, ⹁-⹁-] 명 (수학) 코탄젠트(약 cot, ctn).
cót càse 명 병상에서 기동을 못하는 환자; (濠익살) 만취가 된 사람.
cót dèath 명 (英) 유아의 돌연사(美) crib death).
cote [kout] 명 (복합어로) (양·비둘기 따위의) 집, 우리; (英방언) 작은 집, 오두막. ¶**a dove-**~ 비둘기장.

Côte d'A·zur [F kot dazyʀ] 명 코트다쥐르(프랑스 남동부 지중해 연안 지대로 관광·휴양지).

Côte d'I·voire [F kot divwa:ʀ] 명 코트디부와르 (Ivory Coast의 프랑스명; 수도 Yamoussoukro).

co·tem·po·ra·ne·ous [koutèmpəréiniəs] 형 (고어) =contemporaneous.

co·tem·po·rar·y [koutémpərèri/-rəri] 형명 (고어) =contemporary.

co·ten·ant [kòuténənt] 명 공동 차지(借地)[차가]인; 부동산 공동 보유자(joint tenant). **-an·cy** 명

co·te·rie [kóutəri] 명 1 (사교계의) 동료, 친구; (문예 관계의) 동인, (예술가 등의) 서클. 2 그룹, 일파 (clique). [<F] [nous.

co·ter·mi·nous [koutə́ːrmənəs] 형 =contermi-

co·thur·nus [kouθə́ːrnəs] 명 (복 -ni [-nai]) 1 비극; (연기의) 비극조(調). 2 (고대 그리스·로마에서 비극 배우가 무대에서 신던) 반장화. = **cothurn**).

cot·ics [kátiks/kɔ́t-] 명복 (美속어) =narcotics.

co·tid·al [kòutáidl] 형 (기상) 동조(同潮)의. ¶a ~ line 동조[등조(等潮)]선.

co·til·lion [kətíljən, kou-] 명 1 코티용(프랑스의 사교 댄스); 그 무곡. 2 카드리유(quadrille)풍의 춤. 3 (美·캐나다) (사교계에 데뷔하는 여성을 소개하는) 공식 대무도회. (또는 **cotillon**) [(장미과(科)).

co·to·ne·as·ter [kətòuniǽstər] 명 섬개야광나무

cot·quean [kátkwìːn/kɔ́t-] 명 1 (구어) 집안 일을 잘하는 남자. 2 (폐어) 거칠고 말 많은 여자.

co·trans·duc·tion [kòutrænsdʌ́kʃən] 명 (유전) 공형질(共形質) 도입(둘 이상의 유전자가 하나의 bacteriophage에 의해 형질 도입되는 것). [드 종의 양.

Cots·wold [kátswould, -wəld/kɔ́ts-] 명 코츠월

cot·ta [kátə/kɔ́tə] 명 (교회) 중백의(中白衣) (surplice); (성가대원이 입는) 흰색 웃[가운].

‡**cot·tage** [kátidʒ/kɔ́t-] 명 (복 **-tag·es** [-iz]) 1 오두막집; 시골집; 작은 집. 2 (美) (피서지 따위의) 작은 별장; 방갈로. 3 (美) (병원·기숙사의) 작은 별채, 별관. 4 (러시아 신흥 부유층의) 호화 저택.

love in a cottage 가난하지만 즐거운 결혼 생활.

cóttage chèese 명 부드러운 백색 치즈.

cóttage cùrtains 명 아래위 2단으로 된 창문 커튼.

cóttage fármer 명 소작농. [세대용 아파트.

cóttage flàt 명 (英) (각 층에 2세대씩 있는) 2층 4

cóttage hòspital 명 (英) (시골의) 간이 병원.

cóttage índustry 명 가내 공업; 영세 산업; (비공인의) 소규모 회사. [빵.

cóttage lóaf 명 (英) 크고 작은 두 개를 포개어 구운

cóttage órgan 명 상자형 소형 오르간.

cóttage piáno 명 직립형 작은 피아노.

cóttage píe 명 (英) 시골 파이(일종의 고기 만두).

cóttage púdding 명 코티지 푸딩(버터가 든 스펀지 케이크에 과즙을 쳐서 먹는 것).

cot·tag·er [kátidʒər/kɔ́t-] 명 작은[시골] 집에 사는 사람; (美) 별장 거주자; (英) 농업[농장] 노동자, 빈

cóttage súite 명 3점 한 세트의 소형 가구. [농.

cóttage wíndow 명 내리닫이 창의 일종(위 창틀이 아래 창틀보다 작다)(front window). [케 하는.

cot·tag·ey [kátidʒi/kɔ́t-] 명 별장풍(風)의[을 연상

cot·ter[1] [kátər/kɔ́t-] 명 1 코터, 쐐기, 쐐기전(栓), 가로 쐐기; [건축] 비녀장. 2 = ~ **pin**.

cot·ter[2] 명 1 (스코) 날품팔이 농부, 소작인. 2 (아일) =cottier. 3 빈농. 농장 노동자. (또는 **cottar**)

cótter dríll 명 [기계] 선회(旋回) 드릴.

cot·ter·el [kátərəl/kɔ́t-] 명 (英) 1 =cotter[1]. 2 (난로에 쓰는) 고리 달린 막대기.

cótter pín 명 [기계] 코터 핀. 쐐기 핀.

cot·ti·er [kátiər/kɔ́t-] 명 (英) 빈농, 농장 노동자; (아일) 입찰 소작인(소작료를 입찰로 결정).

cóttier ténure 명 경쟁 입찰 소작제(小作制).

‡**cot·ton** [kátn/kɔ́tn] 명[U] 1 솜, 면화; (다른 식물의) 솜털. ¶ginned ~ 조면(繰綿) /raw ~ 원면 /waste ~ 지스러기 솜 / sanitary [or absorbent] ~ 탈지면. 2 (집합적) 면화; (경작물로서의) 목화. ¶pick [grow, raise, cultivate] ~ 목화를 따다[재배하다]. 3 면포; 면사, 무명실; 면직물. ¶sewing ~ (바느질용) 무명실; 4 탈지면[탈지면; 암페타민[헤로인]을 먹인 솜.

a needle and cotton (무명)실을 꿴 바늘.

be sitting on high cotton (美남부) 기뻐 날뛰다.

in tall cotton (美속어) 매우 잘 되어[성공하여], 굉장한 행운을 만나.

shit in high cotton (美속어) 호화스러운 생활을 하다, 벼락부자가 되어 사치스럽게 살다. ¶합치다.

spit cotton (속어) 목이 칼칼하다; 목이 마를 만큼 갈

too high for picking cotton (美속어) 조금 취한.

── 형 솜의, 무명의, 무명으로 만든. ¶~ textile [or tissue] 면직물.

Bless his [or her] (little) cotton socks! (英구어) (아이에게) 신의 축복이 있으시기를!

── 동복 1 (구어) 친해지다, 사이좋게 지내다; 조화되다; 찬성하다, 동의하다(agree) (*with*). 2 (구어) 애착을 느끼다, 좋아지다 (*to*, *with*).

cotton on (to...) ① (…이) 좋아지다. ② (속어) (…을)이해하다, (…을) 깨닫다. ③ (…을) 이용하다.

cotton to [or with] (美구어) ① …가 좋아지다, 마음에 들다. ② (제안 따위)에 찬성하다.

cotton up (美·캐나다 구어) (…와) 친해지다, 가까워지다(*to*).

cótton bátting 명 정제면(精製綿)(이불솜 따위)느지면(외과용 위생 솜).

Cótton Bèlt 명 (the c- b-) (the ~) (미국 남부의)

cótton bòll 명 목화 다래. [목화 생산 지대.

Cótton Bówl 명 (the ~) 1 (美) 코튼 볼(미국 대학 미식 축구 시합; 매년 1월 1일 Texas 주 Dallas의 Cotton Bowl 경기장에서 열린다. 2 코튼 볼 경기장.

cótton càke 명 목화씨 깻묵(가축의 사료).

cótton cándy 명 솜사탕(spun sugar).

cótton clòth 명 면포, 광목.

cótton cúrtain 명 (美) =Mason-Dixon line.

cótton flánnel 명 면 플란넬(Canton flannel).

cótton frèak (美속어) (솜에 적신 마약을 흡입하는) 마약 중독자.

cótton gín 명 조면기(繰綿機). [는) 마약 중독자.

cótton góods 명 면제품.

cótton gràss [식물] 황새풀.

cótton mèal 명 면화씨 깻묵 사료.

cótton mill 명 방적 공장.

cot·ton·mouth [kátnmàuθ/kɔ́tn-] 명 1 (미국 남부의 늪지에 사는) 큰 독사(water moccasin). 2 (美속어) (숙취·마약·공포에 의한) 구갈, 목마름.

cot·to·noc·ra·cy [kàtənákrəsi/kɔ̀tənɔ́k-] 명 1 (구어) 방적 왕국. 2 (집합적) (美역사) (남북 전쟁 전의) 남부 목화 재배자.

cótton pícker 명 목화 따는 사람[기계].

cot·ton·pick·in' [kátnpìkən] 명 (美속어) 1 쓸모 없는, 변변찮은. 2 괘씸한, 발칙한; 메스꺼운. (또는 **cótton plànt** 명 목화(나무). [**cottonpicking**)

cótton pòwder 명 분말 면화약(綿火藥).

cótton prèss 명 조면(繰綿) 압착기.

cótton ràt 명 코튼랫(미국 남부·중앙 아메리카 원산의 쥐; 실험용 동물). [실(緒實), 목화씨.

cot·ton·seed [kátnsìːd/kɔ́tn-] 명 (복 ~**(s)**) 목화

cóttonseed càke [mèal] 명 =cotton cake.

cóttonseed òil 명 면실유(요리·세제·페인트 용).

cótton spínner 명 면사 방적공, 방적 공장 주인.

cótton spínning 명 면사 방적(업). [방적업자.

Cótton Stàte 명 (the ~) 미국 Alabama주의 별칭.

cótton stúff 명 면제품(綿製品).

cótton swàb 명 (귀를 후비는) 면봉.

cot·ton·tail [kátntèil/kɔ́tn-] 명 (美) 흰꼬리토끼.
cótton thréad 명 면사, 무명실.
cótton trèe 명 판야나무(silk-cotton tree).
cótton wàste 명 면사 부스러기(기계 소제용).
cot·ton·weed [kátnwìːd/kɔ́tn-] 명 풀솜나무(국화과(科)). 넓은잎 양버들.
cot·ton·wood [kátnwùd/kɔ́tn-] 명 (북미산(産)) 백양.
cótton wóol 명 1 원면, 면화. 2 (英) 정제한 솜, 이 불솜; 탈지면(absorbent cotton).
  be [*or live*] *in cotton wool* 안락한[사치스런] 생활을 하다. 〔런이 등〕을 애지중지하다, 과보호하다.
  keep [*or wrap* (*up*)] *in cotton wool* (구어) 〔어린이 등〕을 애지중지하다.
cot·ton·wool [kátnwúl/kɔ́tn-] 형 타 소중히 기르다, 애지중지하다.
cot·ton·y [kátəni/kɔ́t-] 형 1 솜 같은, 푹신푹신한 (downy). 2 (천이) 보풀이 인, 보풀보풀한.
cótton yárn 명 방적사, 면직사(綿織絲).
cot·trel [kátrəl/kɔ́t-] 명 (美) 전기 침전기(沈澱器) (굴독 속에 장치하여 연기·먼지 따위를 제거한다).
Cót·trell precípitator [kátrəl-/kɔ́t-] 명 코트렐 집진기(集塵機)(전기 집진기).
Cóttrell pròcess 명 코트렐 집진법(정전기를 이용한 먼지 제거 방식). [<미국의 화학자 F. G. Cottrell (1877-1948)의 이름]
cot·y·le·don [kàtəlíːdn/kɔ̀t-] 명 〔식물〕 떡잎, 자엽(子葉). ~·al, ~·ar·y, -do·nòid, ~·ous 형 떡잎의[이 있는], 떡잎 모양의.
cot·y·loid [kátəlɔ̀id/kɔ́t-] 형 〔해부〕 구상(臼狀)의, 배상(杯狀)의. ¶ *the* ~ *joint* 구상 관절.
Cou·ber·tin [F kubɛʀtɛ̃] 명 **Pierre ~** 쿠베르탱 (1863–1937; 프랑스인; 근대 올림픽 창시자).
‡**couch** [kautʃ] 명 (복) ~·**es** [-iz]) 1 긴 의자, 소파 (sofa). 2 (시) 침대, 침상. ¶ *on a* ~ *of pain* 병석에서. 3 (병원·정신과용의) 베개 달린 침대 의자, 진찰대; (П) (英) (the ~)의 정신과 치료. 4 휴식처, (야수의) 숨는 곳, 굴(lair, den). 5 〔양조〕 엿기름을 띄우는 곳. 6 〔제지〕 펄프 건조판. 7 (그림 따위의) 초벌칠.
  on the couch (구어) 정신과 치료를 받아.
  ― 통 (~·**es** [-iz]; ~**ed** [-t]) 타 1 (수동형·재귀용법으로) 〔몸〕을 눕히다; 〔…〕을 펼치다. ¶ ~ *oneself; be* ~*ed* 드러눕다. 2 〔창 따위〕를 아래로 겨누다; 〔머리〕를 숙이다. 3 …을 나타내다, 표현하다, 암시하다 (*in*). 4 〔제지〕 〔젖은 펄프〕를 건조판으로 옮기다. 5 〔양조〕 〔엿기름〕을 띄우다. 6 …에 무늬를 수놓다. 7 〔외과〕 〔백내장 환자에게〕 〔유체)를 시축(視軸) 아래로 떨어뜨리다; …에게 백내장 수술을 하다. ― 자 1 드러눕다, (자리에) 눕다; 쉬다. 2 (짐승이 굴에) 숨다 (덤벼들려고) 웅크리다. 3 잠복하다. 4 (나뭇잎이) 퇴적(堆積)하다.
couch·ant [káutʃənt] 형 1 드러누워 있는; 웅크린. 2 〔문장〕 (짐승이) 머리를 쳐들고 웅크리고 있는.
cóuch càse 명 (구어) 정신[정서] 장애자.
cóuch commànder 명 (美속어) TV의 리모컨.
cóuch dàncing 명 (속어) (비공개 파티 따위에서의) 스트립쇼.
cóuch dòctor 명 (구어) 정신과 의사(psychiatrist).
cou·chee [kúːʃei] 명 (왕·귀족의) 야간 접견. [<F]
cou·chette [kuːʃét] 명 〔철도〕 (유럽 객차의) 침대찻간; 그 침대. [<F]
cóuch gràss 명 개밀(포아풀과(科)의 식물).
couch·ing [káutʃiŋ] 명 1 Ⓤ 웅크리기. 2 ⓊⒸ 카우칭(무늬 수놓기)(세공)의 하나).
cóuch pèople 명 친구집 소파에서 자는 떠돌이.
cóuch potàto 명 (美구어) 카우치 포테이토, 방 귀 신, 텔레비전광(狂). ¶ *I spend New Year's Day as a* ~ 설날을 집에서 TV를 보며 지낸다. 「 소일하는 일.
cóuch potàtoing 명 (美구어) TV(비디오)를 보며
cóuch ràt 명 (美구어) =couch potato.
cóuch spúd 명 (美구어) =couch potato.

cou·dé [kuːdéi] 형 〔광학·천문〕 (망원경·초점이) 쿠데식(式)의. ― 명 쿠데식 망원경.
Cou·é·ism [kúːeiizm, ˊ-ˋ] 명Ⓤ 쿠에 요법, 자기 암시 요법(autosuggestion). [<프랑스의 심리학자 Émile Coué(1857–1926)의 이름] 「(puma, panther).
cou·gar [kúːgər] 명 (복 ~(**s**)) 쿠거, 아메리카라이온
‡**cough** [kɔːf/kɔf] 명 1 (a ~) 기침, 헛기침. ¶ *a dry* ~ 마른 기침/*a choking* ~ 숨이 막힐 듯한 기침/*a churchyard* ~ 심한 기침/*have a bad*[*slight*] ~ 몹시[조금] 기침이 나다. 2 기침 소리; (a ~) 기침병. ¶ *whooping* ~ 백일해. 3 (내연 기관의) 기침 같은 불연음(不燃音). 「게) 기침하다.
  give a (slight) cough (주의·경고의 뜻으로) (가볍
  ― 통 (~**ed** [-t]) 재 1 기침하다, 헛기침하다. 2 (내연 기관이) 기침 같은 불연음을 내다. 3 (구어) (마지 못해) 털어놓다, 죄를 인정하다; 지불하다(*up*). ― 타 1 기침을 하여 …을 뱉다(*up, out*). ¶ (~+目+副) ~ *up phlegm* 기침을 하여 가래를 뱉다. 2 기침을 하여 …하다. ¶ (~+目+副) ~ *oneself hoarse* 기침을 하여 목이 쉬다. 3 (무리하게) …을 털어놓게 하다(*out, up*).
  cough down (*a speaker*) 헛기침을 하여 (연사로) 말 못하게 하다[방해하다].
  cough one's head off 몹시 콜록거리다.
  cough over (美속어) 돈을 내다. 「놓다, 고백하다.
  cough up (속어) ① 〔돈〕을 마지못해 주다. ② 털어
cóugh dròp 명 1 기침 멎게 하는 알약((英) cough sweet). 2 (英속어) 지겨운 사람[것].
cóugh mèdicine [**míxture**] 명 기침약.
cóugh sỳrup 명 1 진해(鎭咳) 시럽. 2 (美속어) 입막음을 위해 주는 돈.
‡**could** ⇒COULD. <p. 634>
‡**couldn't** [kúdnt] could not의 단축형.
couldst [kudst] 통 (고어·시) =could(can의 2인칭·단수의 과거형; thou가 주어일 때).
cou·lee [kúːli] 명 1 (여름에는 보통 말라 있는) 깊은 계곡(deep ravine); 말라버린 강바닥; 작은 골짜기. 2 〔지질〕 용암류(熔岩流). (또는 **cou·lée** [kuːléi]) [<F]
cou·leur de rose [F kuːlœr də roːz] 명 장밋빛의; 낙관[희망]적인. ― 명 장미빛처럼 낙관적으로 ― 명 장밋빛. [<F color of rose]
cou·lisse [kuːlíːs] 명 1 (수문의 문짝이 오르내리는) 홈이 있는 기둥. 2 (보통 ~s) 〔연극〕 (무대 양 옆의 배경) 돌출부; 무대의 양 옆. 3 (美) 무대 뒤; (Paris 증권 거래소 등에서) 비공인 딜러의 거래 장소. [<F]
cou·loir [kuːlwáːr/ˊ-] 명 (산허리의) 험한 협곡.
cou·lomb [kúːlam/-lɔm] 명 쿨롬(전기량의 단위; 1암페어의 전류가 1초간 흐르는 양; 기호 c). [<프랑스 물리학자 C. A. de Coulomb(1736–1806)의 이름]
cou·lom·e·ter [kuːlámətər, kə-/-lɔ́m-] 명 전량계(電量計).
coul·ter [kóultər] 명 (英) =colter. 「계(電量計).
‡**coun·cil** [káunsəl] 명 (복 ~**s** [-z]) 〔집합적〕 (단·복수 양용) 1 회의, 협의, 심의. ¶ *a cabinet* ~ 각의/*a family* ~ 친족 회의/*the student* ~ (美) 학생(자치)회. 2 평의[심의, 협의]회, 이사회; 자문 위원회. ¶ *the* U.N. Security *C*– 유엔 안전 보장 이사회/*the governor's* ~ (美) 지사 자문 위원회/*the* (Privy) *C*– (英) 추밀원(樞密院). 3 (美) 대의원단, 고문[각료]단. 4 (지방 자치체의) 의회. ¶ *a city* ~ 시의회. 5 종교[교회] 회의, (가톨릭) 공의회(公議會) 주교 총회; 〔성서〕 고대 유대의 최고 재판소. 6 (영국 식민지에서) 총독 자문 기관.
  be in council 회의[심의]중이다.
  be on the council 평의회[이사회] 멤버이다.
  meet in council 회의에 모이다.
  ― 형 (지방 자치체) 의회가 정한; (英) 공립[공영]의.
cóuncil bòard 명 1 (회의용) 탁자. 2 의석; 의장석. 3 (개최중인) 회의.
coun·cil·cham·ber [-tʃèimbər] 명 회의실.
cóuncil flàt 명 (英) 공영 아파트.
coun·cil·house [-hàus] 명 1 의사당, 회의소. 2

could

could [kud, 약 kəd] 国 can¹의 과거형(* 부정형 **could not, couldn't**)

(1) can의 과거형이지만 문맥상 과거를 가리키는 것이 분명하지 않은 경우에는 가정법을 나타내는 것이 보통이다. 따라서 직설법에서는 could를 피하여 was[were] able to, managed to, succeeded in ~ing 따위를 쓴다.
(2) 과거에 「…할 능력이 있었다」는 뜻으로는 쓰이지만, 「해냈다」는 달성의 의미가 추가될 때는 쓰지 않는다(⇨ USAGE).
(3) 공손한 부탁의 말에서 can보다 정중한 표현으로 쓰인다.

1 (직설법) **a)** (과거의 가능·능력) …할 수 있었다(was able to). ¶Grandfather ~ read without glasses when he was eighty. 할아버지는 80세가 되어서도 안경 없이 글을 읽으실 수 있었다 / He was so angry that he ~ not speak. 그는 너무 화가 나서 말문이 열리지 않았다. **b)** (과거의 가능적 경향) …한 일도 있었다. ¶She ~ be very unkind. 그녀는 아주 불친절한 적도 있었다. **c)** (과거에 있어서의 허가) …하여도 좋았다[되었다]. ¶When she was a child, she ~ do what she liked. 그녀는 어린 시절에는 자기가 좋아하는 일은 무엇이나 할 수 있었다.

USAGE¹ (1) could는 가정법으로서 현재의 일을 부드럽게 표현하는 데 쓰는 일이 많으므로 직설법 과거의 뜻으로는 흔히 was[were] able to, managed to를 쓴다(⇨ ABLE). 그 경우 be able to는 「능력」을, manage는 「어떻게든 해서」라는 뉘앙스가 있으므로, 그 혼동을 피하기 위해서는 단순 과거형을 쓴다: I *was able to pass* my driving test. → I *passed* my driving test.
(2) 직설법 과거라도 hear, see, feel 따위의 지각동사나 remember, understand 따위의 정신활동을 나타내는 동사가 있는 경우는 could를 쓴다. 이 경우엔 과거의 행위에 대해서 「능력」만이 아니라 「실행」도 나타낸다: I ~ hear what they were saying in the next room. 나는 옆방에서 그들이 하고 있는 말을 들을 수 있었다[들었다].

2 (직설법) (시제의 일치) (* 간접화법·명사절·부사절에서 can의 모든 용법을 쓸 수 있다.) ¶He said (that) he ~ not accept it. 그는 그것을 받아들일 수 없다고 말했다(=He said, "I *cannot* accept it."). / We didn't think such a thing ~ be possible. 우리는 그런 일이 있을 수 있다고는 생각지 않았다 / He asked me if he ~ use my car. 그는 내 차를 써도 좋으냐고 물었다.

3 (가정법 과거) **a)** (사실에 반대되는 가정) (종속절 안에서) …할 수 있다면[있었더라면]. ¶(현재 사실의 반대) I wish I ~ do that. 그것을 할 수 있으면 좋을 텐데 / (과거 사실의 반대) I wish I ~ have done that at that time. 그때 내가 그것을 할 수 있었더라면 좋았을 텐데. **b)** (실현되지 않은 일) (주절 안에서) …할 수 있을[있었을] 텐데. ¶(현재 사실의 반대) You ~ do it if you tried. 너는 하려고 하면 할 수 있을 텐데. // (과거 사실의 반대) He ~ have done that if he had tried. 그는 하려고 했으면 그것을 할 수 있었을 텐데.

USAGE² 가정법 과거의 could는 시제 일치에 의하여 변화하지는 않는다. 법(mood)은 시제에 우선하기 때문이다. 그 결과 외관상 구별할 수 없는 경우도 있다: She looks[looked] as if she ~ see nothing. 그녀는 아무것도 보이지 않는 듯한 표정을 하고 있다[있었다].

4 (독립용법) (주절만의 경우: 조건절이 뜻 속에 포함되어 있다) (능력·가능성·추측·의뢰·허가·제안 따위를 나타내는 완곡한 표현) **a)** (현재에 대하여) …일지 모른다(* 형태는 과거형이나 현재 시점에서의 추측을 나타낸다); (과거에 대하여) …였을지 모른다(* 완료형으로 현재·당시에서 본 과거의 추측을 나타낸다). ¶I ~ *couldn't* do it. (해봐도) 나는 도저히 할 수 없다 / She ~ do it. 그녀라면 할 수 있을 텐데 / It ~ be true. 그것은 사실일 수도 있다 // He ~ have been there then. 어쩌면 그 당시 그는 그곳에 있었을지도 모른다. **b)** …하고 싶어진다. ¶I ~ laugh for joy. 기뻐서 웃고 싶어진다. **c)** (공손한 부탁) …해도 되겠습니까, …해 주겠습니까? ¶C- you tell me the way to the station? 역으로 가는 길을 좀 가리켜 줄 수 있습니까? **d)** (제안) …하면 어떨까요? ¶We ~ meet again tonight. 오늘밤 다시 만나기로 하면 어떨까요?

참고 could에 관한 숙어는 can과 같으며 시제는 위에서 말한 조건에 따라 달라질 뿐이다. 또 **4 c)**에 있어서는 Can you…? 보다는 Could you…?가, Will you…? 보다는 Would you…?가 더 공손한 표현이다. ⇨ CAN.

Could be. (구어) 아마도, 어쩌면(maybe).
could (very) well 어쩌면 …일지 모른다. ¶He ~ *well* be a spy. 그는 어쩌면 간첩일지 모른다.
How could you (do…)? (구어) 어쩌면 그럴 수에…할 수 있어)?
I couldn't. 됐습니다(No, thank you.)(* 음식을 더 들라는 권고에 대해).
It could be! 설마 그럴 수가[그럴 리가]!
Who could have thought? (구어) (놀라움을 나타내어) (그런 일을) 누가 생각이나 했겠어?

---

council (hóusing) estáte 图 (英) 공영 주택단(英) (지방 자치체의) 공영 주택. **3** (스코) 시청. (또는 cóuncil hòuse)

council (hóusing) estáte 图 (英) 공영 주택단지.

***coun·cil·lor** [káunsələr] 图 (英) =councilor.

coun·cil·man [káunsəlmən] 图 (美) (지방 의회의) 의원; 평의원, 고문관. **-man·ic** [-mǽnik] 图

cóun·cil-mán·ag·er plàn [-mǽnədʒər-] 图 (美) 시의회 제도(시의회(city council)가 시정 관리인(city manager)을 선임해 시정을 맡기는 제도).

coun·cil·mem·ber [káunsəlmèmbər] 图 (위원회·평의회 등의) 위원; 입법 의회 의원.

Cóuncil of Económic Advísers 图 (the ~) (美) 대통령 경제 자문 위원회(약 CEA).

Cóuncil of Európe 图 (the ~) 유럽 회의(유럽의 통합을 목적으로 1949년에 설립).

Cóuncil of Mínisters 图 **1** (the ~) (EU의) 각료 이사회. **2** (때로 c- of m-) 각료 회의[평의회]; 내각.

Cóuncil of State 图 (the ~) 국무원; 국무 회의; (the C- of S-) (프랑스의) 최고 행정 법원.

Cóuncil of Wár 图 **1** 군사 회의, 참모[작전] 회의. **2** (일반적으로) 행동 방침 검토 회의.

Cóuncil on Fóreign Relátions 图 (the ~) (美) 외교 협회(초당적인 미국 외교 정책·국제 정치 문제 연구 기구; 권위있는 국제 정치 평론지 *Foreign Affairs* (격월간) 발행).

coun·ci·lor [káunsələr] 图 **1** (지방 의회의) 의원; (일본의) 참의원 의원. ¶ the House of *C-s* (일본의) 참의원. **2** 평의원, 참사관, 고문관. **3** =counselor. **~·ship** 图 「치체의 의원.

coun·cil·per·son [káunsəlpə̀:rsn] 图 (성별불문의) 지방 자

cóuncil ròom 图 =council-chamber.

cóuncil schòol 图 (英) =county school.

cóuncil tàble 〖 =council board.
coun·cil·wom·an [káunsəlwùmən] 〖 councilman의 여성형.
‡**coun·sel** [káunsəl] 〖 (옥 ~) 1 ⓒ조언, 충고; 권고. ⇒ADVICE 유의어 ¶a friendly ~ 친절한 충고 / ask ~ 조언을 청하다. 2 ⓤ상담, 협의, 심의. 3 ⓤ계획(plan); 의도(design), 목적; 결심. 4 〖단·복수 양용〗법률 고문, 고문 변호사; 〖집합적〗변호사단; (英) 법정 변호사 (for). ⇒LAWYER 유의어 ¶the ~ for the plaintiff [defense] 원고[피고]측 변호사/a King's [or Queen's] ~ 왕실 고문 변호사(옝 K.C.[Q.C.])/an independent ~ (美) 특별 검사. 5 (…의) 고문, 상담역 (for, to). 6 ⓤⓒ(교회) (신도에 대한 그리스도의) 권고. 7 ⓤ (고어) 은밀한 의도[목적]; 비밀; (페어) 지혜, 분별.
a counsel of despair 궁여지책, 최후의 수단.
give [or *offer*] *counsel* 조언하다, 의견을 말하다.
keep one's (*own*) *counsel* 자기 의도[생각]를 남에게 알리지 않다; 잠자코 있다.
take counsel together 함께 상의[협의]하다.
take [or *hold*] *counsel with* …와 상담[협의]하다.
take counsel with oneself 자기 혼자서 생각하다, 신중히 생각하다.〔자면서 생각하다.
take counsel with [or *of*] *one's pillow* 하룻밤
take the counsel's opinion 변호사에게 상의[상담]하다, 변호사의 의견을 듣다.
the counsel of perfection ① [성서] (천국에 가기를 바라는 자에의) 온전하기를 바라는 권고(←마태 복음(Matt.) 19:21). ② 실천 불가능한 일[충고(案). ③ (가톨릭) (수도 생활의) 청빈·정결·순종의 권고.
——働 (~s [-z]; *-l-*, (英) *-ll-*) 働 1 [남]에게 (…에 관해 / …하지 않도록) 조언하다 (*on, about / against*); [남]에게 (…하도록) 충고하다 (*doing, to do*). ¶ ~ prudence 신중하라고 충고하다 // He ~*ed* me *to* quit smoking. 그는 나에게 담배를 끊으라고 충고했다. 2 ~을 권하다. ¶~ submission 항복을 권하다. ——働 ① (…하도록 / …하지 않도록) 조언하다, 권고하다 (*for / against*). ② (…와) 상담[협의]하다 (*with*); 토의 …**·a·ble**, (英) **~·la·ble** 働 [〖심의〗하다.
coun·sel·ee [kàunsəlí:] 働 상담[조언]받는 사람.
coun·sel·ing, ~·sel·ling [káunsəliŋ] 〖 ⓤ 상담, 협의; 지도; 〔심리〕카운슬링.
‡**coun·se·lor**, (英) **-sel·lor** [káunsələr] 〖 (働 ~s [-z]) 1 고문, 상담역, 조언자; (美·아일) 법정 전문 변호사. ⇒LAWYER 유의어 3 (美) (어린이 캠핑 때의) 지도원; (학교의) 학생 지도[상담] 교사, 카운슬러. 4 (美) (대사관·공사관의) 법무관, 참사관. **~·ship** 〖
coun·se·lor-at-law [káunsələrətlɔ́ː] 〖
coun·se·lors-) (美) 변호사, 법정 전문 변호사.
‡**count**[kaunt] 働働 1 수를 세다; 계산하다. ¶ ~ the people[the money] 인원[돈]을 세다 / *Don't ~ your chickens before they are hatched.* 〖속담〗떡줄 사람은 생각지도 않는데 김칫국부터 마신다.

유의어 **count** 하나 둘 하고 세다. **tell** 조심스러운 말; 천천히 생각하듯이 세다. **number** 문어적인 말. **enumerate** 하나하나 중요성을 부여하며 세다.

2 〔수를 어느 곳〕까지 세다, 열거하다; 합계하다(*up, over*). ¶ ~ ten 열까지 세다 / ~ *up* all the desks 책상 수를 세다. 3 …을 셈에 넣다, 고려에 넣다; …을 (…의) 하나로 보다 (*in, among*). 4 …을 (…의) 탓으로 하다, (…에게) 돌리다, 씌우다 (*to*). 5 (보어와 함께) ~을 (…라고) 간주하다, 생각하다 (*as, for*). ¶ (~+働+働) He ~*ed* his life meaningless. 그는 자기의 인생이 무의미하다고 생각했다. ¶ (~+働+*as* 働) Everyone ~*ed* the boy *as* [or *for*] lost. 누구나 그 소년이 행방불명이 된 것으로 간주했다. 6 (美구어) …을 (…라고) 추측하다, 생각하다 (*that*). ¶ (~+ *that* 働) We ~ *that* she will come. 우리는 그녀가 오리라고 생각한

다. 7 (음악) …의 박자를 맞추다.
——働 1 수를 세다, 계산하다. ¶ He can not even ~ properly. 그는 제대로 수도 세지 못한다. 2 수(數)적으로 생각하다, 수(數)로는 …이다. 3 (…으로) 간주되다, 꼽히다, 축에 들다 (*as, among*). ¶ (~+*as* 働) This picture ~*s as* a masterpiece. 이 그림은 걸작으로 간주된다. 4 (…의) 가치가 있다, 중요하다; (…에) 영향력을 갖다 (*toward*). ¶ What ~*s* is the quality of our life. 중요한 것은 우리 삶의 질이다. 5 (…을) 의존하다, 믿다, 기대하다(depend) (*on, upon*). ⇒RELY 유의어 6 (음악) 박자를 세다[맞추다]. 7 (특수한) 수치를 지니다. 8 (스포츠) 득점하다. 「하다고 생각하다.
count against (실패 따위가)[를]) …에게 불리해지다
count down 수를 거꾸로 읽다(10, 9, 8…, 0); (로켓 발사 따위에서) 초읽기를 하다.
count for little =*count for nothing*.
count for much 아주 중요하다[가치가 있다].
count for nothing; do not count for anything 보잘것없다, 아무 가치[쓸모]가 없다.   「세다.
count heads [or *noses*] (구어) (출석자의) 수를
count in …을 셈[목록]에 넣다; 같은 패에 넣어 주다.
count off (美) ① 〔군사〕 (기소장의) 소인(訴因)의 반(班)으로 나누다; (조편성을 위해) 번호를 부른다. ② …의 수를 확인하다.   「다, 기대다 (*for*).
count on [or *upon*] ① …에 세어 나가다. ② …에 의존한
count on one's fingers 손꼽아 세다.
count out ① …을 세어서 내다, (돈)을 주다; 〔사람〕이 나가는 것을 세다. ② …을 제외하다. ③ (美구어) (개표 때) 득표의 일부를 제외하여 …을 낙선시키다. ④ 〔권투〕 …의 KO패를 선언하다. ⑤ (놀이에서) 술래를 정하다.
count over …을 다시 세다, 일일이 세다.
count the days (낙으로 삼는 일을) 손꼽아 기다리다.
count the hours (즐거움이 기다리는 때까지) 남은 시간을 세다; 즐거운 때를 기다리다.
count the house 입장객 수를 세다.
count the House out (英) 정족수 미달로 하원 회의를 유회[산회]시키다.   「신중히 세다
count to ten (구어) 10까지 세어 마음을 진정시키다.
count towards …에 이바지하다, 플러스가 되다.
count up …을 다 세어 내다. ② 합계하다.
stand up and [or *to*] *be counted* (명령형으로) 당당히 자신의 입장[의견]을 밝히다.   「기세요.
You can [or *may*] *count on me.* (구어) 내게 맡
——働 1 ⓒⓤ계산, 셈. ¶ make an actual ~ 실제의 수를 세다. 2 〔단수형〕총수, 총계. ¶ hold a census ~ 인구 조사를 하다. 3 〔법률〕 (기소장의) 소인(訴因), 항목; 논점. 4 번수(番手)(방적사의 굵기의 단위). 5 a) 〔야구〕볼 카운트. b) 〔권투〕 (녹다운 때의) 카운트. c) 〔볼링〕 카운트(스페어 뒤에 첫번째 던져서 쓰러트린 핀의 수). 6 (물리) (가이거 계수관 따위의) 계수(計數). 7 ⓤ(고어) 평가; 고려, 주의, 주목. 8 (컴퓨터) 계수. 9 (英) (의회) (정족수 미달에 의한) 유회(流會). 10 (정치) 투표 집계. 11 회계, 결산. 12 (속어) (교도소의) 점호.
be down [or *out*] *for the count* ① 〔권투〕 카운트 아웃당하다, KO선언을 당하다. ② (구어) 의식불명이다, 곯아 떨어지다; 죽다; (기계가) 못쓰게 되다.
beyond [or *out of*] *count* 셀 수 없는, 무수한.
by count 계산하면, 세면.
get [or *set*] *count on* …을 중시하다, 기대하다.
keep count of …을 계속 세다; …의 수를 기억하다.
lose count of …을 잘못 세다; 셀 수 없게 되다.   「의 수를 잊다.
on all counts 〔법률〕 소인(訴因)의 전부에 대해서;
set count on …을 중시하다.
take count of …을 세다; …을 중시하다.
take no count of …을 문제삼지 않다.
take the count 〔권투〕 카운트아웃되다; 이미 사라지다. ¶ take the last [or long] ~ (속어) 죽다.

set no count on …을 중요시하지 않다, …을 안중에두지 않다.
take count of …을 고려에 넣다, 중요시하다.
take no count of …을 중요시하지 않다.
take the count ① 〔권투〕 카운트아웃이 되다. ② 《드물게》 이미 없다, 사용하지 않다. ③ 죽다.
—[형] 《숫자 뒤에서》 …개들이의. 「작의 지위[권한].
***count²** [명] (종종 C–) 백작(《英》 earl). **∠·ship** [명] 백
cóunt abìlity [명] 계산 능력.
***count·a·ble** [káuntəbl] [형] **1** 셀 수 있는. **2** 〔문법〕 가산(可算)의. **3** 〔수학〕 (집합에서) 유한(有限)의.
—[명] 〔문법〕 가산 명사. [참] uncountable
-bíl·i·ty, ～·ness [명] **-bly** [부]
cóuntable nóun [명] 〔문법〕 =count noun.
count·down [káuntdàun] [명] (로켓 발사 따위에서의) 초읽기, 카운트다운; 최종 점검.
Cóunt Drácula [명] =Dracula.
‡coun·te·nance [káuntənəns] [명] (복) ***-nanc·es*** [-iz]) **1** [U][C] 용모, 얼굴; 표정, 안색. ⇨FACE [유의어] ¶a sad ～ 슬픈 표정/have a noble ～ 고귀한 용모를 지니다/Her ～ fell. 그녀의 안색이 침울해졌다. **2** [U] 냉정, 침착. **3** [U] (정신적인) 지지, 격려, 장려, 원조.
find no countenance in …의 지지를 받지 못하다.
give [or ***lend***] (*one's*) ***countenance to*** …을 은근히 장려[지지]하다, …을 돕다. 「움으로.
in the light of *a person's* ***countenance*** 남의 도
keep *a person* ***in countenance*** 남의 체면을 세워주다. 「(웃지 않고) 점잔빼고 있다.
keep *one's* ***countenance*** 침착한 태도를 유지하다,
lose countenance 침착성[냉정]을 잃다.
put *a person* ***out of countenance*** 남을 당황하게 하다; 남을 무안하게 하다.
—[동][타] (***-nanc·es*** [-iz]; ***～d*** [-t]; ***-nanc·ing***) **1** …을 용서하다, 너그럽게 보다, 참다. ¶I could not ～ his rudeness. 나는 그의 무례함을 참을 수 없었다. **2** …에 찬성하다, …을 지지하다, 장려하다. ¶The king ～*d* learning. 왕은 학문을 장려했다.
‡count·er¹ [káuntər] [명] (복) **～s** [-z]) **1** (은행·상점 따위의) 계산대, 판매대, 카운터. ¶a department store ～ 백화점의 판매대/a girl behind [*or* across] the ～ (카운터의) 여점원. **2** 계산하는 사람; 계산기, 계수기. ¶a revolution ～ (기계의) 회전 계수기. **3** 〔컴퓨터〕 계수기, 카운터; 〔물리〕 (방사선의) 계수관(計數管). ¶a Geiger ～ 가이거 계수관. **4** (식당의) 카운터; 조리대. **5** 〔카드놀이〕 산가지(득점을 세기 위한 플라스틱·나무 따위의 칩). **6** (전화·자판기용) 모조 화폐; 토큰(token); 돈, 동전. **7** 거래 재료; (거래할 때의) 이점. **8** 〔언어〕 = counterword. 「폭로하다.
nail a lie to the counter 증거를 들이대며 거짓을
over the counter ① 계산대[카운터]에서. ② 소매점을 통해. ③ (증권 거래소가 아닌) 증권업자의 가게에서. ④ (약을 살 때) 처방전 없이. ⑤ 떳떳이, 당당하게.
sit [or ***serve, stand***] ***behind the counter*** 점원[상인]이 되다, 매장에서 일하다; 소매점을 운영하다.
under the counter (거래 따위를) 비밀리에, 암거래로; 몰래, 슬그머니.
***coun·ter²** [부] 《go나 run과 함께》 반대로; 반대 방향으로; 거꾸로 (*to*). ¶run [*or* go] ～ *to* our interest 우리 이익에 어긋나다.
—[형] **1** 거꾸로의, 반대의, 대립한 (*to*). ¶the ～ direction 반대 방향. **2** 부(副)의, 부본(副本)의; (한 쌍에서) 한쪽의. ¶the ～ side 한쪽. **3** 철회하는, 무효로 하는.
—[명] **1** 반대, 반대물; (상대의 행동이나 진술에 대한) 반대 행동[문서]. **2** 〔권투〕 되받아치기, 카운터블로; 〔펜싱〕 (칼끝을 둥글게 돌려) 칼끝을 막기. **3** 〔해사〕 선미 돌출부. **4** (말의) 앞가슴 부분. **5** (구두의) 뒤축 가죽. **6** 〔인쇄〕 (활자면의) 파인 부분(잉크가 묻지 않는 곳).
—[동][타] **1** …에 반대하다, 거스르다, 논박하다; 무효로 하다, 저지하다. **2** 〔타격 따위〕에 반격하다. —[자] **1** 반대하다, 거스르다. **2** 〔권투〕 되받아치다.
coun·ter³ [동][타] 《폐어》 …와 교전하다.
coun·ter- [káuntər, ∸-] [연결] opposite의 뜻. ¶*counter*act, *counter*attack, *counter*part.
coun·ter·ac·cu·sa·tion [kàuntərækjuzéiʃən] [명] 〔법률〕 (형사상의) 반소(反訴), 맞고소, 역고발.
***coun·ter·act** [kàuntərǽkt] [동][타] **1** …에 거꾸로 행동하다, 거스르다. **2** …을 방해하다, 대항하다; (역으로 행동하여) 〔남의 계획 따위〕를 꺾다, 좌절시키다; (약 따위가) …을 중화하다. **～·er** [명] **～·ing·ly** [부] **-ác·tor** [명]
coun·ter·ac·tion [kàuntərǽkʃən] [명][U][C] **1** (계획의) 훼방, 방해. **2** (약의) 중화 (작용). **3** 반작용, 역작용; 길항(拮抗) 작용. ¶action and ～ 작용과 반작용.
coun·ter·ac·tive [kàuntərǽktiv] [형] 반작용의; 중화성의. —[명] 반작용제(劑), 중화제; 중화력. **～·ly** [부]
coun·ter·ad·ver·tis·ing [kàuntərǽdvərtàiziŋ] [명] 《美》 (다른 광고에 대한) 반론 광고, 역선전. (또는 **còunterád, còuntercommércial, còunterméssage, còunterspót**) 「항력; 중화제, 반작용제.
coun·ter·a·gent [káuntərèidʒənt] [명] 중화력, 반
coun·ter·ap·proach [káuntərəpròutʃ] [명] (보통 ～es) 〔군사〕 (적의 접근로를 차단하는) 대항 참호.
coun·ter·ar·gu·ment [káuntərà:rgjumənt] [명] 반대론; 반박, 반론.
coun·ter·at·tack [명] [káuntərətæ̀k] 역습, 반격 (*against, on*) ¶go on the ～ 반격에 나서다.
—[동] [∸--∸] (…에게) 역습[반격]하다.
coun·ter·at·trac·tion [kàuntərətrǽkʃən] [명][U] 반대 인력, 대항 인력; 대항 유인물(誘引物).
coun·ter·bal·ance [명] [káuntərbæ̀ləns] **1** 평형추(平衡錘). **2** 평형력; 대항 세력. **3** (a ～) 균형을 이루는 것; 메우는 것. —[동] [∸-∸-] [타] …을 균형[평형]시키다; 〔효과〕를 상쇄하다, 〔부족〕을 메우다. ¶Studying hard often ～*s* slowness at learning. 열심히 공부하면 굼뜬 학습 진도를 보충하는 수가 종종 있다. —[자] 균형[평형]을 잡다; 상쇄하다; 메우다, 보충하다.
coun·ter·bid [káuntərbìd] [명] 〔상업〕 대항적 매수 주문; 대항적 입찰가. (또는 **counterbidding**)
coun·ter·blast [káuntərblæ̀st/-blà:st] [명] 맹렬한 항의, 강경한 반대[반격, 반론]; 〔기상〕 반대 기류.
coun·ter·blow [káuntərblòu] [명] 반격, 역습; 보복; 〔권투〕 카운터블로(맞받아치는 펀치). 「천장.
coun·ter-ceil·ing [-sì:liŋ] [명] 〔건축〕 방화[방음]
coun·ter·change [kàuntərtʃéindʒ] [동][타] **1** 〔장소 따위〕를 엇바꾸다, 교환하다. **2** 〔색〕을 교차시키다, 체크 무늬가 되게 하다. —[자] 엇바뀌다; 교차하다.
coun·ter·charge [명] [káuntərtʃà:rdʒ] **1** 반론, 반대 심문; 〔법률〕 반소(反訴), 맞고소. **2** 〔군사〕 반격, 역습; 보복. —[동][타] [∸-∸/∸-∸] **1** 반론하다; 〔법률〕 …을 맞고소하다. ¶If he charges me with bribery, I'll ～ him with slander. 그가 수회죄로 고소하면, 나는 그를 명예 훼손으로 맞고소하겠다. **2** 〔군사〕 …을 반격[역습]
cóunter chèck [명] 예금 청구 전표. 「하다.
coun·ter·check [명] [káuntərtʃèk] **1** 대항[방지] 수단, 반대; 방해. **2** 재조회, 재점검. **3** 《고어》 반박.
—[동][타] [∸-∸] **1** 〔장해 따위〕를 억제[방지]하다, …에 대항하다. **2** …을 재조회하다. **3** 《고어》 …에 반박하다.
coun·ter·claim [명] [káuntərklèim] 〔법률〕 반소, 맞고소; 반대 요구, 대항 요구 (*for*). —[동] [∸-∸] …에 반소하다; 반대 요구를 제출하다 (*for, against*).
-cláim·ant [명] 반소자, 반대 요구자.
coun·ter·clock·wise [kàuntərklákwàiz/-klɔ́k-] [형][부] 시계 바늘과 반대 방향의[으로].
coun·ter·con·di·tion·ing [kàuntərkəndíʃəniŋ] [명][U] 〔심리〕 반대 조건 부여. 「(逆)쿠데타.
coun·ter·coup [káuntərkù:] [명] 반(反)쿠데타, 역
coun·ter·cul·ture [káuntərkʌ̀ltʃər] [명][U] 반체제

문화(기성[전통] 문화·가치관을 거부하는 청년 문화).
coun·ter·cur·rent [káuntərkə̀ːrənt/-kʌ̀r-] 圀 1 역류. 2 〔전기〕 역전류. ──휑阅 [﹣﹣﹣] (…와) 반대 방향의[으로] (to). ──**ly** 凰 〔순환 대책 (효과).
coun·ter·cy·cle [káuntərsàikl] 圀 〔경제〕 경기
coun·ter·cy·cli·cal [kàuntərsáiklikəl] 휑 경기 순환의 경향과 반대되는, 경기 조정의.
coun·ter·dec·la·ra·tion [kàuntərdèklərèiʃən] 圀 반대 성명, 반대 선언.
coun·ter·deed [káuntərdìːd] 圀 (앞서 공표된 증서를 무효로 할 수 있는) 반대 증서; (공표된 협약을 취소하는) 비밀 서류.
coun·ter·dem·on·strate [kàuntərdémənstrèit] 圄邳 대항[반대] 데모를 하다. **-strà·tor** 圀
coun·ter·dem·on·stra·tion [kàuntərdèmənstréiʃən] 圀 대항 데모(어떤 데모에 대한 반대 데모).
coun·ter·drain [káuntərdrèin] 圀 부(副)하수도; 누수거(漏水渠).
coun·ter·drive [káuntərdráiv] 圀 반격, 역습.
cóunter drùg 圀 의사의 처방전 없이 판매되는 약.
coun·ter·drug [káuntərdrʌ̀g] 휑 (마약 등 의존성 약에서 벗어나게 하는) 대항약(對抗藥).
cóunter electromótive fórce 圀 〔전기〕 역기전력(逆起電力)(back electromotive force).
coun·ter·e·lite [kàuntərilíːt, -eilíːt] 圀 신(흥) 엘리트층.
coun·ter·es·ca·la·tion [kàuntərèskəléiʃən] 圀 UC 대항적 확대.
coun·ter·es·pi·o·nage [kàuntəréspiənɑ̀ːʒ, -nidʒ] 圀U 역(逆)스파이 활동, 방첩 활동.
coun·ter·ev·i·dence [kàuntərévədəns] 圀 반대되는 증거, 반증. 〔반례(反例).
coun·ter·ex·am·ple [káuntərigzæ̀mpl] 圀 반증,
coun·ter·ex·em·pli·fy [kàuntərigzémpləfài] 圄邳 …을 반증하다, 반대의 예를 들다.
*****coun·ter·feit** [káuntərfìt] 휑 1 위조[가짜, 모조]의. ¶a ~ note [passport] 위조 지폐[여권]. 2 거짓[허위]의, 겉뿐인. ¶ ~ grief [illness] 마음에도 없는 비탄[꾀병].
── 圀 1 모조품, 위조물, 가짜. ¶This note is a poor ~. 이 지폐는 조잡하게 만든 가짜다. 2 (고어) 모사(模寫), 사본; 초상. 3 (고어) 사기꾼.
── 圄邳 1 …을 모조하다, 위조하다(forge). ¶ ~ money 돈을 위조하다. 2 …와 비슷하다, …을 흉내내다. ¶ ~ a person's voice 남의 목소리를 흉내내다. 3 …인 체하다, …을 가장하다. ¶ ~ sorrow 슬픈 체하다.
── 邳 가짜를 만들다; 속이다.
~·ly 凰 ~·ness 圀
coun·ter·feit·er [káuntərfìtər] 圀 1 모조자; (美) (화폐·지폐 따위의) 위조자, 화폐 위조자, 문서 위조자.
coun·ter·foil [káuntərfɔ̀il] 圀 (英) 부본, 원부(수표 따위를 떼주고 남는 쪽지)((美) stub).
coun·ter·force [káuntərfɔ̀ːrs] 圀U (軍) 대항[대항] 세력[경향]. 2 〔군사〕 선제 핵공격 무기; (핵병기 공격에 대한) 핵병기에 의한 반격. 〔표 전략.
cóunterforce strátegy 圀 〔군사〕 대(對)군사 목
cóunterforce wéapon 圀 반격 무기(핵무기를 가리킴). 〔壁〕, 버팀벽.
coun·ter·fort [káuntərfɔ̀ːrt] 圀 〔건축〕 부벽(扶
count·er·girl [káuntərgə̀ːrl] 圀 여점원; 여사환.
coun·ter·glow [káuntərglòu] 圀 〔천문〕 대일조(對日照) (外衝光), 웅벽.
coun·ter·guard [káuntərgɑ̀ːrd] 圀 〔축성〕 외루
coun·ter·gue(r)·ril·la [kàuntərgərílə] 圀 대항 게릴라. 〔손해 보증서.
coun·ter·in·dem·ni·ty [kàuntərindémnəti] 圀
coun·ter·in·fla·tion·ar·y [kàuntərinfléiʃənèri/-nəri] 휑 반(反)인플레이션의, 인플레이션 억제의. ¶~ measures 인플레이션 억제책.

coun·ter·in·sur·gen·cy [kàuntərinsə́ːrdʒənsi] 圀U 대(對)게릴라전[활동]; 대파괴 활동[계획]. ──圀阅 대게릴라전의; 대파괴 활동의(@ COIN).
coun·ter·in·sur·gent [kàuntərinsə́ːrdʒənt] 圀 게릴라 소탕 대원. ──휑 반게릴라 활동의.
coun·ter·in·tel·li·gence [kàuntərintélədʒəns] 圀 1 U 방첩 활동, 반스파이 활동. 2 방첩 부대[기관].
Counterintélligence Còrps 圀 (美) 방첩 부대 (@ CIC).
coun·ter·in·tu·i·tive [kàuntərintjúːətiv/-tjúː-] 휑 반(反)직관적인, 직관에 어긋나는. 〔반대 이온.
coun·ter·i·on [káuntərài(ə)n, -àiən] 圀 〔물·화〕
coun·ter·ir·ri·tant [kàuntərírətənt] 圀 〔의학〕 반대[유도] 자극제, 표면 자극제. ──휑 반대 자극제의 [로 작용하는], 반대[유도] 자극성의.
coun·ter·ir·ri·tate [kàuntəríːrətèit] 圄邳 〔의학〕 …에 반대 자극제를 바르다, 반대 자극 요법을 쓰다.
-tá·tion 圀U 반대[유도] 자극(법).
count·er·jump·er [káuntərdʒʌ̀mpər] 圀 (英卑어) (경멸적) (소매점의) 점원, 판매원.
coun·ter·light [káuntərlàit] 圀 마주 본 양쪽에서의 조명. ──圄阅 [﹣﹣﹣] (방 내부를) 마주 본 양쪽 창 [조명등]에서 조명하다, 정면에서 조명하다.
count·er·man [káuntərmæ̀n] 圀 점원; 카운터에서 손님 시중을 드는 사람.
coun·ter·mand [kàuntərmǽnd/-mɑ́ːnd] 圄邳 〔명령·주문 따위〕를 철회하다, 취소하다; (반대 명령을 내려) …을 철수[중지]시키다. ──圀 [﹣﹣﹣] UC 취소 명령; (주문의) 취소. **-a·ble** 휑
coun·ter·man·i·fes·to [kàuntərmænəféstou] 圀 (圀 ~es) (다른 성명에 대한) 반대 성명(서).
coun·ter·march [káuntərmɑ̀ːrtʃ] 圀 1 반대 행진, 후퇴. 2 (행동·방법의) 180도 전환. ──圄 [﹣﹣﹣] 뒤로 돌아 행진시키다[하다]; 180도 전환시키다[하다].
coun·ter·mark [káuntərmɑ̀ːrk] 圀 1 (금은 세공 따위의) 검증 각인(刻印). 2 (공동 화물의) 부표(副票).
──圄邳 [﹣﹣﹣] 1 (화폐·금은 세공 따위)에 각인을 찍다. 2 (화물)에 부표를 달다.
cóunter márketing 圀 카운터 마케팅(유해 식품·제품 등의 판매 억제 활동).
coun·ter·meas·ure [káuntərmèʒər] 圀 (종종 ~s) 대책; 대항책; 보복 수단.
coun·ter·mel·o·dy [káuntərmèlədi] 圀 카운터 멜로디, 대위(對位) 선율. 〔역방향으로의 이동[이주].
coun·ter·mi·gra·tion [kàuntərmaigréiʃən] 圀
coun·ter·mine [káuntərmàin] 圀 1 (육군) 대적 갱도(對敵坑道)(적의 갱도를 폭파하기 위한 갱도); (해군) (적의 기뢰를 폭파하기 위한) 자주(自走) 기뢰, 역(逆)기뢰. 2 (계략의 이면을 찌르는) 대항책.
──圄 [﹣﹣﹣] 1 (군사) 대적 갱도[자주 기뢰]로 대항하다; 대적 갱도를 파다. 2 (…의) 계략의 이면을 찌르다.
coun·ter·mis·sile [káuntərmìsəl/-sail] 圀 미사일 요격 미사일(antimissile missile).
coun·ter·move [káuntərmùːv] 圀 대항[반대] 운동; 보복 수단. ──圄 [﹣﹣﹣,﹣﹣﹣] 반대 운동을 하다, 대항 수단을 취하다, 보복 행동을 하다. ──**ment** 圀
coun·ter·of·fen·sive [kàuntərəfénsiv] 圀 반공, 반격, 역공(against).
coun·ter·of·fer [káuntərɔ́ːfər/-ɔ́fər] 圀 1 반대 신청, 반대 제안; 대안[수정안] 제출. 2 (상업) (상거래의) 수정[반대] 신청.
coun·ter·pane [káuntərpèin] 圀 (침대의) 이불, 침대 씌우개(bedspread). **-pàned** 휑
*****coun·ter·part** [káuntərpɑ̀ːrt] 圀 1 아주 비슷한 사람[것](의 한쪽). 2 한 쌍의 한쪽. ¶The ~ of man is woman. 남자와 짝을 이루는 것은 여자다. 3 (…에) 상응하는[해당되는] 사람[것], 동격의 사람[것]; 동등한 것, 등가물. ¶Our president is the ~ of your prime

minister. 우리 대통령은 당신네 나라 총리에 해당된다. **4** 복사물, 사본; 상대물. **5** (정부(正副) 2통 중의) 한 통, 부본. **6** (연극의 주역에 대한) 상대역.

cóunterpart fúnd 圀 (美) (경제) 대충(對充) 자금.
coun·ter·per·son [káuntərpə̀ːrsn] 圀 (식당 따위의) 카운터 담당자[종업원](* 중성 용어).
coun·ter·pho·bic [kàuntərfóubik] 圀 역공포 (공포증 극복을 위하여 스스로 공포를 느끼게 하는 상황을 체험하는 일). — 圀 역공포의. **-bi·cal·ly** 凪
coun·ter·plan [káuntərplæ̀n] 圀 대책; 대안(代案).
coun·ter·plea [káuntərplíː] 圀 〔법률〕 (부수적) 반대 항변(피고 답변(서)에 대한 원고의 답변(서)).
coun·ter·plot [káuntərplɑ̀t/-plɔ̀t] 圀 (…에의) 대항책(to); (의표를 찌르는) 계략. — (**-tt-**) 재 (적의 계략에) 대항책[계략]을 강구하다. — 탄 (적의 계략에) 계략으로 맞서다; (적의 의표를 찌르다.
coun·ter·point [káuntərpɔ̀int] 圀 U **1** 〔음악〕 대위법(對位法); C 대위 선율. **2** 〔문학〕 대위 형식. **3** 대조, 대비. — 탄 …을 대비하여 강조하다; …을 대위법으로 작곡[편곡]하다. **4** (古語) 비교 고찰하다.
coun·ter·poise [káuntərpɔ̀iz] 圀 **1** 평형추(錘), 분동(分銅). **2** U 평형, 균형. **3** 평형력, 대항 세력. **4** (무선) 대지선(對地線)(지표의 어스선 대용 전선).
in counterpoise 균형이 잡혀, 안정되어.
— 탄 **1** …을 균형[평형]을 이루게 하다. **2** …와 평형을 유지하게 하다; …와 균형을 이루다; …에 대항하다. **3** …을 메우다, 보상하다. **4** (古語) 비교 고찰하다.
cóunterpoise brìdge 圀 도개교(跳開橋).
coun·ter·poi·son [káuntərpɔ̀izn] 圀 해독성 독소; 해독제. 〔압력, 억압(逆壓)
coun·ter·pres·sure [káuntərprèʃər] 圀 U 반
coun·ter·pro·duc·tive [kàuntərprədʌktiv] 圀 (기대에) 반대되는 결과를 낳는, 역효과의; 비생산적인.
coun·ter·pro·gram [kàuntərpróugræm] 팀 (TV) (다른 방송국의 프로에 대항하기 위해) 대항 프로를 편성하다. **~ming** 圀 U 대항 프로 편성.
coun·ter·pro·lif·er·a·tion [kàuntərprəlífəréiʃən] 圀 핵(무기) 확산 반대[저지], 반(反)핵확산.
coun·ter·prop·a·gan·da [kàuntərprɑ̀pəgǽndə/-prɔ̀p-] 圀 U 대항 선전, 역선전. 〔대 제안, 대안.
coun·ter·pro·pos·al [kàuntərprəpóuzəl] 圀 반
coun·ter·prop·o·si·tion [kàuntərprɑ̀pəzíʃən/-prɔ̀p-] 圀 반대 동의(動議).
coun·ter·punch [káuntərpʌ̀ntʃ] 圀 반격; 〔권투〕 =counterblow. — 툄재 카운터펀치를 퍼붓다.
coun·ter·pur·chase [káuntərpə̀ːrtʃəs] 圀 〔경제〕 대응 구매[수입].
Cóunter Reformátion 圀 (the ~) 〔역사〕 반종교 개혁(16-17세기 종교 개혁에 자극받은 가톨릭교 내부의 개혁 운동). 〔ən〕 圀 반(反)개혁.
coun·ter·ref·or·ma·tion [kàuntərrèfərméiʃən]
coun·ter·re·ply [kàuntərriplái] 圀 답변[회답]에 대한 답변[회답]. — 튄 …에 답변에 대하여 답변하다. — 탄 (대답에 대해서) 되대꾸하다.
coun·ter·rev·o·lu·tion [kàuntərrèvəlúːʃən] 圀 UC 반혁명. **~ist** 圀
coun·ter·rev·o·lu·tion·ar·y [kàuntərrèvəlúːʃənèri/-ʃənəri] 圀 반혁명의. — 圀 (또는 **counterrevolutionist**) 반혁명 운동자[주의자].
coun·ter·róck·ing túrn [-rɑ́kiŋ-/-rɔ́k-] 圀 〔스케이트〕 역회전, 카운터. (또는 **còunter rócker**)
coun·ter·scarp [káuntərskɑ̀ːrp] 圀 〔축성〕 (해자의) 외벽; 외벽으로 둘러싸인 통로.
coun·ter·sea [káuntərsíː] 圀 역파도. 〔중간축(軸).
coun·ter·shaft [káuntərʃǽft/-ʃɑ̀ːft] 圀 〔기계〕
coun·ter·shock [káuntərʃɑ̀k/-ʃɔ̀k] 圀 〔병리〕 카운터쇼크(부정맥 치료를 위해 심장에 가하는 전기 쇼크).
coun·ter·sign [káuntərsàin] 圀 **1** (군사) (보초

등의) 암호, 군호(password); 응답 신호. **2** 부서(副署), 연서(連署). — 탄 [--, --] 〔문서〕에 연서[부서]하다; …을 확인[승인]하다. 〔서, 부서.
coun·ter·sig·na·ture [kàuntərsígnətʃər] 圀 연
coun·ter·sink 圀탄 [káuntərsìŋk, --] (**-sank**; **-sunk**) **1** (못대가리가 묻히도록) …의 구멍 위쪽을 치다. **2** (나사·볼트의 대가리를) 구멍에 묻히게 하다. — 圀 [--] **1** 구멍 위쪽을 넓히는 송곳. **2** 위쪽을 넓힌.
coun·ter·spy [káuntərspài] 圀 역스파이. 〔구명.
coun·ter·state·ment [káuntərstèitmənt] 圀 반론, 반박; 반대 진술.
coun·ter·step [káuntərstèp] 圀 대책. 〔기; 반격.
coun·ter·stroke [káuntərstròuk] 圀 되받아치
coun·ter·sub·ject [káuntərsʌ̀bdʒikt] 圀 〔음악〕 대(對)주제; 대우(對偶)[대비] 주제. 〔경향.
coun·ter·ten·den·cy [káuntərtèndənsi] 圀 역
coun·ter·ten·or [káuntərtènər] 圀 〔음악〕 카운터테너(tenor보다 높은 음역); 카운터테너 가수[음부].
coun·ter·ror [kàuntərérər] 圀CU 보복[대항] 테러.
coun·ter·ror·ism [kàuntərérərizm] 圀 U 보복[대항] 테러 행위; 테러 방지 대책. **-ist** 圀
coun·ter·thrust [káuntərθrʌ̀st] 圀 (찌름에 대한) 되받아 찌르기; 반격; 상대의 힘에 대항해 밀기.
coun·ter·top [káuntərtɑ̀p/-tɔ̀p] 圀 카운터톱(주방의 조리대). 〔방 조리대용의[으로 고안된].
coun·ter·trade [káuntərtrèid] 圀 대응 무역, 바터 무역. **-tràd·er** 圀 〔반대 경향, 역경향.
coun·ter·trend [káuntərtrènd] 圀 역류(逆流).
coun·ter·turn [káuntərtə̀ːrn] 圀 **1** 반대 방향으로의 방향 전환. **2** (이야기 따위의) 의외의 전환, 급전.
coun·ter·type [káuntərtàip] 圀 유사형, 대응형(對應型); 상응(相應)형; 반대형.
coun·ter·vail [kàuntərvéil] 팀 **1** …에 반작용하다; …을 상쇄하다. **2** …을 메우다, 보상하다. **3** (古語) …와 같다. — 재 (…에) 상쇄[대항]하다 *(against)*.
coun·ter·vàil·ing dùty [káuntərvéiliŋ-] 圀 〔경제〕 상쇄 관세(수출국의 보조를 받는 수입품에 부과하는 할증 관세); 略 CVD). 〔동등[등가]의 반격.
coun·ter·val·ue [káuntərvælju:] 圀 (전략상의)
coun·ter·view [káuntərvjùː] 圀 반대 의견; 대조.
coun·ter·vi·o·lence [kàuntərváiələns] 圀U 대항[보복]적 폭력. 〔ance.
coun·ter·weigh [kàuntərwéi] 탄 =counterbal**coun·ter·weight** [káuntərwèit] 圀 평형추(平衡錘), 분동(分銅). — 탄 …에 평형추를 달다.
coun·ter·word [káuntərwə̀ːrd] 圀 **1** 전용어(轉用語), 대용어(본뜻과는 동떨어져서 넓고 애매한 의미로 쓰이는 말. 예: *awful*(=very), *terrific*(=extraordinary)). **2** (반사적 응답어로 쓰는) 일시적 유행어.
coun·ter·work [káuntərwə̀ːrk] 圀 U 반대 행동, 반작용; 방해(공작), 훼방. 圀 (~**s**) (군사) 대항 진지. — 재 …에 대항하다, 반대 행동을 하다. — 탄 …을 방해하다, 좌절시키다; (적)의 의표를 찌르다.
count·ess [káuntis] 圀 **1** 백작 부인(count((英) earl)의 부인). ⇒ BARON 〔参考〕 **2** 여자 백작.
coun·ti·an [káuntiən] 圀 (특정한) 주(州)[군]의 주민[거주자]. 〔수판식 계산 기구.
cóunting fràme [ràil] [káuntiŋ-] 圀 (유아용)
cóunting hòuse 〔英〕 회계 사무소; 회계[경리과]실. (또는 **cóuntinghòuse**, 〔美〕 **cóunting ròom**)
cóunting tùbe 〔물리〕 계수관(counter tube) (방사성 입자를 검출·계수하는 방전관). 〔수한. **~ly** 凪
‡**count·less** [káuntlis] 圀 (너무 많아) 셀 수 없는, 무
cóunt nóun 〔문법〕 가산(可算) 명사(countable).
count-out [-àut] 圀 **1** (英하원) 정족수 미달로 인한 유회. **2** (美) 제외표(除外票)에 의한 낙선자. **3** (권투) 카운트아웃(녹다운의 규정 시간(10초)이 지나는 일).

cóunt pálatine [명] ([복] **-s p-**) 〔독일·英역사〕 팔라틴 백작(왕권의 일부를 위탁받았던 독일·영국의 영주).

coun·tri·fied [kʌ́ntrəfàid] [형] **1** 촌스러운, 시골티가 나는, 촌티 나는. **2** 세련되지 못한(rustic); 세계적이 아닌; 국지적인. (또는 **countryfied**)

‡**coun·try** [kʌ́ntri] [명] ([복] ***-tries*** [-z]) **1** [C][U] 《단수형으로 때로 무관사》 지방, 토지, 땅; 지역; 해역(海域). ¶an unknown ~ 낯선 고장/rocky ~ 바위 투성이의 땅. **2** 나라, 국가; 국토. ¶foreign *countries* 해외 여러 나라/an industrial ~ 공업국/*So many countries, so many customs.* 《속담》 지방이 다르면 풍속도 다르다.

> [USAGE] 예를 들어 한국인이 한국내에서 「우리나라에서는」이라 할 경우 in this country가 보통이며 in our country는 쓰기에 따라 교만·비하(卑下)·경멸 따위의 감정을 내포할 때가 있다.

3 (the ~) 《집합적·단수취급》 국민; 민중, 대중. **4** 본국, 고국, 조국; (one's ~) 고향. ¶ one's old ~ 조국/fight for one's ~ 조국을 위해 싸우다. **5** (the ~) 시골, 전원, 교외([참] town). ¶life in the ~ 전원 생활/spend in the ~ 시골에서 지내다. **6** 《단수형으로 때로 무관사; 수식어와 함께》 (활동·지식 따위의) 영역, 분야. ¶a strange ~ to a person 어떤 사람에게 있어서 미지의 분야. **7** 〔크리켓〕 외야(外野). **8** 〔법률〕 배심. ¶trial by the ~ 배심 재판. **9** 〔해사〕 (특정인을 위한 배 안의) 전용 구역. ¶the officer ~ 사관[장교]실/ the steerage ~ 조타실. **10** 《美구어》 =~-and-western.

across (the) country 길이 없는 곳을 가로질러; 일직선으로, 반듯하게; 크로스컨트리의 (경기 따위).

all the country; the whole country 전국; 전국민. ¶*All the* ~ is opposed to war. 전국민이 전쟁에 반대하고 있다. 「기이다, 18번이다.

be (in) *one's* ***(own) line (of country)*** 《구어》 장

down country 해안(지방)에서[으로].

go into the country 시골로 가다.

go out in the country 시골로 가다; 《美속어》 사람을 유괴 살해하여 외딴 곳에 유기하다; 사람이 유괴 살해되어 외딴 곳에 유기되다.

go [or ***appeal***] ***to the country*** 《英》 (의회를 해산하고) 국민의 여론을 묻다, 총선거를 실시하다.

in the country 시골에서[의]; 〔크리켓〕 (야수가) 삼주문(wicket)에서 멀리 떨어져. 「게도) 있다.

It's a free country! 《구어》 그 정도의 권리는 (나에

put [or ***throw***] *oneself* ***upon the*** [or *one's*] ***country*** (소송 관계자가) 배심 재판을 요구하다.

submit to trial by God and *one's* ***country*** 배심

up country 도시[해안]에서 떨어져. 「재판을 받다.

— [형] **1** 시골[지방]의(rural). ¶~ people 시골 사람들. **2** 거친, 조야(粗野)한. **3** 〔음악〕 컨트리(웨스턴)(풍)의. **4** 《美속어》 매우 우수한, 힘있는. **5** 《방언》 고향[조국]의.

coun·try-and-west·ern [-ənwéstərn] [명][U] 《美》 컨트리 앤드 웨스턴(country music)(미국 서·남부 지방에서 발달한 대중 음악; [약] C & W).

cóuntry bànk [명] 지방 은행.

cóuntry blúes [명] 《때로 단수취급》 컨트리 블루스(기타와 어쿠스틱 악기로만 연주하는 포크 블루스).

coun·try-born [-bɔ́ːrn] [형] 시골 태생의.

coun·try-bred [-bréd] [형] 시골에서 자란.

cóuntry bùmpkin [명] 시골뜨기, 촌놈.

cóuntry clùb [명] 컨트리 클럽.

cóuntry cóusin [명] 《구어》 《경멸적》 시골 친척, 도회지에 갓 온 시골 사람.

cóuntry dámage [명] 〔보험〕 (악천후·취급 부주의 따위에 의한 원산지·집산지에서의) 상품의 손해.

cóuntry dànce [dàncing] [명] 컨트리 댄스(contradance)(남녀가 마주 보고 두 줄로 서서 추는 춤).

coun·try·fied [kʌ́ntrəfàid] [형] =countrified.

coun·try·folk [kʌ́ntrəfòuk] [명][복] 《집합적》 시골 사람들, 지방인; 동포, 동향 사람.

coun·try-fresh [-fréʃ] [형] 자연적이고 신선한.

cóuntry fúnd [명] 〔금융〕 컨트리 펀드(특정 국가의 주식에 투자하는 외국 주식 투자 신탁). 「방 유지.

cóuntry géntleman [명] 시골 지주[부호]; 《英》 지

cóuntry hóliday [명] 교외에서 보내는 휴가[피크닉].

cóuntry hòuse [명] 《英》 (귀족·지주 등의) 시골 저택; 《美》 별장. [반] town house

cóuntry jàke [jày] [명] 《美》 시골뜨기.

cóuntry kítchen [명] (식당 겸용의) 넓은 주방.

coun·try·like [kʌ́ntrilàik] [형] 시골풍의, 촌스러운.

coun·try·man** [kʌ́ntrimən] [명] ([복] ***-men [-mən]) **1** (보통 one's ~) 동포, 동향인. ¶a fellow ~ 동포. **2** 시골 사람, 지방민([참] citizen). **3** 어떤 지역의 주민[출신자].

cóuntry míle [명] 《美구어》 매우 긴 거리; 광대한 범위. ¶hit a ball a ~ 공을 멀리까지 쳐서 보내다.

cóuntry músic [명] 《美》 =country-and-western.

cóuntry pàrk [명] 《英》 전원 공원.

cóuntry pàrty [명] (때로 C- P-) 지방당(공업 개발보다 농업 발전을 중시하는 정당). 「folk.

coun·try·peo·ple [kʌ́ntripìːpl] [명] =country-

cóuntry rìsk [명] 〔경제〕 국가 위험도, 컨트리 리스크, 대외 신용도(투융자·교역 대상국의 전반적 신용도).

cóuntry róck [명] **1** 〔음악〕 컨트리 록(1960년대 유행한 록조(調)의 웨스턴 음악). **2** 〔지질〕 모암(母岩).

coun·try·seat [kʌ́ntrisìːt] [명] 《英》 시골의 대저택.

‡**coun·try·side** [kʌ́ntrisàid] [명] (the ~) **1** (국내의) 한 지방; 시골, 지방. **2** 《집합적·단수취급》 (어떤) 지방의 주민, 시골 사람. 「석구석을 뒤지다.

scour the countryside 사방팔방 누비며 찾다, 구

cóuntry sìnger [명] 컨트리 뮤직 가수.

cóuntry stóre [명] (피서지·행락지 등의) 잡화점.

coun·try-style [-stáil] [형] 시골풍의, 소박한.

cóuntry tówn [명] 시골[지방] 소도시[읍].

coun·try-west·ern [-wéstərn] [명] =country-and-western. 「(또는 **cóuntry-wíde**)

coun·try·wide [kʌ́ntriwáid] [형][부] 전국적인[으로].

coun·try·wom·an [kʌ́ntriwùmən] [명] 동향[같은 나라]의 여자; 시골 여자.

‡**coun·ty** [káunti] [명] ([복] ***-ties*** [-z]) **1** 《美》 군(郡)(주(州)(state) 바로 밑의 행정 단위; Louisiana 주에서는 parish, Alaska 주에서는 borough라고 한다). **2** 《英》 주(∗고유 명사와 결합하면 shire가 된다. 예: the ~ of Berk=Berkshire); (캐나다·뉴질랜드 등의) 주, 군. **3** (the ~) 《단·복수 양용》 《美》 군민, 《英》 주민; 《英》 지방 명문[문벌]가. **4** 《폐어》 백작령(領). — [형] 《英》 주의[에 관한]; 《美》 군의[에 관한]; 《英》 주의 부호들의[에 의한]; 상류의, 상류티를 내는. 「tural agent).

cóunty ágent [명] 《美》 군(郡) 농촌 지도원(agricul-

cóunty bóard [명] 군 위원회(county의 행정 기관).

cóunty bórough [명] 〔英역사〕 특별시(1974년 폐지).

cóunty clérk [명] 《美》 군 서기.

cóunty cóllege [명] 《英》 보습(補習) 학교(15-18세의 남녀가 다니는 시간제 직업 학교).

cóunty commíssioner [명] 《美》 군정(郡政) 위원.

cóunty córporate [명] 〔英역사〕 주(州) 자치구(행정상 county와 동격). (또는 **córporate cóunty**)

cóunty cóuncil [명] 《단·복수 양용》 《英》 주의회, 《美》 군의회.

cóunty cóurt [명] **1** 《英》 주[지방] 법원(민사 사건을 다룸). **2** 《美》 군 법원(민사·형사 사건을 다룸); 《美》 군 행정 위원회.

coun·ty-court [-kɔ̀ːrt] [동][타] 《英구어》 (소액 채무 관계로) …을 주[지방] 법원에 제소하다. 「대회.

cóunty fáir [명] 《美》 농업 박람회, 농산물[가축] 경진

cóunty fámily [명] 《英》 주의 구가(舊家), 지방의 명문.

cóunty fárm [명] 《美》 군(郡) 구빈(救貧) 농장. 「院).

cóunty hóme [hóuse] [명] 군[주]영 구빈원(救貧

cóunty pálatine 몡 (종종 C- P-) (英) 팔라틴 백작령(領)(Chester, Durham, Lancaster 등 3개 주).
cóunty schòol 몡 (英) 공립 초등[중] 학교.
cóunty séat 몡 (美) 군청 소재지, 군의 행정 중심지.
cóunty séssions 몡圖 (英) 〔옛〕 치안 판사에 의해 매년 4회 개정되는〕 사계(四季) 재판(1971년 폐지).
cóunty tówn 몡 1 =county seat. 2 (英) 주도(州都), 주청(州廳) 소재지.
coup [ku:] 몡 (圖 ~s [-z]) 1 (불의의) 일격; 〔장사·사업 따위의〕 대성공, 큰 히트. 2 (북미 인디언의) 무공, 용감한 행위. 3 =~ d'état. ¶a military ~ 군사 쿠데타. [<F blow, stroke]
  count coup (북미 인디언이 쿠 스틱으로 적을 가장 먼저 치는 것으로 자기의 공을 세우다; 자기의 공을 내세우는.
  make [or **pull off**] **a coup** 잘해내다, 대성공하다.
coup de fou·dre [F ku də fudʀ] 몡 (圖 -s d- f-) 1 (순간의) 뜻밖의 일, 돌발 사고, 청천벽력. 2 한눈에 반함. 3 낙뢰. [<F]
coup de frap·pé [F ku də fʀape] 몡 (프랑스의)
coup de grâce [F ku də gʀɑːs] 몡 (圖 -s d- g-) 1 온정의 일격(죽음의 고통을 덜어주기 위한 일격). 2 최후의 일격. [<F finishing stroke]
coup de main [F ku də mɛ̃] 몡 (圖 -s d- m-) 1 기습, 급습. 2 급격한 발전[전개]. [<F]
coup de maî·tre [F ku də mɛtʀ] 몡 (圖 -s d- m-) 뛰어난 솜씨, 위업, 대성공. [<F]
coup de plume [F ku də plym] 몡 (圖 -s d- p-) 문필에 의한 공격; 풍자. [<F]
coup d'es·sai [F ku desɛ] 몡 (圖 -s d-) (첫) 시도, 실험. [<F]
coup d'é·tat [kuː deitáː] 몡 (圖 -s d-) 쿠데타, 무력 정변(政變). ⇨REVOLUTION 類義語 ¶an aborted ~ 미수로 끝난 쿠데타. (또는 **coup**) [<F]
coup de thé·â·tre [F ku də teɑtʀ] 몡 (圖 coups d- t-) 1 (연극에서의) 사건의 급전환; 인기를 노린 행동; 흥행 성공. 2 기발한 드릴[꾀]. [<F]
coup d'oeil [F ku dœj] 몡 (圖 -s d-) 일별, 일견 (quick glance); 개관. [<F]
coupe [ku:p] 몡 (美) 쿠페형 자동차(two-door sedan). (또는 **coupé**)
cou·pé [kuːpéi/—] 몡 1 쿠페형 마차(상자형의 2인승 4륜 마차). 2 〔철도〕 (뒤쪽 한쪽에만 좌석이 있는 유럽의) 특별 객차. 3 〔발레〕 (한쪽 다리에서 다른 다리로 체중을 옮기는 중간 스텝. (또는 **coupe**) [<F]
cou·pla [káplə] 몡 (美구어) =a couple of.
‡**cou·ple** [kápl] 몡 (圖 ~s [-z]) 1 (둘로 이루어진) 한 쌍; 같은 종류·관계가 있는) 둘, 두 사람, 두 마리 (* two의 의미로 널리 쓰인다). ⇨PAIR 類義語 ¶a ~ of players 두 사람[한 쌍]의 경기자.

[USAGE] **couple**의 수(數) ——couple이 수사 다음에 올 때, 단수형일 때도 복수형으로 하는 것이 보통. ¶three ~s of ducks 여섯 마리의 오리.

2 〔집합적; 단·복수 양용〕 부부, 약혼한 남녀, 연인 커플; (댄스 따위의) 남녀 한 쌍(* 하나의 단위일 경우 단수, 두 사람을 가리킬 경우 복수). ¶a newly wedded ~ 신혼 부부/an engaged ~ 약혼중인 남녀/make a good ~ 어울리는 부부가 되다. 3 (~s) 두 마리의 사냥개를 잇는 가죽끈. 4 (~s) (여우 사냥 때) 두 마리 한 쌍의 사냥개. 5 〔물리〕 우력(偶力). 6 〔천문〕 쌍성(雙星). 7 〔건축〕 ㅅ자 모양으로 짠 두 재목. 8 짝짓기, 교미. ¶birds in ~ 교미중인 새. 9 〔전기〕 전쌍(電雙)(기전력을 발생시키는 두 종류의 성질이 다른 금속편).
  a couple more (구어) 또 둘의, 나머지 2개[명]의.
  a couple of (구어) ① 둘의, 두 개의. ② 두서너 개의, 몇 개의, 몇 사람의. ¶a ~ of hours 두세 시간.
  a couple of fives back to back (美구어) 10년형(刑).

go [or **hunt, run**] **in couples** 늘 둘이 함께 [붙어] 다니다; 협력하다.
—圖 (~s [-z]; ~d; -pling) 📼 1 …을 둘씩 잇다, 짝지우다; 결합하다(together, up)(on (to), to). 2 〔전기〕 커플러에 연결하다(coupler) 2 …을 결혼시키다; (동물을) 교미시키다. 3 …을 연상하다; …을 결부하여 생각하다(together) (with, to). ¶ ~ 젠 with [or and] B A와 B를 결부시켜 생각하다. —젠 1 결합하다. 2 결혼하다; (사람이) 성교하다; (동물이) 교미하다, 짝짓기하다(with). 3 〔전기〕 커플러로 접속하다; 〔우주선이〕 도킹하다.
cou·pler [káplər] 몡 1 연결자[인], 연결물, 연결 장치. ¶an automatic ~ 〔철도 차량의〕 자동 연결기. 2 〔풍금 따위의〕 건반 연결기. 3 〔전기〕 커플러(2개의 회로를 결합하는 장치). 4 〔컬러 사진〕 발색제(發色劑).
cou·plet [káplit] 몡 1 〔시의〕 이행 연구(二行聯句), 대구(對句). 2 한 쌍. 3 〔음악〕 커플릿(후렴과 후렴 사이에 끼운 톤도 형식의 대조적인 부분.
cou·pling [káplin] 몡 1 ⓤ 연결; 결합. 2 (동물의) 교미, 짝짓기; (경멸적) 성행위. 3 〔기계〕 연결기[장치], 커플링; 〔철도〕 차량 연결기. 4 〔전기〕 (두 회로의) 결합. 5 〔배관용〕 이음 파이프. 6 (개·말 따위의) 흉부와 뒷다리의 접합부 사이의 부분. 7 〔화학〕 화학 결합; 〔사진〕 (컬러 사진 현상의) 발색 반응. 8 〔생물〕 커플링, 상인(相引)(상동(相同) 염색체의 한쪽에 2종류의 우성 유전자만 있고 다른 쪽에 열성 유전자만 있는 일). 9 (레코드의) 커플링(A면과 B면이 같은 연주자[가수]에 의한 레코드). [2 레코드의] 한쪽 면.
*****cou·pon** [kúːpɑn/-pɔn] 몡 1 쿠폰식 회수권[승차권, 식권], 〔철도〕 연락 승차권, 회수권 한 장. ¶a ~ ticket 쿠폰식 회수권; 쿠폰식 관람권[승차권]/a food ~ 식권. 2 쿠폰, 우대권, 경품 교환권; (광고 따위에 박혀 있는) 견본 신청권; (英) 〔축구 복권의〕 신청 용지(football ~). ¶gift ~s 상품권/sell goods with prize ~s 경품권이 붙은 상품을 팔다. 3 (비상시의 식품·의류 따위의) 배급권. 4 〔구-공채 따위의〕 정기 이자표(票). ¶cash a ~ 이자표를 현금으로 바꾸다. 5 (英속어) (당에서 주는) 입후보 공천장. [<F]
  coupon off; ex coupon 이자표가 떨어진[떨어져].
  coupon on; cum coupon 이자표가 붙은.
cóupon àd 몡 할인권[견본 신청권] 첨부 광고.
cóupon bònd 몡 〔증권〕 이자표부(附) 채권.
cóupon clìpper 몡 (美) (다량의) 이자표부 채권 소유자; 이자 생활자.
cóupon clìpping 몡 쿠폰 절취.
cou·po·neer [kùːpəníər] 몡 (英) 공인 후보자.
cou·pon·er [kúːpənər/-pɔn-] 몡 (상품에 첨부된) 할인권 모으기에 열심인 사람[손님].
cou·pon·ing [kúːpɑnin/-pɔn-] 몡 1 (판매 촉진을 위한) 쿠폰[할인권] 배포하기. 2 쿠폰[할인권] 수집.
cóupon ràte 몡 〔금융〕 채권의 표면 이자율.
cóupon sỳstem 몡 경품권 판매제〔법〕.
cóup stìck 몡 쿠 스틱(북미 인디언 전사가 사용하는 적을 치면 무기의 증거가 되는 막대).
‡**cour·age** [kə́ːridʒ, kʌ́r-/kʌ́r-] 몡ⓤ 용기, 배짱; (불행·고통 따위를 견디어내는) 정신력(valor). ¶**cool** ~ 침착한 용기/**high** ~ 대단한 용기/**gather** ~ 용기를 내다/**recover one's** ~ 용기를 회복하다.
  Dutch courage (구어) 술김에 내는 용기, 허세.
  have the courage of one's convictions (비난에도 굽히지 않고) 소신에 따라 행동하는 용기가 있다.
  have the courage to do 대담하게도 …하다.
  muster [or **pluck, screw**] **up courage** 용기를 내다.
  take [**lose**] **courage** 용기를 내다[잃다].
  take one's courage in both hands 용감하게 해보다, 대담하게 나서다.
‡**cou·ra·geous** [kəréidʒəs] 몡 용기 있는, 용감한, 대담한, 배짱 있는. ⇨BRAVE 類義語 **~·ly** 뒨 **~·ness**

cour·gette [kuərʒét] 명 쿠르젯(페포호박(vegetable marrow)의 한 품종). 웹 zucchini

cour·i·er [kə́:riər/kúr-] 명 **1** 급사(急使), (외교) 특사; 밀사; 비밀 정보부원. **2** 급송 택배; 급한 소식을 전하는 기관(비행기 따위). **3** (英) 여행의 시종관: (관광회사의) 가이드, 여행 안내인. **4** (英) (신문의 명칭으로서) …신문, …통신. ¶ *The Liverpool C–* 리버풀 신문.

‡**course** [kɔːrs] 명 (pl. **cours·es** [-iz]) **1** C (대개 sing, the ~) 진행, 전진, 추이(推移). ¶the ~ of life 인생 행로 / keep on the ~ 계속 전진하다.

2 (the ~, one's ~) 진로, 노정(路程), 도정(道程); 침로; 수로(channel). ⇒ WAY 유의어 ¶the ~ of a river [ship] 강의 수로[배의 침로].

3 (복합어로) (경주·경기의) 코스, 주로(走路)(선수별 코스는 lane); 골프 코스(golf ~); 경마장. ¶ an eighteen hole golf ~ 18홀의 골프 코스 / a race ~ 경마장.

4 (the ~) (시간·사태·행동의) 경과, 과정, 진행; 순서. ¶the ~ of an argument 토론 과정 / the ~ of a dispute 분쟁의 경과 / the ~ of things 일의 진행, 사태 / take the ~ of nature 자연의 추세에 따르다.

5 (the ~, one's ~) (행동) 방침, 방향, 방법; 행동, 처신; (~s) 행실. ¶a ~ of action 행동 방침 / the best ~ 최선책 / steer a radical ~ 급진 노선을 취하다.

6 (강의·연구·복약(服藥)의) 연속. ¶a ~ of lectures on Asia 아시아에 관한 연속 강의 / a ~ of medical treatments 일련의 단계적 치료법. **7** 교과 과정, 강좌, 과목; 강습, 연수; (美) (대학의) 단위. ¶a ~ of education 교과 과정 / a ~ of study 연구 과정, 학습 과정, 학습 지도 요령 / a preparatory ~ 예과 / a medical ~ (대학의) 의과 / finish one's college ~ 대학 과정을 수료하다. **8** (차례로 나오는 서양 요리의) 코스; 일품, 한 접시. ¶the first ~ 첫번째 요리 / the main ~ 주요 요리, 메인 코스 / a dinner of six ~s 6품 요리가 나오는 만찬. **9** (해사) **a)** (~s) 나침반의 포인트. ¶shape one's ~ 진로를 정하다. **b)** 큰 돛. ¶the fore ~ 앞 돛대의 큰 돛 / the main ~ 가운데 돛대의 큰 돛. **10** (건축) (돌·벽돌 따위의) 열(列), 층. **11** (편물) 가로로 짜나가는 선. **12** (~s 월경(menses). **13** (마상 창시합에서의) 한번의 돌격, 한판 승부. **14** (사냥) 개를 사용하는 추적. **15** (고어) 경주 (*as*) *a matter of course* ⇒ MATTER.   [(race).
by course of …의 관례에 따라서, (법률 따위)의 절차를 거쳐서.   「안 하던 짓을 하다.
change (one's) course ① 진로[방향]을 바꾸다. ②
hold one's course 초지일관하다.   「집필중에.
in [or *under*] *course of* …중에. ¶*in* ~ *of* writing
in due course 일이 잘 되어, 당연한 순서를 따라; 머지않아, 때가 되면, 그러는 동안에.
in full course (구어) 아주 빠르게; 전속력으로.
in mid course 도중에.
in short course (구어) 이윽고, 머지않아.
in [or *during*] *the course of* …중에, …사이에. ¶*in the* ~ *of* a week 일 주일 사이에.
in (the) course of time 머지않아, 이윽고.
in the (ordinary) course of things [or *events*] 자연히 (되어가는 대로), 보통 같으면.
lay a [or *one's*] *course* ① (해사) 바람이나 조류에 역행하지 않는 방향으로 진로를 잡다. ② 방침을 정하다; (일 따위를) 계획에 따라 진행하다.
of course 물론, 당연히.
on [*off*] *course* 예정 방향으로 나아가서 [에서 벗어나].
run [or *take*, *follow*] *its course* ① (사태·세월·질병 따위가) 되어가는 대로 방치되다, 자연의 과정을 거치다; 자연히 사라지다. ② (already와 함께) 명을 다하다. ¶The civilization has already *run its* ~. 그 문명은 이미 수명을 다했다.   「[에서] 완주하다.
stay [or *stick*] *the course* 끝까지 버티다; (경주 *take a course* ① (배가) 일정한 침로를 달리다. ② 어떤 방침을 취하다. ③ 강의를 받다. ¶*take a* ~ *in* French 프랑스어 강의를 받다.
take one's own course 자기 생각대로 행하다.
take to evil course 나쁜 길로 빠지다, 못된 길로 들어서다; 난봉을 부리기 시작하다.
walk over the course (경주하다시피) 쉽게 이기다.
— 동 (*cours·es* [-iz]; ~*d* [-t]; *cours·ing*) 타 **1** …을 통과하다, 뛰어서 버리다; …를 뛰다. **2** …을 추적하다. **3** (사냥개로) (사냥감)을 사냥하다. …을 쫓게 하다; (말)을 달리게 하다. — 자 **1** 진로를 나아가다[정하다]. **2** 달리다, 경주하다; (피·눈물·생각 따위가) 세차게 흐르다. **3** (사냥개로) 사냥하다.
course away 사냥감을 쫓으며 (때를) 보내다.

cóurse dínner 명 정식 만찬.

cóurse evaluátion 명 (학생에 의한 교수의) 근무 [강의] 평가[평점].   「준마, 경주마.

cours·er¹ [kɔ́:rsər] 명 **1** 사냥꾼; 사냥개. **2** (문어)
cours·er² 명 물떼새(아프리카·아시아의 사막에 삶).

course·ware [kɔ́:rswèər] 명U (컴퓨터) 교육용 [교과용] 소프트웨어; 코스웨어.

course·work [kɔ́:rswə̀:rk] 명U 한 과정[교과]의 학습 과제; (교과) 학습.   「를 쓰는 사냥.

cours·ing [kɔ́:rsiŋ] 명U 경주, 추적; (英) 사냥개

‡**court** [kɔ:rt] 명 **1** 법정, 법원; 개정(開廷); 裁 (the ~) (집합적·단수취급) 재판관, 판사; 법정에 있는 사람들. ¶the Supreme *C–* (美) 연방 대법원 / a decision of the ~ 판결 / in ~ 법정에서 / appear in ~ 출정하다 / take something into ~ 재판에 붙이다.

2 UC (종주 C–) **a)** 궁전, 왕궁; (집합적; 단·복수 양용) 왕실, 황실, 조정; (집합적) 조정 신하, 정신. ¶a ~ etiquette 궁중 예법[법도] / the king and the whole ~ 왕과 전체 조신들 / at *C–* 궁중에서. **b)** 군주가 여는 공식 접견, 궁중 [어전] 회의; 배알, 알현. ¶be presented at *C–* 배알하다.

3 (사방이 둘러싸인) 안마당, 공터(courtyard); (英) (케임브리지 대학의) 교정 (* 옥스퍼드 대학에서는 quad).

4 (박람회 따위의) 진열장, 구획, …부[관]. ¶a ~ devoted to Korean products 한국 상품 진열장, 한국관.

5 (英) (정원으로 둘러싸인) 건물, 큰 저택; (주택) 단지; (美) 모텔; 뒷골목, 막다른 골목. ¶a narrow ~ 좁은 뒷골목.

6 (테니스·배구 등의) 코트; 코트의 일부분. ¶a grass [clay] ~ 잔디 [클레이] 코트 / the service ~ 서비스 코트(서브를 쳐 넣어야 하는 구획). **7** U (군주에 대한) 경의, 충성의 맹세; 알랑거림, 아첨; 구애(求愛), 구혼. ¶pay ~ to the king 국왕에게 아첨하다. **8** (단체·회사 따위의) 임원회, 위원회, 이사회; (집합적) 임원, 간부.
be on court 시합중이다.   「증역.
clear the court 방청인들을 퇴정시키다.
go to court ① 소송을 제기하다, 법정에서 시비를 가리다. ② 입궐하다.
hold a court 개정(開廷)하다, 재판을 하다.
hold court ① 재판을 열다, 개정하다. ② (왕 등이 신하들을 모아) 어전회의를 열(석)을 하다. ③ (구어) (팬 등에게 둘러싸여) 왕[여왕]처럼 행세하다.
in open court 공개적으로; 당당히.   「을 명하다.
order the court to be cleared 방청인들의 퇴정
out of court ① 법정 밖에서, 심리(審理) 없이, 당사자끼리 합의하여; 법원에서 기각되어. ② 일고의 가치도 없는, 하찮은, 문제가 되지 않는. ¶put the proposal *out of* ~ 그 제안을 일소에 부치다[무시하다].
pay [or *make*] *one's court to a person* 남에게 아첨하다; 구애하다.   「무시하다.
put [or *rule*] …*out of court* …을 문제 삼지 않다.
The ball is in a person's court. (英구어) 이번에는 …의 차례다.
— 형 (한정용법) **1** 궁정[궁중]의. ¶a ~ ball 궁중 무도회. **2** 법정의[에 어울리는]. **3** (테니스·농구 등) 코트를 사용하는 스포츠의. ¶a ~ *star* 코트의 스타.

—⑨ ① 1 (남)의 비위를 맞추다. 2 (남)에게 구애하다. 3 (호의·존경 등)을 얻으려고 하다, 구하다. ¶ a ~ person's agreement 남의 동의를 얻으려고 하다. 4 (남)을 꾀다(invite); (재난 따위)를 초래하다. ¶ ~ disaster by reckless driving 무모한 운전으로 화를 자초하다. —⑨ 구애하다; (결혼을 전제로) 교제하다; (동물이) 구혼하다.

cóurt báron ⑨ 〔英법률〕 장원(莊園) 영주 재판소.
cóurt cárd ⑨ 〔英〕 (카드의) 그림패(⑨ face card).
cóurt círcular ⑨ 〔英〕 (신문의) 왕실 동정 기사.
cóurt dánce ⑨ 궁정 무용(곡). ⑨ folk dance
cóurt dáy ⑨ 공판일, 개정일.
cóurt dréss ⑨ 궁정복, (입궐용의) 대예복.

‡**cour·te·ous** [kə́ːrtiəs] ⑨ (*more* ~; *most* ~) 1 예의바른, 공손한; 친절한, 인정 많은 (*to*, *with*). ⇨POLITE 〔유의어〕 ¶ Be ~ *to* one's guests 손님에게 공손하다/It is very ~ *of* you *to help* me. 도와 주셔서 고맙습니다. 2 세련된. ~**·ness** ⑨

*****cour·te·ous·ly** [kə́ːrtiəsli] ⑨ 1 예의바르게, 공손하게. 2 친절하여, 자상하여.

cour·te·san [kɔ́ːrtəzən, kɔ́ːr-/kɔ̀ːtizǽn] ⑨ (귀족·부자 상대의) 고급 매춘부, 애첩, 정부. (또는 **courtezan**)

‡**cour·te·sy** [kə́ːrtəsi] ⑨ (*-sies* [-z]) 1 ①ⓒ 예의바름, 공손, 정중; 공손한 언동. ¶ return a ~ *to* a person 남에게 답례하다. ② 관대, 호의; 승낙, 묵인; ①ⓒ 특별 대우, 우대. ¶ show a ~ 호의를 보이다. 3 [kə́ːrtsi] 절, 인사. ¶ make a ~ 허리를 굽혀 인사하다.
as a matter of courtesy =by courtesy.
be granted the courtesies [or *courtesy*] *of the port* 〔美〕 (귀국하는 선객이) 세관에서 우선적으로 짐 검사를 받다; 짐 검사를 면제받다.
by courtesy 예의상; 관례에 따라.
by [or *through*] (*the*) *courtesy of* 〔사람〕의 호의로; 〔정황·사태 따위〕의 덕택으로. ¶ *by ~ of the author* 저자의 호의로(* 기사·삽화 따위의 전재 허락을 나타내는 말. by를 생략하기도 한다).
drop a courtesy 허리를 약간 굽혀 인사하다.
extend [or *accord*] *a person the courtesy of* 남에게 …의 호의를 베풀다[우대를 하다].
strain courtesy (고어) 지나치게 정중하다.
to return the courtesy 답례로.
with courtesy 예의 바르게.
— ⑨ 1 의례상의; 명목의, 2 우대의; 서비스의.

cóurtesy cáll [**vísit**] ⑨ 의례적 방문, 예방.
cóurtesy cár [**ván**] ⑨ 〔美〕 (호텔 따위의) 고객 수송용 차, 송영차(送迎車).
cóurtesy cárd ⑨ (은행·호텔 등의) 우대 카드.
cóurtesy líght ⑨ (문이 열리면 켜지는 자동차 실내등).
cóurtesy rátes ⑨ⓟ 서비스[우대] 요금.
cóurtesy télephone ⑨ (호텔·공항 따위의) 무료 전화.
cóurtesy títle ⑨ 1 명목적 칭호(모든 사람을 Professor, 일반인을 Colonel이라고 부르는 등). 2 〔英〕 의례적 작위〔경칭〕(귀족 자녀의 이름 앞에 붙이는 Lord, Lady 등).

cour·te·zan [kɔ́ːrtəzən, kɔ́ːr-] ⑨ =courtesan.
cóurt fóol ⑨ 〔역사〕 궁정의 어릿광대.
cóurt gáme ⑨ 코트에서 하는 구기(球技).
cóurt gúide ⑨ 〔英〕 신사 인명록(원래는 입궐 허용자 명단).
cóurt hánd ⑨ (옛날의) 공문서 자체, 법정(法廷) 서체.

*****cóurt·house** [kɔ́ːrtháus] ⑨ 법원; 〔美〕 =county seat.
*****cour·ti·er** [kɔ́ːrtiər] ⑨ 조신(朝臣); 아첨꾼, 알랑쇠.
court·ing [kɔ́ːrtiŋ] ⑨ 연애중의, 애인 사이의, 결혼할 것 같은. ¶ a ~ couple 연애중의〔약혼한〕 남녀.
cóurt lády ⑨ 상궁(尚宮), 궁녀.
cóurt lánds ⑨ 〔英법률〕 장원(莊園)의 직속〔직할〕 영지.

cóurt-lèet [-líːt] ⑨ =leet.
cóurt·like [kɔ́ːrtláik] ⑨ 궁정풍의; 공손한; 우아한.
*****cóurt·ly** [kɔ́ːrtli] ⑨ 1 예의바른, 공손한; 품위 있는, 우아한, 세련된. ⇨POLITE 〔유의어〕 2 아첨하는, 1 궁중의, 궁정풍의. —⑨ 궁정풍으로; 예의바르게; 고상하게; 아첨하여. **-li·ness** ⑨

cóurtly lóve ⑨ 궁정 로맨스. (중세 기사들의 인간 숭배).
court-mar·tial [-mɑ́ːrʃəl] ⑨ (⑨ *courts-*, *~s*) 군법 회의의 공판(⑧ provost court). ¶ a drumhead ~ (전투중의) 임시 군법 회의. —⑨ (-*l-*, 〔英〕 -*ll-*) …을 군법 회의에 회부하다.

Cóurt of Appéal ⑨ (the ~) 〔英법률〕 항소 법원 (London 소재 최고 법원(Supreme Court of Judicature)의 일부인 제2심 법원).
cóurt of appéals ⑨ 〔美〕 〔법률〕 1 항소 법원, 고등 법원. 2 (New York 주 등 몇몇 주의) 최고 법원. (또는 **Court of Appeals**)
Cóurt of Cassátion ⑨ (the ~) 파기원(破棄院) (프랑스 벨기에 등의 대법원).
cóurt of cháncery ⑨ 〔법률〕 형평법(衡平法) 법원.
cóurt of cláims ⑨ 〔美〕 〔법률〕 합중국 청구 법원; (일부 주(州)의) 청구 재판소.
cóurt of cómmon pléas ⑨ (the ~) 〔법률〕 〔英〕 민사 법원(1873년에 폐지); 〔美〕 민사 법원(일부 주(州)에서는 형사 관할권도 갖는다).
Cóurt of Cónscience [**Requésts**] ⑨ (the ~) 〔英〕 소액 채권 재판소.
cóurt of doméstic relátions ⑨ 〔법률〕 가정 법원.
cóurt of équity ⑨ 〔법률〕 형평법 법원.
cóurt of fírst instance ⑨ 제1심 재판소.
cóurt of hónor ⑨ 1 〔법률〕 명예 법원(명예 침해 등을 관장). 2 (우표 수집가들의) 특별 전시장.
cóurt of inquíry ⑨ 1 〔법률〕 예심 군법 회의. 2 〔英〕 재해〔사고〕 조사단.
cóurt of láw [**jústice**] ⑨ 〔법률〕 (사법) 재판소.
cóurt of lóve ⑨ (중세 Provence에 있었던 여성만으로 구성된) 연애 문제 법원.
Cóurt of Protéction ⑨ (the ~) 〔英〕 무능력자 보호 법정(최고 법원에 소속).
cóurt of récord ⑨ (소송 기록을 작성·보관하는) 기록 재판소.
cóurt of séssions ⑨ 〔美〕 주(州) 형사 기록 재판소.
Cóurt of St. Jámes's ⑨ (the ~) 성(聖) 제임스 궁정(영국 왕궁의 공식 명칭); 영국.
cóurt of súmmary jurisdíction ⑨ 즉결 재판소.
cóurt órder ⑨ 법원 명령, (법원의) 결정.
cóurt plàster ⑨ 반창고. 〔법원[법정]〕 관리.
cóurt recéivership ⑨ 〔법률〕 (파산 회사 따위의) **cóurt repórter** ⑨ 법원 속기사〔서기〕.
cóurt róll ⑨ 법원 기록, (부동산) 등기부.
cóurt·room [kɔ́ːrtrù(ː)m] ⑨ 법정.
*****cóurt·ship** [kɔ́ːrtʃip] ⑨ ① 1 (남자·동물의) 구애, 구혼; 구혼 기간. 2 호의〔칭찬〕의 요구.
cóurt shóe ⑨ =pump².
cóurt ténnis ⑨ 코트 테니스(실내 테니스: lawn tennis의 원형)(〔英〕 real tennis).
Cóurt TV ⑨ 〔상표〕 〔美〕 법정 TV(법정 재판을 생중계하는 케이블 TV).
*****cóurt·yàrd** [kɔ́ːrtjɑ̀ːrd] ⑨ (성·호텔 등의) 안뜰.
cous·cous [kúːskuːs] ⑨ ① 쿠스쿠스(야채와 양고기를 찐 경단; 북아프리카 요리).
‡**cous·in** [kʌ́zn] ⑨ (~s [-z]) 1 사촌. ¶ a first [or full] ~ 친사촌/a second ~ 재종, 육촌. 2 혈연, 친척. 3 (성질·언어 따위가) 아주 비슷한 사람, 형제뻘, 동지; 동료. ¶ our Canadian ~ 우리들과 형제간인 캐나다 사람. 4 (경칭) 경(卿)(군주가 신하에게); 전하, 각하(군주가 다른 군주에게). 〔육촌(second ~).
a first cousin once removed 사촌의 자녀; 재종,

be first cousin to *a person* 남과 아주 비슷하다.
call cousins with *a person* 남과 친척이라고 말하다.
~·age, ~·ship 명 =cousinhood.

cous·in-ger·man [-dʒə́ːrmən] 명 (복 **cous·ins-**) 친사촌(first cousin). 「간; (집합적) 사촌들; 친척.
cous·in·hood [kʌ́znhùd] 명 ⓤ 사촌 관계, 사촌
cous·in-in-law [-ìnlɔ̀ː] 명 (복 **cous·ins-**) 사촌누이(올케, 매부, 처남].   「촌답게(같이).
cous·in·ly [kʌ́znli] 형 사촌의, 사촌같은. — 부 사
cous·in·ry [kʌ́znri] 명 (집합적) 사촌들; 친척.
cou·teau [kuːtóu] 명 (복 **~x** [-z]) 대형 양날 단도.
coûte que coûte [kúːt kə kúːt] 〔F〕 어떤 대가를 치르더라도, 기어코, 반드시. 〈<F〉
cou·ter [kúːtər] 명 (갑옷의) 팔꿈치 바대.
couth [kuːθ] 형 **1** (익살) 세련된, 점잖은, 다듬어진, 품위 있는(refined, polished). **2** 잘 알려진, 낯익은.
— 명 세련됨, 품위 있음.
cou·ture [kuːtúər/F kutyːR] 명 **1** ⓤ (고급) 여성복 재단, 양재. **2** (집합적) 패션(의상) 디자이너. **3** (디자이너가 만든) 여성복; 양장점. 「유명 디자이너가 디자인한(만든); 첨단 유행의. 〈<F〉
cou·tu·ri·er [kuːtúəriéi] 명 여성복 디자이너(재단사, 판매자). 〈<F〉 「〔<F〕
cou·tu·ri·ère [kuːtúəriər] 명 couturier의 여성형.
cou·vade [kuːváːd] 명 의만(擬娩)(남편이 아내의 출산 동작을 흉내내는 일). 〈<F〉
cou·vert [kuvɛ́ər] 명 =cover 6.
cou·ver·ture [kùːvɛərtjúər/-tjúə] 명 과자류에 치는 초콜릿. 「value.
COV covariance; 〔유전〕 (또는 **c.o.v.**) crossover
co·va·lence [kòuvéiləns] 명 〔화학〕 **1** 공유 원자가(原子價). **2** =covalent bond. (또는 **covalency**)
-lent 형 **-lent·ly** 부
covalent bónd 명 〔화학〕 공유(등극)결합.
co·var·i·ance [kòuvέəriəns] 명 ⓤ 〔통계〕 공분산(共分散). 「하는].
co·var·i·ant [kòuvέəriənt] 명 〔수학〕 공변(共變)의
*****cove**¹ [kouv] 명 **1** 작은 만, 후미(魍 bay¹). **2** 숨는 곳, 후미진 곳. **3** 동굴. **4** 좁은 산길. **5** 산림 지대의 초원. **6** 〔건축〕 오목한 부분: (천장과 다락 따위의) 활 모양으로 오목하게 굽어 올린 부분. — 통 (천장 끝을 활 모양으로 오목하게 굽어 올리다.
cove² [kouv] 명 **1** 〔영구어〕 놈, 녀석. ¶ **a rum ~** 이상한 놈. **2** (濠속어) 두목, 심장; (양 목장의) 지배인.
cov·en [kʌ́vən, kóuv-] 명 **1** (the ~) (단·복수 양용) (13인의) 마녀의 집회. **2** (a ~) 집회, 모임.
*****cov·e·nant** [kʌ́vənənt] 명 **1** 계약, 서약, 맹약 (*with*). ¶ **keep [break] ~ *with* a person** 남과의 계약을 지키다(어기다). **2** 〔법률〕 계약 조항, 약관; 날인 증서(계약); 날인 증서 계약 소송. **3** 〔성서〕 (하느님이 이스라엘 사람에게 한) 약속; (신의 인간에 대한) 성약(聖約); 〔종교〕 (입신자(入信者)의) 신앙 서약. **4** (the C-) =C- of the League of Nations.
the Ark of the Covenant (성서) 계약의 궤(Moses의 십계를 새긴 돌을 넣어 둔 상자). 「(Canaan).
the Land of the Covenant (성서) 약속의 땅
— 통쟈 계약하다, 서약하다, 맹약하다 (*with*/*for*). ¶ (~+쩐+몧+졍) **~ *with* a person *for*** 남과 …의 계약을 하다. — 타 계약을 맺고 …을 동의하다; …할 것을 약속 [계약]하다. ¶(~+*to* do) **He ~ed *to* do it.** 그는 그것을 하기로 서약했다.
-nán·tal 형 **-nán·tal·ly** 부 「을 하기로 서약했다.
cov·e·nant·ed [kʌ́vənəntid] 형 계약한; 계약상의 의무가 있는; 하느님의 약속으로 주어진. ¶ **~ grace** (하느님의) 은혜, 은총. 「피계약자.
cov·e·nan·tee [kʌ̀vənəntíː] 명 〔법률〕
cov·e·nan·ter [kʌ́vənəntər] 명 **1** 계약자, 서약자. **2** (C-) (역사) 스코틀랜드의 종교 개혁 당원.
Cóvenant of the Léague of Nátions 명 (the ~) 국제 연맹 규약(1919년에 조인된 Versailles조약의 최초의 26개조). 「약 이행자. 명 covenantee
cov·e·nan·tor [kʌ́vənəntər] 명 〔법률〕 계약자, 계
cóvenant theólogy 명 계약 신학.
Cóv·ent Gárden [kʌ́vənt-, kάv-/kɔ́v-] 명 **1** 코벤트 가든(영국 London 중앙의 한 지구; 야채·화초시장으로 유명했다). **2** 코벤트 가든 극장(the ~ Theatre)(현재는 the Royal Opera House).
Cov·en·try [kʌ́vəntri, kάv-/kɔ́v-] 명 코번트리(영국 중부의 공업 도시).
be in Coventry 무시당하다.
send *a person* **to Coventry** 남을 친구로 끼워주지 않다, 남을 따돌리다; 공공연히 무시하다.
‡**cov·er** [kʌ́vər] 타 (~s [-z]) ⓣ **1** …을 (…으로) 덮다, 싸다, 가리다, …의 덮개가 되다(*up*) (*with, by, in*). ¶ **Snow ~ed the highway.** =The highway was **~ed** with snow. 고속도로는 눈으로 덮여 있었다 // (~+몧+쩐+졍) **~ one's face *with* one's hands** 손으로 얼굴을 가리다.
2 …에 덮개[모자]를 씌우다, 뚜껑을 덮다, 커버를 달다; …에 (…을) 온통 칠하다 (*with*). ¶ **~ one's head** 모자를 쓰다/**be ~ed** 모자를 쓰고 있다/**~ a table** *with* **a cloth** 식탁에 식탁보를 씌우다; 식사 준비를 하다/**~ a wall** *with* **paper[paint]** 벽에 벽지를 바르다[페인트를 칠하다].
3 …을 지키다, 보호하다(protect); (군사) …을 엄호하다, 원호 사격하다; …의 바로 앞[뒤]에 일렬로 늘어서다. ¶ **~ the landing** 상륙을 엄호하다/**C- me!** 나를 엄호해라!
4 …을 감추다, 숨기다, 덮어 가리다, 은폐하다 (*up*). ¶ **~ a mistake** 잘못을 감추다/**~ one's bare shoulders *with* a shawl** 맨어깨를 숄로 가리다.
5 (재귀용법·수동형으로) …을 지니다, 한몸에 받다, 뒤집어쓰다 (*with*). ¶ (~+몧+쩐+졍) **~ oneself *with* honors** 명예를 누리다/**He was ~ed *with* disgrace.** 그는 수치를 당했다.
6 …을 떠맡다, 책임지다; (인판된 등이) (어느 지역·분야)를 담당하다. ¶ **~ the post[area]** 그 지위[지역]를 맡다/**~ the Southwest** 서남부 지역을 담당하다.
7 a) (총·사격으로) …을 겨냥하다, 겨누다 (*with*). ¶ (~+몧+쩐+졍) **~ the enemy *with* a rifle** 적에게 소총을 겨누다. **b)** …을 사정 거리 안에 두다. ¶ **The battery ~ed the city.** 그 포대(砲隊)는 그 도시를 사정거리 안에 두고 있었다.
8 〔문제·범위 따위〕를 포함하다, 망라하다, …을 다루다. ¶ **The magazine ~s a wide range of audience.** 그 잡지는 독자층이 넓다. **9** (조문·규칙 따위가) …에 적용되다, 해당되다. ¶ **Which article ~s this issue?** 이 문제는 어느 조문에 해당되는가? **10** (사건 따위)를 보도[방송]하다, 취재하다. ¶ **~ occurrences** 여러 가지 사건을 보도하다/**~ a fire for a paper** 신문에 화재 기사를 쓰다. **11** (…의 거리)를 가다, 여행하다. ¶ **~ ten miles a day** 하루 10마일을 가다. **12 a)** (야구) (베이스)를 커버하다. **b)** (스포츠) (상대 선수)를 마크하다; 포지션을 지키다; (자기편 선수의 미스)를 커버하다.
13 (요금 따위)를 충분히 치르다, 감당하다; (지불·손해액 따위)를 메우다, 상쇄하다. ¶ **~ expenses** 비용을 감당하다/**~ the damage by insurance** 보험으로 손실을 메우다. **14** (보험) …을 보험에 들다; …에 담보를 넣다, 저당하다. ¶ **~ an overdraft** 당좌 대월에 담보를 넣다. **15** (증권(空賣)을 결제하기 위하여 주식을 환매(還買)하다. **¶ ~ shorts** [*or* **short sales**] 공매한 주를 되사다. **16** (노름에서) (상대)와 같은 액수의 돈을 걸다, 내기의 조건에 응하다. **17** (카드놀이) (나온 패)보다 끗수가 높은 패를 내다. **18** (수컷이) (암컷)에 올라타다. …과 교미하다; (암탉이) (알)을 품다. ¶ **~ eggs** 알을 품다. **19** (美) …의 뒤를 밟다, …을 미행하다. **20** (구어) 일시적으로[대신] 떠맡다. ¶ **Please ~ my phone while I'm**

out. 외출중 전화오면 대신 받아주시오.
─ ⓥ 《구어》 1 (부재자의) 대신[대리] 노릇을 하다 (for). 2 감추다, 숨기다 (for).   「대비하다.
cover all bases 앞으로 일어날지 모를 모든 사태에
cover...ground (* …에는 the, much, less 등) ① (어떤 거리를) 가다, 답파하다. ¶~ a good deal of *ground* 상당히 걷다. ② (일·연구 등에서) 진전을 보이다. ③ (연구 등이 어떤 범위에) 걸치다, 미치다; (특정 문제를) 상세히[철저하게] 논하다. ¶~ [or go ~] *old ground* (독자·청중에게) 친숙한 문제를 논하다.
cover in …을 덮다; (무덤·구멍 따위를) 메우다; (집에) 지붕을 덮다.
cover into (돈)을 (은행 등으로) 옮기다(transfer).
cover one's ass [or *tail*] 《비어》 변명으로 발뺌하다, 알리바이를 만들다.
cover over …을 덮어씌우다, 덮어서 막다; 감추다.
cover up ① …을 완전히 덮다; 《경멸적》 숨기다, 비밀로 하다, 은폐하다. ¶~ *up* a scandal 추문을 비밀로 하다. ② (권투) (머리·가슴을) 글러브로 커버하다.
cover (up) one's tracks (부정 행위 등의) 증거를 감추다; 자기의 의도[행적]을 숨기다; 종적을 감추다.
─ ⓝ ~s 〔-z〕1 덮개, 뚜껑(lid); 이불; (책의) 표지(⇨ jacket); 포장지. ¶put a ~ on a sleeping child 자는 아이에게 이불을 덮어주다. 2 UC 보호하는 것 (*against*); 피난처; 잠복처. 3 UC 침대, 평계, 구실. 4 UC (짐승의) 숨는 곳; 잠복처가 되는 초목·덤불 따위. 5 UC (군사) 엄호물; 차폐물. 6 (식탁의) 1인분의 식기(접시·나이프·포크·냅킨 따위). ¶lay a table with ten ~s 10인분의 상을 차리다. 7 ⓤ 담보, 보증금; 보험 (*against*). 8 UC 봉투, 접는 봉투; 소포. 9 (신문·방송 따위의) 보도. 10 (연극 따위에서) 대역, 11 〔美속어〕(스파이·범죄자 등의) 위장 신분. 12 〔美구어〕= ~ charge. 13 (~s)=bedclothes. 14 〔음악〕= ~ version; (팀파니의) 약음(弱音) 주법(표면에 천을 덮어 씌운다). 15 〔스포츠〕가드, 후위; 커버(수비의 범위) 〔크리켓〕= ~ point. 16 〔생태〕(새 따위의) 동물을 보호하는 데 도움이 되는 식물; 특정 식물이 시상에 펴져 있는 비율. 17 〔수학〕 피복(被覆).   「면서 돌아다니다.
beat a cover 사냥감을 찾아 숨어 있을 만한 곳을 치
blow a person's [*one's*] *cover* 남(자신)의 정체를 폭로하다[밝히다], 신원[비밀]을 폭로하다, 마각을 드러내다.
break cover (짐승이) 숨은 곳에서 뛰어나오다.
draw a cover 사냥감을 숨은 곳에서 몰아내다.
from cover to cover (책의) 처음부터 끝까지.
get under cover 안전한 곳에 숨다, 피난하다.
take cover 숨다, 피난하다; 지형을 이용하여 숨다.
under cover ① 봉투에 넣어서; 편지에 동봉하여 (*to*). ② 몰래. ③ 지붕 아래에; 엄호 받아서.   「인.
under separate [*the same*] *cover* 별봉[동봉]
under (the) cover of ① …의 엄호 아래, (어둠 따위)를 틈타서. ② …을 핑계 삼아, (병 따위)를 빙자하여
~·a·ble ⓐ ─ ~·er ⓝ ~·less ⓐ   「여.
cóver addrèss ⓝ (우편물의) 상대방 주소, 목적지 주소.
*cov·er·age [kʌ́vəridʒ] ⓝUC 1 (때로 a ~) (보험의) 보호, 보상 범위, (보상을 해주는) 위험 범위. 2 〔재정〕정화(正貨) 준비(금). ¶60% gold ~ of paper currency 지폐에 대한 60%의 금 준비. 3 (적용) 범위 (extent); (라디오·TV의) 유효 시청 범위; (신문·정기 간행물의) 배부 범위; 보급 범위; 시장(市場); 특정 지역의 독자(시청자)수. 4 (신문·방송의) 보도, 취재 범위.
cov·er·all [kʌ́vərɔ̀ːl] ⓝ 《美》전체를 덮는 것; (종종 ~s) (상의와 하의가 붙은 헐거운) 작업복(《英》boiler suit); 여성용 오버롤(overall). ─ ⓐ 전체를 덮는 것.
cóver bìll ⓝ 〔상업〕 표지 어음.
cóver chàrge ⓝ (식당·나이트클럽 등의) 봉사료.
cóver cròp ⓝ 지피(地被) 작물(겨울에 토양 침식·잡초 번식 따위를 막기 위해 심는 클로버·호밀 따위).
cóver drìve ⓝ 〔크리켓〕 후위를 통과하는 타구.
cov·ered [kʌ́vərd] ⓐ 1 덮개를 씌운, 뚜껑 달린, 모자를 쓴. 3 차폐된, 숨는 장소의. 4 보험에든. 5 (담보어로) …으로 덮인. ¶a snow-~ ground 눈덮인 운동장.
cóvered brídge ⓝ 지붕이 있는 다리.
cóv·ered-dish súpper [-díʃ-] ⓝ 각자가 음식을 가지고 모이는 파티.
cóvered óption ⓝ 〔상업〕 현물 포지션이 뒷받침된 옵션 거래. ⇨ *naked option*   「병(病).
cóvered smút ⓝ 〔식물〕 (밀·보리류의) 속깜부기
cóvered wágon ⓝ 1 《美》 (서부 개척자들이 사용한) 포장 마차. 2 《英》 〔철도〕 유개차(有蓋車)(boxcar).
cóvered wày ⓝ 《美》지붕 있는 건널 복도.
cóver gìrl ⓝ 《구어》 커버 걸(잡지 표지 사진용 모델).
cóver glàss ⓝ 커버 글라스(현미경의 슬라이드에 얹은 피검물을 덮는 유리).
:cov·er·ing [kʌ́vəriŋ] ⓝ 1 ⓤ 덮개, 뚜껑; ⓤ 덮기, 피복, 지붕. 2 ⓤ ~ for a chair 의자용 쐬우개. 2 ⓤ 엄호, 차폐. 3 환매(還買)(공매(空賣)한 주를 되사는 일). ─ ⓐ 덮는; 엄호하는. ¶~ *fire* 엄호 사격.
cóvering létter ⓝ (소포·편지 따위에 붙이는 설명용의) 첨부 편지(설명서). (또는 **cóver lètter**)
cóvering prìce ⓝ 총괄 가격.
cov·er·let [kʌ́vərlit] ⓝ 1 덮이불, 침대보. (또는 *coverlid*) 2 〔고어〕 덮개.   「제목.
cóver lìne ⓝ (잡지 따위의) 표지에 인쇄된 주요한 기사
cóver màrk ⓝ 커버 마크(기미 따위를 감추는 화장품).
cóver nòte ⓝ 《英》 (화재 보험의) 가(假)계약서(《美》 insurance binder). (또는 **cóvering nòte**)
cóver pòint ⓝ 〔크리켓〕 후위(의 위치).
cóver prìce ⓝ 정가, 표시 가격.
cóver shóoting ⓝ 숲에서 하는 총사냥.
cóver shòt ⓝ 광각(廣角)〔전경(全景)〕사진 (촬영).
cóver slìp ⓝ =cover glass.
cóver stòry ⓝ 1 커버 스토리(잡지 따위의 표지관련 특집 기사). 2 꾸며 낸 이야기; 《속어》 직의 공작.
co·vert [kóuvərt/káv-] ⓐ 1 덮여 있는(covered); 사람 눈에 띄지 않는. ¶a ~ *place* 은밀한 장소. 2 숨겨진, 비밀의, 암암리의. ¶a ~ *threat* 은근한 위협. 3 〔법률〕 (여성이) 남편의 보호하에 있는. ¶a feme ~ 남편이 있는 여자, 유부녀. ─ ⓝ [kʌ́vər, kóuv-] 1 덮개, 뚜껑, 쐬우개(cover). 2 UC 피난처; 은신처; 〔사냥〕 (사냥감의) 숨는 곳, 잠복처; (잠복처로서의) 덤불, 숲. 3 (~s) 〔동물〕 (새의) 우비깃.
break covert = *break COVER*.
in covert 은밀히, 남몰래.
under covert 비호받아, 피난하여.
under (the) covert of = *under (the) COVERT of*.
~·ly ⓐ 넌지시, 살짝. ─ **~·ness** ⓝ
cóvert áction[óperation] ⓝ (경찰·정부 기관 등에 의한) 비밀 첩보 활동.   「직의 일종).
cóvert clòth ⓝ 커버트 천(능직으로 짠 모직 또는 (
cóvert cóat ⓝ 《英》 커버트 코트(covert cloth의 든 짧고 가벼운 외투).   「보통 문장).
cóvert tèxt ⓝ 암호문이 숨겨져 있는 문장(그 자체는
cov·er·ture [kʌ́vərtʃər] ⓝ 1 UC 덮개, 보호, 엄호물; 덮는 것; 외관, 겉보기. 2 〔법률〕(남편의 보호를 받는) 아내의 신분, 유부녀의 신분.
cov·er·up [kʌ́vərʌ̀p] ⓝ 1 (a ~) 《경멸적》(진상을) 숨김; 은닉; 구실, 핑계; (사건의) 무마 (공작), 은폐 (*for*). 2 여성용 겉옷의 총칭.
cóver vérsion ⓝ 커버 버전(어떤 노래의 오리지널 가수가 아닌 다른 연주가(가수)에 의한 녹음).
*cov·et [kʌ́vit] ⓥ 《경멸적》(ⓣ) 1 (남의 것을) 탐내어 탐내다. ¶*All* ~, *all lose*. 《속담》 대탐대실(大貪大失), 2 …을 갈망하다. ─ ⓥ 턱없이 탐내다 (*after, for*). ¶(~+*前*+*名*) ~ *after popularity* 인기를 얻으려고

covetous

쓰다. ~·a·ble ⓐ ~·er ~·ing·ly ⓐ
cov·et·ous [kʌ́vitəs] ⓐ **1** 턱없이 탐내는, 욕심 많은. ¶ be ~ of …을 몹시 탐내다. **2** 열망하는, 갈망하는. ~·ly ⓐ ~·ness ⓐ
cov·ey [kʌ́vi] ⓐ (단·복수 양용) (메추라기 따위의) 떼; (사람의) 떼, 무리, 일단; 한 가족. ¶ a ~ of girls 한 무리의 소녀들.
cov·in [kʌ́vin] ⓐⓂ (법률) (제3자에게 손해를 입힐 목적의) 공동 모의; (고어) 사기.
cov·ing [kóuviŋ] ⓐ **1** (건축) 활처럼 굽어 올라간 지붕(천장). **2** (~s) 벽난로의 화구를 받치는 부분.

‡**cow**¹ [kau] ⓐ (ⓂⓃ ~s [-z])
1 암소; 젖소; (구어) (일반적으로) 축우(畜牛). ⇒ OX 유의어 ¶ keep ~s 소를 기르다 / milk a ~ 소의 젖을 짜다. **2** (코끼리·고래·바다표범 따위의) 암컷 (⇔ bull). ¶ a ~ elephant 암코끼리. **3** (구어) 덩치가 크고, 뚱뚱하고 단정치 못한 여자. **4** (美비어) 다산(多産)의 여자. **5** (濠구어) 싫은 녀석, 싫은 일. **6** (속어) 우유; 크림, 버터; 쇠고기.

have a cow (속어) 갑자기 (몹시) 화를 내다(흥분하다, 무서워하다); 발작을 일으키다.

Holy cow! (英구어) (분노·놀라움·기쁨 따위를 나타내어) 저런!, 어쩜!, 어어!.

salt the cow to catch the calf (美구어) 간접적 수단으로 목적을 이루다.

till the cows come home (구어) 오랫동안; 영구히. ¶ keep on playing the piano *till the ~s come home*. 계속 피아노를 치고 있다.

[cow¹]
1 horn 뿔 2 poll 머리 3 neck 목 4 bridge of nose 콧마루 5 muzzle 콧등 6 jaw 턱 7 throat 목 8 dewlap 육수 9 brisket 가슴 10 knee 무릎 11 hip 엉덩이 12 tail 꼬리 13 thigh 허벅지 14 udder 유방 15 teat 유두 16 hock 비절 17 hoof 발굽 18 pastern 발목

cow² ⓥⓉ (수동형으로) (폭력 따위로) …을 으르다, 위협하다(*down*); 위협하여 …하게 하다(*into*).
cow·a·bun·ga [kàuəbʌ́ŋgə] ⓘ 카우아벙거(서퍼 (surfer)가 외치는 소리, 간다!, 자!, 해냈다!.
‡**cow·ard** [káuərd] ⓐ (Ⓜ ~s [-z]) 겁쟁이, 비겁자. ¶ play the ~ 비겁한 짓을 하다. — ⓐ **1** 겁 많은(timid), 비겁한. ¶ a ~ blow 비겁한 일격. **2** (문장) 동물이 꼬리를 사타구니 사이에 끼고 있는.

turn coward 겁나다, 무서운 생각이 들다.

****cow·ard·ice** [káuərdis] ⓐⓂ 겁, 비겁.
****cow·ard·ly** [káuərdli] ⓐ 겁 많은, 용기가 없는; 비겁한, 비열한. ¶ a ~ conduct 비겁한 행위 / a ~ lie 비열한 거짓말. — ⓐ 겁 많게도, 비겁하게. -li·ness ⓐ
cow·bane [káubèin] ⓐ 독미나리.
cow·bell [káubèl] ⓐ 암소 목에 다는 방울; (음악) 카우벨(소방울 비슷한 타악기).
cow·ber·ry [káubèri/-bəri] ⓐ 월귤나무(의 열매).
cow·bird [káubə̀:rd] ⓐ 북미산(産) 찌르레기.
‡**cow·boy** [káubɔ̀i] ⓐ (Ⓜ ~s [-z]) **1** 카우보이, 목동. **2** 스피드광, 난폭한 운전수. **3** (구어) 무모(無謀)한 사람; 위험한(어려운) 일을 쉽게 떠맡는 사람. **4** (美속어) 무법자, 악한. **5** (英구어) 악덕 상인(업자). **6** (카

cówboy àrt [mòvie] ⓐ 서부영화. [드높이] 킹.
Cówboy bòot ⓐ 카우보이 부츠(장화).
Cówboy Cíty (美) Wyoming 주 Cheyenne의
cówboy còcktail ⓐ 스트레이트 위스키.
cówboy còffee (美속어) (설탕을 넣지 않은) 블
cówboy hàt ⓐ 카우보이 모자. [랙 커피.
cow·boy·ing [káubɔ̀iiŋ] ⓐ 목동일.
cówboy jòb (美속어) 풋내기의 (무모한) 강도짓.
cówboys and Índians ⓐ 서부극 놀이(카우보이와 인디언의 싸움을 흉내낸 아이들의 놀이). [징.
Cówboy Státe (the ~) 미국 Wyoming 주의 별

ców tòwn

ców càke ⓐ (속어) 쇠똥(cow dung); 싫은 놈.
cow·catch·er [káukætʃər] ⓐ **1** (美) (기관차·전차의) 배장기(排障器)((英) plough); 구조망. **2** (라디오·TV) (프로 앞에 넣는) 짧은 광고.
ców chìps ⓐⓅ (서부 개척시대에 연료로 쓰던) 말린 쇠똥; (美속어) 시시하(치)않은 것.
ców còllege [tèch] ⓐ (美속어) 농과 대학; 지방의 작은 대학. [Texas 주.
ców còuntry ⓐ (미국 서남부의) 목축 지대; (특히)
cow·er [káuər] ⓥⓘ **1** (공포·부끄러움 때문에) 위축되다(*down*, *away*). **2** (英방언) 웅크리다.
cow·eyed [-àid] ⓐ 눈이 큰(ox-eyed).
cow·fish [káufì] ⓐ (Ⓜ ~(·es)) 해우(海牛)(sea ~); 작은 고래류(dolphin 따위); 거북복어.
cow·girl [káugə̀:rl] ⓐ 목장 일(로데오)을 하는 여자.
ców gràss ⓐ (植) =red clover.
cow·hand [káuhænd] ⓐ (美) =cowboy; 목부.
cow·heel [káuhì:l] ⓐ (요리) 카우힐(쇠족에 양파와 양념을 넣어 젤리 모양으로 삶은 요리). [이나무.
cow·herb [káuhə̀:rb/-hə̀:b] ⓐ (유럽 원산의) 말뱅
cow·herd [káuhə̀:rd] ⓐ 소 치는 사람. ⓐ shepherd
cow·hide [káuhàid] ⓐ **1** Ⓒ (무두질한) 쇠가죽; Ⓤ (소의) 생가죽. **2** 쇠가죽 채찍; (~s) (구어) 쇠가죽 구두. **3** (또는 **ców·hìde**) (美속어) 야구공. — ⓥⓉ (美) …을 쇠가죽 채찍으로 때리다.
ców hòrse ⓐ =cow pony.
cow·house [káuhàus] ⓐ 외양간, 우사(牛舍).
co·win·ner [kòuwínər] ⓐ 공동 수상(우승)자(팀).
cow·ish [káuiʃ] ⓐ 소 같은; (고어) 겁 많은.
cow·juice [-dʒù:s] ⓐ (美속어) 우유.
ców kìller ⓐ 개미벌(미국 남부산(産)의 날개 없는 벌).
cowl [kaul] ⓐ **1** (수도사의) 두건 달린 겉옷; 두건, 승모(僧帽). **2** 굴뚝 갓(연기의 역류 방지용); (환기통의) 바람 모으는 장치. **3** 자동차 차체의 앞부분(방풍 유리와 계기반 부분을 포함한 부분); (기관차 굴뚝 꼭대기에 댄) 불똥막이 철망. **4** (항공) =cowling. — ⓥⓉ **1** …에게 cowl을 입히다. **2** …을 수도사가 되게 하다. **3** …을 (cowl 모양의 것으로) 덮다.
cowled [kauld] ⓐ cowl을 입은(쓴); 굴뚝 갓이 달린.
cow·lick [káulìk] ⓐ (이마 위쪽에 소가 핥은 듯이) 곱추선 머리카락.
cowl·ing [káuliŋ] ⓐ (항공) 비행기의 엔진 덮개.
cow·man [káumən] ⓐ 목축업자, 목장주(ranch-er); (英) 소 치는 사람. [력자, 동료.
co·work·er [kóuwə̀:rkər] ⓐ 함께 일하는 사람, 협
ców·pars·ley [páːrsli] ⓐ (식물) 야생 당근.
ców pàrsnip ⓐ (식물) 어수리(소의 사료).
cow·pat [-pæ̀t] ⓐ 쇠똥. [그 종자.
cow·pea [káupì:] ⓐ (美) 광저기(소·말의 사료);
Ców·per's glànd [káupərz-, kú:-] ⓐ (해부·동물) 쿠퍼선(腺)(전립선 밑에 있는 한 쌍의 선(腺)). [<영국의 해부학자 William Cowper(1666-1709)의 이름]
ców pìe ⓐ (속어) 쇠똥.
cow·poke [káupòuk] ⓐ (美·캐나다) =cowboy.
ców pòny ⓐ 목동이 타는 조랑말.
cow·pox [káupàks/-pɔ̀ks] ⓐⓂ (의학) 우두.
cow·punch·er [káupʌ̀ntʃər] ⓐ =cowboy.
cow·rie [káuri] ⓐ 별보배조개 (cowry).
co·write [kouráit] ⓥⓉ (*-wrote*; *-writ·ten*; *-writ·ing*) …을 공동 집필하다, 공저하다. -writ·er ⓐ
cow·shed [káuʃèd] ⓐ 외양간.
cow·shot [káuʃàt/-ʃɔ̀t] ⓐ (속어) (크리켓) 허리를 굽히고 치는 강타.
cow·skin [káuskìn] ⓐ 암소 가죽; =cowhide. — ⓥⓉ …을 쇠가죽 채찍으로 때리다.
cow·slip [káuslip] ⓐ (식물) **1** 노란구륜앵초. ¶ ~ tea [wine] 노란구륜앵초 차(술). **2** (美) 눈동이나물.
ców tòwn ⓐ (미국 서부) 목축 지대의 중심지(소도

시]; 축우 출하 도시[읍].
ców trèe 명 젖나무(뽕나뭇과(科)의 식물).
cow·y [káui] 형 소의[와 같은, 에 관한]; 쇠고기 냄새[맛]가 나는.
cox [kaks/kɔks] 명동 (구어) =coxswain. **~·less** 형
cox·a [káksə/kɔ́k-] 명 (복 **-ae** [-iː]) 1 [해부] 둔부; 고관절(股關節). 2 [동물] (곤충의) 기절(基節), (갑각류의) 저절(底節). **-al** 형 둔부의; 고관절의.
cox·al·gi·a [kaksǽldʒiə/kɔk-] 명ⓤ [의학] 요통, 고(股)관절통. (또는 **coxalgy**) **-gic** 형
cox·comb [kákskòum/kɔ́ks-] 명 1 멋쟁이, 맵시꾼. 2 (고어) 머리, 정수리; (중세 광대의) 볏 모양의 모자. 3 [식물] 맨드라미. **cox·cómb·ic, cox·cómb·i·cal** 형 **cox·cómb·i·cal·ly** 부 [<cock's comb]
cox·comb·ry [kákskòumri/kɔ́ks-] 명 맵시내기, 멋부리기, 젠체하기, 허식.
cox·sack·ie·vi·rus [kuksɑ́:kivἀiərəs] 명 콕사키바이러스(호흡기 질환의 원인이 되는 바이러스). [<발견지인 미국 New York 주의 Coxsackie]
cox·swain [káksən, -swèin/kɔ́k-] 명 1 (경주용 보트의) 키잡이, 타수(cox). ¶ a ~'s box 타수석(席). 2 정장(艇長). (또는 **cockswain**) — 동 (…의) 키잡이[타수, 정장]를 맡다. **~·ship** 명
cox·y [káksi/kɔ́ksi] 형 (英) 건방진, 잘난 체하는, 뽐내는(cocky). (또는 **cocksy**)
*coy [kɔi] 형 1 수줍어하는, 암띤. ⇨ SHY 유의어 ¶ be ~ of …을 수줍어서 말을 못하다. 2 (여성이) 수줍은 체하는; 요염한. ¶ give him a ~ smile 그에게 수줍은 듯 미소짓다. 3 (고어) 아늑한, 으슥한. — 동재 (고어) 부끄러운 체하다. — 타 [폐어] 달래다; 애무[포옹]하다; 가볍게 두드리다(pat). **~·ly** 부 **~·ness** 명
Coy. (군사) Company.
coy·dog [káidɔ̀:g/-dɔ̀g] 명 카이도그(수캐와 코요테 암컷 사이의 잡종). [<coyote+dog]
coy·ish [kɔ́iiʃ] 형 좀 수줍어하는. **~·ness** 명
coy·o·te [kaióuti, káiout/kɔ́iout] 명 (복 **~(s)**) 1 [동물] 코요테(prairie wolf). 2 (美속어) (중남미인) 밀입국자 안내인. [<Mexican]   '별칭.
Cóyote Státe (the ~) 미국 South Dakota 주의
coy·pu [kɔ́ipuː] 명 (복 **~(s)**) 코이푸, 누트리아(남미의 늪지대에 사는 쥐; 모피는 nutria).
coz [kʌz] 명 (美구어·英고어) =cousin.
coze [kouz] 명 친근하게 이야기하다, 터놓고 이야기하다. — 명 친근한 대화, 한담. (또는 **cose**)
coz·en [kázn] 동타 …을 속이다, 기만하다; …을 속여 빼앗다 (out of, of); …을 속여 …하게 하다 (into). ¶ ~ a person out of money 남을 속여서 돈을 빼앗다. — 자 사기를 치다, 속이다. **~·er** 명 **~·ing·ly** 부
coz·en·age [káznidʒ] 명ⓤ 사기, 협잡.
COZI communications zone indicator.
co·zy [kóuzi] 형 1 아늑한, 기분좋은, 안락한. ⇨ COMFORTABLE 유의어 2 편리한, 편안한. 3 (부정 수단 따위로) 실속을 차리는, 아부하는; (관계 따위가) 유착한. ¶ a ~ relationship between a lobbyist and some bureaucrats 로비스트와 일부 관료의 유착 관계.
— 부 신중하게, 주의 깊게.
play it cozy 신중하게 하다.
— 명 1 보온기, 보온 커버. ¶ a tea ~ 찻주전자 커버. 2 (차양 달린) 2인용 긴 의자.
— 동재 1 (방 따위)를 아늑하게 하다, 느낌이 좋게 하다 (up). 2 안심시키다, 위로하다; 속이다 (along).
(또는 **cos(e)y, cosie, cozey, cozie**)
cozy a person along 남을 안심시키다, 남을 속이다.
cozy up to ① …에 다가가다; …와 친해지다. ② (…의) 비위를 맞추려고 하다, (…에게) 환심을 사려고 하다. ¶ ~ up to the boss 상사에게 환심을 사려고 하다
-zi·ly 부 **-zi·ness** 명   [아첨하다].
cp candlepower; circular pitch. **cp, cP** centi-

poise. **CP** Canadian Press; candlepower; Cape Province; center of pressure; central processor; change point; charity party; command post; commercial paper; Communist Party; (英) Community Programme; constant pressure; [컴퓨터] content(s) provider(정보 제공 업자); control panel; (美) Country Party(농민당); Court of Probate(유언 검인 법원). **cp.** compare; coupon.
c/p custom of port. **c.p.** candlepower; [물리·화공] center of pressure(압력 중심); chemically pure; circular pitch; command post; common pleas; [화학] condensation product; constant pressure. **C.P.** [병리] cerebral palsy; charter party (또는 **C/P**); Chief Patriarch; [법률] civil procedure(민사 소송); [英법률] clerk of the peace (치안 판사 법원의 서기); code of procedure(소송법전(法典)); command post; Common Pleas; Common Prayer; Communist Party. **CPA, C.P.A.** Cathay Pacific Airways(캐세이 퍼시픽 항공); (美) certified public accountant(공인 회계사); [컴퓨터] critical path analysis(임계 경로 분석; 대형 계획의 최적 스케줄 분석). **CP Air** Canadian Pacific Airlines(캐나다 태평양 항공). **CPB, C.P.B.** (美) Corporation for Public Broadcasting(공공 방송 협회). **CPCU** [보험] Chartered Property Casualty Underwriter. **cpd.** compound.
CP'·er [síːpiːər] 명 (구어) 공산당원.
[<communist party+er]
CPFF, C.P.F.F. cost plus fixed fee. **c.p.h.** cycles per hour. **C.P.H.** Certificate in Public Health. **cpi** characters per inch. **c.p.i., CPI** consumer price index; corruption perception index((국가별) 부패 인식 지수). **cpl., Cpl.** complete; compline; corporal. **c.p.l.** characters per line. **cpm** [컴퓨터] cards per minute(카드수/분); characters per minute. **CPM** cost per thousand(* M은 1,000을 나타내는 로마 숫자) (또는 **cpm**); [컴퓨터] critical path method(임계 경로 분석법; 참 CPA). **c.p.m.** characters per minute; [음악] common particular meter; cycles per minute.
CP máil 명 (미국의) 제3종 우편[소포]. [<F colis postaux(우편 소포)]
c.p.o., C.P.O., CPO chief petty officer(해군 상사); compulsory purchase order; cost per order.
C.P.R. Canadian [Central] Pacific Railway; cardiopulmonary resuscitation(심폐 기능 소생법).
cps, c.p.s. cards [cycles] per second; [컴퓨터] characters per second(초당(秒當) 문자수). **CPS, C.P.S.** certified professional secretary; Civilian Public Service; Consumer Price Survey(소비자 물가 조사). **C.P.S.A.** (英) Civil and Public Services Association. **CPSC, C.P.S.C.** Consumer Product Safety Commission. **CPSR** Computer Professionals for Social Responsibility. **C.P.S.U.** Communist Party of the Soviet Union. **cpt.** counterpoint. **Cpt., CPT** captain. **CPU** [컴퓨터] central processing unit(중앙 처리 장치). **CPVE** (英) Certificate of Pre-vocational Education(직업 교육 적성 시험). **CPX** (군사) command post exercise(지휘소 연습, 도상 기동 훈련 [연습]). **CQ** [무선] call to quarters; (美) charge of quarters(야간) 당번). **C.Q.D.** Customary Quick Dispatch(관습적 조기 하역(早期荷役)). **C.Q.M.S.** Company Quartermaster Sergeant. **CQT** College Qualification Test. **cr** center; cruzeiro(s). **Cr** 기 [화학] chromium. **CR** card reader; [컴퓨터] carriage return; carrier's risk; cathode ray; color response; Community of the

*R*esurrection; *c*onditioned *r*eflex [*r*esponse]; *c*onsciousness-*r*aising; 〔원자력〕 Control *R*od(제어봉); *c*onversion *r*atio; *C*osta *R*ica; *c*redit *r*ating; *c*ritical *r*atio; *c*ross*r*oads; *c*urrent *r*ate. **cr.** cream; creased; created; credit(or); creek; 〔음악〕 crescendo; crew; crimson; crown(s); cruise. **C.R.** *c*arrier's *r*isk(운송인 위험 부담); *c*athode *r*ay; *c*lass *r*ate; *c*ompany's *r*isk; 〔기계〕 *c*ompression *r*atio; 〔화학〕 *C*ongo *r*ed; *C*osta *R*ica; *c*redit *r*ating; 〔은행〕 *c*redit *r*eport; *c*ritical *r*atio; *c*urrent *r*ate.

CRA 《美》 *C*alifornia *R*edwood *A*ssociation; *C*ommunity *R*einvestment *A*ct(지역 사회 재투자법).

‡**crab**[1] [kræb] [명] ([복] **~s** [-z]) **1** 게; [U] 게 살; 게 비슷한 동물([참] hermit ~, land ~, king ~). **2** (the C–) 〔천문〕 게자리, 거해궁(巨蟹宮)(Cancer). **3** 〔기계〕 감아올리는 기계, 이동 윈치(~ winch). **4** (~s) (두 개의 주사위가 모두 1이 되는 식의) 최하점. **5** =~ louse. **6** 〔항공〕 (옆바람에 대하여 비행기가) 비스듬히 비행하기.

catch a crab (보트 경기에서) 노를 헛저어 뒤집히다.

turn out [or ***come off***] ***crabs*** 실패로 끝나다, 불운하게 되다.

— [동] (**~s** [-z]; **-bb-**) [자] **1** 게를 잡다. ¶go ~*bing* 게잡이 가다. **2** 게걸음치다, 모로 가다; 〔해사〕 (배가 예인중에) 좌우로 흔들리며 나아가다; 〔항공〕 (비행기가) 비스듬히 비행하다. **—** [타] 〔비행기〕를 비스듬히 비행시키다.

crab[2] [명] =~ apple.

crab[3] [동] (**-bb-**) [자] **1** (매가) 서로 발톱으로 할퀴다. **2** 흠잡다; 불평하다, 투정하다 (*about*). **—** [타] **1** (매가) 〔다른 매〕를 발톱으로 할퀴다. **2** …의 결점을 찾다, …을 흠잡다. **3** 《속어》 …을 망쳐 놓다, 못쓰게 만들다. ¶~ the deal 거래를 망쳐 놓다 / ~ the turn 다른 배우의 대사나 연기를 망쳐 놓다. **—** [명] 《구어》 까다로운 사람, 싸움 좋아하는 심술궂은 사람; 혹평.

cráb àpple [명] (작고 신) 돌능금 (나무).

crab·bed [krǽbid] [형] **1** 심술궂은, 성미가 까다로운, 심보가 사나운; 불평[투정]하는, 시무룩한. **2** (문체 따위가) 난해한. ¶a ~ author 난해한 작가. **3** (필적 따위가) 알아보기 어려운. **~·ly** [부] **~·ness** [명]

crab·ber[1] [krǽbər] [명] 게잡이 어부; 게잡이배.

crab·ber[2] [명] 흠잡는 사람; 투덜거리는 사람.

crab·bing [krǽbiŋ] [명][U] **1** 게잡이. **2** 〔항공〕 경사 비행. **3** 〔염색〕 크래빙(천이 줄지 않게 하는 특수 처리법).

crab·by[1] [krǽbi] [형] =crabbed 1.

crab·by[2] [형] 게와 같은; 게가 많은.

cráb gràss [명] 왕바랭이(1년초; 잔디밭에 나는 잡초).

cráb locomòtive [명] (광산용) 윈치 달린 전기 기관차.

cráb lòuse [명] 사면발이, 모슬(毛蝨).

crab·meat [krǽbmìːt] [명] 게의 살.

Cráb Nèbula [명] 〔천문〕 게 성운(星雲)(Taurus의 성운).

cráb pòt [명] (잔가지를 엮어 만든) 게잡이용 통발.

cráb's èye [명] (종종 ~s) 해안석(蟹眼石)(가재의 위 속에 생기는 석회질의 결석(結石)).

cráb spìder [명] 게거밋과(科)의 거미.

crab·stick [krǽbstìk] [명] **1** 돌능금나무(crab tree)로 만든 지팡이[곤봉]. **2** 성미가 까다롭고 심술궂은 사람.

cráb trèe [명] 돌능금(crab apple) 나무.

crab·wise [krǽbwàiz] [부] 게걸음으로, 옆으로 비스듬히; 신중하게 에둘러, 간접적으로. (또는 **crabways**)

‡**crack** [kræk] [동] (**~ed** [-t]) [자] **1** 갑자기 날카로운 소리를 내다, (채찍이) 휙 울리다, (총이) 탕 소리를 내다. ¶A rifle ~*ed* somewhere. 어디에선가 소총 소리가 났다. **2** (갑자기 소리내며) 깨지다[부러지다]. **3** 갈라지다, 금이 가다. **4** (목소리가) 갑자기 귀에 거슬리게 되다, 째지는 소리가 나다, (사춘기에) 변성하다. **5** 《구어》 (사람·마음·신경 등이) 쇠약해지다, 망가지다; (정신적 압박에) 굴복하다; (나라·조직 등이 …으로) 붕괴하다, 파탄하다(*up*). ¶ (~+[前]+[名]) ~ *under* a strain 과로로 (몸이) 망가지다. **6** 《구어》 (…을) 자랑하다, 으스대다 (*of*). **7** 《스코》 지껄이다, 잡담하다. **8** 《고어》 맹렬한 기세로 달리다, 질주하다. **9** 〔화학〕 (석유가) 분류(分溜)되다, 열분해하다.

—[타] **1** …에게 갑자기 날카로운 소리를 내게 하다, 〔채찍〕을 휙 울리다; …을 소리를 내며 깨다[부수다]. ¶~ a whip 채찍을 휙 울리다 / ~ one's fingers 손가락을 튀기다 / ~ a pistol 권총을 탕하고 쏘다. **2** 〔유리 따위〕에 금이 가게 하다, 갈라지게 하다; 〔딱딱한 것〕을 깨다, 부수다; …을 조금 열다. ⇨BREAK [유의어] ¶~ a chestnut 밤을 까다 / ~ a door 문을 조금 열다 / ~ a cup across the bottom 컵 밑바닥에 금이 가게 하다. **3** 《구어》 날카로운 소리가 나게 치다[때리다]; 〔몸의 일부〕를 철썩 때리다; 〔몸 따위〕를 세게 (…에) 부딪치다 (*on, against*). ¶~ a homer 홈런을 날리다 / ~ one's head *against* the wall 머리를 벽에 세게 부딪치다. **4** 《구어》 〔어려운 것 따위〕를 풀다, 해결하다, 해독하다. ¶~ a code [problem] 암호[문제]를 풀다. **5** 《구어》 〔금고 따위〕를 부수다; 《英》 〔집 따위〕에 침입하다. ¶~ a home (강도가) 집에 침입하다. **6** 《구어》 〔포도주 병 따위〕를 따서 마시다. ¶~ a bottle together 함께 술을 마시다. **7** 〔신용 따위〕를 손상하다, 떨어뜨리다; …을 망쳐놓다. **8** 〔목소리〕를 째지게 높이 내다, 귀에 거슬리게 하다. **9** 〔기력 따위〕를 슬픔으로 꺾다; …에 (정신적·육체적으로) 심각한 타격을 주다; …의 마음을 혼란시키다, 불안정하게 하다; …을 깊이 감동시키다. **10** 〔농담〕을 하다; …을 말하다. ¶~ a joke 농담을 하다. **11** 〔화학〕 〔석유〕를 열분해하다, 분해 증류하다, 분류(分溜)하다. **12** 〔컴퓨터〕 〔다른 컴퓨터·시스템〕에 불법 침입하다(hack).

a hard [or ***tough***] ***nut to crack*** 어려운 것[문제]; 만만찮은 사람.

crack a book 《속어》 책(특히 교과서 따위)을 펴고 읽다, 공부를 들이 파다.

crack a crib 《英속어》 집에 강도질하러 들어가다.

crack a deal 《美속어》 거래[협정]하다.

crack a record [or ***mark***] 《美속어》 기록을 깨다.

crack a smile 《속어》 방긋 웃다, 미소짓다(smile).

crack a tube 《美속어》 캔 맥주(의 뚜껑)을 열다[따다].

crack back 《美속어》 말대꾸하다.

crack down on 《美구어》 …에 단호한 조치를 취하다; …을 엄히 단속하다, 탄압하다; …을 통렬하게 비난하다.

crack funny 《美속어》 마음에 드는 농담을 하다.

crack hardy [or ***hearty***] 《濠·뉴질》 꾹 참다; 비밀로 해 두다, 짐짓 태연한 표정을 짓다; 대담하게 행동하다.

crack heads together 《속어》 양쪽을 다같이 벌주다.

crack it 《濠구어》 ① (여자를) 차지하다. ② 성공하다.

crack on ① 〔해사〕 돛을 전부 펴다, 돛을 모두 펴고 달리다. ② 《英속어》 전진하다, 속행하다.

crack** one's **jaw 《美속어》 자만하다, 허풍을 떨다.

crack open ① 소리내며 열리다[벌어지다]. ② 〔금고 따위〕를 폭파하다; 〔사건 따위〕를 해결하다; 〔비밀 따위〕를 폭로하다.

***crack out** doing* 갑자기 …하다[하기 시작하다]. ¶~ *out laughing* 웃음을 터뜨리다.

crack the whip ① 회초리를 휘두르다. ② 《美속어》 (…을) 겁주어 지배하다 (*over*); 마구 뻐기다.

crack up ① 《속어》 (정신적·육체적으로) 지치다, 녹초가 되다. ② 《구어》 (자동차나 비행기 따위를[가]) 엉망이 되(게 하)다, 부딪치다, 대파시키다[하다]; (회사 따위가) 망하다. ③ 《구어》 《부정어와 함께》 (…라고) 칭찬하다 (*as, to be*). ④ 《美속어》 (…을) 크게 웃(기)다. ⑤ (땅이) 금이 가다. ⑥ 《속어》 마약을 복용하다.

crack…wide open …을 폭로하다.

crack wise 《속어》 경구(警句)를 말하다; 그럴듯한 말을 하다 (*on, with*).

get cracking 《속어》 시작하다, 착수하다; 서두르다

— [명] **1** (the ~) (물건이 깨지는 듯한) 날카로운 소리; (채찍의) 휙 소리. ¶the ~ of thunder [the guns] 천둥[총] 소리. **2** (총의) 사격, 발사(shot). ¶take a ~ at a

crack·a·jack [krǽkəʤæk] 명형 =crackerjack.
cráck bàby 명 《美속어》 코카인 중독자 자녀[유아].
crack·brain [krǽkbrèin] 명 미치광이, 바보.
crack·brained [krǽkbrèind] 형 미친, 돈, 바보의.
cráck bùster 명 《경찰 등의》 마약 《특별》 단속반.

crack·down [krǽkdàun] 명 《구어》 단호한 단속[조치]; 법률[罰]의 엄격한 시행; 탄압; 일제 단속 《on, against》. ¶ a ~ against speeders 속도 위반자 단속.

*cracked [krækt] 형 1 깨진, 부서진. 2 금이 간. 3 《신용 따위가》 떨어진, 《평판 따위가》 손상된. 4 《구어》 상궤(常軌)를 벗어난; 머리가 돈, 미친. 5 목소리 변성된. 6 《곡물 등이》 굵게 빻은. ¶ ~ wheat 굵게 빻은 밀.

*crack·er [krǽkər] 명 1 크래커; 《美》 《달지 않은》 비스킷(《英》 biscuit). 2 폭죽(爆竹). 3 크래커 봉봉《양쪽 끝을 당기면 폭음과 함께 터지며 안에서 과자·장난감이 나오는 종이통》.(또는 **bónbon**) 4 《美·경멸적》 미국 남부의 가난한 백인. 5 《방언·속어》 거짓말쟁이, 허풍선이; 《학생 속어》 1급 학생. 6 부수는 기구; 《~s》 호두까기 기구; 《의학》 이뿌리(tooth). 7 《C—》 《美》 Georgia 주 사람. 8 《英구어》 매력적인 사람, 굉장한 미인. 9 《컴퓨터》 악질적인 해커, 크래커 (《참》 hacker). 10 《美속어》 LSD. 11 《화학》 분해 반응탑, 크래커. 12 빠른 걸음; 파산, 파멸.
go a cracker 질주하다, 전속력으로.
haven't got a cracker 《濠속어》 한푼 없다.
not worth a cracker 《濠·스코 구어》 전혀 쓸모없다.

crack·er-bar·rel [-bæ̀rəl] 형 《구어》 1 《사상 따위가》 흔해빠진, 평범한; 시골식의. 2 친밀한, 스스럼없는.
cráck·er bónbon 명 =cracker 3.
crack·er·jack [krǽkərʤæ̀k] 명 《美속어》 뛰어난 사람, 일류 인사; 뛰어난 것. — 형 《속어》 뛰어난, 훌륭한, 일류의. (또는 **crackajack**)
crack·ers [krǽkərz] 형 《구어》 《…에》 푹 빠진《about, over》; 미친. ¶ drive a person ~ 남을 미치게 [하다].
get the [or go] crackers 머리가 돌다.
go [or be] crackers about …에 열중하다.
Crácker Státe 명 《the ~》 미국 Georgia 주의 별칭.

crack·head [krǽkhèd] 명 《속어》 크랙[코카인] 상용자.
cráck hòuse 명 《속어》 크랙 밀거래소. [용=중독]자.
crack·ing [krǽkiŋ] 명U 《화학》 크래킹, 《석유의》 분해 증류; 《도료가 오래되어》 크게 갈라짐. — 형 1 《속어》 멋진, 최고의. 2 《英구어》 아주 빠른, 활발한, 맹렬한. ¶ at a ~ speed 재빠르게. 3 《화학》 가열 분해의[에 의한]. — 부 《속어》 아주, 몹시(* 보통 good과 함께 쓰여). ¶ a ~ good show 아주 멋진 쇼. [다.
get cracking 《구어》 《정력적으로》 착수하다, 서두르
crack·jaw [krǽkʤɔ̀ː] 형 발음하기 어려운. — 명 발음하기 어려운 단어[어구].

*crack·le [krǽkl] 자 1 《불이 붙은 장작 따위가》 탁탁[바지직] 소리내다. 2 《도자기의》 표면에 잔금이 가다. 3 《생기·열의 따위가》 차 있다《with》. — 타 1 …을 탁탁 소리나게 하다; …을 탁탁 소리내며 깨다[부수다]. 2 《도자기의》 표면에 잔금을 넣다. — 명 1 탁탁 소리. 2 《도자기의》 장식적인 금; =crackleware.
crack·le·ware [krǽklwèər] 명U 잔금을 넣어 구운 도자기. (또는 **cráckle chína**)
crack·ling [krǽkliŋ] 명 탁탁 소리내는. — 명U 1 탁탁 소리. 2 《구운 돼지고기의》 바삭바삭한 껍질. 3 《보통 ~s》 《방언》 라드(lard)를 만들고 남은 바삭바삭한 돼지 비계 찌끼. 4 《英구어》 《집합적》 매력적인 여자 (* 보통 a bit of ~으로 쓴다).
crack·ly [krǽkli] 형 바삭바삭하는.
crack·nel [krǽknəl] 명 바삭바삭하게 구운 비스킷. 《美》 《~s》 바삭바삭하게 튀긴 돼지 비계.
cráck of dóom 명 1 최후의 심판일이 왔음을 알리는 천둥 소리 (← Shakespeare작 Macbeth 4: 1). 2 최후의 심판일, 세상 종말의 날. 3 종료 신호.
crack·pot [krǽkpɑ̀t/-pɔ̀t] 명 《구어》 머리가 돈 사람, 괴짜. — 형 머리가 돈, 제정신이 아닌. ~**·ism** 기이[괴상]한 짓, 미치광이 같은 일.
cráck·shot [krǽkʃɑ̀t/-ʃɔ̀t] 명 《美》 사격의 명수.
cracks·man [krǽksmən] 명 《속어》 강도, 도둑, 가택 침입[금고털이]강도.

crack·up [krǽkʌ̀p] 명 1 《비행기의》 추락, 《자동차의》 충돌, 대파. (또는 **cráck-ùp**) 2 《구어》 심신의 쇠약; 정신 착란, 신경 쇠약. 3 파괴, 도괴(倒壞); 《정부 따위의》 붕괴.
crack·y [krǽki] 형 《英방언》 1 금이 간; 깨지기 쉬운, 깨질 것 [같은. 2 《英방언》 머리가 돈, 미친.
crack·y² [krǽki] * 다음 숙어로만 쓴다. (또는 **crikey**)
By cracky! 《구어》 허참!, 그거 참!; 정말!, 과연!
-cra·cy [krəsi] 연결 rule, government, governing body《정체(政體)》의 뜻. ⇨-CRAT. ¶ autocracy, democracy.

ːcra·dle [kréidl] 명 《복 ~s [-z]》 1 요람, 어린이 침대. ¶ rock a ~ 요람을 흔들다. 2 《the ~》 《문명·민족 등의》 요람지, 발상지; 《the ~》 요람 시대, 유년 시절. the ~ of civilization 문명의 발상지. 3 요람 비슷한 받침대 《난파선에서 사람을 구조하는 바구니》; 선가(船架); 진수용(進水用) 미끄럼대; 《의학》 환자의 환부에 침구가 닿지 않도록 하는 기구 《전화의》 수화기대(臺); 《항공》 비행선을 팽창시킬 때 올려놓는 대; 《대포를 올려놓는》 포안(砲眼); 《자동차 차체 하부를 수리할 때 수리공이 눕는》 바퀴 달린 대(creeper). 4 《곡식을 가지런히 베기 위해서 낫에 댄》 덧살; 덧살을 댄 낫《~ scythe》. 5 《광산》 《사금의》 선광대(選鑛臺). 6 《그림》 《캔버스나 화판이 휘는 것을 막기 위한》 나무틀, 이동식 패널 받침대.
cradle Catholic 유아 때부터의 가톨릭 교도.
from the cradle 어린 시절부터.
from the cradle to the grave 요람에서 무덤까지, 평생을 통해《사회 복지 표어》.
in the cradle 요람기[초기]에.
rob the cradle 《美구어》 훨씬 나이 어린 상대와 데이트[결혼]하다; 아주 어린 선수를 스카우트하다.
the cradle of the deep 《시》 바다.
watch over the cradle 성장[발육]을 지켜보다.

—[동] (~*s* [-z]; ~*d*; *-dling*) [타] **1** …을 요람에 넣(어 흔들)다, 흔들어 재우다; …을 기르다. ¶ ~ a child 아이를 흔들어 어르다. **2** 〔농작물〕을 덧살 댄 낫으로 베다. **3** 〔배〕를 선가에 올려놓다; (일반적으로) …을 받침대에 올려놓다. **4** 〔광산〕 〔사금〕을 선광대로 씻다(*out*). **5** 〔그림〕 〔화판〕을 나무틀로 받치다. —[자] **1** 요람에 눕다. **2** 농작물을 덧살 댄 낫으로 베다. **3** 〔광산〕 선광기로 사금을 분리하다. 「皮)의 지루성 피부염).

crádle càp [명] 〔병리〕 요람 모자(유아(乳兒) 두피(頭

cra·dle·land [kréidllæ̀nd] [명] 요람지, 발상지.

crádle ròbber [명] 《구어》 =cradle snatcher.

crádle scỳthe [명] 덧살을 댄 큰 낫.

crádle snàtcher [명] 《구어》 훨씬 연하의 상대와 결혼[사랑]하는 사람; 어린 선수의 스카우트. 「by).

cra·dle·song [kréidlsɔ̀ːŋ/-sɔ̀ŋ] [명] 자장가(lulla-

cra·dle-to-grave [-təgréiv] [형] 요람에서 무덤까지의, 일생[평생]의(《英》 womb-to-tomb).

cra·dling [kréidliŋ] [명][U] **1** 요람에 넣어 흔들기; 보육. **2** 〔광산〕 (사금의) 선광. **3** 〔건축〕 (둥근 천장 따위를 받치는) 목제[철제] 반자.

‡**craft** [kræft, krɑːft/krɑːft] [명] **1** [U] 솜씨, 기술, 교묘함, 궁리하는 재주. ¶ a builder's ~ 건축가의 기술. **2** (특수한 기술을 요하는) 일, 직업; 수공업, 공예, 수예. ¶ arts and ~*s* 미술 공예. **3** [U] 못된 꾀, 교활, 술책. **4** (the ~) 《집합적》 동업자, 동업 조합(원); (the C-) 프리메이슨(Freemason) 조합. ¶ the ~ of masons 석공 조합. **5** (a ~) (소형) 배, 비행기, 우주선; 《집합적》 선박, 항공기, 우주선. * 1, 2의 뜻으로는 종종 연결형으로 쓰인다.

by craft 술책에 의하여.

the gentle craft 낚시질; 낚시 친구.

—[동][타] …을 교묘하게[정성들여] 만들다.

-craft [kræft/krɑːft] [연결] skill, art, occupation의 뜻. ¶ handi*craft*, priest*craft*. ⇨ CRAFT [명] 1, 2.

cráft apprènticeship [명] (숙련공이 되기 위한) 기술 견습 기간.

cráft bròther [명] (숙련직의) 동업자, 동료.

***crafts·man** [krǽftsmən, krɑ́ːfts-] [명] (복) *-men* [-mən, -mèn]) 장인(匠人)(artisan), 숙련공; 기예가, 공예가, 명공, 명장(名匠).

~·lìke [형] ~·shìp [명][U] 장인의 솜씨.

crafts·peo·ple [krǽftspìːpl/krɑ́ːfts-] [명][복] 《집합적》 직인(職人), 공인. 「craftsman.

crafts·per·son [krǽftspə̀ːrsn/krɑ́ːfts-] [명] =

crafts·wom·an [krǽftswùmən/krɑ́ːfts-] [명] craftsman의 여성형.

cráft ùnion [명] 직업[직종, 직능]별 노동 조합.

craft·work [krǽftwə̀ːrk/krɑ́ːft-] [명] 공예[세공] 일; 공예[세공]품. ~·**er** [명]

***craft·y** [krǽfti, krɑ́ːf-/krɑ́ːf-] [형] **1** 간교한, 교활한. **2** 《고어》 솜씨가 뛰어난, 솜씨 있는, 교묘한(skillful).

(as) crafty as a fox (여우처럼) 아주 교활한.

cráft·i·ly [부] **cráft·i·ness** [명]

crag [kræg] [명] 울퉁불퉁한 바위, 낭떠러지; 〔지질〕 (영국 동남부에서 볼 수 있는) 개사층(介砂層).

crag·ged [krǽgid] [형] 《시》 = craggy.

crag·gy [krǽgi] [형] 바위가 많은, 바위투성이의; 험준한. **-gi·ness** [명]

crags·man [krǽgzmən] [명] 암벽 등반가.

crake [kreik] [명] 뜸부기(의 울음소리).

***cram** [kræm] [동] (*-mm-*) [타] **1** …을 〔장소·그릇 따위〕에 억지로 밀어 넣다, 다져 넣다(*with*). ¶ (~+[目]+[前]+[名]) ~ a hall *with* people 홀에 사람들을 가득 집어 넣다. **2** …을 (장소·그릇 속에) 채워 넣다, 밀어 넣다 (*in, down*) (*into*). ¶ ~ books *into* a bag 가방에 책을 잔뜩 넣다. **3** …에게 잔뜩 먹이다; 《재귀용법으로》 (음식을) 포식하다(*with*). ¶ ~ oneself *with* food 게걸스럽게 잔뜩 먹다. **4** 《구어》 〔학생〕에게 억지로 외우게 하다, 벼락 공부를 시키다; 〔학과〕를 주입식으로 가르치다[공부하다](*up*) (*for*). **5** 《고어》 거짓말하다, 허풍을 떨다. —[자] 게걸스럽게[배불리] 먹다; 빽빽이 몰려들다(*into*); 《구어》 벼락 공부를 하다(*up*) (*for*).

cram...down** a person's* ***throat 남에게 …을 되풀이하여 말하다[강요하다]. 「라지.

cram it (up your ass) 《속어》 알게 뭐야! 될대로 되

—[명] **1** 채워 넣기, 충만; (사람이) 꽉 들어참, 초만원; 꽉 들어찬 사람들. **2** 《구어》 벼락 공부(로 얻은 지식);

∠·**ming·ly** [부] 〔《英속어》 참고서. **3** 《구어》 거짓말.

CRAM 〔컴퓨터〕 card *r*andom *a*ccess *m*emory(자기(磁氣) 카드 기록 장치). 「모임(stag party).

cram·bake [krǽmbèik] [명] 《美속어》 남자끼리의

cram·bo [krǽmbou] [명] (복) ~*es*) **1** 운(韻)이 같은 말을 찾는) 운 찾기 게임. **2** 《경멸적》 운, 운이 같은 말(rhyme), 서투른 시.

crám còurse [명] 주입식 학습 (과정), 집중 보충 수업 (과정); 단기 특별 코스(crash course).

cram-full [∠fúl] [형] 꽉 찬, …투성이의(*of, with*).

cram·mer [krǽmər] [명] **1** 채워 넣는 사람[것]. **2** 《구어》 (수험생 등을 위한) 단기 주입식 학습 교사[교재, 학교], 수험 학원; 벼락 공부를 하는 학생. **3** 《美》 위(胃), 밥통. **4** (닭 따위의) 강제 비육기(肥育器). **5** 《고어》 거짓말(lie).

***cramp**[1] [kræmp] [명] **1** (종종 ~s) (손발의) 경련, 쥐. ¶ get [*or* have] a ~ in the calf 장딴지에 쥐가 나다 / a writer's ~ 손가락 경련. **2** (~s) 심한 복통. **3** (~s) 《완곡적》 생리통. —[동][타] 《수동형으로》 …에 경련을 일으키게 하다. ¶ His limbs were ~*ed*. 그의 손발은 경련을 일으켰다. —[자] 경련(의 발작)을 일으키다.

cramp[2] [명] **1** 꺾쇠(~ iron). **2** 죄는 기구, 죔쇠(clamp). **3** 속박, 구속; 구속물, 제한하는 것.

—[동][타] **1** …을 꺾쇠로 잇다; …을 죔쇠로 죄어 붙이다. **2** …을 제한하다, 한정하다; …을 구속하다; …을 방해하다(*up*). **3** (핸들을 꺾어) 〔자동차 앞바퀴〕의 방향을 바꾸다(* 비탈길에 주차할 경우 등).

cramp** a person's* ***style 《속어》 남의 활동[기술·능력의 발휘]을 방해하다, 남을 실망시키다.

—[형] **1** (필적 따위가) 알아보기 힘든; (의미가) 알기 힘든, 어려운. **2** 좁은(narrow).

cramped[1] [kræmpt] [형] 경련을 일으킨.

cramped[2] [형] 답답한, 비좁고 갑갑한; (문체(文體)·필적 따위가) 읽기 힘든. ∠·**ness** [명]

cramp·fish [krǽmpfìʃ] [명] (복) ~(·*es*)) 시끈가오리 「(electric ray).

crámp ìron [명] 꺾쇠(cramp).

cram·pon [krǽmpɑn/-pən] [명] **1** (보통 ~s) (무거운 것을 들어올리는) 쇠갈고리. **2** (~s) (구두에 대는) 스파이크, 철제 징; (등산용) 아이젠. —[동][자] 아이젠을 사용하여 등산하다. (또는 **cram·poon** [kræmpúːn])

crám schòol [명] 입시 준비 학원.

cran [kræn] [명] 《스코》 크랜(생선 청어의 용량 단위; 37.5 gallons, 약 170.3*l*). 「료).

cran·age [kréinidʒ] [명][U] 기중기[크레인] 사용(권,

cran·ber·ry [krǽnbèri/-bəri] [명] 덩굴월귤; 그 열매(신맛이 강하다; 젤리나 소스의 재료).

cránberry bùsh [명] 미국 불두화나무(북미산(産)의 관목; 재배종은 snowball). 「명 유리 제품).

cránberry glàss [명] 크랜베리 글라스(분홍빛의 투

cránberry sàuce [명] 크랜베리 소스(젤리 모양의 소스로 칠면조 고기에 곁들임).

‡**crane** [krein] [명] (복) ~*s* [-z], 1에서는 때로 ~) **1** 두루미, (유럽·아시아산(産)의) 검정 두루미; 《美》 왜가리; 두루미 비슷한 새. **2** 크레인, 기중기. ¶ a bridge ~ 다리 모양의 크레인. **3** 크레인 모양의 장치[기구]; 수평 자재(自在) 갈고리; 사이펀(siphon); (기관차의) 급수관; (TV·영화 촬영 때의) 카메라 이동 장치. **4** (the C-) 〔천문〕 두루미자리.

—[동] (~*s* [-z]; ~*d*; *cran·ing*) [타] **1** …을 크레인 따위로 움직이다[옮기다]. **2** 〔목〕을 길게 빼다. —[자] **1** 목

을 빼다; 나서다(*forward*). **2** (구어) (위험·곤란에 처하여) 망설이다; (말이) (…앞에서) 머뭇거리다 (*at*). **3** (영화·TV) (카메라)를 크레인으로 이동하다.
crane one's éar (잘 들으려고) 귀를 세우다.
crane one's néck (잘 보려고) 목을 길게 뽑다.
~·like, ~·ly 형

cráne flý 꾸정모기(英) daddy-longlegs).
cranes-bill [kréinzbil] 명 이질풀속(屬)의 식물.
cra-ni- [kréini] 연결 ⇨CRANIO-.
cra·ni·a [kréiniə] 명 cranium의 복수형.
cra·ni·al [kréiniəl] 형 두개(頭蓋)(골)의. ~·ly 부
cránial índex 명 두개골 지수(指數)(두개의 전후 길이에 대한 폭의 비(比)). ⇨ cephalic index
cránial nérve 명 [해부·동물] 뇌신경.
cra·ni·ate [kréiniət, -nièit] 형 두개(頭蓋)가 있는; 두개동물문(門)에 속하는. — 명 두개동물.
cra·ni·o- [kréiniou, -niə] 연결 cranium의 뜻(* 모음 앞에서는 crani-). ¶*cranio*meter.
cra·ni·o·fa·cial [krèinioufɛ́iʃəl] 형 두개(頭蓋) 및 안면의. ¶~ index 두안부(頭顏幅) 지수.
cra·ni·o·log·i·cal [krèiniəládʒikəl/-lɔ́dʒi-] 형 두개(골)학(頭蓋骨)学)의에 관한. ~·ly 부
cra·ni·ol·o·gy [krèiniálədʒi/-ɔ́l-] 명[U] 두개골학. -gist 명 (골) 측정기.
cra·ni·om·e·ter [krèiniámətər/-ɔ́m-] 명 두개(골) 측정학. (또는 **craniometrical**) -ri·cal·ly 부
cra·ni·om·e·try [krèiniámitri/-ɔ́m-] 명[U] 두개(골 측정)학.
cra·ni·ot·o·my [krèiniátəmi/-ɔ́t-] 명 [외과] (보통 뇌수술을 위한) 개두술(開頭術), 두개 절개.
cra·ni·um [kréiniəm] 명 (複 ~s, -ni·a [-niə]) 두개, 두개골; (익살) 머리.

*****crank¹** [kræŋk] 명 **1** [기계] 크랭크, L자형 핸들(기계의 축에 연결되어 운동을 전달하는 장치). **2** (구어) 기인(奇人), 괴짜, 한 가지 일에 열중하는 사람. **3** (美구어) 성미 까다로운 사람, 심술쟁이, 잘 삐치는 사람; 별난 많은 사람(~ 부르는 말로도 쓰인다). **4** 기발한[별난] 생각, 변덕; 기행(奇行); 희한한 말장난. **5** (고어) (도로 따위의) 굴곡, 꼬불꼬불함(bend). **6** (내연 기관의) 시동 핸들(~ handle). **7** (美구어) 각성제, 자극제, (~s) 암페타민.
— 타 **1** …을 크랭크 모양으로 구부리다, 크랭크 모양으로 하다. **2** …에 크랭크를 달다. **3** [기계] (축)을 크랭크로 돌리다. **4** (크랭크를 돌려 [엔진]의 시동을 걸다; [영화 카메라]의 시동을 돌려 촬영하다(*up*).
— 자 **1** [엔진의 개도를 걸기 위해) 크랭크를 돌리다; 엔진의 시동을 걸다(*up*). **2** (촬영을 위해) 크랭크를 돌리다, 촬영하다(*up*). **3** (폐어) 휘어 굽어지다.
cránk báck 원상대로 돌리다.
cránk dówn 끝나게 하다, 소멸시키다. 「키다.
cránk ín[or *ínto*] 중요한 부분으로 짜 넣다[포함시
cránk óut …을 기계적으로 만들어 내다.
cránk úp ① 시작되다[하다]; …을 준비하다[시키다]. ② (노력·능률 따위)를 올리다, 향상시키다. ③ 자극하다, 활성화시키다. ④ (美속어) 마약을 주사하다.
— 형 **1** (건물이) 불안정한, 흔들흔들하는; (기계가) 고장난. **2** 괴짜의; 편집광에 의한; (美속어) 거짓[가짜]의.
~·ish, ~·less 형 [**3** (英방언) 병약한.
crank² 형 (배 따위가) 전복하기 쉬운, 잘 기우는.
crank³ 형 (방언) 활발한, 기운찬. ~·ly 부 ~·ness 명
cránk áxle 명 [기계] 크랭크 차축(車軸).
cránk búgs 명 複 (美속어) 피부 속에서 벌레가 스멀거리는 듯한 느낌(약물에 의한 환각).
crank·case [krǽŋkkèis] 명 [기계] 크랭크실(室).
cránk dísk 명 [기계] 원판 크랭크(disk crank).
cránk hándle 명 =crank 6.
cran·kle [krǽŋkl] 명 구부러짐, 굴곡. — 자 타 구부러지다. — 타 …을 구부리다.

cránk létter 명 (익명의) 협박적인 투서, 협박장.
cránk·pin [krǽŋkpìn] 명 [기계] 크랭크핀.「축(軸).
crank·shaft [krǽŋkʃæft/-ʃɑ̀ːft] 명 [기계] 크랭크
crank·y¹ [krǽŋki] 형 **1** 성미 까다로운, 성 잘내는; 심술궂은. **2** 괴팍한, 괴짜의, 기묘한; 변덕스러운; 미친. **3** (건물이) 불안정한, 흔들흔들 하는; (기계가) 고장난. **4** (도로가) 꾸불꾸불한. **5** (英방언) 병약한, 약한.
be cránky on (구어) …에 열중하다.
cránk·i·ly 부 **cránk·i·ness** 명
crank·y² 형 (배가) 기울기 쉬운, 전복되기 쉬운.
cran·nied [krǽnid] 형 금이 간, 갈라진 틈이 있는.
cran·nog [krǽnəg] 명 (고대 아일랜드·스코틀랜드에서 호수의 인공섬 위에 세운 호상 주택, 또는 늪에 구축한) 인공 요새섬. (또는 **cran·noge** [krǽnədʒ])
cran·ny [krǽni] 명 (벽이나 바위 따위의) 갈라진 틈, 금; 후미진(눈에 안 띄는) 장소, 구석.「뒤지다.
search every (nook and) cranny 샅샅이 찾다
Cran·well [krǽnwəl] 명 크랜웰. **1** 잉글랜드 Lincolnshire 주의 마을(영국 공군 사관학교 소재지). **2** 영국 공군 사관학교(Royal Air Force College).
crap¹ [kræp] 명 (크랩 노름(craps)에서 2[3, 12]의 수; =craps. — 자 (**-pp-**) 2[3, 12]가 나오다.
crap óut (美속어) 실패하다, 망쳐 놓다; 못쓰게 되다.
crap úp (속어) (일 따위)를 망치다.
crap² [kræp] 명 **1** (비어) 똥(shit); (a ~) 용변, 배변. (複 ~s) 설사. ¶*have a* ~ 변을 보다, 똥을 누다. **2** (속어) 거짓말(lie), 허풍. **3** (속어) 어리석은 생각, 헛소리(nonsense). **4** (속어) 잡동사니, 쓰레기. 「리 마!
Cut the cráp! 호들갑 떨지 말고 진실을 말해!, 헛소
fúll of cráp 틀리게, 거짓말로, 아무것도 모르면서.
líke cráp (속어) 굉장히, 지독하게. 「않다.
nót give a cráp (비어) 신경을 안 쓰다, 안중에 두지
shóot [or *slíng, thrów*] *the cráp* (美속어) 허튼 소리를 하다, 수다를 늘어놓다.
the cráp óut of (구어) 몹시.
— 감 (불신·불만·불쾌감을 나타내어) 쳇, 우라질.
— 자 (**-pp-**) (속어) 똥누다. — 타 **1** (속어) (남)에게 실없는 말을 하다, 허풍떨다; (남)을 속이려 하다.
crap aróund ① 바보 같은 짓을 하다. ② 농땡이 부리다. ③ (사건에 관련되다(*with*). 「내 주다.
crap ón (속어) ① 업신여기다, 깔보다. ② (남)을 속이다.
*****crape** [kreip] 명 **1**[U] 크레이프(crepe)(* 주로 상복·상장(喪章) 따위로 쓰는 주름잡은 검정 비단; 검은 색 이외의 것은 crêpe). **2** (팔에 두르는) 상장. — 타 …을 검정 크레이프로 덮다; (팔·모자)에 상장을 두르다, [몸]에 검정 크레이프를 걸치다; …을 우글쭈글하게 하다. **craped** [-t], ~·like 형
cráre clóth 명 크레이프 비슷한 모직물.
cráre háir 명 =crepe hair.
crape·hang·er [krèipháeŋər] 명 **1** (美속어) 비관론자(pessimist); 남의 흥을 깨는 사람. **2** 장의사. (또는
cráre mýrtle 명 [식물] 백일홍. [**crepehanger**)
crap·pie [krǽpi] 명 크래피(美국 중부산의 작은 민물고기 sunfish의 일종.
crap·py [krǽpi] 형 (속어) **1** 더러운, 불결한; 불쾌한[지독한. **2** 비열(비겁)한, 무례한. **3** 엉터리인; 시시한.
craps [kræps] 명 複 (단수취급) 크랩 노름, 주사위 노름(두 개의 주사위로 하는 노름).
shóot cráps 주사위 노름을 하다.
crap·shoot [krǽpʃùːt] 명 (구어) 위험하여 예측불가능한 일, 불확실한 일; (주사위) 노름. — 자 (美속어) 주사위 노름을 하다. (구어) 위험을 무릅쓰다; 도박을 하다. ~·er 명 주사위 도박사.
crap·u·lent [krǽpjulənt] 형 과음[과식]으로 몸이 편치 않은[거북한]. **-lence, -len·cy** 명 ~·ly 부
crap·u·lous [krǽpjuləs] 형 폭음하는, 폭식하는; 과음[과식]으로 몸이 괴로운; (병이) 과음[과식]에 의한.
~·ly 부 ~·ness 명

crap·y [kréipi] 형 크레이프 같은, 쭈글쭈글한; 상장(喪章)을 단, 검은 크레이프를 걸친.

cra·ses [kréisiːz] 명 crasis의 복수형.

‡**crash**¹ [kræʃ] 통 (~**es** [-iz]; ~**ed** [-t]) 타 1 (요란한 소리를 내며) …을 때려부수다, 산산이 부수다, 찌부러뜨리다(⇒BREAK 유의어); …을 탕하고 떨어뜨리다[놓다] (on). ¶ (~+目+ 回+(名)) ~ a cup against a wall 찻잔을 벽에 던져 박살을 내다. 2 (~ one's way) (요란한 소리를 내며) …을 달리다, 밀고 나아가다 (in, through, out). ¶ (~+目+回+(名)) ~ one's way through the thicket 덤불을 헤치며 나아가다. 3 (구어) [극장·파티 따위]에 표[초대] 없이 입장하다, 몰래 들어가다; [신호 따위]를 무시하고 나아가다, [길]을 건너다. 4 (수동형으로) [비행기 따위]를 불시착[추락]시키다; [자동차 따위]를 부딪치다, 충돌시키다 (into). 5 (야구) [홈런]을 치다. 6 [컴퓨터] [시스템]을 크래시하다.
— 자 1 (요란한 소리를 내며) 부서지다, 깨지다; 와글와글 무너지다, 붕괴하다(down); [뇌성이] 울려 퍼지다(out). ¶ (~+回+(名)) The dishes ~ed to the floor. 접시가 마루에 떨어져 쨍그랑 깨졌다. 2 (세게 부딪쳐서) 요란한 소리를 내다; (요란한 소리를 내며) 돌진하다; 충돌하다 (against, into). ¶ (~+回+(名)) The engine ~ed into the freight train. 기관차가 쾅 소리를 내며 화물 열차에 부딪쳤다. 3 (사업이) 실패하다, 파산하다; (시세·따위가) 폭락하다(down). 4 (비행기가) 추락하다, 불시착하여 파손되다. 5 (美俗) 자다(out); 무료로 묵다(with). 6 (구어) (초대·허가 없이) 밀고 들어가다, 몰래 들어가다. 7 [컴퓨터] [시스템·프로그램이] 크래시하다, 에러로 작동하지 않다. 8 (俗) (마약에서 깨어나) 제정신으로 돌아오다; 마약의 효과가 끊어지다(out); (각성제·슐로) 의식을 잃다, 곤드레만드레가 되다. 9 (구어) 참패하다.

crash and burn (美軍俗) ① 잠쳐 버리다. ② 피로하여 쓰러지다. ③ 작업에 몰두하다. ④ (美학생 俗어) (젊은 남자가) 보기 좋게 채이다[실연하다].

crash down (요란한 소리를 내며) 부서지다, 붕괴하다; (사업 따위가) 망하다, 파산하다; (시세 따위가) 폭락하다. / 곧 잠들다.

crash out ① ⇒자 1, 5, 8. ② (美구어) 탈옥[탈주]하다

crash the gate (구어) (초대도 받지 않고 불청객으로 가다; (극장 따위에) 표없이 들어가다.

— 명 (옥 ~·es [-iz]) 1 (a ~) 요란한 소리; (갑자기 나는) 큰 음향, 쾅음. ¶ a ~ of thunder 천둥 소리 / fall[break] with a ~ 요란한 소리를 내며 떨어지다[깨지다]. 2 (요란한 소리를 동반하는) 분쇄, 파괴, 충돌. 3 (충돌·파괴의) 충격. 4 (갑작스러운) 와해, 도괴(倒壞); (사업 따위의) 파산; (경기·시세 따위의) 대폭락, 공황. ¶ ~ of the market 시장의 갑작스러운 와해. 5 (기체 파손의) 불시착, 추락. 6 [컴퓨터] (시스템의) 고장, 갑작스러운 이상. 7 (俗) (마약의 효과가 끊어졌을 때의) 허무감, 탈력감. 8 (俗) 홀딱 반함, 열을 올림. 9 (俗) 대실패. 10 [연극] (의음(擬音) 장치로 쓰이는) 유리·사기 조각을 넣은 바구니.
— 튀 쨍그랑[쾅, 와그르르] 하고, 요란한 소리를 내며.

go [or ***fall***] ***crash*** 무시무시한 소리와 함께 무너지다[떨어지다]. ¶ *C*— *went the door*. 문이 쾅 닫혔다.
— 형 (구어) (한정용법) 긴급을 요하는; 응급용의, 불도저식의; (수업 따위가) 속성의, 벼락치기의. ¶ *a ~ course in Russian* 러시아어 속성 강좌.

crash² [U] 1 크래시(수건·테이블보 따위로 쓰는 거친 삼베). 2 (제본) (책의 등에 바르는) 한랭사(寒冷紗).

crásh bàrrier (英) (고속 도로 따위의) 중앙 분리대.

crásh bòat 명 소형 쾌속 구조선.

crásh càr (美俗) 고속 열차 엄호차(범인의 도주를 듣기 위해 경찰의 도로 봉쇄를 돌파하는 역할을 하는 차).

crásh càrt 구급 의료용 손수레.

crásh còurse 집중 강좌, 특별 훈련. / 급강하.

crásh dìve 명 (잠수함의) 급속 잠항(潛航); (비행기의)

crash-dive [-dàiv] 자 (잠수함이) 급속 잠항하다. —타 [잠수함]을 급속 잠항시키다; [비행기]를 급강하시키다.

crashed 형 (美俗) 곤드레로 취한.

crash·er [kræʃər] 명 1 요란한 소리를 내며 깨는[깨지는] 것; 타격, 통격. 2 (俗) =GATE-~; (美俗) 강도.

crash-halt [-hɔːlt] 명 급정거. (또는 **crásh hàlt**)

crásh hèlmet (경주자용) 안전 헬멧.

crásh hòuse 명 (美俗) 병원(* 트럭 운전사들의 은어). (또는 **cráshhòuse**)

crash·ing [kræʃiŋ] 형 (구어) 1 이례적인, 드문, 최고의. 2 완전한(complete), 철저한. **~·ly** 튀

crash-land [-lænd] 타 (비행기)를 불시착[동체 착륙]하다. — 자 (비행기)를 불시착[동체 착륙]시키다.

crash-land·ing [-lændiŋ] 명 [U][C] (비행기의) 불시착; 동체 착륙.

crásh pàd 1 (자동차·비행기 내부의) 완충 장치. 2 (美俗) 잘 곳; 무료 임시 숙박소.

crásh prògram [pròject] 명 (목표량[치] 달성을 위한) 비상 계획[타개책].

crash-proof [kræʃprùːf] 형 1 =crashworthy. 2 =shatterproof.

crásh stòp 급정거(crash-halt). / 하다.

crash-test [-tèst] 동타 [신제품]의 안전 테스트를

crásh wàgon (美俗) 구급차.

crash-wor·thy [kræʃwɔ̀ːrði] 형 (차 따위가) 충돌 [충격]에 견디는 (힘이 있는). **-thi·ness**

cra·sis [kréisis] 명 (복 *-ses* [-siz]) 1 (문법) 모음 축합(縮合)(어미의 모음과 다음 말의 첫 모음이 하나의 장모음·2중 모음으로 결합하는 일). 2 (고어) 체질, 기질.

crass [kræs] 형 1 우둔한, 어리석은; 터무니없는, 엉동한; 세련되지 않은. ¶ ~ *ignorance* 터무니없는 무지. 2 (피륙이) 거친, 두꺼운. **~·ly** 튀 **~·ness** 명

cras·si·tude [kræsitjùːd/-tjùːd] 명 [U] 1 (지독한) 무지, 우둔. 2 (피륙 따위) 거침, 두꺼움.

-crat [kræt] 연결 ruler, member of a ruling body, advocate of a particular form of rule의 뜻. ¶ *aristocrat*, *autocrat*, *democrat*, *plutocrat* **-cracy**

cratch [krætʃ] 명 구유; 여물 시렁; (고어) 여물통.

crate [kreit] 명 1 (포장 운송용의) 나무틀, 나무 상자; 고리바구니, 대바구니. 2 (俗) 고물 자동차[비행기, 선박]. 3 (美) 관(棺); (俗) 유치장. —타 …을 나무 상자[대바구니]에 넣다(up).

*****cra·ter** [kréitər] 명 1 (화산의) 분화구; (달의) 환상산(環狀山), 크레이터. 2 (지면의) 폭탄[포탄] 구멍; (달의) 운석(隕石) 구멍. 3 (the C—) [천문] 컵자리.
— 타 1 [폭탄 등이] …에 구멍을 내다: 곰팡이 모양으로 움푹 들어가게 하다. 2 (俗) …을 취소하다, 제외하다; …을 부수다, 파괴하다. ¶ ~ *the new project* 새 프로젝트를 취소하다. — 자 1 구멍이 생기다, 패이다. 2 (공작물의) 표면이 마멸되다; (俗) 죽다, 사라지다. 3 (비유적) 못쓰게 되다; 취소되다.
~·al, **~·less**, **~·like**, **~·ous** 형 / 람.

cra·ter-face [-fèis] 명 (美俗) 여드름이 많은 사

cra·ter·i·form [kréitərifɔ̀ːrm, krætərə-] 형 1 분화구 모양의. 2 (식물이) 컵 모양의.

cráter làke (사화산의) 화구호(火口湖).

Cráter Làke 크레이터 호(湖)(美國 Oregon 주 서남부에 있는 사화산 분화구에 생긴 칼데라 호수).

cra·ter·let [kréitərlit] 명 작은 분화구; 달 표면의

cráter wàll (화산의) 화구벽. / 작은 크레이터.

-crat·ic [krætik] 연결 -crat로 끝나는 명사를 형용사로 만든다. ¶ *democratic*. / (식량).

C ràtion (美軍) C호 휴대 식량(통조림류의 야전

cra·ton [kréitən/-tɔn] 명 [지질] 대륙핵, 대륙괴(지각(地殼)의 비교적 단단하고 안정된 부분). **cra·tón·ic**

craunch [krɔːntʃ, krɑːntʃ] 동타 =crunch. [명

cra·vat [krəvæt] 명 1 넥타이(necktie)(* (英)에서

는 고어 또는 상업 용어). **2** 크러뱃(17세기 남성용 스카프). **3** 〖의학〗(삼각건(三角巾)을 접어서 만든) 응급 붕대. — ⓥ囘 (-tt-) …에 넥타이[크러뱃]을 매다.

*__crave__ [kreiv] ⓥ囘 **1** …을 (몹시) 원하다, 갈망하다. ⇨LONG². 〖유의어〗¶I ~ water. 물이 몹시 마시고 싶다∥(~+that 圀) I ~ that she (should) come. 그녀가 꼭 와 주었으면 한다. **2** (사물이 몹시) …을 필요로 하다, 요구하다. **3** 남에게 …을 바라다, 간청하다 (of, for). ¶~ a person's pardon 남의 용서를 빌다∥(~+圄+圎+圀) ~ mercy of[or from] a person 남에게 관대한 처분을 바라다. — ⓥ잀 **1** 청하다, 간청하다 (for). **2** 갈망하다, 열망하다 (for, after). **cráv·er** 囘

__cra·ven__ [kréivən] 囘 〖경멸적〗 겁많은, 소심한; 비열한, 비겁한. — 囘 겁많은, 비겁한 사람. **cry craven** 졌다고 외치다; 항복하다.
— **·ly** 囷 **~·ness** 囘

*__crav·ing__ [kréiviŋ] 囘ⓊⒸ (강렬한) 욕구, 갈망; 간청, 간원 (for, after, to do). ¶have a ~ for[or after] knowledge[pleasure] 지식[쾌락]을 갈망하다. — 囿 열망하는. **·ly** 囷 **~·ness** 囘

__craw__ [krɔː] 囘 (새·곤충류의) 모이주머니, 소낭(嗉囊); (동물의) 밥통. — ⓥ잀 …롭히다, 화나게 하다. **stick in a person's craw** 남을 초조하게 만들다.

__craw·fish__ [krɔ́ːfìʃ] 囘 **1** (~·es)=crayfish. 〖미·美구어〗(사업·계획 따위에서) 손떼는[꽁무니 빼는] 사람; 변절하다. — ⓥ잀 **1** 〖미·美구어〗꽁무니를 빼다, 비겁하게 굴다.

__Craw·ford__ [krɔ́ːfərd] 囘 크로퍼드. **1 Cindy ~** (1966- : 미국의 수퍼 모델). **2 Joan ~** (1908-77: 미국의 여배우).

‡__crawl__¹ [krɔːl] ⓥ잀 (~s [-z]) 囷 **1** 기다, 기어가다, 포복하다; (식물의 덩굴 따위가) 기다(about)(into, out of). ¶(~+圎) ~ about on all fours[or on hands and knees] 네발로 기어다니다∥(~+圎+圀) ~ into[out of] a hole 구멍으로 기어 들어가다[구멍에서 기어 나오다].

〖유의어〗**crawl** (뱀·송충이처럼) 배를 땅에 대고 기다. **creep** 네발로 엎드려서 기어가다.

2 (차 따위가) 서행하다(along); (택시가 손님을 찾아) 천천히 다니다; (시간이) 더디게 지나가다(by); (환자가 기듯이) 천천히[비슬비슬] 걷다. ¶The work ~ed. 일은 지지 부진하였다. **3** 살금살금 움직이다; 〖구어〗(…에게) 굽실굽실하다, 비하(卑下)하다(before, to); (사냥감에) 몰래 다가가다(on, upon). ¶(~+圎) He tried to ~ back into favor. 그는 다시 호감을 사려고 알랑거렸다. **4** (진행형으로) (벌레 따위가) 득실거리다, (사람이) 우글우글하다(with). ¶(~+圎+圀) The body was ~ing with worms. 그 시체에는 구더기가 우글거리고 있었다. **5** (피부가) 스멀스멀하다, 근질근질하다. ¶My flesh ~ed at the mere thought of it. 그 생각만 해도 소름이 끼쳤다. **6** 〖요업〗(유약이) 얼룩지다; (페인트 따위가) 고르게 칠해지지 않다, 몰리는 데가 생기다. **7** 크롤로 헤엄치다. — 囤 **1** 〖장소〗를 기둥어 나아가다. **2** 〖속어〗…을 호되게 꾸짖다. **3** 〖술집〗을 돌아다니며 마시다. **4** 〖속어〗(남자가 여자에) 접근하다.

crawl a person's hump 〖미·美속어〗남에게 달려들어 때리다, 습격하다.   [진하여 집으로 돌아오다.
crawl (home) on one's eyebrows 〖미·美속어〗기진맥
crawl [or come] out of the woodwork 〖구어〗갑자기[난데없이] (슬슬) 나타나다, 모습을 보이다.
crawl up (속어) 아첨하여 부정한 이익을 얻다.

— 囘 (囤 **-zies** [-z]) **1** 기기, 기어가기; 느릿느릿 나아가기, 서행. ¶**go at a ~** 느릿느릿 걷다, 서행하다. **2** Ⓤ (수영) (the ~) 크롤 수영법(= **~ stroke**). **3** 〖영국구어〗(英구어) 술집 순례, 2[3]차 술. **4** 〖영화·TV〗크롤(화면의 상하 좌우로 흐르는 뉴스 문자 정보·크레딧 타이틀 따위 자막). **5** 〖미·美속어〗춤, 댄스.

do a crawl 〖구어〗굽실굽실하다(cringe).
~·ing·ly 囷 굽실굽실, 천천히.   「(槽).

__crawl²__ 囘 (바닷가 얕은 곳에 설치해 놓은) 활어조(活魚

__crawl·er__ [krɔ́ːlər] 囘 **1** 기는 사람[것]; 파충류, 이; 구더기. **2** 서행차; 〖미·美〗손님을 찾아 천천히 다니는 택시. **3** (~s) 〖미·美〗(길 무렵의 아기용) 덧옷, 겉옷. **4** (수영) 크롤로 헤엄치는 사람. **5** = ~ **tractor**. **6** (濠) 동작이 느린 가축(소 따위). **7** (濠속어) 아첨꾼, 비굴한 사람.

__cráwler làne__ (오르막길에 있는) 저속 차선.
__cráwler tràctor__ 囘 무한 궤도(형) 트랙터.   「도로.
__crawl·er·way__ [krɔ́ːlərwèi] 囘 로켓·우주선 운반
__crawl·ing__ [krɔ́ːliŋ] 囿 이(벼룩, 진드기)가 꾄; (사람 등이) 득실거리는 (with). — 囘 페인트[니스]의 얼룩.

__crawl·ing pèg__ 〖경제〗크롤링 펙(환평가를 조금씩 점진적으로 조정하는 방식).

__crawl·space__ [krɔ́ːlspèis] 囘 (지붕 밑 또는 마루 밑의) 높이가 낮은 공간.   「수 있는 낮은 길.

__crawl·way__ [krɔ́ːlwèi] 囘 (동굴속 등) 기어서만 다닐
__crawl·y__ [krɔ́ːli] 囿 (구어) 기는, 기어다니는; 스멀스멀한, 근질근질한.

__craw·thump·er__ [krɔ́ːθʌmpər] 囘 (고해할 때) 가슴을 쾅쾅 치는 사람, 신앙심이 깊은 척하는 사람.

__cray·fish__ [kréifìʃ] 囘 (囤 ~·(**·es**)) 가재; =**spiny**
__cray·fish·ing__ [kréifìʃìŋ] 囘 가재잡이.   「**lobster**.

‡__cray·on__ [kréiɑn, -ən/-ɔn] 囘 **1** 크레용. ¶**draw a picture with** [or **in**] ~**s** 크레용으로 그림을 그리다. **2** 크레용화(畫). — ⓥ囤 …을 크레용으로 그리다. **2** (계획 따위)를 세우다, 입안하다(out).

·ist 囘 크레용 화가.

*__craze__ [kreiz] ⓥ囤 **1** (수동형으로) …을 미치게 하다; …을 미친 것처럼 되게 하다; …을 열광[열중]시키다(with). **2** (도자기 표면)에 잔금을 넣다; …에 금이 가게 하다. **3** 〖고어〗(건강 따위)를 해치다. — ⓥ잀 **1** 미치다. **2** (도자기 표면에) 금이 생기다; (고어) 산산조각이 나다, 깨지다. — 囘 **1** 열광, 열중; (일시적·일반적) 대유행, 열(熱) (**for**); 광기. **2** (도자기 표면의) 잔금.

__crazed__ [kreizd] 囿 **1** 미친, 발광한. **2** 잔금이 간.
__craz·ed·ly__ [kréizidli] 囷 **cráz·ed·ness** 囘
__craz·ing__ [kréiziŋ] 囘ⓊⒸ 잔금이 생기기.

‡__cra·zy__ [kréizi] 囿 (**-zi·er; -zi·est**) **1** 미친, 제정신이 아닌 (**with**); 미친 듯한(⇨**MAD** 〖유의어〗); 무모한, 당치 않은; 별난, 기이한, 이상한. ¶Are you ~? =You must be ~. 너 괜찮아?, 너 이상하구나! **2** 〖구어〗열광한; (이성에) 열중한, 푹 빠진 (**about**, **over**, **for**); …하고 싶어 못 견디는 (**to do**). ¶She is ~ **about** **you**. 그녀는 너에게 푹 빠졌어. **3** (복합어로) 〖구어〗…에 열을 올리는, …광(狂). ¶**star~** 인기 스타에 홀딱 빠진/**car~** 자동차광(의). **4** 흔들흔들하는, 금이 가고, 무너질 듯 같은; 결함이 많은; 휘어진. **5** 약한, 병약한. **6** 〖속어〗멋진, 최고의, 기막힌. **7** (포장 도로 따위가) 불규칙한 모양의.

be crazy about [or **for**, **over**] …에 미치다, 열광
[열중]하다.   「해 안달이다.

be crazy to do …하고 싶어서 못 견디다, …하지 못
crazy in the head 〖미·美속어〗머리가 이상한, 잘못된.
crazy like a fox (구어) 여우처럼 아주 빈틈없는.
go crazy Ⓤ 미치다, Ⓥ (…에) 열광하다, 정신을 빼앗기다 (**about**, **for**, **over**).

— 囘 (囤 **-zies** [-z]) **1** (속어) 괴짜; 과격한 사람. **2** 〖미·美속어〗미친 사람; 정신병 환자. **3** (囤 **-zies**) 〖속어〗불안의 극치, 극도의 신경 과민.

like crazy 〖구어〗미친 듯이, 굉장한 기세로, 맹렬히,
-zi·ly 囷 **-zi·ness** 囘

__crázy bòne__ 囘 =**funny bone**.
__crázy hòuse__ 囘 〖속어〗정신 병원; =**fun house**.
__crázy pàving__ 囘 〖英〗고르지 못한 돌·타일 따위를 뒤섞어서 까는 포장; 그런 포장 도로.   「**quilt** 囘.

__crázy quilt__ 囘 조각보 이불; =**patchwork**. **crá·zy-**

cra·zy·weed [kréiziwiːd] 명 =locoweed.
CRC camera-ready copy; Civil Rights Commission. **CRD** chronic respiratory disease; (美) Civil Rights Division. **CRE** (英) Commission for Racial Equality.
***creak** [kriːk] 동재 1 삐걱거리다; 삐걱삐걱하다. ¶ Creaking doors hang the longest. (속담) 쭈그렁 밤송이 삼 년 간다, 고로髏 팔십. 2 (英구어) (기구 따위가) 잘 작동하지 않다; (제도 따위가) 제기능을 하지 못하다. ━타 을 삐걱거리다. ━명 (a ~, the ~) 삐걱거리는 소리. ~·ing·ly 부
creak·er [kríːkər] 명 (美속어) 늙다리; 낡은 물건.
creak·y [kríːki] 형 1 삐걱거리는. 2 낡은, 황폐한. **créak·i·ly** 부 **créak·i·ness** 명
‡**cream** [kriːm] 명 (복 ~s [-z]) 1 ① (우유의) 크림, 유지(乳脂). 2 ②ⓒ 화장용[약용] 크림. ¶ a skin ~ 피부 크림. 3 ①ⓒ 크림 모양의 것; 크림 과자[요리, 식품]. ¶ ice ~ 아이스 크림 / chocolate ~s 초콜릿 크림(＊보통 복수형) / ~ of lime 석회유(乳). 4 (the ~) 가장 좋은 부분, 정수, 정화(精華). ¶the ~ of manhood 남자 중의 남자. 5 ① 크림색, 유황색(乳黃色). 6 크림색의 동물(을 토끼). 7 (액체의) 더껑이. 8 (유의) 정액(semen); (여성의) 애액(愛液). 9 감칠맛이 나는 달콤한 포도주.
get the cream of …의 가장 좋은 부분[알짜]을 뽑아내다. 「즐거워하다.
like the cat that stole the cream (구어) 혼자
skim the cream (off the top) 혼자 실속을 차리다[재미를 보다]
the cream of the cream =CRÈME DE LA CREME.
the cream of the crop (구어) 가장 좋은 것, 정선된 것.
━동 (~s [-z]) 자 1 (우유 따위가) 크림이 되다, 더껑이가 생기다. 2 거품이 일다. 3 (구어) (자기의 이익이 되도록) 엘리트만을 우대하다. 4 (美속어) 성적으로 흥분하다, 사정(射精)하다, 액액을 분비하다. ━타 1 …을 크림 모양으로 만들다. 2 …을 크림[우유, 크림 소스]으로 요리하다. 3 …에 크림(따위)을 넣다. 3 (우유)에 더껑이[더껑이]가 생기게 하다. 4 (우유)에서 크림을 떠내다[분리시키다]. 5 …의 알짜를 뽑다, …에서 선발하다 (off). 6 …에 (화장) 크림을 바르다. 7 (속어) …을 호되게 때리다, 망쳐 놓다; 완패시키다; (시험 따위를) 아주 쉽게 패스하다; (달콤한 말로) 속이다, 속여서 (…을) 빼앗다. 8 (속어) …와 성교하다.
cream off (…에서) (가장 좋은 것)을 뽑아내다, 선발하다 (*from*). ¶~ *off* the best runners 가장 우수한 주자들만을 선발하다.
cream one's jeans [or *silkies*] (속어) ① 오르가슴에 달하다, (팬티에) 사정하다. ② 너무 근사해서(기뻐서) 넋을 잃다, 황홀해 하다. ③ 쉽게 해내다[패스하다].
cream up (美속어) …을 완벽하게 해내다[마무리다].
cream bun 명 크림빵; (英) 슈크림(cream puff).
créam càke 명 (英) 크림 케이크[과자].
créam chèese 명 크림 치즈(흰 생치즈).
cream-col·ored [-kʌ̀lərd] 형 크림색의.
créam cràcker 명 크림 깜짤한 크래커.
cream-cups [kríːmkʌ̀ps] 명 (단·복수 양용) 크림컵스(미국 California산(産) 겨잣과의 1년생 식물).
cream·er [kríːmər] 명 크림 통[그릇], 크림 분리기.
cream·er·y [kríːməri] 명 (버터·치즈 따위) 유제품 제조[가공]소; 우유·유제품 판매점.
cream-faced [-féist] 형 (문서처) 얼굴이 파래진.
créam hòrn 명 크림 혼(원통 모양의 크림 과자).
créam ìce 명 (英) =ice cream. 「(creamer).
créam jùg [pítcher] 명 (식탁용) 크림 통[그릇]
cream·laid [kríːmlèid] 명① (英) 크림색 가로줄을 넣은 용지(필기용).
créam pùff 명 1 슈크림(빵). 2 (美속어) 정비가 잘된 자동차[기계]; 신품 같은 중고차. 3 (속어) 여자 같은

[유약한] 사내.
cream-puff hitter 명 (美속어) 〔야구〕 (타율이 낮은) 약한 타자. 「반죽.
créam pùff pàste 명 슈크림(빵) 따위의 크림의,
créam sàuce 명 크림 소스. 「크림 분리기.
créam sèparator 명 (우유에서 크림을 분리하는)
créam shèrry 명 cream 9.
créam slìce [kríːmslàis] 명 크림[아이스크림]을 떠내는 나무 주걱.
créam sóda 명 소다수(바닐라 맛을 곁들인 탄산수).
créam tèa 명 (英) 크림 티(잼이나 고형 크림을 곁들인 빵과 함께 먹는 오후(4시)의 차).
cream·ware [kríːmwɛ̀ər] 명 ① 크림색 도자기.
créam wòve 명 (英) 크림색 그물 무늬가 있는 용지.
***cream·y** [kríːmi] 형 크림이 든; 크림 같은; 크림 모양의. **cream·i·ly** 부 **cream·i·ness** 명
crease¹ [kriːs] 명 1 (보통 ~s) (종이·천 따위의) 접은 자국, 주름(fold); (얼굴의) 주름; (바지의) 주름. 2 (크리켓) 크리스(투수와 타자의 위치를 나타내는 선; 그 선으로 제한된 장소); 〔아이스하키〕 골 크리스(goal ~, goal area). 3 (美속어) (여성의) 성기.
━동티 1 …에 주름을 잡다, 주름지게 하다. 2 (美) (총탄 따위가) …에 찰과상을 입히다; …을 스치는 탄환으로 기절시키다. 3 (구어) 몹시[크게] 웃기다 (*up*). 4 (속어) 의료하게 하다; (사람)을 죽이다. ━자 1 주름잡히다, 주름지다. 2 크게 웃다 (*up*) (*with*).
crease up ① (구어) 크게 웃다[웃기다]. ② (얼굴이) 구겨지다[찌그러지다] (*with*).
creased [-t] 형 구겨진; 지쳐빠진. ~·**less** 형
crease² =creese. 「기구[사람].
creas·er [kríːsər] 명 (재봉·제본 따위의) 주름잡는
crease-re·sis·tant [-rizístənt] 형 (직물이) 구겨지지 않는, 주름 방지 가공의.
crea·sing [kríːsiŋ] 명 〔건축〕 (담·굴뚝 따위의 벽돌·타일에 낸) 빗물 흘러내리는 홈.
cre·a·sote [kríːəsòut] 명 =creosote.
creas·y [kríːsi] 형 주름투성이의, 구겨진.
‡**cre·ate** [kriéit] 동 (*-at·ed*; *-at·ing*) 타 1 …을 창조하다, 창출[창시, 창립]하다. ¶ God ~*d* the heaven and the earth. 하느님이 천지를 창조하셨다(←창세기 (Gen.) 1 : 1) / All men are ~*d* equal. 인간은 모두 평등하게 태어났다(←미국 독립 선언의 한 구절). 2 (사람이) …을 만들어 내다, 창작하다, 창안하다. ¶ ~ a system of philosophy 철학 체계를 세우다 / ~ a drama 극을 창작하다. 3 〔연극〕 (배우가) (배역)을 처음 맡아서 그 전형(典型)을 만들다. ¶ ~ a new *Hamlet* (연기를 통하여) 새로운 햄릿의 형을 만들다. 4 (작위 따위)를 …에게 수여하다, 주다, 임명하다; (제도·부서·관직 따위)를 신설하다, 창설하다. ¶ (~ + 목 + 보) ~ a man a peer 사람을 귀족으로 만들다. 5 (어떤 상태)를 불러일으키다, 야기하다. ¶ ~ a favorable public opinion 좋은 반향을 불러일으키다. ━자 1 창조[창작]하다. 2 (英구어) 야단 법석을 떨다, 소란을 피우다; 불평[불만]을 말하다. ━명 (고어) 창조된.
-at·a·ble 형 **-at·ed·ness** 명
cre·a·tine [kríːətiːn, -tin] 명① 〔생화학〕 크레아틴 (혈액·근육 조직 속의 알칼로이드·아미노산의 일종).
‡**cre·a·tion** [kriéiʃən] 명 (복 ~s [-z]) 1 ① 창조; 창시; 창작, 창설, 설립. ¶ the ~ of great works of art 위대한 예술 작품의 창조. 2 ⓒ 창작물, 산물, 창안; 창의물, 창작; 독창적인 디자인; (연극의) 새로운 흥행, 독창적 연기; 신형 의상. ¶~*s* of a poet 시인의 작품 / a ~ of imagination 상상력의 소산. 3 (the C—) (신의) 천지 창조, 창세기. ¶ since the C— 천지 개벽 이래, 개벽 이래. 4 (신의) 창조물, 천지, 우주; 만물, 삼라만상; 〔집합적〕 생물. ¶ the whole ~ 만물/the brute ~ 짐승들. 5 발생; (소동 따위의) 조성[야기]. ¶the ~ of social unrest 사회 불안의 조성. 6 작위 수여, 서임(叙任), 임명 (of).

(美구어) (감탄사적) 야아!, 어쩌면! ¶ C-! You didn't know her. 아니, 그녀를 몰랐다니.
in all creation (美구어·강조) 도대체, 대관절.
like all creation (美구어) 맹렬히, 열심히.
That beats [or **licks, whips**] (**all**) **creation.** (美구어) 그건 놀랍다, 그건 무엇보다도 훌륭하다.
the lord of (**the**) **creation** 만물의 영장; 인간.
~·al, ~·ar·y 창조의; 창조적인.
cre·a·tion·ism [kriːéiʃənìzm] 몡 1 영혼 창조설(개인의 영혼은 출생할 때 각기 신에 의해 창조된다는 설)(☞ traducianism). 2 천지 창조설(☞ evolutionism). **-ist** 몡 **-ís·tic** 휑
creation science 몡 창세(創世) 과학.
cre·a·tive [kriːéitiv] 휑 1 창조적인, 독창적인; 창조력이 있는; 창의(상상)력이 풍부한. ¶ ~ imagination 창작력, 2 (…을) 낳는 (듯한), 창조하는 (힘이 있는) (of). 3 뜻있는, 건설적인. 4 과장된 자료(정보)를 사용한, 분식(粉飾)한. ¶ ~ bookkeeping 분식 장부. 5 예외적인. ¶ ~ financing 특별 차관.
be creative of …를 창조하다, 만들어 내다.
── 몡 (美구어) 1 독창적인 사람; 작가. ¶ She is the ~ on this project. 이 사업은 그녀의 작품이다. 2 = ~ director.
~·ly 튀 ~·ness 몡 [괴.
creative destruction 몡 (경제) 창조(건설)적 파
creative director (광고) 광고 제작 감독(총책) (☞ CD); 창조적 매장 설계자.
creative evolution (철학) 창조적 진화.
creative punishment 건설적 처벌(사회(공공) 봉사 등을 과하는 처벌). [문.
creative writing 몡 (문예) 창작(; 학교에서의) 작
cre·a·tiv·i·ty [kriːeitívəti] 몡 창조성; 창조력, 창의력; (속어) 활기, 생기.
cre·a·tor [kriːéitər] 몡 1 창조자, 창작자, 창시자; 창설자; 서임자(敘任者); 새 디자인 고안자. 2 (the C-) 조물주(God). ~·ship 몡 창조(고안)자임.
cre·a·tress [kriːéitris] 몡 creator의 여성형.
crea·tur·al [kriːtʃərəl] 휑 피조물(被造物)에 관한; 생물의, 동물(인간)적인.
crea·ture [kriːtʃər] 몡 (~s [-z]) 1 (인간 이외의) 생물, 동물; 마소(축산용 동물). 2 (신에 의한) 창조물, 피조물. 3 (경멸·친밀감을 나타내어) 사람, 놈, 녀석, 자식, 년 (* 흔히 분명한 경우 이외에는 보통 형용사를 동반). ¶ fellow ~s 우리와 같은 은 인간, 동포. ¶ a lovely[poor] ~ 귀여운(불쌍한) 녀석. 4 (one's ~, the ~) 예속자, 앞잡이, 부하, 노예 (of). ¶ the ~ of circumstances 환경의 노예 / He was her ~. 그는 그녀의 말대로 하는 사람이었다. 5 산물, 소산 (of). ¶ good ~s 하늘의 쾌락을 주는 것; 음식물, 의식주. 6 (the ~) (속어·방언·익살) 술, 위스키. 7 상상의 동물; 상상물; 괴물. [창조물; 동물과 인간.
(**all**) **God's creatures** (**great and small**) 신의
creature comforts 몡복 육체적 안락을 주는 것 (음식물); 의식주. [화; 요괴.
crea·ture·fea·ture [-fiːtʃər] 몡 (英속어) 공포 영
crèche [kreʃ, kreiʃ] 몡 1 (英) 탁아소((美) day nursery). 2 기아 보호소, 고아원. 3 (美) (교회에 장식하는) 아기 예수 탄생 그림((英) crib). (<F) [bility]
cred[1] [kred] 몡 (속어) 신뢰도(性); 평판. [<credi-
cred[2] 몡 (구어) 신용카드(credit card).
cred·al [kriːdl] 휑 교의(敎義)(신조)의, (또는 **creedal**)
cre·dence [kriːdəns] 몡 1 ⓤ 믿음, 신용, 신임. ¶ a story beyond ~ 믿을 수 없는 이야기 / a letter of ~ 신임장. 2 (또는 ~ **table, credenza**) (⸺식) 용품을 올려놓는 제단 옆의 별도의 제기(祭器) 탁자, [제물대.
find credence 신임받다.
give [**refuse**] **credence to** …를 믿다(믿지 않다).
cre·den·tial [kridénʃəl] 몡 1 (~s) (대사·외교 사절 등의) 신임장; 증명서, 보증서, 자격 인증서. 2 훌륭한 경력, 자격. 3 신용 증명서(물). ── 휑 신임의; 신뢰할 수 있는; 자격 인정의. ── 타 1 (교육자·전문가)에게 자격 증명을 주다. ¶ be ~ed to teach math 수학 교사의 자격을 가지고 있다. 2 (수동형으로) …를 신임(신용)하다. [자격(학력) 증서주의.
cre·den·tial·ism [kridénʃəlìzm] 몡 자격(학력) 증서주의.
credentials committee 몡 자격 심사 위원회.
cre·den·za [kridénzə] 몡 1 (다리가 없는) 식기(食器)장. 2 = credence 2.
cred·i·bil·i·ty [krèdəbíləti] 몡ⓤ 믿을 수 있음, 진실성; 확실성. ¶ lose ~ with her 그녀의 신용을 잃다.
credibility gap 몡 (정부나 정치가의) 발언과 사실의 어긋남, 신뢰의 결여, 언행(言行) 불일치; (명·발표 따위에 대한) 불신감, 액면대로 안 믿음.
cred·i·ble [krédəbl] 휑 믿을 만한, 신용(신뢰)할 수 있는, 확실한; 설득력이 있는. ¶ a ~ witness [news report] 믿을 만한 증인[뉴스 보도]. ~·ness 몡
credible deterrent 몡 (군사) (적에게 보여주는) 믿을 만한 억지력.
cred·i·bly [krédəbli] 튀 (문장수식) 믿을 만한 소식통에서, 확실히. ¶ be ~ informed that… 믿을 만한 소식통에서 …이라고 듣고 있다.
cred·it [krédit] 몡ⓤ 1 신용, 신뢰; 신용(신뢰) 가능성, 확실성. ¶ a witness of the highest ~ 가장 믿을 만한 증인 / deserve no ~ 신용(신뢰)할 수 없다. 2 명성, 평판, 신망; 근무 평가; (신망에 의한) 위신, 권위(for). ¶ a man of ~ 명성이 있는 사람 / use [or exert] all one's ~ to do 신망을 이용하여 …하다. 3 명예, 영예 (to); ⓒ (보통 a ~) 명예가 되는 사람[것] (to); 공적, 공훈; 칭찬, 찬사 (of). ¶ be much [or greatly] to the ~ of …의 큰 명예이(가 되)다 / The ~ goes to [or is due to, belongs to, rests with] him. 그것은 그의 공이다. 4 (美) (교육) (대학의 특정 과목의) 이수(수료) 증명; 이수 단위(~ unit) (for); = ~ hour. ¶ I took the course for three ~s. 나는 3학점짜리 과목을 이수했다. 5 ⓤ (상업) (거래상의) 신용; 신용도, 신용 대출(판매), 외상; ⓒ 신용장(letter of ~). ¶ long [short] ~ 장기[단기] 신용 대출 / buy goods at six months' ~ 6개월 외상으로 물건을 사다 / His ~ is good for 100,000 won. 그는 10만 원까지는 외상이 가능하다. 6 ⓤ (은행) 예금(액), 대월(액); 대출 금액. ¶ I have only 150,000 won standing to my ~ in the bank now. 내 은행 잔액은 15만 원밖에 없다. 7 (부기) 대변(貸邊) 기입(액); 대변(장부의 오른쪽 부분; ⓐ cr.) (debit). ¶ enter [or place, put] a sum to a person's ~; give a person ~ for a sum 어떤 금액을 남의 대변에 기입하다. 8 (이용 자료 따위의) 출처(제공자, 작성자) 명시, 크레디트 (영화·TV) = title. 9 세액 공제(tax ~). [다.
be in credit with …에 예금이 있다; …에 신용이 있
credit where credit's due 정당하게 평가하면.
deserve credit [**no credit**] **for** …이라고 평가받을 자격이 있다(없다).
do a person **credit; do credit to** a person 남의 명예가 되다(평판을 높여주다, 면목을 세워주다.
gain [**lose**] **credit to** …에 대한 신용을 얻다(잃다).
get [**or have, take**] (**the**) **credit for** …의 공적을 인정받다, …으로 명성을 얻다.
give a person **credit for doing** 남이 …을 가지고 있다고[…이라고] 간주(인정)하다; …을 남의 공로로 삼다.
give credit to …을 믿다. [로 삼다.
have credit with …에게 신용이 있다.
have [or **get**] **the credit of** …의 영예(평판)을 얻다, 명예롭게도 …했다고 인정받다.
in credit (속어) (은행에) 예금이 있는, 돈을 맡겨 놓은
No credit. (게시) 외상 사절.
on credit 외상으로, 신용 대출로. ¶ business on ~

신용 거래 / buy [sell] ~ on 외상으로 사다[팔다].
open a credit 신용장을 개설하다.
open credit with …와 신용 거래를 트다.
put [or ***place***] ***credit in*** [or ***on***] …을 신용하다, 믿다. 「면을 세우다.
reflect credit on [or ***upon***] …의 명예가 되다, 체
stretch one's ***credit*** 신용을 무리하게 이용하다.
take credit (***to*** [or ***upon***] oneself) ***for*** …의 공을 차지하다, …을 자기의 명예로 삼다.
to one's ***credit*** ① 명예롭게도, …의 명예가 되게.¶ To his ~, he won the 'A prize'. 명예롭게도 그는 A상을 획득했다. ② 자기 이름으로[으로 붙은], 혼자서. ③ ***with credit*** 훌륭하게, 〔부기〕 (…의) 대변(貸邊).
── 卧 1 (부정문·의문문에서) …을 믿다, 신용하다, 신뢰하다. 2 …의 체면을 세우다, …에게 명예가 되다. 3 (공적·명예 따위를) 남에게 돌리다 (to), 〔남〕에게 (…이) 있다고 간주하다 (with). ¶ (~+ 国+ 前+ 图) ~ something to a person; ~ a person with something 어떤 것이 남에게 속한다고 간주하다; 남이 어떤 것을 가지고 있다고 생각하다. 4 〔부기〕 (금액)을 (…의) 대변에 기입하다 (to); 〔남〕의 대변에 (금액)을 기입하다 (with). ¶ (~+ 国+ 前+ 图) ~ a sum to a person; ~ a person with a sum 남의 대변에 금액을 기입하다. 5 《美》 〔교육〕 …에게 학점[이수 증명]을 주다 (with). ¶ ~ a student with three hours in geometry 학생에게 기하학에 3학점을 주다.
── 劉 1 〔금융〕 신용의, 외상 판매의. 2 〔부기〕 대변의.
cred·it·a·ble [kréditəbl] 劉 1 명예가 되는; 훌륭한, 칭찬할 만한 (to). 2 신용할 수 있는.
~·bíl·i·ty, ~·ness ~·bly 뭐
crédit accòunt 图 《英》 = charge account.
crédit àgency 图 신용 조사 기관[회사].
crédit associátion [**guìld**] = credit union.
crédit authorizátion términal 图 신용 조회 단말기 (略 CAT).
crédit bàlance 图 〔부기〕 대변 (貸邊) 잔액.
crédit bùreau 图 상업 흥신소, 신용 조사 기관.
crédit càrd 图 신용 카드. 「제 불능].
crédit-card delìnquency 图 신용 카드 연체[결
crédit cèiling 图 여신(與信)[대출] 한도.
crédit coóperative 图 = credit union.
crédit crúnch [**crísis**] 图 〔금융〕 신용 경색[위기], 금융 핍박.
crédit gàp 图 〔상업〕 (신용 거래제에서) 매도측과 매수측 사이의 관심의 격차.
crédit hòur 图 《美》 〔교육〕 이수 단위 시간.
crédit ìnquiry 图 신용 조회. 「보험.
crédit insùrance 图 〔보험〕 신용 보험, 대손(貸損)
créd·it·ìsm [kréditìzm] 图 (인플레이션 대책으로 정부가 신용 공급을 컨트롤하는) 신용주의(정책).
crédit lètter 图 〔무역〕 신용장(letter of credit).
crédit lìfe insùrance 图 신용 생명 보험(채무자가 사망한 경우 대출 금액의 미불분을 보증하는 보험).
crédit lìmit 图 〔금융〕 신용[대출] 한도(액).
crédit lìne 图 1 크레디트 라인(출판물·전시물·뉴스·사진·TV 프로 따위에 밝힌 제공자 이름). 2 〔금융〕
crédit lòan 图 신용 대출. 「= credit limit.
crédit màn 图 신용 조사원.
crédit mànager 图 (은행·회사의) 조사 부장; 신용 판매 담당자.
crédit memorándum 图 신용표, 신용 메모(판매자가 매입자에게 발행하는 송장(送狀) 이외의 전표).
crédit nòte 图 부담 용인서; 〔상업〕 입금표 통지서; 대변 전표(略 debit note).
créd·i·tor [kréditər] 图 채권자; 〔부기〕 대변(略 cr.). ¶ debtor ¶ a ~ nation 채권국. ~·ship 图
crédit ràting 图 1 신용도 책정[조사]; 신용 등급. ¶ a ~ agency 신용 조사 기관. 2 차입 한도액.
créd·it-ràt·ing 图

crédit-rèfer·ence ágency [-rèfərəns-] 图 (개인·조직에 대한 은행 이외의) 신용 (등급) 조회소.
crédit sàle 图 신용 판매, 외상 판매.
crédit sìde [**còlumn**] 图 대변(貸邊).
on the crédit sìde ① 〔부기〕 대변에. ② 좋은 점은.
crédit slìp 图 〔상업〕 = credit memorandum; 〔은행〕 = deposit slip.
crédit squèeze 图 〔경제〕 = credit tightening.
crédit stànding 图 신용 상태; (~s) 신용 등급. ¶ upgrade Korea's ~s 한국의 신용 등급을 높이다.
crédit sýstem 图 (the ~) 신용[외상 판매] 제도.
crédit tìghtening 图 금융 긴축, 긴축 금융 (정책).
crédit-tìghtening 图
crédit tìtle 图 (~s) (영화·TV) 배역·원작자·제작 관계자·자료 제공자 등을 나타내는 자막.
crédit trànche [-trɑ̀ːnʃ] 图 크레디트 트랑슈(IMF 가맹국이 조건부로 출자 할당액(quota)을 초과하여 인출할 수 있는 금액).
crédit trànsfer 图 은행 계좌 대체(bank transfer).
crédit ùnion 图 (직원의) 상조회, 공제회, 신용 조합.
créd·it·wor·thy [kréditwə̀ːrði] 劉 〔상업〕 (대출에서 재정적으로) 신용할 수 있는. **-thi·ness** 图
cre·do [kríːdou, kréi-] 图 (優 ~s) 1 (보통 the C-) 〔교회〕 니체노 신경(信經)(Nicene Creed), 사도 신경 (Apostles' Creed). 2 크레도(보통 니체노 신경을 음악으로 작곡한 곡; 미사곡의 제3부). 3 신조(creed).
cre·du·li·ty [krədjúːləti/-djúː-] 图 Ü 너무 쉽게 믿는 성질[경향], 경신(輕信).
créd·u·lous [krédʒuləs/-dju-] 劉 1 쉽게 믿는, 잘 속는, 곧이곧대로 받아들이는. 2 쉽게 믿는 데서 오는.
~·ly ~·ness
Cree [kriː] 图 (優 ~s) 크리 사람(캐나다의 Manitoba, Saskatchewan 지방의 인디언); Ü 크리 말.
creed [kriːd] 图 1 신조, 신경(信經)(기독교 신앙을 일정 형식으로 요약한 것). 2 (종종 the C-) 사도 신경 (Apostles' C-). 3 (종교·교파의) 교의(敎義), 신조. 4 (일반적으로) 신념, 신조, 주의; 강령.
creek [kriːk] 图 1 시내, 샛강. 2 《英》 (바다·강·호수 따위의) 작은 만, 후미. 3 《英방언》 좁은 꼬부랑길.
up the creek (***without a paddle***) 《속어》 ① 궁지에 빠져서, 옴짝달싹 할 수 없게 되어; 임신하여. ② 상궤를 벗어난; 틀린, 부정확한.
~·y 劉 creek가 많은.
Creek [kriːk] 图 크리크족(族)(북미 인디언; Alabama, Georgia 주 등에 거주했음); Ü 크리크어(語).
creel [kriːl] 图 1 바구니, 어롱, 다래끼. 2 (물고기·새우 따위의) 잡는 통발. 3 (방적기의) 실꾸리 받치는 틀.
creep [kriːp] 卧 (***crept***) 國 1 기다, 기어가다, 포복하다. ⇒ CRAWL 〔유의어〕 ¶ ~ toward the enemy 적을 향해 포복하여 가다. 2 느릿느릿[살금살금] 움직이다[걷다] (up, along) (toward, on, upon); 몰래 다가가다 (up, on, upon, over); (시간이) 서서히 경과하다 (on). ¶ ~ on tiptoe 발끝으로 살금살금 걷다 // ***Danger ~s nearer.*** 위험이 시시각각 다가온다 // (~+ 前+ 图) Sleepiness crept over me. 슬슬 졸리기 시작했다. 3 《구어》 살살 비위 맞추다, 굽실대다, 알랑거리다. 4 (식물의 덩굴·뿌리 따위가) 기다, 뻗다, 퍼지다, 휘감기다 (up, along, over). ¶ (~+ 前+ 图) ~ up the wall 벽을 기어오르다 / ~ over the ground 땅 위에 얽혀 퍼지다 / ~ along a roof 지붕을 따라 뻗다. 5 (모래·지층 따위가) 서서히 미끄러지다; (금속이 중압·열 등으로) 휘다, 변형하다; (레일 따위가) 조금씩 늘어나다. 6 근질근질하다, 굼실거리는 듯한 느낌이 들다; 오싹해지다. 7 《속어》 (네 갈고리 닻을 끌어) 바다 밑을 더듬다 (for). 8 《속어》 슬쩍하다, 후무리다. ── 匽 1 (…) 의 위를 기다, 기어 오르다. 2 (음량·광량(光量) 따위)를 서서히 늘리다 (in). 3 《속어》 …을 훔치다, 후무리다.

creep and crawl 굽실거리다, 설설 기다, 비굴하게 굴다.
creep in [***out***] 몰래 기어들다[나가다].
creep into ① …에 몰래 다가[들어]가다; 살살 〔남의 비위〕를 맞추다. ② …에 (과실 따위가) 발생할 듯하다.
creep into *a person's* ***favor*** 살살 남의 비위를 맞추다.
creep on all fours 네 발로 기다.
creep over ① …에 살금살금 다가가다; …위에 얽혀 퍼지다. ② (공포 따위가) …을 엄습하다.
creep up *a person's* ***sleeve*** 남에게 살살 비위 맞추다.
creep up on (사람·동물·세월 따위가) …에게 소리 없이[살며시] 다가오다.
make *a person's* ***flesh*** [or ***skin***] ***creep; make*** *a person* ***creep all over*** 《구어》 남을 오싹하게 하다.
—명 **1** Ⓤ 기기, 포복; 살금살금 걷기[다가감]; 서행. **2** (the ~s) 《구어》 오싹한[근질근질한] 느낌, 전율; 혐오감. **3** 《속어》 싫은 녀석, 불쾌한 사람; 첩보원, 스파이. **4** (동물이 기어 들어가는) 구멍. **5** Ⓤ 〔지질〕 =solifluction. **6** Ⓤ 〔역학〕 크리프(열·압력에 의해 물체에 생기는 영구적 변형); (일반적으로) 뒤틀림, 어긋남. **7** 〔해사〕 네 갈고리 닻(grapnel). **8** (~s) 크리프(양·소의 사료 중의 칼슘과 인의 비율이 맞지 않아서 생기는 영양 장애). **9** (짐승의) 숨는 구멍(creephole); =~ feeder. **10** 《속어》 (전자 기기의) 성능 저하.
at [or ***on***] ***the creep*** 《英속어》 사람이 있는데 몰래 숨어들어.
give *a person* ***the creeps*** 남을 섬뜩하게 하다.
~·age [ˊidʒ] 명 느릿한 걸음, 살금살금 다가옴.

CREEP [kri:p] 명 《美》 대통령 재선 위원회. (또는 **Creep**) 〔<*C*ommittee to *Re*elect the *P*resident〕

créep dìve 명 《美속어》 싸구려 [문란한] 술집[장소].

creep·er [kríːpər] 명 **1** 기는 것[사람]; 곤충, 파충류 동물. **2** 비굴한 아첨꾼. **3** (~s) (갓난아기의) 덧옷. **4** Ⓤ Ⓒ 덩굴 식물. **5** 〔조류〕 나무에 기어오르는 새, 나무발바리. **6** Ⓤ 〔해사〕 탐해구(探海鉤). **7** (~s) (구두창에 대는) 미끄럼 방지용 징; (두꺼운) 고무 밑창 구두(《美》 sneakers). **8** 〔기계〕 자재 반송기(搬送器). **9** 〔크리켓〕 땅볼.
~**ed** [-d] 형 담쟁이로 덮인.

créeper làne 명 《美》 (고속 도로의) 저속 주행로.

creep-feed [ˊfìːd] 동타 (***-fed***) 〔동물〕을 creep feeder에서 기르다.

créep fèeder 명 〔축산〕 새끼 먹이용 울(새끼만 들여보내 먹이를 먹이는 입구가 좁은 울).

creep·hole [kríːphòul] 명 (짐승의) 숨는 구멍; 핑계, 구실.

creep·ie peep·ie [kríːpi píːpi] 명 휴대용 TV카메라.

creep·ing [kríːpiŋ] 형 《美속어》 **1** 기는, 기어돌아다니는. ¶ ~ things 파충류 / ~ plants 포복[덩굴] 식물. **2** 느릿느릿 움직이는; 느린. **3** 근질근질한, 오싹한. **4** 비굴한, 아첨하는. —명 **1** 기기; 느릿느릿[살며시] 움직이기. **2** 〔식물〕 포복. **3** 비굴한 행동, 아첨. **4** 근질근질한 느낌, 오싹한 기분. **5** 〔해사〕 탐해(探海)(법).
~**·ly** 부 기어서; 서서히.

créeping barráge 명 =rolling barrage.

créeping erúption 명 〔병리〕 구선병(蚯線病)(개·고양이의 피부병).

créeping féa·tur·ism [-fíːtʃərìzm] 명 《美속어》 만능 지향(컴퓨터 프로그램 따위가 더욱 복잡하게 발전하는 일).

créeping inflátion 명 〔경제〕 잠행성 인플레이션(물가가 완만한 속도로 상승하는 것).

créeping Jénnie 명 포복 식물; =moneywort.

créeping Jésus 명 《英속어》 달아나 숨는 사람, 비겁자; 알랑쇠, 비굴한 사람.

créeping sócialism 명 〔정치〕 잠행적 사회주의(정부의 사회·경제적 관여가 서서히 증가하는 일).

créep jòint 명 (매일 밤 장소를 옮기는) 도박장; 밀매주점; (손님의 소지품을 훔치는) 매춘굴; 수상쩍은 장소.

creep-mouse [ˊmàus] 형 겁많은, 소심한.

creep·y [kríːpi] 형 **1** 기는, 기어다니는; 느릿느릿 움직이는. **2** 《구어》 오싹한, 소름끼치게 하는, 기분이 나쁜. ¶a ~ story 소름끼치는 이야기. **3** 《속어》 혐오[불쾌]감을 주는. **créep·i·ly** 부 **créep·i·ness** 명

creep·y-crawl·y [-krɔ́ːli] 《英구어》 명 《어린이말》 굼실굼실 기는 벌레, 송충이. —형 =creepy 2.

creese [kriːs] 명 (말레이의) 꾸불꾸불한 단도(kris).

cre·mains [kriméinz] 명복 (화장(火葬)한) 유골.

cre·mate [kríːmeit/kriméit] 동타 …을 화장하다, 다비(茶毘)하다; …을 소각하다.

cre·ma·tion [kriméiʃən] 명Ⓤ 화장, 다비; 소각.

cre·ma·tion·ist [kriméiʃənist] 명 화장론자, 화장옹호[지지]자. **-ìsm** 명 화장론.

cre·ma·tor [kríːmeitər/kriméitə] 명 **1** 화장 작업원; 쓰레기 소각자. **2** 화장로(火葬爐); (쓰레기) 소각로.

cre·ma·to·ri·al [krìːmətɔ́ːriəl/krèm-] 형 화장의.

cre·ma·to·ri·um [krìːmətɔ́ːriəm/krèm-] 명 (복 ***~s, -ri·a*** [-riə]) 《英》 =crematory.

cre·ma·to·ry [kríːmətɔ̀ːri/krémətəri] 형 화장의; 소각의. —명 《美》 화장터; 화장[소각]로.

crème [krem, kriːm, kreim] 명Ⓤ **1** =cream. **2** 달콤한 리큐어 술. **3** 크림 소스. 〔<F cream〕

crème de ca·ca·o [krèm də kóukou/-kɑːkɑ́ː-] 명 크렘 드 카카오(코코아를 넣은 리큐어 술). 〔<F〕

crème de la crème [krém də lɑː krém] 명 최상[최고]의 것; 정수(精髓); 정상의 사람들. 〔<F〕

crème de menthe [krèm də ménθ/-mɑ́ːnt] 명 크렘 드 멘테(박하를 넣은 리큐어 술). 〔<F〕

Cre·mo·na [krimóunə] 명 **1** 크레모나(이탈리아 북부의 도시). **2** (때로 c-) 크레모나산(産) 바이올린(16-18세기에 Stradivari 가(家) 등에서 제작된 명품).

cre·nate [kríːneit] 형 (나뭇잎 따위처럼) 둥근[무딘] 톱니 모양의. (또는 **crenated**) **~·ly** 부

cre·na·tion [krinéiʃən] 명ⓊⒸ (잎의 가장자리 같은) 둥근[무딘] 톱니 모양의 돌기; 이 사이의 틈.

cren·a·ture [krénətʃər, kríːnə-] 명Ⓤ =crenation; 둥근[무딘] 톱니 돌기 사이의 움푹한 곳[눈금].

cren·el [krénl] 명 **1** (흉벽(胸壁)의) 총안(銃眼); (~s) 총안이 있는 흉벽. **2** =crenature. —동타 (***-l-***, 《英》 ***-ll-***) …에 총안을 만들다. (또는 **cre·nelle** [krinél])

cren·el·ate [krénəlèit] 동타 …에 총안을 만들다; 〔건축〕 〔쇠시리 따위〕를 총안 무늬로 하다. —형 총안을 낸[설치한]; 총안 무늬로 한.

cren·el·at·ed [krénəlèitid] 형 **1** (흉벽이) 총안이 있는; 총안 모양의. **2** 〔식물〕 작고 둥근[무딘] 톱니 모양의.

cren·el·a·tion [krènəléiʃən] 명ⓊⒸ 총안 설비; 총안 흉벽; 톱니 모양.

cren·el·et [krénəlit, -lèt] 명 작은 총안.

cren·u·late [krénjulèit, -lət] 형 (앞 가장자리 … 해안선 따위가) 무딘 톱니바퀴 모양의. **-lá·tion** 명

Cre·ole [kríːoul] 명 **1** 크리올 사람(서인도 제도·중남미로 이주한 백인; 프랑스인·스페인인의 자손). **2** (미국 Louisiana 주 등지에서) 프랑스계 이민의 자손; Ⓤ 그들이 쓰는 프랑스어. **3** (때로 c-) 크리올 사람과 흑인의 혼혈아; (보통 c-) 《고어》 미대륙 태생의 흑인. **4** ⓊⒸ 크리올 요리(토마토·양파·피망·고추 따위 각종 향신료를 사용). —형 (때로 c-) **1** 크리올 사람의[에 독특한]; (요리가) 크리올식의. **2** (동·식물 따위가) 외래종인.

Créole Státe 명 (the ~) 미국 Louisiana 주의 별칭.

cre·o·lize [kríːəlàiz] 동타 Creole화하다; 〔언어〕를 혼성시키다, 혼합어로 만들다. —자 Creole풍이 되다; 혼합어가 되다. **-li·zá·tion** 명

cré·o·lized lánguage [kríːəlàizd-] 명 혼합어 (Gullah어 따위).

cre·oph·a·gous [kriɑ́fəgəs] 형 육식성의(carnivorous). **-gy** 명

cre·o·sol [kríːəsɔ̀ːl/-sɔ̀l] 명Ⓤ 〔화학〕 크레오솔. 〔<*creosote*+*-ol*〕

cre·o·sote [kríːəsòut] 명Ⓤ 크레오소트(의료·방부제

용); 석탄산(酸). ── [동] (…을) 크레오소트로 처리하다. **-sot·ic** [-sátik/-sɔ́t-] [형]

créosote òil [명] 크레오소트 기름(목재 방부제용).

***crepe** [kreip] [명][U] **1** 크레이프(비단의 일종); 검은 크레이프 상장(喪章). **2** =~ paper. **3** =~ rubber. **4** [C] 살짝 구운 팬케이크. ──[동][타] …을 크레이프로 장식하다[덮다]. (또는 **crêpe**) 〔<F〕

crépe de Chíne [-də ʃíːn] [명] 크레이프 드 신(프랑스 비단의 일종). 〔<F〕

crépe háir [명] (가발 따위의) 인조털.

crepe·hang·er [kréiphæ̀ŋər] [명] =crapehanger.

crépe pàper [명] 크레이프 지(紙)(조화·냅킨용의 주름진 종이). **crépe-pà·per** [형]

crépe rúbber [명] (구두창에 대는) 크레이프 고무.

crêpe su·zette [kréip suːzét, krép-] [명] (복 ***c-s***) 크레이프 슈제트(디저트용 과자). 〔<F〕

crepe-trimmed [-trìmd] [형] 검은 크레이프 상장(喪章)으로 장식한.

crep·i·tant [krépətənt] [형] 타닥타닥 소리나는.

crep·i·tate [krépətèit] [동][자] **1** 타닥타닥 소리나다. **2** (방울뱀 등이) 딸각딸각 소리내다. **3** 〔의학〕 (폐가) 염발음(捻髮音)을 내다.

crep·i·ta·tion [krèpətéiʃən] [명][U][C] **1** 타닥타닥 (소리). **2** 〔의학〕 염발음(捻髮音); (뼈의) 딱딱 부딪는 소리.

crep·i·tus [krépətəs] [명] =crepitation 2.

cre·pon [kréipan/-pɔn] [명][U] 크레퐁(crepe 비슷하나 그보다는 두꺼운 견·모직물). 〔<F〕

‡**crept** [krept] [동] creep의 과거·과거분사.

cre·pus·cu·lar [kripʌ́skjulər] [형] **1** 땅거미진[질 때의]; 어스레한. ¶~ ray 어스레한 빛. **2** 〔동물〕 (박쥐 따위처럼) 땅거미질 때 나타나는[활동하는].

cre·pus·cule [kripʌ́skjuːl/krépəskjùːl] [명][U] 땅거미, 박명; 황혼. (또는 **cre·pus·cle** [kripʌ́sl])

cres(c). 〔음악〕 crescendo. **Cres(c).** Crescent.

cre·scen·do [kriʃéndou, -sén-] [명] (복 ***~s, -di*** [-di]) **1** 〔음악〕 크레셴도, 점강음(漸強音)(절). **2** (힘·음량 등의 크기가) 점점 강해짐, 점증; 《구어》 최고조. ── [부] 〔음악〕 점점 세게([약] cres(c).; [기] <). [반] decrescendo ──[형] 〔음악〕 점점 세어지는. ──[동][자] 점점 세어지다. 〔<It〕

***cres·cent** [krésnt] [명] **1** 〔천문〕 초승달, 신월(新月), 상현(上弦)달. **2** 초승달 모양(의 것); 《美》 =~ roll. **3** (종종 C-) (터키의) 언월기(偃月旗); (C-) 터키 제국, 터키 군(軍); (the C-) 회교. ¶the Cross and the *C-* 기독교와 회교. **4** 크레센트(터키 기원의 방울을 주체로 한 악기). **5** 〔문장〕 초승달 문장. **6** 《英》 초승달[삼각주] 모양의 거리[광장, 지역]. ──[형] **1** 초승달 모양의, 상현의. **2** 《고어》 점점 커지는, 점증하는([반] decrescent).

cres·cen·tic [krəséntik] [형]

créscent róll [명] 초승달 모양의 빵.

cres·cive [krésiv] [형] 점점 느는[커지는]. **~·ly** [부]

cre·sol [kríːsɔːl/-sɔl] [명][U] 〔화학〕 크레졸.

cress [kres] [명][U] 갓, 물냉이. **∠·y** [형]

cres·set [krésit] [명] (장대 위에 올려놓거나 위에서 매달아 놓는) 등화용 불통, 표지등.

Cres·si·da [krésidə] [명] 〔그리스 신화〕 크레시다(애인인 Troy의 왕자 Troilus를 배반한 여인).

‡**crest** [krest] [명] **1** (닭 따위의) 볏; (새의) 관모; 볏[관모] 비슷한 것. **2** (투구의) 깃털 장식; 투구. **3** (말·개 따위의) 목덜미; (말 따위의) 갈기. **4** 〔문장〕 투구 장식; 가문(家紋)(family ~). **5** (the ~) 꼭대기, 정점, 절정; 최고[최상]의 것; (산의) 정상; 산등성이(ridge); 물마루. **6** 〔건축〕 (지붕의) 종마루 (장식). **7** 〔기계〕 나사 이랑의 꼭대기. **8** 〔해부〕 (뼈의) 능(稜), 뼈마루.

at the crest of …의 절정[전성]기에.

erect [or ***elevate***] *one's* ***crest*** 의기양양해지다.

One's ***crest falls.*** 기가 죽다, 의기소침하다.

ride [or ***be on***] ***the crest of the*** [or ***a***] ***wave*** 물마루를 타다; 득의[행복]의 절정에 이르다[있다].

──[동][타] **1** …에 깃털[꼭대기] 장식을 달다; …의 꼭대기 장식이 되다. **2** (산 따위)의 꼭대기에 이르다. ──[자] 물마루를 이루다; (강이) 최고 수위에 이르다.

∠·ed [형]

crést·ed lárk [명] 〔조류〕 (유럽산) 뿔종다리.

crest·fall·en [kréstfɔ̀ːlən] [형] 《서술용법》 풀이 죽은, 의기소침한; (새가) 볏이 처진, (말이) 목을 늘어뜨린. **~·ly** [부] **~·ness** [명]

crest·ing [kréstiŋ] [명] 〔건축〕 종마루 장식; (투구의) 깃털 장식.

crest·less [kréstlis] [형] 볏[꼭대기 장식]이 없는; 미천한.

crést lìne [명] 능선

cre·ta·ceous [kritéiʃəs] [형] 백악질(白堊質)의, 백악 같은; (C-) 〔지질〕 백악기(紀)의. ──[명] (the C-) 〔지질〕 백악기, 백악계(系). **~·ly** [부]

Cretáceous périod [명] 〔지질〕 백악기(중생대 최후의 지질 시대).

Cretáceous sýstem [명] 〔지질〕 백악계(백악기에 형성된 지층).

Cre·tan [kríːtn] [형] 크레타 섬의; 크레타 사람의. ──[명] 크레타 사람(특히 토착 그리스 사람).

Crete [kriːt] [명] 크레타 섬(지중해 동부에 있는 그리스령 섬).

cre·tic [kríːtik] [명] (시의) 장단장격(長短長格) (–⏑–).

cre·ti·fy [kríːtəfài] [동][타] 〔지질〕 …을 백악[석회]화하다(calcify). **-fi·cá·tion** [명][U] 백악[석회]화.

cre·tin [kríːtn/krétin] [명] 〔의학〕 크레틴병 환자; 《구어》 바보; 멍청이, 백치. **-ti·nòid** [형][명]

cre·tin·ism [kríːtənìzm/krétin-] [명][U] 〔병리〕 크레틴병(갑상선 호르몬 분비 이상으로 발병하며 기형·백치 따위 증상을 보인다).

crétin màggot [명] 《속어》 비열한[형편없는] 인간.

cre·tin·ous [kríːtənəs/krét-] [형] **1** 크레틴병(환자)의. **2** 《구어》 머리가 나쁜, 백치인. **3** 《美속어》 (컴퓨터에서) 틀린, 무효인; 엉터리 설계의.

cre·tonne [kritán, kríːtɑn/kretɔ́n] [명][U] 크레톤 사라사(가구 덮개·커튼 따위로 쓴다).

Créutz·feldt-Já·kob disèase [krɔ́itsfelt-jáːkɔːp-] [명] 〔병리〕 크로이츠펠트야코브병(바이러스성 뇌질환; [약] CJD). 〔<독일 의사 H. G. Creutzfeldt (1885–1964)와 A. Jakob(1884–1931)의 이름〕

cre·val·le [krəvǽli, -vǽlə] [명] (복 ~(**s**)) 전갱잇과(科) 바닷물고기의 총칭.

cre·vasse [krəvǽs] [명] **1** (빙하·설원(雪原) 따위의) 갈라진 틈, 크레바스; 지표의 갈라진 틈. **2** 《美》 (제방의) 터진 곳. ──[동][타] …에 갈라진 틈이 생기게 하다.

***crev·ice** [krévis] [명] (바위 따위의) 갈라진 틈, 균열(cleft). **-iced** [-ist] [형] 균열[금]이 간.

‡**crew**[1] [kruː] [명] (복 **~s** [-z]) 《집합적; 단·복수 양용》 **1** (기차·비행기 따위의) 승무원; 〔해사〕 (함선의) 승무원 (전원); 하급 선원. **2** (같은 일에 종사하는) 일단, 조(組), 반. ¶a camera ~ 카메라 팀. **3** 보트의 팀, 크루; 《美》 조정(漕艇) 경기. **4** 《구어》 패거리, 한패. **5** 《고어》 무장 부대. **6** =~ cut. ──[동] (**~s** [-z]) [타] 〔선박·비행기〕의 승무원으로 근무[탑승]하다; …의 승무원을 고용하다. ──[자] 승무원으로 근무하다; 조종 경기에 나서다 (*for*). **∠·less** [형]

crew[2] [동] 《英》 crow[2]의 과거.

créw actívity plànning [명] (우주선 비행중의) 승무원 작업 계획.

créw cùt [명] (선원들의) 상고머리.

crew·el [krúːəl] [명][U] 자수용 털실(~ yarn); =crewelwork. **~·er, ~·ist** [명]

crew·el·work [krúːəlwə̀ːrk] [명][U] (털실) 자수.

crew·man [krúːmən] [명] 승무원, 탑승원. **~·ship** [명]

crew·mate [krúːmèit] [명] 우주선의 동료 승무원.

créw nèck [명] 크루 넥(깃이 없는 네크라인); 깃 없는 스웨터. **créw-nèck(ed)** [형]

créw sòcks [명][복] (이랑지게 짠) 두꺼운 양말. 〔<선원들이 착용한 데서〕

***crib** [krib] [명] **1** 《美》 (난간이 있는) 어린이 침대(cot).

2 구유, 여물통. 3 (곡식·소금 따위를 넣는) 큰 통. 4 (가축) 우리, 소를 넣는 울. 5 (공장 따위의) 공구 보관실, 도구실. 6 (일반적으로) 좁은 장소[방]; (속어) 집, 방, (the ~) 자기집; 감방. 7 (토목) 통나무나 각재(角材)·철재 따위의 테두리(기초 공사·댐 건설 따위에 사용); (수갱(堅坑)의) 동바리; (우물의) 벽(壁). 8 (구어) (작품 따위의) 무단 사용, 표절; 도용물[자], 표절자[물]; (일반적으로) 인용. 9 (英구어) 참고서, 자습서((美) pony, trot); 커닝 페이퍼(~ sheet). 10 U (카드놀이) = cribbage; (물주가 갖게 되는) 버린 카드. 11 싸구려 매춘굴; (도둑이나 불량배의) 집합소; 선술집. 12 버들고리. 13 (英·濠) (노동자가 지참하는) 도시락. 14 (뉴질) 주말을 보내는 별장. 15 (구어) 불평, 불만. 16 (英) 구유 속의 아기 예수 그림((美) crèche).
— 타 (-bb-) 타 1 (좁은 장소에) …을 가두다, 감금하다. 2 …에 여물통을 비치하다. 3 (재목이나 널빤지로) 보강하다; (수갱 따위)에 테두리를 마련하다. 4 (구어) …을 몰래 훔치다; (남의 작품 등)을 도용하다, 표절하다; (구어) (답)을 커닝하다. 5 (구어) …에 대해 불평하다. — 자 1 (구어) 훔치다, 표절(도용)하다; 자습서를 사용하다, 커닝하다. 2 (말)이 여물통을 깨물다. 3 (구어) 불평하다.
crib·bage [kríbidʒ] 명U 카드놀이의 일종.
crib·ber [kríbər] 명 1 도용자, 표절자; 좀도둑; 커닝을 하는 사람. 2 여물통을 깨무는 버릇이 있는 말.
crib·bing [kríbiŋ] 명 1 =crib-biting. 2 (구어) 커닝. 3 (채광) (수갱의) 동바리; (토목) =cribwork.
crib-bite [-bàit] 자 (수의) (-bit; -bit·ten, -bit; -bit·ing) (말)이 여물통을 깨물고 거칠게 숨을 쉬다. **-bit·er** 명
crib-bit·ing [-bàitiŋ] 명U (수의) 말이 여물통을 물고 거칠게 숨을 쉬는 버릇.
crib crime[jòb] 명 (美속어) 노인 습격[털이] 범죄.
crib déath 명 유아 돌연사 (증후군).
crib·ri·form [kríbrəfɔ̀:rm] 형 작은 구멍이 있는, 체 모양의, 소공질(小孔質)의. (또는 **crib·rous** [kríbrəs])
crib shéet 명 (美구어) 커닝 페이퍼.
crib·work [kríbwə̀:rk] 명U (토목) 테두리를 공사; 우물정(井)자로 쌓기(cribbing).
Crich·ton [kráitn] 명 크라이튼. 1 Michael ~ (1942-) 미국의 SF 작가). 2 (종종 Admirable ~) 다재다능한 사람.
crick [krik] 명 (a ~) (목·등 따위의) 근육 경련, 쥐. — 타 (목·등 따위에) 경련을 일으키다, 쥐가 나다.
‡**crick·et**¹ [kríkit] 명 귀뚜라미.
(as) merry[or chirpy, lively] as a cricket 매우 ~-like 형 └명랑[쾌활]한.
‡**crick·et**² [kríkit] 명U 1 크리켓(한 팀 11명씩의 구기로 영국의 국기(國技)). ¶ a ~ match[field] 크리켓 시합[경기장]. 2 (英구어) (부정문에서) 페어 플레이, 공명 정대한 행위. ¶ It's not (quite) ~. 그것은 공정하지 않다.
play cricket 크리켓을 하다; 공명 정대하게 행동하다. — 자 크리켓을 하다. └다.
~·er 명
crick·et³ 명 (목제의) 작고 낮은 삼발이 의자.
cri·coid [kráikɔid] 명 (해부) 고리 모양의, 환상(環狀)의. — 명 (후두(喉頭) 아래쪽의) 환상 연골.
cri de coeur [kri: də kə́:r] 명 외침; 절규 《 cris d- c- [kri:(z)-] 》 (열렬한) 외침; 간청, 탄원. 《 <F 》
cri·er [kráiər] 명 1 외치는[우는] 사람; 울보. 2 법정 경위; (고어) 포고(布告)를 큰 소리로 알리며 다니는 사람(town ~). 3 외치며 파는 행상인.
cri·key [kráiki] 감 (놀람을 나타내어) (英구어) 야!, 이것 참 (놀랍다)! 《 <Christ의 변형 》
crim. con. (법률) *criminal conversation*.
‡**crime** [kraim] 명 (~s [-z]) 1 (법률상의) 죄, 범죄. ¶ a capital ~ (사형에 처할 만한) 중죄/~s against the State 국사범(國事犯)/commit a ~ 범죄를 저지르다/C- doesn't pay. (속담) 죄 짓고는 못 산다.
유의어 **crime** 법률상 처벌의 대상이 되는 범죄. **sin** 종교상·도덕상의 죄악. **offense** 도덕·관습·법률 따위에 어긋나는 모든 일로서 경중(輕重)을 따지지 않는다. **vice** 부도덕한 습관적 행위.
2 U (일반적으로) 못된 짓, 인도에 어긋난 짓, 죄악; 범죄 행위[활동]. 3 (구어) (a ~) 어처구니없는[몰상식한] 짓; 괘씸한 행위, 수치스런 짓(shame). 4 (중대한) 위반 행위; 군기 위반; 반도덕적 행위.
attempt a crime 못된 짓을 꾸미다.
fight crime 범죄와 싸우다. ┌ 죄를 덮어 씌우다.
put [or throw] a crime upon a person 남에게
worse than a crime 언어 도단의.
— 타 (군사) …을 군기 위반죄로 심문[처벌]하다.
~·less 형 ~·less·ness 명
Cri·me·a [kraimí:ə, kri-] 명 (the ~) 크림 반도(우크라이나 남단 흑해안의 반도). **-an** 형
crime agàinst humánity 명 반(反)인도적 범죄 (인종 청소 따위). ┌죄; 반자연적 행위.
crime agàinst náture 명 (법률) 반자연적 성범
Criméan Tá(r)tar 명 크리미아 타타르족(중앙아시아에 사는 투르크계의 민족); 크리미아 타타르어(語).
Criméan Wár 명 (the ~) 크림 전쟁(영국·프랑스·터키·사르디니아와 러시아의 전쟁(1853-56)).
crime bùster 명 범죄 소탕[박멸] 지도자.
crime clòck 명 (시간 따위) 범죄 통계, 범죄 시계.
crim·ee [kráimí:] 명 공범자.
crime fíction 명 범죄[추리] 소설.
crime-fight·er [kráimfàitər] 명 범죄 수사대원.
crime índex offénses 명 (美) 지정 범죄(경찰이 매월 발생 상황을 FBI에 보고할 의무가 있는 범죄).
crime làboratory 명 (美) (경찰의) 범죄 감식실, 과학 수사 연구소.
crime pas·si·o·nel [krí:m pà:siənél/-pǽsiə-] 명 치정 사건[살인]. 《 <F 》
crimes [kraimz] 감 =Christ
crime shèet 명 (英군사) 개인의 군기 위반 기록; (美속어) (트럭 운전사의) 운전 기록장.
crime wàtch 명 (마을 주민에 의한) 범죄 감시, 방범 《 ·정식으로는 neighborhood ~ 라고 한다》.
crime wàve 명 (일시적인) 범죄의 급증.
crime wríter 명 범죄[추리] 소설 작가.
‡**crim·i·nal** [krímənl] 형 1 (법률) 범죄의, 범죄에 관한, 형사(상)의(영 civil). ¶ a ~ case 형사 사건/a ~ action [or suit] 형사 소송/have a ~ record 전과가 있다. 2 범죄적인, 범죄를 구성하는; 죄를 범하고 있는. ¶ a ~ act 범죄 행위/a ~ person 범인. 3 (구어) 어리석은; 괘씸한, 몹쓸; 면목없는, 수치스러운; (값 따위가) 터무니없는, 부당한. — 명 (~s [-z]) 범죄자, 범인, 죄인. ¶ a chance [habitual] ~ 우발적 범죄자[상습~·ly 부 유죄로; 형사(형법)상. └범].
criminal assáult 명 (법률) 폭행(죄); 강간(죄).
criminal chrómosome 명 범죄자 염색체(남성의 극히 일부에게서 볼 수 있는 여분의 Y염색체).
criminal códe 명 (법률) 형사법(규); 형법전.
criminal contémpt 명 (법률) 법정 모욕(죄).
criminal conversátion 명 형사 간통(adultery)
criminal cóurt 명 형사 법원[법정]. └(죄).
criminal investigátion 명 범죄 수사. ¶ the C- I- Department (英) 런던 경찰청 범죄 수사부(약 CID).
crim·i·nal·ist [krímənəlist] 명 범죄학자; 형법학자.
crim·i·nal·is·tics [krìmənəlístiks] 명복 (단수취급) (美) 범죄 감식(증거)학; 범죄학, 형사학. **-tic** 형
crim·i·nal·i·ty [krìmənǽləti] 명 범죄적 성질, 범죄성, 유죄; 범죄 행위, 범행.
crim·i·nal·ize [krímənəlàiz] 명 타 (행위)를 법으로 처벌하다; …을 유죄로 하다. **-i·zá·tion** 명

críminal jústice 圀 (美) 1 형사 행정학, 응용 범죄학(경찰·법원·교도소 등 사법 제도를 연구하는 criminology의 한 분야). 2 (형사 관련) 사법 제도. 3 (연방 수사국(FBI)의) 범죄[범인] 심리 분석가.

críminal láw 圀 형(사)법.

críminal láwyer 圀 형사 전문 변호사; 형사법 전문가.

críminal líbel 圀 〔법률〕 범죄적 비방 행위(극히 악질적인 중상 문서를 내는 일).

criminal sýndicalism 圀 (美法律) 형사 신디칼리즘(사회 변혁을 노린 폭력·테러 따위 실정법상 범죄).

crim·i·nate [krímənèit] 圀⊕ 1 …을 고발[고소, 기소]하다. 2 …에게 죄를 덮어 씌우다; …을 유죄로 하다; …의 유죄를 증명하다. 3 …을 심하게 비난[힐난]하다.
criminate oneself (증인이) 자기에게 불리한 증언을 -nà·tor 圀

crim·i·na·tion [krìmənéiʃən] 圀⊙ 고발, 고소, 죄를 지우기[씌우기]; (심한) 비난, 힐난.

crim·i·na·tive [krímənèitiv/-nət-] 圀 고발하는, 죄를 지우는; 비난[힐난]하는.

crim·i·na·to·ry [krímənətɔ̀:ri] 圀 =criminative.

criminol. criminologist; criminology.

crim·i·no·log·i·cal [krìmənəládʒikəl/-lɔ́dʒ-] 圀 범죄[형사]학상의. **~·ly** 튀

crim·i·nol·o·gy [krìmənálədʒi/-nɔ́l-] 圀⊙ 범죄학; 형사학(사회학의 한 분야). **-gist** 圀 〔도시〕.

crim·i·nop·o·lis [krìmənápəlis] 圀 범죄 (다발) 도시.

crim·i·nous [krímənəs] 圀 범죄를 다룬; (고어) 죄를 범한. ¶ a ~ clerk 죄를 범한[파계한] 성직자.

crim·i·ny [krímənì] ⊕ (놀라움 따위를 나타내어) 이런, 제기랄(Christ). (또는 **crími·mas**) [kráiməs]).

crimp[1] [krimp] ⊕ 1 (천·철판·판지 따위) 에 잔주름이 가게 하다; (머리를) 곱슬곱슬하게 하다. 2 (가죽)을 구부려서 틀이 잡히게 하다. 3 (요리) (어육)에 진집을 내다. 4 (美속어) …을 방해하다, 저지[억제]하다. — 圀 1 ⊙⊙ 오그라뜨림, 주름잡기; 주름, 물결 무늬. 2 (보통 ~s) 고수머리. 3 (美속어) 방해물, 장애.
put a crimp in[or *into*] (美속어) (계획 따위)를 방 — 圀 오글오글[곱슬곱슬]해진. 「해하다.
⊥·er 圀 crimp하는 사람; (속어) 이발사. **~·ness** 圀

crimp[2] 圀 (부정 수단으로 선원·병사를 모집하는) 유괴 알선업자. — 圀⊕ (선원·병사 등으로 쓰기 위해) (사람)을 유괴하다, 유괴 알선하다.

crimp[3] 圀 (美속어) 따분하고 재미없는 사람.

crímp·ing ìron [krímpiŋ-] 圀 헤어 아이론.

crim·ple [krímpl] 圀⊕ …에 주름을 잡다[만들다]; (머리를) 곱슬곱슬하게 하다. ⊕ 주름지다; (머리가) 곱슬곱슬해지다. — 圀 (英方言) 주름, 오그라들, 곱슬곱슬함. 「지일는 인조 천).

Crimp·lene [krímpli:n] 圀 (상표) 크림플린(구겨지

crimp·y [krímpi] 圀 1 곱슬곱슬한; 주름진. 2 (美남부) (날씨가 기분 나쁠 정도로) 추운. **crímp·i·ly** 튀

‡**crim·son** [krímzn, -sn/-zn] 圀 심홍색; 심홍색 안료[염료]. — 圀 심홍색의; (분노 따위의) 얼굴이 빨개진. 2 끔찍한, 피비린내 나는. ¶ a ~ murder case 끔찍한 살인 사건. — ⊕ (~s [-z]) …을 심홍색으로 하다[물들이다]; (얼굴)을 발갛게 붉히다. — ⊕ 심홍색이 되다; 얼굴이 새빨개지다. **~·ly** 튀 **~·ness** 圀

crímson láke 圀 심홍색 안료(lake[2]).

cringe [krindʒ] 圀⊕ 1 (공포나 비굴함이) (…에) 움츠리다, 위축되다(away) (at). 2 (…에게) 굽실거리다, 아첨하다(to, before). 3 (구어) (…에) 넌덜내다, 진저리가 나다(at). — 圀 비굴한 태도, 아첨, 추종.
críng·er 圀

cring·ing [kríndʒiŋ] 圀 1 (공포로) 움츠린, 위축된. 2 굽실거리는, 아첨하는, 비굴한. **~·ly** 튀 **~·ness** 圀

crin·gle [kríŋgl] 圀 〔해사〕 (돛의 가장자리나 귀에 단) 삭안(索眼), 밧줄 구멍.

cri·nite [kráinait] 圀 머리털 모양의, 털 같은; (식물·곤충) 가느다란[부드러운] 털이 있는.

crin·kle [kríŋkl] 圀⊕ …을 주름지게 하다; 오그라들게 하다, 꾸불꾸불하게 하다. ⊕ 주름지다, 오그라들다(up); 꾸불꾸불하게 되다; (종이 따위가) 버스럭 소리를 내다. — 圀 오그라듬, 주름; 버스럭거리는 소리.

crin·kly [kríŋkli] 圀 (천이) 주름이 많은, 오글오글한; (머리가) 곱슬곱슬한; 버스럭 소리를 내는. 2 ⊕ (속어) (주름살투성이의) 노인. **-kli·ness** 圀

crin·kum-cran·kum [kríŋkəmkræŋkəm] 圀(⊕) 꼬불꼬불한 (것), 비틀어진 (것); 복잡한 (것).

cri·noid [kráinɔid, krín-] 圀 1 백합 같은. 2 (동물) 갯나리류의. — 圀 백합; 갯나리류의 극피 동물.
cri·nói·dal 圀 「는) 허리 받침살[테].

crin·o·lette [krìnəlét] 圀 (치마 뒷자락을 퍼지게 하

crin·o·line [krínəlin] 圀 1 크리놀린(치마를 부풀리기 위해 입은 페티코트). 2 크리놀린으로 볼록하게 한 치마(hoopskirt). 3 ⊙ 크리놀린에 쓰는 마미단(馬尾緞). 4 벽돌 쌓기에 보강용으로 쓰이는 강철 띠. 5 (군함의) 어뢰 방어망.

crin·o·tox·in [krìnətáksin/-tɔ́k-] 圀 〔생화학〕 크리노톡신(개구리 따위에서 분비되는 독). 圀 zootoxin.

cri·ol·lo [krióulou] 圀 (⊕ ~s) 1 스페인어권 중남미 태생의 유럽(보통 스페인)계 사람[남자](⊕ criolla; ⊕ Creole 圀 1). 2 중남미 토종 가축. 《<Sp》

cripes [kraips] 圀 (속어) (놀라움을 나타내어) 이크, 그것 참, 우라질, 제기랄! (또는 **cripe**)

‡**crip·ple** [krípl] 圀 (~s [-z]) 1 절름발이, 지체부자유자; (일반적으로) 신체[정신] 장애자, 무능력자; (총에 맞은) 동물. ¶ ~s of the war 상이 군인. 2 결함품, 불량품. 3 (美방언) (관목 따위로 뒤덮인) 늪지대, 소택지. 4 (창문 청소 따위에 쓰는) 발판. 5 〔야구〕 (타자에게 유리한 볼 카운트에서 투수가 던지는) 구위(球威)가 없는 공. 圀 (美속어) 마리화나 담배 꽁초. — **~s** [-z]; **~d**; **-pling**) ⊕ 1 …을 절름발이[불구]로 만들다, 병신으로 만들다. ¶ He was ~d by[or with] arthritis. 그는 관절염으로 다리를 절게 되었다. 2 …을 무력하게 만들다; 못 해치다, 손상시키다; …을 활동 못하게 하다. — ⊙ 절름거리다. — 圀 (지체가) 부자유한, 불구의; 능력이 떨어지는. **-pler** 圀

crip·ple·dom [krípldəm] 圀 신체 장애.

crip·pling [kríplin] 圀 심한 손상[부상]을 입히는.

crise de con·fi·ance [krí:z də kɔnfiá:ns] 圀 신뢰의 위기. 《<F *crisis of confidence*》

crise de con·science [krí:z də kɔ:nsiá:ns] 圀 양심의 위기. 《<F》 「성」 발작. 《<F》

crise de nerfs [krí:z də néər] 圀 히스테리[신경

‡**cri·sis** [kráisis] 圀 (⊕ **-ses** [-si:z]) 1 위기, 전기(轉機), 결정적인 시기[국면]; (사회·정치적) 중대 시국, 난국. ⊕ EMERGENCY 유의어. ¶ a financial ~ 금융[재정] 위기. 2 (인생의) 격변[전환]기, 중대 국면, 기로. 3 (극·소설 등에서) 긴박한 장면. 4 〔의학〕 (병의) 고비, 위기.
bring…to a crisis …을 위기에 빠뜨리다. 「하다.
come to[or *draw to, reach*] *a crisis* 위기에 달
pass the crisis 고비를 넘기다, 위기를 벗어나다.
— 圀 위기의; 위기에 대처하기 위한.
crí·sic 圀

crísis cènter 圀 (美) 위기 관리 센터, 긴급 대책 본부; 긴급 전화 상담소(생명의 전화 따위).

crísis intervèntion 圀 〔정신의학·심리〕 위기 개입(정신적 위기 상태인 사람에 대한 즉각적 치료 개입).

crísis mànagement 圀 (美) 위기 관리(위기 상황에 대한 대처 방법). **crísis mànager** 圀

crísis of cápitalism 圀 자본주의(체제)의 위기(마르크스 경제학의 용어).

crísis relocàtion 圀 (美) 비상시 소개(疏開).

crísis theólogy 圀 위기 신학(K. Barth, E. Brunner 등이 창도한 새 정통파 신학).

‡**crisp** [krisp] 圀 (**~·er**; **~·est**) 1 단단하나 부서지기

[깨지기] 쉬운; (빵 따위가) 바삭바삭한. ¶ ~ toast 바삭바삭하게 구운 토스트. **2** (야채·과일 따위가) 단단하고 싱싱한; (종이 따위가) 빠닥빠닥 소리나는, 빳빳한. ¶ a ~ note 빳빳한 새 지폐. **3** (태도 따위가) 활기찬, 분명한, 또렷한; 단호한. **4** (표현 따위가) 생생한; 명쾌[명확]한; 간결한; 재치가 넘치는. **5** (공기·날씨 따위가) 서늘한, 상쾌한. ¶ ~ air 상쾌한 공기. **6** (피부가) 주름진; (수면이) 잔물결 이는. **7** (머리가) 곱슬곱슬한. **8** 《美구어》 마약에 취한. ── [동][타] **1** 〔토스트 따위〕를 바삭바삭하게 하다. **2** 〔머리〕를 곱슬곱슬하게 하다. **3** …에 잔물결을 일게 하다. ── [자] 바삭바삭해지다; 오그라들다; 잔물결이 일다. ── [명] **1** (~s) 《英》 얇게 썬 감자 튀김 (potato ~s, 《美·濠》 potato chips). **2** 단단하고 부서지기 쉬운 것, 바삭바삭한 것. **3** 《속어》 (빳빳한) 지폐.
to a crisp 바삭바삭하게.

cris·pate [kríspeit] [형] 오그라든, 돌돌 말린; 가장자리가 오글오글한[물결 모양인]. (또는 **crispated**)
cris·pá·tion [명]

crisp·bread [kríspbrèd] [명] 《英》 (호밀·밀가루로 만든) 얇고 바삭바삭한 비스킷.

crisp·en [kríspən] [동] =crisp.

crisp·er [kríspər] [명] 오그라들게 하는 사람[것]; =curling iron; (냉장고의) 야채실.

Cris·pin [kríspin] [명] **1** **Saint** ~ 성(聖) 크리스피누스(로마의 전설적 순교자; 구두장이의 수호성인). **2** (c-) 제화공, 구두장이.

***crisp·ly** [kríspli] [부] 곱슬곱슬하게, 주름이 져서; 바삭바삭하게; 활기차게.

***crisp·ness** [kríspnis] [명][U] 곱슬곱슬함, 주름짐; 바삭바삭함; 상쾌함.

crisp·y [kríspi] [형] **1** 부서지기 쉬운, 바삭바삭한. **2** (머리가) 곱슬곱슬한; 물결진. **3** 활기찬, 팔팔한. **4** 《美속어》 숙취의. ── [명] 《美속어》 (마약이나 술로) 정신이 멍해진 사람. **crísp·i·ly** [부] **crísp·i·ness** [명]

criss·cross [krískrɔ̀ːs/-krɔ̀s] [명] **1** 십자(十字), 십자형, 십자 표[무늬]. **2** (일의) 차질, 엇갈림; 혼란. ¶ the ~ of opinions 의견의 엇갈림. **3** (어린이들이 하는) 십자놀이(tic-tac-toe). **4** (문자를 모르는 사람이 서명 대신 쓰는) X표. ── [형] (또는 **crisscrossed**) 교차선[십자로]이 많은; 십자 무늬의; 십자로 교차하는. ── [부] **1** (십자로) 교차하여, 십자형으로. **2** (일이) 엇갈려서, 잘못되어. ¶ Everything went ~. 모든 일이 엇갈려버렸다. ── [동][타] **1** …에 십자를 그리다; …에 십자 표시를 하다. **2** …을 교차시키다. ── [자] 교차하다.
crisscross the country 동분서주하다.

criss·cross-row [-róu] [명] 《고어》 알파벳.

cris·sum [krísəm] [명] ([복] **-sa** [-sə]) 〔조류〕 배설강(腔) 주변부(의 깃털).

cris·ta [krístə] [명] ([복] **-tae** [-tiː]) **1** 〔해부〕 능(稜), 능선(稜線). **2** 〔생물〕 크리스타.

cris·tate [krísteit] [형] (새·짐승이) 볏[관모]이 있는; 볏 모양의. (또는 **cristated**)

crit [krit] [명] 《구어》 **1** 비평[평론](가). **2** 〔물리〕 =critical mass.

crit. critic(al); criticism; criticized.

cri·te·ri·a [kraitíəriə] [명] criterion의 복수형.

***cri·te·ri·on** [kraitíəriən] [명] ([복] **-ri·a** [-riə], **~s**) (판단·평가 따위의) 표준, 기준, 척도, 규범 (*for, of*). ⇨STANDARD [유의어] **-ri·al, ~·al** [형]

crith [kriθ] [명] 〔물·화〕 크리스(기체 질량의 단위; 1기압, 0°C에서 1리터의 수소 질량).

‡crit·ic [krítik] [명] **1** (문예·미술 따위의) 비평가, 평론가; (고문서 따위의) 감정가; (일반적으로) 비평가. ¶ a dramatic ~ 연극 비평가. **2** 혹평가, 흠잡는 사람. **3** 《폐어》 =criticism; =critique. ── [형] 비판적인.

‡crit·i·cal [krítikəl] [형] (*more* ~; *most* ~) **1** 비평[평론]의; 비평 전문의; 비평[평론]가의. ¶ ~ essays 평론. **2** 비평[감식]안이 있는, 비평[비판]적인. ¶ a ~ eye 비평[감식]안. **3** (…을) 흠[트집]잡기 좋아하는 (*of, about*). ¶ be ~ *about* …에 잔소리가 많다. **4** 위험한, 아슬아슬한, 위태로운; (병자 등이) 위독한. ¶ a ~ illness 중병. **5** 위기의; 중대한; 결정적인; (난국 따위를 극복하는 데) 불가결한. ¶ a [*or* the] ~ moment 결정적 순간[장면] / ~ problems 중대 문제. **6** (식량 따위 필요한 것이) 부족한. **7** 〔물리·수학〕 임계(臨界)의.
be in a critical condition 위기[위험]에 처해 있다; 위독하다.
with a critical eye 비판적으로.
~·ness [명]

crítical ángle [명] **1** 〔광학〕 임계각(전반사(全反射)가 일어나는 최소 입사각(入射角)). **2** 〔항공〕 임계각, 실속각(최대 양력(揚力)과 같거나 그 이상의 영각(迎角)).

crítical apparátus [명] =apparatus criticus.

crítical cónstant [명] 〔물리〕 임계 상수(常數).

crítical dénsity [명] 〔물리〕 임계 밀도.

crítical edítion [명] 교정판(校訂版), 원전[본문] 비평 연구판.

crítical hábitat [명] (멸종 위기 생물의) 보존 서식지.

crit·i·cal·i·ty [krìtikǽləti] [명][U] 〔물리〕 임계(성)(臨界(性))(핵분열 연쇄 반응이 일정 비율로 유지되는 상태); 위험한 상태.

crítical líst [명] 중환자 명부.

***crit·i·cal·ly** [krítikəli] [부] **1** 비평[비판]적으로; 혹평하여; 정밀하게. **2** 위태롭게, 위독 상태에. ¶ be ~ ill 위독하다. **3** 결정적으로. **4** 〔물리〕 임계적으로.

crítical máss [명] **1** 〔물리〕 임계(臨界) 질량. **2** (바라는 결과를 효과적으로 얻는 데) 필요[충분]한 양[수].
hit [or ***reach***] ***the critical mass*** ① 임계 질량에 도달하다. ② 바라는 결과[효과]를 낳다.

crítical páth [명] 〔컴퓨터〕 최장 경로(經路); =~ analysis.

crítical páth anàlysis [mèthod] [명] 임계 경로 분석(어떤 계획의 최장 경로를 컴퓨터로 분석하여 가장 유효한 순서를 결정하는 방법; [약] CPA[M]).

crítical períod [명] 〔심리〕 임계기(期)(어떤 반응의 성립과 지속에 불가결한 발달 과정에서의 일정 시기).

crítical philósophy [명] (칸트의) 비판 철학.

crítical póint [명] **1** 〔물리〕 임계점; 〔수학〕 (함수의) 임계점. **2** 전환기, 중대 시점.

crítical préssure [명] 〔물리〕 임계 압력.

crítical région [명] 〔통계〕 (가설 검정에 있어서의) 기각역(棄却域), 위험역(域).

crítical státe [명] 〔물리〕 임계 상태.

crítical témperature [명] 〔물리〕 임계 온도.

crítical thínking [명] 〔교육〕 비판적 사고법.

crítical válue [명] 〔통계〕 임계치(臨界値).

crítical velócity [명] 〔물리〕 (유체의) 임계 속도[유속(流速)].

crit·ic·as·ter [krítikæ̀stər] [명] 엉터리[풋내기] 비평가. **-ás·ter·ìsm, -às·try** [명]

‡crit·i·cism [krítəsìzm] [명] ([복] **~s** [-z]) **1** [U][C] (일반적으로) 비평, 비판. ¶ suffer harsh ~ 혹평을 받다. **2** [U][C] 혹평, 비난, 흠잡기(*against*). **3** [U] (예술에 관한) 비평; 평론(문); [U][C] (작품, 특히 성서의 본문·기원 등에 관한) 원전 연구[비평]. ¶ literary ~ 문학[문예] 비평 / textual ~ 본문 비평; 성서의 원전 연구. **4** [U] 〔철학〕 비판론; (Kant의) 비판 철학.
be beneath criticism 비평할 가치가 없다.
be beyond [or ***above***] ***criticism*** 비난[비평]할 여지가 없다, 나무랄 데가 없다.

‡crit·i·cize [krítəsàiz] (* 《英》 **-cise**) [동] (**-ciz·es** [-iz]; **~d**; **-ciz·ing**) **1** (사람·작품 등을) 비평[평론, 비판]하다. ¶ ~ a poem 시를 비평하다. **2** 비난[혹평]하다; (…의) 흠을 잡다 (*for*). ¶ ~ him *for* his behavior 그를 행실이 나쁘다고 비난하다.

> [유의어] **criticize** 결점을 찾아서 불리한 판단을 내리다. **blame** 잘못·과실 따위의 책임을 물어 책망하다. **censure** blame보다 강한 권한으로 criticize하여 질책하다. **condemn** 사법적 의미가 censure보다는 더 강하다; 종종 유죄 판결을 내릴 때 쓰인다. **denounce** 공공연하게 비난하다.

-ci·a·ble 형 비판의 여지가 있는. **-ciz·er** 명 비평가; 혹평가. **-ciz·ing·ly** 부

crit·i·co- [krítikou-] 연결 critical, critically의 뜻. ¶ *critico-*historical(비판 역사적).

crit·i·cule [krítəkjù:l] 명 엉터리 비평가.

cri·tique [kritíːk] 명回C 1 (문예·미술 작품 따위의) 비평, 평론; (사회 문제·화제 따위의) 비판, 논평; 그런 기사(서적). 2 비평법[술]; 비평 행위. ── 타 (비판적으로) …을 논평[비평, 분석]하다.

crit·ter [krítər] 명 《미속어》 1 생물, 동물; 가축, (특히) 말, 소; 《구어》 (신화 속의) 기묘한 동물. 2 《경멸적》 놈, 사람. (또는 **crittur**)

crlf [sì:à:rèléf] 명 《속어》 《컴퓨터》 명 복귀와 개행(改行). ── 타자 개행하다. [＜*c*arriage *r*eturn *l*ine *f*eed]

CRM 《경영》 customer relationship management (고객 관계 관리). **CRNA** *C*ertified *R*egistered *N*urse *A*nesthetist. **CRO, C.R.O.** 〔전기〕 *c*athode*r*ay *o*scillograph; 《영》 *C*ommonwealth [*C*ommunity] *R*elations *O*fficer; 《영》 *C*riminal *R*ecords *O*ffice.

***croak** [krouk] 자타 1 (개구리·까마귀 따위가) 개굴개굴[까악까악] 울다(*out*). 2 목쉰 소리로 말하다; 힘없이[비관적으로] 말하다; 투덜거리다(*out*). 3 불길한 말을 하다. 4 《속어》 죽다. ── 타 1 …을 침울한 소리로 말하다(*out*). 2 《속어》 …을 죽이다. ── 명 개구리울음[까악까악] 울기[우는 소리]; (a ~) 목쉰 소리; 푸념.

croak·er [króukər] 명 1 개굴개굴[까악까악] 우는 동물. 2 목쉰 소리로 말하는 사람; 비관론자, 불평가; 불길한 예언을 하는 사람. 3 동갈민어과(科)의 바닷고기(미국 남부 대서양산(産)). 4 《미속어》 (교도소의) 의사.

cróaker jòint 《미속어》 병원.

croak·y [króuki] 형 개굴개굴[까악까악] 우는; (목소리가) 낮고 침울한. **cróak·i·ly** 부 **cróak·i·ness** 명

Cro·at [króuæt] 명 = Croatian.

Cro·a·tia [krouéiʃə, -ʃiə] 명 크로아티아(발칸 반도의 공화국; 옛 유고슬라비아 연방 소속; 수도 Zagreb).

Cro·a·tian [krouéiʃən, -ʃiən] 명 크로아티아의; 크로아티아 사람[말]의. ── 명 크로아티아 사람; 미 (크로아티아에서 쓰이는) 세르보 크로아티아 말.

croc [krak/krɔk] 명 《구어》 = crocodile.

Cro·ce [króutʃei] 명 **Benedetto ~** 크로체(1866-1952; 이탈리아의 정치가·철학자·역사학자).

cro·chet [krouʃéi/-́, -i] 명 코바늘 뜨개질(편물), 코바늘 뜨개질. ── 자타 (~*ed*) (…을) 코바늘로 뜨다; 크로세[코바늘뜨기]로 뜨다. **~·er** [＜F]

crochét hòok[nèedle] 명 (코바늘) 코바늘.

cro·ci [króusai] 명 crocus의 복수형.

cro·cid·o·lite [króusidəlàit] 명回 푸른 석면.

crock[1] [krak/krɔk] 명 1 (오지 그릇의) 항아리, 병, 독. 2 《방언》 (철제의) 요리 냄비. 3 (화분 바닥 구멍을 막는) 깨진 조각, 사금파리.

crock[2] 명 1 (an old ~) 《구어》 노후한 것[사람]; 쓸모 없는 늙은이; 고물 자동차[선박]. 2 병약자. 《영》 환자라고 스스로 생각하는 사람, 늘 아프다고 엄살 떠는 사람. 3 늙은 암양(羊), 늙은 [쓸모 없는] 말. 4 《속어》 술 취함; 《미속어》 술 한 병. 5 《속어》 싫은 사람[여자]; 놈, 녀석; 괴짜. 6 《미속어》 〔컴퓨터〕 임시 변통의 프로그램; 복잡한[개조하기 힘든] 프로그램. ── 타자 《속어》 1 …을 무능[무력]하게 하다, 폐인으로 만들다; …을 쓸모 없게 만들다. 2 《속어》 때리다. ── 자 약해지다, 못 쓰게 되다; 《구어》 고장나다(*up*).

crock úp 《영속어》 병들다, 쇠약해지다.

~·ed [-t] 형 《미속어》 술취한.

crock[3] 명 《영방언》 검댕, 더러움. 2 (불완전한 염색 물에서) 묻어나는 물감. ── 타 《영방언》 …을 검댕으로 더럽히다.

crock[4] 명 1 거짓말, 허풍; 실없는 소리, 난센스; 도움이 안 되는 것. 2 불가능한 과제[일].

crock of shit ① =[1. ② 어처구니 없는[지독한] 것; 도움이 안 됨, 능력 없음.

crock·er [krákər/krɔ́k-] 명 《속어》 (돌팔이) 의사.

crock·er·y [krákəri/krɔ́k-] 명 回 〔집합적〕 도자기; 질그릇, 오지 그릇(類) earthenware. 2 《미속어》 이(齒). 3 《미속어》 (투수의 못쓰게 된 어깨[팔].

crock·et [krákit/krɔ́k-] 명 〔건축〕 당초(唐草)무늬의 돌출새김(고딕식 건축 장식의 하나). **~·ed**

Crock·pot [krákpàt/krɔ́kpɔ̀t] 명 《상표》 (장시간 저온 가열에 적합한) 전기 냄비(slow cooker). 「간.

crock·y [kráki/krɔ́ki] 형 무능한; 늙어빠진; 병약

***croc·o·dile** [krákədàil/krɔ́k-] 명 1 (아프리카·남 아시아산(産)의) 악어, 《미국의 alligator, 인도의 gavial을 포함한 일반적인) 악어. 2 回 (무두질한) 악어 가죽. 3 《고어》 거짓 눈물 짓는 사람, 위선자(僞) ~ tears). 4 《영구어》 2열 종대로 가는 사람(보통 여학생)의 행렬.

crócodile bìrd 나일 물떼새, 악어새(악어의 등에 앉아 그 기생충을 잡아먹는다; 나일강 유역산(産)).

crócodile tèars 거짓 눈물.

weep [or *cry, shed*] *crocodile tears* 《구어》 거짓 눈물을 흘리다.

croc·o·dil·i·an [krákədíliən/krɔ́k-] 명 〔집합적〕 악어류. ── 형 악어(류)의; 위선적인.

***cro·cus** [króukəs] 명 (복 ~·*es*, -*ci* [-sai]) 1 〔식물〕 크로커스; 그 꽃[알뿌리]. 2 回 진한 황색, 사프란색. 3 回C 과산화철(마분용(磨粉用)). (또는 ~ **mártis**) 4 《영속어》 돌팔이 의사. **~ed** [-t] 형

Croe·sus [kríːsəs] 명 1 크로이소스(Lydia의 왕 (560-546 B.C.); 큰 부자로 유명). 2 대부호, 거부.
(as) rich as Croesus 큰 부자인.

croft [krɔːft/krɔft] 명 《영》 1 (집에 딸린) 작은 농장. 2 (스코틀랜드의) 소작(小作) 농지. ── 자 소작하다.
~·er (스코틀랜드 등의) 소작인, 소농(小農).

crois·sant [krəsáːnt] 명 《미》 크루아상(《미》 crescent (roll))(초승달 모양의 롤빵). [＜F]

Croix de Guerre [F krwa də gε:R] 명 (프랑스의) 무공(武功) 십자훈장. [＜F *cross of war*]

cro·jack [krádʒik/kró-] 명 〔해사〕 = crossjack.

Cro-Mag·non [kroumǽgnən/-mǽnjɔn] 명 1 《인류》 크로마뇽인(人). 2 명 크로마뇽인의 추남; 고리타분한 사람. (또는 **Cromagnon**) 「람.

crom·lech [krámlek/krɔ́m-] 명 〔고고〕 1 크롬렉, 환상 열석(環狀列石)(무덤 둘레에 원형으로 세운 거대한 돌기둥). 2 = dolmen. 「로몰린 나트륨(기관지 확장제).

cró·mo·lyn sódium [króuməlin-] 명 〔약학〕 크

Crom·well [krámwəl, -wel/krɔ́m-] 명 **Oliver ~** 크롬웰(1599-1658; 영국의 청교도 혁명 지도자).

Crom·wel·li·an [kramwéliən/krɔm-] 명 크롬웰의; 크롬웰 시대의[정체]의; (가구 따위가) 크롬웰풍[식]의. ── 명 크롬웰 지지자[숭배자]. 「**crón·ish** 형

crone [kroun] 명 노파, 쪼그랑 할멈; 늙은 암양(羊).

Cro·nin [króunin] 명 **Archibald Joseph ~** 크로닌(1896-1981; 스코틀랜드의 소설가·의사).

cronk [krɑŋk/krɔŋk] 형 《호주어》 병의, 병적인; (경주마가) 부정으로 달린; 기만적인, 부정한; 《미속어》 몹시 취한. ── 명 《호주어》 (경마의) 부정 레이스.

Cron·kite [kránkait, krʌ́ŋ-] 명 **Walter ~** 크론카이트(1916- ; 미국의 방송 저널리스트·앵커). 「패한.

cron·ky [kráŋki/krɔ́ŋ-] 형 《호속어》 부정직한, 부

Cro·nus [króunəs] 명 〔그리스 신화〕 크로노스(아들 Zeus에 의해 왕위에서 쫓겨났다; 로마 신화의 Saturn에 해당). (또는 **Cronos, Kronos**) **-ni·an** 형

cro·ny [króuni] 명 친한 친구, 옛친구; 《경멸적》 좋지 않은 친구; 동아리, 측근, 패거리. ⇒FRIEND 「영.

cróny càpitalism 명 정실[족벌, 패거리] 자본주의(한국의 재벌, 일본의 계열(keiretsu) 따위 족벌 경영과 정경 유착의 경제 체제). 「편애, 편중 승(登)(偏重).

cro·ny·ism [króuniìzm] 명 정실 인사, 족벌주의,

***crook**[1] [kruk] 명 1 굽은 것, 갈고리 모양의 것; 갈고

crook 리; 굽은 부분, 갈고리꼴 부분. **2** (양치기의) 손잡이가 구부러진 지팡이; (주교 등의) 홀장(笏杖). **3** (스코) (냄비 따위를 매다는) 만능 갈고리, (英방언) 말의 갈마. **4** 굴곡, 만곡(彎曲); (강·도로 따위의) 만곡(부); 구부리기. **5** (구어) 부정직한 사람, 사기꾼. **6** 변조관(變調管) (취주 악기의 주관(主管) 에 넣어서 음을 조절하는 것).
a crook in one's *lot* (스코) 불행, 재난.
by hook or (by) crook ⇒ HOOK.
have a crook in one's *back* [*nose*] 등[코]이 굽어 있다.
on the crook (속어) 부정직하게, 부정한 수단으로.
— 타 **1** …을 구부리다, 만곡시키다. **2** (속어) …을 훔치다, …을 사취하다; (남)어 속여서, 무효로 하다. ¶ ~ *a friend* 친구를 속이다 // (~+目+前+名) ~ *a thing from a person* 남에게서 물건을 사취하다.
— 자 구부러지다, 만곡하다.
crook one's [*or the*] *elbow* (속어) 술을 (많이) 마시다.
crook one's *little finger* ⇒ FINGER.

crook² [krúk] **형 1** (몸이) 좋지 않은, 아픈. **2** 기분이 나쁜, 화가 난; 불쾌한. **3** 고장난, 결함이 있는. **4** 쓸모 없는.
go crook at [*or on*] …에 화를 내다, …을 비난하다.

crook·back [krúkbæk] 명 (폐어) 새우등(인 사람); 곱추(hunchback). — **ed** [-t] 형

‡**crook·ed** [krúkid] **형 1** 굽은, 만곡한, 뒤틀린. **2** 기형의, 불구의; (손가락·목 따위가) 굽은. **3** (구어) 마음이 비뚤어진, 부정직한; 사기의; 밀매(密賣)의. ¶ *a lawyer* 악덕 변호사 / ~ *dealing* 부정거래. **4** [krúkt] (지팡이 따위가) T자꼴의 손잡이가 있는. **5** (濠속어) = crook². **6** (濠속어) (…에) 적의를 품은 (*on*).
go [*or turn*] *crooked* (구어) 나쁜 길에 빠지다[발을 ~ly 부 ~·ness 명 [여 들이다].

crooked árm (속어) (야구) 좌완 투수. 「이.
crooked stick 형 (방언) 쓸모없는 사람, 게으름뱅
Crookes [kruks] 명 **William** ~ 크룩스(1832-1919: 영국의 화학자·물리학자).

Crookes (dárk) spàce 명 (물리) (진공 방전의) 크룩스(음극) 암부(暗部). 「보안용 유리.
Crookes gláss 명 크룩스 유리(자외선 흡수에 유효한).
Crookes ráy (물리) 크룩스선, 음극선.
Crookes túbe (전자) 크룩스(진공)관.

crook·neck [krúknèk] 명 (목이 길고 구부러진) 박의 일종(관상용).

croon [kruːn] 자 (타)**1** (감상적으로) 부드럽게 노래하다; 낮은 목소리로 노래하다; 흥얼거리다 (*to*). **2** 중얼거리듯 낮은 목소리를 내다. ¶ ~ *to oneself* 낮은 소리로 혼잣말하다. **3** (스코·北英) 짖다, 으르렁거리다: 슬퍼하다. — 타 부드럽게[낮게] …을 노래하다: 노래를 불러 어르다[달래다](*to*). ¶ ~ one's *baby to sleep* 자장가를 불러 아기를 잠재우다. ¶ ~ 명 저음으로 노래하기; 저음의 노랫 소리; 낮은 목소리의 애조된 노래.
~·**er** 명 (경멸적) 애상조 가수. ~·**ing·ly** 부
croot [kruːt] 명 (美속어) (육군의) 신병.

‡**crop** [krap/krɔp] 명 **1** (종종 ~s) (곡물·야채·과수 따위의) 작물, 수확물. ¶ *black*[*white, green*] ~s 콩류[곡류, 야채류] / *gather* [*or harvest*] *a* ~ 농작물을 거두들이다 / *plant*[*raise*] *a* ~ 농작물을 심다[기르다].
2 (한 지방·한 철의 농작물의) 산출량, 수확고, 작황; (비유적) (사람·물건의 집단의) 질(質). ¶ *an average* ~ 평년작 / *a bad* [*or poor*] ~ 흉작 / *an abundant*[*or bountiful, a good, a heavy, a bumper*] ~ 풍작 / *a rice* ~ 벼 농사; 쌀의 수확고.

유의어 **crop** 한 번의 거둬들이 또는 계절의 수확고; 농업·상업에 일반적으로 쓰이는 말. **harvest** 수확·수확기·수확고; 다소 문어적인 말. **yield** 시간과 노력의 보답으로서의 수확이란 것을 강조하는 말.

3 (a ~) (특정 시기나 주기에 모이는 것의) 떼, 무리; (골치 아픈 일 따위의) 발생, 속출 (*of*). ¶ *a* ~ *of fan letters* 쇄도하는 팬 레터 / *a* ~ *of troubles* 속출하는 문젯거리. **4** 채찍의 손잡이; 승마용 짧은 채찍. **5** (무두질한) 한 장의 가죽. **6** (a ~) (머리털 따위의) 짧게 깎기, 단발, 짧게 깎은 머리. ¶ *have a* (*close*) ~ 머리를 짧게 깎다. **7** (새의 모이주머니(craw); (새 이외 동물의) 소화 기관. **8** (광맥 따위의) 노출, (광상(鑛床)의) 노두(露頭). **9** (나무·뾰족탑 따위의) 꼭대기; (건축의) 정화(頂華), (뾰족탑의) 꼭대기 널장식. **10** (동물의 귀에 부착하는) 귀표. **11** (야금) (ingot 말단 따위의) 잘라낸 지스러기. **12** (종마의) 갓난 망아지. 「알짜(인 사람).
cream[*or pick*] *of the crop* (구어) 제일 좋은 것.
have a good[*poor*] *crop of* …이 풍작[흉작]이다.
in[*or under*] *crop* 농작물이 심어져 있는.
neck and crop ⇒ NECK.
out of crop 농작물이 심어져 있지 않은.
stick in a person's crop 남을 화나게 하다.
— 자 (**-pp-**) 타 **1** (나뭇가지·머리카락 따위의) 꼭대기[끝]를 잘라내다[가위질하다]. **2** (물건의) 끝[일부]를 잘라내다. **3** …을 짧게 자르다, …의 머리를 깎다; (동물의) 귀[꼬리 따위]를 들어내다. ¶ (~+目+補) ~ one's *hair close* 머리를 짧게 깎다. **4** (가축의 귀·꼬리의) 끝을 잘라내다, (개체 식별을 위해) 편치로 귀에 구멍을 들다. **5** (죄인의) 귀를 잘라내다. **6** (사진) 불필요한 부분을 잘라내다. **7** …을 수확하다, 베어들이다, 거둬들이다. **8** …을 심다, 가꾸다(*with*); (작물)을 재배하다. ¶ (~+目+前+名) ~ *a field with barley* 밭에 보리를 심다. — 자 **1** (농작물이) 잘 되다, 영글다. ¶ ~ *well*[*badly*] 풍작[흉작]이다. **2** 농사를 짓다; 소작인으로 일하다. **3** (가축 따위가) 풀을 들어먹다.
crop out ① 불쑥 나타나다, 튀어나오다; (광맥·암석 따위가) 노출되다. ② (문제 따위가) 표면화[노출]되다.
crop up ① (구어) (문제·사건 따위가) 돌발하다, 갑자기 발생하다. ② (구어) 잘못을 저지르다.

cróp cìrcle 명 미스터리 서클(특히 잉글랜드 남부에서 밭의 밀이 마치 원반이 내려앉았던 것처럼 원형으로 쓰러져 있는 현상). 「제]을 뿌리다.
cróp-dùst [-dʌ̀st] 자 (타) (美) 농약[살충제]을 농약[살충
cróp dùster 농약[살충제, 살균제] 공중 살포 비행기[헬리콥터]; 공중 살포자. 「살포.
cróp-dùst·ing [-dʌ̀stiŋ] 명 (美) 농약[살충제] 공중
cróp-ear [-ìər] 귀를 잘린 사람; 귀표를 단 가축.
cróp-eared [-ìərd] 형 **1** (죄인이 벌로서) 귀끝을 잘린; (동물의) 귀끝이 달린. **2** 머리를 짧게 깎은.
cróp-fúll [-fúl] 형 배가 찬, 만복(滿腹)의 (비유적) 충분히 만족한, 물린. 「농토.
cróp·land [krápl ænd/krɔ́p-] 명 농경지, 경작지.
cróp milk 소낭유(嗉囊乳), 비둘기 젖. ⓒ pigeon milk 「수확 (축제).
cróp-o·ver [-òuvər] 명 (서인도 제도의) 사탕수수
cróp ped pánts [krápt-/krɔ́pt-] 명 짧은 반바지.
cróp·per [krápər/krɔ́p-] 명 **1** 베는[깎는] 사람; 베어들이는 기계, 절단기; (천 따위의) 잘 자르는 기계; 재배자. **2** (英) 소작 농민(share-~). **3** 농작물. ¶ *a good*[*poor*] ~ 수확이 많은[신통치 않은] 농작물. **4** (종종 수식어와 함께) 가슴볼록 비둘기. **5** (구어) 낙마, 추락, 전락; 좌절, 대실패.
come[*or get, fall*] *a cropper* (구어) ① (말에서) 곤두박질치다. ② 크게 실패[실수]하다, 파멸하다.

cróp·pie [krápi/krɔ́pi] 명 (美) (~**s**) = crappie.
cróp·py [krápi/krɔ́pi] 명 **1** 까까머리의 사람. **2** (英) 단발당원(1798년 프랑스 혁명에 찬동하여 단발한 아일랜드의 반역자). **3** (속어) 시체(corpse).
cróp rotàtion 명 윤작(輪作).
cróp sprỳing = crop-dusting.
cro·quet [kroukéi/-́, -ki] 명 ⓒ 크로케(나무공을 나무메(mallet)로서 6개의 철주문(鐵柱門) 안을 통과시키는 실외 경기); 그 타구법; ⓒ 그 공. — 타 (크로케에서) (상대의 공)을 쳐내다.

cro·quette [kroukét/krɔ-] 명 (요리) (종종 ~s)

크로켓. [<F] [한 방식). [<F]
cro·qui·gnole [króukənjòul] 명 크로키놀(파마의
crore [krɔːr] 명 [인도] 1,000만 (루피).
Cros·by [krɔ́:zbi/króz-] 명 Bing ~ 크로스비(1904-77: 미국의 가수·배우; 본명 Harry ~).
cro·sier [króuʒər] 명 1 (bishop이나 abbot의) 홀장(笏杖), 사교장(司敎杖). 2 (식물) (고사리 따위의) 끝이 말린 어린 잎. (또는 **crozier**) ~**ed** 형
‖**cross** [krɔːs, krɑs/krɔs] 명 (뽁 ~**es** [-iz]) 1 (옛날 사형 집행용의) 십자가, 책형주(磔刑柱); (the C-) (그리스도가 못박힌) 십자가; (기독교의 표지[상징]로서의) 십자가; (그리스도의 수난의) 십자가상(像)(crucifix). ¶ the penalty of the ~ 십자가에 못박히는 형벌. 2 (맹세·축복 등을 할 때 오른손으로 긋는) 십자. 3 (the C-) 기독교 (신앙); [집합적] 기독교 신앙. ¶ a follower of the C- 기독교도 / a soldier [or warrior] of the C- 십자군 용사; 기독교 전도의 투사. 4 예수의 십자가에 못박힘; (예수의 죽음으로써 얻은) 구원의 가르침. 5 고난, 시련; 불행, 역경; 반대, 방해, 훼방. 6 [문장·미술] (기독교를 상징하는) 십자가형. 7 (꼭대기에 십자가가 있는, 또는 십자형의) 건조물; (십자가형 기념비; (십자가가 달린) 사교장(司敎杖); 십자 훈장; 십자군의 기장(記章). 8 열십자형(을 한 것), 십자형 기호(+, ×). ¶ the Buddhist ~ 만(卍)자 / make [or put] a ~ 십자 기호를 그리다. 9 [기계] 십자형 관; [전기] 교차, 혼선; 네거리, 교차점; 횡단; (수표 따위의) 횡선. 10 (유전) (異種) 교배; (…사이의) 혼혈, 잡종; 중간물, 절충(between). ¶ A mule is a ~ between a horse and a donkey. 노새는 말과 나귀의 잡종이다. 11 (속어) 짜고 하는 시합; 부정, 속임수 12 (C-) (천문) 십자성. ¶ the Southern [Northern] C- 남[북]십자성 (영 crux 4). 13 (권투) 크로스 펀치, 크로스 카운터; (축구) 크로스 패스. 12 (증권) ~-trade.
bear [or **carry**] *one's* [or **a**] **cross** 십자가를 지다, 고난을 견디다.
cross and [or **or**] **pile** (고어) 동전의 앞면과 뒷면; 동전 던지기(의 앞면이냐 뒷면이냐)(heads or tails).
die on the cross 십자가에 못박혀 죽다; 순교하다.
follow the Cross 기독교도가 되다.
make *one's* **cross**; **sign with a cross** 서명 대신 열십자를 그리다.
make the sign of the cross (가슴에) 십자가성호.
No cross, no crown. (속담) 고난 없이 영광 없다.
on the cross ① 비스듬히, 엇걸리게. ② (속어) 부정을 저질러, 비뚤어져. [be[or live] on the ~ 부정을 일삼다.
take (up) **the cross** ① =carry *one's* cross. ② [역사] 십자군에 참가하다.
— 동 (~·**es** [-iz]; ~·**ed** [-t]) 타 1 (강·길 따위)를 (…까지) 가로지르다, 횡단하다, 건너다(to); (사람)을 횡단케 하다; (다리가) …에 걸려 있다. ¶ ~ a bridge [road] 다리[길]를 건너다.
2 …을 교차시키다, 서로 엇걸다, 교차시켜 놓다; [팔·다리 따위]를 꼬다. ¶ ~ knife and fork 나이프와 포크를 엇갈리게 놓다(식사중이라는 표시).
3 (영) (수표)에 횡선을 긋다; (이름 따위)를 (명단에서) 줄을 그어 지우다, 말소하다(off, out)(off, through). ¶ ~ a check 수표에 횡선을 긋다 // (~+목+부) ~ out a wrong word 틀린 단어에 줄을 그어 지우다.
4 …에 십자표를 하다, 십자를 긋다; (재귀용법으로) (기독교) 가슴에 십자를 긋다 5 (표정 따위가) (얼굴)을 스치다; (생각 따위가) …에게 떠오르다. 머리에 스치다. 6 (남)과 스쳐 지나가다; (편지 등)이 엇갈리다. ¶ His letter ~ed mine. 그의 편지는 내 것과 엇갈렸다. 7 (…을) 방해하다, 훼방놓다; (…에) 거역[반대]하다(in). ¶ (~+목+전+명) He is ~ed in his plan. 그의 계획에 장애물이 있어 올라타다. 8 [말 따위]에 올라타다. (또는 짝지우게 하다) 9 [해사] (활대 따위)를 돛대와 교차시켜 대다. 10 (…을 가로질러) …을 나르다; …을 (…에서) 건너게 하다(at).

11 (생물) (동·식물)을 (…와) 교배시키다, 잡종으로 만들다(with). 12 (컴퓨터) (복수의 파일)을 비교 검토하여 새 데이터를 얻다, 대비(對比)하다. 13 (전선 따위)를 혼선시키다, 잘못 연결시키다. 14 (속어) 배반하다, 속이다(double-~).
— 재 1 (서로) 교차하다. 2 (길·강 따위)를 건너가다, 건너다, 도항하다(over); (…을) 뚫고 지나가다(through). ¶ ~ over to America 도미하다. 3 (사람·편지가) 서로 엇갈리다; 마주 지나치다. 4 (교배) 교배되다, 잡종이 되다. 5 (전화선이) 혼선되다. 6 (연극) (다른 연기자 앞을 지나) 무대를 가로지르다.
be crossed in *one's* **love** 사랑이 깨지다, 실연하다.
cross *a person's* **hand** [or **palm**] (**with silver**) 남에게 돈을 집어 주다; (점쟁이에게 복채를 치를 때) 동전으로 손바닥에 십자를 긋다.
cross *a person's* **path; cross the path of** *a person* ⇨ PATH.
cross *one's* **arms** 팔짱을 끼다.
cross oneself (이마에서 가슴으로) 십자를 긋다.
cross *one's* **fingers; keep** [or **have**] *one's* **fingers crossed** ⇨ FINGER.
cross *one's* **heart** ⇨ HEART¹.
cross *one's* **legs** 다리를 꼬다, 책상다리를 하다.
cross *one's* **mind** (생각이) 문득 떠오르다.
cross *one's* [or **the**] **t's and dot** *one's* [or **the**] **i's** (구어) 신중히 하다, 세심한 데까지 주의하다.
cross out [or **off**] 줄을 그어 지우다. ⇨ 타 3.
cross over ① (생물) (염색체가) 교차하다. ② (영) (적·반대당 따위로) 돌아서다(to). ③ (다른 분야로) 전환하다. ④ (완곡적) (사람이) 죽다. ⑤ = 재 2.
cross over to the other side =cross over ④.
cross swords with ⇨ SWORD.
cross the (**color**) **line** ① 백인으로 통하다, 백인 행세를 하다. ② 다른 인종의 사람과 결혼하다.
cross the cudgels 싸움을 그만두다.
cross the line (해사) 적도를 통과하다.
cross up (미속어) (약속을) 어기다; (남)을 속이다, 배반하다; (남을) 혼란시키다.
cross wires [or **lines**] 전화를 잘못 연결하다; (수동형으로) 혼선되다; (비유적) 오해하다. ¶ get [or have] *one's* wires ~ed 오해하다.
— 형 (~·**er**; ~·**est**) 1 교차한, 비스듬한, 가로의, 엇걸리는. 2 (…와) 반대의, 어긋난, 거꾸로의(to); 불리한. ¶ an outcome ~ to the purpose 목적에 어긋난 결과. 3 (영구어) (…로/…에게) 시무룩한; 화난, 언짢은; 신경질적인 (about, at, for/with). ¶ be very ~ with him 그에게 몹시 화가 나 있다. 4 (생물) 이종 교배의, 잡종의. 5 (영속어) 부정한, 부정직한. 6 상호의. 7 여러 영역[분야]에 걸치는. [기분이 몹시 언짢은.
(**as**) **cross as two sticks** (구어) 성미가 까다로운,
run cross to …에 반(反)하다. [하게.
— 무 1 열십자로, 엇걸리게. 2 (고어) 가로질러; 불편
~·er **~·ness** 마음이 비뚤어짐, 외고집; 뿌루퉁함, 언짢음.
cross. crossing.
cross- [krɔːs, krɑs/krɔs] 연결 cross의 뜻; *cross*-current, *cross*road, *cross*-examination.
cross·a·ble [krɔ́:səbl/krɔ́s-] 형 (강 따위를) 건널 수 있는; (교배)가능한. **-bíl·i·ty**
cross-ac·tion [⁻ækʃən] 명 (법률) 반대 소송, 반소(反訴). [따위의) 가로대, 가로장.
cross·arm [krɔ́:sàːrm/krɔ́s-] 명 십자가·전신주
cross-armed [⁻áːrmd] 형 가로장을 댄; 팔짱을 낀.
cróss assémbler (컴퓨터) 크로스 어셈블러(다른 종류의 컴퓨터 프로그램을 생성하는 어셈블러).
cross·bar [krɔ́:sbàːr/krɔ́s-] 명 1 가로장, 빗장. 2 (축구·럭비 따위의) 크로스바(=높이뛰기의 가로대. 바. 3 (화학) (A, H)의 가로선. — 타 …에 가로장을 대다.
cross·beam [krɔ́:sbìːm/krɔ́s-] 명 대들보, 도리.
cross·bear·er [⁻bɛ̀ərər] 명 (종교적 행렬 따위에

cross-bed·ded [ˈbédid] 〔지질〕 사층리(斜層理)의(가 있는). **-bèd·ding** 〔명〕 사충리.

cross-belt [krɔ́ːsbèlt/krɔ́s-] 〔명〕 십자탄띠(탄약대).

cross-bench [ˈbèntʃ] 〔英〕 하원의 중립[무소속] 의원석. **~·er** 〔명〕 무소속 의원.

cross-bill [ˈbil] 〔명〕 〔법률〕 반소장(反訴狀); 엮어넘, 교차 어음.

cross-bill [krɔ́ːsbìl/krɔ́s-] 〔명〕 〔조류〕 솔잣새.

cross·birth [krɔ́ːsbə̀ːrθ/krɔ́s-] 〔명〕 〔의학〕 횡위(橫位) 분만.

cróss bònd 〔명〕 (벽돌의) 열십자 쌓기.

cross·bones [krɔ́ːsbòunz/krɔ́s-] 〔명〕 (해골 밑에) 두 개의 뼈를 교차시킨 그림(죽음의 상징).

cross-bor·der [ˈbɔ̀ːrdər] 〔명〕 국경을 넘는.

cross·bow [krɔ́ːsbòu/krɔ́s-] 〔명〕 석궁(石弓).

cross·bow·man [krɔ́ːsbòumən/krɔ́s-] 〔명〕 석궁사수(射手).

cross·bred [krɔ́ːsbrèd/krɔ́s-] 〔형〕 잡종의, 이종(異種) 교배종의 [crossbow] 잡종[교배종] (동·식물).

cross·breed [krɔ́ːsbrìːd/krɔ́s-] 〔타〕 (**-bred**) …의 잡종을 만들다. 이종 교배하다. — 〔자〕 =crossbred.

cross·buck [krɔ́ːsbʌ̀k/krɔ́s-] 〔명〕 건널목 교차 표지(판).

cróss bún 〔명〕 〔英〕 =hot ~.

cross·bus·ing [krɔ́ːsbʌ́siŋ/krɔ́s-] 〔명〕 〔美〕 =busing.

cross-but·tock [ˈbʌ́tək] 〔명〕 〔레슬링〕 허리치기.

cross-chan·nel [ˈtʃǽnl] 〔형〕 해협을 가로지르는, 해협 저편의; 〔英〕 영국 해협 횡단의.

cross-check 〔타&자〕 [ˈtʃék] 1 (데이터 따위)를 갖가지 자료에 비추어 조사하다, 다른 방법으로 확인하다. 2 (아이스하키) (상대)를 스틱으로 방해하다, 크로스체크하다. — 〔명〕 [ˊ-ˋ] 1 대조 조사 확인 (방법), 다른 방법에 의한 확인. 2 (아이스하키)에서 스틱으로 [사토] 확인하나.
do a cross-check on …을 다른 방법으로[대조 조사]하다. **-chèck·er** 〔명〕 〔내외 혼신〕.

cróss còlor 〔TV〕 크로스 컬러(수상기의 색 채널 내의 혼신).

cróss cóunter 〔명〕 〔권투〕 크로스 카운터.

cross-coun·try [ˈkʌ̀ntri] 1 (경기 따위가) 들판을 횡단하는.¶a ~ race 크로스컨트리 레이스, 단교(斷郊) 경주. 2 국토를 횡단하는, 전국의.¶a ~ flight 전국 횡단 비행. — 〔부〕 [ˊ-ˋ, ˊ-ˋ] 들판[국토]을 횡단하여. — 〔명〕 [ˊ-ˋ, ˊ-ˋ] 〔UC〕 크로스컨트리 경기[경주].

cross-court [krɔ́ːskɔ̀ːrt/krɔ́s-] 〔형·부〕 (라켓 경기에서) 코트의 대각선 방향의[으로].

cross-cous·in [ˈkʌ̀zn] 〔명〕 고종[내종, 외종] 사촌. ⓒ parallel cousin

cross-cul·tur·al [ˈkʌ́ltʃ(ə)rəl] 〔형〕 서로 다른 문화 사이의; 비교 문화(학)적인. **~·ly** 〔부〕

cross-cur·rent [krɔ́ːskə̀ːrənt/krɔ́skʌ̀rənt] 〔명〕 1 주류(主流)와 교차하는 흐름, 역류. 2 (종종 ~s) 상반되는 경향(움직임); (비유적) 반주류. **~·ed** 〔형〕

cross·cut [krɔ́ːskʌ̀t/krɔ́s-] 〔형〕 1 가로 켜는.¶a ~ saw 동가리톱. 2 결을 가로[비스듬히] 벤.¶~ crepe 결을 가로 벤 크레이프. 〔명〕 1 지름길, 샛길; 횡단로. 2 가로 켜기[켜는 톱], 가로 베기. 3 (채광) 수갱(竪坑)(광상(鑛床)의 주향(走向)에 직각으로 길게 만드는 갱도). — 〔타〕 (~; ~**·ting**) 1 …을 가로 베다; (장소 따위)를 가로지르다. 2 〔TV〕 (다른 장면의 컷)을 삽입하다; (다른 장면에) 개입[삽입]하다. — 〔자〕 〔영화·TV〕 삽입 컷을 편집하다. **~·ter** 〔명〕

crósscut chísel 〔명〕 홈파기 끌.

crósscut fíle 〔명〕 양면 줄.

cróss dàting (고고) 비교 연대 측정. **cróss·dis·ci·plin·ar·y** [ˈdìsəplìnèri/-plìnəri] 〔명〕 =interdisciplinary. 〔명〕 의한 그룹 분할.

cross-di·vi·sion [ˈdivìʒən] 〔명〕〔UC〕 복수 요소에

cross-dress [ˈdrés] 〔동&자〕 이성(異性)의 복장을 하다. **~·er, ~·ing** 〔명〕

crosse [krɔːs/krɔs] 〔명〕 크로스(lacrosse용 라켓).

crossed [krɔːst/krɔst] 〔형〕 1 열십자의[로 놓인], 교차한, 2 십자로 줄을 그은, 횡선을 그은; ×자(선)로 지운, 3 방해받은.¶a ~ plan 방해받아 실패로 끝난 계획.

cróssed chéck [〔英〕 **chéque**] 〔명〕 횡선 수표.

cróssed líne 〔명〕 (전화의) 혼선.

cróssed tráde 〔증권〕 =cross-trade.

cross-ex·am·i·na·tion [ˈìgzǽmənéiʃən] 〔명〕〔UC〕 1 힐문, 반문; 엄한 추궁. 2 〔법률〕 반대 심문.

cross-ex·am·ine [ˈìgzǽmin] 〔동&자〕 1 …에게 꼬치꼬치 캐묻다, 엄하게 힐문[추궁]하다. 2 〔법률〕(상대방의 증인)에게 반대 심문하다. **-in·er**

cross-eye [ˈài] 〔명〕〔UC〕 내사시(內斜視); (~s) 내사시안, 사팔눈.

cross-eyed [ˈàid] 〔형〕 1 내사시의, 사팔뜨기의. 2 〔美구어〕 술취한(~ drunk); 머리가 돈, 약간 이상한. *look at a person cross-eyed* 남에게 좀 이상한 짓을 하다; 남의 감정을 상하게 하다. **~·ness**

cross-fade 〔동&자〕 [ˈfèid] 〔영화·TV〕…에 페이드인(fade-in)과 페이드아웃(fade-out)을 동시에 쓰다, 크로스페이드하다. — 〔명〕 [ˊ-ˋ] 크로스페이드(시키기). **-fàd·er**

cross-fer·ti·li·za·tion [ˈfə̀ːrtəlizéiʃən/-laiz-] 〔명〕〔UC〕 1 〔생물〕 교잡(交雜) 수정; 〔식물〕 이화(異花)(타가(他家)) 수정. 2 〔문화·학문 분야 따위의〕 교류, 융합.

cross-fer·ti·lize [ˈfə́ːrtəlàiz] 〔동〕 1 〔생물〕(…에) 이화[타가] 수정시키다[하다]. 2 (다른 사상 따위를)교류시키다. **-liz·a·ble**

cross-file [ˈfàil] 〔동〕 〔美〕 둘 이상의 정당 예비 선거에 입후보하다[시키다], 교차 등록하다[시키다].

cróss fìre 〔명〕 1 〔군사〕 십자 포화 교차 사격. 2 (질문 따위의) 집중 공격, 일제 공세; 활발한 낮[입]씨름. 3 (상반된 요구·세력 따위의) 교차 상태, 곤경. 4 〔야구〕 크로스 파이어(플레이트를 비스듬히 가로지르는 사이드스로 투구). (또는 **cróssfire**)
be caught in the cross fire 십자 포화를 맞다; 샌드위치 신세가 되다.

cross-fron·tier [ˈfrʌ̀ntìər] 〔형〕 경계(영역)를 넘어

cross-func·tion·al [ˈfʌ́ŋkʃənl] 〔형명〕 여러 직종의 일을 하는 (종업원), 일인다역을 하는 (사람).

cross-gar·net [ˈgàːrnit] 〔명〕 T자형 경첩(T hinge).

cross-grade [krɔ́ːsgrèid/krɔ́s-] 〔동&자〕 〔컴퓨터〕 (타회사의 동종 제품으로) 바꾸다.

cróss gràin 〔명〕 엇결(나이테에 절선(切線) 방향으로 나타나는 나뭇결). ⓒ straight grain

cross-grained [ˈgrèind] 〔형〕 1 (목재의) 결이 불규칙한, 엇결이 된. 2 (구어) 비뚤어진, 외고집의; (문제 따위가) 다루기 곤란한. **~·ly** 〔부〕 **~·ness**

cróss hàirs [wìres] 〔명〕 (망원경 따위의 초점에 새겨진) 십자선(시선을 모으는 데 유용하다).

cross-hatch [ˈhætʃ/krɔ́s-] 〔동&자〕 (펜화 따위에서) (화면에) 그물코 모양의 선을 그리다; 그물코 모양의 음영(陰影)을 넣다. — 〔명〕〔UC〕 그물코 모양의 음영; 망상선(網狀線). **~·er**

cróss hèad [ˈhèd/krɔ́s-] 〔명〕 1 (신문 기사 따위의) 중간 제목[표제]. 2 〔기계〕 크로스헤드(피스톤 봉(棒)의 꼭지).

cross-head·ing [krɔ́ːshèdiŋ/krɔ́s-] 〔명〕 1 =crosshead 1. 2 (광산의) 통풍 구멍과 연락되는 구멍.

cross-hold·ings [ˈhòuldiŋz] 〔명·복〕 〔英〕 (복수(複數) 기업의 주식의) 상호 소유.

cross-im·mu·ni·ty [ˈìmjunəti] 〔명〕〔UC〕 〔의학〕 교차 면역(병원균과 그와 유사한 균에 의한 면역).

cróss índex 뗺 상호 참조(의 지시).
cross-in·dex [´índeks] 톤타 …에 상호 참조(지시)를 달다, (다른 항목과) 상호 참조하다. —㉿ 관계 자료에 언급하다; 상호 참조가 있다.
‡**cross·ing** [kró:siŋ/krós-] 뗺 (膋 ~s [-z]) 1 ⓊⒸ 가로지르기, 횡단; 도항(渡航), 항해. 2 (도로의) 교차(점), 네거리; 횡단 지점[보도]; (강의) 나루터; (철도의) 건널목(railroad ~). ¶a pedestrian ~ (英) 횡단 보도 ((美) crosswalk). 3 교회의 본당과 좌우의 익랑(翼廊)이 십자형으로 교차되는 곳. 4 ⓊⒸ 방해, 훼방, 반대. 5 ⓊⒸ 횡선 긋기; 십자를 긋기, 열십자 만들기; (英) (수표의) 횡선 긋기. 6 ⓊⒸ 이종(異種) 교배; 이화(異花) 수정. 7 ⓊⒸ (증권) =cross-trade.
cróssing guàrd 뗺 (학교 근처 통학로의) 교통 안전 유도원(school ~).
cróssing óver 뗺 〔유전〕 (염색체의) 교차.
cróssing swèeper 뗺 〔역사〕 횡단 보도 청소부.
cross-jack [kró:sdʒæk/krós-] 뗺 〔해사〕 뒷 돛대의 가로돛. [도형(교황의 문장(紋章))의
cróss kéys 뗺膋 (단수취급) 십자로 교차된 열쇠의
cross-leg·ged [-légid, -légd] 웛 다리를 포갠. ¶sit ~ 책상다리를 하고 앉다. ~·ly 閂 ~·ness 뗺
cross·let [kró:slit/krós-] 뗺 (문장(紋章)으로 쓰이는) 작은 십자형. ~·ed 웛
cróss lícense 뗺 (두 회사가 서로의 특허를 이용하는) 교차 특허 사용 허가. **cróss-lícense** 톤
cross·light [kró:slàit/krós-] 뗺 교차 광선, 십자광; (비유적) 다른 견해, 다른 각도에서의 관찰. ~·ed 웛
cross·line [kró:slàin/krós-] 뗺 1 횡단선; (두 점을 잇는) 연결선. 2 (신문·잡지의) 일행 표제, 부제(副題).
cross-link [화학] [´liŋk] 뗺 교차 결합, 가교(架橋)(원자를 결합시켜 망상 조직을 형성하는 것). (또는 **cróss-línkage**) —톤 [´-´] 교차 결합하다. ~·a·ble 웛 ~·ing 뗺
cross-link·er [´liŋkər] 뗺 〔화학〕 가교제(劑)(분자내에 교차 결합을 생성시키는 방사선 따위 가교 반응제).
cross-lots [´làts/-lɔ̀ts] 閂 (美구어) (도로가 아닌) 밭(들)을 지나서, 지름길로. **cut cross-lots** 지름길로 가다.
‡**cross·ly** [kró:sli/krós-] 閂 1 가로로, 비스듬히. 2 심술궂게, 토라져서. 3 거꾸로, 반대로; 불리하게.
cross-mar·ket·ing [´mɑ̀:rkitiŋ] 뗺 =cross-selling.
cróss márriage 뗺 교차 결혼(한 형제 자매가 다른 형제 자매와 결혼하는 따위).
cross-match [´mǽtʃ] 톤타 〔일련의 리스트와 관련된 항목〕을 짜맞추다; 〔의학〕 〔혈액〕을 교차 (적합) 시험을 하다. (또는 **cróssmàtch**)
cróss màtching 뗺 〔의학〕 교차 (적합) 시험(수혈 전에 행하는 공혈자와 환자의 혈액의 적합 여부 검사).
cross-mate [´méit] 톤 =crossbreed.
cross-mo·dal·i·ty [´moudǽləti] 뗺 〔심리〕 두 감각 통합성(서로 다른 감각을 통해 얻어진 정보를 하나로 통합하는 능력). **-mód·al** 웛 두 감각 통합적인.
cróss múltiply 톤 〔수학〕 대각선 곱하기를 하다(분모의 공배수를 양변에 곱하여 방정식으로부터 분수를 없앰). **cróss-mul·ti·pli·cá·tion** 뗺
cross-na·tion·al [kró:snǽʃənəl/krɔ̀s-] 웛 2개국 이상에 걸치는.
cross·o·ver [kró:sòuvər/krós-] 뗺 1 (英) 입체 [고가] 교차로, 육교((美) overpass). 2 〔유전〕 **a)** (염색체의) 교차(交叉). **b)** 교차에 의해 생기는 유전자형. 3 〔철도〕 전철선(轉轍線). 4 (美) 지지 정당을 바꾼 투표자. (또는 **~ vóter**) 5 〔음악〕 크로스오버(장르의 융합으로 생긴 새로운 형태의 음악). 6 여성용 숄의 일종. 7 = ~ **network**. 8 (英) 크로스오버(던지는 사람의 던지는 손에서 보아 1번 핀의 반대쪽에 볼을 맞히는 일). —웛 교차하는; 〔음악〕 크로스오버의.

cróssover nètwork 뗺 주파수 분리 회로.
cróssover sỳstem 뗺 (뉴스 영화의) 동시 상영제.
cross-own·er·ship [´óunərʃìp] 뗺 (美) (한 회사에 의한) 신문사와 방송사의 공동 소유.
cross·patch [kró:spætʃ/krós-] 뗺 (구어) 성미 까다로운 사람, 심기 불편한 사람.
cross·piece [kró:spìːs/krós-] 뗺 가로대, 가로장.
cróss-ply tíre [-plài-] 뗺 =bias-ply tire.
cross-pol·li·nate [´pɑ́lənèit/-pɔ́l-] 톤 〔식물〕 …을 이화 수분(異花受粉)시키다(cross-fertilize).
cross-pol·li·na·tion [´pɑ̀lənéiʃən/-pɔ̀l-] 뗺Ⓤ 〔식물〕 이화 수분; (지식 따위의) 상호 교류[교환].
cróss-post [´póust] 톤 〔컴퓨터〕 횡단 게시하다(네트워크의 몇개소에 걸쳐 동일 정보를 게시하는 일).
cross-pur·pose [´pə́:rpəs] 뗺 1 상반[모순]되는 목적[의도]. 2 (~s) (단수취급) 동문서답식의 말놀이, 조리에 맞지 않는 엉뚱한 문답 놀이. 「따위가) 엇갈려. **at cross-purposes** 서로의 의도를 오해하여, (행동
cross-ques·tion [´kwéstʃən] 톤타 …을 엄히 힐문하다; …을 반대 심문하다(cross-examine). —뗺 힐문; 반대 심문. ~·a·ble 웛
cross-rail [kró:srèil/krós-] 뗺 가로대, 가로장.
cróss ràte 〔금융〕 크로스 레이트, 제3국 환시세(제3의 통화를 매개로 산정한 두 통화간의 환율).
cróss recognítion 뗺 상호 인정, 교차 승인.
cross-re·fer [´rifə́:r] 톤 (-**rr**-) (같은 책 속에서) 상호 참조하다[시키다].
cróss réference 뗺 (같은 책 속의) 상호 참조.
cross-re·sist·ance [´rizístəns] 뗺 〔생물〕 교차 저항성[내성](곤충 따위가 어떤 독성에 익숙해진 결과 다른 독성에 대해서도 내성을 나타냄).
*cross·road [kró:sròud/krós-] 뗺 1 교차 도로. 2 샛길, 옆길. 3 (~s) (단·복수 양용) 네거리, 십자로; 중대한 갈림길, 기로; 활동의 중심지. 「서다. **stand** [or **be**] **at the crossroads** 기로[갈림길]에
cróssroad(s) stóre 뗺 네거리 가게(마을 사람들이 모여 한담하는 잡화점 따위).
cross-ruff [kró:srʌ́f, ´-´/krós-] 〔카드놀이〕 뗺Ⓤ 크로스러프(자기 편끼리 서로 다른 으뜸패를 내는 휘스트(whist)의 일종). —톤 [´-´] 크로스러프를 하다.
cróss sèa 〔해사〕 교차 해면(역풍파, 삼각파 등이 이는 해면).
cróss sèction 뗺 1 횡단면; 〔측량〕 단면도. 2 횡단[절단]된 조각. 3 가로자르기, 횡단하기. 4 (여론·사회 따위의) 대표적인 면(예, 사례). ¶a ~ of American society 미국 사회의 단면. 5 〔물리〕 단면적(원자핵에 입자가 충돌하여 반응을 일으키는 확률을 나타내는 양).
cross-sec·tion [´sékʃən] 톤 횡단면[도]의. (또는 **cross-sectional**) …의 횡단면[단면도]을 만
cróss-section pàper 뗺 모눈 종이. 「들다.
cross-sell·ing [´-] 뗺Ⓤ 끼워[상호] 판매(영화와 그 레코드나 원작본 따위를 동시에 끼워 팔기). (또는 **cross-màrketing**) **cróss-séll** 톤
cróss shòt 〔영화〕 크로스숏, 1 화면에 대하여 비스듬히 찍은 영상(畫像). 2 〔테니스〕 코트의 대각선으로 치는
cróss sígnal 뗺 〔해사〕 교차 신호. [볼.
cross-so·ci·e·tal [´səsáiətl] 웛 사회 전체에 미치는, 사회 전체에 걸친.
cross-staff [´stæf/-stɑ̀:f] 뗺 (膋 ~s, **-staves**) 1 〔천문〕 직각기(直角器). 2 =crosier 1.
cross-stitch [´stítʃ] 뗺 십자자뜨기, 십자자수, 크로스 스티치; Ⓤ 크로스스티치 자수 (작품). —톤 (…을) 십자뜨기하다. [길.
cróss strèet 뗺 교차 도로; (큰 길과 교차하는) 골목
cross-sub·si·dize [´sʌ́bsədàiz] 톤 (재산이 맞지 않는 사업을) 다른 사업의 수익으로 유지[지원]하다.
cróss-sùb·si·di·zá·tion 뗺
cróss tálk 뗺 1 (전화·라디오 따위의) 혼선; 방해음,

cross·tie [krɔ́ːstài/krɔ́s-] 명 (美) (철도의) 침목(枕木); 기초[받침]가 되는 가로대. **-tied** 형

cross-tol·er·ance [⁴tálərəns/-tól-] [병리] 교차 내성(交叉耐性)(약리적으로 유사한 두 물질 중의 한 쪽이 다른 쪽의 효과를 저해하는 것).

cross·town [krɔ́ːstàun/krɔ́s-] 형 (美) 도시를 횡단하는. ¶ a ~ bus 시내 횡단 버스. — 부 도시를 횡단하여. — 명 (구어) 시내 횡단 버스[전차].

cross-trade [⁴trèid] 명 (증권) 크로스 매매[거래], 공(空)매매, 양건(兩建)(한 브로커가 사는 쪽과 파는 쪽의 입장을 동시에 취하는 일). (또는 **cróssed tràde, cróssing**)

cross-trad·ing [⁴trèidiŋ] 명 (해운 회사의) 3국간

cross-train [⁴trèin] 명자 (美) 두 직종 이상의 일을 할 수 있도록 훈련시키다 (균형잡힌 건강을 위해) 복수의 운동을 하다. **~·ing** 명

cross·tree [krɔ́ːstrìː/krɔ́s-] 명 (보통 ~s) [해사] 돛대 꼭대기의 가로장. [목공] 대들보.

cross-up [⁴ʌp] 명 (美구어) (오해에 의한) 혼란, 분

cross-vot·ing [⁴vóutiŋ] 명U (의회) 교차 투표(소속당에 반대 또는 상대 당에 대한 찬성을 허용하는 투표 방식).

cross·walk [krɔ́ːswɔ̀ːk/krɔ́s-] 명 (美) 횡단 보도.

cross·way [krɔ́ːswèi/krɔ́s-] 명 =crossroad.

cross·ways [krɔ́ːswèiz/krɔ́s-] 부 형 =crosswise.

cróss wínd 옆바람(비행기·선박의 진로와 직각으로 부는 바람). (또는 **crósswind**)

*****cross·wise** [krɔ́ːswàiz/krɔ́s-] 부 옆으로, 가로로; (고어) 열십자로; 반대로, 거꾸로; 심술궂게.
— 형 열십자 모양의; 비스듬한.

*****cróss·word (pùzzle)** [krɔ́ːswəːrd-/krɔ́s-] 크로스워드 퍼즐, 십자말 풀이.

crotch [krɑtʃ/krɔtʃ] 명 (인체의) 샅; (손가락·나무 따위의) 아귀, 갈래; (바지의) 가랑이. 2 Y자 형의 것; [해사] 까치발 모양의 기둥. 3 (속어) 여자; 음부(陰部). 4 [구어] (美 = 《美구어》해병대.
a kick in the crotch (구어) 불알을 걷어참; 비열한 반칙. **~ed** [-t] 형 갈래가 진.

crotch·et [krɑ́tʃit/krɔ́tʃ-] 명 1 작은 갈고리, 갈고리 모양의 기구[부분]; 산과(産科)용 갈고리. 2 (곤충) 갈고리 모양의 기관. 3 (구어) 별난(변덕스런) 생각, 기상(奇想); 속임수. 4 (英) (음악) 4분 음표(quarter note).

crotch·et·eer [krɑ̀tʃətíər/krɔ̀tʃ-] 명 기상천외한 생각을 가진 사람, 괴짜.

crotch·et·y [krɑ́tʃəti/krɔ́tʃ-] 형 변덕스러운; 까다로운, 괴퍅한; 별난 생각을 가진. **-et·i·ness** 명

cro·ton [króutn] 명 파두, 크로톤(대극과(科)의 열대 아시아 원산 관엽(觀葉) 식물).

cróton bùg 명 (때로 C- b-) (곤충) 노랑바퀴.

cro·tón·ic ácid [kroutánik-/-tɔ́n-] 명 (화학) 크로톤산.

cróton òil 명 파두유(油)(하제(下劑)).

*****crouch** [krautʃ] 자 (~·es [-iz]; ~ed [-t]) 재 1 쭈그리다, 웅크리다; (출발선에서) 몸을 굽히다; (동물이) 엎드리다. 2 (두려움으로) 움츠리다, 도사리다(down). ¶ The cat ~ed for a spring. 고양이는 뛰어오르려고 몸을 웅크렸다. 3 (두려움으로) 움츠리다; (비굴하게) 허리를 낮추다, 굽실거리다(to). ¶ (~+前+名) ~ to one's master 주인에게 굽실거리다. — 타 …을 낮추다.
— 명 웅크리기, 움츠리기. **~·er** 명 **~·ing·ly** 부

crouch·back [kráutʃbæ̀k] 명 (고어) 꼽추, 새우등.

cróuch stàrt 명 (육상경기) 크라우칭 스타트(두 손을 출발선에 대고 웅크린 자세로 하는 출발). 참 standing start

croup¹ [kruːp] 명U (병리) 크루프(어린이의 후두나 기관(氣管)의 염증). **~·ous** [-əs] 형

croup² (말 따위의) 엉덩이. (또는 (美) **croupe**)

crou·pi·er [krúːpiər] 명 1 (노름판의) 물주. 2 (연회의) 부(副)사회자. 〈<F〉

croup·y [krúːpi] 형 1 (병리) 크루프성의, 크루프 비슷한; 크루프에 걸린. 2 목이 쉰[잠긴].
cróup·i·ly 부 **cróup·i·ness** 명

crou·ton [krúːtɑn/krúːtɔn] 명 크루통(굽거나 튀긴 빵 조각; 수프 따위에 사용). 〈<F〉

‡**crow¹** [krou] 명 (~s [-z]) 1 까마귀(raven, rook, jackdaw, carrion crow 따위). ¶ a white ~ 아주 드문 것, 진기한 것. 2 (동 C-) (천문) 까마귀자리(Corvus). 3 =crowbar. 4 (속어·경멸적) 흑인(동 Jim C-); (종종 old ~) 못생긴 여자, 추녀.
(as) black as a crow 새까만.
as the crow flies 일직선으로; 가장 가까운 직선 거리로.
draw the crow (濠속어) 불리한 일을 맡다. (혼자만) 마땅찮은 일을 하다.
eat crow (美구어) ① 마지못해 자기의 실패[패배, 잘못]를 인정하다. ② 굴욕을 참다.
have a crow to pluck[or pick] with a person 남에게 할 말이 있다, 남과 따질 일이 있다.
in a crow line =as the crow flies.
pick a crow with a person (美구어) 남에게 강경하게 따지다. [나타내어] 설마!
Stone the crows! (英·濠속어) (놀라움·불신감을

crow² 자 1 수탉의 울음 소리(2) cockcrow); 갓난아이가 까르륵 웃는 소리, 환성. — 명 1 (p. 《英》crew) (수탉이) 울다. 2 환성을 지르다 (over); (갓난아이가) 기뻐서 까르륵거리다 (with). 3 (구어·경멸적) 이겨서 뽐내다, 의기양양해하다; 자랑하다 (about, over). ¶ (~+前+名) ~ over one's enemy 적을 이겼다고 뽐내다.
⁓·er 명 **⁓·ing·ly** 부

Crow [krou] 명 크로족(의 사람) (미국 Montana 주 동부의 수족(族)(Sioux)의 한 부족); U 그 언어.

crow·bait [króubèit] 명 (美속어) 노쇠한 말[소]; 시체.

crow·bar [króubɑ̀ːr] 명 쇠지레.

crow·ber·ry [króubèri/-bəri] 명 시로미(북부 지방산(産)의 상록 관목); 또 그 열매(식용).

crow·bill [króubìl] 명 뿔로 만든 원통형 화살촉; (외과) 상처에서 총알 따위 이물질을 뽑아내는 겸자[핀셋].

crow·boot [króubùːt] 명 이뉴이트[에스키모]의 가죽 장화.

‡**crowd¹** [kraud] 명 (복 ~s [-z]) 1 군중, 사람 무리; 관중[객], 구경꾼; 많은 사람들(* 하나의 집합체로 볼 때에는 단수취급, 개개의 구성원을 생각할 때에는 복수취급으로 한다). ¶ a large ~ in the streets 길거리의 많은 사람들(* 많은 수를 강조할 경우는 large ~s …처럼 복수형을 쓴다).

> 유의어 **crowd** 많은 사람이 밀집하여 사람 사람의 구별이 되지 않는 무리. **throng** crowd와 같은 뜻; 밀집보다 서로 밀치면서 이동하는 뜻이 강할 경우가 있다. **horde, swarm** 둘 다 난폭·조야한 군중을 암시하는 경멸적인 말. **mob** 파괴적 행위를 하는 폭도의 무리.

2 (the ~) (경멸적) 대중, 민중, 서민; 오합지졸(烏合之卒). ¶ appeal to the ~ 민중에게 호소하다. 3 (구어) 다수, 많음 (of). ¶ a ~ of books[birds] 많은 책[새]. 4 (구어) 동료들.
follow [or go with, move with] the crowd (구어) 대세[시류]를 좇다, 부화뇌동하다.
in crowds; in a crowd 여럿이, 떼를 지어.
Join the crowd! (구어) 다른 사람들도 모두 마찬가지야!. 대세를 따라야지! [지지 않다.
pass in a crowd (美구어) 대체로 만족스럽다, 크게 빠
rise[or raise oneself] (up) above the crowd 남들보다 뛰어나다, 단연 돋보이다.

crowd

—⑤ (~s [-z]) ㉑ 1 (… 주위에) 떼지어 모이다. 붐비다(*together, in, out*)(*a*)*round*). ¶ (~+ 前+ 图) They ~*ed around* the woman. 그들은 그 여자 둘레에 모였다. 2 (…에) 밀어닥치다, 밀고 들어가다(*into*). ¶ (~+ 前+ 图) ~ *into* the room 서로 밀치며 방에 들어가다. 3 (통어) 서두르다, 허둥대다.
—㉣ 1 〔장소〕에 모이다, 밀려 들다; …길(…으로) 들어차다(*with*). ¶~ a street 사람들이 거리를 메우다 / The bus is ~*ed* with tourists. 버스는 관광객들로 만원이다. 2 (구어)〔사람·물건〕을 (…에) 밀어(쑤셔) 넣다(*in, into*); (…에서) 밀어내다(*out*)(*of*); 〔원고〕를 빈틈없이 채워 넣다(*out*). ¶ (~+ 前+ 图) ~ books *into* a box; ~ a box *with* books 책을 상자에 채우다. 3 (미구어)〔남〕에게 (…하도록/…으로) 성가시게 조르다, 압력을 가하다, 청구하다(*for*/*with*). ¶ (~+ 图+ 前+ 图) ~ a debtor *for* immediate payment 채무자에게 빚을 빨리 갚으라고 채근하다. 4 (미구어)〔어떤 나이〕에 가까워지다. 5 (야구)〔타자가〕〔홈플레이트〕에 바짝 다가서다. 6 (미속어)〔사람〕을 집단으로 습격하다. 「스로 예정에 넣다.
crowd in ① …을 밀어 넣다. ② (사람·사물)을 가까
crowd on[or (*in*) *upon*] (생각 따위가) …의 머리에 문득 떠오르다, …에 쇄도하다. ¶ Memories ~*ed* (*in*) *upon* her. 그녀는 문득 갖가지 추억이 떠올랐다.
crowd (*on*) *sail* (속력을 내기 위해) 돛을 활짝 펴다.
crowd out (만원이 되어) …을 밀어내다; …을 못 들어오게 하다; 〔경제〕〔정부의 자금 조달로〕〔민간 기업〕을 금융 시장에서 밀어내다. 「황하다.
crowd the mourners (구어) 무리를 하다; 몹시 당
crowd up 밀어 올리다, (값 따위를) 다투어 올리다.
~*-er* 「현악기).
crowd² ㉑ 크라우드(바이올린 비슷한 고대 켈트족의

‡**crowd·ed** [kráudid] ㉑ (*more ~; most ~*) 1 (…으로) 혼잡한, 만원인(*with*). ¶ a ~ theater 만원을 이룬 극장. 2 (사건·경험 따위가) 가득찬, 파란만장한; (인생 등이) 충실한. ~*·ly* ㉠ ~*·ness* ㉑

crowd·ing-out [kráudiŋàut] ㉑〔경제〕크라우딩 아웃(정부의 자금 조달로 인한 민간 투자 자금 경색.

crówd púller (구어) 인기(판매를 끄는 것)(사람).

Crowe [krou] ㉑ **Russell** ~ 크로(1965- : 오스트레일리아의 영화 배우).

crow·foot [króufùt] ㉑ (㉵ ~*feet* [-fíːt]) 1 (㉞ ~*s*) 미나리아재비·젓가락나물 따위의 식물. 2 (군사) =caltrop. 3 〔해사〕(차양 따위를) 달아매는 밧줄 (장치). 4 =crow's-foot. (미속어) 주름이 진.

Crów Jím (미속어) (흑인의) 백인에 대한 강한 편견(차별). ㉰ Jim Crow **Crów Jímism**

‡**crown** [kraun] ㉑ (㉵ ~*s* [-z]) 1 왕관, 보관(寶冠); (the ~) 왕위, 왕권; (the ~, the C-) 국왕, 제왕, 군주; 주권, 국왕의 지배(통치). ¶ an officer of the C- (英) 관리 / succeed to[relinquish] the C- 왕위를 계승하다(버리다). 2 (승리의) 화관, 영관; (the ~) 승리, (스포츠 챔피언의) 왕좌, 타이틀: (위대한 업적에서 생기는) 영예; (더없는) 영광, 천상(天上)의 행복. ¶ a martyr's ~ 순교자의 영예. 3 왕관인(印), 왕관표. (뒷면에 왕관이 새겨진) 크라운 화폐(영국의 옛 5실링 은화); ⓤ (왕관의) 투명 무늬가 든 크라운 인쇄지(15×20인치). 4 산꼭대기; 정수리, 머리; (새의) 볏; (모자의) 춤. 5 (the ~) (…의) 극치, 정수, 정화(精華); 절정, 피크, 원숙기; 압권 (*of*). (the ~ of the year 한 해의 수확기(가을) / the ~ *of* manhood 남자의 한창때. 6 (치과) 치관(齒冠). 〔식물〕 부관(副冠). 수관(樹冠). 〔건축〕 홍예머리(아치의 최상부); 〔해사〕 묘저(錨頂)(닻의 낚시가 맞닿는 곳). 7 왕관 모양의 것; (병의) 마개; (시계의) 용두(龍頭). 8 크라운 매듭(밧줄의 세 가닥을 얽어 끝이 풀리지 않도록 묶는 방법). 9 =crówn. 10 〔보석〕 관부(冠部).
from crown to toe 머리에서 발끝까지, 전신에.
lead for the Crown (英) 검찰관으로 일하다.
take the crown in …에서 우승하다.
the crown of thorns 가시 면류관(←마태 복음 (Matt.) 27: 29); (비유적) 고난.
the pleas of the crown (英법률) 형사 소송.
wear the crown 왕위에 있다, 왕으로서 통치하다.
—⑤ (~s [-z]) ㉤ 1 (남)에게 왕관을 씌우다, 그를 왕위에 앉히다. ¶ George VI was ~*ed* in 1936. 조지 6세는 1936년에 즉위했다 // (~+ 图+ 補) ~ him king 그를 왕위에 앉히다. 2 …에게 머리 장식을 얹다(씌우다); (…을) …의 꼭대기에 얹다. (머리에) 이게 하다(쓰우다)(*with, in*). ¶ (~+ 图+ 前+ 图) the peaks ~*ed with* snow 눈덮인 산봉우리들 / ~ a poet *with* a laurel 시인에게 월계관을 씌우다. 3 …에(게) 영예를 주다, 보답하다; (영예 따위가) …을 장식하다, …의 마지막을 장식하다. ¶ Success has ~*ed* his hard work. 성공이 그의 노고를 보상했다. 4 (서양장기)〔말〕을 왕이 되게 하다. 5 (속어)〔남〕의 정수리를 때리다. 6 〔도로·갑판 따위〕를 가운데를 높게 하다. 7 〔밧줄 끝〕에 크라운 매듭을 짓다. —㉣ 1 〔서양장기〕 (말이) 왕이 되다. 2 〔의학〕 (분만시에 태아의) 머리가 나타나다. 3 (산봉이)(숲의) 나무 꼭대기까지 번지다.
to crown (it) all 마지막으로; 결국에는.
~*-less* ㉠

crown and anchor ㉑ 주사위 노름의 일종(주사위에 왕관·닻의 표시가 있다).

crówn cánopy ㉑ 숲 따위의 우거진 윗부분.

crówn càp[córk] ㉑ (英) (병의) 마개.

crówn cólony ㉑ (종종 C- C-) 영국(왕)의 직할 식민지.

Crówn Cóurt ㉑ (英법률) 형사 법원. 「민지.

Crówn Derby ㉑ 더비 자기(磁器)(영국 Derby 산(産); 'D'자 위에는 왕관표가 붙어 있다).

crowned [kraund] ㉑ 1 왕관을 쓴, 왕위에 오른; 왕권에 바탕을 둔; 왕관 장식이 있는; (새 따위가) 볏이 있는. 2 (복합어로) (모자의) 춤이 ~는, 꼭대기 부분이 있는. ¶ a high-~ hat 춤이 높은 모자.

crówned cráne ㉑ 〔조류〕 관두루미.

crówned héad ㉑ (the ~) 군주, 국왕.

crown·er¹ [kráunər] ㉑ 1 대관(戴冠)시키는 사람; 영예를 주는 사람(것). 2 최후를 장식하는 것(사건), 완성자. 3 거꾸로 떨어지기; 그것에 의한 상처. 4 (미속어)

crown·er² (英방언) 검시관(coroner). 「수탉.

crówn éther ㉑ 〔화학〕 크라운 에테르(원자가 왕관 모양으로 배열된 에테르의 결합). 「지는 산불).

crówn fire ㉑ 수관화(樹冠火)(나무의 윗부분으로 번

crówn gláss ㉑ 1 원형유리, 두꺼운 둥근 결정유리, 낮은 광학 기계용 유리. 2 원형의 강화(强化) 창유리.

crówn gráft 〔원예〕 할접(割接), 쪼개접.

crówn gréen ㉑ (英) lawn bowling 용 잔디밭.

crown·ing [kráuniŋ] ㉑ 정상의, 꼭대기를 이루는; 더할 나위 없는, 최고의. ¶ a ~ glory 최고의 영예/the ~ folly 지독한 바보. —㉑ 대관(식); 완성.

crówn jéwels ㉑,㉵ 1 (the ~) 대관식용 보석류. 2 〔경영〕 (기업의) 최중요(고(高)수익) 부문.

crówn lánd ㉑ (英) 왕실 소유지, 왕령지(王領地).

crówn láw ㉑ (英) 형법.

crówn láwyer ㉑ (英) 왕실 변호사.

crówn léns ㉑ 〔광학〕 크라운 렌즈(크라운 유리로 만든 렌즈; 보통 색지움 렌즈의 수렴 렌즈로 쓰인다).

Crówn Óffice ㉑ (the ~) (英법률) 고등 법원 내의 형사부; 대법관청(Chancery)의 국새부(國璽部).

crown-piece [kráunpìːs] ㉑ 1 (영국의 옛 화폐 제도의) 크라운 화폐(옛 5실링 은화); (유럽의) 크라운 화폐 단위(덴마크·노르웨이·스웨덴·아이슬란드의 krone, krona). (또는 **crówn píece**) 2 (물건의) 꼭대기에 장치한 것(를 형성하는 것).

crówn prince ㉑ (영국 이외의 나라의) 왕세자(英) the Prince of Wales) (관직의) 차기 유력 후보자.

crówn princess ㉑ (영국 이외의 나라의) 왕세자비

((英) the Princess of Wales): 여성 추정왕위 계승권자.
crówn róast 명 크라운 로스트(새끼양·송아지 따위의 갈비로 만드는 왕관형 로스트).
crówn sáw 명 원통톱.
crówn whéel 명 (시계의) 크라운 톱니바퀴.
crówn wítness 명 (英법률) 검찰(원고)측 증인.
crown-work [kráunwə̀ːrk] 명 1 (축성) 관새(冠塞)(위험한 지점을 가리기 위한 방어 보루). 2 (치과) 금관(金冠) (기공(技工)).
crów quíll (까마귀의 깃촉으로 만든) 깃펜; (제도용) 촉이 가는 펜.
crow's-bill [króuzbìl] 명 (해부) 오훼돌기(烏喙突起).
crow's-foot [-fùt] 명 (复 -feet [-fìːt]) 1 (보통 -feet) 눈초리의 주름살. 2 (재봉) (자수의) 세 가닥 뜨기. 3 (= caltrap.
crow's-nest [-nèst] 명 1 (해사) (포경선 따위의) 돛대 위의 망대. 2 (육상의) 교통 감시대.
crow-step [króustèp] 명 =corbiestep.
croy·don [króidn] 명 크로이든형 마차(1두 2륜 마차).
cro·zier [króuʒər] 명 =crosier.
CRP (美) *Committee to Reelect the President*(대통령 재선 위원회). 명 CREEP **CRS** *Computer Reservation System*(컴퓨터 좌석 예약 시스템). **crs.** *creditors*; *credits*. **Crt** *Court*; *crater*. **CRT** (전자) *cathode-ray tube*; *complex reaction time*.

CRT display [siːɑ́ːrtiː-] 명 (전자) 음극선관 표시(기)(브라운관에 문자·도형을 나타내는 컴퓨터 단말 장치).
cru·ces [krúːsiːz] 명 crux의 복수형.
****cru·cial** [krúːʃəl] 형 1 결정적인, 아주 중대한 (*to, for*). ¶a ~ experiment 결정적(중대한) 실험. 2 가혹한, 어려운, 괴로운; (질병 따위가) 중대한, 위독한. ¶a ~ period 고난의 시기 / a ~ problem 어려운 문제. 3 없어서는 안될, 필수적인. 4 십자형의. ¶a ~ incision (외과) 십자 절개(술). 5 (속어) 굉장한, 아주 멋있는. **-ci·ál·i·ty** 명 **~·ly** 부
crú·cian (*cárp*) [krúːʃən-] 명 (어류) 유럽붕어.
cru·ci·ate [krúːʃièit, -ʃiit] 형 1 십자형의. 2 (식물) (꽃잎이) 십자형의. ¶a ~ flower 십자화(유채꽃 따위). 3 (곤충의 날개가 비스듬히) 교차하는. **-ly** 부
cru·ci·ble [krúːsəbl] 명 (야금) 도가니; (용광로의) 쇳물 괴는 곳; (비유적) 혹독한 시련.
crúcible fúrnace (야금) 도가니로(爐).
crúcible stéel 도가니 강철.
cru·ci·fer [krúːsəfər] 명 1 (성직자의 행렬 따위에서) 십자가를 받들어 드는 사람(cross-bearer). 2 (식물) 십자화과(科) 식물. **-ous** [kruːsífərəs] 형
cru·ci·fix [krúːsəfìks] 명 1 십자가상(像), 그리스도의 수난상. 2 십자가; 십자가 목걸이. 3 (체조) (링의) 십자 버티기. **-fi·cial** [-fíʃəl] 형
cru·ci·fix·ion [krùːsəfíkʃən] 명 1 Ⓤ 십자가에 못박음(못박힌 상태). 2 (the C—) 그리스도의 십자가에서의 죽음. 3 그리스도의 못박힌(수난) 그림. 4 ⓊⒸ 괴로운 시련; 심한 박해, 엄한 벌.
cru·ci·form [krúːsəfɔ̀ːrm] 형 십자형의, 십자가 모양의. ¶a ~ church 십자가 모양의 교회. — 명 십자가 (모양의 것); 십자형. **-fór·mi·ty** 명 **-ly** 부
****cru·ci·fy** [krúːsəfài] 타동 (*-fied*) 1 (남)을 십자가에 못박다. 2 (남)을 학대(박해)하다, 괴롭히다; (속어) …를 혹평하다. 3 (욕정 따위)를 억제하다. **-fi·er** 명
cru·ci·ver·bal·ist [krùːsəvə́ːrbəlist] 명 크로스워드 퍼즐 작자(애호가).
crud [krʌd] 명 (속어) Ⓤ 1 (먼지·불순물 따위의) 침전물; (원자로 내의) 부식녹의 침전물. 2 Ⓒ 싫은(불결한) 녀석; 쓸모 없는 것, 불쾌한 것. 3 평계, 과장; 입발린 소리. 4 알 수 없는 병, 몸의 이상; (피부병 따위의) 불쾌한 외부 질환. 5 =curd. — 동 (*-dd-*) = curd. — 명 (불쾌·실망을 나타내어) 빌어먹을, 제기랄. **~·dy** 형 추접스러운, 불결한; 저질의.

****crude** [kruːd] 형 (*crud·er*; *crud·est*) 1 천연 그대로의, 자연의, 날것의; 가공(정제(精製))하지 않은. ⇒RAW ¶~ sugar 조당(粗糖) / ~ materials 원료. 2 (사람·태도 따위가) 조야한, 버릇없는; 교양 없는; 요령이 없는. ¶~ behavior 거친 태도. 3 (작품·제품 따위가) 불완전한, 투박한, 미완성의. ¶a ~ summary 대충의 요약. 4 (사실 따위가) 있는 그대로의, 노골적인, 무뚝뚝한. ¶a ~ fact 있는 그대로의 사실 / a ~ answer 무뚝뚝한 대답. 5 (생각·사상 따위가) 미숙한, 유치한; (고어) (과일 따위가) 덜 익은. 6 (색깔이) 칙칙한. 7 (고어) (문법) 어미 변화가 없는. — 명 Ⓤ 1 미정제(가공)품, 원료. 2 ~ oil. **-ly** 부 **-ness** 명
crúde óil[pétroléum] 명 원유.
cru·di·tés [krùːditéi] 명 부 (단·복수 양용) (생야채) 전채(前菜). (F)
cru·di·ty [krúːdəti] 명 1 Ⓤ 날것 그대로의 상태; 조잡, 생경, 미숙. 2 Ⓒ 미숙(조잡)한 것(행위); (예술 따위의) 미완성.
****cru·el** [krúː(ː)əl] 형 (~·*er*, ~·*est*; (英) ~·*ler*, ~·*lest*) 1 잔인한, 잔혹한, 무자비한 (*to*); 잔인한 것을 좋아하는. ¶a ~ master 냉혹한 주인 / be ~ *to* animals 동물을 학대하다 // *It's very ~ of you to do such a thing.* 그런 짓을 하다니 당신은 매우 잔인하군요.

┌─유의어──────────────────────────┐
│ **cruel** 남의 괴로움에 무관심한, 예사롭게 고통을 주는. **brutal** 짐승같이 잔인하고 폭력을 휘두르는. **pitiless** 자비심 없는. **ruthless** 목적 달성을 위해서 수단을 가리지 않고 예사롭게 cruel한 짓을 하는. **savage** 사납게 brutal한. │
└────────────────────────────────┘

2 (광경·운명 따위가) 비참한, 무참한, 끔찍한; (규칙 따위가) 가혹한, 엄한. ¶a ~ sight[war] 참혹한 광경(전쟁) / a ~ punishment 엄한 형벌. — 부 (방언) 몹시, 지독히. ¶a ~ hard work 매우 어려운 일. —동 형 (~·*ness* 명) (속어) (기회 따위)를 못쓰게 만들다.
cru·el·heart·ed [krúː(ː)əlhɑ́ːrtid] 형 무자비한, 잔혹한, 무정(無情)한.
****cru·el·ly** [krúː(ː)əli] 부 잔혹하게, 무참하게; (강조) 지독히, 몹시.
****cru·el·ty** [krúː(ː)əlti] 명 (*복 -ties* [-z]) 1 Ⓤ 잔혹, 잔인, 냉혹, 무자비 (*to, toward*); 잔혹(잔인)한 성질(기질). ¶a man of ~ 냉혹한 사람. 2 Ⓒ 잔인(잔학)한 짓[언동]; (법률) 학대. ¶*cruelties to* animals 동물 학대. *have the cruelty to do* 잔인하게도 ~하다.
cru·el·ty-free [-fríː] 형 (약품·화장품 따위가 개발 단계로) 동물 실험을 거치지 않은; 동물성 식품을 함유하지 않은, 채식주의의.
cru·et [krúːit] 명 1 (美) (식탁용) 양념병; (英) 양념탁자(~ *stand*). 2 (교회) (미사용) 포도주(물)병.
cruft [krʌft] 명 (속어) 1 (컴퓨터) 싫은(불쾌한) 것. 2 좋지 않은(불쾌한) 결과.
Cruft's [krʌfts] 명 크라프츠(~ *Dog Show*)(영국 런던에서 2월에 개최되는 개품평회).
cruft·y [krʌ́fti] 형 (속어) 1 손대고 싶지 않은, 기분 나쁜; (일반적으로) 불쾌한. 2 너무 복잡한; 만들새가 조잡한. — 명 자질구레한 잡동사니; (컴퓨터) 작아서 다루기 힘든 데이터 기록.
****cruise** [kruːz] 자동 1 순항하다, 유람 항해하다; 함정이 (경계를 위해) 순양(巡洋)하다. ¶~ *along* the shore 연안을 순항하다. 2 (사람이) 어슬렁어슬렁 거닐다, 만유(漫遊)하다; (구어) 이성(동성애 상대)을 찾아 밤거리 따위를) 돌아다니다; (택시가 손님을 찾아) 돌아다니다; (순찰차 따위가) 순찰하다. 3 (비행기·배가) 순항 속도로 비행(항행)하다; (자동차가) 경제 속도로 달리다; (차로) 적당한 속도로 달리다. 4 (구어) (어떤 장소에) 가다, 나서다; 여행하다 (*over*). 5 (美속어) (사업 따위를) 적당히 하다, 의무적으로 하다 (*through*); 쉽게 목적을 달성하다; (美구어) 유유자적하다. — 타동 1 (특정 지역)을 천천히 달리다. 2 (이성을 찾아) (거리·공원 따위)를 어슬렁거리다; (이성)에게 추근거리다. 3 (목재

견적을 위해) (삼림지대)를 답사하다.
be cruising for a bruising 일부러 위험성이 있는 짓을 하고 있다.
— 图 1 순항[순양]; 유람 항해. ¶ a round-the-world ~ 세계 일주 항해. 2 (구어) 만보(漫步), 만유, 여행. ⇒TRIP 유의어 3 =~ missile. 4 (美속어) 간단한 일.
be on a cruise 순항중이다; 유람 항해하다.
Cruise [kru:z] 图 **Tom** ~ 크루즈(1962- : 미국의
crúise càr 图 =squad car. 〔영화 배우〕
crúise contròl (美)(항공) 순항 속도 조정; (자동차의) 속도 유지 장치. 〔즈 미사일.
crúise mìssile 图 (군사) 순항(巡航) 미사일, 크루
crúise mìssile sùbmarine 순항 미사일 (탑재형) 잠수함.
***cruis·er** [krú:zər] 图 1 만유자, 여행자. 2 순양함, 순양선. ¶ an armored ~ 장갑 순양함. 3 행락(유람)용 호화 대형 요트(cabin ~). 4 =squad car. 5 삼림 답사자; 순항 비행기; 손님을 찾아 돌아다니는 택시. 6 (속어) 매춘부. 7 (구어) (권투) =cruiserweight.
cruis·er·weight [krú:zərwèit] 图 (英) (권투) = light heavyweight.
crúise shìp 图 (장기 유람 여행용) 순항선, 관광선.
crúise·wày [krú:zwèi] 图 (英) 보트놀이용의 수로.
cruis·ing [krú:ziŋ] 图 (순항(巡航) 속도(의); 순항 (순회)의. ¶ ~ power 항속력(航續力). -**ly** 图
crúising ràdius 图 (항공기·배 따위가 급유하지 않고 왕복 가능한) 항속(航續)(순항) 반경; (동물의 一定 동안의) 행동 반경(범위). 〔공기의) 순항 속도.
crúising spèed 图 (차 따위의) 경제 속도, (배·항
crúising tàxi 图 손님을 찾아 돌아 다니는 택시.
crul·ler [krʌ́lər] 图 (美) 크럴러(꼬리·꽈배기 모양의 튀김 과자); 도넛.
***crumb** [krʌm] 图 1 (보통 ~s) (빵·과자 따위의) 부스러기, 작은 조각; 빵가루. ¶ ~s of bread 빵 부스러기. 2 ⓤ (빵의) 속(부드러운 부분) (참 crust). 3 (a ~ of) 조금, 소량; (~s) (美俗) 잔돈. ¶ a ~ of comfort 조금의 위안 / ~s of information 약간의 지식. 4 (美俗) 칠칠치 못한 놈; 인간 쓰레기; 이(louse). 5 (또는 **crum**) (~s) 크럼스(설탕·밀가루·버터·향미료를 섞어 만든 케이크 장식).
to a crumb 자세히, 정확히; 완전히.
— 图 1 (빵·과자 따위의) 속을 부스러기(가루)로 만들다 (crumble). 2 (요리) …에 빵가루를 묻히다; (수프 따위)를 빵가루를 넣어 진하게 하다. 3 (구어) …에서 빵가루를 없애다.
crumb the deal (美속어) 계획을 엉망으로 만들다.
crumb (or *crum*) *up* (속어) ① (의복)의 이를 죽이다. ② …을 청소하다; (복장 따위)를 깨끗이 하다. ③ …을 엉망으로 만들다. 〔어서 만든.
— 图 (파이 껍질이) 비스킷 부스러기와 설탕 따위를 섞
∠·**a·ble** 图 ∠·**er** 图
crumb-brush [ʹbrʌ̀ʃ] 图 빵 부스러기 터는 솔 (식탁용). (또는 **crúmb brùsh**)
crúmb bùn 图 단 롤빵.
crumb-cloth [krʌ́mklɔ̀:θ/-klɔ̀θ] 图 빵 부스러기 받이(식탁 밑 융단 위에 까는 천).
‡**crum·ble** [krʌ́mbl] 图 (~*s* [-z]; ~*d*; *-bling*) …을 산산조각나게 하다, 부수다(*up*). 2 (벽 따위가) (점차) 무너지다, 붕괴하다; (세력·희망 따위가) 쇠하다, 사라지다(*away*). 2 (반대 따위가) 약화되다(*away*). ¶ (~+前+名) My hopes have ~*d to* nothing. 내 희망은 수포로 돌아갔다. 〔수포로 돌아가다.
crumble to (or *into*) *dust* 부스러져 가루로 되다; —图 1 산산이 부서지는(부스러진) 것. 2 (~s) 바싹 구운 베이컨·빵 부스러기; 작은 조각.
-**bling·ness** 图 〔람, 노인.
crumb·lie [krʌ́mbli] 图 (英속어) 나이 지긋한 사
crum·bly [krʌ́mbli] 图 부서지기 쉬운, 무른, 푸석 푸석한. -**bli·ness** 图 〔허, 거 참.
crumbs [krʌmz] 图 (英속어) (놀라움을 나타내어)
crumb·y [krʌ́mi] 图 1 빵 부스러기투성이의. 2 (빵 속같이) 부드러운. 3 =crummy 1.
crum·my [krʌ́mi] 图 1 (속어) 초라한, 누추한, 전혀 가치 없는, 하찮은, 싸구려의; 아주 적은; 비참한. 2 (英속어) (여자가) 토실토실하고 예쁜, 포동포동한. — 图 1 (속어) (철도) 승무원차. 2 (美속어) 이(louse). — 图 =badly. -**mi·ly** 图 -**mi·ness** 图
crump [krʌmp] 图图 1 …을 오도독오도독(아삭아삭) 씹다 2 (軍속어) 포탄으로 폭격하다. — 图 1 (軍 속어) (포탄이) 터져 둔한 소리를 낸다. 2 (눈을 밟을 때처럼) 자박자박 소리내다.
crumped out (美속어) 몹시 취하여.
— 图 1 아삭아삭 (자박자박)하는 소리. 2 (英구어) 강타. 3 (속어) 대형 포탄(폭탄); 그 폭발음.
— 图 (英방언) 부서지기 쉬운, 바삭바삭한.
crum·pet [krʌ́mpit] 图 1 크럼펫(핫 케이크의 일종). 2 (속어) ⓤ 성적 매력; 성적 매력이 있는(섹시한) 여자; 섹스. 3 (속어) 머리.
a (*nice*) *bit* (or *piece*) *of crumpet* (英속어·집합적) (성적 대상으로 마음에 드는) 여자.
barmy (or *balmy*) *in* (or *on*) *the crumpet; off one's crumpet* (속어) 머리가 돈.
not worth a crumpet (濠속어) 전연 쓸모 없는.
crúmp hòle 图 포탄으로 생긴 구멍.
*****crum·ple** [krʌ́mpl] 图图 1 …을 구기다; (종이 따위)를 구깃구깃 뭉치다(*up*). ¶ (~+图+前+名) ~ (*up*) *a letter into a ball* 편지를 구깃구깃 뭉치다. 2 …을 갑자기 부수다(망가뜨리다); (남)을 거꾸러뜨리다, 압도하다(*up*). ¶ ~ (*up*) *the enemy* 적군을 압도하다. — 图 1 구겨지다, 쭈글쭈글해지다. ¶ This cloth ~*s* easily. 이 천은 잘 구겨진다. 2 (구어) (희망·심신·건축 따위가) 갑자기 무너지다, 허물어지다(*up*). ¶ (~+前) He ~*d up* under the news. 그 뉴스를 듣고 그는 축 늘어졌다. 3 우스워서 (아파서) 견딜 수 없다. — 图 주름, 구김살. -**pler** 图 -**ply** 图 주름이 잘 가는.
crum·pled [krʌ́mpld] 图 1 구겨진, 쭈글쭈글해진. 2 (양의 뿔 따위가) 뒤틀린. 〔자동차 앞(뒤)부분.
crúmple zòne 图 (충돌시 충격 완화용으로 설계된)
crunch [krʌntʃ] 图图 1 …을 오도독(아삭아삭) 씹다 (깨물다). 2 (자갈길·눈길 따위)를 자박자박 밟다(밟아 가다). 3 (금융·재정 따위)를 긴축하다. — 图 1 오도독 소리내며 씹다(깨물다). 2 자박자박 소리내다(걸어 가다). ¶ ~ *through* the snow 자박자박 눈을 밟으며 나아가다. 2 (컴퓨터) 대량의 수치 계산(데이터 처리)을 하다. — 图 1 (a ~, the ~) 오도독 씹기(씹는 소리); 자박자박 나아가기(걷는 소리). 2 (필수품 따위의) 부족, 감소; (필수품 따위의 부족에 의한) 곤란, 곤경. 3 (the ~) 위기 (상태), 긴장 (관계); 전기; (美) 경제 위기, 불황.
in the crunch 위기 때에는, 유사시에는; 곤경에 빠져.
when the crunch comes; when it comes to the crunch 위기(결정적 시기)가 올 때, 일단 유사시
∠·**a·ble** 图 〔에는, 만일의 경우.
crunch·er [krʌ́ntʃər] 图 1 오도독 씹는(깨무는) 사람. 2 (컴퓨터) 계산기(number ~). 3 (속어) 발(feet).
crunch·y [krʌ́ntʃi] 图 오도독오도독 하는, (밟은 눈 따위가) 자박자박 소리를 내는.
cru·or [krú:ɔ:r] 图 (생리) (응고된) 핏덩이.
crup·per [krʌ́pər] 图 껑거리끈 (말꼬리 밑을 지나 안장에 매는 가죽끈); (말의) 엉덩이(rump); (구어) 엉덩이.
cru·ra [krúərə] 图 crus의 복수형. 〔덩이, 볼기.
cru·ral [krúərəl] 图 (해부·동물) 다리의; (해부·동물) 각부(脚部)의, 대퇴(大腿)의; 정강이의, 하퇴(下腿)의.
crus [krʌs, kru:s] 图 (图 *cru·ra* [krúərə]) (해부·동물) 다리, 대퇴; 정강이, 하퇴. 〔<L〕
***cru·sade** [kru:séid] 图 1 (보통 C-s) (역사) 십자

군; (교황이 인가한) 성전(聖戰). 2 (주의 따위의) 옹호 운동; (사회악 따위에 대한) 개혁[박멸] 운동 (*for* / *against*). ¶a ~ *against* tuberculosis 결핵 박멸 운동. ── 동 자 십자군[성전]에 참가하다; 개혁[박멸] 운동에 참가하다(*for, against*). 「개혁 운동가.

***cru·sad·er** [kru:séidər] 명 십자군[성전]의 용사;

cru·sád·ing jòurnalism [kru:séidiŋ-] 명 캠페인성 보도(시리즈물 따위로 문제점을 제기하는 보도).

cru·sa·do [kru:séidou, -zɑ́:-] 명 (복) ~*(e)s*) 크루사도 화폐(십자가가 새겨진 옛날 포르투갈 금화[은화]). (또는 **cruzado**)

cruse [kru:z] 명 《고어》 도기(陶器) 항아리[단지, 병]. 참 widow's ~.

‡crush [krʌʃ] 동 (~·*es* [-iz]; ~*ed* [-t]) 타 1 …을 눌러 부수다, 밟아 으깨다, 찌부러뜨리다(*down*). ⇨BREAK 유의어 ¶ (~+目+補) My hat was ~*ed* flat. 내 모자가 납작하게 찌부러졌다 // (~+目+前+名) ~ a person *to* death 사람을 압사시키다. 2 …을 밀어넣다; 《one's way와 함께》 …을 밀치고 나아가다 (*to, into*); …로부터 밀어내다(*out*) (*of*). ¶ (~+目+前+名) He ~*ed* his way *through* the crowd. 그는 군중 사이를 헤치고 나아갔다. 3 …을 꽉 쥐다[껴안다]; …을 (…로) 밀어붙이다 (*against*). ¶He ~*ed* her to him. 그는 그녀를 꼭 껴안았다. 4 …을 가루로 만들다, 빻다, 분쇄하다(*up, down*) (*into*); …을 압착하다, 짜다(*out*) (*of, from*). ¶ ~ nuts for oil 기름을 짜려고 열매를 압착하다 // (~+目+副) ~ (*out*) the juice *from* grapes 포도에서 즙을 짜다. 5 …을 구깃구깃 뭉개다 (*up*). ¶ (~+目+副) ~ (*up*) a letter 편지를 구겨버리다. 6 〔적·폭도 등〕을 괴멸시키다; 〔반란 따위〕를 평정[진압]하다(*down*). ¶ ~ a revolt 반란을 진압하다. 7 《수동형으로》 〔남〕을 (의논 따위에서) 압도하다, 찍소리 못하게 하다; 〔남〕을 (슬픔 따위로) 좌절시키다; 〔희망·열의 따위〕를 꺾다. ¶My hopes were ~*ed*. 내 희망은 산산조각이 났다. 8 〔남〕을 심하게 압박[탄압]하다, 학대하다. 9 《고어》 〔술 따위〕를 마시다, 다 마셔 버리다.

── 자 1 (easily와 함께) 부서지다, 으스러지다; 구겨지다. ¶ (~+副) Cotton ~*es* very *easily*. 무명은 잘 구겨진다. 2 (군중이) 서로 밀치며 들어가다, 쇄도하다(*in*) (*into*); 헤치며 지나가다(*through*). ¶ (~+前+名) ~ *into* a train 열차에 쇄도하다 / ~ *through* a gate 서로 밀치면서 대문을 지나가다.

crush a butterfly [or ***fly***] ***on the wheel*** ⇨WHEEL.

crush down 뭉개다; 가루로 바수다; 진압하다.

crush in ① 〔몸·차의 일부〕를 부수다. ② (여럿이) 확 밀치고 들어가다; 밀어넣다.

crush out 《美속어》 ① (…을) 부수고 나가다(*of*); 탈옥하다. ② 《수동형으로》 〔사람·물건〕을 (…에서) 몰아내다, 짜내다(*of*). ③ 《수동형으로》 〔희망 따위〕를 빼앗다(*of*). ④ 〔질병〕을 박멸하다. ⑤ ⇨타 4.

crush up ① 분쇄하다. ② …을 구깃구깃 뭉개다.

crush (up) against …을 압박하다; …에 몰려 들다, 밀어닥치다.

── 명 (복) ~·*es* [-iz]) 1 U 분쇄, 으깨기; 압도; 진압; 압착. 2 《구어》 대군중; 혼잡, 쇄도. 3 《구어》 (소녀가 연상의 남자에게) 반하기, 짝사랑; 그 상대자 (*on*). ¶Who is your latest ~? 요즘 누구에게 열을 올리고 있니? 4 《구어》 손님이 많은 댄스 파티[연회]. 5 《英》 과즙. 6 결정적 순간, 위기 상황. 7 《속어》 한패, 동아리; 부대. 8 (또는 **∠-pén**) 《英·濠》 (낙인을 찍기 위해 가축을 한 줄로 지나가게 하는) 울타리를 두른 통로.

have [or ***get***] ***a crush on*** *a person* 남에게 열을 올리다[홀딱 반하다].

∠·a·bíl·i·ty 명 **∠·a·ble** 형 **∠·a·bly** 부

crúsh bàr 명 《英》 (극장내) 음료 매점.

crúsh bàrrier 명 《英》 군중 제지용 (임시)철책[방책].

crush·er [krʌ́ʃər] 명 1 으깨는 것[사람]; (암석 따위의) 파쇄기. 2 통렬한 일격; (남을 압도하는) 결정적 의론[사실, 대답]. 3 《속어》 여성에게 인기있는 남자, 미남. 4 《英속어》 경찰관. 「된 중절모.

crúsh hát 명 오페라 해트(접게 된 실크 모자); 접게

crush·ing [krʌ́ʃiŋ] 형 1 으깨는, 분쇄하는. 2 《한정용법》 압도적인; 결정적인. ¶a ~ reply 찍소리 못하게 하는 대답 / a ~ victory[defeat] 결정적인 승리[패배]. ── 명 1 (포도주 따위의 제조 공정 중의) 눌러 으깨기, 압착. 2 (~s) 으깬 포도[열매, 과실 따위]. 3 (망원 카메라에 의한) 거리 압축 (효과). **~·ly** 부

crúshing zòne 명 〔지질〕 파쇄대(破碎帶).

crush-out [∠àut] 명 《美속어》 탈옥.

crush·proof [krʌ́ʃprù:f] 형 짜부러지지 않는.

crush-room [∠rù:m] 명 《英》 (극장의) 휴게실, 로비.

Cru·soe [krú:sou] 명 ⇨ROBINSON CRUSOE.

‡crust [krʌst] 명 1 UC 빵껍질(참 crumb); U 파이 껍질. 2 (a ~) 딱딱해진 빵조각. 3 (일반적으로) 딱딱한 표면[외피(外皮)]; 〔지질〕 지각; (동물의) 갑각(甲殼). ¶ ~ movement 지각 운동 / a ~ of snow 쌓인 눈의 얼어붙은 표면. 4 (포도주 따위의) 버캐; 부스럼 딱지. 5 (사물의) 표면; (본심·본성을 감추기 위한) 가장[가면], 외관, 겉보기. 6 U (the ~) 《속어》 철면피, 후안무치 (厚顔無恥). 7 《속어》 (사람의) 머리. 8 《고어》 까다로운 [무뚝뚝한] 사람. 9 《美경찰 속어》 큰 사기꾼. 10 《英·濠 속어》 생활의 양식; 부족한 음식물.

earn *one's* ***crust*** 밥벌이를 하다.

have the crust to *do* 뻔뻔스럽게도 …하다.

off *one's* ***crust*** 《속어》 미쳐서, 머리가 돌아서.

thin in the upper crust ⇨UPPER CRUST.

── 동 타 …을 외피[겉껍질]로 덮다; …에 딱지[딱딱한 겉껍질]가 생기게 하다. ── 자 겉껍질이 생기다; 딱딱한 ∟껍질이 되다(*over*).

∠·less 형

Crus·ta·ce·a [krʌstéiʃiə, -ʃə] 명복 〔동물〕 갑각류 (甲殼類)(게·새우 따위).

crus·ta·cean [krʌstéiʃən] 〔동물〕 형 갑각류(甲殼類)의. ── 명 갑각류의 동물. 「각류학(學).

crus·ta·ce·ol·o·gy [krʌstèiʃiɑ́lədʒi/-ɔ́l-] 명 갑

crus·ta·ceous [krʌstéiʃəs] 형 갑각의, 갑각 같은; 갑각이 있는, 딱지를 가진; 갑각류의, 갑각류 같은.

crus·tal [krʌ́stl] 형 외피[겉껍질, 갑각]의; 지각(地殼)의. ¶ ~ movement 지각 변동.

crust·ed [krʌ́stid] 형 1 겉껍질[외피]이 있는, 표면이 딱딱한. 2 (포도주가) 버캐가 생긴, 숙성(熟成)한. ¶ ~ port 숙성한 포트 와인. 3 고색창연한, 오래된; (생각 따위가) 굳어버린, 융통성 없는. **~·ly** 부

crust·quake [krʌ́stkwèik] 명 〔지질·천문〕 (행성 따위에서 발생하는) 지각성(地殼性) 지진.

crust·y [krʌ́sti] 형 1 외피가 있는[두꺼운, 딱딱한]; (빵이) 딱딱하고 두꺼운 껍질이 있는. 2 《구어》 《한정용법》 퉁명스러운; 심술궂은; 성마른; 거친. ¶a ~ reply 퉁명스러운 대답. 3 (포도주가) 숙성한. 4 《구어》 더러운, 초라한; 야비한. **crúst·i·ly** 부 **crúst·i·ness** 명

***crutch** [krʌtʃ] 명 1 목다리, 목발, 협장(脇杖). ¶a pair of ~*es* 한 쌍의 목발. 2 (여성용 안장의) 등자. 3 (사람의) 샅(crotch). 4 〔해사〕 고물의 팔꿈치 모양의 버팀나무; (보트의) 노받이. 5 가랑이진 버팀나무[지주]; 《비유적》 (정신적인) 의지물[처]; 지주. ¶the ~ of one's declining years 노후의 의지처. 6 《美속어》 자동차.

(as) funny as a crutch 우스운 일이 아닌, 전혀 재 ∟미 없는.

on crutches 목발을 짚고.

── 동 타 …을 목발로 버티다; …을 떠받치다, …에 버팀나무를 괴다. ── 자 목발을 짚고 걷다.

∠·lìke 형 「팀목을 괸. 2 십자가를 건.

crutched [krʌtʃt, krʌ́tʃid] 형 1 목발에 의지한; 버

crux [krʌks] 명 (복) ~***es, cru·ces*** [krú:si:z]) 1 (the ~) 가장 중요한 점, 핵심, 급소. ¶the ~ of the matter 문제의 핵심. 2 (the ~) 난문(難問), 난제, 어려운 일; 〔등산〕 등반에서 가장 어려운 곳. 3 십자가. 4 (the C–) 〔천문〕 남십자성(참 cross 12).

crúx an·sá·ta [-ænséitə] 영 위쪽에 고리 모양의 손잡이가 달린 십자가. 〔<L〕 〔라질의 옛 통화 단위〕.
cru·zei·ro [kru:zέərou] 영 (⑧ ~s) 크루제이로(브
‡**cry** [krai] 图 (**cries** [-z]) ㈜ 1 (기쁨·슬픔·고통 따위로) 소리지르다, 소리치다; 울부짖다(*out*)(*with*). ¶ ~ (*out*) *with* pain[joy] 아파서[기뻐서] 소리지르다. 2 (…한 나머지/…로/…의 일로) 눈물을 흘리다; 소리 내어[흐느껴] 울다(*for*/*with*/*about*, *over*). ¶*It is no use ~ing over spilt milk.* (속담) 엎질러진 우유를 두고 울어 봤자 소용없다, 엎지른 물은 다시 담을 수 없다.

[유의어]¹ **cry** 「울다」라는 뜻의 가장 일반적인 말. **weep** 눈물을 흘리며 울다. **sob** 소리 죽여 흐느껴 울다. **blubber** 응석을 부리듯 엉엉 울다. **wail** 높은 소리로 길게 끌며 슬프게 울다. **moan** 신음하듯이 낮은 소리로 슬프게 울다. **whimper** 낮고 애처로운 소리를 간간이 내며 울다.

3 (…을 찾아/…에게/…해 달라고) 소리쳐 부르다, 외치다, 고함지르다(*out*)(*for*/*to*/*to do*). ¶ (~+粗) I *cried out for* my mother. 어머니를 소리쳐 불렀다 / (~+粗+图) He *cried out* to me *for* help[*or to help* him]. 그는 도와달라고 내게 소리쳤다.

[유의어]² **cry** 「외치다」라는 뜻의 가장 일반적인 말. **shout** 뜻을 알아들을 수 있는 말로 소리쳐 말하다. **exclaim** 흥분 상태에서 갑자기 소리지르다. **bellow** (소가 울 듯이) 크고 굵은 소리로 외치다. **roar** 노여움·흥분 따위로 귀가 멍해지도록 큰 소리를 지르다.

4 (구어) (…을/…하는 것을) 크게 필요로 하다, 간절히 원하다; (…의) 개선을 요구하다(*out*)(*for*/*to do*). 5 (새·짐승이) 울다, 짖다; (사냥개가) 세차게 짖어대다. 6 (무쇠 따위가) 금속음을 내다, 삐걱거리다.
— 匝 1 (…라고) 소리치다, 큰 소리로 부르다[말하다], 외치다(*out*)(*that* 節). ¶ (~+*that* 節) She *cried* (*out*) *that* she was happy. 그녀는 기쁘다고 큰 소리로 말했다. 2 큰 소리로 …을 알리다; [상품]을 외치며 팔다; 선전하다. ¶ ~ one's goods 물건을 사라고 외치다. 3 [눈물]을 흘리다; (재귀용법으로) 울어서 …하다. ¶ ~ bitter[hot] tears 피[뜨거운] 눈물을 흘리다. 4 (고어) [허락 따위]를 탄원[간원, 애원]하다.
cry against …에 크게 반대하다; …을 비난[공격]하다.
cry all the way to the bank (속담) 남이 뭐라든 열심히 돈을 벌다.
cry back ① (스코) …을 되부르다(call back). ② (동물이) 격세 유전하다. ③ (사냥개 따위가) 되돌아오다.
cry before *one* **is hurt** (구어) (부정문에서) 부질없는 걱정을 하다.
cry down ① (구어) …을 비난하다, 깎아내리다; …을 매도하다(® *cry up*). ② (구어) [제안 따위]를 부결하다. ③ (반대자 등)을 큰 소리를 질러 침묵시키다.
cry for ① …로 소리치다[울다]. ② 소리쳐 …을 구하다[간청하다]. ③ …을 필요로 하다.
cry for the moon ⇒MOON.
cry halves ⇒HALF.
cry hands off (상대방에게) 손을 떼라고 하다.
cry havoc ⇒HAVOC.
cry off ① (英구어) (거래·계획 따위에서) 손을 떼다 (*from*). ② (약속 따위)를 취소하다.
cry oneself 울어서 …의 상태가 되다. ¶ ~ *oneself blind* 울어서 눈이 통통 붓다.
cry[*or weep*] **one's eyes**[*or heart*] **out** 눈이 통통 붓도록[가슴이 미어지도록] 울다, 몹시 울다.
cry one's head off 너무 울어서 머리가 이상해지다.
cry out ① 크게 소리치다[외치다]. ② (…에) 강력히 항의[반대]하다(*against*).
cry out for ① 소리쳐 …을 구하다. ② …을 몹시 필요로 하다.
cry over …을 한탄[탄식]하다. **cry quits** ⇒QUITS.
cry shame upon …을 꾸짖다; …을 매도하다.

cry stinking fish (英속어) 자기의 실패를 까발리다.
cry to[*or* **unto**] …에게 애소하다, …에게 울며 매달리다. ¶ ~ *to* God 신의 가호를 청하다.
cry up (구어) (수동형이 보통) 추어올리다, 치켜세우다; …을 (…라고) 평가하다 (*to be*).
cry wolf ⇨WOLF.
For crying in a bucket! (구어) 허 참!, 거 참!
for crying out loud (구어) ① (명령·요구·질문 따위를 강조하여) 제발 (부탁하는데). ¶ *For ~ing out loud,* listen to me! 제발 내 말을 들으시오! ② 그럴수가, 마음대로 해(* 불만·항의 따위를 나타낸다).
give *a person* **something to cry about**[*or* **for**] (구어) 그 사람을 더 심하게 야단치다[벌하다].

— 영 (⑧ **cries** [-z]) 1 (a ~) (슬픔·고통·기쁨 따위의) 외침, 고함, 환성 (*of, for*). ¶ a ~ *of* joy 기쁨의 환성 / a ~ *for* help 도움을 청하는 외침. 2 (종종 a ~) 우는 소리; 소리내어 울기. 3 (…을 찾는/…하고 싶다는) 탄원, 간청, 요구; 여론 (*for*/*to do*). ¶ be deaf to a person's *cries* 남의 간청을 들은 체도 않다. 4 큰 소리를 지르기[로 알리기]; 사라고 외치는 소리; 함성. 5 소문, 세평, 풍문; (the ~) 대유행[인기]. ¶ The ~ goes that… …라는 소문이 있다. 6 (정치·정당 따위의) 표어, 슬로건, 모토; (상품의) 선전 소리. ¶ an election ~ 선거의 슬로건. 7 (새·짐승의) 울음 소리, (개 따위의) 짖는 소리; 사냥개의 한 무리. 8 무쇠 따위를 구부릴 때 나는 금속음. 9 (cries) (스코) 결혼 예고.
a far[*or* **long**] **cry** (구어) ① 상당한 거리(*to*). ② 심한 격차[차이] (*from*).
a hue and cry ⇒HUE.
All cry and no wool.; Great[*or* **Much**] **cry and little wool.; More cry than wool.** (속담) 헛소동, 태산명동(泰山鳴動)에 서일필(鼠一匹).
all the cry (일시적인) 대유행; 최신 스타일.
cry from the heart 열렬한 호소[항의].
follow in the cry 세평에 따르다, 부화뇌동하다.
give[*or* **raise**] **a cry** 소리치다, 외치다. ¶ *give a ~ of* triumph 승리의 함성을 지르다.
have a good cry; have *one's* **cry out** 실컷 울다.
in full cry ① (사냥개가) (…을) 맹렬히 추적하여. ② (사람이 …을) 맹렬히[일제히] 요구[공격]하여. ③ (교통량이) 최고조에 달하여.
out of cry 소리[손]이 미치지 않는 곳에. └이에.
within cry (**of**) (…에서) 부르면 들리는 곳에, 가까
cry·ba·by [kráibèibi] 영 울보, 겁쟁이; 불평문.
crýbaby cláss 영 (美속어) (여객기의) 비즈니스 클래스.
cry·er [kráiər] 영 =crier.
cry·ing [kráiiŋ] 영 1 큰 소리로 외치는; 울부짖는; 눈물을 흘리는. 2 내버려둘 수 없는, 긴급한. ¶ a ~ evil 내버려둘 수 없는 악폐 / a ~ need 급선무. 3 (나쁜 일 따위가) 심한. ¶ a ~ shame 심한 수치. **~·ly** 用
crýing ròom 영 (美속어) 울음 방(몹시 울고 싶을 때 들어가 우는 가상의 방). └는 가상의 수건).
crýing tòwel 영 (美속어) 눈물 수건(울보에게 내주
crýing wèed 영 (美속어) 마리화나.
crýing wòlf 영 거짓 경고(하기). 動 wolf
cry·o- [kráiou, kráio] 《연결사》 icy cold, frost의 뜻 (* 모음 앞에서는 cry-). ¶ *cry*ogen, *cry*osurgery.
cry·o·bank [kráioubæŋk] 영 (정자 따위를 보관하는) 동결은행, 극저온(極低溫) 정자 보관.
cry·o·bi·ol·o·gy [kràioubaiάlədʒi/-ɔ́l-] 영 ⓤ 저온(低溫) 생물학. **-o·lóg·i·cal** **-gist** 영 └블.
cry·o·ca·ble [kráioukèibl] 영 (전기) 극저온 케이
cry·o·chem·is·try [kràioukémistri] 영 저온 화학. **-i·cal** **-i·cal·ly** 用
cry·o·e·lec·tron·ics [kràiouilektrάniks/-trɔ́n-] 영[8] (단수취급) 극저온 전자 공학. **-ic** 用
cry·o·gen [kráidʒən, -dʒèn] 영 냉각제(冷却劑).
cry·o·gen·ic [kràidʒénik] 영 극저온의; 극저온을 필요로 하는; 극저온(저장)에 적합한. **-i·cal·ly** 用

cry·og·e·nist [kraiάdʒənist/-ɔ́dʒ-] 명 저온학자.
cry·o·gen·ics [krὰiədʒéniks] 명 (단수취급) 저온학(低溫學), 저온 물리학.
cry·og·e·ny [kraiάdʒəni/-ɔ́dʒ-] 명 =CRYOGENICS.
cry·o·lite [krάiəlàit] 명 빙정석(氷晶石).
cry·ol·o·gy [kraiάlədʒi/-ɔ́l-] 명 빙설학(氷雪學).
cry·om·e·ter [kraiάmətər/-ɔ́m-] 명 저온(도)계.
-try 「간 사체의」 명동 보존金. **-ic** 형
cry·on·ics [kraiάniks/-ɔ́n-] 명복 (단수취급) (인
cry·o·pres·er·va·tion [krὰiouprèzərvéiʃən] 명
냉동[저온] 보존[저장]. (또는 **cryopreserve**)
cry·o·probe [krάiouproùb] 명 〔의학〕 동결 탐침
(探針)(조직을 얼려서 제거할 때 사용하는 것).
cry·o·pro·tec·tive [krὰiouprətéktiv] 명 동결 방
지용의; 항동결(抗凍結)의, 부동(不凍)의. — 명 동결방지
제, 동결 방지제. (또는 **cryoprotectant**)
cry·o·pump [krάioupʌ̀mp] 명 〔물리〕 저온 펌프
(액체 헬륨 따위로 냉각한 고체 표면에 기체를 응축시키
는 진공 펌프). — 자 저온 펌프를 작동시키다.
cry·o·re·sis·tive [krὰiourizístiv] 명 저항을 줄이
기 위해 극단적으로 냉각한. **-stát·ic** 명
cry·o·stat [krάiəstæ̀t] 명 저온 유지 장치, 냉각기.
cry·o·sur·ger·y [krὰiousə́ːrdʒəri] 명U 저온 수
술; 동결[냉동] 외과. **-geon** 명 **-gi·cal** 명
cry·o·ther·a·py [krὰiouθérəpi] 명 〔의학〕 한랭
[냉동] 요법.
cry·o·tron [krάiətrὰn/-trɔ̀n] 명 〔전자·컴퓨터〕 크
라이오트론(자계(磁界)로 제어할 수 있는 초전도성(超傳
導性)의 소자(素子); 컴퓨터 연산(演算) 회로용).
cry-print [ˈprint] 명 젖먹이 울음 소리의 성문(聲紋).
crypt [kript] 명 1 지하실; (예배실·납골당을 위한) 지
하실. 2 〔해부〕 선와(腺窩), 소낭선(小囊腺). 3 《구어》
=cryptogram; =cryptanalysis. **~·al** 명
crypt- [kript] 연결 ⇨CRYPTO-.
crypt·a·nal·y·sis [krìptənǽləsis] 명UC 암호
[비밀 문서] 해독; 암호문 해독법. **-án·a·lyst** 명 **-àn·a·lýt·ic, -àn·a·lýt·i·cal** 명 **-a·lýt·i·cal·ly** 명
cryp·tate [kríptèit] 명 〔화학〕 크립테이트(원자가
결합에 관여하고 있지 않은 전자와 함께 금속 이온을 둘
러싸고 있는 화합물). 〔지각역(투시 방사).
crypt·es·the·sia [krìptəsθíːʒə] 명 〔심리〕 잠재성
cryp·tic [kríptik] 명 1 숨은, 비밀의; 불가해한, 수
수께끼 같은, 신비스러운; 애매한. ¶a ~ remark 수수
께끼 같은 말. 2 〔동물〕 몸을 숨기기에 알맞은. ¶~
coloring 보호[은폐]색. 3 통명스러운; 간결한, 짧은. 4
암호를 지닌, 기호를 사용한. (또는 **cryptical**) —명
암호문(cryptogram). **-ti·cal·ly** 명
crýp·tic cróssword 명 암호 십자 낱말 풀이.
cryp·to [kríptou] 명 (복 ~s) (정당 따위의) 비밀 당
원[회원, 동조자] 명 : ~-Communist.
cryp·to- [krìptou, -tə] 연결 secret, hidden의 뜻
(*모음 앞에서는 crypt-). ¶*cryptograph, cryptic*.
cryp·to·a·nal·y·sis [krìptouənǽləsis] 명 =
cryptanalysis.
-an·á·lyst 명 **-àn·a·lýt·ic** 명 **-àn·a·lýt·i·cal·ly** 명
cryp·to·bi·o·sis [krìptoubaióusis] 명 (복 *-ses*
[-siːz]) 〔생태〕 음폐(陰蔽) 생활(동면 따위).
-bi·ote [-báiout] 명 음폐 생활자(생물). **-ót·ic** 명
cryp·to-Com·mu·nist [ˈkάmjunist/-kɔ́m-] 명
공산당[공산주의] 비밀 동조자, 공산당 비밀 당원.
cryp·to·ex·pló·sion stróctuer [krìptouiks-
plóuʒən-] 명 〔지질〕 의분화(擬噴火) 구조(거대한 운석
의 충돌로 형성되었다고 생각되는 크레이터 따위).
cryp·to·gam [kríptəgæ̀m] 명 민꽃 식물군(고사리·
이끼 따위의 꽃이 피지 않는 식물). 명 phanerogam.
-gám·ic, -gám·i·cal cryp·tóg·a·mist 명 **cryp·tóg·a·mous** [kriptάgəməs] 명 **cryp·tóg·a·my** 명
cryp·to·gen·ic [krìptədʒénik] 명 〔의학〕 (병 따위

가) 원인 불명의.
cryp·to·gram [kríptəgræ̀m] 명 암호문; 비밀 기
호, 암호. **-gram·mat·ic** [-gremǽtik], **-gram·mát·i·cal** 명 **-gram·ma·tist** 명 **-grám·mic** 명
cryp·to·graph [kríptəgræ̀f/-grὰːf] 명 1 =cryp-
togram. 2 암호 표기법. 3 암호 작성[해독] 장치. — 타
명 암호로 쓰다. **cryp·tog·ra·pher** [kriptάgrəfər/
-tɔ́g-] 명 암호 사용[작성, 해설]자.
cryp·to·graph·ic [krìptəgrǽfik] 명 암호의; 암
호 표기법의. (또는 **cryptographical**) **-i·cal·ly** 명
cryp·tog·ra·phy [kriptάgrəfi/-tɔ́g-] 명U 암호학;
암호(표기)법; C 암호문. **-phal** 명 **-phist** 명
cryp·tol·o·gy [kriptάlədʒi/-tɔ́l-] 명 1 =cryp-
tography. 2 암호 연구. **crỳp·to·lóg·ic, crỳp·to·lóg·i·cal -gist** 명 〔nese cedar〕.
cryp·to·me·ri·a [krìptəmíəriə] 명 삼나무(Japa-
cryp·tom·ne·sia [krìptəmníːʒə/-níːziə] 명 은재
(隱在) 기억(과거에 경험한 일을 생각해냈을 때 그것이
미경험의 사실로 느껴지는 일). **mous** 명
cryp·to·nym [kríptənìm] 명 익명. **cryp·tón·y·**
cryp·to·phyte [kríptəfàit] 명 땅속 식물.
cryp·to·sys·tem [kríptousìstəm] 명 암호 체계.
cryp·to·zo·ol·o·gy [krìptouzouάlədʒi/-ɔ́l-] 명
미확인 동물학, 미지[신비] 동물학(존재 미확인의 동물
연구). **-o·lóg·i·cal** 명 **-gist** 명
cryst. crystalline; crystallized; crystallography.
*****crys·tal** [krístl] 명 (복 ~s [-z]) 1 U 수정. 2 U
크리스털 유리(투명도가 높은 고급 유리); C (집합적)
크리스털 유리 제품, 고급 유리 그릇. ¶silver and ~
식기와 유리 식기. 3 수정 제품[세공]; (점(占) 따위에 쓰
는) 수정 구슬; 수정처럼 맑은 것(얼음·물·눈 따위). 4 (화
학·광물) 결정(체). ¶~s of snow 눈의 결정. 5 (시계
문자반 위의) 유리(watch glass). 6 (무선) (검파(檢波)
용) 광석 검파기. 7 (미속어) (결정 모양의) 각성
제(코카인 따위); 메테드린(Methedrine)액(液). 8 (~s)
(미속어) 쿠한. 9 (전자) 수정체(발진기의 주파수 제어
용). 10 (구어) 수정점(占).
(*as) *clear as crystal* (수정처럼) 투명한.
— 명 1 수정(질)의; 수정[크리스털 글라스]제의. 2 수
정 같은; 투명한, 맑게 비치는. 3 (무선) 광석 검파기의
[를 사용한]. 4 (결혼 기념일 따위가) 15주년의.
— 명타 (~s [-z]; *-l-*, 〈영〉 *-ll-*) 결정시키다, 정화(晶
化)시키다; 수정(같은 것)으로 쓰우다.
~·like 명
crýstal báll 명 1 (점치는 데 쓰는) 수정 구슬. 2 점
치는 방법[수단]. **crýs·tal·báll** 타 (속어) 점치다, 예
언하다. 〔명한; 아주 명백[명료]한.
crys·tal-clear [-klíər] 명 수정처럼 맑은, 아주 투
crýstal clóck 명 =quartz clock. 〔기의 일종).
crýstal cóunter 명 〔전자〕 결정 계수기(입자 검출
crýstal detéctor 명 〔무선〕 광석 검파기(檢波器).
crýstal gázing 명 1 (수정 구슬에 의한) 수정점. 2
미래의 예측. **crýstal gázer** 명 수정 점쟁이.
crýstal gláss 명 크리스털 글라스[유리].
crýstal héaling 명 =crystal therapy.
crýs·tall- [krístəl] 연결 ⇨CRYSTALLO-.
crýstal láser 명 〔물리〕 결정 레이저(루비 따위 투명
한 결정을 사용한 레이저). ¶gas laser
crýstal láttice 명 결정 격자.
*****crys·tal·line** [krístəli(ː)n/-lὰin] 명 1 수정의[같
은]. 2 투명한. 3 결정체로 된; 결정(구조)의. ¶~ rocks 결정암.
-lín·i·ty 명 결정성(結晶性), 결정(化)도; 투명도.
crystálline héaven [sphére] 명 투명 구체(球
體)(Ptolemy의 천문학에서 하늘 외권(外圈)과 항성계
사이에 있다고 생각되는 두 구체 중의 하나).
crýstalline léns 명 〔해부〕 (안구의) 수정체.
crys·tal·lite [krístəlàit] 명 1 〔광물〕 정자(晶子;

〔물·화〕미(微)결정. **2** 〔섬유의〕 교질(膠質) 입자.
-**lít·ic** 휑
crys·tal·li·za·tion [krìstəlizéiʃən/-lai-] 圐 1 ⓤ 결정 (과정), 정화(晶化); 결정체. **2** ⓤ 구체화(具體化). **3** 설탕 절임.
*****crys·tal·lize** [krístəlàiz] 톱® **1** …을 결정[정화(晶化)]시키다. **2** 〔사상·계획 따위]을 구체화하다, 명확하 하다. **3** …을 설탕 절임으로 하다. ¶~d fruit 설탕 절임한 과일. —㉥ **1** 결정[정화]하다(out). ¶ (~ +to do) Water ~s to form snow. 물이 결정하여 눈이 된다. **2** (사상·계획 따위가) 구체화되다(out)(into). ¶ (~+前+图) Her vague fear ~d into a reality. 그녀의 막연한 기우가 현실이 되었다. (또는 **crystalize**)
-**liz·a·bíl·i·ty** 圐 -**liz·a·ble**, -**lized** -**liz·er** 圐
crys·tal·lo- [krístəlou, -lə] 〔연결〕 crystal의 뜻(* 모음 앞에서는 crystall-). ¶ *crystallo*graphy. (또는 **crystalli-**)
crys·tal·lo·graph·ic [krìstələgrǽfik] 휑 결정(학)의, 결정학적인. ¶a ~ axis 결정축. (또는 **crystallographical**) -**i·cal·ly** 튀 〔결정학. -**pher** 圐
crys·tal·log·ra·phy [krìstəlágrəfi/-lɔ́g-] 圐ⓤ
crys·tal·loid [krístəlɔ̀id] 휑 결정상(狀)의; 정질(晶質)의. —圐 **1** 정질(晶質)⑧ colloid). **2** 〔식물〕 가정체(假晶體). -**lói·dal** 휑
crýstal mícrophone 圐 크리스털 마이크.
Crýstal Pálace 圐 수정궁(水晶宮). **1** (the ~) 1851년 만국 박람회용으로 영국 London에 세워졌던 조립식 철골 유리 구조물. **2** (1을 본뜬) 박람회용 건물.
crýstal píckup 圐 〔전축의〕 크리스털 픽업.
crys·tal-see·ing [-sìːiŋ] 圐 =crystal gazing 1.
crys·tal-see·er [-sìːə*r*] 圐 수정 점쟁이.
crýstal sèt 圐 〔무선〕 광석 검파(檢波) 수신기.
crýstal sýstem 圐 〔결정〕 결정계(系).
crýstal thérapy 圐 수정 요법(수정·보석·광물 따위를 접촉시키는 치료법).
crýstal vísion 圐 수정점(占)(에 나타나는 환상).
crýstal wédding 圐 수정혼식(결혼 15주년 기념).
cs, cS centistoke(s). **Cs** 〔화학〕 cesium; 〔기상〕 cirrostratus; cumulostratus. **CS** ㉮ CS gas; 〔국제 자동차 식별 기호〕 Czechoslovakia. **cs.** case(s); census; consciousness; consul. **c/s, C/S** 〔전기〕 cycles per second. **c.s.** capital stock; civil servant [service]. **C.S., CS** capital stock; 〔英〕 chartered surveyor; Chemical Society; chief of staff; Christian Science [Scientist]; civil service; Clerk to the Signet; College of Science; Common Serjeant; communications satellite; conditioned stimulus; Confederate States; Cooperative Society; county seat; Court of Session(또는 **cs**.); 〔라틴〕 *Custos Sigilli*(=Keeper of the Seal).
CSA, C.S.A. Canadian Standards Association(캐나다 규격 협회); Community Services Administration; Confederate States of America.
CSAS 〔항공〕 *c*ommand and *s*tability *a*ugmentation *s*ystem(조종 및 안정성 증대 장치). **CSB** *c*hemical *s*timulation of the *b*rain. **CSC** *c*osecant.
CSC *C*ivil *S*ervice *C*ommission(국가 공무원 임용 위원회); *C*onspicuous *S*ervice *C*ross(수훈 십자 훈장). **CSCE** *C*onference on *S*ecurity and *C*ooperation in *E*urope(유럽 안전 보장 협력 회의). **csch** (수학) hyperbolic cosecant. **C.S.C.S.** *C*ivil *S*ervice *C*ooperative *S*tores. **CSDC** 〔통신〕 *c*ircuit-*s*witched *d*igital *c*apacity(회선 변환 디지털 송신). **CSE, C.S.E.** 〔英〕 *C*ertificate of *S*econdary *E*ducation. ⑧ GCSE.
C-sec·tion [síːsèkʃən] 圐 〔구어〕 =Caesarean
CSF 〔생리〕 *c*erebrospinal *f*luid. [section.
CS gàs 圐 최루 가스의 일종. 〔<발명자인 미국의 화학자 Ben Carson과 Roger Stoughton의 이름〕
C.S.I. *C*hartered *S*urveyor's *I*nstitute. **CSIS** *C*enter for *S*trategic and *I*nternational *S*tudies(전략·국제 문제 연구소). **csk, cSk.** cask. **CSM** 〔항공〕 *c*ommand *s*ervice *m*odule(지령(指令) 기계선); *c*orn, *s*oya, *m*ilk(옥수수·콩가루·분유 혼합의 보조 식품). **C.S.M.** *C*ompany *S*ergeant-*M*ajor.
CSNET [síːɛsnèt] 圐 CS넷(미국 과학 재단(NSF)이 1981년에 설치한 컴퓨터 과학용 네트워크). 〔<*C*omputer *S*cience *Net*work〕
C.S.O., CSO *C*entral *S*ervices *O*rganization; *C*hief *S*ignal *O*fficer(신호 사관장); *C*hief *S*taff *O*fficer(참모 부장). **CSOC** 〔군사〕 *C*onsolidated *S*pace *O*perations *C*enter(통합 우주 작전 센터). **C.S.P.** (美속어) *c*asual *s*ex *p*artner.
C-SPAN [síːspæn] 圐 〔美〕 C 스팬(미국 의회 회의 중계 및 공공 프로 방송 비영리 위성 TV망). (또는 **C-Span**) 〔<*C*able *S*atellite *P*ublic *A*ffairs *N*etwork〕
C-span·ner [síːspæ̀nə*r*] 圐 C자형 스패너.
C-spot [síːspɑ̀t/-spɔ̀t] 圐 =C-note.
Ć spring 圐 (차체를 받치는) C자형 용수철.
C.S.S.R. 〔라틴〕 *C*ongregatio *S*anctissimi *R*e*d*emp*toris*(=*C*ongregation of the Most Holy Redeemer). **CST, C.S.T., c.s.t.** 〔美〕 *C*entral *S*tandard *T*ime(중앙 표준시).
C-store [síːstɔ̀*r*] 圐 =convenience store.
CSU *C*hristian *S*ocial *U*nion(기독교 사회 연맹); (또는 **c.s.u.**) *c*onstant *s*peed *u*nit. **CSV** 〔컴퓨터〕 *c*omma *s*eparated *v*alue(콤마 분리값; 콤마 분리의 데이터 형식); *C*ommunity *S*ervice *V*olunteer. **CT** *c*ell *t*herapy(세포 요법); *C*entral *t*ime; *c*ertificated [*c*ertified] *t*eacher; *c*ock *t*easer; *c*omputed [*c*omputerized] *t*omography(컴퓨터 단층 촬영); 〔우편〕 *C*onnecticut. **ct.** *c*arat(s); *c*ent(s); *c*entum; *c*ertificate; *c*ounty; *c*ourt. **Ct.** *C*onnecticut; *C*ount; *C*ourt. **CTBT** *C*omprehensive *T*est *B*an *T*reaty(포괄 핵실험 금지 조약). **CTBTO** *C*omprehensive *T*est *B*an *T*reaty *O*rganization(포괄 핵실험 금지 조약 기구). **CTC** *c*entralized *t*raffic *c*ontrol(열차 집중 제어 장치); *C*itizens' *T*raining *C*orps(시민 훈련대); *C*yclists' *T*ouring *C*lub.
cten- [ten] 〔연결〕 ⇨CTENO-.
cten·o- [ténou, -nə, ten-] 〔연결〕 comb의 뜻(* 모음 앞에서는 cten-). ¶ *cteno*phore, *cten*oid.
cte·noid [tíːnɔid, tén-] 圐 〔동물〕 빗살 모양의; (물고기가) 깔쭉깔쭉한 비늘이 있는.
cten·o·phore [ténəfɔ̀ː*r*, tíːnə-] 圐 〔동물〕 빗살해파리(comb jelly).
Ć términus[términal] 圐 〔생화학〕 C 말단(단백질 분자의 카르복실기(基)측의 말단). **Ć-tèr·mi·nal**
ctf. *c*ertificate; *c*ertified; *c*ertify. **ctg, ctge.** *c*artage; *c*artridge. 〔*s*chool 3류 학교.
C thrèe, C3, c3 圐 〔英구어〕 3류의; 열등한. ¶a ~
C³I *c*ommand, *c*ontrol, *c*ommunication and *i*nformation(지휘·통제·통신·정보(현대전의 필수적인 4요소)). **ctn** *c*arto*n*; 〔수학〕 *c*ota*n*gent.
C.T.O. *c*anceled *t*o *o*rder(개인 판매를 위해 스탬프를 찍은 우표); *C*hief *T*echnical *O*fficer. **C2C** *c*onsumer *to c*onsumer(소비자 간 상거래). **c. to c.** center to center.
CTOL [síːtoul, -tɔːl/-tɔl] 圐 〔항공〕 재래형 고정익 항공기. ⑧ STOL, VTOL. 〔<*c*onventional *t*ake-*o*ff and *l*anding〕
ctr. center; counter. **CTS** *c*entral *t*erminal *s*ystem((원유의) 중앙 터미널식 중계 수송 방식); 〔인쇄〕 *c*old *t*ype *s*ystem(사진 식자); *c*omputerized *t*ypesetting(컴퓨터 조판); *c*rude *o*il *t*ransshipment *s*tation(원유 비축 기지). **cts.** centimes; cents;

CT scan =CAT scan. **CT scànner** =CAT scanner. **CT scànning** =CAT scanning.
CTT (英) capital transfer tax. **CTV** cable television; Canadian Television. **CTW** Children's Television Workshop. **Cty.** City; County.
C-type vírus [síːtàip-] 명 C형 바이러스(발암성 리보 핵산을 가진 바이러스). [<Cancer-type virus]
Cu ㉠ (라틴) cuprum(=copper). **CU** close-up.
cu. cubic; cumulative; cumulus.
cua·dril·la [kwɑːdríːljə] 명 (투우) 콰드리야(matador의 조수단).
***cub** [kʌb] 명 1 (여우·곰·사자 따위의) 새끼. 2 (서투른[버릇없는]) 아이, 풋내기; (순진한) 젊은이, 계집애. ¶ an unlicked ~ 경험 없는 젊은이. 3 (구어) 수습생, 햇내기[견습] 기자. 4 = ~ scout. —(-bb-) (여우 따위가) 새끼를 낳다; 새끼 여우 사냥을 하다.
cub. cubic.
***Cu·ba** [kjúːbə] 명 쿠바(서인도 제도의 공화국; 수도 Havana).
cub·age [kjúːbidʒ] 명 체적, 용적(volume).
***Cu·ban** [kjúːbən] 명 쿠바(섬)의; 쿠바 사람의.
— 명 쿠바 사람.
cub·ane [kjúːbein] 명 (화학) 쿠반(8개의 CH기가 정육면체의 각 모서리에 붙어 있는 탄화수소).
Cúban fórkball (美속어) =spitball 2.
Cúban héel (구두의) 쿠반 힐.
Cúban·ize [kjùːbənáizʃ-] 타 …을 쿠바화(化)하다(중남미 국가가 사회주의화함을 가리킨다).
Cúban míssile crísis (the ~) 쿠바 미사일 위기(1962년 10월 옛 소련이 쿠바에 미사일을 배치했다가 미국의 강경 대응에 물려 철수한 사건).
Cu·ba·nol·o·gist [kjùːbənɑ́lədʒist/-nɔ́l-] 명 쿠바 문제 전문가. **-gy**
Cúban sándwich 명 쿠바식 샌드위치(햄·소시지·치즈 따위를 많이 씀). [法]. 2 체적, 용적(cubage).
cu·ba·ture [kjúːbətʃər] 명 1 ⓤ 입체 구적법(求積
cub·bing [kʌ́biŋ] 명 (美) =cub hunting.
cub·bish [kʌ́biʃ] 형 새끼 짐승 같은; 버릇없는, 서투른; 단정치 못한. **~·ly** 부 **~·ness** 명
cub·by [kʌ́bi] 명 (구어) =cubbyhole.
cub·by·hole [kʌ́bihòul] 명 (구어) 1 아늑하고 기분 좋은 장소[방, 오두막]. 2 작은 반침[찬장].
***cube** [kjuːb] 명 (복 ~s [-z]) 1 입방체, 정6면체; 입방체로 된 것. 2 ⓤ (수학) 3승(乘), 세제곱, 입방. ¶ four feet ~ 4피트 입방/The ~ of four is sixty-four. 4의 세제곱은 64이다. 3 (the ~s) (속어) 주사위(dice). 4 각설탕(sugar ~). 5 (구어) 입방인치. 6 (사진) =flashcube. 7 (속어) 시류[세상 물정]에 어두운 사람. 8 (the ~, the C-) 루빅 큐브(Rubik's ~). 9 (美속어) LSD가 들어있는 각설탕; 1인분의 마약.
— 타 (~s [-z]; ~d; cub·ing) 1 …을 입방체로 하다, 입방으로 자르다, 각뿔썰기하다. 2 …에 벽돌 따위 네모진 포석을 깔다. 3 …의 체적[부피]을 구하다; (수학) …을 세제곱하다. ¶ a solid 입체의 체적을 구하다/Five ~d is 125. 5의 세제곱은 125이다. **cúb·er** 명
cu·beb [kjúːbeb] 명 ⓤⓒ 쿠베브(동인도산(産) 자바 후추의 열매; 약용).
cúbe róot 명 (수학) 입방근, 세제곱근.
cúbe stèak 명 큐브 스테이크(종횡으로 칼집을 넣어 먹기 쉽게 한 스테이크). (또는 **cúbed stéak**)
cúbe sùgar 명 각설탕.
cúb·hood [kʌ́bhùd] 명 ⓤ (야수의) 어릴 때의 상태
cúb hùnting 명 새끼여우 사냥(英) cubbing.
***cu·bic** [kjúːbik] 형 입방체의, 정6면체의; 3차원의, 입체의. ¶ a ~ box 입방체의 상자. 2 (수학) 세제곱의, 3차의; 체적의. ¶ a ~ inch 1입방 인치/the ~ contents of a box 상자의 체적[부피]. 3 (결정) 등축 정계(等軸晶系)의. 4 (수학) 3차(방정)식; 3차 곡

선; 3차 함수. **cu·bíc·i·ty** 명 **~·ly** 부
cu·bi·cal [kjúːbikəl] 형 입방체의, 정6면체의.
~·ly 부 **~·ness** 명
cúbic equátion 명 (수학) 3차(방정)식.
cúbic interchánge[cróssing] 명 입체 교차
cu·bi·cle [kjúːbikl] 명 1 (英) (학교 기숙사의 칸막이한) 침실. 2 칸막이한 좁은 장소, 작은 구획; (도서관의) 개인 열람실(carrel); (풀장 따위의) 탈의실.
cúbic méasure 명 체적 도량(度量)(법(法)).
cu·bi·form [kjúːbəfɔ̀ːrm] 형 입방형의. 「큐비즘.
cub·ism [kjúːbizm] 명 ⓤ (때로 C-) (미술) 입체파,
cub·ist [kjúːbist] 명 입체파 예술가[화가, 조각가].
— 형 =cubistic.
cu·bis·tic [kjuːbístik] 형 입체파(풍)의; 입체파 예술가의. **-ti·cal·ly** 부
cu·bit [kjúːbit] 명 큐빗, 완척(腕尺)(고대의 척도로, 팔꿈치에서 가운뎃손가락 끝까지의 43-53cm).
cu·bi·tal [kjúːbitl] 형 (해부·동물) 팔꿈치의.
cu·bi·tus [kjúːbətəs] 명 (복 **-ti** [-tài]) (해부) 전완(前腕); 팔꿈치.
cu·boid [kjúːbɔid] 형 =cuboidal. —명 (수학) 직평행 6면체
cu·boi·dal [kjuːbɔ́idl] 형 입방형의; 주사위뼈의.
cúboid bòne 명 (the ~) (해부) 주사위뼈.
cúb repòrter 명 햇병아리 기자, 수습 기자.
cúb scòut 명 (때로 C- S-) (美) 보이 스카우트의 유년 단원(8-10세)(英) wolf cub).
cu·ca·ra·cha [kùːkərɑ́ːtʃə] 명 (스페인) (La C-) 라 쿠카라차(멕시코의 무도회춤[노래]의 하나).
cu·chi·fri·to [kùːtʃifríːtou] 명 (복 **~s**) 쿠치프리토(모나게 썬 돼지고기 튀김). [<Sp]
cúck·ing stòol [kʌ́kiŋ-] 명 징벌용 의자.
cuck·old [kʌ́kəld] 명 (경멸적) 부정(不貞)한 아내의 남편, 오쟁이진 사내. — 타 (남편)에게 오쟁이 지우다, 서방질하여 [남편]에게 망신을 주다.
cuck·old·ry [kʌ́kəldri] 명 ⓤⓒ 아내의 서방질로 욕을 보기; (아내의) 간통, 서방질.
‡**cuck·oo** [kúː(ː)kuː/kúːkuː] 명 (복 **~s** [-z]) 1 뻐꾸기. 2 뻐꾹, 뻐꾸기 (울음) 소리, 그 흉내. 3 (음악) 뻐꾸기 피리. 4 (구어) 바보, 얼간이; (속어) 사람, 놈.
the cuckoo in the nest 평화스러운 부모·자식 관계를 해치는 침입자.
— 자 (~s [-z]) ㉠ (뻐꾸기가) 뻐꾹뻐꾹 울다; 뻐꾸기 소리를 흉내내다; (뻐꾹 시계가) 뻐꾹뻐꾹 울다. — 타 …을 단조롭게 되풀이하다. 「같은].
— 형 (속어) 미친; 의식을 잃은; 술취한. 2 뻐꾸기의
cúckoo clòck 명 뻐꾹 시계.
cuck·oo·flow·er [kúː(ː)kuːflàuər/kúkuː-] 명 (식물) 황새냉이, 동자꽃(lady's smock).
cuck·oo·pint [kúː(ː)kuːpàint/kúkuː-] 명 천남성 비슷한 식물.
Cúckoo Sòng 명 영국의 가장 오래된 서정시.
cuck·oo·spit [-spit] 명 ⓤ 거품벌레가 내는 거품; ⓒ 거품벌레. (또는 **cúckoo spíttle**)
cu cm, cu. cm. cubic centimeter(s).
cu·cul·late [kjúːkəlèit, kjuːkʌ́leit] 형 고깔[승모(僧帽)]을 쓴, 두건을 쓴; (식물 따위가) 승모[두건]을 쓴 것 같은. (또는 **cucullated**)
‡**cu·cum·ber** [kjúːkʌmbər] 명 1 오이(의 열매). 2 오이 비슷한 식물; 그 열매. 3 = ~ tree.
(as) cool as a cucumber 아주 태연[냉정]하게[한], 아주 침착하게[한].
cúcumber trèe 명 (미국산(産)) 목련과(科) 식물; (동인도산(産)) 양도속(羊桃屬) 나무.
cu·cur·bit [kjuːkə́ːrbit] 명 (식물) 호리병박; (화학) (옛날의) 호리병 모양의 증류병. ⇒ ALEMBIC 그림.
-bi·ta·ceous [-bitéiəs] 형 박과의. 「냄세식.
cud [kʌd] 명 새김질거리(반추 동물이 입으로 되내보

chew the[or *one's*] **cud** ① (소 따위가) 새김질하다. ② (구어) 곰곰이 생각하다, 심사숙고하다 (*of*).
cud·bear [kʌ́dbɛər] 몡Ⓤ 커드베어 염료(각종 이끼에서 채취하는 자줏빛 염료).
cud-chew·er [⁃tʃùːər] 몡 반추(反芻) 동물.
***cud·dle** [kʌ́dl] 몡ㅌ (다정스럽게) …을 껴안다, 껴안고 귀여워하다(*up*). ¶ ~ *a doll* 인형을 껴안다. ─ⓐ (…에게) 꼭 붙어 자다, 바싹 달라붙다(*up, together*) (*to*);
  ***cuddle up with** …을 부둥켜 안고 자다. ┌껴안다.
  ─몡 (a ~) 바싹 달라붙음; 껴안기, 포옹.
  ~·some 휑 껴안고 싶은. 「고 닮은」여자, 불량 소녀.
cud·dle-bun·ny [⁃bʌ̀ni] 몡 (美속어) 굴러먹은[닳
cud·dly [kʌ́dli] 휑 =cuddlesome.
cud·dy¹ [kʌ́di] 몡 1 (해사) 작은 방, 선실; (소형 기선 따위의) 주방, 식기실. 2 (일반적으로) 작은 방; 찬장.
cud·dy² [스코] 당나귀; 바보, 얼간이.
***cudg·el** [kʌ́dʒəl] 몡 1 (무기로 쓰는 짧고 굵은) 곤봉 (club). 2 (~s) 봉술(棒術) (시합) (~ *play*).
  take up the cudgels (…을) 강력히 변호하다, (…을) 도우러 오다, (…을 위해) 용감히 싸우다 (*for*).
  ─몡ㅌ (*-l-*, (英) *-ll-*) …을 곤봉으로 때리다, 치다.
  cudgel *one's* **brain(s)** (구어) 골똘히 생각하다, 머
  ~·er 몡 [지혜]를 짜내다.
cud·weed [kʌ́dwiːd] 몡 떡쑥속(屬)의 식물.
***cue**¹ [kjuː] 몡 1 단서, 귀띔, 힌트, 지시. 2 (연극) (배우의 등장이나 발언·조명·효과을 따위를 넣는 신호가 되는 대사 따위의 문구 또는 몸짓, 큐; (음악) (오케스트라용) 연주 지시 악절(樂節); (~s) 방송용 지도서. 3 역할, 구실. 4 (고어) 기분, 심기. 5 (심리) 계기 자극(생체의 행동을 어느 방향으로 이끄는 계기가 되는 자극).
  be in cue for …할 기분이 되어 있다.
  give *a person* **the** [or *his*] **cue** 남에게 암시[힌트]를 주다, 귀띔해 주다. ┌리다.
  miss a cue ① 신호를 놓치다. ② (구어) 요점을 빠뜨
  miss the cue 대사를 잊어버리다.
  (right) on cue 예정대로, 때맞춰. ┌다[배우다].
  take *one's* **cue from** *a person* 남에게서 힌트를 얻
  ─몡ㅌ 1 (연극 따위에서) …에게 큐[지시]를 보내다. 2 (美구어) (음악·연극에서) …을 (…에) 삽입하다, 들어오도록 지시하다 (*in, into*).
  cue *a person* **in; cue in** *a person* ① (연극 따위에서) 남에게 신호하다. ② (구어) 남에게 알리다; 정보 [뉴스 따위]를 제공하다(*on*).
cue² 몡 1 (당구 따위의) 큐, 당구채. 2 변발(辮髮), 땋아 늘어뜨린 머리. 3 (차례를 기다리는 사람의) 줄(queue).
  ─몡ㅌ [머리를] 땋아늘이다; (당구) [공]을 큐로 치다. ─ⓐ 줄을 짓다; (당구) 큐로 치다.
CUE (컴퓨터) control unit end.
cúe báll (당구) 칠[치는] 공(보통 흰공), 몡 object
cúe cárd (TV) 큐카드(방송중에 출연자에게 보여주는 대사·지시 따위를 써넣은 카드).
cúed spéech [kjuːd-] 몡 (때로 C– S–) (농아자를 위한) 독순술(讀脣術)과 수화(手話)를 합친 의사 소통법.
cue·ist [kjúːist] 몡 당구 치는 사람, 당구 선수.
cues·ta [kwéstə] 몡 (美) 케스타(한쪽이 비교적 가파르고 다른 쪽이 완만한 대지(臺地)).
***cuff**¹ [kʌf] 몡 1 (와이셔츠 따위의) 소맷부리, 커프스. 2 (바지 끝의) 접단; (손목 둘레의) 소맷부리; 소매 커버; (긴 장갑의) 손목에서 팔에 덮이는 부분. 3 (~s) (구어) 수갑(handcuffs). 4 (의학) (혈압계의) 가압대(加壓帶).
  for the cuff (美속어) 내밀한, 기밀의(confidential).
  off the cuff (구어) ① 즉석에서[의], 즉흥적으로[인].
  ② 비공식으로[의], 형식을 따지지 않고[않는].
  on the cuff (구어) 신용[외상]으로[의]; 공짜로[의]; 비밀로; 즉석에서.
  put the cuffs on …을 체포하다, 수갑 채우다.
  shoot *one's* **cuff** (셔츠의) 커프스를 밖으로 내놓다; (비유적) 위엄있는 태도를 보이다.
  ─몡ㅌ 1 …에 커프스를 달다, 접단을 만들다. 2 …에게 수갑을 채우다. 3 (美속어) 외상으로 하다; …을 (회사) 경비로 처리하다. 4 (美속어) (느닷없이) …으로부터 돈을 빌리다. 5 …의 혈압을 재다. **~ed** [-t], **~·less** 휑
cuff² (구어) 몡ㅌ …을 손바닥[주먹]으로 치다, 때리다.
  ─ⓐ 싸우다, 맞붙다.
  cuff *one's* **meat** (비어) 자위 행위를 하다.
  ─몡 손바닥으로 치기, 주먹질(slap, buffet).
  be at cuffs with …와 서로 주먹다짐을 하다.
  cuffs and kicks 매질.
  go [or *fall*] **to cuffs** 주먹질[싸움]을 하다.
cúff bùtton 몡 (보통 ~s) 커프스 버튼
cuf·fee [kʌ́fi] 몡 (美속어) 흑인. ┌link).
cúff lìnk 몡 (보통 ~s) 커프스 단추[버튼]((英) sleeve
cúff quòte 몡 (금융) (금융 상품의) 비공식 시세.
Cu·fic [kjúːfik] 휑몡 =Kufic.
CUFT (美) Center for the Utilization of Federal Technology(연방 기술 이용 센터). **cu. ft.** *cubic foot*[*feet*]. **CUI** *Centre Universitaire d'Informatique* (Geneva 대학 부설 WWW 개발의 중심 기관).
cui bo·no [kwiː bóunou, kái-/kwiː bɔ́nou] 1 누가 덕 보는가?(For whose benefit?) 2 무슨 소용이 있는가?(For what use?), 무슨 이익이 있는가?(Of what
cu. in. *cubic inch*(*es*). ┌good?) (＜L)
cui·rass [kwirǽs] 몡 1 동체 갑옷(가슴받이와 등받이로 된 것). 2 (배의) 장갑. 3 (동물) 골판(骨板), 인갑(鱗甲). 4 인공호흡 장치. ─몡ㅌ …에게 동체 갑옷을 입히다; (배 따위) 에 장갑을 하다. **~ed** [-t] (＜F)
cui·ras·sier [kwìərəsíər] 몡 갑옷 입은 기병.
Cui·se·náire ròd [kwiːzənɛ́ər-] 몡 (상표) 퀴즈네르 막대(1–10cm 길이의 색칠한 10개 한 벌의 막대;
cuish [kwiʃ] 몡 =cuisse. ┌산수 교육용).
cui·sine [kwizíːn] 몡 1 Ⓤ (때로 a ~) (독특한) 요리; 요리법. ¶Italian ~ 이탈리아 요리. 2 (⌈고어) (호텔 따위의) 주방, 조리실. **-sí·nier** 몡 요리사. (＜F)
cui·sine min·ceur [F kɥizin mɛ̃sœːR] 몡 퀴진 맹쇠르(저칼로리의 프랑스 요리법). (＜F)
cuisse [kwis] 몡 (갑옷의) 넓적다리 가리개.
cuke [kjuːk] 몡Ⓤ (구어) 오이(cucumber).
culch [kʌlt] 몡Ⓤ 1 굴 양식장의 물 밑에 까는 돌이나 조가비(알을 부착시킨다). 2 굴의 알. 3 (방언) 찌꺼기, 잡동사니, 쓰레기. (또는 **cultch**)
cul-de-sac [kʌ́ldəsæ̀k, -sæ̀k, kúl-] 몡 (몡 **~s, culs-**) 1 막다른 골목, 막힌 길. 2 궁지, 궁경, 막다름. 3 한쪽만 입이 열린 자루(관). (해부) 맹관(盲管), 맹장. 4 (군사) 적지에 고립되어 있는 3방 포위. (＜F)
-cule [kjuːl] 〈접미〉 명사에 붙여서「작은 …」의 뜻을 나타낸다. ¶animal*cule*, mole*cule*.
cu·lex [kjúːleks] 몡 (몡 **-li·ces** [-ləsiːz]) 홍모기속(屬)의 모기.
cu·li·nar·i·an [kjùːlənɛ́əriən/kʌ̀l-] 몡 요리사, 쿡.
Cúl·li·nan díamond [kʌ́lənən-] 컬리넌 다이아몬드(세계 최대의 다이아몬드; 1905년 Transvaal에서 발견되었을 당시의 원석은 3,106캐럿; 이것을 커팅한 것이 the Star of Africa).
cu·li·nar·y [kjúːləneri, kʌ́l-/kʌ́linəri] 휑 (한정용법) 주방의; 요리의, 요리에 쓰는. ┌리 학원.
cúlinary árts 몡 (the ~) 요리법. ¶a ~ school 요
cull¹ [kʌl] 몡ㅌ 1 …에서 고르다, 선택하다, 선발하다(*out*) (*from*). ¶ (~+몡＋[전]＋[명]) ~ *the choicest lines from poems* 시에서 가장 훌륭한 행을 선발하다. 2 (꽃 따위를) 따다, 모으다. 3 (쓸모 없는 동물)을 가려내다[가려내 죽이다](*out*). ─몡 1 선택, 선발; (꽃 따위를) 따기; 도태(淘汰). 2 (보통 ~s) (가축 떼 따위에서 열등하여) 도태된 것; 찌꺼기. **~·ing** 몡
cull² 몡 (英방언) 바보(fool), 얼간이.
cúll bìrd 몡 (美속어) 따돌림 받는 사람; (학생 사이에서) 학생 클럽에 가입 자격이 인정되지 않는 사람.

cul·len·der [kʌ́ləndər] [명] =colander.
cull·er [kʌ́lər] [명] **1** 가려내는 사람, 선별하는 사람. **2** 목재[석재]의 부피를 재는 사람.
cul·let [kʌ́lit] [명] (다시 녹여 쓸) 유리조각[부스러기].
cul·ly [kʌ́li] [명] **1** 《고어》 얼간이, 멍청이. **2** 《속어》 남자, 녀석; 동료, 단짝. ━[동][타] …을 속이다, 사기치다.
culm[1] [kʌlm] [명] **1** [U] 탄가루, 분탄. **2** [U] 저질 무연탄. **3** (C-) 〔지질〕 쿨름층(하부 석탄계의 암층).
culm[2] [명] (대나무·벼 따위의) 마디가 있고 속이 빈 줄기, 대, 풀줄기. ━[동][자] (자라서) 줄기가 되다.
cul·mif·er·ous [kʌlmífərəs] [형] 대[줄기]가 있는.
cul·mi·nant [kʌ́lmənənt] [형] 정점[절정]에 있는, 가장 높은; 〔천문〕 자오선상의.
***cul·mi·nate** [kʌ́lmənèit] [동][자] **1** (…로) 절정[최고조]에 이르다(*in*). ¶ (~+[前]+[名]) ~ *in* amount 최고량에 달하다 / ~ *in* power 권력이 극에 이르다. **2** (결과로서) …으로 끝나다, 드디어 …이 되다(*in*). **3** 〔천문〕 자오선에 이르다, 남중(南中)하다. ━[타] …을 끝내다, 완료[완결]시키다; 클라이맥스에 이르게 하다.
culminate in 드디어[결국] …이 되다.
cul·mi·nat·ing [kʌ́lmənèitiŋ] [형] 절정에 달한; 궁극의.
cul·mi·na·tion [kʌ̀lmənéiʃən] [명][U][C] **1** 절정[최고점]에 이르기, 완성, 성취. **2** (the ~) 절정, 정상; 최고조, 전성(全盛). **3** 〔천문〕 자오선 통과, 남중(南中).
reach the culmination in …에서 최고조에 달하다.
cu·lo [kú:lou] [명] (복 ~**s**) 《비어》 궁둥이; 항문;질(膣).
cu·lottes [kju:láts/kju:lɔ́ts] [명][복] 퀼로트(바지식 스커트). 〔<F〕
cul·pa [kʌ́lpə] [명] (복 ***-pae*** [-pi:]) 〔법률〕 과실; 태만; 죄.
cul·pa·ble [kʌ́lpəbl] [형] 〔법률〕 (…으로) 비난할 만한, 유죄의 (*for*). ¶ ~ negligence 태만죄.
hold** a person **culpable 남을 나쁘게[괘씸하게] 생각하다.
-bíl·i·ty, ~·ness [명] 유죄.
cul·pa·bly [kʌ́lpəbli] [부] 무도하게도, 괘씸하게도.
***cul·prit** [kʌ́lprit] [명] (보통 the ~) **1** 범인, 죄인. **2** 범죄 용의자; 〔법률〕 (무죄를 주장하는) 형사 피고인, 미결수. **3** (문제의) 원인(이 되는 것). ¶ single out inflation as the ~ of economic crisis 경제 위기의 원인으로 인플레를 지목하다.
***cult** [kʌlt] [명] **1** (종교적) 예배, 제례(祭禮), 의식. **2** (사람·물건·사상에 대한) 예찬, 숭배, 동경. ¶ the ~ of nature 자연 숭배. **3** (일시적인) 열기, 유행, …열(熱). ¶ the physical fitness ~ 건강 체조 붐. **4** 숭배[동경]의 대상; 《집합적》 숭배[예찬]자 (집단). **5** 유사 종교, 사교(邪敎), 밀교(密敎), 이교(異敎); 신흥 종교; 《집합적》 사교[밀교]도. **6** (기도 따위의 비과학적인) 신앙 요법.
the cult of the jumping cat 기회주의.
━[형] **1** 유행하는. ¶ a ~ word 유행어. **2** 숭배[예찬]하는; 작은 숭배자 집단의[을 위한].
cultch [kʌltʃ] [명] =culch.
cult-fig·ure [ˊfigjər/-gə] [명] 숭배[대중적 인기]의 대상(인물).
cul·ti·gen [kʌ́ltədʒən, -dʒèn] [명] 재배형 식물(원종(原種)이 불분명하여 재배 상태로만 알고 있는 식물).
cult·ish [kʌ́ltiʃ] [형] 숭배의, 컬트적인. (또는 **cultic**)
~**·ly** [부] ~**·ness** [명]
cult·ism [kʌ́ltizm] [명][U] 열광; 극단적 종파 성향.
cult·ist [kʌ́ltist] [명] (종파·유행 따위의) 열광자, 광신자. ━[형] (극단적으로) 종파적인; 사교[신흥 종교]적인.
cul·ti·va·ble [kʌ́ltəvəbl] [형] 경작할 수 있는, 개척 가능한; 재배[양식, 배양]할 수 있는; (능력 따위가) 육성[계발]할 수 있는.
-bíl·i·ty [명] **-bly** [부]
cul·ti·var [kʌ́ltəvà:r] [명] 재배 변종 식물(재배중 발생하는 변종). 〔<*culti*vated+*var*iety〕
cul·ti·vat·a·ble [kʌ́ltəvèitəbl] [형] =cultivable.
‡**cul·ti·vate** [kʌ́ltəvèit] [동][타] (***-vat·ed; -vat·ing***) **1** 〔논밭〕을 갈다, 경작하다, 〔토지〕를 개간하다. ¶ ~ fields [soil] 밭[땅]을 갈다. **2** …에 북주다; …에 경운기를 사용하다. **3** …을 재배하다, 배양하다, 양식[사육]하다; 〔품질〕을 개량하다. ¶ ~ oysters 굴을 양식하다 / ~ roses 장미를 재배하다. **4** …을 잘 손질하다. **5** …을 양성[연마]하다; 〔품성〕을 도야하다, 기르다; …을 계발[교화]하다. ¶ ~ manners 예의 범절을 익히다 / ~ one's mind [moral sense] 마음을 갈고 닦다[도의심을 함양하다]. **6** 〔예술·과학 따위의 발달〕을 촉진하다, 장려하다. **7** 〔예술 따위〕에 몰두하다, 탐닉하다. **8** 〔우정 따위〕를 돈독히 하려고 애쓰다. ¶ ~ the acquaintance of a person 남과의 친분을 한층 돈독히 하다. **9** 〔면식·교제〕를 구하다, 〔사람〕과 적극적으로 어울리려 하다.
***cul·ti·vat·ed** [kʌ́ltəvèitid] [형] **1** 경작된, 개간된([반] waste). ¶ ~ land 경작지. **2** 재배[양식, 배양]된. ¶ ~ plants [flowers] 재배한 식물[꽃]. **3** 교양 있는; 세련된; 교육을 받은.
‡**cul·ti·va·tion** [kʌ̀ltəvéiʃən] [명][U] **1** 경작, 개간; 재배, 사육. ¶ under [out of] ~ 경작[휴경]중의[에]. **2** 재배 상태, 경작 상태. **3** 교화, 양성, 수양; 세련.
***cul·ti·va·tor** [kʌ́ltəvèitər] [명] **1** 경작자, 재배자. **2** 양성자; 수양자. **3** 경운기.
cúlt mòvie [명] 컬트 영화(소수 숭배자 집단을 겨냥한 영화).
cúlt of personálity [명] 개인 숭배(생존 지도자·독재자의 우상화 따위). (또는 **cúltrated**)
cul·trate [kʌ́ltreit] [형] (칼날처럼) 예리한[끝이 뾰족한].
cul·tur·a·ble [kʌ́ltʃərəbl] [형] =cultivable.
‡**cul·tur·al** [kʌ́ltʃərəl] [형] **1** 문화의, 문화적인. ¶ a ~ desert 문화의 불모지. **2** 교양의, 수양의. ¶ ~ studies 교양 과목. **3** 경작의, 재배의; 인공의. ~**·ly** [부]
cúltural anthropólogy [명] 문화 인류학(social anthropology). **cúltural anthropólogist** [명]
cúltural asýlum [명] 문화적 망명(문화·관습 차이로 겪는 육체적 고통을 이유로 하는 망명).
cúltural crínge [명] 《濠》 (영국[외국] 문화에 대한) 비굴한 추종.
cúltural deprivátion [명] 《완곡적》 빈곤, 슬럼 상태. **cúl·tur·al·ly-de·príved** [형]
cúltural diplómacy [명] 문화 외교.
cúltural exchánge [명] 문화 교류.
cúltural geógraphy [명] 문화 지리학.
cúltural impérialism [명] 문화 제국주의.
cul·tur·al·ize [kʌ́ltʃərəlàiz] [동][타] 〔인류〕 …을 문화의 영향하에 두다. **-i·zá·tion** [명]
cúltural lág [명] 〔사회〕 문화(적) 지체(遲滯)(문화 발달의 파행적 현상).
cúltural plúralism [명] 〔사회〕 문화적 다원성(소수자 집단이 그 문화적 차이를 유지하면서 전체 사회에 참여하는 것); (이를 지지하는) 문화적 다원주의.
cúltural revolútion [명] **1** 문화 혁명. **2** (the C-R-) (중국의) 문화 대혁명(1966-76).
cúltural revolútionary [명] 문화 혁명 제창[지지]자.
cul·tu·ra·ti [kʌ̀ltʃərá:ti:] [명][복] 교양인 계급, 문화인들. 〔<*cultu*re+lite*rati*〕
‡**cul·ture** [kʌ́ltʃər] [명] (복 ~**s** [-z]) **1** [U][C] 문화, 정신 문명; 예술, 문학. ¶ primitive ~ 원시 문화 / the ~ of ancient China 고대의 중국 문명.

> [유의어] **culture** 어떤 민족의 신앙·전통·관습 따위의 모든 생활 양식을 종합한 것. 정신면을 강조한 것으로 어떤 미개 민족에도 존재한다. **civilization** 야만적인 상태를 벗어나 고도의 예술·과학·종교·정치 따위가 발달한 상태. 흔히 물질면의 생활 발달을 암시.

2 [U][C] 교양, 세련; 교육, 훈련, 수양. ¶ a man of ~ 교양 있는 사람 / the two ~*s* 두 가지 교양(문화와 과학) / moral ~ 도덕 교육, 덕육 / physical [intellectual] ~ 체[지]육. **3** [U] 경작(tillage); 재배; 사육, 양식, 배양. ¶ intensive ~ 촉성 재배 / the ~ of cotton 목화 재배. **4** [U][C] 〔생물〕 (박테리아의) 배양; 배양물, 배양균.
━[동][타] (~**s** [-z]; ~***d***; ***-tur·ing***) 《주로 수동형으로》 …을 교화하다(cultivate); …을 재배하다, 양식[배양]하다. ~**·less** [형]
cúlture àrea [명] 〔인류〕 문화 영역(문화적 특색을 공유하는 지리적 범위).

cúlture bròker 명 문화 브로커[중개인]; 이(異)문화 간의 가교역.

cúlture cènter 명 〔인류〕 문화 중심(문화 영역의 발 「상지).

cúlture còmplex 명 〔사회〕 문화 복합체(문화 특성이 유기적으로 연결되어 있는 복합체, 또 그 문화).

cul·tured [kʌ́ltʃərd] 형 **1** 경작된, 재배된. **2** 계발된; 고상한, 세련된. ¶a ~ country 문화 국가.

cúlture(d) péarl 명 양식 진주.

cúlture fàctor 명 〔인류〕 문화(적) 요인.

cúlture flúid 명 (세균의) 배양액.

cúlture-free tést [-fríː-] 명 〔심리·교육〕 문화에 영향을 받지 않는 검사. 「tions gap

cúlture gàp 명 문화간의 격차. 참 communica-

cúlture hèro 명 문화 영웅(문화를 창시하거나 사회의 이상을 구현한 신화적·전설적 인물).

cúlture làg 명 =cultural lag.

cúlture mèdium 명 〔세균〕 배양기(基), 배지(培地).

cúlture mýth 명 문화 신화, 민족 개화 신화.

cúlture of déath 명 죽음의 문화(피임·안락사를 용인하고 사형 제도를 존중시키는 현대 문화; 교황 John Paul Ⅱ가 사용한 말).

cúlture pàttern 명 〔인류〕 문화 양식, 문화 패턴.

cúlture shòck 명 문화 충격.

cúlture tàb 명 문화 타블로이드지(紙)(신문·잡지를 혼합한 새 형식의 뉴스 미디어).

cúlture tràit 명 〔인류〕 문화 특성.

cúlture vúlture 명 (구어·익살) 사이비 문화인[교양인], 문화병 환자, 문화 예술광; (속어) 문화 예술로 돈 벌려는 사람.

cul·tur·ist [kʌ́ltʃərist] 명 **1** 경작자; 재배자, 사육[양식, 배양]가. **2** 문화주의자, 문화 옹호자; 교육자.

cul·tur·ol·o·gy [kʌ̀ltʃərάlədʒi/-rɔ́l-] 명ⓤ 문화학(문화·제도를 독립적인 것으로 보고 민족과 분리해 연구하는 문화 인류학의 한 분야). **-o·lóg·i·cal** 형

cul·tus [kʌ́ltəs] 명 (복 ~·es, -ti [-tai]) =cult.

cul·ver [kʌ́lvər] 명 (英방언) 비둘기.

cul·ver·in [kʌ́lvərin] 명 **1** 컬버린총(중세의 musket 총). **2** 컬버린포(16-17세기의 포신이 긴 중포(重砲)).

cul·vert [kʌ́lvərt] 명 암거(暗渠), 지하 수로, 배수구[로]; 하수관(sewer); 지하 케이블.

cum¹ [kʌm, kum] 전 (보통 복합어로) **1** ···와 함께 (with), ···이 딸린(together with); ···을 포함하여 (including). ¶a dwelling-~-workshop 공장에 붙은 주택. **2** (英) 밀접하게 관계된, 직결된. 〔<L〕

cum² [kʌm] 명ⓤ (비어) 정액(精液)(come).

cum³ [kʌm] 명 (美학생 속어) 학업 평균점, (성적의) 누적 평균. — 동자 열심히 공부하다.

cum. cumulative.

cum·ber [kʌ́mbər] 타동 ···을 방해하다, 훼방놓다; ···에게 폐를 끼치다, 부담을 주다; ···을 괴롭히다 (with). ¶~ one's friend 친구를 괴롭히다/be ~ed with cares 근심에 시달리다. — 명 **1** 방해[장애](물). **2** (고어) 걱정, 곤란. **~·er** 명 방해꾼. **~·ment** 명

cum·ber·some [kʌ́mbərsəm] 형 **1** 방해가 되는, 번거로운; 성가신. **2** 다루기 어려운; 주체스러운; 어색한(clumsy). **~·ly** 부 **~·ness** 명 「골칫거리.

cum·brance [kʌ́mbrəns] 명 거추장스러움, 방해;

cum·brous [kʌ́mbrəs] 형 =cumbersome.

~·ly 부 **~·ness** 명

cum div. (라틴) *cum div*idend.

cùm dívidend 명형 〔증권〕 배당부(附)(의, 로)(⇨cum div.). 참 ex dividend 〔<L with dividend〕

cu·mec [kjúːmek] 명 큐멕(유량(流量)의 단위; 초당 1m³ 상당). 〔<*cu*bic *m*eters per second〕

cum gra·no sa·lis [kʌm gréinou séilis] (남의 말 등을) 조심스럽게, 에누리해서; 가볍게. 〔<L〕

cum·in [kʌ́mən] 명ⓤ 커민 (열매)(조미료·약용).

cum lau·de [kum láude/kʌm lɔ́ːdi] 형부 우등으로[의]. ¶graduate ~ 우등으로 졸업하다. 〔<L〕

cum·mer [kʌ́mər] 명 (스코) 대모(godmother); 여자 친구; 소녀, 아가씨(girl); 여자.

cum·mer·bund [kʌ́mərbʌ̀nd] 명 (인도 등의) 허리띠; 요대(腰帶)(턱시도 밑에 두르는 넓은 장식 띠).

cum·min [kʌ́mən] 명 =cumin.

Cum·mings [kʌ́miŋz] 명 **Edward Estlin ~** 커밍스("e e cummings")(1894-1962; 미국의 시인·화가).

cùm néw 명형 〔증권〕 신주(新株) 인수권부(附)(의 [로]; 권리부(附)의[로].

cum·quat [kʌ́mkwɑt/-kwɔt] 명 =kumquat.

cùm ríghts 명형; (증권) =cum new.

cum·shaw [kʌ́mʃɔː] 명 (중국 항구에서의) 사례, 팁 (gratuity, tip); (거지에게 주는) 돈[물건]. 〔<Chin 感謝〕

cu·mu·late [kjúːmjulèit] 타 ···을 쌓아올리다; ···을 쌓다, 집적(集積)하다(amass). — 자 쌓이다, 퇴적되다. — [kjúːmjulət, -lèit] 형 쌓아올린.

cu·mu·lat·ed [kjúːmjulèitid] 형 쌓아올린.

cu·mu·la·tion [kjùːmjuléiʃən] 명ⓤⓒ 쌓기, 집적(集積)(accumulation); (쌓아올린) 더미(mass).

*cu·mu·la·tive [kjúːmjulətiv, -lèit-] 형 **1** 누적되는, 점증하는, 쌓이는. **2** (경제·통계) 누증적인, 누적적인; (법률) 누적된, 반복된, 가중의. ¶~ deficit[dividend] 누적 적자[배당] / ~ offenses 반복 범죄, 누범. **~·ly** 부 **~·ness** 명 「누적 분포 함수.

cúmulative distribútion fúnction 명 (통계)

cúmulative érror 명 누적 오차.

cúmulative évidence 명 (법률) 누적(중복) 증거.

cúmulative préference shàre[stòck] 명 (증권) 누적적 (배당) 우선주.

cúmulative proposítion 명 (논리) 누가 명제.

cúmulative vóting 명 누적 투표법(후보자와 동수의 표수를 선거인이 가지고, 그것을 모두 한 사람의 후보자에게 투표할 수도 있는 선거 제도).

cu·mu·li [kjúːmjulài, -liː] cumulus의 복수형.

cu·mu·li·form [kjúːmjuləfɔ̀ːrm] 형 적운(積雲) 모양의, 쌘(산봉우리)구름의.

cu·mu·lo·cir·rus [kjùːmjulousírəs] 명 (복 **-cir·ri** [-sírai]) (기상) 권적운(卷積雲), 털쌘구름(⇔ Cc).

cu·mu·lo·nim·bus [kjùːmjulounímbəs] 명 (복 **~·es, -bi** [-bai]) (기상) 적란운(積亂雲), 쌘비(소나기)구름(⇔ Cb, Cn).

cu·mu·lo·stra·tus [kjùːmjuloustréitəs] 명 (기상) =stratocumulus. 「겹쳐이 쌓인.

cu·mu·lous [kjúːmjuləs] 형 적운의, 뭉게 구름 같은.

cu·mu·lus [kjúːmjuləs] 명 (복 **~, -li** [-lài, -liː]) ⓤⓒ 퇴적, 누적; (기상) 적운(積雲), 쌘구름, 뭉게 구름(⇔ Cu).

cunc·ta·tor [kʌŋktéitər] 명 굼뜬 사람, 꾸물거리는 사람. **~·ship** 명

cu·ne·al [kjúːniəl] 형 쐐기 같은, 쐐기 모양의.

cu·ne·ate [kjúːniət, -èit] 형 쐐기 모양의; (풀잎이) 손바닥 모양의, (또는 **cuneated**) **~·ly** 부

cu·ne·i·form [kjuːníːəfɔ̀ːrm, kjúːniə-] 형 **1** 쐐기모양의. **2** ~ characters 설형(楔形)(쐐기) 문자. **2** 설형(쐐기) 문자로 쓰여진. **3** (해부) 설상골(楔狀骨)의. — 명ⓤ **1** 설형 문자. **2** (해부) 설상골. (또는 **cúniform**).

cun·ner [kʌ́nər] 명 양놀래기과(科)의 식용 물고기.

cun·ni·lingue [kʌ́nəlìŋ] 명 (여성에게) 구강(口腔) 성교(cunnilingus)를 하다. ⇔ fellate

cun·ni·lin·gus [kʌ̀nəlíŋgəs] 명ⓤ 쿤닐링구스(여성에 대한 구강(口腔) 성교), fellatio, oral sex (또는 **cun·ni·linc·tus** [kʌ̀nəlíŋktəs])
-gual -guist 〔<L〕

‡**cun·ning** [kʌ́niŋ] 형ⓤ **1** 교활, 간사; 약삭빠름. **2** (고어) (능력, 솜씨, 기량, 교묘함(* 우리말의 "커닝"은 cheating at [or in] an exam)).
— 형 (*more* ~, **~·er**; *most* ~, **~·est**) **1** 교활한,

cunt [kʌnt] 명 (비어) 1 여성의 음부[성기]. 2 (성교 대상으로서의) 여자; (경멸적) 계집. 3 성교, 섹스. 4 (경멸적) 비열한 놈, 구역질나는 놈.

cúnt sùcker[làpper] 명 (美비어) 1 cunnilingus 하는 사람; 여자 동성애자(lesbian). 2 비열한[구역질 나는] 놈. **cúnt-sùcking[-làpping]** 명

cúnt tèaser 명 (美비어) 여자를 흥분시키면서도 성교는 하지 않는 사내.

CUNY (美) City University of New York(뉴욕 시립대학).

‡**cup** [kʌp] 명 1 찻잔, 찻종, 컵(* 우리말의 컵은 영어에서는 glass). ¶a tea ~ 홍차 잔. 2 찻잔 한 잔 (분량). ¶half a ~ 찻잔 반 잔분 / drink [or have, take] a ~ of tea 차를 한 잔 마시다. 3 (때로 the C-) 우승배, 상배(賞杯), 우승컵. ¶a ~ day 우승컵이 걸린 경기 / a ~ horse 우승컵을 바라는 말 / the Davis C- (테니스의) 데이비스 컵. 4 컵(용량의 단위; 8액량 온스 (240cc) 또는 16테이블 스푼에 상당). 5 (복합어로) …컵(포도주·샴페인 따위에 향료·감미료 등을 넣어 얼음으로 차갑게 한 청량 음료). ¶cider ~ 사이다 컵. 6 (기독교) (성찬식에서 쓰는) 성배(聖杯), 성(聖)찬배(chalice); (the ~) (성작에 담은) 포도주, 7 운명(의 잔) (인생의) 경험, 고락(*Bible의 여러 구절에서). ¶bitter ~ 인생의 고통. 8 (~s, the ~) 음주, 술; 곤드레만드레 취하기. ¶be fond of the ~ 술을 좋아하다. 9 찻잔 모양의 것; (해부) (뼈의) 배상와(杯狀窩); (식물) (꽃의) 꽃받침 (calyx), (도토리의) 깍정이(cupule). ¶a ~ head (볼트 따위의) 둥그란 대가리 / a measuring ~ 계량 컵 / an oil ~ (기계에 치는) 기름통, 주유기(注油器). 10 (골프) 홀컵; 홀(hole). 11 (브래지어의) 컵(A, B, C 순으로 사이즈가 커진다). 12 (the C-) (천문) 컵자리(Crater). 13 (의학) 흡각(吸角).

be a cup too low 기운이 없다, 풀이 죽어 있다.
between (the) cup and (the) lip 다 되어 가는 판에, 달성[완성] 직전에.
dash the cup from a person's lips (문어) 남의 기쁨[꿈]을 빼앗다, 남의 의도를 짓밟다.
drain the cup of life to the bottom [or *dregs*]; *drink a bitter cup* 인생의 쓴맛 단맛을 다 보다.
have got [or *had*] *a cup too much* (구어) 취해 있다, 거나한 기분이다.
in one's cups 취하여, 기분이 좋아.
One's [or *The*] *cup is full* [or *runs over, overflows*]. 행복의 절정[극치]에 이르다.
over one's cups 술을 마시면서.
the cup that cheers (속어) 백약(百藥)의 장(長).
the cup that cheers but not inebriates 기분은 좋아지나 취하지 않는 술(홍차 따위를 가리킨다).

— 동 (*-pp-*) 타 1 …을 (…에서) 찻잔으로 뜨다[대]. ¶(~+图+前+图) ~ water *from* a brook 시내에서 물을 뜨다. 2 [손바닥 따위]를 오무려 찻종 모양으로 하다(*together*). ¶~ one's hands behind the ears (잘 들리도록) 양손을 귀에 갖다 대다. 3 (병리) …에 흡각(吸角)을 대다, 부항(附缸)을 뜨다. 4 (골프) (타구할 때) (지면)을 치다; (수동형으로) (공)을 땅이 움푹이 패인 곳에 쳐 넣다. — 자 1 잔 모양으로 되다[이루다]. 2 (의학) 부항으로 방혈(放血)하다, 부항(附缸)을 뜨다. 3 (골프) (클럽)으로 지면을 치다[훑다].

cúp and báll 명 (단수취급) 죽방울(장난감).
cúp and sáucer 명 (단수취급) 받침 접시 달린 컵.
cup·bear·er [kʌ́pbɛ̀ərər] 명 (궁정이나 연회석 따위에서) 술 따르는[잔 드리는] 사람.
‡**cup·board** [kʌ́bərd] 명 (복 ~s [-z]) 찬장, 식기장; (英) 불박이장, 벽장, 반침(美) closet).

a [or *the*] *skeleton in the cupboard* ⇒ SKELETON.
cry cupboard 시장해 하다, 배고프다고 말하다.
The cupboard is bare. 찬장이 비어 있다; (비유적) 돈이 없다.

cúpboard lòve 명 타산적인 애정[사랑]. 「은 방.
cúp·board-size [-sàiz] 형 작은. ¶a ~ room 작
cup·cake [kʌ́pkèik] 명 1 ⓤⓒ (컵 모양으로 구운) 컵케이크. 2 (美속어) 괴짜; 계집애 같은 사내; 남자 동성애자. 3 (美속어) ~s 영덩이; 유방.
cu·pel [kjúːpəl, kjuːpél] 명 1 (금·은을 납에서 분리하는) 회분(灰粉) 접시. 2 은(銀) 제련로(爐)의 밑바닥.
— 동 (*-l-*, (英) *-ll-*) 타 (회분 접시로) …을 분리하다.
~·er, cu·pél·ler
cu·pel·la·tion [kjùːpəléiʃən] 명 ⓤ (야금) 회취법(灰吹法)(골회 접시를 사용한 금·은과 납의 분리법).
cúp final (the ~) 결승전; (the C- F-) (英) 내셔널 챔피언을 결정하는 축구 결승전.
cup·ful [kʌ́pfùl] 명 1 찻잔 한 잔분. 2 (요리) 계량한 잔분, 반 파인트(8 액량(液量) 온스에 해당). 「자.
cup·hold·er [kʌ́phòuldər] 명 우승자, 우승컵 보유
***Cu·pid** [kjúːpid] 명 1 (로마 신화) 큐피드(Mercury와 Venus의 아들로 사랑의 신; 활과 화살을 지닌 벌거벗은 미소년). 2 (c-) 사랑의 사자(使者); (사랑의 상징으로서의) 미소년. ¶*cupriferous, cupreous* 「하다(*for*).
play Cupid (…을 위해) 사랑의 가교[메신저] 역할을
cu·pid·i·ty [kjuːpídəti] 명 ⓤ 강한 소유욕, 탐욕.
Cúpid's bów [-bóu] 명 큐피드의 활; 그 비슷한 것.
cup·like [kʌ́plàik] 형 컵 모양의. 「윗입술.
cúp of cóffee 명 1 (a ~) 한 잔의 커피. 2 (美구어) 짧은 방문[체류]; (야구) 잠깐 동안의 메이저 리그 승격.
cúp-of-cóffee jòke [ʌ̀vkɔ́ːfi-, -káf-] 명 (美) 커피 한 잔 조크(「커피 한 잔 마실 돈 …을 적선하시오 (Sir, give me…for a cup of coffee,)」로 시작).
cúp of téa (구어) 1 (특정한 종류의) 사람[것]. ¶a very capricious ~ 몹시 변덕스러운 사람. 2 (one's ~) (자기 취미·기호에 맞는) 일[화제, 사람, 물건]. 3 (英) 숙명, 운명; 수상한 것[사람]; 운수. 「사람].
another cup of tea (구어) 전혀 별개의(안 닮은) 것
cu·po·la [kjúːpələ] 명 1 (건축) 둥근 지붕; 둥근 천장; (지붕 위에 세워진) 작은 둥근 지붕, 작은 뾰족탑. 2 둥근 지붕 모양의 것; 둥근 지붕 모양의 기관. 3 (야금) 큐폴라, 용선로(熔銑爐).   「(<cup of (tea))
cup·pa [kʌ́pə] 명 (a ~) (英구어) 한 잔의 차.
cupped [kʌpt] 형 커피잔 모양의; 찻잔처럼 움푹한.
cup·per [kʌ́pər] 명 1 흡각 시술자, 부항 뜨는 사람. 2 (英구어) =cuppa. 3 (英) 우승배 쟁탈전.
cup·ping [kʌ́piŋ] 명 ⓤ (병리) 흡각 시술법, 부항.
cúpping glàss 명 (병리) 흡각, 방혈기, 부항(附缸) 단지(흡각법에 쓰이는 유리 용기).   「(동부산(產)).
cúp plànt 명 국화과(科)의 내한성 다년초(북아메리카
cup·py [kʌ́pi] 형 컵 모양의; (지면 따위가) 작은 구멍[패인 곳]이 많은, 구멍투성이의.
cupr- [kjuːpr/kjupr] 연결 ⇒ CUPRI-.
cu·pre·ous [kjúːpriəs/kjúː-] 형 구릿빛의; 구리의, 구리 같은; 구리를 함유한.
cu·pri- [kjúːpri/kjúːpri] 연결 copper의 뜻(*모음 앞에서는, *cupr-*). ¶*cupriferous, cupreous*.
cu·pric [kjúːprik/kjúː-] 형 (화학) 구리를 함유한, 제2구리의. ¶~ oxide 산화 제2구리.
cúpric súlfate 명 (화학) =blue vitriol.
cu·prif·er·ous [kjuːprífərəs/kjuː-] 형 구리를 함유한; 구리가 나는.   「(鑛).
cu·prite [kjúːprait/kjúː-] 명 ⓤ (광물) 적동광(赤銅
cu·pro- [kjúːprou, -prə/kjúː-] 연결 =cupri-.
cu·pro·nick·el [kjúːprənìkəl/kjúː-] 명 ⓤ (야금) 백동(白銅), 큐프로니켈(니켈과 구리의 합금). — 형 구리와 니켈을 함유한.

cu·prous [kjúːprəs/kjúː-] 형 〖화학〗 제 1 구리의. ¶ ~ oxide 산화 제 1 구리. 「(copper).
cu·prum [kjúːprəm/kjú-] 명ⓊⓊ 〖화학〗 구리(기호 Cu)
cúp tìe 명 《英》 (축구의) 우승배 쟁탈전(토너먼트 방식).
cup-tied [⁀tàid] 형 《英》 우승컵 쟁탈전에 출전하는 [하기 때문에 다른 시합에 출전하지 못하는].
cu·pule [kjúːpjuːl] 명 1 《식물》 각두(殼斗)(도토리 따위에 붙은 찻종 모양의 단단한 포피). 2 《동물》 (찻종 모양의) 흡반(吸盤), 흡반 모양의 기관[부분].
cur [kəːr] 명 《경멸적》 1 들개; 잡종개(mongrel); 질이 나쁜 개. 2 망나니, 상놈; 놈, 자식, 비겁자.
cur. court; currency; current.
cur·a·bil·i·ty [kjùərəbíləti] 명Ⓤ (병 따위의) 치유 [치료] 가능성; (과일·육류 따위의) 보존 가능성.
***cur·a·ble** [kjúərəbl] 형 낫는, 치료할 수 있는; 보존할 수 있는. **~·ness** 명 **-bly** 부
Cu·ra·çao [kjúərəsɑ̀u, -sòu] 명 1 쿠라사우 섬(서인도 제도의 네덜란드 식민지). 2 (c-) (또는 **curaçoa**) Ⓤ 큐라소(매우 쓴 Curaçao orange의 껍질로 만든 술 리큐어). [<D] 「위, 임기.
cu·ra·cy [kjúərəsi] 명Ⓤ©́ 목사보(curate)의 직[지
cu·ra·re [kjurɑ́ːri/kjuə-] 명Ⓤ 1 쿠라레(남미 식물에서 채취되는 독물; 원주민이 독화살에 사용). 2 (또는 **curari**) 쿠라레가 채취되는 식물.
cu·ra·rine [kjuərɑ́ːriːn] 명 《약학》 쿠라린(쿠라레 (curare)에 함유된 알칼로이드; 근육 이완제·마취제).
cu·ra·rize [kjuərɑ́ːraiz/kjuə-] 타 (생체 해부 따위에서) 동물을 쿠라레로 마비시키다.
cu·ras·sow [kjúərəsòu/kjuərə-] 명 큐라소새(봉관조과(鳳冠鳥科)의 새; 중남미산(産)). 「사.
cu·rate [kjúərət] 명 《英》 교구 목사의 부목사; 조제
cu·rate-in-charge [-intʃɑ́ːrdʒ] 명 《英》 (교구 목사 유고시의) 임시[대리] 목사.
cúrate's ègg 《경멸적》 장단점이 있는 것.
cur·a·tive [kjúərətiv] 형 치료의, 병을 고치는 (힘이 있는), 치료 효험이 있는. ¶be ~ of disease 병 치료에 효험이 있다. — 명 치료, 의료; 치료약.
cu·ra·tor [kjuəréitər, ⁀⁀] 명 1 (박물관·도서관 따위의) 관리자, 관장; (동물원) 원장. 2 감독, 관리인, 지배인; (憲) 경기장[공원] 관리인. 3 [kjúərətər] 《법률》 (미성년자의) 후견인, 보호자. 4 《英》 (대학 따위의) 병원, 간사(幹事). **cu·ra·to·ri·al** [kjùərətɔ́ːriəl] 형 **~·ship** 명Ⓤ 관리자[후견인]의 직[신분].
***curb** [kəːrb] 명 1 (말의) 고삐, 재갈. 2 (a ~) 구속, 속박, 억제(to). ¶a ~ to violence 폭력에 대한 억제. 3 (건축) 틀, 골격; (보도) 경계석 장식(border). 4 Ⓒ Ⓤ (美) (보도나 담 따위의 가장자리에 붙이는) 연석(緣石). 5 (우물) 틀. 6 (증권) 장외 시장(~ market); (the C-) (美) =American Stock Exchange. 7 《수의》 (말 뒷다리의 뒷다리에 생기는) 비절후종(飛節後腫).
on the curb (美) 장외에서, 거리에서; 장외 시장에서.
put [or **place, take**] **a curb on** [or **upon**] …에 …
stop off the curb (美속어) 죽다.   「제한[억제]하다.
— 타 1 …을 구속하다, 억제하다. ⇨CHECK 《유의어》 ¶ ~ one's desires 욕망을 그만두다. 2 (말)에 고삐를 매다, 재갈을 물리다. 3 …에 연석을 붙이다, …을 가장자리 장식으로 꾸미다(《英》 kerb). 4 (개)를 (똥을 누이려고) 길가[도랑]로 데리고 가다.
⁀·a·ble, ⁀·less, ⁀·like 형
cúrb bìt 명 (말의) 재갈.   「개인.
cúrb bròker[òperator] 명 《증권》 장외 거래 중
cúrb chàin 명 재갈 사슬.   「Exchange.
Cúrb Exchánge 명 《구어》 =American Stock
curb·ing [kə́ːrbiŋ] 명Ⓤ (美) 보도(步道) 연석(curb)의 재료; 《집합적》 보도의 연석(《英》 kerbing).
cúrb màrket 명 《증권》 장외(場外) 시장.
cúrb ròof 명 (건축) 맨사드드식 지붕, 2단 물매 지붕.
cúrb sèrvice 명 (드라이브인 레스토랑 따위에서 주

차 중인 손님에 대한) 배달 서비스; 특별 봉사.
curb·side [kə́ːrbsàid] 명 연석이 있는 보도 가장자리; 보도; 가두(街頭).
curb·stone [kə́ːrbstòun] 명 = curb 4. — 형 1 거리[가두]의; 《증권》 장외 시장의. 2 《구어》 소박한; 아마추어의.
cúrbstone bròker [òperator] 명 《美》 (증권의) 장외 중개인, 가두 증권 상인.
cúrbstone márket 명 = curb market.
cúrbstone opínion 명 항간의 여론.
cúrb wèight 명 (자동차의) 자중(自重), 빈 차 무게.
cur·cu·li·o [kəːrkjúːliòu] 명 (복 **~s**) 바구미과(科) 의 곤충. 「의 식물).
cur·cu·ma [kə́ːrkjumə] 명 《식물》 심황(생강과(科)
cúrcuma pàper 명 =turmeric paper.
***curd** [kəːrd] 명 1 (~s) 《단수취급》 응유(凝乳)(치즈의 원료)(opp. whey). 2 Ⓤ 응유 제품, 엉겨 굳어진 식품. ¶bean ~ 두부. 3 식용꽃(브로콜리(broccoli) 따위). — 자타 응결시키다, 응고시키다, 응결하다.
cúrd chèese 명 《英》 커드 치즈(응유에 소금을 약간 섞은 희고 부드러운 치즈)(cottage cheese).
cúrd knìfe 명 커드 나이프(양조통에서 치즈의 응유를 떼어내는 데 쓰는 한 벌의 도구).
cur·dle [kə́ːrdl] 자 (우유가) 응유로 되다; (피 따위가) 응고하다; (공포 따위로) 얼어붙다 (with). — 타 (우유)을 응유로 만들다; (피 따위)을 응고시키다; (공포로) 섬뜩하게 하다.
curdle the [or **a person's**] **blood** (공포 따위가) 간담을 서늘하게 하다, 섬뜩하게 하다. **-dler** 명
cúrds and whéy 명 응유(凝乳)·유장(乳漿) 식품.
cúrd sòap 명 커드 비누(유지·소다로 만든 흰 비누).
curd·y [kə́ːrdi] 형 응유 모양의[같은]; 응고한, 응결한 (coagulated). **cúrd·i·ness** 명
‡**cure**¹ [kjuər] 명 (~**s** [-z]) 1 치료, 의료; 치료법 (for). ¶a radical ~ 근치(根治) / a rest ~ 안정 요법 / undergo a ~ for headache 두통 치료를 받다. 2 치유, 회복. ¶bring about a ~ 치유시키다 / effect a permanent ~ 근치시키다. 3 구제책, 교정법(矯正法), 특효약; 해결책 (for). ¶a ~ for despondency 절망의 해결책. 4 (육류·어류의) 보존(법), 저장(법). 5 (교구민에 대한) 신앙 감독, 목회, 사목(司牧). 6 (수지·고무의) 경화, (콘크리트의) 양생(養生).
beyond cure 치료법이 없는[없어], 불치의; 쓸쓸 수
past cure 때가 늦어, 때를 놓쳐.   「없는[없어].
take the cure (美속어) 도락을 그만두다; (알코올·마약 중독의) 치료 프로그램을 받다, 치료 센터에 들어 **the cure of souls** 영혼의 구원; 사제(직).   「가다.
work cures with …으로 치료하다, 병을 고치다.
— 타 (~**s** [-z]; ~**d**; cúr·ing) 태 1 (병·환자·상처 따위)를 치료하다, 병을 고치다 (of); (건강)을 회복시키다. ¶ ~ a patient 환자를 치료하다 // (~ + 명 + 전 + 명) He was ~**d** of fever. 그의 열병은 나았다 / Time ~**d** him of his grief. 시간이 그의 슬픔을 낫게 했다. 2 (나쁜 버릇 따위)를 교정하다, 없애다 (of). ¶ ~ social discontent 사회 불만을 제거하다 // ~ a person of bad habits 남의 나쁜 버릇을 고치다.

《유의어》 **cure** 병·나쁜 버릇 따위를 고쳐서 전면적으로 건강·건전성을 회복하다. **heal** 외상(外傷) 따위의 국부적 장애를 고치다. **remedy** cure 또는 heal하기 위하여 여러 가지 수단을 다하다; 부정을 바루다.

3 (말리거나 절여서) (육류·어류)를 보존하다, 저장하다; (고무)를 경화시키다. 3 (콘크리트)를 양생하다. ¶a herring ~**d** in smoke 훈제 청어.
— 자 1 병을 고치다; 병이 낫다. 2 (식품 따위가) 보존되다, 오래 지탱하다. 3 (고무가) 경화하다.
cure oneself of …을 스스로 고치다.
⁀·less 형 불치의, 구제 불능의. **⁀·less·ly** 부

cure² 명 《속어》 괴짜, 기인(奇人).
cu·ré [kjuəréi/⊥-] 명 《프랑스의》 교구 사제. 〔<F〕
cure-all [-ɔ̀:l] 명 만병 통치약(panacea); 《비유적》 만능 해결책 (for).
cur·er [kjúərər] 명 1 건어물[훈제 식품] 제조자. ¶ a salmon ~ 훈제 연어 가공업자. 2 치료자, 치료기.
cu·ret·tage [kjùərətá:ʒ, kjuərétidʒ] 명ⓊC 《의학》 소파(搔爬)(술); 인공 임신 중절.
cu·rette [kjuərét] 명 퀴레트, 소파 기구(숟가락 모양의 외과 수술용 기구). ── 타재 ···을 퀴레트로 긁어내다.
cur·few [kɔ́:rfjuː] 명 1 〔계엄령하의〕 야간 통행[외출〕 금지령, 소등령(消燈令). 2 Ⓤ 외출 금지 시각; 〔美 군사〕 귀영 시각; (일반적으로) 폐문 시각. 3 《중세 유럽에서 소동 따위 신호로서의》 만종(晚鐘), 저녁종; (아이들에게 외출하지 않도록 알리는) 만종의 신호[명령]; 만종용 종; Ⓤ 만종이 울리는 시각, 소등 시각.
cu·ri·a [kjúəriə] 명 (복 **-ae** [-iː]) 1 《때로 C-》 로마 교황청(C- Romana); 《집합적》 (교황) 보좌역. 2 쿠리아 족구(族區)《고대 로마의 3단계 씨족적 행정 구분의 하나》; 쿠리아의 집회소. 3 고대 로마의 원로원; 고대 이탈리아 각 도시의 원로원(senate). 4 《봉건 시대의》 교황청 법정; 〔英역사〕 (중세의) 국왕 법정. **-al** 형 〔<L〕
cu·ri·age [kjúəriidʒ] 명 《물리》 퀴리 수(數)《방사능의 강도를 나타내는 단위인 퀴리(curie)의 값》.
cu·ri·al·ism [kjúəriəlizm] 명 《기독교》 바티칸 주의, 교황 절대권주의. **-ist** 명
Cúria Ro·má·na [-rouméinə, -máː-] 명 (the ~) 《가톨릭》 로마 교황청. 〔<L〕
cu·rie [kjúəri, kjuəríː] 명 《물·화》 퀴리《방사능의 강도를 나타내는 단위》; 약 Ci. 〔<M. Curie의 이름〕
Cu·rie [kjúəri, kjuəríː] 명 퀴리. 1 **Marie** ~ (1867-1934: 프랑스에서 활약한 폴란드의 물리·화학자: 1898년 남편과 함께 라듐을 발견; 노벨 물리학상(1903), 노벨 화학상(1911) 수상). 2 **Pierre** ~ (1859-1906: 프랑스의 물리·화학자; 1의 남편; 노벨 물리학상(1903)).
Cúrie cònstant 명 《물리》 =curiage.
Cúrie pòint[témperature] 명 《물리》 퀴리점 〔온도〕《강자성체의 자기 변태가 일어나는 온도》.
Cúrie's láw 명 《물리》 퀴리의 법칙《상(常)자성체의 자화율(磁化率)은 그 절대 온도에 반비례한다는 법칙》.
cu·ri·o [kjúəriòu] 명 (복 **~s**) 골동품, 진귀한 미술품〔서적〕; 괴짜. ¶ a ~ dealer 골동품상. 〔<curiosity〕
cu·ri·o·sa [kjùərióusə] 명복 진본(珍本), 진품; 외설물(erotica).
cúrio shòp 명 =curiosity shop.   〔설서(erotica).
‡**cu·ri·os·i·ty** [kjùəriásəti/-ɔ́s-] 명 (복 **-ties** [-z]) 1 Ⓤ 《때로 a ~》 호기심, 캐기 좋아함 (about, to do). ¶ arouse[excite] a ~ 호기심을 불러일으키다〔자극하다〕. 2 Ⓤ 진기, 신기함. 3 진기한 물건, 골동품(curio). 4 《고어》 세심함; 정교함.
in curiosity 호기심으로.
out of 〔or *from*〕 *curiosity* ① 호기심에서. ② (just out of ~)〔질문에 덧붙여〕 그저 호기심에서 묻는데.
curiósity shòp 명 골동품점.
cu·ri·o·so [kjùərióusou, -zou] 명 (복 **-si** [-siː, -ziː], **~s**) 미술품 애호〔감식〕가, 골동품 수집가. 〔<It〕
‡**cu·ri·ous** [kjúəriəs] 형 (*more* ~; *most* ~) 1 《사물》에 호기심이 강한 (*about, as to, at*); ···을 알고 싶어하는 (*to do*). ¶ a ~ student 지식욕이 왕성한 학생 //He was ~ (*to know*) *what* had become of her. 그는 그녀가 어떻게 되었는지 알고 싶어했다. 2 호기심이 많은, 꼬치꼬치 캐는 (*about, as to, of*). ¶~ eyes 호기심 어린 구경꾼의 눈//be ~ *about* other people's business 남의 일을 꼬치꼬치 캐고 싶어하다. 3 관심을 돋우는, 진기한, 신기한, 이상한, 별난. ⇨ STRANGE〔유의어〕¶ a ~ coincidence 이상한 일치//a ~ fellow 괴짜, 기인. 4 《책이》 추잡한, 외설적인. 5 《고어》 정밀한, 정교한. 6 《완곡적》 동성애의.
be curious at ···을 노하게[뛰어나다].

curiouser and curiouser 갈수록 신기한[해지는].
curious to say 기묘한 일이지만, 이상한 이야기이지만.
steal a curious look 신기한 듯 엿보다(*at*). 〔만.
~·ness 명Ⓤ (많음); 진기함.
*****cu·ri·ous·ly** [kjúəriəsli] 부 1 호기심을 갖고, 진기한[신기한] 듯이, 이상한 듯이. 2 기묘하게, 이상하게. 3 《강조》 몹시, 이상하게. ¶ a ~ arrogant fellow 몹시 거만한 녀석. 4 《고어》 정교하게, 정밀하게.
curiously enough 기묘[이상]하게도. 〔ⓐ Cm〕.
cu·ri·um [kjúəriəm] 명Ⓤ 《화학》 퀴륨《방사성 원소》.
‡**curl** [kɔːrl] 타 (~s [-z]) 1 《머리카락》을 곱슬곱슬하게 하다, 고리 모양으로 하다. ¶ ~ one's hair 머리를 컬하다. 2 ···을 뒤틀다, 비틀다; 꼬다, 사리를어 놓다, 감다(*up*). 3 (바람이) (파도)를 일으키다, 물결치게 하다. 4 《페어》 ···을 곱슬머리로 꾸미다. ── 자 1 《머리카락이》 곱슬곱슬해지다, 고리 모양이 되다. 2 《덩굴 따위가》 감기다, 휘감기다; 《연기 따위가》 소용돌이치다, 《길이》 굽이치다; 웅크리다(*up*); 《공이》 커브하다. ¶ Paper ~s when it burns. 종이는 타면 돌돌 말린다. 3 (수면이) 물결치다. 4 컬링(curling) 경기를 하다.
curl a lip at ···을 경멸하다.
curl oneself up 몸을 움크리다.
curl one's lip(s) 《경멸적》 입을 삐죽거리다.
curl the mo 〔濠속어〕 보기 좋게 성공하다. 이기다.
curl up ① ···을 감아올리다. ② 《수동형·재귀용법으로》 ···을 움크리게 하다; 몸을 둥글게 움크리다. ③ 《구어》 기운이 빠지다, 맥이 탁 풀리다. ④ 한가롭게 자다, 빈둥거리다. ⑤ 《英구어》 넌더리내다. ⑥ ···을 마려 늘히다, 박살내다. ⑦ 《속어》 졸도하다. ⑧ 《구어》 배꼽이 빠지게 웃다.   〔늘게하다.
make a person's hair curl 《구어》 남의 간담을 서 ── 명 (~s [-z]) 1 《머리의》 컬, 고수머리(ringlet) (~s) 컬 머리. 2 Ⓤ 컬로 된 상태, 컬하기. ¶ hair in [out of] ~ 컬한[이 풀린] 머리카락. 3 컬 머리 모양의 것, 소용돌이, 뒤틀림, 사리, 감은 것(coil). 4 Ⓤ 《식물》 (감자 따위의) 위축병. 5 〔서핑〕 컬《부서질 때의 아치꼴의 물마루》. 6 〔미식축구〕 컬《패스 플레이에서 리시버가 10-15야드 직진한 후 호를 그리며 돌아오기》. 7 〔테니스 속어〕볼의 회전, 스핀. 8 〔양궁〕 잔뜩 휜 활.
a curl of the lip(s) 《경멸적》 입을 삐죽거리기.
go out of curl ① 《머리카락》의 컬이 풀리다. ② 《구어》 기운을 잃다, 맥이 탁 풀리다.
shoot the curl 〔서핑〕 넘실거리는 파도 속으로 들어가다.
curled [kɔːrld] 형 곱슬곱슬한, 컬 모양의; 《식물》 위축병에 걸린. **curl·ed·ly** [kɔ́ːrlidli, kɔ́ːrld-] 부 **cúrl·ed·ness** 명 〔스러기 털.
cúrled háir 명 곱슬곱슬한 머리털; (이불에 넣는)
cúrled mállow 명 《식물》 아욱.
curl·er [kɔ́ːrlər] 명 1 머리를 컬하는 사람; (모발용) 컬 클립, 컬러. 2 컬링(curling) 경기자.
cur·lew [kɔ́ːrluː/-ljuː] 명 마도요속(屬)의 새.
curl·i·cue [kɔ́ːrlikjùː] 명 소용돌이; (문자·서명 따위가 소용돌이꼴의) 장식체(flourish). (또는 **curlycue**)
curl·ing [kɔ́ːrliŋ] 명 1 Ⓤ 《머리카락의》 컬, 고리 모양으로 말림. 2 Ⓤ (잎 따위의) 둥글 말림, (위축병에 의한) 위축; (모자 챙의) 말아올림. 3 Ⓤ 컬링《스코틀랜드에서 시작된 빙상 놀이; 둥근 돌(~ stone)을 미끄러뜨려 원 중앙의 목표(tee)에 집어 넣는다》.
cúrling iron (종종 ~s) 《두발용》 컬 고데, 헤어아이론. (또는 **cúrling pìns[tòngs]**)
cúrling stòne 명 curling용의 납작하고 둥근 돌《쓰는 컬페이퍼, 제공》.
curl·pa·per [kɔ́ːrlpèipər] 명Ⓤ 《머리카락 마는 데
*****curl·y** [kɔ́ːrli] 형 《소용돌이의; 돌돌 말린; 곱슬머리의, 컬이 많은; 말기 쉬운. **cúrl·i·ness** 명
have 〔or *get*〕 *a person by the curlies* 남을 자기 마음대로 하다, 남의 약점을 잡고 있다.
cur·ly·cue [kɔ́ːrlikjùː] 명 =curlicue.

curly·head [kə́:rlihèd] 영 고수 머리인 사람. 「람.
curl·y-pate [-pèit] 영 (머리털이) 오글오글 말린 사
cúrly quótes 영 [컴퓨터] =smart quotes.
cur·mudg·eon [kərmʌ́dʒən] 영 (구어) 심술궂은 구두쇠, 성마른 사람. **~·ly** 위 **~는 cur(r)agh**
cur·rach [kʌ́rəx, kʌ́rə] 영 (스코) =coracle. (또
cur·rant [kə́:rənt/kʌ́r-] 영 1 알이 작은 씨 없는 건 포도(미국 California 및 동부 지중해 연안산(産))((图 raisin). 2 (식물) 까치밥나무; 그 열매(图 gooseberry).
cúrrant tomáto 영 페루산(産) 야생 토마토.
‡**cur·ren·cy** [kə́:rənsi, kʌ́r-/kʌ́r-] 영 (图 **-cies** [-z]) 1 U C 통화, 화폐. ¶ gold ~ 금화/metallic ~ 동전, 주화/paper ~ 지폐/key ~ 기축 통화/foreign ~ 외화/~ appreciation [depreciation] 통화 가치의 등귀[하락]. 2 U (화폐의) 통용, 유통(circulation); (정보·소문 따위의) 전달, 유포; (사상 따위의) 수용, 용인; (습어 따위의) 유행, 보급, 통용. 3 U 세상의 평판, 성가 (聲價); 보편성, 현재성. 4 통용[유통, 유효, 수용] 기간.
accept a person at his own currency 남을 그 자신이 말하는 대로 인정하다.
acquire [or *attain, gain, obtain*] *currency* (화폐·말·소문 따위가) 유포[통용]되다, 일반적으로 인정되다.
give currency to ···을 유포[통용]시키다. 「있는.
in common [or *wide*] *currency* 널리 통용되고
lose currency 통용[유포]되지 않게 되다.
pass out of currency 쓰이지 않게 되다.
cúrrency authórities 영(the ~) 통화 당국.
cúrrency bòard 영 (경제) 통화 이사회[위원회] (제
cúrrency bòx 영 휴대용 금고. 「도).
cúrrency circulátion 영 통화 유통.
cúrrency principle [dóctrine] 영 통화주의, 통화설(정화(正貨) 준비 범위 내에서만 은행권을 발행해야 한다는 학설).
cúrrency realígnment 영 통화간 환율 조정.
cúrrency snàke 영 공동 변동 환시세제(變時勢制).
cúrrency swàp 영 (금융) 통화 스왑(서로 다른 통화 표시 채권·채무의 교환).
‡**cur·rent** [kə́:rənt, kʌ́r-] 영 (*more ~; most ~*) 1 현재의, 지금의; 최신의. ¶ ~ news 시사 뉴스/~ topics 오늘의 화제/~ thoughts 현대 사조/the ~ week[year] 금주[금년]/the ~ price 시가(時價)/the ~ issue [or number] of the magazine 잡지의 최신호. 2 (화폐가) 통용되고 있는; (사상·말·학설이) 통용되고 있는; (소문 따위가) 유포되고 있는; 유행의. ¶ ~ rumors [reports] 퍼진 소문[풍문] // Rumors were ~ about him. 그 사람에 대해서 여러 가지 소문이 나돌고 있었다.

> 유의어 **current** 널리 통용[채용, 수용]되고 있는.
> **prevailing** 다른 것보다 우세한, 다른 것에 대신한.
> **prevalent** 널리 퍼진, 흔히 볼 수 있는, 자주 일어나는.

3 (···의) 최신 정보에 정통한(*on*). 4 (고어) 통용되는, 유통하는; 유창한; 흘려 쓴. ¶ ~ handwriting 초서체.
go [or *pass, run*] *current* (소문·뉴스 따위가) 널리 퍼지다; (위조 화폐 따위가) 유통되다.
—— 영 1 흐름, 유동, 흐르는 것(흐르는 물·조류·해류·기류 따위). ⇒FLOW 유의어 ¶ a strong ~ in the river 강의 세찬 흐름/an air ~ or an air ~ 기류/a tidal ~ 조류. 2 (전기) 전류. ¶ an alternating [a direct] ~ 교류[직류]/set up ~s 전류를 일으키다. 3 (the~, a ~) (때·정세 따위의) 흐름; 풍조, 경향, 추세, 방향. ¶ the ~ of thought 사조(思潮)/the ~ of public opinion 여론의 동향[대세]/the ~ of an event 사건의 전개 과정.
swim [or *go*] *with* [*against*] *the current of the times* 시류에 따르다[거스르다].
~·ness 영
cúrrent accóunt 영 1 (英) 당좌 계정[예금]((美) checking account)(영 C/A).(영 deposit account).
2 경상 계정(open account). 3 (회사간) 거래 계정.
cúrrent ássets 영(图) (상업) 유동[운전] 자산, 단기성 자산(채권·현금·투자금·미수금·완성품 재고 따위).
cúrrent bálance 영 (전자) 전류 천칭(天秤).
cúrrent bréaker 영 (전기) 전류 차단기.
cúrrent colléctor 영 (전기) 집전(集電) 장치.
cúrrent cóst 영 시가(時價), 현행 비용.
cúrrent dénsity 영 (전기) 전류 밀도.
cúrrent depósit 영 당좌 예금.
cúrrent diréctory 영 (컴퓨터) 커런트 디렉토리 (현재 주목받거나 근거지로 하는 directory).
cúrrent dríve 영 (컴퓨터) 커런트 드라이브(복수 drive를 쓰는 시스템에서 현재 선택 사용되고 있는 것).
cúrrent efficiency 영 (물리) 전류 효율.
cúrrent Énglish 영 현재 쓰이는[통용되는] 영어, 시사[현대] 영어. ¶ ~ 시사 문제 연구.
cúrrent evénts 영(图) (단·복수 양용) 시사(時事).
cúrrent expénditures 영(图) 경상적 지출; 경상비.
cúrrent expénses 영(图) 경상비. 「비.
cúrrent liabílities 영(图) (상업) 유동[단기성] 부채.
***cur·rent·ly** [kə́:rəntli, kʌ́r-] 위 1 현재는, 지금은 (now). 2 쉽게, 물흐르듯이, 3 일반적으로, 널리.
cúrrent móney 영 통화, 통용되는 화폐.
cúrrent rátio 영 유동 비율. (상) liquidity
cúrrent shéet 영 =magnetodisk.
cúrrent súrplus 영 경상 흑자.
cúrrent yíeld 영 (금융) 채권 이율(利率)(채권의 연간 이자를 시장 가치로 나눈 것).
cur·ri·cle [kʌ́rikl/kʌ́r-] 영 (옛날의) 쌍두2륜 마차.
cur·ric·u·lar [kəríkjulər] 영 교육[교과] 과정의; 이수[이력] 과정의.
‡**cur·ric·u·lum** [kəríkjuləm] 영 (图 **~s, -la** [-lə]) 1 (학교의) 교육[교과] 과정, 커리큘럼. 2 (학위·자격 취득에 필요한) 이수 과정. 3 활동 계획.
curriculum vítae [-váiti:, -vi:tai] 영 (图 *curriculum vi-*) 이력서((美) résumé); 경력; 이력(career).
cur·rie [kə́:ri, kʌ́ri] 영 =curry¹. 「(<L)
cur·ried [kə́:rid, kʌ́r-] 영 카레 가루로 요리[조미]한. ¶ ~ rice 카레라이스. 「革工).
cur·ri·er [kə́:riər, kʌ́r-] 영 무두질 직공, 제혁공(製
cur·ri·er·y [kə́:riəri, kʌ́r-] 영 유피(鞣皮) 제조업, 제혁업; 제혁 공장.
cur·rish [kə́:riʃ] 영 1 들개(cur) 같은. 2 딱딱거리는, 툭하면 싸우는(quarrelsome). 3 비열한, 야비한, 상스러운(base). **~·ly** 위 **~·ness** 영
***cur·ry¹** [kə́:ri, kʌ́ri/kʌ́ri] 영 1 (图) 카레 (가루); 카레 소스. ¶ ~ and [or with] rice (단수취급) 카레라이스. 2 U C 카레 요리.
give a person a bit of curry (濠속어) 남을 야단치다; 남을 괴롭히다; 남에게 폭행을 가하다.
—— 영(图) (수동형으로) ···을 카레로 요리하다[맛내다].
cur·ry² [kə́:ri/kʌ́ri] 영 1 (말 따위)에 빗질하다, (말)을 빗기다. 2 (무두질 가죽)을 마무리하다. 3 (남)을 때리다.
curry below the knee (속어) 비위를 맞추다, 아첨하다.
curry favor with a person; curry a person's favor 남의 비위를 맞추다, 남에게 알랑거리다.
cur·ry·comb [kə́:rikòm/kʌ́r-] 영 (철제의) 말빗.
—— 영(图) 말빗으로 빗기다.
cúrry páste 영 =curry sauce.
cúrry pówder 영 카레 가루.
cúrry sáuce 영 카레 소스.
‡**curse** [kə:rs] 영 (图 **curs·es** [-iz]) 1 저주(의 말), 주문(呪文)(*on*). ¶ *Curses*(, *like chickens*), *come home to roost.* (속담) 누워서 침뱉기. 2 **a**) 저주받은 것(*to*). **b**) (저주에 의한) 재앙, 천벌, 벌(*to*); 재앙의 원인, 불행의 씨앗; 방해가 되는 것[사람]; 해독. ¶ Her beauty proved a ~ *to* her. 그녀의 미모가 도리어 파

멸의 원인이 되었다. **3** 욕지거리, 독설; 불손한 말 (Blast! Damn! Go to hell! 따위). **4** 〔종교〕 파문 (excommunication). **5** (the ~) (속어) 월경 (기간).
be not worth a curse 조금도 가치가 없다.
call down a curse upon …에게 천벌이 내리기를 빌다, …을 저주하다.
Curse (upon it)! 제기랄!, 빌어먹을! 「의치 않다.
do not care [or *give*] *a curse for* …에 조금도 개
lay [or *put*] *a curse on; lay...under a curse* …에 주술을 걸다; …을 저주하다.
the curse of Cain 가인이 받은 저주, 영원한 유랑.
the curse of drink 술의 해독.
the curse of Scotland (카드놀이) 다이아몬드의 9.
under a curse 저주를 받아, 벌미 붙어.
── 團 (*curs·es* [-iz]; ~*d* [-t]; *curs·ing*) 🔁 **1** …을 저주하다(悪 bless). **2** (종교) (사람)을 파문하다. **3** …에 악담하다, …을 욕하다(*for*); …에 불결한 말을 하다. **4** (보통 수동형으로) (신 등이) (사람)에게 벌을 주다; …을 괴롭히다 (*with*). ¶ *be ~d with* heavy smog 심한 연무(煙霧)로 고통받다. ── 🔁 저주하다; 욕하다, 악담하다; 불경한 말을 하다(*at*). ¶ ~ *at a person* 남에게 욕하다.
be cursed with (못된 성질 따위)를 가지고 있다. ¶ He *is* ~*d with* a bad temper. 그는 성미가 못됐
curse and swear 악담을 퍼붓다. 「다.
Curse it! 제기랄!, 빌어먹을!
Curse you! 뒈져라!
cúrs·er 🅝

*curs·ed [káːrsid, káːrst] 🔣 **1** 저주받은. **2** 저주할, 지긋지긋한; 패씸한. **3** (구어) 지독한, 몹시 심한. **4** (방언) 심술궂은, 성미 고약한. ── 🔁 패씸하게도; 지독하
~·**ly** 🔁 ~·**ness** 🅝 「게.
cúrse wòrd 🅝 악담, 저주(cussword).
curs·ing [káːrsiŋ] 🅝 악담을 퍼붓기.
cur·sive [káːrsiv] 🔣 흘려 쓴, 초서체(필기체)의. 🅝 uncial ── 🅤🅒 초서체(글자·활자), 필기체.
~·**ly** 🔁 ~·**ness** 🅝

*cur·sor [káːrsər] 🅝 커서. **1** (계산자·측량기 등의 눈금이 새겨진 투명한) 활동관(滑動板). **2** 〔컴퓨터〕 커서 (입력하는 문자가 모니터 화면에서 표시되는 위치를 나타내는 마크). ¶ a ~ (control) key 커서 (제어)키.

cur·so·ri·al [kəːrsɔ́ːriəl] 🔣 (동물) 뛰어다니기에 알맞은 (다리를 가진). ¶ ~ birds 주금류(走禽類)(타조·화식조 따위).

cur·so·ry [káːrsəri] 🔣 서두르는, 되는 대로의, 대강의, 피상적인. **-ri·ly** 🔁 **-ri·ness** 🅝

curst [kəːrst] 🔣 (고어) curse의 과거·과거분사.
── 🔣 =cursed. ~·**ly** 🔁 ~·**ness** 🅝

cur·sus ho·no·rum [káːrsəs hanɔ́ːrəm/-hɔ-] 🅝 엘리트 코스. 〔<L course of honors〕

curt [kəːrt] 🔣 (문체가) 간결한, (말이) 짧막한; (언동이) 퉁명한, 퉁명스러운, 쌀쌀한 🅤🅞 a ~ reply 퉁명스러운 대답 // be ~ *to* a person 남에게 무뚝뚝
~·**ly** 🔁 ~·**ness** 🅝 「다.

*cur·tail¹ [kəːrtéil] 🔁 **1** …을 줄이다, (기일 따위)를 단축하다; (책 따위)를 축약하다; …을 생략하다. ⇨SHORTEN 유의어 ¶ ~ a speech 연설을 단축하다. **2** (비용·예산 따위)를 삭감하다; 억제하다. ¶ ~ government spending 정부 지출을 삭감하다 / ~ inflation 인플레이션을 억제하다. **3** (권리 따위)를 박탈하다(*of*).
curtail a person of his privileges 남의 권리를 박
have one's pay curtailed 감봉되다. 「탈하다.
~·**ed·ly** 🔁 ~·**er**, ~·**ment** 🅝

cur·tail² [kəːrtéil] 🅝 (건축) **1** 계단 난간의 맨 밑에 붙인 수평의 소용돌이꼴 부분. **2** (또는 ~ **stèp**) 양끝을 소용돌이꼴로 마무리한 계단의 제일 밑단.

cúr·tailed wòrd [káːrteild-] 🅝 단축어(예: bus<omnibus, photo<photograph).

‡cur·tain [káːrtn] 🅝 (獲 ~**s** [-z]) **1** 커튼((美) drape), 휘장, 장막(veil). ¶ draw a ~ 커튼을 치다 / draw down [furl] a ~ 커튼을 내리다[올리다]. **2** (극장의) 막; (보통 the ~) (연극) 개막, 폐막. ¶ *Curtain!* 여기서 막!(나머지는 상상해 보시라: 관객의 주의를 끌기 위한 말). **3** (막 모양의) 칸막이, 가리는 것. ¶ the iron ~ 철의 장막. **4** 〔건축〕 칸막이벽, 격벽(隔壁); 〔축성〕 막벽(幕壁). **5** (~s) (구어) 끝, 최후, 종말; 죽음; 해고. 「다: 죽다.
be [or *mean*] *curtains* (구어) 끝이 나다, 종결되
behind the curtain 배후(막후)에서; 비밀리에, 몰래.
bring down the curtain on …을 끝내게 하다.
call...before the curtain (막이 내린 뒤 관객이 박수를 쳐서) …을 막 앞으로 불러내다(愛 ~ call).
draw a [or *the*] *curtain on* [or *over*] …을 커튼으로 가리다, 숨기다; …에 대하여 이야기를 끝내다.
drop the curtain ① 막을 내리다. ② 활동을 끝내다.
lift [or *raise*] *the curtain* ① 막을 올리다. ② 공표하다, 터놓고 말하다(reveal).
ring up [*down*] *the curtain; ring the curtain up* [*down*] 벨을 울려 막을 올리다[내리다]; 개시[종말]을 알리다(*on*). 「앞으로 나오다.
take a curtain (출연자가) 관객의 박수에 응하여 막
The curtain rises [*falls*] *on a drama.* 막이 오르고[내리고] 연극이 시작된다[끝난다].
the last [or *final*] *curtain* (극장의) 종연.
── 🔁🔁 …에 막[커튼]을 치다, …을 막[커튼]으로 가리다(막다); …을 휘장으로 장식하다.
curtain off …을 커튼으로 칸막이하다[막다].
~·**less**

cúrtain càll 🅝 커튼 콜(막이 내린 뒤 관중이 박수를 쳐서 출연자를 막 앞으로 불러내는 일).

cur·tain·fall [káːrtnfɔːl] 🅝 종막, 폐막; 종말, 대단
cúrtain fìre 🅝 〔군사〕 탄막(포화)(barrage). 「원.
cúrtain lècture 🅝 베갯맡 공사, 베갯머리 송사(訟事)(잠자리에서 아내가 하는 잔소리).
cúrtain lìne 🅝 〔연극〕 하막을 끝맺는 대사.
cúrtain mùsic 🅝 〔연극〕 (막을 올리기 직전의) 개막 음악.
cúrtain of fíre 🅝 〔군사〕 =curtain fire.
cúrtain of smóke 🅝 연막(煙幕).
cúrtain ràiser 🅝 **1** 개막극: (리겐것 따위의) 개막전.
cúrtain rìng 🅝 커튼 고리. **2** (…의) 전조(*to*).
cúrtain ròd 🅝 커튼 다는 쇠막대.
cúrtain spèech 🅝 〔연극〕 (막 앞에서 하는) 폐막 사; (막·장의) 마지막 대사.
cúrtain tìme 🅝 (연극·연주회 등의) 개막 시간.
cur·tain-up [-ʌp] 🅤🅞 (英) (연극의) 개막.
cúrtain wàll 🅝 (건축) 칸막이 벽, 외벽.
cur·ta·na [kəːrtéinə, -táːnə] 🅝 칼끝 없는 검(영국 왕 대관식 때 인자(仁慈)의 상징으로 왕 앞에서 받드는 검).
cur·tate [káːrteit] 🔣 단축한, 생략한.
cur·ti·lage [káːrtəlidʒ] 🅝 (법률) 주택에 딸린 땅; 택지, 대지(주거 침입죄가 성립되는 범위).
Cur·tiss [káːrtis] 🅝 **1** Glenn Hammond ~ 커티스(1878–1930: 미국의 항공기 제작자·비행가). **2** 커티스기(機). 「는 여자의 절, 인사.

*curt·s(e)y [káːrtsi] 🅝 (무릎을 굽히고 상체를 숙이
make [or *drop, bob*] *a curtsy to* (여자가) …에게
── 🔁 (여자가) 절을 하다(*to*). 「인사하다.

cu·rule [kjúəruːl] 🔣 (고대 로마의) 고관의 의자에 앉을 자격이 있는; 고관 대우의. ¶ ~ office 고관직.
cúrule chàir 🅝 (고대 로마의) 고관 의자, 상아(象牙)의 의자. 「앉을 자격이 있는) 고관(대작).
cúrule mágistrate 🅝 (고대 로마의) (고관 의자에
cur·va·ceous [kəːrvéiʃəs] 🔣 (구어) (여자가) 곡선미가 있는, 몸매가 관능적이고 미끈한, 육체미의. (또는 **curvacious**) ~·**ly** 🔁 ~·**ness** 🅝
cur·va·ture [káːrvətʃər, -tʃùər] 🅤🅒 **1** 구부러짐, 구

부러짐(curving). **2** 만곡(彎曲) (상태). ⓒ 만곡 부분. **3** 〔의학〕 이상 만곡, 굴곡(of). **4** 〔기하〕 곡률(曲率).

‡**curve** [kəːrv] 몡 (~s [-z]) **1** 곡선. **2** 굴곡, 만곡(부), 휨, 커브. ¶a sharp ~ in the road 도로의 급커브 / a ~ in the course of a river 강줄기의 굽이. **3** 〔수학〕 곡선; 〔통계〕 곡선 도표, 그래프(graph). ¶a hyperbolic ~ 쌍곡선. **4** 곡선자(~d ruler), 운형(雲形)자(French ~). **5** 〔야구〕 커브, 곡구. **6** 사기, 속임. **7** (보통 ~s) (여성의) 곡선미; (곡선미의) 미인. **8** 〔교육〕 커브식(式) 평가, 상대 평가(한 집단 내에서의 학습 노력의 정도를 기준으로 한 성적 평가법).

ahead of [behind] the curve 시대에 앞서서[뒤져서], 유행에 앞서[뒤져서].
around the curve [or *corner*] =around the CORNER. 「알아채다.
get on to a person's curves (美속어) 남의 속내를
throw [or *pitch*] *(a person) a curve (ball)* ① 〔야구〕 (남에게) 커브 볼을 던지다. ② (뜻밖의 질문으로) (남을) 놀라게 하다, 당혹하게 하다; (남을) 속이다.
— 타 (~s [-z]; ~d; curv·ing) **1** …을 구부리다, 만곡시키다. **2** 〔야구〕 (타자)에게 커브 볼을 던지다. **3** 〔교육〕 (성적)을 커브 평가법으로 매기다. — 자 구부러지다, 만곡하다; 〔야구〕 커브되다. — 형 =curved.
~·less 형

cúrve báll 몡 **1** 〔야구〕 커브 볼. **2** (美) 책략, 속임수.
curved [kəːrvd] 형 굽은, 만곡한, 곡선 모양의.
cúrv·ed·ly [kə́ːrvidli] 튀 **cúrv·ed·ness** 몡
cúrve kíller 몡 (美학생속어) 우등생.
cur·vet [kə́ːrvit/kəːvét] 몡 〔馬術〕 등약(騰躍), 커벳(말이 앞다리를 든 채 뒷다리로 도약하기). ¶cut a ~ 등약하다. **2** (고어) 뛰어 돌아다니다. — 재(自) (~t·ted, ~t·ting; ~t·ed, ~t·ing) (-t(t)-) 자 **1** (말이) 등약하다. **2** (어린아이 등이) 뛰어 돌아다니다. — 타 (말)을 등약시키다.
cur·vi·lin·e·ar [kə̀ːrvilíniər] 형 곡선의[으로 이루어지는], 곡선식[형]의. ¶~ style 〔건축〕 곡선 장식 양식. (또는 **curvilineal**) -**lin·e·ár·i·ty** 명 -**ly** 부
curv·y [kə́ːrvi] 형 **1** =curved. **2** =curvaceous. (또는 **curvey**) **cúr·vi·ness** 명
cu·sec [kjúːsek] 몡 쿠섹(유량(流量)의 단위: 매초 1 입방피트의 유수량). (<*cu*bic foot per *sec*ond)
cush [kuʃ] 몡 (美속어) 돈, 현금, 비상금; 돈지갑.
Cush [kuʃ/kʌʃ] 몡 **1** 〔성서〕 구스. **a)** Ham의 장남 (←창세기(Gen.) 10:6). **b)** Cush의 자손이 살았다고 하는 지방(현재의 Upper Egypt). **2 Kingdom of ~** 쿠시 왕국(아프리카의 고대 왕국(1000 B.C.–350); 지금의 Nubia 지방의 일부). 〔<Heb〕
cush·at [kʌ́ʃət, kúʃ-] 몡 (英방언) 산비둘기.

‡**cush·ion** [kúʃən] 몡 (~s [-z]) **1** 쿠션, 방석, (의자의) 등받이 방석. **2** 쿠션 모양의 것; 물건을 올려놓는 받침 방석, 베개; (여자의 머리 숱이 많아 보이게 덧붙는) 다리; (스커트의) 허리받이; 레이스 뜨는 대; 바늘겨레; (피아노·당구대 따위의) 쿠션; (모무 바이어의) 부드러운 고무 층. **3** (격동·진동·소음 따위를 막는) 완충물 [장치](*against*); 〔기계〕 공기[증기] 쿠션. **4** 〔해부·동물〕 말굽 연골(軟骨); (소·돼지 따위의) 엉덩이의 연한 부분; 〔식물〕 엽침(葉枕). **5** (방송 대본에서) 임의로 길이를 조절할 수 있는 부분. **6** 위안(물); 호사, 사치. **7** 언화를 막는 것; 경기 대책; (고통을 없애는) 약, 치료. **8** (속어) 만일의 경우나 노후를 위한 준비, 대비; 저금. **9** (美속어) (야구의) 누(壘) (base).
hit the cushion 자해나다. 「것에) 타다.
ride (*the*) *cushions* (美속어) 정규 운임을 내고 (탈)
— 타(他) (~s [-z]) **1 a)** …을 쿠션에 올려놓다, 쿠션에 앉히다; …을 쿠션으로 받치다(*up*). **b)** …에 쿠션을 달다[대다]. **c)** (쿠션으로) …을 보호하다, 덮다. **2** 〔기계〕 (피스톤 따위의 충격)을 공기(증기)의 쿠션으로 줄이다. **3** (불평·비난 따위)를 살짝 가라앉히다; (자극·충격·악영향 따위)를 완화(약화)시키다. **4** (남·사람 (…로 부터) 보호하다, 지키다(*against*).
~·ed, ~·less, ~·like 형

cush·ion-craft [-krҳ̀ft/-krɑ̀ːft] 몡 「craft.
cúshion cút (보석) 쿠션 컷(브릴리언트형 컷의 변형; 가장자리는 장방형이고 네 귀퉁이는 둥그스름하
cush·ion·ing [kúʃəniŋ] 몡 쿠션재(材). 「다).
cúshion sóle 탄력 있는 고무 구두창.
cúshion thúmper (美속어) 목사(牧師).
cúshion tíre 몡 쿠션 타이어(고무 부스러기를 채운 자전거 타이어).
cush·ion·y [kúʃəni] 형 **1** 쿠션 같은, 푹신한. **2** 쿠션이 있는; 쿠션으로 사용된.
Cush·ite [kʌ́ʃait, kúʃ-] 몡 형 쿠시인(人)(의).
Cush·it·ic [kəʃítik] 몡 U 쿠시어(語)(Somalia·Djibouti·Ethiopia의 언어로 햄(Hamitic)어족의 하나). — 형 쿠시 말의.
cush·y [kúʃi] 형 (口語) **1** (일·자리 따위가) 편한 (easy); 즐거운. ¶a ~ job 손쉬운 일 / a ~ number 즐거운 자리[일]. **2** (美) 푹신한(cushiony). **3** (美속어) 공들인, 멋진. **4** (英) (상처가) 대단치 않은, 경미한.
cúsh·i·ly 부 **cúsh·i·ness** 명
cusk [kʌsk] 몡 (뗠 ~(s)) (북대서양산(產)) 대구 비슷한 식용어; 모캐.
cusp [kʌsp] 몡 **1** 뾰족한 끝, 첨단. **2** 〔해부·생물〕 (치아·잎 따위의) 첨단, 돌기(부). **3** 〔기하〕 (두 곡선이 만나는) 첨점(尖點). **4** 〔건축〕 (고딕 건축의) 안쪽 두 곡선이 만나는 돌출점. **5** 〔천문〕 (초승달의) 끝, 첨단.
~·al 형

cusped [kʌspt] 형 뾰족한 끝이 있는, 끝이 뾰족한.
cus·pid [kʌ́spid] 몡 (사람의) 송곳니(canine). 「의.
cus·pi·dal [kʌ́spədl] 형 끝이 뾰족한; 〔기하〕 첨점
cus·pi·date [kʌ́spədèit] 형 끝이 뾰족한, 돌기가 있는. ¶~ leaves 끝이 뾰족한 잎. (또는 **cuspidated**)
cus·pi·dor [kʌ́spədɔ̀ːr] 몡 타구(spittoon).
cusp·y [kʌ́spi] 형 (美속어) 〔컴퓨터〕 간결한, 효율적인, 편리한. 「녀석.
cuss [kʌs] (口語) 몡 U 저주, 악담; ⓒ (경멸적) 놈, *not give* [or *care*] *a cuss* 전혀 개의치 않다.
not worth a tinker's cuss 한 푼어치의 가치도 없 — 타 저주하다, 악담하다; 격렬히 비난하다, 질책하다.
cuss out 호되게 꾸짖다, 욕을 퍼붓다.
cuss·ed [kʌ́sid] 형 (美속어) **1** =cursed. **2** 고집센, 완고한(obstinate). ~·ly 부 ~·ness 명
cuss·word [kʌ́swə̀ːrd] 몡 (美구어) 저주, 악담 (curse word).
cust. custody; customer; customs.
cus·tard [kʌ́stərd] 몡 CU **1** 커스터드(계란·우유·설탕 따위를 섞어 만든 과자). **2** (英) 커스터드 소스(우유와 설탕에 옥수수 녹말을 가한 소스). **3** (~s) (濠속어)
park a custard 토하다, 게우다.
custard and jelly (英속어) 텔레비전. 「여드름.
cústard ápple 몡 **1** 우심리과(牛心梨科)(열대 아메리카산 식물), 그 과실; 번여지(蕃荔枝)(sweetsop). **2** (북미산) 포포나무(pawpaw); 그 과실. 「유리).
cústard gláss 커스터드 유리(담황색의 불투명한
cústard píe **1** 커스터드 파이. **2** 엉터리[최하류] 희극(slapstick). **cús·tard-pie** 형
cústard pówder 커스터드 파우더(커스터드 소스용으로 옥수수 녹말·설탕 따위를 섞은 가루).
cus·to·di·al [kʌstóudiəl] 형 **1** 보관의; 보호 관리상의, **2** 관리인[보관자]의. **3** (치료·보건의 업무가 아닌) 보호 감독[간호]만의. — 몡 유물함(遺物函), 성함(聖骸函). ~·ism 명
custódial séntence 구류 판결.
cus·to·di·an [kʌstóudiən] 몡 **1** 관리인; 수위. **2** 보관인; 〔금융〕 (증권 따위의) 보관 은행. **3** (…의) 후견인, 보호 관찰인, 보호 감독관(*over*). ~·ship 명
*****cus·to·dy** [kʌ́stədi] 몡 U **1** 보관, 관리. ¶a charge

for ~ 보관료(~-fee). **2** (미성년자의) 보호, 감독, 후견 (의 의무). **3** 감금, 금고; 구류, 구치(detention).
be in the custody of …에 보관[보호]되어 있다.
have the custody of …을 보관[보호, 감독]하다.
in custody 구류되어, 감금되어.
take a person in [or *into*] *custody* 남을 구속하다, 수감하다; 남을 체포하다.

‡**cus·tom** [kʌ́stəm] 圐 (图 **~s** [-z]) **1** ⒸⓊ (사회의) 관습, 풍습; 관행, 관례; (개인의) 습관(적 행위). ¶ ~ and practice 관행 / conform to ~ 관습을 따르다 / keep up [break] an old ~ 옛 관습을 지키다[어기다] / C- *is* (a) *second nature*. 《속담》 습관은 제2의 천성이다.

〖유의어〗 **custom** 오랫 동안 정착되어 온 사회적 관습·개인적 습관. **habit** 자주 반복되었기 때문에 생긴 개인의 버릇·습관. **practice** 규칙적으로 자주 자전하여 하는 습관, 습관적인 방식. **usage** 장기간 행해지고 널리 인정된 탓으로 일을 할 때 지침이 되는 practice. **manners** 어떤 민족·계급·시대 등에 지배적인 관습·생활 양식.

2 Ⓤ 《법률》 관습(법), 관례. ¶ the ~ of trade 상(商)관습. **3** (~s) (단·복수 양용) 관세; 《단수취급》 세관; 통관 수속. ¶ the ~(s) service 관세 사무 / go through [or pass] the ~s 세관을 통과하다. **4** Ⓤ (상점 따위에 대한) 애호, 애고(愛顧); 《집합적》 단골 손님, 고객. ¶ have a large[or plenty of] ~ 단골이 많다. **5** ⓊⒸ (봉건 시대의) 공조(貢租); Ⓒ 사용료[세], 요금, 세금.
against [*according to*] *the custom* 관습에 반하여[따라서].
as is one's custom 여느 때처럼 「삼다.
give one's custom to (*a shop*) (가게를) 단골로 *make it a custom to do* …하기로 하고 있다.
pay customs on …에 관세를 내다.
——圐 《美》 《한정용법》 주문의, 주문하여 만든, 맞춤의; 주문품을 만드는[파는].

cus·tom·a·ble [kʌ́stəməbl] 圀 관세가 붙는 것을 부과할 수 있는. **~·ness** 圐

‡**cus·tom·ar·y** [kʌ́stəmèri / -məri] 圀 **1** 습관적인, 통례의, 통상적인; 《법률》 관행, 관례의. ¶ a ~ practice 습관 / It is ~ *for* [or *with*] him to do so. 그렇게 하는 것이 그의 습관이다. **2** 《법률》 관례에 의한, 관습(법)상의. ¶ a ~ law 관습법. — 圐 (图 **-aries**) 관습법에 의거한 관례집. **-ar·i·ly** 튀 **-ar·i·ness** 圐

cústomary constitútion 圐 불문헌법.
cus·tom-build [-bíld] 图图 《美》 …을 특별[개인] 주문으로 제작[건축]하다.
cus·tom-built [-bílt] 圀 《美》 주문 제작[건축]의. ¶ a ~ house [limousine] 주문 건축 주택 [제작 리무진].
cus·tom-de·sign [-dizáin] 图图 …을 주문에 의해 설계하다; …의 설계를 특별히 주문하다.

‡**cus·tom·er** [kʌ́stəmər] 圐 (图 **~s** [-z]) **1** (상점의) 고객, 손님, 단골, 거래처; (은행의) 예금주. **2** 《수식어와 함께》 《경멸적》 (상대하지 않을 수 없는) 사람, 녀석, 놈. ¶ a cool ~ 뻔뻔한 놈. 「이다.
The customer is always right. 고객[손님]은 왕
cústomer púrchase órder 圐 구입 주문서.
cústomer relátionship mánagement 圐 《경영》 고객 관계 관리(鸣 CRM).
cústomer's bróker [**màn**] 圐 《증권》 증권 회사의 고객 담당자. 「위를 위한) 고객 대책.
cústomer sèrvice 圐 고객 서비스; (도난 방지 따 **cústomer sùrvey** 圐 고객 여론 조사[앙케트].
cus·tom·ize [kʌ́stəmàiz] 图图 …을 주문에 따라 만들다, 특별 주문하다; 사용자의 사정[희망]에 맞추다.
-i·za·bíl·i·ty **-iz·a·ble** 圀 **-i·zá·tion**, **-iz·er** 圐
cus·tom-made [-méid] 圀 《美》 주문의, 맞춤의, 주문받아 만든. — 圐 (의류 따위의) 맞춤 물건, 주문 생산품. 圐 ready-made
cus·tom-make [-méik] 图图 …을 주문을 통해 만 **cústom óffice** 圐 세관(custom house).
cústom públishing 圐 (특정 고객을 위한) 특별 한정판 (잡지) 발간. 「는 권리).
cústom ríght 圐 《법률》 관습권(관습에 따라 인정되 **cústoms bróker** 圐 통관(通關) (대행) 업자[브로커].
cústoms cléarance 圐 통관(通關). 「세의.
cústoms dùties 圐图 관세. **cus·toms-free** [-frí:] 圀 관세가 붙지 않는, 면세의 **cústom(s) hòuse** 圐 세관. (또는 cústom(s)· hòuse)
cústoms ùnion 圐 관세 동맹.
cus·tom-tai·lor [-téilər] 图图 …을 특별 주문[사용자의 필요에 따라 변경[수정]하다.
cústom tàriff 圐 관세표, 세율표.
cus·tos [kʌ́stɑs / -tɔs] 圐 (图 **-to·des** [kʌstóudi:z]) 관리인, 보관자. 《L》
cústos rot·u·ló·rum [-rɑ̀tjulóːrəm / -rɔ̀tju-] 圐 《英법률》 수석 치안 판사. 《L》

‡**cut** [kʌt] 图 (~; *~·ting*) 囝 **1** (칼 따위로) …을 베다, 자르다, 상처내다 (*on*, *with*). ¶ ~ oneself 다치다 // (~+圐+圐) something open 어떤 것을 째다 // (~+圐+前+名) ~ one's finger *on* [or *with*] a piece of glass 유리 조각에 손가락을 베다.
2 …을 (…에서) 절단하다, 잘라내다(*away*, *off*, *up*) (*from*, *off*); (칼 따위로) …을 분할하다(*in*, *into*); 〔고기·과자 따위〕를 작게[얇게] 썰다, 자르다. ¶ ~ a joint of meat 고깃덩이를 썰다 // (~+圐+前+名) ~ a branch *off* a tree 나무에서 가지를 잘라내다 / ~ an apple *in* half [or *into* halves] 사과를 두 쪽으로 자르다.

〖유의어〗 **cut** 가장 넓은 뜻의 말, **chop** 도끼·식칼 따위로 예리한 것으로 여러 번 쳐서 썰다. **hew** 큰 물건을 무거운 날붙이로 힘주어 베다. **hack** 대충[난잡하게] 마구 자르다.

3 〔풀 따위〕를 깎다, 베어들이다; 〔밀 따위〕를 거두어들이다, 수확하다; 〔꽃·열매 따위〕를 따다, 꺾다; 〔머리·손톱 따위〕를 깎다; 〔정원수 가지 따위〕를 치다; 〔나무〕를 벌채하다(*down*). ¶ ~ grains 곡식을 수확하다 / ~ flowers [grapes] 꽃[포도]을 따다 / have one's hair ~ 머리를 깎다 // (~+圐+圐) ~ one's hair [nails] close 머리[손톱]를 짧게 깎다.
4 〔옷 따위〕를 (…에서) 잘라서 만들다(*out*, *of*); 〔옷〕을 마름질하다, 재단하다; 〔나무·돌 따위에〕 〔상·글자 따위〕를 새기다, 파다(*on*, *in*, *into*); 〔보석 따위〕를 다듬다, 깎다, 커트하다; 〔원지(原紙)〕를 절단하다. ¶ ~ a coat 코트를 마름질하다 / ~ a diamond 다이아몬드를 커트하다 // (~+圐+前+名) ~ a thing *into* various forms 물건을 잘라서 여러 가지 모양으로 만들다 / a figure ~ *in* stone 돌에 새긴 상.
5 …이 (…을) 가로지르다; …을 가로질러 가다[흐르다] (*through*); …과 교차하다. ¶ A road ~s the track at the point. 그 지점에서 도로가 철로를 가로지르고 있었다.
6 …을 파내다, 파다; 〔길 따위〕를 (…에) 내다, 닦다; 〔파도 따위〕를 헤치고 나아가다[달리다](*through*). ¶ ~ a trench 도랑[참호]을 파다 // (~+圐+前+名) ~ a road *through* a hill 언덕에 길을 내다.
7 〔기사·영화 장면 따위〕를 줄이다, 짧게 하다; 《구어》 …을 (…에서) 없애다, 컷[삭제]하다(*out*) (*from*); 〔문장 따위〕를 줄이다, 압축하다; 〔비용〕을 줄이다, 삭감하다; 〔값·급료〕를 내리다(*down*); 〔음량〕을 낮추다(*down*). ¶ ~ the report by half 보고서를 반으로 줄이다 / ~ the allowance *from* 30,000 won *to* 20,000 won 용돈을 3만원에서 2만원으로 줄이다 / ~ *down* the expense 경비를 삭감하다.
8 〔사람·사물〕을 …상태로 하다(* 주로 free, loose, open, short 따위를 보어로). ¶ ~ a long story *short*

긴 이야기를 줄이다 / ~ an envelope open 편지를 뜯다. **9** (채찍 따위로) …을 세게 때리다; (찬바람 따위가) …의 살을 에다(to); [남]을 뼈에 사무치게 하다, [남]의 감정을 몹시 해치다, [남]에게 통감시키다(on).¶(~+目+前+名) The icy wind ~ me to the bone. 찬바람이 뼛속까지 스몄다.
10 (구어) [엔진 따위]를 멈추다, [수도 따위]를 끊다(off); …을 그치다, 그만두다(out).¶~ the talking 이야기를 그치다.
11 (구어) [강의 따위]를 빼먹다, …에 무단 결석하다; [아는 사람 등]을 무시하다, 짐짓 모르는 체하다; [관계]를 끊다(with).¶~ history 역사 강의를 빼먹다 / a class 수업을 빼먹다. **12** (수학) (선이) [다른 선]과 교차하다. **13** …을 녹이다; …을 묽게 하다(with).¶~ whisky with water 위스키에 물을 타다. **14** (구어) …의 동작을 하다, …에 (…한 태도·모습)을 보이다.¶~ a caper [or capers] (기뻐서) 팔짝팔짝 뛰다, 까불어대다 / ~ quite a figure 좋은 인상을 주다. **15** [이]를 나게 하다. **16** [카드놀이] [패]를 떼다(shuffle); [패]를 뽑다. **17** (스포츠) [공]을 깎아 치다, 회전시키다. **18** …을 거세(去勢)하다. **19** (구어) …을 레코드화하다, 녹음[취입]하다; [영화 필름]을 편집하다.
── 《자》 **1** (칼날이로) 자르다, 베다, 절단하다; 쪼개다; 옷을 재단하다; 새기다; 날붙이를 쓰다. **2** (부사와 함께) (칼 따위가) 베어지다, 들다; (물건이) 잘리다, [칼 따위가] 들다.¶(~+圖) This knife ~s well. 이 칼은 잘 든다. **3** (배·쟁기 따위가) 가르고 나아가다, 헤치고 가다(through); 가로지르다, (가로질러서) 지름길로 가다(across); (갑자기) 방향 전환을 하다(to).¶(~+前+名) ~ through woods 숲을 빠져 나가다 / ~ across a yard 마당을 가로지르다. **4** (채찍 따위가) 세게 때리다; (벗듯이) 골수에 사무치다, (찬바람 따위가) 살을 에다, 뼛속에 스며들다; (몹시) 기분을 해치다(at, with).¶(~+圖) the criticism that ~s deep 충격적인 비평 / The wind ~ bitterly. 바람이 살을 에는 듯 몹시 찼다// (~+前+名) The criticism ~ at him. 그 비평이 그에게 타격을 주었다. **5** (기계·엔진 따위가) 서다; (수도 따위가) 끊기다. **6** [카드놀이] 패를 떼다. **7** (구어) 급히 떠나다, 달아나다.¶Cut! 떠나라! (⇒cut it ①)/I must ~. 가야겠습니다. **8** (말이 보행중에) 발과 발이 부딪치다. **9** [스포츠] (테니스·크리켓 따위에서) 공을 깎아 치다, 커트하다(at). **10** (그림) (색깔 따위가) 너무 두드러지다[돋보이다]. **11** (구어) 촬영을 중단하다; 필름 편집을 하다. **12** (이가) 나다.

be cut out for [or **to do**] (구어) …에 안성맞춤이다, 꼭 들어 맞는다.
cut about 뛰어 돌아다니다.
cut across ① …을 질러가다. ② …에 관련하다, …에 영향을 끼치다, …을 포함하다. ③ …을 무시하다, …을 초월하다.¶~ across the party line 당파를 초월하다. ④ …에 반(反)하다, …과 어긋나다; …을 방해하다.
cut a dash ⇒DASH.
cut adrift ① 헤어지다, 영원히 가버리다. ② (···을 줄을 끊고[떼어나]) 방랑하게 하다(from).¶~ oneself adrift from home 집을 떠나 방랑하다. ③ [배]를 표류시키다.
cut a feather ⇒FEATHER.
cut a figure ① 두각을 나타내다. ② (···의) 인상을 주다.
cut after …을 급히 쫓다.
cut a joke 농담을 던지다.
Cut along! (英구어) 빨리 사라져!
cut a loss [or **one's losses**] ⇒LOSS.
cut an appearance (美) 두각을 나타내다, 이채를 띠다.
cut and carve 베어 나누다.
cut and come again (고기 따위를) 먹고 싶은 대로 집어먹다.
cut and contrive (적은 수입으로) 살림을 잘 꾸려가다.
cut and run ① 황급히 도망치다[달아나다]. ② [해사] 닻줄을 끊고 도망치다.
cut a person dead [or **cold**] ⇒DEAD.
cut a person off at the pass 남(의 계획)을 방해하다, 남을 저지하다.
cut a person's hair 남을 놀라게[겁먹게] 하다.
cut a person to the heart [or **quick**] 남의 가슴에 사무치게 하다, 남을 슬프게 하다, 남의 감정을 해치다.
cut a record 레코드에 취입하다.
cut at ① [나무]를 칼로 내리치다. ② (채찍으로) 호되게 치다(with). ③ (구어) …에 (정신적) 타격을 주다; [희망 등]을 꺾다.
cut a tooth 이가 나다.
cut away ① (구어) 도망치다. ② [가지 따위]를 베어 버리다.
cut back ① [가지·새싹]을 치다; [수량]을 줄이다; [내용]을 삭제하다; [비용]을 삭감하다(on). ② 급히 돌아오다; [축구] 급히 후퇴하다; [스포츠] …으로 급히 방향을 바꾸다(to). ③ [영화] 컷백하다, (앞서 나왔던 화면으로) 되돌아가다(⇒CUTBACK); (이야기 따위가) 앞으로 되돌아가다. ④ (수동형으로) [말]을 아끼다.
cut both ways 좋고 나쁜 양면을 지니다, 양쪽으로 통하다.
cut corners ⇒CORNER.
cut didoes 장난치다, 까불거리다.
cut dirt ⇒DIRT.
cut down ① [나무 따위]를 베어 넘어뜨리다. ② [비용·수량 따위]를 줄이다, 삭감하다; [값]을 내리다, 할인하다; [옷·문장 따위]를 줄이다. ③ …보다 낫다; …을 해치우다. ④ …을 달리다. ⑤ (수동형으로) [질병·전쟁 따위로] 죽다 (in, by) [제하다.
cut down on (美) [수량]을 줄이다; …을 삼가다, 절
cut...down to size ① …을 적당한 크기로 자르다. ② (과대 평가된 것·사람)을 그에 상응하는 수준까지 깎아내리다, …의 콧대를 꺾다.
cut fine 아주 적은 이익밖에 생기지 않다.
cut for a person 카드 패를 떼어 사람을 정하다.
cut free (끊어) …을 자유롭게 하다.
cut in ① 끼어들다, 간섭하다; (차 따위가) 갑자기 에 끼어들다, 새치기하다(on). ② (남의 이야기)를 가로막다, 참견하다(with, on).¶It is rude to ~ in while others are talking. 남의 이야기중에 끼어드는 것은 무례한 짓이다. ③ (美) [남의 이야기]를 전화로 도청하다. ④ (댄스중인 남자로부터) 춤 상대를 가로채다(on). ⑤ (칼 따위가) 깊이 들어가다; …에 칼집을 내다. ⑥ (모터 따위에) 전류를 넣다; …을 잇다. ⑦ …에게 몫을 나눠주다; …을 끼워주다(on).
cut into ① …에 끼어들다. ② …을 참견하다, [저금 따위]를 야금야금 꺼내 쓰다. ④ [시장]에 침투하다.
cut it ① (구어) 달리다, 도망치다, 내빼다. ② (속어) 그만두다; [명령형으로] 그만둬!, 닥쳐!
cut it fine [or **close**] ① (시간·돈 따위)를 바싹 줄이다. ② 아슬아슬한 짓을 하다, 그럭저럭 맞추다(채우다). ③ (美) 정확히 계산하다.
cut it off (속어) 잠자다.
cut it out (구어) [명령형으로] 귀찮다!; 그만둬!, 닥쳐!
cut it short 그럭저럭 맞추다(채우다).
cut it (too) fat (구어) 도를 넘다, 지나치다.
cut it up (속어) 떠들며 즐기다.
cut loose (밧줄을 잘라) [배 따위]를 풀어 놓다; (…와의) 관계를 끊다(from).¶~ oneself loose from …의 속박을 떠나 자유의 몸이 되다. ② 활동하기 시작하다, …하기 시작하다. ③ 거리낌없이 이야기하다, 들떠서 떠들다, 폭음하다. ④ 마음껏 공격하다(upon). ⑤ 자유로워지다, 헤어나다.
cut lots 제비를 뽑다.
cut no figure (美) 대단한 것이 못되다.
cut no ice (with) ⇒ICE.
cut off ① …을 잘라내다, 절단하다; …을 삭제하다 (from). ② (가스·수도·원조 따위의 공급)을 끊다, 중단하다; [통화·진로 따위]를 가로막다; [이야기·쇼 따위]를 중단시키다; [기계]를 정지시키다; [관계 따위]

를 끊다. ¶ ~ *off* supplies (식량 따위의) 공급을 끊다. ③ 《수동형으로》 …을 갑자기 끝나게 하다; (병 따위가) 〔남〕을 급사시키다, 일찍 죽게 하다. ④ 〔남의 입〕을 막다, 침묵시키다. ⑤ …의 상속권을 빼앗다; …을 폐적(廢嫡)하다. ⑥ 급히 가다, 서두르다. ⑦ …을 포위하다, 봉쇄하다; (…로부터) 고립시키다(*from*).
cut off a corner ⇨CORNER.
cut off** one's **nose to spite** one's **face ⇨NOSE.
cut on ① 급히 나아가다. ② 살아가다.
cut** one's **coat according to** one's*[or ***the] ***cloth*** ⇨COAT.
cut** one's **eye ⇨EYE.
cut** one's **teeth on ⇨TOOTH.
cut** one's **way through …을 가로지르다[질러 가다].
cut** one's **wisdom teeth[or ***eyeteeth***] 사랑니가 나다; 철들다.
cut out ① 〔길〕을 내다 (*through*). ¶ ~ *out* one's way 자기가 나아갈 길을 열다. ② …을 잘라[베어]내다, 절제하다; …을 삭제하다, 생략하다. ③ 〔기사 따위〕를 (…에서) 절취하다, 뽑다 (*of*, *from*). ④ (쫓아내고) 〔남〕을 대신하다, 〔남〕의 대신으로 들어앉다; 《美》 〔동물〕을 무리에서 떼어놓다. ¶ ~ *out* a rival 경쟁자의 지위를 가로채다. ⑤ (추월하기 위해) 자동차의 열을 벗어나다, (다른 차의 앞으로) 튀어나가다, 〔다른 자동차〕를 방해하다; 《美구어》 속도를 내다. ⑥ …을 예정하다, 준비하다. ⑦ 《구어》 …을 그만두다, 그치다; 〔엔진 따위〕를 멈추다, 〔전원·스위치 따위〕를 끊다; (엔진 따위가) 멈추다; (전기 따위가) 끊어지다. ¶ ~ *out* smoking 담배를 끊다. ⑧ 〔의복〕을 재단하다. ⑨ (적의 항구 안에서 또는 적의 포화를 뚫고) 〔적의 배〕를 나포하다. ⑩ 〔경쟁 상대〕를 무찌르다, 제외시키다. ⑪ …을 빼앗다; …을 유언장에서 제외하다. ⑫ 《구어》 《수동형·부정형으로》 천성이 …에 맞다 (*for*, *to* be). ¶ He is not ~ *out to* be a businessman. 그는 사업가 체질이 아니다. ⑬ 《美구어》 가출하다, 도망치다, 달아나다. ⑭ 《축구》 〔패스〕를 차단하다.
cut…out of …로부터 …을 제외하다.
cut round 《구어》 뛰어 돌아다니다; 기운차게 하다; 자랑삼아 보이다.
cut short ① …을 줄이다, 단축[생략]하다. ¶ *C– it short!* 간단히 말해라! ② 〔남〕의 말을 가로막다. ③ …을 갑자기 끝내게 하다.
Cut that! 그만둬, 닥쳐!
Cut the comedy! ⇨COMEDY.
Cut the funny stuff! 《구어》 웃기는 소리 좀 작작해!, 바보 같은 짓은 그만둬!
cut the ground from under** a person's **feet ⇨GROUND.
cut the knot (난제·난국을) 영단을 내려 처리하다. [참] Gordian knot
cut the throat of ⇨THROAT.
cut through …을 헤치고 나아가다; …을 칼로 뻐개다; …에 끼어들다.
cut to 〔화제 따위〕를 …로 바꾸다; 〔영화·TV〕 〔다른 장면[신]〕으로 바뀌다.
cut…to[or ***in, into***] ***pieces*** ① 〔물건〕을 조각조각으로 자르다. ② 〔작품 따위〕를 혹평하다. ③ 〔적〕을 분쇄하다, 괴멸시키다.
cut two ways =*cut both ways*.
cut under 《美》 〔남〕보다 싸게 팔다, …보다 할인하다.
cut up ① …을 난도질하다, 잡아 찢다; 분할하다. ② 〔적군 따위〕를 분쇄하다, 괴멸시키다. ③ …을 부상입히다. ④ 《구어》 …을 혹평하다, 호되게 깎아내리다. ⑤ 《수동형으로》 …을 괴롭히다, 마음 아프게 하다, 몹시 슬퍼하게 하다 (*about*, *by*). ⑥ (천이) 재단되다, 마름질되다, (고기 따위가) 잘라지다(*into*). ⑦ 《美구어》 허세부리다, 요란스럽게 굴다(show off). ⑧ 《구어》 농담을 하다; 익살 떨다, 장난을 치다; 까불대다. ⑨ 〔소란〕을 일으키다(kick up). ⑩ (금액의) 가치가 있다; 《구어》 재산을 남기다 (*for*). ⑪ (식품·재료 따위가) 충분하다; (…에) 충분히 쓰이다 (*into*).
cut up rough[or ***nasty, rusty, savage, ugly***] 《英구어》 성내다, 발끈하다; 난폭하게 설치다.
cut up touches 《美속어》 ① 옛날의 공훈 세웠던 이야기를 하다. ② 훔친 물건을 반씩 나누다.
cut up well[or ***big, large, rich***] 《구어》 (도살한 소·돼지 따위가 칼질이 잘 될 만큼) 살코기가 많다; 《비유적》 많은 유산을 남기고 죽다.
get cutting 《구어》 시작하다, 착수하다; 서두르다 (get cracking).
how you cut it 《구어》 상황을 어떻게 보시는지.
—[형] **1** 벤; 베어 낸, 잘라 낸, 자른, 깎은; 꺾은. **2** 잘게 썬; 썰어서 만든, 절개한. **3** 〔식물〕 (잎의) 끝이 갈라진, 쪼개진. **4** 재단한. ¶ finely ~ clothes 잘 재단된 옷. **5** 깎아 다듬은, 새겨 넣은, 탁마(琢磨) 세공의. ¶ a ~ stone 깎아 다듬은 돌. **6** 바싹 줄인, 삭감한, 인하한; 삭제한, 생략한. **7** 거세한. **8** (술 따위가) 묽어진, 순해진. **9** 《英구어》 술취한. **10** 〔스포츠〕 (볼이) 커트된, 차단된. **11** (정신적으로) 상처 입은; 화가 난.
at cut rates[or ***prices***] 할인 가격으로, 특가로.
cut and dried ⇨CUT-AND-DRIED.
cut and shut 《속어》 두 대의 중고차를 합쳐 한 대로 만든[재생한].
cut in the craw[or ***eye***] 《美속어》 술취한.
cut out to be =*cut out* ⑫.
—[명] **1** (a ~) 자르기, 베기; (날붙이·채찍 따위의) 내리치기, 한번 자르기, 일격, 한 대 치기(*at*, *in*).
2 잘라 낸 한 조각, 절편; 베어 낸 고깃점, 《美》 크게 베어낸 고깃덩이 (*off*, *from*).
3 벤 자리, 칼자국, 새긴 금, 벤 상처(*in*, *on*); (잎 따위의) 갈라진[째진] 틈; 개울, 도랑, 수로. ¶ a ~ *in* a finger 손가락의 벤 상처.
4 (의복의) 재단, 마름질, 형(型); (머리 따위의) 깎는 법, 헤어스타일; (보석의) 컷 (*of*).
5 (사람 등의) 형(style), 타입, 종류; (사회적·경제적) 계급, 계층. ¶ a man of his ~ 그와 같은 형의 사람.
6 생략, 삭제, 축소 (*in*); 삭제[생략]한 부분. **7** (경비·임금·가격의) 삭감, 인하, 할인, 감가(*in*); (전력의) 공급 제한, 정전. ¶ get a ~ *in* price 값을 깎다. **8** 《구어》 (이익의) 배분, 몫, 배당, 할당; 수수료, 커미션, 리베이트. ¶ the agent's ~ 에이전트 수수료[리베이트]. **9** 횡단로, 지름길. ¶ a short ~ 지름길. **10** 《구어》 (아는 사람 등을) 일부러 모른 체하기, 일부러 피하기, 무시; (~s) 서로 모른 체하는 사람들. **11** 《구어》 (강의·수업 따위를) 빼먹기, 무단 결석. **12** (남의) 감정을 해치는 행위, 냉혹한 처사, 비꼬는 말, 혹평(*at*). ¶ This is a ~ *at* her. 이것은 그녀를 비꼰 것이다. **13** 목판(화)(woodcut), 삽화. **14** 〔영화·TV〕 (장면 따위의) 컷, 삭제; 커팅, 필름[비디오] 편집; 편집된 필름, 원판. **15** (레코드·테이프의) 개개의 곡[노래]; 《美속어》 녹음일. **16** 〔스포츠〕 공을 깎아 치기, 커트; (공의) 회전(spin). **17** (the ~) 예선 통과점[선]; (골프 대회 따위의) 본선 진출자 결정 기준점; (팀 편성·배역 결정 따위에서 선수나 배우의) 제외, 삭감, 선발. **18** 〔카드놀이〕 패를 떼기; 떼는 차례; 떼어서 나온 패. ¶ It's your ~. 네가 뗄 차례다. **19 a)** 〔댄스〕 컷. **b)** (말이) 보행중에 발을 맞부딪치기; 그 상처. **20** (제비뽑기에 쓰는) 한 개의 지푸라기, 한 조각의 종이. **21** (목재의) 벌채량; (양모 따위의) 수확고. **22** 《美》 가벼운 식사.
a cut above 《구어》 …보다 나은, 한 수 위인; …을 할 사람은 아닌.
draw cuts 제비[심지]를 뽑다, 제비 뽑기를 하다.
give** a person **the cut direct (얼굴을 마주보고서도) 모른 체하다.
have[or ***take***] ***a cut*** 《美》 가벼운 식사[요기]를 하다.
have a cut off the joint 《속어》 (남성이) 성교하다.
have a cut off the nut 《英속어》 채식하다.
make[***miss***] ***the cut*** 《구어》 특정 목표를 달성하다[하지 못하다]; (골프 대회 따위에서) 본선에 진출[탈락]하다; 최종 명단에 들다[빠지다]; 성공[실패]하다.
the cut of** one's **rig[or ***jib***] 《구어》 풍채, 몸가짐.
with all cuts and bruises 상처 투성이이면서, 온

갓 고난에도 불구하고.
⸺·ta·ble 뼹

cut-and-come-a·gain [-ənkΛməgèn] 뼹|U|C《구어》(고기 따위를) 몇 번이든지 먹고 싶은 만큼 가져다 먹기; 무진장, 풍부. ¶Here is ~, Miss. 여기에 얼마든지 있어요[실컷 드세요], 아가씨. ― 뼹 실컷 먹을 만큼 있는; 풍부한.

cut-and-dried [-əndráid] 뼹 1 (말·계획 따위가) 미리 준비된[결정되어 있는]. 2 신선한 맛[생기]이 없는, 무미건조한; 평범한. (또는 《英》 cut-and-dry)

cút and páste 뼹 《컴퓨터》 잘라 붙이기; 이동.

cut-and-paste [-ənpéist] 뼹 풀과 가위로 만든[편집한]; 오려내어 다른 곳에 바른. ┌시 허둥대는.

cut-and-run [-ənrΛ́n] 뼹 《美구어》 몹시 급한, 몹

cút and thrúst 뼹 1《펜싱》 베고 찌르기. 2 활발한 의견 교환, 격론, 백병전; 격투, 드잡이.

cut-and-thrust [-ənθrΛ́st] 뼹 (칼이) 자를 수도 있고 찌를 수도 있는; 격렬한. ┌협적인.

cut-and-try [-əntrái] 뼹 시행 착오에 의한, 반복 실

cu·ta·ne·ous [kju:téiniəs] 뼹 피부(상)의; 피부를 상하게 하는. ¶a ~ disease 피부병. ~·ly 튄

cut·a·way [kΛ́təwèi] 뼹 1 (상의의) 앞자락을 (허리 부분에서) 비스듬히 재단한. 2 (내부가 보이도록) 일부를 잘라낸. ― 뼹 1 (또는 ⸺ còat) 앞자락을 비스듬히 재단한 옷(모닝코트 따위). 2《영화》동시에 벌어지는 장면을 번갈아 비추기, 장면 전환.

cut·back [kΛ́tbæ̀k] 뼹 1 (생산 따위의) 축소, 삭감(in). 2 (소설 등에서) 이야기가 앞으로 되돌아가기;《영화》컷백(장면 전환을 한 뒤에 다시 본래의 장면으로 되돌리기; 관련된 두 화면 이상을 번갈아 대조시키는 장면 전환도 가리킨다)(旣 flashback). 3《원예》가지치기, 전정(剪定). 4《미식축구》컷백. ┌강가 절벽.

cut·bank [kΛ́tbæ̀ŋk] 뼹 (물의 침식 작용으로 생긴)

cut·cha [kΛ́tʃə] 뼹《인도》빈약한, 임시 변통의(旣 pucka); (벽돌 따위) 햇볕에 말린.

cut·down [kΛ́tdàun] 뼹 1 축소, 삭감; 감소(in). 2《외과》(카테터(catheter) 삽입을 위한) 정맥 절개.
― 뼹 축소한; 단축[축약]된.

‡**cute** [kju:t] 뼹 1《美구어》작고 예쁜, 귀여운; 매력적인, 멋진. ¶a ~ child 귀여운 아이. 2《구어》 캡쑥, 예민한, 영리한, 빈틈없는, 깜찍한. 3《구어》점잔 빼는, 뽐내는. ― 튄《구어》귀엽게, 멋지게.
⸺·ly 튄 ~·ness 뼹 ⇒acute.

cu·ter [kjú:tər] 뼹《美》25센트(quarter).

cute·sy [kjú:tsi] 뼹《美구어》귀엽게[예쁘게] 꾸민.
― 뼹 귀여움; 장난기. (또는 **cutesie**) **-si·ness** 뼹

cut·ey [kjú:ti] 뼹 =cutie. ┌적 그 제품.

cút gláss 뼹 컷 글라스(조탁(彫琢) 세공 유리); 《집합

cut·grass [grǽs/-grɑ́ːs] 뼹 잎 가장자리가 잔 톱니같이 된 풀, 겨풀속(屬)의 무리.

Cuth·bert [kΛ́θbərt] 뼹 1 **Saint** ~ 성 커스버트(637?-687; 스코틀랜드의 선교사·주교; 항해자의 수호성인). 2《英속어》(제 1 차 세계 대전중의) 징병 기피자.

cu·ti·cle [kjú:tikl] 뼹 1 표피(表皮)(epidermis). 2 (손톱 뿌리를 덮은) 얇은 피부. 3 (또는 cuticula) 《생물》큐티클라, 상피, 각피(角皮)(생물의 체표(體表)를 덮는 세포의 굳고 얇은 막). **cu·tic·u·lar** 뼹

cu·tic·u·la [kju:tíkjulə] 뼹 =cuticle 3.

cut·ie [kjú:ti] 뼹 1《美구어》(부르는 말로) 귀여운 여자[소녀]. ¶Hi, ~! 여어, 귀여운 아가씨. 2《속어》빈틈없는 사람, 두뇌파, 책사(策士); 교활한 책략.

cútie píe 뼹《구어》1 사랑하는 사람, 연인. 2 = cutie 1. **cú·tie·pìe** 뼹

cu·tin [kjú:tin] 뼹《식물》큐틴, 각피소(角皮素), 큐틴질, 각질. ⇒CUTICLE 3.

cut-in [-ín] 뼹 1《영화》컷인(장면의 흐름 속에 어떤 화면을 클로즈업 따위로 삽입하는 일). 2 (라디오·TV 방송의 도중에 들어가는 광고[소식], 컷인. 3《인쇄》(판의 표제나 삽화 따위의) 짜넣기. ― 뼹 컷인의, 삽입의, 짜넣는. ¶a ~ heading 삽입 표제.

cu·tin·ize [kjú:tənàiz] 뼹《식물》(⋯을) 큐틴화하다. **·i·zá·tion** 뼹 피(眞皮). 《L》

cu·tis [kjú:tis] 뼹 (複 **-tes** [-ti:z], ~**·es**) 《해부》진피

cut·las(s) [kΛ́tləs] 뼹 1 (옛날 뱃사람이 쓰던) 칼폭이 넓 짧은 단검. 2 =machete.

cútlass fìsh 뼹《어류》갈치.

cut·ler [kΛ́tlər] 뼹 날붙이 장인(匠人), 칼장수.

cut·ler·y [kΛ́tləri] 뼹 칼 제조[판매]업;《집합적》(식탁용) 날붙이(나이프·포크 따위).

*****cut·let** [kΛ́tlit] 뼹 1 커틀릿(얇게 저민 고기를 굽거나 기름에 튀긴 것); (커틀릿용의) 얇게 저민 고기. ¶a pork ~ 포크 커틀릿. 2 (다진 고기 따위의) 커틀릿형 크로켓.

cut·line [kΛ́tlàin] 뼹《신문·잡지》(사진 따위의) 설명문(caption).

cút mòney 뼹 분할 화폐(옛날 잔돈 대신 썼다).

cút náil 뼹 대가리 없는 못.

cut·off [kɔ́ːf, -ɑ́f/-ɔ́f] 뼹 1 잘라내기, 절단; 절단기. 2 지름길(short cut), (강 굽이를 피하여 직선으로 낸) 지름길 수로. 3《기계》(증기 통과의) 차단 장치; (일반적으로) 차단기; U 차단, (관련 따위를) 차단하는 것, (총의) 안전 장치. 4 정지. 5 마감, 기한; 한계. ¶a ~ date 마감 기한. 6《美구어》(~s) 진 반바지. 7《야구》컷오프(외야수의 본루 송구를 내야수가 도중에서 차단하는 것). 8《전자》컷오프(전자관의 음극을 정상적으로 가열해 두어도 각 전극의 전압 관계로 전류가 흐르지 않는 상태).

cut-off-block [-ɔ́ːfblɑ̀k/-ɔ́fblɔ̀k] 뼹《미식축구》컷오프블록(플레이의 진행 방향이 아닌 지점에서 수비측 선수와 블로커 사이에 위치하여 상대의 추격을 막기).

cútoff fréquency 뼹《전자》차단 주파수.

cútoff lìne 뼹 경계선; (재봉 눈의) 절취선.

cútoff màn 뼹《야구》컷오프맨(외야로부터의 송구를 내야에 중계하는 선수).

cútoff pòint 뼹 기한; 한계; 종지점.

cu·tor [kjú:tər] 뼹《美속어》검사. (또는 **'cutor**)

cut·out [kΛ́tàut] 뼹 1 (신문 따위의) 오려내기; 오려내기 세공[그림]; (봉투에서 떼어낸 소인 찍힌 우표; (영화·コ본 따위의) 컷[삭제]된 부분. 2《기계》(내연 기관의) 배기판(瓣). 3《전기》안전 장치, 차단기.

cut·o·ver [kΛ́tòuvər]《美》뼹 (삼림지에서) 나무를 벌채한. ― 뼹 벌채된 삼림지.

cút plúg 뼹 (고체) 씹는 담배. ┌파는, 세일하는.

cut-price [-práis] 뼹 1 =cut-rate. 2 (상점이) 싸게

cútprice sále 뼹 염가 대매출.

cut·purse [kΛ́tpə̀rs] 뼹 소매치기(pickpocket).

cút ráte 뼹《美》할인 가격(운임, 요금); 할인율(率).

cut-rate [-réit] 뼹《美》싸게 파는, 할인한, 특가의.

cút·rát·er 뼹 할인 특가로 파는[서비스하는] 사람[회사].

CUTS *C*omputer *U*sers' *T*ape *S*ystem.

cút-shéet fèeder [-ʃíːt-] 뼹《컴퓨터》=sheet feeder.

cut·tage [kΛ́tidʒ] 뼹 삽목, 꺾꽂이(법).

*****cut·ter** [kΛ́tər] 뼹 1 자르는[베는] 사람, (옷의) 재단사; 《영화》 필름 편집자. 2 자르는 도구, 커터; 재단기 (의 날). 3《해사》커터형 범선. **a)** 외돛대의 소형 쾌속 범선. **b)** 군함용 소정(小艇). **c)**《美》(경무장한) 연안 경비용 소형 감시선(Coast Guard ~), 순라선(revenue ~). 4《美》(말 한두 필이 끄는) 작은 썰매. 5 연질 벽돌의 일종(어떤 모양으로도 절단할 수 있음). 6《미국 정부가 정한 최고 등급 규격의) 커터(소시지 따위 가공에 쓰이는 낮은 품질); 《쇠고기》커터급[하급]의.

cut·ter·head [kΛ́tərhèd] 뼹《기계》커터 헤드(날이 달린 모양의 회전하는 머리 부분).

cut·throat [kΛ́tθròut] 뼹 1 살인자(murderer); 사악[잔인]한 사람. 2《美》재래식 면도기(~ razor)(참 safety razor). 3 (또는 ⸺ tròut) 북미산(産) 연어.
― 뼹 1 살인(자)의; 잔인한, 무자비한. 2 격렬한. 3《카

cut time 〖음악〗 =alla breve.

‡cut·ting [kʌ́tiŋ] 〖1 ⓊⒸ 절단; 재단(법); 베어내기; 벌채. 2 잘라(오려)낸 것; 자른(벤) 부스러기, 자투리 (shred); 깎아낸 털; (원예) (삽목용의) 잘라낸 가지, 꺾꽂이 순; (英) (신문 따위의) 오려낸 것(美) clipping). 3 ⓊⒸ (보석 따위의) 절단 가공; (영화 필름·테이프 따위의) 커팅, 편집. 4 ⓊⒸ (英) (철도·도로·운하 따위를 만들기 위한) 굴착 수로, 깎아낸 길. 5 ⓊⒸ (구어) 할인 [염가] 판매, 심한 경쟁. ─ 〖1 (날이) 잘 드는, 예리한. 2 (바람 따위가) 살을 에는 듯한. 3 (몹시) 남의 감정을 해치는, 통렬한, 신랄한; 무정한. 4 (시선 따위가) 날카로운. 5 (구어) (남보다) 싸게 파는, 할인의.
~·ly 〖 ~·ness 〖

cútting bòard 〖 도마; (천·가죽 따위의) 재단대
cútting édge 〖 1 칼날; 신랄함, 예리함. 2 (과학 기술·예술 따위의) 최첨단, 전위; 유행의 첨단을 가는 사람. 3 결정적[효과적] 요소.
on the cutting edge of …의 최첨단[선두]에.
cút·ting-èdge 〖
cútting plíers 〖〖 절단 플라이어, 펜치.
cútting ròom 〖 (영화) 필름·테이프·편집실.
cut·tle [kʌ́tl] 〖 =cuttlefish; =cuttlebone.
cut·tle·bone [kʌ́tlbòun] 〖 오징어 뼈.
cut·tle·fish [kʌ́tlfìʃ] 〖 (複 ~·es) 갑오징어; (일반적으로) 오징어. 〖 squid
cut·ty [kʌ́ti] 〖 (스코·北잉) 〖 1 짧게 자른, 짧은. 2 성을 잘 내는, 성급한. ─ 〖 1 짧은 스푼. 2 짧은 파이프. 3 (구어) 바람난 여자; 시시한 여자.
cútty sárk 〖 (스코) 1 (블라우스·스커트 따위) 여성용 의류; 여성용 내의. 2 말괄량이; 굴러먹은 여자. 3 (C─ S─) 커티사크. a) 1869년에 건조된 영국의 대형 쾌속 범선. b) 〖상표〗 스카치 위스키의 한 종류.
cútty stóol 〖 1 낮은 걸상. 2 (스코틀랜드 교회에서 부정한 여자를 징계하는 데 쓰던) 걸상.
cut-up [kʌ́tʌ̀p] 〖 (美구어) 1 (남의 주의를 끌기 위해) 익살 떠는[젠체하는] 사람; 못된 장난꾸러기. 2 과시, 자랑; 못된 장난.
cut·wa·ter [kʌ́twɔ̀ːtər] 〖 1 (해사) (뱃머리의) 물결 헤치는 부분. 2 (교각의) 물살이 갈려 흐르게 하는 가장자리. 〖따라 오래사는 자수법.
cut·work [kʌ́twəːrk] 〖 ⓊⒸ 컷워크(바탕천을 무늬를
cut·worm [kʌ́twəːrm] 〖 뿌리 잘라먹는 벌레(거염벌레 따위).
cu.yd. cubic yard(s). 〖벌레 따위).
Cuz·co [kúːskou] 〖 쿠스코(페루 남부의 도시; 12-16세기 잉카 제국의 수도). (또는 **Cusco**)
CV calorific value; cardiovascular; carrier V(공격형 항공 모함); controlled variables; (캐나다) Cross of Valour; cylinder volume(기통(汽筒) 용량). **C.V.** chief [current] value; Common Version (공역(公譯) 성서); curriculum vitae(이력서). **CVA** 〖의학〗 cerebrovascular accident(뇌졸중). **CVD** 〖상업〗 countervailing duty(상계 관세). **CVI** 〖의학〗 common variable immunodeficiency(항체의 수가 감소한 상태). **C.V.N.** (美) carrier V nuclear (공격형 핵항모). **CVR** (항공) cockpit voice recorder(조종실) 음성 기록 장치). **CVS** 〖의학〗 chorionic villus sampling; computer-controlled vehicle system(컴퓨터 제어 무인 조종 교통 기관); convenience stores (24시간 편점도); (英) Council of Voluntary Service.
cvt convertible. **CVT** continuously variable transmission(무(無)단계 변속기). **CW** chemical warfare(화학전); child welfare; clockwise; code wave; (무선) continuous wave(지속파). **CWA** Civil Works Administration(토목 사업국); Communication Workers of America(미국 통신 산업 노동 조합). **CWAC** Canadian Women's Army Corps(캐나다 육군 여군 부대). **Cwlth., C'wealth** Commonwealth.

cwm [kuːm] 〖 1 (웨일스) =combe. 2 (지질) = cirque.
CWO, c.w.o. (상업) cash with order(현금불 주문); (군사) chief warrant officer(상급 준위). **CWS** Chemical Warfare Service(화학전 부대). **cwt.** hundredweight(∗ c는 (라틴) centum(=hundred)).
cy, cy. (컴퓨터) cycle(s). **CY** calendar year; current year. **cy.** capacity; currency. **Cy.** county.
-cy [si] 〖접미〗 state(상태), quality(성질), office(직분), rank(지위), position(신분) 따위를 뜻하는 추상명사를 만든다. 1 -t, -te, -tic, -nt 따위로 끝나는 형용사의 어미와 바꿔 놓을 수 있다. ¶fluency, privacy. 2 -t, -n 으로 끝나는 명사에 붙인다. ¶bankruptcy, captaincy.
cy·an [sáiæn, -ən] 〖Ⓤ 청록색의.
cy·an- [sáiən, sáiæn] 〖연결〗 ⇒CYANO-.
cy·an·a·mide [saiǽnəmid/-màid] 〖Ⓤ (화학) 시안아미드(비료용). 〖(酸鹽).
cy·a·nate [sáiənèit, -nət] 〖Ⓤ (화학) 시안산염
cy·an·ic [saiǽnik] 〖〗 1 (화학) 시안의(을 함유한). ¶ ~ acid 시안산. 2 (꽃이) 푸른색의(參 xanthic).
cy·a·nide [sáiənàid, -nid] 〖Ⓤ (화학) 시안화물(「시안화 수소산(청산)의 염); ¶ 청산칼리(potassium ~). (또는 cyanid) ─〖 …을 시안으로 처리하다.
cýanide pròcess 〖 (채광) 청화법(靑化法)(시안화물로 광석에서 귀금속을 추출하는 방법).
cy·a·nine [sáiəniːn, -nin] 〖Ⓤ (화학) 시아닌, 청색소(靑色素). (또는 **cyanin**, ⁓ **dye**)
cy·a·nite [sáiənàit] 〖Ⓤ (광물) 남정석(藍晶石). **-nit·ic** [sàiənítik] 〖〖화학〗(고정시키다).
cy·a·nize [sáiənàiz] 〖Ⓣ (공기 중의 질소를) 시안으로 바꾸다.
cy·a·no- [sáiənou, -nə, saiǽ-] 〖연결〗 (∗ 모음 앞에서는 cyan-). 1 blue, dark-blue의 뜻. ¶ cyanometer, cyanine. 2 (화학) a) cyanogen의 뜻. ¶ cyanohydrin; cyanide. b) cyanogen group의 뜻.
cy·a·no·ac·et·y·lene [sàiənouæsétəliːn] 〖Ⓤ 시아노아세틸렌(가스 모양 성운에서 발견된 유기 물질).
cy·a·no·bac·te·ri·a [sàiənoubæktíəriə] 〖復〗(單 **-ri·um** [-riəm]) (생물) 시아노박테리아, 청록색 세균.
cy·an·o·gen [saiǽnədʒən, -dʒen] 〖Ⓤ (화학) 시아노겐, 청소(靑素)(무색의 유독 가스); (일반식 M'CN으로 표시되는) 시안화물을 이루는 시안 1가(의 기(基).
cy·a·nom·e·ter [sàiənάmətər/-nɔ́m-] 〖Ⓤ (기상) 시안계(計), 청도계(靑度計)(푸른 정도를 측정).
cy·a·no·sis [sàiənóusis] 〖Ⓤ (병리) 치아노오제, 청색증(靑色症). **-not·ic** [-nάtik/-nɔ́t-] 〖
cy·an·o·type [saiǽnətàip] 〖Ⓤ 청사진(법).
Cyb·e·le [síbəliː] 〖 퀴벨레(Phrygia를 중심으로 아시아에서 숭배되었던 대지의 여신; 그리스 신화에서는 Rhea, 로마 신화에서는 Ops와 동일시되었다).
cy·ber- [sáibər] 〖연결〗 computer의 뜻. 1 컴퓨터의, 컴퓨터와 관련된. ¶ cyberjunkie, cyberphobia. 2 컴퓨터로 자동 제어되는; 컴퓨터 통신망의, 인터넷의(on-line); 인터넷이 만들어(연출해) 내는. ¶cyberculture, cyberspace, cybersport, cyberwar.
cy·ber·at·tack [sáibərətæ̀k] 〖Ⓤ 사이버 공격(컴퓨터 망을 이용하여 적의 컴퓨터 망을 공격하는 것).
cy·ber·buck [sáibərbʌ̀k] 〖 =cybermoney.
cy·ber·ca·fé [sáibərkæfèi] 〖 사이버카페, 인터넷 카페. (또는 **cýber càfè**)
cy·ber·cash [sáibərkæ̀ʃ] 〖 =cybermoney.
cy·ber·cen·sor·ship [sáibərsènsərʃìp] 〖 컴퓨터 통신망[인터넷] 정보 검열.
cy·ber·chat [sáibərtʃæ̀t] 〖Ⓤ 컴퓨터 채팅[대화].
cy·ber·class [sáibərklæ̀s/-klàːs] 〖Ⓤ 사이버 클래스, 사이버 강의(인터넷으로 이루어지는 대학 (과정)). 〖컴퓨터 통신망) 경찰.
cy·ber·cop [sáibərkὰp/-kɔ́p] 〖 (구어) 인터넷
cy·ber·crime [sáibərkràim] 〖 컴퓨터 범죄.
cy·ber·cul·ture [sáibərkʌ̀ltʃər] 〖 인공 두뇌학

사회, 사이버[컴퓨터, 인터넷] 문화. **ᐨcúl·tur·al** 형

cy·ber·de·moc·ra·cy [sáibərdimάkrəsi/-mɔ́k-] 명 U 사이버 민주주의. 컴퓨터 민주주의(컴퓨터 통신망을 매개로 하는 직접 민주주의).

cy·ber·freak [sáibərfrìːk] 명 컴퓨터 통신광; 컴퓨터광

cy·ber·junk·ie [sáibərdʒʌ̀ŋki] 명 (구어) 컴퓨터광. 「에티켓(netiquette).

cy·ber·man·ner [sáibərmæ̀nər] 명 (~s) 인터넷

cy·ber·mo·gul [sáibərmòugəl] 명 컴퓨터 통신 [인터넷] 재벌[거물].

cy·ber·mon·ey [sáibərmʌ̀ni] 명 U C 전자 화폐 (컴퓨터 통신망상에서 유통되는 화폐). (또는 **cyber-buck, cybercash**)

cy·ber·nate [sáibərnèit] 동 티 …을 컴퓨터로 자동제어하다. **-nàt·ed** 형

cy·ber·na·tion [sáibərnéiʃən] 명 U 컴퓨터 자동제어(컴퓨터와 자동 제어 기기의 결합 방식).

cy·ber·net·ic [sàibərnétik] 형 인공 두뇌학의. (또는 **cybernetical**) **-i·cal·ly** 부

cy·ber·net·ics [sàibərnétiks] 명 복 (단수취급) 인공 두뇌학[연구], 사이버네틱스.

-ne·ti·cian, -nét·i·cist 명 =cybernetist

cy·ber·net·ist [sàibərnétist] 명 인공 두뇌학자.

cy·ber·nut [sáibərnʌ̀t] 명 → cyberpunk 2.

cy·ber·pal [sáibərpæ̀l] 명 인터넷[PC 통신] 친구.

cy·ber·phil·i·a [sàibərfíliə] 명 (정신의학) 컴퓨터광(狂)(증). **ᐨphile** 명 **-i·ac** 형

cy·ber·pho·bi·a [sàibərfóubiə] 명 (정신의학) 컴퓨터 공포(증). **ᐨphòbe, -bi·ac -bic** 형

cy·ber·pi·ra·cy [sáibərpàiərəsi] 명 인터넷 상의 저작권 침해[표절 행위].

cy·ber·porn [sáibərpɔ̀ːrn] 명 (구어) 사이버 포르노, 인터넷 음란 외설물.

cy·ber·punk [sáibərpʌ̀ŋk] 명 1 U 하이테크 공상과학 소설; 그 작가. 2 컴퓨터통(通); 컴퓨터 해커.

cy·ber·serv·ant [sàibərsə́ːrvənt] 명 (컴퓨터) 사이버 서번트, 자동 조작 소프트웨어.

cy·ber·sex [sáibərsèks] 명 사이버 섹스(인터넷을 통한 성적(性的) 행위의 전시·대화).

cy·ber·shop·ping [sáibərʃɑ̀piŋ/-ʃɔ̀p-] 명 사이버[전자] 쇼핑, 온라인[인터넷] 쇼핑. ¶ ~ **mall** 인터넷 상에 오른 매매 시장.

cy·ber·sick·ness [sàibərsíknis] 명 전자 게임병 (전자 게임 따위를 할 때 느끼는 메스꺼움·토기 따위).

cy·ber·sleuth [sáibərslùːθ] 명 사이버[전자] 탐정.

cy·ber·so·ci·e·ty [sàibərsəsáiəti] 명 =cyberspace 2.

‡**cy·ber·space** [sáibərspèis] 명 1 가상 현실, 사이버 공간(컴퓨터 시스템을 활용해 연출해 내는 현실과 같은 상상의 3차원 세계)(영 virtual reality). 2 (컴퓨터 통신망이 만들어 내는) 가상 사회; 인터넷, 컴퓨터 통신망(영 virtual community).

cy·ber·sport [sáibərspɔ̀ːrt] 명 전자 게임(electronic game), 비디오 게임, 컴퓨터 게임.

cy·ber·squat·ting [sáibərskwɑ̀tiŋ] 명 (컴퓨터) domain name에서 남의 이름·상호를 무단으로 선점 사용하기. **-squàt·ter** 명

cy·ber·stalk·ing [sáibərstɔ̀ːkiŋ] 명 U 사이버[전자] 스토킹(전자 우편(E-mail)으로 특정인을 괴롭히는 것).

cy·ber·stone [sáibərstòun] 명 인터넷 묘지(묘페이지에 묘지 사진·고인 관련 자료와 음성을 수록해 인터넷 통한 성묘를 할 수 있음).

cy·ber·stu·dent [sáibərstjúːdnt/-stjùː-] 명 인터넷 통신 대학 학생(수강생).

cy·ber·suck·er [sáibərsʌ́kər] 명 사이버 봉(인터넷 상에서 사기에 걸리기 쉬운 사람).

cy·ber·ter·ror [sáibərtèrər] 명 사이버테러(인터넷·컴퓨터 망을 통한 해킹·바이러스 유포 행위].

cy·ber·ter·ror·ist [sáibərtèrərist] 명 컴퓨터 테러범(犯); 해커(hacker). **-ism** 명 「해커.

cy·ber·thief [sáibərθìːf] 명 사이버 도둑, 컴퓨터

cy·ber·thrill·er [sáibərθrìlər] 명 인터넷[컴퓨터] 관련 SF 추리 소설.

cy·ber·tribe [sàibərtráib] 명 인터넷[통신] 족(族).

cyber univérsity 명 사이버 대학(교).

cy·ber·war [sáibərwɔ̀ːr] 명 컴퓨터 전쟁(적의 컴퓨터망 침투·파괴 전쟁). (또는 **cyberwarfare**)

cy·ber·writ·er [sáibərràitər] 명 사이버 문필가 [작가](인터넷 상에서 집필 활동하는 사람).

cy·borg [sáibɔːrg] 명 사이보그, 인조 인간, 개조 인간. (<*cy*bernetic + *org*anism).

cy·bot [sáibɑt, -bɔt] 명 사이봇(의사 결정을 하는 인공 지능 로봇). (<*cy*bernetic + *rob*ot).

cyc [saik] 명 (구어) = cyclorama.

cyc. cycle; cyclopedia.

cy·cad [sáikæd] 명 소철류(類)의 식물.

cy·cl- [sáik] 연결 ⇒CYCLO-.

cy·cla·ble [sáikləbl] 형 자전거 타기에 적합한.

cy·cla·mate [sáikləmèit, sík-] 명 U C 치클로, 사이클라메이트(무(無) 칼로리의 인공 감미료).

cyc·la·men [sáikləmən, -mèn/sík-] 명 시클라멘(앵초과(科)의 식물).

‡**cy·cle** [sáikl] 명 (복 ~s [-z]) 1 (사건·현상·계절 따위의) 순환, 반복, 한 바퀴; 주기, 순환기, 사이클. ¶ the ~ of seasons 계절의 순환 / a business ~ 경기 순환 / in a 30-year ~ 30년 주기로 / Business is on the ~ of recovery. 경기는 호전되고 있다. 2 (컴퓨터) 사이클(같은 순서로 반복되는 일련의 연산(演算)); 또는 일련의 명령을 실행하는 소요 시간). 3 긴 세월, 장기간. 4 (a ~ of) 일련(一連), 일조(一組), 일군(一群); 일련의 시가(詩歌)[사담(史談)]. ¶ a ~ of events 일련의 사건 / the Arthurian ~ 아서왕 전설집 / the Trojan ~ 트로이 전쟁사(史) 시집(詩集). 5 자전거(bicycle); 삼륜차(tricycle); 오토바이(motorcycle). 6 (전기) 주파, 사이클(지금은 hertz가 보통); (수학) 순회 치환(置換). 7 (식물) 윤생화를 구성하는 낱낱의 윤(輪). ⇒CYCLIC 3.

hit for the cycle (야구) 사이클을 히트를 치다(한 타자가 한 시합에서 1루타·2루타·3루타·홈런을 치다).

move in a cycle 주기적으로 순환하다.

— 동 (~s [-z]; ~d; -cling) 자 1 순환하다, 윤전하다, 일주하다, 돌다. 2 자전거[삼륜차, 오토바이]를 타다. ¶ ~ over to a lakeside 자전거를 타고 호반까지 가다. 3 (야구) 사이클을 히트를 치다. — 타 순환시키다.

cy·cle·car [sáiklkɑ̀ːr] 명 사이클카(소형의 무개(無蓋) 3륜[4륜]차).

cýcle of erósion 명 (지질) (지형의) 침식 윤회.

cy·cler [sáiklər] 명 =cyclist. 「(shòp)

cy·cler·y [sáikləri] 명 자전거포(鋪). (또는 **cýcle**

cýcle théory 명 순환(주기)설[이론].

cýcle tíme 명 (컴퓨터) 사이클 시간(기억 장치의 읽기·쓰기의 속도).

cy·cle·track [sáikltræ̀k] 명 (영) 자전거 (전용) 도로((영) bikeway).

cy·cle·way [sáiklwèi] 명 =cycletrack.

cy·clic [sáiklik, sík-] 형 1 순환의, 주기적인. 2 (화학) 환식(環式)(고리 모양)의(화합물의). 3 (식물) (꽃이) 윤생(輪生)(돌려나기)의. 4 (일련의) 시가[설화]의. 5 (수학) 순환하는, 순환적인. ¶ ~ permutation 순환 치환(置換). **cy·clic·i·ty** [saiklísəti] 명

cy·cli·cal [sáiklikəl, sík-] 형 1 = cyclic. 2 (경제) 순환하는, 주기적인. ¶ ~ fluctuation 주기적 변동 / ~ companies [industries](호황·불황을 되풀이하는) 순환 회사[산업]. — 명 (보통 ~s) = stock.

ᐨcál·i·ty 명 **~ly** 부

cýclical declíne 명 (경제) 순환적 경기 하강.

cýclical plót 명 (연극) 순환 플롯(플롯이 사건의 반

복·재현의 형식을 취하는 것).
cýclical stóck 명 〔증권〕 경기 순환주(주택·자동차 따위의 경기 변동에 민감한 주식 종목).
cýclical tróugh 명 〔경제〕 경기의 골[바닥].
cýclical unemplóyment 명 〔경제〕 순환적 실업.
cýclical úpswing 명 〔경제〕 순환적 경기 상승.
cýclic ÁMP 명 〔생화학〕 사이클릭〔환상(環狀)〕 AMP (세포의 물질 대사와 호르몬 작용의 발현을 중개한다). [<*cyclic* adenosine *monophosphate*]
cýclic chórus 〔고대 그리스〕 윤무창(輪舞唱) (주신(酒神) Dionysus의 제단 둘레를 돌며 하는 합창).
cýclic flówer 명 〔식물〕 윤생화(輪生花).
cýclic gróup 명 〔수학〕 순환[순회]군(群).
cýclic póets 명pl. 〔고대 그리스의〕 서사시권(敍事詩圈)의 시인들(Homer에 이어 Troy 전쟁을 읊은 시인들).
cýclic shíft 〔컴퓨터〕 순환 자리 이동.
‡**cý·cling** [sáikliŋ] 명U 사이클[자전거] 경기(bicycle race [racing]); 자전거 타기, 자전거 여행, 사이클링.
cýcling róad 자전거 전용 도로.
*cý·clist [sáiklist] 명 자전거[삼륜차, 오토바이] 타는 사람; 자전거 여행가.
cy·cli·za·tion [sàiklizéiʃən, sìk-/sàiklai-] 명 〔화학〕 환화(環化)(환식 화합물을 형성하기).
cý·clize [sáiklaiz, sík-] 동 〔화학〕 환화(環化)하다.
cy·clo [sí:klou, sáik-] 명 (pl. ~s) (동남 아시아의) 3륜 택시(~pousse).
cy·clo- [sáiklou, -lə, sík-] 『연결 cycle의 뜻(* 모음 앞에서는 cycl-). ¶*cyclo*graph, *cyclo*id.
cy·clo·cross [sáikləkrɔ̀:s/-krɔ̀s] 명 〔美〕 크로스 컨트리 사이클 경기. [<*cyclo*-+*cross*-country]
cy·clo·drome [sáikladròum] 명 경륜장(競輪場).
cy·clo·graph [sáikləgræf/-grà:f] 명 1 원호기(圓弧器)(arcograph). 2 〔사진〕 파노라마 사진기.
cy·clo·hex·ane [sàikləhéksein] 명U 〔화학〕 시클로헥산(석유 비슷한 냄새가 나는 무색의 액체).
cy·cloid [sáikloid] 명 1 원형의(circular). 2 〔물고기의 비늘이〕 원린(圓鱗)의. 3 〔정신의학〕 조울병형의, 순환 병질의. ── 명 1 원린어(~ fish). 2 〔기하〕 사이클로이드. **cy·cloi·dal** [sáikloidl] 형 **cy·cloí·dal·ly** 부
cy·clom·e·ter [saiklámətər/-klɔ́m-] 명 1 원호(圓弧) 측정기. 2 〔차륜의〕 회전 기록기; 주행 거리계.
cy·clone [sáikloun] 명 1 〔기상〕 사이클론(인도양에서 발생하는 열대성 저기압)(형 hurricane, typhoon); 온대성 저기압, 저기압. 2 대폭풍; 대형 회오리 바람, 대선풍(tornado). 3 집진기(~ collector); 원심 분리기(~ separator).
cýclone céllar 명 1 (美) (초원 지대의) 대선풍 대피용 지하실. 2 안전 지대(safety zone).
cýclone fénce =chain-link fence.
cy·clon·ic [saiklánik/-klɔ́n-] 형 1 〔기상〕 사이클론의[같은]. 2 (격렬함이) 사이클론과 같은; (분노 따위가) 강렬한, 격한. (同 **cyclonical**) **-i·cal·ly** 부
cy·clo·nite [sáikləǹait, sík-] 명U 〔화학〕 (폭탄용) 고성능 폭약(RDX).
cy·clo·no·scope [saikló unəskòup] 명 〔기상〕 선풍(旋風) 중심 지시기(器), 사이클론 관측기.
Cy·clo·pe·an [sàikləpí:ən, saiklóupi:ən/sàikləpí:ən] 형 1 〔그리스 신화〕 키클롭스(Cyclops)의. 2 (때로 c-) 거대한, 외눈의. 3 (보통 c-) 〔건축〕 키클롭스식의, 거석(巨石) 쌓기 식의. (또는 **Cyclopian**)
Cyclopéan cóncrete 거석 콘크리트(한 개에 15cm 이상 되는 돌을 섞은 콘크리트).
cy·clo·pe·di·a [sàikləpí:diə] 명 백과 사전. (또는 **cyclopaedia**) **-dist** 명 [<*encyclopedia*]
cy·clo·pe·dic [sàikləpí:dik] 형 백과 사전 같은; 광범한, 다종 다양한. (또는 **cyclopaedic**)
cy·clo·phos·pha·mide [sàikləfásfəmàid, -mid/-fɔ́sfəmàid] 명 〔약학〕 시클로포스파미드(악성 림프종(腫)·백혈병 치료제).
cy·clo·pousse [sì:kloupú:s] 명 =cyclo. [<F]
cy·clo·pro·pane [sàikloupróupein] 명 〔약학〕 시클로프로판(마취제로 쓰이는 무색·가연성 기체).
Cy·clops [sáiklɑps/-klɔps] 명 (pl. **Cý·clo·pes** [saiklóupi:z]) 1 〔그리스 신화〕 키클롭스(외눈박이 거인; 분화산을 의인화(擬人化)한 것으로 간주). 2 (c-) 눈박이 도깨비; 외눈박이 (태아). 3 (c-) 물벼룩.
cy·clo·ram·a [sàikləræmə/-rá:mə] 명 원형 파노라마; 〔연극〕 사이클로라마(하늘 느낌을 내기 위해 치는 배경막). **-rám·ic** 형
cy·clo·sis [saiklóusis] 명 (pl. **-ses** [-si:z]) 〔생물〕 원형질[세포질] 환류(環流), 원형질 유동.
cy·clo·spo·rin(e) [sàikləspɔ́:rin] 명 〔약학〕 시클로스포린(장기 이식 때의 거부 반응 억제약).
cy·clo·stome [sáikləstòum, sík-] 형 둥근 입을 가진, 원구류(圓口類)의. ── 명 〔어류〕 원구류의 물고기(칠성장어 따위).
cy·clo·style [sáikləstàil] 명 (등사 원지용) 철필; 그것을 쓰는 등사기. ── 동타 철필 등사판으로 찍다.
cy·clo·thyme [sáikləθàim] 명 〔정신병리〕 순환 기질의 사람, 조울증 환자.
cy·clo·thy·mi·a [sàikləθáimiə] 명U 〔정신병리〕 순환 기질, 조울병성(躁鬱病性). **-thý·mic** 형
cy·clot·o·my [saiklátəmi/-klɔ́t-] 명 1 〔외과〕 모양체근(毛樣體筋) 절개 박리술. 2 〔기하〕 원분(圓分) (원둘레를 등분하는 이론). **cy·clo·tóm·ic** 형
cy·clo·tron [sáiklətràn/-trɔ̀n] 명 〔물리〕 사이클로트론(소립자 연구용 이온 가속 장치). [<*cyclo*-]
cy·der [sáidər] 명 (英) =cider. [*electron*]
cy·e·sis [saií:sis] 명 (pl. **-ses** [-si:z]) 임신, 회임.
cyg·net [sígnit] 명 백조(고니)의 새끼. [**-ét·ic** 형
Cyg·nus [sígnəs] 명 1 〔천문〕 백조자리(the Swan). 2 (동물) 백조속(屬).
CYK (美구어) *C*onsider *Y*ourself *K*issed(친절한 사이의 편지에서 맺음말 다음에 키스의 표시 따위로 쓰인다). **cyl.** *cyl*inder; *cyl*indrical.
‡**cyl·in·der** [sílindər] 명 (pl. **-s** [-z]) 1 원통, 원주, 원주형의 물건; (엔진의) 실린더, (회전식 권총의) 탄창 (펌프의) 실린더, 원통; (인쇄기에서) 윤전기의 몸통. 2 〔고고〕 (메소포타미아에서 출토된) 원통형 돌[점토]도장. 3 (기둥) 축, 기둥(柱), 주면(柱面). ¶ a right (circular) ~ 직(直)원주. 4 〔컴퓨터〕 실린더(자기(磁氣) 디스크의 회전축에서 등거리에 있는 모든 track의 집합). 5 (英) (가정용) 온수[급수] 탱크(hot-water ~). 6 (濠어) 질(膣腔).
hit [or *click*, *function*, *operate*] *on all* [or *four*, *six*] *cylinders* (엔진이) 전면 가동하다; 건조롭게 진행되다. 「다, 상태가 나쁘다.
miss on all [or *four*, *six*] *cylinders* 순조롭지 않 *on all cylinders*; *on every cylinder* (구어) ① (기계 따위가) 전면 가동[작동]하여. ② (비유적) 전력을 다해; 순조롭게. ¶*run on all* ~s 잘[순조롭게] 진행되다; 머리를 짜내 행동하다. 「을 받게 하다.
── 동타 (~s [-z]) …에 실린더를 달다, 실린더의 작용 ~·like 형 「를 포함한 기관 본체」
cýlinder blóck 명 실린더 블록(내연 기관의 실린더
cýlinder désk 명 =roll-top desk.
cyl·in·dered [sílindərd] 형 〔복합어로〕 실린더가 달린. ¶ a six-~ engine 6기통 엔진.
cýlinder escápement 명 (시계의) 역회전 방지.
cýlinder gláss 명 판유리(broad glass).
cýlinder héad 명 실린더 헤드(내연 기관의 실린더의 흡기[배기] 밸브, 연료 분사 밸브, 플러그 등이 장치된 (부분).
cýlinder préss 명 〔인쇄〕 원통식 인쇄기 (부분).
cýlinder séal 명 〔고고〕 =cylinder 2.
cy·lin·dri·cal [silíndrikəl] 형 원주의; 원통형의. (또는 **cylindric**) **-cál·i·ty** 명 ~·**ly** 부 ~·**ness** 명

cylíndrical coórdinates 〖(수학)〗 원주 좌표.
cylíndrical projéction 〖(지도)〗 원통(투영) 도법(지구의에 씌운 원통면에 투영시켜 그린다).
cyl·in·droid [silíndrɔid] 〖명〗 곡선 기둥, 타원기둥. —〖형〗 기둥 모양의.
Cym. Cymric.
cy·ma [sáimə] 〖명〗 (복 **-mae** [-miː], ~s) 1 〖건축〗 반곡선 쇠시리, 사이마. 2 〖식물〗 =cyme.
cy·mar [simάːr] 〖명〗 시마(17-18세기에 유행한 가볍고 낙낙한 여성용 웃옷 또는 он피스)(simar).
cy·ma·ti·um [siméiʃiəm/-tiəm] 〖명〗 (복 **-ti·a** [-ʃiə/-tiə]) 〖건축〗 반곡(反曲). [<L]
***cym·bal** [símbəl] 〖명〗 1 (보통 ~s) 〖음악〗 심벌즈. 2 (출범 신호의) 징. ~**·éer**, ~**·er**, ~**·ist** 〖명〗 심벌즈 연주자. ~**·like** 〖형〗
cym·ba·lo [símbəlòu] 〖명〗 (복 ~s) =dulcimer.
cym·bid·i·um [simbídiəm] 〖명〗 〖식물〗 심비디움(난의 일종). 「모양의.
cym·bi·form [símbəfɔ̀ːrm] 〖명〗 〖동·식물〗 배(보트)
cyme [saim] 〖명〗 〖식물〗 취산(聚繖) 꽃차례.
cy·mene [sáimiːn] 〖명〗 〖화학〗 시멘(무색·방향성의 방향족 탄화수소).
cy·mo- [sáimou, -mə] 〖연결〗 wave의 뜻. ¶*cymo*graph. 「graph.
cy·mo·graph [sáiməɡræf/-ɡrɑːf] 〖명〗 =kymo-
cy·mom·e·ter [saimάmətər/-mɔ́m-] 〖명〗 〖전자〗의 파장계(波長計).
cy·mo·scope [sáiməskòup] 〖명〗 〖전기〗 검파기.
cy·mose [sáimous, -ʹ] 〖명〗 〖식물〗 취산 꽃차례의; 취산화 모양의. ~**·ly** 〖부〗
Cym·ric [kímrik, sím-] 〖형〗 킴릭 인종(Cymry)의; 웨일스(인, 어)의(Welsh). —〖명〗〖U〗 웨일스 말(Welsh).
Cym·ry [kímri] 〖명〗 〖복수취급〗 웨일스 종족.
C.Y.M.S. Catholic Young Men's Society.
***cyn·ic** [sínik] 〖명〗 1 냉소적인(비꼬는) 사람. 2 (C-) 키니코스 학파(견유학파(犬儒學派))의 사람; (the C-) 키니코스(견유) 학파(소크라테스의 제자 Antisthenes가 창시한 그리스 철학의 한 파로 금욕주의를 제창). —〖형〗 1 =cynical. 2 (C-) 키니코스(견유)학파의.
***cyn·i·cal** [sínikəl] 〖형〗 1 냉소적인, 비꼬는 (*about*); 까다로운, 남을 믿지 않는; 비관적인. 2 (C-) 키니코스(견유)학파(주의)의. ~**·ly** 〖부〗 ~**·ness** 〖명〗
cyn·i·cism [sínəsìzm] 〖명〗〖U〗 1 비꼬는 버릇, 냉소벽(癖); 냉소; ⓒ 비꼬는 말(행동). 2 (C-) 키니코스주의, 견유 철학.
cy·no·ceph·a·lus [sìnouséfələs/sài-] 〖명〗 1 (전설상의) 개 머리를 한 사람. 2 〖동물〗 비비(baboon).
cy·no·sure [sáinəʃùər, sínə-/-sjùə] 〖명〗 1 남의 이목을 고는 것, 주목의 초점, 찬미의 대상(attraction). ¶the ~ of all eyes 만인의 주목의 대상. 2 이정표, 도표(道標); 지표, 목표(guide). 3 (the C-) 〖페어〗 〖천문〗 작은곰자리(Ursa Minor); 북극성.
Cyn·thi·a [sínθiə] 〖명〗 1 〖그리스 신화〗 킨티아(달의 여신; Artemis, Diana의 별칭). 2 〖문어〗 (의인화하여) 달. 3 신시아의 여자.
CYO Catholic Youth Organization(가톨릭 청년회).
cy·pher [sáifər] 〖명〗〖동〗 〖영〗 =cipher.
cy·pher·punk [sáifərpʌ̀ŋk] 〖명〗 사이퍼펑크, 통신 암호광(狂)(전문가). [<*cypher+cyberpunk*]
cy pres [sìː préi] 〖법률〗 〖명〗 (유언 집행·자선 기부 따위) 실행 가능한 범위에서 되도록 가깝게, 가급적 근사(近似)하게. —〖명〗 가급적 근사의 원칙. (또는 **cýprés**)
***cy·press¹** [sáipres] 〖명〗 1 편백속(屬)의 삼나무); 그 (애도의 상징으로서의) 연목. 2 그 삼나무의 가지(재).
cy·press² 〖명〗 〖페어〗 사(紗)의 일종(얇은 고급 천).
Cyp·ri·an [sípriən] 〖형〗 1 =Cypriot. 2 Aphrodite 숭배의; 음란(방탕)한. —〖명〗 1 〖UC〗 =Cypriot. 2 음란한 여자, 매춘부. 3 (the ~) =Aphrodite.

Cýprian góddess 〖명〗 (the ~) 〖그리스 신화〗 =Aphrodite(Cyprus 섬에서 자랐다는 전설에서).
cy·pri·nid [sipráinid, síprə-] 〖명〗 =cyprinoid.
cy·pri·noid [sipránɔid, sipráinɔid] 〖형〗 잉어 비슷한, 잉어과(科)의. —〖명〗 잉어과(科)의 물고기.
Cyp·ri·ot [sípriət] 〖명〗 키프로스 섬 사람; 〖U〗 키프로스말(그리스어의 한 방언). —〖형〗 키프로스 섬의; 키프로스 섬 사람(말)의. (또는 **Cypriote**)
cyp·ri·pe·di·um [sìprəpíːdiəm] 〖명〗 개불알꽃.
cy·pro·hep·ta·dine [sàiprouhéptədìːn] 〖명〗 〖약학〗 시프로헵타딘(항(抗)히스타민제).
cy·prót·er·one ácetate [saiprátərə̀un-] 〖명〗 〖약학〗 시프로테론 아세테이트(남성 호르몬 억제제).
Cy·prus [sáiprəs] 〖명〗 키프로스(섬)(터키 남쪽 지중해상의 공화국; 수도 Nicosia).
Cyr·a·no de Ber·ge·rac [sírənòu də béːr-dʒəræk/F sirano də bɛRʒəRak] 〖명〗 시라노 드 베르주라크. 1 (1619-55) 프랑스의 문인·과학자·군인; 검술로 유명. 2 검객 시라노 드 베르주라크를 주인공으로 한 Edmond Rostand의 희곡(운문극).
Cyr·e·na·ic [sìrənéiik, sàirə-] 〖형〗 1 키레나이카(Cyrenaica)의, (그 수도) 키레네(Cyrene)의. 2 키레네 학파의. —〖명〗 1 키레나이카 사람. 2 키레네 학파의 사람(쾌락주의를 제창한 그리스 철학의 한 파).
Cyr·e·na·i·ca [sìrənéiikə, sàirə-] 〖명〗 키레나이카(고대 그리스의 식민지였던 북아프리카의 한 지방).
Cy·re·ne [sairíːni] 〖명〗 1 키레네(아프리카 북부 지중해에 면한 고대 그리스의 식민 도시). 2 〖그리스 신화〗 키레네(Apollo가 사랑했던 물의 요정).
Cyr·il [sírəl] 〖명〗 **Saint ~** 성 키릴로스(827-869: 그리스의 전도사; 키릴 문자를 고안했다고 함).
Cy·ril·lic [sirílik] 〖형〗 키릴 문자의; 성(聖) 키릴로스의(에 관한). —〖명〗 키릴 문자.
Cyríllic álphabet 〖명〗 키릴 문자(현재의 러시아 문자의 모체).
Cy·rus [sáirəs/sáiə-] 〖명〗 키루스 2세(대왕)(600?-529 B.C.; 페르시아 왕; 페르시아 제국 건설자).
cyst [sist] 〖명〗 1 〖병리〗 낭포(囊胞), 낭종(囊腫). 2 〖해부〗 대상(袋狀) 조직, 낭(방광·담낭). ¶the urinary ~ 방광. 3 〖동·식물〗 포낭.
cyst- 〖연결〗 ⇒CYSTO-.
cys·te·ine [sístiːn] 〖명〗 〖생화학〗 시스테인(함황(含黃) 아미노산의 일종; 산화되어 cystine이 됨). **-ín·ic** 〖형〗
cys·ti- [sísti] 〖연결〗 ⇒CYSTO-.
cys·tic [sístik] 〖형〗 1 〖병리〗 낭포성(囊胞性)의. ¶~ kidney 낭포신(腎). 2 〖해부〗 방광의; 담낭의. 3 〖동·식물〗 포낭의, 포낭성의.
cys·ti·cer·coid [sìstəsə́ːrkɔid] 〖명〗 〖동물〗 의낭미충(擬囊尾蟲).
cys·ti·cer·co·sis [sìstəsə̀ːrkóusis] 〖명〗 〖병리〗 낭충증(囊蟲症), 포충증(胞蟲症).
cys·ti·cer·cus [sìstəsə́ːrkəs] 〖명〗 (복 **-ci** [-sai]) 〖동물〗 낭미충(囊尾蟲).
cýstic fibrósis 〖명〗 〖병리〗 낭포성(囊胞性) 섬유증.
cys·ti·form [sístəfɔ̀ːrm] 〖명〗 낭포(주머니) 모양의.
cys·tine [sísti(ː)n] 〖명〗〖U〗 〖생화학〗 시스틴(아미노산의 일종). 「르.
cys·ti·tis [sistáitis] 〖명〗〖U〗 〖병리〗 방광염, 방광 카타
cys·to- [sístou, -tə] 〖연결〗 cyst의 뜻(* 모음 앞에서는 cyst-). ¶*cystoscope, cysti*form; *cystectomy*(낭종(囊腫), 방광, 담낭] 절제술). (또는 **cysti-**)
cys·to·cele [sístəsìːl] 〖명〗 〖병리〗 방광류(瘤), 방광 헤르니아.
cyst·oid [sístɔid] 〖명〗 〖병리〗 포낭(胞囊) 모양의, 낭종(囊腫) 비슷한. —〖명〗 낭종 모양의 구조(조직). 「鏡).
cys·to·scope [sístəskòup] 〖명〗 〖의학〗 방광경(膀胱
cys·tos·co·py [sistάskəpi/-tɔ́s-] 〖명〗〖U〗 〖의학〗 방광경 검사(법).

cys・tot・o・my [sistátəmi/-tót-] 명UC (외과) 방

cyt- [sait] 연결 ⇨CYTO-. ㄴ광 절개(술).

-cyte [sait] 연결 ⇨CYTO-.

Cyth・er・a [síθərə/síθiərə] 명 키테라(섬)(그리스의 Peloponnesus 반도 남쪽의 섬; 이 섬 부근의 해상에서 Aphrodite가 태어났다고 함).

Cyth・er・e・a [sìθəríːə] 명 (그리스 신화) 키테레이아, 키테라의 여신(Aphrodite의 별칭). ⇨CYTHERA.

cy・to- [sáitou, -tə] 연결 cell의 뜻(* 모음 앞에서는 cyt-; 연결 어미로는 -cyte). ¶ *cyto*plasm; *cyt*aster(성상체(星狀體)).

cy・to・ar・chi・tec・ture [sàitəáːrkətèktʃər] 명 (생물) 세포 구조.

cy・to・chem・is・try [sàitəkémǝstri] 명U 세포 화학. **-chém・i・cal** 형

cy・to・chrome [sáitəkròum] 명U (생화학) 시토크롬(동식물 세포 안에 존재하는 여러 종의 산화 환원 효소의 총칭; 세포 호흡에 중요한 역할을 한다).

cýtochrome c̀ 명 (생화학) 시토크롬 C(시토크롬계(系)에서 가장 안정성 있는 세포 색소).

cýtochrome óxidase 명 (생화학) 시토크롬 산화 효소.

cýtochrome redúctase 명 (생화학) 시토크롬 환원 효소.

cýtochrome sỳstem 명 (생화학) 시토크롬계(系).

cy・to・e・col・o・gy [sàitouikálədʒi/-kól-] 명U (생물) 세포 생태학. **-co・lóg・i・cal** 형

cy・to・gen・e・sis [sàitədʒénəsis] 명 (생물) (발생. 세포 발생.

cy・to・ge・net・ics [sàitədʒənétiks] 명U (단수취급) 세포 유전학. **-nét・ic, -nét・i・cal -nét・i・cal・ly** 부 **-nét・i・cist** 명

cy・to・kine [sáitəkàin] 명 시토킨(抗) 종양 효과를 발휘하는 활성 액성(液性) 인자).

cy・to・ki・ne・sis [sàitoukiníːsis, -kai-] 명 (생물) 세포질 분열. **-nét・ic** 형

cy・to・ki・nin [sàitəkáinin] 명 (생화학) 시토키닌 (식물 성장 호르몬).

cy・tol・o・gy [saitálədʒi/-tól-] 명U 세포학(연구).

cy・to・log・ic [sàitəládʒik/-lɔ́dʒ-], **cỳ・to・lóg・i・cal** 형 **cỳ・to・lóg・i・cal・ly** 부 **-gist** 명

cy・tol・y・sin [saitάləsin, sàitəláisin/saitɔ́li-] 명 (생화학) 세포 용해소(素).

cy・tol・y・sis [saitάləsis/-tól-] 명U (생리) 세포 붕괴 (분해). **cỳ・to・lýt・ic** 형

cy・to・me・gal・ic [sàitoumigǽlik] 명 (병리) 거(巨) 세포의(에 관계된).

cy・to・meg・a・lo・vi・rus [sàitouméɡəlouvàiərəs] 명 사이토메갈로[거세포(巨細胞)] 바이러스(헤르페스 바이러스속(屬)의 바이러스).

cy・to・mem・brane [sàitoumémbrein] 명 =cell membrane.

cy・tom・e・try [saitάmətri/-tóm-] 명 (의학) 혈구(血球) 계산. **cy・to・met・ric** [sàitəmétrik] 형

cy・to・mor・phol・o・gy [sàitoumɔːrfάlədʒi/-fól-] 명U (생물) 세포 형태학. **-pho・lóg・ic, -pho・lóg・i・cal** 형 **-pho・lóg・i・cal・ly** 부 **-gist** 명

cy・ton [sáitan/-tɔn] 명 세포체, 신경 세포체.

cy・to・pe・ni・a [sàitəpíːniə] 명 (병리) 혈구 감소 (증).

cy・toph・a・gy [saitάfədʒi/-tóf-] 명 세포식(食)작용 (세포가 다른 세포에 먹히는 현상). **cy・to・phag・ic** [sàitəfǽdʒik], **-toph・a・gous** [-tάfəɡəs/-tóf-] 형

cy・to・phys・i・ol・o・gy [sàitəfiziάlədʒi/-ól-] 명 세포 생리학. **-i・o・lóg・i・cal -i・o・lóg・i・cal・ly** 부

cy・to・plasm [sáitəplæzm] 명 (생물) 세포질(細胞質). **・plás・mic** 형

cy・to・sine [sáitəsìːn, -ziːn] 명 (생화학) 시토신 (핵산의 구성 물질; 유전 정보를 가진 염기의 하나).

cy・tost [sáitəst/-tɔst] 명 (생화학) 시토스트(손상된 세포・조직에서 만들어지는 독소).

cy・to・stat・ic [sàitəstǽtik] 명 세포 증식[분열] 제성의. ━ 명 세포 증식[분열] 억제제. **-i・cal・ly** 부

cy・to・stome [sáitəstòum] 명 세포구(口)(원생 동물의 입). **・stó・mal** 형

cy・to・tax・on・o・my [sàitoutæksánəmi/-sɔ́n-] 명U 세포(학적) 분류학.

-o・nóm・ic 명 -o・nóm・i・cal・ly 부 **-mist** 명

cy・to・tech・nol・o・gist [sàitouteknάlədʒist/-nɔ́l-] 명 세포 검사 기사. (또는 **cytotech**)

cy・to・tech・nol・o・gy [sàitouteknάlədʒi/-nɔ́l-] 명 (의학) 세포 검사(술). **-no・lóg・ic** 형

cy・to・tóx・ic T cèll [sàitətάksik tíː-] 명 (면역) 세포 장애성 T세포(killer T cell).

Cyt・rel [sítrəl] 명 (상표) 시트렐(섬유소로 만든 담배 대용품; 진짜 담배에 섞어 니코틴을 줄인다).

Cý Yóung Awàrd [sái jʌ́ŋ-] 명 (야구) 사이영상(賞), (미국 메이저리그) 최우수 투수 상. (<명투수 Denton T. (Cy) Young(1867–1955)의 이름)

CZ, C.Z. Canal Zone; commercial zone.

***czar** [zaːr, tsaːr] 명 1 황제, 국왕; 전제 군주, 독재자. 2 (종종 C-) (러시아) 황제. ¶ C~ Nicholas II 황제 니콜라스 2세. 3 (美구어) 제일인자, 권위, 대가. (암흑 조직 단속 기구의) 책임자, 총재; (암흑가의) 보스. (또는 **tsar, tzar**) (<Russ)

czar・das [tʃάːrdaːʃ/-dæʃ] 명 (輿 ~) 차르다시(헝가리의 민속 무용); 그 무도곡. (또는 **csardas**) (<Hung)

czar・dom [záːrdəm, tsáːr-] 명 czar의 영토; U czar의 권한[지위].

czar・e・vitch [záːrəvìtʃ, tsáːr-] 명 (러시아 황제의) 황태자. (<Russ)

cza・rev・na [zɑːrévnə, tsɑː-] 명 (러시아 황제의) 황녀(皇女); 황태자비. (<Russ)

cza・ri・na [zɑːríːnə, tsɑː-] 명 (러시아 황제의) 황후; (제정(帝政) 러시아 시대의) 여자 황제.

czar・ism [záːrizm, tsάː-] 명U 러시아 제정; 독재[전제] 정치.

czar・ist [záːrist, tsάː-] 명 (러시아) 황제의; 러시아 제정의; 독재적인. (또는 **czaristic, tsaristic, tzaristic**) ━ 명 독재자 지지자; 제정[전제 정치] 지지자.

cza・ri・tza [zɑːrítsə, tsɑː-] 명 =czarina.

***Czech** [tʃek] 명 1 체코 사람; U 체코 말. 2 =~ Republic. ━ 명 체코의; 체코 사람[말]의.

Czech. Czechoslovakia; Czechoslovakian.

Czech・ish [tʃékiʃ] 명 체코 사람의; 체코어(語)의

Czech・o・slo・vak [tʃèkəslóuvæk, -vɑːk] 명 체코슬로바키아의; 체코슬로바키아 사람[말]의. ━ 명 체코슬로바키아 사람. (또는 **Czécho-Slóvak**)

***Czech・o・slo・va・ki・a** [tʃèkəslovάːkiə, -vǽ-] 명 체코슬로바키아(제1차 세계 대전 후 Bohemia, Moravia, Silesia, Slovakia를 합쳐 건국한 유럽 중부의 공화국; 1993년 체코와 슬로바키아로 분리 독립]. (또는 **Czécho-Slovákia**) **-ki・an** 명

Czéch Repúblic (the ~) 체코 공화국(체코슬로바키아 연방(Czech and Slovak Federal Republic)의 해체와 함께 1993년 1월 독립; 수도 프라하(Prague)).

Czer・ny [tʃɛ́ərni/tʃǽni] 명 **Carl ~** 체르니(1791–1857; 오스트리아의 피아니스트・작곡가).

D

D, d [di:] 명 (복 *D's, Ds; d's, ds*) 1 영어 알파벳의 넷째 자. ¶*D for David* David의 D(국제 전화 통화 용어). 2 D[d]가 나타내는 소리. 3 〔수학〕 제4의 기지수. 4 D[d]자형(의 물건). 5 〔컴퓨터〕 (16진수의) D(=10진수의 13). 6 〔美속어〕 LSD: 딜라우디드(Dilaudid); 형사(detective); 추문(dirt). 7 〔인쇄·도장 등의〕 D[d]자.
take a D 〔美속어〕 자살하다.
the big D 〔속어〕 죽음(death).
d' d의 단축형.
'd [d] 〔구어〕 대명사·의문사·there의 뒤에 오는 had, would, should, did의 단축형. ¶*What'd*(=What did) *they say?* 그들은 뭐라고 말했느냐?
D 〔전기〕 debye; deep; depth; 〔광학〕 diopter; divorced; doing; doing(t); Dutch.
D ㉠ 1 (차례·연속된 것 중의) 네 번째의 것. 2 〔美〕 (학업 성적의) D(최하위 합격점). ¶*receive a D in Latin* 라틴어 과목에서 D를 받다. 3 품질 불량, 하등품: 최저 작품. 4 〔음악〕 라음, 라조(調). 5 (로마 숫자의) 500. 6 〔화학〕 =deuterium. 7 〔전기〕 **a)** =electric displacement. **b)** 단일형(1.5V 건전지의 치수). **c)** D층(고도 50~90km의 전리층). 8 〔생화학〕 =aspartic acid. 9 (구두 폭이나 브래지어 컵의) D사이즈(C보다 크다). 10 (남자용 파자마 치수의) 특대(extra large). 11 〔물리〕 =dispersion; D-state. 12 D형 로켓(옛 소련의 대형 프로톤 로켓). 13 〔美〕 〔TV〕 =suggestive dialogue(선정적 대화물). ㉡ TV rating system
d. date; daughter; degree; delete; denarius(=penny)(* 1971년까지 pence, penny의 약자); 〔물리〕 density; dialect(al); diameter; died; dime; dividend; dollar(s); dose. **D.** day; December; Democrat(ic); 〔물리〕 density; Department; Deus; 〔군사〕 division; Dutch. **d—** [di:, dæm] damn.
da¹ [dɑː] 명 〔속어〕 =dad¹.
da² 명 (모스 부호) 선(線)(—)에 해당하는 소리. ㉡ dit
da [dɑː] 〔독일〕 명 =yes. 〈Russ〉
DA [díːéi] 명 〔속어〕 마약 상용(중독)자(drug addict).
da. daughter; day(s). **D/A** *deposit account*; *digital-to-analog*. **D.A.** *delayed action*; *direct action*(직접 행동); 〔美〕 *District Attorney*; *Doctor of Arts*(문학 박사); *document for[against] acceptance* (영수[거절]용의 증서); *doesn't[didn't] answer*.
dab¹ [dæb] 동 (-*bb*-) 타 1 ...을 가볍게 두드리다 (pat); (부드러운 것으로) ...을 톡톡 두드리다; (새가 부리로) ...을 가볍게 쪼다. ¶(~+目+前+名) ~ *one's eyes with a handkerchief* 손수건을 가볍게 눈에 대다. 2 ...을 가볍게[살살] 칠하다 (*on, over, onto*). ¶(~+目+前+名) ~ *jam over the bread* 빵에 잼을 살살 바르다. 3 ...을 가볍게 누르다. 4 (~) ...의 지문을 채취하다. —자 가볍게 두드리다[닿다, 대다]. ¶(~+前+名) ~ *at one's face with a puff* 분첩으로 얼굴을 두드리다. —명 1 가볍게 두드리기[닿기, 대기] (*with*). 2 (페인트 따위의) 한 번 칠하기[칠하는 양]; 소량. ¶*a ~ of butter* 소량의(한 번 칠할) 버터. 3 (~*s*) (美속어) 지문(指紋).
dab² 명 〔어류〕 작은 가자미류(類). 〔지문(指紋).
dab³ 명 〔英구어〕 (...의) 달인, 명인, 명수(*at, in*). ¶*a ~ at cards*[*fishing*] 카드놀이[낚시]의 도사. (또는 *~ hànd*) —명 숙련된, 우수한.
DAB *Dictionary of American Biography*.
dab·ber [dǽbər] 명 가볍게 치는 사람[물건]; (잉크 따위를) 바르는 사람; 〔인쇄〕 (판면(版面)에) 잉크를 고르게 칠하기 위한 패드, 착육봉(着肉棒).

***dab·ble** [dǽbl] 동타 1 (물 따위를) ...에게 튀기다, 튀겨서 적시다 (*with*). ¶(~+目+前+名) *boots ~d with mud* 흙탕이 튀어 묻은 구두. 2 (물 속에서) 〔손발〕을 철버덕거리다. —자 1 (물 속에서) 손발을 철버덕거리며 놀다, 물을 튀기다. ¶(~+前+名) ~ *in water* 물장난을 치다. 2 (취미삼아) 잠깐 손을 대다, 조금 해보다, 조금 알다 (*in, at, with*). ¶(~+前+名) ~ *in philosophy* 철학에 잠깐 손을 대다. **-bler** 명 물장난하는 사람; 장난삼아 하는 사람. **-bling·ly** 부.
dab·chick [dǽbtʃìk] 명 1 〔조〕 농병아리. 2 소형 요트.
dab·ster [dǽbstər] 명 1 〔英방언〕 =dab³. 2 〔美구어〕 (일을) 장난삼아 하는 사람; 풋내기; 호사가.
DAC 〔美〕 *Department of Army Civilian*(육군부 문관처); *Development Assistance Committee*(개발 원조 위원회); OECD의 하부 기관.
da ca·po [dɑː káːpou] 명 〔음악〕 처음부터 반복하여(약 *D.C.*). ㉡ *dal segno* <It>
Dac·ca [dǽkə] 명 Dhaka의 옛 철자.
dace [deis] 명 (복 ~(*s*)) 황어잇과(科)).
da·cha [dɑːtʃə] 명 (러시아의) 시골 저택, 별장. (또는 **da·chnik** [dɑːtʃnik] 명 별장족(族). 〔datcha〕
dachs·hund [dǽkshùnt, -hùnd] 명 닥스훈트 (독일산(產) 사냥개). <G> 〔적(匪賊).
da·coit [dəkɔ́it] 명 (인도·미얀마의) 군도(群盜), 비
da·coit·y [dəkɔ́iti] 명 (dacoit에 의한) 집단 약탈, 강도 행위.
DA convérter (전자) DA 변환기(디지털 신호를 아날로그 신호로 변환하는 장치).
Da·cron [déikrɑn, dǽk-] 명 〔상표〕 데이크론(폴리에스테르계(系) 합성 섬유); 데이크론 천.
dac·tyl [dǽktil] 명 〔운율〕 (고전시의) 장단단격(長短短格)(-∪∪); (근대시의) 강약약격(強弱弱格)(´××).
dac·tyl·ic [dæktílik] 명 〔운율〕 강약약격의; 장단단격의. —명 강약약격[장단단격의 시. **-i·cal·ly** 부.
dac·ty·lo- [dǽktəlou, -lə] 〔연결 *finger, toe*의 뜻 (* 모음 앞에서는 *dactyl-*). ¶*dactylogram, dactylography, dactylic*. 〔fingerprint).
dac·tyl·o·gram [dæktíləgræm] 명 (지문(指紋)
dac·ty·log·ra·phy [dæktəlɑ́grəfi/-lɔ́g-] 명 ① 지문학; 지문법. **-pher** 명 〔指證術〕〔법〕.
dac·ty·lol·o·gy [dæktəlɑ́lədʒi/-lɔ́l-] 명 ① 지화술(指話術).

‡dad¹ [dæd] 명 (복 ~s [-z]) (종종 D-) 1 〔구어·어린이말〕 아빠. 2 (모르는 사람을 부르면서) 자네, 친구.
dad² 〔구어〕 명 =God(* 복합어로 가벼운 저주를 나타냄). ¶*~-blamed* 망할 놈의.
DAD *digital audio disc*.
dad·a [dǽdə, dɑːdáː] 명 〔어린이말〕 =dad¹.
Da·da [dɑːdɑː] 명 (때로 d-) 다다이즘(20세기 초기의 예술·문학상의 전위주의), ~*ism* 명 다다이즘. ~*ist* 명 다다이스트. **~·is·tic** 명 **~·is·ti·cal·ly** 부.
dad-blamed [-bléimd] 명[부] (경악·분노의 표현) 망할 놈의; 빌어먹을. (또는 **dád-blásted [-búrned**])
***dad·dy** [dǽdi] 명 1 〔구어·어린이말〕 아빠(dad의 지소형(指小形)). 2 (호칭) 아저씨, 당신. 3 (같은 것 중에서) 가장 (오래 되고) 큰 것. 4 〔속어〕 레즈비언의 남자역: 무대 감독.
big daddy 〔구어〕 가장 큰[중요한] 사람[것]. 〔*of.*〕 — [*or a*] *daddy of* ⇒ *the FATHER (and mother)*
— 명 타 ...의 아버지가 되다.

dad·dy-long·legs [-lɔ́ːŋlègz/-lɔ́ŋ-] 圀 (단·복수 양용) (美) 장님거미; (英속어) 꾸정모기(crane fly); (구어) 키다리. 〔…에 대한 친근한 호칭〕.

dad·dy-o [-ðu] 圀 (美속어) (D−) 아저씨(중년 남자 〔에 대한 친근한 호칭〕).

da·do [déidou] 圀 (複 ~(e)s) 〔건축〕 징두리 판벽(벽면의 하부); 기둥 뿌리(둥근 기둥 따위의 기대(基臺)와 두ر(頭部) 사이의 부분). ── 団 …에 징두리 판벽을 붙이다; (판자 따위)에 홈을 파다.

da·do'd [déidoud] 圀 징두리 판벽[기둥 밑둥]을 댄.

DAE *Dynamic Asian Economies*(OECD가 NIES에 말레이시아와 태국을 포함시킨 명칭). **D.A.E., DAE** *Dictionary of American English*. 「많은; 복잡한.

dae·dal [díːdl] 圀 교묘한; 가지각색의, 변화가

Dae·da·li·an [diːdéilian, −ljən] 圀 다이달로스 (Daedalus)의 솜씨 같은, 정교한. (또는 **Daedalean, Dae·dal·ic** [didǽlik])

Daed·a·lus [dédələs/díː−] 圀 〔그리스 신화〕 다이달로스(아테네의 명장(名匠): Crete 섬의 미로(迷路)와 비행 날개를 만들었다).

dae·mon [díːmən] 圀 =demon.

dae·mon·ic [diːmánik/-mɔ́n-] 圀 =demonic.

daff [dæf] 圀 (구어) =daffodil.

daf·fa·dil·ly, -fo- [dǽfədìli] 圀 =daffodil.

daf·fa·down·dil·ly, -fo- [dǽfədàundili] 圀 = daffodil.

‡**daf·fo·dil** [dǽfədil] 圀 (複 ~s [-z]) 1 나팔수선화, 황수선화. 2 ⓤ 선황색(鮮黃色), 카나리아색(canary yellow). 3 (英속어) 여성적인 남자. ── 圀 선황색의.

daf·fy [dǽfi] 圀 (美구어·英방언) 어리석은, 우둔한, 멍청한; 미친. **-fi·ly** 圀 **-fi·ness** 圀

daft [dæft/dɑːft] 圀 미친, 광기 들린; 바보 같은, 열광적인 (*about*); 〔스코〕 들떠서 법석대는 (*on*). (*as*) *daft as a brush* (구어) 아주 어리석어. *go daft* 미치다. **~·ly ~·ness**

dag [dæg] 圀 옷의 가선 장식; (濠구어) 별난 사람, 괴짜. ── 団 (**-gg-**) (옷 따위)에 가선 장식을 달다.

Dag [dɑːg/dæg] 圀 대그(남자 이름).

dag. decagram(s).

Da·ge·stan [dàːgestáːn, dæge stǽn] 圀 다게스탄. 1 러시아 연방의 자치 공화국. 2 올이 가는 꽃무늬 카펫.

dagged [dǽgd] 圀 (속어) 취한.

‡**dag·ger** [dǽgər] 圀 (複 ~s [-z]) 1 (양날의) 단도, 단검, 비수. 2 〔인쇄〕 대거, 칼표(†).

at daggers drawn [or *drawing*] 심한 적의를 품고, 서로 노려보는 상태로 (*with*).

look daggers at (성이 나서) …을 노려보다.

speak daggers to …에게 욕을 퍼붓다. 「다.

── 団 …을 단도로 찌르다; (인쇄) …에 칼표를 붙이

dag·ger·board [dǽgərbɔ̀ːrd] 圀 〔해사〕 소형 수 하용골(垂下龍骨). 圀 centerboard

dag·gle [dǽgl] 団 (고어) (옷 따위)를 물·흙탕 속에서) 질질 끌다, 질질 끌며 더럽히다.

Dag·let [dǽglət] 圀 울릉도의 별칭.

dag·lock [dǽglɑk/-lɔ̀k] 圀 (양꼬리 등의) 더러워진, 딱딱하게 얽혀 붙은 털.

da·go [déigou] 圀 (複 ~(e)s) (종종 D−) (속어) 남유럽인(스페인·포르투갈·이탈리아계 사람). (일반적으로, 그러나 멸시적으로).

da·go·ba [dɑ́ːgəbə] 圀 사리탑(舍利塔). 「외국인.

Da·gon [déigən/-gɔn] 圀 다곤(농경과 대지를 관장하는 페니키아인(Phoenicians)과 필리스틴인(Philistines)의 국신(國神)으로서 반인반어(半人半魚)).

Dágo réd 圀 (속어) 싸구려 적포도주, (특히) 키안티 (Chianti) 포도주.

da·guerre·o·type [dəgérəˌtàip, -riə-/-géərou-] 圀 (옛날의) 은판(銀板) 사진(법). ── 団 …을 은판 사진으로 찍다. [<프랑스의 사진 발명자인 L. J. M. Daguerre(1789−1851)의 이름]

Dag·wood [dǽgwud] 圀 대그우드. 1 미국의 유명한 만화 *Blondie*에 나오는 남편. 2 남자 이름.

Dágwood (sàndwich) 圀 (d−) 대그우드 샌드위치(여러 층으로 포갠 큰 샌드위치).

dah [dɑː] 圀 1 〔모스 부호의〕 장음(長音) (圀 dit). 2 미얀마 사람의 작은 칼(나이프 대용).

DAH *Dictionary of American History*. 「여새선.

da·ha·be·ah [dɑ̀ːhəbíːə] 圀 나일강(Nile)의 삼각돛

*‡**dahl·ia** [dǽljə, dɑ́ːl-/déil-] 圀 1 달리아, 천축 모란. 2 달리아 꽃(명이뿌리). 3 (열은) 자주색. ¶*a blue ~* 있을 수 없는 것(일)(impossibility). ── 圀 (열은) 지주색의. [<식물학자 A. Dahl의 이름] 「름].

Da·ho·mey [dəhóumi] 圀 다호메이(Benin의 옛 이

Dah·ren·dorf [dáːrəndɔ̀ːrf, dɑ́ː−] 圀 *Ralf Gustav* ~ 다렌도르프(1929− : 영국의 사회학자).

Dail (Eir·eann) [dɔ́il (ɛ́ərən, -rɑn)-Eigl(ɛ́ərən)] 圀 (the ~) (아일랜드의) 하원. 圀 Seanad Eireann

‡**dai·ly** [déili] 圀 1 매일의, 나날의. ¶~ *happenings* 나날의 사건 / ~ *labor to gain one's* ~ *bread* 나날의 양식을 얻기 위한 하루하루의 노동. 2 일(日)(단위)로 계산하는. ¶~ *interest* 일변(日邊) / a ~ *wage* 일급(日給). ── 圀 *-lies*[-z] 1 일간 신문(= ~ newspaper); 일간 간행물, 일보(日報). 2 (英) 파출부(~ help). 3 (-lies) (영화의) 편집용 프린트, 러시(rush). ── 圀 매일, 끊임없이. **-li·ness** 圀 일상성; 일상적 규칙성.

dáily bréad 圀 (one's ~) 나날의 양식, 생계. ¶*earn one's ~* 생계를 꾸려가다, 생활비를 벌다.

dai·ly-bread·er [-brèdər] 圀 (英) 통근자(commuter); 생계를 꾸리는 사람.

dáily dóuble 圀 (경마 따위의) 2연식(連式)의 내기 (美속어) (2연승(連勝), 두 번 연속되는 성공.

dáily dózen 圀 (구어) (one's ~) 일과로 하는 건강 (미용) 체조(열두 가지(이상)으로 구성). ¶*do one's ~* 매일 건강 체조를 하다.

dáily esséntials 圀 생활 필수품.

dáily grínd 圀 (구어) (the ~) 판에 박힌 지루한 일과.

dáily néeds 圀 일용품, 생필품(daily necessities).

dáily róund 圀 매일 하는 일, 일과(日課).

dáily wòman 圀 (英구어) (사무실 등의) 청소부(婦).

dai·men [déimin] 圀 〔스코〕 드문(rare), 때때로의.

Daim·ler [déimlər] 圀 *Gottlieb W.* ~ 다임러 (1834−1900: 독일의 자동차 기술자·발명가).

DáimlerChrýsler 圀 다임러크라이슬러사(社) (~ AG)(독일 Daimler-Benz 사와 미국 Chrysler 사가 합병한 다국적 자동차 기업).

dai·mon [dáimoun] 圀 =demon.

‡**dain·ty** [déinti] 圀 (*-ti·er; -ti·est*) 1 고상한, 우아한, 섬세한. ⇒DELICATE 〔유의어〕 2 맛있는. ¶~ *food* 맛있는 음식. ⇒PARTICULAR 〔유의어〕 까다로운. ── 圀 *-ties*[-z] 맛있는 것; 진미(珍味). ¶*an expensive* ~ 값비싼 진미. **-ti·ly** 圀 **-ti·ness** 圀

dai·qui·ri [dáikəri, dǽkə-] 圀 다이커리(럭테일의 일종: 럼과 레몬(라임) 과즙을 혼합한 술).

‡**dair·y** [déəri] 圀 (複 *dair·ies*[-z]) 1 착유소(搾乳所); 우유 제조장. 2 유가공제품 판매점. 3 ⓤ 낙농(업). 4 = farm. 5 〔집합적〕 = cattle. 6 〔집합적〕 = ~ products. ── 圀 낙농(업)의; 유제품의.

Dáiry Bèlt 圀 (the ~) (미국 북부의) 낙농 지대.

dáiry càttle 圀 〔집합적〕 젖소. 圀 beef cattle

dáiry crèam 圀 낙농제(製) 순수 크림.

dáiry fàrm 圀 낙농장.

dáiry fàrmer 圀 낙농가.

dáiry fàrming 圀 =dairying.

dair·y·ing [déəriiŋ] 圀ⓤ 낙농(업)(경영); 낙농(업).

dair·y·maid [déərimèid] 圀 낙농장에서 일하는 여자, 젖짜는 여자.

dair·y·man [déərimən] 圀 (複 -*men*) 1 낙농장 주인, 낙농장 영주. 2 낙농 노동자. 3 유제품 판매업자, 우유 판매자.

dáiry pròducts 명 유제품(乳製品), 낙농 제품.
dair·y·wom·an [dέəriwùmən] 명 = dairymaid; 낙농장 여주인. [리: (강당의) 연단.
da·is [déi(i)s, dáiis] 명 (연회장의 귀빈용) 높은 자
‡**dai·sy** [déizi] 명 (복 -sies [-z]) 1 (英) 데이지(《美 English ~》) 2 (美) 프랑스 국화. 2 《속어》훌륭한 물건 [사람], 일품(逸品). ¶ She's a real ~. 그녀는 굉장한 미인이다. 3 (美) = ~ ham. 4 원통형의 체더 치즈 (Cheddar cheese).
(as) fresh as a daisy 원기 왕성하여, 팔팔하여.
count the daisies 죽다. 「다.
push up (the) daisies (구어) 죽다, 죽어서 매장되
turn up *one's* **toes to (the) daisies** (英속어) 죽
under the daisies (속어) 죽어서.
──형 훌륭한, 아주 좋은.
──부 (美속어) 굉장히(very).
Dai·sy [déizi] 명 데이지(여자 이름).
dáisy cháin 명 1 데이지 화환[목걸이]. 2 연결된 것, 연쇄, 연속. ¶ a ~ of events 연속 사건. 3 (美비어) 난교(亂交), 그룹 섹스. 4 《증권》작전 거래(특정 주식으로의 가격 조작을 위한 매매).
dai·sy-cut·ter [-kʌ̀tər] 명 《속어》 1 속보(trot)에서 발을 조금만 드는 말. 2 《크리켓》지면을 스치듯이 날아가는 타구(打球). 3 (군사) 파쇄성(破碎性) 폭탄.
dáisy hàm 명 뼈를 발라내고 훈제한 햄. 「별도.
Dáisy Státe 명 (the ~) 미국 North Carolina 주의
dáisy whèel 명 데이지 휠(전동 타자기·컴퓨터용 프린터의 인자(印字)부로 쓰이는 소형 바퀴).
dak [dɔːk/dɑːk] 명ⓊC (인도에서 말·사람·역마 따위에 의한) 역전(驛傳) 수송; 그 우편물.
Dak. Dakota. 「수도·항구).
Da·kar [dəkɑ́ːr, dɑː-] 명 다카르(세네갈(Senegal)의
dák búngalow 명 (옛 인도의) 역참(驛站) 여인숙.
*****Da·ko·ta** [dəkóutə] 명 (복 ~s) 1 다코타(미국 North Dakota와 South Dakota 두 주를 합친 지역의 옛 이름). 2 (the ~ s) 남·북 Dakota. 3 (북미 인디언의) 수족(族)(Sioux Indian); Ⓤ 수족어(族語).
dal [dɑːl] 명 달(렌즈 콩(lentil)과 향료를 사용한 인도
dal. decaliter. [요리의 하나). [<Hind]
Da·lai La·ma [dɑːlái lɑ́ːmə/dǽlai-] 명 달라이 라마(達賴喇嘛). 1 티베트의 라마교 교주(=~ lama). 2 **Tenzin Gyatso**(1935- : 티베트 불교의 최고 지도자로 인도에서 망명 생활; 노벨 평화상(1989)).
da·la·si [dɑːlɑ́ːsi] 명 (복 ~s) 달라시(Gambia의 통화 단위; =100 bututs; ⑦ D). 「valley
*****dale** [deil] 명 (英) (넓은) 골짜기, 산골짜기. 활 vale,
dales·man [déilzmən, -mæn] 명 (잉글랜드 북부 지방에 사는) 산골 사람(주민).
Da·li [dɑːli] 명 **Salvador ~** 달리(1904-89: 스페인의 화가·삽화가). 「반도 남단의 항구).
Da·lian [dɑ̀ːljɑːn] 명 다롄(大連)(중국 랴오둥(遼東)
Dal·las [dǽləs] 명 댈러스(미국 Texas 주의 도시; 1963년 J. F. Kennedy 대통령이 암살된 곳).
dalles [dælz] 명(복) 협곡을 흐르는 급류, 분류.
dal·li·ance [dǽliəns, -ljəns] 명 Ⓤ 시간의 낭비, 빈둥거림; (남녀의) 희롱, 농탕.
dal·ly [dǽli] 통(동) 1 시간을 헛되이 보내다, 우물쭈물하다, 꾸물거리다(= dillydally). ⇨ LOITER 유의어 ¶ Don't stand *~ing*. 빨리빨리 해라 // (~+前+名) ~ *over one's work* 일에 늑장을 부리다. 2 가지고 놀다, 장난하다 (*with*). ¶ ~ *with* one's glass 유리잔을 가지고 놀다. 3 (남녀 교제에서) 농락하다(*with*). ¶ ~ *with a girl* 여자를 농락하다. ──타 1 (시간 따위를) 낭비하다, 헛되이 하다(*away*). ¶ ~ *away* one's chance 좋은 기회를 헛되이 놓치다. -li·er 명 ~·ing·ly 부
Dal·ma·tia [dælméi∫ə] 명 달마티아(크로아티아의 아드리아 해에 면한 해안 지방).
Dal·ma·tian [dælméi∫ən] 형 달마티아의, 달마티아 사람의. ──명 1 달마티아 사람. 2 (또는 ᄃ **dóg**) 달마티아 개(흰 바탕에 반점이 있는 사냥개).
dal·mat·ic [dælmǽtik] 명 《교회》 달마티카(부제용(副祭用)의 제복(祭服)); (영국왕의) 대관식 예복.
dal se·gno [dɑːl séinjou] 형 《음악》 기호(𝄋)가 있는 데서 되풀이하여(약 **D.S.**), 화 **da capo** (<It)
dal·ton [dɔ́ːltn] 명 《물리》 돌턴(원자 질량 단위).
Dal·ton [dɔ́ːltn] 명 1 **John ~** 돌턴(1766-1844: 영국의 화학자·물리학자; 근대 화학의 아버지). 2 미국 Georgia 주 서북부의 도시. 3 남자 이름.
dal·ton·ism [dɔ́ːltənizm] 명 (D-) Ⓤ 《병리》 선천성 색맹, 특히 적록(赤綠) 색맹.
Dálton sỳstem [plàn] 명 《교육》 돌틴식 교육법(미국 Dalton 시에서 시작한 학생의 따른 자발적 학습법).
‡**dam¹** [dæm] 명 (복 ~**s** [-z]) 1 둑; 댐. 2 둑으로 막아 놓은 물, 댐의 물. 3 (비유적) 장애물, 장벽.
water over the dam 돌이킬 수 없는 일.
──타 (-**mm**-) 1 …을 둑으로 막다, …에 둑을 쌓다 (*up*). ¶ (~+前+名) ~ *up a stream* 개울을 둑으로 막다, 시내에 둑을 쌓다. 2 (비유적) …을 가로막다, 억누르다, 저지하다(*up*, *back*). ¶ (~+前+名) ~ *back* one's ***dam out*** 댐으로 막다. [*tears* 눈물을 삼키다.
dam² 명 어미 짐승(⇔ sire); (고어) 어미, 어머니.
dam³ 명(형)타 =damned.
dam. decameter.
‡**dam·age** [dǽmidʒ] 명 (복 -**ag·es** [-iz]) 1 Ⓤ 손해, 손상. 2 (the ~ s) (구어) 비용, 대가(代價), 경비, 대금. ¶ What's the ~ [*or* What are the ~ s] for this? 비용은 얼마입니까? / I'll stand the ~. 대금은 내가 지불하겠다. 3 (~ **s**) 《법률》 손해 배상(금). ¶ bring a suit for ~**s** 손해 배상 청구 소송을 하다.
claim damages 손해 배상금을 요구하다.
do [*or* ***cause*] *damage to* …에게 손해를 입히다:**
…을 파괴[손상]하다.
──타 (-**ag·es** [-iz]; ~**d**; -**ag·ing**) 타 1 (물건)에 손해[손상]를 입히다, …을 못쓰게 만들다. ⇨ INJURE 유의어 ¶ The truck collision ~d the cargo. 트럭 충돌 사고로 짐이 파손되었다. 2 (체면·평판 따위를) 손상시키다, 훼손하다. ──자 못쓰게 되다, 상하다. ¶ This *cloth does not ~ easily*. 이 옷감은 잘 해지지 않는다.
-ag·er 명
dam·age·a·ble [dǽmidʒəbl] 형 손해를 입기 쉬운, 손상되기 쉬운. **-bíl·i·ty**, ~**ness** 명
dámage contròl 명 《군사》 피해 대책(적의 공격 따위의 피해를 최소화하는 대책); (기업의) 손실 대책.
dam·aged [dǽmidʒd] 형 손해[손상]를 입은, 《속어》 취한. 「파손 신고서.
dámaged bággage repòrt 명 《항공》 수화물
dámaged góods 명 결함이 있는 것; 《속어》 비(非)
dámage sùit 명 손해 배상 청구 소송. [처녀.
dam·ag·ing [dǽmidʒiŋ] 형 손해를 끼치는, 해로운. ¶ a ~ *statement* 불리한 진술. **~·ly** 부
Dam·a·scene [dǽməsiːn] 형 1 Damascus의. 2 (d-) 물결 무늬가 있는. 3 (d-) 상감(象嵌) 세공의. ──명 (d-) 다마스쿠스 사람; (d-) 물결 무늬; 상감 세공. ──타(통) (d-) 물결 무늬를 넣다; …을 상감(으로) 장식하다.
Da·mas·cus [dəmǽskəs] 명 다마스쿠스(시리아의 수도; 세계 최고(最古) 도시의 하나). 「사에이).
the road to Damascus 회개의 길(사도 바울의 고
Damáscus stéel 명 다마스크 강철(도검(刀劍)·총통(銃筒)용). (또는 **dámask (stéel)**).
dam·ask [dǽməsk] 명 Ⓤ 1 단자(緞子), 다마스크(織) (린). 2 = ~ **steel**. 3 (다마스크 장미(~ **rose**) 같은) 연분홍색, 담홍색. ──형 1 단자의, 무늬 놓아 짠. ¶ ~ *cloth* 단자, 다마스크직, 문직(紋織). 2 담홍색의. 3 다마스크 강철의. ──타(통) 1 =Damascene. 2 …을 종교한 무늬로 짜내다[꾸미다]. [< 원산지 Damascus]
dam·a·skeen [dǽməski:n] 명(통)타 =Damascene.

dámask róse 명 다마스크 장미; 담홍색.
dámask stéel 명 =Damascus steel.
dám bùster 명 (군사) 댐 파괴용 폭탄.
dame [deim] 명 1 (D-) (英) a) (고어) 나이트작(爵)(knight)이나 준남작(baronet) 부인의 존칭(* 오늘날은 보통 Lady라고 한다). b) knight에 상당하는 위계를 가진 여자의 존칭(* 남자의 Sir와 대등한 것으로서 세례명 앞에 붙인다). 2 (고어) 귀부인; 주부; 부인. 3 노부인. 4 (美俗) 여자. 5 (英) (dameschool의) 여교사; (Eton교의) 기숙사 사감.
Dáme Fórtune 명 운명의 여신.
Dáme Náture 명 자연의 여신.
dame-school [déimskù:l] 명 (英古) (여교사가 사람이 개설·운영하던) 사숙(私塾), 자택 개방 학교.
dam·fool [dǽmfú:l] 명 (美口) 지독한 바보.
 ── 형 (또는 **dámfóolish**) 몹시 어리석은.
Dam·i·a [dǽmiə] 명 (그리스 신화) 다미아(풍요·다산(多產)의 여신).
dam·mar [dǽmɑːr] 명ⓤ (植) 대마르(수지(樹脂)의 일종으로 니스·래커의 원료). (또는 **damar**)
dam·mit [dǽmit] 명 (口) 제기랄(damn it).
as near as dammit (英俗) 거의.
dammit to hell 빌어먹을.
‡**damn** [dæm] 타 (~**s** [-z]) 타 1 비난하다, 악평(책망, 비방)하다. 2 …을 못쓰게 하다, 결단내다. 파멸시키다.¶~ a person's brilliant career 빛나는 경력에 먹칠하다. 3 (口) (노여움·불만 때문에) …을 저주하다.¶(May) God ~ it! =D- it (all)! 빌어먹을!/D- this weather! 망할 놈의 날씨!(* 이 경우 직접적인 표현을 피해 종종 d—, d—n으로 쓴다). 4 ('damn'이라고 말하며) …에게 욕설하다. 5 (神學) (신이) (사람)을 지옥에 떨어뜨리다, 천벌을 내리다. ── 자 저주하다, 욕설하다.
Damn it [or *you, him*]*!* 제기랄!, 빌어먹을!
damn it all [or *to hell*] 아뿔사, 아차; 빌어먹을.
damn me (英俗) =*I'm damned if…*.
damn the consequence [or *expense*] 곤란한 일을 걱정하지 않다.
damn the war (美口) 제기랄; 뭐라고?
damn with faint praise (특히 문예 비평가가) 칭찬하는 체하면서 슬쩍 비난의 뜻을 나타내다.
I'm [or *I'll be*] *damned if…; Damned if…* (부정의 내용을 강조하여) 절대(결코) …할 리가 없다(… 하지 않는다).
Well, I'll be damned. (口) (놀라움 따위를 나타내어) 저런, 어머나, 허.¶*Well, I'll be ~ed*, my watch has stopped again. 아이구 젠장, 시계가 또 섰군.
── 명 (⽊) ~**s** [-z]) 명 1 저주, 매도, 욕지거리. 2 (口) (부정문에서) 조금도, 전혀.¶not worth a ~ 아무 가치도 없는/I don't care a ~. 나는 조금도 개의치 않는다(전혀 상관없다).
by damn (口) =*damn it all*.
damn all (英俗) 아무것도 없음(nothing).
give [or *care*] *a damn* (口) (부정문에서) 걱정하다; 관심을 가지다; 중요시하다.
── 부 (口·강조) 몹시, 굉장히; 너무나 ….¶Gee, it's ~ hot. 아아, 지독히 덥구나/You talk too ~ much. 너는 말이 너무 많다.
damn all 조금도 (전혀) …하지 않은(nothing at all).
damn well (口) 틀림없이(certainly).
── 형 (口·강조) 지긋지긋한, 밉살스러운, 지독한; 완전한.¶You're a ~ fool. 넌 지독한 바보다.
damn sight better (美口) =*DAMNED sight better*.
── 감 (俗) 젠장, 제기랄, 빌어먹을.¶Oh, ~! 젠장!
dam·na·ble [dǽmnəbl] 형 (口) 저주할 만한; 혐오스러운, 가증한, 지긋지긋한. **-bíl·i·ty**, **~·ness** 명 **-bly** 부 언어도단으로; (口) 지독하게.
dam·na·tion [dæmnéiʃən] 명ⓤ 1 매도(罵倒), 비난, 혹평; 저주; 매도(비난, 악평). ¶D-

take it [or *you*]! 빌어먹을! 2 (神學) 영원한 벌, 천벌.
── 감 (俗) 빌어먹을, 젠장.
dam·na·to·ry [dǽmnətɔ̀ːri/-təri] 형 (매도)의, 저주의, 파멸을 초래하는; (神學) 영벌의 벌을 내리는.
*****damned** [dæmd] 형 (~**er**; ~**est**, **damnd·est**) 1 저주받은, 비난(혹평)받은.¶a ~ author [movie] 혹평받는 작가(영화). 2 (口) 지긋지긋한, 천벌받을, 지독한; 터무니없는, 정말로(* 직접적인 표현을 피해 d—d로 쓴다).¶D— nonsense! 바보 같은 소리(짓) 마라!/He's the ~*est* fool. 저런 바보는 없어. 3 영원한 벌을 받은, 지옥에 떨어진.¶the ~ (souls) 지옥의 망령들.
damned sight better (口에) 폐(상당)히 좋은.
I'll see a person dammed [or *in hell, hanged*] *before* [or *first*] (口) …하는 것은 딱 질색이다, …an 바에는 죽는 편이 낫다.
── 부 (口·강조) 지독하게, 터무니없이, 굉장히; 너무도 …(too).¶D— hot, isn't it? 지독히 덥지?/I'm ~ tired to go. 난 너무 지쳐서 갈 수가 없어.
damned well (口) =*DAMN well*.
damn(e)d·est [dǽmdist] 형 (口·강조) 최선, 베스트; 최대 한도, 지독.¶They did their ~ to finish on time. 그들은 시간에 맞추어서 끝내기 위해 최선을 다했다.
do one's damn(e)dest 한껏 지독한 짓을 하다(do one's worst); (반어적) 전력(최선)을 다하다.
dam·ni·fi·ca·tion [dæ̀mnəfəkéiʃən] 명ⓤ (법률) 손해 (행위), 손상 (행위). …에 손해를 끼치다.
dam·ni·fy [dǽmnəfài] 타 (법률) …을 손상하다.
damn·ing [dǽmiŋ, dǽmniŋ] 형 1 저주의, 지옥에 떨어지는; 파멸되는. 2 (증거 따위가) 아주 불리한, 유죄를 입증하는. **~·ly** 부 **~·ness** 명
Dam·o·cles [dǽməkliːz] 명 (그리스 신화) 다모클레스(Syracuse의 왕 Dionysius의 신하).
the sword of Damocles; Damocles' sword 다모클레스의 칼; 신변에 닥칠 (언제 닥칠지 모를) 위험 (옛 국왕의 영화를 질시하는 Damocles를 왕좌에 앉히고 그의 머리 위에 머리카락 하나로 칼을 매달아 놓아 왕에게는 항상 위험이 따름을 가르쳤다는 고사에서).
-cle·an [-klíːən] 형 다모클레스의; 위급한.
Da·mon and Pyth·i·as [déimənənpíθiəs/-θiæs] 명 (그리스 전설) 데이먼과 피티어스(목숨을 걸고 신의를 지킨 두 친구); 둘도 없는 친구.
dam·o·sel, **-zel** [dǽməzèl] 명 (고어·시) =DAMSEL.
*****damp** [dæmp] 형 (~**er**; ~**est**) 1 습기찬, 축축한, 구중중한.¶a ~ sponge 축축한 스펀지/~ weather 구중중한 날씨. 2 기운이 없는, 낙담한.

유의어 *damp* 조금 wet하여, 종종 불쾌함. *wet* 「젖은, 축축한」을 뜻하는 넓은 뜻의 말; 보통 흠뻑 젖은 표면이 젖은. *humid* 불쾌할 정도로 공기 중에 무더운 습기가 있는 경우에 쓰이는 말. *moist* 자연히, 또는 적당히 습기를 띤; 불쾌감을 뜻하지 않는다. *dank* 건강을 해칠 정도로 습기가 많고 구중중하고 불쾌한.

damp behind the ears (口) 애숭이의, 풋내기의.
── 명 1 습기, 물기, 안개. 2 (~**s**) 슬기 막힐 듯한 나쁜(더러운) 공기, (광산 따위에서 발생하는 유독(폭발)성) 가스.¶choke ~ 질식 가스. 3 (a ~) 낙담, 실망; 낙심(을 띠게 하는 것); 장해가 되는 것.¶cast [or throw] a ~ over [or on, into] a person [thing]; give a ~ to a person [thing] 남의 기세를 꺾다(일을 좌절시키다).
strike a damp into company 좌중의 흥을 깨다.
── 타 (~**ed** [-t]) 타 1 …에 습기를 주다, 축이다. 2 〔기력·활동 따위〕를 꺾다, 무디게 하다, 약하게 하다(*down*).¶His appearance ~*ed* the changed atmosphere. 그가 나타나서 그 자리의 즐거웠던 분위기가 깨졌다//(~+⽊+튀)~ *down* an agitation 소동을 가라앉히다. 3 〔유독 가스 따위〕…을 병들게 하다, 끄다. 4 …을 숨막히게 하다, 끄다; 5 〔불 따위〕를 줄이다, 끄다; 〔음악〕〔현(絃)·북〕의 진동을 줄이다, 멈추게 하다

(*down*). 6 〔물리〕〔전파〕의 진폭을 감소시키다. ── [자] 1 습기를 띠다, 축축해지다. 2 의기소침해지다. 3 〔물리〕(진폭이) 감쇠하다. 4 (식물이) 습기 때문에 썩다(*off*).
damp down ① 〔불·열의〕를 약하게 하다, 끄[꺾]다. ② 〔소리〕를 죽이다. ③ 〔마루 따위〕를 축축하게 하다.
damp off 〔농업〕 (식물이) 고사병(枯死病)에 걸리다, 시들다.
damp** one's **spirit 실망시키다.
∠·ly [부] **∠·ness** [명][U] 습기.
dámp bòx [명] (도예용 점토의) 보습함(保濕函).
dámp còurse [명] 〔건축〕 (벽 안의) 방습층(防濕層), 방습재(材).
damp-dry [∠drái] [동][타] 〔빨래〕를 설말리다. ── [형] 설마른.
damp·en [dǽmpən] [동][타] …을 축축하게 하다, 축이다; …을 무디게 하다, 약하게 하다; 〔기〕를 꺾다.¶He is ~*ed* by his failure. 그는 실패하여 기가 죽어 있다.
── [자] 축축해지다; 약해지다, 무디어지다.
dampen** a person's **spirits 남을 낙담시키다.
~·er [명] 축이는 것; 무디게[약하게] 하는 사람[것].
damp·er [dǽmpər] [명] 1 축축하게 하는[축이는] 사람[것]. 2 (a ~) 의기[세력]를 꺾는 사람[것], 흥을 깨는 사람[것]. 3 (난로 따위의) 바람문, 조절판(瓣). 4 〔음악〕 (피아노의) 단음(斷音) 장치, 지음기(止音器); (금관 악기의) 약음기(弱音器). 5 〔전기〕 (계기(計器)의) 댐퍼, 제동자(制動子). 6 〔기계〕 완충기(緩衝器).
cast* [or *put*] *a damper on …의 흥을 깨다; …에 게 트집을 잡다.
── [동][타] …의 흥을 깨다.
dámper pèdal [명] 〔음악〕 (피아노의) 댐퍼 페달.
damp·ing [dǽmpiŋ] [형] 1 습기를 주는.¶a ~ machine (천을 윤내는) 가습기(加濕機). 2 〔전기〕 제동[감폭(減幅)]하는.¶a ~ coil 제동 코일. ── [명][U] 〔전기〕 제동, (진동의) 감폭.
damp·ing-off [-ɔ́:f, -ɑ́f/-ɔ́f] [명][U] 〔식물〕 고사병(枯死病).
damp·ish [dǽmpiʃ] [형] 약간 축축한, 다소 습한.
~·ly [부] **~·ness** [명]
damp·proof [dǽmpprù:f] [형] 방습(防濕)의, 방습성의. ── [동][타] …을 방습하다.
dámp squíb [명] 《英속어》 기대에 어긋난 것.
dam·sel [dǽmzəl] [명] 《고어·시》 소녀, 처녀; 명문가 소녀.
dam·sel·fly [dǽmzəlflài] [명] 실잠자리.
dam·site [dǽmsàit] [명] 댐 건설용 부지.
dam·son [dǽmzən] [명] 1 서양자두 (나무). (또는 ∠ **plúm**) 2 암자색(暗紫色). ── [형] 서양자두색의, 암자색의.
dámson chèese [명] 서양자두의 설탕절임.
dam·yan·kee [dæ̀mjǽŋki] [명] 《美구어》 (미국 남부에서) 북부 사람. (또는 **damnyankee**)
dan[1] [dæn] [명] (해상 위치 표시용) 작은 부표(~ buoy).
dan[2] [dɑ:n, dæn] [명] (태권도 따위의) 단(段); 유단자.
Dan[1] [dæn] [명] 1 〔성서〕 단(야곱의 12 아들 중의 하나. ←창세기(Gen.) 30:6). 2 〔성서〕 단족(히브리 12 부족의 하나. ←여호수아(Josh.) 19:40). 3 단(팔레스타인 북쪽 끝의 옛 도시). 4 댄(남자 이름; Daniel의 애칭).
from Dan to Beersheba 단에서 브엘세바까지, 도처에(everywhere)(←사무엘 하(2 Sam.) 24:2).
Dan[2] [명] 《고어》 sir, master에 해당하는 경칭.
Dan. 〔성서〕 Daniel; (또는 **Dan**) Danish; Danzig.
Dan·a·ë [dǽnəi:] [명] 〔그리스 신화〕 다나에(Argos왕 Acrisius의 딸; Perseus의 어머니).
Da·na·i·des [dənéiidì:z] [명][복] 〔그리스 신화〕 다나이데스(Danaus의 50 명의 딸들).
Da·nang [dənɑ́:ŋ/dɑ̀:nǽŋ] [명] 다낭(베트남 중부의 항구 도시). (또는 **Dá Náng**)
dán bùoy [명] 표지 부표(標識浮標)(깃발 또는 등화 부착용 막대가 달린 부표).
dan·bur·ite [dǽnbəràit] [명] 〔광물〕 댄버라이트, 댄버리석(石).
‡**dance** [dæns, dɑ:ns/dɑ:ns] [동] (***danc·es*** [-iz]; **~*d*** [-t]; ***danc·ing***) [자] 1 춤추다, 댄스를 하다 (*with* / *to*).¶(~+[前]+[名]) I ~*d with* her *to* the piano music. 나는 피아노 곡에 맞추어 그녀와 춤추었다. 2 (흥분 따위로) 뛰어 돌아다니다, 껑충껑충 뛰다; (심장 따위가) 고동치다, 약동하다(*for*, *with*).¶~ *with* rage 격노하다/My heart ~*d with* [or *for*] joy. 나는 기뻐서 가슴이 뛰었다//(~+[副]) ~ *about* for joy 기뻐서 날뛰다. 3 (파도·그림자·나뭇잎 따위가) 흔들리다, 춤추다, 어른거리다.¶leaves *dancing* in the wind 바람에 하늘거리는 나뭇잎. 4 《구어》 남의 생각[말]대로 하다, 시키는 대로 하다.
── [타] 1 〔춤〕을 추다.¶~ a tango 탱고를 추다. 2 …을 춤추게 하다; (댄스에서) 〔상대〕를 리드하다.¶You ~*d* me so beautifully. 당신은 나를 아주 멋지게 리드해주며 춤추었다. 3 (…될 때까지) 춤추게 하다; 춤추어 …하게 하다.¶(~+[目]+[補]) ~ a person weary 남이 지칠 때까지 춤상대를 시키다//(~+[目]+[前]+[名]) ~ a person *out of* breath 춤상대를 허덕거리게 만들다//(~+[目]+[副]) ~ the new year *in*; ~ *in* the new year 춤을 추며 새해를 맞이하다. 4 〔아이〕를 어르다.
dance a hornpipe (기뻐서) 깡충깡충 뛰다.
***dance attendance on* [or *upon*]** …의 뒤를 따라다니다, …의 비위를 맞추다.
dance in the air =*dance on air*.
dance off 《美》 (처형되어) 죽다(die).
***dance on* [or *upon*] *air* [or *nothing, a rope*]** ① 공중에서 허위적거리다. ② 《익살》 교수형당하다.
dance on** a person's **grave 남의 죽음을 기뻐하다.
dance the carpet 《속어》 (처벌을 위해) 소환되다, 출두하다.
dance to another* [or *a different*] *tune 갑자기 태도[의견]를 바꾸다, 표변하다.
***dance to* [or *after*] a person's *piping* [or *pipe, tune, whistle*]** 남이 시키는 대로 하다, 남의 장단에 춤추다.
── [명] ([복] ***danc·es*** [-iz]) 1 춤, 댄스.¶a social ~ 사교 댄스/May I have your next ~, please? (남성이 여성에게) 다음 춤을 함께 추시겠습니까? 2 댄스 파티, 무도회(~ party).¶go to a ~ 댄스 파티에 가다/give a ~ 댄스 파티를 열다. 3 댄스곡, 댄스 음악(~ music). 4 (the ~) (현대) 발레.
begin* [or *lead*] *the dance 앞에 서서 춤추다, 리드하다; 《비유적》 앞장서다, 선창하다, 지휘하다.
lead** a person **a* (*pretty, merry, jolly*) *dance 남을 이리저리 끌고 다니다, 남을 애먹이다.
dance·a·ble [dǽnsəbl/dɑ́:ns-] [형] (음악 등이) 춤에 적합한, 댄스용의. **-bíl·i·ty** [명]
dánce bànd [명] 댄스(용) 밴드[악단].
dánce càrd [명] (파트너 순번을 정한) 댄스 카드.
dánce dràma [명] 무용극.
dánce flòor [명] (나이트 클럽 따위의) 댄스 플로어.
dánce fòrm [명] 〔음악〕 무곡(舞曲) 형식.
dánce hàll [명] 댄스 홀, 무도장; 《美속어》 사형수 감방, 사형 집행실.
dánce hòstess [명] 직업 댄서.
dance-in [∠ìn] [명] 집단 데모 춤.
dánce lànguage [명] 댄스 언어(꿀벌이 먹이가 있는 곳과 방향·거리 등을 알려주는 일련의 동작).
dánce mùsic [명] 무용곡.
dánce of déath [명] (the ~) =danse macabre.
dánce of jóy [명] (the ~) 기쁨의 댄스(미국 포크 댄스의 일종).
dánce òrchestra [명] 댄스 악단.
‡**danc·er** [dǽnsər, dɑ́:ns-/dɑ́:ns-] [명] ([복] **~s** [-z]) 춤추는 사람, 무용수; (직업적인) 댄서, 무용가.
dan·cer·cise [dǽnsərsàiz/dɑ́:n-] [명] 댄서사이즈(건강 증진을 위한 재즈 댄스의 일종).
〔<*dance*+*exercise*〕
dánce stùdio [명] 댄스 교습소.
‡**danc·ing** [dǽnsiŋ/dɑ́:ns-] [명][U] 춤(추기), 무도.
── [형] 춤의, 무도(용)의. **~·ly** [부]
dáncing gìrl [명] (직업적인) 댄서, 무희.
dáncing hàll [명] =dance hall.

dáncing mània [plàgue] 명 (의학) 무도병(舞蹈病).
dáncing màster 명 댄스 교사.
dáncing místress 명 여자 댄스 교사.
dáncing párty 명 댄스 파티.
dáncing ròom 명 무도실(장).
dáncing salòon 명 댄스 홀(dance hall).
dáncing schòol 명 댄스 교습소, 무용 학교.
dáncing shòe(s) 명 무용화(靴).
dáncing stèp 명 댄스의 스텝; 나선 계단의 부채꼴의 발판 윗면의 좁은 부분을 직선 계단 발판의 폭과 같게 한 것(balanced step).
D and C dila(ta)tion and curettage(확장과 소파(搔爬), 인공 중절).
D and D¹ (美俗어) 음주 소란(난동)(경찰이 말썽을 부리는 사람을 체포할 때 흔히 사용하는 용의(容疑)). ¶ Tom was arrested for being ~. 톰은 음주 소란으로 체포되었다. (<drunk and disordenly)
D and D² (美俗어) (경찰 등에서) 묵비권을 행사하다. ¶ play ~ 입을 다물고 있다. (<deaf and dumb)
D & D death and dying(죽음과 임종).
***dan·de·li·on** [dǽndəlàiən] 명 민들레. [락].
dándelion còffee 명 말린 민들레 뿌리(로 만든 음료).
dan·der [dǽndər] 명 ⓤ (머리의) 비듬. ¶ (美구어) 노여움, 화, 뼛성(temper). 一통 (美구어) 화나게 하다 (over).
get one's[a person's] dander up 화를 내다(남의 화를 부추기다).
with one's dander up 화를 버럭 내며.
dan·di·a·cal [dændáiəkəl] 형 멋부린, 멋을 낸; 멋쟁이다운. ~·ly 부
Dan·die Dín·mont [dǽndi dínmɑnt/-mɔnt] 명 테리어종 개의 일종(다리가 짧고 몸통이 길다).
dan·di·fi·ca·tion [dændəfəkéiʃən] 명 ⓤ 멋부림, 멋을 부린 몸치림. -**fied** 형
dan·di·fy [dǽndəfài] 타 ~을 멋부리게 하다.
dan·dle [dǽndl] 타 1 (갓난 아이 등)을 어르다. 안아서 흔들다. ¶ ~ a child on one's knee 아이를 무릎에 올려놓고 어르다. 2 ~을 귀여워하다, 응석받다.
Dan·dong [dá:ndɔ́:ŋ] 명 단동(丹東)(중국 랴오닝(遼寧)성 남동부 압록강변의 도시).
dan·druff [dǽndrəf] 명 ⓤ (머리의) 비듬. ¶ a galloping ~. (美俗어) 사면발이. (또는 **dan·driff** [-drif])
~·y 형 비듬이 많은, 비듬 같은.
***dan·dy** [dǽndi] 명 1 맵시꾼, 멋쟁이(fop). 2 (구어) 훌륭한 것[사람], 일품(逸品). 3 (항해) 댄디형 범선; (그 고물의 작은 (삼각)돛. 一형 멋내는(foppish); (美구어) 일류의, 근사한, 멋진.
fine and dandy (비아냥대며) 좋아, 됐어.
一부 훌륭하게, 멋지게.
-di·ly 부 ~·**ish** 형 멋쟁이의, 멋부리는. ~·**ish·ly** 부 ~·**ism** 명ⓤ 멋부림, 멋.
dándy brùsh 명 (말을 빗겨주는 뻣뻣한) 솔.
dándy càrt 명 (용수철을 댄) 우유 배달차, 짐 나르는 손수레.
dándy féver 명 (병리) =dengue.
dándy hòrse 명 (발로 땅을 차면서 달리는) 초기의 자전거. [넣는 롤러.
dándy ròll[ròller] 명 (제지) 종이에 투명한 무늬를
***Dane** [dein] 명 1 덴마크 사람; 덴마크계의 사람. 2 데인 사람(9–10세기경 영국에 침입한 북유럽인). 3 = Great ~. 4 데인(남자 이름).
dang¹ [dæŋ] 감탄 타 =damn(* 완곡한 표현). ¶ D– me! 빌어먹을! [인, 섹시한(sexy).
dang² 형 (비어) 음경, 페니스(penis). 一형 매력적
dánge bròad [déindӡ-] 명 (美俗어) 매력적인 흑인 여성.
danged [dæŋd] 형 =damned.
‡**dan·ger** [déindӡər] 명 (복 ~s [-z]) 1 ⓤⓒ 위험 (상태), 위난(peril) ⓤ safety). ¶ risk ~ 위험을 무릅쓰다 / prevent a national ~ 국가의 위난을 방지하다 / He is through (many) ~s. 그는 많은 위험을 겪었다 / D– past, God forgotten. (속담) 위험이 없어지면 신도 잊혀진다, 뒷간에 갈 때 다르고 올 적 마음 다르다.

〖유의어〗 **danger** 모든 종류의 「위험」을 의미하는 넓은 뜻의 말. **hazard** 예측은 할 수 있지만 회피할 수 없는 위험. **jeopardy** 극도의 위험에 처한 상황. **peril** 임박한 위험. **risk** 자발적으로 부딪치는 위험.

2 위험물, 위험의 원인이 되는 것[사람], 위협(menace) (to). ¶ He is a ~. 그는 위험 인물이다. 3 ⓤ (신호의) 위험 표시. 4 (폐어) 지배(권); 지배 범위.
at danger (신호 따위가) 위험을 나타내어.
be in danger of …할 위험이 있다.
in danger 위험에 직면하여; 위독해서.
make danger of ~을 위험시하다.
out of danger 위험에서 벗어나서. ¶ Out of debt, out of ~. (속담) 빚이 없어지면 위험도 없어진다.
run into danger 위험에 처하다[빠지다].
run the danger of …할 위험을 무릅쓰다.
一통 타 (고어) 위험에 빠뜨리다.
~·**less** 형
dánger àngle 명 (항해) 위험 각도.
dánger lìne 명 위험선(線).
dánger lìst 명 (병원의) 중환자 명부.
on the danger list (환자가) 중태인, 위독한.
dánger màn 명 (스포츠) (상대방에게) 위험을 주는 선수, 무서운 상대. (또는 **dángermàn**)
dánger mòney 명 위험 수당.
‡**dan·ger·ous** [déindӡərəs] 형 (more ~; most ~) 1 위험한, 위태로운(to, for)(형 safe). ¶ ~ for children 아이들에게 위험한 / ~ to health 건강에 좋지 않은 // This river is ~ to swim in. =It is ~ to swim in this river. 이 강에서 수영하는 것은 위험하다 // A little learning is a ~ thing. (속담) 선무당이 사람 잡는다. 2 위해를 가하는(to); (장소가) (동물 따위로) 위험한(from); 흉악한. ¶ a criminal 흉악범. ~·**ness** 명
***dan·ger·ous·ly** [déindӡərəsli] 부 위험하게, 위태롭게, 위험을 무릅쓰고, 위험이 따를 정도까지.
dánger sígnal 명 위험 신호는 (철도의) 적신호.
dánger zòne 명 위험 지대.
***dan·gle** [dǽŋgl] 자 1 매달리다, 흔들흔들[주렁주렁]하다, 아래로 드리워지다(about, (a)round). ¶ (~+전+명) ~ from the ceiling 천장에 매달려 있다. 2 따라[붙어]다니다(after, about, round). 一타 …을 흔들리게 하다, 매달다; (이유의) (유혹 따위를) 어른거리게 하다(in front of, before).
keep a person **dangling** 남을 애타게 하다.
一명 1 매달리기, 아래로 드리우기, 2 매달려 있는 물건, 매달린 물건, 흔들거리는 물건. 3 뜻밖의[예고 없는] -**gling·ly** 부 [귀순자, 전향자.
dan·gle·dol·ly [-dàli/-dɔ̀li] 명 (英) (자동차의 창에 매다는) 마스코트 인형.
dan·gler [dǽŋglər] 명 1 매달리는 것, 흔들흔들하는 부분. 2 남을 따라다니는 사람; 여자의 꽁무니를 쫓아 다니는 사내. 3 (美俗어) 노출광. 4 (英속어) 트레일러.
dán·gling bònd [dǽŋgliŋ-] 명 (화학) (공유 결합 결정에서 격자 결합(格子缺陷)을 에워싼 원자군이 갖는) 불포화 결합.
dángling párticiple 명 (문법) 현수분사(懸垂分詞)(주절(主節)의 주어와 문법적으로 결합되어 있지 않는 분사. 예: Having broken his leg, the bystanders sent him to hospital. 다리가 부러져서 구경꾼들이 그를 입원시켰다).
Dan·iel [dǽnjəl] 명 1 (성서) 다니엘(히브리의 예언자). 2 (구약 성서의) 다니엘서. 3 명재판관(←Shakespeare작 The Merchant of Venice). 4 다니엘(남자 이름).
dan·i·o [déiniòu] 명 (복 ~s) 다니오(열대어의 일종).
***Dan·ish** [déiniʃ] 형 ⓤ 덴마크(사람·말)의; 데인 사람의. 一명 1 ⓤ 덴마크 말. 2 (the ~) (집합적) 덴마크 사람. 3 (종종 d–) =~ pastry.

Dánish blúe 뎬 덴마크 치즈(파란 줄이 있다).
Dánish pástry 뎬 데이니시 페이스트리(건포도나 잣 따위를 넣은 파이 비슷한 과자빵).
Dánish Wést Índies 뎬 (the ~) 덴마크령(領) 서인도 제도(諸島)(the Virgin Islands of the United States(미국령(領) 버진 제도)의 옛 이름).
dank [dǽŋk] 휑 축축한, ⇨DAMP 유의어 ─뎬 습함; 저습지, 소택지. **∼·ly** 튀 **∼·ness** 뎬
dan·ke schön [G dɑ́ŋkə ʃǿːn] 대단히 고맙습니다.
Danl. Daniel. 〔<G Thank you very much〕
Dan·ne·brog [dǽnəbrɔ̀g/-brɔ̀ŋ] 뎬 덴마크 국기; (사각형의 붉은) 덴마크의 상선기(商船旗).
D'An·nun·zio [dɑːnúːntsiòu] 뎬 **Gabriele** ∼ 다눈치오(1863-1938: 이탈리아의 소설가·시인·군인).
Dan·ny [dǽni] 뎬 대니(남자 이름; Daniel의 애칭).
danse ma·ca·bre [dɑ́ːns məkɑ́ːbər] 뎬 죽음의 춤(죽음의 신이 인간들을 무덤으로 인도하는 모양을 묘사한 춤); 이를 제재로 한 그림[음악, 문학]. 〔F〕
dan·seur [dɑːnsə́ːr] 뎬 남자 발레 댄서. 〔F〕
dan·seuse [dɑːnsə́ːz] 뎬 발레리나, 여자 발레 댄서.
***Dan·te** [dǽnti, dɑ́ːntei] 뎬 ∼ **Alighieri** 단테(1265-1321: 이탈리아의 시인).
Dan·te·an [dǽntiən, dæntíːən] 뎬 단테(풍)의, 단테 작품의; =Dantesque. ─뎬 단테 연구가.
Dánte chàir 뎬 단테 의자(다리가 X자형임).
Dan·tesque [dæntésk] 뎬 단테풍의, 장중한.
Dan·tist [dǽntist] 뎬 단테 연구가.
Dan·ton [dǽntən] 뎬 **Georges J.** ∼ 당통(1759-94: 프랑스 혁명의 지도자).
***Dan·ube** [dǽnjuːb] 뎬 (the ∼) 다뉴브 강, 도나우 강(독일 서남부의 Baden 호에서 시작하여 흑해로 흘러든다; 독일명 Donau). **Dan·ú·bi·an** 뎬
Dan·zig [dǽntsig/G dántsiç] 뎬 단치히(폴란드 북부의 항구 도시; 폴란드어 독일 명칭).
dap [dǽp] 통 (**-pp-**) 쟈 1 미끼를 살짝 물 위에 떨어뜨리다[떨어뜨려 고기를 낚다]. 2 (새가) 가볍게 물 속에 잠기다. 3 (돌멩이 따위가 수면을 스치며 튀다, (공이) 튀다. ─타 (돌멩이 따위를) (수면에) 튀게 하다; …을 물에 잠겼다 떠올랐다 하게 하다. ─뎬 (공의) 튐, (돌멩이의) 물수제비뜨기; (살짝 물 위에 떨어뜨리는) 낚시의 미끼; (목공) (목재의) 장붓구멍. **∼·ping** 뎬
Daph·ne [dǽfni] 뎬 1 (그리스 신화) 다프네(월계수로 변신하여 Apollo의 구애의 추적을 피한 요정). 2 (d-) 월계수; 팥꽃나무. 3 대프너(여자 이름). 〔腊類〕
daph·ni·a [dǽfniə] 뎬 (동물) 물벼룩류, 새각류(鰓)
Daph·nis [dǽfnis] 뎬 (그리스 신화) 다프니스(Hermes의 아들; 목가(牧歌)의 창시자).
Dáphnis and Chlóe 뎬 다프니스와 클로에(2-3세기경 그리스의 목가적 이야기에 나오는 순진한 두 연인).
dap·per [dǽpər] 뎬 산뜻한, 깔끔한, 말쑥한; 몸집이 작고 기민한, 팔팔한. **∼·ly** 튀 **∼·ness** 뎬
dap·ple [dǽpl] 뎬 얼룩, 반점(斑點); 얼룩무늬가 있는 동물. ─뎬 =dappled. ─통 얼룩지게 하다[되다].
dap·pled [dǽpld] 뎬 얼룩진, 얼룩덜룩한(spotted).
dap·ple-gray, (英) **-grey** [-gréi] 뎬 회색 바탕에 얼룩이 있는, 회색 돈점박이의. ─뎬 회색 돈점박이 말.
dap·sone [dǽpsoun/-səun] 뎬 (약학) 댑손(나병, 피부병 치료약으로 쓰이는 항균성 물질).
D.A.Q.M.G. *D*eputy *A*ssistant *Q*uarter*m*aster *G*eneral. **DAR** 〔美군사〕 *D*efense *A*cquisition *R*adar(방위용 목표 포착 레이더); *D*efense Acquisition *R*egulation(병기 조달 규정). **D.A.R., DAR** *D*aughters *o*f the *A*merican *R*evolution(미국 독립 전쟁 참가자 자손들의 부인 애국 단체).
darb [dɑ́ːrb] 뎬 (美속어) 굉장한 사람[것].
dar·bies [dɑ́ːrbiz] 뎬복 (英속어) 수갑(handcuffs).
Dar·by [dɑ́ːrbi] 뎬 다비(남자 이름).
Dárby and Jóan 뎬 금실 좋은 노부부.

Dar·dan [dɑ́ːrdn] 뎬뎬 =Trojan.
Dar·da·nelles [dɑ̀ːrdənélz] 뎬 (the ∼) 다르다넬스 해협(에게 해(the Aegean Sea)와 마르마라 해(the Sea of Marmara)를 잇는 아시아와 유럽의 경계).
Dar·da·nus [dɑ́ːrdənəs] 뎬 (그리스 신화) 다르다노스(Zeus의 아들로 Troy인의 선조).
‡**dare** [dɛ́ər] 통 (**∼s** [-z]; **∼d; dar·ing**) 1 감히 [대담히] …하다; …할 용기가 있다. ¶ (∼+*to do*) Don't ∼ *to do* that again. 다시는 그런 일을 하지 마라/He wanted to go, but he didn't ∼ (*to*). 그는 가고 싶었지만 갈 용기가 나지 않았다/He ∼s *to* insult me. 그는 거리낌없이 나를 모욕한다/She ∼*d to* go there all alone. 그녀는 대담하게도 혼자 거기에 갔다. 2 (위험을 무릅쓰고) …을 해보다, …에 용감히 맞서다. ¶The boy ∼*d* a jump into the water. 소년은 용감히 물 속에 뛰어들었다/He'll ∼ any danger for her sake. 그는 그녀를 위해서라면 어떤 위험도 불사할 것이다. 3 (할 테면 해보라고) 〔남〕에게 덤비다, 도전하다. ¶ (∼+宮+前+图) He ∼*d* me *to* a fight. 그는 할 테면 해보라고 나에게 싸움을 걸어왔다.
─丞 (주로 부정문·의문문에서) 감히 …하다, 대담하게[뻔뻔스럽게도] …하다, …할 용기가 있다. ¶D− he fight? 그는 싸울 용기가 있을까?/He ∼ *not* mention it again. 그는 두번 다시 그 말을 할 용기가 없다.

(USAGE) (1) dare가 원형부정사와 함께 조동사적으로 쓰이는 것은 부정문과 의문문에 있어서이다. 이 경우는 3인칭 단수 현재일 때도 -s는 붙지 않고, 조동사 do도 필요 없다. 부정문·의문문 이외에는 보통 dares를 쓰며, to-부정사를 쓴다. 즉 조동사가 아니라 본동사로서의 용법이 된다. 그러나 현대 구어에서는 부정문·의문문에서도 본동사로 취급되는 경향이 있다. (2) 과거라는 문맥이 분명하면 시제(時制)를 일치시킬 수 없는 경우에 dare가 과거 시제의 표현으로서 쓰이는 일도 있다. (3) 옛 과거형 durst는 조건문·부정문 속에서는 현재에도 볼 수가 있다.

dare I say it 굳이 이야기하자면.
dare say =daresay.
Don't (you) dare… 감히 …할 생각 마라, 멋대로 …하지 마라. ¶Don't you ∼! 그만둬! 「히 그러다니!
How dare… 감히 …하다니. ¶How ∼ you! 네가 감
I dare say 아마도 …일 것이다. 젠 daresay¶It's a mere fiction, I ∼ say. 아마 지어낸 이야기일거야.
I dare swear 반드시 …라고 확신하다. ¶He will succeed, I ∼ swear. 그는 꼭 성공할 것이다.
(Just) you dare! 그러지 마!, 당찮은 짓 그만둬!
─뎬 도전, 감히 함; 용기. ¶give a ∼ 대들다, 도전하
dár·er 뎬 「다 /take a ∼ 도전에 응하다.
dare·dev·il [dɛ́ərdèvəl] 뎬 대담무쌍한, 물불을 가리지[생명을 돌보지] 않는. ─뎬 물불을 가리지 않는 [저돌적인] 사람. **∼·(t)ry** 뎬0 무모(한 행위); 만용.
dare·n't [dɛ́ərənt, dɛ́ərnt/dɛ́ənt] dare not의 단축형.
dare·say [dɛ̀ərséi] 통 (I를 주어로) 아마도 …일 것이다. ¶She'll come, I ∼. =I ∼ she'll come. 그녀는 아마 올 것이다.
Dar es Sa·laam [dɑ̀ːressəlɑ́ːm] 뎬 다르에스살람 (Tanzania의 수도·항구 도시).
darg [dɑ́ːrg] 뎬 (스코) 하루의 일(a day's work); (濠) 일정량의 일, 할당된 일. 「durgah)
dar·gah [dɑ́ːrgɑː] 뎬 (이슬람교의) 성묘(聖廟). (는
Da·ri [dɑ́ːriː] 뎬 다리어(語)(아프가니스탄의 Tajik 사람 등이 사용하는 페르시아어의 일종). 「금화).
dar·ic [dǽrik] 뎬 다릭(고대 페르시아의 통화 단위(
‡**dar·ing** [dɛ́əriŋ] 뎬0 대담무쌍, 용기, 호담. ¶lose one's ∼ 용기를 잃다. ─뎬 대담한, 용감한; 참신한, 충격적인. **∼·ly** 튀 **∼·ness** 뎬
Da·ri·us [dəráiəs] 뎬 다리우스. 1 옛 페르시아의 왕

Dar·jee·ling [dɑːrdʒíːliŋ] 명 다르질링(인도 West Bengal 주의 도시); 다르질링 홍차. (또는 **Darjiling**)

‡**dark** [dɑːrk] 형 (~·*er*; ~·*est*) 1 캄캄한, 어두운, 어둑어둑한(⇔ light). ¶a ~ alley 어두운 뒷골목/It was pitch ~. =It was (as) ~ as pitch. 칠흑처럼 어두웠다 /It's getting ~ every minute. 점점 어두워지고 있다.

> 유의어 **dark** 빛이 없어서 물건이 전혀 보이지 않는. **dim** 빛이 희미한; 물건이 불명료하게 보이는. **dusky** 빛과 어둠의 중간으로 회색을 띤. **gloomy** 빛이 가리워져 어둑어둑하고 음산한. **murky** 연기·안개·먼지 따위에 가리워져 침침하게 어두운.

2 a) (얼굴·피부 등이) 거무스름한, 검은, 가무잡잡한; 흑인의. b) (사람이) 브루넷의, 갈색[머리카락이] 다갈색의, 밤색의(brunet(te))(⇔ fair). ¶~ eyes 검은[다갈색] 눈. c) (색·색조가) 거무스름한, 검정에 가까운, 짙은. ¶~ red 심홍색, 짙은 빨강/a ~ dress 검은(색을 띤) 드레스. d) (커피 따위에) 크림[우유]을 조금 탄. e) (요리한 닭고기 따위의) 거무스름한 부분(다리의).

3 음산한, 음울한, (안색이) 어두운, 슬픈 듯한; 불유쾌한, 성난. ¶the ~ days of the war 전시하의 음울한 나날/a ~ humor 언짢은 유머/look at [or on] the ~ side of things 사물의 어두운 면을 보다, 비관적 하다/He was ~ with anger. 그는 얼굴에 노기를 띠고 있었다/The future looked ~. 전도는 암담해 보였다.

4 무지한, 미개한, 어리석은. ¶in the ~ of ignorance 무지몽매한 상태에서. 5 애매 모호한; 신비스러운, 비밀의, 비밀주의의. 6 사악한, 음흉한. ¶He was ~ in character. 그는 음흉한 사내였다. 7 빛을 차단하는, 광선을 피하는. 8 (음성) (ㅣ음이) 후모음적 울림을 띠는 (milk의 [l]이 [u]에 가깝게 나는 것); (음성이) 울림이 무거운, 우물거리는. 9 무언의, 침묵하는. 10 방송이 정지된.

dark and bloody ground 미국 Kentucky 주(인디언과 백인의 격렬한 싸움이 있었던 데서 생긴 별명).
in a dark temper 기분이 언짢아서.
keep…dark …을 숨겨 두다, 비밀에 붙여 두다.
— 명 (U) 1 (the ~) 어둠, 캄캄함, 암흑. ¶Don't get scared of the ~. 어둠을 무서워하지 마라. 2 황혼, 땅거미. 3 어두운 색[장소], 짙은 색; (그림 따위의) 음영(陰影). ¶the lights and ~s of a picture 그림의 명암. 4 (the ~) 모호, 애매, 불분명; 비밀; 무지.
after [before] dark 해진 후에[해지기 전에].
a leap in the dark ⇨ LEAP.
a stab in the dark 억측, 근거없는 추측에 의한 행동.
at dark 해질녘에.
in the dark ① 비밀의[로]. ② (…을) 알지 못하고, 모르고 (*about*, *as to*). ③ 어둠 속에서.
whistle in the dark ⇨ WHISTLE.

dárk adaptátion 명 (안과) 암순응(暗順應).
dárk-adápt·ed 형

Dárk Áges 명 (the ~) (중세 유럽의) 암흑 시대. a) 서(西)로마 제국의 멸망(476)에서 기원 1000년경까지. b) 기원 476년경에서 르네상스 직전까지. [응원단].

dárk blúe 명 암청색; (~s) (英) 옥스퍼드 대학 선수
dárk cómedy 명 =black comedy; =black humor.
Dárk Cóntinent 명 (the ~) 암흑 대륙(미개 대륙 아프리카).
dárk cúrrent 명 (전기) 암전류(暗電流).

‡**dark·en** [dɑ́ːrkən] 동 (~s [-z]) 타 1 …을 어둡게[어둑하게] 하다; …을 검게 하다, 거무스름하게 하다. ¶the skin ~ed by the sun 햇볕에 검게 탄 피부. 2 …을 음산[음울]하게 하다, …에 어두운 그림자를 던지다. ¶~ a person's prospects 남의 앞길에 어두운 그림자를 던지다. 3 (의미 따위)를 불명료하게 하다. 4 (남의 이해력 따위)를 흐리게 하다, 방해하다. 5 …을 보이지 않게 하다, …의 시력을 빼앗다.

— 자 1 어두워[어둑해]지다; 검게 되다. 2 음울하게 되다, 어두운 그림자가 드리워지다: 노기를 띠다. 3 불명료하게 되다. 4 시력을 빼앗기다.

darken *a person's* **door(s)** [*or the door*] (구어) 남의 집에 발을 들여놓다, 남을 방문하다.
darken counsel 더욱 더 혼란시키다.
dark·ey, -ie [dɑ́ːrki] 명 =darky.
dárk-fíeld mícroscope 명 =ultramicroscope.
dárk glásses 명 색안경.
dárk gréen 명 1 암(暗)녹색. 2 (구어) 강경한 환경 보호주의자(⇔ light green).
dárk hórse 명 다크 호스. a) (경마에서 예상 밖의 우승마; (역량 미지의) 실력자. b) (美) (선거·경기 따위에서 예상 밖의) 신인, 경쟁 상대, 지명 후보.
dark·ish [dɑ́ːrkiʃ] 형 거무스름한; 어둑어둑한 (slightly dark). ~·**ness** 명
dárk lántern 명 (빛을 조절할 수 있는) 등, 초롱.
dar·kle [dɑ́ːrkl] 자 어두워지다; 희미하게 보이다 (안색이) 흐려지다, 불쾌해지다.
dark·ling [dɑ́ːrkliŋ] (시) 부 어둠 속에. — 형 어둠의, 어두운; 몽롱한. — 명 어둠.
*****dark·ly** [dɑ́ːrkli] 부 1 어둡게, 검게. 2 음산하게, 험악하게. 3 애매하게; 신비롭게, 불가해하게. 4 희미하게, 어슴푸레하게. 5 몰래, 가만히.
look darkly at *a person* 남에게 험악한 얼굴을 하다.
dárk mátter 명 (우주) 암흑 물질.
dárk mèat 명 1 (가열 조리해) 거무스름한 살코기 (닭·칠면조 따위의) 다리 고기. 2 (비어) 흑인 창녀.
dárk minerál 명 (광물) 암색(暗色) 광물(비중 2.8 이상의 암색 조암(造岩) 광물).
dárk nébula 명 (천문) 암흑 성운(星雲).
‡**dark·ness** [dɑ́ːrknis] 명(U) 1 어둠, 암흑; 밤, 야간. ¶pitch [*or* dead] ~ 칠흑 같은 어둠. 2 무지, 몽매. 3 맹목; 실명, 애매함, 불명료. 4 비밀. 5 엉큼함, 사악.
as darkness gathers 어두워짐에 따라.
be kept in darkness 애매한 상태(바깥)로 되어 있다.
deeds of darkness 악행, 범죄.
in the darkness 어둠 속에서.
the Prince of Darkness 마왕, 악마, 사탄.
dárk ráys 명 (자외선·적외선같이 보이지 않는) 암흑선(暗黑線).
dárk reáction 명 (식물) 암반응(暗反應)(광합성의 한 단계).
dark·room [dɑ́ːrkrùː(ː)m] 명 (사진) 암실.
dárk ségment 명 암대(暗帶)(일출·일몰시 태양 반대쪽 지평선에 생기는 박명(薄明) 바로 밑의 어두운 부분).
dark-skinned [-skind] 형 피부가[피부색이] 검은.
dark·some [dɑ́ːrksəm] 형 (시) 어스레한, 어두컴컴한(dark). ~·**ness** 명
dárk stár 명 (천문) 암흑성(星)(쌍성 중 어두운 별).
dárk·town [dɑ́ːrktàun] 명 (美) (도시의) 흑인 거주 구역 (Negro). (또는 **darkey, darkie**)
dark·y [dɑ́ːrki] 명 (구어) (경멸적) 흑인, 검둥이 (Negro). (또는 **darkey, darkie**)
‡**dar·ling** [dɑ́ːrliŋ] 명 (복 ~s [-z]) 1 가장 사랑하는 사람, 귀여운 사람; 마음에 드는 사람[것]; 귀염둥이. ¶the ~ of fortune 운명의 총아(寵兒), 행운아. 2 (부부·애인간의 호칭으로) 여보, 당신, 자기. ¶Just tell me what's the matter, ~. 여보, 무슨 일인지 말해 보세요.
— 형 1 가장 사랑하는, 귀여운; 마음에 드는, 비장의. ¶one's ~ wife [pipe] 애처[애용하는 파이프]. 2 (구어) 아주 훌륭한, 매력이 넘치는. ~·**ly** 부 ~·**ness** 명
darn¹ [dɑːrn] 동 (~s [-z]) 타·자 (짜)깁다, 꿰매다, 감치다.
⇒MEND 유의어 — 명 짜기운 부분; (U) 꿰매기, 감치기.
darn² [dɑːrn] 동 (美구어) 타 …을 저주하다, 욕하다. ¶*D— it!* 젠장!, 빌어먹을! — 명 (a ~) (부정문에서) 조금도. ¶I don't give [*or* care] a ~ what he says. 그가 뭐라고 하든 조금도 상관하지 않는다. — 형[부] =damned.
darned [dɑːrnd] (美구어) 형 터무니없는, 지긋지긋한, 천벌받을. ¶He's a ~ fool. 그는 어처구니없는 바보

다. ─ 🖳 극단적으로, 지독하게. ¶a ~ cold night 지독히 추운 밤.

dar·nel [dáːrnl] 🖳 《식물》 독보리.

darn·er [dáːrnər] 🖳 1 짜깁는 사람; 짜깁기 바늘[도구]. 2 《곤충》 잠자리(dragonfly).

darn·ing [dáːrniŋ] 🖳🖳 짜깁기, 터진 자리를 꿰매기; 꿰맨 자리; 짜깁을 것, 꿰맨 것.

dárning ègg [bàll] 🖳 짜깁기용 받침공.

dárning nèedle 🖳 짜깁기 바늘; 《美방언》 잠자리.

dar·o·bok·ka [dǽrəbɑ̀kə/-bɔ̀kə] 🖳 《북아프리카의》 손바닥으로 두드리는 원시적인 북.

DARPA, Darpa [dɑ́ːrpə] 🖳 《美》 국방 첨단 연구 계획청(미국 국방부 산하의 군사 기술 연구·개발 기구). [<Defense Advanced Research Project Agency]

D'Ár·son·val galvanómeter [dáːrsənvɔ̀ːl-] 🖳 《전기》 다르송발 검류계(檢流計). 《프랑스 물리학자 Jacques A. D'Arsonval(1851–1940)의 이름》.

*****dart** [dɑːrt] 🖳 1 《화살던지기 놀이에 쓰는》 던지는 화살, 《가볍고 짧은》 투창(投槍). 2 (~s) 《단수취급》 화살 촉 던지기 놀이, 다트(실내 유희의 일종). 3 던지는 화살 모양의 것; 곤충의 침[바늘]. 4 《비유적》 맹렬한 돌진; 날카로운[가시 돋친] 말. 5 《양재》 다트.

make a dart at [or **for**] …으로 돌진하다.

─ 🖳 《화살처럼》 날아가다, 돌진하다; 창을 던지다 (at). ¶(~+前+名) A bird ~ed through the air. 새가 공중을 휙 날아갔다. ─ 🖳 《화살 따위를》 휙 던지다; 《시선 따위를》 던지다, 보내다(away)(at). ¶(~+图) ~ one's eyes around 휙 둘러보다 //(~+图+前+名) ~ an angry look at a person 성난 눈초리로 남을 힐끗 쏘아보다.

dart·board [dɑ́ːrtbɔ̀ːrd] 🖳 다트(darts)[과녁]판.

dart·er [dɑ́ːrtər] 🖳 1 화살을 던지는 사람; 화살처럼 날아가는[달리는, 돌진하는] 사람[물건]. 2 가마우지류(類)의 새, 시어(矢魚)(미산(魚山)/물고기).

dart·ist [dɑ́ːrtist] 🖳 다트 게임을 하는 사람.

dar·tle [dɑ́ːrtl] 🖳 …을 되풀이하여 던지다[쏘다]; 몇 번이고 날리다[돌진하다].

Dart·mouth [dɑ́ːrtməθ] 🖳 다트머스《영국의 항구; 해군 사관 학교가 있다》; 영국 해군 사관 학교(Royal Naval College).

dar·tre [dɑ́ːrtər] 🖳 《의학》 피부병, 포진(疱疹), 헤르페스. **-trous** 🖳

Dar·von [dɑ́ːrvɑn/-vɔn] 🖳 《상표》 다르본(진통제).

*****Dar·win** [dɑ́ːrwin] 🖳 **Charles** ~ 다윈(1809–82: 영국의 박물학자; 진화론 주창자).

~**ism** 🖳 진화[진화론]설. ~**ist** 🖳🖳 =Darwinian.

Dar·win·i·an [dɑːrwíniən] 🖳 다윈설(說)의, 진화론의. ¶the ~ theory 다윈설, 진화론(Darwinism). ─ 🖳 다윈[진화론] 신봉자.

Dárwin túlip 🖳 다윈 튤립《키가 큰 튤립의 일종》.

DASD [déizdi] 🖳 《컴퓨터》 직접 접근 기억 장치. [<direct access storage device]

‡**dash** [dæʃ] 🖳 (~·**es** [-iz], ~ed [-t]) 🖳 1 …을 때려 부수다. ¶(~+图+前+名) ~ a mirror to [or in] pieces 거울을 산산조각으로 부수다. 2 …을 내던지다, 힘차게 하다(away, down)(against, to, at). ¶(~+图+前+名) ~ a glass to [or on] the floor 유리잔을 마룻바닥에 내던지다//He ~ed his elbow against the door. 그는 문에 팔꿈치를 부딪쳤다// (~+图+圖) He ~ed away his tears. 그는 급히 눈물을 닦았다. 3 《물 따위》를 끼얹다, 튀기다; …을 마구 칠하다; 《비유적》 《명예 따위》를 더럽히다(in, on, over, with). ¶~ cold water in [or into] the face 얼굴에 찬물을 끼얹다. 4 《…의 소량을》 …에 섞다(with). ¶(~+图+前+名) ~ coffee with milk 커피에 우유를 타다. 5 《희망 따위》를 꺾어버리다, 분쇄하다; 《남》을 낙담시키다. ¶His hope was ~ed. 그의 희망은 꺾이고 말았다. 6 《남》을 당황케 하다, 무안케 하다. 7 …을 급히 쓰다. 단숨에 해치우다. 8 《구어》 =damn(* damn을 생략한

여 d─로 쓰는 일이 있기 때문에 **dash**를 대용하게 된 것으로, damn보다 품위 있고 완곡한 말). 9 …에 밑줄을 긋다.

─ 🖳 1 돌진하다 (for, to); 기세 좋게 달리다(down, up, out). ⇔ HASTEN 《유의어》 ¶(~+圖) ~ up 뛰어 올라가다 // ~ down 뛰어 내려가다 // ~ by 휙 지나가다// (~+前+名) ~ along a street 거리를 달려가다. 2 심하게 치다[부딪치다, 충돌하다] (against, on, upon).

dash down 🖳 (…을) 급히 내려가다. ② =dash off

dash into …와 부딪치다[충돌하다]. ②.

Dash (it)! 제기랄!, 빌어먹을!

dash off ① (…을) 급히 떠나다. ② …을 급히[단숨에] 쓰다[해내다]. ¶~ off a letter 급히 편지를 쓰다.

dash out 《구어》 급히 출발하다, 기세좋게 뛰어나가다.

dash up 전속력으로 달려가다, …을 급히 올라가다.

─ 🖳 (~·**es** [-iz]) 1 돌진, 돌격 (for, at). 2 《파도나 물이》 세차게 부딪치는 소리. 3 소량의 가미(加味), 기미. ¶red with a ~ of purple 자줏빛이 도는 빨강. 4 일필휘(一筆揮之): 필세(筆勢). 5 대시(─); 《음악》 강한 스타카토의 기호(ˇ).

┌─────────────────────────────
│ 🖳 대시의 주요한 용법 ── (1) 문장을 갑자기 중도에서 끊고 다른 요소를 삽입할 때: Then he—would you believe it—sprang into the river. (2) 특히 회화체로서 그 다음 말을 잊어버린 경우: Then there appeared—I forgot the man's name. (3) 괄호 대용: Those who were present—most of them quite uneducated—could not understand what I meant. (4) 이미 말한 것을 요약하거나 또는 강조하는 경우: Character, incident, nature, fate and milieu—these are the five essential elements of a story. (5) 어구·문자·숫자의 생략을 나타낼 때, 사람·장소 따위의 이름을 밝히지 않을 경우: g—d(= god), d—n(=damn), 19—, Mr.—. * 대시는 대개의 경우 쉼표와 같은 구실을 하지만 쉼표보다 분단력(分斷力)이 강하다. 또 오늘날에는 Dear Sir: 처럼 쉼표, 콜론, 세미콜론과 함께 대시를 쓰지 않는다.
└─────────────────────────────

6 단거리 경주. ¶a hundred-meter ~ 100 미터 경주. 7 🖳 힘참, 원기, 위세. 8 《구어》 허세, 훌륭한 외관. 9 =dashboard. 10 《무선》 《모스 부호의》 긴 선, 장(長)부호(🖳 dot). 11 장애, 《기력을》 꺾는 것.

a dash in the bloomers 《英속어》 성교(性交).

a dash of 소량의.

at a dash 단숨에, 일거에.

cut a dash 《구어》 남의 눈을 끌다, 이채를 띠다; 허세를 부리다.

have a dash at 《구어》 …을 시도하다, …하려 하다.

in first dash 단숨에 …을 향해 돌진하다.

make a dash for …을 향해 돌진하다.

DASH [dæʃ] 🖳 《美군사》 대(對)잠수함 무인 헬리콥터. [<drone anti-submarine helicopter]

dash-and-dot [-əndɑ́t/-dɔ́t] 🖳 =dot-and-dash.

dash·board [dǽʃbɔ̀ːrd] 🖳 《자동차·비행기 따위의》 대시보드, 계기판(計器板); 《마차 따위의》 흙받이; 《뱃머리의》 파도막이 판.

dashed [dæʃt] 🖳🖳 《英구어》 =damned. **~·ly** 🖳

da·sheen [dæʃíːn] 🖳 타로토란(taro)《열대 아시아산》.

dash·er [dǽʃər] 🖳 1 돌진하는 사람[것]. 2 교반기(攪拌器), 교반봉(棒). 3 《구어》 허세부리는 사람; 세련된 사람; 씩씩한 사람. 4 《美구어》 《마차 따위의》 흙받이.

da·shi·ki [dɑːʃíːki, dɑː-] 🖳 다시키《아프리카의 남성용 민속 의상》.

*****dash·ing** [dǽʃiŋ] 🖳 1 용감한, 위세 당당한, 기운찬, 활발한. 2 맵시 있는, 화려한, 세련된(stylish). 3 부딪치는, 돌진하는. **~·ly** 🖳 **~·ness** 🖳

dásh light 🖳 《자동차의》 계기판 조명등.

dásh màn 🖳 단거리 육상 선수. 《제동 장치》.

dash·pot [dǽʃpɑ̀t/-pɔ̀t] 🖳 대시포트《기계의 완충…》.

dash·y [dǽʃi] 🖳 =dashing 2.

das(s)·n't [dæsnt] (美방언) dare not의 단축형.
das·tard [dæstərd] 웹 (고어) 비겁자. ─웹 비겁한, 소심한.
das·tard·ly [dæstərdli] 웹 비열한, 소심한, 몰래하는, 용렬한. **-li·ness** 웹 (僧).
da·stur [dəstúər] 웹 파시교(Parseeism)의 고승(高僧).
das·y- [dǽsi] (연결) hairy, shaggy, dense의 뜻.
da·sym·e·ter [dæsímətər] 웹 가스 밀도계.
das·y·ure [dǽsijùər] 웹 주머니고양이(오스트레일리아산(産)).
DAT differential aptitude test (적성 검사); digital audiotape (audio tape recorder). **dat.** dative.
‡**da·ta** [déitə, dá:tə, dǽtə] 웹웹 (但 *-tum*) (단수취급) 데이터, 자료, 재료; (관찰에 의하여 얻은) 사실; (美) 정보, 지식; (경제) 경기 지표.

> 쥐의 data는 본래 datum의 복수형이므로 *these data are*... 처럼 복수 취급하는 것이 옳지만, (美구어)에서는 *this data is*... 와 같이 단수 취급하는 일도 많고, 또 미국의 사회학회에서는 불가산으로 취급하여 *much*[*little*] *data*처럼도 쓰인다. *단수형으로서는 *one of the data*로 쓰는 것이 보통이며, *datum*은 거의 쓰지 않는다.

─웹 …의 데이터[정보]를 수집하다.
dáta bànk 웹 (컴퓨터) 1 데이터 뱅크, 정보[자료] 은행. 2 =database 1. 3 (한 기관이 축적 보유한) 정보 총량. ─웹 데이터 뱅크에 입력하다[보관하다]. (또는 **dátabànk**)
da·ta·base [déitəbèis] 웹 (컴퓨터) 1 데이터베이스(관련 데이터를 수집·정리·통합해 접속 이용토록 한 것). 2 =data bank 3.
dátabase mànagement sỳstem 웹 (컴퓨터) 데이터베이스 관리 체계(略 DBMS).
dátabase pùblishing 웹 데이터베이스 출판.
dátabase sèrvice 웹 데이터베이스 서비스(이용자들을 위한 데이터베이스의 구축·제공).
dáta binder 웹 데이터 바인더(컴퓨터의 프린트아웃을 수납하는 바인더식 커버).
dat·a·ble [déitəbl] 웹 일시[연대]를 추정할 수 있는.
dáta bòok 웹 참고 자료서.
dáta bròadcasting 웹 데이터 브로드캐스팅(데이터를 전송하는 새로운 방송 서비스).
dáta búoy 웹 (기상) 데이터 부이(기상 관측용 부이).
dáta bùs 웹 (컴퓨터) 데이터 버스(데이터 전달 모선).
dáta cápture 웹 (컴퓨터) 데이터 수집. (母船).
dáta cárrier 웹 (컴퓨터) 데이터 기억 매체.
da·ta·cen·ter [déitəsèntər] 웹 정보 처리·공급 센터.
dáta communicátion 웹 (컴퓨터) 데이터 통신.
dáta compréssion 웹 데이터 압축.
da·ta·cop [déitəkàp/-kɔ̀p] 웹 정보 안전 관리 기관 (담당자)(cybercop). ─웹 하여 처리되는.
dáta encrýption stàndard 웹 (금융 기관의) 데이터 암호화 기준(약 DES). 데이터 플로.
da·ta·flow [déitəflòu] 웹 (컴퓨터) 데이터(의) 흐름.
da·ta·glove [déitəglÀv] 웹 (컴퓨터) 데이터 글러브(원격 로봇 조종 따위에서 손·손가락의 움직임을 감지하는 센서가 부착된 장갑).
dáta infrastructure [híghway] 웹 =information superhighway.
dáta integrity 웹 (컴퓨터) 데이터 보전성(입력된 데이터가 완전한 상태).
dat·al¹ [déitl] 웹 (햇볕 등의) 일급제(日給制).
dat·al² 웹 날짜순[연대]의; 날짜가 (기재되어) 있는.
dáta link 웹 (통신·컴퓨터) 데이터 링크(컴퓨터 등의 통신을 위해 설치된 통신선. 略 D/L).
da·tal·ler [déitələr] 웹 (英방언) =day-taler.
dáta lògger 웹 데이터 이력 기록기.

dáta lògging 웹 (컴퓨터) 데이터 이력 기록.
dáta màpper 웹 정보 지도 제작자.
dáta massàge 웹 데이터 조작.
da·ta·ma·tion [dèitəméiʃən] 웹 (컴퓨터) 자동 데이터 처리; 데이터 처리업(제조·판매·서비스).
dáta míning 웹 (컴퓨터) 데이터[정보] 검색[수집].
da·ta·phone [déitəfòun] 웹 데이터폰(전화 회선에 의한 데이터 전송 장치).
dáta póint 웹 (핵물리학의) 측정점.
dáta pròcessing 웹 (컴퓨터) 데이터[정보] 처리(약 DP).
dáta pròcessor 웹 데이터 처리 장치.
dáta protèction 웹 (컴퓨터) 데이터 보호[불법 이용 규제].
dáta provider 웹 데이터 제공업자.
dáta redúction 웹 데이터 요약 정리.
dáta retríeval 웹 (컴퓨터) 데이터 검색.
da·ta·ry [déitəri] 웹 (가톨릭) 교황청의 성직자성(省).
dáta security 웹 (컴퓨터) 데이터 보호.
dáta sèt 웹 1 데이터 세트(데이터의 기록·검색을 위한 단위). 2 데이터 통신 변환기(modem).
dáta shèet 웹 주요 관련 데이터를 적은 종이.
dáta strúcture 웹 데이터 구조(構造).
dáta términal equípment 웹 (통신) 데이터 단말 장치(약 DTE), (送), 자료 내보냄.
dáta transmíssion 웹 (컴퓨터) 데이터 전송.
da·ta·un·der·voice [-Àndərvɔ́is] 웹 (통신) 통화 동시 송신 데이터(마이크로파에 의한 디지털 정보음성 동시 전송 방식).

‡**date¹** [deit] 웹 1 (특정) 날짜; 기일, (일이 일어난) 시일, 예정 날짜; (기록으로 쓰는) 날짜, 연월일 (* 장소를 포함하는 경우도 있다). ¶the ~ of birth 생년월일 / a letter bearing the ~ of June 5 6월 5일자 편지 / put the ~ to papers 서류에 날짜를 기입하다 / What ~ is it today? = What's the ~ today? 오늘은 며칠이냐?

> 쥐의 날짜를 쓰는 법─(1) 초청장과 같은 격식을 차린 사교문에서는 June in the year 2001와 같이 쓴다. (2) 보통 (英)에서는 18th June, 2001; (美)에서는 June 18, 2001로 쓴다. (美)에서는 또한 군대의 습관에 따라 일(日)을 월(月)의 앞에 내세우고 연(年)의 앞에서 콤마를 없애어 18 June 2001와 같이 쓰는 방식이 병용되고 있다. (3) 특히 (美)에서는 날짜의 1st, 2nd, 3rd, 4th 따위의 -st, -nd, -rd, -th는 쓰지 않는다. (4) 4자 이상의 달 이름은 다음과 같이 생략할 수도 있다: Jan. / Feb. / Mar. / Apr. / Aug. / Sept. / Oct. / Nov. / Dec. (5) 주로 (美)에서는 형식에 얽매이지 않는 문체에서는 월·일·연의 순으로 6/18/99 (=1999)와 같이 쓰기도 한다. 영국이나 북유럽에서는 일·월·연의 순으로 하고, 월은 로마자로 쓰는 경우도 있다: 18/6/99 또는 18/Ⅵ/99. (6) June 18을 June eighteen으로 읽는 사람도 있으나, 보통은 June the [eighteenth로 읽는다.

2 시대, 연대(年代). ¶sculpture of an early ~ 고대의 조각. 3 기간, 기한. 4 (구어) (날짜를 정한) 만날 약속; (특히 이성과의 약속) 데이트 상대. ¶a blind ~ (제삼자의 소개로) 모르는 남녀가 만나는 데이트. 5 🅤 금일, 오늘; 현재. ¶the *New York Times* of ~ 오늘 날짜 뉴욕 타임스. 6 (~s) 생존 기간, 생몰년(生沒年); (일의) 시작과 끝나는 해. ¶Shakespeare's ~s are 1564 to 1616. 세익스피어의 생존 기간은 1564년부터 1616년까지이다.

break [or *cut*] *the date* 만날 약속을 어기다.
get up to date ① (일 따위를) 끝내다 (*with*). ② (…의) 최신 정보를 얻다 (*with*).
have [or *make*] *a date with* …와 만나기로 약속하다; …와 데이트를 하다.
in a later [or *some future*] *date* 언젠가 후에.
of even date 동일 일자의, 같은 날짜의.
out of date (서술용법) 구식의[으로], 시대에 뒤진[뒤

date 703 **dauphiness**

져]; 무효(로). ⇨OUT-OF-DATE.
take *a person* **out on a date** …을 데이트에 데리고 date 오늘[현재, 오늘날]까지(의).
under the date of …날짜의, …일자로.
up [or **down**] **to date** (서술용법) 최신(식)의, 지금 유행하는. ⇨UP-TO-DATE. 「으로(의).
without date ① 날짜가 없는; 날짜 없이. ② 무기한
── 통 (**dat·ed; dat·ing**) 자 1 (편지 따위에) 날짜[날짜와 발신지]가 적혀 있[다](*from*).¶(~+前+名) the letter *dating from* 2001 2001년의 날짜가 찍힌 편지.
2 (어느 연대로부터) 비롯되다, (어느 연대에) 속하다, 거슬러 올라가다(*from*, *back to*); 연대[시기]를 추정[산정]하다. ¶ (~+前+名) a friendship *dating from* [or *back to*] their college days 대학 시절부터 맺어 온 우정. 3 시대에 뒤떨어지다, 낡다, 묵다. 4 (구어) 데이트를 하다, 만날 약속을 하다(*with*).¶ I'm going to ~ this afternoon. 오늘 오후에 데이트가 있다. ── 타 1 …에 날짜[날짜와 발신지]를 적다.¶(~+目) a Kennedy silver ~*d* 1964 1964년의 각인(刻印)이 있는 케네디 은화 // (~+目+前+名) The letter is ~*d from* New York, May 2. 그 편지는 뉴욕발 5월 2일자의 것이다. 2 …의 연대[일시]를 추정하다.¶~ the birth of Homer 호머의 생년(生年)을 추정하다. 3 [사람의 나이를 나타내다: …에 (…시대의) 특징을 부여하다. 4 (구어) (남)과 데이트 (약속)을 하다. ¶ When did you ~ her? 언제 그녀와 데이트했느냐?
be dated up 예정으로 꽉 차 있다. 「⇨자 2.
date back to (시기 따위가) …까지 거슬러 올라가다.
date² 대추야자의 열매; =~ palm.
date·a·ble [déitəbl] 형 =datable.
dáte bàit (美속어) (남성에게 인기가 있는) 여자.
date-book [déitbùk] 명 (신문 편집자의) 예정 기사록(記事錄); 수첩, 메모첩.
dat·ed [déitid] 형 날짜가 있는; 시대에 뒤떨어진, 구식의; (증권의) 상환 기일부의. ~·**ly** 부 ~·**ness** 명
date·less [déitlis] 형 1 날짜가 없는. 2 무한한, 끝없는. 3 매우 오래된, 태고부터의.¶relics of ~ days 아득한 옛날의 유물. 4 (시대를 가리지 않고) 언제나 흥미있는. 5 (美구어) 데이트 상대[약속]가 없는. 「Line).
dáte line (the ~) 날짜 변경선(International Date
date·line [déitlàin] 명 (신문·편지 따위의) 날짜[날짜와 발신지]를 밝히는 행(行). ── 타통 (신문·편지 따위에) 날짜[날짜와 발신지]를 표시하다.
date·mark [déitmɑ̀ːrk] 명 일부인(日附印)(특히 금·은제 식기류에 새긴 연월일). ── 통타 ~에 일부인을 찍다.
dáte mùssel (조개) 돌조개. 「부인을 찍다.
dáte of récord 명 (the ~) 권리 확정 기일, 할당
dáte pàlm 명 대추야자. 「일.
dáte plùm 명 (식물) 고욤(중국 원산).
dat·er [déitər] 명 1 날짜 찍는 기계, 일부 스탬프. 2 데이트 상대, 데이트하는 사람.
dáte ràpe 명 데이트 상대 강간. **dáte-ràpe** 통타
dáte ràpe píll (美속어) =Rohypnol.
dáte slíp 명 (도서관의) 도서 반납 기일[대출 날짜]표.
dáte stámp 명 (우편물 따위에) 날짜 찍는 기계, 일부 스탬프; 우편물 따위의 일부인, 소인(消印).
date-stamp [-stæ̀mp] 타 ~에 일부인을 찍다.
dat·ing [déitiŋ] 명 U 1 날짜 기입. 2 (고고학·지질학 등의) 연대 결정. 3 (상업) 지불 유예. 4 데이트하기.
dáting bàr 명 (美) 독신 남녀용 데이트 바(singles bar). 「사용. 〈Gk〉
Da·tism [déitizm] 명 (외국어의) 엉터리[부정확한]
da·ti·val [deitáivəl, də-] 형 (문법) 여격의(與格의).
da·tive [déitiv] (문법) 형 여격의.¶the ~ case 여격(명사·대명사가 간접목적어로 되어 있을 때의 격) / the ~ verb 여격(수여)동사(give, buy 따위 이중 목적어를 취하는 타동사). ── 명 여격(=~ case); (대명사 등의) 여격형, 여격어. ~·**ly** 부 여격으로서.

da·to [dɑ́ːtou] 명 (복 ~s) (필리핀 등 원주민의) 추장; (스페인 등의) barrio의 수장(首長). (또는 **datu**)
Da·tong [dɑ́ːtɔ́ːŋ] 명 다퉁(大同)(중국 산시성(山西省)의 도시; 탄광·석굴로 유명). (또는 **Tatung**)
*****da·tum** [déitəm, dɑ́ːt-, dǽt-] 명 (복 **-ta**) 1 자료(⇨ DATA). 2 (논리) 기지(既知)[전제] 사항; (수학) 기지수(既知數); (철학) 소여(所與), 감각 소여(sense ~)(인식 활동에 있어서 사고(思考)의 전제가 되는 것). 3 (복 ~s) (측량의) 기준면[선, 점].
dátum plàne [pòint] 명 (측량의) 기준면[점].
da·tu·ra [dətjúərə] 명 (식물) 흰독말풀. 「ter.
DATV digitally assisted television. **dau.** daugh-
daub [dɔːb] 통타 1 (벽 등)에 칠하다[바르다](*with*), [도료 따위]를 칠하다[바르다](*on*, *over*).¶~ a wall *with* plaster·· plaster *on* a wall 벽에 회반죽을 바르다. 2 …을 더럽히다(*with*). 3 (그림 물감 따위)를 마구 칠하다. ── 자 1 도료 따위를 바르다. 2 서투른 그림을 그리다, 그림 물감을 마구 칠하다. ── 명 1 회반죽, 도료. 2 칠(하기); 발라 댄 것; 더러움. 3 서투른 그림. ~·**ing·ly** 부 서투르게, 조잡하게. ~·**y** 형 서투른; 조잡한.
daube [doub] 명 쇠고기 스튜. 「잡힌.
daub·er [dɔ́ːbər] 명 1 칠하는 사람, 미장이. 2 칠하는 도구(솔·귀얄 따위). 3 서투른 화가. 4 (속어) 기운; 용기.
get one's dauber down (美속어) 원기가 떨어지다.
daub·er·y [dɔ́ːbəri] 명 U|C 서투른 그림, 서투른 일.
daub·ry [dɔ́ːbri] 명 =daubery.
daub·ster [dɔ́ːbstər] 명 서투른 화가(dauber).
Dau·det [doudéi, dɔː-] 명 Alphonse ~ 도데 (1840-97: 프랑스의 소설가).
‡**daugh·ter** [dɔ́ːtər] 명 (복 ~s [-z]) 1 딸, 여자 자손(孫) (↔son).¶He married a woman young enough to be his ~. 그는 자기 딸 같은 젊은 여자와 결혼했다. 2 며느리(~-in-law); 의붓딸(stepdaughter). 3 (나라·조직의) 여성, 딸.¶the fellow ~s of our society 본회(本會)의 여성 회원들. 4 딸에 비유된 것; 소산(所産), 결실.¶a ~ of civilization 문명의 소산. 「성.
a daughter of Abraham 아브라함의 딸; 유대인 여
a daughter of Eve 이브의 딸; 처녀, 여자.
be one's mother's [father's] daughter (성격이) 어머니[아버지]를 꼭 닮다.
── 형 딸의; 파생한, 분파된; 종속의. ¶ a ~ nation 속국 / a ~ company 자회사 / ~ cities 위성 도시.
~·**less**, ~·**like** 형 ~·**ly** 부 딸다운.
dáughter átom (물리) 딸원자(딸원소의 원자).
dáughter bòard 명 (전자) 도터 보드(motherboard에 삽입되는 회로판).
dáughter céll 명 (생물) (세포 분열에 의한) 딸세포.
dáughter chrómosome 명 (생물) 딸염색체.
dáughter élement 명 (물리) 딸원소(元素)(방사성원소의 붕괴로 생긴다).
daugh·ter·hood [dɔ́ːtərhùd] 명 처녀[소녀] 시절; (집합적·단수취급) 딸들.
daugh·ter-in-law [dɔ́ːtərinlɔ̀ː] 명 (복 *daughters-*) 며느리, 자부(son's wife).
dáughter lànguage 명 파생 언어.
dáughter núcleus 명 (생물) 딸(세포)핵. 「(核種).
dáughter núclide [pródcut] 명 (물리) 딸핵종
*****daunt** [dɔːnt, dɑːnt] 타 1 …을 위압하다, 으르다. 2 기를 죽이다, …의 기력[예기]을 꺾다.
nothing daunted 조금도 기가 죽지 않고.
~·**ing·ly** 부 ~·**ing·ness** 명
*****daunt·less** [dɔ́ːntlis, dɑ́ːnt-] 형 겁없는, 불굴의, 용감한.¶~ courage 불굴의 용기. ~·**ly** 부 ~·**ness** 명
dau·phin [dɔ́ːfin] 명 (종종 D-) (왕조 시대(1349-1830)의) 프랑스 황태자의 칭호.
dau·phin·ess [dɔ́ːfinis] 명 (종종 D-) 황태자비의 칭호. (또는 **dauphine**) ⇨DAUPHIN.

daut [dɔːt, daːt] 동태 (스코) 귀여워하다, 애무하다 (caress). (또는 **dawt**) 「상이 군인회.
DAV, D.A.V. Disabled American Veterans(미국
Dave [deiv] 명 데이브(남자 이름; David의 애칭).
dav·en·port [dǽvənpɔːrt] 명 (美) 대형 소파[긴 의자](침대 겸용식이 많다); (英) 소형 책상.
Da·vid [déivid] 명 **1** (성서) 다윗(?-970 B.C.: 제2대 이스라엘 왕). **2** 데이비드(남자 이름). 「Bethlehem」
the City of David 다윗의 도시(Jerusalem 또는
Dávid and Jónathan 명 (성서) 다윗과 요나단; (비유적) 막역한 친구 사이(←사무엘 상 (1 Sam. 18:1)).
da Vin·ci [də víntʃi] 명 **Leonardo ~** 다빈치 (1452–1519: 이탈리아의 화가·조각가·건축가·과학자).
Da·vis [déivis] 명 데이비스. **1 Bette ~** (1908–89): 미국의 영화 여배우). **2 Miles (Dewey) ~(, Jr.)** (1926–91: 미국의 재즈 트럼펫 주자·작곡가).
Dávis appartus 명 데이비스 장치(잠수함으로부터의 탈출 장치). [<the-의 발명가 R. H. Davis]
Dávis Cúp 명 (the ~) 데이비스 컵 대회(~ tournament)(국가 대항 남자 테니스 대회); 그 우승배(1900년 미국의 D. F. Davis가 기증한 은제 컵).
dav·it [dǽvit, déiv-] 명 (항해) 대빗(보트·닻 따위를 올리고 내리는 쇠기둥).
Da·vós Fòrum [daːvóus-] 명 (the ~) 다보스 포럼(스위스의 휴양지 Davos에서 매년 열리는 World Economic Forum의 약칭). 〔davit〕
da·vy¹ [déivi] 명 (속어) 선서서. ¶take one's ~ 맹세하다.
da·vy² 명 =Davy lamp.
Da·vy [déivi] 명 데이비(남자 이름; David의 애칭).
Dávy Jónes 명 (항해 속어) 바다의 악령, 해마(海魔).
Dávy Jónes's lócker 명 해저, 바다의 묘저.
go (down) [or be sent] to Davy Jones's locker 물고기 밥이 되다, 익사하다.
Dávy làmp 명 데이비 등(燈)(탄갱용 안전등).
daw [dɔː] 명 (조류) 갈가마귀(jackdaw); 바보.
daw·dle [dɔ́ːdl] 동재 빈둥빈둥 시간을 보내다, 꾸물거리다. ⇒LOITER 유의어》 ¶~ *along* a street 어슬렁어슬렁 거리를 걷다. ─태 빈둥거리며 [시간]을 낭비하다 (away). **-dler** 명 꿈뱅이; 게으름뱅이. **-dling·ly** 부
dawk¹ [dɔːk, daːk] 명 =dak.
dawk² 명 (美) 소극적 반전론자; (매파도 비둘기파도 아닌) 타협론자. **~·ish** 형 [<dove+hawk]
‡**dawn** [dɔːn] 명 (輿) (~s [-z]) **1** 새벽, 동틀녘, 여명. ¶The ~ *was just breaking.* 막 동이 트려 하고 있었다. **2** (일의) 처음, 시작; 발단; 출현(*of*).
at dawn; at (the) break of dawn 동틀녘에.
before dawn 동이 트기 전에, 날이 새기 전에.
from dawn till [or to] dusk 새벽부터 해질 때까지.
──재 (~s [-z]) **1** (종종 it를 주어로) 날이 새다, 밝아지다. ¶It [*or* The day] ~s. 날이 샌다. **2** (재능·문화 따위가) 나타나기(싹트기) 시작하다, 발달하기 시작하다. ¶Her genius for music ~*ed.* 그녀의 음악적 재질이 싹트기 시작했다. **3** (…이) 점점 분명해지다, 이해되기 시작하다 (*on, upon*). **~·like** 형
dáwn chórus 명 **1** (이른 아침의) 새들의 지저귐. **2** (무선) (오로라 따위로 인한) 새벽의 전파 [혼신].
dawn·ing [dɔ́ːniŋ] 명 U 새벽, 동틀녘; (사물의) 시작, 출현. ¶the ~ *of* the Space Age 우주 시대의 개막.
dáwn màn 명 (D– M–) 원시인; =Piltdown man.
dáwn patról 명 (군사) 새벽 정찰 비행; (라디오·TV) 새벽 프로그램 담당자.
dáwn ráid 명 (英) 새벽의 기습; (英) (증권) (특정 주식의) 개장초 대량 매입.

‡**day** [dei] 명 (輿) (~s [-z]) **1** 날(日); 하루, 1주야, 24시간. ¶a few ~s *earlier* [*later*] 2, 3일 전[뒤]/*this* ~ *of all* ~s 하필이면 오늘/*for* the *first* time *in* ten ~s 10일 만에 처음. **2** ⓤ 낮 (동안), 주간; 낮의 밝음, 일광(⇔ night). ¶work *by* ~ 낮(동안)에 일하다.

〖주의〗¹ 하루 이틀 — 보통 a ~ or two라고 하며, one or two ~s라고 할 때도 있지만, one ~ or two라고는 하지 않는다. * a ~ or two는 단수 취급을 한다: *A ~ or two is enough for the work.*

3 (근로 시간 단위로서의) 하루, 하루 노동 시간. ¶*an eight-hour ~* 1일 8시간 노동. **4** 특정한 날; 약속한 날, (정해진) 기일, 축제일. ¶*a high ~* 축제일, 성일(聖日)/*a red-letter ~* 경축일/*an election ~* 선거일/*a sale ~* 염가 판매일(日). **5** (~s) 시대, 시기; (the ~s) 현대, 당대; 그 시대, 당시, ¶*one's early* [*or young*] ~s 젊은 시절/*one's last* [*or later*] ~s 만년(晩年).

〖주의〗² *on those days*와 *in those days* — **(1)** 예를 들어 「월, 화, 수요일에는 없다」와 같이 「(특정한) 날들에는」의 뜻으로는 on those ~s를 쓴다. **(2)** in those ~s는 「그 시절에는, 그 시대는」의 뜻: in those ~s as in these 옛날이나 지금이나.

6 (the ~) 싸우는 날, 시합일; 싸움, 승부; 승리. ¶*How is the ~ going?* 형세는 어떠하냐? / *The ~ will be ours.* 승리는 우리의 것이 되리라. **7** (one's ~s) 생애, 수명; 전성 시대. ¶*the palmy ~s* 전성 시대 / *Every dog has his ~.* (속담) 쥐구멍에도 볕들 날이 있다. **8** (천문) 평균 태양일. ¶*a solar* [*lunar*] ~ 태양[태음]일.
a day of days 중대한 날.
all day and every day 끊임없이, 매일.
all day (long); all the day 하루 종일. 「일.
all in the [or a] *day's work* 당연한 일, 익숙해진
all the days of one's life 살아 있는 동안에는.
any day (of the week) 절대로, 어떤 경우에도.
(as) clear as day 대낮같이 분명한, 아주 뚜렷한.
at day; at (the) break of day 동틀녘에.
at that [this] day 그 무렵[바로 지금, 현재는].
at the end of the day (구어) 결국은, 최후에는.
at the present day 현금(現今), 오늘날.
be all day (부정문에서) 오래 걸리다, 꾸물거리다.
before day 날이 새기[밝기] 전에.
be not one's day …에게 운이 없는 날이다.
between two days 밤새도록(all night).
by day 낮에는, 주간에는.
by the day 일급으로, (美) 날마다, 하루하루. 「다.
call it a day (일과를) 끝내다, 마감하다; 일시중단하
carry [or *win*] *the day* 승리하다; (그날 일을) 훌륭히
count the days 손꼽아 기다리다. 「완수하다.
day about 하루 걸러, 격일로.
day after day 매일, 날이면 날마다.
day and night; night and day 주야로; 끊임없이.
day by day; from day to day 날마다, 나날이, 매일.
day in, day out; day in and day out 날이면 날마다, 언제나(~ *after* ~).
days of grace (상업) (어음 따위의) 지불 유예 기간.
days of wine and roses 영화롭던[즐거웠던] 때.
early [*late*] *in the day* ① (*it is too ... to do* 구문에서) 시기상조인[때늦은]. ② (일의) 초기에[종반] 단계에
end one's days 수명이 다되다; 죽다. 「서.
every other [or *second*] *day; every two days* 하루 걸러.
for a rainy day 비오는 날을 위하여; 만일의 경우에 *(for) many a long day* 오랜 동안. 「대비하여.
for the day 그날은.
from day one 첫날부터, 처음부터.
from day to day ① 나날이, 날로. ② (앞일은 생각하지 않고) 그날그날, 하루하루.

from one day [minute, hour] to another [or ***the next***] 매일매일[시시각각, 매시간] (무슨 일이 일어날지 불안하여).
from that day to this (현재 완료시제와 함께) 그날 이후 오늘까지.
from this day forth 오늘 이후.
have [or ***take***] ***a day [...days] off*** 하루[···일]의 휴가를 얻다. ¶He *had a few ~s off* to go and see his parents. 그는 이삼일 휴가를 얻어 부모님을 뵈러 갔다.
have all day (구어) 시간이 넉넉하다.
have a nice [or ***good***] ***day*** ① 즐겁게 보내다. ② (구어) (명령형으로) 즐겁게 지내세요!, 즐거운 하루 되세요!(* 헤어질 때 인사)
have had one's ***day*** 한물가다, 끝장나다.
have [or ***get***] one's ***day*** 때를 만나다, 번성하다.
if a day 적어도, 틀림없이, 아무래도. ¶She is thirty, *if a ~*. 그녀는 적어도 30세는 되어 보인다.
I haven't got all day. (구어) (시간이 없으니) 서둘러라; 나는 바빠다.
in a day 하루 사이에, 하루 아침에. ¶*Rome was not built in a ~*. (속담) 로마는 하루 아침에 이루어진 것은 아니다.
in a day or two 금명간에, 양일 중에.
in all one's ***born days*** (태어나) 오늘에 이르기까지.
in broad day 한낮에, 백주에.
in days gone by [***to come***] 왕년[장래]에.
in days of old 옛날에는.
in one's ***day*** 한창(젊었을) 때에는.
(in) these [***those***] ***days*** 요즈음[그 당시].
in this day and age (구어) 오늘날에는, 현재에는.
It's early days yet. (英) 사태가 어떻게 될지 아직 모른다(그러니 걱정하지 말아라).
keep one's ***day*** 기일을 지키다.
know the time of day 무엇이든지 다 알고 있다.
lose the day 싸움에 지다.
make a day of it (구어) (뭔가를 해서) 하루를 보내다.
make *a person's* ***day*** (구어) ···을 (그날) 하루 즐겁게[기쁘게] 해주다.
Make my day! (속어) 좋아, 할 테면 해봐! 자, 덤벼 봐! ¶Go ahead, *make my ~*! 자 자신 있으면 해봐!
men of the day 그 시대의 인물, 때를 만난 사람.
name the day (여성이) (결혼식 따위의) 날짜를 정하다.
not have all day (구어) 시간적 여유가 없다.
of a day 하루살이의, 단명(短命)의.
of the day (그) 당시의; 현대의.
one day or other 언젠가는.
one of these (fine) days; one fine day 근일 중에; (그런 일을 하고 있으면) 곧(* 경고할 때 씀).
one of those days (구어) 불행한 날, 액이 낀 날.
one's ***day out*** (구어) (운동 경기 따위에서) 컨디션이 좋은 날; 외출[신바람]이 날 때. 〔좋은 날.
pass the time of day 잠깐 인사말을 주고받다.
put off the evil day [or ***hour***] (구어) 싫은[곤란한] 일을 뒤로 미루다.
save the day (구어) 가까스로 승리[성공, 해결]하다; ***seize the day*** ⇨ SEIZE. 〔궁지를 벗어나다.
some day 언젠가는, 머지않아.
take all day =*be all day.*
That's it for the day. (구어) 오늘은 이만합시다.
That will be the day! 설마, 그럴 수가 있을까!
the [or ***a***] ***day after the fair*** (구어) 너무 늦어서.
the day after tomorrow 모레 (* 구어에서는 the 생략).   〔the 생략).
the day before yesterday 그저께 (* 구어에서는
the good old days 좋았던 옛 시절.
the other day 일전에, 며칠 전에.
this day week [***month***] 내주[내달]의 오늘; 지난 주[달]의 오늘.   〔어!
Those were the days. (구어) 그때가[옛날이] 좋았 ***to a*** [or ***the (very)***] ***day*** (하루도 어김없이) 꼭

(exactly), 꼬박. ¶It's five years ago *to a ~*. 꼭 5년 전이다.
up to [or ***till***] ***this day*** 오늘날까지.
without day 무기한으로, 날짜를 정하지 않고.
Day [dei] 명 데이. **1** *Clarence S. ~* (1874-1935: 미국의 수필가). **2** *Doris ~* (1922- ; 미국의 가수·여배우).   「오 원주민의 한 종족); ⓤ 댜야크어(語).
Day·ak [dáiæk, -ək] 명 (pl. ~, ~s) 댜야크족(보르네
Da·yan [dɑːjáːn] 명 **Moshe ~** 다얀(1915-81: 이스라엘의 군인; 국방 장관).
day-bea·con [déibìːkən] 명 (항해) 입표(立標)(형태와 색깔로 나타내는 항로 표지).   〔긴 의자.
day-bed [déibèd] 명 침대 겸용 소파; (낮잠·휴식용)
day-bill [déibil] 명 (연극 따위의) 선전 포스터[전단].
dáy blíndness 명 (안과) 주맹증(晝盲症).
dáy bòarder 명 (英) 통학생.   「기장(diary).
day-book [déibùk] 명 (부기) 업무[거래] 일지; 일
dáy bòy 명 (英) (기숙사가 있는 학교의) 남자 통학생.
‡**day-break** [déibrèik] 명 ⓤ 새벽, 동틀녘(dawn).
¶at ~ 새벽에.
day-by-day [⸍baidéi] 명 나날의, 매일의(daily).
dáy cámp 명 주간(晝間) 캠프(평일의 주간에만 행하는 어린이를 위한 캠프).
dáy càre 명 (전문가에 의한 낮 동안의) 탁아, 보육; 노인[장애자] 시중; 탁아소; 노인 복지 센터(day-care center).
day-care [⸍kɛ̀ər] 명 탁아의, 보육의; 노인 시중의.
day-care [déikɛ̀ər] 명 ⓣ 탁아소에 맡기다.
dáy-care cènter 명 탁아소, 보육원; 노인 복지 센터.
dáy cénter 명 고령자[장애자] 복지 센터.
dáy còach 명 (美) (침대차 따위에 대해) 보통 객차.
*****day·dream** [déidrìːm] 명 **1** 백일몽; 공상, 몽상. **2** 현실과는 동떨어진 생각[계획]. — 재 백일몽을 꾸다, 공상에 잠기다. **~·er** 명 공상가. **~·y** 명 백일몽의.
day-fight·er [déifàitər] 명 주간 전투기.
day-flow·er [déiflàuər] 명 피었으 그날로 시드는 꽃; (특히) 닭의장풀류(類).
dáy fly [déiflài] 명 하루살이(mayfly).
dáy gírl 명 (기숙사가 있는 학교의) 여자 통학생; 파출부.
Day-Glo [⸍ɡlòu] 명 (상표) 데이글로(형광 안료의 일종). — 명 (d-g-) (美속어) 화려한, 번쩍이는.
day-glow [déiɡlòu] 명 (기상) 주간 대기광(晝間大氣光). 명 airglow   「용 병원.
dáy hòspital 명 (英) 주간(晝間) 진료 병원, 외래 전
dáy in cóurt 명 (법률) **1** 법정 출두일. **2** 변명[논증]할 기회.   〔job.
dáy jób 명 본업(本業), 주 수입원(源). 명 moonlight
dáy làbor 명 날품팔이 일; (집합적) 날품팔이꾼.
dáy làborer 명 날품팔이꾼.
dáy léngth 명 (생물) 광주기(光周期).
dáy létter 명 (美) (보통 전보보다 늦지만 요금이 싼) 주간 전보. 명 night letter
‡**day·light** [déilàit] 명 ⓤ **1** 일광; 낮, 주간. **2** 공공연함, 공표(公表), 주지(周知), 널리 알려짐; (충분한) 이해, 지식. **3** 새벽. **4** (본래는 붙어 있어야 할 곳의) 틈, 간격. **5** (~s) (속어) 눈, 시력; 의식; 생명, 활동력; 분별.
at daylight 새벽에, 동틀녘에.
beat [or ***frighten, knock, lick, scare***] ***the (living) daylights out of*** ···을 여지없이 박살내다; 혼내주다, 벌벌 떨게하다.
bring into daylight (일)을 분명하게 하다.
burn daylight 대낮에 불을 켜다, 헛된 일을 하다.
by daylight 햇빛에; 밝을 때.   〔공공연히.
in broad [or ***full, open***] ***daylight*** 대낮에, 백주에;
let daylight into ① ···을 공표하다. ② ···에 구멍을 내다; (구어) (칼 따위로) ···을 찌르다, ···을 쳐잡리[자의 말).
No daylight! 자, 가득 차게 부음시다 (* 건배 때 제의
see daylight ① (일이) 납득이 되어 가다, (···을) 이해하다. ② 곤란을 극복하다, 전도가 보이다, 완성[해결·끝]

daylight blue 결에 가까워지다.
— 图 (필름이) 주광(晝光)용인.
— 图 1 …에 햇빛을 쬐다. 2 장해물을 없애 …의 전망을 좋게 하다. — 图 1 햇빛을 쬐다. 2 《美속어》(야업하는 사람이) 주간 아르바이트를 하다. [감(안)료.

dáylight blúe 图 주광색(晝光色); 주광색의 그림
dáylight lámp 图 주광등.
dáylight róbbery 图 1 백주 강도; 공공연한 사기. 2 《英구어》 터무니없는 요금 (청구), 바가지 씌우기.
dáy·light-sáv·ing tìme [-séiviŋ-] 图 일광 절약 시간, 서머 타임. 图 summer time
dáylight tìme 《美》=daylight-saving time.
day·lily [déilìli] 图 꽃이 하루 피고 시드는 백합류(科)의 식물. (또는 **dáy lily**)
dáy lòan 图 [금융] 데이 론(은행이 증권 회사 등에게 하는 대출; 당일 상환이 원칙). 图 call loan
day·long [déilɔ̀ːŋ, -làŋ/-lɔ̀ŋ] 图 온종일의, 하루 걸리는(lasting all day). — 图 온종일, 하룻 동안.
dáy máid 图 통근 가정부, 파출부.
dáy mán 图 갑판 하역 선원, 당직 면제 선원.
day·mare [déimɛ̀ər] 图 (깨어 있을 때 일어나는 악몽 비슷한) 기분 나쁜 체험; 심한 불안 발작. 图 nightmare
day·mark [déimɑ̀ːrk] 图 주간용 항로 표지.
day·neu·tral [ˈdeɪ-ˌn(j)uː.trəl/-n(j)ùː-] 图 (식물의) 중일성 (中日性)의(일조량의 변화에 관계없이 발육·개화하는)
dáy núrsery 图 탁아소, 보육원; 《英》 어린이 놀이방.
Dáy of Atónement 图 《유태교》 속죄 단식일(Yom **dáy óff** 图 《구어》 비번일, 휴일. [Kippur.)
Dáy of Júdgment [Dóom] 图 (the ~) 최후의 심판일. [=Day of Judgment.)
dáy of réckoning 图 (the ~) 1 청산일, 결산일. 2 《구어》 행동의 결과에 대해 책임을 지는 날.
dáy óne 图 (종종 D- O-) 《구어》 첫날, 최초; 《부사》
dáy óut 图 외출일. [적》 처음부터, 또는 **day 1**)
dáy òwl 图 《조류》 낮올빼미(낮에 활동한다).
day·pack [déipæ̀k] 图 《하이킹용》 소형 배낭.
day·part·ing [déipɑ̀ːrtiŋ] 图 [TV] 방송 일시(시간 대) 구분(설정).
dáy pèrson 图 주간형 인간(정상적 바이오리듬을 가진 사람). 图 night person [〔제도〕.)
dáy reléase 图 《英》(기술 습득을 위한) 연수 휴가
dáy repórting 图 〔법률〕 (가석방자의) 매일 출두(보호 감찰인 앞에 매일 출두해 갱생 교육 등을 받는 제도).
dáy retúrn 图 《英》=day ticket.
dáy ròom 图 《군사》 (영내의) 오락실; (병원의 통원 환자용) 담화실; (공공 시설 안의) 주간 오락실.
days [deiz] 图 《美구어》 낮에는 (매일), 주간에는; 매일 꼭. 图 nights ¶ work ~ and go to school nights 낮에는 일하고 밤에는 학교에 다니다.
dáy sáiler 图 (취침 설비가 없는) 작은 배.
dáy schólar 图 =day student.
dáy schóol 图 주간 학교(图 night school); 사립 통학 학교(图 boarding school); 평일 학교(图 Sunday school).
dáy's dúty 〔항해〕 (선내(船內)) 24시간 근무.
dáy shápe 图 =daymark.
dáy shíft 图 1 (교대 근무의) 낮 근무, 낮 당번(图 night shift); 낮 근무 시간. 2 (집합적) 낮 근무자.
day·side [déisàid] 图 1 (신문사의) 낮 근무반(图 nightside). 2 (행성·달에서) 햇빛을 받는 측면.
Day·sie [déizi] 图 데이지(여자 이름). (또는 **Daisy**)
days·man [déizmən] 图 《고어》 심판자(umpire); 조정자(mediator); 날품팔이꾼. [3일간).)
dáys of gráce 图 (어음 따위의) 지불 유예 기간(보통
day·spring [déispriŋ] 图 《시·고어》 동틀녘, 여명.
day·star [déistɑ̀ːr] 图 (the ~) 1 =morning star. 2 〔시·고어〕 태양.
dáy stúdent 图 (대학의 기숙생에 대해) 통학생.
day-tal·er [ˈdeɪləɾ] 图 《英》 (탄광의) 날품팔이 인부.

dáy tícket 图 《英》 당일 왕복 할인표.
‡day·time [déitàim] 图图 낮(의), 주간(의). 图 nighttime ¶ in [or during] the ~ 주간에, 낮에.
day-to-day [ˈdeɪtəˈdeɪ-] 图 나날의(daily); 당일 만의, 하루살이의; 《상업》 당좌의.
Day·tó·na 500 [deitóunə-] 图 데이토너 500 자동차 경주 대회(미국 Florida 주 Daytona Beach에서 열리는 500마일 주파의 자동차 경주 대회).
day-trade [ˈtreɪd] 图 《商》 (상품·주식 따위를) (차익 (差益)을 노려) 당일치기로 거래[투기]하다, 초단타(超短打) 매매하다. **dáy-tràd·ing** 图
day-trad·er [ˈtreɪdəɾ] 图 《상업》 당일치기 거래자[초
dáy tríp 图 당일치기 여행. [단기 투기가.)
day-trip [ˈtrɪp] 图图 당일치기 여행을 하다. **~·per** 图
day·work [déiwə̀ːrk] 图 날품팔이 일, 일용직; 낮 근무. **~·er** 图

‡daze [deiz] 图图 (**daz·es** [-iz]; ~d; **daz·ing**) 1 현혹시키다, 당황하게[멍하게] 하다. ¶ be ~d by a blow 한 대 맞고 명해지다[실신하다]. 2 (눈)을 부시게
— 图 멍한 상태, 망연 (자실); 현혹. [하다.)
in a daze 눈이 부셔서, 현혹되어; 멍하니.
dáz·ed·ly 图 눈이 부셔, 멍하니. **dáz·ed·ness** 图
da·zi·bao [dɑ́ːdzìːbáu] 图 《中》 (~**s**) 대자보(大字報), 벽신문(wallposter). {<中文 *dàzìbào*}
‡daz·zle [dǽzl] 图 (~**s** [-z]; ~**d**; **-zling**) 图 1 (…의 눈)을 부시게 하다. 2 (찬란·아름다움 따위로) …을 현혹시키다, 놀라게 하다. — 图 1 번쩍번쩍 빛나 다[반사하다]. 2 눈이 부시다. 3 (찬란·아름다움 따위로) 현혹되다, 놀라다, 혀를 내두르다. — 图 UC 눈부시게 함, 눈부심; 현혹; 눈부신 빛.
dázzle lámp[light] 图 (자동차의) 강한 헤드라이트.
dázzle páint 图 미채(迷彩), 위장. [사한 여인.)
daz·zler [dǽzlər] 图 《구어》 눈에 띄는 사람[것], 화
daz·zling [dǽzliŋ] 图 눈부신, 현혹시키는. **~·ly** 图
dB, db decibel(s). **DB** 〔컴퓨터〕 *data base*. **d.b.** daybook: *double-breasted*. **D.B.** *Bachelor of Divinity*(신학사); *Domesday Book*. **dBA** *decibel A*(소음 측정 단위). **d/b/a, d.b.a.** *doing business as*(사업 경영중). **D.B.A.** *Doctor of Business Administration*(경영학 박사). **DBCS** *double byte character sets*(2바이트 문자; 한글·한자 따위). **d.b.h., D.B.H.** (임업) *diameter at breast height*(가슴 높이 직경). **D. Bib.** *Douay Bible*. **dbl.** *double*. **dBm, dbm** *decibel referred to one milliwatt*. **DBMS** 〔컴퓨터〕 *Data Base Management System*(데이터베이스 관리 시스템). ◇ database **dBm, dbm** *decibels above reference noise*. **DBS** *direct broadcasting by satellite*(직접 위성 방송); *direct-broadcast satellite* (직접 방송 위성). **dbt.** 〔부기〕 *debit*(차변). **DC** *data communication*; 〔군사〕 *dental corps*(치과 의무대); *Douglas Commercial* (* 미국 McDonnell Douglas사 제작기의 기호). **D.C.** 〔음악〕 *da capo*; *death certificate*; *deputy consul*(부영사); 〔전기〕 *direct current*(직류) (또는 **DC, dc, d-c, d.c.**); *District Court*; *District of Columbia*(미국) 컬럼비아 특별구). **DCB** *Defense Commission Board*. **DCC** *digital compact cassette*(디지털 콤팩트 카세트). **D.Ch.E.** *Doctor of Chemical Engineering*. **DCI** 《美》 *Director of Central Intelligence (Agency)*(중앙 정보국장). **D.C.L.** *Doctor of Canon Law*(교회법 박사); *Doctor of Civil Law*(민법학 박사). **D.C.M.** 〔우주〕 *displays and controls module*(표시 제어 장치); 《英》 〔군사〕 *Distinguished Conduct Medal*(수훈장). **DCR** *Duff and Phelps Credit Rating Co.*(미국의 신용 평가 회사). **DCS** 《美》 *Defense Communication System*(방위 통신 시스템); 〔우주〕 *display control system*(표시 제어 시스템). **DD** 〔상업〕 *direct deal*(직접 거래); *dishonor-*

able *d*ischarge(징계, 파면; (군사) 불명예 제대); (컴퓨터) *d*ouble *d*ensity(배기록(倍記錄) 밀도); *d*runk *d*river(음주 운전자); *d*runk(en) *d*riving(음주 운전).
dd., d/d, dd *d*elivere*d*. **d.d.** *d*ays *d*ate after [*d*elivery]; *d*emand *d*raft(요구불(일람불) 환어음).
D.D. *d*emand *d*raft(요 구 불 환 어 음); (美) *D*epartment of *D*efense; *d*eputy *d*irector; *D*octor of *D*ivinity(신학 박사).
d-d [di:d, dæmd] 형 =damned.
DDA (英) *D*angerous *D*rugs *A*ct; (금융) *d*emand *d*eposit *a*ccount.
D-day [díːdèi] 명 1 (군사) 공격 개시일(명 zero hour); 제2차 대전중 연합군이 Normandy에 상륙한 날(1944년 6월 6일). 2 (구어) (계획 착수) 예정일.
DDD *d*ichloro-*d*iphenyl-*d*ichloro-ethane(살충제의 일종); *d*irect *d*istance *d*ialing. **DDE** (화학) *d*ichloro-*d*iphenyl-*d*ichloro-*e*thylene(DDT보다 독성이 적은 방역·살충제). **DDP** (컴퓨터) *d*istributed *d*ata *p*rocessing(분산형 데이터 처리). **DDR** (상표) *D*ance *D*ance *R*evolution. **DDS** *d*eep *d*iving *s*ystem(심해(深海) 잠수 시스템); (약학) *d*iamino *d*iphenyl *s*ulfone(=dapsone); *d*rug *d*elivery *s*ystem(약물 전달 시스템; 약물을 필요한 국소에만 작용케 하는 방법).
D.D.S. *D*octor of *D*ental *S*urgery [*S*cience](치의학 박사). **D.D.Sc.** *D*octor of *D*ental *S*cience. **DDT** *d*ichloro-*d*iphenyl-*t*richloro-ethane(방역·살충제); *d*on't *d*o *t*hat; (컴퓨터) *d*ynamic *d*ebugging *t*ool(디버깅 작업에 쓰이는 프로그램). **D.D.T.** (속어) *d*rop *d*ead *t*wice(말도 안돼; 천만에). **DDX** (컴퓨터) *d*igital *d*ata e*x*change(디지털 데이터 교환망).
de [də] 전 from, of의 뜻(* 모음 앞에서는 d')(프랑스·이탈리아·스페인·포르투갈의 인명에 많이 쓰이며, 원래는 출신지를 나타낸다). ¶Jeanne *d*'Arc.
de [di:] 전 of, from, about, at, according to의 뜻. ¶*de fide*(=of the faith) 신앙의. [<L]
DE *D*elaware; (美해군) *d*estroyer *e*scort. **D.E.** *d*river *e*ducation(운전 교육); *D*octor of *E*ngineering [*E*ntomology](공학[곤충학] 박사).
de- [di, də, di:] 접두 1 분리(separation). ¶*de*pend, *de*train. 2 취소·부정(negation). ¶*de*merit, *de*range. 3 강하(descent). ¶*de*grade, *de*duce. 4 역전(reversal). ¶*de*tract. 5 강조(intensity). ¶*de*compound.
DEA (美) *D*rug *E*nforcement *A*dministration(마약 단속청). **Dea.** *D*eacon.
de·ac·cel·er·ate [dìːæksélərèit, -ək-] 타 감속하다. **-cèl·er·á·tion** 명
de·ac·ces·sion [dìːæksé∫ən, -ək-] 명타 (박물관·미술관·도서관의 수집품)을 매각(양도)하다.
—— 명 매각, 처분, 양도.
de·a·cid·i·fy [dìːəsídəfài] 타 (화학) (…에서) 산을 제거하다, 탈산(脫酸)하다. **-cìd·i·fi·cá·tion** 명
***dea·con** [díːkən] 명 1 (교회) 집사; (가톨릭) 부제 (副祭), (스코) 상공 조합의 조합장. 3 송아지; ⓤ 그 가죽(생피). —— 타 1 (과실 따위)를 좋은 것을 위에 놓고 포장하다; …을 속이다. 2 (美구어) (찬송가 등)을 회중이 노래하기 전에 1절씩 낭독하다. ~·ship 명
dea·con·ess [díːkənis] 명 (교회) 여자 목사보, 여집사(전도사).
dea·con·ry [díːkənri] 명ⓤ *d*eacon의 직; (집합적) 부제, 집사(deacons). [cession.
de·ac·qui·si·tion [dìːækwəzí∫ən] 명타 =deac-
de·ac·ti·vate [dìːæktəvèit] 타 1 …의 활동력을 잃게 하다. 2 (군사) (부대)의 임무를 해제하다, (부대)를 해산하다. 3 (폭발물)을 불발케 하다. 4 (화학) (촉매 따위)를 불활성화하다. —— 재 (물·화) 방사능을 잃다.
-vá·tion, -vàt·or 명
‡**dead** [ded] 형 1 죽은, 죽어 있는(반 living); (식물이) 말라[시들어] 죽은. ¶a ~ body 시체, 사체/a ~ tree 고목(枯木)/~ leaves 마른 잎, 고엽/the ~ offices 장례 (의식)/the ~ and the living 산 자와 죽은 자/ shoot[strike] a person ~ 남을 쏘아[때려] 죽이다/ *D— men tell no tales*. (속담) 죽은 자는 말이 없다.

>[유의어] **dead** 타고난 생명을 잃은. **deceased** 죽은 (사람); 형식적인 말로 법률 용어. **departed** 종교적인 완곡한 말. **late** 고인의 용맹·직함 앞에 붙이는 말. **lifeless** 살아 있는 기척이 없음을 강조하는 말. **inanimate** 원래 생명이 없는. **extinct** 그 종(種)에 속하는 것이 멸종한.

2 a) 생명이 없는, 생명을 갖지 않은, 무생물의. ¶~ matter 무생물, 무기물. b) 무신경한, 무감각한, 마비된; 반응이 없는; 의식을 잃은.
3 생명(효력)이 없어진, 쓸모없는, 쇠퇴한, 무효의; 무의미한, 불필요한; 빈. ¶a ~ question 진부한 문제/~ forms 허례/~ affection 식어버린 애정/a ~ bottle 빈병.
4 생산력이 없는; (자본 따위가) 놀고 있는, 사장되어 있는; (상품 따위가) 안 팔리는; (토지가) 불모의; (문·통로 따위가) 쓸모없는, 기능이 정지된; (사람이) 성공할 가망이 없는. ¶~ capital 유휴 자본/~ land 불모의 땅/a ~ street 막다른 길.
5 생기 없는, 무기력한, 지루한; 침체된, 불황의. ¶a ~ description 생기 없는 묘사/a ~ market 한산한 시장. 6 (죽은 듯이) 고요한, 조용한; 움직이지 않는; (공기가) 탁한, 숨막히는; 답답한, 탄력 없는. ¶a ~ calm 쥐 죽은 듯한 고요/a ~ party 초상집 같은 파티/the ~ hours of the night 한밤중. 7 (구어) 녹초가 된. ¶feel ~ from the long trip 긴 여행으로 녹초가 되다. 8 (속어) (계획 따위가) 폐기된, 중지된, 끝난. ¶a ~ project 폐기된 사업. 9 (법률) 시민권을 상실한; 재산권을 잃은. 10 불 꺼진; (음식물 따위가) 신선미 없는, 김빠진. ¶a ~ beer 김빠진 맥주. 11 (색이) 흐릿한, 칙칙한, 윤택 없는; (소리가) 울리지 않는, 반향 없는, 둔탁한. ¶a ~ wall surface 소음 벽면/a ~ sound 둔탁한 소리. 12 (죽음처럼) 확실한, 정확한; 절대적인, 완전한, 전적인; 불시의, 돌연한. ¶a ~ secret 극비. 13 곧은; 똑바른; 단조로운. ¶in a ~ line 일직선으로. 14 (스포츠) 경기 정지의, 무효의; (선수가) 일시 출전을 정지당한, 아웃의; (볼이) 라인 밖으로 나온; (그라운드가) 볼이 빨리 굴러가지 않는. 15 (골프) (공이) 홀 바로 옆에 있는, 홀인이 확실한. 16 (인쇄) (조판·활자가) 사용이 끝난. ¶~ type 폐판(廢版). 17 (전기) 전류가 통하지 않는, 전원(電源)에 접속되지 않은. 18 (도르래·빗장이) 자동적으로 걸리지 않는. 19 (도르래의 밧줄이) 도르래에 걸리지 않은. 20 (물리) 방사능이 없는. 21 (언어 따위가) 사용되지 않는; (법률 따위가) 실효력이 없는; (속어) (집이) 사람이 살지 않는. 22 (군사) (지형지물로) 차폐된, 사각(死角)의.

(as) dead as a doornail [or *coffin nail, dodo, salmon*] (구어) 완전히 죽어버린[못쓰게 되어].
be dead on one's feet (구어) 녹초가 되어 있다. 기진맥진한 채 서 있다(달리다).
be dead with sleep; be in a dead sleep 잠에 곯아 떨어져 있다.
come to a dead stop 딱(완전히) 멈추다. 〔하다.
cut a person dead (구어) (알면서) 보고도 모른 체
dead above [or *between*] *ears* (美속어) 우둔한; 부주의한, 건성으로.
dead and alive =dead-alive.
dead and buried 완전히 죽어, 완전히 끝난.
dead and done (구어) 완전히 끝나, 끝장이 나(*with*).
dead and gone 죽고 없는; 완전히 잊혀진[쇠퇴한]; 전혀 중요하지 않은. 〔모르는.
dead but won't lie down 우직하게도 항복할 줄
dead from the neck up (구어) 머리가 텅 빈, 얼간이인; 보수적인; 지루한.

dead in the water 몸을 움직일 수가 없는; 조금도 진행되지 않는.
dead on arrival 도착시 이미 사망한[하여]; (상품 따위가) 도착[배달]시 이미 파손된[되어] (② DOA).
dead to …에 무감각한, 무신경의.
dead to rights (구어) ① 확실한[히]. ② 범행중의.
dead to the world [or **wide**] ① 깊이 잠든; 의식 불명의. ② (구어) 만취하여. ③ 기진 맥진하여.
drop dead (구어) 급사하다; (명령형) 저리 가, 썩 꺼져버려.
in dead earnest 매우 진지하게, 진정으로.
more dead than alive 거의 죽어, 죽을 것 같은.
more than half dead 빈사 상태로. [마음이 없어.
over my dead body 내 생전에는[내 눈에 흙이 들어가기 전에는] (절대 …하지 못하다).
the dead hand of …의 압력. [죽음을 기다리다.
wait for dead men's shoes 유산을 노리고 사람의
would [or **will**] **not be seen dead; refuse to be seen dead** (구어) 죽어도 싫다; 참을 수 없다.
— 튀 1 완전히, 전적으로, 절대적으로, 매우. ¶You are ~ right. 그는 전적으로 옳다/He's ~ in love with her. 그는 그녀에게 홀딱 반해 있다. 2 딱, 정확하게, 일시에, 갑자기. ¶The car stopped ~. 차가 딱 멈추었다. 3 독바로, 곧장, 직접.
dead against 정면으로 반대하여, 정반대로.
dead nuts on *a person* (구어) 남에게 홀딱 빠져.
dead on (구어) 아주 정확히, 바로 그대로.
dead slow 아주 늦은 속력으로, 속도를 낮추어서.
— 閉 1 (the ~) (집합적 · 복수취급) 죽은 사람 (~ people). 2 (the ~) 한창 (…하는 중; 가장 생기 없는 때, 주은 듯한 정적(靜寂)). ¶ at [or in the ~] of night 한밤중에/in the ~ of winter 한겨울에. 3 (美俗) 배달 불능 우편물(~ letter). 4 (美俗) 게으름뱅이, 쓸모없는 사람.
leave for dead …을 멀리 떼어놓다. [시끄러운; 성가신.
loud enough to wake the dead (구어) 와글와글 매우
~·**ness** 閉 죽은 상태; 무감각함; (색의) 칙칙함, 흐림.
déad áir 閉 1 방송 중단, 영상[음성] 중단. 2 (탄광 따위의) 숨막히는 공기.
dead-a·live [ǝláiv] 閉 죽은 것이나 다름없는, 활기 없는; 단조로운, 지루한, 음울한.
(또는 **déad-and-alíve**)
déad ángle 閉 사각(死角). 閉 dead space.
déad attráctive 閉 (美俗) 미남인.
dead·beat [´bí:t] 閉 (구어) 몹시 지친; 참패한.
dead·beat [dédbì:t] 閉 1 (기계·물리) 진동[탄력]없는; (전기) (계기의 바늘이) 흔들리지 않고 눈금을 딱 가리키는, 속시(速示)의. 2 (거래로서의) 신용이 없는, 질의. 3 무일푼의. — 閉 [´-´] [´-´] (美구어) 1 빚을 갚지 않는 사람, 돈을 떼어먹는 사람. 2 빈둥거리는 사람; 식객. 3 (무임 승차하는) 방랑객; =beatnik. 4 무일푼.
déadbeat cóuntry 閉 분담금[각출금] 연체국.
déadbeat dád 閉 자녀를 돌보지 않는 아버지, (특히) 이혼 후 자녀 양육비를 안내는 아버지.
dead-born [`bɔ̀ːrn] 閉 사산(死産)의(stillborn).
déad cát 閉 1 (美俗) 1 혹평, 비난. 2 (서커스단의 전시용) 사자[호랑이 따위].
déad-cát bóunce 閉 (구어) (대폭락 이후의) 일시 적인 주가 회복.
déad cénter [(英) **céntre**] 閉 1 (크랭크의) 사점 (死點)(피스톤 엔진의 연결봉과 크랭크가 일직선이 되어 크랭크가 회전할 수 없게 되는 위치). 2 (기계) (선반의) 부동(不動) 중심. 3 (the ~) 한가운데, 복판.
dead-cén·ter 閉 [우승 후보자.
déad cértain(ty) (구어) 절대 확실한 것; (경마)
déad dròp (첩보용) 무인 포스트, 연락용 정보 은닉 장소. [연락처.
déad-drop áddress 閉 무인 포스트 주소, 비밀
déad dúck 閉 (美俗) 가망(쓸데)없는 사람[것]; 흥미[가치]가 없어진 문제[화제].
dead·ee [dedí:] 閉 (사진에서 뜬) 고인의 초상화.
dead·en [dédn] 閉 1 (감정·기세 따위)를 꺾다, 죽이다, 약하게 하다, 둔화시키다. 2 (소리·광택·고통 따위)를 약하게 하다, 줄이다; …의 속도를 떨어뜨리다. 3 (벽 따위)에 방음 장치를 하다. — 困 죽다, 소멸하다; 약해지다, 둔해지다.
déad énd 閉 1 (길·통로의) 막다른 곳, 막다른 골목; (관(管) 따위의) 막힌 쪽; (비유적) (행동·정책 따위의) 교착[정돈] 상태, 곤경, 궁지.
dead-énd [´énd] 閉 1 막다른; 앞이 막힌; 빈민가의, 뒷골목의. ¶ a ~ job 장래성이 없는 직업. 2 (美俗) 막다른 골목에 이르는, 궁지에 빠지는. [는 어린이.
déad-énd kíd 閉 빈민가 불량아; 장래성[갈 곳] 없
dead·en·er [dédnǝr] 閉 둔하게 하는 사람[것], 약하게 하는 사람[것]. [는 도료.
dead·en·ing [dédniŋ] 閉 방음 장치; 광택을 없애
dead·eye [dédài] 閉 1 (항해) 세 구멍 도르래[활차]. 2 (속어) 사격의 명수.
dead·fall [dédfɔ̀ːl] 閉 1 (떨어뜨린 무거운 것을 떨어뜨려 짐승을 잡는) 덫. 2 (집합적) (숲 속의) 쓰러진 나무.
déad fíre 閉 =St. Elmo's fire.
déad firing 閉 (용광로나 보일러의) 불을 끄지 않고 계속 켜 두는 일.
déad flát 閉 선체의 중앙 평행부; 배 밑창의 수평 부분. [deadeye 1]
déad fréight 閉 (상업) 공하(空荷) 운임[공간].
déad gróund 閉 1 (군사) 사각(dead space). 2 (전기) 완전 접지(接地).
déad hánd 閉 (법률) =mortmain: 과거[죽은 사람]가 가지는 압박감; (바람직하지 않은) 압력[영향].
dead·head [dédhèd] 閉 1 (초대권 따위를 지참한) 무료 입장자, 무임 승객. 2 (속어) 무능한[의욕이 없는] 사람. 3 회송차, 빈 차. — 閉 1 (차량)을 회송하다. 2 (英) (시든 꽃)을 떼어내다. 3 (美俗) (젊고 유능한 사원)을 제치고 승진시키다[발탁하다]. — 困 무료 입장[승차]하다; 회송하다; (英) 시든 꽃을 떼어내다. 2 (열차·비행기 등이) 회송하는. — 튀 회송하여, 빈 차로; 무임 승차권을 써서.
déad héat 閉 (경주에서의) 동시 도착, 동착(同着); 무승부 시합, 대접전.
dead-heat [`híːt] 閉困 (두 사람 이상이) 동시 골인하다. ¶ ~ for the second place 공동 2위가 되다.
déad hórse 閉 1 (구어) 시시한 문제; 쓸모가 없어진 것; 묵은 화제. 2 (속어) 가불한[선지급 받은] 임금; 일로 갚아야 할 빚.
beat [or *flog*] *a dead horse* (일단 결말이 난 화제)를 다시 문제삼다; 헛수고를 하다.
pay for a dead horse 옛 빚을 갚다.
dead·house [dédhàus] 閉 시체 임시 안치소.
dead·ish [dédiʃ] 閉 죽은 것 같은, 활기가 없는.
déad íssue 閉 흥미가[긴요성이] 사라진 문제.
déad létter 閉 공문(空文), 사문(死文)(존재하나 시행되지 않는 법령); 배달 불능 우편물. **déad-lét·ter** 閉
déad létter bòx [**dròp**] 閉 (비밀 문서를 넣어 주고받는 곳. [우편물계(係).
déad-letter óffice 閉 (중앙 우체국의) 배달 불능
déad líft 閉 (기계·기구를 쓰지 않고) 손으로 들어올리는 일; 필사적 노력. [채광창.
dead·light [dédlàit] 閉 (해사) (현창(舷窓)의) 무정,
*****dead·line** [dédlàin] 閉 1 넘을 수 없는 (경계)선; 사선(死線)(죄수가 넘으면 사살되는 선). 2 원고 마감 시간; 최종 기한, 접수 마감. ¶ ~ diplomacy 기한부 외교 (시한을 정해 놓는 외교 활동). 3 (군사) 정비·수리 대기 차량[기자재]. — 閉 (군사) (정비·수리 등이 필요하여 차량)의 사용을 금하다.
déad lóad 閉 사하중(死荷重), 정(靜)하중, 자중(自

dead loan 〔商〕 대손금(貸損金), 회수 불능 대출금.

***dead·lock** [dédlàk/-lɔ̀k] 〔명〕 1 (교섭 따위의) 막다른 상태, 교착, 정체, 정돈. 2 〔컴퓨터〕 수렁, 교착(두 사람 이상이 동시에 진행하여 컴퓨터가 응답 수 없음). 3 독방, 독감방. 4 《美》 (시합 따위의) 동점.
be at a deadlock 교착 상태에 있다. 「치다.
come to a deadlock 교착 상태에 빠지다, 벽에 부딪
— 〔명〕 …을 막다르게 하다. 정체시키다, 정돈시키다.
— 〔자〕 앞이 막히다, 꼼짝 못하게 되다.

dead loss 〔명〕 1 완전한 손실, 전손(全損). 2 전혀 쓸 모없음, 시간 낭비; 《구어》 전혀 쓸모없는 사람[것].

‡**dead·ly** [dédli] 〔형〕 (**-li·er**; **-li·est**) 1 생명에 관계되는, 치명적인. ⇒FATAL 〔유의어〕¶a ~ disease 위중한 병／a ~ poison 맹독. 2 (적 따위가) 살려 둘 수 없는; 집념이 강한.¶~ enemy 불구대천의 원수／a ~ hatred 뿌리 깊은 증오. 3 영혼의 파멸을 가져오는, 지옥에 떨어질. ⇒DEADLY SINS. 4 죽은 듯한, 죽은 사람 같은.¶a ~ stillness 죽음 같은 고요[정적]. 5 매우 심한; 견딜[참을] 수 없는.¶~ dullness 견딜 수 없는 지루함. 6 아주 정확한, 더없이 정확한. 7 예리한 통찰력을 가진; 신랄한. 8 《속어》 굉장히 좋은; 지독하게 나쁜.
be perfectly deadly 참으로[아주] 지독하다.
in deadly haste [*or hurry*] 몹시 서둘러, 황급히.
the (*seven*) *deadly sins* ⇒DEADLY SINS.
— 〔부〕 1 죽은 사람같이, 죽은 것같이. 2 몹시, 지독하게, 매우.¶be ~ tired 몹시 지쳐 있다. 3 치명적으로.
-li·ness 〔명〕 치명적임; 맹렬함.

deadly nightshade 〔식〕 =belladonna.

deadly sins 〔명〕 (**the ~**) (지옥에 떨어질) 7대 죄악(＊ 오만(pride), 탐욕(covetousness), 정욕(lust), 노여움(anger), 대식(gluttony), 시기(envy), 나태(sloth)).

dead man 죽은 사람; 《구어》 빈 술병(dead soldier); 《美속어·방언》 허수아비; (계의) 호흡기.

dead·man('s) [dédmən(z)] 〔형〕 〔기계·자동차〕 (제어 장치 따위가) 손[발]을 떼면 자동 정지하는, 데드 맨 방식의. 「〔엎드려 뜨기(prone float).

dead-man's flóat 〔수영〕 (손발을 쭉 뻗어서)

deadman's hand 〔카드놀이〕 에이스 두 장과 8 끗짜리 두 장의 패; 불운, 불행.

dead márch 〔명〕 (군대의) 장송 행진곡.

dead maríne 《속어》 빈 술병(dead man).

dead mátter 〔인쇄〕 필요 없게 된 조판, 폐판(廢版); 조판(사용)이 끝난 쇳조각(foul matter); 무기물(無機物).

dead-melt [′mélt] 〔동〕타〕 《야금》 완전 용해하다.

dead néttle 〔식물〕 광대수염속(屬)의 식물.

dead-on [′án, ′ɔ́n] 〔형〕 아주 정확한.

dead-on-ar·ri·val [′əráivəl] 〔명〕 시체가 되어 병원에 도착한 환자(약 DOA); 《美》 처음부터 작동하지 않는 전자 회로.

dead·pan [dédpæn] 〔명〕 무표정한[덤덤한] 얼굴을 하다, 근엄한[진지한] 얼굴을 하다. — 〔형〕 무표정한, 근엄한[진지한] 얼굴의. — 〔부〕 덤덤하게, 무표정한 얼굴로.
— 〔또는 **déad pàn**〕 무표정한 얼굴. 〔한 패배자.

dead párrot 《英》 완전히 회복 불능이 된 것, 완전

dead pédal 〔명〕 《속어》 서행하는 차; 일요 운전자.

dead pígeon 〔명〕 =dead duck.

dead póint 〔명〕 =dead center 1.

dead réckoning 〔명〕 〔항해〕 추측[추정] 항법; (일반적으로) 추측, 추정.

dead ringer 〔명〕 《구어》 (…와) 빼닮은 사람[것]; 가짜, 대역, 대용품 (*for*). 「〔室〕.

dead róom 〔명〕 (음파를 반사하지 않는) 무향실(無響

dead rún 〔명〕 전력 질주.
on the dead run 전력 질주하여.

Dead Séa 〔명〕 (**the ~**) 사해(死海)(이스라엘과 요르단 사이에 있는 염수호; 세계에서 가장 수면이 낮다).

Dead Sèa frúit [**ápple**] 〔명〕 (**the ~**) 소돔의 사과 (apple of Sodom); (비유적) 실망거리, 겉모양만 그럴 듯한 것, 기대 밖의 것.

Dèad Séa Scrólls 〔명〕옐 (**the ~**) 사해(死海) 문서 [사본](사해 서북안 동굴에서 발견된 히브리어의 구약 성서를 포함한 고문서들).

dead sét 〔명〕 1 (사냥개가 사냥감을 가리키는) 부동 자세. 2 단호한 공격, 의연한 태도(*at*); 끈질긴 노력, (특히 여성에게의) 필사적인 구애(*at*).
make a dead set at …을 맹렬히 공격하다.
— 〔형〕 단호한.
be dead set against …에 단호히 반대하다.

dead shót 〔명〕 명중탄; 명사수. 「원활히 움직이는.

dead-smooth [′smú:ð] 〔형〕 몹시 매끄러운, 매우

dead sóldier 〔명〕 《속어》 빈 술병; 먹다 만 음식(그릇).

dead spáce 〔명〕 〔군사〕 사각(死角)(dead ground); 〔건축〕 (기둥 주위의) 이용할 수 없는 공간; (집회장 등의) 잘 보이지 않거나 소리가 들리지 않는 부분.

dead spít 《구어》 꼭 닮은 것[사람] (*of*).

dead spót 〔명〕 《美》 (라디오의) 난청 지대(blind spot).

dead stíck 〔명〕 〔엔진 정지로〕 회전이 멈춘 비행기의 프로펠러; (비어) 발기하지 않는 성기. **dead-stick**

déad-stick lánding 〔명〕 〔항공〕 엔진 정지 착륙.

dead stóck 〔명〕 팔다 남은 물건; 농기구(류). 〔⇔ livestock〕 (또는 **déadstòck**).

dead-straight [′stréit] 〔형〕〔부〕 일직선의[으로]. 「간.

dead tíme 〔명〕 1 =downtime. 2 〔전자〕 불감(不感) 시

dead wágon 《속어》 사체(死體) 운반차, 영구차.

dead wáll 〔명〕 창문[문]이 없는 벽.

dead wáter 〔명〕 흐르지 않는 물, 괸 물, 갇힌 물; 〔항해〕 (고물 밑의) 소용돌이; 선적 와류(艦跡渦流). 「간.

Dead Wéek 〔명〕 《美학생 속어》 최종 시험 직전 1주

dead wéight 〔명〕 1 무거운 짐, 중하(重荷); (비유적) 부담, 중압. 2 자체 중량(dead load). 3 〔해사〕 선박에 적재한 총중량. (또는 **déadwèight, déad-wèight**)

déadweight tónnage [**capácity**] 〔명〕〔해사〕 적재 중량 톤수 (약 DW).

dead·wood [dédwùd] 〔명〕Ⓤ 1 마른 가지; 고목(枯木). 2 쓸모없는 것[사람], 무용지물. 3 〔볼링〕 데드우드 (레인 위에 넘어져 남아 있는 핀). 4 〔카드놀이〕 〔포커에서〕 버린 패. 5 〔해사〕 역재(力材). (또는 **déad wòod**)
cut out [*or remove*] (*the*) *deadwood* (조직 등에서) 불필요[무용]한 것[사람]을 제거하다 (*from*).
have [*or get*] *the deadwood on* 《美부부》 …보다 유리한 입장에 서다.

dead·work [dédwə̀:rk] 〔명〕 (광산의 채굴에서) 채광 이외에 필요한 준비 작업; 수익이 없는 준비 작업.

de·aes·thet·i·cize [′esθétəsàiz] 〔동〕타〕 〔예술 작품〕에서 미적(美的) 요소를 제거하다. **-ci·zá·tion**

‡**deaf** [def] 〔형〕 (**~·er**; **~·est**) 1 귀먹은, 귀머거리의.¶be ~ *of* [or *in*] one ear 한쪽 귀가 먹다. 2 귀를 기울이지 않는; 상대하지 않는; 무심한 (*to*).¶He is ~ *to* all advice. 그는 어떤 충고도 듣지 않는다. — 〔명〕 (**the ~**) 〔집합적·복수취급〕 귀가 먼 사람들, 청각 장애자.
be deaf and dumb 농아이다. 「〔자.
be deaf as an adder [*or a door, a doornail, a stone*] 전혀 못 듣다, 귀가 멍텅이다.
fall on deaf ears (요구 따위가) 묵살[무시]되다.
go [*or become*] *deaf* 귀가 먹다.
turn a deaf ear to …에 귀를 기울이지 않다.
∼·ly 〔부〕 **∼·ness** 〔명〕 〔인용〕 소형 이어폰.

deaf-aid [′éid] 〔명〕 《英》 보청기(hearing aid); (방송

deaf-and-dumb [′ǽndʌ́m] 〔형〕〔명〕 농아(의)(deaf-mute).¶the ~ alphabet 지화(指話) 문자. 「〔명〕.

deaf-blind [′bláind] 〔명〕 시청각 장애의, 귀먹고 장

***deaf·en** [défən] 〔동〕타〕 1 …을 귀머거리로 만들다. 2 (큰 소리로) [남]의 귀를 먹먹하게 하다. 3 (고어) (큰 소리가) [작은 소리]를 안 들리게 하다. 4 …에 방음 장치를 하다. **∼ed** **∼·ed·ness**

deaf·en·ing [défəniŋ] 휑 귀청이 터질 것 같은.
──휑U 방음 장치[재료](deadening). ~·ly 튀
deaf-mute [´mjúːt] 휑 농아의.
──명 농아의(~-and-dumb). ~·ness 명 [증(症).
deaf-mut·ism [´mjúːtizm] 명U 농아 상태, 농아
déaf nút 알맹이가 없는 견과(堅果); 실속 없는 것.
‡**deal**¹ [diːl] 동 (~s [-z]; ~t) 태 1 (문제·사건 따위를) 처리하다, 대처하다(with); (주제·문제 따위를) 다루다, 논하다(with, in). ⇨TREAT 유의어 ¶(~+图)a problem easy[difficult] to ~ with 처리하기 쉬운[어려운] 문제/His paper ~s with water pollution. 그의 리포트는 수질 오염 문제를 다루고 있다. 2 종사하다, 관계하다 (in, with). ¶(~+前+图) He dealt in the research project. 그는 그 연구 계획에 관계했다. 3 거래 관계가 있다, 거래하다(with, at); (가게 따위를) 취급하다, 매매하다; 장사하다(in). ¶(~+前+图) ~ with a reliable firm 신용 있는 회사와 거래하다/~ in used cars 중고차 매매를 하다. 4 (사람에 대하여 …하게) 행동하다, 대하다 (with). ¶(~+图+图) ~ well[badly] with a person 남을 우대[냉대]하다. 5 [고어] 밀약을 맺다, 비밀 거래를 하다 (with). 6 (카드놀이의) 패를 도르다. 7 《속어》 마약을 밀매하다.
── 타 1 (사람에게) …을 나누어주다, 분배하다, 베풀다(out)(to). ¶(~+图+前+图) ~ justice to all 만인에게 공평하다/~ (out) gifts to[or among] the poor 가난한 사람들에게 선물을 나누어주다. 2 (카드놀이의 패)를 도르다. ¶Who dealt the cards? 누가 패를 돌렸나? 3 (…에게) (타격·조치)를 가하다, 주다 (at, to). ¶(~+图+图) (~+图+前+图) ~ a person a blow; ~ a blow at[or to] a person 남에게 일격을 가하다. 4 《속어》 (마약)을 매매[밀거래]하다. 5 《속어》 (선수 등)을 방출하다.
deal a person in[out] (구어) 남을 한패에 넣다[한패에서] 빼다], 참가시키다[배제시키다].
deal at (가게 따위)를 단골로 삼다, …와 거래하다.
deal by (well, badly와 함께) (종종 수동형으로) (자람)을 다루다, 대하다.
deal from the bottom of the deck (美속어) 속이다.
deal in ① (상품 따위)를 취급하다; (문제 따위)를 다루다. ②…에 관계하다; …으로 시간을 보내다.
deal…off; deal off (포커에서) 한 판의 마지막 패를 도르다; (奬)를 방출하다, 트레이드시키다.
deal the cards (카드놀이에서) 패를 도르다; 지시[다
deal up (피고인과) 뒷거래를 하다. [휘]하다.
deal with ① (문제·사건 따위)를 처리[처치]하다; (문제·문제 따위)를 다루다, 논하다. ②…와 관련을 맺다, …에 관계하다. ④…와 거래하다, …와 사귀다. (사람)을 죽이다.
He who smelt it dealt it. (구어) 냄새난다고 한 사람이 장본인이다(서로 방귀 뀌지 않았다면서 하는 말).
──명 ~s [-z] 1 (구어) 거래, 장사, 매매 (with). ¶The ~ falls[goes] through. 거래가 실패로 끝나다[잘 이뤄지다]. 2 (D−) (정치·경제상의) 정책, 계획. ¶the New D− 뉴딜 정책. 3 (구어) (상업·정치상의) 흥정, 비밀 거래, 밀약. ¶an underhand ~ between the two 양자간의 밀약. 4 (구어) 처우, 대우. 5 분배; (카드놀이의) 패 도르기; 도는 패; 패 돌릴 차례; (카드놀이의) 한 판. 6 (구어) 인물; 물건. ¶a big ~ 중요 인물; 중대 사건.
call it a deal (거래 등에서) 일이 낙착된 것으로 치다.
crumb the deal (美속어) 계획을 망치다.
cut [or **crack, strike**] **a deal** (구어) (거래) 계약[협정]을 맺다, 거래하다; 합의하다 (with).
give a person a square [**raw**] **deal** (구어) 남을 정당하게[부당하게] 처우하다.
Good deal! (美속어) 좋아!, 됐어!, 바로 그거야!
It's a deal!; You('ve) got a deal! ① 이것으로 거래[매매]가 성립되었소. ② 이것으로 매듭지읍시다.
It's no big deal. 대단한 일은 아니다.
make a big deal out of …을 과장하여 떠들어대다.
make [or (英)] **do**] **a deal with** …와 거래[장사]하다
와 타협[협상, 흥정]하다.
new deal (구어) 재출발, 대변혁; 또 한번의 기회.
no deal ① (美속어) (감탄사적) 안돼!, 싫어! ② (서술용법) 실패의, 무용의. ¶It's no ~. 흥정은 끝이다; 없던 일로 하자.
That's a deal. 좋아 알았다; 계약하자.
What's the big deal? 뭣 때문에 이 소동이냐?
‡**deal**² 명 1 (불특정의) 양(액), 정도(* 보통 great, good, vast 따위와 같이 쓰인다). ¶a great ~ of milk[money] 다량의 우유[거액의 돈]/a good ~ of work 많은 일. 2 (구어) (a ~) (수·분량의) 많음, 다량.
a vast deal 대단히, 상당히.
deal³ 명U 전나무[소나무] 널빤지; 전나무[소나무] 재목.
déal brèaker 명 거래[협상]를 깨는 사람.
‡**deal·er** [díːlər] 명 (~s [-z]) 1 취급업자; 상인, 판매인[점], 중개업자; …상 (in). ¶a retail ~ 소매상/a wholesale ~ 도매상. 2 (어떤 특수한) 행동을 하는 사람. ¶a plain ~ 솔직한 사람/a double ~ 표리 부동한 사람. 3 (카드놀이 등의) (the ~) 패를 도르는 사람. 4 (상품·증권 거래소의) 딜러, 거래인. 5 (속어) 마약 밀매인.
deal·er·ship [díːlərʃip] 명U 상품 판매 자격(권); C (상품 판매권을 가진) 배급업자, 판매(대리)점, 특약점.
‡**deal·ing** [díːliŋ] 명 (~s [-z]) 1 (~s) 관계, 교제, 거래 (with). ¶business ~s 상거래 / have ~s with …와 교제[거래]하다. 2 U (남에 대한) 행동, 대우. 3 U 카드의 분배. [꾼.
déal màker 명 거래[협상]를 성사시키는 사람; 거간
‡**dealt** [delt] 동 deal의 과거·과거분사.
de·am·bu·la·tion [diːæmbjuléiʃən] 명 보행(步行); 산책; (산책 따위의) 가벼운 운동. ambulatory.
de·am·bu·la·to·ry [diːǽmbjulətɔ̀ːri/-təri] 명 =
de·A·mer·i·can·ize [diːəmérikənàiz] 동태 …을 비(非)[탈(脫)]미국화하다, …에 대한 미국의 관여를 줄이다. **-mèr·i·can·i·zá·tion** 명
de·am·i·nate [diːémənèit] 동태 (생화학) 탈(脫)아미노(화)하다, 아미노기(基)를 뽑다. **-ná·tion** 명
*****dean** [diːn] 명 1 (대학의) 학장, 학부장; (美) 학생처장; (英) 학생감. ¶the ~ of politics 정치학 부장. 2 (교회) 사제장; (영국 국교의) 지방 부감독; (가톨릭) 지구장. 3 (단체의) 장로, 최고참자.
──동태 dean 노릇을 하다.
Dean [diːn] 명 **James** ~ 딘(1931−55) 미국의 영화배우). [공관직.
dean·er·y [díːnəri] 명U dean의 직위; C dean의
dean·ship [díːnʃip] 명U dean의 직위[지위].
déan's lìst (美) (대학의) 우등생 명단.
‡**dear** [diər] 명 (~·er; ~·est) 1 친애하는, 사랑하는, 귀여운, 사랑스런; 그리운. ¶a ~ friend of mine 나의 친한 친구/D− [or My ~] Tom 이애, 톰/My ~ fellow! 여보게!/What a ~ little child [or thing]! 참 귀여운 애구나! 2 경애하는(* 편지글 따위에서). ¶D− Sir(s) 근계/D− [or My ~] Mr. Johnson 존슨씨(귀하).

USAGE Dear의 용법──(1) D− Mr. …는 (英)에서는 형식적이지만 (美)에서는 친밀도가 강하고, My ~ Mr. …는 거꾸로 (英)에서는 친밀감을 나타내고 (美)에서는 형식적이다. (2) Dear 다음에 full name(성명)은 쓰지 않는다.

3 소중한, 귀중한, 귀한; 충심의, 간절한. ¶one's ~est wish 간절한 소원/my ~est foe 살려 둘 수 없는 적(* 반어적인 표현)/Life is ~ to me. 나는 목숨이 소중하다[아깝다]. 4 값비싼, 고가의 (반 cheap) ⇨ EXPENSIVE 유의어. 물건을 비싸게 파는; (비유적) 대가가 비싼, 큰 희생을 치른. ¶at the ~est (기껏) 비싸야/Everything is getting ~ nowadays. 요새는 모든 물

가가 오르고 있다. **5** (폐어) 구하기 어려운, 귀한.
dear to *one's* ***heart*** …에게 있어 소중한, 중요한.
for dear life 죽을 힘을 다하여, 필사적으로.
hold…dear …을 소중히 여기다, 애지중지하다.
— 명 (복) **~s** [-z] **1** 친애하는 사람; 사랑하는 사람, 애인, 연인((* 보통 부르는 말로 쓰인다). ¶ (My) ~ [or ~*est*]! 여보, 당신 / Come here, my ~. 아가야, 이리 온. **2** 귀여운 사람[것].
(the) dear (only) knows …은 아무도 모른다(God knows).
There's [or ***That's***] ***a dear.*** 착하기도 해라, 착한 애니까 (…해주렴).
— 튀 **1** 정이 깊게, 사랑스럽게. **2** 비싸게, 고가로.
pay dear for …을 비싸게 사다; …때문에 혼나다.
— 감 (놀람·곤혹·슬픔·동정·연민·경멸 따위를 나타내어) 아이고!, 어머!, 저런!, 이런!, 오, ~!, 저런 저런!, 어머나!, 아이구! / Oh, ~, no! 어이구 당치도 않지!
∠**·ness** 명
Déar Ábby 명 디어 애비(미국 칼럼니스트 Pauline F. Phillips(필명 Abigail Van Buren)의 (신문) 인생 담란).
dear·ie [díəri] 명 =deary.
Déar Jóhn (létter) 명 ((美구어)) (애인·약혼자에 대한 여자의) 절연장, 파혼장; (일반적으로) 절교장(편지).
‡**dear·ly** [díərli] 부 **1** 애정을 가지고, 사랑스럽게, 극진히. ¶I love him ~. 나는 그를 매우 사랑한다. **2** 값비싸게, 고가로: (비유적) 많은 희생[큰 대가]을 치르고.
dearly beloved 두 분(목사가 신혼 부부를 부르는 호칭).
pay dearly for …때문에 큰 피해를 입다[큰 대가를 치르다].
de·ar·ma·ment [di:άːrməmənt] 명 ((美구어)) 군비 축소; 무장 해제(disarmament).
déar móney ((금융)) 고금리자금; 고리채.
*****dearth** [də:rθ] 명 U (때로 a ~) **1** 결핍, 부족. ⇒ LACK ((동의어)) ¶a ~ of workers 노동자 부족. **2** 식량 부족, 기근. ¶in time of ~ 기근시에.
dear·y [díəri] 명 ((구어)) 사랑하는(귀여운) 사람(darling)((* 보통 여자가 쓴다).
dea·sil [díːzəl] 부 ((스코)) 오른쪽[시계] 방향으로.
— 명 태양의 운행 방향, 시계 방향.
‡**death** [deθ] 명 **1** U C 죽음, 사망; 죽는 모습. ¶an early [or untimely] ~ 요절 / a sudden [an accidental] ~ 급사[불의의 죽음] / be beaten [burnt, starved] to ~ 맞아[불에 타, 굶어] 죽다 / escape ~ by a miracle 기적적으로 죽음을 면하다 / die a violent ~ 변사하다 / He died a hero's ~. 그는 영웅처럼 죽었다. **2** (D-) 사신(死神)(낫을 든 해골 모습). ¶escape the jaws of ~ 사지에서 벗어나다. **3** U 죽은 상태, 죽어 있음. ¶(as) cold [or still] as ~ 죽은 사람처럼 움직이지 않는; 아주 조용한. **4** (the ~) 사멸, 멸망, 종언(終焉). ¶the ~ of one's ambition 야망의 끝장. **5** U 사기(死期). ¶She was near her ~. 그녀는 죽음이 임박해 있었다. **6** U ((법률)) = civil ~. **7** U 정신적 생활의 상실, 영혼의 죽음. **8** U 살인, 살육, 유혈. ¶a field of ~ 전장, 싸움터. **9** (the ~, one's ~) 사인(死因); 치명적인 것 *(of, to)*; (고어) 전염병. ¶the black ~ 흑사병, 페스트 / Poverty was his ~. 그의 죽음은 가난이 원인이었다. **10** U 사형. ¶be condemned to ~ 사형 선고를 받다. **11** U ((구어)) 무서운 것, 끔찍한 것.
(a fate) ***worse than death*** 실로 끔찍한 (재난).
((익살)) (강간 따위로) 처녀성 상실.
(as) ***pale as death*** (송장처럼) 새파랗게 질려.
(as) ***sure as death*** 절대 확실하게.
at death's door 빈사 상태의, 위독한.
be death on ① …을 몹시 싫어하다, …에 강력히 반대하다. ② …을 경멸하다, 깔보다. ③ …의 명수이다, …을 아주 잘하다, …의 솜씨가 대단하다, …을 간단히 처리하다. ¶*be ~ on curves* (야구) 커브를 잘 치다. ④ …을 아주 좋아하다. ⑤ (약 따위가) …에 아주 잘 듣다.

be in at the death ① (사냥개가) 여우 등의 사냥감을 지켜보다. ② (연극 따위가) 클라이맥스에 달하다. ③ (좋지 않은) 일의 결말을 지켜보다.
be the death of ① …의 사인(死因)이 되다, …을 죽이다. ② …을 몹시 괴롭히다. ③ 감에 걸리다.
catch [or ***take***] ***one's death (of cold)*** 감기에 걸리다.
cling [or ***hold, hang***] ***on like grim death*** 결사적으로 달라붙다.
die the death ① 처형되다. ② ((구어)) (배우 등이) 인기를 잃다, 관객에게 외면당하다.
do…to death ① …을 죽이다. ② ((구어)) …을 지나치게 써서 물리게 만들다.
feel [or ***look***] ***like death (warmed over*** [or ***up***]) ((구어)) 몹시 지치다[지쳐 보이다]; 몹시 컨디션[기분]이 좋지 않다[않아 보이다].
in the death ((속어)) 최후에; 결국.
like grim death 한사코, 악착같이. ⇨GRIM.
put a person to death 남을 죽이다, …을 사형에 처하다.
take one's death upon …에 목숨을 걸다.
to death 죽도록; 몹시, 진절머리나게. ¶drink oneself *to* ~ 술을 너무 마셔 죽다 / be tired *to* ~ 몹시 지쳐 있다; 진절머리가 나 있다: …지, 끝까지.
to the death ① =to death. ② 죽을 때까지, 최후까지.
déath ádder 명 (오스트레일리아산(産)) 독사.
déath ágony 명 죽음(단말마)의 고통.
déath ásh 명 (방사능의) 죽음의 재, 방사능 낙진.
death·bed [déθbèd] 명 죽음의 자리; 임종.
on [or ***at***] ***one's deathbed*** 임종의, 죽음에 임해.
— 형 임종의. ¶a ~ confession 임종의 고백.
déath béll 명 조종(弔鐘).
déath bénefit ((보험)) 사망 지급금.
déath·blów [déθblòu] 명 (a ~, the ~) 치명적 타격; (비유적) 파멸[실패]의 빌미.
déath cámp 명 (나치 독일의) 죽음의 수용소, 집단 처형장.
déath cáp 명 =death cup.
déath céll 명 사형수 감방.
déath certíficate 명 사망 진단서[확인서].
déath cháir 명 (사형용) 전기 의자(electric chair).
déath chámber 명 사형실; 임종의 방.
déath cúp 명 광대버섯속(屬)의 독버섯. (또는 **déath cáp**)
déath dámp 명 (임종시에 흐리는) 죽음의 땀.
death·day [déθdèi] 명 기일(忌日), 사망한 날.
déath-déal·ing [díːliŋ] 형 치사의, 치명적인. ¶a ~ dose 치사량.
déath dúty ((英法律)) 유산 상속세.
déath educátion 명 ((의학)) 죽음에 관한 교육.
déath féud 명 깊은 원한(deadly feud).
déath fíre 명 도깨비불(corpse candle).
death·ful [déθfəl] 형 치명적인; 죽음 같은.
déath hóuse 명 사형수 수감실(棟).
déath ínstinct 명 (the ~) ((심리)) 죽음의 본능; 자살[자멸]의 경향. 반 life instinct
déath knéll 명 종말(亡), 파멸[의 전조]; 조종(弔鐘).
death·leap [díːp] 명 투신 자살.
death·less [déθlis] 형 불사의; 불후[불멸]의. ¶~ poems 불멸의 시. ~**·ly** 부 ~**·ness** 명
death·like [déθlàik] 형 죽음 같은, 죽은 것 같은.
death·ly [déθli] 형 **1** 치사(致死)의, 치명적인. **2** 죽음의(같은). 부 **1** 죽은 것처럼. ¶~ pale 송장처럼 새파란. **2** 극히, 몹시. **-li·ness** 명
déath márch 명 죽음의 행진(포로들의 도보 행군).
déath másk 명 데스 마스크, 사면(死面)(반 life cast).
déath pénalty 명 (the ~) 사형.
déath place [déθplèis] 명 사망지, 숨진 곳.
déath póint 명 ((생물)) 사점(死點)(생존 한계 온도).
déath ráte 명 사망률(mortality (rate)).
déath ráttle 명 임종 때의 가래 끓는 소리.

déath rày 명 살인 광선.¶~ weapon 살인 광선 무기.
death-roll [-ròul] 명 (전쟁·사고 따위의) 사망자.
déath ròw 명 (美) =death house. [명단(수).
déath sànd 명 (방사능이 함유된) 죽음의 재(모래).
déath sèat 명 (美·濠속어) (자동차의) 조수석.
déath sèntence 명 사형 선고.
death's-head [déθshèd] 명 (죽음의 상징인) 해골.
deaths·man [déθsmən] 명 (고어) 사형 집행인.
déath squàd 명 (주로 남미 군정하에서의 반체제 인사) 암살단; 총살형 집행대(隊).
déath stár 명 죽음의 별(태양계에 있다는 암흑 반성(件星)); (D- S-)(영화 Star Wars에 등장하는) 죽음의 별.
déath tàx 명 (美) (유산) 상속세. [별.
déath thèrapy 명 (말기 환자에게 조언을 주는)대 사
déath thròe 명 죽음[단말마]의 고통, (흔히 死) 요법.
déath tòll 명 (사고 따위로 인한) 사망[희생]자 수.
death·trap [déθtræp] 명 죽음의 함정(화재 따위 인명 사고가 일어나기 쉬운 건물·장소·상황 따위).
Déath Válley 명 죽음의 계곡(미국 California 주와 Nevada 주에 걸친 해면보다 낮은 혹서의 건조 분지).
death·ward [déθwəːrd] 부 죽음을 향하여[향한].
déath wàrrant 명 (법률) 사형 집행 영장; (제도 따위의) 폐지 명령. 2 (비유적) 사망 선고; 치명적인 사건 [타격]. 3, 제 무덤을 파다.
sign one's (own) death warrant 파멸을 자초하다
death·watch [déθwàtʃ/-wɔ̀tʃ] 명 1 임종; (상가에서의) 밤샘. 2 사형수 감시인. 3 (또는 ~ **bèetle**) 살짝수염벌레(나무 갉아 먹는 소리를 죽음의 전조로 생각했다).
déath wìsh 명 죽음을 바라는 마음, 죽음에의 동경.
déath with dígnity 명 존엄사(尊嚴死)(무리한 연명 치료를 그만두는 일). 합 euthanasia ¶the *Death with Dignity* Act (美) 존엄사법, 안락사법.
de·au·tom·a·ti·za·tion [diːtɔ̀ːmətəzéiʃən/-tɔ̀mətai-] 명 탈(脫)자동화(타성화된 상태로부터의 탈출).
deb [deb] 명 (구어) =debutante. 명 (속어) 깡패 기둥서방이 붙어 있는 젊은 여자; 불량 소녀.
deb. debenture; debit; debut; debutante.
de·ba·cle [deibáːkl, -bǽkl, də-] 명 1 (군대·군중의) 와해, 패주, 패퇴; (정부의) 붕괴; (시장의) 폭락. 2 (강의) 얼음이 깨짐. 3 대재해; 대홍수, 산사태.
de·bag [diːbǽg] 타 (-**gg**-) (英속어) (벌·장난으로) 남의 바지를 벗기다; ···의 자신감[콧대]을 꺾다.
de·bar [dibáːr] 타 (-**rr**-) 1 ···을 (···에서) 제외하다, ···을 들여놓지 않다 (*from*). 2 남이 [···하는 것]을 방해하다, (남)에게 ···을 금지하다 (*from*).
~·**ment** 명 제외; 금지.
de·bark[1] [dibáːrk] 타 양륙[상륙]시키다[하다](disembark). **dè·bar·ká·tion** 명
de·bark[2] 타 (나무의) 껍질을 벗기다.
de·base [dibéis] 타 1 (인격·품성 따위)를 떨어뜨리다, 천하게 하다. 2 (품질·가치 따위)를 떨어뜨리다, 내리다, 나쁘게 하다; (화폐의 교환) 가치를 떨어뜨리다, 절하하다. ~·**ment** 명 **-bás·er** 명
de·bat·a·ble [dibéitəbl] 형 논쟁의 여지가 있는, 이론이 있는; 토론이 허용되는, 토론 대상이 되는; (영토 따위가) 분쟁중의 (*in dispute*). (또는 **debateable**)
‡**de·bate** [dibéit] 명 1 UC 토의, 토론, 심의, 논쟁. ⇨ ARGUMENT 유의어 ¶*open*[*close*] *a* ~ 토의를 시작 [종결]하다. 2 U 숙고, 심사. 3 토론회; 토론 기술. 4 (the ~s) (의회의) 의사 보고.
after much debate 심사 숙고한 후에.
be in [or *under*] *debate* 토의중이다.
hold a debate on ···에 대해 토의하다.
── 통 (-*bat·ed*; -*bat·ing*) 제 1 (···에 대해/···와) 토론[토의]하다, 논의[심의]하다 (*on, about* / *with*). ¶ (~ + 前 + 图) ~ *hotly on* [or *about*] *a question* 어떤 문제에 대해서 열띤 토론을 벌이다. 2 (···에 대해) 숙고하다 (*on, about*). ── 타 1 ···을 토의[토론]하다.¶ ~ *a*

question 문제를 토의하다. 2 ···에 대해 논쟁하다. 3 ···을 숙고하다, 숙의하다.
debate with oneself 숙고하다, 혼자 생각에 잠기다.
~·**ment**, **-bát·er** 명 **-bát·ing·ly** 부
debáting clúb[socíety] 명 토론 클럽, 변론부.
debáting pòint 명 토론의 핵심 주제; 상대에 연막을 치는 듯한 주장.
de·bauch [dibɔ́ːtʃ] 타 1 ···을 타락시키다; (여자)를 유혹하다. 2 ···을 더럽히다, 손상시키다. 3 (경제) 가치를 저하시키다. ── 재 주색에 빠지다, 방탕하다. ── 명 방탕, 난봉, 폭음, 폭식; 방탕 시절. ~·**er**, ~·**ment** 명
de·bauched [dibɔ́ːtʃt] 형 방탕한, 타락한(corrupt).
-báuch·ed·ly [-idli] 부 **-báuch·ed·ness** 명
deb·au·chee [dèbɔːtʃíː, -ʃíː] 명 방탕자, 난봉꾼.
de·bauch·er·y [dibɔ́ːtʃəri] 명 방탕, 난봉, 주색에 빠짐; 을 (고어) 유혹; 유흥, 흥청망청 놀기.
deb·bie [débi] 명 =debutante. ── 명 데비(의 애칭). (또는 **Debby**)
Deb·bie [débi] 명 데비(여자 이름; Deborah의 애
de·ben·ture [dibéntʃər] 명 사채(社債), 채권(債券); (英) (관세의) 환세(還稅) 증명서. ¶a mortgage ~ 저당권 담보 사채.
debénture bónd 명 (美) 무담보 사채(권(券)).
debénture stóck 명 (英) (이자가 목적인) 무상환 사채(권), 담보부 사채; (美) 확정 이자부 주식.
de·bil·i·tate [dibíləteit] 타 ···을 약하게 하다, 쇠약[허약]하게 하다. **-tant**, **-tá·tion** 명 쇠약, 허약(증).
-tà·ting·ly 부 **-tà·tive** 형 [장애.
de·bil·i·ty [dibíləti] 명 U 쇠약, 허약; (심신의) 중증
deb·it [débit] 명 1 [부기] 차변(借邊); 차변 기입; 차변 항목(爲 credit). ¶enter on the ~ side 차변에 기입하다. 2 불편함; 결점, 단점. ── 타 ···(계정)의 차변에 기입하다 (*against, to*); ···의 계정[장부]에 (차입액을) 기입하다 (*with*). [card).
débit cárd 명 (은행) 직불 카드, 현금 카드(check
débit pólicy 명 매빗 보험(호별 수금하는 소액 생명 [보험).
débit slìp 명 지불 전표.
de·blat·e·rate [dibl&aeligtəreit] 타 쓸데없는 말을 늘어놓다, 불평하다. **-rá·tion** 명
deb·o·nair [dèbənéər] 형 상냥한; 공손한, 정중한; 명랑한. (또는 **debon(n)aire**) ~·**ly** 부 ~·**ness** 명
de·bone [diːbóun] 타 뼈를 발라내다. **-bón·er** 명
de·boost [diːbúːst] 타 (우주선 따위)를 감속하다. ── 명 (우주선 따위의) 감속.
Deb·o·rah [débərə] 명 1 (성서) 이스라엘의 여자 선지자(←사사기(Judg.) 4:4). 2 (또는 **Debora**) 여자 이름.
de·bouch [dibáutʃ, -búːʃ] 재 (하천·도로·인파 등이) (좁은 곳에서 / 넓은 곳으로) 나오다; (군사) (군대가) (산악 지대 포위망에서 / 평지로) 진출하다 (*from / into*). ── 타 ···을 (넓은 곳으로) 진출[진출]시키다.
── 명 =débouché. 〈F〉 [구; (상품의) 판로.
dé·bou·ché [dèibuːʃéi] 명 (요새 등의) 진출구, 출
de·bouch·ment [dibáuʃmənt, -búːʃ-] 명UC (군대의) 진출 (지점); (지리) 하구, 유출구; (강의) 유출.
de·bride [dibríːd, dei-] 타 (상처에서) 이물(異物)을 제거하다, 데브리망(壞死) 조직을 제거하다.
de·bride·ment [dibríːdmənt, dei-] 명U (의학) 괴사(壞死) 조직 제거(술); 상처 표면 절제(술).
de·brief [diːbríːf] 타 (임무에서 돌아온 사람)으로부터 보고를 듣다, 보고하게 하다; (퇴직자 등)에게 비밀[기밀] 준수 의무를 지우다. ~·**er** 명
de·brief·ing [diːbríːfiŋ] 명 (임무 완료 후의) 심문, 결과 보고; 비밀 준수 약속.
de·bris [dəbríː, déibriː/débriː] 명U (파괴물의) 파편, 부스러기, 잔해; [지질] 암설(岩屑); (등산) 빙퇴석(氷塊); (채광) 폐석(廢石). (또는 **débris**) 〈F〉
‡**debt** [det] 명 1 UC 빚, 부채, 채무; U 차금[차입]

상태. ¶a funded ~ 장기 부채, 이자부 공채/a floating ~ 단기 차입금/the national ~ 국채. **2** 빌려준 돈. ¶a bad ~ 회수가 가망이 없는 빚/collect ~ 빚돈을 거두다. **3** ⓒⓤ 은혜, 의리, 덕택. ¶a ~ of gratitude 은혜. **4** (종교) 죄; 부채. ¶Forgive us our ~s. 우리의 죄를 사하여 주옵소서(← 마태 복음(Matt.) 6:12). *be in debt to* a person; *be in a person's debt* ① 남에게 빚지고 있다. ② 남에게 은혜를 입고 있다. *be out of debt* ① 빚이 없다. ② 신세진 바 없다. *call up a debt* 빚 독촉하다. 〔갚다(청산하다). *clear* [or *pay, wipe*] *off one's debt* 빚을 깨끗이 *get* [or *fall, run*] *into debt* 빚을 지다(내다). *get out of debt* 빚을 갚다. *keep out of debt* 빚 안 지고 살다. *owe* [*pay*] *a debt to a person; owe* [or *pay*] *a person a debt* 남에게 빚을 지다(갚다). *pay one's debt to nature; pay the debt of nature* 죽다(die). 〔상황). **débt bòndage** 몡 부채 노예(극빈국 국민들이 처한 **débt bùyback** 몡 채무 환매(개도국에 대한 채무 원 금을 대폭 할인해 되사들이는 것). 〔(英) 빚 수금하는 **debt-col·lec·tor** [[']kɔlektər] 몡 **débt crísis** 몡 누적 채무 위기, 외채 위기. **débt-eq·ui·ty rátio** [-ékwəti-] 몡 (金融) 부채 비율, 부채 대 자기 자본 비율. (또는 **débt-to-equity rátio**) 〔(또는 **débt-for-equity swáp**) **débt-equity swáp** 몡 (金融) (대외) 채무의 주식화. **débt fínancing** 몡 (金融) 채권 금융(공채·사채 따 위 발행에 의한 자금 조달); (經營) 차입 경영. **débt forgíveness** 몡 채무 면제(탕감). **débt-for-náture swáp** ['ˈfərnéitʃər-] 몡 채무 환경 스와프(채무 이행 불능 국가에 대해 채무 면제 대신 환경 보호를 요구하는 것). **débt íssue** 몡 기채(起債); 채권(債券), 채무 증서. **débt límit** 몡 채무 한계; 공채 발행 한도(액). **débt of hónor** 몡 노름빚(gambling debt). **débt of náture** 몡 피할 수 없는 죽음. ¶pay the ~ [or one's debt to nature] 죽다. (또는 **débt to náture**) ***debt·or** [détər] 몡 **1** 채무자, 차주(借主)(⊛ creditor). **2** (부기) 차변. **3** (~s) 수취(受取) 계정. **4** 은혜를 입고 있는 사람; 죄인. **débtor nátion** 몡 채무국. **débt relíef** 몡 채무 면제(탕감), 채무 구제. **débt reschéduling** 몡 채무 상환 재조정(연장). **débt secúrities** 몡ⓤ 채무 증서(증권)(bill, note, bond 등의 총칭). **débt sèrvice** 몡 **1** 채무 변제, 차입금 상환; 융자금 회수. **2** 할부 상환 금액(장기채의 원리금 변제 충당액). **débt-ser·vice rátio** [-sɜːrvəs-] 몡 (金融) 채무 변제율(한 나라의 연간 채무 변제율과 연간 수출 총액의 비율; ⓐ DSR). 〔(금 일부 상환). **débt sérvicing** 몡 (金融) 채무 변제(액)(이자 및 원 **débt swáp** 몡 (金融) 채무 스와프(어떤 기관이 보유하고 있는 채권을 대폭적인 할인가로 사들여 고가로 전매하여 이익을 챙기는 거래). **débt-swàp·per** 몡 **débt-to-eq·ui·ty rátio** [-tækwəti-] 몡 (金融) =debt-equity ratio. **de·bug** [diːbʌ́g] 몡ⓣ (**-gg-**) (口語) **1** …에서 해충을 제거하다. **2** …에서 잘못(결함)을 제거하다; (컴퓨터) (프로그램의) 결함(오류)을 찾아서 제거하다. **3** …에서 도청기를 제거하다. 결함(오류) 제거. ~**ger** 몡 **de·bug·ging** [diːbʌ́giŋ] 몡 (컴퓨터) 디버깅(프로그램 중의 오류를 발견하여 제거하는 일). **de·bunk** [diːbʌ́ŋk] 몡ⓣ (口語) …의 가면을 벗기다; …의 정체를 폭로하다. ~**er** 몡 폭로자. **de·bus** [diːbʌ́s] 몡 (**-s(s)-**) (버스·차에서) 내리다. ***de·but** [débjuː, débjuː] 몡 **1** 첫 출연, 초연, 첫 무대, 데뷔; (여성의) 사교계에의 첫발 디딤기 (직업 따위의) 첫 취직, 첫걸음.

make one's debut 데뷔하다, 첫 무대에 서다; 처음 등장하다.
─ 몡자 데뷔하다, 첫 무대에 서다; 처음으로 사교계에 나가다. ─ⓣ (청중 앞에서) …을 초연하다. ─ 몡 첫 출연(무대)의. (또는 **début**) 〈F〉
deb·u·tant [débjutɑ̀ːnt] 몡 (어떤 분야에) 첫 등장하는 사람; 첫 무대에 서는 배우. 〈F〉
deb·u·tante [débjutɑ̀ːnt, -tæ̀nt] 몡 처음으로 사교계에 나온 여자; 첫 출연한 여배우.
de·bye [dibái] 몡 (電氣) 디바이(전기 쌍극자 모멘트의 단위; 10^{-18}CGS 정전 단위와 같다; ⓐ D).
DEC Digital Equipment Corp. **dec.** (라틴) (처방전에서) decanta(따라 부어내시오); deceased; decimeter; declaration; declension; declination; decorated; decoration; decorative; decrease; (음악) decrescendo. **Dec.** (음악) Decani; December.
dec·a- [dèk(ə)] 연결 ten, tenfold(10배)의 뜻 (* 모음 앞에서는 dec-; 미터법에 관한 말일 때는 dek-, deka-). ¶*deca*pod, *deca*re.
dec·a·dal [dékədl] 몡 10의; 10으로 된. ~**·ly** 몡
***dec·ade** [dékeid, dekéid] 몡 **1** 10 년간. **2** 10권, 10편, 10개가 한 벌로 된 것. **3** [dékéd] (가톨릭) 단(端). **4** (電子) 10진 저항기.
dec·a·dence [dékədəns, dikéidns] 몡ⓤ **1** 쇠퇴, 타락, 퇴폐. ¶moral ~ 도덕의 퇴폐. **2** (지나친) 방종, 방자함. **3** (종종 D-) (文學·藝術上의) 데카당스(19세기 말 프랑스를 중심으로 한 퇴폐적 사조(傾向)). 〈F〉
dec·a·den·cy [dékədənsi] 몡 =decadence.
dec·a·dent [dékədənt, dikéidnt] 몡 **1** 쇠퇴하는, 타락해 가는, 퇴폐적인. **2** (종종 D-) 데카당파 작가(의), 데카당적인; (文學·藝術 따위의) 퇴폐기의. ─ 몡 **1** 퇴폐적인 사람. **2** (종종 D-) 데카당파의 작가. ~**·ly** 몡
de·cad·ic [dekǽdik] 몡 십진법의.
de·caf [diːkǽf] 몡 (口語) 카페인을 제거한(decaffeinated). ─ 몡 카페인을 뺀 커피(홍차).
de·caf·fein·ate [dikǽfənèit, -fiːn-/-fin-] 몡ⓣ (커피 따위)에서 카페인을 빼다. -**á·tion, -à·tor** 몡
dec·a·gon [dékəgɑ̀n/-ɡən] 몡 (幾何) 10각형(邊形).
de·cag·o·nal [dikǽgənəl] 몡 **de·cág·o·nal·ly** 몡
dec·a·gram, (英) -gramme [dékəgræ̀m] 몡 데카그램(10그램). 〔10면이 있는.
dec·a·he·dral [dèkəhiːdrəl] 몡 (數學) 10면체의,
dec·a·he·dron [dèkəhiːdrən] 몡 (幾何) 10면체.
dec·a·hy·drate [dèkəháidreit] 몡 (化學) 10수화물(水和化物)(세탁소다(Na₂CO₃·10H₂O) 따위).
de·cal [diːkæl, dikǽl] 몡 판박이 그림, 전사(轉寫) 인쇄; 전사지; =decalcomania. ─ 몡ⓣ (그림·도안 따위)를 전사하다; …에 전사지를 사용하다.
de·cal·ci·fi·ca·tion [diːkæ̀lsəfəkéiʃən] 몡 석회질 제거; (뼈·土壤 따위의) 칼슘분 상실.
de·cal·ci·fy [diːkǽlsəfài] 몡ⓣ자 (뼈 따위)에서 석회질을 제거하다, 탈회(脫灰)하다. ─ⓘ 석회질이 안 되다. -**fi·er** 탈회제(劑).
de·cal·co·ma·ni·a [dikælkəméiniə, -njə] 몡ⓤ (그림·무늬 따위를 도자기 따위에 옮기는) 전사(轉寫)술; ⓒ 전사지, 전사화, 전사 스티커((英) transfer). 〔(10 리터).
dec·a·li·ter, (英) -tre [dékəliːtər] 몡 데카리터
Dec·a·log(ue) [dékɑlɔːg, -lɑ̀g/-lɔ̀g] 몡 (the ~) (모세의) 십계명(Ten Commandments); (d-) 기본 계율.
De·cam·er·on [dikǽmərən] 몡 (The ~) 데카메론(G. Boccaccio작 단편 소설집(1349)).
dec·a·me·ter, (英) -tre [dékəmiːtər] 몡 데카미터(10미터). 〔(波)의; 단파(短波)의.
dec·a·met·ric [dèkəmétrik] 몡 (電氣) 데카미터
de·camp [dikǽmp] 몡자 **1** 야영을 거두다, 진(陣)을 걷어치우다. **2** 급히 떠나다, 도망가다. ⓐ FLEE 유의어
dec·an [dékən] 몡 (점성) 10분각(分角).
dec·a·nal [dékənl/dikéi-] 몡 학부장의; (대성당의)

사제장의; (성가대의) 남쪽의. **~·ly** 튀

dec·ane [dékein] 몡 〔화학〕 데칸($C_{10}H_{22}$).

de·cant [dikǽnt] 톤태 1 (용액의 웃물을) 가만히 따르다; …을 옮겨 따르다; (비유) 이동시키다; 가입주(加入住)시키다. **de·can·ta·tion** [dìːkæntéiʃən] 몡U 가만히 따름. 〖화학〗 경사(傾瀉).

de·cant·er [dikǽntər] 몡 〔화학〕 경사기(傾瀉器), 디캔터; (식탁용) 술병.

de·ca·pac·i·tate [dìːkəpǽsətèit] 톤태 (정자의) 수정(授精) 능력을 없애다.
-pac·i·tá·tion 몡U 정자 수정능력 제거.

de·cap·i·tal·ize [diːkǽpətəlàiz] 톤태 1 …의 자본을 박탈하다; 감자(減資)하다. 2 〔대문자〕를 소문자로 바꾸다.
-i·zá·tion 몡

de·cap·i·tate [dikǽpətèit] 톤태 1 …의 목을 베다, …을 참수하다. 2 〔美구어〕…을 갑자기 해고[면직]하다.

de·cap·i·ta·tion [dikǽpətéiʃən] 몡U 참수, 목베기; 〔美구어〕 (갑작스러운) 면직, 해고.

de·cap·i·ta·tor [dikǽpətèitər] 몡 목베는 사람, 참수인; 〔美구어〕 해고하는 사람.

dec·a·pod [dékəpὰd/-pɔ̀d] 〔동물〕 십각류(十脚類)의 동물(게·새우 따위). — 몡 십각류의.

de·car·bon·ate [diːkάːrbənèit] 톤태 〔화학〕 …에서 이산화탄소를 제거하다. **-á·tion, -à·tor**

de·car·bon·ize [diːkάːrbənàiz] (* 〔英〕 -ise) 톤태 〔화학〕 …에서 탄소를 제거하다. **-i·zá·tion** 몡U 탄소제거.

de·car·bu·rize [diːkάːrbərὰiz/-bjuː-] 톤태 = decarbonize. **-ri·zá·tion**

dec·are [dékεər, dekέər] 몡 데카르(10아르).

dec·a·rock [-rὰk/-rɔ̀k] 몡 데카록(로큰롤의 일종).

de·car·tel·ize [diːkάːrtəlàiz/-kάːrtəl-] 톤태 (기업)의 카르텔을 해체, 기업 집중 배제.
-i·zá·tion 〔10세제곱 미터〕

dec·a·stere [dékəstìər] 몡 데카스테르(10스테르).

dec·a·su·al·ize [dìːkǽʒuəlàiz] (* 〔英〕 -ise) 톤태 〔임시 노동자〕의 고용을 감축하다. **-i·zá·tion**

dec·a·syl·lab·ic [dèkəsilǽbik] 몡 10음절의. ¶a ~ verse 10음절 시(詩). — 몡 10음절 시행(詩行).

dec·a·syl·la·ble [dékəsìləbl] 몡 10음절어[시행].

dec·ath·lete [dikǽθliːt] 몡 10종 경기 선수.

dec·ath·lon [dikǽθlɑn/-lɔn] 몡 〔육상〕 10종 경기. ¶pentathlon

dec·a·tron [dékətrὰn/-trɔ̀n] 몡 〔물리〕 데카트론 (가스 방전으로 십진법의 계산을 하는 전자관[관]).

‡de·cay [dikéi] (**~s** [-z]) 쨍 1 쇠퇴하다, 쇠약해지다, 퇴락[타락]하다. 2 썩다, 부식하다; 황폐하다.

〔유의어〕 decay 자연적으로, 서서히 분해·악화하다. rot decay보다 강한 말, 특히 동·식물성 물질이 부패하다. spoil 가정·시장에서 식료품이 부패하다.

3 〔물리〕 (방사성 물질이) 붕괴하다. 4 〔우주〕 (대기 마찰로) 감속(減速)하다. — 태 …을 쇠하게 하다; 부패하게 하다; 〔이〕를 썩게 하다.

— 몡U 쇠퇴, 쇠퇴, 조락(凋落); (힘·건강 따위의) 감약, 쇠약. ¶national ~ 국가의 쇠퇴/Life is subject to ~ 생자필멸(생주이멸). 2 부패; 부패한 물질[조직]; 충치. 3 〔물리〕 (방사성 물질의) 붕괴. 4 〔우주〕 (인공 위성 등의) 감속, 궤도 축소.
be in decay 쇠퇴해지다.
go to [or *fall into*] *decay* ① 썩다, 부패하다. ② 쇠퇴하다.
on the decay 내리막에, 쇠퇴하여, 약해져.
~·a·ble 쨍 **~ed·ness,** **~·er** 몡 **~·less** 쨍
decáy cònstant[ràte] 몡 〔물리〕 붕괴 상수.
decáy sèries 몡 〔물리〕 방사성 계열.
decáy tìme 몡 붕괴 시간.

Dec·can [dékən] 몡 (the ~) 데칸 반도(인도 남부의 반도부); 데칸 고원(데칸 반도의 고원부).

de·cease [disíːs] 몡U 〔법률〕 사거, 사별, 사망.
— 쨍 죽다, 사망하다.

***de·ceased** [disíːst] 쨍 죽은: 작고한, 고(故) …(late)의 dec., decd.). ¶ the ~ wife 사별한 아내. — 몡 (the ~) (특정의) 사자, 고인, 망인; 〔집합적〕 죽은 사람들. ¶ the family of the ~ 유족. ⇒ DEAD 〔유의어〕

de·ce·dent [disíːdnt] 몡 〔법률〕 망인, 고인, 사자.
decédent estáte 몡 〔법률〕 유산.

‡de·ceit [disíːt] 몡U 사기, 협잡; 위계(僞計), 계교, 속임수; 불성실, 기만, 허위.

***de·ceit·ful** [disíːtfəl] 쨍 속이는, 거짓의; 남을 기만하는, 사기의. **~·ly** 튀 **~·ness** 몡

de·ceiv·a·ble [disíːvəbl] 쨍 속일 수 있는, 속기 쉬운. **-bíl·i·ty, ~·ness** 몡 **-bly** 튀

‡de·ceive [disíːv] 태 (**~s** [-z]; **~d; -ceiv·ing**) 타 …을 속이다, 기만하다(⇒ CHEAT 〔유의어〕); 현혹시키다; (희망 따위)를 그르치다, 어긋나게 하다; 속여서 빼앗다 (*of*); (재귀용법·수동형으로) 잘못 보다, 잘못 생각하다. ¶be ~*d in* …을 잘못 보다 / He was ~*d into* buying such a thing. 그는 속아서 저런 물건을 샀다.
쨍 사기치다, 거짓말하다, 속임수 쓰다.
deceive oneself 자신을 속이다, 잘못 생각하다.
-céiv·er 사기꾼. **-céiv·ing** 몡쨍 사기(의).
-céiv·ing·ly 튀 속여서, 거짓으로.

de·cel·er·ate [diːsélərèit] 태 감속하다. 쨍 accelerate
-á·tion 몡U 감속. 〔도로의〕 감속 차선.
decelerátion làne[〔英〕 strip] 몡 〔차도·고속도로의〕 감속 차선.

de·cel·er·om·e·ter [diːsèlərάmətər/-rɔ́m-] 몡 (자동차의) 감속계. 〔동 보조의〕

de·cel·er·on [diːsélərὰn/-rɔ̀n] 몡 〔비행기의〕 제

‡De·cem·ber [disémbər] 몡 12월(약 Dec.); 〔형용사적〕 12월의. ¶ ~ snow 12월의 눈.
December and May story 〔구어〕 노인과 젊은 여성의 결혼[사랑].

de·cem·vir [disémvər] 몡 (복 **~s, -vi·ri** [-vəràɪ]) (고대 로마의) 10대관(大官)(십인 위원)의 한 사람.
-vi·ral 쨍 10 대관의; 10인 위원의.

de·cem·vi·rate [disémvərət, -rèit] 몡U (고대 로마의) 10인 위원회의 위원직); 10두(頭) 정치.

***de·cen·cy** [díːsnsi] 몡 1 U 남부끄럽잖음; 체면; 체면을 유지함. 2 U (언행이) 예의바름, 예절에 맞음, 품위 있음. 3 (the -cies) 예의, 예절; 남부끄럽잖은 생활[행위]에 필요한 것. 4 U 친절, 관대.
for decency's sake 체면상.
have the decency to do 관대하게도 …하다.

de·cen·na·ry [disénəri] 몡 10년간(의).

de·cen·ni·ad [disénìæd] 몡 =decennium.

de·cen·ni·al [disénìəl] 쨍 10년간의; 10년마다의.
— 몡 10년제(祭), 10주년 기념(제전). **~·ly** 튀

de·cen·ni·um [disénìəm] 몡 (복 **~s, -ni·a** [-nìə]) 10년간(decade).

***de·cent** [díːsnt] 쨍 (*more* ~; *most* ~) 1 적당한, 알맞은, 어울리는, 기준에 맞는. ¶a ~ meal 적당한 식사 / ~ weather 알맞은 날씨. 2 예절[예의] 바른, 품위 있는, 난잡하지 않은. ¶be ~ *in* manner 태도가 단정하다. 3 존경할 만한, 훌륭한, 지체 있는. ¶He comes of a ~ family. 그는 명문가 출신이다. 4 〔구어〕 웬만한, 쓸만한, 괜찮은, 그럴 듯한. ¶a ~ amount of money 상당한 액수의 돈 / He speaks quite ~ English. 그는 영어를 괜찮게, 이해심 있는, 까다롭지 않은. ¶be ~ *to* a person 남에게 친절하다. 6 〔구어〕 (흉잡을 수 없을 정도로) 옷을 입은. **~·ness** 몡
de·cent·ly [díːsntli] 튀 1 남부끄럽잖게, 품위 있게. 2 상당히, 제법, 패. 3 친절한, 인심 좋게.

de·cen·tral·ize [diːséntrəlàiz] (* 〔英〕 -ise) 톤태 (권력·조직 등)을 분산시키다; …의 중앙 집권을 해제하다; …을 지방 분권화하다.
-i·zá·tion 몡U 분산, 집중 배제; 지방 분권[분산].

*de·cep·tion [disépʃən] 명[U] 1 속임, 기만. 2 속고 있음, 기대에 어긋남.¶We are under ~. 우리는 속고 있다. 3 사기, 속임수.¶There is no ~. 아무런 속임수도. decéption béd (18세기의) 위장용 침대. [없다.
de·cep·tive [diséptiv] 형 속이는, 현혹시키는, 믿을 수 없는. ~·ly 부, ~·ness 명
de·cern [disə́ːrn] 타 (스코) 판결하다.
de·cer·ti·fy [disə́ːrtəfài] 타자 …의 인가를 취소하다; …의 정신병 인증을 철회하다. ‐fi·cá·tion 명
de·chlo·ri·nate [di:klɔ́ːrənèit] 타자 (화학) …에서 염소를 제거하다. ‐ná·tion 명
de·chris·tian·ize [di:krístʃənàiz] (* (英) -ise) 타 …의 기독교 신앙을 잃게 하다, …을 비기독교화하다.
dec·i- [désə, -si] 연결 tenth(10분의 1)의 뜻.¶decibel, deciliter.
dec·i·are [désəàːr] 명 데시아르(10분의 1 아르).
dec·i·bar [désəbàːr] 명 (기상) 데시바(10분의 1바).
dec·i·bel [désəbèl] 명 (물리) 데시벨(음향 크기의 단위; 약 dB, db).¶Keep the ~s down! 조용히 해!
de·cid·a·ble [disáidəbl] 형 결정할 수 있는. ‐bíl·i·ty 명 결정력.
‡de·cide [disáid] 타 (~s [-z]; -cid·ed; -cid·ing) 타 1 〔문제·논쟁 따위〕를 해결하다, 재결(裁決)하다, 판결하다.¶~ a question〔quarrel〕 문제〔싸움〕를 해결하다 // (~+目+前+名) ~ the case against the plaintiff 원고에게 불리한 판결을 내리다.
2 …을 결심하다, 결정〔결의〕하다. (= to do) (~+that 節) She has ~d to become a teacher. =She has ~d that she will become a teacher. 그녀는 교사가 되기로 결심했다// (~+wh. to do) (~+wh. 節) He could not ~ which to choose [or he should choose]. 그는 어느 쪽을 선택해야 할지 결정할 수 없었다.

[유의어] decide 금후의 방침에 대해 명확한 결론을 내리다. determine decide한 다음 끝까지 목적·의도를 관철할 것임을 암시하는 말. resolve 확고한 목적을 적극적으로 명확하게 표명하다.

3 …을 결심하게 하다.¶That ~s me. 그것 때문에 결심이 선다 // (~+目+to do) His advice ~d me to carry out my plan. 그의 충고로 나는 내 계획을 실천할 결심을 하게 됐다.
— 자 1 결심하다; 정하다 (on, for).¶~ by ballot [or vote, poll] 투표로 결정하다 // (~+前+名) ~ on a course of action 행동 방침을 결정하다 /They ~d for it. 그들은 그렇게 결정했다. 2 판결〔재결〕을 내리다.
decide against …에 반대의 결정을 하다; …에게 불리하게 재결(裁決)하다.
decide against doing …하지 않기로 결정하다.
decide between …의 어느 하나로 결정하다.¶~ between surrender and starvation 항복할 것인가 굶어죽을 것인가를 결정하다.
decide for [or in favor of] …에게 유리하게 정하다; …하기로 결심하다.
decide on [or upon] …(하기)로 결정하다.¶Let's ~ upon what to do. 어떻게 해야 할지를 결정하자.
‡de·cid·ed [disáidid] 형 (more ~; most ~) 1 결정적인; 명확한, 분명한.¶a ~ success〔failure〕 의심할 여지없는 성공〔실패〕. 2 단호한, 결연한, 확고한.¶a ~ refusal 단호한 거절 /a ~ man 결단력 있는 사람 / in a ~ tone [or voice] 단호한 어조로. ~·ness 명
*de·cid·ed·ly [disáididli] 부 분명하게, 명확하게; 확고하게, 단호하게. [경기.
de·cid·er [disáidər] 명 결정자, 재결자; (英) 결승
de·cid·ing [disáidiŋ] 형 결정적인, 결승〔결전〕의.¶the ~ vote 결정적인 표; 결선 투표. ~·ly 부
de·cid·o·pho·bi·a [disàidəfóubiə] 명 (俗) 결정 공포증. (일반 따위). ‐al 명
de·cid·u·a [disídʒuə/-dju-] 명 (의학) 탈락막(膜)

de·cid·u·ous [disídʒuəs/-dju-] 형 1 낙엽성의(반 evergreen).¶~ broad-leaved trees 낙엽 활엽수. 2 탈락성의, 새 것으로 바뀌는 (반 persistent).¶~ teeth 유치, 젖니. 3 영속하지 않는, 일시적인.
dec·i·gram, (英) -gramme [désigræm] 명 데시그램(10분의 1 그램; 약 dg). (분의 1 리터; 약 dl).
dec·i·li·ter, (英) -tre [désəliːtər] 명 데시리터(10
de·cil·lion [disíljən] 명 데실리온(미국·프랑스는 1,000의 11제곱수; 영국·독일은 100만의 10제곱수).
*dec·i·mal [désəməl] 형 10진법의; 소수의.¶~ number 10진수/the third ~ place 소수 셋째 자리.
— 명 소수.¶a circulating [or recurring] ~ 순환 소수/an infinite [a finite] ~ 무한〔유한〕 소수.
~·ist 명 십진법 주의〔주장〕자. ~·ly 부 [산술.
décimal arithmétic 명 (수학) 10진법 산술; 소수
décimal classificàtion 명 (美) (도서의) 10진
décimal còinage 명 십진 화폐 제도. [분류법.
décimal cùrrency 명 십진법 통화. [fraction
décimal fràction 명 (수학) 소수. 반 common
dec·i·mal·ize [désəməlàiz] 타자 …을 10진법화하다, 10진법으로 하다; 소수로 고치다. ‐i·zá·tion 명
décimal notátion 명 (수학) 10진 기수법(記數法).
décimal numeràtion 명 십진법.
décimal plàce 명 (수학) 소수 자리.
décimal pòint 명 (수학) 소수점.
décimal sỳstem [scàle] 명 (the ~) 10진법.
dec·i·mate [désəmèit] 타 1 (고대 로마에서 반란죄의 형벌로서) …의 열 사람 중 한 사람을 제비뽑아 죽이다. 2 〔전쟁·질병 따위가〕 …의 많은 사람을 죽이다. ‐má·tion 명 ‐mà·tor 명
dec·i·me·ter, (美) -tre [désəmiːtər] 명 데시미터 (10분의 1미터; 약 dm).
de·ci·pher [disáifər] 타 1 〔암호문 따위〕를 해독하다, 번역하다(반 cipher). 2 〔고문서 등〕을 판독하다.
— 명[U] 〔암호문의〕 번역, 해독; 판독.
~·er 명 판독〔해독〕자. ~·ment 명 판독, 해독, 번역.
de·ci·pher·a·ble [disáifərəbl] 형 판독〔해독〕할 수 있는. ‐bíl·i·ty 명
‡de·ci·sion [disíʒən] 명 (美 ~s [-z]) U[C] 1 결정; 해결; 결론; 결정 사항.¶~ by majority 다수결. 2 판결, 판정, 재결. 3 결의, 결심, 결단.¶modify one's ~ 고쳐 생각하다. 4 U 결단력, 의연(毅然)한 성격.¶He lacks ~. 그는 결단력이 부족하다. 5 U 〔권투〕 판정승.¶win by ~ 판정승하다.
a man of decision 과단성이 있는 사람.
arrive at [or come to, reach] a decision 해결 by one's own decision 독단으로. [〔결정〕되다.
make [or take] a decision 결정하다.
with decision 결연하게.
— 타 〔권투〕 …에게 판정승하다.
‐al 명 결정적인.
de·ci·sion-mak·er [-mèikər] 명 의사 결정자. (또는 decísion màker)
de·ci·sion-mak·ing [-mèikiŋ] 명[형] 의사 결정 (의). [실.
decísion ròom 명 (경영진의) 의사〔방침〕 결정 특별
decísion suppórt sỳstem 명 (컴퓨터) (경영의) 의사 결정 지원 시스템 (약 DSS).
decísion tàble 명 (컴퓨터) (어느 문제에 관한 의사 결정에 필요한) 고려 조건 일람표, 의사 결정표.
decísion théory 명 (통계) 의사(意思) 결정 이론.
decísion trèe 명 (컴퓨터) 의사 결정(을 위한) 분지도(分枝圖).(다양한 전략·방법 등을 나뭇가지 모양으로 그린 것). ‐de·ci·sion-trèe 형
‡de·ci·sive [disáisiv] 형 (more ~; most ~) 1 결정적인, 결정짓는.¶a ~ battle 결전 / ~ evidence [or proof] 확증 / ~ ballots 결선 투표. 2 두드러진 [확고]한; 명백한.¶~ measures 단호한 조치/a ~ character 과단

성 있는 성격/He gave a ~ answer. 그는 딱 부러지게 대답했다.

be decisive of …을 결정[결말, 매듭]짓다.

~·ness [명]

***de·ci·sive·ly** [disáisivli] [부] 결정적으로; 단호하게.

dec·i·stere [désistìər] [명] 데시스테르(10분의 1 스테르, 10분의 1 세제곱 미터).

de·civ·i·lize [diːsívəlàiz] (*《英》**-lise**) [동][타] …을 비(非)[탈(脫)]문명화하다, …을 미개 상태로 되돌리다.

-li·zá·tion [명][U] 탈(脫)문명.

‡deck [dek] [명] **1** 〔해사〕 갑판. ¶a boat ~ 보트 갑판/~ cargo 갑판 적하물/a forecastle ~ 전갑판/a lower[an upper] ~ 하[상]갑판/a main ~ 정[중]갑판/a quarter ~ 후갑판. **2** (객차의) 지붕; (전차 따위의) 바닥; (건물의) 층, 수평 지붕(물매 없는 지붕); 갑판 모양의 것. **3** 《美》 카드의 한 벌(pack). **4** 카세트 덱; 테이프 덱. **5** 《속어》 마약[헤로인] 한 봉지; (담배) 한 상자. **6** 《美》 (연극의) 무대. **7** 〔신문〕 부제(副題). **8** 〔항공〕 (복엽기의) 날개; 《英》 활주로. **9** 〔야구〕 다음 타자 대기석(~ circle). **10** 〔컴퓨터〕 덱, 대(臺).

below deck(s) 주갑판 밑(에[으로]), 선창(에[으로]).

between decks 갑판 사이의[에]; 배[방] 안의[에].

Clear the deck! 《구어》 비켜 비켜!, 길 비켜!

clear the decks ① (군함에서) 전투 준비를 하다 (*for*). ② 활동 준비를 하다 (*for*).

deal** a person **a poor deck 《속어》 남을 부당하게 다루다.

decks awash 《속어》 술취한.

hit the deck [or ***mat***] 《속어》 ① 일어나다, 기상하다(get up). ② 전투 준비를 하다. ③ (땅·마루) 바닥에 쓰러지다. ④ (공격을 피하여) 바닥에 엎드리다.

on deck ① 갑판에 나와. ¶go *on* ~ 갑판에 나오다. ② 《구어》 준비가 되어. ③ 〔야구〕 다음 타자로. ¶Sosa *on* ~. 소사가 다음 타자로 대기하고 있다.

play [or ***deal, operate***] ***with a full deck; have a full deck*** 양식이 있다, 이성적이다.

sweep the deck ① (파도가) 갑판을 휩쓸다. ② 전승(全勝)하다.

tread the deck 선원이 되다, 선원이다.

— [동][타] (~***ed*** [-t]) **1** …에 (…을) 입히다, …을 (…으로) 꾸미다, 치장하다(*out*)(*in, with*). ¶(~+[目]+[前]+[名])(~+[目]+[副]) They ~*ed* themselves for festivities *in* red. 그들은 축제에 빨간 옷을 입었다/She was ~*ed out with* her jewels. 그녀는 보석으로 몸을 치장하고 있었다. **2** 〔항해〕 …에 갑판을 대다 (*in, over*). **3** 《구어》 …을 때려눕히다(knock down).

deck out ① 갑판을 대다; 치장하다(⇨[타] 1). ② 《美속어》 (헤로인을) 잘게 나누다.

deck up 《美속어》 성장(盛裝)하다.

— [형] 〔건축〕 (트러스트 다리에서) 주(主)구조 상부에 상판이 있는.

deck-ape [-èip] [명] =deck hand.

déck bòy [명] 갑판 청소인, 갑판원.

déck brìdge [명] 상로교(上路橋).

déck càbin [명] 갑판 선실.

déck chàir [명] 갑판용 접의자.

déck cràne [명] 갑판 크레인.

déck depàrtment [명] 갑판부(部).

deck·el [dékəl] [명] =deckle.

deck·er [dékər] [명] **1** 장식하는 사람[것]. **2** 갑판 선원[선객].

-deck·er [dékər] [연결] 「…층이 있는 것」의 뜻. ¶a double-~ bus[sandwich](이층 버스[이중 샌드위치]), a three-~(3층 갑판선).

déck gàng [명] (대기중인) 당직 선원; 선내의 하역 작업 인부.

déck hànd [명] 〔항해〕 갑판원, 갑판 선원, 평선원; 〔연극〕 무대 담당자(도구 담당자·조명 담당자 등).

deck·head [dékhèd] [명] 갑판의 뒷면; (신문의) 부제(副題).

deck·house [dékhàus] [명] 〔항해〕 갑판실.

deck·ing [dékiŋ] [명] 루핑재(材)(지붕·갑판의 방수용재); 바닥·지붕 조립용 콘크리트·강철 따위 재료.

deck·le [dékl] [명] **1** 〔제지〕 정형기(定型器)(종이의 판형을 결정한다). **2** =deckle edge.

déckle édge [명] (손으로 뜬 종이의) 깔쭉깔쭉한, 가장자리.

deck·le-edged [-èdʒd] [형] (손으로 뜬 종이가) 원지 그대로의, 도련하지 않은.

déck lìght [명] 갑판 조명창[천창].

déck lòad [명] 갑판 적재 화물.

déck lòg [명] 〔항해〕 (당직 선원이 기입하는) 갑판 일지.

deck·man [dékmən] [명] (제재소의) 통나무 운반 인부.

déck òfficer [명] 〔항해〕 《집합적》 갑판 사관.

déck pàssage [명] (갑판에서 숙식하는) 갑판 도항(渡航).

déck pàssenger [명] 갑판 승객, 3등 승객.

deck·pipe [dékpàip] [명] 〔항해〕 =spillpipe.

déck quòits [명][복] 《단수취급》 (갑판에서 하는) 고리 던지기 놀이.

déck tènnis [명] 덱 테니스(네트 너머로 고무 고리를 한 손으로 던지고 받고 하는 선상 경기).

déck wàtch [명] (천측용) 갑판 시계; 갑판부 정박(渟泊) 당직.

decl. declension.

de·claim [dikléim] [동][자] **1** (미사 여구를 써서) 연설하다; (몸짓과 함께) 큰 소리로 과장하여 말하다. **2** (…을) 열변으로 공격하다, 통렬히 비난[규탄]하다 (*against*). — [타] …을 낭랑하게 낭송하다.

~·er [명] 연설자, 열변가.

dec·la·ma·tion [dèkləméiʃən] [명][U][C] **1** 낭독(법); 낭송[낭독]용 시문[연설문]. **2** (감명을 주는) 대연설, 열변; 규탄. **3** 〔음악〕 음창조(吟唱調).

de·clam·a·tor·y [diklǽmətɔ̀ːri/-təri] [형] 연설(투)의; 수사적인, 수사에 그치는. **-tòr·i·ly** [부]

de·clar·a·ble [dikléərəbl] [형] 선언[언명]할 수 있는; (세관에서) 신고해야 할.

de·clar·ant [dikléərənt] [명] 선언자; 《美》 〔법률〕 (미국에의) 귀화를 선서한 사람.

‡dec·la·ra·tion [dèkləréiʃən] [명] (복 ~***s*** [-z]) [U][C] **1** 발표, 선언, 포고; 선언서[문], 성명서[문]. ¶a ~ of war 선전 포고. **2** (사랑의) 고백. ¶a ~ of love 사랑의 고백. **3** (과세 따위의) 신고(서). ¶a customs ~ 세관 신고서. **4** 〔법률〕 원고의 최초 진술; 증인의 공술(供述). **5** 〔카드놀이〕 으뜸패 선언(bid). **6** 〔크리켓〕 (중도에서) 이닝 종료 선언.

Declarátion of Húman Ríghts [명] (the ~) 세계 인권 선언(1948년 12월 유엔 총회에서 채택).

Declarátion of Indepéndence [명] (the ~) 〔美역사〕 독립 선언(서)(1776년 7월 4일 채택).

Declarátion of Ríghts [명] (the ~) 〔英역사〕 권리 선언(Bill of Rights)(1689년).

***de·clar·a·tive** [diklǽrətiv] [형] 진술의; 선언의; 신고의. ¶a ~ sentence 〔문법〕 평서문. **~·ly** [부]

de·clar·a·to·ry [diklǽrətɔ̀ːri/-təri] [형] =declarative.

declàratory júdgment [명] 〔법률〕 선언적 판결, 확인 판결.

‡de·clare [dikléər] [동] (~***s*** [-z]; ~***d***; ***-clar·ing***) [타] **1** 〔태도·견해 따위〕를 표명[언명]하다; 〔결과 따위〕를 발표하다. ¶~ one's position 입장을 밝히다. **2** …을 선언하다, 공표[포고]하다; 선고하다(*on, against*). ¶~ war *on* [or *against*] …에 선전 포고를 하다 // (~+[目]+(*to be*) [補]) The accused was ~*d* (*to be*) guilty. 피고는 유죄 선고를 받았다/I hereby ~ the opening of the Olympic Games. 올림픽 대회 개막을 선언합니다.

> [유의어] **declare** 공공연하게 발표·선언하다. **announce** 관심의 초점이 되어 있는 일을 발표하다. **proclaim** 사회적으로 중대한 일을 공식으로 널리 발표하다. **publish** 보통 인쇄물로 발표하다.

3 …임을 강조하다, 단언하다, 다짐하다. ¶I ~ him (to be) innocent. 그가 무고함을 단언한다. **4** …임을 밝히다, 나타내다. **5** 〔소득액·과세품〕을 신고하다. ¶Anything to ~?—I have nothing to ~. 신고할 것은?—신고할 만한 것이 아무것도 없다. **6** 〔카드놀이〕

[가진 패]를 알려주다. [어떤 패]를 으뜸패라고 선언하다. — ㉤ 1 단언하다, 언명하다, 선언하다. 2 (크리켓) (중도에서) 회[이닝]의 종료를 선언하다.
declare agàinst [***for***] …에 반대[찬성]를 표명하다.
declare óff …의 개최 중지를 선언하다; 취소하다.
declare ón …의 개최를 선언하다.
declare onesélf ① 자기의 의견을 말하다, 자기의 입장을 밝히다. ¶~ *oneself* satisfied 만족하다고 말하다. ② 자기의 존재[신분]를 밝히다, 본성을 드러내다. ¶~ *oneself* King 자신이 왕임을 밝히다. ③ 사랑을 고백하다. ④ 정당원으로서 등록하다, 당원이 되다.
I declare! (문장 끝에서 강조용법으로) …이고말고, 정말…이다. 「걸!, 설마.」
Well, I (***do***) ***declare!*** 이건 놀랍는데!, 정말 놀랍는
de·clared [dikléərd] ⓐ 1 공언[선언]한; 공표된, 공공연한. 2 신고된.
de·clar·ed·ly [dikléəridli] ⓐ 공공연히, 명백히.
de·clar·er [dikléərər] ⓝ 1 선언자, 언명자; 신고자. 2 (카드놀이) 으뜸패 선언자. 「지위」를 낮추다.
de·class [di:klǽs/-klá:s] ⓥ ⓣ …의 계급[사회적]
dé·clas·sé [dèiklæséi, -kla:s-] ⓐ 사회적 지위를 잃은, 영락한, 하층 계급의. — ⓝ 낙오자, 실각자. ㉤ déclassée (<F deaclassed)
de·clas·si·fy [di:klǽsəfài] ⓥⓣ (정부·군대 등에서) …을 기밀 문서 리스트에서 제외하다, …의 비밀 제한을 해제하다. **-fi·a·ble** ⓐ **-fi·cá·tion** ⓝ
de·clen·sion [diklénʃən] ⓝ 1 ⓤⓒ (문법) (명사·대명사·형용사의) 어형 변화, 격변화(ⓒ conjugation, inflection), 2 기울어짐, 경사; ⓒ 내리막. ¶a steep ~ 가파른 내리막길. 3 ⓤ 쇠잔, 타락. 4 (정중한) 거절[사퇴]. 5 (표준에서) 벗어남. ~**·al** ⓐ ~**·al·ly** ⓐ
de·clin·a·ble [dikláinəbl] ⓐ (문법) 격변화가 있는.
dec·li·na·tion [dèklənéiʃən] ⓝ 1 (하향의) 기움, 경사. 2 ⓤ 쇠잔, 타락. 3 ⓤ (표준 따위에서) 벗어남, 일탈(逸脫). 4 ⓤ (美) 정식 사퇴, 정중한 거절. 5 (천문) 적위(赤緯). 6 ⓝⓤ (물리) (자침(磁針)의) 편차. ~**·al** 적위의; 편차의. 「…의 뜻을 나타내는」
de·clin·a·to·ry [dikláinətɔ̀:ri/-təri] ⓐ 거절[사퇴]
de·clin·a·ture [dikláinətʃər] ⓝ 거절, 사퇴.
‡**de·cline** [dikláin] ⓥ (~**s** [-z]; ~**d**; ~**clin·ing**) ⓣ 1 …을 거절하다, 사퇴하다(※ accept). ⇒REFUSE (유의어) ¶ ~ a gift with thanks 선물을 정중히 사절하다// (~ +*to* do) (~ +*ing*) He ~*d* to explain. =He ~*d* explaining. 그는 해명하기를 거절했다(※ 목적어로는 (~ +*to* do) 형이 보통). 2 …을 기울이다, (고개를) 숙이다. 3 (문법) (명사·대명사·형용사)를 격[어형]변화시키다(ⓒ conjugate, inflect).
— ⓘ 1 정중하게 거절하다, 사절하다. ¶ She was invited to a party, but ~*d*. 그녀는 파티에 초대되었으나 사절했다. 2 기울다, 경사지다, 아래로 향하다 (저녁 때가) 지다, 기울다. ¶ The day ~*s*. 해가 진다[날이 저문다]. 3 쇠하다, 쇠퇴하다. ¶ ~ *in* popularity 인기가 떨어지다. 4 (경제) 가격[가치]이 하락하다, 떨어지다. ¶ Prices began to ~. 물가가 내리기 시작했다. 5 (문법) 격[어형]변화하다.
— ⓝ 1 경사, 내리막. 2 (힘·체력의) 감퇴, 쇠약; 소모성 질환, (특히) 폐병. 3 (가격) 하락; (혈압 등의) 저하 (*in*). ¶a ~ *in* prices [weight, business] 물가[체중, 사업]의 하락[감소, 쇠퇴]. 4 해가 기움, 일몰. 5 (인생의) 만년; (일의) 최종 단계. ¶ *in* the ~ *of* one's life 만년에, 노후에.
fall [or ***go***] ***into a declíne*** 쇠퇴하다; 폐병에 걸리다.
on the declíne 기울어져; 쇠퇴하여; 내리막에.
de·clin·er [dikláinər] ⓝ 사퇴자.
de·clin·ing [dikláiniŋ] ⓐ 기우는; 떨어지는, 하락하는; 쇠퇴하는. ¶ *in* one's ~ years 만년에, 노후에/ the ~ value of the dollar 달러(가치)의 하락.
declíning bálance ⓝ 체감(遞減) 부채 잔고.
de·cli·nism [dikláinizm] ⓝ (문명 따위의) 쇠퇴론,

추락론. **-nist** ⓝ
dec·li·nom·e·ter [dèklənámətər/-nɔ́m-] ⓝ (물리) 방위각계(計), 편향계(偏向計).
de·cliv·i·tous [diklívətəs] ⓐ 가파른, 내리막의.
de·cliv·i·ty [diklívəti] ⓝⓤⓒ 하향 경사, 내리막. ⓒ acclivity **de·cli·vous** [dikláivəs] ⓐ
de·clutch [di:klʌ́tʃ] ⓥⓘ (자동차의) 클러치를 떼다.
de·co [dékou, deikóu] ⓝ (종종 D-) =art ~,
de·coct [dikákt/-kɔ́kt] ⓥⓣ …을 달이다, 달여내다.
de·coc·tion [dikákʃən/-kɔ́k-] ⓝⓤ 달임, 달여냄; 달인 즙, 달인 약. **-tive** ⓐ
de·code [di:kóud] ⓥ (암호문을) 해독[번역]하다; (암호화된 코드를) 원래 코드로 바꾸다; …의 의미를 해독[이해]하다. ⓒ encode **-cód·a·ble** ⓐ **-códing** ⓝ
de·cod·er [di:kóudər] ⓝ 1 암호 해독자; 자동 암호 해독 장치. 2 (무선) 아군 식별 장치. 3 (컴퓨터) 디코더, 해독기. 4 (TV) 디코더(암호화된 신호를 원래 신호로 바꿔 화상이 비치도록 하는 장치).
de·coke [di:kóuk] ⓝ (英구어) ⓥⓣ =decarbonize. — ⓝ =decarbonization.
de·col·late [dikáleit/-kɔ́l-] ⓥⓣ …의 목을 베다, …을 참수형에 처하다; (컴퓨터) (연속 출력 용지나 정보)를 분리하다. **de·col·lá·tion** ⓝⓤ 목베기, 참수.
de·col·la·tor [di:kəléitər] ⓝ 참수 집행인, 망나니.
dé·col·le·tage [dèikɑlətá:ʒ, dèkələ-/deikɔ́ltɑːʒ] ⓝ 데콜테(옷깃을 깊이 파서 목·어깨를 많이 드러내는 일); 데콜테의 옷.
dé·col·le·té(**e**) [dèikalətéi, dèkələ-/deikɔ́ltei] ⓐ (여자 옷이) 데콜테의(décolletage의); 데콜테를 입은. ¶a robe ~ 로브 데콜테(여자용 이브닝 드레스). (<F)
de·col·o·nize [di:kálənàiz/-kɔ́l-] ⓥⓣ (식민지)를 해방하다; …에 대하여[독립]를 허용하다. **-ni·zá·tion** ⓝ
de·col·or, (英) **-our** [di:kʌ́lər] ⓥⓣ …의 색을 빼다, …을 탈색하다, 표백하다(bleach).
de·col·or·ant [di:kʌ́lərənt] ⓝ 탈색[표백]성의. — ⓝ 탈색[표백]제.
de·col·or·ize [di:kʌ́lərɑ̀iz] ⓥⓣ =decolor. **·i·zá·tion** ⓝ 탈색, 표백,
de·com·mer·cial·ize [di:kəmə́:rʃəlàiz] ⓥⓣ …의 상업성을 배제하다. **-mèr·cial·i·zá·tion** ⓝ
de·com·mis·sion [di:kəmíʃən] ⓥⓣ (배·비행기 따위)의 취역을 해제하다; …의 사용[조업]을 중지하다. — ⓝⓤ (물리) (원자로 따위의) 폐로(廢爐).
de·com·mu·nize [di:kɑ́mjunàiz/-kɔ́m-] ⓥⓣ 비(非)공유화[공산화]하다. **-ni·zá·tion** ⓝ
de·com·pen·sa·tion [di:kàmpənséiʃən/-kɔ̀m-] ⓝⓤ (의학) (심장의) 대상 부전(代償不全).
-cóm·pen·sàte ⓥⓘ **dè·com·pén·sa·to·ry** ⓐ
de·com·pos·a·ble [di:kəmpóuzəbl] ⓐ 분해할 수 있는, 분석할 수 있는. **-pòs·a·bíl·i·ty** ⓝ
***de·com·pose** [di:kəmpóuz] ⓥⓣ 1 (성분·요소로) 분해하다 (*into*); …을 분석하다. ¶ The bacteria ~ the impurities *into* a gas and solids. 박테리아가 불순물을 기체와 고체로 분해한다. 2 …을 썩게 하다, 부패시키다. — ⓘ 분해하다, 분석하다; 부패[변질]하다. **-pósed** ⓐ **-pós·er** ⓝ
de·com·pos·ite [di:kəmpázit/-kɔ́mpəz-] ⓐ 혼합물과 섞인, 이중 복합의. — ⓝ =decompound.
***de·com·po·si·tion** [di:kàmpəzíʃən/-kɔ̀m-] ⓝⓤ 분해[분석] (과정), 해체; 부패; 변질.
de·com·pound [di:kəmpáund] ⓥⓣ …을 분해시키다; (폐기) 중복 혼합하다. — ⓐ [di:kɑ́mpaund, di:kʌmpáund/-kɔ́m-] 1 (식물) (잎이) 중복상(重複狀)의. 2 =decomposite. — ⓝ [di:kʌ́mpaund/-kɔ́m-] 중복 혼합물; 이중 복합어(newspaperdom 따위).
de·com·press [di:kəmprés] ⓥⓣ …의 압력을 감소시키다. — ⓘ 압력이 감소하다; 완화되다; (구어) (긴장 따위가) 풀리다, 편안해지다. **-prés·sive** ⓐ

de·com·pres·sion [dìːkəmpréʃən] 뗑⒰ 1 해압(解壓), 감압(減壓). 2 〔외과〕 (두개(頭蓋)·심장·눈구멍에 가해지는 내압(內壓)의) 감압 처치. 3 (고통 따위의) 완화, 경감; (긴장·억압 따위로부터의) 해방.

decompréssion chàmber 뗑 감압실, 기압 조정실(hyperbaric chamber).

decompréssion sìckness 뗑 〔병리〕 감압증, 잠함(潛函)병.

de·com·pres·sor [dìːkəmprésər] 뗑 감압 장치.

de·con·cen·trate [diːkάnsəntrèit/-kɔ́n-] 통타 …을 분산시키다; (경제력)의 집중을 배제하다. **-trá·tion** 뗑⒰ 분산; (경제력의) 집중 배제.

de·con·gest [dìːkəndʒést] 통타 …의 혼란[혼잡]을 제거하다; 〔의학〕 …의 충혈[울혈]을 완화[제거]하다. **-gés·tion** 뗑 **-gés·tive** 헝 충혈을 제거하는, 소염의.

de·con·ges·tant [dìːkəndʒéstənt] 〔의학〕 뗑⒰ⓒ (점막 등의) 충혈 완화제[제거제], 소염제. ━ 헝 충혈을 완화하는.

de·con·se·crate [dìːkάnsəkrèit] 통타 (교회 등)을 속된 용도에 쓰다, 세속화하다. **-crá·tion** 뗑

de·con·struct [dìːkənstrΛ́kt] 통타 1 …을 분해[해체, 분석]하다. 2 〔텍스트 따위〕에 탈구축(脫構築) 이론을 적용하다, 해체 비평 방법을 써서 논하다.

de·con·struc·tion [dìːkənstrΛ́kʃən] 뗑 해체(解體); 해체 비평[이론], 탈구축(脫構築) (이론)(언어와 사물의 관계는 불확실하며 문예 작품은 저자의 의도를 충실히 반영하는 것이 아니라는 견해; 그 같은 견해에 따른 문예 비평; 프랑스 철학자 J. Derrida의 조어).

~**·ism** 뗑 ~**·ist** 뗑형

de·con·tam·i·nant [dìːkəntæmənənt] 뗑 정화제, 제독제, 오염 제거제; 오염 제거 장치.

de·con·tam·i·nate [dìːkəntǽmənèit] 통타 …을 정화하다, 소독하다; (물건·지역)에서 오염·방사능 등을 제거하다. **-tàm·i·ná·tion** 뗑 정화, (독가스의) 제거.

decontaminátion fàctor 뗑 〔물리〕 오염 제거율 [계수](약 DF.) 〔지수(약 DI).

decontaminátion index 뗑 〔물리〕 오염 제거

de·con·trol [dìːkəntróul] 통타 (*-ll-*) …의 통제[관리]를 해제[철폐]하다. ━ 뗑⒰ 통제[관리] 해제[철폐].

dé·cor [deikɔ́ːr, di-/déikɔː] 뗑⒰ 장식, 장식물; 〔연극〕 무대 장치[장식], 배경. (또는 **decór**) 〔<F〕

‡**dec·o·rate** [dékərèit] 통타 (*-rat·ed*; *-rat·ing*) 1 …을 꾸미다, 장식하다; 채색하다, …에 채색을 더하다. ¶ These stamps will surely ~ the envelope. 이 우표들을 붙이면 틀림없이 봉투가 알록달록하게 되겠다∥(~+몸+젠+몡) She ~*d* the room *with* flowers. 그녀는 방을 꽃으로 장식했다.

〔유의어〕 **decorate** 단조·간소한 것을 다른 물건으로 아름답게 하다. **adorn** 아름다운 것을 첨가하여 본래의 아름다움을 더 높이다. **ornament** 특히 장식으로 첨가한 것이 부차적인 부속물임을 강조하는 말.

2 (집·사무실)에 실내 장식을 하다; 페인트를 칠하다; 벽지를 바르다. 3 …에게 훈장(메달)을 수여하다 (*for*). ¶~ him *for* his distinguished services 그에게 공로 훈장을 수여하다.

dec·o·rat·ed [dékərèitid] 헝 1 꾸며진, 장식된. 2 훈장을 받은[단]. 3 (종종 D-) 〔건축〕 장식식(式)의.

‡**dec·o·ra·tion** [dèkəréiʃən] 뗑 (𝑝𝑙 ~*s* [-z]) 1 ⒰ 장식; 장식술(interior ~); ⒞ 장식품. ¶ Christmas ~*s* 크리스마스 장식물. 2 훈장, 메달 (*for*). ¶ a ~ *for* bravery 용감한 행위에 대한 훈장/wear a ~ 훈장을 달다.

Decorátion Dày 〔美〕 =Memorial Day.

*****dec·o·ra·tive** [dékərətiv, -kərèit-/dékərət-] 헝 장식이 되는, 장식적인[용의]. ¶ a ~ painting 장식화. ~**·ly** 뿌 ~**·ness** 뗑

*****dec·o·ra·tor** [dékərèitər] 뗑 장식자; 실내 장식가. *have the decorators in* (속어) 생리(生理)를 하다.

━ 뗑 실내 장식용의.

dec·o·rous [dékərəs, dikɔ́ːrəs] 헝 예의바른, 품위 있는, 품행이 방정[단정]한. ~**·ly** 뿌 ~**·ness** 뗑

de·cor·ti·cate [diːkɔ́ːrtikèit] 통타 …의 껍질을 벗기다, 깍지를 제거하다; 〔외과〕 〔조직〕에서 피질(皮質) [외피]을 제거하다. **-cà·tor** 뗑

de·co·rum [dikɔ́ːrəm] 뗑⒰ 1 몸가짐이 단정함, 예의바름. ¶ act with ~ 예의바르게 행동하다. 2 적당함, 알맞음, 어울림. 3 (~*s*) (상류 사회에서 필요한) 예법, 에티켓. 4 〔문학·연극〕 주제와 문체의 일치.

de·cou·page [dèikuːpάːʒ] 뗑 데쿠파주(종이·플라스틱 따위의 조각을 붙이고 라커로 도장하는 장식법); 그 장식품. ━ 통타 데쿠파주 장식을 하다. 〔<F cut out〕

de·cou·ple [diːkΛ́pl] 통타 1 (핵폭발 따위의) 충격을 흡수하다[완화시키다]. 2 자르다, 분단[분리]하다; 예속을 단절하다. 3 〔컴퓨터〕 결합도(度)를 줄이다. ━ 재 분리[분단]하다. **-pler**

*****de·coy** [díːkɔi, dikɔ́i] 1 미끼, 유혹자; 미끼로 쓰는 새[짐승]. 2 (물오리를) 유인하는 못, 유인 장소. 3 (레이더 탐지) 방해용 물체(금속 조각·미사일 따위).

━ 통 [dikɔ́i] 타 …을 꾀어내[들이]다, 유인하다. ⇨TEMPT 〔유의어〕 ¶ (~+몸+젠+몡) ~ a person *out of* a place 남을 어떤 장소에서 꾀어내다. ━ 재 미끼에 걸리다, 유혹당하다. ¶ Ducks ~ easily. 물오리는 쉽게 미끼에 걸린다. **de·cóy·er** 뗑

décoy dùck 뗑 유인용 물오리; 미끼 노릇하는 것.

décoy shìp 뗑 =Q-boat.

‡**de·crease** 통 [dikríːs] (*-creas·es* [-iz]; ~*d* [-t]; *-creas·ing*) 재 (서서히) 감소하다, 줄다; 저하하다, 쇠하다. ¶~ *in* value 가치가 떨어지다. ━ 타 (서서히) 감소시키다, 줄이다. ¶~ crime 범죄를 줄이다. ⒠ increase

〔유의어〕 **decrease, lessen** 차차 감소하다; 감소의 정도를 구체적으로 나타낼 때에는 decrease를 쓴다. **diminish** 감소의 원인이 되는, 다른 데서 오는 힘을 강조하는 말. **reduce** diminish에 「인하하다」의 뜻이 더해진 말. **dwindle** 점차 감소하여 거의 눈에 띄지 않게 되다.

━ 뗑 [díːkriːs, dikríːs] (𝑝𝑙 *-creas·es* [-iz]) 1 ⒰ⒸⒸ 감소, 감퇴(*in*, *of*). ¶~ *in* [or *of*] income 수입의 감소. 2 ⒰ 감소[액] (*in*, *of*). ¶ The ~ *in* exports was 15 percent. 수출액 감소는 15%였다. ⒠ increase *on the decrease* 점점 감소하여. ⒠ on the increase

de·creas·ing [dikríːsiŋ] 헝 감소하는. ~**·ly** 뿌

‡**de·cree** [dikríː] 뗑 (𝑝𝑙 ~*s* [-z]) 1 법령, (법률과 같은 효력을 갖는) 명령, 포고. ¶ issue a ~ 법령을 공포하다. 2 〔美〕 〔법률〕 (법원의) 명령, 판결. ¶ the final ~ 최종 판결/a ~ *of* divorce 이혼 판결. 3 〔신학〕 하늘의 뜻, 천명; 〔교회〕 교령(敎令). ¶ God's ~ 하늘이 정한 바.

by decree 법령에 따라.

━ 통 (~*s* [-z]) 타 …을 법령으로 정하다, 포고하다; 〔美〕 (법원이) 판결하다; (신·운명이) …을 정하다 (ordain). ¶ Fashion used to be ~*d* by Paris. 패션은 (주로) 파리에서 결정되곤 했었다∥(~+*that* 節) Congress has ~*d that* the present law (should) continue to be operated. 의회는 현행 법률이 계속 효력이 있다고 선언했다. ━ 재 법령을 정하다; (신·운명이) 명하다.

decrée ábsolute 뗑 〔법률〕 이혼 확정 판결.

decrée nísi 뗑 〔법률〕 (이혼 등의) 가(假)판결.

dec·re·ment [dékrəmənt] 뗑⒰ⓒ 점감(漸減), 감소; 감소[량]; 〔수학〕 감쇠율(減衰率). **-mén·tal** 헝

dec·re·me·ter [dékrəmìːtər, dikrémə-] 뗑 〔무선〕 감쇠계(減幅計), 감쇠계(減衰計).

de·crep·it [dikrépit] 헝 늙어빠진, 노쇠한; (낡아서) 덜컥거리는, 노후한. ~**·ly** 뿌 ~**·ness** 뗑

de·crep·i·tate [dikrépətèit] 통타 (소금 따위)를 바

작바작 굽다. ── 자 (소금 따위가) 타며 바작바작 소리내다.
-tá·tion 명⑪ 바작바작 구움; ⓒ 바작바작 타는 소리.
de·crep·i·tude [dikrépətjùːd/-tjùːd] 명 노쇠.
decresc. (음악) decrescendo. 노후, 늙어빠짐.
de·cre·scen·do [diːkriʃéndou, dèi-] (음악) 형뷔 점점 약한[약하게](⑦ >). 명 crescendo. ── 명 (복 ~s) 점약음(漸弱音); 점약 악절(樂節). (<It)
de·cres·cent [dikrésnt] 형 점점 줄어드는, 점감 (漸減)적인; (달 따위가) 이지러지는, 하현(下弦)의. ⇨ crescent **-cence**
de·cre·tal [dikríːtl] 형 법령의, 법령적인. ── 명 〔가 톨릭〕 교황(敎令)[교서]; (D-s) 교황 교령집.
de·cre·tist [dikríːtist] 명 (중세 대학의) 법학부 학생; 교황 교령집 연구가, 교회법 통달자.
de·cre·tive [dikríːtiv] 형 법령적인, 명령의. **~·ly** 뷔
de·cri·al [dikráiəl] 명ⓊⒸ (상스러운) 비난, 매도.
de·cri·er [dikráiər] 명 비난하는[헐뜯는] 사람.
de·crim·i·nal·ize [diːkrímənəlàiz] 명타 …을 비 (非)범죄화하다, 해금(解禁)하다; (사람·행위 등)을 처 벌[기소] 대상에서 제외하다. ¶ ~ marijuana 마리화나 를 해금하다. **-i·zá·tion** 명ⓊⒸ 비(非)범죄화.
de·cruit [diːkrúːt] 명타 (고령자·불필요한 인원)을 타사(他社)로 전출하다, (직원)을 격하하다. **~·ment** 명
de·crus·ta·tion [dìːkrʌstéiʃən] 명 외피(外皮) 제거.
de·cry [dikrái] 명타 1 …을 비난하다, 헐뜯다. 2 (포 고령으로) (통화)의 가치를 떨어뜨리다.
de·crypt [diːkrípt] 명타 〔암호〕를 해독하다(decode). **-crýp·tion** 명
de·cul·tur·ate [diːkʌltʃərèit] 명타 〔국민·사회〕로 부터 문화적 특징을 말살[박탈]하다. (또는 **deculture**) **-á·tion** 명 「2 열 번째마다의.
dec·u·man [dékjumən] 형 1 (파도가) 큰, 거대한.
de·cum·ben·cy [dikʌmbənsi] 명ⓊⒸ 가로누움, 누운 자세; 〔식물〕 경복(傾伏). (또는 **decumbence**)
de·cum·bent [dikʌmbənt] 형 가로누운; 〔식물〕 경복(傾伏)의(줄기·가지 따위가 땅 위에 누운). **~·ly** 뷔
dec·u·ple [dékjupl] 형 10배의. ── 명 10배, 10배의 양. ── 명타 …을 10배로 하다, 10배하다. 「벌.
dec·u·plet [dékjuplit] 명 (같은 종류의 것) 10개 한
de·cur·rent [dikə́ːrənt/-kʌ́r-] 형 〔식물〕 (잎이 줄 기를 따라) 아래로 뻗은. ¶ a ~ leaf 익상엽(翼狀葉).
de·cus·sate [dikʌ́seit, dékəsèit] ── 명타 X자형 으로 교차하다. ── 명 [dikʌ́seit, -sət] 1 X자형으로 교차한, 교차상(狀)의. 2 〔식물〕 십자 대생(十字對生) 의. ¶ ~ leaves 십자 대생엽(葉). **~·ly** 뷔
de·cus·sa·tion [dìːkəséiʃən, dèk-] 명ⓊⒸ X자 [십자]형 교차. 「*E*ducation(교육학 박사).
ded dedicated; dedication. **D.Ed.** Doctor of
de·dal [díːdl] 형 (고어) =daedal.
De·da·li·an [diːdéiliən] 형 =Daedalian.
de·dans [dədɑ́ːŋ] 명 〔테니스〕(단수취급) (선수 뒤쪽의) 관람석; (집합적) 관람자들. (<F inside)
‡**ded·i·cate** 명타 [dédikèit] (**-cat·ed; -cat·ing**) 1 (신·신성한 목적에) …을 바치다, 봉헌[봉납]하다. ⇨ DE-VOTE 유의어 ¶ ~ a new church building 새로운 교회 당을 헌당(獻堂)하다 // (~+目+前+名) Pantheon is a temple ~ *d to* all the gods. 판테온은 모든 신을 제사 지내는 신전이다. 2 (어떤 목적을 위하여) 〔생애·시간〕 을 바치다; (재귀용법으로) (…에) 전념하다(to). ¶ (~ + 目+to) a person's life *to* fighting corruption 생애 를 부패 척결에 바치다. 3 〔저서·작곡 따위〕를 헌정(獻 呈)하다(to). 4 (공공의 건물)을 개소(개관)하다; (기념 비 따위)를 제막하다. 5 (美) (특정 목적·역할을 위해) …을 취임시키다, 전임시키다. 「(辭).
Dedicated to... 이 책을 …에게 바친다(헌정사(獻辭)
dedicate oneself to …에 전심하다, 몸을 바치다.
── 형 [dédikeit] (고어) =dedicated.
ded·i·cat·ed [dédikèitid] 형 1 헌신적인, 전념(專

念)하는, 몰두하는. 2 (시스템·장치 따위가) 특정 목적용 의, 전용(專用)의. ¶ ~ channel 전용 채널. **~·ly** 뷔
ded·i·ca·tee [dèdikətíː] 명 헌정받는 사람.
*ded·i·ca·tion [dèdikéiʃən] 명 1 바치기, 헌납, 봉헌. 2 헌신(獻身). 3 헌정(獻呈); ⓒ 헌정자. 4 (새 건 조물의) 개관(開館), 제막(除幕); ⓒ 개관식, 제막식, (새 교회당의) 헌당식. **~·al** 형
ded·i·ca·tive [dédikèitiv] 형 =dedicatory.
ded·i·ca·tor [dédikèitər] 명 봉헌자; 헌정자; 헌신 자(獻身者). **dedicatee** 「의; 헌정의.
ded·i·ca·to·ry [dédikətɔ̀ːri/-təri] 형 봉헌의; 헌납
*de·duce [didjúːs/-djúːs] 명타 1 〔결론·진리 따위〕 를 연역(演繹)하다, 추론하다(*from*) (뷔 induce). ¶ (~+目+前+名) *From* this we ~ a method for the construction. 이것을 바탕으로 하여 그 건조법이 도출 된다. 2 (유래)를 따지다, 〔계통·경과·역사〕를 더듬다, (…에서 …까지) 〔기록〕을 계속하다. ¶ (~+目+前+名) ~ a record *from* [*to*] a particular period 어떤 시기 부터[까지] 기록을 계속하다.
-duc·i·bíl·i·ty 명 **-dúc·i·ble** 형 추론[연역]할 수 있 는. **-dúc·i·ble·ness** 명 **-dúc·i·bly** 뷔
*de·duct [didʌ́kt] 명타 …을 빼다, 공제하다 (*from*). ¶ (~+目+前+名) ~ 5% *from* a person's salary 남 의 봉급에서 5%를 공제하다.
de·duct·i·ble [didʌ́ktəbl] 형 뺄[공제할] 수 있는; 세금 공제를 받을 수 있는. ¶ ~ expenses 공제 비목(費 目). ── 명 공제[면제] 금액[조항]. **-bíl·i·ty** 명
dedúctible clàuse 명 (보험) 공제 조항.
*de·duc·tion [didʌ́kʃən] 명 1 ⓤ 빼기, 공제. ¶ make a ~ of 10% 10% 공제하다. 2 뺀 액수, 공제액. 3 Ⓤⓒ 추론, 〔논리〕 연역법. 뷔 induction
de·duc·tive [didʌ́ktiv] 형 추론적인; 〔논리〕 연역적 인. ¶ ~ method 연역법 /~ inference [*or* reasoning] 연역적 추리. **~·ly** 뷔
dee [diː] 명 1 (알파벳의) D자. 2 D자형의 것; (마구 (馬具)의 멈춤쇠에 달린) D자형 쇠고리. 3 (물리) (사이 클로트론의) 반원형 전극(電極). D.
‡**deed** [diːd] 명 (복 **~s** [-z]) 1 행위, 행동. ⇨ ACT 유의어 ¶ Do a good ~ every day. 1일 1선(善)을 행하 여라. 2 공적, 위업(exploit). ¶ great men's ~s 위인의 공적. 3 Ⓤⓒ (말에 대하여) 행동, 실행. ¶ all talk and no ~ 그저 말뿐. 4 〔법률〕 증서 (차용증 따위의) (날인) 증 서; 부동산 양도 증서. ¶ a title ~ 부동산 권리 증서.
a deed of arms 무공, 무훈.
in deed and not in name; in deed as well as in name 명실 공히.
in (very) deed 참으로, 실(제)로.
in word and (in) deed 언행이 일치하여.
── 명타 (美) (증서에 의해) 〔재산 따위〕를 양도하다.
~·less 형 「보관함[금고].
deed-box [-bɑ̀ks/-bɔ̀ks] 명 (英) (증서 따위의) 서류
déed of associátion 명 (주식 회사의) 정관(定款).
déed of trúst 명 =trust deed.
déed pòll 명 (복 **-s p-, d- -s**) 〔법률〕 (당사자의 한쪽만이 작성하는) 단독 날인 증서.
dee·jay [díːdʒèi] 명 (美속어) =disk jockey.
*deem [diːm] 명 생각하다, 판단하다(*of*). ¶ I cannot ~ otherwise of them. 그들에 대하여 그밖에 달리 생각할 길이 없다. ── 타 …이라 생각하다, 간주하 다. ¶ (~+目+(*to be*) 補) (~+*that*節) We ~ him (*to be*) honest. =We ~ *that* he is honest. 우리는 그가 정직하다고 생각한다.
deem highly [*lightly*] *of* …을 존중[경시]하다.
de·em·pha·size [-émfəsàiz] 명타 …을 강조[중 시]하지 않다, …의 중요성을 깎아내리다. **-sis** [-sis] 명 강조[중시]하지 않음, 비중 경감. 「(재판관.
deem·ster [díːmstər] 명 (영국 the Isle of Man의)
de·en·er·gize [-énərdʒàiz] 명타 …의 전원(電源)

을 끊다. ¹gi·zá·tion 图

‡**deep** [di:p] 图 (~·er; ~·est) 1 (바닥이) 깊은(圖 shallow); 깊숙이 들어간; (폭이) 넓은; 깊이가 …인; …열로 늘어선. ¶a ~ well 깊은 우물/a lake six feet ~ 깊이가 6 피트의 호수/knee-~ snow 무릎까지 빠지는 눈/cars parked three-~ 3 열로 늘어서 주차되어 있는 차들. 2 깊은 곳에 있는, 깊이 파묻힌(in). ¶a village ~ in peace 깊은 평화에 잠겨 있는 마을. 3 깊은 곳까지 닿는, 깊은 곳에서 오는. ¶a ~ pain 심부에 느끼는 고통. 4 어려운, 난해한, 까다로운; 헤아릴 수 없는; 중대한; 심원한, 깊은 통찰력을 가진. ¶~ secrets 불가해한 신비; 극비(極秘)/a ~ thinker 심사 숙고하는 사람. 5 (…에) 깊이 몰두한, 젖어 있는, 짓눌려 있는(in). ¶~ study 여념[잡념] 없는 공부/a man ~ in his book 독서에 몰두해 있는 사나이. 6 극도의, 심한: (감정 따위가) 깊은, 마음 속에서 우러나는; (잠·겨울·밤 따위가) 깊은. ¶~ drinking 과음(過飮)/~ sleep 숙면/~ sorrow 깊은 슬픔/~ winter 한겨울. 7 먼 옛날의; (시간·공간적으로) 멀리 떨어진(in). ¶the ~ past 먼 옛날[과거]. 8 (색깔이) 짙은; (음·목소리가) 굵고 낮은. 9 엉큼한, 음험한, 교활한. ¶He's a ~ one. (구어) 그는 엉큼한 녀석이다. 10 (삭감·할인 따위가) 대폭적인, 큰 폭의. ¶~ cut in the budget 예산의 대폭 삭감. 11 (스포츠) (통상 수비 위치보다) 먼[깊은] 위치에 있는.
ankle [knee, waist] deep in …에 발목[무릎, 허리]까지 빠져.
give a deep sigh 한숨을 깊이 내쉬다.
go (in) off the deep end ① 깊은 곳에 뛰어들다. ② (美구어) 무모하게 덤비다. ③ 신경질적으로 …하다.
in deep water(s) ⇨WATER. 1.흥분하여, 화내다.
make a deep bow 깊숙이 허리굽혀 인사하다.
take a deep breath 심호흡하다.
— 图 (~·er; ~·est) 1 깊게[깊이]. ¶cut ~ 깊이 자르다/Still waters run ~. (속담) 조용히 흐르는 물이 깊다; 현자과언(賢者寡言). 2 늦게(까지), 앞까지. ¶~ into the future 먼 장래까지. 3 깊이, 파고들어가서.
deep down (구어) 마음 속으로는, 본심은, 기본 같아
deep in the past 오래 전에, 옛날에. [서는.
deep into the night 밤 깊도록.
drink deep 과음하다.
go deep ① (신념 따위가) 강하다. ② 중대하다.
run deep =*go deep* ②.
— 图 1 (~s) (바다·강 따위의) 깊은 곳; 해연(海淵). ¶the Mindanao D- 민다나오 해연. 2 (the ~) (공간·시간의 광대한 영역); (詩) 바다, 대양. 3 (the ~) 한가운데, 한창. ¶in the ~ of winter 한겨울에. 4 (the ~) (크리켓) 외야수의 깊숙한 수비 위치.
in deep (구어) 깊이 빠져들어, 완전히 엉켜서.
loose [or *stir*] *the great deeps* 큰 소동을 일으키다.   [다.
-·*ness* 图 깊이, 심오함.
déep báckground 图 (美) 배경 설명 (기자) 회견 (출처를 밝히지 않는 것을 조건으로 함). 1.의 발언.
déep báckgrounder 图 deep background에서
déep bénch 图 좋은 (대기) 선수가 많음.
Déep Blúe 图 (상표) 디프 블루(IBM사가 개발한 체스
déep bréathing 图 심호흡. 1. 두는 컴퓨터).
deep-browed [´braud] 图 이마가 넓고 시원한(슬기의 상징).
déep búll pèn 图 (야구) 투수층의 두터움.
deep-chest·ed [´tʃéstid] 图 가슴이 두툼한; (목소리 따위가) 깊은 가슴 속에서 나오는.
déep cóver 图 1 (첩보원 등의 신분·소재 따위의) 은폐, 위장, 은닉. 2 비밀로 한 것. **déep-cóv·er** 图
déep díscount 图 대폭 할인, 초특가 할인. ¶a ~ store 대할인점. **déep-dís·count** 图 (접시로 구운.
deep-dish [´díʃ] 图 (요리) (오븐에 담는) 운두가 높은
deep-draw [´drɔ:] 图图 (판금)을 디프드로잉하다 (다이스에 밀어넣어 컵 따위 모양으로 가공하기).
deep-drawn [´drɔ:n] 图 (한숨을) 크게 들이쉰.
deep-dyed [´dáid] 图 (경멸적) 깊이 물든, 철저한, 골수의, 뿌리 깊은.
déep ecólogy 图 전면적 생태계 보호(모든 동·식물의 생존권을 주장하는 운동). **déep ecólogist** 图
‡**deep·en** [dí:pən] 图 (~s [-z]) 图 …을 깊게 하다; (색)을 짙게 하다; (소리)를 낮추다. ¶~ a shallow pool 얕은 못을 깊게 하다/~ sorrow 슬픔을 더하다. 图 깊어지다.
déep fát 图 (deep-fry용) 식용유.
déep fréeze 图 1 급속 냉동. 2 (구어) (계획·활동의) 일시 동결, 보류. 3 가사(假死). 4 (속어) 냉대, 괄시.
put...in [or *into*] *the deep freeze* (구어) …을 멈추게[얼어붙게] 하다; …을 보류[동결]하다; …을 교도소에 넣다.
deep-freeze [´fri:z] 图图 (식품)을 냉동 보존하다.
Deep-freeze [di:pfri:z, ´-´] 图 (상표) 디프프리즈 (급속 냉동 냉장고).
déep fréezer 图 급속 냉동 냉장고[냉장실].
deep-fry [´frái] 图图 …을 기름을 듬뿍 넣어 튀기다.
déep frýer 图 운두가 높은 튀김 냄비.
déep gáme 图 (구어) 술책(術策).
deep-go·ing [´góuiŋ] 图 근본적인, 기본적인.
déep gréen 图 (구어) 극단적인 환경 보존론자(운동가). (또는 **dárk gréen**).
déep kíss 图 =French kiss, =soul kiss.
deep-laid [´léid] 图 깊이 생각해서 꾸민, 은밀히 계획한. ¶a ~ plot 교묘한 계략.
‡**deep·ly** [dí:pli] 图 (*more* ~; *most* ~) 1 깊이. ¶ sink ~ into the mud 진흙 속 깊이 가라앉다. 2 철저하게, 매우, 강하게. ¶be ~ moved 크게 감동하다. 3 (색이) 짙게; (소리가) 굵고 낮게. 4 교묘하게.
deep-mined [´máind] 图 (광산) (노천광이 아닌) 상복을 입고 있다. 깊은 갱에서 캔빈.
déep móurning 图 정식 상복(喪服). ¶be in ~ 정식
deep-mouthed [dí:pmáuðd, -máuθt] 图 (사냥개의 짖는 소리가) 낮고 굵은. 1. 한 재원; 부자들.
déep pòcket 图 (美속어) 부(富), 재력; (~s) 풍부
deep-read [´réd] 图 학식이 높은, 정통한(*in*).
deep-root·ed [´rú:ʧid] 图 깊이 뿌리박은; (감정·편견 따위가) 뿌리 깊은. **~·ness** 图
déep séa 图 심해; 원양. **déep-séa** 图
déep séa·bed 图 [s:-] (국제법) 심해저(深海底)(대륙붕 바깥쪽의 모든 해저 지역).
déep-sea chéf 图 (속어) 접시 닦는 기계[당번].
déep-sea físhery [físhing] 图 심해(원양) 어업.
déep-sea léad [-léd] 图 심해 측연(深海測鉛).
deep-seat·ed [´sí:tid] 图 뿌리 깊은. ¶a ~ prejudice 뿌리 깊은 편견. 1.인; 뿌리 깊은.
deep-set [´sét] 图 (눈 따위가) 움푹 들어간; 깊이 파
déep síx 图 (美속어) 1 수장(水葬); 바다에 버리는 것. 2 매장; 매장소, 묘지(´´ 무덤의 표준 깊이가 six feet인 데서). 3 버리는 곳, 투기장. 4 전면 거부[기각].
give...the deep six …을 버리다, 처분하다.
deep-six [´síks] 图图 (美속어) 1 (배에서) 바다로 버리다. 2 제거하다, 폐기[처분]하다. 3 (요구 따위)를 거부하다, 기각하다.
deep-sky [´skái] 图 태양계 밖의(에 있는).
Déep Sóuth 图 (the ~) (美) 최남부 지방(Georgia, Alabama, Mississippi, Louisiana, South Carolina). **Déep Sóutherner** 图 최남부 지방 사람.
déep spáce 图 태양계 밖의 우주(outer space). ¶ ~ network 심(深)우주 통신망. **déep-spáce** 图
deep-strike [´stráik] 图 (군사) 원거리 최심 공격.
déep strúcture 图 (문법) 심층 구조(변형 생성 문법 이론에서 어떤 표현의 밑받침이 되는 구조).
déep thérapy 图 (X선 따위를 이용한) 심층부 치료.
deep·think [di:pθíŋk] 图 (美속어) 탁상 공론, 극단

deep throat 명 1 (美·캐나다) 내부 고발자. 2 (美속) 딥스로트.

deep-voiced [-vɔ́ist] 형 목소리가 낮은, 걸걸한 목소리의. 「심혜한; 원양(遠洋)의.

deep·wa·ter [díːpwɔ̀ːtər/-wɔ́ːtər] 형 깊은 물의,

‡**deer** [diər] 명 (pl. ~(s) [-(z)]) 사슴. ¶hunt ~ 사슴 사냥을 하다 / D- Crossing (게시) 사슴 조심(도로 표지)(* 「수사슴」 stag, buck, hart; 「암사슴」 hind, roe, doe; 「새끼사슴」 calf, fawn). 2 (고어) (일반적으로) 동물.
run like a deer 질주하다. 「물.
small deer (집합적) ① 작은 동물. ② 하찮은 것, 쓸모없는 것(←Shakespeare 작 *King Lear* 3:4).

deer·ber·ry [díərbèri/-bəri] 명 (미국산(産)) 월귤나무
deer fèrn [식물] 상록 양치의 일종. 「무.
deer fòrest (자연림의) 사슴 사냥터.
deer gràss (미국 동부산(産)) 들모란과의 다년초.
deer·hound [díərhàund] 명 사슴 사냥개.
deer lick 사슴이 염분을 핥으러 오는 샘(늪).
deer mòuse (북미산(産)) 흰발새양쥐.
deer pàrk 1 사슴 공원; 사슴 사냥터. 2 (美) 첨보요원 포섭 장면(유엔 마우러면 포섭이 쉬운 외교 무대).
deer·skin [díərskìn] 명 ⓤ 사슴 가죽, 녹비; 사슴 가죽 옷. — 형 사슴 가죽의. 「모자의 일종.
deer·stalk·er [díərstɔ̀ːkər] 명 사슴 사냥꾼; 사냥
deer·stalk·ing [díərstɔ̀ːkiŋ] 명 ⓤ 사슴 사냥.
deer's-tongue [díərztʌ̀ŋ] 명 (미국 서북부산(産)) 용담과(科)의 풀. 「속(屬)의 잠초.
deer·weed [díərwìːd] 명 (북미 서남부산(産)) 연필
deer·yard [díərjàːrd] 명 겨울에 사슴들이 모이는 장소.

de·es·ca·late [-éskəlèit] 타자 (세기·크기 따위) 축소하다(되다); 긴장을 (단계적으로) 완화시키다(되다). 명 escalate ¶ ~ a war 전쟁 규모를 축소하다, 축소 규모의.
-la·tion 명 ⓤ 축소; 완화. **-la·to·ry** 형

def [def] (美속어) 부 확실히(definitely). — 형 최고의, 멋진(definitive).

def. defective; defendant; defense; deferred; defined; definite; definition.

de·face [diféis] 타 1 (···으로) ···의 표면을 더럽히다, 외관을 손상하다 (*with*). 2 (명패·비문·증서 따위)를 마모시키다, 읽기 힘들게 하다, 말소하다. 3 ···의 가치(효과·영향력)를 훼손하다; 체면을 구기게 하다.
~·a·ble **~·ment** 명 파손; 외상(外傷). **-fác·er** 명

de fac·to [diː fǽktou, dei-] 부 실제로, 사실상(in fact). — 형 실제로 존재하는, 사실상의. 형 de jure ¶ a ~ government 사실상의 정부. [<L]

de fácto recognítion 명 (외교) 사실상의 승인.

de·fal·cate [difǽlkeit, -fɔ́ːl-/ díːfælkèit] 자 (법률) 위탁금을 유용하다. **-ca·tor** 명
de·fal·ca·tion [dìːfælkéiʃən, -fɔ́ːl-] 명 ⓤ 유용, 유탁금 유용; 위탁금 유용, 부정 유용액.

def·a·ma·tion [dèfəméiʃən] 명 ⓤ (법률) 명예 훼손; 중상, 비방. 「상하는, 중상적인. **-ri·ly** 부
de·fam·a·to·ry [difǽmətɔ̀ːri/-təri] 형 명예를 손
de·fame [diféim] 타 1 ···의 명성(명예)을 손상하다, 중상(비방)하다. 2 (고어) ···을 모욕하다, 비난하다.
-fám·er 명 비방자. **-fám·ing·ly** 부

de·fa·mil·iar·i·za·tion [difəmiljəraizéiʃən] 명 이화(異化)(일상적인 대상을 다른 양상으로 제시함으로써 새롭게 인식시키는 문학적 수법).

de·fang [diːfǽŋ] 타 ···의 엄니를 뽑다.
de·fat [diːfǽt] 타 (*-tt-*) ···에서 지방을 제거하다, 탈지(脫脂)하다. **-ted** 형

de·fault [difɔ́ːlt] 명 ⓤ 1 (의무 따위의) 불이행, 태만 (*in, on*). 2 (··· 에 대한) 채무(債務) 불이행 (*with*); (회사·국가 따위의) 부도(不渡); 체납. ¶ ~ interest 연체 이자. 3 (법률) (재판에의) 궐석; (스포츠) (시합에의) 결장 (缺場), 기권. ¶ judgment by ~ 궐석 재판 / win [lose] a

game by ~ 부전승[부전패]하다. 4 결핍, 부족. ¶owing to ~ of water 물 부족 때문에. 5 (컴퓨터) 디폴트, 초기 설정(하드웨어·소프트웨어 출하시 설정된 표준 상태·동작); =~ value. ¶ ~ condition 디폴트 조건 / ~ drive 디폴트 드라이브. 6 (고어) 과실, 비행, 죄.
go by default 궐석으로 지다.
in default by [지불·의무]를 불이행하여.
in default of (증거 따위가) 없어서; ···이 없을 때는.
make default (법률) (재판에) 궐석하다.
— 자타 1 (의무)를 이행하지 않다, (채무 변제)를 게을리하다 (*in, on*). ¶ (~+*前*+*名*) ~ *on* a debt 빚을 갚지 않다 / ~ *in* one's payment(s) 지불을 태만히 하다. 2 (법률) (재판에) 궐석하다. 3 (스포츠) 경기에 결장하다; 부전패가 되다. — 타 1 (의무·채무 따위)를 이행하지 않다. 2 (법률) 궐석에 회부하다. 3 (스포츠) (경기)에 결장하다; (시합)을 부전패로 지다.

de·fault·er [difɔ́ːltər] 명 1 (법률·재정적인) 의무 태만자; (계약·채무의) 불이행자. 2 (재판의) 궐석자. 3 (경기의) 결장자, 중도 이탈자. 4 (英) 군기(軍紀) 위반자.
defáult fúnction 명 (컴퓨터) 디폴트 기능.
defáult válue 명 (컴퓨터) 디폴트 값, 생략치(値)(프로그램에서 지정이 생략된 경우에 미리 정해진 값).

DEFCON [défkɑn/-kɔn] 명 (美군사) 방위 준비 태세, 데프콘(경계 상태의 정도를 나타내는 기준, 1-5단계). ◇ WATCHCON (<*defense* readiness *con*dition).

de·fea·sance [difíːzəns] 명 (법률) ⓤ (계약·증서 등의) 무효화, 파기; ⓒ 계약 소멸 조건 (기재 증서).
de·fease [difíːz] 타 (계약·증서 등)을 무효화하다, 파기하다.
de·fea·si·ble [difíːzəbl] 형 무효로(취소할 수 있는, 폐기(파기) 가능한. **-bíl·i·ty, ~·ness** 명 **-bly** 부

‡**de·feat** [difíːt] 타 1 (전쟁·선거 따위에서) ···을 패배시키다, 무찌르다, ···에 이기다. ¶ I ~*ed* her at tennis. 나는 테니스에서 그녀를 이겼다. 2 (희망 따위)를 꺾다, 좌절시키다; (수동형으로) (···에) 실패하다 (*in*). ¶ Our hopes were ~*ed*. 우리의 희망은 무너졌다. 3 (법률) ···을 무효로 하다(annul). 「나다.
defeat one's own object 자신의 목적[본의]에 어긋

유의어: **defeat** 그저 「패배시키다」를 뜻하며, 일시적인 승리·우위를 나타낸다. **beat** 상대를 최종적으로 이기다. **conquer** 전력을 기울여 defeat하여 지배권을 얻다. **overcome** 어려움을 이겨내고 적대자·장애 따위를 물리치다. **overthrow** defeat하여 권좌에서 밀어내다. **subdue** 철저히 제압하여 저항심을 잃게 하다. **vanquish** 위엄 있는 행동으로 상대방을 압도하다.

— 명 ⓤⓒ 1 (경쟁 상대를) 무찌르는 것, 승리; 타도, 전복. 2 (경쟁 상대에) 지는 것, 패배, 패전. 3 (계획 따위의) 실패, 좌절. ¶the ~ of a plan 계획의 좌절. 4 (법률) 무효화, 파기. 「를 듣다.
suffer [or *meet, sustain*] *defeat* 패배하다; 고배
~·er, ~·ism 패배주의 **~·ist** 명 형
de·fea·ture [difíːtʃər] 명 (고어) 타⊜=disfigure.
— 명 =disfigurement.

def·e·cate [défikèit] 타자 (찌꺼기·오물)을 제거하다, 맑게(깨끗하게) 하다, 정화하다. — 자 배변하다; 맑아지다. **-cá·tion** 명 정화; 배변. **-cà·tor** 명 정화하는 사람; 청정기; 여과기; 배변기.

‡**de·fect** [diːfekt, difékt] 명 1 (···의) 결점, 단점, 약점; 결함, 하자, 흠 (*of, in*). ¶ a moral ~ *in* one's nature 성격상의 도덕적 결함 / a ~ *in* a machine 기계의 결함. 2 (병리) 결함, 장애. ¶speech ~ 언어 장애. 3 ⓤⓒ 부족, 결핍; 부족량[액].

유의어: **defect** 유형·무형의 「결함·결점」이라는 넓은 뜻의 말. **blemish** 외관을 손상하는 표면의 defect. **flaw** 구조·조직·제작상의 원인에 의한 품질의 defect.

in defect 부족하여.¶Water was *in* ~. 물이 모자랐
in defect of …이 없어서, …이 없을 경우에는. [다.
the defects of one's qualities 장점에 따르는 단
점.¶*Every man has the* ~*s of his qualities*. (속
담) 사람마다 장점이 있으면 단점도 있는 법.
——(라) [difékt] (국가·정당 따위를) 버리다, 배
반[이반]하다, 이탈하다, 망명[탈당]하다(*from*); (다른
국가·정당 따위로) 도망치다, 변절하다(*to*).
~·i·bíl·i·ty 뗑 ~·i·ble 혱 ~·less 혱 결함이 없는.
defect. defective.
de·féc·tion [difékʃən] 뗑 ⓤⓒ 1 이반(離反), 탈퇴,
탈당(*from*); 배덕(背德), 변절(apostasy); 망명. 2 의
무 불이행, 태만. 3 결함, 부족; 감퇴; 상실.
*****de·féc·tive** [diféktiv] 혱 1 결함[결점]이 있는, 불완
전한; (심리) (지능이) 표준 이하인.¶a ~ *car* 결함이
있는 차. 2 (…이) 모자란(*in*).¶He is ~ *in* good
sense. 그는 분별력이 모자란다. 3 (문법) (동사 활용
이) 불완전한.¶~ verbs 결여 동사(will, can, may 따
위).——뗑 1 (심신에) 결함이 있는 사람; 결함이 있는 것,
결함 상품; (통계) 불량품. 2 (문법) 결여어(~ word).
~·ly 튀 ~·ness 뗑
deféctive númber 뗑 (수학) 부족수(不足數).
deféctive tràck 뗑 (컴퓨터) 결함[불량] 트랙.
deféctive vírus 뗑 불완전[결손] 바이러스.
de·fec·tol·o·gy [di:fektáləʤi, difek-/-tɔ́l-] 뗑
결함[결점] 연구, 결함학.
de·féc·tor [diféktər] 뗑 탈당자, 변절자; 망명자.
de·féd·er·al·ize [di:fédərəlàiz] 뗑(태) 뗑 기능[권한]
을 지방 정부에 이양하다. **-i·zá·tion** 뗑
‡**de·fénce** [diféns] 뗑(영)(타)(미) =defense.
~·a·ble, ~·less, ~·less·ly, ~·less·ness
‡**de·fend** [difénd] (태) (~*s* [-z]) 타 1 …을 막다, 지
키다, 방어[방위]하다(*from, against*).¶~ one's
country 나라를 지키다∥(~+뗑+젠+뗑) ~ a city
against an attack 도시를 공격으로부터 지키다.

┌─────────────────────────────────────┐
│ (유의어) **defend** 현실의 공격에 저항하여 몸을 지키다.
│ **guard** 주의깊게 경계하여 안전을 도모하다. **pre-**
│ **serve** 위험 속에서 지켜내다. **protect** 방호물로 덮
│ 든가 하여 보호하다. **safeguard** 미래에 일어날 수
│ 있는 위험에 대하여 여러 방호책을 강구하다. **shield**
│ 사실을 은폐하는 따위로 감싸고 보호하다.
└─────────────────────────────────────┘

2 (언론 따위에서) …을 옹호하다, 지지하다; …을 정당
화하다; (법률) …을 변호하다, 항변하다.¶~ a theory
어떤 이론을 옹호하는 것이라 변호하다 /~ a case 사건을
변호하다; 무죄를 주장하다. 3 (고어) …을 금하다
(forbid).——자 방어하다; 변호하다.
God [or *Heaven*] *defend*! (그런 일은) 결코 없다!
~·a·ble 혱
*****de·fénd·ant** [diféndənt] 뗑형 (법률) 피고인[측]
(의), ⇔plaintiff [보유자.
*****de·fénd·er** [diféndər] 뗑 방어자, 옹호자; 선수권
Defénder of the Fáith 뗑 (the ~) 신앙의 옹호
자(Henry 8세(1521) 이후의 영국 왕의 전통적 칭호).
de·fen·es·tra·tion [di:fènəstréiʃən] 뗑ⓤ (물
건·사람을) 창 밖으로 내던지기. **-fén·es·tràte** 뗑(태)
‡**de·fense** [diféns] 뗑 (*-fens·es* [-iz]) 1 ⓤⓒ
방어, 방위, 수비(⇔ attack, offense); 수비력, 방어력;
국방(력).¶national ~ 국방 / legal ~ 정당 방위 /~
capabilities 방위력 / a ~ against an enemy
적에 대한 방비¶*Offense is the best* ~. 공격은 최선
의 방어이다. 2 방어 수단, 방어책[법]; 호신술; (~*s*) 방
어물, 방어 시설, 요새. 3 방위 정책[계획], 방비[방위] 체
제. 4 ⓤ 변호, 옹호, 변명; ⓒ (법률) 변호; 항변;
(the ~) (단·복수 양용) 변호인(단); 피고측(⇔ pros-
ecution). 5 (경기) 수비[법]; 수비 선수[팀]. 6 =~
mechanism. 7 (美) (대학의 학위 심사 따위의) 시문(試
問).¶an oral ~ 구두 시문. 8 (D-) (美구어) 국방부.

in defense of …을 변호[옹호]하여, 지키기 위해.¶
speak *in* ~ *of* …의 변호를 하다. 「갖추다.
put oneself in the state of defense 방어 태세를
the art [or *science*] *of defense* 호신술(태권도
——(자)(타) (스포츠) 방어하다, 수비하다. [따위).
defénse attórney 뗑 피고측 변호사.
defénse in dépth 뗑 (군사) 종심(縱深)[심층] 방
어진[법](여러 겹의 복잡한 방어 진지).
Defénse Intélligence Ágency 뗑 (美) (국방
부의) 국방 정보국(⊛ DIA).
*****de·fénse·less** [difénslis] 혱 방비가 없는, 무방비
의. ~·ly 튀 ~·ness 뗑
de·fénse·man [difénsmən, -mæn] 뗑 (스포츠)
수비 선수.
defénse mèchanism [rèaction] 뗑 (심리·정
신분석) 방어 기제(機制)[메커니즘]; (생리) 방어 기구
(機構)(병원균에 대한 자기 방어 반응).
defénse míssile 뗑 미사일 요격용 미사일.
defénse spénding 뗑 국방비, 국방 지출.
de·fen·si·ble [difénsəbl] 혱 방어[변호]할 수 있는;
정당하다고 인정되는. **-bíl·i·ty** 뗑, ~·**ness** 뗑 **-bly** 튀
‡**de·fen·sive** [difénsiv] 혱 (*more* ~; *most* ~) 1
방어(용)의, 방위(용)의, 자위상의(⇔ offensive).¶a ~
alliance [treaty] 방위 동맹[조약] /~ war [or war-
fare] 방어전. 2 (태도·말 따위가) 수세의, 수동적인, 변
호적인(⇔ aggressive). 3 (스포츠의) 수비측의. 4 (주
식·채권 따위가) 방어적인; (경제) 안정 업종의. 5 (비
판·자존심에 대한) 자기 방어 과잉의.
take defensive measures 방어책을 강구하다.
——뗑 (the ~) 방어, 수세(守勢); (자기) 변호, 변명.
assume the defensive 수세를 취하다.
on the defensive 방어 자세를 취해, 수세에 서서;
(비판 따위에 대해) 신경질적이 되어.
~·ly 튀 ~·ness 뗑
defénsive báck 뗑 (미식축구) 수비팀의 최후열 위
defénsive dríving 뗑 (美) 방어 운전(법). [치.
defénsive médicine 뗑 자기 방어적 의료 조치
(의료 과오 소송에 대비한 의사의 방어적 검사·진단).
defénsive tàctics 뗑 (경찰) 호신술.
de·fen·so·ry [difénsəri] 혱 =defensive.
*****de·fer**¹ [difə́:r] 뗑 (*-rr-*) 타 1 …을 연기하다, 미루
다. ⇨DELAY (유의어) ¶~ departure [payment] 지
불을 연기하다∥(~+-*ing*) ~ *going* to the dentist
치과에 가는 것을 미루다. 2 (美) …의 징집을 유예하다.
——(자) 연장[지연]되다, 오래 끌다.
de·fer² [difə́:r] (자) (남의 의견·판단에) 따르다; 경의를 표하
다(*to*).¶~ *to* one's parents 양친에 복종하다.——(타)
(문제 따위)의 결정을 (…에게) 맡기다, 부탁하다(*to*).
de·fer·a·ble [difə́:rəbl] 혱 =deferrable.
*****def·er·ence** [défərəns] 뗑ⓤ 1 복종(*to*).¶blind
~ 맹종. 2 경의, 존경(*to, for*). ⇨RESPECT (유의어)
deference for one's elders 윗사람에 대한 경의.
in [or *out of*] *deference to* …에게 경의를 표하여,
…을 존중하여; (남의 희망 따위)에 따라서. 「다.
pay [or *show*] *deference to* …에게 경의를 표하
with all (*due*) *deference to you* 지당한 말씀이
오나, 외람된 말씀이오나.
def·er·ent¹ [défərənt] 혱 =deferential.
def·er·ent² 혱 (해부) (혈액 따위의) 수송의; 배설의;
(수)정관(輸精管)의.¶a ~ duct 수정관.
def·er·en·tial [dèfərénʃəl] 혱 경의를 표하는, 공손
한, 은근한(*to*). ~·ly 튀
de·fer·ment [difə́:rmənt] 뗑ⓤⓒ 연기, 거치;
(美) 징병의 일시적 유예.¶a period of ~ 거치 기간.
de·fer·ra·ble [difə́:rəbl] 혱 연기할 수 있는; (美) 징
병 유예 가능한. (또는 **deferable**)
de·fer·ral [difə́:rəl] 뗑 =deferment. 「유예된).
de·ferred [difə́:rd] 혱 연기된; 거치(据置)의; 징병이

deferred addréss 몡 (컴퓨터) 거치(据置) 주소.
deferred annúity 몡 (보험) 거치 연금(据置年金).
deferred chárges[ássets] 몡 (부기) 거치 자산.
deferred insúrance 몡 거치 보험. [비용.
deferred páy 몡 거치 급여(급여 일부의 거치).
deferred páyment 몡 연불(延拂), 대금 후불.
deferred prócessing 몡 (컴퓨터) 거치 처리.
deferred restárt 몡 (컴퓨터) 지연 재가동.
deferred retírement 몡 정년 연장.
deferred sávings 몡(U) 거치 예금.
deferred séntence 몡 (법률) 선고 유예.
deferred sháre[stóck] 몡 (英) 후배주(後配株).
deferred télegram 몡 간송(間送) 전보.
de·feu·dal·ize [di:fjúːdəlàiz] 타(티) …의 봉건제[봉건적 요소]를 철폐[제거]하다. **-i·zá·tion**
***de·fi·ance** [difáiəns] 몡(U) 1 도전, (권력 따위에 대한) 반항, 저항.¶a letter of ~ 도전장. 2 (…에 대한) 무시, 냉담 ; 경멸, 멸시(of).
bid defiance to …을 무시하다; …에 도전[반항]하다.
in defiance of (법·명령 따위)를 무시하여, 무릅쓰
set…at defiance …을 무시[멸시]하다. [고.
***de·fi·ant** [difáiənt] 몡 반항적인, 도전적인; (…을) 무시하는, (…에 대해) 교만한(of).¶a ~ child 반항적인 어린이/a ~ attitude 도전적인 태도.
be defiant of …을 무시하다.
~·ly 튀 **~·ness** 몡
de·fi·bril·late [difáibrəlèit/difí-] 몡(티) (병리) (전기 쇼크 따위로) (심장의 근섬유) 세동을 멈추다.
-lá·tion 몡(U) 세동 제거. **-lá·tor** 몡 세동 제거기.
***de·fi·cien·cy** [difíʃənsi] 몡(U)(C) 1 (…이) 부족, 결핍; 영양 부족[실조], 결핍증; 결함(defect), 불완전(of, in). ⇔LACK 유의어) ¶fill up [or make up for] a ~ in …의 결함을 보완하다. 2 부족분[량, 액]; 불완전한 것, 결함이 있는 것; 결손, 적자; (수학) 부족수.
deficiency accóunt 몡 결손금 계정.
deficiency diséase 몡 (병리) 결핍증; 영양 실조.
deficiency júdgment 몡 (美) (법률) 부족금(잔여 채무) 판결. [보조금.
deficiency páyment 몡 (英) (농가에 대한)
***de·fi·cient** [difíʃənt] 몡 (요소·특성이) 결핍되어 있는, 부족한; 불충분한, 부족한(in).¶be ~ in common sense 상식이 부족하다. — 몡 불완전한 사람[것].¶a mental ~ 정신 박약자. **~·ly** 튀
***def·i·cit** [défəsit/difísit] 몡 1 (…의) 부족액, 결손, 적자(in, of)(⇔ surplus); 부족. ¶a ~ in revenue 세입 적자액. 2 부족, 결함; (기능성의) 장애. 3 불리한 입장, 약점, 열세(disadvantage).
in deficit 적자의[로].
def·i·cit-cov·er·ing [-kʌvəriŋ] 몡 적자 보전의 (deficit-financing).¶ ~ bond 적자 국채[공채, 채권].
déficit fináncing 몡 (경제) (특히 정부의) 적자 재정(정책). **déficit-fináncing** 몡 (지출; 초과 지출.
déficit spénding 몡 (적자 공채 발행분에 의한) 적자
de·fi·er [difáiər] 몡 반항자; 도전자.
def·i·lade [dèfəléid] (군사) 몡 차폐(遮蔽), 방호(防護). — 몡(티) (진지)를 방호하다, 차폐하다.
de·file[^1] [difáil] 몡(티) 1 …을 더럽히다, 불결하게 하다(with, by). 2 …을 모독하다. 3 (명예)를 더럽히다 (마음 따위)를 부패시키다. 4 (고어) …를 강간하다.
-fíl·a·ble 몡 **~·ment, -fíl·er** 몡 **-fíl·ing·ly** 튀
de·file[^2] [difáil] 몡(티) 1 (산골짜기의) 좁은 길; 협곡. 2 (군사) 일렬 (종대) 행진. — 몡(티) (군사) 일렬로 줄지어 행진하다, 종대로 나아가다.
de·fin·a·ble [difáinəbl] 몡 정의할 수 있는; 한정할 수 있는. **-bíl·i·ty** 몡 **-bly** 튀
‡de·fine [difáin] 몡(티) (**~s** [-z]; **~d; -fin·ing**) 1 …을 정의하다, (말)의 뜻을 분명하게 하다; …을 정의하다; …을 (…이라) 정의하다(as).¶ ~ a word as… 어떤 말을 …이라 정의하다. 2 (입장 따위)를 분명히 하다; …을

설명하다; …을 특징지우다.¶ ~ one's duties[position] 임무[입장]를 분명하게 하다. 3 (경제·범위)를 한정하다, 정하다. 4 …의 윤곽을 (…을 배경으로) 뚜렷하게 하다 (against). 5 (권리·의무 등을) 명시하다; 규정하다.
— 몡 정의를 내리다. **~·ment, -fín·er** 몡
de·fined-ben·e·fit pénsion plàn [difáind-bènəfit-] 몡 (美) 확정 연금 지급 보증 제도.
defined contribútion plàn 몡 (美) 확정 갹출 형 퇴직 수당 제도.
defined ítem 몡 (컴퓨터) 피정의(被定義) 항목.
defined váriable 몡 (컴퓨터) 피정의(被定義) 변수.
de·fín·ing mòment [difáiniŋ-] 몡 (the ~) 결정적 순간, 고비, (절대 절명의) 위기(moment of truth).
***def·i·nite** [défənit] 몡 (**more ~; most ~**) 1 명확한, 정확한(exact); 확실한.¶a ~ answer 명확한 대답. 2 일정한, 한정된(⇔ indefinite).¶a ~ area 한정 구역/a ~ period 일정 기간. 3 확실한; 명백한; (…라고/…을) 확신하는 (that 절/about). 4 (문법) 한정적인, 한정하는. 5 (식물) (꽃차례가) 유한한. **~·ness** 몡
‡définite árticle 몡 (the ~) (문법) 정관사(the).
‡def·i·nite·ly [défənitli] 튀 (**more ~; most ~**) 명확히[구어] 분명히, 확실히; (부정문에서) 결코, 절대로.¶D− not! 천만의 말씀! — 몡 (구어) (전적인 동의나 강한 긍정을 나타내어) 아무렴(certainly).
***def·i·ni·tion** [dèfəníʃən] 몡 1 정의(를 내리기), 명확히 하기, 한정. 2 ⓒ (어구의) 정의, (말 뜻의) 설명. 3 (윤곽의) 명확함. 4 (광학) (렌즈의) 묘사력, 해상력(解像力); (음의) 명료도(明瞭度); (화상의) 선명도.
by definition ① 정의(定義)상, 의미상. ② 당연히, 당연한 일로서; 처음부터 (…로) 정해져 있는; 분명히.
give a definition of …의 정의를 내리다.
~·al 몡 **~·al·ly** 튀 [개 변수.
definition parámeter 몡 (컴퓨터) 정의(定義) 바
de·fin·i·tive [difínətiv] 몡 1 결정적인, 최종적인.¶a ~ answer 최종적 회답. 2 (텍스트 따위가) 가장 믿을 수 있는; 가장 권위 있는. 3 한정적인, 명확한. 4 (생리) 완전한 형태를 가진, 완전히 발육한. 5 (우표가) 보통의. — 몡 1 (저작 따위의) 결정판. 2 보통[일반] 우 표. 3 (문법) 한정사(限定詞) (the, this, all, no 따위).
~·ly 튀 **~·ness** 몡 [有] 숙주.
definitive hóst 몡 (동물) (기생충의) 최종[고유(固
def·i·nit·ize [défənitàiz, difín-/defín-] 몡(티) …을 명확히 하다, 구체화하다. [확, 한정.
def·i·ni·tude [difínətjùːd/-tjùːd] 몡(U) 명확성, 정
de·fla·grate [défləgrèit/déf-, di:f-] 몡(티) …을 (급히, 세게) 연소시키다. — 몡 확 타오르다.
-gra·bíl·i·ty 몡 **-gra·ble** 몡 **-grá·tion** 몡(U) (화학) 폭연(爆燃). **-grà·tor** 몡
de·flate [di:fléit] 몡(티) 1 (풍선 따위)로부터 공기(가 스)를 빼다; (거품)을 걷어내다.¶ ~ a bubble 거품을 걷어내다. 2 (경제) (통화)를 수축시키다; (물가)를 끌 어내리다(⇔ inflate). 3 (자신·희망 따위)를 꺾다, (자존심)에 상처를 주다. — 몡 1 오그라들다; 자신을 잃다. 2 (경제) (통화)가 수축하다; (물가)가 내리다.
***de·fla·tion** [di:fléiʃən] 몡(U) 1 (팽창물의) 수축; (공기·가스)를 빼기. 2 (경제) 디플레이션, 통화 수축; (통화수축으로 인한) 물가 하락(⇔ inflation, ⇔ reflation). 3 (지질) 풍화(風化).
de·fla·tion·ar·y [difléiʃənèri/-ʃənəri] 몡 디플레이션의, 통화 수축의.
deflátionary gáp 몡 (경제) 디플레이션 갭(현실의 총수요가 총공급 능력을 밑돌 경우의 과소 수요).
deflátionary spíral 몡 (경제) 진행성 디플레이션, 디플레이션의 악순환. [황.
deflátion depréssion 몡 (경제) 디플레이션 불
de·fla·tion·ist [difléiʃənist] 몡 통화 수축[디플레이션]론자(論者); 몡 =deflationary. **-ism** 몡
de·fla·tor [di:fléitər] 몡 (경제) 가격 수정 인자, 디

de·flect [diflékt] 〔動〕 …을 비끼게 하다, 편향(偏向)시키다, 빗나가게 하다(*away, off*). ─ 〔자〕 빗나가다, 비끼다. ¶ ~ *from* one's duties 임무를 게을리하다. ~**·a·ble** 〔형〕 「하게 아래쪽으로 굽은.
de·flect·ed [difléktid] 〔형〕 아래로 굽은; 〔생물〕 급
de·flec·tion, (英) -flex·ion [difléksjən] 〔명〕UC 1 비낌, 빗나가기, 비뚤어지기, 편향; 휘기, 왜곡. 2 〔광학〕 (광선의) 굴절. 3 〔물리〕 편향.
defléction cóils 〔명〕 〔컴퓨터〕 편향(偏向) 코일.
de·flec·tive [difléktiv] 〔형〕 빗나가게 하는, 치우치는.
de·flec·tor [difléktər] 〔명〕 (나침반 자차(自差) 수정용) 편침의(偏針儀); (공기·빛 따위의) 전향(轉向) 장치.
de·flexed [diflékst] 〔형〕 〔생물〕 아래쪽으로 굽은.
def·lo·ra·tion [dèfləréiʃən/dìːflɔː-] 〔명〕 1 꽃을 따기; 아름다움〔신선함, 신선미 따위〕을 빼앗기. 2 처녀성(순결)을 빼앗기, 처녀 능욕.
de·flow·er [di(ː)fláuər] 〔動〕 1 …의 꽃을 따다. 2 …의 처녀성〔순결〕을 빼앗다, 처녀를 능욕하다. 3 〔아름다움·신성함 따위〕를 망치다, 망치다. **~·er** 〔명〕
de·flux·ion [difl⁄kʃən] 〔명〕 〔병리〕 배출, 유출, 누설.
de·foam [di:fóum] 〔動〕 …에서 거품을 제거하다. **~·er** 〔명〕
de·fo·cus [di:fóukəs] 〔動〕 (빛·렌즈의) 초점을 흐리게 하다(이 흐려지다); 〔집중·주의 따위〕를 흐트러뜨리다(가 흐트러지다). ─ 〔명〕 초점(화면) 흐림; (영화 화면 따위의) 흐릿한 영상.
De·foe [difóu] 〔명〕 **Daniel ~** 디포(1659?-1731: 영국 소설가; *Robinson Crusoe* 저자; = **De Fóe**)
de·fog [di:fɔ́(ː)g, -fág/-fɔ́g] 〔動〕 (*-gg-*) 〔차창 유리 따위〕의 서린 김〔물방울〕을 제거하다.
de·fo·li·ant [di:fóuliənt] 〔명〕 고엽제(枯葉劑).
de·fo·li·ate [di:fóulièit] 〔他〕 …의 잎을 지게 하다, 잎이 시들게 하다; (美) …에 고엽제를 쓰다. ─ 〔자〕 잎이 지다. ─ [di:fóuliət, -lièit] 〔형〕 **-á·tion** 〔명〕UC 낙엽(기); 〔군사〕 고엽(枯葉) 작전. **-à·tor** 〔명〕
de·force [di(ː)fɔ́ːrs] 〔動〕 〔법률〕 〔부동산 따위〕를 불법으로 점유하다; …을 강제로 쫓아내다.
~·ment, -fórc·er 〔명〕
de·for·ciant [difɔ́ːrʃənt] 〔명〕 〔법률〕 불법 점유자.
de·for·est [difɔ́ːrist, -fár-/-fɔ́r-] 〔動〕 …의 숲〔삼림·수림〕을 쳐내다; 삼림을 파괴하다. = **afforest**
-·á·tion 〔명〕U 삼림 파괴, 남벌, 벌채.
de·form [di(ː)fɔ́ːrm] 〔動〕 …을 불구로 만들다, …의 모양을 훼손시키다; …을 보기 싫게 만들다; …을 변형시키다. ─ 〔자〕 모양이 나빠지다〔변하다〕.
-·a·bíl·i·ty 〔명〕U 변형될 수 있음. **~·a·tive** 〔형〕 deform하는 경향(성격)이 있는. **~·er** 〔명〕
de·for·mal·ize [difɔ́ːrməlàiz] 〔動〕 …을 보다 부드럽게 하다. **-i·zá·tion** 〔명〕
***de·for·ma·tion** [dìːfɔːrméiʃən, dèf-/dìːfɔːm-] 〔명〕U 1 모양〔모습〕 손상. 2 꼴이 흉함, 기형; 불구; 개악(改惡). 3 〔기계〕 변형, 뒤틀림. 4 〔미술〕 데포르마시옹 (변형에 의해서 특수한 예술적 효과를 얻는 일). **~·al** 〔형〕
***de·formed** [di(ː)fɔ́ːrmd] 〔형〕 흉하게 변형된; 불구의; 꼴사나운; 혐오를 느끼게 하는, 불쾌한.
-fórm·ed·ly [-midli] 〔부〕 **-fórm·ed·ness** 〔명〕
defórmed bár 〔명〕 이형(異形) 철근.
de·for·me·ter [difɔːmíːtər] 〔명〕 응력계(應力計).
***de·form·i·ty** [difɔ́ːrməti] 〔명〕 1 U 〔신체의〕 기형, 불구. 2 〔병리〕 신체의 기형 부분. 3 신체 장애자; 기형물. 4 U 꼴불견. 5 UC (인격 따위의) 결함, 흠.
***de·fraud** [difrɔ́ːd] 〔動〕 〔권리·재산 따위〕를 (남)에게서 속여 빼앗다, 사취하다(*of*); …을 속이다. ¶ (~ + 目 + 前 + 名) ~ *a boy of his money* 소년에게서 돈을 속여 빼앗다. ─ 〔자〕 사취하다. **~·frau·dá·tion** 〔명〕 사취(하기). **~·er** 〔명〕 사취하는 사람. **~·ment** 〔명〕

de·fray [difréi] 〔動〕 〔비용·경비 등〕을 (전부 또는 일부) 부담하다, 지불〔지출〕하다. **~·a·ble** 〔형〕 지불 가능한. **~·al** 〔명〕U (요금의) 지불. **~·er** 〔명〕 지불인. **~·ment** 〔명〕
de·frock [di:frák/-frɔ́k] 〔動〕 = **unfrock**.
de·frost [di(ː)frɔ́ːst, -frást] 〔動〕 …의 성에〔얼음〕를 제거하다; 〔냉동 식품 따위〕를 녹이다. ─ 〔자〕 (성에·얼음 따위가) 녹다; (냉동 식품이) 해동하다, 녹다.
de·frost·er [di(ː) frɔ́ːstər, -frást-] 〔명〕 성에〔얼음〕를 제거하는 사람; 제상(제빙) 장치; (자동차·항공기 따위의) 제상기(除霜器).
deft [deft] 〔형〕 교묘한, 능숙한, 손재주〔솜씨〕가 좋은. ¶ a ~ mechanic 숙련공. **~·ly** 〔부〕 **~·ness** 〔명〕
deft. defendant. 「내다.
de·fu·el [di:fjúːəl] 〔動〕 〔원자로〕에서 연료봉을 뽑아
de·funct [dif⁄ŋkt] 〔형〕 1 죽은, 고인이 된. ¶a ~ tribe of Indians 멸망한 인디언 부족. 2 현존하지 않는, 기능이 정지된, 쓰이지 않게 된. ─ 〔명〕 (the ~) (단수 취급) 망인, 고인. **~·ness** 〔명〕 「례식의.
de·func·tive [dif⁄ŋktiv] 〔형〕 고인〔사자(死者)〕의, 장
de·fund [di:f⁄nd] 〔動〕 …의 재원〔財源〕을 고갈시키다; …에의 자금 지원을 철회하다, 예산을 취소하다.
de·fuse [di:fjúːz] 〔動〕 1 〔폭탄·지뢰〕로부터 신관(信管)을 뽑아내다; …을 안전하게 하다. 2 …의 위기를 해소하다; …의 긴장을 완화시키다. 3 …의 힘〔영향력〕을 약화시키다. 「의 위험성이 줄어들다. (또는 **defuze**)
-fús·er 〔명〕 「리(解離).
***de·fu·sion** [di:fjúːʒən] 〔명〕 〔정신분석〕 충동 분리〔해
***de·fy** [difái] (*-fies* [-z]) 〔動〕 1 …에게 공공연히 반항하다, 감히 도전하다. ¶~ *an enemy* 적에게 도전하다. 2 …을 무시하다, 문제시하지 않다. ¶ ~ *public opinion* 여론을 무시하다. 3 〔노력·해결 따위〕를 거부〔저지〕하다, 물리치다. ¶ ~ (*all*) *description* (도저히) 필설로 표현할 수 없다 / *The problem defies solution*. 그 문제는 해결 불능이다. 4 (불가능한 일을 해보라고) (남)에게 대들다. 5 (구어) …에 짝응을 걸다. ─ 〔명〕 [difái] (美구어) 도전.
deg. degree(s). 「공공연한 반항〔무시〕.
dé·ga·gé [dèigɑːʒéi] 〔형〕 (태도 따위가) 서글서글한, 느긋한, 거북하지 않은(*easy*); 공평한, 초연한. [<F]
de·gas [di:gǽs] 〔動〕 (*-ss-*) …에서 가스를 제거하다. **~·ser** 〔명〕 탈(脫)가스기.
De·gas [dəgɑ́ː] 〔명〕 **Hilaire Germain Edgar ~** 드가(1834-1917: 프랑스의 인상파 화가).
de Gaulle [də góul, -gɔ́ːl] 〔명〕 **Charles ~** 드골 (1890-1970: 프랑스의 군인·정치가; 대통령(1958-69)). **de Gáull·ism** 〔명〕 **de Gáull·ist** 〔명〕 드골파 사람.
de·gauss [di:gáus] 〔動〕 (자기(磁氣) 기뢰를 피하기 위해) (선체)에 배자(排磁) 장치를 하다. **~·er** 〔명〕
de·gen·der·ize [di:dʒéndəràiz] 〔動〕 (고용·언어)에서 성차별〔편견〕을 없애다. (또는 **degender**)
de·gen·er·a·cy [didʒénərəsi] 〔명〕U 퇴폐, 타락, 쇠퇴, 퇴화; 타락 행위, 성적 도착, 변태.
***de·gen·er·ate** 〔動〕 [didʒénərèit] 〔자〕 1 (…에서/…으로) 퇴화〔퇴보〕하다; 타락하다(*from / into*). ¶ (~ + 前 + 名) ~ *into* commonplace 평범하게 되다, 진부하게 되다. 2 〔생물〕 퇴화하다; 〔병리〕 변질하다. ─ 〔他〕 쇠퇴〔퇴화〕시키다; 타락시키다; 변질시키다.
─ 〔형〕 [didʒénərət] 퇴화〔악화〕한, 타락한; 변질된.
─ 〔명〕 [didʒénərət] 타락자, 부도덕한 자; 퇴화한 것〔동물〕; 변질자; 성도착자(性倒錯者).
~·ly 〔부〕 **~·ness** 〔명〕
degénerate mátter 〔명〕 〔물리〕 퇴화 물질.
degénerate stár 〔명〕 퇴화 항성.
degénerate státe 〔명〕 (보통 ~s) 산일(散逸) 상태.
***de·gen·er·a·tion** [didʒènəréiʃən] 〔명〕U 1 퇴보, 타락, 퇴폐. 2 (생물) 퇴화. 3 〔병리〕 (조직의) 변질.
de·gen·er·a·tive [didʒénərèitiv, -rèit-] 〔형〕 퇴보〔타락〕하기 쉬운〔하고 있는〕; 타락성 경향의; 퇴행성의.

de·germ [di:dʒə́:rm] 타 …에서 병원균[미생물]을 제거하다; (종자)에서 배아(胚芽)를 제거하다.

de·glam·or·ize [di:glǽməràiz] 타 …의 매력을 떨어뜨리다. **-i·zá·tion** 명

de·glitch [diglít∫] 타 (컴퓨터·전자기기·우주선 따위)의 고장을 제거하다.

de·glu·ti·tion [di:glu:tí∫ən] 명U (생리) 연하(嚥下).

de·grad·a·ble [digréidəbl] 형 (화학) (플라스틱 제품 따위가) 분해할 수 있는, 분해성의. **-bíl·i·ty** 명

***deg·ra·da·tion** [dègrədéi∫ən] 명U 1 (지위의) 격하(格下), 강등, 좌천; 면직. 2 (품질·평가 따위의) 하락; 타락. 3 (지질) (지층·암석의) 침식, 붕괴. 4 (화학) 감성(減成); (에너지의) 감손. **~·al, dég·ra·dà·tive** 형

***de·grade** [digréid] 타 1 …의 지위를 떨어뜨리다, …을 강등[좌천]시키다; …을 해임[면직]하다(*from, to*). ¶ ~ a captain *to* the ranks 대위를 사병으로 강등시키다/He was ~*d from* priesthood for drunkenness. 그는 음주 때문에 성직에서 쫓겨났다. 2 …의 품위[평판]를 떨어뜨리다, …을 천하[타락]시키다 (재귀용법으로) 타락하다. ¶ ~ oneself by taking bribes 뇌물을 받아 자기 품위를 떨어뜨리다. 3 (분량·정도·강도 따위)를 줄이다. 4 (지질) …을 침식하다. 5 (화학) (유기 화합물)을 감성(減成)하다. ── 자 1 (화학) (유기 화합물이) 감성[분해]되다. 2 (지위·등급 따위가) 떨어지다; 타락하다; (생물) 퇴화[퇴행]하다.
-grád·er 명 강등된 사람; (질·격이) 떨어진 것.

de·grad·ed [digréidid] 형 품질이 저하된; 품위가 떨어진; (지위가) 강등된. **~·ly** 부 **~·ness** 명

de·grad·ing [digréidiŋ] 형 품위를 떨어뜨리는, 비열한, 불명예스러운. **~·ly** 부 **~·ness** 명

‡**de·gree** [digrí:] 명 (**~s** [-z]) 1 U©C 정도, 범위; 단계. ¶ It's just a matter of ~. 그것은 정도 문제이다 / To what ~ should we cooperate in the work? 그 일에는 어느 정도까지 협력해야 하는가? 2 (각도·온도계 따위의) 도(度). ¶ There are 90 ~*s* in a right angle. =A right angle has 90 ~*s*. 직각은 90도이다 / The thermometer reads five ~*s* of frost. 온도계는 영하 5도를 가리키고 있다 / Water freezes at 32 ~*s* Fahrenheit. 물은 화씨 32도에서 언다. 3 ⓒ 지위, 계급, 신분; 등가. ¶ a man of high [low] ~ 신분이 높은[낮은] 사람. 4 (교육) (…의) 학위(academic ~), 칭호(*in*). ¶ a doctor's [master's, bachelor's] ~ 박사(석사, 학사) 학위. 5 (법률) 촌(寸), 촌수. ¶ relatives within third ~ 3촌 이내의 친족. 6 (美) (범죄의 경중에 따른) 등급. ¶ murder in the second ~ 2급 살인. 7 (병리) 손상도. ¶ a third-~ burn 3도 화상(火傷). 8 (문법) (형용사·부사의 비교의) 급(級). ¶ the positive [comparative, superlative] ~ 원급[비교급, 최상급]. 9 (수학) 차(次), 차수(次數). ¶ a term of the sixth ~ 6차항. 10 (음악) (표음 음계상의) 도(度). 11 (알코올 농도의) 도(度).
a high [low] degree of 고도[저수준]의.
by degrees 차츰, 단계적으로. ¶ She grew weaker *by* ~*s*. 그녀는 점점 쇠약해졌다.
in a [or some] degree 조금은, 어느 정도.
in due degree 적당하게.
in full degree 충분하게.
in its degree 각기 정도에 따라서, 그 나름대로.
not…in the slightest [or **least, smallest**] **degree** 조금도 …않는(not at all).
one degree under (구어) 기분(컨디션)이 좀 나쁜.
take [or (英) **do**] **a degree** 학위를 취득하다.
to a certain degree 어느 정도는, 다소는.
to a degree (구어) 대단히, 매우; 다소간, 약간.
to the last [or **highest**] **degree** 극도로.
~·less 형 눈금이 없는; 학위[칭호]가 없는; 학위를 수
degrée dày 명 (대학의) 학위 수여일, 졸업식.

de·gree-day [-dèi] 명 기온 편차일(偏差日)(하루의 평균 온도와 표준 온도와의 차; 약 dd). (엉터리 대학).

degrée mill 명 (구어) 학위 제조소(학위를 남발하는).

degrée of fréedom 명 (물리) 자유도(自由度).

de·gres·sion [digré∫ən] 명U 하강; (과세의) 체감, 누감(累減).

de·gres·sive [digrésiv] 형 체감적인, 누감적인; 체감 과세의. **~·ly** 부

de·gum [di:gʌ́m] 타 (**-mm-**) …에서 고무질을 제거하다; 정련하다. **~·mer** 명

de·gust [digʌ́st] 타 …을 맛보다, 음미하다. (또는 **degustate**) **dè·gus·tá·tion** 명

de gus·ti·bus non est dis·pu·tan·dum [di:gʌ́stəbəs nɑn est dispjutǽndəm] 취향[기호]에 관하여 다툴 것은 없다; 오이를 거꾸로 먹어도 제멋. (<L from top to bottom)

de·hair [di:héər] 타 (동물 가죽)에서 털을 뽑다, 탈모(脫毛)하다.

de haut en bas [F dəotɑ́bɑ] 위에서 아래까지 (풀어다가); 무시하는 듯한 태도로, 거만한 태도로. (<F from top to bottom) (자르다).

de·head [di:héd] 타 (새우 따위의) 머리를 따다

de·hire [di:háiər] 타 (책략을 써서) (요직에 있는 사람)을 해고하다, 퇴직시키다. (의 인력 감축.

de·hir·ing [di:háiəriŋ] 명U 권고 퇴직[해고]; 기업

de·hisce [dihís] 자 (초목의 씨방이 따위가) 열개(裂開)하다. **-hís·cence** 명 열개. **-hís·cent** 형

de·horn [di:hɔ́:rn] 타 1 (소)의 뿔을 잘라내다. 2 (軍속어) (폭탄 따위)의 신관(信管)을 제거하다(defuse). 3 (나무의 큰 가지)를 바싹 자르다[전정하다]. 4 (美속어) 산발(散髮)하다; (금융 뒤에) 성교하다. ── 명 (美속어) 주정뱅이; 밀조주. **~·er** 명

de·hor·ta·tive [dihɔ́:rtətiv] 형 말리는, 간(諫)하는. ── 명 간하기; 간언(諫言). (또는 **dehortatory**)
dè·hor·tá·tion 명 말림; 간언.

de·hu·man·ize [di:hjú:mənàiz/-hjú:-] 타 …의 인간성을 잃게 하다, (사람)을 기계적 존재로 만들다. **-i·zá·tion** 명 비인간화, 인간성 말살.

de·hu·mid·i·fy [dì:hjumídəfài/-hju:-] 타 …의 습기를 제거하다, …을 건조시키다.
-mid·i·fi·cá·tion 명U 제습(除濕). **-fi·er** 명 제습(제조)기.

de·hy·drate [di:háidreit] 타 1 …에서 수분을 빼다, …을 탈수하다; (야채·과일 따위)를 건조시키다. ¶ ~*d* vegetables 건조 야채. 2 …의 활력[효력, 묘미]을 없애다. ── 자 물기가 빠지다; 마르다.
-drá·tion 명U (화학) 탈수, 건조; 탈수증. **-dra·tor** 명 (저장용 식품을 건조시키는) 전기 건조기, 탈수기[건조제].

de·hy·dro·freeze [di:háidroufrí:z] 타 (식품) 건조 냉동(처리)하다. **-frèez·ing** 명U 건조 냉동법.

de·hy·dro·gen·ate [dì:háidrədʒənèit] 타 (화학) …에서 수소를 제거하다, …을 탈수소화하다.
-á·tion 명U (화학) 탈(脫)수소.

de·hyp·no·tize [di:hípnətàiz] 타 …을 최면 상태에서 깨어나게 하다, …의 최면을 풀다. **-ti·zá·tion** 명

D.E.I. Dutch East Indies.

de·ice [di:áis] 타 …을 방빙(防氷)[제빙]하다, (항공기 날개 따위)에 방빙 장치를 하다. **-íc·ing** 명

de·ic·er [di:áisər] 명 방빙[결빙 방지] 장치.

de·i·cide [di:əsàid] 명U 신(神)을 죽이기; 신을 죽이는 사람. **-cíd·al** 형

deic·tic [dáiktik] 형 1 (논리) 직증적(直證的)인(ⓐ elenctic). 2 (문법) (대명사·정관사가) (후방) 지시적(指示的)인(demonstrative) ⓐ anaphoric. ── 명 (문법) 대상 지시어[용법]. **-ti·cal·ly** 부

de·i·fic [di:əfik] 형 신성화하게 하는, 신격화하는.

de·i·fi·ca·tion [di:əfikéi∫ən] 명U 신으로 받들기[받들린 상태], 신격화, 신성시.

de·i·fi·er [di:əfàiər] 명 예배자(禮拜者), 숭배자.

de·i·form [di:əfɔ́:rm] 형 신과 같은 (모습의); 신성

(神性)의, 신성한(divine).
de·i·fy [díːəfài] 타 ⋯을 신으로 모시다; ⋯을 신격화(神格化)하다, 숭앙[숭배]하다; ⋯을 이상화하다.
deign [dein] 자 1 (윗사람이) 황송하게도 ⋯해주다; (보통 사람이) 시치미 떼고 ⋯하다. 2 (부정문에서) (자존심을 버리고) ⋯하다. ¶ ($\sim + to\ do$) He would not $\sim$ to listen to you. 그는 네 말 따위는 들으려 하지 않을 것이다. ― 타 ⋯을 하사하다, 내리다.
De·i grá·ti·a [díːai gréiʃiə] 신[하느님]의 은총으로.
deil [diːl] 명 〈스코〉 =devil. 〔@ DG〕. 〔<L〕
de·in·dus·tri·al·ize [diːindʌstriəlàiz] 타 산업[공업]력을 잃게 하다; (패전국)의 산업 조직을 파괴하다. ― 자 산업력을 잃다. **-dùs·tri·al·i·zá·tion** 명 U 산업 파괴; 역(逆)공업화, 중공업 후퇴화.
de·in·sti·tu·tion·al·ize [diːinstətʲúːʃənəlàiz, diː-/-tʲúː-] 타 1 [교회·학교·병원 등의 사회 시설]에서 제도적·획일적 성격을 없애다. 2 (수형자(受刑者)·입원 환자 등)을 시설 밖에서 생활할 수 있게 하다. **-tù·tion·al·i·zá·tion** 명 U 탈[비]시설화.
de·in·te·grate [diːíntəgrèit] 자 (기업)의 종합 경영 방식을 버리다, 분산[분할] 경영하다.
de·i·on·ize [diːáiənàiz] 타 (화학) ⋯을 탈(脫)이온화하다. **-i·zá·tion, -íz·er**
de·ism [díːizm] 명 U 이신론(理神論), 자연신론(교).
de·i·so·late [diːáisəlèit, -ísə-] 타 비(非)고립화시키다, 패거리에 넣어주다. **-lá·tion**
de·ist [díːist] 명 이신론자(理神論者).
de·is·tic [diːístik] 형 이신론(자)적인. (또는 **deis·tical**) **-ti·cal·ly** 부 **-ti·cal·ness** 명
***de·i·ty** [díːəti] 명 1 신, 여신. 2 U 신성(神性), 신격(神格). 3 (the D―) 전지 전능한 신, 조물주, 상제(上帝), 천제(天帝). 4 신처럼 숭앙받는 사람[것]. ¶ a world in which money is the $\sim$ 돈이 만능인 세상.
dé·jà en·ten·du [F deʒɑ ɑ̃tɑ̃dy] 명 이미 이해한 [들은, 본] 적이 있다는 인식. 〔<F 〕 다는 인식. 〔<F〕
dé·jà lu [F deʒɑ ly] 명 이미 읽은[경험한] 적이 있다
dé·jà vu [dèiʒɑː vjúː] 명 1 (심리) 기시 체험(旣視體驗)(경험이 없는 것을 이미 경험한 것으로 느끼는 착각). 2 이미 본 것, 진부한 것, 식상한 것. 〔<F already seen〕
de·ject [didʒékt] 타 (보통 수동형으로) ⋯을 낙담시키다, 실망하다.
de·jec·ta [didʒéktə] 명 pl. 배설물, 대소변.
***de·ject·ed** [didʒéktid] 형 기가 죽은, 낙담한, 낙심한. ⇒SAD 유의어 **-ly** 부 **-ness** 명
de·jec·tion [didʒékʃən] 명 1 U 낙담, 실의, 의기소침(⟷ exhilaration). 2 U C (의학·생리) 배설, 변통 *in dejection* 낙담하여. ― U (변통); 배설물.
dé·jeu·ner [déiʒənèi, -ˈ-ˈ] 명 (늦은) 조반, (정식의) 점심. ¶ < F break one's fast 〕
de ju·re [diː dʒúəri] 명 정당한 권리에 따라, 법률상으로는. ― 형 적법한, 합법적인; 법률상의. @ **de facto**
dek·a-, dek- [dek] <= DECA-. 〔<L〕
dek·ko [dékou] 명 ($\sim$s) 〈영속어〉 일별(一瞥).
¶ Let's have a good $\sim$ at it. 그것을 눈여겨 살펴보자.
del. delegate; delegation; delete; deletion; (라틴) *delineavit*(=he [*or* she] drew (this))((그림에서) ⋯작(作)): deliver(y). **Del.** Delaware.
de·laine [dəléin] 명 1 멜린스, 모슬린(얇은 모직물). 2 (D―) =D― Merino.
De·láine Meríno 명 (미국산) 메리노 양(羊)의 일종.
de·lam·i·nate [diːlǽmənèit] 타 ⋯이[을] 얇은 판[조각, 층]으로 갈라지다[가르다].
de·lam·i·na·tion [diːlæ̀mənéiʃən] 명 U 얇은 층으로 갈라짐; (발생) 엽렬(葉裂).
De·lá·ney Améndment [Cláuse] [dəléini-] 명 (미) (식품·의약품·화장품 법의) 딜레이니 수정(修正) 조항(발암 물질 첨가의 전면적 금지 조항).
de·late [diléit] 타 1 〈스코〉 ⋯을 고소[고발]하다;

밀고하다. 2 (고어) (죄상 따위)를 말하다[퍼뜨리다], 지(告)知)하다. **-lá·tion** 명 U 고소; 밀고; 공표.
de·la·tor [diléitər] 명 고소인, 밀고인. (또는 **delater**) **dèl·a·tó·ri·an** 형
***Del·a·ware** [délawɛ̀ər] 명 1 델라웨어(미국 동부, 대서양 연안의 주; 주도 Dover; @ **Del**.). 2 (the ~) 델라웨어 강. 3 델라웨어(종) 포도.
Del·a·war·e·an [dèləwɛ́əriən] 명 델라웨어 주(사람)의. ― 형 델라웨어 주 사람. (또는 **Delawarian**)
de·law·yer [diːlɔ́ːjər, -lɔ́iər] 자(미) 변호사를 안 쓰다[배제하다]. **~·i·zá·tion** 명 탈변호사화(운동).
‡**de·lay** [diléi] 동 ($\sim$s [-z]) 타 1 ⋯을 지연시키다, 지체시키다. ¶ The train was $\sim$ed by heavy snow. 기차는 폭설로 인해 연착했다. 2 연기하다, ⋯을 뒤로 미루다 (*for*). ¶ You'd better $\sim$ your departure. 출발을 연기하는 것이 좋겠다. ¶ ($\sim$ +*ing*) $\sim$ writing to a person 남에게 편지 쓰기를 뒤로 미루다. ― 자 지체하다, 꾸물거리다, 지연하다 (*on, in doing*). ¶ Don't $\sim$! 꾸물거리지 마라!

유의어 **delay** 어떤 사정으로 또는 꾸물거리다가 불특정 기간 지연하다. **defer** 정세·형편 따위를 고려해서 연기하다. **postpone** 회합·행사 따위를 어떤 일정 시기까지 연기하다.

― 명 ($\sim$s [-z]) U C 지체, 지연 (시간); 연기, 유예. *without (any) delay* 지체 없이, 곧바로(at once).
~·a·ble 형 **~·er** 명 **~·ing·ly** 부
delay áction 명 (로켓 따위의) 지연 작동; (카메라 따위의) 시한 셔터식. (또는 **delayed áction**)
de·layed-ac·tion [diléidǽkʃən] 형 작동[반응]이 늦은; 지효성(遲效性)의; 지발성(遲發性)의; 시한식의. ¶ a $\sim$ bomb 지발성[시한] 폭탄(time bomb).
delayed assígnment 명 (컴퓨터) 지연 할당.
delayed dróp 명 낙하산의 개산(開傘) 시간을 지연시킨 강하.
delayed néutron 명 (물리) 지연[지발] 중성자.
delayed ópening 명 낙하산이 특정 고도에 이를 때 펼쳐지는) 자동 개산(開傘) 장치.
delayed spéech 명 언어 지체(어린이의 언어 장애).
delayed stéal 명 (야구) 지발(遲發) 도루.
de·lay·er·ing [diléiəriŋ] 명 (경영) (기업의) 계층[관리 직급] 감축.
delaying áction [tàctics] 명 (군사) 지연 전술.
deláy líne 명 (컴퓨터) 지연선(遲延線).
deláy scréen 명 잔광(殘光) 스크린(형광 물질을 발라 감광성을 부여한 스크린).
del cre·de·re [del kréidəri] 형[명] (상업) 매주(買主)[판매선] 지급 (능력) 보증의[아래]. ¶ a $\sim$ account 보증금 계정. ― 명 판매선 신용 보증(금). 〔<It〕
de·le [díːli, -liː] 명 (인쇄) (지시한 부분)을 없애라, 삭제하라(delete)(보통 명령형으로 쓰이는 교정 용어); ― 타 삭제 기호를 표시하다. ― 명 삭제 기호.
de·lec·ta·ble [diléktəbl] 형 (종종 익살·반어적) 즐거운, 유쾌한; 맛이 있는. ― 명 유쾌한[맛있는] 것.
-bíl·i·ty, -·ness 명 **-bly** 부
de·lec·ta·tion [dìːlektéiʃən] 명 U (반어적) 기쁨, 즐거움, 환희; 쾌락.
de·lec·tus [diléktəs] 명 (학습용의) 라틴[그리스문] 초본(抄本)(명문선)).「게 위임할 수 있는.
del·e·ga·ble [déligəbl] 형 (책무 따위)가 대리인에
del·e·ga·cy [déligəsi] 명 1 U 대표자의 임무[파견]. 2 대표자[대리인의 임명[파견]. 3 (집합적) 대표단, 사절단. 4 (영대학) 상임 위원.
de·le·gal·ize [diːlíːgəlàiz] 타 ⋯의 법적 허가를 취소하다, 비합법화하다.
‡**del·e·gate** 명 [déligət, -gèit] 1 대리인; 대표, 사절. ¶ send the U.S. $\sim$s to the International Peace Conference 미국 대표를 국제 평화 회의에 파견하다. 2

delegated legislation

(美) 준주(準州)(Territory)를 대표하는 하원 의원(발언권은 있으나 의결권은 없다); (Virginia, West Virginia, Maryland 주의) 주 하원(the House of Delegates) 의원. ─⑤㉠ [déligèit] (*-gat·ed; -gat·ing*) 1 …을 대표[대리]로 파견하다, 대표[대리]자로 임명하다 (*to, to do*). ¶ (~+圓+*to do*) ~ *a person to do* a person *to* attend a conference 남을 대표로서 회의에 참석시키다 // (~+圓+前+名) ~ *a person to a* convention 남을 대표로서 회의에 파견하다. 2 (권한·임무·책임 따위) 를 (…에게) 위임하다 (*to*). ¶ (~+圓+前+名) ~ power *to* an agent 권한을 대리인에게 위임하다. 3 〖법률〗(채무)를 (…에게) 넘기다(*to*). **-ga·tée, -gà·tor**

dél·e·gat·ed legislation [déligèitid-] 图 《美》(의회의) 위임 입법.

***del·e·ga·tion** [dèligéiʃən] 图 1 대표[대리]로 임명[파견, 위임]하기[되기]; (권한·책임·임무 따위의) 위임, 이양(*to*). 2 〖집합적; 단·복수 양용〗 파견 대표단, 대의원단; 《美》 주 대표의 국회 의원단. ¶send a ~ to the rally 대회에 대표단을 파견하다.

de·le·ga·to·ry [déligətɔ̀ːri/-təri] 图 권한[책임] 위임의, 권력 결여된.

de·lete [dilíːt] ⑤㉠ 삭제하다, 지우다, 말살하다 (*from*). ─㉠ 삭제[소거]되다. **-lét·a·ble** 图

delété key 〖컴퓨터〗 딜리트[삭제] 키.

del·e·te·ri·ous [dèlitíəriəs] 图 해로운, 유해한, (…에) 유독한(*to*). **~·ly** 图 **~·ness** 图

de·le·tion [dilíːʃən] 图 삭제, 말살; © 삭제 부분.

De·leuze [F dəlǿːz] *Gilles* ~ 들뢰즈(1925-95: 프랑스의 철학자로 후기 구조주의 대표).

de·lev·er·age [diːlévəridʒ, -liː-] ⑤㉠ 〖경제〗 주식 방출로 부채를 줄이다. ⇔ leverage.

delf [delf] 图© = delft ware.

délft (wàre) [délft(-)] 图© 델프트 도자기. (또는 **delf**) [<산지인 네덜란드의 도시명 Delft]

Del·hi [déli] 图 델리(인도 북부의 연방 직할 주 및 그 주도; 옛 Mogul 제국 수도). (또는 **Dehli, Dilli**)

Délhi bélly 图 《속어》(여행자가 인도에서 감염되는) 델리 설사.

del·i [déli] 图 (图 ~s) 《구어》 = delicatessen.

Del·ia [díːljə] 图 1 (고대 그리스의 Delos에서 행해진) 아폴로(Apollo)의 축제. 2 여자 이름.

‡**de·lib·er·ate** [dilíbərət] 图 1 신중히 생각한, 심사 숙고한; 계획[의도]적인, 고의적인. ¶~ murder 계획적인 살인, 모살(謀殺). 2 신중한, 사려 깊은, 꼼꼼한(*in*). ¶He is ~ in everything he does. 그는 무슨 일에나 신중하다. 3 (동작 따위가) 느슨한, 느릿느릿한; 침착한.

〖유의어〗**deliberate** 자기 언동의 뜻을 잘 알고, 영향 따위를 충분히 감안한. **intentional** 우연이나 착오가 아니라 그럴 작정으로 행하는. **premeditated** 미리 계획된.

─⑤ [dilíbərèit] ㉠ …을 숙고하다; …을 심의[고찰]하다. ⇒THINK 〖유의어〗¶~ *a* question 문제를 잘 생각하다 // (~+*wh.* *to do*) ~ *how to do* it 그것을 어떻게 할 것인가를 숙고하다 // (~+*wh.*㉯) They are *deliberating what* he said. 그들은 그가 한 말을 검토하고 있다. ─㉠ 숙고하다; 곰곰 생각하다; (위원회 따위가) 심의[협의, 검토]하다 (*on, over, upon, about*). ¶(~+前+名) ~ *on* what to do 무엇을 할 것인가 숙고하다. **~·ness** 图 └고하다.

‡**de·lib·er·ate·ly** [dilíbərətli] 图 (*more* ~; *most* ~) 1 심사 숙고하여, 계획[의식]적으로, 고의적으로. 2 신중하여, 조심성 있게, 주의 깊게, 유유히.

*****de·lib·er·a·tion** [dilìbəréiʃən] 图 1 ⓤ 숙고, 숙려. ¶after long ~ 장고[숙고] 끝에. 2 ⓤ© 검토, 토의, 심의. 3 ⓤ (행동 따위의) 신중함, 꼼꼼함; 느긋함.
be taken into deliberation 심의되다.
under deliberation 심의[검토, 고려]중의.
with deliberation 신중히, 꼼꼼하게.

de·lib·er·a·tive [dilíbərətiv, -rèit-] 图 1 심의의, 토의의, 심의[토의]하는; 심의 기능을 가진. ¶a ~ body 심의회. 2 잘 생각한, 신중한. **~·ly** 图 **~·ness** 图

de·lib·er·a·tor [dilíbərèitər] 图 숙고하는 사람; 심의자.

del·i·ble [déləbl] 图 삭제[말소]할 수 있는. └의자.

*****del·i·ca·cy** [déliкəsi] 图 1 미묘함, 정치(精緻)함, 정교함. ¶the ~ of *a* painter's stroke 화가의 필치의 정교함. 2 ⓤ 우미(優美), 우아. 3 ⓤ (감각·감정의) 세심함, 섬세함, 민감함; (타인에 대한) 자상한 배려. ¶the ~ of feelings 감정의 섬세함/supersensitive ~ 유별난 민감성. 4 ⓤ 취급에 세심한 주의를 요함, 미묘함. ¶matters of great ~ 매우 미묘한 일/the ~ of the international situation 국제 정세의 미묘함. 5 ⓤ 가냘픔, 연약함; 부서지기 쉬움. ¶~ of constitution 허약 체질. 6 (종종 -cies) 맛있는 것, 진미(dainty).
out of delicacy 조심성에서.
with (great) delicacy 《실로》 정교하게.

‡**del·i·cate** [délikət] 图 (*more* ~; *most* ~) 1 (감촉·자태 따위가) 섬세한, 우아한, 정치(精緻)한. ¶(as) ~ as silk 비단실처럼 고운/a ~ figure 우아한 자태.

〖유의어〗**delicate** 섬세하고 부서지기 쉬운 것을 연상시키는 우미함. **dainty** 섬세하고 자그마한 아름다움. **exquisite** 아주 세련된 우미함.

2 (음식 등이) 맛이 좋은. ¶~ wine 미주(美酒)/a ~ odor 방향(芳香). 3 (색 따위가) 부드러운, 어렴풋한, 옅은. ¶a ~ shade of blue 옅은 청색. 4 (인지가 불가능할 만큼) 미미한, 미세한, 미묘한. ¶~ differences in these theories 이들 이론의 미묘한 차이 / ~ changes in mood 미묘한 기분[분위기]의 변화. 5 부서지기 쉬운, 허약한, 가냘픈. ¶a ~ hand 가냘픈 손. 6 신중한[세심한] 취급을 요하는, 다루기 힘든. ¶a ~ situation 미묘한 사태, 난처한 입장/a ~ diplomatic relation 미묘한 외교 관계/a ~ operation 세심한 주의를 요하는 수술. 7 (기계 따위가) 정교[정밀]한; (계기 따위가) 민감한, 고감도의. ¶a highly ~ instrument 매우 정교한[민감한] 계기. 8 품위 있는, 세련된; 얌전한, 사려가 깊은. ¶a ~ manner 정중한[얌전한] 태도. 9 (감각·감정이) 자상한, 섬세한, 민감한. ¶~ sensibility 섬세한 감각.
be in a delicate condition 《美속어》 임신중이다.
be in delicate health 체질이 허약하다, 병약하다.
~·ness 图

*****del·i·cate·ly** [délikətli] 图 1 우아하게; 섬세하게. 2 미묘하게; 정교하게. 3 품위 있게, 세련되게.

del·i·ca·tes·sen [dèlikətésn] 图 1 〖집합적; 《美》 복수, 《英》 단수취급〗 조제 식품(調製食品)(미리 조리된 고기·치즈·샐러드·소시지 따위). 2 조제 식품 판매점, 델리(카테센). 3 《美속어》 오피스, 사무실. 4 《美속어》 탄환, 총탄(bullet). [<G]

‡**de·li·cious** [dilíʃəs] 图 (*more* ~; *most* ~) 1 맛 좋은, 맛있는, (맛·냄새가) 맛깔스러운. ¶a ~ meal 맛 있는 식사. 2 아주 즐거운, 유쾌한; 《속어》 성감을 자극하는.

〖유의어〗**delicious** 매우 맛좋은. **sweet** 달콤한. **nice, tasty** 둘 다 「맛있는」을 나타내는 구어적인 말. **luscious** 달콤하고 감칠맛이 있음을 나타낸다.

─ 图 (D-) 딜리셔스(사과의 일종); 그 나무.
~·ly 图 **~·ness** 图

de·lict [dilíkt/dí:lìkt] 图ⓤ 〖법률〗 불법 행위, 비행. ¶*in* flagrant ~ 현행범으로, 비행 현장에서.

‡**de·light** [diláit] 图 1 ⓤ 기쁨, 즐거움, 환희, 유쾌함. ⇒PLEASURE 〖유의어〗¶His review always gives me ~. 그의 평론을 읽으면 언제나 즐겁다. 2 기쁨[즐거움]을 주는 것, 낙(樂). ¶Nightcaps are my chief ~. 자기 전에 마시는 술이 나의 으뜸가는 낙이다.
in [or *with*] *delight* 기꺼이; 즐겁게.

take (a) delight in; feel delight at …을 기뻐하다, 즐기다.
to one's **(great) delight; much to** one's **delight; to the delight of** one (매우) 기쁘게도.
— 타 1 …을 크게 기쁘게 하다, 즐겁게 하다. ¶Her presence ~ed everybody. 그녀가 참석해서 모두 크게 기뻐했다. 2 (수동형으로) (…을) 기뻐하다 (with, at, by); 기꺼이 (…을) 하다 (to do); (…해서) 기쁘다 (that 節). ¶He was ~ed to hear the news. =He was ~ed at the news. 그는 그 소식을 듣고 매우 기뻐했다 / be ~ed with [or at] the result 결과를 기뻐하다. — 재 기뻐하다, 즐거워하다 (in, at); 기꺼이 …하다 (to do). ¶(~ + 前 + 名) He ~s in gardening. 그는 정원가꾸기를 즐긴다.
~er 명 **~ing·ly** 부 **~less** 형

*de·light·ed [diláitid] 형 (사람이) 기뻐하는, 즐거워하는; (웃음 따위가) 즐거운 듯한. ⇨GLAD 유의어
~ly 부 기꺼이. **~ness** 명

‡de·light·ful [diláitfəl] 형 (more ~; most ~) 기쁨을 주는, 매우 반가운, 유쾌한, 즐거운. ¶a charming and ~ book 사람을 매료시키는 즐거운 책. * delighted 는 자기가 기뻐하고 있다는 뜻, delightful 은 남을 기쁘게 한다는 뜻.
~ly 부 **~ness** 명

de·light·some [diláitsəm] 형 =delightful.
De·li·lah [diláilə] 명 1 〔성서〕 델릴라(Samson 을 배신한 애인). 2 배신녀, 요부. 3 딜라일라(여자 이름).
de·lim·it [dilímit] 타 =delimitate.
de·lim·i·tate [dilímətèit] 타 …의 한계[범위]를 정하다; 명확히 기술하다.
-tà·tive 형
de·lim·i·ta·tion [dìləmətéiʃən] 명 (U) (한계, 범위) 설정; (U)(C) 한계, 경계. ㅡ [分] 분(分區) 문자.
de·lim·it·er [dilímitər] 명 〔컴퓨터〕 경계 기호; 구분 문자.
de·lin·e·ate [dilínièit] 타 …의 윤곽을 그리다; …을 (선으로) 그리다, 스케치하다; …을 서술하다.
-a·ble 형
de·lin·e·a·tion [dìliníéiʃən] 명 1 외형[윤곽]을 그리기; 스케치, 소묘(素描); 묘사. 2 약도, 도형. 3 기술, 서술.
de·lin·e·a·tive [dilínièitiv, -niət-] 형 소묘[묘사]의.
de·lin·e·a·tor [dilínièitər] 명 묘사자, 기술자, 서술자; 윤곽 묘출기(描出器); (양재의) 본(pattern).
de·lin·e·a·vit [dìliníévit] 『그(그)녀)가 (이것을) 그렸다, …필(筆), …화(畵)(약 del.). 〔L〕
de·link [di:líŋk] 타 …을 독립시키다, 연계를 끊다, 떼어놓다. **-age**
de·lin·quen·cy [dilíŋkwənsi] 명 1 (U) (의무·직무의) 태만, 불이행. 2 (U)(C) (세금 따위의) 체납, 미불; 체납금. 3 (U)(C) 범죄, 과실; 불법 행위, (청소년의) 비행[범죄](juvenile ~).
de·lin·quent [dilíŋkwənt] 형 1 의무[직무]를 게을리하는, 태만한. 2 (세금·차입금 따위가) 미불인, 지불 기일이 넘은. 3 범죄[법]의, 과실[죄]의. ㅡ 명 1 태만한 사람, 의무 불이행자. 2 범죄인, 과실자; 비행 청소년
~ly 부 (juvenile ~).
delinquent sùbculture 명 〔심리〕 비행성(非行性) 저(低)문화(비(非)공리성, 찰나적 쾌락주의 등).
del·i·quesce [dèlikwés] 재타 1 녹다, 용해하다. 2 〔화학〕 (소금이) 조해(潮解)하다. 3 〔식물〕 (균류(菌類)가 성숙하여) 액화(液化)하다; (잎맥이) 분기(分岐)하다.
del·i·ques·cence [dèlikwésns] 명 (U) 용해; 〔화학〕 (소금 따위의) 조해(潮解); 조해열.
del·i·ques·cent [dèlikwésnt] 형 녹는, 용해성의.
de·lir [dilíər] 재타 (정신) 착란 상태가 되다, 환각을 보다. ㅡ 명 섬망(譫妄) 발생증의[발생 물질].
del·i·ra·tion [dèləréiʃən] 명 〔폐어〕 정신 착란.
*de·lir·i·ous [dilíəriəs] 형 1 〔병리〕 (고열 따위로 일시) 정신이 착란한, 헛소리하는. 2 열광적인, 무아경의 **~ly** 부 **~ness** 명 〔의(with).

de·lir·i·um [dilíəriəm] 명 (U)(C) (복 ~s, -i·a [-iə]) 〔병리〕 섬망(譫妄), (일시적) 정신 착란; 열광, 무아경.
delírium tré·mens [-tríːmənz, -menz] 명 〔병리〕 (알코올 중독에 의한) 섬망증(譫妄症)(약 DT's), d.t.('s)). 〔L〕
del·ish [díliʃ] 형 (구어) =delicious.
de·list [diːlíst] 타 (부적격 따위 이유로) …을 표[리스트]에서 빼다; (특정 주식)의 상장을 폐지하다.
del·i·tes·cence [dèlətésəns] 명 1 잠복 상태. (중독·병독의) 잠복기. 2 〔의학〕 (증상의) 돌연 소멸.
-cent 형 잠복하고 있는, 잠복기의.

‡de·liv·er [dilívər] 타 (~s [-z]) ❶ 1 〔편지·물품 따위)를 배달하다 (at, to); [메시지]를 전하다 (to). ¶~ letters and parcels 편지와 소포를 배달하다 / Did you ~ my message to your father? 너의 아버지께 내 말을 전했느냐?
2 …을 인도하다, 명도하다, 포기하다 (up, over) (to, into); …을 교부하다. ¶(~ + 目 + 副) ~ a city up 시를 포기하다 // (~ + 目 + 前 + 名) ~ a castle (up) to an enemy 성을 적에게 넘겨주다.
3 〔연설·설교)를 하다, 〔의견 따위)를 말하다; 〔판결 따위)를 내리다, 〔명령)을 내리다 (to). ¶~ a speech 연설하다 / ~ a verdict 평결을 내리다 / ~ orders to …에게 명령을 내리다.
4 〔타격)을 가하다, 〔일격)을 가하다; …을 던지다 (to, at). ¶The pitcher ~ed a fast ball. 투수는 속구를 던졌다 // ~ an attack [a blow] against [or on] an enemy 적에게 공격[일격]을 가하다. 5 …을 내다, 산출[배출]하다. ¶~ much oil 다량의 석유를 산출하다. 6 …을 해방하다, 석방하다; 구해내다 (from, out of). ◆SAVE 유의어 ¶~ a person from [or out of] danger 남을 위험에서 구해내다. 7 (의사 등이) (여자)에게 분만시키다 (of); (여자가) (아이)를 낳다; (수동형으로) 아이[새끼]를 낳다; 〔시 따위)를 써내다. ¶She ~ed a healthy girl after a long labor. 그녀는 오랜 진통 끝에 건강한 딸을 낳았다. 8 (美구어) (특정 후보자를 위하여) 〔표)를 모으다. 9 〔재귀용법으로〕 〔사상·의견 따위)를 발표하다 (of). 10 …을 알리다, 고하다; 주장하다.
— 재 1 분만하다, 출산하다. 2 (물품 따위)를 배달하다. 3 (美) 잘 해내다; (약속 따위)를 지키다 (on). 4 (언해)를 표명하다, 말하다. 5 해방되다, 자유롭게 되다; (사물이) (사람의 기분)을 풀어주다.
be delivered of (아이)를 낳다; 〔시 따위)를 짓다. ¶be ~ed of a child [poem] 아이를 낳다/시를 쓰다.
deliver a jail 죄수를 모두 법정에 출정시키다.
deliver one**self of** (의견 따위)를 공표[말]하다.
deliver one**self to the police** 경찰에 자수하다.
deliver over 인도하다; (재산 따위)를 양도하다.
deliver the goods 물품을 인도하다 (to); (구어) 약속[계약)을 이행하다; 기대에 부응하다. 「다.
deliver up 인도하다; 되돌려주다; (성 따위)를 넘겨주
Stand and deliver! 꼼짝 말고 가진 것을 몽땅 내놓아라(Stop and hand over!)(* 강도가 하는 말).
de·liv·er·a·ble [dilívərəbl] 형 1 인도 가능한, 교부할 수 있는. 2 (군사) (미사일 따위가) 목표 지점에 도달 가능한. 3 구출 가능한. ㅡ 명 1 실행[실현] 가능한 것. 2 배송 상품. **-bíl·i·ty**

*de·liv·er·ance [dilívərəns] 명 1 (U) 구출, 구조, 석방, 해방 (from). 2 (U)(C) (의견의) 공표, 공식 견해; 진술; 〔법률〕 (배심의) 평결. 3 (U) 악력; 악력 쫓아내기.
de·liv·ered [dilívərd] 형 …인도의. ¶~ on rail 화차 적하(積荷) 인도.
delívered príce [cóst] 명 〔상업〕 인도 가격.

*de·liv·er·er [dilívərər] 명 인도인; 배달인; 구조자.

‡de·liv·er·y [dilívəri] 명 (복 -er·ies [-z]) (U)(C) 1 배달; (…)편; 배달물 (to). ¶by the first ~ 첫(배달)편으로 / a ~ area 배달 구역 / a ~ certificate 배달 증명서 / How many deliveries are there in this town

delivery boy

every day? 이 도시에서는 매일 몇 차례 우편 배달이 있습니까? **2** (화물 따위의) 인도, 납품; (재산 따위의) 명도; 포기; (법률) (…에의) 양도, 교부(*to*). ¶~ on term 정기 인도/~ of a house 가옥의 명도. **3** 진술, 발언; 말[연설]솜씨, 구변; 연설, 강연. ¶a good[poor] ~ 홀륭한[서투른] 말솜씨. **4** 분만, 출산. ¶a difficult[an easy] ~ 난산[순산]/artificial ~ 인공 분만. **5** 투구(投球) (솜씨); 사출[발사] (솜씨). ¶the fine ~ (of a ball) 멋진 투구. **6** (…에서의) 석방, 해방; 구조, 구출(*from*). **7** (주먹 따위로) 손보아 줌, 구타. ¶(군사) (미사일 따위의) 목표 도달. ¶a ~ system (미사일 따위의) 운반 수단[로켓]. 〔…으로.
by special [or (英) *express*] *delivery* 빠른 우편
on delivery 배달시에, 인도와 동시에
take delivery of 〔물건 따위의〕 를 인수하다.
delívery bòy 閔 (상점의) 배달원; 신문 배달 소년.
delívery clèrk 閔 배달인[원].
delívery dáte 閔 〔증권 따위의〕 교부일.
de·liv·er·y·man [dilívərimæn] 閔 (美) (상품) 배달인. 〔지서.
delívery nòte 閔 (英) 납품 인수증, (화물) 인도 통
delívery on arríval 閔 〔상업〕 착하(着荷) 인도.
delívery òrder 閔 〔상업〕 화물 인도 지시서(약 d/o, D.O.). 〔서관의 도서 대출실.
delívery ròom 閔 (병원의) 분만실, 산실(產室); (도
delívery trùck [(英) **vàn**] 閔 화물 배달 트럭.
delívery véhicle 閔 (미사일 등의) 운반 로켓[수단].
dell [del] 閔 (시) 골짜기, 협곡, 유곡(幽谷).
Dell [del] 閔 델. **1** 미국의 컴퓨터 회사(~ Computer Corp.). **2** 사람 이름.
Dél·lin·ger phenómenon [délindʒər-] 閔 〔물리〕 델린저 현상〔태양 흑점에 의한 통신 전파 방해 현상〕. 〔<1935년의 물리학자 J. H. Dellinger(1962~)
de·lo·cal·ize [diːlóukəlàiz] 톰㊀ …의 지방성을 제거하다; …을 비국지화(非局地化)하다; …을 고유[정규]의 장소에서 옮기다. **~i·zá·tion** 閔 비국지화.
de·louse [díːláus, -láuz] 톰㊀ …에서 이를 잡다; …에서 유해물[불쾌한 것]을 없애다. **-lóus·er** 閔
Del·phi [délfai] 閔 **1** 델포이(Apollo의 신전이 있던 고대 그리스의 성도·도시). (또는 **Delphoe**) **2** =~ method.
Del·phi·an [délfiən] 閔㊀ Delphi의 (주민).
Del·phic [délfik] 閔 **1** Delphi의; Apollo 신전[신탁 (神託)]의. **2** (종종 d-) (Apollo의 신탁처럼) 모호한, 의미가 불분명한, 불가해한. **dél·phi·cal·ly** ㊀
Délphic óracle 閔 (the ~) 델포이 신탁소(Apollo의 신전); 난해한 신탁으로 유명함.
Délphi méthod 閔 델파이 방식(의견 제시·회합·정리 따위의 순서를 되풀이하며 consensus(총의)를 얻는 의사결정 방식·미래 예측법). (또는 **Délphi pròcess [tèchnique]**)
del·phín·i·um [delfíniəm] 閔 (식물) 참제비고깔.
Del·phí·nus [delfáinəs] 閔 (천문) 돌고래자리.
Del·phol·o·gy [delfálədʒi/-fɔ́l-] 閔 (과학 기술 분야에서의) 미래학 방법론, 미래 예측법 연구.
*****del·ta** [déltə] 閔 **1** 델타(그리스 알파벳의 넷째 글자 Δ, δ). **2** Δ 자형(3각형)의 것. **3** (하구의) 삼각주, 델타. ¶the Mekong *D*- 메콩 삼각주. **4** (수학) 델타(약 Δ). **5** 〔천문〕 델타성(星)(별자리 가운데 네 번째 밝은 별).
délta àgent [vírus] 閔 (병리) 델타 인자(델타형 간염을 유발하는 바이러스). 〔항공 회사: 코드명 DL).
Délta Áir Línes 閔㊇ (단수취급) 델타 항공(미국의
Délta blúes 閔 (단·복수 양용) 델타 블루스(미시시피 강 델타 지역 블루스의 영향을 받은 컨트리 뮤직).
délta connéction 閔 〔전기〕 델타(삼각) 접속[결선].
Délta Fórce 閔 (美육군) 델타 부대(대(對)게릴라·테러 작전을 수행하는 특수 부대; 정식 명칭은 Special Forces Operational Detachment; ㊇ SFOD).

delmagnify

délta hepatítis 閔 〔병리〕 델타형 간염. ㊇ delta agent (또는 **hepatítis délta**)
del·ta·ic [deltéiik] 閔 델타〔삼각〕형을 이루는, 델타 상(狀)의; 삼각주가 있는. 〔간의 특수 합금〕.
délta métal 閔 〔야금〕 델타 합금(구리·아연·철·망
délta modulátion 閔 〔컴퓨터〕 델타 변조.
délta párticle 閔 〔물리〕 델타 입자(약 Δ).
délta pláin 閔 삼각주 평야.
délta rày 閔 (~s) 〔물리〕 델타선(線).
délta rhýthm 閔 〔생리〕 (숙면 상태의) 델타 리듬.
délta secúrities [stòcks] 閔 (英) 제 4 종 주식.
Délta tèam 閔 =Delta Force. 〔나타낸다).
délta wàve 閔 (뇌파의) 델타파(波)(깊은 수면 상태를
délta wíng 閔 (제트기의) 3각 날개; 삼각익 비행기.
del·tic [déltik] 閔 =deltaic.
del·ti·ol·o·gy [dèltiálədʒi/-ɔ́l-] 閔㊀ 우편[그림] 엽서 수집. **-o·lóg·i·cal** 閔 **-gist** 閔
del·toid [déltɔid] 閔 〔해부〕 어깨의 3각근(筋). (또는 ~ múscle) 閔 3각형의, 델타〔삼각〕형 모양의.
del·toi·dal [deltɔ́idl] 閔 삼각주의; =deltoid.
*****de·lude** [dilúːd] 톰㊀ …을 (…으로) 혼란[현혹]시키다, 속이다(*with*); (사람) 을 속여서 (…)시키다 (*to, into*); (재귀용법으로) (…으로) 잘못 알다.
delude oneself 잘못 알다, 착각하다.
-lúd·a·ble 閔 **-lúd·er** 閔 **-lúd·ing·ly** ㊀
*****del·uge** [délju:dʒ/déljuːdʒ] 閔 **1** 대홍수, 큰물 (⇒FLOOD 유의어); 범람; 큰비, 호우; (the D-) 〔성서〕 노아(Noah)의 대홍수. ¶After me [or us] the ~! (나 없는 뒤에야) 홍수가 나든 말든 (내 알 바 아니다). **2** (a ~) (비유적) (홍수처럼) 밀어닥치는 것; (면지·사람 따위의) 쇄도, 범람. ¶a ~ of rain [fire] 호우[불바다]/a ~ of tears 넘쳐흐르는 눈물. ── 톰㊀ (수동형으로) …을 (…으로) 범람하게 하다, 물에[홍수로] 잠기게 하다; (홍수처럼) (…이) …에 쇄도하다, 펴지어 몰려오다; …을 압도하다(*with*).
*****de·lu·sion** [dilúːʒən] 閔 **1** ㊀ 현혹[기만]시키기, 기만. **2** ㊄㊃ 미혹(迷惑), 미망(迷妄). **3** 착각, 잘못된 생각. ⇒ILLUSION 유의어 **4** 〔정신의학〕 망상.
be obsessed by delusion 망상에 사로잡히다.
be under a delusion about [or *as to*] …에 관하여 착각하고 있다, …라는 망상을 갖고 있다.
the delusion of grandeur [*persecution*] 과대 ~·al, ~·ar·y 閔 망상적인. 〔[피해] 망상.
de·lu·sive [dilúːsiv] 閔 현혹시키는, 미혹게 하는; 기만적인, 잘못 이끄는; 알쏭달쏭한; 망상적인. ¶a ~ reply 알쏭달쏭한 대답. **~·ly** ㊀ **~·ness** 閔
de·lu·so·ry [dilúːsəri] 閔 =delusive.
de·luxe [dəláks, -lúks] 閔 (종종 명사 뒤에서) 특등의, 사치스러운, 호화로운. ¶a ~ edition (서적의) 딜럭스판, 호화판/a train [hotel] ~ 특급 열차[고급 호텔]. ── ㊀ 사치스럽게, 호화롭게. ¶travel ~ 호화로운 여행을 하다. (또는 **de lúxe**) 〔<F
delve [delv] 톰㊁ **1** (문제·정보 따위에서·사실 따위를) 찾으려 파고들다, 철저히 조사하다, 깊이 탐구하다 (*into, among / for*). ¶~ deeper *into* …을 더 한층 깊이 탐구하다. **2** (서랍 따위를) 샅샅이 뒤지다. **3** (시·고어) 파다(*dig*). ── 톰㊀ (고어) …을 파다, 파내다. ── 閔 굴파기; 움푹 들어간 데; (고어) 동굴. **délv·er** 閔
dely. delivery.
dem [dem] 閔㊀ (英속어) = damn.
Dem [dem] 閔 (美구어) 민주당원(Democrat).
dem. demand; demonstration; demonstrative; demurrage; demy. **Dem.** Democrat(ic).
de·mag·net·ize [diːmǽɡnətàiz] 톰㊀ …에서 자성(磁性)을 없애다; 〔전기〕 〔자기 테이프에서 (소리 따위) 정보를 지우다. **-iz·a·ble** 閔 **-i·zá·tion** 閔㊀ 멸자 (滅磁), 소자(消磁). **-iz·er** 閔 소자기[장치].
de·mag·ni·fy [dimǽɡnəfài] 톰㊀ (렌즈 따위가) …

dem·a·gog [démədəg/dɔg] 图 =demagogue.
dem·a·gog·ic [dèməgádʒik, -gágik/-gɔ́gik, -gɔ́dʒik] 图 〔경멸적〕 선동적인; 선동가의(같은). (또는 **demagogical**) **-i·cal·ly** 圖
dem·a·gogue [démədəg/-dɔ̀g] 图 〔경멸적〕 (민중) 선동가; 선동 정치인[연설가]. 〔옛날의〕 민중 지도자.
—⑧閥 〔이야기·연설 따위를〕 과장해서 말하다, 허풍을 떨다. (또는 demagog) **-gogu·er·y** 圖 〔<Gk〕
dem·a·gogu·ism [démədəgizm/-gɔ̀g-] 图 민중 선동; 악선전; 선동주의.
dem·a·go·gy [démədòudʒi/-gɔ̀gi] 图閥 〔英〕 (민중) 선동; 〔집합적〕 민중 선동가, 선동 정치가들.
de·man [-mǽn] 图 〔美〕 …의 사내다움을 없애다; 〔英〕 감원[해고]하다, 인원 감축하다.
‡**de·mand** [dimǽnd/-máːnd] ⑧ (~s [-z]) 🕮 1 …을 요구하다, 강요[청구]하다(of, from). ¶The burglar ~ed my wallet. 강도는 지갑을 내놓으라고 요구했다 // (~+to do) He ~ed to be told everything. 그는 모든 것을 말해 달라고 요구했다 // (~+that 閥) He ~ed that the house (should) be searched. 그는 가택 수색을 요구했다.

┌─ 유의어 ─────────────────────────────
│ **demand** 명령적으로 강력히 요구하다. **claim**
│ 당연히 자기 권리로서 요구하다. **require** 어떤 사정
│ 또는 법규·규준 따위에 의하여 필요로 하다.
└────────────────────────────────────

2 (강압적으로) 캐묻다, 힐문하다(of, from). ¶The policeman ~ed my name and address. 경관은 내 성명과 주소를 캐물었다 // (~+閥+閥+图) They ~ed the reason of [or from] me. 그들은 나에게 까닭을 캐물었다. 3 (사물이) 〔주의·인내·시일 따위〕를 필요로 하다, 요하다. ¶an operation ~ing a great care 대단한 주의를 요하는 수술. 4 〔법률〕 **a)** …을 신청하다. 〔부동산 따위〕를 청구하다. **b)** 〔법정에〕 …을 소환하다, 출두를 명하다. —⑨ 요구하다; 묻다, 심문하다(of).
— 图 (~s [-z]) 1 요구, 청구(권), 요청(for); 요구물, 청구품. ¶a ~ for higher wages 임금 인상 요구 / meet the ~ of the age 시대의 요청에 부응하다. 2 (절박한) 필요; 강청, 강요(on, upon). ¶There is a constant ~ on [or upon] my money. 나에게는 돈 쓸 일이 끊이지 않는다. 3 캐물음, 심문. 4 〔법률〕 청구, 신청. 5 图 (때로 a ~) 〔경제〕 수요(량)(for). ¶the law of supply and ~ 수요 공급의 법칙 // There is a brisk [dull] ~ for [or of] programmers. 프로그래머의 수요가 많다[적다].

be in great [poor] demand 수요가 많다[적다]. 잘 나가다[안 나가다]; 인기가 있다[없다].
make demands on [or upon] 〔시간·돈 따위〕를 들게 하다; 〔남〕에게 압력을 가하다.
on demand 요구[청구]가 있는 대로. ¶show one's passport *on* ~ 요구에 따라 여권을 제시하다.
supply the demand for …의 수요를 충족시키다.
~·a·ble 圖 **~·er** 图 청구[요구]자.
de·mand·ant [dimǽndənt/-mánn-] 图 〔법률〕 원고.
demánd bill [dràft] 图 〔경제〕 요구불 어음.
demánd bùs 图 호출 버스(일정 지역 내에서 이용자의 연락으로 오는 버스).
demánd cùrve 图 〔경제〕 수요 곡선. ⇨ supply curve
demánd depòsit 图 요구불 예금.
de·mand·driv·en [-drìvən] 图 〔경제〕 수요 주도형의.
demánd fèeding 图 (유아가) 울 때 젖먹이기.
demánd inflàtion 图 =demand-pull inflation.
de·mand·ing [dimǽndiŋ/-máːnd-] 图 1 너무 많은 것을 요구하는, 부당한 요구를 하는; 자기 본위의. ¶a ~ teacher 까다로운 선생. 2 (일이) 힘든, 고된. ¶a ~ job 고된 일. **~·ly** 圖
demánd lòan 图 =call loan.

demánd mánagement 图 〔경제〕 수요 관리 정책.
demánd nòte 图 요구불 약속 어음; 〔英〕 청구서.
de·mand·o·ri·ent·ed [-ɔ́rientid] 图 〔경제〕 수요에 중점을 둔. 「요 초과 인플레이션.
de·mánd-pull (inflátion) [-pùl-] 图 〔경제〕 수
de·mand-side [-sàid] 图 〔경제〕 수요 중시 정책의. ¶~ economics 수요 중시 경제학. **-sid·er** 图 수요 중시 정책론자. 「(石)(비취색 석류석의 일종).
de·man·toid [dimǽntoid] 图 〔광물〕 디맨토이드석
de-Mao·i·za·tion [-màuizéiʃən] 图 마오 쩌둥(Mao Zedong) 격하 운동. 탈(脱)[비(非)] 마오 쩌둥화(化).
de·mar·cate [dimáːrkeit, diːmɑːrkéit/diːmɑːkèit] 图⑮ 1 …의 경계[한계]를 정하다, …을 칸막이하다. 2 …을 구별하다(from). **-ca·tor** 图
de·mar·ca·tion [diːmɑːrkéiʃən] 图 1 ⑪ 경계[한계] 설정. ¶a military ~ line 군사 분계선. 2 〔경제에 의한〕 구별, 구분. 3 〔英〕 (노동 조합 간의) 관할. (또는 **demarkation**) 「(권)(관할)권 분쟁.
demarcátion dispùte 图 (노동 조합 간의) 세력
dé·marche [deimɑ́ːrʃ, di-] 图 1 수단, 처치(處置), 대책. 2 (외교 정책의) 전환책, 신정책. 3 (외국 당국에 대한) 항의. 〔<F gait〕 「운동.
de·mar·ket·ing [diːmɑ́ːrkitiŋ] 图 판매 확대 억제
de·mas·cu·lin·ize [diːmǽskjulənàiz] 图⑤ …의 남성다움을 없애다. **-i·zá·tion** 图
de·mas·si·fy [diːmǽsəfài] 图⑤ 1 〔체제·사회〕를 비(非)획일화하다, 비중앙집권화하다. 2 〔표준화된 것〕을 변화시키다, 비대량생산화하다.
-fi·cá·tion 图 탈(脱)[비(非)]대중화. **-fi·er** 图
de·ma·te·ri·al·ize [diːmətíəriəlàiz] (* 〔英〕 **-ise**) 图 물질적 성질을 빼앗다[잃다]; 비물질화시키다[하다]. **-i·zá·tion** 图
deme [diːm] 图 (현대 그리스의) 지방 자치체(commune); (고대 그리스의) 도시[시구(市區)]; 〔생물〕 뎀 (개체군(個體群)의 단위). **dem·ic** [démik, diː-]
de·mean¹ [dimíːn] 图⑮ (재귀용법으로) 〔품위·품격〕을 떨어뜨리다; 어느 정도로 영락(零落)하다(to do). ¶He ~d himself by accepting the bribe. 그는 뇌물을 받음으로써 스스로 품위를 떨어뜨렸다.
~·ing 图 품위를 손상시키는.
de·mean² 图⑮ (재귀용법으로) 거동하다, 처신하다, 행동하다(behave). ¶She ~s herself like a queen. 그녀는 여왕처럼 행동한다.
***de·mean·or, 〔英〕 -our** [dimíːnər] 图⑪ 태도, 행동, 품행(conduct). ⇨MANNER 유의어
de·ment·ed [diméntid] 图 제정신을 잃은, 실성한, 발광한; 〔美속어〕 (컴퓨터 (프로그램)이) 이상한, 쓸모가 없는. ⇨ MAD 유의어 **~·ly** 圖 **~·ness** 图
dé·men·ti [deimɑ̃ːti] 图 (특히 외교상의) 풍문에 대한 공식적인 부인. 〔<F〕 ¶senile ~ 노인성 치매.
de·men·tia [diménʃə, -ʃiə] 图⑪ 〔의학〕 치매(癡呆).
deméntia práe·cox [-prìːkɑks/-kɔks] 图 〔정신의학〕 조발성 치매증, 정신 분열증.
dem·e·ra·ra [dèmərɑ́ːrə/-réərə] 图⑪ 데메라라 조당(粗糖)(럼주(酒) 제조에 쓰는); (D-) 데메라라 럼주(酒).
de·merge [diːmɑ́ːrdʒ] 图 (기업을) 별개 회사로 분리하다; (기업 내의 부서를) 개개 회사로 분리하다.
de·merg·er [diːmɑ́ːrdʒər] 图 1 (기업의) 합병 파기; (기업의) 분할, 분리. 2 (기업의) 합병을 해지하다.
de·mer·it [diːmérit/diː-] 图 1 결점; 과실, 실수. ¶the merits and ~s 장점과 단점, 공과(功過), 득실. 2 〔美〕 (과실·비행에 대한) 벌점(~ mark [or point]).
de·mer·i·to·ri·ous [dìmeritɔ́ːriəs] 图 장점이 없는; 비난할 만한. **~·ly** 圖
Dem·e·rol [démərɔːl, -rɑ̀l/-rɔ̀l] 图 〔상표〕 〔약학〕 데메롤(meperidine).
de·mesne [diméin, -míːn] 图 1 ⑪ (토지의) 소유, 점유, 사유(私有). 2 소유지; 부동산. ¶a ~ of the state

국유지. **3** 저택 부속지; 장원(莊園). **4** (국가의) 영토. **5** (활동의) 영역, 범위. **-mésn·i·al** 형

De·me·ter [dimí:tər] 명 〔그리스 신화〕 데메테르(농업과 결혼의 여신; 로마 신화의 Ceres에 해당).

de·mi- [démi] 접두 half, lesser의 뜻. ¶*demi*tasse, *demi*volt. 〔<F〕

dem·i·god [démigɑ̀d/-gɔ̀d] 명 반신반인(半神半人); 신인(神人); 신처럼 숭앙받는 사람. ㊛ demigoddess

dem·i·john [démidʒɑ̀n/-dʒɔ̀n] 명 (채롱에 든) 목이 가는 큰 병.

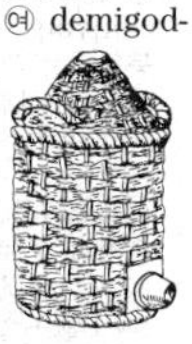

(demijohn)

de·mil·i·ta·ri·za·tion [di:mìlətərizéiʃən/-rai-] 명U 비무장화; 비군사화, 군국주의 체제의 해제; 군정으로부터 민정으로의 이관.

de·mil·i·ta·rize [di:mílətəràiz] 동타 …을 비무장화하다; …을 군정에서 민정으로 옮기다; 〔원자력 따위〕를 비군용화하다.

de·míl·i·ta·rized zòne [di:mílətəràizd-] 명 비무장 지대; 《구어》 휴전 지대[상황](약 DMZ).

De·Mille [dəmíl] 명 **Cecil B.** ~ 드밀(1881–1959: 미국의 영화 감독·제작자).

dem·i·lune [démilù:n] 명 반달; 〔축성〕 반월보(半月堡). **—**형 반달 모양의. 〔<F half moon〕

dem·i·min·i [dèmimíni] 형 초(超)미니의. **—**명 (복 ~*s*) 초미니 스커트[드레스].

dem·i·mon·daine [dèmimɑndéin/-mɔn-] 명 화류계 여자, 매춘부. **—**형 화류계 여자의.

dem·i·monde [démimɑ̀nd/dèmimɔ́nd] 명 **1** (the ~) 화류계; 《집합적》 매춘부. ¶the ~ quarters 홍등가. **2** 수상쩍은 무리, 위태로운 사람. **3** 낙오자, 패잔병.

de·mine [di:máin] 동타 〔군사〕 지뢰를 제거하다. **-mín·er** 명 지뢰 제거병.

de·min·er·al·ize [di:mínərəlàiz] 동타 …에서 광물질을 제거하다, 탈염(脫塩)하다. **—**자 탈염되다, 광물질을 잃다. **-i·zá·tion** 명 **-ìz·er** 명 탈염[탈이온] 장치.

de·mi-pen·sion [dəmì:pɑ:ŋsjɔ́:ŋ] 명 (하숙·호텔의) 1박 2식제(《英》 half board); (학교의) 중식 급식제.

dem·i·rep [démirèp] 명 =demimondaine. 〔<F〕

de·mis [démi:z] 명 《속어》 =Demerol.

de·mise [dimáiz] 명UC **1** 사망, 서거. ¶lament the ~ of …의 죽음을 애도하다. **2** 종말, 소멸. **3** 〔법률〕 재산(권) 양도; 유양(遺讓). **4** 〔정치〕 (왕위의) 계승, 양위; (국가 원수 사망·궐위에 의한) 통치권 이양. ¶the ~ of the crown [*or* Crown] 왕위의 계승.
—동타 **1** 〔법률〕 …을 양도하다. **2** 〔정치〕 〔왕위[통치권]〕를 물려주다. ¶~ the crown 왕위를 물려주다. **—**자 **1** 통치권[주권]을 계승하다. **2** 사망하다. **3** 상속되다.
-mìs·a·bíl·i·ty 명 **-mís·a·ble** 형 양도할 수 있는

dem·i·sem·i [dèmisémi] 형 반의 반의, 4분의 1의.

dem·i·sem·i·qua·ver [dèmisémikwèivər] 명 《英》 〔음악〕 32분 음표(《美》 thirty-second note).

de·mis·sion [dimíʃən] 명UC 면직; 《고어》 사직, 퇴위.

de·mist [di:míst] 동타 〔자동차 창〕의 서리를 제거하다. **~·er** 명 서리 제거 장치.

de·mit [dimít] 동 (**-tt-**) 《스코》 타 〔공직 따위〕를 사퇴하다, 물러나다; 《고어》 …을 면직하다. **—**자 사직하다, 사임하다.

dem·i·tasse [démitæ̀s, -tɑ̀:s] 명 (블랙 커피용) 작은 찻잔; 데미타스에 들어 있는 커피. 〔<F half-cup〕

dem·i·tint [démitìnt] 명 중간색, 바림 (부분).

dem·i·urge [démiə̀:rdʒ] 명 〔철학〕 **1** (플라톤 철학에서) 최고신보다 열등한 조물주. **2** (그노시스파(派) 따위에서) 최고신의 뜻에 따라 천지를 창조한 신.

dem·i·ur·gic [dèmiə́:rdʒik] 형 (신보다는 못한) 조물주의. **-gi·cal** 형 **-gi·cal·ly** 부

de·mi·veg [dəmivédʒ] 명 반(半)채식주의(자). 〔<*demi*+*veg*etarian〕

dem·i·volt(e) [démivòult/-vɔ̀lt] 명U 〔馬術〕 (말이 앞다리를 든 채) 반(半)회전하기.

dem·i·world [démiwə̀:rld] 명 =demimonde.

dem·o[1] [démou] 《구어》 명 (복 ~*s*) **1** 데모, 시위 운동. **2** (기기 따위의) 실지[실연] 설명, 데모; (상품 따위의) 전시[선전]용 제품, 견본, 시청[데모]용 레코드[디스크, 테이프]. **—**동타 〔기기 따위〕를 실지 설명하다, 실연해 보이다. 〔<*demon*stration〕

dem·o[2] 명 《美》 파괴[폭파] 작업 대원. 〔<*demo*lition〕

Dem·o 명 (복 ~*s*) 《美구어》 민주당원(Democrat).

de·mo- [dí:mou, démou, -mə] 접두 「사람들·민중·서민·대중」의 뜻. ¶*demo*graphy.

de·mob [di:mɑ́b/-mɔ́b] 《英구어》 명 = demobilization. **—**동타 (**-bb-**) =demobilize.

de·mo·bi·li·za·tion [di:mòubəlizéiʃən/-lai-] 명U 동원 해제, 제대, 복원; (군대의) 해체(disbandment).

de·mo·bi·lize [di:móubəlàiz] 동타 …의 동원을 해제하다, …을 복원[제대]시키다; 〔군대 따위〕를 해체하다.

Dem·o·chris·tian [démoukrístʃən] 명형 (유럽 여러 나라의) 기독교 민주당원(의).

‡de·moc·ra·cy [dimɑ́krəsi/-mɔ́k-] 명 (복 **-cies** [-z]) **1** U 민주주의, 민주 정치, 민주 정체. ¶liberal [social] ~ 자유[사회] 민주주의. **2** 민주주의 국가; 《좁은 뜻으로》 직접 민주주의 국가; U 민주적 사회 (상태). ¶The United States is a ~. 미국은 민주주의 국가이다. **3** U 정치 사회적 평등, 민주적 정신. **4** (the ~) (특권 계급에 대하여) 서민, 민중. **5** (D–) 《美》 〔정치〕 민주당의 정강; 민주당; 《집합적》 민주당원. 〔<Gk〕

***dem·o·crat** [déməkræ̀t] 명 민주주의자, 민주 정체론자; 만민 평등론자; (D–) 《美》 민주당원.

‡dem·o·crat·ic [dèməkrǽtik] 형 (**more** ~; **most** ~) **1** 민주주의(국가)의, 민주 정치의. **2** 민주적인; 일반 대중의, 서민적인. **3** (D–) 《美》 〔정치〕 민주당의. (또는 **democratical**) **-i·cal·ly** 부

democrátic céntralism 명 민주 집중제(공산 국가의 민주적 중앙 집권주의[제도]).

Democrátic Párty 명 (the ~) 《美》 민주당(미국 2대 정당의 하나; 상징은 donkey). 참 Republican Party

Democrátic-Repúblican Párty 명 (the ~) 〔美역사〕 민주 공화당(연방당(Federalist Party)에 반대하고 Jefferson의 주장에 찬동한 사람들의 정당).

democrátic sócialism 명 민주 사회주의.

de·moc·ra·tism [dimɑ́krətìzm/-mɔ́k-] 명U 민주주의 (이론, 원칙, 제도).

de·moc·ra·ti·za·tion [dimɑ̀krətizéiʃən/-mɔ̀krətai-] 명U 민주화; (정치·사회적) 평등화.

de·moc·ra·tize [dimɑ́krətàiz/-mɔ́k-] 동타 …을 민주화하다. **—**자 민주적으로 되다. **-tìz·er** 명

De·moc·ri·tus [dimɑ́kritəs/-mɔ́k-] 명 데모크리토스(460?–370 B.C.: 그리스의 철학자).

dé·mo·dé [dèimɔ:déi] 형 유행[시대]에 뒤진(outmoded). (또는 **de·mód·ed**) 〔<F out-of-date〕

de·mod·u·late [di:mɑ́dʒulèit/-mɔ́dju-] 동타 〔무선〕 〔변조파〕를 복조(復調)하다, 검파하다(detect). **-là·tion, -là·tor** 명

De·mo·gor·gon [dì:məgɔ́:rgən, dè:mə-] 명 (고대 신화의) 마신(魔神), 마왕.

de·mog·ra·pher [di:mɑ́grəfər/-mɔ́g-] 명 인구 통계학자.

de·mo·graph·ic [dèməgrǽfik, dì:mə-] 형 인구 통계학(상)의, 인구 통계학적인; 인구의. ¶a ~ strain 인구 과잉. (또는 **demographical**) **-i·cal·ly** 부

de·mo·graph·ics [dèməgrǽfiks, dì:mə-] 명복 실태적 인구 통계(특히 평균 연령, 수입, 교육 수준 따위를 분석한 통계적 데이터).

demográphic segmentátion 명 인구 통계학적 세분화(마케팅에서의 인구별 시장 구분).

demográphic tímebomb 명 《美》 인구학적 시한 폭탄.

demográphic transítion 圀 인구학적 천이(遷移)(출생률·사망률의 주된 변화).

de·mog·ra·phy [dimágrəfi/di:mɔ́g-] 圀U 인구통계학, 인구학; 〔생물〕 개체군 통계학.

dem·oi·selle [dèmwəzél] 圀 **1** (미혼의) 젊은 여자, 처녀. **2** 쇠재두루미(~ crane). **3** 실잠자리. 〔<F〕

***de·mol·ish** [dimáliʃ/-mɔ́l-] 囮 **1** 〔건물 따위〕를 파괴하다.¶The fire ~ed seven shops. 그 화재로 7채의 가게가 파괴되었다. **2** 〔계획·제도 따위〕를 폐지[폐기]하다; 〔이론·주장 따위〕를 분쇄하다, 뒤집다. **3** 〔구어〕 …을 모조리 먹어버리다. **~·er** 파괴자. **~·ment** 图

dem·o·li·tion [dèməlíʃən, dì:m-] 圀 U 파괴, 때려부수기, 해체; (~s) 황폐, 폐허. ¶~RUIN 圀 **2** 폭파; (~s) (군사용) 폭약. ¶~ 폭약의[으로 공작하는].

demolítion báll 圀 건물 파괴용 철퇴.

demolítion bòmb 圀 〔군사〕 대규모 파괴용 폭탄.

demolítion dérby 圀 〔美〕 자동차 파괴 경기, 스턴트카 경기(중고차를 서로 충돌시켜 주행 가능한 마지막 1대가 우승을 차지한다). 〔파 특공대, 圁 UDT〕

demolítion tèam [squàd] 圀 (건조물 따위) 폭

***de·mon** [díːmən] 圀 **1** 악마(devil), 악령(惡靈), 귀신.¶the ~ of jealousy 질투의 화신. **2** 극악 무도한 인간, 악마 같은 인간. **3** 초인적 정력가, 비범한 사람, 귀재(at, for).¶a ~ at golf 골프의 명수/a ~ for work 일의 화신. **4** 〔그리스 신화〕 정령(精靈; daemon) 정령(靈), 수호신. **5** 술에 사는 악마; 악동(惡童). **6** 〔濠·뉴질속어〕 경찰관, 형사. **7** 〔美속어〕 10센트 주화.

a little demon (*of a child*) 장난꾸러기, 악동.

— 匣 = demoniac; 악귀 쓴(demoniac).

demon. demonstrative.

de·mon- [díːmən] 〔연결〕 ⇒DEMONO-

démon drínk 圀 술. 〔etize 1. **·ri·zá·tion** 圀

de·mon·e·ta·rize [di:mánətəràiz] 囮 =demon-

de·mon·e·tize [di:mánətàiz/-mán-] 囮 **1** 통화(본위 화폐)로서의 자격을 박탈하다(잃게 하다). **2** 〔통화·우표 등〕의 사용을 폐지하다. **·ti·zá·tion** 图

de·mo·ni·ac [dimóuniæk] 匣 악마의, 악마 같은; 악마〔악령〕에 쒸, 흉악한, 포악한. — 圀 악마〔악령〕에 쒸 사람; 미치광이. (또는 **demoniacal**) **-a·cal·ly** 圁

de·mo·ni·an [dimóuniən] 匣 악마의(같은). (또는 **daemonian**)

de·mon·ic [di:mánik/-mɔ́n-] 匣 악마의, 악마 같은; 마력을 지닌; 초자연적인; 천재적인.

(또는 **daemonic, demonical**) **-i·cal·ly** 圁

de·mon·ism [díːmənìzm] 圀 U 악마〔귀신〕신앙; 악마〔마신〕숭배; 악마 연구, 귀신학(demonology). **-ist** 圀 악마〔귀신〕 신앙〔숭배〕자.

de·mon·ize [díːmənàiz] 囮 **1** …을 악마가 되게 하다〔같이 만들다〕; …을 악마로 쓰게 하다. **·i·zá·tion** 图

de·mon·o- [díːmənou, -nə] 〔연결〕 demon의 뜻(*모음 앞에서는 demon-). ¶*demonology*.

de·mon·oc·ra·cy [dìːmənɔ́krəsi/-nɔ́k-] 圀U 악마〔귀신〕의 지배; 지배하는 악마 집단.

de·mon·og·ra·phy [dìːmənágrəfi/-nɔ́g-] 圀 귀신학〔론〕. **-pher** 图 〔귀신〕 숭배자.

de·mon·ol·a·ter [dìːmənálətər/-nɔ́l-] 圀 악마 숭배(demonism). **-trous** 匣 **-trous·ly** 圁

de·mon·ol·a·try [dìːmənálətri/-nɔ́l-] 圀U 악마 숭배(demonism). **-trous** 匣 **-trous·ly** 圁

de·mon·ol·o·gy [dìːmənálədʒi/-nɔ́l-] 圀U 악마(신앙의) 연구; 귀신론. **-o·lóg·ic, -o·lóg·i·cal** 匣 **-o·lóg·i·cal·ly** 圁 **-gist** 图 〔악령〕 공포(증).

de·mon·o·pho·bi·a [dìːmənəfóubiə] 圀U 귀신 공포증.

de·mo·nop·o·lize [dìːmənápəlàiz/-nɔ́p-] 囮匣 …의 전매권을 해제하다; 독점을 해제하다.

démon rúm 圀 (the ~) 〔美속어〕 독한 술; 독주.

demonst. demonstrative.

de·mon·stra·ble [dimánstrəbl, dèmən-/dimɔ́n-, demɔ́n-] 匣 논증〔실증, 증명〕할 수 있는; 분명한, 명백한.

-bíl·i·ty, ~·ness 圀 **-bly** 圁

de·mon·strant [dimánstrənt/-mɔ́n-] 圀 시위 가담자, 데모 참가자(demonstrator).

‡**dem·on·strate** [démənstrèit] 囮 (**-strat·ed; -strat·ing**) 匣 **1** …을 논증〔증명〕하다; (사물이) …의 증거〔실증〕가 되다(prove); …을 (실험·실물에 의해서) 설명〔표시〕하다. ⇒SHOW 〔유의어〕 匣 (~+*that* 匣) How can you ~ *that* the earth is round? 당신은 지구가 둥글다는 것을 어떻게 증명할 수 있습니까? **2** 〔상품〕을 실물로 선전하다; 〔기술〕을 실지(實地) 교수하다. ¶A steward ~*s* how to put on a life jacket. 승무원이 구명 조끼 착용법을 시범해 보인다. **3** 〔감정〕을 밖으로 드러내다; 〔능력 따위〕를 보여주다. ¶~ one's courage 용맹함을 보여주다. — 囮 **1** 시위 운동을 하다(시위에 참가하다); 감정〔사상〕을 밖으로 드러내다 (*against, for*).¶(~+*前*+*名*) ~ *against* a racial prejudice 인종 차별에 항의하여 데모를 하다. **2** 〔군사〕 양동〔견제〕 작전을 하다. **3** 실지로 교수〔설명〕하다. **-stràt·ed·ly** 圁

‡**dem·on·stra·tion** [dèmənstréiʃən] 圀 ~*s* [-z] UC **1** 증명; 논증; 실증: 증거. ¶a belief incapable of ~ 논증할 수 없는 신념. **2** 실물 설명, 실연; 공개 실험〔수업〕: (레코드·상품 따위의) 실물 선전. **3** (감정의) 표시, 표명(*of*).¶with every ~ *of* joy 더할 나위 없이 기뻐하며. **4** 집단적 의사 표시, 데모, 시위 운동; (감정·사상의) 표출.¶an antiwar ~ 반전 데모. **5** 〔군사〕 (군사력의) 과시, 양동〔견제〕 작전. **6** 〔수학〕 증명.

give a demonstration of ① …을 보여주다〔입증하다〕; 실연하다. ② 〔감정 따위〕를 드러내다.

hold [or *stage*] *a demonstration against* [*for*] …에 반대〔찬성〕 데모를 하다.

to demonstration 결정적으로, 명확히.

dem·on·stra·tion·al [dèmənstréiʃənl] 匣 증명의, 논증상의; 실물 설명〔선전〕의; 시위 운동의〔에 관한〕.

demonstrátion effèct 圀 〔경제〕 전시 효과.

dem·on·stra·tion·ist [dèmənstréiʃənist] 圀 시위 운동〔가담〕자, 데모 참가자.

demonstrátion mòdel 圀 전시용 모델; (차·세탁기 따위의) 할인 판매용 신제품.

*de·mon·stra·tive** [dimánstrətiv/-mɔ́n-] 匣 **1** (감정 따위)를 강하게 드러내는, 노골적인.¶a ~ person 감정을 노골적으로 드러내는 사람. **2** 논증〔실증〕적인, 예증적인; 논증할 수 있는; 결정적인.¶be ~ *of* …을 증명하다, …을 명시하다. **3** 〔문법〕 지시의.¶a ~ adjective [adverb, pronoun] 지시형용사〔부사, 대명사〕. **4** 시위적인. — 圀 〔문법〕 지시사(指示詞)(this, there 따위).

~·ly 圁 **~·ness** 图

dem·on·stra·tor [démənstrèitər] 圀 **1** 논증〔증명〕자; 증거가 되는 것. **2** 시위〔데모〕 참가자. **3** 실물 선전을 하는 사람, 실연자; 실지 교수자; (자동차 따위) 실물 선전용 제품〔모델〕, 전시〔견본〕품.

dem·o·phile [déməfàil] 圀 대중〔민중〕의 편. (또는 **dem·o·phil** [-fìl])

de·mor·al·i·za·tion [dimɔ̀ːrəlizéiʃən, -màr-/-mɔ̀rəlaiz-] 圀U 풍기 문란, 타락, 퇴폐: 사기 저하.

de·mor·al·ize [dimɔ́ːrəlàiz, -már-/-mɔ́r-] 囮 〔군대 등〕의 사기를 꺾다; …을 혼란시키다, 당황하게 하다; …의 풍기를 문란하게 하다, …을 (도덕적으로) 타락시키다. **-iz·er** 图 **-iz·ing·ly** 圁 〔락〕〔부패〕시키다.

de·mos [díːmɑs/-mɔs] 圀 (때로 D-) U 〔고대 그리스의〕 시민, 평민; 인민, 민중, 일반 대중.

De·mos·the·nes [dimɑ́sθəniːz/-mɔ́s-] 圀 데모스테네스(384?-322 B.C.; 고대 아테네의 정치가·웅변가).

De·mos·then·ic [dìːməsθénik/dèm-] 匣 Demosthenes에 관한, Demosthenes류의; 웅변의.

de·mote [dimóut] 囮 …을 강등시키다, …의 계급〔지위〕을 낮추다. 〔때〕 promote **-mó·tion** 图 강등.

de·moth·ball [diːmɔ́ːθbɔ̀ːl/-mɔ́θ-] 囮 (보존되어 있던 것)을 다시 (꺼내) 쓰기 시작하다.

de·mot·ic [dimátik/-mót-] 형 1 민중의, 일반 대중의(popular); (고대 이집트의) 민용(民用) 문자의(⇔hieratic). 2 (D-) 현대 그리스어의. ─ 명U (D-) (고대 이집트의) 민용 문자; 현대 그리스어(Romaic).

de·mot·ics [dimátiks/-mót-] 명U (단수취급) 민중학; 사회학(도서 분류상의 용어).

de·mo·ti·vate [di:móutəvèit] 타 …에게 동기[의욕]를 잃게 하다. ⇒vá·tion 명U 의욕 상실.

de·mount [di:máunt] 타 …을 들어내다, 떼어내다; …을 분해하다. ⇒·a·ble 형 ⇒·a·bíl·i·ty 명

de·mul·cent [dimʌ́lsənt] 형 부드럽게 하는, 완화하는, 진통 작용이 있는. ─ 명 진통제, (통증) 완화제.

de·mul·si·fy [dimʌ́lsəfài] 타타 (물·화) 구성 물질로 분리하다. ⇒·fi·cá·tion, -fi·er 명

*****de·mur** [dimə́:r] 자타 (*-rr-*) 1 반대하다, 이의를 제기하다 (*to, at*). ¶(~ + 전 + 명) ~ *to a suggestion* 제안에 반대하다 / ~ *at* working overtime 초과 근무에 반대하다. 2 (법률) 항변하다. ─ 명U 이의(의 제기)[신청]), 반대 (행위); (법률) 항변.
without demur 이의 없이.

de·mure [dimjúər] 형 1 품위 있는, 침착한. 2 새치름한, 점잔빼는, 얌전한 체하는. ⇨SHY 유의어 3 성실한, 착실한. ~·ly 부 ~·ness 명

de·mur·ra·ble [dimə́:rəbl/-má:r-] 형 이의를 제기[신청]할 수 있는; (법률) 항변할 수 있다.

de·mur·rage [dimə́:ridʒ/-má:r-] 명U (상업) 1 체선(滯船), 초과 정박(停泊). 2 철도 화물 초과 정차. 3 체선료(滯船料), 화차 유치료.

de·mur·ral [dimə́:rəl/-má:r-] 명U 이의, 이의 제기[신청]; 항변.

de·mur·rant [dimə́:rənt/-má:r-] 명 (법률) 이의 신청자.

de·mur·rer [dimə́:rər/-má:rə] 명 항변자, 반대자; 이의 신청자; (법률) 방소 항변(妨訴抗辯), 이의 신청; *put in a demurrer* 이의를 신청하다. (법률) 이의.

de·my [dimái] 명 1 (Oxford 대학 Magdalen College의) 특별 장학생. 2 디마이판(版) 종이((英)에서는 인쇄용 17.5×22.5 인치; 필기용 15 또는 15.5×20 인치; (美)에서는 16×21인치).

de·mys·ti·fy [di:místəfài] 타타 …로부터 신비성을 없애다; …을 해명하다, 알기 쉽게 설명하다; …을 계몽하다. ⇒·fi·cá·tion, -fi·er 명

de·myth·i·cize [di:míθəsàiz] 타 =demythologize. ⇒·ci·zá·tion 명

de·my·thol·o·gize [di:miθɑ́lədʒàiz/-θɔ́l-] 타타 (예술 작품·작가 등에서) 신화적[전설적] 요소를 제거하다; (성서) 를 비신화화하여 해석하다.
-thòl·o·gi·zá·tion 명 비신화화(非神話化), -gi·zer 명

‡**den** [den] 명 (복 ~*s* [-z]) 1 (짐승이 사는) 굴; (동물원의) 우리. 2 (음둔자·악한 따위의) (은거) 동굴, 소굴; 누추한 집. ¶a ~ *of misery* 빈민굴. 3 (구어) (작고 아담한) 사실(私室), 서재, 작업실. ¶a gambling ~ 도박실, 누추한 4 보이스카우트 유년단(cub scout)의 분대.
Daniel in the lions' den 사자굴 속의 다니엘; 위기 일발의 상황(←다니엘(Dan.) 6 : 17).
─ 자 (~*s* [-z], -*nn*-) 자 굴[누추한 집]에 살다.
─ 타 (야수 따위)를 우리에 몰아 넣다[가두어 두다] (*up*).

Den. Denmark.

de·na·der·ize [di:néidəraiz] 타타 (제품)에 소비자 보호 단체에 고발당하지 않도록 무공해로 하다. (<미국의 소비자 운동가 Ralph Nader(1934-)의 이름)

de·nar·i·us [dinɛ́əriəs] 명 (복 *-i·i* [-iài]) 데나리온, (신약 성경에 나오는) 고대 로마 은화(금화).

den·a·ry [dénəri/di:-] 형 10의, 10을 포함하는, 10배의; 10진(법)의(decimal). (동) binary

de·na·tion·al·i·za·tion [di:næ̀ʃənəlizéiʃən]
명U 1 비국유화, 민영화(民營化). 2 국적[공민권] 박탈[상실]. 3 국가의 독립 폐지. 4 국제화.

de·na·tion·al·ize [di:nǽʃənəlàiz] 타타 …을 비국유화하다, 민영화하다. 2 …의 국적[공민권]을 빼앗다; 국민성을 박탈하다. 3 …에게서 독립국으로서의 자격을 박탈하다. 4 국제화하다.

de·nat·u·ral·i·za·tion [di:næ̀tʃərəlizéiʃən/-lai-]
명U 1 변성(變性), 부자연하게 하기, 비자연화. 2 시민권[국적] 박탈.

de·nat·u·ral·ize [di:nǽtʃ(ə)rəlàiz] 타타 1 =denature. 2 …의 공민권[시민권]을 박탈하다.

de·na·ture [di:néitʃər] 타타 1 …의 특성을 빼앗다, 본성을 바꾸다. 2 (알코올)을 (공업용으로) 변성시키다. 3 (생화학) (단백질)을 변성시키다. 4 (핵연료)를 (핵병기로 쓸 수 없도록) 변성시키다.
-tur·ant 명 변성제(劑). ⇒·tur·á·tion 명U 변성.

denátured álcohol 명 변성 알코올.

de·na·tur·ize [di:néitʃəràiz] 타타 =denature.
⇒·i·zá·tion 명 변성제(劑).

de·na·zi·fy [di:nɑ́:tsəfài, -nǽtsi-] 타타 …을 비(非)나치화하다, …에서 나치주의(의 영향)을 몰아내다.
⇒·fi·cá·tion 명U 비(非)나치화.

dén chief 명U cub scout의 분대장.

dén dád 명 =den father 1.

den·dr- [déndr] 연결 ⇨DENDRO-.

den·dri· [déndrə] 연결 ⇨DENDRO-.

den·dri·form [déndrifɔ̀:rm] 형 수목상(樹木狀)의.

den·drite [déndrait] 명 1 (광물) 모수석(模樹石); 수지상(樹枝狀) 결정(結晶). 2 (해부) (신경 세포의) 수상 돌기(突起), 덴드라이트.

den·drit·ic [dendrítik] 형 모수석과 같은 (무늬가 있는); 수지상의. (또는 **dendritical**) -**i·cal·ly** 부

den·dro- [déndrou, -drə] 연결 "수목(tree)"의 뜻 * 모음 앞에서는 dendr-, 라틴어식 앞에서는 dendri-. ¶*dendro*logy, *dendr*ite, *dendri*form. (붉, 석곡풀.

den·dro·bi·um [dendróubiəm] 명 (식물) 덴드로비움.

den·dro·chro·nol·o·gy [dèndroukrənɑ́lədʒi/-ɔ́l-] 명U 연륜(年輪) 연대학. -**chron·o·lóg·i·cal**
-**chron·o·lóg·i·cal·ly** 부 -**gist** 명 (系統樹).

den·dro·gram [déndrəgræ̀m] 명 (생물) 계통수

den·droid [déndrɔid] 형 나무 모양의, 수목상(狀)의. (또는 **dendroidal**). (승배.

den·drol·a·try [dendrɑ́lətri/-drɔ́l-] 명U 수목학

den·drol·o·gy [dendrɑ́lədʒi/-drɔ́l-] 명U 수목학
(樹木學). ⇒-**dro·lóg·ic** -**gist** -**gous** [-gəs] 형

den·drom·e·ter [dendrɑ́mətər/-drɔ́m-] 명 수목 측정기.

den·dron [déndrɑn/-drɔn] 명 (복 ~*s*, -*dra* [-drə]) (해부) =dendrite 2. -**dric** 형 *dendron*.

-den·dron [déndrən] 연결 "tree의 뜻. ¶ rhodo.

dene [di:n] 명 (英) 1 (해안의) 모래밭, 사장(砂場); 사구(砂丘). 2 (방언) 수목이 우거진 깊은 골짜기.

Den·eb [déneb] 명 (천문) 데네브성(星)(백조자리(Cygnus)의 주성(主星)).

De·neb·o·la [dinébələ] 명 (천문) 데네볼라성(星)(사자자리(Leo)의 베타성(星)). (절; 반박.

den·e·ga·tion [dènigéiʃən] 명U© 부인(否認), 거

de·ne·go·ti·ate [di:nigóuʃièit] 타 (조약)의 파기 교섭을 하다.

de·neu·tral·ize [di:nju:trəlàiz/-njú:-] 타타 (국가·영토 등)을 비(非)중립화하다. ⇒·i·zá·tion 명

dén fàther 명U 1 cub scout 분대(den)의 남성 지도자. 2 (구어) (집단의) 지도자, 남자 고문.

D.Eng. Doctor of *Eng*ineering.

Deng·ism [dáŋizm] 명 덩샤오핑(Deng Xiaoping)주의(혁명 이론보다 경제 성장을 중시하는 실용주의).
-**ist** 명U 덩샤오핑 지지파(의).

den·gue [déŋgei, -gi] 명U (병리) 뎅기열(熱)(관절통·근육통을 일으키는 열대성 전염병). (또는 ~ **fèver**).

Deng Xiao·ping [dʌ́ŋ ʃàupíŋ] 명 덩샤오핑(鄧小平)(1904-97: 중국의 정치가; 공산당 지도자).

de·ni·a·bil·i·ty [dinàiəbíləti] 명 (美) 부인권(否認權)(대통령 등 정부 고관이 불법 활동과의 관계를 부인할 수 있는 권리·능력). 「있는. **-bly** 튀
de·ni·a·ble [dináiəbl] 형 부정할 수 있는, 거절할 수
***de·ni·al** [dináiəl] 명UC 1 부정, 부인. ¶general [special] ~ 전면적[부분적] 부정/She smiled in ~. 그녀는 웃으며 부인했다. 2 거부, 거절; 승인 거부. ¶I got a ~. 나는 거절당했다. 3 자제(自制), 극기(self-~).
give a denial to; make a denial of …을 부정하다.
give a flat denial 단호히 거절하다. 「고 거절하다.
take no denial 싫다는 말을 못하게 하다.
de·nic·o·tin·ize [di:níkətinàiz] 타 〔담배〕에서 니코틴을 제거하다. 「(者).
de·ni·er[1] [dináiər] 명 부정하는 사람, 부인자(否認
de·nier[2] [diníər] 명 데니어(명주실 따위의 굵기 단위); 드니에화(貨)(프랑스의 옛 화폐); 소액의 돈.
den·i·grate [dénigrèit] 타 〔명예 따위〕를 손상시키다; 중상 모략하다; …을 검게 하다, 더럽히다. 명 명예 훼손, 오욕. **-grà·tive** 형 **-grà·tor** **-gra·tó·ry** 형
den·im [dénim] 명U 데님(굵은 무명실로 짠 능직(綾織)), 데님 천; (pl.) 푸른 데님 천의 작업복; 진 바지.
~ed 데님제 옷을 입은. 〔F〕
De Ni·ro [dəníərou] 명 **Robert** ~ 드니로(1943- : 미국의 영화 배우). 「명
de·ni·trate [di:náitreit] 타 =denitrify. **-trá·tion**
de·ni·tri·fy [di:náitrəfài] 타 …에서 질소[질화물]를 제거하다; …을 탈질(脫窒)하다.
-fi·cá·tion 명U 탈(脫)질소 작용. **-fi·er** 명
den·i·zen [dénəzn] 명 1 (문어) (…에) 서식하는 생물; (어떤 장소의) 주민, 체류자. ¶~s of the woods 숲에 사는 것(새·짐승). 2 (英) 특별 귀화인, 거류민, 외래 동식물; 외래어. 4 자주 가는 사람; (…의) 단골(of). ¶the ~ of a local bar 근처 술집의 단골. — 타 …에게 귀화를 허가하다; 시민권을 주다.
-za·tion, **-á·tion** 명
den·i·zen·ship [dénəznʃìp] 명U 시민권, 영주권.
denk, DENK [deŋk] 명 (美) 자녀가 없는 맞벌이 부부. DINK 〔<*d*ual *e*mployed, *n*o *k*ids〕
***Den·mark** [dénmɑːrk] 명 덴마크(유럽 서북부의 왕국; 수도 Copenhagen). 「자.
dén mòther 명 cub scout 분대(den)의 여성 지도
den·ner [dénər] 명 cub scout의 조장(組長).
Den·nis [dénis] 명 데니스. 1 **John** ~ (1657-1734: 영국의 비평가·극작가). 2 남자 이름. 「간이야.
His name is Dennis. (美구어) 그는 구제 불능의 인
Dénnis the Ménace 명 개구쟁이 데니스(미국의 만화가 Hank Ketcham(1920-)이 그리는 만화의 주인공).
Den·ny [déni] 명 데니(남자 이름; Dennis의 애칭).
de·nom·i·nate 형타 [dinámənèit/-nɔ́m-] …을 명명하다(name); …이라 부르다, 칭하다. ¶(~+目+補) They did not ~ him a priest. 그들은 그를 목사라 부르지 않았다. — 명 [-nit, -nèit] …라는 이름의, …라 불려지는.
de·nom·i·nat·ed [dinámənèitid/-nɔ́m-] 형 (복합어로) …로 표시된. ¶dollar-~ convertible bonds 달러화 표시 전환 사채.
***de·nom·i·na·tion** [dinàmənéiʃən/-nɔ̀m-] 명 1 U 명명; C 명칭, 호칭. 2 계급, 종류. ¶vessels of all ~s 모든 종류의 배. 3 종파, 교파. ¶clergy of all ~s 모든 종파의 성직자들/the Methodist ~ 감리교. 4 〔화폐·도량형 따위의〕 단위 명칭; 〔화폐·증권 따위의〕 액면 금액. ¶money [or coins] of small ~s 잔돈/Bonds were issued in ~s of 100 and 1,000 dollars. 100 달러와 1,000달러 액면의 공채가 발행되었다.
What denomination (*do you want*)? 어떤 돈으로[액면의 화폐]를 드릴까요?(은행원이 손님에게).
de·nom·i·na·tion·al [dinàmənéiʃənl/-nɔ̀m-]

명 1 명칭상의. 2 (특정) 종파의; (학교 등의) 종파적
하는. 3 파벌의, 분파적인. ¶~ opposition 파벌 대립.
~·ism 명U 종파[분파]주의. **-ist** 명 **~·ly** 부
de·nom·i·na·tive [dinámənèitiv, -nə-/-nɔ́m-inə-] 형 1 명칭을 주는, 이름을 붙이는. 2 〔문법〕 (특히 동사가) 명사 또는 형용사에서 나온. ¶a ~ verb 명사[형용사]에서 나온 동사(man, center, cool 등). — 명 〔문법〕 명사[형용사]에서 나온 말(특히 동사). **~·ly** 부
de·nom·i·na·tor [dinámənèitər/-nɔ́m-] 명 1 〔수학〕 분모(divisor)(ⓐ numerator). 2 〔고어〕 명명자; 이름의 기원. 3 공통점, 공통의 특징; 표준.
de·nor·mal·ize [di:nɔ́rməlàiz] 타(타) 비(非)정규화하다. **-i·zá·tion** 명U 비정규화.
de nos jours 〔F də no ʒu:R〕 당대의, 현대의.
de·no·ta·tion [dì:noutéiʃən] 명UC 1 (말의) 명시적[직접적] 의미. 2 지시, 표시. 3 표상, 표시, 기호, 상징; 명칭. 4 〔논리〕 외연(外延)(extension). ⓐ connotation
de·no·ta·tive [di:nóutèitiv/dinóutə-] 형 지시[표시]하는, 지시적인; 〔논리〕 외연(外延)적인. ⓐ connotative
~·ly 부 **~·ness** 명
***de·note** [dinóut] 타(타) 1 …의 표시[상징]이다, …의 이름[명칭]이다. 2 …을 표시하다, 뜻하다, 나타내다. 3 〔논리〕 …의 외연을 나타내다, 개술하다. ⓐ connote
-nót·a·ble 형 **~·ment** 명UC 표시, 지시; 부호.
de·no·tive [dinóutiv] 형 =denotative.
de·noue·ment [dèinu:má:ŋ/deinú:mɔŋ] 명 (극·소설의) 대단원의 장면; 해결; 결말, 결과. 〔F〕
***de·nounce** [dináuns] 타 1 (공공연히) …을 (…라고/…의 이유로) 비난하다, 규탄[공격]하다(as / for). ⇨CRITICIZE 유의어 ¶(~+目+前+名) ~ *a person for neglect of duty* 남을 의무 태만이라고 비난하다 // (~+目+as 補) He was ~d as a coward. 그는 비겁자라고 비난받았다. 2 …을 (…에게 /…라고) 고발하다, 적발하다. 밀고하다(to / as). ¶(~+目+前+名) ~ *a person to the authorities* 남을 당국에 고발하다. 3 〔조약 따위〕의 폐기[종결] 통고를 하다.
-nóunc·er 명 (공공연히) 비난하는 사람; 고발인.
de·nounce·ment [dináunsmənt] 명UC (공공연한) 비난; 탄핵, 고발; (조약의) 폐기 통고.
de nou·veau 〔F də nuvo〕 de novo. 〔F〕
de no·vo [di: nóuvou, dei-] 새로이; 다시. 〔L〕
‡**dense** [dens] 형 (**dens·er; dens·est**) 1 빽빽한, 밀집한(ⓐ thin); 촘촘한; 농후한, 짙은; 깊은. ⇨CLOSE[2] 유의어 ¶a ~ forest 밀림 / a ~ population 조밀한 인구 / ~ smoke 자욱한 연기. 2 우둔한, 둔한. ¶~ understanding 이해가 더딤. 3 〔사진〕 (음화의) 명암의 도가 강한, 짙은. 4 거의 빛을 투과시키지 않는. 5 극도의, 극심한. ¶~ ignorance 일자 무식. 6 (문장 따위가) 난해
~·ly 부 **~·ness** 명 「한, 얽히고 설킨.
dénse pàck 명 (군사) (미사일의) 밀집 배치 방식.
den·si·fy [dénsəfài] 타(타) …을 농후하게 하다; (잡지를 삼투시키고 가압하여) [목재]를 강화하다.
-fi·cá·tion 명U 압축 강화. **-fi·er** 명
den·sim·e·ter [densímətər] 명 밀도[비중]계.
dèn·si·mét·ric 형 **·si·mét·ri·cal·ly** 부 **·ry** 명
den·si·tom·e·ter [dènsətámətər] 명 1 (사진) 농도계. 2 =densimeter. **-to·mét·ric** **-try** 명
***den·si·ty** [dénsəti] 명 1 빽빽함; 밀집; (안개·액체의) 짙음. ¶traffic ~ 교통량/population ~ 인구 밀도. 2 U 우둔. 3 UC 〔동·물〕 밀도, 비중; 농도. 4 C (사진) (음화의) 농도.
dénsity cùrrent 명 〔지질〕 밀도류(密度流).
dénsity fùnction 명 〔통계〕 확률 함수.
den·som·e·ter [densámətər/-sɔ́m-] 명 (제지) 덴소미터(종이의 투기도(透氣度)를 측정하는 기구).
***dent**[1] [dent] 명 1 (부딪쳐서) 움푹 들어간 곳, 맞은 자국. 2 (구어) (수량·영향력 따위의) 감소, 약화; (명성·자존심의) 상처. 3 약간의 진전, (초기 단계의) 진척.

make a dent ① (…을) 움푹 들어가게 하다(*in*). ② (…에게) 인상[감명, 영향, 충격]을 주다(*in, on*). ③ (…을) 감소시키다. ④ 〔구어〕 〔부정문에서〕 〔일 따위〕를 조금 진척시키다(*in*).
— 🅣 …을 움푹 들어가게 하다(indent); 〔움푹 들어간 자리, 자국〕을 내다. — 🅘 움푹 들어가다[파지다].

dent² 명 (톱니바퀴 따위의) 이, 치상돌기(齒狀突起).

dent. dental; dentist; dentistry.

dent- [dent] 연결 ⇨DENTI-.

***den·tal** [déntl] 형 이의; 치과(의술)의; 〔음성〕 치음(齒音)의. — 명 1 〔음성〕 치음(~ sound)([t], [d], [θ], [ð]). 2 =dentil. **den·tal·i·ty** 명 **~·ly** 부

déntal cáries 충치(蟲齒).

déntal cónsonant 〔음성〕 치음([θ], [ð] 따위).

déntal créam 치약(toothpaste).

déntal flóss 〔치과〕 치실(치아 사이에 낀 불순물을 제거할 때 쓰는 명주실).

déntal fòrmula 명 〔동물〕 치식(齒式).

déntal hýgiene 치과 위생(학).

déntal hýgienist 명 치과 위생사(衛生士).

den·ta·li·um [dentéiliəm] 명 (*pl*. **~s, -li·a** [-liə]) 뿔조개(tooth shell).

déntal ìce ┌ 〔다, **-i·zá·tion**

den·tal·ize [déntəlàiz] 🅣🅘 〔음성〕 …을 치음화하다.

déntal lísp 〔음성〕 치찰음의 이상한 발음(혀짧은 ┌ 소리).

déntal mechánic 명 치과 기공사.

déntal pláque 치구(齒垢), 치태(齒苔).

déntal pláte 치과상(齒科床), 틀니.

déntal púlp 치수(齒髓).

déntal sùrgeon 명 치과 의사, 구강 외과 의사.

déntal sùrgery 명 치과(학), 구강 외과(학).

déntal technícian 명 =dental mechanic.

den·ta·ry [déntəri] 명 〔동물〕 치골(齒骨)(의).

den·tate [dénteit] 형 (잎의 가장자리에) 톱니 모양이 있는; 〔동물〕 치상(齒狀)돌기가 있는. **~·ly** 부

den·ta·tion [dentéiʃən] 명U 〔동·식물〕 치상(齒狀) 구조(dentate form); 치상돌기, (잎 따위의) 톱니 모양.

dént còrn 마치옥수(馬齒옥수) 옥수수(사료용).

den·tel [déntl] 명 =dentil.

den·telle [déntl, da:n-] 명 덴텔(책 장정용의 레이스 모양으로 찍은 무늬). ⟨F⟩

den·ti- [dénti] 연결 tooth의 뜻(* 모음 앞에서는 dent-). ¶ *dentiform, dentin.*

den·ti·care [déntikèər] 명 치과 의료[보건]; 〔캐나다〕 (아동을 위한) 무료 치과 치료. ┌ 돌기. 2 =dentil.

den·ti·cle [déntikl] 명 1 작은 이; 작은 이 모양의

den·tic·u·lar [dentíkjulər] 형 작은 이 모양의.

den·tic·u·late [dentíkjulət, -lèit] 형 〔동·식물〕 작은 이 모양의 돌기가 있는; 〔건축〕 이 모양의 장식이 있는. (또는 **denticulated**) **~·ly** 부

den·tic·u·la·tion [dentìkjuléiʃən] 명U 1 작은 이 모양의 구조[장식]. 2 작은 이; 작은 이 모양의 돌기 (denticle); 일련의 소치상 돌기.

den·ti·form [déntəfɔ̀:rm] 형 이 모양의.

den·ti·frice [déntəfris] 명U (가루) 치약. ┌ 양의.

den·tig·er·ous [dentídʒərəs] 형 이를 가진, 이 모

den·til [déntl/-til] 명 〔건축〕 이 모양의 장식.

den·ti·la·bi·al [dèntiléibiəl] 명형 〔음성〕 =labiodental.

déntil bànd 치상(齒狀) 장식 띠. ┌dental.

den·ti·lin·gual [dèntilíŋgwəl] 형 〔음성〕 이에 혀를 대고 발음하는, 치설음(齒舌音)의([t], [ð] 따위).

den·tin [déntin/-tin] 명 〔치과〕 상아질(象牙質)(에 나멜질 밑쪽 부분). (또는 **dentine**) **~·al** 형

den·ti·phone [déntəfòun] 명 덴티폰, 치음기(齒音器)(이에 붙이는 보청기).

‡**den·tist** [déntist] 명 치과 의사(dental surgeon). ¶ a ~('s) office 치과 의원.
go to the dentist [or **dentist's office**, 〔영〕 **dentist's**] 치과에 (치료 받으러) 가다.

den·tist·ry [déntistri] 명U 치과 의술, 치과학.

den·ti·tion [dentíʃən] 명U© (전반적인) 치아 상태, 치열; 치아 발생, 이가 남; 〔집합적〕 (개인의) 이.

den·to- [déntou, -tə] 연결 =denti-.

den·toid [déntɔid] 형 이 모양의, 치아 같은.

den·to·pho·bi·a [dèntoufóubiə] 명 치과 공포[혐오](증).

den·to·sur·gi·cal [dèntousə́:rdʒikəl] 형 구강 외과의.

den·ture [déntʃər] 명 (부분) 의치, 틀니(false tooth); (~s) (아랫니·윗니 또는 아래윗니의) 전체 틀니 (full ~). ¶ a ~ **cleaner** [**fix**] 의치 세정제[고정제].

den·tur·ist [déntʃərist] 명 의치 기공사. **-ism** 명

de·nu·cle·ar·i·za·tion [di:njù:kliərizéiʃən/-njù:kliərai-] 명 비핵화(非核化), 비핵무장화. ¶ a ~ **zone** 비핵 지역, 핵실험 금지 지역.

de·nu·cle·ar·ize [di:njú:kliəràiz/-njú:-] 🅣 …의 핵무장을 해제하다, …을 비핵화하다.

de·nu·cle·ate [di:njú:klièit/-njú:-] 🅣 (원자 따위에) 서 핵을 제거하다.

de·nu·date 🅣🅘 [dénjudèit] …을 벌거벗기다 (denude). — 형 [dínjú:deit, dénjudèit] 벌거벗은.

den·u·da·tion [dènjudéiʃən, dì:n-] 명U 벌거 벗김, 벌거벗긴 상태; 노출; 〔지질〕 삭박(削剝)(침식에 의한 바위 표면의 노출), 나지화(裸地化). **~·al, -tive** 형

de·nude [dinjúːd/-njúːd] 🅣 1 …을 벌거벗기다, (껍질을) 벗기다, 노출시키다(*of*). ¶ (~+📦+📦+📦) ~ a person *of* his clothing 남의 옷을 벗기다. 2 …에게서 (재산·희망 따위를) 빼앗다, 박탈하다; …에서 동식물을 절멸시키다(*of*). ¶ (~+📦+📦+📦) His father's death ~*d* him *of* all his hopes for the future. 그는 아버지의 죽음으로 장래에 대한 모든 희망을 잃어버렸다. 3 〔지질〕 (침식 작용으로) 〔바위 표면〕을 노출시키다, 삭박(削剝)하다. **-núd·er** 명 ┌**-núk·ing** 명형

de·nuke [diːnjúːk] 🅣🅘 〔구어〕 =denuclearize.

de·nun·ci·ate [dinʌ́nsièit, -ʃi-] 🅣 …을 공공연히 비난하다, 규탄하다(denounce).

***de·nun·ci·a·tion** [dinʌ̀nsiéiʃən, -ʃi-] 명U© 1 공공연한 비난; 규탄. 2 고발, 적발. 3 (조약 따위의) 폐기 통고. 4 〔고어〕 위협적인 경고, 협박(threat).

de·nun·ci·a·tive [dinʌ́nsièitiv, -ʃi-/-ətiv] 형 =denunciatory. **~·ly** 부 ┌ 난자; 고발자; 협박자.

de·nun·ci·a·tor [dinʌ́nsièitər, -ʃi-] 명 규탄자, 비

de·nun·ci·a·to·ry [dinʌ́nsiətɔ̀:ri, -ʃiə-/-təri] 형 비난하는; 위협적인, 협박적인.

Den·ver [dénvər] 명 덴버. 1 미국 Colorado 주의 주도. 2 **John ~** (1943–97: 미국의 컨트리·팝 음악가). ┌ (족쇄).

Dénver bóot 〔미〕 덴버 족쇄(주차 위반차 바퀴의) ; 군사주의 군국주의를 배척하다.

‡**de·ny** [dinái] 🅣 (**-nies** [-z]; **-nied**) 1 부정하다, 취소하다, 사실이 아니라고 말하다, 부인하다(↔ admit, affirm). ¶ ~ **a rumor** 풍문을 부인하다 ∥ (~+*ing*) He *denied* having said so. 그는 그런 말을 한 일이 없다고 말했다 ∥ (~+📦+*to be* 補) He strongly *denied* himself *to be* a Jew. 그는 자기가 유대인이 아니라고 강경하게 말했다.

2 (가치·존재 따위를) 인정하지 않다, 믿지 않다, 배척하다. ¶ ~ **God** [**ghosts**] 하느님[유령]의 존재를 부정하다 ∥ ~ **militarism** 군국주의를 배척하다.

3 〔제의·요구 따위를〕 거절하다, 들어주지 않다, 받아들이지 않다, 각하하다. ¶ ~ a beggar 거지에게 아무것도 주지 않다 ∥ (~+📦+📦) ∥ (~+📦+*to*+📦) She can ~ her son nothing. =She can ~ **nothing** *to* her son. 그녀는 아들의 요구라면 무엇이든 들어준다.

4 …을 (모른다고) 부인하다, …과 관계가 없다고 말하다, …을 자기 것이 아니라고 말하다. ¶ Peter *denied* Christ three times. 베드로는 그리스도를 세 번 부인했다. 5 (방문객에게) (사람)을 만나게 해주지 않다, (사람)이 없다고 말하다(*to*); (남)에게 면회를 거절하다. ¶

deoch an dor·is [dɔ́ːx ən dɔ́ris, dɔ́ːk-] 图 (스코·아일) 이별의 잔. 〔alayan cedar〕

de·o·dar [díːədɑːr] 图 히말라야 삼목(杉木)(Himalayan cedar).

de·o·dor·ant [diːóudərənt] 图 방취제(防臭劑), 탈취(脫臭)제; 디오도란트(체취 방지용 화장품). — 형 냄새를 없애는, 방취의[효과가 있는].

de·o·dor·ize [diːóudəràiz] (* 英 **-ise**) 타 …에서 악취를 없애다, 탈취하다, …의 냄새를 떼다.
-i·zá·tion 图 방취, 탈취. **-íz·er** 图 방취[탈취]제.

De·o grá·ti·as [déiou gráːtsiɑːs] 하느님 은총으로(略 DG). 〔< L thanks to God〕

de·on·tic [diːántik/-ɔ́n-] 형 (언어) 의무적인; (논리) 의무론의.

de·on·to·lóg·i·cal éthics [diːàntəlɑ́dʒikəl-/-ɔ̀ntəlɔ́dʒ-] 图(복수취급) 의무론적 윤리학.

de·on·tol·o·gy [diːəntɑ́lədʒi/-ɔntɔ́l-] 图Ü (윤리) 의무론. **de·òn·to·lóg·i·cal** 형 **-gist** 图 의무론자.

de·or·bit [diːɔ́ːrbit] 图 타 (우주선 따위)를 궤도에서 벗어나게 하다. — 图Ü 궤도도 벗어나게 하기.

De·o vo·len·te [déiou vəléntei] 하느님의 뜻이라면(略 DV). 〔< L God willing〕

de·ox·i·dize [diːáksidàiz/-ɔ́k-] 타 …에서 산소를 제거하다, …을 탈산(脫酸)하다. **-di·zá·tion** 图 산소 제거; 환원 (작용). **-diz·er** 图 탈산(脫酸)제.

de·ox·y- [diːáksi/-ɔ́ksi] 接頭 「탈(脫)산소」의 뜻. ¶ *deoxyribose*. (또는 **desoxy-**)

de·ox·y·cor·ti·cos·ter·one [diːàksikɔ̀ːrtikɑ́stəròun/-ɔ̀ksikɔ̀ːrtikɔ́s-] 图 (생화학) 디옥시코르티코스테론(부신 피질에서 나오는 스테로이드계(系) 호르몬).

de·ox·y·gen·ate [diːáksidʒənèit/-ɔ́k-] 타. — **-àt·ed** 형 (열액식) 산소가 감소된. **-á·tion** 图Ü 탈(脫)산소화.

de·ox·y·gen·ize [diːáksidʒənàiz/-ɔ́k-] 타 = deoxygenate. **-i·zá·tion** 图

de·ox·y·ri·bo·nu·cle·ase [diːàksirèibounjúːklièis/-ɔ̀ks-] 图 (생화학) 디옥시리보뉴클레아제(DNA 분해 효소). (略 **DNase**)

de·ox·y·ri·bo·nu·clé·ic ácid [diːàksirèibounjuːklíːik/-ɔ̀ks-] 图 (유전) 디옥시리보 핵산(核酸)(유전 정보를 가진 세포핵 염색체 기초 물질; 略 **DNA**).

de·ox·y·ri·bo·nu·cle·o·pro·tein [diːàksirèibounjùːkliəpróutiːn/-ɔ̀ks-] 图 (생화학) 디옥시리보 핵단백(DNA를 생산하는 핵단백질).

de·ox·y·ri·bo·nu·cle·o·tide [diːàksirèibounjùːkliətàid/-ɔ̀ks-] 图 (생화학) 디옥시리보뉴클레오티드(디옥시리보오스를 포함한 DNA 구성 요소).

de·ox·y·ri·bose [diːàksiráibous/-ɔ́k-] 图 (생화) 디옥시리보스(DNA의 구성 요소).

dep. department; depart(s); departure; deponent; deposed; deposit; depot; deputy.

De·pal·ma [dəpɑ́ːlmə] 图 **Brian ~** 데팔마(1941- : 미국의 영화 감독).

‡**de·part** [dipɑ́ːrt] 图자 1 떠나다, 작별 인사를 하다; (…에서 / …을 향해) 출발하다 (*from* / *for*) (反 arrive). ¶ (~ + 前 + 名) ~ *for* America 미국으로 출발하다/ The plane ~*ed from* Gimpo at 9 a.m. 비행기는 오전 9시에 김포를 떠났다. 2 (규칙·습관 따위에서) 떠나다, 벗어나다, 이탈하다, 일탈하다 (*from*). ⇨ DEVIATE 유의어 ¶ ~ *from* one's plan 계획을 바꾸다 / ~ *from* one's word [or promise] 약속을 어기다. 3 죽다. — 图Ü (고어) 출발; 죽음.

*****de·part·ed** [dipɑ́ːrtid] 형 1 죽은, 타계한. ⇨DEAD 유의어 2 지나간, 과거의(past). — 图 1 (the ~) (단수 취급) 고인(故人); (집합적·복수취급) 죽은 사람들.

‡**de·part·ment** [dipɑ́ːrtmənt] 图 1 (조직·기구의) 부 부문(division); 일부, 한 단위; (공공 업무의) 부문. ¶ judicial ~s 사법 부문. 2 (英·복수 양용) (미국 연방 정부·영국 정부의) 부(部)(* 영국의 「부」는 Ministry, Office이나 신설부의 경우에는 Department) ⓐ ministry; (영국 정부·미국 주 정부의) 국(局), 과(課)(* 연방 정부의 국은 bureau, 「과」는 division) ⓑ Dept.). 3 (지방 자치체·회사 따위의) 국, 부, 과(略 dep., dept., dpt.). ¶ the accountant's ~ 경리과(부] / the health ~ of a city 시의 보건국(부]. 4 (백화점·시장 따위의) 매장, 코너. ¶ the provisions ~ 식료품 매장. 5 (프랑스 등의) 대행정구, 현(縣). 6 (종종 D-) (프랑스의; 단·복수 양용) (美) (대학의) 학과; (드물게) 학부. ¶ the D- of Chemistry 화학과. 7 (경찰·소방 조직의) 본부, 청(廳). ¶ New York Police D- 뉴욕 경찰청[본부]. 8 (구어) (보통 one's ~) (지식·활동·책임 따위의) 분야, 영역; 전문 분야, 장기. ¶ What ~ are you in? 당신의 전문 분야는 무엇입니까? 9 (보통 D-) (美군사) 군관구(軍管區). 10 (잡지·라디오의) 상설 특별 난(欄)(칼럼, 프로).

de·part·men·tal [dipɑ̀ːrtméntl/dìːpɑːt-] 형 각 부문의; 각 부[과, 국, 실]의, 각 매장의; 각 현의; 각 학과의. **~·ly** 부

de·part·men·tal·ism [dipɑ̀ːrtméntəlìzm/dìːpɑːt-] 图 1 (관청·회사 따위의) 분과제(分課制), 부문주의(部門主義). 2 (경멸적) 관료주의; 관료적 형식주의; 관료적 분파주의. 3 (종합 대학 따위의) 전문 계열화.

de·part·men·tal·ize [dipɑ̀ːrtméntəlàiz/dìːpɑːt-] (* 英 **-ise**) 타 각 부문으로 나누다, 부문화하다. **-i·zá·tion** 图

Depártment D D기관(옛 KGB의 허위[날조] 정보 유포 부서). 〔< Russ *dezinformatsiya*〕

‡**depártment stòre** (略 **d- -s**) 백화점

‡**de·par·ture** [dipɑ́ːrtʃər] 图(~**s** [-z]) ÜC 1 (…에서) / …을 향한) 출발, 떠남; 발족; 발차 (*from* / *for*). ¶ arrival and ~ 발차 / a hasty ~ 갑작스러운 출발. 2 (…에서의) 이탈, 벗어남; 배반; 변경(*from*). 3 (비유적) (…에게 있어서의) (새로운) 시도, 방침 (*for*); (…의) 발전, 기원 (*in*). ¶ a new ~ 새 방책, 신기축(新機軸). 4 Ü ~의 출발. 5 Ü (항해) 동서(東西) 거리(배가 출발점에서 보아 진동(真東) 또는 진서(真西)로 항행한 거리).

mark a new departure in …에 신기원을 세우다.
on one's departure 출발에 즈음하여. (*from*)
take one's departure (…에서) 출발[발족]하다
depárture lòunge (공항의) 출발 로비[라운지].
depárture plátform 발차 승강장.
depárture stàtement 图 (정부 수뇌 등이 외국 방문 때 발표하는) 출발[귀국] 성명.

de·pas·tur·age [dipǽstʃəridʒ/-pɑ́ːs-] 图Ü 방목.

de·pas·ture [dipǽstʃər/-pɑ́ːs-] 图 1 Ü (고어) (땅)을 목양지로 하다. 2 (가축)에게 목초를 먹이다, 방목하다; (가축)이 …의 목초를 다 먹어치우다. — 자 (가축이) 풀을 먹다(graze).

de·pau·per·ate [dipɔ́ːpərèit/diː-] 타 1 빈약하게 하다, 쇠약하게 하다; (토지)를 메마르게 하다. — 형 (생물) 발육 부전제로 하다, 위축시키다. — [dipɔ́ːpərət/diː-] 형 (식물) 발육 부전의, 위축된. **-á·tion** 图

de·pau·per·ize [dipɔ́ːpəràiz] 타 …을 빈곤에서 구제하다. 「기 불편한. 〔<F〕

dé·pay·sé [depɛize] 형 정들지 않는, (환경에) 지내

de·pe·nal·ize [diːpíːnəlàiz, -pén-] 타 …의 불이익을 경감[방지]하다, 처벌[손실]을 경감하다.

‡**de·pend** [dipénd] 图자 (~**s** [-z]) 1 (…을) 신뢰하다, 믿다 (*on, upon*). ⇨ RELY ¶ (~ + 前 + 名) I ~ *on* your word. 당신의 말을 믿는다 / He can be safely

~ed upon. 그는 안심하고 믿을 수 있는 사람이다. 2 (원조 등에) 의존하다, 의지하다, 기대다(on, upon). ¶(~+前+名) depend upon another for help 남의 원조에 의존하다/He ~ed upon his uncle for school expenses. 그는 학비를 숙부에게 의존했다. 3 (형편 따위에) 좌우되다, (…에) 따르다, (…에) 따라 결정되다(on, upon). ¶(~+前+名) Much ~s upon you. 많은 것이 네게 달려 있다/That ~s entirely upon circumstances. 그것은 전적으로 주위 상황에 달려 있다. 4 (소송 따위가) 미결 상태로 있다, 계류[현안] 중이다. ¶The suit is still ~ing in court. 그 소송은 아직 재판 중이다. 5 〔문법〕 종속하다. 6 〔고어〕 걸리다, 매달리다(from).
That depends.; It (all) depends. 그것은 때와 장소에 따라 다르다, 케이스 바이 케이스지.
(You can [or may]) depend on [or upon] it (구어) (글머리 또는 글 끝에서) 반드시, 분명히; 걱정마라. ¶D- upon it, we will win the game. 단연코 우리는 시합에 이길 것이다.

de·pend·a·ble [dipéndəbl] 형 신뢰할 수 있는, 의지할 수 있는(reliable). **-bíl·i·ty** 명 신뢰[의지]할 수 있음; 확실성. **~·ness** 명 **-bly** 부

de·pend·ance [dipéndəns] 명 (美) =dependence.
de·pend·an·cy [dipéndənsi] 명 =dependency.
de·pend·ant [dipéndənt] 형명 =dependent.

de·pend·ence [dipéndəns] 명 1 의지하기, 의지, 의존 (상태); 기식(寄食)(on, upon)(↔ independence). ¶the economic ~ of a wife upon her husband 남편에 대한 아내의 경제적 의존. 2 신뢰(in, on). 3 상관 관계, (인과(因果) 따위의) 의존 관계(on, upon). ¶the ~ of crops on the weather 농작물이 기후에 좌우됨. 4 종속(從屬), 속국(on, upon). ¶(법률) (소송 따위의) 미결. 6 ⓒ (드물게) 믿을 사람 [것]. 7 〔병리〕 (마약·약물의) 상용, 의존(증). 8 ⓒ 〔고어〕 매달려 있는 것, (또는 **dependance**) 回하다.
place [or put] dependence on [or in] …을 신뢰하다.

de·pend·en·cy [dipéndənsi] 명 1 Ⓤ 의존 (상태), 의지. ¶~ culture 의존 체질/~ ration 의존율, 부담률. 2 의존물, 종속물. 3 속국(屬國), 속령, 보호령. 4 부속 건물, 별관. 5 〔의학〕 마약 의존증, 중독(증). 6 부양 가족을 가짐. (또는 **dependancy**)
de·pend·en·cy-prone [-pròun] 형 (정신 안정을 위해) 약물에 의존하는.

‡*de·pend·ent* [dipéndənt] 형 (**more ~; most ~**) 1 의지[의존]하고 있는(on, upon)(↔ independent). ¶be ~ upon one's parents 부모에게 의지하다. 2 …에 따른, …에 좌우되는, …여하에 달린(on, upon). ¶a conclusion that is ~ on a premise 전제 여하에 따라 달라지는 결론. 3 종속되어 있는, 속령의. ¶a ~ country 속국. 4 〔문법〕 종속의. 5 매달려 있는, 드리워져 있는(from). ¶a lamp ~ from the ceiling 천장에 매달려 있는 램프. 6 (…) 중독의 (on, upon). ¶be ~ on alcohol 알코올 중독이다.
— 명 1 (남에게) 의지하는 사람; 부양 가족, 피부양자, 기식자; 종자(從者), 가신, 부하. ¶family ~s 부양 가족. 2 〔고어〕 종속물.
~·ly 부 남에게 의지하여, 종속적으로.   「clause).
depéndent cláuse 명 〔문법〕 종속절(subordinate
depéndent váriable 명 〔수학〕 종속 변수(從屬變數). 형 independent variable

de·peo·ple [di:pí:pl] 타동 …의 인구를 감소시키다.
de·per·son·al·ize [di:pə́:rsənəlàiz] 타동 (남)에게서 인격[주체성·인간성]을 없애다, (남)을 몰개성적으로 만들다, 비인간화[몰개성화]하다; (의견·발언 따위)에서 주관성을 없애다, 객관화하다.
-i·zá·tion 명 U (비)인격화, 몰개성화; 〔정신의학〕 자아감 상실, 이인증(離人症).

depérsonalized cáre 명 〔의학〕 몰개성적 치료 (말기 환자에게 본인 의사와 관계없이 치료하는 것).
de·pe·ter [di:pí:tər] 명 〔건축〕 자갈벽 바르기.
de·phos·pho·rize [di:fɑ́sfəràiz/-fɔ́s-] 타동 〔광석〕에서 인(燐)을 제거하다.

de·pict [dipíkt] 타동 1 (회화·조각·말 따위로) …을 그리다, 묘사하다, 표현하다, 묘사[시술]하다. ¶a novel ~ing a sea life 해상 생활을 그린 소설/~ him as a hero 그를 영웅으로 묘사하다.
~·er, -píc·tor 명 묘사[서술]자. **-píc·tion** 명 묘사; 서술. **-píc·tive** 형 서술[묘사]적인.

〔유의어〕 **depict** 생생하게 묘사[서술]하다. **portray** 실하게 묘사[서술]하다. **sketch** (상세한 묘사에 이르기 전의 준비 단계로서) 가장 두드러진 사실·특징의 개략을 묘사[서술]하다. **represent** 현실 또는 상상속의 유형·무형의 것을 구체적인 모습으로 그려 보이다.

de·pic·ture [dipíktʃər] 타동 …을 그리다, 묘사하다; 상상하다. **~·ment** 명
dep·i·late [dépəlèit] 타동 …의 털을 뽑다, 탈모하다. **-lá·tion** 명 탈모. **-là·tor** 명 털뽑는 사람[기계].
de·pil·a·to·ry [dipílətɔ̀:ri/-təri] 형명 털을 뽑을 수 있는, 탈모의 효능이 있는. — 명 탈모제(脫毛劑).
de·plane [di:pléin] 자동 비행기에서 내리다[내리게 하다]. 형 enplane
de pla·no [di pléinou, -dei-] 〔법률〕 비공식으로, 약식으로; 명백한 권리에 의하여; 명백히. 〈L〉
de·plen·ish [dipléniʃ] 타동 …을 비우다(empty).
de·plete [diplí:t] 타동 …을 감소시키다; …을 비우다; 〔힘·돈·자원 따위〕를 다 써버리다, 고갈[소모]시키다; 〔외과〕…에서 방혈(放血)하다, 혈액을 제거하다.
-plét·a·ble 형 감소할 수 있는. **-plé·tive, -plé·to·ry** 형 고갈시키는; 혈액[수분]을 감소시키는.   「나늄.
depléted uránium 명 〔물리〕 감손[열화(劣化)] 우
de·ple·tion [diplí:ʃən] 명 U 1 〔자원 따위의〕 감소, 고갈, (정력 따위의) 소모. 2 〔생리〕 체액의 상실, (염분·수분의) 고갈. 3 〔부기〕 감모 상각(減耗償却)(따른 세액의) 감모(減耗) 공제.
deplétion allówance 〔자원 고갈에 따른 세액의) 감모(減耗) 공제.

de·plor·a·ble [diplɔ́:rəbl] 형 슬픈, 슬퍼할 만한; 개탄스러운, 유감스러운; 처참한, 비참한. ¶the ~ death of a friend 친구의 비통한 죽음. **-bíl·i·ty** 명U 한탄스러움; 처참함. **~·ness** 명 **-bly** 부

de·plore [diplɔ́:r] 타동 1 …을 한탄하며 슬퍼하다. 애통해 하다; 〔죄·잘못 따위〕를 깊이 뉘우치다, 유감스럽게 생각하다; 개탄하다. 2 …을 비난하다, 책망하다 (*사람을 목적어로 하지 않는다). 「운 일이다.
It is to be deplored that... …라는 것은 유감스러
dèp·lo·rá·tion, -plór·er 명 **-plór·ing·ly** 부

de·ploy [diplɔ́i] 타동 〔군사〕 (부대)를 전개하다[시키다]; (사람)을 배치[동원]하다; (자원·논의 따위)을 효과적으로 활용하다. — 자동 (부대의) 전개; 배치.
~·a·bíl·i·ty 명 **~·a·ble** 형
de·ploy·ment [diplɔ́imənt] 명UC 〔군사〕 (병력·장비의) 배치; (부대의) 전개; (낙하산의) 개산[전개].
de·plu·mate [di:plú:meit, -mət] 형 깃털이 뽑힌 [빠진]. (또는 **deplumated**)
de·plu·ma·tion [dì:plu:méiʃən] 명U 1 깃털을 뽑아내기, 깃털의 제거. 2 (명예·부 따위의) 박탈.
de·plume [di:plú:m] 타동 1 …의 깃털을 뽑다. 2 (명예·부(富) 등)을 빼앗다.

de·po·lar·i·za·tion [di:pòulərizéiʃən/-rai-] 명U 1 〔전기〕 (자기(磁氣)의) 복극(復極), 소극(消極)[감극] 작용, 2 〔광학〕 편광(偏光)의 소멸.
de·po·lar·ize [di:póuləràiz] 타동 1 〔전기〕 …의 극성(極性)을 없애다, 복극(復極), 소극(消極)하다. 2 (광선·색의) 치우침을 없애다; …의 편광을 없애다. 3 (비유적) (확신 따위)를 뒤흔들다, 뒤집다. **-iz·er** 명

de·po·lit·i·cize [diːpəlítəsàiz] 타동 〔쟁점 따위〕를 정치 문제화하지 않다, 정치적으로 다루지 않다, 비정치화하다. (또는 **depoliticalize**) -**lit·i·ci·zá·tion** 명

de·pol·lute [dìːpəlúːt] 타동 …의 오염을 제거하다.

de·pol·lym·er·ize [diːpəlíməràiz, diːpálim-] 타동 〔화학〕 해중합(解重合)하다, [중합체]를 단위화[單位體]로 분해하다. -**lym·er·i·zá·tion** 명 (⇒**pose**).

de·pone [dipóun] 타동 [법률] 선서하고 증언하다(depone).

de·po·nent [dipóunənt] 형 [그리스·라틴 문법] (동사가) 형태는 수동형이나 뜻은 능동인, 이태(異態)의. ―명 1 [법률] 선서증인. 2 [그리스·라틴 문법] 이태 동사.

depónent vérb 명 이태 동사(異態動詞). 略 depo.

de·pop·u·lar·ize [diːpápjuləràiz/-póp-] 타동 …로부터 인기를 빼앗다, …의 인기를 없애다.

de·pop·u·late [diːpápjuleɪt/-pɔ́p-] 타동 …의 주민을 없애다; 인구를 줄이다. ―자동 인구가 줄다[격감하다]. ―형 [diːpápjulət, -leɪt/-pɔ́p-] [고어] 주민이 없어진; 인구가 줄어든. -**là·tive** 형

de·pop·u·la·tion [dìːpɑpjuléiʃən/-pɔp-] 명U 주민 절멸(絕滅); 인구 감소.

de·pop·u·la·tor [diːpápjuleɪtər/-pɔ́p-] 명 (전염병·폭동 따위) 주민을 절멸케[줄게] 하는 것.

de·port [dipɔ́ːrt] 타동 1 (국외로) (외국인)을 추방하다; 퇴거시키다; (강제로) 이송[수송]하다. ⇒BANISH 〔유의어〕 (~+몸+前+图) ~ the criminals from the country 범죄자들을 국외로 추방하다. 2 [재귀용법으로] (부사구와 함께) 처신하다, 행동하다.

~**·a·ble** 형 ~**·er** 명 「(강제) 송환[이송, 수송].

de·por·ta·tion [dìːpɔːrtéiʃən] 명U (국외) 추방;

de·por·tee [dìːpɔːrtíː] 명 (국외) 추방당한 사람.

*****de·port·ment** [dipɔ́ːrtmənt] 명 거동, 행동, 태도(⇒MANNER 〔유의어〕); (美) (교육) 행실, 품행; (英) (젊은 여성의) 행동거지. 「있는.

de·pos·a·ble [dipóuzəbl] 형 면직[폐위(廢位)]될 수

de·pos·al [dipóuzəl] 명U 면직(免職), 파면; 폐위.

*****de·pose** [dipóuz] 타동 1 (고위직에서) …을 면직하다 (from); [왕]을 퇴위시키다. ¶The king was ~d by the revolution. 왕은 혁명으로 왕좌에서 쫓겨났다. 2 (법률) 문서로 선서한 뒤) …을 증언하다, 공술(供述)하다. ¶ (~+that절) He ~d that he had seen the accused before. 그는 피고를 이전에 본 일이 있다고 증언했다. ―자동 (법률) (…을 / …했음을) 증언하다, 선서 증언을 하다(to).

-**pós·er** 명 면직시키는 사람; (선서) 증언자.

‡de·pos·it [dipázit/-pɔ́z-] 타동 1 (은행에) 예금하다 (in); (귀중품 따위)를 맡기다, 공탁하다 (with). ¶ ~ $500 in a bank 은행에 500달러를 예금하다. 2 계약금 [보증금]으로 지불하다, [물건]을 담보로 잡히다 (on, with). 3 (자동 판매기 등에) (돈)을 넣다. ¶ D- a quarter and push the button. 25센트 동전을 넣고 단추를 누르세요. 2 (정확하게) …을 놓다[두다] (on, in, at); (재귀용법으로) (익살) …에 걸터앉다 (on). 5 …을 퇴적시키다, 침전시키다 (on, in, at, over). ¶The river ~ed soil at its mouth. 강은 하구에다 흙을 퇴적시켰다. 6 (새·곤충 등이) [알]을 낳다 (in). 7 (美) (농산물 가격 유지를 위해) [농지]를 휴경(休耕)하다. ―자동 침전 [퇴적]하다, 가라앉다. (돈이) 예금되다; 보증금[착수금] 을 지불하다.

deposit oneself on …에 걸터앉다.

―명 1 (은행에의) 예금; 예치금 ¶ a current [fixed] ~ 당좌[정기] 예금 / a general [special] ~ 보통[특별] 예금 / make [have] a ~ in a bank 은행에 예금하다[이 있다] / draw out [or take out, withdraw] a ~ 예금을 인출하다. 2 (a ~) 공탁[기탁]금품, 예치금품, 보관물; 계약금, 보증금, 착수금, 담보. 3 U 맡김, 보관, 기탁; C 예치소, 저장소, 창고. 4 퇴적물, 침전물, 침전물; 〔광상(鑛床), 매장물. ¶coal ~s 탄층/oil ~s

석유 매장량/the ~ of a river 강의 퇴적물. 5 U 〔도금에 의한〕 금속 피복(물). 6 〔도서관학〕 기탁 자료. 7 〔병리〕 (소변 중의) 침전물.

make [or *leave*, *pay*, *put down*] *a deposit on* …의 계약금[보증금]을 치르다.

on [or *upon*] *deposit* 은행에 예금하여, 보관하여.

depósit accòunt (英) 통지 예금, 예금 계좌 ((美) savings account). (英) current account

de·pos·i·tar·y [dipázətèri/-pɔ́zitəri] 명 1 맡는 사람, 보관인, 수탁자; 보관소, 수탁소, 창고. ―형 보관의, 보관에 관한.

depósitary recèipt 명 〔금융〕 예탁 증권(略 DR).

depósit bòx 명 버리는 의류[신발류] 투기함.

dep·o·si·tion [dèpəzíʃən, dìːp-] 명U/C 1 면직, 파면; 폐위. 2 (유가 증권 따위의) 예탁; 기탁(물), 공탁(물). 3 침전(물), 퇴적(물). 4 [법률] 선서 증언; 증언(술) 녹취서(錄取書). 5 (the D-) (미술) 십자가에서 내려지는 그리스도의 그림[조각]. 6 (교회) 성인(聖人)의 유체[유골] 매장[이장(移葬)]. 7 (생물) (색소 따위의) 침착.

~**·al** 형 「(沈着).

deposítion effíciency 〔물리〕 침적 효율.

depósit mòney 〔금융〕 예금 통화(수표 발행 등 지불 수단으로 쓰이는 요구불 예금); 예탁[공탁, 보증]금.

de·pos·i·tor [dipázitər/-pɔ́z-] 명 1 (은행의) 예금자; 기탁자, 공탁인. 2 침전기; 전기 도금기.

de·pos·i·to·ry [dipázətɔ̀ːri/-pɔ́zitəri] 명 1 저장소, 창고; 금고; (비유적) (지식의) 보고. ¶the night ~ 야간 금고. 2 보관인, 수탁자. 「부 간행물 보관 도서관).

depósitory líbrary 명 기탁 도서관(미국의 (주)

depósit páyment 명 보증금[계약금] 지불.

depósit recèipt 명 〔금융〕 예금 증서(略 DR).

depósit sàfe 명 대여 금고.

depósit slìp 명 예입 전표, 예금 입금표.

*****de·pot** [díːpou/dé-] 명 1 (美) 정거장, 역, 공항, 버스 정류장; (英) (버스·전차·기차) 차고. 2 (dépou) (군사) 보급소, 병참부, 연대 본부; 신병 훈련소, 보충대. 3 (英) 보관소, 저장소, 창고. (< F)

dépot shíp (잠수함·구축함 따위의) 모함(母艦).

depr. depreciation: depression.

dep·ra·va·tion [dèprəvéiʃən] 명U (품질의) 악화, 변질, 부패; 타락, 퇴폐.

de·prave [dipréiv] 타동 [품질]을 악화시키다, 부패시키다(corrupt); [품성]을 타락시키다.

de·praved [dipréivd] 형 (정신적으로) 부패한, 타락한; 사악한(wicked). ~**·ly** 부 ~**·ness** 명

de·prav·i·ty [diprǽvəti] 명U 타락, 부패; 사악 (wickedness); C 악행, 사악한 행위.

dep·re·cate [dépriket] 타동 1 …을 옳지 않다고 역설하다; (계획 따위)에 반대하다. ¶ ~ rash assumptions 성급하게 추정하는 일에 반대하다. 2 헐뜯다, 비난하다; 경시하다. 3 (고어) …이 없도록 빌다; 〔재난 따위〕를 면할 수 있도록 빌다.

-**cá·tion** 명U 반대, 비난, 불찬성; 애원. **-cà·tor** 명

dep·re·cat·ing [déprikéitiŋ] 형 강력히 반대하는, 비난조의; (어떻게 하든) 면하고자 하는, 애원조의.

~**·ly** 부

dep·re·ca·tive [déprikéitiv] 형 = deprecatory.

dep·re·ca·to·ry [déprikətɔ̀ːri/-təri, -kèitəri] 형 불찬성의, 비난의, 반대를 주장하는; 탄원적인, 변명의. -**ri·ly** 부 -**ri·ness** 명

de·pre·ci·a·ble [dipríːʃiəbl, -ʃə-] 형 1 가격을 떨어뜨리는, 가치가 떨어질 수 있는. 2 (과세상) 감가 상각의 대상이 되는. ¶ ~ assets 감가 상각 자산.

*****de·pre·ci·ate** [dipríːʃieit] 타동 1 (화폐)의 구매력[가치]을 저하시키다. 2 (사람의 가치[값])를 감하다, 시장 가치를 떨어뜨리다(略 appreciate). 3 …을 경시하다, 헐뜯다, 비하하다. 4 (세금에서) (재산)을 감가하여 계산하다.

…의 감가 상각을 청구하다. ─㉠ (화폐·상품의) 가치(가격)가 하락하다. **-à·tor** 몡

de·pre·ci·at·ing·ly [diprí:ʃièitiŋli] 분 경시하여, 깔보아서. ¶ **speak ~ of** a person 남을 깎아내려서 말하다.

*****de·pre·ci·a·tion** [diprì:ʃiéiʃən] 몡UC 1 가치의 감소[저하]; 가치[구매력]의 절하[하락]. ¶ **~ of currency** 통화 가치의 하락. 3 [경영] (비과세 자산의) 감가 견적(減價見積)(액); [회계] 감가 상각(償却). 4 경시, 얕봄.

depreciátion accóunting 몡 감가 상각비 계산.
depreciátion allówance 몡 =depreciation reserve.
depreciátion còst 몡 감가 상각비. [serve.
depreciátion insùrance 몡 감가 (상각비) 보험.
depreciátion resèrve 몡 감가 상각 준비금.

de·pre·ci·a·tive [diprí:ʃièitiv] 형 =depreciatory.
de·pre·ci·a·to·ry [diprí:ʃiətɔ̀:ri/-təri] 형 가치 저감의, 하락 경향의, 감가하는; 경시하는, 깔보는.

dep·re·date [déprədèit] 타자 강탈[약탈]하다. [인. **-dà·tor** 몡 약탈자. **dep·re·da·to·ry** 형 약탈[강탈]적인.

dep·re·da·tion [dèprədéiʃən] 몡 1 약탈, 강탈. 2 침식; (보통 ~s) 파괴[침식]의 흔적. **~·ist** 몡

*****de·press** [diprés] 타 1 [남을] 낙담시키다, 의기 소침하게 하다, …의 기를 꺾다; 우울하게[슬프게] 하다. ¶ The report ~**ed** me. 그 소식에 나는 낙담했다. 2 …의 힘[활기, 활동]을 약화시키다, …을 쇠퇴하게 하다 (⇨OPPRESS 유의어); [시황(市況) 따위를] 부진[침체]하게 하다. ¶ Trade is ~**ed**. 시황은 불경기이다. 3 …의 양 (액수, 가치)을 떨어뜨리다, 하락시키다. 4 …을 내리 누르다; …의 위치를 끌어내리다. ¶ **~ one's eyes** 눈을 내리깔다.

~·i·ble 형 저하되는, 눌러 내릴 수 있는. **~·i·bíl·i·ty** 몡

de·pres·sant [diprésnt] 형 1 [병리] 기능을 저하시키는, 진정[억제] 작용이 있는. 2 기를 꺾는, 낙담케 하는. 3 가치를 떨어뜨리는; 불경기의. ─ 몡 [약학] 억제제, 진정제, 근육 이완제; [화학] 강하제(降下劑).

‡de·pressed [diprést] 형 (**more ~; most ~**) 1 낙담한, 의기 소침한, 기가 죽은. (⇨SAD 유의어) ¶ I feel much ~. 맥이 탁 풀린다. 2 억압된; 짓눌린; 주위보다 낮아진, 옴폭 들어간. 3 (침 따위가) 약해진, (가치 따위가) 하락한: 불경기의, 부진한. ¶ **a ~ market** 침체된 시황. 4 (능력 따위가) 표준 이하의. 5 [정신의학] 울병(鬱病)의. 6 [동·식물] 납작한, 편평한.

depréssed área (빈곤·실업 따위를 특징으로 하는) 불황 지역, 빈곤[쇠퇴] 지역. [최하층 계급.
depréssed clásses 몡(복) (英) (the ~) (인도의)
de·press·ing [diprésiŋ] 형 낙담하게 하는; 맥이 풀리는, 울적한, 음울한; 짓누르는, 억압적인. **~·ly** 분

‡de·pres·sion [dipréʃən] 몡 (복 ~**s** [-z]) 1 UC 내리누름[눌림], 침하(沈下), 하저, 강하; 억압. ¶ **a rapid ~ of the mercury in a barometer** 청우계 수은주의 급격한 강하. 2 움푹 파인 곳[땅], 침하한 장소; UC (지반의) 함몰. ¶ **~s in the ground** 땅의 움푹 파인 곳. 3 U 의기 소침, 우울; [정신의학] 우울증, 우울병. ¶ **be in a state of ~** 의기 소침해 있다 / **suffer from nervous ~** 우울증에 걸리다. 4 U(C) (힘·활동 따위의) 쇠약, 감퇴; [병리] 기능 저하. 5 U [경제] (장기간에 걸친 심각한) 불경기, 불황(不況); (the Great D-) (1929년 미국에서 시작된) 세계 대공황, 대공황기의. (⇔ **recession**). 6 [천문] 내려본 각; [측량] 수평 부각; [기상] 저기압.

Depréssion glàss 몡 디프레션 글라스(1929-40년대 미국에서 생산된 염가의 유리 그릇; 주로 판촉용).

de·pres·sive [diprésiv] 형 1 짓누르는, 침하[저하]시키는. 2 억압하는 것 같은, 우울한; [정신의학] 우울증의. ─ 몡 우울증 환자. **~·ly** 분 **~·ness** 몡

de·pres·so·mo·tor [diprèsoumóutər] 형 [생리·의학] 운동을 억제하는. ¶ **~ nerves** 운동 억제 신경. ─ 몡 운동 기능 억제제[약].

de·pres·sor [diprésər] 몡 1 억압[압박]물, 억제제. 2 [해부] 억제근(筋); [생리] 억제 신경; [약학] 혈압 강하제. 3 [외과] 압박 기구. ¶ **a tongue ~** 설압자(舌壓子).

de·pres·sur·ize [di:préʃəràiz] 타 1 [비행기·우주선 내]의 기압을 내리다, 감압하다. 2 …의 긴장을 누그러뜨리다, 스트레스를 해소하다. ─㉠ 기압이 내려가다. **-i·zá·tion, -iz·er** 몡

de·priv·al [dipráivəl] 몡UC 빼앗기, 박탈.
dep·ri·va·tion [dèprəvéiʃən] 몡UC 1 (관직·특권 따위의) 박탈, 해임, 면직; 성직 박탈[정지]; 파면. 2 (아까운) 손실, 상실(loss); (근친의) 사별. 3 (필수품의) 결핍; 궁핍[내핍](생활), 빈곤. 4 애정 결핍, 정서 차단.

deprivátion dwárfism 몡 [의학] (부모의 애정 결핍으로 인한) 정서 차단성 소인증(小人症)[발육 장애].

deprivátion stráin 몡 한직(閑職) 스트레스, 한직 우려(중)(한직으로, 출세 전망이 희박하다는 데 기인).

*****de·prive** [dipráiv] 타 (**~s** [-z]; **~d; -priv·ing**) 1 [남]에게서 (…을) 빼앗다, 탈취하다, 박탈하다 (⇨ROB 유의어); [남]에게 (…을) 갖지 못하게 하다, 허용치 않다 (of). ¶ **~** (**~** + 目 + 前 + 名)**:** **~ a person of his property**[**life**] 남에게서 재산[생명]을 빼앗다. 2 [남]을 면직[파면]하다. (목사)의 직위를 박탈하다.

deprive *oneself* (즐거움 따위를) 스스로 끊다, 자제하다 (of); 손실[성가심]을 당하다.

-priv·a·ble, -priv·a·tive [-prívətiv] 형 **-prív·er** 몡
de·prived [dipráivd] 형 빈곤한, 풍족하지 못한. ─ 몡 (the ~) 가난한 사람들.

de·pro·fes·sion·al·ize [di:prəféʃənəlàiz] (英) -**ise**) 타 비(非)전문화하다, [직업]을 대중화하다.

de pro·fun·dis [di: proufʌ́ndis] (L) 1 절망[고뇌]의 절규. 2 (the D- P-) [성서] 시편 제 130 편. <L>

de·pro·gram [di:próugræm] 타 탈(脫)세뇌하다, 고정 관념[신앙]을 버리도록 (때로 강제 수단을 써서) 설득하다. **~·(m)er** 몡 [백팔을 만들다.

de·pro·tein·ize [di:próuti:nàiz] 타 [생화학] 단
dep·side [dépsaid, -sid] 몡 [화학] 뎁시드(몇 개의 페놀카르복실산(酸) 분자로 이루어지는 에스테르의 총칭).

dept. department; deponent; deputy.

‡depth [depθ] 몡 1 U 깊이; 깊숙함; C 안 길이. ¶ **the ~ of a river** 강의 깊이 / **a foot in ~** 깊이[안 길이] 1 피트 / **Snow fell to a ~ of five feet.** 눈이 5 피트나 내렸다. 2 U (문제 따위의) 난해성(難解性), 복잡함, 깊이; (감정의) 깊이, 심오함; 심각성, 중대성, 엄숙; 농밀. ¶ **a novel of unusual ~** 매우 깊이 있는 소설 / **with a ~ of one's feelings** 깊은 감정을 지니고. 3 U (정적(靜寂)의) 깊이; (빛깔 따위의) 짙기, 농도; (음조의) 낮음; (the ~) (밤·겨울 따위의) 한창, 한가운데. ¶ **the ~ of color** 색깔의 농도 / **the ~ of a voice** 목소리의 굵기. 4 U (지성·통찰력 따위의) 깊이, 심오; 안식; 총명. ¶ **the ~ of one's thought** 사고의 깊이 / **a mind of no great ~** 깊이 없는 마음(을 가진 사람). 5 (the ~(**s**)) 깊은 곳, 심해. ¶ **the ~s of the ocean** 대양의 깊은 곳. 6 (the ~(**s**)) 가장 먼[깊숙한] 곳, 오지(奧地), 안의 안. ¶ **the ~s of despair** 절망의 구렁텅이 / **in the ~(s) of the forest** 깊은 숲 속에. 7 (~**s**) (지성·도덕성의) 낮음, 타락, 저속.

be (**down**) **in the depths** 절망[낙망, 고민]하다.
beyond[**or out of**] *one's depth* ① 키가 닿지 않는 곳에, 깊은 곳에 빠져서. ② 이해[능력]이 미치지 못하는, 어쩔 수 없는.
in depth ① 넓은 범위에 걸쳐서; 철저하게. ② [군사] (방어선의) 종으로 배치되어.
in the depth of …의 한창때에, 한가운데. ¶ **in the ~ of winter**[**night**] 한겨울[한밤중]에.
plumb the depths (of) (슬픔·불행 따위의) 밑바닥에 떨어지다; 갈데까지 가다; 땅에 떨어지다. [지.
to the depth of …의 깊이까지; (마음)의 밑바닥까
~·less 형 ① (너무 깊어) 깊이를 알 수 없는; 피상적인.

dépth chàrge [bòmb] 圈 (항공기에서 투하하는 대(對)잠수함) 수중 폭뢰(일정 깊이에서 폭발함).
dépth fínder [sòunder] 圈 (음향) 수심 측정기.
dépth gàuge 圈 (구멍 따위의) 심도계, 측심기.
dépth indicàtor 圈 음파 측심기.
dépth ínterview 圈 심층 면접, 여론 조사 인터뷰.
dépth of fíeld [fócus] 圈 초점 심도.
dépth percéption 圈 깊이[거리] 감각.
dépth psychólogy 圈 (심리) 심층 심리학.
dépth recòrder 圈 자기 측심기(自記測深機).
dep·u·rant [dépjurənt] 圈 정화하는, 불순물을 제거하는. — 圈 (혈액의) 정화제, 청정제.
dep·u·rate [dépjurèit] 圈國 청정하게 하다[되다], 정화하다[되다](purify). **-rá·tion** 圈U 청정, 정화 (작용). **-rà·tor** 圈 정화기[장치]; 정화제.
dep·u·ra·tive [dépjurèitiv] 圈 정화하는, 청정하게 하는. — 圈 정화제, 청정제.
de·purge [di:pə́:rdʒ] 圈國 …의 추방을 해제하다.
de·pur·gee [di:pə:rdʒí:] 圈 추방이 해제된 사람.
dep·u·ta·tion [dèpjutéiʃən] 圈U 대표자의 임명, 대리 위임; C 대표자, 대표 위원; 대표단, 사절단.
de·pute [dipjú:t] 圈國 1 …에게 대리를 명하다, …을 대리자[대표자, 대행자]로 삼다. ¶ (~ + 圈 + to do) I ~d him to take charge of the club while I was in America. 내가 미국에 가 있는 동안 클럽 책임자로 그를 임명했다. 2 (일·권한 따위를) (대리인에게) 맡기다[위임하다](to). — 圈 =deputy. **dép·u·ta·ble** 圈
dep·u·tize [dépjutàiz] 圈國 1 …에게 대리를 명하다, …을 대표자로 임명하다 (as). — 圈國 대리 근무를 하다 (for). **-ti·zá·tion** 圈
*****dep·u·ty** [dépjuti] 圈 1 대리(인), 대리역; 보좌관, 부관, 보(補). 2 [美] = ~ sheriff. 3 (선거구) 대표자; (프랑스·이탈리아 등의) 국회 의원. ¶ the Chamber of Deputies 하원. 4 (英) (광산의) 보안 우원(fire boss). **by deputy** 대리로, 대리인[대표자]으로서.
— 圈 대리의, 부(副)의. ¶ a ~ chairman 부의장, 부회장 / a ~ chief 부주임 / a ~ governor [mayor] 부지사[부시장] / a ~ premier 부총리[수상] / the D— Speaker (하원의) 부의장.
~·ship 대리직.
députy commíssioner 圈 (런던 경찰청의) 부청장.
députy dó·ruty 圈 (속어) 경찰.
députy lieuténant 圈 (英) 주(州) 부지사.
députy mínister 圈 (캐나다) 각급 정부 공무원.
députy sécretary 圈 (美) (연방 정부의) 부장관.
députy shériff 圈 (美) 보안관 대리, 보안보.
De Quin·cey [də kwínsi] 圈 **Thomas ~** 드퀸시 (1785–1859; 영국의 소설가·평론가).
der. derivation; derivative; derive(d).
de·ra·cial·ize [di:réiʃəlàiz] 圈國 인종 차별을 없애다; …에서 인종적 특성을 제거하다. **-i·zá·tion** 圈
de·rac·i·nate [diræsənèit] 圈國 뿌리뽑다; …을 근절시키다; (사람·환경에서) …을 떼어 놓다, 고립시키다. **-ná·tion** 圈U 근절; 고립.
dé·ra·ci·né [deirǽsi:néi] 圈 뿌리 없는 풀의, 유랑의. — 圈 실향민, 유랑자. [<F uprooted]
de·rad·i·cal·ize [di:rǽdikəlàiz] 圈國 급진주의 (사상)를 버리게 하다, 온건화시키다. **-i·zá·tion** 圈
de·raign [diréin] 圈國 1 (법률) (다른 사람의 요구·소송 따위)에 대해서 다투다, 논박하다; (소유권 따위)를 주장하다, 입증하다. 2 (역사) (전투를 위해서) 군대를 배치하다. **~·ment** 圈
de·rail [diréil] 圈國 (수동형으로) (열차)를 탈선시키다; (계획)을 무산시키다. ¶ The train was ~ed. 열차가 탈선했다. 圈 (기차가 탈선하다; (계획이) 수포로 돌아가다. — 圈 =derailer. **~·ment** 圈UC 탈선.
de·rail·er [diréilər] 圈 (철도) 탈선기(충돌 위험 등이 있을 때 차량을 탈선시키는 장치).
de·rail·leur [diréilər] 圈 (자전거의) 다단 변속 기

어; 변속 장치가 달려 있는 자전거. [<F]
de·range [diréindʒ] 圈國 …을 혼란시키다, 흐트리다; …을 방해하다(disturb); …을 미치게 하다, 발광케 하다. **~·a·ble** 圈 **-ráng·er** 圈
de·ranged [diréindʒd] 圈 혼란된, 흐트러진; (정신이) 착란한, 미친. ⇒MAD ①類義語
de·range·ment [diréindʒmənt] 圈U 흐트리기, 혼란, 교란(confusion, disorder); 정신 착란.
de·rate [di:réit] 圈國 (전기) …의 정격(定格) 출력을 낮추다.
de·ra·tion [di:réiʃən/-rǽ-] 圈國 (일용품 따위)의 배급제를 정지하다, 배급 제한을 풀다. **-i·za·tion** 圈
de·rat·ize [di:rǽtaiz] 圈國 (배)의 쥐를 잡다.
*****Der·by** [dá:rbi/dá:bi] 圈 1 (the ~) 더비 경마(영국 London 근교 Epsom Downs에서 매년 개최됨). 2 (일반적으로) 대경마; (美) 켄터키 더비(the Kentucky ~). 3 (d-) (참가 자유의) 레이스, 경주, 경기. ¶ a bicycle ~ 자전거 경주. 4 (d-) 중산모자 (<~ hat, (美) bowler).
Dérby dòg 圈 (구어) 경마장 주로에서 어슬렁대는 개.
dérby hát 圈 =Derby 4.
de·re·al·i·za·tion [dì:ri:əlizéiʃən/-ríəlaizéi-] 圈 (정신의학) (정신 분열증 등으로 인한) 현실감 상실.
de·rec·og·ni·tion [dì:rèkəgníʃən] 圈 (국가)에 대한 승인을 취소; (노동 조합)의 교섭권 취소.
de·rec·og·nize [di:rékəgnàiz] 圈國 (국가)에 대한 승인을 취소하다; (노동 조합)의 교섭권을 취소하다.
de·reg [di:rég] 圈(구어) =deregulation.
de·reg·is·ter [di:rédʒistər] 圈國 …의 등록을 취소[말소]하다, …을 제명하다. **-trá·tion** 圈
de règle [də régl] 圈國 규정대로의, 규정의, 규정대로, 규칙에 따라. [<F according to rule]
de·reg·u·late [di:régjulèit] 圈國 (경제·가격 따위)의 공적(公的) 규제를 풀다, 통제를 해제하다. ¶ ~ oil prices 유가의 공적 통제를 해제하다. **-là·tor** 圈 **-la·tò·ry** 圈
de·reg·u·la·tion [dì:règjuléiʃən] 圈 (인허가 따위의) 규제 완화[철폐], 자유화, 규제 해제.
de·re·ism [di:rí:izm, deiríizm] 圈U (심리) 공상벽(空想病癖)(현실 도피의 비논리적 사고 방식). **autism dè·re·ís·tic** 圈 **dè·re·ís·ti·cal·ly** 圈 [<L]
Der·ek [dérik] 圈 데릭(남자 이름).
der·e·lict [dérəlìkt] 圈 1 유기된, 포기된, 버려진. ¶ a ~ ship 유기선. 2 직무에 태만한. — 圈 1 유기물; (해사) 유기선, 표류선. 2 (사회에서 버림받은) 낙오자; 집 없는 사람. 3 직무 태만자. 4 (법률) (수위(水位) 저하에 따른) 신생지(新生地). **~·ly** 圈 **~·ness** 圈
der·e·lic·tion [dèrəlíkʃən] 圈UC 1 (의무·직무의) 태만, 불이행; 단점, 결점. ¶ ~ of one's duty 직무 태만. 2 (의도적) 유기, 포기; 유기[포기]된 상태. 3 (법률) (수위 저하에 따른) 새 육지의 발생; 신생지 획득.
de·re·press [dì:riprés] 圈國 (유전) (유전자 단백질 합성)을 활성화시키다, 폐쇄 상태에서 해방시키다. **~ed** [-t] **-prés·sion** 圈
de·re·pres·sor [di:riprésər] 圈 (유전) 억제 해제 인자; 유도물, 유인(誘因)(inducer).
de·req·ui·si·tion [dì:rèkwəzíʃən] 圈 (英) 圈U 접수 해제. — 圈國 (…의) 접수를 해제하다.
de·re·strict [di:ristríkt] 圈國 …에 대한 규제[제한]를 해제하다, 속도 제한을 철폐하다. **-res·tríc·tion** 圈
*****de·ride** [diráid] 圈國 (사람)을 (…라고) 비웃다, 바보 취급하다 (as). **-ríd·ing·ly** 圈 비웃듯이.
de ri·gueur [də rigə́:r] 圈 (관습·예절상) 요구되는, 꼭 필요한; 유행하는. [<F of strictness]
der·in·ger [díndʒər] 圈 =derringer.
de·ris·i·ble [dirízəbl] 圈 웃음거리가 되는.
*****de·ri·sion** [diríʒən] 圈U 조소, 우롱, 비웃음; C 웃음거리[조소]거리.
be in derision 비웃음을 받다 (음[조소]거리).
be the derision of …로부터 우롱당하다.
bring…into derision …을 웃음거리로 만들다.

have [or ***hold***] *a person* ***in derision*** 남을 우습게 보다; 우롱하다.
in derision of …을 우롱하여, 우습게 보고.
with derision 비웃는 마음으로.

de·ri·sive [diráisiv] 형 조소적인, 우롱하는; 조소할 만한, 비웃음을 살. **~·ly** 부 **~·ness** 명

de·ri·so·ry [diráisəri, -zə-] 형 =derisive.

deriv. derivation; derivative; derived.

de·riv·a·ble [diráivəbl] 형 유도할[끌어낼] 수 있는; (유래 따위를) 추론할 수 있는(traceable)(*from*).

*der·i·va·tion [dèrəvéiʃən] 명ⓤⓒ 1 유도(誘導), 전도. 2 유래, 기원. 3 〖수학〗 (정리(定理)의) 전개, 유도. 4 파생(을); 〖문법〗 (말의) 파생; 파생론; (변형 문법의) 파생(형). 5 〖컴퓨터〗 도출. **~·al** 형 **~·al·ly** 부 **~·ist** 명

***de·riv·a·tive** [dirívətiv] 형 1 유도적인, 끌어낸. 2 유래된, 파생된, 2차적인(*from*); (작품 등이) 모방한, 독창적이 아닌. — 명 (또는 **derivate**) 1 파생물. 2 (~s) 〖경제〗 금융 파생 상품(주식·채권·외환 따위 금융 상품에서 파생된 복합 금융 상품). 3 〖문법〗 파생어 (*of*). 4 〖화학〗 유도체. 5 〖수학〗 도함수(導函數). 6 〖의학〗 유도제(誘導劑). **~·ly** 부 **~·ness** 명

derivative àction 〖법률〗 파생(派生) 소송.

‡**de·rive** [diráiv] 타 (**~s** [-z]; **~d**; **-riv·ing**) 타 1 (본원·원천에서) …을 얻다, 끌어내다 (*from*). ¶(~ + 目 +前 +名) He ~s his character *from* his father. 그의 성격은 아버지에게서 물려받은 것이다. 2 …의 기원[유래]을 더듬다; (수동형으로) …에서 나오다, …에서 일어나다 (*from*). ¶The belief is entirely ~*d from* the wish for safety. 그 신앙은 전적으로 안전을 바라는 마음에서 나온 것이다. 3 (추리에 의하여) …에 이르다, …을 연역적으로 추론하다 (*from*). 4 〖화학〗 〖화합물〗을 유도하다. — 자 (…에서) 유래하다, 파생하다(*from*). **-riv·er** 명 〖數〗 곡선[그래프].

de·rived cúrve [diráivd-] 〖수학〗 도함수(導函數).

derived fónt 〖컴퓨터〗 파생 자형(字形)[폰트].

derived fórm 명 파생어(*of*).

derived function 명 〖수학〗 도함수(導函數).

derived prótein 명 〖생화학〗 유도 단백질.

derived sét 〖수학〗 도집합(導集合).

derived únit 명 〖물·화〗 유도 단위. 「위험 수준.

DERL derived emergency reference level(방사선의

derm[1] [dəːrm] 명 덤(항해용 레이더 표시기(radar-scope)). 〖<delayed echo radar marker〗.

derm[2] 명 =dermis; (구어) =dermatology.

derm- [dəːrm] 연결 ⇨DERMATO-.

-derm 연결 1 =dermatous. ¶melano*derm*(흑인). 2 =dermis. ¶meso*derm*(중배엽).

der·ma [dɔ́ːrmə] 명 〖해부·동물〗 =dermis. 〖<Gk〗

derm·a·bra·sion [dɔ̀ːrməbréiʒən] 명 〖의학〗 박피술(剝皮術).

der·mal [dɔ́ːrməl] 형 피부의[에 관한]; 진피의.

der·mat- [dɔ́ːrmət] 연결 ⇨DERMATO-. 「도 측정기.

der·ma·therm [dɔ́ːrməθɔ̀ːrm] 명 〖의학〗 피부 온

der·mat·ic [dəːrmǽtik] 형 피부(상)의(dermal).

der·ma·ti·tis [dɔ̀ːrmətáitis] 명ⓤ 〖병리〗 피부염.

der·ma·to- [dɔ́ːrmətou-, -tə] 연결「피부의[에 관한]」의 뜻(* 모음 앞에서는 dermat-). ¶*dermato*logy, *dermat*itis. (또는 **derm-, dermo-**) 「(原표기)

der·ma·to·gen [dəːrmǽtədʒən] 명 〖식물〗 원표피

der·ma·to·glyph·ics [dɔ̀ːrmətəglífiks] 명ⓟ (복수취급) 손금 무늬; (단수취급) 피문학(皮紋學).

der·ma·to·graph·i·a [dɔ̀ːrmətəgrǽfiə] 명 〖의학〗 피부 문자증(紋畫症). (또는 **dermatographism, dermographia, dermographism**) 「양호.

der·ma·toid [dɔ́ːrmətɔ̀id] 형 피부를 닮은, 피부 모

der·ma·tol·o·gy [dɔ̀ːrmətɑ́lədʒi/-tɔ́l-] 명ⓤ 피부과학, 피부병학. **-to·lóg·ic, -to·lóg·i·cal** 형 **-gist** 명

der·ma·tome [dɔ́ːrmətòum] 명 〖해부〗 피부 분절; 〖의학〗 피부 절단[절제]기, 식피(植皮) 칼; 〖생물〗 진피절(眞皮節). **-to·mal, -tom·ic** 형

der·mat·o·my·co·sis [dəːrmǽtəmaikóusis, dɔ̀ːrmətou-] 명 〖병리〗 피부 진균증(皮菌症).

der·mat·o·my·o·si·tis [dəːrmǽtəmàiəsáitis, dɔ̀ːrmətou-] 명 〖병리〗 피부근염(皮膚筋炎).

der·mat·o·phyte [dəːrmǽtəfàit, dɔ́ːrmətə-] 명 〖병리〗 피부 기생균. **der·mà·to·phýt·ic** 형

der·mat·o·phy·to·sis [dəːrmǽtəfaitóusis, dɔ̀ːrmətou-] 명 〖병리〗 피부 기생균증(증).

der·mat·o·plas·ty [dəːrmǽtəplǽsti, dɔ́ːrmətə-] 명 〖의학〗 (식피(植皮) 등에 의한) 피부 형성(술).

der·ma·to·sis [dɔ̀ːrmətóusis] 명 (*pl*. **-ses** [-siːz]) 〖병리〗 피부병. 「리] 피부병 치료.

der·ma·to·ther·a·py [dəːrmǽtəθérəpi] 명 〖병

-der·ma·tous [dɔ́ːrmətəs] 연결「피부의, …한 피부를 가진」의 뜻. ¶xero*dermatous*(건조한 피부의).

der·mat·o·zo·on [dəːrmǽtəzóuən, dɔ̀ːrmətə-/-zɔ́n] 명 (*pl*. **-zo·a** [-zóuə]) (주로 *pl*.) 피부 기생 동물.

der·ma·trop·ic [dɔ̀ːrmətrɑ́pik/-trɔ́p-] 형 (각종 바이러스가) 피부에 기생하는[달라붙는], 피부성의. (또는 **dermotropic, dermatotropic**)

der·mic [dɔ́ːrmik] 형 =dermal.

der·mis [dɔ́ːrmis] 명ⓤ 〖해부·동물〗 진피(眞皮) (corium); 피부(skin). (또는 **derm, derma**)

-der·mis [dɔ́ːrmis] 연결 dermis의 뜻. ¶gastro*dermis*(위상피(胃上皮)).

der·mo- [dɔ́ːrmou, -mə] 연결 =dermato-.

der·moid [dɔ́ːrmɔid] 형 =dermatoid.

der·mo·therm [dɔ́ːrməθɔ̀ːrm] 명 =dermatherm.

der·nier cri [dɛərnjei krí:] 명 최신 유행, 최신판; 결정적 발언. 〖<F last cry〗 「〖<F last resort〗

der·nier re(s)·sort [-rəsɔ́ːr] 명 최후의 수단.

der·o [déroυ] 명 (~**s**) (濠속어) 부랑자, 낙오자. (익살) 녀석, 사람. 〖<derelict의 단축형〗

der·o·gate [dérəgèit] 자타 1 (권위·평판 따위를) 떨어뜨리다, 훼손하다 (*from*). 2 (표준·원리 등에서) 일탈하다; 타락하다 (*from*). — 타 …을 얕보다, 깎보다; …의 적용을 제한하다; (고어) …을 빼앗다, 줄이다.

der·o·ga·tion [dèrəgéiʃən] 명ⓤ 1 (명예·지위·가치 등의) 훼손, 저하, 하락 (*from, of*). ¶~ *from* one's character 명에 훼손. 2 일탈, 탈선, 타락, 악화.

de·rog·a·tive [dirɑ́gətiv/-rɔ́g-] 형 (평판·권위 따위를) 떨어뜨리는; 경멸적인 (*of, to*). **-·ly** 부

de·rog·a·to·ry [dirɑ́gətɔ̀ːri/-rɔ́gətəri] 형 1 (권위·평판 따위를) 떨어뜨리는 (*from, to*). ¶conducts ~ *from* [or *to*] one's honor 명예를 손상하는 행위. 2 (말 등이) 경멸적인 (*toward*). **-ri·ly** 부 **-ri·ness** 명

de·ro·man·ti·cize [diːroumǽntəsàiz] 타 …에서 로맨틱한 요소를 없애다; 현실[세속]적으로 만들다.

der·rick [dérik] 명 1 데릭(짐을 끌어올리는 기중기). (또는 **✍ cràne**) 2 유정탑(油井塔). 3 (고어) 교수대. — 타 데릭 기중기로 달아 올리다; (美속어) 〖야구〗 (투수)를 강판시키다, 〔선수〕를 빼다.

Der·ri·da [dɛərídə] 명 **Jacques ~** 데리다(1930- : 프랑스의 철학자; 후기 구조주의의 대표).

der·ri·ère [dèrìɛ́ər] 명 (구어) 엉덩이. 〖<F〗

der·ring-do [dériŋdú:] 명 (**der·rings-**) (고어) 대담한 행위; 호기. ¶deeds of ~ 대담 무쌍한 행위.

der·rin·ger [dériŋdʒər] 명 데린저 권총.

der·ris [déris] 명 데리스(동인도 제도산(産) 콩과(科) 식물; 뿌리는 살충제 제조용).

der·ry[1] [déri] 명 (濠·뉴질) 혐오(감); 편견. ¶have a ~ on …을 혐오하다, …에 편견을 갖다.

der·ry[2] 명 (英속어) 폐옥(廢屋), (부랑자·마약 상습자들의) 집합소. 「부리 끝.

der·trum [dɔ́ːrtrəm] 명 (*pl*. **-tra** [-trə]) (새의) 윗

de·rust [diːrʌ́st] 타 …의 녹을 제거하다.

derv [dəːrv] 똉⒰ (英) 디젤 엔진용 중유.
der·vish [də́ːrviʃ] 똉 (회교) 수도승, 데르비시(수행 탁발승); 격정적으로 춤추는 사람. **~·like** 똉
DES (전자) *data encryption standard*(데이터 암호화 기준); (英) *Department of Education and Science*(교육 과학부).
de·sa·cral·ize [diːséikrəlaiz, -sǽk-] 통䷀ 비(非)신성화[세속화]하다; 금기를 풀다. **-i·zá·tion** 명
de·sal·i·nate [diːsǽləneit] 통䷀ =desalt. **-na·tor** 명⒰⒞ 탈염제[기].
de·sal·i·na·tion [diːsæləneiʃən] 똉⒰ (해수 따위의) 탈염(脫鹽), 담수화(淡水化). ¶a ~ plant 담수화 공장.
de·sal·i·nize [diːsǽlənaiz] 통䷀ =desalt. **-i·zá·tion** 명 탈염, 담수화.
de·sal·i·vate [diːsǽləveit] 통䷀ (사람·동물의) 타액선(唾液腺)을 제거하다. **-vá·tion** 명
de·salt [diːsɔ́ːlt] 통䷀ (바닷물의) 염분을 빼다, …을 탈염하다, 담수화하다. **~·er** 명
de·sat·u·rate [diːsǽtʃureit] 통䷀ (색의) 포화도(飽和度)를 저하시키다[하다], 채도(彩度)를 감소시키다[가 감 **-rát·ed** 형 **-rát·ion** 명 └소하다].
DESC *Defense Electronics Supply Center*(방위 전자 장치 공급 센터). **desc.** descendant.
de·scale [diːskéil] 통䷀ …의 물때를 벗겨내다.
des·cant [déskænt] 똉 1 (음악) 데스캔트. **a)** 단순 주제상에 붙이는 즉흥적인 대위(對位) 성부. **b)** 소프라노 성부(聲部); 노래, 선율(melody). **2** (…에 대한) 논평, 평론 (*on, upon*). **3** (英) 소프라노의; 최고음부의. ─[-] **1** (음악) (데스캔트로 …을) 작곡[노래]하다 (*on, upon*). **2** (주제·관심사에 대해) 자세히 논하다 **~·er** 명   └ (*on, upon*).
Des·cartes [deikáːrt/F dekaʀt] 명 **René ~** 데카르트(1596-1650: 프랑스의 철학자·수학자).
‡**de·scend** [disénd] 통 (**~s** [-z]) ䷀ **1** 내려가다, 하강하다 ascend (*from, to*). ¶(~+前+名) ~ *from* a tree 나무에서 내려오다. **2** (길 따위가) 내리받이가 되다 (*to, toward, into*). ¶(~+前+名) The hill gradually ~s *to* the lake. 그 언덕은 호수쪽으로 완만하게 경사져 있다. **3** (이야기 따위가) 개론에서 각론으로[이전의 일에서 최근의 일로] 옮아가다, 들어가다; (수가) 적어지다; (음이) 내려가다. ¶75-50-25 form a series that ~s. 75, 50, 25는 하강 수열을 이룬다.//(~+前+名) Let's ~ *to* details. 세부 사항으로 들어가기로 하자. **4** (칭호·토지 따위가) 전해지다; (…의) 계통을 잇다 (*from*). ⇨ *be descended from* **5** (비가) 내리다; (구름·안개 따위가) 끼다(settle). **6** 타락하다; 몸을 굽혀 …하다(*to*). ¶(~+前+名) He would never ~ *to* such a fraud. 그는 그런 사기 행위를 할 사람이 아니다. **7** 강림(降臨)하다. **8** 습격하다; (불시에) 밀려오다; (격분 따위가) 갑자기 덮치다 (*on, upon*). ¶They ~ed *upon* the enemy soldiers. 그들은 적병을 급습했다. **9** (천문) 남쪽으로 움직이다, 지평선쪽으로 움직이다. ─䷁ …을 내리다, 하강하다; (길이) …에서 내리받이가 되다. ¶~ a mountain 산을 내려오다.
be descended from …의 자손이다; (언어 따위가) …에서 유래하다.
descend on [or *upon*] (사람·동물·장소 따위를) 갑자기 습격하다; (음식 따위에) 달려들다; (남)을 불시에 방문하다; (장소)에 몰려오다[가다].
de·scend·a·ble [diséndəbl] 형 =descendible. **-bíl·i·ty** 명
‡**de·scend·ant** [diséndənt] 명 **1** 자손, 후예 (*of*)⇔ ancestor, ascendant. ¶a direct ~ 직계 자손. **2** (외관·기능·성질의) 옛것에서 유래하는 것, 후기 형태. **3** (예술·철학 따위의) 제자, 문하생.   └는.
in [or *on*] (*the*) *descendant* 내리막인, 쇠퇴해가 ─형 =descending; descendent. └는(*from*).
de·scend·ed [diséndid] 형 전래의, 유래한; …계

de·scend·ent [diséndənt] 형 **1** 내려가는, 하강하는(descending)(똉 ascendant). **2** 조상 전래의, 세습의; (…에서) 파생하는, (…의) 자손인 (*from*).
de·scend·er [diséndər] 명 **1** 하강하는 사람[것]. **2** (인쇄) (소문자의) 기선(基線)에서 밑으로 뻗은 부분; 그것이 있는 문자(p, q, y 등). 똉 ascender
de·scend·i·ble [diséndəbl] 형 (자손에게) 유증(遺贈)되는[될 수 있는], 전해지는. **-bíl·i·ty** 명
de·scend·ing [diséndiŋ] 형 하강하는, 밑으로 향해 가는; (컴퓨터) 내림차순의 ascending ¶a ~ scale (음악) 하행 음계(下行音階)/a ~ current 하강 **~·ly** 부   └기류(氣流).
descénding cólon 명 (해부) 하행 결장(結腸).
descénding nóde 명 (천문) 강교점(降交點).
descénding órder 명 (컴퓨터) 역순(逆順), 내림차순.   「rhythm).
descénding rhýthm 명 (운율) 하강 운율(falling
de·scen·sion [disénʃən] 명 (점성) 최저 성위(星位); =descent.
de·scen·so·ry [disénsəri] 명 (야금) 하강식 증류기.
‡**de·scent** [disént] 명 **1** (단수형으로) 강하, 하강 (*from*)(똉 ascent). **2** 내리막길, 내리받이, 하향 경사. **3** ⒰ 가계, 출신, 혈통. ¶lineal ~ 직계 비속. **4** ⒰⒞ 저하, 하락, 타락, 쇠퇴. **5** 급습, 습격; (경찰 따위의) 돌연한 검색[수색], 일제 검색; (구어) 갑작스런[불시] 방문 (*on, upon*). **6** ⒰ (법률) (유언이 없는) 부동산 상속; 세습. **7** (성격 따위의) 유전(遺傳); 한 세대. **8** (의학) 수(下垂), 하강.
be in direct descent from …의 직계이다.
boast one's descent from …의 후예임을 자랑하다.
by descent 태생[가계]은; 상속에 의하여, 세습으로.
make a descent on [or *upon*] …을 급습하다.
de·school [diːskúːl] 통䷀ …의 (전통적) 학교 제도를 폐지하다. 탈(脫)학교화하다; (자녀를) 가정에서 교육시키다(home-school).   「의무 교육제 폐지론자.
de·school·er [diːskúːlər] 명 탈학교주의자, 전통적
de·scram·ble [diːskrǽmbl] 통䷀ 정돈하다, 원상태로 해 놓다. **-bler** 명 정돈하는 사람[것].
de·scrib·a·ble [diskráibəbl] 형 기술[서술]할 수 있는, 묘사[형용]할 수 있는. **-bíl·i·ty** 명 **-bly** 부
‡**de·scribe** [diskráib] 통䷀ (**~s** [-z]; **-d; -scríb·ing**) **1** …의 특징을 말하다, 상황을 설명하다; 서술[기술]하다; (말로) 묘사하다 ⇨ RELATE 유의어 ¶Can you ~ the man to me? 그 사람의 모습[인상 착의]을 말해줄래요? **2** …을 (…이라고) 평하다[말하다] (*as*). ¶(~+名+as補) He ~*d* it *as* preposterous. 그는 그것을 상식 밖이라고 말했다. **3** (도형·윤곽)을 그리다; 그림[도형]으로 묘사[설명]하다; (천체 따위)을 그리며 움직이다.   「운행하다.
describe a circle 원을 그리다; (천체가) 원형으로 **-scríb·er** 명 기술[서술]자.
‡**de·scrip·tion** [diskrípʃən] 명 (**~s** [-z]) **1** ⒰⒞ 서술, 기술, 설명; (말에 의한) 묘사, 그려내기. ¶I cannot give a full [brief] ~ of the matter. 그 문제를 자세히[짧게] 설명할 수는 없다. **2** (제품 따위의) 설명서, 해설; (여권 따위의) 기재 사항; (범인 등의) 인상(人相)(기록). ¶the ~ of a criminal 범인의 인상 착의. **3** 종류, 품목, 등급. **4** ⒰ (기하) 도형[윤곽]을 그리기, 작도(作圖).   「와 일치하다.
answer (*to*) [or *fit*] *the description* 인상 착의 *beggar* [or *defy*] (*all*) *description* 말로 이루 다 할 수 없다.   「름.
beyond [or *past*] *description* 형용할 수 없을 만 *give* [or *make*] *a description of* …을 기술하다, …의 모습을 말하다.
of every description [or *all descriptions*] 모든 [온갖] 종류의. ¶I like food *of every ~*. 나는 음식이라면 무엇이고 좋아한다.

of worst description 가장 나쁜 종류의.

*de·scrip·tive [diskríptiv] 형 1 기술(記述)적인, 묘사적인; 도형 묘사의. 2 [문법] 기술[설명]적인.
be descriptive of …을 기술[묘사, 설명]하다.
~·ly 부 ~·ness 명

descríptive ádjective 명 [문법] 서술 형용사.
descríptive cláuse 명 [문법] 기술절(記述節).
descríptive geómetry 명 도형 기하학.
descríptive grámmar 명 기술(記述) 문법.
descríptive linguístics 명 기술(記述) 언어학.
descríptive quálifier 명 [컴퓨터] 내용 식별 수식자(修飾子).
descríptive scíence 명 (분류·기술 위주의) 기술 과학.
de·scrip·tiv·ism [diskríptəvìzm] 명 [철학] 경험주의, 기술주의; [언어] 기술주의.
de·scrip·tiv·ist [diskríptəvist] 명 기술 문법가, 기술 언어학자. — 형 기술 문법[언어학]의.
de·scrip·tor [diskríptər] 명 [컴퓨터] 디스크립터 (정보의 분류·색인에 쓰이는 어구); 기술어(記述語).
de·scry [diskrái] 타 (**-scried**) 1 (먼 곳에 있는) …을 찾아내다, 알아보다. 2 [문어] …을 발견[확인]하다. **-scrí·er** 명
de·seam [diːsíːm] 타 [주물]의 흠을 없애다.
des·e·crate [désikrèit] 타 …의 신성(神聖)을 모독하다; [신성한 것]을 부정(不淨)한 용도에 쓰다. 때 *consecrate* **-crà·er, -crà·tion, -crà·tor** 명
de·seed [diːsíːd] 타 (야채 등)에서 씨앗을 빼내다.
de·seg·re·gate [diːségrigèit] 타 (흑인에 대한) 인종 차별 대우를 폐지하다.
de·seg·re·ga·tion [diːsègrigéiʃən, dìseg-] 명 흑인 차별 대우 폐지, 인종 차별 폐지. **-ist** 명
de·se·lect [dìsilékt] 타 (美) …을 연수 기간중에 해고하다; [컴퓨터] 선택을 해제하다. **-léc·tion** 명
de·sen·si·tize [diːsénsətàiz] 타 (생리) (어떤 항원에 대하여) …의 민감성을 없애다. 2 [사진] [감광판·필름]의 감광도를 줄이다. **-ti·zá·tion** [의학] 탈감각(脫感作), 제(除)감작; [통신] 감도 억압. **-tiz·er** 명 [사진] 감감제(減感劑).
de·ser·pi·dine [disə́ːrpədìːn] 명 [약학] 디서피딘 (혈압 강하제, 진정제).

‡**des·ert¹** [dézərt] 명 1 사막; 광야, 황무지; 불모지. ¶ *the Sahara D–; the D– of Sahara* 사하라 사막 / *the ship of the ~* 사막의 배(낙타를 지칭). 2 (비유적) (지적·정신적으로) 불모의 [무미건조한] 장소[환경, 주제, 시대]. ¶ *a cultural ~* 문화적 불모지.

> 유의어 *desert* 물이 없어서 식물이 자라지 않는 지역. *waste* 자연 조건이 나쁘고 사람이 살거나 경작하기에 부적합한 지역. *wilderness* 밀림·사막처럼 답파하기가 극히 어려운 지역, 또는 황야.

— 형 1 사막과 같은; 불모의. 2 사람이 살지 않는, 무인의; 황량한. **de·ser·tic** [dizə́ːrtik], **~·like** 형

*de·sert² [dizə́ːrt] 타 (사람·지위·책무 따위)를 버리다, 돌보지 않다, 포기하다, 방치하다(⇨ ABANDON 유의어); (수동형으로) 사람이 다니지 않다. ¶ *The streets were immediately ~ed.* 거리는 금방 인적이 끊겼다. 2 (허가 없이) [제자리]를 뜨다, 버리다; 탈영[탈주]하다. ¶ *~ one's post* 부서를 이탈하다. 3 (자신·신념 따위가) …에게서 없어지다. ¶ *All hope ~ed him.* 그는 모든 희망을 잃었다. — 자 1 의무[직무, 지위]를 버리다, 떠나다. 2 도망치다, (군사) 탈영[탈주]하다 (*from*); (적에게) 투항하다(*to*); 전향하다 (*to*). ¶ (~ + 前 + 名) ~ *from the barracks* 탈영하다.

de·sert³ [dizə́ːrt] 명 (종종 ~s) 당연한 보답, 당연히 받아야 할 상[벌]; 상[벌] 받을 가치[자격], 공과(功過), 공죄(功罪); 공(功), 공적, 공로; 미덕.
above one's deserts 과분하게.
get [or *obtain, meet with, receive*] *one's* (*just*) *deserts* 응분의 상[보답, 벌]을 받다.

désert bòot 명 (상표) 편상화(編上靴).

*de·sert·ed [dizə́ːrtid] 형 1 황량한, 사람이 살지 않는. ¶ *a ~ village* 무인촌. 2 버림받은. ¶ *a ~ wife* 남편에게 버림받은 여자. **~·ly** 부 **~·ness** 명
de·sert·er [dizə́ːrtər] 명 유기자(遺棄者); 도망자; (군사) 탈주병; 직장 이탈자; 탈당(脫黨)자, 전향자.
desert féver 명 [병리] 사막열(coccidioidomycosis). 「…에서 자라다[나는].
des·er·tic·o·lous [dèzərtíkələs] 형 [생물] 사막 수·
des·er·ti·fi·ca·tion [dizə̀ːrtəfikéiʃən] 명 사막화 (沙漠化), 불모화. (또는 desertization) **-sért·i·fied** 형
désert iguána 명 [동물] 사막 이구아나.

*de·ser·tion [dizə́ːrʃən] 명 [U] 1 버리기, 유기. 2 버려진 상태, 황폐. 3 [군사] 탈영, 탈주; 탈당, 탈회, 전향. 4 [법률] 처자 유기. 「섬.
désert ísland 명 (열대 지방의) 무인도; 버려진 외딴
désert lócust 명 (곤충) 이집트 땅메뚜기.
désert rát 명 (동물) (건조한 땅에 사는) 작은 설치류 (캥거루쥐 따위); (美·부부) (금을 찾아) 사막에 사는 사람.
Désert Stórm 사막의 폭풍(1991년 걸프 전쟁 때 다국적군의 작전명); (비유적) 걸프전(戰).
désert várnish 명 사막돌(사막의 바위·자갈 따위에 생기는 산화철 등의 검고 광택이 나는 얇은 막(膜)).

‡**de·serve** [dizə́ːrv] 타 (**~s** [-z]; **~d; -serv·ing**) 타 …할 가치[자격, 권리]가 있다, …을 받을 만하다; …해도 이상하지 않다, 마땅히 …할 만하다 (*to do, to be done, doing*). ¶ ~ *attention*[*death*] 주목할 만하다 [죽어 마땅하다] / ~ *one's fate* 당연한 운명이다 / *You don't ~ it.* 네게는 그럴 자격이 없다 // (~ + *to do*) (~ + -*ing*) (~ + *that* 節) *The problem ~s solving.* = *The problem ~s to be solved.* 그 문제는 풀어 볼 만한 가치가 있다 / *He ~s helping.* = *He ~s that we should help him.* = *He ~s to have us help him.* 그는 도움을 받을 자격이 있다(* 동명사가 뒤에 오면 수동의 뜻, 부정사가 뒤에 오면 능동의 뜻이 된다. *that* 절은 딱딱한 어법이므로 보통은 부정사를 쓴다).

— 자 당연히 보답[상, 벌 따위]을 받을 만하다, (…할) 가치가 있다, 상당하다 (*of*). ¶ *recompense a person as he ~s* 남에게 응분의 답례를 하다 // (~ + 前 + 名) *efforts deserving of admiration* 칭찬받을 만한 노력.
deserve well [*ill*] *of* …로부터 우대[냉대]를 받아 마땅하다, 상[벌]을 받아 마땅하다.
get what a person deserves 응분의 대가[벌 따위]를 받다.

de·served [dizə́ːrvd] 형 그만한 가치가 있는, 응분의, 당연한. **de·serv·ed·ness** [dizə́ːrvidnis] 명
de·serv·ed·ly [dizə́ːrvidli] 부 공과에 따라서; 당연히, 정당하게.
de·serv·er [dizə́ːrvər] 명 적격자, 유자격자.
de·serv·ing [dizə́ːrviŋ] 형 1 (…할) 가치가 있는, (당연히 …을) 받을 만한 (*of*); 공로[공적]이 있는. ¶ *His conduct is ~* (*of*) *the highest praise.* 그의 행위는 최상의 찬사를 받을 만하다. 2 당연한 자격을 갖춘; 도와 줄 가치가 있는. ¶ *the ~ poor* 도움을 받을 만한 극빈자. — 명 (두릅게) 당연한 상벌; 공과(功過).
~·ly 부 당연히; (…할 만한) 공이 있어. **~·ness** 명
de·sex [diːséks] 타 1 [수의학] …을 거세하다 (*castrate*), …의 난소를 떼어 내다. 2 성적 매력[관심]을 잃게 하다. 3 (용어 따위)의 성차별을 없애다.
de·sex·u·al·ize [diːsékʃuəlàiz] 타 = desex.
-i·zá·tion 명 거세, 무성화(無性化).
des·ha·bille [dèzəbíːl/dézəbìːl] 명 = dishabille.
des·i [dézi (ː)] 명 (야구) = designated hitter.
De Si·ca [dəsíːkə] 명 *Vittorio* ~ 데시카(1901-74:이탈리아의 영화 감독·배우).
des·ic·cant [désikənt] 명 건조시키는(drying). ¶ *a ~ agent* 건조제. — 명 건조제.
des·ic·cate [désikèit] 타 1 …을 건조시키다;

(음식)을 건조시켜 보관하다. **2** 생명력[활력, 매력]을 고갈시키다. **—** [자] 건조하다, 마르다. **—** [명] 말린 것. **-cá·tion** [명][U] 건조 (작용), 탈수.

des·ic·cat·ed [désikèitid] [형] **1** 건조[탈수]된; 분말의. ¶ ~ milk 분유. **2** 무기력한, 생기를 잃은.

des·ic·ca·tive [désikèitiv] [형] =desiccant.

des·ic·ca·tor [désikèitər] [명] 건조시키는 사람; 건조기, 제습기.

de·sid·er·ate [disídərèit/-zíd-] [동][타] 《고어》 …을 탐내다; 갈망[열망]하다; …의 결핍을 느끼다. **-á·tion** [명]

de·sid·er·a·tive [disídərətiv/-zíd-] [형] 바라는, 열망하는; 〔문법〕 원망형(願望形)의, 원망법의. **—** [명] 〔문법〕 원망법; 소망을 나타내는 동사.

de·sid·er·a·tum [disìdəréitəm/-zìd-] [명] ([복] **-ta** [-tə]) 없어서 아쉬운 것, 꼭 필요한 것; (-ta) 〔도서관〕 구입 희망 도서 목록.

des·i·de·ri·um [dèsidíəriəm/-zid-] [명] ([복] **-ri·a** [-riə]) 열망, 갈망; 애석한[아쉬운] 마음.

‡**de·sign** [dizáin] [동] (~**s** [-z]) [타] **1** …을 설계[입안, 기획]하다. ¶ ~ a building 건물을 설계하다. **2** (회화)의 밑그림을 그리다; (의상)을 디자인하다 (*for*). ¶ ~ a dress 옷을 디자인하다. **3** (어떤 정해진 목적에) …을 예정하다 (*for*, *as*). ¶ a scholarship *~ed for* medical students 의대생들에게 주어질 장학금. **4** (…에) 뜻을 두다, 의도하다 (*to do*, *doing*). ⇨INTEND [유의어] ¶ (~+[目]+[前]+[名]) (~+[目]+*to be* [補]) ~ one's son *for* [or *to* be] a lawyer 장차 아들을 법률가로 만들고자 하다 // (~+*to* do) He *~ed to* study law. 그는 법률 공부에 뜻을 두었다 // (~+*that* [節]) He is *~ing that* he will study abroad. 그는 유학갈 생각을 하고 있다. **5** …을 꾀하다, 기도하다 ¶ ~ an attack 공격을 계획하다. **—** [자] **1** 디자인하다, 의장[도안]을 만들다, 설계하다. **2** 뜻하다, (…으로) 향할 예정이다 (*for*); (…에 대하여) 계책을 세우다, 음모를 꾸미다 (*on*, *upon*). ¶ (~+[前]+[名]) He *~s for* law. 그는 법률을 공부할 생각이다.

— [명] ([복] ~**s** [-z]) **1** [U] 설계; 의장, 디자인; [C] 밑그림, 스케치, 도안, 구도, 설계도(*for*); 모형, 무늬. ¶ an airplane ~ 비행기 설계도 / a machine of excellent ~ 훌륭하게 설계된 기계 // a ~ *for* a machine 기계 설계도. **2** [U] (예술 작품의) 테마, 구상, 줄거리(plot). **3** [U] 의장술(意匠術), 도안법, 설계[디자인] 기술; [C] 예술 작품. ¶ arts of ~ 디자인 기술. **4** 계획, 복안, 구상, 기도(*for*); (~s) 음모, 모의 (*against*, *on*, *upon*). ⇨ PLAN [유의어] ¶ a ~ *for* saving money 저축 계획. **5** 의도, 의향, 목적. **6** (계획에 의한) 진전; 목적에 따른 수단.
by design 고의로, 계획적으로. ¶ not by accident but *by* ~ 우연[우발적]이 아니라 고의로[계획적으로].
have [or ***harbor***] ***designs on*** [or ***upon, against***] …을 해치려고 마음먹다; …을 노리다; (여자)에게 흑심을 품다.
~·less [형] 무계획한, 무목적의.

de·sign·a·ble [dizáinəbl] [형] 설계[입안]할 수 있는.

de·sígn-a-chíp sòftware [dizáinətʃíp-] [명] 〔컴퓨터〕 디자이너칩 소프트웨어(복잡한 직접 회로 자동 설계 프로그램).

‡**des·ig·nate** [동][타] [dézignèit] (**-nat·ed**; **-nat·ing**) **1** 가리키다, 지시[명시]하다; 나타내다, 의미하다. ¶ (~+*wh.* [節]) The cross on the map *~s where* the accident took place. 지도상의 십자 표시는 사고 현장을 나타낸다. **2** 명명하다, 칭하다, 부르다 (*as*). ¶ (~+[目]+[補]) Trees, moss and ferns are *~d* plants. 나무·이끼·양치류는 식물이라 불리운다(＊보어는 거의 명사). **3** 지명[임명]하다, 선정하다; 지정하다 (*for*, *to*, *as*). ¶ (~+[目]+[前]+[名]) They *~d* him *to* [or *for*] the office. 그들은 그를 그 자리에 임명했다 // (~+[目]+*as* [補]) The President *~d* him *as* the Secretary of State. 대통령은 그를 국무 장관으로 지명했다. **—** [형] [dézignət, -nèit] 지명을 받은(＊종종 복합어로 명사 뒤에 놓인다). ¶ an ambassador(-) ~ 대사 내정자. **-nàt·ed** [형] 지정된; 관선의. **-nà·tive** [형] 지시[지명]하는. **-nà·tor** [명] 지명자. **-na·tò·ry** [형]

désignated dríver [명] 지명 운전자(일행 중 운전자로 결정된 사람으로 술을 마시지 않는다; [약] DD).

désignated hítter [명] 〔야구〕 지명 타자([약] DH, dh); 《비유적》 대역.

***des·ig·na·tion** [dèzignéiʃən] [명] **1** [U] 지시, 명시, 지적. **2** 호칭, 명칭; 칭호, 타이틀. **3** [U] 지명, 내정, 임명 (*as*, *of*). **4** (명칭·기호 따위의) 의미. **5** 《美》 자격.

desígn chàrt réader [명] 〔컴퓨터〕 도면 판독 장치.

desígn cỳcle [명] 〔컴퓨터〕 설계 단계.

desígn dátabase [명] 〔컴퓨터〕 설계 데이터베이스.

de·signed [dizáind] [형] 고의적인, 계획적인; 디자인된. **-sígn·ed·ly** [-id-] [부] **-sígn·ed·ness** [명]

des·ig·nee [dèzigní:] [명] 지명된 사람, 피지명인.

desígn engineèr [명] 설계 기사.

‡**de·sign·er** [dizáinər] [명] ([복] ~**s** [-z]) **1** 설계자, 고안자; 디자이너, 도안사. **2** 계획자. **3** 음모가. **—** [형] 유명 디자이너의 (이름이 붙은); 고급[고가]의. 「랜드].

desígner brànd [làbel] [명] 유명 디자이너 제품[브

desígner clày [명] 지하 매립 유독 물질 흡수 점토(천연 흙에 암모늄 혼화제를 섞은 특수 흙).

desígner dìet [명] 전문가 처방 다이어트법[식이요법].

desígner drùg [명] 합성 약제; (불법) 합성 마약.

desígner géne [명] 〔유전〕 디자이너 유전자(유전자 조작으로 특정 성질이 강하게 나타나도록 만든 유전자).

desígner jèans [명][복] 유명 디자이너 진즈 의류.

desígner làbel [명] 유명 디자이너 브랜드[상표].

desígner stùbble [명] 텁수룩한 수염; 느슨하게 맨 넥타이; 풀어헤친 옷.

desígner wàter [명] (시판용) 병에 담은 음료수[생수].

design for disassémbly [명] 분해 가능 디자인, 환경 보호[친화적] 디자인(제품의 재활용이나 폐기시 분해를 고려한 것).

de·sign·ing [dizáiniŋ] [형] 설계의, 도안의; 흉계가 있는, 교활한; 계획성이 있는, 선견지명이 있는. **—** [명] [U] 설계; (의상의) 디자인, 의장 도안(술); 계획, 입안; 음모. **~·ly** [부]

desígn rùle [명] 〔전자〕 디자인 룰(LSI의 최소 배선폭으로 특징지을 수 있는 설계의 기준).

desígn wèight [명] (항공기 따위의) 설계 중량.

de·silt [di:sílt] [동][타] (강 따위)를 준설(浚渫)하다.

de·sil·ver [di:sílvər] [동][타] …에서 은(銀)을 제거[추출]하다. (또는 **desilverize**)

des·i·nence [désənəns] [명] (시의) 끝행, 마지막 행; 〔문법〕 어미(ending); 접미사(suffix).

de·sip·i·ence [disípiəns] [명][U] 어처구니없음, 부질없음. (또는 **desipiency**)

***de·sir·a·bil·i·ty** [dizàiərəbíləti] [명][U][C] 바람직함.

‡**de·sir·a·ble** [dizáiərəbl] [형] (**more** ~; **most** ~) 바람직한, 탐나는; 매력 있는, 호감이 가는. ¶ a ~ lady 매력 있는 숙녀 // It is more ~ for you to stay here. 너는 여기 그대로 있는 편이 좋겠다. **—** [명] 바람직한 사람[것], 훌륭한 사람. **~·ness** [명] **-bly** [부]

‡**de·sire** [dizáiər] [동] (~**s** [-z]; ~**d**; **-sir·ing**) [타] **1** …을 바라다, 원하다, 욕구하다, 희망하다, 소망하다(＊like보다 강하고 명확한 희망·소망을 나타낸다. 목적어로 -ing는 안 쓴다). ⇨WANT [유의어] ¶ (~+*to* do) I ~ *to* remain aloof as far as possible. 나는 될 수 있는 대로 초연하고 싶다. **2** …을 요구하다, 요망하다, …이라 부탁하다, 희망을 말하다. ¶ (~+*that* [節]) I ~ *that* action (should) be postponed. 의결이 연기되기를 요망한다 // (~+[前]+[名]+*that* [節]) She *~d of* him *that* he (should) return soon. 그녀는 그에게 곧 돌아오도록 부탁했다(＊should를 생략하고 가정법 현재를 쓰는 것은 주로 《美》 용법) // (~+[目]+*to* do) I ~ you *to* go at once. 나는 네가 곧 가 주길 바란다. **3** …에게 욕정

을 품다. ―㉔ 욕망[욕구]를 품다[느끼다]; (美) 바라다, 희구하다.
desire earnestly for …을 열망[동경]하다.
It is desired that... …하는 것이 바람직하다.
leave nothing [little] to be desired (행동·일 따위가) 전혀[거의] 흠잡을 데가 없다.
leave something [much, a lot, a great deal] to be desired 유감스러운 점이 좀 있다[많다].
―명 (복 ~s [-z]) 1 욕망, 욕구, 소망 (*for, to do*). ¶root out bad ~s 못된 욕망을 뿌리뽑다 // have a keen ~ *for* fame 강한 명예욕을 가지다. 2 Ⓤ 요망, 요구, 요청 (*for*). ¶express a ~ to dispatch a rescue corps 구조대 파견을 요청하다. 3 (one's ~, the ~) 바라는 것, 소망스러운 것. ¶the ~ of thine eyes 네 눈이 기뻐하는 것(←에스겔(Ezek.) 24:16) // express one's ~ that …라는 희망을 말하다. 4 Ⓤ 욕정, 성욕 (*for*).
at [or *by*] *a person's desire*; *at* [or *by*] *the desire of a person* 남의 요구[희망]에 따라, 남이 바라는 대로.
have no desire to do …할 생각이 없다, …하고 싶지 않다.
~·less 형 -**sír·er** 명 욕구자. -**sír·ing·ly** 부

de·sired [dizáiərd] 형 바라던; 훌륭한, 바람직한.

*__de·sir·ous__ [dizáiərəs] 형 (서술용법) (…을 / …하고 싶다고) 바라는, 원하는, 소망하는 (*of* / *to do*). ⓐ desirable ¶He is ~ *of* fame. 그는 명성을 갈구한다.

de·sist [dizíst, -síst] 동재 그만두다, 단념하다 (*from* (*doing*)). ¶~ *from* smoking 담배를 끊다.
~·ance, ~·ence 명 중지 (행위), 단념. 「멸; 결론.
de·si·tion [dizíʃən, -sí-] 명 종말, 종언(終焉); 소
de·siz·ing [di:sáiziŋ] 명 〔직물〕 풀기 제거하기.

‡**desk** [desk] 명 1 책상, 사무용[독서용] 책상; (英) (문방구·편지용) 문갑(文匣). 2 (the ~) (호텔 따위의) 안내[접수]계, 프런트. 3 성서대(聖書臺); 설교단. 4 악보대, 보면대(譜面臺); (관현악단 단원의) 자석. 5 (the ~) 사무직, 문필직; 목사직. 6 (美) (신문사의) 편집부; 편집부장, 데스크. 7 (the ~) (관청 등의) 부국(部局), 데스크. ¶the Korean ~ of the State Department (미국) 국무부 한국 데스크[과] / the city ~ (신문사의) 사회부.
be [or *sit*] *at the* [or *one's*] *desk* ① 글을 쓰고 있다, 책상에 앉아 있다. ② 사무를 보다, 집무하다.
go to one's desk 집무를 시작하다.
―형 탁상용의; 책상위의; 사무의. ¶a ~ dictionary 탁상판 사전 / a ~ theory 탁상 공론.
―동재 …을 책상에 앉히다, 내근시키다.

desk·bound [déskbàund] 형 책상에서 하는, 내근의; 현실이나 실제에 어두운; (군사) 비(非)전투 요원의.
désk cálendar 명 탁상용 달력.
désk chéck 명 (속어) (컴퓨터) 데스크 체크(버그를 제거하기 위한 하드 디스크 점검).
désk clérk 명 (호텔의) 접수[안내]계원.
désk cópier 명 탁상용 복사기.
desk·ful [déskfùl] 명 책상에 꽉 찬 것[일거리].
de·skill [di:skíl] 동태 (기계화·분업화로) (작업을) 단순화하다; …을 단순 작업 노동에 종사케 하다.
désk jób 명 = desk work. 「상.
désk jóbber 명 (생산자 직송 거래를 중개하는) 도매
désk jóckey 명 (美속어) 사무원(pencil pusher).
desk·less [désklis] 형 전용 책상이 불필요한.
desk·man [déskmæn, -mən] 명 1 편집부원(신문사의) 부주필, 편집 차장(subeditor). 2 사무원. 3 내근 경찰. 4 (호텔의) 접수계원.
desk·mate [déskmèit] 명 (교실에서의) 짝.
désk orgánizer 명 책상 서랍의 칸막이 필통.
désk pád 명 책상용 깔개.
désk piàno 명 (美속어) 타자기.
désk reséarch 명 = desk study.
désk sécretary 명 (협회 등의) 내근 직원.

désk sèrgeant 명 (英) 내근 경사.
desk-size(d) [-sàiz(d)] 형 탁상용 크기의.
désk stùdy 명 (기록·통계에 의존하는) 탁상 연구.
desk·top [désktὰp/-tɔ̀p] 명 탁상용의, 데스크탑의. ¶a ~ 데스크탑[탁상용] 컴퓨터 (~ computer); (컴퓨터) 탁상형 디스플레이 화면(menu, icon 따위를 탁상처럼 보이도록 배열한 것). (또는 **désk·tòp**).
désktop cónference 명 탁상회의(데스크타·통신망을 이용한 원격 회의); ⓐ DTC).
désktop públishing 명 탁상 (전자) 출판(개인용 컴퓨터와 레이저 프린터를 이용한 편집·출판; ⓐ DTP).
désk-top-púb·lished 형 **désk-top-púb·lish·er** 명 탁상출판용 컴퓨터. 「필가의 집필.
désk wòrk 명 책상앞에 앉아 하는 일, 사무; 집무; (문
D. ès L. [프랑스] *Docteur ès Lettres* (=Doctor of Letters)(문학 박사). 「칙한 침몰상태.
des·ma [dézmə] 명 (복 ~*ta*) (동물) 해면의 불규
des·man [désmən, déz-] 명 (복 ~s) 데스만(두더지 비슷한 수생 식충(食蟲) 포유 동물). 「면충).
des·mi·tis [dezmáitis, des-] 명 (의학) 인대염(靭
des·moid [dézmɔid, dés-] 명 (해부·동물) 섬유 모양의; 인대 모양의. ―명 (병리) 경성(硬性) 섬유종(腫).
Des Moines [də mɔ́in] 명 디모인(미국 Iowa 주 주도); (the ~) 디모인 강(Iowa 주를 관류).
de·so·cial·ize [di:sóuʃəlàiz] 동태 (남)을 (사회로부터 격리시켜) 비(非)사회화하다. **-i·zá·tion** 명

*__des·o·late__ 형 [désəlæt, déz-] (*more* ~; *most* ~) 1 (토지 따위가) 황량한, 황폐한; 사람이 살지 않는. ¶a ~ house 폐가 / ~ land 황폐한 땅 / a ~ street 인적이 끊긴 거리. 2 외로운, 고독한; 쓸쓸한, 적막한. ¶a ~ life 쓸쓸한 생활 / a ~ place 쓸쓸한 곳 3 음울한, 어두운. ¶~ prospects 어두운 전망. 4 (사람이) 불행한; 비참한. ―동태 [désəlèit, déz-] (*-lat·ed; -lat·ing*) 1 …을 황폐케 하다; …에서 주민을 없애다. 2 (수동형으로) 불행[비참]하게; 쓸쓸하게 [외롭게] 하다. 3 (남)을 저버리다.
~·**ly** 부 ~·**ness** 명 -**lát·ing·ly** 부
des·o·lat·er [désəlèitər] 명 황폐하게 하는 사람 [것]. (또는 **desolator**)
*__des·o·la·tion__ [dèsəléiʃən, dèz-] 명 Ⓤ 황폐[황량] 하게 하기; 황폐(한 상태), 무인 상태, 주민을 없앰; Ⓒ 황량한 장소, 폐허; Ⓤ 외로움, 처량함; 슬픔; 고독감.
de·sorb [di:sɔ́:rb, -zɔ́:rb] 동태 (흡수된 물질)을 다시 내보내어 없애다. ―재 탈착(脫着)되다.
~·**ent** **-sorp·tion** [-sɔ́:rpʃən, -zɔ́:rp-] 명

‡**de·spair** [dispέər] 명 1 Ⓤ 절망, 실망, 낙담; 자포 자기. ¶be driven to ~ 절망[자포자기]하다 / be in the depths of ~ 절망의 구렁텅이에 빠져 있다.

[유의어] **despair** 완전히 희망을 잃고 의기 소침한 상태. **desperation** 절망 끝에 결과도 생각하지 않고 일을 저지르기. **despondency** 일시적으로 격심한 우울·낙심. **disappointment** 소망·기대가 충족되지 않음. **discouragement** 장애·좌절 따위로 일시적으로 용기·자신을 잃기. **disheartenment** =discouragement. **hopelessness** 완전히 희망을 잃고 노력을 그만둔 상태.

2 (the ~) 절망케 하는 것, 절망의 원인; 전혀 가망이 없는 것[사람]. 골칫거리 (*of*). ¶be the ~ *of* one's family 가족의 골칫거리다.
drive a person to despair; *throw a person into despair* 남을 절망에 빠지게 하다. 「(*over*).
in despair (…에) 절망[자포자기]하여 (*at, about*).
in despair of …할 가망이 전혀 없이.
out of despair 절망한 나머지.
―동재 (~*s* [-z]) 1 절망하다, 단념하다 (*of*). ¶(~ + 젼+명) ~ *of* success 성공을 단념하다. 2 비관적으로
~·**er** 명 「생각하다 (*of*).

de·spair·ing [dispέəriŋ] 〖형〗 절망한, 단념한; 절망적인. ¶a ~ look 절망적인 양상(모습). **~·ly** 〖부〗

des·patch [dispǽtʃ] 〖동타〗 =dispatch. **~·er** 〖명〗

des·per·a·do [dèspərάːdou, -réi-] 〖명〗 《(e)s》 자포자기한 무법자, 겁없는 자; 《美》《서부 개척 시대의》 무법자; 《속어》 분수에 넘치게 사는[빚을 진] 사람. [< Sp]

‡**des·per·ate** [dέspərət] 〖형〗 (more ~; most ~) **1** 자포자기의, 무모한. ¶He was so ~ that he wished for death. 그는 자포자기해서 죽고자 했다. **2** 필사적인, 절박한;《물건·기회 따위를》 갖고 싶어 견딜 수 없는, 꼭 필요한 (for). ¶make ~ efforts 필사적인 노력을 하다 / He was ~ for a job. 그는 기를 쓰고 일자리를 찾았다. **3** 절망적인;《회복》 가망이 없는, 중태인. ¶a ~ sickness 불치병 / a ~ situation 절망적인 상황. **4** 극단적인, 심한, 지나친. ¶a ~ fool 구제할 수 없는 바보. ─〖명〗《구어》생사를 돌보지 않는 = desperately. **~·ness** 〖명〗

‡**des·per·ate·ly** [déspərtli] 〖부〗 (more ~; most ~) 필사적으로, 절박하게; 자포자기하여; 절망적으로;《구어》심하게, 극도로.

*****des·per·a·tion** [dèspəréiʃən] 〖명〗 **1** 필사적임;《구어》초조한[화가 난] 상태. **2** 자포자기, 절망.
⇨ DESPAIR 〖유의어〗
***drive** a person **to desperation** 남을 자포자기하게 하다;《구어》남을 격분시키다.
***in desperation** 절망하여, 자포자기하여.

des·pi·ca·ble [déspikəbl, dispí-] 〖형〗 천한, 비루한, 비열한. **-bíl·i·ty**, **~·ness** 〖명〗 **-bly** 〖부〗

de·spin [di:-] 〖동타〗 (-spun; -ning) 《인공위성 따위의》회전을 정지시키다[하다]; 회전 속도를 늦추다.

de·spir·it·u·al·ize [diːspírit(j)uəlàiz] 〖동타〗 …에게서 정신성을 박탈하다; …의 정신적 요소를 제거하다.

‡**de·spise** [dispáiz] 〖동타〗 (-spis·es [-iz]; ~d; -spis·ing) …을 경멸하다, 깔[얕]보다; …을 몹시 싫어하다. ¶~ oneself 자기 혐오에 빠지다. 〖부〗
-spís·a·ble 〖형〗 **-spís·a·ble·ness** 〖명〗 **-spís·ing·ly** 〖부〗

〖유의어〗**despise** 천하고 약하고 가치 없다고 여기고 무시하다, 얕보다. **disdain** 우월감·자만심·혐오감을 겉으로 드러내어 경멸하다. **scorn** 분노를 나타내며 또는 조소하는 투로 경멸하다.

de·spis·er [dispáizər] 〖명〗 멸시[경멸]하는 사람.

‡**de·spite** [dispáit] 〖전〗 …에도 불구하고. ¶~ everything 어찌되었든, 여하튼. / ~ oneself 무심결에, 자기도 모르게. ─〖명〗〖U〗 모욕, 무례;《고어》악의, 증오, 혐오. ¶do ~ to …을 모욕하다.
***(in) despite of** 《문어》 ① …에도 불구하고(* 이 뜻으로는 in spite of, despite가 보통). ② …을 무시하고.
─〖동타〗《고어》…을 경멸하다.

de·spite·ful [dispáitfəl] 〖형〗《고어》악의에 찬, 심술궂은;《고어》경멸적인, 무례한. **~·ly** 〖부〗 **~·ness** 〖명〗

des·pit·e·ous [dispítiəs] 〖형〗《고어》모욕적인, 경멸하는. **~·ly** 〖부〗

de·spoil [dispɔ́il] 〖동타〗 **1** …으로부터 빼앗다, 약탈[강탈]하다, (…을) 털다 (of). ¶~ a person of his belongings [rights] 남의 소유물[권리]을 빼앗다. **2** …에게서《기본·정신적 가치 따위를》 빼앗다 (of);《기본 따위》를 잡치게 하다. **~·er**, **~·ment** 〖명〗

de·spo·li·a·tion [dispòuliéiʃən] 〖명〗〖U〗 약탈, 강탈.

de·spond [dispánd/-pɔ́nd] 〖동자〗 실망하다, 낙심하다 (of). ¶~ of one's future 장래를 비관하다.
─〖명〗《고어》실망, 낙심 (despondency). **~·er** 〖명〗

de·spond·en·cy [dispándənsi/-spɔ́nd-] 〖명〗〖U〗 낙심, 실망, 의기소침. ⇨ DESPAIR 〖유의어〗 ¶fall into ~ 낙담하다. 의기소침하다. 또는 **despondence**)

de·spond·ent [dispándənt/-spɔ́nd-] 〖형〗 의기소침한; 낙심한, 실망한 (about, over, at). ¶a ~ look 풀이 죽은 모습. ─〖명〗실망[낙담]한 사람. **~·ly** 〖부〗

de·spond·ing [dispándiŋ/-spɔ́nd-] 〖형〗 =despondent; 절망적인, 비관적인. **~·ly** 〖부〗

*****des·pot** [déspət, -pɑt/-pɔt] 〖명〗《종종 경멸적》 **1** 절대(전제) 군주(autocrat), **2** 폭군, 독재자. **3**《역사》비잔틴 황제 등의 존칭, 군(君), 대군(大君).

des·pot·ic [dispátik/-pɔ́t-] 〖형〗 절대 군주의, 전제 정치의; 독재적인, 전제적인; (…에) 횡포한 (to). (또는 **despotical**) **-i·cal·ly** 〖부〗 **-i·cal·ness** 〖명〗

despótic mónarchy 〖정치〗 전제 군주제[국].
despótic mónarch 〖정치〗 전제 군주.

des·pot·ism [déspətìzm] 〖명〗 **1** 〖U〗 독재 정치, 전제 정치(autocracy). **2** 〖C〗 전제, 독재, 압제, 횡포. **3** 절대 군주국, 전제국. **-ist** 〖명〗 전제론자. 「독재를 행하다.

des·po·tize [déspətàiz] 〖동자〗 전제 군주가 되다;」

des·pu·mate [déspjuméit] 〖동자〗《고어》〖타〗《액체》의 더껑이를 걷어내다. ─〖자〗《액체가》 더껑이[거품]가 생기다; 거품을 버리다. **-má·tion** 〖명〗

des·qua·mate [déskwəméit] 〖동자〗〖병리〗《표피 등이》벗겨지다, 박리(剝離)하다. **-mà·tive**, **-ma·to·ry** 〖형〗

des·qua·ma·tion [dèskwəméiʃən] 〖명〗〖U〗〖병리〗《표피의》낙설(落屑), 박리.

des res [dèz réz] 〖명〗《英구어》이상적인 주거[집]; 비싼 주택. [< desirable residence]

‡**des·sert** [dizə́ːrt] 〖명〗〖U〗〖C〗 디저트, 후식.
dessért fòrk 〖명〗 디저트용 포크.
dessért knife 〖명〗 디저트용 나이프.
dessért ràisin 〖명〗 디저트용 고급 건포도.
des·sert·spoon [dizə́ːrtspùːn] 〖명〗 디저트용 스푼.
des·sert·spoon·ful [dizə́ːrtspùːnfùl] 〖명〗《~s》 디저트용 스푼 가득(한 양).
dessért wine 〖명〗《식사중에 나오는》 달콤한 포도주.

de·sta·bi·lize [diːstéibəlàiz] 〖동타〗 …의 안정을 다스리다, …을 불안정하게 하다;《정부·정권 따위》를 약체화 시키다, 동요시키다. **·li·zá·tion** 〖명〗 약체화, 불안정화.

de-Sta·lin·i·za·tion [-stàːlinizéiʃən] 〖명〗〖U〗《공산주의 국가에 있어서 1956년 이래 추진된》비(非)스탈린화, 스탈린 격하. (또는 **destalinization**)

de·stat [dìstǽt] 〖동타〗《기한 이전에》[셋집]에서 세든 사람을 내보내다.

de·stem [dìstém] 〖동타〗 (-mm-)《과일》의 꼭지를 따다.

de·ster·il·ize [diːstérəlàiz] 〖동타〗《유휴 물자·자금》을 활용하다; …의 봉쇄를 풀다. **·li·zá·tion** 〖명〗

‡**des·ti·na·tion** [dèstənéiʃən] 〖명〗 **1**《여행 등의》목적지; 행선지; 도착지. **2**《상업》보낼 곳, 도착항. **3**《통신의》수신자지. **4** 〖U〗〖C〗 목적, 목표; 예정, 지정; 용도, **5** 〖U〗 운명. 「sive buyer.

destinátion shòpper 〖명〗 계획 구매자. ¶ impul-

‡**des·tine** [déstin] 〖동타〗 (~s [-z]; ~d; -tin·ing) **1**《어떤 목적이나 용도를 위하여》…을 미리 정해 두다, 따로 두다 (set apart) (for). ¶(~+전+명) ~ the day for a reception 그 날을 환영회 날로 정해 두다. **2**《수동형으로》 …을 운명짓다; …의 장래를 정하여 두다 (for, to). ¶be ~d to failure 실패할 운명이다 / be ~d for [or to enter] the ministry 성직자가 될 운명이다. **3** 《수동형으로》《의상》《선박 따위가》 …행 (行)이다 (for). ¶a ship ~d for Hongkong 홍콩행 선박.

des·tined [déstind] 〖형〗《목적지에》 가기로 되어 있는; …이 될 운명의, 운명적으로 …을 하게 되어 있는; 예정된, 일어날 듯한.

‡**des·ti·ny** [déstəni] 〖명〗 (복 **-nies** [-z]) 〖U〗 **1** 운명, 숙명; 〖C〗 운명적으로 일어난 것으로 생각되는 일; 필연. ¶work out one's own ~ 자신의 운명을 개척하다. **2** 운명을 좌우하는 힘, 하늘의 뜻. **3** (D-) 운명의 신; (the Destinies) 운명의 3 여신(the Fates).
***by destiny** 운명적으로, 운명에 따라. ¶the tricks played **by** ~ 운명의 장난.
***the man of destiny** 운명을 지배하는 사람.

*****des·ti·tute** [déstət(j)ùːt/-tjùːt] 〖형〗 **1** 빈곤한, 궁핍한. ⇨ POOR 〖유의어〗 **2** …이 결핍한[없는] (of).

be destitute of …이 없다, …이 빠져 있다.
be left destitute 곤궁에 빠져 있다.
in destitute circumstances 곤궁(궁핍)하여.
—— 团 (드물게) 그대로 내버려두다.
—— 명 (the ~) 빈민들, 빈곤한 사람들.
~·ly 부 **~·ness** 명 「빈; 결핍, 결여, 부족.
des·ti·tu·tion [dèstətjúːʃən/-tjúː-] 명 빈곤, 곤궁.
de·stock [diːstɑ́k/-stɔ́k] 团 **1** 재고를 조정[정리]하다. **2** (英) (방목장의) 가축 수를 줄이다. **~·ing** 명
de·stool [diːstúːl] 图团 (서아프리카 지역에서) (지배자)를 지위에서 추방[면직]하다. **~·ment** 명
de·stress [diːstrés] 图团 …의 지나친 변형(變形)을 완화하다. **~·ing** 명 (장묘) 응력(應力) 해방.
des·tri·er [déstriər] 명 (고어) (기사의) 군마(軍馬).
‡**de·stroy** [distrɔ́i] 团 (**~s** [-z]) 타 **1** …을 파괴하다, 파멸시키다(ruin)(⇔ construct). ¶*The fires ~ed hundreds of houses.* 그 화재로 수백 채의 집이 타버렸다. **2** …을 멸하다, 박멸하다; (구어) (수동형으로) (동물 따위)를 죽이다, 구제(驅除)하다. ¶*You have ~ed me.* 너 때문에 나는 망했다. **3** …을 무효로 하다, 쓸모없게 하다; (문서 따위)를 파기하다; (독)을 중화시키다. ¶*His dreams were all ~ed.* 그의 꿈은 모두 깨지고 말았다. **4** 논파(論破)하다, 패배시키다. —— 자 파괴(활동을) 하다, 부서지다.
destroy a person 남을 죽이다.
destroy *oneself* 자살하다. ¶*He ~ed himself in despair.* 그는 절망 끝에 자살했다.
de·stroy·a·ble [distrɔ́iəbl] 형 파괴[박멸]할 수 있는; 무효로 할 수 있는. 「롱한, 도취된.
de·stroyed [distrɔ́id] 형 (美속어) 마약에 취해 몽
*****de·stroy·er** [distrɔ́iər] 명 **1** 파괴자, 박멸자. **2** (군사) 구축함(약 DD).
destróyer èscort 명 호위(경(輕)) 구축함(약 DE).
destróyer léader 명 대형[향도] 구축함.
de·stróy·ing ángel [distrɔ́iiŋ-] 명 (식물) 죽음의 천사(송이과(科) 독버섯의 총칭).
de·struct [distrʌ́kt] 형 파괴용의. —— 명 (고장난 미사일·로켓 따위의) 자폭, 지령 파괴. —— 图团 (미사일 따위)를 자폭시키다. —— 자 자폭하다. 「괴 단추.
destrúct bùtton 명 (미사일을 공중 폭발시키는) 파
de·struct·i·ble [distrʌ́ktəbl] 형 파괴할 수 있는; 파괴하기[되기] 쉬운. ‐**bíl·i·ty** 명, **~·ness** 명
‡**de·struc·tion** [distrʌ́kʃən] 명 (**~s** [-z]) ⓤ **1** 파괴 (행위); (문서의) 파기; 박멸, 구제(驅除). ⇔RUIN (유의어) **2** 파멸, 멸망 (상태). **3** ⓒ (the ~, one's ~) 파멸의 원인; 파괴의 수단. ¶*Vanity was her ~.* 허영이 그녀의 파멸의 원인이었다.
~·ist 명 파괴(혁명, 무정부, 허무)주의자.
‡**de·struc·tive** [distrʌ́ktiv] 형 (*more* ~; *most* ~) **1** 파괴적인. ¶*~ wars* 파괴적인 전쟁. **2** (…을) 파괴[파멸]시키는(*of*); (…에) 해로운(*to*). ¶*~ insects* 해충 // *Heavy drinking is ~ to health.* 폭음은 건강을 해친다. **3** 부정적인, 파괴주의적인(⇔ constructive).
~·ly 부 파괴적으로; 여지없이. **~·ness** 명
destrúctive árt 명 파괴 예술.「분해 증류.
destrúctive distillátion 명 (화학) 건류(乾溜).
destrúctive interférence 명 (물리) 상쇄적 간섭.
destrúctive réading 명 (컴퓨터) 파괴성 판독 (한번 검색 판독하면 파괴(소거)되는 데이터).
de·struc·tiv·i·ty [diːstrʌktívəti, distrʌk-] 명 ⓤ 파괴적 경향; 파괴력. 「파괴 경계선.
destrúct líne 명 (미사일 따위의) 자폭선(自爆線).
de·struc·tor [distrʌ́ktər] 명 **1** (英) (폐기물의) 소각로. **2** (美) (미사일 따위의 자폭[파괴] 장치.
destrúct sỳstem 명 자폭 장치, 파괴 장치.
de·struc·ture [diːstrʌ́ktʃər] 图团 …의 구조를 파괴해(하)하다.
de·sub·li·mate [diːsʌ́bləmèit] 图团 …의 (본능적 욕구를) 승화시키는 능력을 빼앗다.
de·suete [diswíːt] 형 시대(유행)에 뒤진. 〔<F〕
des·ue·tude [déswitjùːd] 명 ⓤ 폐지 (상태), 폐절 (廢絶)(disuse).
fall [or ***pass***] ***into desuetude*** (말·습관 따위가)
de·sul·fur, -phur [diːsʌ́lfər] 图团 =desulfurize.
de·sul·fu·rate, -phu- [diːsʌ́lfjurèit, -fə-] 图团 =desulfurize.
de·sul·fu·rize [diːsʌ́lfjuràiz, -fə-] 图团 …에서 유황분[질(質)]을 제거하다, 탈황(脫黃)하다. (또는 **desulphurize**) **‐ri·zá·tion, ‐riz·er** 명
de·sul·tor [diːsʌ́ltər] 명 (옛 ~**s, -to·res** [dèsəltɔ́ːriz]) (서커스의) 말 갈아타기 곡예사.
des·ul·to·ry [désəltɔ̀ːri/-təri] 형 **1** 종잡을 수 없는, 산만한; 변덕스러운. ⇨RANDOM (유의어) ¶*~ conversation* 잡담. **2** 엉뚱한, 터무니없는. ¶*a ~ remark* 엉뚱한 발언. **‐ri·ly** 부 산만하게, 만연히. **‐ri·ness** 명
de·syn·chro·nized sléep [disìŋkrənàizd-] 명 (의학) 비동기성(非同期性) 수면, 又수면.
DET 〔언어〕 determiner(또는 **Det**); diethyltryptamine(속효성 환각제). **det.** detach(ment); detail; determine. **Det.** detective.
*****de·tach** [ditǽtʃ] 团 **1** …을 떼어놓다, 떼어내다, 분리시키다(*from*)(⇔ attach). ¶(~+目+前+名) ~ *a locomotive from a train* 열차에서 기관차를 분리하다. **2** (군사) (군대·함선 등)을 (특별 임무로) 분견(分遣)하다. ¶(~+目+前+名) ~ *a ship from a fleet* 함대에서 배 1 척을 분견하다.
detach *oneself from* …에서 이탈하다, 떨어지다.
¶ ~ *oneself from one's prejudices* 편견을 버리다.
~·er 명
de·tach·a·ble [ditǽtʃəbl] 형 분리[파견]할 수 있는.
‐bíl·i·ty 명 **-bly** 부 「는, 독립된.
*****de·tached** [ditǽtʃt] 형 **1** 떨어져 있는, 독립된. ¶a ~ *palace* 별궁(別宮). **2** (생각 따위가) 사심이 없는, 공평한; 객관적인; (구어) 냉정한. **3** 파견된. ¶*a ~ force* 파견대. **4** 초연한. **5** (안과) (망막이) 박리된.
in a detached way 객관적으로. 「지다.
take a detached view 객관적인[공정한] 견해를 가
de·tach·ed·ly [-tǽtʃidli] 부 **‐tách·ed·ness** 명
*****de·tach·ment** [ditǽtʃmənt] 명 ⓤ **1** 분리; 이탈; 고립(*from*). **2** 초연함; 냉담, 무관심(*from*). **3** 편견에 사로잡히지 않음, 공평. **4** (군대·군함의) 분견, 파견; ⓒ (집합적; 단·복수 양용) 분견대(함]. **5** 망막 박리(剝離). **6** (논리) 절단(切斷).
‡**de·tail** [ditéil, díːteil] 명 (**~s** [-z]) **1** 세부, 세목, 항목(item). **2** ⓤ 하나씩 다루기, 상세한 기술, 상설; (~s) 상세. **3** 지엽적인 것[일]. ¶*a matter of ~* 사소한 문제. **4** ⓤⓒ (건축·미술 등의) 세부 (장식), 디테일. **5** (건축·기계) = ~ *drawing*. **6** (군사) 선발, 차출; 선발대, 특파 부대; 특별 임무. ¶*a kitchen ~* 취사반.
But that is a (mere) detail. 그러나 그것은 사소한 일이지요 (이따금 비꼬는 뜻으로 쓰여 논점을 강조).
down to the last [or ***smallest***] ***detail*** 사소한 일까지 상세히.
give full details of …에 관하여 상세히 설명하다.
go [or ***enter***] ***into detail(s)*** (…을) 상세히 기술하
in detail 상세히. 「다(*about*).
—— 团 (~**s** [-z]) 타 **1** …을 상술하다, 상기(詳記)하다; …을 열거하다. ¶*a minutely ~ed testimony* 세부까지 자세히 진술하는 증언. **2** (군사) …에게 (특별한, 특별 임무를 맡기다. ¶(~+目+前+名) ~ *K for espionage duty K*를 정찰 내보내다. **3** (건축·미술) …을 세부 장식[묘사]하다, …의 세부 설계도를 작성하다.
détail dráwing 명 (건축·기계) 세부(細部) 설계도, 상세도.
*****de·tailed** [ditéild, díːteild] 형 **1** 세부에 걸친, 자세한; 상세한(minute). ¶*a ~ problem* 세부에 걸친 문제 /

detailer a ~ report 상보. 2 파견된. ~·ly 🎨 ~·ness 🎨
de·tail·er [ditéilər] 🎨 (제조 회사가 파견하는) 판촉 사원, 판매정 지원 담당자.
détail màn =detailer.
détail pàper 🎨 반투명 레이아웃(layout) 용지.
*de·tain [ditéin] 🎨🎨 1 …을 지체하게 하다, 기다리게 하다, 붙들어 두다. ¶I be ~ed by rain 비 때문에 늦다/I'm sorry to have ~ed you so long. 오래 기다리게 해서 죄송합니다. 2 〔법률〕 …을 구류하다, 유치하다, 감금하다. ¶(~+目+as 補) The police ~ed him as a suspect. 경찰은 그를 용의자로 구금했다. 3 〔英〕 (병원에) 수용하다. 4 〔고어〕 …을 보류하다.
be detained during Queen's 〔or *King's*〕 *pleasure* 〔英〕 부정기刑(형)을 선고받다.
~·a·ble 🎨 ~·ment 🎨 =detention.
de·tain·ee [ditéiní, di:teiní:] 🎨 (정치적 이유에 의하여 공적 재판을 받지 않은) 억류자; 정치범.
de·tain·er [ditéinər] 🎨 1 〔법률〕 1 남의 부동산의 불법 점유(유치); 구금. 2 구금 연장 영장(슈狀).
‡de·tect [ditékt] 🎨🎨 1 (남의 비행 따위)를 찾아내다, …의 현장을 목격하다. ¶(~+目+-*ing*) I ~*ed* a young man (in the act of) *stealing* a watch. 나는 한 젊은이가 시계를 훔치는 것을 보았다. 2 …의 성격〔본질, 본성〕을 간파하다, 탐지하다. ¶~ a spy 스파이임을 간파하다/~ a person's lie 남의 거짓말을 간파하다. 3 …을 눈치채다, 냄새맡다, 인지하다; 〔화학〕 …을 검출하다. ¶~ a difference in color 빛깔의 차이를 알아내다. 4 〔통신〕 …을 검파(檢波)하다, — 〔형사·탐정이〕 수사〔탐색〕하다. ~·a·bíl·i·ty 🎨 ~·a·ble, ~·i·ble [-əbl] 🎨 탐지〔간파〕할 수 있는, 검출할 수 있는.
detéctable élement 🎨 〔컴퓨터〕 검출 가능 요소.
de·tect·a·phone [ditéktəfòun] 🎨 전화·도청기〔장치〕. (또는 **detectophone**)
de·tec·tion [ditékʃən] 🎨🎨 1 발견, 간파, 감지, 탐지. 2 발각, 탄로. 3 〔통신〕 검파, 정류(整流). 4 〔화학〕 검출.
detéction stàtion 🎨 (핵실험의) 감시소. [검출.
‡de·tec·tive [dıtéktıv] 🎨 (-*s* [-z]) 탐정; 형사. ¶a police ~ 형사/a private ~ 사설 탐정. — 🎨 탐정의; 탐지〔검출〕용의.
detéctive àgency 🎨 사설〔사립〕 탐정사〔사무소〕.
detéctive stòry 〔**nòvel**〕 🎨 추리 소설, 탐정 소설.
*de·tec·tor [ditéktər] 🎨 1 발견자, 탐지〔간파〕자, 탐지장치〔기〕. ¶a lie ~ 거짓말 탐지기. 2 〔통신〕 검파기; 정류기. ¶a crystal ~ 광석 검파기. 3 〔화학〕 검출기. 4 〔보일러의〕 수량계(水量計). 5 〔전기〕 (전전) 검전기(檢電器). 6 〔물리〕 (방사선) 검출기. 〔색차.
detéctor càr 🎨 〔철도〕 (선로의 균열을 찾아내는) 탐
detéctor páint 🎨 〔화학〕 검지(檢知) 도료〔페인트〕.
detéctor pàper 🎨 검지 용지.
de·tent [ditént] 🎨 〔기계〕 멈춤쇠, 〔시계의〕 톱니바퀴 멈추개.
dé·tente [deitá:nt] 🎨 〔국제간의〕 긴장 완화, 데탕트. (또는 **detente**) **dé·tent·ist** 🎨 〔<F *relaxing*〕
de·ten·tion [ditenʃən] 🎨 1 억류; 지연, 지체. 2 〔판결 전의〕 구치, 유치, 감금; 〔벌로〕 방과후 학교에 남겨두기. ¶a house of ~ 미결감, 유치장/keep a tardy pupil in ~ after school 지각생을 방과후 학교에 남겨두다. 3 〔법률〕 불법 점유.
under detention 구금중인, 구금되어.
deténtion bàrrack 🎨 〔군사〕 영창(營倉).
deténtion càmp 🎨 (정치범·불법 입국자 등의) 수용소; 〔전시의〕 강제 수용소.
deténtion cèll 🎨 유치장.
deténtion hòme 〔〔英〕 **cèntre**〕 🎨 소년원.
deténtion hòspital 🎨 격리 병원.
dé·te·nu [dèitənjú:] 🎨 피(被)구류자. 〔<F〕
de·ter [ditə́:r] 🎨🎨 (*-rr-*) 1 (공포·의혹 따위로) …을 그만두게〔단념하게〕 하다; 주저하게 하다 (*from*).

¶Nothing can ~ me *from* my determination. 어떤 일이 있어도 내 결심은 불변이다. 2 …을 방지〔방해〕하다. ¶paint timber to ~ rot 썩지 않게 하려고 목재에 페인트칠을 하다.
~·ra·bíl·i·ty 🎨 ~·ra·ble 🎨 ~·rer 🎨
de·terge [ditə́:rdʒ] 🎨🎨 …을 닦아 내다, 일소하다; 〔상처 따위〕를 씻어 내다. [(또는 **detergency**)
de·ter·gence [ditə́:rdʒəns] 🎨 정화력; 세척성.
de·ter·gent [ditə́:rdʒənt] 🎨 깨끗하게 하는, 세척성의, 세척제, 세제(洗劑); 〔윤활유 따위에 쓰이는〕 용제(溶劑). ¶a synthetic ~ 합성 세제.
*de·te·ri·o·rate [ditíəriərèit] 🎨🎨 …을 악화시키다, 나쁘게 하다; 〔품질·가치 따위〕를 저하시키다; …을 타락시키다; …을 쇠퇴〔부패〕시키다. — 🎨 나빠지다, 악화하다; 〔품질·가치 따위〕 떨어지다.
-**ra·tive** 🎨 악화되는, 타락되는.
de·te·ri·o·ra·tion [ditìəriəréiʃən] 🎨🎨 (사태 따위의) 악화; 품질 저하, 가치 감손(減損); 타락, 퇴보, 퇴화. —·**ist** 🎨 인류 타락론자. 〔지물, 방해물.
de·ter·ment [ditə́:rmənt] 🎨🎨 제지(制止); 🎨 제
de·ter·mi·na·ble [ditə́:rmənəbl] 🎨 결정〔확정〕할 수 있는; 〔법률〕 종지(終止)〔폐지〕를 조건으로 한, 종결〔해야 할.
-**bíl·i·ty**, ~·**ness** 🎨 -**bly** 🎨
de·ter·mi·na·cy [ditə́:rmənəsi] 🎨 결정성, 확정성; 결정된 상태, 기정(既定).
de·ter·mi·nant [ditə́:rmənənt] 🎨 1 결정 요소, 결정자. 2 〔수학〕 행렬식(行列式). 3 〔생물〕 결정자(決定子), 유전자(遺傳子). 4 〔논리〕 한정사(限定辭). — 🎨 결정하는, 한정적인(determinative).
detérminant ránk 🎨 〔수학〕 (행렬의) 계수(階數).
de·ter·mi·nate [ditə́:rmənət] 🎨 1 한정된; 일정한, 명확한. ¶a ~ meaning 명확한 뜻. 2 확정된, 확정적인. 3 결정적인, 최종적인; 굳게 결심한, 확고〔단호〕한(resolute). ¶a ~ answer 확답. 4 〔식물〕 (꽃차례가) 유한(有限)의. ¶~ inflorescence 유한 꽃차례. 5 〔수학〕 기지수의. — 🎨 …을 명확히 하다; 확인하다. —·**ly** 🎨 ~·**ness** 🎨
detérminate cléavage 🎨 〔생물〕 결정적 난할(卵割)(발생 운명이 정해진 할구(割球)를 만드는 단계).
detérminate grówth 🎨 〔생물〕 한정 생장(生長).
‡de·ter·mi·na·tion [ditə̀:rmənéiʃən] 🎨 (🎨 ~-*s* [-z]) 🎨 1 (때로 a ~) 결심, 결단(력); 결의; 과단성, 결의가 굳음. ¶a leader of great ~ 의지가 굳은〔확고한〕 지도자/with a ~ *to* fight it out 끝까지 싸울 결심으로. 2 〔양·한도·성질 따위의〕 측정(값), 감정(鑑定). ¶the ~ of the salt in sea water 바닷물 속의 염분의 측정. 3 결정, 확정; 〔논리〕 한정. ¶the ~ of a name for a new product 신제품의 명칭 결정. 4 확정〔결심, 확정〕된 것〔일〕. 5 〔법률〕 (쟁의 따위의) 해결, 종결; (재산권 따위의) 정지. ¶the ~ of a dispute 쟁의의 해결. 6 경향, 편향(偏向); 〔의학〕 (혈행(血行)의) 편향(偏向).
make [or *come to*] *a determination of* …을 결정〔결심〕하다.
de·ter·mi·na·tive [ditə́:rmənèitiv/-nətiv] 🎨 결정력이 있는, 확정적인; 한정하는. — 🎨 1 결정〔한정〕하는 것. 2 〔문법〕 한정사(관사·지시대명사 따위).
~·**ly** 🎨 ~·**ness** 🎨 〔miner 1.
de·ter·mi·na·tor [ditə́:rmənèitər] 🎨 =deter
‡de·ter·mine [ditə́:rmin] 🎨 (~-*s* [-z]; ~*d*; -**min**·*ing*) 🎨 1 …을 결정하다, 결정〔조건〕짓다, 확정하다; 〔일정 따위〕를 미리 결정하다, 예정하다. ¶Demand ~*s* prices. 수요가 가격을 결정한다/Character is ~*d* by early education. 성격은 유년기 교육으로 결정된다.¶(~+*wh*. 節) ~ *which* is right 어느 쪽이 옳은지 결정하다// (~+*wh*. *to* do) We have not yet ~*d what* to do. 우리는 무엇을 할 것인지 아직 결정하지 못했다.
2 …을 결심하다, 결의하다. ⇨DECIDE 〔유의어〕¶(~+*to* do) He firmly ~*d to* try again. 그는 다시 한번 해보

겠다고 굳게 결심했다 // (~+*that* 節) He ~*d that* nobody should dissuade him from doing it. 그는 누가 무어라고 해도 그 일을 하기로 결심했다.
3 …을 결심[결의]하다. ¶ (~+目+*to* do) The accident ~*d* him *to* be more careful. 그 사고로 그는 더욱 더 조심하기로 결심했다. **4** (문제 따위를) 재결[재정(裁定)]하다; 해결하다; (법률) …에 판결을 내리다; …을 종결시키다. ¶The dispute has not yet been ~*d*. 그 쟁의는 아직 해결되지 않았다. **5** (거리·성분 따위)를 측정[산정]하다. ¶~ the salt in sea water 해수 중의 염분을 측정하다. **6** (논리) …을 한정하다. (기하) …의 위치를 결정하다.
— 재 **1** 정하다, 결의하다; 결심하다 (*on, upon*). ¶ (~+前+名) They ~*d on* their course of future. 그들은 앞으로의 방침을 결정하다. **2** (법률) (효력 따위)가 끝나다, 종결되다.

‡**de·ter·mined** [dité:rmind] 형 **1** 굳게 결심한(resolved); 결연한; 단호한. ¶a ~ look 단호한 표정 / She was ~ *to* make no mention of this. 그녀는 이 일을 입 밖에 내지 않으리라 결심했다. **2** 결정된, 확정된. **3** (문법) (한정사에 의해) 한정되는[된]; (음성) (음성의 특성의 그 앞뒤의 음이) 결정될 수 있는, 예측할 수 있는. **~·ly** 부 단호히, 결연히. **~·ness** 명
de·ter·min·er [dité:rmənər] 명 **1** 결정하는 사람[것]. **2** (한정사의 the, this, your 따위), 〔학〕 결정론.
de·ter·min·ism [dité:rmənìzm] 명 (철학·역) 결정론.
de·ter·min·ist [dité:rmənist] 명 결정론자. — 형 결정론의. **-ís·tic** 결정론(자)의. **-ís·ti·cal·ly** 부
de·ter·rence [ditə́:rəns/-tér-] 명 Ⓤ 저지, 제지 (制止). **2** (전) 전쟁 억지력. **3** 방지[제지]물.
de·ter·rent [ditə́:rənt/-tér-] 형 **1** 단념하게 하는, 방해하는. **2** 전쟁을 억지하는. — 명 **1** 단념하게 하는 것, 억지[제지]물 (*to*); …을 하지 못하게 함. ¶*to* crime 범죄 억지력. **2** 전쟁 억지력[수단]; 핵무기. ¶the nuclear ~ 핵(核) 억지력/the (great) ~ 수소 폭탄. **~·ly** 부
detérrent efféct (전쟁) 억지 효과.
detérrent fórce [pówer] (전쟁) 억지력.
detérrent strátegy (전쟁) 억지 전략.
de·ter·sive [ditə́:rsiv] 형 깨끗이 하는, 세정성(洗滌性)의. — 명 세척제(detergent).
~·ly 부 **~·ness** 명
*****de·test** [ditést] 타 **①** …을 몹시 싫어하다; …을 미워하다; …이 못견디게 싫다. ¶I ~ dishonest people. 나는 부정직한 사람을 몹시 싫어한다 // (~+*ing*) I ~ *going* on with this research. 이 연구를 계속하기가 몹시 싫다. **-er** 몹시 싫어하는 사람, 증오자.
de·test·a·ble [ditéstəbl] 형 몹시 미운, 밉살스러운. **-bíl·i·ty, ~·ness** 명 **-bly** 부
de·tes·ta·tion [dì:testéiʃən] 명 (종종 a ~) 증오, 혐오; Ⓒ 몹시 싫은 것[사람], 증오의 대상.
be in detestation 미움을 사고 있다.
have a detestation of …을 몹시 미워하다.
have [or *hold*]…*in detestation* …을 증오하다.
de·throne [diθróun] 타 …을 왕위[지위]에서 물러나게 하다, 퇴위시키다; …의 지배권을 빼앗다; (고위직에서) …을 끌어내리다 (*from*).
~·ment 명 **-thrón·er** 명 퇴위자. 「**-er** 명
de·tick [dí:tìk] 타 (가축)에서 진드기를 제거하다.
de·tin [di:tín] 타 (-*nn*-) 주석(성분)을 제거하다.
det·i·nue [détənjùː/-njùː] 명 (법률) (동산의) 불법 점유; (불법 점유) 동산 반환 청구 소송.
det·o·na·ble [détənəbl] 형 폭발할[시킬] 수 있는.
dèt·o·na·bíl·i·ty 명
det·o·nate [détənèit] 자 터지다, 폭발하다. —
타 …을 폭발시키다; (비유적) (붐 따위)를 촉발하다. ¶a *detonating* cap 뇌관 / *detonating* powder [sound] 폭약[음]. **dèt·o·nà·ta·bíl·i·ty** 명 **-nàt·a·ble** 형

det·o·na·tion [dètənéiʃən] 명 ⓊⒸ 폭발, 작렬; 폭음, 폭명(爆鳴); (내연 기관의) 이상 폭발. **dét·o·nà·tive** 형
de·o·na·tor [détənèitər] 명 **1** 기폭(起爆) 장치(뇌관·신관 따위), 기폭제; 폭약. **2** (英) 폭명 신호기.
de·tour [díːtuər, ditúər] 명 우회 (도로); 회피.
make [or *take*] *a detour* 우회하다.
— 자 우회하다. — 타 **1** 돌아가게 하다, 우회시키다; (장소를) 피해[돌아]가다. 「= detoxify.
de·tox 명 [díːtɑks] =detoxification. — 타 [-´]
de·tox·i·cate [diːtɑ́ksəkèit/-tɔ́k-] 타 =detoxify. **-cant** 해독성의; 해독제[재]. **-cá·tion** 명 =detoxification. **-cà·tor** 명
de·tox·i·fi·ca·tion [dìːtɑ̀ksəfikéiʃən/-tɔ̀k-] 명 Ⓤ **1** 해독; 해독 작용[상태]. **2** 알코올[마약] 중독 환자 치료 기간. (또는 **detoxication**) 「치료소.
detoxificátion cénter 알코올[마약] 중독자 치
de·tox·i·fy [diːtɑ́ksəfài/-tɔ́k-] 자타 **1** 해독하다, 독성을 없애다. **2** (알코올[마약] 중독 환자)를 치료하다. — 자 (알코올[마약] 중독 환자가) 치료받다.
de·tract [ditrǽkt] 타 **1** …을 빗나가게 하다; (주의 따위)를 돌리다, 딴 데로 쏠리게 하다 (*from*). ¶They tried to ~ my attention *from* it. 그들은 내 주의를 그것에서 돌리려고 했다. **2** (가치·평판 따위)를 떨어뜨리다, 줄이다 (*from*). ¶I assure you that this ~*s* nothing *from* its value. 이것으로 그 가치가 떨어지는 일이 없으리라고 보장한다. **3** (고어) …을 나쁘게 말하다. — 자 (가치·명성 등을) 떨어뜨리다, 손상시키다
~·ing·ly 부 **~·ive** 형
de·trac·tion [ditrǽkʃən] 명 ⓊⒸ **1** 욕설, 비난, 비방. **2** 감손(減損); 훼손 (*from*). 「**~·ly** 부 **~·ness** 명
de·trac·tive [ditrǽktiv] 형 욕을 하는, 비난하는.
de·trac·tor [ditrǽktər] 명 중상자, 명예 훼손자.
de·trac·to·ry [ditrǽktəri] 형 =detractive
de·train [dìːtréin] 자 열차에서 내리다. — 타 (물자 따위)를 열차에서 내리다. **entrain ~·ment** 명
de·trib·al·ize [dìːtráibəlàiz] 타 …에서 부족 고유의 풍습을 잃게 하다, 문명화하다. **-i·zá·tion** 명
det·ri·ment [détrəmənt] 명 ⓊⒸ 손실, 손해, 상해; Ⓒ 손실[손해]이 되는 것, 손실[손해]의 원인 (*to*).
to the detriment of …을 희생하여, …에 손해를 주고. ¶*to the* ~ *of* health 건강을 해칠 만큼. 「지 않고,
without detriment to …에 손해 없이; …을 손상하
det·ri·men·tal [dètrəméntl] 형 손해를 입히는, 해로운, 불이익의(harmful) (*to*). — 명 해로운 사람[것]; (속어) (여성의 마음에 안 드는) 구혼자.
-men·tal·i·ty 명 **~·ly** 부 **~·ness** 명
de·tri·tal [ditráitl] 형 쇄설질(碎屑質)의. 「서진.
de·trit·ed [ditráitid] 형 쇄설(碎屑)이 된; 산산이 부
de·tri·tion [ditríʃən] 명 Ⓤ 마멸 (작용), 소모.
de·tri·tus [ditráitəs] 명 (pl. ~) **1** 암설(岩屑), 쇄암(碎岩)(풍화·침식 작용에 의한 것). **2** (붕괴된) 잔해, 파편(더미); (해양 등의) 유기 퇴적물. **3** 폐기물, 배기 가스.
*****De·troit** [ditrɔ́it] 명 디트로이트(미국 Michigan 주의 자동차 공업 도시). **~·er** 명 디트로이트 시민.
de trop [də tróu] 형 지나치게 많은; 불필요한, 오히려 방해가 되는. (＜F) 「려서) 넘어뜨리다.
de·trude [ditrúːd] 타 밀어내다, 밀치다; 밀어(때
de·trun·cate [ditrʌ́ŋkeit] 타 …을 줄이다, 삭감하다, 바싹 줄이다. **dè·trun·cá·tion** 명
de·tru·sion [ditrúːʒən] 명 밀어냄, 밀어젖힘[쓰러뜨림]. **-sive** 형
Deu·ca·li·on [djuːkéiliən/djuː-] 명 〔그리스 신화〕 듀칼리온(Prometheus의 아들).
deuce[1] [djuːs/djuːs] 명 **1** (카드놀이) 2의 패; (美) (포커의) 1pair; (주사위의) 2의 눈, 2점. **2** Ⓤ (테니스·배구 등의) 듀스. **3** (美속어) 2달러; (英속어) 2펜스. **4** (美속어) 2년형 징역. **5** (美속어) 겁쟁이, 비겁자. **6** (the D-) (美속어) (New York시의) 42번가(forty-

deuce)(가출 청소년 집합처).
deuce and a half (美軍속어) 2.5톤 트럭.
deuce of clubs (속어) 두 주먹.
— 웹 (게임·스포츠속어) 2의, 2의.
— 图 (테니스) (경기)를 듀스로 만들다.
deuce it (美속어) 두번째가 되다; 두 사람이 하다; 약혼하다; 데이트하다.
deuce² 웹 (구어) 1 ⓒ 액운; 재앙, 흉사; 골칫거리. 2 (the ~) 악마; 제기랄(* devil과 마찬가지로 가벼운 저주의 말).¶The ~! 제기랄!, 쳇! **3** (the ~) (강조적: 놀라움·의문·강한 부정)(* devil의 대용어).¶The ~ it is! 그렇다니 놀라운걸!, 그건 괘씸하다!/The ~ you are! 너라니 말랐다!/What[Who, Where, Why] the ~...? 도대체 ···은 무엇(누구, 어디, 어째서)이냐?/ The ~ is in it if I cannot. 안 될 리가 없지, 반드시 된다.
a [or ***the***] ***deuce of a*** 지독한 ···, 굉장한 ···.¶*a ~ of a mess* 심한 혼란. 「저, 뒈져라.
go to the deuce 파멸(타락)하다; (명령형으로) 꺼
like the deuce 무서운 기세로, 기를 쓰고, 「다」.
play the deuce with ···을 몹시 해치다(망쳐 버리
(the) *deuce a bit* 전혀 ···아니다(not at all).¶
(The) ~ a bit I care. 나는 상관이야. 「없다」.
the deuce and all 모조리; 무엇 하나(쓸 만한 것이
(The) *deuce knows!* 아무도 모른다, 알게 뭐야!
(The) *deuce take it!* 제기랄!, 다 글렀군!
the deuce to pay (구어) 후환, 무서운 결과.¶
There will be *the ~ to pay*. 후환이 따를 것이다.
deuce-ace [²éis] ⓒ (주사위를 던져서 나온) 2와 1의 눈; (비유적) 액운, 불운.
deuc·ed [djúːsid, djúːst/djúː-] (英구어) 웹 참으로 지독한, 터무니없는, 엄청난.¶*in a ~ hurry* 아주 급히. — 图 엄청나게, 터무니없이; 매우.¶*a ~ clever boy* 매우 영특한 소년. **-ly** 图
deu·cer [djúːsər/djúː-] 웹 (美속어) 1 2달러. 2 징역 2년의 복역자. **3** (야구) (더블 헤더의) 제2경기. **4** (경마) 제2착 말. **5** (버라이어티 쇼의) 제2막. **6** (선박의) 기관사. 「품평회 따위의) 2위.
déuce spòt 웹 (美속어) (연예 프로의) 제2막; (개
de·un·ion·ize [diːjúːnjənàiz] 图團 (회사)에서 노동 조합을 없애다. ~i·zá·tion 웹
de·ur·ban·ize [diːə́ːrbənàiz] 图團 (도시)에서 도시적인 특징을 없애다[빼앗다]. ~i·zá·tion 웹
de·us ex ma·chi·na [déiəs eks mɑ́ːkinə] 웹 (고대 연극에서) 급할 때 나타나서 돕는 신; 절박한 상황 [장면]의 해결책; 판에 박은 해피엔딩. [<L]
Deut. Deuteronomy.
deu·ter- [djúːtər/djúː-] (연결) ⇒DEUTERO-.
deu·ter·ag·o·nist [djùːtərǽgənist/djùː-] 웹 (그리스 연극에서) 주역(protagonist) 다음 가는 배역, 조연자; 약역; tritagonist
deu·ter·a·no·pi·a [djùːtərənóupiə/djùː-] 웹 (의학) 제2색맹, 녹(緣)색맹. **-an·op·ic** [-ənápik] 웹
deu·ter·ate [djúːtərèit/djúː-] 图團 (화학) (화합물)에 중(重)수소를 넣다, 중수소화하다. **-á·tion** 웹
deu·ter·ide [djúːtəràid, -rid/djúː-] 웹 (화학) 중수소화물. 「수소(heavy hydrogen).
deu·te·ri·um [djuːtíəriəm/djuː-] 웹ⓤ (화학) 중
deutérium óxide 웹ⓤ 중수(heavy water).
deu·ter·o- [djúːtərou, -rə/djúː-] (연결) second, later의 뜻(* 모음 앞에서는 deuter-).¶*deutero*gamy.
deu·ter·o-² [²] (연결) (중수소의 뜻).
deu·ter·og·a·my [djùːtərɑ́gəmi/djùːtərɔ́g-] 웹 ⓤ 재혼(second marriage). **-mist** 웹 재혼자.
deu·ter·o·my·cete [djùːtəroumáisiːt/djùː-] 웹 불완전 균류(菌類). 「(重陽子)(deuterium의 원자핵).
deu·ter·on [djúːtərɑ̀n/djúːtərɔ̀n] 웹 (물리) 중양자
Deu·ter·o·nom·ic [djùːtərənɑ́mik / djùːtərə-nɔ́m-] 웹 신명기(율법)의, 신명기적인.

Deu·ter·on·o·mist [djùːtərɑ́nəmist/djùːtərɔ́n-] 웹 신명기의 작자(편자). **-òn·o·míst·ic** 웹
Deu·ter·on·o·my [djùːtərɑ́nəmi/djùːtərɔ́n-] 웹 (성서) 신명기(舊約 성서 중의 한 책; 약 Deut.).
deu·ter·op·a·thy [djùːtərɑ́pəθi/djùːtərɔ́p-] 웹 (의학) 후발증(後發症), 속발증(續發症). **-o·páth·ic** 웹
deu·to- [djúːtou, -tə/djúː-] (연결) = deutero-¹(* 모음 앞에서는 deut-).
deu·ton [djúːtɑn/djúːtɔn] 웹 (물리) = deuteron.
deu·to·plasm [djúːtəplæzm/djúː-] 웹 (발생) 난황질(卵黃質). **²-plás·mic, ²-plás·tic** 웹
Deut·sche mark [dɔ́itʃə mɑ̀ːrk] 웹 (종종 d-) 독일 마르크(영 DM, = **Déutsch(e)màrk**) [<G]
Deut·sches Reich [dɔ́itʃəs ráik] 웹 독일 제국 (제2차 세계 대전 전 독일의 정식 명칭). [<G]
Deutsch·land [dɔ́itʃlɑ̀ːnt] 웹 도이칠란트, 독일 (Germany의 독일명). 「무(범의곳과(科)).
deut·zi·a [djúːtsiə, dɔ́it-/djúːt-] 웹 (식물) 병꽃나
deux-che·vaux [dǿːʃəvóu] 웹 (프) 2 두 슈보(프랑스 Citroën 사의 소형 자동차). [<F two horses]
dev. develop(er); development; deviate; deviation. 「(아스터교) 악령. [<Skt god]
de·va [déivə] 웹 (인도 신화) 신(god), 신령; (조로
de·va·da·si [dèivədɑ́ːsi] 웹 데바다시. **1** 고대 인도의 caste 중 한 계급(말을 사원에 무희로 바침). **2** (사원의) 무희(창녀). [<Skt]
de·val·u·ate [diːvǽljuèit] 图團 = devalue.
de·val·u·a·tion [dìːvæljuéiʃən] 웹 (통화) 가치 감소 (액); 지위(신분)의 격하; (경제) (통화의) 평가 절하(인 하)(⤴ revaluation). **~ist** 웹 평가 절하 주장자.
de·val·ue [diːvǽljuː] 图團 (화폐의 가치를 감소시키다; (통화를) 평가 절하하다(⤴ revalue). — 图 (화폐가) 가치가 떨어지다. (또는 **devaluate**)
De·va·na·ga·ri [dèivənɑ́ːgəri;] 웹 데바나가리 문자(Hindi어, Sanskrit어 따위를 표기하는 데 사용).
＊dev·as·tate [dévəstèit] 图團 ···을 유린하다, 황폐시키다; ···을 참하다, 압도하다(overwhelm). **-tà·tive** 웹
dev·as·tat·ing [dévəstèitiŋ] 웹 **1** 황폐시키는, 파괴하는. **2** (발언·묘사 등이) 통렬한, 효과적인; (여자가) 아주 매력적인. **3** 무서운, 압도적인, 지독한. **-ly** 图
dev·as·ta·tion [dèvəstéiʃən] 웹ⓤⓒ 황폐하게 함, 유린, 파괴; 황폐 (상태); (~s) 파괴(약탈) 흔적, 폐허.
dev·as·ta·tor [dévəstèitər] 웹 파괴(유린), 약탈자.
dévastator búllet 웹 (총포탄의) 충격 파열탄.
dev·el [dévəl] 웹 (스코) 강타, 맹타. — 图團 강타하다.
devel. development. 「다.
＊de·vel·op [divéləp] 图 (~ed [-t]) 圁 **1** (산업·능력 따위)를 발달시키다, 발전시키다; 발육시키다; ···을 계발(啓發)하다.¶~ *muscles* 근육을 발달시키다/ *Studies ~ the mind.* 학문은 지성을 키운다 // (~+圁+圂+웹) ~ *buds into flowers* 꽃봉오리를 개화시키다.
2 (자원 따위)를 개발하다; (땅)을 (택지 따위로) 조성 (개발)하다; (장치·품종 따위)를 개발하다.¶~ *natural resources* 천연 자원을 개발하다.
3 (이론·계획 따위)를 전개하다, 진전시키다; ···을 충분히 고려하다.¶~ *an argument*[*a theory*] 의론[이론]을 전개하다.
4 (경향·소질 등)을 드러내게 하다; (잠재해 있던 것)을 나타내다; (비밀)을 밝히다; (증상)을 나타내다, (질병)에 걸리다; (습관 따위)를 익히다.¶He ~ed *cancer*. 그는 암에 걸렸다 / *You should ~ a reading habit.* 너는 독서 습관을 익혀야 한다. **5** (수학) ···을 전개하다; (음악) ···을 전개하다. **6** (사진) ···을 현상하다.¶~ *ing solution* 현상액 / ~ *a roll of film* 필름 한 통을 현상하다. **7** (군사) (부대)를 전개하다; (공격)을 개시하다.¶~ *an attack* 공격을 개시하다. **8** (생물) 발생(진화)시키다. **9** (깃발)을 펼치다.

— ㉠ 1 발달하다, 발육하다; 발전하다, 전개하다 (*from, into*). ¶The situation ~ed rapidly. 사태는 급속히 진전됐다 // (~ + 前 + 名) Plants ~ *from* seeds. 식물은 씨앗으로부터 자란다. 2 (사실 따위가) 밝혀지다; (밖으로) 나타나다; 우연히 (…이) 알려지다; (사진의 상이) 나타나다, 현상되다. ¶It has ~ed *that* … …라는 것이 밝혀졌다. 3 (생물) 발생[진화]하다. 4 (유양장기) (유리한 위치로) 말을 움직이다.

de·vel·op·a·ble [divéləpəbl] 형 개발[발전]할 수 있는; 개발이 가능한. **-bíl·i·ty** 명 개발[발전] 가능성.
devélopable súrface (기하) 가전면(可展面), 전개 가능한 곡면(曲面). [=development].
de·vel·ope [divéləp] 통 =develop. **~·ment** 명
de·vel·oped [divéləpt] 형 1 (한정용법) (경제·공업 기술 등이) 고도로 발전한, 공업화한, 선진의, 전개된. 2 (포도주가) 숙성된; (육체가) 잘 발달된, 육체미의.
devéloped cóuntry 선진국, 선진 공업국.
de·vel·op·er [divéləpər] 명 1 개발자, 계발자. 2 택지 개발업자, 부동산업자. 3 (사진) 현상액; 현상기. 4 (조선) 원도공(原圖工). 5 (염색) 현색제(顯色劑). 6 행별 차단 화장수[크림].
de·vel·op·ing [divéləpiŋ] 형 1 발전[발달] 도상의, 개발 도상의. 2 (사진) 현상의. ¶a ~ paper 인화지.
devéloping ágent (사진) 현상약.
devéloping cóuntry [nátion] 개발 도상국. 개도국(開途國) (backward country(후진국), undeveloped country(미개발국), underdeveloped country (저개발국) 등의 표현은 공식 문서·회의나 언론 보도에서는 피한다). 참 emerging nation [market]
devéloping-óut páper (사진) 현상[인화]지.
‡**de·vel·op·ment** [divéləpmənt] 명⃝U 1 발달, 성장(growth); 발전, 진전 (*from / into*). 2 (자원 따위의) 개발, 확장; 전개; 공업화. 3 ⓒ 발전의 소산; 진전된 새 단계; 새로운 사태 (*in*). 4 (토지의) 개발, 조성; ⓒ 주택 단지. 5 (생물) 진화; 발생; 발육, 성장. 6 (수학) 전개; (음악) 전개(부). 7 (사진) 현상; (염색) 현색(顯色). 8 (제도) 전개도. 통 develop(ment) 발)받히다.
bring land under development 토지를 개간[개발]하다.
in a related development 이와[이상과] 관련된 (새로운) 사태로서.
de·vel·op·men·tal [divèləpméntl] 형 (한정용법) 1 발전[발달]의, 개발의; 발육상의; 발생(상)의, 진화의. ¶~ stages 발전[발육] 단계. 2 발전[발육, 성장]을 위한; (경제) 개발용의; 계발적의.
~·ist 명 발달주의자, 발달 심리학자. **~·ly** 부
developméntal biólogy 발생 생물학.
developméntal disability 명 발달 장애(정신 지체, 뇌성 마비 등에 의한). **developméntally dis·ábled** 명
developméntal diséase 명 (병리) 발육병[발육 장애].
developméntal disórder 명 발달 장애 (상태) (자폐증·독서 장애 따위).
developméntal psychólogy 명 발달 심리학.
developméntal stúdies 명 (교육) (학습 성취도가 떨어지는 대학생 대상의) 특별[보충] 학습.
devélopment área 명 (英) 개발 촉진 지역.
Devélopment Décade 명 (the ~) (유엔) 개발의 10년(제3세계 경제·사회 개발 촉진을 목적으로 한 것; 1차는 1961-70).
devélopment educátion 명 (英) (학생들의) 사회 현장 참여 교육.
devélopment ríghts 명 (토지) 개발권.
devélopment sýstem 명 (컴퓨터) (소프트웨어·인터페이스 따위의) 개발 시스템.
devélopment théory 명 (Lamarck의) 진화론. (경제·사회의) 개발 이론.
devélopment wórk 명 개발 사업.
devélopment zóne 명 (美) 개발 촉진 지역.

De·vi [déivi] 명 (힌두교) 데비(사랑·모성·죽음의 여신).
de·vi·ance [dí:viəns] 명 1 일탈(逸脫) (행동). (또는 **deviancy**) 2 (통계) 편차값.
de·vi·ant [dí:viənt] 형 (표준에서) 벗어난, 상궤를 일탈한. 명 비정상적인 사람, 괴짜; 변질자.
de·vi·ate [dí:vièit] ㉠ (진로·방향·상궤·원칙 따위에서) 벗어나다, 빗나가다, 일탈(逸脫)하다 (*from*). ¶The car ~d *from* its lane. 차가 차선을 벗어났다 / Her behavior ~s *from* the rules. 그녀의 행동은 규칙에서 벗어나고 있다.

유의어 **deviate** 목표에 가장 가깝거나 바람직한 길에서 약간 빗나가다. **depart** 구식·인습적·전통적인 것, 또는 올바르거나 정상적인 것을 버리고 빗나가다. **digress** 이야기·주장의 본론에서 벗어나다. **diverge** 둘 또는 그 이상으로 갈라져서 서로 떨어져 나가다. **swerve** 갑자기 어떤 선에서 빗나가다, 구부러지다.

— ㉡ …을 빗나가게 하다, 벗어나게 하다 (*from*).
— [-] 형 1 비정상적인 사람; 성적 도착자. 2 (통계) 편차값. — [dí:viət] 명 상궤[기준]를 벗어난.
-a·bíl·i·ty 명 **-a·ble** 형 **-à·tor** 명
*de·vi·a·tion** [dì:viéiʃən] 명⃝UC 1 (방침·기준 따위에서) 벗어남, 탈선, 일탈 (*from*); 도덕적[성적] 일탈 행위. 2 치우침, 편의(偏倚); (자침의) 자차(自差). 3 (통계) 편차(偏差). 4 (물리) (빛의) 편향, 굴곡. 5 (해사) 항로 이탈[변경].
~·al, dé·vi·à·tive, dé·vi·à·to·ry 형
de·vi·a·tion·ism [dì:viéiʃənìzm] 명⃝U 편향, 치우침; (정통에서의) 당규[노선] 일탈; (일반적으로) 기정 방침에서의 일탈. **-ist** 명 일탈[편향]자.
deviátion válue (통계) 편차값.
‡**de·vice** [diváis] 명 (복 **-vic·es** [-iz]) 1 궁리; 계획, 방책 (*for, to do*); (종종 ~s) 계략, 책략, 지혜. ¶by some ~ or other 이런저런 꾀를 짤 써서. 2 고안물; (기계적) 장치 (*for*). ¶a safety ~ 안전 장치 // a ~ *for* lighting a gas stove 가스 스토브의 점화 장치. 3 (장식적) 도안, 의장; 문장(紋章); 제명(題銘), 명구(銘句)(motto). 4 (~s) 의지, 소망, 내린 생각. 5 (문학) (표현상의) 취향, 수사적 기교. 6 (완곡적) 폭탄; 피임 기구. 7 (고어) 발명의 재주.
leave a person to his own devices (조언·도움을 주지 않은 채) 남에게 멋대로[제 마음대로] 하게 하다.
~·ful 형 **~·ful·ly** 부 **~·ful·ness** 명
device áddress (컴퓨터) 장치 주소.
devíce contról (컴퓨터) 장치 제어.
de·vice-de·pen·dent [-dipéndənt] 형 (컴퓨터) (데이터·프로그램 등이) 장치 의존형의, 특정 장치로만 이용할 수 있는.
devíce dríver (컴퓨터) 장치 작동기[구동기].
de·vice-in·de·pen·dent [-indipéndənt] 형 (컴퓨터) (데이터·프로그램 등이) 장치에 의존하지 않는, 어느 장치로나 쓸 수 있는.
devíce ínterface (컴퓨터) 장치[기기] 인터페이스
devíce plús (컴퓨터) (소형 단말장치의) 옵션 부착 업그레이드[기능 강화] 방식.
‡**dev·il** [dévəl] 명 (복 **~s** [-z]) 1 악마, 악귀, 마귀; (the D—) 마왕, 사탄(Satan). ¶Talk [or Speak] *of the ~, and he will* [*or is sure to*] *appear*. (속담) 호랑이도 제 말 하면 온다 / *Needs must when the ~ drives*. (속담) 악마가 몰아세울 때는 어쩔 수 없다. 사흘 굶어 도둑질 안하는 놈 없다 / *The ~ can cite Scripture for his purpose*. (속담) 악마는 자기에게 좋도록 성경을 인용할 수 있다, 좋은 것이라도 악용되는 수가 있다. 2 악당, 악인; 악운인; (악덕·투지 따위의 화신; …광, …귀(鬼) (*of, for*). ¶the ~ *of* vengeance [jealousy] 복수[질투]의 화신 / a ~ *for* horse racing 경마광. 3 저돌적인 사람, 무모한 사람; 정력가. 4 (형용사 뒤에서) …한 사람[녀석]. ¶a poor [lucky] ~ 불쌍한

[운이 좋은] 녀석. **5** 성가신[어려운] 일[것], 곤란한 일; 나쁜 물건.¶ That's the ~ (of it). 그것이 어려운 점이다. **6** 남을 위해 일하는 사람, 조수; 대필 작가; (무보수의) 변호사 조수; (인쇄소의) 사환. ¶ serve a person as a ~ 남의 조수 노릇을 하다. **7** (냄마 따위의) 절단기. **8** [요리] 맵게 양념한 불고기. **9** (the ~) (구어) [강조적; 저주·놀람·의문·의심·부정) 제기랄, 설마; (부사적) 결코 (…아닌), (의문사와 함께) 도대체(* deuce²와 같은 뜻으로 쓰인다).¶ The D-! 제기랄!, 빌어먹을!, 체!/ ~ a man은 사람도 없다/ ~ a one 단 하나도 없다/ The ~ I said! 그런 말을 할 턱이 있나!/ What[How, When, Where] (in) the ~…? 도대체 무엇을[어떻게, 언제, 어디서] …이냐? **10** (기상) 회오리바람; 모래 폭풍. **11** (구어) 기분; 정열; 활력. **12** (the ~) (美) 질책, 비난.
a [or *the*] *devil of a* (속어) 아주 싫은; 몹시 어려운; 아주 지독한.¶ He is *a* ~ *of a* fellow. 그는 정말 싫은 녀석이다.
and the devil knows what 그 밖에 이것저것.
as the devil hates holy water 몹시 싫어서.
beat [or *whip*] *the devil round the bush* [or *stump*] (美구어) 전혀 하고 싶지 않다; 회피하다.
beat the [or *a*] *devil's tattoo* (흥분·초조 등으로) 손가락으로 탁자를 똑똑 두들기다.
between the devil and (*the*) *deep* (*blue*) *sea* (구어) 진퇴 양난에 빠져.
for the devil of it 장난으로, 골탕먹이려고.
full of the devil [or *Old Nick*] (구어) (아이가) 장난꾸러기[개구쟁이]로.
give the devil his due 싫은[하찮은] 사람이라도 옳은 점[인정할 것]은 인정하다.
go to the devil 파멸[몰락]하다, 타락하다; (명령형으로) 꺼져버려!, 뒈져버려! 「악전고투하다.
have the devil's own time [or *job*] 몹시 애먹다.
have the luck of the devil; *have the devil's own luck* (구어) 억세게[매우] 운이 좋다.
in the devil (강조적) 도대체.
It's the devil (*and all*). 그저 난처하다, 귀찮은데.
kick up the devil's delight 대소동을 일으키다.
let the devil take the hindmost 꼴찌는 귀신에게 잡아 먹혀라; 빠른 자가 이긴다.
like the devil; *like devils* (구어) 맹렬히, 격렬하게.
like the devil beating tanbark (美구어) 굉장한 기세로. 「쁘게 말하다(험담하다).
paint the devil blacker than he is 과장하여 나
play the (*very*) *devil with* (구어) …을 못쓰게 만들다, (남)을 호되게 나무라다.
prefer the devil one knows to the one [or *devil*] *one doesn't know* (구어) 정체를 모르는 악마보다는 아는 악마가 낫다; 미지의 고난보다는 알고 있는 고난이 낫다.   「[이겨라!]
Pull devil, pull baker! (응원하면서) 양쪽 다 힘내라
raise the devil 큰 소동을 벌이다; (…에게) 심하게 항의하다 (*with*); (…에) 혼란을 일으키다 (*with*).
see the devil (속어) 잔뜩 취하다.
send a person to the devil 남을 쫓아버리다.
tell [or *speak, say*] *the truth and shame the devil* 과감히 진실을 말하다.
(*the*) *devil a bit* 조금도 …이 아니다(not at all).
the devil among the tailors (英) 야단법석.
the devil and all 이것저것 몽땅; 나쁜 것을 모두.
the devil (*and all*) *to pay* (구어) 앞으로 겪어야 할 노고, 닥쳐올 재난.
the devil and Tom Walker (구어) 젠장, 빌어먹을.
The Devil gets into …에게 마가 끼다.
The devil is beating [or *whipping*] *his wife*. (美중남부) 여우비가 온다(* 맑은 하늘에서 눈이 오는 데도 이 말을 쓴다).
The devil [or *heck*] *of it is*… 가장 귀찮은 일은….

the devil on two sticks 공중 팽이(diabolo).
the devil's own job [or *problem*] (구어) 대단한 [지독한, 곤란한] 일[문제].
The devil take it! 제기랄!, 빌어먹을!
The devil you will [or *you won't, he can, he can't*]. (구어) 설마!, 그럴 리가!
the (*very*) *devil* (*of it*) (구어) 성가신[골치 아픈] 일, 매우 난처한 일.
to the devil with (구어) …같은 것은 될 대로 돼라.
whip the devil round the post [or *stump*] 구실을 만들어 곤경을 벗어나다; 법망을 교묘히 피하다.
── 图 (~s [-z]; -l-, (英) -ll-) 图 **1** (美구어) (남)을 괴롭히다, 못살게 굴다.¶ Stop ~*ing* me for money! 그렇게 돈 달라고 사람을 들볶지 마라! **2** (넘마 따위)를 절단기로 자르다. **3** (고기 따위)를 겨자[후추]로 맵게 양념하여 굽다. ── 图 (변호사나 저술가 등의) 하청[조수] 일을 하다 (*for*).

dévil bòok 图 (美속어) 카드(도박과 연관지어).
devil-dodg·er [-dàdʒər/-dɔ̀dʒ-] 图 (구어) (큰 소리 내는) 설교자, 군목.
dévil dòg 图 (美구어) 해병대원.
dev·il·dom [dévəldəm] 图ⓊⒸ 악마의 세계[왕국]; 악마의 통치[지배]; (집합적) 악마.
dévil dùst 图 (美속어) 합성 헤로인(angel dust).
dev·iled, -illed [dévld] 图 [요리] 맵게 양념한.
dev·il·fish [dévəlfìʃ] 图 (澳 ~·es)) 쥐가오리(미국 동남부산(産)); 낙지(octopus).
*****dev·il·ish** [dévəliʃ] 图 **1** 악마 같은, 악마적인; 극악무도한; 무모한. **2** (구어) 심한, 도가 지나친. ── 图 (구어) 심히, 지독히, 극단으로.¶ be ~ proud of oneself 자만심이 대단하다. ~·**ly** 图 ~·**ness** 图
dev·il·ism [dévəlìzm] 图ⓊⒸ 악마성; 악마적 행위; 악마 숭배.
dev·il·kin [dévəlkin] 图 작은 악마, 꼬마 악귀(imp).
dev·il-may-care [-mèikɛ́ər] 图 저돌적인; 무관심한(careless); 경솔한, 무모한.
dev·il·ment [dévəlmənt] 图ⓊⒸ **1** 악마적 행위, 사악한 짓; (심술궂은) 장난(mischief); 무모한 행위. **2** 원기, 활기, 기운.¶ full of ~ 기운이 넘쳐.
dev·il·ry [dévəlri] 图ⓊⒸ **1** 무모하고약한] 장난. **2** 극악 무도함; 잔인. **3** 악마의 소행; 마법, 요술. **4** 악마학. **5** (집합적) 악마. (또는 deviltry)
dévil's ádvocate 图 남의 흠을 캐는 사람; 반대를 위해[고의로] 시비를 거는 사람, 악역을 맡은 사람; [카톨릭] 시성(諡聖) 조사역.
play (*the*) *devil's advocate* (의론 따위를 활발하게 하기 위해) 일부러 반대 의견을 말하다.
dévil's Bíble 图 (the ~) =devil book.
dev·il's-bit [dévəlzbìt] 图 (식물) 사철채송화.
dev·il's-bones [dévəlzbòunz] 图 (속어) 주사위.
dévil's bóok 图 = devil's picture book. 「(dice).
dev·il's-claw [dévəlzklɔ́:] 图 (해사) 데블스클로 (사슬을 닻줄에 거는 두 가닥 난 큰 갈고리).
dévil's dárning nèedle 图 (곤충) (실)잠자리.
dévil's dózen 图 (속어) 13(개). 图 baker's dozen
dévil's fóod càke 图 (美) 초콜릿 케이크의 일종.
dévil's gríp 图 (식물) 석류풀류(類).
Dévil's Ísland 图 악마의 섬(프랑스령 Guiana 앞바다의 섬; 옛 유형지(流刑地)).   「(을 팔아넘긴 증거).
dévil's márk 图 (the ~) 악마의 낙인(악마에 영혼
dévil's pícture bòok 图 (the ~) (구어) 카드책.
dévil's tattóo 图 (손가락이나 발로 책상이나 바닥 을) 똑똑 두드리기(* 흥분·초조의 표시).
Dévil's Tríangle 图 (the ~) 마의 삼각 수역(水域). ⓒ Bermuda Triangle
dev·il·try [dévəltri] 图 =devilry.   「은 교목.
dev·il·wood [dévəlwùd] 图 목서속(木犀屬)의 상록
de·vi·ous [díːviəs] 图 **1** 우회하는, 에두르는, 꾸불

devirginize 꾸불한. ¶take a ~ route 우회하다. **2** 상도(常道)를 벗어난; 도리에서 벗어난. **3** 솔직하지 않은; 교활한, 속임수의. ~·**ly** 튄 ~·**ness** 몡

de·vir·gi·nize [diːvə́ːrdʒinaiz] 태 (美俗어) …의 첫경험 상대가 되다, 처녀성[동정]을 빼앗다; …에게 담배[마약]를 처음으로 시키다.

de·vis·al [diváizəl] 몡[U] 궁리, 안출, 고안.

‡de·vise [diváiz] 태 (**-vis·es** [-iz]; ~**d**; **-vis·ing**) **1** …을 생각[궁리]해 내다. 고안하다. 궁리[연구]하다, 계획하다, 발명하다. ⇒INVENT 유의어 ¶~ a plan 계획을 생각해 내다. **2** (법률) (부동산)을 유증하다 (to). **3** (고어) …을 상상하다. ── 자 계획을 세우다, 궁리[연구]하다. ── 몡[U] (법률) (부동산의) 유증; 유증 재산; ⓒ (유언장의) 증여 조항. **de·vís·a·ble** 혭

de·vi·see [divaiziː; dèvəziː] 몡 (법률) (부동산의) 수증자(受贈者), 유산 수령자. **de·vísee**

de·vis·er [diváizər] 몡 고안[안출, 발명]자, 계획자; (법률) =devisor. (혭 **devisee**)

de·vi·sor [diváizər] 몡 (법률) (부동산의) 유증자.

de·vi·tal·ize [diːváitəlàiz] 태 …의 활력[활기, 생명]을 빼앗다, …을 허약[무기력]하게 하다, 죽이다. **-i·zá·tion** 몡[U] 박탈[기, 됨].

de·vi·ta·min·ize [diːváitəmìnàiz/-vít-] 태 (요리하여) (음식)에서 비타민을 없애다[제거하다].

de·vit·ri·fi·ca·tion [diːvìtrəfikéiʃən] 몡[U] 유리질[투명성] 제거, 실투(失透) (현상, 작용).

de·vit·ri·fy [diːvítrəfài] 태 …에서 유리질[투명성]을 빼앗다, …을 불투명하게 하다. ── 자 탈(脫)유리화되다; 결정화(結晶化)되다. **-fi·a·ble** 혭

de·vo·cal·ize [diːvóukəlàiz] 태 (음성) 무성(음)화하다. ¶ vocalize **-i·zá·tion** 몡

de·voice [diːvɔ́is] 태 (음성) (유성음)을 무성음화하다.

*de·void [divɔ́id] 혭 (…이) 빠진, (…이) 전혀 없는 (*of*). ¶a man ~ *of* humor [musical sense] 유머[음악적 감각]가 없는 사람. ── 태 (남)으로부터 (…을) 빼앗다(*of*).

de·voir [dəvwáːr, dévwaːr] 몡 (~s) 예의, 경의 (표시), 공경; 도리, 본분, 의무. 〈F〉
do one's *devoir* 본분을 다하다.
pay one's *devoirs to* …에게 경의를 표하다.

de·vol·a·til·ize [diːvɑ́lətəlàiz/diːvɔ́lət-] 태 (화학) (증기)를 액화시키다; (석탄 따위)에서 휘발물질을 제거하다. ── 자 (증기가) 액화되다. **-i·zá·tion** 몡

dev·o·lute [dévəlùːt/diːv-] 태 =devolve.

dev·o·lu·tion [dèvəlúːʃən/diːv-] 몡 **1** (발달 과정의) 단계적 추이[이행], 변화. **2** (재산·권리 등의) 이전, 양도, 계승; (법률) (관직·권력 등의) 이양; (국회에서의) 위원회 회부. **3** (英) (스코틀랜드·웨일즈에의) 자치권 이양[확대]. **4** (생물) 퇴화 (evolution).
~·**ar·y** 혭 ~·**ist** 몡

de·volve [divɑ́lv/-vɔ́lv] 태자 **1** (권리·일 따위)를 양도하다, 넘겨주다 (*on, upon, to*). ¶ ~ one's task *on*[or *upon*] a person 남에게 자기의 일을 넘겨주다. **2** (고어) …을 굴리다. ── 자 **1** (의무·관직 따위가) …에게 넘어가다, 돌아가다 (*on, upon*); (토지·재산 따위가) …의 소유가 되다(*to*). **2** (…에게) 의존하다, 달려 있다(*on, upon*). ¶It doesn't ~ *upon* us to settle the matter. 그 문제 해결은 우리 책임이 아니다.
~·**ment** 몡

Dev·on [dévən] 몡 **1** 데번(잉글랜드 남서부의 주; 생략 Dev.). **2** 데번종(種)의 소(영국 Devonshire 원산).

De·vo·ni·an [dəvóuniən] 혭 **1** (지질) 데본기(紀)의. ¶the ~ period 데본기. **2** Devon 주의.
── 몡 **1** (the ~) 데본기. **2** Devon 주 사람.

‡de·vote [divóut] 태 (**-vot·ed; -vot·ing**) **1** (시간·노력·돈·지면 따위)를 바치다, 충당하다, 돌리다; (재귀용법·수동형으로) …에 헌신하다, 전념[몰두]하다; …을 몹시 사랑하다 (*to*). ¶(~+图+前+名) ~ one's life *to* education 교육에 일생을 바치다 / He is ~*d to* study. =He is *devoting* himself *to* study. 그는 공부에 열중한다.

유의어 **devote** 맹세를 하듯이 하여 어떤 목적을 위해 바치다. **dedicate** 중대하거나 신성한 목적을 위해 엄숙히 바치다. **consecrate** 종교적인 목적을 위해 의식을 올리면서 바치다.

2 …을 봉납[헌납]하다 (*to*). **3** (고어) …을 나쁘게 운명 짓다(doom); …을 저주하다. ~·**ment** 몡

*de·vot·ed [divóutid] 혭 **1** 헌신적인, 충실한; 열심인. ¶a ~ friend 충실한 친구. **2** (신성한 목적에) 바쳐진, 봉납된. **3** (고어) 저주받은. ~·**ly** 튄 ~·**ness** 몡

dev·o·tee [dèvətíː, -téi] 몡 헌신하는 사람, 열성가 (*to*); 열애하는 사람; 열광적 신자; 열광적 추종자[팬] (*of, to*). ¶a golf [soccer] ~ 골프[축구]광.

‡de·vo·tion [divóuʃən] 몡 (愛) ~s [-z]) [U] **1** 헌신, 전념; 헌신적인 사랑, 뜨거운 사랑 (*to, for*). ¶a scholar's ~ *to* study 학자의 학문에의 전념 / the ~ of Romeo *for* Juliet 줄리엣에 대한 로미오의 깊은 사랑. **2** 바침, 봉헌, 헌납. **3** 신앙심, 경건함. **4** (~s) 기도, 예배. ¶a book of ~s 기도서.
be at one's *devotion* (속어) 기도 드리고 있다.

de·vo·tion·al [divóuʃənl] 혭 신앙심의, 경건한, 독실한. ¶lead a ~ life 신앙 생활을 하다. ── 몡 (~s) 짧은 기도. **-al·i·ty** [-ǽləti] ~·**ly** 튄 ~·**ness** 몡

de·vo·tion·al·ism [divóuʃənəlìzm] 몡[U] 경건(주의), 열광적 신앙. **-ist** 몡 독실한 사람; 광신자.

*de·vour [diváuər] 태 **1** …을 게걸스레 먹다, 아귀같이 먹다. ¶~ one's lunch 점심을 아귀같이 먹어치우다. **2** (불 따위가) (숲·건물 등)을 완전히 태워버리다, 망치다; (파도·어둠 따위가) …을 삼켜버리다. ¶Fire ~*ed* the building. 불이 건물을 몽땅 태워버렸다. **3** …을 탐독하다; 뚫어지게 보다; 열심히 듣다. ¶He ~*s* all the books he can lay his hands on. 그는 닥치는 대로 무슨 책이든 탐독한다. **4** (수동형으로) …의 주의(마음)를 빼앗다, …을 사로잡다 (*by, with*). ¶He is ~*ed by*[or *with*] anxiety. 그는 걱정에 빠져 있다.
devour the way [or *road*] (시) 길을 재촉하다.
~·**er** 몡 대식가; 파괴자.

de·vour·ing [diváuəriŋ] 혭 게걸스레 먹는; (사람을) 열중시키는; 맹렬한, 격렬한.
~·**ly** 튄 게걸스럽게; 집어삼킬듯이. ~·**ness** 몡

*de·vout [diváut] 혭 **1** 독실한, 경건한. ⇒RELIGIOUS 유의어 ¶a ~ follower of Buddha 독실한 불교도. **2** 신앙심이 두터운; 신앙심에서 우러난. **3** 성의를 다한, 충심에서의, 헌신적인, 열렬한. ~·**ly** 튄 ~·**ness** 몡

‡dew [djuː/djuː] 몡 **1** 이슬. ¶drops of ~ 이슬 방울/D- falls. 이슬이 내린다. **2** (눈물 따위의) 방울. ¶the ~ of tears 눈물 방울/the ~ of sweat 땀방울. **3** (이슬 같은) 신선미, 상쾌함, 활력; 순수함. ¶the ~ of youth 발랄한 청춘. **4** (구어) 스카치 위스키; (美속어) 마리화나. ── 태자 (it을 주어로 하여) 이슬이 내리다. ¶It ~*s*. 이슬이 내린다. ── 태 (…을) (이슬로) 적시다, 축이다, 축축하게 하다. **~·less** 혭

DEW [djuː/djuː] (군사) *d*irected *e*nergy *w*eapon (지향성 에너지 무기); *d*istant *e*arly *w*arning(원거리 조기 경계) ¶DEW line).

Déw·ar vèssel [flàsk] [djúːər-] 듀어병, 보온병. 〈발명자 James Dewar(1842–1923)의 이름〉

de·wa·ter [diːwɔ́ːtər, -wɑ́t-] 태 탈수하다 (dehydrate); 배수하다(drain). ~·**er** 몡 탈수기.

de·wax [diːwǽks] 태 …에서 밀랍을 빼다.

dew·ber·ry [djúːbèri/djúːbəri] 몡 (덩굴성) 나무딸기류(類); 그 열매.

déw cèll 이슬점(點) 측정기.

dew·claw [djúːklɔ̀ː/djúː-] 몡 발톱; (사슴 따위의)

며느리발쿱. ~ed 웹 「어] (완곡적) 콧물.
dew·drop [djúːdrɑp/djúːdrɔp] 뎽 이슬 (방울). 《英속
Dew·ey [djúːi/djúːi] 뎽 듀이. 1 John ~(1859-
1952: 미국의 철학자·교육가; pragmatism 주창). 2
Melvil ~(1851-1931: 미국의 도서관학자; 10진 분
법 고안). 3 Thomas E. ~(1902-71: 미국의 법률가·
정치가). 4 남자 이름(David의 애칭).
Déwey décimal classificátion 뎽 〔도서관〕
듀이식 10진 분류법(M. Dewey가 1876년에 창안). (또
는 **Déwey (décimal) sýstem**)
dew·fall [djúːfɔːl/djúː-] 뎽ⓊⒸ 1 이슬이 내림(맺
힘]. 2 땅거미 질 때, 해질녘.
DEWKS, dewks [djuːks] 뎽뎽 《美속어》 자녀를
둔 맞벌이 부부. 〔<dual-employed with kids〕
dew·lap [djúːlæp/djúː-] 뎽 〔소 따위의〕 목정; 군
턱. **-lapped** [-t] 뎽 군턱이 있는.
DÉW line 뎽 《美》 원거리 조기 경보선, 듀 라인(미
국·캐나다가 북극권 북부에 설치한 레이더 경보망).
déw plànt 뎽 〔식물〕 끈끈이주걱; 솔잎 국화. 「**ture**〕
déw pòint 뎽 이슬점. (또는 **déw-pòint tèmperá-**
déw pònd 뎽 이슬 못(영국 남부 구릉 지대에서 이
슬·안개의 수분을 모아 두기 위한 인공 못). 「적시다.
dew·ret [djúːrèt/djúː-] 뎽펜 〔삼 따위〕를 이슬에
DEWS [djuːz] 뎽 《군사》 Distant Early Warning
System. 또 DEW, BMEWS
dew·y [djúːi/djúːi] 뎽 1 이슬에 젖은, 이슬이 맺힌,
촉촉이 젖은. ¶ ~ eyes 이슬 맺힌 눈. 2 이슬의(같은).
3 《시어》 조용히 내리는; 상쾌한; 《시》 눈물 젖은.
¶ a ~ sleep 상쾌한 잠. **·i·ly** 뿜 **·i·ness** 뎽
dew·y-eyed [-àid] 뎽 감상적인; 순진무구한; 단순
dex [deks] 뎽 《속어》 =dextroamphetamine. 「한.
dex·a·meth·a·sone [dèksəméθəsòun] 뎽 〔약
학〕 덱사메서손(염증 치료제). 「만증·우울증 치료제).
Dex·a·myl [dèksəmil] 뎽 《약학》 《상표》 덱사밀(비
dexed [dekst] 뎽 《속어》 Dexedrine에 취한.
Dex·e·drine [déksidriːn] 뎽 《약학》 《상표》 덱세드
린(dextroamphctamine의 상품명).
dex·ie [déksi] 뎽 Dexedrine 알약. (또는 **dexy**)
dex·i·o·trop·ic [dèksioutrápik/-trɔ́p-] 뎽 〔달팽
이 따위의 껍질이〕 오른쪽으로 돌아간.
dex·ter [dékstər] 뎽 1 오른쪽의(right). 2 〔문장〕
(방패골 문장의〕 오른쪽의(마주보아 왼쪽)의 (맞 sinister).
3 〔고어〕 운이 좋은, 길조(吉兆)의. 〔<L〕
****dex·ter·i·ty** [dekstérəti] 뎽 1 손재주가 있음, 교
묘함. 2 기민함, 영리함, 빈틈없음. 3 오른손잡이.
dex·ter·ous [dékstərəs] 뎽 1 손재주가 있는, 솜씨
좋은, 교묘한 (in, at). 2 영리한, 빈틈없는. ¶ a ~ man-
ager 능란한 지배인. 3 오른손잡이의. (또는 **dextrous**)
be dexterous in [or *at*] *doing* ~을 능란하게 잘하
~**·ly** 뿜 ~**·ness** 뎽 「다, ~에 능하다.
dextr- [dekstr] 뎽겸 ⇨DEXTRO-.
dex·tral [dékstrəl] 뎽 1 오른쪽의, 오른손의. 2 오른
손잡이의. 3 (고등 따위가) 오른쪽으로 감긴. — 뎽 오
른손잡이. **dex·trál·i·ty** 뎽 오른손잡이. **-ly** 뿜
dex·tran [dékstræn] 뎽 《화학·약학》 덱스트런(혈
장(血漿) 대용품). 「(糊精)(고무풀 등의 대용품).
dex·trin(e) [dékstrin] 뎽Ⓤ 《화학》 덱스트린, 호정
dex·tro- [déksトrou, -trə] 뎽겸 right, right turning
clockwise의 뜻(*모음 앞에서는 dextr-). ¶ *dextro*-
cardia, *dextr*al.
dex·tro·am·phet·a·mine [dèkstrouæmfétəmìːn]
뎽 《약학》 덱스트로암페타민(비만증·우울증 치료제).
dex·tro·car·di·a [dèkstroukáːrdiə] 뎽 〔병리〕 우
심증(右心症)(심장이 오른쪽에 있는 상태).
dex·trorse [déksトrɔːrs] 뎽 《식물》 〔덩굴 따위가〕
오른쪽으로 감는. (또는 **dextrórsal**) ~**·ly** 뿜
dex·trose [dékstrous] 뎽Ⓤ 《화학》 우선당(右旋
糖), 포도당.

dex·trous [dékstrəs] 뎽 =dexterous.
dey [dei] 뎽 (옛 Algiers, Tunis, Tripoli의) 태수(太
守)의 칭호. 「〔脫〕아연.
de·zinc·i·fi·ca·tion [diːzìŋkəfikéiʃən] 뎽 《야금》
DF, D/F direction *f*inder; direction *f*inding. **D.F.**
*d*amage *f*ree; Dean of the *F*aculty((대학의) 학장);
《라틴》 *D*efensor *F*idei(=Defender of the Faith)(영
국왕의 칭호); 《스페인》 *D*istrito *F*ederal(=Federal
District)(연방 지역); *D*octor of *F*orestry. **D.F.A.**
*D*octor of *F*ine *A*rts. **D.F.C.** 《英》 *D*istinguished
*F*lying *C*ross(공중 수훈 십자 훈장). **DFDR** 〔항공〕
*d*igital *f*light *d*ata *r*ecorder(디지털 비행 기록 장치).
D.F.M. 《英》 *D*istinguished *F*lying *M*edal. **DFT** 〔컴
퓨터〕 *d*iagnostic *f*unction *t*est(기능 진단 시험), **dft.**
*d*e*f*endant; *d*ra*f*t. **dg, dg.** *d*eci*g*ram(s). **DG** 《속
어》 *d*e*g*enerate. **D.G.** 《라틴》 *Dei gratia*(=by the
grace of God); *Deo gratias*(=thanks to God);
*D*irector *G*eneral(행정부 장관); *D*ragon *G*uards(《英》
근위 용기병).
DH [díːéitʃ] 〔야구〕 지명 타자. — 뎽 〔~'s〕 (-*d*;
-*ing*) 지명 타자로 출전하다. 〔<*d*esignated *h*itter〕
DH, dh [야구] *d*ead *h*eat; 《英》 *D*epartment of
*H*ealth. **D.H.** *D*octor of *H*umanics [*H*umanities].
DHA *d*e*h*ydroacetic *a*cid(탈수소 아세트산; 살균
제); 《英》 *D*istrict *H*ealth *A*uthority (생화학)
*d*ocosa*h*exaenoic *a*cid(도코사헥사엔산(酸); 생선 기
름에 있는 불포화 지방산).
Dha·ka [dáːkə, dǽkə] 뎽 다카(방글라데시의 수도).
dhal [dɑːl] 뎽 달콩(동인도산(産)의 누른 콩).
dhar·ma [dáːrmə, dəːr-/dáː-] 뎽Ⓤ 〔힌두교·불
교〕 (우주·인간 등의) 본질적 특성; 법, 율법; 덕; (D-)
달마(선종(禪宗)의 시조). **-mic** 뎽 〔<Skt law〕
dhar·na [dáːrnə, dəːr-] 뎽 〔인도〕 단식 투쟁.
DHEA *d*e*h*ydroepiandrosterone(디히드로
에피안드로스테론; 부신에서 생성되는 남성 호르몬).
DHHS 《美》 *D*epartment of *H*ealth and *H*uman
*S*ervices(보건 후생부). 「집회; 이때 낭송되는 코란).
dhikr [dikər] 뎽 《⾃》 (~**s**) 〔회교〕 디크르(코란 낭송
DHL [díːèitʃél] 뎽 《상표》 미국의 국제 항공 택배회사.
〔<창설자 *D*alsey, *H*illblom, *L*ynn의 이름〕
dhole [doul] 뎽 돌(인도 지방의 사나운 들개).
dho·ti [dóuti] 뎽 도티(인도 남자가 허리에 두르는
천). (또는 **dhooti(e), dhu·ti** [dúːti])
dhow [dau] 뎽 다우(아라비아해·동아프리카 등지의
큰 삼각돛을 단 연안 항해용 범선). (또는 **dau, dow**)
D.H.Q. *D*ivision *H*ead*q*uarters(사단 본부). **DHSS**
《英》 *D*epartment of *H*ealth and *S*ocial *S*ecurity(보
건 사회 보장부). **D.Hy.** *D*octor of *Hy*giene.
di¹ [diː] 뎽 〔음악〕 D(d의 re의 중간음).
di² [diː] (이탈리아의 인명에 써서) …출신의(from, of).
Di [dai] 뎽 다이(여자 이름: Diana, Diane의 애칭).
DI 〔화학〕 *d*i*d*ymium; *D*efence *I*ntelligence;
《美》 *D*epartment of the *I*nterior(내무부); *d*iffusion
*i*ndex(경기 동향 지수); *d*iplomatic *i*mmunity;
*d*iscomfort *i*ndex(불쾌 지수); *D*onor *I*nsemination;
《美군사》 *d*rill *i*nstructor(훈련 담당 교관). **di., dia.**
*dia*meter. 「*d*on, *di*polar. 뎽 mono-
DIA 《美》 *D*efense *I*ntelligence *A*gency(국방 정보국);
*d*ocument *i*nformation *a*ccessing(문서 정보 검색).
di·a- [dáiə] 뎽겸 through, thoroughly, apart,
across, between의 뜻(*모음 앞에서는 di-). ¶ *dia*-
gnosis, *diorama*.
di·a·base [dáiəbèis] 뎽Ⓤ 〔암석〕 휘록암(輝綠岩)(암
맥상(岩脈狀)의 화성암). **-bá·sic** 뎽
di·a·bat·ic [dàiəbǽtik] 뎽 열(熱)교환성의. ¶ a ~

di·a·be·tes [dàiəbíːtis, -tiːz] 圀ⓤ (단수취급) (병리) 당뇨병.

diabétes in·síp·i·dus [-insípidəs] 圀 (병리) 요붕증(尿崩症). 「(병리) (진성) 당뇨병.

diabétes mél·li·tus [-mélitəs, -məlái-] 圀

di·a·bet·ic [dàiəbétik] 圀 당뇨병의, 당뇨병에 걸린; 당뇨병 환자용의. ── 圀 당뇨병 환자.

diabétic ret·i·nóp·a·thy [-retənápəθi/-nɔ́p-] 圀 당뇨병성 망막증(당뇨병 합병증의 하나).

di·a·be·to·gen·ic [dàiəbiːtədʒénik] 圀 당뇨병 유발성의. 「노병 전문의.

di·a·be·tol·o·gist [dàiəbitálədʒist/-tɔ́l-] 圀 당

di·a·ble·rie [diːáːbləri] 圀ⓤ 마술, 악마의 소행; 짓궂은 장난; ⓤ 악마의 세계; ⓤ 악마 연구. [<F]

di·a·ble·ry [diːáːbləri] 圀 =diablerie.

di·a·bol·ic [dàiəbálik/-bɔ́l-] 圀 악마의, 마성의; 악마적인, 사악한, 극악무도한. (또는 **diabolical**) **-i·cal·ly** 튐 **-i·cal·ness** 圀

di·ab·o·lism [daiǽbəlizm] 圀ⓤ 1 마술, 요술. 2 악마 숭배, 악마주의. 3 악마 같은(극악무도한) 행위; 마 **-list** 圀 악마주의자, 악마 숭배자. 「성.

di·ab·o·lize [daiǽbəlàiz] 圀㉠ …을 악마화하다. …에게 마성을 갖게 하다; …에게 악마가 옮겨 붙게 하 다. **‑li·zá·tion** 「로, 공중 팽이.

di·ab·o·lo [diǽbəlòu/-áːb-, -ǽb-] 圀ⓤ 디아볼

di·a·caus·tic [dàiəkɔ́ːstik] 圀圀 (광학) (빛의 굴절에 의한) 굴절 화선(火線)(의); 굴절 화면(의).

di·á·ce·tone álcohol [daiǽsətòun-] 圀 (화학) 디아세톤 알코올. 「디아세틸.

di·a·ce·tyl [dàiəsíːtl, -sétl/daiǽsitil] 圀 (화학)

di·a·ce·tyl·mor·phine [dàiəsìːtlmɔ́ːrfiːn/daiæsitil-] 圀 (약학) 디아세틸모르핀.

di·a·chron·ic [dàiəkránik/-krɔ́n-] 圀 (언어) 통시적(通時的)인, 역사적인. ⇨ synchronic
‑i·cal·ly 튐 **~·ness** 圀 「時) 언어학.

diachrónic linguístics 圀(복) (단수취급) 통시(通

di·ach·ro·nism [daiǽkrənizm] 圀 (언어) 통시적 연구법; (지질) 동일 지층이 다른 화석에 의한 몇 시대 구분에 걸친 지질적 특징을 갖는 것. **-ro·nous** 圀

di·ach·ro·ny [daiǽkrəni] 圀 (언어) 통시적 방법 (변화); (일반적으로) 역사적 변화.

di·ach·y·lon [daiǽkələn/-lɔn] 圀 (의학) 단연경고(鉛膏). (또는 **di·ach·y·lum** [-ləm])

di·ac·id [daiǽsid] 圀 (화학) 2산(성)의. ¶ ~ base 2산 염기. (또는 **diácidic**) ¶ 2산 염기.

di·ac·o·nal [daiǽkənl] 圀 (가톨릭의) 부제(副祭)의, (성공회·개신교의) 집사의. ⇨ DEACON.

di·ac·o·nate [daiǽkənət, -nèit] 圀ⓤ 1 부제직, 집사직; 부제(집사)의 임기. ⇨ DEACON. 2 (집합적) 부제, 집사, 집사(집사)직의 사람들.

di·a·crit·ic [dàiəkrítik] 圀 1 (차이를) 구분하기 위한, 구별을 나타내는; 구별되는. 2 = diagnostic. ── 圀 발음 구별 부호(동일 문자의 각종 발음을 표시하는 데 사용되는 ā, â, ä, à, - ~ ~ · 따위).

di·a·crit·i·cal [dàiəkrítikəl] 圀 구별하기 위한; 구별(판별)할 수 있는. ── 圀 = diacritic. **-ly** 튐

diacrítical márk [sígn] 발음 구별 부호, 분음(分音) 부호(diacritic). 「하는. **di·ác·tin·ism** 圀

di·ac·tin·ic [dàiæktínik] 圀 (물리) 자외선을 투과

di·ad [dáiæd] 圀 = dyad.

di·a·dem [dáiədèm] 圀 1 왕관. 2 (왕위를 상징하는) 머리띠 장식. 3 (the ~) 왕위; 왕권, 통치권. ── 圀 ㉠ …을 왕관(머리띠 장식)으로 꾸미다; …에게 왕관을 씌우다, 왕권을 부여하다.

díadem spíder 圀 (곤충) 무당거미.

di·ad·o·chy [daiǽdəki] 圀 (광학) 디아도키, 동형 혼정(同形混晶). **di·a·doch·ic** [dàiədákik/-dɔ́k-] 圀

di·ad·ro·mous [daiǽdrəməs] 圀 (식물) 부채꼴 잎맥이 있는; (어류) 민물·바닷물 양(兩)수역을 회유하는.

di·aer·e·sis [daiérəsis] 圀 (복 **-ses** [-sìːz]) 음절분해, 분음(分音); 분음 부호(이어진 두 모음이 따로따로 발음됨을 나타내는 부호. coöperate, naïve의 ¨). (또는 **dieresis**) **di·ae·rét·ic** 圀

diag. diagonal(ly); diagram.

di·a·gen·e·sis [dàiədʒénəsis] 圀 (지질) 속성(續成) 작용(퇴적물의 암석화까지의 변화). **-ge·nét·ic** 圀

di·a·ge·o·trop·ic [dàiədʒiːətrápik/-trɔ́p-] 圀 (식물) 횡지성(橫地性)의, 굴지성(屈地性)의.

di·ag·nose [dáiəgnòus/-nòuz] 圀㉠ 1 (병)을 진단하다 (as). ── 圀 +㉠ +as) The doctor ~d her case as tuberculosis. 의사는 그녀의 병을 결핵이라고 진단했다. 2 (문제·사태 따위)의 원인을 규명(분석)하다; (과학적 조사에 의해) 분류(감별)하다. ── ㉠ 진단하다; 규명하다. **·nós·a·ble** 圀

di·ag·nose-it-your·self [-itjuərsélf, -jər-] 圀 자기(진단.

‡di·ag·no·sis [dàiəgnóusis] 圀 (복 **-ses** [-sìːz]) ⓒⓤ 1 (병리) 진찰; 진단(법). ¶ an erroneous ~ 오진. 2 (생물) 종류·특성의 과학적 분류. 3 (원인 따위의) 진단, 분석, 판단; (문제의) 해답, 해결; 유별(類別), 식별. ¶ an economic ~ 경제학적인 판단.

di·ag·nos·tic [dàiəgnástik/-nɔ́s-] 圀 1 진단(진찰)(상)의; 진단에 쓰이는(도움이 되는)(of). 2 (병의) 증상(징후)를 보이는 (of). 3 특징적인. ── 圀 1 진단. 2 (병의) 특징(징후)(symptom); 특성. 3 (의학) 진단약, 진단 기구. **-ti·cal·ly** 튐

di·ag·nos·ti·cian [dàiəgnəstíʃən/-nɔs-] 圀 진단 전문의사, 진단의; (일반적으로) 분석가.

di·ag·nos·tics [dàiəgnástiks/-nɔ́s-] 圀(복) (단수취급) 진단학, 진단법; (일반적으로) 진단.

di·ag·o·nal [daiǽgənl] 圀 1 (수학) 대각선[면]의; 대각적인. ¶ a ~ line [plane] 대각선[면]. 2 비스듬한 (oblique). 3 (직물의) 능직의. ── 圀 1 (수학) 대각선[면]. 2 비스듬한 줄(무늬), 사행물(斜行物); 사선 (virgule). 3 능직. **-ly** 튐 대각선으로; 비스듬히.

diágonal bónd 圀 (건축) (벽돌을) 사행(斜行)으로

diágonal clóth 圀 능직천. 「쌓기.

di·ag·o·nal·ize [daiǽgənəlàiz] 圀㉠ (수학) [행렬]을 대각 행렬의 하다, 대각선화하다.

diágonal mátrix 圀 (수학) 대각선 행렬.

‡di·a·gram [dáiəgræm] 圀 (복 ~s [-z]) 1 그림, 도표, 도형; 일람도; 도해. ¶ draw a ~ 도표를 만들다. 2 약도, 설계도; 해도(海圖). 3 (수학) 작도, 도식. 4 예정표, 일람표; (열차의) 운행표. ── 圀㉠ (~s [-z]; **-m-**, (英) **-mm-**) …을 도표로 나타내다, 도해하다; …의 도표를 만들다. **·ma·ble** 圀

díagram fáctor 圀 (기계) 선도(線圖) 계수.

di·a·gram·mat·ic [dàiəgrəmǽtik] 圀 1 도표로 나타낸, 도해적인, 약도화한. 2 도표의, 도식의. 3 윤곽뿐인, 개략적인. (또는 **diagrammatical**) **-i·cal·ly** 튐

di·a·gram·ma·tize [dàiəgrǽmətàiz] 圀㉠ (*(英) **-tise**) =diagram.

di·a·graph [dáiəgrǽf/-gràːf] 圀 확대 복사기, 도면 확대기; 분도척(分度尺).

di·a·ki·ne·sis [dàiəkiníːsis, -kai-] 圀 (생물) 이동기(移動期). **-net·ic** [-nétik] 圀

‡di·al [dáiəl] 圀 (복 ~s [-z]) 1 (시계의) 문자반; (나침반·계량기의) 눈금반. 2 ¶ a scale 자동 저울. 2 (라디오·TV 따위의) 다이얼; (전화·금고 따위의) 숫자반. 3 광산용 나침의(儀)(갱내의 측량·검침(檢針)용). 4 해시계 (sundial). 5 (英속어) (사람의) 얼굴, 5 (보석용) 절삭기. ── 圀 (~s [-z]; **-l-**, (英) **-ll-**) ㉠ 1 …을 다이얼[문자반]로 측정[표시]하다. 2 (전화 번호·금고 따위의 다이 얼을 돌리다; (다이얼을 돌려) [라디오 따위]를 조정하 다, 파장에 맞추다. 3 …에게 전화를 걸다. ── 圀 1 전화의 다이얼을 돌리다. 2 다이얼로 조정하다.

dial in (방송 프로그램에) 전화로 의견을 말하다; 《구어》 〔기계·계획 따위〕를 조정[수정]하다.
dial into 《구어》 …에 흥미를 가지다, 열중하다. 「다].
dial...out 《美속어》 고의로 …을 잊어버리다[무시하
dial...up 〔정보 따위〕를 전화를 통해 얻다; …에 전화로 연락하다, 전화를 걸다.
—[형] (전화가) 회전식 다이얼인.
dial. dialect(al); dialectic(al); dialogue.
di·al-a- [dáiələ] [연결] 「…전화 서비스」의 뜻. ¶*dial-a*-bus[-ride](버스[동승자] 안내 전화 서비스), *dial-a*-score(경기 득점 안내 전화 서비스).
***di·a·lect** [dáiəlèkt] [명] **1** 방언, 지방 사투리; (어떤 사회·계급·직업의) 통용어, 특수한 언어. ¶the Cockney [*or* London] ～ 런던 사투리/a social ～ 계급 방언. **2** 〔언어〕 (어족·어파의 일부로서의) 언어. ¶an Indo-European ～ 인도유럽 어족에 속하는 한 언어. **3** 자기 표현법, 표현 형식.
di·a·lec·tal [dàiəléktl] [형] 방언의; 방언 특유의, 통용어적인. (또는 **dialectic, dialectical**) ～**·ly** [부]
díalect àtlas [명] 〔언어〕 방언 지도(linguistic atlas).
díalect geógraphy [명] 〔언어〕 방언 지리학.
díalect geógrapher [명] 방언 지리학자.
di·a·lec·tic [dàiəléktik] [형] **1** 문답식의, 논증의; 상극의, 상호간의. **2** =dialectical 1. **3** =dialectal.
—[명] **1** [U] 〔철학〕 변증법. **2** 논증, 논법. **3** (종종 ～s) 《단수취급》 논리(학); 논리적[지적] 토론[대화]. **4** (상대되는 세력·사상 따위의) 대립, 모순; 상극. **-ti·cal·ly** [부]
di·a·lec·ti·cal [dàiəléktikəl] [형] **1** 변증(법)적인, 변증(법)의; 논증[변론]에 능한. **2** =dialectal.
dialéctical matérialism [명] 변증법적 유물론.
dialéctical matérialist [명] 변증법적 유물론자.
dialéctical theólogy [명] 변증법적 신학, 위기(危機) 신학(신(神)의 절대적 초월성을 강조).
di·a·lec·ti·cian [dàiəlektíʃən] [명] **1** 변증가, 변증학자; 논리학자. **2** 방언학자[연구가].
di·a·lec·ti·cism [dàiəléktəsìzm] [명] **1** 방언, 방언의 영향[효과]; 방언적 표현. **2** 변론, 변증.
di·a·lec·tol·o·gy [dàiəlektálədʒi/-tɔ́l-] [명][U] 방언학, 방언 연구. **-lèc·to·lóg·ic, -lèc·to·lóg·i·cal** [형] **-lèc·to·lóg·i·cal·ly** [부] **-gist** [명] 방언 연구가[학자].
di·al·er [dáiələr] [명] 다이얼을 돌리는 사람; 자동 다이얼 장치. (또는 《英》 **dialler**)
díal gàuge[índicator] [명] 〔기계〕 다이얼 게이지.
di·al-in [-ìn] [명] (방송 프로에서) 시청자 전화 받기.
di·al-in·fo [-ìnfou] [명] 각종 안내 전화 서비스.
di·al·ing, 《英》 **-al·ling** [dáiəliŋ] [명][U][C] **1** 다이얼을 돌리기; (전화의) 국번. **2** 해시계에 의한 시간 측정; 해시계 제조 기술. **3** 광산용 나침의에 의한 측량.
di·al·lage [dáiəlidʒ] [명] 〔광물〕 이박석(異剝石).
di·al·lel [dáiəlèl] [형] 〔유전〕 이면 교배(二面交配)의.
díalling còde [명] 《英》 (전화의) 국번, 지역 번호.
díalling tòne [명] 《英》 =dial tone.
***di·a·log** [dáiəlɔ̀:g, -làg/-lɔ̀g] [명][동] 《美》 =dialogue.
DI·A·LOG [dáiəlɔ̀(:)g, -làg] [명] 《상표》 〔컴퓨터〕 다이얼로그(미국의 DIALOG Information Service사 및 동사(同社) 제공의 데이터베이스 시스템).
di·a·log·ic [dàiəládʒik/-lɔ́dʒ-] [형] 대화적인, 문답의, 대화체의. ¶a ～ method 대화법. (또는 **dialogical**) **-i·cal·ly** [부]
di·al·o·gism [daiǽlədʒìzm] [명] 대화식 토론법; 선언적 2단 논법; =dialogue 1.
di·al·o·gist [daiǽlədʒist] [명] 대화자; 대화극 작가.
dì·a·lo·gís·tic, dì·a·lo·gís·ti·cal [형] **dì·a·lo·gís·ti·cal·ly** [부]
di·al·o·gize [daiǽlədʒàiz] [동][자] 대화[대담]하다.
‡**di·a·logue** [dáiəlɔ̀:g, -làg/-lɔ̀g] [명] (복 ～**s** [-z]) **1** 대화, 문답, 대담. ¶hold a ～ together 서로 대화하다. **2** [U] (소설·희곡 중의) 대화 부분; 대화체(의 문장). ¶write in ～ 대화체로 쓰다. **3** (양쪽 대표자 간의) 의견 교환, 토의; 회담. —[동] (～**s** [-z]; ～***d***; ***-logu·ing***) [자] 대화하다 (*with*), 회화에 참여하다. —[타] …을 대화체로 나타내다. (또는 **dialog**) **-lò·gu·er** [명]
di·a·logue des sourds [*F* djalɔg de su:ʀ] [명] 서로 상대 의견을 들으려 하지 않는 논의, 입씨름.
Díalogue Màss [명] 〔가톨릭〕 대화 미사(사제의 낭송(朗誦)에 회중이 응창하는 미사).
díal tèlegraph [명] 자동식 전신기[장치].
díal tèlephone [명] 다이얼식 자동 전화기.
díal tòne [명] (the ～) 《美·캐나다》 (전화의) 발신음(통화 가능 신호) (《英》 dialling tone).
di·al-up [-ʌ̀p] [형] 〔컴퓨터〕 다이얼 호출식의, 전화 회선을 이용한; (접속 소프트웨어·표준 모뎀 따위를 이용해) 인터넷[통신망]에 접속하는.
díal-up índustry [명] 전화 정보 제공[서비스]업(계).
díal-up sérvice [명] 전화 정보 서비스.
di·al·y·sis [daiǽləsis] [명] (복 ***-ses*** [-sì:z]) [U][C] **1** 〔물·화〕 투석(透析)(반투막(半透膜)에 의한 용액 분리법). **2** 〔의학〕 (신장병의) 투석 요법. **3** 분리, 분해.
di·a·lyt·ic [dàiəlítik] [형] 투석의, 투석성이 있는, 투석적인. **-i·cal·ly** [부]
di·a·lyze [dáiəlàiz] (＊《英》 **-lyse**) [동][타] …을 투석하다. **-lỳz·a·bíl·i·ty** [명] **-lỳz·a·ble** [형] **-ly·zá·tion** [명]
di·a·lyz·er [dáiəlàizər] [명] **1** 〔물·화〕 투석기, 여과막 분석기. (또는 **diályzàtor**) **2** 〔의학〕 인공 신장.
diam. diameter. 「(反磁性體).
di·a·mag·net [dáiəmæ̀gnit] [명] 〔물리〕 반자성체
di·a·mag·net·ic [dàiəmægnétik] 〔물리〕 [형] 반자성(체)의, 역(逆)자기의. —[명] 반자성체. **-i·cal·ly** [부]
di·a·mag·net·ism [dàiəmǽgnətìzm] [명][U] 〔물리〕 **1** 반자성(反磁性), 역자기(逆磁氣). **2** 반자성적 현상.
di·a·man·té [dì:əma:ntéi/dàiəmǽnti] [명] 디아망테 장식(인조 보석 따위 번쩍이는 장식); 디아망테 장식을 한 천[드레스]. 〔<F〕
‡**di·am·e·ter** [daiǽmətər] [명] (복 ～**s** [-z]) **1** (원·구의) 직경, 지름. ⇨CIRCLE 그림. ¶The circle is 5 feet in ～. 그 원의 직경은 5피트이다. **2** 〔광학〕 …배(렌즈의 배율 단위). ¶a lens magnifying 10 ～*s* 배율 10배의 렌즈.
di·ám·e·tral [형]
di·a·met·ri·cal [dàiəmétrikəl] [형] **1** 직경의. **2** 대립적인, 정반대의. (또는 **diametric**)
di·a·met·ri·cal·ly [dàiəmétrikəli] [부] 정반대로; 완전히; 바로, 틀림없이.
‡**dia·mond** [dáiəmənd/dáiə-] [명] (복 ～**s** [-z]) **1** [C][U] 다이아몬드, 금강석; 다이아몬드 장신구. **2** 유리칼 (cutting [*or* glazier's] ～). **3** 다이아몬드꼴, 마름모꼴. **4** 〔카드놀이〕 다이아패; (～s) 《단·복수 양용》 다이아패 한벌. ¶a small ～ 점수가 낮은 다이아몬드패. **5** [U] 〔인쇄〕 다이아몬드체 활자(4.5 포인트). **6** 〔야구〕 (the ～) 내야; 야구장. **7** 무색 투명한 수정. **8** (～s) 〔증권〕 다이아몬드 광산주(株). **9** 《속어》 고환; 석탄(black ～).
a diamond in the rough; a rough diamond ① 가공하지 않은 다이아몬드. ② 세련되지 못했으나 훌륭한 소질이 있는 인물.
a diamond of the first water 최상급의 다이아몬드; 일류급 인물. 「의 대결.
diamond cut diamond 막상막하의 승부, 용호상박
—[형] **1** 다이아몬드의[같은], 다이아몬드로 만든[를 박은]. ¶a ～ ring[necklace] 다이아 반지[목걸이]. **2** 다이아몬드[마름모]꼴의. ¶a ～ window 마름모꼴 창문.
—[동][타] …을 다이아몬드로 장식하다, 다이아몬드를 박
～**·like** [형] 「(아 넣)다.
díamond annivérsary [명] (즉위·결혼·정초(定礎) 등의) 60[때로 75] 주년 기념일.
dia·mond·back [dáiəmən*d*bæ̀k/dáiə-] [형][명] 등에 마름모꼴[다이아몬드형] 무늬가 있는 (동물).
díamondback móth [명] 〔곤충〕 배추좀나방.

díamondback ráttlesnake 명 〔동물〕 방울뱀.
díamondback térrapin 명 〔동물〕 식용 거북(북아메리카산(産)).
díamond cróssing 명 〔철도〕 마름모꼴 교차(交叉).
dia·mond-cut [-kʌ̀t] 형 마름모꼴로 연마한[자른].
díamond cùtter 명 다이아몬드 연마공.
díamond drìll 명 (광산용) 다이아몬드 시추기.
díamond dùst 명 다이아몬드 가루(연마용); 빙정(氷
díamond fìeld 명 다이아몬드 채굴지[산지].   晶].
dia·mond·if·er·ous [dàiəməndífərəs/dàiə-] 형 (광산이) 다이아몬드가 나오는. (=**diamontiferous**)
díamond júbilee 명 1 (특히) =diamond anniversary.
2 (the D— J—) Victoria 여왕 즉위 60주년 기념일.
díamond pláte 명 〔조선〕 다이아몬드 플레이트(접합부의 모서리를 보강하기 위한 마름모꼴 금속판).
díamond póint 명 (가구) 표면을 도드라지게 한 장식 무늬; (건축·조각 도구의) 끝의 다이아몬드 바늘.
díamond-point spóon 명 자루 끝에 끝이 뾰족한 각기둥 모양의 손잡이가 있는 스푼.
díamond ríng effèct 명 〔천문〕 다이아몬드 링 효과(일식 직전·직후에 생기는 광점(Baily's beads) 중 하나가 달 주위에 반지처럼 빛나는 현상).   「별칭.
Díamond Státe 명 (the ~) 미국 Delaware 주의
díamond wédding 명 다이아몬드 혼식(결혼 60[75]주년 기념일).
*__Di·an·a__ [daiǽnə] 명 1 ~ **Frances Spencer** 다이애나(1961-97: 영국의 전 황태자비). 2 〔로마 신화〕 디아나(달의 여신으로서 처녀성과 사냥의 수호신; 그리스 신화의 Artemis에 해당). 3 여자 기수; 여자 사냥꾼. 4 (시) 달.
Di·ane [daiǽn] 명 다이앤(여자 이름; Diana의 애칭).
di·a·net·ics [dàinétiks] 명복 《단수취급》 다이어네틱스(해로운 심상(心象)을 제거하려는 심리 요법).
di·an·thus [daiǽnθəs] 명 패랭이꽃속(屬)의 식물.
Diao·yu·tai [dʒɑːljuːtai] 명 자오유타이(釣魚臺). 1 베이징(北京)에 있는 영빈관. 2 남지나해의 섬(일본·중국 간에 영유권 분쟁: 일본명 센카쿠(尖角) 열도).
di·a·pa·son [dàiəpéizn, -sn] 명 〔음악〕 1 선율. 2 (음성·악기의) 성역, 음역. 3 표준 음높이. 4 (오르간의) 음전. ¶ the open [closed] ~ 개구(開口)[폐구(閉口)] 음전. 5 음차(音叉). 6 □ 전(全)범위, 전분야. 7 (고대 그리스 음악의) 8도 음정. ~-al 형
diapáson nórmal pítch 〔음악〕 표준 음조.
di·a·pause [dáiəpɔ̀ːz] 명 〔동물〕 휴면기(休眠期).
  — 형자 휴면하다.
di·a·pe·de·sis [dàiəpidíːsis] 명 (복 -ses [-siːz])
 〔생리〕 (백혈구의) 누출(漏出).
dia·per [dáiəpər/dáiə-] 명 1 기저귀; 생리대. 2 □ 무늬를 짜 넣은 천, 마름모꼴 무늬가 있는 천. 3 □ (장식 따위에 쓰이는) 마름모꼴 무늬. — 타 (아기)에게 기저귀를 채우다; …을 마름모꼴 무늬로 꾸미다.
díaper ràsh 명 기저귀 피부염, 둔부 홍반(醫部紅斑).
díaper sèrvice 명 (미) 기저귀 대여업〔점〕.
di·a·phane [dáiəfèin] 명 다이어페인(현미경 관찰용 포매제(包埋劑)).
di·aph·a·ne·i·ty [dàiəfəníːəti/dàiəf-] 명 투명도.
di·aph·a·nog·ra·phy [dàiəfənágrəfi/-nɔ́g-] 명 〔의학〕 (유방암 따위의) 투과 검사[법].
di·aph·a·nom·e·ter [dàiəfənámətər/-nɔ́m-] 명 투명도 측정기. **-no·mét·ric** 형 **-try** 명
di·aph·a·nous [daiǽfənəs] 형 1 (천 따위가) 속이 비치는, 투명한; 반투명의. 2 (풍경 따위가) 희미한, 아스라한; (소망 따위가) 비현실적인, (가능성이) 희박한. ~**·ly** 부 ~**·ness** 명
di·a·phone [dáiəfòun] 명 1 농무 경적, 무적(霧笛). 2 〔언어〕 방언적인 이음[異音]. 3 〔음성〕 유음(類音).
di·aph·o·rase [daiéfərèis] 명 〔생화학〕 다이아포라제(플라빈(flavin) 단백질 효소의 일종).
di·a·pho·re·sis [dàiəfəríːsis] 명□ 〔의학〕 발한 (發汗) (요법); 땀.   「— 형 발한성의.
di·a·pho·ret·ic [dàiəfərétik] 〔병리〕 명 발한성의.
di·a·phragm [dáiəfræ̀m] 명 1 〔해부〕 격막(隔膜), 횡격막. 2 칸막이판; (물·화) (전지 따위의) 격판. 3 (전화기 따위의) 진동판. 4 (광학) (렌즈의) 조리개. 5 (피임용) 페서리(pessary). — 타 1 …에 격막[칸막이판, 진동판, 조리개]를 붙이다. 2 (광학) (조리개)를 조르다.
di·a·phrag·mat·ic [dàiəfrægmǽtik] 〔해부〕 횡격막의, 격벽의, 격판의; 횡격막 모양의, 격벽[격막] 모양의. **-i·cal·ly** 부
di·a·poph·y·sis [dàiəpáfəsis-pɔ́f-] 명 (복 **-ses** [-sìːz]) 〔해부〕 (척추골의) 횡돌기(橫突起)의 관절부.
di·a·pos·i·tive [dàiəpázətiv/-pɔ́z-] 명 (사진의) 투명한 양화(슬라이드 따위).
di·ar·chy [dáiɑːrki] 명□ 양두(兩頭) 정치. (또는 **dyarchy**) **di·ár·chal, di·ár·chi·al, di·ár·chic** 형
di·ar·i·al [daiɛ́əriəl] 형 일기의, 일지 형식의.
di·a·rist [dáiərist] 명 일기 쓰는 사람; 일지 담당자; (출판된) 일기들의 저자, 일기 작가.
di·a·ris·tic [dàiərístik] 형 일기체의; 일지 담당의.
di·ar·rh(o)e·a [dàiərí:ə/-ríə] 명□© 설사.
¶ have ~ 설사를 하다.
-al [-əl], **-rh(o)é·ic, -rh(o)ét·ic** 형
diarrh(o)éal hydrátion 〔병리〕 설사성 탈수증.
‡**di·a·ry** [dáiəri] 명 (복 **-ries** [-z]) 1 일기, 일지. 2 (영) 일기장; 탁상 다이어리(미) calendar).
keep a diary 일기를 쓰다.
Di·as [díːəs] 명 **Bartolomeu** ~ 디아스(1450?-1500: 희망봉을 발견한 포르투갈 항해가).
di·as·chi·sis [daiǽskəsis] 명 〔병리〕 신경 연락 기능 해리(解離)(뇌 손상에 의한 기능 장애).
di·a·scope [dáiəskòup] 명 다이어스코프, 투영경 (投影鏡)(투명체의 화상(畫像)을 영사하는 장치); 〔의학〕 유리 압진기(壓診器).
Di·as·po·ra [daiǽspərə] 명 1 (the ~) 디아스포라(바빌론 유수(幽囚) 후의 유대인들의 이산). 2 유대인들이 흩어져 간 곳; 기독교도가 적은 지방. 3 (종종 **d—**) (집합적) (팔레스타인 이외의) 타국에 거주하는 유대인들; 이교국에 산재한 기독교인들. 4 (**d—**) 집단 이주[탈출]; 이산, 이주자[소수 이교도] 집단.
di·a·spore [dáiəspɔ̀ːr] 명 1 디아스포어, 수산화알루미늄광. 2 〔식물〕 전파체(傳播體), 산포체(散布體).
di·a·stase [dáiəstèis, -stèiz] 명□ 〔생화학〕 디아스타아제(녹말 소화효소) 효소; =enzyme.
di·a·sta·sis [daiǽstəsis] 명 (복 **-ses** [-sìːz]) 1 〔의학〕 골단 해리(骨端解離)(탈구(脫臼) 따위). 2 〔생리〕 심박 정지기(心搏停止期)(수축기 직전의 휴지기(休止期)).
di·a·stat·ic [dàiəstǽtik] 형 〔생화학〕 디아스타아제(성)의, 당화성의. ¶ ~ action 당화 작용. 2 〔의학〕 골단 해리(骨端解離)의. (또는 **diastasic**)
di·a·stem [dáiəstèm] 명 〔지질〕 다이어스템(퇴적(堆積)의 일시적 정지 및 미세한 간격). ²**stém·ic** 형
di·a·ste·ma [dàiəstíːmə] 명 (복 **~·ta** [-tə]) 〔생물〕 격막질(隔膜質); 〔치과〕 치극(齒隙).
di·as·ter [daiǽstər] 명 〔생물〕 (유사(有絲) 분열의) 쌍성기(雙星期). **-tral** 형
di·as·to·le [daiǽstəli/-li] 명□ 1 〔생리〕 (심장의) 이완(기), 확장(기) (명 systole). 2 〔운율〕 음절 연장.
di·as·tol·ic [dàiəstálik/-tɔ́l-] 형 1 〔생리〕 (심장) 이완(기)의, 심장 이완에 의한. 2 〔운율〕 음절 연장의.
di·as·tro·phism [daiǽstrəfìzm] 명□ 〔지질〕 지각 변동. **di·a·stroph·ic** [dàiəstráfik/-strɔ́f-] 형
di·a·stróph·i·cal·ly 부
di·a·style [dáiəstàil] 명 〔건축〕 삼경간식(三徑間式)의(기둥 사이의 간격을 기둥 직경의 3배로 하는).
di·a·sys·tem [dáiəsìstəm] 명 〔언어〕 동류(同類) 언어계, 통방언(通方言) 체계.

di·a·tes·sa·ron [dàiətésərən, -ràn] 명 1 (때로 D-) 공관(共觀) 복음서(4복음서를 통일하여 편집한 것). 2 (음악) (고대 그리스·중세 음악용) 완전 4도 음정.

di·a·ther·man·cy [dàiəθə́ːrmənsi] 명[U] (물리) 투열성(透熱性). **-ma·nous** [-mənəs] 형 (물리) 투열성의, 열을 통과하는 (성질을 가진).

di·a·ther·mic [dàiəθə́ːrmik] 형 1 (의학) 투열 요법의. 2 (물리) 열을 전도하는(diathermanous).

di·a·ther·my [dàiəθə̀ːrmi] 명 (의학) (고주파 전류를 이용하는) 투열 요법; 그 장치. (또는 **diather·mia**) [<G]

di·ath·e·sis [daiǽθəsis] 명 (pl. **-ses** [-siːz]) [U][C] (병리) (선천적인) 특이 체질.

di·a·thet·ic [dàiəθétik] 형 (병리) 특이 체질의.

di·a·tom [dáiətəm] 명 (식물) 규조(珪藻), 규조류.

di·a·to·ma·ceous [dàiətəméiʃəs] 형 (식물) 규조의, 규조류의; 규조로 된; 규조토의.

di·a·tom·ic [dàiətámik/-tɔ́m-] 형 (화학) 2원자의, (1분자 중에 치환 가능한) 2원자를 가진; 2가(價)의. **di·at·o·mic·i·ty** [dàiætəmísəti]

di·a·ton·ic [dàiətánik/-tɔ́n-] 형 (음악) 온음계(음階)의, 온음계적인. ⓐ chromatic ¶a ~ scale 온음계. **-i·cal·ly** 온음계법.

di·a·ton·i·cism [dàiətánəsìzm/-tɔ́n-] 명 (음악)

di·a·treme [dáiətrìːm] 명 (지질) 다이어트림(땅장(岩塔) 속의 화도(火道)).

di·a·tribe [dáiətràib] 명[U][C] 심한 매도, 통렬한 비난의 말 (against).

di·at·ro·pism [daiǽtrəpìzm] 명 (식물) 횡굴성(橫屈性). **di·a·trop·ic** [dàiətrápik/-trɔ́p-] 형

di·az- [daiǽz, -éiz] 연결 ⇒ DIAZO-. 「(신경 안정제)

di·az·e·pam [daiǽzəpæ̀m] 명[U] (약학) 디아제팜

di·a·zine [dáiəziːn, daiǽziːn] 명 다이아진.

di·az·o [daiǽzou, -éiz-] 형 (화학) 2질소의, 디아조늄의; 디아조기(基)를 함유한. — 명 (pl. ~(e)s) 디아조 화합물, 디아조 염료; =diazotype.

di·az·o- [daiǽzou, -zə, -éiz-] 연결 (화학) two nitrogen atoms의 뜻(* 모음 앞에서는 diaz-). ¶*diazomethane*(디아조메탄); *diazine*.

di·az·o·a·mi·no [daiǽzouəmìːnou/-mái-] 형 (화학) 디아조아미노기(基)의를 함유한.

diazoamíno gròup 명 (화학) 디아조아미노기(基).

diázo gròup 명 (화학) 디아조기(基). 「$(C_3H_4N_2)$.

di·a·zole [dáiəzòul, daiǽzoul] 명 (화학) 디아졸

di·az·o·meth·ane [dàiæzoumèθein] 명 (화학) 디아조메탄(CH_2N_2). 「화합물의(에서 유도된).

di·az·o·ni·um [dàiəzóuniəm] 명 (화학) 디아조늄

diazónium cómpound 명 (화학) 디아조늄 화합

diazónium sált 명 (화학) 디아조늄염(塩). 「물.

diázo prócess 명 (사진) 디아조 사진 방식(디아조 화합물로 처리한 종이를 사용하는 복사법).

diázo rádical 명 =diazo group.

di·az·o·tize [daiǽzətàiz] (* (英) **-tise**) 동(타) (화학) 디아조화(化)하다. **-tiz·a·ble** 형 **-ti·zá·tion** 명

di·az·o·type [daiǽzətàip] 명 (사진) 디아조타이프 (사진 인화법의 하나); =diazo process.

di·az·ox·ide [dàiæzáksaid/-ɔ́k-] 명 (약학) 디아족사이드(항이뇨성(抗利尿性) 혈압 강하제).

dib¹ [dib] 자 **(-bb-)** 미끼를 수면에 가볍게 띄워서 낚다.

dib² 명 (美속어) 돈. (또는 dibs)

di·ba·sic [daibéisik] 형 (화학) 2염기(성)의. ¶~ acid 2염기산. **di·ba·sic·i·ty** 명 「(Somaliland) 산).

dib·a·tag [díbətæ̀g] 명 (동물) 가젤(gazelle) 영양

dib·ber [díbər] 명 =dibble

dibber bòmb 명 (항공) 활주로 폭탄.

dib·ble [díbl] 명 (파종·구근 심기에 쓰는) 구멍 파는 연장; (美속어) 음경. (또는 (英) dibber) — 동(타) (구멍 파는 연장으로) ¶땅에 구멍을 파다; (씨)를 뿌리다, (구근)을 심다. — 자 dibble을 쓰다 [(dibble)

dib·bler [díblər] 명 1 구멍 파는 사람. 2 구멍 파는 농기구(기계). 3 얼룩주머니쥐(오스트레일리아산(産) 작은 동물).

dib·buk [díbək] 명 =dybbuk.

di·bit [dáibit] 명 (컴퓨터) 쌍(雙)비트.

di·bro·mide [daibróumaid, -mid] 명 (화학) 2브롬화물(化物). 「사용권(on).

dibs [dibz] 명[복] (속어) 1 푼돈, 돈. 2 (…의) 소유권,

***dice** [dais] 명[복] (단 (美) **die**, (英) ~) 1 주사위, 다이스. ¶loaded ~ (속에 납을 채운) 협잡 주사위/one of the ~ 주사위 하나(* 보통 두 개를 한 벌로 사용하기 때문에 a die 대신에 쓰인다)/throw [or cast] the ~ 주사위를 던지다. 2 (단수취급) 주사위놀이, 도박. ¶He lost his fortune at ~. 그는 노름으로 재산을 잃었다. 3 주사위꼴, 작은 입방체. ¶cut potatoes into ~ 감자를 주사위꼴로 썰다. 4 (자동차 경주에서) 선두(자리) 다툼. 「모든 것을 걸다.

cast [or *roll, throw*] *the dice on* …에 도박하다,

in the dice 거의 확실하여.

load the dice (구어) (주사위를 조작하는 뜻에서) …에게 유리[불리]한 결과가 나오도록 꾸미다 (*for, against*). 「가 모자라(는).

missing a few dots on one's dice (美속어) 머리

no dice ① 헛되이, 보람없이, 무익하게; 실패. ¶He applied for a new position, but it was *no* ~. 그는 새 직장에 지원했으나 실패하고 말았다. ② (美·캐나다 구어) 싫어, 안돼(no)(요구 따위를 거절하는 표현으로). ¶As for the rest, *no* ~. 나머지는 안돼.

play at [or *with*] *dice* 주사위를 던지다, 노름하다.

with loaded dice ① 부정[협잡] 주사위를 써서. ② 교활한 수단을 써서, 협잡해서.

— 동(타) 1 (야채·육류 따위)를 주사위꼴로 썰다[자르다]. ¶~ carrots 당근을 깍둑기꼴로 썰다. 2 …에 주사위 무늬[바둑판 무늬]를 넣다. 3 (재산 따위)를 노름으로 잃다 (*away*). — 자 주사위놀이를 하다, (…을 걸고) 노름을 하다 (*for*). 「리다.

dice away one's fortune 노름으로 재산을 날려 버

dice oneself into debt 노름으로 빚지다.

dice oneself out of 노름으로 …을 날리다.

dice with death (목숨을 걸고) 큰 모험을 하다.

dice·box [dáisbàks/-bɔ̀ks] 명 (주사위를 흔들어서 던지는) 주사위통. 「별칭.

Dice City 명 (美속어) 미국 Nevada 주 Las Vegas의

dice cùp (주사위를 넣고 흔들어서 뽑는) 주사위 컵.

di·cen·tric [daiséntrik] 형 (생물) (염색체가) 2개의 동원체(動原體)를 갖는. — 명 2동원체 염색체.

di·ceph·a·lous [daiséfələs] 형 머리가 둘 있는, 쌍두의, 양두(兩頭)의. **-lism** 명

dice·play [dáisplèi] 명[U] 주사위놀이(노름).

dic·er [dáisər] 명 1 주사위 노름꾼; 노름꾼; 음식물을 주사위 모양으로 자르는 기구; (속어) (신사용) 중산모.

dic·ey [dáisi] 형 (英구어) 위험한, 아슬아슬한; 불확실한.

dich- [daik] 연결 ⇒ DICHO-.

di·cha·si·um [daikéiʒ(i)əm/-ziəm] 명 (pl. **-si·a** [-ʒiə/-ziə]) (식물) 기산 화서(岐繖花序). **-si·al** 형

di·chlo·ride [daiklɔ́ːraid, -rid] 명 (화학) 2염화물.

di·chlo·ro- [daiklɔ́ːrou, -rə] 연결 (화학) containing two atoms of chlorine의 뜻(* 모음 앞에서는 dichlor-). ¶*dichloro*benzene(디클로로벤젠).

di·chlo·ro·phe·nox·y·a·cé·tic ácid [daiklɔ̀ː-roufinàksiəsíːtik-/-nɔ̀k-] 명[U] (화학) 디클로로페녹시 아세트산(제초제)(통칭 2,4-D).

di·cho- [dáikou, -kə] 연결 in two parts, in pairs의 뜻(* 모음 앞에서는 dich-). ¶*dichotomy*.

di·chog·a·mous [daikágəməs/-kɔ́g-] 형 (식물) 자웅이숙(雌雄異熟)의. (또는 **dichogamic**)

di·chog·a·my [daikágəmi/-kɔ́g-] 명[U] (식물) 자웅이숙(雌雄異熟)(양성화(兩性花)의 암술과 수술의 성숙

dich·o·tic [daikóutik] 형 (음의 크기·속도가) 좌우의 귀에 다르게 들리는 (느낌의).

di·chot·o·mize [daikátəmàiz/-kót-] 동타 …을 2분하다. — 자 둘로 나누어지다, 분기(分岐)하다. **-mist** 명 2원론자. **˙mís·tic** 명 **˙mi·zá·tion** 명

di·chót·o·miz·ing sèarch [daikátəmàiziŋ-] 명 〔컴퓨터〕 이분(二分) 검색법.

di·chot·o·mous [daikátəməs/-kót-] 형 양분한; 두 갈래의, 2분법의.¶a ~ branching 두 갈래로 가지 나기. **~·ly** 부 **~·ness** 명

di·chot·o·my [daikátəmi/-kót-] 명UC 1 (의견 따위의) 양분, 둘로 갈리기(between). 2 〔논리〕 2분법. 3 〔식물〕 두 갈래로 가지나기(분지(分枝)], 쌍생(雙生). 4 〔천문〕 반달, 현월(弦月).

dì·cho·tóm·ic **dì·cho·tóm·i·cal·ly** 부

di·chro·ism [dáikrouìzm] 명UC 2색성. 1 〔물리〕 결정체가 보는 각도에 따라 투과광(透過光)의 색을 달리 하는 성질. 2 〔화학〕 용액이 그 농도에 따라 다른 색을 띠는 성질. 「色」형 색각자(色覺者).

di·chro·mat [dáikroumæt] 명 〔안과〕 이원색(二色版)

di·chro·mate [daikróumeit] 명 〔화학〕 중크롬산 염; 〔안과〕 =dichromat.

di·chro·mat·ic [dàikroumǽtik, -krə-] 형 1 2색 (성)의. 2 〔안과〕 2색성 색각의. 3 〔동물〕 2변색성의.

di·chro·ma·tism [daikróumətizm] 명UC 1 2색 성; 〔동물〕 2변색성. 2 〔안과〕 2색성 색각(3원색 중 2원 색만 식별하는 부분 색맹).

di·chro·mic [daikróumik] 형 1 〔화학〕 중크롬의; 중크롬산의(을 함유하는). 2 이색의; 이색성(二色性) 색 각(色覺)의. 「도박장. 2 마름모꼴 장식.

dic·ing [dáisiŋ] 명U 1 주사위놀이. ¶a ~ house

dick[1] [dik] 명 1 (美속어) 형사(detective), 탐정. 2 (英속어) 사내, 녀석; 얼간이. 3 (비어) =penis. 4 싫 술꾸러기. 5 (美속어) (적군의) 전사자. — 동자 (美속 어) 1 빈둥거리다; 질질 끌다; 마구잡이로 휘젓다; 빈둥 거리며 돌아다니다(around). 2 (여성과) 성교하다. — 타 〔여성〕과 성교하다; 〔남〕을 속이다; 짓궂게 굴다.

dick[2] 명 (美속어) = declaration. 「訓」. *take one's dick* (속어) (…라고) 선언[맹세]하다 *(that up to dick* (속어) ① 멋진, 훌륭한. ② 표준에 맞는.

Dick [dik] 명 딕 (남자 이름; Richard의 애칭).

dick-brained [-brèind] 형 바보 같은, 미치광이의.

dick·drink·er [díkdriŋkər] 명 (美속어) 펠라티오 〔구강 성교〕를 하는 사람. 「도한.

dicked [dikt] 형 (美속어) (성공이) 확실한; 용의주도

dick·ens [díkinz] 명 (구어) (the ~) 악마; 〔감탄 사적〕 제기랄, 빌어먹을(* 가벼운 저주·욕; devil, deuce 처럼 쓰인다).¶What the ~ does it mean? 도대체 그 게 무슨 말이냐?/Why the ~ did you say so? 도대 체 어째서 그 따위 말을 했느냐?/The ~! 뭐라고!, 제 기랄!(* 놀람·당혹감·불쾌감을 나타낸다).

catch the dickens 심하게 야단맞다, 벌받다.

Dick·ens [díkinz] 명 **Charles** ~ 디킨즈(1812-70; 영국의 소설가)(* 소유격은 Dickens' [díkinziz]).

Dick·en·si·an [dikénziən] 형 1 디킨즈(류, 풍, 작품) 의. 2 (건물 따위가) 낡은. — 명 디킨즈 연구가(애호가).

dick·er[1] [díkər] 동자 1 작은 거래를 하다; 값을 흥 정하다, 값을 깎다. 2 물물 교환을 하다. 3 (조건을 서로 내놓으며) 협상하다. — 타 …을 거래하다; …의 값을 깎다. — 명UC 1 작은 거래; 물물 교환. 2 협상, (정치적) 타협.

dick·er[2] 명 10 개, (가죽의) 10 개[장] 한 별.

dick·ey[1] [díki] 명 1 (뗄 수 있는) 와이셔 츠의 가슴받이, 블라우스의 앞가리, 셔츠의 칼라. 2 턱받이(bib). 3 (어린이말) 작은 새. 4 (英구어) 수탕나귀. 5 (英) (마차의) 수종 (dickey[1]) 용 뒷좌석; (초기 자동차의) 보조 뒷좌석((美) rumble seat). (또는 ～ sèat) 6 (마차의) 마부석. (또는 ～ bòx) 7 (美속어) 남자 성기. (또는 **dicky, dickie**)

dick·ey[2] 형 (英구어) 1 결함이 있는, 고장난. 2 약한, 위태위태한; 당장 쓰러질 듯한; 흔들거리는.

dick·ey·bird [díkibə̀ːrd] 명 1 (英구어) 작은 새. 2 (英속어) 한 마디 말.¶not [or never] say a ~ 잠자코 있다, 한 마디도 하지 않다. (또는 **dickybird**)

díckey bòw (英) 나비 넥타이.

dick·head [díkhèd] 명 (속어) (음경의) 귀두; 바보.

dick·ie [díki] 명 =dickey[1].

Dick·in·son [díkinsn] 명 디킨슨. 1 **Emily E.** ~ (1830–86: 미국의 여류 시인). 2 사람 이름.

dick·less [díklis] 형 (美속어) 음경이 없는.

díckless Trácy (美속어) 여자 경찰관.

dick·o·ry [díkəri] 명 (美속어) 시계; 택시 미터기.

Díck tèst 명 〔병리〕 딕 시험(성홍열의 피부 진단법). [< 고안자 미국의 내과의 George F. Dick(1881–1967) 의 이름]

Díck Trá·cy [-tréisi] 명 딕 트레이시(미국 만화가 Chester Gould(1900–85)의 만화; 그 주인공인 민완 형사).

dick·ty [díkti] 형 =dicty. 「형사).

dick·y[1] [díki] 명 =dickey[1].

dick·y[2] 형 =dickey[2].

di·cli·nous [dáiklənəs, daiklái-] 형 〔식물〕 자웅 이화(雌雄異花)의; 단성화(單性花)의. 명 monoclinous

di·cot·y·le·don [dàikàtəlíːdn/daikɔ̀t-] 명 쌍떡잎 식물. 명 monocotyledon **-ous** [-əs] 형

di·cou·ma·rin [daikjúːmərin/-kúː-] 명U 〔약 학〕 다이쿠머린(혈전증(血栓症) 치료용 혈액 응고 방지 제). (또는 **dicóumaròl**)

di·crot·ic [daikrátik/-krɔ́t-] 형 〔생리〕 중박(重搏) 의; 일심박(一心搏)에 두 번 맥박이 뛰는; 중박맥(重搏 脈)의. **di·cro·tism** [dáikrətìzm] 명

dict. dictated; dictation; dictator; dictionary.

dic·ta [díktə] 명 dictum의 복수형.

Dic·ta·phone [díktəfòun] 명 〔상표〕 속기용 구술 녹음기(dictating machine). 「사)된.

dic·ta·phon·ic [dìktəfóunik] 형 정확히 재생(복

‡**dic·tate** [díkteit/-́-] 동 (*-tat·ed; -tat·ing*) 타 1 …을 (말한 대로) 받아쓰게 하다, 구술하다(*to*).¶(~ +閏+名]) ~ a letter to a secretary 비서에게 편지를 받 아쓰게 하다. 2 (권위를 갖고) …을 명령하다, 지시하다 (*to*).¶His conduct is ~d by conscience. 그는 양심이 명하는 대로 행동한다. 3 …을 결정하다, …에 영향을 끼 친다. — 자 1 받아쓰기를 시키다, 구술해서 받아쓰게 하 다(*to*).¶(~+閏+名]) ~ *to a stenographer* 속기사에 게 구술해서 받아쓰게 하다. 2 지휘하다, 명령하다(*to*). ¶(~+閏+名]) ~ *to a person* 남에게 명령하다. 3 (정 황·날씨 따위가) 영향을 끼치다. — 명 [díkteit] (~s) (이성·양심 따위의) 명령, 지시, 지령.¶the ~s of common sense 상식의 명령/by the authorities' ~s 당국의 지시에 따라. **-tat·ing·ly** 부 「기.

dic·tat·ing machine [díkteitiŋ-] 구술 녹음

‡**dic·ta·tion** [dikteíʃən] 명 (**~s** [-z]) 1 U 구술, 받아쓰기; C 구술된[한] 말. 2 U 명령, 지령, 지시. 3 (음악) 청음 awful(음악을 듣고 악보로 기록하기).

at the dictation of; at a person's dictation 남 의 지시로, …의 지시에 따라.

give dictation 받아쓰기를 시키다(*to*).

take dictation 구술을 받아쓰다.

write from [or *under*] *a person's dictation* 남 의 구술을 받아쓰다. **-al** 형 「의 구술을 받아쓰다.

*‡**dic·ta·tor** [díkteitər/-́-́-] 명 1 독재자, 전제자; 최 고 실권자. 2 (고대 로마의) 집정관. 3 지령자, 지배자, 권위자. 4 받아쓰게 하는 사람, 구술자.

dic·ta·to·ri·al [dìktətɔ́ːriəl] 형 1 독재자의, 독재 [전제] 정권의. 2 독재[명령]적인, 전횡의.¶a ~ tone 명

령적인 말투. 3 오만한, 거만한. ~**ly** 튀 ~**ness** 명
*__dic·ta·tor·ship__ [diktéitərʃip, ´-- ̀ -] 명Ụ 1 독재 국가[체제, 정권]. 2 독재(권), 절대권. ¶ ~ of the proletariat 프롤레타리아 독재. 3 독재자의 지위[임기].
__dic·ta·tress__ [díkteitris, -´--] 명 dictator의 여성형.
__dic·ta·ture__ [díktətʃər, diktətʃùər] 명 =dictatorship; (집합적) 독재자(들).
*__dic·tion__ [díkʃən] 명Ụ 1 말씨, 말투; 어법, 용어(의 선택), 문체. ¶ good ~ 적절한 용어(선택)/poetic ~ 시어(법). 2 《美》 발성법, 발음. ~·**al** 형 ~·**al·ly** 부
‡__dic·tion·ar·y__ [díkʃənèri-ʃənəri] 명 (褸 -**ar·ies** [-z]) 1 사전, 사서(lexicon); 특수 사전, 사전(事典). ¶ ~ English [style] (사전식의) 딱딱한 영어[문체] / a walking [or living] ~ 살아 있는 사전 / a biographical ~ 인명 사전 / look up a word in a ~ 사전에서 한 단어를 찾다. 2 (컴퓨터) 디서너리, 일람표, 용어집. 3 《생화학》 유전 암호 일람.
consult [or see] a dictionary 사전을 찾아보다.
swallow the dictionary 긴 어려운 말을 쓰다.
díctionary càtalog 명 (저자·책이름 따위를 알파 벳순으로 게재한) 종합 도서 목록.
Díctionary of Américan Bíography 명 미국 인명 사전(약 D. A. B.). 「인명 사전(약 D. N. B.).
Díctionary of Nátional Bíography 명 《英》
Dic·to·graph [díktəgræf, -grà:f] 명 (상표) 딕토 그래프(고성능 도청 녹음용 송신기).
__dic·tum__ [díktəm] 명 (褸 -**ta** [-tə], ~**s**) 1 (공식적인) 선언, 언명, 단정; (권위 있는) 의견. 2 격언, 금언 (maxim). 3 (법률) =obiter ~. [<L]
__dic·ty__ [díkti] 《美속어》 형 고급의; 훌륭한; 거만한, 상류인 체하는. 명 신사인 체하는 속물; 귀족. (또는 **dickty, dictee**) [(세포의) 골지체(體)]
__dic·ty·o·some__ [díktiəsòum] 명 (생물) 딕티오솜.
__di·cy·an·di·am·ide__ [daisàiəndaiǽmaid] 명 (화학) 디시안다이아미드(수용성 백색 결정으로 약제용). (또는 **dicyanodiamide**)
‡__did__ [did] 동조 do의 과거.
DID (시략) densely inhabited district(인구 밀집 지
__di·dac·tic__ [daidǽktik/di-] 형 교훈적인; 설교적인, 훈시하려고 하는. (또는 **didactical**) -**ti·cal·ly** 부
__di·dac·ti·cism__ [daidǽktəsìzm/di-] 명Ụ 교훈주의; 교훈적인 경향, 교훈하는 버릇. (교육[법], 교수법.
__di·dac·tics__ [daidǽktiks/di-] 명 (단수취급) 교
__di·dap·per__ [dáidæpər] 명 《美방언》 =dabchick.
__did·dle¹__ [dídl] 동조 《英속어》 1 (남을 속이다, 속임수에 걸다, 사취하다 (out of). ¶ ~ a person out of his money 남에게서 돈을 사취하다. — 명 사기. -**dler** 명
__did·dle²__ [dídl] 동조 《구어》 **a**) (구어) (…을) 장난감으로 삼아 놀다, 가지고 놀다(around) (with). 2 시간을 낭비하다, 어슬 렁거리다(around). 3 (구어) 급속히 상하[전후좌우로] 움직이다. 4 소변을 보다(piddle). — 동조 (구어) 급속히 상하[전후좌우로] 움직이게 하다. 2 (시간·돈)을 낭비하다(away). 3 《美속어》 …와 성교하다; (재귀용법으로) 자위하다, 수음을 하다; 손장난하다; (어린아이)에게 (성적인) 장난을 하다. -**dler** 명
díddle bàg 명 자질구레한 것들을 넣는 가방.
__did·dle·head__ [dídlhèd] 명 《구어》 멍청이, 바보.
__did·dly__ [dídli] 《美속어》 명 1 하찮은 일[문제], 변변 찮은 것. ¶ not know ~ 아무것도 모르다. 2 결함, 기능 부전(不全). — 형 하찮은, 시시한. (또는 **diddley**)
__did·dly·bop__ [dídlibàp/-bɔ̀p] 명 《美속어》 1 질질 시간을 끌다, 전력이 나다; 재미있는(가슴 졸이는) 일을 하다; 엉덩이를 흔들며 걷다. — 명 기분 전환, 즐거움; 경쾌하고 리드미컬한 소리. — 형 경쾌한; 자극이 없는, 맥빠진 듯한. ~·**per** 명 사교가 서툰 사람; 부자 흑인.
__did·dly·hop__ [dídlihàp/-hɔ̀p] 명 《美속어》 (갱단의) 주먹대장, 두목.
__did·dly·shit__ [dídliʃìt] 명 《美속어》 명 시시한 놈, 보잘

것없는 놈; 값싼 것. — 형 하찮은, 시덥잖은.
__did·dy¹__ [dídi] 《英속어》 명 유방, 젖꼭지; 모유, 젖.
__did·dy²__ 동조 《美속어》 돌아가다, 나가다.
__díddy bàg__ 명 《美軍속어》 자루식 가방.
__did·dy-bop__ [-bàp/-bɔ̀p] 동조 《美속어》 (춤추듯이) 가볍게 걷다.
__di·de·ox·y·cyt·i·dine__ [dàidiɑ̀ksisítədìːn] 명 (약학) 디디옥시시티딘(AIDS 치료제). (약) DDC).
__di·de·ox·y·in·o·sine__ [dàidiɑ̀ksiínəsìːn] 명 (약학) 디디옥시이노신(AIDS 치료제). (약) DDI).
__Di·de·rot__ [diːdəròu] 명 **Denis** ~ 디드로(1713-84; 프랑스의 사상가·소설가).
__did·ger·i·doo__ [dìdʒəridúː] 명 ~**s** 디제리두 (오스트레일리아 북부 원주민의 대형 목관 악기). (또는 __di·die__ [dídi] =didy. [**didjeridoo, didjeridu**]
__dídie bàg__ 명 《美구어》 세면 도구 가방.
‡__did·n't__ [dídnt] did not의 단축형.
__di·do__ [dáidou] 명 (褸 ~(**e**)**s**) 《美구어》 (짓궂은) 희롱, 장난, 농담; 《속어》 불평, 반대; 하찮은 것.
cut (up) didos 장난치다, 까불거리다.
— 동조 《濠속어》 노점에서 …을 훔치다.
__Di·do__ [dáidou] 명 1 (그리스 신화) 디도(카르타고 (Carthage)를 창설한 여왕). 2 다이도우의 (여자) 이름.
__didst__ [didst] 동조 (고어) do의 2인칭 단수 과거형(*주어가 thou일 때에 쓴다).
__di·dy__ [dáidi] 명 《어린이말》 기저귀; (-dies) 《英속어》 팬티. (또는 **didie**)
__di·dym·i·um__ [daidímiəm, di-] 명 (화학) 디디뮴(neodymium과 praseodymium의 혼합물; 기 Di).
__did·y·mous__ [dídəməs] 형 (식물) 쌍생(雙生)의, 짝으로 된. [Thomas의 별칭).
__Did·y·mus__ [dídəməs] 명 디두모(12사도 중 하나인
__di·dyn·a·mous__ [daidínəməs] 형 (꽃이) 2강(强)[2장(長)] 수술인(4개의 수술 중 2개가 긴 것).
*__die¹__ [dai] 동조 (~**s** [-z]; ~**d; dy·ing**) 재 1 **a**) (사람·동물이) 죽다; (…때문에) 죽다(of, from, with). ¶ (~+前+名) ~ by violence 비명(非命) 횡사하다 / for one's country 조국을 위해 죽다 / ~ from wounds [weakness] 부상[쇠약]으로 죽다 / ~ of disease [hunger, old age] 병[굶주림, 노령]으로 죽다 / ~ in agony [peace] 고통스럽게[편안하게] 죽다 / ~ through neglect 돌보지 않아 죽다. **b**) …한 상태로 죽다. ¶ (~+㎎) ~ young 젊어서 죽다, 요절하다 / 어느 나라에 들어가는데서 죽다 / ~ rich [poor] 유복[가난]한 환경에서 죽다. **c**) (식물 따위가) 시들다, 말라죽다. ¶ The flower ~**d** at night. 그 꽃은 밤새 시들어버렸다.

USAGE **die of, from, with** — 죽음의 원인이 병·기아·노령 따위인 경우에는 of를, 쇠약·상처·부주의인 경우에는 from을, 정신적인 원인(분노·실연 따위)인 경우에는 with을 쓰는데, from을 써야 할 경우에 of을 쓰는 일도 많다.

2 (불·소리 따위가) 꺼지다, 사라지다; 희미해지다(away, down); (명성·제도·국가 등이) 소멸하다(out); (움직임이) 멈추다, 그치다. ¶ the dying day 저물어 가는 날 / The engine ~**d**. 엔진이 멈췄다 // (~+㎎) The wind slowly ~**d** down. 바람이 서서히 가라앉았다 // (~+前+名) His secret ~**d** with him. 그는 비밀을 지키고 죽었다. 3 (구어) **a**) (현재분사형으로) 죽도록 괴로워하다. ¶ (~+前+名) ~ of laughing 우스워 죽을 지경이다 / I'm dying of boredom. 지루해서 죽을 지경이다. **b**) (현재분사형으로) 몹시 탐내다[하고 싶어하다] (for, to do). ¶ He is dying for a bicycle. 그는 자전거를 몹시 탐내고 있다 // (~+to do) He is dying to read Hamlet. 그는 햄릿을 몹시 읽고 싶어한다. 4 (…에) 무관심[무감각]해지다 (to). ¶ (~+前+名) ~ to shame 창피를 잊다 / ~ to the world 세상을 버리다. 5

[신학] 정신적으로 죽다. **6** 정신을 잃다; 원기가 없어지다. **7** 오르가슴에 도달하다. **8** 〔야구〕 (주자가) 잔루가 되다. **9** 〔술 따위가〕 김빠지다. **10** (흥행·연예인 등이) 전혀 받아들여지지 않다; (연기·연주 따위가) 실패하다.
— 囲 《동족목적어와 함께》 …한 죽음을 하다. ¶ ~ the death of a hero [or a hero's death] 영웅적으로 죽다 / ~ a natural death 자연사하다. 　　　　「죽는다.
A man can only die once. 인간은 한 번
die a beggar 거지로 죽다, 거렁송장이 되다.
die a dog's death 개죽음하다, 비참하게 죽다.
die at one's post 순직하다.
die away (바람·소리 등이) 잠잠해지다; 실신하다.
die back (식물이) 뿌리만 남기고 말라버리다, 가지에서부터 시들다.
die down ① 점점 조용해지다[꺼지다, 그치다]. ② = *die back*.
die game 용감히 싸우다 죽다.
die hard 여간해서 죽지 않다; (관습 따위가) 쉽게 사라지지 않다.
die in a ditch 객사하다.
die in harness 순직하다, 일하다 죽다.
die in (one's) bed 제 명에 죽다, 집에서 죽다.
die in [or *with*] *one's boots* [or *shoes*] ⇒BOOT[1].
die in the last ditch ⇒DITCH.
die off ① 차례차례 죽다[시들다]. ② = *die out* ①.
die of laughing 포복 절도하다.
die on ① (사람이) …의 눈앞에서[보살핌을 받으며] 죽다. ② (자동차 등이) 움직이지 못하다; …의 관심을 끌지 못하다.
die on one's feet 급사하다; 기진맥진하다.
die on the air (종소리 따위가) 공중에서 사라져가다.
die on the vine (실물 따위가) 열매를 맺지 못하고 죽다.
die out ① (집안·종족 따위가) 맥이 끊기다. ② (관습·장사 따위가) 쇠퇴하다.
die standing up 연기를 해도 관객의 박수를 못 받다.
die the death ① 〔구어〕 (배우가) 관객의 호응을 못 받다. ② 〔구어〕 (일이) 두 번 다시 행해지지 않게 되다. ③ 〔고어〕 죽다; 피살되다; 처형되다.
die the world 세상을 버리다.
die to self 자기를 버리다.
die unto sin 벌을 면하다.
(I) hope [or *wish*] *I may die*; *(I) hope to die* 〔구어〕(자기 말의 진실성을 단언하며) 절대로, 맹세코.
Never say die! 죽는 소리 하지 마라 !, 기운을 내라!
to die (for) 〔미속어〕 ① 〔형용사적〕 훌륭한, 멋진. ② 〔부사적〕 대단히, 끔찍히.
to one's dying day 살아 있는 한, 죽는 날까지.
— 囲 〔속어〕 죽음(death).

die² 囲 (凤 *dice* [dais]) **1** 주사위; (*dice*) 주사위 노름[놀이]. **2** 주사위로 자른 것, 주사위판.
The die is cast [or *thrown*]. 주사위는 던져졌다; 운명은 이미 결정되었다, 이제 돌이킬 수 없다.
upon the die 위기에 처하여.

die³ 囲 (凤 ~**s** [-z]) **1** 〔기계〕 다이스, 압천대(壓穿臺) (수나사를 깎는 틀). **2** 철인주형(鐵印鑄型), (박아내는) 금형. **3** 〔건축〕 기둥 뿌리의 네모난 부분(dado).
(as) level [or *straight*, *true*] *as a die* 똑바른, 정직한, 절대로 틀림이 없는. 　　　　「금형으로 박아내다.
— 囲 …을 다이스로 깎다; 주형[거푸집]으로 만들다;

die-a-way [-əwèi] 囫 기운 없는, 권태로운 (병 따위가) 오래 끄는. ¶ a ~ look 초췌한 표정. — 囲 (소리·영상 등의) 점차적인 소멸.

die-back [dáibæ̀k] 囲 〔식물〕 가지[줄기] 고사병.
die-cast [-kæ̀st] 囲囮 〔용해된 금속을〕 압력 주조하다(주물을 鑄物로 만들다). — 囫 〔야금〕 die casting 방법으로 주조된.

die càsting 〔야금〕 다이 캐스팅, 압력 주조(수압기를 사용한 금형 주조법); 그 주물. **díe-càst·ing** 囲.

di·e·cious [daíʃəs] 囲 〔생물〕 = dioecious. 　　　　「내다.
die-cut [-kʌ̀t] 囲囮 …을 형판(型板) 쇠로 눌러 떼어

die·hard [dáihɑ̀ːrd] 囲 완강한 저항자, 끝까지 버티는 사람; 완고한 보수 정치가. — 囫 좀체로 죽지 않는; 완강히 저항하는, 끝까지 버티는; (주의 따위가) 완고하게 굳은. (또는 **díe-hàrd**) ~**·ism** 囲
die-in [-ìn] 囲 결사 항의 데모(길거리 따위에서 죽은 듯이 드러누워 버티기). 　　　　「〔24시간〕 주기의.
di·el [dáiəl, díːəl] 囫 〔생리 작용·행동 따위의〕 하루
diel·drin [díːldrin] 囲回 〔화학〕 딜드린(살충제).
di·e·lec·tric [dàiiléktrik] 〔전기〕 囲 절연체(絶緣體), 유전체(誘電體), 전매질(電媒質). — 囫 절연체(성)의, 부전도성의; 유전체(성)의, 전매질의. **-tri·cal·ly** 凰
dieléctric cónstant 〔전기〕 유전율(誘電率).
dieléctric héating 囲 〔전기〕 유전(誘電) 가열.
dieléctric léns 囲 〔물리〕 유전체 렌즈.
dieléctric lóss 囲 〔전기〕 유전 손실.
dieléctric stréngth 囲 〔전기〕 절연(絕緣) 내구력.
Dien Bien Phu [djén bjèn fúː] 디엔 비엔 푸 (베트남 북부, 라오스와의 접경 소도시; 1954년 프랑스군이 이곳에서 Vietminh에 참패). 　　　　「간뇌(間腦).
di·en·ceph·a·lon [dàiensέfəlàn/-lɔ̀n] 囲 〔해부〕
die-off [-ɔ̀ːf/-ɔ̀f] 囲 (생물계의) 멸종, 집단사(死).
di·er·e·sis [daiérəsis] 囲 (凤 -**ses** [-sìːz]) =
di·e·ret·ic [dàiərétik] 囫 　　　　 diaeresis.
Die·sel [díːzəl, -səl] 囲 **1** Rudolf ~ 디젤(1858-1913: 독일의 기사; 디젤 엔진 발명). **2** (d-) 디젤 엔진 [기관]; 디젤 기관차[트럭, 배]. **3** 디젤 중유(~ fuel, ~ oil). — 囫 (d-) 디젤 엔진의. — 囲 (d-) (자동차 엔진이) 스위치를 끈 뒤에도 작동[디젤링]하다. 　　　　「이름.
díesel cỳcle 囲 〔기계〕 디젤 사이클, 정압(定壓) 사
die·sel·e·lec·tric [-iléktrik] 囫 디젤 전기 기관차의 ¶ ~ locomotive 디젤 발전기가 달린 디젤 전기 기관차.
díesel èngine [mòtor] 囲 디젤 엔진, 디젤 기관.
díesel fùel [òil] 囲 디젤유(油).
die·sel·ing [díːzəliŋ, -səl-] 囲 (가솔린 엔진의) 디젤링(스위치를 꺼도 엔진 과열로 계속 연소 작동하는 일).
die·sel·ize [díːzəlàiz, -səl-] 囲囮 (배·기차 따위) 에 디젤엔진을 달다; 〔철도 따위〕를 디젤화하다.
die·sink·er [dáisìŋkər] 囲 금형 조각사, 주형 조각공.
Di·es I·rae [díːeis íərei/-eiz íərai] 〔가톨릭〕 **1** 「분노의 날」(최후의 심판에 관한 라틴어 성가); (d- i-) 최후의 심판일(Day of Judgment). 〔L day of wrath〕
di·e·sis [dáiəsis] 囲 (凤 -**ses** [-sìːz]) = double dagger; 〔음악〕 디에시스(장 3도 셋 겹친 것과 옥타브의 작은 음정차). 　　　　「延日); 휴업일.
di·es non [díːeiz nán/-nɔ́n] 囲 〔법률〕 휴정일(休
die·so·hol [díːzəhɔ̀ːl] 囲 디젤유와 알코올의 혼합물 (디젤 엔진의 연료). 〔*diesel*+alc*ohol*〕
díe stàmping 囲 주형[금형] 위각(刻印).

di·et¹ [dáiət] 囲 **1** ⓒⓊ 음식물, 식품. ¶ a vegetable [meat] ~ 채[육]식 / a wholesome article of ~ 건강에 좋은 음식. **2** (감량·미용·치료를 위한) 다이어트, 규정식, 감식(減食), 미용식; 식이 요법. ¶ a one-sided ~ 편식. **3** (특정인·집단의) 상식(常食), 잘 먹는 음식물; (가축의) 상용 사료. **4** …에게 규칙적으로 제공되는 것. ¶ a ~ of quiz shows 늘 제공되는 퀴즈 프로.
be on a diet 다이어트[식이요법]중이다.
go on a diet 다이어트를 하다.
on a diet of …을 주식[먹이]으로. 　　　　「먹게 하다.
put a person on a special diet 남에게 규정식을
take [or *keep*] *diet* 규정식을 먹다.
— 囲囮 **1** …에게 식이 요법을 시키다, 규정식을 먹게 하다. ¶ The doctor ~ed him strictly. 의사는 그에게 엄격한 식이 요법을 시켰다. **2** …에게 식사(사료)를 주다.
— 囲 **1** 식이 요법을 하다, 규정 식사를 하다. **2** 〔고어〕 식사를 하다.
diet oneself on …으로 식이 요법을 하다.
— 囫 다이어트용의, 저(低) 칼로리의. ¶ ~ drink (저칼로리의) 다이어트용 음료 / a ~ cola 다이어트 콜라.

di·et² 图 1 (the D-) (일본·스웨덴·덴마크 등의) 국회, 의회(會) Congress, Parliament. ¶The *D*- is now sitting. 의회는 개회중이다. 2 (정치·종교적인) 공식 회합. 3 (스코) 〖법률〗 공판 개정일; 회기, 개정 기간.

di·e·tar·y [dáiətèri/-təri] 图 식사의, 음식의; 음식 섭취의, 규정식의. ¶a ~ cure 식이 요법. — 图 음식의 규정량. **-tar·i·an** [-tɛ́əriən] 图 **-tár·i·ly** 图

dietary fiber 图 식물(食物) 섬유; 섬유질 식품. 〖위〗.

dietary law 图 (유대교의) 음식 금기(대지고기 따위).

díet clínic 图 감량 클리닉(비만 치료 전문 병원).

Díet Cóke 图 〖상표〗 다이어트 코크(저칼로리 콜라).

diet drùg 图 =diet pill.

di·et·er [dáiətər] 图 (살빼기 위한) 식이 요법자.

di·e·tet·ic [dàiətétik] 图 식사의; (당분 함유량을 줄인) 규정식의, 식이 요법(용)의; 영양학의. (또는 **dietetical**) **-i·cal·ly** 图 「학, 식이 요법학.

di·e·tet·ics [dàiətétiks] 图 (단수취급) 응용 영양

di·éth·yl·ene glýcol [daiéθəli:n-] 图 〖화학〗 디에틸렌 글리콜(합성 수지 원료). (또는 **diglycol**)

di·eth·yl·stil·bo·es·trol [daiéθəlstilbéstrɔ:l] 图 디에틸스틸베스트롤(비(非)스테로이드계(系)의 합성 여성 호르몬; 图 DES).

di·eth·yl·tryp·ta·mine [daiéθəltríptəmi:n] 图 〖약학〗 디에틸트립타민(환각제). 图 DET.

di·et·ist [dáiətist] 图 =dietitian. 「dietician」

di·e·ti·tian [dàiətíʃən] 图 영양학자; 영양사. (또는

díet kítchen 图 (병원 등의) 특별식 조리실.

díet lìst 图 (식이 요법용) 규정 식단.

Díet·man [dáiətmæn] 图 (일본·스웨덴·덴마크 등의) 국회 의원. 图 Dietwoman

díet pìll 图 〖美〗 살 빼는 약, 비만 억제약(호르몬·이뇨제 따위의 복합제).

di·et-sheet [-ʃi:t] 图 (환자용) 규정 식단.

Dieu et mon droit [F djø e m3 drwa] 图 신과 나의 권리(영국 왕실의 문장(紋章)에 새겨진 왕실의 motto). [<F God and my right]

DIF *data interchange format*(데이터 교환 형식).

dif- [dif] 图⊑ ⇒DIS-. 「마찬가지 아냐?

dif(f) [dif] 图 (구어) =difference. ¶What's the ~?

diff. difference; different; differential.

dif·fer [dífər] 图图 (~**s** [-z]) 1 (…과/…의 점에서) 다르다 (*from/in, as to*). ¶Tastes ~. 취미는 사람마다 다르다 // (~+前+名) French ~s *from* English *in* many respects. 프랑스어는 많은 점에서 영어와 다르다. 2 (…와) 의견이 다르다 (*with, from*); (…에 관해서 /…의 점에서) 의견이 맞지 않다 (*on, upon, about/in, over*). ¶agree to ~ 의견 차이가 있음을 인정하고 더 이상 논쟁지[다투지] 않기로 하다 / I beg to ~. 실례지만 나의 의견은 다릅니다 // (~+前+名) I ~ entirely *with* [or *from*] him. 나는 그와는 의견이 전혀 다르다. 3 (폐어) 말다툼하다 (*with*).

dif·fer·ence [dífərəns] 图 (~-es [-iz]) ⓒ ⓤ 1 (…간의 /…에 있어서의 /…와의) 다름, 차이(점), 상이 (*between/in/from*); 차별. ¶class ~ 계급적 차별; distinguish ~s 차이를 분간하다 // a ~ in quality 품질의 차이 / a ~ *between* two things [A and B] 양자간 [A와 B]의 차이 / the ~ of gold *from* silver 금과 은의 차이. 2 (…와의 /…사이의) 견해 차이; 불화, 논쟁; (국제적인) 분쟁 (*with, from/between*). ¶settle the ~ 분쟁을 조정하다 / They have had ~s. 그들은 사이가 들어졌다 // ~s *between* us 우리 사이의 불화[견해 차이] / a ~ *with* one's superior 상사와의 불화. 3 (수·양의) 차이 (*in, of, to*); (주거(住居) 등락(騰落)의) 차이; 〖수학〗 차(差); 〖논리〗 차이. ¶an individual ~ 개인차 / a specific ~ 종차(種差) / a ~ *of* two pounds 2파운드의 차이. 4 특징, 특색. 5 중대한 변화(영향) (*to*). 6 (he ~) (美속어) 유리한 상태, (자기에게) 유리한 것(권총 따위).

bury the differences 의견의 차이를 덮어두다.

carry the difference (美속어) 총을 가지고 있다.

make a difference ① 차별을 두다. ② 변화를 가져오다, 차이를 낳다, 영향을 주다; 중요하다; 플러스(도)움이 되다. ¶One false step will *make a* great ~. 한 발 헛딛다면[한 번 실수하면] 큰일 날 것이다.

make no difference 차이가 없다, 문제가 아니다.

meet [or *pay*] *the difference* 차액을 지불하다.

sink differences (英구어) 화해[화친]하다.

split the difference (구어) 서로 양보하다, 타협하다; 나머지를 똑같이 나누다.

the same difference (구어) 모두가 동일한 것[일].

What's the difference?; What difference can it make? (구어) 그것이 어쨌든 말인가?, 상관없지 않으냐?, 마찬가지잖아?

with a difference (명사 뒤에서) 특별한, 색다른; 흥미를 끄는. ¶a musician *with a* ~ 색다른 음악가.

— 图图 (**-enc·es** [-iz]; **~d** [-t]; **-enc·ing**) …에 구별을 짓다; …을 차별[식별]하다 (*from*). 〖역(曆)〗.

dífference lìmen [thréshold] 图 〖심리〗 변별

dif·fer·ent [dífərənt] 图 (**more ~; most ~**) 1 (…와는 /…의 점에서) 다른, 상이한; 별개의 (*from, than, to/in*). ¶The country air has a ~ feel. 시골 공기는 느낌이 다르다 // This is quite ~ *from* [or *than*] any other book of his. 이 책은 그가 쓴 다른 책과는 아주 판판이다.

〖USAGE〗 *different from/than/to* — *different*의 뒤에서는 *from*이 옳다고 하나, 〖美구어〗에서는 *than*도 종종 쓸 수 있으며, 또 *different to*는 〖英〗에서 혼히 쓰인다. 특히 다음 예문처럼 절이 뒤에 올 경우에는 *different than*이 일반화되어 가고 있다: She was a great deal ~ *than* he remembered her. 한 *different*는 보통 *very*에 의해서 수식되나 문어에서는 *much*에 의해 수식되기도 한다.

2 (복수명사를 수식하여) 여러 가지의, 가지가지의. ¶*D*- people voiced ~ opinions. 온갖 사람이 가 지각색의 의견을 말했다. 3 (구어) 색다른, 별난, 특별한, 특이한. ¶I want something very ~. 나는 무엇인가 아주 색다른 것을 갖고 싶다.

And now for something completely different. (英) 이야기는 바뀌어.

(as) different as chalk from [or and] cheese 겉으로만 비슷하고 내용은 다른. 「인(同名異人).

different people with the same name 동명이

It's different when it comes to… …이라면 이야기[사정, 문제]는 다르다.

~·ness 图

〖유의어〗 **different** 「다른」을 뜻하는 가장 일반적인 말. **distinct** 차이를 분명히 구별할 수 있는. **divergent** 각각 다른 방향으로 나아가면서 결국 만나지 않는. **diverse** 두드러진 차이가 있고 대조적인. **separate** 각각 다르며 아무 관련이 없는. **various** 종류가 다른 것이 여러 가지 있는.

dif·fer·en·ti·a [dìfərénʃiə] 图 (图 **-ti·ae** [-ʃii:]) (본질적인) 차이, 상위점, 특이성; 〖논리〗 종차(種差).

dif·fer·en·ti·a·ble [dìfərénʃiəbl, -ʃə-] 图 구별[차별] 가능한; (수학) 미분가능한. **-bil·i·ty** 图

dif·fer·en·tial [dìfərénʃəl] 图 1 차별적인; 격차가 있는. 2 특징 있는, 특이한. 3 〖물리·기계〗 차동의(차동 的)인. ¶~ relay 차동 계전기(繼電器). 4 〖수학〗 미분의. — 图 (图 **~s** [-z]) 1 (양·정도·품질 등의) 차이, 차(액) (*in*). 2 〖기계〗 차동 장치, 차동 톱니바퀴. 3 ⓤ 〖수학〗 미분. 4 〖경제〗 **a)** 차별 관세. **b)** (또는 ~ **wáge**) (英) (기업간·근로자간의) 임금 격차 (*between*). **c)** 운임차; 차동 요율(~ rate).

~·ly 图 다르게, 차이나게, 차별적으로.

differéntial ánalyzer 图 (전자) 미분 해석기.

differéntial assóciation 图 〖사회〗 문화적 접촉.

differéntial cálculus 명 (수학) 미분학.
differéntial coefficient 명 (수학) 미분 계수.
differéntial compáction 명 (지질) 차별적 치밀화 작용(지층내 퇴적물의 밀도가 다른 현상).
differéntial dúty 명 차별[차등] 관세.
differéntial equátion 명 (수학) 미분 방정식.
differéntial géar 명 (기계) 차동 기어[장치].
differéntial geómetry 명 (수학) 미분 기하학.
differéntial léveling 명 (측량) 직접 수준(水準) 측량.   [子].
differéntial óperator 명 (수학) 미분 연산자(演算
differéntial príce 명 차별[차등] 가격.
differéntial psychólogy 명 차이 심리학.
differéntial quótient 명 (수학) 미분 계수.
differéntial ráte 명 (운임 등의) 차등 요율; 임금 격
differéntial tóne 명 (음악) 차음(差音). | 차.
differéntial topólogy 명 (수학) 미분 위상 기하학.
differéntial wéathering 명 (지질) 불연속 풍화 (風化).   [機]. 차동 윤축(輪軸).
differéntial wíndlass 명 차동 권양기(差動卷揚
*__dif·fer·en·ti·ate__ [dífərénʃièit] 타 1 을 차별화 시키다, 구별짓다 (from). ⇒DISTINGUISH [유의어] 2 …사이의 차이를 인정하다, …을 구별하다, 차별하다.¶(~+목+전+명) ~ man from brutes 사람과 짐승을 구별하다. 3 …을 분화(分化)하다. 4 …을 변경하다(alter). 5 (수학) …을 미분하다. ── 자 1 (딴 것과) 다르게 되다, 차이가 생기다. 2 구별하다, 차별하다 (between, among). 3 (생물) 분화하다 (into).   ¶행동하다.
differentiate oneself **from** …와 차별화하다, 달리
dif·fer·en·ti·a·tion [dífərénʃiéiʃən] 명[U] 1 구별, 차별; 변별. 2 차별화: 특수화, 특화(特化). 3 (수학) 미분(법). 4 (생물) 분화.
dif·fer·en·ti·a·tor [dífərénʃièitər] 명 구분하는 자 (사람); (전자) 미분기, 미분 회로.
*__dif·fer·ent·ly__ [dífərəntli] 부 다르게, 차이나게 (from, to, than); 같지 않게; (그렇지 않고) 달리.
dif·fi·cile [dífisi:l/-́-̀] 형 어려운, 다루기 어려운, 성미 까다로운. (<F difficile)
‡__dif·fi·cult__ [dífikəlt, -kəlt/-kəlt] 형 (more ~; most ~) 1 (…하기가) 어려운, 곤란한, 힘드는, 고된; 난해한 (of, to do) (반 easy). ⇒HARD [유의어]¶ a ~ task 어려운 일//be ~ to answer 답하기가 어렵다// be ~ of access[explanation] 접근[설명]하기 어렵다. 2 (사람이) 까다로운, 다루기 힘든; 완고한.¶She is a very ~ person. 그녀는 매우 까다로운 사람이다. 3 볼리한; 괴로운. ~·ly 부 ~·ness 명
‡__dif·fi·cul·ty__ [dífikʌ̀lti/-kəl-] 명 (복 **-ties** [-z]) [U] 1 (…에 관한/…에 있어서의) 어려움, 곤란, 방해 (with/in, about). ⇒HARDSHIP [유의어]¶ a task of ~ 어려운 일/have ~ with a person 남과 타협하기가 어렵다. 2 어려운 일, 난점, 난제; 난문: put *difficulties* in the way 훼방 놓다. 3 (-ties) 곤경, 재정 곤란, 난국, 궁핍.¶be in *difficulties* for money 돈에 곤란받고 있다. 4 (종종 -ties) 불평, 이의[異議]; 반대, 불찬성; (…와의/…에 관한) 불화, 다툼, 쟁의 (with/over).¶labor *difficulties* 노동 쟁의. 5 난이도(難易度).¶increase in ~ with each level 단계별로 난이도를 높이다.
be in difficulties 경제적으로 곤란하다.
be in difficulty with …와 옥신각신하다.
be under a difficulty 역경에 처해 있다.   [다].
find difficulty with [or in] …이 어렵다는 것을 알
find no difficulty in 무난히 …하다.   [다.
get into difficulties 곤경에 빠지다; 사이가 나빠지
have (a great) difficulty (in) doing …하는 데 (무척) 고생하다.   [활히 하다.
iron out difficulties 장애(물)를 제거하다; …을 원
make [or raise] difficulties; make a difficulty 불평하다; 이의를 제기하다 (with).
with (much) difficulty 간신히, 겨우.   「게.
without (any [or much]) difficulty 쉽게, 수월하
*__dif·fi·dence__ [dífədəns] 명 [U] 1 무기력함, 자신이 없음 (반 confidence). 2 수줍음, 암띰, 검많음, 소심; 겸
with diffidence 망설이며, 주저하면서.   [손, 삼감.
with seeming diffidence 얌전부리며, 조심스럽게.
*__dif·fi·dent__ [dífədənt] 형 (…에) 자신이 없는 (of, about); 수줍어하는, 검많은, 소심한; 삼가는. ⇒SHY [유의어]¶ be ~ of success 성공할 자신이 없다.
~·ly 부 ~·ness 명
dif·flu·ence [dífluəns] 명[U] 유출, 유동(성), 분류 (分流) (속도); 액화(液化); 용해.   「용해하기 쉬운.
dif·flu·ent [dífluənt] 형 유출성의; 용해[용해]성의.
dif·fract [difrǽkt] 타 (굴절로) …을 분산시키다, 분해하다; (물리) (빛 따위) 를 회절(回折)시키다.
dif·frac·tion [difrǽkʃən] 명[U] (물리) (빛·전파·음파 따위의) 회절(回折).
diffráction gráting 명 (물리) 회절 격자(格子).
dif·frac·tive [difrǽktiv] 형 회절(성)의.
~·ly 부 ~·ness 명
dif·frac·tom·e·ter [difræktάmətər/-tɔ́m-] 명 (물리) 자동 회절계(回折計).   [體], 기체 확산물.
dif·fu·sate [difju:zeit] 명 (물·화) 확산 기체(擴散氣
*__dif·fuse__ 타 [difjú:z] 1 (빛·열·냄새 따위)를 발산하다, 방산(放散)하다.¶ ~ light [heat] 빛[열]을 발산하다. 2 (학문·문화 따위)를 보급시키다; (친절·행복 따위)를 널리 베풀다, 두루 미치게 하다; (소문·지식 따위)를 퍼뜨리다, 유포시키다. ⇒SPREAD [유의어] ¶ ~ kindness 친절을 베풀다. 3 (물리) …을 확산(擴散)시키다. ── 자 퍼지다, 보급되다; (물리) 확산하다.
── 형 [difjú:s] 1 퍼진. 2 (문장·담화가) 장황한, 산만한; 말이 많은. ~·ly [difjú:sli] 부 ~·ness 명
dif·fused [difjú:zd] 형 널리 퍼진; 보급된.¶ ~ light 산광(散光) / ~ knowledge 보급된 지식.
diffúsed júnction 명 (반도체 접합의) 확산 접합.
형 alloyed junction   「光」 성운.
diffúse nébula 명 (천문) 확산 성운(星雲), 산광(散
dif·fus·er [difjú:zər] 명 1 유포[보급]하는 사람, 유포[전파]자. 2 (기체·광선·열 따위의) 확산기, 방사기, 살포기. (또는 **diffusor**)
dif·fus·i·ble [difjú:zəbl] 형 1 퍼지는, 흩어질 수 있는. 2 (물리) 확산력[성]이 있는. **-bíl·i·ty** 명 전파력(傳播力); 확산성. ~·ness 명 **-bly** 부
*__dif·fu·sion__ [difjú:ʒən] 명 1 발산, 살포; 유포, 보급.¶the ~ of knowledge 지식의 보급. 2 (문체 따위의) 장황, 산만. 3 (물리) 확산 (작용); (빛의) 산란. 4 (인류·사회) (문화·기능·사회 제도 따위의) 전파. 5 (사진·영화) 초점 흐리기. 6 (기상) 확산. ~·al 형
diffúsion bránd 명 (대중용) 보급형 브랜드.
diffúsion coefficient 명 (물리) =diffusivity.
diffúsion index 명 (경제) 확산 지수, 경기 동향 지수.
dif·fu·sion·ism [difjú:ʒənìzm] 명 (인류) (문화 등의) 전파설[론], 전파주의. **-ist** 명
diffúsion pùmp 명 확산 진공 펌프.
dif·fu·sive [difjú:siv] 형 1 퍼지는, 보급하기 쉬운; 확산성의.¶the ~ power of gas 기체의 확산력. 2 (말·문장 따위가) 장황한, 산만한. ~·ly 부 ~·ness 명
dif·fu·siv·i·ty [dìfju(:)sívəti] 명 (물리) 온도 전도도(傳導度), 열확산율, 확산 계수.
dif·fy [dífi] 명 (美해군) 선내 의무실(의 간호인).
‡__dig__¹ [dig] 타 (~s [-z]; dug; ~·ging) 자 1 (도구 따위로) 땅을 파다 (for); 을 파나가다[파헤치다], 구멍을 파다(파 나가다) (into, through, under).¶ ~ deep 깊이 파다 / (~+목+전+명) ~ for gold in a mountain 산을 파서 둘다. 2 탐구하다, 깊이 연구하다 (for, into). 3 (美구어) 열심히 공부하다 (at, in, into).¶(~+전+명) ~ at chemistry 화학을 열심히 공부하다. ── 타 1

dig [구멍·터널 따위]를 파다, [흙·밭 따위]를 일구다[갈다] (over). ¶~ the ground 땅을 파다 / ~ a hole [well] 구멍[우물]을 파다 / ~ potatoes 감자를 캐다 // (~+目+圖)~ a field up 밭을 갈아 일구다 // (~+目+前+名) ~ a tunnel through the hill 언덕에 터널을 파다. **2** …을 탐구하다; …을 찾아내다(out, up)(of, from). ¶ (~+目+圖) ~ out the truth 진실을 알아 내다 / (~+目+前+名) ~ (out) facts from books 책에서 사실을 찾아내다. **3** (구어) (사람)을 찌르다(poke); [팔·손가락 따위]를 찔러 넣다 (in, into). ¶ (~+目+前+名) ~ a fork into a pie 포크를 파이에 꽂다.
dig a person in the ribs 남의 옆구리를 쿡 찌르다.
dig a pit for a person 남을 함정에 빠뜨리려고 하다.
dig at a person (구어) 남에게 빈정거리다, 남의 귀에 거슬리는 말을 하다.
dig away 계속 파다; [기초 따위]를 파서 무너뜨리다.
dig dirt (美속어) 소문을 퍼뜨리다, 험담하다.
dig down ① …을 파 내려가다; …을 파서 넘어[무너]뜨리다. ② 깊이 조사하다. ③ 돈을 내다. 「이 살피다.
dig down into a person's mind 남의 마음속을 깊
dig for ① …을 찾아 땅을 파다, [매장물]을 파서 찾아내다. ② ~ for gold [treasure] 금[보물]을 찾아 땅을 파다. ② [정보 따위]를 애써서 찾다.
dig in ① [비료 따위]를 주다, …을 흙과 섞다; 흙을 파서 묻다. ② 참호를 파다, 방어 태세를 강화하다, 군대를 배치하다. ③ (구어) 열심히 일하다[공부하다]. ④ (구어) 식사를 하기 시작하다. ⑤ 의견[입장]을 고수하다.
dig into ① …을 열심히 공부하다, 전념하다. ② …을 파 내려가다, 깊이 조사하다. ¶ ~ into the etymology of words 어원을 깊이 파고들다. ③ [자금 따위]에 손을 대다, [재산 따위]를 크게 탕진하다(축내다). ¶ ~ into savings to pay debts 빚을 갚기 위해 예금에 손을 대다. ④ [음식]을 게걸스럽게 먹기 시작하다.
dig oneself in ① 참호[굴]를 파고 숨다. ② (구어) (취직하여) 자리잡다, 지위를 굳히다. ③ …에 정통하다.
dig one's way (…속을) 파나가다 (in, into); 바고 나오다(out); 피 뚫다 (through). 「파헤치다.
dig... open …을 파헤치다. ¶ ~ a grave open 무덤을
dig out …을 파내다; …을 찾아내다; 땅을 파서 [동물]을 몰아내다. ② (美구어) 도망치다(for).
dig over [땅]을 파서 찾다; …을 재고하다.
dig up ① [황무지 따위]를 파서 일구다. ② (구어) …을 조사해 내다, 발견하다, 발혀내다. ③ (美속어) [돈]을 (어떤 목적으로) 내다 [비용을 그러모으다.
get dug into [공부 따위]에 열중[몰두]하다.
— 囝 (樂)~s [-z] ① (1 한 번 밀기); 찌르기, 쿡 찌르기. **2** (a ~) (구어) 빈정대기, 비꼬기 (at). ¶ That's a ~ at him. 그것은 그를 비꼰 말이다. **3** (美속어) 열심히 공부하는 사람. **4** (~s) (英구어) (종종 단수취급) 발굴(지), 발굴 작업, 발굴 현장.
a dig in the grave (속속어) 면도질.
have a dig at a person 남에게 빈정거리다.

dig² 囝 (구어) 囘 **1** …을 알다, 이해하다; …에 주목하다, 주의하다. ¶ D-it? 알았어?(Do you follow?) / I ~ jazz the most. 재즈에 관해서라면 나를 따라갈 사람이 없다. **2** …을 좋아하다; 즐기다. ¶ We really ~ each other. 우리는 정말로 서로를 좋아한다. — 젠 이해하다; 좋아하다 (on). 「의기투합하다.
dig... the most (속어) …을 완전히 이해하다; …와
Dig up! 잘 들어!

DIG (美) dismissed as improvidently granted (연방 대법원의 부주의한 심리 접수 결정으로 인한 상고 기각). **dig.** digest. 「포를 형성하는.
di·ga·mét·ic [dàɪɡəmétɪk] 젠 (생물) 2종의 생식세
di·gam·ma [daɪɡǽmə] 囝 F와 비슷한 초기 그리스 문자(소리는 [w]와 비슷하였음). **-mat·ed** 젠
dig·a·my [dígəmi] 囝囿 재혼. 젠 bigamy (또는 deuterogamy). **-mist** 囝 재혼자. **-mous** 젠

di·gas·tric [daɪɡǽstrɪk] (해부) 젠 (근육이) 이복근 (二腹筋)의. — 囝 아래턱 이복근.
di·ge·net·ic [dàɪdʒənétɪk] 젠
di·gen·e·sis [daɪdʒénəsɪs] 囝囿 (생물) 세대 교번 (교체). **dig·e·ra·ti** [dìdʒərάːti, -réɪtaɪ] 囝(뜻) (단 *-tus* [-təs]) (美) 디지털 기술(컴퓨터 정보 통신) 전문가; (the ~) 정보화 사회 지도층. (< digital + literati)

‡di·gest [dɪdʒést, daɪ-] 囘 **1** [음식]을 소화하다; (약 따위가) [음식]의 소화를 돕다[촉진하다]. **2** [지식 따위]를 머리에 잘 넣다, 소화하다, 이해하다, 터득하다. ¶ ~ a plan 계획을 짜다. **3** …을 정리[분류]하다. **4** …을 요약하다, 요점을 따다; …의 요약판을 만들다. **5** …을 참다, 견디다. ¶ ~ an insult 모욕을 참다. **6** (화학) …을 침구(浸漬)[온침(溫漬)]하다; (일반적으로) …을 쩌서 부드럽게 하다. — 젠 **1** [음식]이 소화되다, 삭여지다. ¶ (~+圖) This food ~s *well* [*ill*]. 이 음식은 소화가 잘[안]된다. **2** 음식을 소화하다.
— 囝 [dáɪdʒest] **1** 요약, 적요(摘要); [문학 작품 따위의] 개요, 다이제스트. **2** [법률] 법률 요람, 법률집; 판결 요록(要錄); (the D-) 로마법 학설집. **3** (생화학) 이 ~·ed·ly ~·ed·ness [화 산물(產物).
di·gést·ant [dɪdʒéstənt, daɪ-] 囝 소화제.
di·gést·er [dɪdʒéstər, daɪ-] 囝 **1** 요약[개요, 요람] 작성[편집]자. **2** 소화제; 소화 촉진 음식. **3** [화학] 침구기, 온침기. (= digestor) **4** 수프 냄비, 찜통.
di·gést·i·ble [dɪdʒéstəbl, daɪ-] 젠 **1** 소화되기 쉬운, 소화가 잘 되는. **2** 요약할 수 있는, 요약하기 쉬운.
~·**bil·i·ty**, ~·**ness** 囝 **-bly** 젠

di·ges·tion [dɪdʒéstʃən, daɪ-] 囝囿 **1** 소화 (작용), 새김; 소화력, 소화 기능. ¶ bad [or impaired] ~ 소화 불량 / food that is easy [hard] of ~ 소화하기 쉬운[어려운] 음식. **2** (정신적인) 소화, 이해, 터득; (문화 따위의) 동화, 흡수. **3** (박테리아에 의한) 오수(汚水) 분해. **4** (화학) 침구(浸漬), 온침(溫漬). 「튼하다.
have a weak [*strong*] *digestion* 위가 약하다[튼

di·ges·tive [dɪdʒéstɪv, daɪ-] 젠 **1** 소화의, 소화력이 있는; 소화를 촉진하는. ¶ ~ organs 소화 기관 / ~ juice [or fluid] 소화액 /the ~ ferments 소화 효소. **2** [화학] 침구[온침]의. — 囝 **1** 소화(촉진)제(digestant). **2** = biscuit. ~·**ly** 젠 ~·**ness** 囝
digéstive bíscuit (英) 둥글고 큰 디저트용 쿠키.
digéstive glánd 囝 (해부) 소화선(腺).
digéstive sýstem 囝 (the ~) (해부) 소화기 계통.
di·ges·tor [dɪdʒéstər, daɪ-] 囝 = digester 3.

dig·ger [dígər] 囝 **1** 파는 사람[동물]; (금광의) 광부 [갱부](gold-). **2** = wasp. **3** 채굴기; 감자 캐는 기구. **4** (초목 뿌리를 주식으로 먹는) 미국 서북부의 인디언 부족. (또는 D⁓ Indian) **5** (구어) (제1차 세계 대전 때의) 오스트레일리아 군인, 뉴질랜드 군인. **6** (美) 암표상; 소매치기. **7** (豪구어) 녀석, 자네(* 호칭으로도 「쓴다).
digger wasp 囝 [곤충] 나나니벌.
dig·ging [dígɪŋ] 囝 **1** 파는 것; 발굴; 채굴, 채광. **2** (~s) (복수취급) 발굴[채굴]물; 채광지, 금광. **3** (~s) (英구어) 숙소, 하숙; 거처, 집.
dight [daɪt] 타 (~*ed*) (고어) **1** …을 갖추다, 설비하다 (with). **2** …을 치장하다, 장식하다 (with). **3** (스코) …을 깨끗이 정돈하다, 닦다, 훔치다.
dig·i·cash [dídʒɪkǽʃ] 囝 = digital cash.
dig·i·crat [dídʒəkræt] 囝 컴퓨터통(通), 컴퓨터 통
dig·it [dídʒɪt] 囝 **1** (익살) 손[발]가락; (길이의 단위로서의) 손가락 폭 3/4(인치). **2** 아라비아 숫자(0에서 9까지; 종종 0을 제외); * 원래 손끝으로 헤아린 데서). ¶ numbers of ten ~s 열자리 수 / add a few ~s 숫자를 두세 개 자리 늘리다. **3** (천문) 태양·달의 직경의 12분의 1(일식·월식의 정도를 나타냄).
dig·i·tal [dídʒətl] 젠 **1** 손가락의; 손가락 모양의; 손가락이 있는; 손가락 모양의 부분이 있는. **3** (통신·신

호·녹음이) 디지털[계수]식의([참] analog). **4** 〔컴퓨터〕 디지털[계수]형의; 컴퓨터 통신망을 이용한, 인터넷의, 온라인의. **—** [명] **1** (건반 악기의) 건(鍵). **2** 《익살》 손가락.

dígital àudio [명] 디지털 오디오. **~·ly** [부]

dígital áudiodisk [명] 디지털 오디오디스크.

dígital áudio tàpe [명] 디지털 오디오 테이프([약] DAT).

dígital áudio tápe recòrder [명] 디지털 카세트 녹음 재생기.

dígital bròadcasting [명] 디지털 방송.

dígital búsiness [명] =e-business.

dígital cámera [명] 디지털 카메라.

dígital cásh [móney] [명] =digital currency.

dígital chánnels [명][복] =digital television.

dígital clóck [명] 디지털 시계.

dígital cómmerce [명] 전자[온라인] 상거래.

dígital communicátion [명] 〔컴퓨터〕 디지털 통신.

dígital cómpact cassétte [명] 디지털 콤팩트 카세트([약] DCC).

dígital cómpact dísk [명] 디지털 콤팩트 디스크([약] DCD).

dígital compúter [명] 디지털[계수형] 컴퓨터. [참] analog computer

dígital cúrrency [명] 디지털 통화, 전자 화폐([참] e-money, cybermoney).

dígital dérby [명] 〔경영〕 디지털화 경쟁(기업 간의 소형·저가·고속화 기술 경쟁).

dígital dísc [dísk] [명] 디지털 디스크.

dígital divíde [명] (the ~) 디지털 양극화[격차](계층·지역·산업·시장 간의 인터넷·컴퓨터 이용 격차).

dígital ecónomy [명] 〔경영〕 디지털 경제(인터넷 등 정보 통신 산업이 주도하는 경제).

dígital fíngerprint [명] 〔컴퓨터〕 전자 개인 정보.

dígital flíght dáta recòrder [명] 〔항공〕 디지털 비행 데이터 기록 장치([약] DFDR).

dígital ímage [명] 디지털 화상.

dígital ímage procèssing [명] 〔전자〕 디지털 화상 처리.

dig·i·tal·in [dìdʒətǽlin/-téil-] [명] 〔약학〕 디기탈린(강심제).

dig·i·tal·is [dìdʒətǽlis/-téil-] [명] **1** 디기탈리스(foxglove)(현삼과(科)의 식물). **2** [U][C] 디기탈리스의 마른 잎(강심제), 디기탈리스 제제(製劑).

dig·i·tal·ize [dídʒətəlàiz/dídʒitəlàiz] [동][타] 〔의학〕 digitalis로 치료하다; =digitize.

dígital módem [명] 〔컴퓨터〕 디지털 모뎀.

dígital photógraphy [명] 디지털 (스틸) 사진(술); 컴퓨터에 의한 사진 조작.

dígital plótter [명] 〔컴퓨터〕 디지털 플로터(디지털 신호에 따라 그림을 그리는 출력 장치).

dígital recórding [명] 디지털 녹음.

dígital sígnal pròcessor [명] 〔컴퓨터〕 디지털 시그널 프로세서(디지털 신호 고속 처리 LSI칩; [약] DSP).

dígital sígnature [명] 전자 사인[서명].

dígital socíety [명] 디지털 사회, 인터넷 사회.

dígital stíll càmera [명] =digital camera.

dígital subtráction angiógraphy [명] 조영제(造影劑)와 컴퓨터 X선에 의한 동맥 촬영법([약] DSA).

dígital sýstem [명] 〔전자〕 디지털 시스템.

dígital télephone [명] 디지털 전화.

dígital télevision [TV] [명] 디지털 텔레비전.

díg·it·al-to-án·a·log convèrter [명] 〔컴퓨터〕 D/A 변환기.

dígital tráil [명] 〔컴퓨터〕 디지털 보존 자료(컴퓨터에 축적된 기록).

dígital vérsatile dísk [명] 〔컴퓨터〕 디지털 다목적[다기능] 디스크([약] DVD).

dígital vídeodisk [명] 디지털 비디오디스크(digital versatile disk의 속칭; [약] DVD).

dígital wátch [명] 디지털 시계.

dígital wíretap [명] 컴퓨터망을 이용한 정보 절취.

dig·i·tate [dídʒətèit] [형] **1** 손가락 모양의. **2** 〔동물〕 발가락이 있는. **3** 〔식물〕 손바닥 모양의 (잎이 있는). ¶a ~ leaf 장상엽(掌狀葉). (또는 **digitated**) **~·ly** [부]

dig·i·ta·tion [dìdʒətéiʃən] [명][U][C] 〔생물〕 지상(指狀)[장상(掌狀)] 분열; 지상 조직[돌기].

dig·i·tech [dídʒətèk] [명] 〔전자〕 디지털 기술(디지털 신호를 다루는 기술). 〔<*digi*tal+*tech*nology〕

dig·it·eer [dìdʒətíər] [명] =digicrat.

dig·it·head [dídʒithèd] [명] 《美속어》 컴퓨터광(狂); 책벌레, 공부를 파고드는 사람.

dig·i·ti- [dídʒəti] [연결] finger의 뜻. ¶*digiti*grade, *digiti*form.

dig·i·ti·form [dídʒətəfɔ̀ːrm] [형] 손가락 모양의(fingerlike).

dig·i·ti·grade [dídʒətəgrèid] [형] 발가락으로 보행하는, 지행(趾行)의. [참] plantigrade **—** [명] 지행 동물(개·고양이 따위).

dig·i·tize [dídʒətàiz] [동][타] **1** 〔정보〕를 디지털화하다, 계수화하다. **2** 손가락으로 세다[다루다]. (또는 **digitalize**) **-ti·zá·tion, -tìz·er** [명]

dig·i·to·cra·cy [dìdʒətóukrəsi] [명] 《집합적》 컴퓨터[인터넷]통[전문가].

díg·its dèaler [dídʒits-] [명] 《美속어》 숫자 도박사.

dig·i-TV [dídʒətíːvíː] [명] =digital television.

dig·i·zine [dídʒəziːn] [명] 디지털[전자] 잡지, CD-ROM 잡지. 〔<*digi*tal+maga*zine*〕

di·glos·si·a [daiglɑ́siə, -glɔ́ːs-] [명] 〔언어〕 2언어[방언] 사용; 〔병리〕 중복설(重複舌)(혀가 둘인 기형 증상). **-sic** [형]

di·glot [dáiglɑt/-glɔt] [형] 2개 국어로 쓰인[를 말하는]. **—** [명] 2개 국어로 쓰인 책, 2개 국어판(~ edition). **di·glót·tic** [형]

*__dig·ni·fied__ [dígnəfàid] [형] 위엄 있는, 장엄한; 고귀한, 품위 있는(noble). **~·ly** [부] **~·ness** [명]

*__dig·ni·fy__ [dígnəfài] [동][타] **1** …에 (…으로) 위엄을 갖추다 (*by*); …을 고귀하게 하다; …에게 영예를 주다(honor). **2** …을 (…으로) 그럴듯하게 칭하다 (*with*).

dig·ni·tar·y [dígnətèri/-təri] [명] 고위 인사, 고관; (특히) 고위 성직자. **-tar·i·al** [-tɛ́əriəl] [형]

⁑**dig·ni·ty** [dígnəti] [명] ([복] ***-ties*** [-z]) **1** [U] (종종 the ~) 존엄, 위엄; 고상함, 품위; (말씨·태도 따위의) 장중함, 엄숙함(⇨ ELEGANCE [유의어]); 가치, 귀중함. ¶mock ~ 허세/the ~ of labor 노동의 존엄성/a man of ~ 관록이 있는 사람/lose one's ~ 체면을 잃다. **2** [U] 명예, 명성; 고위, 고관직. ¶a place of highest ~ 최고위의 지위. **3** [C] 《고어》 고관, 고위 성직자; 《집합적》 고관들, 고위층. **4** [C] 위계(位階), 작위(爵位).

be beneath [or ***below***] ***one's dignity*** 위신[체면]이 손상되다.

stand [or ***be***] ***on*** [or ***upon***] ***one's dignity*** 젠체하다, 점잔빼다, 거드름피우다.

with dignity 위엄을 갖추어, 위엄 있게, 점잔빼고.

di·graph [dáigræf/-grɑːf] [명] (ch, th, ng, ea, ie 따위 2자로 한 음을 나타내는) 이중자(二重字), 두 자(字) 한 음(音). [참] diphthong, ligature **di·graph·ic** [daigrǽfik] [형] **di·gráph·i·cal·ly** [부]

di·gress [digrés, dai-] [동][자] (화제·논의 등이 본론에서) 벗어나다 (*from*); (옆길로) 빗나가다, 탈선하다 (*to*). ⇨DEVIATE [유의어] **~·er** [명] **~·ing·ly** [부]

di·gres·sion [digréʃən, dai-] [명] **1** [U] 본론[주제]을 벗어남; [C] 탈선; 여담. **2** 〔천문〕 이각(離角).

to return from the digression 본론으로 돌아가서.

~·al, ~·àr·y [형]

di·gres·sive [digrésiv, dai-] [형] 여담으로 흐르기 쉬운, 주제를 벗어나기 쉬운; 탈선하기 쉬운, 지엽적인. **~·ly** [부] **~·ness** [명]

di·hal·o- [daihǽlou, -lə] [연결] 「2개의 할로겐 원자를 포함한」의 뜻. (또는 **dihal-**)

di·he·dral [daihíːdrəl] [형] 두 평면의, 두 평면으로 된; 2면각(面角)의. **—** [명] =dihedron; 〔항공〕 (비행기 날개의) 상반각(上反角).

dihédral ángle [명] **1** 〔기하〕 2면각. **2** 〔항공〕 상반각.

di·he·dron [daihí:drən] 명 〔기하〕 2면각. (또는 **dihédral (ángle)**)

di·hy·brid [daiháibrid] 명형 〔생물〕 2유전자 잡종(의), 양성(兩性) 잡종(의). **~·ism** 명

di·hydr- [daiháidr] 연결 ⇨ DIHYDRO-.

di·hy·drate [daiháidreit] 명 〔화학〕 2수화물(水化物). **-drat·ed** 형

di·hy·dric [daiháidrik] 형 〔화학〕 (특히 알코올·페놀이) 2가(價)의, 수산기(水酸基) 2개를 포함한.

di·hy·dro- [daiháidrou, -drə] 연결 「수소 2원자와 결합한, 2수화(水化)의」의 뜻(* 모음 앞에서는 dihydr-).
¶ *dihydro*streptomycin.

di·hy·dro·strep·to·my·cin [daihàidroustrèptəmáiən] 명U 〔약학〕 디하이드로스트렙토마이신(결핵 치료제). 「다종 겨자.

Dí·jon mústard [dí:ʒɑn-/-ʒɔn-] 명 〔프랑스산〕

dik·dik [díkdik] 명 〔아프리카의〕 작은 영양(羚羊).

dike[1] [daik] 명 1 둑, 제방; 둑길. 2 (英) 개천, 수로, 도랑. 3 (英방언) 낮은 울타리[토담]. 4 (비유적) 장벽, 방벽, 방어물. 5 〔지질〕 암맥(岩脈). 6 (속어) 소변보는 곳. —통타 1 …에 개천[수로]을 만들어 배수하다. 2 …에 둑을 쌓다, …을 둑으로 둘러싸다[막다]. —자 제방을 쌓다. (또는 **dyke**)

hold the dike against (중요한 것을) …으로부터 지
dík·er 명 └키다.

dike[2] 명 (속어) (경멸적) = dyke[2].

dik·tat [diktá:t/díktæt, -ta:t] 명CU (때로 D-) (주로 피(被)정복민에 대한) 강제적 명령; 독단적인 말

dil. dilute(d); dilution. 「투. 〔<G〕

Di·lan·tin [dailǽntən, di-] 명U (상표) 〔약학〕 다일랜틴(간질 치료약)(~ sodium).

di·lap·i·date [dilǽpədèit] 통타 1 〔건물·가구·의복 따위를〕 황폐하게 하다, 망가뜨리다, 파손시키다. 2 (고어) 〔시간·돈 따위를〕 낭비하다. —자 헐어빠지다, 황폐하다. **-dà·tor** 명 「헐어빠진, 낡아빠진.

di·lap·i·dat·ed [dilǽpədèitid] 형 황폐한, 파손된,

di·lap·i·da·tion [dəlæpədéiʃən] 명UC 1 황폐, 파손; 잔사태, 축대 붕괴. 2 (英법률) (임차인(賃借人)의) 수리 의무 위반(금). 3 〔법률〕 (교회 재산의) 낭비.

di·lat·a·ble [diléitəbl, dai-] 형 부풀어오르는, 팽창성의. **-bíl·i·ty** 팽창력[성, 률]. **~·ness** 명

di·lat·ant [diléitənt, dai-] 형 부푸는, 팽창[확장]성의. **-an·cy** 명 팽창.

di·lat·ate [diléitət, dilətèit/dáileitèit] 형 부풀어 오른, 팽창된; 넓어진, 확장된.

dil·a·ta·tion [dìlətéiʃən, dàil-/dàilei-] 명U 1 팽창, 확장. 2 팽창체(膨脹體)[부분]. 3 (문장·이야기의) 부연, 확충. 4 a) 〔병리〕 확장(증). ¶ **gastric ~** 위확장. b) 〔의학〕 확장법[술]. 5 〔수학〕 (도형의) 팽창 변환. 6 〔역〕 (= **dilation**). **~·al** 형

di·la·ta·tive [diléitətiv, də-] 형 = dilative.

***di·late** [dailéit, di-, dáileit] 통타 1 …을 크게 하다, 넓히다 (enlarge), 팽창시키다. ¶ The air is ~ d by the heat. 공기는 열로 인해 팽창한다. 2 (고어) 자세히 설명하다, 부연하다. —자 1 넓어지다, 팽창하다 (*with*). ⇨ EXPAND 유의어 ¶ (~+전+명) My heart ~ d with inexpressible joy. 나의 가슴은 말할 수 없는 기쁨으로 부풀었다. 2 자세히 설명하다, 부연하다 (*on*, *upon*). ¶ ~ *on* one's view 의견을 자세히 말하다.

di·lat·ed [dailéitid, di-] 형 옆으로 퍼진; 〔곤충〕 (몸의 일부가) 팽창한, 넓어진.
with dilated eyes 눈을 크게 뜨고.
~·ly 부 **~·ness** 명

di·la·tion [diléiʃən, di-] 명 = dilatation.

di·la·tive [diléitiv, di-, dáileit-] 형 팽창성의, 부풀어오르는; 팽창하기 쉬운, 확장시키는.

dil·a·tom·e·ter [dìlətámətər/-tɔ́m-] 명 〔물리〕 팽창계(計). **-to·met·ric** [-təmétrik] 형 **-to·mét·ri·**

cal·ly 부 **-try** 명

di·la·tor [dailéitər, di-, dáileit-] 명 1 확장[팽창]시키는 사람[것](명 constrictor). 2 〔해부〕 확장근(筋). 3 〔외과〕 확장기. (또는 **dilater**)

dil·a·to·ry [dílətɔ̀:ri/-təri] 형 꾸물대는, 더딘, 지체하는, 느린; 〔시간을 벌려고〕 지연하는. ¶ a ~ strategy 지연 작전. **-ri·ly** 부 **-ri·ness** 명 「디드(전통제).

Di·lau·did [dailɔ́:did, di-] 명 (상표) (약학) 딜라우

Dil·bert [dílbə:rt] 명 딜버트(미국 S. Adams의 신문 연재 만화; 그 주인공); (美구어) 숭진·실직 우려로 전전긍긍하는 회사원; (d-) (속어) 바보, 얼간이.

dil·do(e) [díldou] 명 (俗 ~s) (속어) 1 모조 남근, 남근 대용품(artificial penis). 2 (美) 바보, 멍청이.

‡**di·lem·ma** [diléma] 명 U ~s [-z]) 1 진퇴 양난, 딜레마, 궁지(*as to*). ⇨ PREDICAMENT 유의어 ¶ be in an awkward ~ 진퇴양난의 궁지에 몰리다. 2 난문제, 심각한 문제. 3 〔논리〕 양도 논법(兩刀論法). 〔<Gk〕
on the horns of a dilemma 딜레마[궁지]에 빠져, 진퇴 유곡에 빠져, 양자 택일 압력을 받아.

dil·em·mat·ic [dìləmǽtik] 형 딜레마의, 진퇴 양난의; 〔논리〕 양도 논법적인. (또는 **dilemmatical**, **dilemmic**) **-i·cal·ly** 부

dil·et·tante [dìlitá:nt/-tǽnti] 명 (복 ~s, -tan·ti [-tá:nti/-tǽn-]) (경멸적) 1 딜레탕트, 아마추어 예술[평론]가, (취미 위주의) 예술[학문] 애호가, 호사가(好事家). 2 (예술·미술) 애호가. —형 딜레탕트의, 예술을 애호하는, 취미나 도락으로 하는. 〔<It〕

dil·et·tant·ish [dìlitá:ntiʃ, -tǽnt-] 형 딜레탕트식의, 취미삼아 하는, 예술[학문]을 애호하는.
(또는 **dil·et·tan·te·ish** [dìlitá:ntiiʃ/-tǽn-])

dil·et·tant·ism [dìlitá:ntizm/-tǽn-] 명 U 도락적인 예술[학문] 취미, 아마추어 취미, 어설픈 지식.
(또는 **dilettánteism**)

Di·li [díli] 명 딜리(동티모르(East Timor)의 수도).

‡**dil·i·gence**[1] [dílədʒəns] 명 U 1 근면, 부지런함, 노력 (*in*). ¶ study with ~ 열심히 공부하다. 2 〔법률〕 주의(의무), 인진 배려. 3 (폐어) 조심, 공들임(care).

dil·i·gence[2] [dílidʒɑːns, dilidʒɑ̃ːs] 명 (복 *-genc·es* [-iz]) 프랑스 등의 역마차, 승합 마차. 〔<F〕

‡**dil·i·gent** [dílədʒənt] 형 (*more* ~; *most* ~) 1 근면한, 부지런한, 끊임없이 노력하는 (*in*). ¶ a ~ student 근면한 학생/be ~ *in* study 열심히 공부하다.

유의어 **diligent** 어느 특정한 일에 열중하는; 하고 있는 일을 좋아한다든가 즐긴다는 것을 암시하는 말. **industrious** 습관적 또는 성격적으로 부지런한.

2 애쓴, 공들인, 고심한. ¶ a ~ search 정성들인[애쓴] 조사. **~·ness** 명 「애썼서, 공들여.

*__dil·i·gent·ly__ [dílədʒəntli] 부 근면하게, 부지런히;

dill[1] [dil] 명 1 나도고수(미나릿과(科)의 식물). 2 (또는 **díllwèed**) 나도고수의 향기로운 열매[잎](향미료).

dill[2] 통타 (英방언) 달래다, (고통·노기·불안 따위를) 가라앉히다, 누그러뜨리다.

dill[3] 명형 (濠·뉴질 속어) 얼간이, 바보(의).

dil·lion [díljən] 명 (美속어) (천문학적인) 수, 액.

Díl·lon's Rúle [dílənz-] 명 (美법률) 딜론의 원칙(지방 자치체 권한은 주(州) 법률 범위 내에서 행사된다는 원칙).

dill píckle (나도고수로 맛을 낸) 오이 피클.

dil·ly [díli] 명 (美구어) 눈에 띄는 것[사람], 비범한 것[사람]; 연인. 「망태기.

dílly bàg [díli-] 명 (濠구어) (음식 따위를 나르는 데 쓰는)

dil·ly·dal·ly [dílidæli] 통자 시간을 허비하다, 꾸물[우물]거리다; 빈둥거리다 (*with*). 「수레.

dil·ly-dol·ly [-dɑ̀li/-dɔ̀li] 명 (항공 따위의) 접는 손

dílly dúde (美속어) 호모; 이상한 사람.

dil·u·ent [díljuənt] 형 묽게 하는, 희석용(稀釋用)의.
— 명 희석액[제](혈액의 수분을 늘리는 데 사용).

di·lute [동] [dilú:t, dai-/-ljú:t] [타] **1** …을 묽게 하다, 희석하다, 희박하게 하다 (*with*). ¶ ~ whisky *with* water 위스키에 물을 타다. **2** 〔색 따위〕를 연하게 하다; (다른 것을 섞어서) …의 강도를 약하게 하다. **3** 《비유적》 …의 효과를 약화시키다, …을 반감하다. ¶ ~ her charm 그녀의 매력을 반감시키다. **—** [자] 묽어지다; (색이) 엷어지다; 약해지다. **—** [형] [dáilu:t, -ˊ] 물 탄, 묽은, 희박한, 약한; 색이 바랜. ¶ ~ nitric [sulphuric] acid 묽은 질산[황산].

~·ness, di·lút·er [명] **di·lú·tive** [형] **di·lú·tor** [명]

dil·u·tee [dìlu:tí:, dài-/-lju:-] [명] 희석공(稀釋工) (임시로 숙련공 대신에 일하는 미숙련공).

di·lu·tion [dilú:ʃən, dai-/-ljú:-] [명][U] **1** 묽게 하기, 희석 (*with*). ¶ ~ of labor 노동 희석(숙련공 대신에 미숙련공을 쓰는 일). **2** 희석화; 〔증권〕 (주식 따위의) 실질 가치 저하. **3** 묽게 한 것; 희석물[액]. **4** 희석도.

dilútion of équity [명] 〔증권〕 (주식의) 희석화, 실질 가치 하락(무상 증자 따위로 주당 가치가 감소하는 것).

di·lu·vi·a [dilú:viə/dai-] [명] diluvium의 복수형.

di·lu·vi·al [dilú:viəl/dai-] [형] **1** 대홍수의[에 의한], (특히) Noah의 대홍수의. **2** 〔지질〕 홍적(洪積)(층)의. [참] alluvial ¶ the ~ age 홍적세 / a ~ formation 홍적층. (또는 **diluvian**)

~·ism [명] 홍수설. **~·ist** [명] 홍수설 신봉자, 홍수론자.

dilúvial théory [명] 〔지질〕 홍수설(洪水說)(노아의 홍수를 사실로 보고, 대홍수가 되풀이된다고 하는 설).

di·lu·vi·um [dilú:viəm/dai-] [명] ([복] **-vi·a** [-viə], **~s**) 〔지질〕 홍적층(洪積層). [참] alluvium (또는 **diluvion**)

‡**dim** [dim] [형] (**~·mer**; **~·mest**) **1** 어둠침침한, 어둑한([반] bright, clear). ⇨DARK [유의어] ¶ a ~ room 어둠침침한 방 / in a ~ light 어둑한 불빛에. **2** (물건이) 잘 보이지 않는, 흐릿한, 분명치 않은; (기억 따위가) 희미한, 어렴풋한. ¶ a ~ memory 희미한 기억 / a ~ sight 흐릿한 시력 / grow ~ 흐릿해지다. **3** 광택이 없는, 칙칙한; 흐려진(dull, dusky). ¶ a ~ color 칙칙한 색 / ~ with tears (눈이) 눈물로 흐려져. **4** 《구어》 (이해력이) 둔한. **5** 불리해질 듯한, 잘될[일어날] 것 같지 않은.

dim and distant 《익살》 먼 옛날.

take a dim [or ***dark, gloomy, poor***] ***view of*** … 에 찬성하지 않다, …을 회의적으로 보다, 비관하다.

— [동] (**~s** [-z]; **-mm-**) [타] …을 어둠침침하게 하다, 어슴푸레하게[흐릿하게] 하다; 〔자동차의 라이트〕를 어둡게 하다. ¶ The sky was ~*med* by clouds. 하늘은 구름으로 어두워졌다 / *D*– the light. 헤드라이트의 조명을 낮추시오. **—** [자] 어둠침침[어슴푸레]해지다, 흐릿해지다.

dim out 《美》 〔극장의 조명〕을 어둡게 하다; 등화 관제하다.

— [명] **1** (~s) 《美》 (자동차의) 약광선(弱光線) 헤드라이트; 주차 표시등. **2** 《美속어》 밤. ¶ ~*s* and brights 밤낮.

ˊ·ly [부] **ˊ·ma·ble** [형] **ˊ·ness** [명]

dim. dimension; 《라틴》 *dimidius*(=one-half) ((처방전에서) 2분의 1); diminished; diminuendo; diminutive.

Di·Mag·gi·o [dəmá:dʒiòu] [명] **Joseph Paul ['Joe']** ~ 디마지오(1914–99: 미국의 프로야구 선수).

dim·bo [dímbou] [명] 《속어》 머리가 둔한 여자, 얼뜨기 여자.

dim·box [dímbàks/-bɔ̀ks] [명] 《美속어》 택시; 조정역(役)을 하는 사람.

dim·bulb [dímbʌ̀lb] [명] 《속어》 얼간이.

***dime** [daim] [명] **1** 《美·캐나다 구어》 10센트 백동화. **2** 《美구어》 (a ~) 《부정문에서》 단돈 한 푼; (~s) 《고어》 돈, 벌이. **3** 《속어》 10달러; 10달러어치의 마약이 든 봉지(~ bag); 10년형(刑); (도박에서) 1,000달러.

a dime a dozen 《美구어》 싸구려의, 흔해빠진.

dime of buzz 《美속어》 합성 헤로인.

drop a dime 《美속어》 밀고하다 (*on*); (군대에서) 남을 비판하다.

get off the dime 《美속어》 움직이기 시작하다; 헛된 시간을 그만 보내다.

not care a dime 《구어》 조금도 개의치 않다.

on a dime 비좁은 장소에서; 곧, 즉시. ¶ turn *on a* ~ 《美구어》 (차로) 급회전하다.

stop on a dime 갑자기 멈추다[그만두다].

— [동][자] 《美속어》 밀고하다, 찌르다 (*on*).

dime up 《美속어》 (부랑자 따위가) 10센트를 내고 식사한 후 그 돈을 다시 돌려 받으려고 하다.

díme drópper [명] 《美속어》 밀고자.

díme muséum [명] 《美》 간이 박물관; 싸구려 구경거리.

díme nòte [명] 《美속어》 10달러짜리 지폐.

díme nóvel [명] 《美》 싸구려 소설, 삼문(三文) 소설(문고본의 선정적 통속 소설). **díme nóvelist** [명]

***di·men·sion** [diménʃən, dai-] [명] **1** (길이·폭·두께의) 치수. ¶ take the ~(*s*) of a room 방의 치수를 재다. **2** (~s) 용적, 크기, 부피; 넓이, 면적; 규모, 범위; 중요성. **3** (종종 ~s) (인격적인) 특성, 특질, 도덕적·지적 수준; 요인, 요소; 국면, 상(相). **4** 〔수학·물리〕 차원(次元). ¶ the fourth ~ 제4차원. **5** 《美속어》 (여자의) 가슴·허리·히프의 사이즈. **6** =~ lumber.

in dimensions (길이나 폭 따위의) 크기는.

of great dimensions 매우 큰[중대한].

of one dimension 선(線)의, 1차원의.

of three dimensions 입체의, 3차원의.

of two dimensions 평면의, 2차원의.

~·less [형] 크기가 없는, 점(點)의; 무한의; 하잘것없는.

di·men·sion·al [diménʃənəl] [형] 치수로 잴 수 있는, 치수의; …차원의. ¶ the four-~ space 4차원의 공간. **-ál·i·ty** [명] **~·ly** [부]

diménsional análysis [명] 〔물리〕 차원 해석(법).

di·men·sion·a·lize [diménʃənəlàiz, dai-] [동][타] 〔추상 개념 따위〕를 입체적[다(多)차원적]으로 나타내다.

diménsion lùmber [명] 규격재(표준[특정] 치수로 켜낸 건축용 재목).

diménsion stòne [명] 규격 석재(규격 치수로 잘라낸 각석(角石)).

di·mer[1] [dáimər] [명] 〔화학〕 이량(二量)[이합(二合)]체. **di·mer·ic** [daimérik] [형]

di·mer[2] [명] 《美속어》 밀고자(密告者).

dim·er·ous [dímərəs] [형] **1** 두 부분[수]으로 이루어진, 두 부분으로 갈라진. **2** 〔식물〕 (꽃이) 2수성(數性)의, (꽃의 구성 요소가) 2의 배수로 된.

díme stòre [명] **1** 《美》 10센트 스토어, 싸구려 잡화점, 구멍가게(five-and-ten-cent store). **2** 〔볼링〕 5·10번의 핀이 남은 스플릿. **díme·stòre** [형] 싸구려의.

dim·e·ter [dímətər] [명] 〔운율〕 이보격(二步格).

di·meth·yl [daiméθəl] [명] 〔화학〕 =ethane.

di·meth·yl·ni·tros·a·mine [daimèθəlnaitróusəmì:n] [명] 디메틸니트로스아민(음식물이나 담배 연기 속에 있는 발암 물질; [약] DMN, DMNA).

diméthyl sulfóxide [명] 〔화학〕 =DMSO.

di·meth·yl·tryp·ta·mine [daimèθəltríptəmì(:)n] [명] 〔약학〕 디메틸트립타민(환각제; [약] DMT).

di·met·ric [daimétrik] [형] =tetragonal 2.

di·mid·i·ate [동][타] [dimídièit] …을 둘로 나누다, 반분하다. **—** [형] [dimídiət] 둘로 나뉜, 절반의; 〔생물〕 반쪽만 발달한. **-á·tion** [명]

dimin. diminuendo; diminutive.

‡**di·min·ish** [dimíniʃ] [동] (**~·es** [-iz]; **~ed** [-t]) [타] **1** …을 줄이다, 작게 하다, 축소하다. ⇨DECREASE [유의어] ¶ ~ the risk of war 전쟁의 위험을 줄이다. **2** 〔명예·신용·지위 따위〕를 떨어뜨리다, 상처 입히다. **3** 〔건축〕 〔기둥〕의 끝을 가늘게 하다. **4** 〔음악〕 〔음정〕을 반음 낮추다, 감음정(減音程)으로 하다. **—** [자] 작아지다, 감소[축소]하다; 끝이 가늘어지다. ¶ (~+[前]+[名]) ~ *in* size [population] 크기[인구]가 줄다.

~·a·ble [형] **~·ing·ly** [부] **~·ment** [명]

di·min·ished [dimíniʃt] [형] 작아진; 감소된, 줄어

든, 축소된(lessened, reduced); 〔음악〕 반음 낮춘.
hide one's diminished head 맥없이 물러나다.
diminished responsibility 명 〔법률〕 (정신 이상's 등에 의한) 책임 경감.　 「7도 음정.
diminished séventh 명 〔음악〕 감(減) 7 화음; 감
di·min·ish·ing retúrns [dimíniʃiŋ-] 명본 수확
[이익, 한계 생산력] 체감(遞減); (경제) 수확 체감의 법칙(law of ~).　 「~ 효용 체감의 법칙.
diminishing utility 명 〔경제〕 효용 체감. ¶*law of*
di·min·u·en·do [dimínjuéndou] 〔음악〕 명 점점 약하게(해지는). ── 형 (콰 ~**s**) 점점 약해지는 소리. [<It *lessening, diminishing*]
*__di·mi·nu·tion__ [dìmənjúːʃən/-njúː-] 명 ① 감소, 축소, 감소; 할인. ② 〔음악〕 디미뉴션(주제의 단축)(⇔augmentation). ③ ⓒ 감소액 (*in*). ④ (기둥 따위의) 끝이 차츰 가늘어지기.
di·min·u·ti·val [dimínjutáivəl] 형 〔문법〕 지소사(指小辭)의, 지소어(語)의. 명 diminutive.
*__di·min·u·tive__ [dimínjutiv] 형 ① 소형의, 작은, 조그마한; 아주 작은; 귀여운. ⇨LITTLE 〔유의어〕 ② 〔문법〕 지소의. ── 명 ① 작은 것[사람]. ② 〔문법〕 지소사(指小辭) (duckling, booklet의 -ling, -let나 Jackie, Tommy의 -ie, -y 따위); 지소어(語), 지소형. ③ 애칭(Robert를 Bob, Susan을 Sue로 부르는 것 따위). 파 augmentative. ~·ly 부 ~·ness 명
dim·is·so·ry [díməsɔ̀ːri/-səri] 형 퇴거시키는; (다른 교구로) 전출을 허가하는, 전임(轉任)시키는.
dimissory létter 〔그리스도교〕 수품(受品) 추천장; (타교구로의) 목사 전출 허가장. (또는 **dìmissórial**)
dim·i·ty [díməti] 명 〔UC〕 능직 모양의 돋을무늬 면포(귀엽•침대보 등에 사용).
*__dim·ly__ [dímli] 부 어둑하게; 흐릿하게, 희미하게.
dim·mer¹ [dímər] 명 ① 어둑하게 하는 것[사람]. ② 제광기(制光) 장치, (무대 조명에 쓰는) 조광기(調光器). (또는 ~ **switch**) ③ (~**s**) (美) (자동차의) 약광성[하향] 헤드라이트; 주차 표시등.　 「[dímou]
dim·mer² 명 (美俗) 10센트(dime). (또는 **dim·mo**
dim·mish [dímiʃ] 형 (좀) 어둑한, 희미한.
di·mor·phic [daimɔ́ːrfik] 형 =dimorphous.
di·mor·phism [daimɔ́ːrfizm] 명 ① (생물) 이형성(二形性)(동일 식물에 2가지 다른 형태의 꽃 따위가 생기는 일). ② 〔결정〕 동질 이상(同質二像)(화학적 성분은 같으나 결정형이 다른 형태). ③ 〔언어〕 동근 이형(同根二形)(dent와 dint 따위). **-phous** 형
dim·out [-àut] 명 (美) (밝기를) 어둑하게 하기; 등화 관제. 파 blackout 에서 **dímòut**)
*__dim·ple__ [dímpl] 명 ① 보조개, (피부에 생기는) 옴폭하게 들어간 곳. ② 작게 패인 곳; (수면의) 작은 파문, 잔물결. ③ (골프공 표면의) 옴폭 들어간 곳. ④ (**the D-**) (상표) 딤플(스카치 위스키의 이름). ── 타동 ……에 보조개를 짓다, 옴폭하게 하다; 잔물결을 일으키다. ── 자 보조개가 생기다, 옴폭해지다; 잔물결이 일다.
dim·pled [dímpld] 형 보조개가 생긴; 잔물결이 이는.
dim·ply [dímpli] 형 보조개가 있는.
dimps, DIMPs [dimps] 명본 (美俗) 두 군데 수입이 있으면서도 돈에 쪼들리고 있는 사람들.
[<*double* [*dual*] *income, money problems*]
dim-sight·ed [-sáitid] 형 시력이 약한. ~·ness 명
dím súm (중국 요리의) 딤섬(点心)(고기•어패류•야채를 만두피에 싸서 찐[구운] 요리).
dim·wit [dímwìt] 명 (구어) 투미한 사람, 얼간이.
dim·wit·ted [dímwìtid] 형 우둔한, 투미한, 얼빠진. ~·ly 부 ~·ness 명
*__din__ [din] 명 〔UC〕 (쨍쨍[쾅쾅] 하는) 시끄러운 소리, 소음. ¶NOISE 〔유의어〕 ¶*the ~ of machinery* 기계의 소음.
kick up a din (구어) 쿵쿵 소리 내다; 큰 소리로 반대하다.　 「다.
make (a) din 시끄러운 소리를 내다, 큰 소란을 피우

── 통 (**-nn-**) 타 ① (시끄러운 소리)를 내다, 시끄러운 소리로 ……을 괴롭히다, ……의 귀를 먹먹하게 하다. ¶ (~+目+前+名) ~ *one's ears with cries* 큰 소리를 내어 귀를 멍멍하게 하다. ② ……을 시끄럽게 (되풀이해서) 말하다 (*into*). ¶ (~+目+前+名) ~ *an idea into a person* [or *a person's ears*] 어떤 생각을 남에게 시끄럽게 되풀이해서 말하다. ── 자 쿵쾅 울려퍼지다, (귀가 멍하도록) 울리다.
DIN (독일) *Deutsche Industrie Normen*(=German Industry Standard)(독일 공산품 표준 규격).
di·nah [dáinə] 명 (美俗) (벌목공이나 광부들 간에) 다이너마이트. (또는 **dine**)
di·nar [diná:r/dí:nɑ:] 명 ① 디나르(이란•알제리•이라크•요르단•쿠웨이트•남예멘•유고슬라비아 등의 통화 단위). ② 고대 아랍 여러 나라의 금화.
din-din [dín] 명 (유아어) =dinner.
‡__dine__¹ [dain] 자 (~**s** [-z]; ~**d**; **din·ing**) 자 정찬[만찬]을 들다; (일반적으로) (……와) 식사하다 (*with*). ¶~*late* 늦게 저녁을 먹다 / *Won't you come and* ~ *with us?* 함께 식사하러 오시지 않겠습니까? ── 타 ① (남)에게 정찬을 대접하다, 정찬에 초대하다. ¶~*a person handsomely* 남에게 융숭한 식사를 대접하다. ② (방•식탁 따위에) ……명이 식사할 수 있는 설비[공간]가 있다. ¶*This table* ~*s ten comfortably.* 이 식탁에서는 열 사람이 편히 식사할 수 있다.
dine and wine ⇨WINE *and dine*.
dine forth 식사하러 나가다.
dine in 집[자택]에서 식사하다.
dine off [or *on, upon*] ① ……을 식사로 들다; ……으로 식사를 하다. ② ……의 식사 대접을 받다. ③ =*dine*
dine out (레스토랑 같은 데서) 외식하다. 　 [*out on*.
dine out on (진기한 경험담 따위) 덕분에 식사 초대[향응]를 받다; 주목을 끌기 위해 (재미있는 경험담 따위)를 이야기 하다.
dine with Duke Humphrey 끼니를 거르다.
── 명 (스코) =dinner.
dine² 명 (美俗) =dynamite.
din·er [dáinər] 명 ① 식사하는 사람, 정찬의 손님. ② 식당차(dining car). ③ (美) 싸구려[간이] 식당.
din·er·gate [dáinərgət] 명 병정개미(soldier ant).
din·er-out [-áut] 명 (콰 **dìn·ers**-) (자주 초대받아 밖에서) 외식하는 사람.
Din·ers (Cárd) [dáinərz-] 명 다이너스 카드.
Díners Clúb 명 다이너스 클럽(미국 신용 카드 회사).
di·nette [dainét] 명 ① (부엌 옆 등의) 약식[작은 식당, ② (또는 ~ **sèt**) 작은 식당용 식탁 세트.
di·neu·tron [dainjú:tran/-njú:trɔn] 명 〔물리〕 중중성자(重中性子).
DINFO [dínfou] 명 (美) defense *information*.
ding¹ [diŋ] 자 ① (종처럼) 울리(게 하)다. ② (구어) 몇 번이나 되풀이해서 말하다[들려 주다]. ③ (美俗) (길에서) 구걸하다, 부랑생활을 하다. ④ (濠俗) (계획을 포기하다. ── 타 ① 종소리(처럼 ding-dong)를. ② (美俗) 마리 *go at it ding* (구어) 부지런히 일하다.　 「화나.
ding² [diŋ] 타 ① (구어) ……의 표면을 움푹 들어가게 하다. ② ……을 (심하게) 때리다[치다]; 내동댕이치다. ③ ……을 배척[제명]하다. ── 명 ① 타박상; 구타. ② (美학생 속어) (회원 후보자에 대한) 반대 투표, 반대표; (회사 등의) 불채용 통지. ③ (濠俗) 이탈리아인, 그리스인; (일반적으로) 외국인; 파티, 축하.
ding-a-ling [díŋəlìŋ] 명 ① 땡땡(종 소리). ② (美俗) 괴짜, 미치광이; 바보.
Ding an sich [diŋ a:n zík] 명 (독) (***Ding·e a- s-***) 〔철학〕물(物) 자체. [<G *thing-in-itself*]
ding·bat [díŋbæt] 명 ① (美•濠•뉴질 속어) 바보, 얼간이. ② (고어) (던지기 좋은) 돌, 막대. ③ (구어) = dingus 1. ④ (美구어) (인쇄) 장식 문자.
be [or *have the*] *dingbats* (濠•뉴질) 머리가 돌

다, 이상하다; 어리석다. 「만들다.
give** a person **the dingbats (濠) 남을 초조하게
── 图 (濠·뉴질) 미친, 바보 같은.
ding-dang [´dæŋ] 图 (구어) =damn.
ding-dong [dɔ́(:)ŋ] 图 1 ⓤ 땡땡(종 소리); 딩동
(벨 소리); (종 소리처럼) 되풀이해 울리는 소리. 2 (구
어) 떠들썩한 파티; (a ~) 싸움, 입씨름. ─ 图 1 땡땡
울리는. 2 격렬하게 싸우는, 격전[접전]의. ¶ a ~
contest 막상막하의 경기, 격전. ─ 图 열심히, 부지런
히, 힘차게. ─ 图(자) 땡땡[딩동]하고 울리다; 단조롭게
되풀이하다. ─ 图(타) (볼펜 따위를 투덜거려) …을 괴롭히
하다. ~**·er** 图(美속어) 후안무치한 부랑자.

díng-dòng báttle [strúggle] 图 격전; 접전.
dinge[^1] [dindʒ] 图 (美속어·경멸적) 흑인. ─ 图 흑
인의; (재즈 연주 등이) 흑인풍의. (또는 **dinghe, dingy**)
dinge[^2] [dindʒ] 图 흐린 곳[빛]. ─ 图(타) (움푹)을
두드러(체서) 움푹 들어가게 하다. 「damned.
dínged óut [diŋd-] 图 (美속어) 1 술 취한. 2 =
ding·er [díŋər] 图 (美속어) 1 결정적 요소; (야구)
홈런; 히트. 2 도난 경보기. 3 (濠속어) 항문, 궁둥이.
din·gey [díŋgi] 图 (美속어) 1 작고 볼품없는 탈것. 2
표준 이하의[용되지 않은] 것. 3 (숫자의) 11. 4 (구
어) =dinghy.
din·ghy [díŋgi] 图 딩기. 1 (대형의 배·요트 따위에 딸
려 잡용으로 쓰이는) 작은 배[보트]. 2 (인도 연안에서 쓰
이는 작은 배; 오락(레이스)용 보트.
din·gle[^1] [díŋgl] 图 (英) 산골짜기, 협곡, 계곡. (또는
 [**díngle-dèll**]
din·gle[^2] [díŋgl] 图 (美속어) 증흥, 페니스.
din·gle-dan·gle [-dæ̀ŋgl] 图 =dingle·. ─ 图(타)
흔들흔들(하는), 매달린[매달려].
din·go [díŋgou] 图 (~es) 1 딩고(오스트레일리아
산(産) 들개). 2 비열한 사람; (濠구어) 겁쟁이, 얼간이.
── 图(濠속어) 비겁한 짓을 하다, 불성실한 태도를 취
하다; (…을) 회피하다 (from); (남을) 배반하다 (on).
ding-swiz·zled [-swízld] 图(图) (美속어) =damned.
ding·us [díŋəs] 图 1 (구어) (확실히 기억이 나지 않거
나 이름을 잊어버렸을 때 대용어로 사용해서) 거시기, 거
뭐라 하는 것(dingbat). 2 (美속어) 마약의 도구. 3 음경.
díng wàrd 图(美속어) 정신 병동.
*****din·gy**[^1] [díndʒi] 图 1 거무스레한, 우중충한. 2 음산
한, 초라한. 3 평이 나쁜; 명청한. ─ 图 (美방언) (경멸
적) 1 흑인. 2 =dingus. **-gi·ly** 图 **-gi·ness** 图
din·gy[^2] [díŋgi] 图 (고어) =dinghy.
din·gy-din·gy [-díndʒi] 图 (美軍속어) 머리가 돈,
din·ing [dáiniŋ] 图 정찬(을 들기). [미친.
díning càr 图 식당차((英) restaurant car).
díning hàll 图 (대학 구내의) 대식당.
‡**díning ròom** 图 (집·호텔 따위의) 식당; (구어) 식
당용 가구 한 벌. **dín·ing-ròom** 图
díning tàble 图 (정찬용) 식탁.
di·ni·tro- [dainátrou, -trə] 연곀 (화학) 「두 개의
니트로기(基)를 지닌」의 뜻. ¶ *dinitro*benzene.
di·ni·tro·ben·zene [dainàitroubénzi:n] 图ⓤ
(화학) 디니트로벤젠(염료 제조에 사용).
dink[^1] [diŋk] 图 =dinghy.
dink[^2] 图 1 (테니스) =drop shot. 2 (배구) 스피드를
죽여 상대방 코트의 네트 근처에 떨어뜨리는 타구.
dink[^3] 图 (美속어·경멸적) 1 아시아인. (특히) 베트남
사람. 2 흑인.
dink[^4] 图 1 (머리에 꼭 끼는) 소형 모자. 2 (비어) 음경.
DINK, Dink, dink [diŋk] 图 (略 ~**S, ~s**) 딩크족
(族)(자녀를 갖지 않는 맞벌이 부부의 한 사람). (또는
dinkie, Dinkie, dinky) [<double income, no
kids]
dink·ey [díŋki] 图 1 작은 것; (美) (특히) 소형 기관
차(전차). (또는 **dinky**)
din·kum [díŋkəm] 图 (濠·뉴질 구어) 图 진짜의, 진실
의; 정직한; 공정한. ¶ ~ Aussie 전형적인 호주인. ─

图 참으로, 정말로; 정직하게. ─ 图ⓤ 진실; 전형적인
사람[것]; (극히) 힘든 일; = ~ oil. 「진실.
dínkum óil 图 (美·뉴질 구어) 있는 그대로의 진상.
dink·y[^1] [díŋki] 图 (구어) 1 작은, 소형의; 조그마하
지 않은, 사소한. 2 (英구어) 유행하는; 청초한, 말쑥한; 멋
있는, 날씬한; 사랑스러운. ─ 图 소형 기관차(dinkey).
dink·y[^2] 图 = **dinki-di, dinky-die**)
dink·y-di [-dái] 图 (濠·뉴질 구어) =dinkum. (또
‡**din·ner** [dínər] 图 (略 ~**s** [-z]) 1 ⓤⓒ 정찬(正餐)
(하루 중에 가장 주요한 식사), 정찬; (일반적으로)
식사, 요리. ¶ an early ~ 오찬 / a late ~ 만찬 / be at ~
식사중이다.

[참고] dinner는 중류 이상의 가정에서 보통 5~6가지
음식이 나온다. 정오에 드는 경우는 early dinner, 저
녁(오후 7시경)에 드는 경우는 late dinner로 구별된
다. (英)에서는, 일요일에는 정오에, 그 밖의 요일에
는 저녁에 드는 것이 보통이다. 그리고 early dinner
를 드는 날의 저녁 식사는 supper이고, late dinner
를 드는 날의 점심은 lunch라 한다.

2 만찬회, 연회, 축연; 향응, 향연. ¶ a bridal ~ 결혼 피
로연 / We gave a welcome-home ~ for him. 우리는
그를 위해 귀국 축하 연회를 베풀었다. **3** (형용사적) 정
찬(용)의, 디너의; 오찬(용)의, 만찬회(용)의. ¶ ~
claret [sherry] 정찬용의 적[배]포도주. **4** 정식(table
d'hôte). ¶ five ~s at 15 dollars a head 15달러짜리
정식 5인분. **5** (美속어) 성교 상대로서의 미녀.

USAGE dinner와 부정관사 ── 정기적·습관적으로
먹는 dinner에는 부정관사를 붙이지 않지만, 특별한 종
류의 것을 말할 경우나 만찬회의 뜻으로 쓰이면 부정관사
를 붙인다: *D~ will be ready soon. / They served
us an elaborate ~.*

ask a person ***to dinner*** 남을 식사[정찬]에 초대하
at [***before, after***] ***dinner*** 식사중[전, 후]에. 「다.
cook [or ***make***] *one's* [or ***the***] ***dinner*** 저녁[식사]
을 준비하다.
dinner without grace 혼전(婚前) 성관계.
done like a dinner (濠구어) 완패한; 혼이 난.
eat *one's* ***dinners*** (英) 법정 변호사가 될 공부를 하다.
give [or ***hold***] ***a dinner for*** [or ***in honor of***] …
을 위해[주빈으로 하여] 만찬[축하연]을 베풀다.
have [or (美) ***eat***, (英) ***take***] ***dinner*** 식사하다;
정찬을 들다. ¶ *have too much ~* 과식하다.
have had more... than (*another has had*) ***hot
dinners*** (구어) …한 것이 산더미 같다; …에 대해서
라면 (남보다) 한 수 위이다.
lose [or ***miss, spill, shoot, toss***] *one's* ***dinner***
(속어) 음식을 토하다, 게우다. 「하다.
make a good [***poor***] ***dinner*** 충분[부족]한 식사를
sit down to dinner 정찬 자리에 앉았다.

dínner bàsket 图 (속어) 배, 위장.
dínner bèll 图 식사를 알리는 종. 「방문.
dínner càll 图 식사의 알림; (만찬 초대에 대한) 사례
dínner clòth 图 정찬용 식탁보.
dínner clòthes 图(복) (정찬용의) 정식 야회복.
dínner dànce 图 (만찬을 곁들인) 댄스[사교] 파티.
dínner drèss [**gòwn**] 图 (여성용) 정식 야회복.
dínner fòrk 图 식사용 포크. 「dinnertime.
dínner hòur 图 (英) 1 점심 후의 휴식 (시간). 2 =
dínner jàcket 图 (英) 약식 야회복의 상의, 턱시도
(tuxedo) 약식 야회복 한 벌.
dínner knife 图 (정찬용) 디너 나이프.
dínner lády 图 (英) 학교 급식 담당 여성.
din·ner·less [dínərlis] 图 정찬이 없는, 정찬을 뺀;
단식하는(fasting). 「사 도시락통.
din·ner-pail [-pèil] 图 (美) (노동자 등의) 저녁 식
hand [or ***pass, turn in***] *one's* ***dinner-pail*** (美속

dínner pàrty 명 만[오]찬회, 축하연.
dínner plàte 명 식사의 메인 코스용 접시.
dínner rìng 명 연회용 반지.
dínner sèrvice [sèt] 명 정찬용 식기류 한 벌.
dínner tàble 명 =dining table.
dínner thèater 명 극장식 식당.
din·ner·time [dínərtàim] 명 저녁 식사 시간.
dínner wàgon 명 (바퀴 달린) 이동식 식기대.
din·ner·ware [dínərwɛ̀ər] 명 식기류; 식기 한 벌(접시·공기·찻잔·컵 따위)(set of dishes).
di·no[1] [dí:nou] 명 1 (美구어) 공룡(dinosaur). 2 (D-) 디노(미국 만화 영화 *The Flintstones*에 나오는 애완 공룡). — 형 공룡의, 공룡을 본뜬. ¶ ~ toys 공룡 완구.
di·no[2] 명 (美속어) 1 (경멸적) 이탈리아인, 남부 유럽 인. 2 부랑자. 「뜻. ¶*dinosaur*
di·no- [dáinou, -nə] 연결 terrible, dinosaur의
***di·no·saur** [dáinəsɔ̀:r] 명 1 공룡. 2 (구어) 구식으로 덩치만 크고 쓸모 없는 것, 무용지물.
Di·no·sau·ria [dàinəsɔ́:riə] 명(복) 공룡류(類).
di·no·sau·ri·an [dàinəsɔ́:riən] 형 공룡의; 공룡 성질을 가진. (또는 **dinosauric**) — 명 공룡.
Dinosaur Nátional Mónument 명 (美) 국립 공룡 화석 유적지(Utah 주와 Colorado 주에 걸쳐 있음).
dínosaur wíng 명 (the ~) (美) (정당의) 극우파.
di·no·there [dáinəθìər] 명 공수(恐獸)(제3기(紀) 후기의 코끼리 비슷한 포유류).
DINS *d*igital *i*nertial *n*avigation *s*ystem(디지털식 관성 항법 장치). 略 INS
***dint** [dint] 명 U 힘, 노력. 2 오목한 자국, 움푹 팬 곳. 3 (고어) 일격, 타격.
by dint of …의 힘으로, …에 의해서(by means of). — 타 움푹 파이게 하다, …에 두들긴 자국을 내다. ~·less 형 「다.
dioc. diocesan; diocese.
di·oc·e·san [daiɑ́səsən/-ɔ́s-] 형 교구(敎區)의, 주교[감독]관구의. — 명 (교구의) 교구장, 주교, 감독 목사; (교구의) 성직자, 신자.
di·o·cese [dáiəsis, -sì:z] 명 교구, 주교[감독]관구.
di·ode [dáioud] 명 (전자) 1 2극 진공관, 다이오드. 2 반도체 정류기(整流器), 반도체 다이오드.
di·oe·cious [daií:ʃəs] 형 (생물) 자웅이체(雌雄異體)의. (또는 **diecious, dioicous**)
~·ly 부. **~·ness, -cism** 명. 「(휴기기, 무발정기.
di·oes·trum [daiéstrəm/-í:s-] 명 (암컷의) 발정
Di·og·e·nes [daiɑ́dʒəni:z/-ɔ́dʒ-] 명 디오게네스 (412?-323 B.C.; 그리스의 철학자).
-ne·an [zní:ən], **-dʒen·ic** [dàiədʒénik] 형
di·oi·cous [daiɔ́ikəs] 형 (생물) =dioecious.
Di·o·ny·si·a [dàiənísiə, -siə/-ziə] 명(복) (고대 그리스의) 디오니소스 축제, 주신제(酒神祭). **-nys·i·ac** [-nísiæ̀k] **-ny·sí·a·cal·ly** [-nisáiikəlli] 부
Di·o·ny·sian [dàiəníʃən, -nísiən/-níziən] 형 1 =Dionysiac. 2 (종종 d-) (주신제(酒神祭)의) 마시고 떠드는, 흥청망청하는; 열광적인; 제멋대로의. 3 (인류) 디오니소스형(型)의. 4 Apollonian
Di·o·ny·sus [dàiənáisəs] 명 (그리스 신화) 디오니소스(술·연극과 다산(多產)의 신; 로마 신화의 Bacchus에 해당). (또는 **Dionysos**)
di·o·phán·tine equátion [dàiəfǽntain-] 명 (수학) 디오판투스 방정식. 「휘석(輝石).
di·op·side [daiɑ́psaid, -sid/-ɔ́p-] 명 U (광물) 투
di·op·ter, -tre [daiɑ́ptər/-ɔ́p-] 명 (광학) 디옵터(렌즈의 굴절률을 나타내는 단위; 略 D). **-tral** 형
di·op·tom·e·ter [dàiɑptɑ́mətər] 명 안굴절계(眼屈折計). **-try** 명
di·op·tric [daiɑ́ptrik/-ɔ́p-] 명 1 (광학) 굴절 광학의. 2 (광학·안과) 광선 굴절의; 광선 굴절 응용의, 시력 교정의. (또는 **dioptrical**) **-tri·cal·ly** 부
di·op·trics [daiɑ́ptriks/-ɔ́p-] 명(복) (단수취급) 굴절 광학. 「57: 프랑스의 의상 디자이너).
Di·or [diɔ́:r/díɔ:] 명 **Christian** ~ 디오르(1905-
di·o·ram·a [dàiərǽmə/-rɑ́:mə] 명 1 (작은 입체 모형에 의한) 실경(實景), 디오라마 : 투시화(透視畫). 2 디오라마관(館), 투시화관. 3 (영화 촬영에 쓰이는) 디오라마, 축소 세트. **-rám·ic** 형 「[-rítik] 형
di·o·rite [dáiəràit] 명 U 섬록암(閃綠岩). **-rit·ic**
Di·os·cu·ri [dàiəskjúərai] 명(복) (그리스 신화) 디오스쿠로이(제우스의 쌍둥이 아들 Castor와 Pollux).
di·os·mose [daiɑ́smous] 명타 =osmose.
***di·ox·ide** [daiɑ́ksaid, -sid/-ɔ́ksaid] 명U (화학) 이산화물; 과산화물(peroxide).
di·ox·in [daiɑ́ksin/-ɔ́k-] 명U (화학) 다이옥신(독성, 발암성이 강한 유기염소 화합물).
‡dip[1] [dip] 타 (**-pp-**) 타 1 담그다, (액체 따위에) 살짝 잠그다[적시다] (*in, into*); (의류 따위를) (염색액에) 담그다, 담가서 물들이다. ¶ ~ a cloth 천을 담가서 염색하다 // (~+目+前+名) ~ the bread *in* [or *into*] the milk 빵을 우유에 살짝 적시다.

> 유의어 **dip** 일부를 잠깐 액체에 담갔다가 들어올리다.
> **immerse** 가만히 넣어 완전히 액체 속에 잠기게 하다; 반드시 긴 시간일 필요는 없다. **soak** immerse해서 수분을 흡수시키다. **steep** immerse, soak보다 진액을 우려내다.

2 …을 퍼내다[퍼올리다], 떠내다, 길어올리다(*up*) (*from, out of*). 3 (경례의 표시로) (깃발 따위를) 조금 내렸다가 올리다; (美) (헤드라이트를) 하향으로 하다 ((美) dim). ¶ ~ a flag in salutation 경례 표시로 깃발을 내렸다가 올리다. 4 ~에게 침례[세례]를 주다. 5 (양·돼지 따위를) 소독액에 적셔 씻다. 6 (녹인 밀랍에 심지를 적셔) (양초)를 만들다. 7 (물에 담근 듯이) …을 적셔라. 8 (구어) (수동형으로) …에게 빚지게 하다; (…에) 말려들게 하다 (*in*). ¶He was slightly ~*ped*. 그는 약간의 빚이 있었다. 9 (비행기가) 상승 전에 일시 급강하를 하다. 10 (美) (냄새 맡는 담배를) 이빨[잇몸]에 문지르다. 11 …을 도금하다.
— 자 1 잠깐 잠기다, 적셔지다 (*into*). 2 (무엇을 꺼내)내려고) (…에) 손·국자 따위를 집어넣다 (*into*). 3 (태양이) 지다, 내려앉다, 가라앉다 (*toward, below*). ¶The sun ~*ped* below the horizon. 태양이 지평선 아래로 졌다. 4 (아래로) 기울다, 경사지다 (*into, to*); (자침·저울 따위의 한쪽이) 내려가다; (지질) (지층이) 기울다; 침하하다; (주가가) 조금 내리다. ¶The road ~s. 길이 내리막이 되다. 5 (항공) (비행기가 상승 전에) 급강하하다; (새가) 짧은 급강하를 하다. 6 (가격·매상 등이) 조금(일시적으로) 감소하다. 7 살짝 들여다보다, 조금 손을 대다 (*into*). ¶ (~+前+名) ~ *into* speculation 투기에 잠깐 손을 대다/ ~ *into* astronomy 천문학을 약간 연구하다. 8 (책 따위를) 대강 읽어보다, 대충 살펴보다 (*in, into*).
dip in (구어) (음식물 따위의) 자기 몫을 먹다.
dip in business (美속어) 남의 일에 간섭하다.
dip in the bush (속어) 쿤닐링구스(cunnilingus)를 하다. 「마구 쓰다.
dip into *one's* **purse** [or *pocket*, *savings*] 돈을
dip into the future 장래를 생각해 보다.
dip out (濠·뉴질) 1 (好機 따위를) 놓치다 (*on*). 2 (시험 따위에) 실패하다 (*in*).
dip the bill [or **beak**] (속어) 술을 마시다.
dip the fly (美속어) 성교하다.
— 명 1 (a ~) 살짝 담그기, 적시기; 한 번 멱감기. 2 (a ~) 한 번 퍼내기. ¶a ~ of soup (국자로) 한 번 퍼낸 수프. 3 U 침액(浸液); 세양액(洗羊液); 디프(크래커·야채 따위에 발라 먹는 크림 모양의 소스). 4 (땅·도로의

dip 771 **dippy**

침하, 강하; (값 따위의) 하락. ¶ a ~ in prices 값의 하락. **5** (아래로) 기울어짐; 하강(도), 경사도. **6** (전선(電線)의) 늘어짐; (땅의) 움푹 들어감. **7** 〔지질〕 (지층의) 경사. **8** 〔측량〕 부각(俯角)(물체 관측시 시선과 수평면이 이루는 각); (자침(磁針)의) 복각(伏角). **9** (비행기 따위의) 급강하. **10** 실 심지를 넣은 양초. **11** 〔제조〕 (평행봉에서의) 팔굽혀펴기 운동. **12** 〔美속어〕 모자. ─ 〔해어〕. **at the dip** 〔해사〕 (경의 표시로) 기를 반게양(半揭揚). **go for [have, take] a dip in** …에(에서) 한바탕 수영. ∠**pa·ble** 〔형명〕 〔영)목욕하러 가다[하다].

dip² 명 〔구어〕 알코올 중독자, 술고래; 마약 중독자.
dip³ 명 〔美속어〕 =diphtheria.〔 (속어) 바보, 얼간이.
DIP [dip] 명 〔컴퓨터〕 듀얼 인라인 패키지(dual in-line package; 집적 회로 용기). [Art and Design.
Dip., dip. Diploma. **Dip.A.D.** 〔英〕 Diploma in
di·par·tite [daipáːrtait] 형 부분으로 나누어진.
DipChemEng 〔英〕 Diploma in Chemical Engineering.
díp circle 명 =inclinometer.
Dip Com Diploma of Commerce. **Dip.Ed.** 〔英〕 Diploma in Education.
di·pet·al·ous [daipétələs] 형 〔식물〕 =bipetalous.
díp fàult 〔지질〕 경사(傾斜) 단층.
di·phase [dáifèiz] 형 〔전기〕 이상성(二相性)의. (또는 **di·phás·ic**) 너석.
díp·head [díphèd] 명 머리가 이상한 녀석; 별난
di·phos·phate [daifásfeit/-fɔ́s-] 명 〔화학〕 이인산염(二燐酸塩). **díp·phos·phór·ic** 형
*****diph·the·ri·a** [difθíəriə, dip-] 명 U 〔병리〕 디프테리아. **-al, -an** 형
diph·ther·ic [difθérik, dip-] 형 =diphtheritic.
diph·the·rit·ic [dìfθərítik, dìp-] 형 〔병리〕 디프테리아의, 디프테리아에 걸린. (또는 **diph·the·ri·al** [difθíəriəl, dip-]) **-i·cal·ly** 부
diph·thong [dífθɔːŋ, díp-/-θɔŋ] 명 **1** 〔음성〕 이중 모음, 복모음(spoil의 [ɔi], doubt의 [au] 따위). **2** 〔인쇄〕 연자(連字)(æ, œ 따위)(ligature). ─ 동 (단모음을) 이중 모음화하다. **diph·thón·gal, diph·thón·gic, diph·thón·gous** 형 〔＜Gk〕
diph·thong·ize [dífθɔːŋàiz, díp-/-θɔŋg-] 타 〔음성〕 (단모음을) 이중 모음화하다. ─ 자 (단모음이) 이중 모음이 되다. **-i·zá·tion** 명 [matist.
dipl. diploma; diplomacy; diplomat(ic); diplo-
dipl- [dípl] 〔연결〕 ⇒DIPLO-. [능력.
di·plex [dáipleks] 형 이중(이로(二路)) 통신의(이
dip·lo- [díplou, -lə] 〔연결〕 two, double, twin의 뜻 (* 모음 앞에서는 dipl-). ¶ diplococcus.
dip·lo·coc·cus [dìpləkákəs/-kɔ́k-] 명 (복 **-ci** [-sai]) 〔세균〕 쌍구균(雙球菌). **-cóc·cal, -cóc·cic** [-káksik/-kɔ́k-] 형 [쿠스(거대한 초식 공룡).
dip·lod·o·cus [diplάdəkəs/-plɔ́d-] 명 디플로도
dip·loid [díplɔid] 형 **1** 이중의, 두 배의(double). **2** 〔생물〕 (염색체가) 이배성(性)의, 배수(倍数)의. ─ 명 **1** 〔생물〕 이배체(二倍體), 배수 염색체. **2** 〔결정〕 편방(偏方) 24면체. **díp·lói·dic, díp·lói·dy** 명
di·plo·lin·go [diploulíŋgou] 명 =diplomatese.
*****di·plo·ma** [diplóumə] 명 (복 **~s**, (드물게) **~ta** [-tə]) **1** 졸업장[증서], 수료장; (…의) 학위 증서(in) (명 Eng.). ¶ a high school ~ 고교 졸업장/〔英〕 certificate)/a ~ in education 교육학 학위 증서. **2** 면허장, 자격증; 특허장; 상장, 감사장. **3** 공문서; (~s) 고(古)문서. **get one's diploma** 졸업하다; 면허장을 받다. [서. ─ 동 타 …에게 diploma를 수여하다.
*****di·plo·ma·cy** [diplóuməsi] 명 **1** 외교; 외교술. ¶ armed ~ 무력 외교. **2** 외교적 수완, 절충의 재능, 임기 응변의 술책; 사람 다루는 솜씨, 흥정의 술수(tact). **use diplomacy** 외교 수완을 발휘하다.
di·plo·ma·ism [diplóumèizm] 명 U (고용 따위에서) 학력[학위] (편중, 우선)주의.

diplóma mìll 명 〔구어〕 (돈벌이 위주로) 학위를 남발하는 고등 교육 기관, 3류 대학.
*****dip·lo·mat** [dípləmæ̀t] 명 외교관(〔英〕 diplomatist); 외교가, 외교에 능한 사람, 요령 좋은 사람.
dip·lo·mate [dípləmèit] 명 (면허[특허])장을 받은 자격 취득자, 유자격자; 전문가, 전문 의사.
di·plo·ma·tese [diplóumətìːz] 명 외교(관) 용어 [표현], 외교 문서체, 외교 사령(辭令).
*****dip·lo·mat·ic** [dìpləmǽtik] 형 **1** 외교(상)의; 외교에 관한[종사하는]. ¶ a ~ break 외교 단절/~ officials 외교관. **2** 외교에 능한, 외교적 수완이 있는, 절충을 잘 하는; 요령이 좋은(tactful). ¶ a ~ answer 요령 있는 대답. **3** 고문서학의; 원문의. ¶ a ~ copy 원문 그대로의 필사본 / ~ evidence 문헌상의 증거. **-i·cal·ly** 부
diplomátic bág 명 =diplomatic pouch.
diplomátic chánnel 명 외교 채널[경로].
diplomátic còrps [bòdy] 명 (the ~) 외교단(한 나라에 주재하는 외교관 전원)
diplomátic cóurier 명 외교 문서 전령. [특권.
diplomátic immúnity 명 외교 특권, 외교관 면책
diplomátic mìssion 명 외교 사절단(공관).
diplomátic pàssport 명 외교관 여권.
diplomátic póuch 명 외교 행낭.
diplomátic prívilege 명 외교(관) 특권.
dip·lo·mat·ics [dìpləmǽtiks] 명 〔단수취급〕 고문서학; (고어) 외교(술).
diplomátic sérvice 명 (the ~) 〔집합적〕 대사관원; 외교관(재외 공관) 근무; (D- S-) 〔英〕 외무부.
diplomátic shúttle 명 왕복 외교(상(上)의 왕복).
di·plo·ma·tist [diplóumətist] 명 〔英〕 =diplomat.
di·plo·ma·tize [diplóumətàiz] 자 외교적으로 절충하다; 외교적 수완을 발휘하다; 절충[흥정]하다. ─ 타 …에 외교 수완을 발휘하다. **-ti·zá·tion** 명
dip·lont [díplɑnt/-lɔnt] 명 〔생물〕 이배체(二倍體); 복상(複相) 생물. **dip·lón·tic** 형
dip·lo·pho·ni·a [dìpləfóuniə] 명 〔병리〕 복음(複音), 이중음(二重音). **-phon·ic** [-fánik/-fɔ́n-] 형
di·lo·pi·a [diplóupiə] 명 〔안과〕 복시(複視), 이중시(二重視)(double vision). **-plop·ic** [-plάpik] 형
dip·lo·speak [dípləspìːk] 명 외교(관) 용어.
díp nèedle 명 부각 자침(俯角磁針), 복각계(伏角計). (또는 **dípping nèedle**) **díp·nèe·dling** 명
díp nèt 명 (작은 물고기를 떠올리는) 사내끗.
dip·no·an [dípnouən] 명 폐어류(肺魚類)(의).
Díp·noi [dípnɔi] 명 〔동물〕 폐어류(肺魚類).
dip·o·dy [dípədi] 명 〔운율〕 이보구(二步句)(격(格)), 복각률(複脚律). **di·pod·ic** [daipάdik/-pɔ́d-] 형
di·pole [dáipòul] 명 **1** 〔물리·전기〕 쌍극자(雙極子). **2** 〔물·화〕 쌍극(雙極性)(분자(分子), 유극성(有極性)) 분자. **3** (또는 ∠ **anténna [áerial]**) 〔라디오·TV〕 쌍극 안테나. **di·pó·lar** 형 **di·pó·lar·ize** 동 타
díp pèn 명 딥 펜(잉크를 찍어 쓰는 펜).
*****dip·per** [dípər] 명 **1** 담그는 것[사람]; (물까마귀 따위) 잠수하는 새. **2** 국자, 퍼내는[건지는] 도구; (준설기의) 버킷. ─ ⇒ dredge. **3** (the D-) 〔천문〕 북두칠성 (the Big D-) (큰곰자리(Ursa Major)의 일곱 별); 소(小)북두칠성 (the Little D-) (작은곰자리(Ursa Minor)의 일곱 별). **4** (D-) 〔교회〕 침례교도. **5** (사진) 현상액 그릇. **6** (속어) 소매치기. ─ =dippermouth. **~ful** 명
dípper drèdge [shòvel] 명 디퍼 준설선(동력 shovel을 적재한 평저선(平底船)).
dip·per·mouth [dípərmàuθ] 명 〔美속어〕 입이 큰 사람, 하마 입. [액).
dip·ping [dípiŋ] 명 U〔C〕 (염색액에) 담그기; 침액(浸
dípping bàll 명 〔테니스〕 디프볼(네트를 살짝 넘어가서 상대방 코트에 낮게 떨어지는 drop shot).
dip·py [dípi] 형 〔구어〕 **1** 머리가 돈, 미친; (…에) 열중한, 반한(about, over, with). ¶ be ~ about peanuts

dip·py·dro [dípidròu] 명 (복 ~s) (美속어) 변덕쟁이, 마음이 이랬다저랬다 하는 사람.

di·pro·pel·lant [dàiprəpélənt] 명 (우주) =bipropellant.

di·pro·pyl·phypt·a·mine [daipròupəlfíptəmì:n] 명 디프로필핍타민(환각제).

dip-slip fáult [[']slìp-] 명 (지질) 경사 이동 단층.

dip·so [dípsou] 명 (복 ~s) (구어) 알코올 중독자, 주정뱅이. (또는 **dýp·so**) (<*dipso*maniac)

dip·so·ma·ni·a [dìpsəméiniə, -sou-] 명 ⓤ 발작성 음주벽, 알코올 중독.

dip·so·ma·ni·ac [dìpsəméiniæk, -sou-] 명 주광, 알코올 중독자. **-ma·ni·a·cal** [-^lmənáiəkəl] 형

dip·stick [dípstìk] 명 1 (통 안의 기름을 재는) 계량봉(計量棒). 2 (美속어) 바보, 골보기 싫은 놈; 음경(陰莖).

dip·switch [dípswìtʃ] 명 (英) (자동차 헤드라이트의) 감광(減光) 스위치.

DIP-switch [[']swìtʃ] 명 (컴퓨터) DIP 스위치.

dip·sy dó(o) [dípsi dú:] 명 (美속어) 1 =dipsydoodle. 2 (야구) 변화구; 변화구에 능한 투수.

dip·sy-doo·dle [dípsidú:dl] 명 (美속어) 1 몸을 재빨리 구부리는 동작; 상대의 주의를 딴 데로 돌리는 행동. 2 미심쩍은 거래; 사기, 속임수; 사기꾼. 3 (프로 권투에서) 미리 짜고 하는 엉터리 시합. ── 통 속이다.

dipt [dipt] 동 (고어) dip¹의 과거·과거분사.

DipTech *Diploma in Technology.*

Dip·ter·a [díptərə/-tərə] 명 (곤충) 쌍시류(雙翅類); (d-) dipteron의 복수형.

dip·ter·al [díptərəl] 형 (건축) (고대 신전이) 이중 주랑(柱廊)으로 된; (생물) =dipterous. (시류 곤충).

dip·ter·an [díptərən] 형 =dipterous 1. ── 명 쌍시류(雙翅類) 곤충; 파리(fly).

dip·ter·on [díptərɑn/-rɔn] 명 (복 **-ter·a** [-tərə]) 쌍시류(雙翅類) 곤충; 파리(fly).

dip·ter·os [díptərɑ̀s/-ɔ̀i -ɔ̀:i] (건축) 이중 주랑(二重柱廊)식의 건축.

dip·ter·ous [díptərəs] 형 1 (곤충) 쌍시류의. 2 (식물) (종자·줄기 따위가) 쌍익(雙翼)의.

dip·tych [díptik] 명 1 (고대 로마의) 둘로 접는 기록판. 2 그림·조각을 새긴 두 쪽으로 접는 판.

di·pyr·a·mid [daipírəmid] 명 양추(兩錐)(두 각추체(角錐體)가 하나의 대칭면을 사이에 두고 결합한 형태의 결정(結晶)). **di·py·ram·i·dal** [dàipiræmədl] 형

dir. *direct; direction; director.*

*dire [daiər] 형 (**dir·er; dir·est**) 1 무서운, 무시무시한; 비참한; 끔직한. ¶the ~ sisters 복수의 세 여신. 2 불길한, 불행을 예고하는. 3 (구어) (필요·위험 따위가) 급박한; (가난 따위가) 지독한. ¶be in ~ need of food 시급히 식량이 필요하다. **~·ly** 부 **~·ness** 명

‡di·rect [dirékt, dai-] 통형 1 지도하다, …을 인도하다; …을 관리[지배, 통제]하다. ¶if properly ~ed 잘 지도하면 /She ~s her brother's homework. 그녀는 남동생의 숙제를 지도한다.

2 …에게 명령하다; …을 지시하다, 지휘하다; (영화·연극 등을) 감독[연출]하다. ⇒ORDER 유의어 ¶a play 연극을 연출하다 // (~+目+*to* do) I ~ed him *to* leave the room. (=I ~ed that he (should) leave the room.) 나는 그에게 방을 나가라고 지시했다.

3 …에게 길을 가리키다 (*to*). ⇒GUIDE 유의어 ¶(~+目+前+名) a person *to* the museum 남에게 박물관 가는 길을 가르쳐 주다 / ~ a person *to* a chair 남을 좌석으로 안내하다.

4 [눈·주의·노력·말 등]을 (어떤 방향으로) 돌리다 (*to, against, toward*); (미사일·전파 등)을 (…의 방향으로) 향하게 하다, 유도하다 (*at, toward*). ¶(~+目+前+名) ~ one's attention [efforts] *to*[*toward*] the peace of the world 세계 평화에 주의[노력]를 기울이다 /His remarks were ~ed *at* you. 그는 너를 두고 그 말을 한 것이다.

5 (편지·소포 등)에 걸봉을 쓰다 (*to, at, toward*); …을 (…에게) 보내다, 송신하다 (*to*). ¶(~+目+前+名) D- this letter *to* his business address. 이 편지의 주소는 그의 근무처로 하세요.

── 자 1 지도[관리]하다; 지시[명령]하다; 안내역을 맡다. 2 (美) (오케스트라를) 지휘하다; (영화·연극의) 감독[연출]을 하다.

as directed 지시받은 대로; 처방대로.

── 형 (**more ~, ~·er; most ~, ~·est**) 1 똑바른, 일직선의; 가장 가까운, 최단 거리의; 곧장 가는, 직행의 (형 indirect). ¶a ~ line 일직선 / a ~ route 직행 노선. 2 직접의, 직접적인; 직통의. ¶~ rays 직사 광선 / the ~ phone [line] 직통 전화. 3 (자손·선조 등이) 직계의. ¶a ~ descendant [ancestor] 직계 자손[선조].

유의어 **direct** 직선으로 연결된; 떨어져 있는 경우도 있다. **immediate** 중간에 개재되는 것이 없이 곧바로 이어진.

4 솔직한; 노골적인, 단도직입적인. ¶a ~ question [answer] 솔직한 질문[대답] / ~ words 직언(直言). 5 절대의, 전적의. ¶the ~ opposite [or contrary] 정반대 / form a ~ contrast to …와 뚜렷한 대조를 이루다. 6 (수학) 직…, 직접의. ¶~ product 직적(直積) / ~ proof 직접 증명법 / ~ factor 직접 인자. 7 (문법) (인용·화법 등이) 직접의. ¶~ narration [or speech] 직접 화법. 8 (정치) 직접 선거[투표]의. 9 (전기) 직류의 (alternating). 10 (천문) 천체가 지구의 공전과 같은 방향으로 운행하는, 순행(順行)의; (서에서 동으로) 순행하는. 11 (염색) 매염액(媒染劑)를 쓰지 않은. 12 (음악) (화음·음정이) 병행하는.

to be direct with you 솔직히 말해서.

── 부 1 똑바로, 곧장, 직행으로. ¶go ~ to New York 뉴욕으로 직행하다. 2 직계로. 3 직접, 딴 것[사람]을 개재시키지 않고. ¶I want to communicate with him ~. (남을 개입시키지 않고) 그와 직접 말하고 싶다.

~·a·ble 형 **~·ness** 명

diréct áccess 명 (컴퓨터) =random access.

di·réct-ác·cess 명 =DASD.

diréct-access stórage device 명 (컴퓨터)

di·rect-act·ing [-æktiŋ] 형 직접 작동하는.

diréct áction 명 1 (파업 따위) 직접 행동. 2 직접 작동. 3 (비유적) 폭력. **diréct áctionist** 명 「방식).

diréct addréssing 명 (컴퓨터) 직접 주소 지정

diréct bróadcasting by sátellite 명 (TV) 직접 위성 방송(약 DBS).

diréct bróadcast(ing) sátellite 명 (TV) 직접 방송 위성(약 DBS).

diréct cárving 명 (조각) 직접 새기기.

diréct cínema 명 다이렉트 시네마(현장음(音)만을 사용하는 다큐멘터리식 영화).

diréct cóst 명 직접 경비. 「기) 직접 증폭기.

di·réct-cóu·pled ámplifier [-kʌ́pld-] 명 (전

diréct cúrrent 명 (전기) 직류(약 DC, dc).

diréct débit 명 은행 자동 납부.

diréct depósit 명 (급료 따위의) 은행 자동 이체.

di·rect-di·al [-dáiəl] 형 (장거리) 직통 다이얼 전화를 걸다. ── 형 직통 다이얼 전화가 걸리는 (방식의). (또는 **diréct dial**) **~·ing** 명

diréct discourse [**spéech**] 명 (문법) 직접 화법. 형 indirect discourse 「화 방식(약 DDD).

diréct dístance díaling 명 (美) 직통 장거리 통

diréct distribútion [**sále**] 명 직판(直販).

diréct dýe 명 (화학) 직접 염료.

di·rect·ed [diréktid, dai-] 형 1 지도[관리, 통제]된, 유도된, 지휘[지시]에 따른. 3 (수학) 유향(有向)의. **~·ness** 명

di·réct·ed-én·er·gy devìce 명 지향(성) 에너지 병기(兵器)(레이저 무기, 광선 무기 따위; 略 DEW). (또는 diréct-énergy wéapon)

diréct évidence 명 [법률] 직접 증거.

diréct examinátion 명 [법률] 주(主)[직접]심문.

diréct frée kíck 명 [축구] 직접 프리 킥.

diréct gránt schòol 명 (英) 직접 보조 학교(일정 수의 학생에게 수업료를 면제하는 조건으로 정부로부터 보조금을 받는 사립학교).

diréct héating 명 직접 난방.

diréct hít 명 명중, 직격(直擊).

diréct inítiative 명 [정치] 직접 발의권.

diréct injéction 명 =solid injection.

diréct ínput 명 [컴퓨터] (키보드 따위에 의한) 직접 입력; 또는 그 장치. [접 입력 장치.

diréct ínput dèvice 명 [컴퓨터] (키보드 따위) 직

diréct invéstment 명 [경제] 직접 투자.

‡**di·rec·tion** [dirékʃən, dai-] 명 (略 ~s [-z]) 1 ⓒ ⓤ 방향, 방위(方位). ¶an angle of ~ 방위각(方位角) / a sense of ~ 방향 감각 / in the right [same, opposite] ~ 바른[같은, 반대] 방향으로. 2 (사상・행동 따위의) 경향, 추세, 동향; 목표, 방침. ⇨TENDENCY 유의어 ¶a new ~ in school education 학교 교육의 새 경향. 3 ⓤⓒ (문어) 지도; 관리, 지휘. ¶personal ~ 개별 지도. 4 (~s) 명령, 지령, 지시(as to, to do); 사용법, 지시서, 지침서. ¶~s to students 학생들에게 주는 지침 / ~s for use 사용법. 5 ⓤ (영화・연극 따위의) 감독, 연출. ¶the ~ of a play[movie] 극[영화의] 연출[감독]. 6 [음악] (오케스트라 등의) 지휘; (악보상의) 기호, 지시. 7 (편지 따위의) 겉봉 주소. 8 =direc-

from all directions 각 방면으로부터. ⇨**torate**.

give directions (…에게) 지시하다 (to).

have a good [a bad, no] sense of direction [or bearing] 방향 감각이 좋다[나쁘다, 없다].

in all directions; in every direction 사방 팔방으로

in the direction of …의 방향으로. [로.

under [or according to] a person's direction …의 지시(대)로.

~·**less** 형

di·rec·tion·al [dirékʃənl, dai-] 형 1 방향의, 방위의. 2 지도적인. 3 [무선] 지향성의, 방향 탐지의. ¶a ~ antenna [microphone] 지향성 안테나[마이크]. (~s) (자동차의) 방향 지시기. ~·**ál·i·ty** 명 ~·**ly** 부

diréctional sígnal [líght] 명 (자동차의) 방향 지시등(turn signal).

diréction fínder 명 [무선] 방향 탐지기, 방위 측정기. **diréction fínding** 명

diréction índicator 명 (자동차의) 방향 지시기 (blinker); (항공기의) 정침의(定針儀), 방향계.

di·rec·tive [diréktiv, dai-] 형 지도[지시]하는, 지도[지시]적인; 지배[관리]하는 (of). ¶rules ~ of our action 우리의 행동을 지배하는 법칙. 2 [무선] 지향성 [식]의. ¶a ~ wireless 지향식 무전. 3 [정신의학] (정신 요법의) 지시적인. —명 1 (국가 기관 등의) 지령, 지시 (to do, for); (군사) 작전 명령. 2 (D-) (유럽 연합 (EU)의 지시 문서(가맹국 정부에 제시하는 법안 지시 문서). 3 [컴퓨터] 명령(command).

~·**ly** 부 ~·**ness** 명

di·rec·tiv·i·ty [dìrektívəti, dài-] 명 1 방향성. 2 (통신) (전파・음파의) 지향성. [노동자.

diréct lábor 명 직접 노동; (英) [집합적] 직접 고용

diréct líghting 명 직접 조명.

‡**di·rect·ly** [diréktli, dai-] 부 1 똑바로, 일직선으로. ¶go ~ to the heart of the problem 곧바로 문제의 핵심으로 들어가다. 2 직접적으로. ¶~ concerned with the problem 그 문제와 직접적으로 관련이 있는. 3 곧, 이내, 즉각. ⇨INSTANTLY 유의어 ¶I'll be there ~. 곧 가겠습니다. 4 전적으로, 꼭. ¶~ opposite the station 역의 바로 맞은편에. 5 [수학] 정비례하여. —접 (英구어) …하자마자, …하는 즉시로(as soon as). ¶I'll come ~ I've finished the work. 일이 끝나 는 즉시 가겠습니다.

diréct máil 명 다이렉트 메일(직접 개인이나 가정으로 발송되는 광고 우편물; 略 DM). **di·réct-máil** 명

di·réct-máil·er [-méilər] 명 1 다이렉트 메일 업자. 2 다이렉트 메일(로 우송되는) 우편물.

diréct márketing [sélling] 명 다이렉트 마케팅 (생산자[판매자]와 소비자를 직결하는 판매 활동).

diréct mémory áccess 명 [컴퓨터] 직접 메모리 액세스, 직접 기억 장치 접근.

diréct méthod 명 (the ~) [교육] 직접 교수법(모국어를 사용하지 않고 외국어를 가르치는 방법).

diréct mótion 명 직진 운동; [천문] 순행(順行).

diréct narrátion 명 [문법] =direct discourse.

diréct óbject 명 [문법] 직접 목적어.

Di·rec·toire [dìrektwáːr] 명 (프랑스 혁명 시대의) 집정 내각(1795-99). —형 (보통 d-) (가구 따위가) 프랑스 혁명 시대풍의. [<F directory]

‡**di·rec·tor** [diréktər, dai-] 명 (略 ~**s** [-z]) 1 지도자, 지휘자; 관리직에 있는 사람, 관리자. 2 (단체・회사 따위의) 이사, 중역, 임원; (고등 학교 따위의) 교장; (관청 따위의) 장, 국장. ¶a managing ~ (英) 사장 / a board of ~s 이사회, 임원회(* 우리 나라 기업의 직책을 영어로 옮길 경우 흔히 「전무 이사」는 an executive ~로, 「상무 이사」는 a senior [or managing] ~로 표기한다. 3 영화・연극・TV 드라마 따위의 감독, 연출가 ((英) producer); (라디오・TV의) 제작 책임자; (美) [음악] 지휘자. 4 (군사) 조준 장치. 5 (프랑스 혁명 정부의) 집정관, 행정 위원. 6 [기독교] 지도자(指導者). 7 [의학] 유구 탐침(有溝探針). ~·**ship** 명

di·rec·to·rate [diréktərət, dai-] 명 1 ⓤ director의, 관리직. (또는 diréctorship) 2 [집합적; 단・복수 양용] 중역회, 이사회.

diréct orátion 명 [문법] =direct discourse.

diréctor géneral (~**s g-**) 명 (독립 관청의) 기관장, 청장; (대기업・조직의) 사장, 회장.

di·rec·to·ri·al [dìrektɔ́ːriəl, dài-] 형 1 director의. 2 임원회의, 이사회의. 3 (D-) (프랑스 역사) 집정 내각의. 4 (영화에서) 감독의. ~·**ly** 부

diréctor of photógraphy 명 [영화] 촬영 감독.

diréctor's cháir 명 (캔버스로 된) 접는 의자.

*di·rec·to·ry [diréktəri, dai-] 명 1 주소 성명록, 인명부. ¶a telephone ~ 전화 번호부. 2 (빌딩에 들어 있는 사무실 따위의) 층수・호수를 표시한 게시판, 빌딩 안내판. 3 지령서, 훈령서; (교회의) 예배 규칙서. ¶[목회[사목]상의] 지침. 4 (the D-) (프랑스 역사) =Directoire. 5 (단・복수 양용) 임원회, 이사회. 6 [컴퓨터] 디렉터리, 자료장. —형 지휘의, 지도적인, 지시적인; [법률] 훈령적인.

diréctory assístance 명 전화 번호 안내. (또는 (英) **diréctory enquíries**) 「연결되는) 직통 전화.

diréct phóne [líne] 명 (수화기만 들면 상대방과

diréct pósitive 명 [사진] 직접 양화(陽畫).

diréct prímary 명 [美정치] 직접 예비 선거(당원의 직접 투표에 의해 당의 후보자를 선출한다).

diréct propórtion 명 [수학] 정비례.

di·rect-re·sponse [-rispáns] 명 (형용사적) 전화 판매(의). [형. (또는 **directrice**)

di·rec·tress [diréktris, dai-] 명 director의 여성

di·rec·trix [diréktriks, dai-] 명 (略 ~**es**, **-tri·ces** [-trəsìːz]) 1 [수학] 준선(準線). 2 [고어] =directress.

diréct rúle 명 (중앙에 의한) 직할 통치, 직접 지배.

diréct sélling 명 =direct marketing.

diréct spéech 명 [문법] =direct discourse.

diréct táx 명 직접세.

diréct taxátion 명 소득[자산] 과세.

di·réct-víew TV [-vjùː-] 명 재래형 텔레비전.

di·réct-ví·sion prìsm [-vìʒən-] 图 〔광학〕 직시(直視) 프리즘. 〔분광기.
dírect-vísion spèctroscope 图 〔광학〕 직시
dire·ful [dáiərfəl] 图 1 무시무시한, 끔찍한; 비참한. 2 불길한, 조짐이 나쁜. **~·ly** **~·ness**
di·remp·tion [dirémpʃən] 图 괴리(乖離), 분리.
dir·et·tis·si·ma [dirətisəmə] 图 〔등산〕 (암벽·빙벽 따위의) 수직(垂直) 등반.
dirge [dəːrdʒ] 图 만가(輓歌), 비가, 장송가. **∠·ful** 图
dir·ham [diərhǽm, dirǽm, dirəm] 图 디르함(모로코, 리비아, 카타르 등의 화폐 단위).
dir·i·gi·bil·i·ty [dìrədʒəbíləti, dìridʒ-] 图回 조종가능(성), 지도[유도]될 수 있음.
dir·i·gi·ble [dírədʒəbl, dirídʒ-] 图 비행선(airship). ― 图 조종할 수 있는, 지도[유도]할 수 있는.
di·ri·gism(e) [díːriːʒìzm, -ʒìzm] 图 (경제·사회 문제의) 통제 정책. **-giste** 图 〔<F〕
dir·i·ment [dírəmənt] 图 〔법률〕 (혼인 장애 사유가) 절대적인; 무효로 하는(nullifying).
díriment impédiment 图 〔법률〕 (혼인 원인 무효의) 절대 장애[결격 사유].
dirk [dəːrk] 图 〔스코〕 단검(dagger). ― 图 …을 단검으로 찌르다.
Dirk [dəːrk] 图 더크(남자 이름; Derek의 애칭).
dirn·dl [dəːrndl] 图 오스트리아 티롤 농민풍의 여성복(꼭 끼는 조끼와 개더 스커트로 된 것); (또는 ∠ **skìrt**) 그 스커트.

‡**dirt** [dəːrt] 图回 **1** 먼지, 티끌, 오물, 쓰레기. ¶ wash ~ off 더러움을 씻어 내다. **2** 흙; 흘어진 흙; 진흙; 〔경멸적〕 토지. **3** 무가치한 것; 하찮은 것(사람). **4** 불결한 상태. ¶ live in poverty and ~ 빈곤과 불결 속에서 나날을 보내다. **5** 욕, 악담, 험담, 중상; 음담 패설, 추잡한 언행; 도덕적 부패. ¶ spread ~ 나쁜 소문을 퍼뜨리다. **6** 〔광산〕 폐석. **7** 〔美俗〕 돈.
(**as**) **cheap** [or **common**] **as dirt** 〔구어〕 ① 헐값의, 씨구려의, ② 하층 계급의, 미천한.
cast [or **throw**, **fling**] **dirt at** [or **on**] a person 남에게 욕[악담]을 퍼붓다.
cut dirt 〔美俗〕 달리다, 도망치다, 급히 떠나가다.
dig dirt 〔美俗〕 소문을 이야기하다[퍼뜨리다].
dig up dirt on …의 부정 부패를 캐내다.
dirt under one's **feet** 시시한 것.
dish the dirt 나쁜 소문을 퍼뜨리다.
do (a person) **dirt; do dirt to** a person 〔속어〕 남을 속이다; …에게 비열한 짓을 하다.
eat dirt 〔속어〕 ① 비난[부끄러움]을 참고 견디다; 〔美속어〕 앞에 했던 말을 취소하다. ② (명령형으로) 꺼져!, 뒈져버려!
go with the dirt 〔美속어〕 사라지다, 없어지다.
hit the dirt 〔속어〕 ① (포탄·폭풍 따위를 피해) 땅에 엎드리다. ② 달리는 열차에서 뛰어내리다. ③ 〔야구〕 (베이스에) 미끄러져 들어가다.
move dirt 〔美속어〕 〔철도〕 샵으로 석탄을 퍼내다.
talk dirt 음담패설을 하다.
treat a person **like** (**a piece of**) **dirt** 남을 소홀히 대하다, 쓰레기 취급하다.
Where's the dirt? 〔속어〕 무슨 일이야? 웬 난리야?
yellow dirt 〔美속어〕 〔경멸적〕 돈.

dirt-bag [-bæg] 图 〔美속어〕 **1** 넝마주이. **2** 싫은 놈, 더러운 놈. (또는 **dírtbàll**)
dírt bèd 〔지질〕 이토층(泥土層). 〔trail bike).
dírt bìke 图 〔구어〕 산악용[비포장 도로용] 오토바이
dirt-cheap [-tʃíːp] 图 图 〔구어〕 터무니없이 싼[싸게, 값싼[에]. ¶ They got it ~. 그들은 그것을 거의 공짜로 입수했다.
dírt chùte 图 〔美속어〕 싫은 놈. 〔공짜로 입수했다.
dirt-eat·ing [-iːtiŋ] 图回 (야만인의) 흙 먹는 풍습; (아이의) 토식증(土食症)(geophagy).

dírt fàrm 图 〔美구어〕 자작 농장, 소농장; 〔美흑인 속어〕 소문의 중심. **dírt fàrming** 图
dírt fàrmer 图 〔美구어〕 (몸소 일하는) 농부, 자작농.
dírt gràss 图 〔美구어〕 마리화나.
dirt-heap [dəːrthìːp] 图 쓰레깃더미.
dírt pìe 图 (아이들 놀이용) 진흙 떡.
dirt-poor [-púər] 图 아주 가난한, 극빈의.
dírt ròad 图 비포장 도로.
dírt tràck 图 이토(泥土)[석탄재]를 깐 경주로.
dírt wàgon 图 쓰레기 운반차, 청소차(美) dust cart).
‡**dirt·y** [dəːrti] 图 (**dírt·i·er; dírt·i·est**) **1** 더러운, 불결한(營 clean); 더러워진, 때묻은; 질척질척한; (상처가) 곪은. ¶ a ~ face [hand] 더러운 얼굴[손].

〔유의어〕 **dirty** 더러운 것을 뜻하는 일반적인 말. **filthy** 아주 더럽고 불쾌한. **foul** 아주 더러워서 썩은 냄새가 진동하는. **nasty** 특히 청결함을 좋아하는 사람에게 불쾌감을 나타내는 주관적인 말. **squalid** dirty의 뜻에 덧붙여, 주거·환경 따위의 지저분함을 연상시키는 말.

2 비열한, 비천한; 부정한, 공평하지 않은, 반칙이 많은. ¶ a ~ fighter 비열한 권투 선수. **3** 상스러운, 외설적인, 추잡한. ¶ a ~ story 음담 패설. **4** 불쾌한, 지겨운, 지루한. ¶ be in a ~ temper 기분이 언짢다. **5** 〔속어〕 경멸적인, 모멸적인. ¶ a ~ crack [or dig] 〔美속어〕 심한 비아냥, 경멸. **6** (날씨 따위가) 거친, 험악한. ¶ ~ weather 궂은 날씨. **7** (색깔 따위가) 더러운, 칙칙한, 탁한. **8** (핵무기가) 방사성 낙진이 많은. **9** 불륜의. **10** 속어를 쓰는. **11** 〔속어〕 〔의학〕 전염병의; 오염된.
be dirty on a **person** 〔濠구어〕 남에게 성내다.
do a **person dirty; do** [or **put in**] **the dirty on** a **person** 〔속어〕 …에게 속임수를 쓰다; …에게 치사[비열]한 짓을 하다. 〔은싫은〕 부분.
the dirty [or **thick**] **end of the stick** 〔구어〕 귀찮
― 图 **1** 〔구어〕 비열하게, 부정하게. **2** 〔구어〕 음란하게, 외설적으로. **3** 〔英속어〕 몹시. ¶ ~ great 무척 큰.
play dirty 부정 수단을 쓰다, 사기치다; 비열하게 굴
talk dirty 음란한 말을 하다. 〔다.
― 图 (**dirt·ies** [-z]) 国 **1** (손·발 따위를) 더럽히다, 불결하게 하다; (바다·땅)을 방사성 물질로 오염시키다. **2** (명성·인격 따위)를 더럽히다, 손상시키다. ― 图 더러워지다, 더럽혀지다, 불결해지다.
― 图 비열한 사람, 더러운 사람.
dírt·i·ly 图 **dírt·i·ness** 图
dírty bírd 图 〔美속어〕 모(某)씨, 아무개라는 사람.
dírty bómb 图 오염 폭탄(대량의 방사능을 방출하는 폭탄).
dírty bóok 图 외설[음란] 서적.
dírty dóg 图 〔속어〕 비열[치사]한 놈.
dírty dózens 图복 〔美속어〕 =dozen 3. 〔굴을 한.
dirt·y-faced [-fèist] 图 얼굴이 더러워진, 더러운 얼
dírty flóat 图 〔경제〕 정부가 과잉 개입되는 변동 시세
dírty hèavy 图 〔美속어〕 (영화의) 악역. 〔제.
dírty jóke 图 〔속어〕 음란[진한] 농담, 음담 패설. 〔매춘부.
dirt·y-leg [dəːrtilèg] 图 〔美속어〕 몸이 헤픈 여자.
dírty línen [láundry] 图 〔구어〕 집안의 치부, 가족(사생활)의 수치스러운 일.
wash [or **air**] one's **dirty linen in public** 남 앞에서 집안 싸움을 하다[집안의 치부를 드러내다].
dírty líttle sècret 图 〔구어〕 (감추어 두어야 할) 불명예로운 일; 알려지기를 원치 않는 비밀. 〔모습〕.
dírty lóok 图 〔구어〕 책망[경멸]의 눈초리; 화난 표정
give a person a **dirty look** 〔구어〕 남에게 화난 표정을 하다; 남을 업신여기다.
dir·ty-mind·ed [-máindid] 图 속마음이 더러운, 치사한, 음란한.
dírty móney 图 **1** 부정한 돈. ¶ make ~ 부정한 수단으로 돈을 벌다. **2** 위험 수당; 오염 수당.
dírty móuth 图 〔美속어〕 입이 건 사람, 음란한[추잡한] 말을 (공공연히) 하는 사람. **dírt·y-móuth** 图国

dirt·y-neck [-nék] 명 《美속어》 노동자, 백성; 이민.
dirty ófficer 명 《美軍속어》 주번 사관(duty officer).
dirty óld mán 명 《구어》 추잡한 늙은이, 호색한, 색골.
dirty pláy 명 《스포츠》 반칙.
dirty póol 명 《美구어》 부정 행위; 더러운 행위.
dirty prótest 명 불결 투쟁(죄수가 자신의 신체를 더럽게 만드는 따위로 나타내는 저항).
dirty púzzle 명 《美속어》 몸가짐이 헤픈 여자.
dirty tríck 명 《구어》 **1** 비열한 책략, 비겁한 속임수. **2** (~s) (선거 운동 방해 따위의) 부정 공작, 중상.
play a dirty trick on …에게 비열한 짓을 하다; 비열한 수법으로 …을 속이다. ─**ster** 명
dírt·y-trick·er·y 명 **dírt·y-trícks** 명 **dírt·y-tríck**
dirty wár 더러운 전쟁(독재 정권의 군부·비밀 경찰 등이 반체제 세력에 대해 벌이는 소탕전).
dirty wásh [wáshing] 명 《美속어》 가십 거리.
dirty wéekend 명 《美속어》 불륜의 상대와 보내는 주말; (때로) 부부의 단란한 주말.¶*go for a ~* 주말에 불륜을 저지르다. [letter word].
dirty wórd 명 천한[상스러운] 말; 금기 어구(four-
dirty wórk 명 **1** 더러운[궂은] 일. **2** 싫은 일. **3** 《구어》 부정 행위, 속임수, 협잡; 불륜.
do a person's dirty work for him 남을 위해 궂은 일을 하다, 남의 밑에서 허드렛일을 하다.
dis [dis] 《美속어》 동타 **1** …을 경멸[멸시]하다; 업신여기다, 깔보다. **2** …을 헐뜯다, 비방하다(disparage).
─ 명 실망. (또는 **diss**)
Dis [dis] 명 《로마 신화》 **1** 디스(저승의 신; 그리스 신화의 Pluto에 해당). **2** 지하계, 저승, 명부(冥府).
dis. discharge; disciple; discipline; discontinue(d); discount; distance; distribute.
dis- [dis] 접투 (* 자음 앞에서는 종종 di-, 특히 f 앞에서는 dif-) **1** 동사에 붙여 그 반대의 동작을 나타내는 동사를 만든다.¶*disagree*. **2** 명사와 결부하여 명사가 의미하는 것을 「제거하다」 「벗기다」 「분리하다」라는 뜻의 동사를 만든다.¶*disarm*. **3** 형용사에 붙여 그 성질을 상실케 하는 뜻의 동사를 만든다.¶*disable*. **4** 명사·형용사에 붙여 「불(不)…」, 「무(無)…」, 「비(非)…」의 뜻을 나타낸다.¶*dishonor*; *discomfortable*. **5** 「전적으로」라는 뜻으로 부정을 강조한다.¶*disannul*.
*__**dis·a·bil·i·ty**__ [dìsəbíləti] 명ⓤ **1** (…의/…할) 능력이 없음, 무능, 무력 (*for* / *to do*, *doing*). **2** 정신적[육체적] 결함, 심신 장애[부자유]; 치명상. **3** 《법률》 법적 무능력, 무자격. **4** 불리한 것[조건], 핸디캡.

유의어 **disability** 병·사고·실격 따위로 어떤 일을 하는 능력을 상실함. **inability** 지능·성격 또는 여의찮은 상황 때문에 어떤 일을 할 능력이 없음.

disability cláuse 명 《보험》 폐질(廢疾) 조항.
disability insúrance 명 《보험》 신체 장애 보험.
disability léave 명 《美》 일시적 노동 불능 휴가.
disability pénsion 명 장애 연금.
*__**dis·a·ble**__ [diséibl] 동타 **1** …을 무능[무력]하게 하다 (*for*, *from doing*); …의 능력을 약화시키다.¶(~+目+前+名) Age ~*d* him *from* working. 그는 나이가 들어 일을 할 수 없게 되었다. **2** (수동형으로) …을 손상시키다. (사고 따위로) 불구로 만들다.¶*be* ~*d* (손·발 따위를) 쓰지 못하게 되다, 불구가 되다. **3** (기계)를 움직이지 못하게 하다; (항해) (함선)의 전투력을 잃게 하다, 항행을 불가능하게 하다. **4** 《법률》 …을 무능력[무자격]하게 하다 (*from*). -**bler** 명
dis·a·bled [diséibld] 형 지체(肢體) 부자유한, 불구가 된, 신체 장애의; 무능력해진.¶*a ~ soldier* 상이 군인/~ *parking* 장애자용 주차장. ─ (the ~) 《집합적·복수취급》 신체 장애자.
disábled ríghts 명복 심신 장애자 권리.
dis·a·ble·ment [diséiblmənt] 명ⓤ **1** 무력[무능]하게 하기. **2** 무능력, 무자격. **3** 지체 부자유, 불구.

disáblement bènefit 명 《英》 장애 보상[급부].
dis·a·blist [diséiblist] 형 장애자를 차별하는, 장애자에게 편견을 가진. (또는 **disableist**) -**blism** 명
dis·a·buse [dìsəbjú:z] 동타 (사람의 마음 등)을 (…로부터) 해방시키다; (…의 미혹[오해]을) 풀어주다, (잘못을) 깨우쳐[바로잡아] 주다 (*of*).¶(~+目+前+名) ~ *a person of* foolish prejudices 남을 어리석은 편견에서 벗어나게 하다. -**bús·al** 명
di·sac·cha·ride [daisǽkəràid, -rid] 명 《생화학》 이당류(二糖類)(자당·유당 따위).
dis·ac·cord [dìsəkɔ́:rd] 동자 …와 일치하지 않다, 화합하지 않다, 다투다 (*with*). ─ 명 불일치, 부조화.
dis·ac·cred·it [dìsəkrédit] 동타 …을 신임하지 않다; …의 인가를 취소하다, 자격을 빼앗다; …의 권위를 빼앗다. -**i·tá·tion** 명
dis·ac·cus·tom [dìsəkʌ́stəm] 동타 …에게 (…의) 습관을 버리게 하다 (*to*).¶(~+目+前+名) ~ *oneself to smoking* 흡연의 습관을 버리다, 담배를 끊다.
dis·a·dapt [dìsədǽpt] 동타 적응 불능케하다.
*__**dis·ad·van·tage**__ [dìsədvǽntidʒ/-vá:n-] 명 **1** (…의 점에서/…에게) 불리, 불이익, 불편; 불리한 상황[입장] (*in/to*). **2** ⓤ (이익·명성·신용의) 손상, 상실, 손실, 손해.
be at a disadvantage 불리한 입장에 서다. [다.
sell…*to disadvantage* …을 손해보고[밑지고] 팔
take a person at a disadvantage 남에게 불의의 타격[일격]을 가하다, 허를 찌르다, 남의 약점을 이용하다.
to a person's disadvantage; *to the disadvantage of a person* 남에게 불리하도록.
under (great) disadvantages (아주) 불리한 상황에서[조건으로]. [다.
─ 동타 (남)을 불리하게 하다; …에게 손실[손해]을 주
dis·ad·van·taged [dìsədvǽntidʒd/-vá:n-] 형 불리[곤란]한 조건하에 놓인; 혜택받지 못한. ─ (the ~) 《집합적·복수취급》 혜택받지 못한 사람들; 《美》 소수 민족. ~**·ness** 명
dis·ad·van·ta·geous [dìsædvəntéidʒəs, dìsæd-/-vɑ:n-] 형 (…에) 불리한, 불리하게 하는, 형편이 좋지 않은; 유해한 (*to*). ~**·ly** 부 ~**·ness** 명
dis·af·fect [dìsəfékt] 동타 (종종 수동형으로) …의 호의[지지, 동의]를 잃게 하다, 정나미가 떨어지게 하다; …에게 불만을 품게 하다, 배반하게 하다.
dis·af·fect·ed [dìsəféktid] 형 (정부·위정자에게) 불평[불만]이 있는 (*to*, *toward*); 싫증이 난, 정나미가 떨어진. ~**·ly** 부 ~**·ness** 명
dis·af·fec·tion [dìsəfékʃən] 명ⓤ 소원(疏遠), (민심의) 이반, 불충실; 불만, 불평 (*to*, *toward*).
dis·af·fil·i·ate [dìsəfílièit] 동타 (연맹 등에서) …을 제명하다; (재귀용법으로) (사람이) …을 탈퇴[이탈]하다 (*from*). ─ 자 탈퇴하다; (…와) 관계를 끊다 (*with*). -**á·tion** 명
dis·af·firm [dìsəfə́:rm] 동타 …을 부정하다, 부인하다; 《법률》 파기하다, 취소하다.
-**fír·mance**, -**fir·ma·tion** [dìsəfərméiʃən] 명
dis·af·for·est [dìsəfɔ́:rist] 동타 《英법률》 …의 삼림법 적용을 해제하다, 보통의 토지로 하다. **2** …의 삼림을 벌채하다(deforest). **-es·tá·tion**, ~**·ment** 명 삼림법 적용 해제, 삼림 개척[벌채].
dis·ag·gre·gate [disǽgrigèit] 동타 구성 요소[성분]로 분해하다[되다]. ─ 형 분해된. **-gá·tion** 명
dis·ag·gre·ga·tive [disǽgrigèitiv] 형 구성 요소로 분해된; 개별 요소로 이루어진.
*__**dis·a·gree**__ [dìsəgrí:] 동자 **1** (…와) 일치하지 않다, 다르다 (*with*, *in*).¶The Conclusions ~ *with* the facts. 그 결론은 사실과 일치하지 않는다. **2** (…와) 의견을 달리하다, 이의를 제기하다 (*with*); (…에 대하여) 의견이 일치하지 않다 (*on*, *about*, *over*, *as to*). ⇨DISSENT 유의어 ¶(~+前+名) ~ *to something*

dis·a·gree·a·ble [dìsəgríːəbl] 형 **1** 불쾌한, 싫은, 마음에 들지 않는 (*to, for*). ¶a ~ odor 불쾌한 냄새/be ~ *to* the taste 입에 맞지 않다. **2** 사귀기 힘든, 기분이 나쁜 (*to*). ¶a ~ person 사귀기 힘든 사람. — 명 (~s) 싫은 일, 불쾌한 일. **-a·bíl·i·ty**, **~·ness** 명 **-bly** 부

어떤 일에 이의를 제기하다 / ~ *with* a person *about* … 에 관해서 남과 의견이 맞지 않다. **3** 싸우다, 다투다 (*with*). **4** (음식·기후 따위가) 맞지 않다, 해롭다 (*with*).
agree to disagree 서로의 의견 차이를 인정하고 싸우지 않기로 하다.

*‡**dis·a·gree·ment** [dìsəgríːmənt] 명 **1** (…와의 / …에 관해서) (행동·상태·사실의) 불일치, 부적합, 부조화 (*with* / *about, over, on*). ¶~ *between* the two colors 두 색상의 부조화. **2** 의견 차이, 불찬성. **3** ⓒ 싸움, 다툼, 불화. **4** (구어) (음식·기후 따위가 체질에) 맞지 않음, 체하기.
have a disagreement with …와 다투다, 티격태격하다.
in disagreement with …와 불일치하여, 의견이 달라.

dis·al·low [dìsəláu] 타 …을 허가하지 않다, 금하다; 인정치 않다, 부인하다; [요구 따위]를 물리치다, 각하하다. **~·a·ble** 형 **~·a·ble·ness**, **~·ance** 명

dis·am·big·u·ate [dìsæmbígjuèit] 타 (글·진술·의미 따위)를 명확히 하다. **-á·tion** 명

dis·a·men·i·ty [dìsəménəti, -míːn-] 명 (英) (장소·기후 따위의) 불쾌, 기분 나쁨; ⓒ 불쾌한 표정.

dis·an·nul [dìsənʌ́l] 타 (*-ll-*) …을 전면 취소하다, 무효로 하다. **~·ler, -ment** 명

‡**dis·ap·pear** [dìsəpíər] 자 (~s [-z]) **1** 보이지 않게 되다, (시야에서) 사라지다, 모습을 감추다 (*from, in*). ¶(~ + 전 + 명) ~ *in* the crowd 군중 속으로 모습을 감추다 / ~ *from* sight 시야에서 사라지다.

> 유의어 **disappear** 「사라지다」라는 뜻의 가장 일반적인 말. **fade** 점차 흐려져 마침내 보이지 않게 되다. **vanish** 갑자기 사라지다.

2 (…에서) 사라지다, 없어지다, 소멸하다; 행방불명이 되다, 실종되다 (*from, off*). ¶(~ + 전 + 명) The rumor ~*ed before* facts. 사실이 밝혀지자 그 풍문은 사라졌다. **3** (美속어) 살해되다. — 타 보이지 않게 하다; 소멸시키다.
do a disappearing act (필요할 때) 모습을 감추다.

*‡**dis·ap·pear·ance** [dìsəpíərəns] 명 ⓤ (…에서) 없어짐, 소멸, 소실; ⓤⓒ (법률) 실종, 행방불명 (*from*). ¶~ *from* home 가출.

‡**dis·ap·point** [dìsəpɔ́int] 타 **1 a)** …을 실망[낙심]시키다, …의 기대에 어긋나다. ¶His conduct ~*ed* us. 그의 행동에 우리는 실망했다. **b)** (수동형으로) (…에/…하고/…인 데) 실망하다 (*at, in, about, of, with* / *to* do / *that* 절). ¶be ~*ed with* the result of an examination 시험 결과에 낙담하다 / be ~*ed in* a person[thing] 어떤 사람[사물]에 실망하다 // She was deeply ~*ed that* he had gone out. 그녀는 그가 외출하고 없었기 때문에 크게 실망했다. **2** (희망·기대·약속 따위)를 저버리다, [계획]을 좌절시키다; 방해하다. ¶The bad weather ~*ed* their plan. 날씨가 나빠서 그들의 계획은 어긋나고 말았다. — 자 (남)을 실망시키다.
be agreeably disappointed 기우에 지나지 않아 안심하다.
be disappointed in love 실연하다.
be disappointed of one's dream 꿈이 깨지다.
be disappointed of one's purpose [expectation] 기대가 어긋나다.
~·er 명

dis·ap·point·ed [dìsəpɔ́intid] 형 실망한, 낙담한 (*in, with, at*); 기대[희망, 계획]가 어긋난. **~·ly** 부

*‡**dis·ap·point·ing** [dìsəpɔ́intiŋ] 형 실망시키는, 기대에 어긋나는; 헛된. **~·ly** 부 **~·ness** 명

‡**dis·ap·point·ment** [dìsəpɔ́intmənt] 명 **1** ⓤ 실망(시키기[하기]), 실의, 낙담, 실망의 상태 (*at, in, with*). ⇨DESPAIR 유의어 ¶have a severe ~ 크게 실망하다 // ~ *in* love 실연. **2** (a ~) 실망 거리, 실망의 원인, 의외로 보잘것없는 것[사람] (*to*). ¶His new novel was a ~. 그의 새 소설은 실망을 안겨주었다.
to one's disappointment 낙심천만하게도.
to save disappointment 나중에 실망하지 않도록.

dis·ap·pro·ba·tion [dìsæprəbéiʃən] 명 = disapproval.

dis·ap·pro·ba·tive [dìsǽprəbèitiv] 형 = disapprobatory.

dis·ap·pro·ba·to·ry [dìsǽprəbətɔ̀ːri] 형 불만의, 불찬성의, 불쾌한, 비난의.

*‡**dis·ap·prov·al** [dìsəprúːvəl] 명 ⓤ 불찬성, 동의하지 않음; 불만; 불승인; 반감; 비난.
in disapproval 불찬성하여, 불만[불찬성]의 뜻으로.
to one's disapproval 불만스럽게도, 용인할 수 없는.

*‡**dis·ap·prove** [dìsəprúːv] 타 **1** …을 안 된다고 하다, 좋지 않게 생각하다, 비난하다, …에 불만을 나타내다. ¶~ a person's conduct 남의 행동을 비난하다. **2** …을 인가[승인]하지 않다. ¶His proposal was ~*d*. 그의 제안은 찬성을 얻지 못했다. — 자 찬성하지 않다, 반대 의견을 갖다, 안 된다고 하다 (*of*). ¶(~ + 전 + 명) Christian ethics ~ *of* suicide. 기독교 윤리는 자살을 반대한다. **-prόv-er** 명 **-prόv·ing** 명

dis·ap·prov·ing·ly [dìsəprúːviŋli] 부 불찬성의 뜻을 나타내어; 비난하여, 불만을 나타내어.

*‡**dis·arm** [disáːrm] 타 **1** …에게서 무기를 빼앗다 (*of*), 무장을 해제하다; …의 군비(軍備)를 축소하다. **2** …의 적의[의혹 따위]를 풀다, 누그러뜨리다; (위험 따위)를 제거하다, …을 무력[무해]하게 하다. ¶~ a bomb 폭탄을 처리하다 / His smile ~*ed* her. 그녀의 웃음에 그녀는 기분이 풀어졌다. **3** …로부터 공격[방어] 수단[능력]을 빼앗다. — 자 무장을 해제하다; 군비를 축소[제한, 철폐]하다.
disarm a person of 남에게서 …을 빼앗다.
~·er 명 비무장[군축]론자.

*‡**dis·ar·ma·ment** [disáːrməmənt] 명 **1** 군비 축소, 군비 제한[철폐]. ¶a nuclear ~ 핵무기 감축 / ~ negotiations 군축 협상. **2** 무장 해제. **3** (펜싱 따위에서) 무방비 상태; 방심(放心).

disármament cónference [tàlks] 명 군축 회담[회의]. 〈'10월 24-30일〉

Disármament Wèek 명 (유엔이 정한) 군축 주간

dis·arm·ing [disáːrmiŋ] 형 적의(敵意)[의혹, 노여움]를 없애는[진정시키는]; 순진한, 악의없는. **-·ly** 부

dis·ar·range [dìsəréindʒ] 타 …을 어지럽히다, 혼란시키다, 불안정하게 하다. **~·ment** 명 혼란, 무질서, 난맥. **-ráng·er** 명

dis·ar·ray [dìsəréi] 타 **1** (배열·정돈)을 어지럽히다, 난잡하게 하다, 혼란시키다. **2** …의 옷을 벗기다. — 명 **1** 난맥, 혼잡, 혼란. **2** 단정치 못한 복장.
fall into disarray 혼란[난잡]해지다.
in disarray 혼란해져, 어지럽게 뒤섞여.

dis·ar·tic·u·late [dìsɑːrtíkjulèit] 타 해체하다[되다]; 탈구(脫臼)하다[시키다]. **-lá·tion, -là·tor** 명

dis·as·sem·ble [dìsəsémbl] 타 …을 분해하다, 해체하다, 뜯어내다. — 자 분해되다; (군중 등이) 해산하다, 흩어지다.

dis·as·sem·bler [dìsəsémblər] 명 〔컴퓨터〕 디스어셈블러(기계어를 어셈블리 언어로 바꾸는 프로그램).

dis·as·sem·bly [dìsəsémbli] 명 ⓤ 분해(된 상태).

dis·as·sim·i·late [dìsəsíməlèit] 타 자 〔생리〕 분해[이화(異化)]하다. **-lá·tion** 명

dis·as·so·ci·ate [dìsəsóuʃièit, -si-] 타 자 = dissociate. **-á·tion** 명 〔동물〕 이행(異型) 교배.

dis·as·sórt·a·tive máting [dìsəsɔ́ːrtətiv-] 명

‡**dis·as·ter** [dizǽstər / -záːs-] 명 (복 ~s [-z]) ⓤⓒ 재해, 천재(天災), 재앙; (뜻밖의) 끔찍한 불행, 대

disaster area 재난, 참사 (for). ¶court ~ 재난을 자초하다/ D-strikes when it is least expected. 재난은 전혀 예기치 않을 때 일어난다.

[유의어] **disaster** 갑작스럽게 닥쳐온 예기치 못한 재난·불행; 그릇된 판단 또는 외적 요인으로 생명·재산 따위를 잃게 하는 것. **calamity** 고통·슬픔을 강조하는 말. **catastrophe** 아주 비극적인 결말; 회복이 불가능한 파멸·손실을 강조하는 말.

2 ⓤ 완전한 실패; ⓒ 실패작. 3 (익살) 끔찍한 일; 쓸모 없는[어쩔 수 없는] 사람. ¶It's a ~. 골치 아프게 됐군.
disáster àrea 몡 (홍수·지진 따위의) 재해 지역.
disáster film [mòvie] 몡 재난[패닉] 영화.
*__dis·as·trous__ [dizǽstrəs/-zάːs-] 혱 재난[재해]을 불러일으키는, 파별을 초래하는; (…에게) 비참한, 파괴적인, 불행한 (to); (모어) 불길한. **~·ly** 凰 **~·ness** 몡
dis·a·vow [dìsəváu] 타 …을 거부하다; …을 모른다고 말하다; …의 책임[…와의 관계]을 부정[부인]하다. **~ed·ly** 凰 **~·er** 몡
dis·a·vow·al [dìsəváuəl] 몡ⓤⓒ 부인, 부정, 거부.
dis·band [disbǽnd] 타 1 (조직 따위)를 해체하다. 2 (군대)를 해산시키다; …을 제대시키다. —재 해산하다; 제대하다. **~·ment** 몡
dis·bar [disbάːr] 타 (**-rr-**) (법률) …에게서 변호사 자격(특권)을 박탈하다 (from). **~·ment** 몡
*__dis·be·lief__ [dìsbilíːf] 몡ⓤ 1 …을 믿지 않음, 불신, (교리 등에 대한) 의심 (in). 2 불신앙, 신앙의 거부 (in). ¶ ~ in God[the dogma] 신(의 존재)을 믿지 않음[그 교의에 대한 불신]. 3 경이, 놀람.
*__in utter disbelief__ 전혀 믿지 못하다.
dis·be·lieve [dìsbilíːv] 타 …을 믿지 않다, 의심하다. ¶ ~ the news 그 뉴스를 믿지 않다. —재 믿으려 하지 않다, 의심하다 (in).
-liev·er 몡 **-liev·ing** 몡 **-liev·ing·ly** 凰
dis·bench [disbéntʃ] 타 1 …에게서 자리를 빼앗다; (영) …에게서 법학원(Inn of Court) 이사의 자격을 박탈하다.
dis·ben·e·fit [disbénəfit] 몡 불이익, 손실.
dis·bos·om [disbúzəm, -búːz-] 타 고백하다, (비밀 따위)를 밝히다.
dis·bound [disbáund] 혱 (책 따위가) 낱낱이 풀린.
dis·bow·el [disbáuəl] 타 =disembowel.
dis·branch [disbræntʃ/-brάːntʃ] 타 1 …에서 가지를 잘라내다, …의 가지를 치다. 2 (가지 따위)를 잘라내다, 치다, 꺾다(cut off).
dis·bud [disbʌ́d] 타 (**-dd-**) 1 (원예) …에서 (불필요한) 싹[눈]을 따내다. 2 (가축)에서 뿔을 뽑아내다.
dis·bur·den [disbə́ːrdn] 타 1 …에서 짐을 내리다. 2 (마음)의 짐을 덜다, (근심·고통 따위)를 없애다 (of); (비밀 따위)를 털어놓다 (to). ¶ ~ one's care 근심을 덜다[벗다] // ~ a person of care 남의 근심거리를 없애주다. (또는 **unburden**). —재 짐을 부리다; (마음)의 짐을 벗다, 안심하다.
*__disburden oneself [or one's mind]__ 마음속을 털어놓다 (of).
~·ment 몡 ……어놓음, 마음의 부담을 덜다.
dis·burse [disbə́ːrs] 타 1 (돈·경비 따위)를 지출하다, 지불하다, 쓰다, 2 (돈)뿌리다; 분배하다.
-búrs·a·ble 혱 **-búrs·al**, **-búrs·er** 몡
dis·burse·ment [disbə́ːrsmənt] 몡 1 지불, 지출. 2 지출금[지불]금, 소비액; (때로 ~s) (법률) 영업비.
*__disc__ [disk] 몡ⓒ =disk.
DISC (美) *Domestic International Sales Corporation*.
disc. *disciple; discipline; discount; discover(ed)*.
disc- [disk] (연결) ⇒ DISCI-.
dis·caire [diskέər] 몡 (디스코텍의) 레코드 담당.
dis·cal [dískəl] 혱 원반의; 원반 모양의.
dis·calced [diskǽlst] 혱 신발을 신지 않은, 맨발의. (또는 **dis·cal·ce·ate** [diskǽlsiət, -sièit])

Dis·ca·logs [dískælɔːgz, -lɑgz] 몡 (美) 디스칼로그스(상품 카탈로그 비디오디스크).
dis·cant [dískænt] 몡 재 =descant.
*__dis·card__ [diskάːrd] 타 1 (불필요한 것·습관·신념 따위)를 버리다; …을 포기하다; (남)을 저버리다, 해고하다. ¶ ~ money for name 돈을 버리고 명예를 취하다. 2 (카드놀이) (쓸모없는 패)를 버리다. —재 (카드놀이) 소용없는 패를 버리다. — [~] 몡 [´-] 1 ⓤ 포기; 해고. 2 버림받은 것[사람]. 3 ⓤ (카드놀이) 카드(패)를 버림; ⓒ 버린 패.
*__go into the discard__ 버림받다, 잊혀지다.
*__in (the) discard__ 버림받아, 잊혀져서.
*__throw [or put]…into the discard__ …을 포기하다.
~·a·ble 혱 **~·er** 몡
dis·car·nate [diskάːrnət, -neit] 혱 육체[실체]가 없는, 무형의.
dísc bràke 몡 =disk brake.
dísc càmera 몡 디스크 카메라(회전식 디스크형 필름을 쓰는 소형 카메라).
dísc contróller 몡 (컴퓨터) 디스크 제어 장치.
dísc drìve 몡 =disk drive.
dis·cept [disépt] 재 논의[논쟁]하다, 이의를 제기하다. **dis·cep·tá·tion** 몡
‡__dis·cern__ [disə́ːrn, -zə́ːrn] 타 (**~s** [-z]) 1 (감각·지성으로) …을 인식[인지]하다, 이해하다; (뚜렷이) 보다, 알아차리다. ⇒ NOTICE [유의어] ¶ ~ her among the audience 청중 속에 있는 그녀를 알아보다 / ~ a deep meaning of life 삶의 깊은 의미를 깨닫다. 2 …을 구별하다, 판별하다, 식별하다 (from). —재 차이를 알다[인정하다], 식별하다 (between).
*__discern good [or right] from [or and] bad [or wrong]; discern between good and bad__ 선악을 판별하다.
~·er 몡 **~·ment** 몡 인식[식별](력).
dis·cern·i·ble [disə́ːrnəbl, -zə́ːrn-] 혱 분간할 수 있는, 구별[식별, 인식]할 수 있는. (또는 **discernable**) **-a·ble·ness** 몡 **-a·bly** 凰 **~·ness** 몡 **-bly** 凰
dis·cern·ing [disə́ːrniŋ, -zə́ːrn-] 혱 1 통찰[식별]력이 있는, 명민한, 분별있는; (사람에게) 인식[지각]되는 (to). ¶ a ~ critic 식견이 날카로운 비평가. 2 (the ~) (명사적) 안목이 있는 사람들. **~·ly** 凰
dis·cerp·ti·ble [disə́ːrptəbl, -zə́ːrp-] 혱 분리[분열]할 수 있는. **-bíl·i·ty, ~·ness** 몡
disc film 몡 디스크 카메라용 필름.
*__dis·charge__ [distʃάːrdʒ] (**-charg·es** [-iz]; **~d**; **-charg·ing**) 타 1 (배)에서 짐을 내리다, (뱃짐 따위)를 내려놓다; (승객)을 하선시키다. —재 (배가) 짐을 부리다; (승객)이 내리다 // (~+몸+쩐+명) ~ a ship of its cargo 배에서 짐을 부리다.
2 (미사일·탄환·화살 따위)를 발사[발포]하다, 쏘다 (at, into). ¶ ~ a gun at her 그녀에게 발포하다.
3 (물 따위)를 방출[배출]하다 (into); 배설하다; (연기 따위)를 뿜어내다 (재귀용법으로) (강이) …으로 흘러 들어가다 (into); (악담 따위)를 퍼붓다. ¶ ~ polluted water 오수(汚水)를 배출하다 / ~ a volley of oaths 악담을 마구 퍼붓다 / ~ hormones 호르몬을 분비하다.
4 …을 (의무·책임 따위)에서 해방시키다, 면하게 하다 (of, from). ¶ (~+몸+쩐+명) be ~d of one's suspicion 의혹이 풀리다 / ~ a person from obligations 의무를 면제하다. 5 a) …을 해고하다, 면직시키다 (from). ⇒ DISMISS [유의어] ¶ ~ a housemaid 가정부를 해고하다. b) …을 석방[해방]하다; 제대시키다, 방면시키다. ¶ (~+몸+쩐+명) be ~d from the army 육군에서 제대하다 / ~ a patient from hospital 환자를 퇴원시키다. 6 (의무·약속·직무 따위)을 이행[수행]하다 (⇒ DO [유의어]); (빚 따위)를 갚다, 상환하다. 7 (법률) …을 취소하다, 무효로 하다. ¶ ~ a court order 법원의 명령을 취소하다. 8 (전기) (전지 따위가) (전기)를 방전하다, 9 (염색) (표백제 따위로) 탈색시키다, 표백하다.

10 〔건축〕 〔하중〕을 균등하게 배분하다, 〔압력〕을 분산시키다. 11 〔정액〕을 사출하다, 사정(射精)하다.
── 匣 〔~, -´〕 1 짐을 내리다〔부리다〕, 양륙하다. 2 〔무거운 짐〔부담〕이〕 없어지다. 3 방출〔배출〕하다, 유출하다; 〔상처에서 고름이〕 나오다; 〔강이〕 흘러들다(*into*). 4 〔잉크·색 따위가〕 번지다. 5 〔총·대포 따위가〕 발사되다. 6 〔전기〕 방전하다. 7 사정하다.
── 名 〔-, -´〕 (※) -**charg·es** [-iz] ⓒⓤ 1 짐부리기, 양륙, 발사; 폭발. 2 방출, 배출, 출출 (*from*). 4 유출량〔률〕; 〔토목〕 유량, 용수량. 5 배설물, 유출물. ¶ a ~ from the eyes 눈곱. 6 〔법률〕 면소(免訴); 면제; 영장 영장 따위의〕 취소; 석방. 7 〔의무·직무 따위의〕 이행, 집행. ¶ the ~ of one's duties 직무 수행. 8 〔채무의〕 상환, 변제. 9 해고; 해임; 제대. ¶ give a person a ~ 남을 해고하다. 10 〔의무 따위의〕 소멸 증서; 석방 영장; 해임장; 제대 증명서; 지불 증서. 11 〔전기〕 방전. 12 〔염색〕 표백제. 13 사정; 사출된 정액.
~·a·ble 形 양륙(양)시킬 수 있는, 배출, 해고할 수 있는.
dischárged bánkrupt 面책된 도산 채무자.
dis·char·gee [dìstʃɑːrdʒíː] 名 discharge된 사람.
dischárge lámp 방전 램프(수은등 따위).
dischárge prínting 발염(拔染).
dis·charg·er [distʃɑ́ːrdʒər] 名 1 짐부리는 사람, 양륙하는 기계. 2 발포자. 3 배출 장치. 4 이행자. 5 해고〔해제〕하는 사람. 6 제대 명령〔증명〕서. 7 〔전기〕 방전 장치; 방전자(放電子). 8 〔염색〕 표백제.
dischárge túbe 名 〔전기〕 방전관(gas tube).
dísc hárrow 名 원반(圓板) 쟁기(트랙터용 농기구).
dísc híller 名 원판형 북주는 기계(뿌리에 북주는 농기구).
dis·ci [dísai/dískai] 名 discus의 복수형.
dis·ci- 〔dísi, díski〕 連 disk의 뜻(* 모음 앞에서는 disc-). ¶ *disci*floral, *disci*oid.
dis·ci·form [dísifɔːrm] 形 둥근, 원반 모양의.
*****dis·ci·ple** [disáipl] 名 1 제자, 문하생, 문인(門人); 신봉자, 신도. 2 〔성서〕 그리스도의 제자; (종종 D-) 그리스도 12사도의 한 사람. 3 그리스도의 신자. ⇒ FOLLOWER 【유의어】 ── 匣 〔-´〕 1 (古語)〜을 제자〔신도〕로 삼다. 2 〔廢〕 ···에게 가르치다; ···을 훈련시키다. ~·**ship** 名ⓤ 제자의 신분〔기간〕.
dis·ci·pli·na·ble [dísiplinəbl] 形 1 가르칠 수 있는; 훈련시킬 수 있는. 2 〔죄 따위가〕 벌받아야 할.
dis·ci·pli·nant [dísəplinənt, -plin-] 名 1 훈련받는 사람, 수행자. 2 (D-) (스페인의) 고행 수도회 고행자.
dis·ci·pli·nar·i·an [dìsəplinɛ́əriən] 名 훈련 지상 주의자, 규율주의자, 규율에 엄한 사람, 엄격한 교사.
── 形 = disciplinary.
dis·ci·pli·nar·y [dísəplinèri/-plínəri] 形 1 규율의; 훈련을 위한〔에 관한〕. 2 규율의, 규율상의; 징계의, 징벌의. 3 학문의, 학문에 관한. 〔분〔조치〕, 처벌.
disciplinary áction [méasures] 名 징계 처
‡**dis·ci·pline** [dísəplin, -plín] 名 (〜s [-z]) 1 ⓤⓒ 〔규칙에 따라 행동하게 하는〕 훈련, 단련, 수양. ¶ mental ~ 지능〔두뇌〕 훈련. 2 ⓤ 규율, 훈육, 풍기; 자제, 통제. ¶ moral ~ 도덕적 규율 / military ~ 군기(軍紀)/enforce ~ 규율을 지키게 하다. 3 ⓤ (훈육을 위한) 징벌, 징계, 제재. ¶ with the rod 매질에 의한 징계. 4 훈련법, 학습법, 수양법. 5 (종교) 고행; 종규(宗規), 계율. 6 학과; 학문의 부문〔분야〕.
be under perfect discipline 규율이 엄하다; 훈련이 잘 되어 있다.
keep ... under discipline ···을 자제〔억제〕하다.
── 匣 (〜**s** [-z]; 〜**d**; -**plin·ing**) 1 ···을 훈련〔훈육〕하다. 2 ···을 징계하다. ¶ (〜 + 目 + 前 + 名)〜 one's son *for* dishonesty 정직하지 않다고 아들을 벌주다.
-**pli·nal** [-plinl] 形 훈련〔규율〕의. -**plin·er** 名
dis·ci·plined [dísəplind, -plind] 形 훈련〔단련〕된; 규율 바른; 통제가 잘 된.
dis·cip·u·lar [disípjulər] 形 제자의.

dísc jòckey 名 = disk jockey.
dis·claim [diskléim] 匣 1 〔책임·관계 따위〕를 부인하다; 〔요구·권한 따위〕를 거부하다; 〔권한 따위〕를 부정하다. ¶ ~ participation in a plot 음모에 가담했다는 것을 부인하다. 2 〔법률〕 ···에 대한 권리(청구권)를 포기하다. ── 目 〔법률〕 청구권을 포기하다.
dis·claim·er [diskléimər] 名 1 부인(부정) (행위); 포기, 기권. 2 포기자, 부인자; 〔법률〕 부인(거부, 포기) 표명 진술(문서). 3 〔제품에 표시하는〕 주의(경고)(문), 단서(상품의 사용상 주의 사항이나 영화·TV·언론 따위의 「미성년자 관람 불가」,「실존 인물(실제 사실)과 무관함」 따위 책임 경감용).
dis·cla·ma·tion [dìskləméiʃən] 名 부인 (행위), 거부 (행위); (권리의) 포기.
dis·clam·a·to·ry [disklǽmətɔ̀ːri] 形
dis·cli·max [dìskláimæks] 名 〔생태〕 방해 극상 (妨害極相)(한 생물 사회의 안정 상태(climax)가 경작·벌목 따위를 거치면서 생긴 별개의 안정 상태).
‡**dis·close** [disklóuz] 匣 (-**clos·es** [-iz]; 〜**d**; -**clos·ing**) 1 〔비밀 따위〕를 폭로하다, 들추어 내다, 적발하다, 밝혀 내다(*to*). ⇒ REVEAL 【유의어】 ¶ ~ the truth 진실을 폭로하다. 2 발표하다, 공개하다. ¶ (〜 + 目 + 前 + 名) He 〜d the secret *to* his friend. 그는 친구에게 비밀을 털어놓았다. 3 ···의 덮개를 벗기다, 〔숨은 것〕을 노출시키다. 4 〔폐어〕 ···을 열다. -**clós·er** 名
*****dis·clo·sure** [disklóuʒər] 名 1 ⓤ 발각, 적발, 탄로(revelation); 폭로. ¶ the ~ of a fraud 사기의 발각. 2 폭로(발각)된 것, 알려(놓는) 비밀 이야기. 3 발표, 공개; (기업의) 정보 공개. 4 특허 출원시의 설명서.
make a disclosure of ···을 폭로하다, 공개하다.
dis·co[1] [dískou] 名 (※ 〜**s**) 1 = discotheque. 2 디스코 음악(〜 music); 디스코 춤; 디스코 음향·조명 장치. ── 匣(※)디스코텍에 가다; 디스코 춤을 추다.
dis·co[2] 名 전력 공급(배전) 회사. (또는 **distco**) 〔< (power-)*dis*tribution + *co*mpany〕
dis·co- [dískou, -kə] 連 「원형, 원반; 레코드」의 뜻. (또는 **dis·c-**, **disk-**, **disko-**)
dis·cob·o·lus [diskábələs/-kɔ́b-] 名 (※ -**li** [-lài]) (고대 그리스·로마의) 투원반 선수(discus thrower), (또는 **discobolos**) 〔< L < Gk〕
dis·cog·ra·phy [diskágrəfi/-kɔ́g-] 名 작곡(연주)가별 레코드 목록, (또는 **diskography**) **dis·co·gráph·ic, -graph·i·cal** 形 **-graph·i·cal·ly** 副
dis·coid [dískɔid] 形 1 원반 모양의. 2 〔식물〕 (두상화(頭狀花)의) 화반(花盤)의. ── 名 원반 모양의 물건.
dis·coi·dal [dískɔ́idəl] 形 = discoid.
dísco jòckey 名 디스코(텍) 자키.
dis·col·or, (英) **-our** [diskʌ́lər] 匣 ···을 변색시키다; ···을 더럽히다, 퇴색시키다. ── 目 변색하다; 더럽혀지다, 퇴색하다. ~·**á·tion**, ~·**ment** 名
dis·co·ma·ni·a [dìskəméiniə, -njə] 名ⓤⓒ 디스코에 미침; 디스코광(狂). **-ni·ac** [-niæk] 名
dis·com·bob·u·late [dìskəmbábjuleit/-bɔ́b-] 匣 (美·캐나다 구어) ···을 혼란시키다, 당황하게 하다; 〔계획 따위〕를 뒤흔게〔어긋나게〕 하다. (또는 **discomboberate**) **-lá·tion** 名
dis·com·fit [diskʌ́mfit] 匣 1 ···을 타파하다, 패퇴시키다. 2 ···의 계획(희망)을 좌절시키다; ···을 꼼짝 못하게 하다. 3 (수동형으로) ···을 당황케 하다, 허둥거리게 하다. ── 名 〔古語〕 패배; 패주. 〜·**er** 名
dis·com·fi·ture [diskʌ́mfətʃər] 名ⓤ 1 당황, 혼란, 낭패. 2 계획(소망)의 좌절(실패). 3 완패, 패주.
*****dis·com·fort** [diskʌ́mfərt] 名 1 ⓤ 불쾌, 불안; 고통, 곤란. 2 불쾌한 것; 불편, 곤란. ¶ undergo many 〜s 갖가지 곤란을 겪다. ── 匣 ···의 행복(안락)을 방해하다; ···을 불쾌(불안)하게 하다. 〜·**a·ble** 形 〜·**er** 名 〜·**ing·ly** 副 「humidity index)(※ DI).
discómfort índex 名 불쾌 지수(temperature-

dis·com·mend [dìskəménd] 타 …에 찬성하지 않다, 트집을 잡다; 헐뜯다; …에 대한 호감을 잃게 하다. **~·a·ble** 형 **-còm·men·dá·tion**, **~·er** 명

dis·com·mode [dìskəmóud] 타 (문어) …에게 불편을 끼치다; …을 부자유스럽게 하다; …을 괴롭히다, 난처하게 하다. **-mó·di·ous** 형 **-mó·di·ous·ly** 부 **-mó·di·ous·ness** 명 〔<F〕

dis·com·mod·i·ty [dìskəmádəti/-mɔ́d-] 명 1 (고어) 불편, 불리; 불편을 주는 것, 불편한 상태. 2 〔경제〕 비상품(非商品)(인간에게 불편을 주는 것).

dis·com·mon [dìskámən/-kɔ́m-] 타 1 (영) (Oxford, Cambridge 대학에서) (상인)에게 재학생과의 거래를 금지하다. 2 〔법률〕 (토지)를 공유지(公有地)의 성격을 잃게 하다; …의 입회권을 박탈하다.

dis·com·mons [dìskámənz/-kɔ́m-] 타 (영) 1 (학생)에게서 공동 식탁에 앉을 권리를 박탈하다. 2 =discommon 1.

dis·com·pose [dìskəmpóuz] 타 1 …의 질서 (위치, 상태)를 흐트러뜨리다; …을 어지럽히다. 2 …을 교란하다(agitate); …을 당황케(불안하게) 하다(⇒DISTURB 유의어). **-pósed** 형 침착성을 잃은, 불안한. **-pos·ed·ly** [-póuzidli] 부 **-pos·ing·ly** [-póuziŋli] 부 침착성을 잃을 만큼. 「동요(혼란), 불안; 당황, 곤혹.

dis·com·po·sure [dìskəmpóuʒər] 명U 마음의

dísco músic 명 디스코 음악(재즈록, 솔 따위).

***dis·con·cert** [dìskənsə́ːrt] 타 1 …을 당황케 하다, 쩔쩔매게 하다, 침착성을 잃게 하다. ⇒EMBARRASS 유의어 2 …을 혼란시키다, 어지럽히다. 3 〔계획 따위〕를 뒤집어 엎다. **~·ing** 형 어리둥절〔당황·혼란〕하게 하는. **~·ing·ly** 부 **~·ing·ness** 명 **-cér·tion** 명 마음의 동요, 혼란. **~·ment** 명

dis·con·cert·ed [dìskənsə́ːrtid] 형 당황한, 혼란한, 불안한. **~·ly** 부 **~·ness** 명

dis·con·firm [dìskənfə́ːrm] 타 …의 부당성을 입증하다; (명령)을 거절하다. **dis·con·fir·ma·tion** [dìskɑ̀nfərméiʃən] 명 무효 통지.

dis·con·form [dìskənfɔ́ːrm] 타자 (…에) 적합 〔순응〕하지 않다(않은)(to).

dis·con·form·a·ble [dìskənfɔ́ːrməbl] 형 〔지질〕 부정합(不整合)의, 부정합 지층에 관한.

dis·con·form·i·ty [dìskənfɔ́ːrməti] 명U 불일치, 불순종(to, with); 〔지질〕 평행 부정합(不整合).

dis·con·nect [dìskənékt] 타 …와의 연락〔접속〕을 끊다, …을 차단하다(from); 〔전화 따위〕를 끊다. …의 전원을 끊다. —자 멀리하다, 손을 떼다, 물러서다.

disconnect oneself from …와의 관계를 끊다.

—명 연락 단절, 절연; (요금 체납으로 인한) 통화(통신) ~·er 명 **-néc·tive** 형 **-néc·tive·ness** 명 「정지.

dis·con·nect·ed [dìskənéktid] 형 1 연락(접속)이 끊어진, 분리된; (가스·전기 따위가) 공급이 끊긴. 2 (사상·이야기 따위가) 지리멸렬이 된, 뒤죽박죽의. 3 (…와) 아무 관계도 없는(with). **~·ly** 부 **~·ness** 명

dis·con·nec·tion [dìskənékʃən] 명U 1 연락(접속)을 끊음; 차단, 분리; 〔전기〕 단선(斷線). 2 지리멸렬, 앞뒤가 맞지 않음. (또는 U) **disconnexion**)

dis·con·sid·er [dìskənsídər] 타 (고어) 신용(평판)을 떨어뜨리다. **dis·con·sid·er·á·tion** 명

dis·con·so·late [dìskánsələt/-kɔ́n-] 형 1 (마음의) 위안이 없는; 절망적인, 불행한(about, at); 적적한, 마음에 드는 데 없는. 2 (장소·사물 따위가) 불쾌한; 즐거움이 없는, 음산한. **~·ly** 부 **~·ness**, **-lá·tion** 명

***dis·con·tent** [dìskəntént] 명U (…에 대한) 불평, 불만(with); 욕구 불만; C 불만(불평)의 원인. ⇒DISSATISFACTION 유의어 ¶popular ~ 민중의 불만(거리). (또는 **discontentment**) 2 불만을 품은 사람, 불평 분자. —(서술용법) 만족스럽지 않은, 불만인 (with). —타 (수동형으로) …에게 불만을 품게(느끼게) 하다; …의 비위를 거슬리게 하다(with). ¶be ~ed with one's wages 급료에 불만을 품고 있다.

***dis·con·tent·ed** [dìskənténtid] 형 (…에) 불만인, 불만[불평]을 품은(with). **~·ly** 부 **~·ness** 명

dis·con·ti·guous [dìskəntígjuəs] 형 접촉하고 〔인접되어〕 있지 않은.

dis·con·tin·u·ance [dìskəntínjuəns] 명U 1 중단 (상태); 중지, 정지, 단절(cessation); 폐지. ¶the ~ of business 폐업. 2 〔법률〕 소송의 취하; 불법 점유.

dis·con·tin·u·a·tion [dìskəntìnjuéiʃən] 명 =discontinuance.

***dis·con·tin·ue** [dìskəntínjuː] 타 1 그만두다, 〔계속하던 것〕을 중지〔정지〕하다; …을 중단하다. ⇒STOP 유의어 ¶~ smoking 담배를 끊다. 2 〔신문 따위〕의 구독을 중단하다. ¶~ a magazine 잡지의 구독을 중단하다. 3 〔법률〕 〔소송 따위〕를 취하하다(terminate). —자 중소되다, 중지되다. **-u·er** 명

discontínue línes 명 생산을 중단한 제품.

***dis·con·ti·nu·i·ty** [dìskəntɪnjúːəti/-kɔntinjúː-] 명 U 연속(일관)성이 없음, 불연속(성), 중단, 단절. 2 불 갈라진 틈. 3 U 〔수학〕 불연속점, 단속 함수.

discontinúity láyer 명 불연속층(어떤 수심을 경계로 수온이 급격히 변하는 층).

dis·con·tin·u·ous [dìskəntínjuəs] 형 불연속의, 일관성 없는, 중단된; 단속. **~·ly** 부 **~·ness** 명

dis·co·phile [dískəfàil] 명 레코드 애호가; 레코드 수집〔연구〕가. (또는 **dis·co·phil** [-fil], **diskophile**)

***dis·cord** [dískɔːrd] 명U (인간 관계가) 융화가 안됨; (…에 관한/…사이의) 불화, 다툼, 논쟁(over/between); U (의견·목적 따위의) (…와의) 불일치, 부조화(with)(⇔ harmony); ¶international ~ 국제적 불화. 2 UC 〔음악〕 불협화음(dissonance)(⇔ concord). 3 U 소음, 귀에 거슬리는 소리.

be in discord with …와 불화하다, 일치하지 않다.

the apple of discord ⇒APPLE.

—타자 [-´] 1 (…와) 조화(일치)되지 않다; 사이가 좋지 않다; 의견이 맞지 않다(with, from). 2 〔음악〕 협화하지 않다. 3 (소리가) 귀에 거슬리다.

dis·cord·ance [diskɔ́ːrdəns] 명U 1 부조화, 불일치; 불화. 2 〔음악〕 불협화음; 소음. 3 〔지질〕 (지층의) 부정합(不整合). 4 〔유전〕 불일치.

dis·cord·an·cy [diskɔ́ːrdənsi] 명 =discordance.

dis·cord·ant [diskɔ́ːrdənt] 형 1 일치하지〔조화되지〕 않는, (의견 따위가) 맞지 않는; 사이가 좋지 않는. ¶~ opinions 여러 다른 의견. 2 (소리가) 귀에 거슬리는. 3 〔음악〕 불협화음의. ¶a ~ note 불협화음. 4 〔지질〕 부정합(不整合)의. **~·ly** 부

dis·co·set [dískəsèt] 명 디스코(텍) 족(族).

dis·co·theque [dískətèk] 명 디스코텍. —타자 디스코에 가다. (또는 **disco, discothèque**)

díscothèque dréss 명 디스코 드레스(디스코텍의 댄서들이 입는 짧은 드레스).

***dis·count** [dískaunt, -´] 타 1 (…에 대해) (계산·요금 따위에) (일정액)을 감하다, 할인하다(on, for); …을 (…%) 할인 가격으로 팔다(at). ¶~ 10% for cash 현금 구매시 10% 할인하다. 2 …을 에누리해 듣다〔생각하다〕; …을 고려에 넣지 않다, 도외시하다. ¶I ~ a great deal of this story. 나는 이 이야기를 별로 믿지 않는다. 3 〔상업〕 …에게 이자를 떼고 돈을 빌려주다; (어음)을 할인하다, 할인하여 내놓다(사들이다). ¶~ a bill 어음을 할인하다/get a bill ~ed 어음을 할인받다. 4 …의 가치(효과)를 떨어뜨리다(잃다). 5 (당구) (하수)에게 점수 할인을 해주다. —자 이자를 떼고 대출하다.

—명 [´-] UC 1 할인; 할인액; 할인율. ¶sell at 20% ~ 20% 할인하여 팔다. 2 (비유적) 참작, 줄여잡기, 에누리하기. 3 (액면 가치의) 감소; (대출금의) 선이자, 할 인 이자(할 인, disc.). 4 (당구) 할인 점수. 5 든 떼다.

accept a story with discount 이야기를 에누리해

allow [or **give**] **a discount** 할인하다. ¶ *allow a ~ of 10% off* the fixed prices 정가에서 10% 할인하다.
at a discount ① 〔상업〕 (액면 이하로) 할인하여. ② 경시되어. 부당한 평가를 받아. ③ (과장·편견 따위로 인해) 액면대로 받아들여지지 않아, 에누리해서. 「염가의. ── 혱 [-] (상품이) 보통 가격[정가]보다 싸게 팔리는.
~·a·ble 혱 「로 하는」 할인 은행.
díscount bànk 명 〔어음 따위의 할인을 주요 업무
díscount bònd 명 〔금융〕 할인 채권.
díscount bròker 명 어음 할인 중개인.
díscount bròkerage 명 「인하는 회사.
díscount còmpany 명 〔美구어〕 채권 계정을 할
dis·coun·te·nance [diskáuntənəns] 타 (-)
1 …을 당황[무안]하게 하다; …에게 창피를 주다. 2 …에 찬성하지 않다, 반대하다, 못마땅한 얼굴을 하다. ── 명 U 불찬성, 반대. **-nanc·er** 명
dís·count·er [diskáuntər] 명 1 할인하는 사람.
할인 판매점 경영자, 할인업자. 3 〔구어〕 = discount house. 4 = discount broker.
díscount hòuse 명 1 할인점, 염가 판매점. 2 〔英〕 (어음) 할인 상점[업자].
díscount màrket 명 〔어음 등의〕 할인 시장.
díscount operàtion 명 〔중앙 은행의〕 대출 조작.
díscount ràte 명 〔상업〕 어음 할인율; 〔금융〕 〔중앙 은행의〕 재할인율(bank rate).
díscount shòp[stòre] 명 = discount house.
díscount wàrehouse 명 창고형 할인 매장.
díscount window 명 〔중앙 은행의 대(對) 시중 은행〕 대출 창구.

‡**dis·cour·age** [diskə́:ridʒ/-kʌ́r-] 타 (**-ag·es** [-iz]; **~d; -ag·ing**) ① 1 …의 용기[희망, 자신]를 잃게 하다; …을 낙담시키다(圖 encourage). The news ~d me. 나는 그 소식을 듣고 낙담했다. 2 〔계획·사업 따위〕을 못하게 하다, 단념하게 하다 (*from doing*); …을 방해하다, 훼방하다. ¶ *~ all attempts at study* 공부하려는 모든 계획을 방해하다 // (~+目+前+名) *~ a person from doing* …하는 것을 말리다[단념시키다]. 3 …에 불찬성의 뜻을 나타내다. ── 재 낙담하다, 실망하다.
be discouraged at …에 낙담하다.
~·a·ble -ag·er 명
dis·cour·aged [diskə́:ridʒd] 혱 1 낙심한, 낙담한; 의욕을 잃어버린. 2 〔속어의〕 팔이 술에 취한.
‡**dis·cour·age·ment** [diskə́:ridʒmənt/-kʌ́r-] 명 UC 1 실망[낙담]시키기; (못하게) 말리기, 단념시키기, 만류. 2 낙망, 의기소침, 낙담, 실의. ⇒ DESPAIR 유의어 3 기를 꺾는 것; 지장, 방해, 장애.
to one's **discouragement** 실망스럽게도.
dis·cour·ag·ing [diskə́:ridʒiŋ/-kʌ́r-] 혱 낙담시키는, 기를 꺾는; 비관적인, 가능성이 희박한. **~·ly** 부

*   **dis·course** 명 [dískɔːrs, -4] 1 U 이야기, 담화, 담론(談論) (*with*); 말에 의한 사상 전달; ¶ *hold ~ with a person* 남과 이야기하다. 2 강연, 설교; 논문 (*on, upon, about*). ¶ *a ~ on modern Korean literature* 현대 한국 문학에 관한 강연[논문]. 3 U 〔문법〕 화법 (utterance(발화)의 연속체). ── 동 [-4] 재 1 이야기하다, 담화하다 (*with*). 2 강연(설교)하다; 논(논)하다 (*on, upon, about*). ¶ (~+前+名) *~ on the stage* 연극에 대해 강연[논술]하다. ── 타 〔음악〕을 연주하다. **-cóurs·er** 명
díscourse anàlysis 명 〔언어〕 담화 분석.
dis·cour·te·ous [diskə́:rtiəs] 혱 실례의, 무례한; 버릇없는 (*to*). ⇒ RUDE 유의어 **~·ly** 부 **~·ness** 명
dis·cour·te·sy [diskə́:rtəsi] 명 1 U 무례, 실례, 버릇없음 (rudeness). 2 무례한[실례되는] 언행.
‡**dis·cov·er** [diskʌ́vər] 타 (**~s** [-z]) ① 1 …을 발견하다; …을 깨닫다, 알다. ¶ *~ radium* 라듐을 발견하다 // (~+目+*to be* 혱) His love was *~ed to be* false. 그의 사랑은 거짓이었음이 밝혀졌다. 2 〔고어〕 (속성·감정 따위)를 나타내다. ── 재 발견하다. ¶ *as far as I ~* 내가 아는 한에서는.
be discovered 〔연극〕 (막이 오르자) 이미 무대에 등장해 있다.
discover check 〔서양장기〕 장군을 부르다.
discover oneself **to** …에게 이름을 밝히다.
dis·cov·er·a·ble [diskʌ́vərəbl] 혱 발견[인지]할 수 있는; (효과 따위가) 인정될 수 있는. **-bly** 부
*   **dis·cov·er·er** [diskʌ́vərər] 명 1 발견자; 창안자.
2 (D-) 〔우주〕 디스커버러 위성(미국의 초기 극궤도형 정찰 위성). 「covery method)을 지지하는.
dis·cov·er·ist [diskʌ́vərist] 명 발견 학습법(dis-
dis·cov·ert [diskʌ́vərt] 혱 〔법률〕 남편이 없는(* 미혼 여성·미망인·이혼녀 등에 쓰인다).
dis·cov·er·ture [diskʌ́vərtʃər] 명 〔법률〕 (여성의) 비(非)혼인 상태[신분].
‡**dis·cov·er·y** [diskʌ́vəri] 명 (**-er·ies** [-z]) ① U 발견; (the [or one's] ~ that) …라고 하는 발견(발명 invention). ¶ *make a new ~* 새로운 발견을 하다 / *the ~ that the earth is round* 지구가 둥글다는 사실의 발견. 2 발견된 것(곳), 새 발견물; (예제능계의) 유망신인. 3 C 〔법률〕 (진실·문서 따위의) 강제 발표. 4 C 〔극·시 따위의〕 줄거리[구상] 전개. 5 U 〔고어〕 탄로, 폭로(disclosure). 6 (D-) 〔우주〕 디스커버리호(미국의 우주 왕복선(space shuttle)).
dis·cov·er·y-cen·tered [-séntərd] 혱 〔교육〕 (교수법 따위가) 발견 지향적인.
Discóvery Dày 명 〔美〕 = Columbus Day.
discóvery mèthod 명 〔교육〕 발견 학습법(학생 스스로 지식 습득·문제 해결을 하도록 이끄는 교수법).
dísc párking 명 〔英〕 디스크 주차제(주차·발차 시간이 원반에 기록되는 주차 제도).
dísc pláyer 명 = videodisk player.
*   **dis·cred·it** [diskrédit] 타 1 …의 신용[평판]을 떨어뜨리다, 신용[명성]에 손상을 입히다 (*with*). ¶ (~+目+前+名) The divorce *~ed* them *with* the public. 그들은 이혼으로 사회적 신용이 떨어졌다. 2 …을 믿지 않게 하다, …의 신빙[진실]성을 상실케 하다. 3 …을 믿지[신용하지] 않다, 의심하다.
── 명 U 1 불신(용), 불신임; 의심. ¶ *This fact brought his story into ~.* 이 사실 때문에 그의 이야기는 믿을 수 없게 되었다. 2 명성의 실추, 악평, 좋지 않은 평판, 인기 없음. 3 불명예, 망신; C 악평을 초래하는 원인 (*to*). ¶ *a ~ to* one's *family* 집안의 불명예.
bring discredit on oneself 좋지 않은 평판[불신]을
fall into discredit 평판이 나빠지다. 「초래하다.
suffer discredit 의혹을 받다. 「혹을 품다.
throw [or **cast**] **discredit on** [or **upon**] …에 의
to a person's discredit 남의 신용을 떨어뜨리게,
dis·cred·it·a·ble [diskréditəbl] 혱 평판을 나쁘게 하는; 을을 해칠 만한, 불명예스러운; 체면이 서지 않는, 면목이 없는. **-bíl·i·ty** 명 **-bly** 부
*   **dis·creet** [diskríːt] 혱 (사람이) 분별 있는, 사려깊은; (언행이) 신중한, 조심성 있는 (*in*). ⇒ CAREFUL 유의어
be discreet in …을 삼가다, 신중히 하다.
~·ly 부 **~·ness** 명
dis·crep·an·cy [diskrépənsi] 명 1 UC (진술·계산 따위의) 상위(相違), 불일치 (*in*); 모순, 앞뒤가 어긋남 (*between*). ¶ *discrepancies between* one's *words and action* 언행의 불일치. 2 C (개개의) 상위점, 불일치점. (또는 **discrepance**)
dis·crep·ant [diskrépənt] 혱 (…와) 상위한, 차이 있는, 일치하지 않는 (*from*); 앞뒤가 안 맞는, 모순되는, 서로 어긋나는. ¶ *~ accounts* 앞뒤가 안 맞는 이야기.
be discrepant from …와 모순되다, 어긋나다.
~·ly 부
dis·crete [diskríːt] 혱 1 분리된, 별개의; 따로따로

discretion 781 **disdainful**

의. ¶ five ~ parts 별개의 다섯 부분. **2** 낱낱의 부분으로 이루어진; 불연속적인. **3** 〔수학〕 이산(離散)의. ¶ a ~ variable 이산 변수. **4** 〔철학〕 추상적인(abstract). **5** 〔병리〕 분리성의. ── 圈 (시스템의 일부를 이루는) 독립된 장치; (스테레오 따위의) 컴포넌트.
~·ly 凰 ~·ness 凰
*dis·cre·tion [diskréʃən] 凰〔圓〕 **1** (자기 판단에 따른 행동·선택의) 결정권, 판단〔선택〕의 자유, 자유 재량. **2** (주로 자신의 언동에 관한) 사려분별, 신중. ⇨ PRUDENCE 유의어 ¶ a man of ~ 사려깊은 사람 / forget one's ~ 신중을 잃다 / D— is the better part of valor. 《속담》 신중은 용기의 태반이다. 군자는 위험한 일에 가까이 가지 않는다. 「at ~ 무조건 항복하다.
at discretion 임의로, 마음대로; 무조건. ¶ surrender
at the discretion of; at one's **discretion** …의 재량대로, 좋을대로. 「판단〔재량〕대로 하다.
exercise [or **use**] one's **own discretion** 자신의
in [or **within**] one's **discretion** 의 자유 재량으로〔판단에 맡겨져〕. 「의 판단에 맡기다.
leave…to the discretion of a person …을 남
with discretion 신중하게.
years [or **the age**] **of discretion** 분별 연령(선악을 구별할 수 있는 나이로, 영미법에서는 14세).
dis·cre·tion·al [diskréʃənl] 圈 =discretionary.
~·ly 凰
dis·cre·tion·ar·y [diskréʃənèri/-ʃənəri] 圈 임의의[로 결정할 수 있는]; 자유 재량의. ¶ ~ powers 자유 재량권. **-ar·i·ly** 凰 「정(고쟤이 증권사에 일임한 것).
discrétionary accóunt 圈 〔증권〕 매매 일임 계
discrétionary fúnd 圈 기밀비[자금], 판공비.
discrétionary income 圈 〔경제〕 재량 소득(기초 생활비를 뺀 여유 돈); 지출 가능 소득.
discrétionary òrder 圈 〔증권〕 매매 일임 주문.
discrétionary spénding 圈 〔경제〕 재량 지출 (기초 생활비 외의 지출); 재량권이 주어진 예산액 지출.
discrétionary trúst 圈 재량 신탁.
dis·crim·i·na·ble [diskrímənəbl] 圈 구별[식별]할 수 있는. **-bíl·i·ty** 凰 **-bly** 凰
dis·crim·i·nance [diskrímənəns] 圈 식별에 도움이 되는 것, 판별 수단[방법], 식별법.
dis·crim·i·nant [diskrímənənt] 圈 =discriminating. ── 圈 〔수학〕 판별식(判別式). **-nán·tal** 凰
*dis·crim·i·nate [diskrímənèit] 凰 **1** (…와 …을) 차별하다(between); 차별 대우하다(against, in favor of). **2** 차이를 분간하다, 식별[판별]하다, 정확히 구별하다(between, among). ⇨ DISTINGUISH 유의어 ¶ (~+圇+圈) ~ among synonyms 동의어를 구별하다. ── 凰 …을 구별하다. **2** …의 구별[차이]을 인정하다, …을 식별하다, 분간하다(from).
discriminate against …을 냉대[차별 대우]하다.
discriminate between A **and** B; **discriminate** A **from** B A와 B를 구별[식별]하다.
discriminate in favor of a person 남을 우대하다. ── [diskrímənət] 圈 **1** 식별력 있는, 혜안의, **2** 자세히 구별하는; 차별적인, **3** 〔고어〕 식별되는, 현저한, 명 ~·ly 凰 「할 권리.
dis·crim·i·nat·ing [diskrímənèitiŋ] 圈 **1** 구별[차별]하는; 분석적인. **2** 차별[구별]할 수 있는; 식별력이 있는, 판단[감식]력이 뛰어난, 예리한. ¶ a ~ taste in painting 그림에 대한 예리한 감식력. **3** (관세 따위가) 차별적인, 차별 대우의. ¶ ~ tariff 차별 관세. ~·ly 凰
*dis·crim·i·na·tion [diskrìmənéiʃən] 圈〔圓〕 **1** 구별; 식별, 판별, 분간 (from, between). **2** (…에 대한) 차별 대우 (against); (…에의) 편애 (in favor of). ¶ racial [sex] ~ 인종[성] 차별. **3** 식별력, 판별력, 안목[감식](discernment)(in). **4** 〔심리〕 판별, 식별. **5** 〔전자〕 신호 판별. ¶ wrong 을 구별하다. **make a discrimination between right and**

~·al 圈
discriminátion tìme 圈 =reaction time.
dis·crim·i·na·tive [diskrímənèitiv/-nət-] 圈 **1** 구별되는; (물건의) 특성을 나타내는, 특이한. ¶ the ~ features of men 십인십색(十人十色). **2** 식별하는; 식별[판별]력이 있는; 예민한. **3** 차별적인. ~·ly 凰
dis·crim·i·na·tor [diskrímənèitər] 圈 **1** 차별[식별]하는 사람[것]. **2** 〔전자〕 판별기, 판별 회로(주파수·위상 따위의 변화에 맞추어 진폭을 바꾸는 장치).
dis·crim·i·na·to·ry [diskrímənətɔ̀:ri/-təri] 圈 **1** 차별적인, 차별 대우의; 불공평한. **2** =discriminative **1**, **2**. **-tó·ri·ly** 凰
discríminatory prícing 圈 〔상업〕 (시간·지역 따위에 따른) 차별 가격제, 차별적 가격 책정. 「관세.
discríminatory táriff 圈 (~s) 차별 세율; 차별
dis·crown [diskráun] 凰凰 …의 왕관을 빼앗다; …을 퇴위시키다.
dísc stòrage 圈 〔컴퓨터〕 디스크 기억 장치.
disct. discount.
dis·cur·sion [diskə́:rʃən] 圈 종잡을 수 없는 이야기, 산만한 논의[담화]; (화제의) 지리멸렬; (직관이 아닌 엄격한 형식적 추론에 입각한) 분석, 논증.
dis·cur·sive [diskə́:rsiv] 圈 **1** (이야기 따위가) 산만한, 두서 없는; (논의 따위가) 다방면에 걸친. **2** 〔철학〕 추리[추론]적인(圈 intuitive). ~·ly 凰 ~·ness 凰
dis·cus [dískəs] 圈 (圓 ~·es, -ci [-sai]) **1** (경기용의) 원반; (the ~) 원반던지기 (경기) (~ throw). **2** (남아메리카산(產)) 관상용 열대어.
‡**dis·cuss** [diskʌ́s] 凰 (~·es [-iz]; ~ed [-t]) 凰 **1** …에 관하여 토의[의논]하다, 의견을 나누다(with); …을 검토[심의]하다. ¶ ~ the proposed law on taxes 조세 법안을 심의하다 // (~+圇+前+圈) I ~ed politics with them. 그들과 정치에 관해 토론했다 // (~+wh. to do) ~ how to do it 그것을 어떻게 할 것인지 검토하다 // (~+wh. 節) We ~ed what we should do after graduation. 우리는 졸업 후에 무엇을 할 것인지에 대해 논의했다. **2** (드물게) [음식·음료]를 맛있게 들다, 상미(賞味)하다. ¶ ~ a roast chicken 입맛을 다시며 통닭구이를 먹다. **3** (폐어) …을 밝히다. ── 凰 토론하다, 서로 이야기[의논]하다. (英속어) =discussion. ~·a·ble 圈 ~·er 凰 ~·i·ble 圈
dis·cus·sant [diskʌ́sənt] 凰 (심포지엄 등의) 토론자, 토론 참가자; 공식 토론회.
‡**dis·cus·sion** [diskʌ́ʃən] 圈 (圓 ~s [-z]) **1** 〔Ⓤ〕 토론, 토의; 검토, 심의 (about, on, as to). ⇨ ARGUMENT 유의어 ¶ a fruitless ~ 무익한 논쟁. 결말이 나지 않는 논쟁 / a hot [lively] ~ 열띤[활발한] 토론 / invite ~ 토의해 주기를 청하다 / avoid further ~ 그 이상의 논의를 피하다. **2** 논문, 논고 (on, of). **3** 〔Ⓤ〕 (구어) (익살) (음식물의) 상미(賞味) (of).
be down [or **come up**] **for discussion** 토의 대상에 올라 있다, 의제가 되다.
beyond discussion 논할 여지도 없는.
under discussion 심의[토의]중인.
~·al 圈
díscus thròwer 圈 투원반 선수.
díscus thròw(ing) 圈 (the ~) 투원반 (경기).
*dis·dain [disdéin] 凰 **1** …을 경멸하다, 멸시하다, 업신여기다. ⇨ DESPISE 유의어 ¶ ~ flattery [a coward] 아첨[겁쟁이]을 경멸하다. **2** (신경을 쓰거나 행할 만한) 가치가 없다고 생각하다, …하는 것을 떳떳치 않게 여기다. ¶ (~+to do) ~ to reply an insult 모욕에 응수할 가치가 없다고 생각하다 / (~+ing) ~ shooting the unarmed fleeing men 무기도 없이 도망치는 사람을 쏘는 것을 떳떳치 않게 여기다. ── 圈〔Ⓤ〕 경멸, 모멸; 경멸하는 빛, 거만[오만한 태도 (for, of). ¶ ~ of riches 부를 경멸하는 태도.
dis·dain·ful [disdéinfəl] 圈 경멸적인, 무시하는;

오만하다 (*of, toward*). **~ly** 閉 경멸[무시]하여. **~ness** 閉

‡**dis·ease** [dizíːz] 閉 (**~·es** [-iz]) 1 ⓊⒸ 병, 질병, 질환. ⇨ILLNESS 〖유의어〗 **an acute** [**a chronic**] **~** 급성[만성] 질환/**a family** [*or* **hereditary**] **~** 유전병/**die of ~** 병으로 죽다 / **suffer from a ~** 병을 앓다. **2** (정신·도덕·사회 제도 따위의) 불건전한 상태, 퇴폐, 타락; 악폐. ¶**a social ~** 사회적 병폐, 사회악. **3** (물질의) 변질, 부패. ¶**~** *of milk* 우유의 변질.
catch [*or* **fall victim to**] ***a disease*** 병에 걸리다.
──타 (**~·es** [-iz]; ***~d***; **~·ing**) …을 병에 걸리게 하다; …을 어지럽히다.

*****dis·eased** [dizíːzd] 閉 **1** 병든. ¶**a ~ part** 환부. **2** 병적인. **-éas·ed·ly** 閉 **-éas·ed·ness** 閉

diséase gérm 閉 병원균(病原菌).

dis·eas·ism [dizíːzizm] 閉 환자(병자) 차별[기피], 환자를 싫어함.

dis·e·co·nom·ics [dìsekənámiks, -sìː-/-nóm-] 閉 (단수취급) 부(負)의 경제학, 부의 경제 정책[요인].

dis·e·con·o·my [dìsikánəmi/-kón-] 閉 **1** 비(非)경제, 불경제(체제). **2** ⓒ 부(負)의 경제 요인(경제적으로 불이익이 되는 마이너스 요인). ¶ 무디게 하다.

dis·edge [disédʒ] 閉 …의 모서리를 없애다; …을

dis·e·lec·tion [-ilékʃən] 閉 낙선.

dis·em·bar·go [dìsembɑ́ːrɡou/-im-] 閉 …의 출[입]항 금지를 해제하다; 수출입 금지를 풀다, 통상을 재개하다; 보도 제한을 풀다.

dis·em·bark [dìsembɑ́ːrk, -im-] 동 (배·비행기·자동차 따위에서) 내리게 하다[내리다]; 상륙시키다[하다]; …을 양륙하다(*from*). **~ment** 閉

dis·em·bar·ka·tion [dìsembɑːrkéiʃən] 閉ⓊⒸ 양륙, 상륙, 하선, 하차. ¶**a ~ card** 입국 신고서.

dis·em·bar·rass [dìsembǽrəs/-im-] 타 (일을) (복잡한 상태에서) 풀다; (걱정·부담 따위에서) …을 해방시키다; (위험·궁지 따위로부터) 구해내다(*of*); 안심시키다, 한숨 돌리게 하다. ¶**~** *a person of his trouble* 남을 고통에서 구해 내다. **~ment** 閉

dis·em·bod·ied [dìsembádid/-bɔ́d-] 閉 **1** 육체를 갖지 않은, 육체로부터 이탈한. ¶**a ~ spirit** 육체에서 분리된 영혼. **2** 현실과 떨어진, 실체가 없는.

dis·em·bod·y [dìsembádi, -im-/-imbɔ́di] 타 **1** (영혼·정신 따위)를 육체로부터 분리[이탈]시키다. **2** (사상·의지)를 구체성에서 벗어나게 하다. **3** (소리 따위)를 (보이지 않는 곳에서) 내다. **4** (고어) (군대)를 해산하다. **-bód·i·ment** 閉 육체 이탈.

dis·em·bogue [dìsembóuɡ/-im-] 자 (강 따위가 바다나 호수로) 흘러들다(*into*); 내용물을 유출하다. ──타 (강 따위가) (물)을 흘려 보내다, 흘러 들어가게 하다(*into*). **~ment** 閉

dis·em·bos·om [dìsembúːzəm/-imbúz-] 타 **1** …을 누설하다, 폭로하다. **2** 《재귀용법으로》 (비밀 따위)를 털어놓다, 가슴을 터놓고 지내다 (*of*).
disembosom oneself of …을 털어놓다.

dis·em·bow·el [dìsembáuəl/-im-] 타 (**-*l-*, (영) **-*ll*-**)…의 창자[내장]를 꺼내다[제거하다]; 배를 가르다.
disembowel oneself 할복하다.
~ment 閉 내장 제거, 할복.

dis·em·broil [dìsembrɔ́il/-im-] 타 …의 분규를 해결하다; …의 얽힌 것을 풀다, …을 (혼란[곤경]에서) 해방시키다 (*from*).

dis·em·plane [dìsempléin] 타자 비행기에서 내리다.

dis·em·ploy [dìsemplɔ́i/-im-] 타 …을 해고하다. **-plóyed** 閉 실업 상태의. **~ment** 閉

dis·en·a·ble [dìsenéibl/-in-] 타 …을 무능하게 하다, 불가능하게 하다; …의 자격을 빼앗다. **~ment** 閉

dis·en·chant [dìsentʃǽnt/-intʃɑ́ːnt] 타 **1** …의 마법을 풀다, 매력을 앗아가다. **2** …의 미몽에서 깨어나게 하다 (*of*); 《수동형으로》…에 환멸을 느끼다 (*with*).

~er 閉 **~·ing** 閉 **~·ing·ly** 閉 **~ment** 閉

dis·en·cum·ber [dìsenkʌ́mbər/-in-] 타 (방해물[고생]에서) 해방시키다, …에게서 (무거운 짐을) 내리다 (*from, of*).

dis·en·dow [dìsendáu/-in-] 타 (교회·학교 등)의 기본 재산[기금]을 몰수하다. **~er**, **~ment** 閉

dis·en·fran·chise [dìsenfrǽntʃaiz/-in-] 타 =disfranchise. **~ment** 閉

dis·en·gage [dìsengéidʒ/-in-] 타 **1** …을 떼다, 풀다 (*from*). ¶**~** *a clutch* 클러치를 떼다. **2** (약속·서약·의무 따위로부터) …을 해방시키다, 놓아 주다 (*from*). ¶**~** *a person from an appointment* 남을 약속으로부터 해방시켜 주다. **3** (군사) [적]과의 전투를 중지하다; (군대·함정 따위)를 철수시키다. ──자 **1** (…로부터) 풀려나다, 자유로워지다, 관계를 끊다 (*from*). **2** (군사) 전투를 중지하다; 철수하다.
disengage oneself from …에서 떨어져 나오다. ¶**~** *oneself from a love affair* 연애를 청산하다.

dis·en·gag·ed [dìsengéidʒd/-in-] 閉 **1** 풀린, 떨어져 있는; (특정의 입장과) 무관한. **2** (사람이) 자유로운, 약속이 없는, 한가한. **3** (장소 따위가) 비어 있는.
~ness 閉

dis·en·gage·ment [dìsengéidʒmənt/-in-] 閉 Ⓤ **1** 해방, 이탈; 해약; 약혼의 취소. **2** 자유로움, 한가함. **3** (군사) 전투 중지; 철수. **4** (공약 방침의) 철회.

disengáging áction 閉 (군사) 철수 작전, 퇴각.

dis·en·plane [dìsenpléin/-in-] 타자 =deplane. (또는 disemplane)　〖**~·ment** 閉〗

dis·en·roll [dìsenróul/-in-] 타 …을 제적하다.

dis·en·tail [dìsentéil/-in-] 타 (법률) (재산)의 한정 상속을 해제하다. **~ment** 閉

dis·en·tan·gle [dìsentǽŋɡl/-in-] 타 …의 얽힌 것을 풀다; (얽힘·혼란 따위로부터) …을 해방시키다; …을 (혼잡 속에서) 찾아내다 (*from*). ¶**~** *a person from perplexity* 남을 난처한 입장에서 구해내다. ──자 (얽힘·혼란 따위로부터) 해방되다, 풀리다.
disentangle oneself from …와 인연을 끊다.
~·ment, **-gler**

dis·en·thral(l) [dìsenθrɔ́ːl/-in-] 타 …의 속박을 풀다, …을 해방시키다 (*from*). **~ment** 閉

dis·en·throne [dìsenθróun/-in-] 타 =dethrone. **~ment** 閉

dis·en·ti·tle [dìsentáitl/-in-] 타 …으로부터 자격[권리]를 빼앗다 (*to*). **~ment** 閉

dis·en·tomb [dìsentúːm/-in-] 타 (문어) 발굴하다. **~ment** 閉Ⓤ 발굴.

dis·en·trance [dìsentrǽns/-intrɑ́ːns] 타 …을 (환각 상태[황홀경]에서) 깨어나게 하다 (*from*).
~ment 閉 각성.　　　　「위)를 (얽힌 것 따)를 풀다.

dis·en·twine [dìsentwáin/-in-] 타 〔얽힌 것 따

dis·e·quil·i·brate [dìsikwíləbrèit, dìsiːkwəlái-breit] 타 …의 균형을 깨뜨리다, 불안정하게 하다.
-brá·tion 閉

dis·e·qui·lib·ri·um [dìsikwəlíbriəm] 閉 (**~s**, **-ri·a** [-riə]) ⓊⒸ (경제상의) 불균형, 불안정.

dis·es·tab·lish [dìsistǽbliʃ] 타 **1** 제도 따위 기존의 것을 폐지하다. **2** (교회)의 국교제를 폐지하다. **3** (남)을 (관직에서) 면직시키다. **~ment** 閉

dis·es·tab·lish·men·tar·i·an [dìsistæbliʃ-məntέəriən] 閉 국교(國敎) 제도 폐지론자. 閉 국교 제도 폐지론(자)의. **-ism** 閉 국교 제도 폐지론.

dis·es·teem [dìsistíːm] 타 …을 얕보다(slight), 경멸하다. ──Ⓤ 경시, 경멸; 반감.

di·seur [dizə́ːr] 閉 (**~s**) (연예의) 화술가, 낭독가. 　　　　　　　　　　　　　　　　　　「가. 〔<F〕

di·seuse [dizə́ːz] 閉 (**~s** [-]) 여성 화술가〔낭독

dis·fa·vor, (영) **-vour** [disféivər] 閉 **1** 호의를 갖지 않음, 냉대, 악감정; 혐오; 불찬성. ¶**regard** [*or*

disfeature

look upon] a person with ~ 남에게 호의를 보이지 않다. **2** 호감을 가질 수 없는 상태; 인기[인망]이 없음 (with). **3** ⓒ 무시[혐오]하는 듯한 행위, 불친절한 행위.
be [or ***live***] ***in disfavor*** 인기가 없다.
bring *a person* ***into disfavor*** 신망[인기]을 잃게 하다.
come [or ***fall***] ***into disfavor with*** *a person* 남에게 인기가 없어지다, 남의 비위를 거스르다.
incur *a person's* ***disfavor; incur the disfavor of*** *a person* 남의 비위를 거스른다.
in disfavor with …에게 미움을 사서, …의 눈밖에
in [or ***to***] ***the disfavor of; in*** [or ***to***] *a person's* ***disfavor*** …에게 불리하게는.
— 타 …에 호의를 보이지 않다, 쌀쌀한 태도를 취하다; …을 경시하다, 꺼려하다; …에 불만을 나타내다. **~·er** 명 …을 싫어하는 자.

dis·fea·ture [disfí:tʃər] 타 …의 외관[모습]을 손상시키다; …의 가치를 떨어뜨리다. **~·ment** 명

dis·fel·low·ship [disfélouʃip] 명 (교회에서의) 제명 (처분), 지위 박탈. — 타 …을 제명시키다.

***dis·fig·ure** [disfígjər/-fígə] 타 **1** …의 외관[미관, 체재]을 망가뜨리다, 훼손시키다. **2** …의 가치[장점, 효력, 평판]을 손상시키다. **-ur·er** 명

dis·fig·ure·ment [disfígjərmənt/-fígə-] 명 ⓤⓒ 형체[미관]를 손상시키기; 손상, 흠; 결점. (또는 **disfiguration**) 「(또는 **dysfluency**)

dis·flu·en·cy [disflú:ənsi] 명 눌변, 말을 더듬기.

dis·for·est [disfɔ́(:)rist/-fɑ́r-] 타 **1** =deforest. **2** (英) [법률]=disafforest. **-es·tá·tion** 명

dis·fran·chise [disfréntʃaiz] 타 …으로부터 시민권[참정권]을 박탈하다; …으로부터 특권[권리, 권한]을 박탈하다. (또는 **disenfranchise**)
~·ment, **-chis·er** 명

dis·frock [disfrɑ́k/-frɔ́k] 타 …에게서 성직을 박탈하다(unfrock). 「**~·al** 명

dis·func·tion [disfʌ́ŋkʃən] 명 =dysfunction.

dis·fur·nish [disfə́:rniʃ] 타 …에게서 (소유물·재산을) 빼앗다; [물건]에서 (부속품 따위를) 들어 내다(of).
~·ment 명

dis·gorge [disgɔ́:rdʒ] 타 **1** …을 토하다, 게우다(vomit). **2** (부정 소득 따위를) 마지못해 내놓다. ¶~ ill-gotten gains 부정 소득을 토해내다. **3** …을 방출하다, (속에 든 것)을 세차게 내놓다, (화산이) …을 분출하다, (강이) …을 쏟아내다(into). ¶ The building ~d a stream of students. 건물에서 학생들이 우르르 몰려나왔다. **4** (낚시바늘)을 물고기 입에서 빼다. — 자 토하다; (강 따위가) 흘러들다(into); 부정 소득을 마지못해 토해내다. ¶~ into a lake 호수로 흘러들다.
~·ment 명 **-górg·er** 명 (낚시) 바늘 뺴는 도구.

***dis·grace** [disgréis] 명 (**-grac·es** [-iz]) **1** ⓤ 불명예, 체면 손상; 치욕, 창피. ¶ bear ~ 치욕을 참다.

[유의어] **disgrace** 자기 자신 또는 관계자의 행위로 남의 조롱·존경심을 잃고 비난받는 일. **dishonor** 보통 자기 자신의 창피스러운 행위로 인하여 남들로부터 받고 있던 깊은 존경 또는 자존심을 잃는 일. **shame** 위의 두 말보다 뜻이 강하며, 비참한 치욕을 강조하는 말. **ignominy** 심한 모멸을 초래하는 불명예. **infamy** 불명예스러운 일로 이름이 세상에 알려지는 일.

2 (a ~) 치욕을 가져오는 행위[일], 불명예[망신, 치욕]가 되는 것[사람](to). ¶a national ~ 국치(國恥)/a ~ to one's family 집안의 망신거리. **3** ⓤ 인기 없음, 평판이 나쁨.
be in disgrace 면목을 잃고 있다; 인기가 없다.
bring disgrace on [or ***upon, to***] …을 망신시키다, 체면을 손상시키다.
fall into [***be in***] ***disgrace with*** …의 눈밖에 나다 [나 있다], 노여움을 사다[사고 있다].
wipe off a disgrace 치욕을 깨끗이 씻다.

disgusting

— 타 (**-grac·es** [-iz]; **~d** [-t]; **-grac·ing**) **1** …에게 불명예[치욕, 비난]을 초래하다. ¶~ one's name [school] 이름을 더럽히다[학교의 치욕이 되다]/He ~d himself by his conduct. 그는 품행이 좋지 못하여 면목을 잃었다. **2** (관직 따위로부터) (남)을 물러나게 하다, 냉대하다 (from); (남)을 실각[면직]시키다. **3** …에게 …을 단념하다, …에게 불평[불만]을 품게 하다 (at, with, by). ¶~ be ~d at one's father 아버지에 대하여 불만을 품다. **~·ment** 명 불만.

dis·grun·tled [disgrʌ́ntld] 형 불만을 품은; 풍한, 시무룩한.

***dis·guise** [disgáiz] 타 (**-guis·es** [-iz]; **~d**; **-guis·ing**) **1** …을 변장[위장]시키다 (as); (수동형·재귀용법으로) 가장하다 (as/with, by, in). ¶(~+몸+前+명) ~ oneself with a wig 가발을 써서 변장하다 /She was ~d in a man's clothes. 그녀는 남장을 하고 있었다// (~+몸+as補) ~ oneself [or be ~d] as a beggar 거지로 변장하다. **2** (정체·본성)을 숨기다, 속이다 (with, by). ¶~ one's voice 목소리를 꾸미다 //(~+몸+前+명) ~ one's sorrow beneath a careless manner 아무렇지 않다는 태도로 슬픔을 감추다 //(~+몸+as補) horseflesh ~d as beef 쇠고기로 변장한 말고기. 「술의 힘을 빌어
disguised in [or ***with***] ***drink*** [or ***liquor***] 술김에.
— 명 (**-guis·es** [-iz]) **1** ⓤⓒ 변장, 위장; (무도회 따위에서의) 가장; 남의 눈을 속이는 태도[말투, 표정]; 변장[위장] 도구; (연예인의) 분장, 가면, 메이크업 (makeup). **2** ⓤ 속이기, 겉꾸미기; 구실, 핑계.
in disguise 변장[가장]하고[한]. ¶a king in ~ 변장한 왕. 「고, …을 빙자하여.
in [or ***under***] ***the disguise of*** ① …으로 분장하
make no disguise of …을 조금도 숨기지 않다.
throw off *one's* ***disguise*** 가면을 벗어 버리다; 정체[본성]를 드러내다.
without disguise 숨김없이, 있는 그대로.
-guís·a·ble 형 **~·ment**, **-guís·er** 명

dis·guised [disgáizd] 형 변장한; 속임수의, 겉을 꾸민, ¶a ~ voice 꾸민 목소리.
-guís·ed·ly 부 **-guís·ed·ness** 명

***dis·gust** [disgʌ́st] 타 **1** …을 욕지기나게 하다, 메스껍게 하다. ¶This smell ~s me. 이 냄새는 정말 역겹다. **2** (수동형으로) …에게 반감[혐오감]을 갖게 하다, 싫증나게 하다, …을 너더리나게 하다 (by, with, at).
be [or ***feel***] ***disgusted with*** [or ***at, by***] *a person* [*a person's*] ***manner*** 남에게[남의 태도에] 정나미 떨어져, 넌더리나다.
— 명 **1** 욕지기, 구역질, 메스꺼움. **2** (메스꺼울 정도의) 싫증, 혐오감, 질색, 넌더리 (at, for, toward(s), against). ⇨AVERSION [유의어]
fall into disgust of …이 아주 싫어지다.
feel disgust for [or ***at, against, toward(s)***] …에 싫증이 나다.
in disgust 싫증나서, 넌더리나서. 「어지다.
take a disgust at …에 넌더리를 내다, 정나미 떨
to *one's* ***disgust*** 정나미 떨어지게도.

dis·gust·ed [disgʌ́stid] 형 싫증이 난, 넌더리난, 정나미가 떨어진 (at, with, by). **~·ly** 부 **~·ness** 명

dis·gust·ful [disgʌ́stfəl] 형 속이 메스꺼워지는 듯한, 정나미가 떨어질 듯한. **~·ly** 부

***dis·gust·ing** [disgʌ́stiŋ] 형 **1** 욕지기나는, 메스꺼워지는; 아주 싫은, 정나미가 떨어지는. **2** (英구어) 굉장한,

대단한; 어처구니없는. ~·ly 튀 ~·ness 튀

‡**dish** [díʃ] 튀 (복 ~·es [-iz]) 1 (큰) 접시, 움푹한 접시, 사발. ¶a meat[vegetable] ~ 고기[야채] 접시. 2 (the ~es) 접시류, 식기류(* 나이프·포크 등은 전통적이나 보통 은식기, 유리 그릇은 포함되지 않는다). 3 (접시에 담은) 요리, 먹을 것. ¶a cold ~ 찬 요리/serve Eastern ~es 동양 요리를 대접하다. 4 한 접시(의 분량). ¶a ~ of fish[beans] 생선[콩] 한 접시. 5 (모양·용도가) 접시 비슷한 것. 6 오목함. ¶the ~ of a wheel 차바퀴 측면의 오목한 정도. 7 (one's ~) 《美俗》 자신의 취미[능력]에 꼭 맞는 것. 8 (a ~) 《구어》 예쁜 소녀, 성적 매력이 있는 여성. ¶She is a real ~. 그녀는 정말 미인이다. 9 =~ antenna. 10 《美속어》 (야구의) 홈베이스, 본루. 11 《美서부》 (말 안장의) 앉는 자리. 12 《英속어》 궁둥이; 미남, 멋쟁이 남성.
a dish of gossip 잡담, 한담. 「거리[화제].
a standing dish 늘 똑같은 요리; 틀에 박힌 이야깃
do [or *wash* (*up*)] *the dishes* 설거지하다.
made dishes (여러 가지 재료를 섞어 만든) 모듬 요리.
── 튀 1 [음식]을 접시에 담다(*up*). 2 …을 접시 모양으로 하다, 오목하게 하다(*out*). 3 《속어》 …을 때려 눕히다; 좌절시키다; 앞지르다. ── 튀 오목해지다, 움푹 들다.
dish it out 《구어》 벌주다; 야단치다. 「어가다.
dish out ① (많은 사람에게) [요리]를 덜어 주다. ② 《구어》 …을 분배하다, 아낌없이 제공하다; [뉴스·정보 따위]를 제공하다.
dish out gravy 《英속어》 중형(重刑)에 처하다.
dish up ① 요리를 접시에 담다[담아 내다]. ② 《구어》 …을 재미있게 이야기하다. ③ 《구어》 …을 해치우다, 못쓰게 만들다. ¶I am ~ed up. 나는 이제 틀렸다.
~·like 튀

dis·ha·bille [dìsəbíːl/-sæ-] 튀 ① 1 간편한 (옷)차림, 평상복[평복] 차림. 2 평상복, 평복; 잠옷. 3 어수선한[해이한] 정신 상태. (또는 **deshabille**) [<F]
in dishabille 평상복 차림으로.

dis·ha·bit·u·ate [dìshəbítʃueìt] 튀튀 …에게 습관을 버리게 하다. ¶~ *a person for* 남에게 …의 습관을 버리게 하다.
dísh áerial =dish antenna.
dis·hal·lu·ci·na·tion [dìshəlùːsənéiʃən] 튀 ① 각성, 환멸(disillusionment).
dísh anténna 접시형 안테나(위성 방송·마이크로웨이브 전파 수신용).
dis·har·mon·ic [dìshɑːrmɑ́nik/-mɔ́n-] 튀 부조화의.
dis·har·mo·ni·ous [dìshɑːrmóuniəs] 튀 조화[일치, 화합]되지 않는, 불협화적인(discordant). ~·ly 튀
dis·har·mo·nize [dishɑ́ːrmənàiz] 튀튀 …을 조화되지 않게 하다, …의 조화를 깨뜨리다. ── 튀 조화 깨지다. **-nìsm** 튀
dis·har·mo·ny [dishɑ́ːrməni] 튀 ① ① 부조화, 불협화; 불협화음(discord); 조화되지 않는 것; 불협화음.
dish·cloth [díʃklɔ̀(ː)θ] 튀 접시 닦는 행주, 행주. (또는 **dishrag, dishclout** [díʃklàut])
díshcloth góurd 〖식물〗 수세미외.
dísh cóver 튀 (요리 보온용) 접시 덮개[뚜껑].
***dis·heart·en** [dìshɑ́ːrtn] 튀튀 …을 낙심시키다, 원기[희망·용기]를 잃게 하다, 의기소침하게 하다. ¶be ~ed *at* …을 듣고[보고] 낙심하다.
dis·heart·en·ing [dìshɑ́ːrtniŋ] 튀 의기소침하게 하는 (듯한), 기를 꺾는 (듯한). ~·ly 튀
dis·heart·en·ment [dìshɑ́ːrtnmənt] 튀 ① 의기소침, 낙심. ⇒ DISPAIR 유의어
dished [díʃt] 튀 1 접시 모양의; 오목한, 움푹 파인. ¶a ~ face 주걱턱 얼굴. 2 (차의) 두 바퀴 위쪽의 간격이 아래의 접지점(接地點) 간격보다 넓은. 3 《속어》 지친, 몹시 피곤한(exhausted, worn out).
di·shev·el [diʃévəl] 튀튀 (*-l-*, 《英》 *-ll-*) [머리 따위]를 헝클어뜨리다; (옷)을 단정치 못하게 입다; [남]의 머리[옷차림]를 헝클어놓다. ~·**ment** 튀

di·shev·eled, 《英》 **-elled** [diʃévəld] 튀 1 (머리가) 헝클어진, 텁수룩한. 2 (복장 따위가) 단정치 못한; 흐트러진.
dish·ful [díʃfùl] 튀 한 접시 가득(한 양). 「어수선한.
dísh grávy 고깃국물, 육즙.
dísh·mat [díʃmæ̀t] 튀 냄비 받침.
‡**dis·hon·est** [dìsɑ́nist/-ɔ́n-] 튀 1 부정직한, 불성실한, 착실치 못한. 2 부정의, 부정수의, 사기적인; 속이는. ¶be ~ *about one's qualifications* 자격을 속이다. ~·ly 튀
***dis·hon·es·ty** [dìsɑ́nəsti/-ɔ́n-] 튀 ① ① 부정직, 불성실; ② 거짓말(lie); 부정 행위, 사기, 속임수.
‡**dis·hon·or,** 《英》 **-our** [dìsɑ́nər/-ɔ́n-] 튀 (복 ~s [-z]) 1 ① 명예를 잃음, 명예 실추; 불명예, 망신, 치욕. ⇒ DISGRACE 유의어 ¶death *before* ~ 명예를 지키기 위한 죽음. 2 경멸, 모욕, 무례. 3 불명예[망신, 치욕]이 되는 사람[것](*to*). 4 〖상업〗 (수표·어음의) 부도.
be a dishonor to …의 불명예[망신거리]이다.
bring dishonor to [or *on*] …을 망신시키다.
do a person a dishonor 남을 모욕하다.
live in dishonor 굴욕적인 생활을 하다, 욕되게 살다.
to the dishonor of …에게 수치[치욕]이 되게.
── 튀튀 (~*s* [-z]) 1 …의 명예[체면]를 잃게 하다[손상시키다]; …을 망신시키다. 2 …의 정조를 더럽히다. 3 〖상업〗 [수표·어음]을 부도내다; …의 이행을 거부하다.
dishonor one's word 약속을 어기다.
~·**er**
dis·hon·or·a·ble [dìsɑ́nərəbl/-ɔ́n-] 튀 1 불명예스러운, 창피한. 2 평판이 나쁜, 비열한, 도의에 어긋나는, 불명한. ~·**ness** 튀 -**bly** 튀 (대충).
dishónorable dís·charge 〖군사〗 불명예 제대
dis·hón·ored bíll [dìsɑ́nərd-/-ɔ́n-] 부도 어음.
dishónored chéck 부도 수표. 「음.
dis·horn [dìshɔ́ːrn] 튀튀 〖동물〗의 뿔을 자르다.
dis·house [dìsháuz] 튀튀 …을 집에서 몰아내다.
dish·pan [díʃpæ̀n] 튀 접시 씻는 통, 개수통.
díshpan hánds 튀 (단·복수 양용) (가사 노동으로) 거칠어진 손, 주부(主婦) 습진.
dish·rag [díʃrǽg] 튀 《美》 =dishcloth.
dish·tow·el [díʃtàuəl] 튀 (접시 닦는) 마른 행주.
dish·ware [díʃwèər] 튀 접시류, 그릇류. 「헛소리.
dish·wash [díʃwàʃ, -wɔ̀ːʃ] 튀 실없는 소리,
dish·wash·er [díʃwɑ̀ʃər, -wɔ̀ːʃ-/-wɔ̀ʃ-] 튀 《美》 접시 닦는 사람; (자동) 식기 세척기.
dish·wa·ter [díʃwɑ̀ːtər, -wɔ̀ːt-] 튀 ① 1 (식기를 씻은) 개숫물; 식기를 씻는 물. 2 《속어》 맛없는 수프, 묽은 커피[차], 맛이 형편없는 술.
dull as dishwater 완전히 침체한; 아주 지루한.
like [or (*as*) *weak as*] *dishwater* (차 따위가) 묽어 거무스름한, 어둑어둑한; 묽어, 맛이 없어.
dish·y [díʃi] 튀 《英속어》 (남자가) 매력적인.
***dis·il·lu·sion** [dìsilúːʒən] 튀튀 …을 미몽[환상]에서 깨어나게 하다; (수동형으로) …에 환멸을 느끼게 하다(*at, about, with*). ¶be ~ed *at* …을 보고[듣고] 환멸을 느끼다. ── 튀 ① ① 미몽에서 깨어나기[깨어나게 하기], 각성; 환멸(감). ~·**ar·y** 튀 ~·**ment** 튀 각성.
dis·il·lu·sioned [dìsilúːʒənd] 튀 (…에) 미몽에서 깬 (*at, with, about*). 「**sion, -ist, -iz·er**
dis·il·lu·sion·ize [dìsilúːʒənàiz] 튀튀 =disillusion.
dis·il·lu·sive [dìsilúːsiv] 튀 미몽[환상]에서 깨어나게 하는, 각성적인; 환멸적인.
dis·im·pas·sioned [dìsimpǽʃənd] 튀 감정에 좌우되지 않는, 냉정한, 침착한.
dis·im·pris·on [dìsimprízn] 튀튀 …을 석방하다, 출옥시키다. ~·**ment** 튀
dis·in·cen·tive [dìsinséntiv] 튀튀 행동[의욕, 특히) 경제 발전]을 저해하는 (것) (*to*).
dis·in·cli·na·tion [dìsinklənéiʃən, dìsin-] 튀 (a ~, one's ~) (…에) 마음이 내키지 않음 (*for, toward*); (…하는 것에 대한) 싫증 (*to do*). ¶have a ~ *for*

dis·in·cline [dìsinkláin] 통 (수동형으로) …에게 할 마음을 잃게 하다, 싫증나게 하다 (for); (…할) 마음이 없어지게 하다 (to do). ¶ I'm ~d to study. 공부할 마음이 나지 않는다. ⇔ 마음이 내키게 하다.

dis·in·clined [dìsinkláind] 형 마음 내키지 않는, …하고 싶지 않은 (for, to/to do). ⇨RELUCTANT [유의어]

dis·in·cor·po·rate [dìsinkɔ́ːrpərèit] 통 1 [법인]의 자격[권리]를 박탈하다; [법인 조직]을 해체하다, [단체 조직]을 해산하다. 2 [단체]에서 이탈하다. —형 법인의 자격을 박탈당하다. **-rá·tion** 명

dis·in·dus·tri·al·ize [dìsindʌ́striəlàiz] 통 공업 분야를 축소하다, 비(非)공업화하다. **-i·zá·tion** 명

dis·in·fect [dìsinfékt] 통 태 …을 소독[살균]하다. **-féc·tion** 명 **-féc·tive** 형

dis·in·fec·tant [dìsinféktənt] 명 소독제[약], 살균제[약]. —형 소독[살균] 효과가 있는, 살균성의.

dis·in·fec·tor [dìsinféktər] 명 소독[살균]하는 사람; 소독기. 「구제(驅除)하다.

dis·in·fest [dìsinfést] 통 태 …에서 해충[쥐 따위]를 **-fés·tant** 명 해충[쥐] 구제약. **dis·in·fes·tá·tion** 명

dis·in·flate [dìsinfléit] 통 자 인플레이션이 완화되다. —태 인플레이션을 완화[억제]하다.

dis·in·fla·tion [dìsinfléiʃən] 명 [경제] 디스인플레이션. 1 경기 후퇴시의 물가 상승 둔화. 2 인플레이션의 완화책.

dis·in·fla·tion·ar·y [dìsinfléiʃənèri] 형 인플레이션 억제[완화]에[에 도움이 되는].

dis·in·form [dìsinfɔ́ːrm] 통 태 …의 정보를 교란하다, …에 허위 정보를 흘리다. **~er** 명

dis·in·for·ma·tion [dìsinfərméiʃən] 명 U (고의적인) 오보, 허위 정보; (군사) 역(逆)정보; (신용 실추를 노린) 불리한 정보 (흘리기); 언론을 이용한 정보 공작.

dis·in·fórm·a·tive 형

dis·in·gen·u·ous [dìsindʒénjuəs] 형 (사람·언동 등이) 부정직한, 불성실한; 솔직하지 않은; 음흉한, 엉큼한. **~·ly** 부 **~·ness** 명

dis·in·her·it [dìsinhérit] 통 태 (법률) …을 폐적(廢嫡)하다, …으로부터 상속권을 빼앗다; …에게서 유산[권리, 나라 따위]를 빼앗다. **-i·tance** 명

dis·in·hi·bi·tion [dìsinhəbíʃən, dìsin-] 명 1 (심리) 탈제지(脫制止). 2 (화학) 억제제를 제거하는 일.

dis·in·sect·i·za·tion [dìsinsèktizéiʃən/-tai-] 명 (해충 구제를 위한) 약제 살포.

dis·in·te·grant [dìsíntəgrənt] 명 정제(錠劑) 분해 물질; (화학) 붕괴제(劑).

dis·in·te·grate [dìsíntəgrèit] 통 태 …을 (성분·조각·부분 따위로) 분해하다, 붕괴[분열]시키다, 해체하다. ¶ ~ a social structure 사회 조직을 붕괴시키다. —자 1 산산조각이 나다, 붕괴[분열]하다 (into); (구성 요소로) 분해되다 (물리) (원자핵이) 붕괴하다. 2 (사람이) 판단력[체력]을 잃다; (구어) 심신이 쇠약해지다.

-gra·ble, -grá·tive, -gra·to·ry [-grətɔ̀ːri] 형

dis·in·te·gra·tion [dìsìntəgréiʃən] 명 UC 1 분해, 붕괴, 분열. 2 (물리) (방사성 원소의) 붕괴. 3 (지질) 풍화 작용. 「constant.

disintegrátion cònstant 명 (물리) =decay

dis·in·te·gra·tor [dìsíntəgrèitər] 명 분해[붕괴]시키는 것, 분쇄기.

dis·in·ter [dìsintɔ́ːr] 통 태 (-rr-) …을 (땅속·무덤에서) 파내다, 발굴하다; (비밀·사실 따위)를 세상에 알리다, 빛을 보게 하다. **~·ment** 명 발굴[적발](물).

dis·in·ter·est [dìsíntərist] 명 U 사심 없음, 이해관계가 없음; 공평무사, 무관심, 냉담.

—통 태 …에 이해 관계가 없어지게 하다; …을 공평무사해지게 하다; …을 무관심하게 만들다. 「관계를 끊다.

disinterest oneself from …에서 손을 떼다, …과의

***dis·in·ter·est·ed** [dìsíntərèstid, -trist-] 형 1 공평무사한, 사심[사욕] 없는, 청렴한, 이해(관계)를 초월한. ⇨FAIR [유의어] ¶ ~ judgment 공정한 판단. 2 (美 구어) 무관심한; 냉담한 (*in*). ⇨INDIFFERENT [유의어] **~·ly** 부 **~·ness** 명

dis·in·ter·me·di·ate [dìsintərmíːdièit] 통 자 (美) (증권 투자를 위해) 은행 예금을 대량 인출하다; 금융 기관 중개를 배제하다.

dis·in·ter·me·di·a·tion [dìsintərmìːdiéiʃən] 명 U (美) (주식 투자를 위한) 은행 예금의 대량 인출; 탈(脫)금융 기관 중개 (현상), 직접 투자 (현상).

dis·in·tox·i·cate [dìsintɑ́ksikèit/-tɔ́ks-] 통 태 술을 깨게 하다; [마약·알코올 중독자]의 중독 증상을 고치다, 중독 상태에서 벗어나게 하다. **-cá·tion** 명

dis·in·vest [dìsinvést] 통 (경제) (…으로부터) 투자를 철수[회수, 축소]하다; (자본)을 줄이다.

dis·in·vest·ment [dìsinvéstmənt] 명 U (경제) 부(負)의 투자(순투자 자산의 감소); (해외) 투자의 철수[회수] ((美) divestment).

dis·in·vite [dìsinváit] 통 태 초대를 취소하다.

dis·in·volve·ment [dìsinvɑ́lvmənt/-vɔ́lv-] 명 (특히 정치적·군사적인) 의무[관계]로부터의 이탈, 탈퇴 (*from*); 불개입, 개입 회피.

dis·ject [disdʒékt] 통 태 …을 흩어지게 하다, 이산시키다(scatter). **-jéc·tion** 명

dis·jec·ta mem·bra [disdʒéktə mémbrə] 명 복 (흩어진) 조각, 단편(斷片); 단편적인 인용(구). 〔L〕

dis·join [disdʒɔ́in] 통 태 …을 떼어 놓다, 갈라 놓다, 분리시키다. —자 떨어지다, 분리되다. **-a·ble** 형

dis·joined [disdʒɔ́ind] 형 분리[분열]된, 떼어진; (곤충) =disjunct 3.

dis·joint [disdʒɔ́int] 통 태 1 이음매를 빼다; …의 관절을 빼게 하다, 탈구(脫臼)시키다; …을 해체[분해]하다. 2 (질서·관계·단합 따위)를 어지럽히다; …을 지리멸렬하게 만들다. ¶ ~ the solidarity of a nation 국가의 결속을 어지럽히다. —자 관절이 퉁겨지다, 탈구하다; 해체[분해]되다. —형 (수학) (몇 개의 집합이) 공통 원소를 갖지 않는.

dis·joint·ed [disdʒɔ́intid] 형 1 관절이 탈구한; 해체된, 분해된. 2 (생각 따위가) 지리멸렬한, 혼란스러운. 3 (곤충) =disjunct 3. **~·ly** 부 **~·ness** 명

dis·junct [disdʒʌ́ŋkt] 형 1 분리된, 분열한. 2 (음악) 도약의, 3도 이상 상행[하행]하는. 3 (곤충) (머리·가슴·배가 잘룩하게) 분리된. 4 (분포가) 불연속적인.

—명 [-´-] (논리) 선언지(選言肢); (문법) 이접사(離接詞).

dis·junc·tion [disdʒʌ́ŋkʃən] 명 UC 1 분리, 분열. 2 (논리) 선언(選言)(적) 판단, 선언[이접(離接)] 명제. 3 (생물) (염색체의) 분리.

dis·junc·tive [disdʒʌ́ŋktiv] 형 1 분리성의. 2 (문법) 이접적인, ¶ ~ conjunctions 이접 접속사(but, or 따위). 3 (논리) 선언[이접]적인. ¶ a ~ proposition 선언 명제. 4 (법률) 택일적인. —명 (문법) 이접 접속사; (논리) 선언[이접] 명제. **~·ly** 부 「(의 상태).

dis·junc·ture [disdʒʌ́ŋktʃər] 명 분리하는 일, 분리

*****disk** [disk] 명 1 (얇은) 원반; 원반 모양의 것. 2 납작한 원형의 표면. ¶ the sun's ~ 태양의 표면. 3 (주어)음반, 레코드; CD(콤팩트 디스크). 4 (동물) 추간(椎間) (원)반; (식물) 반(盤), 화반. 5 (컴퓨터) 자기(磁氣) 디스크 기억 장치(magnetic ~); =floppy ~. 6 (고어) =discus. 통 태 1 …을 음반에 녹음하다. 2 …을 원반 쟁기(~ harrow)로 갈다. (또는 **disc**) **~·like** 형

disk bàrrow 명 (청동기 시대의) 원반형 토총(土塚).

disk bàt 명 원반 날개 박쥐(열대 아메리카산(產)).

disk bràke 명 (자동차) 디스크 브레이크, 원반 브레

disk clùtch 명 원판 클러치. 「이크.

disk drìve 명 (컴퓨터) 디스크 드라이브(자기 디스크의 작동·판독 장치).

disk·ette [diskét] 명 (컴퓨터) 디스켓(floppy disk).

dísk flòwer [flòret] 圀 〔식물〕 중심화(中心花).
dísk hàrrow 圀 원반 쟁기(트랙터용 농기구의 하나).
dísk jòckey 圀 디스크 자키(⇒ DJ). = deejay
dísk óperating sýstem 圀 〔컴퓨터〕=DOS.
dis·ko·phile [dískəfàil] 圀 =discophile.
dísk páck 圀 〔컴퓨터〕 디스크 팩(삽입·분리가 자유로운 자기(磁氣) 디스크의 기억 매체).
dísk whéel 圀 (자동차 따위의) 원반 바퀴.
dis·lik·a·ble [disláikəbl] 圀 싫은, 싫어하는; 마음에 들지 않는. (또는 **dislikeable**)
‡**dis·like** [disláik] 圀 (~**d** [-t]; **-lik·ing**) …을 싫어하다, 좋아하지 않다; (사람이) …하는 것이 싫다, …하지 않았으면 하다 (*to do, doing*). ¶ I ~ him. 나는 그를 싫어한다 // (~+톀+ **to** *do*) I ~ him *to* drink so much. 그가 술을 그렇게 많이 마시지 말았으면 한다.
— 圀UC (a ~) 싫음, 혐오, 반감 (*of, for, to*); (~s) 싫어하는 것. ¶ I felt a growing ~ *to* living on credit. 외상으로 살아가는 것이 점점 싫어졌다.
have [or **take**] *a dislike to* [or *for, of*] …을 싫어하다. ¶ I have a ~ *for* dogs. 나는 개를 싫어한다(⟪美⟫에서는 보통 I ~ dogs.로 쓴다).
one's likes and dislikes 호불호(好不好).
dis·lik·ing [disláikiŋ] 圀 (a ~) 싫음, 반감.
take a disliking to …을 싫어하다.
dis·lo·cate [dísloukèit] 圀 1 다른 장소로 옮기다, …의 위치를 바꾸다, 옮겨놓다. 2 (외과) …의 뼈를 빼게 하다, 탈구시키다. ¶ ~ one's knee 무릎 관절을 탈구시키다. 3 …을 혼란시키다, 틀어지게[어긋나게] 하다. ¶ ~ the traffic 교통을 혼란시키다. 4 〔지질〕 …에 단층이 생기게 하다. — 圀 〔체조〕 전위(轉位).
dis·lo·cat·ed wòrker [dísloukèitid-] 圀 실업자.
*dis·lo·ca·tion [dìsloukéiʃən/-lə-] 圀UC 1 위치를 바꿈, 전위(轉位). 2 위치가 바뀐 상태; 탈구. 3 혼란. ¶ a disastrous economic ~ 파국적인 경제 혼란. 4 〔지질〕 단층; 〔결정〕 전위(선)(결정 격자에서 원자의 배열에 불연속으로 생긴 부분을 연결한 선).
dis·lodge [dislɑ́dʒ/-lɔ́dʒ] 圀 1 …을 (특정 장소에서) 제거하다, 들어내다; 강제로 이전시키다 (은신처·진지·지위 따위에서) …을 쫓아[몰아]내다, 퇴각[퇴거]시키다 (*from*). ¶ (~+톀+壂+핝) ~ a stone *from* a building 건물에서 석재를 들어 내다 / ~ the enemy *from* the hill 적을 구릉에서 격퇴시키다. — 圀 숙소에서 나오다, 이전하다; 야영지에서 떠나다.
~**ment**, **-lódg·ment**
*dis·loy·al [dislɔ́iəl] 圀 (…에) 불충한, 불성실한, 배신적인, 불의(不義)의 (*to*). ¶ be ~ *to* one's master 주인에게 불충하다. ~**ly** 圀 〔사람〕, 배신자.
dis·loy·al·ist [dislɔ́iəlist] 圀 불충한[성실치 않은]
dis·loy·al·ty [dislɔ́iəlti] 圀 1 U (…에 대한) 불충, 불성실; 배신 (*to*). 2 불충 행위, 배신 행위.

⟨유의어⟩ **disloyalty** 사람이나 행동에 있어서 의당 해야 할 성실·충성을 다하지 않음. **perfidy** 남이 믿고 있는 맹세나 약속을 고의로 지키지 않음; 강한 경멸감이 깃든 말. **treachery** 표면은 성실한 체하면서 뒤에서 배반을 꾀하는 (짓). **treason** 국가·통치자에 해를 입히려는 반역 행위.

*dis·mal [dízməl] 圀 1 음울한, 음침한, 어두운; 울적한, 우울한. ¶ ~ weather 음산한 날씨 / a ~ face 우울한 얼굴 / a ~ room 음침한 방. 2 (경치 따위가) 쓸쓸한, 황량한; 무서운, 무시무시한, 으쓱해지는(dreary). 3 (구어) 비참한, 참담한, 참담한 실패. — 圀 1 (the ~s) (구어) 우울, 침울. 2 음산[음침]한 것. 3 ⟪美남부⟫ (연안 지방의) 습지대.
be in the dismals 우울하다, 침울하다.
-mal·i·ty [-mǽləti] ~**·ly** 圀 ~**·ness**
dísmal Jímmy 圀 ⟪英속어⟫ 음울한 사람.
dísmal science 圀 (the ~) (익살) 경제학.

Dísmal Swámp 圀 디즈멀 대습지(미국 Virginia 주(州) 동남부와 North Carolina 주 동북부에 걸쳐 있는).
dísmal tráde 圀 (the ~) 장의업(葬儀業). [습지대].
*dis·man·tle [dismǽntl] 圀 1 〔건물·선박에서〕 〔설비·가구·장비 따위〕를 제거하다, 철거하다; …의 무장 해제하다 (*of*). ¶ ~ a fortress 요새의 방어 시설을 철거하다 // ~ a house *of* its furniture 집에서 가구를 들어내다. 2 …을 부수다; (기계 따위)를 분해하다, 해체하다; 〔제도 따위〕를 서서히 폐지하다. ¶ ~ military factories 군수 공장을 해체하다. 3 〔옷·덮개 따위〕를 벗기다. ~**ment**, **-tler** [unmask.]
dis·mask [dismǽsk/-mɑ́ː(ː)-] 圀 (고어) =
dis·mast [dismǽst/-mɑ́ːst] 圀 (폭풍 따위가) 〔배〕의 돛대를 부러뜨리다(앗아가다). ~**ment**
*dis·may [disméi] 圀 (~**s** [-z]) 1 갑작스런 공포·걱정 따위가) …의 용기[희망]를 꺾다; …을 당황하게[허둥대게] 하다; (수동형으로) (사람이) …에 놀라다 (*by, at, to do*). ⇒EMBARRASS ⟨유의어⟩ ¶ She was ~*ed at* [*or to* hear] the news. 그녀는 그 소식을 듣고 당황했다. 2 〔남〕을 실망[낙담]시키다. 〔담, 자신 상실.
— 圀U 1 당황; 놀람, 불안(공포, 절망)감. 2 실망, 낙담.
be struck [*or filled*] *with dismay* 놀라 당황하다.
in dismay 당황하여, 깜짝 놀라. [대경실색하여.
to one's dismay 놀랍게도.
~**·ing** ~**·ing·ly** 圀

dis·mayed [disméid] 圀 (…에) 낭패한 (*at, by*); (…하여) 깜짝 놀란 (*to do*). ~**·ness**
dis·mem·ber [dismémbər] 圀 1 …의 팔다리를 절단하다, 〔사지〕를 각(脚) 뜨다. 2 〔국토·토지 따위〕를 분할하다(divide), 분해하다. 3 〔회사·기관 따위〕를 축소하다, 재편성하다. ~**·er**, ~**·ment**
*dis·miss [dismís] 圀 (~**·es** [-iz]; ~**ed** [-t]) 圀 1 〔모인 사람 등〕을 해산시키다, 산회시키다. ¶ ~ an assembly 집회를 해산시키다 / *Dismiss!* (구령) 해산! 2 〔사람〕을 가게 하다, 떠나게 하다; …에게 퇴거를 허락하다. ¶ ~ him with a wave of the hand 손을 들어 그를 나가게 하다. 3 (…에서 / …을 이유로) …을 해고하다, 해임하다, 추방하다, 퇴학시키다 (*from / for, by*); 〔아내〕와 이혼하다. ¶ (~+톀+壂+핝) ~ a person *from* school 남을 퇴학시키다 / He was ~*ed for* drunkenness. 그는 주정이 심해서 해고됐다.

⟨유의어⟩ **dismiss** 「해고하다」의 뜻의 비교적 온건한 말. **discharge** dismiss와 비슷한 뜻이나 어조가 강하며, 실수 따위가 해고의 원인임을 암시. **drop** dismiss의 구어. **fire** (구어) 갑자기 불문곡직하고 해고하다. **sack** (구어) 내쫓듯이 해고하다.

4 〔생각 따위〕를 (염두에서) 지우다, 잊어버리다 (*from*). 5 〔토론 따위〕를 일언 종결짓다. ¶ The proposal was ~*ed* as inadequate. 그 제안은 부적당하다 하여 폐기되었다. 6 〔법률〕 …을 기각하다, 각하하다. ¶ ~ an appeal 공소를 기각하다. 7 〔크리켓〕 〔타자·팀〕을 아웃시키다. — 圀 해산시키다, 분산시키다(disperse).
be dismissed (*from*) *the service* 해고되다.
dismiss an idea from one's mind 어떤 생각을 잊다.
dismiss oneself from …에서 손을 떼다. [리다.
~**·i·ble** 圀 해고할 수 있는, 해고를 면할 수 없는.
*dis·miss·al [dismísəl] 圀U 1 해산, 퇴거 (*from*). 2 면직, 해고, 해임, 퇴학 (*from*); 이혼. ¶ ~ *from* office [school] 해직[퇴학]. 3 〔법률〕 (소송의) 기각, 각하. 4 〔생각 따위의〕 포기. 5 해임, 해고, 제대] 통지.
dis·mis·sion [dismíʃən] 圀 (드물게) =dismissal.
dis·mis·sive [dismísiv] 圀 오만한, 멸시하는 (듯한), 경멸적인; 퇴거시키려는[했다는]; (생각을) 잊게 하는; 부인[거부]하는; (…에) 부정적인 (*of*). ~**·ly** 圀 ~**·ness**
dis·mis·so·ry [dismísəri] 圀 해고 통지의.
*dis·mount [dismáunt] 圀郀 (말·자전거 따위에서)

내리다 (*from*). ¶ ~ *from* a bicycle 자전거에서 내리다. ── 囲 1 (말 따위에서) (남)을 떨어뜨리다, 낙마시키다; (말)에서 내리다. ¶ ~ a horse 말에서 내리다. 2 …을 (대(臺)) 따위에서) 내리다. ¶ ~ a picture 그림을 액자에서 떼어내다. 3 (기기를) 철거하다; 분해하다. ── ⓤⓒ 1 내리기, 하차, 하마(下馬); 낙마. 2 철거; 분해. **~·a·ble** 囲

Dis·ney [dízni] 囲 **Walt(er Elias)** ~ 디즈니 (1901–66; 미국의 만화 영화 제작자).

Dis·ney·esque [dìzniésk] 囲 (사람·물건·태도 따위가) 디즈니적, 디즈니 만화[디즈니랜드] 같은.

Dis·ney·land [dízniændnd] 囲 **1** 디즈니랜드(Walt Disney가 미국 Los Angeles 교외 Anaheim에 설립한 놀이공원). **2** 공상적인 장소, 동화의 세계.

Disneyland dáddy 囲 《美俗》 자녀와 가끔씩 만나는 이혼한[별거중인] 아버지.

(Disneyland에서 만나는 데서)

Dísney Wórld 囲 디즈니 월드(미국 Florida 주 Orlando 근교에 있는 디즈니랜드의 제2 놀이공원).

***dis·o·be·di·ence** [dìsəbí:diəns] 囲 ⓤ 1 불순종, 불복종, 저항, 반항 (*to*). **2** (법률·규칙 따위의) 위반 (*to*), 반칙. ¶ ~ *to* orders 항명(抗命).

***dis·o·be·di·ent** [dìsəbí:diənt] 囲 순종하지 않는, 반항적인; 불효의; (법률을) 위반하는 (*to*). **~·ly** 甼

***dis·o·bey** [dìsəbéi] 囲围 (사람·규율·명령 따위)에 따르지 않다, …을 어기다, (규칙) 을 어기다; …에 순종하지 않다. ¶ ~ the laws of God 신의 계율을 어기다. ── 圂 따르지 않다, 어기다. **~·er** 囲

dis·o·blige [dìsəbláid3] 围围 **1** …의 희망[소망]을 저버리다, 뜻을 거스르다, 편의를 보아주지 않다. ¶ I'm sorry to ~ you. 원하시는 대로 해드리지 못해서 죄송합니다. **2** …을 화나게 하다(offend); …을 모욕하다. **3** …에게 폐[불편]을 끼치다.

dis·o·blig·ing [dìsəbláid3iŋ] 囲 **1** 불친절한, 인정머리 없는. **2** 화나게 하는. **3** 폐를 끼치는, 불편하게 하는. **~·ly** 甼 **~·ness** 囲

di·só·di·um phósphate [daisóudiəm-] 囲 〖화학〗 인산(수소 2) 나트륨(시약·첨가제용). 「**-my** 囲

di·so·mic [daisóumik] 囲 〖생물〗 2염색체의[인].

dis·op·er·a·tion [dìsɑpəréiʃən/-ɔp-] 囲ⓤ 〖생태〗 생물체의 상호간의 상해(相害) 작용.

‡**dis·or·der** [disɔ́:rdər] 囲 (粤 **~s** [-z]) ⓤⓒ **1** 혼란, 난잡, 난맥. ⇨CONFUSION 囲유의어㉠ ¶ a state of ~ 혼란 상태. **2** (사회·정치상의) 무질서, 소요, 소란, 소동; (종종 ~s) 치안 방해 (행위), 풍기 문란 행위. ¶ check the ~ among the crowd 군중의 소요를 진정시키다.

유의어 **disorder** 도시나 국가, 개인이나 집단 사이의 혼란된 상태. **disturbance** 많은 사람에게 불안·불편을 주는 disorder. **brawl** 몇 사람이 벌이는 끌사나운 싸움. **riot** 집단 또는 많은 인원에 의한 대규모의 격렬한 소동. **uproar** 많은 사람이 큰 소리를 지르며 지속적으로 소동을 피우는 일.

3 (심신 기능의) 부조화, 이상; 기능 장애, (가벼운) 질환. ⇨ILLNESS 囲유의어㉠ ¶ a mental ~ 정신 질환.

fall [throw] into disorder 혼란에 빠지다[빠뜨리다], 질서가 문란해지다[를 어지럽히다].

in disorder 혼란하여, 난잡하게.

── 囲围 **1** …의 질서를 어지럽히다, …을 혼란시키다. **2** (심신) 이상을 일으키다, …을 병나게 하다.

dis·or·dered [disɔ́:rdərd] 囲 무질서한, 혼란된, 난잡한, 어질러진; 건강이 좋지 못한; 정신 착란이 된. ¶ ~ digestion 소화 불량/a ~ mind 정신 착란. **~·ly** 甼 **~·ness** 囲

***dis·or·der·ly** [disɔ́:rdərli] 囲 **1** 무질서한, 난잡한, 어질러진, 혼란한. ¶ a ~ room 어질러진 방. **2** 제멋대로의, 무법의, 소란스러운; 어수선한. ¶ a ~ mob 난폭한 폭도. **3** 〖법률〗 위반의, 치안 방해의; 풍기 문란케 하는. ── 甼 무질서하게, 난잡하게, 혼란스럽게, 소란하게. ── 囲 무법의, 난폭한 사람. **-li·ness** 囲

disórderly cónduct 囲 〖법률〗 치안 방해[풍기 문란] 행위(경범죄).

disórderly hóuse 囲 매춘굴, 사창가; 도박장.

disórderly pérson 囲 〖법률〗 풍기 문란 사범.

dis·or·gan·i·za·tion [disɔ̀:rgənizéiʃən/-naiz-] 囲ⓤ 질서[조직]의 와해, 파괴; (조직의) 분열, 해체, 붕괴; 무체계, 무질서, 혼란.

dis·or·gan·ize [disɔ́:rgənàiz] 囲围 …의 조직[질서, 체계]을 와해시키다; …을 혼란에 빠뜨리다, 무질서하게 만들다. **-iz·er** 囲

dis·or·gan·ized [disɔ́:rgənàizd] 囲 **1** 지리멸렬한, 통제가 안된, 조직이 와해된. **2** 부주의한, 낡립인.

dis·o·ri·ent [disɔ́:rièrənt] 囲围 《美》 **1** …으로 하여금 길을 잃게 하다, 방향(감각)을 상실하게 하다. **2** (풍속·관습·도덕) 기준 따위의 상실로 인해) …을 혼란시키다, 어리둥절하게 하다. **3** (정신의학) …의 소재(所在) 의식을 잃게 하다, …을 정신적 혼란에 빠뜨리다. **4** 〖교회〗의 제단을 동향(東向)이 안 되도록 짓다.

dis·o·ri·en·tate [disɔ́:riəntèit] 囲围 =disorient.

dis·o·ri·en·ta·tion [disɔ̀:riəntéiʃən] 囲ⓤ **1** 방향을 잃게 함, 어리둥절케 함. **2** 동향이 안 되게 함. **3** (정신의학) 소재 의식[방향 감각] 상실, 정신적 혼란.

dis·o·ri·ent·ed [disɔ́:riéntid] 囲 방향 감각을 잃은, 정신적 혼란에 빠진, 방향 감각 장애의.

dis·own [disóun] 囲围 …을 자기 것이 아니라고 하다, (…와의 관계)를 부인하다; …을 포기하다. ¶ ~ one's son 아들과 의절하다. **~·er**, **~·ment** 囲

dis·par·age [dispǽrid3] 囲围 **1** …에 비난을 초래하다, …의 신용[명예]을 손상시키다, 명성을 더럽히다. **2** …을 얕보다; 헐뜯다. **-ment** 囲 비난; 멸시; 불명예, 오명. **-ag·er** 囲 「**~·ly** 甼

dis·par·ag·ing [dispǽrid3iŋ] 囲 얕보는; 헐뜯는.

dis·pa·rate [díspərət, dispǽ-] 囲 이종(異種)의, 본질적으로 다른, 유사점[공통점]이 없는; 이질적 요소로 이루어진. ── 囲 (보통 ~s) 본질적으로 다른 것, 비교 불가능한 것. **~·ly** 甼 **~·ness** 囲

dis·par·i·ty [dispǽrəti] 囲ⓤⓒ 부동(不同), 부동(不等); 상이(相異) (*between*); (…에 있어서의) 격차, 불균형(*in*, *of*); (증권) 이격도(離隔度).

dis·park [dispɑ́:rk] 囲围 (개인의 정원·사냥터)를 개방하다, 다른 용도로 전용하다.

dis·part [dispɑ́:rt] 〖고어〗 囲围 …을 분열시키다, 분리하다, 나누다. ── 圂 나뉘다, 쪼개지다. **-ment** 囲

dis·pas·sion [dispǽʃən] 囲ⓤ 냉정, 무감동; 공정.

dis·pas·sion·ate [dispǽʃənət] 囲 냉정한, 감정에 지배되지 않는; 사견을 갖지 않은, 공정한, 공평무사한. **~·ly** 甼 **~·ness** 囲

‡**dis·patch** [dispǽtʃ] 囲 (~**es** [-iz]; ~**ed** [-t]) 围 **1** (편지·소포 따위)를 (…에) 발송[급송]하다 (*to*); (사자·군대)를 (…에) 파견하다 (*to*). ¶ ~ a telegram 급전을 치다 / ~ troops *to* the border 국경에 군대를 급파하다. **2** (사람·동물)을 죽이다, 해치우다. ⇨KILL 囲유의어㉠ **3** (구어) (일 따위)를 재빨리 해치우다, 신속히 처리하다. (식사)를 재빨리 마치다; (사람)을 얼른 내보내다. ── 圂 (고어) 서두르다.

── 囲 (~·es [-iz]) **1** ⓤ 발송, 파견, 급파. ¶ the ~ of a fleet 합대의 급파. **2** ⓤⓒ 살해; 사형 집행. **3** ⓤ (일 따위의) 재빠른 처리, 신속함. ¶ require ~ 긴급을 요하다. **4** ⓒ 속달편; 긴급 공문서; 전보; (신문의) 긴급 보도, 특전 (*from*). **5** (속달 화물) 운송 대리점. (또는 **despatch**)

be mentioned in dispatches (英) (종공보에서) 군사 공보(公報)에 이름이 오르다, 수훈 보고서에 이름이 오르다 (*for*).

by dispatch 속달로.

with great [or *all possible*] dispatch 가능한 한

빨리, 지급(至急)으로.
dispátch bàg 옝 속달 행낭(行囊).
dispátch bòat 옝 〔해사〕 공문서 송달용 쾌속선.
dispátch bòx[càse] 옝 공문서 송달함; (英) 서류 가방(attaché case).
dis·pátch·er [dispǽtʃər] 옝 1 발송[발신]인, 송달인. 2 발송[발신]계원. 3 (열차·비행기 따위의) 운항관리원, 배차원. 4 (~s) (속어) 조작해 놓은 한 벌의 주사위(loaded dice). (또는 **despatcher**)
dispátch mòney 옝 에누리한 돈, 선적 기간 단축 환불금.
dispátch nòte 옝 (국제 우편) 소화물 송장(送狀).
dispátch rìder 옝 〔군사〕 (보통 오토바이·말 따위를 이용하는) 전령, 급사(急便).
dispátch tùbe 옝 (압축 공기관으로 서신·소포 따위를 급히 보내는) 기송관(氣送管).
dis·peace [dispíːs] 옝 불온, 협악; (마음의) 동요.
***dis·pel** [dispél] 동타 (-**//**-) 타 1 ···을 쫓아 버리다, 사방으로 흩어지게 하다; (공포·불안) 등을 떨쳐 버리다; (의심 등)을 풀다. ─ 자 흩어지다. ~·**la·ble** 형 ~·**ler** 옝
dis·pen·sa·bil·i·ty [dispènsəbíləti] 옝ⓤ 없어도 됨, 그다지 중요하지 않음; 〔가톨릭〕 특면(特免) 가능성.
dis·pen·sa·ble [dispénsəbl] 형 없어도 되는; 그다지 중요[필요]하지 않은; 〔가톨릭〕 (교회법상의 장애·적용 따위가) 특면될 수 있는. ~·**ness** 옝
dis·pen·sa·ry [dispénsəri] 옝 1 (병원의) 약국, 조제실. 2 (무료·염가의) 진료소; (군대·직장의) 의무실, (학교의) 양호실. 3 (美) 주류 판매점.
dis·pen·sa·tion [dìspənséiʃən, -pen-] 옝ⓤⓒ 1 분배, 시여. 2 분배물, (나누어[베풀어] 받는 것. 3 (시정(施政)·관리 따위의) 체제, 질서, 제도; 통치, 관리. 4 〔신학〕 **a)** (신의) 섭리; 천명(天命). ¶ a happy ~ of Nature 오묘한 자연의 섭리. **b)** 신의 결정 [계획, 은혜]. **c)** 신이 정해 놓은 시대(세대). 5 〔가톨릭〕 (교회법 적용의) 면제, 특면(*from*); 특면장. 6 없는 대로 견디기(*with*). 7 (약의) 조제, 처방. ~·**al** 형
dis·pen·sa·tion·al·ism [dìspənséiʃənəlìzm, -pen-] 옝 〔신학〕 천계적 사관(天啓的史觀)(역사를 신의 섭리라고 해석하는). -**ist** 옝
dis·pen·sa·tor [dispənsèitər, -pen-] 옝 (고어) 분배자, 시여자(施與者); 집정(執政)[지배, 관리]자.
dis·pen·sa·to·ry [dispénsətɔ̀ri/-təri] 옝 1 약품해설서, (비공식) 처방서. 2 약국.
── 형 dispensation의[에 관한].
***dis·pense** [dispéns] 동타 1 ···을 (···에게) 분배하다, 나누어 주다, 베풀다 (*to*). ¶ ~ a prize 상을 주다 // (~ + 目 + 前 + 名) ~ alms *to* [or *among*] the poor 빈민에게 구호품을 나누어 주다. 2 〔법령·의식 등〕을 시행하다, 집행하다. ¶ ~ justice 법을 집행하다, 재판하다. 3 (약)을 처방에 따라 조제하다. 4 〔남〕을 (의무 따위로부터) 특별히 면제하다 (*from*). ¶ ···을 특면(特免)하다 (*from*).
── 자 〔가톨릭〕 면제하다; 특면하다.
dispense with ① ···없이 지내다[때우다]. ¶ ~ *with* the car 자동차 없이 지내다. ② ···을 배제하다, 생략하다. ¶ ~ *with a person's service* ···을 해고하다. ③ 〔법률·의무·약속 따위〕를 면제하다, 완화하다. ¶ ~ *with* a law 법의 적용을 특별히 면제[완화]하다.
dis·pens·er [dispénsər] 옝 1 나누어 주는 사람, 베푸는 사람. 2 약사(藥師). 3 특면하는 사람. 4 디스펜서(휴지·종이컵 따위를 하나씩 뽑아 쓰게 되어 있는 장치). 5 자동 판매기; 현금 자동 인출기. ⓐ automatic teller machine.
dis·pen·si·ble [dispénsəbl] 옝 (고어) =**dispensable**.
dis·péns·ing chémist [dispénsiŋ-] 옝 (英) 약사, 조제사.
dispénsing optícian 옝 안경테 조정 담당자.
dis·peo·ple [dispíːpl] 동타 ···의 주민을 절멸시키다[떠나게 하다], ···의 인구를 감소시키다(depopulate).

~·**ment**, -**pler** 옝
di·sper·my [dáispə̀ːrmi] 옝 쌍정(雙精)(1개의 난자가 2개의 정자와 수정하는 일). **di·spér·mic** 형
dis·pér·sal [dispə́ːrsəl] 옝 1 =**dispersion** 1. 2 (폭격의 피해를 줄이기 위한) 비행장 주변의 분산 비행 대기소. 3 (식물·동물 종자의) 신(新)지역 분산.
dispérsal príson 옝 (흉악범을 수용하는) 경비가 삼엄한 교도소.
dis·per·sant [dispə́ːrsənt] 옝 1 흩뜨리는[소산(消散)시키는] 물질; 분무기. 2 〔물·화〕 분산제(劑).
***dis·perse** [dispə́ːrs] 동타 1 ···을 흩어지게 하다, 분산시키다, 산개시키다. ¶ ~ the crowd 군중을 흩어지게 하다. 2 (전단 따위)를 뿌리다, 살포하다; 〔지식 따위〕를 퍼뜨리다, 보급하다. ¶ ~ knowledge 지식을 보급하다. 3 ···을 쫓아 버리다, 사라지게 하다; (의심 따위)를 풀다. ¶ The wind ~d the clouds. 바람이 구름을 흩어 버렸다. 4 〔물·화〕(입자)를 균일하게 분산[확산]시키다. 5 (광학) (빛)을 (프리즘 따위로) 분광(分光)하다.
── 자 1 (뿔뿔이) 흩어지다[헤어지다], 이산[산재]하다. ¶ The crowd soon ~d. 군중은 곧 사방으로 흩어졌다. 2 (안개 따위가) 사라지다. ¶ The fog ~d. 안개가 걷혔다. ── 형 〔물·화〕 (균일하게) 분산되어 있는, 분산질(質)[계(系)]의. -**pérs·a·ble** 형 **-pérs·er, -pèrs·i·bíl·i·ty** -**pérs·i·ble** 형 로.
dis·pers·ed·ly [dispə́ːrsidli] 부 흩어져서, 사방으로.
dispérse dýe 옝 〔화학〕 분산 염료.
dispérse sýstem 옝 〔물·화〕 분산계(系). 「산제.
dis·pérs·ing ágent [dispə́ːrsiŋ-] 옝 〔물·화〕 분
dis·per·sion [dispə́ːrʒən/-ʃən] 옝ⓤ 1 분산시키는[하는] 일; 분산된 상태; 이산; 살포. (또는 **dispersal**) 2 〔광학〕 분산, 분광. 2 〔의학〕 (염증 따위의) 소산(消散). 4 〔물·화〕 산포도(散布度). 5 〔생태〕 동물[식물] 분포도. 6 (the D─) =**Diaspora** 1.
dispérsion médium 옝 〔물·화〕 분산매(分散媒).
dis·per·sive [dispə́ːrsiv] 형 분산[이산]시키는, 퍼뜨리는; 분산적인, 분산(전파)성의. ~·**ly** 부 ~·**ness** 옝
dispérsive pówer 옝 〔광학〕 분산능(分散能)(투명 물질이 빛을 분산시키는 능력의 강도).
dis·per·siv·i·ty [dìspəːrsívəti] 옝 〔화학〕 분산도(度)(매질(媒質) 속의 이물질이 소입자로 떠다니는 정도).
dis·per·soid [dispə́ːrsɔid] 옝 〔물·화〕 분산질(質)(분산제 중의 부유 미립자).
dis·pir·it [dispírit] 동타 ···의 기운[희망, 열의 따위]을 잃게 하다, ···을 의기소침하게 하다, 낙심시키다. (또는 **disspirit**) ~·**ing** 형 ~·**ing·ly** 부
dis·pir·it·ed [dispíritid] 형 기력을 잃은, 의기소침한, 낙심한. ~·**ly** 부 ~·**ness** 옝
***dis·pit·e·ous** [dispítiəs] 형 (고어) 악의가 있는, 잔인한, 무자비한. ~·**ly** 부 ~·**ness** 옝
displ. displacement.
***dis·place** [displéis] 동타 1 ···을 (늘[원래] 있던 장소에서) 옮기다, 옮겨 놓다 (*from*); 〔남〕을 (집·국가에서) 쫓아내다, 추방하다 (*from*). ¶ The invaders ~d the villagers. 침략자들은 마을 사람들을 추방했다. 2 ···과 교체하다, ···대신 들어서다 (⇒ REPLACE 유의어); 〔화학〕 ···와 치환하다. 3 ···을 면직하다, 해고[해임]하다 (*from*). 4 〔해사〕 (함선이) ···을 배수하다. 5 〔물리〕 ···을 변위(變位)시키다. ~·**a·ble** 형
dis·placed [displéist] 형 집 없는; 국외로 추방된, 유민[난민]의; 본거지를 잃은. ── 옝 (보통 the ~) (**a**) 수취급) 난민, 이재민; 유랑자.
displáced hómemaker 옝 〔사회〕 붕괴된 가정의 주부(이혼·남편의 사망 등으로 갑자기 직업을 찾아 나서게 된 여성). ⓐ shopping-bag lady.
displáced pérson 옝 추방 유민, 강제 이주자; (전쟁·기아 따위로 인한) 난민, 실향민(略 D.P.).
***dis·place·ment** [displéismənt] 옝ⓤ 1 이동, 전치(轉置), 옮겨 놓기; 대체. 2 해고, 해임, 면직.

displacement current

변위. **4** [해사] (배의) 배수량; [기계] 배기량(piston ~). **5** [지질] (단층의) 전위(轉位), 변위. **6** [심리] 감정 전이(轉移). **7** [전기] =electric ~. **8** [화학] 치환(置換). **9** [약학] (생약 성분의) 침출 여과.

displacement cúrrent 명 변위 전류.
displacement húll 명 [해사] 배수형(排水型) 체.
displacement tónnage 명 배수(排水) 톤수.

‡**dis·play** [displéi] 타 (~s [-z]) 1 …을 보이다; …을 전시하다, 진열하다, 장식하다. ⇒ SHOW 유의어 ¶~ a sign 간판을 걸다. **2** (감정·성질 등)을 나타내다, (능력·용기 등)을 발휘하다; …을 노출시키다. ¶~ bravery 용기를 보이다/~ one's ignorance 무식을 드러내다. **3** (기 등)을 게양하다; (돛·신문 등)을 펼치다. ¶~ a sail 돛을 올리다. **4** …을 자랑해 보이다, 과시하다. ¶~ a new sports car 새 스포츠 카를 자랑하다. **5** [인쇄] (특수 활자나 배열로) …을 눈에 띄게 하다. **6** [컴퓨터] (데이터)를 CRT 화면에 표시[출력]하다, 디스플레이하다. — 자 전시하다, 전시 광고하다.
display oneself [or *itself*] 나타나다.
— 명 (~s [-z]) 1 (감정 따위의) 드러냄, 표시(manifestation). ¶a ~ of courage[skill] 용기[솜씨]의 발휘. **2** 보여주기; 전시, 진열, 장식; 진열품. **3** 자랑해 보이기, 과시; (동물) (번식기 수컷 새 따위의) 과시 (행동). ¶be fond of ~ 겉치레를 좋아하다. **4** [인쇄] 눈에 띄는 조판법. **5** [컴퓨터] 디스플레이, 영상 출력[표시] 장치; 그 정보. **3** [국기 따위를] 펼침, 게양함.
make a display of …을 과시하다.
on display 전시되어, 진열되어.
out of display 진열중이 아닌.
— 형 (표제·광고용의) 큰 활자의, 디스플레이의.
~·a·ble 형 ~·er 명

displáy ád 명 디스플레이 광고(신문·잡지의 비교적 큰 개별 광고). 명 classified ad
displáy àdvertising 명 (집합적) =display ad
displáy ártist 명 디스플레이[전시] 예술가[전문가](장식창·점포 내부 따위의 진열·광고 전문가).
displáy càse 명 진열 상자, 진열 선반.
displáy desígner 명 진열 광고 디자이너.
dis·played [displéid] 형 (문장) (새가) 날개와 다리를 편 (모양의). [열쇠].
displáy kèy 명 디스플레이 키(호텔 따위의 객실용
dis·play·man [displéimən, -mæn] 명 = display artist.
displáy stóre 명 쇼핑 전시장. [body type
displáy týpe 명 [인쇄] (표제어·광고용의) 대형 활자.
displáy wíndow 명 진열창(show window).

‡**dis·please** [displíːz] 타 (*-pleas·es* [-iz]; ~*d*; *-pleas·ing*) 타 …을 불쾌하게 하다, 기분 상하게 하다, 화나게 하다; (수동형으로) 불쾌해지다 (*with, at, by, for*). — 자 불쾌하게 하다.
be displeased at [or *by, with*] …에 기분이 상하다, 화나다, …이 마음에 들지 않다.

dis·pleased [displíːzd] 형 (…에) 기분이 상한, 불쾌한, 불만인 (*with, at, by*).

dis·pleas·ing [displíːziŋ] 형 불쾌한, 싫은, 마음에 들지 않는. ~·ly 부 ~·ness 명

***dis·pleas·ure** [displéʒər] 명 1 U 불만, 언짢음, 불쾌; 화남, 노여움. ⇒ DISSATISFACTION 유의어 ¶show ~ 불쾌스러운 기색을 보이다. **2** U (고어) 불유쾌, 불안 (uneasiness). **3** (고어) 고민거리, 노여움의 원인.
with displeasure 불만스럽게[불쾌하게] (여기며).

dis·plume [displúːm] 명[타] (시) …의 깃털을 뽑다; …의 지위[명예]를 박탈하다.

dis·port [dispɔ́ːrt] 명[타] (보통 재귀용법으로) (특히 양지·바다 따위에서) …을 즐겁게 하다, 위안하다; …을 장난치며 놀게 하다. — 자 즐기다, 장난치다.
disport oneself 즐기다, 장난치며 놀다.
— 명U C 즐거움, 위안, 놀이, 장난.

dis·pos·a·ble [dispóuzəbl] 형 처분[처치]할 수 있는; 쓰고 버리는, 일회용의; 마음대로 할[쓸] 수 있는. ¶a ~ towel 일회용 타월. — 명 (미) 사용 후 버리는 [버릴 수 있는] 것, 일회용품.
-**bíl·i·ty**, ~·**ness** 명 -**bly** 부

dispósable cúp 명 일회용 컵. [순수입).
dispósable íncome 명 가처분 소득(세금을뺀
dispósable wórker 명 임시 고용 노동자.

‡**dis·pos·al¹** [dispóuzəl] 명 (~s [-z]) U 1 배치, 배열. ¶the ~ of the troop 군대의 배치 / divine ~ 신의 섭리. **2** 처분, 정리, 처치; (불필요한 것의) 제거, 폐기 (*of*); 매각, 처분; 양도. ¶~ of property 재산 처분. **3** (종종 one's) 처분권, 처분의 자유, 지배권.
at [or *in*] *a person's disposal* 남의 마음[뜻]대로 되는. ¶My car is *at your* ~. 내 차를 마음대로 쓰세요.
disposal by sale 매각 처분.
leave [or *put*]…*at a person's disposal* 남에게 …의 처분을 맡기다. …을 마음대로 처분하게 하다.

dis·pos·al² 명 =disposer 2.
dispósal bàg 명 (비행기·호텔 등에 비치된) 오물 [생리용품] 처리 주머니.
dispósal cénter 명 쓰레기[오물] 처리장.
dispósal díaper 명 일회용 기저귀.

‡**dis·pose** [dispóuz] 타 (-*pos·es* [-iz]; ~*d*; -*pos·ing*) 타 **1** (특정 또는 본래의 순서·상태로) …을 배치하다, 배열[정리]하다; …을 알맞은 곳에 두다. ¶~ troops 부대를 배치하다. **2** …을 처리하다, 해결하다. **3** …을 (특정한 심리 상태로) 만들다, …할 마음이 내키게 하다, …하고 싶도록 만들다 (*to, for, to do*). ¶(~+*to*+*do*) His account ~*d her to* believe him. 그의 설명으로 그녀는 그를 믿고 싶은 마음이 생겼다. **4** (수동형으로) (…하는 / …의) 경향이 있다, 툭하면 …하다 (*to / to do*). ¶He was ~*d to* colds. 그는 툭하면 감기에 걸렸다. **5** (고어) …을 준비하다. — 자 사물의 행방(성패)을 정하다: 사물을 정리하다. (적절히) 처분[처리]하다 (*of*). ¶Man proposes, God ~s. (속담) 모사(謀事) 재인(在人)이요, 성사(成事) 재천(在天)이라.
dispose of ① …을 배열하다; 할당하다. ② …을 처리하다, …의 결말을 짓다. ¶~ *of* an argument 토론의 결말을 짓다. ③ …을 처분하다, 양도[매각]하다. ¶~ *of* property 재산을 처분하다. ④ …을 제거하다, 버리다; 죽이다. ¶~ *of* the mice 쥐들을 퇴치하다. ⑤ (구어) …을 먹어치우다, 다 마셔버리다.
dispose of oneself 태도를 정하다.
— 명 (고어) 성질, 기질, 성벽.
-pós·ing·ly 부

*****dis·posed** [dispóuzd] 형 **1** …의 경향이 있는; 마음이) …으로 쏠리는, …할 마음이 생긴 (*to, for, to do*). ¶Do you feel ~ *for* a picnic? 소풍 가고 싶니? **2** (복합어로) 성질이 …한 (*toward*). ¶well-[ill-]~ 마음씨 고운[고약한]. ~·**ly** 부 ~·**ness** 명

dis·pos·er [dispóuzər] 명 **1** 처리하는 것[사람]; (고어) 감독자. **2** 음식물 찌꺼기 분쇄기.

‡**dis·po·si·tion** [dìspəzíʃən] 명 (~s [-z]) C U **1** (…하는 / …에 빠지기 쉬운) 기질, 성벽; 성질, 습성, 경향 (*to do*). ¶a mild ~ 얌전한 성질 / a ~ *to* argue 논쟁 기질.

유의어 **disposition** 사람이 날 때부터 지니고 있는 주된 성질로서 행동이나 남과의 관계에서 나타나는 것. **temper** 경험에 의해서 얻은, 또는 과도적인 성격. **temperament** 사람의 그때그때의 기분을 만들어 내는 근원이 되는 정서의 미묘한 균형.

2 (사물·행위에 대한 일시적인) 마음가짐, 기분, 의향 (*to, toward, to do*). ¶a ~ toward worldly pleasures 세속적 쾌락을 추구하는 경향. **3** 자연의 경향, 체질 (*to do*). **4** 배치, 배열; (~s) 준비, 작전 계획. ¶the ~ of trees (정원 따위의) 수목의 배치. **5** [법률] (최종적) 처

dispositive 리, 결정; 신의 섭리. ¶a ~ of Providence 천의(天意), 신의 섭리. **6** [법률] (재산의) 처분, 양도; 처분권, 지배권. ¶a ~ for public sale 공매 처분.
at [or *in*] *one's disposition* 마음대로 처분할 수 있는.
feel [*show*] *a disposition to do* …하고 싶은 생각이 있다[생각을 나타내다].
have [or *be of, show*] *a(n)…disposition* 성질[기질]이 …하다[이다].
make disposition of …을 처분하다.
make one's dispositions for …을 위한 만반의 준비를 하다.
dis·pos·i·tive [dispázətiv/-pɔ́z-] 刨 (사건·문제 따위의) 방향을 결정하는.
dis·pos·sess [dìspəzés] 웜 (법률을 근거로) (재산·토지 따위를) [남]에게서 빼앗다, 박탈하다; [남]을 (토지 등에서) 쫓아내다 (*of*).
-sés·sion 웜 축출; 강탈; [법률] 부동산 불법 점유.
-sés·sor 웜 강탈자. **-sés·so·ry** 刨
dis·pos·sessed [dìspəzést] 刨 (재산·지위 따위를) 빼앗긴, 추방된 (*of*). ─ 刨 (the ~) (집합적·복수취급) 파산자들; 부랑자들.
dis·praise [dispréiz] 웜 …을 헐뜯다, 비난[타박]하다(blame). ─ 웜⒰ 헐뜯기, 비난.
speak in dispraise of …을 비난하다[헐뜯다].
-práis·er 刨 **-práis·ing·ly** 刨
dis·pread [disprét] 웜 넓히다, 열다(spread out). (또는 disspread) ~**·er** 刨 「멸하다.
dis·prize [dispráiz] 웜 …을 얕보다, 깔보다; 경
dis·prod·uct [dìsprɑ́dʌkt, -dəkt/-prɔ́d-] 刨 유해 제품, 불량품.
dis·proof [disprú:f] 刨⒰ 반증 (물건(物件)); 반
dis·pro·por·tion [dìsprəpɔ́:rʃən] 刨⒰ (…의/…사이의) 불균형, 부조화, 어울리지 않음 (*in/between*). **2** 어울리지 않는 것, 불균형[부조화]한 것. ─ 웜 …을 어울리지[균형 잡히지] 않게 하다; …의 균형을 깨뜨리다. ¶*be ~ed to* …와 어울리지 않다.
~**·a·ble** ~**·a·ble·ness** 刨 ~**·a·bly** ~**ed** 刨
dis·pro·por·tion·al [dìsprəpɔ́:rʃənl] 刨 =disproportionate. **~·ly** 刨 **~·ness** 刨
dis·pro·por·tion·ate [dìsprəpɔ́:rʃənət] 刨 (크기·수 따위가) …어울리지 않는, 불균형한, 불특(*to*). 훨씬 작은[적은] (*to*). ─ 웜 (화학) 불균화(반응)을 일으키다. **~·ly** 刨 **~·ness** 刨
dis·prov·al [disprú:vəl] 刨 =disproof.
dis·prove [disprú:v] 웜 …의 오류[부정확함]를 증명[입증]하다; …의 반증을 들다; …을 논박[설파]하다.
-próv·a·ble 刨 **-próv·er** 刨
dis·put·a·ble [dispjú:təbl] 刨 논의되어야 할, 논란의 여지가 있는, 의심스러운. **·bíl·i·ty**, **~·ness** 刨 **-bly** 刨
dis·pu·tant [dispjú:tənt] 刨 논의[논쟁]하고 있는. ─ 刨 논의자, 논쟁자, 토론자(debater).
dis·pu·ta·tion [dìspjutéiʃən] 刨⒰ 논쟁, 논의, 토론(discussion, debate); (고어) 학술적 토론(회).
dis·pu·ta·tious [dìspjutéiʃəs] 刨 논쟁적인, 논쟁투의, 논쟁을 좋아하는. **~·ly** 刨 **~·ness** 刨
dis·pu·ta·tive [dispjú:tətiv] 刨 =disputatious.
‡dis·pute [dispjú:t] 웜 (*-put·ed; -put·ing*) 刨 **1** (…와/…에 관해) 논쟁하다, 토론하다 (*with, against/about, on, over*). ¶I ~*d with* him *about* world peace. 그와 세계 평화에 관해서 논쟁했다. **2** 말다툼하다, 싸우다(quarrel). ─ 웜 **1** [문제]를 논의하다, 토론하다, [옳고 싶음]에 대하여 ~ the case 그 건에 대해서 논하다 // (~ + *wh*. 節) We ~*d whether* we would adopt the proposal. 우리는 그 제안의 채택 여부를 놓고 논의했다. ¶…에 이의를 제기하다, …을 의심하다; …을 논박[설파]하다. ¶The fact cannot be ~*d*. 그 사실은 의심할 여지가 없다. **3** 논쟁하여 …하게 하다 (*into*). ¶(~ + 目 + 前 + 名) ~ a person *into* agreement 논쟁하여 남에게 동의하게 하다. **4** …을 얻기 위해 노력하다, 다투다, 겨루다 (*with*). ¶(~ + 目 + 前 + 名) ~ a prize *with* a person 남과 상을 다투다. **5** …에 반대하다, 저항하다, 거스르다(resist).
dispute a person down 남을 논파(論破)하다, 논쟁에서 누르다. 「않다.
dispute every inch of ground 한치도 물러서지
dispute with [or *against*] *a person over* [or *on, about*] 남과 …에 관해 논쟁하다. ⇨ ⑴ **1**.
─ 刨 **1** (…와의/…에 관한) 논의, 토론, 논쟁 (*with/about, on, over*). ⇨ARGUMENT 유의어 ¶a bitter [or hot] ~ 격론. **2** 쟁의, 분쟁; 말다툼, 싸움. ¶solve [or settle] labor ~*s* 노동 쟁의를 해결하다.
beyond [or *out of, past* (*all*), *without* (*any*)] *dispute* ① 논란의 여지 없이, 분명히. ② 최종 결정을 본, 해결된.
in [or *under*] *dispute* (…와) 논쟁[분쟁]중인[에] (*with*); 미해결의[로]; 논의[심]중인. ¶a point *in* ~ 논점, 쟁점.
open to dispute 논란의 여지가 있는.
~**·less** **-pút·er**
dis·qual·i·fi·ca·tion [diskwàləfikéiʃən/-kwɔ̀l-] 刨 **1** ⒰ 자격 박탈, 실격, 불합격. **2** ⒰ 무자격, 부적격. **3** 결격 사유, 실격 조항. 「[잃은, 실격[결격]된.
dis·qual·i·fied [diskwáləfàid/-kwɔ́l-] 刨 자격을
dis·qual·i·fy [diskwáləfài/-kwɔ́l-] 웜 **1** (…에 관해서 /…하는 것에서) …의 자격[법적 권한]을 빼앗다; …을 부적격자로 간주하다 (*for/from doing*). **2** [스포츠] (…을 이유로) …에게서 (경기) 출전[수상] 자격을 박탈하다 (*for*). **3** (병 따위가) …에게 (…하는 것을) 불가하게 하다 (*from*).
be disqualified from doing …할 자격을 잃다.
disqualify a person for …의 자격을 빼앗다.
-fi·a·ble
dis·qui·et [diskwáiət] 웜 …의 안정[평화, 평온]을 어지럽히다; (수동형·재귀용법으로) …을 불안하게 하다. ¶~ oneself 애태우다. ─ 刨⒰ 불안, 걱정; 불온. **~·ed·ly** ~**·ed·ness** ~**·ly** 刨 ~**·ness** 刨
dis·qui·et·ing [diskwáiətiŋ] 刨 불안하게 하는, 마음을 어지럽히는(disturbing). **~·ly** 刨
dis·qui·e·tude [diskwáiətjù:d/-tjù:d] 刨⒰ 불안(한 상태), 불온(restlessness); 걱정(uneasiness).
dis·qui·si·tion [dìskwəzíʃən] 刨 (체계적이며 면밀한) 논설, 논문(treatise); 연설 (*on, about*).
Dis·rae·li [dizréili] 刨 **Benjamin** ~ 디즈레일리 (1804–81; 영국의 정치가·소설가; 수상). 「낮추다.
dis·rate [disréit] 웜 [사람·배 등]의 계급[등급]을
***dis·re·gard** [dìsrigɑ́:rd] 웜 …을 무시[경시]하다; 등한히 하다. ─ 刨⒰ 유의어 무시, 경시; 무관심 (*of, for*). ─ *of law* 법률의 무시.
have a disregard for [or *of*] …을 무시하다.
~**·a·ble** **·er**
dis·re·gard·ful [dìsrigɑ́:rdfəl] 刨 무시[경시]하는, 무관심한; 신경을 쓰지 않는. **~·ly** 刨 **~·ness** 刨
dis·re·lat·ed [dìsriléitid] 刨 관계가 없는, 무관한 (*with*). **-lá·tion** 刨
dis·rel·ish [disréliʃ] 웜 …을 싫어하다, 좋아하지 않다(dislike). ─ 刨⒰ (때로 a ~) 싫음, 혐오 (*of, for*).
have a disrelish for …을 싫어하다.
dis·re·mem·ber [dìsrimémbər] 웜 (美남부) …을 생각해 내지 못하다, 잊어버리다.
dis·re·pair [dìsripɛ́ər] 刨⒰ 파손 상태, 황폐.
be in disrepair 황폐[파손]되어 있다
fall [or *get, go*] *into disrepair* 황폐해지다.
dis·rep·u·ta·ble [disrépjutəbl] 刨 평판이 나쁜, 불명예스러운, 창피한 (*to*); 꼴사나운, 초라한. ─ 刨 평판이 나쁜 사람. **·bíl·i·ty**, **~·ness** 刨 **-bly** 刨

dis·re·pute [dìsripjúːt] 몡Ⓤ 평판이 나쁨, 악평; 불명예, 오명.
fall into disrepute 평판이 나빠지다.
dis·re·spect [dìsrispékt] 몡Ⓤ 무례(한 언동), 실례, 버릇없음 *(for, towards)*; 경멸(⊛ respect).
show disrespect to 〔윗사람〕에게 무례한 태도를 취하다〔경의를 표하지 않다〕.
── 됨 …에게 경의를 표하지 않다, 무례한[실례되는] 짓을 하다; …을 경멸하다.
dis·re·spect·a·ble [dìsrispéktəbl] 웽 존경할 가치가 없는, 훌륭하지 않은. **-spèct·a·bíl·i·ty** 몡
dis·re·spect·ful [dìsrispéktfəl] 웽 (…에게) 경의를 표하지 않는, (…을) 존중하지 않는 *(of, towards)*; 무례한, 실례되는, 예의 없는. **~·ly** 된 **~·ness** 몡
dis·robe [disróub] 됨죄 (익살) **1** …의 옷 (예복·제복·관복 따위)을 벗기다 *(of)*. **2** …에게서 (지위·권위를) 빼앗다, 박탈하다 *(of)*. ── 죄 옷을 벗다.
disrobe oneself 옷을 벗다, 발가벗다.
~·ment, -ró·ber 몡
dis·root [disrúː(ː)t] 됨죄 …을 뿌리째 뽑다 (uproot); (고정된 위치에서) …을 옮기다, 제거하다.
***dis·rupt** [disrʌ́pt] 됨죄 **1** 〔사회·회의 따위〕를 혼란에 빠뜨리다. **2** 〔통신·모임 따위〕를 중단시키다, 두절시키다. **3** 〔제도·국가 따위〕를 붕괴시키다, 분열시키다, 분쇄하다. **4** …을 잡아 찢다. ── 죄 부서지다. ── 웽 붕괴된, 분열된, 분쇄된. **~·er, -rúp·tor** 몡
***dis·rup·tion** [disrʌ́pʃən] 몡Ⓤ Ⓒ **1** 혼란, 중단. **2** (제도·국가 따위의) 붕괴, 분열; 분열된 상태. **3** (the D–) (1843년의) 스코틀랜드 교회의 분열. **4** 환경 파괴.
dis·rup·tive [disrʌ́ptiv] 웽 분열[붕괴]시키는; 분열로 생긴, 분열성의. **~·ly** 된 **~·ness** 몡
disrúptive díscharge 몡 〔전기〕 파열 방전(放電).
dis·rup·ture [disrʌ́ptʃər] 몡 중단; 분열, 붕괴. ¶ ~ *of phone service* 전화 불통. ── 됨 = disrupt.
diss [dis] 됨죄 = dis.
diss. dissenter; dissertation; dissolve.
***dis·sat·is·fac·tion** [dìssætisfǽkʃən, dìssæt-] 몡Ⓤ (…에 대한) 불만, 불평 *(at, with)*; Ⓒ 불만[불평]의 원인.
express dissatisfaction with …에게 불만을 나타내다.

[유의어] *dissatisfaction* 소원·기대가 이루어지지 않았기 때문에 생기는 일시적 불만. *discontent* 자기 생활·환경 따위에 대한 일반적인 불만. *displeasure* 분노가 섞인 강한 불만.

dis·sat·is·fac·to·ry [dìssætisfǽktəri, dìssæt-] 웽 불만족스러운, 마음에 안 차는; 불만의 원인이 되는.
dis·sat·is·fied [dìssǽtisfàid] 웽 만족하지 않은, 불만인 *(at, with)*; 불만스러운. **~·ly** 된 **~·ness** 몡
***dis·sat·is·fy** [dìssǽtisfài] 됨죄 (보통 수동형으로) …에게 불만[불평]을 품게 하다, …을 언짢게 하다, 실망시키다 *(at, with)*; …하는 것이 불만이다 *(at doing)*.
be dissatisfied with [or *at*] …이 불만이다, …을 불만스럽게 여기다.
dis·save [dissíːv] 됨죄 예금을 인출하다; 수입을 초과하여 지출하다. **-sáv·er, -sáv·ing** 몡
dis·seat [dissíːt] 됨죄 (고어) = unseat.
***dis·sect** [disékt, dai-] 됨죄 **1** 〔동·식물 따위〕를 해부하다, 절개하다. **2** 〔주장·학설 따위〕를 분석[비판]하다, 세밀히 조사하다. ── 죄 해부하다; 상세히 분석하다. **-séc·ti·ble** 웽
dis·sect·ed [diséktid, dai-] 웽 **1** 잘게 절단된; 절개[해부]된. **2** 〔식물〕 (잎 따위가) 깊이 째진, 전열(全裂)의. **3** 〔지질〕 개석(開析)된. ¶ a ~ *plateau* 개석 대지.
dis·sect·ing [diséktiŋ, dai-] 웽 해부(용)의.
dis·sec·tion [disékʃən, dai-] 몡 **1** Ⓤ 절개; 해부, 해체. ¶ ~ *of a human body* 인체 해부. **2** 해체된 물체, 해체체 (모형). **3** Ⓤ 면밀한 조사[분석]. **4** Ⓤ (지질) 개석(開析).
dis·sec·tor [diséktər, dai-] 몡 **1** 해부학(자). **2** 해부 기구.
dis·seize [dissíːz] 됨죄 〔법률〕 〔남〕으로부터 〔토지 소유권 따위〕를 불법적으로 빼앗다. 침탈(侵奪)하다 *(of)*.
dis·sei·zee, (영) **-see** [dìssiːzíː] 몡 〔법률〕 부동산 소유권 피(被)침탈자.
dis·sei·zin, (영) **-sin** [dissíːzin] 몡Ⓤ 〔법률〕 부동산 소유권 침탈(侵奪). ── 〔탈자.
dis·sei·zor [dissíːzər] 몡 〔법률〕 부동산 소유권 침탈자.
dis·sem·blance[1] [disémbləns] 몡Ⓤ Ⓒ 닮지 않음, 상이(相異). ── 〔위의〕 은폐, 위장.
dis·sem·blance[2] Ⓤ 시치미 떼기, 거짓, (감정 따위를) 숨기기.
dis·sem·ble [disémbl] 됨죄 **1** 〔감정·의도 등〕을 숨기다, 가장하다 *(with, by)*; 〔외관〕을 꾸미다, …인체하다. ¶ He ~*d happiness.* 그는 행복한 체했다. **2** (고어) …을 무시하다. ── 죄 시치미 떼다, 속이다, 위선적으로 행동하다. **-bler** 몡 **-bling** 몡 **-bling·ly** 된
dis·sem·i·nate [disémənèit] 됨죄 **1** 〔씨 따위〕를 흩뿌리다. **2** 〔정보·지식·사상 따위〕를 퍼뜨리다, 보급[유포]시키다. ⇨ SPREAD 유의어 ── 죄 널리 퍼지다, 보급되다. **-ná·tion** 몡 **-nà·tive** 웽 **-nà·tor** 몡
dis·sem·i·nat·ed scle·ró·sis [disémənèitid-] 몡 〔병리〕 다발성 경화증 (multiple sclerosis).
***dis·sen·sion** [disénʃən] 몡Ⓤ Ⓒ **1** 불화, 알력; (의견 차이의) 충돌; 싸움 *(between, among)*. ¶ family ~ 가정 불화. **2** 불화〔분쟁〕의 원인. **3** (감정·의견의) 상이, 불일치. (또는 **dissention**)
dis·sen·sus [disénsəs] 몡 의견 불일치, 합의 미도달. ⊛ consensus
***dis·sent** [disént] 됨죄 **1** (대다수의 사람과) 의견이 다르다; (…에) 동의하지[따르지] 않다, 이의를 제기하다 *(from)* (⊛ consent). ¶ (~+옌+옘) ~ *from the opinion* 그 의견에 불찬성이다. **2** 종교상의 의견을 달리하다 (영국 국교회의) 교리에 반대하다 *(from)*.

[유의어] *dissent* 보통 다수의 의견에 찬성하지 않다, 또는 찬성을 보류하다. *disagree* 모든 점에서 의견이 일치·조화되지 않아 마찰이 생기다.

── 몡Ⓤ **1** 의견의 상이, 이의, 불찬성 *(from)*. **2** 국교 반대; (종종 D–) 영국 국교회로부터의 분리; 〔집합적〕 비국교도. **3** (영) 〔법률〕 = dissenting opinion.
express [or *show*] *dissent* 이의를 제기하다.
dis·sent·er [diséntər] 몡 **1** (체제에 대한) 반대자, 반체제 인사. **2** (D–) 영국 국교회 반대자, 비국교도.
dis·sen·tience [disénʃəns] 몡 의견을 달리하기, 반대; 불일치; 의견의 상위(相違). (또는 **dissentiency**)
dis·sen·tient [disénʃənt/-ʃiənt] 웽 (다수의 의견에) 이의를 제기하는, 반대하는. ── 몡 이의를 제기하는 사람, 불찬성자, 반대자. **~·ly** 된
dis·sent·ing [diséntiŋ] 웽 **1** 의견을 달리하는, 이의를 제기하는, 반대하는. ¶ ~ *views* 반대 의견. **2** (영) 국교에 반대하는, 비국교도의. **~·ly** 된
dissénting opínion 몡 〔법률〕 (상급심 판결문 가운데서) 반대 의견, 소수 의견. (또는 **dissent**)
dis·sen·tious [disénʃəs] 웽 언쟁을 좋아하는, 싸우기 좋아하는, 당파싸움을 일삼는.
dis·sep·i·ment [disépəmənt] 몡 〔해부·동물〕 격막, 격벽; 〔식물〕 씨방 격막. **-mén·tal** 웽
dis·ser·tate [dísərtèit] 죄 (상세히) 논(술)하다; 논문[논설]을 쓰다. **-tà·tor** 몡
dis·ser·ta·tion [dìsərtéiʃən] 몡 **1** 학술[학위] 논문 (thesis), 박사 논문 *(about, on, concerning)*. **2** 논설, 논술. **~·al** 웽 **~·ist** 몡
dis·serve [dissə́ːrv] 됨 (드물게) …을 학대[구박]하다, …에게 위해를 가하다, 심하게 복무하다.
dis·ser·vice [dissə́ːrvis] 몡Ⓤ Ⓒ (손해, 폐; (…에 대한) 불친절한 행위, 냉대, 구박 *(to)*. [모질게 굴다.
do a person a disservice 남에게 몹쓸 짓을 하다

── 타 …에게 심하게 보복하다, 위해를 가하다.
~·a·ble 형

dis·sev·er [disévər] 타 …을 잘라내다(sever) (from); 분리시키다; 분할하다(divide). ── 자 갈라지다, 분리되다. ~·ance, ~·á·tion, ~·ment 명

dis·si·dence [dísədəns] 명U (의견·성격 따위의) 불일치, 상이 (기성 체제에 대한) 반대, 반체제.

dis·si·dent [dísədənt] 형 의견을 달리하는 사람, 반대자(dissenter) (from); 반체제 인사. ── 형 의견을 달리하는, 반대하는, 동의하지 않는 (from); (기성) 체제에 반대하는, 반체제의. ~·ly 부

dis·sim·i·lar [dissímələr] 형 (…와) 닮지 않은, 다른 (to, from), 상이한. ⓒ 상이점.

dis·sim·i·lar·i·ty [dìssiməlǽrəti] 명U 닮지 않음, 부동(不同), 상이(相違); ⓒ 상이점(between).

dis·sim·i·late [dissíməlèit] 타 [음성] …을 이화 (異化)시키다. ≈ assimilate -là·tive, -la·tò·ry 형

dis·sim·i·la·tion [dissìməléiʃən] 명UC 1 이화, 부동화(시킴). 2 [음성] 이화 (작용). 3 [생물] 이화 (작용)(catabolism). ≈ assimilation

dis·si·mil·i·tude [dìssimílətjùːd/-tjùːd] 명U 부동(不同), 상이; ⓒ 상이점.

dis·sim·u·late [dissímjulèit] 타 (감정·의사 등) 을 숨기다, 감추다, 위장하다. ── 자 겉꾸미다, 시치미떼다, 알고도 모른 체하다. **-là·tive** 형 **-là·tor** 명

dis·sim·u·la·tion [dissìmjuléiʃən] 명 1 (감정·의사 등을) 숨기기, 가장, 시치미 떼기, 알고도 모른 체하기; 위선(hypocrisy). 2 [정신의학] 질환 은폐(정신이상자가 보통 사람처럼 가장하는 일)

*dis·si·pate [dísəpèit] 타 1 (군중·구름·안개 따위)를 흩어지게 하다, (슬픔·우울 따위)를 가시게 하다. 2 (시간·정력·돈 따위)를 낭비하다, (재산 따위)를 축내다. 3 (물리) (열·전기 따위)를 소산시키다. ── 자 1 (구름 따위가) 흩어져 사라지다; (군중 등이) 해산하다; (슬픔 따위가) 가시다. 2 주색에 빠지다, 난봉 피우다.

dis·si·pat·ed [dísəpèitid] 형 1 주색에 빠진, 방탕한, 무절제한. ¶fall into a ~ life 방탕한 생활에 빠지다. 2 낭비된, 흩어져 사라진. ~·ly 부 ~·ness 명

dis·si·pa·ter [dísəpèitər] 명 1 흩어지게 하는 사람; (슬픔 따위를) 가시게 하는 사람. 2 난봉꾼, 탕아; 낭비가. (또는 **dissipator**)

dis·si·pa·tion [dìsəpéiʃən] 명U 1 흩어져 사라짐, 소실(⇔ conservation). 2 기분 전환, 오락. 3 낭비; 방탕, 유흥. 4 (물리) (에너지의) 분산, 소실. **-less** 형

dis·si·pa·tive [dísəpèitiv] 형 1 흩어져 사라지는. 2 낭비하는. **≈pa·tív·i·ty** 명

dis·so·ci·a·ble [disóuʃiəbl, -ʃəbl] 형 1 분리할 수 있는. 2 비사교적인, 무뚝뚝한. 3 조화되지 않는, 어울리지 않는. **-bíl·i·ty**, **~·ness** 명 **-bly** 부

dis·so·cial [disóuʃəl] 형 1 반(反)사회적인. 2 교제를 싫어하는, 비사교적인. **≈ci·ál·i·ty** 명

dis·so·cial·ize [disóuʃəlàiz] 타 교제를 싫어하게(비사교적으로) 만들다.

dis·so·ci·ate [disóuʃièit, -si-] 타 …에서 분리하다; 분리시켜 생각하다, 떼어 놓다; 〈재귀용법으로〉 …와의 관계를 끊다(from). ¶ ~ two things 두 물건을 떼어 놓다. 2 (물·화) 해리(解離)시키다. 3 (심리) (의식)을 분열시키다. ── 자 1 인연이 끊어지다, 관계를 끊다. 2 (물·화) 해리하다.

dissociate oneself from a person 남과의 관계를 끊다[분열]분열 인격.

dis·so·ci·at·ed personálity [disóuʃièitid-] 명 (심리) 분열 인격.

dis·so·ci·a·tion [disòusiéiʃən, -ʃi-] 명U 1 분리 (작용), 분리 상태. 2 (물·화) (분자의) 해리(解離); 전기 분해, 전해(電解). 3 (심리) (인격·의식) 분열.

dis·so·ci·a·tive [disóuʃièitiv, -si-, -ʃət-] 형 분리(성)의; (물·화) 해리의, 해리적인. 「(症).

dissóciative hystéria 명 (심리) 분열 히스테리

dis·sol·u·bil·i·ty [disàljubíləti/-sɔ̀l-] 명U 용해성, 분해성, 가용성: 해산(해제, 해소) 가능성.

dis·sol·u·ble [disáljubl/-sɔ́l-] 형 1 분해할 수 있는; 용해될 수 있는, 가용성의. 2 해산(해제, 해소)할 수 있는. **~·ness** 명 **-bly** 부

dis·so·lute [dísəlùːt] 형 무절제한, 방종한; 방탕한. ~·ly 부 ~·ness 명

*dis·so·lu·tion [dìsəlúːʃən] 명UC 1 용해; 분해 (작용), 분리. 2 (英) (의회·단체 등의) 해산, 해체. 3 종국, 파멸; 죽음. 4 (계약·속박·결혼 따위의) 해소, 해약 (of); (법률) 이혼. ¶obtain the ~ of one's marriage with …와 이혼하다. 5 (화학) 용해. **-lù·tive** 형

dis·sol·v·a·ble [dizάlvəbl/-zɔ́lv-] 형 1 용해할 수 있는, 가용성의; 분해[분리]할 수 있는. 2 해산[해소]할 수 있는. **-bíl·i·ty** 명

*dis·solve [dizάlv/-zɔ́lv] 동 (~s [-z]; ~d; -solving) 타 1 (…을 액체)에 녹이다, 용액으로 만들다, 용해시키다(liquefy, melt) (in); …을 (액체상(狀)으로) 녹이다 (into); …을 분해하다, 분리시키다. ¶ (~+목+전+명) ~ sugar in water 설탕을 물에 녹이다. 2 (의회·조직 따위)를 해산하다; (결혼·계약·관계 따위)를 해소 (해消)하다. 3 (문제·의혹 따위)를 풀다, 해명하다; (희망·영향 따위)를 사라지게 하다. 4 (영화·TV) (화면)을 디졸브로 하다, 오버랩시키다. 5 (법률) 무효화하다, 폐기하다.
── 자 1 (액체 속에서) 녹다 (in); (액체상으로) 녹다, 용해하다 (into). ⇔ MELT 유의어. ¶ (~+전+명) Sugar ~s in water. 설탕은 물에 녹는다 / Snow ~s into water. 눈이 녹으면 물이 된다. 2 (의회 등이) 해산되다. 3 (계약·관계 따위가) 해소되다; (마력·효력이) 사라지다. 4 (안개 따위가) 흩어지다, 차차 엷어지다. 5 (영화·TV) (화면이) 디졸브로 되다, 오버랩하다. ¶ (~+부) ~ *in* [*out*] (화면이) 차차 밝아지다[어두워지다]. 6 (감정적으로) 약해지다; 마음의 평정을 잃다.

dissolve in [or *into*] *tears* 울음을 터뜨리다.
dissolve A into B A를 B로 분해하다.
dissolve itself into ① 저절로 녹아서 …이 되다. ② 결국 …이 되다[으로 귀착되다].
── 명U (영화·TV) 디졸브, 오버랩.
-sólv·er **-sólv·ing·ly** 부

dis·sólved gás 용융성(油溶性) 가스(원유에 용함)

dis·sol·vent [dizάlvənt/-zɔ́l-] 형 용해력이 있는, 녹이는. ── 명 용제(溶劑), 용매(溶媒)(solvent).

dis·sólv·ing view [dizάlviŋ/-zɔ́lv-] 명 디졸브[오버랩] 화면(畵面).

dis·so·nance [dísənəns] 명UC 1 부조화음, 귀에 거슬리는 소리; (음악) 불협화음 (↔ consonance). 2 (언행의) 불일치, 부조화, 불화. (또는 **dissonancy**)

dis·so·nant [dísənənt] 형 1 (음이) 조화되지 않는, 귀에 거슬리는; (음악) 불협화음의 (↔ consonant). 2 (의견·성질 따위가) 서로 용납하지 않는, 불화의; 일치하지 않는, 조화되지 않는. **~·ly** 부

dis·spread [dispréd] 타=disspread.

dis·suade [diswéid] 타 (충고·설득하여) (남)에게 그만두게 하다, (…하지 않도록) 권하다, 충고하다 (from), ≈ persuade. 「하다.

dissuade a person from 남을 설득해서 …못하게 **-suád·a·ble 형 -suád·er 명

dis·sua·sion [diswéiʒən] 명U 설득하여 그만두게 하기, 충고하여 말리기. 「말리는. ~·ly 부

dis·sua·sive [diswéisiv] 형 그만두라고 설득하는, 귀에 거슬리는; (음악) 불협화음의 (↔ consonant). 2

dis·sy [dísi] 형 (속어) 어질러진, 지리멸렬한.

dis·syl·la·ble [dissíləbl, dáisil-] 명 =disyllable.

dis·sym·met·ri·cal [dìssimétrikəl] 형 1 좌우가 안 맞은, 불균형의, 비(非)대칭의. 2 (생물) (사람의 양손처럼) 반대 대칭의. (또는 **dissymmetric**) ~·ly 부

dis·sym·me·try [dissímətri] 명UC 1 비대칭, 불균형. 2 (생물) 반대 대칭(사람의 좌우 손 따위).

dist. distance; distant; distinguish(ed); district.
Dist. Distributor; District.
dis·taff [dístæf/-tɑːf] 명 1 (the ~) 여성의 일(분야); (집합적) 여성. 2 (드물게) (물레의) 가락; (옛날 실을 자을 때 쓰던) 실감는 막대기. ―형 여성의, 여성에게 알맞은; 모계(母系)의.
dis·taff·er [dístæfər/-tɑːf-] 명 (구어) (남성이 주류를 이루는 분야나 직장에 진출한) 여성.
distaff side 명 (the ~) 모계(母系)(spindle side); 여성, spear side
dis·tain [distéin] 타동 (고어) 1 …을 변색시키다, 더럽히다. 2 치욕을 안겨주다, …의 명예를 더럽히다.
dis·tal [dístl] 형 1 (해부) 중심에서 먼, 말단의, 말초의(치과) 원심의(遠心의). ~·ly 부
‡**dis·tance** [dístəns] 명 (복 -tanc·es [-iz]) ⓤⓒ 1 (…사이의/…에서의 …까지의), 거리, 간격; 노정(路程) (between/from/to). ¶ the ~ between Seoul and Busan 서울·부산 간의 거리. 2 상당한 거리, 원거리; 먼 곳; 떨어져 있음(있는 상태); (공간적인) 원위, 범위. ¶ The bird flew away into the ~. 새는 멀리 날아갔다. 3 (시간의) 간격, 경과; 상당한 기간. ¶ at this ~ of time 세월이 이토록 흐른 오늘에는. 4 (일반적으로) 간격, 차이; (관계·촌수가) 멂; (신분 따위의) 격차; (어느 정도의) 진보, 전진의 발자취. ¶ come a long ~ in French 프랑스어가 매우 향상되다. 5 (그림) 원거리, (경마) (예선의) 주정(走程) 거리. 6 (정신적인) 간격; 삼가기, 어려워함; 소원(疏遠); 경원; 냉담. 7 (음악) 음정(interval). 8 (수학) 거리, 거리 함수. 9 (군사) (부대 간·군함 사이의) 거리. [패] 먼 곳(에(으로)].
a good [or *great*] *distance off* [or *away*] 상당히 떨어져서.
at a distance 좀 떨어져서.
at a distance of …의 거리에.   [두고.
at a (great) distance of time (오랜) 시간 간격을
at some distance 얼마간 떨어져서. [서 온 손님.
from a distance 멀리서. ¶ a guest *from a* ~ 멀리
go [or *last*] *the (full) distance* (구어) (일 따위를) 끝까지 해내다; (야구) 완투하다; (권투) 최종 회까지 싸우다.
in the distance 먼 곳에.   [라운드까지 싸우다.
keep a person at a distance 남을 서먹서먹하게 대하다, 거리를 두다, 경원하다.
keep one's distance (…로부터) 일정한 거리를 두다 (*from*); (경호차가) 일정한 간격을 유지하며 나아가다.
know one's distance 제 주제를 알다.
put some distance (미구어) (둘 사이를) 멀어지게 하다(*between*).
take distance (미구어) 멀리 떠나다.
to a distance 먼 곳으로.
within…distance …의 거리내에.
― 타동 (-tanc·es [-iz]; ~d [-t]; -tanc·ing) 1 (경주 따위에서) …을 멀리 떼어놓다, 앞지르다; …에 이기다. 2 …을 먼 곳에 두다, 사이를 두다, 떼어놓다 (*from*); (드물게) …을 멀리 있는 것처럼 보이게 하다.
distance oneself from …으로부터 거리를 두다, 떨어지다.
distance léarning 명 (TV·컴퓨터 따위를 이용한) 통신[방송] 교육.   [(항정(航程).
dístance máde góod 명 (항해) 직항 거리, 직항
dístance méasuring equipment 명 (항공) (항공기의) 자동 거리 측정기(약 DME).
dístance póst[póle] 명 (경마) 주정표(走程標).
dístance rúnner 명 (장)거리 경주자.
dístance rúnning 명 (장)거리 경주.   [학.
dístance univérsity 명 (캐나다) 통신 (교육) 대
‡**dis·tant** [dístənt] 형 (*more* ~; *most* ~) 1 (거리적으로) 먼, 떨어진, 멀리 있는 (…으로부터) 거리가 …만큼의 (*from*). ¶ a ~ voyage 원양 항해/The town is five miles ~ *from* here. 시내는 여기서 5마일 떨어진 곳에 있다. 2 (시대·시간이) 지난, 먼. ¶ ~ *ages* 먼 옛날/ the (dim and) ~ *past* 먼 과거.

〔유의어〕 **distant** 장단을 불문하고 거리·시간 따위의 길이라는 뜻이 강하며, 명사를 직접 수식하는 경우는 현저하게 길다는 것을 의미한다. **far** 시간·거리 따위가 막연히 멀리 떨어진다; 단, 부사적 관념이 강하며, 한정 형용사로는 일반적으로 distant가 쓰인다. **faraway, far-off** far의 강조어. **remote** 시간·장소에 다 쓰이지만 「도달하는 데 곤란·불편한 외진 곳」이라는 암시가 있다.

3 (관계가) 먼; (유사성이) 아주 적은; (기억 따위가) 희미한, 가물가물한. ¶ a ~ *relative* 촌수가 먼 친척 / a ~ *recollection* 희미한 추억. 4 경원하는(reserved), 소원한; (태도가) 쌀쌀한, 서먹서먹한 (*with, to*). ¶ have a ~ attitude *toward* [or *to*] …에게 쌀쌀맞게 굴다.
at no distant date 머지않아, 가까운 장래에, 일간.
~·ly 부   ~·ness 명
Dístant Éarly Wárning 명 원거리 조기 경계.
Dístant Éarly Wárning líne 명 =DEW line.
dístant sígnal 명 (철도) 원거리 신호기.
*****dis·taste** [distéist] 명ⓤ (종종 a ~) (…에 대한) 싫음, 혐오; (음식에 대해) 싫어하기(*for*).
have a distaste for …을 싫어하다.
with distaste 마지못해, 억지로.
― 타동 (고어) …을 싫어하다.
dis·taste·ful [distéistfəl] 형 싫은, 불쾌한, 마음에 들지 않는 (*to*); 맛없는. ¶ Languages are ~ *to* me. 나는 어학이 싫다. ~·ly 부   ~·ness 명
Dist. Atty. (미) *district attorney* (지방 검사장).
dist·co [dískou] 명 (영) =disco².
Dist. Ct. *district court*.
dis·tem·per¹ [distémpər] 명ⓤ 1 (수의) (개·말·고양이의) 디스템퍼 (전염성 급성 염증). 2 (고어) (심신의) 이상, 병; 혼란. ― 타동 (심신)의 이상을 가져오다, …에 탈이 나게 하다(* 보통 과거분사로 형용사적으로 쓴다). ¶ a ~*ed mind* 정신 이상.
~·ed·ly 부 ~·ed·ness 명
dis·tem·per² 디스템퍼, 수성 도료; 디스템퍼 화법, ⓒ 디스템퍼 그림. ― 타동 (안료)를 물·니스·아교 따위에 풀다; …을 디스템퍼로 그리다(칠하다).
dis·tem·per·a·ture [distémpərətʃər] 명 (심신의) 비정상 상태; (고어) 절도(중용)의 결여.
dis·tend [disténd] 타동 1 …을 넓히다, 부풀게 하다, 팽창시키다. 2 …을 과장하다(exaggerate). ― 자동 넓어지다, 팽창하다. ⇒ EXPAND 〔유의어〕 ~·er 명
dis·tend·ed [disténdid] 형 늘어진, 확대된, 증대된; 이상 팽창된. ~·ly 부   ~·ness 명
dis·ten·si·ble [disténsəbl] 형 팽창하는, 팽창성의. -**bíl·i·ty** 명   [tention]
dis·ten·sion [disténʃən] 명ⓤ 팽창. (또는 dis-
dis·tich [dístik] 명 (운율) 2행 연구(聯句); (압운(押韻)) 대구(對句). **-ti·chal** 형
dis·ti·chous [dístikəs] 형 (식물) (잎 따위가) 마주나는, 대생(對生)의; (동물) 둘로 갈라진. ~·ly 부
*****dis·till, (영) -til** [distíl] 타동 1 (…에서) …을 증류 (蒸溜)하다(*from*); …을 증류하여 (…으로) 만들다(정제하다) (*into*). ¶ (~+명+전+명) ~ *fresh water from* sea water; ~ sea water *into* fresh water 바닷물을 증류해서 단물로 만들다. 2 …을 증류하여 (불순물)을 제거하다(*off, out*). ¶ (~+명+부) ~ *out* [or *off*] *impurities* 증류해서 불순물을 제거하다. 3 방울져 떨어지게 (적하(滴下))하다. 4 (비유적) (주지·요점 따위)를 (…으로부터) 뽑다 (*from*); (문제 따위)를 세련되게 하다, 순화하다. ― 자동 1 증류되다, (증류 작용으로) 농축(濃縮)되다. 2 방울져 떨어지다(drip); 스며 나오다; (본질·장점 따위가) 서서히 나타나다. ~·a·ble 형
dis·til·land [dístəlænd] 명 증류 물질.
dis·til·late [dístələt/-lèit] 명 1 ⓤⓒ 증류물, 증류

액; 〔화학〕 유출물(溜出物)(*from*). **2** (the ~) 추출물, 정수(精粹). ¶the ~ of their wisdom 그들의 지혜의 정수.
dis·til·la·tion [dìstəléiʃən] 명 **1** ⓤ 증류; 증류법. ¶dry ~ 건류(乾溜) / fractional ~ 분류(分溜). **2** ⓤⓒ 증류액, 증류물, 추출물; 정수(distillate). **3** 석유 제품. **4** 증류 작용; 증류 상태. **dis·til·la·tive** 형
distillátion còlumn 명 〔화학〕 증류탑.
dis·til·la·to·ry [distíləto͜ːri/-təri] 형 증류(용)의.
dis·tilled [distíld] 형 증류한, 증류 제조된.
distílled líquor 명 증류주(酒).
distílled wáter 명 증류수.
dis·till·er [distílər] 명 증류기[자]; 증류주 제조업자.
dis·till·er·y [distíləri] 명 증류소; 증류주 양조장.
dis·till·ing flàsk [distíliŋ-] 명 증류용 플라스크.
‡**dis·tinct** [distíŋkt] 형 (**more** ~, ~**er**; **most** ~, ~**est**) **1** (성질·종류가) …와 전혀 다른, 같지 않은(*from*). ¶독특한. ⇨DIFFERENT 유의어 ¶a man of ~ personality 독특한 개성을 지닌 사람. **2** 확실한, 뚜렷한, 분명한: 눈에 띄는, 두드러진. ⇨CLEAR ¶a ~ change 뚜렷한 변화. **3** 드문, 희귀한. **4** (시) 장식된(decorated). 반 indistinct.
as distinct from …와는 별개의 것으로서.
be distinct from …와는 다르다[별개의 것이다].
keep things distinct 사물을 구별하다[혼동하지 않다].
~**ness** 명
‡**dis·tinc·tion** [distíŋkʃən] 명 (복) ~**s** [-z] **1** ⓤ (…사이의/…와의) 구별, 차별; ⓒ 구별짓기, 판별, 차이(*between / from, to, as to*). **2** ⓤ (따로 소 ~) (구별되는) 특징, 특색; (문체 등의) 특징적인 장점, 높은 기품; (외관상의) 두드러짐, 훌륭함, 고상함. **3** ⓤⓒ 특별 대우, 우대, 예우; 영예, 명성, 명예, ¶a man of ~ 유명 인사. **4** ⓤ 출중, 탁월, 비범, 우수(성); 공적, 수훈, 공훈. ¶pass an exam with ~ 우수한 성적으로 시험에 합격하다. **5** ⓤ 〔TV〕 선명도.
a distinction without a difference 부당한 차별; 명목뿐인 구별, 쓸데없는 구별.
be loaded with distinction 분에 넘치는 영예를 안다.
draw [or *make*] *a distinction between* …사이에 구별을 짓다.
gain [or *win*] *distinction* 수훈을 세우다, 명성을 얻다.
in distinction from [or *to*] …와 구별하여.
make no distinction between [or *of*] …사이에 구별을 두지 않다, …을 차별하지 않다.
rise to distinction 이름을 떨치다.
serve with distinction 공훈을 세우다.
without distinction 차별 없이, 평등하게.
~**less** 형
*dis·tinc·tive** [distíŋktiv] 형 **1** 뚜렷이 구별되는, 차이(차별)을 나타내는; 독특한, 특유한, 특색 있는(*of*). **2** 〔언어〕 시차적(示差的)인, 변별적인. ~**ness** 명
distínctive féature 명 〔언어〕 시차적(示差的)인[변별적] 특징, 변별적 소성(素性).
*dis·tinc·tive·ly** [distíŋktivli] 부 구별하여; 남[딴것]과 명백히 다르게; 독특하게, 특유하게, 특색으로.
‡**dis·tinct·ly** [distíŋktli] 부 (**more** ~; **most** ~) **1** 뚜렷이, 똑똑히. **2** 분명히 말하여. **2** 확실히, 틀림없이. ¶be ~ amusing 확실히 재미있다.
dis·tin·gué [dìstæŋgéi, -´-] 형 (태도·용모 등이) 고귀한, 훌륭한, 기품 있는. 여 distinguée (〈F〉
‡**dis·tin·guish** [distíŋgwiʃ] 동 (~**es** [-iz]; ~**ed** [-t]) 타 **1** (…에 의해) 구별하는(*by*); …을 (…과) 분간하다, 식별하다 (*from*) (⇨ confuse). ¶(~+묔+전+명) ~ right *from* wrong 옳고 그름을 분간하다.

유의어 **distinguish** 어떤 것의 특색을 인식하여 다른 것과 분간하는 가장 일반적인 말. **differentiate** 헷갈리기 쉬운 것들의 차이를 정확·상세히 분간하다. **discriminate** 어떤 것과 다른 것과의 미묘한 차이를

지적 노력으로 정확히 살펴 가치 따위를 비교 판단한다. * 이상의 3단어는 전치사로 ⓣ는 from, ⓐ는 between을 쓴다.

2 …을 특징짓다, (특징이) …의 (…와의) 차이를 나타낸다(*from*). ¶(~+묔+전+명) Speech ~es man *from* animals. 말이 사람과 동물을 구별한다. ¶take can ~ (5감으로) …을 알아차리다, 감지하다. ¶cannot ~ things far away 멀리 있는 물건을 잘 보지 못한다. **4** (보통 재귀용법·수동형으로) …을 두드러지게[저명하게] 하다(*by, in, for*). ¶(~+묔+전+명) ~ oneself *in* literature 문학에서 이름을 떨치다 / be ~ed *for* one's knowledge of computer 컴퓨터통으로 이름이 나 있다. **5** …을 (…으로) 분류하다(*into*). ¶(~+묔+전+명) ~ mankind *into* races 인류를 인종으로 분류하다. 자 **1** (사람·사물 사이(상이)한 점을) 나타내다. **2** 구별하는; 분간하다, 식별하다 (*between, among*). ¶(~+전+명) ~ *between* good and evil 선악을 분간하다.
as distinguished from …와 구별하여, …하다.
~**er**, ~**ment** 명
dis·tin·guish·a·ble [distíŋgwiʃəbl] 형 (…와) 구별할 수 있는, 분간(식별)할 수 있는 (*from*).
-**bíl·i·ty**, ~**ness** 명 -**bly** 부
‡**dis·tin·guished** [distíŋgwiʃt] 형 (**more** ~; **most** ~) **1** 두드러진, 현저한: 특히 뛰어난, 출중한. ¶a ~ family 명문가 / a ~ career 빛나는 경력. **2** (…으로/…로서) 유명한, 저명한(*for, by, in / as*). ⇨FAMOUS 유의어 ¶a ~ writer 유명 작가. **3** (태도·용모 따위가) 고귀한, 기품이 있는. ~**ly** 부
Distínguished Cónduct Mèdal 명 〔英사〕 전시 공로 훈장(약 D.C.M.), 〔자 훈장(약 D.F.C.).
Distínguished Flýing Cròss 명 공군 수훈 십자 훈장(略 D.F.C.).
Distínguished Sérvice Cròss 명 〔美육군·英해군〕 수훈 십자 훈장(약 D.S.C.), 〔D.S.M.〕.
Distínguished Sérvice Mèdal 명 수훈훈장.
dis·tin·guish·ing [distíŋgwiʃiŋ] 형 남[단 것]과 구분하는, (뚜렷이) 구별짓는, 독특한, 특유의, 특성있는.
distn. distillation.
dis·to·ma [dístəmə] 명 디스토마(흡충류의 총칭). (또는 **di·stome** [dáistoum]) 〔간질증(肝蛭症)〕.
dis·to·ma·to·sis [daìstoumətóusis] 명 〔수의〕
*dis·tort** [distɔ́ːrt] 동태 **1** (종종 수동형으로) …의 (형상)을 일그러지게 하다, 찌푸리다, 비틀다(*twist*). **2** (사실 따위)를 왜곡하다, 잘못 전하다; (말)을 곡해하다 (*pervert*). ¶He ~ed my intention. 그는 나의 뜻을 곡해했다. **3** 〔전자〕 〔전파·영상 따위〕를 일그러지게 하다. ~**er**, -**tór·ter** 명
dis·tort·ed [distɔ́ːrtid] 형 찌그러진, 일그러진; 비틀린; 왜곡된; 왜곡된. ¶a ~ smile [view] 쓴웃음[편견] / ~ vision 난시(亂視). ~**ly** 부 ~**ness** 명
dis·tor·tion [distɔ́ːrʃən] 명 ⓤⓒ **1** 일그러지게 하기, 왜곡; 일그러진 상태[짓], 비틀림, 뒤틀림; (신체의) 만곡(彎曲); 〔염좌(捻挫)〕. **2** (사실·진리의) 곡해, 견강부회, 왜곡. **3** (소리·영상의) 일그러짐. **4** 〔심리〕 지각 변화; 〔정신분석〕 왜곡 행위. ~**al**, ~**ar·y**, ~**less** 형
dis·tor·tion·ist [distɔ́ːrʃənist] 명 풍자화가, 만화가(*caricaturist*); 곡예사(*acrobat*).
distr. distribute; distribution; distributor.
‡**dis·tract** [distrǽkt] 동태 **1** (마음·주의)를 딴 데로 쏠리게 하다[돌리다](*divert*) (*from / to*). **2** 즐겁게 하다, 마음을 달래다, 기분 전환을 하다. ¶He ~ed himself [or his mind] *by* reading. 그는 독서로 마음을 달랬다. **3** (보통 수동형으로) (마음)을 어지럽히다, 흩트리다, 괴롭히다; …을 혼란시키다(*at, by, with*). ¶Her mind was ~ed *by* [or *with*] grief. 그녀는 슬퍼서 미칠 지경이었다. **4** (의견차·다툼)…을 분열시키다.
drive a person distracted 남을 미치게 만들다.
~·i·ble, ~·ing, ~·ing·ly

dis·tract·ed [distrǽktid] 형 주의가 산만해진; 심란한, 미친 듯한(*with*). **~·ly** 부 **~·ness** 명

dis·tract·er [distrǽktər] 명 (선다형 설문 중의) 틀린 선택지(肢). (또는 **distractor**)

***dis·trac·tion** [distrǽkʃən] 명 1 Ⓤ 마음이 흐트러짐, 정신 산란, 주의 산만, 건성; Ⓒ 마음을 산만하게 하는 것. 2 Ⓤ 기분 풀이[전환]하기; Ⓒ 기분 풀이, 위락, 오락(*from*). ¶a ~ after study 공부한 뒤의 기분 전환. 3 Ⓤ 심란, 고민하기, 당혹; 미침, 광기(狂氣). 4 Ⓤ (의견 차이 따위에 의한) 분열, 혼란. 「하다.
drive *a person* **to distraction** 남을 미치게[화나게]
to distraction 미칠[미친] 듯이. ¶love a person *to* ~ 남을 미칠 듯이 사랑하다.

dis·trac·tive [distrǽktiv] 형 주의를 산만하게 하는; 심란하게 하는, 당혹시키는; 미치게 하는. **~·ly** 부

dis·train [distréin] (법률) 타자 (동산)을 압류[차압]하다, 담보로 잡다. ── 자 (동산)을 압류하다.
~·a·ble 형 **~·ment** 명

dis·train·ee [dìstreiníː] 명 (법률) 피압류인.

dis·train·er [distréinər] 명 (법률) (동산) 압류[차압]인. (또는 **distrainor**)

dis·traint [distréint] 명 Ⓤ (법률) 동산 압류.

dis·trait [distréi] 형 얼빠진, 멍한, 건성의, 방심한. ⓕ distraite [distréit] [<F absent-minded]

dis·traught [distrɔ́ːt] 형 1 (근심 따위로) 마음이 산란해진, 곤혹스러운(*with*, *at*, *by*). 2 미친, 발광한.

‡**dis·tress** [distrés] 명 (pl **~·es** [-iz]) Ⓤ 1 고민, 걱정, 비탄; (심신의) 고통, 피로; Ⓒ (…의) 고민거리, 골칫거리(*to*). ¶suffer ~ 비탄에 잠기다 / show signs of ~ 피로[고통]의 기색을 보이다.

(유의어) distress 육체적인 고통이나 공포·근심·치욕 따위의 회복 가능한 정신적 고통. suffering 육체적·정신적인 괴로움을 현재 견디고 있음을 강조하는 말. misery 완전히 의기 소침할 정도로 큰 distress, suffering; 주로 감정적 측면에서 하는 말.

2 고난, 곤란; 곤궁, 빈곤. ¶economic ~ 생활고 / relieve ~ among the people 국민의 고통을 덜어주다. 3 재난 (배·항공기의) 조난. 4 (법률) 동산 압류; Ⓒ 압류 물건. 「*in* ~ 조난선.
in distress 괴로워서; 곤궁하여; 조난당한. ¶a ship
── 타자 (~·*es* [-iz]; ~*ed* [-t]) 1 (종종 재귀용법·수동형으로) …을 괴롭히다, 슬프게[난처하게] 하다, 근심하게 하다(*with*, *at*, *by*, *about*, *for*, *to do*). ¶be ~*ed for* money 돈에 쪼들리다 / I am ~*ed at* [or *to* hear] the news. =The news ~*es* me. 그 소식을 듣고 슬픔을 가눌 수가 없다. 2 (종종 수동형으로) 지치게 하다. ¶be ~*ed by* excessive work 과로로 지치다. 3 (남)을 압박하다; (남)을 (압박해서) …에 몰아넣다, …하게 하다 (*into doing*). ¶(~+目+前+名) His poverty ~*ed* him *into committing* theft. 가난에 쪼들려 그는 도둑질을 저질렀다. 4 (법률) (동산)을 *distress oneself* 고민하다, 걱정하다. [압류하다.
── 명 1 고민하는, 괴로워하는, 슬퍼하는. 2 투매(상품)의. ¶~ prices 투매 가격. 3 빈민 구제의.

distress càll 명 =distress signal.

dis·tressed [distrést] 형 1 괴로워하는, 고민하는; 곤궁한, 불경기의. 2 투매하는, 출혈 판매하는.

distréssed área 명 (태풍·홍수 따위에 의한) 재해 지역((美) disaster area); (英) (실업자가 많은) 빈민 지역(depressed area). 「나 거꾸로 단다」

distréss flàg 명 조난 신호기(旗)(대개 중간에 걸거나

distréss frèquency 명 조난 신호 주파수.

dis·tress·ful [distrésfəl] 형 고민이 많은, 괴로운, 비참한. **~·ly** 부 **~·ness** 명

distréss gòods 명 =distress merchandise.

distréss gùn 명 (해사) 조난 신호포.

dis·tress·ing [distrésiŋ] 형 괴롭히는, 고통을 주는; 비참한(distressful). **~·ly** 부 비참할 정도로.

distréss mèrchandise 명 (상업) 1 (자금 조달을 위한) 투매[덤핑] 상품. 2 (정상가보다 싸게 파는) 하자 상품. (또는 **distréssed mèrchandise**)

distréss ròcket 명 조난 신호 불꽃.

distréss sàle [sélling] 명 (긴급 운영 자금 조달을 위한) 출혈 투매, 덤핑. 「(원) 요청 신호.

distréss signal 명 조난 신호(SOS 따위); 협력[지

distréss wàrrant 명 압류 영장.

dis·trib·u·tar·y [distríbjutèri/-təri] 명 지류(支流), 분류. 명 tributary

‡**dis·trib·ute** [distríbjuːt] 타재 (-ut·ed; -ut·ing) 1 …을 분배하다, 나누어 주다, 할당하다; (물건·편지 따위)를 (…에게) 배달[배포, 배급]하다, 도르다(*to*, *among*). ¶(~+目+前+名) ~ magazines *to* subscribers 잡지를 구독자에게 발송하다.

(유의어) distribute 종종 수량에 제한이 있는 것을 일정한 계획에 따라 할당해서 분배하다; 이 경우 남에게 모두 주어 버리고 자기 자신은 전혀 그 혜택을 받지 않는다. **dispense** 권위 있는 기관 따위가 주의 깊게 계산해서 분배하다. **divide** 어떤 전체를 부분으로(보통 같은 분량으로) 나누는 것을 강조하는 말.

2 (온 면에 넓게) …을 살포하다, 뿌리다; (보통 수동형으로) (동·식물)을 분포시키다(*over*, *through*). ¶(~+目+前+名) ~ seed *over* a field 밭에 씨를 뿌리다. 3 …을 구분[분할]하다(*into*); …을 분류하다(*into*). ¶The plants are ~*d into* 30 classes. 그 식물은 30종류로 분류된다. 4 (논리) (명사)를 주연(周延)[확충]하다. 5 (법률) (재산·유산)을 분배하다. 6 (물·화) 분배하다. 7 (인쇄) …을 해판하다. 8 (고어) …을 시행하다; 베풀다. ── 재 분배하다. **-ut·a·ble** 형

dis·trib·ut·ed [distríbjutid] 형 1 (언어) (변별적 소성(素性) 분석에서) 광역성의. 2 (컴퓨터) 분산형 데이터 처리 방식의. ¶~ system 분산 시스템.

distríbuted dáta pròcessing 명 (컴퓨터) 분산(형) 데이터 처리(® DDP).

distríbuted lógic 명 (컴퓨터) 분산 논리 회로.

distríbuted práctice 명 (교육·심리) 분산 학습 [연습]. 「(® DP).

distríbuted pròcessing 명 (컴퓨터) 분산 처리

dis·trib·u·tee [distrìbjutíː] 명 (법률) (유언 없이 사망한 사람의) 유산 상속권자.

‡**dis·tri·bu·tion** [distrəbjúːʃən] 명 (pl ~*s* [-z]) Ⓤ 1 분배, 배급, 배포(*to*, *among*); 배당; Ⓒ 배급품, 배당, 몫. ¶the ~ of wealth [a profit] 부[이익]의 분배. 2 구분, 분할, 분류, 분포, 3 (동·식물 따위의) 분포 (상태); Ⓒ 분포 구역. ¶a ~ chart 분포도. 4 배열; 배치 (상태). 5 (법률) (재산의) 분배, 유산 분배. 6 (경제) (총수익의 생산 각 부문에의) 분배; (상품·서비스 등의 공급·기구), 판매망; ¶a ~ effect 분배 효과 / the ~ structure 유통 기구. 7 (통계) 분포. 8 (논리) 확충, 주연(周延). 9 (언어) 분포. 10 (인쇄) 해판. 11 (전기) 배전. 12 (증권) 이익 배분, 배당. 13 (수학) 초함수, 일반 함수. 14 (컴퓨터) (인터넷의) 배달 구역. **~·al** 형

distribútion chánnel 명 (마케팅) 유통 경로.

distribútion coéfficient 명 (물·화) 분배 계수.

distribútion còst 명 물류(物流)비(용), 유통 경비.

distribútion cùrve 명 (통계) 분포 곡선.

distribútion educátion 명 (때로 D- E-) 산학(產學) 협동[공동] 교육(® D&E).

distribútion fúnction 명 (통계) 분포 함수.

distribútion sátellite 명 배급 위성(지상국(地上局)에 신호를 다시 보내기 위한 소형 통신 위성).

dis·trib·u·tive [distríbjutiv] 형 1 분배[배급, 배당]의, 분포[배급]에 관한. 2 (문법) 배분적인. ¶~ adjectives 배분 형용사(each, every 따위). 3 (논리) 주연[확충]적인. 4 (수학) 분배의. ¶a ~ law 분배 법칙

(a(b+c)=ab+ac 따위), either, every 따위). **-ly** 튄 **~ness** 몡
distríbutive educátion 몡 (종종 D- E-) (美) (고등 학교) 등에서 실시하는 산학 협동의 직업 교육.

*dis·trib·u·tor [distríbjutər] 몡 1 분배자, 배급[배포]자. 2 (경제) (상품) 판매업자, 배급[유통]업자, 총판, 판매 대리점. 3 (기계) 배전기. 4 (하수 처리의) 살수(撒水) 장치. (또는 **distributer**)

dis·trib·u·tor·ship [distríbjutərʃip] 몡 판매 대리[독점](franchise); 이를 갖는 영업소[상사].

*dis·trict [dístrikt] 몡 1 (행정·사법·교육·선거 따위의 목적을 위해 구분된) 지구(地區), 구역, 관할 구역. ¶an election [a police] ~ 선거구[경찰 관할구] / a school ~ 학군 / the ~ office (美) 군청; 지방 지점. 2 (어떤 특색을 가진) 지방, 지대; (도시의 특징) 지역, …가(街). ¶an agricultural ~ 농업 지대 / the theater ~ 극장가 / a shopping ~ 상점가.

유의어 **district** 행정·선거 따위의 목적으로 명확히 구분된 지역; 주민을 주체로 하는 말. **region** 어떤 특색이 있어 다른 데와 명확히 구별할 수 있는 지역; 특히 기후 등 기타 자연적인 조건에 따라 나누어지는 지역. **province** 캐나다 행정 단위의 「주(州)」; (英)에서는 복수형으로 London에 대한 「주」를 뜻한다. **area** 어떤 경제로써 다른 데와 구별된 지역. **tract** 광활하게 이어진 지역. **zone** 지도상에서 띠 모양 또는 고리 모양을 이루는 지역; 어떤 특색이 있는 띠 모양의 지역. **belt** (동·식물 따위의) 어떤 자연의 특색이 있는 지역; zone보다 좁다.

3 (英) 교구(parish) 내의 한 구역(독자적인 교회·성직자가 있다); 주 자치구(county 산하 행정 구역).
— 몡타 …을 구역으로 나누다; (美) 선거구로 나누다.

dístrict attórney 몡 (美) 지방 검찰청 검사장, 지검장(略 D.A., Dist. Atty.). ¶an assistant ~ 지방 검사.
dístrict chéck 몡 (스코틀랜드풍의) 격자 무늬 (직물).
dístrict cóuncil 몡 (英) 자치구 의회.
dístrict cóurt 몡 (법률) 지방 법원. **a)** 연방 제1심 법원. **b)** 미국 제주(諸州)의 하급 법원. 2 (스코) (경범죄를 다루는) 약식 법원. 3 (濠·뉴질) 하급 법원.
dístrict héating 몡 지역 난방.
dístrict júdge 몡 (美) 지방 법원 판사.
dístrict léader 몡 (美) (정당의) 지구당 위원장.
dístrict mán 몡 어느 지역 취재 담당 (신문) 기자.
dístrict núrse 몡 (英) 지구 (순회) 간호사, 보건원.
District of Colúmbia 몡 (the ~) 컬럼비아 특별구(미국 수도 Washington을 포함한 연방 의회 직할 특별구; 정식 소재지는 Washington, D.C.; 略 D.C.).
Dístrict Ráilway 몡 (the ~) (英) (London 시내와 연결되는) (철도) 교외선.
dístrict superinténdent 몡 (교회의) 교구 감독.
dístrict vísitor 몡 (英) 교구 봉사자(여성 보좌역).
dis·trin·gas [distríŋgəs, -gæs] 몡 1 (법률) 간접 강제 압류 영장(令狀). 2 (상업) =stop order.

*dis·trust [distrʌ́st] 동타 …을 의심의 눈으로 보다, 수상히 여기다; …을 신용하지 않다. ¶~ one's own eyes 자기 눈을 의심하다. — 몡U (종종 a ~) 불신; 의혹, 의심. ⇒DOUBT 유의어
have a distrust of a person 남을 불신하다.
~·er 몡
dis·trust·ful [distrʌ́stfəl] 몡 신용하지 않는, 의심이 많은 (of); 의심스러운. **-ly** 튄 **~·ness** 몡

*dis·turb [distɔ́ːrb] 동 (~s [-z]) 타 1 …을 방해하다, 훼방 놓다. ¶~ a sleeping baby 잠자는 아기를 깨우다 (~+目+前+名) ~ a person in his work 남의 일을 방해하다. 2 (…에 관해 /…으로 /…하여) [남]을 당황[불안]하게 하다, 걱정을 끼치다 (*about / at, by / to do*). ¶be ~ed to hear the news 그 소식을 듣고 불안해지다.

유의어 **disturb** 정신의 평온·집중을 방해하다; 반드시 겉으로 나타나는 것은 아니다. **perturb** disturb에 강한 마음의 동요·놀람의 뜻이 추가된다. **agitate** 냉정·자제심을 잃게 함을 강조하는 말; 대개 긴장·흥분이 겉으로 나타난다. **discompose** 감정을 흐트러뜨리고 자제심·자신감을 잃게 하다.

3 [치안·질서·평화 등을] 깨뜨리다, 어지럽히다, 문란하게 하다. ¶~ the peace 치안을 어지럽히다. 4 [남]에게 폐를 끼치다. ¶Don't ~ yourself to see us off. 일부러 전송 나오실 것까지는 없습니다. 5 …을 흐트러지게 하다. ¶Don't ~ the papers on my desk. 내 책상 위의 서류는 흐트리지 마세요. 6 [법률] [권리]를 침해하다.
— 자 어지럽히다; (휴식·수면 따위를) 방해하다.
be disturbed at [or by] …에 대해 걱정하다.
Don't [or Do not] disturb. (게시) 출입을 금함, 면회 사절; (취침중이니) 깨우지 마시오.
Don't disturb yourself. 걱정[상관] 마세요.
~·er 몡 방해자[방해물].

dis·turb·ance [distɔ́ːrbəns] 몡 (-anc·es* [-iz]) UC 1 어지럽히기, 소란 (떨기); 훼방, 방해; (법률) (권리) 침해, (치안) 방해. ¶~ of public peace 치안 방해. 2 어지럽힌 상태; 마음의 동요, 당황, 불안, 근심. ⇒AGITATION 유의어 3 (사회·정치상의) 분란, 혼란; 동란; 소요, 폭동. ⇒DISORDER 유의어 4 (지질) 요란(擾亂)(지층 변형을 가져오는 운동). 5 (기상) 요란, 작은 저기압.
be in disturbance 동요하다.
cause [or raise] a disturbance 소요를 일으키다.
make a disturbance about …에 대해 흥분하다, 화를 내다.

dis·turbed [distɔ́ːrbd] 몡 1 불안[걱정]스러운; (마음 따위가) 동요한, 소연(騷然)한, 뒤숭숭한. 2 (심리) 신경증의, 정서 이상의, 정서 장애의.
dis·turb·ing [distɔ́ːrbiŋ] 몡 어지럽히는, 교란시키는, 불안하게 하는, 근심케 하는. **~·ly** 튄
dis·tyle [dístail, dáis-] 몡 (건축) (옛 건축의 portico가) 2원주식(圓柱式)의, 정면에서 두 개의 두리기둥이 있는.

di·sul·fate [daisʌ́lfeit] 몡 (화학) 이황산염. 「disulphate」
di·sul·fide [daisʌ́lfaid] 몡 (화학) 이황화물(二黃化物). (또는 **disulphide**) 「해치다, 조화를 깨뜨리다.
dis·u·ni·fy [disjuːnəfai] 동 …의 통합[통일]을
dis·un·ion [disjúːnjən] 몡 UC 1 분리, 분열. 2 불통일, 불일치; 불화, 알력(dissension).
dis·un·ion·ist [disjúːnjənist] 몡 분리주의자; (美 역사) (남북 전쟁시의) 합중국 분리주의자. **-ism**
dis·u·nite [disjuːnáit] 동 1 분리하다[되다], 분열시키다[하다]. 2 불화하다, 불화하게 하다. ¶~ the party members 당원들을 반목하게 하다. **-nít·er**
dis·u·ni·ty [disjúːnəti] 몡U =disunion.

*dis·use [disjúːs] 몡U 쓰이지 않음; 폐지, 폐기.
fall [or come] into disuse 사용되지 않게 되다.
— 동타 [disjúːz] …을 사용하지 않다; …을 폐기[폐지]하다; (습관 따위)를 버리다.
dis·used [disjúːzd] 몡 이젠 사용되지 않는, 폐지[폐기]된. ¶a ~ car [mine] 폐차[폐광].
dis·u·til·i·ty [disjuːtíləti] 몡U 불편[해악, 고뇌]을 야기하는 성질; 비(非)효용.
dis·val·ue [disvǽljuː] 몡 1 경시, 경멸, 무시, 얕보기. 2 (철학) 부정적인 가치. —동타 (고어) …을 얕보다, 업신여기다; 헐뜯다. **-u·a·ble** 몡
di·syl·lab·ic [dàisilǽbik, di-] 몡 2음절(어)의.
di·syl·la·ble [dísiləbl, daisíl-, disíl-] 몡 2음절(어). ⇒ monosyllable, polysyllable
dis·yoke [disjóuk] 동타 =unyoke.
dit [dit] 몡 (모스(Morse) 부호의) 돈(짧은·). 동 (흑인 영어로) …라고 말하다.
di·ta [díːtə] 몡 디타 나무(아프리카·열대 아시아산의 협죽도과(夾竹桃科) 식물).

ditch [ditʃ] (복 ~**es** [-iz]) **1** 도랑; 개천, 수로; 해자(垓字), 배수구(溝). **2** (볼링) 거터(gutter)(레인 양쪽의 홈). **3** (the D-) (英공군 속어) 북해, 영국 해협, 대서양; (英해군 속어) 바다.
be driven to the last ditch 막다른 골로 몰리다.
die in a ditch 도랑에 빠져 죽다, 객사하다.
die in the last ditch 끝까지 싸우다가 죽다.
in the ditch (美학생 속어) 만취하여.
the Big Ditch (美구어) 파나마 운하.
to the last ditch 최후까지, 막다른 곳까지.
— 타 (~**es** [-iz]; ~**ed** [-t]) **1** …에 도랑을 파다; …을 해자로 두르다(*around, about*). **2** (美구어) (열차를) 탈선시키다. (차)를 도랑에 빠지게 (도로 밖으로 나가게) 하다; (항공)(비행기)를 불시 착수(着水)시키다. **3** (美속어) …을 버리다, 처분하다; …와의 관계를 끊다. **4** (속어) (남)을 따돌리다; (책임 따위)를 피하다, 벗어나다; (학교 따위)를 빼먹다. — 자 **1** 도랑을 파다. **2** 도랑에 빠지다. **3** (비행기가) 불시 착수(着水)하다. **4** (속어) 꾀를 부려 학교를 빠지다.
~**·less** 형 「도 되는.
ditch·a·ble [dítʃəbl] 형 (구어) 버릴 수 있는, 버려
ditch·dig·ger [dítʃdìɡər] 명 **1** 도랑 파는 사람(인부). **2** 막노동자, 막일꾼. **3** 도랑 파는 기계.
-ging 명형 「를 불시 착수(着水)시키는 사람.
ditch·er [dítʃər] 명 **1** = ditchdigger 1, 3. **2** 비행기
ditch·wa·ter [dítʃwɔ̀ːtər, -wɑ̀t-] 명[U] 도랑에 괸 「물.
as dull as ditchwater 아주 침체되어.
dit·da ártist[jóckey, mònkey] [dítdɑ̀ː-] (美속어) 무선 통신사.
di·the·ism [dáiθiːizm] 명[U] 이신론(二神論), 선악(善惡) 이신의 신앙. **-ist** 명 **-ís·tic, -is·tí·cal**
dith·er [díðər] 자 **1** 떨림, 진동; 몸의 떨림, 전율. **2** (a ~, (英) the ~s) (구어) 착란(당황한) 상태.
be all of [*or in*] *a dither;* (英) *have the dithers* 벌벌 떨다; (흥분·걱정 따위로) 어쩔 줄 모르다.
— 동자 (…에) 주저하다, 망설이다; 동요하다 (*about*); (흥분·공포 따위로) 떨리다, 전율하다. — 타 혼란시키다.
~**ed** [-d] 형 ~**er** 명 ~**y** 형
di·thi·ol [daiθáiɔːl, -oul/-ɔl] 형 (화학) 디티올(주석 분석 시약용의 백색 결정). 명 (화학) 디티온산(酸).
di·thi·ón·ic ácid [dàiθaiánik-, diθí-/-ɔ́n-] (화학)
dith·y·ramb [díθəræmb] 명 **1** (고대 그리스의) 주신(酒神)Dionysus의 열광적(열광적인) 합창. **2** (일반적으로) 열광적 시가(詩歌)(연설, 문장).
dith·y·ram·bic [dìθəræmbik] 형 주신 찬가의; 열광적인. — 명 = dithyramb. **-bi·cal·ly** 부
di·tone [dáitoun] 명 (음악) 2도음, 디토누스.
di·tran·si·tive [daitrǽnsətiv, -zə-] (문법) **2**중 목적어를 취하는, 직접목적어와 간접목적어를 갖는. — 명 2중 목적어를 취하는 동사(give, send 등).
dit·sy [dítsi] 형 (美속어) **1** 모자라는, 얼빠진; 좀 별난, 이상한; 성미가 괴팍한, 까다로운; 겔세하는, 아니꼬운. **2** 지저분한; 어지러운. (또는 **ditsey, ditzy**)
dit·ta·ny [dítəni] 명 (식물) 산박하의 일종.
dit·tied [dítid] 형 소가곡(ditty)으로 작곡된(불리는).
dit·to [dítou] 명 (복 ~**s**) **1** 위의(앞과 같은)(暑 do., d̂, ⑦ ~, ⁂ -). **2** (구어) 동종(同種)의 것; 복제(복사)물, 베낀 것; 꼭 닮은 것, 판박이; 같은 일. **3** (~**s**) (英) 위아래 한 벌의 옷(suit). **4** = ~ mark.
say ditto to …에 동의하다; …와 같은 말을 하다.
— 타 (자) 앞서 말한 바와 같이; 마찬가지로, 또. (감탄사적) (그래) 바로 그거야!, 맞아!, 찬성! — 형 마찬가지의; 복사한. — 타 **1** …을 복제하다, 복사하다. **2** …와 같은 말을 하다(되풀이하다); …을 반복하다.
dit·to·graph [dítəɡræf, -ɡrɑ̀ːf] 명 (오사(誤寫)에 의한) 중복 문자. — 타 (수동형으로) 중복 오사하다.
dit·tog·ra·phy [dítáɡrəfi/-tɔ́ɡ-] 명[U][C] 중복 오사(잘못에 의한 철자의 중복).

Dítto machìne 명 (상표) 복사기.
dítto màrk[sìgn] 명 (종종 ~**s**) 반복 부호(〃).
dit·ty [díti] 명 (가사로 쓰여진) 소시(小詩); 소곡.
dítty bàg 명 (선원 등이 바느질 도구·세면 도구 따위를 넣어 두는) 잡낭. (또는 **díddy bàg**)
dítty bòx 명 (ditty bag과 같은 용도의) 작은 상자.
ditz [dits] 명 (속어) 바보, 얼간이; 괴짜, 별난 사람; 살살이. (또는 **ditzo**) 〔< ditzy〕
dit·zy [dítsi] 형 (속어) = ditsy.
di·u·re·sis [dàiəríːsis/-juər-] 명[U] (병리) 배뇨(排尿) 과다(利尿).
di·u·ret·ic [dàiərétik/-juər-] 형 배뇨 촉진의, 이뇨성의. — 명 이뇨제. **-i·cal·ly** 부 ~**·i·cal·ness** 명
di·ur·nal [daiə́ːrnl] 형 **1** 매일 일어나는; 매일(낮 동안)의; (천문) 일주(日周)의; ¶the earth's ~ motion 지구의 일주 운동. **2** 낮 동안의, 주간의; (식물) (꽃 따위가) 주간에 피는; (동물) 주간에 활동하는, 주행성(晝行性)의(nocturnal). ¶~ animals 주행성 동물.
— 명 **1** (가톨릭) (일중(日中)) 성무(聖務) 일과서. **2** (고어) 일기; 일간지. ~**·ly** 부 ~**·ness** 명
diúrnal párallax 명 (천문) 일주 시차(日周視差).
div. divergence; diversion; divide(d); dividend; divine; division; divisor; divorce(d); **Div.** dividend; divine; divinity; Division.
di·va [díːvə, -vɑː] 명 (복 ~**s, -ve** [-ve]) (오페라의) 주역 여가수; 프리마 돈나(prima donna), 주역 여배우; 인기 여가수. 〔<이伊〕〔<*divisional air defense*〕
DIV·AD [dívæd] 명 (美군사) 대공 자주포(對空自走
di·va·gate [dáivəɡèit] 자 (문어) 헤매다, 방황하다; (말이) (…에서) 지엽으로 흐르다, 옆길로 새다 (*from*).
-gá·tion 명
di·va·lent [daivéilənt] 형 (화학) (이온 따위가) 2가의. (또는 **bivalent**) **-lence** 명
di·van [diværn, -vɑ́ːn] **1** [dáivæn] (英) 소파, 소파 침대(~ **bed**), **2** (벽에 붙은) 긴 의자. **3** (종종 D-) (중동 각국의) 국정(國政) 회의 (일반적으로) 회의; (중동 각국의) 회의실; 법정; 알현실. **4** (담배 가게에 붙은) 끽연실. **5** (아라비아·페르시아 시인의) 작품집, 시집.
di·var·i·cate [daivǽrəkèit, di-] 자 두 갈래로 갈라지다(fork). — 타 …을 분리하다, 퍼지게 하다.
— [daivǽrəkət, -kèit, di-] 형 (동·식물) 두 갈래진, 분기(分岐)된; (날개를) 활짝 펼친. ~**·ly** 부
di·var·i·ca·tion [daivǽrəkéiʃən, di-] 명[U][C] **1** 분기(分岐)(점). **2** 의견의 불일치. **3** 두 팔을 활짝 펴기.
di·ve¹ [díːve] 명 diva의 복수형.
‡dive² [daiv] 자 (~**s** [-z]; ~**d**, (美) **dove**; ~**d**; **div·ing**) **1** (머리부터 물 속으로) 뛰어들다, 다이빙하다(*off, on*)(*into, in*)(⇒ PLUNGE [유의어]); (…을 찾아) 잠수하다(*down*)(*for*); (곡예 따위에서) 높은 곳에서 뛰어내리다(*from*) ¶ ~ *into* a river 강에 뛰어들다 / ~ *beneath* the water for pearls 진주를 캐러 잠수하다. **2** (숨기 위해서 급히) (…속으로) 뛰어들다, 돌진하다(dart) ¶ ~ *into* bushes 덤불 속으로 기어 들어가다. **3** (…을 향해) 급히 내려가다, (비행기 따위가) 급강하하다(*down*)(*on, to*). **4** (…에) 손을 질러 넣다(*into*). ¶ ~ *into* a bag 가방에 손을 집어넣다. **5** (활동·일·문제 따위에) 몰두하다 (*in*)(*into*). ¶ (~ + 전 + 명) ~ *into* politics 정치에 몰두하다 / *D- in!* (식사 때) 자 듭시다! **6** (美속어) (조작된 권투 시합에서) 녹아웃 당한 체하다. ¶ (속어) (손 따위를) 찔러 넣다; (잠수함 따위를) 급히 잠수시키다; (비행기) 급강하시키다.
— 명 (복 ~**s** [-z]) **1** 뛰어들기; 잠수. **2** 몰두, 전념, 탐구. **3** 급히 하강하기; (항공) 급강하. ¶ go into a ~ 급강하하다. **4** (…을 향한) 돌진(*for*). **5** (美) 자주 식당; (美구어) (지하실의) 싸구려 술집; 도박장; 나이트클럽. **6** (속어) (조작된 권투 시합에서) 위장 녹아웃[KO].
make a dive for ① …을 찾기 위해 잠수하다. ② …

을 잡으려고 돌진하다.

take a dive ① (…에) 몰두하다 (into). ② (주식 따위가) 폭락하다; (기온이) 급강하하다. ③ 〔구어〕 실패한 척하다; (복싱) 승부 담합 시합에서 케이오 되다.
dive-bomb [dáiνbὰm/-bɔ̀m] 탭 급강하 폭격하다.
díve bòmber 몡 급강하 폭격기.
díve bòmbing 몡 급강하 폭격.
díve bràke 몡 1 〔항공〕 (폭격기 따위의) 급강하 브레이크. 2 =air brake.
díve líght 몡 (다이버의 수중용) 전등.
div·er [dáivər] 몡 1 물에 뛰어드는 사람[것], 다이빙 선수; 잠수부, 해녀. 2 (속어) 잠수함. 3 〔英〕 (아비·논병아리 따위) 잠수하는 물새(loon). 4 (英속어) 소매치기.
***di·verge** [divə́:rdʒ, dai-] 탭 1 (한 점에서) 갈라져 나오다 (from); (선로 따위가) 갈라지다, 분기(分岐)하다(branch off) (into). 2 (의견 등이) 다르다, 갈라지다 (from); (…에 대해) 의견을 달리하다 (on). 3 (상궤(常軌)·기준 따위에서) 벗어나다, 빗나가다 (from). ⇨ DEVIATE 유의어 4 (수학) (급수·수열 등이) 발산하다, 무한대가 되다. ↔ …을 벗어나게 하다 (from). ↔ converge
di·ver·gence [divə́:rdʒəns, dai-] 몡 UC 1 (한 점에서) 갈라져 나오기, 분기. 2 (의견의) 불일치, 차이. 3 (상궤에서의) 일탈 (from). 4 (수학) 발산. 5 (기상) 발산. ↔ **divergency** 몡
di·ver·gent [divə́:rdʒənt, dai-] 몡 1 갈라지는, 분기하는; 발산하는. 2 (사상 따위가) 다른, 일치하지 않는. ↔ DIFFERENT 유의어 3 (상궤(常軌)에서) 벗어나 있어 탈하는. 4 (수학) 발산하는. ↔ convergent ~·ly 몜
divérgent thínking 몡 〔심리〕 발산적[확산적] 사고.
di·ver·ger [divə́:rdʒər, dai-] 몡 diverge하는 사람[것]; 〔심리〕 발산적 사고를 가진 사람, 상상력이 풍부한 사람. 「~·ly 몜
di·verg·ing [divə́:rdʒiŋ, dai-] 몡 =divergent.
divérging léns 〔광학〕 발산(발광) 렌즈, ↔ converging lens
***di·vers** [dáivərz] 몡 두서너 개의, 약간의; 여러 가지의, 잡다한. ↔ (복수취급) 몇 사람[개].
***di·verse** [divə́:rs, dáivərs/daivə́:s] 몡 1 가지가지의; 다양한. 2 종류·성격 등이) 다른, 별개의 (from). ↔ DIFFERENT 유의어 ~·ly 몜 ~·ness 몡
di·ver·si·fi·ca·tion [divə̀:rsəfikéiʃən, dai-] 몡 1 UC 각양각색, 다양(화), 잡다한 상태. 2 UC (다양한) 변화, 변형. 3 (경영) 업종[품목] 다양화, 다각 경영, 경영 다각화 (지역 개발 계획에서) 산업 배치 적화.
di·ver·si·fied [divə́:rsəfàid, dai-] 몡 각양각색의, 다양한, 다각적인; 여러 작물[제품]을 생산하는.
divérsified fárming 몡 복합 영농.
di·ver·si·form [divə́:rsəfɔ̀:rm, dai-] 몡 갖가지 모양의.
di·ver·si·fy [divə́:rsəfài, dai-] 탭젭 1 …의 모양·성질을 다양화하다; …에 변화를 주다. 2 (기업이 [투자]의) 대상을 넓히다, 경영을 다각화[다변화]하다. ↔ 젭 (기업이) 업종[투자]를 다각화하다 (into). 「-fi·a·bíl·i·ty 몡 **-fí·a·ble** 몡 **-fí·er** 몡
***di·ver·sion** [divə́:rʒən, -ʃən/daivə́:ʃən] 몡 UC 1 (어느 방향·목적 따위로부터) 빗나가게 하기, 주의를 딴 데로 돌리기. 2 (자금의) 유용, 전용. ↔ RECREATION 유의어 ¶ Sports are good for ~. 운동은 기분 전환에 좋다. 4 〔군사〕 견제[양동] (작전). 5 1 우회하기, 우회로.
make a diversion 견제하다. 「환[오락]이 되는.
di·ver·sion·al [divə́:rʒənl/daivə́:ʃənl] 몡 기분 전환의; 주의를 딴 데로 돌리는; 〔군사〕 견제적인. ¶ ~ tactics[attack] 양동(陽動) 작전[견제 공격].
di·ver·sion·ism [divə́:rʒənìzm/daivə́:ʃənìzm] 몡 U (정치적) 편향. **-ist** 몡 정치적 편향자; 파괴[반정

부] 활동가; 양동 작전을 쓰는 사람.
***di·ver·si·ty** [divə́:rsəti, dai-] 몡 1 U 서로 다름, 부동(不同). C 차이점. 2 UC (a ~) 다양(성) (variety), 잡다(다양); 상위점(相違點). 3 (美) (기업의) 인력 다양화, 인종[성] 차별 철폐.
‡**di·vert** [divə́:rt, dai-] 탭젭 1 …을 딴 데로 돌리다, 전환하다(turn aside) (from, into). ¶ (~+목+전+명) ~ a river from its course 강의 물줄기를 바꾸다. 2 (남)의 기분을 전환케 하다, (주의·비판 따위)를 딴 데로 돌리다 (away) (from), (흥미 따위)를 딴 데로 돌리다 (from, to); (남)을 위로해주다 (with). ¶ (~+목+전+명) ~ a person from his cares 남의 근심을 달래주다. 3 (수동형·재귀용법으로) (남)을 (…로) 즐겁게 해주다 (by, in, with) (⇨ AMUSE 유의어) 「하다.
***be diverted by** [or **in, with**] …에[을 보고] 즐거워하다
***divert oneself in** …으로 기분 전환을 하다.
~·ed·ly 몜 ~·er 몡 ~·i·ble 몡
di·ver·ti·men·to [divə̀:rtəméntou] 몡 (복) **~s, -ti** [-ti:] 〔음악〕 희유곡(嬉遊曲)(18세기에 유행한 기악곡). 〔<It〕 「재미있는. ~·ly 몜
di·vert·ing [divə́:rtiŋ, dai-] 몡 기분 전환되는,
di·ver·tisse·ment [divə́:rtismənt] 몡 기분 전환, 오락, 연예; 막간 여흥(연극·오페라 따위에서 막간이나 극중에 삽입하는 짧은 무용·음악 따위). 〔<F〕
di·ver·tive [divə́:rtiv, dai-] 몡 =diverting.
Di·ves [dáiviːz] 몡 〔성서〕 부자(←누가 복음(Luke) 16: 19-31); (일반적으로) 부자, 부호.
di·vest [divést/dai-] 탭 1 (…의 옷)을 (웃 따위를) 벗게 하다 (of) (⇨ invest). ¶ (~+목+전+명) ~ a person of his suit 남의 옷을 벗기다. 2 …에게서 (재산·권리 따위)를 박탈하다(deprive) (of) (* 〔법률〕에서는 보통 devest를 쓴다). ¶ (~+목+전+명) He was ~ed of his title. 그는 직함을 박탈당했다. 3 (재귀용법으로) …을 포기시키다; …을 버리게[없애게] 하다 (of). 4 (상업) (상품·보유 주식 따위)를 매각[처분]하다. **-vés·ti·ble** 몡 박탈할 수 있는.
di·vest·i·ture [divéstətʃər, dai-] 몡 UC 1 박탈; 박탈된 것, 박탈 물건; 탈의. 2 (또는 **divesture**) (기업·자산 따위의) 부분 매각, 자회사 매각, 기업 분할; (법원 명령에 의한) 자산[지분] 매각[처분]; 투자 회수[철수]. (또는 **divestment**) 「치료로 표시된) 잠수사.
dive tábles 몡 (스쿠버 다이버를 위해 감압 등을 수
div·i [divi] 몡U 젭 =**divvy**[1. 「몡
di·vid·a·ble [diváidəbl] 몡 =divisible. ~·ness
‡**di·vide** [diváid] 탭 (~s [-z]; -vid·ed; -vid·ing) 탭 1 …을 나누다; …을 (무리·부분 따위로) 분할하다, 쪼개다 (off) (into, in, between). ¶ (~+목+전+명) ~ a thing into two [in half] 물건을 둘로 쪼개다[이등분하다].
2 …을 (…와 /…으로) 구분[구별]하다 (off) (from/by, with); (…으로) 분류하다 (into). ⇨ SEPARATE 유의어 ¶ (~+목+전+명) ~ the subject into two branches 주제를 두 가지로 나누다.
3 …을 갈라 놓다, 떼 놓다, 분리하다 (from). ¶ (~+목+전+명) ~ the sick from the others 환자를 격리하다. 4 (강·도로 등이) …을 갈라 놓다, 구획[분계]하다. ¶ a river dividing the two towns 두 마을의 경계를 이루는 강. 5 …을 나누어 주다, 분배하다 (up) (among, between); …을 (남과) 나누어 갖다, 분담하다 (up) (with). ¶ (~+목+전+명) ~ profits with [among] workmen 이익을 노동자와 나누어 갖다[에게 나누어 주다]. 6 (의견)을 갈라지게 하다; …을 불화하게 하다, 분열시키다 (on, over, as to). ¶ (~+목+전+명) They were ~d on the issue. 그 문제로 그들은 의견이 갈라졌다. 7 (수학) …을 나누다 (by); 나뉘어 떨어지게 하다. ¶ 2 ~s 10. =10 is ~d by 2. 10 은 2 로 나누어진다 // (~+목+전+명) D- 20 by 5 [D- 5 into 20] and you get 4. 20 을 5로[5 로 20 을

나누면 4가 된다. 8 〔英〕〔의회·위원회 등을〕(…에 해) 찬반 두 파로 가르다(on). 9 〔기계〕…에 같은 간격으로 눈금을 매기다.
─㉣ 1 분리하다(from); (의견·이해(利害) 등이) 엇갈리다, 분열되다(up)(into); (강·도로 따위가) 갈라지다, 분기하다(into). ¶(~+前+名) The students ~d (up) into small groups. 학생들은 작은 그룹으로 갈라졌다. 2 나누어 갖다, 자기 몫을 받다(up)(with). 3 〔수학〕나누어 떨어지다(by). ¶12 ~s by 3. 12는 3으로 나누어진다. 4 〔英〕(…의) 찬반을 표결에 부치다(on).
be divided against *itself* 내분이 일어나다.
divide and rule[conquer] 분할 통치[정책]하다(＊명사형으로도 쓰인다).
divide off 분할하다, 나누다; 구분[구별]하다; 분류하다.
divide up ① 분배하다, 나눠 갖다; 분담하다(~ out). ② (의견 따위가) 갈리다, 분열되다.
─㉤ **~s** [-z] 〔단수취급〕 1 분배, 고루 나누기; 분할, 분열. 2 〔美〕분수계, 분수령; 《비유적》 경계선. The Great [or Continental] D− (로키 산맥의) 대분수령. 3 나눗셈. 〔컴퓨터〕제산(除算).
cross [or *go over*] *the* (*great*) *divide* 〔美구어〕죽다.
di·vid·ed [diváidid] ㉠ 1 갈라진, 분할된; 분열된. 2 분배[배분]된. 3 〔식물〕(잎 따위가) 깊이 갈라진. **~·ly** ㉣ **~·ness** ㉤
divíded cónsonant 〔음성〕분열[분할] 자음.
divíded híghway 〔美〕중앙 분리대가 있는 간선[고속] 도로(dual highway, 〔英〕 dual carriageway).
divíded ównership 〔법〕(토지의) 분할 소유.
divíded páyment 분할 지불[납부].
divíded pítch ㉠ 〔기계〕 복식 나선형 나사의 피치.
divíded skírt ㉠ 치마 바지, 퀼로트(culotte).
divíded úsage 〔문법〕관용의 흔들림, 분할 어법.
＊**div·i·dend** [divədènd, -dənd] ㉠ 1 (주식의) 배당(금). 2 〔보험〕(계약자가 받는) 이익 배당(〔英〕 bonus); 〔은행〕예금 이자. 3 (기대 이상의) 여분의 것, 번 것. 4 〔수학〕피제수(被除數), 나눔수. 〔cf.〕 divisor.
declare a dividend 배당을 고시하다.
dividend off 배당 없는, 배당락(落)(〔英〕 ex ~).
dividend on 배당 붙은, 배당부(附)(〔英〕 cum ~).
pass a dividend 이익을 배당하지 아니하다[되다].
pay dividends 이익을 배당한다; 은혜를 입히다, 뒤에 보답을 받다.
dívidend accóunt ㉠ 〔보험〕배당금 계정(計定).
dívidend chéck [〔英〕 **chéque**] ㉠ 〔보험〕배당 수표, 배당권.
dívidend còverage [〔英〕 **còver**] ㉠ (기업 우 의의) 배당 배율.
dívidend strìpping ㉠ 〔英세법〕배당금 공제.
dívidend wàrrant ㉠ 〔英〕배당금 지급증, 배당권.
dívidend yìeld ㉠ (주식의) 배당수율.
di·vid·er [diváidər] ㉠ 1 분할자[물], 분할 도구; 분배자. 2 (a pair of ~s) 디바이더, 분할 컴퍼스. 3 (방 따위의) 칸막이, 가리개; 사이를 가르는 것[사람].
di·vid·ing [diváidiŋ] ㉠ 1 나누는, 구분[분할]하는. ¶~ bars 격자살/a ~ ridge 분수령. 2 〔기계〕눈금용의. ㉤〔기는 기계, 분할기.
dividing èngine[**machìne**] ㉠ 〔기계〕 눈금 새기는 기계, 분할기.
dividing lìne ㉠ 경계선.
div·i·di·vi [dívidívi] (열대 아메리카산의 (產)) 콩과(科) 식물); 그 꼬투리(가죽 무두질용).
di·vid·u·al [divídʒuəl] ㉠ 분할할 수 있는; 분리된.
Di·vi·na Com·me·dia [divíːnə komméːdja] (La ~) 신곡(神曲)(Dante의 장편 서사시). 〔＜It〕
div·i·na·tion [dìvənéiʃən] ㉠ 1 ⓤ 점(占). 2 ⓒ (종종 ~s) 전조(前兆); 예언. 3 직관적 인지, 감; 본능적 직관; 정확한 예측, 선견지명.
di·vin·a·to·ry [divínətɔ̀ːri/-təri] ㉠ 점의, 예언의.
＊**di·vine** [diváin] ㉠ (*more* ~; *most* ~) 1 신(神)의[에 관한], 에 의한, 신성의. ¶~ *punishment*[*call*] 천

벌[천명]/the ~ *Being* [or *Father*] 하느님, 신. 2 신에게 바치는, 신성한, 종교적인. ⇨HOLY 〔유의어〕 ¶a ~ *song* 성가. 3 신이 주신. 4 신 같은, 거룩한; 초인적인. 5 《구어》신을 찬미하는, 멋진, 평장히 좋은. ─㉣ **~s** [-z] 1 신학자, 종교 학자; 성직자, 목사. 2 (the D−) 신; (인간의) 신성. ─㉤ 1 점치다; 선지하다, 예언하다(prophesy). 2 꿰뚫어보다, 추측하다.
-vín·a·ble ㉠ **~·ly** ㉣ **~·ness** ㉤
Divíne Cómedy ㉠ (the ~) ⇨DIVINA COMMEDIA.
divíne héaling ㉠ 신의 힘에 의한 치유, 기도[신앙]에 의한 치료법.
Divíne Mínd ㉠ (크리스천 사이언스 교파의) 신(神).
divíne óffice ㉠ (종종 D− O−) 〔교회〕성무 일과서 (聖務日課書)의 내용.
di·vin·er [diváinər] ㉠ 1 점쟁이; 예언자; 추측자. 2 수맥(水脈) 탐지자; =divining rod.
divíne ríght of kíngs ㉠ (the ~) 제왕의 신권(神權), 신수 왕권(神授王權); 〔英역사〕왕권 신수설.
divíne sérvice ㉠ 〔종교〕예배(식), 제례(祭禮).
＊**div·ing** [dáiviŋ] ㉠ 잠수(용)의. ⓒ ⓤ (수영) 다이빙.
díving apparàtus ㉠ 잠수 용구.
díving bèetle ㉠ 〔곤충〕물방개.
díving bèll 잠수종(종 모양의 잠수기(器); 수중 작업용).
díving bòard (수영장 따위의) 뜀틀, 다이빙대[판].
díving bòat ㉠ 잠수 작업용 보트. 〔수 장비.
díving equípment ㉠ 잠수 헬멧.
díving hélmet ㉠ 잠수모,
díving réflex ㉠ 〔생리〕 잠수[다이빙] 반사.

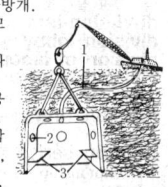
[diving bell]
1 air tube 2 window 3 seats

díving sáucer ㉠ 잠수 원반 (해양 조사용 잠수정).
díving simulator ㉠ 잠수 시뮬레이터(모의 잠수 장치).
díving sùit [**drèss**] ㉠ 잠수복.
díving technólogy ㉠ 잠수 기술; 잠수 공학.
di·vin·ing [diváiniŋ] ㉠ ㉣ 점(占)의.
divíning ròd 점(치)는 막대기(개암나무 가지로 지하 수맥·광맥을 찾는 데 썼다).
＊**di·vin·i·ty** [divínəti] ㉠ 1 ⓤ 신성, 신의 성질, 신의 권위, 신의 힘; 초인적인 힘. 2 (the D−) (우주 창조자로서의) 신(the Deity, God). 3 (일반적으로) 신. 4 〔속어〕신과 같은 존재, 거룩한 사람. 5 ⓤ 신학; 신학 대학. ¶a Doctor of D− 신학 박사(略 D.D.). 6 (종종 ~ *fudge*) 크림 과자의 일종. 〔지용.
divínity cálf 흑갈색의 송아지 가죽(신학 서적 표
divínity círcuit (**bìnding**) ㉠ 〔제본〕귀접이식 (표지) 제책, 야프 제본(yapp). (또는 **círcuit bìnding**)
divínity schóol ㉠ (신교의) 신학교[대학(원)].
div·i·nize [dívənàiz] ㉥ ㉣ 신격화하다, 신성시하다, 신으로 모시다. **-ni·zá·tion** ㉤
di·vis·i·bil·i·ty [divìzəbíləti] ㉤ ⓤ ㉠ 1 분할 가능성, 가분성(可分性). 2 〔수학〕나누어 떨어짐(by).
di·vis·i·ble [divízəbl] ㉠ 1 나누어지는, 나눌 수 있는(into). 2 〔수학〕나누어 떨어지는(by).
~·ness ㉤ **-bly** ㉣
＊**di·vi·sion** [divíʒən] ㉠ (㉥ **~s** [-z]) 1 ⓤⓒ 나누기, 분할(*into*, *between*, *among*); 구분; 분배. ¶ *make a* ~ *of one's property* 재산을 분배하다. 2 ⓤⓒ 〔수학〕나눗셈, 제법(除法)(㉤ multiplication). ¶ long[short] ~ 장[단] 제법(13이상[12이하]으로 나누는 나눗셈). 3 ран의; 경계, 경계선(*between*). ¶ the ~ *between* his garden and mine 그의 집 뜰과 우리 집 뜰의 경계. 4 (분할된) 부분, 구획, 분절(分節); 눈금. 5 ⓤⓒ (의견·감정의) 차이; 분열; 불화(*between*,

among). **6** 《英》〔정치〕(의회의) 표결. ¶take a ~ on a question 문제에 대해서 표결하다. **7** (정치·사법·군사·수송상의) 지구, 관구; 《英》 선거구. ¶administrative ~*s* 행정구. **8** (D–) 《집합적; 단·복수 양용》 (관청·회사 등의) 부문, 국, 부, 과; 사업부; (대학의) 학부. **9** 〔육군〕 사단(⇨ARMY); 〔해군〕 분함대(分艦隊)(보통 4척의 군함으로 편성). **10** 〔생물〕 (분류상의) 문(門). ⇨CLASSIFICATION [주의] **11** [U][C] 〔원예〕 포기 나누기, 분주(分株). **12** 〔논리〕 분해, 분류. **13** 〔스포츠〕 (체중·기량·연령별의) 급(級), 클래스; 지구, 지역; 리그, 연맹. **14** 《英》 **a)** 공무원의 급(級). **b)** (교도소에서 죄의 경중(輕重)에 의한) 구분, 부(部), 급.

go to a division 《英》 표결하다[에 들어가다]. 「로.

without a division 《英》 투표에 의하지 않고, 무투표

di·vi·sion·al [divíʒənl] [형] **1** 분할하는, 구분적인. **2** 부분의, 부분적인. **3** 사단의. ¶a ~ commander 사단장. **4** 〔수학〕 나눗셈의, 제법의. **~·ly** [부]

divísion àlgebra [명] 〔수학〕 다원체(多元體).

divísion àlgorithm [명] 〔수학〕 제법 정리(除法定理). 「divisional.

di·vi·sion·ar·y [divíʒənèri/-ʒənəri] [형] 《英》 =

divísion bèll [명] 《英》 (의회에서 표결 개시를 알리는) 투표 실시 벨. 「-ist [명][형]

di·vi·sion·ism [divíʒənìzm] [명] =Pointillism.

divísion lóbby [명] 〔英의회〕 투표 대기 복도.

divísion of lábor [명] 〔경제〕 분업(分業).

divísion of pówers [명] **1** 〔정치〕 권력[삼권] 분립. **2** 〔美정치〕 (연방과 주(州) 사이의) 주권(主權) 분립.

divísion rìng [명] 〔수학〕 상환(商環), 비가환체(非可換體).

divísion séries [명] 《美》〔야구〕 지구별 승자 결정전(championship series 출전팀 결정을 위한 5전 3선승제 게임). 「(÷). **2** (분수의) 사선(/).

divísion sìgn [màrk] [명] **1** 〔수학〕 나눗셈 기호

di·vi·sive [diváisiv] [형] 구분하는; 불화를 일으키는. **~·ly** [부] **~·ness** [명]

***di·vi·sor** [diváizər] [명] 〔수학〕 제수(除數), 나눗수, 약수(約數). [참] dividend ¶a common ~ 공약수.

divn, Divn. Divisional.

‡**di·vorce** [divɔ́ːrs] [명] ([복] **-vorc·es** [-iz]) **1** [U][C] 〔법률〕 이혼(absolute ~); 부부 별거(limited ~) (*from*). ¶a ~ suit 이혼 소송 / get [*or* obtain] a ~ *from* one's wife 부인과 이혼하다. **2** (보통 a ~) 완전한 분리, 절연(絕緣) (*between, from*).

—[동] (**-vorc·es** [-iz]; **~d** [-t]; **-vorc·ing**) [타] **1** …와 이혼하다; (법원이) 〔부부〕를 이혼시키다. ¶~ one's wife; ~ oneself *from* one's wife; be ~*d from* one's wife 아내와 이혼하다 / They got ~*d*. 그들은 이혼했다. **2** …을 분리하다 (*from*). ¶(~+[目]+[前]+[名]) ~ education *from* religion 교육과 종교를 분리하다.

—[자] 이혼하다.

~·a·ble, -vórced [형] **-vórc·er** [명] **-vór·cive** [형]

di·vor·cé [divɔ̀ːrséi, -ˊ-ˋ] [명] 이혼(당)한 남자. [여] divorcee, divorcée 〔<F〕

divórce còurt [명] 이혼 법정.

di·vorce·ment [divɔ́ːrsmənt] [명] =divorce.

div·ot [dívət] [명] 〔골프〕 디봇(타구 때 클럽에 의해 뜯겨진 잔디 조각); 《스코·北英》 (한 조각의) 잔디(turf).

di·vul·gate [divʌ́lgeit] [동][타] 《고어》 …을 공표하다; 〔비밀 따위〕를 누설[폭로]하다, 입 밖에 내다. **-gat·er, -ga·tor** [명] **-ga·tò·ry** [형] 「누설, 폭로; 공표.

di·vul·ga·tion [dìvəlgéiʃən/dai-] [명][U] (비밀의)

di·vulge [divʌ́ldʒ, dai-] [동][타] **1** 〔비밀 따위〕를 누설[폭로]하다(*to*); 〔나쁜 짓 따위〕를 적발하다. ⇨REVEAL [유의어] **2** 《고어》 …을 공표하다. **~·ment, -vúlg·er** [명]

di·vul·gence [divʌ́ldʒəns, dai-] [명][U] (비밀 따위의) 누설, 폭로; 공표. 「**-vúl·sion** [명] **-vúl·sive** [형]

di·vulse [daivʌ́ls, di-] [동][타] 〔외과〕 열개(裂開)하다.

div·vy¹ [dívi] 《구어》 [명][C][U] 배당, 몫. (또는 **divi**) **—**[동] 나누다, 분배하다(*out, up*).

div·vy² [형] 《속어》 아주 즐거운; 근사한, 멋진.

di·wan¹ [diwáːn, -wɔ́ːn] [명] 《인도》 고관(高官), 주

di·wan² [diwáːn] [명] =divan. 「(州) 재무장관.

Dix [diks] [명] (때로 d–) 《美속어》 10달러 지폐.

Dix·i·can [díksikən] [명] 《美》 남부 출신 공화당원. 〔<*Dixie*+Republi*can*〕

dix·ie [díksi] [명] 〔英군사〕 (캠프용) 큰 쇠냄비.

Dix·ie [díksi] [명] 딕시. **1** 미국 남부 여러 주의 별칭. **2** (남북 전쟁 때) 남부에서 애창된 노래. **3** 여자 이름.

whistle Dixie 무책임한 말을 하다; (비현실적인) 낙관적 공상에 빠지다.

—[형] 미국 남부 여러 주(특유)의.

Dix·ie·crat [díksikræ̀t] [명] 《美》 남부의 민주당 탈당파. **-crát·ic** [형] 〔<*Dixie*+Demo*crat*〕

Díxie Cùp [명] 《상표》 종이컵.

Dix·ie·land [díksilæ̀nd] [명] **1** 《집합적》 =Dixie 1. (또는 **Díxie Lànd**) **2** [U] (종종 d–) (또는 **~ jàzz**) 딕실랜드 재즈(미국 New Orleans에서 기원한 초기 재즈 음악의 한 형식). 「음악가.

Dix·ie·land·er [díksilæ̀ndər] [명] 딕실랜드 재즈

Dix·on [díksən] [명] 딕슨. **1 Jeremiah** ~ (? – 1777: 영국의 천문학자·측량 기사). **2** =New Orleans.

dix·y [díksi] [명] 《英》 =dixie.

D.I.Y., DIY, d.i.y. 《英》 *d*o-*i*t-*y*ourself.

DIYer [dìːáiwáiər] [명] 《주로 英》 쉬는 날 목수 일 하는 사람. (또는 **DIY'er**) 〔<*do-it-yourselfer*〕

diz·en [dáizn, dízn] [동][타] 《고어》 장식[치장]하다.

di·zy·got·ic [dàizaigɑ́tik/-gɔ́t-] [형] (쌍생아가) 이란성(二卵性)의, 몸뚱이가 붙은, 2접합체성의. (또는 **dizygous**) **-gos·i·ty** [dìzaigɑ́səti] [명]

dizz·brain [dízbrèin/ˊ-ˋ] [명] 《美속어》 얼간이, 바보.

***diz·zy** [dízi] [형] **1** 현기증이 나는, 눈이 핑핑 도는 (*from*); (머리가) 어찔어찔한 (*with*). ¶feel [*or* get] ~ 현기증이 나다. **2** (높이·속도 등이) 어지러울 정도의, 아찔한, 현기증을 일으키는. ¶a ~ height 아찔해지는 높이. **3** 《구어》 얼빠진, 어리석은; 지각없는, 경솔한. **—**[동][타] …의 눈을 돌게 하다, …에게 현기증나게 하다; …을 당황하게 하다. **-zi·ly** [부] **-zi·ness** [명]

diz·zy·ing [díziiŋ] [형] 현기증이 나게 하는, 어찔어찔하게 하는. **~·ly** [부]

diz·zy-wiz·zy [-wìzi] [명] 《美속어》 정제(錠劑) 마약.

D.J. *d*isk *j*ockey (또는 **DJ, d.j.**); *D*istrict *J*udge; 《라틴》 *D*octor *J*uris(=Doctor of Law); *d*ust [dinner] *j*acket. **D-J** *D*ow *J*ones average.

Dja·kar·ta [dʒəkɑ́ːrtə] [명] ⇨JAKARTA.

djel·la·ba(h) [dʒəlɑ́ːbə] [명] 젤라바(북아프리카 또는 아랍 여러 나라의 두건 달린 남성용 긴 상의(上衣)). (또는 **jellaba**)

DJI *D*ow-*J*ones *I*ndex(다우 존스 (주가) 지수). **DJIA** *D*ow-*J*ones *I*ndustrial *A*verage(다우 존스 공업 주가 평균).

Dji·bou·ti [dʒibúːti] [명] 지부티(동아프리카의 공화국; 수도 Djibouti). (또는 **Jib(o)uti**) **~·an** [명][형]

Dji·las [dʒíləːs] [명] **Milovan** ~ 질라스(1911–95: 유고슬라비아의 정치인·작가; 반체제 지도자).

djin(n) [dʒin] [명] ([복] **~(s)**) 〔회교〕 =jinn. (또는 **djinni, djinny**)

DJS, D.J.S. *D*octor of *J*uridical *S*cience. **DK** deck; 《국제 자동차 식별 기호》 Denmark. **dk., DK** dark; deck; dock. **D.K.** *d*on't-*k*now(모른다고 대답하는 사람). **dkg** dekagram(s). **dkl** dekaliter(s). **dkm** dekameter(s). **dl** deciliter(s). **D/L** 〔컴퓨터〕 *d*ata *l*ink; *d*emand *l*oan. **D.L.** 《英》 *D*eputy *L*ieutenant(부지사).

D làyer [명] D층(전리층(電離層)의 최하층).

DLB 《美》 *d*ead *l*etter *b*ox. **DLE** 〔컴퓨터〕 *d*ata *l*ink

escape. **D.Lit(t).** (라틴) *Doctor Lit(t)erarum*(=Doctor of Letters [Literature]). **DLM** (송신) *double long meter*. **D.L.O.** *Dead Letter Office*. ⇨ DEAD LETTER. **DLP** (濠) *Democratic Labor Party*. **dlr.** *dealer; dollar*. **D.L.S.** *Doctor of Library Science*. **dlvd.** *delivered*. **dlvr.** *deliver(y)*. **dlvy.** *delivery*. **dly.** *daily; delivery*. **dm** *decameter(s); decimeter(s)*. **DM** *adamsite; direct mail*. **DM**, *Dm*. *Deutsche mark*. **dm**. *delta metal*. **D.M., d.m.** (음악) *Destra Mano*. **D.M.** (英) *Daily Mail* [*Mirror*]; *Deputy Master*; *Doctor of Mathematics* [*Medicine*]. **DMA** (컴퓨터) *direct memory access*(기억 직접 접근); *Doctor of Musical Arts*. 「mark(s).
D-mark [díːmὰːrk] 명 (종종 D- M-) =Deutsche **DMC** *digital microcircuit; direct manufacturing cost*. **D.M.D.** (라틴) *Dentariae Medicinae Doctor* (=Doctor of Dental Medicine). **DME** *distance measuring equipment*((항공기 와 지상 사이의) 거리 측정 장치).
Ď mèson [-] (물리) D중간자(中間子).
DMI *Director of Military Intelligence*. **DML** *data manipulation language*. **D.M.L.** *Doctor of Modern Languages*. **dmn** *dimension*. **DMN(A)** (화학) *dimethylnitrosamine*. **D.M.S.** *Diploma in Management Studies; Director of Medical Services; Doctor of Medical Science*. **DMSO** *dimethyl sulfoxide*(용제(溶劑), 외용 진통제). **dmst.** *demonstration*. **DMT** *dimethyltryptamine*(환각제). **D.Mus.** *Doctor of Music*. **DMV** *Department of Motor Vehicles*. **DMZ** *demilitarized zone*(비무장 지대). **Dn** (성경) *Daniel*. **d–n** [dìːn, dæm] *damn*. **DN.,** *D/N* *debit note*(청구서, 차변표(借邊票)). **D.N.** *Daily News*; (라틴) *Dominus noster*(=Our Lord). **DNA** (유전) *deoxyribonucleic acid*(디옥시리보 핵산).
DŃA bánk [díːénéi-] 명 유전자 은행[데이터 뱅크].
DŃA évidence 명 DNA[유전자] 감식에 의한 증거.
DŃA fíngerprint 명 유전자 지문.
DŃA fíngerprinting 명 DNA 지문(감식)법.
DŃA prínt[prófile] 명 유전자 지문(紋).
DŃA próbe (생물공학) DNA 프로브(DNA의 특정 부위를 검출하는 방법).
DŃA resúlts 명 DNA[유전자] 감식 결과.
DNase [díːéneis, -eiz] 명 DNA 분해 효소. (또는 **DNAase**) [<*deoxyribonuclease*]
DŃA tésting[týping] 명 DNA[유전자] 감식.
DŃA vírus 명 DNA 바이러스(DNA를 유전자로 가진 바이러스의 총칭).
D.N.B. (英) *Dictionary of National Biography*(인명사전). **DNC** (美) *Democratic National Committee*(민주당 전국 위원회); (컴퓨터) *direct numerical control*(직접 수치 제어). **DNF** *did not finish*.
Dnie·per [níːpər] 명 (the ~) 드네프르 강(江) (Moscow 서쪽 Valdai Hills에서 흑해로 흘러드는 강).
D-no·tice [díːnòutis] 명 (英) D통고(정부의 국방 기밀 보도 금지 통보). [<*Defence notice*]
DNS (컴퓨터) *domain name server* [*service*].
‡**do¹** ⇨ DO. 〈p. 802〉 「(음).
do² [dou] 명 (樂 ~s) (음악) 도(전음계의 제1음[주
DO *dissolved oxygen*(용존 산소(溶存酸素)). **DO, D.O.** *defense order; design office.* **do.** *ditto*. **D/O, d.o.** *delivery order*. **D.O.A.** *dead on arrival*((병원) 도착시에 이미 사망). * 의사의 용어
do·ab [dóuaːb] 명 두 강 사이에 끼어 있는 땅(특히 인도의 Ganges 강과 Jumna 강 사이에). [<Pers]
do·a·ble [dúːəbl] 형 할[행할] 수 있는.
do-all [dúːɔ̀ːl] 명 잡일꾼, 허드렛일꾼(factotum).

doat [dout] 동자 =dote.
dob [dɑb/dɔb] 동타 (**-bb-**) (濠·뉴질 속어) * 다음 숙어로만 쓴다.
dob in ① (남)을 밀고하다. ② (자리에 없는 사람)에게 싫은 일을 담당하다. ③ 돈을 출자하다.
dob oneself in 관계하다, 관계가 있다.
DOB, d.o.b. *date of birth*; *do our best*.
dob·ber [dɑ́bər/dɔ́b-] 명 (美방언) 낚시찌(bob); (濠속어) = ~in. 「배신자.
dob·ber-in [dɑ́bərin/dɔ́b-] 명 (濠속어) 밀고자.
dob·bin [dɑ́bin/dɔ́b-] 명 1 (온순하고 일 잘하는) 말, 농경마; 짐끄는 말. 2 (뉴질) 깎은 양모 운반용 손수레. 3 (18세기에 쓰던) 1 질(gill)들이 술잔.
dob·by [dɑ́bi/dɔ́bi] 명 1 (英방언) 바보, 멍청이. 2 (방언) 작은 요정. 3 (섬유) 도비(작은 무늬를 짜는 직기의 개구(開口) 장치); 도비 무늬(가 있는 직물).
Do·ber·man pin·scher [dóubərmən pínʃər] 명 도베르만 펀셰르(독일산(産) 개). (또는 **doberman**)
do·bie [dóubi] 명 1 (美남서부) =adobe. 2 (진흙으로 만든) 놀이용 구슬.
do·bra [dóubrə] 명 도브라(아프리카의 상투메 프린시페의 화폐 단위).
dob·son [dɑ́bsən/dɔ́b-] 명 1 =dobsonfly. 2 = hellgrammite. 3 (英) (TV) 복잡한 장면의 최종 리허설.
dob·son·fly [dɑ́bsnflài/dɔ́b-] 명 뱀잠자리과(科)의 곤충(유충은 hellgrammite라고 한다).
do·by¹ [dóubi] 명 (美) =adobe. (또는 **dob(i)e**)
do·by² 동타 (해사) (속어) 세탁하다.
doc¹ [dɑk/dɔk] 명 (속어) 1 =doctor. 2 (모르는 남자를 부르는 말로) 당신. ¶What's up, *D*–? 무슨 일이죠? 「*documentation*.
doc² 명 1 (속어) =*document*. 2 (컴퓨터) (속어) =
DOC (생화학) *deoxycorticosterone*; (美) *Department of Commerce*. **doc.** *document*.
do·cent [dóusnt/dousént] 명 1 =privatdocent. 2 (대학의) 시간 강사; (박물관의) 안내원. **~·ship** 명
doch-an-dor·rach [dáxəndɑ̀rəx/dɔ́xəndɔ́r-] 명 (스코·아일) 이별의 술잔. (또는 **doch-an-dorris**)
*doc·ile [dǽsəl/dóusail] 형 1 다루기[제어하기] 쉬운, 유순한. ⇨OBEDIENT 유의어 ¶a ~ child 순한 아이. 2 가르치기[지도하기] 쉬운, 학습하기 쉬운. ¶an intelligent and ~ pupil 총명하고 가르치기 쉬운 학생. **~·ly** 부
do·cil·i·ty [dɑsíləti/dou–] 명 U 다루기 쉬움, 온순함, 순종; 가르치기 쉬움.
doc-in-a-box [-ìnəbɑ́ks/-bɔ́ks] 명 (美 *docs-*) 응급 의료 센터, 응급 진료소. (또는 **dóc-in-the-bóx**)
‡**dock¹** [dɑk/dɔk] 명 1 (美) 부두, 선창. 2 독, 선거(船渠)(배의 수리·청소·건조용 구조물). ¶a dry [or graving] ~ 건(乾)선거 / a floating ~ 부(浮)선거 / a wet ~ 습(濕)선거. 3 (~s) 항만 시설 전체; 독 지대; 조선소(dockyard). 4 항공기의 격납고, 수리[정비]장. 5 (철도) 화물 적하장, 화물 적하용 플랫폼. 6 (무대 아래에 있는 도구[무대 장치] 창고.
in dry dock (구어) 실직하여.
in (the) dock ① (배가) 독에 들어와. ② (英구어) 입원하여(in hospital); (탈것이) 수리중에.
out of dock ① 독에서 나가. ② (英구어) 퇴원하여.
— 동타 1 (배)를 독에 넣다; (비행기)를 수리장에 넣다; (화차)를 적하장에 넣다. 2 (어떤 장소)에 독을 설치하다. 3 (우주선)을 결합시키다, 도킹시키다. — 자 1 독에 들어가다. 2 (우주선끼리) 결합하다, 도킹하다.
dock² [dɑk/dɔk] 명 1 동물 꼬리의 둔부[근육] 부분. 2 짧게 자른 꼬리. 동타 1 …의 끝을 자르다; …의 꼬리를 짧게 자르다. 2 (봉급)을 삭감하다, 공제하다, …을 깎다, 삭제하다. ¶~ a person's wages 남의 급료를 삭감하다.
dock³ 명 (형사 법정의) 피고석.
be in the dock 피고석에 앉아 있다, 공판중이다.
dock⁴ 명 마디풀과(科) *Rumex*속(屬)의 식물.

| 본동사, 대동사, 조동사의 세 가지 중요한 용법이 있다.
(1) 본동사로서는 일반동사와 같은 구문을 취하며, does(3인칭 단수 현재), did(과거), done(과거분사)의 변화형을 갖는다.
(2) 대동사는 반복을 피하기 위해 이미 나온 동사를 대신하는 용법이다.
(3) 조동사로서는 be동사와 같이 변칙동사의 하나이며, 주어와 도치되어 의문문을 만들고, not와 직접 결합하여 부정문을 만든다. 단, 본동사가 have일 경우는 미식(美式)과 영식(英式)에 차이가 있다(⇨ HAVE USAGE). 조동사 do는 긍정문의 강조에도 쓴다.

‡**do**[1] [강 duː, 약 du, də] 图 (**does** [dʌz, 약 dəz]; **did** [did]; **done** [dʌn] **do·ing** [dúːiŋ]; (고어) 2인칭 단수 현재 **do·est** [dúːist] 3인칭 단수 현재 **do·eth** [dúːiθ]) * 고어형의 동사·조동사의 용법 구별은 19세기 이후의 일이다.
— 围 Ⅰ. …을 하다
1 a) (일·행위·행동 따위)를 하다, (의무·임무 따위)를 수행[이행]하다; 다하다. ¶ *do* one's work 일을 하다 / *do* something wrong 뭔가 나쁜 짓을 하다 / *do* a good deed 선행을 하다, 친절을 다하다 / *do* one's duty 의무를 다하다 / *do* repairs 수리를 하다 / *do* a smoke 담배를 한 모금 피우다 / *do* battle 전쟁을 하다 / *do* a moonlight flit (英구어) 야반도주하다 / *do* a weep (英구어) 한바탕 울다 / *do* a person's bidding 남의 명령대로 하다 / Do you have anything to *do*? 무슨 일 할 것이 있습니까? / What are you *doing*? 뭘 하고 있습니까? / You mustn't *do* things by halves. 매사를 어중간하게 해서는 안 된다 / *Do* it yourself. 그것은 당신이 직접 하세요. **b)** (do the -ing 형태로) (일 따위)에 종사하다(for). …을 하다. ¶ *do* the cooking [shopping] 요리[쇼핑]를 하다 / He *did* the talking and I listened. 이야기는 그가 하고 나는 듣기만 했다 / I *do* engineering. 제 직업은 기사입니다 / He must have *done* what he *did* because he was upset. 그가 그런 일을 한 것은 속이 뒤집혀서였을 것이다.

USAGE[1] **do the -ing** —— (1) the 대신에 one's, some, much 따위를 쓰기도 한다: I *did* some *reading* yesterday. 어제는 책을 좀 읽었다. (2) 직업으로서 …을 하는 경우에는 the 따위의 한정사를 붙이지 않는다: What do you *do* (for a living)? — I *do teaching.* 무슨 일을 하십니까? — 교사입니다.
유의어 **do**「하다, 행하다」를 뜻하는 가장 일반적인 말. **achieve** 어려움을 극복하고 중요·위대한 일을 해내다. **accomplish** 노력·숙련 등으로 목적을 완수하다. **discharge** 의무·직무 등을 수행하다. **execute** 계획·의도·명령을 수행하다. **fulfill** 약속·책임 등을 완수하다. **perform** do의 격식차린 말; 행위 그 자체보다도 시간이 걸리고 어려운 과정에 대해서 쓰는 경우가 많다. **transact** 상업상의 업무를 처리하다.

2 (have done, (be) done의 형태로) …을 해치우다, …을 끝내다(finish). ¶ I have *done* my work. 나는 일을 끝냈다 / His speech *was* finally *done*. 그의 연설은 마침내 끝났다 // (~ + -*ing*) When she had *done writing*, it was evening. 그녀가 다 쓰고 났을 때는 저녁이 되었다 // What is *done* cannot be *undone*. (속담) 이미 끝난 일은 되돌릴 수 없다.
3 (일을) 다하다, 기울이다, 행사하다(exert). ¶ *do* one's endeavors 노력을 기울이다 / *do* one's damnedest (英속어) 최선의 노력을 하다 / Let him *do* his worst. 그에게 바보 같은 짓 하라고 내버려둬라, 저런 자식 마음대로 하라지.
4 …을 일으키다, 가져오다, 초래하다(to). ¶ (~ + 目) (~ + 目 + 前 + 图) Change of air will *do* you good. 전지(轉地)를 하면 건강에 좋을 것입니다 / *do* a person good [harm] / *do* good [harm] *to* a person 남에게 이익[해]이 되다.

5 (정의(定義)·공정 등)을 행하다, 처리하다, (봉사 등)을 하다, (경의(敬意) 등)을 표하다(pay)(to). ¶ (~ + 目 + 前 + 图) (~ + 目 + 目) *do* worship [thanks] *to* a person 남을 존경하다[에게 감사하다] / Pilgrims *did* their homage *to* the tomb. 순례자들은 그 무덤에 참배하였다 / Justice ought to be *done* to him. = We ought to *do* him justice. 그는 마땅히 정당한 대우를 받아야 한다 / The portrait *does* her injustice. 그 초상화는 그녀의 실물만 못하다 / To *do* him justice, he was merely a good-natured man. 공정하게 말해서 그는 착한 사람에 지나지 않았다 / I will *do* my service *to* my country. 나 나름대로 나라에 봉사할 생각이다 / Will you *do* me a favor? 부탁이 하나 있습니다만.
6 (그 제제에 필요한 일)을 하다, 처리하다: 수리하다(repair); 정리하다; 장식하다. ¶ *do* one's correspondence 편지 답장을 쓰다 / *do* a parlor 거실을 청소하다 / *do* flowers 꽃을 꽂다 / *do* one's hair 머리를 잘 다듬다 / *do* one's nails 손톱을 다듬다 / *do* one's teeth 이를 닦다 / *do* the dishes 접시를 닦다 / *do* the room in blue 방을 푸른 색조로 장식하다 / *do* one's face 화장을 하다 / *do* a beer [drink] (英구어) 맥주[술]를 한잔 마시다 / *do* a meal (英구어) 식사를 하다 / *do* a bit (英구어) 음식을 먹다.
7 …을 공부하다(study), 전공하다; (문제)를 풀다(solve), …을 계산하다; …을 번역[번안]하다(translate) (into). ¶ Have you *done* your English yet? 영어는 벌써 끝냈니? / He is *doing* economics. 그는 경제학을 전공하고 있다 / *do* a problem 문제를 풀다 / *do* a rapid sum in one's head 머리 속으로 재빨리 계산하다 / *Do* Latin *into* English 라틴어를 영어로 옮기다 // The book was *done into* a movie. 그 책은 영화화되었다.
8 (연극 등)을 상연하다(produce). ¶ They were *doing Macbeth*. 그들은 맥베스를 공연하고 있었다.
9 …에게 도움이 되다, 쓸모있다, 쓸 만하다, …하는 데 충분하다(suffice for). ¶ This will *do* us for the present. 당장은 이것으로 족하다 / Will this chair *do* you? 이 의자로 되겠습니까? / One hundred dollars will *do* me. 100달러면 된다.
10 (英속어) (well과 함께) (음식 따위)로 (남)을 대접하다, (물질적인 욕망)을 채워주다(cater for). ¶ (~ + 目 + 副) *do* oneself *well* 사치스런 생활[식사]을 하다 / I *did* him very *well*. 나는 그를 잘 대접했다.
11 (美속어) (성행위)를 하다; (마약)을 사용하다.
— Ⅱ. …의 역[행동]을 하다
12 …의 역을 하다; 역할을 하다. ¶ *do* the host 주인역을 하다 / I *did* Polonius. 나는 플로니우스역을 했다 / He *did* the part of Hamlet. 그는 햄릿 역을 했다.
13 (구어) (the+형용사와 함께) …(한 사람)답게 행동하다, …같은 짓을 하다(⇨ 图 12). ¶ *do* the amiable to children 애들에게 정답게 사치스런 대하다 / *do* the graceful [polite] 품위 있게[예의 바르게] 행동하다 / *do* the handsome by [towards] a person 남을 후대하다 / *do* 매우 친절하게 대하다.
— Ⅲ. 만들다
14 …을 만들다, (예술 작품 등)을 제작하다(produce); (책)을 쓰다; …을 복사[카피]하다. ¶ *do* a movie 영화를 제작하다 / The painter *did* an oil portrait of the

king. 그 화가는 유화로 왕의 초상화를 그렸다 / I have *done* six copies. 여섯 부 복사했다 // (~+目+前+名) *do* an article *on* a person 남에 대해서 논문을 쓰다.
15 (음식)을 조리[준비]하다, 요리하다(cook), 익히다, 지지다, 굽다(roast)(* done의 형태로 흔히 쓰인다)(慣 done). ¶Mother will *do* the omelet. 어머님이 오믈렛을 만들어 주실 것이다 / The meat is *done* brown[to a turn]. 고기는 잘[알맞게] 구워져 있다 / I like my steak well *done*. 스테이크는 바싹 구워 주십시오.

IV. 골탕먹이다
16 (속어) ⋯을 속이다, 사기치다; (사람)을 속여 (⋯을) 편취하다 (*out of, for*). ¶He has *done* me (in the eye). 그는 나를 속였다 // (~+目+前+名) He has *done* me *over* the sale of it. 그는 그것을 팔면서 나를 속였다 / The rogue *did* him *out of*[or *for*] $1,000. 그 악한은 그에게서 천 달러를 편취했다. ⇨*do a person out of*.
17 (美구어) ⋯을 혼내주다, 때려주다, 곯려주다; ⋯을 죽이다. ¶They *did* him every chance they got. 그들은 기회 있을 때마다 그를 혼내주었다.
18 (구어) (종종 up과 함께) ⋯을 지치게 하다, 기진맥진케 하다. ¶That last round *did* me. 마지막 라운드에서 나는 기진맥진이 되었다 / I'm *done*, I can go no farther. 완전히 지쳤다, 한 발짝도 더 못 걷겠다.
19 (英속어) ⋯을 고소[기소]하다(*for*); ⋯에게 유죄를 선고하다.
20 (점포 따위)를 털다.

V. 채우다·답사하다
21 (어떤 거리)를 가다, 지나쳐 가다, 답파하다(cover); ⋯의 속도로 가다. ¶The car can *do* 20 miles on a[*or* to the] gallon of gasoline. 그 자동차는 휘발유 1갤런으로 20마일을 주행할 수 있다 / The wind is *doing* ninety miles an hour. 바람은 시속 90마일로 불고 있다 / I have *done* a hundred and five on this road. 나는 이 도로에서 시속 105마일의 속도로 달린 적이 있다.
22 (구어) (명소 등)을 구경하다, (관광객으로서) 구경하며 다니다, 여행하다. ¶*do* the sights (of a place) (어떤 곳의) 관광을 하다 / He *did* the museum. 그는 박물관을 견학했다 / We are going to *do* Europe in three weeks. 우리는 3주간의 유럽 관광을 할 예정이다.
23 (구어) (형기)를 복역(服役)하다(serve). ¶(~+目+前+名) He *did* five years *for* robbery. 그는 강도죄로 5년 동안 복역했다. *(美)에서는 다른 「임기」에 대해서도 do를 쓴다: He is *doing* another year as chairman. 그는 1년간 더 의장직을 맡는다.
24 (경솔히) ⋯을 소비하다(spend), 써 없애다, 잃다. ¶*do* one's money 돈을 써 없애다 / *do* one's luck 운이 다 되다.

── 自 **1** (어떤 일을) 하다, 행하다, 일을 하다. ¶*Do* as I tell you. 내가 말하는 대로 하세요 / You would do wisely to refuse his offer. 그의 제의는 거절하는 것이 좋다 / Let us be up and *doing*. 자, 정신차려서 일을 합시다 / Let us *do* or die. 목숨을 걸고 합시다.
2 행동하다, 처신하다. ¶She *did* like a lady. 그녀는 숙녀답게 행동했다 / He *did* better as a host than as a guest. 그는 손님으로서보다는 주인으로서의 처신을 더 잘 했다 / *Do* in Rome as the Romans *do*. (속담) 로마에 가면 로마인의 풍습을 따라라, 입향 순속(入鄕循俗).
3 (how, well, badly 따위와 함께) 지내다, 해나가다(manage) / (사태가 잘못됐) 되어가다; (사람이) 잘하다: 건강하다, 차도가 있다; (동·식물이) 자라다. ¶(~+副) *do well* 잘하다 / How will you *do for* money? 돈은 어떻게 마련하겠습니까? / How did you *do* in the examination? 시험은 잘 쳤어요? / He *did* quite *well* out of the sale of his house. 그는 집을 팔아서 크게 재미를 보았다 / The firm has *done badly* this year. 금년에는 회사의 실적이 나빴다 / How are the crops *doing*? 작황은 어떻습니까? / Rye does *well* here. 여기서는 호밀이 잘 자란다 / How do you *do*? 안녕하십니까?, 처음 뵙겠습니다 (* 격식 차리지 않는 인사말) / The patient is *doing well*. 환자는 차도를 보이고 있다 // (~+前+名) *do without* an automobile 자동차 없이 지내다. ⇨*do without*.
4 (구어) (진행형으로) (사건·사태가) 일어나다(happen). ¶What's doing in the political world? 정계에서 무슨 일이 일어나고 있을까? / Anything *doing* tonight? 오늘 밤에 무슨 일이 있습니까?
5 (have done, be done 따위 형태로) 마치다, 끝내다 (finish). ¶After she *had done* in the kitchen, she went out. 그녀는 부엌일을 끝낸 후에 외출했다 / Have *done* (crying)! (우는 것은) 그만 그쳐라 / Have you *done* with the paper? 신문 다 읽으셨습니까? ⇨*have done with*.
6 (will, would와 함께) 쓸 만하다, 도움이 되다, 충분하다, 족하다, 적당하다, 괜찮다 (*for, as*). ¶Any time will *do*. 언제라도 좋습니다 / I think that will *do as* a translation. 그것이면 번역으로서 쓸 만하다고 생각한다 / Will it *do* if I pay at the end of the week? 주말에 지불해도 괜찮겠습니까? / That will *do*, Joe! 조, 이제 그만 // (~+前+名) This bag won't *do for* traveling abroad. 이 가방은 해외 여행에는 적당치 않다 / Those scraps will *do for* the dog. 그 음식 찌꺼기는 개한테면 좋겠다. ⇨*do for*.

── (대동사) [보통 du:] **1** (반복을 피하기 위해 선행 동사·동사어구의 대용으로) ¶He paid double the price (that) I formerly *did*(=paid). 그는 내가 이전에 치른 값의 갑절을 치렀다 / She loves me as I *do*(=love) her. 내가 그녀를 사랑하듯 그녀도 나를 사랑한다 / Women don't reason in the same way that men *do*(=reason). 여성이 사리를 밝히는 방식은 남성과는 다르다.
2 (선행하는 서술(敍述)의 대용) (* 이 경우의 do는 조동사로도 해석된다. 또한 do it, do so를 쓰는 경우도 있으나, 그 경우는 각각 ⓑ 1, 他 1의 do로도 해석된다) ¶Did you see him? ─Yes, I *did*. 그를 만났습니까? ─예, 만났습니다 / I'll call on you later again. ─Please *do*. 나중에 다시 찾아뵙겠습니다 ─그렇게 해주세요 / People who once deceived us are likely to *do* so again. 우리를 한번 속인 사람은 또 속이기 쉽다 / If you want to surrender, *do it* quickly. 항복하려거든 빨리 해라(* do so(=act thus)와 do it(=perform this act)는, 전자가 같은 종류의 불특정한 행위를 나타내고, 후자는 앞서 한 행위를 가리키는 점에서 구별할 수가 있다) / You promised to write to me every week. ─So I *did*. 당신은 매주 제게 편지를 쓰겠다고 약속했어요 ─아, 그랬지 (* so I *did*와 so did I (=I did it too)의 차이에 대해서는 so를 참조: You do a lot of work. ─So I *do*. 일을 많이 하시네요 ─그렇습니다 / He does a lot of work and so *do* I. 그는 일을 많이 하는데 나도 그렇다).

be done with =*have done with*.
be to do with ⋯와 관계[연관]이 있다.
do a foreigner 직무 외의 (부정한) 아르바이트를 하다.
do a person brown ⇨BROWN.
do a person down (英구어) ① 남을 속이다; (속여서) 지게 하다[이기다]. ¶Do not think I am *doing* you *down* over selling the house. 집을 팔면서 내가 당신을 속이려 한다고는 생각지 마세요. ② ⋯을 헐뜯다, 폄하다; (재귀용법으로) 부끄럽게 여기다, 비하하다.
do a person in the eye ⇨EYE. ⋯하다.
do a person out of (속어) ① 남을 ⋯에서 내쫓다. ¶He *did* me *out of* the job. 그는 나를 그 일에서 내쫓았다. ② 남을 속여서 ⋯을 뺏다(cheat). ¶He has *done* her *out of* her hundred dollars. 그는 그녀로부터 100달러를 편취했다.
do a person proud ⇨PROUD.

do as =*do for* ②.
do** a thing **right 《미구어》…을 적절히 처리하다.
do away with ① …을 없애다, 치우다; 폐지하다(* 옛날에는 with 없이도 쓰였다). ¶Let us *do away with* a superstition like this. 이런 미신은 버립시다. ② 《구어》…을 죽이다. ¶Several people were *done away with* in the gang war. 폭력단의 세력 다툼에서 몇 사람이 살해되었다.
do badly [well] for 《구어》① 〔물건〕의 비축분이 많지 않다[충분하다]. ② …을 조금밖에 구할 수 없다[많이 구할 수 있다].
do...by (well, badly 따위와 함께) 〔남〕을 …하게 대우[취급]하다. ¶The firm *did* well[badly] *by* all its employees. 그 회사는 종업원에 대한 처우가 좋았다[나빴다]/I was feeling hard *done by*. 나는 심한 대우를 받고 있는 기분이다.
do for ① …에게 도움이 되다. ② …의 대역(代役)을 하다; 《英구어》…을 위해서 주부 대리역을 하다, 가사 따위를 돌보다, 시중을 들다. ¶*do for* lodgers 하숙인들의 시중을 들다. ③ …을 해치우다, 지게 하다; 《구어》 망치다, 파멸시키다(ruin, destroy). ¶Once you are married, you are *done for*. 일단 결혼하고 나면 끝장이다/The gale *did for* the hut. = The hut was *done for* by the gale. 강풍 때문에 오두막집은 완전히 부서졌다. ④ 《구어》 (보통 수동형으로) …을 죽이다. ¶I'm *done for*. 당했다, 이제 끝장이다.
do in 《구어》① …을 죽이다. ¶He'll *do* somebody *in*. 그는 누군가를 죽일 것이다. ② (종종 수동형으로) …을 기진맥진하게 하다. ¶The repair work *did* them *in*. 복구 공사 때문에 그들은 지쳐버렸다/I was (all) *done in*. 나는 지쳐버렸다. ③ 《속어》〔돈 위〕을 소비하다(spend). ④ 《美》…을 속이다; …을 때려눕히다, 해치우다.
do it 《형용사·부사를 주어로 하여》 주효하다, 효과가 있다. ¶Steady *does it*. 꾸준한 게 최고이다. ② 《구어》 성공하다.
do it all 《미속어》① 종신형을 살다. ② 다재다능하다.
do much 크게 진력하다: 큰 기여를 하다(*for*).
do nothing for [or *to*] 《구어》〔외관·평판·가치 따위〕를 손상시키다.
do off ① 《미구어》…을 화려하게 꾸미다. ② …을 간막이하다, 구획짓다. ③ 〔고어〕…을 벗다(doff).
do** one's **best [or ***utmost***] 최선을 다하다.
do** one's **block 《濠속어》 이성을 잃다, 발끈하다.
do** one's **(own) thing 《미속어》 자기 마음에 꼭 드는 일을 하다.
do or die 죽을 각오로 하다, 쓰러질 때까지 하다.
do out 《구어》〔방 따위〕를 치우다, 청소하다; 〔방 따위〕를 개장하다, 칠을 다시 하다.
do over ① 《美》…을 다시 하다. ¶*Do* that exercise *over*. 그 연습 문제를 다시 하시오. ② 《구어》…을 개장(改裝)하다. ¶*do* a room *over* 방을 다시 꾸미다. ③ 《英속어》…을 패다 주다; 속이다.
do time 《구어》 복역하다. ¶It's hard to get a decent job once you've *done time*. 일단 복역을 하고 나면 괜찮은 직업을 갖기가 어렵다.
do...to ① =*do...by*. ② ⇒DO 印 4, 5. ③ 〔손 따위에〕 …의 상처를 내다.
do...to death ⇒DEATH.
do up 《구어》〔물품 따위〕를 포장하다; …의 단추 [호크 따위]를 채우다; 〔구두끈 따위〕를 매다. ¶The parcel was carefully *done up* in paper. 그 소포는 종이로 야무지게 포장이 되어 있었다. ② …을 손질하다(repair), …을 꾸미다, 매만지다. ¶The house needs *doing up*. 그 집은 손질을 필요가 있다. ⑤ 몸가짐을 단정히 하다; 〔머리〕를 땋다[다듬다]; (수동형·재귀용법으로) 차려 입다. ¶*do up* one's hair 머리를 꾸미다[땋다] // They were all *done up* for the party. 그들은 모두 파티용 옷차림을 하고 있었다. ④ …을 갱신하다; …을 세탁하다, 빨아 다림질하다. ⑤ 《구어》(보통 수동형으로) …을 〔녹초가 되도록〕지치게 하다(⇒DO 印 18); …을 해치우다(⇒DO 印 17). ⑥ 《미구어》…을 대강 시찰하다. ¶*do up* the whole country 그 지방 전체를 대충 돌아보다. ⑦ 《美》〔식품 따위〕를 보존하다.
do up brown 《美》⇒BROWN.
do well ① 잘하다, 성공하다; (성적이) 좋다; (건강 상태가) 양호하다. ② (to부정사와 함께) (…하는 것은) 당연하다, (…하기를) 잘했다. ¶You *did well* to leave him alone. 그를 혼자 내버려 두기 잘했다. ③ 《구어》(…을) 충분히 비축하고 있다; (…을) 많이 입수할 수 있다 (*for*). ④ 지내다.
do well for** one*self; **do** one*self **well 사치스럽게 지내다.
do with ①〔사람·물건·일〕을 다루다, 처리하다(deal with). ¶What did you *do with* that camera? 그 카메라는 어떻게 (처리)했습니까? / The man is easy to *do with*. 그 남자는 다루기 쉽다. ② …으로 해나가다, 참다; 만족하다. ¶Could you *do with* a few pounds of plums? 2, 3파운드의 오얏이면 족하겠습니까? / I have *done with* very little sugar. 설탕은 거의 쓰지 않고 지냈습니다 / I can't *do with* his rude manner. 그의 무례한 태도는 참을 수 없다. ③ (can, could와 함께)…을 바라다, 필요로 하다. ¶I could *do with* a cup of coffee. 커피를 한 잔 하고 싶습니다 / Your raincoat could *do with* a wash. 당신의 레인코트는 한번 빨아야겠어요.
do without ① …없이 지내다[해나가다], 견디다(forgo). ¶Man can not *do without* water. 인간은 물없이는 살아갈 수가 없다 / She *did without* necessities to pay for her daughter's voice lessons. 그녀는 필수품 구입비를 줄여 딸의 노래 교습비에 충당했다. ② (구어) (can, could와 함께) …없어도 좋다 [무방하다], 필요없다, 바라지 않다. ¶I can *do without* your advice. 자네의 충고 따위는 필요없네.
have done it ① (어떤 일을) 완수하다, 끝내다. ② 《구어》 실수를 저지르다, 실패하다.
have [**or **be**] done with ① …을 끝내다, 마치다. ¶I *have done with* this book. 이 책을 다 읽었다. ② …와 손을 끊다, 관계를 끊다, 절교하다; …을 없애 다(rid oneself of). ¶I *have done with* him. 그와 절교했다 / Let's *have done with* that business. 그런 일과는 관계를 끊읍시다.
have (got)...to do with …와 관계[관련]가 있다(을 *to do with*). ¶I have something [nothing] *to do with* it. 나는 그것과 관계가 약간 있다[전혀 없다] / What *has* that *to do with* me? 그것이 나와 무슨 상관입니까?
it isn't done to do …하는 것은 무례하다[버릇없다]. ¶In those days *it wasn't done* for a young lady *to* go to a theater alone. 그 당시는 젊은 여인이 혼자 극장에 가는 것은 예절에 어긋나는 일이었다.
make do with …으로 임시 변통하다, 때우다.
Nothing doing! ⇒NOTHING.
Now you've done it! 거봐 일 저질렀구나!, 혼날 거야!(남의 실패 따위를 보고 하는 말).
Sure do! 《구어》 물론이지!, 두 말하면 잔소리지!
That did it! 너 했어!(상대에게 분개했을 때 쓰는 말).
That does it. 《구어》 이제[그만하면] 됐어!; 더는 못 참겠어! 「어, 아차, 아뿔싸.
That's done it. 《구어》① (어떤 일이) 잘됐어. ②
That will do. 그만하면 됐어, 그만.
to do with …와 관계가 있는, …에 관한. ¶I think it's something *to do with* an airplane. 그것은 비행기와 관계가 있는 것으로 생각된다.
(Well,) did you ever! 《구어》 어어!, 놀랐어!, 뜻밖이군!

Well done! 잘했어!: 좋았어!
(Well,) I never did. (구어) 설마, 놀랐는걸.
What be...doing with...? (구어) 왜 …을 가지고 있는가?, …을 가지고 어쩔 셈인가? ¶ *What are you doing with* that gun? 당신은 왜 저 총을 가지고 있습니까?
What can I do for you? (점원이 손님에게) 무얼 드릴까요[찾으시죠]?; (의사가 환자에게) 어디가 아프시죠? '엇입니까?
What do you do? 무슨 일을 하십니까?, 직업이 무[야?
What is to do? (구어) 무슨 일이야?, 어떻게 된 거
Will do! (英구어) 알았어!, 좋아!
You do that. (구어) ① 제발 그러세요. ② 마음대로 해; (할 수 있으면) 해봐.
— 图 [du, də] (**does; did;** (고어) 2인칭 단수 현재 **dost** [dʌst, 약 dəst]; 3인칭 단수 현재 **doth** [dʌθ, 약 dəθ])

주의[1] 어형 변화는 본동사와 같으나 부정사·현재분사·과거분사는 없다. 단축형 **d'**(예: *d'ye know=do you know*); 부정 단축형 **don't**(=do not), **doesn't**(=does not); **didn't**(=did not).

1 (의문) …합니까? ¶ *Do* you know? 알고 있습니까?/Where *does* he live? 그는 어디 삽니까?/How *did* they find it? 그들은 그것을 어떻게 찾아냈을까?/You *don't* want to start at once, *do* you? 당신은 지금 당장 출발하고 싶지는 않지요?

USAGE[2] **do**는 조동사·be동사 이외의 일반동사에 대해서 쓰인다. 또한 동사 have의 의문문에서 (美)에서는 보통 do를 사용하는데, (英)에서도 do를 쓰는 일이 있다. ⇒HAVE (USAGE)

2 (부정) **a)** (평서문) …하지 않다. ¶ I *don't* know. 모른다 / She *doesn't* seem to know. 그녀는 모르는 것 같다 / They *didn't* notice it. 그들은 그것을 알아차리지 못했다 / You went to see him, *didn't* you? 당신은 그를 만나러 갔던 거죠? **b)** (명령문) 하지 마시오. ¶ *Don't* worry. 걱정 마 / *Don't* anybody move! 모두 꼼짝 마! / Whatever you do, *don't* go there again. 절대로 그곳에 두번 다시 가지 마.

USAGE[3] **do not [don't]**의 용법——(1) 조동사 및 be 동사 이외의 서술 동사에 대해서, not[n't]로 부정문을 만들 경우에는 don't, doesn't, didn't를 쓴다. (2) have의 경우, (美)에서는 do에 의한 부정문이 쓰이는데, (英)에서도 have에 do를 쓰는 경우가 있다 (⇒HAVE). (3) 부정 명령문에서는 언제나 don't를 쓴다: *Don't* do such a thing. 그런 일은 하지 마라 / *Don't* be too confident. 너무 부면스럽게 굴지 마라. * 이 경우에 Be not too confident.라고 하는 것은 문어체이다. (4) 가정법 현재형 be의 부정은 don't be로 되는 수가 있다: If you *don't be* quick, you will miss the train. 서두르지 않으면 기차를 놓치겠다.

3 (강조) **a)** (평서문) 정말로, 진짜로. ¶ I *do* hate him. 나는 그가 영 싫다 / He worked well whenever he *did* work. 그는 일을 했다 하면 언제나 잘했다. **b)** (명령문) (be, have 및 일반 동사와 함께) 제발[어서] ···하시오. ¶ *Do* come in. 어서 들어오세요 / Sit down. Please *do* sit down. 앉으세요. 어서 앉으세요.

주의[2] 이런 경우의 do에는 강세가 있다. 또한 부정사가 문두에 놓일 경우에도 do를 쓰나, 이것은 대동사로도 해석할 수 있다: How it faded no one knew, but fade it *did*. 그것이 어떻게 사라졌는지 아무도 몰랐으나 아무튼 사라져 버렸다.

4 (부사(구) 따위가 문두에 오면서 어순이 도치되는 경우) ¶ Well *do* I remember him. 나는 그를 잘 기억하고 있다 / Little *did* I dream of meeting you. 자네를 만나리라고는 꿈에도 생각하지 못했다.

— 图 (图 **~s, ~'s**) **1** (英구어) 축연(祝宴), 잔치, 흥청망청 떠들기, 파티((美) to-do). **2** (구어) =hairdo. **3** (英속어) 속임수, 사기(swindle). **4** (보통 ~s, ~'s) 해야 할 것, 의무(* 보통 don'ts와 나란히 놓인다). **5** (~s, ~'s) (英속어) 몫(share), 분(分). **6** (英·濠속어) 성공(success). **7** ⓤ (방언) 행동; 소동(commotion).

do one's do 해야 할 일을 훌륭하게 하다.
Fair do's! 공평하게 나누어라!
make a do of (英속어) …을 잘하다.
the dos [or ***do's**] **and don'ts [**or ***don't's**]** (구어) 해야 할 것과 해서는 안될 것; 규칙[관례](집).

dock·age[1] [dákidʒ/dɔ́k-] 图 ⓤ **1** 독 사용료. **2** 독 시설. **3** (배를) 독으로 넣기, 입거(入渠).
dock·age[2] 图 ⓤ **1** 바싹 줄임, (임금 따위의) 삭감, 공제. **2** (밀 따위) 곡식 속의 반지기.
dóck brief 图 (英법률) (법정에서 피고가 변호사에게 건네는) 사건 적요서. [용료.
dock-dues [-`djùːs/-djùːs] 图图 (선박의) 부두 사
dock·er[1] [dákər/dɔ́k-] 图 (英) 독 작업원, 항만 노동자(美·캐나다) longshoreman).
dock·er[2] 图 깎아 줄이는[잘라내는] 사람[장치].
dock·et [dákit/dɔ́k-] 图 **1** (법률) (법원의) 소송 사건 일람표: (미결) 소송 사자 명부; 공판 일정표. **2** (英법률) 사건[판결] 요록, 재판 경과 기록. **3** (美) (회의 따위의) 처리 예정 사항표, 해결[협의] 사항표. **4** (편지·서류의) 내용 적요, 비망록; 부전, (소포 따위의) 꼬리표.
on the docket (美속어) 고려[검토]중인; 수행중인.
— 图® **1** (법률) …을 소송 사건 일람표에 기입하다; …의 판결 요록을 작성하다. **2** (서류) 에 적요서[보를] 덧붙이다; (소포) 에 꼬리표를 달다. [글라스.
dock-glass [-glæ̀s/-glɑ̀ːs] 图 (포도주 시음용) 큰
dock·hand [dákhæ̀nd/dɔ́k-] 图 =dockworker.
dock·ing [dákiŋ/dɔ́k-] 图 ⓤ ® 입거(入渠)(의); (우주선의) 도킹(의).
dócking adàpter [tùnnel] 图 (우주) 도킹 통로 (도킹한 두 우주선의 연락 통로). [치하다.
dock·ize [dákaiz/dɔ́k-] 图® (강 따위)에 독을 설
dock·land [dáklæ̀nd/dɔ́k-] 图 (英) 부둣가 (주택) 지역.
dock·mas·ter [dákmæ̀stər/dɔ́kmɑ̀ːs-] 图 (해사) 선거(船渠) 현장 주임; 항만장 보좌역.
dock·o·min·i·um [dàkəmíniəm/dɔ̀k-] 图 분양 요트보트) 계류장. (<dock+condominium)
dóck ràt 图 (美속어) 부둣가의 부랑자.
dock·side [dáksàid/dɔ́k-] 图 선창, 부두 (근처).
— 图 부두의; 부두(가까이)에 있는.
dock-tailed [-téild] 图 자른 꼬리의.
dock-wal·lop·er [-wàləpər/-wɔ̀l-] 图 (속어) 부두 부랑자; 부두의 일용 노동자, 막노동자.
dóck wàrrant 图 (英) 항만 창고 증권(약 D/W).
dock·work·er [dákwə̀ːrkər/dɔ́k-] 图 항만[부두] 노동자(longshoreman).
dock·yard [dákjὰːrd/dɔ́k-] 图 **1** 조선소, 선박 수리소. **2** (英) 해군 공장(工廠)((美) navy yard).
doc·o·sa·hex·a·e·nó·ic ácid [dàkəsəhèksə-inóuik-/dɔ̀k-] 图 (생화학) =DHA.
‡**doc·tor** [dáktər/dɔ́k-] 图 (图 **~s** [-z]) **1** 의사(physician); (의사에 대한 호칭) 선생님(약 Dr.). **2** 박사; 박사 학위, 박사의 자격(약 D., Dr.). ¶ D— of Laws [Medicine] 법학[의학] 박사. **3** 응급 처치 기구[도구], 조절기, 보정기. **4** (美) 수리하는 사람. ¶ a chair ~ 의자 수리업자. **5** (속어) (배의) 쿡, 요리사; 선의(船醫)(ship's ~). **6** (고기잡이용) 제물낚시. ¶ a silver ~ 은빛 제물낚시. **7** (고어) 학자; 선생. **8** 주술사(呪術師), 마법사. **9** (고어) (부정 행위를 위해 납을 채운) 주사위.

10 〔기상〕 (열대 지방의) 상쾌한 바람[해풍]. 11 식품 첨가물; 불순물 검사약. 12 《美학생 속어》 술.
be one's own doctor 자가 치료를 하다.
be under the doctor 의사의 치료를 받다, 치료중이다.
call in a doctor 의사를 부르다.
consult [or *see*] *a doctor* 의사의 진찰을 받다.
go for the doctor (漢속어) 혼신의 노력을 하다; (경마에서) 가진 돈을 모두 걸다.
go to the doctor('s) 의사의 진찰을 받다, 병원에 가다.
(just) what the doctor ordered 《美구어》 (바로) 필요한[유익한, 적당한] 것.
play doctor; play doctors and nurses 병원 놀이를 하다.
put the doctor upon a person 남을 속이다.
send for a [or *the*] *doctor* 의사를 부르러 보내다.
You're the doctor. 《구어》 당신 마음대로 하시오, 당신에게 맡기겠소; 당신 말대로 하겠소.
— 国 (~*s* [-z]) 国타 1 …을 치료하다(*up*). ¶ ~ *a cold* 감기 치료를 하다 / (~+目+圖) ~ *him up* 그의 치료를 마치다. 2 《구어》 〔기계 따위〕를 수리하다. 3 〔문서 따위〕를 위조[조작]하다; …을 속이다(*up*). ¶ ~ *accounts* 계산을 속이다. 4 〔음식물〕에 섞음질을 하다 (*up*)(*with*). ¶ ~ *food up with seasoning* 음식물에 조미료를 치다. 5 〔원고·사진 따위〕를 수정하다, 개작하다. 6 《英》 …에게 박사 학위를 주다. — 国 1 의사 일을 하다, 병원을 개업하다. 2 약을 복용하다; 치료를 받다.
doctor oneself 자가 치료를 하다.
~·**hood**, ~·**ing** 圄 ~·**less** 圈

doc·tor·al [dáktərəl/dɔ́k-] 圈 1 박사의; 박사 학위[칭호]의 [가진]. ¶ *a ~ dissertation* 박사 논문. 2 권위 있는. ~·**ly** 圉
doc·tor·ate [dáktərət/dɔ́k-] 圄 박사 학위; 학위.
dóctor bòok 가정용 의학서. 「~·**ly** 圉
doc·to·ri·al [dɑktɔ́:riəl/dɔk-] 圈 =DOCTORAL.
Dóctor of Philósophy 圄 1 《美》 (법학·의학·신학을 제외한 인문·사회·자연 과학의) 박사 학위(doctorate); 그 소지자, 박사(*in*)(@ Ph.D., D.Phil.). ¶ *a ~ in Economics* 경제학 박사. 2 철학 박사.
Dóctor of the Chúrch 圄 (the ~) 교회 박사(덕망·학식 등이 뛰어난 성직자에게 수여).
doc·tor's [dáktərz/dɔ́k-] 圈 (@ ~) = ~ degree.
dóctor's degrée 圄 1 박사 학위; 명예 박사 학위. 2 (의학·치의학·수의학 따위) 의료계열 학위.
doc·tor·ship [dáktərʃip/dɔ́k-] 圄Ü 1 박사 학위(doctorate). 2 〔고어〕 박사임; 박사의 지위[자격].
dóctor shòpper 圄 《美구어》 의사 처방약 암거래
dóctor's (òffice) 圄 의원, 개인 병원. ⎾상.
dóctor's òrder 圄 의사의 지시[명령]. 《비유적》 지상 명령.
dóctor's stùff 圄 《구어》 약.
dóctor tèst 휘발유 정제용 유황 테스트.
doc·tress [dáktris/dɔ́k-] 圄 《드물게》 여의사.
doc·tri·naire [dàktrinέər/dɔ̀k-] 圄 순이론가, 공론가(空論家). — 圈 1 독단적으로 강조하는, 광신적인. 2 비현실적인; 이론〔원리〕에만 고집하는, 공론(가)의.
doc·tri·nair·ism [dàktrinέərizm/dɔ̀k-] 圄Ü 공리공론(空理空論); (현실을 무시한) 교조주의.
doc·tri·nal [dáktrinl/dɔktrái-] 圈 교리〔교의, 교설〕의, 교의〔교리, 학설〕에 관한. ~·**nál·i·ty** 圄 ~·**ly** 圉
dóctrinal theólogy = DOGMATICS. 「trinaire〕
doc·tri·nar·i·an [dàktrinέəriən/dɔ̀k-] 圄 = DOC-
‡**doc·trine** [dáktrin/dɔ́k-] 圄 (@ ~*s* [-z]) Ü© 1 《美》 (정책상의) 주의, 원칙, 방책; (학술상의) 이론, 학설. ¶ *the Monroe D–* 먼로주의 / *the ~ of gravitation* 중력[인력]의 원리. 2 〔종교상의〕 교리(敎理), 교의(敎義). ¶ *the Christian* [*Buddhist*] *~* 기독교[불교] 교리. 3 〔집합적〕 〔종교상의〕 가르침; 교전(敎典).
doc·trin·ism [dáktrinizm/dɔ́k-] 圄Ü 교리 지상주의, 교조주의, -**ist** 圄
docu. *document*. 「주의, 교조주의, -**ist** 圄
doc·u·dra·ma [dákjudrɑ̀:mə, -drǽmə/dɔ́k-] 圄 다큐멘터리 드라마(사실을 바탕으로 한 드라마). (또는 **docu**). ~·**tist** 圄 다큐멘터리 드라마 작가. ~·**tize** 国타 [<*documentary*+*drama*]
‡**doc·u·ment** [dákjumənt/dɔ́k-] 圄 1 서류; 법률 서류, 증서, 공문서; 선적 서류. ¶ *an official ~* 공문서 / *shipping ~s* 선적 서류. 2 〔책·기사·편지 따위 자료적인〕 기록. 3 증거(가 되는 것). 4 기록 영화.
draw up a document 서류[문서]를 작성하다.
— 国타 [dákjument/dɔ́k-] 1 …에 문서[증거, 필요 서류]를 첨부하다; 〔증거 서류〕를 교부하다. 2 〔증거 (서류)〕로 입증하다. ¶ ~ *a case* 사건을 증거 서류에 의해 입증하다. 3 …을 문서에 기록하다; 〔TV 따위에서〕 다큐멘터리(프로)로 하다. 4 〔해사〕 〔선박〕에 (국적·소유권·용적 톤수 따위의) 상세한 증명서를 주다.
-**mént·a·ble** 圈 -**mènt·er** 圄
doc·u·men·tal [dàkjuméntl/dɔ̀k-] 圈 = DOCUmentary 1.
doc·u·men·tar·i·an [dàkjuməntέəriən/dɔ̀k-] 圄 (영화·TV 등의) 기록적 수법 주창자; 다큐멘터리 작가(감독, 제작자).
*****doc·u·men·ta·ry** [dàkjuméntəri/dɔ̀k-] 圈 1 문서[서류, 증서]의, 기록[자료]에 의한[로 된]. 2 문서[서류]적 성질의; 서류[기록]로 증명된. 3 〔영화·TV〕 사실을 기록하는. — 圄 〔영화〕 기록 영화. (또는 *~ film*); (라디오·TV 의) 다큐멘터리, 기록물, 실록(實錄)(*on*, -**men·tár·i·ly** 圉 ⎾*about*).
documéntary bíll [**dráft**] 圄 〔상업〕 화환(貨換)
documéntary crédit 圄 화환 신용장. ⎾어음.
documéntary évidence [**próof**] 圄 〔법률〕 증거 서류.
doc·u·men·ta·tion [dàkjumentéiʃən/dɔ̀k-] 圄 Ü 1 증거 서류[문서, 자료]의 활용[제공, 첨부]; 증거 서류에 의한 뒷받침; (서류[문서]에 의한) 고증, 방증; 문헌, 증서. 2 전문 지식의 수집[기록]. 3 서류[증서]의 교부. 4 〔도서관〕 문헌 정보 활동; 문서·자료의 분류 정리; 문서 분류화. 5 〔컴퓨터〕 문서화; 소프트웨어[하드웨어]의 설명서, 매뉴얼. -**al** 圈
dócument rèader 圄 〔컴퓨터〕 문서 해독(解讀) 장치.
doc·u·tain·ment [dàkjutéinmənt/dɔ̀k-] 圄 《美》 (TV 따위의) 다큐멘터리 쇼(실화를 드라마·오락 프로 연출 수법으로 재구성한 것).
Dod [dɑd] 圄 다드(남자 이름; George의 애칭).
DOD [dɑd, di:òudi:] 圄 (the ~) 《美》 국방부. [<*Department of Defense*]
do-dad [dú:dæ̀d] 圄 《속어》 = DOODAD.
dod·der[1] [dádər/dɔ́d-] 国자 흔들흔들하다, 흔들리다; (질병·노령으로) 비틀거리다(*along*); 떨다.
~·**er** 圄 노약자.
dod·der[2] 圄 새삼속(屬)의 식물.
dod·dered [dádərd/dɔ́d-] 圈 (나무 따위가) 썩어 문드러진; 노쇠한.
dod·der·ing [dádəriŋ/dɔ́d-] 圈 비틀거리는, (노령 따위로) 휘청거리는; 흔들리는; 비트적거리는.
dóddering Díck 《英속어》 기관총.
dod·der·y [dádəri/dɔ́d-] 圈 = DODDERING.
-**der·i·ness** 圄 ⎾소.
dod·die [dádi/dɔ́di] 圄 〔스코틀랜드산(產)〕 뿔 없는
dod·dle [dádl/dɔ́dl] 圄 《英구어》 (보통 a ~) 수월한 일, 누워서 떡 먹기.
do·dec·a·- [doudékə/⁄– –] 〔연길〕 *twelve*의 뜻(* 모음 앞에서는 **dodec-**) ¶ *dodecagon*.
do·dec·a·gon [doudékəgɔn, -gən] 圄 〔기하〕 12각형, 12변형(邊形). (또는 **duodecagon**)
-**de·cag·o·nal** [dèkǽgənl] 圈
do·dec·a·he·dron [dòudekəhí:drən, dòudek-] 圄 (@ ~*s*, -**dra**) 〔기하〕 12면체(面體). -**dral** 圈
do·dec·a·phon·ic [doudèkəfánik/dòudekəfɔ́n-] 圈 〔음악〕 12음(기법)의. -**i·cal·ly** 圉

do·dec·a·pho·ny [doudékəfòuni, dòudikǽfəni/dòudekǽfouni] 〖명〗 12음 음악 (기법).

do·de·ca·syl·la·ble [dòudèkəsíləbl/dòudek-] 〖명〗 〖운율〗 12음절어[시행]. **-syl·lab·ic** [-silǽbik] 〖명〗

dod·gast·ed [dάdgǽstid/dɔ́d-] 〖형〗 〖속어〗 분한, 화가 치미는; 지긋지긋한.

*__dodge__ [dαdʒ/dɔdʒ] 〖동〗자 1 잽싸게 몸을 비키다, 획 몸을 피하다, 급히 몸을 뒤로 빼다(*about*). 2 얼버무리다, 발뺌하다. ── 타 1 〖공격 따위〗를 날쌔게 피하다.¶~ a blow 교묘하게 타격을 피하다. 2 (구어) 〖곤란·책임·의무 따위〗를 피하다, 〖질문 따위〗를 교묘히 받아넘기다, …을 둘러대어 발뺌하다(*evade*).

__dodge about__ 몸을 요리조리 피하다.

__dodge behind__ …의 뒤에 숨다.

__dodge into__ …안에 몸을 숨기다.

__dodge Pompey__ ① 〖英해군 속어〗 몰래 일을 사보타주〖태업(怠業)하다. ② 〖濠속어〗 목초를 훔치다.

__dodge the column__ 일을 피하다, 게으름 피우다.

── 〖명〗 1 (보통 a ~) 몸을 피하기. 2 (구어) 발뺌, 속임수(의 계략).¶work a ~ on …을 속이다. 3 (구어) 그럴 듯한 수단, 묘안, 교묘한 궁리[고안](*for*). 4 불법적인 돈벌이, 수상한 장사 수법.

__make a dodge__ 요리조리 둘러대어 발뺌하다; 몸을 비키다.

__on the dodge__ (구어) 속임수로, 부정한 수를 써서.

Dodge [dαdʒ/dɔdʒ] 〖명〗 〖상표〗 (미국 Daimler-Chrysler사제(製) 승용차).

__get out of Dodge__ 〖속어〗 사라지다, 자취를 감추다.

dódge báll 〖명〗 도지 볼, 피구(避球)(공놀이의 일종).

dódge cháin 〖명〗 강삭(鋼素) 쇠사슬(쇠사슬 고리 사이에 분리할 수 있는 베어링 블록이 끼워진 것).

Dodg·em [dάdʒəm/dɔ́dʒ-] 〖명〗 〖상표〗 (종종 the ~s) 다젬(~ car)(놀이 공원의 박치기차(bumper car)); 그 놀이 시설. (또는 **dodgem**)

dodg·er [dάdʒər/dɔ́dʒ-] 〖명〗 1 몸을 피하는 사람. 2 (구어) 속임수를 쓰는 사람, 사기꾼; 발뺌하는 사람, 의무[책임]를 회피하는 사람.¶a tax [draft] ~ 탈세자[병역 기피자]. 3 (美) 작은 전단, 광고 쪽지. 4 = leafhopper. 5 (美남부) 옥수수빵의 일종(corn ~). (英·濠 軍속어) 샌드위치, 빵. 6 〖해사〗 (배의) 물보라 막이용 칸막이. 7 (the D-S) 미국 메이저리그 야구단.

dodg·y [dάdʒi/dɔ́dʒi] 〖형〗 (구어) 교묘하게 몸을 피하는; 둘러대어 발뺌 잘하는; 교활한, 교묘한(*tricky*). 위험한, 믿을 수 없는. 2 (구어) 서투른.

do·do [dóudou] 〖명〗 (~(e)s) 1 도도새(멸종된 새). 2 〖속어〗 시대에 뒤떨어진[케케묵은] 사람, 얼간이.

(as) dead as a [or the] dodo (구어) 완전히 사멸한; 시대에 뒤진.

Do·do·na [dədóunə] 〖명〗 도도나(Zeus의 신탁소(神託所)가 있었던 그리스의 고도). **-nae·an, -ne·an** 〖형〗

doe [dou] 〖명〗 (~(s)) (사슴·영양·염소·토끼 따위의) 암컷. 〖반〗 buck

Doe [dou] 〖명〗 =John ~.

DOE 〖美〗 Department of Energy(에너지부); 〖英〗 Department of the Environment(환경부). **d.o.e.** depends [or depending] on experience(경력에 따라 결정(모집 광고에서 급료 수준을 밝힐 때)).

dóe cát 〖명〗 암고양이(*she-cat*).

doek [duk] 〖명〗 〖남아공 구어〗 독(머리에 감는 터번 따위 천).

*__do·er__ [dúːər] 〖명〗 1 행하는 사람; (복합어로) …하는 사람.¶a ~ of good 선행자/an evil-~ 나쁜 짓을 하는 사람. 2 실천가, 행동가; 수완가. ¶He is a ~, not a talker. 그는 말만 하는 사람이 아니고 실행하는 사람이다. 3 (美) 종마, 기운찬 말.

‡__does__ [dʌz] 〖동〗〖조〗 do¹의 3인칭 단수 직설법 현재형.

doe·skin [dóuskìn] 〖명〗Ⓤ©1 (무두질한) 암사슴 가죽. 2 (~s) 양가죽 장갑. 3 (암사슴 가죽처럼 보이게 한)

쫀쫀하고 매끈매끈한 나사(천), 도스킨.

‡__doesn't__ [dʌ́znt] does not의 단축형.

do·est [dúːist] 〖명〗 (고어) do¹의 2인칭 단수 현재형. * 주어가 thou인 경우에 본동사로 쓴다.

do·eth [dúːiθ] 〖명〗 (고어) do¹의 3인칭 단수 현재형. * 본동사로만 쓴다.

doff [dɑːf, dɔːf/dɔf] 〖동〗타 1 (문어) 〖외부 파위〗를 벗다(〖반〗 don²); (인사로) 〖모자〗를 벗다(*to*). 2 (습관·태도 따위〗를 버리다, 그만두다. 3 〖섬유〗(빗질한 섬유를 소모기(梳毛機)에서 벗기다; 〖실감개·재료 따위〗를 섬유 기계에서 떼내다. ── 〖섬유〗실감개·재료 따위를 떼내기, 섬유 따위를 기계에서 벗기기. 〔<do¹ off〕

do·fun·ny [dúːfʌ̀ni] 〖명〗 (美구어) =doodad.

‡__dog__ [dɔːg, dάg/dɔg] 〖명〗 (~s [-z]) 1 개. ¶an army ~ 군용견/a watch ~ 번견(番犬)/ A *living ~ is better than a dead lion*. 살아 있는 개가 죽은 사자보다 나음이라(←전도서(Eccl.) 9 : 4)/ *Barking ~s seldom bite*. (속담) 짖는 개는 좀처럼 물지 않는다/ *Every ~ has his day*. (속담) 쥐구멍에도 별들 날 있다/ *Let sleeping ~s lie*. (속담) 긁어 부스럼 만들지 마라/ *Love me, love my ~*. (속담) 아내가 귀여우면 처가집 말뚝 보고도 절을 한다. 2 갯과(科)의 동물(늑대·승냥이·여우 따위); 개 비슷한 동물(*prairie ~* 따위). 3 수캐(⋄ bitch); 갯과(科) 동물의 수컷. 4 비열한[시시한] 녀석; (구어) 매력 없는 여자, 추녀, 늙은 창녀; 〖英속어〗 타산적인 사람; 〖濠속어〗 밀고자, 배신자. 5 (구어) (한정형용사와 함께) 녀석, 사내, 놈. ¶a gay ~ 명랑한 사내/a dirty ~ 비열한 녀석. 6 (속어) 보잘것[쓸모, 가치]없는 것; (연극·음악·TV 프로 따위의) 실패작(*flop*). 7 (구어) 겉치레, 허세, 겉모양, 외관. 8 (~s) (美속어) 발(*feet*); 신발, 구두, 운동화. 9 (the D-) 〖천문〗 큰개자리(Canis Major, Great Dog), 작은개자리(Canis Minor, Little Dog); =D- Star. 10 〖기상〗 =sundog; =fogdog. 11 〖기계〗 무집게, 꺾쇠, 쇠갈고리. 12 벽난로의 장작 받침대(받침쇠)(*andiron, firedog*). 13 (美속어) =hot ~; (the D-) Greyhound 버스. 14 (the ~s) (英구어) 그레이하운드 (개) 경주. 15 (통신에서) D자(字)를 나타내는 말.

a dead dog 아무짝에도 못 쓰는 사람[것], 무용지물.

a dog in the blanket ① 심술궂은[짓궂은] 인간. ② 잼이 든 푸딩(*roly-poly pudding*).

a dog in the manger 심술쟁이(이솝(Aesop) 이야기에서).

a [or the] hair of the dog (that bit a person) 독을 푸는 독; 숙취를 푸는 해장술.

(as) sick as a dog 아주 언짢아서; 의기소침하여.

blush like a black dog 조금도 부끄러워하지 않다, 전혀 얼굴을 붉히지 않다.

die a dog's death; die like a dog 비참하게 죽다.

dog tied up 〖濠속어〗 (술집 따위의) 밀린 계산서.

eat dog ① (dogs를 주어로) 골육상쟁[동족 상잔]하다. ¶*D- does not eat ~*. (속담) 골육상쟁은 않는 법이다. ② (美) 굴욕을 참다(*eat dirt*).

give a dog a bad [or an ill] name and hang him 남을 중상 모략하여 매장하다.

give ... to the dogs =*throw ... to the dogs*.

go to the dogs ① (구어) 몰락하다, 파멸하다; 타락하다; 실패하다; (몸의 상태[컨디션]가) 나빠지다. ② 〖英〗 개 경주(~ *racing*)에 가다.

help a lame dog over a stile 남을 어려운 처지에서 구해주다.

I have to see a man about a dog. 잠깐 볼일이 있습니다; 잠깐 저기까지요.

It rains cats and dogs. ⇒RAIN.

It shouldn't happen to a dog. 이런 일은 절대 없었으면 좋겠다.

keep a dog and bark oneself 일해줄 사람이 있는데도 스스로 하다, 괴로운 처지가 되다.

lead a dog's life ⇨ DOG'S LIFE.
let slip the dogs of war ① 전화(戰禍)[혼란]를 불러일으키다. ② 강권을 발동하다; 최후 수단을 쓰다.
Let the dog see the rabbit. (구어) (방해하는 사람에 대해) 자리를 비켜줘, 나[그 사람]도 끼워[보여]줘.
like a dog's dinner ⇨ DOG'S DINNER.
like a dog with two tails 아주 흡족하여[기뻐서].
not have a word to throw at a dog (퉁명스럽게) 말이 없다, 시무룩하다.
not have [or *stand*] (*even*) *a dog's chance* ⇨ DOG'S CHANCE.
put on (*the*) *dog* (美·캐나다 구어) 부자인(고상한, 잘난) 체하다: 으스대다, 거드름 피우다.
teach an old dog new tricks 고루한 생각으로 굳어버린 사람에게 새로운 것을 가르치다.
That dog don't [or *won't*] *hunt*. (구어) 그럴 리가, 그럴 수가, 그건 무리야.
the dog it was that died 제 덫에 걸린 사람.
the dogs of war 전쟁의 참화.
throw...to the dogs (가치가 없다고) 내버리다.
treat a person like [or *worse than*] *a dog* (구어) (남)을 거칠게 다루다.
try it on the dog 개에게 먹여보다; 피해가 적은 것으로 시험해보다.
turn dog on (美·濠속어) …을 배반[배신]하다.
whip the dog (美속어) 시간을 낭비하다.
work like a dog 열심히[땀흘려] 일하다.
— 图 [-z]; -gg-) 囮 1 …의 뒤를 밟다, 미행하다 (*out*); (재난·불행 따위가) …에게 끈질기게 따라다니다. 2 개를 시켜 몰아내다. 3 (기계) …을 쇠갈고리로 잡다. (집게로) …을 붙잡다. ─圉 끈질기게 따라다니다.
dog around (英속어) 방종한 생활을 하다, (美학생속어) 공부하지 않고 놀다.
dog it ① 책임을 회피하다, 일에 꾀를 부리다. ② 꾀병부리다. ③ 약속을 깨다, 손을 떼다. ④ 허세부리다, 치장하다.
dog on (美속어) …을 욕하다; 헐뜯다, 비방하다.
dog out ① …의 뒤를 밟다, 미행하다. ② (美속어) 치장하다.
─ 里 (복합어로) 아주, 완전히. ⚘ ~-cheap ⚘-less 图

dóg and póny shòw[àct] (美속어) 1 시시한 쇼[서커스]. 2 매우 요란한 선전[PR]. 3 신제품 전시.
dóg àpe 图 개코원숭이(baboon).
dog-bane [dɔ́ːbèin, dɑ́g-/dɔ́g-] 图 개정향풀속 (屬)의 식물.
dóg bént 图 거이삭속(屬)의 잡초.
dog-ber·ry [dɔ́ːgbèri, dɑ́g-/dɔ́g-, -bəri] 图 1 층층나무·마가목 따위의 열매. 2 그 나무.
Dog-ber·ry [dɔ́ːgbèri/dɔ́gbèri, -bəri] 图 도그베리 (Shakespeare의 극 *Much Ado About Nothing* 속의 경찰관; 말의 오용(誤用)으로 유명); (종종 d-) (複 ~s) 멍청한 관리; 경관.
dóg bíscuit 图 개먹이 비스킷; (속어) (야전용) 건빵.
dog-bolt [dɔ́ːgbòult, dɑ́g-/dɔ́g-] 图 도그볼트 (두개의 기재(機材)를 직각으로 고정시킨다).
dóg bòx 图 1 (英) 개 수송용 화차(貨車). 2 (濠구어) (객차의) 복도가 없는 칸막이 객실.
dog-cart [dɔ́ːgkɑ̀ːrt, dɑ́g-/dɔ́g-] 图 개가 끄는 2륜 마차[수레].
dog-catch·er [dɔ́ːgkæ̀tʃər, dɑ́g-/dɔ́g-] 图 (거리의) 떠돌이 개 포획원(員)(canine officer).
dog-cheap [ˈtʃiːp] 图 里 (美구어) 터무니없이 싼[싸게], 개값[인 것으로].
Dóg Chów (美) (상표) 도그차우, 개먹이.
dóg clútch 图 (기계) 맞물리는 클러치.
dóg còllar 图 1 개목걸이. 2 (보석 따위가 붙은 폭이 넓고 꼭 끼는) 목걸이. 3 (속어) (사제의) 높고 빳빳한 칼라.

dóg dàys 图(複) 1 복중, 삼복 더위. 2 침체[정체]기; (여성의) 생리 기간. **dóg-dày** 图
dog-dom [dɔ́ːgdəm, dɑ́g-/dɔ́g-] 图 1 개류(類); 개인 것, 개임. 2 (집합적) 애견가.
dog-do(**o**) [-dùː] 图 (구어) 개똥. (또는 **dóg-dèw**)
doge [doudʒ] 图 [역사] (옛 Venice·Genoa 공화국의) 총독. ⚘-**dom**, ⚘-**ship** 图
dog-ear [ˈiər] 图 책장[페이지] 모서리의 접힌 귀. ─ 图 田 (책장)의 모서리를 접다.
dog-eared [ˈiərd] 图 (책장의) 모서리가 접힌.
dog-eat-dog [ˈiːdɔ́ːg/ˈiːdɔ́g] 图 냉혹하게 사리사욕을 추구하는, 아귀다툼하는; 자제력[도의심]을 잃은. ─ 图 (또는 **dóg eat dóg**) 냉혹한 사리 사욕 추구, 아귀다툼, 철저하게 이기적인 행동.
dóg ènd 图 (속어) 담배 꽁초.
dóg èye 图 (美속어) 비난의 눈초리; 탄원[애원]의 눈초리.
dog-face [dɔ́ːgfèis, dɑ́g-/dɔ́g-] 图 (美속어) 육군 병사, (제2차 대전 때의) 보병.
dog-faced [ˈfèist] 图 개 얼굴의, 개 얼굴 비슷한.
dog-fall [dɔ́ːgfɔ̀ːl, dɑ́g-/dɔ́g-] 图 (레슬링) 두 레슬러의 동시(同時) 폴; 무승부(draw).
dog-fan·ci·er [ˈfænsiər] 图 애견가; 개 전문가; 개 장수.
dóg fàshion 图 (비어) 개 교미 체위의 성교.
dóg fènnel 图 국화과(科) 식물의 일종(mayweed).
dog-fight [dɔ́ːgfàit, dɑ́g-/dɔ́g-] 图 1 개 싸움. 2 (군사) 전투기의 공중[접근]전. 3 혼전, 난투. *not at a dogfight* 조금도 ―아닌(not at all). ─ 图 (**-fought**) 난전[난투]을 벌이다, 공중전을 하다.
dog-fish [dɔ́ːgfìʃ, dɑ́g-/dɔ́g-] 图 (複 ~·*es*) 곱상 어류(돔발상어 따위).
dógfish drúg 图 도그피시 드러그(작은 상어류 체세포에서 추출한 항생 물질).
dóg fòod 图 1 개밥. 2 (美해군 속어) 콘 비프 요리.
dog-foot [dɔ́ːgfùt, dɑ́g-/dɔ́g-] 图 1 (식물) 오리새. 2 (美軍속어) 보병.
dóg fòx 图 숫여우.
***dog-ged** [dɔ́ːgid, dɑ́g-/dɔ́g-] 图 고집센, 완고한, 완강한(⇨ STUBBORN [유의어]); 끈질긴. ¶ ~ *determination* 단호한 결심 / *It's* ~ *that* [or *as*] *does it*. (속담) 지성이면 감천이라. ~·**ly** 里 ~·**ness** 图
dog-ger[1] [dɔ́ːgər, dɑ́g-/dɔ́g-] 图 도거선(船)(옛날 네덜란드의 쌍돛대 어선).
dog-ger[2] 图 (濠) 들개(dingo) 사냥꾼.
dog-ger[3] 图 (기계) 금형 고정대(drawbench)에 딸린 조수(助手).
Dógger Bánk 图 (the ~) 도거 뱅크 (잉글랜드 북부와 덴마크 사이에 있는 북해 어초(漁礁); 세계적인 대어장).
dog-ger·el [dɔ́ːgərəl, dɑ́g-/dɔ́g-] 图 (시의) 운율이 고르지 않은; 날림인; 서투른. ─ 图回 운율이 엉망인 엉터리 시, 광시(狂詩). (또는 **dog**(**g**)**rel**)
dog-ger·y [dɔ́ːgəri, dɑ́g-/dɔ́g-] 图 1 개 같은 짓; 비열한 행위. 2 (집합적) 개(dogs). 3 어중이떠중이; 하층민(rabble). 4 ⒸC (美속어) 싸구려 술집.
dog-gie [dɔ́ːgi, dɑ́g-/dɔ́g-] 图 (小) =DOGGY.
dog-gie-bag [-bæ̀g] 图 =doggy bag.
dog-gi·ness [dɔ́ːginis, dɑ́g-/dɔ́g-] 图回 1 개 같음, 개의 특질. 2 개를 좋아함; 개 기르는 취미. 3 개 냄새.
dog-gish [dɔ́ːgiʃ, dɑ́g-/dɔ́g-] 图 1 개의(같은). ¶ ~ *affection* (개와 같은) 맹목적인 애정. 2 심술궂은; 무뚝뚝한. 3 (구어) 잘난 척하는; ~·**ly** 里 ~·**ness** 图
dog-go [dɔ́ːgou, dɑ́g-/dɔ́g-] 里 (英구어) 보이지 않도록, 숨어서(out of sight). *lie doggo* 가만히 숨어 있다; 잠복해 있다. ─ 图 이류의, 뒤떨어진; 보이지 않게 있는; 장래성[가망]이 없는.
dog-gone [dɔ́ːgɔ̀ːn, -gɑ́n, dɑ́g-/dɔ́gɔ̀n] (美속어) 완

dog·goned [dɔ́:gɔ́:nd, -gánd, dág-/dɔ́gənd] 형 튀 =doggone.

dóg gràss 명U (식물) 1 =dog bent. 2 =couch grass.

dog·gy [dɔ́:gi, dági/dɔ́gi] 형 1 개의, 개에 관한. 2 개를 좋아하는; 개에 관해 밝은. 3 (구어) 화려한. —명 1 강아지. 2 멍멍이, 워리(개의 애칭). 3 (속어) 육군의 병사, (특히) 보병(dogface). 4 (속어) (상)선원, 수병; (英軍 속어) 장교에 딸린 사관 (후보생), 당번 (병). 5 (속어) =hot dog. (또는 **doggie**)

dóggy bàg (식당에서 손님에게 주는) 먹다 남은 음식을 넣는 종이 봉지. (<개에게 갖다 준다는 뜻에서)

dóggy pàddle 명 =dog paddle.

dóg hàndler 개 조련사; 훈련견을 데리고 다니는 경찰관(병사).

dog-heart·ed [-háːrtid] 형 잔혹한.

dog·hole [dɔ́:ghòul, dág-/dɔ́g-] 명 1 개집. 2 좁고 누추한 곳. 3 안전 대책이 부실한 소규모 탄광.

dog·hood [dɔ́:ghud, dág-/dɔ́g-] 명 개임, 개의 성질; (집합적) 개.

dog·house [dɔ́:ghàus, dág-/dɔ́g-] 명 1 (美·캐나다) 개집(kennel). 2 (요트의) 상자처럼 생긴 작은 방; (로켓·미사일의) 관측기기를 넣는 볼룩한 부분. 3 모양이 개집 비슷한 것. 4 (노동자의) 탈의실.

in the doghouse (속어) 면목을 잃어, 인기를 잃어; (상대방의 기분을 상하게 하여) 사이가 서먹해져.

dog·hutch [dɔ́:ghʌ̀tʃ, dág-/dɔ́g-] 명 (美) 개집.

do·gie [dóugi] 명 (美서부·캐나다) (소의 무리 중에 있는) 어미 없는 (영양 상태가 나쁜) 송아지.

dóg ìron 명 (美) (난로의) 장작 받침; 매다는 걸쇠.

dóg jùice 명 (美속어) 값싼 술, 싸구려 술.

dóg kènnel 명 =doghouse 1.

dóg kìller 명 미친개 잡는 사람.

dóg Làtin 명 변칙적인[파격적이] 라턴어.

dóg lèad [-liːd] 명 개줄; 개사슬.

dog-leg [dɔ́:glèg, dág-/dɔ́g-] 명 1 개의 뒷다리처럼 굽은 것. 2 급각도로 굽은 길, Z자 모양의 길; (골프) 도그레그(페어웨이의 굴곡부). 3 질 나쁜 담배. 4 (美속어) 신용할 수 없는 사람. —형 =dog-legged.
—자 (-gg-) 급각도로 굽다[구부러지다], 지그재그로 나아가다.

dog-leg·ged [-légid, -légd] 형 (개 뒷다리 모양으로) 굽은. 지그재그.

dóg-lèg(ged) stáir 명 개 뒷다리 모양[지그재그] 으로 꺾여 올라가는 계단.

dóg lètter 명 =dog's letter.

dog·like [dɔ́:glàik, dág-/dɔ́g-] 형 개 같은; (개처럼) 충실한.

dóg lòuse 개 이(에 기생하는 이).

*dog·ma [dɔ́:gmə, dág-/dɔ́g-] 명 (폭~s, ~ta [-tə]) UC 1 (교회의) 교의(教義), 교리; (집합적) 교조, 신조. 2 정설, 학설, 정리. ¶a philosophic ~ 철학적 정설. 3 (경멸적) 독단; 독단론, 독단적 견해.

dog·man [dɔ́:gmən, dág-/dɔ́g-] 명 1 개장수, 애견가; 개 연구가; 개집지기. 2 (濠) (건설 현장의) 기중기 작업 감독.

*dog·mat·ic [dɔ:gmǽtik, dɑg-/dɔg-] 형 1 (경멸적) 독단적인, (주장 따위가) 뒷받침이 없는. ¶a ~ person 독단적인 사람. 2 교의(상)의, 교리(신조)에 관한; 교조적인. 3 (철학) 독단주의의. 독단적인 사람. (또는 **dogmatical**) **-i·cal·ly** 튀 **-i·cal·ness** 명

dog·mat·ics [dɔːgmǽtiks, dɑg-/dɔg-] 명 (단수취급) 교의학(教義學), (기독교의) 교리 신학.

*dog·ma·tism [dɔ́:gmətìzm, dág-/dɔ́g-] 명U (경멸적) 독단성; 독단적 주장[태도]; 교조(敎條)주의, 독단론. **-tist** 명 독단론자, 교조주의자.

dog·ma·tize [dɔ́:gmətàiz, dág-/dɔ́g-] 자 독단적으로 주장하다[말하다, 쓰다] (*on, upon*). —타 …을 독단적으로 말하다[주장하다]; …을 교리로 주장하다. **-ti·zá·tion** 명U **-tìz·er** 명 독단론자, 교의학자.

dóg nàil (대가리가 한쪽으로 퍼진) 큰 못.

dóg nàp 명 선잠, 풋잠(cat nap).

dog·nap [dɔ́:gnæ̀p, dág-/dɔ́g-] 타자 (*-p(p)-*) (美속어) (연구실에 팔기 위해) (개)를 훔치다. **~·(p)er** 명

do-good [dúːgúd] 형 공상적 사회 개량가의[에 어울리는]; (美속어) 자선가인 체하는. **~·ing** 명형

do-good·er [dúːgúdər, ´-`-] 명 (구어·경멸적) 공상적 사회 개혁론자; 독선적인 자선가.

do-good·ism [dúːgudìzm] 명U (구어·경멸적) 공상적 개량주의; 공연한 참견. (또는 **dó-góoderism**)

dóg pàddle 명 (구어) (the ~) 개헤엄(수영법).
dóg-pàd·dle 자

dog-poor [-púər] 형 몹시 가난한.

dóg ràcing[ràce] 명 개 경주 (대회).

dóg ròse 명 유럽 찔레나무.

dogs [dɔːgz] 명 (the ~) (英속어) 그레이하운드 개 경주.

dóg's àge 명 (a ~) (美구어) 오랜 기간. ¶I haven't seen you in a ~! 정말 오랜만이네요! cf. donkey's years

dóg sàlmon 명 (가장 흔한) 연어.

dogs-and-cats [-ǽnkǽts] 명(복) (유럽산(産)) 클로버의 일종.

dog's-bane [-bèin] 명 =dogbane.

dóg's bènt 명 =dog bent.

dogs·bod·y [dɔ́:gzbàdi, dág-/dɔ́gzbɔ̀di] 명 (英속어) 궂은[힘든] 일 하는 사람, 악착스럽게 일하는 사람 (drudge); 송사리, 말단; (해사) 하급 사관. —자 말단으로 일하다. 잡일을 하다.

dóg's brèakfast 명 (구어) =dog's dinner 2.

dóg's chánce 명 (구어) (부정문에서) 아주 희박한 가망성.
not have [or *stand*] (*even*) *a dog's chance* 가망이 거의 없다.

dóg's dèath 명 개죽음, 비참한 죽음.
die a dog's death 개죽음하다, 비참하게 죽다.

dóg's dìnner 명 (구어) 1 먹다 남은 밥[음식], 음식 찌꺼기. 2 엉망진창(mess). 3 추남, 추녀.
like a dog's dinner (英구어·경멸적) 멋지게, 화려하게. ¶be dressed *like a* ~ 화려하게 차려 입고 있다.
make a dog's dinner of …을 엉망으로 만들다.

dóg's disèase 명 (濠속어) 인플루엔자, (코)감기.

dóg's-ear [-ìər] 명 =dog-ear.

dog's-eared [-ìərd] 형 =dog-eared.

dóg's gràss 명 =dog grass.

dóg shìft 명 (구어) =graveyard shift.

dog·shore [dɔ́:gʃɔ̀ːr, dág-/dɔ́g-] 명 (조선) 버팀 기둥(진수할 때까지 배가 미끄러지지 않게 떠받치는 받침목).

dóg shòw 명 개 품평회, 도그 쇼.

dog-sick [-sìk] 형 (병이 나서) 몹시 언짢은.

dog·skin [dɔ́:gskìn, dág-/dɔ́g-] 명UC 개가죽; 무두질한 개가죽.

dog·sled [dɔ́:gslèd, dág-/dɔ́g-] 명 개썰매. —자 (*-dd-*) 개썰매로 가다. (또는 **dóg-slèdge, dóg slèigh**)

dóg slèep 명 (전음(顫音)을 나타내는) r 문자(r의 발음이 개의 으르렁거리는 소리와 비슷한 데서).

dóg's lìfe 명 (구어) 비참한[따분한] 생활.
lead [or *live*] *a dog's life* 비참한 생활을 하다.

dóg's mèat 명 1 개에게 먹이는 말고기, 부스러기 고기. 2 맛없는 음식.

dóg's nòse 명 1 맥주와 진의 혼합주. 2 (美속어) 돈을 받는 밀고자.

dóg sòldier 〖명〗 고참병; 산전수전 다 겪은 사람.
dóg spìke 〖명〗 철도 레일에 박는 큰 못.
dog's-tail [⁴teil] 〖명〗 〖식물〗 왕바랭이(국화과).
Dóg Stàr (the ~) 1 =Sirius. 2 =Procyon.
dog·stick [dɔ́ːgstik] 〖명〗 바퀴멈춤대[쐐기](sprag).
dog's-tongue [⁴tʌŋ] 〖명〗 =hound's-tongue.
dóg's tòoth 〖명〗 1 〖건축〗 송곳니 장식. 2 (웃감 따위의) 새발격자 무늬.
dóg's tòoth víolet =dogtooth violet.
dóg's vómit 〖명〗 (美속어) 지겨운[싫은] 놈.
dóg's wìfe 〖명〗 =bitch.
dóg tàg 〖명〗 1 개목걸이 명찰. 2 (~s) (美속어) (병의) 인식표(identification tag). 3 (구어) 명찰, 꼬리표. 4 (口어) 처방전에 따른 합법적 마약.
dog·tail [dɔ́ːɡtèil, dɑ́ɡ-/dɔ́ɡ-] 〖명〗 주형(鑄型) 제조용 작은 흙손. (또는 ⁴**tròwel**)
dóg tènt 〖명〗 (속어) (1, 2인용의) 소형 텐트(pup tent).
dóg tìck 〖명〗 개 진드기.
dog-tired [⁴táiərd] 〖형〗 (구어) 기진맥진한.
dog·tooth [dɔ́ːɡtùːθ, dɑ́ɡ-/dɔ́ɡ-] 〖명〗 (**pl. -teeth** [-tìːθ]) 송곳니; 〖건축〗 =dog's tooth 1.
dógtooth víolet 얼레지속(屬)의 식물.
dóg tòur 〖명〗 지방 순회 공연.
dóg tràin 〖명〗 (캐나다) (몇 마리의 개가 끄는) 개 썰매.
dóg trìal 〖명〗 〖濠〗 양치기 개 공개 경기.
dog-trot [dɔ́ːgtrɑ̀t, dɑ́ɡ-/dɔ́ɡtrɔ̀t] 〖명〗 1 (보통 a ~) (개가 뛰듯 하는 말의) 종종걸음. 2 (美) (건물 사이의) 지붕이 있는 통로. —〖자〗 종종걸음으로 걷다.
dóg tùne 〖명〗 (재즈나 팝의) 시시한 2류 노래.
dóg víolet 〖명〗 〖식물〗 (향기 없는) 들[야생]제비꽃.
dog-wag·on [⁴wæ̀ɡən] 〖명〗 (美속어) (핫도그 따위 파는) 식당차 모양의 경식당.
dog-wàlk·er [⁴wɔ̀ːkər] 〖명〗 개를 산책시키는 사람.
dóg wàrden 떠돌이개 사냥꾼(dogcatcher).
dog·watch [dɔ́ːgwɑ̀tʃ, dɑ́ɡ-/dɔ́ɡwɔ̀tʃ] 〖명〗 1 (해사) 두 시간 교대의 당직(오후 4–6시, 6–8시). 2 (美속어) 야근; (기자 등의) 대기 근무 (시간); (방송의) 심야 프로.
dog-wea·ry [⁴wíəri] 〖형〗 =dog-tired.
dóg whìp 〖명〗 개 채찍.
dóg whìstle 〖명〗 개를 부르는 호각.
dóg wòlf 〖명〗 수늑대. 「나무; 그 목재.
dog·wood [dɔ́ːɡwùd, dɑ́ɡ-/dɔ́ɡ-] 〖명〗 산딸나무류의
do·gy [dóuɡi] 〖명〗 =dogie.
doh [dou] 〖명〗 〖음악〗 =do².
up to high doh (스코 구어) 굉장히 흥분하여.
Do·ha [dóuhɑː] 〖명〗 도하(페르시아 만(灣) 연안국 Qatar의 수도; 최근 유전 개발 기지).
DOHC (자동차) double overhead camshaft. **DOI** dead of injuries; (美) Department of the Interior; digital object identifier(디지털 콘텐츠 식별기); Director of Information.
doi·ly [dɔ́ili] 〖명〗 1 (古어) 장식이 달린 작은 냅킨. 2 도일리(식탁의 꽃병 따위 밑에 까는 레이스 장식이 있는 깔개). (또는 **doyl(e)y**)
doi moi [dɔ́i mɔ́i] 〖명〗 개혁, 도이모이(베트남의 경제 개혁 정책). [<Vietnamese renovation]
*****do·ing** [dúːiŋ] 〖명〗 1 〖U 함, 행하기; 실행, 수행, 함. ¶*From saying to ~ is a long step.* (속담) 말하기는 쉬우나 행하기는 어렵다. 2 (~s) (구어) 행동, 행위; 행실; 사건, 행사; 활동. ¶*daily* ~s 매일 하는 일. 3 (~s) (美속어) 음식; 요리 재료. 4 (~s) (英구어) (단수취급) 무엇인가 하는 (생각하면 이름이 나거나 모르는 것); (…에) 필요한 것 (*for*). 5 (구어) 잔소리, 꾸지람, 야단침.
do one's doings (英속어) 화장실에 가다.
give...a doing (속어) …을 몹시 꾸짖다. 「어!
Nothing doing! (구어) (감탄사적) 싫어!, 사양하는
take [or *want*] *some* [or *a lot of, a bit of*] *doing* (구어) (…하는 데) 아주 애먹다(*to* do).

doit [dɔit] 〖명〗 1 옛날 네덜란드의 작은 동전. 2 (부정문에서) 조금, 극히 적은 금액.
not care a doit 조금도 개의치 않다.
not worth a doit 한푼의 값어치도 없는.
doit·ed [dɔ́itid, -tit] 〖형〗 (스코) (노인이 되어) 멍청한, 노망한.
do-it-your·self [dúːitjərsélf, -itjər-/-itjɔː-] 〖구어〗 〖명〗 초심자가 손수 하는, 초심자도 할 수 있게 설계된, 일요 목수용의. ¶a ~ *kit for building a radio* 자작(自作)용 라디오 조립 세트. —〖명〗U (수리 따위를) 손수 하기(⇨ DIY, d.i.y.). ~**·er** 〖명〗 ~**·er·y** 〖명〗 쉬는 날 하는 집안의 목수일. ~**·ism** 〖명〗
DOJ (美) Department of Justice. **DOL** (美) Department of Labor. **dol.** 〖음악〗 dolce; dollar(s).
Dol·by [dóulbi, dɔ́l-] 〖명〗 (상표) 돌비(오디오 테이프의 녹음·재생시에 고음역의 소음을 줄이는 방식). (또는 ~ **System**) ~**·ed,** ~**·ized** [-àizd] 〖형〗
dol·ce [dóultʃei/dóltʃi] 〖형〗〖부〗 〖음악〗 감미로운[감미롭게], 부드러운[부드럽게]. —〖명〗 1 〖음악〗 부드럽고 감미롭게 연주하라는 지시; 오르간의 부드러운 음을 내는 플루트 음전(音栓). 2 달콤한 디저트. [<It]
dol·ce far nien·te [It dóltʃe far njénte] 〖형〗 하는 일 없이 지내는 즐거움, 안락. [<It]
dol·ce vi·ta [dóultʃei víːtə] 〖명〗 (보통 the ~, la ~) (방종하고 안일에 빠진) 달콤한 생활. [<It]
dol·drums [dóuldrəmz, dɑ́l-, dɔ́ːl-/dɔ́l-] 〖명〗〖複〗 (the ~) 1 (사업·예술 따위의) 침체(기), 정체(기), 부진; 우울, 침울. 2 적도 무풍대(無風帶)(기상); 무풍 상태.
in the doldrums ① (배가) 무풍대에 있어, 무풍 상태에서 머물러 있어[머물러]. ② (사람이) 침울해 있어. ③ (일이) 정체 상태로.
*****dole¹** [doul] 〖명〗 1 (보통 a ~) (자선 단체의) 보시(布施); 의연금; 시주. 2 (the ~) (英구어) 실업 수당. 3 얼마 안 되는 몫; 인색한 자선. 4 (古어) 운명. ¶*Happy man may be his ~!* 그에게 행복이 있기를!(—Shakespeare작 *Henry IV*). 「다.
be on [*off*] *the dole* 실업 수당을 받고[안 받고] 있
draw [*or go on*] *the dole* 실업 수당을 받(게) 되다. —〖타〗 1 …을 나누어주다, 베풀다. 2 …을 인색하게 [조금씩] (…에게) 나누어주다(*out*)(*to*). 3 (돈을) (…에) 쓰다(*out*)(*on*).
dole² 〖명〗U (古어) 슬픔, 비탄; (집합적) 상복(喪服).
make one's dole 비탄에 잠기다.
Dole [doul] 〖명〗 **Bob** [**Robert J**(*oseph*)] ~ 돌 (1923– : 미국의 정치인·법률가).
dóle blùdger 〖명〗 (濠속어) (취업 의지가 없는) 실업 보험[수당] 생활자.
dole-draw·er [⁴drɔ̀ːər] 〖명〗 실업 수당 수혜자.
*****dole·ful** [dóulfəl] 〖형〗 슬픈, 슬픔에 잠긴; 비통한; 울적한, 음울한. ¶a ~ *look on her face* 슬픔에 잠긴 그녀의 표정. ~**·ly** 〖부〗 ~**·ness** 〖명〗 「자들.
dóle quéues 〖명〗〖複〗 (the ~) (英구어) (집합적) 실업
dol·er·ite [dɑ́ləràit/dɔ́l-] 〖명〗U 〖광물〗 조립(粗粒)현무암; 휘록암(輝綠岩). ~**·ít·ic** 〖형〗
doles·man [dóulzmən] 〖명〗 보시 받는 사람.
dole·some [dóulsəm] 〖형〗 (문어) =doleful.
dol·i·cho·ce·phal·ic [dɑ̀likousəfǽlik/dɔ̀l-] 〖형〗 장두(長頭)의. 〖名〗 brachycephalic (또는 **dolicho·cephalous**) 〖명〗 장두인(人). ~**·céph·a·lìsm** 〖명〗
do·li·ne [dəliːnə] 〖명〗 〖지질〗 돌리네(석회암 지역에 발달한 구멍이 또는 옴폭 팬 곳). (또는 **dolina**)
do·lit·tle [dúːlìtl] 〖명〗〖형〗 게으름뱅이, 으례른.
‡**doll** [dɑl/dɔl] 〖명〗 (~**s** [-z]) 1 인형. ¶*play* ~s 인형 놀이를 하다. 2 아름다우나 무표정한[지적이 아닌] 여자. ¶a ~'s *face* 인형처럼 딴 표정이 없는 얼굴. (또는 **dolly**) 3 귀여운 아이. 4 (속어) (매력적인) 젊은 여자 [아가씨]. ¶*in my* ~ *days* 나의 처녀 시절에. 5 (여성에게) 아주 매력적인 남자. 6 (美속어) 선심 잘 쓰는 사람.

cut out paper dolls 《美속어》 미치다, 정신이 나가다.
— [동] 《수동형·재귀용법으로》 《구어》 아름답게 치장하다[차려 입다](*up*). **~-lìke** [형]

Doll [dɑl/dɔl] [명] 돌(여자 이름; Dorothy의 별칭).

‡**dol·lar** [dɑ́lər/dɔ́l-] [명] (복 **~s** [-z]) **1** 달러(미국의 화폐 단위; 100센트(cent); [기] $, $); 달러화, 달러 지폐. **2** 달러(캐나다·오스트레일리아·에티오피아·말레이시아·홍콩 등의 화폐 단위). **3** 《英속어》 5실링 은화(crown). **4** 《美》 (the ~) 화폐 제도; 달러화 시세. **5** (the ~s) 돈, 부(富). **6** 〔원자〕 달러(원자로의 반응도(reactivity)의 단위).
adobe dollar 《美속어》 (멕시코의) 1 페소.
a [or ***the***] ***sixty-four*** (***thousand***) ***dollar question*** 어려운 질문, 난문제.
as sound as a dollar 《美》 아주 건전한.
bet *one's* ***bottom dollar*** 《美구어》 ① 전 재산을 몽땅 걸다. ② …을 믿어 의심치 않다, 확신하다(*that*...).
dollar for dollar 《美구어》 이 값으로, 쓴 돈을 생각하면.
...dollars say 《구어》 (…라는데에) …달러를 걸어도 좋다.
dollars to doughnuts [or ***buttons***] 《美구어》 ① 거의[십중팔구] 확실한. ② 천양지차(天壤之差).
drop a dollar 《美속어》 (정보를) 모조리 털어놓다.
earn an honest dollar 정직하게 벌다.
feel [***look***] ***like a million dollars*** 《구어》 몸의 상태가 매우 좋다[좋은 듯하다]; (여성이) 아주 매력적으로 느껴지다[보이다].
hot as a three-dollar pistol 《美구어》 대단히 뜨거운; 달아오른, 센세이셔널한.
in dollars and cents 《美》 돈으로 쳐서; 금전상.
(***like***) ***a million dollars*** 근사한, 멋진.
not have one dollar to rub against another 《美속어》 돈이 없다[부족하다].
phony as a three-dollar bill 《美구어》 완전히 가짜의, 진짜와는 거리가 먼.
the almighty dollar ⇨ALMIGHTY.
top dollar 최고 한도액.

dóllar àrea [명] 〔경제〕 달러 지역.

dóllar àveraging [명] 〔증권〕 달러 평균(투자)법, 정기 정액 매입. (또는 **dóllar còst àveraging**)

dól·lar-a-yéar màn [dɑ́lərəjìər-/dɔ́l-] [명] 《美》 1달러 맨(연봉 1달러 등 사실상 무보수의 공공기관 근무자).

dóllar bèar [명] (the ~) 달러화 약세.

dóllar crìsis [명] 〔경제〕 달러 위기.

dóllar dày [명] 1달러 균일 특매일; (일반적으로) 특매일.

dóllar diplòmacy [명] 달러 외교, 금력(金力) 외교.

dóllar expòsure [명] 〔경제〕 달러화 환(換) 리스크.

dol·lar·fish [dɑ́lərfìʃ/dɔ́l-] [명] (복 ~(**·es**)) 샛돔과(科)의 비늘이 진득진득한 물고기(butterfish).

dóllar gàp [**shòrtage**] [명] 〔경제〕 달러 부족.

dóllar impèrialism [명] 달러[금력(金力)] 제국주의.

dol·lar·i·za·tion [dɑ̀lərizéiʃən/dɔ̀ləraiz-] [명] 달러화(化) (현상)(자국 통화에 대한 신뢰성이 없어 자산을 달러로 바꿔 놓는 현상). **-ìze** [동][타]

dol·lars-and-cents [dɑ́lərzənsénts/dɔ́l-] [형] 금전만을 고려한. ¶a ~ question 돈 문제.

dóllar sìgn [**màrk**] [명] 달러 기호($, $).

dol·lar-spin·ner [-spìnər] [명] 《美속어》 상업적 성공; 팔리는 것, 히트(상품), 달러 박스.

dol·lar·spot [dɑ́lərspɑ̀t/dɔ́lərspɔ̀t] [명] 〔식물〕 달러스폿(잔디가 차츰 갈색으로 변해가는 병).

dol·lar-watch·er [-wɑ̀tʃər/-wɔ̀tʃ-] [명] 검약가, 절약가.

dol·lar·wise [dɑ́lərwàiz/dɔ́l-] [부] **1** 달러로 따져[환산하여]. **2** 재정[경제]적으로 (보아서), 금전적[금융면]으로. **—** [형] 검약하는. (또는 **dóllar-wìse**)

dóll bàby [명] **1** 장난감 인형. **2** 아름다우나 어리석은 여자. **3** 《여자 아이를 부르는 말로》 이쁜이.

Dóll Cìty [명] (때로 d- c-) 《美속어》 미녀, 미남; 《감탄사적》 멋있다.

dóll·face [dɑ́lfèis/dɔ́l-] [명] 인형 같은 얼굴; 귀여운 얼굴의 젊은이. **-fàced** [형]

doll·house [dɑ́lhàus/dɔ́l-] [명] (복 **-hous·es** [-hàuziz]) 장난감 집, 인형의 집; 아담한 집. (또는 《英》 **dóll's hòuse**)

doll·ish [dɑ́liʃ/dɔ́l-] [형] 인형 같은, 새침뜨기의, 예쁘나 지능이 낮은. **~·ly** [부] **~·ness** [명]

dol·lop [dɑ́ləp/dɔ́l-] [명] 《구어》 (점토·버터 따위 말랑말랑한 것의) 덩어리(lump); 소량, 조금; 약간의 가미. ¶with a ~ of satire 풍자가 (약간) 섞인.
— [동][타] (또는 **dallop**) 〔버터·크림 따위〕를 듬뿍 바르다; 《英구어》 〔음식〕을 듬뿍 내놓다(*out*).

***dol·ly** [dɑ́li/dɔ́li] [명] **1** 《어린이말》 인형, 각시님. **2** 작은 손수레; (철도 부설 공사 따위에 쓰는) 소형 기관차. **3** 이음 말뚝. **4** 《英》 (휘젓는) 세탁봉(棒). **5** 〔영화·TV〕 이동식 카메라대(臺). **6** (때로 D-) 《부르는 말로》 당신. **7** =~ bird. **—** [동][타] **1** 〔카메라〕를 돌리로 이동시키다. **2** …을 치장하다. **—** [자] 돌리에 카메라를 실어 이동하다(*in*, *up*, *out*). **—** [형] 매력적인, 맵시 있는.

Dol·ly [dɑ́li/dɔ́li] [명] 돌리. **1** 여자 이름; Doris, Dorothy의 애칭. **2** (또는 ~ **the Sheep**) 1997년 영국에서 태어난 세계 최초의 복제양(羊).

dólly bàg [명] 《英구어》 =Dorothy bag.

dólly bìrd [명] 《英속어》 매력적인 젊은 여성; 예쁜 아이.

dólly dàncer [명] 《美軍속어》 장교에게 잘 보여 편한 임무를 맡는 병사.

dólly gìrl [명] 《英속어》 =dolly bird.

dólly shòp [명] (무허가) 고물상(전당포를 겸함).

dólly shòt [명] 〔영화·TV〕 이동식 카메라에 의한 촬영.

Dólly Vár·den [-vɑ́ːrdn] [명] **1** 돌리 바든(19세기 말의 여성 복장). **2** 꽃 장식이 달린 챙이 넓은 여성 모자. **3** 〔어류〕 곤들매기. 〔<Dickens작 *Barnaby Rudge*(1841)에 나오는 미녀의 이름〕

dol·man [dóulmən, dɑ́l-/dɔ́l-] [명] (복 **~s**) **1** (케이프식 소매가 달린) 일종의 여성용 망토. **2** (터키인의) 긴 외투. **3** (또는 **~ jácket**) 경기병용의 짧은 상의.

dólman sléeve [명] 돌먼 소매(어깻죽지는 넓고, 팔목쪽으로 가면서 통이 좁아지는 여성복 소매).

dol·men [dóulmen, -mən, dɑ́l-/dɔ́lmen] [명] 〔고고〕 고인돌, 돌멘. **dol·mén·ic** [형]

do·lo·mite [dóuləmàit, dɑ́l-/dɔ́l-] [명][U] **1** 〔광물〕 백운석(白雲石); 백운암. **2** 《美속어》 코카인.
dol·o·mit·ic [dɑ̀ləmítik/dɔ̀l-] [형]

do·lor, 《英》 **-lour** [dóulər] [명][U] 《시》 슬픔, 비탄.

Do·lo·res [dəlɔ́ːris] [명] 돌로레스(여자 이름).

do·lo·rim·e·ter [dòulərímətər] [명] 〔의학〕 통각계(痛覺計).

do·lo·rim·e·try [dòulərímətri, dɑ̀l-/dɔ̀l-] [명] 〔의학〕 통각 측정. **-ri·mét·ric** [형] **-ri·mét·ri·cal·ly** [부]

do·lo·rol·o·gy [dòulərɑ́lədʒi/-rɔ́l-] [명] 통각학(痛覺學), 동통학(疼痛學). **-gist** [명]

dol·or·ous [dɑ́lərəs, dóul-/dɔ́l-] [형] 《시·익살》 슬픈, 슬픔에 가득 찬; 괴로운(painful). ¶a ~ melody 슬픈 멜로디. **~·ly** [부] **~·ness** [명]

do·los·se [dəlɑ́sə/-lɔ́sə] [명] (복 **~(s)**) 콘크리트제 4각(脚) 블록(호안 공사용).

‡**dol·phin** [dɑ́lfin, dɔ́ːl-/dɔ́l-] [명] **1** 돌고래. **2** 〔어류〕 만새기(dorado). (또는 **~fish**) **3** 〔해사〕 계선주(繫船柱), 계선 부표, 계선 말뚝. **4** (the D-) 〔천문〕 돌고래자리. 〔<L〕

dol·phi·nar·i·um [dɑ̀lfinέəriəm, dɔ̀ːl-/dɔ̀l-] [명] 돌고래 수족관, 돌고래 쇼 관람장.

dólphin bùtterfly [**fishtail**] [명] 〔수영〕 접영 돌핀 영법(泳法).

dólphin kìck [명] 돌핀 킥(접영에서의 발동작).

dólphin òil [명] 〔화학〕 돌고래유.

dólphin strìker [명] 〔해사〕 돌핀 스트라이커(배의 이물에 장착한 창 모양의 둥근 재목).

dólphin tràiner [명] 돌고래 조련사.

dols. dollars.
dolt [doult] 명 얼간이, 바보(blockhead).
dolt·ish [dóulti∫] 형 얼빠진, 멍청한. **~·ly** 부
dom [dɑm/dɔm] 명 1 〔때로 D-〕(교회) 수사(修士) (수도사의 존칭). 2 (D-) 경(卿)(포르투갈·브라질에서의 귀족의 존칭). 〔<L〕 〔<Dimethoxy+methyl〕
DOM[1] [dɑm/dɔm] 명 LSD 비슷한 환각제(STP).
DOM[2] 〔국제 자동차 식별 기호〕 *Dominican Republic*.
dom. domain; domestic; domicile; dominant; dominion. **Dom.** Dominica(n). **D.O.M.** (라틴) *Deo Optimo Maximo* (=to God, the Best, the Greatest)(지고지선한 천주께).
-dom [dəm] 접미 〔'세력 범위·계급·신분·상태·(…의) 전체」 따위의 뜻의 명사 어미. ¶Christen*dom*, king*dom*, free*dom*, official*dom*.

*****do·main** [douméin, də-] 명 1 영토, 영지; (개인의) 소유지, 토지. 2 (법률) (토지의 절대적) 소유권; 토지 수용권(eminent ~). ¶a public ~ 공유지. 3 〔학문·예술·사상 따위의〕 영역, 범위, …계. 4 (수학) 변역(變域), 영역; 〔물리〕 자구(磁區)(자극(磁極)界의 한 영역. 5 〔컴퓨터〕 (인터넷·E메일의) 도메인. 6 〔언어·논리〕 (논의) 영역.
be out of one's **domain** 전문 (분야) 밖이다, 전문 *in the domain of* …분야[계(界)]에서. 〔상태이.
in the public domain (저작권·특허권이) 권리 소멸
dómain addréss 명 〔컴퓨터〕 도메인 어드레스[주소](인터넷상의 사이트 주소).
dómain contróller 명 〔컴퓨터〕 도메인 관리자(사용자 보안·패스워드 확인 따위 작업을 한다).
dómain náme 명 〔컴퓨터〕 도메인 네임[이름].
dómain náme sérver 명 〔컴퓨터〕 (인터넷의) 도메인 네임 서버(개개의 컴퓨터를 나타내는 문자열과 프로토콜이 인식하는 IP 주소를 매개하는 시스템).
dómain náme sỳstem 명 〔컴퓨터〕 도메인 네임 시스템(약 DNS).
dómain of úse 명 〔법률〕 지상권(地上權).
do·ma·ni·al [douméiniəl] 형 영토상의; 소유지의.

*****dome** [doum] 명 (복 ~s [-z]) 1 (반구형의) 둥근 지붕, 둥근 천장. 2 둥근 천장 같은 것, 하늘; (언덕의) 둥근 꼭대기, 돔형의 산정. ¶the ~ of the sky 둥근 하늘. 3 〔시〕 웅장한 건물, 대저택, 가람(伽藍). 4 〔속어〕 머리; 대머리. 5 (객차의) 유리를 댄 둥근 천장. 6 〔기계〕 (기관차 보일러의) 종 모양의 기관실; 〔결정〕 벽면(擘面). ── 동 1 lantern 등탑 (~s [-z]) 타 …에 둥근 지붕을 올리 2 dome 돔 다, …을 둥근 지붕 모양으로 하다. ── 3 drum 드럼 자 둥근 지붕 모양으로 되다(부풀다). **~-like** 형
dóme càr 명 (철도의) 전망차, 돔차.
domed [doumd] 형 (복합어로) 둥근 지붕[천장]이 [이 있는]; 반구형(牛球形)의. 〔신과 외과.
dome-doc·tor [-dάktər/-dɔ̀k-] 명 심리학자; 정
dóme líght 명 (자동차의) 차내등, 룸 라이트; (순찰 차·구급차 지붕의) 경고등.
dome-lin·er [dóumlàinər] 명 전망 열차.
domes·day [dúːmzdèi] 명 (고어)=doomsday.
Dómesday Bòok 명 (the ~) (영역사) (William 1세가 1086년에 만들게 한) 토지 대장.

‡**do·mes·tic** [dəméstik] 형 (**more** ~; **most** ~) 1 가정 내의, 가사의. ¶~ affairs [industry] 가사[국내 공업] / ~ troubles 집안의 말썽. 2 가정적인, 가정을 사랑하는; 가사에 열심인; 나들이하기 싫어하는. ¶a ~ woman 주부다운 여자. 3 (동물이) 사육되는, 길든(⇔ wild). 4 자국의, 국내의(⇔ foreign). ¶~ and foreign policies 대내외 정책 / ~ mail [postage] 국내 우편[우편료] / a ~ market 국내 시장. 5 국산의; 자기 집에서 만든. ── 명 1 (또는 ~ wórker) 하인, 하녀, 종. 2 (~s) 국산품, 자가 제품; (타월·시트 따위) 가정용 리넨. 3 (美구어) 여송연의 일종. **-ti·cal·ly** 부
do·mes·ti·ca·ble [dəméstikəbl] 형 길들이기 쉬운; 가정에 정들기 쉬운.
doméstic abúse 명 가정 내 학대[폭력].
doméstic áirline 명 국내선 (항공사).
doméstic ánimal 명 가축.
doméstic árt 명 =home economics.
*****do·mes·ti·cate** [dəméstikèit] (동)타 1 (동물)을 길들이다, 가축화하다. ¶~d animals 가축. 2 (사람)을 가정에 정들게 하다, 가정적으로 되게 하다. 3 (이주민·식물 따위)을 풍토에 익숙하게 하다; …을 (어떤 국가에) 받아들이다. 4 (야만인 등)을 교화(敎化)하다. 5 (어려운 학설 따위)를 일반인이 이해하기 쉽게 하다. 6 (외국 기업)을 자국화하다. ── 자 가정에 익숙해지다, (동물)이 길들여지다.
domesticate oneself 가정에 정들다.
-ca·tive -ca·tor 명
do·mes·ti·ca·tion [dɑmestikéi∫ən] 명 U 1 길들이기; 정듦, 익숙해지기; 사육. 2 (야만인 등의) 교화.
doméstic demánd 명 (경제) 내수(內需).
doméstic divísion of lábor 명 가사 분담.
doméstic dúck 명 집오리. 〔리.
doméstic ecónomy 명 가계, 가정(家政), 가정 관
doméstic fówl 명 가금(家禽); 닭.
doméstic hélp 명 =domestic 1.
do·mes·tic·i·ty [dòumestísəti] 명 U C 1 가정적임, 가정적인 성격; 가정 생활. 2 (-ties) 가사. 〔cate.
do·mes·ti·cize [dəméstəsàiz] 동타 =domesti-
doméstic pártner 명 1 현지 합작 파트너[기업]. 2 (美) 동서[동거] 파트너(함께 사는 동성애자나 이성).
doméstic pártnership 명 1 (美) 가족적 협력 관계. 2 동거[동서](同棲) 관계, 내연의 관계.
doméstic pígeon 명 집비둘기.
doméstic próducts [góods] 명복 국산품.
doméstic relátions 명복 (법률) 가족 관계; 친족 [가족 관계]법. 〔가정 법원.
do·més·tic-re·lá·tions còurt [-riléi∫ənz-] 명
doméstic science 명 가정학. 〔안일.
doméstic sérvice 명 (가정부 등이 하는) 가사, 집
doméstic sỳstem 명 가내 공업 제도. 참 factory
doméstic víolence 명 가정 내 폭력. 〔system
dom·ey [dóumi] 형 =domy.
dom·i·cal [dóumikəl, dάm-] 형 둥근 지붕식[모양]의; 둥근 지붕(천장)이 있는. (또는 **domic**) **-ly** 부
dom·i·cile [dάməsàil] 명 1 주거지, 주소; 주거, 집. 2 (법률) (주민등록상의) 주소. ¶one's permanent ~ 원적지, 본적지. 3 (상업) 어음 지불 장소. ── 동 1 (…에)의 주소를 정하다, …을 정주시키다 (at, in). 2 (어음)의 지불 장소를 (…으로) 정하다 (at). ── 자 (드물게) 주소(거처)를 정하다, 살다. (또는 **domicil**)
be domiciled in [or *at*] …에 주거하다.
domicile oneself 정주(定住)하다.
dom·i·ciled [dάməsàild] 형 1 (…에) 거주하는 (at, in), 2 (상업) (어음 따위) 지불 장소가 지정된.
dómicile of chóice 명 (법률) 기류(주민등록)지.
dómicile of órigin 명 (법률) 본적지.
dom·i·cil·i·ar·y [dàməsilièri/dɔ̀misíliəri] 형 1 주거(주소)의[에 관한]. 2 (美) (상이 군인에게) 진료와 주거를 제공하는. ── 명 1 (美) 요양 중인 노인 또는 상이 퇴역 군인을 위한 시설. 2 (英) (의사의) 왕진.
domicíliary régister 명 호적(戶籍).
domicíliary vísit 명 1 (법률) 가택 수색. 2 (英) (의사의) 가정 방문, 왕진.
dom·i·cil·i·ate [dàməsilièit/dɔ̀m-] (동)타 = domicile 1. ── 자 =domicile. **-cil·i·á·tion** 명
dom·i·nance [dάmənəns/dɔ́m-] 명 U 1 지배, 권

세; 우세, 우위, 우월; 탁월(성). **2** 〔심리·유전〕 우성(優性); 〔생태〕 우위; 우점도(優占度). (또는 **dominancy**)
dom·i·nant [dάmənənt/dɔ́m-] 형 **1** 지배적인; 가장 유력한, 우세한 (over, to); 주요한. ¶ the ~ party 제1당/the ~ group in society 사회의 지배 집단.

유의어 **dominant** 영향력·중요성이 가장 큰. **predominant** dominant보다 더 강조적이며 다른 모든 것에 지배적인 우세·영향력을 가지는. **paramount** 지위·순서·중요도 따위가 제1위인. **preeminent** 단연 뛰어난.

2 (수·정도·영향력 따위에서) 다른 것보다 나은, 뛰어난; 두드러진, 특징적인. **3** (위치가) 우뚝 솟은, (뛰어나게) 높은. ¶ a ~ peak 최고봉, 주봉. **4** 주된, 주요한. **5** 〔유전〕 우성의(↔ recessive). ¶ a ~ character 우성 형질(形質). **6** 〔음악〕 5음의, 딸림음의. **7** 〔유전〕 우성(優性)의. — 명 **1** 우세(주요)한 것. **2** 〔유전〕 우성 유전자; 우성 형질. **3** 〔생물〕 우점종(優占種)(생물 군집 전체의 성격을 결정짓고, 그 군집의 대표가 되는 종류). **4** 〔음악〕 (음계의) 제5음, 딸림음. **-ly** 부

dóminant wávelength 명 〔물리〕 (색상을 나타내는) 주파장(主波長).

dom·i·nate [dάməneit/dɔ́m-] 타 **1** …을 지배하다; …을 좌우하다. ¶ a male-[female-]~d society 남성[여성] 우위의 사회. **2** …보다 우위를 차지하다; …에 큰 영향을 주다. **3** (격정 따위가) [마음]을 꽉 채우다, 빼앗다; [격정 따위]를 억누르다. ¶ ~ one's passions 격정을 억누르다. **4** …보다 우뚝 솟다; …을 내려다보다; …을 위압하다. — 자 **1** 지배하다; 우세하다, 우위를 차지하다 (over). **2** 우뚝 솟다, 현저하다, 두드러지다. **-nàt·ing** 형 **-nàt·ing·ly** 부 **-nà·tive** 형

dom·i·na·tion [dὰmənéiʃən/dɔ̀m-] 명 **1** ① 지배, 통치, 제압; 탁월; 우위, 우세 (over). **2** (~s) 〔신학〕 주(主)천사(천사의 제4계급). ⇨ANGEL 주의 **3** 〔언어〕 (생성 문법에서) 지배. ¶ (들어가다).
be [fall] under the domination of …의 지배하에 있다.

dom·i·na·tor [dάməneitər/dɔ́m-] 명 **1** 지배자, 통치자. **2** 지배[통치]력.
〔tor 1의 여성형〕
dom·i·na·trix [dὰmənéitriks/dɔ̀m-] 명 dominator의 여성형.
dom·i·neer [dὰmənίər/dɔ̀m-] 자타 권세를 부리다, 뻐기다; 우뚝 솟다 (over). — 타 …을 지배[좌지우지]하다; …에게 뽐내다; …을 내려다보다.
dom·i·neer·ing [dὰmənίəriŋ/dɔ̀m-] 형 횡포한, 거만한. **~·ly** 부 **~·ness** 명

Do·min·go [dəmίŋgou] 명 **Placido** ~ 도밍고 (1941- : 스페인의 테너 가수).
Dom·i·nic [dάmənik/dɔ́m-] 명 **1 Saint** ~ 성(聖) 도미니크(1170-1221: 스페인의 성직자; 도미니크회(會)의 창설자). **2** (또는 **Domenic(k), Dominick**) 도미니크(남자 이름).
Dom·i·ni·ca [dὰmənίːkə, dəmίnikə/dɔ̀mi̇nίːkə] 명 도미니카 연방의 섬나라; 수도 Roseau).
do·min·i·cal [dəmίnikəl] 형 **1** 주(主)의, 그리스도의(Lord's). ¶ the ~ day 주일, 일요일. **2** 주일[일요일]의에 관한], 일요일의.
dominical létter 주일 문자(교회 만년력에서 주일[일요일]을 표시하는 A-G 문자).
dominical yéar 명 서력(西曆).
Do·min·i·can [dəmίnikən] 형 **1 St. Dominic**의; 도미니크회의. **2** 도미니카(공화국)의. — 명 **1** 도미니크회의 수도사. **2** 도미니카 (공화국) 사람.
Domínican órder 명 (the ~) 도미니크(수도)회.
Domínican Repúblic 명 (the ~) 도미니카 공화국(서인도 제도의 섬나라; 수도 Santo Domingo).
dom·i·nie [dάməni, dóumə-/dɔ́m-] 명 **1** (스코) 교사. **2** (네덜란드 개혁파 교회의 목사; (美구어) 목사.
do·min·ion [dəmίnjən] 명 **1** ① 주권, 지배[통치]권, 지배력 (over). **2** ①© 통치, 지배. **3** (종종 ~s) (개인·국가의) 영지, 영토; 〔역사〕 (봉건 영주의) 영지. ¶ the ~s of a king 왕의 영지/the Old D- (美) Virginia 주의 별칭. **4** 자치령; (the D-) (영연방의) 자치령. ¶ the D- 캐나다 자치령. **5** ① 〔법률〕 (토지의) 소유[영유]권; 양도권. **6** (~s) 〔신학〕 주천사(主天使)(dominations). ⇨ANGEL 주의
be under the dominion of …의 지배하에 있다.
exercise dominion over …에 지배권을 행사하다.
have [or hold] dominion over …을 지배하다.

Domínion Dáy 명 캐나다 자치(령 성립) 기념일(7월 1일; Canada Day의 옛 명칭).
Dom·i·nique [dὰmənίːk/dɔ̀m-] 명 도미니크. **1** 미국산(産) 닭의 한 품종. (또는 **Dominick**) **2** 여자 이름.
dom·i·no¹ [dάmənòu/dɔ́m-] 명 (복 **~(e)s**) 도미노 가면(얼굴의 위쪽 반을 가린다)(half mask); 가면 무도회에서 쓰는 작은 가면과 두건이 달린 겉옷; 그 의상[가면]을 한 사람. **~ed** 형 도미노 복장을 한. 〔<Sp〕
dom·i·no² 명 (복 **~(e)s**) **1** (~es) (단수 취급) 도미노 놀이. ¶ play ~es 도미노 놀이를 하다. **2** 도미노 놀이의 패. **3** (감탄사적) 끝났다; 해냈다 (* 도미노 놀이의 *Domino!* Full up!에서). **4** = ~ **theory**. **5** (英) 도미노식 출산 뒷바라지(조산원이 따라다니며 임산부의 입원·출산·퇴원을 뒷바라지하는 제도). **6** (속어) 결정적 행위[순간]. **7** ~(e)s (美속어) 각설탕. 「다 틀렸다.
it's domino with …은 이제 끝장이다. 「마지막 패를
make (the) domino (도미노에서) 가진 마지막 패를 내다; 먼저 도달하다; 먼저 끝내다.
dómino efféct [reáction] 명 도미노 효과, 연쇄 반응(한 가지 일이 똑같은 일을 일으키는 연쇄적 효과).
dómino páper 명 도미노지(紙)(대리석 무늬 종이).
dómino théory 명 **1** 도미노 이론(한 나라·지역의 변화가 연쇄 반응을 일으켜 차례차례 주변 지역에 영향을 준다는 설). **2** =domino effect.
dom·sat [dάmsæt/dɔ́m-] 명 (때로 D-) 〔로켓〕 국내 통신(용) 인공 위성. 〔<*dom*estic *sat*ellite〕
dom·y [dóumi] 형 둥근 지붕(모양)의.
don¹ [dɑn/dɔn] 명 **1** (D-) (스페인에서 남자의 세례명 앞에 붙이는 경칭; 이탈리아인 성직자의 존칭; 영어의 Mr., Sir에 해당). **2** 스페인 귀족[신사], (일반적으로) 스페인 사람. **3** 명사; 큰 인물. **4** (구어) (영국 Oxford, Cambridge 두 대학교 college의) 학감(學監), 지도 교수, 특별 연구원; (광의로) 대학 교수. **5** (濠구어) 명수, 명수 (at). ¶ a ~ at cricket 크리켓의 명수. **6** (구어) (마피아 조직의) 보스, 두목. 〔<Sp〕
don² [dɑn/dɔn] 타 (**-nn-**) …을 입다, 쓰다, 신다.
don³ [dɑn/dɔn] =donec. 「 doff
Don [dɑn/dɔn] 명 **1** 돈(남자 이름). **2** (the ~) 돈 강 (러시아의 중부에서 Azov해로 흘러 들어간다).
do·na [dóunə] 명 **1** (포르투갈의) (귀)부인. **2** (D-) 부인(영어의 Madam에 해당하는 포르투갈어의 경칭).
do·ña [dóunjə] 명 **1** (스페인의) (귀)부인. **2** (D-) 부인(Madam). 〔<Sp〕 「는 **donar**.
do·nah [dóunə] 명 〔英속어〕 여자; 애인; 정부. (또 **Don·ald** [dάnld/dɔ́n-] 명 도널드(남자 이름).
Dónald Dúck 명 도널드 덕(Walt Disney의 만화 영화에 나오는 오리); 걸핏하면 화내는 까다로운 사람.
Dónald Dúck effèct 명 〔우주〕 도널드 덕 효과(우주 비행 중에 일어나는 음성의 고음화 현상).
Dónald Dúck vóice 명 (물 속에 잠겨서 소리를 낼 때와 같은) 날카롭고 일그러진 소리.
do·nate [dóuneit/-´-] 타 (…에) 기증하다, 기부하다, 증여하다 (to); [시간·노력 따위]를 바치다 (to). — 자 (…에) 기부[기증]하다 (to).
do·na·tion [dounéiʃən] 명 **1** ① (때로 a ~) (공공

시설·자선 단체 따위에의) 기증, 기부 (*to*).¶a blood ~ 헌혈. **2** 기증품, 기부금. ⇨PRESENT² 유의어
make* [or *give*] *a donation 기증[기부]하다.
donátion lànd 图 (美) (미개지 이주 촉진을 위해) 주(州)·연방 정부가 무상(에 가까운 조건)으로 양도한 땅.
donátion párty 图 (美) 선물 파티(신자들이 목사에게 줄 선물을 가지고 모여서 하는 파티).
don·a·tive [dánətiv/dóun-] 图 기증품, 기부금. ━ 图 기증의, 기부의.
do·na·tor [dóuneitər/-́-] 图 기부자, 기증자.
do·na·to·ry [dánətɔ̀ːri, dóun-/dóunətəri] 图 〔스코 법률〕 (기증·기부의) 수령자(donee).
Dón Cóssack 图 돈 코사크 사람(러시아의 Don 강 중·하류 지방에 사는 동부계 코사크족).
‡**done** [dʌn] 图 do¹의 과거분사(* 〔비표준〕에서는 때로 did의 대용으로 쓰인다).¶Who ~ it? 누가 그랬어?/*Easier said than* ~. (속담) 말하기는 쉬워도 실행하기는 어렵다. ━ 图 **1** 완료된, 끝난.¶a ~ deal (美구어) 이미 끝난[결정된] 일/*Are you* ~? 끝났어? **2** (복합어로) 익은, 구운.¶half-~ 설익은. **3** (구어) 지쳐 빠진, 기진맥진한. **4** (기업 따위가) 도산한, 구제 불능이 된. **5** (구어) (보통 부정문에서) 관례[유행, 예절]에 맞는. **6** (구어) 속은. **7** 실패[패배]한; 죽은. **8** (구어) 체포된, 투옥된. 〔고.
(all) done and dusted (구어) 만반의 준비를 끝낸
badly done by [or *to*] =*hard done by*.
be [or *have*] *done with* ① …을 끝장내다. ② …와 손[인연]을 끊다, 절교하다. ③ …을 그만두다.
Done! 좋아!, 알았어!
done by [or *with*] *mirrors* 트릭을 쓴.
done for (구어) ① 몹시 지쳐; 다 써버려, 탕진된 상태로; 결딴나서. ② 죽어서, 다 죽어가서.
done in [or *up*] ① 몹시 지쳐. ② (물건이) 바닥나.
done like a dinner (濠구어) =*done to a turn*.
done over [or *up*] (속어) 패배한, 진.
done to a turn (속어) ① 아주 잘 요리된. ② 패배한.
done up like a kipper (英구어) 때려눕혀진; 현행범으로 붙잡힌.
hard [or *hardly*] *done by* (구어) (be, feel, look 등과 함께) 화가 나서; 홀대받아. 〔이〕 완성되어.
(over and) done with (구어) (일이) 끝나서, (물건)
That isn't done. 그런 짓은 용납할 수 없다.
That's done it. (구어) ① 이제 그만!, 아아, 안돼.
━ 图 완전히, 아주. ② 잘됐어.
do·nec [dóunek] 图 (처방전에서) …까지. (또는 don)
do·nee [douníː] 图 **1** 〔법률〕 기증[기부]을 받는 사람, 수증자(⇔donor). **2** (선물 따위의) 수령자; 〔법률〕 (유언 따위의) 지정권자. **3** 〔의학〕 혈액[장기]의 제공을 받는 사람, 수혈자.
done·ness [dánnis] 图ⓤ 음식이 알맞게 요리된 상태; (요리의) 만들새, 조리도(調理度).
dong¹ [dɔːŋ, dɑŋ/dɔŋ] 图 **1** 뎅(큰 종이 울리는 소리). **2** (濠·뉴질 구어) 강타. ━ 图 뎅 하고 울리다.
dong² 图 (美) 동(베트남의 화폐 단위).
dong³ 图 (비어) **1** 음경(penis). **2** 똥.
don·ga [dáŋɡə, dɔ́ːŋ-/dɔ́ŋ-] 图 (남아프리카의) 협곡.
don·gle [dáŋɡl/dɔ́ŋɡl] 图 〔컴퓨터〕 동글(소프트웨어 보호 장치의 하나).
Don·i·zet·ti [dànizéti/dɔ̀n-] 图 **Gaetano** ~ 도니체티(1797-1848: 이탈리아의 작곡가).
don·jon [dándʒən/dɔ́n-] 图 성곽의 탑, 내성(内城).
Don Juan [dɑn hwɑːn, -dʒúːən/dɔn dʒúːən] 图 **1** 돈 후안(스페인의 전설적인 방탕한 귀족). **2** 도락가, 탕아; (구어) 난봉꾼, 색골. 〔<Sp〕
Dòn Júan·ism 图 〔정신의학〕 =satyriasis.
‡**don·key** [dáŋki, dɔ́ːŋ-, dʌ́ŋ-/dɔ́n-] 图 (图 ~s [-z]) **1** 당나귀(ass).¶*The* ~ *means one thing and the driver another*. (속담) 사람이 다르면 견해도 달라진다. **2** 얼간이; 고집통이. **3** =~ engine. **4** (美) 민주당의 상징; 민주당(圈 elephant).
as stupid as a donkey 당나귀처럼 미련한.
flog the donkey (美속어) 자위하다. 지껄여대다.
talk the hind leg(s) off a donkey 쉴새없이 마구
━ 图 (한정용법) 보조의.¶a ~ pump 보조 펌프.
dónkey áct 图 (美속어) 바보 같은 짓, 어리석은 행위.
dónkey bóiler 图 〔기계〕 (선박 기관의) 보조 보일러.
dónkey éngine 图 **1** 〔기계〕 보조 엔진. **2** 〔철도〕 (전철형(轉轍형)) 소형 기관차.
dónkey jácket 图 (英) (방한·방수용) 작업복.
dónkey's yèars [**èars**] 图图 (英구어) 〔단수취급〕 오랜 동안, 영겁. 〔표식(連記標式)〕 투표.
dónkey vòte 图 (濠구어) (순위를 가리기 위한) 연기
dónkey wòrk 图 (英구어) 지루하고 고달픈 일.
don·na [dánə/dɔ́nə] 图 **1** 이탈리아 (귀)인. **2** (D-) …부인(Madam, Lady). 〔<It〕
Don·na [dánə/dɔ́nə] 图 도나(여자 이름).
don·né(e) [danéi/də-] 图 **1** 여건(картина·문학상의 일련의 전제가나 가정). **2** 테마, 주제. 〔<F〕
don·nish [dáníʃ/dɔ́n-] 图 (영국 대학의) 학감(學監) 같은[다운]; 격식을 차린; 학자 티를 내는.
~·**ly** 图 ~·**ness**, -**nism** 图
don·ny·brook [dánibrùk/dɔ́n-] 图 (종종 D-) (구어) 폭동, 난장판; 싸움판.
Dónnybrook Fáir 图 **1** =donnybrook. **2** 도너브룩 장(아일랜드의 Donnybrook에서 매년 열렸던 장).
do·nor [dóunər] 图 **1** 기증자, 기부자, 증여자(图 donee). **2** 〔의학〕 헌혈자; (장기 등의) 제공자. **3** 〔법률〕 증여자, 유증자. ━ 图 제공자의. ~·**ship** 图
dónor cárd 图 (의학) 장기 제공 동의 카드.
do·noth·ing [dúːnʌ̀θiŋ] 图 아무 일도 안 하는, 게으른; 무사 안일한. ━ 图 게으름뱅이, 무위 도식자.
do·noth·ing·ism [dúːnʌ̀θiŋìzm] 图ⓤ 무위 무책주의(無爲無策主義), 무사 안일주의.
Don Quix·o·te [dɑn kihóuti/dɔn kwíksət] 图 돈키호테(Cervantes 작 공상 소설(1605, 1615)); 그 주인공; 비현실적 공상가[이상주의자].
‡**don't** [dount] **1** do not의 단축형. **2** 〔비표준〕 does not의 단축형. 图 (구어) (보통 ~s) 해서는 안 되는 것, 금지 사항집(⇨DO¹ 4). 〔〕 「관심이 없는 사람.
don't-care [‐kɛ̀ər] 图 부주의한. ━ 图 부주의무
don't-know [‐nóu] 图 (여론 조사에서) 「모르겠다」고 대답하는 사람; 부동층 (유권자)(图 DK).
don·to·pe·dal·o·gy [dɑ̀ntoupedǽldʒi/dɔ̀n-] 图 방약무인한 말을 하는 성벽(性癖).
do·nut [dóunət/-nʌ̀t] 图 (美구어) =doughnut.
doo·bie [dúːbi] 图 **1** (美속어) 마리화나 (담배). **2** (속어) 〔컴퓨터〕 데이터 베이스. (또는 **dubee, duby**)
doo·da [dúːdə] 图 (속어) **1** 흥분(상태). **2** =doodad.
all of a dooda 흥분하여, 허둥지둥.
doo·dad [dúːdæ̀d] 图 (구어) (美) 장식품; 싸구려 장식; 잡동사니. **2** 장치, 물건; 거시기(이름이 확실하지 않을 때의 대용어). (또는 **dó-dàd**, (속어) **dóo-dàh**)
doo·dle¹ [dúːdl] 图 (명하니 딴 생각하며) 낙서를 끄적거리다; 목적도 없이 시간을 보내다(*away*); (방언) 속이다; (남을) 바보 취급하다. ━ 图 **1** (생각에 잠긴 채 하는) 낙서. **2** (美속어) 시시한[하잘것 없는] 것, 헛된[실없는] 사람.
doo·dle² 图 =doodlebug **1**. 〔리.
doo·dle·bug [dúːdlbʌ̀g] 图 **1** 개미 귀신(명주잠자리의 유충); 길앞잡이. **2** 비과학적인 광맥[수원] 탐지기, 점(占) 막대기. **3** (英구어) =buzz bomb. **4** (구어) 소형 자동차; 근거리 왕복 열차(shuttle); (美육속어) 정찰용 소형 자동차; (軍) 전차(戰車).
doo·dler [dúːdlər] 图 우두커니 낙서하는 사람; 허송세월하는 사람. 「거리기. ~·**ly** 图
doo·dling [dúːdliŋ] 图 (무의미한) 낙서; 빈둥[꾸물]
doo·dy [dúːdi] 图 (어린이말) 똥, 응가.¶*make a*

doofunny 815 **doorknob**

응가하다. (또는 **doodee, doodie, dóo-dòo, duty**)
doo·fun·ny [dúːfʌ̀ni] 명 《美속어》 =doodad.
doo·fus [dúːfəs] 명《美속어》얼간이, 얼뜨기.
── 형 이상한, 기묘한.
doo·hick·ey [dúːhìki] 명 (흔히 ~s) 《美구어》 1 = doodad 2. 2 여드름. (또는 **doohicky, doohinky**)
doo·jee [dúːdʒiː] 명《美속어》 1 헤로인. 2 태어나면서부터 헤로인 중독에 걸린 아기. (또는 **doojie, duji**)
doo·lie [dúːli] 명《美구어》 공군 사관 학교 1년생.
doo·ly [dúːli] 명 (인도에서) 환자나 부상자를 어깨에 메는 가마, 군용 들것. (또는 **doolie, dhooly**)
‡**doom** [duːm] 명ⓤ 1 (보통 a ~, one's ~) 《좋지 않은》 운명, 비운, 액운. ¶His ~ is sealed. 그의 운명은 정해졌다. 2 멸망, 파멸; 죽음, 최후. 3 유죄 판결, 단죄. 4 〔역사〕 조례, 법령, 포고. 5 〔기독교〕 세상의 종말; (신의) 최후의 심판. 6 《英》 최후의 심판 그림.
doom and gloom 어두운 장래의 예상, 어두운 뉴스 〔기사〕, 어두운 경기 전망, 불황 예상.
go to 〔or **fall to, meet**〕 **one's doom** 망하다, 죽다.
pronounce a person's **doom** 〔남〕에게 상응하는 형벌〔불행〕을 선고하다.
send a person **to his doom** 남을 망하게 하다.
the crack of doom 최후의 심판을 고하는 천둥 소리.
the day of doom 최후의 심판일, 세상의 마지막 날.
── 동타 (~s [-z]) 1 …을 운명짓다, …의 운명을 정하다; (수동형으로) …할 운명이다 (to / to do). ¶ (~+ 목+전+명) Our hopes were ~ed to disappointment. 우리의 희망은 깨어질 운명이었다. 2 …에게 판결을 내리다, (형을) 선고하다 (to / to do). ¶ (~+목+전+명) (~+목+to do) ~ a person to death; ~ a person to die 사형을 선고하다. 3 …에 (운명이나 벌 따위를) 정하다(to); 〔바람 따위〕를 겪다. ¶ (~+목+전+명) a decree which ~ed the whole city to destruction 온 도시를 파괴하겠다는 취지의 포고.
doomed [duːmd] 형 운이 다한, 불운한.
doom·ful [dúːmfəl] 형 장래가 어두운, 운수가 사나운, 불길한. **~·ly** 부
dóom pàlm 명 이집트 종려(棕櫚). (또는 **dóum pàlm**)
dóom·sày·er [dúːmsèiər] 명 재앙을 예언하는 사람; 종말론자. **-sày·ing** 명
dooms·day [dúːmzdèi] 명ⓤ 1 (종종 D-) 최후의 심판일, 세상의 마지막 날. 2 판결〔선고〕일, 운명이 결판나는 날. (또는 **domesday**)
(**from now**) **till doomsday** 영구히, 마지막 날까지.
Dóomsday Bòok 명 (the ~) =Domesday Book.
dóomsday cùlt 명 (지구(인류)) 종말론 교파(교단).
dooms·day·er [dúːmzdèiər] 명 =doomsayer.
Dóomsday Machìne 명 (the ~) 《군사》 종말 병기(세계의 파멸을 초래할 가상의 핵 격발 장치).
Dóomsday Pròject 명 《美》 (핵공격 따위) 유사시 국정 운용 계획.
dóomsday scenário 명 《군사》 지구 최후의 날 가상 시나리오(핵전쟁 발발을 가상한 핵전쟁 계획).
doom·ster [dúːmstər] 명 1 =doomsayer. 2 (고어) 재판관.
doom·ster·ing [dúːmstərìŋ] 명ⓤ 비관적인 예언.
doom·watch [dúːmwɑ̀tʃ/-wɔ̀tʃ] 명 환경 파괴 방지를 위한 감시, 재해 감시(예고).
doom·watch·er [dúːmwɑ̀tʃər/-wɔ̀tʃ-] 명 = doomsayer; (오염·핵전쟁 따위에 의한) 환경 파괴 감시자. 「우울해하는 듯한.
doom·y [dúːmi] 형 낙담한, 비탄에 잠긴, 음산한.
Doones·bur·y [dúːnzbèri/-bəri] 명 둔즈베리(미국 만화가 Garry Trudeau의 신문 연재 만화; 그 주인공).
‡**door** [dɔːr] 명 (~s [-z]) 1 (보통 the ~) 문, 문짝. ¶knock at〔on〕the ~ 문을 노크하다 / Close the ~ behind you. 들어오면〔나가면〕문을 닫으세요. 2 (보통 the ~) 현관, 대문간, (문을 닫다는) 출입구.

¶There is someone at the ~. 누군가 문간에 와 있다. 3 한 채, 한 집, 한 방. ¶He lives four ~s off〔or away〕. 그는 (우리 집에서) 네 집 건너서 살고 있다. 4 (비유적) (…의 어귀; 방법; 가능성; 문호, 관문(to). ¶a ~ to success 성공으로 가는 길. 5 〔해사〕 개폐할 수 있는 덮개〔뚜껑〕. 6 《美속어》 마약, 헤로인.
answer 〔or **go to**〕 **the door** 손님을 맞으러 나가다.
at a person's **door** 남 가까이〔근처〕에.
at death's door 빈사 상태에 빠져, 죽음이 임박하여.
behind closed 〔or **locked**〕 **doors** 비밀리에, 비공개로. 「하다.
be on the door (구어) 입구[개찰구, 접수구]에서 일
blow a person's **doors off** 《美속어》 ① 남을 패배시키다, 능가하다. ② 다른 운전자를 추월하다.
by 〔or **in, through**〕 **the back** 〔or **side**〕 **door** (구어) 부정하게, 은밀히, 뒷구멍으로.
close its 〔or **one's**〕 **doors** ① (클럽 따위가) 신입 회원을 받아들이지 않다, 문호를 닫다 (to). ② 장사를 그만두다, 폐업하다; (회사 따위가) 도산하다.
Close the door, please! 《英구어》 여러분 타세요, 발차합니다(All aboard!).
close the door upon 〔or **against, on, to**〕 문을 닫고 …을 들이지 않다, …에 대해 문호를 폐쇄하다.
darken a person's **door(s)** (부정어와 함께) 남의 집을 방문하다, 남의 집 문턱을 넘다.
deaf as a door 완전히 귀머거리인.
(from) door to door 집집마다; 출발에서 도착까지.
in doors 집 안에서, 옥내에서.
knock at an open door 헛수고를 하다.
lay…at 〔or **to**〕 **the door of** a person; **lay…at** 〔or **to**〕 a person's **door** …을 남의 탓으로 돌리다.
leave the door open 문을 열어 두다; 가능성〔여지〕을 남겨 두다(for).
lie at the door of a person; **lie at** a person's **door** (죄·실패 따위가) 남에게 책임이 있다.
next door 옆집〔옆방〕(에).
next door but one 한 집 건너 옆집.
next door to ① …의 이웃에. ② …에 가까이.
open a 〔or **the**〕 **door to** 〔or **into, for**〕 …으로의 길을 열다, 문호를 개방하다; …을 가능하게 하다.
out of doors 집 밖에서, 옥외에서.
packed to the doors 꽉 차서.
put a person **to the door** 남을 쫓아내다.
see a person **to the door** 남을 문까지 배웅하다.
show a person **the door** 남에게 문을 가리키며 가라고 하다; 남을 쫓아내다, 해고하다.
shut 〔or **slam**〕 **the door in** a person's **face** 남의 의견[제안]을 묵살하다; 남을 상대하지 않다.
shut 〔or **slam**〕 **the door upon** 〔or **on, to**〕 = *close the door upon*. 「*doors*.
with 〔or **within**〕 **closed doors** =*behind closed*
within 〔**without**〕 **doors** 옥내〔옥외〕에〔서〕(로).
with 〔or **within**〕 **open doors** 공공연히, 공개적으로.
dóor alàrm 명 대문에 단 경종[경보 장치].
***door·bell** [dɔ́ːrbèl] 명 (현관·방의) 초인종, 벨.
dóorbell pùsher 명 《속어》 (선거 따위의) 운동원.
door·case [dɔ́ːrkèis] 명 =doorframe.
dóor chàin 명 (문단속용으로) 문에 단 쇠사슬.
dóor chèck〔**clòser**〕 명 도어 체크(문이 서서히 닫히도록 하는 장치). 「attempt 필사적인 시도.
do-or-die [əːrdái] 형 필사적인; 이판사판의. ¶a ~
door·frame [dɔ́ːrfrèim] 명 문틀.
dóor hàndle 명 《英》 =doorknob. 「주.
door·jamb [dɔ́ːrdʒæ̀m] 명 (문의) 양옆 기둥, 문설
door·keep·er [dɔ́ːrkìːpər] 명 문지기, 수위.
dóor-kèy chìld [-kiː-] 명 (아파트 따위의) 열쇠를 차고 다니는 맞벌이 부부의 아이.
door·knob [dɔ́ːrnɑ̀b/-nɔ̀b] 명 문의 손잡이.

dóorknob hànger 명 문 손잡이 게시 카드(호텔 방·사무실·상점 따위에서 "Do Not Disturb"(수면중), "Closed"(폐점), "Out of Office"(부재중) 따위의 메시지를 써 넣은 카드).

door-knock·er [-nàkər/-nɔ̀k-] 명 문 두드리는 쇠, 노커(knocker).

door·less [dɔ́:rlis] 명 문이 없는.

dóor lòck 명 출입문 자물쇠.

door·man [dɔ́:rmæ̀n, -mən] 명 (복 **-men** [-mèn, -mən]) (호텔·공공 건물의) 문지기, 도어맨.

door·mat [dɔ́:rmæ̀t] 명 1 (현관의) 구두 흙 터는 매트. 2 (구어) 학대받아도 가만히 있는 사람. *treat a person like a doormat* (美속어) 남을 학대하다. ~**ism** 명

dóor mirror 명 (자동차의) 도어 미러.

dóor mòney 명 입장료.

door·nail [dɔ́:rnèil] 명 (장식용·보강용으로 문에 박은) 대갈못.
(as) dead [deaf] as a doornail 완전히 죽은[귀가 먹은].

door-o·pen·er [-óupənər] 명 1 문을 여는 기구. 2 외판원이 집에 들어가기 위해 쓰는 선물. (또는 **dóor òpener**)

door·plate [dɔ́:rplèit] 명 문패.

door·post [dɔ́:rpòust] 명 =doorjamb.
(as) deaf as a doorpost 아주 귀가 먹은.
between you, me and the doorpost 우리끼리 얘기인데, 비밀이지만.

dóor prize 명 (파티 따위에서) 추첨으로 타는 상; 파티 참가상.

door·pull [dɔ́:rpùl] 명 (문의) 손잡이, 문고리.

dóor ròller 명 미닫이식 문의 바퀴.

door·scrap·er [dɔ́:rskrèipər] 명 문간의 구두 흙털개.

door·sill [dɔ́:rsìl] 명 문지방.

dóor stàrter 명 (유개 화차의) 도어 시동 장치.

door·stead [dɔ́:rstèd] 명 (英) =doorway 1.

***door·step** [dɔ́:rstèp] 명 1 (현관 따위) 문 앞의 계단(하나). 2 (英속어) 두껍게 썬 빵.
at [*on*] *the* [*or one's*] *doorstep* ① 면전에서; (집) 근처에서. ② (자신이) 할 수 있는 범위에서.
— 형 (英) 호별 방문의[이 필요한]; 강매의.
— 자 (*-pp-*) ① (판매·선거 등의 따위를 위해) 호별 방문하다, 강매하다; 봉사하다. 2 문 앞 계단에서 기다리다. — 타 (어린아이)를 남의 집 문 앞에 버리다.
~**per** 명

door·step·ping [dɔ́:rstèpiŋ] 명 (취재 기자·카메라맨의) 문전대기.

door·stone [dɔ́:rstòun] 명 (문간의) 섬돌.

door·stop [dɔ́:rstɔ̀p/-stɔ̀p] 명 문걸이 장치; 문 버팀쇠. (또는 **doorstopper**)

door-to-door [-tədɔ́:r] 형 1 호별 방문의, 집집마다의. 2 집 앞(배달 장소)까지 직송의, 택배(宅配)의.
— 부 호별 방문하여; 집 앞에까지 직송하는.

dóor tràck 명 미닫이의 레일.

dóor tràp 명 쥐(鳥獸) 생포용) 폐쇄문이 달린 덫.

‡**door·way** [dɔ́:rwèi] 명 (복 ~**s** [-z]) 1 대문간, 출입구. 2 (비유적) 문호, 길, (…에) 이르는 수단 (*to*).

door·yard [dɔ́:rjɑ̀:rd] 명 (美) 현관 앞마당.

dooz·er [dú:zər] 명 (美구어) =doozie.

doo·zie [dú:zi] 명 (美구어) 특출한 것, 걸작. (또는 **doosy**, **doozer**)

doo·zy [dú:zi] 명 (구어) 명 =doozie.

dop [dɑp/dɔp] 명 도프(절삭·연마를 위한 보석 고정 공구).

D.O.P. *developing-out paper*(현상 인화지).

do·pa [dóupə] 명 (생화학) 도파(아미노산의 하나).

do·pa·mine [dóupəmì:n] 명 (回) 도파민(부신(副腎)에서 만들어지는 뇌 속의 신경 전달 물질).

dop·ant [dóupənt] 명 (전자) (순수한 반도체의 전기적 성질을 바꾸기 위해 첨가하는) 미량의 불순물.

dope [dóup] 명 1 (미속어) 마취약, 마약, 수면제. (경마용 말·운동 선수 등에게 먹이는) 흥분제; ⓒ 마약 상용자. 2 (구어) (믿을 만한 소식통으로부터의) 정보, 내보(內報); 예상, 예보; (美속어) 경마 정보. 3 도프. a) 풀 같은 진한 액체. b) 비행기 날개 따위에 바르는 니스. c) 다이너마이트 제조에 쓰이는 흡수제. 4 ⓒ (구어) 얼간이, 바보. 5 (속어) (식품) 첨가물, (가솔린) 첨가제. 6 화장품, 화학 약품; (유리) 착색제. 7 기계유; 윤활유. 8 (美·캐나다) (사진) 현상액.
spill the dope 정보를 누설하다.
— 타 1 …을 도프로 처리하다; …에 도프 도료를 칠하다. 2 …에게 마취약[마약]을 주다, 마취시키다; (경마용 말)에 흥분제를 먹이다(*up*). 3 …에 섞음질을 하다, 첨가제[물]를 넣다. 4 (속어) (그럴싸한 말로) …을 속이다; …을 예상하다(*out*). — 자 (구어) 마약을 상용하다.
dope off ① 실수하다; (근무를) 태만하다. ② (마약을 복용한 것처럼) 깊이 잠들다, 꾸벅꾸벅 졸다.
dope out (속어) ① (정보 따위로) …을 추론하다, 예상하다, 생각해 내다; …을 풀다; …을 발견하다. ② …의 계획을 세우다, …을 미리 조정해 두다.
dope the ponies (속어) 경마의 우승마를 예상하다.
dope up ① (속어) (항공기 엔진)을 점검하다, 검사하다. ② (美속어) 마약을 주사[복용]하다, 마약을 사다.
— 형 (美속어) 멋있는, 근사한.
dope on a rope (속어) 굉장한, 멋있는.

dope àddict 명 (속어) =drug addict.

dópe chèck [tèst] 명 (운동 선수에 대한) 약물 검사.

doped [doupt] 형 마약 중독인, 마약기가 돌고 있는.

dópe fiend 명 (속어) 마약 상용자.

dope·head [dóuphèd] 명 (속어) 마약 상용자(drug addict). (또는 **dopenik**) ~**ed** 명

dópe pùsher [pèddler] 명 (속어) 마약 밀매인. (또는 **dópe pèdlar**, **dópe-rùnner**)

dop·er [dóupər] 명 (속어) 1 마약 상용자. 2 비행기의 기름칠 담당. 3 (경마의) 예상가.

dope·sheet [dóupʃìːt] 명 (속어) 경마 신문, (출전마를 소개하는) 경마 안내표.

dópe smòke 명 (속어) 마리화나.

dope·ster [dóupstər] 명 (美·캐나다 속어) (스포츠·선거 따위의) 예상가; 정보통.

dópe stìck 명 (美속어) =cigarette.

dópe stòry 명 =think piece.

dop·ey [dóupi] 형 (구어) 1 (마약·알코올에) 중독된; 멍한. 2 졸리는; 지친. 3 어리석은, 멍청한. 또는 **dopy**) ~**ness** 명 **dóp·i·ly** 부 **dóp·i·ness** 명

dop·ing [dóupiŋ] 명 도핑. 1 (스포츠) 약물 사용. 2 (전자) 반도체 재료 중에 미량의 불순물을 첨가하는 일.

dóping tèst 명 =dope check.

Dop·pel·gäng·er [dápəlgèŋər/dɔ́p-] 명 (종종 d-) 살아 있는 사람의 유령, 분신. (또는 **doubleganger**, **doppelganger**, **dopplegänger**, **doppelgänger**) [<G *double-walker*]

Dop·pler [dáplər/dɔ́p-] 명 **Christian J.** ~ 도플러(1803-53: 오스트리아의 물리학자·수학자).

Dóppler effèct 명 (물리) 도플러 효과.

Dóppler navigàtion 명 (항공) 도플러 항법(도플러 레이더를 이용하는 항법).

Dóppler rádar 명 (전자) 도플러 레이더(도플러 효과를 이용한 레이더).

Dóppler shìft 명 (물리) 도플러 편이(偏移)[이동].

Dop·pler-shìft [-ʃìft] 타자 (물리) (주파수 따위)에 도플러 편이를 일으키다.

dor [dɔːr] 명 풍뎅이의 일종. (또는 **dórbèetle**)

Do·ra [dɔ́:rə] 명 도라(여자 이름; Dorothea의 애칭).

Do·ra·do [dərɑ́:dou] 명 1 (복 ~**s**) (어류) 만새기. 2 (D-) (천문) 황새치자리.

DORAN [dɔ́:ræn] 명 (항공) 도란(도플러 효과의 원리를 이용해 거리를 측정하는 전자 장치). [<*D*oppler *ran*ge]

dor·bee·tle [dɔ́:rbìːtl] 명 =dor.

Dor·cas [dɔ́:rkəs] 명 (성서) 도르가(빈민에게 옷을 만들어 준 독실한 여성. ← 사도 행전(Acts) 9:36).

Dórcas socìety 명 도르가회(會)(빈민 구조 활동을

do·ré [dɔːréi] 囲 〔야금〕 도레(금과 은이 섞인 잉곳 (bullion)). —囲 금색의; 금을 함유한.

do-re-mi [dóuréimiː] 囲 《속어》 금전, 돈(dough).

Do·ri·an [dɔ́ːriən] 囲 (고대 그리스의) 도리스(Doris) 지방의, 도리아 사람의. —囲 도리아 사람.

Dor·ic [dɔ́ːrik, dár-/dɔ́r-] 囲 1 (고대 그리스의) 도리스 지방의, 도리아 사람의(Dorian). 2 (말씨가) 촌스러운. 3 〔건축〕 도리아식의. ¶the ~ order 도리스 양식. —囲 1 도리스 지방어. 2 (영어의) 시골 사투리, 방언. ¶in broad ~ 순 시골 사투리로. 3 〔건축〕 도리아 양식(⇨CAPITAL² 그림).

Do·ris¹ [dɔ́ːris, dá-/dɔ́r-] 囲 도리스(고대 그리스 중부의 한 지방; 도리아인(人)의 출신지로 간주됨).

Do·ris² 囲 도리스. 1 〔그리스 신화〕 해신(海神) Nereus 의 아내이며 Nereids의 어머니. 2 여자 이름.

dork [dɔːrk] 囲 1 《美속어》 유행에 뒤진 사람, 촌뜨기; 바보, 얼간이. 2 〔비어〕=penis.

Dor·king [dɔ́ːrkiŋ] 囲 도킹(발가락이 다섯 개 있는 England산(産) 닭의 한 품종). ; 진; 무능한.

dork·y [dɔ́ːrki] 囲 《美속어》 어리석은, 멍청한, 얼빠

dorm [dɔːrm] 囲 《구어》=dormitory.

dor·man·cy [dɔ́ːrmənsi] 囲囿 (종자 따위의) 수면 [휴면] 상태; 휴지(休止)[정지] 상태.

*****dor·mant** [dɔ́ːrmənt] 囲 1 잠자는 (듯한); (기능·감정·지능 따위가) 휴지 상태의, 쉬고 있는; (화산이) 활동하지 않고 있는(⇨INACTIVE 유의어); 〔식물〕 휴면 중의, 〔동물〕 동면(冬眠) 중의. ¶a ~ volcano 휴화산. 2 (권리 따위가) 행사되고 있지 않은, (계획 따위가) 실시되고 있지 않은; (능력·재능 따위가) 잠재해 있는; (자금 따위가) 놀고 있는. 3 〔문장〕 (동물이) 휴면 자세의. 4 (살충제가) 식물의 휴면 기간 중에 사용되는. 5 〔조합원이〕 익명의. 6 고정된, 부동의.

lie dormant ① 잠자고 있다; 동면[하면] 중이다. ② (권리 따위가) 행사되고 있지 않다.

dórmant accóunt 囲 (은행의) 휴면 (예금) 계좌.

dórmant execútion 囲 〔법률〕 강제 관리.

dórmant pártner 囲 《경영》=silent partner.

dórmant wíndow 囲 =dormer 1.

dor·mer [dɔ́ːrmər] 囲 1 지붕창. (또는 ~ **wíndow**) 2 이 있는 지붕의 돌출부.

dor·meuse [dɔːrmə́ːz] 囲 1 =mobcap. 2 《英》 침대차. [<F]

dor·mice [dɔ́ːrmais] 囲 dormouse의 복수형.

dor·mie [dɔ́ːrmi] 囲 〔골프〕 (매치 플레이에서) 남은 홀의 수만큼 이기고 있는. (또는 **dormy**) [dormer]

dor·mi·tive [dɔ́ːrmətiv] 囲 최면성의.

‡**dor·mi·to·ry** [dɔ́ːrmətɔ̀ːri/-tri] 囲 (복 **-ries** [-z]) 1 《美》 기숙사, 합숙소(《英》 hall of residence); (학교·수도원 따위의) 공동 침실. 2 《英》 (도시로 통근하는 사람들의) 교외 주택지, 단지. 3 (정신적인) 휴식처.

dórmitory càr 囲 침대가 있는 승무원용 객차.

dórmitory cíty 囲 =dormitory suburb.

dórmitory shíp 囲 (여행하는 학생 등을 위한) 숙박 시설이 있는 배. 「타운(bedroom suburb).

dórmitory sùburb [tòwn] 囲 교외 주택지, 베드

Dor·mo·bile [dɔ́ːrmoubìːl] 囲 《英》 《상표》 도모빌 (생활 설비가 갖추어져 있는 영행용 light van; 캠핑카 (camper). 「다람쥐 비슷한 것의 일종.

dor·mouse [dɔ́ːrmaus] 囲 (복 **-mice** [-mais]) 〔동물〕

dor·my [dɔ́ːrmi] 囲 〔골프〕=dormie.

do·ron [dɔ́ːrɑn] 囲 유리 섬유제 방탄복.

Dor·o·thy [dɔ́ːrəθi, dár-/dɔ́r-] 囲 도로시(여자 이름).

a friend of Dorothy 《英속어》 남자 동성애자.

Dórothy bàg 囲 (손목에 거는) 여성용 손가방.

dorp [dɔːrp] 囲 (남아프리카의) 마을, 작은 촌락.

dor·sal¹ [dɔ́ːrsəl] 囲 〔동물〕 1 등의, (기관 따위) 따위가) 등에 있는. 2 등뒤의, 배후의. —囲 등지느러미; 후추(胸椎). **dor·sál·i·ty** 囲. **~·ly** 딤.

dor·sal² 囲 〔음성〕 설배음(舌背音), 후설음(後舌音).

dórsal fín 囲 1 (물고기의) 등지느러미 (모양의 부분). 2 〔항공〕 수직 꼬리 날개 안정판.

dórsal vértebra 囲 〔해부〕 흉추(胸椎).

d'or·say [dɔːrséi] 囲 도르세이(양 옆을 V형으로 깊이 판 남성용 슬리퍼·여성용 펌프스).

dorse [dɔːrs] 囲 (책·문서 따위의) 등, 배면(背面).

dor·si- [dɔ́ːrsə] 연결 back의 뜻. ¶*dorsi*ventrality (배복성(背腹性)). (또는 **dorso-**)

dor·so- [dɔ́ːrsou, -sə] 연결 ⇨DORSI-.

dor·sum [dɔ́ːrsəm] 囲 (복 **-sa** [-sə]) 1 〔해부·동물〕 등, 배부(背部), (기관 따위의) 배면, 등쪽. 2 〔음성〕 혀의 등면, 후설면(後舌面). 3 (교회 제단의 뒷면에 치는) 막(幕), 휘장. 「**dortour**」

dor·ter [dɔ́ːrtər] 囲 (수도원의) 숙사, 승방. (또는

Dort·mund [dɔ́ːrtmənd] 囲 도르트문트(독일 Ruhr 지방 동부의 상공업 도시). 「통한.

dort·y [dɔ́ːrti] 囲 《스코》 신경질적인, 앵돌아진, 부루

do·ry¹ [dɔ́ːri] 囲 《美》 도리(일종의 평저선(平底船)).

do·ry² 囲 〔어류〕 달고기류(類)의 식용어(John D~).

do's [duːz] 囲 do¹의 복수형.

DOS [dɔːs, dɑs/dɔs] 囲 〔컴퓨터〕 도스(disk를 사용 [운용]하는 시스템). [<*d*isk *o*perating *s*ystem]

DOS 囲 *D*epartment *o*f *S*tate(국무부).

dos-à-dos [dóuzədóu] 囲 (교회) 등을 맞대고. —囲 [dóusidóu, -ziː-] (복 **~** [-z]) 1 =do-si-do. 2 등을 맞대고 앉는 좌석(이 있는 마차). 3 두 권을 역방향 으로 합본한 책. —囲 =do-si-do. [<F]

dos·age [dóusidʒ] 囲 1 囿 투약, 조제. 2 (보통 a ~) (1회분의) 투약량. ¶a heavy ~ of heroine 상당량의 헤로인. 3 〔물리〕 (엑스선 따위) 방사선의 조사(照射) 적량. 4 囿 (샴페인의) 감미(甘味)[첨가물] 조정.

dósage compensátion 囲 유전자량 보정(補正).

dós and dón'ts 囲 관례, 규칙, 준칙; 주의 사항. ¶the ~ of polite manners 예(절)법.

*****dose** [dous] 囲 1 (약의) 1회 복용량, 한 첩. ¶a lethal [*or* fatal] ~ 치사량(致死量) /take three ~s a day 약을 하루에 세 번 먹다/in large [poisonous] ~s 다량 [과량]으로. 2 (비유적) 쓴 약, 약이 되는 것; (충고 따위의) 한마디, 소량. ¶give a person a ~ of admonition [flattery] 남에게 한마디 충고[아첨]하다. 3 (샴페인 제조시에 타는) 첨가물. 4 〔물리〕 (방사선의) 선량(線量). 5 《속어》 성병, 임질, 매독. 6 《英속어》 형기(刑期). 7 《美속어》 섹시(sexy)한 여자.

give a person a dose of his own medicine (같은 방식으로) 복수하다.

have a regular dose of …을 지나치게 먹다[하다].

like a dose of salts 《구어》 아주 빨리.

—囲 1 (약) 을 담다[조제하다], 1회분씩 나누어(어 제하다)(*out*). 2 (약) 을 (…에게) 복용시키다(*to*), 투약하다(*with*); 《비유적》 (충고 따위) 를 하다. ¶ (~ +囲+ 몫+名) ~ aspirin to a person; ~ a person *with* aspirin 남에게 아스피린을 먹이다. 3 (샴페인에) 첨가물[당분] 을 섞다(*with*). —囲 약을 먹다.

dose oneself with …을 복용하다.

dose up a person 남에게 여러 가지 약을 먹이다.

dosed 囲 《美속어》 성병에 걸린. **dós·er** 囲.

do-si-do [dóusidóu] 囲 (복 **~s**) 도시도(등을 맞대고 선회하면서 추는 춤). —囲 도시도를 추다.

do·sim·e·ter [dousímətər] 囲 〔물리〕 복사 계량기, 약량(藥量)계; 〔물리〕 방사선량계. (또는 **dósemèter**)

do·sim·e·try [dousímətri] 囲囿 복약량 측정(법), 약량(藥量學); 〔물리〕 방사선량 측정(법).

do·si·met·ric [dòusəmétrik] 囲. **do·si·me·tri·cian**

[dòusəmətríʃən], **-trist** 圀

Dos Pas·sos [dous pǽsous, dəs pǽsəs] 圀 **John (Roderigo)** ~ 도스 패소스(1896-1970: 미국의 소설가).

doss [das/dɔs] 〔英구어〕 圀 **1** (싸구려 여인숙의) 잠(자리). **2** =~ **house. 3** 매춘굴, 갈봇집. ─圀㉠ (싸구려 여인숙에) 숙박하다; (아무데서나) 자다(*down*).

dos·sal [dásəl/dɔ́s-] 圀 (제단 또는 성가대 뒤에 치는) 휘장, 장막. (또는 **dorsal, dossel**)

dos·ser¹ [dásər/dɔ́s-] 圀 **1** (등에 지는) (짐)바구니. **2** (= **dossal**) (좌석·옥좌의 등에 장식으로 거는) 휘장. (또는 **dorser**) 「부랑자.

dos·ser² 圀 〔英속어〕**1** 싸구려 여인숙의 단골 손님. **2**

dóss hòuse 圀 〔英속어〕 싸구려 하숙집[여인숙], 간이 숙박소.(美) **flophouse**; 〔美속어〕 매춘굴, 갈봇집.

dos·si·er [dásièi, -siər/dɔ́s-] 圀 (어떤 사람·사건에 관한) 서류 일건, 조서. [<F *bundle of papers*]

dos·sy [dási/dɔ́si] 圀 〔英구어〕 멋진, 맵시 있는.

dost [dʌst, 약 dəst] 圀 〔고어〕 **do**¹의 2인칭·단수·직설법·현재형(* 주어는 **thou**).

Do·sto·(y)ev·sky [dàstəjéfski, dàs-/dɔ̀stjéf-] 圀 **Fyodor Mikhailovich** ~ 도스토예프스키(1821-81: 러시아의 소설가). (또는 **Dosto(y)evski**)

-ski·an, ~·an 圀 도스토예프스키풍[류]의.

‡**dot**¹ [dat/dɔt] 圀 **1** 점, 반점, 얼룩. **2** 작은 점; **i, j**의 점; 종지부; 발음 부호의 점. **3** (점 같은) 작은 것, 작은 알갱이; 꼬마; 작은 부분, 소량. ¶a ~ of butter 소량의 버터/a mere ~ of a child 꼬마 아이. **4** 〔음악〕 부점(附點). **5** 〔무선〕 (모스 부호의) 점(⇔ **dash**). **6** 〔인쇄〕 (스크린의) 망점(網點). **7** 〔복식〕 도트, 물방울 무늬. **8** (보통 ~**s**) 〔속어〕 =**microdot**. **9** 〔TV〕 도트(컬러 브라운관의 3원색의 광점). **10** 〔컴퓨터〕 닷(인터넷 웹사이트·e메일 주소 사이에 찍는 점).

in the year dot 〔英구어〕 서기 0년에, 먼 옛날에.

off one's dot 〔英속어〕 미쳐서; 얼빠져서. 「석에서.

on the dot 〔구어〕 ① 꼭 재시각에; 그 장소에. ② 즉

put dots on a person 〔英속어〕 남을 지루하게 하다.

to a dot 〔美〕 정확으로, 완전히(perfectly).

to the dot of an i 아주 완전하게, 완벽하게.

─圀㉠ (-tt-) **1** …에 점을 찍다, 점선을 긋다; …을 점선으로 나타내다. **2** 에 (…을) 적어 두다(*down*).¶(~+图+圖) He ~*ted down* what I said. 그는 내 말을 적어 두었다. **3** (종종 수동형으로) …에 (…을) 점재(點在)[산재]시키다. ¶The lawn is ~*ted with* the evergreens. 잔디밭에는 상록수가 군데군데 있다. **4** 〔음악〕 부점을 찍다. **5** 〔요리〕 …에 (버터·마가린 따위를) 바르다(*with*). **6** 〔英속어〕 …을 치다, 때리다. ─㉠ 점을 찍다.

dot and carry one ① 〔고어〕 (덧셈에서 10이 되면) 점을 찍고 한 자리 올려 보내다. ② 〔고어〕 신중히 한 걸음씩 나아가다. ③ 〔구어〕 절름거리다; (명사적) 절름발이, 아장아장 걷는 아기.

dot and go one 〔고어〕 절름거리며 걷다, 목발을 짚고 걷다; (명사적) 절름발이.

dot a person one 남을 탁 치다[때리다].

dot the [or *one's*] *i's and cross the* [or *one's*] *t's* (i에 점을 찍고 t에 선을 긋듯) 자세히 적다, 명확히 ~·**like** 〔말하다; 꼼꼼히 살피다.

dot² 圀 〔법률〕 아내의 지참금[물], 아내의 재산.

DOT 〔美〕 Department of the Treasury(재무부); 〔美〕 Department of Transportation(교통부).

dot·age [dóutidʒ] 圀Ⓤ **1** 망령, 노망. **2** 맹목적인 사랑, 익애(溺愛).

be in one's dotage 노망부리다[하다]. 「(Morse)식

dot-and-dash [⌐əndǽʃ] 圀 〔전신〕 모스 ─圀㉠ 모스식으로 송신[기록]하다.

do·tard [dóutərd] 圀 노망[망령]든 사람. ─·**ly** 圀

dót-bòmb [⌐bὰm/-bɔ̀m] 圀 〔美속어〕 파산 인터넷 기업.

dót·com [dátkəm] 圀 〔컴퓨터〕 인터넷 회사, 닷컴 (인터넷 비즈니스를 주업으로 하는 (벤처) 기업; 회사명에 .com을 사용). ─圀 (*-mm-*) 닷컴을 설립하다; 인터넷 비즈니스[전자 상거래]를 하다. ─圀 (또는 **dot com**)인터넷 상거래의, 닷컴의. ¶~ stocks 닷컴주(株). (또는 **dót·còm) ⌐·còm·mer** 圀 [< .com]

dótcom stártup 圀 신설 닷컴, 신설 인터넷[전자 비즈니스] 기업.

dot-con [⌐kὰn/-kɔ̀n] 圀 〔美속어〕 인터넷 (신용) 사

*****dote** [dout] 圀㉠ **1** (…을) 맹목적으로 사랑하다 (*on, upon*). ¶(~+圖+图) ~ *on* one's children 아이를 몹시 사랑하다. **2** 노망하다. **3** (목재 따위가) 부식하다. (또는 **doat**) ─ (목재의) 부식; 노망. **dót·er** 圀

dót ètching 圀 〔인쇄〕 망점(網點) 수정.

*****doth** [dʌθ, dəθ] 圀 〔고어〕 **do**¹의 3인칭·단수·직설법·현재형.

dot·ing [dóutiŋ] 圀 (한정용법) **1** 맹목적으로 사랑하는, **2** 망령든, 늙어 몽롱해진. ─·**ly** 분 ~·**ness** 圀

dót mátrix 圀 〔컴퓨터〕 도트 매트릭스(점의 집합으로 문자나 도형을 만드는 방법).

dót (mátrix) prínter 圀 〔컴퓨터〕 도트 프린터(문자나 도형을 점의 집합으로 인쇄하는 프린터).

dot-se·quen·tial [⌐sikwénʃəl] 圀 〔TV〕 점순차(點順次) 방식의(색채를 점으로 배열하여 컬러 화면을 구성하는 방식). ¶~ **system** 점순차 방식.

dot·ted [dátid/dɔ́t-] 圀 점으로 된[이루어진, 그린]; (…의) 점재(點在)된(*with*); 점을 찍은, 점(선)이 있는. ¶a ~ quaver 점8분음표.

dótted líne 1 점선(⌐); (the ~) (서명할 곳을 나타내는) 점선(⇔ broken line). **2** (the ~) 예정 코스; (비유적) 예정된 행동.

signature on the dotted line 전면적인 동의.

sign on the dotted line ① 서명란에 사인[서명]하다. ② 무조건[전면적으로] 찬성[동의]하다.

dot·ted·line [-láin] 圀 (관계자) 직접적인, 긴밀한.

dótted swíss 스위스 모슬린(Swiss muslin).

dot·tel [dátl/dɔ́tl] 圀 =**dottle**.

dot·ter [dátər/dɔ́t-] 圀 점을 찍는 사람[도구]; 점묘(點描) 기구; (포(砲) 조준 연습 장치의) 점적기(點的器).

dot·ter·el [dátərəl] 圀 **1** 물떼새의 일종(우둔해서 쉽게 잡히는 새). **2** (방언) 바보, (쉽게 속는) 얼간이. (= **dottrel**) 「(애칭). (또는 **Dotty**)

Dot·tie [dáti/dɔ́ti] 圀 도티(여자 이름; Dorothy의

dot·tle [dátl/dɔ́tl] 圀 (파이프 속의) 타다 남은 담배 찌꺼기. (또는 **dottel**)

dot·ty¹ [dáti/dɔ́ti] 圀 〔구어〕 **1** 머리가 좀 돈, 미친. **2** 디디가 휘청거리는. **3** (…에) 빠진, 넋을 잃은 (*about, over*). **4** 불합리한. **-ti·ly** 분 **-ti·ness** 圀

dot·ty² 圀 점이 있는, 점을 찍은; 점재하는.

dót whèel 圀 점륜(點輪)(점선을 그리는 제도 용구).

dot·y [dóuti] 圀 **1** (나무가) 썩기 시작하는. (또는 **doaty**) **2** 〔美남부〕 (사람이) 노쇠한. **dó·ti·ness** 圀

douane [F dwan] 圀 세관; 관세, (F customs)

Dou·ay(-Rhéims) Bíble [Vérsion] [dúːei(ríːmz)-] 圀 (the ~) (가톨릭) 두에이 성서(라틴어역 성서(Latin Vulgate)를 영역한 성서).

‡**dou·ble** [dʌ́bl] 圀 **1** 두 배의, 갑절의. ¶a ~ share 갑절의 몫/a ~ **width** 두 배의 폭/do ~ **work** 두 배의 일을 하다/pay ~ the price 배액을 지불하다(* 이 double은 원래 명사로서 다음에 of가 생략된 형태, 또 부사로도 간주된다. **2** 이중의, 두 겹의; 쌍[두 부분]으로 된; 둘로 접은(⇔ single). ¶a ~ **edge** 쌍날./a ~ **suicide** 정사(情死). **3** (방·침대 따위가) 2인용의, 두 부분으로 된; 두 역을 맡은. ¶a ~ **seat** 2인용 좌석/a ~ **role** 1인 2역. **4** (뜻 따위가) 두 가지로 해석되는, 애매한; (성격·행동 따위가) 기만적인, 음흉한, 두 마음[리]이 있는, 위선적인(⇔ ~-**faced**). **5** 〔식물〕 (꽃이) 겹으로 된, 겹꽃(중판(重瓣))의. **6** 〔음악〕 (악기가) 더블의, 1옥타브 낮은 음을 내는; 2박자의. **7** 〔시학〕 이중의

doublé

의. **8** 〔제지〕 배판(倍版)의. **9** (활자가) 기준 활자의 두 의.
be double Dutch to ⇨DOUBLE DUTCH.
be in a double bind ⇨DOUBLE BIND.
do [or **get**] **a double take** ⇨DOUBLE TAKE.
wear a double face ⇨DOUBLE FACE.
work double tides [or **shifts**] 주야로 일하다.
— 튀 **1** 갑절로, 두 배만큼(twice).¶pay ~ 배액을 치르다. **2** 이중으로, 두 가지로. **3** 한쌍이 되어, 함께.
play double 이중적으로 행동하다.
ride double 둘이 함께 타다.
see double (취해서) 물건이 둘로 보이다.
sleep double 둘이 (한 침대에) 같이 자다.
— 匣 (奧) ~**s** [-z] 〕 **1** ① 곱, 배, 두 배; ② 두 배의 것; 〔구어〕 (위스키 따위의 양이) 두 배, 더블.
2 흡사한 것[사람], 복사판; 산 사람의 유령.
3 〔연극〕 1인 2역 배우; 〔영화·TV〕 대역, 대연자(代演者), 대역 배우[가수].
4 〔구어〕 2인용 방, (호텔 따위의) 더블 베드가 있는 방.
5 이중, 겹치기; 이중 주름. **6** (장 따위가) 급히 휘어짐; (쫓기는 여우 따위의) 급회전, 방향을 바꾸기; 발뺌; 속임수, 책략, 계략. **7** (the ~) 〔군사〕 구보. **8** 〔야구〕 2루타. **9** (~s) 〔단수취급〕 (테니스 따위의) 복식 경기. ¶a mixed ~s (남녀) 혼합 복식 경기. **10** 〔카드놀이〕 더블 (을 부를 만한 패); 상대방이 부른 값의 두 배로 부르기. **11** 〔폐어〕 (가톨릭) 복창(復唱)의 축제일. **12** 〔9 위식. **13** 〔볼링〕 2회 연속의 스트라이크, 더블. **14** 〔드물게〕 〔고어〕 〔음악〕 변주곡. **15** 〔인쇄〕 (잘못해서 생긴) 이중새긴 인쇄물; 두 번. **16** (the ~) 2연승. **17** 〔천문〕 = ~ **star**. **18** (다트(dart) 놀이에서) 두 배 득점을 주는 검은 원. **19** 16세기 궁중 무용 스텝의 일종; 포크댄스 스텝의 일종. **20** 이중 스파이.
at the double =on the double.
be a person's **double** 남과 꼭 닮다, 빼쏘다.
be the double of …와 꼭 같다, …을 꼭 닮다.
double or nothing [or 〔英〕 **quits**] 두 배로 받느냐 몽땅 잃느냐의 승부. 「망치다, 허탕치게 하다.
give the double to a person 남의 눈을 속이다, 도
make a double ① (연발총으로 두 마리를 한꺼번에 잡다. ② (쫓기는 여우가) 갑자기 반대 방향으로 달리다.
on the double 〔美구어〕 ① 구보로. ② 빨리, 서둘러서; 당장, 즉각. 「다.
put the double on a person 남을 배반하다[속이
split a double 〔야구〕 (더블 헤더에서) 승패를 주고받다, 비기다.
— 匣 (~**s** [-z]; ~**d**; **-bling**) 匣 **1** …을 두 배로 하다, 갑절로 하다; …에 같은 양을 보태다. ¶~ itself 배가 되다/ ~ one's stakes 내기에 건 돈을 두 배로 늘리다. **2** …을 둘로 접다, 두 겹으로 하다(over, up). ¶ (~+팀+팀) I ~ d a leaf over. 나는 쪽장을 접었다. 〔주먹을 단단히[꽉] 쥐다(up).¶He ~ d (up) his fists. 그는 주먹을 꽉 쥐었다. **4** …의 두 배[갑절]이다. ¶ Income ~ d expenditure. 수입이 지출의 두 배였다. **5** 〔해사〕 (곶 따위를) 돌다. **6** (배우가) 1인 2역을 하다, …의 대역을 하다. **7** …을 되풀이하다. ¶~ a blow 연거푸 두 번 때리다. **8** (옷자락 따위를) 쌓을 만들다. **9** 〔음악〕 …을 1옥타브 높게[낮게] 연주하다. **10** 〔카드놀이〕 〔브리지 따위에서〕 (상대가 부른 값의) 득점[실점] 수를 배로 하다; (상대)의 부른 값에 도전하다. **11** 〔야구〕 (주자)를 2루타로 진루시키다(to). ¶~ a base runner to third 2루타를 쳐서 주자를 3루로 보내다. **12** 〔당구〕 (공)을 쿠션시키다. **13** (仕)을 보다.
— 匣 **1** 두 배로 되다, 배가[배증]하다. **2** 둘로 접어지다; (고통 때문에) 몸을 구부리다(over, up)(with). ¶ (~+팀) He ~ d over [or up] with pain. 그는 아파서 몸을 구부렸다. **3** (추적을 피하여) 급회전하다, 갑자기 되돌아 뛰다[방향을 바꾸다](back).¶(~+쀠+名) ~ upon one's steps 지나온 방향으로 되돌아서다. **4** (군사) 구보로 행진하다, 서두르다(up)(쯔) ~ -time). **5** (배

우가) 1인 2역을 하다; (자기 역 외에) …역도 하다 (as).
6 〔음악〕 (악단에서 맡고 있는 악기 외에 또 하나의 악기를) 연주하다(on); (일반적으로) 일을 겸하다(as, in).
7 〔카드놀이〕 〔브리지에서〕 상대가 부른 값을 두 배로 하다. **8** 〔야구〕 2루타를 치다.
double and twist 요리조리 발뺌을 하다, 여러 가지 수단을 써서 피하려고 하다. 「…의 역할도 말다.
double as …의 대역을 하다; (배우가 자기 역 외에)
double back ① (동물·범인 따위가) 갑자기 역방향으로 달아나다. ② 되짚어 오다. ③ …을 두 겹으로 접다 [접다]. 「을 되돌아가다.
double back on 〔앞서 한 말〕을 취소하다; (온 길)
double for …의 대역을 하다.
double in (안쪽으로) …을 접어 넣다; 〔야구〕 (주자) 를 2루타로 홈인시키다, 2루타로 득점시키다.
double in brass 〔美속어〕 (재즈에서) 전공 악기 이외에 다른 악기를 연주할 수 있다; 본업도 하면서 다른 일도 하다; 두 가지 용도에 쓰이다.
double over 몸을 구부리다.
double the parts of …이라는 두 가지 역을 하다.
double up ① (…을) 동거시키다[하다], 같은 방을 쓰게 하다(with). ② (아픔·폭소 따위로) 몸을 굽히다 (with). ③ …을 접다, 접히다. ④ 〔야구〕 (주자)를 병 살(倂殺)하다. ⑤ 〔군사〕 〔명령형으로서〕 뛰어, 서둘러라.
-bler 匣 「¶D-up. 어서 하라.
dou·blé [du:bléi] 匣 **1** 〔제본〕 장식 면지를 붙인. **2** 금[은] 도금을 한. 〔<F〕
double acrostic 각 행의 처음과 마지막 글자를 맞춰 어떤 말[구]이 되도록 지은 유희시.
dou·ble-act·ing [-ǽktiŋ] 匣 **1** (기계) (피스톤이) 복동(複動)의(⇔ single-acting). **2** (경첩 따위가) 앞뒤로 자유롭게 여닫히는. **3** 보통보다 두 배의 효과[힘]가 있는.
dou·ble-ac·tion [-ǽkʃən] 匣 **1** (화기 따위가) 방아쇠만 당기면 발사되는, 복동식의. ¶a ~ **revolver** 복동식 권총. **2** (문 따위가) 앞뒤로 열리는.
dóuble ágent 匣 이중 간첩, 역(逆) 스파이.
dóuble áx 匣 양날 도끼.
dou·ble-bag·ger [-bǽɡər] 匣 〔美속어〕 추녀, 추남.
dou·ble-bank [-bǽŋk] 阢 **1** 〔해사〕 (하나의 노)를 두 사람이 젓다; 쌍좌에 젓다. **2** (밧줄)을 양쪽에서 잡아당기다. — 阢 (또는 dub) (濠·뉴질) (말·자전거에) 둘이 타다. ~**ing** 匣 「의.
dou·ble-banked [-bǽŋkt] 匣 (보트의) 쌍좌(雙座)
dóuble bár 匣 〔음악〕 (악보의) 겹세로줄.
dou·ble-bar·rel [-bǽrəl] 匣 2연발총.
dou·ble-bar·reled, 〔英〕 -relled [-bǽrəld] 匣 **1** (산탄총처럼) 총신이 둘인, 2연발의. **2** 이중 목적에 적합한, 애매한. **3** (英) 이중 성(姓)의.
dóuble báss [-béis] 匣 〔음악〕 〔콘트라〕 베이스(연주자). **dóu·ble-bàss** **dóuble bássist**
dóuble bassóon 匣 〔음악〕 더블[콘트라] 바순.
dóuble béd 匣 더블 베드, 2인용 침대.
dou·ble-bed·ded [-bédid] 匣 **1** 2인용 침대가 있는. ¶a ~ **room** 더블 베드가 있는 방. **2** (英) (싱글) 베드가 둘 있는, 트윈 베드가 있는.
dóuble bíll 匣 (영화 등의) 두 편 동시 상영(흥행).
dou·ble-bill [-bíl] 阢 匣 **1** (같은 금액에 대해) …에게 2중 청구하다. **2** (영화 따위) 두 편 동시 상영하다.
dóuble bínd 匣 **1** 이러지도 저러지도 못하는 상황, 곤경, 딜레마(dilemma). **2** 〔정신의학〕 2중 구속.
be in a double bind 딜레마에 빠져 있다.
dou·ble-blind [-bláind] 匣 〔의학〕 이중 맹검(盲檢)의. —匣 이중 맹검법(약 효과 판정을 위하여 피실험자나 연구자에게 그 사실을 알지 않고 하는 검사법).
dóuble blóck 匣 〔기계〕 겹도르래, 복활차(複滑車).
dóuble blúff 匣 (허세처럼 보이고 실은 진짜라고 말하는) 이중의 허세. 「보다 2타 많은 스코어」
dóuble bógey 匣 〔골프〕 더블 보기(한 홀에서 par

dóuble bóiler 몡 이중 냄비[솥].
dóuble bónd 몡 〔화학〕 이중 결합.
dou·ble-book [-bùk] 타자 (항공기·호텔 따위에서) 해약에 대비하여) 이중 예약을 받다. 「의) 이중 밑창.
dou·ble-bot·tom [-bàtəm/-bɔ̀t-] 몡 (상자·선박
dóuble bránd 몡 더블 브랜드(하나의 상품에 제조 업자와 판매업자 쌍방의 상표가 사용되는 것).
dou·ble-breast·ed [-bréstid] 몡 (상의에) 두 줄의 단추가 달린, 더블의. ⓑ single-breasted
dóuble búrden 몡 〔사회〕 이중 부담(여성이 가사와 직장 일의 두 가지 부담을 동시에 지는 것).
dóuble cárpet 몡 (英俗어) 금고 6개월의 형(刑).
dou·ble-cell [-sél] 타자 한 감방에 두 사람을 수용하다. — 몡 한 감방에 둘을 수용하다.
dóuble cháracter 몡 이중 인격.
dou·ble-check [-tʃék] 타자 재점검[재확인]하다(recheck). — 몡 재점검, 재확인.
dóuble chín 몡 군턱, 이중 턱.
dou·ble-chinned [-tʃínd] 몡 이중 턱의.
dou·ble-click [-klík] 자타 〔컴퓨터〕 더블 클릭[마우스를 빠르게 두 번 누르기]하다.
dóuble clóth 몡 겹으로 짠 피륙, 이중직(織).
dou·ble-clutch [-klʌ́tʃ] 자타 (美) (자동차에서) 더블 클러치를 밟다, 클러치를 두 번 밟다. (또는 (英) **dóuble-declútch**)
dou·ble-cón·cave léns [-kánkeiv-/-kɔ́n-] 몡 양면 오목렌즈. 「주 악기를 위한 협주곡).
dóuble concérto 몡 〔음악〕 이중 협주곡(2 개의 독
dou·ble-cón·vex léns [-kánveks-/-kɔ́n-] 몡 양면 볼록렌즈.
dou·ble-cov·er [-kʌ́vər] 타자 (미식축구·농구 따위에서 동시에 2 명의 선수가) 이중 방어하다.
dóuble créam 몡 (英) 유지방 농도가 높은 크림.
dou·ble-crop [-kráp/-krɔ́p] 몡 (-*pp*-) 이모작하다. 「**dóuble crópping** 몡 2모작.
dóuble cróss 몡 1 〔구어〕 (동료에 대한) 배신; (내기에서) 지겠다고 약속하고 이기기. 2 〔생물〕 복교잡(複交雜), 이계(二系)[이중] 교잡.
give a person **the double cross** 남을 배신하다.
dou·ble-cross [-krɔ́ːs, -krás/-krɔ́s] 타자 (구어) …을 배신하다, 속이다(betray). ~·**er** 몡 배신자.
dóuble cúff 몡 =French cuff. 「(diesis).
dóuble dágger 몡 〔인쇄〕 이중 단검표(短劍標)(‡)
dou·ble-dare [-déər] 타자 …에 감절[배전]의 용기를 가지고 맞서다. 「데이트.
dóuble dáte 몡 〔구어〕 두 쌍의 남녀가 만나기, 더블
dou·ble-date [-déit] 자 더블 데이트하다.
Dou·ble-day [dʌ́bldèi] 몡 더블데이(미국의 출판사).
dóuble déal 몡 1 이중 거래; 이중 언행; 사기, 속임수. 2 재활용, 리사이클.
dou·ble-deal [-díːl] 자타 (-*dealt*) 속이다.
dóuble-déal·er [-díːlər] 몡 언행에 표리가 있는 (두 마음을 품은) 사람, 사기꾼(trickster).
dou·ble-deal·ing [-díːliŋ] 몡 ⓤⓒ 표리가 있는 언행, 일구이언; 불성실; 사기, 속임수. — 몡 표리[양면]가 있는, 일구이언하는; 불성실한.
dou·ble-deck [-dék] 몡 이층식의, 이단의. ¶a ~ bed 이층 침대. (또는 **dóuble-décked**) — 자타 (다리·도로 따위에) 이단을 놓다.
dou·ble-deck·er [-dékər] 몡 1 (英) 이층 버스[배]; 이층 침대. 2 (美구어) 두 겹 샌드위치. 3 이층으로 된 것. 4 두 귀 위로 장편 소설. 「clutch.
dou·ble-de·clutch [-diːklʌ́tʃ] 자타 =**double-**
dóuble decomposítion 몡 〔화학〕 복(複)분해.
dóuble démy 몡 더블 디마이판(인쇄 용지의 크기; 57×89cm). 「밀도의.
dou·ble-den·si·ty [-dénsəti] 몡 〔컴퓨터〕 2 배
dou·ble-dig·it [-dídʒit] 몡 두 자리 수의. ¶~ inflation 두 자리 수 인플레이션.
dóuble díp 몡 1 이중의 조치[것]; (연금과 급여의) 이중[동시] 수령. 2 〔경제〕 경기 재하강, W형 경기(한 주기에 두 번 하강), 이중 하강.
dou·ble-dip [-díp] 자타 (-*pp*-) 〔구어〕 (퇴역 군인·퇴직 공무원 등이) 연금과 급여를 동시에[이중] 수령하다. —몡 연금과 급여 수령의. ~·**per**
dou·ble-dome [-dòum] 몡 〔속어〕 지식인, 인텔 -**dòmed** 「리.
dóuble dóor 몡 양쪽[좌우]으로 여닫는 문.
dou·ble-door·ing [-dɔ̀ːriŋ] 몡 (호텔의) 무전(無錢) 숙박(숙박하고 뒷문으로 도망침). 「은 찬장.
dóuble drésser 몡 〔가구〕 긴 서랍이 두 개 달린 낮
dóuble dríbble 자타 〔농구〕 더블 드리블(하다).
dóuble Dútch 몡 〔구어〕 전혀 알아들을 수 없는 말.
be double Dutch to …은 도무지 모르다.
Dóuble Dútch 몡 (때로 d- d-) 두 개의 줄을 서로 반대쪽으로 돌리는 줄넘기 놀이. 「가지 구실[기능).
dóuble dúty 몡 (사람·사물 등이 동시에 겸하는) 두
dou·ble-du·ty [-djúːti] 몡 두 기능[역할]을 갖는.
dou·ble-dyed [-dáid] 몡 1 두 번 염색한, 완전히 (진하게) 염색한. 2 (의견·습관 따위가) 확고한, 뿌리깊은(confirmed); 철저한. ¶a ~ villain 철저한 악당.
dóuble éagle 몡 1 〔문장〕 쌍두 독수리. 2 (美) 20 달러 금화(1849년부터 1933년까지 발행). 3 〔골프〕 더블 이글, 앨버트로스(albatross)(파 5의 홀에서 기준 타수보다 3타 적은 스코어).
dou·ble-edged [-édʒd] 몡 1 (칼 따위가) 양날의, 양쪽에 날이 선. 2 (의논 따위가) 두 가지 뜻으로 해석되는, 애매한; (목적 따위가) 이중의.
dou·ble-end·ed [-éndid] 몡 1 양 끝이 같은 모양인. 2 (전차·배 따위가) 앞뒤 양쪽으로 다 운행할 수 있
dóuble-ended bólt 양나사 볼트. 「는.
dóuble énder 몡 앞뒤가 없는 것(선수·선미가 동형인 배, 양쪽으로 달릴수 있는 전차 따위).
dou·ble-end·er [-éndər] 몡 1 =double ender. 2 멀리 떨어진 곳과 스튜디오 양쪽에서 동시에 모니터할 수 있는 TV 프로그래밍 기술.
dou·ble en·ten·dre [dábl ɑːntɑ́ːndrə] 몡 이중 의미[뜻]; 두 가지로 해석되는 말. 〈F〉
dóuble éntry 몡 〔부기〕 복식 기장법(記帳法), 복식 부기. ⓑ single entry
dou·ble-en·try [-éntri] 몡 복식 기장[기입]의, 복식 부기의. ¶~ bookkeeping 복식 부기.
dóuble envélopment 몡 〔군사〕 양익(兩翼) 포위 (양 측면을 동시에 공격). 「노출로 찍은 사진.
dóuble expósure 몡 〔사진〕 ⓤ 이중 노출; ⓒ 이중
dóuble fáce 몡 양면성, 이중성; (언행의) 표리 부동, *wear a double face* (언행이) 표리가 있다. 「위선.
dou·ble-faced [-féist] 몡 1 양면이 있는. 2 (언행에) 표리가 있는, 불성실한; 위선적인.
-**fac·ed·ly** [-féisidli, -féist-] 몡 -**fac·ed·ness** 몡
dóuble fáult 몡 〔구기〕 더블 폴트(테니스 따위에서 2회 연속 서브 실패). **dòu·ble-fáult** 자
dóuble féature 몡 (美) =double bill.
dou·ble-fig·ure [-fígjər] 몡 (英) =double-digit.
dóuble fígures 몡꼭 두 자리 숫자[수].
dóuble-finn [-fín] 몡 (美속어) 10년형(刑).
dóuble fírst 몡 (영국 대학의) 두 과목 최우등(생).
dóuble flát 몡 〔음악〕 겹내림표(♭♭); 겹내림음.
dou·ble-flow·ered [-fláuərd] 몡 (꽃이) 겹꽃의, 꽃잎이 여러 겹으로 피는.
dou·ble-gait·ed [-géitid] 몡 〔속어〕 1 양성의, 남녀 겸용[공용]의, 2 별난, 상궤를 벗어난. 「gänger.
dóuble-gang·er [dʌ́blgæŋər] 몡 =Doppel-
dóuble génitive 몡 =double possessive.
dou·ble-glaze [-gléiz] 타자 〔방〕에 이중 유리를
dóuble glázing 몡 〔건축〕 이중 유리. 「끼우다.

dóuble Glóucester 몡 더블 글로스터 (치즈) (cheddar cheese 비슷한 치즈).

dóuble hárness 몡 쌍두 마차용 마구; (부부의) 협력. *in double harness* (구어) 결혼해서; 협력하여.

dou·ble·head·er [dʌ́blhédər] 몡 1 《야구》 더블 헤더. 2 《美》 기관차 두 대를 연결한 열차. 3 《美속어》 한 번에 같은 상품을 2개 이상 사는 고객.

dou·ble-heart·ed [-hɑ́ːrtid] 몡 겉다르고 속다른, 표리부동의; 본심을 속인, 시치미떼는.

dou·ble-hel·i·cal [-hélikəl] 몡 《생화학》 (DNA 의) 이중 나선의.

dóuble-hélical strúcture 몡 =double helix.

dóuble hélix 몡 《생화학·유전》 (DNA의) 이중 나선 구조.

dóuble hóuse 몡 현관 양쪽에 방이 있는 집; 두 가구 연립 주택.

dou·ble·hung [-hʌ́ŋ] 몡 《창문이》 내리닫이의.

dóuble hýphen 몡 《인쇄》 더블[이중] 하이픈(=).

dóuble ímage 몡 더블 이미지 (동일한 화상이 전혀 다른 두 개의 상(像)으로 인식되는 것).

dóuble indémnity 몡 《보험》 (보험금) 배액 보상.

dóuble insúrance 몡 중복 보험.

dóuble íntegral 몡 《수학》 이중 적분.

dóuble jéopardy 몡 《법률》 이중 위험 (같은 혐의로 이중 기소되는 위험).

dou·ble-job·ber [-dʒɑ́bər] 몡 이중 직업인; 부업을 하는 사람.

dou·ble-job·bing [-dʒɑ́biŋ] 몡 일을 겸해서 하는.

dou·ble-joint·ed [-dʒɔ́intid] 몡 이중 관절이 있는; (손가락 따위가) 잘 젖혀지는. **~·ness** 몡

dou·ble-knit [-nít] 몡 겹으로 짠 편물.

dóuble láne 몡 편도 1차선인 도로(two lane).

dou·ble-lead·ed [-lédid] 몡 《인쇄》 행(行) 사이를 두 배로 넓힌.

dóuble létter 몡 1 《인쇄》 합자(合字), 연자(連字) (fi, ffi 등). 2 이중 문자(pp. (pages) 등).

dou·ble-lock [-lɑ́k/-lɔ́k] 통 ⓔ …에 이중 자물쇠를 걸다; …의 문단속을 엄중히 하다.

dóuble méaning 몡 이중의 뜻, 양의(兩義). *have a double meaning* 이중의 뜻 (또 다른) 뜻이 있다.

dou·ble-mean·ing [-míːniŋ] 몡 두 가지 뜻으로 해석되는, 뜻이 애매한. — 몡 =double entendre.

dou·ble-mind·ed [-máindid] 몡 1 결단을 못내리는, 망설이는. 2 딴 마음을 먹은. **~·ly** 부 **~·ness** 몡

dóuble négative [negátion] 몡 《문법》 이중 부정(否定).

USAGE 이중부정의 용법 —— (1) 단일 부정을 하는데 같은 절에 2개의 부정어가 쓰이는 문장 구조: He *won't do nothing about it.* 에서 not과 nothing은 서로 부정하지 않는다. 오늘날에는 방언이나 무식자의 용법. (2) 부정이 겹쳐서 긍정을 나타내는 경우; 한쪽의 부정이 접두사로 나와 있는 것은 완곡한 긍정을 뜻한다: *not impossible* 불가능한 것은 아닌.

---

dou·ble·ness [dʌ́blnis] 몡U 1 두 배, 이중, 두 가지; 이중(중복)성. 2 (언행의) 표리, 불성실(duplicity).

dou·ble-nick·el [-níkəl] 몡 《美속어》 시속 55 마일(1973년부터 실시하고 있는 간선 도로 제한 속도).

dóuble nóte 몡 《음악》 배(倍)음표.

dou·ble-O [-óu] 몡 (pl. ~s) (때로 -o) (속어) 속속들이 알아차림, 엄밀한 조사. — 통 (속어) 엄밀한 조사를 하다.

dóuble óbelisk 몡 =double dagger.

dóuble óccupancy 몡 (호텔 따위의) 2인 1실.

dóu·ble-óc·cu·pan·cy 몡 트윈룸 (숙박).

007 [dʌ́blòusévən] 몡 007(영국 작가 I. Fleming의 스파이 소설 시리즈의 주인공 James Bond의 암호명).

dou·ble-packed [-pǽkt] 몡 이중 포장된.

dou·ble-page [-pèidʒ] 몡 두 페이지 크기의.

dóuble-page spréad 몡 =double spread.

dou·ble-park [-pɑ́ːrk] 몡 (…의 곁에) 이중[나란히] 주차하다 (주차 위반이 됨).

dóuble personálity 몡 =double character.

dóuble pláy 몡 《야구》 병살(併殺), 더블 플레이.

dóuble pneumónia 몡 《병리》 양측 폐렴.

dóuble posséssive 몡 《문법》 이중 소유격 (예: a friend of father's 의 of father's 따위).

dóuble precísion 몡 《컴퓨터》 두 배 정밀도 (하나의 수치 데이터를 두 개의 word로 표현하는 것).

dóuble predestinátion 몡 《신학》 이중 예정설.

dou·ble-quick [-kwík] 몡 구보의, 다급한. ¶ *at ~ step* 다급[황급]하게. — 부 구보로, 매우 서둘러서. — 몡 =double time. — 몡 =double-time.

dóuble quótes 몡복 이중 인용 부호, 큰따옴표(" ").

dóuble réed 몡 《음악》 더블 리드 (오보에·바순 따위의 2개의 혀가 있는 관악기).

dou·ble-reed [-ríːd] 몡 혀(reed)가 두 개 있는, 이중 리드의.

dou·ble-re·fine [-rifáin] 몡통 두 번 정련(精練)하다.

dóuble refráction 몡 《광학》 복굴절(複屈折).

dóuble revérse 몡 《미식축구》 더블 리버스 (reverse를 두 번 반복하는 공격측의 트릭 플레이).

dóuble rhýme 몡 《운율》 이중 압운(押韻) (행끝의 두 음절이 압운되는 일; another, brother 따위).

dóuble rhýthm 몡 《운율》 더블 리듬 (각운의 약음부 (thesis)가 강음부(arsis)의 두 배의 길이를 가진 운율).

dóuble rífle 몡 복식 라이플총.

dou·ble-ring [-ríŋ] 몡 (결혼식에서) 반지 교환의.

dou·ble-rip·per [-rípər] 몡 이련(二連) 썰매.

dóuble róom 몡 더블베드가 있는 2인용방.

dóuble róyal 몡 《英》 더블 로열판(63.5×101.6cm 크기의 인쇄 용지).

dou·ble-run·ner [-rʌ́nər] 몡 =double-ripper.

dóuble sált 몡 《화학》 복염(複塩).

dóuble sáucepan 몡《英》=double boiler.

dóuble sáw (búck) 몡 《美속어》 20달러 지폐.

dóuble scúlls 몡복 〔단수취급〕 (두 사람이 양쪽으로 두 개씩 노를 젓는) 2인승 보트레이스.

dou·ble-seat·er [-síːtər] 몡 2인승 비행기.

dóuble shárp 몡 《음악》 겹올림표(×); 겹올림음.

dóuble shíft 몡 (공장·학교 따위의) 2교대제, 2부제. **dou·ble-shíft** 몡

dou·ble-space [-spéis] 통 한 행씩 띄어 타자하다.

dou·ble-speak [dʌ́blspìːk] 몡 애매한 말, 표리가 있는 말. **~·er** 몡

dóuble spréad 몡 (신문·잡지 따위의) 양면에 걸친 광고[사진]. (또는 **dóuble-pàge spréad**)

double-spy [dʌ́blspài] 몡 =double agent.

dóuble stándard 몡 1 《경제》 복본위 제도. 2 이중 기준[잣대] (소수파·피지배층 등에게 엄격한 도덕 기준), 불공평; 편의주의.

dóuble stár 몡 《천문》 이중성, 쌍성(雙星).

dóuble stéal 몡 《야구》 더블 스틸, 이중 도루.

dóuble stém 몡 《스키》 감속을 위해 스키의 양쪽 뒤를 벌리는 자세.

dóu·ble-stop [-stɑ́p/-stɔ́p] 몡 《음악》 몡 (-**pp**-) 卧 (현악기 따위에서) 동시에 2음 이상[중음(重音)]을 내다 [연주하다]. — 匡 (현악기)로 2음 이상[중음]을 내다.

dóuble súgar 몡 《화학》 이당류(二糖類).

dóuble súmmer tìme 몡 《英》 더블 서머 타임(그리니치 표준시보다 2시간 빠른 서머 타임).

dóu·ble-sýs·tem sóund recórding [-sìstəm-] 몡 《영화》 (촬영과 동시에 녹음하는) 이중 방식.

dou·blet [dʌ́blit] 몡 1 더블릿 (르네상스 시대의 허리가 잘록한 남자 상의). 2 갑옷 밑에 받쳐 입는 옷. 3 비슷한 (것의) 한 쌍, 한 벌; 그 한쪽. 4 자매어(姉妹語) (어원이 같은 말). 5 《인쇄》 중복 (같은 말·구가 중복된 오식 (誤植)). 6 (~s) (동시에 던져서) 같은 수가 나온 두 개의 주사위. 7 맞붙인 (가공) 보석. 8 《광학》 (얇은 렌즈를

친) 이중[접합]렌즈, 복(複)렌즈. **9** 〔물리〕 (스펙트럼의) 이중선(線).
dóuble táckle 이중 도르래 삭구(索具).
dóuble táke 〘구어〙 (남의 말·상황 따위를) 뒤늦게 깨닫고 허둥대거나 되살펴보는 것, 뒤늦은 반응.
do [or *get*] *a double take* (뒤늦게 깨닫고) 아차 하다; 다시 한번 보다[생각하다].
dóu·ble-táke 〘동〙자〙
dou·ble-talk [-tɔːk] 〘명〙〘U〙 애매한[앞뒤가 안 맞는] 말; 꾸민 말, (또는 **dóuble tàlk**) —— 〘동〙자〙 〘구어〙 (일부러) 모호하게[얼버무려] 말하다. —— 〘타〙 현혹하는 말로 (남)을 감쪽같이 속이다. (또는 **dóubletàlk**) ~·er 〘명〙
dóuble tápe 양면 녹음 테이프.
dóuble taxátion 이중 과세(課稅).
dou·ble-team [-tíːm] 〘동〙타〙 **1** =double-cover. **2** …에 두 사람[방법]을 쓰다, 둘이 협력해서 대처하다. —— 〘자〙 (美) 인원을 배증시켜[2인 협력으로] 대처하다 (*on, upon*).
Dóuble Tén [**Ténth**] 〘명〙 쌍십절(雙十節)(중국의 신해 혁명(辛亥革命) 기념일로 10월 10일; 대만의 국경일).
dou·ble·think [dʌ́blθìŋk] 〘명〙 이중 사고[신념]. —— 〘동〙 (-*thought*) 〘자〙 이중으로[동시에] 사고하다. —— 〘타〙 …에 관해 이중 사고[신념]을 갖다. —— 〘형〙 (비논리적) 이중 사고의.
dóuble tíde =agger. 〘명〙 이중 사고의.
dóuble tíme 〘명〙 **1** 〘美軍史〙 속보(군대의 행진에서 run 다음의 속도; 1분간 180보). ¶*in* ~ 속보로. **2** (시간외 근무 등의) 임금 배액 지급.
dou·ble-time [-tàim] 〘동〙타〙 **1** 속보로 행진시키다. **2** 〘美속어〙 =double-cross. —— 〘동〙자〙 속보로 행진하다.
dou·ble·ton [dʌ́bltən] 〘명〙 〘카드놀이〙 (브리지에서) 손에 쥔 패 중 두 장만이 짝이 맞는 패; singleton
dóuble tóngue 〘명〙 일구이언(一口二言), 기만.
dou·ble-tongue [-tʌ̀ŋ] 〘동〙자〙 〘음악〙 (취주 악기로) 빠른 staccato 악절을 복설법(複舌法)으로 연주하다.
-**tòngu·ing** 〘명〙 복설법.
dou·ble-tongued [-tʌ̀ŋd] 〘형〙 일구이언의, 기만적인 [위선적]인.
dóublet páttern 〘명〙 〘미술〙 (직물 따위의) 중심선에 대해 대칭으로 그려진 무늬.
dóuble tráck 〘명〙 **1** 〘철도〙 복선. **2** 〘항공〙 단일 노선 복수 항공사 운항. **3** 〘광고〙 (잡지 따위의) 양면 광고.
dou·ble-track [-træ̀k] 〘동〙타〙 (궤도)를 복선으로 하다, …에 복선을 부설하다.
dóu·ble-tràil·er trúck [-trèilər-] 〘명〙 (2대의 트레일러와 견인용 트럭으로 이루어진) 연결식 트레일러.
dóuble trànsitive vérb 〘명〙 〘문법〙 2중 목적어를 취하는 동사.
dou·ble-tree [dʌ́bltrìː] 〘명〙 (마차 따위에) 말 두 필을 맬 때의 가로장(그 양 끝에 singletree를 부착).
dou·ble-trou·ble [-trʌ́bl] 〘명〙 **1** 더블 트러블 (농장의 흑인 노동자 사이에서 시작된 댄스 스텝). **2** 〘美속어〙 아주 성가신[골치아픈] 일.
dóuble trúck 〘명〙 (신문의) 좌우 양면 기사[광고].
dóublet stòne 〘명〙 (모조품, 가짜 보석.
dóuble vísion 〘명〙 복시(複視)(물건이 이중으로 보임)
dóuble wédding 〘명〙 두 쌍 합동 결혼식. 〔는 일〕.
dóuble whámmy 〘구어〙 **1** 이중의 불이익[재난], 이중고, 더블 펀치. **2** 저주.
dóuble wíndow 〘명〙 이중창(窓).
dóuble wíngback formátion 〘명〙 〘미식축구〙 양익(兩翼) 공격 대형(좌우 양쪽 날개에 백을 한 사람씩 배치한 대형). (또는 **dóuble wíng**)
dou·ble-X [-krɔ́s, -krǽs/-krɔ́s] 〘동〙타〙 〘美속어〙 배신하다, 속이다(double-cross).
dou·bling [dʌ́bliŋ] 〘명〙〘U〙〘C〙 **1** 배가, 배증(倍增). **2** 이중으로 하기[치기]; 접어서 겹치기; 주름, 접은 자국. **3** 급회전(急回轉); 회항(回航). **4** 〔음악〕 한 연주자가 2종류(이상)의 악기를 사용하는 일. **5** 재증류 (~s) 재증 류주(酒).

dou·bloon [dʌblúːn] 〘명〙 (옛 스페인의) 더블룬 금화. (~s) 〘英속어〙 돈.
***dou·bly** [dʌ́bli] 〘부〙 **1** 두 배로; 이중으로; 두 가지로; 두 겹으로. **2** (페어) 두 마음을 품고, 기만[사기]적으로.
‡**doubt** [daut] 〘동〙타〙 **1** (…의 진위를) 의심하다; 의문스럽게 생각하다, 미심쩍게 여기다 (*if, whether*); 신용하지 않다; (부정문·의문문의) …은 아니라고 생각하다. ¶I ~ her honesty. 그녀가 정직한지 어떤지 의심스럽다 // (~+*wh.*〘절〙) We ~ *whether* [or *if*] he deserves the prize. 그가 그 상을 받을 만한지 어떤지 의문이다 // (~+*that*〘절〙) I don't ~ (*but*) *that* he will pass. 그가 꼭 합격할 것으로 생각한다 // (~+-*ing*) We don't ~ *its being* true. 우리는 그것이 사실임을 믿어 의심치 않는다. **2** 〘고어·방언〙 …이 아닐까 하고 생각[걱정]하다 (*that*〘절〙).

〘USAGE〙 doubt의 목적어가 되는 절을 이끄는 접속사는, (1) 긍정문에서는 whether, if, (2) 부정문·의문문에서는 that, but that, 구어에서는 but what, 드물게는 but.

—— 〘자〙 (…에 대해) 수상쩍게 여기다, 의혹을 품다, 의심하다 (*about, as to, of*); (* of는 미래의 일이 문제시될 때에 쓰인다). ¶(~+〘전〙+〘명〙) I don't ~ *of* your success. 나는 네가 꼭 성공하리라고 확신한다 / He ~s *about* everything. 그는 무엇이나 다 의심부터 한다.
—— 〘명〙 **1** 〘U〙〘C〙 (…에 대한) 의심, 의혹, 우려심(*about, of, over, on*). ¶a matter [shadow] of ~ 의심스러운 일[의혹의 그림자] **2** 불확실함, 미심쩍음. ¶There is no ~ (*but*) that he is ill. 그가 아프다는 것은 확실하다.

〘유의어〙 **doubt** 충분한 증거가 없어 그 확실성이 없음. **suspicion** 확증은 없으나 사람이나 사물이 옳지 않고 해를 끼칠 것이라는 느낌. **mistrust** suspicion에 사로잡힌 두려움·걱정. **distrust** 사람의 정당성을 믿지 않을 뿐만 아니라 죄가 있거나 배신하리라는 확신.

3 미해결 문제, 난점. **4** 〘U〙〘C〙 〘페어〙 두려움, 근심.
beyond [or *out of*] (*a*) *doubt*; *beyond* [or *past*] (*all*) *doubt*; *beyond the shadow of a doubt* 의심할 여지 없이, 꼭, 반드시.
give a person the benefit of the doubt 남에 대해서 미심쩍은 점을 선의로 해석하다.
have one's doubts about [or *whether*] …인지 어떤지 미심쩍게 생각하다.
in doubt ① 의심되어, 주저하며. ② 불확실하여.
make [or *have*] *no doubt of* [or *that*] ① …을 확신하다. ② 틀림없이 …하다.
no doubt ① 확실히, 의심할 바 없이. ② 아마.
open to doubt =*in doubt* ②. 「심하다.
throw [or *cast*] (*a*) *doubt on* [or *upon*] …을 의
without (*a*) *doubt* 의심할 바 없이, 확실히.
~·a·ble 〘형〙 ~·a·bly 〘부〙 ~·er 〘명〙
‡**doubt·ful** [dáutfəl] 〘형〙 (*more* ~; *most* ~) **1** (사물이) 의심을 품게 하는, 불확실한, 애매모호한. ¶a ~ case 의문의 사건 / a ~ phrase 애매한 말투 // It's ~ *whether* he will succeed (or not). 그가 성공할지 어떨지는 잘 모른다.

〘유의어〙 **doubtful** 확실하거나 옳다고 믿기에는 증거가 불충분한. **dubious** 의혹·망설임을 나타내는; 의혹의 근거가 박약함을 암시하는 말. **questionable** 사람이나 사물을 의심할 만한 이유가 있는; 부정의 암시가 강한 말. **skeptical** 일반적으로 의심 많은 기질의. **suspicious** 확증은 없으나 부정·죄의 혐의가 있는.

2 (사람이) 의심하고 있는, 믿지 못하는, 망설이고 있는 (*about, of*) ¶I am ~ *about* [*of*] his ability. 그의 수완을 믿을 수 없다고 생각하다. **3** 확신하지 못하는, 잘 모르는, (앞날이) 불안한. ¶a ~ future 어떻게 될지 모르는 미래 / The weather looks ~. 날씨가 수상하다.

4 (인물·언행 따위가) 수상한, 의심스러운. ¶a ~ character[reputation] 수상쩍은 인물[평판]. **5** [고어] 위험한; 걱정스러운, 불안한. **~·ness** 몡

*__doubt·ful·ly__ [dáutfəli] 閈 미심쩍게, 불확실하게, 애매하게. 「~·ly 閈 ~·ness 몡
__doubt·ing__ [dáutiŋ] 웡 의혹을 품고 있는, 불안한.
__doúbting Thómas__ 웡 증거 없이는 믿으려고 하지 않는 사람, 의심 많은 사람(skeptic).

‡__doubt·less__ [dáutlis] 閈 **1** 의심할 바 없이, 물론, 확실히, 과연. ¶D- you know best. 물론 네가 제일 잘 알고 있다. **2** 필시, 아마도, 다분히. (또는 __doubtlessly__)
— 웡 의심할 여지 없는, 확실한. **~·ness** 몡

__douce__ [du:s] 웡 (스코·北英) 조용한, 잔잔한, 차분한, 진실한, 겸허한. **~·ly** 閈 **~·ness** 몡
__dou·ceur__ [du:sə́:r] 몡 **1** 행하(行下), 팁. **2** 뇌물. **3** (교회) 상냥함, 애교. 〈<F sweetness, favor〉
__douche__ [du:ʃ] 몡 **1** 관수(灌水); 관수법(灌水法). **2** 관수욕; 질(膣) 세정, 피임용 세정. **3** 관주기; 질 세정기. *like a cold douche* (구어) 찬물을 뒤집어쓴 것처럼. *take a douche* ① 질 세척을 하다. ② (美속어) (명령형으로) 썩 꺼져. 「주를 받다. 〈<F〉
— 둔 **1** …에 관수하다, 물을 끼얹다(douse). **2** …에서 주를 받다.
__dóuche bàg__ 몡 **1** 작은 관수기[세척기]. **2** 싫은[시시한] 놈. (또는 __dóuche-bàg__)
__Doug__ [dʌg] 몡 더그(남자 이름; Douglas의 별칭).

*__dough__ [dou] 몡Ⓤ **1** 가루 반죽; 굽기 전의 빵 반죽; (가루 반죽 같은) 말랑말랑한 덩어리. **2** 고무줄. **3** (속어) 돈(money), 현찰. **4** (美구어) 보병(doughboy). *My cake is dough.* 계획은 실패다.
~·like 웡
__dough·boy__ [dóubði] 몡 **1** (美구어) (제1차 세계 대전에 출전한) 보병. **2** 찐 만두, 삶은 경단.
as pat as a doughboy (美구어) 안성맞춤의.
__dough·face__ [dóufèis] 몡 **1** (美구어) 남북 전쟁 때 남부에 동정적인 북부인. **2** (美구어) 오기(꿋굿함, 고집)이 없는 사람. **3** 가면(mask).
__dough-faced__ [-féist] 웡 **1** (빵 반죽처럼) 얼굴이 창백한, 푸르퉁퉁한. **2** 마음 약한, 줏대 없는.
__dough·foot__ [dóufùt] 몡 (美 ~s, -feet [-fì:t]) (美구어) 보병. 〈<*dough*boy+*foot* soldier〉
__dough·head__ [dóuhèd] 몡 (美속어) **1** 바보, 얼간이. **2** (美속어) 빵집.
__dough·less__ [dóulis] 웡 무일푼의, 한푼 없는.

*__dough·nut__ [dóunət/-nʌ̀t] 몡 **1** 도넛; 도넛형[고리 모양]의 것. **2** (물리) 도넛(고리 모양의 진공 튜브).
blow [or *lose*] *one's doughnuts* (美속어) 토하다.
— 둔 (**-tt-**) (둦구어) (국회 의원이 지지의 표시 따위로) [연설자를] 빙 둘러싸다. (또는 __donut__)
__dóughnut fàctory__ [fóundry, jòint] 몡 (美속어) 대중(싸구려) 식당; 무료 급식소.
__dóughnut hòle__ 몡 (수산) (베링해의) 대구류(pollack) 어획 금지 구역. 「타이어).
__dóughnut tìre__ 몡 도넛 타이어(저압·특대형 자동차
__dough·ty__ [dáuti] 웡 용맹과감한, 담대(호담)한, 용감한. **-ti·ly** 閈 **-ti·ness** 몡
__dough·y__ [dóui] 웡 **1** 가루 반죽의(같은); (빵 따위가) 설구워진; 말랑말랑하고 무거운. **2** (얼굴이) 창백한; 기력이 없는. **3** (문체가) 미지근한. __dóugh·i·ness__ 몡
__Doug·las__ [dʌ́gləs] 몡 더글러스. **1 Kirk ~** (1916–: 미국의 영화 배우). **2 Michael ~** (1944– : 미국의 영화 배우·제작자; 1의 아들). **3 Stephen A. ~** (1813–61: 미국의 정치 지도자; 링컨 대통령과의 논쟁으로 유명). **4** 남자 이름. **5** 더글러스기(機)(~ Aircraft 사의 DC 기종).
__Dóuglas bàg__ 몡 더글러스 백(호흡 가스 측정용 주머니).
__Dóuglas fír__ [__hémlock__, __píne__, __sprúce__] 몡 더글러스 전나무(북미 서부산의 産).
__Dóuglas scàle__ 몡 더글러스 파랑도(波浪度)(파랑·너울의 복합 계급).
__dou·ma__ [dú:mə] 몡 =duma.
__dóum pàlm__ [dú:m-] 몡 =doom palm. 「엉덩이.
__doup__ [daup] 몡 (스코) **1** (물건의) 바닥, 밑, 밑동. **2**
__dour__ [duər, dauər] 웡 **1** 찌무룩한, 둔한, 뾰로통한, 기분이 언짢은. ¶a ~ look 언짢은 얼굴. **2** 엄한, 가혹한. **3** (스코) (땅이) 딱딱한, 메마른. **~·ly** 閈 **~·ness** 몡
__dou·rou·cou·li__ [dùːrəkúː·li/dùːruː-] 몡 올빼미원숭이. (또는 __douricouli__)
__douse¹__ [daus] 둔 **1** …을 (물에) 처넣다 (*in*). **2** …에 (물 등을) 끼얹다 (*with*). ¶~ *fire with* water 불에 물을 끼얹다. **3** (구어) (등불을) 끄다. **4** (구어) (모자 따위를) 벗기다. **5** …에 대응하다. **6** (해사) [돛]을 급히 내리다[늦추다]; [선창을] 닫다. **7** (물 따위에) 뛰어들다, 잠기다; 젖다. 「…을 끄다.
douse the Edisons [or *glim*] (美속어) **1** (전깃불) 일격, 한 대 치기. **2** 억수; 흠뻑 젖
__douse²__ 둔Ⓐ =dowse². 「음. (또는 __dowse__)
__doux__ [du:] 웡 (샴페인이) 아주 단(당도 7% 이상).
__DOVAP__ [dóuvæp] 몡 (전자) 도플러 레이더의 일종 (도플러 효과를 이용하여 미사일 궤도를 측정하는 장치). 〈<*D*oppler *v*elocity *a*nd *p*osition〉

‡__dove¹__ [dʌv] 몡 (復 **~s** [-z]) **1** 비둘기(對 pigeon); (순결·유화·애정·평화의 상징으로서의) 흰 비둘기. **2** (D-) 성령(聖靈)(←마태 복음(Matt.) 3:16). **3** (부르는 말로) 귀여운(사랑스런, 사랑하는) 사람. ¶*Dear* ~. 귀여운 내 새끼; (사랑하는) 당신, 여보. **4** (the D-) (천문) 비둘기자리. **5** 비둘기색, 온건파, 화평주의자(對 hawk). **6** = ~ color. **7** 비둘기색 대리석.
__dove²__ [douv] 둔 (美구어) dive의 과거.
__dóve còlor__ [dʌv-] 몡 비둘기색(자색을 띤 회색).
__dove-col·ored__ [dʌ́vkʌ̀lərd] 웡 비둘기색의.
__dove·cot__ [dʌ́vkɑ̀t/-kɔ̀t] 몡 =dovecote.
__dove·cote__ [dʌ́vkòut] 몡 **1** 비둘기장. **2** 조화를 이룬 단체. (또는 __dovecot__)
flutter [or *cause a flutter in*] *the dovecotes* 평지 풍파를 일으키다.
__dove-eyed__ [dʌ́váid] 웡 눈매가 유순한.
__dóve gráy__ 몡 보라색을 띤 회색.
__dove·house__ [dʌ́vhàus] 몡 =dovecote 1.
__dove·ish__ [dʌ́viʃ] 웡 =dovish.
__dove·let__ [dʌ́vlit] 몡 작은 비둘기, 새끼 비둘기.
__dove·like__ [dʌ́vlàik] 웡 **1** 비둘기 같은[비슷한]; 유순한(gentle); 순결한; 평화주의의.
*__Do·ver__ [dóuvər] 몡 도버. **1** 영국 동남부의 항구. **2 the Straits of ~** 도버 해협(영국과 프랑스 사이의 해협). **3** 미국 Delaware 주의 주도(州都).
__Dóver's pówder__ 몡 (약학) 아편 토근산(吐根散)(진통·발한·진경제). 〈<영국의 의사 T. Dover(1660–1742)의 이름〉
__dóve's fóot__ 몡 쥐손이풀류(類)의 식물.
__dove·tail__ [dʌ́vtèil] 몡 (목공) **1** 열장장부촉. **2** = ~ joint. — 둔 (목공) …을 열장장부촉 이음으로 잇다. **2** (사실·계획 따위가) 긴밀히 들어맞추다, 꼭 들어맞추다 (*in*, *into*, *with*). — 진 (사실·계획 따위가) (…와) 긴밀히, 긴밀한 연락을 유지하다 (*into*, *with*).
__dóvetail hìnge__ 몡 쐐기꼴 경첩. [dovetail]
__dóvetail jòint__ 몡 열장이음.
__dóvetail plàne__ 몡 (목공) 열장이음 대패.
__dóvetail sàw__ 몡 (목공) 열장장부톱, 등쇠톱.
__dov·ish__ [dʌ́viʃ] 웡 비둘기 같은; **-ly** (구어) 비둘기 같은, 온건한, 평화를 열망하는. **~·ness** 몡 비둘기파적 「인 성격.
__dow__ [dau] 몡 =dhow.
__Dow__ 몡 (the ~) = ~ Jones (industrial) average.
__DOW__ (美군사) *d*ied *o*f *w*ounds(전상사(戰傷死)).

Dow. 약어. dowager.

dow·a·ble [dáuəbl] 〔법률〕 과부산권(寡婦産權) (dower)에 따른; 과부산권을 가질 자격이 있는.

dow·a·ger [dáuədʒər] 명 1 (죽은 남편의 작위(爵位)나 재산을 승계받은) 귀족 미망인, 과부. ¶a ~ duchess 공작 미망인. 2 위엄 있는 중년 부유층 귀부인.
── 형 중년 귀부인의[에 적합한]. ~·ism 명

dow·dy [dáudi] 형 (옷차림이) 단정치 못한, 촌스러운, 모양 없는; 시대에 뒤진. ── 명 (옷차림이) 단정치 못한[초라한] 여자. 2 =pandowdy. -**di·ly** 부 -**di·ness** 명 ~·ish 형 누추한, 단정치 못한.

dow·el [dáuəl] 명 〔목공〕 맞춤못, 장부못, 은못. (또는 ～ **pin**)
── 타 (**-l-**, 〔영〕 **-ll-**) …을 맞춤못으로 접합하다[맞추다]. ~·**ing** 명

dow·er [dáuər] 명 [U][C] 1 〔영법률〕 과부산권(寡婦産權)(남편의 유산 중에서 과부가 받는 몫). 2 〔고어〕 신부 지참금[물, 재산] (dowry). 3 천부의 재능, 자질. [dowel]
── 타 1 …에게 과부산권[지참금]을 주다. 2 …에게 (재능을) 부여하다(*with*). ~·**less** 형 과부산이 없는.

dow·itch·er [dáuitʃər] 명 〔조류〕(북미·아시아산(産)의) 큰부리 도요새. 「샤.

Dów Jónes 명 다우 존스사(미국의 뉴스 통신·출판
Dów Jónes àverage (índex) 명 (the ~) 〔상표〕〔증권〕 다우 존스 평균 주가 (지수), 다우 존스 평균. (또는 **Dow, Dów Jónes (índex)**)

Dów Jónes indústrial àverage 명 (the ~) 〔상표〕〔증권〕 다우 존스 공업주 평균 주가(약 DJIA). (또는 **Dów (Jónes) indústrials**)

dow·las [dáuləs] 명[U] 올이 굵은 린네르[무명천].

‡**down**¹ ⇒ DOWN. 〈p. 825〉

down² [daun] 명[U] (새의) 솜털, (새까마의) 배내털, 부드러운 털. ¶a bed of ~ 깃털 침대; 안락한 생활. 2 (갓난아기 등의) 배내털. 3 〔식물〕(복숭아 따위의) 솜털 (민들레 따위의) 관모(冠毛).
(as) soft as down (솜털처럼) 아주 부드러운.
～·**less**, ～·**like** 형

down³ 명 1 (종종 the ~s) 초지(草地) 구릉 지대. (~s) 풀을 뜯기 평탄한 초원 지대. 2 (英) 언덕; (美) 사구(砂丘). 4 (D-) 다운종(種)의 양(羊). ～·**y** 형

down-and-dirt·y [´əndə́ːrti] 형 〔구어〕 1 (이기기위해) 수단 방법을 안 가리는, 승부욕에 사로잡힌; 노골적인, 거친. 2 (록 음악 따위가) 박력 넘치는, 정통파의, 진짜의, 펑키의(funky). 3 천한, 품위가 없는, 상스러운; 거칠게 만든.

down-and-out [´ənáut] 형 1 빈곤한, 무일푼의, 영락한. 2 (신체가) 쇠약한, 스태미너가 없는, 무력[무능]한. 3 (권투에서) 녹다운된. ── 명 (또는 **dówn and óut**) 1 영락한 사람, 빈털터리. 2 녹다운된 권투 선수, 재기 불능자.

down-at-heel(s) [´əthíːl(z)] 형 〔구어〕 1 〔英〕 (사람·차림이) 누추한, 초라한; (구두의) 뒤축이 다 닳은; (집 따위가) 수리가 필요한; 건강하지 못한. ── 명 몰락한 사람. (또는 **dówn-at-the-héel(s)**)

down·beat [dáunbíːt] 명 〔음악〕 1 (지휘자가) 지휘봉[봉]을 아래로 휘두르기, 강박(強拍), 하박(下拍)(소절의 제1박). 2 〔영〕 상박. 3 〔美〕 쇠퇴, 영락. ── 형 〔구어〕 1 (영화·음악 따위가) 암울한, 음산한; 비관적인. 2 유유자적한; 무사태평한. 「강한 하강 돌풍.

down·burst [dáunbə̀ːrst] 명 (심한 뇌우를 동반한)

dówn càrd 명 〔카드놀이〕=hole card.

*****down·cast** [dáunkæ̀st/-kɑ̀ːst] 형 1 의기 소침한, 풀이 죽은 (over). 2 (눈 따위가) 아래로 향한, 눈을 내리 깐. ── 명[U][C] 1 파멸, 멸망. 2 눈을 내리깔기; 우울한 표정[안색]. 3 〔C〕 (광산 따위의) 통풍갱(坑), 환기공(孔) upcast). 4 〔지질〕 지반 침하. ～·**ly** 부 ～·**ness** 명

down·com·er [dáunkʌ̀mər] 명 〔물탱크와 세면장 따위를 연결하여〕 액체를 내려보내는 관〔닥트〕;〔기계〕 (보일러의) 강수관(降水管). 「엔드라인 쪽으로[쪽의].

down·court [dáunkɔ́ːrt] 부형 〔농구〕 상대 코트의

down-curved [dáunkə̀ːrvd] 형 (끝 부분이) 아래로 굽은. ¶a ~ beak 아래로 굽은 부리. 「기(사이클).

down·cy·cle [dáunsàikl] 명 (경기·순환의) 하강 주

down·draft [dáundræft/-drɑ̀ːft] 명 1 하강 기류, 하향풍, (굴뚝·갱 따위의) 하향 통풍(下向通風). 2 (경기 (景氣) 따위의) 퇴조 (경향). (또는 〔英〕 **downdraught**).

down·drift [dáundrìft] 명 하강 경향, 감퇴 경향.

dówn Éast 명 1 (美) New England 지방; (특히) Maine 주. 2 〔캐나다〕 연해주(Maritime Province).
── 형부 1 뉴잉글랜드의[에서, 로]; 메인주의[에서, 로]. 2 〔캐나다〕 연해주의[에서, 로].

down-east·er [´íːstər] 명 1 뉴잉글랜드 사람; 메인주 주민. 2 〔캐나다〕 연해주 주민. 3 〔해사〕 전장 범선(全裝帆船)(19세기의 목조 쾌속 범선).

down·er [dáunər] 명 1 〔美구어〕 진정제, 신경안정제, 바르비투르산염(barbiturate). 2 불쾌한 경험[사람, 것]; 혐오감. 〔美〕 =bad trip. 3 (속어) 하강, 감퇴. 4 〔영화〕 비극적 결말의 영화. 5 시한부 파업, 일시적 작업 중단. 6 〔일시〕 노폐수(老廢者). (또는 **down**)

*****down·fall** [dáunfɔ̀ːl] 명[U][C] 1 (권력·지위의) 전락, 실각; (정부 따위의) 전복; 몰락, 파멸. ¶the ~ of the Roman Empire 로마 제국의 몰락. 2 파멸[실패]의 원인. ¶Liquor was his ~. 그는 술로 몸을 망쳤다. 3 (급격한) 낙하, 낙하물; 강우, 강설, 많이 내림. 4 (통(桶)에) 떨어지는 함정(deadfall). 「몰락한].

down·fall·en [dáunfɔ̀ːlən] 형 쓰러진; 파멸[멸망,

dówn fíeld 명 〔美구기〕 다운필드(스크럼선에서 수비측의 골라인까지의 필드).

down·flow [dáunflòu] 명 1 아래[낮은] 쪽으로 흐르는 일[것]; 하강 기류.

down·grade [dáungrèid] 명 1 (도로 따위의) 내리막, 내리막길. 2 (운세·경기 따위의) 내리막, 악화.
on the downgrade 몰락하여[망해] 가는.
── 형부 내리받이의, 하향의[으로]. ── 타 1 …을 격하[강등]시키다 (to). 2 …의 품질을 낮추다. 3 〔서류·정보 따위의〕 기밀 등급을 내리다. 4 …을 경시하다; 홈 -**grád·er** 명 「을 내다. ⇔ upgrade

down·haul [dáunhɔ̀ːl] 명 〔해사〕 (돛의) 내림밧줄.

down·heart·ed [dáunháːrtid] 형 기가 죽은, 낙담한, 용기를 잃은, 우울한. ¶Are we ~! 기운을 잃었단 말인가!, 힘 내! ～·**ly** 부 ～·**ness** 명

*****down·hill** [dáunhíl] 명 1 내리받이. 2 학화, 쇠퇴; 내리막. ¶the ~ of life 인생의 내리막, 만년. 3 〔스키〕 활강 (경기). 4 (속어) (군복무 기간·형기의) 후반.
── 부 〔´´〕 1 내리받이에, (언덕[비탈]을) 내려가서; 아래쪽으로. 2 〔인생·가운(家運) 따위가〕 내리막에; 나빠져, 쇠퇴하여(downward).
be downhill all the way ① 순조롭다, 착착 진행되다. ② 내리막이다, 악화[쇠퇴] 일로를 걷고 있다.
downhill from here on 이제부터는 쉽게[즐겁게].
go downhill ① 언덕을 내려가다; 〔스키〕 활강하다. ② 질이 떨어지다; (운세 따위가) 기울다; 병이 악화하다; (국가·도시 따위가) 쇠퇴하다.
── 형 〔´´〕 1 내리막의. 2 문제[장애]가 없는, 편안한, 간단한. 3 나빠지는, 쇠퇴하는. 4 〔스키〕 활강의.

down·hill·er [dáunhìlər] 명 〔스키〕 활강 선수.

dównhill skíing 명 활강 스키. **dównhill skíer**

down·hold [dáunhòuld] 타 (*-held*) 〔지출 따위를〕 엄격히 억제[제한]하다. ── 명 억제, 규제. ¶a ~ *on* expenses 경비의 엄격한 제한. 「명(의).

down·hole [dáunhòul] 형 땅속으로 파내려간 [구

dówn hóme 명 〔美구어〕 남부 지방; 시골.

down-home [-hóum] 형 〔美구어〕 1 남부(특유)의, 남부적인. 2 (남부처럼) 소박한, 시골풍의, 꾸밈 없는,

「언덕 아래로」라는 원뜻에서 아래쪽으로의 운동을 가리키는 부사어(副詞語)가 되었다. 동작 동사와 결합하여 아래쪽으로의 운동을, 상태 동사와 함께 써서 아래쪽에서의 정지된 위치를 나타낸다. 반의어인 up과 더불어 중요한 전치사적 부사(prepositional adverb)의 하나로 부사와 전치사로 많이 쓰이지만, 형용사 및 동사 용법도 중요하다. break, get, put, set, take 따위 동사와 결합하여 중요한 동사구를 만든다.

‡**down**¹ [daun] 부 **I. 운동·위치**
1 (높은 곳에서) 낮은 곳으로, 아래쪽으로, 아래로; 아래층에(으로).¶come ~ 내려오다/pull ~ the blinds 차양을 내리다/The sun goes ~. 해가 진다/Let's go ~ toward the valley. 골짜기로 내려가자/Put ~ your load and rest. 짐을 내려놓고 쉬어라/Our lawn slopes ~ to the river. 잔디밭은 강을 향해 낮게 경사져 있다/All of us hurried ~ to dinner. 저녁 식사를 하러 모두 서둘러 내려갔다/The pill won't go ~. 알약이 목구멍으로 잘 내려가지 않는다.
2 땅에, 마루에, (강·바다 따위의) 바닥[밑]에.¶The temple was thrown ~ by the earthquake. 절이 지진으로 무너졌다/He fell ~ and cut his lip. 그는 넘어져서 입술이 찢어졌다/D- on your knees! 무릎 꿇어라/The ship went ~ with all on board. 배는 탑승자 전원과 함께 가라앉았다.
3 앉아서, 누워서.¶Come in please, and sit ~. 들어와 앉으십시오/You had better lie ~ and go to sleep. 너는 누워서 자는 게 좋겠다.
4 a) (지리·지도상) 낮은 위치로[에]; (美) 남쪽으로[에]; 아래[하류]쪽으로[에]; (英) (중심지에서) 지방으로, (도회지에서) 시골로; (주택가에서) 상업 지역으로; (내륙에서) 연안으로[에].¶ a train going ~ 하행 열차/take the train from London ~ to Brighton 런던발 브라이튼행 열차를 타다/go ~ from town 도회지에서 시골로 가다/go ~ to the store 가게로 물건을 사러 가다/I wish I could live ~ in Florida. 이곳보다 남쪽인 플로리다에서 살 수 있었으면 좋겠다. **b)** (英) (대학에서 방학으로) 귀성하여; (대학을) 졸업하여. **c)** (무대의) 앞쪽으로[에].
5 근원으로, 원점으로; 실제로 있는 곳으로.¶The repair crew traced ~ the leak. 수리반은 누출되는 곳을 더듬어 나갔다/We tried to run ~ the rumor. 우리는 그 소문의 출처를 찾아내려고 했다.
6 (주로 신문이) 인쇄에 돌려져, 인쇄실로.¶The edition has already gone ~. 그 판은 벌써 인쇄에 돌려졌다/The paper was ~. 신문은 인쇄에 들어갔다.
7 〔해사〕 바람 불어가는 쪽으로.¶Put the helm ~! = D- with the helm! 키 내려!

II. 상태·상황
8 조용히, 잔잔하게, 가라앉아서.¶The wind went [or died] ~. 바람이 가라앉았다/The sea has gone ~. 파도가 잔잔해졌다/Her passions went ~. 그녀의 격정이 진정됐다/The excited mass calmed ~. 흥분한 군중은 진정되었다.
9 패배[굴복]한 상태로, 억압하여, 억눌러서; 기각[거부]하여.¶put ~ the rebellion 반란을 진압하다/turn ~ the proposal 제안을 거부하다/They shouted ~ the opposition. 그들은 고함을 쳐서 반대를 물리쳤다/He believed he could talk ~ anybody. 그는 누구든지 말로 압도할 수 있다고 믿었다.
10 (강조) (물리적으로) 꼼짝 못할 상태로[에]; 형편없는 상태[정도]로[에]; 완전히, 남김없이, 모조리.¶strap a patient ~ 환자를 움직일 수 없게 꽁꽁 묶다/break ~ a house 집을 완전히 때려 부수다/They tied ~ the struggling animal. 그들은 날뛰는 짐승을 꽁꽁 묶었다/Before the firemen arrived, the house burnt ~. 소방관이 도착하기 전에 집은 다 타버렸다.
11 병석에 누워 (with); (건강이) 나빠져, 의기소침하여, (기계 따위가) 고장나서.¶He's ~ with a cold. 그는 감기로 누워 있다/She felt ~ about her grades. 그녀는 성적 때문에 기가 죽었다.
12 보다 낮은 지위[신분]로[에]; (순위가) (위에서) 아래에; 이르기까지 (from / to).¶from the President ~ 대통령으로부터 아랫사람에 이르기까지/be handed ~ from mother to daughter 어머니로부터 딸에게 전수되다/He was let ~ from his high position. 그는 높은 지위에서 강등되었다.

III. 시기·예정
13 (초기에서) 후기로; (예로부터) 줄곧, 후대에 이르기까지; (순서의 처음부터) 끝까지, 끝으로. ¶ ~ to date 오늘날까지/from the 17th century ~ to the present 17세기부터 현재에 이르기까지/The art has been passed ~ for centuries. 그 기법은 몇 세기 동안 전해져왔다.
14 (모임 따위가) 예정되어; …하도록 되어 있어(to do, for).¶He is ~ to speak at the meeting. 그는 그 회합에서 연설하도록 되어 있다.

IV. 저하·약화
15 (가치·비율·질·온도 따위가) 떨어져, 내려가.¶Most stocks went ~. 대부분의 주가가 떨어졌다/The prices of commodities have gone ~. 물가가 떨어졌다/My temperature has gone ~. 나의 체온이 내렸다.
16 (음량·가락이) 낮아져서, 약해져서.¶Turn ~ the phonograph. 축음기의 음량을 낮추어라.
17 a) (농도가) 보다 엷게; (수량이) 적게; (큰 것이) 잘게; (강도가) 약하게.¶water ~ liquor 술에 물을 타서 희석하다/boil ~ the sap into syrup 수액(樹液)을 졸여서 시럽을 만들다/grind ~ the corn 곡식을 빻다/Outpatients are ~ a lot. 외래 환자가 크게 줄어들었다/The rocks broke ~ into soil. 암석이 분해되어 흙이 되었다/Her face thinned ~. 그녀의 얼굴이 야위었다. **b)** (구어) (재고·잔고 따위가) 부족하여, 모자라; 손해를 보고. ¶They were 500 dollars ~. 그들은 5백 달러가 부족했다.

V. 기타 용법
18 진심으로, 마음을 쏟아, 본격적으로; 적극적으로, 정력적으로.¶get ~ to work 본격적으로 일에 착수하다/wash ~ a car 자동차를 깨끗이 씻다/Let's settle ~ to studies. 본격적으로 공부를 시작하자.
19 (종이·장부에) 써넣어.¶write [or put] ~ the address 주소를 써넣다.
20 현금으로, 맞돈으로; 즉시; 계약금[선금]으로.¶No money ~! 계약금 없이 후불/He paid $400 ~ and $100 a month. 그는 400달러는 현금으로, 나머지는 한 달에 100달러씩 지불했다.

come down in the world 영락하다.
come down on [or ***upon***] …⇨COME.
down among the dead men 술에 곯아 떨어져.
down cold [or ***pat***] 완전히 터득하여.¶Another hour of studying and I'll have the math lesson ~ cold. 한 시간만 더 하면 수학은 완전 정복이다.
down on the nail 그 자리에서, 즉석에서.
down through (상당 기간 동안) 쭉.
down to the ground 아주, 완전히, 철저히.¶That hat suits you ~ to the ground. 그 모자는 당신에게 딱 맞습니다.
down to the wire ⇨WIRE.
down under (지구의) 반대쪽에, 뒤쪽에; (영국에서 보아) 오스트레일리아[뉴질랜드] 쪽에[으로].
Down with...! (동사를 생략하여 보통 명령문으로) ① …을 내려놓아라!¶D- with your rifles! 총들을

down

버려라! /*D– with* oars! 노를 내려놓아라! ② …을 해치워라, 때려 부숴라, 타도하라. ¶*D– with* tyranny! 폭정 타도! / Long live the King! *D– with* the landlord! 국왕 만세! 지주는 물러가라! /*D– with* weekend homework! 주말 숙제 따위는 집어치워! *run* a person *down* 남의 명예를 실추시키다.
up and down ⇨UP-AND-DOWN.

─[전] 1 …의 밑에[으로]; …의 아래(쪽)에[으로]; (신분·지위 따위) …보다 낮은 쪽에[으로]. ¶ski ~ the slope 사면을 스키로 활강하다 / run ~ the stairs 계단을 뛰어내려가다 / Tears were rolling ~ her cheeks. 눈물이 그녀의 뺨에 흘러내리고 있었다 / That scandal caused him to go ~ the social ladder. 그 추문으로 그의 사회적 지위가 떨어졌다.
2 …의 아래쪽에[으로]; …의 남쪽에[으로]; …을 따라. ¶a long flying ball ~ the rightfield line 라이트 필드 선상으로 날아가는 장타 / ~ (the) wind 바람 불어가는 쪽으로 / sail ~ the river 강을 배로 내려가다 / They ran off ~ the street. 그들은 거리를 손살같이 뛰어갔다.
3 (시대·세월을) 거쳐, …이래 (줄곧); (英구어) …에, …까지(to). ¶The custom remained the same ~ the ages. 그 관습은 오랜 세월이 지나도 변함없이 지켜졌다.
4 (연주) 악보의 앞쪽으로[에].

─[형] I. 운동·위치
1 아래로의, 아래쪽으로 향하는. ¶ a ~ elevator 내려가는 엘리베이터 / a ~ leap 뛰어내리기 / a ~ look 내려봄 / a ~ slope 내리막길 / the ~ trend of business 경기의 하락세.
2 낮은 곳의, 땅(마루, 바닥, 밑)에 있는. ¶a ~ country 해안 지방, 하구 부근 지역.
3 (美) 남쪽[도심, 상업 지구]으로 향하는, 남쪽행의; (英) 하행[지방행]의(런던·도시를 벗어나는). ¶ a ~ bus [train] 하행 버스[열차] / a ~ platform (美) 남행선 플랫폼; (英) 하행선 플랫폼.

II. 상태·상황
4 기운이 없는, 의기소침한, 우울한. ¶Poor chap, he looks awfully ~. 가련하게도 그 녀석은 몹시 풀이 죽어 있다 / His face wore a ~ expression. 그의 표정이 우울해 보였다.
5 (구어) 끝낸, 완수한, 처리한; 고려한, 처분한. ¶With five ~ and one to go, he would finish his term papers at the end of the week. 그는 5개는 끝내고 하나 남아 있으니 주말까지는 리포트 제출이 끝날 것이다.
6 (美) (기계·컴퓨터 따위가) 작동 정지중의; 고장중의. ¶The engine is ~. 엔진이 고장이 나 있다.

III. 스포츠
7 (미식축구) (공이) 다운이 되어 있는(공이 정지하여 경기가 진행되지 않는 상태를 말한다).
8 (야구) 아웃의(out). ¶come to bat with two men ~ in the ninth inning 9회 투 아웃 상태에서 타석에 들어서다.
9 (득점·경기 따위에서 상대방에게) 뒤져 있는 (by). ¶be ~ by three goals; be three goals ~ 세 골 뒤지다[지고 있다].

IV. 도박·지불
10 (내기에서 돈을) 건. ¶Are you ~ for the fourth race? 제4레이스에 걸었니? / Get all the cash ~ on this horse. 현금을 몽땅 이 말에 걸어라.
11 (특히 도박에서) …만큼, 잃고 있는. ¶ After an hour at poker, he was ~ $10. 그는 포커를 한 시간하고 10달러를 잃었다.
12 계약금의; 현금의, 맞돈의. ¶money ~ 맞돈 / a payment of $200 200달러의 계약금 지불.
be down on (내기에서) ① …을 미워하다[싫어하다]. 에 적의를[반감을] 품다; …을 참지 못하다; (일)에 반대하다, 편견을 갖다. ¶He *was* now ~ *on* her like hell. 그는 그녀를 몹시 미워하고 있었다. ② [잘못 따

위)를 (발견하자마자) 지적하다, 주의시키다. ③ …에게 (돈의 지불을) 요구하다 (for).
be down to ① (사람·사물의) 책임이[잘못]이다. ② …까지 이르다[도달하다].
down and dirty (속어) 더러운 수법을 쓴; (포커에서) (패를 숨겨) 속임수를 쓴.
down and out ① 의지할 데[친구] 없는, 모든 사람으로부터 버림받은; 무일푼의, 파산한, 궁핍한. ¶Once a very rich man, he is now ~ *and out*. 그는 한때는 큰 부자였으나 지금은 완전히 빈털터리이다. ② (권투) 녹아웃되어, KO당해.
down at (the) *heel(s)* ⇨HEEL.
down for good 죽은.
down for the count (美속어) 빈털터리가 되어; 쓸모없이 되어; 의식을 잃어.
down in the dumps [or *doldrums*] 우울해져, 풀이 죽어. ¶He is feeling ~ *in the dumps* about his failure to get the job. 그 일을 맡으려다가 실패해서 그는 우울해 하고 있다.
down in the mouth 맥이 풀린, 낙담한, 우울한, 의기소침한; 슬퍼하고 있는(sad). ¶Why do you look so ~ *in the mouth*? 왜 그렇게 낙담한 표정을 짓고 있니?
down on one's *luck* ⇨LUCK.
get [*be*] *down* (美·캐나다 속어) (최신 정보에) 훤해지다[정통하다].

─[명] 1 하강, 내려가기. 2 불운, 역경, (사업 따위의) 부진한 시기. ¶The business cycle experienced a sudden ~. 경기가 갑자기 악화되었다. 3 (구어) 적의, 혐오; 원망, 유감(grudge). 4 (레슬링 따위에서) 상대방을 다운시키기. 5 (미식축구) 다운; (볼의) 다운 선언. ⇨도 7. 6 (美속어) 진정제; 실망시키는 것.
have a down on (구어) …에게 적의를 품다, …을 미워하다.
ups and downs ⇨UP.

─[동][타] 1 …을 때려눕히다(knock ~); 패배시키다, 굴복시키다. ¶He ~*ed* his opponent in the third round. 그는 3라운드에서 상대방을 다운시켰다.
2 …을 밑에 놓다, 내려놓다(put ~); 옆에 놓다; 버리다 (throw ~). ¶~ a signal 신호기를 내리다 / ~ one's ax and sit on a stump to rest 도끼를 내려놓고 그루터기에 앉아서 쉬다 / ~ one's books for the gun 책을 버리고 총을 잡다.
3 (비행기 따위)를 쏘아[맞추어] 떨어뜨리다, 격추하다 (shoot ~). ¶The anti-aircraft guns ~*ed* ten bombers. 고사포 부대가 10대의 폭격기를 격추했다.
4 …을 꿀꺽 삼키다, 단숨에 들이마시다(drink ~). ¶~ a tankard of ale 큰 컵 한 잔의 맥주를 단숨에 마시다.
5 (감정 따위)를 누르다, 죽이다, 억제하다; (소리 따위)를 죽이다, 가라앉히다. ¶~ one's sorrow 슬픔을 억제하다. 6 (키)를 바람 불어가는 쪽으로 잡다. ¶~ the helm 키를 바람 불어가는 쪽으로 잡다. 7 (英구어) …을 헐뜯다, 폄하다. 8 (미식축구) (볼)을 다운시키다.

─[자] 1 내리다, 내려가다 (go ~); 떨어지다, 낙하하다. ¶Life will up and ~. 인생에는 영고성쇠가 있다. 2 (음식물이) 입으로 삼켜지다; 좋은 맛이 나다. 3 (감정 따위가) 눌리다, 억제되다; (소리 따위가) 지워지다, 가라앉혀지다. ¶Her regret may never ~. 그녀의 슬픔은 누를 길이 없다.
down tools (구어) 일을 그만두다; 파업에 들어가다.
down with it (속어) 이해하다, 알다.
let a person down 남을 실망[낙담]시키다, 맥 풀리게 하다; 남을 때려 눕히다.

─[감] 1 (개에게 명령하는 소리) (공격하거나 달려드는 것을) 그만둬. (소파·의자 따위에서) 내려와. ¶D–, boy! 앉아 있어! 2 (남에게 명령·경고하는 소리) 숨어, 엎드려, 도망쳐. ¶D–! They're starting to shoot! 숨어라! 총쏘기 시작한다.

인정미 넘치는. ¶ ~ cooking 소박한 시골 요리.
Dówn·ing Strèet [dáuniŋ-] 명 **1** 다우닝가(街) (수상 관저 등이 자리잡고 있는 London의 관청가). **2** (구어) 영국 정부(내각, 외무부).
down-in-the-mouth [-ìnðəmáuθ] 형 풀이 죽은, 낙심한. 「털을 안에 넣은 재킷」
dówn jàcket 명 다운 재킷(오리털 같은 부드러운 깃
down·land [⁄lænd] 명 (英) =down³ 1, 2.
down·lead [⁄liːd] 명 (전기) 안테나의 옥내 도입선.
down·link [dáunliŋk] 명 (우주선이나 위성에서) 지상으로 보내는 데이터 송신(의).
down·load [dáunlòud] 명 (컴퓨터) …을 다운로드[이송, 복사]하다. ¶ upload ~·**a·ble** (컴퓨터의 기억 내용을) 이전(移轉)할 수 있는. ~·**er** (컴퓨터 기억 내용의) 이전용 프로그램.
down·look·ing [⁄lùkiŋ] 형 (레이더가 저공 비행하는 비행기[미사일] 대책으로) 아래쪽으로 전파를 보내는.
down·mar·ket [⁄máːrkit] 형[명] (구어) 대중[저소득층]을 겨냥한[하여]; 하급의[으로], 싸구려의[로]. 반 up-market 「리를.
dówn-market jóurnalism 명 통속적[저급] 저널
down·mouth [dáunmàuð] 명자 (美속어) …을 부정적으로 말하다, 헐뜯다. ¶ 는 **down·páyment**
dówn páyment 명 (할부의) 첫 납입금, 계약금. (또 **dówn·pipe** [dáunpàip] 명 (英) =downspout.
down·play [dáunplèi] 명자 …을 경시하다, 얕보다.
down·pour [dáunpɔːr] 명 (보통 a ~) 억수, 호우.
down·press [dáunprès] 명타 …을 억압하다, 예속시키다.
dówn quárk 명 (물리) =d quark.
down·range [dáunrèindʒ] 형 (로켓) 사정(射程) [비행 경로]을 따라[따른]. —— 명UC 사정 (지역).
down·rate [dáunrèit] 명타 …을 낮게 평가하다; …의 비율[등급, 값]을 낮추다; 진도를 늦추다.
***down·right** [dáunràit] 명 **1** (나쁜 의미로 쓰여) 완전한, 순전한, 절대의. ¶ ~ nonsense 순전한 헛소리 / a ~ lie 새빨간 거짓말 / a ~ thief 틀림없는 도둑. **2** (사람·대답 따위가) 솔직한, 노골적인. ¶ a ~ answer 솔직한 대답. **3** (고어) 바로 아래를 향한, 바로 위로부터의. —— 명 철저히, 완전히. —— 명 (보통 ~s) 섬유가 짧은 질 낮은 양모. **2** (the ~) (英속어) (떨돌이의) 구걸. ~·**ly** 명 ~·**ness** 명
down·riv·er [dáunrívər] 명명 하류로의.
down·scale [dáunskèil] 명자 …의 규모를 축소하다; …을 간소화하다. —— 명 **1** (사회·경제적으로) 중류 이하의, 저소득층의, 하류 계급의. **2** 간소한, 싸고 실용적인; 정도가 낮은. —— 명 **1** 저소득층, 하층 계급. **2** (경영) = ~ merchandising.
dównscale mérchandising 명 (경영) (저소득층 위주 마케팅의) 사업 활동 대상 격하.
down·shift [dáunʃìft] 명자 (자동차 운전에서) 저속 기어로 변환하다[하기].
down·side [dáunsàid] 명 **1** 아래쪽, 밑바닥; 이면. **2** (경제) (경기·가격 따위의) 하락[내림]세, 하강 (경향), 악화. **3** 불리한[부정적인] 면. 반 upside
downside up 역전하여, 거꾸로 뒤집어져.
on the downside 내림[하락]세로. 「면의.
—— 형 아래쪽의; 하강의, 내림세의; 불리한[부정적인]
dównside rísk 명 (경영) (투자 예측시의) 가능 손실액, 가격 하락 리스크.
down·size [dáunsàiz] 명타 **1** (인력·규모 따위)를 줄이다, 감량하다. **2** (자동차)를 소형화하다. —— 형 (또는 **dównsized**) 소형인. ¶ a ~ car 소형 자동차.
down·siz·ing [dáunsàiziŋ] 명 (경영) 기구[인력] 축소, 감량(減量) 경영, 다운사이징. 「하.
down·slide [dáunslàid] 명 (물가 따위의) 하락; 저
down·slope 명형 [dáunslòup] 내리막(의). —— 명 [⁄⁄] 내리막에.

dówn sóuth 명명 (때로 d- S-) (美) 남부(여러 주 (州))의[로].
down·spin [dáunspìn] 명 (가격 따위의) 급락, 폭락.
down·spout [dáunspàut] 명 **1** (美·캐나다) 수직 홈통. (또는 **dównpipe 2** (정유소의) 일류관(溢流管).
Dówn('s) sýndrome [dáun(z)-] 명 다운 증후 군(症候群), 몽고증(mongolism).
[<영국의 의사 John L.H. Down(1828-96)의 이름]
down·stage [dáunstéidʒ] 명 (연극) 명 무대 앞쪽에 (서); (영화·TV의) 카메라 방향에. —— 명 무대 앞쪽의. 반 upstage —— 명 무대 앞쪽.
down·stair [dáunstɛ̀ər] 명 =downstairs.
‡**down·stairs** 명 [dáunstɛ́ərz] 계단 아래에[로], 아래층으로[에서]. ¶ come ~ 계단을 내려오다 / He is waiting ~. 그는 아래층에서 기다리고 있다.
kick a person **downstairs** 남을 집에서 쫓아내다; 남을 해고하다; 강등[좌천]시키다.
—— 형 [⁄⁄] (또는 **dównstàir**) (한정용법) 아래층의[에 있는]. ¶ a ~ room 아래층의 방. —— 명복 [⁄⁄] (the ~) (본속어)) 아래로 내려가는 계단. **2** (단수취급) 아래층; 아래층 사람들.
down·state [dáunstéit] (美) 명 (도심에서 떨어진) 주(州)의 특히 New York 주의 남부. —— 명 주의 남부에. —— 형 주의 남부의. 반 upstate -**stát·er** 명
*down·stream** [dáunstríːm] 명형 **1** 흐름을 따른 [따라], 하류의[로]. **2** (경제) (석유 산업에서) 정제[유통, 수송] 부문의[에서]; 판매 부문의[에서]; (원자력 산업의) 폐기물 처리 부문의[에서]. **3** 본사[본부]로부터 지사[지부]의[로], **4** (유전) 하류의, —— 명 (경제) **1** (산업에서) 하류 부문, 판매 부문, **2** (석유 산업에서) 하류 부문; (금융 산업에서) 융자 부문.
down·stroke [dáunstròuk] 명 **1** (피스톤 따위의) 하향 작동, **2** (서예의) 아래로 내려긋기; (지휘봉의) 아래로 휘두르기. **3** (속어) 선금, 보증금.
down·sweep [dáunswìːp] 명 (**-swept**) 아래쪽으로 구부러진[구부러지다], 아래로 휘다[휘어지다].
—— 명 아래로 구부러지기[휘기].
down·swing [dáunswìŋ] 명 **1** (골프 따위의) 다운 스윙. **2** (경기·출생률 따위의) 하강[감소] (경향) (in).
down-the-line [⁄ðəláin] 형 완전한[히], 전폭적인[으로]; 충실한[의], 성실성의[것].
down·throw [dáunθròu] 명 **1** 투하, 낙하, 전락; 전복. ¶ the ~ of the government 정부의 전복. **2** (지질) 지반(地盤)의 침하. 「[부인]하는.
down·thumb [⁄θʌ̀m] 명타 (美속어) …을 거부
down·tick [dáuntìk] 명 **1** 기업 활동 저하[악화], 경기 퇴조, **2** (증권) 전회의 시세보다 내린 시세. 반 uptick
down·time [dáuntàim] 명 (기계·공장 따위의) 작업 중단 시간, 정지 시간; (美) (종업원의) 휴식[휴양] 시간. (또는 **dówn tìme**)
down-to-earth [⁄tuːə́ːrθ] 형 (美) 현실적인, 실제적인; 세상 물정에 밝은. ¶ a ~ person 현실적인 사람.
‡**down·town** [dáuntáun] 명 (美) 도심지에[에서, 로], 상업[업무] 지구에[에서), 번화가[중심가]에[에서, 로]. ¶ live ~ 중심가에 살다.
take a person **downtown** 남을 호되게 혼내주다.
—— 형 도심[번화가]의[에 있는], 상업 지구의[에 있는].
—— 명 (보통 ~s [-z]) 중심가, 상업 지구; 도심(부); (美) ~·**er** [⁄⁄] 시 당국[청사].
down·train [dáuntrèin] 명 하행 열차.
down·trend [dáuntrènd] 명 (경제) (경기 따위의) 하강[침체] 경향, 하향 기미[변화].
down·trod [dáuntràd/-tròd] 형 =downtrodden.
down·trod·den [dáuntràdn/-trɔ́dn] 형 **1** 압박 [탄압]받은, 폭정에 시달린, **2** 짓밟힌, 유린된. (또는 **dówntròd**) —— 명 (the ~) (집합적) 핍박받는[짓밟힌] 사람들. ~·**ness** 명
down·turn [dáuntə̀ːrn] 명 **1** (아래쪽으로) 되접기,

down under 되직힌 상태. 2 (경기의) 하강, 침체; 감소, 하락.

dówn únder [부][형][미] (때로 D- U-) **(구어)** 오스트레일리아[뉴질랜드]의(에서, 로); 지구의 반대편의(the antipodes)의(에서, 으로)).

‡**down·ward** [dáunwərd] [부] **1** 아래쪽으로, 아래를 향하여. ¶look ~ 내려다보다. **2** 내려가서, 하류로. **3** 악화하여, 쇠퇴하여. **4** 과거부터, 선조로부터. **5** …이래, 이후. (또는 **downwards**)

go downward in life 영락하다, 밑바닥 인생이 되다. ── [형] **1** 하향의, 내려가는, 내리받이의. ¶a ~ slope 내리막 언덕. **2** 악화하는, 쇠퇴하는, (경기 따위가) 내림세의. **3** …이래의, 이후의.

on the downward path 내리막길에[로]; 하락[타락]하여.

~·**ly** [부] ~·**ness** [명]

dównward adjústment [명] (수치·가치 따위의) 하향 수정; (통화의) 평가 절하; 가치 하락, 불황.

dównward mobílity [명] (사회 계층의) 하향 이동.

down·wards [dáunwərdz] [부] (英)=downward.

down·wash [dáunwɔ̀ʃ, -wɑ̀ʃ/-wɔ̀ʃ] [명] **1** 밀려 내려가는 토사. **2** [항공] 세류(洗流)(비행 중인 비행기 날개 뒤쪽에 생기는 하향 기류).

down·well·ing [dáunwèliŋ] [명] [해양] 침강류(수면 부근의 해수가 서서히 가라앉는 하강류).

down·wind [dáunwínd] [부][형] 바람 불어가는 쪽으로[의], 순풍으로[의]. [반] upwind

*****down·y**¹ [dáuni] [형] **1** 솜털의, 솜털 같은; 솜털로 만든[덮인], 배내털이 난. **2** 부드러운, 폭신폭신한. **3** (동작 따위가) 온화한, 상냥한. **4** **(美속어)** 방심할 수 없는, 빈틈없는. ¶a ~ bird 빈틈없는 녀석. ── [명] **(英속어)** 침대.

do the downy 침대에 드러눕다[자다].

dówn·i·ly [부] **dówn·i·ness** [명]

down·y² [형] (토지가) 고원(성)의, 구릉의, 기복이 있는.

dówny míldew [식물병리] 노균(露菌)(병).

dówny wóodpecker [명] 북미산 딱따구리의 일종.

down-zone [dáunzòun] [타] (고밀도화를 억제하기 위해) 건축 기준을 변경하다. (또는 **dówn-zòne**)

dow·ry [dáuəri] [명] 신부 지참금.

dówry déath [명] (인도에서) 지참금 살인(신부측의 지참금과 관련된 신랑 또는 그 가족에 의한 신부 살해).

dowse¹ [daus] [자][타] =douse¹. ── [명] (for).

dowse² [dauz] [자] 점지팡이로 지하 수맥[광맥]을 찾다.

dows·er [dáuzər] [명] =dowsing rod; dowsing rod로 점치는 사람. [rod).

dóws·ing ròd [dáuziŋ-] [명] 점지팡이(divining

Dów théory [명] [증권] 다우 이론(다우 존스 평균 주가의 변동 분석에 의한 주식 시장 동향의 예상법).

dox·ol·o·gy [dɑksɔ́lədʒi/dɔksɔ́l-] [명] (가톨릭의) 영광의 찬가, (그리스 정교회의) 영송(詠頌), (기독교의) 송영(頌榮). ‑**o·log·i·cal** [‑səlɔ́dʒikəl/‑lɔ́dʒ-] [형] **-o·lóg·i·cal·ly** [부]

dox·y¹ [dɑ́ksi/dɔ́k-] [명] 의견, 설, 학설; 종교적 견해; 교리. (또는 **doxie**)

dox·y² [명] (속어) 정부, 첩, 애인; 매춘부.

doy·en [dɔiɛ́n/dɔ́iən] [명] **1** 고참자, 원로; (외교단 따위의) 수석, 대표. **2** 최고 권위자, 제1인자. [<F]

doy·enne [dɔién] [명] doyen의 여성형. [<F]

Doyle [dɔil] [명] **Arthur Conan ~** 도일(1859‑1930; 영국의 추리 소설가; 명탐정 Sherlock Holmes를 창조).

doy·ley [dɔ́ili] [명] (명~s [-z])=doily.

doz. dozen(s).

*****doze**¹ [douz] [자][타] 졸다, 선잠[풋잠] 자다(off)(over). ¶~(~+[부]) ~ off 꾸벅꾸벅 졸다/I (~+[부]+[전]+[명])~ over one's work 일하면서 깜빡 졸다. ── [타] 졸면서 (시간을) 보내다, 세월을 허송하다(away, out). ¶(~+[목]+[부]) ~ away one's time; ~ one's time away 졸면서 시간을 보내다. ¶ 졸기, 선잠, 풋잠. ¶fall into[or have] a ~ 잠깐 졸다. **2** (목재의) 썩음.

doze² [타] (구어) (땅을) 불도저로 고르다.

‡**doz·en** [dʌ́zn] [명] (복 ~(s) [-(z)]) **1 1** 다스, 12개. ¶ Six of one and half a ~ of the other. (속담) 오십보 백보. **2** (~s) 수십, 다수 (of). ¶some ~s of people 수십 명의 사람들/~s of times 수십 회나. **3** (the ~s) (美속어) 다즌스(상대방 어머니에 대한 욕지거리 시합).

[USAGE] **dozen**의 용법 ── (1) 1다스의 달걀은 원래 a ~ of eggs라고 말했으나, 현재는 of를 생략하고 형용사적으로 쓰는 것이 보통, 다만 전체 중의 1다스를 나타낼 때는 a ~ of these eggs처럼 of를 넣는다. (2) many, several의 뒤에 「수십의」처럼 불특정 다수를 나타낼 경우는 dozens처럼 -s를 붙인다. ⇨ [명] 2. (3) 다음 구별에 주의: *some ~s of people* 수십 명의 사람들/*some ~ of people* 12명 가량의 사람들.

a baker's [or devil's, long, printer's] dozen
a dime a dozen ⇨DIME. [13(개).
a full [or round] dozen 한 다스 몽땅.
by (the) dozens 수십 개씩; 다스 단위로.
daily dozen ⇨DAILY DOZEN.
dozens of 수십의, 많은. ⇨[명] 2. [다.
give a person two dozens (속어) 남을 채찍질하
in dozens 한 다스씩.
play the (dirty) dozens (속어) ① 욕지거리 시합을 하다. ② (남을) 자기 편의대로 이용하다; 농락하다.
talk [or wag] nineteen [or thirteen, twenty] to the dozen (英구어) 마구[계속] 지껄여대다.
── [형] 12개의, 한 다스의.

doz·enth [dʌ́znθ] [형] 열두 번째의(twelfth).

doz·er¹ [dóuzər] [명] 조는 사람. [**dozer**.

doz·er² [명] **1** =bulldozer. **2** (주먹의) 강타. (또는

doz·y [dóuzi] [형] **1** 졸리는, 졸음이 오는. **2** (재목이) 썩어가는. **3** (英구어) 멍청한, 게으른. (또는 **dosey, dozey**) **dóz·i·ly** [부] **dóz·i·ness** [명]

dp data processing; [야구] *double play*(병살).

DP, D.P. *data processing*; [화학] *degree of polymerization*(중합도(重合度)); *deposit*; *dew point*; *displaced person*; *durable press*. **D/P** [상업] *documents against payment*. **d.p.** [라틴] *directione propria*(=with a proper direction). **DPA** (독일) *Deutsche Presse Agentur*(DPA 통신). **D.P.A.** *Doctor of Public Administration*. **D.P.E.** *Doctor of Physical Education*. **D.Ph., DPhil.** *Doctor of Philosophy*. **D.P.H.** *Department* [*Doctor*] *of Public Health*; *Diploma in Public Health*. **D.P.I.** *Director of Public Instruction*. **DPL** *diplomat*. **dpm** [물리] *disintegrations per minute*. **D.P.M.** *Diploma in Psychological Medicine*; *Doctor of Podiatric Medicine*(족병학 전문의). **dpt, dpt.** *department*; *deponent*. **DPT** *diphtheria, pertussis, and tetanus*(DPT 백신). **D.P.W.** *Department of Public Works*. **DQ** *disqualify*.

D.Q. [dí:kjú:] [명] (美속어) 디큐 아이스크림 전문점. [<상표명 Dairy Queen]

d quárk [명] [물리] 다운 쿼크(전하(電荷)가 소(素)전하의 ‑⅓배, 스트레인지니스 0, 참(charm) 0의 쿼크).

dr, dr. *debit*; *debtor*; *door*; *dram(s)*. ‡**Dr, Dr.** *Doctor*; (도로명에서) *Drive*. **DR, D/R** *dead reckoning*(추측 항법(航法)); *depositary receipt*, **dr.** *drachm(s)*; *drachma(s)*; *drawer*; *drum*. **D.R.** *Daughters of the (American) Revolution*; (해사) *dead reckoning*; *Dutch Reformed*. **D.R., DR** *Deutsches Reich*; (부동산) *dining room*; (군사) *dispatch rider*; *District Railway*; *dry riser*.

drab¹ [dræb] [명] **1** 칙칙한 회색을 띤 황갈색. **2** 담갈색의 직물(나사(羅紗)). **3** 단조로움, 활기 없음. ── [형] **1** 충충한 회색의, 담갈색의. **2** 기운 없는, 생기 없는; 시시한, 단조로운. ‑**ly** [부] ‑**ness** [명]

drab² 圐 1 추접스러운[단정치 못한] 여자(slattern). 2 매춘부. ── 囲㉿ (**-bb-**) (매춘부와) 관계하다.
drab³ 圐 소량, 소액(drib).
drab・bet [drǽbət] 圐 갈색 즈크(천). (또는 **drabbit**)
drab・ble [drǽbl] 囲 1 (옷자락 따위를) 질질 끌(어 더럽히)다, 흙투성이로 만들다[가 되다]. 2 (…을) 주낙으로 낚다 (*for*). 「열대 관목.
dra・c(a)e・na [drəsíːnə] 圐 드라세나(백합과(科)의
drachm¹ [dræm] 圐 (英) =dram.
drachm² =drachma.
drach・ma [drǽkmə, dráːk-] 圐 (複 **~s, -mae** [-miː]) 1 그리스의 화폐 (단위). 2 (고대 그리스의) 은화; 중량의 단위. (또는 **drachm**) **-mal** 圐 〔속(屬).
Dra・co¹ [dréikou] 圐 〔천문〕 용자리. 2 날도마뱀
Dra・co² 圐 드라콘(기원전 7세기말 아테네의 입법가; 최초의 성문법 제정). (또는 **Dracon, Drakon**)
dráco lìzard 圐 〔동물〕 =flying dragon.
Dra・con [dréikən/-kɔn] 圐 =Draco².
Dra・co・ni・an [dreikóuniən] 圐 1 드라콘의[과 같은]. 2 (때로 d-) (법률이) 엄격한, 가혹한. ¶take ~ steps 가혹한 처분을 내리다. (또는 **Draconic**)
Dracónian Còde 圐 (the ~) 드라콘 법전; 엄격한 법규[규칙]. 「엄격주의, 엄벌주의.
Dra・co・ni・an・ism [dreikóuniənizm, drə-] 圐 Ⓤ
dra・con・ic [dreikánik, drə-/-kɔ́n-] 圐 1 용의, 용과 같은. 2 (때로 D-) =Draconian. **-i・cal・ly** 副
Drac・o・nid [drǽkənid, dréi-] 圐 〔천문〕 용자리 유성군(流星群).
Drac・u・la [drǽkjulə] 圐 드라큘라(B. Stoker의 동명 괴기 소설의 주인공; 백작으로서 흡혈귀).
draff [dræf] 圐 폐물, 쓰레기, 찌꺼기; (맥주의) 지게미; (부엌의) 찌꺼기(돼지 먹이).
draff・y [drǽfi] 圐 찌꺼기의, 무가치한.
‡**draft** [dræft, drɑːft/drɑːft] 圐 1 선화(線畫), 스케치, 밑그림; 설계도 (*of, for*): Ⓤ 선으로 그리기. ¶a ~ for a machine 기계 설계도 / a ~ of a picture 초벌 그림. 2 초고(草稿), 초안 (*for, of*). ¶a rough ~ for a speech 연설 초고 / revise the first ~ of a novel 소설의 초고를 수정하다.
3 ⓤⒸ 통풍; 통풍 조절 장치; 외풍(이 들어오는 틈). ¶a natural ~ 자연 통풍 /make a ~ 통풍을 시키다.
4 (액체・공기를 한번 마시기[빨아들이기]); 그 분량; (물약의) 1회 복용량; Ⓤ (액체를) 용기에 따르기, 용기에서 따라 붓기. ¶a ~ of beer 한 모금의 맥주.
5 Ⓤ (수레 따위를) 끌기, 견인(牽引); 견인력; 견인량; 짐수레를 끄는 짐승. ¶a ~ ox 짐수레 끄는 소.
6 (그물을) 한번 당겨 올리기; 한 그물의 어획(고)(* 이 의미로는 보통 draught를 쓴다). ¶a *draught* of fish 한 그물의 어획량. 7 (美) (특정 목적을 위한) 선발 (조건・자격), 선발된 사람[것]; Ⓤ (美) (보통 the ~) (美 사의) 징모, 징병; 〔집합적〕 (종종 the ~) 소집[징집]병. ¶~ age 징집 연령. 8 Ⓤ (보통 the ~) (美) 〔스포츠〕 프로 신인 선수 선발; 드래프트제. 9 Ⓤ (美) (식량・자금 따위의) 징발, 조달. 10 (때로 the ~) 분견(대), 선발대. 11 Ⓤ 〔상업〕 어음 발행[인출]; Ⓒ (…앞) 환어음; 지급 명령서(*on*). ¶pay by ~ 어음으로 지불하다. 12 고갈, 출비(出費); (힘・친절 따위의) 강요, 끌어내기 (*on, upon*). 13 =~ beer. 14 ⓤⒸ 〔해사〕 흘수(吃水)(* 이 의미로는 보통 draught를 쓴다). ¶a vessel of 10 feet *draught*; a vessel with a *draught* of 10 feet 흘수 10피트의 배. 15 〔석공〕 애벌깎기. 16 (수문 따위의) 배수구. 17 작은 시내, 지류. 18 (~s) (단수취급) 체커(의 말). 19 =~ allowance.
a beast of draft 짐수레 끄는 동물(소・말 따위).
at a draft 단숨에. ¶drink a glass of beer *at a* ~ 맥주 한 잔을 단숨에 마시다. 「하다.
dodge [or **evade, avoid**] **the draft** 징병을 기피
draw a draft ① 통풍을 시키다. ② (…앞으로) 어음

을 발행하다 (*on*).
feel a draft (美속어) 환영받지 못한다고[냉대받는다고] 느끼다; (흑인이) 인종적 편견을 느끼다.
feel the draft (英구어) 돈이 궁하다, 주머니가 비어
in draft 초안 (도)으로; 계획 단계에. 「있다.
make a draft on [or **upon**] ① …에서 돈을 인출하다. ② …앞으로 어음을 발행하다. ③ (비유적) …을 강
make out a draft of …을 기초(起草)하다. 요하다.
on draft (술 따위가) 통에서 방금 따른[따라서]. ¶beer *on* ~ 생맥주(=~ beer).
── 囲㉿ 1 …의 밑그림을 그리다(*out*), …을 스케치하다. 2 …을 기초하다, 초고를 쓰다(*out*). ¶~ a bill 법안을 기초하다 / ~ a speech 강연 초안을 만들다. 3 …을 끌다, 당기다, 견인하다. 4 …을 뽑다, 선발하다; (美) (신인 선수를) 드래프트하다; 징병하다(*into*). ¶(~+圐+囲+名) ~ a person *to* a post 남을 어떤 지위에 발탁하다. 5 〔軍〕 (병사를) 파견하다. 6 (濠・뉴질) (가축을) 무리로부터 나누다, 팔기 위해 선별하다. ── ㉿ 1 제도 [기초]하다. 2 (자동차 경주에서 풍압(風壓)을 피하기 위하여) 앞차의 뒤를 바싹 따르다.
── 圐 1 하역용의. 2 통에서 따라낸, 생(生)의. 3 밑그림의, 초안의; 기초된. (또는 (英) **draught**)
draft・a・ble [drǽftəbl/dráːft-] 圐 끌[당길] 수 있는; 징병 대상자로 적격인. 「분에 대한 공제).
dráft allòwance 圐 감량 공제(수송 중의 중량 감소
dráft ànimal 圐 짐수레 끄는 동물, 역축(役畜).
dráft bàit 圐 (美속어) 징병 적령자.
dráft bèer 圐 생맥주(beer on draft).
dráft bòard 圐 (美) (시・county 등의) 징병 위원회.
dráft càrd 圐 (美) 징병(소집) 카드.
dráft chàir 圐 (등 뒤의 바람을 막는) 안락 의자.
dráft dòdger [**evàder**] 圐 (美) 징병 기피자.
draft・ee [drǽfti:/drɑːf-] 圐 (美) 징병[징모]된 사람.
dráft èngine 圐 배수(排水) 기관.
draft・er [drǽftər/drɑːft-] 圐 1 초고자, 입안자, 초벌 그림 그리는 사람. 2 =draft horse.
dráft fùrnace 圐 통풍로(通風爐)
dráft gèar 圐 (차량의) 연결기.
dráft hòle 圐 통풍[통기] 구멍.
dráft hòrse 圐 짐수레용 말.
draft・ing [drǽftiŋ/dráːft-] 圐 1 입안, 기초 (방법). ¶a ~ committee 기초 위원회. 2 Ⓤ 제도(製圖). 3 Ⓤ (美) 징집. 4 (자동차 경주에서) 앞차 바로 뒤를 달림.
dráfting pàper 圐 제도(설계) 용지, 도화지.
dráfting ròom 圐 제도실(英) drawing room).
dráft lòttery 圐 (美) 징병 추첨제.
dráft màrk 圐 〔해사〕 흘수표(吃水標).
dráft nèt 圐 예인망(曳引網), 후릿그물. 「자(반대자).
dráft・nik [drǽftnik/drɑːft-] 圐 (美속어) 징병 기피
dráft on demánd 圐 〔상업〕 요구(일람)불 환어음.
drafts・man [drǽftsmən/drɑːfts-] 圐 (複 **-men** [-mən]) 1 데생에 뛰어난 화가. 2 제도공[자]. 3 (공)문서 작성자, 기초자, 입안자. 4 (서양장기의) 말. (또는 (英) **draughtsman**)
drafts・man・ship [drǽftsmənʃip/dráːfts-] 圐 Ⓤ 기안자[제도공]의 솜씨[기예]; 제도술.
drafts・per・son [drǽftspəːrsn/dráːft-] 圐 (건설 회사 따위의) 제도(도면 작성) 담당. 「트 제도.
dráft sỳstem 圐 (美) 〔스포츠〕 신인 드래프
dráft tùbe 圐 흡출관(吸出管)(수력 터빈과 방수로를 잇는 원뿔 모양의 관).
draft・y [drǽfti/dráːfti] 圐 통풍이 되는, 외풍이 있는. ¶a ~ room 외풍이 있는 방. (또는 (英) **draughty**)
dráft・i・ly 副 **dráft・i・ness** 圐
‡**drag** [dræg] 囲 (**~s** [-z]; **-gg-**) ⓣ 1 〔무거운 물건〕을 끌다; …을 질질 끌고 가다(*away, out*); (재귀용법으로) (지친) 다리를 끌며 가다. ⇒DRAW 유의어.
2 (비유적) (사람)을 …에 끌어들이다 (*in, into*); (구

어) …을 억지로[무리하게] 끌어내다(*out, off*)(*to*). ¶~ him *into* a dispute 그를 싸움에 끌어들이다 / be ~ged *out to* the meeting 모임에 억지로 끌려나오다. **3** [장소]를 (…을 찾아) 뒤지다, 쳐내다 (*for*); …을 (사람으로부터) 캐내다, 알아내다(*out*)(*of*). ¶~ a river *for* a dead body 시체를 찾으려고 강을 수색하다. **4** (그물·닻으로)[물밑을] 뒤지다, 훑다 (*for*). ¶(~+圄+函) ~ a pond *for* fish 물고기를 잡으려고 못을 훑다. **5** (써레 따위로)[논밭]을 고르다(*out*). ¶~ a field 밭을 써레질하다. **6** (바퀴)에 브레이크를 걸다. **7** (구어) [영문한 문제]를 들고 나오다, 꺼내다(*in*). ¶ (~+圄+剄) Why do you ~ it *in*? 무엇 때문에 그 일을 들고 나오냐? **8** [일·시간 따위]를 질질 끌다(*on, out*)(*with*); …을 싫증나게 하다. ¶(~+圄+剄) His stubbornness ~ged the discussion *out* for hours. 그의 고집 때문에 토론이 여러 시간 걸렸다. **9** (야구) 드래그 번트를 하다. **10** 저공 비행하다; (자동차가) 천천히 달리다. **11** (담배)를 깊이 들이마시다.
── 团 **1** 끌리다; 끌려 가다. **2** (땅에) 질질 끌다(*along*). ¶walk with a ~*ging* feet 발을 질질 끌면서 걷다. **3** 천천히 움직이다; 힘들여 행동하다. ¶(~+剄+函) ~ *through* one's work 겨우 일을 마치다. **4** 질질 오래 끌다(*on, at*); (시간 따위가) 천천히 지나가다. ¶ Time ~*s* when you have nothing to do. 아무것도 할 일이 없을 때는 시간이 더디 간다. **5** (그물·닻 따위로) 물밑을 뒤지다, 훑다 (*for*). **6** (속어) (담배를) 피우다 (*on, at*). ¶~ *on* a cigarette 담배를 한 대 피우다. **7** (미속어) 드래그 레이스(~ race)에 참가하다. **8** 여장(女裝)하다.
drag awáy ① ⇒団 **1**. ② (나무 따위)를 뽑아내다. ③ [아이 등]을 (TV 따위에서) 떼어놓다 (*from*).
drag behínd 낙오되다, 뒤지다, 「롯나믹 지나가다.
drag by (시간이) 지루하게 지나가다, (사람·물건이) 느
drag dówn ① …을 끌어내리다[쓰러뜨리다]; [남]의 품위를 떨어뜨리다, …을 타락시키다. ② (병 따위가) …을 허약하게 만들다. ③ (속어) [급료]를 받다, (얼 따위가) [돈]을 가져오다.
drágged óut 녹초가 되다(tired out).
drag ín (미속어) 닿다, 도착하다. ② ⇒団 **2**.
drag ín by the héad and shóulders [얼토당토 않은 화제 따위]를 억지로 끌어넣다[들이다].
drag it (미속어) 그만두다, 중지하다.
drag (óff) to (구어) 무리하게 …에 데리고 가다.
drag ón ① 지루하게[질질] 끌다, 따분하게 계속하다. ② (담배)를 피우다.
drag one's bráins (*for…*) (…을 위해) 머리를 짜다.
drag onesélf alòng 발을 질질 끌며 걷다.
drag one's féet [or *héels*] ① 발을 질질 끌다. ② (구어) 일부러 꾸물거리다; 열심히 하지 않다.
drag óut 끌어내다; 질질 끌다. 「지다.
drag the cháin (濠·뉴질) 천천히 가다, 남보다 뒤
drag thróugh 겨우[간신히] 끝내다. ⇒団 **3**.
drag úp ① …을 끌어올리다, 뽑아내다. ② …을 들고 나오다. ③ (구어) [수동형으로] [아이]를 되는 대로 기르다.
── 图 ⓒ ~s [-z] **1** (행진을 방해하는 것; 장애물, 방해자; 무거운 짐, 거치적거리는 것 (*on, to, upon*). ¶a ~ *on* one's career 출세의 장애물 / It's a ~ to him. 그것은 그에게는 무거운 짐이다. **2** [해상] 저인망(低引網), 후릿그물; 그물; 네 가닥 닻. **3** (농업) 큰 써레. **4** (무거운 물건을) 끌기[끌어당기기], 질질 끌기; 꾸물거림, 지체, 지연, ¶walk with a ~ 발을 질질 끌며 걷다. **5** (무거운 돌 따위를 나르는) 썰매, 큰 썰매. **6** 4륜[4두] 마차. **7** (수레바퀴를 멈추는) 제동자(制動子), 브레이크. **8** (자동차에 대한) 풍압, 공기 저항; (일반적) 항력(抗力); 저항; 항력; (자전거의) 타이어 저항. **9** (사냥) 냄새 자국; 인공적으로 낸 짐승 냄새. **10** (컴퓨터) 끌기(click 한 마우스를 끌고 다니는 일). **11** (낚시의) 릴 제동 장

치; 물의 흐름으로 낚싯줄이 옆으로 끌리기. **12** (미속어) 영향력; 편들; 연고, 친분(*with*). ¶have a ~ *with* one's employer 고용주의 마음에 들다. **13** 담배를 깊이 들이마시기; 한 모금. ¶take a ~ *on* [or at] a cigarette 담배를 한 모금 피우다. **14** (미속어) 데이트 (댄스)의 상대 여성. **15** (미속어) 따분한[싫증나는] 사람 [것, 장소]. **16** 느린 템포의 댄스[음악]; (미속어) 댄스 파티. **17** (속어) (동성 연애자의) 여장(女裝); 여장 파티; (일반적으로) 의상. **18** (속어) ==~ race. **19** (미구어) (the ~) 통로, 도로. **20** (군사) 대열의 맨 끝, 최
cop a drág (속어) 담배를 피우다. 「후미.
in drág (속어) 여장(女裝)을 하고.
── 园 (속어) 이성(異性) 복장의, 여장(女裝)의; 여성 동반의. ¶a ~ ball 여장 파티.
drág ánchor 图 =sea anchor.
drág bar [drǽɡbɑːr] 图 =drawbar.
drág bùnt 图 (야구) 드래그 번트(타자가 1루에 살아나가기 위해 하는 번트).
drág cháin 图 **1** (차량의) 연결 사슬; 정전기 방전용 사슬. **2** (제동 사슬, 드래그 체인(배의 진수 속도를 죽이는 쇠사슬).
drág coefficient 图 (항공) 항력 계수.
dra·gée [dræʒéi] 图 **1** 당과(糖菓)(과실·액체 따위를 초콜릿으로 싼 것). **2** (케이크 따위의 장식에 쓰는) 은빛 알갱이. **3** 당의정(糖衣錠). [<F sweetmeat]
drág·ger [drǽɡər] 图 **1** 끄는[당기는, 끌기는] 것[사람]. **2** 미국 북대서양 연안에서 조업하는 소형 트롤 어선.
drág·ging [drǽɡiŋ] 园 **1** 지쳐서 동작이 둔한, 느릿느릿한; 좀처럼 끝나지 않는, **2** 감아올리는 데 쓰는.
── 图 drag race를 하는 일. **~·ly** 剄
drág·gin' wàgon [drǽɡin-] 图 (미속어) 빠른 차, 경주용 차, 레커차(tow truck).
drag·gle [drǽɡl] 剄[他] **1** 질질 끌어 흙투성이로 만들다, 더럽히다. ── 团 **1** 질질 끌다; 질질 끌어 더러워지다. **2** 뒤쳐져서 나아가다.
drag·gle-tail [-tèil] 图 **1** 질질치[단정치] 못한 사람 [여자]. **2** (~s) 질질 끌리는 치맛자락.
drag·gle-tailed [-tèild] 园 **1** 지저분한; 칠칠치 못한, 단정치 못한. **2** (여자가) 웃자락을 질질 끄는.
drag·gy [drǽɡi] 园 **1** 느릿느릿한, 지루한. **2** (속어) 활기 없는, 싫증나는; 불쾌한. 「사냥개.
drag·hound [drǽɡhàund] 图 drag hunt에 쓰는
drág hùnt 图 사냥개가 인공적인 냄새 자국을 쫓아가서 하는 사냥(여우 사냥). **drág·hùnt** 图
drag·line [drǽɡlàin] 图 =dragrope.
drágline cràne[éxcavator] 图 삽굴착기의 나.
drag·net [drǽɡnèt] 图 **1** 저인망[底引網](끌그물(새잡이용) 그물. **2** (경찰의) 수사망, 포위망; (자료) 수집망.
drag·o·man [drǽɡəmən/-mæn] 图 (ⓒ ~*s*, -*men* [-mən]) (아라비아·터키 등지의) 통역, 안내인.
:drag·on [drǽɡən] 图 (ⓒ ~*s* [-z]) **1** 용(龍). **2** (고어) 큰 뱀. **3** (성서) 괴물(큰 뱀이나 악어로 상상). **4** (the (old D-)) 마왕. **5** 성질이 팔팔한[사나운] 사람, 매우 엄격한 사람. **6** (젊은 여자의) 시중드는 노부인. **7** 날도마뱀. **8** 천남성과의 식물. **9** 용기총(龍騎銃); 용기병. **10** (군사) (속어) 탱크 수송용 중차량. **11** (the D-) [천문] 용자리. **12** 동아시아의 신흥 공업국(한국, 대만, 싱가포르 등). **13** (문장) 용문(龍紋). **14** (컴퓨터) (해커 사이에서) 숨긴 프로그램.
cháse the drágon 아편[헤로인]을 복용하다.
~·ish, **~·like** 형
drágon bòat 图 용선(龍船).
drágon bònd 图 (금융) 드래건 본드(외국 기업이 홍콩 등 일본 이외의 아시아 투자가를 대상으로 발행).
drag·on·ess [drǽɡənis] 图 암컷 용(龍).
drag·on·et [drǽɡənèt/drǽɡənit] 图 **1** 작은 용, 용의 새끼. **2** 동갈양태과의 물고기.

*drag·on·fly [drǽɡənflài] 명 잠자리. 동 damselfly
drágon làdy (종종 D- L-) (美) 악랄한 요부.
〔<미국의 만화가 Milton Caniff(1907-88)의 *Terry and the Pirates*의 여주인공 이름〕
drágon líght 명 드래건 라이트, 눈을 못 뜨게 하는 섬광(폭도 진압용 강력 조명).
drag·on·nade [drӕɡənéid] 명 〔프랑스 역사〕(~s) 루이 14세가 용기병을 시켜 행한 신교도 박해; 무력 박해(탄압). ── 동태 …을 무력으로 탄압[박해]하다.
drágon's blòod 명 기린갈(麒麟竭)(야자과(科)의 식물 열매에서 채취한 적색 수지; 지혈제·도료·부식 방지제), 용혈.
drágon's tàil 명 〔천문〕 (달·행성의) 강교점(降交 [點).
drágon's téeth 명 **1** 분쟁(내분)의 씨. **2** (쐐기형 콘크리트의) 대(對) 전차 장애물[방어 시설].
sow dragon's teeth 명 〔식물〕 분쟁의 씨를 뿌리다.
drágon trèe 명 〔식물〕 용혈수(龍血樹).
drágon wàgon 명 (美속어) (10대 사이의) 레커차.
dra·goon [drəɡúːn] 명 **1** (英) (근위) 기병(연대 병사); 〔역사〕 (16-17세기 유럽의) 용기병(龍騎兵). **2** (때로 D-) 〔조류〕 비둘기의 일종. **3** 사나운(난폭한) 사람. ── 동태 **1** …을 용기병으로 공격하다. **2** …을 무력으로 탄압하다. ¶ (~+몸+嚴+名)~ the people into leaving their lots 강제로 사람들을 그들의 땅에서 떠나게 하다. ·**age**
Dragóon Guàrds 명 (the ~) (英) 근위 용기병대.
drag-out [ˈaut] 명 **1** (구어) 오래(질질) 끌기, 길게 계속(이야기)하기. **2** (美구어) 댄스 파티. **3** (美속어) 인정사정없는 논쟁.
drág paràchute 명 착륙용(감속) 낙하산.
drág pàrty 명 (美속어) 이성(異性)의 복장을 하고 모이는 파티; 동성 연애자 파티.
drág quèen 명 (美속어) 여장(女裝)을 (좋아)하는 호모(남성 동성 연애자). 〔개조차〕 단거리 경주).
drág ràce 명 (美속어) 드래그 레이스(고속 [자동차.
drag-rope [drǽɡróup] 명 (포차(砲車)·기구(氣球) 따위의) 끄는 줄, 유도삭(誘導索).
drag·ster [drǽɡstər] 명 (美속어) 드래그 레이스용 차.
drág strip 명 드래그 레이스용 직선 포장 코스. (또는 **drágstrìp, drágwày**)
drags·ville [drǽɡzvìl] 형명⒰ (속어) 지루한 (것).
drag·tail [drǽɡtèil] 자 (美속어) 느릿느릿(가까스로) 움직이다; 게으름피우다.
drag·way 명 (美) 드래그 레이스 코스.
drail [dreil] 명 끝낚싯바늘(틀 어업용). ── 태자 끝낚싯바늘로 낚다.
‡**drain** [drein] 동 (~s [-z]) 태 **1** 〔액체〕 서서히 배출하다(*away, off, out*); 잘 빠지게 하다; (도시·집 따위에) 배수 설비를 하다; …을 말리다; 간척하다. ¶ a ~ *house* 집에 배수 설비를 하다 / be well [*badly*] ~*ed* 배수 설비가 좋다[나쁘다] / ~ a marsh 늪을 마르게 하다. **2** (용기 속의 액체를) 퍼서 없애다, 완전히 뽑아내다. **3** 〔재산 따위를〕 고갈시키다(*away*); 〔자원〕을 고갈시키다 (*of*). ¶ (~+몸+嚴+名)~ a country *of* men and treasure 나라의 인력과 부를 고갈시키다. **4** 〔잔〕을 비우다; 〔술〕을 쭉 들이키다. ¶ (~+몸+嚴+名) ~ a glass *of* its contents 컵에 든 것을 다 비우다. **5** 〔부스럼·상처 따위〕에서 고름을 뽑다. **6** 〔사람·인재〕를 (국외로) 유출시키다(*away, off*)(*to*).
── 자 **1** (물이 …에서) 서서히 빠지다(*away, off, out*) (*from, out of*); (…로) 흘러나가다 (*into*). **2** 배수되다 (*into*); (토지 따위가) 물이 빠지다, 마르다(*up*). ¶ (~+몸) This field ~*s* quickly. 이 땅은 배수가 잘 된다. **3** (체력·돈 따위가) (…에서) 서서히 없어지다[고갈되다] (*away, out, off*). **4** 〔인쟤 따위가 국외로〕 유출되다 (*away, off*). 〔가 없어지다.
be drained of …이 고갈되다. ¶ *be* ~*ed of* life 생기
drain away (물이) 빠지다.

drain dry ① 물기가 마르다: …의 물기를 빼다[말리다]. ¶ ~ *the dishes dry* 접시의 물기를 말리다. ② 〔사람〕을 얼(맥)빠지게 하다. ③ 〔잔 따위〕를 마셔 비우
drain off (속어) (남자가) 소변을 보다. 〔다.
drain the bilge (속어) 토하다.
drain the cup of 〔싫은 일 따위〕를 호되게 겪다.
drain to the dregs ⇒ DREG.
── 명 (~s [-z]) **1** 방수로(放水路), 배수구(排水溝), 하수관; (美) 배수구(口); 배수; (~s) 하수 시설. ¶ disinfect the ~*s* 하수 시설을 소독하다. **2** 〔외과〕 배농관(排膿管). **3** 유출, (인력·재화 등의) 국외 유출; 지출; 소실(消失); 부담; (재원·정력 따위의) 소진(消盡), 고갈 (*on*). ¶ the ~ *of* gold 금의 국외 유출 / a ~ *on* one's energy 정력의 소모. **4** (구어) (a ~) 한 번 마시기, 한 모금(small drink).
circle the drain 종말에 이르다.
go down the drain ① 헛수고(수포)로 돌아가다, 못 쓰게 되다; (회사가) 도산(파산)하다. ② 과거(시대에 뒤진) 것이 되다, 없어지다.
laugh like a drain (구어) (실없이) 큰 소리로 웃다.
~·**a·ble** 형
***drain·age** [dréinidʒ] 명 **1** ⒰ 배수(법), 방수. ¶ a ~ pump 배수 펌프. **2** 배수 설비; 배수구, 배수로, 하수로; 배수 구역, 유역. **3** ⒰ 방류하는 물, 하수, 오수(汚水). **4** ⒰ 〔외과〕 배농법(排膿法). 〔역.
dráinage bàsin [àrea] 명 (하천의) 배수 구역, 유
dráinage tùbe 〔외과〕 배액(排液)[배농]관.
drain·board [dréinbɔ̀ːrd] 명 (주방의) 식기 건조대. (또는 **drainer, (英) dráining bòard**)
dráin còck 명 〔기계〕 배수전(栓), 배수 콕.
dráined wéight [dréind-] (통조림 따위의) 고형량(固形量)(수분·기름의 중량을 뺀).
drain·er [dréinər] 명 **1** 하수도(관) 인부. **2** 탈수기, 배수기; (구어) =drainboard. **3** 하수관; 배수관.
drain·field [dréinfìːld] 명 〔지질·수리〕地(하수 정화조의 내용물을 흙에 흡수시키기 위한 구역).
drain·ing [dréiniŋ] 명 배수 (작용); 배수 공사.
dráining bòard (英) =drainboard.
drain·less [dréinlis] 형 (문어) 무진장의; 배수 시설이 없는.
drain·pipe [dréinpàip] 명 **1** 배수관, 하수관; 홈통, 물받이(美) downspout). **2** =~ trousers.
dráinpipe tróusers 명복 홀쭉한 바지, 홀태바지.
dráin pùmp 명 배수 펌프.
dráin ròd 명 배수관 청소기.
dráin tràp [dréin-] (하수구의) 방취관(防臭管).
***drake**¹ [dreik] 명 수오리, 집오리 수컷.
drake² 명 **1** =~ fly. **2** 드레이크 포(砲)(17-18세기에 쓰던 소형 대포). **3** (폐어) 용(龍).
Drake [dreik] 명 **Francis** ~ 드레이크(1540?-96; 영국의 제독·해적; 최초의 세계 일주 항해자).
dráke flỳ 명 하루살이류: 제물낚시(mayfly).
dram [drӕm] 명 **1** 드램(미국의 약국용 도량형 3.888 그램, 상용 도량형 1.772그램). (또는 **drachm**) **2** 액량(液量)(0.0037리터). **3** (보통 a ~) (술) 한 모금; (일반적으로) 소량, 조금; 음주(drinking). ¶ a ~ of whisky 위스키 한 모금 / He has not one ~ of courtesy. 그는 예절이라곤 전혀 없다. **4** 드람(Armenia의 [화폐 단위).
be fond of a dram 술을 즐기다.
── 자 (-*mm*-) ⒤ 술을 찔끔찔끔 마시다. ── 태 …에게 술을 먹이다[강권하다].
DRAM [díːrӕm] 명 〔컴퓨터〕 다이내믹 램, 디램. 동 SRAM 〔<*dynamic random access memory*〕
dram. dramatic; dramatist.
‡**dra·ma** [drάːmə, drǽmə/drάːmə] 명 (~*s* [-z]) **1** 극; 희곡, 극시, 각본. ¶ the ~ *of Hamlet* 햄릿의 대본. **2** ⒰ (종종 the ~) 연극, 극문학. ¶ the Elizabethan

~ 엘리자베스 시대의 연극/the musical ~ 음악극. **3** 연출(상연)법. **4** 극적인 사건; ⓤ (the ~) 극적 성질(상황, 효과). 「떠벌리다(*out of*). *make a drama* (…에 대해) 법석을 떨다(*at*); …을
dra·ma·com [-kàm/-kɔ̀m] ⓝ =dramedy.
dra·ma·doc [-dák/-dɔ́k] ⓝ =docudrama.
Dram·a·mine [dr在məmì:n] ⓝ 《상표》 드라마민 (항히스타민제·차[배]멀미 예방제).
*****dra·mat·ic** [drəm在tik] 혱 (*more ~; most ~*) **1** 극의[에 관한]; 각본의, 희곡의; 극문학의. ¶~ art 극예술/~ performances 연예(演藝), 연극; 연극조의, 연극 같은(theatrical). ¶a ~ orator 연극조의 연설가. **3** 극적인, 인상적인. ¶a ~ event 극적인 사건/The scene was really ~. 그 광경은 참으로 극적이었다.
dra·mat·i·cal [drəm在tikəl] 혱 〔고어〕 =dramatic.
*****dra·mat·i·cal·ly** [drəm在tikəli] 부 극적으로, 연극처럼; 연극조로; 인상적으로.
dramátic írony ⓝ 〔연극〕 극적 아이러니(관객은 아는데 등장 인물은 모르도록 짜여진 미묘한 상황).
dramátic mónologue [lýric] ⓝ 극적 독백.
dra·mat·ics [drəm在tiks] ⓝ **1** (단·복수 양용) (극의) 연출법, 연기술. **2** (복수취급) 소인극(素人劇). **3** (단수취급) 연극군의 행동[표정]. 「(의 일치).
dramátic únities ⓝ 극적 삼일치(때·장소·행동
dram·a·tis per·so·nae [dr在mətis pərsóuni:/dr在:mətis pə:sóunai] ⓝ 《종종 the ~》 **1** 등장 인물; (단수취급) 배역표(配役表). **2** 사건 관련자. (<L persons of the drama) 「곡 작가(playwright).
*****dram·a·tist** [dr在mətist, drá:m-] ⓝ 극작가, 희곡
dram·a·ti·za·tion [dr在mətizéiʃən, drà:mə-/dr在mətai-] ⓝ **1** ⓤ 극화(劇化), 희곡화, 각색. **2** 〔문학·영화 등의 각색에 의한〕 희곡화된 것, 각본(脚本).
*****dram·a·tize** [dr在mətàiz, drá:mə-/drém-] 타 (*英 *-tise) 동타 **1** …을 극화[각색]하다. ¶~ a novel 소설을 극화하다. **2** …을 극적으로[생생하게] 표현하다; …을 과장하다. ¶~ one's sorrow 슬픔을 과장하다. ─재 희곡이 되다, 각색되다. **-tiz·a·ble** 혱 **-tiz·er** ⓝ
dram·a·turge [dr在mətə̀:rdʒ, drà:mə-] ⓝ **1** 연극 구성[작법] 전문가, 극단 고문. (또는 **dramaturg**) **2** (또는 **dramaturgist**) (극장 전속의) 극작가.
dram·a·tur·gy [dr在mətə̀:rdʒi, drá:mə-] ⓝ ⓤ (집합적) 극작법[술], 희곡 작법, 연극(이)론. **2** 연출 기법. **-túr·gic**, **-túr·gi·cal** 혱 **-túr·gi·cal·ly** 부
dram-drink·er [dr在ŋkər] ⓝ (술 따위를) 홀짝홀짝[찔끔찔끔] 마시는 사람.
dram·e·dy [dr在:mədi, dr在m-] ⓝ 《美속어》 극적 희극, 드라메디(TV용 희극 영화). [<*drama*+*comedy*]
dram. pers. *dramatis personae*.
dram·shop [dr在mʃàp/-ʃɔ̀p] ⓝ 〔고어〕 술집, 선술집.
‡**drank** [dr在ŋk] ⓥ **drink**의 과거.
drap [dr在p] ⓝ **1** 《美속어》 스커트. **2** 《스코》 =drop.
*****drape** [dreip] 동타 **1** (방 따위를) (휘장 등으로) 우아하게 장식하다(*with*, *in*); (커튼 따위로) 우아한 주름을 잡다; (옷 따위를) (몸에) 걸치다(*over*, *around*). ¶ walls ~*d* with flags 깃발로 장식한 벽/(~+ⓞ+前+名) ~ a robe *around* a person's shoulders 겉옷을 남의 어깨에 걸쳐 주다. **2** (수동형·재귀용법으로) …을 싸다(*in*). ¶ (~+ⓞ+前+名) ~ oneself *in* profound thought 심원한 사상을 몸에 지니다. **3** 아무렇게나 놓아[집어넣)다, 걸다; (구어) (수동형·재귀용법으로) (취하여) …에 기대다(*(a)round*, *over*, *against*). ¶ (~+ⓞ+前+名) ~ oneself *against*… 우아한 주름을 지어 걸치다.
drape oneself 옷[천]을 걸치다. 「드리워지다.
drape oneself against …에 기대다.
─ⓝ **1** (보통 ~s) 휘장, 드리워진 천, 커튼. **2** ⓤ (때로 a ~) (스커트·블라우스의) 걸친[늘어뜨린] 맵시.
dràp·a·bíl·i·ty ⓝ **dráp·a·ble** 혱 ≈**-a·bíl·i·ty** ⓝ ≈**-a·ble** 혱

drápe ápe ⓝ 《美속어》 갓난아기, 유아.
drap·er [dréipər] ⓝ 《英》 **1** 포목상, 직물상; 의류 소매상(점원). ¶ a ~'s store 포목점《美》 dry goods store). **2** (무대의) 현수막 담당자.
*****drap·er·y** [dréipəri] ⓝ **1** ⓤⓒ (종종 -ies) (헐렁하고 예쁜 주름이 있는) 휘장, 덮개; 긴 커튼; 옷, 의복. **2** ⓤ (종종 -ies) (휘장 따위의) 우아한 주름. **3** ⓤ 〔미술〕 드레이퍼리(조각·그림에 있는 휘장·의복의 주름). **4** ⓤ ⓒ (집합적) 피륙, 천, 직물류, 포목류(《美》 dry goods). **5** 《英》 ⓤ 직물업, 포목상; ⓒ 포목점. ─ 동타 (보통 수동형으로) 휘장으로 장식하다. **-er·ied** 혱
drápe súit ⓝ 〔속어〕 (남성용) 긴 웃옷과 홀태바지.
*****dras·tic** [dr在stik] 혱 **1** 강렬한, 맹렬한. ¶ apply ~ remedies 거친 치료법을 쓰다. **2** 대담한, 철저한. ¶ ~ reform 근본적 개혁/take ~ measures 비상 수단을 취하다[발본책을 쓰다]. ─ⓝ 극약, 강한 설사약.
*****dras·ti·cal·ly** [dr在stikəli] 부 맹렬히; 철저히.
drat [dr在t] ⓥ (구어) **(-*tt*-)** …을 저주하다, 욕하다.
Drat it (all)! 제기랄!, 지겹다!
Drat the child! 저런 괘씸한 녀석!
Drat you! 시끄럽다!, 쓸데없는 말 참견 마라!
─감 (가벼운 불쾌감·실망을 나타내어) 쳇!, 제기랄!
D rátion ⓝ 《美육군》 (긴급용) D호 휴대 식량.
drat·ted [dr在tid] 혱 (구어) 괘씸한, 보기싫은. ¶ That ~ child! 저런 괘씸한 녀석! 「≈**·er**
*****draught** [dr在ft, drɑːft/drɑːft] ⓝ 《英》 =draft.
draught·board [dr在ftbɔ̀:rd/drɑ́:ft-] ⓝ 《英》 서양 장기[체커]판. (또는 **dráughtsbòard**)
draughts [dr在fts/drɑːfts] ⓝ 《英》 체커 (놀이).
draughts·man [dr在ftsmən/drɑ́:fts-] ⓝ (*pl.* **-men** [-mən]) 《英》 **1** (서양 장기의) 말《美》 checker). **2** =draftsman 1-3. ≈**·ship** ⓝ
draught·y [dr在fti/drɑ́:fti] 혱 《英》 =drafty.
dráught·i·ly 부 **dráught·i·ness** ⓝ
drave[1] [dreiv] ⓥ 《스코》 **1** 청어잡이 계절. **2** 청어잡
drave[2] ⓥ 〔고어〕 *drive*의 과거. 「이 어선단.
Dra·vid·i·an [drəvídiən] 혱 드라비다 사람(남인도 동지에 사는 비(非)아리안계의 종족》의; 드라비다 말.
─ⓝ (또는 **Dra·vid·ic**) 드라비다 사람[말]의.
‡**draw** [drɔː] 동 (~*s* [-z]; **drew**; ~*n*) 타 **1** (방향·위치의 이동이나 끌기를) …을 끌다, 당기다, 잡아끌다; (돛·도개교(跳開橋)를) 올리다. ¶ a cart ~*n* by a horse 말이 끄는 짐수레/(~+ⓞ+前+名) ~ a belt *tight* 벨트를 꼭 졸라매다/~ a boat *ashore* 보트를 해안으로 끌어올리다/(~+ⓞ+前+名) ~ a conversation *to* a *close* 대화를 끝내다/~ a curtain *over* a window 창에 커튼을 치다.

> 〔유의어〕 **draw** 고른 속도로 천천히 매끄럽게 끌다. **pull** 필요한 만큼 강하게 끌다. **drag** 무거운 물건을 천천히 끌다. **haul** 무거운 물건을 힘을 들여 끌다, 끌고 가다. **tow** 스스로 움직이지 못하는 물건을 밧줄 따위로 끌다. **trail** 뒤로 끌며 나아가다. **tug** 힘을 들여 확 당기다; 대상이 움직이지 않을 수도 있다.

2 …을 꺼내다, 빼내다(*out*) (*from*, *out of*); 〔이·마개·칼 따위를〕 뽑다(*out*); (칼·총 따위를) 뽑다; (어떤 패를) 내게 하다; (피 따위를) 흘리게 하다. ¶ ~ blood 피를 흘리게 하다/~ a sword 칼을 뽑다// (~+ⓞ+前+名) ~ a cork *from* the bottle 병의 코르크 마개를 뽑다.
3 〔남의 주의 따위를〕 끌다, 매혹하다(*to*, *into*, *toward*); …을 유치하다; (남을) 모으다; (인기를) 끌다, 끌어들여서 …시키다(*to do*). (자석이) (물체)를 끌어당기다. ¶ ~ an audience 청중을 끌다// (~+ⓞ+前+名) feel ~*n to [or toward]*… 에게 마음이 끌리다/~ a person's attention *to* …에게 남의 주의를 쏠리게 하다.
4 (선으로) …을 그리다, 선화를 그리다; (선)을 긋다; (선·말로) 묘사하다(depict). ¶ (~+ⓞ+前+名)

draw

animals *from* life 동물을 사생하다.
5 〔문서〕를 작성하다(*up*); …을 기초하다, 입안(立案)하다(*up*); 〔어음 따위〕를 발행하다(draft) (*on*). ¶~ (*up*) a contract 계약서를 작성하다 // (~+目+前+名) ~ a bill *on* a person 남에게 어음을 발행하다.
6 〔구별〕을 짓다, 〔구획〕을 명시하다, 〔비교 따위〕를 하다. ¶~ a distinction 구별하다 // (~+目+前+名) ~ a comparison *between* A and B A와 B를 비교하다.
7 …을 들이쉬다; 〔한숨〕을 쉬다. ¶~ a draft (방 따위에) 바람을 통하게 하다 / ~ a long [*or* deep] breath 심호흡하다 / ~ a long sigh 긴 한숨을 쉬다. **8** 〔결론·정보 따위〕를 (…에서) 끌어내다, 얻다(*from*); 〔돈 따위〕를 인출하다, 받다(*from, out of*); …을 선발하다, 채용하다. ¶~ a conclusion 결론을 끌어내다 / one's wages 급료를 받다 // (~+目+前+名) ~ money *from* a bank 은행에서 돈을 찾다. **9** 〔일〕을 일으키다, 초래하다; 낳다; 말려들게 하다. ¶~ one's own ruin 스스로 파멸을 초래하다 / be ~*n into* the vortex 소용돌이 속에 말려들다. **10** 〔새 따위의 창자〕를 들어내다. ¶~ a chicken 닭의 창자를 들어내다. **11** 물을 퍼올리다, 배수하다. ¶~ a pond 연못(물)을 퍼내다. **12** 〔실 따위〕를 팽팽하게 하다, 가늘게 잡아늘이다; 〔금속봉을 잡아늘여서〕 〔철사 따위〕를 만들다; 〔회의·고통 따위〕를 오래 끌게 하다(*out*). ¶~ a rope tight 줄을 팽팽하게 하다 / ~ *out* pain 고통을 오래 가게 하다 / ~ wire 철사를 만들다. **13** 〔활〕을 당기다. ¶~ a bow 활을 당기다. **14** 〔제비〕를 뽑다, 뽑아 맞히다〔정하다〕; …와 오랜만에 만나다. ¶~ lots 제비를 뽑다 / ~ a prize 상품이 당첨되다. **15** …을 오그라들게 하다, …에 주름을 만들다; 〔얼굴〕을 찡그리다. ¶a face ~*n* with pain 고통으로 일그러진 얼굴. **16** 〔군사〕〔식량·장비 따위〕의 지급을 받다. **17** 〔해사〕 흘수(吃水)가 …의 깊이다. ¶This ship ~*s* two meters deep. 이 배는 흘수 2 m이다. **18** 〔시합〕을 비기게 하다. ¶The game was ~*n* (at) 3-3. 그 시합은 3대 3으로 비겼다. **19** 〔英〕 〔사냥감〕을 찾다, 몰아내다. **20** 〔차〕를 우려내다. ¶~ tea 차를 달이다. **21** 〔의학〕 〔피·고름 따위〕를 빨아내다; 화농(化膿)을 촉진시키다. **22** 저인망을 치다. **23** 〔골프〕 〔공〕을 왼쪽으로 치우치게 치다; 〔크리켓〕 〔타구〕를 왼쪽으로 빗낱리다; 〔당구〕 〔치는 공〕을 끌다. **24** 〔밧줄〕의 매듭을 풀다.

— *자* **1** 끌다, 끌어당기다. ¶(~+副) This horse ~*s* well. 이 말은 (짐을) 잘 끈다. **2** 끌리다; (때가) 다가오다(*away, near*)(*to*). ¶(~+副) The cart ~*s* well. 그 수레는 끌기 쉽다 // (~+前+名) *Like* ~*s to* like. 〔속담〕 유유상종(類類相從). **3** 〔권총·칼 따위〕를 뽑다 (*on*); (이가) 빠지다. ¶*Draw*! 준비!, 조준! **4** 제비를 뽑다 (*for*). ¶Let's ~ *for* partners. 상대를 제비뽑기로 정하자. **5** 선을 긋다; 그리다, 제도(도)하다. ¶He ~*s* well. 그는 그림을 잘 그린다. **6** 오그라들다, 죄어들다; 〔얼굴이〕 굳어지다, 일그러지다(*up*); (밧줄 따위가) 팽팽해지다 (고무 따위가) 늘어나다. ¶Her face *drew up* at the news. 그 뉴스를 듣고 그녀의 얼굴은 굳어졌다. **7** 이목을 끌다, 인기를 끌다. ¶(~+副) The show ~*s* well. 그 쇼는 인기가 있다. **8** 강요하다; 〔돈 따위〕를 기대하다; 어음을 발행하다(*on, upon*). ¶~ for advance 가불하다 // (~+前+名) ~ *on* a person's help 남의 원조를 기대하다 / ~ *on* one's credit 신용 대부를 받다. **9** (차가) 우러나다. ¶(~+副) This tea ~*s* well. 이 차는 잘 우러난다. **10** 〔의학〕 (고약 따위가) 자극제로 작용하다, (고름 따위를) 빨아내다. **11** 〔파이프·굴뚝·방 따위가〕 바람을 통하다; (담배의) 연기가 통하다 (*on, at*). **12** 〔경기〕 비기다. **13** 〔사냥개가〕 사냥감을 향하여 다가가다, 냄새를 따라 찾아가다. **14** 〔해사〕 흘수가 …이다.
draw a bead on [*or upon*] …을 겨누다, 과녁으로 삼다.
draw (a) blank 〔구어〕 꽝을 뽑다; 실수(실패)하다.
draw a bow at a venture 우연히 알아맞히다.

draw

draw ahead ① (경주 따위에서) …을 앞지르다; 선두에 서다 (*of*). ② 〔해사〕 (바람이) 맞바람이 되다.
draw a [*or the*] *line at* ⇒LINE¹.
draw alongside (배에) (와서) 나란히 서다. ② …가까이로 오다; …와 나란히 나아가다.
draw a lot of water 〔美속어〕 힘이 있다.
draw amiss 엉뚱한 방향으로 가다[빗나가다].
draw and quarter 죄인의 사지(四肢)를 각각 다른 말에 매어 놓고 말을 사방으로 몰아서 처형하다.
draw apart ① (…으로부터) 떨어져서 〔사라져〕서다 (*from*). ② …을 갈라놓다. ③ =*draw aside* ③.
draw (a person's) fire 포화[비난]의 표적이 되다.
draw a person's teeth ⇒TOOTH. 〔모여들다.
draw around [*or round*] ① 을 둘러싸다; (…곁에)
draw aside ① 비켜 서다. ② …을 한쪽으로 움직이다. ③ …을 옆으로 데리고 가다.
draw a veil over 감추다, …에 대해 입을 다물다.
draw away from ① (경주 따위에서) 〔상대〕를 떼어놓다. ② 〔주의 따위〕를 …로부터 돌리다. ③ …로부터 빠져나오다; 떠나다.
draw back ① 뒷걸음질치다; 〔군사〕 철수하다. ② 망설이다. ③ …에서 손을 떼다 (*from*). ④ 〔돈 따위〕를 환급받다. ⑤ 〔쳤던 막 따위〕를 열다.
draw bit [*or bridle*] ① 고삐를 당겨 말을 제어하다; 속력을 늦추다. ② 소극적으로 하다.
draw down ① 〔커튼·막 따위〕를 끌어내리다. ② 〔노여움·갈채 따위〕를 초래하다. ③ 〔물 따위〕를 바싹 조리다. ④ 〔급료〕를 받다.
draw in ① (날이) 저물다; (해가) 짧아지다. ② 끌어들이다; 불러들이다; 회수하다. ③ 빨아들이다. ④ (…을) 줄이다; 오그라들게 하다. ⑤ …을 유혹하다 ; …에 속이다. ⑥ 〔열차가〕 역에 도착하다; (자동차 따위가) 길가에 서다. ⑦ 신중해지다; …을 신중하게 하다. ⑧ …을 위끌다. ⑨ …에 대한 공격을 그만두다.
draw in one's horns ⇒HORN. 〔지다.
draw it fine 〔구어〕 꼼꼼하게 구별하다; 까다롭게 따
draw it mild 〔英〕 〔명령형으로〕 온건하게 말하다, 과장하지 않고 말하다.
draw it strong 허풍을 떨다.
draw level (with...) (경쟁에서) (…와) 동점이 되다.
draw near 다가오다, 접근하다. 〔대등하게 되다.
draw off ① …을 배수(排水)하다. ② 선발하다. ③ 〔군대 따위〕를 철수시키다; 철수하다; 몸을 빼다, 손을 떼다. ④ 〔주의〕를 다른 데로 돌리다; 〔고통 따위〕를 없애다. ⑤ 〔양말·장갑 따위〕를 벗다.
draw on ① 〔장갑·신발·옷 따위〕를 끼다〔신다, 걸치다〕. ② (시간 따위가) 다가오다; …에 도착하다. ③ …을 꾀다, 끌어들이다; (…하도록) 유도〔격려〕하다 (*to do*). ④ 〔계좌에서〕 돈을 인출하다. ⑤ …에 의존하다; …에게 요구하다; …을 참고로 하다. ⑥ …에 다가가다. ⑦ 〔파이프 따위〕를 빨다. ⑧ …에게 권총〔칼〕을 뽑다, 권총〔칼〕을 들어 …을 위협하다. 〔다.
draw one 〔美속어〕 (통에서) 생맥주를 글라스에 따르
draw oneself up (*to one's full height*) 결연히〔위엄있게, 가슴을 펴고〕 똑바로 서다, 직립하다.
draw one's time 어쩔 수 없이〔부득이〕 일을 그만두다.
draw out ① 뽑아내다, 제거하다. ② 〔구어〕 …을 꾀어서 말하게 하다; 재멋대로 지껄이게 하다; 오래 끌(게 하)다. ③ 〔돈〕을 은행 따위에서 찾다. ④ (해·이야기 따위가) 길어지다. ⑤ 고르다. ⑥ 〔열차가〕 플랫폼을 떠나(다; (자동차 따위가) 움직이기 시작하다. ⑦ 〔문서〕를 작성하다. ⑧ 〔재능 따위〕를 발휘하다. ⑨ 〔약속 따위에서〕 발을 빼다 (*from, of*).
draw rein =*draw bit*.
draw the cork 코피를 나게 하다. 〔다.
draw the crabs 적의 집중 포화를 받다; 반감을 사
draw the curtain on ⇒CURTAIN.
draw the King's [*or Queen's*] *picture* 위폐를

만들다.　　　　　　　　　　　　「로써 공격하다.
draw the [or *one's*] **pen** [or *quill*] **against** …을 글
draw the sword 칼을 빼다, 싸움을 시작하다.
draw to …에 접근하다, 다가가다.
draw together ① 한데 모으다[모이다]; …을 단결
[협력]시키다. ② (의견 따위가) 일치하다.
draw up ① …을 끌어당기다[올리다]. ② (차 따위) 멈
추게 하다, 서다. ③ 정렬시키다[하다]. ④《재귀용법으
로》바로 앉다, 벌떡 일어서다. ¶He *drew* himself
up for a fight. 그는 싸울 태세를 갖추었다. ⑤ …에
다가가다, …에 바싹 따라붙다 (*to*, *with*). ⑥ 오그라들
다, 수축하다. ⑦ [문서・계획 따위를] 작성[입안]하다.
draw...up sharp [or **sharply**] [양이] [말]의 이야
기를 갑자기 중단시키다; [남]을 문득 생각하게 하다.
── 圏 (象) ~s [-z] 1 끌기, 끌어[잡아]당기기; 잡아뽑
기; 활을 잡아당기기. 2 (구어) (a ~) (사람을 끌어당기
는 것, 인기 거리, 매력. 3 끄는 것; 끌리는 것; 《美》도
개교(跳開橋)의 개폐부(開閉部). 4 《경기》비김, 무승부,
동점. ¶The game ended in a ~. 그 게임은 무승부로
끝났다. 5 (구어) 제비(뽑기), 추첨; (추첨의) 당첨. ¶luck
of the ~ 추첨운. 6 [지질] 계곡 사이의 배수로; [마른]
계곡. 7 (차의 달인) 물; 《美》 [담배・술 따위의] 한 모금.
8 (the ~) (상대방에 대한) 우위, 우세(*on*). 9 《美》 [상
업] (경비・수수료 따위의) 전도금, 선수금. 10 [골프] 왼
쪽으로 끌어당기는 공; (당구) 끌어당기는 공; 《카드
놀이》드로[버린 패의 매수만큼 다른 패를 받는 일]. 11
인출액; (잡지・신문 따위의) 부수. 12 = ~ing ac-
count. 13 (방언) [장뉴 따위의) 서랍.
beat...to the draw …을 앞지르다, 기선을 제압하
다, 선수를 치다; …보다 권총[칼]을 빨리 뽑다.
be quick [**slow**] **on the draw** 총을 뽑는 솜씨가
빠르다[느리다]; (비유적) 기민하게[느리게] 반응하다;
이해가 빠르다[느리다].
take a long draw at [or **on**] 느긋하게 …하다
~・a・ble 圏　　　　　　　　　　　　　　　　「(度).
draw・a・bil・i・ty [drɔ̀:əbíləti] 圏 (연금) 인장도(引張
draw-and-fíre [ˈɔnfàiər] 圏 (권총의) 속사(速射).
* **draw・back** [drɔ́:bæ̀k] 圏 1 장애, 방해, 지장; 불리
한 점, 결점 (*to*). ¶remedy a ~ *to* …에 대한 장애를
없애다/Everyone has his own ~s. 누구나 결점은
있다. 2 ⓤ© (상업) 환불(금); 관세 환급(금) (로부
터의) 공제 (*from*). 3 ⓤ 철수, 인양.
dráwback lòck 圏 = night latch.
dráw・bar [drɔ́:bɑ̀:r] 圏 (기관차・차량의) 연결봉; 견
인봉, 연결바. 　　　　　　　　　　　「장력(引張力).
dráwbar pùll (기관차의) 견인력, (연결봉의) 인
dráw・bridge [drɔ́:brìdʒ] 圏 가동교(可動橋), 도개
교; (성 둘레의 해자(垓字)
에 걸친) 들어올리는 다리.
*pull up the draw-
bridge* 외부 세계와 차단
[격리]하다.
Dráw・can・sir [drɔ́:-
kæ̀nsər] 圏 드로캔서(영
국의 작가 George Villiers
의 희극 *The Rehearsal*
(1672)의 주인공; 최후에　　　　　[drawbridge]
적과 자기편 모두를 죽인
다); 허세 부리는 난폭자.
dráw-cárd [drɔ́:kɑ̀:rd] 圏 = drawing card.
dráw cùrtain [연극] (좌우로 당겨서 여는) 무대막.
dráw・down [drɔ́:dàun] 圏 1 (우물・저수지 따위의)
수위 하락. 2 《美》삭감, 축소; 양적 감소.
draw・ee [drɔ̀:íː] 圏 (상업) 어음 수취인. 圏 drawer
* **draw・er** [drɔ́:ər] 圏 (~s [-z]) 1 [drɔ:r] 서랍,
(~s) 장농. ¶a cash ~ 현금 보관용 서랍/a chest of
~s 서랍이 있는 장농. 2 [drɔ:r] (~s) 팬츠, 속바지,
드로즈. ¶a pair of ~s 팬츠 한 벌. 3 끄는 [뽑는] 것; 그

림을 그리는[데생하는] 사람: 제도사. 4 (상업) 어음
발행인(圏 drawee). 5 (고어) 술집의 급사.　　　「여자.
dróopy drawers (속어) 몸가짐이 헤픈[칠칠치 못한]
in [or **into**] *a person's* **drawers** [or **pants**] 《美・
어》 (남과) 섹스하여, 몰래 정을 통하여.
out of [or **from**] **the top** [**bottom**] **drawer** 상류
[하층] 계급 출신의, 명문[보통 집안] 출신의.　　「(*of*).
dráw・er・ful [drɔ́:rfùl] 圏 서랍 하나 가득한 분량
‡**draw・ing** [drɔ́:iŋ] 圏 ~**s** [-z] 1 ⓤ 끌어내기,
잡아늘이기; 끌어당기기. 2 (연필・펜・숯・크레용 따위로
그린) 그림, 도화, 선화(線畵), 데생. ¶charcoal [water-
color] ~ 목탄[수채]화 / line [or lineal] ~ 선화. 3 ⓤ
(그림・도안의) 선 긋기, 선묘(線描), 제도(製圖). 4 ⓤ
(문서 따위를) 작성하기. 5 ⓤ (상업) (수표・어음의) 발
행; (~s) 《英》매상고. 6 ⓤ 제비뽑기, 추첨. 7 ⓤ (차
따위를) 달여내기.
drawing in blank (어음 따위의) 백지 발행.　「서.
in drawing ① 정확히 그려져. ② 선화[데생, 도면]에
make a drawing 그림[도면]을 그리다.
out of drawing ① 부정확하게 그려져. ② 균형이 잡
히지 못하여, 주위와 조화를 이루지 못하여.
dráwing accòunt 인출금 계정(외판원의 경비・
급료의 가불금・기업주의 가계비 따위 인출액을 기장).
dráwing blòck (떼어 쓰게 된) 도화지 첩(帖), 스
dráwing bòard 圏 제도판: 화판.　　　　「케치북.
go back to the drawing board 처음부터 다시 시
작하다, 백지로 돌리다.
on the drawing board 계획 단계에[의].
dráwing càrd 《美》 (인기 있는) 연예인; 인기 프
로; 인기 흥행물.
dráwing còmpasses 圏 제도용 컴퍼스.
dráwing ìn (은행권 따위의) 회수.
dráwing instrument 圏 제도 용구.
dráwing knìfe 圏 = drawknife.
dráwing màster 圏 미술 교사.
dráwing pàper 圏 (집합적) 도화지.
dráwing pèn (제도용) 펜, 오구(烏口).
dráwing pìn 《英》 압정, 제도용 핀 《美》 thumb-
dráwing rìght 圏 (금융) 인출권.　　　　　 [tack).
‡**dráwing ròom** 圏 (圈 d- ~) 1 객실, 응접실.
《美》 (열차의) 특별 전용실. 3 《英》 (궁정에서의) 접견,
공식 초대. 4 (집합적) 손님들. 5 (the ~s) 상류 사회
(인물). 6 《美》 제도실(《美》 drafting room).
hold a drawing room 공식 접견을 하다.
dráwing-room [-rùːm] 圏 객실의[다운]; 상류 사
회를 다룬[에 적합한].
dráwing-room còmedy 圏 [연극] 응접실 희극
(응접실을 무대로 상류 사회 인물들을 다룬 희극).
dráwing strìng 圏 = drawstring.
dráwing tàble 圏 제도용 테이블, 제도대(臺).
dráw・knife [drɔ́:nàif] 圏 (목
공) (양끝에 손잡이가 달린) 당겨
깎는 칼. (또는 **dráwing knìfe**,
dráwshàve)

[drawknife]

drawl [drɔːl] 圏 (모음을 길
게 늘여서 발음하다; 귀찮은 듯이
[젠체하며] 천천히 말하다 (*on*,
out). ¶ ~ (*out*) a reply 귀찮은 듯이 천천히 대답하다.
── 配 …을 느리게 말하다(*out*). ── 圏 느린 말투. ¶the
Southern ~ 《美》 남부 사람 특유의 느린 말투.
~・er 圏 **~・ing・ly** 團
drawl・ing [drɔ́:liŋ] 圏 (말투가) 느릿느릿한, 점잔빼
는. **~・ly** 團 **~・ness** 圏
dráw・man [drɔ́:mən] 圏 플라스틱 성형 조립공.
‡**drawn** [drɔːn] 圏 draw의 과거분사.
── 圏 (*more* ~; *most* ~) 1 (맞출 따위가) 팽팽하게
처진, (신경 따위가) 긴장한; 일그러진, 찡그린, 여읜.
¶a ~ face 찡그린 얼굴. 2 (선 따위가) 그어진. 3 (요리

에서) 내장을 빼낸.¶a ~ fowl 내장을 뺀 닭. **4** (집에서) 빼낸, 뽑은. ¶a ~ pistol 뽑아든 권총. **5** 비긴, 무승부의.¶a ~ game 비긴[무승부] 시합. **6** (식물이) 연약하게 자란. **7** (베타가) 녹은.

drăwn bútter 圀 (소스용) 녹인 버터; 그 소스.

drăwn·net [dróːnèt] 圀 저인망(底引網)(: 듭성듭성 짠) 새(잡이)그물.

drăwn gláss 圀 압연 공정(壓延工程)을 거친 판유리.

drawn-out [-áut] 圀 장시간 연장된, 지루한.

drawn-thread [-θréd] 圀 을 뽑아 엮어 만든.

drăwn wórk 圀 을 뽑아 엮어 만든 세공(레이스의 일종). (또는 **dráwn-thréad wòrk**)

dráw-out tàble [-áut-] 圀 =draw table. [판.

dráw-plate [dróːplèit] 圀 (철사 제조용) 다이스 철

dráw pláy 圀 〔미식축구〕 드로 플레이(패스하는 척하다 자기편 백(back)에게 공을 주는 플레이).

dráw póker 圀 (카드놀이) 포커의 일종(게임을 시작하기 전에 수중의 패 5장 중 3장까지 바꿀 수 있다).

draw-shave [dróːʃèiv] 圀 =drawknife. 〔시트.

draw-sheet [dróːʃìːt] 圀 병상 깔개(환자 침대용 작은

dráw shòt 圀 〔당구〕 드로 샷(목표한 공을 맞히고 되돌아오게 큐볼의 밑 부분을 치는 일).

dráw-span [dróːspæn] 圀 (도개교의) 개폐부.

draw·string [dróːstriŋ] 圀 〔자루·옷 따위에 꿰어 있는〕 졸라매는 끈. (또는 **drăw string**)

dráw tàb 〔英〕 (극장의) 외접 커튼[무대막].

Sweet dreams! 잘 자라!, 좋은 꿈 꾸어라!

dráw tàble 圀 (판을 뽑아 넓힐 수 있는) 신장(伸張) 테이블. (또는 **dráw-òut**[**-tòp**] **tàble**)

dráw tòp 〔가구〕 신장 테이블의 (넓게 뽑는) 윗부.

draw·tube [dróːtjùːb/-tjùːb] 圀 (현미경·망원경 따위의 접안 렌즈를 부착하는) 신축통(伸縮筒).

dráw wèll 圀 두레 우물.

dráw wòrks 圀 (단수취급) 유정 굴착 장치.

dray [drei] 圀 큰 집마차; 화물 자동차; 썰매; (濠·뉴질) 2륜차. ──ㅌ (집을) dray로 나르다.

dray·age [dréiidʒ] 圀[U] 집마차[트럭] 운반; 운반료.

dráy hòrse 복마(卜馬)(집마차 끄는 말).

dray·man [dréimən] 圀 집마차꾼.

drch. drachma(s).

Dr. Death (구어) 안락사 시술 의사.

‡**dread** [dred] 〔ㅌ(~**s** [-z]) ㉿ **1** …을 매우 두려워하다[겁내다]; …을 걱정[염려]하다(doing / to do). ¶He ~**s** his visits to the dentist. 그는 치과에 가는 것을 무척 겁낸다 / A burnt child ~**s** the fire. (속담) 불에 덴 아이는 불을 무서워한다, 자라보고 놀란 가슴 솥뚜껑 보고 놀란다 // (~+to do) ~ to go 가기를 몹시 겁내다 // (~+-ing) She ~**s** going out at night. 그녀는 밤에 외출하는 것을 무서워한다 // (~+that 節) They ~ that the volcano may erupt again. 그들은 화산이 다시 폭발하지 않을까 걱정하고 있다. **2** (고어) …을 경외(敬畏)하다. ──㉿ 두려워하다, 걱정하다.
──圀 (~**s** [-z]) **1** [U] 공포(⇨FEAR 유의어); 걱정, 불안. **2** 무서운 것[사람]; 공포의 대상(a ~, the ~) 공포[걱정]의 원인[씨]. **3** [U] (고어) 경외.

be [live] in dread of …을 늘 두려워하며[두려워하며 살다].

have a dread of …을 몹시 두려워하다. [며 살다].

──〔 **1** 무서운, 몹시 두려운. **2** 황공한.

⌐·a·ble 〔. **⌐·ness** 圀.

‡**dread·ful** [drédfəl] 〔 (**more** ~; **most** ~) **1** 무서운, 두려운. ¶a ~ monster 무서운 괴물. **2** 황공한. **3** (구어) 지독한, 몹시 불쾌한. ¶a ~ bore 몹시 지루한 사람. ──〔英〕 지속적인 선정 소설[통속 잡지]. ¶penny ~**s** 선정적인 싸구려 소설. **⌐·ness** 圀.

‡**dread·ful·ly** [drédfəli] 〔 **1** 무섭게, 끔찍하게. **2** (구어) 몹시, 지독하게, 엄청나게.

dreadful wárning 〔英〕 영화의 예고편.

dread·locks [drédlàks/-lòks]圀⚆ 드레드 헤어 (장발을 곱슬곱슬하게 하여 가늘게 땋아 내린 헤어스타

일). (또는 **dredlocks**)

dread·nought [drédnòːt] 圀 **1** (종종 D-) 노급(弩級) 전함(20세기 초기의 최대 전함). **2** (방한용) 두꺼운 외투; 그 옷감. **3** 대형 기계. **4** 헤비급 권투 선수. **5** 무서움을 모르는 사람, 용사. (또는 **dreadnaught**)

‡**dream** [driːm] 圀 (ⓔ ~**s** [-z]) **1** 꿈.¶awake from a ~ 꿈에서 깨다 / have [or dream] a happy [hideous] ~ 즐거운 꿈[악몽]을 꾸다. // Morning ~**s** come true. (속담) 아침 꿈은 진짜 꿈. **2** 꿈꾸며 자는 상태, 꿈결; 꿈에 보는[나오는] 것. **3** (θ ~) 몽상, 망상; 명상.¶a waking ~ 백일몽 / a vain ~ 공상. **4** (장래에 대한) 꿈, 희망(of). ¶the ~**s** of youth 청춘의 꿈 / realize one's ~ 꿈을 실현시키다 / I have a ~ of becoming a doctor. 나는 의사가 되겠다는 꿈이 있다. **5** (꿈처럼) 멋진 것[일, 사람]. ¶a perfect ~ 절세의 미인.

a bad dream 악몽; 악몽과 같은[곤란한] 상황.

a dream of 멋진… [이상적(으로).

beyond a person's wildest dream (사람의) 상상

go to one's dream 〈시〉 꿈길[나라]로 들어가다, 자다.

in one's wildest dream (부정문에서) 꿈에도, 전혀.

like a dream 완전히, 아주 잘[멋들어지게]. 〔혀.

like a dream come true (구어) 꿈이 이루어진 것 같은, 마치 꿈 같은. 〔꿈결같이 살다.

live [or go about] in a dream 꿈속에서 지내다.

read a dream 해몽하다.

Sweet dreams! 잘 자라!, 좋은 꿈 꾸어라!

the land of dreams 꿈나라, 잠.

──〔ㅌ (~**s** [-z]; ~**ed**, **~t**) ⓘ **1** 꿈을 꾸다, 꿈에 보다 (of, about). ¶(~+前+名) I ~ed of my friend last night. 어젯밤 친구의 꿈을 꾸었다. **2** (부정문에서) 꿈에도 생각하지 않다 (of, doing). ¶(~+前+名) inventions that our grandfathers never ~ed of 우리 선조들은 꿈도 꾸지 못했던 발명품들 / I never ~ed of meeting you there. 거기서 너와 만나리라고는 꿈에도 생각지 못했다. **3** 몽상하다, 몽상에 빠지다; (가망 없는 소망 따위를) 꿈꾸다 (of, about). ¶(~+前+名) ~ of honors 영달(榮達)을 꿈꾸다.
──ㅌ **1** 꿈에 보다, …의 꿈을 꾸다. ¶~ a funny dream 우스꽝스러운 꿈을 꾸다. **2** …을 공상[상상]하다, 몽상; (부정문에서) …을 꿈에도 생각하지 않다. ¶(~+that 節) He always ~**s** that he will be a statesman. 그는 언제나 정치가가 되겠다는 꿈을 꾸고 있다 / I never ~ed I would hear such words from my son's lips. 내 아들 입에서 그런 말을 들으리라고는 꿈에도 생각지 못했다. **3** (시간 따위를) 꿈같이[헛되이] 보내다(away, out). ¶(~+圀+副) ~ away one's time[life] 엄벙덤벙 시간[생애]을 보내다, 허송 세월하다.

dream and cream (美속어) 성적인 몽상에 빠지다.

dream on (구어) [이루어질 수 없는 것을 계속 꿈꾸다](바라다). 〔뜩 생각하다(think of).

dream up (구어) …을 문득 생각해 내다, 창작하다; 번

──〔 꿈 같은, 이상적인, 환상적이다.

dréam àllegory 圀 =dream vision.

dréam anàlysis 圀 〔정신분석〕 꿈 분석.

dream bàit 圀 (美학생 속어) 근사한[매력적인] 이성, 좋은 데이트 상대.

dream·boat [dríːmbòut] 圀 (구어) 멋진 사람[것], 이상적인 연인; 독창적인 발상[계획].

dréam bòok 圀 해몽서, 꿈 해설서.

dréam bòx 圀 (美속어) 머리(head).

*****dream·er** [dríːmər] 圀 꿈꾸는 사람; 공상[몽상]가.

dréam fàctory 圀 영화 촬영소[스튜디오]; 영화 산업.

dream·ful [dríːmfəl] 〔 꿈이 많은(dreamy), 공상적인. **⌐·ly** 〔. **⌐·ness** 圀.

dréam gìrl 圀 (美구어) 미녀.

dream·ing [dríːmiŋ] 〔 꿈꾸고 있는, 비몽사몽간의, 몽상적인. **⌐·ly** 〔. 〔나라. **2** [U] (익살) 잠.

dream·land [dríːmlænd] 圀⚆[U] **1** 꿈나라; 동화의

dream·less [driːmlis] 형 꿈이 없는; 꿈꾸지 않는.¶a ~ sleep 안면(安眠). **~·ly** 부. **~·ness** 명
dream·like [driːmlàik] 형 꿈 같은, 몽롱한; 환상적
dream machine 명 텔레비전 산업(계).
dréam mèrchant 명 (대중에게) 꿈을 파는 상인(영화 제작자·소설가·광고업자 등).
dréam pùss 명 =dream bait.
dréam rèader 명 해몽가. 「인 정경(의 그림).
dream·scape [driːmskèip] 명 꿈 같은 초현실적
dréam shèet 명 (美軍속어) 배치 희망계(計).
dream-stick [´stik] 명 (속어) 정제(錠劑) 아편; 마리화나 담배.
*__dreamt__ [dremt] 동 dream의 과거·과거분사.
dréam tèam 명 (거물급 인사·최고 선수로 구성된) 환상의 팀, 드림 팀. 「통령 후보 티켓.
dream ticket 명 (美) 환상의 콤비, 이상적인 정·부
dream·time [driːmtàim] 명 =alcheringa.
dréam vìsion 명 (중세 시(詩)의) 꿈 이야기.
dream-work [driːmwə̀ːrk] 명 (정신분석) 꿈 작업 (잠재 의식을 꿈의 내용으로 변환시키는 과정). (또는 dréam wòrk)
Dréam Wórks SKG 명 드림 워크스 SKG(S. Spielberg 감독이 이끄는 미국의 영화사).
dréam wòrld 명 꿈의 세계, 공상[환상]의 세계. (또는 dréamwòrld)
*__dream·y__ [driːmi] 형 1 꿈 많은, 꿈으로 가득한. 2 꿈같은, 공상적인.¶a ~ person 공상가. 3 꿈꾸는 듯한; 졸린 듯한; 어렴풋한. 4 달래는 듯한. 5 (여성어) 멋있는, 근사한.¶a ~ car 멋진 자동차.
dréam·i·ly 부. **dréam·i·ness** 명
drear [driər] 형 (詩)=dreary.
drear·i·some [driərisəm] 형 (古語) 쓸쓸한; 지루
‡__drear·y__ [driəri] 형 (drear·i·er; drear·i·est) 1 쓸쓸한, 음울한, 황량한. 2 따분한, 지루한. 3 서글픈.
—명 (복 drear·ies [-z]) 따분한[재미없는, 불쾌한] 사람. —동타 쓸쓸하게[따분하게] 하다.
dréar·i·ly 부. **dréar·i·ness** 명
dreck [drek] 명 1 똥, 배설물. 2 허섭쓰레기, 잡동사니.
—형 하찮은, 쓰레기 같은. (또는 **drek**)
dredge¹ [dredʒ] 명 1 준설기[선]. 2 예망(曳網), 저인망. 3 (강바닥 따위를) 긁어내다, 준설하다 (away, up, out). 2 …을 저인망으로 모으다[훑다] (up). 3 (구어) (사실 따위를) 캐내다, 찾아내다; (기억 따위를) 되찾다 (up). —자 1 물바닥을 긁어내다; 저인망으로 잡다 (for); (…을) 탐색하다 (for). 2 준설기를 쓰 **dredge up** ① (구어) 을 발견하다. ② →동 타 1-3. 「다.
dredge² 동타 (요리) (…에) (밀가루 따위를) 뿌리다 (over); …에 (가루 따위를) 묻히다 (with).
dredg·er¹ [dredʒər] 명 1 (英) 준설선. 2 준설기. 3 예망 어부. 3 예망 어부; 채취선.
dredg·er² 명 밀가루[설탕 따위] 뿌리는 기구.
dredg·ing [dredʒiŋ] 명 준설; 준설한 토사.
drédging machìne 명 준설기[선].
dree [dri:] 형 (스코·北英) 따분한, 지루한 (dreary).
—동 자 인내하다. —타 …에 견디다, …을 겪다.
__dree one's fate__ [or __weird__] 운명을 달게 받다.
—형 불운, 불행. 고생. (또는 **dreegh** [driːx], **dreich**, **dreigh**, **driech**, **driegh**)
dreep [driːp] 명 (구어) 쓸모없는 사람, 흐리터분한 [시원찮은] 녀석. (또는 **drip**)
dreg [dreg] 명 1 (보통 ~s) (음식물의) 찌꺼기, 앙금. 2 (보통 ~s) (英속어) (비유적) 쓰레기 같은 사람, 보잘 것없는 것[사람].¶the ~s of society 사회의 쓰레기. 3 조금 남은 것, 소량, 미세.
__drain__ [or __drink__] __to the dregs__ ① 한 방울도 남기지 않고 몽땅 마시다. ② (쾌락·고통 따위를) 다 맛보다.
__not a dreg__ 조금도 …않다.
dreg·gy [dregi] 형 찌꺼기가 많은, 탁한, 더러운 (muddy). **-gi·ness** 명
D règion 명 D 영역(전리층의 가장 낮은 영역).
dreich [driːx] 형[동] (스코·北英) =dree.
Drei·ser [dráisər, -zər] 명 **Theodore** ~ 드라이저(1871-1945: 미국의 소설가).
drek [drek] 명 =dreck.
‡__drench__ [drentʃ] 동타 (~·es [-iz]; ~ed [-t]) 1 …을 흠뻑 젖게 하다, 물에 담그다(soak). 2 (…로) 완전히 둘러싸다. 가득 채우다 (with, in, by). 3 (수의) (동물에게) 물약을 먹이다.¶~ a cow 소에게 물약을 먹이다.
__be drenched to the skin__ [or __bone__] 흠뻑 젖다.
—명 1 (종종 a ~) 흠뻑 젖기; 물에 잠기기, 흠뻑 젖게 하는 것.¶a ~ of rain 억수 같은 비. 2 (가죽 제조용) 화학 용액. 3 단숨에 흠뻑 들이마시기; (古語) 약 (藥) 한 모금. 4 (가축용) 물약 1회분; 주사기.
drench·er [drentʃər] 명 1 흠뻑 젖게 하는 것, 억수, 호우. 2 (소송용) 물약 투여기. 3 소방용 급수 장치.
drench·ing [drentʃiŋ] 형 1 흠뻑 젖게 하는; 흠뻑 젖기[젖음]는. 2 흠뻑 적시는, 억수로 쏟아지는. **~·ly** 부
Dres·den [drézdən/G dréːsdən] 명 드레스덴(독일의 남동부 Elbe 강에 면한 도시).
Drésden chína [pórcelain, wàre] 명 드레스덴 자기(Dresden 지역산(産) 도자기).
‡__dress__ [dres] 명 (복 ~·es [-iz]) 1 (원피스형) 여성복, 드레스; 여아복.¶try on a ~ 드레스를 입어보다/lace up a ~ 드레스에 레이스를 달다. 2 ⓤ 의복, 옷; 복장, 의상.¶morning ~ 보통 예복; (여성용) 고급 실내복/evening ~ 야회복/change one's ~ 옷을 갈아입다/in Korean ~ 한복을 입고. 3 ⓤ 정장, 정복(正服), 예복; (속어) 예복이 필요한 모임 (따위). 4 ⓤⓒ (새의) 바깥쪽의 깃털, (동식물·계절 따위의) 차림, 단장; (사물의) 외관, 모습.
__in full dress__ 정장으로, 예복 차림으로.
__No dress__. (초청장 따위에) 정장하실 필요 없음.
—형 1 의복의, 옷의; 여성[아동]복의. 2 정장의, 예복의.¶a ~ suit 예복. 3 정장을 필요로 하는.
—동 (~·es [-iz]; ~ed [-t], drest) 타 1 …에게 옷을 입히다 (in, for); …에게 정장시키다; …에게 나들이옷을 입히다; …을 차려 입다 (up, out).¶~ a child 아이에게 옷을 입히다/(~+目+前+名) be ~ed in white 흰 옷을 입고 있다.
2 …에게 옷을 만들어[디자인해, 골라] 주다.¶~ one's daughter on 100 dollars a month 한 달에 100달러 어치로 옷을 딸에게 (마련)해주다.
3 …을 장식하다, 꾸미다 (up)(with); (배·마을)을 깃발로 장식하다.¶~ up a shopwindow 가게의 진열장을 (상품으로) 꾸미다//(~+目+前+名) ~ one's hair with flowers 머리를 꽃으로 꾸미다.
4 (직물·목재·석재 따위)를 마무르다, 정돈하다; (가죽)을 무두질하다(down); (요리)를 (소스·드레싱으로) 마무리하다 (with).¶~ leather 가죽을 무두질하다.
5 (요리) (새·짐승)을 요리 준비를 하다.¶(~+目+前+名) ~ food for the table 식탁에 내도록 음식을 조리하다. 6 (머리)를 빗다; 손질하다; (동물의 털)을 빗질하다, 빗겨주다 (down).¶~ one's hair 머리를 매만지다. 7 (밭땅)을 갈다; …에 비료를 주다.
8 (수목 따위)를 가지치다.¶~ a garden 화단을 손질하다. 9 (광석)을 선별하다. 10 (상처·부상자)를 치료하다, (상처에) 약을 바르다, 붕대를 감다.¶~ a wound 상처를 치료하다. 11 …을 똑바로 하다; (군사) (병사)를 정렬시키다. [병사], (병사)를 정렬시키다/~ a course of bricks 벽돌을 가지런히 하다. 12 (구어) …을 꾸짖다; …을 (매로) 때리다 (down). 13 (인쇄) (판을 고정시키기 위해) (공목)을 무우다. 14 (동물의 난소)를 제거하다, 거세하다.
—자 1 (옷)을 입다, 입고 있다.¶(~+目) ~ well [badly] 복장(옷차림)이 좋다[나쁘다]. 2 정장하다, 야회복을 입다 (for); 성장(盛裝)하다 (up).¶She

~ed very much. 그녀는 한껏 차려 입고 있었다. 3 (군사) 정렬하다.¶ ~ to [or by] the left 좌로 나란히 정렬하다/Halt, ~! (구령) 제자리에 서!, 정렬!/Right, ~ !; D-right! (구령) 우로 나란히!
be dressed up 옷을 잘 차려 입다.
be dressed up like a dog's dinner (속어) 몸치장 하다.
be dressed (up) to kill [or **death**] (구어) 아주 멋진[세련된] 복장을 하다.
be dressed (up) to the nines [or **knocker, teeth**] (구어) 최상의 정장을 차려 입[시켜 입]다.
dress down ① 약식 복장[차림]을 하다, 편안한[소탈한] 차림을 하다, 아무 옷이나 입다. ② …을 꾸짖다; 매질하다. ③ …을 손질하다, 매만지다.
dress for dinner; get dressed for (a) dinner 만찬을 위해 야회복을 입다.
dress in (美속어) 투옥하다, 죄수복을 입히다.
dress off (영화) (배우가) …을 목표로 하다.
dress *oneself* 옷을 입다.
dress on the left (속어) (남자가) 호모이다.
dress out 몸치장을 하다, 남의 눈을 끄는 치장을 하다; (환자)에게 수술용 가운을 입히다.
dress ship ① 배를 깃발[등불]로 장식하다. ② (美해군) 만함식(滿艦飾)을 하다. 「빈 객석을 채우다.
dress up ① 성장[정장]하다; 성장[정장]시키다. ② …로 가장[변장]하다[시키다] (*in, as*). ③ …을 장식[치장]하다 (*with*). ④ (구어) 보기[듣기] 좋게 하다, 분식하다 ⑤ (군대) 대열을 정렬시키다.
dréss affáir 예복 착용이 필요한 모임[예식].
dres·sage [dresá:ʒ/drésa:ʒ] 몡⑪ (말의) 조교(調教), 조마(調馬); ⓒ 고등 마술(haute école). [<F]
dréss cáp 몡 (군사) 정장용 군모(軍帽).
dréss círcle 극장[오페라하우스]의 특별석(美 first balcony)(2층 정면의 특별석; 야회복 착용이 관례).
dréss cóat = tail coat. **dréss-cóat·ed** 몡
dréss còde 몡 (학교 군대 등의) 복장 규정.¶a military [school] ~ 군복[교복] 규정.
dress-down [-dàun] 몡 = dressing down 1. ― 몡 캐주얼 복장[차림]의.¶a ~ day 자유 복장 출근일.
dressed [drest] 몡 1 옷을 입은; 준비를 갖춘, 장식(化粧)한; (닭 따위가) 조리할 수 있는 상태로 된.¶a skin 화장한 피부. 2 분식(粉飾)된, 부풀리거나 줄인.
― 몡 (美속어) 완전하게 장식한 자동차.
dréssed cárcass 몡 (축산) 지육(枝肉)(도축한 소·돼지 따위의 가죽·내장·머리·발·꼬리 등을 제거한
dréssed lúmber 몡 다듬어진 목재. [것].
dréssed númbers 몡목 분식된 수치.
*__dress·er¹__ [drésər] 몡 1 입는 사람; (수식어와 함께) 복장이 …한 사람.¶a careful [careless] ~ 옷맵시가 깔끔한[단정치 못한] 사람. 2 (진열장 따위의) 장식자, 장식 담당 직원; 옷을 입히는 사람, (극장따위의) 의상 담당자, 무대 의상계; 조수. 3 (美) 붕대 (처치) 담당자; 외과 수술 조수. 4 마무르는 직공; 마무리용 도구.
dress·er² 몡 1 (美) 화장대, 경대(英 dressing table). 2 (英) 찬장; 조리대(調理臺).
drésser sèt 화장 도구 한 벌, 화장품 세트.
dréss fòrm 몡 (양재용) 인체 모형. 「地].
dréss gòods 몡목 (때로 단수취급[careless]) 옷감.
dréss guárd 몡 (여자용 자전거 따위의) 의복 보호
dréss impròver 몡 = bustle². 「장치.
*__dress·ing__ [drésiŋ] 몡 1 ⓤⓒ (상처 따위의) 처치; 상처 처치 용품(연고, 거즈, 탈지면 따위).¶ first-aid ~s 응급 처치 용품. 2 ⓤ 치장, 옷치레, 옷 매무새, 의상. 3 ⓤ 장식; 맛내기 (재료), 손질. 4 ⓤⓒ (요리) 드레싱(샐러드·육류·생선 요리에 치는 일종의 소스).¶ salad ~ 샐러드 드레싱. 5 ⓤⓒ (새 요리용) 속(stuffing). 6 ⓤ (英) (군사) 정렬. 7 ⓤ 비료, 퇴비. 8 ⓤ (광산) 선광(選鑛). 9 (가죽의) 무두질, 무두질하기. 10

(구어) 꾸지람, 채찍[매]질.
dréssing bàg [càse] 몡 (여행용) 화장품 백.
dréssing bèll 몡 (만찬 따위에 참석하기 위해) 복장을 갖출 것을 알리는 벨.
dréssing dówn 몡 (구어) 1 엄한 꾸지람, 야단치기; 채찍질[매]질(하기). 2 약식 옷차림, 간이복 차림. (또는 **dréssing-down**) 「야단치다 (*for*).
give *a person* **a good dressing down** 남을 마구
dréssing glàss 몡 경대의 거울, 화장 거울.
dréssing gòwn 몡 화장옷, 실내복(bathrobe).
dréssing jàcket 몡 (英) = dressing sack.
dréssing màid 몡 화장 담당 (시녀).
dréssing ròbe 몡 = dressing gown.
dréssing ròom 몡 1 (극장의) 분장실, 갱의실(更衣室). 2 (침실 옆의) 화장실. 「화장옷.
dréssing sàck [sàcque] 몡 (美) (여성용) 짧은
dréssing stàtion 몡 (군사) 야전 응급 치료소.
dréssing tàble 몡 (英) 경대, 화장대. 「감.
dréss léngth 드레스 한 벌분의 옷감, 드레스 가
*__dréss·mak·er__ [drésmèikər] 몡 (여성복) 재봉사, 드레스 메이커(몡 tailor). ― 몡 (美) (여성복) 선이 부드러운(몡 tailor-made).
*__dréss·mak·ing__ [drésmèikiŋ] 몡 ⓤ 여성복 제조(업), 양재(업). ― 몡 양재의.¶a ~ school 양재 학원.
dréss paráde 몡 (군사) 정장 열병식(閲兵式).
dréss presérver 몡 = dress shield.
dréss reheársal 몡 (연극) 총연습, 최종 무대 연습.
dréss shíeld 몡 (의복 속옷 겨드랑이의) 땀받이.
dréss shírt 몡 (French cuffs가 달린) 예복용 와이
dréss shóes 몡목 예복용 구두. 「셔츠.
dréss shóp [stóre] 몡 여성복 가게.
dréss shów 몡 (英) = fashion show.
dréss súit 몡 (남자용) 야회복, 연미복.
dréss swórd 몡 예복용 패검(佩劍).
dréss tíe 몡 예복용 넥타이.
dréss úniform 몡 (美육·공군) 예장 군복; (美해군) 방한군복; 몡 service uniform
dress-up [-ʌp] 몡 정장할 필요가 있는, 예복을 입어야 하는. ― 몡 (보통 ~s) (구어) 1 나들이옷, 정장, 성장(盛裝). 2 예복세트, 부속품.
dress·y [drési] 몡 (구어) 1 (복장이) 멋있는, 화려한, 정성들여 만든. 2 정장(용)의; 정장을 입어야 하는. 3 복장에 신경 쓰는, 옷치장을 좋아하는, 옷치레의.
dréss·i·ly 몡 **dréss·i·ness** 몡 옷치레: 화려한 차
drest [drest] 몡 (폐어) dress의 과거·과거분사. 「림.
‡**drew** [dru:] 몡 draw의 과거.
Drew [dru:] 몡 드루(남자 이름).
drey [drei] 몡 다람쥐 굴. (또는 **dray**)
Dréy·fus afffáir [dréifəs-, drai-] 몡 (프랑스 역사) 드레퓌스 사건(1894년 유대인 출신 포병 장교 Alfred Dreyfus(1859–1935)를 군기밀 누설죄로 종신형을 받게 한 사건: 1906년 무죄가 입증되어 명예 회복).
Drey·fu·sard [dráifəsà:rd, -zà:rd] 몡 드레퓌스파(派)(A. Dreyfus 옹호[지지]자).
drey·kop [dréikàp/-kɔp] 몡 (구어) 사기꾼.
Dr. Féelgood [-fí:lgùd] 몡 (환자를 기분 좋게 하려고) 각성제를 처방하는 의사; 기분 좋게 해주는 사람.
drib [drib] 몡 (~s) 1 (방언) 한 방울. 2 소량, 조금.
in dribs and drabs (구어) 아주 소량으로, 조금씩.
drib·ble [dríbl] 몡재 1 (물이) 똑똑 (방울져) 떨어지다, 졸졸 흐르다(*away*). 2 침을 흘리다(*away*). 3 (스포츠) 공을 드리블하다. 4 (당구) 공이 포켓 속으로 굴러 들어가다. ― 몡 1 (물방울 따위를 방울방울) 떨어뜨리다, 찔끔찔끔 흐르게 하다. 2 (돈·힘 따위를) 조금씩 내다(*out*), 찔끔찔끔 쓰다(*away*).¶ ~ *away* one's time 시간을 야금야금 낭비하다. 3 (스포츠) 공을 드리블하다. 4 (당구) 공을 포켓 속으로 굴려 넣다. ― 몡 1 방

driblet

울; 소량. **2** 〖스포츠〗 드리블; 〖당구〗 포켓에 공넣기. **3** 〖스코〗 안개비, 가랑비. **-bler** **-bly** 〖부〗

drib·let [dríblit] 〖명〗 **1** 소량, 조금; 소액. **2** 작은 (물)방울(small drop). (또는 **dribblet**)
by [or *in*] **driblets** 조금씩, 찔끔찔끔.

***dried** [draid] 〖동〗 dry의 과거·과거분사.
── 〖형〗 건조시킨.¶a ～ cuttlefish[fish] 마른 오징어[말린 생선] / ～ goods 건어물 / a ～ persimmon 곶감.

dried béef 〖명〗 **1** 〖쇠고기〗 육포. **2** 〖美〗 케케묵은 말.
dried mílk 〖명〗 =dry milk.
dried-out [ˊaut] 〖형〗 〖속어〗 마약을 완전히 끊은.
dried-up [ˊʌp] 〖형〗 **1** 말라 붙은, 쭈그러든. **2** (늙어서) 주름투성이의; (감정 따위가) 고갈된.
driegh [driːx] 〖형〗 〖스코〗 =dree. (또는 **driech**)

*****dri·er**¹ [dráiər] 〖명〗 **1** 말리는 사람[것]. **2** 건조 촉진제. **3** 드라이어, 건조기〖장치〗.¶a hair ～ 헤어 드라이어.
dri·er² 〖형〗 dry의 비교급 ─어. (또는 **dryer**)
dri·est [dráiist] 〖형〗 dry의 최상급.

*****drift** [drift] 〖명〗 **1** 〖UC〗 표류(drifting), 떠내려가기. **2** 〖U〗 (해류의) 완만한 흐름, 방향; 〖UC〗 (해사) 해류 속도.¶the ～ of the current 조류의 유속(流速) **3** 〖항공〗 편류(偏流)(각)(옆바람 따위로 항로를 벗어나는 일); 〖해사〗 유락(流落), 풍락(風落)(조류나 바람 따위로 침로에서 벗어나는 일); 표류 거리; (조류·기류의) 이동률; (탄환의) 탄도 편차(偏差). **4** 〖UC〗 일반적인 경향, 추세, 동향, 풍조. ⇒TENDENCY 〖유의어〗the ～ of public opinion 여론의 동향. **5** 〖UC〗 (the ～) 취지(gist), 의미. **6** 표류물; 퇴적(물), 바람에 불려 쌓인 눈·나뭇잎; 〖지질〗 표적물(漂積物).¶a ～ of ice 유빙(流氷) / a ～ of snow 바람으로 생긴 눈더미. **7** 〖U〗 떠밀려 흐르기; 추세에 내맡기기.¶a policy of ～ 대세에 따라가는 정책. **8** 〖U〗 몰아치기, 추진력; 〖C〗 충동, 자극, 계기; 〖U〗 압력, 위력, 강한 영향력. ¶the ～ of Nature 자연의 위력. **10** 〖군사〗 (대포 따위의) 장전 기구, **11** 〖전자〗 드리프트(전자 회로나 전자관의 동작 특성이 시간과 함께 변화하는 현상); 〖물리〗 하전 입자의 이동. **12** 〖기계〗 드리프트(금속 천공기). **13** 〖토목〗 (터널 따위의) 수평 갱도; 〖광산〗 갱도. **14** 〖아프리카 하천의〗 여울. **15** 〖치과〗 치아 전위(轉位). **16** (방목 가축의 주인을 확인하기 위해 몰아 모은 데 모으기).

be in a state of drift (마음 따위가) 표류하고 있다.
catch [or *get, take*] *the drift of* …의 진의[취지]를 파악하다. [어?]
Get my [or *the*] *drift?* 〖美속어〗(내 말) 알아들었
on the drift ① 표류하여. ② (美서부) 방랑하여.
── 〖동〗 **1** (바람이나 흐름에) 밀려가다, 떠돌다, 표류하다(*away, out*); (기류에) 밀려 흐르다.¶(～ + 圖) ～ *about* at the mercy of the wind 바람 부는 대로 떠돌다 / ～ *out* to sea 앞바다로 떠내려가다 // (～ + 前 + 名) ～ *down* the river 강을 따라 흘러내리다. **2** 날려서 쌓이다.¶～ing snow (바람에) 날려 쌓이는 눈. **3** (정처없이) 헤매다(나아가다), 방황하다: 부지중에 … 에 빠지다(*into, toward*).¶(～ + 前 + 名) ～ *into* war 부지중 전쟁에 말려들다 / ～ *toward* ruin 서서히 파멸로 향하다. **4** (일정한 궤도에서) 벗어나다, 방향이 어긋나다(*from*).
── 〖타〗 **1** 을 떠내려보내다, 표류시키다; (기류 따위가) …을 불어 보내다(*away, out*)(*into*).¶(～ + 目 + 名) be ～ed *into* war 전쟁에 휘말려들다 // (～ + 目 + 圖) The boat was ～ed *away*. 보트는 어디론가 떠내려가버렸다. **2** (눈·모래를) 휩쓸어가다, 불어서 (날려) 쌓이게 하다; (바람에 날린 눈 따위로) 덮다(*with*).¶(～ + 目 + 前 + 名) a back garden ～ed *with* fallen leaves 낙엽이 휘날려 쌓인 뒤뜰. **3** 〖구멍〗을 (드리프트로) 크게 하다, 곧게 하다. **4** 〖어업〗(고기)를 유망으로 잡다.
drift along through life 일생을 무정견하게 살다.
drift apart ① 표류하여 뿔뿔이 흩어지다. ② 소원하

지다. ③ 생각[기분]이 달라지다, 차이가 나다.
drift off 〖美속어〗 차츰 사라지다; 잠들다(fall asleep).
drift off track 〖美속어〗에서 벗어나다.
let things drift 일을 될 대로 내버려 두다.

drift·age [dríftidʒ] 〖명〗 **1** 표류 (작용); 표류량. **2** 〖C〗 표류물, 표적물(漂積物). **3** 〖항해〗 유정(流程)(배가 떠내려간 거리). **4** (탄환의) 편차.
drift ánchor 〖명〗 해묘(海錨)(sea anchor)
drift ángle 〖항공〗 편류각(偏流角); 〖해사〗 풍각(風角)
drift bòat 〖명〗 =drifter 2. 〖落〗(유락(流落))차(差).
drift-bolt [dríftbòult] 〖명〗 **1** 〖기계〗 꼬챙이 볼트(무거운 목재를 쫄 때 쓰는 쇠 핀). ── 〖타〗 〖목재〗를 꼬챙이 볼트로 결합하다.
drift bòttle 〖명〗 방류병(放流甁)(해류 연구가나 조난자가 통신문을 넣어 띄워 보내는 병).
drift cúrrent 〖명〗 취송류(吹送流).
drift·er [dríftər] 〖명〗 **1** 표류자[물]. **2** 유망(流網) 어선[어부]. **3** 떠도는 노동자, 부랑자, 떠돌이.
drift fènce 〖명〗 (미국 서부 등지의) 방목장 울타리.
drift íce 〖명〗 유빙(流氷), 부빙(浮氷). 〖정기.〗
drift indicàtor 〖명〗 〖항공〗 편류계(計), 항로 편차
drift·ing [dríftiŋ] 〖형〗 **1** 표류하는; (눈·모래 따위가) 날려서 쌓이는. **2** (사람이) 불안정한, 무기력한. **～·ly** 〖부〗
drífting míne 〖명〗 부유 기뢰(機雷).
drift·less [dríftlis] 〖형〗 **1** 목적 없는, 정처없는; (빙산 따위가) 표류하지 않는. **～·ly** 〖부〗 **～·ness** 〖명〗
drift mèter 〖명〗 〖항공〗 =drift indicator.
drift nèt 〖명〗 유망(流網), 흘림 그물.
drift sáil 〖해사〗 〖명〗 돛닻(sea anchor).
drift sánd 〖명〗 표사(漂砂); 사구(沙丘)의 모래.
drift síght 〖항공〗 =drift indicator.
drift·way [dríftwèi] 〖명〗 **1** 〖광산〗 갱도. **2** 〖해사〗 (바람이나 조류에 의한) 풍락(風落), 유락(流落).
drift·weed [dríftwìːd] 〖명〗 표류 해초.
drift·wood [dríftwùd] 〖명〗 **1** 〖U〗 유목(流木), 부목(浮木). **2** 〖구어〗 쓸모없는 것, 쓰레기. **3** 유목류.
drift·y [dríftí] 〖형〗 표류성의, 표류물의; 바람에 날려 쌓인; 표적물의. **drift·i·ness** 〖명〗

*****drill**¹ [dril] 〖명〗 **~s** [-z] **1** 송곳; 드릴, 천공기(穿孔機), 착암기(鑿巖機). **2** 〖UC〗 〖군사〗 교련, 훈련, 연습.¶soldiers at ～ 훈련중인 병사. **3** 〖UC〗 (계통적·반복적인) 연습(in). ⇒EXERCISE 〖유의어〗¶a fire ～ 소방 훈련. **4** (英) 교련 교관. **5** (the ～) 효과적인 방법, 좋은 방법.¶I know the ～. 좋은 방법을 알고 있어. **6** (동물) 두드러고둥의 일종. [하면 되지?]
What's the drill? 〖英구어〗 어떻게[어떤 방법으로]
── 〖동〗 (～s [-z]) 〖타〗 **1** (송곳 따위로) …을 뚫다(up); …에 구멍을 내다(in, into). ¶～ a hole ～에 구멍을 내다. **2** 〖군사〗 …을 교련[훈련]하다. ¶～ troops 부대를 훈련하다. **3** …을 되풀이하여 가르치다, 주입시키다(in, into), ¶～ a boy in French 소년에게 프랑스어를 가르치다. **4** 〖美속어〗 …에 총알을 관통시키다(*with*). **5** 〖美구어〗 〖야구〗 〖공〗을 똑바로 받아치다. ── 〖자〗 **1** (송곳으로) 구멍을 뚫다 (*through, into*). **2** 교련을 받다, 훈련하다; 연습하다. **3** (착암기처럼) 날카롭고 시끄러운 단속음을 내다. **4** 〖美속어〗 약을 주사하다.
drill in 〖요점 따위〗를 반복해서 가르치다.
～·a·bíl·i·ty 〖명〗 **～·a·ble** 〖형〗

drill² 〖명〗 **1** (씨를 뿌리기 위한) 작은 고랑[이랑] (참호, ridge). **2** 조파기(條播機). **3** (이랑에 뿌린) 씨앗[작물]의 줄. ── 〖동〗 〖타〗 **1** (씨)를 골뿌림하다, …을 골뿌림하여 재배하다. **2** (작물)을 한 줄로 심다. ── 〖자〗 씨를 조파[골뿌림]하다.
drill³ 〖U〗 능직 린네르, 굵은 능직 무명.
drill⁴ 〖명〗 얼굴이 검은 성성(猩猩)이(서아프리카산).
dríll bìt 〖명〗 드릴 촉, 드릴에 끼우는 날.
dríll bòok 〖명〗 〖군사〗 훈련 교범.

drill corps 몡 〔군사〕 시범 부대.
drill·er¹ [drílər] 몡 1 구멍을 뚫는 사람, 보르반공(盤工); 천공기(穿孔機). 2 〔군사〕 교련 교관.
drill·er² 몡 조파(條播)[재배]하는 사람.
drill·er³ 몡 (美속어) 살인 청부업자.
drill ground 몡 연병장.
drill·ing¹ [dríliŋ] 몡 1 교련; 훈련, 연습. 2 구멍 뚫기; (~s) 송곳밥. 3 〔광산〕 시추(試錐), 지하 탐사.
drill·ing² 몡 조파법(條播法).
drill·ing³ 몡 (유전 탐사) 능직(drill).
drilling machine 몡 천공기(穿孔機).
drilling mud 몡 굴착[착정] 이수(泥水)(굴착 중 유정에 주입하는 물 또는 기름 혼탁액).
drilling rig 몡 (해저 석유·가스의) 굴착[시추] 장치.
drill instructor 몡 (美) 훈련[교련] 교관.
dril·lion [dríljən] 몡 막대한 수의(zillion).
drill·mas·ter [drílmæstər/-mà:s-] 몡 (엄한) 훈련 교사, 교관; 〔군사〕 교련 교관.
drill pipe 몡 (유정 굴착시) 굴착관, 굴착 파이프.
drill press 몡 〔기계〕 보르반(盤).
drill sergeant 몡 훈련 담당 하사관.
drill·ship [dríljìp] 몡 (유전 탐사·개발용) 해저 시추선.
drill team 몡 〔군사〕 =drill corps. [보링机].
drill tower 몡 소방 훈련탑, 소화(消火) 연습탑.
***dri·ly** [dráili] 图 냉담하게; 건조하여; 매정하게, 무미 건조하게. (또는 **dryly**) 「제).
drin·a·myl [drínəmil] 몡 (英) (상표) 드리나밀(각성
‡drink [driŋk] 匣 (*drank; drunk*, (종종) **drunk·en**, (시) **drunk·en**) 匣 1 마시다 (*from, out of*). ¶ *eat and* ~ 먹고 마시다 // (~+前+名) ~ *from* a stream [fountain] 냇물[샘물]을 마시다 / ~ *out of* a jug 단지에서 물을 마시다. 2 술을 많이 마시다, 술에 빠지다. ¶ (~+副) ~ *heavily* 과음하다 // Don't ~ *and drive*. (표어) 음주 운전 금지. 3 건배하다, 축배를 들다 (*to*). ¶ (~+前+名) Let's ~ *to* his success[health]. 그의 성공[건강]을 위하여 건배합시다. 4 마시면 …의 맛이 나다. ¶ (~+副) This cocktail ~s *well*. 이 칵테일은 맛이 좋다. 5 (英속어) 뇌물을 받다.
— 匣 1 〔음료 따위〕를 마시다; (보어와 함께) 〔마실 것]을 …상태로 마시다. ¶ ~ a glass of milk 우유를 한 잔 마시다 / (~+目+前+名) ~ wine *out of* a glass 잔에서 포도주를 마시다 // (~+目+補) ~ the milk hot[cold] 우유를 데워서 [차게 하여] 마시다.
2 〔시간·돈 따위〕을 술로 낭비하다, 술에다 소비하다 (*away*) ⇒ *drink away*. ¶ He ~s all his earnings. 그는 번 돈을 몽땅 술 마시는 데 써버린다.
3 〔잔 따위〕를 마셔서 비우다, 쭉 들이켜다. ¶ (~+目+補) ~ a cup dry [*or* empty] 잔을 (마셔서) 비우다 / I could ~ the sea dry. (구어) 목이 말라 죽겠다.
4 (재귀용법으로) 마셔서 …에 이르게 하다 (*to, into*). ¶ (~+目+前+名) ~ oneself *to* death 과음으로 죽다.
5 〔수분 등〕을 흡수하다(absorb), 빨아올리다; 〔숨 따위〕를 깊이 들이쉬다(*in, up*). ¶ A sponge ~s water. 스폰지는 물을 흡수한다 // (~+目+副) Plants ~ *up* water. 식물은 물을 빨아올린다.
6 …을 위하여 건배하다, 축배를 들다 (*to*). ¶ ~ the health *to* the President 대통령의 건강을 위하여 건배하다 / ~ the toast of "The King!" "국왕 만세!"를 부르고 건배하다. 7 〔아름다움·매력 따위〕을 황홀하게 음미하다; …을 상미(賞味)하다(*in*).
drink a health [*or* long life, success] *to* …의 건강[장수, 성공]을 위해[빌며] 건배하다.
drink a person *under the table* 남을 취해서 곯아 떨어지게 하다.
drink away ① 술을 마셔 …을 잃다[시간]을 보내다]. ② 〔슬픔·괴로움 따위〕을 술로 잊다. ¶ ~ one's sorrows *away* 술로 슬픔을 달래다.
drink deep ① 〔술〕을 쭉 들이켜다 (*of*). ② 술을 많이

마시다. ③ 〔지식 따위〕를 많이 흡수하다 (*of*).
drink down [*or* off] ① 단숨에 들이켜다. ¶ ~ the medicine *down* 약을 마시다. ② 〔걱정·슬픔 따위〕를 술로 잊다. ③ 〔남〕을 곤드레만드레가 되게 만들다.
drink in ① …을 들이마시다, 흡수하다. ② …에 도취하다, …을 열심히 듣다[보다].
drink it 〔속어〕 실컷 마시다.
Drink it up! 잔 비워! 쭉 들이켜! 건배!
drink like a fish 술을 많이 마시다.
drink of …을 조금 마시다.
drink one's beer (美속어) 입을 다물다, 이야기를 중
drink oneself out of 술 때문에 …을 잃다. [지하다.
drink Texas tea (美속어) 마리화나를 흡입하다.
drink up …을 마셔버리다; …을 흡수하다, 빨아올리
drink with the flies (濠구어) 혼자서 마시다. [다.
I'll drink to that. (美속어) (상대방의 의견에 동조하여) 물론이지!, 두말하면 잔소리지!, 옳소!
— 몡 1 UC 마실 것, 음료(beverage). ¶ *food and* ~ 음식물 / *strong* ~ 알코올성 음료; 독한 술 / *soft* ~ 청량 음료, 비(非)알코올성 음료. 2 (집합적) 알코올성 음료, 주류, 술. ¶ be fond of ~ 술을 좋아하다. 3 U 과음, 폭음. 4 (a ~) 한 모금, 한 잔. ¶ have a ~ 한 잔 마시다 / Give me a ~ of water. 물 한 잔 주세요. 5 (the ~) (美구어) 호수, 바다, 강.
be given to drink 술을 좋아하여 술에 빠지다[탐닉하다].
be meat and drink to a person ⇒ MEAT.
do the drink thing (美속어) 술을 엄청나게 마셔대다.
drive a person *to drink* 남을 술에 빠지게 하다.
have drink taken 술에 취해 있다.
hold one's *drink* 술이 세다.
in drink; the worst for drink; under the influence of drink 술에 취하여. 「다.
mix [*or* make, fix] *a drink* (칵테일 따위) 술을 만들
mix one's *drink(s)* 여러 가지 술을 섞어 마시다.
on the drink 늘 술에 취하여.
take a drink 한 잔 마시다; 음주벽이 붙다; (야구) 삼
take to drink 술꾼이 되다. 「진당하다.
drink·a·ble [dríŋkəbl] 혭 마실 수 있는, 마시기 알맞은, 음용(飮用)의. — 몡 (~s) 음료, 마실 것.
-bil·i·ty, **~·ness** 몡 **-bly** 閉 「된). **-driv·er**
drink-driv·ing [-dráiviŋ] 몡 음주 운전의[에 관계
***drink·er** [dríŋkər] 몡 1 마시는 사람. 2 (경멸적) 술꾼, 술고래. ¶ a heavy ~ 술고래. 3 (가축용) 급수기.
Drinker respirator 몡 〔의학〕 드링커 (인공) 호흡기. [< 미국의 공중 위생 기사 Philip Drinker의 이름]
drink·er·y [dríŋkəri] 몡 (속어) 술집, 대폿집(tavern).
drink·ies [dríŋkiz] 몡 (美속어) 술, 주류.
‡drink·ing [dríŋkiŋ] 몡 (한정용법) 1 (물 따위가) 마시기에 알맞은, 마실 수 있는. ¶ ~ water 식수, 음료수. 2 (용기(容器)가) 마시는 데 쓰는. 3 술을 좋아하는, 술에 빠진. ¶ a ~ man 술꾼. 4 (모임 따위가) 술 마시기 위한, 술 마시는. ¶ a ~ party 술잔치, 주연. — 몡 1 마시기. 2 과음, 술버릇. ¶ give up ~ 술을 끊다 / take to ~ 술꾼이 되다. 3 연회, 술판.
drink·ing-bout [-bàut] 몡 주연(酒宴); 술 마시기 내기, 진탕으로 마시기. (또는 **drinking bout**)
drinking companion 몡 술 친구. 「대.
drinking fountain 몡 (공원 따위의) 분수식 식수
drinking horn 몡 뿔로 만든 술잔.
drinking problem 몡 알코올 의존증[중독].
drinking song 몡 술자리에서 부르는 노래.
drink·ing-up time [-ʌ́p-] 몡 (英) (폐점 시간 후에) 남은 술만 마시기 위한 연장 시간.
drinking water 몡 음료수.
drink mix 몡 분말(粉末) 주스.
drink money [**penny**] 몡 술값.
drink offering 몡 제주(祭酒).
drink problem 몡 =drinking problem.

drinks machine 명 음료 자동 판매기.
drinks party 명 =cocktail party.
drink talking 명 술마시며 하는 이야기. [쇄.
dri‧og‧ra‧phy [draiágrəfi/-5g-] 명 건(乾)평판 인
‡**drip** [drip] 동 (~**ped** [-t], ~**t**; ~**ping**) 자 1 물방 울이 듣다; (액체가) 똑똑 떨어지다(*off, down*)(*from/ with*). ¶The tap is ~*ping*. 통의 마개에서 (물 방 가) 똑똑 떨어지고 있다. 2 (젖어서) 물방울이 떨어지다, 흠뻑 젖다; (비유적) (감정 따위로) 넘치다(*with*). ¶ (~+전+명) Your hat is ~*ping with* rain. 너의 모 자는 비로 흠뻑 젖었다. 3 (소리 따위가) 흘러 나오다; (빛 따위가) 내리 쏟아지다내림쳐 나오다. 4 (해군속어) 투덜거리다, 불평하다. —타 1 (물방울)을 듣게 하다, 똑똑 떨어지게 하다(*into*). ¶The trees ~*ped* rain. 나 무에서 빗방울이 똑똑 떨어졌다. 2 (비유적) (향기 따 위)를 대량 발생시키다(발산하다). 3 (커피)를 드립식으 로.
drip it up (영속어) 월부[할부]로 사다. [로 끓이다.
drip with wet 흠뻑 젖다. ⇨동자 2.
— 명 1 방울져 떨어지기, 적하(滴下). 2 (~s) (…로부터 떨어지는) 물방울(*from*). 3 물방울을 떨어지다 소리. 〔건축〕 =dripstone. 5 (속어) 시시한[따분한] 사람, 바 보, 얼간이. 6 〔의학〕 점적(點滴)(제). 7 (라디에이터 등의) 물방울관(管); 배기관. 8 불평, 푸념; 갈상 부리는
in a drip 방울져서, 젖어서. [말.
on the drip (영속어) 월부[할부]로. [계획).
DRIP dividend reinvestment program(배당 재투자
drip coffee 명 드립 커피(Dripolator로 끓인 커피).
drip-drip [drípdríp] 명 (계속) 똑똑 떨어지기; 물방울,
빗방울. (또는 **drip-dròp**)
drip-dry 형 [drái] (화학 섬유 따위가) 젖은 채로 널 어 두면 구김 없이 마르는, 다림질이 필요 없는. — 동 다리미질이 필요 없는 옷. — 타자 (`````,`````) (세탁 후) 젖 은 채로 널어서 마르다[말리다].
drip-feed [-fí:d] 형명 [의학] 점적(點滴)(주사)(의); (윤활유 따위의) 점적 주입(의). — 타 1 (영) …에게 점적 주사를 놓다. 2 [신설 회사 등]에 자금을 단계적으 로 투입하다.
drip grind 명 (드립 커피용) 곱게 간 커피.
drip irrigation 명 적수 관개(滴水灌漑)(파이프 망을 통해 식물의 뿌리 부분에 간헐적으로 물을 주는 방법).
drip joint 명 〔건축〕 (지붕을) 단을 지어 이기.
drip mat 명 컵 받침대(coaster).
Drip‧o‧la‧tor [drípəlèitər] 명 (상표) 드립식 커피 끓이개. 동 percolator. [고인 물웅이, 낙숫물.
drip‧page [drípidʒ] 명 1 =dripping 1. 2 떨어져
drip painting 명 드립 페인팅(그림 물감을 떨어뜨리 거나 튀겨서 그리는 행동 회화의 일종). [pan.
drip pan 명 1 폐우[폐기 액체] 받이. 2 =dripping
drip‧per [drípər] 명 1 드립 페인팅을 하는 화가(畫 家). 2 (미속어) 마약 주입기(器).
*****drip‧ping** [drípiŋ] 명 1 적하(滴下), 방울져 떨어 지기. 2 ⓒ (~s) **a**) 떨어진 방울, 방울(drops). **b**) (물고기의) 떨어지는 국물; (기계의) 떨어지는 기름. 3 (영군속어) 사기 저하. — 명 1 방울져 떨어지는, 물방울이 듣는. 2 흠뻑 젖은. — 부 흠뻑 젖을 만큼, 철저하게.
dripping pan 명 (불고기용) 국물받이 접시; 불고기
drip pot 명 드립식 커피 포트. [용 냄비.
drip‧py [drípi] 형 1 비 오는, 비가 올 것 같은; 비로 슬퍼지 오는. 3 (구어) 눈물이 헤픈, 감상적인. 4 (속어) 따분한, 재미없는. -**pi‧ly** 부 -**pi‧ness** 명
drip‧stone [drípstòun] 명 1 〔건축〕 빗물받이돌, 비흘림돌. 2 점적석(點滴石)(종유석·석순 모양의 탄산
dript [dript] 동 drip의 과거·과거분사. [칼슘).
‡**drive** [draiv] 동 (~**s** [-z]; **drove; driv‧en; driv‧ing**) 타 1 [소·말 따위]를 몰다; …을 몰아내다, 내쫓다; 밀어내다; (바람)…을 휘몰아치다, [물]을 흘려보내다 (*away*, *back*, *forward*, *in*, *out* 따위의 부사, against, from, into, out of, through, to 따위의 전치

사를 수반)(⇒*drive back*). ¶Clouds are ~*n* by the wind. 구름이 바람에 흘러간다// (~+목+튀) ~ *away* the enemy 적을 쫓아버리다/ ~ *out* a beggar 거지를 내쫓다 // (~+목+전+명) ~ a person *out of* a country 남을 국외로 추방하다.
2 a) 〔차 따위〕를 운전하다; 〔동물·마차 따위〕를 몰다, 부리다. ¶~ a car 차를 운전하다/ ~ a plough (소·말 을 몰아) 쟁기를 끌게 하다. **b**) 〔펜〕을 놀러 쓰다.
3 …을 차로 데려다주다[운반하다]. ¶ (~+목+튀) Shall I ~ you *home*? 당신을 차로 댁까지 모실까요?// (~+ 목+전+명) They *drove* the injured people *to* the hospital. 그들은 부상자들을 병원까지 차로 운반했다.
4 (종종 수동형으로) **a**) (동력 따위가) …을 움직이다, 추진하다. ¶an engine ~*n* by steam 증기로 움직이는 기관. **b**) (발전소 따위가) …에 동력을 제공한다.
5 (정도를 나타내는 부사와 함께) …을 혹사하다. ¶ (~+목+튀) ~ a person *hard* 남을 혹사시키다.
6 〔남〕을 몰아대어 …한 상태로 만들다(*to, into*); 강제 로 …하게 하다(*to do*). ¶ (~+목+보) ~ a person angry 남을 화나게 하다/ ~ a person mad [*or* bananas, nuts, ape] with jealousy 남을 질투로 미치게 만들 다// (~+목+전+명) ~ a person *to* despair 남을 절망으로 몰아넣다.
7 〔말뚝·못 따위〕를 때려 박다; 〔지식·교훈 따위〕를 (머 리속에) 철저히 주입시키다(*into*); 〔생각 따위〕를 강력 히 밀고 나가다, 주장하다; 〔총 따위〕를 (겨냥하여) 쏘 다, 〔돌 따위〕를 던지다(*at*). ¶ (~+목+전+명) ~ a nail *into* wood 나무에 못을 박다 / ~ a stone *at* a dog 개를 향해서 돌을 던지다/ ~ one's head *against* the wall 벽에 머리를 부딪다.
8 〔사업 따위〕를 하다. 〔거래 따위〕를 하다. ¶ ~ a brisk export trade 수출업을 활발하게 하다 / ~ a good bargain 유리한 거래를 하다, 물건을 싸게 사다.
9 〔땅굴·터널 따위〕를 파다; 〔철도〕를 부설하다; 〔도 로·고속 도로 따위〕를 건설하다. ¶ (~+목+전+명) ~ a tunnel *through* a hill 산에 터널을 파다.
10 〔공〕을 강타하다; 〔테니스〕 〔공〕에 드라이브를 걸다; 〔야구〕 〔안타·희생타 따위를 쳐서〕 〔주자〕를 진루시키다 〔득점시키다〕; 〔골프〕 〔공〕을 드라이버로 치다.
11 〔사냥〕 〔짐승〕을 몰다, 몰아내다, (그물·덫으로) 몰아 넣다; (사냥감을 찾아) 〔사냥〕을 뒤지다. ¶ ~ a wildcat with hounds 사냥개로 살쾡이를 몰다. **12** 〔인쇄〕 〔단 어·행〕을 넘기다(*out, over*)(*to*). ¶ ~ a line *over* to the next page 다음 페이지에 1행을 넘기다. **13** 〔시간〕 을 연장하다, 연기하다(*to*). ¶ ~ the departure *to* the last moment 출발을 마지막 순간까지 늦추다. **14** 〔통 나무〕를 강으로 떠내려보내다.
— 자 1 (배 따위가 추진력에 의해) 전진하다; (바람·물 결에) 밀려[휩쓸려]가다, (구름이) 흘러가다. ¶ (~+전+명) Clouds *drove* across the sky. 하늘에 구름이 흘러갔 다. **2** 질주하다, 돌진하다; (바람·비가) 세차게 불다[내 리다], 부딪치다 (*against, on, toward, in, into*). ¶ (~+전+명) a meteor *driving toward* the earth 지구를 향해서 돌진해오는 유성(流星)/ The wind *drove against* the door. 바람이 세차게 문에 불어닥 쳤다. **3** (자동차·마차 따위)를 운전하다, 조종하다, 몰 다. ¶learn (how) to ~ 운전을 배우다. **4** 차[마차]로 가 다, 드라이브하다. ¶Will you walk or ~? 걸어가겠어 요, 차를 타고 가겠어요? // (~+전+명) ~ *in* a taxi 택시를 타고 가다 /We *drove* to the lake. 우리는 호수 까지 드라이브했다. **5** (목적·목표를 향해) 열심히 노력 하다, 힘쓰다(*away*)(*at*). **6** 공을 치다, 투구하다; 〔골 프〕 공을 (드라이버로) 치다. **7** 〔채광〕 갱도를 파(들어 가)다. [무시하다.
drive a coach and horses (규칙 따위)를 어기다,
Drive ahead! 전진!, 앞으로 가!
drive a person ***around the bend*** 남을 미치게 하다, 머리가 이상해지게 하다.

drive *a person* **back on** (남에게) 〔버렸던 습관 따위〕를 다시 시작하게 하다, …을 재사용시키다.
drive *a person* **to the wall** [or **into a corner**] ① 남을 궁지에 몰다. ②〔美구어〕남을 완패시키다.
drive at ① …을 겨누다. ② …을 의도하다(* 목적어는 항상 what). ¶What are you *driving at*? 무슨 소리를 하는 거냐; 어쩔 셈이냐?
drive away ① …을 쫓아버리다. ② 차로 가버리다.
drive away at 〔일 따위〕에 부지런히 힘쓰다.
drive a wedge …의 사이를 틀어지게 하다 (*between*).
drive back ① …을 물리치다; 〔차〕를 후진시키다. ② 차를 타고 돌아오다; …을 차로 보내다. ③ 〔남〕에게 (…을) 재사용케 하다 (*on*).
drive down 〔이율 따위〕을 억제하다, 내리다.
drive for …을 노리다, …에 노력하다.
drive…home ① 〔못〕을 박다, 때려 박다. ¶~ a nail *home* 못을 박다. ② 〔일〕의 핵심을 찌르다, 〔사실 따위〕를 잘 인식[납득]시키다. ③ …을 차로 집까지 태워다주다.
drive in ① …을 몰아넣다, 때려 박다; 〔구어〕…을 주입시키다. ②〔야구〕〔안타를 쳐서〕〔주자〕를 불러들이다.
drive off ① =*drive away*. ②〔골프〕〔티에서〕제1타를 날리다.
drive on ① 차를 계속 몰다. ② …을 (…하도록 /… 쪽으로) 몰아대다 (*to do /forward*). ③〔美속어〕불의에 강타하다, 세게 때리다. ④〔코〕를 크게 골다.
drive *one's* **pigs to market; drive them home**
drive out ① …을 추방하다, 배격하다. ② 차로 외출하다, 드라이브하러 나가다. ③ 〔美속어〕죽다.
drive the (porcelain) bus; drive the big bus
drive to work 차로 출근하다[일하러 가다].
drive up ① 자동차로 오다. ②〔값 따위〕를 끌어올리다.
let drive at ① …에 때리면서 덤비다. ② …을 겨누어 때리다, 발포하다. ③ …을 야단치다.
— 몡 (복) ~s [-z] 1 운전, 조종; 드라이브, 자동차(마차) 여행; 〔U C〕(드라이브) 거리, 도정(道程). ¶take a person for a ~ 남을 드라이브하러 데리고 가다 / two hours' ~ from here 여기서 차로 2시간 거리.
2 드라이브웨이; 〔지명 뒤에서〕 (D-) (…) 차도, 거리; (저택 안의) 차도 (⇒DRIVEWAY); (공원·삼림 안의) 차도.
3 (소·말 따위를) 몰이; 〔특히〕 가축의 몰이; 몰려가는 것, 가축 떼, 사냥감(game); (떠내려보내는) 뗏목. ¶a cattle ~ 몰리는 소떼.
4 U (일·문제 따위에) 쫓기고 있는 상태; 스트레스, 급박.
5 U C 추진력, 박력, 투지; 적극성, 진취성; 기력, 정력; 〔심리〕 생리적 유인(誘因), 충동, 동인(動因). ¶sexual ~ 성적 충동 / a man with ~ 추진력 있는 사람 ¶a ~ to action 행동에 나설 의욕.
6 (목적 달성을 위한) 단체 운동, (자선 따위를 위한) 모금 운동; 대선전; (군대의) 대공세. ¶a Red Cross ~ 적십자 모금 운동 / a ~ for world peace 세계 평화를 위한 운동. 7 〔테니스·골프·크리켓〕 강타, 드라이브; 〔야구〕 직선 타구, 라이너. ¶hit a long ~ 장타를 날리다.
8 (사업 따위에서) 분골쇄신하기, 피나는 노력. ¶His ~ overcame all obstacles. 그는 피나는 노력으로 모든 장애를 극복했다. 9 (속어) 〔상업〕 투매, 특가 판매. 10 U 〔기계〕 전동(傳動) 장치[방식]; 〔자동차〕 구동 방식; (자동 변속차의) 드라이브[주행]의 위치. ¶gear[belt, chain] ~ 톱니바퀴[벨트, 사슬] 전동 / front [rear-] wheel ~ 전륜[후륜] 구동 / four-wheel ~ 4륜 구동.
11 〔컴퓨터〕 (디스크 따위의) 드라이브, 구동 장치. 12 U (시류 따위의) 흐름, 경향. 13〔英〕 (브리지 따위의) 경기 대회. 14 (마약 사용자의) 쾌감.
full drive 전속력으로(at full speed).
go for [or *take, have*] *a drive* 드라이브하러 가다.
make a (great) drive to do …하려고 (크게) 분발하다.
— 몡 전동(傳動)[구동] 장치의, 추진력의.
driv(e)·a·bil·i·ty 몡 운전의 용이도. **driv(e)·a·ble** 몡
drive·a·way [dráivəwèi] 몡 1 (구입자 또는 특정 장소까지) 차를 가져다주는 일. 2 (차의) 발진, 발차.
drive-by [-bài] 몡 (복) ~s) 1 〔美〕 (달리는) 자동차를 이용한 범행(총격). 2 차로 다가가기. — 몡 자동차로는; 달리는 자동차에서의. [(총격 (사진).
drive-by shooting 몡 〔美〕 (달리는) 차를 이용한
drive-by-wire [-báiwàiər] 몡 전자 제어식 운전.
*drive-in [¹dàn] 몡 드라이브인(차를 탄채로의 영화관·은행·백화점·식당 따위). — 몡 차를 탄 채로의, 드라이브인의. ¶a ~ theater[restaurant] 드라이브인 극장[식당].
driv·el [drívəl] 몡 (-/-, 〔英〕-//-) 짜 1 침을 흘리다; 콧물을 흘리다. 2 철없는 소리를 하다 (*on*). ¶a ~*ing* idiot 보어, ... 을 철없이[바보같이] 말하다. 2 〔시간 따위〕를 낭비하다(*away*). ¶~ *away* one's time 시간을 낭비하다. — 몡 U 1 무연, 허튼 소리. 2 (흐르는) 침, 콧물. **~·ing·ly** 및 [리를 하는 사람, 바보.
driv·el·er [drívələr] 몡 침 흘리는 사람; 철없는 소
driv·en [drívən] 몡 *drive*의 과거분사.
— 몡 1 강제된; 막다른 길[곳]에 (충동 따위에) 사로잡힌. 2 (눈 따위가) 바람에 흩날린. **~·ness** 몡
driven well 몡 땅을 깊이 판 (지하수) 우물.
drive-on [¹àn, -²ɔn-] 몡 〔무역〕 (배가) 자동차에 탄 채 승선할 수 수송이 가능한; (배가) 자동차에 탄 채 승선할 수 있는.
driv·er [dráivər] 몡 (복) ~s [-z]) 1 (자동차를) 모는 사람, 운전자; (택시 따위의) 운전 기사; 마부, 마부. 2 소[말]몰이꾼, 가축 상인. 3 (죄수 등을 감시하는) 감독, 감시인; 부하를 혹사하는 사람. 4 〔英〕〔열차·전차의〕 기관사. 5〔기계〕(도르래 따위의) 동륜(動輪); 동력 전동부(傳動部). 6 〔골프〕 드라이버, 1번 우드(타구부가 목제(木製)인 장타용 클럽). 7 (말뚝 따위를) 박는 기계, 메, 망치, 드라이버, 나사 돌리개. 8 〔컴퓨터〕 드라이버(컴퓨터와 주변 기기 사이의 인터페이스를 제어하는 하드웨어 또는 소프트웨어). 9 〔전자〕 드라이버(송수신기의 증폭기). 10 〔해사〕 드라이버 마스트의, 드라이버 마스트에 속한 삭구(索具). **~·less** 몡
driver ant 몡 쏘는 개미(아프리카·열대 아메리카산의(産)); 병정개미(軍 army ant).
Driver Biosystem 몡 〔상표〕 음주 운전 방지 장치 (핸들에 부착된 센서로 음주 여부를 측정; 음주 운전시 엔진이 정지한다).
driver education 몡 안전 운전 교육.
driver's license 몡 운전 면허(증)(〔英〕 driving licence).
driver's manual 몡 [licence).
driver's seat 몡 1 운전석. 2 (the ~) 권좌(權座); 지배적 위치. [좌에 있는.
in the driver's seat 책임자[경영자] 입장에 있는, 권
take the driver's seat 전권을 장악하다; 책임자가 되다, 책임을 지다.
drive screw 몡 나사못.
drive shaft 몡 〔기계〕 구동[원동]축.
drive-through [-θrù:] 몡 〔美〕 드라이브 스루(차를 탄 채 구경할 수 있는 곳). — 몡 드라이브 스루 식의. ¶a ~ zoo 드라이브 스루식 동물원(사파리 공원 따위).
drive time 몡 =driving time.
drive-up [-ʌp] 몡 〔美〕 (창구 따위가) 차를 탄 채 용무를 볼 수 있게 된. ¶a ~ window 차를 탄 채 용무를 볼 수 있는 창구.
drive·way [dráivwèi] 몡 1 〔美〕 (도로에서 집·차고까지의) 진입로, (사설) 차도(車道) (drive). 2 자동차 도로. 3 〔캐나다〕 (드라이브에 적합한) 경치 좋은 주요 도로(〔美〕 parkway). 4 가축을 모는 길.
driv·ing [dráiviŋ] 몡 1 (사람 등을) 혹사하는. 2 정력적인; 추진력이 있는. ¶a ~ salesman 정력적인 세일즈맨. 3 (바람 따위가) 휘몰아치는; (바람에 날려) 질주하는; (강 따위가) 세차게 흐르는. ¶a ~ rain [snow] 휘몰아치는 비[눈보라]. 4 영향력이 있는; 동력을 전달하는, 추진하는, 구동 (驅動)의. ¶~ force 추진력. 5 운전용의, 조종용의. 6 (이야기 따위가) 아슬아슬한, 마음을 사로잡는, 큰 효과 (영향)를 끼치는. — 몡 U 1 쫓기; 몰기. 2 운전,

종. ¶ ~ under the influence 취중 운전(略 DUI). **3** 추진, 구동; (차바퀴의) 전동력(傳動力). **4** (못·말뚝 따위의) 때려 박기. **5** 〔골프〕 (티에서의) 장타(長打). **6** 〔채광〕 갱도 굴진. —**ly** 甲

dríving áxle 閔 (기관차의) 구동 축차(驅動車軸).
dríving bánd [bélt] 閔 (자동차 따위의) 동력 전달 벨트. 〔차축함(函).
dríving bòx 閔 마부석(席), 운전대; (기관차의) 구동
dríving clóck 閔 적도의(赤道儀) 장치; 경선의(經線
dríving géar 閔 〔기계〕 동력(儀) 장치.
dríving íron 〔골프〕 장타용 클럽, 1번 아이언.
dríving lícence 閔 〔英〕 =driver's license.
dríving mírror 閔 (자동차의) 백미러(rearview
dríving ráin 閔 퍼붓듯 쏟아지는 비. 〔mirror).
dríving ránge 閔 〔골프〕 골프 연습장.
dríving schóol 閔 자동차 운전 교습소.
dríving séat 閔 〔英〕 =driver's seat.
dríving sháft 閔 (기계·자동차 따위의) 구동축(驅動
dríving tést 閔 운전 면허 시험. 〔軸), 동력축.
dríving tíme 閔 (추정) 운전 시간; (출퇴근 시간대의) 운전 시간대(帶). (또는 **drive tìme**)
dríving whéel 閔 〔기계〕 동륜(動輪); (기관차·자동차 등의) 동륜, 구동륜(驅動輪)(driver).

*****driz·zle** [drízl] 自他 **1** (비인칭 it를 주어로 하여) 이슬비[안개비]가 내리다, 부슬부슬 내리다, 촉촉히 내리다(down). ¶It ~s. 이슬비가 내리고 있다. **2** 안개처럼 내리다, 작은 물방울로 적시다. —他 (이슬비)를 뿌리다. …을 이슬비처럼 뿌리다. —閔U (종종 a ~) 이슬비, 보슬비(mizzle). **-zly** 〔는〕 사람.
driz·zle-puss [-pùs] 閔 〔美俗〕 따분한[쓸모없
DRL *dáytime running lights*.
dro·gher [dróuɡər] 閔 **1** 드로거선(船)(서인도 제도에서 연안 항해에 쓰는 작은 범선). **2** 짐 나르는 인부.
drogue [droug] 閔 〔해사〕 해묘(海錨), 양동이형 닻. **2** (포경용) 작살줄에 단 부표. **3** (비행장의) 풍향 지시 원통. **4** (공중 급유기의) 급유 파이프받이. **5** (비행기의 대공 사격 연습용) 기류(旗旒). **6** = parachute.
drógue pàrachute 閔 (감속용) 보조 낙하산.
droit [drɔit] 閔 **1** 〔법률상의〕 권리; 권리의 대상. **2** 법, 법률. **3** 세금, 관세. 〔<F
droit à l'image [F drwɑ ɑː limɑːʒ] 閔 초상권.
droit du sei·gneur [F drwɑ dy seɲœːr] 閔 **1** (신하의 신부에 대한) 군주의 초야권(初夜權); 군주[독재] 권력. **2** (비유적) 오만한 요구 (專橫). 〔<F
droll [droul] 形 우스운, 우스꽝스러운(comical), 익살맞은. —閔 익살맞은 사람, 어릿광대(clown); 어릿광대극, 소극(笑劇). —自他 익살떨다 (*at, on, with*). ~**ness** **dróll·ly** 副
droll·er·y [dróuləri] 閔U(C) **1** 익살맞은 이야기; 농담, 익살. **2** 익살맞은 짓, 어릿광대짓. **3** 우스움. **4** 만화.
drome [droum] 閔 〔구어〕 비행장, 공항(airdrome).
-drome [droum] 〔連〕 *running course, racecourse* 의 뜻. ¶ *airdrome, hippodrome, motordrome*.
drom·e·dar·y [drámədèri, drám-/drɔ́mədəri] 閔 단봉 낙타(Arabian camel)(아라비아·북아프리카산(産)). ⇒ Bactrian camel
drom·on(d) [drámən(d), drɔ́m-/drɔ́m-] 閔 (돛과 노로 움직이던) 중세의 대형 쾌속선.
-dro·mous [drəməs] 〔連〕 -drome으로 끝나는 명사에서 running을 뜻하는 형용사를 만든다. ¶*anadromous, catadromous*.
drone¹ [droun] 閔 **1** (꿀벌의) 수벌(생식에만 관여하다). **2** 게으름뱅이(idler), 농땡이(sluggard). **3** 원격 조종 비행기(機)[선(船)](사격 훈련용 표적 따위).
*****drone**² [droun] 自 **1** (벌·기계 따위가) 윙윙거리다, 둔하고 [낮고] 단조로운 소리를 계속 내다. **2** 단조롭게[청승맞게] 이야기하다[노래하다](*on*). **3** 빈들빈들 살아가다. —他 **1** (낮고 단조로운 소리로) …을 이야기하다, 말하다(*out*). **2** …을 빈둥빈둥 보내다(idle)(*away*). —閔 **1** U 〔음악〕 단조로운 저음; 풍적(風笛)(bagpipe), 그 저음관. **2** 단조롭게 이야기하는 사람. **3** U (벌 따위의) 윙윙거리는 소리.
dron·ing·ly [dróuniŋli] 副 **1** 웡웡, 붕붕. **2** 단조롭게.
droob [druːb] 閔 **1** 〔濠俗〕 감상적인 사람; 딱한[가련한] 사람, 군인이, 아둔패기.
droo·dle [drúːdl] 閔 드루들(미국인 Roger Price가 개발한 두뇌 훈련용 그림 문제).
droog [druːɡ] 閔 무뢰한, 갱단원(gangster).
droog·ie [drúːɡi] 閔 비행(非行) 소년; 졸때기.
drool [druːl] 閔 〔구어〕 自 **1** (음식을 떠올리거나 해서) 군침을 흘리다. **2** 실없는[헛된] 소리를 하다. **3** (…에) 크게 감격하다, 열광하다 (*about, over*). 〔침 따위〕를 입에서 흘리다. **2** 아주 감동한 듯이[감상적으로] 말하다. 〔美〕 = drivel.
drool·y [drúːli] 形 **1** 침을 흘리는, 침투성이의. **2** 〔俗語〕 매우 근사한[멋있는], 인기 있는. —閔 〔美俗語〕 멋[인기] 있는 남자(10대 용어).

‡**droop** [druːp] 自 (~ed [-t]) 形 **1** 늘어지다, 수그러지다(*down*); 눈꺼풀이 처지다. **2** (해) 해 따위가 지다, 기울다. **3** (기력이) 약해지다; (초목이) 시들다, (나뭇가지가) 축 처지다. ¶ (~+**前**+**名**) ~ with sorrow 슬픔으로 풀이 죽다 / Plants ~ from drought. 식물이 가뭄으로 시든다. **4** 의기 소침하다. —他 (머리 따위)를 숙이다; 〔눈〕을 내리깔다. —閔 **1** 숙임, 수그러짐; 풀이 죽음, 의기 소침. **2** (가지 따위의) 늘어짐. **3** (컨디션의) 저하, 쇠퇴, **4** (미국 속어) 활기 없는[따분한] 놈; 바보.
droop·ing [drúːpiŋ] 形 **1** 늘어진; 고개를 숙인; 눈을 내리까는. **2** 풀이 죽은, 의기 소침한. ~**ly** 副
dróop nóse [snóot] 閔 〔항공〕 (초음속 여객기 Concorde 등의) 구부러진 기수(機首).
droop·y [drúːpi] 形 늘어진; 풀죽은, 의기 소침한. **dróop·i·ly** 副 **dróop·i·ness** 閔

‡**drop** [drɑp/drɔp] 閔 **1** (액체의) 방울; 한 방울의 양. ¶ a ~ *of rain* 빗방울 / *~s of perspiration* 땀방울. **2** (*a* ~) 미량 (소량), 미량 (*of*); 〔구어〕 소량의 술. ¶ a ~ *of brandy* 소량의 브랜디 / do not have a ~ of sympathy with a person 남에게 조금도 동정심이 없다. **3** a) (물방울의) 방울, 점적(點滴). ¶ (~s) **eye** [*ear, nose*] *~s* 눈[귀, 코] 약약. b) (작은 구슬 모양의 귀고리·장식품 같은) 물방울 모양의 것, 펜던트(에 박은 보석). c) 눈깔사탕, 드롭스. ¶ *fruit ~s* 과일 드롭스.
4 (*a*, *the* ~) 방울져 떨어지기, 적하(滴下); 낙하; 낙하 거리, 낙차; 표고차(標高差); 지면의 함몰. ¶ *the* ~ *of tears* 눈물 / a ten-feet ~ 10 피트의 낙하 (거리).
5 몰락, 영락(零落); (*a* ~, *the* ~) (수량·정도·품질·가치 따위의) 하락, 감소, 저하. ¶a ~ *of[or in] prices* 물가 하락 / a ~ *in* temperature 기온의 하강.
6 가파른 비탈; 급경사면. **7** 낙하물, (과수 따위의) 낙과(落果)(fruit ~). **8** 〔군사〕 낙하산 강하, 공중 투하 (물자); 낙하(산) 부대. **9** 떨어지는 장치; (교수대의) 발판, 교수대. **10** (우체통의) 투입구; (배의 선창에 넣는) 화물 투입구. **11** 〔해사〕 가로돛의 세로 길이. **12** 〔야구〕 드롭; (럭비·미식축구 따위) 드롭 킥; 〔골프〕 자극[도발]기 중 인공 장애물을 만났을 때 규칙에 따라 공을 어깨 높이로 들어올려 다른 위치에 떨어뜨리는 일). **13** 〔속어〕 중계 장소; (밀수품 따위의) 은닉처, 비밀 거래소. **14** 〔연극〕 = ~ *curtain*; = ~ *scene*. **15** 〔가구〕 늘어뜨린 장식, 이슬방울 장식. **16** 〔동물〕 갓낳은 새끼.
***a drop in the bucket** [*or ocean*] 바다의 물 한 방울, 구우일모(九牛一毛); 무시해도 좋을 만큼 조금.
***at the drop of a hat** 〔美俗〕 조그마한 자극[도발]에 곧, 즉시(at once), 기다렸다는 듯이, 지체 없이.
***drop by drop** 한 방울씩.
***get** [or **have**] *a drop in one's* [or *the*] *eye* 눈치가 돌다, 얼근히 취해 있다.

get [or ***have***] ***the drop on*** *a person* 《美구어》 ① 남보다 먼저 권총을 들이대다. ② 남의 기선을 제압하다, 〔적〕보다 우위에 서다.
good to the last drop 마지막 한 방울까지 맛있는 (미국 Maxwell House 커피의 표어에서).
have had a drop too much 《구어》 (과음하여) 취해 있다, 거나해져 있다.
take a drop ① 술을 마시다. ② 가격이 내리다.¶ Stocks *took a* small ~. 주가가 약간 떨어졌다.
—[동] (~**ped** [-t], ~**t**; ~·**ping**) [자] **1** 똑똑 떨어지다, 방울져 떨어지다(*down*)(*from*).¶ (~+[前]+[名]) Tears ~*ped from* her eyes. 그녀의 눈에서 눈물이 떨어졌다. **2** (물건이 수직으로) 떨어지다, (갑자기) 떨어지다, 낙하하다; (해가) 지다; (막이) 내리다; (꽃이) 지다(*down*).¶ Blossoms began to ~. 꽃이 지기 시작했다. **3** (지쳐서·부상하여·죽어서) 쓰러지다 (*with*); (의자 따위에) 털썩 앉다(*down*)(*on, to*).¶ (~+[前]+[名]) ~ *into* a chair 의자에 털썩 앉다/~ *on* [or *to*] one's knees 무릎을 꿇다/~ *with* fatigue 지쳐서 쓰러지다. **4** 중단되다, 끝나다(*from*); (왕래 따위가) 끊어지다(*off*). ¶The matter has ~*ped*. 그 일은 그대로 끝나버렸다. **5** (시야에서) 사라지다 (*out of, from*).¶ (~+[前]+[名]) ~ *out of* [or *from*] sight 시야에서 사라지다. **6** (컨디션·상태 따위가) 떨어지다, (가격 따위가) 내리다 (*away*); (바람이) 가라앉다, 자다.¶ Prices ~*ped* sharply. 물가가 폭락했다/The wind [storm] ~*ped*. 바람[폭풍]이 가라앉았다/The voice ~*s*. 목소리가 작아진다. **7** (어떤 상태에[로]) 빠지다, 되다 (*to, into*).¶ (~+[補]) ~ asleep; ~ *off to* sleep 잠들다/ ~ short of money 돈이 부족해지다. **8** 《구어》 (…에서) 손을 떼다, (…을) 그만두다 (*out of, from*).¶ ~ *out of* college [a race] 대학을 그만두다[경주에서 빠지다]. **9** 잠깐 들르다; 불시에 찾아가다(*in, by, over,* (*a*)*round,* 《美》 *up*)(*on, at, into*); 우연히 마주치다(*in*)(*across, on, with*). **10** (사람이) 가볍게 내리다, 뛰어내리다 (*off, from*).¶ (~+[前]+[名]) ~ *from* a window sill *into* the garden 창턱에서 정원으로 뛰어내리다. **11** 낙오[낙후]하다, 뒤지다(*away, back, off, behind*).¶ (~+[前]+[名]) ~ *out of* the line 전열에서 낙오하다. **12** (사냥개 등이 사냥감을 보고) 엎드리다, 웅크리다. **13** (동물의 새끼가) 태어나다. **14** (말 따위가) 무심코 나오다 (*from*).¶ (~+[前]+[名]) A sigh ~*ped from* his lips. 그의 입에서 무심결에 한숨이 새어나왔다. **15** (바람·파도를 타고) 내려가다, 천천히 움직이다, 흘러가다. **16** 《속어》 마약을 복용[사용]하다. **17** (공이) (홀·바스켓에) 들어가다, 굴러 들어가다. **18** 《속어》 체포되다.
—[타] **1** …을 한 방울씩 떨어뜨리다, 흘리다.¶ ~ sweat [blood] 땀[피]을 흘리다 // (~+[目]+[前]+[名]) ~ tears *over* a matter 어떤 일에 눈물 흘리다.
2 …을 떨어뜨리다, (손에서) 떨어뜨리다 (*from, to, into, on*); 〔수화기〕를 제자리에 내려놓다; 〔시합〕을 포기하다; 〔닻·낚싯줄·막 따위〕를 드리우다, 내리다. ¶~ a ball 공을 떨어뜨리다/~ the curtain 막을 내리다 // (~+[目]+[前]+[名]) ~ money *over* a transaction 거래에서 손해를 보다/*D*– your gun! 총[무기] 버려!
3 〔말 따위〕를 무심코 입 밖에 내다; …을 암시하다.¶~ (a person) a hint 넌지시 비추다, 입 밖에 내다.
4 〔습관·계략 따위〕를 그만두다; 〔남〕과 교제를 끊다; 〔이야기·하던 일 따위〕를 중단하다.¶~ (the habit of) smoking 담배(피우는 습관)을 끊다/~ one's friends 친구와 절교하다.
5 〔편지〕를 던져 넣다 (*into*); 〔짧은 편지〕를 써 보내다 (*to*).¶ (~+[目]+[目]) (~+[目]+[前]+[名]) *D*– me a line. =*D*– a line *to* me. 소식 좀 보내 주시오/~ a letter *into* a mailbox 편지를 우체통에 넣다.
6 《구어》 …을 때려누이다, 쏘아 떨어뜨리다; 《속어》 …을 죽이다.¶~ a person *with* a blow 남을 쳐서 쓰러뜨리다/~ a bird 새를 쏘아 떨어뜨리다. **7** (도중에 탈것에서) 〔사람·짐〕을 내리다, (도중에서) 〔남〕과 헤어지다, 〔물건〕을 보내주다.¶ (~+[目]+[前]+[名]) *D*– me *at* the next stop, please. 다음 정거장에서 내려주세요. **8** 〔철자·글자 따위〕를 빠뜨리다, 〔행·절 따위〕를 건너뛰고 쓰다[읽다], 〔바늘코 따위〕를 빠뜨리다.¶He ~*ped* his h's. 그는 h음을 빠뜨리고 발음했다. **9** 〔목소리〕를 낮추다; 〔눈〕을 내리깔다.¶~ one's eyes 눈을 내리깔다. **10** 〔가치·정도·질 따위〕를 떨어뜨리다, 〔양 따위〕를 줄이다 (*to*).¶~ the speed 속도를 줄이다. **11** (동물이) 〔새끼〕를 낳다. **12** 〔소송〕을 취하하다; 〔추적 따위〕를 중지하다. **13** …을 해고하다, 퇴학[제명]시키다 (*from*). ⇨DISMISS [유의어]¶ (~+[目]+[前]+[名]) He'll be ~*ped from* the club. 그는 클럽에서 쫓겨날 것이다. **14** 〔럭비·미식축구〕 〔공〕을 드롭킥하다; (드롭킥으로) 〔점수〕를 얻다, 득점하다; 〔골프〕 드롭하다. **15** 〔공〕을 (바스켓·홀에) 집어넣다. **16** (착륙을 위해) 〔비행기 바퀴〕를 내리다. **17** 《美·캐나다》 (도박·투기로) 〔돈〕을 잃다, 날리다. **18** 〔병사·식량 따위〕를 낙하산으로 투하하다, 공중 투하하다(airdrop). **19** 〔해사〕 …이 보이지 않는 곳까지 가다, 떠나다, 떼어놓다. **20** 〔요리〕 〔달걀〕을 끓는 물에 떨어뜨려 삶다, 수란 뜨다(poach). **21** 《美속어》 〔마약〕을 복용하다. **22** 《수동형으로》 《美속어》 체포하다.
drop across ① 〔남〕을 우연히 만나다, 〔물건〕을 우연히 발견하다. ② 〔남〕을 야단치다, 벌주다.
drop *a person* ***in it*** 《속어》 남을 곤란에 빠뜨리다; ⌊성가시게 하다.
drop around =*drop by.*
drop away ① (어느덧) 보이지 않게 되다, (한 사람씩) 가버리다, 없어지다. ② 한 방울씩 떨어지다.
drop back (군대 따위가) 후퇴하다, 퇴각하다.
drop back into (본래의 습관 따위)로 되돌아가다.
drop behind 낙후하다, 뒤지다; 낙오하다.
drop by 잠깐 들르다, 불시에 찾아가다.
drop dead ① 《명령형으로》 어서 꺼져, 입 닥쳐, 뒈져라. ② 《구어》 쓰러져 죽다, 급사하다.
drop (down) to [or ***onto***] ① ⇨[자] 3. ② 《속어》 …을 찾아[탐지해]내다, 눈치채다, 알아채다.
drop in ① 잠깐 들르다 (*on, at*).¶~ *in at* a person's house 남의 집에 잠깐 들르다. ② 우연히 마주치다 (*with*).¶~ *in with* a friend 우연히 친구와 만나다. ③ (한 사람씩) 들어가다.
drop in *one's* ***track*** 갑자기 죽다.
drop into ① …에 들르다, 기항(寄港)하다. ② 〔습관 따위〕에 빠지다. ③ 〔남〕을 야단치다.
drop in with ① =*drop in* ②. ② …와 협조하다.
Drop it! 《구어》 ① 그만둬! ② 잊어버려!; 마음 쓰지 ⌊마!
drop ... like a hot potato ⇨POTATO.
drop off ① 줄다; (차츰) 없어지다. ② 잠들다; 죽다 (die). ③ (탈것에서) 뛰어내리다. ④ 〔사람·짐 등〕을 도중에 차에서 내려놓다.
drop on [or ***upon***] ① =*drop across.* ② (여럿 가운데) 〔한 사람〕을 골라 (불쾌한 일을) 하게 하다(*for* / *to* do). ③ 〔남〕을 갑자기 방문하다.
drop on *one's* ***knee(s)*** 무릎을 꿇다.
drop out ① 낙제하다, 중퇴하다, 낙오하다; (사회 체제에서) 도피하다, 이탈하다 (*of, from*); (경기에서) 빠지다. ② (이 따위가) 빠지다. ③ 없어지다, 사라지다. ④ 〔럭비〕 드롭아웃하다.
drop short 부족하다 (*of*).
drop through (계획 따위가) 못쓰게 되다. 「되다.
drop to ① …에 빠지다. ② 《구어》 …을 우연히 알게
fit [or ***ready***] ***to drop*** 《구어》 기진맥진하여.
let drop ① …을 떨어뜨리다. ② …을 누설하다. ③ …에 대해서 말하기를 그만두다, 중단하다.

drop·back [drάpbæ̀k/drɔ́p-] [명] 《구어》 (값·수준 따위를 이전 수준까지) 끌어내리기.

drop·by [drάpbài/drɔ́p-] [명] 《美》 (정치가·의원 등의) 얼굴 내밀기(약 D.B.). (또는 **dróp-bỳ**)

dróp càke [명] =drop cookie.

drop case 〖속어〗바보, 멍청이.
drop cloth 〖명〗 1 (페인트칠 할 때) 바닥이나 다른 물건에 씌워[깔아] 놓는 천[종이 따위]. 2 먼지 방지 커버.
drop cookie 〖명〗 번철에 떨어뜨려 굽는 쿠키.
drop curtain 〖명〗 〖연극〗 (무대의) 현수막, 말아 올리는[내리는] 막(drop scene).
drop-dead [-déd] 〖형〗 1 눈길을 끄는, 깜짝 놀라게 하는. ¶a ~ beauty 눈이 부실 정도의 미인. 2 막판의, 빠듯한, 마지막의. ¶the ~ date 마감 날짜.
drop-déad líst 〖명〗 〖美구어〗 (해고·퇴학 따위의) 처분 대상자(예정자) 명단; 사귀고 싶지 않은 사람의 명단.
drop drill 〖명〗 (공습·재해 따위의) 대피 훈련. (또는 drópdrìll)
drop folio 〖명〗 〖인쇄〗 지면 아래쪽에 인쇄된 페이지 숫자.
drop forge 〖명〗 〖기계〗 드롭 해머, 낙하 망치.
drop-forge [-fɔ́:rdʒ] 〖동타〗 〖기계〗 …을 낙하 단조(鍛造)하다, 드롭 해머로 내리쳐 버리다.
drop-forg·er [-fɔ́:rdʒər] 〖명〗 낙하 단조공.
drop forging 〖명〗 〖기계〗 낙하 단조, 드롭 단조법; 그 방법에 의한 제품.
drop front 〖명〗 여닫게 된 책장 앞판자(내려뜨려 책상으로 겸용).
drop goal 〖명〗 〖럭비·미식축구〗 드롭 골(드롭킥에 의한 득점).
drop hammer 〖명〗 〖기계〗 = drop forge. 〖형〗 trip-hammer
drop·head [dráphèd/drɔ́p-] 〖명〗 〖英구어〗 (해고·퇴학 따위의) 포장 지붕 자동차, 컨버티블(convertible). (또는 coupé) 2 기계를 집어넣으면 탁자가 되는 재봉틀[타자기] 따위의 대(臺).
drop-in [-ín] 〖명〗 1 (구어) (예정도 없이) 불쑥 드르는 사람. 2 잠깐 드르는 곳. 3 〖美학생 속어〗 학적(學籍)없이 강의를 듣는[학교 행사에 참가하는] 사람. 4 〖美속어〗간단한[쉬운] 것. ─ 〖형〗 1 삽입식의. 2 잠시 드르는.
drop-in center 〖명〗 1 청소년 회관. 2 〖美〗 (원거리 통근자용의) 임시 사무실. (또는 telewórk cénter).
drop kick 〖명〗 〖럭비·미식축구〗 드롭킥(공을 땅에 떨어뜨려 튀어오르는 순간 차기). 〖형〗 place kick, punt
drop-kick [-kík] 〖럭비·미식축구〗 〖동타〗 1 드롭킥으로 [점수]을 얻다. 2 〖공〗을 드롭킥하다. ─ 〖동자〗 드롭킥하다. ~·er 〖명〗
drop leaf 〖명〗 (필요할 때 쓰려고 테이블에 경첩으로 단[아 놓은] 현수판.
drop-leaf [-lì:f] 〖형〗 (테이블 따위가) 현수판 식의.
drop·let [drɑ́plit/drɔ́p-] 〖명〗 작은 방울(little drop).
dróplet inféction 〖의학〗 비말(飛沫)[포말] 감염.
drop letter 〖명〗 〖美〗 우체국에서 수취인이 직접 수령하는 우편물. [dróplàmp]
drop·light [drɑ́plàit/drɔ́p-] 〖명〗 이동식 램프. (또는
drop·line [drɑ́plàin/drɔ́p-] 〖명〗 1 〖신문〗 드롭라인, (부)표제(어), 단(段)표제(어). 2 주낙 낚싯줄.
drop meter 〖명〗 물약 계량계.
drop-off [-ɔ́:f] 〖명〗 1 깎아지른[몹시 가파른] 내리받이 [하강], 낭떠러지. 2 감소, 쇠퇴, 하락. 3 = dropout 1.
drop-off chárge 〖명〗 〖美〗 (렌트 카 따위의) 사용 후 현장에 놓아둘 때의 요금.
drop-off point 〖명〗 1 물품 배달 장소. 2 (유괴 사건 등에서) 몸값을 놓아 두는 장소.
drop·out [drɑ́pàut/drɔ́p-] 〖명〗 1 〖구어〗 (수업을) 까먹기, 빼먹기; 수업 도중에 빠져나가는 학생. 2 낙제(생), 중도 퇴학자; 낙오자, 탈락자. 3 (체제 사회에서의) 이탈(자). 4 〖럭비〗 드롭아웃(방어측이 25야드선에서 하는 드롭킥). 5 〖컴퓨터〗 자기(磁氣) 테이프의 데이터 소실부(消失部). (또는 **drop·òut**)
drop·page [drɑ́pidʒ/drɔ́p-] 〖명〗 1 (작업·사용중에) 떨어지는 양, 손실량. 2 (익기 전의) 낙과(落果)의 양. 3 떨어뜨리기, 투하. [(egg).]
drópped égg [drɑ́pt-/drɔ́pt-] 〖명〗 수란(poached
drópped séat 〖명〗 (앉는 자리가 약간) 오목한 의자.
drópped shóulder 〖명〗 드롭 숄더(어깨선을 팔 쪽으로 낮춘 소매 스타일).

drop·per [drɑ́pər/drɔ́pə] 〖명〗 1 떨어뜨리는 사람[것]. 2 (안약 따위의) 점적기(點滴器). 3 드로퍼 개(포인터와 세터의 교배종). 4 〖英속어〗 위조 화폐(수표) 사용자.
drop·per-in [drɑ́pərin/drɔ́p-] 〖명〗 = drop-in 1.
drop·pie [drɑ́pi/drɔ́p-] 〖명〗 〖美속어〗 (자유분방한) 프리랜서, 드라마 족(族). [<disillusioned, relatively ordinary professionals, preferring independent employment situations]
drop·ping [drɑ́piŋ/drɔ́p-] 〖명〗〖U,C〗 1 낙하; 적하(滴下), 똑똑 떨어짐. 2 낙하물; 방울. 3 (~s) (새·짐승의) 똥; (양의) 빠진 털. 4 (~s) (섬유 제조 과정에서 나오는) 부스러기.
dropping bòttle 〖명〗 점적병(點滴甁).
dropping gròund [zòne] 〖명〗 = drop zone.
drop press 〖명〗 = drop forge.
drop scene 〖명〗 〖연극〗 (그림이 그려진) 현수막 (drop curtain); (어떤 막이나 극의) 마지막 장면. 2 (비유적) 인생의 마지막 (장면).
drop-scone [-skòun] 〖명〗 〖英〗 = griddlecake.
drop seat 〖명〗 (택시·버스 따위의) 보조석[의자].
drop-ship [-ʃíp] 〖동타〗 (-pp-) (상품·산물)을 제조원 [산지] 직송으로 보내다. ~·**per** 〖명〗
drop shipment 〖명〗 제조[생산]지 직송.
drop shot 〖명〗 〖테니스·배드민턴〗 드롭 샷(네트 가에 떨어지게 약하게 친 공·셔틀). [떨어지는 셔터.]
drop shutter 〖명〗 〖사진〗 (초기 카메라의) 수직으로
drop·si·cal [drɑ́psikəl/drɔ́p-] 〖명〗 수종(水腫)의, 수종성의; 수종 비슷한. ~·**ly** 〖부〗 ~·**ness** 〖명〗
drop siding 〖명〗 〖건축〗 외벽에 가로대는 미늘 판자.
drop·sonde [drɑ́psànd/drɔ́psɔ̀nd] 〖명〗 〖기상〗 투하 존데(기상관측기에서 투하하는 낙하산 달린 라디오 존데).
drop stroke 〖명〗 〖테니스·배드민턴〗 = drop shot.
drop sulfur 〖명〗 〖화학〗 입자황(粒子黃).
drop·sy [drɑ́psi/drɔ́p-] 〖명〗 〖병리〗 수종증(水腫症)(edema); (물고기의) 수종(水腫). -**sied** [분사.]
dropt [drɑpt/drɔpt] 〖동〗 〖고어〗 drop의 과거·과거
drop table 〖명〗 드롭 테이블(벽에 경첩으로 달아 놓은 접을 수 있는 탁자); (열차 객석 따위의) 접이식 테이블.
drop tank 〖명〗 〖항공〗 낙하 탱크(기체 밖 연료 탱크).
drop test 〖명〗 (내충격성·완충 기능을 재는) 낙하 시험.
drop-test [-tést] 〖동타〗 …의 투하[낙하] 시험을 하다.
drop the hándkerchief 〖명〗 수건돌리기 놀이.
drop tin 〖명〗 (녹여서 물에 떨어뜨린) 입자 모양의 주석.
drop window 〖명〗 (아래 위로 여닫는) 내리닫이 창.
drop·wort [drɑ́pwə̀rt, -wɔ̀:rt/drɔ́pwə̀:t] 〖명〗 1 서양터리플(류). 2 미나리(류).
drop zone 〖명〗 〖군사〗 강하[투하] 지역.
drosh·ky [drɑ́ʃki/drɔ́ʃ-] 〖명〗 1 (러시아의 지붕 없는) 드로스키 4륜 마차. 2 (러시아의) 각종 마차. (또는 **drosky**) [< Russ drozhki]
dro·som·e·ter [drousɑ́mətər, drə-/drɔsɔ́m-] 〖명〗 (표면의 이슬을 재는) 노량계(露量計).
dro·soph·i·la [drousɑ́fələ, drə-/drɔsɔ́f-] 〖명〗 (복 ~**s**, -**lae** [-lì:]) 〖곤충〗 초파리.
dross [drɔ:s, drɑs/drɔs] 〖명〗〖U〗 1 (녹은 금속의) 불순물, 뜬 찌꺼기. 2 (비유적) 가치 없는 것; 쓰레기.
dross·y [drɔ́:si, drɑ́si/drɔ́si] 〖형〗 1 쇠똥의[이 많은]; 불순한. 2 하찮은, 가치 없는. **dróss·i·ness** 〖명〗
***drought** [draut] 〖명〗〖U,C〗 1 가뭄, 한발. 2 〖고어〗 (대기·땅의) 건조. ¶a serious ~ 심한 가뭄. 2 부족, 결핍 (scarcity). ¶a period of financial ~ 재정 궁핍기. 3 〖고어·방언〗 갈증(thirst). (또는 〖美〗 **drouth** [drauθ]) **be in [or having] a drought** 〖美속어〗 오랫동안 성교[데이트]를 하지 않고 있다.
drought·y [drɑ́uti] 〖형〗 1 건조한; 가뭄이 계속되는. 2 〖英방언〗 갈증나는. (또는 **drouthy**) **drought·i·ness** 〖명〗
‡drove¹ [drouv] 〖동〗 drive의 과거. [〖명〗]
drove² 〖명〗 1 (몰려 가는) 가축, (소·양의) 떼. ⇨FLOCK

[유의어] 2 (~s) (집합적) (구어·경멸적) (이동하는 사람의) 무리, 떼. 3 a) (또는 ~ chìsel) (석수의) 건목치는 정. b) (또는 ~ wòrk) (돌의) 건목친 면. 4 폭이 좁은
in droves 떼지어, 작당하여. 「관개용 수로.
—⑧⑨ 1 [가축 떼]를 몰고 가다; (가축) 장사를 하다, (英) 2 건목조정으로 [돌 따위]를 다듬다.
dro·ver [dróuvər] ⑨ 가축 떼를 시장으로 몰고 가는 사람; 가축 상인. 「축 전용 도로.
drove-road [-ròud] ⑨ (스코) 가축을 모는 길, 가
‡drown [draun] ⑧ (~s [-z]) ⑨ 물에 빠지다, 익사하다. ¶ *A ~ing man will catch at a straw.* (속담) 물에 빠진 사람은 지푸라기라도 잡는다. — ⑨ 1 (재귀용법·수동형으로) …을 물에 빠뜨리다. ¶ *a ~ed body* 익사체// (~+⑨+젠+图) *be ~ed to death* 익사하다 / *~ oneself in a river* 강에 몸을 던지다. 2 [걱정 따위]를 달래다, 잊다 (*in*). ¶ (~+⑨+젠+图) *He tried to ~ his troubles in drink.* 그는 시름을 술로 달래려고 했다. 3 (수동형·재귀법으로) …에 열중하게 하다, 빠지게 하다 (*in*). ¶ *~ oneself in drink [work]* 술에 빠지다 [일에 열중하다]. 4 …을 (물에) 잠기게 하다, 흠뻑 젖게 하다 (*in, with*). ¶ (~+⑨+젠+图) *eyes ~ed in tears* 눈물 젖은 눈. 5 (소음이) [작은 소리]를 지우다, 들리지 않게 하다 (*out*); …을 압도하다.

[USAGE] **drown**은 본래 「물에 빠져 죽다, 익사하다」의 뜻이며, 단순히 「물에 빠지다」라고 할 때는 *nearly drown*, *be nearly drowned*로 쓴다.

drown in ① …에 압도당하다; …에 싸이다[덮이다]. ② …에 빠지다, 열중하다.
drown out ① 떠내려보내다; (수동형으로) (홍수로) 대피하다. ② (소음이) …을 들리지 않게 하다. ¶ *His voice was ~ed out by the roar of the waves.* 그의 목소리는 파도 소리로 들리지 않았다. 「쥐같이.
like [or *as wet as*] *a drowned rat* 물에 빠진 생
never drown in sweat (속어) 일하지 않다, 게으르다.
~**·er** ⑨ 「니하다.
drown·ing [dráuniŋ] ⑨ 혼란된; 좌절된; 이해할 수 없는. 「부유법을 가르치는.
drown-proof [dráunprù:f] ⑨ …에게 익사 방지
drown-proof·ing [dráunprù:fiŋ] ⑨⑪ (물에 오래 떠있는) 익사 방지 부유법(浮遊法).
drowse [drauz] ⑧⑨ 1 꾸벅꾸벅 졸다; 선잠자다(*doze*)(*off*). 2 명하니 있다, 게을러지다. — ⑨ 1 …을 졸리게 하다, 꾸벅꾸벅 졸게 하다. 2 (시간)을 비몽사몽 상태로 보내다, 꾸벅꾸벅 졸며 보내다(*away*). ¶ *She ~d the day away.* 그녀는 꾸벅꾸벅 졸면서 그 날을 보냈다. — ⑨⑪ (a ~) 졸기, 선잠(*doze*), 졸음.
drow·si·head [dráuzihèd] ⑨ (고어) =drowsiness. 「⑨ 기면(嗜眠) 상태.
drow·si·ness [dráuzinis] ⑨ 졸음; 나른함; (의)
*****drow·sy** [dráuzi] ⑨ 1 졸리는, 졸리는 듯한, 꾸벅꾸벅 조는. ¶ *feel ~* 졸음이 오다, 졸리다. 2 나른한, 맥빠진. 3 졸리게 하는. **-si·ly** **-si·ness** ⑨
drow·sy-head [-hèd] ⑨ 잠꾸러기; 나른한 사람.
Dr. Seuss [-sú:s] ⑨ ⇒GEISEL.
Dr. Strange·love [-stréindʒlʌ̀v] ⑨ (군부·정부나 매파(hawk)의) 핵전쟁광; 편집광적인 사람. [<S. Kubrick 감독의 핵전쟁 영화 *Dr. Strangelove*(1963)의 주인공 이름]
drub [drʌb] ⑧ (*-bb-*) ⑨ (구어) 1 …을 (몽둥이[채찍]로) 세게 치다, 때리다 (*with*). 2 (생각 따위)를 주입하다 [짜내다] (*into, out of*). ¶ ~ *something into [out of] a person* 어떤 것을 남의 머리에 주입하다[머리에서 짜내게 하다]. 3 (싸움·경기 따위에) …을 결정적으로 패배시키다. 4 (발)을 쿵쿵 구르다. — ⑨ 발로 차다, 쿵쿵 올리다 하다. — ⑨ 몽둥이로 치기, 구타. ~**·ber** ⑨
drub·bing [drʌ́biŋ] ⑨⑪ 1 몽둥이로 세게 치기(*beating*). 2 결정적 승리, 완승.

drube [dru:b] ⑨ =droob 2.
drudge [drʌdʒ] ⑨ 1 (고된 일을) 악착스럽게 하는 사람. 2 틀에 박힌 지겨운 일. — ⑧⑨ 악착스레 일하다 (*toil*); (고된 일을) 꾸준히 하다 (*at*). — ⑨ (남)에게 고된 일을 시키다.
drudg·er [drʌ́dʒər] ⑨ =drudge. 「터널 신문.
Drúdge Repórt ⑨ (the ~) 드러지 보고(미국의 인
drudg·er·y [drʌ́dʒəri] ⑨⑪ (지루하고 따분한) 고된 일, 싫은 일, 고역. 「준히.
drudg·ing·ly [drʌ́dʒiŋli] ⑨ 애써서, 악착스레, 꾸
*****drug** [drʌg] ⑨ (*~s* [-z]) 1 약, 약품, 약제, 약물, (조제하지 않은) 약종(藥種). ¶ *narcotic ~s* 마취제 / *a poisonous ~* 독약. 2 마약, 마취제; 흥분제; (비유적) 중독 물질. 3 (美) 의약품; (drugstore에서 파는) 의약 부외품(部外品), 위생용품; 제약 회사주(株).
a drug on [or *in*] *the market* (be, become 뒤에서) 시장의 체화(滯貨), (남아 돌아서) 팔리지 않는 상품, 재고품.
be on drugs 마약에 중독되다.
do the drug thing (美속어) 마약을 복용하다.
You're on drugs. (美속어) 머리가 이상한 것 아니냐?
— ⑧ (*~s* [-z]; *-gg-*) ⑨ 1 …에게 약을 먹이다, 투약하다. 2 …에 (마취제·독약 따위의) 약을 섞다. 3 (항우으로) …을 마취[중독]시키다, 무아지경으로 만들다(*up*) (*with, by*); [사지·감각 따위]를 (…으로) 마비시키다 (*up*)(*with*); (재귀법으로) …에 중독되다 (*on*). 3 …에게 독약을 먹이다, 구역질나는 것을 주다; …을 진저리나게 하다. 5 [남]을 달래다[진정시키다], 스스로를 잊게 하다. — ⑨ 마약을 상용하다, 마약에 빠지다(*up*).
drúg abúse ⑨ 마약 중독; 약물 남용[중독].
drúg abúser ⑨
drúg àddict [fìend] ⑨ 마약 상용자.
drúg àgent ⑨ (美) 마약 단속관[반원].
drúg bùsiness ⑨ 마약 사업(재배·제조·판매 등).
drúg bùster ⑨ =drug agent; (스포츠) 약물 복용 검사관. 「도핑]
drúg cártel ⑨ 마약 범죄 조직, 마약 카르텔.
drúg cúlture ⑨ 마약 문화(1960년대 젊은이들의 환각제 상용이 낳은 독특한 하층 문화). 「카르텔 보스.
drúg czár ⑨ (美) 1 마약 단속 총책. 2 마약왕, 마약
drúg detéction dòg ⑨ (경찰의) 마약 탐지견. (또는 **drúg-sníffing dòg**)
drúg dròp ⑨ 마약 전달 장소.
Drúg Enfórcement Administrátion ⑨ (美) (법무부 산하) 마약 단속국(약 DEA).
drug-fast [-fæ̀st] ⑨ (세균이) 약품에 강한, 내성이 있는; (질병 따위가) 약이 듣지 않는.
drug-free [-frí:] ⑨ 마약이 없는; 마약 복용자가 없는
drugged [drʌgd] ⑨ 마약을 복용한, 마약 주사를 맞은
drugged-out [-áut] ⑨ (구어) (마)약에 취한, 느은.
drug·ger [drʌ́gər] ⑨ 1 (구어) =drug addict. 2 (폐어) 약제사. ~**·y** ⑨ (집합적) 약품; 약방.
drug·get [drʌ́git] ⑨ 1 거친 양모에 면·황마를 섞어서 짠 인도산 융단. 2 (옷감용) 모직물, 혼모직물.
drug·gie [drʌ́gi] ⑨ (속어) 마약 상용[중독]자; 드러그스토어 주인. (또는 **druggy**)
drug·gist [drʌ́gist] ⑨ (美·스코·캐나다) 약제사 (*pharmacist*); (美) drugstore 주인.
drug·gy [drʌ́gi] ⑨ (속어) =druggie. — ⑨ (마)약을 다루는, 마약 복용과 관련이 있는.
drúg hàbit ⑨ 마약 상용 습관.
drúg·head [drʌ́ghèd] ⑨ (美속어) =drug addict.
drúg interáction ⑨ (약학) 약물 상호 작용(약물 상호간의 상승 또는 상쇄 효과). 「ment 무약 요법.
drúg·less [-lis] ⑨ 약을 쓰지 않는, 약 없는. ~**·tréat**
drúg lòrd ⑨ (속어) =drug czar 2. (또는 **drúglòrd**)
drúg·mak·er [drʌ́gmèikər] ⑨ 제약업자[회사].
drug·mo·bile [drʌ́gmoubì:l, -mə-] ⑨ 마약 대책 홍보 차량.

drúg mòney 图 마약 (밀매) 자금.
drug·o·la [drəgóulə] 图 (美俗어) 마약 밀매자가 단속반원에게 주는 뇌물. [<*drug*+*payola*>]
drúg pùmp 图 (혈관에 약을 주입하는) 약 펌프.
drug·push·er [drʌ́gpùʃər] 图 마약 밀매인. (또는 **drúg pèddler**)
drug-re·sist·ant [-rizístənt] 图 =drug-fast.
drúg squàd 마약 단속반, 마약 수사대.
drug·ster [drʌ́gstər] 图 =drug addict.
‡**drug·store** [drʌ́gstɔ̀ːr] 图 **-s** [-z] 图 (美) 드러그스토어, 약방(약(drug) 외에도 화장품·담배·문구·주간지·과자 등을 판매).
drúgstore cówboy 图 (美俗어) **1** (여성을 유혹하기 위해) 드러그스토어·길모퉁이 따위를 배회하는 젊은이. **2** (카우보이 차림을 한) 가짜 카우보이; 허풍선이.
drúg tèst 图 (소변에 의한) 약물 검사.
drúg tòurist 图 마약 관광객.
drúg tràffic 图 마약 거래[밀매]. **drúg tràfficker**
drúg withdráwal 图 마약의 금단 증상.
Dru·id [drúːid] 图 (~-ess) (종종 d-) (고대 Celt족의 신앙이었던) 드루이드교의 승려(학자·예언가·재판관·시인 등을 포함). **dru·íd·ic, dru·íd·i·cal**
dru·id·ism [drúːidìzm] 图① 드루이드 교(敎).
‡**drum**¹ [drʌm] 图 (~**s** [-z]) **1** 북, 드럼; 드럼 주자; (the ~) (관현악 따위의) 드럼부. **beat a ~** 북을 치다 / **a side ~** 작은 북 / **a double ~** 양면 북. **2** (북처럼 울리는) 속이 빈 나무[물건]. **3** (a ~, the ~) 북소리; 북소리 비슷한 소리. **4** 북 모양의 것; 원통형의 용기, 드럼통. **5** (동물) 북 모양의 기관(器官), 공명 기관. **6** (해부) 중이(中耳), 고실(鼓室), 고막. **7** (기계) 원통형부(部), 고동(鼓動), 고형 활차(鼓形滑車); (건축) (돔[둥근의 일부를 이루는) 북 모양 석재; 돔(dome)을 버티는 원통형의 벽체(壁體). ⇒DOME 그림. **8** =drumfish. **9** (고어) (18-19세기 초 귀부인의) 야회(夜會); (드물게) 오후의 다과회. **10** (컴퓨터) 자기 드럼(magnetic ~). **11** (俗어) 집, 하숙, 아파트; 나이트 클럽; 매춘굴; (교도소의) 독방. **12** (濠俗어) 신뢰할 만한 정보; (경마 등의) 예상. **13** (기관총의) 원반형 탄창. **14** (방랑자들의) 짐 꾸러미.
(**as**) **tight as a drum** ① 인색한. ② 인사불성으로 취한.
beat [or **bang, thump**] **the** (**big**) **drum**(**s**) ① …을 대대적으로 선전하다 (*for*). ② 항의하다.
follow the drum (고어) 군인이 되다, 군인이 다.
with drums beating and colors flying 북 치고 깃발을 휘날리며, 요란하게 선전하며.
— 图 (~**s** [-z]; **-mm-**) 図 **1** 북[드럼]을 치다, 둥둥 울리다. **2** 율동적으로 치다; (발로) 쿵쿵 울리다, (손으로) 탕탕 치다 (*on, at / with*). ¶ (~+**前**+**名**) ~ *on a table with* one's fingers 손가락으로 테이블을 똑똑 두드리다. **3** (나는 새·비행기 따위가) 북치는 듯한 소리를 내다, 붕붕 날개짓하다. **4** 북을 치며 돌아다니다, 요란하게 선전하다; (美) 흥미를 일으키다, 권유 사항을 심어주다 (*for*). ¶ (~+**前**+**名**) ~ *for* a new model 신제품을 선전하다. **5** (英俗어) 차를 달리다.
— 回 **1** (북·드럼으로[곡]을 연주하다, (리듬)을 잡다. **2** (북을 치듯이) …을 쿵쿵 두드리다 (*on*). ¶ ~ one's fingers *on* a desk 손가락으로 책상을 똑똑 두드리다. **3** (뇌·치면서) …을 불러 모으다, 모집하다(*up*). ¶ ~ *drum up*. **4** …을 시끄럽게 되풀이하다, 주입하다. 강요하다 (*into*). ¶ (~+**目**+**前**+**名**) ~ an idea *into* a person 남에게 어떤 사상을 심어주다. **5** 드럼통에 넣다. **6** (濠俗어) …에게 정보를 주다, 경고하다. **7** (英俗어) (도둑이 집이 비었는지 확인하려고) 문을 노크하다, 벨을 울리다. ¶ ~ 집을 물색하다.
drum down …을 침묵시키다. ¶ ~ *a person down*
drum in (구어) …을 되풀이하여 강조하다[가르치다].
drum into *a person's ear* 남에게 되풀이하여 말하다, 철저히 주입시키다.

drum out ① (군대·클럽 등에서) …을 추방[제명]하다 (*of*). ② (메시지) 를 (북을 두드려) 보내다. ③ (소리) 를 (북 따위로) 내다 (*on*).
drum up ① (남) 을 북 따위를 쳐서 불러 모으다. ② …을 대대적으로 선전하다, 권유하며 다니다. ③ (방법·구실 따위) 를 짜내다. ④ (美俗어) (반합·깡통 따위로) 차를 끓이다, 간단한 식사를 만들다.
drum² 图 **1** (스코·아일) 폭이 좁은 길게 이어지는 언덕, **2** (지질) =drumlin.
drúm and búgle còrps 图 고적대.
drum·beat [drʌ́mbìːt] 图 **1** (리드미컬한) 북소리; (북을 한 번 치는 정도의) 짧은 시간. ¶ **rest a ~** 잠시 쉬다. **2** 요란한 주장[주의].
drum·beat·er [drʌ́mbìːtər] 图 광고[선전]자; 광고를 읽는 아나운서; (주의·정책 따위의) 광신자.
drum·beat·ing [drʌ́mbìːtiŋ] 图 (구어) (주장 따위를) 소리높여 부르짖기; 선전, 광고.
drúm bràke 图 (자동차) 드럼 브레이크.
drúm còrps 图 군악대, (특히) 고수대(鼓手隊).
drum·fire [drʌ́mfàiər] 图① (a ~, the ~) 연속적 집중 포화(음); (질문·비판 따위의) 집중 공세.
drum·fish [drʌ́mfìʃ] 图 (~·**es**) (북소리 같은 소리를 내는) 민어과의 물고기.
drum·head [drʌ́mhèd] 图 **1** 북가죽. **2** (해부) 고막. **3** (낮출 따위의) 권양기(捲揚機)의 꼭대기. **4** (재판 따위의) 약식의, 즉결의. **군법 회의.**
drúmhead cóurt-martial 图 (전장에서의) 임시 군법 회의.
drúmhead sérvice 图 (전장에서의) 약식 예배[기도회](북을 제단으로 사용한 데서).
drum·lin [drʌ́mlin] 图 (지질) 빙퇴구(氷堆丘), 드럼린(빙하의 침전물로 형성된 타원형 언덕).
drúm machine 图 드럼 머신(북소리를 내는 synthesizer). **(대의) 행진 지휘자.**
drúm màjor 图 군악대의 고수장, (美) (악**)
drúm majorette 图 여자 고적대장; (美) (악대의) 배턴 걸(majorette). **(磁氣) 드럼 장치.**
‡**drúm mèmory** 图 (컴퓨터) 드럼 기억 장치; 자기
‡**drum·mer** [drʌ́mər] 图 **1** 고수(鼓手), 드럼 주자. **2** (美) 지방 순회 세일즈맨, 외판원. **3** (濠·뉴질 俗어) 방랑자. **4** (俗어) 도둑. ¶ **~의 습관을 가진.**
hear [or **march to**] **a different drummer** 판전
drúm prínter 图 (컴퓨터) 드럼(식) 프린터.
drúm prínting 图 드럼 프린팅(파일 직물용 실의 날 염 방법). **그 소리.**
drum·roll [drʌ́mròul] 图 북(특히 팀파니)의 연타;
drum·stick [drʌ́mstik] 图 **1** 북채. **2** (구어) (요리한) 닭[칠면조, 오리 따위] 다리. **3** (세포·의학) 북채 모양 핵돌기(突起). **4** (俗어) =penis.
drúm táble 图 (회전식) 서랍 달린 둥근 테이블.
drum-up [-ʌ̀p] 图 (英俗어) 한 잔의 차, 차를 끓이기; (목적을 이루기 위한) 노력.
‡**drunk** [drʌŋk] 图 drink의 과거분사.
— 图 **1** (술 따위에) 취하여, 몹시 취한 (*with, on*). ¶ **be** [**get**] **dead** [or **blind, beastly**] ~ 곤드레만드레 취해 있다 (*with*). **drunken** (*with*). ¶ **be** ~ *with* happiness 행복에 취해 있다. **3** (구어) 취중의, 술기의; 술이 원인의. ¶ **drive** ~ 취중[음주] 운전하다.
(**as**) **drunk as a fish** [or **lord, fiddler's bitch, skunk**]; **dead** [or **blind**] **drunk** (구어) 곤드레만드레 취하여. **취한.**
drunk and incapable [or (법률) **disorderly**] 만
— 图 (구어) **1** 술주정꾼; 술취한 사람(drunken person). **2** 떠들썩한 주연(spree). **3** 취기, 취한 상태.
cheap drunk (구어) 금방 취하는 사람.
drunk in charge (英) (법률) 음주 운전.
‡**drunk·ard** [drʌ́ŋkərd] 图 (상습적인) 술고래, 대주**[가, 주정뱅이.**
drúnk dríver 图 음주 운전자.
drúnk dríver tráp 图 음주 운전(자) 검문소.

drúnk dríving 명 (美) (법률) 음주 운전.
***drunk·en** [dráŋkən] 《한정용법》 1 술취한; 술고래의. ¶ a ~ fellow 술취한 사람. 2 취중의, 술김의. ¶ ~ driving 음주 운전(drunk driving). ~·ly 부
***drunk·en·ness** [dráŋkənnis] 명 ⓤ 취기, 취한 상태; 주취(酒醉)(intoxication); 술에 빠짐.
drunk·om·e·ter [drʌŋkámətər/-kɔ́m-] 명 음주(취도(醉度)] 측정기(breathalyzer).
drúnk tànk 명 (美속어) (경찰의) 주정꾼 보호실.
dru·pa·ceous [dru:péiʃəs] 형 (식물) 핵과성(核果性)의; (나무가) 핵과를 맺는.
drupe [dru:p] 명 (식물) (복숭아 따위의) 핵과(核果), 석과(石果), 다육과(多肉果). 〔또는 **drupel**〕
drupe·let [drú:plit] 명 (식물) 작은 핵과(核果)(석과).
druth·ers [drʌ́ðərz] 명복 (단수취급) (美방언·구어) 기호, 좋아하는 것. 〔<I'd rather〕
Druze [dru:z] 명 드루즈 (사람) (시리아·레바논의 회교 광신자). (또는 **Druse**) ⌐·**an, Drú·zi·an** 형
dru·zhin·nik [dru:ʒi:nik] 명 (-**ni·ki** [-niki]) (the D−) (옛 소련의) 인민 자경대(경비대).
DRX drachmae; drachma(s).
‡**dry** [drai] 형 (**dri·er, ~·er; dri·est, ~·est**) 1 마른, 건조한; 습기(물기)가 없는; 시든; 탈수한. ¶ ~ meat 건육 / To be kept ~. (게시) 습기 엄금.

유의어 **dry** 수분·습기가 없는. **arid** 어떤 지역이 완전히 dry하여 초목이 자라지 않는.

2 비가 적은(오지 않는), 건조성의. ¶ a ~ spell 건기, 가뭄 / a ~ climate 건조성 기후 / It's been ~ for a week. 1주일 동안 비가 오지 않았다. 3 물(액체)을 사용하지 않는, 물 없이 쓰는(하는). ¶ have a ~ shave 전기 면도를 하다. 4 (우물·하천 따위가) 물이 마른; (그릇이) 빈. ¶ a ~ river 물이 마른 강 / a ~ bucket 빈 양동이. 5 (소 따위가) 젖이 안 나오는; (기침이) 가래(담)가 안 나오는; (고어) 피를 흘리지 않는. ¶ a ~ cow 젖이 마른 젖소 / a ~ cough 마른 기침 / a ~ fight 무혈 투쟁. 6 눈물이 안 나오는(마른). ¶ a ~ sob 눈물을 흘리지 않는 흐느낌 / with ~ eyes 눈물 한 방울 흘리지 않고. 7 (구어) 목이 마른; 갈증나는. ¶ feel ~ 갈증을 느끼다. 8 (음식이) 국물이 적은; (빵·과자 따위가) 오래된, 딱딱하게 굳은. ¶ ~ cookies 오래되어 딱딱해진 쿠키. 9 물 속에 잠기지 않은, 물에 들어가지 않은. 10 (美구어) 금주의, 금주법 실시(찬성)의(옛 wet); 주류를 취급하지 않는. ¶ a ~ party 술이 없는 파티 / go ~ 금주하다; 금주법을 시행하다. 11 감정을 나타내지 않은, 무관심한, 냉담한; 무뚝뚝하게 말하는. ¶ a ~ answer 냉담한(퉁명스러운) 대답 / ~ thanks 말뿐인 감사. 12 (유머 따위가) 시치미 떼고(천연덕스럽게) 하는. 13 있는 그대로의, 적나라한; 편견 없는. ¶ a ~ fact 있는 그대로의 사실. 14 지루한, 무미건조한. ¶ a very ~ lecture 몹시 지루한 강연. 15 (포도주·칵테일·과자 등이) 단맛이 없는, 맛이 담백한, 쌉쌀한(옛 sweet). ¶ ~ wine 쌉쌀한 포도주. 16 (토스트에) 버터(잼 따위)를 바르지 않은. 17 (미술) (선·색채가) 딱딱하는 느낌의, 따뜻하는 느낌이 없는. 18 (소리·목소리가) 부드러운 맛이 없는, 귀에 거슬리는. ¶ a ~ unmusical sound 귀에 거슬리는 소리. 19 (美속어) (도박에서) 자금이 없는, 돈이 없는. 20 (전자) 전기 전도율이 나쁜. 21 고체의(solid), 곡물(건물(乾物))의(옛 liquid). ¶ ~ groceries [or provisions] 고형 식료품. 22 (요업) 유약을 칠하지 않은. 23 술취하지 않은, 술이 깬. 24 (군사) 연습의, 모의(模擬)의. ¶ ~ firing 공포 사격 (훈련). 25 효과 없는, 결실(수확)이 없는, 불모의. 26 (英속어) 비타협적인 보수당 정치인의(옛 wet).

(as) *dry as a bone* [or *stick*] 바싹 말라붙은. 목이 몹시 마른.
(as) *dry as dust* (구어) 전혀 재미없는. 목이 타는. 용 dry-as-dust

bleed a person dry (구어) 남에게서 재산 따위를 착취하다.
die a dry death ⇒ DRY DEATH.
high and dry ⇒ HIGH.
make dry bones alive 못쓰게 된 것을 되살리다.
milk [or *suck*] *a person dry* 남으로부터 돈 따위를 우려내다.
Not a dry eye [or *seat*] *in the house.* (극장 위에서) 울지 않는 사람은 하나도 없다.
not dry behind the ears (구어) 풋내기의, 경험 없는, 세상 모르는(inexperienced, unworldly).
— 동 (**dries** [-z]; **dried**) 타 1 …을 말리다, 건조시키다(*off, up*); 탈수하다(make ~). 2 …을 닦다, 훔치다, …의 물기를 닦아내다(*off*). ¶ ~ one's eyes 눈물을 닦다 / ~ oneself 몸을 닦다. 3 (가뭄 따위가) (하천 따위)를 말라붙게 하다. 4 (식품)을 말려서 저장하다. ¶ ~ fish 건어물로 만들다. — 자 1 마르다, 건조되다(*off, out*); 시들다. ¶ be quick to ~ 빨리 마르다. 2 세탁물을 (건조기로) 말리다; 식기를 말리다(닦다). 3 (배우가) 대사를 잊어버리다. 4 (소가) 젖이 안 나오게 되다(*off*).
dry down 물기(습기)를 닦아내다, 말리다.
dry off (英) =*dry out* ①.
dry out ① …을 (완전히) 말리다; 마르다. ② (속어) 술(마약)을 끊다; …의 알코올(마약) 중독을 치료하다.
dry up ① …을 바싹 말리다, 말라붙게 하다, …의 물기를 닦아내다; 마르다, 말라붙다. ② (비유적) (생각·자원·공급 따위가) 고갈되다, 막히다; (이야기가) 바닥나다. ③ (구어) 이야기를 그만두다, 입을 다물다; 을 침묵시키다. ④ (구어) 할 말을 잊다; (배우가) 대사를 잊어버리다.
— 명 1 (옛 ~**s** [-z]) (美구어) 금주주의(찬성)자, 금주법 찬성론자(옛 wet), 2 (옛 **dries**) 건조 상태, 가뭄, 한발(drought). 3 (濠) 건조한 곳, 건조 지대; (the ~) (濠구어) 건조기. 4 (英속어) 보수당 우파 (정치인). 5 (연극) 대사를 잊어버리는 일. 6 쌉쌀한 포도주(~ wine). ⌐·**a·ble** 형 ⌐·**ness** 명

dry·ad [dráiəd, -æd] 명 (옛 ~**s**, **-a·des** [-ədi:z]) (종종 D−) (그리스 신화) 드라이어드(나무·숲의 요정).
drý área 명 (건축) 물 없는 해자(지하실 따위의 채광·통풍·방습용).
dry-as-dust [-ˈəzdʌ́st] 명 무미건조한, 재미없는. — 명 (또는 **drýasdúst**) 지나치게 학구적이고 재미없는 학자; 무미건조한 사람. 〔<영국 작가 Walter Scott 의 가공 인물 Dr. Dryasdust〕 「류(土石流).
drý ávalanche 명 (지진·산사태 따위로 인한) 토석
dry·back [dráibæ̀k] 명 (美속어·경멸적) 멕시코 기원의 미국인 종업원. 용 wetback.
drý báttery 명 건전지(보통 2개 이상의 dry cell).
drý béer 명 드라이 맥주(맛이 쌉쌀하는).
drý bòb 명 (英속어) (Eton 학교의) 크리켓(럭비) 부원.
dry-boned [-bóund] 형 뼈와 가죽뿐인, 말라빠진.
dry-bones [-bóunz] 명복 빼빼 마른 사람.
drý búlb 명 (건습구 온도계의) 건구(乾球).
drý-bulb thermómeter 명 건구(乾球) 온도계.
drý cèll 명 건전지. 「(사용 곡물 가공 식품).
drý céreal 명 마른 시리얼(cornflakes 따위 아침식
dry-clean [-klí:n] 타자 …을 드라이클리닝하다.
drý cléaner 명 1 드라이클리닝 업자. (또는 **drý cleaner's**) 2 드라이클리닝 용제(약품).
drý cléaning 명 드라이클리닝, 건식(乾式) 세탁법.
dry-cleanse [-klénz] 타자 =dry-clean.
dry-cure [-kjúər] 타 (고기·생선 따위)를 소금에 절여 말리다, 포(脯)로 만들다.
drý dèath 명 자연사, 제명에 죽기.
die a dry death 자연사하다, 제명에 죽다.
Dry·den [dráidn] 명 **John** ~ 드라이든(1631-1700: 영국의 시인·극작가).
Dry·dé·ni·an, Dry·dén·ic 형 「염 물질의 낙하.
drý depositíon 명 (비나 눈에 의하지 않은) 공중 오

drý distillátion 명 건류(乾溜)(destructive distillation).
drý dòck 명 드라이 독, 건선거(乾船渠). *in dry dock* 실업자가 되어; 입원하여, 격리되어.
dry-dock [´dɑ̀k/-dɔ̀k] 타 (배를) 드라이 독에 넣다. ―자 (배가) 드라이 독에 들어가다.
dry-dock·age [´dɑ̀kidʒ/-dɔ̀k-] 명 1 (배를) 건선거에 넣기. 2 건선거에서의 수리 비용.
drý dýeing 명 건조[건식] 염색법.
drý·er [dráiər] 명 =drier¹.
drý éye 명 〔병리〕 건성 각막[결막]염.
dry-eyed [´àid] 형 눈물을 흘리지 않는(tearless).
drý fárm 명 건지(乾地) 농장.
drý-farm [´fɑ̀ːrm] 타 …을 건지(乾地) 농법으로 경작하다. ―자 건지 농법을 쓰다.
drý fármer 명 건지 농법을 쓰는 농부[농가].
drý fárming 명 건지 농법. (또는 drýland fàrming)
drý flý 명 〔낚시〕 물 위에 띄우는 제물 낚시.
dry-fly [´flái] 형 dry fly를 쓰는. ―동 dry fly로 낚시질하다. 〔기로 생기는 안개〕.
drý fóg 명 〔기상〕 건무(乾霧)(낮은 습도에서 먼지와 연
drý·foot [dráifùt] 부 발을 적시지 않고.
drý frúit 명 건과(乾果).
drý fúck 명 (비어) (옷을 입은 채로 하는) 성교 동작, 모의(模擬) 성교. **drý-fúck** 동
drý gás 명 건성(드라이) 가스(탄화수소를 함유하지 않은 천연가스(메탄, 에탄 따위)). (또는 **drýgàs**)
drý gínger 명 드라이 진저(위스키 등 칵테일용).
drý góods 명(복) (단·복수 양용) 1 (美) 직물류, 포목류, 의류·섬유 제품(英) drapery). 2 (英) 곡물; 건물류.
dry-gulch [´gʌ̀ltʃ] 동타 1 (살상 목적으로) 숨어서 기다리다, 매복하여 죽이다. 2 (갑자기 변절하여) 배신하다.
drý hígh (美속어) 대마(大麻). 〔없는 유정〕.
drý hóle 명 마른 우물; 기름이 나오지 않는[경제성이
drý·house [dráihàus] 명 탈의실; 건조실.
drý húmor 명 정색을 하고 하는 유머[농담].
Drý Íce 명 (때로 d- i-) (상표) 드라이 아이스.
dry·ing [dráiiŋ] 명 건조; 자 건조성의; 건조시키는, 건조용의. ¶a ~ machine 건조기/a ~ room 건조실. ―명U 건조. ¶do the ~ 접시를 닦다.
dry·ish [dráiiʃ] 형 약간 마른, 거덕거덕[구덕구덕]한.
drý kíln 명 건조용 가마(목재·판자 따위의 건조용).
drý lánd 명 건조 지대; 육지. **drý·lànd** 형
drý láw 명 (美) 금주법.
drý líght 명 공평한[편견 없는] 견해.
drý lódging 명 식사 없는 하숙. 형 boardinghouse
drý·ly [dráili] 부 =drily. 〔『를 사용하지 않고 쌓기〕.
drý másonry 명 (돌·벽돌 따위를) 시멘트·모르타르
drý méasure 명 건량(乾量)(곡물·야채·과일 따위의 계량 단위; quart, peck, bushel 따위).
drý mílk 명 분유(dried milk).
drý mòp 명 자루[대] 걸레(dust mop).
drý núrse 명 1 (젖을 먹이지 않는) 보모(↔ **wet nurse**). 2 (구어) (경험 없는 상관의) 보좌역[관].
dry-nurse [´nə̀ːrs] 동타 1 (아기를) 보모로서 돌보다[키우다]. 2 (구어) (경험 없는 상관에게) 보좌[보필]
drý páck 명 〔의학〕 건(乾)팩, 마른 찜질. 〕하다.
drý páinting 명 =sand painting.
drý píle 명 (옛날) 건전지의 일종.
drý pláte 명 〔사진〕 건판.
drý·point [dráipɔ̀int] 명 드라이포인트(부식제를 쓰지 않는 동판 조각용 침); 드라이포인트 동판화; U 드라이포인트 기법. 〔승진〕.
drý promótion 명 이름 뿐인[승급이 따르지 않는]
drý rehéarsal 명 (TV) 카메라 없이 하는 총연습, 드라이 리허설.
drý rót 명 1 〔식물〕 (목재·야채의) 건조 부패(균류로 인해 생긴다). 2 (사회·도덕적) 부패, 퇴폐.   〔하다.
dry-rot [´rɑ̀t] 동 건조 부패시키다[하다]; 부패[타락]

drý rún (속어) 1 〔군사〕 공포(空砲) 사격 연습. 2 예행 연습(rehearsal); 시운전. 3 견본. ―동타 …의 예행 연습[리허설]을 하다; 시험삼아 써보다. **drý·rùn** 명
dry-salt [´sɔ̀ːlt] 타 〔고기·가죽·물고기 따위〕를 소금에 절여 말리다[말려서 보존하다].
drý·salt·er [dráisɔ̀ːltər] 명 간물·건어물 판매상.
drý·sal·ter·y [dráisɔ̀ːltəri] 명UC (英) 1 간물·건어물 판매업[점]; 간물류. 2 화공 약품 판매업[점].
drý sànd 명 (주물 제작용) 건조형 모래.
drý séason 명 (the ~) 건조기, 건기(乾期).
drý-sèason [   ] 〔farming.
drý-séa·son gàrdening [´síːzn-] 명 =drý sháve 명 (물 안 쓰는) 전기 면도.
drý shíp 명 (탱커가 아닌) 일반 화물선.
dry-shod [´ʃɑ̀d/-ʃɔ̀d] 형부 구두[발]를 적시지 않는 [고]. ¶go ~ 발을 적시지 않고 가다.
dry-ski [´skiː] 동 여름 스키의. ¶a ~ run 여름 스키장.
drý skíd 명 마른 노면에서의 (자동차의) 미끄러짐.
dry-skid [´skìd] 동자 (자동차 따위가) 마른 노면에서 미끄러지다. 〔총알이 없는 채로 쏘다.
dry-snap [´snæ̀p] 동 (속어) 빈 총을 쏘다, 탄창에
drý sócket 명 〔치과〕 드라이 소켓(이를 뽑은 부위의 치조골·조직에 발생하는 동통(疼痛)을 수반한 염증).
drý spéll 명 1 가뭄의 계속, 건기. 2 (비유적) (생산성·활동·수입 따위의) 위축[정체]기.
drý státe 명 (美) 금주법 시행 주(州).   〔기).
drý stéam 명 〔화학〕 건조 증기(수분이 없는 포화 증
dry-stone [´stòun] 명 (벽 따위가 시멘트·모르타르 따위를 쓰지 않은) 자연석. ¶a ~ wall 자연석 벽.
drý stóve 명 (선인장 등 건조 식물을 위한) 건조 온실.
drý wàll 명 1 자연석 벽(dry-stone wall). 2 (美) 석고 벽(plasterboard) 벽.
dry-wall [´wɔ̀ːl] 명 석축 벽의; 석고 보드 벽의.
drý wàsh 명 빨아서 말린 세탁물(다림질하지 않은 것).
drý whiskey 명 =mescal burton.
ds *dal segno*: decistere(s). **Ds** 〔화학〕 dysprosium. **DS** *data set*; *dental surgeon*; 〔증권〕 *depositary shares*(예탁 주식); *disseminated sclerosis*. **D/S, d.s.** 〔상업〕 *days after sight*((어음 따위가) 일람 후 …일 지급); *document signed*; *drop siding*. **d.s.** *daylight saving*(일광 절약). **D.S.** 〔음악〕 *dal segno*; *Doctor of Science*. **DSA** *Defense Supply Agency*; *digital subtraction angiography*; *division service area*. **DSc, D.Sc.** *Doctor of Science*(이학 박사). **DSC** *Defense Supplies Corporation*. **D.S.C.** *Distinguished Service Cross*; *Doctor of Surgical Chiropody*. **DSCS** (美 군사) *Defense Satellite Communications System*(방위 위성 통신 시스템). **dsgn.** *design*. **DSL** 〔해사〕 *deep scattering layer*; 〔통신〕 *digital subscriber line*(전화선을 이용한 고속 통신 기술).   〔면); 수면).
D sléep 명 =desynchronized sleep(비동기성(非同
D.S.M. (美) *Diagnostic and Statistical Manual of Mental Disorders*(정신 질환 편람); *Distinguished Service Medal*; *Doctor of Sacred Music*. **DSNA** *Dictionary Society of North America*. **D.S.O.** *Distinguished Service Order*. **DSP** (美) *Defense Support Program* (탄도 미사일 조기 경계 위성에 의한) 방위 지원 계획). **DSR** 〔의학〕 *dynamic spatial reconstructor*(동적·공간적 재구성 장치). **DSRV** *deep submergence rescue vehicle*(심해 구조정). **DSS** *decision support system* ((컴퓨터에 의한 경영의) 의사 결정 지원 시스템; (美) *Department of Social Security*. **D.S.S.** *Doctor of Sacred Science*. **D.S.S.V.** *deep submergence search vehicle*(심해 탐사 잠수정). **DST, D.S.T.** *daylight-saving time*; *Doctor of Sacred Theology*.

'dst [dst] 图 wouldst, hadst의 단축형.
dstl. distill. **dstn.** destination. **dstrib.** distribution. **D.Surg.** Dental Surgeon. **D.S.W.** Doctor of Social Welfare [Work]. **dt** delirium tremens; double time. **Dt** (성서) Deuteronomy.
d.t. diethyl toluamide. **D.T.** (컴퓨터) data transmission(데이터 전송). (미식축구) defensive tackle; (속어) detective. **d.t.d.** (라틴) datur tali dosis(=give such doses)((처방전에서) 이러이러한 양을 주시오). **DTE** data terminal equipment(데이터 단말 장치). **DTh, D.TH., D.Theol.** Doctor of Theology. **DTI** (英) Department of Trade and Industry. **DTL** diode transistor logic; down-the-line. **DTP** desktop publishing; diphtheria, tetanus, and pertussis(DTP 백신; 图 DPT). **DTS** (컴퓨터) digital termination system. **d.t.'s, DT's, D.T.'s** delirium tremens. **DTV** digital television. **DU** depleted uranium(감손 우라늄); digital [display] unit. **Du.** Ducal; Duchy; Duke; Dutch.
du·ad [djúːæd/djúː-] 图 **1** 한 쌍(pair), 두 개의 벌. **2** (화학) 2가(價) 원소.
***du·al** [djúːəl/djúː-] 图 **1** 둘의, 둘을 나타내는. **2** 이중의, 두 사람[개, 부분]으로 된; (철학) 이원적(二元的)인. ¶ ~ flying 동승(同乘) 비행/~ ownership 공유/a ~ pump 복식 펌프. **3** 이중 성질의 있는, 두 가지 특징을 가진. **4** (문법) 양수(兩數)의, 양수형의. ── (문법) 양수, 양수형(고대 영어·아라비아어 등에서 '둘, 한 쌍'을 나타내는). ── 图 (美) (도로)를 왕복 분리 도로로 만들다. **~·ly** 图 「의. **~·ing** 图
du·an·chor [-ǽŋkər] 图 (방송) 2인 앵커(제)
du·al-as·pect [-ǽspekt] 图 양면성을 갖는.
du·al·ca·pa·ble [-kéipəbl] 图 핵무기와 재래식 무기 양쪽에 쓸 수 있는. ¶ ~ couple 맞벌이 부부.
du·al-ca·reer [-kəríər] 图 맞벌이의(two-career).
dúal cárriageway (英) =divided highway.
dúal cítizen 图 이중 국적자. 「시민권.
dúal cítizenship [ ] 图 =dual nationality. **2** (교
dúal contról 图 **1** 이중 관할; 2국 공동 통치. **2** (교 습용 항공기·자동차의) 복(複)[이중] 조종 (장치).
du·al-earn·er [-ɔ́ːrnər] 图 맞벌이의.
dúal híghway =divided highway.
du·al·in [djúːələn] 图 (화학) 듀얼린(초석(硝石)·니트로글리세린·밀납으로 만든 폭약). (또는 **dualine**)
dúal íncome 图 (부부의) 맞벌이 수입.
du·al·ism [djúːəlìzm/djúː-] 图回 **1** 이원성, 이중성. **2** (철학) 이원론(특히 monism, pluralism). **3** (종교) (선·악의) 이원론; (육체·영혼의) 이원성. **4** (심리) 심신이원론. **5** (음악) (화성적(和聲的)) 이원론. **-ist** 图图
du·al·is·tic [djùːəlístik/djùː-] 图 **1** 이중의, 이원의. **2** 이원론[설]의; 이원론적인(상의). **-ti·cal·ly** 图
du·al·i·ty [djuːǽləti/djuː-] 图回 **1** 이원성(二元性), 이중성. **2** (수학·물리) 쌍대성(雙對性).
du·al·ize [djúːəlàiz/djúː-] 图 …을 이중으로 하다, 이원적(二元的)으로 간주하다. **-i·zá·tion** 图
dú·al-mode bús [-móud-] 图 전차식 버스.
Dúal Mónarchy 图 (역사) (1867-1918년까지의) 오스트리아-헝가리 (이중) 제국.
dúal nationálity 图 이중 국적. 「나타낸다.
dúal númber 图 (문법) 양수(兩數)(둘 또는 한 쌍을
du·a·logue [djúːəlɔ̀ːg, -làg/djúːəlɔ̀g] 图 =dialogue.
dúal personálity 图 (심리) 이중 인격.
dúal prícing 图 이중 가격 표시(제품 가격과 단위 중량당 가격을 함께 표시하는 일).
du·al-pur·pose [-pə́ːrpəs] 图 **1** 이중 목적[용도]의; (수송 기관이) 승객·화물 겸용의; 일석이조의. **2** (축산) (육우(肉牛)와 젖소 겸용 같은) 이중 역할을 하는.
dúal slálom 图 (스키) =parallel slalom.
du·al-use [-júːs] 图 이중 사용[용도]의; 군·민간 겸용의. ¶ ~ technology 군사·민간 겸용 기술.
dub[1] [dʌb] 图图 (**-bb-**) **1** (knight 작위 수여식에서) …의 어깨를 검으로 두드려 (나이트로) 삼다, (나이트 작위를) 주다. **2** (사람)에게 …이라는 별명[호칭]을 붙이다, …을 …이라고 부르다. ¶ be ~bed "the Queen of Society" 사교계의 여왕이라고 불리워지다. **3** (가축·목재)를 매끈하게 하다, 마무르다. **4** (英) (낚시) (파리 낚시)를 달다. **5** (양계) (어린 수탉)의 볏을 자르다.
dub bríght (조선) (배)의 외판(外板)을 갈아 매끈하게 하다.
dub out …을 반반하게 하다. 「게 하다.
~·ber 图 「사람, 신참. **2** 담배.
dub[2] [dʌb] 图 (美·캐나다 속어) **1** 서투른 사람, 솜씨 없는
dub[3] 图 (**-bb-**) **1** 찌르다, 쑤시다. **2** (북을) 둥둥 치다. **3** (골프) (공을) 잘못 치다. **4** (시험 따위에서) 실수하다. ── 图 **1** 찌르기, 쑤심. **2** (북을) 둥둥 치는 소리.
flub the dub (美속어) ① 사보타주하다, 게으름 피우다. ② 실패[실수]하다, 얼간이짓을 하다.
dub[4] 图 (**-bb-**) **1** (영화 필름 따위)를 (다른 언어로) 번역 녹음하다, 더빙하다(into). **2** (필름·테이프)에 새(음악)를 추가 녹음하다(in). **3** (녹음된 것)을 복사 녹음하다; (테이프·음반 따위)를 복제하다. ── 图 **1** 새로 추가된 음향 효과, 재녹음된 소리; 번역 녹음, 더빙.
dub[5] 图 (스코·北英) 웅덩이(puddle). 「**~·ber** 图
dub[6] 图回 (**-bb-**) (속어) * 다음 숙어로만 쓴다.
dub in [or **up**] 전액 지급하다; 기부하다.
Dub. Dublin. 「(dub).
dub-a-dub [-ədʌ́b] 图 등등 울리는 북소리(rub-a-
Du·bai [duːbái] 图 두바이(페르시아 만의 토후국; 그 수도). (또는 **Dibai**) 「(각반 손질용).
dúb·bin 图回 피혁용 방수 기름(특히 구두·
dub·bing[1] [dʌ́biŋ] 图回 **1** 나이트(knight) 작위 수여. **2** 파리 낚시 재료용 털. **3** =dubbin.
dub·bing[2] 图回 더빙, (필름의) 재녹음.
Dub·cek [dúːbtʃek] 图 **Alexander ~** 두브체크 (1921-92: 옛 체코슬로바키아의 정치가).
dub-dub-dub [-dʌ́bdʌ́b] 图 (美속어) = www.
du·bi·e·ty [djuːbáiəti/djuː-] 图 **1** 回 (스러움), 의혹, 미심쩍음. **2** 의심스러운 일[점]. 「ety.
du·bi·os·i·ty [djùːbiásəti/djùːbiɔ́s-] 图 =dubi-
***du·bi·ous** [djúːbiəs/djúː-] 图 **1** (서술용법) (사람이) (…에 대해) 의심스럽게 생각하는, 의심[의혹]을 낳게 하는(about, of, as to). 回回呼 (문교어) ¶ be ~ of a man's honesty 남의 정직성을 의심하다 // be ~ (about, as to) what to do 어찌 할지 모르다. **2** (인물·성질·행위가) 수상한, 의심스러운. ¶ a ~ friend 믿지 못할 친구. **3** 진의가 불확실한, 모호한, 분명치 않은. ¶ a ~ reply 애매한 대답. **4** (결과 따위가) 알 수 없는, 이도저도 아닌. **~·ly** 图 **~·ness** 图 「확실한(doubtful). **-bly** 图
du·bi·ta·ble [djúːbətəbl/djúː-] 图 의심스러운, 불
du·bi·ta·tive [djúːbətèitiv/djúːbitə-] 图 (문어) **1** 의심하고 있는, 망설이는. **2** 의심을 나타내는, 미심쩍어 하는, 반신 반의의. **-tá·tion** 图 **~·ly** 图
***Dub·lin** [dʌ́blin] 图 더블린(아일랜드 공화국의 수도; 略 **Dub.**). **~·er** 图 더블린 사람[출신자].
Du Bois [djuː bɔ́is/djuː-] 图 **William Edward Burghardt ~** 두 보이스(1868-1963: 미국의 교육가·흑인 민권 운동 지도자; NAACP 창설자).
du·bok [dúːbɑk/-bɔk] 图 =dead drop. (< Russ little oak)
Du·bon·net [djùːbənéi/djuːbónei] 图 **1** (상표) 뒤보네(프랑스산(産)의 달콤한 포도주). **2** (d-) 짙은 자주색. ── (d-) 짙은 자주색의. (< F)
du·cal [djúːkəl/djúː-] 图 공작(duke)의, 공작다운; 공작령(dukedom)의. **~·ly** 图
duc·at [dʌ́kət] 图 **1** (옛날 유럽 각국의) 더컷 금화[은화]. **2** (~s) (속어) 돈, 현금. **3** (속어) 표, 입장권.
duc·at-snatch·er [-snǽtʃər] 图 (美속어) (극장 따위의) 표 받는 직원.

du·ce [dúːtʃei/-tʃi/*It* dúːtʃe] 명 수령, 지도자; (il D-) 총통(Benito Mussolini의 칭호). [<*It leader*]
Du·chénne (múscular) dýstrophy [duː(én-)] [의학] 뒤센형(型) 근(筋)위축증(略 DMD).
duch·ess [dʌ́tʃis] 명 1 공작 부인[미망인]; 여자 공작. 2 (공국(公國)의) 공비(公妃). 3 (英속어) 풍채 좋은 부인; 행상인(行商人)의 아내. 4 (美속어) (콧대높은) 아가씨; 불량 소녀.
du·chesse [djuːʃés/djuː-] 명 1 (팔걸이 의자 두 개를 스툴(stool)로 연결시킨 18세기 프랑스의) 침대용 의자. 2 회전식 거울이 달린 화장대. 3 = ~ satin. [<F]
duchésse sátin 명 부드러운 고급 공단 직물.
dúchess potátoes 명(pl) 달걀과 섞어 으깨어서 구운[튀긴] 감자 요리.
duch·y [dʌ́tʃi] 명 공국(公國), 공작령(duke나 duchess의 영지)(dukedom).
‡**duck**¹ [dʌk] 명 1 오리, 집오리. ¶ a mandarin ~ 원앙새. 2 (수컷(drake)과 구별하여) 암오리. 3 ⓤ (집)오리 고기. 4 (~s) (단수취급) (英구어) =ducky 1. 5 잘 속는 사람; 봉; (이상한) 놈, 녀석. 6 (크리켓) (타자가) 득점하지 못하는 것; (플레이어의) 득점 영점. 7 (속어) (환자용) 변기, 요강. 8 (美속어) 표, 입장권.
a dead duck (구어) 중요하지 않은[쓸모없는, 흥미 없는] 문제[생각].
a duck on a rock [or *on rocks*] 돌 떨어뜨리기(바위 위에 있는 상대방의 돌을 쳐서 떨어뜨리는 놀이).
a fine day for young ducks 비오는 날.
a sitting duck (구어) 손쉬운 목표; 좋은 봉.
break one's duck (크리켓) 선취점을 올리다; 첫 발판을 마련하다.
Can [or *Does, Will*] *a duck swim?* (구어) 당연하지(* 대답이 뻔한 질문에 대해 쓰인다).
duck(s) and drake(s) 물수제비 뜨기.
have [or *get*] *one's ducks* (*all*) *in a row* (美軍속어) 만반의 준비를 갖추다.
in two shakes of a duck's tail 순식간에.
like a (*dying*) *duck in a thunderstorm* 호비 백산하여, 아연실색하여; ......못하고, 미아풍모으로.
like water off a duck's back 아무 영향도 끼치지 않는.
lovely weather for ducks (구어) (공교롭게) 비오는 날.
make a duck (크리켓) 득점 없이 아웃이 되다.
make ducks and drakes of; *play duck(s) and drake(s) with* (돈 따위)를 물쓰듯 하다.
take to...like a duck to water (일)을 아주 자연스럽게 익히다[터득하다]; (사람·물건)에 흥미를 갖다.
duck² 동(자) 1 (쑥) 물속에 잠기다, 물속에 머리를 썼다가 쑥 내밀다. 2 갑자기 몸을 굽히다, 급실하다; 절을 하다(*down*). 3 몸을 피하다, (타격·일·책임 따위)를 피하다 (*out of*). 4 (카드놀이) (일부러) (상대방보다 낮은 패를 내다. ─ 타 1 (남)을 물속에 쑥 처박다 (*in*). 2 (머리 따위)를 홱 숙이다. 3 (타격·위험 따위)를 피하다.
duck and weave 멋지게 피하다.
duck out ① 책임을 피하다 (*of*). ② (속어) 도망치다.
duck out on ...을 내버려 두고 돌아보지 않다, 버리다.
── 명 1 물속에 쑥 잠기기. 2 홱 고개를 숙이기, 홱 몸을 굽히기. 3 슬쩍 몸을 피하기.
duck³ 명 1 ⓤ 즈크(천)(자루·돛·선원용 옷감에 사용). 2 (~s) 즈크천 바지. [<D *doek cloth*]
duck⁴ (구어) 명 덕(2차 대전 중 미군이 처음 사용하던 수륙 양용 트럭). [<코드명 DUKW]
duck⁵ 명 (세금의 공제액, (봉급에서의) 공제.
dúck àss [àrse] 명 (속어) 뒤쪽 오리 공지 모양의 머리(略 DA). (略). 2 붉은 말.
duck·bill [dʌ́kbìl] 명 1 오리너구리(Tasmania산).
duck-billed [dʌ́kbìld] 명 오리 같은 부리를 가진.
duck·board [dʌ́kbɔ̀ːrd] 명 (~s) (참호·진창 따위에 까는) 건널판, 깔판.
dúck bùmps 명 (속어) 소름(goose flesh).

dúck càll 명 (오리 사냥용) 오리 소리 나는 피리.
dúck ègg 명 1 오리 알. 2 (英) (크리켓) 영점(zero).
duck·er¹ [dʌ́kər] 명 잠수부[자]; 잠수군(軍)/농병아.
duck·er² 명 오리 사육자; 오리 사냥꾼. [리 따위].
duck·er·y [dʌ́kəri] 명 오리 사육장, 오리 농장.
duck·ey [dʌ́ki] 명 =ducky 1.
dúck fit (구어) 발끈하기, 분통, 뱃성.
dúck hàwk 명 (美) 바다매; (英) 개구리매. [혹].
dúck hòok 명 (골프) 덕 훅(코스에서 크게 벗어나는
duck·ie [dʌ́kiː] 명 (英구어) =ducky; (어린이말)
duck·ing¹ [dʌ́kiŋ] 명 ⓤ 오리 사냥. [=duckling.
duck·ing² [dʌ́kiŋ] 명 ⓤ 1 물속에 처박기, 흠뻑 젖음. 2 (권투) 더킹(머리·몸을 숙이기).
get a good ducking 흠뻑 젖다.
give a person a ducking 남을 물속에 처넣다.
dúcking pònd 명 1 오리 사냥하는 못. 2 (역사) 물고문하는 못.
dúcking stòol 명 물고문 의자(옛날의 형구로서 사람을 앉혀 물속에 처박는 의자).
duck-leg·ged [-légid/-légd] 명 다리가 짧은(short-legged); 아장아장 걷는.
duck·ling [dʌ́kliŋ] 명 새끼 오리. ¶ an ugly ~ 미운 오리 새끼.
[ducking stool]
duck·mole [dʌ́kmòul] 명 오리너구리(duckbill).
duck·pin [dʌ́kpìn] 명 1 (~s) (단수취급) 덕핀스(볼링 비슷한 놀이). 2 덕핀스의 핀.
dúck's diséase 명 (익살) 짧은 다리.
dúck's ègg 명 =duck egg.
dúck shòt 명 오리 사냥용 총탄.
dúck sóup 명 (美구어) 누워서 떡 먹기, 수월한 일.
dúck squèezer 명 (美속어) 자연 보호론자.
dúck stàmp 명 (美) 오리 우표(1934년 발행).
duck-tail [dʌ́ktèil] 명 덕테일(머리의 양 옆을 길게 길러 뒤에서 하찮 머 소년들의 머리 모양).
duck·weed [dʌ́kwìːd] 명 좀개구리밥속(屬)의 수초.
duck·y [dʌ́ki] 명 (美구어) 사랑스러운[하는]; 멋진, 아름다운. ─ 명 1 (英구어) (여성이 부르는 말로) 사랑하는[귀여운] 사람 (= **duck**(**s**), **⌢wuck·y** [-wáki]). 2 (美속어) 여성적인 남자.
duct [dʌkt] 명 1 도관(導管); 송수관, 통기관(通氣管). 2 (해부) 관, 수송관. ¶ an ejaculatory ~ (射精管). 3 (식물) 도관, 맥관. 4 (전기) 선거(線渠) (cable용 지하 관로(管路)); (건축) 암거(暗渠). 5 (인쇄) 잉크 홈통. 6 (기상) 덕트(전파가 상공에서 아래쪽으로 굴절하여 지구 표면을 따라 비정상적으로 멀리까지 도달하는 현상). ── 동(타) (가스·열·전파 따위)를 덕트[도관]로 보내다[전달하다]; (수동형으로) ...에 덕트[도관]를 갈다. **~·less** 명
-duct [-dʌkt] 연결 「...관(管)」의 뜻; ⇒ aqueduct.
duc·tile [dʌ́ktəl/-tail] 명 1 (금속이) 두들겨 펼 수 있는, 전성(展性)이 있는. 2 (금 따위가) 길게 늘일 수 있는, 연성(延性)이 있는. 3 (찰흙 따위가) 어떤 모양으로도 되는, 말랑말랑한, 가소성(可塑性)의. 4 (성질이) 지도하기[이끌어 가기] 쉬운, 유순한. **~·ly** 분 **~·ness** 명
duc·til·i·ty [dʌktíləti] 명 ⓤ 1 잡아[두들겨] 늘일 수 있음, 연성(延性), 전성(展性). 2 유연성; 유순한 성질.
duct·ing [dʌ́ktiŋ] 명 ⓤ ⓒ 1 배관(도관) 구조; 배관[도관] 재료. 2 (통신) 덕트 현상. ⇒ DUCT 6. [gland.
dúct·less glánd [dʌ́ktlis-] (=endocrine)
dud [dʌd] 명 (구어) 1 실패작; 쓸모없는 사람[것]. 2 (군사) 불발탄[미사일]. 3 (~s) 옷, 누더기 옷. 4 (~s) 가진 것, 소지품(belongings). ── 형 쓸모없는; 불발의; 가짜의, 위조의. ¶ a ~ check 위조 수표.
dud·dy [dʌ́di] 명 (스코) 누더기를 입은, 너덜너덜한.
dude [djuːd/djuːd] 명 1 겉멋낸 사람; 멋쟁이, 맵시꾼(dandy). 2 (美속어) (미국 동부의) 도회지 사람. 3

(美서부) 목장에서 휴가를 즐기는 동부 사람[관광객]. **4** (美속어) 녀석, 놈; (부르는 말로) 당신, 자네. ─⑤ 한 껏 멋을 부리다[모양을 내다](*up*).

dúde hèaver 國 (美속어) (바·나이트클럽 따위의) 경비원; 부도[위조] 수표.

Du·den [dúːdən] 國 두덴. **1 Konrad ~** 두덴 (1829–1911: 독일의 언어학자; 정서법(正書法) 사전 편 잔. **2** 두덴 정서법 사전.

dúde rànch 國 (美) 관광 목장(guest ranch).

dudg·eon¹ [dʌ́dʒən] 國[U] 화, 분노(anger). ¶ *in high* [*or deep*] ~ 몹시 화나서.

dudg·eon² [페어] 國 **1** 단검 손잡이용 목재; 그 나무 손잡이[자루]. **2** 나무 자루가 있는 단도. 「이프.

du·d(h)een [duːdíːn] 國 (아일) 짧은 사기(砂器) 파

dud·ish [djúːdiʃ/djúː-] 國 **1** 젠체하는, 맵시내는. **2** 도시에서 자란. **~·ly** 團 「속어) 실패자.

Dud·ley [dʌ́dli] 國 **1** 더들리(남자 이름). **2** (d-) (美 *your Uncle Dudley* (美속어) 자기 자신.

‡**due** [djuː/djuː] 國 **1** (금전·보수 따위가) …에게 마땅 히 지급되어야 할, 권리로서 지급받아야 할; (칭찬 따위가) …에게 당연히 돌려져야 할 (*to*). ¶ *Money is* ~ (*to*) *him for his work*. 그의 일에 대해 마땅히 돈이 지 불되어야 한다. ¶ *a bill* ~ *today* 오늘 만기가 된 어음 /*The bill is* ~. 그 어음은 지급 만기가 되었다. **3** 응분의, 정당한, 당연한, 어울리는, 옳은. ¶ ~ *care* 당연한 배려 /*a* ~ *reward for the work* 그 일에 대한 응분의 대가. **4** 적당한, 충분한. ¶ *after* ~ *consideration* 충분히 생각 하고 나서. **5** …할 예정인, …하게 되어 있는 (*to do, for*); 도착할 예정인 (*at, in*). ¶ *He is* ~ *to speak here.* 그는 이곳에서 강연할 예정이다 /*The mail is* ~ *tomorrow.* 우편은 내일 도착하게 되어 있다 /*The train is* ~ *in Seoul at 5:30 p.m.* 기차는 오후 5시 30분에 서울에 도착할 예정이다. **6** (경찰 속어) 체포 예정인.

become [*or fall*] *due* (어음 따위가) 지급 기일이 되다. **due to** ① ⇒ ⑥ **5**. ② (동동사·명사 뒤에서) …에 기 인하는, …때문에. ¶ *The accident was* ~ *to his carelessness*. 그 사고는 그의 부주의가 원인이었다. ③ (구어) (부사적) …때문에(because of).
in due course ⇒ COURSE.
in due form 정식으로.
in due time (언젠가) 때가 되면, 머지 않아.
─國 (목) **~s** [-z] **1** [U][C] (보통 one's ~) 당연히 받 으려져[받아야] 하는 것. **2** (~s) 세금, 요금, 회비, 수수 료, 부과금. ¶ *club* ~*s* 클럽 회비 /*harbor* ~*s* 입항세.
for a full due [해사] 완전히, 충분히.
give a person his due 남을 공평하게 다루다[평가 하다], 남의 장점[인정]을 인정하다; (남의) 응주 운전.
give the devil his due ⇒ DEVIL.
pay one's dues (美속어) ① (근면·희생·경험 따위에 의해) 존경받다, 권리[지위]를 차지하다. ② (과오·부주 의 따위의) 대가를 치르다; 형기를 마치다.
─團 **1** (방언에) 바로, 정(正)…으로. ¶ *a* ~ *east course* 정동의 진로. **2** (폐어) =duly.
~·ness 國 「기일, 만기일.

dúe bìll 國 차용 증서, 청구서.

dúe dàte 國 (어음의) 만기일, 만기일.   「*cáre*)

dúe díligence 國 상당한 주의[배려]. (또는 **dúe**

****du·el** [djúːəl/djúː-] 國 **1** 결투. ¶ *fight a* ~ *with a person* 남과 결투하다. **2** (양자간의) 싸움, 승부 (*between*). ¶ *a* ~ *of wits* 재치 겨루기. ─⑤ (*-l-*, (英) *-ll-*) 결투하다, 싸우다 (*with*). **~·(l)er**, **~·(l)ing** 國 결투(술). **~·(l)ist** 國 =duel(l)er.

dúel pístol 國 결투용 피스톨.   `·ístic` 國

du·en·de [duːéndei] 國 **1** 악마(demon), 도깨비 (goblin); 요정. **2** 불가사의한 매력. [< Sp]

du·en·na [djuːénə/djuː-] 國 **1** 소녀 감독 부인(스 페인·포르투갈의 가정에서 소녀를 감독하는 중년 여성). **2** 여자 가정 교사. **~·ship** 國 [< Sp *mistress*]

dúe pròcess (of láw) 國 (법률) 정당한 법 절차. (또는 **dúe còurse of láw**)

dues-pay·ing [djúːzpèiiŋ/djúː-] 國 (괴로운) 경험 을 쌓는, 남 밑에서 고생만 하는. ─國 고된 경험을 쌓 기, 늘 남 밑에서 출세 못함.

****du·et** [djuːét/djuː-] 國 **1** (음악) 듀엣, 이중주, 이중 창; 듀엣 곡(duo). **2** (비유적) (둘만의) 대화. ─⑤⑦ (*-tt-*) (음악) 이중주[이중창]를 하다. **~·tist** [< It]

du·et·to [djuːétou/djuː-] 國 (樂) **~·s**, *-ti* [-tiː] = duet. [< It]   「맛들인 밀 푸딩).

duff¹ [dʌf] 國 더프(건포도·향신료·시트론 따위의

duff² [페어] 國 **1** …을 새것[진짜처럼 보이게 하여 팔다. **2** (濠) (소나 말 따위를) 훔치다; (훔친 소의) 다 른 낙인을 찍다. **3** (英) [골프] (공을) 헛치다; (속어) …을 때리다, 차다(*up*).

duff around (英속어) 빈둥거리다.

duff over (英속어) 때려 눕히다.   「고 하다.

duff up ① 안개[연무]가 끼다. ② (英속어) 때리고 차 다. ─(英구어) 하찮은, 시시한, 쓸모없는. ─(英속 어) 하찮은 것; 가짜, 위조품[화폐]; 밀수품.

duff³ [페어] 國 엉덩이(buttocks, rump).
fluff one's duff (英속어) 자위하다.
up the duff (濠속어) 임신하여.

duff⁴ [濠·스코] 國 **1** (숲·나무 따위가 이탄(泥炭)처럼 굳어진 것. **2** (美) 분탄(粉炭), (특히) 무연탄.

du·fel [dʌ́fəl] 國 **1** (美) 캠프 용품, 캠프용 의류. **2** 더플(보풀이 선 두꺼운 모직물). (또는 **duffle**)

dúffel bàg 國 더플 백(원통형 군용 잡낭).

dúffel còat 國 더플 코트(모자가 달린 짧은 코트).

duff·er [dʌ́fər] 國 **1** (구어) 멍텅구리; (…에) 서투른 사람 (*at*); 노망기 있는 노인. **2** (속어) 가짜, 위조품. **3** (속어) 협잡꾼. **4** (濠) 가축 도둑; 쓸모없는 광산.

duf·fle [dʌ́fl] 國 =duffel.

Du Fu [duː fúː] 國 두보(杜甫)(712–770: 중국 당나 라의 시인). (또는 **Tu Fu**)

****dug**¹ [dʌg] 國 dig의 과거·과거분사.

dug² (암짐승의) 젖통, 젖꼭지(nipple).

du·gong [dúːgɔŋ, -gɔːŋ/-gɔŋ] 國 듀공(돌고래 비슷 한 수생 포유 동물; 열대 지방의 바다에 서식).

****dug·out** [dʌ́gàut] 國 **1** 방공호, 대피호; (대공적) 땅굴, 세로굴. **2** 통나무 배, 마상이. **3** [야구] 선수 대기 소, 더그아웃. **4** (英속어) (재소집된) 퇴역 장교. **5** (美 구어) (청소년 사이에서) 냉장고.

dug·way [dʌ́gwèi] 國 (산·언덕을) 절단해서 낸 길.

Dúgway Próving Gròund 國 (미국 Utah 주에 있는) 생화학 병기 실험소.

DUI, D.U.I. driving *u*nder the *i*nfluence (of al- cohol)(음주 운전).   「(濠) 작은 영양).

dui·ker [dáikər] 國 다이커 영양(羚羊)(아프리카산

dui·ker·bok [dáikərbàk/-bɔ̀k] 國 =duiker.

du jour [də ʒúər, djuː-/djuː-] **1** 어떤 특정한 날을 위한; 오늘의 메뉴의. **2** 오늘의, 지금 유행하는. [< F]

du·ka [dúːkə] 國 (케냐·동아프리카의) 가게, 소매점.

du·ka·wal·lah [dúːkəwɑ̀lə/-wɔ̀lə] 國 (케냐·동아 프리카의) 상점 주인.

****duke** [djuːk/djuːk] 國 **1** (유럽의 공국(duchy)의) 군 주, 공(公), 대공(大公); (영국 이외의 나라의) 공작. **2** (종종 **D–**) (英) 공작(영) duchess)(⇒BARON). **3** (식물) 듀크종 벚나무. **4** (~s) (속어) 손, 주먹(fists). **5** (속어) (권투) (레퍼리가 승자의 손을 들어서 주는) 승리 선언; (~s) 무릎. **6** (**the** ~) (美속어) (농장의) 황소.
go down on one's dukes 무릎을 꿇다.
Put up your dukes. (구어) 자 덤벼!
─國 (美속어) 치고받고 싸우다. ─⑤ **1** (美속어) (남)을 때려 눕히다; (정신적으로) 상처를 입히다(*out*). **2** (美구어) …을 주다, 건네다; …와 악수하다. **3** (비 어) 성교하다.
duke it out 끝장날 때까지 싸우다[겨루다].

-dom 명 공국; 공작령; ① 공작의 지위.
Duke 명 듀크(남자 이름).
Dúke ofKént 명 (英속어) 지대(地代), 집세(rent).
Dúke of Yórk 명 (英속어) 포크(fork); 손가락.
duke-out [´ʌut] 명 (美속어) 주먹다짐, 드잡이.
dukes-up [djúːksʌp] 명 (美속어) 걸핏하면 싸우(려 드)는, 호전적인.
DUKW, Dukw [dʌk] 명 (美군사) =duck⁴.
dul·cet [dʌ́lsit] 형 **1** (눈·귀에) 즐거운, 달콤한; (듣기에) 감미로운, 마음을 포근하게 하는(soothing). **2** (古어) 달콤한, 감미로운 향기의. — 명 덜시트(오르간의 음전(organ stop)의 일종). ~·ly 분 ~·ness 명
dul·ci·fy [dʌ́lsəfài] 타 **1** (기분)을 즐겁게 하다, 누그러뜨리다, 달래다. **2** (맛)을 달게 하다. -**fi·cá·tion** 명
dul·ci·mer [dʌ́lsəmər] 명 (음악) 덜시머. **1** zither 비슷한 사각형의 현악기. **2** 기타 비슷한 근대 민속 악기.
dul·cin·e·a [dʌlsíniə, dʌlsəníːə] 명 사모하는 여자, (이상의) 연인. (<Cervantes작 *Don Quixote* 중에서 주인공이 사모한 시골 처녀 Dulcinea의 이름)
dul·cite [dʌ́lsait] 명 =dulcitol.
dul·ci·tol [dʌ́lsətɔ̀ːl/-tɔ̀l] 명 덜시톨(인공 감미료).
dul·ci·tone [dʌ́lsətòun] 명 (음악) 덜시톤(소리굽쇠를 두드려 소리를 내는 건반 악기의 일종).
du·li·a [djuːláiə/djuː-] 명 (가톨릭) 성인(聖人) 공경, 성인에 대한 예배.
‡**dull** [dʌl] 형 (**~·er; ~·est**) **1** 머리가 둔한; 어리석은, 우둔한. ⇒FOOLISH [유의어] ¶a ~ boy [mind] 우둔한 소년[머리]. **2** (감각이) 무딘, 둔한; (눈·귀 따위가) 나쁜; 무감동의. ¶a ~ sight 나쁜 시력/be ~ of hearing 귀가 좀 먹다. **3** (고통 따위가) 격렬하지 않은, 무지근하게 느껴지는. ¶a ~ pain 둔통. **4** (동작이) 느린, 굼뜬; (장사 따위가) 침체된, 부진한; (상품 따위가) 수요가 없는. ¶Trade is ~. 장사가 신통치 않다. **5** (사람·동물이) 의욕[활력]을 잃은; 기운이 없는, 권태로운. **6** (책·이야기·파티 따위가) 단조로운, 지루한, 재미없는. ¶a ~ sermon 지루한 설교. **7** (칼날·끝이) 무딘, 예리하지 못한(⇔sharp). **8** (색·빛이) 산뜻하지 않은; 밝지 않은, 흐릿한. ¶a ~ light 흐린 빛. **9** (날씨·하늘 따위가) 흐린 (cloudy), 희미한(dim). ¶a ~ day 흐린 날. **10** (소리 따위가) 분명치 않은, 낮은(low); (맛이) 산뜻하지 않은.
(as) dull as dishwater [or (美) **ditchwater**] 아주 재미없는, 지독히 따분한; 아주 침체된.
— 동 (~s [-z]) 타 **1** (칼날 따위)를 무디게 하다. ¶~ a razor's edge 면도날을 무디게 하다. **2** (고통)을 완화시키다. ¶Sorrow is ~ed by the passage of time. 슬픔은 시간이 지남에 따라 수그러진다, 세월이 약이다. **3** (감각·지능)을 둔하게 하다. **4** …을 흐리게[흐릿하게] 하다. **5** (힘·활기 따위)를 떨어지게 하다, 약해지게 하다. — 자 둔해지다. ¶Wit ~s when unused. 재치는 써먹지 않으면 무디어진다.
dull the edge of …의 날을 무디게 하다; …의 흥미를 줄이다; …의 예리함을 죽이다.
dull·ard [dʌ́lərd] 명 얼간이, 바보(dull person). ¶ You ~! 이 바보야! — 형 둔감한, 둔한.
dull-brained [´brèind] 형 우둔한, 머리가 둔한.
Dul·les [dʌ́lis] 명 **John Foster** ~ 델레스(1888-1959; 미국의 정치가; 국무 장관(1953-59)).
Dúlles International Áirport 명 덜레스 국제 공항(미국 Washington D.C. 서쪽에 있는 공항).
dull-eyed [´àid] 형 눈이 총기가 없는[흐릿한].
dull·head [dʌ́lhèd] 명 바보, 얼간이, 멍청이.
dull·ish [dʌ́liʃ] 형 좀 둔한, 굼뜬; 명청한; (경기 따위가) 침체 경향의. ~·ly 분
‡**dull·ness** [dʌ́lnis] 명 ① **1** 둔함, 둔감, 우둔, 굼뜸. **2** (경제) (거래의) 부진, 불경기. **3** (이야기의) 단조로움, 지루함. **4** (기분의) 울적함, 답답함, 개운치 못함. **5** (색채·음색의) 산뜻하지 않음, 침침함, 흐릿함. **6** (날씨가) 흐림, 음울함. (또는 **dulness**)

dulls·ville [dʌ́lzvil] 명 (종종 D-) (美속어) 명 ① (무관심하여) 몹시 지루한 것[장소], 권태. — 형 몹시 지루한.
dúll tóol 명 (美속어) 무능한[쓸모없는] 사람.
dull-wit·ted [´wítid] 형 =dull-brained.
‡**dul·ly** [dʌ́li] 분 둔하게, 흐릿하게; 우둔하게; 활발치 못하게, 느릿느릿; 단조롭게, 지루하게.
dulse [dʌls] 명 덜스(식용 해초의 일종).
‡**du·ly** [djúːli/djúː-] 분 **1** 정당하게, 정식으로; 적절히, 어울리게. **2** 제시간에, 시간대로; 마침 알맞게. ¶The train ~ arrived. 열차는 제시간에 도착했다. **3** 충분히. be ~ duly to hand (상업) 틀림없이 입수하다. [분히]
du·ma [dúːmə] 명 **1** (보통 D-) (러시아 연방 의회의) 하원. (또는 **Státe** ~) **2** (제정 시대의) 러시아 국회(1917년 이전의) 공식 호의, 의회. (<Russ)
Du·mas [djuːmáː/djúːmɑː] 명 **1 Alexandre** ~ 뒤마(1802-70; 프랑스의 극작가·소설가; 「삼총사」, 「몽테크리스토 백작」; 통칭 ~ **père**(대 뒤마)). **2 Alexandre** ~ 뒤마(1824-95; 대 뒤마의 아들; 극작가·소설가; 「춘희(椿姬)」; 통칭 ~ **fils** (소 뒤마)).
‡**dumb**¹ [dʌm] 형 **1** 벙어리의, 말 못하는. ¶a ~ man 벙어리/~ animals 말 못하는 짐승.
2 (놀람·공포 따위로) 말문이 막힌, 아연한 (with). ¶be ~ with astonishment 놀라서 말이 나오지 않다.

<blockquote>
(유의어) **dumb** 선천적으로 말할 능력이 없는; 너무 놀라서 말할 힘이 없어진. **mute** 잠재적으로 말할 능력은 있으나 귀가 먹어 말을 배우지 못한; 어떤 이유로 침묵을 지키는. **speechless** 일시적으로 말하는 능력을 빼앗긴. **voiceless** 선천적으로 발성 능력이 없는.
</blockquote>

3 (구어) 명청한, 어리석은; (사물이) 시시한, 말같잖은. **4** 침묵을 지키는, 잠자코 있는, 말수 적은. ¶remain ~ 잠자코 있다. **5** (해상) 발동기(돛)가 없는, (일반적으로) 추진[조종] 기관이 없는. **6** 소리가 안 나는. **7** (동작만으로 무언의 연기를 하는, 팬터마임의. **8** (감정·생각 따위가) 말로 나타낼 수 없는. ¶~ grief 말 못할 슬픔. **9** (컴퓨터) 독자적 데이터 처리 능력이 없는(형 **intelligent**); (군사) (폭탄 따위가) 유도식이 아닌, 재래식의(형 **smart**). ¶a ~ weapon 재래식 무기. **10** 발언권이 없는. **11** 당연히 있어야 할 것[성질]이 빠진.
(as) dumb as an oyster 입을 굳게 다문, 꿀먹은 벙어리 같은.
— 동 (구어) 바보, 멍청이. — 분 어리석게, 분별없이.
— 동타 …을 침묵시키다. — 자 입을 다물다(*up*)
dumb down [or (구어) *up*] (문장)을 쉽게 고쳐 쓰다; (일)을 쉽게 만들다; (학생)을 저학년용 교재로 가르치다.
~·ly 분 **~·ness** 명 [르친다.]
dumb² [dʌm] 형 (美속어) 터무니없는[없이], 심한[하게], 지독한[하게](damn). [엄의 막.]
dúmb áct 명 (보드빌(vaudeville)의 대화가 없는) 무
dúmb águe 명 (병리) 아급성(亞急性) 말라리아, 무오한기(無惡寒期) 말라리아.
dumb·ass [dʌ́mæs] 명 형 (속어) 얼간이, 바보.
dúmb bárge 명 (英) 무동력선, 명텅구리배.
dumb·bell [dʌ́mbèl] 명 **1** (~s) 아령. ¶a pair of ~s 아령 한 쌍. **2** (美속어) 얼간이.
dúmb bíd 명 최저 내정가(액), 비밀 유보 경매 가격.
dúmb blónde 명 (구어) 명청한 금발 미녀. [탄.]
dúmb bómb 명 (美속어) (유도식이 아닌) 재래형 폭
dúmb búnny 명 (속어) 우직한 사람, 좀 모자라는 사람.
dúmb chúm 명 =dumb friend. [람.]
dúmb clúck 명 (속어) 얼간이, 얼뜨기, 산만한 녀석.
dúmb cráft 명 =dumb barge.
dúmb Dó·ra [-dɔ́ːrə] 명 (속어) 명청한[단순한] 여자; 연인. (<미국 만화 *Dumb Dora*(1925-30))
dumb·er [dʌ́mər] 명 (美속어) 바보, 멍청이.
dumb·found [dʌmfáund, ´`] 형타 (수동형으로) …을 아연하게 하다, 기막히게 하다, 얼떨하게 하다

dumb friend 명 애완 동물.

dúmb friend 명 애완 동물. ¶청인.

dúmb·head [dʌ́mhèd] 명 〔속어〕 우둔한 사람, 멍청이.

dúmb íron 명 〔자동차의〕 스프링 받침.

dúmb·john [dʌ́mdʒɑ̀n/-dʒɔ̀n] 명 〔美속어〕 잘 속는 사람, 이용하기 좋은 사람; 봉; 신병(新兵).

dum·bo [dʌ́mbou] 명 **1** (D-) 덤보(Walt Disney의 만화 영화에 나오는 아기 코끼리). **2** 〔항공〕 해난 구조[수색]기(비행정). **3** 〔美속어〕 공화당의 상징; 귀가 큰 사람. **4** 〔속어〕 멍청이, 바보; 바보[얼빠진] 짓. ¶ 어리석은.

dúmb óx 명 〔구어〕 (덩치만 큰) 얼간이, 모자라는 사람.

dúmb piáno 명 (운지(運指) 연습용) 소리 없는 피아노.

dúmb rábies 명 〔수의〕 마비성 광견병.

dúmb shòw 명 **1** 무언극. **2** 무언의 몸짓.

dumb·socks [dʌ́msɑ̀ks/-sɔ̀ks] 명 〔美속어·경멸적〕 멍청한 사람.

dumb·struck [dʌ́mstrʌ̀k] 형 놀라서 말이 안 나오는. (또는 **dúmbstrìcken**) ¶없는 단말기.

dúmb términal 명 〔컴퓨터〕 자체 정보 처리 기능이 없는 단말기.

dumb·wait·er [dʌ́mwèitər] 명 **1** 〔英〕 자동 회전 식품대(美) lazy Susan). **2** 〔美〕 식품·식기용 승강기.

dum·dum [dʌ́mdʌ̀m] 명 **1** 덤덤탄(彈)(명중하면 파열하여 상처 구멍을 크게 한다; 맹수 사냥용). (또는 ~ **bùllet**) **2** (또는 **dúm-dùm**) 〔속어〕 멍청이.

du·met [dúːmet] 명 듀멧선(線)(진공관·백열 전구의 봉입용 구리 피막선; 철과 니켈의 합금).

dum·found [dʌmfáund, ←⌐] 형타 =dumbfound.

‡**dum·my** [dʌ́mi] 명 (복 **-mies** [-z]) **1** 견본, 모형, 모조품. **2** (양장점 따위의) 장식 인형, 마네킹; (권투·사격 따위) 연습용[표적] 인형. **3** 〔美속어〕 바보, 멍청이. **4** 꼭두각시; 앞잡이. **5** 벙어리; 말이 없는 사람. **6** 〔카드놀이〕 (브리지의) 더미(자기의 패를 보여 주고 declarer에게 게임을 맡기는 사람. **7** 진짜같이 만든 것, 가짜; 〔英〕 (아기의 고무 젖꼭지)(〔美〕 pacifier); (군사) 모의탄. **8** 〔인쇄〕 (책의) 가제본(假製本); 견본쇄(刷). **9** 〔컴퓨터〕 더미(실제로는 기능하지 않는 변수·기억 영역·회로 등). **10** (美속어) 가짜 헤로인[마약]. **11** 〔언어〕 대역(代役) 기호. **12** 〔美·캐나다〕 빵. **13** 〔美속어〕 빈 술[맥주]병; 담배 꽁초. **14** 〔美속어〕 돈지갑. **15** 〔속어〕 남성 성기. **16** 〔축구·럭비〕 상대방을 속이는 척하는 속이기, 페인트.

beat the dummy (美비어) (남자가) 자위 행위를 하다.

sell a person **the** [or **a**] **dummy** (축구·럭비) 패스하는 척하며 (상대)를 속이다; 남을 속이다.

—형 **1** 명의뿐인, 가공의; 남의 앞잡이가 된. **2** 모형의, 모조의; 가짜의, 모조품인. ¶ a ~ bomb 모의 폭탄.

—[동](타] **1** (인쇄) (책)의 가제본을 하다(up). **2** …을 모형[견본]으로 보여주다. —자 **1** 〔축구·럭비〕 패스하는 척하며 속이다. **2** 〔美속어〕 입을 다물다.

dummy up ① —동(타] ② **2** 〔견본[모형]을 만들다. ③ (美속어) 입을 열려고 하지 않다, 꾹 침묵을 지키다.

dúmmy cómpany 명 유령(위장) 회사.

dúmmy héad 명 더미 헤드(두 귀 부분에 마이크로폰을 장착한 사람 머리 모양의 녹음 장치).

dúmmy-head torpédo 명 연습용 모의 어뢰.

dúmmy rùn 명 예행 연습; 시행(試行), 예행 연습.

dúmmy stòck 명 명의주(名義株)(서류상의 주식).

*****dump**[1] [dʌmp] 통(타] **1** …을 털썩 내려놓다[떨어뜨리다, 쏟다]. **2** (쓰레기 등을) (기울이거나 뒤집어서) (내용물)을 비우다; (구어) …을 쓰레기로 버리다; (쓰레기 따위)를 버리다[처분하다]; (구어) (사람)을 차에서 내려놓다(out, down). ¶ ~ +목 +閉] ~ out the gravel 자 갈을 쏟아 버리다 // (~ +목 +前 +名) The truck ~ed the sand on the sidewalk. 트럭이 모래를 보도에 부려 놓았다. **2** 〔상업〕 (잉여 상품을 외국에서) (해외 시장에) (상품)을 덤핑하다. ⇒DUMPING 4. ¶ ~ surplus goods 잉여 상품을 투매하다. **3** (과잉 인구 등)을 국외로 내보내다. **4** …을 해고하다; (애인)을 버리다; (계약)

을 해지하다(from, out of). ¶ She ~ed me once. 그녀는 전에 나를 차버렸다. **5** (책임·문제 따위)를 떠넘기다, 전가하다(on). ¶ ~ one's problems on 자기 문제를 …에게 떠넘기다. **6** 〔컴퓨터〕 덤프하다(내부 기억 장치의 내용을 플린터·자기 디스크 따위에 출력[인쇄]하다). **7** (속어) **a)** 〔권투에서〕 (상대)를 녹다운시키다, 때려 눕히다. **b)** 〔시합〕에서 일부러 지다. **8** (수동형으로) (美) (영화)를 개봉하다. **9** (濠) (마도기) (해수욕장·서퍼)를 내동댕이치다. **10** (美속어) 토하다, 게우다. **11** 〔야구〕 (공)을 번트하다. —자 **1** 털썩 떨어지다. **2** 짐을 내리다, 찌꺼기[쓰레기]를 버리다. **3** 투매하다, 덤핑하다. **4** 똥을 누다, (…의) 악담을 하다(on).

dump all over = dump on ①. ¶ ② 토하다.

dump a [or **one's**] **load** (美속어) ① 대변을 보다.

dump on (美속어) ① 〔남〕을 깎아내리다, 헐뜯다. ② 아우성치다, 부르짖다. ③ 〔남〕을 속이다. ④ 〔남〕을 파 멸시키다; (물건)을 깨뜨리다.

—명 **1** (쓰레기 따위) 쏟아 놓은 것, 쓰레기 더미. **2** 쓰레기 하치장(英) tip). **3** 〔구어〕 쓰레기같은 집; 황폐한 [지저분한] 거리, 초라한 장소. **4** 〔군사〕 (무기·탄약 등의) 임시 집적소. **5** 털썩 떨어뜨리기; 털썩 하는 소리. **6** 〔컴퓨터〕 덤프(기억 장치의 내용을 출력 장치로 전사(轉寫)하기, 〔재앙〕 (적동물 따위의 쓰레기를 버리기 위한) 장소; 그 광석·암석을 쌓아 놓은 것. **8** =~ truck. **9** (속어) (가게·아파트·호텔 따위의) 건물(* 깎잡을 때 쓴다). ¶ a dressy ~ 멋진 곳[가게, 집]. **10** 〔美구어〕 도시, 도회. **11** (美구어) 미리 짜고 하는 시합.

do a dump on = dump on ①

dump[2] 명 (~s) 〔구어〕 우울, 의기 소침(low spirits). **(down) in the dumps** 의기 소침하여.

dump[3] 명 **1** 짤막하고 통통한 것. **2** 〔英방언〕 (어린이가 놀이에) 쓰는 납으로 만든 산가지. **3** 새끼로 만든 던지는 고리. **4** 옛 오스트레일리아의 화폐. (속어) 잔돈 (~s) 돈. **5** (고어) 땅딸막한 사람.

not care a dump (美구어) 조금도 개의치 않다.

not worth a dump (美구어) 아무 가치도 없는.

dúmp bòdy 명 덤프 카(덤프트레일러)의 차체.

dúmp càr 명 덤프 화차.

dump·cart [dʌ́mpkɑ̀ːrt] 명 쓰레기 손수레.

dump·er [dʌ́mpər] 명 **1** = dumpcart, dump truck. **2** (화차의) 짐 부리는 장치. **3** 하역 인부, 쓰레기 치우는 사람. **4** 덤핑[투매]을 하는 나라(사람). **5** (濠) (해수욕장 등을 메다운치는) 큰 파도. **6** (美속어) 쓰레기통.

in the dumper (美속어) 파산(몰락)하여, 무일푼으로.

dump·ing [dʌ́mpiŋ] 명 回 **1** (쓰레기·핵 폐기물 따위를) 내버리기, 폐기, 불법 투기; (짐 따위를) 내려놓기. **2** 쏟아 놓은 짐, 쓰레기. **3** 털뜯기, 깎아내리기; 야유를 퍼부어 못 하게 하기. **4** (상업) 투매, 덤핑; 해외 시장 덤핑. ¶ social ~ 저임금을 이용한 해외 덤핑.

dúmping field 명 투매 시장, 〔매립지〕.

dump·ing-ground [-grὰund] 명 쓰레기 하치장

dump·ish [dʌ́mpiʃ] 형 〔드물게〕 우울(울적)한, 슬픈. ~·**ly** 부 ~·**ness** 명

dump·ling [dʌ́mpliŋ] 명 **1** 回 (가루 반죽을 찐) 경단; (과일이 든) 푸딩; 만두(half-circle ~). **2** 〔구어〕 땅딸막한 사람〔동물〕. **3** (美속어) 시골 사람, 촌뜨기.

dump·ster [dʌ́mpstər] 명 대형 쓰레기 수납기.

dúmpster dípping 명 (구어) (기밀·정보 따위의 수집을 위한) 쓰레기통 뒤지기.

dúmp trùck 명 덤프 트럭. (또는 **dúmptrùck**)

dump·y[1] [dʌ́mpi] 형 우울한; 침울한; 언짢은.

dump·y[2] 형 뭉뚝한; 땅딸막한(squat). ¶ a ~ woman 땅딸막한 여자. —명 (스코틀랜드산의) 다리 짧은 닭.

dúmp·i·ly 부 **dúmp·i·ness** 명

dúmpy lèvel 명 (측량) 망원경 달린 수준기.

dun¹ [dʌn] 톙탄 (-nn-) …에게 귀찮게[끈덕지게] 빚 독촉을 하다, 성가시게 재촉하다. ─명 1 심하게 빚 독촉하는 사람, 빚쟁이. 2 빚 독촉(장).

dun² 형 1 암갈색의, 암갈색의. 2 어둠침침한, 음침한. ─명 1 □ 암갈색, 암갈색. 2 (갈기와 꼬리가 검은) 암 갈색 말. 3 = ~ fly. 4 하루살이(mayfly). ─탄 1 암 갈색으로 만들다, 어둡게 하다. 2 (물고기)를 소금에 절여서 저장하다. ~·**ness** 명

dun³ 명 (스코) (성이 있는) 언덕, 구릉.

dun·bird [dʌ́nbə̀ːrd] 명 (英) 바다오리의 일종(pochard); (美) 홍오리(ruddy duck).

Dun·can [dʌ́ŋkən] 명 **Isadora ~** 덩컨(1878–1927: 미국의 무용가; 현대 무용의 선구자).

*__dunce__ [dʌns] 명 (경멸적) 바보, 멍청이; 열등생.
↙·like, dún·ci·cal, dúnc·ish 형 **dúnc·ish·ly** 부

dúnce('s) cáp 명 바보 모자(학교에서 공부를 못하거나 게으른 학생에게 벌로 씌우던 원추형 종이 모자).

Dundee càke 명 (英) 던디 케이크(아몬드를 넣은 과일 케이크).

dun·der·head [dʌ́ndərhèd] 명 바보, 멍청이. ~·**ness** 명

dun·der·head·ed [dʌ́ndərhèdid] 형 우둔한, 머리가 둔한. ~·**ness** 명

dun·der·pate [dʌ́ndərpèit] 명 =dunderhead.

dun·drear·ies [dʌndríəriz] 명복 (때로 D-) 긴 구레나룻. (또는 **dundréary whískers**).

dune [djuːn/djuːn] 명 (해변의) 사구(砂丘), 모래 언덕.

dúne bùggy 명 (모래 언덕·백사장 따위를 달리는 스포츠·레저용) 소형 경차동차(beach buggy).

dune·mo·bile [djúːnmòubəl/djúːn-] 명 =dune **dún flý** 명 (낚시용) 고동색 파리낚시. [buggy.

dung [dʌŋ] 명 □ (동물의) 똥: 거름. ─탄 (땅)에 비료[거름]를 주다. ─자 똥을 누다.

dun·ga·ree [dʌ̀ŋgərí:] 명 1 (~s) 덩가리(푸른 데님 (denim)제 가슴받이 달린 작업복). 2 □ 덩가리 천(동인 도산(産)), 푸른 데님.

dúng bèetle [chàfer] 명 (곤충) 쇠똥구리.

dúng·cart [dʌ́ŋkɑ̀ːrt] 명 비료 운반차; 분뇨[두엄]차.

*__dun·geon__ [dʌ́ndʒən] 명 1 (중세의 성안의) 토굴 감옥, 지하 감옥. 2 아성(牙城), 내성(donjon). ─탄 지하 감옥에 가두다(up).

dúng flý 명 똥파리.

dung·fork [dʌ́ŋfɔ̀ːrk] 명 1 퇴비 쇠스랑. 2 (美속) 손.

dung·hill [dʌ́ŋhìl] 명 1 (가축의) 똥[거름]더미; 지저분한 곳. 2 쓰레기장; 타락한 상태[사람].
__a cock on its [or his] own dunghill__ 제집 안에서 활개치는 사람, 골목 대장.
__die dunghill__ 불명예스럽게 죽다. [통 닭.

dúnghill fówl [còck, hén] 명 (투계가 아닌) 보통 닭.

dung·y [dʌ́ŋi] 형 똥의, 똥투성이의; 불결한.

Dun·hill [dʌ́nhil] 명 던힐(영국의 신사복·복식품·흡연 회사; 그 브랜드).

dun·ie·was·sal [dùːniwásəl/-wɔ́s-] 명 (스코틀랜드 고지의) 중류 신사; 명문에서 분가한 자제.

dunk [dʌŋk] 톙탄 1 (빵·도넛 따위)를 (커피·밀크 따위에) 적시다[적셔서 먹다]. 2 …을 물 따위에 적시다[집 어넣다](in, into). 3 (농구) 덩크 샷하다. ─명 1 물에 적심[닮그기]. 2 양념 소스. 3 (농구) = ~ shot.

Dun·kirk [dʌ́nkəːrk/-´-] 명 1 덩케르크(프랑스 북부의 항구; 2차 세계 대전 때 독일군의 공격을 받던 영국·프 랑스군이 기적적으로 철수한 곳). 2 (비유적) 위기, 위급 천만인 상황; 필사적인 철수. [정신.

Dúnkirk spírit 명 (the ~) 덩케르크 혼(魂), 불굴의

dúnk shòt 명 (농구) 덩크 샷.

dun·lin [dʌ́nlin] 명 (복 ~**s**) (조류) 민물도요.

Dun·lop¹ [dʌnlάp, ´-/dʌ́nlɔp] 명 던롭. **1 John Boyd ~** (1840–1921: 스코틀랜드의 발명가; 공기 타이어 발명). **2** 이가 창업한 회사; 던롭 타이어. **3** 영국의 골프·테니스 용품 회사; 그 브랜드.

__dangle the Dunlop__ (속어) (비행기가) 바퀴를 내리 다. [Dunlop 지방산의 흰 치즈).

Dun·lop² [dʌ́nlɑp/-lɔp] 명 던롭 치즈(스코틀랜드의

dun·nage [dʌ́nidʒ] 명 □ 1 수화물, 소지품, 휴대품. 2 짐깔개(파손을 막기 위해 짐거나 사이에 끼우는 스티로품 따위). ─탄 …을 짐깔개[끼우개]와 함께 포장하다.

dun·ner [dʌ́nər] 명 =dun¹ 1.

dunn·ite [dʌ́nait] 명 D 폭약(고성능 폭탄용).

dun·no [dənóu] 명 (구어) =(I) don't know.

dun·nock [dʌ́nək] 명 (英방언) 바위종다리.

dun·ny [dʌ́ni] 명 (濠·남아 속어) 옥외 변소; (스코) (아파트의) 지하 통로, 지하실.

dúnny càrt 명 (濠) 분뇨 운반차.

dunt¹ [dʌnt] 명 (스코) 1 (퍽 하고) 세게 치기, 강타. 2 (꽝 하고) 얼어맞은 상처. 3 (비행선의) 급격한 흔들림. ─톙탄 …을 (꽝 하고) 치다. (꽝 하고) 부딪치다.

dunt² 명 (도자기가 급격히 식어) 깨지다, 금이 가다.

du·o [djúːou/djúː-] 명 (복 ~**s**) 1 (음악) 이중창[주]자; 이중창[주]곡(duet); (구어) (단·복수 양용) 이중주단. 2 (연예인 등의) 2인조. ¶*a comedy ~* 2인조 코미디언. 3 (구어) 두 마리[개] 한 쌍.

du·o- [djúːou, djúːə/djúː-] 연결 two의 뜻. ¶ *duo*-

du·o·dec·i·mal [djùːədésəməl/djùː-] 형 1 12분의 1의; 12의. 2 12개[명] 한 조의, 12진(법)의. ¶ *the ~ system* 12진법. ─명 1 12진법; 12진수. 2 12분의 1.
-dèc·i·mál·i·ty 명 ~·**ly** 부

du·o·dec·i·mo [djùːədésəmòu/djùː-] 명 (복 ~**s**) 1 □ 12절판(약 13×20cm; 꾀 12mo, 12°). 2 12절[사 류]판 책. 3 (음악) (음정의) 12도. ─형 12절판의.

du·o·de·nal [djùːədíːnl/djùː-] 형 십이지장의[에 관한]. ¶ ~ *ulcer* 십이지장 궤양.

du·o·den·a·ry [djùːədénəri, -díː-] 형 =duodecimal. [리) 십이지장염.

du·o·de·ni·tis [djùːoudináitis/djùː-] 명 □ (병

du·o·de·num [djùːədíːnəm/djùː-] 명 (복 **-na** [-nə]) (해부) 십이지장. ⇒ABDOMEN 그림. [(2인승).

du·o·dra·ma [djúːədrὰːmə/djúː-] 명 듀오드라마

du·o·graph [djúːəgrὰːf, -grὰːf/djúːəgrὰːf] 명 =duotone.

du·o·logue [djúːəlɔ̀ːg, -lὰg/djúːəlɔ̀g] 명 1 (연극 따위에서) 둘만의 대화(dialogue). 2 대화극.

duo·mo [dwóumou, -mi] [-mi] 명 주교좌 성당, 대성당(cathedral). [<It dome]

du·op·o·ly [djuːάpəli/djuːɔ́p-] 명 1 (경제) 공급 복점(占), 매주(賣主) 복점(두 회사에 의한 독점). 2 (정치) 양대 강국 주도의 국제 정치.

du·op·so·ny [djuːάpsəni/djuːɔ́p-] 명 (경제) 수요 복점, 매주(賣主) 복점(두 회사에 의한 구매 시장 독점).

du·o·rail [djúːəurèil/djúː-] 명 복궤(複軌) 철도(모노레일에 대하여 보통 철도). 휑 monorail

du·o·tone [djúːətòun/djúː-] 명 1 두 가지 색조의 그림. 2 12색 그림. 2 (인쇄) 더블톤 인쇄물; 그라비어 인쇄. [비어 인쇄.

dup. duplicate.

dupe¹ [djuːp/djuːp] 명 1 속기 쉬운 사람, 봉, 얼간이. 2 (사람·권력 따위의) 앞잡이, 하수인. ─탄 (사람)을 속이다; (사람)을 속여서 …시키다 (*into doing*).
dùp·a·bíl·i·ty 명 **dúp·a·ble** 형

dupe² 명 =duplicate. 2 듀프. **a)** (영화) 오리지널 네거 필름의 복사본. **b)** (TV) 복사판 비디오 테이프. ─탄 =duplicate. [(행위). 2 속아 넘어가기.

dup·er·y [djúːpəri/djúː-] 명 □□ 1 속임수, 사기

du·ple [djúːpl/djúː-] 형 1 두 배의(double), 이중의 (twofold). ¶ ~ *ratio* 2:1의 비. 2 (음악) 두 박자의.

dúple tìme 명 (음악) 두 박자.

du·plex [djúːpleks/djúː-] 형 1 두 겹의, 두 배의. 2 두 부분으로 이루어진, 이중의, (기계 구조가) 복식의. ¶ *a ~ lamp* 이중심등(二重心燈). 3 동시 송수신[이중 통신] 방식의. ¶ ~ *telegraphy* 이중 전신(전선 한 줄로 양쪽에서 동시에 송·수신 가능). 4 (유전) 복식의. 5 (美)

이) 두 가구용의; (아파트가) 복층식의. —[명] 1 =~ apartment. 2 =~ house. 3 양면 이색지(異色紙). 4 〔인쇄〕 양면 인쇄기. 5 〔유전〕 복식(複式)(동질 4배체가 2개의 대립 우성 유전자를 갖는 것). 6 〔통신〕 동시 송수신[이중 통신] 방식. —[동][타] …을 이중으로 만들다[바꾸다], 중복시키다. **du·pléx·i·ty** [명]

dúplex apártment [명] 복층[복식] 아파트.

dúplex hóuse [명] 두 가구용 연립 주택.

dúplex sỳstem [명] 〔컴퓨터〕 듀플렉스 시스템(예비용까지 두 대의 컴퓨터를 설치하여 업무를 수행).

***du·pli·cate** [형] [djú:plikət/djú:-] 1 (다른 어떤 것과) 아주 똑같은, 딱 들어맞는. 2 중복의, 이중의; 쌍의, 쌍을 이루는. ¶a ~ ratio 2승비(乘比), 제곱비. 3 사본의, 부본(副本)의; 복사의[한], 복제의[한]. ¶~ copies 부본. 4 〔카드놀이〕 듀플리킷식의.
— [명] 1 사본; 등본; 복사, 복제(물). ⇨FACSIMILE [유의어] ¶a ~ of a letter 편지의 사본. 2 부표(副票), 전당표. 3 동의어. 4 (또는 ∠ **brídge**) 〔카드놀이〕 듀플리킷(브리지 따위에서 점수를 따져 보려고 먼저 하던 패로 다른 사람이 게임을 해보기).
in duplicate 정부(正副) 두 통으로.
— [동] [djú:plikèit/djú:-] [타] 1 …의 사본을 만들다, …을 복제하다(reproduce); …을 정·부 두 통으로 작성하다; …을 모방하다. 2 …을 되풀이하다, …을 다시 하다. ¶~ the same failure 같은 실수를 되풀이하다. 3 …을 이중으로[두 배로] 하다. —[자] 1 중복하다, 이중이 되다. 2 〔유전〕 (같은 유전자가) 둘로 분열하다.
~·**ly** [부] **-cà·tive** [형] 이중의, 복제의.

dú·pli·cat·ing machìne [djú:plikèitiŋ-/djú:-] [명] 복사기(duplicator).

***du·pli·ca·tion** [djù:plikéiʃən/djù:-] [명][U] 1 이중, 중복. 2 복사, 복제; [C] 복사물, 복제물, 카피. 3 겹침. 4 〔유전〕 (염색체의) 중복.

du·pli·ca·tor [djú:plikèitər/djú:-] [명] 복사[복제]기; 복제자.

du·plic·i·tous [dju:plísətəs/dju:-] [형] 일구이언의, 불성실한; 사기의. ~·**ly** [부]

du·plic·i·ty [dju:plísəti/dju:-] [명][U] 1 표리부동, 일구이언, 불성실. 2 이중(성), 중복(성).

Du·Pont [dju:pánt, ∠-/djú:pɔnt] [명] 뒤퐁. 1 **Eleuthère I.** ~(1771–1834: 프랑스 태생의 미국 실업가). 2 미국의 종합 화학 회사. (또는 **Du Pónt**)

du·ra[1] [dúərə] [명] =durra.

du·ra[2] [djúərə/djúə-] [명] =dura mater.

***du·ra·ble** [djúərəbl/djúər-] [형] 1 (의상·재료 따위가) 질긴, 튼튼한, 오래 가는, 내구력이 있는; (색이) 바래지 않는. ¶~ color 바래지 않는 색. 2 영속성 있는. ¶~ friendship 오래도록 변치 않는 우정. —[명] (~s) =~ goods. ∸**bíl·i·ty,** ~·**ness** [명] **-bly** [부]

dúrable góods [명][복] (자동차·냉장고 따위) 내구 소비재(hard goods).

dúrable préss [명] 형태 고정 가공(화학 약품으로 의류의 주름 따위를 영구히 만드는 방법).

du·ral[1] [djúərəl/djúə-] [형] 〔해부〕 경뇌막(硬腦膜)의.

du·ral[2] [djurǽl/djuə-] [명] =duralumin.

du·ral·u·min [djurǽljumin/djuər-] [명][U] 두랄루민(항공기 따위에 쓰이는 알루미늄 합금).

dúra máter [명] (the ~) 〔해부〕 경뇌막(硬腦膜)(dura).

du·ra·men [djuréimin/djuəréimen] [명][U] 〔식물〕 심재(心材), 적목질(赤木質)(heart wood).

dur·ance [djúərəns/djúər-] [명][U] 《문어》 감금, 구금; 《고어》 인내.
in durance vile 불법 감금되어.

***du·ra·tion** [djuréiʃən/djuər-] [명][U] (the ~) 1 (시간의) 계속, 지속, 내구(耐久). 2 지속[계속] 기간, 존속 시간. ¶the ~ of flight (항공기의) 체공 시간/of short ~ 단기간의. 3 전쟁 계속 기간. 4 〔음성〕 음량, 음의 길이.
for the duration ① 전쟁 기간 중. ② (언제 끝날지 모르는) 장기간에 걸쳐, 언제까지나. ③ (…하는) 동안 내내 (*of*).
~·**al** [형]

dur·a·tive [djúərətiv/djúər-] [형] 〔문법〕 (동사가) 계속상(相)의, 동작의 계속을 나타내는.

Dur·ban [də́:rbən] [명] 더반(남아프리카 공화국 제2의 항구 도시).

dur·bar [də́:rba:r] [명] 《인도·파키스탄》 〔역사〕 1 (토후(土侯)의) 궁정. 2 (인도 토후·영국 총독 등이 베푸는) 알현, 공식 접견. 3 접견실, 알현실.

du·ress [djuərés, djúəris/djuərés] [명][U] 1 구속, 감금. 2 〔법률〕 (불법적인) 강요, 협박, 강제.
in duress 감금당하여. ¶be held *in* ~ 감금되어 있다.
under duress 협박당하여, 강압하에.

du·res·sor [djuərésər/djuə-] [명] 〔법률〕 강박자.

Du·rex [djúəreks/djúə-] [명] 《상표》 듀렉스. 1 《英》 콘돔. 2 《濠》 접착 테이프.

Dur·ga [dúərga:] [명] 〔힌두교〕 두르가(전쟁의 여신; 시바 신의 배우(配偶)신).

Dur·ham [də́:rəm/dʌ́r-] [명] 1 더럼(영국 동북부의 주; 그 주도(州都)). 2 더럼종(種)의 육우(肉牛).

du·ri·an [dúəriən -riὰ:n/dúəriən] [명] 두리언(동남아시아 원산의 과수); 그 과일. (또는 **durion**)

‡**dur·ing** [djúəriŋ/djúər-] [전] 1 …동안 (내내), …동안을 통하여, …중(all through). ¶~ the past one month 지난 한 달 동안/She kept silence ~ the meal. 그녀는 식사하는 동안 내내 아무 말도 하지 않았다. 2 …사이에, …중에. ¶He left ~ the lecture. 그는 그 강연 도중에 자리를 떠났다.

[USAGE] **during**은 (1) 특정 기간이나 그 기간의 어떤 시점을 나타낼 경우에만 쓰며 보통 정관사나 지시대명사가 이끄는 어구와 함께 쓰인다: ~ the week 그 주일 동안(에). [참] *for* a week 일주일 동안(에). (2) 「…사이에, 중에」의 경우 보통 in을 쓰나 그 시점이 분명하지 않음을 강조할 때 during을 쓴다: go to Tokyo *during*[*in*] July 7월에 도쿄에 가다.

dur·i·ron [djúəràiərn] [명] 1 듀리론(고(高)규소 주철(鑄鐵)의 일종). 2 =durian.

Durk·heim [də́:rkhaim/*F* dyrkɛm] [명] **Emile** ~ 뒤르켐(1858–1917: 프랑스의 사회학자).

dur·mast [də́:rmæ̀st/-mὰ:st] [명] (유럽산(產)) 참나무의 일종. (또는 ∠ **òak**)

durn [də:rn] [명] 《美구어》 =darn[2]; 《英구어》 대문 기둥, 문틀.

durned [də:rnd] [형][부] =darned.

du·ro [dúərou/*Sp* dúro] [명] ([복] ~**s** [-z]) 두로(스페인의 5페세타 (주화)).

Du·roc [djúərɑk/djúərɔk] [명] 두록(미국산(產) 붉은 돼지). (또는 ∠-**Jérsey**)

du·rom·e·ter [djuərάmətər/djuərɔ́m-] [명] 경도계(硬度計)(재료·금속의 경도를 측정).

dur·ra [dúərə] [명] 팥수수(아시아산(產) 옥수수의 일종).

durst [də:rst] [동] 《고어》 dare의 과거.

dú·rum (whèat) [djúərəm-/djúər-] [명][U] 마카로니 밀(마카로니·스파게티 재료용의 단단한 밀).

Du·shan·be [dju:ʃά:nbə, -ʃά:m-] [명] 두샨베(중앙아시아 타지크 공화국의 수도).

***dusk** [dʌsk] [명][U] 1 어스름, 박명(薄明); 땅거미질 때, 황혼. 2 《시》 어두침침함, 어두컴컴함.
after dusk 해진 뒤에, 일몰 뒤에.
at dusk 땅거미질 때에, 황혼녘에.
from dawn till dusk 새벽부터 저녁까지.
in the dusk 어두컴컴한 데서.
thick with dusk 어둠이 짙어져.
—[형] 《시》 어둑한, 저물어 가는. —[동] 《시》 어둑하게 하다[되다].

dúsk dárk [명] 《美남부》 해질녘, 황혼.

dusk·ish [dʌ́skiʃ] [형] 좀 어둑한, 약간 거무스름한.

***dusk·y** [dʌ́ski] [형] 1 거무스름한. 2 (피부가) 거뭇한, 흑인의. 3 어스레한(dim). ⇨DARK [유의어] 4 음울한(gloomy). **dúsk·i·ly** [부] **dúsk·i·ness** [명]

Düs·sel·dorf [djúsəldɔ̀:rf/dúsl-/*G* dʏsəldɔrf] [명] 뒤셀도르프(독일 Rhine 강변의 항구 도시).

‡**dust** [dʌst] [명][U] 1 (the ~, a ~) 먼지, 티끌; 사진(砂塵), 흙먼지. ¶a cloud of ~ 자욱한 흙먼지/*D*–

dust and ashes

thou art, and unto ~ shalt thou return. 너는 흙이니 너는 흙으로 돌아갈 것이니라(←창세기(Gen.) 3:19). **2** (복합어로) 가루, 분말, 입자; 꽃가루(pollen). ¶gold ~ 사금. **3** (the ~) 시체, 유골. ¶the honored ~ 명예로운 유해. **4** (the ~) (매장지로서의) 지면(면), 땅. **5** (英) 재, 석탄재; 쓰레기. **6** 천한 신분, 낮은 지위. **7** 하찮은[가치 없는] 것. **8** (the ~) 굴욕, 불명예. ¶humbled in [or to] the ~ 굴욕을 받고. **9** (고어·美) 돈, 현금. ¶be out for the ~ (美구어) 돈벌이에 열심이다/Down with the ~! (속어) 돈 내놔! **10** (a ~) 소동, 난리. **11** =DOWN. **12** (죽기 마련인 인간의) 육체. **13** (구어) 규폐(珪肺), 진폐증(塵肺症). **14** (속어) 분말 마약; 코카인; PCP; (속어) 담배. **15** (혜성의) 더스트(혜성의 고체 미립자).

after [or *when*] *the dust settles* [or *has settled*] 소동이 가라앉으면.

allow the dust to settle; let the dust settle (구어) 사태의 진정을 기다리다, 사태를 진정시키다.

(as) dry as dust 무미건조한; 몹시 목이 타는.

bite [or *eat, kiss*] *the dust* ① 쓰러지다, 패배당하다, 죽음을 당하다. ② 굴욕을 당하다. ③ 낙마하여; 부상을 입다. ④ 병이 나다; (기계 따위가) 못쓰게 되다, 서다; (계획 따위가) 무산되다.

cut the dust (美구어) 술을 마시다, 한 잔 하다.

droop to the dust 굴복하다. 「달리다, 뛰다.

eat a person's dust (美구어) (경주에서) 남의 뒤에서

gather dust ① 먼지를 뒤집어쓰다. ② 무시당하다.

have a little dust 한바탕 교전하다, 소규모 전투를 하다. 「녹다운되다.

hit the dust (건물 따위가) 무너지다. (권투 선수가)

in the dust ① 죽어서. ② 굴욕을 당하여.

kick up [or *make, raise*] *a dust* ① 먼지를 일으키다. ② (구어) (…의 일로) 소란을 피우다 (*about*).

lay the dust 물을 뿌려 흙먼지가 일지 않게 하다.

leave…in the dust (경쟁 상대 따위를) 압도하다.

lick the dust ① 엎드리다. ② = bite the dust.

lie in the dust 괴멸하다, 못쓰게 되다. 「움직이다.

make the dust fly ① 힘차게 활동하다. ② 재빨리

out of dust 먼지 속에서; 굴욕적인 처지에서.

settle the dust 사태(소란)를 진정시키다(수습하다).

shake off the dust of one's feet [or *shoes*] 자리를 박차고(분연히) 떠나다(←마태복음 10:14).

take the dust of …에게 추월당하다, 뒤지다.

throw dust in a person's eyes 남의 눈을 현혹하다, 속이다, 야바위치다.

will [or *can*] *not see a person for dust* (구어) (눈 깜박하는 사이에) 자취를 감추다(사라지다).

— 동타 **1** …의 먼지를 털다(닦아내다)(*off, down*) (*from*). ¶(~+目+圏) ~ (*off*) a table 테이블의 먼지를 털다. **2** …에 (가루 따위를) 뿌리다(*on, over, into* [*with*]). ¶(~+目+前+名) ~ plants with insecticide 식물에 살충제를 뿌리다/~ powder on a plant 식물에 살충제를 뿌리다. **3** (먼지나 쓰레기로) …을 더럽히다 (*with*). **4** (美속어) (남)을 죽이다, 기만하다. **5** (속어) …을 철석 때리다, 때려 눕히다; (蔑) …을 죽이다; (남)을 모욕하다. —자 **1** (가구·방의) 먼지를 털다(닦아내다). ¶~ and clean 먼지를 털고 깨끗이 하다. **2** (식물 위에 가루를 뿌리다; (새가) 흙목욕(사욕(砂浴))을 하다 (*with*). ¶(~+目+前+名) ~ with insecticide 살충제를 뿌리다. **3** 먼지(쓰레기) 투성이가 되다. **4** (속어) 서둘러 가다(출발하다); 도망치다(*off*). **5** (야구) (타자의 몸에) 스치듯이 공을 던지다. 「어.

(all) done and dusted (사람이) 모든 것이 준비되

dust a child's pants [or *trousers*] (美속어) 아이의 볼기를 치다, 아이를 벌주다.

dust a person's jacket [or *coat*] 남을 때리다.

dust back (야구) (타자를) 뒤로 몸을 젖히게 하다.

dust down ① ⇒타 **1**. ② (구어) …을 엄하게 꾸짖다.

dust off ① 먼지를 털어 깨끗이 하다; (방치했던 물건)을 (사용하기 위해) 꺼내다. ② (구어) (사람)을 때리다; (야구) (타자)의 몸에 닿을락말락한 공을 던지다. ③ (美軍속어) 사상자 운반용 헬리콥터로 탈출하다(图 dustoff). 「로 집을 잃게 하다.

dust out (방 따위)를 깨끗이 청소하다; 모래 폭풍으

dust the eyes of *a person* 남을 속이다.

dust the floor with *a person* 남을 혼내주다; …을

dust up (남)을 공격하다. 「생각대로 다루다.

dúst and áshes 명 쓸모없는 것, 쓰레기; 잠동사니.

dúst bàg 명 청소기의 먼지 주머니.

dúst báll 명 먼지 더미(덩어리).

dust-bath [-bæθ/-bà:θ] 명 (새의) 모래 목욕.

dust-bin [dástbin] 명 (英) 쓰레기통((美) trash can, 또는 dúst bìn) 「편.

the dustbin of history 역사의 뒤안길, 망각의 저

dust-bin-man [dástbinmən] 명 (英) 청소업자.

dúst bówl 1 모래 폭풍이 부는 지역, 황진(黃塵)지대. **2** (the D– B–) (1930년대 황진 피해를 입은) 미국 중남부의 건조 평원 지대. **dúst bòwler** 명 황진지대의 주민.

dúst bòx 명 쓰레기통.

dust-brand [dástbrænd] 명 (보리의) 깜부기병.

dúst bùnny 명 =dust ball.

dúst càp 명 (망원경·카메라 따위의) 렌즈 뚜껑.

dúst càrt 명 (英) 쓰레기 수거차, 청소차.

dúst chàmber 명 집진기(集塵器).

dúst children 명 (美) 동남아 여성과 백인 병사 사이의 혼혈아.

dúst chùte 명 쓰레기 투하 장치.

dúst clòak 명 먼지막이 덧옷.

dust-cloth [dástklɔ̀:θ, -klɑ̀θ/-klɔ̀θ] 명 (복 ~s) (가구 따위의) 먼지막이 천; 걸레.

dúst clòud 명 (천문) 우주진운(宇宙塵雲).

dúst còat 명 (英) 먼지막이 외투((美) duster).

dust-col-or [dástkàlər] 명 탁하고 바랜 갈색.

dúst còunter 명 계진기(計塵器)(공기중의 진애의 양이나 크기 따위를 재는 기구). 「jacket.

dúst còver 명 (가구 따위의) 먼지막이 천; =dust

dúst dèvil 명 흙먼지 회오리바람.

dúst disèase 명 (구어) (병리) 규폐증(硅肺症).

dust-dust [-dʌ́st] 명 (美속어) 갓 승진한 하사관.

***dust·er** [dástər] 명 **1** 먼지를 터는 사람(것), 청소부. **2** 먼지 터는 솔, 총채; 걸레. **3** (소금·후추 따위의) 뿌리는 기구; (살충제 따위의) 살포기. **4** 살충제를 공중 살포하는 사람. **5** =dust storm. **6** (美) 더스터 코트((英) dust coat): 여성이 가정에서 입는 짧고 헐렁한 옷. **7** (속어) (야구) =bean ball. **8** (美속어) 마른 우물; 원유가 바닥나는 유정. **9** (英국어 속어) 군함기(旗).

dúst guàrd 명 (기계·자전거 따위의) 흙받이. 「용자.

dúst hèad 명 (美속어) 합성 헤로인(angel dust) 상

dust·heap [dásthi:p] 명 **1** 높이 쌓인 쓰레기 더미. **2** 망각, 세상에 알려지지 않음; 무시; 쓰지 않음, 폐기.

dúst hòle 명 쓰레기 구덩이. 「기.

Dus·tin [dástin] 명 더스틴(남자 이름).

dust·ing [dástiŋ] 명 **1** ⓤ 먼지 털기(청소). **2** ⓤ (가루 따위를) 살짝 뿌리기, (살충제) 살포. **3** (속어) 구타; 물리치기. ¶give a good ~ 호되게 혼내주다. **4** ⓤⓒ (속어) (폭풍우 때의 배의) 동요. **5** (속어) 갓길 운전.

dústing pòwder 명 땀띠분(약).

dúst jàcket 명 책 커버(book jacket).

dúst kìtty 명 (美속어) =dust ball.

dust·less [dástlis] 형 먼지 없는, 먼지가 일지 않는.

dust·man [dástmən/-mæn] 명 (英) 청소부, 쓰레기 수거인. **2** (구어) 잠의 요정(蔑) (sandman); 졸음. **3** 태양계 행성의 우주 먼지생성설 지지자.

The dustman's coming. 아 졸려.

dúst mòp 명 = dry mop.

dúst of àngels 명 = angel dust. 「용 헬리콥터.

dust·off [dástɔ̀:f/-ɔ̀f] 명 (美軍속어) 사상자 후송

du·stoor [dəstúər] 명 (인도) 1 관례, 습관. 2 (알선인 등의 일정한) 수수료. (또는 **dustour**)
dust·pan [dʌ́stpæn] 명 쓰레받기. 「어가지 않는.
dust·proof [dʌ́stprù:f] 형 먼지를 막는, 먼지가 들
dust·sheet [dʌ́stʃì:t] 명 (英) =dust cover.
dúst shòt 명 가장 작은 산탄(散彈).
dúst stòrm 명 황진(黃塵), 흙먼지 폭풍(흙먼지를 일으키는 회오리바람). 짝 sandstorm
dúst tàil 명 (혜성의) 먼지 꼬리.
dúst tràp 명 먼지를 모으는 것, 먼지가 모이는 곳.
dust-up [dʌ́stʌp] 명 (英구어) 소동; 싸움, 주먹다
dúst wràpper 명 =dust jacket. [질; 논쟁.
‡**dust·y** [dʌ́sti] 형 (**dúst·i·er; dúst·i·est**) 1 먼지[쓰레기] 투성이의, 먼지가 많은, 먼지[쓰레기]가 쌓인. 2 먼지 같은, 가루 모양의(powdery). 3 회색의. 4 재미없는, 무미건조한; 모호한. 5 무가치한, 비천한. 6 날씨가 험악한, 바람이 심한. 7 (술이) 탁한, 찌꺼기가 있는.
not [or *none*] *so dusty* (英구어) (건강 상태 따위가) 그다지 나쁘지 않은, 그저 그런(not so bad).
── 명 1 (D-) (속어) 키가 작음, 꼬마. 2 (英) 70세 이상의 노인. 3 (英) 쓰레기 수거인.
dúst·i·ly 부 **dúst·i·ness** 명
dústy ánswer 명 (英) 애매한 대답; (요구에 대한) 강한 거부.   「생긴 매춘부.
dústy bútt 명 (美속어) 체구가 작은 녀석, 꼬마; 못
dústy márty 명 (美속어) 드라이 마티니.
dústy míller 명 1 (식물) 수레국화의 일종. 2 (주로 연어 낚시용) 제물낚시.
dutch [dʌtʃ] 명 (英속어) (항상인의) 아내, 마나님.
‡**Dutch** [dʌtʃ] 형 1 네덜란드의; 네덜란드 사람[말]의; 네덜란드풍의, 네덜란드제(製)의. 2 (그림) 네덜란드파(派)의. 3 (식사가) 뷔페식(式)의, 셀프서비스의. 4 펜실베이니아 더치(Pennsylvania ~)의. 5 (고어·美속어) 독일의(German, Teutonic).
go Dutch [or *dutch*] (*treat*) (구어) (…와) 비용을 각자 부담하다(split the bill)(*with*).
── 명 1 ⓤ 네덜란드 말. 2 (the ~) (집합적) 네덜란드인(국민)(*개인은 a Dutchman, a Hollander): (고어) 3 =Pennsylvania ~. 4 (英속어) 항상인의 아내. 5 ⓤ (폐어·美속어) 독일어.
a person's Dutch is up 화가 나 있다. 「을 하다.
beat the Dutch (구어) 깜짝 놀라게 하다, 불가사의한 일
double Dutch (구어) 도저히 알아들을 수 없는 말[이야기], 어려운 전문 용어.
get a person's Dutch up (남)을 화나게 하다.
in Dutch [or *dutch*] (美구어) 곤경에 빠져; 면목을 잃어; (…의) 기분을 상하게 하여(*with*). ¶I really got *in* ~. 나는 정말 난처하게 되었다.
── 동 (d-) (美속어) (악의로) (남의 장사·건강·평판 따위)를 엉망이 되게 하다, 망쳐버리다.
Dútch áct 명 (the ~) (美속어) 자살 (행위).
do the [or *a*] *Dutch* (*act*) (구어) ① 도망치다. ② 자살하다.
Dútch áuction 명 값을 깎아 내려가는 경매, 역경매(미국의 TB(재무부 증권)이 이 방식으로 경매된다).
Dútch bárgain 명 (英) 술자리에서의 매매 계약.
Dútch bárn 명 (기둥과 지붕만 있는) 건초 헛간.
Dútch bóok 명 (美속어) 사설 소액 마권 판매소.
Dútch brick 명 =Dutch clinker.
Dútch bútter 명 인조 버터.
Dútch cáp 명 1 (되접어 꺾은 3각첨의) 부인용 레이스 모자. 2 (피임용) 페서리(pessary).
Dútch chéese 명 네덜란드 치즈(희고 부드러운 치즈)(cottage cheese).
Dútch clínker 명 (견고한) 네덜란드 벽돌.
Dútch clóver 명 토끼풀.
Dútch cómfort [**consolátion**] 명 이만한 것도 다행이라는 위안.

Dútch cóncert 명 제각기 다른 노래를 동시에 부르는 합창; 소란, 소음.
Dútch cóurage 명 (구어) 술김에 부리는 용기, 허세.
Dútch cúre =Dutch act.
Dútch dáting 명 (구어) 비용 분담 데이트.
Dútch dóll 명 이음매가 있는 나무 인형.
Dútch dóor 명 아래위 2단으로 된 문.
Dútch Èast Índies 명 (the ~) 네덜란드령 동인도(인도네시아의 옛 이름)(the Netherland Indies).
Dútch élm disèase 명 (식물병리) 느릅나무 입고병(立枯病).
Dútch góld 명 네덜란드 금박(구리와 아연의 합금으로 만든 모조 금박). (또는 **Dútch fóil[léaf]**)
Dútch intérior 명 네덜란드 가정의 실내 정경을 그린 풍속화. 〔Dutch door〕
Dútch láp 명 지붕 판자·슬레이트를 수평 방향으로 「일직선으로 잇는 방식.
Dútch léave 명 (美) =French leave.
Dútch líquid 명 2염화에틸렌(ethylene dichloride).
Dútch lúnch 명 각자 부담의 점심.
*‡**Dutch·man** [dʌ́tʃmən] 명 (복 **-men** [-mən]) 1 네덜란드 사람(Hollander). 2 (속어) 독일인. 3 〔건축〕 나무조각. 4 네덜란드 배; =Flying ~.
I'm a Dutchman. (구어) …따위 절대 있을[할] 수 없다(*if절을 수반하거나 or 뒤에 쓰여 강한 부정·거절·단정을 나타내는 상투 어구). ¶I'm a ~, if I do so. 내가 그런 짓을 한다면 성을 갈겠다 / There will be snow tomorrow, or I'm a ~ 내일 틀림없이 눈이 올거야, 내기해도 좋아.
Dútchman's cápe[lánd] 명 (해사) (속어) (수평선상의 구름 봉우리 따위가 만드는) 가공의 육지 그림자.
Dútchman's lóg 명 (해사) 더치맨 (속도) 측정법.
Dútch métal =Dutch gold.
Dútch óven 명 1 압력 냄비; 불고기용 냄비. 2 벽돌 가마(벽돌벽을 가열한 뒤 불을 빼고 나서 그 여열로 [요리함.
Dútch párty 명 =Dutch treat.
Dútch ríse 명 (뉴질) 달갑지 않은 임금 인상.
Dútch rúb 명 (美속어) (애정의 표시로 하는) 꿀밤.
Dútch rúsh 명 =scouring rush. 「에서 기울이기.
Dútch tílt 명 (英속어) (영화) 카메라를 수평의 위치
Dútch tréat 명 각자 부담의 회식[파티].
go Dutch treat ⇨ DUTCH.
Dútch úncle 명 (구어) 사정없이[엄하게] 비판(비난)하는 사람. ¶talk like a ~ 심한 말로 나무라다.
Dútch white 명 네덜란드 백색 물감(백토 등에서 얻기 위해 팔다리를 올려놓는 대나무 바구니). 2 [여자].
Dútch wífe 명 죽부인(竹夫人)(더울 때 시원하게 자
Dutch·wom·an [dʌ́tʃwùmən] 명 네덜란드 여성
Dutch·y [dʌ́tʃi] 명 (美속어) 독일인 풍의, 저급한.
── 명 (속어·경멸적) 네덜란드 사람, 독일인.
du·te·ous [djú:tiəs/djú:-] 형 본분을 지키는; 순종하는(dutiful). **~·ly** 부 **~·ness** 명
du·ti·a·ble [djú:tiəbl/djú:-] 형 (수입품 따위가) 관세를 부과할 수 있는.   **dùty-frèe·bíl·i·ty** 명
du·ti·ful [djú:tifəl/djú:-] 형 1 의무[본분]에 충실한; 순종하는(obedient)(*to*). ¶a ~ child 말을 잘 듣는 아이. 2 책임감 있는, 의무감에서 하는, 성실한. 3 예의 바른, 공손한. **~·ly** 부 **~·ness** 명
‡**du·ty** [djú:ti/djú:-] 명 (복 **-ties**) 1 ⓤ 의무, 본분, 책임; 도의, 의리(*to* / *to do*). ¶a sense of ~ 의무감 / do one's ~ *to* God 신에 대한 의무를 다하다.

> 유의어 **duty** 양심·도덕·법률 따위에 따라서 해야 할 일: one's *duty* as a parent 어버이로서의 의무. **obligation** duty보다 뜻이 좁고 특정한 약속·계약·관습 따위에 따라 해야 할 일: the *obligation* to pay a debt 빚을 갚을 의무.

2 ⓤⓒ (종종 -ties) 직무, 임무; 근무, 복무. ¶ the duties of a soldier 군인의 임무/hours of ~ 근무 시간/night[day] ~ 밤[낮] 근무/public duties 공무. **3** ⓤ (교회의) 종무(宗務), 예배식의 거행(動行). **4** ⓤ (부모나 윗사람에 대한) 도리, 예의, 복종(to). ¶ filial ~ 효도. **5** ⓤ (일반적으로) 존경, 경의(respect). **6** ⓤⓒ (종종 -ties) 〖상업〗 세금, 관세. ¶ export[import] duties 수출[수입]세/customs duties 관세/free of duties 면세의. **7** ⓤ (법률·관습에 의해 과해지는) 봉사, 노역; 군무, 병역; 부과금. **8** ⓤ 〖기계〗 (연료의 단위 소비량에 대한) 기관의 효율. **9** ⓤ 〖농업〗 =~ of water. **10** ⓤ (어린이의) 배변.
as in duty bound 의무상.
be (in) duty bound to do …할 의무가 있다.
do double duty 두 가지 역할을 소화해내다.
do duty for [or *as*] …의 역을 하다, 대신하다.
do one's duty 본분[의무, 책임]을 다하다.
(in) the line of duty 근무[복무, 공무] 중에[의].
off [*on*] *duty* 비번[당번]인, 근무 시간 외[중]에.
pay [or *send, present*] *one's duty to* …에게 경의를 표하다.
take a person's duty 남의 일을 대신 해주다.
du·ty-bound [-báund] 國 …할 의무가 있는(*to do*).
dúty càll 의리상 하는 방문.
du·ty-free [-fríː] 國團 관세가 없는[없이], 면세의[로]. ⑪ dutiable 國 (구어) 면세품.
dúty-frée shóp 면세점(免稅店).
dúty ófficer 國 당직 장교[사관], 당직 경관.
dúty of wáter 國 (the ~) 〖농업〗 용수(用水)량, 관개용(灌漑用) 농지의 관개에 필요한 물의 양.
du·ty-paid [-péid] 國團 납세필의[로], 수입 절차를 마친 (체).
dúty solícitor 國 국선 무료 변호사.
du·um·vir [djuːʌ́mvər/djuː-] 國 (~*s*, *-vi·ri* [-vərài, -riː]) duumvirate의 한 사람.
du·um·vi·rate [djuːʌ́mvərət/djuː-] 國 **1** (고대 로마의) 2인(二人) 연대직. **2** 2인 통치, 이두(二頭) 정치.
DUV data-undervoice.
du·vay [djuːvéi/djúːvei] 國團 (英) 깃털 이불.
du·vet [djuːvéi/djúːvei] 國 깃털 누비 이불((英) continental quilt). (등산용) 깃털 자켓. 〈F〉
du·ve·tyn(e) [djúːvətiːn/djúː-] 國ⓤ 듀베틴(양모·면·명주 따위를 섞어서 우단처럼 짠 천).
duy·ker [dáikər] 國 =duiker.
D.V. (라틴) *Deo volente*(=God willing); Douay Version (of the Bible). ⇨ DOUAY BIBLE. **DVD** digital video [versatile] disc. **DVI** digital video interactive. **DVM** digital voltmeter(디지털 전압계). **D.V.M.(S.)** Doctor of Veterinary Medicine (and Surgery).
Dvo·řák [dvɔ́ːrʒɑːk, -ʒæk] 國 Antonín ~ 드보르자크(1841-1904: 보헤미아의 작곡가).
DVP Digital Voice Privacy Network. **Dvr.** Driver. **dw, d.w., DW, D.W.** deadweight; delayed weather; distilled water; dust wrapper. **D/W** dock warrant(선거(船渠) 창고 증권).
‡**dwarf** [dwɔːrf] 國 (~*s*, **dwarves** [dwɔːrvz]) **1** 난쟁이(pygmy); 소인(小人)(⑪ giant).
〖유의어〗 **dwarf** 성장이 방해되어 보통보다 작은 사람, 그 밖의 생물을 뜻하는 말; 일반적으로 머리만 크다든지 하는 기형을 볼 수 있다. **midget** 몸의 각 부분은 균형이 잡혀 있고 기능도 정상이지만 전체로서 작은 사람. **pygmy** 원래는 아프리카의 소인족을 뜻하나 dwarf 또는 midget의 뜻으로도 쓰인다.

2 왜소체(평균치보다 작은 동·식물). **3** 〖신화·전설상의〗 마력을 지닌 추한 난쟁이. **4** (접두사) ~ star.
── 國 〖한정용법〗 조그만, 소형의. ¶ a ~ car 소형차.
── 國 (~*ed* [-t]) ⓤ **1** …을 작게 하다, 위축시키다; …의 발육[성장]을 저지하다. ¶ The drought ~*ed* the crops. 가뭄 때문에 작물의 성장이 멈추었다. **2** (대조적으로) …을 작아 보이게 하다. ¶ That tall building ~*s* the others. 저 높은 건물 때문에 다른 건물들이 작아 보인다. ── ⓥ 위축되다, 왜소해지다; 성장을 방해받다.
~·like 國 *~·ness* 國
dwárf dóor (보통 문 높이의) 절반짜리 문, 작은 문.
dwarf·ish [dwɔ́ːrfiʃ] 國 난쟁이 같은, 작은; 왜소한, 소형의; 빈약한. *~·ly* 國 *~·ness* 國
dwarf·ism [dwɔ́ːrfizm] 國ⓤ 〖의학〗 왜소 발육증; 위축.
dwárf stár 〖천문〗 왜성(矮星).
dwarves [dwɔːrvz] 國 dwarf의 복수형.
DWB (美속어) Driving While Black((경찰의) 흑인 차별 교통 단속).
dweeb [dwiːb] 國 (美속어) **1** 풍생원, 샌님(nerd); (10대 사이에서) 얼간이, (인간) 쓰레기. **2** 지겨운[구역질 나는] 사람(creep); 괴짜. **3** (대학생 사이에서) 공부벌레. *~·ie, ~·ish, ~·y* 國
‡**dwell** [dwel] 國ⓤ (~*s* [-z]; **dwelt**, *~ed*) **1** 살다, 거주하다 (*in, at, on*). (어떤 상태로) 지내다(*in*). ⇨ LIVE 〖유의어〗¶ (~+前+名) ~ *at* home 자택에 거주하다/~ *in* a city 도시에서 살다/~ *in* happiness 행복하게 지내다. **2** (어떤 감정이) 존재하다, 잠깐 계속되다, 남다 (*in*). ¶ (~+前+名) ~ *in* one's mind 마음속에 남다. **3** (말이 장애물 따위 앞에서) 멈칫하다. **4** (기계·도구 따위가) 일정 기간 작동을 멈추다.
dwell on [or *upon*] ① …을 깊이 생각하다, 숙고하다. ¶ ~ *on* old wrongs 옛날의 잘못을 곰곰 생각하다. ② …을 자세히 설명하다[이야기하다, 쓰다], 강조하다. ¶ ~ *upon* the financial crisis 재정 위기에 대해 자세히 설명하다. ③ …에 꾸물거리다, 오래 끌다, …을 잠깐 쉬다. ④ (마음·기억 따위가) …에서 떠나지 않다, …에 남다. ⑤ (발음 따위를) 길게 빼다.
── 國 **1** 〖기계〗 (일정 기간의) 규칙적인 휴지(休止). **2** (말의 장애물 앞에서의) 멈칫함.
****dwell·er** [dwélər] 國 **1** 거주자(inhabitant), 주민. ¶ a town ~ 도시의 주민. **2** (복합어로) (…에) 사는 사람[동물]. ¶ desert ~*s* 사막의 동물. **3** (말 따위 목책 따위 앞에서) 멈칫하는 말.
‡**dwell·ing** [dwéliŋ] 國 **1** 주거, 주택, (자기의) 집. ⇨ HOUSE 〖유의어〗 **2** ⓤ 거주.
dwélling hòuse 國 주택, 살림집.
dwélling plàce 國 주소, 거처.
‡**dwelt** [dwelt] 國 dwell의 과거·과거분사.
dwg. drawing; dwelling. **DWI, D.W.I.** driving while intoxicated(음주 운전).
DWIM [dwim] 國 (속어) 〖컴퓨터〗 드윔(사용자의 실수를 자동으로 정정하는 시스템). 〈*do what I mean*〉
****dwin·dle** [dwíndl] 國 **1** 줄다; 차츰 작아지다; 감소되다(*away, down*). ⇨ DECREASE 〖유의어〗¶ Our savings ~*d away*. 우리들의 저축이 점점 줄었다∥ (~+前+名) The airplane ~*d to* a speck. 비행기는 점점 작아져 하나의 점이 되었다. **2** (품질이) 저하되다; 타락하다; 야위다; (명성 따위가) 쇠퇴하다. ── 國 …을 점점 작아지게[적어지게] 하다, 줄이다, 감소시키다. ¶ (~+目+前+名) The failure ~*d* his reputation *to* nothing. 그 실패로 그의 명성은 무로 돌아가 버렸다.
dwindle away into nothing 점점 줄어들어 없어지다.
dwindle down to …로까지 줄어들다.
── 國 (the ~) 나이를 먹음, 노쇠해짐. 〖람[동물]〗.
dwin·dler [dwíndlər] 國 위축된[발육이 부진한] 사람[동물].
DWT deadweight tonnage. **dwt.** *denarius weight*. 〈L *pennyweight*〉
DX, D.X. [díːéks] 國團 〖통신〗 원거리(의); (해외 방송 따위의) 원거리 수신(의). ── 國ⓥ 상업 방송을 듣다. 〈*distance, distant*〉 ── 國 방송 애호가.
DX·er [díːéksər] 國 해외 방송을 수신하는 사람, 해외 방송 애호가.
DX·ing [díːéksiŋ] 國 DX 통신, 원거리 방송 청취.
Dy ⓐ 〖화학〗 dysprosium. **dy.** delivery; deputy;

d'ya [djə] 〘구어〙 =do you.
dy·ad [dáiæd] 〖명〗 **1** 두 개 한 벌, 한 쌍. **2** 〘생물〙 2분자; 2분 염색체. **3** 〘수학〙 다이애드(두 벡터 a, b를 ab로 나란히 쓴 것). **4** 〘문법〙 2가(價) 원소. **5** 〘사회〙 2자(者) 관계. ─〖형〗 =dyadic.
dy·ad·ic [daiǽdik] 〖형〗 **1** 두 개의, 한 쌍의. **2** 〘생물〙 2분자의. **3** 〘화학〙 2가 원소의. ─〖명〗 〘수학〙 다이애딕(다이애드의 합).
dy·ar·chy [dáiɑːrki] 〖명〗〖UC〗 양두(兩頭) 정치[정권]. ⑥ monarchy (또는 **diarchy**)
dyb·buk [díbək] 〖명〗 (〜s, -bu·kim [dibúkim]) 〘유대 민속〙 악령, 사자(死者)의 영(靈).
‡**dye** [dai] 〖명〗 (〜 〖복〗 -s) [-z] 〖UC〗 **1** 물감, 염료, 염색액, 염색료. ¶basic [acid, synthetic] 〜s 염기성[산성, 합성] 염료. **2** 물든 색, 색조(hue).
of the deepest [or **blackest**] **dye** ① 극악무도한, 가장 악질의. ¶He is a scoundrel of the deepest 〜. 그는 극악무도한 악당이다. ② 가장 두드러진.
─〖동〗 (〜s [-z]) 〖타〗 〈천·의복 따위〉를 물들이다, 염색하다, …에 착색하다; (비유적) …을 물들이다. ¶have a cloth 〜d 천을 염색시키다 // (〜+〖목〗+〖前〗+〖명〗) 〜 a green *over* a white 흰 바탕에 녹색을 물들이다 // (〜+〖목〗+〖보〗) 〜 a cloth red 천을 붉게 염색하다. ─〖자〗 **1** 물을 들이다. ¶(〜+〖부〗) This dyestuff 〜s well. 이 염료는 염색이 잘 된다. **2** 물들다, 염색되다.
dye in (**the**) ***grain*** [or ***wool***] ① (짜조 전에) 실에 염색하다. ② (사상 따위에) 깊이 물들이다.
dý·a·ble 〜·**a·bíl·i·ty** 〜·**a·ble** 〖형〗
dye·bath [dáibæθ/-bàːθ] 〖명〗 염색용 통[용액].
dyed [daid] 〖형〗 물들인.
dyed-in-the-wool [⁴ínðəwúl] 〖형〗 **1** (짜조 전에) 실을 물들인. **2** (구어) (사상 따위가) 철저한, 골수의. ¶a 〜 Republican 골수 공화당원.
dye·house [dáihàus] 〖명〗 염색 공장.
dye·ing [dáiiŋ] 〖명〗〖U〗 염색, 염색법; 염색업.
dye láser 염색 레이저.
dy·er [dáiər] 〖명〗 염색공, 염색업자.
dýer's bróom 녹색을 띤 황색, 녹황색.
dýer's broom [-brúːm] 〖명〗 〘식물〙 외양 금작화.
dýer's búgloss 〖식물〙 =alkanet.
dýer's-weed [-wiːd] 〖명〗 염료가 되는 각종 식물.
dye·stuff [dáistʌf] 〖명〗 (종종 〜s) 염료, 물감.
dýe tràns·fer 〘사진〙 염료 전사법(轉寫法); 염료 전사법에 의한 인화.
dye·ware [dáiwɛ̀ər] 〖명〗 =dyestuff.
dye·wood [dáiwùd] 〖명〗 〖U〗 염료에 사용되는 각종 목재.
dye·works [⁴wə̀ːrks] 〖명〗 염색[날염] 공장.
‡**dy·ing** [dáiiŋ] 〖형〗 **1** 죽어 가는, 빈사의; (무생물이) 소멸되어 가는. ¶a 〜 swan 빈사의 백조(☞ swan song). **2** 임종의; 임종 때 말하는, 1 〜 hour 임종 때. **3** 끝나 가는, 저물어 가는, 멸망해 가는. ¶the 〜 year 저무는 해. **4** 죽어야 할, 멸망해야 할. **5** (속어) 몹시 …하고 싶어하는 (*for/to* do); (자극 따위에) 심하게 반응 대해 피우고 싶어서 못견디다 // They are 〜 to see each other. 그들은 서로 몹시 보고 싶어한다.
be dying for [or ***to*** do] ⇨〖형〗5.
till [or ***to***] ***one's dying day*** 죽는 날까지.
─〖명〗 죽음, 임종, 종말; (the 〜) (집합적·복수급) 죽어 가는 사람들.
dýing wórds 〖명〗〖복〗 임종의 말; 유언.
dyke¹ [daik] 〖명〗 =dike.
dyke² 〖명〗 (美속어) 여성 동성애자, (남자역의) 레즈비언. ─〖동〗〖자〗 (美흑인속어) 차려 입다, 치장하다.
Dyl·an [dílən] 〖명〗 딜런(남자 이름).
dyn 〘물리〙 dyne의. **dyn., dynam.** dynamics.
dy·na·graph [dáinəgræ̀f/-gràːf] 〖명〗 〘철도〙 궤도(軌道) 시험기.

dy·nam·e·ter [dainǽmətər] 〖명〗 〘광학〙 (망원경의) 확도계.
****dy·nam·ic** [dainǽmik] 〖형〗 **1** 동력의, 동적(動的)인 (⇔ static); 동태(動態)의 (⇔ potential). **2** 〘물리〙 역학적인, 동력학의. ¶〜 engineering 기계 공학. **3** 활력 있는, 에너지도 발생하는, 역동적인; 정력적인, 강력한. ¶a 〜 statesman 정력적인 정치가. **4** 〘의학〙 기능의, 기능적인. **5** 〘철학〙 역본설의. **6** 〘음악〙 강약법의. **7** 〘컴퓨터〙 동적인, 다이나믹한. **8** 〘문법〙 (형용사·동사 따위가) 동작을 나타낸다. (또는 **dynamical**) ─〖명〗〖U〗 (종종 a 〜) 힘, 원동력(driving force). -**i·cal·ly** 〖부〗
dynámical astrónomy 〖명〗 천체 역학.
dynámic allocátion 〘컴퓨터〙 동적 할당.
dynámic stabílity 〖명〗 〘조선〙 동적(動的) 복원력.
dynámic análysis 〖명〗 〘컴퓨터〙 동태 분석.
dynámic ecónomy 〖명〗 역동적 경제.
dynámic electrícity 〖명〗 동전기(動電氣), 전류.
dynámic equilíbrium 〖명〗 동적 평형.
dynámic héadroom 〖명〗 〘오디오〙 다이내믹 헤드룸(앰프의 출력[입력] 레벨의 여유).
dynámic immobílity 〖명〗 동적(動的) 무활동 상태, 적극적 정관(靜觀) 태도.
dynámic línk 〖명〗 〘컴퓨터〙 다이내믹[동적] 링크.
dynámic meteorólogy 〖명〗 기상 역학.
dynámic posítioning 〖명〗 〘항해〙 자동 위치 제어, 자동 정점(定點) 유지.
dynámic psychíatry 〖명〗 역동(力動) 정신 의학.
dynámic psychólogy 〖명〗 동적(動的) 심리학.
dynámic RÁM [-ræ̀m] 〖명〗 〘컴퓨터〙 동적 램.
dynámic ránge 〖음향〙 다이내믹 레인지(소리의 일그러짐 없이 재생되는 음의 최강과 최약 사이의 폭).
****dy·nam·ics** [dainǽmiks] 〖명〗〖복〗 **1** 〖U〗 (단수취급) 〘물리〙 역학, 동력학(⇔ statics). **2** (복수취급) 동력, 원동력. **3** (복수취급) 〘음악〙 강약법. **4** 〘정신분석〙 심리학. -**i·cist** 〖명〗 「似性).
dynámic similárity 〖명〗 〘기계〙 역학적 상사성(相
dynámic spátial reconstrúctor 〖명〗 동적 입체 화상(畫像) 장치 (⑥ DSR).
dynámic stréngth 〖명〗 동적 강도(지진 따위에서 갑자기 가해지는 하중에 대해 구조물이 나타내는 저항력.
****dynámic viscósity** 〖명〗 〘물리〙 점성(粘性)률[계수].
dy·na·mism [dáinəmìzm] 〖명〗〖U〗 **1** 〘철학〙 동력론, 역본설(力本說)(자연 현상을 힘의 작용으로 설명하는 설). **2** (어떤 체계의) 발전[운동] 과정[구조, 틀]. **3** 활력, 박력, 역량. -**mist** ─ -**mís·tic** 〖형〗
dy·na·mi·tard [dáinəmitàːrd] 〖명〗 =dynamiter.
****dy·na·mite** [dáinəmàit] 〖명〗〖U〗 **1** 다이너마이트. **2** (구어) 위험한 인물[것]; 큰 충격을 불러일으키는 인물[것], 일촉즉발의 상황; 영향력이 큰 인물[것], 굉장한 인물[것]. **3** (속어) 마리화나 (담배); (양질의) 헤로인, 코카인. ─〖형〗 **1** …을 다이너마이트로 폭파하다; (속어) 다이너마이트를 장치하다. **2** 괴멸시키다. **3** (美속어) 한 번에[폭발적으로] 작용시키다. ¶〜 the brakes 급브레이크를 걸다. ─〖형〗 〖복〗 〘美·캐나다 속어〙 발군의, 뛰어난, 최고의, 놀라운. ─ -**mít·ic** ─ -**mít·i·cal·ly** 〖부〗
dy·na·mit·er [dáinəmàitər] 〖명〗 (테러·혁명·범죄 따위 목적의) 다이너마이트 사용자. 「주의.
dy·na·mit·ism [dáinəmàitizm] 〖명〗〖U〗 급진적 혁명
dy·na·mize [dáinəmàiz] 〖동〗〖타〗 **1** 활성화하다, 활기를 불어넣다. **2** (주로英) (연금 따위)를 물가[인플레이션]에 연동시키다. ─ -**mi·zá·tion** 〖명〗
dy·na·mo [dáinəmòu] 〖명〗 (〖복〗 〜s) **1** 발전기, 다이너모(generator). **2** (구어) 정력가, 활동가.
DYNAMO [dáinəmòu] 〖명〗 〘컴퓨터〙 다이너모(시뮬레이터의 일종). (< *dyna*mic *mo*dels)
dy·na·mo- [dáinəmou, -mə] 〖연결〗 power의 뜻 (* 모음 앞에서는 dynam-). ¶*dynam*ism, *dynamo*metry.

dy·na·mo·e·lec·tric [dàinəmouiléktrik] 형 기계 에너지를 전기 에너지로 바꾸는, 전기 에너지를 기계 에너지로 바꾸는. ¶ a ~ machine 기계-전기 변환기.

dy·nam·o·graph [dainǽməgræf/-grɑ́:f] 명 동력 기록기, 자기(自記) 동력계.

dy·na·mom·e·ter [dàinəmámətər/-mɔ́m-] 명 1 (기계적인 힘을 재는) 검력기(檢力器), (기관 따위의) 동력계; 악력계(握力計). 2 (망원경의) 배율계. 「차.

dynamómeter càr 명 (철도) 인장력(引張力) 측정

dy·na·mom·e·try [dàinəmámətri/-mɔ́m-] 명 ⓤ 동력 측정(법). **-mo·mét·ric, -mo·mét·ri·cal** 형

dy·na·mo·tor [dáinəmòutər] 명 발전동기(發電動機)(발전기와 전동기를 겸한 것), 회전 변류기.

dy·nap·o·lis [dainǽpəlis] 명 다이나폴리스, 기능 도시(간선 도로변의 질서있는 발전을 위해 계획된 도시).

dy·nast [dáinæst, -nəst/dínəst] 명 (왕조의) 세습 군주, 제왕; 지배자, 통치자, 주권자.

dy·nas·tic [dainǽstik/di-, dáinæs-] 명 왕조의, 왕가의. (또는 **dynastical**) **-ti·cal·ly** 부

***dy·nas·ty** [dáinəsti/dín-, dái-] 명 1 (역대) 왕조, 왕가. ¶ the Qing ~ 청조(清朝). 2 왕조의 지배[통치] (기간). 3 지배층; (어떤 분야의) 명문, 명가(名家).

dy·na·tron [dáinətràn/-trɔ̀n] 명 (전자) 다이너트론(4극 진공관).

dýnatron òscillator 명 (전자) 다이너트론 발진기.

dyne [dain] 명 (물리) 다인(힘의 단위; 질량 1g의 물체에 매초 1cm의 가속도를 생기게 하는).

dy·node [dáinoud] 명 (전자) 다이노드(진공관 내의 2차 전자 방출을 위한 전극).

d'you [dʒuː, dʒə, dju(ː)] =do you.

dyp·so [dípsou] 명 =dipso.

dys- [dis] 접두 difficult, ill, bad, poor의 뜻. ¶ dyspepsia.

dys·bar·ism [dísbɑːrìzm] 명 ⓤ (병리) 감압증(減壓症), 잠함병(潛函病).

dys·en·ter·y [dísəntèri/-tri] 명 이질, 설사. **-tér·ic** 형

dys·func·tion [disfʌ́ŋkʃən] 명 ⓤ ⓒ (병리) 기능 장애, 기능 이상[부전]; (일반적으로) 기능 장애를 일으키는 부분. 2 (사회) 역(逆)기능. —동자 기능에 장애가 생기다, 제대로 기능[작동]하지 않다; 역기능하다.

dys·func·tion·al [disfʌ́ŋkʃənl] 형 기능 장애가 있는; 문제가 있는, 형편[상태]이 좋지 않은. 「전.

dys·gen·e·sis [disdʒénəsis] 명 (병리) 발육 부

dys·gen·ic [disdʒénik] 형 (유전적으로) 자손에 나쁜 영향을 끼치는, 비(非)우생학적인.

dys·gen·ics [disdʒéniks] 명부 (단수취급) (생물) 열성학(劣生學), 비(非)우생학. 참 eugenics

dys·graph·i·a [disgrǽfiə] 명 (병리) 서자(書字) 장애[착오], 실서증(失書症). **-gráph·ic** 형

dys·lex·i·a [disléksiə] 명 ⓤ (병리) 난독증(難讀症), 독서 장애; (일반적으로) 언어 장애.

dys·lex·ic [disléksik] 형 난독증의. —명 난독증 환자; (~s) 난독, 독서 장애.

dys·lo·gia [dislóudʒə, -dʒiə] 명 (병리) 담화 곤란, 이해력 부전, 논리 장애.

dys·lo·gis·tic [dìslədʒístik] 형 비난의, 선의가 없는, 나쁘게 말하는. 반 eulogistic **-ti·cal·ly** 부

dys·me·li·a [dismíːliə, -ljə] 명 (병리) 지체(肢體) 이상.

dys·men·or·rhe·a [dìsmenəríːə] 명 (의학) 월경 장애, 생리 불순, 생리통. **-rhé·al** 형 「장애.

dys·met·ri·a [dismétriə] 명 (병리) 운동 거리 측정

dys·mne·sia [disníːʒə, -ziə] 명 (병리) 기억 장애, 기억 부전.

dys·mor·phol·o·gy [dìsmɔːrfálədʒi/-fɔ́l-] 명 (의학) 기형학(畸形學).

dys·pa·thy [díspəθi] 명 동정심의 결여; 반감(反感). **-pa·thét·ic** 형

dys·pep·sia [dispépʃə, -siə] 명 ⓤ (병리) 소화 불량(증). 반 eupepsia

dys·pep·sy [dispépsi] 명 (방언) =dyspepsia.

dys·pep·tic [dispéptik] 형 1 소화불량의[에 걸린]. 2 (구어) 병적으로 침울한; 기운 없는; 기분이 언짢은; 비관적인. (또는 **dyspeptical**)
—명 소화불량인 사람, 위장이 약한 사람.

dys·pha·sia [disféiʒə, -ʒiə, -ziə] 명 (병리) 부전실어증(不全失語症)(대화와 언어 이해가 불가능한 상태).

dys·phe·mism [dísfəmìzm] 명 위악(僞惡) 어법(일부러 불쾌한[경멸적인] 표현을 쓰는 일). 참 euphemism

dys·pho·ni·a [disfóuniə] 명 ⓤ 발음 장애, 발성 곤란.

dys·pho·ri·a [disfɔ́ːriə] 명 (정신의학) 불쾌감, 불쾌한 기분. 참 euphoria

dys·pla·sia [displéiʒə, -ʒiə] 명 (병리) 형성 이상, 형성 장애, 이형성증(異形成症).

dysp·ne·a [dispníːə] 명 (병리) 호흡 곤란. (또는 **dyspnoea**)

dysp·ne·ic [dispníːik] 형 호흡 곤란의. (또는 **dyspnoeic**)

dys·prax·i·a [dispræksiə] 명 (병리) 행동 부전, 통합 운동 장애.

dys·pro·si·um [dispróusiəm, -ʃi-/-ziəm] 명 ⓤ (화학) 디스프로슘(희토류(稀土類) 원소; 기호 Dy).

dys·to·cia [distóuʃə, -ʃiə] 명 (병리) 난산(難產), 이상 분만. **-tó·cial** 형

dys·to·ni·a [distóuniə, -njə] 명 (병리) (각종 기관의) 근(筋)긴장 이상, (근)실조(증). **-tón·ic** 형

dys·to·pi·a [distóupiə] 명 (상상의) 반(反)이상향(@ utopia); 살기 힘든 곳. **-an** 형 **-an·ism** 명

dys·troph·ic [distráfik, -tróuf-/-trɔ́f-] 형 1 (병리) 영양 실조로 일어나는[에 관한], 이(異)영양의. 2 (생태) (호수 따위가) 부영양화된, 오염된.

dys·tro·phi·ca·tion [dìstrəfikéiʃən] 명 ⓤ ⓒ (생태) (하천·호수 따위의) 부영양화(富營養化), 오염.

dys·tro·phy [dístrəfi] 명 ⓤ 1 (병리) 영양 실조(증), 영양 불량; 이(異)영양(증). 2 발육 이상; =muscular ~. 3 (생태) =dystrophication. (또는 **dystrophia**)

dys·u·ri·a [dìsjuəríːə, disjúəriə/disjúəriə] 명 ⓤ (병리) 배뇨(排尿) 장애[곤란].

dz. dozen(s). 「어).

Dzong·ka [zɑ́ŋkə/zɔ́ŋ-] 명 종카어(語)(부탄의 공용

Dzun·ga·ri·a [dzuŋgɛ́əriə] 명 중가리아(중국 신장웨이우얼(新疆維吾爾) 자치구 북부, 톈산(天山) 산맥 북쪽에 있는 분지).

E

E, e [iː] 몡 (⑧ *E's, Es; e's, es*) 1 영어 알파벳의 다섯째 자.¶E for Edward Edward의 E(국제 전화 통화 용어). 2 E[e]가 나타내는 소리. 3 (연속된 것의) 다섯 번째의 사람[물건]. 4 E[e]자형(의 물건); (스탬프 따위) 'e, 'E [iː] 몡 (英구어) =he.   [의) E[e]자.
e electron; electronic; (전기)
e ㉮ 1 (수학) 자연 대수의 밑(base); 원추 곡선의 이심률. 2 (논리) 전체 부정. 3 (물리) 탄성 계수. 4 (천문) 이심률(eccentricity).
E east(ern); (속어) ecstasy; (성서) *E*lohistic Source; *E*nglish; excellent; *E*xpressway.
E ㉮ 1 (차례·연속된 것 중) 다섯 번째(의 것). 2 (美) (학업 성적의) E, (조건부) 보류. 3 (음악) 마음(音); 마조.¶E major[minor] 마 장조[단조]. 4 (로마 숫자) 250. 5 (전기) 전기장; 전기장의 세기; 기전력(electromotive force). 6 (물리) 에너지.¶ $E=mc^2$ (질량 m의 물체는 mc^2 (c는 빛의 속도)의 에너지를 갖는다는 관계식). 7 (생화학) =glutamic acid. 8 (논리) 전체 부정 (universal negative). 9 (구두 볼의) E 사이즈(EE보다 좁고 D보다 넓다). 10 (컴퓨터) (16진법의) E (10진법의 14에 상당). 11 (물·화) =einsteinium. 12 (해사) (Lloyd's Register에 의한 선급(船級)의) 제2급. 13 (광학) 조도(照度)(illumination). 14 (美군사) 전자 장비기(機) 기호. 15 3기 경제 관제기. 15 (EU 지정) 식품 첨가물.¶E-free (식품이) 무첨가의.
e. eldest; (미식축구) end; engineer(ing); entrance; (야구) error(s). **E.** Earl; Earth; Easter; east(ern); *E*-free; engineer(ing); *E*nglish; *E* number.
e- [i, iː] 절뒤 ex-¹의 이형(異形). * 라틴어 기원 단어의 자음자 b, d, g, j, l, m, n, r, v 앞에 쓴다.¶egress, emit, evade.
e-, E- 연결 「전자의; 컴퓨터[화)된; 인터넷의, 컴퓨터 통신의」의 뜻(electronic의 약어).¶*E*-mail, *e*-money, *e*-paper.
EA, E.A. educational *a*ge(교육 연령); enemy aircraft. **ea.** each. **EAA** *E*ngineer in *A*eronautics and *A*stronautics(항공·우주 비행 기사); (美) *E*xport *A*dministration *A*ct(수출 관리법). **EAB** (美) *E*thics *A*dvisory *B*oard(윤리 자문 위원회). **EAC** *E*ast *A*frican *C*ommunity(동아프리카 공동체).
‡each ⇒EACH. ⟨p. 862⟩
each-way [íːtʃwéi] 혱 ⇒*EACH way*.
EAEC *E*ast *A*frican *E*conomic *C*ommunity(동아프리카 경제 공동체); *E*ast *A*sia *E*conomic *C*aucus(동아시아 경제 협의체); *E*uropean *A*tomic *E*nergy *C*ommunity(유럽 원자력 공동체(Euratom)). **EAF** *e*mergency *a*ction *f*ile.
‡ea·ger [íːɡər] 혱 (*more ~, ~·er; most ~, ~·est*) 1 (…을) 열망[갈망]하는 (*about, for, after*) 간절히 (…하고) 싶어하는 (*to* do).¶*~ for*[or *after*] *success* 성공을 갈망하는//He is *~ to* learn how to drive a car. 그는 자동차 운전을 몹시 배우고 싶어한다. 2 (…에) 열심인 (*in*).¶an *~ glance* 열렬한 눈길//She is *~ in* her studies. 그녀는 공부에 열심이다. 3 (고어) (맛 따위가) 짜릿한; (추위가) 살을 에는 듯한; (말이) 통렬한, 짓궂은.
in eager pursuit 열심히 추구하여.

> (유의어) *eager* 매우 열의에 넘쳐서 때로는 조바심하는. *anxious* 희망이 성취되지 않을지도 모른다고 걱정하면서 갈망하는. *keen* 관심이 깊어서 즉시 행동으로

로 옮기는. *intent* 대상에 모든 주의를 기울일인. *ardent* 불타는 듯한 격렬한 열의를 가진. *fervent* 착실하고 조용하게 타는 듯한 열의를 가진. *enthusiastic* 대상을 높이 평가·찬미하여 열의를 가진. *zealous* 절절한 열정을 가지고 정력적으로 활동하는.

éager béaver 몡 (구어) 일벌레, 공부벌레; (출세·승진 따위를 노려) 지나치게 열심인 사람.
‡ea·ger·ly [íːɡərli] 뮈 간절히; 열심히; 열망하여.
*ea·ger·ness [íːɡərnis] 몡U 열심; 열망; (…에 대한/…하고 싶은) 열정, 열망 (*for, about / to* do).
be all eagerness to do …하고 싶어 못 견디다.
with eagerness 열심히(eagerly).
‡ea·gle [íːɡl] 몡 (⑧ ~s [-z]) 1 (독)수리. 2 (기·문장(紋章) 따위의) (독)수리표, (독)수리표의 기(旗); 로마 제국의 군기; 미국의 국장(國章)(national emblem). 3 (1933년까지의 미국의) 10달러 금화. 4 (~s) (美군사) 대령 계급장. 5 (the E-) (천문) 독수리자리(Aquila). 6 (골프) 이글(규정 타수보다 2타 적은 홀인). 7 (美군속) (E-) 이글(미공군 전투기 F-15의 애칭). 8 (the E-) 이글(아폴로 11호의 달 착륙선). 9 (학생 속어) (학업 성적의) E.
squeeze the eagle (속어) 돈 내는 것을 꺼리다.
the day the eagle flies [or *screams,* (비어) *shits*] (美軍속어) 급료일(~ *day*).
when the eagle flies (美軍속어) 급료일에.
——혱 (한정용법) (눈·코 따위가) 독수리와 같은[같이 ——몡 (골프) (홀)에서 이글을 치다.   「날카로운].
ea·gle-beak [-biːk] 몡 1 (美구어) 매부리코. 2 (美속어) (경멸적) 유대인.
éagle bóat 몡 (對) 잠수함 소형정(艇).
éagle dày 몡 (美軍속어) 봉급날(payday).
éagle éye 몡 1 날카로운 눈(관찰력), 혜안(慧眼); 눈이 날카로운 사람(관찰자); 매장 감독, 경계, 망(望).
ea·gle-eyed [-àid] 혱 눈이 날카로운, 혜안의; 시력이 뛰어난.   「혼돈자.
éagle fréak 몡 (美속어) 야생 동물 애호가, 환경 보
ea·gle-hawk [-hɔ̀ːk] 몡 수리매(남미산(産) 큰매).
éagle ówl 몡 (유럽산(産)) 수리부엉이.
éagle ráy 몡 매가오리.
éagle scóut 몡 (종종 E- S-) (美) (21개 이상의 공로 기장을 받은) 최우수 보이 스카우트.
ea·glet [íːɡlit] 몡 (독)수리의 새끼, 새끼 수리.
ea·gre [íːɡər/éi-] 몡 (英) 해소(海嘯). (또는 *eager*)
EAL (美) *E*astern *A*ir *L*ines.
Éames cháir [íːmz-] 몡 팔걸이 없는 의자. 〈<미국의 가구 디자이너 Charles Eames(1907–78)〉
EAN *E*uropean *a*rticle *n*umber(유럽 상품 코드).
E. & O.E. *e*rrors *a*nd *o*missions *e*xcepted(오류와 누락은 제외). **E. and P.** *e*xtraordinary *a*nd *p*lenipotentiary(특명 전권의).
‡ear¹ [íər] 몡 (⑧ ~s [-z]) 1 귀; 외이(外耳).¶the *external* [*internal, middle*] *~* 외이[내이, 중이]//My *~s* are humming. (속담) 귀청이 터질 것 같다//Walls have *~s*. (속담) 낮말은 새가 듣고 밤말은 쥐가 듣는다. 2 (보통 an ~) 청각, 청력; (소리를 분간하는) 힘 (*for*).¶a keen *~* 예리한 청력. 3 (…의) 경청, 주의(*to*). 4 귀 모양의 것, (주전자의) 손잡이, (종의) 꼭지; (건축) 까치발, 선반받이; (신문) (1면의 신문 이름 양편의) 박스 (토막) 기사. 5 (~s) (美속어) 이어폰; 무선기; 도청기.
about [or *around*] *one's ears* ① (적(敵) 등이) 자

each

every가 같은 단수 명사를 수식하면서도 전체를 종합하여 생각하는 데 대해 each는 개개의 것을 하나하나 따로따로의 경우에 쓴다. every와의 또 하나의 차이는 every는 형용사로만 쓰이지만 each는 대명사·부사로도 쓰인다는 점이다. each의 부사 용법은 동격의 대명사 용법과 혼동되기 쉬운 면도 있다. ⇨ USAGE² (2).

‡**each** [iːtʃ] 〔단수 명사를 수식하여〕 각자의, 각기의, 각각의, 개개의, 각(* each 뒤에 명사가 2개 이상 이어질 경우에는 단수 취급한다). ¶~ one 각자 / on ~ side of the street 거리의 양쪽에 / ~ stone in a building 건물의 하나하나의 돌 / a hallway with a door at ~ end 양쪽 끝에 문이 있는 복도 / with ~ rainfall 비가 한 번 올 때마다 / E- boy and girl has the license. 소년도 소녀도 각자 면허증을 갖고 있다 / The head of ~ state is called the governor. 각 주(州)의 장은 지사라고 불린다 / E- theory is open to objection. 어느 이론에도 이의를 제기할 여지는 있다 / The population increases ~ year. 인구가 해마다 늘어난다 / Spring comes nearer ~ day. 봄은 하루하루 가까이 다가온다 / E- bird loves to hear himself sing. 〔속담〕 어떤 새나 자기 노래를 듣기 좋아한다, 자화자찬은 인지상정.

주의¹ (1) 형용사 each는 정관사(the)나 소유대명사(his 따위)와 함께 쓸 수는 없다. 따라서 each my friend라고 하지 않고, each는 대명사로서 each of my friends로 한다. (2) each는 부정어(否定語)와 함께는 쓰지 않는데, 그것은 아래의 대명사 each의 경우와 마찬가지다. ⇨ **주의²**

each and every 〔every를 강조하여〕 어느 ···이나, 한 사람[하나]도 빠짐없이(any and every).

USAGE¹ each와 **every**──(1) each는 「개별적인」의 뜻을, every는 each and all(포괄적인)의 뜻을 합한 것이다: Every stereo is guaranteed for two years. E- set is inspected and tested before it leaves the factory. (2) each는 둘 이상에 쓰이나 every는 셋 이상에만 쓰인다. (3) each는 대명사로도 쓰이나 every에는 대명사 용법이 없다: ~ of us / every one of us. (4) each에는 수식어가 붙지 않으나 every는 almost, nearly 따위를 앞에 두거나 single을 뒤에 붙여 쓸 수 있다.

each time ① 언제나, 매번. ② 〔접속사적〕 ···할 때마다. ¶~ *time* I see him 그를 만날 때마다.

each way ① 〔英〕 (경마 따위의 돈 걸기에서) 단승(單勝)과 복승(複勝) 양쪽에(both ways, 〔美〕 across-the-board). ② 〔濠속어〕 양성애(兩性愛)의(bisexual).

on each occasion 그 때마다.

── 〔代〕 각자, 각각, 각기(~ one), 제각기. ¶E- went his way. 각자 자기의 길을 갔다 / E- must do his own duty. 각자 자기 맡은 일을 해야 한다 / E- of them wanted to try. 그들은 각자가 해보고 싶어했다 / E- of the boys has received twenty dollars. =The boys have ~ received twenty dollars. 소년들은 각자 20달러씩 받았다 / We ~ have our own opinion. 우리는 제각기 자기의 의견이 있다 / We are ~ right. 우리는 각자가 옳다 / We have ~ done our duty. 우리는 각자 자기 의무를 다했다 / We have tried, ~ in a different way. 우리는 각자 다른 방법으로 해보았다.

주의² 대명사 each는 부정어를 수반하는 동사와 함께 쓰이지 않는다. each의 부정에는 neither, no one, not every one 따위를 쓰는 것이 보통이다.

USAGE² each의 수와 성──(1) each는 단수 대명사이므로, 주격으로 쓰일 때는 원칙적으로 단수 취급을 한다: E- of the houses on this street *is* painted a different color. 그러나 일상 회화 따위에서는 바로 앞의 복수형 명사에 이끌려 복수 취급을 하는 경우도 적지 않다: E- had *their* favorite. / E- of them *have* their duty.
(2) each가 복수 주어의 동격 대명사로 쓰일 경우에는 복수로 취급한다: The boys [They] ~ *have* a room. 소년들은[그들은] 각자 자기 방이 있다. 그러나 이 경우 each와 have의 순서를 바꾸면 each는 부사가 된다는 점에 유의할 필요가 있다.
(3) A와 B each의 경우 원칙적으로 복수 취급이 보통이나 A, B를 개체로 보는 뜻이 강할 경우 단수로 취급한다.
(4) each는 보통 he, his, him으로 받지만, 그 내용이 여성들일 때 또는 여성 중심인 경우는 she, her로 받는다: E- of the teachers has *her* own room. 또한 의미적으로 복수형의 뜻이 강할 경우 〔구어〕에서는 보통 they, their, them으로 받는다: E- has received his [〔구어〕 their] diploma.

be equal to each each 각각 서로 같다.
each and all 각자 모두, 각각 다.
each other 서로. ¶They love ~ *other*. 그들은 서로 사랑한다 / They bore some resemblance to ~ *other*. 그들은 서로 얼마간 닮은 데가 있었다.

USAGE³ each other와 **one another**──(1) each other는 두 사람에, one another는 세 사람 이상에 쓴다고는 하지만, 실제로는 그렇게 엄밀히 구별되지 않는다. (2) each other나 one another는 주어로는 쓰이지 않는다. 따라서 다음과 같이 쓴다: They stared at ~ *other*. 그들은 서로 빤히 쳐다보았다. (3) each other, one another의 소유격은 each other's, one another's로 한다: ~ *other's* face / The twins often wore ~ *other's* clothes.

── 〔副〕 각자에게, 각각(에게), 한 사람에 대해(apiece). ¶These pencils are 10 cents ~. 이 연필들은 한 자루에 10센트이다 / I gave them two apples ~. 나는 그들에게 각각 사과를 두 개씩 주었다 / We have ~ a copy of the book. 우리는 각자 그 책을 한 부씩 갖고 있다 / She poured them ~ a glass of sherry. 그녀는 그들에게 셰리주를 한 잔씩 따라 주었다.

주의³ (1) 부사 each는 주어를 수식할 경우 보통 be 동사나 조동사의 뒤, 그리고 일반 동사의 앞에 쓰인다: The boys were ~ dressed neatly. (2) 목적어를 수식할 경우 목적어 뒤에 쓰인다. 그러나 직접 목적어의 뒤에는 안 쓰인다: I kissed them ~. (×) → I kissed ~ of them.

***about** one's **ears** ⇒HORNET.
bring a person **down about** his **ears** (남)을 실패하게 하다.
burn a person's **ears** (속어) 남에게 독설을 퍼붓다.
cannot believe one's **ears** 자신의 귀를 의심하다. 사실이라고 생각하지 않다.
catch [or **fall on, come to**] one's **ears** (오다, 들리다.
close [or **stop, shut**] one's **ears to** …을 들으려고 하지 않다. 듣고도 못 들은 체하다.
cock one's **ears up** =prick (up) one's ears.
dead above the **ear** 머리가 빈, 둔한.
easy on the **ear** (구어) 듣기가 좋은.
fall on deaf ears (부탁 등이) 받아들여지지 않다. 주의를 끌지 못하다.
fall together by the **ears** 싸움을 시작하다.
from ear to ear (구어) (웃음 따위가) 입이 찢어지게.
get a person **up on** his **ears** (속어) 남을 분개시키다.
get a thick ear (英속어) 얻어맞아 귀가 붓다. [다.
give a person **a thick ear** (英속어) 남을 귀가 붓도록 때리다.
give ear to; lend one's **ears** [or **an ear**] **to** …에 귀를 기울이다. …을 경청하다.
give one's **ears** (…을 위해서는) 어떤 희생이라도 치르다 (for); 무슨 일이 있어도 …하고 싶다 (to do).
go in (at) **one ear and out** (at) **the other** (사물이) 기억[인상]에 남지 않다; (명령이) 효과가 없다.
have an [**no**] **ear for music** 음악을 알다[모르다].
have [or **hold, keep**] **an ear to the ground** 여론에 귀를 기울이다; (세상 일에) 빈틈이 없다.
have [or **gain, get, win**] a person's **ear; have** [or **get**] **the ear of** a person 남이 자기 말을 듣게 하다; 남에게 영향력이 있다; 남의 측근이다.
have itching ears (소문·스캔들 따위를) 듣고 싶어 하다, 가십을 즐기다.
have one's **ears on** 이어폰으로 듣다; 무전기를 [신 상태로 해 두다.
incline one's **ear to** ① …에게 귀를 기울이다. ② …에게 호의를 가지다. [가르치다.
make a pig's ear (**out**) **of** …을 실패하다, 아주 망One's **ears burn**. (구어) (누군가의 이야깃거리가 되어) 귀가 근질근질하다. ¶My ~s are burning. Someone must be talking about me. 귀가 근질근질한 걸 보니 누가 내 말을 하고 있나봐.
on one's **ear** (속어) 노하여, 분개하여; 술에 취해서.
out on (one's) **ear** (구어) 갑자기 해고되어.
over (**head and**) **ears; head over ears** ① (궁지에 빠져) 옴짝달싹 못하게 되어(in). ② 열중하여, 골몰[몰두]하여 (in).
pin a person's **ears back** (속어) 남에게 호된 타격을 가하다, 남을 완전히 손들게 하다; 꾸짖다.
play(…)**by ear** (악기)를 악보 없이라도 보지 않고 연주하다.
play it by ear 임기응변으로 행동하다. [주다.
prick (**up**) one's **ears** (…에게) 귀를 기울이다 (to); (개 따위가) 귀를 쫑긋 세우다.
ring in one's **ears** 귀에 남다.
set…**by the ears** …에게 싸움을 시키다; (신기한 일로써) …을 깜짝 놀라게 하다.
set…**on** one's **ear**(**s**) …을 흥분시키다, 놀라게 하다.
sleep upon both ears 푹 자다, 안면하다.
tickle a person's **ears** 남에게 아첨하다, 남의 마음에 드는 말을 하여 기쁘게 해주다.
to the ears 갈 데까지, 한계까지. [동음이다.
turn a deaf ear to …을 통 들으려 하지 않다, 마이
up to the [or **one's**] **ears** =over (head and) ears.
wet [or **not dry**] **behind the ears** (구어) (젖이) 피도 마르지 않은, 미숙한, 풋내기의.
with ears flapping (속어) (듣고 싶어 안달이 나서.
~**less** 혱 귀가 없는. ~**like** 혱 (이 달린) 열매.
***ear**² 몡 (보리 따위의) 이삭. (美·캐나다) (옥수수의 수염

be in (**the**) **ear** 이삭이 패어 있다.
come into ear 이삭이 패다. 이삭을 내밀다.
── 图재 이삭이 패다, 이삭이 되다.
~**less** 혱 이삭이 없는. 「(耳痛).
ear·ache [íərèik] 명U (종종 an ~) 귓앓이, 이통
éar bànger 명 (美속어) 아첨꾼, 추종자; 허풍선이.
ear·bash [íərbæʃ] 图 (英·속어)──图(남)에게 종알종알 지껄여 대다.──재 쓸데없이 떠들어 대다.
~**·er**, ~**·ing**「하는) 떠버리.
ear·bend·er [íərbèndər] 명 (美속어) (넌더리나게
ear-bit·ter [-bítər] 명 (英속어) 빚 독촉하는 사람.
éar càndy 명 (구어) (달콤한) 경음악.
ear·cap [íərkæp] 명 (英) (방한용) 귀덮개.
ear-catch·er [-kætʃər] 명 귀가 솔깃해지는 것; 외우기 쉬운 노래[가사].
ear·con [íərkɑn|-kɔn] 명 (컴퓨터) 이어콘(아이콘(icon)의 음성판에서 컴퓨터가 실행하고 있는 혹은 실행할 수 있는 일을 나타내는 음성 신호). 「같은.
ear-deaf·en·ing [ídèfəniŋ] 혱 귀청이 떨어질 것
ear·drop [íərdrɑp|-drɔp] 명 **1** 귀걸이(earring). **2** 퓨셔(fuchsia)의 꽃. **3** (~s) (단·복수 양용) 귀약.
ear·drum [íərdrʌm] 명 중이(中耳); 고막.
éar dùster 명 (美속어) **1** (야구) 타자의 머리를 스치는 투구. **2** 소문; 떠버리. (또는 **éar-dùster**)
eared¹ [íərd] 혱 귀가 있는, 귀가 달린; (복합어로) (…의) 귀가 있는. ¶an ~ seal 물개/long-~ 귀가 긴.
eared² 이삭이 있는, 이삭이 팬.「개.
ear·flap [íərflæp] 명 (~s) (방한모의) 귀덮개, 귀싸
ear·ful [íərfùl] 명 (구어) (an ~) **1** 듣기에 신물나는 이야기, 흰소리. ¶I got an ~ of that. 그런 이야기는 신물난다. **2** 놀라운 소식[소문], 중대한 뉴스. **3** 잔소리(scolding). **4** (英속어) 야바위꾼, 사기꾼.
ear·hole [íərhòul] 명 **1** 귓구멍. **2** (또는 **ear'ole**)
on the earhole (속어) 사기(詐欺)쳐서.
── 图재 (또는 **ear'ole**) …을 듣다(listen), 멈춰 서서 엿듣다(overhear). 「가는 밧줄.
ear·ing [íəriŋ] 명 (해사) 돛 윗귀를 활대에 잡아매는
***earl** [ə́ːrl] 명 (영국의) 백작(marquis 아래의 작위로 유럽 각국의 count에 해당; 그 부인은 countess. 존칭은 Lord…). ⇒BARON.
Earl [ə́ːrl] 명 얼(남자 이름). (또는 **Earle**)
ear·lap [íərlæp] 명 **1** 귀덮개, 귀싸개(earflap). **2** 귓불(earlobe). **3** 귓바퀴, 외이(external ear).
earl·dom [ə́ːrldəm] 명 (英) 백작의 지위[신분, 칭호]; [폐어] 백작령; (집합적) 백작.
Éarl Márshal 명 (英) 문장원(紋章院) 총재(현재는 Norfolk 공작가(家)의 세습적 지위).
ear·lobe [íərlòub] 명 귓불. (또는 **éar lòbe**)
‡**ear·ly** [ə́ːrli] 혱 (**-li·er; -li·est**) **1** 이른, 빠른 (for) (圖 late). ¶an ~ breakfast 이른 조반/at an ~ hour 아침 일찍/in the ~ morning 아침 일찍. **2** 올되는, 맏물(조생)의; ~ fruits 조생 과일. **3** 초기의, 젊은 시절의; 옛날의(ancient). ¶from the earliest times 먼 옛날부터. **4** 가까운 장래의. ¶on an ~ day 근일에, 가까운 시일 안에.
at an early date 근일 중에.「도록 일찍.
at one's **earliest convenience** 형편 닿는 대로, 되
at (**the**) **earliest** (부정문에서) 빨라도, 빨라봤자.
early days (**yet**) (英) 시기상조인,
from early years 어린 시절부터.
in one's **early days** [or **years**] 젊은 시절에.
keep early hours ⇒HOUR.
──튀 (**-li·er; -li·est**) **1** 일찍이, 일찍부터, 일찍감치; 초기에. ¶~ in June [the year] 6월 초순에[연초에] / as ~ as possible 되도록 일찍/rise [or get up] ~ 일찍 일어나다/E- to bed and ~ to rise makes a man healthy, wealthy and wise. (속담) 일찍 자고 일찍 일어나는 것은 건강·부·지혜의 근본이다. **2** (예정·정각

보다 빨리, 이르게. ¶The ship left ten minutes ~. 배는 10분 빨리 떠났다. **3** 어린 시절에(부터), 옛날에.
earlier on 미리, 일찍부터, 사전에.
early and late 아침 일찍부터 밤 늦게까지, 조석으로.
early on 일찍감치, 초기에, 초기에; 곧. 「or later).
early or late 늦건 이르건 간에, 조만간(sooner
get up [or *rise, wake up*] (*very*) *early* 재빠르다, 빈틈이 없다, 준민(俊敏)하다. ¶He *got up* ~ for you. 그는 네게는 좀 힘겨운 상대였어.
— 圈 (⊛ **-lies** [-z]) (보통 **-lies**) 조생(早生) (과일[야채]); 일찍 피는 꽃; 초기(初期).
-li·ness 圀 빠름, 이름.
Early Américan 圀圀 (가구·의상·건물 등이) 미국의 식민지 시대에 만들어진[사용된], 미국 초기 양식(의).
éarly bírd 圀 **1** (구어) 일찍 일어나는 사람; (모임 따위에) 다른 사람[정각]보다 빨리 오는 사람. ¶*The ~ catches the worm.* (속담) 일찍 일어나는 새가 벌레를 잡는다. **2** (항공·우주) (E- B-) 얼리 버드(미국의 상업 통신 위성 Intelsat 제1호의 별명). **éar·ly-bird** 圀 조조(早朝)의, 일찍 오는 사람을 위한. 「차」 서비스.
éarly-bird spécial 圀 (레스토랑 따위의) 모닝[선
Early Chrístian 圀 초기 기독교 미술[건축]의.
éarly clósing 圀 (英) (상점의) 조기 폐점; (오후 1시에) 일찍 닫는 날(~ day, half-day).
Early English (style) 圀 초기 영국 건축 양식 (12-13세기의 초기 고딕 양식; ⓜ EE).
éarly gráve [**déath**] 圀 젊어서 죽음, 요절.
éarly léaver (英) 중도 퇴학자(dropout).
Early Modern English 圀 (15-17세기) 초기 근대 영어.
éarly músic 圀 중세·르네상스기의 음악.
éarly retírement 圀 조기 퇴직[은퇴].
éarly ríser 圀 (아침에) 일찍 일어나는 사람.
éar·ly-to-béd·der [-təbédər] 圀 일찍 자는 사람.
Ear·ly-Vic·to·ri·an [-viktɔ́:riən] 圀 빅토리아 왕조 초기의; 구식의, 시대에 뒤떨어진.
éarly wárning 圀 [경제]. 「EW].
éar·ly-wárn·ing [-wɔ́:rniŋ] 圀 조기 경보용의.
éarly-wárning rádar 圀 (군사) 조기 경보 레이더.
éarly-wárning sátellite 圀 미사일 탐지 위성.
éarly wárning sýstem 圀 (군사) 조기 경보[경계] 체계; (천재지변·환경 오염 따위의) 조기 경보 시스템.
éar·mark [íərmὰːrk] 圀 **1** 귀표(가축의 소유주 표시용). **2** (종종 ~s) 안표(眼標), 기호; 특징.
— 囲 **1** (가축에) 귀표를 하다; …에 표시[안표]를 하다. **2** (돈 따위를) …에 책정[배당, 충당]하다 (*for*).
éar-mind·ed [-máindid] 圀 (심리) (사람의) 청각형의. ⓜ eye-minded ~·**ness** 圀
éar·muff [íərmʌf] 圀 (美) 방한용 귀싸개.
éar músic 圀(속어) 악보를 보지 않고[외워서] 연주하는 음악. * 그 연주자는 ear man.
‡**earn** [əːrn] 圀 (~**s** [-z]) 囲 **1** (금전 따위를) 벌다, 벌이하다; (생계를) 꾸려가다. ⇨GET 類語 ¶ ~ forty dollars a day 하루에 40달러 벌다. **2** (감사·보수 등을) 받을 만하다, …을 받을 만한 값어치가 있다. ¶ ~ praise 칭찬받을 만하다 / He is paid more than he really ~s. 그는 실제 능력 이상의 보수를 받고 있다. **3** (명성 등을) 획득하다, 얻다, (지위 따위를) 차지하다 (*for*). ¶ ~ fame 명성을 얻다 // (~+團+圀) ~ a reputation *for* honesty 정직하다는 소문이 나다. **4** (이익 따위를) 낳다, 가져오다. ¶*Money well invested ~s good interest.* 적절히 투자된 돈은 충분한 이익을 낳는다. — 困 수입을 낳다.
earn one's living by doing …로 생계를 꾸려가다.
earn one's way 자립하여 살아가다. ¶ ~ one's *way through college* 고학으로 대학을 나오다.
éarned íncome [ə́:rnd-] 圀 **1** 근로 소득; (기업의) 실현 수익.

éarned póint 圀 (스포츠) 언드 포인트(자신의 플레이에 의해 얻은 점수).
éarned rún 圀 (야구) (투수의) 자책점(안타, 포 볼, 도루 등 투수 책임에 의한 득점; ⓜ ER).
éarned rún áverage 圀 (야구) (투수의) 방어율 (ⓜ ERA, era).
éarned súrplus 圀 이익 잉여금.
‡**ear·nest**[¹] [ə́ːrnist] 圀 (*more* ~; *most* ~) **1** 성실한, 진지한, 착실한. ¶an ~ student 착실한 학생 / an ~ consideration 진지한 고려. **2** 열심인, 열렬한; (…에) 열성적인 (*over, about, in*). ¶be ~ *about* one's studies [*in* one's endeavors] 열심히 공부[노력]하다.

> 類義語 **earnest** 성실하고 진지하며 열의가 있는. **serious** 진정으로 중요한 일에 관심을 가지는. **sincere** 위선·가식이 없이 진심에서의.

3 (사안 따위가) 중대한, 심각하게 고려해야 할. ¶an ~ meeting affecting world peace 세계 평화에 영향을 줄 — 圀 진지함, 진심. (* 다음 숙어로). 「중대한 회담.
in dead [or *deadly, good, real, sad, sober*] *earnest* 진지하게, 성실하게.
in earnest 진지하게, 진심으로; 본격적으로. ¶I am perfectly *in* ~ in what I say. 나는 오로지 진심으로 말하고 있다. (古) 증표, 증거물; 전조, 조짐.
ear·nest[²] 圀 **1** (법률) ~ money. **2** 약속·보증.
Ear·nest [ə́ːrnist] 圀 어니스트(남자 이름).
‡**éar·nest·ly** [ə́:rnistli] 囲 (*more* ~; *most* ~) 진지하게, 열심히, 진심으로.
éarnest móney 圀 (법률) 계약금, 착수금, 보증금.
*****ear·nest·ness** [ə́:rnistnis] 圀Ⓤ 진지함, 열심, 진심.
*****earn·ing** [ə́:rniŋ] 圀 **1** 벌기, 일하여 벌이함. **2** (~s) 소득, 벌이, 임금(wages). **3** (~s) 사업[투자] 소득, 수익. ¶gross ~s 총수익. 「(능력).
éarning pówer 圀 (경제) (기업·투자 설비의) 수익
éarnings per sháre 圀 (증권) 주(株)당 수익(세 공제 후 수익을 발행 주식 총수로 나눈 것; ⓜ EPS).
éarn·ings-re·lát·ed [-riléitid] 圀 소득에 따른.
Éarnings Reláted Súpplement 圀 (英) 보험 급부금(전년도 소득에 의해서 실업자나 환자에게 6개월 동안 지급한다). 「(수익을 주가로 나눈 것).
éarnings yíeld 圀 (증권) 이율(利率) (한 주당(株當)
ear-nose-and-throat [-nóuzənθróut] 圀 이비인후과의(ⓜ ENT).
ear'ole [íəroul] 圀(俗) =earhole.
EAROM [íərɑm/-rɔm] (전자) *electrically alterable read only memory*(다시 쓰기 가능한 ROM).
Earp [əːrp] 圀 **Wyatt (Berry Stapp)** ~ 어프 (1848-1929; 미국의 보안관·권총 명사수).
*****ear·phone** [íərfòun] 圀 **1** 이어폰; (~s) 헤드폰. **2**
éar·pick [íərpìk] 圀 귀이개. 「수화기, 수신기.
éar·piece [íərpìːs] 圀 **1** (英) (~s) (모자 따위의) 귀싸개, 귀덮개. **2** 안경 다리. **3** =earphone.
ear·pierc·ing [-píərsiŋ] 圀 귓창이 찢어질 듯한, 귀
éar·plug [íərplʌg] 圀 (~s) 귀마개. 「에 거슬리는.
ear·reach [íərlítʃ] 圀 =earshot.
*****ear·ring** [íərriŋ] 圀 (~s) 귀걸이, 귀고리, 이어링. ¶ pierced ~s 귓불을 뚫고 거는 귀걸이/clip-on ~s 귓불에 끼우는 귀걸이. ~·**ed** 圀
éar séx 圀 =phone sex.
éar shéll [**snáil**] 圀 전복(abalone).
éar·shot [íərʃὰt/-ʃɔ̀t] 圀Ⓤ (부르면) 들리는 곳, 음성이 미치는 거리.
out of [*within*] *earshot* 들리지 않는[들리는] 곳에.
ear-spe·cial·ist [-spéʃəlist] 圀 귀 전문 의사.
éar-splít·ting [íərsplìtiŋ] 圀 귓창이 찢어질 것 같은 (소리의).
éar stúd 圀 귀고리 버튼(stud (earring)). 「은.
‡**earth** [əːrθ] 圀 (~**s** [-θs, -ðz]) **1** (the ~, the E-) 지구(* 고유명사적으로 관사 없이 Earth로도 쓴

다). ¶the ~'s surface 지구 표면/The ~ revolves on its axis. 지구는 지축을 중심으로 자전한다.
2 (the ~) 땅, 지상, 대지; (바다에 대하여) 육지. ¶fall to the ~ 넘어지다/heaven and ~ 하늘과 땅.
3 [U] (암석에 대하여) 토양, 흙. ¶sandy ~ 모래땅/fill a pit with ~ 흙으로 구멍을 메우다.
4 (the ~) 《집합적》 지구상의 주민, 온 세계 사람들; 온 세계. ¶the whole [*or* all the] ~ 온 세계 사람들.
5 (천국·지옥에 대하여) 이 세상, 이승, 현세, 속세; [U] (영적인 것에 대하여) 속사(俗事), 세속사, 속계.

> [유의어] **earth** 천체로서의 「지구」; 천국·지옥에 대한 「이 세상」. **globe** 지구가 구형(球形)임을 강조하는 말; 흔히 world와 같은 뜻으로 쓴다. **world** 땅 덩어리뿐 아니라 세상에 속한 모든 사람들과 체계를 포함한다.

6 《시》 인체. **7** [U][C] 《英》 (여우 따위의) 굴. **8** [C][U] 《英》 〔전기〕 어스(선), 접지(接地)(선)(《美》 ground). **9** (~s) 〔화학〕 토류(土類). ¶alkaline ~*s* 알칼리 토류. **10** (the ~) 다량, 막대한 양(量). **11** [U] 흙(고대 철학에서의 4 원소(물·불·흙·공기) 중의 하나).
bring** a person **down** [or **back**] **to earth 《구어》 남을 꿈에서 깨어나게[현실로 돌아오게] 하다.
charge* [*cost*] *the earth 터무니없이 비싸게 부르다[치이다].
***come back* [or *down*] *to earth* (*with a bump* [or *bang*])** 현실로 돌아오다, 정신이 들다.
down to earth ① 현실적인, 실제적인. ② 《구어》 솔직히; 아주, 완전히, 철저하게.
go the way of all the earth 죽다.
like nothing on earth ⇨NOTHING.
make* [or *feel*] *the earth move 강렬한 경험을 하다; (특히) 사랑을 하다.
move heaven and earth 백방으로 노력하다. 「히.
off the face of the earth 《구어》 지구상에서 완전
of* [or *from*] *the earth, earthy ① 〔성서〕 땅에서 나서 흙으로 만들어진(←고린도 전서(1 Cor.) 15:47). ② 《속어》 현세적인, 세상에 속한.
on earth ① 지상에(서); 《최상급을 강조하여》 이 세상에서. ¶He was the happiest man *on* ~. 그는 이 세상에서 가장 행복했다. ② 《의문사를 강조하여》 도대체, 대체. ¶What *on* ~ was I to do? 도대체 내가 어떻게 해야 옳았단 말인가? ③ 《부정을 강조하여》 전혀, 조금도. ¶No use *on* ~! 전혀 쓸모가 없다.
pay the earth 《구어》 큰돈을 지불하다.
promise** a person **the earth 남에게 되지 않을 것[불가능한 것]을 약속하다.
put to earth 접지(接地)하다.
run* (…) *to earth ① 〔여우 따위〕를 굴로 몰아넣다; (여우 따위가) 굴로 도망쳐 들어가다. ② …을 몰아세우다, 추궁하다; …을 조사하다; (사물의) 근원까지 캐다[밝혀내다]. 「을 막다.
stop an earth (돌아가지 못하도록) (여우 따위의) 굴
— [동][타] **1** …을 흙 속에 묻다, 〔뿌리 따위〕에 흙을 덮다 (*up*). ¶ (~+[目]+[副]) ~ *up* potatoes 감자에 흙을 덮다. **2** 〔여우 따위〕를 굴로 몰아넣다. **3** 《英》 〔전기〕 …을 접지하다, 어스하다(《美》 ground). **—** [자] 《英》 (여우 따위가) 굴로 도망쳐 들어가다.
éarth antènna [명] 접지(接地) 안테나.
éarth àrt [명] 어스 아트(land art)(자연 경관을 소재로 하는 공간 예술). **éarth àrtist** [명]
earth·born [ə́:rθbɔ̀:rn] [형] **1** 땅[흙]에서 태어난. **2** 인간의(human); 죽음을 면할 수 없는(mortal). ¶~ creatures 인간. **3** 이 세상[현세]의, 세속적인.
earth·bound [ə́:rθbàund] [형] **1** 땅에 고착해 있는. **2** 세속사에 집착하는; 세속적인, 현실적인. **3** (또는 **éarth-bòund**) 지구로 향하는.
earth·bred [ə́:rθbrèd] [형] 지상에서 자란; 비속한.
éarth clòset [명] 《英》 (야전용) 토사(土砂) 살포식 변소.
earth-coupled [-kʌ́pld] [형] (파이프 등이) 지중(地中)
éarth cùrrent [명] 〔전기〕 지전류(地電流). 「접속의.
Éarth Dày [명] 지구의 날(환경 보호의 날; 4월 22일).
earth·day [ə́:rθdèi] [명] 지구일(地球日)(다른 천체에서의 시간을 환산하는 데 쓴다). 「(陶製)의. **3** 세속의.
***earth·en** [ə́:rθən] [형] **1** 흙으로 만든. **2** 오지의, 도제
***earth·en·ware** [ə́:rθənwὲər] [명][U] **1** 《집합적》 토기, 질그릇; 도기. **2** 토기[도기]의 원료, 도토(陶土).
Éarth Fírst [명] 어스 퍼스트(미국의 환경 보호 운동 단체). **Éarth Fírster** [명]
earth-friend·ly [-frèndli] [형] 지구[환경]를 해치지 않는, 환경[지구] 친화적인. 「풍요의 신).
earth-god [-gɑ̀d/-gɔ̀d] [명] 대지의 신(식물 생장과
earth-god·dess [-gɑ̀dis/-gɔ̀d-] [명] 대지의 여신(식물 생장과 풍요의 여신). (또는 **éarth gòddess**)
éarth hòuse [명] 흙집, 땅 속의 주거.
earth·i·an [ə́:rθiən] [명] (E-) 지구인. **—** [형] 지구의.
earth·ing [ə́:rθiŋ] [명] 접지(接地).
earth·light [ə́:rθlàit] [명] =earthshine. 「닮은.
earth·like [ə́:rθlàik] [형] 지구와 같은, 지구의 것과
earth·ling [ə́:rθliŋ] [명] **1** 인간(mortal); 지구인. **2** 세속사에 매인 사람, 속인.
earth·lub·ber [ə́:rθlʌ̀bər] [명] 지구 이외의 우주에 가본 적이 없는 사람.
‡**earth·ly** [ə́:rθli] [형] (***-li·er; -li·est***) **1** (하늘·천상에 대해) 지구의, 지상의. ¶an ~ paradise 지상 낙원. **2** (천국에 대해) 이 세상의, 이승[현세]의, 세속적인; 육욕의(carnal). ¶~ existence 현세/~ passions 육욕.

> [유의어] **earthly** heavenly(천상의)에 대해 「지상의」. **worldly** spiritual(영적인)에 대해 「세속적인」; 내세나 정신적인 것을 제쳐놓고 현세적인 쾌락·이득·허영 등을 추구하는 것을 의미한다. **terrestrial** celestial(천공(天空)의)에 대해 「행성으로서의 지구에 관한」. **mundane** worldly와 같은 뜻이지만 영원한 생명을 갖지 않은 덧없음을 강조하는 말.

3 《구어》 《의문·부정을 강조하여》 도대체(on earth); 전혀, 조금도. ¶What ~ use can it be? 그것이 도대체 무슨 쓸모가 있는가?
***have no* [or *not an*] *earthly chance* [or *hope*]** 《英구어》 전혀 가망이 없다, 희망이 없다; 전혀 모르다.
of no earthly use 《英구어》 전혀 쓸모 없는[도움이
-li·ness [명] 현세적임, 세속적임. 「안되는].
earth·ly-mind·ed [-máindid] [형] 세속적인, 세속사에 마음을 빼앗긴(worldly-minded). 「인.
earth·man [ə́:rθmæ̀n, -mən] [명] 지구의 주민, 지구
éarth mòther [명] **1** (E- M-) (만물의 생명·풍요의 근원으로서의) 성스러운 대지(mother earth). **2** 《구어》 육감적인 여성; 다산(多産)한 여자.
earth·mov·er [ə́:rθmù:vər] [명] 땅 고르는 기계, 토공(土工) 기계(불도저 따위). 「(peanut).
earth·nut [ə́:rθnʌ̀t] [명] 땅 속에 생기는 과실; 땅콩
éarth òrbit [명] 지구 궤도.
éarth-or·bit·ing spáce stàtion [-ɔ̀:rbitiŋ-] [명] 〔우주〕 지구 궤도 우주 정거장. 「는) 흙기둥.
éarth pìllar [명] 〔지질〕 (둘레의 흙이 침식되어서 생기
‡**earth·quake** [ə́:rθkwèik] [명] **1** 지진(quake). ¶a slight [strong] ~ 미진[강진]/a volcanic ~ 화산 지진//There was [*or* We had] an ~ last night. 어젯밤에 지진이 있었다. **2** 《비유적》 (사회·정치적) 격변, 대혼란. 「(epicenter).
éarthquake cènter [명] 진앙(震央), 진원지(震源地)
éarthquake insùrance [명] 지진 보험.
éarthquake intènsity [명] 〔지구과학〕 진도(震度).
éarthquake lìght [명] 〔지구과학〕 지진 발광(發光).
earth·quake-prone [-pròun] [형] 지진이 일어나기 쉬운; 지진에 취약한.

E

earth·quake-proof [-prù:f] 〖형〗 내진(耐震)의. (또는 **éarthquake-resistant**)
éarthquake séa wàve 〖명〗 해일.
éarthquake shòck 〖명〗 지진의 진동.
éarthquake sòunds 〖명〗〖복〗 땅울림.
Éarth Rèsources Obsevátion Sàtellite 〖명〗 지구 자원 관측 위성(〖약〗 EROS)
Éarth Rèsources (Technólogy) Sàtellite 〖명〗 지구 자원 탐사 기술 위성(Landsat의 옛 이름; 〖약〗 ERTS) 〖명〗의 떠오름.
earth·rise [ə́:rθràiz] 〖명〗 (달에서 본) 지구돋이, 지구
éarth sàtellite 〖명〗〖천문〗 인공(지구) 위성; 달.
éarth·scape [ə́:rθskèip] 〖명〗 (우주선 따위에서 본) 〖지구의 모습(경치〗.
éarth science 〖명〗 지구 과학.
earth·shak·ing [ə́:rθʃèikiŋ] 〖형〗 전세계를 (근본부터) 뒤흔드는, 매우 중요한, 중대한; 위험한. **~·ly** 〖부〗
earth·shat·ter·ing [ə́:rθʃætəriŋ] 〖형〗 =earthshaking. **~·ly** 〖부〗
earth·shine [ə́:rθʃàin] 〖명〗〖천문〗 (초승달의 어두운 부분을 희미하게 비추는) 지구의 반사광(反射光). (또는 **earthlight**)
earth·shock [ə́:rθʃɑ̀k/-ʃɔ̀k] 〖명〗 천재 지변.
earth·slide [ə́:rθslàid] 〖명〗 산사태(landslide).
éarth sòunds 〖명〗〖복〗 땅울림.
éarth stàtion 〖명〗 (위성·우주 통신용) 지상국, 〖com sat-
Éarth Súmmit (the ~) 지구 서밋(1992년 Rio de Janeiro에서 열렸던 유엔 환경 개발 회의(UNCED)
éarth tàble 〖건축〗 근석(根石).〖의 속칭〗.
éarth témperature 〖명〗 지중(地中) 온도.
éarth tìme 〖천문〗 지구시(지구의 자전 주기를 계측 기준으로 하는 시간; 천체현상의 지상 관측용).
éarth trèmor 〖명〗 소규모 지진, 미진(微震).
earth·ward [ə́:rθwərd] 〖부〗 지면(지구) 쪽으로, (또는 **earthwards**) 〖형〗 지면(지구) 쪽을 향한.
Earth·watch [ə́:rθwɑ̀tʃ/-wɔ̀tʃ] 〖명〗 (종종 e~) (환경 오염을 감시하기 위한) 지구 감시망.
Éarth Wéek 지구 주간 (보호) 주간(공해 추방 운동을 위해 1971년에 정한 4월의 주(週)). 〖wire〗.
éarth wìre (英) 〖전기〗 어스(접지)선(〖美〗 ground
earth·work [ə́:rθwə̀:rk] 〖명〗 1〖U〗 토목(기초) 공사. 2 (군사) 토루(土壘)(흙으로 만든 보루). 3 (~s) 어스워크(earth art 작품). 〖한 사람.
*__earth·worm__ [ə́:rθwə̀:rm] 〖명〗 지렁이; (고어) 비열
earth·y [ə́:rθi, -ði] 〖형〗 1 흙의, 토양의, 토질의; 흙내 새 나는. ¶ ~ matter 토질의 것 / an ~ smell 흙내. 2 지상(세계)의(값 heavenly). 3 (사람이) 튼튼한, 늠름한; (말씨·유머 따위가) 서속한, 속악한, 야비한. 4 (英) 〖전기〗 접지한. 5 〖화학〗 토류(土類)의. __of__ [or __from__] __the earth, earthy__ ⇒EARTH.
éarth·i·ly **éarth·i·ness** 〖명〗 토질.
Éarth-year [-jìər] 〖명〗 (때로 e~) 〖천문〗 지구년.
éar trúmpet 〖명〗 (나팔형) 보청기.
ear·wax [íərwæ̀ks] 〖명〗〖U〗 귀지(cerumen).
ear·wig [íərwìg] 〖명〗 1 집게벌레. 2 (英속어) 캐고들기 좋아하는 사람. ━〖타〗 (*-gg-*) 1〖남〗에게 살짝 귀띔하여 환심을 사다. 꾀(책략)을 일러주다. **~·gy** 〖형〗
ear·wit·ness [íərwìtnis] 〖명〗〖법률〗 전문(傳聞) 증인(사건에서 전해 들은 것을 증언하는 사람).
*__ease__ [i:z] 〖명〗〖U〗 1 (몸의) 안락, 편안, (고통의) 경감 (relief)(*from*); (의복 따위의) 넉넉함, 여유. ¶ ~ *from pain* 아픔의 경감. 2 안심, 마음 편함; 당돌(모습 따위의) 홀가분함, 느긋함. ¶ ~ *of manner* 느긋한(여유작작한) 태도. 3 (생활의) 안락, 경제적으로 편안함. ¶a life *of* ~ 안락한 생활. 4 (일을 할 때의) 수월, 쉬움.

〖유의어〗 **ease** 노력·긴장·괴로움 따위로부터 완전히 풀리어 편안한 상태. **comfort** 정신적·물질적으로 쾌적하여 만족한 상태.

at (one's) ease ① 마음 편히, 느긋하게; 안심하고. ¶be [or feel] *at* ~ 안심하다. ② 〖군사〗 쉬어 자세로 〖의〗.¶*At* ~! 〖구령〗 쉬어!
ill at ease 편하지 않은, 안절부절 못하고.
march at ease 〖군사〗 제걸음으로 가다.
stand at ease 〖군사〗 쉬어 자세로 있다.
take one's ease 몸을 편안히 하다, 휴식하다.
well at ease 마음 편하게, 느긋하게, 여유작작하게.
with ease 용이하게, 쉽게, 손쉽게.
━〖동〗(*eas·es* [-iz]; *~d*; *eas·ing*) 〖타〗 1 (심신의 피로움·긴장 따위)를 완화하다, 가볍게 하다; (남)을 안심시키다(*of, out of*). ¶ ~ a person's *anxiety* 남의 걱정을 완화시키다 / *Music* ~*d my mind*. 음악이 내 마음을 편안케 해주었다.∥ (~+〖목〗+〖전〗+〖명〗) ~ *a person of* (his) *burden* 남의 고통(짐)을 덜어주다. 2 (익살) (남)에게서 빼앗다(*of*).¶ (~+〖목〗+〖전〗+〖명〗) ~ *a person of his wallet* 남의 지갑을 빼앗다. 3 (죄는 옷 따위)를 늦추다, 헐겁게 하다(*loosen*); (속도 따위)를 늦추다. 4 …을 조심해서 움직이다(*round, out*)(*into*). 5 (조선)(선체)를 깎아서 매끄럽게 하다. 6 (항해) (옷·밧줄 따위)를 늦추다; (뱃머리)를 바람 불어오는 쪽으로 돌리다, (키)를 되돌리다, …의 속력을 떨어뜨리다. ¶ ~ *the helm* 키를 (중앙으로) 되돌리다.━〖자〗 1 (아픔 따위가) 가벼워지다, 편해지다(*off*). 2 천천히 움직이다(*round*)(*to*). 3 마음 편하게(홀가분하게) 시작하다. 4 (주가 따위가) 하락하다, (시황이) 진정되다(*off*).
ease a person in 〖남〗을 (일 따위에) 숙련시키다.
ease away …을 늦추다, 가볍게 하다.
ease down 속도를 줄이다(늦추다).
Ease her! 〖해사〗 (기관의) 속력 늦춰!
ease off ① (구어) (속도)를 줄이다; (긴장 따위)를 완화하다(*on*). ② (고통)이 덜다. ③ (비바람)이 잔잔해지다가 가라앉다. ¶*The pain has* ~*d off*. 아픔이 가라앉았다. ④ 느긋하게 굴다. ⑤ …을 천천히 떼내다(벗기다); =*ease away*.
ease on [*or* *out, on out*] 떠나다, 가버리다.
ease oneself ① 안심하다, 마음을 놓다. ② 기분(분)을 풀다. ③ 배변(排便)하다.
ease out …을 사직시키다, 추방하다.
ease up ① =*ease off*. ¶ ~ *up cigarettes* 담배를 줄이다(삼가다). ② (구어) 자리를 채우다(메우다).
ease·ful [í:zfəl] 〖형〗 편안한; 태평스런, 안일한, 나태한. **~·ly** 〖부〗 **~·ness** 〖명〗
*__ea·sel__ [í:zəl] 〖명〗 이젤, 화가(畫架); 칠판걸이.
ease·less [í:zlis] 〖형〗 불안한, 심신이 안정되지 않은.
ease·ment [í:zmənt] 〖명〗 1 〖U〗〖C〗 (고통 따위의) 완화, 경감, 위안, 안도. 2 위안을 주는 것; 편리한 것, 편리, 편의. 3 (법률) 지역권(地役權). 4 부속 건물. 5 (건축) 완화 곡선체(曲線體).
*__eas·i·ly__ [í:zili] 〖부〗 (*more* ~; *most* ~) 1 용이하게, 쉽사리, 손쉽게. ¶*let a person off* ~ 남을 쉽게 용서하다. 2 마음 편하게, 안락하게. 3 (최상급·비교급을 강조하여) 확실히, 단연. ¶*He is* ~ *the fastest runner in the school*. 그는 달리기에서 학교에서 제1인자이다. 4 (*can, may*와 함께) 아마. ¶*It may* ~ *snow tonight*. 오늘 밤에는 아마 눈이 내릴 것이다. 5 (구어) (숫자 앞에서) 최소한, 적어도.
eas·i·ness [í:zinis] 〖명〗〖U〗 1 용이함, 쉬움. 2 안락, 편안, 마음 편함; 무사 태평함. 3 침착함, 차분함; 소탈함, 싹싹함. 4 (글 따위가) 까다롭지 않음, 평이함.
*__east__ [i:st] 〖명〗 (the ~) 1 동쪽, 동방, 동부. ¶ ~ *by north* 동미북(東微北)(〖약〗 EbN) / ~ *by south* 동미남 (東微南)(〖약〗 EbS)/The sun rises in the ~. 해는 동쪽에서 돋다. 2 (the E~) a) 동양.¶*the Far [Middle, Near] E*~ 극(중, 근)동. b) (미국) 동부 지방(Mississippi강 동쪽 지방), 뉴잉글랜드 (지방). c) (역사) 동로마 제국. 3 (교회당의) 동쪽 (끝), 제단 쪽. 4 (시) 동풍.

back East 《美》 (서부에서 보아) 동부로[에].
down East 《美》 뉴잉글랜드(에, 로).
in [on] the east of …의 동부에[…의 동쪽에 인접하여]. ¶ Korea is *in the* ~ *of* Asia. 한국은 아시아의 동부에 있다.
out East 《英》 동양에[으로].
to the east of …의 동쪽에. ¶ Korea is *to the* ~ *of* China. 한국은 중국 동쪽에 있다.
— 형 1 동쪽의, 동쪽으로의; 동쪽으로부터의. ¶ *an* ~ *wind* 동풍 / *an* ~ *gate* 동문. 2 동부의. ¶ *E– Africa* 동부 아프리카. 3 형 (교회) 제단 쪽의.
— 부 동쪽에[으로]; 동쪽으로부터. ¶ He went ~. 그는 동쪽으로 갔다 / Korea is ~ of China. 한국은 중국 동쪽에 있다 / The town lies ten miles ~ of London. 그 마을은 런던에서 10마일 동쪽에 있다.

due east 정동(正東)으로[에].
East. eastern.
east·a·bout [íːstəbàut] 부 동쪽으로(eastward).
East África 명 동아프리카. **East Áfrican** 명형.
East Ásia 명 동(東)아시아. **East Ásian** 명형.
East Berlín 명 동(東)베를린(통일전 동독의 수도).
East Blòc 명 동유럽 블록(과거의 유럽 공산권).
east·bound [íːstbàund] 형 동쪽으로 가는[향하는].
East Chína Séa 명 (the ~) 동중국해.
East Cóast 명 (the ~) (미국) 동해안 지역, 대서양 연안. 「옛 빈민가.
East Énd 명 (the ~) 이스트 엔드(London 동부의
east·er [íːstər] 명 동풍(동쪽에서 불어오는 강풍).
‡**East·er** [íːstər] 명 1 부활절(3월 21일 이후의 만월 다음의 첫 일요일). 2 부활 주일(~ day, ~ Sunday). 3 이스터(여자 이름).
Éaster bàsket 명 부활절 바구니(부활절 아침에 아이들이 찾아내는 사탕 바구니).
Éaster bònnet 명 부활절에 쓰는 부인 모자.
Éaster brèak 명 =Easter holidays.
Éaster bùnny 명 부활절 토끼(부활절에 아이들에게 Easter egg 따위 선물을 갖다 준다는 속설이 있다).
Éaster càndle 명 부활절 동안에 켜는 큰 초.
Éaster càrd 명 (토끼나 달걀 그림의) 부활절 카드.
Éaster dáy 명 =Easter.
Éaster dùes [óffering(s)] 명 부활절 헌금.
Éaster ègg 명 채색 달걀(부활절 선물·장식용).
Éaster éve(n) 명 (the ~) 부활절 전야.
Éaster hólidays 명 부활절 휴일(휴가)(부활절 전후의 1–3주 간의 휴일). (또는 Éaster vacátion)
Éaster Ísland 명 이스터 섬(폴리네시아 동단의 섬으로 칠레령; 거대한 상(像)이나 고고학상의 유물이 많음).
Éaster líly 명 (부활절에 장식하는 속성 재배의) 백합.
east·er·ling [íːstərliŋ] 명 동쪽에 위치한 나라의 주민.
east·er·ly [íːstərli] 형 1 동쪽에 있는, 동쪽을 향한, 동쪽의. 2 (바람이) 동쪽으로부터의. — 부 1 동쪽으로[에]. 2 (바람이) 동쪽으로부터. — 명 동풍. 「날.
Éaster Mónday 명 부활절 다음(Easter Sunday) 다음
‡**east·ern** [íːstərn] 형 1 동(쪽)의, 동(쪽)에 있는; 동쪽으로 가는. 3 (바람이) 동(쪽)으로부터 불어오는. 4 (E–) 동양(의), (미국) 동부 지방의. ¶ *E– States* (미국) 동부의 여러 주(州). 5 (E–) 동양의(Oriental), 동양풍의. 6 (E–) (동서 냉전 시대 때) 동방의, 공산권의.

(USAGE) 형용사인 East와 Eastern—보통 정치적 구분이 확실할 경우 East[West, North, South]를, 확실하지 않을 경우 Eastern[Western, Northern, Southern]을 쓴다: *East* Germany / *Eastern* countries / *South* Africa / *Southern* Africa.

— 명 (E–) 1 미국 동부의 주민; 동양인. 2 동방 교회의 신자. 3 미국 동부의 방언.
Éastern Chúrch 명 (the ~) 동방 교회.
east·ern·er [íːstərnər] 명 1 동부 지방(출신)의 사람. 2 (E–) 동양인; (미국) 동부 지방 주민[출신자].

Éastern Estáblishment 명 (the ~) 《美》 동부 주류파(지배 계층)(동부의 명문교인 하버드, 예일, 콜럼비아 등 출신으로 미국 재계·정계의 중추를 이루는 인맥).
Éastern Hémisphere 명 (the ~) 동(東)반구.
east·ern·most [íːstərnmòust, -məst] 형 가장 동
Éastern Órthodox 형 동방 정교회의. 「쪽의.
Éastern (Órthodox) Chúrch 명 동방 정교회 (Orthodox Church). 「제국(1453년 멸망).
Éastern (Róman) Émpire 명 (the ~) 동로마
Éastern Shóre 명 (the ~) (미국 Chesapeake Bay의) 동부 연안 지방.
Éastern Slávs 명 동(東)슬라브 민족.
Éastern tìme 명 《美》 동부 표준시. ⇒ STANDARD TIME. (또는 Éastern Stándard Time, EST)
Éastern Tríangle 명 (동남아의) 동부 3각 지대(필리핀·말레이시아·인도네시아를 잇는 해역).
Éastern Wéstern 명 (중국·일본 등지에서 제작된) 서부극풍의 영화.
Éaster Paràde 명 부활절 축하 행진[퍼레이드].
Éaster Súnday 명 =Easter.
Éaster térm 명 《英》 1 (법률) 부활절 법정 개정기(開廷期)(4월 15일–5월 8일). 2 부활절 학기(부활절 후 약 6주 간의 학기); 봄 학기.
East·er·tide [íːstərtàid] 명 1 부활절 계절(부활 주일부터 성령 강림절(Whitsuntide)까지의 50일간). 2 부활절부터 시작되는 1주일, 부활 주간(Easter week).
Éaster vacátion 명 =Easter holidays.
Éaster wéek 명 부활 주간(Eastertide).
east-fac·ing [-fèisiŋ] 형 동향(東向)의.
Éast Germánic 명 동부 게르만어(Gothic 및 절멸된 Burgundian 및 Vandal어를 포함).
East Gérmany 명 (통일 이전의) 동독.
East Índia Cómpany 명 (the ~) 《英商史》 동인도 회사(1600–1874: 영국이 동양으로의 세력 확장을 노려 설립했던 회사). 「도인.
East Índian 형 동인도의. — 명 동인도 주민, 동인
East Índies 명 (the ~) 1 (항해) 동방 항정(東行航程), 편동(偏東) 항행, 동항(東航)(동쪽으로 항행하기). 2 (측량) 편동. 3 (풍향 따위의) 동쪽 방위, 동향.
Éastman Kódak 명 이스트먼 코닥(사진용품 회사). 〈<창립자 George Eastman (1854–1932)의 이름〉
east-north·east [-nɔ́ːrθíːst] 명 형 동북동(東北東) (略 ENE). — 부 동북동(으로)의; 동북동으로부터.
— 명 동북동으로; 동북동으로부터의. 「름.
East Pákistan 명 동파키스탄(방글라데시의 옛 이
East Síde 명 (the ~) 이스트 사이드(미국 New York 시 Manhattan의 동부 지구; 저소득층 주거 지역). (또는 Éastsíde, Lówer East Síde)
East Síder 명 이스트 사이드 출신의 사람; 이스트 사이드 주민. (또는 Éastsíder)
east-south·east [-sáuθíːst] 명 형 동남동(東南東) (略 ESE). — 부 동남동(으로)의; 동남동으로부터. — 명 동남동으로; 동남동으로부터.
East Ti·mor [-tíːmɔːr] 명 동(東)티모르(Timor 섬 동부 지역의 나라; 수도 Dili). **East Ti·mo·rése** 명형.
‡**east·ward** [íːstwərd] 부 동(쪽)으로[에], 동방으로 [에]. (또는 《英》 eastwards) — 형 동쪽(으로)의, 동향의, 동향(祭禮)으로 면한. — 명 (the ~) 동부, 동쪽.
— **·ly** 부형 동쪽(으로)의.
East-West [-wést] 형 동서 간의, (특히) 미국·러시아 간의. ¶ ~ *trade* 동서 무역 / ~ *relations* 미·러 관계.
East·wood [íːstwud] 명 **Clint** ~ 이스트우드 (1930– : 미국의 영화 배우·감독·제작자).
‡**eas·y** [íːzi] 형 (**eas·i·er; eas·i·est**) 1 쉬운, 용이한, 평이한, 간단한 (*for, to do, of*)(圖 difficult, hard).

¶an ~ task 손쉬운 일//be ~ to say, not so ~ to do 말은 쉬워도 행동은 쉽지 않다// He is ~ of access. 그는 가까이하기 쉬운 사람이다.
2 안락한, 편안한, 걱정이 없는, 마음 편한(at ease)(團 uneasy). ⇨COMFORTABLE 〔유의어〕¶lead an ~ life 안락한 생활을 하다// be ~ in one's mind 마음 편하다 / Please make yourself ~ about it. 그 일에 관해서는 아무쪼록 안심하십시오.
3 (옷 따위가) 낙낙한. ¶an ~ coat 품이 낙낙한 코트.
4 안일에 빠진, 태평스러운; 행실이 나쁜, 단정치 못한. ¶He is ~ in his morals. 그는 품행이 나쁘다.
5 (태도 따위가) 느긋한, 딱딱하지 않은; (담화·문체 따위가) 매끄러운, 줄줄 나가는. ¶an ~ manner 느긋한 태도 / an ~ way of speaking 딱딱하지 않은 말투.
6 다루기 쉬운, 상대하기 쉬운, 만만한, 사람 좋은; 〔구어〕 (성적) 유혹을 받기 쉬운. ¶an ~ prey 봉. **7** 〔속도·동작 따위가〕 느릿한. ¶an ~ pace 느릿한 걸음걸이. **8** 너그러운, 관대한; (조건이) 까다롭지 않은(on, with, about). ¶an ~ master 관대한 주인 / be ~ on the environment 환경 친화적이다. **9** 〔상업〕 (물자 공급이) 풍부한, (가격이) 약세(弱勢)인; (시장·상품 거래가) 완만한(團 tight), ¶an ~ market 완만한 시장. **10** 〔해사〕 (선복(船腹)이) 완만한 곡선의, (배의 통로가) 완만하게 경사진. **11** (an ~ ~) 〔美구어〕 〔부사적〕 (수량 따위가) 적어도, 족히…. **12** 〔英구어〕 아무래도 좋은, 구애받지 않는.

(as) easy as pie [or *shelling peas, falling off a log, kiss your hand, winking*] 〔구어〕식은 죽 먹기[로], 아주 쉬운[쉽게].
Be easy! 안심하시오!, 걱정 마라!(Take it ~!)
be easy to get on with 사귀기 쉽다.   「다.
be easy with a person 남에게 관대하다[미온적이]
by easy stages (여행 등을) 편안한 여정으로.
come in an easy first 쉽게 낙승하다.
easy on the ear 〔구어〕듣기 좋은, 귀에 솔깃한.
easy on the eye(s); easy to look at 〔구어〕 보기에 좋은, 매력적인.
feel easy 안심하다.
free and easy 구애받지 않는, 대범한, 소탈한.
get off easy 〔구어〕가볍게 꾸지람으로 끝나다.
I'm easy (about it). 〔구어〕 나는 상관없다, 아무래도 좋다.
in easy circumstances 유복하여, 부족함 없이.
within easy distance [or *reach*] 가까운 거리에.
— 〔團〕 (eas·i·er; eas·i·est) 〔구어〕 수월하게, 손쉽게; 편안하게, 느긋하게. ¶E- come, ~ go. 〔속담〕 얻기 쉬운 것은 잃기도 쉽다, 쉽게 번 돈은 쉽게 나간다((It is)) *Easier said than done.* 〔속담〕 말하기는 쉬워도 실행하기는 어렵다, 말보다 행동.
Easy does it! 〔美〕 서둘지 마!, 조심해!; 침착해!
go easy on [or *with*] 〔구어〕① (사람을) 관대하게 다루다. ② (사물을) 적당히 쓰다[행하다]; (음식을) 적당히 들다. ③ (사람을) 잘 처리하다(* 명령문일 경우 go를 생략하기도 한다). ④ …을 얕보고 덤비다.
Stand easy! 〔구령〕 〔英군사〕 (편히) 쉬어.
take it [or *things*] *easy* ① 서두르지 않다, 덤비지 [무리하지] 않고 느긋하게 하다. ② 화내지 않다, 개의치 않는다. ③ 〔명령형으로〕 서두르지[덤비지] 마라; (헤어질 때의) 안녕.
— 〔團〕 〔구어〕 휴식, 잠시 쉼; 〔항해〕 (노젓기의) 잠시 쉼. ¶take an ~ 휴식하다 / without an ~ 쉬지 않고.
— 〔團〕 〔해사〕 〔명령형으로〕 노젓기를 멈추라. — 〔自〕 노젓기를 멈추다.
Easy all! 〔조정〕노젓기 중지!
éasy cháir 〔團〕 안락의자.
éasy déath 〔團〕 안락사.   「평)한.
easy-does-it [-dάzit] 〔團〕 서두르지 않는, 느긋[태
éasy gáme 〔團〕 = easy mark.
*eas·y·go·ing [íːzigòuiŋ] 〔團〕 **1** 태평한, 마음 편한;

유장한, 느긋한, 게으른(about). ¶She is ~, 그녀는 게으름뱅이다. **2** (말 등이) 느린 걸음의. ~**ness** 〔團〕
eas·y-like [íːziláik] 〔團〕; 점잖게; 신중히.
éasy lístening 〔團〕 듣기에 편안한 음악(의).
éasy máke 〔團〕 〔속어〕 = easy mark; 몸이 헤픈 여자.
éasy márk 〔團〕 〔구어〕 잘 속는 사람, 만만한 사람, 봉.
éasy méat 〔團〕 〔英속어〕 = easy mark; 쉽게 (이해) 할 수 있는 일, 간단히 손에 넣을 수 있는 것.
éasy móney 〔團〕 **1** 쉽게 얻은 돈. **2** 부정하게 얻은 돈, 부당 이득, 악전(惡錢). **3** 〔경제〕 금융 완화; 저리(低利) 자금(을) tight money).   「정책.
éasy móney pólicy 〔團〕 〔경제〕 금융 완화[저금리]
eas·y-pea·sy [-píːzi] 〔團〕 〔어린이말〕 =easy.
éasy ríder 〔團〕 〔속어〕 **1** 오토바이 떠돌이; (힘 안 들이고) 출세[생활]하는 듯한 사람, **2** 성적 만족을 주는 남자; (매춘부 의) 기둥 서방, **3** 몸이 헤픈 여자, 음탕한 여자. **4** 기타(guitar).   「복한 신분.
éasy strèet 〔團〕 〔구어〕 (종종 E- S-) 넉넉한 삶, 유 *on* [or *in*] *easy street* 넉넉한, 주머니 사정이 좋은.
éasy tárget 〔團〕 〔구어〕 = easy mark.
éasy térms [páyment] 〔團〕 할부제. ¶*on* ~ 할부로.
easy-to- [íːzi tə-] 〔連團〕 「…하기 쉬운」의 뜻. ¶*easy-to-operate*(조작하기 쉬운).
éasy vírtue 〔團〕 몸가짐이 헤픔, 부정(不貞).
‡**eat** [iːt] 〔團〕 (**ate**; **~·en**) 〔他〕 **1** …을 먹다, 〔수프〕를 떠 먹다; 〔죽 따위〕를 훌쩍훌쩍 먹다. ¶~ *a piece of bread* 빵 한 조각을 먹다 / ~ *one's dinner* 식사를 하다 / ~ *soup from a plate* 접시의 수프를 (스푼으로) 떠먹다 / What did you ~ *for* lunch? 점심에 무엇을 드셨습니까? // (~ + 目 + 稱) *fish raw* 생선을 날로 먹다 / It is ~*en* hot with butter. 그것은 버터를 발라 뜨거울 때 먹는다. **2** …을 침식(侵蝕)하다; (해충 따위가) …을 먹어 삭히다(*away, out, up*). ¶*Acids* ~ *metals*. 산은 금속을 부식한다. (~ + 目 + 稱) *be* ~*en away* with rust 녹으로 잔뜩 부식되어 있다. **3** 〔병·부식 따위가〕 …을 저며서 좁히다, 침범하다, 소모하다; (자동차 따위가) …를 대량 소비하다. ¶What's ~ing you? 무엇 때문에 속을 태우고 있느냐? **4** 〔속어〕 …을 골탕먹이다, 괴롭히다(vex). ¶Well, don't ~ me! 〔구어〕 〔戱〕 부드럽게 대해 주세요. **5** (비어) 〔성〕에게 구강 성교를 하다, …의 성기를 핥다. **6** (약) 〔마약 따위〕을 입으로 먹다, 복용하다. —〔自〕 **1** 음식을 먹다(*off, from, out of*); 식사를 하다. ¶~ *well* 잘 먹다 / ~ *too much* 과식하다 / He is too ill to ~. 그는 병이 심해서 음식을 먹지 못한다. **2** 먹어 들어가다, 침식하다, 좀먹다, 부식하다(*into*). ¶(~ + 稱 + 稱) The termites have ~*en into* the wood. 흰개미가 나무에 구멍을 냈다 / The sea has ~*en into* the north shore. 바다가 북쪽 해안을 침식했다. **3** 〔美구어〕 먹을 수 있다; (…의) 맛이 나다. ¶This fruit ~*s* like a tomato. 이 과일은 토마토 맛이 난다// (~ + 圖) This fish ~*s well*. 이 생선은 맛이 좋다.
eat and run 식후 곧 출발하다.
eat a person alive [or *for breakfast*] 〔구어〕 남을 이용[지배, 착취]하다, 밥으로 여기다.
eat a person out of house and home (익살) 남의 재산 따위를 먹어 없애다.
eat away ① …를 먹어 치우다, 침식[부식]하다 (*at*). ② …을 괴롭히다 (*at*). ③ 계속 먹다.
eat (boiled) crow ⇨CROW.   「하다.
eat high off [or *on*] *the hog* 사치스레 살다, 호강
eat humble pie 굴욕[비난 등]을 감수하다.
eat in 집에서 식사한다.   「다.
eat into ① ⇨自 2. ② 〔저축 따위〕를 조금씩 써버리
Eat it [or *me*]! 〔美속어〕 빌어먹을! 우라질!
eat of …의 일부를 먹다; 〔음식 대접〕을 받다.
eat off …을 다 먹어버리다; 먹어 치우다.
eat oneself sick [or *ill*] 너무 먹어서 병이 나다.

eat** one's **fill 잔뜩 먹다.
eat** one's **head off ⇒HEAD.
eat** one's **heart out ⇒HEART. 「하다.
***eat** one's **terms** [or **dinners**]* (英) 변호사 공부를
eat** one's **words (부끄러움을 무릅쓰고) 앞에 한 말을 취소하다, 자신의 잘못을 인정하다.
eat out ① …을 다 먹어버리다(∼ up). ② …을 침식하다. ③ (美) 외식하다, 밖에서 식사하다.
eat out of a person's **hand** ⇒HAND. 「차지하다.
eat** the **ginger (美俗) 노른자위(가장 좋은 부분)를
eat up ① …을 먹어 없애다; (돈·시간 따위)를 소비하다. ② (수동형으로) …에 열중하다; …으로 쇠약하게 하다(*with, by*). ¶ be ∼*en up with* pride 자만심에 차 있다. ③ (길·거리(距離))를 마구 달려 나아가다.
I'll eat my hat [or *hands, boots*] **if**… (구어) 만일 …이라면 손에 장을 지지겠다.
— 图 (∼s) (美구어) 음식, 식사(food). 「협회).
EATA *E*ast *A*sia *T*ravel *A*ssociation(동아시아 관광
eat·a·ble [íːtəbl] 图 먹을 수 있는(edible). — 图 (∼s) (날로 먹는) 식료품. ¶ ∼s and drinkables 음식물.
‡**eat·en** [íːtn] 图 eat의 과거분사.
eat·er [íːtər] 图 1 먹는 사람. 2 부식(腐蝕)하는 물건. 3 날로 먹을 수 있는 과실, (특히) 사과.
eat·er·out [-áut] 图 (구어) 외식하는 사람.
eat·er·y [íːtəri] 图 (속어) 간이 식당; 레스토랑.
‡**eat·ing** [íːtiŋ] 图① 먹음; 음식물, 식품. ¶ be good [bad] ∼ 맛있는[맛없는] 음식이다. — 图 1 (내부로) 먹어 들어가는, 좀먹는, 부식성의. 2 식용의; 날로 먹을 수 있는(cooking). ¶ ∼ fish 식용 물고기.
éating àpple 图 날로 먹는 사과. 「따위).
éating disòrder 图 섭식(攝食) 장애(거식증·과식증
éating hòuse[plàce] 图 음식점, (싸구려) 식당.
éating ìrons 图图 (英구어) 식사 도구류(fork 따위).
Éa·ton àgent [íːtn-] 图 (생물) 이튼 인자(因子) [병원체](mycoplasma 폐렴의 옛 이름). [＜미국의 세균 학자 Monroe D. Eaton(1904–)]
eau [ou] 图 (pl. ∼x [-(z)]) 물. [＜F water]
eau de Co·logne [óu də kəlóun] 图 (때로 E-) 오드콜로뉴(독일 Cologne(쾰른) 원산의 향수). [＜F]
eau de Javelle [óu də ʒævél] 图 =Javel water. [＜F] 「스름한[노르스름한] 엷은 녹색. [＜F]
eau de Nile [óu də níːl] 图 녹색 도는 빛깔, 푸르
eau de vie [óu də víː] 图 브랜디(brandy). [또는 eau-de-vie) [＜F water of life]
eau su·crée [F osykRe] 图 설탕물. [＜F]
*****eaves** [iːvz] 图 (단·복 양용) (집의) 처마. **eaved** 图
eaves·drop [íːvzdrɑ̀p/-drɔ̀p] 图 (*-pp-*) (…을) 엿듣다, 도청(盜聽)하다(*on*). — 图 1 (처마에서 떨어지는) 낙숫물; (처마 밑의) 낙숫물 자국. (또는 **eaves·drip**) 2 엿듣기, 도청. ∼**·per** 图
eaves·drop·ping [íːvzdrɑ̀piŋ/-drɔ̀p-] 图 엿듣기, 도청. ¶ an ∼ device [equipment] 도청 장치.
EAX *e*lectronic *a*utomatic e*x*change. **E.B.** *e*ast*b*ound; *E*ncyclopaedia *B*ritannica.
*****ebb** [eb] 图① (the ∼, an ∼) 1 썰물, 간조(干 flow). ¶ The tide is now at [or on] the lowest ∼. 지금이 조수가 가장 많이 빠진 때이다. 2 퇴조, 쇠퇴; 쇠퇴기. ¶ the ∼ of market values 시장 가치의 하락.
be at an ebb; be at a low ebb 쇠퇴기에 있다.
on the ebb 쇠퇴[퇴조, 감소]하여.
the ebb and flow (조수의) 간만; 성쇠. ¶ *the ∼ and flow of* life 인생의 흥망 성쇠.
— 图图 1 (조수가) 빠다, 써다(*away*)(图 flow). 2 (힘 따위가) 쇠해지다, 줄다. (재산 따위가) 기울다(*away, down, off, out*).
ebb and flow (조수처럼) 밀려 왔다 밀려 갔다 하다, 성쇠를 되풀이하다, 변동하다.
ebb back (기운 따위가) 되돌아오다, 소생하다.

ébb tìde 图 썰물, 간조; 쇠퇴(기).
at one's ebb tide 쇠퇴기의[에] 있는.
EBCDIC [ébsidìk] 图 (컴퓨터) 확장 2진화(二進化) 10진(十進) 코드. [＜*e*xtended *b*inary *c*oded *d*ecimal *i*nterchange *c*ode]
Eb·en·e·zer [èbəníːzər] 图 1 에버니저(남자 이름). 2 에벤에셀(주의 도움으로 이스라엘인들이 승전한 것을 기념해 Samuel이 세운 돌. ←사무엘상(1 Sam.) 7:12).
Eb·la·ite [éblaàit, íːb-] 图 에블라어(語)(고대의 셈어). — 图 에블라어[사람, 왕국]의.
Eb·lan [éblən, íːb-] 图 =Eblaite.
EBM (금속) *e*lectron *b*eam *m*elting(전자 빔 용해법). **EbN, E.bN.** *e*ast *b*y *n*orth(東微北).
E-boat [íːbòut] 图 (英) E 보트(제2차 세계 대전 때 독일의 고속 어뢰정). [＜*enemy-boat*]
E·bó·la vìrus [ibóulə-] 图 (병리) 에볼라 바이러스 (고열과 내출혈을 일으키는 열대 전염병 바이러스).
eb·on [ébən] 图图 (시) =ebony.
Eb·on·ics [ebániks] 图① (美) 흑인 영어(black English). [＜*e*bony+*p*honics] 「canite).
eb·on·ite [ébənàit] 图① 에보나이트, 경화 고무(vul-
eb·on·ize [ébənàiz] 图④ …을 흑단색으로 하다, 흑단 비슷한 색깔로 칠하다. 「(美구어) 흑인.
*****eb·on·y** [ébəni] 图 1 흑단(黑檀) 나무; ① 그 재목. 2 *as black as ebony* 칠흑 같은, 깜깜한.
— 图 1 흑단(제)의; 흑단 빛의, 새까만. 2 (美구어) 흑인의. 「book).
e-book [íːbùk] 图 (종종 E-) 전자책(electronic
EBR *e*xperimental *b*reeder *r*eactor(실험용 증식로 (增殖爐)). **EBRD** *E*uropean *B*ank for *R*econstruction and *D*evelopment(유럽 부흥 개발 은행).
e·bri·e·ty [ibráiəti, iː-] 图① 술에 취함, 명정(酩酊).
EbS, E.bS. *e*ast *b*y *s*outh(東微南).
EBU *E*uropean *B*roadcasting *U*nion(유럽 방송 연맹).
e-buck [íːbʌ̀k] 图 (종종 E-) =e-money.
e·bul·lience [ibʌ́ljəns, ibúl-] 图① 1 비등, 끓어 넘침. 2 (감정·기운 따위의) 용솟음, 넘침(overflow); 넘치는 기쁨. (또는 **ebulliency**)
e·bul·lient [ibʌ́ljənt, ibúl-] 图 1 (정열 따위가) 용솟음치는, 넘쳐나는, (…에) 열광적인(*with*). 2 끓어오르는, 끓어오르는. ∼**·ly** 图 「에 의한) 체액 비등(沸騰).
eb·ul·lism [ébjulìzm] 图 (병리) (급속한 기압 강하
eb·ul·li·tion [èbəlíʃən] 图①① 1 (정열·정열 따위의) 복받침, 용솟음(outburst); (전쟁 따위의) 발발. 2 비등; 끓어 넘치는 상태; (물·용암 따위의) 분출.
*****e-busi·ness** [íːbìznis] 图 (종종 E-) 인터넷 사업, 인터넷[전자] 상거래; 인터넷 기업[회사].
EBV *E*pstein-*B*arr *v*irus.
ec [ek] 图① (속어) 경제학. [＜*ec*onomics]
EC *E*uropean *C*ommissions; *E*uropean *C*ommunity. **E.C.** *E*ast *C*entral(런던의 동부 중앙 우편 구); *e*ducation(al) *c*ommittee; *e*lectricity *c*ouncil; *e*ngineer *c*aptain; *E*ngineering *C*orps; *E*piscopal *C*hurch; *e*xecutive *c*ommittee.
ec-[1] 图 =EX-[1].
ec-[2] [iːk, ek] 연결 ⇒ECO-.
ECA (美) *E*conomic *C*ommission for *A*frica((UN) 아프리카 경제 위원회); *E*conomic *C*ooperation *A*dministration(경제 협력국; MSA의 전신).
e·cad [íːkæd, é-] 图 (생태) 적응형(환경에 따라 형태·기능 등을 변화시켜 적응하는 생물).
ECAFE [ekǽfei/ekɑ́ː-] *E*conomic *C*ommission for *A*sia and the *F*ar *E*ast(에카페; (UN) 아시아 극동 경제 위원회); ESCAP의 옛 이름. ⇒ESCAP.
é·car·té [èikɑːrtéi/-́-́] 图① (카드놀이) 에카르테 (32장을 가지고 두 사람이 한다). [＜F] 「MONEY.
e-cash [íːkæ̀ʃ] 图 전자 화폐(electronic cash). ⇒E-
ECB *E*uropean *C*entral *B*ank(유럽 중앙 은행).

ec·bol·ic [ekbálik/-ból-] 형 〔의학〕 분만[유산] 촉진의. ── 명 (자궁 수축을 촉진하는) 분만[유산] 촉진제.

ec·ce ho·mo 1 [ét∫ei hóumou, ékei-] 〔성서〕 이 사람을 보라!(Behold the man!)(빌라도가 가시 면류관을 쓴 예수를 가리켜 한 말)(←요한복음(John) 19:5). 2 [éksi hóumou, ékei-] (E- H-) 〔미술〕 가시 면류관을 쓴 예수의 상(像). 〔<L〕

***ec·cen·tric** [ikséntrik, ek-] 형 1 (행위 따위가) 상궤를 벗어난, (사람이) 괴상한, 이상한. ⇨STRANGE 유의어 ¶ an ~ conduct 기행(奇行)/an ~ person 기인, 괴짜. 2 〔기하〕 (원이 다른 원과) 중심을 달리하는 (to). 3 〔기계〕 중심을 벗어난, 편심(偏心)의; 〔천문〕 (궤도가) 장원형(長圓形)을 이루는, 이심(離心)적인, 편심적인. ¶ an ~ wheel 편심륜(輪)/an ~ orbit 이심 궤도. ── 명 1 기인, 괴짜; 기묘한[별난] 것. 2 〔기계〕 편심륜, 이심기(器); 〔수학〕 이심선. **-tri·cal** 형 **-tri·cal·ly** 부

***ec·cen·tric·i·ty** [èksəntrísəti, -sen-/-sen-] 명 1 ⓤ (행동·복장 따위의) 이상함, 야릇함(oddity), 엉뚱함; 이상한 정도; ⓒ (-ties) 기행(奇行), 기벽. 2 편심성; 〔수학·천문〕 이심률; 〔기계〕 편심 반경.

ec·chy·mo·sis [èkəmóusis] 명 (복 -ses [-si:z]) 〔병리〕 (타박상으로 인한 피하의) 반상(斑狀) 출혈.

-mot·ic [-mátik/-mɔ́t-] 형

eccl., eccles. ecclesiastic(al). **Eccl., Eccles.** Ecclesiastes. 〔도 따위를 넣은 둥근 케이크〕.

Éc·cles cake [éklz-] 〔英〕 에클스 케이크(건포

ec·cle·si·a [iklí:ʒiə/-ziə] 명 (복 -ae [-i:]) 1 (고대 그리스의) 정치 집회; (고대 아테네의) 민회(民會). 2 교회; (집합적) 신도(信徒), 교회의 회중(會衆).

ec·cle·si·al [iklí:ziəl] 형 =ecclesiastical.

Ec·cle·si·as·tes [iklì:ziǽsti:z] 〔성서〕 전도서(구약 성서 중의 한 서(書); Solomon이 썼다고 전해진다).

ec·cle·si·as·tic [iklì:ziǽstik] 명 (기독교의) 성직자, 교역자, 목사. ──형 =ecclesiastical.

***ec·cle·si·as·ti·cal** [iklì:ziǽstikəl] 형 교회의, 성직의, 교역(敎役)의, 종교의. ¶ an E- Court 종교 재판소/~ history[music] 교회사[음악]. **~·ly** 부

ec·cle·si·as·ti·cism [iklì:ziǽstəsìzm] 명ⓤ 교회주의(기독교 교회의 원칙·관행·정신 등); 교회 만능[중심]주의; 교권(敎權).

Ec·cle·si·as·ti·cus [iklì:ziǽstikəs] 명 집회서(가톨릭 경외전 중의 한 서(書); 약 Ecclus.).

ec·cle·si·ol·o·gy [iklì:ziálədʒi/-ɔ́l-] 명ⓤ 교회학; 교회 건축(장식)학. **-gist** 명 교회 (건축)학자.

Ecclus. Ecclesiasticus.

ec·cri·nol·o·gy [èkrənálədʒi/-nɔ́l-] 명 〔생리〕 분비 배설학, 분비선학(分泌腺學).

ECCS emergency core cooling systems(긴급(시) 노심(爐心) 냉각 장치).

ec·dys·i·ast [ekdíziæ̀st] 명 〔美〕 스트립 쇼 댄서.

ec·dy·sis [ékdəsis] 명 (복 -ses [-si:z]) 〔동물〕 (뱀·갑각류 따위의) 탈피, 허물벗기; 허물.

ec·dy·sone [ékdəzòun, -sòun/ekdáisòun] 명 에디손(곤충의 탈피 촉진 호르몬). 〔경제 위원회〕.

ECE Economic Commission for Europe((UN)유럽

e·ce·sis [isí:sis] 명 〔생태〕 (외부에서 새로운 곳에 들어온 식물의) 정착, 토착. **-sic** 형

ECF extended-care facility. **ECG** electrocardiogram; electrocardiograph.

ech·e·lon [é∫əlàn/-lɔ̀n] 명 1 ⓤⓒ 〔군사〕 (군함·군대·비행기 등의) 제형(梯形) 편성, 제단(梯團), 제진(梯陣); 제형 배치의 군대. ¶ ~ formation 제형 편성/ move in ~ 제단으로 전진하다. 2 (~s) (지위·명령 계통 따위의) 계층, 계급; (권한상의) 단계. ¶ in the higher ~ s 상급 기관에. 3 에셜론(미·영·캐나다·호주 주도의 범세계적인 통신 감청망). ── 타 제형으로 배치하다, 제진을 짓다, 계단(梯團)으로 되다. 〔<F〕

e·chid·na [ikídnə] 명 (복 ~s, -nae [-ni:]) 1 〔동물〕 바늘두더지(spiny anteater). 2 (E-) 〔그리스 신화〕 에키드나(상반신은 여자, 하반신은 뱀인 괴물).

ech·i·nate [íkəineit, -nət/ékinèit] 형 가시가 있는, 바늘이 있는(spiny, prickly). (또는 **echinated**)

e·chi·no- [ikáinou, -nə, ékə-] 〔연결〕 prickly, spiny의 뜻(* 모음 앞에서는 echin-). ¶ echinoderm, echinate.

e·chi·no·derm [ikáinədə̀:rm, ékənə-] 명 극피동물(성게·해삼 따위). **ˌdér·mal** 형

e·chi·noid [ikáinɔid, ékənɔ̀id] 명 성게류의[에 속하는], 성게(sea urchin) 비슷한. ── 명 성게(류).

e·chi·nus [ikáinəs] 명 (복 -ni [-nai]) 1 성게(sea urchin). 2 〔건축〕 에키누스(도리아식 원주 윗부분의 관판(冠板)을 떠받치는 쇠시리). ⇨CAPITAL² 그림.

‡ech·o [ékou] 명 (복 ~es [-z]) 1 메아리, 산울림. ¶ an ~ among the hills 산울림. 2 되풀이, 반향, 흉내, 모방; (사상 따위의) 부화뇌동자, 모방자 (of, from). ¶ an ~ from French literature 프랑스 문학의 모방. 3 (여론 따위의) 반향(反響), 영향; (종종 ~es) 영향, 여파. ¶ political ~es 정치적 반향. 4 (E-) 〔그리스 신화〕 에코(Narcissus를 사모했으나 받아 주지 않아서 여위어 목소리만 남았다는 숲의 요정). 5 ⓤ (오르간의) 반향 음전(音栓); 〔무전〕 반사 전파, 에코. 6 〔운율〕 앞 행의 마지막 음절을 다음 행에서 반복하는 일. 7 〔통신에서〕 E자를 나타내는 부호. 8 (E-) 〔美〕 에코(기구 통신 실험 위성).

find an echo in a person's heart 남의 공감을 얻다.

to the echo (소리가) 울릴 정도로, 소리 높이.

wake the echoes 반향을 불러일으키다; 소란 떨다.

── 동 (~es [-z]) 자 (장소 따위가) 울리다, 반향하다 (with); (소리가) 울려 되돌아오다(back); (소리·음성이 …에) 메아리치다, 울려 퍼지다 (through, in). ¶ (~+부) The sound of the cannon ~ed around. 대포 소리가 사방으로 크게 울려 퍼졌다 // (~+전+명) The hills ~ed with the roll of thunder. 산들은 천둥 소리로 크게 울렸다/His voice ~ed through the hall. 그의 목소리가 홀 안에 울려 퍼졌다. ── 타 1 (소리를 반향시키다(back). ¶ (~+목) ~ back a noise 소리를 반향시키다. 2 (남의 말·의견)을 되풀이하다, 고스란히 흉내내다; 〔남의 감정·주장〕에 공명하다; …을 반영하다. ¶ ~ a person's sentiment 남의 감정에 공감하다. **~·er** 명 **~·less** 형

ECHO [ékou] 명 〔의학〕 초음파 검사법.

ech·o·car·di·o·gram [èkoukɑ́:rdiəgræ̀m] 명 〔의학〕 초음파 심전도.

ech·o·car·di·o·graph [èkoukɑ́:rdiəgræf/-grɑ̀:f] 명 〔의학〕 초음파 심장 검사기.

ech·o·car·di·og·ra·phy [èkoukɑ̀:rdiɑ́grəfi] 명 〔의학〕 초음파 심장 검진(법).

écho chàmber (에코 효과를 내는) 반향실.

écho chèck 명 〔컴퓨터〕 반송 대조[조회]. 〔상.

écho efféct 명 메아리 효과, 반복 현상, 일시 지연 현

ech·o·en·ceph·a·log·ra·phy [èkouensèfəlɑ́grəfi/-lɔ́g-] 명ⓤ 초음파 뇌검진(법).

ech·o·gram [ékougræ̀m] 명 〔해사〕 음향 측심도(測深圖); 〔의학〕 초음파 종양 탐지도.

ech·o·graph [ékougræ̀f/-grɑ̀:f] 명 음향 측심 장치; 〔의학〕 초음파 심장 검사기(sonograph). 〔법〕.

ˌgráph·ic ˌgráph·i·cal·ly 부

e·chog·ra·phy [ekɑ́grəfi/ekɔ́g-] 명ⓤ 초음파 검사

e·cho·ic [ekóuik] 형 메아리 같은, 되울리는. 2 〔언어〕 의음(擬音)의, 의성적(擬聲的)인(onomatopoeic).

ech·o·ism [ékouìzm] 명 =onomatopoeia. 〔ic).

ech·o·la·li·a [èkouléiliə] 명 〔정신의학〕 반향 언어증(남의 말을 흉내내는 행동); 유아기의 남의 말 흉내내기.

ech·o·lo·cate [ékouloukèit] 자타 …의 위치를 음향 탐지하다. 음향 탐지 기능을 가지다.

ech·o·lo·ca·tion [èkouloukéi∫ən] 명ⓤ 〔동물〕 음

echo machine

파 탐지, 반향 정위(定位)(박쥐 따위가 초음파로 장애물을 탐지하는 방법[능력]); 〔전자〕 반향 위치 탐지법.
écho machine 圈 반향 장치(인공적으로 반향을 만드는 전자 장치). 「서 에코 효과를 내는 부분.
écho òrgan 圈 〔음악〕 에코 오르간(파이프 오르간에
ech·o·prax·i·a [èkouprǽksiə] 圈 〔정신의학〕 반향 동작(남의 행동을 모방하는 증상). **-prác·tic** 圈
écho ranging 圈 음향 탐지법(음향 반사에 의한 거리 측정법). 「**écho-sòunder**)
écho sòunder 圈 〔해사〕 음향 측심[측정]기. (또는
écho sòunding 圈 〔해사〕 음향 측심[측정]. (또는 écho-sòunding)
ech·o·vi·rus [ékouvàiərəs] 圈 에코바이러스(인간에게 여러 가지 병을 일으키는 일단의 장관(腸管) 바이러스). (또는 **écho [ÉCHO] virus**) 「순응 정착하다.
e·cize [íːsaiz] 圈 〔생물〕 (식물이) 새로운 환경에
ECL *emitter coupled logic*(이미터 결합 논리; 대형 컴퓨터의 중앙 처리 장치(CPU)에 채용되고 있다).
ECLA *Economic Commission for Latin America*((UN) 라틴 아메리카 경제 위원회).
é·clair [eikléər, ík-] 圈 에클레어(안에 크림을 넣고 설탕을 뿌린 과자). 〈F *lightning*〉
é·clair·cisse·ment [F eklɛrsismɑ̃] 圈 해명, 설명; (E-) 계몽. 〈F *clarification*〉
ec·lamp·si·a [iklǽmpsiə] 圈⑪ 〔병리〕 자간(子癇)(임신 중독증의 일종). **-lámp·tic** 圈
é·clat [eiklɑ́ː, ́-] 圈⑪ 1 빛나는 성공[명성]; 영광; 갈채, 환호. 2 〔고어〕 나쁜 평판, 추문(scandal). 〈F〉 *with great éclat* 크게 성공하여, 대갈채 속에, 성대히.
ec·lec·tic [iklɛ́ktik, ek-] 圈 1 (여러 재료·학설 따위에서) 취사 선택하는[하여 만들어진, 하여 편집한]. 2 절충적인, 치우치지 않는. ¶an ~ *method* 절충적인 방법/an ~ *mind* 넓은 마음. 3 〔철학·미술·의학〕 절충주의의, 절충학파의. ━ 圈 (또는 **eclecticist**) 절충주의 철학자[화가, 의사], 절충주의자. **-ti·cal·ly** 團
ec·lec·ti·cism [iklɛ́ktəsìzm, ek-] 圈⑪ 절충법의 사용; 절충주의, 절충설; 절충파. **-cist** 圈
*****e·clipse** [iklíps] 圈 1 〔천문〕 (해·달의) 식(蝕); (별의) 엄폐(掩蔽). ¶a lunar [solar] ~ 월식[일식] / a partial [total] ~ 부분[개기]식. 2 ⑪⑥ 빛이 어두워짐, 빛의 상실[소멸], 차폐; (명성·세력·영광 따위의) 실추, 쇠퇴. ¶His fame has suffered an ~. 그의 명성은 실추되었다. 3 〔조류〕 겨울깃(~ *plumage*)으로 되기. 4 〔의학〕 (세포내 바이러스의) 음성기(陰性期).
in eclipse ① 일식[월식]이 되어. ¶The sun is *in* ~. 해가 일식 중이다. ② 광채를 잃고, (세력 따위가) 쇠퇴하여. ③ (새가) 겨울깃으로 되어.
━ 圈곈 1 (천체가) …을 가리다; …에 그림자를 던지다, …을 숨기다, (빛)을 가로막다. ¶The moon ~*s* the sun. 달은 일식을 일으킨다. 2 …의 광채를 뺏다, 무색하게 하다, …을 능가하다(surpass).
e·clíps·er 圈
e·clip·sis [iklípsis] 圈 (圈 **-ses** [-siːz], **~*es***) 〔언어〕 1 (선행어의 영향을 받은) 어두 자음의 음성 변화. 2 생략(법)(ellipsis).
e·clip·tic [iklíptik] 圈 〔천문〕 圈 (the ~) 황도(黃道). ━ 圈 (또는 **ecliptical**) 1 식(蝕)의, 일식[월식]의. 2 황도의. **-ti·cal·ly** 團
ec·logue [éklɔːg, -lɔg] 圈 (대화체의) 목가, 전원시.
e·clo·sion [iklóuʒən] 圈⑪ 〔곤충〕 우화(羽化); 부화(孵化).
ECLSS 〔우주〕 *environmental control and life support system*((우주 비행사를 위한) 환경 제어·생명 유지 시스템). **ECM** 〔군사〕 *electronic countermeasures*(전자 방해 대책[수단, 장치]); *European Common Market*. **ECN** (美) *Electronic Communication Networks*(전자 증권 거래 시스템).
ECNR *European Council of Nuclear Research*.

e·co [íːkou] 圈 =ecology. ━ 圈 =ecological. ¶an ~ *group* 환경 보호 단체.
E·co [éːkou] 圈 *Umberto* ~ 에코(1932- : 이탈리아의 미학자·기호학자·소설가).
eco. *ecological; ecology; economics*.
ec·o- [ékou, -kə, íːk-] 〔연결〕 ecology의 뜻(* 모음 앞에서는 ec-). ¶*ecocide*, *ecosystem*.
ec·o·ac·tiv·i·ty [æktívəti] 圈⑪ 환경 보호 운동. **-ác·tiv·ism** 圈 **-ác·tiv·ist** 圈圈 환경 운동가(의).
ec·o·a·ware [èːkouəwɛ́ər, ìːk-] 圈 환경 의식이 있는. **~·ness** 圈 「문제 전문 용어.
ec·o·bab·ble [ékoubæbl, íːk-] 圈 〔경멸적〕 환경
ec·o·bomb [ékoubɑ̀m, íːk-] 圈 〔구어〕 중대한 환경 문제.
ec·o·busi·ness [èkoubíznis, ìːk-] 圈⑪⑥ 환경 [공해] 관련 사업(ecology business).
ec·o·ca·tas·tro·phe [èkoukətǽstrəfi, ìːkə-] 圈⑪ 환경 이변으로 인한 대규모 재해.
ec·o·cen·tric [èkouséntrik, ìːk-] 圈 환경 중심의. **-trism** 圈 「**-cí·dal** 圈
ec·o·cide [ékəsàid, íːkə-] 圈⑪ 환경[생태계] 파괴.
ec·o·cli·mate [ékouklàimit, íːk-] 圈 생태 기후.
ec·o·con·scious [-kɑ̀nʃəs/-kɔ̀n-] 圈 환경(보호) 의식이 강한, 환경(문제)에 관심이 큰.
ec·o·crat [ékoukrǽt, íːk-] 圈 환경 행정가.
ec·o·cri·sis [èkoukráisis, ìːk-] 圈 환경 위기.
ec·o·cru·sad·er [èkoukruːséidər, ìːk-] 圈 환경 (보호) 운동가. 「*ecowarrior*
ec·o·de·fend·er [èkoudiféndər, ìːk-] 圈 =
ec·o·de·vel·op·ment [èkoudivéləpmənt, ìːk-] 圈⑪ 환경 친화적 개발(sustainable development).
ec·o·di·sas·ter [èkoudizǽstər, ìː-/-zɑ́ːs-] 圈 =ecocide.
ec·o·doom [èkoudúːm, ìːk-] 圈 환경 파괴 (예언). **~·ster** 圈 환경 파괴 예언자. 「(또는 **EcoFair**)
ec·o·fair [-fɛ̀ər] 圈 환경 보호 박람회, 환경 축제.
ec·o·fal·low [èkoufǽlou, ìːk-] 圈⑪ 휴한(休閑)(순환경(順環境)) 농법. 「농장. **~·ing** 圈
ec·o·farm [ékoufɑ̀ːrm, íːk-] 圈 무공해[자연] 농법
ec·o·freak [ékəfríːk, íːk-] 圈 (美어) 극성스런 [광적인] 환경 보호론자. 「을 해치지 않는.
ec·o·friend·ly [-fréndli] 圈 환경 친화적인, 환경
ec·o·haz·ard [èkouhǽzərd, ìːk-] 圈 환경을 파괴 하는 것.
ecol. *ecological; ecology*. 「[오염]시키는 것[활동].
ec·o·la·bel [èkouléibl, ìːk-] 圈 =ecomark.
ec·o·law [èkoulɔ́ː, ìːk-] 圈 환경 관련 법률.
é·cole [eikɔ́ːl] 圈 학교, 학파. 〈F *school*〉
E. co·li [íː kóulai] 圈 대장균. 〈*E*scherichia(발견자인 독일 의사 T. Escherich)+*coli*〉
ec·o·log·i·cal [èkəlɑ́dʒikəl, ìːkə-/-lɔ́dʒ-] 圈 1 생태학[계]의, 생태상의. ¶an ~ *map* 생태학적 환경 평가 지도. 2 환경 보호의, 환경 친화적인. ¶~ *movement* 환경 보호 운동. **~·ly** 團
ecological állergy 圈 〔병리〕 (화학 물질 등 유기물이 원인인 등의) 생태학적 알레르기.
ecological árt 圈 환경 예술, 생태학적 예술.
ecological efficiency 圈 〔생태〕 생태(적) 효율(생태계에서 물질이나 에너지의 전이(轉移) 효율).
ecological márketing 圈 환경 친화적[중시] 마케팅.
ecological níche 圈 〔생태〕 생태학적 지위(생태계에서 개체가 점하는 위치나 기능).
ecological pýramid 圈 〔생태〕 생태 피라미드.
ecological succéssion 圈 생태 천이(遷移).
ecological térrorism 圈 =ecoterrorism.
ecological tóur 圈 =ecotourism.
e·col·o·gy [ikɑ́lədʒi/-kɔ́l-] 圈⑪⑥ 1 생태학(bionomics). 2 인간[사회] 생태학. 3 자연[생태] 환경; 생

태. **4** (생태) 환경 보존; 환경 보존 정책.¶~ movement 환경 보호 운동. (또는 **oecology**)
èc·o·lóg·ic ~ **-gist** 명 생태학자; 환경 보호론자.
ecólogy fréak 명=ecofreak.
E-COM [í:kàm/-kɔ̀m] 명 (美) 전자 우편 서비스. [<*E*lectronic *C*omputer-*O*riginated *M*ail]
ec·u·máll [èkoumɔ́:l, ì:k-] 명 환경 친화적 쇼핑 센터, 에코몰. (또는 **gréen stòre**)
ec·o·man·age·ment [èkouménidʒmənt, ì:k-] 명 생태계 관리, 자연 환경 관리.
ec·o·ma·ni·a [èkouméiniə, -njə] 명 U 광적(狂的)
ec·o·mark [èkoumá:rk, ì:k-] 명 에코마크, 환경 보호[안전] (제품의) 마크(ecological mark).
*e-com·merce [íkámərs/-kɔ́m-] 명 (종종 E-) 전자 상거래, 온라인 상거래(electronic commerce).
ec·o·mone [í:koumòun, ék-] 명 생태 (환경) 호르몬. [<*ecological*+hor*mone*]
econ. economic(al); economics; economist; e-
ec·o·niche [èkounít∫] 명 =ecological niche.
ec·o·no·box [ikánəbàks/ikɔ́nəbɔ̀ks] 명 (절약형) 소형차, 경차. 참 gas-guzzler
e·con·o·met·ric [ikànəmétrik/ikɔ̀n-] 명 계량 경제(학)의. (또는 **econometrical**) **-ri·cal·ly** 부
econométric mòdel 명 (경제) 계량 경제 모델.
e·con·o·met·rics [ikànəmétriks/ikɔ̀n-] 명 (단수취급) 계량 경제학. **-me·trí·cian, -rist**
‡ec·o·nom·ic [èkənámik, ì:kə- / -nɔ́m-] 명 (more ~; most ~) **1** 경제의; 경제상의, 경제학의.¶~ circles 경제계(界) / ~ fluctuations 경제 변동. **2** (생산 과정 따위가) 낭비 없는, 합리적인. **3** 실용 [실리]적인.¶~ entomology 실용 곤충학. **4** (英) 경제적인, 실속 있는. 덕용(德用)의(economical).
‡ec·o·nom·i·cal [èkənámikəl, ì:kə-/-nɔ́m-] 명 (more ~; most ~) **1** (사람이) (…을) 낭비하지 않고, 검소한 (*with*, *of*).¶be ~ *of*[or *with*] one's time 시간을 아끼다/He is ~ *of* his complaint. 그는 좀처럼 불평을 하지 않는다.

유의어 **economical** 신중하게 계획하여 낭비를 피하고 가장 유리하게 금품을 쓰는. **thrifty** 검소·근면한 데다 금품의 사용이 현명해서 유복해지는. **frugal** 의식주를 (때로는 지나치게) 절약하여 전혀 낭비를 하지 않는. **sparing** 금품 사용을 억제하는.

2 (사물이) (…의 점에서) 경제적인, 절약되는, 덕용의 (*on*).¶an ~ refrigerator 절전형 냉장고. **3** 경제상의.
*ec·o·nom·i·cal·ly [èkənámikli, ì:kə-/-nɔ́m-] 부 **1** 경제적으로, 절약하여. **2** 경제상의 (견지에서).¶~ disadvantaged [or marginalized] (美) 경제적으로 혜택받지 못한, 빈곤한(poor). **3** (문장 전체를 수식하여) 경제(학)적 측면에서 보면.
econòmic and mónetary únion 명 (화 동맹(⑭ EMU).
Econòmic and Sócial Cóuncil 명 (the ~) (유엔) 경제 사회 이사회(⑭ ECOSOC).
económic ánimal 명 경제적 동물(경제적 이익만을 추구하는 인간; 경제 대국 일본을 지칭하기도 한다).
económic blóckade 명 경제 봉쇄.
económic clímate 명 경제 상황.
económic críme 명 경제 범죄.
económic cýcle 명 경기 순환(business cycle).
económic geógraphy 명 경제 지리학.
económic góod 명 경제재(財).
económic grówth 명 경제 성장. ¶ ~ rate 경제 성장률.
económic índicator 명 (경제) 경제 지표.
económic intélligence 명 (기밀) 경제 정보.
económic lífe 명 경제 생활; (기계 설비의) 경제 수명.
económic mán 명 경제인(경제 원리에 합치된 합리적인 사람).
económic míracle 명 경제 기적, (예기치 않은)

económic módel 명 (경제) 경제 모델.
*ec·o·nom·ics [èkənámiks, ì:kə-/-nɔ́m-] 명 **1** (단수취급) 경제학. **2** 경제면, 재정적[경제적] 고려; (한 나라의) 경제 상태.
económic sánctions 명ⓟ (경제) 경제 제재.
económic spýing 명 경제 스파이(첩보) 활동.
económic stríke 명 경제 파업.
económic súmmit 명 (the ~, 종종 the E- S-) (선진 공업국) 경제 정상 회담. 참 G-7 summit
económic súperpower 명 경제 대강대국.
económic térrorism 명 경제 테러(경제 기구·시설 따위에 대한 테러 행위).
económic wárfare 명 경제전(戰).
económic wéll-being 명 경제 복지, 경제 안녕.
económic white pàper 명 경제 백서(白書).
económic zòne [wáters] 명 경제 수역(연안국이 배타적 관할권을 가지는 200해리 수역).
económies of scópe 명ⓟ (경제) 범위의 경제 (복수의 생산·서비스 동시 진행으로 얻는 경제적 이점).
e·con·o·mism [ikánəmìzm/-kɔ́n-] 명 U 경제(편중)주의.
*e·con·o·mist [ikánəmist/-kɔ́n-] 명 **1** 경제학자; 경제 전문가(분석가), 이코노미스트. **2** (古語) 절약(검약)가 (*of*). **3** (the E-) 이코노미스트(영국의 시사 주간지).
*e·con·o·mize [ikánəmàiz/-kɔ́n-] 명 경제적으로 쓰다(다루다); (…을) 절약하다; 가장 잘 이용하다, 낭비하지 않다 (*on*). **-mi·zá·tion** 명 U 절약, 경제화.
e·con·o·miz·er [ikánəmàizər/-kɔ́n-] 명 **1** 절약가. **2** (열·연료 따위의) 절약 장치. **3** 수열기(收熱器).
‡e·con·o·my [ikánəmi/-kɔ́n-] 명 (ⓟ **-mies** [-z]) (종종 the ~) **1** U 경제, 경제 활동(상태), 경기(景氣); 재정. ¶national [domestic] ~ 국민 [국내] 경제 / household ~ 가정 경제, 가계(家計) / political ~ 정치 경제학, 경제학(economics). **2** (국가의 조직·부(部)로서의) 경제; 경제 체제[기구].¶the summit meeting of industrial economies (선진) 공업국 정상 회담. **3** (조직·구조의) 유기적 통일[조직]; (자연계의) 질서.¶the ~ of the human body 인체의 조직. **4** U (…의) 절약, 아껴 씀, 효율적 사용 (*of*, *in*); (-mies) 절약의 예.¶~ of time and labor 시간과 수고의 절약 / a man of ~ 검약가 / It is wise [poor] ~. 그것은 경제적[비경제적]이다. **5** =~ class. **6** U (신학) (하느님의) 구원 계획(~ of salvation); 경륜(經綸); (하늘의) 섭리, 신려(神慮).
económy of trúth 진실을 그대로 말하지 않음, 진실을 숨김. 「하다, 아껴 쓰다.
práctice [or **make, use**] **ecónomy in** …에 절약 **with ecónomy** 경제적으로, 검소하게.
── 명 (한정용법) **1** 값싼, 저렴한. **2** 경제적인, 비용 절감을 위한; (연료 따위가) 덕용의, 에너지 절약형의.¶in an ~ move 경비 절감 조치로. **3** 이코노미 클래스의.
── 부 이코노미 클래스로; 할인 가격으로.¶travel ~ 이코노미 클래스로 여행하다.
ecónomy càr =econobox. 「클래스, 보통석.
ecónomy clàss 명 (열차·비행기 따위의) 이코노미 **ecónomy clàss sýndrome** 명 일반석 증후군 (좁은 좌석에 장시간 앉아 여행할 때 생기는 패색 혈전증).
ecónomy of scále 명 (경제) 규모의 경제(대량 생산에 의한 절감). (또는 **económies of scále**)
e·con·o·my-size [-sàiz] 명 표준 상품보다 크고 값이 싼, 덕용(德用) 사이즈의, 이코노미 사이즈의.
e·co·nut [í:kounʌ̀t, èko-] 명 (속어) =ecofreak. (또는 **éco nùt**, **éco-nùtter**)
ec·o·of·fice [-à:fəs, -ɔ́:fis] 명 환경 친화적 사무실.
ec·o·pac·i·fism [-pǽsəfìzm] 명 환경 평화주의.
ec·o·pho·bi·a [èkoufóubiə, ì:k-] 명 환경(생태계) 파괴 공포증, 이상 기온 공포증.
ec·o·phys·i·ol·o·gy [èkoufìziálədʒi, ì:k-/-ɔ́l-] 명 생태(환경) 생리학. **-o·lóg·i·cal** 명 **-gist** 명

ec·o·pol·i·tics [èkoupáləṭiks, ìːk-/-pɔ́l-] 圐 경제 정치학; 환경 정치[정책]학.

ec·o·por·nog·ra·phy [ˌɛpɔːrnágrəfi/-nɔ́g-] 圐 환경 문제에 대한 대중의 관심을 이용한 기업 광고.

ec·o·pre·neur [èkəprənə́ːr] 圐 환경 보호 비즈니스 기업가(企業家). 〔<*eco*-+entrep*reneur*〕

ec·o·ref·u·gee [èkourèfjudʒíː, ìːk-] 圐 환경 난민(환경 파괴로 거주지에서 쫓겨난 사람).

ec·o·right [èkouráit, ìːk-] 圐 (이산화탄소 따위) 공해[환경 파괴] 묵살, 배제권.

ec·o·sins [-sínz] 圐 공해[환경 파괴] 죄의식.

ECOSOC *E*conomic *and* *So*cial *C*ouncil.

e·co·sound [ˈsáund] 圐 생태학적으로 안전한, 환경 친화적인. 「용어.

ec·o·speak [èkouspíːk, ìːk-] 圐 환경 문제 전문

ec·o·spe·cies [èkouspìːʃiz, ìːk-] 圐 (鑢 ~) 〔생물〕생태종(生態種).

ec·o·sphere [èkousfìər, ìːk-] 圐 (우주의) 생물 생존권(圈); (지구상의) 생태권, 생물권. 「계.

ec·o·sys·tem [èkousìstəm, ìːk-] 圐 〔생물〕생태

ec·o·tage [èkətɑ́ːʒ] 圐 =ecoterrorism.
〔<*eco*+sab*otage*〕

ec·o·tax [èkətǽks] 圐 환경세(공해 물질에 부과).

ec·o·tech·nol·o·gy [èkouteknɑ́lədʒi, ìːk-/-nɔ́l-] 圐 환경 (보호) 기술, 환경 공학. 「축 디자인.

ec·o·tec·ture [èkoutèktʃər, ìːk-] 圐 환경 우선 건

ec·o·ter·ror·ism [èkətérərìzm, ìːk-] 圐 과격한 환경 파괴 저지 운동(ecotage). **-ist** 圐

ec·o·teur [èkətɚːr, -tjúər] 圐 ecotage 실행자.

ec·o·tone [èkətòun, ìːkə-] 圐 〔생물〕 추이대(推移帶) (두 동식물 군락 사이의 이행부(移行部)).

Ec·o·to·pi·a [èkoutóupiə, ìːk-] 圐 환경 천국, 생태학적 유토피아. **-pi·an** 圐 「적 관광 (산업). **-ist** 圐

ec·o·tour·ism [èkoutúərizm, ìːk-] 圐 환경 친화

ec·o·tron [èkoutrɑ̀n, ìːk-] 圐 에코트론(생태학적 자연 환경 모델[실험] 장치).

ec·o·type [èkoutàip, ìːk-] 圐 〔생물〕 생태형(型).
-týp·ic 圐 **-týp·i·cal·ly** 圕

ec·o·vil·lain [èkouvìlən, ìːk-] 圐 환경 오염자.

ec·o·war·rior [èkouwɑ́ːriər, ìːk-/-wɔ́ːr-] 圐 환경 전사(戰士). (또는 **ecodefender**)

ECOWAS [ékouwəs] *E*conomic *Co*mmunity *of* *W*est *A*frican *S*tates. **ECPNL** equivalent continuous perceived noise level(등가 평균 소음 레벨; 항공기 소음 평가 방법). **ECR** *e*lectronic *c*ash *r*egister (전자식 금전 등록기).

é·cran [eikrɑ́ːŋ] 圐 영사막(screen). 〔F〕

ec·ru [ékru/éik-] 圐 (누른기가 도는) 담갈색의, 아마(亞麻) 색깔의. ─ 圐 담갈색, 아마색. (또는 **é·cru** [F ekry]) 〔<F unbleached〕

ECS *E*uropean *C*ommunications *S*atellite(유럽 통신 위성). **ECSC, E.C.S.C.** *E*uropean *C*oal *and* *S*teel *C*ommunity(유럽 석탄 철강 공동체).

ec·sta·size [ékstəsàiz] 圐 황홀하게 하다[되다], 무아지경에 이르게 하다[되다], 기뻐 어쩔 줄 모르게 하다.

***ec·sta·sy** [ékstəsi] 圐 1 무아의 경지, 황홀경. 도취, 환희의 절정. ¶in an ~ 무아경이 되어/in an ~ of terror 무서워 어쩔 줄 몰라/in an ~ of joy / in *ecstasies* of joy 미칠 듯이 기뻐하여. 2 (시인·예언자 등의) 몰아(沒我), 법열. 3 〔심리〕 황홀 상태, 엑스터시. 4 (E-) (美속어) 엑스터시(환각제의 통칭; 略 XTC).

유의어 **ecstasy** 대단히 큰 기쁨에 제정신을 잃을 만큼 황홀한 상태. **rapture** 대단히 기쁨이 큰 상태; 반드시 ecstasy 정도는 아니다.

be in ecstasies over …에 정신이 팔려[도취되어] 있다. 「신이 팔리다, 황홀해지다.
go [or **be thrown**] **into ecstasies over** …에 정

ec·stat·ic [ekstǽtik] 圐 무아지경의, 도취한, 황홀한; 몰아의. ¶an ~ person 기뻐 어쩔 줄 모르는 사람. ─圐 1 도취하기 쉬운 사람. 2 (~s) 무아경, 황홀경, 도취 상태. **-i·cal·ly** 圕 「요법).

ECT, E.C.T. *e*lectro*c*onvulsive *t*herapy(전기 충격

ect- [ekt] 〔연결〕 ⇒ECTO-.

ec·to- [éktou, -tə] 圐 outside, outer, external의 뜻(* 모음 앞에서는 ect-). ¶*ecto*derm, *ecto*plasm.

ec·to·blast [èktəblǽst] 圐 〔생물〕 외배엽(外胚葉).

ec·to·crine [èktəkràin, -krìːn] 圐 〔생물〕 엑토크린, 외분비물. (또는 **ectohormone**)

ec·to·derm [èktədəːrm] 圐 〔생물〕 (후생(後生) 동물의) 외배엽. **-dér·mal, -dér·mic, -dér·mói·dal** 圐

ec·to·en·zyme [èktouénzaim] 圐 〔생화학〕 체외(體外) 효소, 세포외 효소.

ec·to·hor·mone [èktəhɔ́ːrmoun] 圐 〔생화학〕엑토[외분비] 호르몬. 圐 pheromone. **-hor·mó·nal** 圐

ec·to·morph [èktəmɔ̀ːrf] 圐 (마르고 키가 큰) 외배엽형 체형의 사람; 허약 체질인 사람.
-mór·phic 圐 **~·y** 圐

-ec·to·my [éktəmi] 〔연결〕 「…절제 수술」의 뜻. ¶append*ectomy*, tonsill*ectomy*.

ec·to·par·a·site [èktoupǽrəsait] 圐 〔생물〕 외부 기생충(진드기 따위); 외부 기생 식물. **-par·a·sít·ic** 圐

ec·to·pi·a [ektóupiə] 圐 〔병리〕 전위(轉位), 편위(偏位)(기관·부분 따위의 선천적 이상 위치). **-tóp·ic** 圐

ectópic prégnancy 圐 자궁외 임신.

ec·to·plasm [éktəplæ̀zm] 圐 1 〔생물〕 외(부원)형질(外部原形質), 외질(층)(外*質*(層))(식물 세포의 원형질의 외층). 2 (심령술) (영매(靈媒)의 몸에서 발한다는) 발산 물질, 영기(靈氣). **-plas·mát·ic, -plás·mic** 圐

ec·to·therm [èktəθə̀ːrm] 圐 〔동물〕 변온[냉혈] 동물. **-thér·mal, -thér·mic** 圐 변온성의.

ec·type [éktaip] 圐 재생(물), 모형, 복사(모사)한 것. **-ty·pal** [-təpəl, -tai-] 圐

ECU [eikjúː, ékju, ìːsìːjúː] 圐 에큐(유럽 통화 단위). (또는 **Ecu, ecu**) 〔<*E*uropean *C*urrency *U*nit〕

ECU (우주) *e*lectrical *c*ontrol *u*nit(전자 제어 장치); *E*uropean *C*learing *U*nion(유럽 결제 동맹); *e*xtreme *c*loseup. **E.C.U.** *E*nglish *C*hurch *U*nion (영국 교회 연합). **Ecua.** Ecuador.

Ec·ua·dor [ékwədɔ̀ːr] 圐 에콰도르(남아메리카 서북부의 공화국; 수도 Quito).

Ec·ua·do·ri·an [èkwədɔ́ːriən] 圐 에콰도르의, 에콰도르인의. ─ 圐 에콰도르인. (또는 **Ecuador(e)an**)

ec·u·ma·ni·ac [èkjuméiniæ̀k/iːk-] 圐 세계 교회주의(ecumenism)의 열광적 신자.

ec·u·men·i·cal [èkjuménikəl/ìːk-] 圐 1 전반적인, 보편적인, 세계적인. 2 전기독교 교회의(를 대표하는)(* 오늘날에는 Roman Catholic Church에만 쓴다). 3 (초교파적인) 세계 교회주의의. (또는 **ecumenic, oecumenic(al)**) **-·ly** 圕 「집하는) 공회의.

ecuménical cóuncil 圐 (종종 E- C-) (교황이 소

ec·u·men·i·cal·ism [èkjuménikəlìzm/ìːk-] 圐 (교파를 초월한) 세계 교회주의 (운동).

ecuménical móvement 圐 세계 교회 운동.

ecuménical pátriarch 圐 총주교(콘스탄티노플의 대주교로서 그리스 정교회의 최고 주교).

ec·u·me·nic·i·ty [èkjəmənísəti/ìːk-] 圐 세계 교회주의 연대; 세계 기독교.

ec·u·me·nism [èkjuːmənìzm/íːk-] 圐 에큐메니즘, (교파를 초월한) 세계 교회주의.

ec·u·me·nop·o·lis [èkjuːmənɑ́pəlis/-mìnɔ́p-] 圐 세계 도시(전세계를 하나의 도시로 보는 표현).

ECWA *E*conomic *C*ommission *for* *W*estern *A*sia((UN) 서아시아 경제 위원회). 「습진.

ec·ze·ma [éksəmə, égzə-/éksimə] 圐⦀ 〔병리〕

ed[1] [ed] 圐 (구어) 교육(education). ¶adult ~ 성인

교육 / a course in driver's ~ 운전자 교육의 한 과정.
ed² 〖구어〗 =editor.
Ed [ed] 〖명〗 **1** 에드(남자 이름: Edward, Edgar, Edwin, Edmond, Edmund의 애칭). **2** 〖美속어〗 시대에 뒤떨어진 녀석.
ED *effective dose*((약의) 유효량); *environmental disruption*(환경 파괴); *erectile dysfunction*(남성의 발기 부전); *extra duty*(할증세). **ed.** edited; edition; editor; educated. **E.D.** *Eastern Department*; election district; *ex dividend*; *executive director*.
-ed¹ [d, t, id, əd] 〖접미〗 **1** 규칙동사의 과거·과거분사를 만든다. ¶learn*ed*, talk*ed*, want*ed*. **2** 동사가 뜻하는 행위에서 생기는 상태나 특질을 나타내는 분사형용사를 만든다. ¶a limit*ed* express(특급 열차), the revis*ed* version(개정판), a retir*ed* life(은퇴 생활).
-ed² 〖접미〗 명사에 붙여서 「…을 가진, …을 붙인, …의 특성이 있는」의 뜻의 형용사를 만든다. ¶kindheart*ed*(마음씨 착한), a forest*ed* area(삼림 지대), an ag*ed* gentleman(노신사).
e·da·cious [idéiʃəs] 〖형〗 게걸스럽게 먹는, 식욕이 왕성한, 대식하는. ~**·ly** 〖부〗 ~**·ness** 〖명〗
e·dac·i·ty [idǽsəti] 〖명〗 식욕, 탐식.
É·dam (chèese) [íːdəm-/-dǽm-] 에담 치즈 (빨간 칠을 한 네덜란드산(産)). 「**-i·cal·ly** 〖부〗
e·daph·ic [idǽfik] 〖형〗 토양의, 토양의 영향을 받는.
E-day [íːdèi] 〖명〗 〖군사〗 훈련[연습] 개시 예정일.
Ed.B. *Bachelor of Education*. 「+*biz*⟩
ed·biz [édbìz] 〖명〗 〖美속어〗 교육 산업. ⟨<*education*
EDC, E.D.C. *European Defense Community* (유럽 방위 공동체). 「*embarkation card*⟩
E/D cárd 〖명〗 출입국 카드. ⟨<*embarkation and disembarkation*
Ed.D. *Doctor of Education*(교육학 박사).
Ed·da [édə] 〖명〗 에다(아이슬란드어로 쓰인 북유럽의 신화·시가(詩歌)집). **1** (*the Elder*[*Poetic*]) ~) 고(古) [시(詩)] 에다. **2** (*the Younger*[*Prose*] ~) 신(新)[산문(散文)] 에다. * **1**, **2**를 합하여 *the Eddas*라 한다.
Eddington('s) limit [명] 〖천문〗 에딩턴 한계 광도 (일정 질량의 천체가 낼 수 있는 최대의 밝기).
⟨<영국 천문·물리학자 Arthur Eddington(1882–1944)의 이름⟩
***ed·dy** [édi] 〖명〗 **1** (물·기류·먼지 따위의) 소용돌이, 회오리바람, 선풍. **2** (비유적) (예술·철학 따위의) 비주류, 반주류, (사건 따위의) 소용돌이. — 〖동〗 소용돌이치다[치게 하다], 회오리치다[치게 하다].
Ed·dy [édi] 〖명〗 에디. **1 Mary (Morse) Baker** ~ (1821–1910): 미국의 종교가; Christian Science 창시자. **2** (또는 **Eddie**) 남자 이름(Edgar, Edward의 애칭). 「애칭).
éddy cùrrent 〖명〗 〖전기〗 맴돌이 전류 ⇨TOOTH.
e·del·weiss [éidlvàis, -wàis] 〖명〗 에델바이스(왜솜다리의 일종; 알프스산(産) 고산 식물; 스위스의 국화).
e·de·ma [idíːmə] 〖명〗 (복 ~**s**, ~**·ta**) 〖Ü Ｃ〗 〖병리〗 부종(浮腫), 수종(水腫). 〖또는 **oedema**〗 **e·dem·a·tose** [idémətòus], **e·dem·a·tous** [idémətəs] 〖형〗
E-de·moc·ra·cy [íːdimákrəsi/-mɔ́k-] 〖명〗 전자 민주주의(인터넷 상의 언론·표현 자유가 보장된 상태).
***E·den** [íːdn] 〖명〗 **1** 〖성서〗 에덴 동산(Garden of ~). **2** 낙원, 천국(paradise); 극락(의 상태).
E·den·ic [iːdénik] 〖형〗 에덴 동산의[과 같은].
e·den·tate [iːdénteit] 〖형〗 〖동물〗 빈치류(貧齒類)의; 이가 없는. — 〖명〗 빈치류 동물(중남미산(産) 개미핥기·나무늘보·아르마딜로 따위).
EDF *emergency decontamination facility*((방사능) 긴급 정화 시설); *European Development Fund*.
Ed·gar [édgər] 〖명〗 **1** 에드거(남자 이름; 애칭은 Ed, Eddie, Eddy, Ned). **2** 에드거 상(賞)(~ *Award*)(미국 추리 작가 협회가 수여하는 문학상). ⟨<미국 작가 Edgar Allan Poe의 이름⟩
‡**edge** [edʒ] 〖명〗 **1** (the ~) 끝머리, 끝; 테두리, 가장자리, 모서리, 전; (봉우리·지붕 따위의) 마루(터기). ¶the horizon's ~ 지평선의 끝 / the ~ of a lake 호숫가 / the ~ of a roof[mountain] 용마루[산등성이, 산마루].

〖유의어〗 **edge** 두 면이 마주치는 날카로운 끝. **border** 어느 면이 시작되는[끝나는] 경계선, 또는 경계선 바로 안쪽의 가늘고 긴 부분. **brim** 그릇의 위쪽 끝의 안쪽[가], 또는 하천·호수 따위의 가장자리. **rim** 둥근 것의 가장자리, 테, 특히 가파른[위험한] 것의 가장자리. **margin** 어떤 면의 주변에 있는 가늘고 긴 공백 부분; 물가. **verge** 어떤 물건의 극한; 극한에 접근하는 움직임도 암시하는 말.

2 (날붙이의) 날; (the ~, an ~) (칼날 따위의) 날카로움. ¶the ~ of a knife 칼날 / This razor has a keen [*or* sharp] ~. 이 면도칼은 잘 든다. **3** (an ~, the ~) (욕망의) 강렬함, 격렬함; (어조의) 신랄함, 날카로움. ¶the keen ~ of desire 격렬한 욕망. **4** 〖Ü〗 힘, 박력, 위력; 효력, 유효성. ¶ competitive ~ 경쟁력 / His remarks lacked ~. 그의 발언에는 박력이 없었다. **5** 〖美구어〗 강점, 우위, 우세(on, over). ¶ an overwhelming military ~ over the enemies 적에 대해 압도적인 군사적 우위. **6** 〖구어〗 거나함, 얼근함.
by the edge of the sword 칼을 들이대고, 강제로.
do the inside [outside] edge 스케이트의 안쪽[바깥쪽] 날로 지치다.
edge on 가장자리[모서리]에(edgewise). ¶ I hit the table ~ *on*. 테이블 가장자리에 부딪혔다.
get [or have] an edge on 〖구어〗 거나[얼근]하다.
get over the edge 도가 지나치다; 과음하다.
give an edge to ① …에 날을 세우다. ② (식욕 따위를) 돋우다. 「다.
give...the [or an] edge …에게 우선권[우위]를 주
give the sharp [or rough] edge of one's **tongue to** (아무)…을 심하게 꾸짖다.
have [or gain, get] an [or the] edge on [or over] ① (남)보다 낫다, 우세하다. ② 〖美〗 …에 원한을 품고 있다.
not to put too fine an edge upon it 솔직하게 말하자면.
off [or over] the edge 〖구어〗 미쳐서, 정신이 나가.
on a knife edge 〖구어〗 아주 불안[위험]한 상태로.
on edge ① 흥분하여, 안절부절못하여, 과민하여. ② (…하고 싶어) 안달하는, 못견뎌하는(*to* do). ¶be all *on* ~ *to* do …하고 싶어 안달하다.
on the edge of ① …의 가장자리[모서리]에. ② 막 …하려는 참에. 「기 때문에) 매료되어.
on the edge of one's **chair [or seat]** (영화·이야
put an edge on ① (칼 따위를) 갈다. ② 〖구어〗 (식욕 따위를) 돋우다. 「칼로 죽이다.
put a person to the edge of the sword 남을
set an edge on [or to] (식욕 따위를) 돋우다.
set [or put] a *person's* **teeth on edge** ⇨TOOTH.
set something on edge ① (물건을) 세워 놓다. ¶ *set* a book *on* ~ 책을 세워 놓다. ② …을 날카롭게 하다, 안달나게 하다.
take the edge off (날붙이의) 날을 무디게 만들다; (식욕·토론력 따위를) 죽이다, …의 기세를 꺾다.
with the edge on 거나하여, 얼근한 기분으로.
— 〖동·타〗 **1** …에 날을 세우다; …을 날카롭게 하다. (~+目+補) ~ a knife sharp 칼을 날카롭게 갈다. **2** …의 가장자리[테]에 테를 두르다(with). ¶ Hills ~ the village. 마을은 언덕에 둘러싸여 있다 //(~+目+前+名) ~ a road *with* trees 길을 따라 나무를 심다. **3** …을 비스듬히[옆으로] 이동시키다; 천천히[조심스럽게] 움직이다. ¶(~+目+副) I ~*d* my chair *nearer* to the fire. 나는 불 쪽으로 의자를 조금씩 당겨 갔다. **4** 〖구어〗 …을 가까스로 이기다, 신승하다. **5** 〖스키〗 〖스키〗의 에징을 하다.

—㉑ (몸을 옆으로 하고) 비스듬히 나아가다(away) (with, through); 서서히[조금씩, 조심하면서] 나아가다 (along, forward, up)(along).¶(~+前+图) ~ along a cliff 벼랑을 따라 천천히 나아가다. ¶하다 (to do).
edge *a person* **on** 남을 격려하여[부추겨] (…하게)
edge away [or **off**] 서서히 떨어지다[멀어지다].
edge down upon; edge in with …에 조금씩 근접
edge in (말 따위를) 끼워 넣다, 참견하다. ┌근하다.
edge oneself into …에 비집고 끼어들다.
edge *one's* **way** 서서히[차근차근] 나아가다.¶He ~d his way through the crowd. 그는 군중 속을 헤치고 서서히 나아갔다.
edge out ① (조심하여) 천천히[점차로] 나오다. ② (美) 근소한 차로 이기다, 신승하다. ③ (사람을 …에서) 서서히 몰아내다, 대신하다 (of). ┌접근하다.
edge up …에 조금씩 다가가다: (실력 따위가) …에
edge·bone [édʒbòun] 图 =aitchbone.
edged [edʒd] 图 **1** 날이 있는, 날을 세운: 가장자리[테]를 붙인.¶an ~ tool 날붙이/sharp- ~ 날이 예리한. **2** (칼날 따위가) 날카로운; (풍자 따위가) 통렬한.¶an ~ remark 통렬한 비평.
edge·less [édʒlis] 图 모서리[테] 없는, 가장자리가 없는; 날이 없는, 날이 무딘(blunt).
edge-of-the-seat [-ˈəvðəsiːt] 图 (영화·광경 따위가) 자신도 모르게 앉을 끝에 내밀 정도로 매혹적이. (또는 **édge-of-**one's**-séat**)
edg·er [édʒər] 图 (양복 따위의) 가장자리를 마무리하는 사람[기계]; (재목의) 가장자리를 자르는 사람[기계], 테두리[모서리] 치는 톱; (잔디밭 등의) 가를 베는 기계.
édge tòol 날붙이. ┌한 짓을 하다.
play with edge tools 날붙이를 가지고 놀다; 위험
edge·wise [édʒwàiz] 图 **1** 날[모서리, 가]을 밖으로 하고[상대·물건을 향하고]. **2** 가로[세로]를 따라; 비스듬히(sideways), 옆으로부터. **3** (두 물건이) 끝과 끝을 맞대고(edge to edge). (또는 (英) **edgeways**)
get a word in edgewise 말참견하다.
edg·ing [édʒiŋ] 图 **1** ⓤ 테두름, 가선두름, 가두리침; 날을 세움. **2** 가장자리[가선] 장식, (화단의) 가두리, **3** ⓤ (스키의) 에징. **~·ly** 图 조금씩, 차츰차츰, 서서히.
édging shèars 전지[정원] 가위, 전정 가위.
edg·y [édʒi] 图 **1** 날이 날카로운, 끝이 뾰족한, **2** (그림 따위가) 윤곽이 선명한[선명한].¶~ outlines 또렷한 윤곽. **3** (구어) 짜증나는, 신랄한, 가시 돋친; 대립적인, 적대적인. **4** 유례[전례] 없는, 혁신적인; 전위적인. **5** 음란한, 저속한, 상스러운. **6** 몹시 …하고 싶어하는, …하고 싶어 안달인 (to do). ¶ be ~ to get there 그곳에 못가 안달하다. **édg·i·ly** 图 **édg·i·ness** 图
edh, eth [eð] 图 에드(고대 영어 문자 ð의 이름; 국제 음성 기호[ð]).
EDI (컴퓨터) *e*lectronic *d*ata *i*nterchange(전자식 데이터 교환). ┌수 있음.
ed·i·bil·i·ty [èdəbíləti] 图 ⓤ 식용으로 알맞음, 먹을
*****ed·i·ble** [édəbl] 图 식용이 되는, 먹을 수 있는.¶~ frogs 식용 개구리/~ fungi 식용 버섯/~ oil 식용유. 图 (~s) 식용품, (날로 먹는) 식품. **~·ness** 图
e·dict [íːdikt] 图 **1** 칙령, 칙명(勅命) ▶ 포고(令), **2** (일반적인) 명령, 지시. **e·díc·tal** 图
Édict of Milán 图 (the ~) 밀라노 칙령(313년 로마의 Constantine 대제가 기독교를 공인함).
Édict of Nántes 图 (the ~) 낭트 칙령(1598년 프랑스의 Henry 4세가 신교도의 권리를 인정함).
ed·i·fi·ca·tion [èdəfikéiʃən] 图 ⓤ **1** 교화(敎化), 교도, 계발, 훈도. **2** (정신·덕성 등의) 향상, 덕성[신앙심]의 함양. **e·dif·i·ca·to·ry** [édəfikətɔːri] 图
*****ed·i·fice** [édəfis] 图 **1** 대건축물, 대저택. ▶ BUILDING [운으로] ¶an ~ of red brick 벽돌 건물. **2** (심중에) 구성된 것; (복잡한) 조직, 체계. **-fi·cial** 图
édifice còmplex 图 (美) (행정 계획이나 건축가의 구상 따위의) 거대 건축 지향(巨大建築志向).
ed·i·fy [édəfài] 图㉠ …의 신념[덕성]을 기르다, …을 교화[교도]하다, 훈도하다, 사상을 선도하다. * 종종 반어적으로 쓴다. **-fi·er** 图 **~·ing** 图 **~·ing·ly** 图
e·dile [íːdail] 图 (로마 역사) =aedile.
Ed·in·burgh [édnbə̀ːrə/-bərə] 图 **1 Duke of ~** 에든버러공(公)(1921- : 영국 여왕 Elizabeth 2세의 남편). **2** 에든버러(Scotland의 수도).
Édinburgh Féstival 图 에든버러 축제(Edinburgh에서 매년 여름에 개최되는 음악·연극 축제).
Ed·i·son [édəsn] 图 **Thomas Alva ~** 에디슨 (1847–1931: 미국의 발명가).
Édison efféct 图 (물리) 에디슨 효과.
*****ed·it** [édit] 图㉠ **1** (서적·영화 따위를) 편집하다; (신문·잡지 따위의) 편집 주간이 되다. **2** (원고를) 손질하다, …을 교정(校訂)하다. **3** (美) …을 삭제하다, 생략하다. **4** (컴퓨터) (데이터를) 편집하다, 입력[처리]하다.
edit in (기사 따위를) 편집하여 삽입하다, 추가하다.
edit out (일부를) 생략하다, 빼다 (of).
—图 편집 (작업); (구어) 필름 편집; 사설, 논설. **~·a·ble** 图
edit. edited; edition; editor; editorial.
E·dith [íːdiθ] 图 이디스(여자 이름).
éd·it·ing tèrminal [édiṭiŋ-] 图 (컴퓨터) 편집 단말(端末) 장치(text 편집에 사용되는 입출력 장치).
‡**e·di·tion** [idíʃən] 图 (ⓒ) (~s [-z]) **1** (간행물의) 판(版); (동일판의) 회 발행[생산] 부수; (어떤 판의) 한 권[부] (* 개정·증보 없이 중쇄(增刷)되는 경우에는 printing, impression을 쓴다). ¶the first[second] ~ 초판[재판]/a revised and enlarged ~ 개정 증보판. **2** (수식어와 함께) (판형·장정·권수 따위 간행 형태에서 본 판, 본(本)); (특정 편집자·인쇄소 등에 의한) 판. ¶a two-volume ~ 두 권짜리 책/a cheap[deluxe, limited, pocket, popular] ~ 염가[호화, 한정, 포켓, 보급]판/a paperback[hardcover] ~ 지장본(紙裝本)[양장본(洋裝本)]/Oxford ~ 옥스포드판.
3 (신문의) 판, (특정일의 특정의)판; (잡지의) 호; (연속물[프로]의) 1회분. ¶the Sunday ~ of the *NYT* *NYT* 일요판. **4** (비유적) 복제(複製)(물)(version).
go through editions 판을 거듭하다. ¶*go through five* ~*s* 5판을 거듭하다(reach a fifth ~).
e·di·tion·al·ize [idíʃənəlàiz] (*(英) **-ise**) 图㉠ (신문 따위의) 편집(판)을 거듭해서 변경하다. 'binding'.
edition binding 图 대량 보급판 제본(publisher's
é·di·tion de luxe [idíʃən də lúks, -láks] 图 호화판, 특제판. [<F edition of luxury]
e·di·ti·o prin·ceps [idíʃiòu prínseps] 图 (서적의) 초판, 제 1판. [<L *first edition*]
‡**ed·i·tor** [édətər] 图 (~s [-z]) **1** (서적·잡지 따위의) 편집자, 교정자, 감수자. ¶advisory ~s 편집 고문. **2** (신문·잡지의) 편집인, 편집 주간(executive ~), 주필; 편집국장(managing ~). **3** (신문·잡지 각 부(部)의) 부장. ¶a financial[general] ~ 경제부장[편집장]/a city ~ 사회부장, (英) 경제부장. **4** (英) 논설 위원, 사설 담당 기자(editorial writer, (英) leader writer). **5** (필름·테이프 따위의) 편집자; 편집기. **6** (컴퓨터)에디터(데이터를 편집할 수 있도록 하는 프로그램).
‡**ed·i·to·ri·al** [èdətɔ́ːriəl] 图 (~s [-z]) **1** (신문·잡지의) 사설, 논설((英) leading article, leader). **2** (방송국·경영진 등의 소견을 밝히는) 성명 방송. —图 **1** 편집의, 편집자의, 편집장의, 편집장[주임]의, 주필의. ¶an ~ chair 편집장의 직(職). **2** 사설의, 논설의.¶an ~ article 사설/an ~ paragraph (신문의) 단평. **~·ist** 图 (美) 논설 위원.
editórial ádvertising 图 =advertorial.
editórial depártment 图 (신문·잡지사 등의) 편집국[실]; 논설 위원실.
ed·i·to·ri·al·ize [èdətɔ́ːriəlàiz] 图㉠ 사설로 쓰다[다

루다]; (사실 보도를) 사설식으로 쓰다, 보도에 개인적인 견해를 삽입하다. **-to·ri·al·i·zá·tion** 몡

ed·i·to·ri·al·ly [èdətɔ́ːriəli] 튀 편집인으로서; 편집상, 편집적으로; 사설로(서), 사설에서.

editórial páge 몡 (신문·잡지의) 사설란[페이지].

editórial pòlicy 몡 편집 방침.

editórial róom [óffice] 몡 편집실, 편집국.

editórial stàff 몡 (the ~) (집합적) 편집부원.

editórial "wé" 몡 (신문 사설 따위에서 필자·회사를 가리키는 데 쓰이는) 우리. 「기자.

editórial wríter 몡 (신문·잡지의) 논설 위원, 사설

éditor in chíef 몡 (몡 *editors i- c-*) (신문·잡지의) 편집장, 편집 주간. (또는 **éditor-in-chíef**)

ed·i·tor·ship [édətərʃìp] 몡 ❶ 편집자(주필)의 지위[직, 권한]; 편집상의 방침[지시]. ❷ 편집, 교정.

ed·i·tress [édətris] 몡 editor의 여성형.

édit tràce 몡 (컴퓨터) (전자 출판에서) 조판 과정의 변경·추가·삭제의 기록.

-ed·ly [idli], **-ed·ness** [idnis] 접미 -ed로 끝난 낱말을 부사(명사)로 만든다. * -ed를 [d], [t]로 발음하는 낱말에 -ly, -ness를 붙였을 경우 그 앞 음절에 강세가 있을 때에는 다시 [-id]로 발음한다. ¶ *deservédly* [dizə́ːrvidli], *húrriedly*.

EDM *electronic distance measurement*. **Edm.** Edmond; Edmund. **Ed.M.** *Master of Education* (교육학 석사). 「**Édmund**)

Ed·mond [édmənd] 몡 에드먼드(남자 이름). (또는

Ed·na [édnə] 몡 에드나(여자 이름).

E·dom [íːdəm] 몡 (성서) **1** 에돔(Jacob의 형 Esau의 별칭. ←창세기(Gen.) 25:30). **2** 에돔 지방[왕국](고대 Palestine에 인접한 사해와 Aqaba 만 사이의 지역. ←민수기(Num.) 20:14).

E·dom·ite [íːdəmàit] 몡 (성서) 에돔(Edom)의 자손; Edom 왕국의 주민. **-ít·ic, -ít·ish** 몡

EDP, edp *electronic data processing*. **EDPM** (컴퓨터) *electronic data processing machine*(전자 정보 처리기). **EDPS** *electronic data processing system*. **EDR** *European Depositary Receipt*(유럽 예탁 증권). **eds.** *editions; editors*.

Ed·sel [édsəl] 몡 (속어속) 불량작, 팔리지 않는 제품; 쓸모없는 것, 시대에 뒤진 것. [<미국 Ford 자동차 제품 Edsel의 대실패]

EDT, E.D.T. (美) *Eastern Daylight Time*(동부 서머 타임). **EDTV** *extended definition television*(고화질 TV). **edu** (컴퓨터) *educational*(교육 기관; 인터넷의 domain). **educ.** *education*(al); *educator*.

ed·u·ca·ble [édʒukəbl] 몡 교육할 수 있는, 교육(훈련) 가능한. (또는 **educatable**) **-bíl·i·ty** 몡

ed·u·cand [édʒukænd] 몡 (美) 학생, 생도, 피교육자.

‡**ed·u·cate** [édʒukèit] 타 ❶ …을 교육하다, 훈육하다, 도야(陶冶)하다. ⇨TEACH [유의어] ¶ (~+몜+*to do*) (~+몜+前+몜) a child *to* obey [*or* obedience] 아이에게 순종하도록 가르치다. ❷ …을 학교에 보내다 (*at*, (英) *in*), (남)에게 (…의) 교육을 받게 하다(*in, on*). ¶ (~+몜+前+몜) He is ~*d in* law. 그는 법률 교육을 받고 있다. ❸ (귀·눈 따위)를 훈련하다, (예능적 능력·취미 따위)를 기르다(*in, to*). ¶ ~ a person *in* art 누구를 훈련하여 예술적 재능을 키우다 / ~ the eye *in* painting 그림 보는 안목을 기르다. ❹ (英) (사람)에게 (…이 되도록) 가르치다(*for, to do*). ¶ be ~*d for* medicine [*or* to be a doctor] 의사가 되는 교육을 받다. ❺ (동물)을 길들이다, 가르치다. ── 자 교육(훈련)하다. *educate oneself* 수양하다; 독학하다. 「다.

‡**ed·u·cat·ed** [édʒukèitid] 몡 (*more* ~; *most* ~) **1** 교육받은; 교양 있는. ¶ an ~ lady 교양 있는 부인. **2** (구어) (추측이) 경험[지식]에 근거한. **3** 숙련된, 능숙한. ¶ a surgeon with ~ hands 수술에 능한 외과의. **~·ly** 튀 **~·ness** 몡

éducated guéss 몡 경험에서 우러난 추측. *make an educated guess at* …을 점찍다.

ed·u·ca·tee [èdʒukeitíː] 몡 피교육자.

‡**ed·u·ca·tion** [èdʒukéiʃən] 몡 **1** 교육, 도야(陶冶), (조직적인) 교육, (지식·기능의) 교수, 학교 교육; ⓒ 학교 교육의 단계. ¶ elementary [compulsory] ~ 초등 [의무] 교육 / moral [intellectual, physical] ~ 덕육 [지육, 체육] / get [*or* receive] ~ 교육을 받다. **2** 교양, 학문, 소양. ¶ extend and deepen one's ~ 교양을 넓히고 심화시키다. **3** 교육학, 교수법. **4** (어린애의) 양육, (꿀벌 따위를) 치기; (동물을) 길들이기.

‡**ed·u·ca·tion·al** [èdʒukéiʃənl] 몡 **1** 교육(상)의. ¶ ~ expenses 교육비, ~ method / an ~ system 교육 제도 / ~ institutions 교육 기관. **2** 교육적인, 교육에 유익한. ¶ an ~ program 교육 프로그램. **~·ly** 튀

educátional áge 몡 (美) 교육 연령(略 E.A., EA).

educá·tion·al-in·dús·tri·al cómplex [-indʌ́striəl-] 몡 산학(産學) 협동. 「**cationist**.

edu·ca·tion·al·ist [èdʒukéiʃənəlist] 몡 = **edu·cation(al) párk** 몡 (계획적인) 교육 지구, 교육 단지, 학원 도시.

educátional psychólogy 몡 교육 심리학.

educátional sociólogy 몡 교육 사회학.

educátion(al) technólogy 몡 교육 공학.

educátional télevision 몡 교육용 TV; 교육 TV 방송; 교육 방송(프로)(略 ETV).

ed·u·ca·tion·ese [èdʒukéiʃəniːz] 몡 교육 전문어 [용어]. (또는 **educátion spèak**) 「교육학자.

ed·u·ca·tion·ist [èdʒukéiʃənist] 몡 교육가, 교사;

educátion tàx 몡 교육세(diploma tax).

ed·u·ca·tive [édʒukèitiv/-kət-] 몡 교육적인, 교육의(educational).

*‡**ed·u·ca·tor** [édʒukèitər] 몡 교육자, 교사; 교육학 전문가; 교육 행정 관계자.

ed·u·ca·to·ry [édʒukətɔ̀ːri/-təri] 몡 교육에 도움이 되는, 교육적인(educative).

e·duce [idjúːs/idjúːs] 타 **1** (잠재해 있는 성격이나 능력 따위)를 끌어내다(⇨EXTRACT [유의어]); …을 환기시키다. **2** …을 추단(推斷)하다, 연역하다 (*from*). **3** (화학) (화합물에서) …을 추출하다. **e·dúc·i·ble** 몡

e·du·crat [édʒukræt] 몡 (美) 교육 관료, 교육 행정가. [<*edu*cation+bureau*crat*]

e·duct [íːdʌkt] 몡 추론의 결과; (화학) 유리물, 추출물.

e·duc·tion [idʌ́kʃən] 몡 ⓤ **1** 끌어내기, 추출. **2** 추단, 추론. **3** 추출물(educt); 배기(排氣), 배출.

edúction pipe 몡 (기계) 배기관.

edúction válve 몡 (기계) 배기 밸브.

e·duc·tive [idʌ́ktiv] 몡 끌어내는, 추론[추단]하는.

e·dul·co·rate [idʌ́lkərèit] 타 **1** (화학) (불순물 따위)를 씻어 내다. **2** …에서 신맛[짠맛]을 없애다. **-rá·tion** **-rà·tive** 몡

ed·u·tain·ment [èdʒutéinmənt] 몡 에듀테인먼트, 교육용 오락물(*Sesame Street* 따위). [<*edu*cation+enter*tainment*]

Edw. *Edward*; *Edwin*.

Ed·ward [édwərd] 몡 **1** 에드워드. **1** 영국왕(1세에서 8세까지). **2** *Prince* ~ (1964- : Elizabeth 2세의 아들). **3** 남자 이름.

Edward VIII 몡 에드워드 8세(1894-1972; 영국왕; 결혼 문제로 왕위를 버려 Duke of Windsor로 되었다.

Ed·ward·i·an [edwɔ́ːrdiən/-wɔ́ːd-] 몡 **1** (英국사) Edward왕 시대의. **2** Edward 7세 시대의(1901-10)의(당시의 문학·예술 등에 대해서). 화사하고 자기 만족적인. **3** Edward 1세 시대의(1272-1307)의(당시의 성의 건축 양식에 대해서). **4** (의상 따위가) Edward 7세 시대풍의(허리가 잘록한 여성옷이나 몸에 착 달라붙는 슈트가 특징). ── 몡 Edward 왕 시대의 사람.

Éd·wards Áir Fórce Báse [édwərdz-] 몡 (美) 에드워즈 공군 기지(캘리포니아 주에 있으며, 항공

Ed·win [édwin] 명 에드윈(남자 이름).
'ee [i:] 대 《속어》 ye의 단축형. ¶Thank'ee. 감사합니다.
EE, E.E. Early English; electrical engineer [engineering]; 〔사진〕 electric eye; employment exchange. **e.e.** errors excepted(잘못은 별도).
-ee [i:] 접미 명사 어미. 1 「행위를 당하는 사람」의 뜻. ¶appointee. 2 「어떤 특정 상태에 있는 사람」의 뜻. ¶absentee. 3 「어떤 사람[물건]에 어떤 관계가 있는 사람 [물건]」의 뜻. ¶bargee. 4 「작은 것」의 뜻. ¶bootee.
EEA European Economic Area(유럽 경제 지역).
E.E. & M.P. Envoy Extraordinary and Minister Plenipotentiary(특명 전권 공사). **EEC** European Economic Community(유럽 경제 공동체). **EECO** European Economic Cooperation Organization (유럽 경제 협력 기구). **EEG, E.E.G.** electroencephalogram; electroencephalograph.
eek [i:k] 감탄 〔구어〕 이크! 아이쿠! (하는 소리).
*****eel** [i:l] 명 (pl. ~(**s**)) 1 뱀장어; 칠성장어(lamprey). 2 =eelworm. 3 《美속어》 빈틈없는[잘 빠져나가는] 사람; 매끄러운[반드러운] 것. 4 《속어》 =penis.
(**as**) **slippery as an eel** (뱀장어처럼) 미끈미끈한; (사람이) 미꾸라지 같은, 잘 빠져나가 붙잡기 어려운.
éel búck 〔英〕 =eelpot.
eel·grass [í:lgræs/-grà:s] 명 〔식물〕 거머리말류 (類)(미국 북대서양 연안에 많은 해초); 나사말.
eel·pot [í:lpɑ̀t/-pɔ̀t] 명 뱀장어 잡는 통발.
eel·pout [í:lpàut] 명 등가시칫과(科)의 바닷물고기 (식용); =burbot.
éel spèar 뱀장어 작살. (또는 **éelspèar**)
eel·worm [í:lwə̀:rm] 명 선충(線蟲)(類)(의 벌레).
eel·y [í:li] 형 뱀장어 같은, 미끈미끈한.
e'en [i:n] 문 《문어》 =even¹.
ee·nie, mee·nie, mi·nie, moe [í:ni mí:ni máini móu] 어느 것으로 할까. * 술래를 정하는 counting-out rhyme(술래 뽑기 노래)의 구절.
een·sy-ween·sy [í:nsiwí:nsi] 형 《어린이말》 조금, 얼마 안 되는. (또는 **éensie-wéensie**)
EENT 〔의학〕 eye, ear, nose and throat. **EEO** equal employment opportunity(고용 기회 균등).
EEOC 《美》 Equal Employment Opportunity Commission(고용 기회 균등 위원회). **EEPROM** 〔컴퓨터〕 electrically erasable and programmable read only memory(전기적 소거(消去) 가능한 PROM).
e'er [ɛər] 문 《시어》 =ever.
EER energy efficiency ratio(에너지 효율비).
-eer [iər] 접미 1 「…관계자, …취급자; …을 쓰는 사람」「…제작자」의 뜻. ¶engineer, pamphleteer, sonneteer. 2 명사에 붙어 「…에 관계하다」란 뜻의 동사를 만든다. ¶electioneer.
ee·rie [íəri] 형 1 무시무시한, 섬뜩한, 오싹하는, 기분 나쁜. ⇨WEIRD 유의어 2 《스코》 (미신 따위를) 두려워하는, 겁먹고 있는. 3 《스코》 음울한; 《구어》 기괴한, 기묘한. (또는 **eery**) **-ri·ly** 분 **-ri·ness** 명
E-eve·ry·thing [í:èvriθiŋ] 명 《美속어》 전자 만능. ¶the era of ~ 전자 만능 시대.
EEZ exclusive economic zone(배타적 경제 수역(水域). **EF** elevation finder; extra fine.
ef- [if, ef] 접두 ⇨EX-¹.
eff [ef] 《英속어》 =fuck. (또는 **F, f**)
eff and blind 욕지거리[상소리]를 퍼붓다.
eff off 성교하다; 〔명령형으로〕 가라, 꺼져.
eff up 엉망으로[뒤죽박죽으로] 만들다.
Eff you! 망할 자식!
eff. effect(ive); efficiency.
ef·fa·ble [éfəbl] 형 말할 수 있는, 말로 표현할 수 있는.
*****ef·face** [iféis] 타 1 〔글자·자국 따위를〕 지우다, 삭제하다; 〔기억 따위를〕 지워 없애다 (*from*). ¶ (~+팀+前+名) ~ *some lines from* a book 책에서 몇 행을 삭제하다 / The very memory of her was ~d *from* his mind. 그녀의 기억조차 그의 마음에서 지워졌다. 2 …을 눈에 띄지 않게 하다, …의 존재를 희미하게 만들다; …을 무색케 하다.
efface oneself (사람의) 눈에 띄지 않게 하다.
~·a·ble 형 **~·ment, -fác·er** 명

‡**ef·fect** [ifékt] 명 1 U© (원인·작용의) 결과; 영향(반 cause); ¶cause and ~ 원인과 결과 / the disastrous ~s of war 전쟁의 비참한 결과, 비참한 전후.

유의어 **effect** 어떤 원인에 의해 필연적·직접적으로 생기는 상태. **consequence** 원인과의 관계가 직접적이면서도 effect보다 긴밀하고 가깝지는 않다. **result** 최종적인 결과. **outcome** result, issue와 대체로 같은 뜻이지만, issue보다 「최종적」이라는 의미가 약하다.

2 U (…에 대한) 효력, 효과 (*on, upon*); (치료·약의) 효능(*on*), 유효; 영향; 작용. ¶The medicine had an immediate ~. 그 약은 곧 효험이 있었다. 3 U 〔법률·규칙 등의〕 발효, 실시; 달성; 수행. 4 U© (색채·풍경·이야기 따위의) 느낌, 감명, 인상 (*on, upon*). ¶love of ~ 외양을 꾸미기 좋아함 / heighten the dramatic ~ by contrast 대조에 의해 극적 효과를 높이다 / produce an ~ *on* a person's imagination 남의 상상력에 깊은 인상(감명)을 주다. 5 U 취지, 요지, 대의(大意), 의도, 의미. ¶the ~ of this paragraph 이 항의 대의. 6 〔법률〕 (pl.) 동산, 재산; 물건. ⇨POSSESSION 유의어 ¶household ~s 가재(家財) / personal ~s 휴대품, 사물. 7 소기(所期)의 인상을 주기[효과를 내기]. 8 (착각 현상을 이용한) 효과; (~s) 〔무대·영화·방송 따위의) 효과 (장치)(special ~s). ¶sound ~s 음향 효과. ¶shading to give a three-dimensional ~ (그림 따위에서) 입체감을 내기 위해 음영을 넣기. 9 (발견자의 이름 뒤에서) (실제 현상이 나타내는) 효과. ¶the Doppler ~ 도플러 효과. 10 (~s) 〔음악〕 의성음 발음기; (무용 음악의) 의음적(擬音的) 효과.

be of no effect 아무 효과도 없다.
bring…to effect; carry…into effect 〔법률 따위〕를 시행하다; 〔계획 따위〕를 실행하다.
come [or *go*] *into effect* 실시되다, 발효하다.
for effect 효과를 노려; 겉으로만 번지르하게[한].
give effect to; put…into effect 〔법 따위〕를 실시하다; 〔계획 따위〕를 실행하다.
have an effect on …에 영향을 미치다; 효과를 나타내다.
in effect ① 〔부사적〕 사실상, 실제로는, 실제에 있어서; 실질적으로는. ¶*In* ~ the situation is this. 요컨대 정세는 이러하다. ② (법률이) 유효한, 실시 중인.
no effects 예금 없음, 무재산(無財產)(은행에서 부도 수표에 적는 말; 略 N/E).
take effect ① 효과가 나타나다. ② (법이) 시행되다, 발효하다. ¶The law will *take* ~ on and after June 1, 2005. 그 법은 2005년 6월 1일 이후 발효한다.
to good effect; with effect 효과적으로, 강력하게.
to little effect 거의 효과 없이. 「익하게.
to no effect; without effect 아무런 효과 없이, 무*to the effect that…* …의 취지의[로]. ¶a letter *to the* ~ *that* he will retire soon 그가 곧 은퇴할 것이라는 취지의 편지. 「취지.
to this [*that, the same*] *effect* 이런[그런, 같은] *with effect* (*as*) *from* …부터 유효하여[한].
— 동 타 1 결과[효과]로서 …을 가져오다, …을 초래하다. ⇨AFFECT 유의어 ¶~ a change 변화를 가져오다 / ~ a cure 병을 고치다. 2 〔목적 따위〕를 성취하다, 수행하다. ¶~ an insurance 보험에 들다. 3 …을 만들다, 건설하다, 행하다. 「건설하다, 행하다.
‡**ef·fec·tive** [iféktiv] 형 (*more* ~; *most* ~) 1 유효한, 효력이 있는, 효과적인; (바람직한) 결과를 낳는 **-·i·ble** 형

(*in*); (약 따위가) 효험이 있는 (*against, for*). ¶~ teaching methods 효과적인 교수법 / ~ *against* polio 소아마비 치료에 효험이 있는 / take ~ measures 효과적인 조치를 취하는. 2 감동적인, 인상적인, 눈에 띄는; 유능한. ¶an ~ assistant 유능한 조수 / an ~ costume 인상적인[눈에 띄는] 의상.

[유의어] **effective** 어떤 효과를 낳는 (힘을 가진). **effectual** 희망·의도대로의 효과·결정적 결과를 낳는. **efficacious** 어떤 목적을 달성하는 (잠재적인) 힘을 가진. **efficient** 낭비·손실을 줄이고 최소의 노력으로 희망한 대로의 결과를 낳는.

3 실제의, 사실상의(® nominal). ¶the ~ membership of the club 클럽의 실제 회원수. 4 (법률) 실시되고 있는, 유효한. 5 (군사) 실전에 쓸모 있는, 실전용의, 동원 가능한. ¶the ~ forces [or strength] 실(實)병력. *become effective* (법률 따위가) 시행되다; 효력을 발생하다, 발효하다. ¶The new law *becomes* ~ on April 1. 새 법은 4월 1일 발효된다.
—⑲ 1 (~s) (군사) 동원 가능한 병력; 전투원; 정예. 2 (집합적) 실(實)병력, 총병력. 3 (경제) 경화(~ money).
~**ness**, **-fec·tiv·i·ty** ⑲
efféctive áperture ⑲ 〔광학〕 유효 구경(口徑).
efféctive área 〔탄환의〕 유효 범위.
efféctive demánd 〔경제〕 유효 수요.
efféctive dóse 〔약학〕 유효량.
efféctive hórsepower 〔조선〕 유효 마력.
efféctive humídity ⑲ 실효 습도.
*ef·fec·tive·ly [iféktivli] ⑲ 1 효과적으로; 유효하게. ¶speak ~ 효과적으로 말하다. 2 사실상, 대체로. ¶The work is ~ finished. 그 일은 사실상 끝났다.
efféctive márket 〔증권〕 효율적 시장(주가 시세는 모든 투자자의 지식과 기대를 반영한다는 설).
efféctive móney [cóin] 〔경제〕 경화(硬貨).
efféctive príce 〔경제〕 실효 가격.
efféctive ránge 〔군사〕 유효 사거리.
efféctive vóltage 〔전기〕 실효 전압.
ef·fec·tor [iféktər] ⑲ 1 영향을 주는 사람[물건]. 2 〔생리〕 작동체(作動體), 효과기(器)〔신경 종말 기관〕.
*ef·fec·tu·al [iféktʃuəl] ⑲ 1 (사물이) 효과적인, 효력이 있는; (수단·행위 따위가) 적절한, 충분한. ⇒ EFFECTIVE
[유의어] 2 (협정·법률 등이) 유효한. **-ál·i·ty**, ~**ness** ⑲
*ef·fec·tu·al·ly [iféktʃuəli] ⑲ 효과적으로, 유효하게; 적절하게, 완전하게; 실제로.
ef·fec·tu·ate [iféktʃuèit] ⑲ⓣ 1 (목적·희망 등을) 이루다, 달성하다(effect). 2 (법률 등을) 발효시키다, 실시하다. **-á·tion** ⑲
ef·fem·i·na·cy [ifémənəsi] ⑲Ⓤ 연약, 여자 같음.
*ef·fem·i·nate [ifémənət] ⑲ (경멸적) (남자가) 사내답지 못한, 연약한, 여자 같은; 유약한, 나약한.
⇒ FEMALE [유의어] —[ifémənət] ⑲ 유약한 사람.
—[ifémənèit] ⑳ⓣⓘ 연약[나약]해지다; …을 나약하게 하다.
~**ly** ~**ness**, **-ná·tion** ⑲
ef·fen·di [iféndi] ⑲ 1 각하, 선생(Sir, Master)[터키에서 관리·학자 등에 쓰이던 옛날의 존칭). 2 (동(東)지중해 연안 제국에서) 지식[상류] 계급 사람.
ef·fer·ent [éfərənt] ⑲ [해부·생리] (도관(導管)이나 혈관이) 수출(輸出)[도출(導出)]하는; (신경이) 원심성의(遠心性의). ⓑ afferent ¶~ nerve 원심성 신경.
—⑲ 1 [해부·생리] 수출관; 원심성 신경. 2 호수 따위에서 흘러 나가는 물. -ence ⑲ ~nce ⑲
ef·fer·vesce [èfərvés] ⓥⓘ 1 (탄산수·맥주 등이) 거품이 일다, 비등하다; 거품이 되어 나오다(*with*). 2 (사람이) 흥분하다, 활기띠다. **-vésc·ing·ly** ⑲
ef·fer·ves·cence [èfərvésns] ⑲Ⓤ 거품이 잃, 비등 작용[상태]; 흥분, 활기. (또는 **effervescency**)
ef·fer·ves·cent [èfərvésnt] ⑲ 거품이 이는[나는], 비등하는; 활기찬, 홍분한. ~**ly** ⑲

ef·fete [ifíːt] ⑲ 1 무력해진, 지친; 쇠퇴한. 2 (제도·조직 따위가) 시대에 뒤떨어진; 퇴폐적인. 3 생산력이 없어진, (토지 따위가) 불모의, (과수가) 열매를 맺지 않는, (동물이) 새끼를 낳지 못하는. ~**ly** ~**ness** ⑲
ef·fi·ca·cious [èfəkéiʃəs] ⑲ (약 따위가) 효과, 효능가 있는, 유효한 (*in, against*). ⇒EFFECTIVE [유의어]. ~**ly** ~**ness** ⑲
*ef·fi·ca·cy [éfikəsi] ⑲Ⓤ 효력, 효능; 유효.
‡ef·fi·cien·cy [ifíʃənsi] ⑲ (⑳ -cies [-z]) Ⓤ 1 능력, 능률, 실력; 유능, 효력. 2 〔기계·물리〕 효율, 능률. 3 (美) =~ apartment. 〔(英) bed-sitter).
effíciency apártment ⑲ (원룸의) 간이 아파트
effíciency bár ⑲ 능률을 바일정한 능률 향상을 달성할 때까지 급료를 묶어두는 기준).
effíciency éxpert [engineèr] ⑲ (美) 〔경영〕 능률 전문가, 경영 컨설턴트.
effíciency ráting sýstem ⑲ 근무 평정(評定).
effíciency repòrt ⑲ (군사) 근무 고과 보고서.
effíciency wáges ⑲ 능률급, 능률급.
‡ef·fi·cient [ifíʃənt] ⑲ (*more* ~; *most* ~) 1 (기계·방법 따위가) 능률적인, 효율적인 (*for*); 사용이 쉽고 경제적인. ⇒EFFECTIVE [유의어] 2 유능한, 실력 있는, 민완의; 솜씨가 좋은(*in, at, about*). ¶an ~ secretary 유능한 비서 / be ~ *in* [*or at*] one's work 일에 유능하다. 3 효과가 있는, 유효한(effective), (직접) 효과를 내는. 4 (복합어로) (…를) 최대의 효율로 이용하는. ¶a fuel-~ engine 연비가 좋은 엔진.
efficient cáuse 〔철학〕 동력인(動力因)(아리스토텔레스가 구별한 운동의 네 가지 원인의 하나).
*ef·fi·cient·ly [ifíʃəntli] ⑲ 능률[효율]적으로, 효과적으로, 솜씨 있게.
Ef·fie [éfi] ⑲ (美) 에피 상(賞)(미국 광고 마케팅 협회(AMA) 뉴욕 지부가 매년 수여하는 우수 광고상).
ef·fi·gy [éfidʒi] ⑲ 1 초상, 상(像)(image). 2 (저주하는 사람의 모습과 비슷하게 만든) 형상, 인형; 우상.
burn [or *execute, hang*] *a person in effigy 남의 상(인형)을 만들어서 태우다[교수형에 처하다].
ef·fíg·i·al ⑲ 초상의, 우상을 닮은.
ef·flor. efflorescent.
ef·flo·resce [èfləres/-fləː-] ⓥⓘ 1 개화하다, 꽃이 피다; (문명 따위가) 꽃피다, 번영하다. 2 〔화학〕 a) 풍해(風解)하다, 풍화(風化)하다. b) 정화(晶化)하다; (벽 표면 따위에) 염분이 스며나오다, 백태가 끼다. 3 〔병리〕 발진하다.
ef·flo·res·cence [èfləresns/-fləː-] ⑲Ⓤ 1 개화, 개화기; 〔美·예술 등의〕 융성기. 2 〔화학〕 풍해(풍화)(작용); 풍해[풍화]물, 백태. 3 〔병리〕 발진(rash).
-cent
ef·flu·ence [éfluəns] ⑲ 1 Ⓤ 〔액체·광선·전기 따위의〕 유출, 발출, 방산. 2 발산[유출, 방출]물.
ef·flu·ent [éfluənt] ⑲ 유출[방출]하는. —⑲ Ⓤ Ⓒ (공장·하수 따위에서의) 유출물, 폐수, 오수; (강·호수 따위에서의) 방류, 수류; 방수로(路).
ef·flu·vi·um [iflúːviəm, ef-] ⑲ (⑳ **-vi·a**, ~**s**) 1 Ⓒ 발산, 증발. 2 (불쾌·유해한) 발산기(氣), 취기(臭氣), 악취. 3 〔물리〕 자기소(磁氣素). **-vi·al**
ef·flux [éflʌks] ⑲Ⓤ 1 (액체·공기 따위의) 유출(outflow), 배출. 2 유출물(effluence). 3 (시간의) 경과, 만기, 종료. (또는 **effluxion**)
‡ef·fort [éfərt] ⑲ 1 ⓊⓒⒸ 노력, 수고, 진력 (*to do*); 분투, 시도, 노고 (*at, toward*). ¶Nothing can be obtained without any ~. 노력하지 않고는 아무 것도 얻을 수 없다 / He has made a fortune through his own ~s. 그는 스스로 노력해서 재산을 모았다.

[유의어] **effort** 어떤 목적을 달성하고자 의식적으로 정력을 사용하기. **endeavor** 종종 훌륭한 또는 어려운 목적을 달성하기 위한 계속적인 노력. **application**

effortful

주의 깊은 계속적인 노력. **exertion** 세차게 힘을 발휘하기, 힘이 드는 노력.

2 (구어) (복합어로) 노력의 성과, (문학·예술 따위의) 노작, 역작; 훌륭한 연설. ¶a fine literary ~ 훌륭한 문학 작품/His performance was a pretty good ~. 그의 연주는 꽤 훌륭한 것이었다. **3** [기계] 작용력(作用力). **4** (英) (모금 따위의) 운동(drive).
an effort of will 분발.
by (continued) effort (계속적인) 노력으로.
in an effort to do …해보려는 노력으로.
join the effort 돕다, 손을 빌려주다.
make an effort [or *efforts*] 노력하다, 애쓰다 (at).
make every effort to do …하려고 온갖 노력을 다 하다.
take effort 노력을 요하다, 큰 일이다.
throw one's effort into …에 전력을 기울이다.
with (an) effort 애써서, 간신히.
with little effort; without effort 노력하지 않고, 쉽게.

ef·fort·ful [éfərtfəl] 웹 노력한, 애쓴 흔적이 보이는; (행위가) 애를 써야 하는; (웃음 따위가) 억지로 꾸민, 무리한. ~·**ly** 보

ef·fort·less [éfərtlis] 웹 **1** (사람이) 노력하지 않는; 소극적인. **2** (행위·일이) 노력이 필요 없는, 쉽게 되는, 용이한. ~·**ly** 보 ~·**ness** 옙 [neurosis].

éffort sýndrome 옙 [병리] 심장 신경증(cardiac

ef·fron·ter·y [ifrʌ́ntəri] 옙⑪ⓒ 뻔뻔스러움, 몰염치, 철면피, 방약무인(傍若無人).
have the effrontery to do 뻔뻔스럽게도 …하다.

ef·fulge [ifʌ́ldʒ, ifúl-] 冏(재) 눈부시게 빛나다(shine).
─(冏) (빛·열 따위)를 발하다.

ef·ful·gent [ifʌ́ldʒənt, ifúl-] 웹 눈부시게 빛나는, 찬란한(radiant). **-gence** 옙 눈부심, 광채. ~·**ly** 보

ef·fuse [ifjúːz] 뎌 (빛·액체 따위)를 발출하다, 발산하다; (비유적) 〔심정〕을 토로하다. ─자 스며나오다, 방출하다; 〔물리〕 (가스가) 흘러 나오다(exude).
─ [ifjúːs] 웹 〔식물〕 성기게 퍼진; 〔동물〕 (조개 껍질이) 흠이 있는.

ef·fu·sion [ifjúːʒən] 옙⑪ⓤ **1** (액체의) 흐름, 유출; 〔물리〕 (가스의) 유출, 유출물. **2** (감정·어어·시문(詩文) 따위의) 발로, 표현. **3** 〔경멸적〕 토로한 시문[말]. ¶talk with an ~ of heart 흉금을 털어놓고 이야기하다. **3** 〔병리〕 삼출(滲出), 스며나오기, 삼출물[액].

ef·fu·sive [ifjúːsiv] 웹 **1** 심정을 토로하는, (감정 따위가) 넘쳐 흐르는(overflowing). **2** 〔지질〕 분출[화산] 암의. **3** 유출하는. ~·**ly** 보 ~·**ness** 옙

EFL (英) English as a foreign language(외국어로서 의 영어). 참 ESL, ESOL

E-free [íːfríː] 웹 (식품이) 첨가물이 없는. 참 E number.

eft¹ [eft] 옙 〔동물〕 영원(蠑螈)(newt).

eft² 보 〔고어〕 다시(again); 나중에, 후에.

EFT 〔금융〕 electronic funds transfer (온라인 이체).

EFTA, Efta, E.F.T.A. [éftə] European Free Trade Association[Area](유럽 자유 무역 협회[지역]).

EFTPOS [éftpɑs/-pɔs] 옙 현금 카드 직불 결제. [<electronic funds transfer at point of sale]

EFTS 〔컴퓨터〕 electronic funds transfer system(온라인 자금 이체 시스템). ¶시. **3** 때때로, 종종.

eft·soon [eftsúːn] 보 〔고어〕 **1** 머지 않아, 곧. **2** 다

Eg. Egypt(ian); Egyptology. **e.g.** [íːdʒiː, egzémplai gréiʃiə; fəregzǽmpli] 〔라틴〕 exempli gratia(=for example)(예를 들면).

EGA cárd 옙 〔컴퓨터〕 이지에이 카드(graphics card 의 일종). [<Enhanced Graphics Adaptor card]

e·gad(s) [iɡǽd(z), iː-] 김 야!, 이런!, 어머!, 어허 참, 정말, 제기랄!(심하지 않은 저주). ¶E–, that's true. 어허, 그거 사실이구나.

e·gal·i·tar·i·an [igæ̀lətɛ́əriən] 웹 평등주의의.
─ 옙 평등주의자. ~·**ism** 옙⑪ 평등주의.

é·ga·li·té [èigælité/F egalite] 옙 평등. 〔<F〕

EGD electrogasdynamics.

E-gen·er·a·tion [íːdʒenəréiʃən] 옙 전자 세대, 인터넷 세대(electronic generation).

e·gest [i(ː)dʒést] 冏 …을 배설[배출]하다. 때 ingest **e·gés·tion** 옙 **e·gés·tive** 웹 [출물.

e·ges·ta [i(ː)dʒéstə] 옙(단·복수 양용) 배설[출]물.

‡**egg¹** [eg] 옙 (복) ~**s** [-z] **1** (조류·어류·파충류 따위의) 알; 달걀. ¶a duck's ~ 오리알/~s and bacon; bacon and ~s 베이컨 에그(베이컨에 달걀 반숙을 얹은 요리)/a soft-boiled [hard-boiled] ~ 반숙[완숙] 달걀/the shell [white, yolk] of an ~ 달걀 껍질[흰자위, 노른자위]. **2** 〔생물〕 = ~ cell. **3** 달걀 모양의 것. **4** (속어) 폭탄, 수류탄, 기뢰. **4** (속어) (bad, dumb, good, odd, old, tough 따위와 함께) 놈, 녀석(guy), 사람. ¶an odd ~ 괴짜. **5** (경멸적) 애송이, 풋내기. **6** (속어) 시시한 농담; 서투른 연기; 일, 물건. **7** (구어) =egghead. **8** (美속어) 헬리콥터. **9** (~s) (美속어) 마약 캡슐.

a bad egg ① 상한 달걀. ② 악인, 불량배(⇒옙 4).
as full as an egg ① (…이) 꽉 찬 (of). ② 몹시 취해 (as) *like as (two) eggs* 아주 닮은.
(as) sure as eggs is [or *are, be*] *eggs; (as) safe as eggs* (英) 아주 확실히, 틀림없이.
be full of meat as an egg 영양이 풍부하다, 교호적이다. [를 분쇄하다.
break the egg in the pocket of …의 기도(企圖)
bring one's eggs to a bad market 계획이 어긋나다, 예상이 빗나가다. [는 소원.
egg in one's beer (속어) 최고의 사치; 능력에 넘치
egg on [or *all over*] *one's face* (구어) 망신, 수치, 창피, 체면의 구김. ¶have ~ on one's face 창피당하다.
Go fry an egg! (美구어) 꺼져 버려!, 저리 가! [다.
golden eggs 황금알, 큰돈벌이[이익].
Good egg! 근사하다!, 좋다!
have [or *put*] *all one's eggs in one basket* 한 사업에 전재산을 걸다, 한 시도에 모든 것을 걸다.
have an egg from the oofbird (英) 유산 상속받다.
have eggs on the spits 일에 바빠서 틈이 나지 않다.
in the egg 미연에, 초기에.
lay an egg ① 알을 낳다; (美) 기초를 만들다, 창시하다. ② (속어) (익살·흥행 따위가) 완전히 실패하다. ③ (美) 폭탄을 투하하다; 기뢰를 부설하다. ④ (美구어) 큰 소리로 웃다; 재잘재잘 지껄이다.
sit on [or *brood*] *eggs* (닭이) 알을 품다.
stand eggs on end 계란을 똑바로 세우다.
strong enough to float [or *hold up*] *an egg* (美구어) (커피가) 너무 진한.
teach [or *tell*] *one's grandmother* [or *granny*] *to suck eggs* 공자 앞에서 문자 쓰다.
tread [or *walk*] *on* [or *upon*] *eggs* [or *eggshells*] 조심조심 걷다; 신중히 행동[처신]하다.
─ 冏 **1** …에 달걀을 풀다[섞다]. **2** (구어) (남)에게 썩은[날] 계란을 던지다, (남)을 야유하다. ─ 자 들새 알을 채집하다.

egg² 冏 …을 선동하다, 부추기다, 격려하다(on). ¶She ~ed him on to write the letter. 그녀는 그를 부추겨서 편지를 쓰게 했다.

égg and dárt 옙 〔건축〕 난폭(卵鏃) 장식(달걀과 화살촉 모양이 연속적으로 번갈아 있는 장식 쇠시리).

egg-and-spóon ráce [ˈɔnspuːn-] 옙 달걀 나르기 경주(달걀을 숟가락에 올려놓고 달리기).

égg ápple 옙 =eggplant.

egg·beat·er [éɡbìːtər] 옙 **1** (달걀) 거품기. **2** (美속어) 헬리콥터; (비행기의) 프로펠러; (모터가 선외에 달린) 모터보트. [고 몸에서 떼지 못하는.

egg-bound [ˈbàund] 웹 (새·물고기 따위가) 알을 **egg·box** [éɡbɑ̀ks/-bɔ̀ks] 옙 달걀 상자[케이스];

(장식 없이 같은 간격으로 칸막이를 한) 빌딩[아파트]. ─ 图 (英) =eggcrate.
égg cèll 图 〖생리〗 난자(卵子), 난세포(ovum).
égg contàiner 图 (플라스틱제 따위의) 계란 용기[판].
égg còzy[còsy] 图 (보온용) 삶은 달걀 덮개.
égg-crate [égkrèit] 图 1 달걀을 넣어 운반하는 데 사용하는 칸막이가 있는 상자. 2 (전등의 빛을 분산시키기 위한) 사각형 루버(louver). ─ 图 (또는 **égg-cràte**) 사각형 루버가 있는.
égg crèam 图 에그 크림(우유·향료·시럽·소다 따위를 섞어서 만든 음료).
égg-cup [égkÀp] 图 삶은 달걀을 넣는 컵.
égg cústard 图 에그 커스터드(달걀·설탕·우유를 섞어서 만든 파이). 图 custard
égg dànce 图 1 에그 댄스(흩어 놓은 달걀 사이에서 눈을 가리고 추는 춤). 2 (비유적) 매우 어려운 일.
égg-dròp sóup [égdràp-/-dròp-] 图 계란 수프.
égg-er [égər] 图 〖곤충〗 솔나방. 〖계란탕〗
égg flìp =eggnog
égg fòo yúng [ég fù: jÁŋ] 图 (중국 요리식의) 오믈렛. (또는 **égg fòo yóung, égg fù yúng**)
égg glàss 图 1 =eggcup. 2 =egg timer.
égg-head [éghèd] 图 (구어) 지식인; (경멸적) 지식인 행세를 하는 사람; 대머리. ~·ism 图
égg-head·ed [éghèdid] 图 (구어) 지식인의; (경멸적) 지식인인 체하는. ~·ness 图
égg-mass [égmæs] 图 (집합적) =egghead.
égg-nog [égnàg/-nòg] 图UC 에그노그(달걀에 설탕·우유 따위를 넣은 음료). (또는 **égg-nòggin**)
égg òrchard 图 (美속어) 양계장.
égg-plant [égplǽnt/-plà:nt] 图 〖식물〗 가지 (나무); 암자색(暗紫色).
égg ròll 图 (중국 요리의) 야채·고기의 달걀 말이, 춘권채(春卷菜); (英) spring roll.
égg rólling 图 달걀 굴리기(부활절의 놀이).
égg sèparator 图 (달걀) 흰자위와 노른자위 분리기.
égg-shaped [égʃèipt] 图 달걀 모양의(oval).
égg-shell [égʃèl] 图 1 달걀 껍질; 깨지기 쉬운 것. 2 담황색(淡黃色). 3 무광택 아트지. ─ 图 달걀 껍질처럼 엷은, 깨지기 쉬운; 담황색의; 무광택의.
éggshell pórcelain [chína] 图 얇은 반투명 자기.
égg slìce 图 오믈렛을 뒤집는 기구. 〖磁器〗
égg spòon 图 삶은 달걀을 떠먹는 작은 스푼.
égg stànd 图 에그 스탠드(eggcup의 세트를 얹어 놓는 대[틀]). 〖쟁이〗
égg-sùck·er [égsÀkər] 图 (美속어) 아첨꾼, 간살꾼.
égg tìmer 图 달걀 삶는 시간 측정용 시계(대개 3분용).
égg tòoth 图 난치(卵齒)(조류나 파충류가 부화할 때 껍질을 깨는 데 사용하는 주둥이 끝).
égg trànsfer 图 〖의학〗 난자 이식 수술.
égg-whisk [égʰwìsk/-wìsk] 图 =eggbeater 1.
égg whìte 图 (요리용) 달걀 흰자위. 图 yolk
e-gis [í:dʒis] 图 =aegis.
eg-lan-tine [égləntàin, -tì:n] 图 =sweetbrier.
e-go [í:gou, égou] 图CU (複 ~s) 1 〖철학·심리〗 자아(自我), 에고, 2 자신(self). 3 (구어) 자만, 자부(自負); 자존심(pride). 〖<L I〗
EGO [í:gou] 图 〖우주〗 편심원(偏心圓) 궤도 지구 관측 위성. 《eccentric orbiting geophysical observatory》
égo anàlysis 图 〖심리〗 자아 분석.
e-go-cen-tric [ì:gouséntrik, ègou-] 图 자기 중심의; 자기 본위의; 이기적인, 자기 중심주의자; 이기주의자. **-tri-cal-ly** 图 **-cen-tríc-i-ty** 图
e-go-cen-trism [ì:gouséntrizm, ègou-] 图 자기 중심주의(중심적 상태); (심리) (유아기의) 자기 중심성.
e-go-de-fense [-dìféns] 图 〖심리〗 자아 방위(防衛).
égo idèal 图 〖정신분석〗 이상적 자아상; (일반적으로) 자기 이상. (또는 **égo-idèal**) 〖성〗
e-go-i-den-ti-ty [-aidéntəti] 图 〖심리〗 자아 동일

e-go-ism [í:gouìzm, égou-] 图U 1 이기주의, 이기심, 자기 본위의(altruism). 2 자만, 자부심. 3 〖윤리〗 이기설(利己說), 이기주의. ⇨EGOTISM 유의어
e-go-ist [í:gouist, égou-] 图 (경멸적) 이기주의자, 제멋대로 하는 사람; 자부심이 강한 사람; 〖윤리〗 이기주의자, 유아론자(唯我論者).
e-go-is-tic [ì:gouístik, ègou-] 图 이기(주의자)적인, 이기주의의; 제멋대로 구는; 자만하는. (또는 **ego-istical**) **-ti-cal-ly** 图
egoístic hédonism 图 〖윤리〗 개인적 쾌락설(행위의 목적은 개인의 쾌락에 있다는 설).
e-go-ma-ni-a [ì:gouméiniə, ègou-] 图U 이상(異常); (병적) 자기 중심벽(癖); 병적 자부심.
e-go-ma-ni-ac [ì:gouméiniæk, ègou-] 图 병적으로 자기 중심주의적인 사람; 병적인 자부심을 가진 사람.
égo psychòlogy 图 자아 심리학.
e-go-sphere [í:gousfìər, égou-] 图 자아 영역.
e-go-state [-stèit] 图 〖심리〗 자아 상태.
e-go-tism [í:goutìzm, égou-] 图U 1 자기 중심벽(癖)(자기 일만 생각하거나 이야기하기; I, my, me 따위를 지나치게 사용하기). 2 자만, 자부(self-conceit). 3 이기적임, 제멋대로 굶(selfishness).

〖유의어〗 **egotism** 자기의 일만 주장하는 태도; 항상 나쁜 뜻. **egoism** 철학·윤리학에서 인간의 행동 동기는 자기 이익을 추구하는 것이라는 설; 반드시 나쁜 뜻은 아니나 egotism의 뜻으로 쓰이는 수도 있다.

e-go-tist [í:goutist, égou-] 图 자기 본위인 사람, 자기 일만 생각하는 사람; 자만심이 강한 사람; 이기주의자.
e-go-tis-tic [ì:goutístik, ègou-] 图 자기의 일만 말하는, 자만심이 강한; 이기적인, 자기 중심의. (또는 **ego-tistical**) **-ti-cal-ly** 图
e-go-tize [í:gotàiz/égə-] 图 (*英) **-tise**) 图图 자기 일만 이야기하다, 자만하다, 자부하다.
égo trip 图 (구어) 자만, 자기 도취; 자기 중심적 행위.
e-go-trip [-trìp] 图图 (-**pp**-) (구어) 제멋대로[자기 중심적으로] 행동하다. **~·per, ~·ping** 图
e-gre-gious [igrí:dʒəs, -dʒiəs] 图 1 (나쁜 뜻을 가진 명사 앞에서) 지독한, 소문난, 언어 도단의, 터무니없는; 〖an ~ crime 흉악한 범죄〗. 2 (고어) (좋은 의미로) 발군의, 뛰어난. **~·ly** 图 **~·ness** 图
e-gress 图 1 U (울 안 따위에서) 외출(권)(图 ingress), 2 〖출구〗 (감정 따위의) 배출구(outlet). 3 퇴거하는 권리, 퇴출 허가. 4 〖천문〗 =emersion; (로켓) (우주선으로부터의) 탈출. ─ 图图 [ìgrés] 밖으로 나가다, ···에서, 나오다. (우주선에서) 탈출하다.
e-gres-sion [igréʃən] 图U 퇴거, 퇴장.
e-gres-sive [igrésiv] 图 1 퇴출의, 퇴거의. 2 〖음성〗 호기음(呼氣音)의, 내쉬는 숨의.
e-gret [í:grit, ég-, i:grét] 图 1 〖조류〗 백로(류). 2 백로의 깃털, (모자의) 깃털 장식. 3 (민들레 따위의) 갓털.
‡E-gypt [í:dʒipt] 图 이집트 (정식 명칭은 이집트 아랍 공화국(Arab Republic of ~); 수도 Cairo).
‡E-gyp-tian [idʒípʃən] 图 이집트의; 이집트 사람[말]의. ─ 图 (複 ~**s** [-z]) 1 이집트 사람. 2 U 이집트 말 (고대 이집트의 함어(語)). 3 (폐어) 집시(gypsy).
spoil the Egyptians 약탈자[압제자, 권력자, 부자]로부터 빼앗다(← 출애굽기(Ex.) 3 : 22).
Egýptian cótton 图 〖식물〗 이집트 목화(품질이 좋음). 〖둠←출애굽기(Ex.), 10 : 22〗
Egýptian dárkness 图 칠흑 같은 어둠, 짙은 어둠.
E-gyp-tian-ize [idʒípʃənàiz] 图 (*英) **-ise**) 图图 ···을 이집트화하다; (외국 자산 등)을 이집트의 국유로 하다. **-i-zá·tion** 图
Egýptian PT 图 (英속어) 낮잠.
〖*<Egyptian physical training*〗
Egyptol. Egyptologist; Egyptology.
E-gyp-tol-o-gy [ì:dʒiptálədʒi/-tɔ́l-] 图U 이집트

학. **E·gỳp·to·lóg·i·cal** 〖 〗 **-gist** 이집트학자.

***eh** [ei, e, ẽ/ei] 〖 〗 뭐, 에, 뭐라고(＊ 놀람·의심·질문 따위를 나타내거나 동의를 촉구할 때 사용). ¶ Wasn't it lucky, ~? 행운이 아니었던가, 응?

EHF, ehf *extremely high frequency*(마이크로파 (波)). **EHP, e.h.p.** *effective horsepower*(유효 마력); *electric horsepower*(전기 마력). **EHV** *extra high voltage*. **E.I.** *East Indian*; *East Indies*. **E.I.B., EIB** *European Investment Bank*(유럽 투자 은행); *Export-Import Bank* (of Washington).

Eich·mann [áikmən/*G* áiçman] 〖 〗 **Adolf** ~ 아이히만(1906–62: 나치 독일 장교로 유대인 학살범).

ei·der [áidər] 〖 〗 **1** (옛 ~(s)) 솜털오리(~ duck)(북유럽 연안의 대형 바다오리). **2** =eiderdown.

ei·der·down [áidərdàun] 〖 〗 아이더다운(솜털오리의 부드러운 가슴털); 아이더다운 깃털 이불.

ei·det·ic [aidétik] 〖 〗〔심리〕시각적(視覺像)으로 직관(直觀)하는. ¶ ~ image 직관상(像). — 〖 〗〔심리〕직관상을 보는 사람. **-i·cal·ly** 〖 〗

ei·do·graph [áidougræf, -grɑ́ːf] 〖 〗 신축 사도기(伸縮寫圖機)(pantograph의 일종).

ei·do·lon [aidóulən/-lɔn] 〖 〗 (옛 **-la, ~s**) **1** 환상(phantom), 유령, 환영(幻影). **2** (美) 이상적인 사람[물건], 이상상(像). **-lic** 〖 〗

Éif·fel Tówer [áifəl-/*F* ɛfɛl-] 〖 〗 (the ~) 에펠탑. (<건축가 A. G. Eiffel(1832–1923)의 이름)

ei·gen- [áigən] 〖 〗 「고유의」의 뜻, *eigen*value.

ei·gen·fre·quen·cy [áigənfriːkwənsi] 〖 〗〔물리〕고유 진동수.

ei·gen·val·ue [áigənvæ̀lju:] 〖 〗〔수학〕고유값.

ei·gen·vec·tor [áigənvèktər] 〖 〗〔수학〕고유 벡터(characteristic vector). 「Alps의 한 봉우리」

Ei·ger [áigər] 〖 〗 (the ~) 아이거(봉(峰))(Bernese

‡**eight** [eit] 〖 〗〖 〗 **1** (무관사) (기수의) 8. **2** 8을 나타내는 기호[숫자, 활자](8, viii, VIII). **3** (수·양의) 8(명, 개, 시, 세). ¶ *E*– (of them) are here. (그들 중) 8명의 사람은 이곳에 있다 / at ~ p.m. 오후 8시에 / My daughter is ~ next month. 내 딸은 다음 달이면 여덟 살이 된다. **4** 여덟 번째의 것[사람]; (카드놀이) 8의 패. ¶ the ~ of spades 스페이드의 8. **5** (스케이트) 에이트(the figure of ~)(피겨 스케이트의 기본 동작). **6** 8인[힘의 조(組)]; 8인승(노가 8개 달린) 보트; 8명의 보트 선수. **7** (the E–s) Oxford 대학과 Cambridge 대학 대항 보트 경주. **8** (구어) 8기통 엔진 (자동차). **9** 8호 사이즈의 것[의상, 장갑, 신발 따위].

have [or *take, be*] *one over the eight* (英속어) 과음하다, 술 취하다. ＊ 군대에서 8잔까지 음주가 허용되었던 데서.

in eights 〔운율〕 8음8정의 시행(詩行)으로.

— 〖 〗 8의, 8명의, 8개의.

eight·ball [éitbɔ̀ːl] 〖 〗 **1** (美) 〔당구〕 8이라고 쓴 검은 공, 에이트볼(당구 게임의 하나). **2** (속어) 바보. **3** (구어) 〔전자〕 무지향성(無指向性) 마이크.

behind the eightball (美속어) 불리한 입장에서[인], 궁지에 빠져[빠진].

eight bit compúter 〖 〗〔컴퓨터〕 8비트 컴퓨터.

‡**eigh·teen** [èitíːn] 〖 〗 **1** 18의, 18개의, 18명의. ¶ in the ~*-sixties* 1860년대에. — 〖 〗 (옛 **~s** [-z]) **1** 18명, 18개. **2** 18, 18의 문자(18, XVIII 따위).

18 [eitíːn] 〖 〗 (英) 〔영화〕 18세 미만[미성년자] 관람 불가의 (영화). ¶ *film rating* 「=octodecimo.」

eigh·teen·mo [èitíːnmou] 〖 〗〖 〗 (옛 **~s**) 〔제본〕

‡**eigh·teenth** [èitíːnθ, -스] 〖 〗 **1** 제18의, 열여덟 번째의. **2** 18분의 1의. — 〖 〗 **1** 제18, 열여덟 번째의 것, (달의) 18일. ¶ *on the* ~ *of this month* 이달 18일에. **2** 18분의 1.

eigh·teen-wheel·er [-*h*wíːlər/-wíːl-] 〖 〗 (美속어) 대형 트랙터 트레일러. 〔<바퀴가 총 18개인 데서〕

eight·fold [éitfòuld] 〖 〗 8배의, 8겹의. — 〖 〗 8배로, 8겹으로. 「교육 4년의) 8–4 학제의.

eight-four [ˈfɔ́ːr] 〖 〗 (美교육) (초등 교육 8년, 중등

‡**eighth** [eitθ, eiθ] 〖 〗 **1** 제8의, 여덟 번째의, 제8일의. **2** 8분의 1의. — 〖 〗 **1** 제8, 여덟 번째의 것, (달의) 8일. **2** 8분의 1. **3** (음악) 1옥타브(octave)의 음정, 8도.

éighth-héad fìgure [ˈhèd-] 〖 〗 팔등신. **|∽·ly** 〖 〗

éighth nòte 〖 〗 (음악) 8분 음표(quaver).

éight-hour [ˈáuər] 〖 〗 (하루 노동) 8시간(제)의, 8시간 노동의. ¶ (an) ~ *labor* 8시간 노동.

éight hóurs 〖 〗 (1일 노동 시간(의)) 8시간. — 〖 〗 =

éighth rést 〖 〗 8분 쉼표. 「eight-hour.

"800" [éithʌ̀ndrid] 〖 〗 (美) 800번, (요금) 무료 전화 (번호)(우리 나라의 080에 해당). ¶ *call* ~ *numbers* 무료 안내[상](번호) 전화를 걸다. (또는 **númber**)

éight-hùndred-pòund gorílla [ˈhʌ́ndrid-pàund-] 〖 〗 (美구어) 막강한 힘(영향력)을 가진 인물 [조직], 절대 권력자, 거대 기업.

eight·i·eth [éitiiθ] 〖 〗 **1** 제80의, 여든 번째의. **2** 80분의 1의. — 〖 〗 **1** 제80, 여든 번째의 것. **2** 80분의 1.

éight míllimeter 〖 〗 8밀리 영화[필름]. (또는 **8mm**)

éight·pence [éitpèns] 〖 〗 (英) 8펜스.

éight·pen·ny [éitpèni/-pəni] 〖 〗 8펜스의.

Eights [eits] 〖 〗 (the ~) =eight 7.

éight·score [éitskɔ̀ːr] 〖 〗 160(8×20). 「춤.

éight·some [éitsəm] 〖 〗 (스코) 8명이 추는 경쾌한

éight-track [ˈtræk] 〖 〗 8트랙의 녹음 테이프. (또는 **8-track**)

‡**eight·y** [éiti] 〖 〗 80의, 80개의, 80명의. — 〖 〗 (옛 *eight·ies* [-z]) **1** 80명, 80개. **2** (eighties) 80세대, 80년대. ¶ the *eighties* of the last century 지난 세기의 80년대. **3** 80, 80의 문자(80, LXXX 따위).

éight·y-éight [ˈéit] 〖 〗〖 〗 **1** 88 (의). **2** (속어) 피아노(의 건반)(건반 키가 88개인 대서).

éight·y·fold [éitifòuld] 〖 〗〖 〗 80배의[로].

éight·y-síx, 86 [-síks] 〖 〗 (美속어) 〖 〗 (식당·술집 따위에서) 〔손님〕에게 식사·음료의 제공을 거절하는, 서비스하지 않다, 내쫓다; 거절[거부]하다. — 〖 〗 〖 〗 (식당·술집 따위에서) 서비스를 거부당하는 (손님).

éight·y-twó [ˈtúː] 〖 〗 **1** 82 (의). **2** (美속어) (식당의) 한 잔의 물.

ei·kon [áikɑn/-kɔn] 〖 〗 =icon. 「Helen의 애칭.

Ei·leen [ailíːn, ei–/áiliːn] 〖 〗 아일린(여자 이름;

E-in-C *Editor-*[*Engineer-*]*in-Chief*. **E.Ind.** *East Indian*.

Ein·stein [áinstain] 〖 〗 아인슈타인. **1 Albert** ~ (1879–1955: 독일 태생의 미국 물리학자). **2** (종종 e–) 천재, 고도로 지적인 사람. **3** (e–) 〔물·화〕 복사 에너지의 단위. 「($E=mc^2$).

Éinstein equátion 〖 〗 〔물리〕 아인슈타인 방정식

Ein·stein·i·an [ainstáiniən] 〖 〗 아인슈타인(류(流))의; 상대성 원리의.

ein·stein·i·um [ainstáiniəm] 〖 〗〖 〗 〔화학〕 아인슈타이늄(초(超)우라늄 원소의 하나; 기 Es).

Éinstein mòdel [úniverse] 〖 〗 〔천문〕 아인슈타인 모델(아인슈타인이 상대성 이론에 의해 생각한 우주 (宇宙)의 모델).

Éinstein thèory 〖 〗 아인슈타인의 상대성 이론. (또는 **Éinstein's théory of relatívity**)

EIR *Environmental Impact Report*.

Eir·e [ɛ́ərə, áirə/ɛ́ərə] 〖 〗 에이레(아일랜드 공화국 (Republic of Ireland)의 별칭·옛 이름). 「재의.

ei·ren·ic [airénik, -riːn-] 〖 〗 평화를 촉진하는; 중

ei·ren·i·con [airénikɑn/-ríːnikɔn] 〖 〗 평화 제의, (종교적 분쟁 따위의) 중재 제안. (또는 **irenicon**)

EIS *Economic Information Service*; *electronic ignition system*; *environmental impact statement*[*survey*](환경 영향 평가 보고서[조사]).

eis·e·ge·sis [àisədʒí:sis] 圖 (櫢 **-ses** [-si:z]) (원전의 의미를 경시한 듯한) 자기류(自己流)의 성서 해석.

Ei·sen·how·er [áizənhàuər] 圖 **Dwight David** ~ 아이젠하워(1890-1969: 미국의 군인·정치인; 제34대 대통령(1953-61)).

Eisenhower jàcket 圖 〖美軍俗〗 전투복 상의(上衣); 그 비슷한 스포츠용 재킷.

Ei·sen·stein [áizənstàin] 圖 **Sergei M.** ~ 아이젠슈타인(1898-1948: 러시아의 영화 감독·이론가).

eis·tedd·fod [aistéðvɑd, eis-/aistéðvɔd] 圖 (櫢 **~s, ~au** [èisteðvádai, àis-/àisteðvódai]) (영국 Wales에서 매년 개최되는) 음유 시인 예술제, 가창(시가) 경연회. **èis·tedd·fód·ic** 圖

éis wòol [áis-] =ice wool.

‡**ei·ther** 圖 ⟨p. 883⟩

ei·ther-or [í:ðərɔ̀r, ái-/áiðərɔ́:r] 圖 양자 택일의.
—— 圖 양자 택일(의 결정).

EJ (구어) *e*lectronic *j*ournal(ism)[*j*ournalist].

e·jac·u·late [idʒǽkjulèit] 圈 1 …을 불시에 말하다[부르다]; 갑자기 외치다. 2 (액체)를 사출[분출]하다; 〖생리〗 (정액)을 사출하다. —— (精)하다.
—— [idʒǽkjulət] Ⓤ 사정; (사정된) 정액.

e·jac·u·la·tion [idʒæ̀kjuléiʃən] 圖ⓊⒸ 1 갑작스러운 외침, 절규. ¶an ~ of surprise 놀람의 외침. 2 무심코 소리 지르기. 3 (정액 따위의) 사출; 사정. ¶premature ~ 조루(早漏).

e·jac·u·la·tor [idʒǽkjulèitər] 圖 불시에 말하는 사람; 사출하는 것[사람]; 〖생리〗 사출근(筋).

e·jac·u·la·to·ri·um [idʒæ̀kjulətɔ́:riəm] 圖 정자은행의 사정실; 채정실(採精室).

e·jac·u·la·to·ry [idʒǽkjulətɔ̀:ri/-təri] 圖 절규하는 듯한. ¶~ words 절규하는 듯한 말. 2 〖생리〗 사정의. (또는 **ejaculative**)

ejáculatory dùct 〖해부〗 사정관(射精管).

ejáculatory incómpetence 圖 사정 불능.

e·ject [idʒékt] 囚圖 1 (장소·부동산) …을 쫓아내다; (야구) (선수)를 퇴장시키다 (*from*); 추방하다, (토지·가옥에서) …을 퇴거시키다 (*from*); (직위에서) …을 물러나게 하다 (*from*). 2 (연기 따위)을 내뿜다, 분출[배출]하다. 3 (비행기 따위에서) 긴급 탈출시키다 (*from*). —— 圖 긴급 탈출하다 (*from*).

e·jec·ta [idʒéktə] 圖 (화산 따위의) 분출물, 배출물.

e·jec·tion [idʒékʃən] 圖 1 Ⓤ 쫓아냄, 추방. 2 Ⓤ 분출, 배출. 3 ⓊⒸ 분출물, 배출물. 4 〖야구〗 퇴장. 5 〖로켓〗 (엔진의 연소 가스) 분사. 6 (조종사의) 비상 탈출.

ejéction càpsule 〖비행기·로켓〗 탈출[방출] 캡슐. (…) (또는 (英) **ejéctor sèat**)

ejéction sèat 圖 사출 좌석(조종사의 비상 탈출용.

e·jec·tive [idʒéktiv] 圖 1 배출의, 방출성의. 2 쫓아내는, 추방의. —— 圖 (음성) 방출음.
~·ly 圖

e·ject·ment [idʒéktmənt] 圖ⓊⒸ 1 방출, 분출. 2 추방, 내쫓음. 3 〖법률〗 부동산 점유 회복 소송.

e·jec·tor [idʒéktər] 圖 내쫓는 사람, 추방자; 방출기, 방사기(器); 발사 장치.

E-jour·nal [í:dʒə̀ːrnl] 圖 (종종 **e**-) 전자 저널(인터넷 상의 전자 매체 형식의 정기 간행물).

ek·a- [ékə, éikə] 〖화학〗 「초(超)…, 의사(擬似)…,의 뜻. ¶*eka*hafnium(104번 원소).

eke[1] [i:k] 圖 (…의) 부족을 메우다 (*with, by*). ② 〖생계〗
eke out ① (…의) 부족을 메우다 (*with, by*). ② 〖생계〗
eke[2] 圖 (고어) 또, 또한(also). ㆍ 를 겨우 이어 나가다.

EKG *e*lectro*k*ardio*g*ram; *e*lectro*k*ardio*g*raph.

e·kis·tics [ikístiks] 圖 〖단수취급〗 〖美〗 인간 거주 공학. **-tic**, **-ti·cal** 圖

Ék·man drèdge [ékmən-] 圖 에크만 준설기(해저 표본 채취용). [< 스웨덴의 해양학자 V. Walfrid Ekman(1874-1954)의 이름]

Ékman làyer 〖해양〗 에크만 층(바람의 방향에 직각으로 흐르는 해수층(海水層)).

el[1] [el] 圖 (美구어) 고가 철도. [<*el*evated railroad]

el[2] 圖 =ell[1].

EL *e*lectro*l*uminescence; *e*lectronic *l*earning(전자학습). **el.** *el*dest; *el*ected; *el*ectric(ity); *el*ement; *el*evated; *el*evation.

‡**e·lab·o·rate** 圖 [ilǽbərət] (*more* ~; *most* ~) 1 정성 들인, 공들인; 정교한 (치밀한) 것, 정교[정밀]한. ¶~ preparations 정성 들인 준비/an ~ design 정교한 디자인/take ~ pains 노고를 아끼지 않다.

⟨유의어⟩ **elaborate** 미세한 점까지 대단한(때로는 과다한) 주의를 쏟은. **labored** 과도한, 종종 장시간의 노력을 기울인. **studied** 미리 결과를 생각해서 의도한.

2 뒤얽힌, 복잡한. ¶an ~ contrivance 복잡한 장치. 3 화려하게 꾸민; 겉만 번지르르한. ¶an ~ costume 화려한 의상. 4 (옷을 들어서) 잔손질이 많이 간, 부자연스런.
—— [ilǽbərèit] (*-rat·ed*; *-rat·ing*) 圈 1 …을 공들여 만들다, 정성 들여 끝내다, 정밀하게 고안[작성]하다; (계획 따위)을 한층 더 다듬다; (문장 따위)를 퇴고(推敲)하다, 상세하게 하다. ¶~ a theory 이론을 정밀하게 마무리하다. 2 …을 고심[노력]해서 만들다, 부지런히[힘들여] 만들어 내다. ¶~(+團+名)~ *on*[or *upon*] an idea 어떤 생각을 상세하게 설명하다. **~·ness** 圖

*e·lab·o·rate·ly 圖 공들여서, 정성 들여서, 고심해서, 정밀하게; 일부러, 몹시.

e·lab·o·ra·tion [ilæ̀bəréiʃən] 圖 1 Ⓤ 공들여 만듦, 면밀한 마무리; (이야기·문장 따위를) 한층 더 상세하게 함, 퇴고(推敲). 2 애쓴 작품, 역작, 노작(勞作). 3 Ⓤ (정신의학) (꿈 따위의) 가공. 4 (생리) 동화(同化).

e·lab·o·ra·tive [ilǽbərèitiv, -rət-] 圖 공들[정성]하는, 정교한, 고심한. **~·ly** 圖

e·lab·o·ra·tor [ilǽbərèitər] 圖 공[정성]들여 만드는 사람, 고심하는 사람, 퇴고하는 사람.

el·ae·o- [éliou, -liə, í:l-] 〖연결〗 oil의 뜻. ¶*elae*om

el·ae·om·e·ter [èliámətər/-ɔ́m-] 圖 지방(脂肪)비중계, 올리브유계.

E-laine [iléin] 圖 일레인(여자 이름).

Él Ál [él ǽl] 圖 엘알 항공(이스라엘의 항공사). (또는 **~ Israel Airlines**, **~ Airlines**)

E·lam [í:ləm] 圖 엘람(Babylonia 동쪽, Persia 만 북쪽에 있었던 고대 왕국; 수도 Susa).

E·lam·ite [í:ləmàit] 圖 엘람인; 엘람 사람; Ⓤ 엘람 말 (Elamitic). —— 圖 엘람인; 엘람 사람[말]의.

é·lan [eilɑ́:n, -lǽn] 圖Ⓤ 기력, 예기(銳氣); (군대의) 돌진(dash); 제6감, 감. [<F force]

E-lanc·er [í:lǽnsər/-lɑ́:ns-] 圖 (美俗어) =freelancer.

e·land [í:lənd] 圖 (櫢 **~(s)**) 〖동물〗 일런드(아프리카·남아프리카산 큰 영양(羚羊)).

élan vi·tal [eilɑ́:n vi:tɑ́:l] 圖 〖철학〗 생명의 비약, 생의 약진(베르그송 철학의 용어). [<F vital force]

*e·lapse [ilǽps] 圖(시간이) 경과하다. ¶Hours ~*d* while he slept like a log. 그가 세상 모르고 자는 동안에 몇 시간이 지나갔다. —— 圖 시간의 경과[추이].

e·lápsed tíme [ilǽpst-] 圖 (자동차·조정 경기에서) 소요[경과] 시간, 코스 주행 시간.

e·las·mo·branch [ilǽsməbræ̀ŋk, ilǽz-] 圖 〖동물〗 판새류(板鰓類)의. —— 圖 판새류의 물고기(상어·가오리 따위의 연골어).

*e·las·tic [ilǽstik] 圖 1 탄성(彈性) 있는, 탄력 있는, 신축 자재의; (재료 따위가) 낭창낭창한. ⇒ FLEXIBLE
⟨유의어⟩ ¶~ force 탄력. 2 융통성 있는, 순응[적응]성 있는. ¶an ~ rule 융통성 있는 규칙. 3 (불행·실망 따위에서) 쉽사리 회복하는, 굴하지 않는; 쾌활한. 4 (경제) 가격에 따라 변하는, 탄력적인. 5 (물리) 탄성의, 탄성체의. —— 圖 1 Ⓤ 고무가 섞인 옷감; 고무줄[끈]; (록

품사로는 형대접부의 네 가지가 있고, 중요한 용법으로는 다음 세 가지가 있다. (1) 둘 중의 어느 쪽이든 한 쪽. (2) 부정어(否定語)와 함께 쓰여「어느 쪽도 …아니다(없다). (3) or와 함께 상관접속사로서의 용법이 그것이다. (1)은「양쪽 모두」의 both 나「각각」의 each와 대조되며, (2)는 긍정의 too, 그리고 (3)은 부정의 neither…nor…에 대응한다.

‡ei‧ther [íːðər, ái-] 형 (단수 명사 앞에서) 1 (둘 중) 어느 한 쪽의. a) (긍정문에서) 어느 것이든, 어느 쪽 …이라도. ¶You can take ~ book. (둘 중) 어느 책이든 가져라/You may sit at ~ end of the table. 식탁의 어느 쪽 끝에 앉아도 된다/E— pen will do. (둘 중) 어느 펜이라도 괜찮다. b) (의문문·조건문에서) 어느 쪽이건 한 쪽의. ¶Did you see ~ boy? 어느 쪽 소년이건 한 명은 만나 보셨습니까?/Will you give me ~ picture? 어느 쪽 그림이건 하나는 주시겠습니까?/If you like ~ girl, I'll introduce you to her. 어느 쪽 아가씨든 마음에 드신다면 소개해 드리겠습니다. c) (부정문에서) 어느 쪽 …도 (않다). ¶I don't know ~ lady. 어느 쪽 부인도 모른다/I couldn't find any house on ~ side of the road. 길의 어느 쪽에도 집은 없었다/No word was said on ~ side. 어느 쪽도 말 한마디 하지 않았다.

2 (둘 중) 어느 쪽의 …도, 양쪽(의), 각각(의). ¶There are trees on ~ side of the river. 강 양쪽에 나무가 있다/She had flowers in ~ hand. 그녀는 양쪽 손에 꽃을 들고 있었다.

USAGE[1] 이 뜻의 either는 조금 문어적이며, side, end, cheek, hand 따위처럼 짝을 이루는 것에 쓰는 것이 보통. 그 밖의 경우에는 뜻의 애매함을 피하기 위해서, 「each+단수 명사」나「both+복수 명사」쪽을 많이 쓴다.

either way 어떻든, 결국은, 어차피(in any case).

— 대 1 (둘 중) 어느 한 쪽(of). a) (긍정문에서) 어느 쪽이든. ¶There are two roads into the town, and you can take ~. 그 도시로 가는 길이 둘 있는데, 어느 쪽으로 가도 된다/E— will do. 어느 쪽이든 좋다. b) (의문문·조건문에서) 어느 쪽. ¶Is ~ of the books available? 그 책들 중 어느 쪽이든 구할 수 있습니까?/Do you like ~ of the pictures? 어느 그림이 마음에 드십니까?/If you will give me ~ of the watches, I shall be very glad. 그 시계 중 어느 쪽이든 주신다면 대단히 기쁘겠습니다만. c) (부정문에서) 어느 쪽도 ~ (…않다). ¶I don't know ~ of his brothers. 그의 형제 중 어느 쪽도 모른다/E— of the plans won't do. 2개의 제안 중 어느 쪽도 안 되겠다.

USAGE[2] either, neither와 동사의 수 —— either, neither는 단수 취급하는 것이 옳다고 하나, 실제로 (구어)에서는 뒤의 of구의 복수 명사(대명사)(구)에 영향 받아 특히 부정문·의문문의 경우 복수 취급하는 수도 많다. ¶E— is [or are] correct./Neither of us is [or are] married.

2 (고어·속어) (셋 이상 중에서) 어느 것[사람], 어느 것[사람]이든. ¶~ of the three famous poets 그 세 유명한 시인 중에서 어느 한 사람 (* 표준 영어에서는 셋 이상의 경우 any, any one of …를 쓴다: any one of the three famous poets).

— 접 (either…or…의 형태로) …이든 아니면. ¶E— you or she is too. 당신이든 그녀든 어느 한 명은 가야만 한다/E— come or write. 직접 오시든가 편지를 주시오/He wanted to be ~ a doctor or a lawyer. 그는 의사 아니면 변호사가 되고 싶었다/For me to enjoy it, a poem must be ~ realistic or humorous. 내가 즐길 수 있는 시는 사실적인 것이거나 유머가 있는 것으로 한정되어 있다/E— you ought to be more careful, or you oughtn't to drive at all. 좀더 조심해서 운전하든지 아니면 운전을 아예 하지 말아야 한다/E— she was without mercy or she could think of nothing to say. 그녀는 동정하는 마음이 없었거나 또는 무슨 말을 해야 할지 생각이 나지 않았거나 어느 한쪽이었다/You can take ~ French, Spanish or Japanese as an elective. 선택 과목으로 프랑스어든 스페인어든 일본어든 어느 것을 택해도 된다.

USAGE[3] either A or B, neither A nor B가 주어진 경우, 보통 동사는 그것에 가까운 주어에 일치시킨다: E— you or he is wrong. 너든 그든 누군가가 잘못이다/Neither I nor she knows. 나도 그녀도 모른다. 그러나 A, B 모두 단수인데 복수 동사를 취하는 경우도 있다: E— you or I are wrong. 너와 나 둘 중 어느 한쪽이 잘못되어 있다/Neither you nor I are wrong. 너와 나 어느 쪽도 잘못되어 있지 않다.

— 부 1 (부정의 등위절 뒤에서 and, or, nor와 호응하여, 또는 부정의 종속절 뒤에서) …도 또한 (…이 아니다); …과 같은 정도로 (…않다) (* 긍정문에서는 too, also). ¶He is not fond of parties, and I am not ~. 그는 파티를 좋아하지 않고 나 또한 마찬가지다/The mountain area isn't heavily populated, and the coast isn't ~. 산악 지대의 인구는 그다지 많지는 않은데, 해안 지대 역시 그렇다/He shall not go, nor you ~. 그는 못가게 하고, 너도 못가게 하겠다/I didn't see her.—Nor I ~. 그녀를 만나보지 못했어—나도 그래/She is not clever or beautiful ~. 그녀는 머리도 좋지 않고 아름답지도 않다/No, I don't understand much of the modern poetry, ~. 아니, 나도 현대시를 잘 모른다/Hardly anybody knows him, ~. 거의 아무도 그를 모른다.

2 (긍정절 뒤에서) …이라고는 하지만 (…은 아니다), 뿐만 아니라 (…않다), 또한 (…않다). ¶He is very clever and is not proud ~. 그는 아주 영리하나 그렇다고 거만하지는 않다/She's caught cold, and she isn't strong ~. 그녀는 감기에 걸렸을 뿐만 아니라 몸도 튼튼하지 못하다.

3 (구어) (의문문·조건문·부정문에서 강조하여) 게다가 (* 긍정문에서는 too). ¶If you had been more careful or your wife ~, your child wouldn't have been run over. 부인도 역시 마찬가지지만 당신이 좀더 주의했더라면 아이가 차에 치이지는 않았을 텐데.

식) 신축성 소재. 2 =~ band; (~s) 양말 대님(garter). -ti‧cal‧ly 부
e‧las‧ti‧cate [iléstəkèit] 타동 (영) (옷감 따위)에 신축성을 갖게 하다. -càt‧ed 형 -cá‧tion 명
elástic bánd (영) 고무 밴드(rubber band).
elástic cláuse 명 (미법률) 신축 조항(헌법 제1조 8절 중의 조항; 연방 의회의 법률 제정권을 인정).
elástic collísion 명 (물리) 탄성 충돌.
elástic deformátion 명 (물리) 탄성 변형.
e‧las‧tic‧i‧ty [ilæstísəti, ìːlæs-] 명 1 탄성, 탄력, 신축성. 2 융통성, 순응성, 적응성. 3 (불행·실망 따위에서) 곧 회복하는 힘, 반발력; 쾌활성. 4 (경제) 탄력

elasticize

성.¶~ of demand [supply] to price 가격 변동에 대한 수요[공급]의 탄력성. **5** (물리) 탄성.
e·las·ti·cize [ilǽstəsàiz] 〖동〗(美) 신축성 있게 하다. **-cized** 〖형〗탄력성[신축성] 있는 고무나 실로 짠.
elástic límit 〖물리〗탄성 한도[한계].
elástic módulus 〖물리〗탄성률.
elástic sídes (英) (장화의) 양쪽에 댄 고무천; 고
elástic tíssue 〖해부〗탄력 조직.
elástic wáve 〖물리〗탄성파(음파, 지진파 따위).
e·las·tin [ilǽstin] 〖명〗(생화학) 탄성소(彈力素).
e·las·to·hy·dro·dy·nam·ics [ilæstouhàidroudainǽmiks] 〖명〗(유체(流體)) 탄성 역학, 가압(加壓)액체 탄성학. **-dy·nam·ic** 〖형〗
e·las·to·mer [ilǽstəmər] 〖명〗 U (화학) 엘라스토머, 탄성 중합체(重合體)(실리콘 고무 따위). **-mér·ic** 〖형〗
e·las·tom·e·ter [ilæstámətər /-tɔ́m-] 〖명〗 탄력계.
E·las·to·plast [ilǽstəplæst/-plàːst] 〖명〗 U C (상표) (英) 엘라스토플라스트(반창고), (商) Band-Aid
e·late [iléit] 〖타〗…에게 기운을 돋우어 주다; (수동형으로) (…으로/…하여) …을 의기양양하게 하다, 즐겁게 하다 (at, by/to do).
be elated by [or **at, with**] …으로 의기양양하다.
—〖형〗(문어) =elated.
e·lat·ed [iléitid] 〖형〗의기양양한, 득의만면의, 우쭐한, 매우 기뻐하는 (at). **~·ly** 〖부〗 **~·ness** 〖명〗
el·a·ter [élətər] 〖명〗 1 (식물) 탄사(彈絲). 2 (곤충) (또는 elaterid) 방아벌레, [=euphoria.
e·la·tion [iléiʃən] 〖명〗 U 의기양양, 신남, 득의만면;
É layer 〖명〗 E층(지상 80-150km의 하층 전리층).
El·ba [élbə] 〖명〗 엘바 섬(지중해 Corsica섬 동쪽에 있는 이탈리아령 섬; 나폴레옹 1세의 유배지(1814-15)).
Elbe [élb/G élbə] 〖명〗 (the ~) 엘베 강(체코에서 발원해 독일을 거쳐서 북해로 흘러 들어감).
‡**el·bow** [élbou] 〖명〗 (복 ~s [-z]) **1** 팔꿈치; (의복의) 팔꿈치 부분. ¶spread out one's ~s 양팔꿈치를 펴다 / rest one's ~ on …에 한쪽 팔꿈치를 괴다. **2** 팔꿈치 모양 [Ŀ자형의 것; 팔꿈치 모양의 굴곡; (관(管))의 팔꿈치관, 팔꿈치형의 이음관, 엘보; (의자의) 팔걸이; (도로·강 따위의) 굴곡, 만곡(彎曲). **3** (美속어) 경찰, 형사.
at one's [or **the**] **elbow** 가까이에, 바로 곁에.
beside [or **by**] a person's **elbow** 바로 가까이[옆]에.
from one's [or **the**] **elbow** 가까이에 없이서.
get the elbow (구어) 퇴짜를 맞다, 거절당하다.
give a person **the elbow** 남을 쫓아내다[해고하다]; 남과 연을 끊다; 남에게 퇴짜 놓다. [다.
go (all) around one's **elbow** (美남부) 멀리 돌아가
jog a person's **elbow** 남의 팔꿈치를 찔러 주의주다.
lift [or **bend, crook, raise, tip**] **an** [or **one's, the**] **elbow** (구어) 과음하다, 곤드레만드레 취하다.
More [or **All**] **power to your elbow!** (구어) 더욱더 건투(건강, 성공)하기를 빕니다.
nudge elbows with …와 (친하게) 사귀다.
out at ((美) **the**) **elbow(s)** ① (옷의) 팔꿈치 부분이 헤어져서. ② 초라한 복장으로; 가난하여.
rub [or **touch**] **elbows with** (유명 인사 등)과 접촉하다, 교제하다. [여(in).
up to one's [or **the**] **elbows** 몰두하여, 매우 분주하
—〖동〗 (~s [-z]) ⓣ …을 팔꿈치로 밀다[밀어젖히다] (in, out, aside); …을 팔꿈치로 밀어 헤치고 나아가다 (through). —〖자〗 팔꿈치로 밀어 헤치고 나아가다.
elbow a person **aside** [or **off**] 남을 팔꿈치로 밀어제치다. 「록 남을 밀어내다.
elbow a person **out of the way** 방해가 되지 않도
elbow oneself in [or **into**] 남을 밀어제치고 들어가다. ¶ ~ oneself into a crowded train 남들을 헤치고 붐비는 기차를 타다.
elbow one's **way through** …을 밀어 헤치고 지나가다. ¶ ~ one's way through the crowd 군중을 밀

el·bow-bend·er [-bèndər] 〖명〗 (美속어) 술꾼, 주
el·bow-bend·ing [-bèndiŋ] 〖명〗 (美속어) 음주; 과음. —〖형〗 과음하는. 「문턱, 창틀 받침өл.
élbow bóard [ráil] 〖명〗 (팔꿈치를 올려놓을 만한) 창
élbow cháir 〖명〗 =armchair.
élbow gréase (구어) 힘든 일(hard work). ¶ use some ~ 육체 노동하다. 「걸이.
élbow rést 〖명〗 (객차 따위의) 팔꿈치 받침; (의자의)
el·bow·room [élbourù(ː)m] 〖명〗 U 활동할 수 있는 여유, 여지; 자유 행동 범위; 행동의(속박으로부터의) 자유, 기회. ¶have no ~ 움직일 여지가 없다.
el cheap·o [el tʃíːpou] 〖명〗 싸구려, 값싼 물건.
—〖형〗 싸구려의, 값싼, 시시한.
elct. electronics.
eld [eld] 〖명〗 (고어) 노령; 노년; 옛날, 고대; (방언)
eld. eldest. [나이.
‡**eld·er**[1] [éldər] 〖형〗 (old의 비교급) **1** 손위의, 연상의, 연장의. ⇒OLD USAGE ¶an ~ brother[sister] 형[언니, 누나]. **2** 경험이 풍부한, 고참의, 선임의(senior). ¶an ~ officer 상관, 상사. **3** (두 사람 중) (인명 앞[뒤]에서) 대(大)…, 노(老)…. (* 동명의 사람(보통 아들)과 구별해서). ¶the ~ Bush ~ 노 부시. **4** 옛날의, 초기의. ¶in ~ times 옛날에. —〖명〗 **1** (one's ~) 연장자; 노인; (one's ~s) 선배, 고참. ¶obey one's ~s 연장자에게 복종하다 / He is my ~. 그는 나보다 연상이다. **2** 조상. **3** (the ~s) 장로, 원로, 족장; (역사) 원로 의원. **4** (종종 E-) (교회) 장로. [목).
el·der[2] 〖명〗 (식물) 딱총나무 (열매)(인동덩굴과(科)의 관
élder abúse 〖명〗 노인 학대. [ér=elder]2.
el·der·ber·ry [éldərbèri] 〖명〗 **1** 딱총나무의 열매.
élderberry wíne 〖명〗 딱총나무 열매 술.
élder bróther (英) 수로(水路) 안내 협회(Trinity House)의 간부 회원.
el·der·care [éldərkɛ̀ər] 〖명〗 U (美) 노인 의료 계획.
Élder Édda 〖명〗 ⇒EDDA. 「노인 의료 보험 제도.
el·der·flow·er [éldərflàuər] 〖명〗 (식물) 딱총나무
élder hánd 〖명〗 =eldest hand. [꽃.
El·der·hos·tel [éldərhàstl/-hɔ̀s-] 〖명〗 (상표) 엘더호스텔(대학에서 중년·노년자에게 숙식을 제공하는 단기 집중 강좌를 운영하는 국제 비영리 단체).
*‡**eld·er·ly** [éldərli] 〖형〗 **1** 나이가 지긋한, 상당한 연배인, 초로의. ⇒OLD 유의어 ¶ ~ citizens 노인. **2** 구식의. ¶an ~ Ford 구형 포드 자동차. —〖명〗 (the ~) (집합적·복수취급) 중장년층, 초로의 사람들. **-li·ness** 〖명〗
eld·er·ship [éldərʃìp] 〖명〗 U 손위[선배]임; (교회) 장로의 지위[직책], 장로회.
élder státesman 〖명〗 원로, 장로, 유력 인사.
‡**eld·est** [éldist] 〖형〗 (old의 최상급) 제일 연상의, 장남 [장녀]의. ¶the ~ brother[sister] 맏형[큰 누이] / one's ~ son [daughter] 장남[장녀]. —〖명〗 (구어) (one's ~, the ~) 장남[장녀].
éldest hánd 〖명〗 (카드놀이) (딜러 왼쪽의) 맨 먼저 패를 받는 사람. (또는 **élder hánd**)
ELDO, El·do [éldou] European Launcher Development Organization (유럽 우주 로켓 개발 기구).
El Do·ra·do [èl dərɑ́dou] 〖명〗 **1** (스페인 사람들이 남미 아마존 강가에 있다고 상상한) 황금향(黃金鄕), 황금의 도시[나라], 엘도라도. **2** (e-) (일반적으로) 이상의 땅[지방], 보물섬. (<Sp the gilded)
el·dritch [éldritʃ] 〖형〗 무시무시한, 으스스한; 이 세상의 것 같지 않은. (또는 **eldrich, elritch**)
El·ea·nor [élənər, -nɔ̀ːr] 〖명〗 엘리너(여자 이름; 애칭은 Nell, Nellie, Nelly, Nora). (또는 **Eleanora**)
e-learn·ing [iːləːrniŋ] 〖명〗 U 인터넷(전자) 학습(연수).
El·e·at·ic [èliǽtik] 〖형〗 **1** 엘레아 (고대 남부 이탈리아의 식민 도시)의. **2** 엘레아 학파의, 엘레아파 철학의.
—〖명〗 엘레아파 철학자; (the ~s) 엘레아 학파 사람들.

elec electric(al); electricity. 「(국화과(科) 식물).
el·e·cam·pane [èlikæmpéin] 명 목향류(木香類)
e·lec·pow·ered [iléкpàuərd] 형 전동(電動)의.
[<*electrically + powered*]

‡**e·lect** [ilékt] 타자 1 …을 선출하다, 선임하다, 당선시키다 (CHOOSE 유의어) ¶(~+图) ~ a person (*to be*) president 남을 대통령으로 뽑다 (* 보어가 한 사람만이 차지하게 되는 계급·지위를 나타내는 명사인 경우에는 무관사) // (~+图+*as* 補) ~ a person *as* chairman 남을 의장으로 뽑다 // (~+图+前+名) He was ~ed *for*[or *to*] Congress in 2000. 그는 2000년에 국회 의원으로 선출되었다.

(USAGE) **elect a person (to be)... / as... / for... / to...** 예를 들면 They ~ed him (*to be*) chairman.은 him과 chairman의 관계가 매우 긴밀함을 나타내는 표현이다. 뽑힌 직위 쪽에 중점을 두어 「…의 자격이 있는 자로」의 느낌이 들 경우에는 as를, 「…으로 근무해 주기 위하여」의 느낌이 들 경우에는 for를, 도달한 지위에 중점을 둘 경우에는 to를 쓴다.

2 [방침 따위]를 결정하다; (…하기로) 결심하다 (*to do*). ¶ ~ suicide 자살을 택하다 // He ~ed to remain at home. 그는 집에 있기로 결심했다. 3 (美) [과목]을 (선)택하다. 4 [신학] (하느님이) …을 선택하다, …에게 소명(召命)을 부여하다. — 타 뽑다, 선거하다.
— 형 1 (복합어로 명사 뒤에서) (아직 취임은 하지 않았으나) 당선된, 선출된(* (美)에서는 보통 하이픈으로 연결). ¶the mayor-~ 시장 당선자. 2 (명사 뒤에서) 뽑힌, 정선한, 골라낸. ¶the bride ~ 약혼녀. 3 [신학] 하느님에게 선택된, 소명을 받은.
— 명 1 (the ~) 뽑힌 사람들. 2 [신학] 하느님의 선민(選民), (유대교에서 기독교로) 뽑힌 사람; (칼뱅주의에서) 구원이 예정된 사람.

elec(t). electric(al); electrician; electricity.
e·lect·a·ble [iléktəbl] 형 선출할 수 있는. **-bíl·i·ty** 명
e·lect·ed [iléktid] 형 선출된. ¶an ~ official 선출된 공무원. — 타 =elect 형 2.
e·lect·ee [ilektí:] 명 선출된[뽑힌] 사람.

‡**e·lec·tion** [ilékʃən] 명 (~s [-z]) 1 선거, 선임, 투표 (*for*); (…에의) 당선 (*to*). ¶an honest [or a clean] ~ 공정한 선거 / a preliminary ~ 예비 선거 / a local ~ 지방 선거 / a general ~ 총선거 / an address 선거 연설 / an ~ committee 선거 위원회 / a special ~ 보궐 선거(美) by-~) / an ~ overseeing committee 선거 관리 위원회. 2 뽑음, 뽑힘, 선정, 선택(權). ⇒CHOOSE 유의어 3 표결, 투표. 4 (신학) 하느님의 선택, 소명.
be up [or *run*, (英) *stand*] *for election* 입후보하다. *canvass for an election* 선거 운동을 하다. [다. *carry* [or *win*] *an election* 당선되다.
eléction bòard 명 선거 관리 위원회.
eléction campàign 명 선거전, 선거 운동[유세].
eléction càrd 명 이수표(履授票).
Eléction Dày 명 1 (美) 대통령 선거일(정·부통령의 선거인단을 선출하는 날; 4로 나누어지는 해의 11월 첫 월요일의 다음 화요일). 2 (e- d-) (일반적) 선거일.
eléction district 명 선거구.
e·lec·tion·eer [ilèkʃəníər] 자 (진행형으로) 선거 운동을 하다, 선거에 동분서주하다. — 명 선거 운동원.
~·er 명 선거 운동원. **~·ing** 명형 선거 운동(의).
eléction retùrns 명복 (선거의) 개표 결과.
e·lec·tive [iléktiv] 형 1 선거의, 선거에 관한; 선거에 의한(형 appointive). ¶ ~ monarchy 선거 군주 정체. 2 선거권을 가진. ¶an ~ body 선거 단체[모체(母體)]. 3 (美) 선택제의, 수의(隨意) 선택의(형 compulsory). ¶ ~ subjects 선택 과목 / an ~ system 선택 과목제. 4 [화학] 선택의. 5 (수술 따위가) 긴급을 요하지 않는. ¶ ~ surgery 대기 수술. — 명 (美) 선택 과목. ¶ Japanese is an ~. 일본어는 선택 과목이다.

~·ly 분 **~·ness**, **è·lec·tív·i·ty** 명
eléctive affínity 명 (화학) 선택적 친화력.
eléctive óffice 명 선거(선출)직(職).
e·lec·tor [iléktər] 명 1 선거인, 유권자. 2 (美) 대통령[부통령] 선거인(electoral college의 일원). 3 (E-) (역사) (신성 로마 제국의) 선거후(侯)(황제 선출권을 가졌었다. **~·ship** 명
e·lec·tor·al [iléktərəl] 형 1 선거의; 선거인의, 유권자의. ¶an ~ system 선거 제도 / an ~ district 선거구. 2 선거인으로 이루어진; 선거의 권리[의무]가 있는.
eléctoral cóllege 명 (美) (the ~, 때로 the E-C-) (집합적; 단·복수 양용) 대통령 선거인단(정·부통령 선출을 위해 각 주에서 일반 투표로 선출하는 electors로 구성). 「자선거구」영향주의.
e·lec·tor·al·ism [iléktərəlìzm] 명 (경멸적) 유권
eléctoral ròll [régister] 명 (the ~) 선거인 명부.
eléctoral vóte 명 (美) 선거인단 투표(* 선거인단을 뽑는 투표는 popular vote).
e·lec·tor·ate [iléktərət] 명 1 (집합적) 선거민, 유권자. 2 (신성 로마 제국의) 선거후(侯)의 지위[영토].
electr. electric(al); electrician; electricity.
e·lectr- [iléktr] 연결 ⇒ELECTRO-.
E·lec·tra [iléktrə] 명 (그리스 신화) 엘렉트라 (Agamemnon과 Clytemnestra의 딸). (또는 **Elektra**)
Eléctra còmplex 명 (정신분석) 엘렉트라 콤플렉스(딸이 아버지에게 품는 무의식적인 성적 사모). 쌍 Oedipus complex
e·lec·tress [iléktris] 명 1 여성 선거인[유권자]. 2 (E-) (신성 로마 제국의) 선거후(侯) 부인[미망인].

‡**e·lec·tric** [iléktrik] 형 1 전기의, 전기성(性)의; 전기를 일으키는[전도하는; 전기 작용의, 전기 장치의; 전동(電動)의. ¶an ~ circuit 전기 회로 / ~ conductivity 전도율 / ~ current 전류 / ~ discharge 방전(放電) / an ~ fan 선풍기 / an ~ iron 전기 다리미 / an ~ lamp 전등, 전구 / an ~ railroad 전철 / an ~ sign 전광 간판. 2 (악기가) 전기로 소리를 내는, 전자의; 음 증폭 장치를 갖춘. ¶an ~ violin 전기 바이올린. 3 전기와 같은; 전격적인, 두근거리게 하는; 긴박한; 자극적인, 감동시키는. ¶an ~ speech 감동적인 연설.
— 명 1 (고어) 기전(起電) 물체(호박(琥珀)·유리 따위). 2 (구어) 전기. 3 전기로 움직이는 기기(전차, 전동차 따위). 4 전기 회로; 전동(물); (~s) 전기 설비.
eléctric acóustics 명 전기 음향학.
‡**e·lec·tri·cal** [iléktrikəl] 형 1 전기의(electric); 전기에 관한. ¶ ~ equipment 전기 설비. 2 전기와 같은; 전격적인, 감동적인. **~·ly** 분 **~·ness** 명
eléctrical degrée 명 (전기) 전기 각도(1사이클의 360분의 1에 해당하는 각도).
eléctrical enginéer 명 전기 기사.
eléctrical enginéering 명 전기 공학.
eléctrical stórm 명 =electric storm.
eléctrical transcríption 명 녹음 방송; 방송용 음반[테이프]; 녹음.
eléctrical transmíssion 명 (사진의) 전송.
eléctric appliánce 명 전기 기구.
eléctric béll 명 (물리) 전기[전자]종.
eléctric blánket 명 전기 담요.
eléctric blúe 명형 짙은(강(鋼)) 청색(의).
eléctric bóogie 명 팬터마임풍 로봇춤.
eléctric bráin 명 =electronic brain.
eléctric capácity 명 (물리) 전기[정전(靜電)] 용량.
eléctric cár 명 전기 자동차; 전차.
eléctric cháir 명 (사형용) 전기 의자; (the ~) 전기 의자에 의한 사형.
get the electric chair 전기 의자로 사형되다.
eléctric chárge 명 전하(電荷), 하전(荷電).
eléctric cóoker 명 전기 밥솥[냄비].
eléctric córd 명 (美) 전기 코드.

eléctric displácement 圏 전기 변위(㉮ D).
eléctric éel 圏 〔남미산(産)〕 전기 뱀장어.
eléctric éye 圏 광전지(光電池)(photoelectric cell).
eléctric éye câmera 圏 자동 조리개(EE) 카메라.
eléctric fénce 圏 전기 울타리.
eléctric fíeld 圏 전기장(電氣場).
eléctric flúx 圏 전기력선(전기장 안에서 전기장의 크기와 방향을 나타내는 곡선).
eléctric fúrnace 圏 전기로(電氣爐).
eléctric génerator 圏 발전기.
eléctric guitár 圏 전기 기타.
eléctric háre 圏 (개 경주용) 전동 토끼.
eléctric héater 圏 전기 난로, 전열기.
e·lec·tri·cian [ilektríʃən, ìː-] 圏 전기 기술자; 전
‡**e·lec·tric·i·ty** [ilektrísəti, ìː-] 圏Ⓤ **1** 전기. ¶atmospheric ~ 공중 전기/dynamic [static] ~ 동(動)[정(靜)]전기/frictional ~ 마찰 전기/galvanic [magnetic] ~ 갈바니[자(磁)] 전기/negative [positive] ~ 음[양]전기/thermal ~ 열전기/generate ~ 전기를 일으키다/No ~ on. 정전입니다. **2** 전기학. **3** 전류. **4** 극도의 긴장, 흥분. 「~ 전동 기계.
on [*or by*] *electricity* 전기로. ¶*a machine run by*
eléctric líght 圏 전광; 전등.
eléctric líght búlb 圏 전구(電球).
eléctric locomótive 圏 전기 기관차.
eléctric mótor 圏 전동기(電動機).
eléctric néedle 圏 (외과용) 전기침(acusector).
eléctric néws tàpe 圏 전광(電光) 뉴스.
eléctric órgan 圏 **1** 전자 오르간. **2** 〔생물〕 (전기어(魚)의) 발전 기관.
eléctric poténtial 圏 〔물리〕 전위(電位).
eléctric pówer 圏 전력. ¶*an* ~ *station* 발전소.
eléctric ráy 圏 시끈가오리(강한 방전력을 가진 물고
eléctric rázor [sháver] 圏 전기 면도기. 「기).
eléctric ríghts 圏 전자 (정보) 저작권.
eléctric rócket 圏 전기 추진 로켓.
eléctric shóck 圏 감전(感電), 전기 충격(shock).
eléctric shóck thèrapy 圏 〔의학〕 전기 충격[쇼
eléctric stéel 圏 전로강(電爐鋼). 「크〕 요법.
eléctric stórm 圏 뇌우(thunderstorm).
eléctric tórch 圏 《英》 회중 전등(flashlight).
eléctric tówel 圏 (손을 말리는) 전기 온풍기.
eléctric wáve 圏 전자파(electromagnetic wave).
eléctric wíre 圏 전선. 「전파.
e·lec·tri·fi·ca·tion [ilèktrəfikéiʃən] 圏Ⓤ **1** 감전(感電); 대전(帶電), 충전. **2** 전력의 사용; 전화(電化). **3** 갑작스런 흥분[감동], 충격을 주는 것.
*****e·lec·tri·fy** [iléktrəfài] 圏타 **1** …에 전기를 흐르게 하다; (공장 따위에) 전력을 공급하다; …을 대전시키다, …에 충전하다. ¶~ *a wire* 철사에 전기가 흐르게 하다/*a positively* [*negatively*] *electrified body* 양성[음성] 대전체(帶電體). **2** (철도 따위)를 전화(電化)하다. ¶~ *a railroad* 철도를 전화하다. **3** …을 깜짝 놀라게 하다, 흥분[감동]시키다, 설레게 하다. ¶*His speech electrified the audience.* 그의 연설은 청중을 감동시
-**fi·a·ble** -**fi·er** 圏 대전[충전]하는 물건. 「켰다.
e·lec·tri·za·tion [ilèktrizéiʃən/-rai-] 圏 electrification.
e·lec·trize [iléktraiz] 圏타 = electrify.
e·lec·tro [iléktrou] 圏 (⑧ ~**s**) **1** =electrotype. **2** =electroplate. **3** Ⓤ 전자 악기를 사용하는 댄스곡.
e·lec·tro- [iléktrou, -trə] 〔연결〕 electric, electricity의 뜻(* 모음 앞에서는 electr-). ¶ *electro*magnet, *electro*type, *electro*chemistry, *electrode*.
e·lec·tro·a·cous·tic [ilèktrouəkúːstik] 圏 전기 음향(학)의. ¶*an* ~ *transducer* 전기 음향 변환기. (또는 electroacoustical) 「〔단수취급〕 전기 음향학.
e·lec·tro·a·cous·tics [ilèktrouəkúːstiks] 圏
e·lec·tro·ac·u·punc·ture [ilèktrəækjuːpʌŋk-

tʃər] 圏 전기침(鍼) 요법.
e·lec·tro·a·nal·y·sis [ilèktrouənǽləsis] 圏Ⓤ
〔화학〕 전기 분해, 전해(電解). 「액(液); 전해조(槽).
e·lec·tro·bath [iléktrəbæθ/-bàːθ] 圏 전기 도금
e·lec·tro·car·di·o·gram [ilèktrəkάːrdiəgræm] 圏 〔의학〕 심전도(心電圖)(심장 질환 진단용; ㉮ ECG, EKG).
e·lec·tro·car·di·o·graph [ilèktrəkάːrdiəgræf/-grɑːf] 圏 〔의학〕 심전계(心電計)(심장 질환 진단용; ㉮ ECG, EKG). **-càr·di·o·gráph·ic** 圏 **-càr·di·o·gráph·i·cal·ly** 甲 **-càr·di·óg·ra·phy** 圏
e·lec·tro·chem·i·cal [ilèktrəkémikəl] 圏 전기 화학의. **~·ly** 甲
e·lec·tro·chem·is·try [ilèktrəkéməstri] 圏Ⓤ 전기 화학. **-ist** 圏 전기 화학자.
e·lec·tro·chron·o·graph [ilèktrəkrάnəgræf/-krɔ́nəgrɑːf] 圏 〔의학〕 전기 기록 시계.
e·lec·tro·con·vúl·sive thérapy [ilèktrəkənvʌ́lsiv-] 〔의학〕 전기 충격 요법(㉮ ECT).
e·lec·tro·cool·ing [ilèktrəkúːliŋ] 圏 전자 냉방.
e·lec·tro·cor·ti·co·gram [ilèktroukɔ́ːrtikəgræm] 圏 〔의학〕 (대뇌 피질의) 뇌파(腦波)(도(圖)). **-còr·ti·cóg·ra·phy** 圏 뇌파 측정법.
e·lec·tro·cute [iléktrəkjùːt] 圏타 …을 전기로 죽이다, (전기의 작용으로) 죽이다; 전기로 사형하다. ¶*The murderer was* ~*d.* 살인범은 전기 처형되었다. **-cú·tion** 圏 감전사; 전기 처형. [<*electro*+*execute*]
e·lec·trode [iléktroud] 圏 (⑧ ~**s**) 〔전기〕 전극(電極); 〔기계·건축〕 용접봉.
e·lec·tro·del·ic [ilèktrədélik] 圏 전기 조명으로 환각[사이키델릭] 효과를 내는.
e·lec·tro·de·pos·it [ilèktrədipάzit/-pɔ́z-] 〔물화〕 圏타 (전기 분해로) (금속)을 전착(電着)시키다, 전극에서 석출시키다. 圏 전착물. **-po·sí·tion** 圏 전착.
eléctrode poténtial 圏 〔전기〕 전극 전위(전극과 전해질 용액 간에 생기는 전위차).
e·lec·tro·di·ag·no·sis [ilèktrədaiəgnóusis] 圏 〔의학〕 전기 진단(법).
e·lec·tro·dy·nam·ic [ilèktrədainǽmik] 圏 전기 역학의; (동태(動態)에 있는) 전기력의. (또는 **electrodynamical**) 「〔단수취급〕 전기 역학.
e·lec·tro·dy·nam·ics [ilèktrədainǽmiks] 圏⑧
e·lec·tro·dy·na·mom·e·ter [ilèktrədainəmάmətər/-mɔ́m-] 圏 전류력계(計).
e·lec·tro·en·ceph·a·lo·gram [ilèktraensséfələgræm] 圏 〔의학〕 뇌전도(腦電圖), 뇌파도(㉮ EEG).
e·lec·tro·en·ceph·a·lo·graph [ilèktraensséfələgræf/-grɑːf] 圏 〔의학〕 뇌파계, 뇌파기록 장치. **-cèph·a·lo·gráph·ic** 圏 **-cèph·a·lo·gráph·i·cal·ly** 甲 **-cèph·a·lóg·ra·phy** 圏
e·lec·tro·fish·ing [ilèktrəfíʃiŋ] 圏Ⓤ (직류 전원으로 집어(集魚)하는) 전기 어로법.
e·lec·tro·form [iléktrəfɔ̀ːrm] 圏타 …을 전기 주조(鑄造)하다. 「음악.
e·lec·tro·funk [iléktrəfʌ̀ŋk] 圏 〔음악〕 전자 펑크
e·lec·tro·gal·va·nize [ilèktrəgǽlvənàiz] 圏타 전기 아연 도금하다. **-niz·ing** 圏
e·lec·tro·gas·dy·nam·ics [ilèktrəgæsdainǽmiks] 圏⑧ 〔단수취급〕 전기 유체 역학. **-ic** 圏
e·lec·tro·gen·e·sis [ilèktrədʒénəsis] 圏 생물 발전(생체 조직 안에서의 전기 발생). **-gén·ic** 圏
e·lec·tro·graph [iléktrəgræf, -grɑ̀ːf] 圏 **1** 전위(電位) 기록(기); 전기 기록도(圖), (심(心)·위(胃))전도(電圖), 심전기; 〔의학〕 사진 전송 장치; 전송 사진. **4** 〔의학〕 뢴트겐[X선] 사진.
-gráph·ic **-gráph·i·cal·ly** 甲
e·lec·trog·ra·phy [ilèktrɔ́grəfi/-tróː-] 圏Ⓤ 전위 기록술; 전기 기관 조각술; 사진 전송술; 뢴트겐[X선] 사진 촬영술.

Eléctro Gýro-Cator [-dʒáirəkèitər] 웹 전자 자이로케이터(달리는 자동차의 위치를 지도로 나타내고 목적지까지의 최단 거리를 볼 수 있는 장치).

e·lec·tro·hy·drau·lic [ilèktrəhaidrɔ́ːlik] 웹 전기 유체식의; 전기 수력학의. **-li·cal·ly** 튀

e·lec·tro·hy·drau·lics [ilèktrəhaidrɔ́ːliks] 웹 (단수취급) 전기 수력학(水力學).

e·lec·tro·ki·net·ic [ilèktrəkinétik, -kai-] 웹 동(動)전기의; 동전기학의.

e·lec·tro·ki·net·ics [ilèktrəkinétiks/-kai-] 웹 (단수취급) 동전기학(動電氣學). 참 electrostatics

e·lec·tro·ky·mo·graph [ilèktrəkáiməgræf/-graːf] 웹 (의학) (심장) 동태(動態) 촬영 장치, 심파충(心波動) 기록기. [(<electro-+chandelier)

e·lec·tro·lier [ilèktrəlíər] 웹 (전기) 샹들리에.

e·lec·tro·lu·mi·nes·cence [ilèktrəluːmənésns] 웹①U 전기장 발광. [trolyze.

e·lec·tro·lyse [iléktrəlàiz] 웹 (영) =elec-

e·lec·trol·y·sis [ilektrάləsis, iː-/-trɔ́l-] 웹①U 1 (화학) 전기 분해, 전해(電解). 2 (의학) 전기 분해 요법(종양·모근 따위의 제거). [(液)질, 전해물.

e·lec·tro·lyte [iléktrəlàit] 웹①U (화학) 전해액의; 전해질의. (또는 electrolytical) **-i·cal·ly** 튀

e·lec·tro·lyt·ic [ilèktrəlítik] 웹 (화학) 전기 분해의; 전해질의. (또는 electrolytical) **-i·cal·ly** 튀

electrolýtic céll[báth] 웹 (화학) 전해조(電解槽).

electrolýtic dissociátion 웹 (물·화) 전기 해리(解離), 전리(電離).

electrolýtic interrúpter 웹 (전기) 전류 단속기 (전해액에 전류가 통하면 전류를 끊게 되어 있는 장치).

electrolýtic machíning 웹 전기 분해 가공.

e·lec·tro·lyze [iléktrəlàiz] 웹印 …을 전기 분해하다, 전해하다; (의학) (사람)을 전해 치료하다.

-ly·zá·tion-**lỳz·er** 웹 전해조(電解槽). [磁石).

e·lec·tro·mag·net [ilèktrəmǽgnit] 웹 전자석(電

e·lec·tro·mag·net·ic [ilèktrəmægnétik] 웹 전자석의(電磁氣)의. **-i·cal·ly** 튀

electromagnétic compatíbility 웹 (전자) 전자 환경 양립성(전자파 따위로 인한 전자 환경의 악화를 방지하는 조치). [magnetic interference.

electromagnétic distúrbance 웹 =electro-

electromagnétic fíeld 웹 (물리) 전자기장.

electromagnétic fórce 웹 (물리) 전자기력.

electromagnétic indúction 웹 (물리) 전자기 유도, 전자 감응. [기적 상호 작용.

electromagnétic interáction 웹 (물리) 전자기

electromagnétic interférence 웹 (전자) 전자파 장애(약 EMI). [기적 진동.

electromagnétic oscillátion 웹 (물리) 전자기

electromagnétic púlse 웹 전자 펄스(지구 상공의 핵폭발에 의한 고농도의 전자 방사; 약 EMP.

electromagnétic púmp 웹 (물리) 전자기 펌프.

electromagnétic radiátion 웹 (물리) 전자 방사(선)(放射線).

e·lec·tro·mag·net·ics [ilèktrəmægnétiks] 웹 (단수취급) 전자기학. [파 스펙트럼.

electromagnétic spéctrum 웹 (물리) 전자기

electromagnétic únit 웹 (물리) 전자기 단위(약 emu, EMU).

electromagnétic wáve 웹 (물리) 전자파(波).

e·lec·tro·mag·net·ism [ilèktrəmǽgnətizm] 웹①U 전자기; 전자기학(electromagnetics).

e·lec·tro·met·al·lur·gy [ilèktrəmétələːrdʒi/-metǽl-] 웹①U (야금)(冶金)(술), 전기 야금학. **-mèt·al·lúr·gi·cal** 웹 [계(電位計).

e·lec·tróm·e·ter [ilèktrάmətər/-trɔ́m-] 웹 전위

e·lec·tro·mo·bile [ilèktrəmoúbiːl] 웹 전기 자동차.

e·lec·tro·mo·tive [ilèktrəmoútiv] 웹 기전(起電)의, 전동(電動)의. — 웹 전기 기관차. 참 locomotive.

electromótive fórce 웹 (전기) 기전력, 동전력.

e·lec·tro·mo·tor [ilèktrəmoútər] 웹 전기 발동기, 전동기, 전기 모터(electric motor).

e·lec·tro·my·o·gram [ilèktrəmáiəgræm] 웹 (의학) 근전도(筋電圖).

e·lec·tro·my·o·graph [ilèktrəmáiəgræf/-graːf] 웹 (의학) 근전계(筋電計).

*****e·lec·tron** [iléktran/-trɔn] 웹 (물·화) 전자, 일렉트론. ¶ ~ emission 전자 방출.

eléctron affínity 웹 (물·화) 전자 친화력.

e·lec·tro·nar·co·sis [ilèktrənaːrkóusis] 웹①U (의학) 전기 마취 요법.

eléctron béam 웹 (물리) 전자빔. [(약 EBM.

eléctron béam mélting 웹 (야금) 전자빔 용해

eléctron-béam resíst 웹 (전자) 전자빔 리지스트(기판(基板)) 에칭 때의 보호막이 되는 내가공성(耐加工性) 물질).

eléctron cámera 웹 (전자) 전자 카메라.

eléctron clóud 웹 (물리) 전자 구름.

e·lec·tro·neg·a·tive [ilèktrənégətiv] 웹 (화학) 1 음부(負)전기의, 전기 음성(陰性)의. 2 산성(酸性)의. 3 비금속의. 참 electropositive — 웹 (전기) 음성 물질.

eléctron gás 웹 (물리) 전자 가스. [질.

eléctron gún 웹 (TV) 전자총(브라운관 따위의 전자빔 발사부).

*****e·lec·tron·ic** [ilektránik/-trɔ́n-] 웹 1 전자 공학의; 전자의, 전자 작용의. 2 전자에 의한; (약기)가 전자[전기]의 움직임으로 소리내는. ¶an ~ piano 전자 피아노. 3 (TV 따위) 전자 미디어의[를 이용한]. 4 컴퓨터로 제어되는, 컴퓨터와 관련된; 컴퓨터 통신(망)의[을 이용한], 인터넷의[을 이용한], 온라인의.

electrónic árt 웹 전자 예술. 참 luminal art

electrónic bánking 웹 전자화(온라인화)된 은행 업무(거래), (컴퓨터망을 이용한) 전자 결제.

electrónic bóok 웹 전자책(도서).

electrónic bráin 웹 (구어) 전자 두뇌, 컴퓨터.

electrónic bulletin bóard 웹 전자 게시판. 참 BBS.

electrónic cálculator 웹 (탁상용) 전자 계산기.

electrónic cásh 웹 =electronic money.

electrónic chúrch 웹 (방송의) 복음 전도 프로.

electrónic chúrchman 웹 방송 설교자.

electrónic commúnity 웹 전자 공동체(컴퓨터 통신망으로 연결된 지역 사회).

Electrónic Compúter-Originated Máil (Sèrvice) 웹 컴퓨터 발신형 전자 우편.

electrónic configurátion 웹 (물리) 전자 배치.

electrónic cóp 웹 컴퓨터 경찰(범죄 관계의 파일을 보관, 그 데이터를 이용하는 컴퓨터 시스템).

electrónic cóttage 웹 전자화 주택(재택 근무·자가 학습을 가능하게 하는 전자 기기를 완비한 주택).

electrónic cóuntermeasures 웹(복) (적 미사일에 대한) 유도 방향 전환 전자 장치(약 ECM).

electrónic críme 웹 컴퓨터 범죄. 참 (약 EDP).

electrónic dáta procèssing 웹 전자 정보 처리

electrónic dáta procèssing sýstem 웹 (컴퓨터) 전자 정보 처리 방식[시스템](약 EDPS).

electrónic demócracy 웹 =E-democracy.

electrónic désktop cálculator 웹 탁상용 전자기.

Electrónic Diréctory 웹 전자 전화 번호부.

electrónic éditing 웹 (비디오 테이프의) 전자 편집.

electrónic enginéering 웹 전자 공학. [집.

electrónic éye 웹 전자 눈.

electrónic fíle 웹 전자 파일. [구.

electrónic flásh 웹 (카메라의) 플래시, 플래시 전

electrónic fúnds trànsfer 웹 온라인 자금 이체(약 EFT).

electrónic gáme 웹 =video game.

electrónic intélligence 圈 =elint.
elec·tron·i·cize [ilektránəsàiz/-trón-] 图(타) 전자 장치로 장비하다.
electrónic jóurnal =E-journal.
electrónic jóurnalism 图 전파[TV] 저널리즘, TV 보도(⊕ EJ). **electrónic jóurnalist** 图
electrónic kéyboard 图 전자식 건반 악기, 전자 키보드.　　　　「말기.
electrónic kiósk 图 (매점에 설치된) 전자 쇼핑 단
electrónic léarning 图 전자 학습(컴퓨터를 이용
electrónic máil 图 =e-mail.　[한 학습; ⊕ EL).
electrónic máilbox 图 전자 우편함.
electrónic máll 图 전자 몰[상점가](인터넷이나 컴퓨터 통신망 상의 상점가).
electrónic márketplace 图 전자 시장(케이블 TV나 인터넷을 이용해 홈 쇼핑을 할 수 있는 시장).
electrónic média 图 전자 매체.
electrónic méeting 图 전자 회의(음성 통신 회의·화상 회의 등의 teleconferencing(원격지간 회의)).
electrónic móney 图 전자 화폐(컴퓨터 통신망 상에서 현금 화폐 대신 유통되는 통화(⊕ e-money).
electrónic mónitoring 图 =electronic surveillance.
electrónic músic 图 전자 음악. (또는 **electrophónic músic**)　　　　　「trino.
electrónic neutríno 图 (물리) =electron-neu-
electrónic néws gàthering 图 전자 뉴스 취재[보도](휴대용 TV 카메라·음향 기기 따위를 사용하는 뉴스의 취재 보도; ⊕ ENG).
electrónic néwspaper 图 전자 신문.
electrónic óffice 图 (전자 기기로 자동화된) 전자
electrónic órgan 图 전자 오르간.　[식 사무실.
electrónic páyment 图 전자(온라인) 결제[지불].
electrónic (pérsonal) órganizer 图 전자 수첩.
Electrónic Póst 图 (英) 전자 우편(electronic mail).
electrónic públishing 图 전자 출판(불).
electrónic rédlining 图 (美) (소수 민족·저소득층등에 대한) 정보 제공 차별.
e·lec·tron·ics [ilektrániks/-trón-] 图 1 (단수 취급) 전자 공학; 전자 기술. 2 전자 기기.
electrónic sécretary 图 전자 수첩.
electrónic (secúrity) tág 图 전자 방범 태그[표
electrónic shéll 图 (물리) 전자 껍질.　[지].
electrónic shópping 图 =teleshopping.
electrónic smóg 图 전파 스모그(컴퓨터·TV·전기 기구에서 발생하는 유해 전자파).
electrónic spéech circuit 图 음성 합성 회로.
electrónic spréadsheet 图 (컴퓨터) (전자) 스프레드시트(도표 계산용 소프트웨어).
electrónic stýlus 图 (컴퓨터) 전자[라이트] 펜.
electrónic súrfing 图 =net surfing.
electrónic survéillance 图 (전자 기기를 이용한) 종업원 근태·전화 도청 따위의) 전자 감시[정보 수집].
electrónic swéetening 图 =laugh track.
electrónic tágging 图 (전파 발사 장치를 부착하는) 전자 감시.
electrónic tówn háll 图 (전자 투표 시스템이 갖춰진) 전자 시의회.　　　　「민[국민]과의 대화.
electrónic tówn méeting 图 (美) TV 중계 시
electrónic tránsfer 图 온라인 이체.
electrónic túbe 图 =electron tube.
Electrónic Univérsity 图 전자 대학(인터넷 등을 이용한 대학 교육 시스템).　　　　(⊕ EVR).
electrónic vídeo recòrder 图 전자식 녹화기
electrónic vírus 图 컴퓨터 바이러스.
electrónic vóice 图 =synthetic speech.
electrónic wárfare 图 (군사) (전자 병기에 의한)

전자 전쟁, 전자전.　　　　　　　「전화 번호부.
Electrónic Yéllow Páges 图 전자식 업종별
elec·tron·i·ture [ilektránitʃər/-trón-] 图 전자식
eléctron léns 图 전자 렌즈.　[사무용 집기.
eléctron mìcroscope 图 전자 현미경.
e·lec·tron-neu·tri·no [-nju:trí:nou] 图 전자 뉴트리노(약한 상호 작용에 있어서 전자와 상대되는 뉴트리노).　　　　　　「图 전자 사진.
e·lec·tro·no·graph [ilektránəgræf/-trónəgrà:f]
eléctron óptics 图 (단수취급) 전자 광학.
eléctron óven 图 =microwave oven.
eléctron páir 图 (물리) 전자쌍(電子雙).　「소멸.
eléctron-pair annihilátion 图 (물리) 전자쌍
eléctron-pair bónd 图 (물리) 전자쌍 결합.
eléctron-pair prodúction 图 (물리) 전자쌍 생성.
eléctron spín rèsonance 图 (물리) 전자 스핀 공명(共鳴; ⊕ ESR).
eléctron stòrage rìng 图 (물리) 전자 축적 링.
eléctron tèlescope 图 전자 망원경.
eléctron túbe 图 전자관, 진공관(vacuum tube).
e·lec·tron-volt [-vòult] 图 (물리) 전자 볼트(이온·소립자 따위의 에너지를 나타내는 단위; ⊕ EV, eV).
e·lec·tro·oc·u·lo·gram [ilèktrouákjuləgræm/-5k-] 图 전기 안구도(眼球圖), 안전도(眼電圖). **-òc·u·lóg·ra·phy** 图 전기 안구 기록(법).
e·lec·tro·óp·tic device [ilèktrouáptik-/-5p-] 图 (전기) 전기 광학 소자(素子).
electroóptic effèct 图 (전기) 전기 광학 효과.
e·lec·tro·op·tics [-5ptiks/-5p-] 图 (단수 취급) 전기 광학. (또는 **elèctroóptics**) **-tic** 图
e·lec·tro·paint [iléktrəpèint] 图 전착 도장(電着塗装)하다. —图 전착 도장용 도료. **~ing** 图
e·lec·tro·pa·thol·o·gy [-pəθálədʒi/-θ5l-] 图 전기 병리학.　　　　　　　　　[2 전자 악가.
e·lec·tro·phone [iléktrəfòun] 图 1 전자 보청기.
e·lec·tro·phon·ic [ilèktrəfánik, -fóun-] 图 (악기가) 전자 발성의. **-i·cal·ly** 图
e·lec·tro·pho·rese [ilèktrəfərí:z] 图(타) (물·화) 전기 영동(泳動)하다. **-ré·sis** 图 (물·화) 전기 영동. **-ré·tic** 图
e·lec·troph·o·rus [ilèktráfərəs, -trófər-] 图 (복 **-ri** [-rài]) 전기 쟁반, 기전반(起電盤).
e·lec·tro·pho·tog·ra·phy [ilèktroufətágrəfi/-t5g-] 图(U) 전자 사진술(건식 복사 따위).
e·lec·tro·phrén·ic respirátion [ilèktroufrénik-] 图 (의학) 전기 자극 인공 호흡(법).
e·lec·tro·plate [iléktrouplèit] 图(타) …에 전기 도금하다. —图 (집합적) (은을 사용한) 전기 도금물[제품]. —图 (은으로) 전기 도금한. **-plàt·er, -plàt·ing** 图
e·lec·tro·plex·y [iléktrəplèksi] 图 (英) 전기 충격 요법(electroconvulsive therapy).
e·lec·tro·pos·i·tive [ilèktroupázətiv/-póz-] 图 (화학) 1 양전기의, 정(正)전기의, 양전성(陽電性)의. 2 염기성(鹽基性)의(basic). 3 금속성의. ⊕ electronegative. —图 (전기) 양성 물질.
e·lec·tro·pult [iléktrəpàlt] 图 (항공) 전자 캐터펄트(비행기를 이륙 가능 속도로 가속하는 궤도차).
e·lec·tro·ret·i·no·graph [ilèktrourétənəgræf/-grà:f] 图 (안과) 전위(電位) 망막계, 망막 전기 측정기.
e·lec·tro·scope [iléktrəskòup] 图 검전기(檢電器). **-scóp·ic** [-skápik/-skɔ́p-] 图
e·lec·tro·sen·si·tive [ilèktrousénsətiv] 图 전기 감광성(感光性)의. **-sen·si·tív·i·ty** 图 (생물) (동물의) 전기 지각 능력; (생체 전위의) 전기 감응력(법).
e·lec·tro·shock [iléktrouʃàk/-ʃɔ́k] 图 1 전기 쇼크 (상태). 2 图 (또는 ~ thérapy [tréatment]) 전기 충격 요법. —图(타) (정신의학) …에 전기 충격 요법을 쓰다; …에 전류를 흘려보내다.
e·lec·tro·sleep [iléktrouslì:p] 图(U) 전기 수면(머

e·lec·tro·stat·ic [ilèktroustǽtik] 형 〔전기〕 정(靜)전기(학)의. ¶an ~ field 정전기장.
electrostátic génerator 명 정전 발생 장치.
electrostátic precipitátion 명 전기 집진(集塵).
electrostátic precípitator 명 전기 집진기.
e·lec·tro·stat·ics [ilèktroustǽtiks] 명복 (단수취급) 정전(기)학. 〔 electrokinetics
electrostátic únit 명 정전(靜電) 단위.
e·lec·tro·sur·ger·y [ilèktrousə́ːrdʒəri] 명 전기 외과(의술, 학). **-gi·cal** 형
e·lec·tro·syn·the·sis [ilèktrousínθəsis] 명 〔화학〕 전기 합성. **-syn·thét·ic** 형 **-syn·thét·i·cal·ly** 부
e·lec·tro·tech·nics [ilèktroutékniks] 명복 (단수취급) 전기〔전자〕 전기 공예학. **-nic**, **-ni·cal** 형 **-tech·ní·cian** 명
e·lec·tro·tech·nol·o·gy [ilèktrouteknálədʒi/-nɔ́l-] 명 (응용) 전기 공학.
e·lec·tro·ther·a·peu·tic [ilèktrouθèrəpjúːtik] 형
e·lec·tro·ther·a·peu·tics [ilèktrouθèrəpjúːtiks] 명복 (단수취급) 전기 요법(electrotherapy).
e·lec·tro·ther·a·pist [ilèktrouθérəpist] 명 전기 요법 의사. (또는 **electrotherapeutist**)
e·lec·tro·ther·a·py [ilèktrouθérəpi] 명U 전기 요법.
e·lec·tro·ther·mal [ilèktrouθə́ːrməl] 형 전열의.
(또는 **electrothermic**) **~·ly** 부
e·lec·tro·tome [iléktroutòum] 명 자동 차단기.
e·lec·trot·o·nus [ilèktrátənəs/-trɔ́t-] 명 〔생리〕 전기 긴장(전류를 통했을 때 일어나는 신경·근육의 생리적 긴장). **-tro·tón·ic** 형
e·lec·tro·type [iléktroutàip] 명 전기판(版)(인쇄물); U 전기판 제작법, 전기 제판(製版). —타 …의 전기판을 만들다; …을 전기판으로 인쇄하다. **-týp·er** 명
e·lec·tro·typ·ic [ilèktroutípik] 형 전기판의, 전기판을 쓴; 전기 제판의.
e·lec·tro·typ·y [iléktroutàipi] 명U 전기 제판법, 전기 제판.
e·lec·tro·va·lence [ilèktrouvéiləns] 명 〔물·화〕 이온 원자가(原子價), 전자가. (또는 **electrovalency**)
e·léc·tro·weak théory [ilèktrouwíːk-] 명 〔물리〕 전약(電弱) 이론(전자기력과 약한 힘을 통합하여 설명하는 이론).
e·lec·trum [iléktrəm] 명U 1 호박금(琥珀金)(고대 그리스에서 화폐로 쓴 호박색의 금은 합금). 2 양은 (nickel silver). 3 일렉트럼(동·니켈·아연 합금).
e·lec·tu·ar·y [iléktʃuèri/-tʃuəri] 명 〔약학〕 (가루약에 시럽·벌꿀을 섞은) 연약(煉藥).
el·ee·mos·y·nar·y [èliməsə́nèri/èliiːmɔ́sinəri] 형 자선의; 의연금의; 자선에 의지하는.
***el·e·gance** [éligəns] 명 1 U (종종 an ~) 우아, 단정, 고상, 기품. 2 우아한 일〔물건〕, 품위 있는 말〔태도〕. 3 U (과학적인) 정밀함, 정확함, 간결함.

〔유의어〕 **elegance** 세련된 취미를 밑바탕으로 하여 사치스러우나 화려하지 않은 완벽한 아름다움. **grace** 화려하게 장식된 것이 아니라 내면에서 자연히 우러나는 고상한 아름다움. **dignity** 당당해서 경의를 표하지 않을 수 없는 기품.

el·e·gan·cy [éligənsi] 명 =elegance.
‡**el·e·gant** [éligənt] 형 (**more ~; most ~**) 1 (복장·예절 따위가) 고상한, 우아한. ¶~ furnishings [dress] 고상한 복식품(服飾品)〔옷〕/She is ~ in her manner. 그녀는 태도가 고상하다. 2 (취미·문체 따위가) 기품 있는, 품위 있는, 고상한. ¶~ society 상류 사회 / an ~ style 격조 높은 문체. 3 (과학적으로) 정밀한, 정연한. 4 (구어) 훌륭한, 멋진. —명 고상한 사람, 세련된 취미를 가진 사람; 멋쟁이. **~·ly** 부
el·e·gi·ac [èlidʒáiək, ìliːdʒáiæk] 형 1 〔운율〕 애가체(哀歌體)의, 만가(挽歌體)의. ¶an ~ couplet 애가

조(調)의 대구(對句). (또는 **elegíacal**) 2 애조를 띤, 애수의; 서글픈; 우울한. —명 (~s) 애가체〔만가체〕의 시. **~·al·ly** 부
el·e·gist [élədʒist] 명 애가조 시인, 애가의 작자.
e·le·git [iliːdʒit] 명 〔법률〕 강제 관리 영장(채무 완제 시까지 채권자가 채무자 재산을 관리토록 하는 강제 집행 영장).
*** el·e·gy** [élədʒi] 명 1 (남의 죽음을 애도하는 애가, 만가; 비가(悲歌), 엘레지. ¶an ~ on her father 그녀의 아버지를 애도하는 노래. 2 애가〔만가〕체의 시.
e·lek·tra [iléktrə] 명 일렉트러(배나 비행기의 위치 측정법).
elem. elementary; element(s).
‡**el·e·ment** [éləmənt] 명 1 (구성) 요소, 성분. ¶an important ~ of nylon 나일론의 중요 성분 / the ~s of spoken language 구어(口語)의 요소. 2 (복잡한 통합체의) 구성 요소. a) (종종 ~s) 구성 분자, 일단: (군사) 소부대, 분대, (전투기의) 소편대. ¶the corrupt ~s in the party 당내 부패 분자. b) (an ~ of) 소량, 약간.

〔유의어〕 **element** 「요소」를 뜻하는 가장 일반적인 말; 종종 그 이상 세분할 수 없는 최종적 요소를 암시. **component**, **constituent** 둘 다 복합체·화합물의 구성 분자들을 뜻하며 교환 가능하나, **constituent**는 특히 본질적으로 불가결한 구성 분자임을 강조한다. **ingredient** 화합물의 성분으로 추가나 제거가 가능한 것. **factor** 어떤 결과를 낳는 원인이 되는 요소.

3 (the ~s) (학문·예술의 기본적) 원리, 원칙; (학문의) 초보. ¶Euclid's *Elements* 유클리드 기하학 원리 / the ~s of grammar 문법 요강(要綱).
4 〔철학〕 (옛날 자연계의 기본적 구성 요소로 생각됐던) 4 대 요소(earth, water, air, fire)의 하나. ¶the devouring ~ 맹렬한 불 / the four ~s 4 대 요소.
5 (생물의) 본래 서식지, 고유 영역; 본령(本領), 본래의 활동 영역. ¶Water is a fish's ~. 물은 물고기의 서식지이다 / Economics is his ~. 경제학은 그의 자신 있는 분야이다. 6 (the ~s) (날씨에 나타나는) 자연의 힘, 작용; 날씨, 폭풍우 따위의) 악천후. ¶the fury of the ~s 자연력의 맹위 / be exposed to the ~s 비 바람에 노출되어 있다. 7 〔화학〕 원소(元素). ¶a chemical ~ 화학 원소 / ~ 104 104번 원소. 8 (수학) (집합·행렬의) 원(元); 요소. 9 〔전기〕 소자(素子), (전기 기구의) 전열 부분, 저항선. 10 〔무선〕 (진공관의) 전극의 하나. 11 (the E–s) (신학) 미사〔성찬〕에 쓰는 빵과 포도주.
be in [out of] one's element ① 있어야 할 곳에 있다〔있지 않다〕. ② 본령을 발휘할 수 있다〔없다〕, 뜻대로 할 수 있는〔없는〕 입장이다.
***el·e·men·tal** [èləméntl] 형 1 (美) 기본적인, 초보의; 기본적인. ¶~ arts and crafts 기초적인 미술 공예. 2 요소의, 요소적인. ¶~ ingredients 구성 요소. 3 근원적의, 근본적의, 소박한. ¶an ~ style 소박한 문체. 4 〔철학〕 4 대(四大) 요소의. ⇒ELEMENT 4. ¶~ spirits 4 대 정령(精靈). 5 자연력의, 자연 현상의; (힘이) 엄청난. ¶~ forces 자연력 / ~ tumults 폭풍우 / ~ worship 자연력 숭배. 6 〔화학〕 원소의, 원소로 이루어지는.
—명 1 4 대 요소의 영(靈)(형 element 4). 2 (~s) 기본 (원리), 근본(적인 것).
~·ism **~·ly** 부 「구역」
eleméntal área 명 화소(畫素)(TV 화면의 장방형
‡**el·e·men·ta·ry** [èləméntəri] 형 (**more ~; most ~**) 1 초보의, 초등의, 입문의. ¶an ~ book 입문서 / an ~ knowledge of chemistry 화학의 초보적 지식 / ~ education 초등 교육 / ~ training 기본 훈련.

〔유의어〕 **elementary** 나중의 복잡·고급 부분의 기초가 되는 최초의 용이·단순의 뜻. **primary** elementary 와 거의 같은 뜻이나 특히 순서가 최초임을 강조하는 말. **rudimentary** 미발달·불완전을 강조하는 말.

2 기본의, 기본[요소]적 성질의; 단원적인; 합성이 아닌; (문제 따위가) 단순한, 간단한. **3** 〔철학〕 4대 요소의 (⇨ELEMENTAL 4); 자연력의, 4 (화학) 원소의, 원소로 이루어지는. **-men·tá·ri·ly** 튀 **-ri·ness** 몡
eleméntary párticle 명 〔물리〕 소립자(素粒子).
eleméntary proposítion 명 〔논리〕 기본 명제.
eleméntary schóol 명 **1** (美) 초등 학교(수업 연한은 6-3-3제에서는 6년, 8-4제에서는 8년). (또는 **grade school**) **2** (英) primary school의 옛 이름.
el·e·mi [éləmi] 몡① 엘레미(열대 지방산(産) 방향수지(芳香樹脂)).
El·e·na [éləna] 몡 엘레나(여자 이름; Helen의 애칭).
e·len·chus [iléŋkəs] 몡 (몡 -chi [-kai]) 〔논리〕 반대 논증(論證); 기만적 논박; 궤변적 논의.
e·lenc·tic [iléŋktik] 혱 〔논리〕 반대 논증의; 논박의 (: deictic); 궤변적 논의의, 궤변의.
‡**el·e·phant** [éləfənt] 몡 (몡 ~(s)) **1** 코끼리. **2** (美) 공화당(the Republican Party)의 상징(⟺ donkey). **3** (英) 엘리펀트형(型)(도화지의 크기; 71×58cm). **4** = white ~. **5** 거인(巨人), 거대한 것.
be like an elephant 기억력이 매우 좋다.
see the elephant; get a look at the elephant (美속어) 인생 경험을 쌓다, 세상 물정을 알다; (대도시 따위를) 구경하다.
élephant bírd 몡 〔고생물〕 에피오르니스(Aepyornis) 속(屬)의 날지 못하는 새의 총칭.
élephant cíty 몡 〔속어〕 대 도시권(圈).   「속판.
élephant éars 몡 (구어) 미사일 외피의 두꺼운 금
el·e·phan·ti·a·sis [èləfəntáiəsis] 몡① **1** 〔병리〕 상피병(象皮病). **2** 달갑지 않은 팽창(증대).
el·e·phan·tine [èləfǽntin/èlifǽntain] 혱 **1** 코끼리의, 코끼리 같은. **2** 거대한. ¶an ~ task 매우 힘든 일. **3** (경멸적·익살) 굼뜬, (걸음이) 느릿느릿한; 불쌍사나운. ¶an ~ tread 느릿느릿한 걸음걸이.
élephant séal 몡 =sea elephant.
el·e·phant's-ear [éləfəntsìər] 몡 추해당(秋海棠)(Begonia) 속(屬)의 식물.
élephant tránquilizer 몡 (美속어) =angel dust.
El·eu·sin·i·an [èljusíniən] 혱 (고대 그리스의 도시) 엘레우시스(Eleusis)의; 엘레우시스 제전의. ― 몡 엘레우시스 주민.
Eleusínian mýsteries 몡 엘레우시스의 제전 (Demeter와 Bacchus를 제사 지내던 신비적 의식).
‡**el·e·vate** [éləvèit] 타 (-vat·ed; -vat·ing) 目 **1** …을 올리다, …을 들어올리다(* 일반적으로는 put up, lift, raise를 쓰는 편이 좋다. ⇨LIFT 유의어) ¶ ~ one's eyes[voice] 올려다보다[목소리를 높이다]. **2** …을 승진시키다, (지위·등급·권력 따위)를 높이다(to), ¶(~+目+前+名) ~ a person to the section chief 남을 과장으로 승진시키다. **3** (마음·사상 따위)를 향상시키다; …을 의기양양하게 하다. ¶ ~ one's mind 마음을 고상하게 하다. **4** (남)을 쾌활하게 하다, (남)의 기분을 좋게 하다. **5** (목소리)를 높이다; (맥박)을 높이다; (온도)를 상승시키다. **6** (총)…에게 강도(强度)를 높이다, 빼앗다.
― 자 **1** 품성[지성]을 향상시키다. **2** 올라가다.
elevate the Host (가톨릭) 성체를 거양하다.
*__el·e·vat·ed__ [éləvèitid] 혱 **1** 들어올린, 높은; (美) 고가(高架)의. ¶ ~ ground 약간 높은 장소. **2** (사상 따위가) 고상한, 숭고한, 고결한. ¶an ~ style 기품 있는 문체. **3** (지위 따위가) 높은, 높아진. **4** 매우 기분이 좋은, 활발한; (구어) 거나하게 취한. ― 명 (美) = ~ railroad.
élevated ráilroad[ráilway] 몡 고가 철도((英) overhead railway, (구어) el).
*__el·e·va·tion__ [èləvéiʃən] 몡 **1** 약간 높은 곳, 고지; 고대(高臺). ¶a rocky ~ 암석이 많은 고지. **2** ①① 높이, 고도; 해발. ⇨HEIGHT 유의어 / The peak has an ~ of 950 feet. 그 봉우리의 높이는 950피트이다. **3** ① 승고

함, 품위; 고상. **4** ① 올리기, 들어올리기(of); 승진, 등용(to). **5** 〔건축〕 (설계의) 입면도(立面圖), 정면도(正面圖). **6** 〔측량〕 올려본각, 앙각(仰角), **7** (발레·피겨스케이팅) 공중 비약. **8** (군사) (포의) 조준각, 사각(射角). **9** (the E-) (가톨릭) 성체 거양(聖體擧揚).
at an elevation; at…in elevation 고도[높이]
to an elevation of …의 높이까지.   「…로.
‡**el·e·va·tor** [éləvèitər] 몡 (몡 ~s [-z]) **1** 들어올리는 사람[물건]. **2** 승강기, 엘리베이터((英) lift). ¶a freight ~ 화물 전용 엘리베이터 /an ~ shaft 승강기 통로 / operate an ~ 엘리베이터를 운전[조작]하다. **3** (농업용) 양곡기(揚穀機); 양수기. **4** (美) (양곡기가 있는) 큰 곡물 창고. **5** (항공) 승강타.   「(cage).
élevator cár 몡 엘리베이터의 칸(cf. (英) lift car
élevator músic 몡 감미로운 경음악(ear candy); 아름답지만 개성이 없는 음악.   「(인 창을 댄 구두).
élevator shóe 몡 (~s) 엘리베이터 슈즈(두꺼운 [높
el·e·va·to·ry [éləvətɔ̀:ri] 혱 올리는, 높이는.
‡**e·lev·en** [ilévən] 혱 **1** 11의, 11명의, 11개의.
― 몡 **1** 11명, 11개(의 것). **2** 11시; 11세. **3** (일련의) 열한 번째의 것, 제11의 문자(11, K). **5** 11명 1조(組); 축구(크리켓) 팀. **6** (the E-) (Judas를 제외한) 예수의 11사도. **7** (~s) (英구어) =elevenses.
be in the eleven 축구[크리켓] 선수이다.
e·lev·en·fold [ilévənfòuld] 혱튀 11배의(로).
e·lev·en-plus [-plʌ́s] 몡 (the ~) (英) 중학 진학자 선발 시험(11세 이상 학생이 보았으나 지금은 폐지).
e·lev·ens·es [ilévənziz] 몡 (英구어) (오전 11시경 먹는) 가벼운 음식물, 다과; 오전의 휴식.
‡**e·lev·enth** [ilévənθ] 혱 제11의, (열 번째의, 제11일의; 11분의 1의. ― 몡 **1** 제11; (달의) 11일; 11분의 1. **~·ly** 튀 제11로.
eléventh hóur 몡 (the ~) 마지막 순간(기회), 막판, 아슬아슬한 고비.   「아슬한 고비에.
at the eleventh hour 마지막 순간에, 막판에, 아슬
el·e·von [éləvɑ̀n/-vɔ̀n] 몡 〔항공〕 엘리본(승강키와 보조 날개의 역할을 한다).
*__elf__ [elf] 몡 (몡 **elves** [elvz]) **1** 작은(꼬마) 요정. **2** 작은 사람, 난쟁이; 작은 아이. **3** 장난꾸러기, 개구쟁이.
play the elf 못된 장난을 하다.   「(저주파).
ELF, elf 〔통신〕 extremely low frequency(극(極)
élf chíld 몡 =changeling.
élf fíre 몡 =ignis fatuus.
elf·in [élfin] 혱 꼬마요정의(같은); 이 세상 것이 아닌.
― 몡 꼬마요정. **2** (비유적) 꼬마, 난쟁이; 장난꾸러기.
elf·ish [élfiʃ] 혱 꼬마요정의(elfin), 꼬마요정 같은; 작고 장난꾸러기인. (또는 **elvish**) **~·ly** 튀 **~·ness** 몡
élf·land [-lænd] 몡①© 요정의 나라(fairyland).
elf·lock [élflɑ̀k/-lɔ̀k] 몡 헝클어진 머리카락.
Él·gin márbles [élgin-] 몡복 엘긴 대리석 조각군(대영 박물관 소장의 고대 그리스의 대리석 조상(彫像)). (〈매입자 영국의 Lord Elgin(1766-1841)의 이름).
El Gí·za [el gí:zə] 몡 기자, 기제(이집트 북부의 도시; 부근에 3대 피라미드와 스핑크스가 있음. (또는 **El Gizeh**)   「(스페인의 화가).
El Gré·co [el grékou] 몡 엘 그레코(1541-1614;
el·hi [élhai] 혱 초·중·고교의, 초등 학교에서 고등 학교까지의. (〈*el*ementary school + *hi*gh school)
E·li [í:lai] 몡 **1** 엘리(선지자 Samuel을 키운 이스라엘의 제사장. ⇨*Samuel*(1 Samuel 1-3). **2** Yale 대학의 학생(졸업생). **3** (또는 **E·lie** [éli]) 엘라이(남자 이름).
E·li·a [í:liə] 몡 엘리아(Charles Lamb의 필명).
E·li·as [iláiəs] 몡 (성서) =Elijah.
e·lic·it [ilísit] 타 **1** …을 끌어내다, (진리 따위)를 끌어내다, 분명히 하다. ⇨EXTRACT 유의어 **2** (남으로부터) 대답·웃음 따위를 이끌어 내다(*from*).
~·a·ble 혱 **-i·tor** 몡
e·lic·i·ta·tion [ilìsətéiʃən] 몡①© 끌어내기, 꾀어 내

기. ¶the ~ of the true facts 진상 캐내기.
e·lide [iláid] 㙼匜 1 (어미의) 〔모음·음절〕의 발음을 생략하다(예: th' (=the) olden time). 2 …을 묵살하다; …을 무시하다, 생략하다. 3 (법률) …을 무효로 하다, 취소[삭제]하다. **e·líd·i·ble** 㙼

el·i·gi·bil·i·ty [èlidʒəbíləti] 匜匜 1 피선거[임명] 자격; 임원 자격. 2 적임, 적격성(fitness).

***el·i·gi·ble** [élidʒəbl] 㙼 1 (…에) 적임의, 적당한; 바람직한, (특히) 결혼 상대로 어울리는(for). ¶an ~ young man (남편감으로서) 적당한 청년. 2 (법적으로) 적격의, (…의/…할) 자격이 있는(for, as/to do). ¶an ~ candidate 적격인 후보자 // be ~ for office [election] 공직 취임[입후보] 자격이 있다. —匜 적격자[물], 적임자; 유자격자. **~·ness** 匜 **-bly** 㙻

éligible páper (은행) 적격 어음(중앙 은행에서 (재)할인을 인정받은 어음.) 〔히브리의 선지자〕.

E·li·jah [iláidʒə] 匜 (성서) 엘리야(기원전 9세기의
e·lim·i·na·ble [ílímənəbl] 匜 제거[배제]할 수 있는; (수학) 소거(消去)할 수 있는. **-bíl·i·ty** 匜

e·lim·i·nant [ílímənənt] 匜 1 (수학) 소거식(式). 2 (의학) 배설 촉진제.

‡**e·lim·i·nate** [ílímənèit] 㙼匜 (-nat·ed; -nat·ing)
1 (유해물·여분 따위)를 (…에서) 제거하다, 삭제하다 (from). ¶ (~+目+前+名) She ~d all errors from the typescript. 그녀는 타이프 원고에서 틀린 곳을 모조리 없앴다. 2 …을 제외하다, 무시하다. 3 (생리) …을 (…에서) 배설[배출]하다 (from). ¶ (~+目+前+名) ~ waste matter from the system 몸에서 노폐물을 배출하다. 4 (수학) …을 소거(消去)하다. 5 (경기 따위에서) …을 실격[탈락]시키다 (from). 6 (구어) …을 죽이다, 없애다. **-nà·tive**, **-na·to·ry** [-nətɔ̀ːri] 匜

***e·lim·i·na·tion** [ílímənéiʃən] 匜匜匜 1 제거, 삭제, 제외, 배제(exclusion); 실격, 탈락. 2 (스포츠) 예선. ¶ an ~ contest [or match, race] 예선 시합. 3 (수학) 소거(법). 4 (생리) 배출, 배설; (~s) 배설물.

e·lim·i·na·tor [ílímənèitər] 匜 1 제거하는 사람; 배제기(器). 2 (전기) 일리미네이터.

el·int [élint, ilínt] 匜匜 전자 정찰[정보 수집]. (또는 Elint, ELINT) 〔<*elect*ronic+*int*elligence〕

El·i·ot [éliət, éljət] 匜 엘리엇. 1 **George ~** (1819–80: 영국의 여류 소설가 Mary Ann Evans의 필명). 2 **T(homas) S(tearns)** ~ (1888–1965: 미국 태생의 영국 시인·비평가; 노벨 문학상(1948)). 3 남자 이름(Elias의 애칭). **El·i·ot·i·an** [èlióutiən, -ʃən], **El·i·ot·ic** [èliátik] 匜 T.S. 엘리엇의[적인].

E·lis·a [ilísə, elíːsə] 匜 엘리사(여자 이름: Elizabeth의 애칭). (또는 **E·li·sia** [ilíːʒə])

ELISA [iláizə, -sə] 匜 (의학) 효소 결합 면역 수착(收着)(법) 검정(법), 엘리사(특정 감염증의 혈청학적 진단법). 〔<*e*nzyme-*l*inked *i*mmuno*s*orbent *a*ssay〕

E·lis·a·beth [ilízəbəθ] 匜 1 (성서) 엘리자베스(세례 요한(John the Baptist)의 어머니. ―누가 복음(Luke) 1:5). 2 엘리자베스(여자 이름).

E·li·sha [ilái∫ə] 匜 (성서) 엘리사(기원전 9세기의 히브리의 선지자. 엘리야(Elijah)의 후계자).

e·li·sion [ilíʒən] 匜匜匜 1 모음·음절의 발음 생략 (예: bread and butter [brédnbʌ́tər]). 2 (시) (다음 낱말이 모음으로 시작될 때의) 어미의 모음 생략 (예: th' Orient=the Orient).

***e·lite** [ilíːt, ei-] 匜 1 (the ~) (집합적: 단·복수 양용) 선발된 사람들, 엘리트; 최상류층 사람들 : (사회의) 중추, 정예. ¶ the ~ of society 사교계 명사들 / be born into the ~ 상류 계급으로 태어나다. 2 ⓤ (타자기의) 엘리트 활자(10포인트에 해당). (또는 **élite**)
—匜 뽑힌, 선발된, 정예의; 배타적인. 〔<F〕

Elíte Guárd 匜 나치스 친위대.

e·lit·ism [ilíːtizm, eil-] 匜匜 엘리트에 의한 통치[지배]: 정예주의, 엘리트 의식. (또는 **élitism**)

e·lit·ist [ilíːtist] 匜 엘리트주의자. —匜 엘리트주의의.

e·lix·ir [ilíksər] 匜 1 연금 약액(鍊金藥液)(㙼 philosopher's stone). 2 만병 통치약, 특효약, (불로장생의) 영약(the ~ of life); (익살) 술. 3 (드물게) 정수 (精髓), 진수. 4 (약학) 맛 및 가지 주약(主藥)을 조합한 팅크; 알코올성 강장제[음료].

Eliz. Elizabeth(an).

E·li·za [iláizə] 匜 일라이저(여자 이름: Elizabeth의 애칭).

E·liz·a·beth [ilízəbəθ] 匜 1 ~ Ⅰ 엘리자베스 1세 (1533–1603: 영국 여왕(1558–1603)). 2 ~ Ⅱ 엘리자베스 2세(1926– : 현 영국 여왕(1952–)). 3 엘리자베스(여자 이름).

***E·liz·a·be·than** [ilìzəbíːθən] 匜 엘리자베스조(朝)의, 엘리자베스 1세 시대의; 그(녀) 엘리자베스조 양식의. ¶ the glory of the ~ age 엘리자베스 1세 시대의 영화. ―匜 엘리자베스 1세 시대의 사람(문인·정치가).

Elizabéthan sónnet 匜 (Shakespeare 등) 엘리자베스 1세 시대의 시인이 쓴 소네트(English sonnet).

elk [elk] 匜 (匜 ~**(s)**) 1 엘크(북유럽·아시아산(産)의 큰 사슴)(㙼 moose). 2 (北美·캐나다) =wapiti. 3 (무두질한) 엘크 가죽. 4 (E–) (美) 엘크스회(Benevolent and Protective Order of Elks)의 회원. 「an ~).
elk·hound [élkhàund] 匜 사슴 사냥개(Norwegi-**ell**¹ [el] 匜 1 엘(L, l)자. 2 L자형〔직각〕으로 된 증축(增築) 부분; L자 모양의 것. 3 (건물의) 퇴, 물림.

ell² [el] (고어) 엘(영국에서 쓰였던 길이의 단위; 45인치). ¶ *If you give him an inch, he'll take an* ~. (속담) 봉당을 빌려주니 안방까지 달란다.

El·len [élən] 匜 엘렌(여자 이름: Helen의 애칭).

Él·lery Quéen [éləri–] 匜 엘러리 퀸. 1 미국의 추리 작가 Frederic Dannay(1905–82)와 Manfred B. Lee(1915–71)의 공동 필명. 2 그 작품의 주인공 탐정. 匜 detective.

el·lipse [ilíps] 匜 (기하) 타원(형). 匜 parabola

***el·lip·sis** [ilípsis] 匜 (匜 **-ses** [-siːz]) 1 匜匜 (문법) 생략(법). 2 (인쇄) 생략 부호 (―, …, * * * 따위). 3 (기하) =ellipse. 「(컴퍼스).
el·lip·so·graph [ilípsəgræ̀f, -gràːf] 匜 타원 자
el·lip·soid [ilípsɔid] 匜 (기하) 타원체(면).

el·lip·soi·dal [ilìpsɔ́idl/èlip-] 匜 타원체[면]의.

el·lip·ti·cal [ilíptikəl] 匜 1 타원(형)의. 2 생략법의, 생략적인. ¶ an ~ construction 생략 구문. (또는 **elliptic**) **-ly** 匜 **-ness** 匜

ellíptical òrbit 匜 (우주) 타원(형) 궤도.

el·lip·tic·i·ty [ilìptisəti/èlip-] 匜匜 타원율; 타원율(率). 「만에 있는 작은 섬; 옛 이민국 시설 소재지).
Él·lis Ísland [élis–] 匜 엘리스 섬(미국 New York ***elm** [elm] 匜 느릅나무; 匜 느릅나무 재목. ¶ *To ask pears of an* ~ *tree*. (속담) 느릅나무에서 배를 찾다, 연목구어(緣木求魚). **élm·y** 匜 느릅나무가 무성한.

El·mer [élmər] 匜 1 (美 속어) 감독, 지배인; (美 속어) 시골뜨기. 2 남자(남자 이름).

Élmer Gántry 匜 (美 속어) 위선적인 종교가. 〔<Sinclair Lewis의 동명 소설〕

El Ni·ño [el níːnjou] 匜 (匜 ~**s**) 엘니뇨(Peru 해안 적도 부근의 태평양 해역의 해면 온도 급상승으로 발생하는 난류대; ~ effect [phenomenon]로 불리는 기상 이변을 일으킨다). 匜 La Niña 〔<Sp〕

***el·o·cu·tion** [èləkjúːʃən] 匜匜匜 1 연설[낭독] 태도; (효과적인) 연설[낭독, 발성]법; 웅변술. ¶a bad [an impressive] ~ 서투른[감명적인] 연설 태도 / theatrical ~ 무대 발성법. 2 과장된 화법. **~·àr·y** 匜 **~·ist** 匜 웅변가, 낭독가; 연설[낭독]법 교사.

é·loge [eilóuʒ] 匜 찬사; (프랑스 학사원 회원 영결식 때의) 조사(弔辭). 〔<F〕 「(God).
E·lo·him [elóuhim] 匜 (히브리 사람의) 신, 하느님 **E·lo·hist** [elóuhist] 匜 엘로히스트(구약 성서의 처음 6편에서 신을 Yahweh라고 부르지 않고 Elohim이라고

부른 저자 또는 그 편자). ⓑ Yahwist
E. long. *east longitude.*
e·lon·gate [iló:ŋgeit/i:lɔŋgéit] 國配 …을 잡아늘이다, 연장하다. ¶~ a line 선을 연장하다. —國 길어지다, 늘어나다. ¶A rubber band ~s easily. 고무줄은 쉽게 늘어난다. 國配 (또는 **elongated**) 길게 된, 벋은; (동·식물) 가늘고 긴.
e·lon·ga·tion [ìlɔ:ŋgéiʃən/ì:lɔŋ-] 國UC 1 늘어남, 신장(伸長), 연장; 늘어난 상태. 2 연장선[부]; 신장(도度). 3 (천문) 이각(離角)(지구에서 관측되는 한 천체에서 또 다른 천체까지의 각(角)거리).
e·lope [ilóup] 國面 1 (남녀가) 눈이 맞아 함께 달아나다. (기혼 여성이 애인과) 가출하다 (*with*). 2 (…을 갖고) 도망치다 (*with*); (정신 병원 따위에서) 탈주하다. **~·ment, e·lóp·er** 國
‡**el·o·quence** [éləkwəns] 國UC 1 웅변, 능변, 말재주, 유창한 변설[문장]; 웅변술, 수사법. ¶fiery ~ 열변/ a man of ~ 웅변가 / a flow of ~ 유창한 웅변/ *Love and business teach* ~. (속담) 사랑과 장사는 사람을 웅변가로 만든다. 2 효과적임[감동적임, 힘참] 말. **with eloquence** 웅변[달변]으로.
‡**el·o·quent** [éləkwənt] 國 1 웅변의, 말 잘하는, 능변인, (연설 따위가) 감동적인, 청중을 사로잡는. ⇒FLUENT 國配 ¶an ~ speaker 웅변가. 2 (표현이) 강력한, 표현[표정]이 풍부한; (…을) 잘 나타내는 (*of*). ¶~ looks [gestures] 표정이 풍부한 얼굴[몸짓]// *Eyes are more ~ than lips.* (속담) 눈은 입 이상으로 말한다.
be eloquent of …을 생생하게 표현한다[나타내다].
~·ly 周 **~·ness** 國
El Pas·o [el pǽsou] 國 엘패소(미국 Texas 주의 도시; 대규모 군사 기지가 있다). **El Pás·o·an** 國
ELS (美) *English Language Services*(외국인을 위한 미국의 영어 교육·연구 기관).
El·sa [élsə] 國 엘사(여자 이름; Elizabeth의 애칭).
El Sal·va·dor [el sǽlvədɔ̀:r] 國 엘살바도르(중앙 아메리카의 공화국; 수도 San Salvador).
‡**else** [els] 國 (부정대명사·*wh*-이외의 의문대명사 따위와 함께) 그 밖의, 그것 이외의, 다른, 딴; 추가의, 추가적인. ¶somebody ~ 어떤 딴 사람/ some-body ~'s book 어떤 다른 사람의 책/ no one ~ but him 그 사람 이외에는 아무도 …않는/ nobody ~'s business 딴 사람에게는 간섭할 수 없는 일/ Is anyone [*or* anybody] ~ coming? 그 밖에 누가 또 오는가?

> USAGE …*else*의 소유격 ─ 부정대명사가 선행하는 경우 그 소유격은 이전에는 예를 들어 anyone's *else*가 보통이었으나, 현재는 전체가 합성어처럼 취급되어 anyone *else's*가 표준적인 어법. 의문대명사와는 결합도가 낮으나 구어에서는 *Who else's should it be?* 처럼 말한다.

What else is new? (구어) 그 밖에 뭐 새로운 것 없어?, 그 따위 이야기에는 이제 질렸다.
—周 1 (의문부사 *wh*-로 끝나는 말과 함께) 그 밖에, 달리, 따로, …이외에[으로서]. ¶You may go anywhere ~ you like. 다른 데 어디든지 네가 가고 싶은 데로 가도 좋다/ *Why* ~ *do you think I told you?* 그렇지 않다면 내가 이야기 왜 했겠소?/ *Where* ~ *can I go?* 그 밖에 어디로 갈 수 있겠는가?/ *How* ~ *can I do it?* 달리 그것을 할 수 있는 방법이 있을까?
2 (or가 앞에 와서 접속사적으로) 그렇지 않으면, …이 아니면. ¶Take care, (or) ~ you will fall. 주의하시오, 그렇지 않으면 떨어집니다.
‡**else·where** [élshwèər/élswéə] 周 (어딘가) 다른 곳에[에서, 으로], 어떤 딴 곳에[에서, 으로]. ¶He lived ~. 그는 어딘가 다른 곳에서 살았다. ⌜우에도.
here as elsewhere 이곳의 경우와 마찬가지로 이 경우에도.
else·with·er [élshwìðər/élswìðə] 周 어딘가 다른 곳에[으로].

El·sie [élsi] 國 엘시(여자 이름; Elizabeth의 애칭).
ELSS (우주) *extravehicular life support system* (선외(船外) 생명 유지 장치). **ELT** (항공) *emergency landing transmitter*(불시착 발신 장치); *English Language Teaching*(영어 교수법, 영어 교육[교재]); *European letter telegram*. ⌜이집트의 지명)
El Tor [el tɔ́:r] 國 (미생물) 엘토르형 콜레라균. (<
e·lu·ci·date [ilú:sədèit] 國配 (사실·기술 따위를) 밝히다, 해명하다, 설명하다. ⇒EXPLAIN 國配 ~ the point 요점을 밝히다. —國 해명[설명]하다. **-dà·tive** 周 **-dà·tor** 國 해설[설명]者. **-da·tò·ry** 周 ⌜명.
e·lu·ci·da·tion [ilù:sədéiʃən] 國UC 명시, 설명, 해
e·lu·cu·brate [ilú:kjubrèit] 國配 (문예 작품 따위)를 오랜 노고 끝에 내놓다.
‡**e·lude** [ilú:d] 國配 1 …을 교묘히 피하다, …을 면하다[벗어나다]. ⇒ESCAPE 國配 ¶~ a blow 몸을 살짝 비켜 타격을 피하다/ ~ pursuit [one's pursuers] 추적을 피하다[추적자로부터 벗어나다]. 2 (남의) 눈을 속이다; (법률·의무 따위를) 회피하다, 이행하지 않다. ¶~ vigilance 경계의 눈을 피하다/ ~ the law 법망을 피하다/ ~ one's obligations 책임을 회피하다. 3 (사물이) …에게 이해되지 않다, 파악하기 쉽지 않다; (이름 따위가) 생각나지 않다. ¶The idea [meaning] ~s me. 나는 그 생각[뜻]을 알 수가 없다/ Sorry, your name ~s me. 죄송합니다만, 당신의 이름이 생각나질 않는군요.
e·lúd·er 國
e·lu·sion [ilú:ʒən] 國UC 회피, 도피(evasion).
e·lu·sive [ilú:siv] 周 1 붙잡기[파악하기] 어려운; 이해하기 어려운; 기억하기 어려운. ¶an ~ argument 요령부득한[파악하기 어려운] 논의/ an ~ meaning 알기 어려운 의미/ an ~ word 기억하기 어려운 말. 2 (교묘히) 도피하는, 달아나기 쉬운; 포착하기 어려운. ¶an ~ enemy 포착하기 어려운 적. 3 남의 눈을 피하는, 고독을 즐기는. (또는 **elusory**). **~·ly** 周 **~·ness** 國
e·lute [i:lú:t, il-] 國配 (화) …을 용리(溶離)하다.
e·lu·tion [ilú:ʃən, ilú:-] 國
e·lu·tri·ate [ilú:trièit] 國配 1 …을 씻어 깨끗이 하다. 2 (광석)을 세광(洗鑛)하다. **-á·tion** 國
el·van [élvən] 國 (광물) 맥반암(脈斑岩).
el·ver [élvər] 國 (강으로 올라온) 새끼 뱀장어.
elves [elvz] 國 elf의 복수형.
El·vis [élvz] 國 1 (美 속어) 엘비스(~ Presley)식 머리 모양. 2 엘비스(남자 이름).
elv·ish [élviʃ] 周 =elfish. ⌜「Elwyn」
El·win [élwin] 國 엘윈(남자 이름). (또는 **Elvin**,
É·ly·sée [èilizéi] 國 엘리제 궁(파리에 있는 궁전으로 대통령 관저); (the ~) 프랑스 정부.
É·ly·sée-watch·er [-wɔ̀tʃər/-wɔ̀tʃ-] 國 프랑스 사정 연구가, 프랑스통(通).
E·ly·sian [ilíʒən/-ziən] 周 엘리시움(Elysium)의 [같은]; 지복(至福)의, 극락 정토의; 더할 나위 없이 즐거운. ¶~ happiness 더없는 행복.
E·ly·si·um [ilíʒiəm/ilíziəm] 國 1 (그리스·로마 신화) 엘리시움(착한 사람이나 영웅들이 죽은 후에 사는 낙토). (또는 **Elýsian Fields**) 2 (일반적으로) 사후의 극락 정토; 낙토, 낙원, 이상향; 지복의 경지.
el·y·tron [éləträn/-trɔn] 國 (複 *-tra* [-trə]) (갑충류의) 겉[딱지]날개, 시초(翅鞘). (또는 **elytrum**)
El·ze·vir [élzəvìər] 國 엘지비어가(家); 엘지비어 판활자의. —國 엘지비어판의 책; 엘지비어 활자. ⌜(<네덜란드의 인쇄업자 L. Elzevir(1540-1617)의 이름)
em [em] 國 (複 *~s*) 1 M, m의 문자. 2 (인쇄) 전각(全角)(영문 활자 M자 크기의 활자형). 3 (또는 **emm**) (美 속어) 빈 술병. —國 (인쇄) 전각의. ¶an ~ dash 전각 대시.
'em [əm] 떼 (구어) =them.
EM *education*(*al*) *manual*; *electromagnetic*; *electromotive*; *electronic mail*(e-mail); *end matched*; (컴퓨터) *end of medium*(매체 중단(終*

端)); enlisted man [men](略 EW). **E.M.** Earl Marshal; Engineer of Mines.
em-[1] [im, em] 접두 ⇨EN-[1].
em-[2] 접두 ⇨EN-[2].
EMA European Monetary Agreement(유럽 통화 협정).
e·ma·ci·ate [iméiʃièit] 타 (수동형으로) **1** …을 여위게 하다, 쇠약하게 하다; [토지]를 메마르게 하다. **2** [내용·효과·매력 따위]를 감소시키다.
e·ma·ci·at·ed [-id] 형 쇠약한, 여윈; [토지가] 메마른; [내용·효과 따위가] 빈약한.
e·ma·ci·a·tion [imèiʃiéiʃən/-si-] 명 U (병 따위로) 쇠약함, 수척함, 여윈.
‡**e-mail** [í:méil] 명 U (종종 E-) 전자 우편, 이메일. ─ 타 …에게 E메일을 보내다; …을 E메일로 보내다. ¶ ~ the message to him 그에게 E메일로 메시지를 보내다. (또는 **email**) [<electronic+mail]
É-mail àddress 명 [컴퓨터] E메일 어드레스[주소](`name @ site address`식으로 표시). [그러마.
E-mail·man [í:méilmən] 명 [컴퓨터] E메일 프로
E-man [í:mǽn] 명 (美구어) (FBI의) 전자 기기 이용 수사관.
em·a·nate [émənèit] 자 **1** (빛·열·향기 따위가) 발산하다, 유출하다, 방사하다(from). ¶ Fragrance ~s from flowers. 꽃에서 향기가 난다. **2** (생각·명령·제안 따위가 …에서) 나오다, 발하다; (소문 따위가) 퍼지다(from). ─ 타 …을 발산[유출], 방사하다.
em·a·na·tion [èmənéiʃən] 명 **1** 유출, 발산, 방사. **2** C 발산[방사]된 것. ¶ ~s from the sun 태양으로부터의 방사물. **3** [물·화] 에머네이션(방사성 기체). **4** (비유적) 감화, 영향력; (사회 환경·문화 따위의) 소산.
em·a·na·tive [émənèitiv] 형 유출적인, 방사(성)의, 발산하는; ~·ly 부.
e·man·ci·pate [imǽnsəpèit] 타 **1** (구속·지배 따위에서) …을 해방[자유롭게]하다(from). ⇨ FREE 유의어. ¶ ~ women 여성을 해방하다 // ~ oneself from debt 빚에서 벗어나다. **2** [노예]를 해방하다. **3** [로마 법률] [아이]를 후견(父權)에서 해방하다.
e·man·ci·pat·ed [imǽnsəpèitid] 형 (여성이) 인습[편견]에 구애되지 않는, 자주적인; (속박에서) 해방된.
‡**e·man·ci·pa·tion** [imæ̀nsəpéiʃən] 명 UC **1** 해방, 자유, 이탈. **2** [로마 법률] (아이의) 부권에서의 해방.
e·man·ci·pa·tion·ist [imæ̀nsəpéiʃənist] 명 (정치·종교상의) 해방론자; (특히) 노예 해방론자.
Emancipátion Proclamàtion 명 [美역사] (the ~) 노예 해방 선언(1862년 9월에 Lincoln 대통령이 공포; 1863년 1월 1일 발효).
e·man·ci·pa·tor [imǽnsəpèitər] 명 해방자. ¶ the Great E- (美) 대해방자(Lincoln 대통령의 별명).
e·man·ci·pa·to·ry [imǽnsəpətɔ̀:ri/-təri] 형 해방의, 해방에 도움이 되는, 해방을 위한. [quette.
E-man·ners [í:mǽnərz] 명 [컴퓨터] = neti-
E-man·u·el [imǽnjuəl] 명 에마누엘(남자 이름).
e·mar·gi·nate [imá:rdʒənèit] 형 **1** [식물] (꽃이) 끝이 오목하게 팬. **2** 그 가장 자리에 변 자리가 있는. (또는 **emarginated**) ~·tion ~·ná·tion 명.
e·mas·cu·late 타 [imǽskjulèit] **1** …을 거세하다. **2** …의 기력[기세]을 없애다; 약하게 하다, 연약하게 하다; [문장 따위]의 골자를 빼다; [작품 따위]의 박력[알맹이]을 없애다. ─ 형 [imǽskjulət] 거세된; 여성이 빠진; 무기력한, 가냘픈.
─ **-la·tive** -la·tor -la·to·ry [-lətɔ̀:ri/-təri] 형.
e·mas·cu·la·tion [imæ̀skjuléiʃən] 명 U 거세 (castration); 연약화, 연약함; 알맹이를 빼기[뺀 상태].
em·balm [imbá:m, em-] 타 **1** (향유·약품 따위로) [시체]를 방부 처리하다, …을 미라로 만들다. **2** (비유적) …을 오래 기념[기억]하다, **3** …을 (그대로) 보존한다. **4** …에 향기를 채우다(perfume). ~·er 명.
em·balm·ment [imbá:mmənt, em-] 명 U (시체의)

방부 보존(법), (시체를 향유 따위로) 미라로 만들기.
em·bank [imbǽŋk, em-] 타 …을 둑[제방]으로 둘러싸다, [하천]에 둑을 쌓다.
*em·bank·ment** [imbǽŋkmənt, em-] 명 **1** 제방, 둑. **2** U 제방[둑]을 쌓기, 축제(築堤). **3** (the E-) (英) 엠뱅크먼트(런던 시내 Thames 강변 도로). [tion.
em·bar·ca·tion [èmba:rkéiʃən] 명 =embarka-
*em·bar·go** [imbá:rgou, em-] 명 (복 ~es) **1** (상선의) 출항[입항] 금지 (명령); 선박 억류. **2** (시설 부족·체화(滯貨) 따위로 인한) 화물 적재 금지 명령. **3** (특정 상품의) 통상 정지, 수출 금지(on). ¶ an ~ on gold; a gold ~ 금 수출 금지. **4** (금지, 제한, 억제 (on, upon).
lay [or **place, put**] **an embargo on** [선박]에게 출항 정지를 명하다; …의 통상을 금지하다; …을 금지[저해]하다.
lift [or **remove, take off**] **an embargo on** [선박]의 출항 정지를 해제하다; …의 통상 정지를 해제하다; …을 해금하다.
under an embargo (선박이) 출항 정지 중인; 출입항이 금지되어; (통상이) 금지되어서.
─ 타 **1** [선박]에 대해 출항[입항] 금지를 명하다. **2** [어떤 종류의 상품]의 통상을 금지[정지]하다. **3** [선박·화물]을 몰수[징발]하다.
*em·bark** [imbá:rk, em-] 타 **1** …을 (배·비행기 따위에) 태우다, 싣다, 적재하다, 탑승[승선]시키다. ¶ ~ cargo 뱃짐을 싣다. **2** (남)을 사업에 끌어넣다; (기업에) 투자[출자]하다(in). ¶ (~+目+前+名) ~ much money in trade 장사에 많은 돈을 들이다 / ~ oneself in …에 나서다. ─ 자 **1** 승선하다, 탑승하다(on); (…에) 출항하다(for). ¶ (~+前+名) ~ at New York 뉴욕에서 승선하다 / ~ in [or on] a boat 배를 타다 / ~ for France by a steamer 기선을 타고 프랑스로 향하다. **2** (사업에) 나서다, 착수하다 (on, upon); (장사를) 시작하다, 종사하다. ¶ (~+前+名) ~ upon a business 실업계에 진출하다.
*em·bar·ka·tion** [èmba:rkéiʃən] 명 U **1** 승선, 탑승, 적재. **2** C 승선자, 적재물. **3** (사업 따위에의) 진출, 착수 (on, upon, in). (또는 **embarcation**)
embarkátion càrd 명 출국 카드. [barkation.
em·bark·ment [imbá:rkmənt, em-] 명 =em-
‡**em·bar·rass** [imbǽrəs, em-] 타 (~·es [-iz]; ~ed [-t]) **1** …을 난처[곤란, 당혹]당황]하게 하다, 쩔쩔매게 하다. ¶ (~+目+前+名) ~ a person with questions 질문을 해서 남을 난처하게 하다 / be ~ed with responsibility 책임을 지게 되어 쩔쩔매다.

> 유의어 **embarrass** 뜻밖의 일 따위로 평정을 잃고 불안·어색함이 생기게 하다. **bewilder** 대상이 복잡해서 완전한 사고·이해를 불가능하게 하다. **confuse** 매우 강하게 embarrass 또는 bewilder하다. **disconcert** 급히 또는 심하게 마음을 혼란시켜 순식간에 생각을 집중할 수 없게 하다. **dismay** 곤란·위험 따위가 너무나 커보이거나 처리가 어려워 의기소침케 하다. **puzzle** 매우 복잡하여 이해·해결을 곤란하게 하다. **perplex** puzzle해서 걱정·불안에 빠뜨리다.

2 [문제 따위]를 뒤얽히게 하다, 복잡하게 하다. ¶ Affairs are ~ed. 사태가 ~ed. **3** …을 훼방 놓다, 방해하다. ¶ ~ a person's movements 남의 행동을 방해하다. **4** (수동형으로) (금전적으로) …을 어렵게 하다, 곤궁하게 하다, 빚을 지게 하다. ¶ (~+前+名) They are ~ed in their affairs. 그들은 재정난에 빠져 있다. **5** [신체·기관 따위]의 기능을 손상시키다, 장애를 일으키다.
be [or **feel**] **embarrassed by** [or **at, about**] …을 난처[거북]하게 여기다; …에 당황하다, 쩔쩔매다.
em·bar·rassed [imbǽrəst, em-] 형 난처한 (생각을 하는), 거북한. ~·ly 부.
em·bar·rass·ing [imbǽrəsiŋ, em-] 형 난처하게

하는; 얄팍은, 곤란한, 귀찮은; 창피한.
~·ly 囝 당황하도록, 난처하도록, 어리둥절해지게.
*em·bar·rass·ment [imbǽrəsmənt, em-] 몡 1 ① 당황, 당혹, 곤혹, 주눅, 어리둥절함, 어색함. 2 (an ~) 당황케 하는 것[사람], 방해하는 것[사람]. 3 ① 방해, 장해. 4 (~s) 재정난, 궁핍. 5 (an ~) 과다함, 과잉. 6 〔의학〕 기능 장애.
em·bas·sa·dor [imbǽsədər/em-] 몡 (고어) = ambassador.
*em·bas·sy [émbəsi] 몡 1 대사관(官). ¶the British E- in Seoul 서울 주재 영국 대사관. 2 〔집합적〕 대사관 전원(含) legation). 3 대사의 임무[직, 사명]. 4 사절단, 사절의 일행. 5 중요 사명[공무].
attached to an embassy 대사관부(附)의.
go on an embassy 사절로 가다.
Émbassy Ròw (美) (워싱턴 D.C.의) 외국 공관 〔대사관〕 거리; 외교가.
em·bat·tle[1] [imbǽtl, em-] 타 1 〔군대〕의 진용을 갖추다, 전쟁 준비를 갖추다. 2 〔도시 따위〕를 요새화하다. 3 …에 저항하다.   「흉벽(胸壁)을 만들다.
em·bat·tle[2] 타 〔성벽 따위〕에 총안(銃眼)이 있는
em·bat·tled [imbǽtld, em-] 몡 1 전투대형을 갖춘, 진용을 갖춘. 2 〔도시 따위〕가 요새화된. 3 전쟁에 휘말린, 공격을 받고 있는. 4 곤경에 처한, 고전(苦戰) 중인. 5 〔문장〕 흉벽 모양의 요철이 있는.   「tlement.
em·bat·tle·ment [imbǽtlmənt, em-] 몡 = bat-
em·bay [imbéi, em-] 타 1 (배)를 만(灣) 안에 들이다[대피시키다]. 2 …을 만 (모양으로) 둘러싸다, 포위하다. 3 〔해안 따위〕를 만 모양으로 하다.
em·bay·ment [imbéimənt, em-] 몡 1 만, 후미(bay); 만 모양의 것. 2 〔지리〕 만입(灣入), 만 형성.
em·bed [imbéd, em-] 타 (-dd-) 1 …을 꽂아[끼워]넣다, 묻다 (in); (…으로) 둘러싸다 (with). ¶an ~ed pot 묻힌 단지. 2 〔마음·기억에〕 새기다. 깊이 새겨두다 (in). 3 〔꽃 따위〕에 심다 (in). ─ 재 속에 묻히다, 끼다 (in). (또는 imbed) ~·ment 몡
em·bel·lish [imbéliʃ, em-] 타 1 …을 아름답게 하다, 장식하다 (with, by doing). ¶ ~ the room with new rugs 방을 새 융단으로 아름답게 꾸미다. 2 〔이야기 따위〕를 윤색하다; 수식하다 (with).
em·bel·lish·ment [imbéliʃmənt, em-] 몡 1 꾸미기, 장식, 수식. 2 윤색; (이야기의) 꾸밈, 짜임. 3 장식물; 〔음악〕 장식 (ornament).
*em·ber [émbər] 몡 타다 남은 것[장작]; (~s) 타다 남은 불, 잔화(殘火), 여신(餘燼).
Émber dàys 〔가톨릭〕 사계 재일(四季齋日)(1년에 4회 3일 간에 걸쳐 있는 단식과 기도의 날).
Émber wèek 〔가톨릭〕 사계 재일이 있는 주간.
em·bez·zle [imbézl, em-] 타 1 (금품 따위)를 횡령[착복]하다, 가로채다 (from). ~·ment, -zler 몡
em·bit·ter [imbítər, em-] 타 1 …의 맛을 쓰게 하다. 2 …을 쓰라리게 하다, …을 괴롭히다; …을 분격시키다; …에 적의를 품게 하다. ¶Failure has ~ed him. 그는 실패하여 세상을 저주하게 되었다. 3 〔원한·싸움 따위〕를 격화시키다. (또는 imbitter)
~ed ~·er, ~·ment 몡
em·bla·zon [imbléizn, em-] 타 1 〔방패〕를 문장(紋章)으로 장식하다. 2 …을 (화려한 색으로) 장식하다. 3 …을 높이 칭찬하다, 격찬하다. ~·er, ~·ment 몡
em·bla·zon·ry [imbléiznri, em-] 몡 1 문장(紋章) 장식; 문장 묘화(描畫)(술); 〔집합적〕 문장. 2 화려한 장식[묘사].
*em·blem [émbləm] 몡 1 상징, 표상(symbol). ¶a national ~ 국가의 상징/An eagle is the American ~. 독수리는 미국의 상징이다. 2 표상적 무늬, 표장(標章), 기장(記章), 문장. 3 우의화(寓意畫). 4 (성질 따위의) 전형(典型), 화신(化身), 구현. ─ 타 몡 1 을 표상으로 나타내다, 상징하다.
em·blem·at·ic [èmbləmǽtik] 몡 상징의, 상징
적인; (…을) 표상하는, 전형적인 (of). ¶Free discussion is ~ of democracy. 자유 토론은 민주주의를 상징한다.
em·blem·at·i·cal [èmbləmǽtikəl] 몡 = emblematic. ~·ly 閉 ~·ness 몡
em·blem·a·tist [émbləmətist] 몡 표장(標章) 고안[제작]자; 우화(寓話) 작가.
em·blem·a·tize [émbləmətàiz] (*英) -tise) 타 …의 상징이 되다; …을 상징하다; …를 상징[표장]으로 나타내다. (또는 emblemize, (英) emblemise)
émblem bòok 우의화집(寓意畫集).
em·ble·ments [émbləmənts] 몡 〔법률〕 인공 경작물; 근로 과실(果實).
em·bod·i·ment [imbádimənt, em-/-bɔ́d-] 몡 1 ① 구체화(하기), 구상(具象), 구현, 체현(體現). 2 구체물, 화신, 권화(權化). ¶ the ~ of virtue 미덕의 화신.
*em·bod·y [imbádi, em-/-bɔ́di] 타 1 〔정신〕에 형체[육체]를 주다; ¶an embodied spirit 육체화된 영혼. 2 〔종종 수동형으로〕 (사상·감정 따위)를 구체화하다; 구체적으로 나타내다 (in). 3 …을 통합하다; 포함하다, 수록하다; 편입[편성]하다. (또는 imbody)
-bód·i·er 몡
em·bog [imbág, em-/-bɔ́g] 타 (-gg-) …을 수렁에 빠져들게 하다(mire); …을 궁지에 빠뜨리다.
em·bold·en [imbóuldən, em-] 타 …에게 용기를 주다; …을 대담하게 하다 (to do). (또는 imbolden)
em·bo·lec·to·my [èmbəléktəmi] 몡 〔외과〕 (혈관의) 색전(塞栓) 제거술.
em·bol·ic [embálik/-bɔ́l-] 몡 1 〔병리〕 색전(塞栓)(증, 성)의. 2 〔발생〕 함입(陷入)의[에 의한].
em·bo·lism [émbəlìzm] 몡 ① (윤달·윤년)을 더하기; 윤일(윤달, 윤년). 2 〔교회〕 주기도문(主祈禱文) 다음에 덧붙이는 기원, 후문(後文). 3 〔병리〕 색전증(塞栓症)으로 폐쇄되는 병증. -lis·mic 몡
em·bo·lize [émbəlàiz] (*英) -lise) 타 〔혈관〕에 색전을 일으키다. -li·zá·tion 몡 색전 형성.
em·bo·lus [émbələs] 몡 (pl. -li [-lài]) 〔병리〕 색전(塞栓)(속의 흐름성 물질; 응혈, 기생충, 기포 등).
em·bon·point [F ɑ̃bɔ̃pwɛ̃] 몡 〔F〕 (여성의) 비만, 〈F〉
em·bos·om [imbúzəm, em-] 타 1 〔수동형으로〕 …을 싸다, …을 (…로) 둘러싸다 (in, among, with). 2 …을 품에 껴안다. 3 …을 소중히 하다; 귀여워하다(cherish); 그리워하다. (또는 imbosom)
*em·boss [imbɔ́ːs, -bás, em-/-bɔ́s] 타 1 …을 돋을새김[양각]으로 장식하다 (on); 〔무늬 따위〕를 도드라지게 새기다. 2 〔종이·그릇 따위〕를 볼록 나오게[도드라지게] (무늬로) 장식하다 (with). ¶(~+前+名) be ~ed with a design of flowers 꽃무늬 돋을새김이 되어 있다 / A floral design was ~ed on the letter case. 문갑 표면에는 꽃무늬 돋을새김이 되어 있었다. 2 …을 부풀리다; 융기시키다, 돋아나게 하다.
~·a·ble, ~·ed 몡 ~·ment 몡
embóssed bòok 점자(點字)책.
em·boss·er [imbɔ́ːsər, em-/-bɔ́sə] 몡 돋을새김 세공사; 부각기(浮刻機).
em·bou·chure [àːmbuʃúər/ɔ̀mbuʃúə] 몡 1 강어귀. 2 골짜기의 어귀. 3 〔음악〕 마우스피스; (취주 관악기의) 취관(吹管), 주둥이; 취관에 입술 대는 방법. 〈F〉
em·bour·geoise·ment [ɑːmbùːərʒwaːzmɑ̃ː] 몡 중산 계급화. (또는 embourgeoisification)
-geoisé [-zéi] 몡 중산 계급화 된. 〈F〉   「disembowel.
em·bow·el [imbáuəl, em-] 타 (-l-, (英) -ll-) =
em·bow·er [imbáuər, em-] 타 …을 나뭇가지로 가리다, 나무로 둘러싸다 (in, among). (또는 imbower)
*em·brace[1] [imbréis, em-] 타 (-brac·es [-iz]) ~d [-t]; -brac·ing) 타 1 …을 껴안다, 포옹하다. ⇨HUG 〔유의어〕 ¶Father ~d me. 아버지가 나를 껴안았다. 2 (사상 따위)를 받아들이다. ¶ ~ liberal views 자유주의적 사상을 받아들이다. 3 〔기회〕를 포착하다; 이

용하다. ¶ ~ an opportunity 기회를 붙잡다. **4** 〔의견·신앙 등〕을 신봉[채택]하다; 〔직업〕을 가지다, 〔생활 따위〕에 들어가다. ¶ ~ Christianity 기독교를 신봉하다/~ a new profession 새 직업을 가지다. **5** …을 알아채다, 깨닫다. **6** …을 둘러[에워]싸다. **7** …을 포용[포함]하다; …에 걸치다. ⇨CONTAIN [유의어] ¶ His work ~*s* the whole field of ancient Roman history. 그의 저작은 고대 로마사의 전 분야에 걸치고 있다. —[자] 서로 껴안다. —[명] **1** 포옹. **2** 《완곡적》 성교. **3** 포위, 둘러싸는 것. **4** 수락, 용인. **~·a·ble** [형] **~·ment** [명]

em·brace² [동][타] 〔법률〕 〔배심원 등〕을 포섭[매수]하「다.

em·brace·or [imbréisər, em-] [명] 〔법률〕 판사[배심원 등]를 포섭하는 사람, 매수자.

em·brac·er [imbréisər, em-] [명] **1** 포옹하는 사람. **2** =embraceor.

em·brac·er·y [imbréisəri, em-] [명] 〔법률〕 판사[배심원] 매수죄. (또는 **imbracery**)

em·brac·ive [imbréisiv, em-] [형] **1** 완전 포위한, 포괄적인(comprehensive). **2** 안고 싶어지는. **~·ly** [부]

em·branch·ment [imbrǽntʃmənt, em-] [명][U][C] 분기(分岐); (나뭇가지의) 분지(分枝), (산맥의) 분맥; (하천의) 분류(branch).

em·bran·gle [imbrǽŋgl, em-] [동][타] …을 혼란시키다, 헝클어지게 하다. (또는 **imbrangle**) **~·ment** [명]

em·bra·sure [imbréiʒər, em-] [명] **1** (성·요새 따위의) 흉벽(胸壁) 총안. ⇨BASTION 그림. **2** 〔건축〕 (창 따위의) 나팔꽃 모양(의 구멍). **-sured** [형]

em·brit·tle [imbrítl, em-] [동] 무르게 하다[되다], 부서지기 쉽게 하다[되다]. **~·ment** [명]

em·bro·cate [émbrəkèit] [동][타] 〔약·로션 따위〕를 …에 바르다[도포하다], …에 (약액[물약]을) 바르다 (*with*). 「바르는 약, 도찰제(塗擦劑).

em·bro·ca·tion [èmbrəkéiʃən] [명][U] 약액의 도포;

em·bro·glio [imbróuljou/em-] [명] (복) **~s**) = imbroglio.

***em·broi·der** [imbrɔ́idər, em-] [동][타] **1** (…에) 수놓다 (*on*); (실 따위로) 자수하다 (*with, in*). ¶ (~+[目]+[前]+[名]) ~ flowers *on* her dress 그녀의 옷에 꽃무늬를 수놓다. **2** 〔이야기 따위〕를 윤색[과장]하다. —[자] **1** 수놓다, 자수하다. **2** 과장하다, 윤색하다 (*on, upon*). **~·er** [명] 수놓는[자수하는] 사람.

***em·broi·der·y** [imbrɔ́idəri, em-] [명] **1** [U] 수놓기, 자수(법). **2** 자수품. **3** [U][C] 윤색, 각색; 장식, 과장.

em·broil [imbrɔ́il, em-] [동][타] **1** (분쟁·전쟁 따위에) …을 끌어들이다, 휩쓸어 넣다 (*in*); …를 (…과) 반목[충돌]하게 하다 (*with*). ¶ become ~*ed in* a dispute 분쟁에 휩쓸려 들다. **2** 〔사태 따위〕를 혼란시키다; 복잡하게 하다, 분규가 일어나게 하다. **~·er, ~·ment** [명]

em·brown [imbráun, em-] [동] 갈색[다색]으로 하다[되다]; 거무스름하게 하다[되다].

em·brue [imbrúː, em-] [동][타] =imbrue.

em·brute [imbrúːt, em-] [동] =imbrute.

em·bry- [émbri] [연결] ⇨EMBRYO-.

em·bry·o** [émbriòu] [명] (복) **~s**) **1** 〔발생〕 배(胚); 태아(인간의 경우 보통 수정 후 8주 미만의 생체; 그 뒤는 fetus); 〔식물〕 배(아); 싹; 유충. **2** 시발, (발달의) 초기. ***in embryo 미발달의[로], 초기 단계[상태]의[로]; (계획 따위가) 이제부터인, 무르익지 않은[않아]. —[형] =embryonic.

em·bry·o- [émbriou, -briə] [연결] embryo의 뜻 (* 모음 앞에서는 embry-). ¶ *embryo*logy.

émbryo frèezing [명] 수정란의 동결 보존.

em·bry·og·e·ny [èmbriádʒəni/-ɔ́dʒ-] [명] 배(胚) 발생, 배 형성; 발생[태생]학. (또는 **embryogénesis**) **-o·ge·nét·ic, -o·gén·ic** [형]

em·bry·oid [émbriɔ̀id] [형] 배(胚)(모양)의. —[명] (동식물의) 배양체(胚樣體).

embryol. embryology.

em·bry·ol·o·gist [èmbriáləd͡ʒist/-ɔ́l-] [명] 발생학자; 태생학자. 「태생학; 배(胚)의 발생 및 생육.

em·bry·ol·o·gy [èmbriálədʒi/-ɔ́l-] [명][U] 발생학, **-o·lóg·ic, -o·lóg·i·cal** [형] **-o·lóg·i·cal·ly** [부]

em·bry·on·ic [èmbriánik/-ɔ́n-] [형] **1** 배에 관한; 태아의, 태생의. **2** 발아기(發芽期)의; 미발달의; 미숙한.

em·bry·o·phyte [émbriəfàit] [명] 〔식물〕 유배(有胚) 식물.

émbryo sàc [명] 〔식물〕 배낭(胚囊).

émbryo trànsfer [명] 태아 이식(발육 중의 태아를 대리모(代理母)의 자궁에서[으로] 이식하는 일).

em·bry·ul·cia [èmbriʌ́lsiə] [명] (사(死))태아 적출(摘出)(술).

em·bue [imbjúː, em-] [동][타] =imbue.

em·bus [imbʌ́s, em-] [동] (**-ss-**) 《英》 버스에 태우다[타다].

em·bus·qué [*F* ɑ̃byske] [명] (공무원이 되어) 병역을 기피하는 사람. 〔<F〕

EMC *e*lectro*m*agnetic *c*ompatibility; encephalomyocarditis.

em·cee [émsíː] 《美구어》 [명] 엠시, 사회자(《英》 compère). —[동][타] …을 사회하다. ¶ ~ a variety show 버라이어티 쇼를 사회하다. —[자] 사회를 보다. (또는 **MC, emsee**) 〔<M.C. <*M*aster of *C*eremonies〕

EMCF *E*uropean *M*onetary *C*ooperation *F*und(유럽 통화 협력 기금).

ém dàsh [rùle] [명] 〔인쇄〕 엠 대시, 전각 대시(m 한 자 길이의 대시). [참] en dash

E-med·i·cine [iːmédəsn] [명] (종종 e-) 전자 진료[의료](컴퓨터 통신망을 이용한 원격 진료).

e·meer [imíər/emíə] [명] =emir.

E·mel·da [iméldə] [명] 이멜더(여자 이름).

e·mend [iménd] [동][타] 〔문서·원문 따위〕를 교정하다, 수정하다(edit); 〔잘못·결점 따위〕를 바로잡다, 정정하다(correct). **~·a·ble** [형] 「[명]

e·men·date [íːməndèit] [동][타] =emend. **-dà·tor**

e·men·da·tion [ìːməndéiʃən] [명][U][C] 교정; 수정; 교정[수정]된 어구. **e·men·da·to·ry** [iméndətɔ̀ːri] [형]

***em·er·ald** [émərəld] [명] **1** 에메랄드, 녹주옥. **2** [U] 에메랄드색, 선녹색. **3** [U] 《英》 〔인쇄〕 에메랄드 활자(약 6.5 포인트의 크기). —[형] 에메랄드의[로 만든]; 에메랄드색의, 선녹색의.

émerald gréen [명] 에메랄드 그린, 선녹색(鮮綠色). **ém·er·ald-gréen** [형] 「목이 무성한 데서).

Émerald Ísle [명] (the ~) 아일랜드의 별칭(푸른 초

‡e·merge [imə́ːrdʒ] [동][자] (***-merg·es*** [-iz]; **~*d***; ***-merg·ing***) **1** (물·어둠 속 따위에서) 나오다, 나타나다, 출현하다; (해 따위가) 떠오르다 (*from, out of*). ¶ (~+[前]+[名]) The full moon will soon ~ *from* behind the clouds. 보름달이 구름 뒤편에서 곧 나타날 것이다. **2** (빈곤·무명의 처지 따위에서) 벗어나다, 일어서다, 부상하다 (*from*). ¶ (~+[前]+[名]) ~ *from* poverty [difficulty] 가난을 딛고 일어서다[곤란을 타개하다]. **3** (문제·곤란 따위가) 생기다; (사실 따위가) 분명해지다. ¶ A touchy question ~*d*. 골치 아픈 문제가 생겼다/It ~*d* that he had done it. 그가 한 짓임이 분명해졌다. **4** 〔생물〕 (창발적(創發的) 진화에서) 출현하다, 발생하다.

e·mer·gence [imə́ːrdʒəns] [명][U] **1** 출현; (문제 등의) 발생. **2** (위기·역경 따위로부터의) 탈출. **3** [C] (가시 따위와 같이) 기관(器官) 표면에 생기는 것, 모상체(毛狀體). **4** 〔생물〕 돌연 변이(mutation); 〔곤충〕 우화(羽化).

‡e·mer·gen·cy [imə́ːrdʒənsi] [명][U][C] (복) ***-cies*** [-z]) **1** 비상[긴급] 사태; 돌발 사태[사건]. ¶ a national ~ 국가 비상시/declare a state of ~ 비상 사태를 선포하다/face an ~ 긴급 사태에 직면하다.

[유의어] **emergency** 즉각적인 행동을 필요로 하는 사태. **crisis** 생사·성패를 좌우하는 중대 위[전환]기. **exigency** 사태에서 생긴 긴급의 필요성을 강조하는 말. **pinch** 개인의 긴급 사태; 위의 3개어보다 뜻이 약하다. **straits** 쉽게 벗어날 수 없는 긴급한 곤경.

2 급환(急患); 응급실. 3 [濠] (스포츠의) 보결 선수.
in an emergency; in case of emergency 비상시에. ¶for use *in an* ~ 비상용의[으로].
— [형] 비상용의, 긴급[구급]의. ¶~ fund 비상금, 비상시 준비금/for ~ use 비상용의[으로].
emérgency àct [명] 긴급 법령.
emérgency bèll [명] 비상 벨.
emérgency bòat [명] 구명정.
emérgency bòx [명] 구급 상자[함].
emérgency bràke [명] (기차 따위의) 비상 제동기; [美] (자동차의) 사이드 브레이크(parking brake).
emérgency càll [명] 비상 소집.
emérgency càse [명] 구급 상자[함]; 급환(急患).
emérgency córe cóoling [명] (원자로의) 긴급 노심(爐心) 냉각 장치.
emérgency èxit [dòor] [명] 비상구(fire exit).
emérgency hòspital [명] 구급 병원.
emérgency lànding [명] (비행기 따위의) 비상 착륙, 불시착(不時着). ¶an ~ field 불시[비상] 착륙장.
emérgency lìghts [명] 비상등.
emérgency màn [명] (미식 축구 따위의) 후보 선수.
emérgency mèasures [명] 긴급 조치, 응급 수단.
emérgency (médical) technìcian [명] (구급차에 타는) 응급 구조대원([약] EMT).
emérgency nùmber [명] 구급 전화 번호(미국의 911, 영국의 999 따위). ⌈권[통치권].
emérgency pòwer [명] (전시·재해시의) 비상 지휘
emérgency ràtion [명] 비상 휴대 식량(iron ration).
emérgency ròom [명] 응급(처치)실([약] ER).
emérgency sèrvices [명] (the ~) 긴급 구조대.
e·mer·gent [imə́ːrdʒənt] [형] 1 나타나는, 출현하는. 2 명백해지는, 눈에 보이게 되는. 3 신생의; 새로 독립한. ¶the ~ nations of Central Africa 중앙 아프리카의 신생 독립국들. 4 불시에 나타나는, 불의의; 비상의, 긴급의. 5 [진화] 창발(創發)적인. — [명] [생태] 추수(抽水) 식물(연꽃·부들 따위). ~**·ly** [부] ~**·ness** [명]
emérgent evolútion [명] [철학] 창발적 진화.
e·mer·gi·cen·ter [imə́ːrdʒəsèntər] [명] 응급 진료소, 구급 의료 센터. (또는 **emérgi-cènter**)
e·merg·ing [imə́ːrdʒiŋ] [형] (국가 따위가) 신생의, 새로 독립한; 신흥의. [참] emergent 3
emérging márket [명] 신흥 (공업국) 시장.
emérging nàtion [명] 신생 독립국; 개발 도상국 (developing country).
e·mer·i·tus [imérətəs] [명] ([복] ***-ti*** [-tài]) 명예직에 있는 사람; 명예 교수. — [형] 예우의, 명예…; 전관[전직] 예우의. ¶an ~ professor 명예 교수. 〔<L〕
e·mersed [imə́ːrst] [형] [식물] (수초의 잎 따위가) 수면 위에 나타나 있는; 나타난, 떠오른.
e·mer·sion [imə́ːrʒən/-ʃən] [명][U][C] 출현, 재현; [천문] (엄폐, 또는 식(蝕)(eclipse) 후 태양·달의) 재현.
Em·er·son [émərsən] [명] **Ralph Waldo** ~ 에머슨(1803–82: 미국의 사상가·시인).
Em·er·so·ni·an [èmərsóuniən] [형] 에머슨의[에 관한]; 에머슨적[식]인. — [명] 에머슨 숭배자.
~**·ism** [명][U] (에머슨식의) 초월주의; 에머슨주의.
em·er·y [éməri] [명][U] [광물] 금강사(연마용), 에머리.
émery bàg [명] (바늘 연마용) 금강사 주머니.
émery bòard [명] (금강사를 바른) 매니큐어용 손톱
émery clòth [명] 사포(연마용). ⌊줄.
émery pàper [명] 금강사로 만든 사포.
émery pòwder [명] 금강사(金剛砂); 석류석 가루.
émery whèel [명] 회전식 숫돌(grinding wheel).
em·e·sis [éməsis] [명] [병리] 구토.
E-me·ter [íːmìːtər] [명] 전위계(電位計)(피부의 전기 저항 변동을 측정; 거짓말 탐지기로 이용). 〔<*electrometer*〕
e·met·ic [imétik] [형] 구역질나게 하는, 구토를 일으키는. (또는 **emetical**) — [명] 구토제. **-i·cal·ly** [부]
e·meu [íːmjuː] [명] =emu.
e·meute [*F* emøːt] [명] 폭동. 〔<F riot〕
EMF, e.m.f., E.M.F. *e*lectro*m*otive *f*orce(기전력). **EMG** electromyogram; electromyograph; electromyography. **EMI** [상표] *E*lectrical and *M*usical *I*ndustries(EMI 음반 회사); [전기] *e*lectro*m*agnetic *i*nterference(전자 방해); *E*uropean *M*onetary *I*nstitute(유럽 통화 기구).
-e·mi·a [íːmiə] [접미] [의학] 「…혈, 혈액의 상태」의 뜻(*p, t, k 뒤에서는 -hemia, -haemia). ¶hyper*emia*, septic*emia*. (또는 **-aemia**)
em·ic [íːmik] [형] (인간 행동을 분석·기술하는 데 있어서) 기능면을 중시하는. [참] etic
e·mic·tion [imíkʃən] [명] 배뇨, 방뇨(放尿).
***em·i·grant** [émigrənt] [명] (자국에서 국외로의) 이민, 외국으로 돈벌이 가는 사람, 이주자. ¶~*s for* [or *to*] America 미국에의 이민들/~*s from* Korea *to* Brazil 한국에서 브라질로 가는 이민들. — [형] (국외로) 이민가는; 돈벌이 가는, 이주하는. [참] immigrant
***em·i·grate** [émigrèit] [동][자] (타국에) 이주하다, 이민가다 (*from*/*to*); (다른 주(州) 따위에) 이사하다. ⇨ MIGRATE [유의어] ¶(~+[前]+[名]) ~ *from* Korea *to* [or *into*] Hawaii 한국에서 하와이로 이주하다. — [타] …을 이주시키다 (*from*/*to*). [참] immigrate **-grà·tive** [형]
***em·i·gra·tion** [èmigréiʃən] [명][U] 1 (자국에서 타국으로의) 이민, 이주; (외국으로) 돈벌이하러 가기; 이사 ([참] immigration). 2 [집합적] 이민단, 이주자. ~**·al** [형]
em·i·gra·to·ry [émigrətɔ̀ːri/-təri] [형] 이주의, 이주하는; (새들의) 이주성의, 이동하는(migratory).
é·mi·gré [émigrèi] [명] 1 국외 이주자; (정치적) 망명자. 2 (1789년의 프랑스 혁명 후의) 망명 왕당원. 3 (1918년의 혁명 후의) 망명 (백계) 러시아인. — [형] 망명한. ¶an ~ artist 망명 예술가. 〔<F emigrant〕
E·mil [éiməl, íː-] [명] 에밀(남자 이름). (또는 **Émile**)
Em·i·ly [éməli] [명] 에밀리(여자 이름). (또는 **Émilie**)
***em·i·nence** [émənəns] [명] 1 [U] (지위·신분·명성 따위가) 높음, 고위, 고귀, 고명; 탁월, 걸출. ¶a man of ~ 명사. 2 높은 곳, 고대(高臺), 고지(height). 3 (His E–, Your E–) [가톨릭] 예하(猊下)(cardinal (추기경)에 대한 존칭). 4 [해부] (뼈 따위의) 돌출, 융기.
achieve [or ***attain***] ***eminence in*** …에 뛰어나다.
reach [or ***gain, win***] ***eminence as*** …로서 유명
rise to eminence 저명해지다, 출세하다. ⌊해지다.
é·mi·nence grise [*F* eminɑ̃s gʀiːz] [명] ([복] **-s -s**) 밀사, 첩보원; 흑막(적인 인물). 〔<F gray eminence〕
em·i·nen·cy [émənənsi] [명] =eminence.
‡**em·i·nent** [émənənt] [형] (***more*** ~; ***most*** ~) 1 신분이 높은, 고위의; 저명한(*for, as, in*). ⇨ FAMOUS [유의어] ¶a president ~ both *as* general and *as* statesman 장군으로서도 정치가로서도 유명한 대통령// a man ~ *for* his justice 공정하기로 유명한 사나이. 2 우수한, 탁월한, 뛰어난; 주목할 만한(*in*). ¶a man of ~ service 뛰어난 공적이 있는 사람//a man ~ *in* painting [learning] 그림[학문]에 뛰어난 사람. 3 돌출한, 튀어나온, 높은. ¶an ~ nose 우뚝한 코. ~**·ly** [부]
éminent domáin [명] [법률] (사유 재산의 유상) 수용권, 공용 징발권, 토지 수용권.
e·mir [əmíər/emíə] [명] 1 (일부 아랍 국가의) 군주(君主), 수장; (아라비아의) 태수(太守), 토후(土侯), 족장. 2 마호메트 자손의 존칭. 3 터키 고관의 존칭. (또는 **emeer, ameer, amir**) 〔<Arab *amīr* ruler〕
e·mir·ate [imíərət/emíərət] [명] 1 [U] emir의 권한[신분]. 2 토후[수장]국; (the E–s) 아랍 에미리트 연방(United Arab Emirates).
em·is·sar·y [éməsèri/-səri] [명] 사절; 특사; 밀사, 간첩. — [형] 사절[밀정]로서 파견된; 사절의, 밀정의.
***e·mis·sion** [imíʃən] [명][U][C] 1 (빛·열·향기 따위의)

방사, 발산. **2** 바사[방출]물; (자동차 엔진 따위의) 배기 (排氣). **3** (지폐 따위의) 발행(액). **4** 〖전자〗 (일렉트론의) 방출. **5** 〖의학〗 사정(射精), 누정(漏精), 배설(액).
emíssion contròl 〖(자동차 따위의) 배기 가스 규제. 「기준.
emíssion stàndard 〖(오염 물질의) 배출 (규제)
e·mís·sive [imísiv] 〖방사(성)의; 방사력이 있는.
***e·mit** [imít] 〖目)(-*tt*-) **1** (액체·빛·열·소리·냄새 따위)를 내다, 내뿜다, 발하다. **2** (법령 따위)를 발포하다; (지폐 따위)를 발행하다. **3** (의견 따위)를 토로[말]하다.
e·mít·ter [imítər] 〖방사체; (법령 따위의) 발포자; (지폐 따위의) 발행인; 〖전자〗 전극.
EMK *e*mergency *m*edical *k*it(구급낭). **EML** (군사) *e*lectromagnetic *l*auncher(전자 사출(射出) 장치).
Em·ma [émə] 〖에마(여자 이름; 애칭 Emmy).
Em·man·u·el [imǽnjuəl] 〖에마뉴엘(남자 이름).
em·men·a·gogue [əménəgɔ̀ːg/-gɔ̀g] 〖의학〗 월경 촉진제. — 〖월경 촉진의.
em·men·i·a [əméniə, əmiːn-] 〖(目)(단·복수 동) 〖생리〗 월경(menses).
Em·men·tha·ler [éməntàːlər] = Swiss cheese. (또는 Emmental(er)) 「(正視眼).
em·me·tro·pi·a [èmətróupiə] 〖〖안과〗 정시안
Em·my [émi] 〖(~s) **1** ~ Award; 그 수상자 [작품]에게 수여하는 트로피. **2** (또는 Emmie) 에미 (자 이름; Emma의 애칭).
Émmy Awàrd 〖에미상(미국 텔레비전 예술 과학 아카데미(National Academy of Television Arts and Sciences)가 매년 TV 우수 프로·연기자·기술자에게 수여하는 상). (또는 **Emmy**)
EmnE(.), EMnE(.) *E*arly *M*odern *E*nglish(초기
e·mol·lient [imáljənt] 〖(피부를) 부드럽게 하는; (고통 따위를) 완화하는, (분위기를) 부드럽게 하는, 누그러뜨리는. — 〖(C) (약학) (피부) 연화제, 진통제. **-lience, e·mol·li·tion** [ìməlíʃən] 〖.
e·mol·u·ment [imáljumənt/imɔ́l-] 〖(~s) (직 무 따위에서 생기는) 이득, 수입, 보수, 사례; 급료.
e·mon·ey [íːmʌni] 〖(종종 E-) 전자 화폐[통화](컴 퓨터 통신상의 화폐). (<*e*lectronic *money*)
e·mote [imóut] 〖(美口語) 과장해서 감정을 나타 내다; 감정을 꾸미다; (연극 등에서 어떤 역을) 과장하여 [서투르게] 연기하다.
e·mo·ti·con [imóutikɑ̀n/-kɔ̀n] 〖(컴퓨터) 감정 아이콘, 얼굴 문자, 에모티콘(컴퓨터 통신에서 쓰이는 희 로애락을 표시하는 그림 문자). (<*emotion*+*icon*)
‡**e·mo·tion** [imóuʃən] 〖(~s [-z]) **1** 〖(U) 감동, 감격. ¶be agitated by ~ 감동으로 마음이 흔들리다 / kindle a person's ~ 남을 감동시키다. **2** 〖(U)(C) (喜怒哀 樂의) 정, 감정, 정서; 〖심리〗 정동(情動). ⇒FEELING 〖유의어〗 ¶ sentimental ~ 감상적인 감정 / a man of strong ~ 격정적인 사람 / appeal to the ~*s* 감정에 호 소하다 / control one's ~ 감정을 억누르다.
 betray [or ***display***] ***one's emotion*** 무의식 중에 ***with emotion*** 감동[감격]하여. 〖감정을 나타내다.
 ~·a·ble 〖.
‡**e·mo·tion·al** [imóuʃənəl] 〖**1** 감정의, 정서의. **2** 감동하기 쉬운, 정에 약한. ¶an ~ nature 정에 약한 성 질. **3** 정서적인, 감정에 호소하는; 감동적인. ¶ ~ music 정서적인 음악/an ~ speech 감동적인 연설. **4** 감정적 인. ¶an ~ person 감정이 풍부한 사람/an ~ quarrel 감정 싸움. **~·ly** 〖.
emótional consúmption 〖(마케팅) 감성 소비.
emótional deprivátion 〖정서 박탈(상실).
emótional intélligence 〖감성(感性) 지능(타인 의 감정을 이해·수용하고 자기 감정을 조절하는 능력).
e·mo·tion·al·ism [imóuʃənəlìzm] 〖(U) **1** (이성 보다) 감정이 앞서는 것, 정서성; 〖철학·윤리〗 주정(主 情)주의. **2** 감정에 강하게 호소하는 것; 감정 과다, 정에
여린 것. **3** 감정 표출(表出) (버릇). **-ist** 〖.
e·mo·tion·al·i·ty [imòuʃənǽləti] 〖(U) 정서성.
e·mo·tion·al·ize [imóuʃənəlàiz] (* 〖英〗-**ise**) 〖(目) …을 감정[정서]적으로 하다, 감정면에서 다루다. —〖(名) 감정적으로 표현하다. **-i·zá·tion** 〖.
emótional quótient 〖감성 지수(emotional intelligence를 수치화한 것; ⓐ EQ).
e·mo·tion·less [imóuʃənlis] 〖감동이 없는, 무 표정의. **~·ly** 〖. **~·ness** 〖.
e·mo·tive [imóutiv] 〖감정의, 감정적인; 주정적인; 감동적인, 감동시키는. ¶~ eloquence 감동적인 웅변. **~·ly** 〖. **~·ness, e·mo·tiv·i·ty** [ìmoutívəti] 〖.
EMP *e*lectro*m*agnetic *p*ulse. **Emp.** *E*mperor; *E*mpire; *E*mpress.
em·pale [impéil, em-] 〖(目)=impale.
em·pa·na·da [èmpənάːdə] 〖〖요리〗 엠파나다(저 민 고기·야채·과일 따위를 넣은 중남미의 파이).
em·pan·el [impǽnl, em-] 〖(目)=impanel.
em·paque·tage [ɑːŋpɑːktάːʒ] 〖(미술) 앙파크타 주, 포장(패키지) 작품(캔버스 따위에 물체를 싸서 만들 어 내는 개념 예술(conceptual art)의 수법). 〖F〗
em·pa·thet·ic [èmpəθétik] 〖=empathic.
em·path·ic [empǽθik] 〖〖심리〗 (남에게) 공감할 수 있는, 감정 이입(移入)의(이 특징적인). **-i·cal·ly** 〖.
em·pa·thize [émpəθàiz] (* 〖英〗 -**thise**) 〖(目) 감 정 이입(移入)을 하다, (…에) 공감하다(*with*). — 〖(目) …에 감정을 이입하다, 공감케 하다.
em·pa·thy [émpəθi] 〖(U) **1** 〖심리〗 감정 이입; (… 에의) 공감(*with*). ¶in ~ *with* her 그녀에 공감하여. **2** (의) 시점(視點). **-thist** 〖.
émpathy bèlly [bùlge] 〖임신 공감용 복대(남편 이 아내의 임신을 공감토록 배에 두르는 물주머니 복대).
em·pen·nage [ɑ̀ːmpənάːʒ, èm-] 〖(비행기) (비행 기·비행선의) 꼬리 부분, 보조익. 〖F feathering〗
‡**em·per·or** [émpərər] 〖(~*s* [-z]) **1** (the E-) 황제, 제왕(⇔ empress). ¶the Roman E- 로마 황제 / His Majesty [*or* H.M.] the E- 황제 폐하. **2** (대형) 나 비. ¶an ~ butterfly 네발나비류의 일종(공작나비·신부 나비 등) / a purple ~ 오색나비(네발나비과)의 나비 의 일종) / an ~ moth 천잠(天蠶)나비. **3** (英) 엠페러 사이즈(48인치×72인치)의 그림 용지·필기 용지.
 Emperor's new clothes 「임금님의 새 옷」(실제로 존재하지 않는 데도 본인은 존재한다고 믿는 것).
 ~·ship 〖. 「류).
émperor pènguin 〖황제펭귄(펭귄 중 가장 큰 종
émperor wòrship 〖(고대 로마의) 황제 숭배.
em·per·y [émpəri] 〖(U) 절대 지배권; (古語) 황제 의 영토, 제국.
‡**em·pha·sis** [émfəsis] 〖(~-*ses* [-sìːz]) 〖(U)(C) **1** 강조(하기), 역설, 중요시; 강조[중요시]되는 것, 역점, 주안점 (*on, upon*). ¶It deserves [*or* merits] special ~. 그것은 특별히 강조할 가치가 있다. **2** 〖수사〗 (단 어·발음의) 강세; (단어의 위치 전도·반복에 의한) 강 조; 어세(語勢), 문체. **3** 〖음악〗 강세(强勢); 〖미술〗 (윤 곽·색채 따위의) 강조. **4** (사상·감정의 표현이나 행동 따위의) 힘참, 박력, 열렬함.
 lay [or ***place, put***] ***(great) emphasis on*** [or ***upon***] …에 중점[역점]을 두다, …을 중요시하다.
 lend emphasis to …에 박력을 주다, 보다 중요하게 ***with emphasis*** 강조하여, 힘주어. 〖보이게 하다.
‡**em·pha·size** [émfəsàiz] (* 〖英〗 -**sise**) 〖(目) (-*siz·es*[-iz]; ~*d*; -*siz·ing*) **1** (사실·중요성 따위)를 강조하다, 중시하다; (…을) 역설하다 (*that* 〖). ¶~ the point 중점을 역설하다 // (~+*that* 〖) Parents ~ *that* children should be independent. 부모는 아이 들이 독립심을 가져야 한다고 강조한다. **2** …을 세게 발음하다. **3** 〖미술〗 (색채·윤곽 따위로) …을 강조하다; 〖음악〗 (음의 강약·박자 따위

로) …을 강조하다 (with). ¶ ~ the eyes with mascara 마스카라로 눈을 강조하다.

*em·phat·ic [imfǽtik, em-] 형 1 (말 따위에) 강세가 있는, 어조가 강한. ¶ ~ words 강세어. 2 (언어·행동에) 힘을 준; 절대적인. ¶an ~ opinion[denial] 단호한 의견[거부]. 3 현저한, 두드러진, 명확한. 4 《문법》 강세용법의(*I do like it. 처럼 긍정문에서 강세가 주어지는 조동사 do를 말한다). —명 《음성》 강(세) 자음.

*em·phat·i·cal·ly [imfǽtikəli, em-] 부 강조하여; (말에) 강세를 두어; 철저하게; 단호하게, 힘주어.

em·phy·se·ma [èmfisíːmə] 명 《병리》 폐기종(肺氣腫)(pulmonary ~); 기종.

ém (pica) 명 《인쇄》 12포인트 전각(全角).

‡em·pire [émpaiər] 명 (복 ~s [-z]) 1 (종종 the E-) 제국(帝國); the Roman E- 로마 제국, 2 (그 황제의 권한[통치권]. 3 □ (…에 대한) 최고의 지배력, 절대 지배권(over). 4 (종종 E-) □ 제정, 제정기. 5 (the E-) 대영 제국(the British E-); 신성 로마 제국(the Holy Roman E-); (나폴레옹 치하의) 제1차 프랑스 제국(1804-15). 6 (재벌 그룹 등을 가리켜) …왕국. ¶the publishing ~ 출판 왕국. —형 (E-) 제국(의; (포도주 따위가) 영연방산(産)의; (가구·장식·복장 따위에서) 제1차 제국[나폴레옹 치하]풍의.

émpire builder 명 제국 건설자; 세력[영토] 확장을 꾀하는 사람. —[력] 확장 (과정).

émpire building 명 제국 건설; (계획적인) 세력[권] 확장.

Émpire Cíty 명 (the ~) New York City의 별칭.

Émpire Dày 명 Commonwealth Day의 옛 명칭.

Émpire Státe 명 (the ~) New York 주의 별칭.

Émpire Státe Building 명 (the ~) 엠파이어 스테이트 빌딩(미국 New York 시에 있는 102층 빌딩, 381m, 1931년 준공).

Émpire Státe of the Sóuth Georgia 주의 별칭.

em·pir·ic [impírik, em-] 명 1 경험주의자. 2 〈고어〉 가짜[돌팔이] 의사. —형 =empirical.

em·pir·i·cal [impírikəl, em-] 형 1 경험적인, 실험[경험]에 근거를 둔. ¶ ~ criticism 경험적 비판론 / ~ idealism 경험적 관념론 / ~ philosophy 경험 철학 / ~ knowledge 경험적 지식. 2 경험만을 내세우는, 경험주의의; 돌팔이 의사 같은. ~·ly 부 ~·ness 명

empirical fórmula 명 《화학》 실험식, 경험식.

em·pir·i·cism [impírəsìzm, em-] 명 1 경험주의. 2 《철학》 경험론(↔ rationalism). 3 경험주의적 방법; 비과학적 요법, 돌팔이 진료. 4 경험적 추단.

em·pir·i·cist [impírəsist, em-] 명 1 경험주의자. 2 돌팔이 의사. 3 《철학》 경험론자. —형 =empirical.

em·place [impléis, em-] 동태 (포상(砲床) 따위)를 설치하다. —자 (지질) (화성암 따위가) 관입(貫入)하다; (광상(鑛床)이) 나타나다.

em·place·ment [impléismənt, em-] 명 1 (군사) 포상, 총좌. 2 □ 설치, 장치. 3 □ (지질) 화성암의 관입.

em·plane [impléin, em-] 자 =enplane. —타 (관)에.

‡em·ploy [implɔ́i, em-] 동태 (~s [-z]) 1 (남)을 고용하다, 사용하다 (as); …의 직(職)에 쓰다(수동형으로) (…에) 취직하다, 근무하다 (in, at). ¶ ~ a lawyer to draw up one's will 유서 작성을 위해 변호사를 고용하다 / The work will ~ a lot of people. 그 일에는 많은 일손이 필요할 것이다 // (~ + 목 + as 보) He is ~ed as a clerk.=They ~ him as a clerk. 그는 사무원으로 일하고 있다 // (~ + 목 + 전 + 명) He was ~ed in a trading company. 그는 무역 회사에 취직했다.

┌──────────────────────────────────────┐
│ 유의어 employ 남에게 일을 제공하고 급료를 주다.   │
│ hire 대가를 지불하고 사람이나 물건을 사용하는 것이   │
│ 라는 뜻의 일반적인 말. engage 돈을 지불하고 노동   │
│ 을 의무화하다.   │
└──────────────────────────────────────┘

2 《수동형·재귀용법으로》 (…에) 종사하다, (…에) 힘쓰다 (in, on). ¶ (~ + 목 + 전 + 명) He was ~ed in clipping the hedge. 그는 산울타리 깎는 일을 했다. 3 《물건·수단》을 사용하다. ⇨ USE 유의어 ¶ (~ + 목 + as 보) ~ alcohol as a solvent 알코올을 용제로 사용하다. 4 (시간·정력 따위)를 소비하다 (in). ¶ ~ one's energies to advantage 정력을 유효하게 사용하다.

—명 고용, 사용; 직(職), 근무, 일(service).

be in Government 공무원이다.

be in the employ of; be in a person's employ …에게 고용되어 있다.

enter the employ of …에 고용되다.

in [out of] employ 취직[실직]하고 (있는).

take a person into one's employ 남을 고용하다.

em·ploy·a·ble [implɔ́iəbl, em-] 형 사용할 수 있는; 고용할 수 있는; 고용 조건에 맞는, 자격[적성]이 있는. —명 일할 수 있는 사람, 고용 대상자.

-bíl·i·ty 명 (근로자의) 취업[취직] 능력.

‡em·ploy·e(e) [implɔ́ii, èmplɔíː/èmplɔ́iíː] 명 (복 ~s [-z]) 고용인, 종업원. (반) employer (또는 employé)

employée associátion 명 직원 조합; 사우회.

employée participátion 명 《종업원》 경영 참여 (제도) [지주 제도(약 ESOP).

employée stóck ównership plan 명 종업원

‡em·ploy·er [implɔ́iər, em-] 명 (복 ~s [-z]) 고용주, 기업주; 사용자 (of); 고용 사업체; 직업 소개소 [업자]. (반) employee [회.

emplóyers' associátion 명 경영자[사용자] 협

‡em·ploy·ment [implɔ́imənt, em-] 명 □ 1 (사람의) 고용, 채용, 이용, 사역. ¶ ~ by the Government 정부 고용 / full ~ 완전 고용 / ~ of good workmen 숙련공의 채용. 2 (물건·힘·시간 따위의) 사용, 이용, 운용; (…을 쓰는 것) (of). ¶ ~ of capital 자본의 운용 / ~ of labor 노동력의 사용. 3 근무, 직무; ¶ hours of ~ 근무 시간. 4 전 고용자[종업원] 수; 취업률, 고용 상황. 5 직업, 직; 일; 장사. ⇨ OCCUPATION 유의어 ¶ exercise one's ~ 장사를 하다 / give ~ to a person 남에게 일자리를 주다.

get [lose] one's employment 취직[실직]하다.

in [out of, without] employment 취직[실직]하고 (있는). ¶ population in ~ 취업 인구.

in the employment of …에 고용되어, 근무하여.

seek (for) employment 직업을 구하다.

take a person into employment 남을 고용하다.

throw a person out of employment 남을 해고하다.

Emplóyment Áct 명 (the ~) 고용법.

emplóyment àgency 명 (英) (민간의) 직업 소개소, 직업 안정소.

emplóyment bùreau 명 1 (美) =employment agency. 2 (학교의) 취업[취직] 알선 부서.

emplóyment exchánge 명 (英) =employment office. [직업 소개소.

emplóyment òffice 명 (英) (종종 E-) (공적인)

Emplóyment Sèrvice Agency 명 (the ~) (英) 직업 안정소. [고용 촉진 계획.

Emplóyment Tráining 명 (英) (정부의 실업자)

em·poi·son [impɔ́izn, em-] 동태 1 (남의 마음 따위)를 해치다, 부패[타락]시키다. 2 …에게 악의를 품게 하다, …을 화나게 하다 (against). 3 〈고어〉 독살하다.

em·pol·der [impóuldər, em-] 동태 (바다)를 매립하다; 간척하다. (또는 impolder)

em·po·ri·um [impɔ́riəm/em-] 명 (복 ~s, -ri·a [-riə]) 상업[무역] 중심지; 시장; (美) 백화점, 대규모 슈퍼마켓; (美) 전문점.

*em·pow·er [impáuər, em-] 동태 1 (법률상) …에게 권한을 부여하다, 권력을 위임하다 (to do). ¶ (~ + 목 + to do) be ~ed to veto a bill 법안 거부권을 부여받다. 2 (…하는 것을) …에게 허용[허락]하다; …에게 (…하는 능력[기능]을) 부여하다 (to do). ¶ (~ + 목 + to do) Science ~s men to control natural forces. 과학은 인간에게 자연의 힘을 제어할 능력을 준다. 3 〖경영〗…에 권한[기능]을 분산하다, 하부에 이양하다.

em·pow·er·ment [impáuərmənt, em-] 〖명〗 권한[기능] 부여[이양]; 〖경영〗 권한[기능] 분산, 권한[기능]의 하부 이양.

‡**em·press** [émpris] 〖명〗 1 (the E-) 여제(女帝); 황후. ⓔ emperor ¶ Her Majesty the E- 황후 폐하. 2 막강한 권력[영향력]을 가진 여성, 여왕 같은 존재. [<F cordiality]

em·presse·ment [F ɑ̃prεsmɑ̃] 〖명〗〖U〗 성실, 친절.

em·prise [empráiz] 〖명〗〖고어〗ⓒ〖U〗 장한 기도(企圖), 모험적인 기도; 모험; 〖U〗 호감, 대담; 용감, 용맹.

‡**emp·ty** [émpti] 〖형〗 (**-ti·er ; -ti·est**) 1 빈, 비어 있는, 든 것이 없는. ¶ An ~ bag will not stand upright. (속담) 빈 포대는 바로 서지 않는다, 먹고 입는 것이 있는 족속아야 예절을 안다. 2 아무도 없는[살지 않는]; 사람의 왕래가 없는. ¶ an ~ hall[street] 텅 빈 홀[거리].

> 유의어 **empty** 속이 빈. **vacant** 본래 점유되어 있어야 할 것이 일시 비어 있는. **blank** 어떤 면에 표시·문자 따위가 전연 없는, 기입할 자리가 비어 있는. **void** 감각으로 확인할 수 있는 완전히 텅 비어 있는. **vacuous** 진공의.

3 (차·배 따위가) 아무것도 싣지 않은, 빈; (방 따위가) 가구가 없는, (사람이) 빈손의. ¶ an ~ car 빈 차. 4〖문어〗〖서술용법〗…이 결여된, 없는 (of). ¶ a life ~ of happiness[meaning] 불행한[무의미한] 생활 / His mind seemed completely ~ of ideas. 그의 머릿속에는 아무런 생각도 떠오르지 않는 듯했다. 5 무의미한; 이름뿐인, 공허한; 무가치한. ¶ ~ labors 헛수고 / ~ pleasures 허무한 쾌락 / an ~ promise 말뿐인 약속 / an ~ threat 엄포. 6〖구어〗공복의, 배고픈. ¶ feel ~ 공복을 느끼다 / I found myself ~. 나는 시장기를 느꼈다. 7 무지한, 골 빈; 어리석은, 실없는, 보잘것없는. ¶ an ~ project 어리석은 계획. 8〖구어〗(사람·마음이) 허탈 상태의, 넋이 빠진 듯한; (표정 따위가) 멍청한, 얼빠진. 9 〖테이프가〗 녹음되어 있지 않은.
an empty cupboard 텅 빈 찬장; 음식물의 결핍.
(be) empty of …이 없다, 빠지다.
have an empty sound 무의미하게 들리다.
on an empty stomach 공복으로, 배가 고파.
return [or come away] empty 빈손으로[허탕치고] 돌아오다. 「내다.
send away a person empty 남을 빈손으로 돌려보
with one's mind empty 멍하게, 얼이 빠져서.
— 〖동〗 (**-ties**) [-tiz] 〖타〗 1 〖속〗을 비우다(out); …을 마셔 비우다; 〖…을〗 없애다, 없어지게 하다 (of, from, out of). ¶ ~ a bucket 양동이를 비우다 / The rain soon *emptied* the street. 비 때문에 거리에는 사람의 왕래가 금새 끊어졌다. // (~+〖목〗+〖전〗+〖명〗) ~ a box of its contents 상자에서 내용물을 꺼내다. 2〖재귀용법으로〗(강 따위가) …에 흘러 들어(into). (탈것이) 승객을 내려놓다. ¶ The ship *emptied* itself at Haiti. 그 배는 아이티 섬에서 승객을 내려놓았다 / The Mississippi *empties* itself into the Gulf of Mexico. 미시시피 강은 멕시코 만으로 흘러 들어간다. 3 …을 (다른 용기에) 옮기다 (into, onto, on). ¶ (~+〖목〗+〖전〗+〖명〗) ~ grain from a sack into a box 곡물을 자루에서 상자로 옮기다 / ~ water into a bucket 물을 양동이에 쏟다. — 〖자〗 1 비다. 2 (강 따위가) 흘러 들다(into). ¶ (~+〖전〗+〖명〗) ~ into the Yellow Sea 황해로 흘러 들어가다. 3 배변하다; 오줌 누다.
empty out (그릇·물건 따위를) 텅 비게 하다, 몽땅 비워 내다; (그릇 안의 것을) 쏟아 비우다. ¶ The hall soon *emptied out.* 홀은 곧 텅 비었다. 「통, 병.
— 〖명〗 (〖복〗 **-ties** [-z]) 〖구어〗 (-ties) 빈 차; 빈 상자[깡
-**ti·a·ble** 〖형〗 -**ti·er** 〖명〗 -**ti·ly** 〖부〗 -**ti·ness** 〖명〗

émpty cálorie 〖명〗 영양가 없는 것.
emp·ty-hand·ed [-hændid] 〖형〗 맨손의; 빈손의, 아무것도 가지지 않은; 아무런 성과[성과]도 없는.
émpty-hánded fàke 〖명〗〖미식축구〗엠프티 핸디드 페이크(쿼터백이 공을 가지지 않은 손으로 패스하는 시늉을 하기).
emp·ty-head·ed [-hédid] 〖형〗 머리가 텅 빈, 바보스런, 어리숙한, 무식한. ~**·ness** 〖명〗
émpty nést 〖명〗〖비유적〗(자녀의 출가로) 부모만 사는 집. **émp·ty-nést** 〖형〗
émpty néster 〖명〗〖美구어〗 아이가 없는 사람[부부]; (아이들이 출가하여) 내외만이 사는 부부.
émp·ty-nést sýndrome [émptinést-] 〖명〗 공소(空巢) 증후군(자녀의 독립·출가로 어머니가 느끼는 우울 증세).
émpty sét 〖명〗〖수학〗공집합, 영집합(기호 ø).
émpty wórd 〖명〗 1 (~s) 빈 말, 말뿐인 약속. 2〖언어〗허어(虛語)(어휘적 의미를 지니지 않는 수동태의 be 동사, 의문문·부정문의 do 동사 따위). 〖속〗을 하다.
pay a person in empty words 남에게 말뿐인 약
em·pur·ple [impə́rpl, em-] 〖타〗 …을 자줏빛으로 물들이다, 자줏빛으로 하다. -**pled**
em·py·e·ma [ὲmpiíːmə, -pai-] 〖명〗〖U〗 〖병리〗축농(증), 농흉(膿胸). -**mic**
em·py·re·al [ἐmpíːriəl/ ἐmpaíriəl] 〖형〗 1 최고천(最高天)의, 천상(天上)의. 2 하늘의, 천공의. 3 정화(淨火)의. 4 정화의. (또는 **empyrean**)
em·py·re·an [ἐmpiríːən/ -pai-] 〖명〗 (the ~) 최고천(最高天) (고대인들이 오천(五天) 중의 최고위로 정화의 세계라고 믿음). 2 하늘, 천공. — 〖형〗 = **empyreal**.
EMR *educable mentally retarded*(교육이 가능한 지진아). **EMS** *electronic* [*express*] *mail service* [*system*]; *emergency medical service*(구급 의료단); *European Monetary System*(유럽 통화 제도); 〖컴퓨터〗 *Expanded Memory Specification*(EMS 방식; MS-DOS의 메모리 확장 방식의 하나); 〖美〗 *Express Mail International Service*(국제 빠른 우편).
EMT *emergency medical technician*(구급 의료 기사); *equivalent megatonnage*(등가(等價) 파괴력(핵무기의 폭발력을 TNT 화약 폭발력으로 나타내는 일)).
e·mu [íːmjuː] 〖명〗 에뮤(타조 비슷한 오스트레일리아산(産)의 날지 못하는 큰 새).
EMU *economic and monetary union* (경제 통화 동맹)(= the **Emu**); *extravehicular mobility unit*(우주선 밖 활동용 우주복). **EMU, e.m.u., emu** 〖전기〗 *electromagnetic unit*(전자(電磁) 단위).
em·u·late 〖동〗 〖타〗 [émjuléit] 1 …와 경쟁하다, 겨루다. 2 …을 본뜨다. 3 …에 필적하다. 4 〖컴퓨터〗 에뮬레이트[모방]하다. — 〖éʃmjulət〗 〖형〗 = **emulous**.
em·u·la·tion [ἐmjuléiʃən] 〖명〗〖U〗 1 경쟁(심), 대항(심), 겨룸. a spirit of ~ 경쟁심. 2 본뜸. ¶ in ~ of his example 그의 예를 본받아. 3 〖컴퓨터〗 에뮬레이션(상이한 컴퓨터의 기계어 명령을 그대로 실행할 수 있는 기능).
em·u·la·tive [éʃmjuléitiv/ -lətiv] 〖형〗 경쟁의, 지기 싫어하는. ~**·ly** 〖부〗
em·u·la·tor [éʃmjuléitər] 〖명〗 1 경쟁자, 겨루는 사람. 2 〖컴퓨터〗 에뮬레이터(emulate하는 장치·프로그램). 「(乳化劑)
em·ul·gens [imʌ́ldʒənz] 〖명〗 (처방전에서) 유화제
em·u·lous [éʃmjuləs] 〖형〗 1 경쟁심이 강한; …에 지지 않으려고 하는 (of). 2 …을 열망하고 있는 (of). 3 〖고어〗 시기[질투]하는. 「…하다.
be emulous of …에 지지 않으려고 하다; …을 열망
~**·ly** 〖부〗 ~**·ness** 〖명〗
e·mul·si·fi·ca·tion [imʌ̀lsəfikéiʃən] 〖명〗〖U〗 유화(乳化), 유상화(乳狀化).
e·mul·si·fi·er [imʌ́lsəfàiər] 〖명〗 유화제(劑); 유화기
e·mul·si·fy [imʌ́lsəfài] 〖동〗〖타〗 …을 유상(乳狀)으로

e·mul·sion [imálʃən] 圖回C 1 유상액. 2 (물·화) 유제, 유탁액. ¶gelatin ~ 젤라틴 유제. 3 (약학) 유제. 4 (사진) 감광 유제. 5 (구어) =~ paint. ── 囲(美구어) 에멀션 페인트를 칠하다.
~·ize 囲 ~·sive 囲
emúlsion páint 囲 에멀션 페인트(기름·수지 등을 물에 유화(乳化)한 액을 전색제(展色劑)로 하는 도료).
e·munc·to·ry [imʌ́ŋktəri] (생리) (체내의 노폐물) 배출 기관. 围 배설의.
en [en] 围 1 N, n 자. 2 (인쇄) 반각(전각 M의 절반), 2분. ── 匣 반각의. 匣 em
EN enrolled nurse(간호 조무사).
en-[1] [in, en] 連頭 (*b, m, p 앞에서는 em-) 1 명사에 붙여 「…의 속에 넣다, 위에 두다」라는 뜻의 동사를 만든다. ¶engulf. 2 명사·형용사에 붙여 「…으로(하게) 만들다」라는 뜻의 동사를 만든다. ¶endear. 3 동사에 붙여 「…속에, 안에」의 뜻을 더한다. ¶enfold.
en-[2] 連頭 그리스어의 접두사로서 en-[1]에 상당하며, 성어(成語)가 된 말에 많이 쓰인다(*b, m, p 앞에서는 em-). ¶energy, enthusiasm, emphasis.
-en[1] [ən] 接尾 형용사·명사에 붙여 「…로(하게) 하다 (되다)」라는 뜻의 동사를 만든다. ¶blacken, heighten.
-en[2] 接尾 물질명사에 붙여 「…의 성질을 가진, …으로 만든」의 뜻의 형용사를 만든다. ¶golden, wooden.
-en[3] 接尾 불규칙 동사에 붙여서 과거분사를 만든다. ¶risen (<rise, taken (<take, written (<write.
-en[4] 接尾 어떤 종류의 명사에 붙여서 복수 명사를 만든다. ¶children, oxen, eyen(eyes의 고어).
-en[5] 接尾 지소(指小) 명사 접미사. ¶chicken, kitten.
ENA, E.N.A. [F ena] (프랑스) 국립 행정 대학원. (<École Nationale d'Administration)
‡**en·a·ble** [inéibl, en-] 動他 ~**s** [-z]; ~**d**; **-bling**) 1 〈남〉에게 (…하는 것을) 가능[용이]하게 하다; (…할) 일[수단, 권한]을 주다 (to do). ¶ (~d[+to do) Endurance ~d him to win the race. 그는 인내한 덕으로 경주에 이길 수 있었다. 2 (행위 따위를) 가능음 이)하게 하다, 방조하다; (법률이) …을 인정하다. ¶ (~s income tax evasion. 그것으로 소득세를 면할 수 있다. 3 (컴퓨터) (기기)의 스위치를 켜다, 작동시키다.
~·ment, -bler
en·a·bling [inéibliŋ, en-] 围 (법률) 권능을 부여하는, 수권(授權)의. ¶an ~ act [or statute] 수권[조례]법.
***en·act** [inǽkt, en-] 動他 1 …을 법률로 만들다, 법제화하다. ¶~ a bill 법안을 법률화하다. 2 (법령)을 발하다, 제정하다, (법률로) 규정하다. 3 …을 상연하다, …의 역을 맡아 하다, …을 하다. ¶~ a play 극을 상연하다. 4 (수동형으로) …을 하다, 수행하다.
as by law enacted 법률이 규정하는 바와 같이.
be enacted 행해지다, 일어나다. 「로 정한다.
Be it further enacted that.... 다음과 같이 법률
It is enacted that.... …이라고 규정하고 있다.
en·áct·ing cláuse [inǽktiŋ-, en-] 围 (법률) 제정 조항, 법[법안] 서문.
en·ac·tion [inǽkʃən, en-] 围 =enactment.
en·ac·tive [inǽktiv, en-] 围 입법[제정]권이 있는.
en·act·ment [inǽktmənt, en-] 围 1 ① 입법, (법) 제정; ⓒ 법률 (조항), 법령, 조례, 법규. 2 상연.
*e**·nam·el** [inǽməl] 圖回C 1 에나멜, 법랑(琺瑯); (오지, 금속의) 오지물, 유약. 2 법랑 그릇; 법랑 미술품 (칠보 따위). 3 回 (치아 따위의) 에나멜[법랑]질. 4 (매니큐어용) 광택제. 5 광택이 있는 에나멜과 같은 면. ── 動 (~, (英) -ll-) 1 …에 에나멜을 입히다, 유약을 입히다, …에 오지물을 바르다. 2 …에 (에나멜과 같은) 광택을 내게 하다. 3 …을 법랑으로 상감[채색]하다. 4 (시) …을 채색하다. ── 围 (한정용법) 에나멜을 입힌.
~·er, ~·(l)ist 囲
e·nam·el·ing, (英) **-el·ling** [inǽməliŋ] 围 에나

멜[법랑] 세공(술); 에나멜 장식. 「랑 그릇.
e·nam·el·ware [inǽməlwɛ̀ər] 围U (집합적) 법
en·am·or, (英) -our [inǽmər] 動他 (사람)을 매혹하다; (수동형으로) …의 마음을 사로잡다[빼앗다], (…에) 반하게[열중게] 하다 (of, with).
be [or become] enamored of a person 남에게 마음을 빼앗기다[반하다].
be [or become] enamored with …에 열중[골~**ed** 围 ~**·ness** 囲 [몰]하다.
en·an·ti·o·sis [inæ̀ntióusis] 围 (修) **-ses** [-siːz] (수사) 반어적(反語的) 표현(irony).
en·arch·ist [énɑːrkist] 围 (프랑스의) 국립 행정 학원(ENA) 우등 졸업생 (출신의 고급 관료). (또는 **enarch**) (<F *énarque*)
en·ar·thro·sis [ènɑːrθróusis] 围 (修) **-ses** [-siːz] (해부) 구와(球窩)[구상(球狀)] 관절(어깨·팔 따위).
en bloc [ɑːn blɑ́k/-blɔ́k] 围 일괄하여, 총괄적으로. ¶resign ~ 총사퇴하다. (<F *in a block*)
en bro·chette [F ɑ̃ brɔʃɛt] 围副 작은 꼬치에 꿰어서 (구운). 匣 brochette. (<F on a small spit)
enc. enclosed; enclosure; encyclopedia.
en·cae·nia [ensíːniə] 圖 1 (복수취급) (도시의) 창립 기념제, (교회·사원의) 헌당 기념제. 2 (종종 E-) (종종 단수취급) Oxford 대학 창립 기념제.
en·cage [inkéidʒ, en-] 動他 …을 둥우리[우리]에 넣다; …을 가두다. (또는 **incage**)
***en·camp** [inkǽmp, en-] 動他 (군사) 야영하다, 노영(露營)하다, 캠핑하다. ── 囲 (수동형으로) (군대)를 야영[노영]시키다. ── 他 …에 야숙의 진영을 치게 하다.
en·camp·ment [inkǽmpmənt, en-] 围 1 ① 야영, 노영. 2 야영지; (집합적) 야영자.
en·cap·si·date [inkæpsədèit, en-] 動他 (바이러스 입자)를 단백질의 막으로 둘러싸다. **·dá·tion** 围
en·cap·su·late [inkǽpsjulèit, en-/-sju-] 動他 1 …을 캡슐에 넣다; …을 소중히 보호하다. 2 …을 요약하다. 3 분리하다. ── 匣 캡슐에 싸이다; 소중히 보호되다. (또는 **incapsulate**) **·lá·tion** 围
en·case [inkéis, en-] 動他 (상자 따위의 용기에) …을 싸다 (*in*). (또는 **incase**)
en·cash [inkǽʃ, en-] 動他 (英) (어음 따위)를 현금화하다; 현금으로 바꾸다. ~**·a·ble** 围 ~**·ment** 围
en cas·se·role [ɑːŋ kǽsəròul] 围 찜냄비[카세롤]로 요리하여[한]. 匣 casserole. (<F in a saucepan)
en·caus·tic [inkɔ́ːstik, en-] 围 달구어서 붙인, 납화 (蠟畫)의. ── tiles[bricks] 채색 타일[벽돌]. ── 围 ① 납화법. **·ti·cal·ly** 囲
-ence [əns] 接尾 형용사 어미 -ent에 대응하는 명사 어미로서, -ance와 같은 뜻. ¶difference.
en·ceinte[1] [enséint, ɑːnsǽnt] 围 임신 중의, 임신하고 있는(pregnant). (<F)
en·ceinte[2] 圖 (성 따위의) 벽, 성벽; 구내, 경내. (<F)
en·ceph·al- [inséfəl, en-/enkéf-, in-, -séf-] 連結 =ENCEPHALO-. 「(의학) 두통.
en·ceph·a·lal·gi·a [insèfəlǽldʒiə/enkèf-] 围
en·ceph·a·las·the·ni·a [insèfələsθíːniə/enkèf-] 围 (병리) (뇌) 신경 쇠약.
en·ce·phal·ic [ènsəfǽlik/-kəf-] 围 뇌(수)의.
en·ceph·a·lit·ic [ensèfəlítik/-kèf-] 围 (병리) 뇌염의.
en·ceph·a·li·tis [ensèfəláitis/-kèf-] 围U (병리) 뇌염. ¶~ *epidemic* 유행성 뇌염.
encephalítis le·thár·gi·ca [-liθɑ́ːrdʒikə] 围 U (병리) 기면(嗜眠)성 뇌염.
en·ceph·a·lo- [insèfəlou/enkèf-] 連結 brain의 뜻(*모음 앞에서는 encephal-). ¶*encephalitic*.
en·ceph·a·lo·gram [enséfəlægræm/-kéf-] 圖 (의학) 1 뇌촬영도. 2 =electroencephalogram.
en·ceph·a·lo·graph [enséfəlægrǽf/-kéf-] 圖

〔의학〕 **1** =ENCEPHALOGRAM 1. **2** =ELECTROENCEPHALOGRAPH. -**gráph·ic** 형 -**i·cal·ly** 부

en·ceph·a·log·ra·phy [ensèfəlágrəfi/-kèfəlɔ́g-] 명 ⓤ 뇌활영(조영)(법).

en·ceph·a·lo·ma [ensèfəlóumə/-kèf-] 명 (복 ~s, -ta [-tə]) 〔병리〕 뇌종양, 뇌종류(腫瘤).

en·ceph·a·lo·ma·la·cia [ensèfəloumǝléiʃiǝ/-kèf-] 명 〔병리〕 뇌연화(腦軟化)(증).

en·ceph·a·lo·my·e·li·tis [insèfəloumàiǝláitis/-kèf-] 명 〔병리〕 뇌척수염.

en·ceph·a·lo·myo·car·di·tis [ensèfəloumàiǝkɑːrdáitis/-kèf-] 명 〔병리〕 뇌척수 심근염.

en·ceph·a·lon [ensèfəlàn/enkéfəlɔn] 명 (복 -**la** [-lə]) 〔해부〕 뇌.

en·ceph·a·lop·a·thy [ensèfəlápəθi/-kèfəlɔ́p-] 명 ⓤ 〔정신의학〕 뇌병, 뇌질환(장애), 뇌증(brain disease).

en·ceph·a·lo·sis [ensèfəlóusis/-kèf-] 명 〔병리〕 뇌증(감염·외상 등에 의하지 않은 기질적인 뇌 질환).

en·chain [intʃéin, en-] 타 **1** …을 사슬로 매다; …을 속박하다(fetter)(in, with, by).¶ an ~ed prisoner 사슬에 묶인 죄수. **2** 〔남의 마음·감정·주의 따위〕를 붙잡다, 사로잡다, 끌어당기다. ~·**ment** 명

‡**en·chant** [intʃǽnt, en-, -tʃɑ́ːnt] 타 **1** …을 매혹하다, 호리다, 황홀케 하다(with, by).¶ to ATTRACT [유의어] ¶ Lorelei on the rock ~ed the boatmen with her fascinating melodies. 바위 위의 로렐라이는 매혹적인 노랫소리로 뱃사람들을 황홀케 하였다. **2** …에 마법을 걸다. **3** …에 마력[마술적 효과]를 주다.
be enchanted with [or *by*] …에 매혹[현혹]되다, 반하다 《~ed 의 뜻으로도 쓰이나, 마력을 가진; 매혹된. 〔넓다〕.

en·chant·er [intʃǽntər, en-] 명 매혹하는 사람, 황홀케 하는 사람; 마법사(magician).

*‡**en·chant·ing** [intʃǽntiŋ, en-, -tʃɑ́ːnt-] 형 매혹적인; 고혹적인, 황홀한; 아주 아름다운.¶ an ~ smile 고혹적인 미소. ~·**ly** 부 ~·**ness** 명

*‡**en·chant·ment** [intʃǽntmənt, en-, -tʃɑ́ːnt-] 명 **1** ⓤ 매혹, 매력. **2** ⓤ 마법, 마술, 요술(magic). **3** ⓤ 마법에 걸린 상태, 황홀. **4** 매혹하는 것, 황홀케 하는 것.

en·chant·ress [intʃǽntris, en-] 명 여자 마법사; 매혹적인 여자, 요염한 여자.

en·chase [intʃéis, en-] 타 **1** 〔보석 따위〕를 〔장신구 따위에〕박다, 박아 넣다(in); 〔귀금속 따위로〕 〔보석 가장자리〕를 장식하다(with).¶ ~ a gem with gold 보석 가장자리를 금으로 장식하다 /~ a jewel in a setting 보석을 대에(…을) 박아 넣다. **2** …에(…을) 돋을새김[조각]을 하다(in); 상감(嵌)하다(with).

en·chi·la·da [èntʃəlάːdə] 명 〔멕시코 요리〕 엔칠라다(옥수수 가루에 고추로 양념한 파이의 일종).
the big [or *top*] *enchilada* (美속어) (조직 따위의) 보스, 두목. 〔일반식이든〕 전체.
the whole enchilada (美속어) 값나가는 것 모두, 일체.

en·chi·rid·i·on [ènkaiərídiǝn, -ki-] 명 (복 ~s, -i·a [-iǝ]) 입문서, 안내서, 편람(handbook). 〔L〕

en·ci·na [insìːnǝ, en-/-] 명 (북미산(産)) 참나무.

en·ci·pher [insáifər, en-] 타 〔메시지·문서 따위〕를 암호화하다, 암호로 바꾸다. 빤 decipher
~·**er** 명 ~·**ment** 명

*‡**en·cir·cle** [insə́ːrkl, en-] 타 **1** 〔종종 수동형으로〕 …을 〔둥글게〕 둘러싸다, 에워싸다(by, with, in). **2** …을 일주하다, 돌다.¶ The moon ~s the earth. 달은 지구 주위를 돈다.
be encircled by [or *with*] …에 둘러싸여 있다.

en·cir·cle·ment [insə́ːrklmənt, en-] 명 **1** 둘러쌈, 포위; 〔외교〕 (한 국가의) 고립화. **2** 한 바퀴 돌기.

encl(**l**). enclosed; enclosure.

en clair [ɑ̃ː klεːr] 〔F〕 부 〔외교 문서 전문에 관해서〕 암호문이 아닌〕 보통문으로. 〔<F in clear〕

en·clasp [inklǽsp, en-/-klάːsp] 타 ⓐ …을 잡다, 움켜쥐다; …에 달라붙다; …을 껴안다. (또는 **inclasp**)

en·clave [énkleiv] 명 **1** 타국 영토 내의 자국 영토 (빤 exclave). **2** 소수 민족 거주지(ethnic ~); (고립된) 소수 민족 집단; 고립된 장소. **3** 언어도(言語島)(linguistic island). **4** 〔고립〕 포일물(包入物), 봉입(封入) 조직. **5** 〔식물〕 대군락(大群落) 가운데 고립된 소군락.
—— 타 …을 고립화하다. 〔<F〕

en·clit·ic [inklítik, en-] 〔문법〕 형 전접(前接)의 (자체에는 악센트가 없고 바로 앞 말의 일부분처럼 발음된다). 명 proclitic —— 명 전접어(That's 의 's(=is), can't의 't(=not) 따위). -**i·cal·ly** 부

‡**en·close** [inklóuz, en-] 타 (-**clós·es** [-iz]; ~d; -**clós·ing**) **1** (종종 수동형으로) …을 에워싸다, 둘러싸다, (울타리 따위로) 두르다(with, by).¶ (~+ 목+젠+명) ~ a garden with a fence 정원을 울타리로 둘러싸다 / The castle was ~d by tall mountains. 성은 높은 산들로 둘러싸여 있었다. **2** …을 싸다, (상자 따위에) 넣다(with, in). ¶ (~+목+젠+명) ~ a jewel in a casket 보석을 작은 함에 넣다. **3** …을 동봉하다, 봉해 넣다(with, by). ¶ (~+목+젠+명) ~ a check with a letter 편지에 수표를 동봉하다. **4** (사유지 표시로) 〔농지 따위〕를 울타리로 둘러막다(※ 이런 경우에는 주로 inclose를 사용한다). (또는 **inclose**)
Enclosed please find… 〔상업〕 …을 동봉합니다 (※ 상업 통신문 상투어: 요즈음은 We have enclosed…, We are enclosing, …을 주로 쓴다).
-**clós·a·ble** 형 -**clós·er** 명

*‡**en·clo·sure** [inklóuʒər, en-/in-] 명 **1** ⓤ 둘러쌈, 포위. **2** ⓤ 울로 둘러싸인 땅, 구내. **3** 둘러싸는 것, 울, 담. **4** 동봉된 것, 봉입물. **5** ⓤ 〔英역사〕 (공유지를 사유지화한) 인클로저. (또는 **inclosure**)
within the enclosure of …의 구내에.

enclósure àct [*làw*] 〔英역사〕 (the ~) 인클로저 조례(條例)(공유지의 사유지화를 허가한 법령).

en·clothe [inklóuð, en-] 타 …에 옷을 입히다.

en·cloud [inkláud, en-] 타 구름으로 싸다[덮다].

en·code [inkóud, en-] 타 (정보 따위)를 암호문으로 바꾸어 쓰다, 암호화하다; 부호[암호]화하여 발신하다. 빤 decode -**cód·a·ble** 형 ~·**ment** 명

en·cod·er [inkóudər, en-] 명 암호기; 부호기.

en·co·mi·ast [inkóumiæst] 명 칭찬하는 사람, 찬사를 보내는 사람(eulogist); 아첨하는 사람(flatterer).

en·co·mi·as·tic [inkòumiǽstik] 형 칭찬의, 칭찬하는(praising). (또는 **encomiastical**) -**ti·cal·ly** 부

en·co·mi·um [inkóumiǝm] 명 (복 ~s, -**mi·a** [-miǝ]) 대찬사, 찬양 연설(성명), 칭찬하는 말.

en·com·pass [inkʌ́mpǝs, en-] 타 **1** (종종 수동으로) …을 에워싸다, 둘러싸다, 포위하다(with, by).¶ be ~ed with walls〔perils〕 벽〔위기〕에 에워싸이다. **2** …을 싸다, …을 내포[포함]하다, 망라하다. **3** 〔파멸 따위〕를 초래하다. **4** 〔일 따위〕를 해치우다; 달성하다, 완수하다. ~·**ment** 명 포위, 포함.

en·core [ɑ́ŋkɔːr, ɑ́ːn-] 감 앙코르, 재청. ⇨ BIS.
—— 명 **1** 앙코르, 재청.¶ get [demand, call for] an ~ 앙코르를 요청받다[하다]. **2** 앙코르에 답하는 노래, 연주, 출연. **3** (TV 프로의) 재방송.
—— 타 〔곡·노래 따위〕의 앙코르를 요망하다; 〔연주가〕에게 앙코르를 요청하다. 〔<F〕

*‡**en·coun·ter** [inkáuntǝr, en-] 타 **1** …와 우연히 만나다, 조우하다, 마주치다.¶ ~ an old friend on the train 기차 안에서 옛 친구를 우연히 만나다. **2** 〔곤란·반대 따위〕에 부닥치다, 직면하다. **3** 〔적〕과 교전하다, 〔남〕과 대립하다.
—— 자 (우연히) 만나다, 마주치다; 조우하다(with).¶ (~+젠+명) ~ with danger 위험을 만나다. —— 명 (복 ~s [-z]) **1** 뜻밖의 만남, 마주침, 해후(邂逅), 조우(with). **2** 조우전, 교전, 전투; (의견의) 대립, 충돌; (美속어) (…와의) 시합, 대전(with).¶ a bloody ~ 피비린내 나는 조우전. **3** (페

어) 거동, 태도. 4 〔심리〕 만남, 마음의 교류(집단 감수성 훈련(T-group)에서 행하는 집단 심리 요법). ~·**er** [명]

encóunter gròup [명] 〔심리〕 집단 감수성 훈련 그룹(sensitivity group).

encóunter gròuper [gròupie] [명] encounter group 참가자.

encóunter sèssion [명] 〔심리〕 만남의 모임(encounter group의 모임).

‡**en·cour·age** [inkə́:ridʒ, en-/-kʌ́r-] [동][타] (**-ag·es** [-iz]; ~**d**; **-ag·ing**) 1 …에게 용기를 북돋워 주다, 기운을 내게 하다, …을 격려하다, …에게 자신을 갖게 하다 (*in*, *to* do)([반] discourage). ¶ ~ a person with [*or* by] friendly advice 우호적인 충고로 남을 격려하다 // (~+[目]+*to* do) ~ a person *to* try again 남을 고무하여 다시 한 번 하게 하다 // (~+[目]+[前]+[名]) ~ a person *in* doing his best 남을 격려하여 최선을 다하도록 하다. 2 …을 촉진하다; …을 조성하다, 장려[원조]하다; 〔신념 따위〕를 굳혀주다. **-ag·er** [명]

***en·cour·age·ment** [inkə́:ridʒmənt, en-/-kʌ́r-] [명][U] 1 격려, 장려, 고무. ¶ ~ of industry 공업의 장려/grants for the ~ of research 연구 장려금. 2 (an ~) 격려[장려]가 되는 것; 원조, 지지; 자극, 유인(*to*).

en·cour·ag·ing [inkə́:ridʒiŋ, en-/-kʌ́r-] [형] 신나는, 용기[기운]를 북돋워주는, 격려[장려]하는; 호의적인; 유망한. ¶an ~ news 신나는 소식. ~·**ly** [부]

en·crim·son [inkrímzn, en-] [동][타] …을 심홍색으로 하다, 새빨갛게 물들이다.

en·cri·nite [énkrənàit] [명] 〔동물〕 바다나리; 바다나리의 화석.

en·croach [inkróutʃ, en-] [동][자] 1 (타국 영토, 남의 땅 등에 서서히) 침입하다, 침략[잠식]하다; (바다가 육지를) 침식하다(*on*, *upon*). ⇨TRESPASS [유의어] ¶ (~+[前]+[名]) ~ *upon* another's land 남의 토지에 침입하다 / The ocean has ~*ed on* the shore. 그 해안은 해수로 침식되어 있다. 2 (남의 재산·권리 따위를) 침해하다, (남의 시간을) 빼앗다 (*on*, *upon*). ¶ (~+[前]+[名]) ~ *on* another's rights 남의 권리를 침해하다.

encroach upon** a person's **time 방해하여 남의 시간을 낭비시키다.

~·**er** [명] ~·**ing·ly** [부]

en·croach·ment [inkróutʃmənt, en-] [명][U][C] 침입, 침략, 잠식; 침식(*on*, *upon*); 침해된 권리; 침입지; 침식지.

en·crust [inkrʌ́st, en-] [동][타] =incrust. **èn·crus·tá·tion** [명]

en·crypt [inkrípt, en-] [동][타] 1 …를 암호로 바꾸다, 암호(문)화하다. 2 (암호화하여) 비밀을 유지하다. 3 〔컴퓨터〕 〔데이터〕를 암호로 바꾸다. **èn·cryp·tá·tion** [명] **-crýp·ted** [형] **-crýp·tion, -crýp·tor** [명]

encrýption àlgorithm [명] 〔컴퓨터〕 부호 매김 풀이법.

en·cul·tu·rate [inkʌ́ltʃərèit, en-] [동][타] 〔행동 양식·관념 따위〕를 소속 사회의 문화에 적응시키다, 문화화시키다. **-rà·tive** [형]

en·cul·tu·ra·tion [inkʌ̀ltʃəréiʃən, en-] [명] 문화화, 문화 적응(문화에 순응하여 흡수·동화하는 과정).

***en·cum·ber** [inkʌ́mbər, en-] [동][타] 《종종 수동형으로》 1 …을 방해하다, 훼방 놓다; 귀찮게 굴다, …의 짐이 되다. ¶ (~+[目]+[前]+[名]) be ~*ed with* cares [doubts] 근심[의혹]에 시달리다. 2 〔장소〕를 차지하다, (장애물로) 막다 (*with*). 3 …에게 (빚·짐 따위를) 지우다(*with*). ¶ (~+[目]+[前]+[名]) be ~*ed with* debts 빚을 지고 있다. (또는 **incumber**)

~·**ing·ly** [부] ~·**ment** [명]

en·cum·brance [inkʌ́mbrəns, en-] [명] 1 거추장스러운 것, 방해물, 귀찮은 것, 걸리는 것, 두통거리. 2 부양 가족(특히 어린아이). 3 〔법률〕 재산상의 부담[채무](저당권 따위). (또는 **incumbrance**)

without encumbrance ① 딸린 것[아이]이 없는. ② (저당권 설정이 없는) 무제약의.

ency., encyc., encycl. encyclopedia.

-en·cy [ənsi] [접미] quality, state의 뜻. 동사에 붙여서 추상명사를 만든다. ¶consist*ency*, emerg*ency*.

en·cyc·li·cal [insíklikəl, en-, -sáik-] [명] (로마 교황의) 회칙(回勅)(~ letter). ── [형] 회칙의; 회람의, 일반 대상의; 널리 읽히는. (또는 **encyclic**)

Encyclopáedia Británnica [명] 대영[브리태니카] 백과 사전(1768년 스코틀랜드에서 창간).

‡**en·cy·clo·pe·di·a** [insàikləpí:diə] [명] 1 백과[전문] 사전. (또는 **encyclopaedia**) 2 (the E–) 프랑스 백과 전서(Diderot, D'Alembert 공저(1751–80)).

en·cy·clo·pe·dic [insàikləpí:dik, en-] [형] 백과 사전[전서]에 관한; 백과 사전적인; 박식한, 박학(博學)의, 무엇이든 잘 알고 있는. (또는 **encyclopaedic(al), encyclopedical**) **-di·cal·ly** [부]

en·cy·clo·pe·dism [insàikləpí:dizm, en-] [명] 1 백과 사전적 지식. 2 (E–) 백과 전서주의(백과 전서파의 주장과 영향). (또는 **encyclopaedism**)

en·cy·clo·pe·dist [insàikləpí:dist, en-] [명] 1 백과 사전 편집자[집필자]. 2 (E–) (프랑스의) 백과 전서파. (또는 **encyclopaedist**)

en·cyst [insíst, en-] [동] 〔생물〕 포낭(包囊)에 싸다 [싸이다]. **èn·cys·tá·tion** [명] ~·**ed** [형] ~·**ment** [명] 포낭 형성, 피포(被包) 과정.

‡**end** [end] [명] ([복] ~**s** [-z]) 1 (the ~) 끝, 선단, 말단; 먼 끝, 멀리 떨어진 장소; 주변 지역. ¶the ~ of a line [rod] 줄[막대기]의 끝 / be sharp at the ~ 끝이 예리하다 / live at the ~ of the street 그 거리의 끝에 살다.

> [유의어] **end** 거의 모든 것에 대해서 「끝남」을 뜻하는 가장 일반적인 말. **ending** 일정 기한이 있을 경우 또는 완성·무익 따위의 이유로 종결지을 필요가 있을 때 사용되는 말. **close** 진행되어 온 일의 계획한 대로의 종결. **conclusion** 어떤 결정·합의 후의 종결. **finish** 착수·개시된 일의 완결·완성. **termination** =ending. **terminus** 운동·전진의 종점.

2 《구어》 (the ~) **a**) (힘·수량 따위의) 한계, 한도. ¶at the ~ of one's strength [patience] 체력[인내]의 한계에 이르러 // There is no ~ to her talk. 그녀의 이야기는 한이 없다. **b**) 참을 수 없는 사람[것]; 참을 수 있는 최후의 선.

3 (시간·행위 따위의) 종료, 끝, 종말, 최후; 말기, 종국. ¶one's journey's ~ 여로의 끝, 여행의 목적지 / the ~ of a story 이야기의 대단원 / the ~ of the 20th century 20세기 말기.

4 (종종 ~s) (궁극적인) 목적, 목표. ⇨PURPOSE [유의어] ¶answer the ~ 목적에 부합되다 / For this ~ I called on you. 이 때문에 당신을 방문한 것입니다 / *The ~ justifies the means*. 《속담》 목적은 수단을 정당화한다 / The ~ of society is the common welfare. 사회의 존재 목적은 공공의 복지에 있다.

5 결과, 결말; 합의, 해결. ¶a happy ~ 기쁜 결말, 해피 엔드 / foresee the ~ 결과를 예상하다.

6 죽음, 최후, 멸망, 파멸, 말로(末路); 사망[멸망]의 원인. ¶the ~ of a kingdom 왕국의 말로 / hasten one's ~ 죽음을 재촉하다 / come to an untimely ~ 요절(夭折)하다 / His recklessness will be the ~ of him. 무모한 것을 보니 그는 오래가지 못할 것 같다. 7 (편지·책·연설 따위의) 끝 부분, 말미, 결말. ¶at the ~ of a letter 편지 말미에. 8 《美》 (사업 따위의) 한 부문, 분야; 부분. ¶the advertising ~ of a company 회사의 광고 부문. 9 (~s) 나부랑이, 동강이, 쪼가리. ¶cigarette ~*s* 담배 꽁초 / odds and ~*s* 잡동사니. 10 《구어》 책임 분담, 맡은 몫, 역(役); (장물 따위의) 배당, 몫. 11 〔스포츠〕 (공격이나 수비의) 측, 사이드; 〔미식축구〕 엔드, 윙(공격·수비 최전방의 양 날개 선수); 〔볼링〕 한 게임, 1회; 〔양궁〕 (한 회에 쏠 수 있는) 화살 수; 표적 지점. 12 《美속어》 최고의 것, 극치. 13 (~s) 《美속어》 신발; 《美속어》 돈. 14 《속어》 귀두(龜頭); (~s) 엉덩이.

all ends up 철저히, 완전히.

at a dead end 막다른 골목에(서), 궁지에(서).

at a loose end; at loose ends ① 일정한 직업 없이, 별로 하는 일 없이, 빈둥빈둥. ② 계획 없이; 미해결인 채; 혼란하여; 당황하여. ¶Everything is *at loose ~s.* 모든 것이 엉망이다. 「따위가) 떨어져서.
at an end (일 따위가) 끝나서; (인내가) 다하여; (돈
at *one's* **wit's** [or **wits'**] **end** 어찌할 바를 몰라.
at the end of *one's* **tether** [or **rope**] ⇨TETHER.
at the end (of the day) 종말에는, 결국에는.
begin [or **start**] **at the wrong end** 첫머리부터 잘못하다, 시작을 잘못하다. 「다.
be near *one's* **end** 죽을 때가 가깝다, 죽어 가고 있
bring *a thing* **to an end** …을 마치게 하다, 끝내다.
come to [or **meet**] **a bad** [or **sticky**] **end** 비참하게 끝나다[죽다]; 불명예스럽게 되다.
come to an end 끝나다; 죽다
end for end 역으로, 거꾸로, 반대로.
end on 끝을 앞으로 하고[바싹 대고]; 〔해사〕 고물[이물]을 정면으로 향하여.
end over end 빙글빙글 회전하여.
end to end (세로로) 끝과 끝을 매어[이어서].
end up 한 끝을 위로 하여, 바로 세워서.
from end to end 끝에서 끝까지.
gain [or **accomplish, achieve, attain**] *one's* **end(s)** 목적[뜻한 바]을 이루다.
get [or **have**] **hold of the wrong end of the stick** 《英구어》 완전히 오해하다. 「성교를 하다.
get *one's* **end away** 《英속어》 〔남자가〕 (오랫만에)
get the better end of …보다 우위에 서다.
get the dirty [or **thick**] **end of the stick** 《구어》 부당하게 취급되다; 싫은 일을 강요당하다.
get the short end 손해 보는 역할이 되다, 변변치 못한 것을 잡다. 「다.
give a touch of rope's end 채찍으로 치다; 벌하
go off (at) the deep end 《구어》 ① 분별없이 일을 시작하다, 무모한 짓을 하다. ② 자제력을 잃다,
go to great ends 《美》 전력을 다하다. ⌊격분하다.
have an end 끝장[결말]이 나다.
have an end in view 계략을 품다.
have *something* **at** *one's* **fingers' ends** …을 잘 알고 있다, …에 정통하다.
have the right [**wrong**] **end of the stick** 《구어》 유리한[불리한] 입장에 서다. 「*beginning*
in the end 마침내, 결국, 마지막에는. [참] *in the*
jump in at the deep end (경험한 일이 없는) 어려운 일에 뛰어들다. 「*end.*
jump off the deep end =*go off (at) the deep*
keep [or **hold**] *one's* **end up** (곤란에 직면해도) 자기 책임[몫]을 다하다; 꺾이지 않다.
make an end of [or **to, with**] =*put an end to.*
make (both, two) ends meet 빚 안 지고 살아가다, 수입 내에서 꾸려나가다.
meet *one's* **end** 최후를 마치다, 숨을 거두다.
never hear the end of …에 대해서 몇 번이고 듣다.
no end 《구어》 몹시, 대단히(very much); 끊임없이.
no end of [or **to**] 《구어》 ① 굉장한, 훌륭한; 대단한. ② 많은, 한없는. ③ 대규모의; 터무니없는.
not know [or **can't tell**] **one end of ... from the other** …에 대해서 아무것도 모르다.
on end ① 똑바로 서서, 곤추서서. ② (시간 따위가) 계속하여, 연달아. ¶hours *on ~* 계속해서 여러 시간.
play both ends against the middle 두 사람을 싸우게 하여 어부지리를 얻다.
plunge in at the deep end 《구어》 (일 따위를) 갑자기 어려운 곳부터 시작하다.
put an end to …을 끝내다, 그만두게 하다; 〔악습 따위〕를 없애다, 폐지하다; 〔동물 따위〕를 죽이다.
right [or **straight**] **on end** 잇따라, 곧바로.
serve *a person's* **end** 남의 뜻대로 되다.
the end of the ball game 《구어》 죽음.
the end of the road [or **line**] ① 목적지, 최종 목표. ② 궁지; 한계점.
the end of the world ① 이 세상의 끝; 땅 끝. ② 세계의 종말이라고 일컬을 만한 재앙[대사건], 파멸.
the ends of the earth 땅 끝; 도처(everywhere).
think no end of …을 존중하다, 높이 평가하다.
throw *a person* **in at the deep end** 남에게 곤란한 일을 시키다, 남을 궁지에 빠뜨리다. 「를 하다.
to no end 무익하게, 헛되이. ¶work *to no ~* 헛수고
to the bitter [or **very**] **end** 최후까지, 끝까지.
to the end of the chapter 끝까지, 철저히.
to the end of time 영원히. 「order that).
to the end that... …하기 위하여, …하도록(in
to [or **for**] **this** [**that, what**] **end** 이것[그것, 무엇]을 위하여, 이것[그것, 무엇] 때문에.
turn end for end (홀랑) 뒤집다.
without end 끝없이, 언제까지나.
wrong end foremost 거꾸로, 뒤바꾸어.
—[동] (**~s** [-z]) [타] **1** …을 마치다, 끝내다, 결말을 내다(*up*)(*with*). ¶~ a lesson *with* the bell 종이 울림과 동시에 수업을 마치다/Coffee *~s* a dinner. 식사 끝에 커피가 나온다. **2** …을 죽이다(kill), …의 사인이 되다; 파멸시키다. ¶Poison *~ed* him. 그는 독약으로 사망했다. **3** …의 끝 부분을 이루다, 끝에 있다. **4** …을 웃돌다, …을 능가하다. —[자] **1** 끝나다, 마치다, 종말을 고하다, 결말이 나다 (*with, by* doing). ¶Here our journey *~s.* 여기가 우리 여행 목적지다 ∥ (~+[前]+[名]) The day *~ed with* a storm. 그날은 폭풍우로 저물었다. **2** …으로 끝나다, 결국 …으로 되다[끝나다](*in*). ¶(~+[前]+[名]) The novel *~s in* catastrophe. 그 소설은 비극적 결말로 끝난다. **3** 이야기를 끝내다, 끝으로 말하다. **4** 《드물게》 죽다(die).

> [USAGE] **end in / by / with** — end in 은 「…과 같은 결과가 되다」의 뜻, end by는 뒤에 동명사를 수반하여 「최후에는[궁극적으로는] …하다」의 뜻, end with는 끝마무리가 된 것[수단]을 나타내어 「…으로 끝나다」의 뜻: He will ~ *by* marrying her. / The speech *~ed with* these words.

a [or **the**] *thing* **to end all** *things* 정평 있는[탁월한] …. ¶a novel *to end all* novels 모든 소설을 능가하는 소설. 「지되다.
end in smoke 헛되이 끝나다; (계획 따위가) 흐지부
end it (all) 《구어》 자살하다(kill oneself).
end off ① …을 끝내다, 그만두다; …을 완료하다. ② (길 따위가) 끊어지다, 끝나다.
end up 종료하다, 끝나다; 결국[마침내, 끝내] …이 되다 (*with, in, as*). ¶~ *up in* the army 결국 군인이
mend or end 개선하느냐 폐지하느냐. ⌊되다.
—[형] **1** 마지막의, 최종의. ¶the ~ result 최종 결과. **2** 《美속어》 최고의; 가장 훌륭한.
∠·er [명]
END *E*uropean *N*uclear *D*isarmament(유럽 핵무기 완전 철폐 운동).
end- [end] [연결] ⇨ENDO-.
end-all [∠ɔ̀:l] [명] (the ~) 대단원, 종결, 일의 끝남; 종국[궁극적 목적]으로 이끄는 것.
be-all and end-all 모든 것이자 궁극적인 것.
en·dam·age [indǽmidʒ, en-] [동][타] …에게 손해[손상]를 입히다[끼치다](damage). **~·ment** [명]
en·da·m(o)e·ba [èndəmí:bə] [명] ([복] **-bae** [-bi:], **~s**) 엔드아메바(인체 내부에 기생하여 이질 따위를 일으키는 아메바). **ènd·a·mé·bic, ènd·a·móe·bic** [형]
end-and-end [∠ənénd] [형] 날실에 흰 실과 색실을 번갈아 엮어 격자[줄] 무늬를 만든.
***en·dan·ger** [indéindʒər, en-] [동][타] …을 위험에 빠뜨리다, 위태롭게 하다(imperil). **~ed** [형] 위기[위험]에 처한; (동식물이) 절멸 위기에 처한. **~·ment** [명]
endángered spécies [명][복] 멸종 위기의 생물[종

(種), 사라지기 직전의 것.
Endángered Spécies Àct 명 (the ~) 절멸 위기종(동물) 보호법.
end·a·or·ti·tis [èndeiɔːrtáitis] 명 (병리) 대동맥염.
end-a·round [éəràund] 명 (미식축구) 엔드어라운드(엔드의 한 쪽에서 뒤로 물러나 쿼터백으로부터 공을 패스받아 잉사이드로 공격하는 플레이); (속어) 결과, 총결산.
end·ar·te·rec·to·my [èndɑ̀ːrtəréktəmi] 명 (병리) (혈류(血流)를 원활하기 위한) 동맥 내막 절제(술).
end·ar·te·ri·um [èndɑːrtíəriəm] 명 (⑧ **-ri·a** [-riə]) (해부) 동맥 내막(膜). **-ri·al**
énd àrticle 명 최종 제품, 완제품.
én dàsh 명 (인쇄) 엔 대시, 2분 대시(en rule)(n 한 자 길이의 대시). ⑧ em dash.
énd càp 명 (상품 진열(전시) 통로의 양쪽 끝 [막단]
end-con·sum·er [kənsuːmər] 명 (제품의) 최종 소비자(end user).
En·de [G ɛ́ndə] 명 **Michael (Andreas Helmuth)** ~ 엔데(1929–95: 독일의 작가).
***en·dear** [indíər, en-] 타 (연동 따위가) …에게 (…의) 사랑받게 하다, 사모하게 하다 (to); (재귀용법으로) …에게 사랑받다 (to). ¶His humor ~ed him to all. =He ~ed himself to all by his humor. 그는 유머가 있어서 모두에게 사랑을 받았다.
en·dear·ing [indíəriŋ, en-] 형 귀여운, 친밀감이 있는; 마음을 끌어당기는. **~·ly** 부 **~·ness** 명
en·dear·ment [indíərmənt, en-] 명①⑩ 사랑받음, 친애; 사모함; ⓒ 사랑의 말[표현]; 애무.
‡**en·deav·or, -our** [indévər, en-] 자 (~s [-z]) 재 **1** (…하려고) 노력하다, 애쓰다 (after). ¶Anyhow, he is ~ing. 어쨌든 그는 노력하고 있다 // (~+전+명) ~ after happiness 행복을 추구하여 노력하다. **2** 시도하다 (try). —타 (…하려고) 노력하다, 시도하다 (to do). ⇨ TRY 유의어 ¶ (~+to do) ~ to do one's duty 의무를 다하려고 노력하다. —명 ~s [-z]) **1** (…하려는) 노력; 시도, 진력 (to do, at doing, that 절). ⇨ EFFORT 유의어 ¶ All his ~s were (in) vain. 그의 모든 노력은 수포로 돌아갔다. **2** (the E-) 엔데버(미국의 우주왕복선).
make [or *do*] *one's best endeavors; make* [or *do*] *every endeavor* 갖은 노력을 다하다.
·er
en·dem·ic [endémik] 형 (질병 따위가) 어떤 지방(사람들) 특유의, (지방의) 유행의(*in, to*); (생물이) 어떤 지방 특유의, 토종의; 특정 분야(환경)에 한정적인[일상적인]. ¶ ~ **species** 고유종(토종). (또는 **endemical, endemial**) — 명 지방병, 풍토병; (생물) 고유종.
·i·cal·ly
endémic diséase 명 풍토병, 지방병. 「의 특유성.
en·de·mic·i·ty [èndəmísəti] 명⑩ 풍토성, 한 지방
en·de·mism [éndəmìzm] 명 =endemicity.
en·den·i·zen [indénəzən, en-] 타 …에게 시민권을 주다; 귀화시키다(naturalize).
end·er·gon·ic [èndərgánik/-gɔ́n-] 형 (생화학) (반응이) 에너지 흡수성의.
en·der·mic [endə́ːrmik] 형 (병리) 경피(經皮) 흡수의, (약 따위가) 피부에 침투하여 작용하는; 피부에 바르는. ¶ ~ **liniment** 도포제. 「평복으로, (<F)
en dés·ha·bil·lé [F ɑ̃ dezabije] (부) 약식 복장으로,
énd gàme 명 **1** (체스, 체스 따위의) 종반(종료); (전쟁·시합 따위의) 종국(終局), 마지막 판. **2** (컴퓨터) (네트워크 시스템의) 말단 송수신 장치. (또는 **éndgàme**)
énd gàte 명 (트럭 따위의) 뒷문.
énd gràin 명 (목재의) 횡단면. **énd-gràin** 명⑧
‡**end·ing** [éndiŋ] 명 **1** 끝남, 종결, 결말; (연극·영화·이야기 따위의) 말미, 끝 부분, 대단원. ⇨ END 유의어 ¶ have a happy [sad] ~ 해피엔딩[비극]으로 끝나다. **2** (완곡적) 죽음; 멸망. **3** (문법) 어미, 활용 어미.

en·disked [indískt, en-] 형 레코드[CD]에 녹음된.
en·dis·tance [indístəns] 명⑧ (연극·영화) (관객)에게 거리감을 갖게 하다, (관객)을 이화(異化)하다.
énd item 명 =end article.
en·dive [éndaiv/F ɑ̃diːv] 명⑩ 꽃상추, 네덜란드 [상추 (셜러드용).
énd léaf 명 end paper.
‡**end·less** [éndlis] 형 **1** 끝없는, 무한한; 영원한; 끝없이 긴. ⇨ ETERNAL 유의어 ¶ an ~ **argument [speech]** 지루하게 긴 논쟁(연설)/~ **bliss** 무한한 희열. **2** 부단한, 끊임없는. ¶ ~ **orders** 끊임없는 주문. **3** 고리 모양으로 이어져 있는, 환상(環狀)의. ¶ an ~ **belt** 환상 벨트. **4** (구어) 무수한, 헤아릴 수 없는, 많은. **~·ly** 부 **~·ness** 명
éndless cháin 명 **1** (자전거 등의) 순환 체인. **2** (구어) 입에서 입으로 전해지는 광고(word-of-mouth ad).
énd líne 명 말단(경계, 한계)을 나타내는 선; (스포츠) (구기장(球技場)의) 엔드 라인. 「여(on end).
end·long [éndlɔ̀ːŋ/-lɔ̀ŋ] 부 (고어) 세로로, 직립하
énd màn 명 **1** 열(줄)의 맨 끝의 사람. **2** 엔드 맨((英) cornerman)(희극 악단의 어릿광대역).
énd màtter 명 (인쇄) =back matter.
end·most [éndmòust] 형 맨 끝의, 말단의.
end·note [éndnòut] 명 (책의) 권말[장말(章末)]의 주(註), 후주. 「바퀴만으로 달리기).
en·do [éndou] 명 엔도(오토바이의 뒷바퀴를 들고 앞
en·do- [éndou, -də] 연결 within, inner라는 뜻(* 모음 앞에서는 end-). ¶ *end*amoeba, *endo*crine, *endo*derm. (<Gk *endon* within)
en·do·bi·ot·ic [èndoubaiátik/-ɔ́t-] 형 (생물) 생물체 내생(內生)의. —명 기생(공생) 생물.
en·do·blast [éndoublæ̀st] 명 (발생) 내배엽(內胚葉)(endoderm). **-blás·tic** 형 [(<*endo*+*robot*)
en·do·bot [èndoubát, -bɔ̀t] 명 (내부) 수술 로봇.
en·do·car·di·al [èndoukɑ́ːrdiəl] 형 심장 내의; (또는 **endocardiac**) 심내막(心內膜)에 관한.
en·do·car·di·tis [èndoukɑːrdáitis] 명 (병리) 심내막염.
en·do·car·di·um [èndoukɑ́ːrdiəm] 명 (⑧ **-di·a** [-diə]) (해부) 심내막.
en·do·carp [éndəkɑ̀ːrp] 명 (식물) 내과피(內果皮). ⑤ epicarp, pericarp
en·do·cen·tric [èndousɛ́ntrik] 형 (언어) 내심적인, 내심 구조의. ⑧ exocentric ¶ an ~ **construction** 내심 구조(어구 중 그 구의 주요어와 대략 같은 기능을 갖는 구조: fresh milk, small boy 따위).
en·do·crine [éndəkrin, -kràin] 형 (생리) 내분비선; 내분비물, 호르몬. (또는 **endocrinal, endocrinic, endocrinous**) 내분비(선, 물)의.
éndocrine disrúptor 명 내분비 교란 (화학) 물질, 환경 호르몬.
éndocrine glánd 명 내분비선(ductless gland).
en·do·cri·nol·o·gy [èndoukrənɑ́lədʒi/-nɔ́l-] 명⑩ 내분비학. **-crin·o·lóg·ic, -crin·o·lóg·i·cal** 형 **-gist** 명 의, 식균 작용의. (또는 **endocytotic**)
en·do·cyt·ic [èndousítik] 형 (세포의) 식(食) 작용
en·do·cy·to·sis [èndousaitóusis] 명 (⑧ **-ses** [-siːz]) (생리) 세포막의 함입(陷入)에 의한 외부 물질 흡수 작용; 식균 작용.
en·do·derm [éndədə̀ːrm] 명 =endoblast.
-dér·mal, -dér·mic 형
en·do·der·mis [èndoudə́ːrmis] 명 (식물) 내피.
en·do·don·tics [èndoudántiks/-dɔ́n-] 명⑩ (단수 취급) (치과) 치내(齒內) 치료학. (또는 **endodóntia**). **-dón·tic** 형 **-ti·cal·ly** 부 **-tist** 명
en·do·en·zyme [èndouénzaim] 명 (생화학) 세포내 효소. 「흡수하는, 흡열성의.
en·do·er·gic [èndouə́ːrdʒik] 형 (화학) 에너지를
end-of-day [éndəvdéi] 형 (英) (여러 색깔이 섞인) 갖가지 무늬의((美) splashed). (또는 **ènd-of-the-dáy**)
end-of-file [-əvfáil] 명 (컴퓨터) 파일(file) 끝

마크(略 EOF).

en·do·gam·ic [èndougémik] 형 =endogamous.

en·dog·a·mous [endágəməs/-dɔ́g-] 형 (同族) 결혼의; 동족 결혼에 관한. (理 exogamy

en·dog·a·my [endágəmi/-dɔ́g-] 명 U 동족 결혼.

en·do·gen [éndədʒin] 명 (폐어) 내생(內生) 식물 (monocotyledon의 옛 이름).

en·dog·e·nous [endádʒənəs/-dɔ́dʒ-] 형 (생물) 내부에서 발생하는; 내생(內生)의; (생리·화학) 내인성(內因性)의. ~·ly 부

endógenous depréssion 명 내인성 울병(鬱病).

en·dog·e·ny [endádʒəni/-dɔ́dʒ-] 명 U (생물) 내생, 내인성 발육. (또는 **endogenesis**)

en·do·lymph [éndoulìmf] 명 (해부) 내(內)림프액 (귀의 막상 미로(膜狀迷路) 안의 액). ·자궁 내막액.

en·do·me·tri·tis [èndoumitráitis] 명 (병리) ·자궁 내막염.

en·do·me·tri·um [èndoumí:triəm] 명 (pl. **-tri·a** [-triə]) (해부) 자궁 내막. **-tri·al** 형

en·do·mi·to·sis [èndoumaitóusis] 명 UC (생물) 핵내 유사분열(核內有絲分裂).

en·do·morph [éndəmɔ̀:rf] 명 1 (광물) 내포(內包) 광물. 2 땅딸막한 사람.

en·do·mor·phic [èndəmɔ́:rfik] 형 1 (광물) 내포 광물이, 다른 광물 안에 포함되어 산출되는. 2 내배형의. 3 (배가 나온) 땅딸막한 체격의.

en·do·mor·phism [èndəmɔ́:rfizm] 명 1 (광물) 혼성 (작용), (관입 화성암 내부에서 발생하는) 엔도모르피즘, 내변(內變). 2 (수학) 자기 준동형(自己準同形).

en·do·neu·ri·um [èndounjúəriəm] 명 (pl. **-ri·a** [-riə]) 신경 내막(內膜).

en·do·par·a·site [èndoupǽrəsàit] 명 내부 기생 생물, 체내 기생충. (理 ectoparasite **-pàr·a·sít·ic** 형

en·do·pep·ti·dase [èndoupéptədèis, -dèiz] 명 (생화학) 엔도펩티다아제(촉매 효소).

en·do·per·ox·ide [èndoupəráksaid/-rɔ́k-] 명 (생화학) 엔도페록시드(prostaglandin의 합성 원료가 되는 고산화(高酸化) 화합물의 총칭).

en·doph·a·gous [endáfəgəs/-dɔ́f-] 형 (생물) 내식성(內食性)의, 숙주(宿主)의 내부에 들어가서 먹는.

en·do·pha·sia [èndouféiʒə/-ziə] 명 내어(內語), 내언어(內言語)(청취 가능한 발성을 동반하지 않는 말).

en·do·phil·ic [èndəfílik] 형 (생물) (생물이) 인간 및 인간 환경과 연관이 있는. (理 exophilic

en·do·plasm [éndəplæzm] 명 U (생물) 내부 원형질, 내질(內形質), (원생(原生) 동물의) 내질(內質)(endosarc). **·plás·mic** 형 (體)

endoplásmic retículum 명 (생물) 소포체(小胞體)

en·do·proct [èndəprákt/-prɔ́kt-] 명 (동물) 내항(內肛) 동물.

en·do·ra·di·o·sonde [èndouréidiousànd] 명 (의학) 엔도라디오존데(체내의 생리학적 데이터를 송신하는 장치).

énd órgan 명 (생리) (신경의) 종말(말단) 기관.

en·dor·phin [endɔ́:rfin] 명 엔도르핀(척추 동물에 존재하는 펩티드 군(群)으로 진통 작용을 한다).

***en·dorse** [indɔ́:rs, en-] 타(타동) 1 (계획·주장 따위)를 시인(승인)하다; (사람) 지지하다; (美) (후보자)를 지지(추천)하다. ⇒APPROVE 유의어 ¶ ~ an opinion 의견을 지지하다. 2 (주의·내용의 설명 따위)를 서류 이면에 기입하다. (英) (수동태로) (면허증·허가증 따위에) 위반 사항을 기입하다. 3 (어음 따위)에 서명하다; 배서(이서)하다. 4 (TV나 신문에서 유명 인사가 상품)를 보증 선전하다, 추천하다. (또는 **indorse**)

be endorsed out (흑인이 당국에 의해) 신분 증명서의 불비를 이유로 도시에서 추방되다.

endorse off (어음 따위의 이면에) (금액)을 써 넣어일부 수령을 증명하다.

endorse over [어음 따위)에 이서하여 (···에게) 권리를 양도하다(to).

-dórs·a·ble -dórs·er, -dór·sor 명

en·dor·see [èndɔ:rsí:, èndɔ:r-] 명 1 피배서인, 양수인(讓受人). 2 추천(지지) 후보.

en·dorse·ment [indɔ́:rsmənt, en-] 명 1 U 시인, 승인; 지지, 추천. 2 배서, 이서. (면허증 따위에 기입되는) 위반 사항. 3 (TV 등에서 하는 유명 인사의 상품) 추천의 말, 보증 선전. (또는 **indorsement**)

endorsement in blank 백지이기명식(記名式).

en·do·sarc [éndəsà:rk] 명 U (생물) 내질(內質), (원생 동물의) 내부 원형질(endoplasm).

en·do·scope [éndəskòup] 명 (의학) 내시경(內視鏡). **·scóp·ic** 형 내시경적(에) 의한.

en·dos·co·py [endáskəpi/-dɔ́s-] 명 U 내시경 검사(법). (理 exoskeleton

en·do·skel·e·ton [èndouskélətn] 명 (동물) 내부 골격.

en·dos·mo·sis [èndazmóusis/-dɔs-] 명 U (물·액) (외부에서 내부로의) 침투, 침입. 형 osmosis

en·do·sperm [éndouspə̀:rm] 명 (식물) 내배유 (內胚乳), 내유(內乳).

en·dos·te·um [endástiəm/-dɔ́s-] 명 (pl. **-te·a** [-tiə]) 골내막(骨內膜).

en·do·the·li·o·ma [èndouθì:lióumə] 명 (pl. **~s, ~·ta** [-tə]) (병리) 내피종(內皮腫).

en·do·the·li·um [èndouθí:liəm] 명 (pl. **-li·a** [-liə]) (해부) 내피(內皮) 세포(혈관·림프관 따위의 내표면을 덮는 얇은 조직). **-li·al** [-liəl] 형

en·do·therm [èndouθə̀:rm] 명 온혈 동물.

en·do·ther·mic [èndouθə́:rmik] 형 1 (물·화) 흡열(吸熱)(성)의, 흡열(반응)이 따른. 2 (동물) 온혈성의, 또는 **endothermal**) **-mi·cal·ly** 부

en·do·tox·in [èndoutáksin/-tɔ́k-] 명 (생화학) 균체내(菌體內) 독소. (理 exotoxin **-tóx·ic** 형

end·o·ver [éndouvər] 명 (스케이트보드) 엔드오버 (같은 방향으로 연속적으로 180° 회전하면서 하는 직진).

‡en·dow [indáu, en-] 타 (~ -s [-z]) (대학 등에 기금을 기부하다; (공공 단체 등에) 영구적인 재원을 기부하다; ···에게 유증(遺贈)하다 (with). ¶ ~ a college [hospital] 대학(병원)에 재산을 기부하다. (재능·자질 따위를) ···에게 주다, 부여하다 (with). ¶ (~+目+前+명) Nature has ~ed her with intelligence. 하늘은 그녀에게 지성을 주었다. 3 (고어) ···에게 지참금을 주다. — 명 (보험) (생명 보험 증서가) 지불 만기가 되다.

be endowed with ···을 타고나다.
-·er 명

***en·dow·ment** [indáumənt, en-] 명 1 U (기금의) 기부, 기증, 재산 부여. 2 기금, 기본 재산. 3 (~s) 기부금; 유산; (타고난) 자질, 재능.

endówment insúrance[(英) assúrance] 명 양로 보험. 부 저당권(용자).

endówment mòrtgage 명 (英) 양로 보험 계약

endówment pòlicy 명 양로 보험 (증권).

énd pàper 명 (책의) 면지(面紙). (또는 **éndpàper**)

énd pìn 명 (첼로나 콘트라베이스의) 엔드핀(脚柱).

énd pòint 명 1 최종 목적지, 종점. 2 (수학) = endpoint. 3 (화학) (적정(滴定)의) 종말점.

end·point [éndpɔ̀int] 명 (수학) (선분이나 사선(斜線)의) 말단, 종점.

énd pròduct 명 1 최종 제품; (일련의 변화·반응·과정 따위의) 최종 결과. 2 (물리) 최종 원소(방사성 원소의 붕괴 후 최종적으로 생기는 비방사성 원소).

énd resúlt 명 (the ~) 최종 결과.

énd rhỳme 명 (운율) 각운(脚韻).

en·drin [éndrən] 명 엔드린(살충제).

énd rùn 명 1 (미식축구) 엔드런(상대편의 측면을 우회하여 엔드로 나아가는 플레이). 2 (美) 회피책. 「뛰다.

do an end run 우회 수법(작전)을 쓰다, 중간을 건너

end-run [éndràn] 타 (···을) 앞지르다, (중간을) 건

너머고 일을 진행시키다; 잘 피해 가다.
énd shèet 图 《제본》 =end paper.
énd stòp 图 마침표·종지부·의문부·감탄부 따위).
end-stopped [´stɑ̀pt/-stɔ̀pt] 图 **1** 《운율》 그 행으로 완결된, 행 끝에 꼭 구두점이 있는. **2** 《발레 등의 동작 따위의 마지막을》 포즈로 깊이 끊는.
Énds·ville [éndzvìl] 图圏 (종종 e-) 《美俗》 최고의 (것); 궁극적인 (것). (또는 **end(s)ville, Endville**)
énd táble 图 (소파 따위 앞의) 작은 탁자.
end-to-end [´tuːénd] 图 (나라의) 끝에서 끝까지의, 종단(縱斷)하는; =end-and-end.
en·due [indjúː, en-/-djúː] 图쮀 **1** 《수동형으로》 (재능·자질 따위를) …에게 주다, 부여하다 《with》. 《~+몸+젼+몀》 a man ~d with inventive genius 발명의 재능을 타고난 사람. **2** …을 걸치다, 착용하다; …을 입히다. **3** 《남》에게 (옷 따위를) 입히다 《with》. (또는 **indue**)
en·dur·a·ble [indjúərəbl] 图 견딜 수 있는, 참을 수 있는. **-bíl·i·ty, ~·ness** 图 **-bly** 回
‡**en·dur·ance** [indjúərəns, en-/-djúər-] 图 《-anc·es》 [-iz] ① **1** 인내(력), 참을성. ➪ PATIENCE 유의어 **2** 지구력, 《기계의》 내구력[성]; (관습의) 지속, 계속. **3** (견뎌야 할) 시련, 고난. **4** 《항공》 속속 시간.
beyond [or *past*] (*one's*) *endurance* 참을 수 없을 만큼. 「도(fatigue limit).
endúrance lìmit 图 《재료의》 피로[내구(耐久)] 한
endúrance ràce 图 《자동차의》 내구 레이스[경주].
endúrance tèst 图 내구 시험; 어려운 일.
‡**en·dure** [indjúər, en-/-djúər] 图 《~s [-z]; ~d; -dur·ing》 图 **1** 《물건이》 …을 견디어 내다, 지탱하다. ¶ That dike will not ~ the rising water. 저 제방은 불어나는 물을 견디어 내지 못할 것이다. **2** (사람이) 《곤란·곤란》을 견디다, 참다, 《부정문에서》 …을 참다; ➪BEAR 유의어 ¶ ~ great hardships 큰 곤란을 견디어 내다 / ~ pain 고통을 참다 // 《~+to do》 《~+-ing》 I can't ~ to hear about it. =I can't ~ *hearing* about it. 그런 것은 듣기도 싫다. **3** 《부정문에서》 《해석 따위》를 허용하다, 인정하다; 감수하다, 복종하다. —图 **1** 계속되다, 지속하다. ➪CONTINUE 유의어 ¶ as long as life ~s 목숨이 있는 한. **2** 인내하다, 참다, 견디다. ¶ ~ to the last 최후까지 버티다. **-dúr·er** 图
*en·dur·ing [indjúəriŋ, en-/-djúər-] 图 **1** 인내심이 강한, 참을성 있는. **2** 지속하는, 영속적인; 영원한, 불후의. ¶ ~ fame 불후의 명성 / ~ peace 항구적 평화. **~·ly** 円 **~·ness** 图
en·dur·o [indjúrou, en-/-djúər-] 图 《~s》 《美》 (자동차 따위의) 장거리 내구(耐久) 경주.
énd ùse 图 (생산물의) 최종 용도.
énd ùser 图 《컴퓨터 따위의》 최종[일반] 사용자; 《일반적으로》 최종 소비자; 말단 수혜자. (또는 **énd-ùser**)
end·ways [éndwèiz] 円 **1** 세워서, 똑바로 세워서. **2** 끝을 위[앞]로 하여. **3** 끝 쪽을 향해서; 길게, 세로로. **4** 두 끝을 맞대고, 한 줄로 이어서.
end·wise [éndwàiz] 円 =endways.
En·dym·i·on [endímiən] 图 《그리스 신화》 엔디미온(달의 여신 Selene의 사랑을 받은 양치기 미소년).
End·zeit·stim·mung [éndtsaitstìmuŋ] 图 《독일》 《체제 등의》 말기 증상, 종말 무드.
énd zòne 图 《미식축구》 엔드존(경기장 양 끝의 골라인과 라인 사이의 터치다운 구역).
ENE, e.n.e., E.N.E. east-northeast 《동북동》.
-ene [iːn] 접미 《화학》 unsaturated hydrocarbons 《불포화 탄화수소의》 뜻. ¶ acetyl*ene*, anthrac*ene*, benz*ene*. 「in effect》.
en ef·fet [F ɑ̃nefɛ] 《F》 사실상, 실제, 정말은. 《<F
en·e·ma [énəmə] 图 《~s, ~·ta [-tə]》 ① 《병리》 관장(灌腸); 관장액[제], 관장기(器). 《敵》 명탄.
énemies lìst 图 반대자[적대 인물] 일람표, 정적(政

‡**en·e·my** [énəmi] 图 《복 -mies》 [-z] **1** 적, 적대자, 원수, 경쟁 상대. ¶ political *enemies* 정적(政敵) / a sworn ~ 불구대천의 원수 / a natural ~ 천적 // I am no ~ *to* whisky. 나는 위스키가 싫지는 않다.
유의어 **enemy** 적의·악의를 품는 자. **foe** enemy의 문어(文語). **opponent** 논쟁·선거·경기 따위에서 대립하는 상태, 적의를 뜻하지 않는 말. **adversary** 단순한 대립에서 뚜렷한 적의까지 포함하는 넓은 의미의 말. **antagonist** 우월·지배를 다투어 심하게 대립하는 자.

2 적병, 적함, 적기; (the ~) 《단·복수 양용》 적군, 적함대. ¶ attack[defeat] the ~ 적을 공격[격퇴]하다. **3** 적국(민). **4** 《…을》 해치는 것; 《비유적》 《…의》 적 《of, to》. ¶ the ~ of health 건강에 해로운 것 // Jealousy is an ~ to friendship. 시기는 우정의 적이다. **5** (the E-) 악마. ¶ the Old E- 대마왕. **6** 《파괴 공작 따위의》 적대 행위.
be an enemy to …을 미워하다, …을 적대(시)하다; …을 해치다. 「자해하다.
be one's own enemy 스스로 자신의 몸을 해치다, *go over to the enemy* 적의 편이 되다, 항복하다.
How goes the enemy? (구어) 지금 몇 시냐?
make an enemy of …을 적으로 만들다; …의 원한을 사다.
the enemy within the gate(s) 배신자. 「를 사다.
wish…on one's worst enemy 《부정문·의문문에서》 미운[싫은] 사람에게 …을 강요하다.
— 图 적군[적국]에 속하는; 적대하는(inimical).
énemy álien 图 적성(敵性) 외국인, 적국적(敵國籍) 거주자. 「(1995년 폐기).
énemy clàuse 图 (유엔 헌장의) 적국(敵國) 조항
*en·er·get·ic [ènərdʒétik] 图 **1** 정력적인, 활동적인, 활기 있는. ➪ACTIVE 유의어 **2** 효과적인, 강력한. **3** 에너지의[에 관한]. (또는 **energetical, energic**)
-i·cal·ly 円 「지론.
en·er·get·ics [ènərdʒétiks] 图⑤ 《단수취급》 에너
en·er·gid [énərdʒid] 图 《생물》 에너지드(다핵체(多核體) 중 하나의 핵과 그 핵의 작용 범위).
en·er·gism [énərdʒìzm] 图 ① 《윤리》 에너지즘(자기 능력의 완성을 가장 중시하는 주의); 《심리》 에너지설(정신 현상을 에너지의 개념으로 설명). **-gist** 图圏
en·er·gize [énərdʒàiz] (*《英》-gise*) 쮀 …에게 정력을 주다, 활기 있게 하다; 《전기》 …에 전압을 가하다, 가압(加壓)하다. — 图 정력을 발휘하다, 힘을 내다, (정력적으로) 활동하다. **-gi·zá·tion** 图 **-giz·er** 图 정력[활력]을 주는 것[사람]; 강장제; 항울제(抗鬱劑).
en·er·gu·men [ènərgjúːmin] 图 **1** 악마에 홀린 사람, 귀신 들린 사람(demoniac). **2** 광신자, 열렬한 지지자.
‡**en·er·gy** [énərdʒi] 图 《-gies》 [-z] ① **1** 정력, 원기, 활력, 활기, 기세. ➪POWER 유의어 ¶ physical [spiritual] ~ 체력[기력] / a man of ~ 정력가 / waste one's ~ 정력을 낭비하다. **2** ⓒ 《종종 -gies》 행동력, 활동력, 능력; 지도력. ¶ mental ~ 지적 능력. **3** 《표현 따위의》 힘참. ¶ ~ of words [style] 말[문체]의 힘참. **4** 《물리》 에너지. ¶ kinetic [or active, motive] ~ 운동 에너지 / latent [potential] ~ 잠재[위치] 에너지. **5** 《전기·석유·태양 따위의》 에너지원(源). **6** 《동양의학》 기(氣). ¶ ~ healing 기 치료.
apply [or *devote*] *one's energies to* …에 정력을 쏟다.
brace one's energies 힘을 떨쳐 분발하다. 「지.
énergy altèrnative [sùbstitute] 图 대체 에너
énergy àudit 图 (가정·공장의) 에너지 감사, 에너지 효율 진단(사용량 검사). **énergy àuditor** 图 에너지 감사관. 「를 공급하는].
énergy bàr 图 《美》 강장 캔디(귀리·콩·콘시럽 따위
énergy bùdget 图 (생태계의) 에너지 수지(收支).
énergy chàrge 图 전기 요금.
énergy conservàtion 图 에너지 절약[보존].
énergy convèrsion 图 에너지 변환[전환].

énergy crìsis [crúnch] 명 에너지 위기.
énergy drìnk 명 (美) 강장 음료.
énergy efficiency 명 연료[에너지] 효율. 「EER」.
énergy efficiency rátio 에너지 효율비(比).
en·er·gy-ef·fi·cient [-ifi∫ənt] 형 (차량·엔진 따위가) 연료 효율[연비]이 좋은; 연료[에너지]가 적게 드는.
énergy gùn (美俗어) (마약을 놓는) 주사기.
énergy industry 명 에너지 산업.
en·er·gy-in·ten·sive [-inténsiv] 형 에너지 집약적인.
énergy lèvel 에너지 준위(準位).
énergy pàrk (美) 에너지 단지(에너지 공동 이용 콤비나트).
en·er·gy-sav·ing [-sèiviŋ] 형 에너지 절약의.
énergy strúcture [미술] (기계·전기 부품·모터 등을 갖춘) 키네틱 아트(kinetic art)의 작품.
en·er·vate 동타 [énərvèit] ···의 기력을 빼앗다, 힘을 약하게 하다, ···을 무기력하게 하다. ¶an ~d style 힘 없는 문체 / A hot climate ~s people. 더위는 사람을 약하게 한다. ── 형 [énə́ːrvit] 힘이 빠진, 연약한, 박약한, 무기력한. **-vá·tion -vá·tive -vàtor** 명
「은, 무기력한, 나약한.
en·er·vat·ed [énərvèitid] 형 활력[기력, 힘]을 잃은
en·face [inféis, en-] 동타 (어음·서류 따위)의 표면에 기입[인쇄]하다. **~·ment** 명
en fa·mille [F ɑ̃ famij] 형 온 식구가 모여, 식구끼리 오붓하게; 편안하게, 거리낌없이. 〈<F at home)
en·fant ché·ri [F ɑ̃fɑ̃ ∫eri] 명 (복 **-s -s**) (비유적) 총아(寵兒). 〈<F)
en·fant gâ·té [F ɑ̃fɑ̃ gɑte] 명 (복 **-s -s**) 응석받이 아이; 버릇없는 사람. 〈<F)
en·fants per·dus [F ɑ̃fɑ̃ pɛRdy] 명 결사대.
en·fant ter·ri·ble [F ɑ̃fɑ̃ tɛRibl] 명 (복 **-s -s**) 1 무서운[깜찍한] 아이. 2 남이 난처해질 언행을 함부로 하는 사람; 부책임한 사람; 인습을 무시하는 사람. 〈<F)
en·fee·ble [infíːbl] 동타 ···을 약하게 하다, 허약[연약]하게 하다. **~·ment, -bler** 명
「다.
en·feoff [inféf, en-] 동타 ···에게 봉토(封土)를 주다
en·feoff·ment [inféfmənt, en-] 명UC 봉토[식읍(食邑)]의 하사(장)(狀); 봉토(封土), 식읍.
en fête [F ɑ̃ fet] 형 축제를 위해 차려 입은; 축제[행사]에 적극적으로 참가하는. 〈<F in festival)
en·fet·ter [inféṭər, en-] 동타 ···에게 족쇄를 채우다; ···을 속박하다; ···을 (···의) 노예[포로]로 삼다 (to).
en·fe·ver [inf́ːvər, en-] 동타 ···을 열광시키다.
en·fi·lade [ènfəléid/ènfiléid] 명 (군사) U 종사(縱射) (받을 위치). ── 동타 ···에게 종사를 퍼붓다, 종사하다.
en·fin [ɑːŋfǽŋ] 부 마침내, 드디어, 결국. 〈<F)
en·fold [infóuld, en-] 동타 ···을 싸다, 감싸다 (in, with); ···을 안다, 껴안다; ···을 접다, 접은 개다; ···에 주름을 잡다. (또는 **infold) ~·er, ~·ment** 명
*****en·force** [inf́ːrs, en-] 동타 (**-forc·es** [-iz]; **~d** [-t]; **-forc·ing**) 1 (법률 따위)을 시행하다, 실시하다, 집행하다. ¶~ a law 법률을 시행하다. 2 (행위 따위)를 (···에게) 강요[강제]하다, 억지로 시키다 (on, upon); ···을 강행하다. ¶~ obedience 복종을 강요하다 / ~ one's authority 권위를 내세우다 / ~ a blockade 봉쇄를 강행하다 // (~+目+前+名) ~ peace on the defeated 패자에게 강화를 강요하다. 3 (의견 따위)를 강경하게 주장하다, 역설하다; (의견 따위)를 강화[보강]하다. **-fórc·ive** 형
「강]하다.
en·force·a·ble [inf́ːrsəbl, en-] 형 시행 가능한, 실시할 수 있는; 강제할 수 있는. **-bíl·i·ty** 명
en·forced [inf́ːrst, en-] 형 강제적인. ¶~ insurance [currency] 강제 보험[통화] / ~ education 의무 교육. **-fórc·ed·ly** [-f́ːrsidli] 부
*****en·force·ment** [inf́ːrsmənt, en-] 명UC 시행, 실행, 실시; 강제, 강요. (고어) 강제된 것.
enfórcement nòtice (英) (불법적인 개발·건축 등에 대한 시당국의) 위반 통고, 개선 명령.

enfórcement òfficer 명 (美) (법률 등의) 집행관.
en·forc·er [inf́ːrsər, en-] 명 1 (법률·명령 따위의) 집행자, 시행자. 2 강제하는 사람[것]; (의론 따위의) 주장자. 3 (美俗어) 경호원, 보디가드; 폭력단원; 깡패. 4 (아이스하키) 거친 플레이로 상대편을 위협하는 공격적 선수. 「다], 액자에 넣다.
en·frame [infréim, en-] 동타 ···을 틀에 넣다[끼우
en·fran·chise [infrǽnt∫aiz, en-] 동타 1 ···에게 참정권[선거권]을 주다. 2 (노예)을 해방하다, 자유롭게 하다. 3 (도시)에 자치권을 주다. (또는 **franchise)** **~·ment, -chis·er** 명
「한다).
eng 음성 발음 기호의 ŋ(* agma, agma라고도
ENG electronic news gathering(휴대용 TV 카메라와 VCR를 사용한 뉴스 취재). **eng.** engine; engineer(ing); engraved; engraver; engraving. **Eng.** England; English.
*****en·gage** [ingéidʒ, en-] 동 (**-gag·es** [-iz]; **~d; -gag·ing**) 타 1 (사람)을 (···에) 종사시키다, 몰두시키다; (재귀용법·수동형으로) (···에) 종사하다, 몰두하다 (in, on). ¶He is ~d in foreign trade. 그는 해외 무역에 종사하고 있다.
2 (시간 따위)을 차지하다(occupy); ···을 바쁘게 하다; (수동형으로) (···에) 바쁘다, 면담 중이다 (with); (수동형으로) (전화·화장실 따위가) 사용 중이다. ¶I have one's time fully ~d 시간이 꽉 차 있다 / The line [or number] is ~d. (英) 통화 중입니다((美) The line is busy.) 〈* 교환수의 말).
3 (···으로) 고용하다 (as); (탈것)을 세내다. ⇒EMPLOY 유의어 ¶~ a servant 하인을 고용하다 / ~ a carriage 마차를 세내다 / (~+目+as 보) ~ a person as a secretary 남을 비서로 고용하다.
4 ···을 끌어들이다, (주의 따위)를 끌다. ¶~ a person's attention ···의 주의를 끌다.
5 (방·좌석 따위)를 예약하다((英) book); (수동형·재귀용법으로) ···을 약속하다; ···을 보증하다 (that 前, to do). ⇒PROMISE 유의어 ¶This seat is ~d. 이 좌석은 예약되어 있습니다. 6 ···을 (···와) 약혼시키다; (수동형·재귀용법으로) (···와) 약혼 중이다 (to). ¶We became ~d this month. 우리는 이 달에 약혼했다 / (~+目+前+名) I am ~d to Nancy. 낸시와 약혼한 사이다. 7 ···을 교전시키다; ···과 교전하다 (against, with). 8 (톱니바퀴 따위)를 맞물리게 하다; ···와 접촉을 유지하다. ···을 포용(包容)하다. ¶~ North Korea and lure it out of its isolation 북한을 포용하여 고립으로부터 끌어내다. 10 ···을 고정시키다[조이다]; (건축) ···을 붙이다.
── 자 1 종사[관계]하다, 근무하다 (in). ¶(~+前+名) ~ in fruitless effort 헛된 노력을 하다 / ~ for the season 계절 노동자로서 일하다. 2 맹세[약속]하다, 보증하다 (for). ¶(~+前+名) I can't ~ for such a thing. 그런 것을 약속할 수 없다 // (~+to do) He ~d to do the work by himself. 그는 그 일을 자기 혼자서 하겠다고 맹세했다. 3 교전하다 (with, against). ¶(~+前+名) ~ with the enemy 적과 교전하다. 4 (톱니바퀴 따위)가 맞물다.
engáge for ···을 약속하다; 보증하다. ⇒자 2.
engáge in [or on, upon] ① (일·사업)에 착수하다, ···을 시작하다. ② ···에 종사하다(참가하다). ¶~ in business 사업에 종사[관계]하다. ③ ···에 바쁘다.
engáge oneself in ···에 종사하다, 참여하다.
engáge oneself to ① ···을 약속하다; ···과 약혼하다. ¶He ~d himself to my cousin. 그는 나의 사촌
en·ga·gé [ɑːŋgɑːʒéi] 형 ···에게 이용되다.
en·ga·gé [F ɑ̃gaʒe] 형 (정치[사회] 문제 따위의) 적극 관여하는, 참여의, 앙가주망의. 〈<F engaged)
*****en·gaged** [ingéidʒd, en-] 형 1 약속한; ···에 몰두[열중]하고 있는 (on, in); (전화가) 사용 중인. ¶I am ~ every evening. 저녁이면 언제나 (약속이 있어) 바쁘

다/Number's ~. (英) (전화가) 통화중입니다. **2** 약속[계약, 예약]된. **3** 약혼중의. ¶an ~ couple [or pair] 약혼중의 남녀. **4** 교전중인. **5** (톱니바퀴 따위가) 맞물린. **6** 〔건축〕(기둥 따위가) 붙박이의.
-**gag·ed·ly** [-géidᴣidli] 副 -**gág·ed·ness** 名
engáged tòne 名 (전화의) 통화중 신호음.
(또는 (美) búsy signal)
‡**en·gage·ment** [ingéidᴣmənt, en-] 名 **1** 서약, 약속; 예약 (with). ¶a previous ~ 선약/have a dinner ~ with …와 식사 약속이 있다. **2** (…와의) 약혼 (to); 약혼 기간. ¶an ~ of a young couple 젊은 남녀의 약혼/Her ~ has been broken off. 그녀는 파혼했다. **3** ⓤ 간여, 개입; 참여, 종사; 관심(in). ¶~ in negotiations 협상 개입. **4** ⓤ 고용, 초빙; 고용 기간. ¶a post of ~ 일자리. **5** 접촉 유지[지속], 포용(包容). ¶a constructive ~ with China 건설적인 대(對) 중국 포용. **6** ⓤ 상용; 용무; 서약, 계약. ¶owing to pressing ~ 긴급한 용건 때문에. **7** 〔군사〕 교전, 회전(會戰) (with). ⇨BATTLE 〔유의어〕¶a naval [land] ~ 해(陸)전/have an ~ with the enemy 적과 교전하다. **8** ⓤ (톱니바퀴 따위의) 연결. **9** (~s) 〔상업〕 채무, 금전상의 약속. **10** 〔F āgaʒmã〕 앙가주망(작가·문학의 현실 참여).
be under engagement 약속[계약]되어 있다.
break off one's engagement to a person 남과의 약속을 파기하다; 해약하다.
break one's engagement 약속을 깨다.
make [or *enter into*] *an engagement with a person* 남과 약속[계약]을 하다.
meet one's engagements 채무를 갚다.
engagement calendar 名 예정표, 일정표.
engágement pòlicy 名 포용 정책, 접촉 유지 정책.
engágement ring 名 약혼 반지.
en·gag·ing [ingéidᴣiŋ, en-] 形 매력적인, 애교 있는; 상냥한, 기분 좋은. ¶She smiled an ~ smile. 그녀는 상냥한 미소를 지었다. ~**·ly** 副 ~**·ness** 名
en garçon 〔F ɑ̃ gaʀsɔ̃〕 〔F〕 독신으로. 〔<F〕
en garde 〔ɑːp gáːrd〕 間 〔펜싱〕 준비! (*주심이 시합 개시 직전 선수에게 하는 명령). 〔<F *on guard*〕
en·gar·land [ingɑ́ːrlənd, en-] 他 …을 화환으로 장식하다.
Eng. D. *Doctor of Eng*ineering. 「경제학자」
En·gel [éŋɡəl] 名 *Ernst* ~ 엥겔(1821-96: 독일의)
En·gels [éŋɡəlz] 名 *Friedrich* ~ 엥겔스(1820-95: 독일의 사회주의자).
Éngel's coefficient 名 엥겔 계수(가계의 가처분 소득에 대한 식비(食費) 비율).
Éngel's làw 名 〔경제〕 엥겔의 법칙.
en·gen·der [indᴣéndər, en-] 他 〔감정·상태 등〕을 일으키다, 낳다. ¶Pity often ~s love. 동정에서 흔히 사랑이 싹튼다. —自 생기다. ~**·er**, ~**·ment** 名
en·gild [ingíld, en-] 他 …에 도금을 하다; …을 빛내다.
engin 名 engineer; engineering.
‡**en·gine** [éndᴣin] 名 (複 ~**s** [-z]) **1** 엔진, 발동기, 기관. ¶an *internal combustion* ~ 내연 기관/~ *trouble* 엔진 고장. **2** 증기 기관(steam ~); (美) 기관차(locomotive). **3** (비유적) 원동력, 주동력. ¶the economic ~ of Korea 한국 경제의 원동력. **4** 기관차 (fire ~). **5** 기계 장치, 기기(機器), 기구. ¶a *dental* ~ 치과 의료 기계/a *door* ~ (전차 따위의) 자동 개폐 장치. **6** 〔고대의〕 병기; 〔폐어〕 고문 기구.
— 他 (~**s** [-z]; ~**d**; ~**·ing**) …에 (증기) 기관을 달다, 엔진을 장치하다. -**gined**, ~**·less** 形
éngine còmpany 名 소방 분소(출장소).
éngine depàrtment 名 (선박의) 기관실.
éngine drìver 名 (英) 기관사((美) engineer).
‡**en·gi·neer** [èndᴣiníər] 名 (複 ~**s** [-z]) **1** 기사(技師), 기술자, 엔지니어; 공학자. ¶a *chief* ~ 기사장/a *civil* ~ 토목 기사/a *mechanical* [*mining*, *sanitary*] ~ 기계[광산, 위생] 기사/a *military* ~ 기술 장교, 기술자. **2** (기선 따위의) 기관사; (美) (기차의) ((英) engine driver). **3** 〔육군〕 공병; 〔해군〕 기관병; 기술병. ¶~ *corps* 공병대. **4** (英) 기기 수리공; 엔진 제작자. **5** 수완가: 모사(謀士), 공작원. **6** 〔경멸적〕 ~전문가(기능자). ¶a *sanitation* ~ 위생 전문가, 청소업자.
— 他 (~**s** [-z]) 他 **1** (수동형으로) 〔공사〕의 감독[설계, 건조]을 맡다. ¶~ *an aqueduct* 도수관 공사의 설계를 하다. **2** 공학 기술로 제조[설계]하다. **3** 〔구어〕 …을 능숙하게 처리하다; …을 계획하다, 공작하다. ¶~ *a plot* 계략을 짜다//(~+目+副+名) ~ *a bill through Congress* (교묘하게) 법안의 의회 통과를 계획하다. — 自 기사로서 일하다. ~**·ship** 名
en·gi·néered fóod [èndᴣiníərd-] 名 가공 보존 식품; 가공 (보충) 식품.
en·gi·neer·ese [èndᴣiníəríːz] 名 기술자투(套)의 문체; 기술자 전문어, 기술 용어.
‡**en·gi·neer·ing** [èndᴣiníəriŋ] 名ⓤ **1** 공학; 기관학. ¶*electrical* [*mechanical*, *aeronautical*] ~ 전기[기계, 항공] 공학. **2** 공학 기술; 토목 공사. ¶an ~ *work* 토목 공사/an ~ *staff* 공사의 직무[일]. **3** 교묘한 처리[공작]; 계획, 획책, 책모. — 形 공학[기술]의. ~**·ly** 副
engineering plastics 名 (단수취급) 산업[공업]용 수지(樹脂)(부품 재료용 특수 플라스틱).
enginéer òfficer 名 〔군사〕 (육군) 공병 장교; (해군) 기관 장교; (공군) 기술 장교.
enginéer's degrée 名 (美) 〔교육〕 (몇몇 유명 대학에서 대학원 수료자에게 주는) 공학계 준박사 학위.
éngine hòuse 名 소방차고(庫); 기관고.
éngine làthe 名 선반(旋盤). 「관사, 기관 조수.
en·gine·man [éndᴣinmæ̀n, -mən] 名 (古어) 기
éngine ròom 名 (배 따위의) 기관실.
en·gin·er·y [éndᴣinri] 名ⓤ **1** (집합적) 기관류; 기계류; 병기. **2** 공책, 책략.
éngine shéd 名 기관차고(庫).
éngine tùrning 名 로제트(rosette) 무늬(시계의 케이스 따위의 가는 선으로 그려 넣은 장식 무늬).
en·gird [ingə́ːrd, en-] 他 (-**girt**, ~**·ed**) …을 띠로 감다; 둘러싸다, 포위하다(encircle).
en·gir·dle [ingə́ːrdl, en-] 他 =engird.
‡**Eng·land** [íŋɡlənd] 名 **1** 잉글랜드(Great Britain의 Scotland와 Wales를 제외한 지역). **2** (행정 단위로의) 잉글랜드와 웨일스. **3** (광의로) 영국(Great Britain).

> 주의 식민지(colonies), 보호령(protectorates), 속령(dependencies), 위임 통치령(mandates)을 포함한 가장 넓은 명칭은 「영연방(英聯邦)」(the Commonwealth of Nations)이며, 본국은 「연합 왕국」(the United Kingdom; 略 U.K.)이라고 한다.

Eng·land·er [íŋɡləndər] 名 **1** (드물게) 잉글랜드 사람; 영국인(Englishman). **2** =Little ~.
‡**Eng·lish** [íŋɡliʃ] 形 **1** 잉글랜드의; 영국의. ¶the ~ *language* 영어(⇨ 2). **2** 잉글랜드 사람의; 영국인의. ¶He *is very* ~. 그는 정말 영국인답다. **3** 영어의.
— 名 **1** (the ~) (집합적) (Scotsman, Welshman, Irishman과 구별하여) 잉글랜드 사람; (광의로) 영국인 (民). ¶The ~ are a peace-loving nation. 영국인은 평화를 사랑하는 국민이다. **2** ⓤ 영어(게르만 어족에 속하며 Old ~ [Anglo-Saxon](450-1150년경), Middle ~ (1150-1500년경), Modern ~ (대체로 1500년 이후)의 3기로 나누어진다). ¶*Black* ~ 흑인 영어/*American* ~ 미어/*Queen's* [*King's*] ~ 여왕[국왕] 영어, 순수[표준] 영어/*Shakespearian* ~ 셰익스피어 영어/*spoken* ~ 구어 영어/*standard* ~ 표준 영어/*speak in* ~ 영어로 말하다/*translate for* put] *into* ~ 한국어를 영어로 번역하다. **3** (때로 e-) 〔당구·볼링〕 비틀어 치기, 곡구(曲球) ((英) *side*). ~ =*body* ~. **4** ⓤ 〔인쇄〕 잉글리시 활자(14포인트 활자). **5** 〔美속어〕 〔컴퓨터〕 (기

계어 프로그램에 대하여) 높은 수준의 언어 프로그램.
English as is spoke [or *broke*] 파격 영어.
Give me the English of it. 쉬운 말로 말해줘.
(to talk) in plain English 알기 쉽게 말하면.
── ⓥ ⓣ 1 (때로 e-) …을 영역하다. 2 (외국어의 철자·발음 따위)를 영어화하다, 영국풍으로 하다(Anglicize). 3 (때로 e-) (당구·볼링) (공)을 비틀어 치다(굴리다).

English básement ⓝ (美) (도로에서 지하로 직접 출입할 수 있게 개조된) 지하층.

English bréakfast ⓝ 영국식 조반(계란, 베이컨이나 햄, 토스트, 홍차나 커피가 나오는 아침 식사).

English Canádian ⓝ 영국계 캐나다 사람; 영어를 사용하는 캐나다 사람. **Éng·lish-Ca·ná·di·an** ⓐ.

English Chánnel ⓝ (the ~) 영국[영불] 해협.

English Chúrch ⓝ (the ~) 영국 국교회(Church of England).

English dáisy ⓝ (美) 데이지.

English diséase ⓝ (the ~) 1 영국병(노동자 태업·경영 합리화 지연 등에 따른 생산성 저하·경기 침체 따위의 현상). 2 기관지염(bronchitis).

English Énglish ⓝ =British English.

Eng·lish·er [íŋgliʃər] ⓝ 1 (스코) 잉글랜드 사람. 2 외국어를 영어로 번역하는 사람.

English flúte [íŋ-] ⓝ (음악) =recorder 4. 「개).

English fóxhound ⓝ 잉글리시 폭스하운드(사냥

English hórn ⓝ (음악) 잉글리시 호른(목관 악기).

Eng·lish·ism [íŋgliʃìzm] ⓝ (미어에 대하여) 영국 본국 영어 용법; 영국풍, 영국 취미; 영국주의.

English ívy =ivy. 「(Anglicize).

Eng·lish·ize [íŋgliʃàiz] ⓥ ⓣ …을 영국풍으로 하다

English Lánguage Empówerment Áct ⓝ (美) 영어 공용어법(영어를 미국의 공용어로 규정한 법률; 1996년 제정).

Eng·lish·ly [íŋgliʃli, íŋliʃ-] ⓐ 영국인풍[식]으로.

*Eng·lish·man** [íŋgliʃmən] ⓝ (pl. *-men* [-mən]) 1 (남자) 잉글랜드 사람; 영국인(English). 2 영국선(船) (English ship). 「어역, 영역판.

Eng·lish·ment [íŋgliʃmənt] ⓝ (외국 저작물의) 영

English múffin ⓝ 잉글랜드식 머핀(muffin)(이스트가 든 머핀 빵으로 구워서 먹는다. 「움.

Eng·lish·ness [íŋgliʃnis] ⓝ 영국(인)적임; 영어다

English Revolútion ⓝ (the ~) (英역사) 영국 혁명, 명예 혁명(Glorious [or Bloodless] Revolution) (1688–89). 「일랜드 거주) 영국계 사람.

Eng·lish·ry [íŋgliʃri] ⓝ 영국인임; (집합적) (아

English sétter ⓝ (동물) 잉글리시 세터(사냥개).

English síckness ⓝ (the ~) =English disease.

English sónnet ⓝ =Elizabethan sonnet.

English spárrow ⓝ (유럽산) 참새.

English-speak·ing [-spíːkiŋ] ⓐ 영어를 (모국어)로 하는; 영어권의. ¶*an ~ people* 영어 사용 국민.

English wálnut ⓝ (식물) 페르시아 호두나무; 그 열매.

*Eng·lish·wom·an** [íŋgliʃwùmən] ⓝ (pl. *-wom·en* [-wìmin]) Englishman 1의 여성형.

en·gorge [ingɔ́ːrdʒ, en-] ⓥ ⓣ 1 …을 게걸스럽게 먹다, 벌컥벌컥 마시다. ¶ ~ *oneself on* …을 배터지게 (실컷) 먹다. 2 (병리) …에 충혈[울혈]시키다.

en·gorge·ment [ingɔ́ːrdʒmənt, en-] ⓝ 1 게걸스럽게 먹기, 벌컥벌컥 마시기. 2 (병리) 충혈, 울혈.

engr. engineer; engraver; engraving.

en·graft [ingrǽft, en-/-grάːft] ⓥ ⓣ 1 …을 접목하다, 접붙이다 (*into, upon, on, with*). ¶ (~+ⓞ+前+ⓝ) ~ *a peach on a plum* 서양자두나무에 복숭아를 접붙이다. 2 (사상·주의 따위)를 불어[심어]넣다, 주입시키다 (*into*). ¶ (~+ⓞ+前+ⓝ) ~ *patriotism into a person's soul* 남에게 애국심을 불어넣다. 3 …을 혼입[융합]하다. ── ⓐ (외과) (조직)을 이식하다. (또는 ingraft) **èn·graf·tátion, ~·ment** ⓝ

en·grail [ingréil, en-] ⓥ ⓣ (화폐 따위의 가장자리)를 깔쭉깔쭉하게 하다; (윤곽 따위)를 톱니무늬로 장식하다. ~·**ed** ⓐ **~·ment** ⓝ

en·grain [ingréin, en-] ⓥ ⓣ ⓘ =ingrain. 「풍.

en·grained [ingréind, en-] ⓐ =ingrained. ~·**ly**

en·gram [ingrǽm] ⓝ 1 (심리) 기억 심상(心像), 흔적. 2 (생물) 엔그램(세포 안에 형성되는 것으로 생각되는 기억의 흔적). **en·grám·ic, ~·mát·ic** ⓐ

en grande te·nue [F ã gãːd tənyː] 정장(正裝)을 하고. (<F in full dress)

*en·grave** [ingréiv, en-] ⓥ ⓣ 1 (문자·도안 따위)를 새겨 넣다, 새기다, 조각하다; (문자·도안 따위를 새겨서) …을 장식하다, …에 조각을 하다(*on, with*). ¶ (~+ⓞ+前+ⓝ) ~ *an inscription on* a tablet; ~ *a tablet with an inscription* 명판(銘板)에 명(銘)을 새겨 넣다. 2 (문자·도안 따위를 돋을새김 인쇄로) 인쇄하다; …을 판화로 인쇄하다. ¶ ~*d name cards* 돋을새김 인쇄 명함. 3 …을 (…에) 강하게 인상지우다, …을 (마음에) 새기다(*in, on, upon*). 4 =photoengrave.
Do you want an engraved invitation? 정중하게 초대해야 하니?, (도도하게 굴지 말고) 가볍게 마음으로 (놀러) 와. 「조관공.

-gráv·a·ble ⓐ -gráv·er ⓝ 조각사, 인장공(印章工).

*en·grav·ing** [ingréiviŋ, en-] ⓝ ⓤ 1 (조각(술), 조판(彫版). 2 (동판·목판·사진 따위의) 제판법. 3 (판(版)으로 된) 도안, 문자, 판화. 4 판목(版木), 판(版).

*en·gross** [ingróus, en-/-] ⓥ ⓣ 1 (주의·시간 따위)를 …에 모조리 쏠리게 하다; (마음)을 사로잡다[빼앗다], …에 열중하게 하다, 몰두시키다; (수동형으로) (…에) 몰두[전념]하다 (*in*). ¶ This business ~*es my whole time and attention*. 이 일에 나는 시간과 주의력을 모조리 쏟고 있다. 2 …을 크고 똑똑하게 쓰다[베끼다]; (공문서·법률 서류 따위)를 정식으로 써 내다. 3 (상품)을 매점하다; (권력 따위)를 독점하다.
be engrossed in …에 열중하고 있다. ¶*He was* ~*ed in* the subject. 그는 그 문제에 몰두하고 있었다.

en·grossed [ingróust, en-] ⓐ 열중[몰두]하고 있는, 완전히 마음을 빼앗긴. 「통과된 법안.

engróssed bíll ⓝ 상·하 양원 중 한 곳에서 다

en·gross·er [ingróusər, en-] ⓝ 매점[독점]자.

en·gross·ing [ingróusiŋ, en-] ⓐ 1 마음을 빼앗는, 열중하게 하는. 2 독점하고 있는. ~·**ly** ⓐ

en·gross·ment [ingróusmənt, en-] ⓝ ⓤ 1 열중, 전념, 몰두. 2 크고 똑똑하게 쓰기[베끼기]; (문서 따위의) 정서(淨書); ⓒ 정서한 것. 3 매점, 독점.

en·gulf [ingʌ́lf, en-] ⓥ ⓣ 1 (눈·깊은 곳 따위로) …을 빨아들이다, 집어삼키다; 빠져들게 하다 (*in, into*). 2 (수동형으로) (사람)이 압도당하다, …에 몰두시키다 (*in, into*). ¶ ~ *oneself in* one's *study* 연구에 전념하다. (또는 ingulf) 「빠져들게 하기.

en·gulf·ment [ingʌ́lfmənt, en-] ⓝ ⓤ 빨아들임.

*en·hance** [inhǽns, en-/-hάːns] ⓥ ⓣ 1 (정도)를 올리다, 늘리다, 강화하다. ¶ ~ *the power* 권력을 강화하다. 2 (가격·지위)를 올리다, 인상하다. 3 (사진) (컴퓨터 처리로) 화질을 높이다. ~·**ment** ⓝ 증대, 강화, 인상, 고양. **-hánc·er** ⓝ **-hánc·ive** ⓐ

enhánced radiátion [inhǽnst-/-hάːnst-] ⓝ (물리) 고방사능(高放射能), 강화 방사선.

enhánced radiátion wéapon ⓝ (군사) 방사능 강화형 병기(중성자탄의 정식 명칭; ☞ ERW).

Enhánced Strúctural Adjústment Facílity ⓝ (경제) (IMF(국제 통화 기금)의) 확대 구조 조정 융자 제도(개발 도상국의 경제 구조 조정을 지원함).

en·har·mon·ic [ènhɑːrmάnik/-mɔ́n-] ⓐ (음악) 1 4분의 1음의, 전음(全音)의 4분의 1의 음정의. 2 (조(調) 바꿈에 의한) 이명(異名) 동음의.

en·heart·en [inhάːrtn, en-] ⓥ ⓣ …을 고무하다, 용기를 내게 하다, 분발하게 하다.

ENIAC [í:niæk] 명 (상표) 에니악(미국에서 개발된 세계 최초의 진공관식 범용 컴퓨터). 〔<*E*lectronic *N*umerical *I*ntegrator *a*nd *C*omputer〕

e·nig·ma [ənígmə] 명 (-**s**, -**ta** [-tə]) 수수께끼, 불가해[불가사의]한 것[사건]; 수수께끼의 인물; 수수께끼 같은 말[그림]; 수수께끼 같음(놀이). ⇒PUZZLE

en·ig·mat·ic [ènigmǽtik] 형 수수께끼 같은, 불가사의한, 불가해한, 정체를 알 수 없는. (또는 **enigmat-ical**) **-i·cal·ly** 부

e·nig·ma·tize [iníɡmətàiz, en-] 자 수수께끼 같은 말을 하다. —타 …을 수수께끼처럼[불가해하게] 하다. 〔섬에 두다; …을 격려하다, 고립시키다.

en·isle [ináil, en-] 타 …을 섬으로 만들다; …을

En·i·we·tok [ènəwí:tɑk/èniwítɔk] 명 에니웨톡 환초(環礁)(태평양 Marshall 제도 안의 환초; 미국의 원·수폭 실험지(1947-52)).

en·jail [indʒéil] 타 (드물게) 감금하다(imprison).

en·jamb(e)·ment [indʒǽmmənt, en-] 명 (운율) 뜻·구문이 다음 행 또는 연구(聯句)로 이어지기. **en·jámbed** 형 〔<F〕

‡**en·join** [indʒɔ́in, en-] 타 1 (의무로서) …을 과하다, 분부하다(*upon, on*); (권력으로써) …을[…하도록] 명하다, 이르다 (*to* do). ⇒ORDER 유의어 ¶(~+目+前+名) The teacher ~ed silence *on* the class. 선생은 학급 학생들에게 조용히 하라고 명령했다. 2 〔법률〕 …에게 (…을) 금지하다(*from*). ¶(~+目+前+名) ~ a company *from* selling alcohol 회사에 대해 주류 판매를 금지하다. ~**·er**, ~**·ment** 명

‡**en·joy** [indʒɔ́i, en-] 타 (~**s** [-z]) 1 …을 즐기다; (술·음식 따위를) 맛있게 먹다; …에서 놀다; 즐겁게 경험하다. ¶enjoy a book 책을 즐겁게 읽다 / ~ a feast 성찬을 즐기다 / How did you ~ your trip? 여행은 어떠하셨습니까? // (~+-ing) ~ reading[walking] 독서[산책]를 즐기다 / We have ~ed talking over our school days. 우리는 즐겁게 학생 시절의 이야기를 나누었다.(* enjoy는 보통 부정사를 목적어로 취하지 않으나, 〔구어·속어〕에서는 취하는 수도 있다). 2 (특권·이익 따위)를 지니고 있다, …을 누리다. …을 향유[향수]하다. ¶~ a large fortune 큰 재산을 지니고 있다 / ~ good health 건강을 누리다 / ~ a ten percent rise in sales 매상이 10% 늘다. 3 (재귀용법으로) 즐겁게 지내다. 4 (개량·진보된 것)을 받아들이다, 경험하다. —자 즐겁게 지내다. *Enjoy!* (美구어) (인사말) 1 자 드시지요(* 음식물 따위를 권할 때); 즐겁게 읽으[읽으세요](* 책·CD 따위를 산 사람에게). 2 그럼 또, 잘 있어요.(* 헤어질 때).
enjoy oneself 즐기다, 즐겁게 보내다. ¶Did you ~ *yourself* at the party? 파티는 즐거웠습니까?
~**·er** 명 ~**·ing·ly** 부

‡**en·joy·a·ble** [indʒɔ́iəbl, en-] 형 즐거운, 유쾌한, 기분 좋은; 누릴[향유할] 수 있는. ¶have an ~ weekend 주말을 즐겁게 보내다.
-**bíl·i·ty**, ~**·ness** -**bly** 부

‡**en·joy·ment** [indʒɔ́imənt, en-] 명 1 (만족·기쁨을) 향수[향유]함(*of*); 향락, 즐김(*in*). ¶the ~ *of* health 건강의 향유. 2 UC 기쁨, 즐거움(거리); 유쾌하게 해주는 것, 낙. ⇒PLEASURE 유의어 ¶Life has many ~*s*. 인생에는 많은 즐거움이 있다. 3 U (the ~) 〔법률〕 (권리의) 보유, 향유.
take [find] enjoyment in …을 즐기다, 즐거워하다.

en·keph·a·lin [enkéfəlin] 명 엔케팔린(모르핀과 비슷한 작용을 하는 내인성(內因性) 펩티드).

en·kin·dle [inkíndl, en-] 타 …에 불을 붙이다, …을 태우다; (감정·정열) 을 부채질하다, 타오르게 하다. —자 타다, 타오르다. -**dler** 명

enl. enlarge; enlarged; enlargement; enlisted.

en·lace [inléis, en-] 타 (레이스나 끈으로) …을 휘감다, …을 둘러싸다[묶다]; …을 꼬아 합치다, 얽다.

(또는 **inlace**) ~**·ment** 명

‡**en·large** [inlɑ́:rdʒ, en-] 타 (-**larg·es** [-iz]; ~**d**; -**larg·ing**) 1 …을 크게, 증대[확대]시키다 (책)을 증보하다. ⇒INCREASE 유의어 ¶a revised and ~*d* edition 증보 개정판 / a magazine in the number of pages 잡지의 페이지 수를 늘리다 / ~ a house 집을 증축하다. 2 (내용·범위 따위)를 확대하다, 넓히다. ¶~ a business[company] 사업[회사]을 확장하다 / ~ one's views by reading 독서로 식견을 넓히다. 3 (사진) …을 확대하다. ¶an ~*d* picture 확대된 사진 / ~ a picture 사진을 확대하다. 4 …을 자세히 진술하다. —자 1 커지다, 커지다. ¶The balloon ~*d* in size. 기구가 커졌다. 2 상세하게 진술하다(*on, upon*). ¶(~+前+名) ~ *on* one's favorite subject 자기가 좋아하는 문제에 대하여 상술하다. 3 (사진)이 확대되다. -**·a·ble** 형 -**lárg·ed·ly** 부 -**lárg·ed·ness** 명 -**lárg·ing·ly** 부

*‡**en·large·ment** [inlɑ́:rdʒmənt, en-] 명 U 1 (증종 an ~) 확대, 확장; (마음·식견 따위가) 넓어짐. 2 C 확대된 것, 확대된 사진. ¶make an ~ *from* …의 확대 사진을 만들다. 3 증가, 증보; 증축물. 4 상술(詳述).

en·larg·er [inlɑ́:rdʒər, en-] 명 증대[확대, 확장]하는 사람[것]; (사진) 확대기.

‡**en·light·en** [inláitn, en-] 타 (~**s** [-z]) 1 …을 계몽하다, 교화(敎化)[교도, 계발]하다. ¶~ ignorant inhabitants 무지한 주민들을 계몽하다. 2 …에게 (…에 대해) 가르치다; 명백히 하다(*about, on, upon*). ¶~ a person *about* what happened 일어난 일에 대해서 남에게 설명하다. 3 (고어·시) …을 비추다. ~**·er** 명 ~**·ing** 형 계몽적인; 교화하는. ~**·ing·ly** 부

en·light·ened [inláitnd, en-] 형 1 계발[계몽]된, 문명화된, 개화된. ¶an ~ people 개화된 국민. 2 현명한; 정통한, 잘 아는(*on, upon*). ¶an ~ president 현명한 사장 / be thoroughly ~ *upon* the question 그 문제에 대해 훤히 알고 있다. ~**·ly** 부 ~**·ness** 명

*‡**en·light·en·ment** [inláitnmənt, en-] 명 U 1 계몽, 계발, 교화. 2 인지의 진보; 문명, 개화. ¶the age of ~ 개화 시대. 3 (보통 E-) (불교·힌두교) 깨달음, 득도(得道); 지혜. 4 (the E-) (18세기의) 계몽 사조(운동).

en·link [inlíŋk, en-] 타 …을 결합하다, 연결하다.

*‡**en·list** [inlíst, en-] 타 1 (군에 자원) 입대하다 (*in /for, as*). ¶~ *in* the army 육군에 들어가다 / ~ *for* a soldier 사병(士兵)으로 입대하다 / ~ *in* the navy *as* a volunteer 지원병으로 해군에 입대하다. 2 (사업·운동·주의 따위)에 참가하다, 협력하다 (*in, under*). ¶(~+前+名) ~ *in* the cause of charity 자선 사업에 협력하다 / ~ *under* the banner of …의 깃발 아래 모이다. —타 1 …을 병적에 넣다, 입대시키다 (*for, in*); 징모하다. ¶~ a recruit 신병을 징모하다 // (~+目+前+名) ~ a person *for* military service 남을 병역에 넣다 / ~ a person *in* the army 남을 육군에 입대시키다. 2 (사업·운동에) (남)의 협력·지지를 얻다 (*in* / *to* do). ¶(~+目+前+名) ~ a person *in* an enterprise 남을 사업에 끌어넣다.

en·list·ed màn [inlístid-, en-] (美) 사병, 하사관; 지원병 (약 EM). 〔EW〕

enlísted wòman (美) 여군 사병[하사관]

en·list·ee [inlistí:, en-] 명 입대자; 지원병.

en·list·er [inlístər, en-] 명 1 징병관, 징모관. 2 (군)에 입대자, 신병(enlistee). 3 협력자, 지지자.

en·list·ment [inlístmənt, en-] 명 UC 군대 재적 (기간), (병역) 복무 기간; 병적 편입; 모병; 응소, 입대.

*‡**en·liv·en** [inláivən, en-] 타 1 …을 활기[힘]이 나게 하다, 기운을 돋우다, 유쾌[쾌활]하게 하다. ¶Spring ~*s* all nature. 봄은 만물에 생기를 불어넣는다. 2 〔장사 등〕을 활기 있게 하다, …에 활황(活況)을 띠게 하다.
~**·er** ~**·ing** ~**·ing·ly** ~**·ment** 명

en masse [ɑːŋ mǽs, en-] 부 한 무더기로, 한 무

en·mesh [inméʃ, en-] 타 (수동형으로) …을 그물로 잡다, 망에 걸리게 하다; …을 끌어넣다, 말려들게 하다, 빠뜨리다 (in). ¶be ~ed in difficulties 어려운 일에 말려들다. (또는 **immesh, inmesh**) **~ment** 명

***en·mi·ty** [énməti] 명UC 적의; 증오, 앙심; 깊은 감정(with, toward, against, between). ¶There is bitter ~ between them. 그들은 견원지간이다.
at enmity with …와 반목하여, …에 적의를 품고.
have[or **harbor**] **enmity against** …에 적의[원한]를 품다.

-enne [ən, en] 접미 명사 뒤에 붙여「여자 …인(人)」의 뜻. ¶comedienne, doyenne. [<F]

en·ne·ad [éniæd] 명 1 9개 한 조의 것, 9인조, 9부 작(部作)(책·시) 등. 2 (E-) (이집트 종교의) 9신(神).

en·ne·a·gon [éniəgɑn/-gən] 명 9각형, 9변형 (nonagon). [9면체.

en·ne·a·he·dron [èniəhíːdrən/-héd-] 명 (기하)

***en·no·ble** [inóubl, en-] 타 1 …을 고상하게 하다, 고귀하게 하다, …의 품위를 높이다. ¶A good deed ~s the person who does it. 선행은 이를 행하는 사람의 품위를 높여준다. 2 …에게 작위를 수여하다, …을 귀족에 봉하다. **~ment, -bler** 명 **-bling** 명 **-bling·ly** 부

en·nui [ɑ:nwíː, ´-] 명 U 지루함, 권태. [<F]

en·nuy·é [F ɑ̃nɥije] 명 (~s) 따분해 하는 (사람). [<F bore]

ENO English National Opera(영국 가극단).

E·noch [íːnək/-nɔk] 명 1 (성서) 에녹(Methuselah의 아버지. ←창세기(Gen.) 5:18). 2 (성서) 에녹(Cain의 맏아들(Gen.) 4:17). 3 이너크(남자 이름).

Énoch Árden 죽은 줄 알았으나 뒤에 살아 있음이 밝혀진 행방 불명자. [←아일랜드 시인 A. Tennyson의 시 Enoch Arden의 주인공 이름].

Eno·la Gay [inóulə gèi] 에놀라 게이(1945년 8월 6일 히로시마에 원폭을 투하한 미국 B-29의 애칭).

e·nol·o·gy [iːnɑ́lədʒi/-nɔ́l-] 명 포도주(양조)학(연구). (또는 **oenology**) **è·no·lóg·i·cal** 형 **-gist** 명

e·no·phile [íːnəfàil] 명 (감정가로서의) 와인 애호가.

e·nor·mi·ty [inɔ́ːrməti] 명 1 U 무법, 극악 무도, 흉악성. 2 (-ties) 무도한 행위, 불법 행위; 극악[흉악] 범죄. 3 U (the ~) (크기·정도 따위의) 대단함, 엄청남.

‡**e·nor·mous** [inɔ́ːrməs] 형 (**more ~; most ~**) 1 거대한, 막대한, 심한, 엄청난. ¶HUGE 유의어 ¶an ~ difference 극심한 차이. 2 극악[흉악]한, 무도한, 무법적인. ¶an criminal 흉악범. **~ness** 명

***e·nor·mous·ly** [inɔ́ːrməsli] 부 1 거대하게, 막대하게, 엄청나게. 2 무도하게, 극악하게.

E·nos [íːnəs/-nɔs] 명 (성서) 에노스(Seth의 아들 ←창세기(Gen.) 5:6).

en·o·sis [i(ː) nóusis/énou-] 명 (때로 E-) 에노시스 (키프로스와 그리스의 정치적 합방 운동). **-sist** 명

E·noth·ing [iːnʌ́θiŋ] 명 (美군속어) 최하급 (* 급여 등급의 E-1보다 아래라는 뜻에서).

‡**e·nough** [inʌ́f] 형 [종종 명사 뒤에 쓰여] (수량이) 충분한, 필요한 만큼의. ¶~ eggs; eggs ~ 충분한 달걀 / I don't have ~ good books. = I don't have good books ~. 양서(良書)가 충분치 않다.
2 (…하기에) 족한, 모자라지 않는, …할 만큼의 (for, to do). ¶~ food [or food ~] for a picnic 피크닉에 충분한 음식 / No growing child has ~ time to play. 성장기의 아이들에겐 아무리 놀아도 놀 시간이 모자란다.

> 유의어 **enough** 어떤 목적·욕구를 충족시키기에 충분한. **sufficient** enough보다 좀 격식이 갖춰진 말. **adequate** 대체로 표준에[그 최저 한도와] 합치하다.

be enough to make a saint swear; be enough to try the patience of a saint; be enough to provoke a saint (구어) 아무리 참을성 있는 사람도 화나게 할 정도이다.
be enough to make the angels weep (구어) 절망적이다, 무자비하다.
enough and to spare (英) 풍족한(←누가 복음 (Luke) 15:17). ¶She has ~ money and to spare. 그녀는 주체 못할 정도로 돈이 많다.
That's enough. = Enough is enough.

> USAGE 형용사 **enough**의 위치 ─ 명사 앞에 두는 경우가 강조적. * 다음 예처럼 명사가 형용사적으로 쓰인 경우에는 enough는 뒤로 온다. 무관사인 점에 주의: I am fool(=foolish) ~ to love her.

── 대 U 1 (…에 대하여 / …할 만큼) 충분한 양[수] (for / to do). ¶You have done more than ~ for him. 당신은 그에게 해줄 만큼 해주었다 / He had ~ to do. 그에게는 일이 잔뜩 있었다 / E- is as good as a feast. (속담) 배부름은 진수 성찬과 다름없다. 2 (「enough of+(대)명사」형으로) (진저리가 날 정도로) 충분한[많은, 풍족한]…, ¶E- of that! 이제 그만! 제발 그만둬 / E- of this folly! 이런 바보짓은 이제 그만두게!
be enough of a fool (…하다니) 어리석다 (to do).
cry enough 「손들었다」고 말하다, 패배를 자인하다.
Enough is enough! (구어) 이제 됐다!; 그쯤 해둬.
Enough said. 입 닥쳐!, 그만 해! [도 힘겹다.
have enough to do …하는 것이 고작이다; …하기
have (got) enough on one's **plate** (구어) 할 일이 많이[잔뜩] 있다; 힘겹다.
have had (quite) enough of …으로 족하다, 충분하다; …은 질색이다, …은 더 이상 못 참다. ¶I've had ~ of America! 미국이라면 이제 질색이다.
I've had enough. 이제 됐습니다; 잘 먹었습니다.
more than enough 너무 많은[많이] (too much).

── 부 (수식할 형용사·부사·동사 뒤에서) 1 a) 충분히, (…하기에) 필요한 만큼, 족할 만큼. ¶It is long ~. 길이는 충분하다 / Have you played ~? 놀 만큼 놀았니? b) (美구어) (…할 정도로) 충분히, ¶(so) that she can't break away 그녀에게 뿌리칠 수 없을 정도로 세게 키스하다. 2 모조리, 완전히, 매우. ¶He is ready ~ to accept the offer. 그는 진심으로 그 제의를 받아들일 태세이다. 3 (경멸적) 어느 정도, 그런 대로. ¶He does well ~. 그는 제법 하는데 / He is an honest fellow ~. 그는 그런 대로 정직한 친구야.
be kind[or **good**] **enough to** do 친절하게도[고맙게도] …하다.
be old enough to do …할 수 있는 나이다.
cannot[or **can never**] do **enough** 아무리 …해도 모자라다. ¶I cannot thank you ~. 어떻게 감사 드려야 할지 모르겠습니다.
enough for anything (형용사 뒤에서) 아주, 정말.
leave[or **let**] **well enough alone** 있는 대로 두다.
likely[or **naturally**] **enough** 당연한 일이지만.
oddly[or **curiously, strange(ly), absurdly**] **enough** 아주 묘한 이야기이지만, 아주 묘하게도.
sure enough 과연, 아니나 다를까, 틀림없이. ¶Sure ~ here she is. 과연 그녀는 돌아왔다.
well enough 제법 (잘), 그런 대로.

── 감 이제 됐어, 제발 그만둬!; 손들었어. [「그쯤 해둬!
Enough already! (불평하는 상대에게) 이제 됐어!.

e·nounce [ináuns] 타 (고어) 1 …을 선언하다, 공표하다. 2 (제안 따위를) 명확하게 설명하다. 3 (말 따위를) 입밖에 내어 말하다, 발음하다. **~ment** 명

e·now [ináu] 형 부 (고어) = enough.

en pan·tou·fles [F ɑ̃ pɑ̃tufl] 명 슬리퍼를 신고, 느긋한 기분으로, 마음 편하게. [<F in slippers]

en pa·pi·llote [F ɑ̃ papijɔt] 명 (고기·생선 따위가) 종이(은박지)에 싸서 요리된. [<F in buttered paper]

en pas·sant [ɑ̀ːn pæːsɑ́ːnt] 명 말이 났으니 말이지, 그런데; …하는 김에. [<F in passing]

en pen·sion [F ɑ̃ pɑ̃sjɔ̃] 문형 식사가 따르는 숙박 조건으로 (된); 방값·식비 포함으로〔의〕. 〈<F〉

en·plane [inpléin, en-] 자 비행기에 올라타다. ¶ We ~*d* in Seoul at noon. 우리는 정오에 서울에서 비행기에 탔다. — 타 (남)을 비행기에 태우다, 탑승시키다. (또는 **emplane**) ~**·ment** 명

en plein [F ɑ̃ plɛ] 문법 후치(後置)의. —명 (도박에서) 하나에서 의 수(數)에 모두를 걸고. 〈<F in full〉

en plein air [F ɑ̃ plɛnɛːR] 문 밖에서, 야외〔옥외〕에서. 〈<F〉

en plein jour [F ɑ̃ plɛʒuːR] 문 대낮에. 〈<F〉

en pointe [F pwɛːt] 문 (발레) 발끝으로 서서.

en poste [F ɑ̃ pɔst] 문 (외교관이) 부임〔주재〕하여. 〈<F〉

en·quête [ɑ̃ːŋkét/F ɑ̃ket] 명 앙케트, (소규모의) 여론 조사. 〔F inquest〕

***en·quire** [inkwáiər, en-] 타자 =inquire.

***en·rage** [inréidʒ, en-] 타 …을 격분하게 하다, 화나게 하다: (수동형으로) …에 격분하다 (by, at, with). ¶ He was ~*d at* her word [with her]. 그는 그녀의 말〔그녀〕에 대하여 격분했다. ~**·ment** 명

en·rail [inréil] 타 1 궤도 위에 놓다. 2 난간을 두르다; 에워싸다.

en rap·port [ɑɲ ræpɔ́ːr, -rə-] 형 일치하는〔하여〕, 조화되는〔되어〕, 의기 투합하는〔하여〕, 공명하는〔하여〕(with). 〔<F in rapport〕 「모르는.

en·rapt [inrǽpt, en-] 형 넋을 잃은, 기뻐서 어쩔 줄

en·rap·ture [inrǽptʃər, en-] 타 …에 넋을 잃게 하다; …을 기뻐 날뛰게 하다; (수동형으로) …에 넋을 잃다, 기뻐 날뛰다 (by, with, at, over). ¶ ~ a person with something 남을 …로 크게 기쁘게 하다 / be ~*d with* …로 기뻐 날뛰다. **-tured** 형 **-tured·ly** 부

en·rav·ish [inrǽviʃ, en-] 타 =enrapture.

en·reg·i·ment [inrédʒəmənt, en-] 타 1 …을 연대로 편성하다. 2 …을 훈련하다.

en rè·gle [F ɑ̃ Rɛɡl] 문 정연하게; 규칙대로; 정식으로. 〈<F in order〉

:en·rich [inrítʃ, en-] 타 (~**·es** [-iz], ~**·ed** [-t]) 1 …을 부유하게 하다, 부자로 만들다. ¶ ~ a nation by trade 무역으로 나라를 부유하게 하다. 2 …을 풍요롭게 하다; (사물의 가치를 높이다. ¶ Music ~*es* our life. 음악은 우리 생활을 풍요롭게 한다. 3 〔내용·질·풍미 따위〕를 높이다, …을 농후하게 하다 (with, by). ¶ ~ + 目 + 젼 + 名 ~ a book with notes 주석으로 책의 내용을 높이다 / ~ soil (with phosphate) (인산 비료로) 땅을 비옥하게 하다 / ~ food with cream or butter 크림이나 버터로 음식을 맛을 진하게 하다. 4 …을 장식하다 (with). 5 (물리) (동위 원소 따위)를 농축(濃縮)하다. 6 (식품)에 영양분을 강화하다, 비타민(미네랄)을 강화하다. *enrich oneself* with 부자가 되다. 「가하다(with). ~**·er** 명 ~**·ing·ly** 부

en·riched [inrítʃt, en-] 형 풍부한; 〔물리〕 농축한 〔생물〕 (실험 환경 등이 생체에) 많은 자극을 주는.

enriched fóod 명 (비타민·미네랄) 강화식(强化食).

enriched ísotope 명 (화학) 농축 아이소토프(동위원소).

enriched uránium 명 농축 우라늄. 「원소).

en·rich·ment [inrítʃmənt, en-] 명 1 U 부유하게 하기, 가치(질)를 높이기; 강화. 2 U 부유, 질의 향상. 3 부유하게 하는 것, 질을 높이는 것; 강화물. 4 (물리) 동위 원소의 농축. 5 호화로운 장식. 「**-rób·er**

en·robe [inróub, en-] 타 (명) …에게 의복을 입히다.

***en·rol(l)** [inróul, en-] 타 (**-*ll*-**) 1 …을 명부에 올리다; (학교·단체에) …을 넣다, 등록하다 (in). ¶ ~ a voter 투표자를 등록하다 // (~ + 目 + 젼 + 名) ~ a student in a college 대학 학적에 올리다〔입학시키다〕 / ~ a person on the list of 남을 …의 명부에 올리다. 2 …을 병적에 넣다. ¶ ~ oneself 지원병이 되다, 장모에 들다 // (~ + 目 + 젼 + 名) ~ men for the army 남자들을 병적에 등록하다. 3 …을 기록하다〔기재

하다. 4 …을 싸다, 말다, 감다 (in). —자 입학〔입회, 입대〕하다 (in, at, for). ~**·er** 명 「과된 법안〕.

enrólled bíll 명 (美) 통과 법안(상·하 양원에서 통

enrólled núrse 명 (英) 간호 보조사(略 EN).

en·roll·ee [inroulíː] 명 입회자, 등록자; 입대자.

***en·roll·ment** [inróulmənt, en-] 명 1 등록; 기재; 가입; 입학; 입대. 2 (an ~) 등록자 수; 입학자 수. 3 등록부. (또는 **enrolment**)

en route [ɑn rúːt] 부 도중에. 〔<F on the way〕

ens [enz, ens] 명 (복 **en·ti·a** [énʃiə]) 〔철학〕 존재물, 실재물; (가장 개념적인 뜻에서의) 존재. 〔L〕

Ens, Ens. Ensign. **ENS** European Nuclear Society (유럽 원자력 협회). **ens.** (음악) ensemble.

en·sam·ple [insǽmpl] 명 (고어) =example.

en·san·guine [insǽŋgwin, en-] 타자 (수동형으로) …을 피투성이가 되게 하다 (with).

-guined 형 피로 물든, 피투성이가 된.

en·sconce [inskɑ́ns, en-/-skɔ́ns] 타 1 〔재귀 용법으로〕 …을 (안전하게) 숨기다. ¶ ~ *oneself* behind a door 문짝 뒤에 몸을 숨기다〔숨다〕. 2 …을 안치하다; (몸)을 안정시키다 (on, in, among).

ensconce oneself in …에 편안하게 앉다.

en·scroll [inskróul, en-] 타 …을 양피지에 써서 영구히 기록하다; …을 (두루마리 따위에) 쓰다, 기입하다. (또는 **inscroll**)

***en·sem·ble** [ɑːnsɑ́ːmbl] 명 1 총체(總體); (예술 작품 등의) 전체적 효과〔조화〕. ¶ be in an effective 묘한 조화를 이루다. 2 (색채·천 따위가 조화된) 여성복의 한 벌, 앙상블; (갖춘) 가구 한 세트. 3 (음악) (단원 전체의) 합주〔합창〕(곡); (단·복수 양용) 합창단, 합주단. ¶ a string ~ 현악 합주단. 4 (연극) 공연자 (전원), (극장에서의) 총출연. —부 함께; 일시에, 일제히, 동시에. ¶ sing ~ 일괄하여 (앙상블)로 하다. 〔<F together〕

enséḿble ácting [pláying] 명 〔연극〕 앙상블 연출(법).

en·sheathe [inʃíːð, en-] 타자 …을 (연장)통에 넣다, 뚜껑으로 덮다. (또는 **insheathe**)

en·shrine [inʃráin, en-] 타 1 〔종교〕 …을 묘당에 모시다, (신전 따위에) 모시다, 안치하다 (in). ¶ ~ a divinity *in* a temple 성체를 신전에 모시다. 2 …을 소중히 하다; …을 간직하다 (in). 3 (수동형으로) …을 〔문서 따위에〕 정식으로 기입〔기술〕하다 (in, among). (또는 **inshrine**) ~**·ment** 명 신전에 모시기; 비장.

en·shroud [inʃráud, en-] 타 1 (사자(死者))에게 흰 천을 감다, 수의를 입히다. 2 (수동형으로) …을 덮어 가리다, 싸다 (in, by).

en·si·form [énsəfɔ̀ːrm] 형 〔생물〕 검상(劍狀)의.

***en·sign** [ensain, (군사) énsn] 명 1 (배·비행기의 국적을 나타내는) 기, 국기; 군기, 해군기. ¶ red ~, white ~ 2 (관직·권위를 나타내는) 기장; 표장(標章); 상징. 3 (美) 해군 소위기; (英) 기수(旗手).

~**·cy**, ~**·ship** 명 기수의 역할〔지위〕.

en·si·lage [énsəlidʒ] 명 U (생목초 따위의) 신선(新鮮) 보존; 사일로에 저장된 목초(야채). —타 =ensile.

en·sile [insáil/en-] 타 (생목초)를 사일로에 저장하다; …을 저장 생목초로 하다.

***en·slave** [insléiv, en-] 타 1 …을 노예로 만들다. 2 〔비유적〕 (남)을 (…의[에]) 포로가〔중독이〕 되게 하다 (to). ¶ be ~*d* by passions 격정의 노예가 되다 // (~ + 目 + 젼 + 名) ~ a person *to* superstition 남을 미신의 노예로 만들다. ~**·ment** 명 U 노예로 만들기; 노예 상태. **-sláv·er** 명 노예로 만드는 사람; 남자를 매혹하는 여성.

en·snare [insnéər, en-] 타 1 …을 함정에 빠뜨리다, 덫으로 잡다. 2 (계략을 써서) …을 잡다; …을 유혹하다 (by); …에 빠뜨리다 (in, into). (또는 **insnare**)

~**·ment**, **-snár·er** 명 **-snár·ing·ly** 부

en·snarl [insnɑ́ːrl, en-] 타 …을 얽히게 하다, 혼

란시키다; (덩굴 따위가) …을 휘감다.
en·sor·cel(l) [insɔ́ːrsəl, en-] 타 …에 마법을 걸다; 을 매료[매혹]하다. **~·ment** 명

en·soul [insóul, en-] 타 **1** …에게 영혼을 부여하다, 혼을 불어넣다. **2** …을 마음에 담아 두다. (또는 **insoul**) **유의어** ~·ment 명

en·sphere [insfíər, en-] 타 …을 구(球) 안에 두다. (둥글게) 둘러싸다. (또는 **insphere**)

*__en·sue__ [insúː, en-/-sjúː] 자 **1** 계속되다, 잇따라 일어나다.¶No applause ~d. 박수는 뒤따르지 않았다. **2** (결과로서) 생기다, 일어나다 (*from, on*). ⇨FOLLOW **유의어** ¶Heated discussions ~d. 격론이 일어났다// (~+젠+명) What will ~ on [or *from*] this? 이 결과로 무슨 일이 생길까? — 타 (성서) …을 찾다.
as the days ensued 날이 감에 따라.

en suite [ɑn swíːt] 부 계속하여, 잇따라, 한데 이어져서(in series); 한 벌로 되어. 〔<F in suite〕

*__en·sure__ [inʃúər, en-] 타 **1** …을 책임지다, 보증하다, 확실하게 하다; …을 확보하다, 손에 넣게 하다.¶~ the freedom of the press 출판의 자유를 보장하다// (~+목) (~+목+젠+명) ~ a person a post: ~ a post *for* [or *to*] a person 남에게 지위를 얻게 하다// (~+*that* 절) I can not ~ that he will keep his word. 그가 약속을 지킬 것인지 그 여부는 장담할 수 없다. **2** …을 안전하게 하다, 지키다 (*from, against*). (~+목+젠+명) ~ a person *against* danger 위험으로부터 남을 지키다. **3** …의 보험을 들다((美) insure).
-súr·er 명

en·swathe [inswɑ́ð/-swéið] 타 …을 (붕대 따위로) 감다, 싸다, 덮다. (또는 **inswathe**) **~·ment** 명

ENT, E.N.T., ent ear, nose, and throat(이비인후(과)). **ent., Ent.** entertainment; entomology; entrance.

-ent [ənt] 접미 **1** 동사를 형용사로 만든다(현재분사와 같은 뜻이 된다).¶different. **2** 동사를 「행위자[물]」를 나타내는 명사로 만든다.¶superintendent.

en·tab·la·ture [entǽblətʃùər, -tʃər] 명 〔건축〕 엔태블러처(그리스의 신전 건축에서, 기둥이 떠받치는 수평 부분; architrave, cornice, frieze로 이루어진다).

en·ta·ble·ment [intéiblmənt/en-] 명 〔건축〕 상대(像臺) 《dado 위에 있으며 입상(立像)을 떠받치는 대좌》. **2** (드물게) =entablature.

*__en·tail__ [intéil, en-] 타 **1** (필연적인 결과로서) …을 일으키다, 수반하다; (논리) (필연적으로) …을 함의(含意)하다; …(노력·돈 따위)를 요하다, 부과하다 (*for*, (英) *on, upon*).¶His way of living ~s great expense. 그의 생활 양식은 엄청난 비용이 따른다. ¶ (~+목+젠+명) ~ one's property on one's eldest son 장남을 재산 상속인으로 삼다.
— 명 **1** 숙명적 계승; 필연적 결과. **2** ⓤ 〔법률〕 한사 상속(限嗣相續); ⓒ 한사 상속 부동산.

en·tail·ment [intéilmənt, en-] 명 〔법률〕 ⓤ (부동산의) 상속인 한정; ⓒ 세습 재산. **2** 〔논리〕 함의.

ent·a·me·ba [èntəmíːbə] 명 (복 **-bae** [-biː], ~**s**) (생물) 엔트아메바(entameba속(屬) 아메바의 총칭; 척추 동물에 기생한다). (또는 **entamoeba**)

*__en·tan·gle__ [intǽŋgl, en-] 타 **1** …을 얽히게 하다; …을 걸리게 하다 (*among, in, with*).¶A long thread is easily ~d. 긴 실은 얽히기 쉽다// (~+목+젠+명) He ~d his feet in creepers. 그는 덩굴에 발이 얽혔다. **2** (문제 따위)에 분규를 일으키다, 혼란하게 하다. ¶The question is ~d. 그 문제는 분규되고 있다. **3** …을 (…에) 관계하게 하다, 말려들게 하다; (수동형으로) …을 (함정 따위에) 빠지게 하다, 걸려들게 하다 (*in, with*).¶~ a person *in* a conspiracy 남을 음모에 끌어넣다.
be [or *get, become*] *entangled with* [or *in*] … 에 걸려들다, 말려들다; …에 관련되다.
entangle oneself in …에 빠지다, 말려들다. ¶~ *oneself in* debt 빚을 지게 되다, 빚졌이 신세가 되다.
~·a·ble 형 **-gled·ly** 부 **-gled·ness, -gler** 명 **-gling·ly** 부

en·tan·gle·ment [intǽŋglmənt, en-] 명 **1** ⓤ 얽힘, 얽히게 함; ⓒ (…에) 얽히게 하는 것, 얽힌 상황 (*in*). **2** 함정, 덫. **3** (~s) 〔군사〕 철조망; 장애물.

en·ta·sis [éntəsis] 명 (복 **-ses** [-siːz]) ⓤⓒ 〔건축〕 엔타시스(원기둥 중간부의 불룩한 부분). **2** (또는 **en·ta·sia** [entéiʒə]) 〔생리〕 긴장성[경직성] 경련.

entd. entered.

En·teb·be [entébe, -tébi] 엔테베(우간다 중남부의 옛 수도; 1976년 팔레스타인 게릴라가 납치한 비행기에서 이스라엘군이 인질을 구출한 곳).

en·tel·e·chy [entéləki] 명 〔철학〕 **1** (아리스토텔레스 철학의) 엔텔레케이아(잠재(潛勢)에 대한 현세(顯勢)), 가능성에 대한 현실성). **2** (생기론(生氣論)의) 엔텔러키, 생명력, 활력. **3** (라이프니츠파(派) 철학의) 사람이 이상으로 하는 완전주의적 정신(원리). **èn·te·léch·i·al** 형

en·tel·lus [entéləs] 명 〔인도산(產)〕 긴꼬리원숭이.

en·tente [ɑːntɑ́ːnt] 명 **1** ⓤⓒ (국가간) 협약, 협상; 상호 이해, 합의(⇔ alliance). **2** (종종 E-) (협상·협약의) 당사국, 협상국. **-tént·ist** 명 〔<F〕

entente cor·diale [-kɔːrdjáːl] 명 **1** (국가간) 우호[화친] 협정[협상]. **2** (the E- C-) (1905년의) 영·불 협상; (1907년의) 영·불·러시아 3국 협상. 〔<F〕

‡**en·ter** [éntər] 자 (~**s** [-z]) **1** 들어가다 (*at, by, through, from*).¶May I ~? 들어가도 될까요?// (~+젠+명) ~ *at* the gate 정문으로 들어가다// ~ *by* a secret door 비밀 문으로 들어가다. **2** 〔연극〕 (무대) 등장하다 (* 3인칭 명령형으로 동작 지시)(⇔ exit[2]).¶E- Macbeth. 맥베스 등장. **3** (생각·계획 따위가) (머리에) 떠오르다; (감정이) (목소리로) 나오다; (마음에) 일어나다 (*into*). **4** (…에) 입학[입회]하다 (*at*); (경기 따위에) 참가 신청을 하다, 들어가다 (*into*, (英) *for*).¶~ *into* [*for*] the cake-making competition 케이크 만들기 경기에 참가 신청을 하다.. **5** 시작[착수]하다; (…에) 접어들다 (*on, upon*).
— 타 **1** …에 들어가다.¶~ a room [tunnel] 방[터널]에 들어가다. **2** (탄환 따위가) …에 박히다; …을 박다; …을 꾀뚫다, 삽입하다 (*in, into, between*).¶The bullets ~ed the wall. 총탄이 벽에 박혔다// (~+목+젠+명) ~ a nail *in* a pillar 기둥에 못을 박아 넣다// ~ a wedge *between* boards 판자 사이에 쐐기를 끼워넣다. **3** (생각·계획 따위가) (머리에) 떠오르다.¶A good idea ~ed his head. 명안이 그의 머리에 떠올랐다. **4** …에 입학, 입회[입회]하다.¶~ a college [school, club] 대학[학교, 클럽]에 들어가다. **5** …을 입학[입회]시키다, 참가[출장]시키다 (*for, in*); (재귀용법으로) 출원[응모]하다. (~+목+젠+명) ~ a person *for* a competition 남을 시합에 내보내다 / ~ him *in* [or *at*] a private school 그를 사립 학교에 보내다. **6** (새 생활 따위)에 들어가다, …을 시작하다, …에 착수하다.¶~ the medical profession 의사가 되다// ~ the church [army] 성직자[군인]가 되다. **7** …을 (직감적으로) 이해하다, (뜻·감정 따위)를 알아차리다.¶It is hard to ~ the feelings of another. 남의 기분을 알기는 어렵다. **8** (이름·날짜 따위)를 써넣다; …을 기록[등록]하다 (*in, on*); 〔컴퓨터〕 (데이터)를 입력시키다 (*into*).¶~ a name [date] 이름[날짜]을 적어 넣다// (~+목+젠+명) ~ the sum *in* a ledger 원장에 그 금액을 적어 넣다. **9** 〔법률〕 (소송 따위)를 정식 제기하다, (소장)을 제출하다; (땅)을 점유하다; (공유지)의 소유권 신청을 하다; (저작권)을 등록하다.¶~ a plea 청원하다// (~+목+젠+명) ~ *an action against* a person 남을 고소하다. **10** (세관에) 신고하다 (*at, to*). **11** (개·말 따위)를 훈련시키다.

enter an appearance (美) (변호사로서) 출두를 등록하다; 출두하다; 모습을 나타내다.
enter into ① …에 참가하다; …을 하다; …을 시작하다. ¶ ~ *into* a conversation 대화에 끼어들다 / ~ *into* business 사업을 시작하다. ② (세부 사항)을 다루다, 조사하다. ¶ ~ *into* details 세목을 살피다. ③ …에게 동정하다, …을 고려하다. ¶ ~ *into* a person's feelings [views] 남의 감정[의견]을 헤아려 주다. ④ …의 성분이 되다. ⑤ (조약 따위)를 맺다.
enter oneself for (…에의 참가를) 신청[응모]하다.
enter up ① …을 전부 써넣다. ¶ ~ *up* payment 지불을 모두 적어 넣다. ② …을 정식으로 기록하다; (법률)을 기록해 남기다.
enter upon [or ***on***] ① …을 시작하다, …에 착수하다, (새 시대 따위)로 접어들다. ¶ ~ *upon* negotiations 교섭을 시작하다. ② …의 소유권을 얻다. ¶ ~er [어] *upon* an inheritance 상속권을 얻다.
en·ter- [éntər] (연결) ⇒ENTERO-.
en·ter·a·ble [éntərəbl] 형 1 들어갈 수 있는; 입학[입회]할 수 있는, 참가 자격이 있는; 기입[기록, 기장]할 수 있는. 2 (상품이) 수입 허가된, 수입 가능의.
en·ter·al·gia [èntərǽldʒə, -dʒiə] 명 (병리) 장통(腸痛), 장선통(腸疝痛).
en·ter·ic [entérik] 형 장(腸)의.
entéric féver 명 (병리) 장티푸스(typhoid fever).
en·ter·i·tis [èntəráitis] 명 (병리) 장염(腸炎).
énter kèy 명 (컴퓨터) 실행(實行) 키, 엔터 키.
en·ter·o- [éntərou, -tərə] (연결) intestine의 뜻(* 모음 앞에서는 enter-). ¶ *entero*kinase.
en·ter·o·bac·te·ri·a [èntəroubæktíəriə] 명 (⑤ *-ri·um* [-riəm]) 장내(세)균. **-al** 형
en·ter·o·bi·a·sis [èntəroubáiəsis] 명 (병리) 요충증(蟯蟲症).
en·ter·o·gas·trone [èntərougǽstroun] 명 (생화학) 엔테로가스트론(위액 분비를 억제하는 호르몬).
en·ter·o·ki·nase [èntəroukáineis, -kín-] 명 (생화학) 엔테로키나아제(장내 효소의 일종).
en·ter·ol·o·gy [èntərálədʒi/-rɔ́l-] 명 장관학(腸管學). **-o·lóg·ic, -o·lóg·i·cal** 형 **-gist** 명
en·ter·on [éntərɑn/-ɔn] 명 (해부·동물) 소화관(消化管)(alimentary canal), 장(腸).
en·ter·op·a·thy [èntərɑ́pəθi/-ɔ́p-] 명 장질환.
en·ter·o·tox·in [èntəroutɑ́ksin/-tɔ́k-] 명 엔테로톡신, 장독소(腸毒素).
en·ter·o·vi·rus [èntərouváiərəs] 명 (병리) 장내(腸內) 바이러스. **-vi·ral** 형
‡**en·ter·prise** [éntərpràiz] 명 (⑤ *-pris·es* [-iz]) 1 기획, 기도, 계획, 큰 계획, 대담한[모험적인] 계획. 2 UC (복합어로) 기업(체), 회사; 사업. ¶ large[small] ~s 대[중소]기업 / a government[private] ~ 국영[민간] 기업. 3 U 진취적 정신, 기업심; 모험심. ¶ a spirit of ~ 진취적 기상 / a man of ~ 진취적 기상이 넘치는 사람. 4 (사업·기업에의) 참가, 종사; 기업 경영. 5 (E-) 엔터프라이즈 호(미국 최초의 항공 모함; 1961년 취역); 미국 최초의 우주 왕복선(실험용).
── 타 (사업 등)에 착수하다, …을 인수하다.
── 자 (드물게) 사업에 착수하다.
~·less **-pris·er** 명
énterprise únion 명 기업별 (노동) 조합.
énterprise zòne 명 (대도시 중심부의) 산업 개발 구역, 기업 (유치) 지구, 기획 사업 지대.
***en·ter·pris·ing** [éntərpràiziŋ] 형 기업심이 왕성한, 모험심이 많은; 진취적인, 적극적이다. ¶ an ~ merchant 기업심이 왕성한 상인. **-ly** 부
‡**en·ter·tain** [èntərtéin] 타 (~s [-z]) 타 1 …을 재미나게 하다; …을 즐겁게 해주다, 위로하다 (*with, by*). ⇒AMUSE 유의어 ¶ (~+目+전+名) ~ the company *with* [or *by*] tricks 묘기로 일동을 즐겁게 하다. 2 …을 대접[환대]하다; (만찬 따위에) …을 초대하다 (*at, for,* (英) *to*). ¶ (~+目+전+名) ~ one's friends *at* [or *to*] a garden party 가든 파티에 친구들을 초청해서 환대하다. 3 홈 그라운드에서 (상대팀과) 시합을 갖다. 4 (희망·감정 따위)를 품다, …을 생각하다. ¶ ~ a hope of success 성공의 희망을 품다 / ~ a doubt 의심을 품다. 5 (제의 따위)를 받아들이다.
── 자 (손님을) 대접[환대]하다.
entertain an angel unawares ⇒ANGEL.
*en·ter·tain·er [èntərtéinər] 명 1 환대하는 사람; 즐겁게 해주는 사람. 2 (여홍 따위의) 예능인, 연예인.
en·ter·tain·ing [èntərtéiniŋ] 형 (이야기·사람·밤 등이) 흥겨운, 재미있는, 유쾌한. **~·ly** 부 **~·ness** 명
‡**en·ter·tain·ment** [èntərtéinmənt] 명 1 UC 대접, 환대, 접대, 접대. 2 환영회, 연회, 파티. 3 U 여흥; 기분 전환. ⇒RECREATION 유의어 ¶ find ~ in reading 독서를 낙으로 삼다. 4 오락물; 가벼운 읽을거리; 여흥; 연예, 흥행, 쇼. ¶ a musical ~ 음악회, 음악의 여흥 / the world of ~ 연예계, 예능계. 5 U 마음에 품기; (제안 따위를) 검토하는 것. ⌐로 술집.
a house [or ***place***] ***of entertainment*** 여관, 목
give an entertainment to …을 환대[접대]하다.
much [or ***greatly***] ***to one's entertainment*** 매우 흥미롭게도, 매우 재미가 있었던 것으로는.
entertainment allòwance 명 접대비.
entertainment ànalyst 명 연예[예능] 평론가.
entertainment compùter 명 오락[비디오 게임]용 컴퓨터. ⌐[산업.
entertainment ìndustry 명 흥행업, 연예[예능]
entertainment tàx 명 (英) 흥행세.
en·thal·pi·met·ry [enθǽlpəmétri] 명 (화학) 엔탈피 계측(법), 총열량 측정(법). **-mét·ric** 형
en·thal·py [énθǽlpi, -́-́] 명 (열역학) 엔탈피(에너지를 나타내는 상태량의 하나; ㉔ H).
en·thral(l) [inθrɔ́ːl] 타 (*-ll-*) 1 …의 마음을 사로잡다; …을 매혹하다 (*by, with*). 2 …을 노예로 삼다[만들다]. (또는 **inthral(l)**) **~·er** 명 **~·ing** 형 **~·ing·ly** 부 **~·ment** 명 UC 노예화; 매혹.
*en·throne [inθróun, en-] 타 명 1 …을 왕위에 앉히다. 2 (교회) …을 주교(主敎) 자리에 맞아들이다[취임시키다]. 3 …을 존경[경애]하다; …을 숭배하다 (*in*). 4 …에 최고의 가치를 부여하다. (또는 **inthrone**) **~·ment, -thròn·i·zá·tion** 명
en·thuse [inθúːz, en-/-θjúːz] (구어) 자 (…에) 열중[열광]하다 (*over, about*). ── 타 …을 열광[열광]시키다 (*with*). 2 (의견 따위)를 열중해서 말하다.
‡**en·thu·si·asm** [inθúːziæzm, en-/-θjúː-] 명 (⑤ *~s* [-z]) 1 U 열중, 열광; 열정, 열성 (*for, about, at*). ¶ ~ *for* the king 왕에 대한 열정. 2 열중시키는 것, 열심[열광]의 대상. 3 U (고어) 종교적 열광, 광신. ***have*** [or ***feel***] ***enthusiasm for*** [or ***about***] …에 ***with enthusiasm*** 열심히, 열중하여. ⌐열심이다.
en·thu·si·ast [inθúːziǽst, en-/-θjúː-] 명 1 열중하는 사람, …광(狂); …팬 (*for, about*). ¶ an ~ *for* music 음악광. 2 광신자.
‡**en·thu·si·as·tic** [inθùːziǽstik, en-/-θjùː-] 형 (*more ~; most ~*) 1 열광적인, 열중한, 열렬한 (*for, about, over*). ⇒EAGER 유의어 ¶ an ~ welcome 열광적 환영 / be ~ *about* the new teaching methods 새 교수법에 열중하고 있다. 2 (고어) 광신적이다.
en·thu·si·as·ti·cal [inθùːziǽstikəl, en-/-θjùː-] 형 (고어) = enthusiastic.
*en·thu·si·as·ti·cal·ly [inθùːziǽstikəli, en-/-θjùː-] 부 열광적으로, 열광하여, 열중하여; 광신적으로.
en·thy·meme [énθəmìːm] 명 U (논리) 생략 3단 논법; 생략 추리법. **-me·mát·ic, -me·mát·i·cal** 형
en·ti·a [énʃiə] 명 ens의 복수형.
*en·tice [intáis, en-] 타 명 1 (남)을 꾀다, 꼬드기다;

…을 유혹[유인]하다. ⇨TEMPT 〔유의어〕 2 (사람)을 꼬드겨 …하게 하다 (into doing, to do). ¶ (~+目+前+名) He ~d me into a trap. 그는 나를 꾀어 함정에 빠뜨렸다.
entice a person in 남을 꾀어들이다.
entice a person into doing; entice a person to do 남을 꼬드겨 …하게 하다.
entice away 꾀어내다. ¶He ~d a girl away from -tic-er 〔영〕 home. 그는 소녀를 집에서 꾀어냈다.
en·tice·ment [intáismənt, en-] 〔영〕 1 〔U〕 유혹; 매력; 유괴. 2 (종종 ~s) 유혹하는 것, 미끼.
en·tic·ing [intáisiŋ, en-] 〔영〕 마음을 끄는, 꾀는, 유혹적인. ~·**ly** 〔영〕 ~·**ness** 〔영〕
‡**en·tire** [intáiər, en-] 〔영〕 1 전체의, 전부의. ⇨WHOLE 〔유의어〕 ¶The ~ group was found safe. 그룹 전원이 안전하다는 것이 확인되었다. 2 (한 세트로) 모두 갖추어진; 온전한, 흠이 없는. ¶an ~ set of silverware 온전한 은식기 한 세트. 3 완전한, 전폭적인, 철저한. ⇨COMPLETE 〔유의어〕 ¶ ~ freedom 완전한 자유 / ~ ignorance 일자무식 / ~ confidence 전폭적인 신뢰. 4 (동물이) 거세되지 않은. 5 〔식물〕 (잎이) 전연(全緣)의, 가장자리에 톱니꼴이 없는. ── 〔영〕 1 〔U〕 (the ~) 전체, 완전. 2 거세되지 않은 말. 3 소인이 찍힌 우편 봉투. 4 〔U〕 (英) 흑맥주(porter)의 일종. ~·**ness** 〔영〕
‡**en·tire·ly** [intáiərli, en-] 〔영〕 완전히, 전적으로 (completely), 모조리, 몽땅; 주로, 오로지, 한결같이.
not entirely 〔부분부정〕 전적으로 …한 것은 아닌.
en·tire·ty [intáiərti, en-] 〔영〕 1 완전, 온전(한 상태). 2 (the ~) (…의) 전부, 전체, 전액 (of). 3 〔법률〕 완전 소유. 〔불가분적인 것〕.
by entireties 〔법률〕 (두 사람의) 합유(合有)에 의한.
in its entirety 전부, 온전히 그대로, 완전한 형태로; 전체로서.
possession by entireties 〔법률〕 불가분적 소유.
‡**en·ti·tle** [intáitl, en-] 〔영〕〔타〕 (~*s* [-z]; ~*d*; *-tling*) (종종 수동형으로) 1 〔남〕에게 …할[…을 얻을] 권리[자격]를 부여하다 (*to do*, *to*). ¶ (~+目+前+名) The achievement ~s him *to* a place among the great scientists. 그 업적으로 그는 대과학자의 반열으로 손꼽히고 있다 //He is ~d *to* a pension. 그는 연금을 받을 자격이 있다 // (~+目+*to do*) At the age of 19 we are ~d *to* vote. 19세가 되면 우리는 투표권이 주어진다. 2 (남)을 (특별한 칭호·명칭으로) 부르다, 칭하다; (책 따위에) 표제를 달다. ¶ (~+目+補) They ~d him Sultan. 그들은 그에게 술탄의 칭호를 바쳤다. (또는 **intitle**)
en·ti·tle·ment [intáitlmənt, en-] 〔영〕 1 권리[자격] (부여). 2 (美) (사회 보장·실직 수당 따위의) 수급권, 수혜권; = ~ *program*. 〔생 계획〕.
entítlement prògram 〔영〕 (美) (정부의) 복지 후
en·ti·ty [éntəti] 〔영〕 1 실재, 존재. 2 〔U〕 (속성(屬性)에 대하여) 본질, 실질. 3 실재물; 실체; 통일체. ¶a political ~ 정치적 실체. **-tà·tive** 〔영〕 **-tà·tive·ly** 〔부〕
en·to- [éntou, -tə] 〔연결〕 within, inner의 뜻. ¶ *entoderm.* ≡ endo-
en·to·derm [éntədə̀ːrm] 〔영〕 =endoderm.
entom., entomol. entomology; entomological.
en·tom- [éntəm] 〔연결〕 ⇨ENTOMO-.
en·tomb [intúːm, en-] 〔동〕〔타〕 1 …을 무덤에 넣다, 매장하다; 매몰시키다, 생매장하다. 2 …의 무덤이 되다. (또는 **intomb**) ~·**ment** 〔영〕〔U〕 매장; 매몰.
en·to·mo- [éntəmou, -mə] 〔연결〕 insect의 뜻(* 모음 앞에서는 entom-). ¶ *entomology*
en·to·mo·log·i·cal [èntəməládʒikəl/-lɔ́dʒ-] 〔영〕 곤충의, 곤충학의. (또는 **entomologic**) ~·**ly** 〔부〕
en·to·mol·o·gize [èntəmálədʒàiz/-mɔ́l-] 〔자〕 1 곤충학을 연구하다. 2 곤충을 채집[관찰]하다.
en·to·mol·o·gy [èntəmálədʒi/-mɔ́l-] 〔영〕〔U〕 곤충

학. **-gist** 〔영〕 「곤충을 먹는, 식충성(食蟲性)의.
en·to·moph·a·gous [èntəmáfəgəs/-mɔ́f-] 〔영〕
en·to·moph·i·lous [èntəmáfələs/-mɔ́f-] 〔영〕 〔식물〕 충매(蟲媒)의; anemophilous. ¶an ~ flower 충매화. **-móph·i·ly** 〔영〕
en·to·proct [éntəprɑ̀kt/-prɔ̀kt] 〔영〕 〔동물〕 내항(內肛) 동물. ── 〔영〕 내항 동물의[에 속하는]. 「는.
en·top·tic [entáptik/-tɔ́p-] 〔영〕 안구 안에 있는[생기
en·tou·rage [ɑ̀ːntuːrɑ́ːʒ/ɔ̀ntu-] 〔영〕 1 (집합적; 단·복수 양용) 수행자 일행, 측근자들. 2 〔U〕 (집 따위의) 환경, 주위.
en-tout-cas [ɑ̀ːntuːkɑ́ː] 〔영〕 1 우산 겸용 양산. 2 (En-Tout-Cas) 〔상표〕 앙투카(벽돌 가루 따위를 깐 배수가 잘 되는 경기장·테니스 코트 따위). ── 〔영〕 전천후형의; 앙투카를 깐. 〔F in any case〕
en·to·zo·a [èntəzóuə] 〔영〕〔복〕 (단 *-zo·on* [-zóuɑn/-ɔn]) (종& E-) 〔생물〕 〔집합적〕 체내 기생충들[동물].
en·tr'acte [ɑːntrǽkt, ´-/ɔ́ntrækt] 〔영〕 (연극·가극 따위의) 막간; 막간 여흥[연주]; 간주곡(間奏曲). (또는 **entracte**) 〔F between acts〕
en·trails [éntreilz, -trəlz] 〔영〕〔복〕 1 (동물의) 내장, 창자; 장. 2 (일반적으로) 내부.
en·train[1] [intréin, en-] 〔영〕〔타〕 (군대)를 기차에 태우다. ── 〔자〕 (군대가) 기차에 타다, 승차하다. 〔반〕 detrain
~·**er**, ~·**ment** 〔영〕
en·train[2] 〔타〕 1 끌고 가다, 질질 끌다. 2 〔화학〕 (증기 따위가) (액체의 미립자 등)을 반출(伴出)하다, 비말동반(飛沫同伴)하다. 3 (액체가) (거품)을 흡수하여 없애다. 4 〔기상〕 (어떤 기류 속으로) (주변의 공기)를 유입[이동]시키다. 5 〔기포(氣泡)〕를 콘크리트 속에 혼입하다. 6 〔생물〕 〔일주(日周) 리듬(circadian rhythm)〕을 (외계(外界)의 사이클에) 동조시키다. ~·**ment** 〔영〕
en·tram·mel [intrǽməl] 〔영〕〔타〕 (*-l-*, (英) *-ll-*) …에 그물을 씌우다; …을 속박[구속]하다, 방해하다.
‡**en·trance**[1] [éntrəns] 〔영〕 (*-tranc·es* [-iz]) 1 〔UC〕 들어감, 입장 (*to*, *into*). ¶be denied ~ *to* the meeting 회의 입장을 거부당하다.
2 〔UC〕 (단체 따위에) 들어감, 가입, 입학, 회원, 입사 (*to*, *into*); (새 생활 따위에) 들어감, 개시, 착수; 취직, 취임 (*on*, *upon*, *into*). ¶ ~ *into* college 대학 입학 / ~ *into* [or *upon*] ministerial office 장관직 취임.

〔유의어〕 **entrance** 「들어감」을 뜻하는 가장 보편적인 말; 허가·감시 없이 자유로이 들어갈 수 있음을 암시. **admittance** 들어감을 허가하기. **admission** 허가·특권·입장권 따위로 들어가기.

3 입구, 문간, 출입구 (*to*, *of*) (반) exit[1]). ¶the main ~ *to* the building 그 건물의 정문. 4 〔UC〕 입장권(權), 입장 허가 (*into*, *to*); 입장료, 회원금; 〔세관〕 입항 절차. ¶have free ~ *to* … 〔장소〕에 자유로이 들어갈 수 있다. 5 〔UC〕 (배우 등의) 등장 (*on*, *upon*); (대본·악보의) 연기[연주] 개시 개소(個所). 6 〔컴퓨터〕 입구(반) exit[1]).
apply for entrance to …에 입학[입사, 회원]을 지
Entrance free. 〔게시〕 입장 무료. 「원하다.
force an entrance into …에 밀고[강제로] 들어가다.
gain [or *obtain*] *entrance* 들어가다 (*into*). 「다.
make one's entrance into office (관직에) 취임하다
No entrance. 〔게시〕 입장 사절, 출입 금지. 「다.
en·trance[2] [intrǽns, en-/-trɑ́ːns] 〔영〕〔타〕 1 〔남〕을 넋을 잃게 하다, 황홀하게 하다, 매혹하다. ¶ (수동형으로) …에 매료되다 (*at*, *by*, *with*). ¶The beauty of the girl ~d him. 그 소녀의 아름다움은 그를 황홀하게 했다. 2 〔남〕을 무아의 경지로 끌어넣다; 〔남〕을 실신시키
~·**ment** 〔영〕 「다.
éntrance examinàtion 〔영〕 입학 시험, 입사 시험.
éntrance fèe [(英) **mòney**] 〔영〕 입장료, 입회금; (모임의) 참가비, 회비.

éntrance hàll 명 현관 홀, 입구 홀.
en·trance·way [éntrənswèi] 명 =entryway.
en·tranc·ing [intrǽnsiŋ, en-/-trɑ́:ns-] 형 몹시 기쁘게 하는; 넋을 잃게 하는, 매혹적인. ~·ly 부
en·trant [éntrənt] 명 1 신입자(新入者), 신입 회원 (into). 2 (경주 따위의) 참가자 (for). 3 들어가는 사람 (into). ¶an illegal ~ into the country 불법 입국자. 4 (…에의) 취업자, 취임자 (to).
en·trap [intrǽp, en-] 타(-pp-) 1 (동물 따위를) 함정에 빠뜨리다, 덫으로 잡다(by, in, into). 2 (남을) (위험 따위에) 빠뜨리다(to). ¶(~+목+전+명) ~ a person to destruction 남을 함정에 빠뜨려 파멸로 이끌다. 3 (남을) 속이다, 속여서 …하게 하다(into (doing)). ¶(~+목+전+명) He ~ped her into making confession. 그는 그녀를 유도해 자백하게 했다. 4 (법률) 함정 수사로 체포하다. ━명 함정 수사.
~·ment 명 함정 수사; 함정에 빠뜨리기[빠진 상태].
~·per 명 ~·ping·ly 부
‡**en·treat** [intrí:t, en-] 타 1 (남)에게 탄원[간청]하다 (for, to do). ⇨ BEG 유의어 ¶(~+목+전+명) He ~ed the king for mercy. 그는 왕에게 간절히 자비를 구했다 // (~+목+to do) I ~ you to let me go. 제발 보내주십시오. 2 (자비·허가 등을) 원하다, 부탁하다, 빌다 (of). ¶I ~ this favor of you. 제발 이 소원을 들어 주시오. ━자 간청[탄원]하다. (또는 intreat)
~·ing·ly 부 ~·ment 명
‡**en·treat·y** [intrí:ti, en-] 명 (복 -treat·ies [-z]) 간청, 탄원, 애원.
en·tre·chat [ɑ̀:ntrəʃɑ́:] 명 (발레) 앙트르샤 (뛰어올라서 발꿈치를 맞부딪치거나 교차시키는 동작). [F]
en·tre·côte [ɑ̀:ntrəkóut/ɔ́ntrəkout] 명 (요리) 앙트르코트 (갈빗뼈 사이의 스테이크용 살코기). [F]
en·trée [ɑ́:ntrei/ɔ́n-] 명 1 UC 들어갈 권리[허가, 자유] (into, to): 들어갈 수단. ¶have the ~ of a club 클럽에 자유로이 출입할 수 있다. 2 (요리) 앙트레. a) (美) (steak를 제외한) 주요 요리. b) (英) 전채 (前菜) 와 steak 사이에 나오는 요리. c) (프랑스) 생선과 고기 사이에 나오는 요리. 3 (음악) 서주곡(序奏曲); (발레) 막간 공연물. 4 UC (배우의) 입장, 등장. (또는 entree) [F entry]
entrée fée [ɑ́:ntrei-] 명 =entrance fee.
en·tre·mets [ɑ̀:ntrəméi/ɔ́n-] 명 (복 ~ [-z]) (요리) 앙트르메 (주요 요리 사이에 나오는 요리). [F]
en·trench [intréntʃ, en-] 타 1 (진지 따위를) 참호로 둘러싸다, 참호를 파서 방비하다; (재귀용법·수동형으로) 참호를 파 몸을 숨기다. 2 …을 견고히 지키다; (풍습 따위를) 확립하다. ¶an ~ed habit 뿌리깊은 수 없는 습관. ━자 1 참호를 파다; 참호에 숨다. 2 침입하다, 침해하다 (on, upon). ¶~ on a person's rights 남의 권리를 침해하다. (또는 intrench)
entrench oneself 자기 입장(견관)을 견고히 하다 [지키다]; 안전한 장소에 피하다.
~·ed 형 ~·er 명
en·trench·ment [intréntʃmənt, en-] 명 1 U 참호 파기[구축]. 2 (~s) 성채, 참호. 3 U (권리 따위의) 침해. (또는 intrenchment)
en·tre nous [ɑ̀:ntrə nú:/ɔ́n-] 부 비밀[우리끼리의] 이야기지만. [F between ourselves]
en·tre·pôt [ɑ́:ntrəpòu/ɔ́n-] 명 1 창고; 보세 창고. 2 (물자의) 집산지, 중앙 시장. (또는 intrepot) [F]
éntrepôt tràde 명 중계(中繼) 무역; 중개(仲介) 무역.
en·tre·pre·neur [ɑ̀:ntrəprənə́:r, -núər/ɔ́n-] 명 1 (종종 경멸적) 기업가(起業家), 창업자(創業者); 사업가. 2 흥행주(興行主); (英) (일의) producer. ~·ism 명 UC 기업가[창업가] 정신. ~·ship U 기업가·창업가의 임무[능력]; 기업가 정신. [F]
en·tre·pre·neur·i·al [ɑ̀:ntrəprənə́:riəl/ɔ́n-] 형 기업가의, 기업가적인. ~·ism 명 ~·ly 부
en·tre·sol [éntərsɑ̀l, ɑ́:ntrə-/ɔ́n-] 명 (건축) 중2층(mezzanine). [<F between floor]

en·tro·py [éntrəpi] 명 U 1 (물리) 엔트로피(물질계의 열역학적 물리량의 하나). 2 엔트로피(정보 전달 효율의 척도). 3 균질화, 일양성(一樣性); (질의) 저하, 붕괴.
en·tró·pic **en·tró·pi·cal·ly** 부
*__**en·trust**__ [intrʌ́st, en-] 타 (~+목) (남)에게 맡기다, 위임하다 (with). ¶(~+목+전+명) I ~ed him with all my money. 나는 그에게 내 돈 전부를 맡겼다. 2 (물건·당을) 맡기다, 의탁하다 (to). ¶(~+목+전+명) She ~ed her money to the bank. 그녀는 돈을 은행에 맡겼다. (또는 intrust) ~·ment 명
‡**en·try** [éntri] 명 (복 -tries [-z]) 1 UC 들어감, 입장, 입학, 입회; 가입, 참가, 참전; 입장 허가[권리] (into, to); (…의) 개시, 착수 (upon). 2 입구, 들어가는 길, 통로, 현관; (하천의) 어귀, 하구(河口) (of, to). 3 UC 기입, 기재, 등기, 등록; 기입[기재] 사항 (in, on); (사서의) 표제어. ¶double [single] ~ (부기) 복식[단식] 부기 / an ~ in the family register 입적. 4 (경기 따위의) 참가자; (전시회 따위의) 출품물 (for); (집합적) 총참가자들[출품들](명부, 수). 5 UC (법률) 가택 침입; 토지 점유 (to). 6 UC (세관) 통관 절차, 통관 신고(서). ¶a port of ~ 통관항(通關港). 7 (컴퓨터) 입구; 입력(input); 항목. 8 (배우의) 무대 등장 (upon). 9 (음악) 도입부. 10 (카드놀이) 유력한 패 (쥐기).
force an entry into …에 밀고 들어가다.
make an entry in [**of**] …에[을] 기입[등록]하다.
make an entry into …에 입장하다, 들어가다.
sign and seal an entry 기입 사항에 서명 날인하다.
éntry fèe 명 =entrance fee.
en·try·ism 명 위장 가맹[잠입].
en·try·lev·el [-lèvəl] 형 1 (직종 따위가) 하급의, 미숙련자에게 적합한. ¶~ jobs 하급직. 2 (상품 따위가) 초보자용의, 값싸고 단순한. ¶~ computers 초보자용 컴퓨터.
éntry pèrmit 명 입국 허가.
éntry vìsa 명 입국 사증[비자].
en·try·way [éntriwèi] 명 입구의 통로.
éntry wòrd 명 (사전의) 표제어; (장서의) 색인어.
en·twine [intwáin, en-] 타 1 …을 휘감기게 하다 (together) (about, around); …을 얽히게[뒤엉키게] 하다 (in, with). ¶pillars ~d with ivy 담쟁이덩굴이 휘감긴 기둥. 2 (생각 따위를) 혼란시키다, 착잡하게 하다. ━자 휘감기다. 엉켜 붙다; 뒤엉키다. (또는 intwine) ~·ment 명
en·twist [intwíst, en-] 타 …을 꼬다, 꼬아 붙이다. (또는 intwist)
*__**e·nu·cle·ate**__ [injú:klièit/injú:-] 타 1 (생물) (세포에서) 탈핵(脫核)하다, …의 세포핵을 제거하다. 2 (종양·안구 따위를) 떼어내다. 3 (고어) …을 밝히다. ━ [injú:kliət, -èit/injú:-] 형 심(芯)이 없는; (세포) 핵이 없는.
-a·tor 명
e·nu·cle·a·tion [injù:kliéiʃən/injù:-] 명 U 핵을 제거하기; 적출; (고어) 설명, 해명.
É nùmber 명 (EU 인가의) 식품 첨가물 코드 번호(E 200 따위); (일반적으로) 첨가제; 식품 첨가물 (additive). (또는 **E-number**) [<Europe number]
*__**e·nu·mer·ate**__ [injú:mərèit/injú:-] 타 1 …을 열거하다, 하나하나 (들어서) 세다, 늘어놓다. ¶~ the necessary qualities of a good teacher 훌륭한 교사가 되기에 필요한 자질을 열거하다. 2 …의 수를 확인하다, …을 세다. ⇨ COUNT 유의어 ¶The company ~s 52 branches. 그 회사에는 52개의 지사가 있다.
e·nu·mer·a·tion [injù:məréiʃən/injù:-] 명 1 U 열거, 매거; 계산; 계수. 2 목록, 카탈로그; 표(list).
e·nu·mer·a·tive [injú:mərèitiv, -rət-/injú:-] 형 계산상의, 열거하는[의].
e·nu·mer·a·tor [injú:mərèitər/injú:-] 명 1 수를 세는 사람; 조사원; (국세 조사 등의) 호별 방문 조사원. 2 (캐나다) 선거인 명부 작성원.
e·nun·ci·ate [inʌ́nsièit, -ʃi-] 타 1 (말·문장 따위를

위)를 입밖에 내다; …을 명확하게 발음하다. ¶ ~ one's words distinctly 분명하게 말을 하다. **2** 〔학설 따위〕를 명확히[체계적으로] 진술하다; 〔주의·목적 따위〕를 발표[선언]하다. ── ㉑ 〔분명히〕 발음하다; 진술하다. **-ci·a·bíl·i·ty** 명 **-ci·a·ble** 형 **-a·tor** 명 **-a·tò·ry** 형
e·nun·ci·a·tion [inʌ̀nsiéiʃən, -ʃi-] 명 **1** 〔발음〕〔법〕. **2** 명확한[체계적] 진술; 발표, 고지; 선언, 성명.
e·nun·ci·a·tive [inʌ́nsièitiv, -ʃi-] 형 **1** 발음(상)의. **2** 성명의, 선언적인. **~·ly** 부
en·ure [injúər, en-/injúə] 동 =inure. **~·ment** 명
en·u·re·sis [ènjuərí:sis] 명 〔의학〕 유뇨증(遺尿症), 요실금(尿失禁); 야뇨증. **-rét·ic** 형
env. envelope; environmental; envoy. **Env.** environmental; Envoy.
‡**en·vel·op** [invéləp, en-] 동타 **1** …을 싸다, 감싸다; …을 봉해 넣다, 싸 넣다; …을 덮어 감추다(*in*). ¶ (~+目+前+名) ~ oneself *in* a blanket 모포를 두르다/Mountains are ~ed *in* a blue haze, 산들이 파르스름한 안개에 싸여 있다. **2** …의 피막(皮膜)[외피, 꼬투리]이 되다. **3** 〔군사〕 〔적〕을 포위하다. ── 명 **1** 〔군사〕 포위; 측면 공격. **2** envelope. **~·er** 명
‡**en·ve·lope** [énvəlòup, á:n-/én-, ɔ́n-] 명 **1** 봉투. **2** 싸는 것, 포장 재료; 덮개. **3** 〔식물〕 (싹 따위의) 외피(外皮). **4** 〔기하〕 포락선(包絡線)[면]. **5** (경기구·비행선의) 기낭. **6** 〔천문〕 혜성을 둘러싸고 있는 가스체. **7** 〔항공〕 (비행 시험에서 특정 비행기의) 성능 한계, 안전 운항 범위; (일반적으로) 기량의 한계. **8** 〔속어〕 콘돔.
push (out) the envelope ① (기계 따위의) 성능을 허용 한계까지 올리다; (…의) 한계[벽]에 도전하다, 새로운 가능성을 열다[추구하다](*of*). ② 〔항공〕 안전 운항 범위 가까이 비행하다.
the back of an envelope 봉투의 뒷면; (비유적) 때마침 그 자리에 있던 메모[계산] 용지.
en·vel·op·ment [invéləpmənt, en-] 명 **1** ⓤ 싸기, 포장, 봉입(封入); 포위. **2** 싸는 것, 싸는 종이, 포장지, 덮개. **3** 〔군사〕 측면 공격.
en·ven·om [invénəm, en-] 동타 **1** …에 독을 넣다[바르다], 유독하게 하다. **2** (말 따위)에 독[적의]을 띠게 하다. ¶ an ~ed tongue 독설.
en·ven·om·ate [invénəmèit, en-] 동타 …에 (독사 따위의) 독을 주사[주입]하다. **-á·tion** 명
en·ven·om·i·za·tion [invènəmizéiʃən, en-] 명 (독사나 거미의) 자상(刺傷)으로 인한 중독.
Env. Ext. *Envy Extraordinary.*
en·vi·a·ble [énviəbl] 형 부러운, 샘나는; (사람을) 부러워하게 하는. **~·ness** 명 **-bly** 부
en·vi·er [énviər] 명 부러워하는[질시하는] 사람.
‡**en·vi·ous** [énviəs] 형 (*more* ~; *most* ~) (종종 악의의 뜻으로) (남을) 부러워하는, 샘내는 (*of*); 부러워하는(샘내는) 듯한. ¶ an ~ look 부러운 듯한 표정 // be ~ *of* another's luck 남의 행운을 부러워[시샘]하다. **~·ly** 부 **~·ness** 명
en·vi·ro [enváirou] 명 《미국어》 환경 보호 운동가 (environmentalist). 「friendly.
en·vi·ro-friend·ly [-fréndli] 형 =environment-
*en·vi·ron** [inváirən, en-] 동타 둘러싸다, 에워싸다, 포위하다; (수동형으로) (…으로) 둘러싸이다 (*with*, *by*). ¶ the village ~ed *by* the mountains 산에 둘러싸인 마을. 「environmentalist.
environ. environment(al); environmentalism;
en·vi·ron·ics [ìnvàirɑ́niks] 명 환경 관리학.
‡**en·vi·ron·ment** [inváirənmənt, en-] 명 **1** ⓤⓒ (인간의 사고·감정에 영향을 주는) 환경, 주위(외계)의 정황. ¶ social[moral] ~ 사회[도덕]적 환경. **2** ⓤⓒ (생물) 환경. **3** ⓤ (물·공기·토지 따위의) 자연 환경; 자연 환경 보호 (ecology). **3** ⓤⓒ 둘러싸기, 포위. **4** 환경 예술 작품. **5** 〔컴퓨터〕 환경(하드웨어·소

프트웨어의 구성 또는 조작법).
*en·vi·ron·men·tal** [invàirənméntl, en-] 형 **1** 주위의, 환경의. **2** 환경 보호의, 환경 친화적인, 자연 환경을 파괴하지 않는. **3** 환경 예술의.
environméntal árt 명 환경 예술.
environméntal asséssment 명 환경 사전 조사, 환경 영향 평가(약 EA). 「(ecology).
environméntal biólogy 명 환경 생물학; 생태학
environméntal contaminátion 명 환경 오염.
environméntal desígn 명 환경 설계.
environméntal disrúption 명 환경 파괴.
environméntal dúmping 명 환경 덤핑(공해 시설·제품 따위의 저가 수출[수출]).
environméntal enginéer 명 환경 공학자.
environméntal enginéering 명 환경 공학.
environméntal éthics 명 환경 윤리 (규범). 「부.
environméntal hýgienist 명 환경 미화원, 청소
environméntal ímpact assèssment 명 = environmental assessment(약 EIA).
environméntal ímpact stàtement 명 환경 영향 평가 보고서.
en·vi·ron·men·tal·ism [invàiərənméntəlizm, en-] 명 ⓤ **1** 환경 보호[보존]주의[운동]. **2** 〔심리〕 (인격 형성의) 환경설, 환경 결정론.
en·vi·ron·men·tal·ist [invàiərənméntəlist, en-] 명 **1** 환경(보호)론자; 환경 전문가, 대기 오염 문제 전문가. **2** 환경설 신봉자. **-is·tic** 형
en·vi·ron·men·tal·ly [invàiərənméntəli, en-] 부 환경 보호적으로; (문장수식) 환경 보호의 입장에서 보면. ¶ ~ friendly [*or* sound] 환경 친화적인.
environméntal mánagement 명 환경 관리.
environméntal pollútion 명 환경 오염.
environméntal preservátion[protéction] 명 환경 보존[보호].
Environméntal Protéction Àgency 명 (the ~) 《미》 환경 보호청(약 EPA). 「심리학.
environméntal psychólogy 명 〔심리〕 환경
environméntal réfugee 명 환경 난민.
environméntal resístance 명 〔생태〕 환경 저항(인구 증가에 미치는 환경 조건의 제한적 작용 따위).
environméntal ríghts 명복 환경권, 환경 향유권.
environméntal scíence 명 환경 과학.
environméntal stéwardship 명 환경에의 책무.
environméntal térrorism 명 =ecoterrorism.
environméntal térrorist 명복
environméntal théater 명 환경 연극.
environméntal tobácco smòke 명 환경 속의 담배 연기, 간접 흡연을 하게 하는 연기(약 ETS).
en·vi·ron·ment-con·scious [-kɑ́nʃəs/-kɔ́n-] 형 환경 (보호) 의식을 가진, 환경을 의식하는.
en·vi·ron·ment-friend·ly [-fréndli] 형 환경 친화적인, 환경을 해치지 않는.
en·vi·ron·ment-hos·tile [-hɑ́stl/-hɔ́stail] 형 환경에 적대적인, 환경을 파괴하는, (또는 **envíronment-unfríendly**)
en·vi·ron·ment-mind·ed [-máindid] 형 환경 보호에 관심을 가진[열성인], 환경 보호 의식이 강한.
en·vi·ron·men·tol·o·gy [invàiərənméntəlɑ̀dʒi, en-/-tɔ́l-] 명 환경학, 환경 문제 연구; 환경 위생학.
en·vi·ron·pol·i·tics [inváiərənpɑ̀lətiks/-pɔ̀l-] 명 환경 (보호) 정책.
en·vi·rons [inváirənz, en-, énvə-] 명복 (도시 따위의) 주위의 지역, 근교, 교외, 환경.
en·vis·age [invízidʒ, en-] 동타 **1** …을 (…라고) 마음에 그리다, 상상하다 (*as*); 예견[예상]하다; 꾀하다. **2** (고어) …을 직시하다; …에 직면하다. **~·ment** 명
en·vi·sion [invíʒən, en-] 동타 (장래의 일 따위)를 마음속에 그리다; …을 상상하다, 이리저리 생각하다.

en·voi [énvɔi, áːn-] 명 1 끝낼[헤어질] 때의 말. 2 =envoy².

***en·voy¹** [énvɔi, áːn-/én-] 명 1 외교 사절, 외교관. 2 사절, 사자; 대표. ¶a goodwill ~ 친선 사절 / a special ~ 특사. 3 (전권) 공사. ~·ship 명

en·voy² 명 1 (ballade 따위의) 결구(結句). 2 (문예 작품의) 후기(後記), 발문(跋文). (또는 envoi)

‡en·vy [énvi] 명 (복 -vies [-z]) 1 명 질투, 시샘, 시기; 부러움, 선망 (of, toward; (英) at). ¶arouse [or raise] ~ 질투심을 일으키게 하다 // They had a great ~ of his success. 그들은 그의 성공을 크게 부러워했다. 2 질투 나게 하는 것; 선망의 대상 (of). ¶ ~ 내다. **be in** [or **feel**] **envy of** [or **at**] …을 부러워하다, 샘 **through** [or **out of**] **envy** 부러운[질투한] 나머지.
—타 (-vies [-z]) …을 시샘[질투]하다; …을 부러워하다, 부럽게 생각하다 (for). ¶How I ~ you! 네가 정말 부럽군!// (~+목+목) (~+목+전+명) I ~ him (for) his good fortune. 그의 행운이 부럽다.
~·ing·ly 부

en·weave [inwíːv, en-] 타 =inweave.

en·wind [inwáind, en-] 타 (*-wound*) …에 감기다, 휘감기다; …에 달라붙다. (또는 inwind)

en·womb [inwúːm, en-] 타 …을 태내에 배다; …을 (구멍 따위에) 깊이 숨기다, 파묻다; …을 싸다.

en·wrap [inrǽp, en-] 타 (*-pp-*) 1 …을 싸다, 감싸다 (*in*). 2 …을 끌어넣다; …을 (생각 따위에) 잠기게 하다, …의 마음을 빼앗다; (…에) 몰두하게 하다 (*in*).

en·wreathe [inríːð, en-] 타 …을 화환으로 둘러싸다[감다]; …을 화환처럼 둘러치다. (또는 inwreathe)

En zed [énzéd] 명 (濠·뉴질 구어) 1 뉴질랜드. 2 (또는 **Enzedder**) 뉴질랜드 사람.

en·zo·ot·ic [ènzouátik/-ɔ́t-] [동물] 형 지방[풍토] 병의. 형 endemic —명 지방[풍토]병. **-i·cal·ly** 부

en·zy·mat·ic [ènzaimǽtik, -zi-] 형 효소의. (또는 **enzymic**) **-i·cal·ly, en·zy·mi·cal·ly** 부

en·zyme [énzaim] 명 (생화학) 효소(酵素).

énzyme detérgent [화학] 효소 세제.

énzyme enginéering 명 1 (공학) 효소 (이용) 공학. 2 (농·공업에서) 효소 이용 처리 기술.

en·zy·mol·o·gy [ènzaimɑ́lədʒi, -zi-/-mɔ́l-] 명 ① 효소학. **-mo·lóg·i·cal** 형 **-gist** 명

EO, E.O. education officer; executive officer [order]. **e.o.** (라틴) ex officio. [eolithic.

e·o- [íːou, íːə] 연결 early, primeval의 뜻. ¶*Eocene*.

EOA [컴퓨터] end of address. **EOB** [컴퓨터] end of block; Executive Office Building. **EOC** emergency operating center; end of cycle; (英) Equal Opportunities Commission(고용 기회 균등 위원회).

E·o·cene [íːəsìːn] [지질] 형 (제3기[계]의) 에오세 (世)의, 시신세(始新世)의. ¶the ~ epoch 에오세. —명 (the ~) 에오세, 시신세.

EOD explosive ordnance disposal(폭발물 처리).
e.o.d. every other day. **EOE** (美) equal-opportunity employee(고용 기회 균등 정책에 따라 고용된 종업원); (구어) 장식품 같은 종업원); errors and omissions excepted. **EOF** [컴퓨터] end of file(파일 마크).

e·o·hip·pus [ìːouhípəs] 명 에오히푸스(미국 서부에서 서식했던 멸종된 에오세의 말). [line.

EOJ [컴퓨터] end of job. **EOL** [컴퓨터] end of **E·o·li·an** [iːóuliən] 형 1 =Aeolian². 2 (e-) [지질] 바람의 퇴적 작용에 의한. ¶*e-* soil 풍적토 / *e-* rock 풍성암(風成岩). —명 =Aeolic.

E·ol·ic [iːálik/-ɔ́l-] 형 명 =Aeolic.

e·o·lith [íːəlìθ] 명 [고고] 원석기(原石器). **-lìth·ic** 형

EOM [컴퓨터] end of message. **e.o.m., E.O.M.** (상업) end of (the) month; every other month. ¶ ~ dating (상업) 월말일부, 월말 기산.

e·on [íːən, -ɑn] 명 =aeon.

e·o·ni·an [iːóuniən] 형 =aeonian.

e·on·ism [íːənìzm] 명 (정신의학) 이오니즘, (남성의) 복장 도착(倒錯)(transvestism).

EOP emergency operations plan; employee ownership plan; Executive Office of the President. **EOR** [컴퓨터] end of record; (군사) explosive ordnance reconnaissance(폭발물 수색).

E·os [íːas/-ɔs] 명 [그리스 신화] 에오스(새벽의 여신; 로마 신화의 오로라(Aurora)에 해당).

EOS [íːas/-ɔs] 지구 관측 시스템(미항공 우주국 (NASA)의 위성을 이용한 관측 시스템). [<Earth Observing System]

e·o·sin(e) [íːəsin] 명 ① (화학) 에오신(선홍색의 염료). ~·sín·ic, ~·líke 형 [sion].

EOT [컴퓨터] end of tape[task, text, transmis**-e·ous** [iəs] 접미 「…의 성질을 가진」의 뜻의 형용사를 만든다. ¶duteous. (또는 -ous)

EOW, e.o.w. every other week.

E·o·zo·ic [ìːəzóuik] [지질] 형 선(先)캄브리아기(紀)(의)(Precambrian의 옛 이름).

EP [íːpíː] 명 이피(EP)판 레코드(1분간에 45회전하는 레코드). —명 이피판의. (<extended play)

EP, E.P. electroplate(d); estimated position; European plan. **Ep.** Epistle.

ep- [ep, ip] 접두 ⇒EPI-.

EPA education priority area(교육 중점 지역); (美) Environmental Protection Agency(환경 보호청).

e·pact [íːpækt] 명 1 태양력과 태음력의 1년 일수 차 (태양력이 약 11일 많다), 2 1월 1일의 월령(月齡).

E-pa·per [íːpèipər] 명 전자(인터넷) 신문(electronic newspaper).

ep·arch [épɑːrk] 명 1 (근대 그리스의) 현(縣)지사; (고대 그리스의) 주(州)장관. 2 (그리스 정교의) 주교.

ep·ar·chy [épɑːrki] 명 1 (근대 그리스의) 군, 현; (고대 그리스의) 주(州), 2 (그리스 정교의) 주교구[관구(管區)]. (또는 **eparchate**) **ep·ár·chi·al** 형

ep·au·let(te) [épəlèt, -lìt] 명 (장교복의) 견장; (코트·드레스 따위의) 에폴렛.
win one's **epaulets** 장교로 승진하다.

EPB (美) Environmental Periodicals Bibliography (환경 관련 잡지 색인(을 제공하는 데이터 베이스)); (英) Environmental Protection Board (환경 보호국). **EPC** Economic Policy Committee.

Ép·cot Cènter [épkɑt-/-kɔt-] 명 (the ~) 에프코트 센터, 디즈니 미래 도시(미국 Disney World에 있는 테마 공원). [<Experimental Prototype Community of Tomorrow]

E.P.D. excess profits duty(초과 이득세).

é·pée [eipéi, épei] 명 (펜싱) 에페(끝이 뾰족한 시합용 검); 에페 경기. (또는 **epee**) ~·**ist** 명 [<F]

ep·en·the·sis [əpénθəsis/ep-] 명 (복 **-ses** [-sìːz]) 1 (음성) 삽입음(length [leŋkθ]의 [k]). 2 (언어) 삽입자(字)(thunder(고대 영어 thunor)의 d).

e·pergne [ipə́ːrn, eip-/ipɛ́ːn] 명 식탁 중앙에 놓는 장식 접시(과일·꽃 따위를 담는다).

ep·ex·e·ge·sis [epèksədʒíːsis] 명 (복 **-ses** [-sìːz]) (수사) (선행 어구의 뜻을 한정·설명하기 위한) [보족(補足)(어).

Eph. Ephesians; Ephraim.

eph- [ef, if] 접두 ⇒EPI-.

e·pha(h) [íːfə, éfɑ] 명 (성서) 에파(곡물 따위를 계량하는 히브리의 용량 단위; 약 1부셸).

e·phebe [ifíːb, éfiːb] 명 1 청년, 젊은이. 2 (또는 **ephebus**) 갓 어른(성년)이 된 사람. [<L, Gk]

e·phed·ra [iféðrə, éfi-] 명 마황(麻黃)(ephedrine 추출물; 흥분·충혈 완화 작용).

e·phed·rin(e) [iféðrin, éfidriːn] 명 ① (약학) 에페드린(천식 따위 치료용).

e·phem·er·a¹ [ifémərə] 몡 (똉 **-er·ae** [-əriː], ~s) 1 하루살이(류)(mayfly). 2 지극히 단명인[덧없는] 것; 순식간에 끝장나는 것.

e·phem·er·a² 몡 ephemeron의 복수형.

e·phem·er·al [ifémərəl] 휑 1 (벌레·꽃의 수명 따위가) 하루뿐인; 단명한. 2 순식간의, 덧없는. ─ 몡 극히 단명한 것; 덧없는 존재. **~·ly** 閈 **~·ness** 몡

e·phem·er·al·i·ty [ifèmərǽləti] 몡 1 ⓤ 덧없음, 단명. 2 (-ties) 덧없는 사물.

e·phem·er·al·i·za·tion [ifèmərəlizéiʃən / -laiz-] 몡 단명 소모 상품 생산; (상품의) 단명화.

e·phem·er·id [ifémərid] 몡 하루살이(mayfly).

e·phem·er·is [ifémərəs] 몡 (똉 **e·phe·mer·i·des** [èfəmérədiːz]) (천문) 1 천문력표(天文曆表). 2 (태양계의) 천체 위치 추산표[력].

e·phem·er·on [ifémərɑ̀n, -rən / -rɔ̀n] 몡 (똉 **-er·a** [-ərə], ~s) 하루살이; 단명한 것(ephemeral).

E·phe·sian [ifíːʒən] 휑 에베소(Ephesus)의. ─ 몡 1 에베소인. 2 (the ~s) (단수취급) (성서) 에베소서(書) (Paul이 에베소인들에게 보낸 편지; ⓐ Eph.).

Eph·e·sus [éfəsəs] 몡 에베소(소아시아의 옛 도시; 초기 그리스도교의 중심지; Artemis [Diana] 신전의 소재지).

eph·od [éfɑd, íːf-/ífɔd] 몡 (유대교) 에포드, (제사용) 어깨걸이.

eph·or [éfɔːr, éfər] 몡 (똉 **~s, -or·i** [-əràil]) (고대 스파르타(Sparta)의 5명의 민선 감독관의 한 사람; (근대 그리스의) 관리. **~·al** 휑 **~·al·ty, ~·ate** 몡

EP hórmone 몡 EP 호르몬(경구 피임약). [<estrogen+progestogen *hormone*]

E·phra·im [íːfriəm / íːfreiim] 몡 1 에브라임족(族)(이스라엘 부족의 하나). 2 (성서) 에브라임(요셉(Joseph)의 차남. ← 창세기(Gen.) 41:52). 3 이스라엘 왕국, 북왕국(北王國)의 이스라엘. 4 이프라임(남자 이름).

EPI *e*lectronic [*e*levation] *p*osition *i*ndicator; *E*mergency *P*ublic *I*nformation.

ep·i- [épi, épə] 閈튜 upon, on, over, near, before, at, after의 뜻(*모음 및 h 앞에서는 ep-). ⑨ *epi*blast, *epi*calyx, *epode*, *ephemera*. ─**blás·tic** 휑

ep·i·blast [épəblæ̀st] 몡 (발생) 외배엽(外胚葉).

***ep·ic** [épik] 휑 1 서사시의; 서사체의. 2 서사시적인; 영웅적인, 웅대한. ¶an ~ poem 서사시. 3 (크기·범위가) 엄청난, 비상한. (또는 epical) ─ 몡 1 서사시; 사시(史詩). ¶a national ~ 국민사시 / a literary ~ 문예사시. 2 서사시적 작품, 영웅 이야기, (소설·영화 따위의) 대작. 3 서사시적 테마, 웅장한 사건; (구어) 영웅적 행위. 4 (E-) (*Iliad, Odyssey*에서 볼 수 있는) 그리스어의 방언(Old Ionic). **-i·cal·ly** 閈 **~·like** 휑

ep·i·ca·lyx [èpikéiliks, -kǽl-] 몡 (똉 **~·es, -ly·ces** [-lisìːz]) (식물) 악상 총포(萼狀總苞).

ep·i·car·di·um [èpikɑ́ːrdiəm] 몡 (똉 **-di·a** [-diə]) (해부) 심외막(心外膜). **-di·al, -di·ác** 휑

ep·i·carp [épikɑ̀ːrp] 몡 (식물) 외과피(外果皮).

épic dráma 몡 서사극[희곡](epic theater).

ep·i·ce·di·um [èpəsíːdiəm, -sidáiəm] 몡 (똉 **-di·a** [-diə]) 장송가, 애도가, 만가(dirge). **-di·al, -di·an** 휑

ep·i·cene [épəsìːn] 휑 1 양성(兩性) 공통의; 남녀 양성을 가진. 2 연약한, 가냘픈. 3 남자다지 않은, 여성적인. 4 (문법) (그리스·라틴어의 명사가) 양성 공통의. ─ 몡 1 (문법) 통성어(通性語). 2 남녀 양성을 가진 사람, 남녀추니, 어지자지; (복장 따위) 중성적인 것.

ep·i·cen·ter, (英) -tre [épəsèntər] 몡 1 (지질) 진앙(震央)(지진의 진원 바로 위 지점); 진원지; (전염병의) 발생지; (핵실험의) 폭심지(爆心地). 2 (활동 따위의) 중심(점), 중핵(中核), 중추; 핵심. **-i·cén·tral** 휑

ep·i·cen·trum [èpəséntrəm] 몡 (똉 **~s, -tra** [-trə]) (英) = epicenter 1.

ep·i·cist [épəsist] 몡 서사 시인.

e·pi·cle·sis [èpəklíːsis] 몡 (똉 **-ses** [síːz]) (기독교) 에피클레시스, 성령(聖靈)의 내리심을 비는 기도.

e·pi·cri·sis [ipíkrəsis] 몡 (병력(病歷) 따위의) 비판적[분석적] 연구[평가, 요약].

ep·i·crit·ic [èpəkrítik] 휑 (생리) (미세한 자극을) 예민하게 식별하는, 식별적인.

épic símile 몡 서사시적 비유(Homeric simile).

épic théater 몡 서사 연극(관객의 동화 작용을 배척하고, 이성에 의한 사회 비판을 촉구하려는 현대 연극).

ep·i·cure [épikjùər] 몡 1 쾌락주의자. 2 식도락가, 미식가; (예술 따위에) 세련된 취미를 가진 사람.

ep·i·cu·re·an [èpikjuríːən, -kjúəri-] 휑 1 미식가 취향의; 쾌락주의의, 미식의, 식도락의. 2 (E-) 에피쿠로스(파(派))의. ─ 몡 1 쾌락주의자; 미식가. 2 (E-) 에피쿠로스(Epicurus)설 신봉자.

Ep·i·cu·re·an·ism [èpikjuríːənìzm, -kjúəri-] 몡ⓤ 1 (철학) 에피쿠로스주의. 2 (e-) 쾌락주의; 미식주의, 식도락. (또는 **Epicurism**)

Ep·i·cu·rus [èpikjúərəs] 몡 에피쿠로스(341?-270 B.C.; 그리스의 철학자; 에피쿠로스 학파 창시자).

ep·i·cy·cle [épəsàikl] 몡 (천문·수학) (대원(大圓)의 원주 위에 중심을 두고 운동하는) 소원(小圓), 주전원(周轉圓). **-cý·clic, -cý·cli·cal** 휑

ep·i·cy·cloid [èpəsáikloid] 몡 (기하) 외(싸)사이클로이드, 외파선(外擺線). **-cy·clói·dal** 휑

epid. *epid*emic.

***ep·i·dem·ic** [èpədémik] 휑 1 (병이) 유행성의, 전염성의. ¶an ~ disease 유행병. 2 (사상·풍속·질병 따위가) 유행하고 있는, 널리 퍼져 있는. ¶an ~ evil 나쁜 유행. (또는 epidemical) ─ 몡 1 유행병, 전염병. 2 (병·풍속 따위의) 유행, 만연; (같은 범죄·사건 따위의) 다발(多發). ¶an ~ of terror[despair] 널리 퍼진 공포[절망감]. **-i·cal·ly** 閈 **-de·mic·i·ty** 몡

epidémic encephalítis 몡 (병리) 유행성 뇌염.

epidémic meningítis 몡 (병리) 유행성 수막염.

epidémic parotítis 몡 (병리) = mumps.

epidémic pleu·ro·dýn·i·a [-plùərədíniə] 몡 (병리) 유행성 흉막염.

ep·i·de·mi·ol·o·gy [èpədìːmiɑ́lədʒi /-ɔ́l-] 몡ⓤ 유행병학, 전염병학, 역학(疫學). **-o·lóg·ic, -o·lóg·i·cal** 휑 **-o·lóg·i·cal·ly** 閈 **-gist** 몡

ep·i·der·mal [èpədə́ːrməl] 휑 표피(상피)의. ¶~ tissue 표피 조직. (또는 epidermic)

ep·i·der·min [èpədə́ːrmən] 몡 (생화학) 에피더민 (동·식물 표피의 섬유상 단백질). ─ 몡 (상피(上皮).

ep·i·der·mis [èpədə́ːrmis] 몡 (생물) 표피(表皮).

ep·i·der·moid [èpədə́ːrmɔid] 휑 표피와 닮은, 상피 모양의. (또는 **epidermoidal**)

ep·i·di·a·scope [èpədáiəskòup] 몡 에피디아스코프, 실물 환등기(불투명체를 막 위에 비추는 장치).

ep·i·did·y·mis [èpədídəmis] 몡 (해부) 정소 상체(精巢上體), 부고환(副睾丸). **-mal** 휑

ep·i·dote [épədòut] 몡 녹렴석(綠簾石). **-dót·ic** 휑

ep·i·du·ral [èpidjúərəl / -djúə-] 휑 (해부) 경막외(硬膜外)의. ─ 몡 = ~ anesthesia.

epidúral anesthésia 몡 경막외 마취(법).

EPIE (美) *E*ducational *P*roducts *I*nformation *E*xchange Institute(교육용 상품 정보 교환 협회).

ep·i·gas·tric [èpəgǽstrik] 휑 (해부) 상복부(上腹部)의, 위부(胃部)의. (또는 epigastrial)

ep·i·gas·tri·um [èpəgǽstriəm] 몡 (똉 **-tri·a** [-triə]) (해부) 상복부(위의 윗부분), 심와부(心窩部).

ep·i·ge·al [èpidʒíːəl] 휑 (곤충) 지표(가까이)에 사는, 지상의; (식물) = epigeous. (또는 **epigean**)

ep·i·gen·e·sis [èpədʒénəsis] 몡ⓤ 1 (생리) 후성설(後成說), 점성설(漸成說)(생물이 개체 발생의 진행과 함께 점차 각 기관을 가지게 된다는 설). 2 (지질) 후성(後成)(모암(母岩) 생성 후 광상(鑛床)이 생기는 일).

-sist 图 -ge·nét·ic 图 -ge·nét·i·cal·ly 图 e·píg·e·nist 图

e·píg·e·nous [ipídʒənəs] 图 〖식물〗 (잎) 표면에 생기는[자라는].

ep·i·ge·ous [épidʒi:əs] 图 〖식물〗 지표(가까이)에 나는, 지상생(地上性)의; 지상경(地上莖)의.

ep·i·glót·tis [èpəglátis/-glót-] 图 (pl. ~es, -ti·des [-tidi:z]) 〖해부〗 후두개(喉頭蓋), 회염(會厭) (연골); 〖곤충〗 상인두(上咽頭).
-glót·tal, -glót·tic, -glot·tíd·e·an 图

ep·i·gone [épəgòun] 图 1 (조상보다 못한) 자손. 2 (예술·사상 따위의 대가의) 모방[추종]자, 아류(亞流). (또는 epigon) èp·i·gón·ic 图 e·pig·o·nism 图

E·pig·o·ni [epígənài] 图복 (단 -nus [-nəs]) 〖그리스 신화〗 에피고니(테베를 공격한 7용사(the Seven against Thebes)의 자식들). 〖표현. 2 (짧은) 풍자시.

*ep·i·gram [épəgrӕm] 图 1 경구(警句); 경구시. ep·i·gram·mát·ic [èpəgrəmӕtik] 图 1 경구의, 경구적인; 기지에 넘치는, 신랄한; 기지가 많은. 2 즐겨 경구를 만드는. (또는 epigrammatical) -i·cal·ly 图
ep·i·gram·ma·tism [èpəgrӕmətìzm] 图 경구풍자시풍(문체).
ep·i·gram·ma·tize [èpəgrӕmətàiz] 图 … 을 경구풍으로 표현하다, …에 관하여 경구를 만들다.
—— 图 경구[풍자시]를 만들다.

ep·i·graph [épəgrӕf, -grà:f] 图 1 (기념비 따위의) 제명(題銘), 비명, 비문, 금석문(金石文). 2 (권두(卷頭) 따위의 싣는) 제사(題詞), 인용문, 표어, 명(銘句).
ep·i·gráph·ic [èpəgrӕfik] 图 1 제명[비명]의; 권두 인용문[제사]의, 명구적인. 2 금석학(金石學)의. (또는 epigraphical) -i·cal·ly 图
e·pig·ra·phy [ipígrəfi] 图 U 1 묘비명학(基碑銘學), 금석학, 비명[문] 연구. 2 〖집합적〗 제명, 비명, 금석문; -phist, -pher

ep·ig·y·nous [ipídʒənəs] 图 〖식물〗 (꽃이) 씨방 상생(上生)의, 씨방 하위(下位)의. -ny 图

epil. epilepsy; epileptic; epilogue.
ep·i·lep·sy [épəlèpsi] 图U 〖병리〗 간질. ¶ a fit of ~ 간질의 발작. (또는 epilepsia)
ep·i·lep·tic [èpəléptik] 图 〖병리〗 간질(성)의. ¶ an ~ fit 간질의 발작. 2 간질병이 있는. —— 图 간질병환자. -ti·cal·ly 图

ep·i·log [épəlɔ̀:g, -làg/-lɔ̀g] 图 =epilogue.
e·pil·o·gist [ipílədʒist] 图 (연극의) 에필로그 작자; 에필로그를 말하는 배우.

*ep·i·logue [épəlɔ̀:g, -làg/-lɔ̀g] 图 1 (연극의) 에필로그, 2 에필로그를 말하는 배우. 3 (소설 따위의) 발문(跋文), 끝맺음(말), 결어(結語). 4 (일·사건 따위의) 결말, 종국. 5 〖英〗 (방송의) 마지막 프로. 6 prologue —— 图 … 에 에필로그[결어]을 붙이다. (또는 epilog)

Ep·i·me·the·us [èpəmí:θiəs, -θu:s] 图 〖그리스 신화〗 에피메테우스(거인족 Titans의 일원; Prometheus의 아우로 Pandora의 남편).

ep·i·neph·rin(e) [èpənéfri(:)n] 图U 1 〖생화학〗 에피네프린, 아드레날린(부신에서 분비되는 호르몬). 2 〖약학〗 아드레날린제(劑)(adrenaline).

E·piph·a·ny [ipífəni] 图 1 (the ~) 〖기독교〗 예수 공현일(公現日)(그리스도 탄생 때 동방의 3박사(Magi)가 찾아간 날을 축복하는 1월 6일 또는 1월 2일 뒤의 일요일). 2 (e-) (신 등의) 출현, 현현(顯現). 3 (e-) (사실이나 표현 따위의) 직각(直覺), 통찰; 〖문학〗 에피파니(계시나 통찰의 순간을 상징적으로 묘사하는 수법이나 작품).

ep·i·phe·nom·e·non [èpifənámənən/-nɔ́mi-nən] 图 (복 -na [-nə]) 〖의학〗 부대 징후, 여병(餘病), 병발증; 〖철학〗 우발 징후, 부수 현상; 〖심리〗 부대 징후 [현상]. -e·nal 图 -e·nal·ly 图

ep·i·phyte [épəfàit] 图 〖식물〗 착생(기생) 식물.
ep·i·phýt·ic [èpəfítik] 图 (식물이) 착생하는, 기착하는. -i·cal 图 -i·cal·ly 图

ep·i·phy·tol·o·gy [èpəfaitálədʒi/-tɔ́l-] 图U 식물 기생병학.

Epis. Episcopal(ian) (또는 Episc.); Epistle.
e·pis·co·pa·cy [ipískəpəsi] 图 1 U (교회의) 감독[주교] 제도; 교회 관리 제도(bishop, presbyter, deacon의 3계급의 것). 2 감독[주교]의 직[지위, 임기]. 3 (the ~) 〖집합적; 단·복수 양용〗 감독[주교]단.

*e·pis·co·pal [ipískəpəl] 图 1 〖교회〗 감독[주교]의. ¶ an ~ see 주교좌[구]. 2 감독[주교]제의. ¶ an ~ hierarchy 감독[주교] 위계제. 3 (the E-) 감독파[영국국교회]의. —— (E-) (구어) 감독 교회원. ~·ly 图
Epíscopal Chúrch (the ~) (英) 감독 교회; (특히) 영국 성공회(聖公會).
Epíscopal Chúrch in América 图 미국 성공회(1976년 이전의 Protestant Episcopal Church).

E·pis·co·pa·lian [ipìskəpéiljən] 图 1 〖주교〗 교회의, 감독[주교] 교회 소속의. 2 (e-) 감독[주교] 제도의, 감독[주교] 제도를 고집하는, 감독제 지상주의의. —— 图 1 감독[주교] 교회원. 2 (e-) 감독[주교]제주의자, 감독제 지상주의자. ~·ism 감독[주교]제주의의.

e·pis·co·pate [ipískəpət, -pèit] 图 1 〖주교〗 의 직[지위, 임기, 감독구](bishopric). 2 (the ~) 〖집합적〗 감독[주교]단; 주교[감독] 계급.
ep·i·scope [épəskòup] 图 〖광학〗 =epidiascope.
ep·i·sém·eme [épisì:m:m] 图 문법 의미소(意味素).
ep·i·si·ot·o·my [ipì(:)ziátəmi/-ɔ́t-] 图 〖의학〗 회음(會陰) 절개(술).

ep·i·sode [épəsòud, -zòud] 图 (복 ~s [-z]) 1 (소설·연극 따위의) 삽화(揷話). 2 (인생 경험에서의) 삽화적인 사건, 에피소드. ¶ an ~ in one's life 인생의 한 에피소드(적인 사건). 3 (그리스극) (두 합창을 잇는) 대화 장면(오늘날의 「막」(act)에 상당). 4 〖음악〗 삽입 악장, 삽구(揷句). 5 〖소설 주 로·영화 따위의 시리즈물의 한 편, 1회 분 작품[이야기]. 6 〖의학〗 (어떤 질환에서 반복되는) 증상의 발현.

ep·i·sód·ic [èpəsádik, -zád-/-sɔ́d-] 图 1 삽화적인, 에피소드적인. 2 삽화로 나누어진. 3 일시적인, 변덕스런; 우연적인. (또는 episodical) -i·cal·ly 图

ep·i·some [épəsòum] 图 〖생물〗 에피솜(세균의 세포 속에 염색체와는 별도로 존재하는 DNA).
-só·mal 图 -só·mal·ly 图 에피솜 모양으로.

ep·i·spás·tic [èpispӕstik] 图U 피부 자극제, 발포성의.

ep·i·stax·is [èpəstӕksis] 图U 〖병리〗 비(鼻)출혈.
e·pis·te·me [èpəstí:mi:] 图 〖철학·언어〗 에피스테메(한 시대의 인식의 총체).

e·pis·te·mo·lóg·i·cal [ipìstəmǝládʒikǝl/-lɔ́dʒ-] 图 인식론적의; 인식론상의. ~·ly 图
e·pis·te·mol·o·gy [ipìstəmálədʒi/-mɔ́l-] 图U 인식론. -gist 图 인식론(학)자.

e·pis·tle [ipísl] 图 1 (의례적이고 교훈적인) 서한(書翰), 편지, 신서(信書)(현재는 익살). 2 서간체의 문학작품. 3 (the E-) (신약 성서 중의) 사도 서한(의 발췌). -tler 图 =epistoler. 〖항해어 우측.
epístle síde (the ~) 〖교회〗 제단의 남쪽, 제단의 우측.

e·pis·to·lar·y [ipístəlèri/-ləri] 图 1 서한에 쓰인; 편지에 관한. 2 서한의, 서간체의. ¶ an ~ novel 서간체 소설. (또는 〖고어〗 epistolatory)

e·pis·to·ler [ipístələr] 图 1 서한의 필자; 〖성서〗 사도 서한의 필자. 2 (미사에서) 사도서(使徒書) 낭독자.

e·pis·tro·phe [ipístrəfi] 图 1 〖수사〗 결구 반복(結句反復)(시행(詩行)·절(節)·문장의 끝에서 같은 말의 반복)(반 anaphora). 2 〖음악〗 반복. 3 〖철학〗 회귀(回歸)(신플라톤파의 용어로서, 유일자(唯一者)와의 괴리(乖離)를 깨닫는 일). 〖방(不妨). -stý·lar 图

ep·i·style [épəstàil] 图 〖건축〗 (고전적 성당의) 평방(平枋).

epit., Epit. epitaph; epitome.

*ep·i·taph [épitӕf, -tà:f] 图 1 비명(碑銘), 묘비명,

epitasis 921 **equable**

비문. **2** 비문풍의 단시[문장]. **3** (사람·사물에 대한) 최종적 판단[평가]. ━⑧⑪ …을 비명[비문시]으로 기념하다.

-táph·ic ⑧ ~·**ist** ⑨ ~·**less** ⑧

e·pit·a·sis [ipítəsis] ⑨ (⑪ -**ses** [-si:z]) 〔연극〕 전개부. 「택설층(層).

ep·i·tax·i·al láyer [èpətǽksiəl-] ⑨ 〔전자〕 에피

epitáxial transístor ⑨ 〔전자〕 에피택셜(형) 트랜지스터(에피택셜 성장법에 의해 만들어진 트랜지스터).

ep·i·tax·is [èpətǽksis] ⑨ 〔전자〕 에피택시(어느 결정(結晶)의 표면상에 비슷한 구조를 가진 다른 결정이 일정한 방위 관계를 가지며 성장하는 일). (또는 **ep·i·tax·y** [èpətǽksi]) **-táx·i·al**, **-táx·ic** ⑧

ep·i·tha·la·mi·on [èpəθəléimiən/-miən] ⑨ = epithalamium.

ep·i·tha·la·mi·um [èpəθəléimiəm] ⑨ (⑪ ~**s**, **-mi·a** [-miə]) 축혼가, 혼인 축시. **-lám·ic**, **-mi·al**

ep·i·the·li·oid [èpəθí:liɔ̀id] ⑧ 상피(上皮) (조직) 비슷한, 유상피(類上皮)의.

ep·i·the·li·um [èpəθí:liəm] ⑨ (⑪ ~**s**, **-li·a** [-liə]) 〔해부〕 상피, 표피; 〔식물〕 신피(新皮), 피막(皮膜) 조직. **-li·al** ⑧ 상피(세포)의.

*****ep·i·thet** [épəθèt] ⑨ **1** (사람·사물의 특성을 나타내는) 형용사구(예: Richard, the Lion-Hearted). **2** 통칭, 별칭, 별명. **3** 모욕적 언사, (경멸적인) 별명, 욕설.

ep·i·thet·ic [èpəθétik] ⑧ **1** 형용어구(의 것을 쓴). **2** 별칭[별명]의, 통칭의. (또는 **epithetical**) **-i·cal·ly** ⑨

e·pit·o·me [ipítəmi] ⑨ **1** (작품의) 즐거리, 발췌, 요약, 대의. **2** (the ~) 전형; 축도(縮圖); 화신, 권화(權化).

in epitome 요약된 형태로; 전형으로서, 축도화된.

èp·i·tóm·ic, **èp·i·tóm·i·cal** ⑧

e·pit·o·mist [ipítəmist] ⑨ 요약자, 발췌 작가.

e·pit·o·mize [ipítəmàiz] ⑧⑪ …을 요약하다, 적요하다; …의 본보기이다; …의 축도이다, 전형이다.

-mi·zá·tion, **-miz·er** ⑨

-ep·i·tope [épətòup] ⑨ 〔생화학〕 항원(抗原) 요소.

ep·i·zo·ic [èpəzóuik] ⑧ 〔생물〕 체표 착생(표生)의, 체외(體外) 기생(충)의. **-ìsm** ⑨⑪ 체외 기생.

ep·i·zo·ite [èpəzóuait] ⑨ 〔생물〕 = epizoon.

ep·i·zo·ol·o·gy [èpəzouálədʒi] ⑨ = epizootiology.

ep·i·zo·on [èpəzóuan/-ɔn] ⑨ (⑪ **-zo·a** [-zóuə]) 체외 기생충, 체표 착생(體表生) 동물, 체외 기생체. (또는 **epizoite, epizoön**)

ep·i·zo·ot·ic [èpəzouátik/-ɔ́t-] ⑧ (병의) 동물간에 유행[동시에 전염 발생]하는. ⑧ epidemic ━⑨ 동**-i·cal·ly** ⑨ 물(가축) 유행병.

ep·i·zo·o·ti·ol·o·gy [èpəzouòutiálədʒ/-ɔ́l-] ⑨ **1** 동물[가축] 유행병학. **2** 동물병 발생 요인.

ep·i·zo·o·ty [èpəzóuəti] ⑨ = epizootic.

EPL (英) excess-profits levy(초과 이득세).

e plu·ri·bus u·num [í: plúəribəs jú:nəm] ⑨ 다수의 통일, 다수로부터의 하나(* 미국 건국 정신을 나타내며 동전에 새겨져 있다). 〔＜L one out of many〕

EPM, EPMA electron probe microanalysis [microanalyzer](전자 프로브 미량 분석[분석 장치]).

EPN ⑨ 〔약학〕 이피엔(유기인(有機燐) 살충제; 진드기에 유효). 〔＜ethyl para-nitrophenyl〕

EPNdB effective perceived noise decibels(감각 소음 효과 데시벨(소음의 불쾌도)). **EPNL** 〔항공〕 effective perceived noise level(감각 소음 효과 레벨(소음 불쾌도)). **epns, EPNS** electroplated nickel silver. **EPO** 〔컴퓨터〕 emergency power off(긴급 전원 절단); 〔생화학〕 erythropoietin.

‡**ep·och** [épək, épək/épɔk] ⑨ **1** (특정의) 시대, 시기. ⇨ PERIOD 〔유의어〕¶an ~ of social revolution 사회 개혁의 시기 / the ~ of the Refor-mation 종교 개혁 시대. **2** 신기원, 신세기, 한 시대의 시작. ¶an ~ in biology 생물학상의 신기원. **3** 획기적인 사건; 기념해야 할[특별한] 때[일시], 잊을 수 없는 (특별한) 때, 순간. ¶It was an ~ never to be forgotten in her life. 그것은 그녀가 평생 잊을 수 없는 순간이었다. **4** 〔지질〕 세(世), 기(期). ¶the Eocene ~ 에오세(世). **5** 〔천문〕 원기(元期). 「을 열다[이루다].

mark [or *form, make*] *an epoch in* …에 신기원

ep·och·al [épəkəl/épɔk-] ⑧ **1** 새시대의, 신기원의; 신시대적. **2** =epoch-making. ~·**ly** ⑨

*****ep·och-mak·ing** [-mèikiŋ] ⑧ 획기적인, 새시대를 여는, 신기원을 이루는; 유례없는; 아주 중요한[뜻깊은]. ¶an ~ discovery 획기적인 발견.

ep·och·mark·ing [-mà:rkiŋ] ⑧ 획기적인.

ep·ode [époud] ⑨ **1** (장단의 행이 교차하는) 고대 서정시형. **2** 서정시(lyrical ode)의 제3[최종]절.

ep·o·nym [épənìm] ⑨ **1** 이름의 원조(元祖)(인종·토지·건물·시대·이론 따위의 이름의 근원이 되었던 인물. 예: Romulus→Rome). **2** (…의 원조·발명등) 인명 유래의 말(병명·약품명 따위). **-ným·ic** ⑧

ep·on·y·mous [ipánəməs/ipɔ́n-] ⑧ 이름 원조(로서)의; 그 이름 원조의 이름이 붙은. ~·**ly** ⑨

e·po·pee [épəpì:/époupì:] ⑨ 서사시; 사시(史詩).

e·po·p(o)e·ia [èpəpí:ə] ⑨ = epopee.

ep·os [épəs/épɔs] ⑨ **1** 서사시. **2** (원시 시대의) 구전(口傳) 서사시. **3** 서사시적인 일련의 사건.

Epos, EPOS [í:pɑs/-pɔs] ⑨ 〔컴퓨터〕 판매 시점 정보 관리 시스템. 〔＜electronic point of sale〕

ep·ox·y [ipǽksi, epák-/epɔ́k-] ⑧ 〔화학〕 에폭시의 (다른 2개 원자와 결합한 1개 산소 원자를 함유한 상태의); 에폭시 수지(樹脂)를 포함하는. ━⑨ =~ resin. ━⑧⑪ …을 (에폭시 수지로) 접착하다.

epóxy rèsin ⑨ 〔화학〕 에폭시 수지(樹脂).

EPP 〔컴퓨터〕 enhanced parallel port; executive pension plan(관리직 연금 계획).

EPR electron paramagnetic resonance(전자 상자 (常磁) 공명); ethylene-propylene rubber.

E-prime [í:práim] ⑨ 〔언어〕 근본 영어(be 동사를 쓰지 않는 영어). 〔＜English prime〕

é·pris [eiprí:] ⑧ (…에) 홀린, 반한 (*with, of*). 〔＜F〕

EPROM [í:pram/-prɔm] ⑨ 〔컴퓨터〕 이피롬, 소거(消去) 프로그램 가능 ROM. 〔＜erasable programmable read-only memory〕

EPS (증권) earnings per share (1주당 이익); (우주) electrical power system(전력 시스템); electronic post service(전자 통신 서비스); expandable [expanded] polystyrene(발포(성) 폴리스티렌).

ep·si·lon [épsilàn, -lən/epsáilən] ⑨ **1** 엡실론(그리스 알파벳의 다섯째 자 E, ε, 영어의 단음인 E, e에 상당). **2** 이 문자가 나타내는 모음. **3** 〔수학〕 엡실론 (정(正)의 값의 임의의 미소량을 나타냄). **4** (E-) 〔천문〕 엡실론[5]별(별자리 중 광도가 제5위인 별).

Ép·som sàlt [épsəm-] ⑨ (종종 ~**s**) 〔화학·약학〕 엡솜염(鹽), 사리염(瀉利鹽)(매염제·하제용).

Ép·stein-Bárr vírus [épstainbá:r-] ⑨ 엡스타인바[EB] 바이러스(포진 바이러스의 일종; ⑧ EBV).

ept [ept] ⑧ (사람이) 능력(적성)이 있는, 솜씨 있는. ⑧ **inept ép·ti·tùde** ⑨

EPT excess-profits tax(초과 이득세). **E.P.T.** 〔상표〕 Early Pregnancy Test(가정용 조기 임신 검사 키트). **EPU** European Payment Union(유럽 결제(決濟) 동맹). **EPW** (군사) enemy prisoner of war(적국 포로). **EPZ** export processing zone(수출 자유 지역). **EQ, E.Q.** educational quotient; emotional quotient; encephalization quotient(대뇌화 지수).

eq. equal(izer); equalizing; equate; equation; equator; equivalent. **EQI** environmental quality index. **eqn.** equation.

eq·ua·bil·i·ty [èkwəbíləti, ì:k-] ⑨⑪ 한결같음, 균등성; (기분의) 평정함, 안정.

eq·ua·ble [ékwəbl, í:k-] ⑧ **1** (운동·온도 따위가)

한결같은, 안정된, 변화가 없는.¶an ~ climate 변화가 없는 기후. **2** (법률 따위가) 평등하게 적용되는, 균등한. **3** (마음 따위가) 평정한, 잔잔한. ~**ness** 圀 **-bly** 閏
* **e・qual** [íːkwəl] 圀 **1** (수량・정도・가치 따위가) 같은; …에 상당하는(*to, with*). ⇨SAME 유의어 ¶two things of ~ weight 무게가 같은 2개의 물건 / He speaks English and French with ~ fluency. 그는 영어와 프랑스어를 똑같이 유창하게 말한다 // Ten times five is ~ to fifty. 10×5는 50. **2** (권리・능력・급여・효과 따위가) 평등한, 균등한, 대등한, 호각의.¶an ~ contest 대등한 승부 / All men are created ~. 사람은 태어나면서부터 평등하다. **3** …에 필적하는; 충분한; (임무 따위에) 견딜 수 있는(*to*).¶The production was ~ to the consumption. 생산은 소비를 충분히 충족시켰다 / I'm not ~ to [or to *doing*] the task. 나는 그 일을 감당할 만한 기량이 없다(* to부정사가 따르지 않는다). **4** 평평한, 평탄한.¶an ~ plain 평원. **5** 〖수학〗같은; 같은 값의. **6** (고어) (마음이) 차분한. **7** (고어) (재판 따위가) 공정한.

on equal terms with …와 동등하게. 「같다면.
other [*all*] *things being equal* 다른 (모든) 조건이
— 圀 ~s [-z] 동등(대등)한 사람(것), 동배(同輩); 필적하는 사람(것); 똑같은 수량.¶He has no ~ *in* tennis. 테니스에서는 그를 당할 사람이 없다.
first among equals 첫째 책임자, 대표.
without (*an*) *equal* 필적하는 것(사람)이 없이.
— 匙 ~s [-z]; -*s,* (英) -*ss*) -*ll*-) **1** …과 같다; …에 필적하다(*in, as*). ¶Four times six ~s twenty-four. 4×6은 24 // (~+图+前+图) ~ an elephant *in* size 크기로는 코끼리와 같다. **2** …와 대등한 일을 해내다, …의 수준에 이르다.¶I'm sure you can ~ his record. 너라면 그와 동등한 기록을 낼 수 있을 것이다. **3** (고어) …에 충분히 보답하다. **4** (고어) …을 평등하게 하다. — 匙 대응해지다, 평균화[표준화]되다(*out*).
equal out (찬반 따위가) 같아지다; 평균[표준]화되다.
e・qual-ar・e・a [-ɛ́əriə] 閏 (지도가) 등적(等積)[정적(正積)]인.¶an ~ map 정적도, 등적도.
équal-área projèction 圀 등적[정적] 도법.
Équal Crédit Opportùnity Àct 圀 (美) 신용 기회 균등법.
équal emplóyment opportùnity 圀 고용 기회 균등(인종・신앙・성・종교・연령 따위에 의한 차별 금지).
Équal Emplóyment Opportùnity Commìssion 圀 (美) 고용 기회 균등 위원회(略 EEOC).
e・qual-i・tar・i・an [ikwàlitɛ́əriən/-wɔ̀l-] 閏 평등주의의; 평등주의를 주장하는. — 圀 평등론자, 평등주의자. ~**ism** 圀
* **e・qual・i・ty** [ikwáləti-wɔ́l-] 圀 ⓊC **1** (수량・가치・능력 따위의) 같음, 동등; 평등, 균등; (…와) 대등(한 입장), 호각(*with*).¶racial ~ 인종적 평등 // ~ *in* size 크기가 같음 / ~ *of* weight 중량이 같음 / ~ *between* the sexes 남녀 평등. **2** (운동・표면 따위의) 균일성, 등질성. **3** 〖수학〗 상등(相等); 등식(equation).
on an equality with …와 대등하게, 동등하게.
equálity sìgn 圀 =equal sign.
Equálity Stàte 圀 (the ~) 미국 Wyoming 주의 별칭(여성 참정권을 최초로 인정했다).
e・qual・i・za・tion [iːkwəlizéiʃən/-laiz-] 圀 평등(동등)화; 균일(균등)화; (특히) 자산 과세 사정(査定)의 평준화; 〖전자〗등화.
e・qual・ize [íːkwəlàiz] (* (英) -**ise**) 匙匙 **1** …을 똑같게 하다, 평등(대등)하게 하다 (*to, with*).¶~ the distances 거리를 똑같게 하다. **2** …을 일정하게 하다, 균일화하다. **3** 〖전자〗 (신호・주파수의 특성) 을 등화(等化) 하다. **4** (美속어) 무기[총] 을 가지다, 무장하다. — 匙 **1** 똑같게[평등하게] 되다; (경기에서) 동점이 되다. **2** 〖전자〗 등화하다 (*for*).
e・qual・iz・er [íːkwəlàizər] (* (英) -**is・er**) 圀 **1** 평

등[동등, 균일]하게 하는 사람[것]. **2** (응력(應力)・압력 따위의) 등화(等化) 장치. **3** 〖전기〗 균압환(均壓環), 균압 모선(母線); 〖전자〗 이퀄라이저, 등화기(器). **4** 〖항공〗 (비행기 보조 날개의) 평형 장치. **5** (속어) (권총 따위) 무기, 흉기. **6** (英) (축구 따위의) 동점을 이루는 득점.
e・qual・ly [íːkwəli] 匙 **1** 똑같이, 동등하게; 같은 정도로; 평등하게, 공평하게.¶distribute the heat ~ through the room 방을 골고루 따뜻하게 하다. **2** (앞 문장과 대립되는 내용을 나타내는 문 중에서) 동시에; 한편으로는.

USAGE *equally as* — 이 어법은 (美) 에서는 어느 정도 인정되고 있으나, 보통은 유어(類語) 반복(tautology)이라 하여 비난받고 있으며, 글 안에서는 비교 대상이 명시된 경우에는 as만을, 그렇지 않을 경우에는 equally만을 쓰는 편이 낫다: This is *as* important as that./This is ~ important. 또 He feels it ~ *as* you do. 와 같은 글은 He feels it *as much as* [or *no less than*] you do. 와 같이 표현을 바꾸는 것이 좋다.

Équal Opportúnities Commìssion 圀 (英) (고용) 기회 균등 위원회(略 EOC).
équal opportúnity 圀 (고용에 있어서의) 기회 균등.
é・qual-op・por・tú・ni・ty 閏
équal páy 圀 (남녀의 동일 노동에 대한) 동일 임금.
Équal Ríghts Amèndment 圀 (the ~) (美) 남녀 평등권 헌법 수정안(略 ERA).
équal(s) sìgn [màrk] 圀 등호(等號), 이퀄 기호(=).
équal tíme 圀 (美) 〖방송〗 **1** 평등한 방송 시간 할당 (반대파에게도 동등한 시간을 할애한다). **2** 평등하게 발언할 기회, 평등한 반론 기회. 「조항.
équal tíme provìsion 圀 (美) 균등 시간 (제공)
e・qua・nim・i・ty [iːkwənímeti, èkwə-] 圀匙 평정, 침착, 차분함, 냉정; (운명에 대한) 체념.
with equanimity 차분하게.
* **e・quán・i・mous** [ikwǽnəməs] 閏 평정한, 냉정한, 차분한; 체념하는. ~**ly** 匙 ~**ness** 圀
e・quate [ikwéit] 匙匙 **1** …을 동등한 것으로 나타내다, 동식화하다 (*to, with*). **2** …을 평균화하다, 균등하게 하다, 기준에 맞추다. **3** …을 동시화하다, 동등하게 다루다 (*to, with*). — 匙 (…과) 일치하다 (*with*).
e・quat・a・bíl・i・ty 圀 **e・quát・a・ble** 閏
* **e・qua・tion** [ikwéiʒən, -ʃən] 圀 **1** Ⓤ 똑같이 함, 균등화, 균분(법); 동일시함.¶the ~ of imports and exports 수출입의 균등한 상태; Ⓒ 똑같게 하는 것. **3** 〖수학〗 등식; 방정식.¶a simple [quadratic, cubic, biquadratic] ~ 1[2, 3, 4] 차 방정식 / solve an ~ 방정식을 풀다. **4** 〖화학〗 반응식; 방정식. ¶a chemical ~ 화학 방정식. **5** 〖천문〗 (반응 시간의) 균차(均差), 오차.
e・qua・tion・al [ikwéiʒənl, -ʃənl] 閏 **1** 균등화의, 균분의. **2** 방정식의[을 포함한]. **3** 〖생물〗 동형(2차) 세포 분열의. **4** 〖문법〗 등위형(等位型)의, 병치(並置) 형의, 주어와 보어로 된. ~**ly** 匙
equátion of mótion 圀 〖물리〗 운동 방정식.
equátion of státe 圀 〖물리〗 상태(방정)식(균질 물질) 에 있어서 물체의 상태·체적 사이에 성립하는 관계식).
equátion of tíme 圀 〖천문〗 균시차(均時差), 시차율.
* **e・qua・tor** [ikwéitər] 圀 **1** 천체(天體)의 적도; (the ~) (지구의) 적도. ⇨ZONE 그림. **2** (적도를 닮은) 균분원(均分圓). **3** 주야 평분선(平分線). **4** 〖생물〗 적도(동물 알의 위아래에서 등거리에 해당하는 선). **5** =celestial ~; ~ magnetic ~.
* **e・qua・to・ri・al** [ìːkwətɔ́ːriəl, èːk-] 閏 **1** 적도(상)의, 적도선에 가까운. **2** 적도 지대의 [와 같은]; 무더운.¶ ~ heat 적도 지대의 더위. ⇨ZONE 그림. **2** 적도 지대 의 식물. **3** 적도의(赤道儀) 식의. **4** 〖생물〗(동물 알의) 적도의. — 圀 적도의(赤道儀). ~**ly** 匙

Equatórial Cóuntercurrent 〔명〕 적도 역류(逆 流).
Equatórial Cúrrent 〔명〕 적도 해류.
Equatórial Guínea 〔명〕 적도 기니(적도 아프리카 서단의 공화국; 수도 Malabo).
equatorial pláne 〔명〕 〔천문〕 (천체의) 적도면(面); 〔생물〕 적도면(세포의 양극에서 등거리의 면).
equatorial pláte 〔명〕 〔생물〕 적도판(板)(핵분열 중의 염색체가 적도면에 모여서 생기는 평면).
equatorial télescope 〔명〕 〔천문〕 적도의.
equatorial tíde 〔명〕 적도조(潮)(달이 적도상에 있을 때 생기는 조수).
eq·uer·ry [ékwəri, ikwéri] 〔명〕 (왕·귀족의) 말 관리 책임자, 마부; (영국 왕실의) 시종(侍從).
e·ques·tri·an [ikwéstriən] 〔형〕 **1** 기수(騎手)의; 마술(馬術)의. ¶~ games 마술 경기 / ~ skill 마술. **2** 말에 올라 탄, 승마의, 마상의. **3** (고대 로마의) 기사단의 (에 관한). **4** 기사의; 기사로 이루어진. —〔명〕 말탄 사람, 기수; 마술가; 곡마사. ~·**ism** 〔명〕 마술, 곡마술.
e·ques·tri·enne [ikwèstrién] 〔명〕 여자 기수; 여자 곡마사(曲馬師). ¶*équipoise, équivalent*.
e·qui- [ikwi, -kwə] 〔연결형〕 equal의 뜻. ¶*equidistance*.
e·qui·an·gu·lar [ì:kwiǽŋɡjulər] 〔형〕 등각(等角)의.
e·qui·dis·tance [ì:kwidístəns] 〔명〕〔U〕 등거리.
e·qui·dis·tant [ì:kwidístənt] 〔형〕 (공간·시간적으로) (…로부터) 등거리의 (*from*). ~·**ly** 〔부〕
equidístant díplomacy 〔명〕 등거리 외교.
e·qui·grav·i·sphere [ì:kwigrǽvisfìər] 〔명〕 (달과 지구 또는 두 천체간의) 등중력권(等重力圈).
e·qui·lat·er·al [ì:kwilǽtərəl] 〔형〕 등변의. ¶an ~ triangle 등변(等邊)〔형〕. —〔명〕 등변(형). ~·**ly** 〔부〕
e·quil·i·brant [ikwíləbrənt] 〔명〕 〔물리〕 평형력.
e·quil·i·brate [ì:kwiləbréit, ikwíləbrèit] 〔타〕〔자〕 **1** …을 균형잡히게 하다, 평형을 유지하다 (*with*). ¶~ supply with demand 공급을 수요와 균형맞게 하다. **2** (다른 것)과 평형을 이루다, 균형잡히게 하다. —〔재〕 평 형을 이루다, 균형잡히다. **-brá·tion** 〔명〕 평형, 균형. **-brà·tor** 〔명〕 평형 장치; 〔항공〕 안정 장치.
e·quil·i·brist [ikwíləbrist, ì:kwǽləbrìst] 〔명〕 (서커스의) 줄타기 곡예사; 곡예사. **brís·tic** 〔형〕
*e·qui·lib·ri·um [ì:kwəlíbriəm, èk-] 〔명〕 (〔복〕 ~s, *-ri·a* [-riə]) 〔U〕〔C〕 **1** 〔물리적 힘의〕 평형, 균형; (대항 세력 따위의) 균형, 균등한 세력, 평형. ¶stable [unstable, neutral] ~ 안정〔불안정, 중립〕 평형 / a political ~ 정치적 균형 / the ~ of demand and supply 수요와 공급의 균형. **2** (마음의) 평정, 평형 상태; 평정, 차분함. **3** 〔화학〕 (반응의) 평형. **4** 〔동물〕 평형 상태, 자세의 안정.
in equilibrium 균형이 이뤄져. 「일치시의 가격〕.
equilíbrium príce 〔명〕〔경제〕 균형 가격(공급·수요
equilíbrium válve 〔명〕〔기계〕 평형 밸브.
e·qui·mul·ti·ple [ì:kwəmʌ́ltipl] 〔명〕 (~s) 등배수 (等倍數); 등배량.
e·quine [í:kwain, ék-] 〔형〕 말의; 말을 닮은; 말에 관한. —〔명〕 말(horse). ~·**ly** 〔부〕 **e·quín·i·ty** 〔명〕
e·qui·noc·tial [ì:kwənǽkʃəl, èk-/-nɔ́k-] 〔형〕 **1** 주야 평분(平分)(시)의, 춘분점, 분점(分點)의. ¶the ~ week 춘분·추분 전후 7 일 간. **2** 춘·추분 전후 7 일 간에 일어나는. **3** (천구) 적도의, 적도부근의. ¶~ heat 적도 지대의 더위. **4** 〔식물〕 (꽃이) 일정한 시간에 피는. —〔명〕 **1** (the ~) 주야 평분선, 천구 적도 (celestial equator). **2** 춘·추분 때의 모진 바람.
equinóctial líne〔círcle〕 〔명〕 (the ~) 주야 평분 선, 천구 적도(celestial equator). 「분점.
equinóctial póint 〔명〕 (the ~) 분점(分點), 주야 평
equinóctial stórm 〔명〕 =equinoctial 2.
equinóctial yéar 〔명〕 〔천문〕 =tropical year.
*e·qui·nox [í:kwənàks, ék-/-nɔ̀ks] 〔명〕 주야 평분 시; 〔천문〕 분점, 주야 평분점. 「점.
the autumnal [or *autumn*] *equinox* 추분; 추분

the vernal [or *spring*] *equinox* 춘분; 춘분점.
‡e·quip [ikwíp] 〔타〕〔E〕 (*e·quipped* [-t]; *e·quip·ping*) **1** …에 (필요한 물을) 갖추다 (*with*), …에 설비하다, 장비하다, 〔배〕를 의장(艤裝)하다. ⇒PROVIDE 유의어 ¶~ an army 군대에 장비를 갖추다 // (~+ 目+ 前+名) ~ a fort with guns 요새에 대포를 장비하다 / a car ~*ped with* air conditioning 냉난방 설비가 딸 린 차 / (~+目+*as* 補) a building ~*ped as* a hospital 병원으로서의 시설을 갖춘 건물. **2** (재귀용법으로) …을 차려 입게〔치장하게〕 하다; …에게 채비를 갖추 게 하다 (*in, for*). ¶(~+目+前+名) ~ *oneself for* a journey 여행 차림을 하다. **3** …에게 (학문·지식·기능 을) 주다, 익히게 하다 (*with, for*) (*to do*). ¶(~+目+ 前+名) ~ one's son *with* higher education 아들에 게 고등 교육을 시키다 / He was fully ~*ped for* the job. 그는 그 일에 필요한 지식(기능)을 완전히 익히고 있었다 // (~+目+*to do*) Experience has ~*ped* him *to* deal with the task. 그에게는 그 일을 처리해 낼 만한 경험이 있다. ~·**per** 〔명〕
equip. equipment.
eq·ui·page [ékwəpidʒ] 〔명〕 **1** (배·군대 따위의) 장 비, 장구; ¶a camp ~ 야영 장비. **2** 가정 용품의 한 벌. **3** 장신구〔개인 용품〕 한 벌. ¶a dressing ~ 화장 용품 세트. **4** (4 륜) 마차; (말·마부·시종을 갖춘) 마차.
e·qui·par·ti·tion of énergy [ì:kwəpɑːrtíʃən, èk-] 〔명〕〔물리〕 에너지 등분배(等分配)(의 정리).
e·quipe [eikíːp] 〔명〕 (스포츠·자동차 레이스의) 팀과 설비〔장비〕. ¶a Grand Prix ~ 그랑프리 레이스의 팀.
‡e·quip·ment [ikwípmənt] 〔명〕〔U〕〔C〕 (* 불가산(不可 算) 용법이 보통) **1** (the ~) 〔집합적〕 설비, 비품, 기기, 용구; (군대·선박 따위의) 장비, 장구(裝具); 〔C〕 (개개의) 장치 (*for*). ¶heating ~ 난방 설비 / camping ~ 캠프 용구. **2** 설비된 내용, 장비, 무장. **3** 준비, 갖추기, 차리 기, 채비하기. **4** (필요한) 지식, 기술, 능력 (*for*). 〔C〕 (개 개의) 소양. ¶linguistic ~ 어학 소양. **5** 〔집합적〕 철도 차량; 비행기 (기종). **6** (완곡적) 음경; 유방.
e·qui·poise [íːkwəpɔ̀iz, ék-] 〔명〕 **1** (무게·힘 따 위의) 평형, 균형, 균세(均勢). **2** 평형력; 대항 세력; 〔C〕 평형추. —〔타〕 …의 평형을 잡다, 평형을 유지하다; (기분)을 어정쩡한 상태에 두다, 불안정하게 하다.
e·qui·pol·lent [ìːkwəpɔ́lənt, èk-/-pɔ́l-] 〔형〕 **1** (힘 따위가) 같은, 동등한. **2** 같은 뜻의; (논리) 등치〔동의〕 의. —〔명〕 =equivalent. -**lence, -len·cy** 〔명〕 ~·**ly** 〔부〕
e·qui·pon·der·ant [ìːkwəpɑ́ndərənt, èk-/-pɔ́n-] 〔형〕 무게〔힘〕, 세력, 중요성이 같은 (것); 평형 된〔균형이 잡힌〕 (것). -**ance, -an·cy** 〔명〕 평형, 균형.
e·qui·pon·der·ate [ìːkwəpɑ́ndərèit, èk-/-pɔ́n-] 〔타〕〔E〕 (무게·힘·중요성 등)을 평형시키다, 균형잡히게 하다, 균등하게 하다. -**á·tion** 〔명〕
e·qui·po·ten·tial [ìːkwəpətén∫əl, èk-] 〔형〕 〔물리〕 등위(등전위)의, 등전위(等電位)의. ¶~ space 등위 공간 / an ~ surface 등전위면(面). -**ti·ál·i·ty** 〔명〕
e·qui·prob·a·ble [ìːkwəprɑ́bəbəl, èk-/-prɔ́b-] 〔형〕〔통계〕 개연성(蓋然性)이 같은. **2** 〔통계〕 확률이 같은, 공산(公算)이 같은 (정도의). -**bíl·i·ty** 〔명〕 -**bly** 〔부〕
eq·ui·se·tum [èkwəsíːtəm] 〔명〕 (〔복〕 ~s, *-ta* [-tə]) 속새속(屬)의 식물(속새·쇠뜨기 따위).
eq·ui·ta·ble [ékwətəbl] 〔형〕 **1** 공평한, 공정한; 정당 한; 합리적인. **2** 〔법률〕 형평법(衡平法)(equity)상의; 형 평법상 유효한. **3** (기후 따위가) 안정된, 온화한; (기분 따위가) 평온한. ~·**ness** 〔명〕 -**bly** 〔부〕
eq·ui·ta·tion [èkwətéi∫ən] 〔명〕〔U〕 마술(馬術); 승마.
eq·ui·tes [ékwətìːz] 〔명〕〔복〕 〔로마 역사〕 기병대; 기사 계급(귀족과 평민의 중간 계급). 「(진출) 한계적.
éq·ui·time póint [ékwətàim-] 〔명〕 〔항공〕 행동
‡eq·ui·ty [ékwəti] 〔명〕 **1** 공평, 공정, 공평 정대(正大); 정 의. **2** 공평〔공정〕한 행위〔결정〕. **3** 〔법률〕 형평의 원칙 적용, 형평 재정(裁定); (관습법(common law))에 대한

여) 형평법; 형평법상의 권리. **4** 순(純)자산액, 재산[저당] 물건의 순수 가격. **5 (구어)** (장래의 이익·평가 상승과 관련된) 이권, 소유권. **6** (-ties) 보통주(美 common stock), 주식: 보통 주주로. ¶~ investment 주식 투자. **7** 〖회계〗 (기업 재산에 대한) 지분(持分). **8** (E-) 〖英〗 배우 조합(Actors' E- Association).

équity cápital 圈 〖경제〗 납입[주) 자본, 자기 자본, 주주 지분, 웹 borrowed capital

équity fináncing 圈 〖경제〗 (주식 발행을 통한) 자기 자본 조달, 자금 운용. [(stock market crash).

équity retrèat 圈 〖완곡적〗 주가(주식 시세〕 폭락
équity secùrity 圈 〖증권〗 보통주: 이권 증서.
équity stòck 圈 〖증권〗 주식(보통주·우선주 포함).

equiv. equivalence; equivalent.

e·quiv·a·lence [ikwívələns] 圈 **1** ⓤ (가치·의의·힘 따위가) 같음, 동량, 등가, 동의의(同意義). **2** 동등 [등가, 같은 뜻]의 것. (또는 **1, 2**에서 **equivalency**) **3** [또는 ì:kwəvéiləns] ⓤ 〖화학〗 (원자가의) 등가(等價). **4** ⓤ (기하) 등적(等積); 〖수학〗 동치(同值), 동가. **5** (논리) 동등. ── 圈 〖논리·수학〗 등가의, 동치의.

****e·quiv·a·lent** [ikwívələnt] 圈 **1** (크기·가치·뜻·위가) 같은, 동가의, 동의의(同意義)(*in*) (⇨SAME 〔유의어〕): (…에) 상당하는, 상응하는 (*to*). ¶~ *to* an affront 모욕에 가까운 / They are ~ *in* meaning. 그것들은 뜻이 같다. **2** (기하) 동적(等積)의: 〖수학〗 동치의. **3** [또는 ì:kwəvéiləns] 〖화학〗 (원자가가) 당량(當量)의, 등가의.

── 圈 **1** (…과) 같은 것, 동등물, 같은 가치의 것; 동의어; (…의) 상당물, 대응물 (*to*, *in*, *of*). **2** (기하) 동적(等積): 〖수학〗 동치(同值): 〖화학〗 당량(當量). **3** 〖법률〗 상당 어구; (타국어의) 상당한 어구(*for*, *of*). ¶an English ~ *for* the word 그 말에 상당하는 영어. ~·**ly** 图

equívalent círcuit 圈 〖전기〗 등가 회로.
equívalent fócal length 圈 〖광학〗 등가 초점 거
equívalent fócus 圈 〖광학〗 등가 초점. [리.
equívalent wéight 圈 〖화학〗 당량(當量).

e·quiv·o·cal [ikwívəkəl] 圈 **1** (태도·결과·상황 따위가) 분명하지 않은, 미적지근한, 불안정한, 결정적이 아닌, 불확실한. ¶an ~ attitude 미적지근한 〔애매한〕 태도. **2** (사람·성격 따위가) 의심스러운, 수상한. **3** (말·진술 따위가) 두 가지 뜻으로 해석되는, 다의성(多義性)의, 이도저도 아닌, 애매한. ⇒ AMBIGUOUS 〔유의어〕

-ca·cy 圈 **-ly** 图 ~·**ness** 圈

e·quiv·o·cal·i·ty [ikwìvəkǽləti] 圈ⓤ **1** (태도가) 분명하지 않음, 애매한 성질, 수상함. **2** 애매한 말씨; 다의성, 신소리, 결말(equivoque).

e·quiv·o·cate [ikwívəkèit] 통倧 (남을 속이기 위하여) 애매한 말을 쓰다, 말끝을 흐리다, 얼버무리다.

-cat·ing·ly 图 **-ca·tor** 圈 **-ca·to·ry** 圈

e·quiv·o·ca·tion [ikwìvəkéiʃən] 圈ⓤ **1** 애매한 말씨, 말끝을 흐림. **2** 애매한 말[표현]. **3** (논리) 다의(多義)의 허위, 다의 개념(명사)의 허위.

eq·ui·voque [ékwəvòuk] 圈ⓤ **1** 애매한 말, 모호한 말씨. **2** 다의(多義), 양의(兩義); 신소리, 결말 (pun); 뜻의 애매함. ⇒ **equivoke** [리.

*****er** [əːr] 젭 에-, 저-, 어-(★ 말이 막혔을 때 머뭇거
Er ⑩ 〖화학〗 erbium. **ER** *educational ratio*; *efficiency* [*effectiveness*] *report*; *electronic reconnaissance* [*reporting*] (라틴) *Elizabeth Regina*(엘리자베스 여왕); *emergency room*. **ER, er.** 〔야구〕 *earned run*(s). **E.R.** *Eastern Region*; *East Riding*(옛날의 Yorkshire); *East River*.

-er¹ [ər] 젭 **1** 동사에 붙여 동작자를 나타내는 명사(동작주 명사)를 만든다. ¶ *driver*, *ruler*, *sweeper*. **2** 명사에 붙여 「…을 전문으로 하는 사람, …상(商), …제작자, …학자, …인」의 뜻. ¶ *farmer*, *hatter*, *geographer*. **3** 출신지·거주지명(에)에 붙여 「지방의 사람, …거주자」의 뜻. ¶ *Englander*, *New Yorker*, *cottager*. **4** 「…의 성질을 가진 사람」의 뜻. ¶ *threemaster*, *tenner*(10파운드 지폐). **5** 원어에 붙여 그와 관련된 동작·물건·사람을 뜻한다. ¶ *diner*, *officer*.

-er² 젭 (학생속어) 명사의 간략형을 만든다. ¶ *footer* <*football*, *fresher*<*freshman*.

-er³ 젭 **1** 형용사의 비교급을 만든다. ¶ *poorer*, *drier*, *finer*, *hotter*. **2** *-ly*로 끝나지 않는 1-2음절의 부사의 비교급을 만든다. ¶ *faster*, *harder*.

er⁴ 圈 반복 동사를 만든다. ¶ *flicker*, *flutter*.

*****e·ra** [íərə, érə/íərə] 圈 ⓒ ~**s** [-z] **1** (종종 the ~) (역사적 의의 또는 중요한 사건에 의해서 구분된) 시대. **a** PERIOD ¶early in the Silla ~ 신라 시대 초기에. **2** (어떤 특징을 가진) 시기, 시대, 연대. ¶an ~ of miniskirts 미니스커트 시대. **3** (연호의) 기원(紀元). ¶the Christian ~ 그리스도 기원, 서력(西曆). **4** (새 시대를 여는) 중대한 시기; 대사건, 획기적인 사건. **5** (사회·예술 따위의) 성장·발달의 단계; (인생의) 한 시기. **6** (지질) 대(代). ¶the Paleozoic ~ 고생대(古生代). *mark a new era in* …에 새 시대의 한 획을 긋다.

ERA 〔야구〕 *earned run average*((투수의) 방어율); 〔美〕 *Education Reform Act*(학교 교육 개정 조례 (1988년)); *Emergency Relief Administration*(비상 구호국(局)); *engine-room artificer*; 〔美〕 *Equal Rights Amendment*(남녀 평등 헌법 수정 초항).

e·ra·di·ate [iréidièit] 통倧 (빛·열)을 발하다, 방사하다. ── 图 빛[열]을 발하다, 빛나다.

-á·tion [──éi──] 圈ⓤ 방사. [있는. **-bly** 图

e·rad·i·ca·ble [irædəkəbl] 圈 근절할[절멸시킬] 수
e·rad·i·cant [irædəkənt] 圈 근절제의[역할을 하는]; 근절제.

(기생충을 구제하기 위한) 근절제.

*****e·rad·i·cate** [irædəkèit] 통倧 **1** …을 근절하다, 박멸하다, 절멸시키다. **2** (잡초 따위)를 뿌리째 뽑아내다, …을 뿌리뽑다. **3** (때·얼룩 따위)를 없애다, 빼다.

-cá·tion 圈 **-ca·tive** 圈 근절[박멸]시키는.

e·rad·i·ca·tor [irǽdəkèitər] 圈 **1** 근절[절멸]하는 사람[것]; 제초기, **2** ⓤ 잉크 지우개; 제초제; (때·얼룩 따위의) 소거제(消去劑). [거리 대전차 지뢰).

ERAM (군사) *extended range anti-tank mine*(원
e·ra·mak·ing [-mèikiŋ] 圈 =epoch-making.

e·ras·a·ble [iréisəbl/iréiz-] 圈 지울 수 있는, 말살[소거]할 수 있는. **-bíl·i·ty** 圈

erásable stòrage 圈 〖컴퓨터〗 소거 가능 기억 장치.

*****e·rase** [iréis/iréiz] 통倧 (**-ras·es** [-iz]) **1** (…에서 문자 따위)를 지우다; 문질러[비벼] 없애다, 닦아내다, 말소[삭제]하다; 〔美〕 (칠판)을 지우다; (녹음)을 지우다 (*from*). ¶ (~+圈+*前*+圈) His name was ~*d from* the list. 그의 이름은 명단에서 삭제되었다. **2** (마음에서) …을 지워버리다, 잊다 (*from*). ¶ (~+圈+*前*+圈) ~ a hope *from* one's mind 희망을 버리다. **3** (컴퓨터) (데이터)를 지워버리다[소거하다]. **4** (속어) (완곡적) …을 죽이다, 없애다.

e·rased 圈 (문자 등이) 지워진; (성명 등이) 말소된; (기억 등이) 잊혀진, 삭제된.

*****e·ras·er** [iréisər/-zə] 圈ⓒ ~**s** [-z] **1** 고무 지우개; 〔英〕 (India) *rubber*); 칠판[석판·잉크] 지우개. **2** 지우는 사람, 말소자, 삭제자. **3** (속어) (복싱) 녹아웃 [KO] (의 일격). **4** (消磁器), (또는 **erasing head**)

eráser hèad 圈 (테이프 리코더의) 소거 헤드; 소자기.

e·ra·sion [iréiʒən, -ʃən] 圈ⓤ **1** 지움, 삭제, 말소. **2** (외과) (환부(患部) 조직의) 절제; (소파 수술에 의한 태아의) 제거; 관절 적출[절제](arthrectomy).

E·ras·mi·an [irǽzmiən] 圈 에라스무스의; 에라스무스식의. ── 圈 에라스무스 추종자[신봉자].

E·ras·mus [irǽzməs] 圈 **Desiderius** ~ 에라스무스(1466?-1536: 네덜란드의 인문주의자·신학자).

E·ras·tian [irǽstʃən/-tiən] 圈 에라스투스(Erastus)의; 에라스투스설(說)의. ── 圈 에라스투스설의 지지자. **-ism** 圈 ⓤ 에라스투스주의(교회보다 국가

E·ras·tus [iræstəs] 명 **Thomas ~** 에라스투스(1524-83: 스위스의 신학자·의학자).

e·ras·ure [iréiʃər/-ʒə] 명 1 ◎ 지움 없앰; 말살, 삭제. 2 지워진[삭제, 말살] 부분; 지워진 것, 삭제 어구.

Er·a·to [érətòu] 명 〔그리스 신화〕 에라토(연애시를 관장하는 여신(Muse)). [類] 원소; ② Er).

er·bi·um [ə́ːrbiəm] 명◎ 〔화학〕 에르븀(희토류(稀土

ere [ɛər] 〔시·고어〕 전 …전에, …보다 앞서, 머지않아/ ~ daybreak 날새기 전에. ── 접 1 …하기 전에. ¶~ the fifteenth century ends 15세기가 끝나기 전에. 2 …보다는 오히려[차라리].

Er·e·bus [érəbəs] 명 〔그리스 신화〕 에러버스(이승과 저승 사이에 있는 암흑계).
(as) *dark as Erebus* 깜깜한, 암흑 천지인.

‡**e·rect** [irékt] 형 (*more* ~; *most* ~) 1 직립한, 곧추 서 있는. ⇒UPRIGHT 〔유의어〕 ¶stand ~ 똑바로 서다. 직립하다. 2 〔식물〕 (잎 따위가) 직립한. ¶an ~ stem [leaf] 직립경(莖)[엽]. 3 (머리카락 따위를) 곤두세운, 귀 따위를) 쫑긋 세운; 〔의학〕 (성기가) 발기한. ¶a dog with ears ~ 귀를 쫑긋 세운 개 / with head ~ 머리를 똑바로 하고. 4 〔광학〕 (상(像)이) 정립(正立)의.
── 타 1 …을 세우다, 건설하다. ⇒BUILD 〔유의어〕 ¶~ a church [monument] 교회[기념비]를 세우다. 2 …을 세우다, 직립시키다; …을 곤두[쫑긋]세우다; 〔성기〕를 발기시키다. ¶~ a telegraph pole 전주를 세우다. 3 〔기계〕를 조립하다. 4 …을 승격시키다(*into*). ¶ (~ + 目+전+명) ~ *a territory into a state* 준주(準州)를 주로 승격시키다. 5 〔기하〕 (선이나 도형)을 그리다. 작도하다. 6 〔광학〕 (도립상(倒立像))을 정립시키다. 7 〔제도·기구 따위〕를 설립하다, 창설하다. ¶~ a dynasty 왕조를 수립하다. ── 자 곧추서다, 직립하다; 〔성기가〕 발기하다. ~·**a·ble** [-bl] 형. ~·**ly** 부. ~·**ness** 명.

e·rec·tile [iréktl, -til/-tail] 형 1 직립시킬 수 있는, 직립성의. 2 〔해부〕 (조직·기관이) 발기(勃起)성의.

eréctile dysfúnction 〔병리〕 (남성 성기의) 발기 부전(impotence)(약 E.D.).

e·rec·til·i·ty [irèktíləti, ìːrek-] 명 ◎ 발기성[력].

‡**e·rec·tion** [irékʃən] 명 ◎ 1 직립, 기립; 직립 상태. 2 건립, 건설; 설립, 창설, 수립. 3 ◎ 건축물, 건설물. ¶ancient ~s 고대 건축물. 4 〔생리〕 (성기의) 발기.

e·rec·tive [iréktiv] 형 직립력이 있는, 직립성의.

e·rec·tor [iréktər] 명 1 건립자, 건설자; 설립자, 창설자, 수립자. (또는 **erecter**) 2 조립공, 조립하는 사람. 3 〔해부〕 기립근(起立筋), 발기근. [商].

Eréctor Sèt 명 (상표) 이렉터 세트(완구용 조립 세.

É région 명 E 영역(전리층(ionosphere)) 중 고도 90-130km의 영역; E층(E layer)이 포함된다).

-er·el [ərəl] 〔접미〕 ⇒-REL.

ere·long [ɛ̀ərlɔ́ːŋ/-lɔ́ŋ] 부 〔고어〕 오래지[머지]않아, 이윽고, 곧.

er·e·mite [érəmàit] 명 (종교적인) 은자(隱者), 수도자(수도사). -**mit·ic** [-mítik], -**mít·i·cal**, -**mit·ish** [-máitiʃ] 형. -**mít·ism** 은둔[수도] 생활.

er·e·thism [érəθìzəm] 명 ◎ 〔병리〕 (자극에 대한 기관·조직의) 과민증(過敏症). **e·réth·ic, -thís·mic, -this·tic** [-θístik], -**thit·ic** [-θítik] 형.

ere·while(s) [ɛ̀ərhwáil(z)] 부 〔고어〕 얼마 전에; 이전에, 예전에는. 「위).

erg[1] [əːrɡ] 명 〔물리〕 에르그(에너지·작업량의 cgs 단.

erg[2] [ɛərɡ] 명 〔지질〕 에르그(사구(砂丘)가 파상으로 이어지는 광대한 모래 사막; 암석 사막과 구별해서 쓰는 말).

ERG electroretinogram.

erg- [əːrɡ] 〔연결형〕 ⇒ERGO-.

er·gate [ə́ːrɡeit] 명 일개미(worker ant). [자 정치.

er·ga·toc·ra·cy [ə̀ːrɡətɑ́krəsi/-tɔ́k-] 명 ◎ 노동.

er·go [ə́ːrɡou] 부 〔(L)〕 〔약간〕 그러므로, 그래서. 〔<L〕

er·go- [ə́ːrɡou, -ɡə] 〔연결형〕 'work의 뜻'(* 모음 앞에서는 erg-). ¶*ergograph, ergate*.

er·go·graph [ə́ːrɡəɡræ̀f, -ɡrɑ̀ːf] 명 에르고그래프(근육의 피로도·활동량 측정·기록기). -**gráph·ic** 형.

er·go·me·ter [ə̀ːrɡɑ́mətər/-ɡɔ́m-] 명 〔물리〕 에르고미터, 측력계(測力計). **èr·ɡo·mét·ric** -**try** 형.

er·go·nom·ic [ə̀ːrɡənɑ́mik/-nɔ́m-] 형 1 인간 공학(의)에 관한). 2 인간 공학적인 요소를 고려한, 최소의 노력(努力)·불쾌감으로 최대의 효율을 거두는.

ergonómic desígn 명 인간 공학적 설계(전투기의 조종석·의자 따위).

er·go·nom·ics [ə̀ːrɡənɑ́miks/-nɔ́m-] 명복 〔단수 취급〕 인간 공학; 생명 공학(美) biotechnology). -**no·mét·ric, -i·cal·ly** -**i·cal·ly er·ɡón·o·mist** 명.

er·go·sphere [ə́ːrɡəsfìər] 명 〔천문〕 작용권(作用圈) (블랙홀을 둘러싸고 있는 고(高)에너지 영역(境域).

er·gos·ter·ol [əːrɡɑ́stərɔ̀ːl, -róul/-ɡɔ́s-] 명 ◎ 〔생화학〕 에르고스테롤(자외선에 쬐면 비타민 D₂로 변함).

er·got [ə́ːrɡət, -ɡɑt/-ɡɔt] 명 ◎ 〔식물〕 맥각병(麥角病); 맥각균의 균핵(菌核); 맥각균; 〔약학〕 맥각(지혈제, 자궁 수축제). **er·ɡót·ic** 형.

er·got·ism [ə́ːrɡətìzəm] 명 ◎ 〔병리〕 맥각 중독.

Er·hard [ɛ́ərhɑːrt] 명 **Ludwig ~** 에르하르트(1897-1977): 독일의 정치가·경제학자; 옛 서독 수상

Er·ic [érik] 명 에릭(남자 이름). [(1963-66)].

ERIC *E*ducational *R*esources *I*nformation *C*enter(교육 관계 데이터 베이스).

er·i·ca [érikə] 명 에리카(히스(heath)의 일종).

er·i·ca [érikə] 명 에리카(여자 이름). 「하는.

er·i·ca·ceous [èrikéiʃəs] 형 석남과(石楠科)의[에

Er·ics·son méthod [eríksn-] 명 (the ~) 에릭슨법(인공 수정법의 일종).

E·rie [íəri] 명 1 **Lake ~** 이리 호(湖)(미국 동북부와 캐나다 동남부에 위치). 2 (통 ~**s**) 이리족(族)(의 한 사람)(이리 호 남안(南岸)에 사는 북미 인디언). 3 이리어(語)(이리족이 쓰는 언어). 「of ~ 아일랜드인.

Er·in [érin/íər-] 명 〔시〕 아일랜드(Ireland). ¶a son

E·rin·ys [irínis, iráin-] 명 (복 -**y·es** [-níːiz]) 〔그리스 신화〕 에리니에스(Furies). 「쟁의 여신).

E·ris [íəris/éris] 명 〔그리스 신화〕 에리스(불화·분

ERIS [éris] 명 대기권 밖에서의 재돌입(돌) 명체 요격 시스템. (<*E*xoatmospheric *r*e-entry vehicle *i*nterceptor system).

ERISA [érisə] 명 〔美〕 종업원 퇴직 소득 보장법. (<*E*mployee *R*etirement *I*ncome *S*ecurity *A*ct).

er·is·tic [erístik] 형 논쟁의, 토론의; 토론[논쟁]을 좋아하는. (또는 **erístical**) ── 명 1 토론가, 논쟁가. 2 ◎ 논쟁(술). -**ti·cal·ly** 부.

Er·i·tre·a [èritríːə/-tréiə] 명 에리트레아(아프리카 의 홍해에 면한 국가; 수도 Asmara). -**tre·an** 명형.

erk [əːrk] 명 1 〔英공군 속어〕 신병, 초년병. 2 수병(水兵). 3 (속어) 굼벵이, 느림보, 모자라는 사람. (또는 **irk**)

Er·lang [ɛ́ːrlæŋ] 명 〔통신〕 얼랭(통신 회로에서 통화량 단위). (<덴마크 수학자 Agner K. Erlang에서).

erl·king [ə́ːrlkìŋ] 명 〔북유럽 신화〕 요정(妖精)의 왕 (숲 속의 요정으로 어린이를 해친다고 함). [형] EMS

ERM *E*xchange *R*ate *M*echanism(환율 조정 제도).

er·mine [ə́ːrmin] 명 (복 ~**s**) 1 어민, 산족제비(북유럽산(産)). 2 (美) 겨울에 털이 희게 변하는 족제비. 3 ◎ 어민의 흰색 모피. 4 (the ~) 판사의 직[지위]. 5 (~**s**) 〔문장〕 흰 바탕에 검은 점을 배합한 문장. 「다.
wear [or *assume*] *the ermine* 판사직에 취임하.

er·mined [ə́ːrmind] 형 어민의 털가죽으로 장식한; 어민 털가죽 옷을 입은; 판사로 취임한.

-ern [ərn] 〔접미〕 방위를 나타내는 명사에 붙어 형용사를 만든다. ¶*eastern, northern*.

ern(**e**) [əːrn] 명 흰꼬리수리(sea eagle).

Er·nest [ə́ːrnist] 명 어니스트(남자 이름).

Er·nes·tine [ə́ːrnistìːn] 명 어니스틴(여자 이름).

Er·nie[1] [ə́ːrni] 명 어니. 1 남자 이름(Ernest의 애칭).

2 여자 이름(Ernestine의 애칭).
Er·nie[2] 몡 《英구어》 할증금부(附) 채권 당첨 번호 추첨 컴퓨터. [< electronic random number indicator equipment]

e·rode [iróud] 타자 1 …을 서서히 파괴하다; (산(酸) 따위가) …을 부식하다, (병 따위가) …을 좀먹다. (토지 따위를) 침식하다. 2 (침식으로) …을 형성하다. 3 (신뢰 따위)를 해치다, 감가게 하다. ― 자 좀먹히다; 부식되다; 침식되다. **e·ròd·a·bíl·i·ty** 몡 **e·ród·a·ble** 형 **e·ròd·i·bíl·i·ty** 몡 **e·ród·i·ble** 형

e·ro·duc·tion [irədʌ́kʃən] 몡 포르노(외설) 영화 (sexploiter). [< erotic + production]

e·rog·e·nous [irɑ́dʒənəs/iródʒ-] 형 성욕을 일으키게 하는, 최음성의; 성감의. ¶ ~ zones 성감대. (또는 **er·o·gen·ic** [èrədʒénik]) **-ne·i·ty** [-ní:əti] 몡

E·ros [íərɑs, érɑs/íərɔs, érɔs] 몡 1 《그리스 신화》 에로스(Aphrodite의 아들로 사랑의 신; 《로마 신화》의 Cupid에 해당). 2 (때로 e-) 성적 욕구, 성애(性愛); 성적 충동. 3 《정신분석》 =libido.

EROS [íərɑs/íːrɔs] 몡 지구 자원 관측 위성. [< earth resources observation satellite]

e·rose [iróus] 형 (부식된 것처럼) 울퉁불퉁한; 《식물》 (잎 따위가) 톱니꼴로 되어 있는. **~·ly** 부

*__e·ro·sion__ [iróuʒən] 몡 ⓤⓒ 1 부식, (병 따위의) 좀먹음. 2 (바람·비·파도 따위에 의한 땅의) 침식 (작용). 3 (힘·권력 따위의) 쇠퇴. **~·al** 형 **~·al·ly** 부

erósion prócess 《지질》 침식 작용.
erósion sùrface 《지질》 침식면(面).

e·ro·sive [iróusiv] 형 침식성의, 침식적인; 부식성의; 미란성(糜爛性)의. **~·ness** 몡 **e·ró·sív·i·ty** 몡

*__e·rot·ic__ [irɑ́tik/iɾɔ́t-] 형 성애(性愛)의, 성애를 다룬; 육욕적인, 관능적인, 성욕을 자극하는; 호색의; 연애의. ¶ ~ feeling 색정(色情) / ~ regions [or areas, zones] 성감대 / ~ literature 호색 문학. (또는 **erotical**)
― 몡 1 성애시(詩); 연가(戀歌), 연애시; 연애론. 2 호색가. **-i·cal·ly** 부 「색류.

e·rot·i·ca [irɑ́tikə/irɔ́t-] 몡 (단·복수 양용) 성애를 다룬 문학[예술 작품]; 에로물, 춘화(春畫).

e·rot·i·cism [irɑ́təsìzm/iɾɔ́t-] 몡 ⓤ 1 호색; 《문학·예술 따위의》 에로티시즘, 색정적 경향. 2 성적 충동, 성욕; 이상 성욕; 성적 흥분. (또는 **erotism**)

e·rot·i·cist [irɑ́təsist/iɾɔ́t-] 몡 《英》 호색가, 성욕 이상자. 2 포르노물 제작[판매]자; 포르노 작가.

e·rot·i·cize [irɑ́təsàiz/iɾɔ́t-] 타 …을 에로틱하게 하다, 포르노화하다; 성적으로 자극하다. **-ci·zá·tion** 몡

er·o·tism [érətìzm] 몡 =eroticism. [몡

e·ro·to·gen·ic [ərɑ̀tədʒénik] 형 =erogenous.

e·ro·tol·o·gy [èrətɑ́lədʒi/-tɔ́l-] 몡 ⓤ 성애학(性愛學); 에로 문학[예술]. **-gist** 몡 **-to·lóg·i·cal** 형

e·ro·to·ma·ni·a [iròutəméiniə, irɑ̀tə-] 몡 ⓤ 《정신병리》 음란증(淫亂症), 색정광, 이상 성욕. **-má·ni·ac** 몡 **-mán·ic** 형

e·rot·o·pho·bi·a [irɑ̀təfóubiə/iɾɔ̀t-] 몡 《의학》 색정 공포증. **-bic** 형 성표현[행위]을 두려워하[혐오하] 는, 성을 터부시(視)하는. 「potential.

ERP European Recovery Program; event-related

‡**err** [əːr, eər/əː] 자 (~s [-z]) 1 잘못하다, 틀리다 (in, in doing). ¶ My aim cannot ~. 나의 겨냥은 틀릴 수가 없다 // (~+전+명) ~ in one's judgment 판단을 그르치다. 2 (도덕적으로) 죄[잘못]를 범하다(sin); (진리·정도 따위)를 벗어나다 (from). ¶ (~+전+명) ~ from the right path 정도를 벗어나다 // To ~ is human, to forgive divine. 잘못은 인지상사요, 용서는 신의 본성이다(—A. Pope작 An Essay on Criticism). 3 (계기 따위)가 부정확하다, 오차가 생기다.
err in good company ⇨ COMPANY.
err on the right side 사소한 잘못을 저지르다, (과오를 범해도) 큰 과오를 피하도록 하다.
err on the side of …에 치우치다, 지나치게 …하여 잘못이다. 「잘못이다.
∽·a·ble 형 **∽·a·bíl·i·ty** 몡
err. error.

er·ran·cy [érənsi, ə́ːrən-] 몡 《판단 등의》 틀림, 잘못; 틀리기 쉬운 경향; 《기독교》 교의에 반하는 견해를 가지는 일.

‡**er·rand** [érənd] 몡 《주》 ~**s** [-z] 1 심부름, 잠심부름. 2 용건, 볼일, 목적; (특수한) 사명(mission). ¶ tell one's ~ 용무를 말하다.
errand of mercy 고통[고뇌]을 덜어[달래] 주는 여행.
go [or *be sent*] *on a fool's* [or *gawk's*] *errand* 헛일을 하러 보내다, 헛걸음질치다. 「를 (for).
go on [or *do, run*] *errands* [or *an errand*] 심부름
on the errand of …의 용건으로; …의 사명을 띠고.
send a person on an errand 남을 심부름 보내다.

érrand bòy 《회사 따위의》 심부름을 하는 소년; 자발적으로 일하지 않는 사람.

er·rant [érənt] 형 1 《모험을 찾아서》 편력하는, 무사 수업의. ¶ an ~ knight 무사 수련자. 2 잘못된, 틀린; 정도에서 벗어난; 부정(不貞)한. 3 길을 잃은, 가출한.

er·rant·ry [érəntri] 몡 ⓤⓒ 무사 수업, 각국 편력.

er·ra·ta [irɑ́tə/erɑ́ː-] 몡 1 erratum의 복수형. 2 (~**s**) (단수취급) (책 따위에 끼워 넣는) 정오표(正誤表).

er·rat·ic [irǽtik] 형 1 《경멸적》 별난, 괴상한, 상궤를 벗어난, 색다른, 이상한; 〜 behavior 엉뚱한 행위. 2 정해진 목적을 가지지 않은; 변하기 쉬운, 변덕스러운; (별 따위가) 일정한 궤도를 가지지 않은. ¶ be emotionally ~ 정서가 불안하다. 3 《지질》 표이성(漂移性)의. ¶ ~ boulders [or blocks] 표석(漂石). 4 《의학》 (반응·고통 따위가) 미주성(迷走性)의, 수반성(隨伴性)의.
― 몡 1 괴짜, 기인. 2 변덕쟁이. 3 《지질》 표석.
-i·cal **-i·cal·ly** 부 「탈하는 경향.

er·rat·i·cism [irǽtəsìzm] 몡 ⓤ 상궤(常軌)를 일

er·ra·tum [irɑ́təm, iréi-/erɑ́ː-] 몡 (pl. *-ta* [-tə]) 1 오자, 오기, 오식. ¶ a list [or table] of *errata* 정오표. 2 (-ta) (단수취급) 정오표.

err·ing [ə́ːriŋ, éər-] 형 《의견·거동 따위가》 틀린, 잘못을 저지르고 있는, 정도(正道)에서 벗어난; 《종교적으로》 죄를 범한, 불의(不義)의. **~·ly** 부

*__er·ro·ne·ous__ [iróuniəs, er-] 형 1 잘못된, 틀린; 잘못이 있는, 잘못에 기인한. ¶ ~ belief 그릇된 신념. 2 《폐어》 정도에서 벗어난. **~·ly** 부 **~·ness** 몡

‡**er·ror** [érər] 몡 《주》 ~**s** [-z] 1 잘못, 실수, 그릇됨 (*in*). ⇨ MISTAKE 유의어 ¶ a clerical ~ 오기(誤記), 잘 못 적음 / a printer's ~ 오식 / admit [correct] an ~ 잘못을 시인하다[고치다] // an ~ *in* spelling 철자의 잘못 / an ~ *of* judgment 판단의 착오. 2 ⓤ 생각의 잘못[착오], 오신(誤信), 오해. 3 (도덕상의) 잘못, 과실, 죄 (sin). ¶ ~s of commission and omission 실행의 죄와 태만의 죄. 4 (계산상의) 착오, 오류; (계기의) 오차 (*in*). 5 《법》 에러, 실책. 6 《법률》 (소송 절차·판결·집행에 관한) 오류, 하자(瑕疵), 오심; 그것에 의한 불복 신청. 7 《컴퓨터》 에러, 오류. 8 《우표》 에러(도안·색채·지질 등이 잘못된 우표).
and no error 확실히, 틀림없이.
commit [or *make*] *an error in* …을 실수하다, 잘못을 저지르다[범하다].
fall into an error 잘못에 빠지다, 무분별한 짓을 하다.
in error ① (형용사구) 잘못된. ② (부사구) 잘못하여, 틀려서, 「비(非非)를 가르치다.
see one's error; see the error of one's way 전 **~·less** 형 **~·less·ly** 부

érror anàlysis 《언어》 오답 분석.

érror catàstrophe 《생화학》 에러 카타스트로프(결함 단백질의 증가에 의한 노화 현상 이론).

érror còin 《화폐》 제조 공정 경화(硬貨).

érror contròl 《컴퓨터》 오류 제어.

érror corrècting còde 《컴퓨터》 오류 정정 부

호[코드]. 「정정(訂正).
érror corréction 圏 〔컴퓨터〕 데이터 오류의 자동
érror detécting códe 圏 〔컴퓨터〕 오류 검출 부
호[코드]. 「류의 종류나 내용을 표시한 출력).
érror mèssage 圏 〔컴퓨터〕 오류 메시지(검출된 오
érror routine 圏 〔컴퓨터〕 오류 루틴(하드웨어의 오
류를 검색·수정하는 프로그램의 총칭).
ERS, E.R.S. *Emergency Radio Service*(긴급 호
출 무선); *earnings-related supplement*.
er·satz [ɛ́ərzɑːts, -sɑːts] 圏 ① 대용의; 합성의; 인공
의. ¶~ coffee 대용 커피. — 圏 〔경멸적〕 대용품, 모
조품, 이미테이션. [<G replacement]
Erse [əːrs] 圏Ⅱ 어스어(語)(스코틀랜드 고지의 게일어
(Gaelic); 아일랜드의 게일어를 가리킬 경우도 있다).
erst [əːrst] 團 〔고어〕 이전에는; 예전에는.
erst·while [ə́ːrstʰwàil/-wàil] 團 옛날의, 이전의,
지난날의. ¶my ~ friend[position] 나의 지난날의 친
구[지위]. — 圏 〔고어〕 옛날에는, 이전에, 전에.
ERTS [əːrts] 圏 지구 자원 탐사 기술 위성(* 1975년
에 Landsat로 개칭). [<*Earth Resources Technology Satellite*]
er·u·bes·cent [èrubésnt] 圏 붉어지는, 붉은 기를
띠는, 홍조를 띠는. **-cence, -cen·cy** 홍조(紅潮).
e·ruct [irʌ́kt] 圏 1 〔트림〕을 하다. 2 …을 분출하
다, 뿜어내다. — 国 트림하다; 토해내다.
e·ruc·tate [irʌ́kteit] 圏 = eruct. **-tá·tion** 圏 트림
(하기); 분출(물). **-ta·tive** 圏 트림이 나는; 분출의.
er·u·dite [ɛ́rjudàit] 圏 학식이 있는, 박식한; 학자적
인. — 圏 박식한 사람. **~·ly** 團 **~·ness** 圏
er·u·di·tion [èrjudíʃən] 圏Ⅱ 〔문학·어학·역사 등
의〕 박식, 박학, 학식. ⇒INFORMATION 유의어
e·rupt [irʌ́pt] 圏匣 1 〔화산 따위가〕 폭발하다, 분화하
다. 2 〔화산재·용암·간헐천(間歇泉) 따위가〕 뿜어져 오
르다, 분출하다. 3 〔감정 따위가〕 폭발하다; 〔전쟁 따위
가〕 발발하다. 4 〔발진(發疹) 따위가〕 돋(아나)다, 발진하
다. 5 〔이가〕 나다. — 匣 1 〔감정 따위〕를 폭발[발진]시
키다. 2 〔용암〕을 뿜어올리다, 분출하다. **~·i·ble** 圏
***e·rup·tion** [irʌ́pʃən] 圏 1 Ⅱ匚 〔화산의〕 폭발, 분
화; 〔용암 등의〕 분출(물). ¶a volcano in violent ~ 심
하게 분화하고 있는 화산. 2 Ⅱ匚 〔감정의〕 폭발; 〔질
병·화재 따위의〕 발생; 〔전쟁의〕 발발. ¶an ~ of rage
분노의 폭발. 3 匚 〔병리〕 발진, 뾰루지, 발진. 4 匚 〔치아
burst into eruption 갑자기 폭발하다. ㅣ의〕 발생.
~·al 圏
e·rup·tive [irʌ́ptiv] 圏 1 〔병·감정 따위가〕 돌발하
는, 분화의; 폭발성의. ¶an ~ personality 뻣성쟁이. 2
〔지질〕 화성(火成)의. ¶~ rocks 화성암. 3 〔병리〕 발진
(發疹)성의. ¶an ~ fever 발진티푸스. — 圏Ⅱ 〔지질〕
~·ly 團 **~·ness**, **e·rup·tív·i·ty** 圏 ㅣ화성암.
E.R.V. *English Revised Version*. **ERW** 〔군사〕
enhanced radiation weapon(방사선 강화 무기).
Er·win [ə́ːrwin] 圏 어윈(남자 이름).
-er·y [əri] 접미 다음 뜻의 명사를 만든다. 1 「성질·행
위·습관·상태」의 뜻. ¶*foolery*, *snobbery*, *slavery*. 2
「…업(業)……상(商)·기술」의 뜻. ¶*fishery*, *pottery*. 3
「제조 장소·가게」의 뜻. ¶*bakery*, *grocery*. 4 「…류
(類)의 것」의 뜻. ¶*machinery*. ㅣ〔단독(單)]
er·y·sip·e·las [èrəsípələs, ìər-] 圏Ⅱ 〔병리〕
er·y·the·ma [èrəθíːmə] 圏Ⅱ 〔병리〕 홍반(紅斑).
-mal, -the·mát·ic, -thém·a·tous, -tous, -mic
er·y·thor·bate [èrəθɔ́ːrbeit] 圏 〔화학〕 에리토르브
산염[에스테르](식품 산화 방지제).
e·ryth·ri·tol [iríθritɔ̀ːl, -tɑ̀l/-tɔ̀l] 圏 〔화학〕 에리
트리톨(관상 동맥 확장·고혈압 치료용). [cyte.
e·ryth·ro- [iríθrou, -rə] 연결 red의 뜻. ¶*erythro-
e·ryth·ro·blast [iríθrəblæ̀st] 圏 〔해부〕 적아(赤
芽) 세포, 적혈모세포. **-blás·tic** 圏
e·ryth·ro·cyte [iríθrəsàit] 圏 〔해부〕 적혈구.

e·ryth·ro·cy·tom·e·ter [iríθrousaitάmətər/ -tɔ́m-] 圏 적혈구계(計).
e·ryth·ro·cy·to·sis [iríθrousaitóusis] 圏 (匣 *-ses* [-siːz]) 〔병리〕 적혈구 증가(증).
e·ryth·ro·leu·ke·mi·a [iríθrouluːkíːmiə] 圏 〔병리〕 적백혈(赤白血)병.
e·ryth·ro·my·cin [iríθrəmáisin/-sìn] 圏Ⅱ 〔약학〕 에리트로마이신(항생 물질).
e·ryth·ron [irə́θrɑn, iríθrɑn] 圏 〔해부〕 에리트론, 적혈구계(系) (세포). ㅣ구 감소(증).
e·ryth·ro·pe·ni·a [iríθroupíːniə] 圏 〔병리〕 적혈
e·ryth·ro·pho·bi·a [iríθroufóubiə] 圏Ⅱ 〔정신의
학〕 적면 공포증(赤面恐怖症); 적색 공포증.
Es ⑦ 〔화학〕 einsteinium. **E.S.** *Education Spe-
es- [is, es] 접두 ⇒EX-1. ㅣ*cialist*.
-es¹ [(s, z, ʃ, 3, tʃ, dʒ 뒤에서) əz, iz; (기타 유성음
뒤에서) z; (기타 무성음 뒤에서) s] 접미 일부 명사의
복수형을 만든다. ¶*classes*, *dishes*.
-es² 접미 일부 동사의 제3인칭 단수 현재형을 만든
다. ¶*catches*, *does*, *goes*.
ESA *environmentally sensitive area*(환경 보존 구
역); *European Space Agency*(유럽 우주 기구).
E·sa·len [ésələn] 圏 에설런법(法)(집단 요법·심리극
등을 통한 심리·물리 요법; 미국 California 주의
Esalen Institute에서 개발). 〔*electronic sales*).
E-sales [iːséilz] 圏 (종종 e-) 전자[온라인] 판매(업)
E·sau [íːsɔː] 圏 1 〔성서〕 에서(Isaac과 Rebecca의
아들로 Jacob의 형. ←창세기(Gen.) 25:21-25). 2 눈
앞의 이익에 눈이 어두운 사람, 속기 쉬운 사람.
ESB *electrical stimulation of the brain*(뇌 전기 자
es·bat [ésbæt] 圏 마녀의 회합. ㅣ극).
ESC *Economic and Social Council*((UN) 경제 사회
이사회); *Escape*(탈출); *escape character*
(확장 문자). **esc.** *escrow*. **Esc.** *escudo*(*s*).
es·ca·drille [èskədríl] 圏 1 비행대(보통 6기 편
성). 2 (배) 소함대(小艦隊)(보통 8척 편성). [<F
es·ca·lade [èskəléid, ´-´] 圏 1 匚 〔성벽 공격 따
위에서〕 사다리를 타고 올라가기. 2 = travelator.
— 匣 …을 사다리로 오르다, 사다리를 사용해서 처
들어가다. **-lád·er** 圏
***es·ca·late** [éskəlèit] 圏 1 단계적으로 확대[증대,
강화, 상승]하다 (*into*) (@ deescalate). ¶~ a war 전
쟁을 점차 확대하다. 2 에스컬레이터로 상승[하강]하다;
〔임금·물가 따위]를 에스컬레이터 방식으로 증감하다.
es·ca·la·tion [èskəléiʃən] 圏Ⅱ 1 〔단계적인〕 확대,
증대, 상승. 2 〔경제〕 〔임금·물가 등의〕 에스컬
레이터 방식 조정.
‡es·ca·la·tor [éskəlèitər] 圏 (~**s** [-z]) 1 〔美〕
에스컬레이터, 자동 계단(*moving stairway*[〔英〕 *stair-
case*]). 2 〔단계적인〕 상승[하강] 방법, 증감 수단. ¶the
social ~ 출세[영달]의 길. 3 = ~ clause.
〔<상표명; *escalade*+*elevator*〕
éscalator cláuse 圏 〔경제〕 에스컬레이터 조항(條
項), 신축 조항(물가 변동·정황에 따라 임금·임차료·매
매 가격·인세 따위를 조정토록 규정한 계약 조항). (또는
〔英〕 *escalátion cláuse*〕
es·ca·la·to·ry [éskələtɔ̀ːri/-lèitəri, -lətəri] 圏 단
계적[연속적]으로 확대하는; 〔전쟁의〕 규모를 확대시키는.
es·cal·(l)op [eskάləp/-kɔ́l-] 圏圏 = scallop.
es·ca·lope [éskəloup] 圏 〔요리〕 에스칼로프
(돼지·소, 특히 송아지의 얇은 살코기를 프라이한 것).
ESCAP [éskæp] 圏 (유엔) 아시아 태평양 경제 사회
위원회. 〔<*Economic and Social Commission for Asia and the Pacific*〕
es·ca·pade [éskəpèid, `-´] 圏Ⅱ匚 1 분방한[파격
적인] 행동; 엉뚱한 장난. 2 도피, 탈출.
‡es·cape [iskéip, es-] 圏 (~*d* [-t]; *-cap·ing*) 国
1 달아나다, 도망치다; 탈출[탈주]하다; (구속·제약 따

위에서) 자유롭게 되다. (…로부터) 도피하다 (*from, out of*). ⇨FLEE 유의어 ¶(~+前+名) ~ *from* (a) prison 감옥에서 탈출하다∥Two were killed, but he ~*d*. 두 사람은 살해되었으나 그는 탈출[모면]했다. **2** (추적·위험·고통 따위로부터) 벗어나다, 살아나다 (*from*). ¶~ *from injury* 부상을 면하다. **3** (액체·가스 따위가) 새다, 흘러나오다 (*from, out of*). ¶(~+前+名) Gas is *escaping from* the burner. 가스가 버너에서 새어나오고 있다. **4** (기억 따위가) 사라지다, 희미해지다 (*from*). **5** 〖식물〗 (재배 식물 따위가) 야생화(野生化)하다. **6** 〖물리·로켓〗 탈출 속도에 달하다, (로켓이) (중력권에서) 탈출하다. **7** 〖레슬링〗 이스케이프하다.

—타 **1** …을 벗어나다, 면하다, 피하다. ¶~ *death* 죽음을 면하다 / ~ *punishment* 처벌을 모면하다 ∥ (~+-*ing*) He ~*d being* hurt. 그는 부상을 면했다. (* escape from(자)은 이미 빠져 있는 어떤 상태로부터 「벗어나다」의 뜻이고, escape(타)는 그와 같은 상태에 빠지는 것을 「모면하다」의 뜻이다.)

〖유의어〗 **escape** 현실적으로 위험·추적·속박 따위에 부닥치지만 그로부터 벗어나다. **avoid** 위험이나 소망스럽지 않은 일에 처음부터 접근하지 않도록 피하다. **elude** 경계하여[교묘히] 그물을 빠져나가듯 벗어나다. **evade** 주의를 다른 데로 돌리듯이 교묘한 책략을 써서 면하다. **shun** 아주 싫어하여 avoid하다.

2 (주의 따위)에서 벗어나다; 깨닫지 못하다, 생각해내지 못하다. ¶Nothing ~*s* his notice. 그는 무엇이든지 알아챈다 / Her name ~*s* me entirely. 그녀의 이름이 전혀 생각나지 않는다. **3** (부정문에서) (생각 따위를) 피하다, 면하다. **4** (한숨·소리 등이) …에서 새어나오다. ¶A dreadful oath ~*d* him. 심한 욕설이 그의 입에서 새어나왔다.

—名 **1** ⓤⓒ 도망, 탈출; 벗어나기, 모면하기 (*from, out of*). ¶I had a lucky ~ *from* death. 나는 다행히 죽음을 면했다. **2** 도망 수단, 피할 길, 도망 도구(구멍); 피난 장치; 배기관, 배수로 *(from)*; 샘 · 화재 피난 장치. **3** ⓤⓒ (현실로부터의) 도피. ¶literature of ~ 현실 도피 문학 / find ~ in detective stories 탐정 소설을 읽고 현실을 잊다. **4** (액체·가스 따위의) 누출(漏出), 유출 *(of, from, out of)*. ¶an ~ of gas 가스 누출. **5** 〖식물〗 야생화한 재배 식물, 일출(逸出) 식물. **6** 〖물리·로켓〗 탈출 속도에의 도달, (로켓의) 중력권 탈출. **7** 〖컴퓨터〗 이스케이프, 탈출(명령 중단·프로그램 변경 등의 기능에 쓰인다). **8** 〖레슬링〗 이스케이프.

have a narrow [or hairbreadth] escape 가까스로 모면하다, 구사일생하다.
have one's escape cut off 퇴로가 끊기다.
make (good) one's escape 무사히 도망치다[빠져
There is no escape. 피할 길이 없다. [나오다].
—형 도망의[을 위한], 도피의; 현실 도피의; 면책(免責)의. ¶an ~ novel [movie] (현실) 도피 소설[영화].
-cáp·a·ble ─, **-ness**, **-cáp·er**, **-cáp·ing·ly**.

escápe àrtist 포승[사슬] 푸는[상자를 빠져나오는] 곡예사; 탈옥[탈주]의 명수.
escápe clàuse 〖법률〗 면책 조항, 면제 조항; 예외 조항.
escápe còck =escape valve.
es·caped [iskéipt] 형 도망친, 탈주한. [수송
es·cap·ee [iskéipi:, es-] 명 도피자, 도망자; 탈옥
escápe hàtch (비행기·잠수함 따위의) 비상구; (곤란한 사태 따위로부터의) 도피구 *(for)*.
escápe literature 명 (현실) 도피 문학.
escápe machanism 〖심리〗 도피 기제(機制).
es·cape·ment [iskéipmənt] 명 **1** (시계의) 탈진기[脫進機구](속도 조절 기구(機構)). **2** (타이프라이터의) 문자 이동 장치. **3** (피아노의 현(絃)을 친 [escapement 1]
직후에) 해머를 정지 위치로 되돌리는 장치. **4** 〖고어〗 탈출, 도망; 도피구, 출구(outlet), 배출구.

escápe pìpe (가스·증기 따위의) 배출관, 배기관.
escápe ràmp [ròad, ròute] 명 긴급 피난용 도로(제어 불능의 차를 정지시키기 위해 모래 따위를 쌓아 놓은 도로).
escápe shàft 명 (광산의) 비상[피난]용 수직갱(坑).
escápe vàlve 명 〖기계〗 안전 밸브.
escápe velócity 명 탈출 속도(로켓 따위가 행성 따위의 중력장으로부터 탈출하기 위한 최저 속도).
es·cape·way [iskéipwèi] 명 **1** 비상 탈출구. **2** = fire escape. (scape wheel).
escápe whèel 명 (시계 기어의) 방탈(防脫) 장치.
es·cap·ism [iskéipizm, es-] 명 ⓤ 현실 도피(주의).
es·cap·ist [iskéipist, es-] 명 현실 도피적인, 현실 도피주의의. — 명 현실 도피자.
es·cap·ol·o·gy [èskèipálədʒi, èskei-/-pɔ́l-] 명 ⓤ (마술사 등이 행하는 쇠사슬·자물쇠 따위로부터의) 탈출술; 난국 탈출술(법). **-gist** 명.
es·car·got [èskɑːrɡóu] 명 (복)~**s** [-z] 식용 달팽이(edible snail). [F]
es·ca·role [éskəròul] 명 꽃상추, 네덜란드상추(샐러드용).
es·carp [iskɑ́ːrp] 명 (성루 밖 해자의) 내안(內岸); 급경사면. — 타 …에 내안을 쌓다; …을 급경사면으로 하다. [F]
es·carp·ment [iskɑ́ːrpmənt] 명 **1** 지층의 주향(走向)에 따른 급경사면; 〖지질〗 단층애(斷層崖). **2** (성루 내안의) 급경사면. **3** (빙설(氷雪) 등의) 급단면.

-esce [es] 접미 「…하기 시작하다, …을 하다, …이 되다, 약간 …이다」의 뜻. ¶convalesce.
-es·cence [ésns] 접미 -esce로 끝나는 동사나, -escent로 끝나는 형용사로부터「작용·과정·변화·상태」를 나타내는 명사를 만든다. ¶convalescence, deliquescence, obsolescence.
-es·cent [ésnt] 접미 종종 -esce로 끝나는 동사, -escence로 끝나는 명사로부터「…하기 시작한, 약간 …되다·시작한」…「성(性)의」의 뜻의 형용사를 만든다. ¶convalescent, obsolescent, recrudescent.

esch·a·lot [éʃəlàt/-lɔ̀t] 명 =shallot. [F]
es·cha·tol·o·gy [èskətɔ́lədʒi/-tɔ́l-] 명 ⓤ 〖신학〗 종말론, 내세론, 종말 신학(죽음·심판·천국·지옥 등을 다룸). **-to·lóg·i·cal** 형. **-to·lóg·i·cal·ly** 부. **-gist** 명.
es·cha·ton [éskətɑn] 명 종말, 최후. [Gk]
es·cheat [istʃíːt] 명 〖법률〗 **1** ⓤ (토지) 몰수, 복귀, 귀속(법정 상속인이 없을 경우 토지가 국왕(정부, 영주)에 귀속되는 것). **2** 몰수지(沒收地), 복귀 토지. **3** ⓤ 몰수권, 복귀권. — 자 (토지가 국가 등에) 복귀[귀속]되다, 몰수되다 *(to)*. — 타 (토지)를 몰수하다 *(to)*.
-·a·ble 형.
es·cheat·age [istʃíːtɪdʒ] 명 부동산 복귀권(復歸權).
es·cheat·or [istʃíːtər] 명 몰수[복귀] 토지 관리관.
Esch·e·rich·i·a co·li [éʃəríkiə kóulai] 명 〖세균〗 대장균(= ~ E. coli).
es·chew [istʃúː] 타 …을 피하다, 멀리하다; …을 삼가다. **~·al** 명 피하기, 삼가기. **~·er** 명.

***es·cort** 명 [éskɔːrt] **1** 〖집합적; 단·복수 양용〗 명 호위(護衛)〖호송자·단(團)(일행), 경호원(단), 의장병(단), 수행원〗; 〖군사〗호위대(함), 호위함(차, 기). ¶a destroyer ~ 호위 구축함. **2** (사교 모임에서의) 이성 동반자, 에스코트. **3** 호위, 호송. [수
under the escort of …의 호위하에, …에게 호송되어. — 타 [iskɔ́ːrt] …을 호위하다, 호송하다; …을 에스코트하다 *(to)*; …을 바래다주다 *(from, to)*. ¶ACCOMPANY 유의어 ¶(~+目+前+名) He ~*ed* her to the station. 그는 그녀를 역까지 배웅했다. (반자) 소개소.
éscort àgency 명 에스코트 동반원[동반합] 파트너[업].
éscort càrrier 명 (대잠수함용) 소형 항공 모함.
éscort fìghter 명 (폭격기) 호위 전투기.

éscort shìp 명 (대잠수함용) 호위함.
e·scribe [iskráib] 명타 (기하) (원)을 방접(傍接)시키다.
es·cri·toire [èskritwɑ́ːr] 명 상판을 접었다 폈다 할 수 있는 책상(writing desk). [<F]
es·crow [éskrou, iskróu] 명 [법률] 에스크로. 1 (조건부) 제3자 예탁(증권 차용서를 일정 조건 충족 때까지 양도인이나 채무자가 제3자에게 예탁하는 것). 2 조건부 날인 증서; 제3자 예탁 증서; 제3자 예탁금.
  in escrow (증서·금전 따위가) 에스크로서 제3자에 예탁되어. [(with).]
  — 명타 …을 에스크로서 (제3자에게) 예탁하다
éscrow accòunt 명(금융) 에스크로 계정(수출상 A가 수입상 B로부터 받을 대금을 B의 거래 은행에 예치하고 다음번 B로부터의 수입품 결제에 충당하는 방법).
es·cu·do [eskúːdou] 명 (pl. ~s [-z]) 1 에스쿠도 (포르투갈·카보베르데의 통화 단위). 2 칠레의 옛 통화 단위. 3 (스페인어권 중남미 국가들의) 옛 금화[은화].
es·cu·lent [éskjulənt] 형 식용에 알맞은, 먹을 수 있는(edible). — 명 식용품, (특히) 야채.
es·cutch·eon [iskʌ́tʃən] 명 1 (문장(紋章)이 그려진) 방패, 방패꼴의 문장 바탕(紋地). 2 방패꼴의 열쇠 구멍 가리개; 순행 금구(盾形金具). 3 [해사] 고물의 선명판(船名板). [오명, 불명예.
  a blot [or *taint*] *on the* [or *one's*] *escutcheon*
  blot one's escutcheon 불명예스러운 일을 하다, [을 더럽히다.
Esd. Esdras.
Es·dras [ézdrəs/-dræs] 명 (성서) 7 에스라(外經) (Apocrypha)의 처음 2서 중의 하나(구약 외경과 신약 외경 중의 하나). 2 구약 성서의 에스라(Ezra)와 느헤미야(Nehemiah) 두 서 중의 하나. [(<Sp *he*)
e·se [éseì] 명 (美속어) 멕시코계 미국인, 히스패닉.
ESE, E.S.E., e.s.e. east-southeast.
-ese [iːz, iːs] 접미 1 국명·지명에 붙여서 「그 나라(지방)의」의 뜻의 형용사, 또는 「그들의 언어·국민」을 나타내는 명사를 만든다. ¶ Chin*ese*, Japan*ese*. 2 인명 따위에 붙여서 「…특유의 문체, …풍의」의 뜻의 명사·형용사를 만든다. ¶ Canton*ese*, Carlyl*ese*.
e-sign·ing [íːsáiniŋ] 명 (종종 E-) 전자 사인[서명]
Esk. Eskimo. [(전자 매체를 통한 서명).
es·ker [éskər] 명 (지질) 에스커(os)(자갈과 모래가 퇴적하여 생긴 깊고 좁다가 구불구불한 제방 모양의 지형).
‡es·ki·mo [éskəmòu] 명 ~(**s**) [-(z)]) 1 에스키모인. Ⓤ 에스키모어(⇨ Inuit, Yupik). 3 = ~
  Aleut. 4 = ~ dog. — 형 에스키모인의; [키모어의.
Es·ki·mo-Al·eut [-əlúːt, -ǽljùːt] 명 Ⓤ 에스키모알류트어(語族)(어족)(의). [키모어의.
Es·ki·mo·an [èskəmóuən] 형 에스키모인의; 에스
Éskimo dòg 명 에스키모 개.
Es·ki·moid [éskəmɔ̀id] 형 =Eskimoan.
ESL [ésəl, ìːèsél] 명 제 2언어로서의 영어. 참 EFL
  [<*E*nglish as a *s*econd *l*anguage]
ESN educationally sub*n*ormal.
ESOL [íːsɔːl, ésəl] 명 (美·캐나다) 외국어로서의 영어. [<*E*nglish for *s*peakers of *o*ther *l*anguages]
ESOP [íːsɑp/ìːsɔp] 명 종업원 지주제(持株制).
  [<*e*mployee *s*tock *o*wnership *p*lan] [도의.
e·soph·a·ge·al [isɑ̀fədʒíːəl/ìːsɔ́f-] 형 (해부) 식
e·soph·a·go- [isɑ́fəgòu, -gə, iːs-/iːsɔ́f-] [연결] esophagus(식도)의 뜻. ¶ *esophago*scope.
e·soph·a·go·scope [isɑ́fəgəskòup/iːsɔ́f-] 명 (의학) 식도경(鏡), 식도검사(법).
e·soph·a·gos·co·py [isɑ̀fəgɑ́skəpi/ìːsɔ̀fəgɔ́s-]
e·soph·a·gus [isɑ́fəgəs/iːsɔ́f-] 명 (평 -gi [-dʒài]) (美) (해부) 식도(gullet). ⇨ ALIMENTARY 그림.
es·o·ter·ic [èsətérik/èsou-] 형 1 심원한, 난해한; 선택된 소수인만이 알 수 있는 대상으로 한. 2 비결의, 비전(秘傳)의. 3 비밀의, 내밀한. 4 비교(秘教)(비전)적인. 반 exoteric (또는 **esoterical**) — 명 1 비결[비전]을

전수받은 사람. 2 비교(秘教), 비전. **-i·cal·ly** 부
es·o·ter·i·ca [èsətérikə] 명복 1 심오[난해]한 것, 비밀의 것, 비전(秘傳), 오의(奧義). 2 =pornography.
es·o·ter·i·cism [èsətérəsìzm] 명 1 난해성, 심원(深遠). 2 비교(秘教); 비전(秘傳). [ism)
es·o·ter·ism [èsətərìzm] 명 =esotericism, *-ist*
ESP, E.S.P. *e*xtrasensory *p*erception(초감각적 지각, 초능력, 6감); *E*nglish for *s*pecial[*s*pecific] *p*urposes(직업·직능별 영어). **esp.** especially.
es·pa·drille [éspədril] 명 에스파드리유(프랑스의 목욕탕용 샌들식 신발). [<F]
es·pal·ier [ispǽljər, -ljei] 명 1 과수를 받치는 선반[시렁], 에스파리에. 2 과수 시렁에서 재배되는 과수[식물]. — 명타 1 …을 과수 시렁에서 재배하다. 2 …에 과수 시렁을 만들다. [<F] [어 명칭).
Es·pa·ña [espɑ́ːnjɑː] 명 에스파냐(Spain의 스페인
es·pa·ñol [espɑːnjɔ́ːl] 명 1 Ⓤ 스페인어. 2 (폭 *-ño·les* [-njɔ́ːleis]) 스페인 사람. 3 형 스페인(사람, 말)의. [<Sp]
es·par·to [ispɑ́ːrtou/es-] 명 (식물) 아프리카 나래새(종이·바구니·새끼 따위의 재료). (또는 ~ **gràss**).
espec. especially.
‡es·pe·cial [ispéʃəl, es-] 형 (*more* ~; *most* ~) 1 특별한, 각별한; 두드러진; 특히 ~인. 2 SPECIAL
  [유의어] ¶ *an ~ reason* 특별한 이유. 2 (특정의 사람·물건에 대해) 특별한, 특수한, 특유의. ¶ *for your ~ benefit* 특히 그대를 위해. ┎efit 특히 그대를 위해.
  in especial 유난히, 특히.
  ~·ness 명
‡es·pe·cial·ly [ispéʃəli, es-] 부 특히, 특별히, 그중에서도(particularly); 유난히, 유별나게, ¶*unless you are ~ watchful* 네가 특별히 조심하지 않고서는.

[유의어] *especially*의 위치 — 보통 수식하는 어구 앞에 쓰이나 주어에 초점을 둘 경우 그 뒤에 온다: *This ~ is worthy of notice.* 특히 이것이 주목할 만하다.

Es·pe·ran·to [èspərɑ́ːntou/-rǽːn-] 명Ⓤ 에스페란토어(폴란드의 안과 의사 L. L. Zamenhof(1859-1917)가 1887년에 창안한 국제어).
  -tism 명 에스페란토어 사용[채용]. **-tist** 명
es·pi·al [ispáiəl] 명Ⓤ 1 탐정 행위, 정찰. 2 감시.
es·piè·gle·rie [F espjɛgləri] 명 장난. [<F]
es·pi·o·nage [éspiənɑ̀ːʒ, -nìdʒ, èspiənɑ́ːʒ] 명Ⓤ 탐문, 정찰; 스파이[첩보] 활동; 스파이[첩보] 조직. ¶ *military* [*industrial*] ~ 군사[산업] 스파이 활동.
es·pla·nade [éspləná:d, -néid/⌍⌍⌍] 명 1 (해안 따위의) 산책길; 드라이브길. 2 (군사) (요새와 도시 사이의) 빈터, 광장.
ESPN (美) *E*ntertainment and *S*ports *P*rogramming *N*etwork(오락·스포츠 전문 케이블 TV 방송망).
es·pous·al [ispáuzəl, -səl] 명 Ⓤ 1 (주의(主義)· 학설 따위의) 채택, 지지, 옹호, 신봉 (*of*). 2 (종종 ~s) 혼례, 결혼식; 약혼(betrothal).
es·pouse [ispáuz, -páus] 명타 1 (주의 따위)를 받아들이다, 채택하다; …을 지지하다, 신봉하다. 2 (美) (英고어) (남자가) …와 결혼하다, …을 맞아들이다; (딸)을 (…에게) 시집보내다 (*to*). [봉자.
es·pous·er [ispáuzər] 명 (주의 따위의) 지지자, 신
es·pres·so [esprésou] 명 (폭 **~s**) 1 Ⓤ Ⓒ 에스프레소 커피(북아어 빵은 커피에 증기를 쏘아어 만드는 진한 커피). 2 에스프레소 커피점(店); 에스프레소 커피 여과 장치. [<It. pressed-out (coffee)] [spirit]
es·prit [éspriː] 명 재기, 기지; 활기, 쾌활. [<F
ESPRIT [éspriː] *E*uropean *S*trategic *P*rogram for *R*esearch and *D*evelopment in *I*nformation *T*echnology(유럽 정보 기술 연구 개발 전략 계획).
esprit de corps [éspriː də kɔ́ːr] 명Ⓤ 단체 정신, 단결심(군인 정신·애교심·애당심 따위). ¶ ~ *of the*

esprit fort Koreans 한국인의 단결심. 〔F spirit of corps〕

esprit fort [esprí: fɔ́:r] 명 (복 ~s -s) 의지가 강한 사람; 자유 사상가. 〔<F〕

*****es·py** [ispái] 타 (숨겨진 것 따위)를 찾아내다, 알아보다, 분간하다; (결점 따위)를 찾아내다. **-píer**

Esq., Esqr. Esquire.

-esque [esk] 접미 1 「…양식의, …풍의」의 뜻. ¶Roman*esque*, Dant*esque*. 2 「…와 같은, …비슷한」의 뜻. ¶pictur*esque*, statu*esque*. 〔Eskimo.

Es·qui·mau [éskəmòu] 명 (복 ~x [-z]) =

*****es·quire** [éskwaiər, iskwáiər/iskwáiə] 명 1 Ⓤ (E-) (英) …님. ·귀하.

▶주의◀ Mr., Dr.를 쓰지 않고 성명의 끝에 붙이는 경칭으로, 공식 문서나 격식을 갖춘 편지 따위에 쓰인다. 공식 문서 이외에서는 보통 Esq. 또는 Esqr.로 줄여 쓴다. (美)에서는 (남녀) 변호사 등 이외에는 쓰지 않는다: Henry Smith, *Esq*.

2 (중세의) 기사의 종자(從者). 3 향사(鄕士)(knight 다음의 신사 계급에 속하는 사람). 4 [고어] 지주(squire). — 타 1 (남)을 esquire의 지위로 승진시키다. 2 (남)을 Esquire라고 부르다.

ESR *electron spin resonance*(전자 스핀 공명); *erythrocyte sedimentation rate*(적혈구 침강 속도).

ESRC (英) *Economic and Social Research Council*(경제·사회 연구 협의회; 학술 진흥 단체).

ESRO [ézrou] 명 유럽 우주 연구 기구. 〔<*European Space Research Organization*〕 〔ESSES.

ess [es] 명 (복 ~·es [-iz]) S[s]자; S자형의 것. ⇒

ESS *electronic switching system*(전자 교환 시스템); *English speaking society*. **ess.** essence.

-ess [is] 접미 1 여성명사를 만든다. ¶ countess, lion*ess*. 2 형용사로부터 추상명사를 만든다. ¶ larg*ess*.

ESSA [ésə] 명 (美) 환경 조사 위성, 엣사. 〔<*Environmental Survey Satellite*〕

‡**es·say** [ései] 명 (복 ~s [-z]) 1 수필, 에세이; 소론(小論), 시론(試論) (*on, upon*). ¶an ~ *on friendship* 우정론. 2 시도, 기도 (*at, in/to do*). ¶my second ~ *at* authorship 작가가 되고자 하는 나의 두 번째 시도. — [eséi] 타 1 …을 시도하다, 해보다 (*to do*). ¶He ~*ed* a high jump. 그는 높이뛰기를 해보았다. 2 …을 시험하다. ¶ ~ one's power 자기 힘을 시험하다. ~·er

éssay examinátion [tèst] 명 논술(형) 시험.

*****es·say·ist** [éseiist] 명 1 수필가; 소논문을 쓰는 사람; 평론가. 2 (드물게) 시도하는 사람, 시험하는 사람.

es·say·is·tic [èseiístik] 형 에세이의; 수필풍[조]의; 형식을 도외시한; 개인적 색채가 짙은.

éssay quèstion 명 논술식 설문[시험 문제].

es·se [ési, ései] 명 존재; 실재; 본질. 〔L be〕

in esse 실재(實在)하여.

es·sence [ésns] 명 (복 -*senc·es* [-iz]) 1 Ⓤ 본질; 근저, 기초, 근간; 진수, 정수. ¶the ~ of religion 종교의 본질/It is the ~ of nonsense. 그것은 완전한 난센스다. 2 ⓊⒸ (식물·약물 따위에서 뽑아낸) 정(精), 엑스; 정유(精油); 향수. ¶the ~ of lemon 레몬 엑스. 3 Ⓤ [철학] 본질; 존재하는 것, 실재; 영적 존재.

in essence 본질에 있어서, 본질적으로.

of the essence 꼭 있어야 하는, 절대 불가결한, 아주 중요한 (*in*).

éssence péddler 명 1 (美) (만병 통치약 따위의) 약품 행상인, 약장수. 2 (美·익살) 스컹크(skunk).

Es·sene [ésinn, -́] 명 (유대교) 에세네파(派)의 사람 (고대 유대교의 한 분파; 금욕, 독신, 재산 공유가 특징).

Es·sé·ni·an, Es·sén·ic [esín-] 형

‡**es·sen·tial** [isénʃəl, es-] 형 (*more* ~; *most* ~) 1 필수의, 없어서는 안 될, 절대로 필요한 (*to, for*). ⇒NECESSARY ▶유의어◀ Good health is ~ *to* success

in life. 건강은 인생의 성공에 불가결하다. 2 본질적인, 근본적인. ¶an ~ difference 본질적인 차이.

▶유의어◀ **essential** 어떤 것의 요소로서 구성상 없어서는 안 될. **inherent** 사람이나 물건에 처음부터 항구적 특성으로서 구비된. **intrinsic** 외부의 영향력과 관계없이 그 사물 자체에 갖춰져 있는.

3 정수를 모은, 엑스의. 4 절대적인, 완전한(perfect), 본래의, 순수한. ¶ ~ happiness 무상의 행복. 5 (수학) 진성(眞性)의. ¶ ~ singularity 진성 특이점. 6 (음악) 주요한, 기본의. ¶an ~ harmony 주요 화음. 7 (병리) 본태성의, 원인 불명의. ¶ ~ anemia 본태성 빈혈.

— 명 1 (~s) 본질적[불가결의] 요소; 필수 사항(*to*); 중심적 요소, 요점 (*of*). ¶ ~s *of* physics 물리학의 요점. 2 (음악) 으뜸음, 주음(主音).

in (all) essentials 본질적으로는, 요점은.

~·ness

esséntial amíno ácid 명 (생화학) 필수 아미노산.

esséntial drúg 명 필수 약품[약물]. 〔산.

esséntial élement 명 (생화학) 불가결 원소.

esséntial hyperténsion 명 (병리) 본태성 고혈압.

es·sen·tial·ism [isénʃəlizm, es-] 명 1 (교육) 본질주의(的) progressivism). 2 (철학) 실재론; 본질주의. **-ist** 명 의.

es·sen·ti·al·i·ty [isènʃiǽləti, es-] 명 ⓊⒸ 1 본질, 본성; 불가결성. 2 (복 -ties) 불가결의 요소, 요점.

es·sen·tial·ize [isénʃəlàiz, es-] 타 (* (英) **-ise**) 타 …에서 정수[엑스]를 추출하다; …의 요점을 말하다.

*****es·sen·tial·ly** [isénʃəli, es-] 부 1 본질적으로, 본질에 있어서는, 근본적으로; 본래. 2 꼭, 반드시.

esséntial óil 명 정유(精油), 방향유(芳香油)(휘발성 식물유로 향수·조미·약제의 원료).

es·sen·tic [eséntik] 형 감정을 내색하는.

ess·es [ésiz] 명 ess의 복수형; SS의 연자(連字). ¶ the Collar of ~ [*or* SS] S자형을 연결한 수장(首章)(고등 법원장·London 시장 등이 착용).

Es·sex [ésiks] 명 에식스. 1 잉글랜드 동남부의 주 (주도 Chelmsford). 2 7세기에 잉글랜드 동부를 지배했던 Anglo-Saxon의 왕국.

Éssex Mán (英) 돈은 많으나 교육을 못 받고 취미가 저급한 보수적인 남자(* Essex 주 사람에게 많았다).

Es·so [ésou] 명 (美) 에소(미국 Exxon사의 휘발유·경유).

Es·so-B [ésoubí] 명 (美속어) =S.O.B.

est, EST [est] 에스트, 자기 개발 훈련(요가, 선(禪), 정신 의학 등의 진수를 모아 짠 인간 잠재성 개발 훈련; 미국인 Werner Erhard가 창시). **∼·er**

∠·i·an 명 (복 ~s) 〔<*Erhard Seminars Training*〕

Est (성서) Esther; Estonia(n). **EST, e.s.t.** (美) *Eastern Standard Time*(동부 표준시); *electric shock* [*or electroshock*] *treatment* [*or therapy*].

est. established; estate; estimate(d); estuary.

-est[1] [ist] 접미 형용사·부사의 최상급을 만든다. 보통 1음절어 또는 2음절어에 붙인다. ¶cold*est*, fast*est*.

-est[2] [ist] [고어·시] 동사의 2인칭·단수·직설법·현재의 어미. ¶Thou go*est*. (또는 **-st**)

estab. established.

‡**es·tab·lish** [istǽbliʃ, es-] 타 (~*es* [-iz]; ~*ed* [-t]) 타 1 (정부 따위)를 수립하다, (학교·회사 따위)를 설립[설치]하다, 창설하다; (법률·제도 따위)를 제정[실시]하다. ¶ ~ a business 사업을 시작하다/ ~ a law 법률을 제정하다/ ~ a school 학교를 설립하다.

2 (지위·직업 따위)에 …을 앉히다, 임명하다, 자리잡게 하다 (*in, as*). ¶ ~ him ~ *ed* his son *in business*. 그는 아들에게 사업을 하도록 했다/ ~ oneself *in* the country 시골에 눌러앉다 // (~ +명+ *as* 보) ~ oneself *as* a tailor 양복점을 개업하다.

3 (명성·관례 따위)를 확립하다, 정착시키다; (사실 따위)를 시인하게 하다 (*in, as*). ¶ ~ order 질서를 확립

하다 / ~ one's credit 신용을 쌓다.
4 〔이론·동기 따위〕를 입증[확증]하다. ¶ ~ a theory 이론을 입증[확립]하다 / ~ one's innocence 무죄를 입증하다. **5** 《수동형으로》 〔교회〕를 국교회로 하다. **6** 〔카드 놀이〕 〔짝패〕를 꼭 점수를 따게 하다. **7** 〔기록〕을 수립하다; (결과로서) …에 도달하다. **8** 〔영화·TV〕 〔인물·세트〕를 도입[설정]하다. **9** 〔생물〕 (새로운 땅에) 정착[토착]시키다. **—** [자] 〔생물〕 정착[토착]하다.
~·a·ble [형] 입증할 수 있는; 옳은. **~·er** [명]

es·tab·lished [istǽbliʃt, es-] [형] **1** 확립된, 기정[기성]의; 정평이 있는, 입증된; (사람·동식물이 새로운 땅에) 정주[정착]한; (법률 등이) 제정된. ¶a firmly ~ scheme 확정된 계획 / a person of ~ reputation 정평 있는 인물. **2** (지위·사람 등이) 상설의, 상근(常勤)의, 상용(常傭)의. **3** 국교(國敎)의. ¶the ~ religion 국교.

estáblished chúrch [명] 국립 교회(state church); (the E– C–) 영국 국교회.

‡es·tab·lish·ment [istǽbliʃmənt, es-/is-] [명] **1** [U] 설립, 창설; 확립, 입증; 제정; (관계·기록 따위의) 수립 (*of*). ¶the ~ *of* a doctrine 학설의 확립. **2** 설립[제정, 확립]된 것; 제도, 질서; 법규. **3** (the E–) 기성의 권력 기구; 체제, 기성 사회; 지배층[계급]; (기업·단체의) 임원진; (학교·학회 따위의) 당국자. **4** 가정, 세대; 주택. **5** 회사, 상회, 영업소, 점포. ¶an old ~ 오래된 점포 / a printing ~ 인쇄소. **6** [U] (행정상의) 관청, 정당; 《英》 《집합적》 (관청·군대 등의) 편제, 상근 인원, 정원. ¶the Civil Service *E–* 문관 정원[상설 편제] / the Military [Naval] *E–* 육군[해군] 상비 병력 / peace [war] ~ 평시[전시] 편제, 평시[전시] 병력. **7** (학교·병원·회사·호텔 따위) 공공 시설, 단체, 기관; (the ~) 《집합적》 시설[단체]의 구성원. **8** [U] (교회를) 국교회로서 승인하기, 국립으로 하기; (the E–) 국교회, 영국 국교회(the Church of England). **9** 《고어》 고정 수입. **10** 〔생물〕 정착, 순화(馴化), 토착.
be on the establishment 고용되다, 사용인이다.
keep [or ***have***] ***a second*** [or ***separate***] ***establishment*** 딴 살림을 갖다; 《완곡적》 첩살림을 내다.

es·tab·lish·men·tar·i·an [istæ̀bliʃməntέəriən, es-] [형] **1** 《英》 국교회의, 국교 신봉[주의]의. **2** (종종 E–) 기성 체제(측)의; 체제 지지의. **—** [명] **1** 《英》 국교 신봉[주의]자. **2** [UC] (종종 E–) 체제인(體制人), 체제 지지자. **~·ìsm** [명]

es·ta·mi·net [estæminéi] [명] (복 **~s**) 작은 식당[술집](bistro), 작은 커피점. 〔<F small café〕

‡es·tate [istéit, es-/is-] [명] **1** (넓은) 토지, 땅; (광대한) 사유지, (저택이 있는) 부지; 대농장[원]. ¶He has an ~ in the country. 그는 시골에 넓은 땅이 있다. **2** [U] 〔법률〕 재산; (an ~) 재산권, 부동산권; (사망자·파산자의) 재산, 유산; (~s) 상속법. ⇨ POSSESSION [유의어] ¶personal [real] ~ 동산[부동산]. **3** 《英》 (도시 근교) 주택군(群); 지구, 단지. ¶an industrial [a housing] ~ 공업[주택] 단지. **4** [U] (인생의) 시기; (생활) 상태, 상황. **5** (종종 E–) (정치·사회상의) 계급. ¶the three ~*s* of the realm (옛) 성직자·귀족·평민의 3계급; 《英》 상원의 고위 성직자 의원·귀족 의원·하원 의원의 3계급. **6** [U] 살림 형편, 처지; 사회적 지위[신분]. **7** 《英》 = ~ car.
arrive at [or ***attain to, reach***] ***man's*** [***woman's***] ***estate*** 남자[여자]의 성년에 달하다.
leave an estate of …의 재산을 남기다.
suffer in *one's* ***estate*** 어렵게 살다.
the fourth estate 《익살》 제4계급(언론계, 기자들).
the second estate 제2계급(귀족).
the third estate 제3계급(평민).

estáte àgency [명] 《英》 부동산업.

estáte àgent [명] 《英》 토지 관리인; 부동산 중개업자, 토지 브로커(realtor, 《美》 real ~).

es·tate-bot·tling [-bátliŋ/-bɔ́t-] [명] 자가 양조 포도주의 자가 보틀링.

estáte càr [명] 《英》 =station wagon.

es·tat·ed [istéitid] [형] 재산이 있는.

estáte dúty [명] 《英》 =estate tax.

es·tate·scape [istéitskèip, es-] [명] 부동산[주택] 외관[디자인적 특징]. 〔<*estate*+land*scape*〕

Estátes Géneral [명] 〔역사〕 혁명 전의 프랑스 의회, 3부회(States General)(성직자·귀족·평민으로 구성).

estáte tàx [명] 《美》 유산세.

estáte wìne [명] (포도원의) 자가 양조 포도주.

‡es·teem [istíːm, es-] [동][타] (**~s** [-z]) **1** …을 중히 여기다, 존중하다, 존경하다; …을 (높이) 평가하다 (*for*). ¶I ~ your advice highly. 나는 귀하의 충고를 매우 존중합니다 // (~+[目]+[前]+[名]) I ~ him *for* his diligence. 나는 그의 근면함을 높이 평가한다. **2** …을 (…이라고) 생각하다, 여기다. ¶ (~+[目]+(*as*)[補]) I ~ it (*as*) a favor. 그것을 고맙게 생각합니다.
— [명][U] **1** (때로 an ~) 호평; 존경, 존중; 명성 (*for*). ⇨ RESPECT [유의어] ¶gain [*or* get] high ~ 높이 존경받다 / earn [lose, merit] the ~ of the public 일반 사람들의 존경을 받다[잃다, 받을 만하다]. **2** 평가; 판단.
have great esteem for …을 크게 존경하다.
hold *a person* ***in*** (***high***) ***esteem*** 남을 (매우) 존경하다.
in *one's* ***esteem*** …의 생각으로는.
~ed [형]

es·ter [éstər] [명][U] 〔화학〕 에스테르.

Esth. Esther; Esthonia.

Es·ther [éstər] [명] **1** 〔성서〕 에스더(페르시아왕 아하수에로(Ahasuerus)의 아내로 유대인을 구했다). **2** (구약 성서의) 에스더서(書). **3** 에스터(여자 이름).

es·the·sia [esθíːʒə, -ʒiə, -ziə] [명][U] 감각, 지각, 감수성. (또는 **aesthesia**) 「(주의자)).

es·thete [ésθiːt/íːs-] [명] 《美》 =aesthete(탐미[심미]

es·thet·ic [esθétik/iːs-] [형] 《美》 =aesthetic.

es·the·ti·cian [èsθitíʃən/iːs-] [명] 《美》 =aesthetician. 「theticism.

es·thet·i·cism [esθétəsìzm/iːs-] [명] 《美》 =aes-

es·thet·ics [esθétiks/iːs-] [명] 《美》 =aesthetics.

Es·tho·ni·a [estóuniə, -θóu-] [명] =Estonia.

Es·tho·ni·an [estóuniən, -θóu-] [형][명] =Estonian.

es·ti·ma·ble [éstəməbl] [형] **1** 존중[존경]할 만한; 존중[존경]받을 만한, 훌륭한. **2** (수량 따위가) 견적 가능한, 평가할 수 있는. **~·ness** [명] **-bly** [부]

‡es·ti·mate [동] [éstəmèit] (**-mat·ed** [-id]; **-mat·ing**) [타] **1** …을 어림하다, 견적하다, 평가하다, 개산(槪算)하다 (*at, to be, that* [節]). ⇨ COMPUTE [유의어] ¶an ~*d* sum [cost] 견적액[비용] // (~+*that* [節]) I ~ *that* it would take two weeks to finish this work. 나는 이 일을 끝내는 데 2주일은 걸릴 거라고 어림한다 // (~+[目]+[前]+[名]) I ~ my loss *at* a thousand dollars. 나는 손해액을 천 달러로 보고 있다.

> [유의어] **estimate** 수량·가치 따위의 대강을 어림하다; 개인적·주관적 평가를 암시. **appraise** 전문가로서 어떤 물건의 금전적 가치를 판단·결정하다. **evaluate** 어떤 것의 금전상 이외의 가치를 옳게 판단·결정하다.

2 〔인물·능력 따위〕를 평가하다, 판단하다. ¶ (~+[目]+[副]) ~ a man's character [intellect] *very highly* 사람의 인격[지성]을 매우 높이 평가하다. **—** [자] 어림잡다, 견적하다, 견적서를 작성하다. ¶ (~+[前]+[名]) ~ *for* repairing expenses 수리비를 견적하다.
— [명] [éstəmət, -mèit] **1** 평가, 개산(槪算), 견적, 어림. ¶a written ~ 견적서. **2** 판단, 평가, 견해(*of*). **3** (종종 ~s) 견적서, 개산서(槪算書); (the E–s) 《英》 세출입 예산. 「낮춰 잡아, 줄잡아.
at a moderate [or ***conservative, low***] ***estimate***
at a rough estimate 대충 어림잡아.

by (*general*) *estimate* 개산으로.
make [or *form*] *an estimate of* …의 견적을 내다, …을 평가하다.
-màt·ing·ly **-mà·tor** 견적[감정]인; 추정량.
es·ti·mat·ed [éstəmèitid] 〖형〗 어림의, 추측[예상]의. ¶an ～ sum 견적고[액]/the ～ time of arrival [departure] 도착[출발] 예정 시간.
***es·ti·ma·tion** [èstəméiʃən] 〖명〗 1 〖U〗 판단, 평가; 의견. ¶in popular ～ 대중이 보는 바로는. 2 〖U〗 존중, 존경, 경의. ¶win a person's ～ 남의 존경을 얻다. 3 (종종 ~) 어림, 견적(見積), 개산(概算). ¶make an ～ of land 땅의 견적을 내다. 〜을 받고 있다.
be held in (*high*) *estimation* (매우) 존경[존중]
by estimation 개산으로는, 대충.
in one's estimation …의 생각[견해, 판단]으로는.
rise [*fall*] *in a person's estimation* 남에게 높게 [낮게] 평가되다. 「이 높다.
stand high in the public estimation 세상 평판
es·ti·ma·tive [éstəmèitiv/-mət-] 〖형〗 평가력이 있는; 평가의, 견적의.
e·stip·u·late [istípjulət, -lèit] 〖형〗 〖식물〗 탁엽(托
es·ti·val [éstəvəl, estái-/iːstái-] ＝aestival.
es·ti·vate [éstəvèit/iːs-] 〖동〗〈자〉 ＝aestivate.
Es·to·ni·a [estóuniə] 〖명〗 에스토니아(발트 해에 면한 공화국; 수도 Tallinn). (또는 **Esthonia**)
Es·to·ni·an [estóuniən] 〖형〗 에스토니아(인)의. ──〖명〗 에스토니아인; 〖U〗 에스토니아어. (또는 **Esthonian**)
es·top [estáp/istóp] 〖형〗〖타〗 (*-pp-*) 1 〖법률〗 을 금반언(禁反言)으로 금하다 (*from*). 2 〖고어〗 을을 그 ～*page* [-idʒ] 〖명〗 금반언에 의한 저지. 만두다.
es·top·pel [estápəl/istóp-] 〖명〗 〖법률〗 금반언(禁反言)(이전의 언행에 대한 반대 주장 금지하기).
es·to·vers [estóuvərz] 〖명〗 〖법률〗 1 필요물(차지인(借地人)의 연료·가옥 수리용 벌채 목재 따위); (별거·이혼한 아내의) 부양료. 2 필요물 수취권(收取權).
Es·tra·da [estráːðə] 〖명〗 *Joseph* ～ 에스트라다 (1937- : 필리핀의 정치인; 대통령(1998-)).
es·trade [estráːd] 〖명〗 연단, 대, 교단.
es·tra·di·ol [èstrədáiɔːl, -al/iːstrədáiɔl] 〖명〗〖생화학〗 에스트라디올(발정 호르몬의 일종).
es·trange [istréindʒ, es-] 〖타〗 (남의 기분·애정을) 멀어지게 하다; (남과 남의 사이를 가르다, …(와)소원하게 하다(alienate); …을 멀리하다 (*from*).
be [or *become*] *estranged from* …에게 소외당하다, …와 소원해지다; …와 별거하다.
estrange oneself from …에서 멀어지다. 「람.
～*·ment* 〖명〗 이간; 소원, 소외. **-tráng·er** 낯선 사
es·tray [istréi, es-] 〖명〗 1 방황하고 있는 사람[것] (*from*). 2 〖법률〗 사육주 불명의 가축. ── 〖자〗 방황하다, 헤매다, (무리에서) 벗어나다(stray).
es·treat [istríːt, es-] 〖英법률〗 기록 등본(재판 기록 중 서약·벌금 따위에 관한 진정(眞正) 등본); (벌금의) 집행. ──〖타〗 …의 기록 등본을 작성하다; (벌금)을 징수하다 (물건)을 벌금[압류] 형태로 몰수하다.
es·tri·ol [éstriɔːl/iːstriɔl] 〖명〗〖U〗〖생화학〗 에스트리올(발정 호르몬의 일종). 「〖estrogen〗
es·tro- [éstrou, -trə/iːs-, éstrɔ-] 〖연〗 estrus의 뜻.
es·tro·gen [éstrədʒən] 〖명〗〖U〗〖생화학〗 에스트로겐 (여성 발정 호르몬 물질). (또는 〖英〗 **oestrogen**)
es·tro·gen·ic [èstrədʒénik/iːs-] 〖형〗 〖생화학〗 발정을 촉진하는, 발정(성)의. ¶～ hormone 발정 호르몬. **-i·cal·ly** 〖부〗 **-ge·nic·i·ty** 〖명〗 발정 촉진성.
éstrogen thèrapy 〖병리〗 에스트로젠 (보충) 요법(갱년기 여성의 호르몬 보충 요법(HRT)).
Es·tron [estrán] 〖명〗 〖상표〗 에스트론(아세테이트(직(織))사(絲)).
es·trone [éstroun/iːs-] 〖명〗〖U〗〖생화학〗 에스트론(발정 호르몬의 일종). (또는 **estrin**)

es·trous [éstrəs/iːs-] 〖형〗 발정(기)의, 발정을 가져오는. (또는 **estral, oestrous**)
éstrous cỳcle (포유 동물 암컷의) 발정 주기.
és·trus [éstrəs/iːs-] 〖명〗〖U〗 〖동물〗 (암컷의) 발정, 암내; 발정기. 〖형〗 rut² (또는 **estrum, oestrus**) **-tru·al** 〖형〗
es·tu·ar·y [éstʃuèri/-əri] 〖명〗 **1** (큰 강의) 하구(河口). **2** 만, 후미. **ès·tu·ár·i·al** 〖형〗
Éstuary Ènglish 〖英〗 하구 영어(1980년대 초부터 London 및 그 주변 젊은이 사이에 쓰이는 비표준 구어체 영어).   「〖단위〗
esu, ESU 〖전기〗 *e*lectrostatic *u*nit(s)(정전(靜電)
e·su·ri·ent [isúəriənt/isjúər-] 〖형〗 굶주린, 허기진; 걸신들린; 탐욕스러운. **-ence, -en·cy** 〖명〗 〜*·ly* 〖부〗
ESV *e*arth *s*atellite *v*ehicle(지구 궤도 위성); *ex*-*p*erimental *s*afety *v*ehicle(안전 실험차). **Et** *et*hyl. **ET, E.T.** (美) *E*astern *t*ime; *E*aster *t*erm; *e*lapsed *t*ime; (우주) *e*xternal *t*ank(외부 연료 탱크); *ex*tra*t*errestrial(외계인). **e.t.** *e*lectrical *t*ranscription.
-et [it] 〖접미〗 명사에 붙여서 「작은」의 뜻. ¶*islet, rivulet*(＊ 오늘날에는 대체로 「작은」의 뜻을 잃고 있다. 예: *bullet, hatchet, pocket*).
e·ta [éitə/íːtə] 〖명〗 에타(그리스어 알파벳의 일곱째 자(H, η); 영어의 E, e에 해당하는 것).
ETA, Eta [étə] 〖명〗 에타(스페인의 Basque 분리 독립 운동 단체). (＜Basque *E*uzkadi *T*a *A*zkatasuna(조국 바스크와 자유)〗
ETA, E.T.A., eta *e*stimated *t*ime of *a*rrival(도착 예정 시각).
e-tail·er [íːteilər] 〖명〗 (종종 E-) 〖컴퓨터〗 전자 소매업자. 〔＜*electronic retailer*〕
e-tail·ing [íːteiliŋ] 〖명〗 전자 소매 거래.
et al. [et æl, -áːl, -ɔ́ːl] 1 그리고 딴 곳에서(and elsewhere). 〔＜L *et alibi*〕 2 그리고 딴 것(과 others). 〔L *et alii*〕
ETB 〔컴퓨터〕 *e*nd of *t*ransmission *b*lock. **ETC** *E*uropean *T*ravel *C*ommission(유럽 여행 위원회); *e*xport *t*rading *c*ompany(수출 상자).
etc., **etc.**, **&c.** et cetera.
***et cet·er·a** [et sétərə/it sétrə] 기타, …등등(and others, and so forth [on]) 〖약〗etc., &c.). 〔＜L〕
et·cet·er·a [etsétərə/itsétrə] 〖명〗 기타 여러 가지 것[사람]; (〜s) 여러 가지 잡다한 것(sundries).
etch [etʃ] 〖형〗〖타〗 1 〖금속판〗에 에칭하다, 을 식각(蝕刻)하다. ¶〜*ed* glass 식각(蝕刻) 유리, 2 〔그림〕을 에칭[식각]하다. (산(酸) 따위로 부식하여) (선화(線畫))를 만들다 (*on*). 3 을 뚜렷이 묘사하다; (수동형으로) 을 (마음에) 아로새기다 (*in, on*). ──〖자〗 에칭하다, 식각법을 쓰다. ──〖명〗 1 〖인쇄〗 부식[에칭]액. 2 부식 (작용), 식각 (그림). 〜*-er* 에칭 제작자, 식각사(師).
etch·ing [étʃiŋ] 〖명〗 1 〖U〗 에칭술, 부식[식각]법. 2 부식 동판, 부식 동판화(銅版畫). 3 (문장으로 의한) 스케치, 인상기(印象記). 4 〔치과〕 부식(에나멜질이 부식된 상태).
étching gròund (부식 동판 제작 때) 판면(版面)에 바르는 방식제(防蝕劑).
étching nèedle [pòint] 〖명〗 에칭용 조각침.
étching prìnting 〖명〗 동판 인쇄.
étch pìt 〔천문〕 에치 피트(화성 표면의 웅덩이).
E.T.D., ETD, etd *e*stimated *t*ime of *d*eparture (출발 예정 시각).
E·te·o·cles [itíːəklìːz] 〖명〗 〔그리스 신화〕 에테오클레스(Oedipus의 아들로 Polynices의 형).
***e·ter·nal** [itə́ːrnl] 〖형〗 **1** 영원의, 영구의; 불멸의 (＊temporary). ¶〜 death 영원히 구원 없는 사멸/〜 life (하느님의 축복을 받은) 영원한 생명. **2** 간단없는, 끊임없는, 끝없는. ¶〜 quarrelling 끊임없는 싸움[다툼]/〜 chatter 끝없는 수다. **3** 영속적인, 항구적인; 불변의, 부동의. ¶〜 principles [truth] 불변의 원리[진리]. **4** 〔철학〕 영원 불변의, 초시간적인.

[유의어] **eternal** 시간을 초월하여 처음도 끝도 없는; endless의 뜻을 강조하여 이 말을 쓰는 경우도 많다. **endless** 시간·형상 따위가 끝이 없는. **lasting, everlasting** 오래 계속되어 끝간 데를 알 수 없는. **permanent** 일시적이 아닌, 불변의. **perpetual** 종말을 가져올 수 있는 것이 없는, 끝없이 계속되는.

— 몡 1 영원한 것. 2 (the E-) 하느님, 신(God). ‑nál·i·ty 몡 영원성[함]. ~ness 몡
Etérnal Cíty 몡 (the ~) 영원의 도시(Rome의 애칭).
e·ter·nal·ize [itə́ːrnəlàiz] 图타 =eternize.
*e·ter·nal·ly [itə́ːrnəli] 用 영원히; 끊임없이; 항구적으로; (구어) 계속, 늘, 자꾸만.
etérnal recúrrence 몡 [철학] (Nietzsche 철학의) 영겁 회귀(永劫回歸). ¶하는 남녀의 3각 관계.
etérnal tríangle 몡 (the ~) (어느 세상에서나 존재
*e·ter·ni·ty [itə́ːrnəti] 몡 1 ⓤ 영원, 영구, 무궁. 2 ⓤⓒ 영원한 존재; 불멸, 불후(不朽). 3 ⓤ (사후의) 영원한 미래; 내세. ¶pass through nature to ~ 이승을 거쳐 내세로 가다. 4 (an ~) (구어) (한없는 것으로 생각되는) 오랜 기간. ¶an ~ of regret 끝없는 회한. 5 (the -ties) 영원한 것, 영원한 진리[실재].
for eternity; from here to eternity 영원히.
pass [or *launch*] *into eternity* 죽다.
through(out) all eternity 영원히, 영원 무궁토록.
to all eternity 영원[영구]히, 언제까지나.
etérnity ríng 몡 둘레에 작은 보석들을 장식한 일반지(영원을 상징하는).
e·ter·nize [itə́ːrnaiz] 图타 1 …에 영원성을 부여하다; …을 영존시키다. 2 …에 불후의 명성을 부여하다, …을 불후[불멸]화하다. ‑ni·zá·tion 몡 불후화.
e·te·sian [itíːʒən] 몡 (종종 E-) 형 매년 일어나는[부는], 계절적인. ¶the ~ winds 에게해 지방에서 매년 여름철에 부는 에테시안 계절풍(E- winds). [climate).
etésian clímate 몡 지중해성 기후(Mediterranean
e-text [íːtèkst] 몡 (종종 E-) [컴퓨터] 전자 텍스트 [electronic text).
eth [eð] 몡 =edh.
eth. ether; ethical; ethics. **Eth.** Ethiopia(n);
eth- [eθ] 연결 →ETHO-. [Ethiopic.
-eth[1] [iθ] 점미 (고어) 동사의 3인칭·단수·현재·직설법의 어미(현대 영어의 -s, -es에 해당한다). ¶asketh, bringeth, doth or doeth, hath), (또는 **-th** [θ])
-eth[2] 점미 -y로 끝나는 기수사(基數詞)로부터 서수사 (序數詞)를 만든다. ¶twentieth, thirtieth. →-TH.
eth·a·cryn·ic ácid [èθəkrínik-] 몡 에타크린산 (이뇨제). [탐폰(결핵약).
e·tham·bu·tol [eθǽmbjutɔ̀ːl, -tɑ̀l/-tɔ̀l] 몡 ⓤ 에
E·than [íːθən] 몡 이선(남자 이름).
eth·ane [éθein] 몡 ⓤ [화학] 에탄. [alcohol).
eth·a·nol [éθənɔ̀ːl/-nɔ̀l] 몡 [화학] 에탄올(ethyl
Eth·el [éθəl] 몡 1 에셀(여자 이름). 2 (美속어) 연약한 남자, 겁쟁이; 너무 조심스러운 복서.
eth·ene [éθiːn] 몡 =ethylene. [성장 조절제).
eth·e·phon [éθəfɑn/-fɔn] 몡 [화학] 에세폰(식물
*e·ther [íːθər] 몡 1 ⓤ [화학] 에테르, 에틸 에테르(용매·마취약 용). 2 (the ~) [물리] 에테르(빛의 탄성파동설이 가정하는 일종의 전도 매질(媒質)). 3 [시] (구름 위의 맑은) 하늘, 창공. 4 (고대인이 상상한) 천공의 영기(靈氣), 정기(精氣). 5 (구어) 라디오. (또는 **aether**) **e·ther·ic** [iθérik] 몡
e·the·re·al [iθíəriəl] 몡 1 공기 같은; 가벼운, 희박한. 2 영묘한, 우아한. ¶~ beauty 영묘한 아름다움 / ~ purity 천사 같은 순결. 3 하늘[천상]의. ¶~ messengers 천사/an ~ being 천상 사람. 4 [화학] 에틸 에테르를 함유한, 에테르상의. (또는 **aethereal**) ‑ál·i·ty 영성(靈性), 영묘. ~·ly 用 ~·ness 몡 ‑re·ous 몡
ethéreal bódy 몡 에테르체(體)(단순한 물질적 형체로서의 육체에 생명을 부여하는 영자(靈姿)·생명체).

e·the·re·al·ize [iθíəriəlàiz] 图타 …을 영화(靈化)하다, 영묘하게 하다. ‑i·zá·tion 몡 영화, 영묘하게 하
ethéreal óil 몡 정유(essential oil). [기.
e·the·ri·al [iθíəriəl] 몡 =ethereal.
e·ther·i·fy [íːθərəfài, iːθər-] 图타 [화학] …을 에테르화하다. ‑fi·cá·tion 몡
e·ther·ize [íːθəràiz] 图타 (*(英) -ise) 1 [의학] …을 에테르로 마취시키다. 2 [화학] =etherify.
‑i·zá·tion 몡 **-iz·er** 몡 에테르 마취 장치.
E·ther·net [íːθərnèt] 몡 (상표) [컴퓨터] 이서넷 (LAN 통신 방식의 하나).
eth·ic [éθik] 몡 =ethical. — 몡 =ethics.
*eth·i·cal [éθikəl] 몡 1 윤리의[에 관한], 도덕(상)의, 선악에 관한; 윤리학상의. ⇒MORAL [유의어] ¶the ~ movement 윤리 교화 운동. 2 (사회·직업상) 도의에 어긋나지 않는; 윤리[도덕]적인. 3 (약품이) 의사 처방전 없이 판매할[살] 수 없는. — 몡 (~s) 처방전 없이 판매하는 [살] 수 없는 약. ‑cál·i·ty 몡 ~·ly 用 ~·ness 몡
éthical dátive 몡 [문법] 심성적 여격(心性的與格)(I say, knock me at this gate. (자, 이 문을 노크해라)의 me처럼 상대의 주의를 끌기 위해 삽입되는 여격).
éthical invéstment 몡 [금융] (사회) 윤리적 투자 (공해·무기 산업 따위 사회적·윤리적으로 부정적인 기업은 배제하는 증권 투자). [cian)
eth·i·cist [éθəsist] 몡 윤리학자, 도덕가. (또는 **ethi-**
eth·i·cize [éθəsàiz] 图타 윤리성을 부여하다; 윤리 문제로서 생각하다.
*eth·ics [éθiks] 몡복 1 (단수취급) 윤리학, 도덕론; 윤리학서. 2 (복수취급) 도의, 도덕(morals), 윤리, 예법. ¶Christian ~ 기독교 윤리 / business ~ 상도덕. 3 (단·복수 양용) 윤리[도덕] 체계, 그 위원회 EAB.
Éthics Advísory Bóard 몡 (the ~) (美) 윤리 권
Éthics in Góvernment Áct 몡 (美) 정치 윤리법(연방 의회 의원·정부 고위 관리에 대한 윤리 기준법).
E·thi·op [íːθiɑ̀p/-ɔ̀p] 몡 형 =Ethiopian. (또는 **E·thi·ope** [íːθiòup])
*E·thi·o·pi·a [ìːθióupiə] 몡 에티오피아(아프리카 동북부의 나라. 옛이름 Abyssinia; 수도 Addis Ababa).
E·thi·o·pi·an [ìːθióupiən] 몡 1 에티오피아의; 에티오피아인[어]의. 2 아프리카 흑인의(black African). 3 적도 이남의 아프리카의[에 속하는]. — 몡 1 에티오피아인. 2 아프리카 흑인.
Ethiópian Chúrch 몡 (the ~) 에티오피아 교회(4세기에 Frumentius에 의해 창설).
E·thi·op·ic [ìːθiɑ́pik/-ɔ́p-] 몡 =Ethiopian.
— 몡 (셈계(語系)의) 고대 에티오피아어.
eth·moid [éθmɔid] 몡 [해부] 사골(篩骨)의. (또는 **ethmoidal**) — 몡 사골(~ bone).
eth·narch [éθnɑːrk] 몡 (주민·국가·부족의) 지배자, 지도자. ‑nar·chy 몡 ethnarch의 통치(권, 령).
eth·nic [éθnik] 몡 1 민족(학)의. 2 (문화·종교·언어 따위가) 특정 민족에 전해 내려오는, 민족적인; (음악) 에스닉의(팝이나 록 음악에 제3세계의 민족 음악 요소를 가미인). ¶~ dances 민속 무용. ‑ca ~ religion 민족 종교. 3 (한 사회 속에서) 소수 민족[인종]의; (美) 소수파 민족의. ¶~ Koreans in Los Angeles L.A.의 한국계 소수 민족. 4 인종학상의. 5 (유대교도 예수교도 도보아) 이교도의. — 몡 1 종족[민족]의 일원; 인종[문화, 종교]적 소수파, 소수 민족계 시민; (濠) 이민. 2 (~s) 민족적 복장. ~s =ethnology.
eth·ni·cal [éθnikəl] 몡 =ethnic 1, 2. ~·ly 用
éthnic Chinése 몡 화교(華僑)(overseas Chinese).
éthnic clásh [cónflict] 몡 민족 분쟁[분규].
éthnic cléansing 몡 (종종 경멸적) 민족 정화(ethnic purification); 인종 청소, (조직적인) 소수 민족 박
éthnic gróup 몡 소수 민족 (집단); 민족. [해 추방.
eth·ni·cism [éθnəsìzm] 몡 민족성 중시(重視)(주의); 민족 분리(주의).

eth・nic・i・ty [eθnísəti] 명 민족색[성]; 민족적 배경 [충성심]; 민족 분리 (주의).
éthnic néighborhood 명 소수(특정) 민족 사회
eth・ni・con [éθnəkàn/-kɔ̀n] 명 (복 -ca [-kə]) 종족[종족적 집단·민족·국민]의 명칭(Hopi, Arabian 등).
éthnic pátchwork 명 잡동사니 인종 사회, 미국 사회.
éthnic púrity 명 (美) 민족적[문화적] 동질성; 인종적 순수성.
éthnic róck 명 (음악) 에스닉 록(제3세계 민족 음악의 요소를 가미한 록 음악).
éthnic slúr 명 다른 민족[국가]에 대한 중상[욕].
éthnic wárfare 명 =ethnic clash.
eth・no- [éθnou, -nə] 연결 race, culture, people의 뜻. ¶ethnology.
eth・no・arch(a)e・ol・o・gy [èθnouɑːrkiálədʒi/-ɔ́l-] 명 민족 고고학. **-gist** 명
eth・no・bot・a・ny [èθnoubátəni/-bɔ́t-] 명 식물 민속(특정 민족의 식물에 관한 전승이나 농경 습관); 민족 식물학. **-bo・tán・ic, -bo・tán・i・cal** 형 **-nist** 명
eth・no・cen・tric [èθnouséntrik] 형 (사회) 자기 민족(집단) 중심주의의, 자기 민족을 우월시하는. **-tri・cal・ly** 부 **-cen・tríc・i・ty** 명
eth・no・cen・trism [èθnouséntrizm] 명 ⓤ (사회) 자기 민족[집단] 중심[지상]주의, 자민족 우월 사상.
eth・no・cide [éθnəsàid] 명 민족 문화 말살(파괴).
ethnog. ethnography.
eth・no・gen・e・sis [èθnədʒénəsis] 명 (사회) 민족 집단[문화]의 형성[발전]. **-gen・ét・ic** 형
eth・nog・e・ny [eθnádʒəni] 명ⓤ 인종(민족) 발생학.
èth・no・gén・ic -nist 명
eth・nog・ra・phy [eθnágrəfi/-nɔ́g-] 명 (문화인류) 민족지(誌); ⓤ (기술적(記述的)) 민족지학(民族誌學). **-pher** 명
èth・no・gráph・ic, èth・no・gráph・i・cal 형
èth・no・gráph・i・cal・ly 부
eth・no・his・to・ry [èθnouhístəri] 명 (문화인류) 민족 역사학. **-his・tó・ri・an** 명 **-his・tór・ic** 형 **-i・cal, -his・tór・i・cal・ly** 부
ethnol. ethnological; ethnology.
eth・no・lin・guis・tics [èθnoulingwístiks] 명(복) (단수취급) 민족 언어학. **-lín・guist** 명 **-tic** 형
eth・nol・o・gy [eθnálədʒi/-nɔ́l-] 명ⓤ 민족[인종]학. **èth・no・lóg・ic, èth・no・lóg・i・cal** 형 **èth・no・lóg・i・cal・ly** 부 **-gist** 명
eth・no・mu・si・col・o・gy [èθnoumjùːzikálədʒi/-kɔ́l-] 명 민족 음악학.
-co・lóg・i・cal 형 **-co・lóg・i・cal・ly** 부 **-gist** 명
eth・no・nym [éθnoníːm] 명 (인류) 인종[민족]명.
eth・no・phar・ma・col・o・gy [èθnoufɑ̀ːrməkálədʒi/-kɔ́l-] 명 민족 약물학(藥物學). 「족 경멸 표현.
eth・no・phaul・ism [èθnoufɔ́ːlizm] 명 대(對)타민
eth・no・pop [éθnoupàp/-pɔ̀p] 명 에스노 팝(아시아·아프리카 등의 민족 음악을 가미한 팝 음악).
eth・no・psy・chol・o・gy [èθnousaikálədʒi/-kɔ́l-] 명ⓤ 민족 심리학. [(group). (<Gk)
eth・nos [éθnɑs/-nɔs] 명 (사회) 종족, 민족(ethnic
eth・no・sci・ence [èθnousáiəns] 명 민족 과학, 민족지학(民族誌學). **-en・tist** 명 「eth-)
eth・o- [éθou, éθə] 연결 (화학) ethyl의 뜻. (또는
e・tho・gram [éθəgræm] 명 에소그램(어떤 동물의 모든 행동 양식을 시각적으로 상세히 기록한 것).
ethol. ethology.
e・thol・o・gy [i(ː)θálədʒi/-θɔ́l-] 명ⓤ (동물) 행동학; 인성학(人性學).
e・thos [íːθɑs/-θɔs] 명ⓤ 1 (사회) (한 민족의) 기본적 특성, 특질; 기풍, 관습, 사회[민족] 정신. ¶the Greek ~ 그리스 정신. 2 (예술 작품의) 기품, 윤리성, 에토스(→ pathos). 3 (개인·집단의) 성격, 기질.
eth・ox・ide [eθáksaid/-θɔ́k-] 명 (화학) 에톡시드, 에틸레이트(에틸의 금속 유도체).

eth・yl [éθəl, (화학) íːθail] 명ⓤ 1 (화학) 에틸. 2 에틸액(液). 3 (E-) (상표) 에틸 안티 혼입 휘발유. ─ 형 에틸의.
éthyl ácetate 명 (화학) 아세트산 에틸. 「틸의.
éthyl álcohol 명 (화학) 에틸 알코올. 형 alcohol
eth・yl・ate [éθəlèit] 명 (화학) (화합물을 에틸화하다; 에틸기(基)를 넣다. ─ 명 (또는 ethoxide) 에틸레이트. **-á・tion** 명 에틸화.
eth・yl・ene [éθəlìːn] 명 (화학) 에틸렌. 「쓰인다.
éthylene glýcol 명 (화학) 에틸렌 글리콜(부동액으로)
éthylene gróup 명 (화학) 에틸렌기(基). 「진).
e・thyl・ic [eθílik] 형 (화학) 에틸의 (특징을 가
et・ic [étik] 형 (언어·문화인류) 에틱적인, 비구조적인, (언어와 기타 인간 활동을 분석·기술하는 데 있어서) 기능면을 문제삼지 않는. 형 emic
e・ti・o・late [íːtiəlèit] 타(타) 1 (식물)을 (햇빛에 쬐지 않고) 백화(白化)시키다, 노래지게 하다. 2 (안색을) 창백하게 하다. ─ 자 (식물이) 백화하다, 노랗게 되다.
-làt・ed 형 창백해진, 퇴색한. **-lá・tion** 명
e・ti・o・log・ic [ìːtiəládʒik/-lɔ́dʒ-] 형 1 병인(病因)의. ¶ an ~ agent 병원체. 2 원인론의, 인과 관계의(에 관한). (또는 **etiological**) **-i・cal・ly** 부
e・ti・ol・o・gy [ìːtiálədʒi/-ɔ́l-] 명ⓤⓒ 1 병인학(病因學); 병인. 2 원인론[학]; 인과 관계 연구, 근원 탐구. 3 (의학) 원인 병리론. (또는 **aetiology**) **-gist** 명
e・ti・o・path・o・gen・e・sis [ìːtioupæ̀θədʒénəsis]
*******et・i・quette** [étikit, -kèt/étikèt] 명 1 에티켓, 예의, 예법; 법도. ¶a breach of ~ 예법에 어긋남. 2 (직업상의) 관례, 관습, 예의, 불문율. ¶legal [medical] ~ 변호사[의사] 사이의 관례. 3 (궁정·외교상 따위의) 의례(儀禮), 예식. ¶court ~ 궁정 의례.
et・na [étnə] 명 알코올로 물을 끓이는 기구.
Et・na [étnə] 명 Mount ~ 에트나 산(Sicily 섬에 있는 유럽에서 가장 높은 활화산). (또는 **Aetna**)
***E・ton** [íːtn] 명 1 이튼(London 서쪽 Thames 강변의 도시). 2 =~ College. 3 (~s) 이튼 학교의 제복.
Éton blúe (종종 e-) (때로 an ~) 녹색을 띤 청색 (Eton 학교의 교색(校色)). **É・ton-blúe** 형
Éton cáp 명 이튼 캡(챙이 좁은 모자).
Éton cóllar 명 (이튼 학교 제복에 다는) 폭넓은 칼라.
Éton Cóllege 명 (英) 이튼 학교(1440년 Henry 6세가 창설한 public school).
Éton cróp 명 (여자의 치켜 깎은) 단발 머리형.
E・to・ni・an [iːtóuniən] 명 이튼 학교 학생[졸업생]. ¶ an old ~ 이튼교(校) 출신자. ─ 형 이튼 학교의.
Éton jácket [cóat] 명 1 이튼 학교 제복의 상의 (깃이 넓고 길이가 짧다). 2 이와 비슷한 짧은 여자 상의.
e-trade [itréid] 명 (종종 E-) 전자(사이버) 주식(상) 거래. (또는 **e-trading**)
é・tran・ger [eitrɑːʒéi/F etrɑ̃ʒe] 명 외국인, 이방인; 타인, 모르는 사람. (<F) 「아에 있던 나라).
E・tru・ri・a [itrúəriə] 명 에트루리아(고대 서부 이탈리)
E・tru・ri・an [itrúəriən] 형명 =Etruscan.
E・trus・can [itráskən] 형 1 에트루리아(Etruria)의; 에트루리아 문명[미술]의. 2 에트루리아 사람[어(語)]의. ─ 명 에트루리아 사람[말].
ETS[1] [íːtiːéːs] 명(자) (美軍속어) 만기 제대하다. (<estimated time of separation)
ETS[2], **E.T.S.** (美) *E*ducational *T*esting *S*ervice (교육 평가원; SAT, TOEFL, TOEIC 따위 시험의 주관 기관; 1947년 창설); *e*nvironmental *t*obacco *s*moke.
et seq. (라틴) *e*t *s*equens, **et seqq.** *et sequentes*[*sequentia*]. 「sq.). (<L
et se・quens [et sékweinz] 이하 참조(⇒ et
et se・quen・tes [et sekwénteis] 이하 참조(⇒ et seqq., et sqq.). (또는 **et sequentia**) (<L)
-ette [et] 접미 여성형. 1 지소형(指小形)을 만든다. ¶cigarette, dinette. 2 여성을 만든다. ¶coquette, farmerette. 3 대용품·모조품임을 나타내는 상표명을 만

é·tude [éitjuːd/éitiuːd] 명 1 (음악) 연습곡, 에튀드. 2 (문학·미술 따위의) 습작. [<F study]

e·tui [eitwiː, étwi] 명 (바늘·화장품 따위를 넣는) 작은 함, 손그릇. (또는 **etwee**) [<F case, box]

ETV educational television. **ETX** (컴퓨터) end of text(텍스트의 종결). **ety., etym., etymol.** etymological; etymology.

et·y·mo·log·i·cal [ètəməládʒikəl/-lɔ́dʒ-] 형 어원(語源)의, 어원적인; 어원학상의, 어원학에 따른. (또는 **etymologic**) ~·ly 부

et·y·mo·log·i·con [ètəməládʒikàn, -kən/-lɔ́dʒikɔ̀n] 명 어원 사전. 「연구가, 어원학자.

et·y·mol·o·gist [ètəmáləd3ist/-mɔ́l-] 명 어원

et·y·mol·o·gize [ètəmáləd3àiz/-mɔ́l-] (* 英) **-gise**) 자타 1 …의 어원을 찾다[조사하다]. — 자 1 어원을 연구하다. 2 어원을 나타내다. **-gíz·a·ble** 형

*et·y·mol·o·gy [ètəmáləd3i/-mɔ́l-] 명 1 ⓤ 어원 연구; 어원학. 2 (특정 낱말의) 어원 설명. ¶folk [or popular] ~ 통속 어원설(devil의 어원은 do+evil로 된다). 3 어원, 말의 유래. **-gist** 명

et·y·mon [étəmàn/-mɔ̀n] 명 (복 ~s, -ma [-mə]) 낱말의 원형, 어근(語根)(파생어의 기본이 된다).

Eu 기 europium. **EU** European Union(유럽 연합).

e.u., E.U. [열역학] entropy unit. **E.U.** Evangelical Union(복음주의 연맹).

eu- [juː] (접두) good, well의 뜻. ¶euology, eugenic.

eu·caine [juːkéin] 명 ⓤ (약학) 유케인(국부 마취제).

eu·ca·lyp·tus [jùːkəliptəs] 명 (복 -ti [-tai], ~es) 유칼립투스 (오스트레일리아 원산의 상록 교목); 유칼리유(油)(~ oil)(방부·살균제용).

eu·car·y·ote [juːkǽriòut] 명 (생물) 진핵(眞核) 생물. **-ót·ic** 형

Eu·cha·rist [júːkərist] 명 (the ~) 1 감사의 미사, 성찬, 성찬식. 2 성체(聖體); 성찬용 빵과 포도주. ¶receive the ~ 성체를 받다. 3 (e-) 감사의 기도, 감사.

Eu·cha·ris·tic [jùːkəristik] 형 감사 미사의, 성찬식의; 성체의; 감사의. ¶~ prayer (감사 미사의) 봉헌문(奉獻文). **-ti·cal** 형 **-ti·cal·ly** 부

eu·chlo·rin(e) [juːklɔ́ːrin] 명 ⓤ (광석) 선록석(鮮綠石), 유클로린(구리·나트륨·칼륨의 황산염 광물).

eu·chre [júːkər] 명 ⓤ (카드놀이) 유커(2-4명이 하는 게임). — 타 1 (유커에서) (상대)를 이기다. 2 (구어) (남)을 앞지르다, 속이다; (남)에게서 (…을) 편취하다 (out of). 3 (濠) …을 다 써버리다.

eu·chro·ma·tin [juːkróumətin] 명 (유전) 진정 염색질. **èu·chro·mát·ic** 형 「진정 염색체.

eu·chro·mo·some [juːkróuməsòum] 명 (유전)

*Eu·clid [júːklid] 명 1 유클리드(그리스의 수학자·기하학자; 기하학의 아버지). 2 =Euclidean geometry; (속어) 기하학(geometry).

Eu·clid·e·an [juːklídiən] 형 (종종 e-) 유클리드(기하학)의(공리(公理)를 따르는). (또는 **Euclidian**)

Euclidean álgorithm [수학] (유클리드의) 호제법(互除法). (또는 **Éuclid's álgorithm**)

Euclídean geómetry 명 유클리드 기하학. 「靈」.

eu·d(a)e·mon [juːdíːmən] 명 선한 귀신, 선령(善靈)

eu·d(a)e·mo·ni·a [jùːdiːmóuniə] 명 ⓤ 1 행복, 복리(福利). 2 (아리스토텔레스 철학에서 이성(理性)의 통제하에서 적극적으로 생활한 결과로 얻어지는) 행복.

eu·d(a)e·mon·ics [jùːdiːmániks/-mɔ́n-] 명 (복) (단수취급) 1 행복론. 2 =eud(a)emonism.

eu·d(a)e·mon·ism [juːdíːmənìzəm] 명 ⓤ (윤리) 행복설[주의](행복에 도달하는 길은 도덕에 있다고 함). **-ist** 명 **-ís·tic, -ís·ti·cal** 형 **-ís·ti·cal·ly** 부

eu·di·om·e·ter [jùːdiámətər/-ɔ́m-] 명 (화학) 유디오미터, 수전량계(水電量計)(전기량 측정 장치). **-o·mét·ric, -o·mét·ri·cal** 형 **-o·mét·ri·cal·ly** 부

eu·di·om·e·try [juːdiámətri/-ɔ́m-] 명 (화학) (eudiometer에 의한) 전기량 측정[분석]. 「Gene].

Eu·gene [juːdʒiːn/-ʒéin] 명 유진(남자 이름; 애칭

eu·gen·ic [juːdʒénik] 형 1 종족(種族) 개량의[을 초래하는], 우생학상의. 2 우수한 형질을 이어받은, 우수한 자손을 낳는. (또는 **eugenical**) **-i·cal·ly** 부

eu·gen·i·cist [juːdʒénəsist] 명 우생학자; 인종 개량론자. (또는 **eugenist**) 「자손 개량. 반 **dysgenics**.

eu·gen·ics [juːdʒéniks] 명 (단수취급) 우생학; =eugenicist.

eu·ge·nist [júːdʒənist] 명 =eugenicist.

eu·gle·na [juːgliːnə] 명 (생물) 유글레나, 연두벌레.

eu·kar·y·ote [juːkǽriòut] 명 (생물) =eucaryote.

eu·lo·gi·a [juːlóudʒiə] 명 eulogium의 복수형.

eu·lo·gist [júːlədʒist] 명 칭찬자, 찬미자.

eu·lo·gis·tic [jùːlədʒístik] 형 찬사의, 찬미의, 극구 칭찬하는. (또는 **eulogistical**) **-ti·cal·ly** 부

eu·lo·gi·um [juːlóudʒiəm] 명 (복 ~s, -gi·a [-dʒiə]) =eulogy.

eu·lo·gize [júːlədʒàiz] (* 英) **-gise**) 타 칭찬하다, …에 찬사를 보내다. **-gi·zá·tion, -gìz·er** 명

eu·lo·gy [júːlədʒi] 명 1 찬사, 찬양(칭찬하는 말; (고인을) 기리는[칭송하는] 연설, 송덕문(頌德文)(on, of, to). 2 ⓤ 칭찬(high praise), 찬양.

chant the eulogy of a person 남을 찬양[칭송]하다
in eulogy of …을 찬미하여[기려].
pronounce a eulogy on [or upon] a person;
pronounce a person's eulogy 남의 덕을 기리다, 남에게 찬사를 바치다.

Eu·men·i·des [juːménidìːz] 명(복) (그리스 신화) 복수의 3여신(Furies).

Eu·nice 명 1 [júːnis] 유니스(여자 이름). 2 [juːnáisi] (동물) 갯지렁이(속(屬)).

eu·nuch [júːnək] 명 1 거세(去勢)된 남자, 고자. 2 (역사) 내시, 환관(宦官). 3 허약한 사람, 무기력한 사내. ~·ism 명 ~·ize 타 「(宦官症)의 (환자).

eu·nuch·oid [júːnəkɔ̀id] 명(병리) 유환관증(類

eu·nuch·oid·ism [júːnəkɔ̀idizm] 명 (병리) 유환관증(고환 발육 부전에 의한 남성 호르몬 결핍증).

eu·pep·sia [juːpépʃə/-siə] 명 ⓤ (의학) 소화 양호. 반 **dyspepsia**. (또는 **eupepsy**) 「낙천적인.

eu·pep·tic [juːpéptik] 형 소화를 잘하는; 쾌활한,

euphem. euphemism; euphemistic(ally).

eu·phe·mism [júːfəmìzəm] 명 1 (수사) 완곡어법. 2 완곡적인 말, 넌지시 둘러 말하는[점잖은] 표현(반 **dysphemism**). **-mist** 명 완곡어법을 (잘) 쓰는 사람.

eu·phe·mis·tic [jùːfəmístik] 형 완곡어법의; 완곡한. (또는 **euphemistical**) **-ti·cal·ly** 부

eu·phe·mize [júːfəmàiz] (* 英) **-mise**) 자 완곡어법을 쓰다, 완곡어법을 사용하다. **-mi·zá·tion, -mìz·er** 명

eu·phen·ics [juːféniks] 명(복) (단수취급) (의학) 인간 개조학. **-ic** 형

eu·phon·ic [juːfánik/-fɔ́n-] 형 음조가 좋은, 듣기 좋은; 발음 편의상의, 어조음에 관한. ¶~ changes 음편(音便). (또는 **euphonical**) **-i·cal·ly** 부

eu·pho·ni·ous [juːfóuniəs] 형 음조가 좋은, 듣기 좋은; 조화되는. **-ly** 부 **-ness** 명

eu·pho·ni·um [juːfóuniəm] 명 (음악) 유포늄(취주악에 사용하는 저음의 금관 악기).

eu·pho·nize [júːfənàiz] 타 …의 음조[어감]를 좋게 하다, 어조를 맞추다.

eu·pho·ny [júːfəni] 명 ⓤ 1 듣기 좋은 음조, 어조 [어감]가 좋음, 듣기 좋음. 2 (음성) 음편(音便)(음이 연속될 때 발음하기 쉬운 다른 음으로 변하는 경향).

eu·phor·bi·a [juːfɔ́ːrbiə] 명 등대풀속(屬)의 식물.

eu·pho·ri·a [juːfɔ́ːriə] 명 ⓤ (심리) 다행증(多幸症)(감정의 병적 고양 상태), 병적 쾌감; (속어) (마약에 의한) 도취(감). **-phór·ic** 형 **-phór·i·cal·ly** 부

eu·pho·ri·ant [juːfɔ́ːriənt] 영 (약이) 병적 행복감 [다행증]을 일으키는. — 영 (약학) 다행증 발현제; 도

eu·pho·ry [júːfəri] 영 =euphoria. [취약.

eu·phra·sy [júːfrəsi] 영 (식물) 좁쌀풀(유럽 원산).

*****Eu·phra·tes** [juːfréitiːz] 영 (the ~) 유프라테스 강 (고대 문명의 발상지). **-te·an** 영

Eu·phros·y·ne [juːfrásəniː/-frɔ́z-] 영 (그리스 신화) 유프로시네(기쁨의 여신: the Graces의 하나).

eu·phu·ism [júːfjuːìzm] 영U (16세기 말경 영국에서 유행했던) 과식체(誇飾體); 화려한 문체, 미사 여구. **-ist** 영 (<영국 작가 John Lyly의 소설 *Euphues*)

eu·phu·is·tic [jùːfjuːístik] 영 글이나 문체가 과식적인; 미사 여구를 늘어놓는. (또는 **euphuistical**)

Eur. Europe; European. **-ti·cal·ly** 閉

Eur- [juər, juər] [연결] ⇒Euro-.

Eur·af·ri·can [jùərǽfrikən/juər-] 영 유럽과 아프리카의. — 영 유럽인과 아프리카인의 혼혈아.

Eu·rail·pass [juərêilpǽs/jùərêilpɑ́ːs] 영 유레일패스(유럽의 모든 철도를 탈 수 있는 할인 정기 승차권). (<*E*uropean *rail*road *pass*)

Eur·a·mer·i·can [jùərəmérikən/jùər-] 영 구미(歐美)(공통)의. (또는 **Èuro-Américan**)

*****Eur·a·sia** [juəréiʒə, -ʃə/juər-] 영 유라시아, 구아주(歐亞洲)(유럽과 아시아를 일체로 본 명칭).

Eur·a·sian [juəréiʒən, -ʃən/juər-] 영 1 유라시아의. ¶the ~ Continent 유라시아 대륙. 2 구·아(歐亞) 혼혈의. — 영 유라시아인 혼혈아.

Eur·at·om [juərǽtəm/juər-] 영 유럽 원자력 공동체. (또는 **EURATOM**) (<*E*uropean *At*omic Energy *Com*munity)

EURCO [júərəkòu] 영 유러코(Eurobond에 쓰이는 합성 통화 단위). (<*Eu*ropean *C*omposite *U*nit)

eu·re·ka [juəríːkə/juər-] 영 알았다!, 바로 이거다!, 됐다! (Archimedes가 왕관의 순금도를 알아내는 방법을 발견했을 때의 외침). (<Gk *heuréka* I have found (it)!]

Euréka próject 영 유레카 계획(유럽 제국의 첨단 ⎯

Eu·rex [juərɛ́ks/juə-] 영 (the ~) 유렉스(ix(국제 증권 거래소)의 선물·옵션 따위 금융 파생 상품 전자 거래소; 독일 Frankfurt 소재). ⓢ ix

eu·rhyth·mic [juːríðmik] 영 =eurythmic.

eu·rhyth·mics [juːríðmiks] 영U =eurythmics.

eu·rhyth·my [juːríðmi] 영U =eurythmy.

EURIT [júːrit] 영 유럽 투자 신탁 기관, 유리트. (<*Eu*ropean *I*nvestment *T*rust)

Eu·ro [júərou/júər-] 영 1 유럽 사람. 2 [금융] = Eurobond; =Eurodollar. 3 (e-) 유로(EU의 단일 화폐 단위)(2002.1.1부터 통용; ⑦ €).
— 영 (구어) 유럽의.

Eu·ro- [júərou, jɔ́ːr-/júər-] [연결] Europe, European, European Union의 뜻. ¶*Euro*dollar, *Euro*finance. (또는 **Eur-**) [ican.

Eu·ro-A·mer·i·can [-əmérikən] 영 =Euramer-

Eu·ro·bab·ble [júərəbæ̀bl/júər-] 영 EU 전문어(EU 관계의 서류·규칙 등에 쓰이는 용어).

Eu·ro·bank [júərəbæ̀ŋk/júər-] 영 유럽 은행, 유러뱅크(유럽 통화(Eurocurrency) 시장에서 활동하는 국제 은행). ~**er**, ~**ing**

Eu·ro·beach [júərəbìːtʃ/júər-] 영 유러 해안(바닷속의 박테리아 양(量) 등 EU의 기준에 적합한 해수욕장).

Eu·ro·bond [júərəbànd/júərəbɔ̀nd] 영 유러채(債)(비유럽 국가의 유럽 시장에서 발행하는 외화 표시 공사채). [행되는 양도성 정기 예금 증서).

Éuro CD 영 (경제) 유러 CD(유럽 통화 시장에서 발

Eu·ro·cen·tric [jùərəséntrik/júər-] 영 유럽(인)에 집중한; 유럽 중심의 (사고 방식의). (또는 **Europocentric**) **-trism** 영 [국내에서 통용되는 신용 카드.

Eu·ro·cheque [júərout∫èk/júər-] 영 (英) 유럽 각

Eu·roc·ly·don [juəráklidàn/juəróklidɔ̀n] 영 (지중해에 발생되는) 강한 북동풍(gregale).

Eu·ro·com·mu·nism [jùərəkámjunìzm/jùərəkɔ́m-] 영 유러코뮤니즘(동·서 냉전 시대 서유럽 공산당의 탈(脫)소련 독립·자유·민주 노선). **-nist** 영

Eu·ro·con·trol [jùərəkəntróul/júər-] 영 유럽 항공 관제(유럽 전체의 관제 효율과 안전성 향상을 위한 기구).

Eu·ro·corps [jùərəkɔ̀ːrz/júər-] 영 유럽 방위군.

Eu·ro·ra·cy [juərákrəsi/juərɔ́k-] 영 (집합적) 유럽 연합(EU)의 관료(사무국 직원) 전체.

Eu·ro·crat [júərəkræ̀t/júər-] 영 유럽 연합(EU) 관료(직원). **-crát·ic** 영

Eu·ro·crat·ize [júərəkrǽtàiz/júər-] 영 유럽 연합(EU)화하다, EU 관료가 규제하다. **·i·zá·tion** 영

Eu·ro·cur·ren·cy [jùərəkə̀ːrənsi/júərəkʌ́r-] 영 유러통화(貨)(유럽 각국의 통화). (또는 **Euromoney**)

Éuro Disneyland 영 (상표) 유러 디즈니랜드(Paris 근교에 있는 Euro-Disney Resort 안의 테마 공원).

Eu·ro·dol·lar [júərədàlər/júərədɔ̀lə] 영 1 유러달러(미국 외의 은행에 예금되어 있는 달러). 2 =Euro 3.

Eu·ro·e·lec·tion [-ilékʃən] 영 유럽 의회 의원 선거.

Eu·ro·Eng·lish [júərəìŋglìʃ/júər-] 영 EU 역내(域內)에서 사용되는 영어. [적극론자.

Eu·ro·en·thu·si·ast [-enθúːziæst] 영 유럽 통합

Eu·ro·fight·er [júərəfáitər/júər-] 영 유러 전투기 (European fighter aircraft)(영국·독일·이탈리아·스페인 4국 공동 개발 전투기).

Eu·ro·group [-grùːp] 영 유러 그룹(프랑스·아이슬란드를 제외한 유럽의 NATO 가맹국 국방 장관 그룹).

Eu·ro·ills [-ílz] 영U 유럽병(실업·민족 분쟁·마약 따위 유럽이 안고 있는 정치·경제·사회 문제).

Eu·ro·is·sue [-íʃuː] 영 =Eurobond. [기).

Éuro Jùmbo 영 유러 점보(650인승의 차세대 여객기

Eu·ro·kid [jùərəkìd/júər-] 영 유럽 연합(EU) 직원의 자녀.

Eu·ro·ky [juəróuki/juər-] 영 (생태) 광환경성(廣環境性)(생물체가 광범한 환경 변화에도 살 수 있는 성질). (또는 **euryoky**) [(Euro zone).

Eu·ro·land [júərəlæ̀nd/júər-] 영 유로화권(貨圈)

Eu·ro·loan [-lòun] 영 =Eurobond.

Eu·ro·mar·ket [jùərəmáːrkit/júər-] 영 1 유럽 공동 시장(Common Market). (또는 **Éuromàrt**) 2 (금융) 유러 마켓(유럽 금융 시장; 유로화 금융 시장).

Eu·ro·mis·sile [júərəmìsəl/júərəmìsail] 영 유러 미사일(예 소련의 탄도 미사일 배치에 대항하여 미국이 NATO 제국에 배치한 핵미사일의 총칭). [rency.

Eu·ro·mon·ey [júərəmʌ̀ni/júər-] 영 =Eurocur-

Eu·ro·MP [-êmpìː] 영 유럽 (의회) 의원.

Eu·ro·na·tion·al·ism [jùərənǽʃənəlìzm/júər-] 영 유럽 민족주의. [기술 정보 통신망).

Eu·ro·net [júərənèt/júər-] 영 유러네트(EU의 과학

Eu·ro·next [júərounèkst/júər-] 영 유러넥스트(증권 거래소)(Paris, Amsterdam, Brussels 증권 거래소).

Eu·ro·pa [juəróupə/juər-] 영 1 (그리스 신화) 에우로파(Zeus의 사랑을 받은 Phoenicia의 왕녀). 2 (천문) 유로파(목성의 위성의 하나).

Eu·ro·pa·bus [juəróupəbʌ̀s/juər-] 영 유러파버스 (서유럽 각국이 공동 운영하는 장거리 버스 노선).

Eu·ro·par·lia·ment [júərəpàːrləmənt/júər-] 영 =European Parliament.
·par·lia·men·tár·i·an 영 **-mén·ta·ry** 영

Eu·ro·pat·ent [júəroupǽtnt/júəroupèit-] 영 유럽 특허(유럽 국가간에 인정되는 특허권).

‡**Eu·rope** [júərəp/júər-] 영 1 유럽, 구주(歐洲). 2 (英) (영국과 구분하여) 유럽 대륙; 유럽 연합(EU).

‡**Eu·ro·pe·an** [jùərəpíːən/jùərə-] 영 1 유럽(식)의; 유럽사람의; 전(全) 유럽인의. 2 유럽산(産)의, 유럽에서

생겨난. **3** 유럽주의의. **—**[명] **1** 유럽 사람; 유럽계(系) 사람. **2** 《英》 유럽 통합주의자.

European Article Number [명] 유럽 상품 코드 「([약] EAN).

European Atomic Energy Community [명] (the ~) =Euratom.

European Central Bank [명] (EU의) 유럽 중앙 「은행.

European Clearing [Payment] Union [명] 유럽 결제 동맹([약] ECU [EPU]).

European Commission [명] (the ~) 유럽 위원회(EU의 사무국 격인 집행 기구).

European Common Market [명] (the ~) = Common Market([약] ECM).

European Community [명] (the ~) 유럽 공동체(유럽 연합(EU)의 전신; [약] EC).

European Council [명] (the ~) 유럽 이사회(EU 회원국 정상 회의).

European Court [명] (the ~) 유럽 인권 재판소(~ of Human Rights); 유럽 사법 재판소(~ of Justice).

European Currency Unit [명] 유럽 통화 단위(EU 회원국의 공통 계산 단위; euro로 대체; [약] ECU).

European Economic Area [명] (the ~) 유럽 경제 지역(EU 15개국과 EFTA 4개국이 참가하는 자유 시장; [약] EEA).

European Economic Community [명] (the ~) 유럽 경제 공동체([약] EEC).

European Free Trade Association [명] (the ~) 유럽 자유 무역 연합(1960년 조직; [약] EFTA).

European Investment Bank [명] (the ~) 유럽 투자 은행([약] E.I.B., B.E.I.).

Eu·ro·pe·an·ism [jùərəpíːənìzm/jùərə-] [명][U] **1** 유럽적 특색[기풍(氣風)], 유럽 정신. **2** 유럽적 관행[관습]. **3** 유럽주의, 유럽 통일주의. **-ist** [명]

Eu·ro·pe·an·ize [jùərəpíːənàiz/jùərə-] (*《英》 **-ise**) [동][타] **1** …을 유럽식[풍]으로 하다, 유럽화하다. **2** 〔국가·경제〕를 유럽 공동 시장(Common Market)에 통합하다. **-pè·an·i·zá·tion** [명]

European Monetary Institute [명] (the ~) 유럽 통화 기구(유럽 통화 동맹 준비 기구; [약] EMI).

European Monetary System [명] (the ~) 유럽 통화 제도(1979년 발족; [약] EMS).

European Monetary Union [명] (the ~) 유럽 통화 동맹([약] EMU).

European Parliament [명] 유럽 의회(공식 명칭은 Assembly of the European Union; 본부는 프랑스의 Strasbourg).

European plan [명] (the ~) 《美》 (호텔의) 유럽 방식(호텔 요금에서 식사대는 별도). [참] American plan

European Recovery Program [명] (the ~) 유럽 부흥 계획(통칭 Marshall Plan; [약] ERP, E.R.P.).

European Space Agency [명] (the ~) 유럽 우주 기관(1979년 발족; [약] ESA).

European Travel Commission [명] (the ~) 유럽 여행 위원회([약] ETC).

European Union [명] (the ~) 유럽 연합(European Community(EC)의 후신으로 1993년 발족; 본부 Brussels; [약] EU). [참] Maastricht Treaty

Eu·ro·pes·si·mism [-pèsəmizm] [명] (유럽은 미국·일본과 경쟁 상대가 될 수 없다는) 유럽 비관론.

eu·ro·pi·um [juəróupiəm/juər-] [명][U] 〔화학〕 유러퓸(희토류(稀土類) 금속 원소; [기] Eu).

Eu·ro·plug [júərəplʌ̀g/júər-] [명] 〔전기〕 유러플러그(유럽 각국의 여러 소켓에 공용되는 플러그).

Eu·ro·po·cen·tric [juəròupəséntrik, jùərə-] [형] 유럽 중심(주의)의. **-trism** [명] 유럽 중심주의.

Eu·ro·pol [júərəpòul/júrəpɔ̀l] [명] 유럽 경찰 조직, 유러폴(European police force). [참] Interpol

Eu·ro-poll [-pòul] [명] Euro-election의 투표.

Eu·ro·port [júərəpɔ̀ːrt/júər-] [명] 유러포트(유럽 연합의 수출입항; 네덜란드의 암스테르담 따위).

Eu·ro·ra·di·o [júərərèidiou] [명] 유럽 라디오(유럽 제국이 공동 경영하는 라디오 방송국).

Eu·ro-reb·el [-rèbl] [명] 유럽 통합[EU] 반대파.

Eu·ro·sat [júərəsæ̀t/júər-] [명] 유러샛(유럽 통신 위성 회사).

Eu·ro·scle·ro·sis [jùərəsklərόusəs/jùər-] [명] 유럽 동맥 경화증(유럽의 만성적 경제 부진과 고실업 사태).

Eu·ro·sis [juəróusis/juər-] [명] 유럽병(Euro-ills).

Eu·ro·skeptic [-skèptik] [명] 유럽 통합 회의파. (또는 **Eurosceptic**) 「럽 사회주의.

Eu·ro·so·cial·ism [jùərəsóuʃəlìzm/jùər-] [명] 유

Eu·ro·space [júərəspèis/júər-] [명] 유러스페이스(유럽 우주 산업 연합회). 「용어.

Eu·ro·speak [júərəspìːk/júər-] [명] EU 관료[특수]

Eu·ro·star [júərəstɑ̀ːr/júər-] [명] 유러스타(유러 터널(Eurotunnel)을 운항하는 고속 열차). 「통계청.

Eu·ro·stat [júərəstæ̀t/júər-] [명] (the ~) 유럽 연합

Eu·ro·trash [júərətræ̀ʃ/júər-] [명] 《속어》 유럽의 초유한족(超有閑族)(세계를 유람하며 놀고 지내는 부자들).

Eu·ro·tun·nel [júərətʌ̀nl/júər-] [명] 유러터널(영·불 해협 터널)(Chunnel).

Eu·ro-un·ion [-júːnjən] [명] 유럽 연합 노동 조합.

Eu·ro·ville [júərəvìl/júər-] [명] 유러빌; 유럽 연합 상설(常設) 본부 소재지, 유럽 공동체 수도.

Eu·ro·vi·sion [júərouvìʒən/júər-] [명] 유러비전(서유럽 TV 방송망). 「의 신. **2** 동(남)풍.

Eu·rus [júərəs/júər-] [명] **1** 〔그리스 신화〕 동(남)풍

eu·ry- [júəri, jə́ri/júəri-] [연결] broad, wide의 뜻. ¶*eury*pterid(광익류(廣翼類)의 동물).

Eu·ryd·i·ce [juərídəsiː/juə-] [명] 〔그리스 신화〕 에우리디케(Orpheus의 처).

eu·ryth·mic [juːríðmik] [형] **1** 경쾌한 리듬의, 리듬이 잘 조화된; (건물 따위가) 균형이 잡힌. **2** 리듬 교육[체조]의. (또는 **eurythmical**) **-mi·cal·ly** [부]

eu·ryth·mics [juːríðmiks] [명][복] 《단·복수 양용》 리듬 교육; 리듬 체조. 「화, 균형. **2** 리듬식 교육법.

eu·ryth·my [juːríðmi] [명] **1** 율동적 운동[배치]; 조

eu·sol [júːsɔːl, -sɑl/-sɔl] [명][U] 〔약학〕 유솔(염화 석회와 붕산으로 만든 소독·방부제).

Eu·stá·chi·an tùbe [juːstéiʃən-, -kiən-] [명] 〔해부〕 유스타키오[에우스타키오]관, 이관(耳管)(중이(中耳)에서 인후로 통하는 관). 〔<이탈리아의 해부학자 B. Eustachio(1524?-74)의 이름〕

eu·tec·tic [juːtéktik] 〔물·화〕 [형] **1** (같은 성분의 합금이나 혼합물 중에서) 최저 온도에서 융해하는; 공융(共融)의. ¶a ~ alloy [mixture] 공융 합금[혼합물]. **2** 공융 혼합물의. ¶a ~ melting point 공융점(共融點). **—**[명] 공융 물질[혼합물], 공정(共晶); 공융 용융점[온도].

Eu·ter·pe [juːtə́ːrpi] [명] 〔그리스 신화〕 에우테르페(음악과 서정시를 관장하는 여신). [참] Muse 「음악의.

Eu·ter·pe·an [juːtə́ːrpiən] [형] 에우테르페 여신의;

eu·tha·na·sia [jùːθənéiʒə, -ziə] [명][U] **1** 편안한 죽음, 극락 왕생. **2** 안락사(술). **-si·ast** [명] 안락사 찬성파. **-sic** [형]

eu·tha·nize [júːθənàiz] (*《英》 **-nise**) [동][타] …을 안락사시키다. (또는 **euthanatize**)

eu·then·ics [juːθéniks] [명][복] 《단수취급》 《美》 환경 우생학. **-ist** [명] 「산(順產).

eu·to·ci·a [juːtóuʃiə, -ʃə] [명] 〔의학〕 정상 분만, 순

eu·troph·ic [juːtráfik/-trɔ́f-] [형] **1** 〔의학〕 영양 상태가 좋은. **2** 〔생태〕 (강·호수가) 부영양(富營養)의.

eu·troph·i·cate [juːtráfikèit/-trɔ́f-] [동][자] 〔생태〕 (하천·호수 따위가) 부영양화(富營養化)하다. **-cá·tion** [명] 부영양화; 부영양수(水). 「영양화한.

eu·tro·phied [júːtrəfid] [형] (하천·호수 따위가) 부

eu·tro·phy [júːtrəfi] [명][U] 〔의학〕 영양 양호, 정상 발육; 〔생태〕 부영양 상태. (또는 **eutrophia**)

ev, eV, EV electron-volt(전자 볼트). **EV** electric vehicle. **E.V.** English Version (of the Bible); 〔수학〕expected value.

E·va [í:və] 에바, 이버(여자 이름; Eve의 별칭).

EVA 〔우주〕extravehicular activity(우주선외 활동).

evac. evacuate; evacuation.

e·vac·u·ant [ivǽkjuənt] 〔의학〕혱 배설하는; 배설을 촉진하는. —몡 배설 촉진제, 하제(下劑), 이뇨제(利尿劑), 토제(吐劑).

***e·vac·u·ate** [ivǽkjuèit] 目目 1 (집 따위를) 비우다, 인도(引渡)하다.¶~ a house 집을 비워주다. 2 (위험 지역에서) (주민 등을) 피난시키다, 옮기다, 소개(疏開)시키다(from, to). 3 (군사) a) (부상병 등을) 후송하다.¶~ the wounded 부상병을 후송하다. b) …을 철수하다, …에서 철퇴하다(from). 4 (생리) …을 배설하다; (장(腸) 따위를) 비우다(of). 5 …에서 빼앗다(of).¶The rapture of love ~d his mind of reason. 사랑에 빠진 나머지 그는 이성을 잃었다. —目 1 소개(疏開)하다, 철수하다, (위험 지역에서) 물러서다.¶~ into the country 시골로 소개하다. 2 배출하다, 배설하다.

***e·vac·u·a·tion** [ivǽkjuéiʃən] 몡ⓤⓒ 1 (그릇 따위를) 비우기; 비워진 상태. 2 (생리) 배설, 배변; 배설물. 3 (위험 지역으로부터의) 피난, 소개; 인도(引渡), 퇴거. 4 (군사) 철퇴, 후송. **e·vác·u·à·tive** 혱

e·vac·u·a·tor [ivǽkjuèitər] 몡 비우는[게 하는] 사람; 제거자, 철퇴자; (의학) (관장용) 흡인기(吸引器).

e·vac·u·ee [ivækjuí:] 몡 (위험 지구로부터의) 소개자(疏開者), 피난민; 강제된 대피자, 공습 피난자.

***e·vade** [ivéid] 目目 1 …을 잘 빠져나가다; …을 교묘히 피하다. ⇒ESCAPE 유의어 ¶~ him at a party 파티에서 교묘히 그를 피하다 /~ confrontation 대결을 피하다. 2 (법망 따위를) 빠져나가다, 허점을 이용하다. 3 (의무의 이행 따위를) 회피하다, 태만히 하다(doing).¶~ (paying) a tax 탈세하다. 4 (질문 따위를) 적당히 넘기다, 얼버무리다.¶~ a question 질문을 얼버무리다. 5 (노력 따위를) 헛되게 하다, …이 감당 못하게 하다.¶beyond one's power 감당할 수 없다 /a word that ~s definition 정의를 내리기 곤란한 말. —豵 (…으로부터) 교묘히 도망치다, 회피하다(from).

e·vád·a·ble 혱 **e·vád·er** 몡 **e·vád·ing·ly** 豵

eval. evaluate(d); evaluation.

***e·val·u·ate** [ivǽljuèit] 目目 1 …을 평가하다; …의 가치[양]를 어림[감정]하다. ⇒ESTIMATE 유의어 2 (수학) …의 수치를 구하다. **-a·ble, -à·tive** 혱 **-à·tor** 몡

***e·val·u·a·tion** [ivæljuéiʃən] 몡ⓤⓒ 1 (의학상의) 평가, 감정. 2 (수학) 수치 구하기.

Ev·an [évən] 몡 에번(남자 이름).

e·va·nesce [èvənés/í:və-] 豵 서서히 사라지다, 소실되다. **-nés·cence** 몡 **-nés·ci·ble** 혱

ev·a·nes·cent [èvənésnt/í:v-] 혱 1 사라져가는; 사라지기 쉬운; 무상한. 2 감지(感知)할 수 없게 되는, 희미한. 3 아주 적은; 미세한; 미묘한; 〔수학〕무한소(無限小)의. 4 〔식물〕곧 시들어 떨어지는.

Evang. Evangelical. **ㆍly** 豵

e·van·gel [ivǽndʒəl/-dʒel] 몡 1 (고어) (그리스도의) 복음(gospel). 2 (보통 E-) 복음서.¶the Evangels 4 복음서(four Gospels). 3 지도 원리, 주요 원칙. 4 길보(吉報), 기쁜 소식. 5 (미) =evangelist.

e·van·gel·ic [ì:vændʒélik, èvən-] 혱 =evangelical.

e·van·gel·i·cal [ì:vændʒélikəl, èvən-] 혱 1 복음의; 복음서의 가르침에 따르는. 2 (종종 E-) 복음파의, 복음 교회파의.¶the E- Alliance 복음 동맹. 3 (종종 E-) 복음주의의(18-19세기의 신교파(新教派)의 운동). 4 복음 전도자의; (미) 신교의. 5 전투적인, 열성적인; (자기 생각을) 남에게 강요하려는. —몡 (종종 E-) 복음주의자, 복음 교회파 사람; (미) 신교도. **-gèl·i·cál·i·ty** 몡 **ㆍly** 豵 **ㆍness** 몡

e·van·gel·i·cal·ism [ì:vændʒélikəlìzəm, èvən-] 몡ⓤ 1 복음주의, 복음파 교리(형식적 의식보다 신앙을 중시). 2 복음주의의 신앙, 복음파로의 귀의(歸依).

E·van·ge·line [ivǽndʒəli:n, -làin] 몡 에반젤린. 1 여자 이름. 2 Longfellow작 서사시 Evangeline의 여주인공.

e·van·ge·lism [ivǽndʒəlìzm] 몡ⓤ 복음의 전도, 복음 포교; =evangelicalism 1; 전도의 열의[활동].

e·van·ge·list [ivǽndʒəlist] 몡 1 (E-) 복음서 저자(즉 Matthew, Mark, Luke, John). 2 복음 전도자. 3 (초기 기독교회에서 사도ㆍ예언자 다음 가는) 전도자. 4 신앙 부흥 운동자. 5 순회 전도자. 6 (E-) (모르몬교에서) (축복을 선언하는) 통일 사교(司教).

e·van·ge·lis·tic [ivændʒəlístik] 혱 1 (종종 E-) 복음서 저자의. 2 전도에 알맞은. 3 복음 전도자의, 복음파(派)의(evangelical). **-ti·cal·ly** 豵

e·van·ge·lize [ivǽndʒəlàiz] (* 영 -lise) 目目 1 …에 복음을 설교[전도]하다. 2 …을 기독교로 개종시키다. —豵 복음을 전도하다. **-li·zá·tion, -lìz·er** 몡

ev·an·ish [ivǽniʃ] 豵豵 (시) 사라지다, 소멸[소실]하다; 죽다. **ㆍment** 몡

evap. evaporate.

e·vap·o·ra·ble [ivǽpərəbl] 혱 증발시킬 수 있는, 기화(氣化)되는, 증발성의. **-bíl·i·ty** 몡

***e·vap·o·rate** [ivǽpərèit] 豵豵 1 증발하다, 기화(氣化)하다; 증기가 되어 없어지다. 2 수분이 빠지다, 김을 발산하다. 3 (희망 따위가) (증기처럼) 사라지다, 무산되다. 4 (악살) (사람이) 죽다; 도망치다, 사라지다. —目 1 …을 증발시키다, 기화시키다; 증기로 만들어 소멸시키다.¶~ water 물을 증발시키다. 2 …의 수분을 빼다, …을 건조시키다, 바짝 조리다, 농축하다.¶~ apples 사과를 말리다. 3 (희망ㆍ기쁨 따위를) 무산[소멸]시키다.

e·vap·o·rat·ed mílk [ivǽpərèitid-] 몡 무가당 연유.

e·vap·o·rat·ing [ivǽpərèitiŋ] 몡 (화학) 증발용의.

eváporating dish [bàsin] 몡 증발 접시.

***e·vap·o·ra·tion** [ivæpəréiʃən] 몡ⓤ 1 증발 (상태), 증발 작용; (증발에 의한) 수분 제거, 탈수; 증발 농축. 2 증기, 증발량(量). 3 (희망 따위의) 소멸 (상태).

e·vap·o·ra·tive [ivǽpərèitiv/-rətiv] 혱 증발의, 탈수의; 증발시키는, 수분을 빼는. **ㆍly** 豵

e·vap·o·ra·tor [ivǽpərèitər] 혱 증발시키는[수분을 빼는] 것[사람]; 증발 농축기, 증발기.

e·vap·o·rim·e·ter [ivæpərímətər] 몡 증발계(計).

e·vap·o·rite [ivǽpərait] 몡 (지질) 증발 잔류암(육지에 갇힌 해수가 증발 형성된 퇴적암; 석고ㆍ암염 따위).

e·va·sion [ivéiʒən] 몡ⓤⓒ 1 달아나기, 도망, 회피; 의무ㆍ의무로부터의) 도피. 3 (의론ㆍ비난으로부터의) 교묘한 회피, 발뺌, 둘러대기. 4 남세 기피, 탈세. **ㆍal** 혱

e·va·sive [ivéisiv] 혱 1 도피(회피)적인; 그럴듯하게 얼버무리는, 애매한.¶an ~ answer 애매한 답변. 2 포착(捕捉)하기 어려운, 종잡을 수 없는; 덧없는.

take evasive action (항공기ㆍ선박 따위가) 대피하다; (공군) (조종사가) 회피 행동을 취하다.

ㆍly 豵 **ㆍness** 몡

‡**eve** [i:v] 몡 (목) ~s [-z] 1 (보통 E-) (축제일ㆍ교회일의) 전야(前夜), 철야제(徹夜祭).¶Christmas[Easter] E- 크리스마스[부활절] 전야 /on New Year's E- 설달 그믐에, (행사 따위의) 전야, 전날 밤; (비유적) (중요 사건 따위의) 직전. 3 (시) 저녁, 밤(evening).

on the eve of ① …전야에. ② …직전에.¶be on the ~ of death 죽음에 임박해 있다.

***Eve** [i:v] 몡 이브. 1 〈성서〉 인류의 시조 아담(Adam)의 처, 하와(←창세기(Gen.) 3 : 20).¶daughters of ~ 여자들(women). 2 여자 이름.

e·vec·tion [ivékʃən] 몡ⓤ 〔천문〕 출차(出差)(태양의 인력으로 인한 달 궤도의 주기적 변화). **-al** 혱

Eve·lyn [i:vlin, ev-] 몡 이블린(사람 이름).

‡**e·ven**[1] ⇒EVEN. 〈p. 939〉

e·ven[2] 몡 (시ㆍ고어) 저녁(때), 해질녘, 밤(evening).

even

even은 부사·형용사·동사로 쓰이지만 기능면에서 가장 중요한 것은 부사 가운데 「…조차(도)」의 용법이다. 이 용법의 even은 일반 부사와는 달리 명사·대명사도 수식하는 등 품사 또는 격(格)의 여하를 불문하고 글 속의 여러 요소와 결합할 수 있다. 놓이는 위치에 따라 글의 뜻이 달라지는 것은 only의 경우와 비슷하지만 절대적인 것은 아니다.

e·ven¹ [íːvən] 튀 **1** (예외적인 것의 강조) …조차 (도), …이라도, …까지도. ¶*E*– now it is not too late. 지금이라도 그리 늦지는 않다 / *E*– then he would not believe it. 그때까지도 그는 그것을 믿으려 하지 않았다 / She never ~ glanced at him. 그녀는 그에게 눈길 한 번 주지 않았다 / *E*– *Homer sometimes nods*. 《속담》 호머도 졸 때가 있다, 원숭이도 나무에서 떨어진다.

USAGE even의 위치——even은 강조하는 낱말 앞에 온다. 그러므로 even의 위치에 따라 문장 뜻의 뉘앙스가 달라지게 된다: *E*– I did not see him on Monday. (다른 누구보다도 그와 만나게 되어 있던) 나조차도… / I did not ~ see him on Monday. (이야기하기는커녕) 만나기조차… / I did not see him ~ on Monday. (당연히 만날 수 있으리라 여겼던) 그조차… / I did not see him ~ on Monday. (당연히 만날 수 있는 날이라고 여겼던) 월요일에도….

2 a) (비교급의 강조) 더욱, 한층 (더), 그 위에(still, yet). ¶~ worse 더욱더 나쁜, 한층 더 고약한 / You can do ~ better if you try. 네가 하려고 마음만 먹는다면 더욱 잘할 수 있다. **b)** (강조 용법) (구어) 그뿐인가, 실제로, 정말로(indeed). ¶He is ready, ~ eager, to go. 그는 갈 준비가 되어 있고 정말로 가고 싶어한다. **3** 평평하게, 고르게; 매끄럽게, 원활하게; 똑같게, 평등하게; 대등[어슷비슷]하게; 공평하게(evenly). ¶The two horses ran ~. 두 필의 말은 나란히 달렸다.

4 (동시성·동일성·진실성을 강조하여) **a)** 꼭, 바로; 바로 그 대로, 바로 …한 때에(as). ¶*E*– now he was here. 방금까지도 그는 여기 있었다 / It has turned out ~ as I expected. 바로 내가 예측한 그대로 되었다. **b)** 바로, 정확히; 즉, 곧. ¶It is ~ so. 바로 그대로다.

5 완전히, 아주(fully, quite)(*to*). ¶He was faithful ~ to death. 그는 죽음에 이르기까지 아주 충실했다.

even if (비록) …일지라도, (설사) …이라고 할지라도. ¶*E*– *if* you don't like her, you have to help her. 설사 그녀를 좋아하지 않는다고 할지라도 너는 그녀를 도와주어야 한다. * even은 종종 생략된다.

even now ① ⇨튀 4. ② 아직도; 그런데도, 그래도.

even so ① ⇨튀 4. ② 그렇다 하더라도, 그렇다손 치더라도. ¶But ~ *so*, I can't believe it. 그러나, 설사 그렇다 하더라도 나는 그것을 믿을 수 없다. 「더라도.

even then (부정문에서) ① 그때까지도. ② 설령 그럴

even though 비록 …일지라도, 설사 …이라고 할지라도. * even if 보다도 뜻이 더 강하다.

not even (美속어) 전연 …아니다; …조차 않다.

——형 (~·*er*, *more* ~; ~·*est*, *most* ~) **1** 평평한, 평면의; 평탄한, 수평의(⇨LEVEL 유의어); (해안선 따위가) 들쭉날쭉하지 않은, 반드러운(smooth). ¶~ country 평지(平地) / an ~ surface 평평한 표면 / an ~ coastline 들쭉날쭉하지 않은 해안선 / The water of the lake was as ~ as glass. 호수면은 거울처럼 잔잔했다.

2 같은 높이의; 동일 평면상의; 일직선상의; 평행의[하는](*with*). ¶~ *with* the ground 지면과 같은 높이의 / houses ~ *with* each other 같은 높이의 가옥들 / The snow was ~ *with* the window. 눈이 창 높이까지 쌓였다.

3 균일한, 규칙적인; (소리·생활 따위가) 단조로운, 평범한. ¶~ motion 균일(한) 운동 / the ~ rhythm of the breathing 규칙적인 호흡 / the ~ beat of raindrops on the roof 지붕을 때리는 단조로운 빗방울 소리 / a word with ~ stress 두 음절이 똑같이 강세인 낱말 (thirtéen 따위).

4 (행동·품질·성질 따위가) 균등한, 고른, 한결같은 (uniform). ¶an ~ color 얼룩지지 않은 색 / keep at an ~ temperature 일정한 온도로 유지하다 / hold an ~ course 일정한 방침을 고수하다.

5 (수·양이) 같은, 동등한(equal). ¶~ shares 동등한 몫 / ~ quantities of two substances 양이 같은 두 물질.

6 우수[짝수]의(반 odd); 우수로 표시되는, 짝수번(番) 의. ¶~ numbers 우수, 짝수 / the ~ pages of a book 책의 짝수 쪽[페이지].

7 끝 수가 없는, 우수리가 없는, 딱 맞아떨어지는. ¶an ~ mile ~ 에누리없는 1마일 / an ~ hundred 꼭 100 / an ~ dozen 똑 떨어지게 한 다스 / pay an ~ thousand dollars 정확히 천 달러를 지불하다.

8 균형이 잡힌, 평형된, 동점의; 호각의, 대등한; 50대 50의, 반반의 (*with*). ¶Check to see if the scales are ~. 저울이 수평인지 보아두오 / The chances of success or failure are ~. 성패의 전망은 반반이다.

9 대차(貸借)가 없는, 청산이 끝난(square); 득실이 없는 (*with*). ¶This will make all ~. 이걸로 모두가 청산된다 / We will not be ~ until I can thank him for saving my life. 그에게 내 목숨을 구해준 은혜를 갚기까지는 내가 진 빚을 벗지 못할 것이다 / *E*– *reckoning makes long friends*. 《속담》 친구 사이는 대차 관계가 없어야 오래 간다.

10 (기질 따위가) 냉정한, 차분한, 침착한, 평온한. ¶an ~ temper 차분한 기질 / He returned to his ~ way of life. 그는 이전의 평온한 생활로 되돌아갔다.

11 (거래·교환 따위가) 공정한, 공평한, 공명 정대한; 대등한 취급[대우]의. ¶an ~ bargain 공정(한) 거래 / ~ treatment 공평한 취급[대우] / an ~ contest 공정한 경쟁.

12 (수학) (함수에서) 우(偶)의(반 odd). ¶an ~ function 우함수.

break even 득실이 없다, 본전치기이다, 수지가 맞다. ¶The company barely broke ~ last year. 지난해 그 회사는 간신히 수지를 맞췄다.

even and [or *or*] ***odd***; ***odd and*** [or *or*] ***even*** 주사위 노름, 도박.

get [or *be*] ***even with*** ① …에게 대갚음하다. ¶I'll *get* ~ *with* him for his insulting remarks. 그의 모욕적 언동에 대해 대갚음하겠다. ② …에게 빚이 없다.

have an even chance 승산은 반반이다.

of even date 〖법률·상업〗 (편지 따위) 같은 날짜의.

on even terms 대등한 조건으로.

stand even 호각이다.

——동 타 **1** 평평하게 하다, 고르게 하다(*out*, *off*); 반들반들하게 하다. ¶~ the ground 지면을 고르다, 정지(整地)하다 / ~ a board with a plane 널빤지를 대패질하다. **2** 균형지우다, 평형되게 하다, 평등[균일하게 하다 (*up*, *out*); 대차(貸借)가 없게 하다, 청산하다, 수지를 맞추다(*up*, *off*). ¶Things are ~*ed up* in this world. 이 세상에서는 만물의 균형 잡혀 있다. **3** 얼룩지지 않게 하다, 변동을 없애다, 안정시키다(*out*). ¶~ *out* the trade imbalance problem 무역 불균형 문제를 바로잡다. **4** 대등하게 다루다; 동렬(同列)에 두다.

——자 **1** 같아지다, 평등하게 되다(*up*, *off*); 균형이 잡

하다, 안정되다(out); 평평해지다(off, up, out).¶The racing odds ~ed before the race. 경주에 건 돈의 비율이 경기 시작 전에 고르게 되었다. **2** (승산 따위가) 반반이다(between).
be evened out (美俗) (사람·사태가) 정상으로 놓이다.
even the score (美俗) 대갚음하다.
even (up) accounts 회계를 마치다, 셈을 청산하다.
even up on [or **with**] (남)에게 보답하다, 답례하다; …에게 대갚음하다.
even with (구어) …와 털어놓고 이야기하다.
─(圖) (~s) (단수취급) (英) 1 100야드 10초 플랫 기록. **2** = ~ money. **3** 반반의 형세, 호각지세.
even(s) Stephen(s) [or **Steven(s)**] (구어) 대등한[하게], 호각의[으로].
in evens (英) 100야드에 10초 플랫의 시간(~ time)으로.
~·er, ~·ness (圖)

é·véne·ment [F evɛnmɑ̃] (圖) 사건; (특히 사회·정치적) 대사건, 대사건. 〔<F〕
e·ven·fall [í:vənfɔ̀:l] (圖) 해질녘, 황혼, 초저녁
e·ven·hand·ed [í:vənhǽndid] (圖) 공평한, 공명정대한(impartial). **~·ly ~·ness**
‡**eve·ning** [í:vniŋ] (圖) **~s** [-z] (U)C 1 저녁, 초저녁, 해질녘, 해거름.¶toward ~ 저녁 무렵에, 초저녁에. **2** 밤(일몰부터 잘 때까지).¶every ~ 매일 밤/the other ~ 요전날 밤/this ~ 오늘 밤/on the ~ of the 10th 10일 저녁[밤]에.

주의 evening과 night──evening은 일몰(日沒)(sunset)로부터 취침 시간(bedtime)까지를 말한다. 또 우리말의 「밤」에 해당되는 경우도 있다. night는 일몰부터 일출까지를 뜻하지만, 주로 낮(day)에 상대되는 해가 없는 시간을 말한다. 해질 무렵에 대해서는 evening이라고 하는 것이 보통이다.
---

3 (美남부) 오후. **4** (the ~, one's ~) 만년(晩年), 말기, 쇠퇴기. **5** 야회(夜會), (…의) 저녁, 밤.¶a musical ~ 음악의 밤/weekly ~s 매주 개최되는 야회. **6** (구어) 석간 (신문).
Evening all! (익살) 여러분 안녕!(Good evening, everyone!)
evening by evening 밤마다.
Good evening! 안녕하세요!(저녁 인사).
in [or (美구어) **on**] **the evening** 저녁에, 밤에.¶early[late] in the ~ 저녁 일찍[늦게], 이른[늦은] 저녁에.
make an evening of it (술을 마시며) 하룻밤 즐김.
of an evening (고어) 흔히[자주] 밤에.
wish a person a good evening 남에게 저녁 인사──밤의, 해질녘의, 저녁의; 밤에 생기는[볼 수 있는].
évening bàg (圖) 이브닝 백(여성용 작은 핸드백).
évening càlm (圖) 저녁뜸.
évening clàss (圖) 야간 수업 (대학의) 야간 강좌.
évening còat (圖) 야회복(남자의 예복).
évening drèss [**clòthes, wèar**] (圖) **1** 야회복 (남녀의 예복). **2** = evening gown.
évening glòw (圖) 저녁놀.
évening gòwn (圖) (옷자락이 긴) 여성용 야회복.
évening pàper (圖) 석간 신문.
Évening Práyer (圖) **1** (영국 국교회) 저녁 기도; (가톨릭) 만과(晩課). **2** (e- p-) 밤기도[기도].
évening prímrose (圖) 금달맞이꽃.
eve·nings [í:vniŋz] (副) (美) (어김없이) 저녁에, 저녁마다.
évening schòol (圖) 야간 학교(night school).
évening stár (圖) (the ~) 금성(Venus).
évening stúdent (圖) 야간 학교 학생.
évening sùit (圖) (남성 밤의 예복) 야회복.
*e·ven·ly [í:vənli] (副) **1** 평평하게[판판하게]. **2** 균등히; 공평히, 공정하게(justly). **3** 침착하게, 냉정하게.
e·ven·mind·ed [-máindid] (圖) 편견에 사로잡히지 않는, 공정한; 마음이 차분한, 평온한(calm). **~·ness**
éven móney (圖) 대등한[같은 액수의] 내깃돈; (비유) **é·ven-món·ey** [-] (圖) 동등한 가능성, 반반.
éven ódds (圖)(副) 반반[50대 50]의 승산[가능성].
e·vens [í:vənz] (英) (圖)(副) (단수취급) = even money. ──(圖) (도박·경주마가) 동액 배당의.
e·ven·song [í:vənsɔ̀ːŋ/-sɔ̀ŋ] (圖)(U)C **1** (보통 E-) = Evening Prayer 1. **2** (고어) 저녁, 초저녁.

e·ven·ste·ven [-stí:vən] (圖) (구어) 동점인, 비긴; 호각의, 팽팽한; 공정한.──(副) 공평하게, 동등하게. (또는 **even-Stephen[-Steven]**)
‡**e·vent** [ivént] (圖) **1** 일어난 일, 사건; (주목할) 대사건, 사변; (연중의) 행사, 이벤트.¶an annual ~ 연중행사/chief ~s of the year 그 해의 중요한 사건/coming ~s 예상되는 사건; 예정중인 행사/It is quite an ~. 그것 참 큰일이로군/Marriage is one of the biggest ~s in a person's life. 결혼은 인생에서 가장 큰 행사 중의 하나이다/*Coming ~s cast their shadows before.* (속담) 일이 일어나려면 반드시 그 조짐이 있게 마련이다, 일엽지추(一葉知秋).

[유의어] **event** (어떤 일의 결과로 생겨나는) 비교적 중요한 사건. **incident** 중요한 사건에 부수해서 일어나는 비교적 작은 사건. **happening** 모든 사건; 우연성을 암시하는 말. **occurrence** 구체적인 사건을 뜻하는 일반적인 말. **accident** 우발적이고 바람직하지 않은 사건. **episode** 본 줄거리에서 이탈하여 그 자체로서 결말이 나는 사건.
---

2 (무언가가) 일어난다는 사실, 만일의 경우.¶In the ~ of fire, ring the alarm bell. 불이 나면 경종을 울리도록 해라. **3** (the ~) 결과, 성과(outcome, result).¶the ~ of an enterprise 사업의 성과/*Fools are wise after the ~.* (속담) 바보는 때늦게 꾀가 나는 법이다. **4** 〖철학·물리〗 사상(事象)(특정 시간 내에 일정 장소에서 일어나는 사항); 〖수학〗 (확률로서의) 사건(事件). **5** 〖스포츠〗 (경기 순서 중의) 한 시합, 한 게임; 종목.¶main ~ 주(主) 경기/sporting ~s 경기 종목. **6** 〖물리〗 물질을 충돌시켜 핵물질을 얻는 것; (원자력 발전소의) 돌발 사고, 우발적 고장. **7** 승부, 내기.
at all events; in any event 아무튼, 좌우간, 여하튼.
in either event 어느 쪽이든, 여하튼간에.
in that event 그 경우에는, 그렇게 되면.
in the event ① 만일 (…할) 경우에는(of, that節). ② 그렇게 되면, 결국.
in the (natural, normal, usual) course of events 일의 (자연스런) 귀결로, 자연히; 대개.
pull off the event (구어) (시합에 이겨서) 상을 타다.
e·ven·tem·pered [-témpərd] (圖) 침착한, 차분한.
e·vent·ful [ivéntfəl] (圖) **1** 사건이 많은, 다사다난한, 파란 많은.¶an ~ year 파란 많은 해. **2** 중대한 결과를 가져오는; 중대한. **~·ly ~·ness**
evént horìzon (圖) 〖천문〗 사상(事象)의 지평선(black hole의 가장자리).
e·ven·tide [í:vəntàid] (圖)(U) (고어·시) 초저녁, 저녁.
éventide hòme (圖) 노인의 집(원래 구세군이 운영).
e·vent·ing [ivéntiŋ] (圖) (英) 종합 마술(마장(馬場) 마술·내구 경기·장애물 비월 등 3종목).
e·vent·less [ivéntlis] (圖) 사건이 없는, 단조로운, 평범한. **~·ly**
evént trèe (圖) 사고 발생 계통수(樹)(시스템의 사고, 고장의 원인·결과를 도해한 계통도). (또는 **fáult trèe**)
e·ven·tu·ate [ivéntʃuèit] (自) event의 뜻.¶**eventuate**.
‡**e·ven·tu·al** [ivéntʃuəl] (圖) **1** 결과로서 일어나는; 최종적인, 궁극의.¶an ~ outcome 최종 결과. **2** (경우에 따라) 일어나는; 우발적인.
e·ven·tu·al·i·ty [ivèntʃuǽləti] (圖) **1** 일어날지도 모르는 사건[사태], 우발 사건; 만일의 경우. **2** (U) 일어

날지도 모르는 상태; 우발성. **3** ⓤ 최종 결과, 결말.
‡**e·ven·tu·al·ly** [ivéntʃuəli] 📵 최후에는, 마침내(는), 결국(finally, ultimately).
e·ven·tu·ate [ivéntʃuèit] 📵📵 **1** …으로 귀착하다, …한 결과가 되다[…으로 끝나다](*in*). ¶~ well[ill] 좋은[나쁜] 결과로 끝나다. **2** 결과로서 생기다; 일어나다(*from*). **-á·tion**
‡**ev·er** ⇒EVER. ⟨p. 942⟩
ev·er- [évər] 📵 「항상, 늘, 언제나」의 뜻. ¶*ever*-changing, *ever*green.
ever-chang·ing [ᵃtʃéindʒiŋ] 📵 늘 변화하는, 변화무쌍한. ¶an ~ situation 끊임없이 변하는 정세.
*****Ev·er·est** [évərist] 📵 **1** Mount ~ 에베레스트 산 (히말라야 산맥에 있는 세계 최고봉; 해발 8,850m). **2** (비유적) 최고봉, 정점; (크기·분량 따위가) 엄청난 것.
Ev·er·ett [évərit] 📵 (남자의) 실내휘.
Ev·er·ett [évərit] 📵 에브릿(여자 이름).
ev·er·glade [évərglèid] 📵 **1** (美남부) 저습지, 소택지(沼澤地). **2** (the E-s) 에버글레이즈(미국 Florida 주의 대(大)소택지). 「칭.
Éverglade Státe 📵 (the ~) 미국 Florida 주의 별
*****ev·er·green** [évərgrìːn] 📵 **1** 상록의, 상록의 잎을 가진(📵 deciduous). ¶an ~ tree 상록수, 늘푸른나무. **2** (비유적) 언제까지나 신선한, 불후의. **3** (금융) (기업 따위의 활성 유지를 위해) 자금을 계속 제공하는.
― 📵 **1** 상록수, 상록반목. **2** (~s) 상록수 가지(장식용). **3** 항상 신선한 것; 명작(명곡, 명화). **4** (美구어) 항상 좋아하는 것(노래·스포츠·쇼 등); 애창곡, 18번.
évergreen fúnd (금융) 상록 기금(신규 회사 자금 지원 기금).
évergreen lòan (금융) 자동 계속적 차관. (또는
Évergreen Státe 📵 (the ~) 미국 Washington 주의 별칭.
‡**ev·er·last·ing** [èvərlǽstiŋ, -láːst-/-láːst-] 📵 **1** 불후(不朽)의, 영구히 계속되는; 영원한. ⇒ETERNAL 유의어. ¶~ fame 불후의 명성. **2** 영속성이 있는, 내구성의. ¶~ colors 오래도록 변하지 않는 빛깔. **3** 끊임없는, 끊일 사이 없는, 변함없는. ¶~ arguments 끊이지 않는 논쟁. **4** 지겨운, 싫은. ¶his ~ jokes 그의 지루한 농담. ― 📵 **1** 영구, 영원. **2** (the E-) (영원한) 신(God). **3** 말라도 형태나 빛깔이 변하지 않는 꽃이 피는 식물(보리짚국화·떡쑥 따위); 그 꽃(~ flower).
for everlasting 영원히. 「으로, 영원히.
from everlasting to everlasting 무한에서 무한
~ly , **~ness**
ev·er·more [èvərmɔ́ːr] 📵 **1** 항상, 언제나(forever); (경멸적) 늘, 항상. **2** (고어·시) 영구히.
for evermore 언제나, 영구히.
e·ver·si·ble [ivə́ːrsəbl] 📵 뒤집을 수 있는.
e·ver·sion [ivə́ːrʒən/-ʃən] 📵ⓤ (눈까풀 따위를) 뒤집기; 뒤집음; 외반(外反), 외전(外轉).
e·vert [ivə́ːrt] 📵📵 (눈까풀 따위를) 뒤집다; (정설 따위)를 뒤집다. ¶~*ed* lips 밖으로 젖혀진 입술.
e·ver·tor [ivə́ːrtər] 📵 (해부) 외전근(外轉筋).
‡**ev·ery** ⇒EVERY. ⟨p. 943⟩
‡**eve·ry·bod·y** [évribàdi, -bʌ̀di/-bɔ̀di] 📵 누구나, 누구든지, 각자 (모두), 모든 사람. ¶He is known to ~. 그는 모두에게 알려져 있다/*Everybody's business is nobody's business*. (속담) 공동 책임은 무책임.

⟨USAGE⟩ everybody의 특성——everyone보다 구어적. 문법적으로는 단수 취급이지만, (구어)에서는 복수 대명사로 받는 경우가 많다. 그러나 동사는 단수형으로 호응하는 것이 보통이다: *Does* ~ *like her?* ― *Yes, they do*. 모두 그녀를 좋아합니까? ― 네, 좋아합니다 / E- *has a way of their own*. 사람은 누구나 독특한 버릇을 가지고 있다.

be everybody's guy [or **friend**] ① 좋은 친구[놈]
이다. ② 팔방미인이다, 만인의 친구이다.
everybody and his brother 어중이떠중이 모두, 개나 걸이나 모두.
everybody else 다른 모든 사람.
not everybody 모두가 다 …하는 것은 아니다. ¶*Not* ~ *can be an artist*. 누구나가 다 예술가가 될 수 있는 것은 아니다.
‡**eve·ry·day** [évridèi] 📵 (한정용법) **1** 매일의, 날마다(나날)의, 매일 정해진. ¶his ~ routine 그의 일과. **2** 평소의, 일상의. ¶~ clothes 평상복 / ~ English 일상[생활] 영어. **3** 흔한, 평범한. ¶~ affairs 일상의 흔한 일 / an ~ scene 혼한 광경. ― 📵 (또는 **every dáy**) ~**ness** 일상성, 평범함. 「일상 생활.
eve·ry·how [évrihàu] 📵 모든 점에서.
eve·ry·man [évrimǽn] 📵 =everybody. ― 📵 **1** (E-) 에브리맨(15세기 영국의 권선 징악극(勸善懲惡劇)의 제목 및 주인공). **2** (종종 E-) 보통 사람; 전형적인 사람.
‡**eve·ry·one** [évriwʌ̀n, -wən] 📵 누구든지, 모두, 각자, 사람은 누구나. ⇒EVERYBODY ¶E- *has been very kind to me*. 모두 다 나에게 매우 친절했다 / E- *is kin to the rich man*. (속담) 사람은 누구나 부자의 친척(부자에게 사람이 모인다).

⟨USAGE⟩ everyone을 받는 대명사——everyone을 받는 대명사는 단수형을 써야 하는데, 뜻에 이끌려 복수형을 쓰는 경우가 많다. 특히 법률 문서 따위에서는 he or she 등으로 받아야 할 경우 이외에는, 남녀를 포함하는 경우 복수형을 쓰는 것이 일반적이다. 단, 동사는 보통 단수형으로 호응한다: E- *in the house was in their beds*.

eve·ry·place [évriplèis] 📵 (美) =everywhere.
‡**eve·ry·thing** [évriθiŋ] 📵 **1** 모든 것, 무엇이든지 모두, 만사. ¶E- *interests me*. 무엇이든지 나에게는 재미있다 / I *will do* ~ *in my power to help you*. 힘닿는 데까지는 무엇이든 도와드리겠습니다 / *There is a time for* ~. (속담) 만사 때가 있는 법. **2** 가장 소중한 것[사람](*to*). ¶You *mean* ~ *to me*. 당신은 나의 전부. **3** (not과 함께 쓰여 부분 부정) 모두가 ~인 것은 아니다. ¶*Wealth is not* ~. 재물이 전부는 아니다.
above everything (**else**) 우선 첫째로, 무엇보다도 먼저. 「그 밖에 여러 가지.
and everything (구어) (문미에서) …등, 이것저것.
before everything (**else**) 무엇보다 (우선).
everything from soup to nuts (美구어) 생각해 낼 수 있는 모든 것, 이것저것 모두.
everything in the garden's lovely (英구어) 만사 순조(順調). 「듯, 전부.
everything that opens and shuts (英구어) 모
have everything (구어) 모든 것[바람직한 자질]을 갖추다.
How's everything? (경기가) 어때?, 잘 지내나?
Is that everything? 그 밖에 있어요?, 다른 주문은 없습니까?
like everything (美구어) 전력으로, 열심히, 맹렬히. ¶I *ran like* ~. 나는 전력을 다해 뛰었다.
― 📵 (비어로) 매우 중요한 것, 가장 긴요한[핵심적인] 것. ¶*Money is his* ~. 그에게는 돈이 다다.
eve·ry·way [évriwèi] 📵 어디로 보나, 어느 점[면]으로 보나. 「상(at all times).
eve·ry·when [évrihwèn/-wèn] 📵 언제든지, 항
‡**eve·ry·where** [évrihwɛ̀ər/-wɛ̀ə] 📵 **1** 어디나, 어디든지, 도처에. ¶I *look* ~ *for the book* 책을 찾으려고 구석구석을 뒤졌다. **2** (접속사적) …하는 곳은 어디나, 어디로[에서] …하여도. ¶E- *you go, you will find the same thing*. 어디로 가든 사정은 똑같다. ― 📵ⓤ 모든[온갖] 곳; 무한한 공간. 「place).
everywhere else 다른 어느 곳에도(every other

ever at any time이 원뜻으로, 부정·의문문에서 any에 대응하는 때의 부사로 쓰인다. 즉 any가 형용사·대명사로서 물건의 유무(있는가 없는가)를 가리키는 데 대해 ever는 부사로서 행위의 유무(하는가 안 하는가)를 가리킨다. 그런 만큼 부정·의문·조건 따위를 나타내는 글 속에서 쓰이는 경우가 많다.

‡**ev·er** [évər] 부 **1** (긍정문에서) **a)** (반복성) 늘, 항상, 언제나; 끊임없이; 시종; 예나 다름없이. ¶She is ~ the same. 그녀는 예나 다름없다/He is ~ making the same mistake. 그는 늘 똑같은 잘못을 저지르고 있다. **b)** (계속성) 줄곧, 내내; 영원히; 언제까지나. ¶Dante will ~ be a great poet. 단테는 영원히 대시인으로 추앙될 것이다.

[USAGE] 긍정문에 ever를 쓰는 것은 고풍이며 현재는 보통 always를 쓴다: He has ~ (*always*) kept his word. 또한 if절(조건절)이나 ever since then, ever after, as…as ever 따위 특정의 관용 표현 이외에는 쓰이지 않는다: He had remained abroad ~ *since then*. 그는 그 뒤 줄곧 외국에 머물러 있었다/They lived happily ~ *after*. 그들은 그 뒤 죽을 때까지 행복하게 살았다.

2 (부정문·의문문 따위에서) 언젠가, 기왕에, 일찍이, 여태까지. ¶Nothing ~ happens in this remote place. 이렇게 외진 곳에서는 아무 일도 일어나지 않는다/Is he ~ at home? 그녀가 집에 있을 때가 있을까?/Shall we ~ meet again? 우리가 언제 다시 만나는 일이 있을는지?/Have you ~ been to London? 런던에 가 본 일이 있습니까?/Have you ~ see a panda?(=Did you ~ see a panda?) 팬더를 본 적이 있느냐?(* Have you ever…나 Did you ever…는 거의 같은 뜻으로 쓰이지만, 과거 시제의 절등에서 제한을 받는 구문에서는 Have you ever…라고 하지 않는다.)
3 (if절에서) 언젠가, 언제든; 일간, 근간; 하여간, 좌우간. ¶If I ~ catch him 언제든 그를 잡기만 하면/Come to see me *if you should* ~ come this way. 이곳으로 오시는 경우에는 들러 주십시오.
4 (강조를 위한 관용적 구문이나 관용구에서) 도대체(at all); 어떻든, 여하튼(by any chance). **a)** (as…as, so, such를 강조하여) ¶as much [little] as ~ I can 가능한 한 많이[조금] / ~ 꽃다운 사람 (*from*). **2** [토지·권리 따위]를 되찾는 (*from, of*). **e·vic·tor** 명 쫓아내는 사람; 회복자.
e·vict·ee [ìviktíː] 명 내쫓긴 사람.
e·vic·tion 명 쫓아냄, 퇴거; 되찾음.
evíction òrder 명 퇴거령.

‡**ev·i·dence** [évədəns] 명 ⓤ (명 *-denc·es* [-iz]) 1 seen처럼 쓰이는 경우가 많다. **c)** (의문사를 강조하여) ¶When [Where, How] ~ did I drop it? 도대체 언제[어디서, 어떻게] 그것을 떨어뜨렸을까?/What ~ can it be? 대체 그것이 무엇이란 말인가?/Why ~ didn't you say so? 대체 왜 그렇게 말하지 않았느냐?
5 (ever+형용사[분사]의 복합형용사로) 항상, 언제까지나. ¶an ~-present danger 상존하는 위험/the ~-increasing population 증가일로에 있는 인구.
(**as**)…**as ever** ① 여전히[변함이 없이] …로. ② (as…as ever you can으로) 어쨌든[좌우간] (가능한). ¶Come as fast as ~ *you can*. 가능한 한 빨리 오시오. ③ (as…as ever lived로) 아주 드문, 걸출한. ¶He is *as* great a poet *as* ~ *lived*. 그는 아주 뛰어난 시인이다.
as ever 변함[다름]없이, 언제나와 같이 (* 편지의 맺음말로 흔히 쓰인다).
As if…ever (놀람·의구심을 나타내어) 절대로[결코] …않다. ¶*As if* I should ~ make such a mistake! 내가 누군데 그런 잘못을 저지르랴!
Did [or Have] you ever?; Was there ever? 정말, 이거 놀랍은데?
ever after 그 뒤 쭉.
ever [or **now**] **and again** [or (고어) **anon**] 이따금, 가끔, 때때로.
ever more 늘, 항상.
ever since (then) 그 뒤 줄곧[지금까지].
ever so 매우, 몹시, 굉장히; 아무리 …(라도). ¶He talked for ~ *so* long. 그는 아주 길게 이야기를 늘어놓았다/They were ~ *so* kind to me. 그들은 나에게 아주 친절했다/He ~ *so* slightly blushed. 그는 살짝 얼굴을 붉혔다/Not a cent, if he begs you ~ *so*. 아무리 부탁해도 그에게는 단돈 한푼 주어서도 안 돼.
ever so much 매우, 대단히. ¶Thank you ~ *so much*. 대단히 감사합니다.
ever such 매우, 몹시(very). ¶It is ~ *such* away off. 그곳은 아주 멀리 떨어져 있다.
Ever yours; Yours ever ⇒ YOURS [USAGE].
for ever (英) =forever. (* (美)에서는 forever처럼 하나의 낱말로 쓴다. (英)에서도 always, at all times의 뜻으로는 한 낱말로 쓰는 경우가 있다.)
for ever and a day; for ever and ever 영구히.
hardly [or **scarcely**] **ever** 거의 …않다(* hardly, scarcely의 강조). ¶He *hardly* ~ goes to the movies. 그는 거의 영화를 보러 가지 않는다.
if ever (삼십적으로) 설사 …하는 일이 있다 해도. ¶He seldom, *if* ~, goes there. 그가 그곳에 가는 일은 설사 있다고 해도 아주 드물다.
if ever there was one 확실히, 틀림없이.
— 부 (美남부) 모든. ¶She rises early ~ morning. 그녀는 매일 아침 일찍 일어난다.

eve·ry·wom·an [évriwùmən] 명 (E-) 전형적인 여성, 여성의 본보기[모범].
Éve's púdding 명 (英) 맨 아래에 사과를 깔고 구운 스펀지 케이크.
evg. evening.
e·vict [ivíkt] 타 1 …을 (법적 수단에 의해) 퇴거시키다; 쫓아내다 (*from*).

ⓤ 증거, 근거, (…의) 증명 (*of, for, to do, that* 절). ¶~ *of* [or *for*] a person's ability 능력의 증명// There is no ~ *that* she is innocent. ~ There is no ~ *of* her being innocent. 그녀가 결백하다는 증거는 없다/Is there any ~ *for* your statement? 어떤 근거로 그런 주장을 하지요? **2** ⓤ (종종 ~s) 형적(形跡), 징표; 징후 (*of, that* 절). ¶~s *of* prosperity 번영의 징표. **3** ⓤⓒ [법률] 증언; 증거, 증거 물건[물건][자료]; 증인, 공범 증인. ¶documentary ~ 증거 서류/verbal ~ 증언/gather ~ 증거를 수집하다(굳혀 나가다). **4** ⓤ 명백함, 명백한 것, 명료함. **5** [신학] (the ~s) (신의 계

형용사로서 단수 명사를 수식하는 점에서 each와 같고, 복수 명사를 수식하는 all과 다르다. 그러나 구성원 전체를 포괄하는 점에서는 all과 같고, 구성원 하나하나를 가리키는 each와 다르다. 또한 each와 all은 대명사·부사로도 쓰이지만 every는 형용사 용법밖에 없다는 점에서 양자와 다르다.

‡**eve·ry** [évri] 圏 **1** (셀 수 있는 명사의 단수형을 수식하여) 모든, 모두의, 하나인 사람[물건]도 남기지 않는, 어느 …도, 다(each of all).¶~ man 모든 사람/almost ~ one of us 우리들 거의 모두/in ~ way 어느 모로나, 모든 면에서, 온갖 방법을 다하여/E- member of the club was present. 클럽의 전원이 참석했다/The energy problem is very serious in ~ country. 에너지 문제는 모든 나라에서 심각하다/This seems to me in ~ respect inferior to that. 이것은 모든 면에서 저것보다 열등한 것으로 보인다/What a wonderful movie! I enjoyed ~ minute of it. 멋있는 영화! 영화 정말 좋더라! 단 한순간도 눈을 떼지 않고 봤어/E- dog has his day. (속담) 쥐구멍에도 볕들 날이 있다.

USAGE (1) every 다음에 명사가 둘 이상 와도 단수로 취급된다: E- boy and girl *works* very hard. (2) every 앞에 관사를 쓸 수 없지만 대명사의 소유격은 쓸 수 있다(딱딱한 표현이긴 하지만): Listen to *my* ~ word. (3) every가 붙는 단수 명사는 단수 대명사로 받는다. 그러나 성별이 일정하지 않은 집단은 복수 대명사로 받는 경우가 많다: E- child wants to talk with *their* teacher. (4) every와 each ⇨ EACH USAGE[1]

2 (추상명사를 수식하여) **a)** 온갖, 가능한 한의(* 종종 ~ possible).¶~ prospect of success 성공할 수 있는 모든 가능성/He used ~ means to complete it. 그것을 완성시키기 위해 그는 온갖 수단을 다 썼다/He made ~ effort to support his large family. 그는 많은 식구를 부양하기 위해 온갖 노력을 다했다/I wish you ~ success. 당신의 성공을 빕니다/I have ~ reason to believe that… …이라고 믿을 충분한 이유가 있다/They showed her ~ consideration. 그들은 그녀에게 가능한 한의 배려를 했다/He flung himself upon the ground with ~ appearance of despair. 그는 땅바닥에 몸을 던지고 절망의 몸부림을 쳤다. **b)** 전적인(complete).¶I have ~ confidence in her. 나는 그녀를 전적으로 신뢰하고 있다.

3 (셀 수 있는 명사의 단수형 또는 수사(數詞)를 수식하여) 매(每)…; …마다.¶~ day[week, year] 매일[주, 년]/~ morning[evening, night] 매일 아침[저녁, 밤]/~ day[week, year] or two 1~2일[주, 년]마다/~ other [or second] day 하루 걸러, 격일(隔日)(로)/~ third day; ~ three days 3일에[이틀 걸러] 한번/visit a person ~ few days[years] 며칠[수 년]에 한 번씩 남을 방문하다/at ~ step 걸음마다/I expect him ~ minute[or moment]. 이제나저제나 하고 그를 기다리고 있다/The Olympic Games are held ~ four years [or ~ fourth year]. 올림픽 대회는 4년마다 열린다/E- fifth man has a car. 다섯 사람에 한 사람꼴로 차를 가지고 있다/The pay was five dollars for ~ hour I worked. 급료는 근무 1시간당 5달러였다.

4 (not과 함께 부분 부정으로) 모두가[누구나가] …인 것은 아니다.¶E- man cannot be a poet. 누구나 다 시인이 될 수 있는 것은 아니다/I do not meet him ~ day. 매일 그와 만나는 것은 아니다/Not ~ student has a dictionary. =E- student does not have a dictionary. 학생 모두가 사전을 가지고 있는 것은 아니다.

5 (every the+최상급의 형으로) (고어) …조차도, …마저도(even).¶~ the most minute article 제아무리 미소한 것이라도.

at every turn 방향을 바꿀 때마다; 어딜 가나, 도처에서.¶We met with kindness *at ~ turn*. 우리는 어딜 가나 친절한 대우를 받았다.

every bit (as…as 구문 앞에서) (구어) 어느 모로 보아도, 모든 점에서; 철저히, 완전히, 송두리째.¶This is ~ *bit* as good as she says it is. 이것은 그녀가 말하다시피 어느 점으로 보아도 나무랄 데가 없다.

every here and there 여기저기에, 도처에.

every inch 철두철미, 완전히.¶I know ~ *inch* of the town. 나는 이 도시를 샅샅이 알고 있다/She is ~ *inch* a queen. 그녀는 더할 나위 없는 여왕이다.

every last (구어) 최후의 …까지; (…의) 한 사람[하나] 남기지 않고.¶They drank ~ *last* bit of whiskey in the house. 그들은 집에 있는 위스키를 한 방울 남기지 않고 마셔버렸다.

every last man =*every man Jack*.

Every little bit helps. 동전 한닢도 도움이 된다.

every [or ***each***] ***man for himself*** (*and the devil take the hindmost*) 사람은 모두 자기 일만 생각한다(남의 일은 괘념치 않는다).

every man Jack 누구나[어느 누구] 할 것 없이 모두, 한 사람도 빠짐없이.

every mother's son (속어) 누구든지, 모두.

every now and then [or ***again***]; ***every once in a while*** 때로는; 때때로, 가끔.¶She bakes her own bread ~ *now and then*. 그녀는 때로는 자기가 먹을 빵을 굽기도 한다.

every one ① [évri wàn] =everyone. ② [évri wÀn] (…중의) 이것이것저것도, 어느 것이나 모두, 누구할 것 없이.¶I tried ~ *one* of the plans. 나는 그 계획의 하나하나를 모두 시도해 보았다.

every other ① 하나 걸러의(~ second).¶milk deliveries ~ *other* day 하루 걸러의 우유 배달. ② 다른 모든 것의.¶A Jew must behave as though the life of ~ *other* Jew in the world depended on ~ action of his. 유대인은 온 세상의 다른 모든 유대인들의 생명이 자신의 행위 하나하나에 달려 있는 것처럼 행동하지 않으면 안 된다.

every (***possible***)…***known to man or*** [or ***and***] ***beast*** 생각할 수 있는 모든.

every single (최후의) 단 하나의 …도.

every (***single***) ***bit of*** (구어) 모든, 일체의.¶Jane ate ~ *bit of* her meal. 제인은 음식을 조금도 남기지 않고 먹어 치웠다.

every so often (구어) 이따금(now and then); 빈번히(very often).¶E- *so often* he gets a madness into his head. 이따금씩 그는 머리가 돈다.

every time ① (구어) 언제나, 늘(always).¶You can rely on him ~ *time*. 당신은 언제라도 그를 의지할 수 있다. ② (접속사로서) …할 때마다(whenever).¶E- *time* I went to see her, she was not at home. 그녀를 만나러 갈 때마다 그녀는 번번이 집에 없었다.

every time one turns around (구어) 빈번히.

every which (美구어) =whichever.

every which way (구어) 사방팔방으로; 무질서하게.¶The cards fell ~ *which way*. 카드가 사방으로 흩어져 떨어졌다.

(***in***) ***every way*** 모든 방면[점]에서, 어디로 보나; 완전히(quite).

nearly every 대개의.

시의) 증표, 간증. 6 (the ~) (美속어) 술, 주류.

> **유의어** **evidence** 어떤 주장을 지지하기 위한 증거. **proof** 어떤 것을 의문의 여지없이 입증하는 완전한 evidence. **exhibit** evidence로서 법정에 제출하는 문서 또는 물건. **testimony** 증인 또는 감정인이 선서하고 진술하기.

as evidence for …의 증거로서.
get evidence (of) (…의) 증거를 잡다.
give evidence 증언하다 (*against, for*)
give [or *bear, show*] *evidence(s) of* …의 형적[을 나타내다].
hear evidence 증언을 듣다.
in evidence ① 두드러지게 보여, 눈에 띄게. ② 증거로서; 증인으로서.
on evidence 증거가 있어서, 증거에 근거하여서.
on the evidence of …을 근거[증거]로 하여.
take evidence 증언을 듣다; 증인 조사를 하다, 증거를 수집하다.
turn State's [or (英) *King's, Queen's*] *evidence* (공범자가 자신의 형량을 가볍게 하기 위해 검찰측 증인이 되어) 다른 공범에게 불리한 증언을 하다.
── 卧(-denc·es [-iz]; ~d [-t]; -denc·ing) 1 …을 명시하다. ¶Her smile ~d her joy. 그녀의 미소로 그녀가 기뻐하고 있다는 것을 알 수 있었다. 2 …을 입증하다, …의 증거가 되다; …을 증언하다.

‡**ev·i·dent** [évədənt] 형 1 명백한, 분명한 (*to, from, in*). ⇨ CLEAR **유의어** ¶with ~ pride 사뭇 자랑스러운 듯이 / as is ~ *from* his manner 그의 태도에서 분명히 알 수 있듯이 / It is ~ *to* any one. 그것은 누구에게나 분명한 일이다. 2 아무래도[어쩐지] …한, 그럴 듯한, 분명한 (그것이라고) 알 수 있는. **~·ness** 명

ev·i·den·tial [èvədénʃəl] 형 증거(상)의, 증거에의 거한; …의 증거가 되는, …을 입증하는 (*of*). **-ly** 부
ev·i·den·tia·ry [èvidénʃəri] 형 =evidential.

‡**ev·i·dent·ly** [évidəntli, -dènt-, (강) èvidént-] 부 (*more* ~; *most* ~) 1 (문장 수식) 분명히, 명백히 (clearly). 2 아무래도[보기에는] …인 것 같아.

‡**e·vil** [í:vəl] 형 (*more* ~, ~(*l*)*er; most* ~, ~(*l*)*est*) 1 (도덕적으로) 나쁜, 사악한, 악질의(⇔ good). ⇨ BAD **유의어** ¶~ deeds 악행 / an ~ disposition 나쁜 기질 / an ~ practice 악습 / an ~ tongue 독설; 중상자 (中傷者) / a man of ~ reputation 평판이 나쁜 사람. 2 (날씨·기분·냄새 따위가) 나쁜, 불쾌한. ¶an ~ smell 악취. 3 흉악한. 4 ~ laws 악법. 4 불길한; 불운의.
fall on evil days 불운을 만나다.
in an evil hour [or *day*] ⇨ HOUR.
put off the evil day [or *hour*] (구어) 힘든 일을 피하려, 싫은 일을 뒤로 미루다.
── 명 (奧·~*s* [-z]) 1 ⓤ 악, 사악(邪惡); 악의; 악행 (sin), 2 ⓤ℃ 해(害); 위해, 재난; 불행, 불운; 재해; 나쁜 병; 해악, 해독, 악폐. ¶the social ~ 사회악; 매춘.
do evil 나쁜 짓을 하다.
Hear no evil, see no evil, speak no evil. (속담) (나쁜 것은) 듣지도 보지도 말하지도 마라.
return evil for good 은혜를 원수로 갚다.
return good for evil 악을 선으로 갚다.
── 부 (드물게) 나쁘게(ill).
speak evil of …을 나쁘게 말하다, 비방하다.
~·ly 부 **~·ness** 명 「가진, 질이 나쁜.
e·vil-dis·posed [-dispóuzd] 형 악한 기질을
e·vil·do·er [í:vəldù:ər] 명 나쁜 짓을 하는 사람, 악
e·vil·do·ing [í:vəldù:iŋ] 명 나쁜 짓, 악행.
évil éye (the ~) 흉안(凶眼), 악마의 눈을 가진 사람)(이런 사람으로부터 응시당하면 재앙을 만난다는 미신). 기분 나쁜[악의에 찬] 눈초리.
e·vil-eyed [-áid] 형 악마의 눈을 한, 적의(증오, 질투)를 담은 눈초리의; 눈매[눈초리]가 좋지 않은.
e·vil-look·ing [-lúkiŋ] 형 험상궂게 생긴.

e·vil-mind·ed [-máindid] 형 1 악의가 있는; 심술 궂은, 마음이 검은(wicked). 2 (어구 따위를) 외설로 해석하는; 호색한. **-ly** 부 **~·ness** 명
Évil Óne (the ~) (고어) 악마(Satan).
e·vil-starred [-stá:rd] 형 =ill-starred. 「약한.
e·vil-tem·pered [-témpərd] 형 화를 잘내는,
e·vince [iviːns] 卧 1 (감정 따위를) 분명하게 나타내다, 명시하다. ⇨ SHOW **유의어** ¶~ anger 노여움을 그대로 나타내다. 2 …을 증명하다. **e·vín·ci·ble** 형
e·vin·cive [ivínsiv] 형 표시하는; 증명하는 (*of*).
e·vi·rate [évərèit, íːvə-] 卧 …을 거세하다(castrate); …을 연약하게 하다.
e·vis·cer·ate [ivísərèit] 卧 1 …의 내장[장]을 제거하다(gut), 2 …의 골자를 빼버리다 (*of*). 3 (외과) (신체 기관)의 내용물을 제거하다; …의 내장을 적출하다. ── 제 (외과) (내장이) 절개 때문에 튀어나오다. ── 형 [ivísərət, -rèit] (외과) (개복 수술 후 절개한 자리에서) 내장이 튀어나온. **-rá·tor** 명
e·vis·cer·a·tion [ivìsəréiʃən] 명 ⓤ 1 내장 적출 (摘出). 2 (책 따위에서) 주요 내용을 뺌.
E·vi·ta [eví:tə, -tɑ:-] 명 에비타. 1 여자 이름(Eva의 스페인어명). 2 Eva Perón의 애칭(⇔ Peron); 그녀의 삶을 다룬 뮤지컬[영화].
ev·i·ta·ble [évətəbl] 형 (부정문에서) 피할 수 있는.
ev·o·ca·tion [èvəkéiʃən, ìːvou-] 명 ⓤ℃ 1 (영혼 따위의) 불러냄, 초혼(招魂); (감정·기억 따위의) 환기 (喚起), 유발; 재현. 2 (상급 법원으로의) 소송 이송. 3 (발생) 환기 인자(因子)의 작용.
e·voc·a·tive [ivákətiv, ivóu-/ivók-] 형 (감정· 기억 따위를) 불러일으키는, 환기[생각나게]하는 (*of*). **~·ly** 부 **~·ness** 명
ev·o·ca·tor [évəkèitər, íːvou-] 명 1 (영혼·기억 따위를) 불러일으키는 사람, 2 (발생) 환기 인자.

*e·voke** [ivóuk] 卧 1 (기억 따위를) 되살려내다, 환기(喚起)하다. ¶~ a person's image in one's mind 마음속에 남의 모습을 떠올리다. 2 (물의·웃음 따위를) 일으키다, 자아내다. ⇨ EXTRACT **유의어** ¶~ admiration 칭찬을 받다. 3 (영혼 따위를) 불러내다(call up) (*from*). 4 (상상·기억 따위의 힘에 의해) …을 재현하다. 5 (상급 법원으로) (소송 사건)을 이송하다. **e·vók·er** 명
e·vóked poténtial [ivóukt-] (생리) (자극에 의해 뇌의 피질에 발생하는) 전기적 유발(誘發), 유발 전 위(電位).
evol. evolution 「위(電位).
ev·o·lute [évəlù:t/íːv-] 명 (기하) 축폐선(縮閉線). (반) involute). 형 1 축폐의. ¶an ~ curve 축폐선. 2 (식물) 뒤쪽으로 젖혀진, 벌어진.

‡**ev·o·lu·tion** [èvəlú:ʃən, ìːv-] 명 1 ⓤ 전개(展開) (사건 따위의) 발전, 진전. ¶the ~ of a drama 연극의 전개 / ~ *from* the primitive *to* the modern type 원시형으로부터 현대형으로의 진전.
2 ⓤ (생물) (종(種)·기관 따위의) 진화(進化) (항 devolution); 진화론(⇔ creationism, Darwinism). ¶the ~ of man 인류의 진화 / the theory of ~ 진화론.
3 발전[진화]의 산물. 4 (군사) (부대·함정 따위의 전투나 행진시의) 전개; 기동 연습. 5 (기계의) 선회, 회전; (춤 따위의) 선회. 6 ⓤ (가스·열 따위의) 발생, 방출. 7 ⓤ (수학) 개방(開方)(⇔ involution). 8 (천문) (천체의) 진화. **~·ary** [-èri] 형 **~·ly** 부
ev·o·lu·tion·al [èvəlú:ʃənl/ìːv-] 형 =evolution-
*ev·o·lu·tion·ar·y** [èvəlú:ʃənèri/ìːvəlú:ʃənəri] 형 1 발달[발전]의, 진화의. 2 진화(론)적인. 3 선회 운동에 관한 (부대·함정의) 기동에 관한. **-ár·i·ly** 부
evolutionary biology 명 진화 생물학.
ev·o·lu·tion·ism [èvəlú:ʃənìzm/ìːv-] 명 ⓤ 1 진화론(⇔ creationism). 2 사회 진화론; 진화론 신봉.
ev·o·lu·tion·ist [èvəlú:ʃənist/ìːv-] 명 1 (생물의) 진화론자. 2 사회 진화론자. ── 형 =evolutionistic.
ev·o·lu·tion·is·tic [èvəlù:ʃənístik, ìːv-] 형 진화

의; 진화론의; 진화론적인; 진화론을 믿는[지지하는]. -ti·cal·ly 🖳

ev·o·lu·tive [évəlù:tiv, ì:v-/ívóljutiv] 🖳 진화의 (경향이 있는), 발전의[적이]; 진화[발전]를 촉진하는.

*__e·volve__ [iválv/ivólv] 🖳🖳 1 〔이론·의견 따위〕를 전개하다, 발전시키다; 〔결론·법칙 따위〕를 이끌어내다, 도출하다 (*out of*); 〔계획 따위〕를 다듬다. ¶ ~ a plan 계획을 발전시키다. 2 〔생물〕 …을 진화시키다, 발달시키다. 3 〔가스·증기 따위〕를 방출하다. ─ 🖳 1 서서히 나타나다, 생성되다; 전개되다(develop); 〔연극 따위의 줄거리가〕 진전되다 (…로부터 / …으로) 진화[발달]하다 (*out of, from* / *into*). 2 알려지다, 판명되다.
e·vólv·a·ble 🖳 ~·**ment, e·vólv·er** 🖳

EVP executive *v*ice *p*resident((회사의) 상무[상무] 이사).

EVR electronic *v*ideo *r*ecorder(전자식 녹화기); electronic video recording. **EVT** educational and vocational training.

e·vulse [iváls] 🖳🖳 〔치아 따위〕를 잡아 뽑다, 강제로 뽑아내다. **e·vul·sion** [iválʃən] 🖳

ev·zone [évzoun] 🖳 그리스 육군 정예 보병 부대원.

EW *e*lectronic *w*arfare; *e*mergency *w*ard(응급실); *e*nlisted *w*oman(여자 지원병[하사관]); 🖳 EM.

ewe [ju:] 🖳 암양(羊). 🖳 ram, sheep.
éwe lâmb 🖳 1 새끼 암양. 2 (one's ~) 〔성서〕 (가난한 사람의) 가장 소중한 것 (←사무엘 하(2 Sam.) 12:3).

ewe-necked [⁻nèkt] 🖳 (말 따위가) 목이 가늘고 빈약한.

ew·er [júːər] 🖳 (세면용) 주둥이가 넓은 물항아리.

ewig·keit [éivikkàit] 🖳 (英) 영원.
into [or *in*] *the ewigkeit* (익살) 흔적도 없이, 허공으로. [<G *eternity*]

EWO (英) *E*ducational *W*elfare *O*fficer(교육 복지관); *E*ssential *W*ork *O*rder(주요 근무령).

ex¹ [eks] 🖳 1 〔증권〕 …없음, …락(落)(without). ¶~ bonus 특별 배당락(落) / ~ interest 이자락 / ~ dividend 배당락. 2 〔상업〕 …인도(引渡). ¶~ pier 부두 인도 / ~ rail 철도 인도 / ~ ship 본선[선착] 인도. 3 (美) (대학에서) …년도 중퇴의. ¶~ 1999 1999년도 중퇴의. [<L *out of, from*] 〔하다[로 지우다](*out*).
ex² 🖳 X, x의 문자; X모양의 것). 🖳🖳 X 표시를.
ex³ 🖳 (美구어) 전남자: 전남편, 전처; 헤어진 애인.
ex⁴ 🖳 비용(expense). 🖳 전의(former).
ex. *ex*amination; *ex*amined; *ex*ample; *ex*cept(ion); *ex*change; *ex*cluding; *ex*clusive; *ex*cursion; *ex*cursus; *ex*ecuted; *ex*ecutive; *ex*empt; *ex*ercise; *ex*hibit; *ex*it; *ex*pense; *ex*port; *ex*press; *ex*tra; *ex*tract; *ex*tremely. **Ex.** *Ex*ample; *Ex*change; *Ex*cluded; *Ex*ecutive; (성서) *Ex*odus.

ex-¹ [iks, eks] 〔접두〕 1 a) forth, from, out의 뜻. ¶ *ex*pel, *ex*empt. b) beyond의 뜻. ¶ *ex*cess. c) away from, out of의 뜻. ¶ *ex*patriate. d) thoroughly의 뜻. ¶ *ex*terminate. e) upward의 뜻. ¶ *ex*alt. f) without의 뜻. ¶ *ex*animate.

[USAGE] 접두어 **ex-** ─ (1) 모음과 c, p, q, t로 시작되는 낱말 앞에서 ex-이지만, f 앞에서는 ef-; b, d, g, h, l, m, n, r, v 앞에서는 e-; c, s 앞에서는 종종 ec-가 된다: *ef*face, *e*duce, *e*gress, *e*mit, *ec*centric, *ec*stasy. (2) 프랑스어 계통의 낱말에서는 종종 es-가 된다: *es*cape.

2 계급·지위·직업 등을 나타내는 명사에 붙여 쓰며, former의 뜻. ¶ *ex*-husband, *ex*-wife, *ex*-president, *ex*-member(전회원). 3 그리스어 계통의 낱말의 모음 앞에 붙여 쓰며, out, away의 뜻. ¶ *ex*arch, *ex*egesis.

ex-² [eks] 〔연결〕 ⇨EXO-.

ex·ac·er·bate [igzǽsərbèit, eksǽs-] 🖳 1 〔병 따위〕를 악화시키다. ¶~ a quarrel 불화를 더욱 악화시키다. 2 〔감정 따위〕를 격화시키다; 〔남〕을 화나게[짜증나게] 하다. **-bàt·ing·ly** 🖳 **-bá·tion** 🖳 악화; 격분.

‡**ex·act** [igzǽkt] 🖳 (*more* ~, ~·*er*; *most* ~, ~·*est*) 1 (묘사·기억 따위가) 정확한, 틀림없는. ⇨CORRECT 〔유의어〕 ¶ an ~ description 정확한 묘사 / Could you tell me her ~ words? 그녀가 한 말을 그대로 말해 주겠소? 2 〔한정용법〕 (수량 따위가) 딱 들어맞는, 꼭 맞는. ¶ the ~ sum[date] 정확한 액수[날짜]. 3 (법률·규율 따위가) 엄격한, 엄중[엄정]한. 4 (기계 따위가) 정밀한, 면밀한, 엄밀한. ¶ ~ instruments 정밀 기계. 5 (사람이) 꼼꼼한, 엄격한 (*in, about*). ¶ an ~ thinker 면밀히 생각하는 사람. 6 〔수학〕 (미분 방정식이) 완전한. 7 〔한정용법〕 바로 그 …. ¶ the ~ opposite 바로 그 정반대 / the ~ man 바로 그 사람.
be exact in [or *about*] …에 꼼꼼한, 정확한; 엄격한. ¶ *be ~ in enforcing rule* 규칙을 엄격하게 지키게 하다, 원칙주의자이다.   「의.
exact to the letter 매우 정확한, 틀림없이 그대로
exact to the life 실물 그대로의.
to be (more) exact (보다) 엄밀히 말하면.
─🖳🖳 1 …을 요구하다, (긴급히) 필요로 하다; …을 강제하다, 강요하다 (*from, of*). ¶ ~ (~+🖳+🖳+🖳) *obedience from* [or *of*] *a person* 남을 강제로 복종시키다. 2 〔세금 따위〕를 강제로 거두어 들이다 (*from, of*). ¶ ~ (~+🖳+🖳+🖳) ~ *money from* [or *of*] *a person* 남에게서 돈을 받아내다. ─🖳 (고어) 강요하다, 강제로 거두다.   「~·**ness** 🖳
~·**a·ble** 🖳 강제[징수]할 수 있는.   ~·**er** 🖳 = exactor.

ex·act·a [igzǽktə] 🖳 (美) (경마) 연승 단식(連勝單式) (시합)(1·2착을 도착 순서대로 맞히기).

exáct differéntial (수학) 완전 미분(식).

ex·act·ing [igzǽktiŋ] 🖳 1 (요구 따위가) 엄한, 엄격한; (구어) …에 까다로운, 잔소리가 심한 (*about*). ¶ an ~ teacher 엄한 교사 / an ~ disposition 까다로운 성품. 2 몹시 힘드는, 엄밀을 요하는; 가혹한, 고된. 3 (구어가) 가혹한, 착취적인.   ~·**ly** 🖳   ~·**ness** 🖳

ex·ac·tion [igzǽkʃən] 🖳 1 ⓤ 요구, 강제 징수 (*of*); 부당한 요구; 고통스러움. 2 강제 징수한 돈[물건], 가혹한 세금; 〔법률〕 (공무원의) 부당 보수 청구죄.

ex·ac·ti·tude [igzǽktətjùːd/-tjùːd] 🖳ⓤⓒ 정확, 정밀; 엄정; 엄격. ¶ a man of ~ 엄격한 사람.
with great exactitude 아주 정밀[엄격]하게.

‡**ex·act·ly** [igzǽktli] 🖳 (*more* ~; *most* ~) 1 정확히, 엄밀히. ¶ as ~ as I can 가능한 한 정확히. 2 틀림없이, 어김없이; 꼭, 바로. ¶ ~ at seven o'clock 7시 정각에 / This city looks ~ like Gyeongju. 이 도시는 경주와 꼭 같다. 3 (대답에서 yes 대용으로) 바로 그렇습니다, 바로 말씀하신 그대로입니다.
not exactly ① (부분부정) 반드시[꼭] …하지는 않다 […은 아니다]. ¶ That is *not* ~ what he said. 그의 말과는 좀 다르다 / *Not* ~. (반드시) 그렇지는 않습니다. ② (구어) …은 아니나(지만). ¶ She *isn't* ~ beautiful. 그녀는 미인이라고는 할 수 없다.

ex·ac·tor [igzǽktər] 🖳 강요자; 강제 징수자.

exáct science 🖳 정밀 과학(수학·물리학 따위).

‡**ex·ag·ger·ate** [igzǽdʒərèit] 🖳 (-*at·ed; -at·ing*) 🖳 1 …을 과대시하다, 과대하게 생각하다. ¶ ~ one's own importance 자만하다, 자만심을 가지다. 2 …을 과장해서 말하다, 허풍떨다; …을 지나치게 강조하다, 두드러지게 하다. 3 (수동형으로) 〔기관 따위〕를 병적으로 확장시키다, 두드러지게 하다; 〔병 따위〕를 악화시키다. ¶ ~ 🖳 과장하여 말하다, 허풍치다; 과장하다. ¶ Don't ~. 허풍떨지[과장하지] 마라. **-àt·ing·ly** 🖳

ex·ag·ger·at·ed [igzǽdʒərèitid] 🖳 1 과장된, 허풍떠는, 과대한. 2 (기관 따위가) 비정상적으로 비대한.   ~·**ly** 🖳   ~·**ness** 🖳

*__ex·ag·ger·a·tion__ [igzǽdʒəréiʃən] 🖳 1 ⓤ 과장,

exaggerative 과대시.¶without ~ 과장 없이/It is no ~ to say that…. …라고 말하여도 지나친 말이 아니다. 2 과장된 이야기[표현], 과대 표현[표시]: 과장법.
make an exaggeration of …을 과장하다.
ex·ag·ger·a·tive [igzǽdʒərèitiv, -rətiv] 형 과장 적인, 허풍치는. (또는 **exaggeratory**) **-ly** 부
ex·ag·ger·a·tor [igzǽdʒəreitər] 명 과장하는[허 풍치는] 사람.
éx áll 商田〔주식〕전(수)권리락(落)의[으로](이자 배당·신주 인수권 따위 모든 수익권이 없는; 略 x. a.). (또는 **éx-áll**)
ex·alt [igzɔ́ːlt] 타동 1〔지위·명예·권력·품위 따위 를〕높이다; …을 승진시키다 (to). ¶(~+目+前+名) ~ *a person to* a high office 남을 높은 관직으로 승진시키 다. 2 …을 칭찬하다, 찬미하다 (in, for). ¶~ him *in song* 그를 노래로 찬미하다. 3〔상상 따위〕를 자극하다. 4〔색조·소리 따위〕를 세게[짙게] 하다(intensify). 5〔자랑·기쁨 따위〕로 …을 의기양양하게 하다.
exalt a person to the skies 남을 극구 칭찬하다.
ex·al·ta·tion [ègzɔːltéiʃən] 명 UU 1 높이기, 올리기, 고양(高揚); 칭찬, 치켜 올림; 승진. 2 기고만장, 의기양 양. 3〔기관(器官) 기능 따위의〕비정상적 항진(亢進).
*****ex·alt·ed** [igzɔ́ːltid] 형 1 고귀한, 신분이 높은. ¶an ~ personage 귀인. 2 고상한. 3 기고만장한, 의기양양 한; 과장된; 거나하게 취한. **~·ly** 부 **~·ness** 명
‡ex·am [igzǽm] 명〔구어〕=examination. [iner.
exam. examination; examined; examinee; exam-
ex·a·men [igzéimən/-men] 명 1〔가톨릭〕〔양심 따위의〕규명, 검사. 2〔가치·상태 따위를 규명하는〕시 험, 조사; 〔작가 등에 대한〕비평적 연구.   〔검사〕원.
ex·am·i·nant [igzǽmənənt] 명 시험관(官), 심사
‡ex·am·i·na·tion [igzæmənéiʃən] 명 (® ~s [-z])
1 a) 시험, 고사 (in, on, for). ¶the entrance ~ *of*[or *to, for*] A University A대학교 입학 시험/a writ-ten[an oral] ~ 필기[구술] 시험/cheat in an ~ 시험 에서 커닝을 하다. **b)** 시험 문제; 시험 답안.
2 UC 검사, 조사, 심사(of, into). ¶an ~ *into* the matter 그 사건의 조사.

> 유의어 **examination** 어떤 사물의 성질·품질·효력· 진위(眞僞) 따위를 알기 위한 주의깊은 관찰·검토. **scrutiny** 매우 세밀한 examination. **inspection** 결점·결함의 유무를 조사하는 공적(公的) examina-tion. **inquiry** 질문 또는 입수 가능한 증거에 의한 조 사. **investigation** 복잡한 또는 숨겨진 것에 관한 조 직적이고 철저한 (종종 공식적인) 수사. **research** 과 학적이고 학술적인 조사·연구.

3 UC **a)** (의사의) 진찰. ¶a physical[or health] ~ 건강 진단; 신체 검사/the ~ *of* a patient 환자의 진찰/undergo a medical ~ 진찰[건강 진단]을 받다. **b)** (학설·문제 따위의) 검토, 고찰. **4** UC 〔법률〕심문(審問). ¶the ~ *of* a witness 증인 심문.   「하다.
fail [*pass*] *an examination* 시험에 떨어지다[합격 *go in* [or *up*] *for one's examination* 시험을 치르다.
make an examination of …을 검사[심사]하다.
on [or *upon*] *examination* 조사상으로, 조사해 보니; 진찰해 보니, 진찰상으로.
take [or 英 *sit* (*for*)] *an examination in* [or *on*] …의 시험을 보다, 시험에 응하다.
under examination 조사[검사]중; 심리중.
~·al 형 시험의, 심사[검사]의; 심문[심리상]의.
examinátion cóuch(병원의 진찰대(특히 정 신 분석의(醫)용); 〔구어〕(the ~)정신과 치료.
ex·am·i·na·tion-in-chief [-intʃíːf] 명〔법률〕직접 심문, 주심문(direct examination).
examinátion pàper [**shèet**] 명 시험 답안(지); 시험 문제.   〔검사관(官)/심사원.
ex·am·i·na·to·ri·al [igzæmənətɔ́ːriəl] 형 시험

‡ex·am·ine [igzǽmin] 타동 (~s [-z]; ~d; *-in·ing*)
1 …을 조사[검사]하다: 검사[심사]하다, 검열하다.
¶~ *a* proposal 제안을 검토하다.// (~+*wh.*節) He ~*d* by touch *whether* the kettle was hot or not. 그 는 주전자가 뜨거운지 어떤지 만져보았다. 2(학생·지원 자 등에게) …을 시험하다 (in, on). ¶(~+目+前+名) ~ the students *in* English 학생들에게 영어 시험을 보이다. 3(증인·피고 등)을 심문하다(on); 〔사실 따위〕를 심리하다. ¶~ *a* witness [suspect] 증인[용의자]을 심문하다. 4 …을 진찰하다. ¶ have one's health ~*d* 건강 진단을 받다. ―자 조사하다[검사]; 시험[진찰, 심리]하다(into). ¶(~+前+名) ~ *into* details 상세히 조사하다.
examine oneself 반성하다.
-in·a·ble 형 검사[심문]할 수 있는. **-in·ing·ly** 부
ex·am·i·nee [igzæməníː] 명 수험자; 심리[조사, 심문]받는 사람, 피조사자.   「을 직접 심문하다.
ex·am·ine-in-chief [-intʃíːf] 타동〔법률〕(증인)
***ex·am·in·er** [igzǽmənər] 명 조사[검토]하는 사람; (…의) 시험관, 심사원 (in); (…의) 검사[조사]관[원] (for); 증인 심문관.
‡ex·am·ple [igzǽmpl, -záːm-/-záːm-] 명 (® ~s [-z]) 1 (보통 an ~) 예, 보기, 실례(實例), 구체적인 예, 예증; (수학 따위의) 예제. ¶E– *is better than* precept. 〔속담〕교훈보다 실례.

> 유의어 **example** 어떤 종류 전체에 적용되는 법칙·표 준을 설명하는 가장 전형적인 예. **instance** 일반적인 개념을 설명하는, 또는 어떤 종류의 성질을 나타내는 예. **case** 어떤 일의 발생·존재의 보기가 되는 행위·상황·사건 따위. **illustration** 어떤 이론·원리 따위를 분명하게 하기 위해 인용하는 예. **sample** 어떤 종류 전체의 성질·경향 따위를 알기 위해 임의로 선정되는 한 부분. **specimen** 과학적·기술적 목적을 위한 sample. **model** 어떤 물건의 구조·외관을 나타내는 (종종 소형(小型)의) 견본. **pattern** 복지(服地) 등의 자재 잘라낸 견본.

2 (an ~, one's ~) 본, 본보기; 표준, 전형(典型), 모범 (to, for). ¶an ~ *for* the class 반의 모범. 3 견본, (작은) 모형; 표본(specimen). ¶an ~ of his handwriting 그의 필적 견본. 4 (an ~) (별로서의) 본보기, 본때, 교훈, 경고. ¶Let his failure be an ~ *to* you. 그의 실패를 교훈으로 삼아라. 5 선례, 전례, 유례(類例).
after the example of …의 보기[본]에 따라.
as an example =*by way of example.*
beyond [or *without*] *example* 유례[전례]가 없는.
by way of example 예로서, 한 예를 들면.
follow the example of a person; follow a person's example 남을 모범으로 삼다, 본받다.
for example 예를 들면(for instance).
give [or *set*] *a good example to* …에게 좋은 모범을 보이다.
make an example of a person; make a person an example 남을 본보기로 벌주다.   「르다.
take example by …을 본보기로 하다, …의 예를 따
to give [or *take, cite*] *an example* 한 예를 들면.
― 타동 (~s [-z]; ~*d*; *-pling*) (수동형으로) …의 실례(實例)[본보기]가 되다.
ex·an·i·mate [egzǽnəmət, -méit] 형 죽은, 생명이 없는; 원기[활기]가 없는. **-má·tion** 명
ex án·i·mo [eks ǽnəmòu] 충심으로부터(의); 성심 성의껏(sincerely), 〈L from the soul〉
ex·an·them [egzǽnθəm, ig-/eks-] 명〔병리〕발진; 발진성 열병. **-the·mát·ic, èx·an·thém·a·tous** 형
ex·an·the·ma [ègzænθíːmə] 명 =exanthem.
ex·arch [éksɑːrk] 명 1〔그리스 정교회〕총주교 대리. 2 (역사〕(비잔틴 제국의) 총독.
ex·ar·chate [éksɑːrkèit, -ʹ-] 명 UC exarch의

ex·as·per·ate [iɡzǽspərèit/-zɑ́ːs-] 타 1 …을 안달나게[약오르게] 하다(⇒IRRITATE 유의어); …을 노하게 하다, 격노시키다; (수동형으로) …에 분격하다 (against, at, by). ¶ (~+目+前+名) be ~d against a person 남에게 성내다 / be ~d at [or by] a person's conduct 남의 행동에 대해 화를 내다. 2 (병·감정 따위를) 악화시키다, 격화시키다. 3 (남)을 성나게 하여 …시키다 (to, to do). ¶ ~ the workers to go on strike 근로자들을 노하게 하여 파업하게 하다.
— 자 [iɡzǽspərət, -rèit/-zɑ́ːs-] 1 (식물) (잎 따위가) 꺼칠꺼칠한, 울퉁불퉁한. 2 화가 난.
-at·ed·ly 부 **-at·er** 명
ex·as·per·at·ing [iɡzǽspərèitiŋ] 형 애태우게 하는; 약오르게 하는, 화나(게 하)는. **~·ly** 부
ex·as·per·a·tion [iɡzæspəréiʃən] 명 U 안달, 분개, 격노; (병 따위의) 악화(of).
in exasperation 화가 나서.
exc. excellency; excellent; except(ed); exception; exchange; exciter; excursion; excuse. **Exc.** Excellency.
Ex·cal·i·bur [ekskǽləbər] 명 엑스캘리버(Arthur 왕의 마법의 칼). [출이젠].
ex·car·di·na·tion [ekskɑ̀ːrdənéiʃən] 명 교구 [출이전].
ex ca·the·dra [eks kəθíːdrə, -kǽθi-] 형 부 권위있는; 권위를 가지고, 권좌로부터, …로서 (가톨릭) (교황의) 성좌(聖座) 선언. **èx-ca·thé·dra** 형 <L
ex·ca·vate [ékskəvèit] 타 자 1 (구멍)을 파다; …을 파서 뚫다; …을 동굴로 만들다; (터널 따위)를 굴착하다(뚫다). ¶ ~ a hill 산을 뚫다. 2 (매몰된 것)을 발굴하다(dig up). ¶ ~ an ancient city 고대 도시를 발굴하다.
***ex·ca·va·tion** [èkskəvéiʃən] 명 1 U 구멍파기, 굴착; 발굴. 2 (굴착된) 구멍, 공동(空洞)(⇒HOLE 유의어); (산·도로)을 절단해서 낸 길[수로]. 3 (~s) 발굴물, 유적. 4 (해부) 와(窩). (치과) 함요(陷凹).
~·al 형 **~·ist** 명 (고고학에 관한) 발굴 작업 전문가.
ex·ca·va·tor [ékskəvèitər] 명 1 굴착(발굴)자, 2 굴착기, 증기삽(steam shovel); (치과용) 천공기.
‡**ex·ceed** [iksíːd] 타 (~s [-z]) 자 1 (범위·한도)를 넘어서다. ⇒EXCEL 유의어 ¶ ~ one's rights 월권하다. 2 (양이나 정도 따위)를 초과하다. ¶ The task ~s his ability. 그의 능력으로는 그 일을 할 수 없다. 3 …보다 크다, …을 능가하다, 웃돌다(in, by). ¶ The imports ~ the exports in this country. 이 나라는 수입 초과다 // (~+目+前+名) Gold ~s silver in value. 금은 은보다 가치가 더 있다 / 12 ~s 9 by 3. 12는 9보다 3이 더 많다. — 자 1 도(度)를 지나치다. 도를 넘다 (in). ¶ (~+前+名) ~ in eating 과식하다. 2 (다른 것을) 능가하다, 우세하다, 뛰어나다 (in). ¶ (~+前+名) ~ in strength 힘이 탁월하다. **~·a·ble** 형 **~·er** 명
***ex·ceed·ing** [iksíːdiŋ] 형 과도한; 대단한, 굉장한; 이상한(unusual). — 부 (고어) =exceedingly.
‡**ex·ceed·ing·ly** [iksíːdiŋli] 부 대단히, 매우, 몹시.
‡**ex·cel** [iksél] 타 (~s [-z]; -ll-) 자 (기능·성질 따위에서) (남)을 능가하다, (남)보다 뛰어나다(낫다), 탁월하다 (in, at). ¶ (~+目+前+名) He ~s others in character [at sports]. 그는 인격[스포츠]이 남보다 뛰어나다. — 자 뛰어나다, 탁월하다 (in, at / as). ¶ (~+前+名) ~ in biology [at chess] 생물학[체스]에 뛰어나다 // (~+as 補) ~ as a painter 화가로서 탁월하다.

> 유의어 **excel** 좋은 또 바람직한 성질·업적·기량 따위가 남보다 뛰어나다. **exceed** 어느 한도·표준 따위를 넘다. **surpass** =excel. **outdo** 이전 또는 남의 기록을 상회하다 (* 약간 격식을 갖춘 말이다).

excel oneself 여느 때[전]보다 잘하다[좋다].
***ex·cel·lence** [éksələns] 명 1 U 탁월, 우수, 우월 (in, at, of / as). ¶ ~ of workmanship 제작 기술의 우수성 / win a prize for ~ in English 영어를 뛰어나게 해서 상을 받다. 2 장점, 미점. ¶ a moral ~ 도덕상의 미점 / his ~ as a rider 기수로서 그가 뛰어난 점. 3 (보통 E-) =excellency 1.
***ex·cel·len·cy** [éksələnsi] 명 1 (보통 E-) 각하(장관·대사·총독 등에 사용되는 존칭). ¶ Your E- (직접 부르는 말로) Your [His [Her] E- (간접적으로) 각하 (부인) / Your [Their] Excellencies (복수일 때) 각하 (부인). 2 (보통 E-) Excellency의 존칭으로 불리는 사람. 3 (드물게) =excellence 1, 2.
‡**ex·cel·lent** [éksələnt] 형 (more ~; most ~) 1 뛰어난, 우수한, 탁월한; (성적·평점이) 수(秀)의 (in, at). ¶ an ~ choice 특선품 /be ~ at sports [in math] 스포츠[수학]을 잘하다. 2 (칭찬·응답 따위에) 좋아, 잘했어 (good); (속어) 멋지군; 더할 나위 없군. **~·ly** 부
ex·cel·si·or[1] [iksélsiər, ek-] 명 (미) 1 (상표) (상자 속에 포장용으로 넣는 얇은) 대팻밥. 2 (E-) (인쇄) [3포인트 활자.
as dry as excelsior 바싹 말라.
ex·cel·si·or[2] [iksélsiɔːr] 형 보다 높은 (미국 New York 주의 표어). (<L higher).
Excélsior Státe 명 (the ~) New York 주의 별칭.
‡**ex·cept** [iksépt] 전 …이외에는, …을 제외하고는. ¶ Everyone is ready ~ him. 그를 제외하고는 모두 준비되어 있다 /(부사구[절]와 함께) That bookstore is open ~ on Wednesday. 저 서점은 수요일 이외에는 영업을 한다.

> 유의어 **except** 특히 제외의 뜻을 강조하는 낱말. **but** 단순히 포함되어 있지 않음을 나타내는 말. **save** 「…을 제외하고」라 뜻의 전치사.

(USAGE)[1] (1) **except**와 부정사 — 주문(主文) 안에 do가 있는 경우는 except 다음에 원형부정사가, 기타의 경우는 to-부정사가 오는 경우가 많다: She did nothing ~ weep. 참 It had no effect ~ to make him angry.
(2) **except**의 부정 — except is not, without로 부정하는 경우에는 대개 excepting의 형을 쓴다: Everyone must observe the rule not ~ing the king. (* 명사 뒤에 오는 경우는 not excepted라고 하며, 위의 예문 후반은 …the king not ~ed가 된다. 또 문두(文頭)나 always의 다음에도 excepting이 일반적이다.)

except for ~이 없으면, ~을 제외하고는 (but for). ¶ E- for your help, I would have failed. 당신의 도움이 없었더라면 나는 실패했을 것이다.
except that… …이라는 것 이외는, …이라는 것을 제외하고. ¶ It will be perfect ~ that it is too long. 그것은 너무 길다는 점을 빼놓고는 완벽하다.

> (USAGE)[2] (1) **except**는 「…을 빼놓고[제외하고]」처럼 예외적인 것을 말하는 데 사용된다. 이에 대해 **except for**는 「…이 있기[있었기] 때문에 …이지[이었지] 만일 그것이 없다면[없었다면]」처럼, 이미 있는[있었던] 것을 전제로 하여 그 반대의 경우를 가정하여 말할 때에 쓰인다 (* except for…에 선행하는 주문(主文)은 보통 긍정문이 된다. 부정문인 경우는 대개 except가 사용된다). (2) 뒤에 명사(구)가 따르는 경우는 except for를, 절이 오는 경우는 except that을 쓴다. (3) but for보다 except for가 제외의 뜻이 더 강하다. 또 but for는 가정법의 동사와 함께 쓰이는 경우가 많다. ⇒BUT. * save for는 문어체, only for는 고어적인 어법이지만 오늘날의 구어체에도 아직 남아 있다.)

— 접 1 (구어) …이지만 (유감스럽게도), 단(但)(only) (* 때로 that을 수반). ¶ I would go ~ it's too far. 가고 싶지만 (유감스럽게도) 너무 멀다. 2 (미구어) …이 아니면, …하지 않으면(unless).

excepting

타 ⓣ …을 제외하다, 예외로 하다; …을 빼다 (from). ¶I ~ foreigners. 외국인은 예외입니다 // (~+목+전+명) ~ a person's name from a list 남의 이름을 명단에서 빼다. —⑧ 〖법률〗(증인·의견 따위에) 반대하다, 이의를 제기하다 (against, to). ~·a·ble

‡**ex·cept·ing** [ikséptiŋ] ⓟ (＊except와 같은 뜻이지만 주로 문두(文頭), 또는 not, without, always 뒤에 쓰이어) …을 빼놓고, …을 제외하다. ¶E~ the mayor, all were present. 시장 이외는 모두 출석했다 / Everyone must be patient, not ~ me. 누구나 참고 견디지 않으면 안 되며 나도 마찬가지다. — ⑧ 〖고어〗…을 제외하고 (except).

ex·cep·tion [ikséptiŋ] ⓝ (⑥ ~s [-z]) **1** a) ⓤ 예외(로 취급하기); 제외(하기)(exclusion). b) ⓒ 제외된 예, 예외, 예외의 인물[사물, 경우], 특례 (to). ¶an ~ to a rule 규칙의 예외 // The ~ proves the rule. 예외가 있다는 것은 원칙이 있다는 증거이다. **2** a) 이의(異議), 이론(異論)(objection); 반대. b) 〖법률〗이의 신청, 항의; 불복.

above [or *beyond*] *exception* 이론[비난]의 여지 없는.
be liable [or *subject*] *to exception* 이의를 제기할 여지가 있다, 이론(異論)이 나올 것 같다.
be no exception(s) 예외가 아니다.
by way of exception 예외로서.
make an exception of [or *for*] …을 예외로 하다, 특별 취급하다.
make no exception(s) 특별[예외] 취급을 하지 않다 (of, for).
take exception ① 이의를 제기하다 (against, to, at). ② 성내다, 화를 내다 (to, at).
without exception 예외 없이, 모조리. 「…이외는」
with the exception of [or *that*] …을 제외하고.
~·less

ex·cep·tion·a·ble [ikséptiŋnəbl] ⓐ (부정문에서) 반대할 만한 (objectionable), 이의를 말할 수 있는, 비난할 만한. ~·ness ⓝ -bly ⓓ

＊**ex·cep·tion·al** [ikséptiŋnəl] ⓐ **1** 예외의, 특별한; 이례적이. ⇒ IRREGULAR 〖유의어〗¶an ~ case 예외적인 사례. **2** 정상이 아닌, 각별한; 보통이 아닌, 드문 (rare). ¶an ~ opportunity 매우 좋은, 우수한. ¶an ~ violinist 바이올린의 명인. **4** ⦅美⦆〖교육〗특수 교육을 필요로 하는. -**al·i·ty**, ~·**ness** ⓝ

ex·cep·tion·al·ism [ikséptiŋnəlìzm] ⓝ 예외론.

＊**ex·cep·tion·al·ly** [ikséptiŋnəli] ⓓ 예외적으로, 비정상적으로; 유별나게, 대단히.

ex·cep·tive [ikséptiv] ⓐ **1** 예외의, 예외적인; 제외의; 각별한; 예외를 나타내는. ¶an ~ clause 예외 조항. **2** 반대하기 좋아하는, 허물잡기 좋아하는. ~·ly ⓓ

＊**ex·cerpt** [éksə:rpt] ⓝ (책 따위로부터의) 발췌, 초록(抄錄); 인용(구); 발췌곡; (학회지 따위의) 발췌 인쇄(물) (from). —⑧ [iksə́:rpt] ⓣ …을 발췌[초록]하다; …을 인용하다 (from). ⓘ 발췌[초록]을 만들다. ~·er ~·i·ble -**cérp·tion**, -**cérp·tor**

‡**ex·cess** ⓝ [iksés] (⑥ ~·es [-iz]) **1** ⓤ (종종 an ~) 초과, 과잉(過剩), 과다, 과도 (of / over). ¶~ of authority 월권 / have an ~ of energy 정력이 넘쳐 흐르다. **2** 초과량[액] (of / over) (⑥ lack); 잉여분. ¶an ~ of exports over imports 수출 초과액. **3** ⓤ 〖행동이〗 도를 지나침; 불신(不信愼); 부절제(不節制) (in); (종종 ~·es) 폭음 폭식; ⓒ (보통 ~·es) 난폭. ¶His ~·es shortened his life. 폭음 폭식이 그의 생명을 단축했다. **4** ⓤ ⦅英⦆〖보험〗 초과액(손해액에서 피보험자의 자기 부담을 초과하는 부분). 「than).
in excess of …을 초과하여, …이상의[으로] (more to [or in] (an) excess 과도하게. ¶drink to ~ 과음하다 / go [or run] to ~ 극단으로 흐르다. — ⓐ [ékses] 제한 밖의; 여분의; 잉여[과잉]의. ¶~ issue (화폐의) 제한 초과 발행.
—⑧ [iksés] 〖종업원·공무원 등〗을 해고하다, 휴직[강등, 전임]시키다 (out).

éxcess bággage ⓝ **1** (제한 중량 외의) 초과 수하물(⦅英⦆excess luggage). **2** ⦅美구어⦆ 필요 이상[여분]의 부담, 짐이 되는 것; ⦅속⦆ (동뚱한 사람의) 군살.

éxcess capácity ⓝ 〖경영〗 과잉 설비.
éxcess chárge ⓝ (주차 요금제의) 시간 초과 요금.
éxcess demánd ⓝ 〖경제〗수요 초과[과잉]. 「레.
éxcess-demánd inflátion ⓝ 〖경제〗수요 인플
éxcess fáre ⓝ 〖철도〗 (보다 긴) 거리 초과 요금; (등급이 높은 차로 갈아탈 때의) 추가 요금.

‡**ex·ces·sive** [iksésiv] ⓐ (*more* ~; *most* ~) 과도한 (⑥ moderate); 과대한; 터무니없는; 극단적인. ¶~ charges 과도한 요금. ~·**ness** ⓝ

〖유의어〗 **excessive** 수량·정도가 너무 지나쳐서 타당·인내의 범위를 넘는. **immoderate** 억제심이 없어서 excessive한. **extravagant** 난폭·무절제·어리석음 따위로 타당·관습적인 한계와 상규(常規)를 벗어난. **exorbitant** 관습적 또는 기정(旣定)의 한계를 이탈하여 남을 괴롭히는. **inordinate** 권위·양식이 명하는 한도를 넘어선.

ex·ces·sive·ly [iksésivli] ⓓ 지나치게, 심히; (구어·강조) 매우 (very).

éxcess liquídity ⓝ 〖경제〗 과잉 유동성 (금융 시장에서 통화량 공급이 수요를 상회하는 상태).
éxcess lóan ⓝ 〖금융〗 초과 융자.
éxcess lúggage ⓝ ＝excess baggage.
éxcess póstage ⓝ (우편의) 부족 요금.
éxcess-prófits tàx [dùty] ⓝ 초과 이득세.
éxcess resérves ⓝ 초과 준비금.
éxcess sóund préssure ⓝ 〖물리〗 음압 (音壓).
éxcess supplý ⓝ 〖경제〗 공급 초과, 공급 과잉.

exch. exchange(d); exchequer.

‡**ex·change** [ikstʃéindʒ] ⓒ (-*chang·es* [-iz]) ~d; -*chang·ing*) ⓣ **1** a) …을 교환하다, 교체하다, 환전하다 (for). ¶~ a thing here 교체하다 // (~+목+전+명) ~ pounds for dollars 파운드를 달러로 환전하다. b) …을 교역하다(barter) (with). ¶(~+목+전+명) ~ goods with foreign countries 외국과 상품을 교역하다. **2** (복수 명사를 목적어로 하여) …을 주고 받다, 서로 (맞)교환하다, 맞바꾸다(interchange) (with). ¶~ blows 서로 치고받다 // (~+목+전+명) ~ glances with a person 남과 서로 시선을 맞추다.

〖유의어〗 **exchange** ① 어떤 물건을 다른 것과 교체하다. ② 동종·동형(同型)의 물건을 서로 주고받다. **interchange** 두 개의 것을 서로 맞바꾸다, 대치하다. **barter** 물물 교환하다.

3 …을 버리다, …을 버리고 (…을) 취하다 (for). ¶(~+목+전+명) ~ honor for wealth 명예를 버리고 부를 취하다. **4** ⦅서양장기⦆ 〖체스〗 (적의 말)을 잡다.
—ⓘ 교환 [환전] 되다 (for). ¶The honey ~d for a bag of corn. 벌꿀은 옥수수 한 포대와 교환되었다.
—ⓝ (-*chang·es* [-iz]) **1** ⓤⓒ a) 교환, 대체 (代替); 주고받기, 맞바꾸기; 교류; 교역 (for, with / between). ¶the ~ of money for goods 돈을 물품과 바꾸기 / ~ of gifts 선물 주고받기 / E~ is no robbery. 교환은 강탈이 아니다 (불공평한 교환을 정당화할 때의 변명). b) 회화, 대화; 입씨름, 논쟁(dispute); (짧은) 교전. ¶a frank ~ of views between two leaders 두 지도자간의 솔직한 대화. **2** 대체[교환]품 (for). ¶a good ~ 이득이 있는 교환물. **3** (종종 E~) (상품·주권 따위의) 거래소. ¶a stock ~ 증권 거래소. **4** (전화의) 교환국. ¶a telephone ~ 전화 교환국. **5** ⓤ a) 환(換)(시세); 환전. ¶foreign ~ 외국환(換) / an ~ bank 환은행 / the

par of ~ 법정(法定) 평가 // at the ~ of 1,200 won for [or to] the dollar 1달러에 1,200원의 환시세로. b) (정산·환전의) 수수료. c) (~s) 어음 교환소. 6 《美》 직업[노동] 소개소(labor ~). 7 《서양장기》 (말의) 교환. 8 《의학》 수혈(輸血). 9 (도서관의 자료 교환(출판물이나 중복 자료를 도서관끼리 교환하는 일); 교환 자료. 10 《육상》 (계주의) 배턴 터치. 11 《美속어》 술집.
in exchange ① 그 대신; 답례로. ② (…와) 교환으로, (…의) 대신으로 (*for, of*). 「하다.
make an exchange with …와 교환을 하다, 교류
win [lose] the exchange 《서양장기》 (말의) 교환하여 이득[손해]을 보다.
ex·change·a·ble [ikstʃéindʒəbl] 형 교환[교역]할 수 있는 (*for*). ¶ ~ value 교환 가치.
-bíl·i·ty 명 교환[교역]할 수 있음; 교환 가치. **-bly** 부
exchánge bròker 명 외국환 중개인.
exchánge cléaring 명 《경제》 외국환 청산.
exchánge contròl 명 환(換) 관리. 「카운터.
exchánge cóunter 명 (백화점 따위의) 상품 교환
ex·chang·ee [ikstʃeindʒíː, ─́─] 명 《학생·포로 등의》 피교환자, 교환 학생[교수, 포로].
exchánge equalizátion fùnd 《금융》 1 환시장 안정 기금(stabilization fund). 2 (E- E- F-) 《영》 환 평형 기금[계정](외환 시장 개입을 위한 기금).
exchánge fórce 명 《물리》 (소립자간의) 교환력.
exchánge márket 명 외(국)환 시장.
exchánge òrder 명 (항공권) 상환교환)증(약 XO).
exchánge proféssor 명 교환 교수.
ex·chang·er [ikstʃéindʒər] 명 교환 일을 맡은 사람; 환전상; 교환기.
exchánge ràte 명 (the ~) 외환 시세; 환율(換率). (또는 ráte of exchánge)
Exchánge Ràte Méchanism 명 《금융》 환율 조정 제도(각국 통화 당국이 시장 개입을 통해 환율을 조정하는 국제 협력 제도; 특히 EU의 European Exchange Rate Mechanism을 가리킴; 약 ERM).
exchánge reáction 명 《물리》 교환 반응.
exchánge stabilizàtion fùnd 명 환시장 안정기금. 「기금.
exchánge stúdent 명 교환 학생.
exchánge téacher 명 교환 교사.
exchánge tícket 명 상품권; 《증권》 (뉴욕 증권 거래소의) 매매 주문 확인표.
exchánge transfúsion 명 《의학》 수혈 교환(건강한 피로 교체 수혈하는 일).
exchánge vàlue 명 교환 가치.
ex·cheq·uer [ékstʃekər/ikstʃék-] 명 1 (the ~, an ~) 국고(national treasury); 공급고. 2 (the E-) 《영》 재무부. ¶ the Chancellor of the E- 《영》 재무 장관. 3 (E-) 《영》 재정 법원. 4 (the ~, an ~) 《구어》 (개인·법인 등의) 재정, 자력(資力), 재원. ¶ a family ~ 가계.
éxchequer bíll 명 《영역사》 재무부 증권.
éxchequer bónd 명 《영》 국고 채권.
ex·cis·a·ble¹ [iksáiz-] 형 과세 대상이 되는.
ex·cis·a·ble² [iksáiz-] 형 절제[삭제] 할 수 있는.
ex·cise¹ [éksaiz, -sáis] 1 UC a) 물품세, 소비세. (an) ~ *on* tobacco 담배 소비세 // collect ~s 물품세를 징수하다. b) 면허세. 2 (the E-) 《영》 간접 소비국(현재는 the Board of Customs and E-). ─ 동 [iksáiz] 《영》 …에 물품[소비]세를 매기다, 과세하다; …에 중세를 과하다.
ex·cise² [iksáiz] 동 1 (구·문장 따위를) 삭제하다 (*from*). 2 (기관(器官) 따위를) 절개하다, 잘라내다 (*from*). 「조 판매 규제법.
éxcise láws 명복 (the ~) 소비세법; 《美》 주류 (류
ex·cise·man [éksaizmən/-mǽn-] 명 (옛날의) 간접(물품)세 징수관.
éxcise táx [dúty] 명 =excise¹ 명 1.
ex·ci·sion [eksíʒən, ik-] 명U 1 삭제; 절단(切斷).

2 《종교》 파문. 3 《외과》 (조직·이물(異物)의) 적출(摘出), 절개(술). ~·ing 형
ex·cit·a·bil·i·ty [iksàitəbíləti] 명U 1 발끈하기 쉬운[흥분을 잘하는] 성질. 2 《생리》 (자극에 대한 기관 따위의) 감수성, 민감성.
***ex·cit·a·ble** [iksáitəbl] 형 1 격하기 쉬운, 흥분을 잘하는(반 impassive). 2 《생리》 (기관·조직이) 자극에 ~·ness 명 **-bly** 부
ex·cit·ant [iksáitənt, éksətənt] 형 흥분시키는, 자극성의. ─ 명 자극물; 흥분제; 《전기》 (전지의) 여자액(勵磁液). ⇨ STIMULUS 《유의어》
ex·ci·ta·tion [èksaitéiʃən/-si-] 명U 1 자극, 흥분; 흥분 상태. 2 《전기》 여자(勵磁). 3 《물리》 여기(勵起); 《전자》 여진(勵振), 여진 압력.
ex·cit·a·tive [iksáitətiv] 형 흥분성의, 자극성의; 《전기·전자》 여자[여기, 여진]적인. 「tive.
ex·cit·a·to·ry [iksáitətɔ̀ːri/-təri] 형 =excita-
‡**ex·cite** [iksáit] 타 (**-cit·ed; -cit·ing**) 1 (남)을 자극하다, 흥분시키다; (남)을 자극하여 …하게 하다; (수동형·재귀용법으로) 흥분시키다. ⇨ PROVOKE 《유의어》 ¶ (~ + 목 + 젠 + 명) a person *to* anger 남을 화나게 하다. 2 (흥미 따위)를 일으키다, (주의)를 환기시키다 (*to, in*). ¶ ~ attention 주의를 환기시키다 / ~ curiosity 호기심을 자극하다 // (~ + 목 + 젠 + 명) The news ~d envy *in* him. 그 소식을 듣고 그는 부러웠다. 3 (사람 등)에 자극을 주다, 분발시키다; …을 야기하다; 선동하다 (폭동 따위)를 일으키다, 격발시키다 (*to, to do*). ¶ ~ a dog 개를 흥분시키다 / ~ a riot 폭동을 야기시키다 / ~ the workers *to* a rebellion 노동자를 선동하여 반란을 일으키다. 4 《생리》 (기관·조직)을 자극하다, 흥분시키다. 5 a) 《전기》 …을 여자(勵磁)하다, …에 자장(磁場)이 생기게 하다. b) (물리》 (원자·분자)를 여기(勵起)하다. ─ 재 (사람)을 흥분시키다.
be [or get] excited about [or *at, by, over*] …에 흥분하다, 들뜨다. ¶ get ~d *over* the news 그 뉴스를 듣고 흥분하다.
Don't excite! 《구어》 침착해라!(Don't ~ yourself.
excite oneself 흥분하다. 「의 생각 어법).
***ex·cit·ed** [iksáitid] 형 1 흥분한, 들뜬 (*at, about, by, that*절) (반 calm). 2 (장사가) 활발한(brisk). 3 《물리》 (원자·분자)가 들뜬, 여기(勵起) 상태에 있는; 《전기》 (발전기가) 여자(勵磁) 상태에 있는. ~·ness 명
excíted átoms 명 《물리》 들뜬 원자.
***ex·cit·ed·ly** [iksáitidli] 부 흥분하여; 기가 나서.
excíted státe 명 들뜬[여기(勵起)] 상태.
‡**ex·cite·ment** [iksáitmənt] 명U 1 흥분, 격앙; 자극. 2 U (경사(慶事)의) 야단법석; (인심의) 동요; 소동, 폭동. ⇨ AGITATION 《유의어》 ¶ cause great ~ 큰 소동을 벌이다. 3 자극하는[흥분시키는] 것.
in [or with] excitement 흥분하여, 기가 나서.
ex·cit·er [iksáitər] 명 1 자극하는 사람[것]. 2 《전기》 여자기(勵磁機); 《물리》 여기자(勵起子). 3 《의학》 흥분제(stimulant).
‡**ex·cit·ing** [iksáitiŋ] 형 (*more* ~; *most* ~) 1 흥분시키는, 자극적인; 손에 땀을 쥐게 하는, 재미있는, 즐거운. ¶ an ~ game 《전기》 여자(勵磁); 《물리》 여기(勵起)하는. 3 (병원(病原)·원인 따위가) 직접적인, 가까운(반 remote). ~·ly 부 ~·ness 명
ex·ci·ton [iksáitan/ekstɔn] 명 《물리》 여기자(勵起子). **-tón·ic** 형 **-tón·ics** 여기자론(연구).
ex·ci·tor [iksáitər, eksi-] 명 1 《생리》 흥분[자극] 신경. 2 《고어》 자극을 주는 사람[것].
excl. exclamation; exclamatory; excluded; excluding; exclusive(ly).
‡**ex·claim** [ikskléim] 동 (~**s** [-z]) 자 1 (흥분·감동하여) 외치다, 소리치다 (*at, on, upon*). ⇨ CRY 《유의어》 2 ~ *at* her beauty 그녀의 아름다움에 탄성을

지르다. **2** (부정 따위에 대해) 강하게 항의하다, 비난하다 (against). ¶ (~+回+前+名) ~ against interference 간섭에 대하여 큰소리로 항의하다. — 函 …이라고 큰 소리로 말하다. ¶ "You fool!" he ~ed. "이 바보야!"라고 그는 소리쳤다. **~·er** 图

exclam. exclamation; exclamatory.

‡**ex·cla·ma·tion** [èkskləméiʃən] 图 (图 ~s [-z])
1 ⓤ 외침, 절규; ⓒ 외치는 소리; 큰 소리로 하는 불만 [항의]. ¶ He gave an ~ of joy. 그는 기쁨의 탄성을 질렀다. **2** ⓤ 감탄. **3** 〖문법〗 감탄문; 감탄사, 간투사. ¶ a note [or point] of ~ 감탄 부호(!). **~·al** 图

USAGE 감탄 부호의 주요 용법 ── (1) 보통 감탄사나 how, what으로 시작되고 「주어+동사」의 어순이 되는 감탄문의 마지막에 붙인다: Oh!/Dear me!/How long the bridge is!(☞ How long is the bridge?) (* 감탄사는 독립성이 약한 경우는 문장의 일부로 들어간다: Oh, you are here at last!) (2) 불완전한 문장에도 붙이는 일이 많다: How strange!/If only I could!/He married! (3) 평서문·의문문에 붙이는 일도 있다: You are here!/Is he here!(* That's a lie.처럼 문장의 뜻에 강한 감정이 분명히 나타나 있는 평서문·의문문에 감탄 부호를 붙이는 것은 삼가는 것이 좋다).

exclamátion pòint [(英) **màrk**] 图 감탄 부호(!).
*ex·clam·a·to·ry [iksklǽmətɔ̀ːri/-təri] 图 감탄하는, 영탄적(詠嘆的)의, 영탄조의. ¶ an ~ sermon 영탄조 설교/an ~ sentence 〖문법〗 감탄문. **-ri·ly** 凰
ex·clave [ékskleiv] 图 고립 영토(본국에서 떨어져서 다른 나라의 영토에 둘러싸인 영토). ☞ enclave
ex·clo·sure [iksklóuʒər] 图 (동물·해충 방어용) 울을 두른 곳, 방어 구역.
‡**ex·clude** [iksklúːd] 图他 (~s [-z]; -clud·ed; -clud·ing) **1** …을 들이지 않다, 차단하다 (from) (⊕ include). ¶ Shutters ~ light. 셔터는 빛을 차단한다. ¶ (~+回+前+名) ~ foreign ships from a port 외국 선박을 항구에 들이지 않다. **2** …을 제외[배제]하다 (from). ¶ ~ the subject from consideration 그 문제를 고려에서 제외하다. **3** …을 쫓아내다, 추방[제명]하다 (from). ¶ (~+回+前+名) ~ a person from a club 남을 클럽에서 내쫓다. **4** (가망·여지·의심 따위를) 허용하지 않다; (가능성 따위를) 고려에 넣지 않다. **-clúd·er** 图 **-clú·so·ry** 图 배타적인, 배제할 수 있는.
ex·clúd·ed míddle [iksklúːdid-] 〖논리〗 배중률(排中律) (except). ⊕ including
ex·clud·ing [iksklúːdiŋ] 前 …을 제외하고[한]
*ex·clu·sion [iksklúːʒən] 图 **1** 제외, 배제; 추방, 배척 (from). **2** (출입국 관리 당국에 의한) 입국 거부. **3** 〖생리〗 공치술(空置術)(내강(內腔)을 차단하고 하는 수술). **to the exclusion of** …을 제외하고[하도록]. [술]. **with the exclusion of** …을 제외하고.
-si·ble [-zəbl], **~·a·ry** 图
ex·clú·sion·a·ry rùle [iksklúːʒəneri-] (the ~) 〖미법률〗 제외 규칙(불법 수집 증거의 배제 규칙).
exclúsion clàuse 图 〖보험〗 면책 조항[약관].
ex·clu·sion·ism [iksklúːʒənìzm] 图 배타[배외 (排外)]주의. **-ist** 图图 배타주의자(의). ¶ 입금 지 구역.
exclúsion zòne 图 (군사 시설·위험 지역 따위) 출
‡**ex·clu·sive** [iksklúːsiv, -ziv] 图 (*more* ~, *most* ~) **1** 배타적인; 서로 용납되지 않는, 모순되는. ¶ mutually ~ qualities 서로 용납되지 않는 성질 / an ~ social circle 배타적인 사교계. **2** 유일한(sole); 독점적인, 전문적인; (상품 따위가) 다른 곳에서 입수할 수 없는 (to). ¶ ~ privileges 독점권 / The story is ~ to this magazine. 이 기사는 이 잡지의 독점 기사다. **3** (상류 계급 따위) 특정 계급의 사람들을 대상으로 하는, 고급의, 고가의. ¶ an ~ shop 고급 점포. **4** 〖논리〗 배타적인. ¶ an ~ proposition 배타적 명제. **5** …을 제외하고 (of) (⊕ inclusive). ¶ from 10 to 31 ~ 10에서 31까지(단 10과 31은 제외한다)(* 이 경우 exclusive는 부사적 용법). **6** 전용(專用)의, 그것에만 한정되는; 유일한. ¶ an ~ line (英) 전용 전화선 ((美) private line) / give ~ attention to business 사업에만 전념하다.
exclusive of …을 제외하고, 셈에 넣지 않고. ¶ ~ of taxes 세금을 제외하고.
— 图 (图 ~s [-z]) **1** 독점권, 독점 판매권. **2** (잡지 따위의) 독점 기사(~ story), 특종, 스쿠프.
~·ness, **èx·clu·sív·i·ty** 图 〖언〗 판단.
exclúsive disjúnction 图 〖논리〗 배타적 선언(選
exclúsive distribútion 图 배타적[독점적] 공급.
exclúsive económic zòne 〖국제법〗 배타적 경제 수역(economic zone [waters]) (해안선에서 200 해리 안의 경제 수역; ☞ EEZ).
exclúsive físhing zòne 图 어로 전관 수역.
exclúsive ínterview 图 단독 회견.
*ex·clu·sive·ly [iksklúːsivli] 凰 배타적으로, 서로 용납지 않고; 독점적으로, 전문적으로; 오로지 (…만).
exclúsive ór 图 〖논리〗=exclusive disjunction
exclúsive OR 图 〖컴퓨터〗 배타적 논리합(論理合). ¶ ~ circuit [or gate] 배타적 논리합 회로[게이트].
exclúsive representátion 图 (노동 조합의) 배타적 대표권.
ex·clu·siv·ism [iksklúːsəvìzm, -zəv-] 图ⓤ 배타주의; 당파주의; 독점주의. **-ist** 图 **-ís·tic** 图
ex·cog·i·tate [ekskádʒətèit/-kɔ́dʒ-] 图他 **1** …을 생각[고안, 창안]해 내다. **2** 숙고하다, 충분히 연구하다. **-ta·ble**, **-tà·tive** 图 **-tà·tor** 图 〖ⓒ 고안물〗.
ex·cog·i·ta·tion [èkskɑdʒətéiʃən/-kɔ̀dʒ-] 图ⓤ
ex·com·mu·ni·ca·ble [èkskəmjúːnikəbl] 图 (죄가) 파문을 받아 마땅한; (사람이) 파문되어야 할.
ex·com·mu·ni·cate [èkskəmjúːnəkèit] 图他 (교회가) …을 파문하다; 추방[제명]하다. — 图 파문[제명]당한; 파문된. — 图 파문(추방)당한 사람, 파문 선고를 받은 (사람). **-cà·tor** 图
ex·com·mu·ni·ca·tion [èkskəmjùːnəkéiʃən] 图ⓤⓒ 파문 (선고); 제명, 추방.
ex·com·mu·ni·ca·tive [èkskəmjúːnəkèitiv, -kətiv] 图 파문의; 파문 선고의.
ex·com·mu·ni·ca·to·ry [èkskəmjúːnəkətɔ̀ːri/-təri] 图 파문(선고)의; 파문의 원인이 되는.
ex-con [ekskán/-kɔ́n] 图 《미구어》=ex-convict.
ex-con·vict [ːkánvikt/-kɔ́n-] 图 전과자.
ex·co·ri·ate [ikskɔ́ːrièit] 图他 **1** …의 껍질[피부]을 벗기다, …을 까다. **2** …을 몹시 비난하다 (for). — 图 [-riət, -rièit] 피부가 까진, 껍질이[표피가] 벗겨진.
-á·tion 图ⓤⓒ (피부의) 찰과상; 심한 비난.
ex·cre·ment [ékskrəmənt] 图ⓤ 배설물; (종종 ~s) 대변(feces, dung). **-mén·tal**, **-mén·tous** 图
ex·cre·men·ti·tious [èkskrəmentíʃəs] 图 대변의, 대변 같은. **~·ly** 凰
ex·cres·cence [ikskrésns] 图 **1** 이상 생성물(사마귀·혹 따위); (동·식물의) 돌출물(코끼리의 코 따위). **2** 자연 생성물(머리털·손톱 따위). **3** 무용지물; (주위와 안 어울리는) 추한 건물. **4** 이상 성장[증식].
ex·cres·cen·cy [ikskrésnsi] 图 =excrescence.
ex·cres·cent [ikskrésnt] 图 **1** (비정상적으로) 성장[용기]하는; 군더더기의. **2** 〖음성〗 잉음(剩音)의. ¶ an ~ letter 잉음 문자(발음 편의상 덧붙인 문자). **~·ly** 凰
ex·cre·ta [ikskríːtə] 图 (複數) 배설물, 설(腺) 분비물, 노폐물(땀·대변·소변 따위). (또는 **excretions**) **-tal** 图
ex·crete [ikskríːt] 图他 …을 배설하다, 분비하다; [사용이 끝난 것·불필요한 것]을 방출[배제]하다.
-crét·er 图 **-cré·tive** 图 〖(~s) 배설물〗.
ex·cre·tion[1] [ikskríːʃən] 图ⓤⓒ **1** 배설 (작용). **2**
ex·cre·tion[2] 图 이상 생성(물); 무용지물.

ex·cre·to·ry [ékskritɔ̀:ri/ikskrí:təri] 형 배출의, 배설의. ¶an ~ organ 배설 기관. ― 명 배출[배설] 기관.
ex·cru·ci·ate [ikskrúːʃièit] 타 (육체적으로) 고통을 주다; (정신적으로) 괴롭히다, 고민케 하다.
ex·cru·ci·at·ing [ikskrúːʃièitiŋ] 형 1 고문을 당하는 듯한, 몹시 괴로운; 몹시 마음을 아프게 하는. 2 대단한, 이만저만이 아닌; 아주 형편없는. ¶an ~ pun 멋대가리 없는 결말. **~·ly** 부 (도의) 고통; 고민.
ex·cru·ci·a·tion [ikskruːʃièiʃən] 명 U 고문; (극심한) 고통.
ex·cul·pate [ékskʌlpèit, ikskʌlpeit] 타 1 …을 무죄로 하다, …의 무죄를 밝히다; …을 (죄 따위로부터) 벗겨주다 (from). ¶(~+目+前+名) ~ a person from a charge 남의 무고한 죄를 벗겨주다. 2 (증거·사실 따위가) …의 해명이 되다.
exculpate oneself from …이 아니라고 해명하다.
ex·cúl·pa·ble 형 **-pá·tion** 명 해명; 변호.
ex·cul·pa·to·ry [ikskʌlpətɔ̀:ri/-təri] 형 무죄를 증명하는, 변명의, 해명의.
ex·cur·rent [ikskɔ́:rənt/-kʌ́r-] 형 1 흘러나오는. 2 (동물) 유출성의, 유출구가 되는. 3 (식물) (침엽수가) 외줄기의; 나무 줄기의 끝이 돌출하여 꼭대기를 이루고 있는. (잎의 주맥(主脈)이) 돌출형의.
ex·curse [ikskɔ́:rs] 자 1 옆길로 새다; 배회하다. 2 소풍가다, 단거리 여행을 하다; 통과하다.
‡**ex·cur·sion** [ikskɔ́:rʒən, -ʃən] 명 1 (보통 행락을 위한) 짧은 (단체) 여행, 소풍; (할인 요금의) 관광 여행. ⇨ TRIP 유의어 ¶a pleasure ~ 유람 여행/a school ~ 학교 소풍. 2 (집합적) 유람 여행 단체, 소풍단체. 3 (이야기 따위의) 탈선, 본제에서 벗어남 (into). 4 (물리) (물체의) 편의(偏倚) 운동. 5 (기계) 행정(行程). 6 (천문) 궤도 이탈. 7 (폐어) 출격, 습격(raid).
go on [or for] an excursion 소풍가다.
make [or take] an excursion to [or into] …로 소풍가다. [제]에서 벗어나다, 이탈하다.
make excursions from (the main theme) (주
― 명 ㉠ (~s [-z]) 소풍[여행]가다. 「요금.
― 형 짧은 여행의, 유람[소풍]의. ¶~ rates 유람 할인
~·al, ~·àr·y 형 **~·ist** 명 소풍객, 유람 여행가.
excúrsion clàss 명 (英) (여객기의) 이코노미 클래스(economy class). 「주유권.
excúrsion ticket 명 (휴양지 따위의) 할인 유람권.
ex·cur·sive [ikskɔ́:rsiv] 형 1 배회하는, 방랑적인. 2 종작없는, 산만한. 3 (이야기 따위가) 중심에서 벗어난, 지엽적인. **~·ly** 부 **~·ness** 명
ex·cur·sus [ekskɔ́:rsəs] 명 (복 ~·(·es)) 1 (권말에 붙인) 부기(附記), 추기. 2 여담.
ex·cus·a·ble [ikskjúːzəbl] 형 용서할 수 있는, 용서해도 좋을; 변명이 되는. **~·ness** 명 **-bly** 부
ex·cus·a·to·ry [ikskjúːzətɔ̀:ri/-təri] 형 변명의, 해명의. ¶speak in an ~ tone 변명조로 말하다.
‡**ex·cuse** 동 [ikskjúːz] (**-cus·es** [-iz]; **~d; -cus·ing**) 1 …을 용서하다, 너그러이 봐주다 (for / doing). ¶~ a fault 잘못을 용서하다 /(~+目+前+名) ~ a person for his fault 남의 잘못을 용서하다.

[유의어] **excuse** 사소한 실수 따위를 너그럽게 봐주다. **forgive** 해를 끼친 사람을 용서하고, 그에 원한을 품지 않고 잊어버리다. **pardon** 중대한 잘못·죄에 대하여 공무원·상급자가 관용을 베풀고 벌을 감면해주다. **condone** 도덕이나 법에 위배되는 행위를 사정에 따라 너그럽게 봐주다.

2 (재귀용법으로) …에 대하여 변명하다, 핑계를 대다; …을 해명하다; (사정 따위가) …의 변명이 되다 (for / doing). ¶He ~d his delay as due to the weather. 그는 늦어진 것을 날씨 탓으로 돌렸다. 3 (의무·계약 따위에서) (남)을 면제해주다, 해제하다 (from). ¶(~+目+前+名) We will ~ you from the test. 너의 시험을 면제해주겠다 / E- me from work tomorrow. 내일

은 쉽게 해주십시오. 4 (美) …에게 자리를 뜨는 것을 허가하다; (재귀용법으로) 도중에 자리를 뜨다. ¶Can I be ~d? 이제 가도 됩니까? / May I be ~d? 잠깐 (화장실에) 갔다와도 되겠습니까? ― 재 (남이) 용서하다, 허가하다; (사정 따위가) 변명이 되다.
Excuse me. ① 실례합니다, 미안합니다; 실례했습니다(I'm sorry). ② (but if 절 앞에서) 실례[죄송]합니다만. ③ (보통 ~?로) 죄송합니다만 뭐라고 하셨죠? (英 Sorry?). ④ 저 역시(상대방이 "Excuse me."라고 했을 때의 응답).
excuse oneself ① 변명하다; 사과하다 (for). ¶~ oneself for one's conduct 자기 행위를 변명하다. ② 사퇴하다 (from). ¶I want to ~ myself from coming. 가고 싶지 않다. ③ 도중에 자리를 뜨다.
Will you excuse me? (자리를 뜰 때) 잠깐[먼저] 실례하겠습니다.

― 명 [ikskjúːs] (복 **-cus·es** [-iz]) UC 1 변명; 해명 (for). ¶his ~ for being late 늦은 데 대한 그의 변명 // invent an ~ 변명거리를 궁리하다. 2 (잘못 따위의) 이유, 근거; 핑계, 구실; 변호, (보통 ~s) (…에 대한) 사죄, 유감의 뜻 표명 (for, to, to do). ¶make one's ~ to …에게 참석하지 못하는 것을 사죄하다. 3 (구어) (an ~) 명색뿐인 것 (for). ¶a poor ~ for a yacht 요트라기에는 명색뿐인 형편없는 것. 4 용서; (의무 따위의) 면제; (…로부터의) 결석계 (from).
by way of excuse 변명으로서, 구실로.
Excuses, excuses! (구어) 언제나 핑계뿐이군.
in excuse 변명으로. ¶I don't have a word to say in ~. 변명할 여지가 없습니다.
in excuse of …의 변명[핑계]으로서.
make one's [or an] excuse (for) (…을) 변명하다.
no excuse 이유가 되지 않는. ¶Ignorance is no ~. 몰랐다는 것은 이유가 되지 않는다 / No ~! 변명하지 마라!
offer an excuse for …의 핑계를 대다, …을 변명하다.
on the excuse of …을 핑계[구실]로.
without excuse 이유 없이.
~·less 형 **-cús·ing·ly** 부
ex·cúse-me (dànce) [ikskjúːzmì:-] 명 (英) 남의 파트너와 춤을 추어도 되는 댄스.
ex·cus·er [ikskjúːzər] 명 용서하는 사람; 변명하는 사람. 「법 행위에 의한[의하여]. [L]
ex de·lic·to [èks dəliktou] 형[부] 불법의[으로]; 불
ex·di·rec·to·ry [-dirèktəri, -dai-] 형 (英) 전화번호부에 실려 있지 않은((美) unlisted).
èx dívidend 형[부] (증권) 배당락(落)으로[의](약 ex div., x. d.). (또는 **ex-dividend**) 형 cum dividend
èx dívidend stòck 명 (증권) 배당락 주식.
ex·e·at [éksiæt] 명 1 (수도원 수사의) 외박 허가. 2 (英) (대학의) 휴가[외박] 허가. [L] 「utive).
ex·ec [igzék] 명 (구어) (기업체의) 임원, 간부(exec-
exec. execute; execution; executive; executor.
ex·e·cra·ble [éksikrəbl] 형 1 저주할, 밉살스러운. 2 형편없는, 열등한. **~·ness** 명 **-bly** 부
ex·e·crate [éksəkrèit] 타 1 …을 몹시 싫어하다 [미워하다]. 2 …을 저주하다. ― 자 저주의 말을 하다. **-crà·tive** =execratory. **-crà·tor** 명
ex·e·cra·tion [èksəkréiʃən] 명 1 U 저주하기, 몹시 싫어하기. 2 저주(curse). 3 저주의 대상.
ex·e·cra·to·ry [éksəkrətɔ̀:ri/-krèitəri] 형 저주의; 저주를 내포한. 「할 수 있는.
ex·e·cut·a·ble [éksikjùːtəbl] 형 실행[이행]할 수 있는.
ex·ec·u·tant [igzékjutənt] 명 실행자, 집행자; 연기자; 연주자. ― 명 연주자의; 공연의, 연주하는.
‡**ex·e·cute** [éksikjùːt] 타 (**-cut·ed; -cut·ing**) 1 [계획·명령·일 따위]를 실행[성취, 달성]하다. (행동 따위]를 행하다, 실시[행]하다. ⇨ DO 유의어 ¶~ a plan [an order] 계획[명령]을 수행하다. 2 [예술품]을 제작

[창작]하다. ¶~ a painting 그림을 제작하다. 3 〔곡〕을 연주하다; 〔배역〕을 연기하다. ¶~ a sonata 소나타를 연주하다. 4 〔법률〕〔법률·명령·재판 처분 따위〕를 (…에게) 집행하다 (on, upon); 〔계약〕을 이행하다; 〔계약서 따위〕를 작성하다; 〔유언〕을 집행하다. 5 …을 (…때문에 /…로서) 사형에 처하다 (for / as). ⇒KILL 유의어 ¶~ a person as a murderer 남을 살인자로서 사형에 처하다. 6 〔컴퓨터〕〔프로그램 명령 따위〕를 실행하다. -cút·a·ble ⓐ -cút·er ⓝ

*ex·e·cu·tion [èksikjúːʃən] ⓝ ⓤ 1 (계획·명령 따위의) 실행, 실시; (약속·의무 따위의) 이행, 수행. 2 〔법률〕(판결·유언 등의) 집행; 사형 집행; (재산 등의) 강제 집행, 차압; 신병 구금; ⓒ 강제 집행 영장(writ of ~). 3 (do의 목적어로) (무기 따위의) 가공할 위력(효과). 파괴력. 4 (예술 작품 등의) 제작; 연주; (제작·연주의) 기법, 기술, 솜씨. ¶the ~ of a piece of music 악곡의 연주. 5 마무리, 완성; (계약 따위의) 증서 작성. 6 〔컴퓨터〕(프로그램 따위의) 실행. ¶행에 옮기다. carry [or put]...in [or into] execution …을 실행하다. do (great) execution (가공할) 위력을 나타내다. ~·al, ~·ar·y ⓐ

ex·e·cu·tion·er [èksikjúːʃənər] ⓝ 1 실행자; (법령·유언·판결 등의) 집행인. 2 사형 집행인(hangman); (범죄 조직의) 암살자, 살인자.

‡ex·ec·u·tive [igzékjutiv] ⓐ (⒠ ~s [-z]) 1 (the ~) (단·복수 양용) 행정부 (행정부 legislature, judiciary) (정당·노동 조합 등의) 집행 위원회, 집행부. 2 행정관, 행정적 수완가; (the E-) 행정 수반(대통령·주지사 등). 3 (기업체 따위의) 경영 간부, 중역, 임원, 이사 (manager). —ⓐ 1 실행상의; 실력이 있는. ¶~ talent 실행력. 2 법을 집행하는; 행정상의, 행정부의. ¶~ power 행정권. 3 관리직(중역, 이사)의; 중역 등이) 중역에 어울리는. ¶an ~ jet 중역 전용기. 4 값비싸고 사치런, 고가의. ~·ly ⓐⓓ ~·ness ⓝ

executive áction ⓝ 행정 조치; 《美》(정보 기관의) 테러 행위(암살 포함).

exécutive agréement ⓝ 《美》 (외국과의) 행정 협정.

exécutive assístant ⓝ 비서, 보좌관.

exécutive bóard ⓝ (the ~) 중역[이사] 회의.

exécutive bránch ⓝ 1 (또는 exécutive depártment) (the ~) 《美》 행정부; 집행부서. 2 (군함의) 전투 부서.

exécutive cláss ⓝ =business class.

exécutive clémency ⓝ 〔법률〕(대통령·주지사 등에 의한) 감형, 특별 사면(권). 「위원회.

exécutive commíttee ⓝ (단체·회사 등의) 집행

exécutive cóuncil ⓝ 1 최고 집행 위원회. 2 (정부 수반을 위한) 평의회[위원회]. 「사].

exécutive diréctor ⓝ (기업체의) 전무[상무] (이

exécutive éditor ⓝ (신문·잡지 등의) 편집 담당 중역[상무], 주필.

Exécutive Mánsion ⓝ (the ~) 《美》 1 대통령 관저(the White House). 2 주지사 관저.

Exécutive Óffice of the Président ⓝ 《美》 대통령실(대통령 보좌 기관의 총칭).

exécutive ófficer ⓝ 1 행정관, 집행관. 2 《군사》 (부대의) 부(副)대장, (사단의) 참모, (하급 부대의) 선임 장교; (해군의) 부함장; (회사 등의) 임원, 간부. ¶the chief ~ 최고 경영 책임자, 대표 이사(⒠ CEO). 「령권.

exécutive órder ⓝ 행정 명령; (E- O-) 《美》 대통

exécutive prívilege ⓝ 《美》 행정부[대통령] 특권.

exécutive sécretary ⓝ 1 (회사의) 비서실장, 부(비영리 단체 등의) 사무총장[국장].

exécutive séssion ⓝ 〔정치〕(의회·위원회·수뇌부 등의) 비공개 간부 회의.

exécutive súite ⓝ (기업체의) 중역실, 임원실.

exécutive více président ⓝ 《美》 (기업체의) 부사장, 전무, 상무(⒠ EVP). ⓐ senior vice president

Exécutive Yúan [-júːən, -juáːn] ⓝ (the ~) (대만의) 행정원(行政院)(내각에 해당).

ex·ec·u·tor [igzékjutər] ⓝ 1 [èksikjúːtər] 실행자, 집행자. 2 (예술 작품의) 제작자; 연주자, 연기자. 3 〔법률〕 유언 집행자. ~·ship ⓝ

ex·ec·u·to·ry [igzékjutɔ̀ːri / -təri] ⓐ 1 =executive. 2 〔법률〕(계약·유언 등이) 미제(未濟)의, 미이행 [완성]의. 3 행정상의, 집행상의. ¶~ contract 미이행 계약.

ex·ec·u·trix [igzékjutriks] ⓝ (⒠ ~·es, -tri·ces [-tráisiːz]) executor의 여성형.

ex·e·ge·sis [èksidʒíːsis] ⓝ (⒠ -ses [-siːz]) (성서의) 해석, 해설, 주석. ¶Biblical ~ 성서 해설.

ex·e·gete [éksədʒiːt] ⓝ 해의(解義)학자; 성경 해석자. ⓐ =ex·e·gét·ist.

ex·e·get·ic [èksədʒétik] ⓐ (특히 성서의) 해석[해설, 주석]의, (또는 exegetical) -i·cal·ly ⓐⓓ

ex·e·get·ics [èksədʒétiks] ⓝ 《단수취급》 성서 해석학; 해석적 신학.

ex·em·pla [igzémplə] ⓝ exemplum의 복수형.

ex·em·plar [igzémplər] ⓝ 1 본보기, 모범. 2 보기, 예, 실례. 3 전형, 원형, 원본. 4 (책의) 부(copy).

ex·em·pla·ry [igzémpləri] ⓐ 1 모범적인, 훌륭한. 2 경고가 되는; 〔법률〕 징계적인. 3 전형적인, 좋은 예가 되는. -ri·ly ⓐⓓ -ri·ness, -plar·i·ty ⓝ

exémplary dámages ⓝ 〔법률〕(실제 손해액 이상으로 부과하는) 징벌적 손해 배상금.

ex·em·pli·fi·ca·tion [igzèmpləfikéiʃən] ⓝ 1 ⓤ ⓒ 예증, 예시; 실례, 좋은 예. 2 〔법률〕 공증 등본.

*ex·em·pli·fy [igzémpləfài] ⓥⓣ 1 …을 (…으로) 예증하는, 예시하다 (by / in). 2 …의 좋은 예가 되다. 3 〔법률〕…의 부본을 뜨다, …의 공증 등본을 작성하다. -fi·a·ble -fi·er ⓝ

ex·em·pli gra·ti·a [igzémplai gréiʃiə, -gráːtiàː, -zémpli-] 예를 들면 (⒠ e.g.). [<L for example]

ex·em·plum [igzémpləm] ⓝ -pla (-plə)) 1 인용 예, 실례. 2 도덕적 일화, 교훈적 이야기, 훈화(訓話).

*ex·empt [igzémpt] ⓥⓣ …에게 (의무·책임 따위를) 면제하다; (고통 따위를) 덜어주다 (from). 1 ⓥ+ (前+名) ¶~ a person from military service 남의 병역을 면제하다. —ⓐ (의무 따위의) 면제된; (…이) 없는 (from). ¶goods ~ from taxes 면세품. —ⓝ 1 의무 면제자; 면제자. 2 《英》 근위병 하사. ~·i·ble ⓐ

*ex·emp·tion [igzémpʃən] ⓝ 1 ⓤⓒ 《美》(소득세 신고서에 기재하는) 공제 대상 항목(부양 가족 등의); 공제액. 2 ⓤ (의무 따위의) 면제, 해제 (from). ¶~ from punishment [taxation] 형의 면제[면세]. 3 면세품.

ex·e·qua·tur [èksikwéitər, -kwáːt-] ⓝ 1 인가장, 승인서(외국의 영사 또는 상무관에게 주재국 정부가 내준다). 2 (교황 교서 출판 따위의) 군왕의 승인서.

ex·e·quy [éksəkwi] ⓝ 1 (보통 -quies) 장례식 (funeral rite). 2 (종종) 장례 행렬. 「수 있는.

ex·er·cis·a·ble [éksərsàizəbl] ⓐ 운동[행사]할

‡ex·er·cise [éksərsàiz] ⓝ (⒠ -cis·es [-iz]) 1 ⓤⓒ (신체의) 운동; 체조. ¶outdoor ~s 옥외 운동 / lack [or want] of ~ 운동 부족 / gymnastic ~s 체조, 체육 / get (some) ~ 상당한 운동을 하다 / practice light ~s in the morning 아침에 간단한 체조를 하다. 2 ⓤⓒ (능력의) (근대의) 연습, 훈련, 실습. ¶~s for the piano 피아노 연습 / military ~s 군사 훈련. 3 ⓤ (보통 the ~) (정신·육체 따위의) 활동시키기; 사용; (덕의) 실천; (권한·권리 따위의) 행사. 4 학과; 연습 문제[과제]; 연습곡 (학원 신청에 필요한) 수업 과정(학술적 토론이나 구두 시험 따위). ¶~s in grammar 문법 연습 문제 / do one's ~s 연습을 공부 [연습]하다. 5 (종종 ~s) 식, 의식, (학위) 수여식; 종교 의식, 예배. ¶the commencement ~s of a college 대학의 졸업식 / ~s of devotions 기도식. 6 (예술·지적

활동 따위의) 영위, 시도; 습작, 시작(試作). **7** (특정 목적을 가진) (…의) 행위, 일, 임무 (in). **8** [美軍史] 레이더 양동(陽動) 관측(적의 레이더망에 거짓 전파를 보내어 상대의 반응을 보는 일). 〔동의〕 진짜 목적. *the object of the exercise* (헛수고하지 않을 행

〔유의어〕 **exercise** 이미 가지고 있는 능력을 강화하기 위해서 반복적으로 행하는 활동. **drill** 어떤 일을 습관적으로 할 수 있도록 하기 위해 보통 지도자 밑에서 반복되으로 행하는 훈련. **practice** 어떤 기술의 완성을 목적으로 반복하여 행하는 조직적인 연습.

── 働 (**-cis·es** [-iz]; ~*d*; *-cis·ing*) 他 **1** …을 훈련하다, 운동시키다; …에게 (…을) 연습[훈련, 운동] 시키다 (*in*), ¶ ~ troops 군대를 훈련하다 / ~ a boy *in* fencing 소년에게 펜싱 연습을 시키다. **2** 〔권력·권리〕를 행사하다, 휘두르다. ¶ ~ one's rights 권리를 행사하다. **3** 〔기능·정신력〕을 활동시키다, 사용하다. ¶ ~ patience [judgment] 인내력[판단력]을 발휘하다. **4** 〔직무 따위〕를 수행하다, 완수하다. **5** 〔영향·감화 따위〕를 (…에게) 미치다 (*on*, *over*). ¶ (~+目+前+名) ~ great influence *on* a person 남에게 커다란 영향을 미치다. **6** 〔수동형·재귀용법으로〕 〔문어〕 …을 (…의 일로) 번거롭게 하다, 괴롭히다 (*about*, *over*, *by*). ¶ (~+目+前+名) be much ~*d about* one's health 건강을 몹시 걱정하다. ── 自 **1** 연습[운동]하다. **2** 종교 의식에 참례하다, 예배하다. **3** 레이더 양동 관측을 하다.
exercise a person *in* 남에게 …연습을 시키다. ¶ ~ a boy *in* swimming 소년에게 수영 연습을 시키다.
exercise oneself *over* [or *about*, *by*] …때문에 고민을 썩이다.

éxercise bícycle 图 운동용 (고정) 자전거.
éxercise bòok 图 연습장, 공책.
éxercise príce 图 〔상업〕 (옵션을 행사할 수 있는) 권리 행사 가격, 매수 가격.
ex·er·cis·er [éksərsàizər] 图 **1** 연습[운동, 실행] 하는 사람; 운동 기구. **2** (말의) 조교사(調敎師).
ex·er·ci·ta·tion [ìgzə̀rsətéiʃən] 图 U **1** (능력·실력 따위의) 발휘, 행사. ¶an ~ of one's imagination 상상력을 발휘하다. **2** 연습, 실습. **3** 실행, 이행. **4** 예배, 근행(勤行). **5** 웅변, 화술; 논의, 강연; 논문(essay).
Ex·er·cy·cle [éksərsàikl] 图 〔상표〕 엑서사이클 (미국 Exercycle사의 exercise bicycle).
ex·ergue [ìgzə́ːrg, éksəːrg/eksə́ːg] 图 (화폐·메달 따위의) 각명부(刻銘部)(의장(意匠)의 하부와 가장자리 사이, 연월일·제작자 이름 등이 새겨진 곳); 그 각명.
‡**ex·ert** [ìgzə́ːrt] 他 **1** (…을 위해 / …하기 위해) 〔힘·지식 따위〕를 쓰다, 〔재귀용법으로〕 힘껏 노력하다, 분투하다 (*for* / *to* do). ¶ ~ intelligence 지식을 발휘하다 // He ~ed himself *to* finish the work. 그는 그 일을 끝내기 위해 노력했다. **2** 〔…에게〕 〔감화〕를 주다, 〔위력·압력〕을 가하다 (*on*, *upon*). ¶ (~+目+前+名) ~ a favorable influence *on* a person 남에게 좋은 영향을 미치다.
‡**ex·er·tion** [ìgzə́ːrʃən] 图 **1** U 힘을 내기, (힘의) 발휘; 〔권력·능력 등〕 쓰기, 행사. ¶mental ~ 정신력의 발휘 / ~ of authority 권력의 행사. **2** 노력, 진력, 애씀; 힘든 작업[운동]. ⇒EFFORT 〔유의어〕 ¶In spite of all his ~s 그의 온갖 노력에도 불구하고. **3** (심신의) 격렬한 활동(activity). ¶avoid ~ 격렬한 활동을 피하다.
ex·er·tive [ìgzə́ːrtiv] 图 노력하는[할 수 있는]; 힘을 발휘하는, 영향을 미치는; 활력이 있는.
ex·es [éksiz] 图 *pl.* 〔구어〕 **1** 비용(expenses). **2** (또는 **exis**) 6, 육 (* six를 거꾸로 읽은 것).
ex·e·unt [éksiənt, -Ant] 〔연극〕 (각본의 지시에서) 퇴장하다. ⑧ exit² (They go out)
éxeunt óm·nes [-ámniːz] 〔연극〕 (각본의 지시에서) 일동 퇴장. [<L all go out]
ex fac·to [eks fǽktou] 〔法律〕 사실에 의한[따르면], 실제의[로는]. [<L according to fact]
ex·fil·trate [eksfíltreit] 圆 〔적지으로부터〕 천천히 [조금씩] 탈출하다[시키다]. **-fil·trá·tion** 图
ex·fo·li·ate [eksfóuliéit] 图他 …을 벗겨내다(strip off). ── 圆 **1** (나무 껍질이) 벗겨지다. **2** (지질) (암석이) 얇은 조각이 되어 떨어지다. **3** (외과) (피부 따위가) 박리(剝離)하다. **-á·tion** 图 **-á·tive** 图 〔또는 e.g.〕
ex.g(r). (라틴) *exempli gratia* (= for example).
ex grá·ti·a [eks gréiʃiə] 〔라틴〕 호의로서[의], 친절에서 우러나[우러난]. [<L from favor]
ex·ha·la·tion [èkshəléiʃən] 图 **1** U (숨을) 토해내기; 호출; 발산. **2** U[C] 호기(呼氣); 증기(vapor), (향기·악취 따위) 발산되는 것.
‡**ex·hale** [ekshéil] 他 图 **1** (…에서) 발산하다; 증발시키[소생]다 (*from*). **2** 숨을 토해내다(↔ inhale). ── 自 **1** 〔숨·증기·소리 따위〕가 (…에서) 내뿜다, 토해내다 (*from*). ¶ ~ a sigh 한숨을 쉬다. **2** (냄새 따위를) 발산하다, 증발시키다.
‡**ex·haust** [ìgzɔ́ːst] 他⑧ **1** 〔체력·인내력 따위〕를 소모하다, 기진맥진하게 하다. 〔~을 수동형으로〕 …으로 녹초가 되다 (*from*, *by*); 〔재귀용법으로〕 …으로 몹시 지치다 (*by*, *with*). ¶ ~ one's patience 더 이상 참을 수 없게 되다 / be ~*ed from* work (with toil, *by* war) 〔고된 일로, 전쟁으로〕 녹초가 되다 / I have ~*ed* myself swimming. 나는 수영을 해서 지쳤다. **2** (국력·자원)을 고갈시키다, 다 써버리다. (너무 경작하여) (토지)를 남모로 만들다. ¶The stock is nearly ~*ed*. 재고가 바닥나 간다. **3** 〔그릇〕을 비우다, 진공으로 만들다; 〔용기 등〕에서 〔속에 든 것을〕 빼내다 (*of*); …을 (…에서) 빼내다 (*from*). ¶ (~+目+前+名) ~ a cask *of* liquor 술통을 비우다. **4** …을 샅샅이 연구하다, 철저히 논술하다 (*of*). …을 망라하다. **5** (용매)를 빼서 〔약·택당의 성분〕을 모조리 추출하다. **6** (엔진 따위)가 배기하다 (증기 따위가) (…으로) 방출되다, 배출되다 (*into*).
── 图 **1** U (엔진) (내연기관으로부터의) 배기(排氣); 배출; (배출된) 가스, 증기, (로켓 따위의) 분사 가스; 배출 장치, 배기관. **2** U 고갈.
ex·haust·ed [ìgzɔ́ːstid] 图 **1** 다 퍼내린, 물이 마른. ¶an ~ oil well 말라붙은 유정. **2** 다 써버린, 고갈된. **3** 지친, 기진맥진한. ¶feel quite ~ 몹시 지치다.
ex·haust·er [ìgzɔ́ːstər] 图 **1** 배기기(排氣機), 배기 장치; (진공관의) 배기기 조작자; (통조림 식품의 최종 조리를 위한) 중류기(蒸溜機) 조작자, 탈기(脫氣) 담당자.
exháust fán 图 환기 팬.
exháust fúmes [gàs] 图 (자동차의) 배기 가스.
exháust-gàs recirculátion 图 (자동차의) 배출가스 장치비 ⑧ EGR.
ex·haust·i·ble [ìgzɔ́ːstəbl] 图 다 사용[배출, 제거]할 수 있는, 고갈시킬 수 있는. **-bíl·i·ty** 图
ex·haust·ing [ìgzɔ́ːstiŋ] 图 심신을 피로[소모]하게 하는, 뼈가 빠지는, 고단한; 철저히 파헤친. ¶an ~ day 몹시 고단한 하루. **~·ly** 图
‡**ex·haus·tion** [ìgzɔ́ːstʃən] 图 U **1** 배출. **2** 소모, 고갈, 다 써버리기 (*of*). **3** 극도의 피로, 기진맥진. ¶nervous ~ 노이로제. **4** (문제 따위의) 철저한 연구(규명).
‡**ex·haus·tive** [ìgzɔ́ːstiv] 图 **1** 남김없는, 철저한, 총망라한. **2** (자원·힘 따위를) 고갈시키는, 소모적인. **~·ly** 图 **~·ness** 图
ex·haust·less [ìgzɔ́ːstlis] 图 고갈되는 일이 없는, 무진장의(inexhaustible). **~·ly** 图 **~·ness** 图
exháust mánifold 图 〔자동차〕 배기 매니폴드[다기관(多岐管)] (여러 배기관을 하나로 뭉뚱그리다).
exháust pípe 图 〔기계〕 (엔진의) 배기관(美) tail pipe); 〔美속어〕 항문.
exháust stróke 图 〔기계〕 (엔진의) 배기 행정(行程).
exháust sýstem 图 배기 장치.
exháust válve 图 배기 밸브, 배기판(瓣).
exháust velócity 图 〔로켓〕 배기[분출] 속도.

exhbn. exhibition.

‡ex·hib·it [igzíbit] 타 1 …을 (장소에) 진열[전시]하다 (*in, at*); (…에게) 출품[진열]하다 (*to*); …을 과시하다. ⇨SHOW [유의어] ¶ ~ paintings 그림을 전시하다. 2 (감정·관심 따위)를 나타내다, 보이다; (도표 따위로) 표시하다(show). ¶ ~ anger 분노를 나타내다. 3 (법률) (법원에) (증거 문서)를 제시하다; (탄원서 따위)를 제출하다. 4 (검사·점검 따위를 위해) …을 보이다, 제출[제시]하다. 5 (고어) (병리) (약) 을 복용시키다; (의료)를 베풀다. — ㉮ 전람회를 개최하다; (…에) 출품하다, 전시하다 (*in, at*); 공연하다(perform).
— 명 1 ⓤⓒ 전람, 공시, 출품, 전시, 진열; 전람[전시]회(exhibition). 2 전시품, 출품작, 진열품. 3 (법률) (법정에 제출된) 증거 물건[서류]. ⇨EVIDENCE [유의어]
on exhibit 전시[진열], 공개되어.
~·**a·ble** 형 ~·**ant**, ~·**er** =exhibitor.
Exhíbit A 명 (법률) 증거물 A(제1호, …).

‡ex·hi·bi·tion [èksəbíʃən] 명 (복) ~**s** [-z] 1 (the ~, an ~) (예술품·상품 등의) 전시, 전람, 진열, 출품, 공개; 출품된 것, 진열[전시]물. 2 ⓤⓒ (감정·능력 따위의) 표명, 표출, 발휘; (서류 따위의) 제출, 제시; 과시. ¶ an ~ of bad manners 좋지 않은 태도를 보이기. 3 전람회, 전시회, 품평회; (美) 학예회; (英) 박람회. ¶ hold [or give] an art ~ 미술 전람회를 열다. 4 (英) 장학금. 5 시범[공개] 시합[게임], 공개[시범] 연기. 6 (법률) 증거물. 7 ⓤ (고어) 투약; 시료(施療).
make an [*or a regular*] *exhibition of oneself* (구어) (바보짓을 하여) 웃음거리가 되다, 망신당하다.
on exhibition 전시[진열], 공개되어. ¶ put [or place] one's works ~ 자기 작품을 전시하다.

ex·hi·bi·tion·er [èksəbíʃənər] 명 1 (英) 장학생. 2 =exhibitor.

exhibítion gàme 명 시범[공개] 경기[게임].

ex·hi·bi·tion·ism [èksəbíʃənìzm] 명 ⓤ 1 과시벽 (誇示癖), 자기 선전벽. 2 (정신의학) 노출증.

ex·hi·bi·tion·ist [èksəbíʃənist] 명 1 과시벽이 있는 사람, 자기 선전가. 2 (정신의학) 노출증 환자. — 형 (또는 **exhibitionístic**) 과시벽이 있는, 자기 현시욕이 강한; (정신의학) 노출증의.
-bi·tion·ís·ti·cal·ly 부

ex·hib·i·tive [igzíbitiv] 형 전시하는, 전시하기에 알맞은; (…을) 나타내는, 과시하는. ~·**ly** 부

ex·hib·i·tor [igzíbitər] 명 1 (전람회 따위의) 출품[참가]자[단체]. 2 영화 흥행주; (美) 영화관 지배인. 3 (법률) 증거 따위의 제출자. (또는 **exhibiter**)

ex·hib·i·to·ry [igzíbətɔ̀ːri / -təri] 형 전시회[전람회]에 관계하는; 전시용의, 전람회의.

ex·hil·a·rant [igzílərənt] 형 쾌활하게 하는, 기분을 북돋우는, 기운나게 하는. — 명 기운나게[상쾌하게] 하는 것(특히 음료); 흥분제.

ex·hil·a·rate [igzílərèit] 타 (수동형으로) …을 쾌활하게 하다, …의 기분을 북돋우다; (…로) 활기[원기]를 불어넣다, 고무하다 (*by, at*). **-rát·ed** **-rà·tor**

ex·hil·a·rat·ing [igzílərèitiŋ] 형 명랑하게 하는, 기분을 북돋우는; 활기[원기]를 불어넣는. ~·**ly** 부

ex·hil·a·ra·tion [igzìləréiʃən] 명 ⓤ 1 기분을 북돋우기, 활기를 불어넣기. 2 상쾌, 유쾌, 명랑; 흥분.
-ra·tive [-rèitiv, -rətiv] 형

***ex·hort** [igzɔ́ːrt] 타 (…하도록 / …을) …에게 열심히 권하다[설득하다]; (…에게) 충고[훈계]하다 (*to do*); ⇨URGE [유의어] ¶ (~+目+前+名) ~ a person to repent 남을 회개하도록 설득하다 // (~+目+前+名) ~ a person to good deeds 남에게 선행을 권하다. — ㉮ 열심히 권하다; 훈계하다. ~·**er** 명 ~·**ing·ly** 부 열심히, 끈질기게.

***ex·hor·ta·tion** [èɡzɔːrtéiʃən, èks-] 명 ⓤ 1 (간곡한) 권고, 장려; 충고, 훈계; ⓒ 권유[충고]하는 말.

ex·hor·ta·tive [igzɔ́ːrtətiv] 형 열심히 권하는, 권고의; 훈계의, 충고의. ~·**ly** 부 [tative.

ex·hor·ta·to·ry [igzɔ́ːrtətɔ̀ːri / -təri] 형 =exhor-

ex·hume [igzjúːm / ekshjúːm] 타 1 …을 발굴하다; (시체·무덤)을 발굴하다. ¶ ~ old letters 고문서를 발굴하다. 2 (오래된 것을 공개하다; (잊혀졌던 것)을 부활시키다. **èx·hu·má·tion, -húm·er** 명

ex·i·gen·cy [éksidʒənsi, igzí-] 명 ⓤⓒ 1 위급, 급박, 긴급 (사태). ⇨EMERGENCY [유의어] 2 (종종 -cies) 절박한 사정, 긴박한 필요성; 급선무, 본질적 요건[요구], (또는 **exigence**)

ex·i·gent [éksədʒənt] 형 1 절박한, 긴급한(urgent). ¶ at this ~ moment 이 긴박한 때에. 2 (요구가) 지나친, 가혹한; (…을) 다그쳐 요구하는 (*of*). ~·**ly** 부

ex·i·gi·ble [éksədʒəbl] 형 (…에게) 강요할 수 있는, 요구[청구]할 수 있는(requirable) (*against, from*).

ex·i·gu·i·ty [èksigjúːəti, ègzi-] 명 ⓤ 조금, 근소.

ex·ig·u·ous [igzíɡjuəs, iksíɡ-] 형 근소한, 얼마 안 되는; 작은(small). ~·**ly** 부 ~·**ness** 명

***ex·ile** [éɡzail, éks-] 명 1 ⓤ (종종 an ~) (…에서의 / …로의) 망명, 유랑; 귀양, 유형(流刑); 국외 추방 (*from / to*). ¶ Napoleon's ~ *to Elba* 나폴레옹의 엘바섬 유형. 2 망명자, 유랑자; 유형자; 추방된 자. ¶ a political ~ 망명 정치가. 3 (the E-) (기원전 6세기의) 바빌론 유수(幽囚).
be in exile 망명중이다.
condemn a person to exile 남을 귀양보내다.
go [or *be sent*] *into exile* 추방당하다, 떠도는 신세가 되다.
live in exile 망명생활[귀양살이]를 하다.
— 타 (수동형으로) (…에서 / …로) …을 (국외) 추방하다, 유형에 처하다 (…에서, …로). ⇨BANISH [유의어]; 망명시키다
exile oneself 망명[유랑]하다. (*from / to*).
-il·a·ble **-il·er** [exilian)

ex·il·ic, ex·il·i·an [egzílik, eksíl-] 형 추방중인, 유랑의, (또는

ex·il·i·ty [egzíləti, eksíl-] 명 ⓤ 근소, 빈약; 가냘픔.

Ex·lm (Bànk) [éksim(-)] 명 (美구어) 수출입 은행(Export-Import Bank), (또는 **Éxim, Exímbànk**)

ex int. *ex interest.* ['int.], (또는 **èx-ínterest**)

èx ínterest 형부 (증권) 이자락(落)의[으로]; (약) ex

‡ex·ist [igzíst] 자 1 존재하다, 실재하다, 있다 (be). ¶ God ~*s*. 신은 존재한다. 2 (특별한 장소·상태에) 있다, 존재하다; (어떤 상태로) 나타나다 (*in*). ¶ (~+前+名) Salt ~*s in* the sea. 소금은 바닷물 속에 있다. 3 살아 있다(live), 생존하다. (식료·급료 등에 의하여) 살아가다, 존속하다 (*on*). ¶ (~+前+名) ~ *on a* meager salary 박봉으로 살아가다 / Man cannot ~ *without air*. 사람은 공기가 없으면 살지 못한다. 4 (제도 따위가) 존속하다, (철학) 실존하다.

‡ex·ist·ence [igzístəns] 명 1 ⓤ 존재, 실재, 현존 (being). 2 ⓤ 생존, 살아있는 것; 생활, 생계; 생활[생존] 양식. ¶ a hand-to-mouth ~ 하루 벌어 하루 사는 생활 / a struggle for ~ 생존 경쟁. 3 ⓒ (집합적) 모든 존재물. ⓒ (개개의) 생존자, 실재물. 4 ⓤ (철학) 실존.
begin one's existence 이 세상에 태어나다, 출현하다; 시작되다. [다, 성립시키다.
bring [or *call*]…*into existence* 을 생기게 하
come into existence 생기다, 나타나다, 성립하다.
go out of existence 소멸하다, 멸망하다.
in existence 현존하는. ¶ ruins ~ 현존 유적.
put…out of existence …을 죽이다, 소멸시키다.

***ex·ist·ent** [igzístənt] 형 1 존재하는, 존재하고 있는. 2 목하의, 현행의. — 명 ⓒ 존재하는 것, 실재하는 것, 인간; (철학) 실존자.

ex·is·ten·tial [èɡzistén]əl, èks-] 형 1 존재의[에 관한]. 2 (논리) 실체론상의. 3 (철학) 실존(주의)의[에 특유의]; 경험주의의. ~·**ly** 부

ex·is·ten·tial·ism [èɡzistén]əlìzm, èks-] 명 ⓤ (철학·문학) 실존주의. **-ist** 명형 실존주의자(의). **-tèn·tial·ís·tic** 형 **-tèn·tial·ís·ti·cal·ly** 부

existéntial psychólogy 명 (심리) 실존 심리학;

실존주의 심리학.

existéntial quántifier [óperator] 〖논리〗 존재 기호(∃).

ex·ist·ing [igzístiŋ] 〖형〗 현존[존재, 생존]하는, 기성의; 현행의, 지금의. ¶the ~ law 현행법.

‡**ex·it**[1] [égzit, éksit] 〖명〗 1 (건물의) 출구; (고속 도로의) 출구 (램프). ¶an emergency ~ 비상구. 2 나가기, 퇴거, 외출(의 자유); (배우의) 퇴장(〖반〗 entrance). 3 사 *make one's exit* 퇴장하다; 죽다. ⎿망. ─〖자〗 외출하다, 퇴거하다; 죽다; 〖컴퓨터〗 (시스템 프로그램에서) 빠지다. ─〖타〗 …을 떠나다, 나가다.

ex·it[2] [égzət, éksət] 〖자〗 (각본의 연기 지시에서) 퇴장하다. 〖반〗 exeunt ¶ *E− Othello.* 오셀로 퇴장.

ex·i·tance [éksətəns] 〖명〗 〖물리〗 (물체 표면의 빛·방사 상태의) 발산도(發散度).

éxit interview 〖경영〗 퇴직자 면담.

éxit pèrmit 출국 허가(증). ⎿거 결과 예측 조사).

éxit pòll 출구 조사(투표를 마친 투표자 대상의 선

éxit tàx (옛 소련의) 국외 이주세(移住稅).

éxit visa 출국 비자(사증).

ex lib. *ex libris*.

ex li·bris [eks líːbris, -lái-] 〖라〗 …의 장서표[의]. ─〖명〗 (〖복〗 ~) 장서표(bookplate). 〖＜L〗

ex·li·brism [-líːbrizm, -lái-] 〖명〗 장서표 수집.
-brist 〖명〗 장서표 수집가. ⎿x.n.]

èx néw 〖명〗 (英) (증권) 신주락(新株落)의 (〖반〗 ex n.,

ex ni·hi·lo ni·hil fit [eks níːhilou níːhil fít] 무(無)에서는 아무 것도 생기지 않는다. 〖＜L Nothing is created from nothing.〗

ex·o- [eksou, -sə] 〖연결〗 outside, outer의 뜻(※ 모음 앞에서는 ex-). ¶ *exoskeleton*.

ex·o·at·mos·phere [èksouǽtməsfiər] 〖명〗 외기권(exosphere). **-at·mos·phér·ic** [-ik]

Exoatmosphéric Kíll Vèhicle 〖명〗 외기권 파괴 미사일(시속 4500 마일로 외기권을 날아, 지구로 접근하는 탄두 파쇄를 파괴; 미국의 연구 개발중; 〖약〗 E.KV.).

ex·o·bi·ol·o·gy [èksoubaiálədʒi/-ɔ́l-] 〖명〗 우주 생물학(astrobiology). **-bi·o·lóg·i·cal** **-gist** 〖명〗

ex·o·bi·o·ta [èksoubaióutə] 〖명〗 우주 생물, 지구외 생물(extraterrestrial life). ⎿皮〗(epicarp).

ex·o·carp [éksoukɑːrp] 〖명〗 〖식물〗 외과피(外果

ex·o·cen·tric [èksouséntrik] 〖형〗 〖문법〗 외심적(外心的)인. 〖반〗 endocentric

ex·o·cet [éksouset/F εgzɔsε] 〖명〗 1 (the E−) 〖상표〗 엑소세 미사일(프랑스제 대함(對艦) 미사일). 2 폭탄, 포탄. 3 청천 벽력, 폭탄 선언, 깜짝 놀라게 하는 것. ─〖타〗 (E−) …을 엑소세로 공격[파괴]하다; …에게 치명적 타격을 입히다. ─〖자〗 날렵하게 움직이다, 일직선으로 날다, 냅다 달리다. 〖＜F〗

ex·o·crine [éksəkrin, -krain] 〖형〗 외분비(성)의; 외분비선[액]의; ≈＝gland. 〖반〗 endocrine ─〖명〗 외분비선. ⎿물[액].

éxocrine glànd 〖생리〗 외분비선.

ex·o·cri·nol·o·gy [èksoukrənálədʒi/-nɔ́l-] 〖명〗 〖생물〗 외분비학(外分泌學).

Exod. Exodus.

ex·o·don·tia [èksədánʃə/-dɔ́n-] 〖명〗 〖치과의〗 발치술(拔齒術). 〖또는 **exodontics**〗 **-tist** 〖명〗

ex·o·dus [éksədəs] 〖명〗 1 (an ~, the ~) 대이동; (이민단 따위의) 출국, 이주 *(from / to)*. ¶ the summer ~ *to* the country and shore 시골과 해변으로 향한 여름의 인구 이동. 2 (E−) (모세에게 인도된 이스라엘인의) 이집트 출국. 3 (E−) 〖성서〗 출애굽기(구약 성경의 제 2서; 〖약〗 Exod.).

ex·o·e·lec·tron [èksouiléktran/-trɔn] 〖명〗 엑소전자(응력하에서 금속 표면의 원자에서 방출되는 전자).

ex·o·en·zyme [èksouénzaim] 〖명〗 〖생화학〗 (세포) 외효소(세포 밖으로 분비되어 작용하는 효소).

ex off. *ex officio*. ⎿격으로). 〖＜L〗

ex of·fi·ci·o [èks əfíʃiòu] 〖형〗〖부〗 직무[직권](상)의 (자

ex-of·fi·ci·o 직권에 의한, 직무상의.

ex·og·a·mous [eksǽgəməs/-sɔ́g-] 〖형〗 이족(異族) [족족 외] 결혼의. (또는 **èx·o·gám·ic**)

ex·og·a·my [eksǽgəmi/-sɔ́g-] 〖명〗U 1 이족 결혼. 〖반〗 endogamy 2 〖생물〗 이족(異族) 교배(outbreeding).

ex·o·gen [éksədʒən] 〖명〗 〖식물〗 외생(外生) 식물.

ex·og·e·nous [eksǽdʒənəs/-sɔ́dʒ-] 〖형〗 1 〖식물〗 외생(外生)의. 2 〖생리·생화학〗 외인성(外因性)의. 3 (경제) 외생적인. ¶ ~ supply 외생적 공급. **~·ly** 〖부〗

ex·on·er·ate [igzánərèit/-zɔ́n-] 〖타〗 (보통 수동형으로) …의 혐의를 풀어주다, …의 결백[무죄]을 입증하다; 〖법〗 …을 (의무·임무·일 따위에서) 면제하다, 해제하다 *(from)*. ¶ He was ~*d from* payment. 그는 지불을 면제받았다. **-à·tive** **-à·tor** 〖명〗

ex·on·er·a·tion [igzànəréiʃən/-zɔ̀n-] 〖명〗U 면죄; (의무의) 면제, 면책.

ex·o·nu·mi·a [èksənjúːmiə/-njúː-] 〖명〗 (기념 메달·쿠폰 등 화폐 이외의) 수집품; U 그 연구.

ex·o·nu·mist [éksənjùːmist/-njùː-] 〖명〗 exonumia 수집가[전문가]. ⎿「각국에서 부르는 다른 이름].

ex·o·nym [éksənim] 〖명〗 외국어 지명(한 지명에 대해

ex·o·phil·ic [èksəfílik] 〖형〗 〖생태학으로〗 인간과 관계가 없는, 인간의 환경에서 독립한.

ex·oph·i·ly [eksáfəli/-sɔ́f-] 〖명〗

ex·oph·thal·mi·a [èksafθǽlmiə/-sɔf-] 〖명〗 〖병리〗 ＝exophthalmos. ⎿「상선종(甲狀腺腫)].

exophthálmic góiter 〖명리〗 안구 돌출성 갑

ex·oph·thal·mos [èksafθǽlməs, -mɑs/èksɔf-θǽlmɔs] 〖명리〗 안구 돌출증. **-mic**

ex·o·plasm [éksouplæzm] 〖생물〗〖＝ecto·plasm 1.

exor. executor.

ex·o·ra·ble [éksərəbl] 〖형〗 〖고어〗 설득하기 쉬운, 사정에 통하는, 탄원에 마음이 움직이는.

ex·or·bi·tance [igzɔ́ːrbətəns] 〖명〗U (수량·정도·요구 따위의) 엄청남, 과도성. (또는 **exorbitancy**)

ex·or·bi·tant [igzɔ́ːrbətənt] 〖형〗 엄청난, 터무니없는 (법률) 법의 범위를 벗어난. **~·ly** 〖부〗

ex·or·cise [éksɔːrsàiz] 〖타〗 1 (주문[呪文]·의식 따위에 의해서) 〖귀신·마귀〗를 쫓아버리다 *(from, out of)*; 〖사람·장소 따위에〗 액막이를 하다, …에서 귀신을 몰아내다 *(of)*. ¶ ~ a demon *out of* [or *from*] a house ＝ ~ a house *of* a demon 집에서 악귀를 쫓아내다. 2 〖나쁜 생각 따위〗를 몰아내다, 떨쳐 버리다 *(of)*. (또는 **exorcize**) **-cì·sá·tion**, **~·ment**, **-cìs·er** 〖명〗

ex·or·cism [éksɔːrsizm] 〖명〗U 1 귀신을 쫓아내기, 액막이. ¶ carry out ~ 액막이를 하다. 2 액막이의 의식[주문], 귀신 쫓는 의식[주문], 굿.

-cist 귀신을 몰아내는 기도사, 무당. **ː-cís·tic** 〖형〗

ex·or·di·al [egzɔ́ːrdiəl, iksɔ́ːr-/eksɔ́ː-] 〖형〗 (연설·논문 따위의) 머리말의, 서문의, 서론의. **~·ly** 〖부〗

ex·or·di·um [egzɔ́ːrdiəm, iksɔ́ːr-/eksɔ́ː-] 〖명〗 (〖복〗 **~s**, **-di·a** [-diə]) (일의) 시작은 (연설·논문 따위의) 머리말, 서문, 서론. ⎿「격〗. 〖반〗 endoskeleton

ex·o·skel·e·ton [èksouskélətn] 〖명〗 〖동물〗 외골

ex·o·so·ci·ol·o·gy [èksousousiálədʒi, -ʃi-/-ɔ́l-] 〖명〗 (지구외 생물도 포함한) 우주 사회학.

ex·o·sphere [éksousfiər] 〖명〗 (the ~) (우주) 외기권. **-sphér·ic** [-sférik] 〖형〗

ex·o·ter·ic [èksətérik] 〖형〗 1 (교리·학설 따위가) 대중[문외한]도 이해할 수 있는, 대중 상대의; 공개적인, 개방적인 (〖반〗 esoteric). 2 통속적인, 평범한, 일반적인. 3 외부[외계]의, 외적인. ─〖명〗 1 (~s) 초보자·일반 대중을 대상으로 한 교리설교, 논문. 2 국외자, 문외한. **-i·cal** **-i·cal·ly** **-i·cism** 〖명〗

ex·o·ther·mic [èksəθə́ːrmik] 〖형〗 〖화학〗 발열(성)의. 〖반〗 endothermic (또는 **exothermal**)

＊**ex·ot·ic** [igzátik/-zɔ́t-] 〖형〗 1 외래의, 외국산의; 이국풍의. ¶ ~ ideas 외래 사상. 2 (구어) 별난, 색다른; 눈에 띄는, 남의 이목을 끄는; 매혹적인. ¶ an ~

ex·ot·i·ca [igzátikə/-zót-] 명 진기한 이국풍의 물건[풍물]; (미술·문학 따위의) 진품(珍品).

exótic dáncer 명 (美) 벨리 댄서, 스트리퍼.

ex·ot·i·cism [igzátəsìzm/-zót-] 명 1 이국풍, 이국 정서. 2 이국 취미. 3 외래어(법); 이국 특유의 어법[표현]. (또는 **exotism**) **-cist** 명 (문학 따위의) 외국 사정 전문가; 이국 취미가 있는 사람.

ex·o·tox·in [èksoutáksin/-tók-] 명 [생화학] (균체(菌體)의) 외독소(外毒素)(미생물이 밖으로 내는 분비물). ⊕ **endotoxin** **-ic** 형 〔醫〕.

ex·o·tro·pi·a [èksətróupiə] 명 [안과] 외사시(外斜視).

exp. expand; expansion; expedition; expenses; experience; experiment(al); expiration; expired; exponential; export(ation); exported; exporter; express.

‡**ex·pand** [ikspǽnd] 동 (~s [-z]) 타 **1** [범위·크기]를 확장[확대]하다, 넓히다(extend)(into); (부피 따위)를 팽창시키다, 부풀게 하다. ¶ ~ one's business into new areas 새로운 지역으로 사업을 확장하다 / ~ one's knowledge 지식을 넓히다.

> 유의어 **expand** 「부풀게 하다」라는 뜻의 가장 일반적인 말. **swell** 보통의 크기 이상으로 (때로는 파열 직전까지) expand하다. **dilate** 둥근 것의 지름을 늘리다. **distend** 부드러운 것 따위가 내부로부터의 압력으로 (때로는 한도 이상으로) expand하다. **inflate** 인위적으로 distend시키다.

2 (줄어든 것)을 펴다, 펼치다. ¶ ~ one's wings 날개를 펼치다. **3** (화제·논의 따위)를 전개하다, 발전시키다; 〔의미〕를 확충하다, 부연하다; 〔책 따위〕를 증보(增補)하다(into). **4** 〔마음〕을 넓게 하다, 크게 하다(with, by). ¶ ~ a child's mind by education 교육으로 아이의 마음을 넓게 만들다. **5** 〔수학〕 〔방정식〕을 전개하다. ── 자 **1** (범위·학도가) 커지다, 확대되다 (into, to); (분량·부피가) 팽창하다, 늘다, 부풀다. ¶ A tire ~s when you pump air into it. 펌프로 공기를 넣으면 타이어는 팽창한다. **2** (줄어든 것이) 펴지다, 넓어지다. (꽃봉오리가) 부풀다, (꽃이) 피다(with); (얼굴이) 희색을 띠다(in, with). **3** (화제 따위가) 발전하다, (사업 따위가) 발전하다, 성장하다 (into). **4** (마음이) 부풀다, 넓어지다, 커지다. **5** (…을) 더욱 상세하게 이야기하다 [쓰다](on, upon).

~·**a·bil·i·ty** 명 ~·**a·ble** 형 ~·**i·bil·i·ty** 명 ~·**i·ble** 형

*****ex·pand·ed** [ikspǽndid] 형 **1** 확대[확장, 팽창]된; 〔책 따위가〕 증보된. **2** 〔인쇄〕 활자가 평체(平體)의. ⊕ **condensed** ~·**ness** 명

expánded cínema 명 =intermedia[1].

expánded métal 명 〔기계〕 익스팬디드 메탈(그물 모양의 얇은 금속판; 모르타르벽의 밑바탕에 쓴다).

expánded plástic 명 발포 플라스틱(foamed plastic), 플라스틱 발포체(plastic foam).

ex·pand·er [ikspǽndər] 명 **1** 확대시키는 사람, 넓히는 것. **2** 〔전자〕 신장기; 엑스팬더(근육 강화용 운동 기구). **3** 〔의학〕 증량제, 팽강제(膨腔劑).

ex·pánd·ing úniverse [ikspǽndiŋ-] 명 〔천문〕 팽창하는 우주. ¶ ~ theory 팽창 우주론.

*****ex·panse** [ikspǽns] 명 **1** (종종 ~s) (넓게) 펼쳐짐; 광활한 공간[장소]; (the ~) 천공(天空). ¶ a vast ~ of water 망망 대해. **2** 확장, 팽창.

ex·pan·si·ble [ikspǽnsəbl] 형 신장할 수 있는, 신장성의; 팽창할 수 있는; 발전성 있는. **-bíl·i·ty** 명 신장력[성]; 팽창력[성]. 〔-하는, 형 팽창력이 있는.

ex·pan·sile [ikspǽnsil/-sail] 형 확장[신장]

‡**ex·pan·sion** [ikspǽnʃən] 명 (복 ~s [-z]) **1** U 팽창, 확장, 확대; 널리 퍼짐; 신장, 발전. ¶ territorial ~ 영토 확장/the ~ of armaments 군비 확장. **2** U C (기체·통화 따위의) 팽창; 팽창도. ¶ the ~ of currency 통화 팽창 / the rate of ~ 팽창률. **3** (물건의) 팽창[확대, 신장]된 부분, 팽창된 것; 넓은 표면. **5** (문어) 전개; 전개식. **6** U 〔심리〕 과장성; 〔병리〕 (종양 따위의) 증식. **7** U 〔美·캐나다〕 (스포츠) 리그 확장. ~·**al** 형

ex·pan·sion·ar·y [ikspǽnʃənèri/-ʃənəri] 형 팽장[확대]적인. ¶ an ~ economy 팽창 경제.

expánsionary pólicy 명 확대 정책; 경기 자극 [부양] 정책.

expánsion cárd [bòard] 명 〔컴퓨터〕 확장 카드 (반도체 칩을 추가하여 본체에 끼워 넣게 된 카드).

ex·pan·sion·ism [ikspǽnʃənìzm] 명 (영토·무역 따위의) 확대[확장]주의(정책); (통화 따위의) 팽창론 [정책]. **-ist** 명 형 **-ís·tic** 형

expánsion slót 명 〔컴퓨터〕 확장 슬롯(컴퓨터의 능력 증강을 위해 새 판(盤)을 추가할 수 있도록 한 자리).

ex·pan·sive [ikspǽnsiv] 형 **1** 팽창성의, 팽창력이 있는; 확장적인, 발전적인. ¶ ~ force 팽창력. **2** 넓고 넓은, 광대한; 광범한, 포괄적인. ¶ an ~ review of a topic 문제의 포괄적 검토. **3** 활달한, 도량이 넓은; (이야기가) 꾸밈 없는, 솔직한, 마음을 터놓는. ¶ an ~ person 개방적인 사람. **4** 〔정신분석〕 과대 망상적인. **5** (정책 따위가) 팽창주의적인. ~·**ly** 부 ~·**ness** 명

ex parte [eks pá:rti] 부 형 〔법〕 (논쟁이) 한쪽에 치우쳐서[치우친]; 한쪽 이익을 위해[한]; (증언 따위가) 일방적으로[적인]. 〔L from one side〕

ex·pat [ékspæt/-´-] 명 (구어) =expatriate.

ex·pa·ti·ate [ikspéiʃièit] 자 **1** 자세히 이야기하다 [말하다], 상술하다 (on, upon). ¶ ~ upon a theme 어떤 주제에 대하여 상술하다. **2** (드물게) 어슬렁거리다. **-á·tion** 명 상설, 상술. **-à·tor** **-a·tò·ry** 형

ex·pa·tri·ate 동 [ekspéitrièit/-pǽt-] 타 **1** …을 국외로 추방하다; (재귀용법으로) 국적을 떠나다, 국적을 버리다. ── 자 고국을 떠나다, 국적을 이탈하다. ── 형 [ekspéitriət, -èit/-pǽt-] 국외로 추방된 (사람); 국외로 이주한 (사람), 국적을 이탈한 (사람); 국외에 거주하는 (사람), 해외 주재(근무)하는 (사람). **-a·tìsm** 명 국외 거주; 국적 이탈.

ex·pa·tri·a·tion [ekspèitriéiʃən/-pæt-] 명 U C 국외 추방; 본국 퇴거; 국적 이탈; 국외 거주.

‡**ex·pect** [ikspékt] 동 타 **1** (사건·사태)를 예기하다, 예상하다, 기대하다; (진행형으로) 〔오는 것〕을 기대하다, 기다리다; (…이) 작정이다, […하는 것]을 기대하다 (to do, that 절). ¶ I ~ed you yesterday. 어제는 오시는 줄 알고 기다렸습니다 / I was ~ing a thunderbolt at any moment. 나는 금방이라도 벼락이 치지나 않을까 생각하고 있었다 // (~+to do) I ~ to do it. 그것을 할 작정이다 // (~+목+to do) I ~ed him to come. 그가 오리라고 기다리고 있었다 // (~+that 절) She ~s (that) they will come. 그녀는 그들이 올 것이라고 생각한다.

> 유의어 **expect** 어떤 일이 일어날 것을 상당한 근거를 가지고 믿고 있다. **anticipate** 어떤 일이 일어나는 장면을 마음속에 그리며 대응책을 생각하다. **hope** 어떤 일이 일어날 것을 바라고 일어나리라고 믿다.

2 (당연한 일로서) …을 요구하다, 기대하다, …에 기대를 걸다, 바라다 (of, from). ¶ as is naturally ~ed 당연히 예상되듯이 / as one might ~ 누구나 기대하듯이 // (~+목+to do) We cannot ~ you of obey. 우리는 너의 복종을 기대할 수 없다 // (~+목+前+명) I ~ nothing from such people. 나는 그런 사람들에게는 아무 것도 기대하지 않는다. **3** (구어) …이라고 생각하다, 추측하다. ¶ (~+(that) 절) Who ate all the cakes? ─ Oh, I ~ (that) Tom did. 누가 케이크를 다 먹어버렸지? ─ 톰이라고 생각해. **4** (구어) (진행형으로

로) 출산 예정이다. ¶be ~ing a baby 임신중이다. 5 (폐어) …을 기다리다. ─㊂ 1 (구어) (진행형으로) 임신중이다(be pregnant). 2 (아마 그럴 것이라고) 생각하다. 「각했던 대로, 역시, 늘 그렇듯이.
as might be [or have been] expected 기대[생각]했던 대로, 역시, 늘 그렇듯이.
be expecting (구어) 임신중이다, 출산이 멀지 않다. ¶His wife is ~ing. 그의 아내는 임신중이다.
expect...back (사람)이 돌아올 것으로 생각하다.
Expect me when you see me. (구어) 언제 돌아올지 몰라요.「할 때 와 주시오.
I shall not expect you till I see you. (英) 편리하게 될 때 와 주시오.
to be expected ① 일어날[생길] 수 있는, 예측되는. ② 생각했던 대로, 늘 그랬듯이.
~·a·ble㊅ ~·a·bly㊅ ~·er㊅ ~·ing·ly㊅
ex·pect·ance [ikspéktəns] ㊅ =expectancy.
*ex·pect·an·cy [ikspéktənsi] ㊅㉿ 1 기대[예기]하고 있음; 예상, 전망; (…의) 가망성 (of); (장차 얻을 수 있다는) 확신. 2 기대의 대상, 기대[예기]되는 것. 3 (통계) 예측 수량. ¶life ~ (보험) 평균 여명(餘命).
*ex·pect·ant [ikspéktənt] ㊅ 1 (…을) 기다리고 있는, 기대[예기]하고 있는 (of). ¶They were ~ of the king's arrival. 그들은 왕의 도착을 기다리고 있었다. 2 결과를 기다리는, 형세를 관망하는. ¶an ~ policy 기회주의 정책. 3 유산을 상속할 가망이 있는. ¶an ~ heir (법률) 추정 상속인. 4 임신중인, 출산을 앞둔. ¶an ~ mother 임신부. ─㊅ 기대[예기]하는 사람; 채용 예약자; (법률) 추정 상속인; 임산부. ~·ly㊅ 「료법.
expectant méthod [tréatment] ㊅ 자연 치
*ex·pec·ta·tion [èkspektéi∫ən] ㊅ (㊆ ~s [-z]) ㊅㉿ (종종 ~s) 예상, 예기; 기대. ¶The results exceeded ~. 결과는 기대 이상이었다. 2 (~s) 기대되는 (상태). 3 (종종 ~s) (앞날의) 장래성; 유산 상속의 가망 (from). ¶have brilliant ~s 전도가 양양하다 // He has great ~s from his uncle. 그는 숙부에게서 큰 유산을 받을 가망이 있다. 4 ㉿ (일이 일어날) 가능성, 가망, 확률 (of, that㊅); (통계·수학) (확률론의) 기대값; 예측 수량.   「로, 기대한 대로.
according to one's *expectation(s)* 예상했던 그대로, 기대한 대로.
against [or *contrary to*] *(all) expectation(s)* 예상과는 달리, 기대에 어긋나서.
answer [or *meet*] *a person's expectations* 남의 기대로 되다, 남의 기대에 부응하다.   「로].
beyond [*below*] *expectation* 기대 이상으로[이하로].
come [or *live, measure*] *up to a person's expectations* =answer a person's expectations.
fall [or *come*] *short of a person's expectation* 남의 기대에 못 미치다, 기대를 어기다.
in expectation (of) (…을) 기대[예기]하고.
~·al㊅ ~·ist㊅   「cy.
expectation of lífe ㊅ (the ~) =life expectan-
Expectátion Súnday ㊅ 기대의 일요일(승천 축일(Ascension Day)과 성령 강림일(Whitsunday) 사이의 일요일). 「성령 강림일 거의의 10일간).
Expectátion Wèek ㊅ 기대의 주간(승천 축일과
ex·pect·a·tive [ikspéktətiv] ㊅㊅ 기대[예기, 예상]한 것의, 기대되는 (것); 대망의 (것).
ex·pect·ed [ikspéktid] ㊅ 예기[기대]된. ¶an ~ guest 예정된 손님. ~·ness㊅
expécted válue ㊅ (통계·수학) 기대값.
ex·pec·to·rant [ikspéktərənt] ㊅ (의학) 가래를 나오게 하는. ─㊅ 거담제(去痰劑).
ex·pec·to·rate [ikspéktərèit] ㊅㊅ (기침을 하여) (담, 피, 침)을 뱉다. ¶~ phlegm 가래를 뱉다. ─㊂ 담[피, 침]을 뱉다(spit). **-rà·tor**㊅
ex·pec·to·ra·tion [ikspèktəréi∫ən] ㊅ 1 담이 걸리기; 가래를 뱉기. 2 뱉은 것, 담, 침.
ex·pe·di·en·cy [ikspí:diənsi] ㊅㉿ 1 형편이 좋음, 유리함, 편의; 상책. 2 편의[기회] 주의; 사리

(私利). 3 방편, 편법; 편리한 것. (또는 **expedience**)
*ex·pe·di·ent [ikspí:diənt] ㊅ 1 도움이 되는, 유리한, 합당한, 시기 적절한. ¶You'll find it ~ to see him. 그를 만나보는 것이 상책이라는 것을 알게 될 것이다. 2 (…은 따위가) 편의(주의)적인, 정략적인; (사적으로) 자기 형편에 따라 하는, 이기적인. ─㊅ 수단, 방편; 편법, 임시 변통의 수단[방법]. ¶a temporary ~ 임시 방편/resort to an ~ 편법을 강구하다. ~·ly㊅
ex·pe·di·en·tial [ikspì:dién∫əl] ㊅ 편의상의, 편법의; 편의주의적인. ¶an ~ policy 편의주의적 정책.
ex·pe·dite [ékspədàit] ㊅ 1 …을 진척시키다. 2 (사무 따위를) 재빨리 해치우다. 3 (문서·짐 따위를) 급송하다; (심부름꾼 등을) 급파하다. ─㊅ (폐어) 지장[장애]이 없는, 기민한, 민첩한. ~·ly㊅
expédite bággage ㊅ =rush baggage.
ex·pe·dit·er [ékspədàitər] ㊅ (업무 따위의) 촉진 담당자; 제품[원료] 배송 담당자. (또는 **expeditor**)
*ex·pe·di·tion [èkspədí∫ən] ㊅ (㊆ ~s [-z]) 1 (군대·조사단 따위의) 원정, 탐험[조사] (여행) (to). ¶an exploring ~ 탐험 여행 / an ~ to [or into] the North Pole 북극 탐험. 2 (단·복수 양용) 원정대, 탐험대, 원정 합대. ¶send an ~ to [or into] …에 원정대[탐험대]를 보내다. 3 소풍, 유람. 4 ㉿ 신속함, 기민함.
go on an expedition to …에 원정[탐험]에 나서다.
make an expedition into [or *to*] …으로 원정하다, 탐험 여행을 하다.
use expedition 서두르다, 후딱[척척] 해치우다.
with expedition 신속히, 서둘러서.
~·ist㊅
ex·pe·di·tion·ar·y [èkspədí∫ənèri-/-∫ənəri] ㊅ 원정[탐험]의; 원정대의. ¶an ~ force 원정군.
ex·pe·di·tious [èkspədí∫əs] ㊅ 신속한, 급속의. ¶an ~ answer 즉답/~ measures 응급 처치. ~·ly㊅ ~·ness㊅
ex·pel [ikspél] ㊅㊅ (-ll-*) 1 …을 내쫓다, 쫓아버리다; (침입자 따위를) 격퇴하는; (해충 따위를) 구제(驅除)하다 (from). ¶(~+㊅+㊉+㊅) ~ invaders from one's country 자기 나라에서 침입자를 격퇴하다. 2 (수동형으로) …을 추방하다; (회원 따위를) 면직시키다, 제명하다 (from). ¶be ~led from the school 퇴학당하다. 3 …을 (세차게) 방출하는, 분출하는; (탄환을) 발사하다(discharge) (from). ~·la·ble㊅
ex·pel·lant [ikspélənt] ㊅ 쫓아내는, 방출하는; 구축(驅逐)력 있는. ─㊅ 구제제. (또는 **expellent**)
ex·pel·lee [èkspelí:/iks-] ㊅ 국외 추방자.
ex·pel·ler [ikspélər] ㊅ 1 내쫓는 사람[물건], 방출 [배출]하는 사람[물건], 구제(驅除)하는 사람[물건]. 2 착유기(搾油機)(기름 짜는 기계); (~s) (사료용) 콩비지.
*ex·pend [ikspénd] ㊅㊅ 1 (…에) (시간·노력·물자 따위)를 들이다, 소비하다 (*on, upon, on* [or *in*] *doing*). ➡ SPEND 유의어. ¶~ time and energy *on* something 어떤 일에 시간과 정력을 소비하다 / one's energy *in doing* it 그것을 하는 데 정력을 소비하다. 2 (금전) 을 써버리다, 지불[지출]하다(* 이 뜻일 때는 spend 가 보통). ─㊂ 돈을 쓰다. ~·er㊅
ex·pend·a·ble [ikspéndəbl] ㊅ 1 소비할 수 있는, 소모로 되는; (군사) 소모용의. ¶~ supplies 소모품. 2 보존[유지]할 가치가 없는, 필요없는. ─㊅ (~s) (군사) 소모품; 소모용 병력. **-bíl·i·ty**㊅ **-bly**㊅
expéndable éngine ㊅ (군사) 소모용[1회용] 엔진(cruise missile 등에 쓰인다).
*ex·pend·i·ture [ikspénditʃər] ㊅ (㊆ ~s [-z]) ㊅㉿ (자금 따위의) 지출, 지불; (시간·노력 따위의) 소비, 소모 (*on*). ¶an ~ of $15,000 *on* the new car 그 새 차에 대한 15,000 달러의 지출. 2 경비, 비용, 소비[지출]액 (*for*). ¶annual ~ 세출, 세비(歲費) / current ~ 경상비 / extraordinary ~ 임시비.
*ex·pense [ikspéns] ㊅ (㊆ *-pens·es* [-iz]) 1 비

용, 지출, 출비 (*of, for*). ¶at an ~ of one million won 백 만원을 들여서/at public ~ 관비로, 공적 비용으로. **2** 지출의 원인, 비용이 드는 것. ¶A car is a great ~. 자동차는 돈이 많이 든다. **3** (~s) 제 경비, 지출금; (급료 이외의) 소요 경비, 수당. ¶school ~*s* 학비/traveling ~*s* 여비/miscellaneous [*or* sundry, incidental] ~*s* 잡비/running [*or* current] ~*s* 경상비/cut down one's ~*s* 비용을 절감하다. **4** [U][C] 《비유적》 손실, 폐; 대가, 희생.

at an expense 비용을 들여서; 대가를 치르고.

at any expense ① 아무리 비용이 들더라도. ② 어떤 희생을 치르고라도.

***at** a person's **expense; at the expense of** a person* ① 남의 비용[돈]으로; 남에게 손해[폐]를 끼치고. ② 남을 희생시켜서.

at great** [**little, almost no**] **expense 큰 비용을 들여[비용을 거의 안들여]; 큰 희생을 치르고[거의 희생을 치르지 않고]. 「을 희생시켜서.

at** one's **(own) expense ① 자비(自費)로. ② 자신

free of expense 무료로.

go to any expense; spare no expense 얼마든지 돈[시간, 인력]을 들이다, 비용을 아끼지 않다.

***go to the expense of** doing**; go to expense to** do* …에 돈을 들이다, 돈을 들여서 …하다.

put** a person **to expense 남에게 돈을 쓰게 하다, 남에게 비용을 부담시키다.

regardless of expense 비용을 생각하지 않고, 비용을 잔뜩 들여서. 「을 주지 않고.

***without expense to** a person* 남에게 금전적 부담

— [동][타] …을 비용 계정에 올리다; …을 필요 경비로 청구[취급]하다. — [자] 필요 경비로 취급하다.

~·less [형]

expénse accòunt [shèet] [명] (급료 이외의) 필요 경비, 판공비, 접대[교제]비, 출장비; 경비[판공비] 계정. **ex·pénse-ac·còunt** [형]

‡ex·pen·sive [ikspénsiv] [형] (***more*** ~; ***most*** ~) 비용이 많이 드는, 값비싼; 비경제적인. [반] cheap, inexpensive ¶an ~ car 고급차/an ~ taste 고급품 취향/That will be ~. 그것은 돈이 많이 들겁니다.

> [유의어] **expensive** 물건의 값어치 또는 사는 사람의 재력으로 보아 값비싼. **costly** 호화·진귀·정교함 따위로 인해서 물건이 값비싼. **dear** 《英》, **high-priced** 《美》 적정 가격보다 비싼.

~·ly [부] **~·ness** [명]

exper. experience; experimental.

‡ex·pe·ri·ence [ikspíəriəns] [명] (복) ***-enc·es*** [-iz]) **1** [U] 경험, 체험; 견문, 숙련; (경험으로 얻은) 지식, 능력, 기술; 이력 (*of, at, on, in*). ¶learn by [*or* from] ~ 경험을 통해 배우다/a man of ~ 경험이 많은 사람, 견문이 넓은 사람/gain one's ~ 경험을 쌓다//have long ~ *in* teaching 교직의 경험이 풍부하다/He has more ~ *on* the job [or *at* the work] than I. 그는 일에 있어서는 나의 선배다//~ preferable [required] (구인 광고에서) 경력자 우대[경력자에 한함]. **2** (구체적으로) 경험[체험]한 일. ¶a strange ~ 이상한 경험/have a pleasant ~ 유쾌한 경험을 하다. **3** [U] 〔철학〕 경험. **4** (~s) 경험[체험]담; (종교적) 체험(담), 간증. ¶relate one's ~*s* 경험담을 늘어놓다. **5** 《속어》 마약의 체험.

— [동][타] (***-enc·es*** [-iz]; ***~d*** [-t]; ***-enc·ing***) **1** …을 경험[체험]하다, …한 일을 당하다, …을 맛보다. ¶~ difficulties 곤란한 일을 당하다. **2** (…임을) 경험으로 깨닫다, 발견하다 (*that* [節], *wh.* [節]).

> [유의어] **experience** 「경험하다」를 뜻하는 가장 일반적인 말. **undergo** 곤란·위험·가혹한 일을 참고 견디다. **sustain** 저항·인내의 뜻은 없고, 단지 곤란·위험·가혹한 일을 경험하다. **suffer** sustain보다 심한 손해를 암시하는 말.

experience religion 《美구어》 신앙 생활을 시작하다, 회심(回心)하다.

~·a·ble, ~·less [형]

***ex·pe·ri·enced** [ikspíəriənst] [형] **1** 경험이 있는, 경험을 쌓은, 노련한 (*in, at*); 성 경험이 있는. ¶an ~ teacher [general] 노련한 선생[역전의 장군]. **2** 경험을 통해 배운[터득한].

be experienced in …에 경험이 있다.

expérience mèeting [명] 신앙 간증(干證) 모임.

expérience tàble [명] 〔보험〕 =mortality table.

ex·pe·ri·en·tial [ikspìəriénʃəl] [형] 경험(상)의, 경험을 통해 얻은, 경험에 바탕을 둔; 경험적인(empirical). ¶~ philosophy 경험 철학. **~·ly** [부]

ex·pe·ri·en·tial·ism [ikspìəriénʃəlìzm] [명][U] 〔철학〕 경험주의, 실험주의. **-ist** [명] **-èn·tial·ís·tic** [형]

‡ex·per·i·ment [명] [ikspérəmənt] **1** (연구·과학상의) 실험, 시험; 시도 (*in, on, with*). ⇨TRIAL [유의어] ¶a chemical ~ 화학 실험//an ~ *in* biology 생물학 실험. **2** 실험 작업[법]. **3** 실험 장치. **4** 《폐어》 =experience.

by way of experiment 시험 삼아.

do [or ***carry out, make, perform***] ***an experiment on*** [or ***in, with***] …에 관해 실험하다.

on experiment 시험적으로.

> [USAGE] **experiment in [on, with]** — in은 실험의 분야, on은 실험의 대상, with는 실험의 재료·방법에 쓰인다: an ~ *in* electricity 전기 실험/an ~ *on* rats 쥐 실험/an ~ *with* new drug 신약 실험.

— [동][자] [ekspérəmènt/iks-] 실험[시험]하다; 시도하다 (*in, on, with*). ¶(~+[前]+[名]) ~ *on* animals 동물로 실험하다/~ *with* medicine 약품으로 시험하다.

-mènt·er, -mèn·tor [명]

***ex·per·i·men·tal** [ikspèrəméntl] [형] **1** 실험의, 실험에 관한; 실험에 입각한; 실험용의. ¶an ~ airplane 실험용 비행기/an ~ room 실험실. **2** 경험에 바탕을 둔, 경험을 통해 얻은. ¶~ religion 경험 종교. **3** 실험적인, 시험적인. **~·ly** [부]

experiméntal fárm [명] =experiment farm.

ex·per·i·men·tal·ism [ikspèrəméntəlìzm] [명][U] **1** 실험주의, 경험주의. **2** 실험[혁신] 애호, 무엇이든 해 보는 주의. **-ist** [명]

ex·per·i·men·tal·ize [ikspèrəméntəlaiz] (* 《英》 **-ise**) [동][자] 실험을 하다, 실험적으로 해보다.

experiméntal psychólogy [명] 실험 심리학.

experiméntal théater [명] 실험 연극, 실험 극장.

***ex·per·i·men·ta·tion** [ikspèrəmentéiʃən] [명][U] 실험, 실험 작업 (*with, on*); 실험법.

-mén·ta·tive [형] 실험[시험]적인. **-tá·tor** [명]

ex·pér·i·ment·er efféct [ikspérəmèntər-] [명] 〔심리〕 실험자 효과.

expériment fàrm [명] 실험 농장. 「시험[실험]장.

expériment stàtion [명] (농업·임업·기상 따위의)

‡ex·pert [명] [ékspəːrt] **1** 숙련자; 전문가, 명인(名人), 대가, 권위자 (*in, at, on, with*). ¶a chemical ~ 화학 전문가//an ~ *in* [or *at, on*] adult education 성인 교육의 베테랑. **2** 〔美군사〕 특등 사수. ¶an ~ *with* a revolver 권총 명사수.

— [형] [ikspə́ːrt, ékspəːrt] (***more*** ~; ***most*** ~) **1** 숙달한, 노련한, 능숙한 (*in, at, on*). ⇨SKILLFUL [유의어] ¶an ~ driver 능숙한 운전사//He is ~ *in* [or *at*] driving. 그는 운전이 능숙하다. **2** (제품 따위가) 정교한, 정교하게 만들어진. **3** 전문가의, 지식[기량]을 가진, 명인의. ¶an ~ work 전문가의 작품/~ evidence 전문가의 감정(鑑定).

— [동] [ékspəːrt] [타] …을 전문가로서 조사하다; …을 전문으로 하다; 〔책 따위〕를 전문가에게 감정받다.

— [자] (…의) 전문가이다, 권위자가 되다 (*at, in, on*).

~·ly [부] **~·ness** [명]

ex·per·tise [èkspərtíːz] [명][U] **1** 전문가적 의견, 전

문적 지식[기술]. **2** (서화·골동·자료 등에 대한) 전문가의 감정어; (英) 학술 조사[연구] 보고. 「적 기술[지식].
ex·pert·ism [ékspərtizm] 圓圓 숙달, 숙련; 전문
ex·pert·ize [ékspərtaiz] (* (英) -ise) 圄 (…을) 감정하다; 전문적으로 연구[조사]하다.
éxpert sýstem 圓 〖컴퓨터〗 엑스퍼트 시스템(의사·변호사 따위 전문가의 역할을 컴퓨터가 대행).
éxpert wítness 圓 〖법률〗 감정(鑑定) 중인, 감정인.
ex·pi·a·ble [ékspiəbl] 圓 (죄 등을) 보상할 수 있는.
ex·pi·ate [ékspièit] 圄圄 …을 보상하다, 죄갚음하다.
expiate oneself 속죄하다.
-a·tor 圓 속죄자. 「〔상〕의 방법.
ex·pi·a·tion [èkspiéiʃən] 圓圓 속죄, 보상; 속죄[보
in expiation of one's sin …의 속죄로.
~·al 圓 「는; 속죄를 위한.
ex·pi·a·to·ry [ékspiətɔ̀ːri/-təri] 圓 속죄할 수
ex·pi·ra·tion [èkspəréiʃən] 圓 **1** (기한의) 만료, 종료, 만기. *the ~ of a lease* 임대 계약의 기한 만료. **2** 숨을 내쉬기, 호기(呼氣)(圓 inspiration). **3** (고어) 사망.
at [*or on*] *the expiration of* …의 만기[만료]시에.
expirátion dàte 圓 계약 만료일; 유효 기한.
ex·pir·a·to·ry [ikspáiərətɔ̀ːri/-təri] 圓 호기(呼氣)의, 숨을 내쉬는. ¶ *an ~ movement* 숨쉬기 운동.
***ex·pire** [ikspáiər] 圄 圄 **1** 만기가 되다, 만료되다; 기한이 끝나 무효가 되다. **2** (등불 따위가) 꺼지다. **3** 숨을 거두다, 죽다. **4** 숨을 내쉬다(⇔ inspire). ── 〔숨〕을 내쉬다; …을 배출하다 (*from*). **-pír·er** 圓
ex·pir·ing [ikspáiəriŋ] 圓 **1** 만료[만기, 종료]의. **2** (한정용법) 숨을 거두려 하는, 임종의; (불꽃 따위가) 꺼져가는. **3** 숨을 내쉬는. **~·ly** 圄
ex·pi·ry [ikspáiəri, ékspəri/ikspáiəri] 圓圓 **1** (계약·보증 기한 따위의) 만료. **2** 숨을 내쉬기, 호기. **3** 절명(絶命), 사망; 소멸, 소실. 「plosive.
expl. explanation; explanatory; explosion; ex-
‡**ex·plain** [ikspléin] 圄 (~s [-z]) 圄 **1** …을 설명하다; …을 명확히 밝히다, 분명히 하다; 알기 쉽게 해석하다. ¶ *~ obscurities* 애매한 점을 명확히 밝히다 // *a process of explaining* 제지법을 설명하다 // (~ + *that* 圖) He *~ed* to me *that* they should go right away. 그는 내게 그들이 곧 가야 한다고 설명했다. **2** …(의 이유)를 해명[설명]하다, 변명하다. ¶ *~ one's conduct to others* 남에게 자기의 행위를 해명하다.

> 〔유의어〕 **explain** 미지의, 또는 이해할 수 없는 일을 명확히 밝힌다는 뜻의 가장 일반적인 말. **expound** 성서·교리 따위를 논리 정연하게 상세히 학문적으로 **explain**하다. **explicate** 고도의 상세한 분석을 가하여 **expound**하다. **elucidate** 명확한 해설을 하거나 예를 들어 분명치 않은 일을 밝히다.

3 …의 의미를 설명하다, …을 해석하다. ¶ A dictionary *~s* the meanings of words. 사전에는 단어의 의미가 설명되어 있다. **4** (사물이) …의 원인[이유]을 설명하다, …의 설명이 되다. ¶ That *~s* his nervousness. 그것으로 그가 왜 안절부절못하는지 알겠다. ── 圄 (…에 대해) 설명[해명, 변명]하다 (*to, about*). ¶ *~ to him about* the schedule …에게 스케줄에 대해 설명하다.
explain away ① (의혹 따위를) 잘 설명하여 풀다. ② 〔오류 따위〕를 변명[정당화]하다; 교묘히 발뺌하다.
explain oneself ① 심중을 털어놓다. ② 자기 입장을 〔해명〕하다.
~·a·ble 圓 **~·er** 圓 설명[해설]자.
‡**ex·pla·na·tion** [èksplənéiʃən] 圓 (복 ~**s** [-z]) **1** 圓 설명(하기); 해명, 변명 (*of, for*). ¶ It needs no ~. 그것은 설명이 필요 없다 / I would like to have ~. 나는 해명을 듣고 싶소. **2** 圓 설명[해명]이 되는 것; 해명으로서의 진술[설명]; 해설 (*for, of*). ¶ *news ~s* 시사 해설 / *make an ~ for* one's behavior 자기의 행동에 대해 설명하다 / *demand a convincing ~* 납득할 만한 설명을 요구하다. **3** (사건·비밀 따위의) 진상, 원인; 해석, 해의

(*of, for*). ¶ We found the ~ *of* the mystery. 그 비밀이 풀렸다. **4** (대화에 의한) 양해, 화해; (오해 해소 따위를 위한) 의론, 대화.
by way of explanation 설명으로서, 설명삼아.
come to an explanation with a person 남과 화해가 성립되다, 서로 양해하게 되다.
give an explanation of …을 설명하다.
in explanation of …의 설명으로서, 변명으로. 「이.
without (any) explanation (아무런) 설명[해명]없
ex·plan·a·tive [ikspl金nətiv] 圓 =explanatory.
~·ly 圄 (explainer).
ex·pla·na·tor [èkspl金nèitər] 圓 설명[해설]자
***ex·plan·a·to·ry** [ikspl金nətɔ̀ːri/-təri] 圓 설명하는, 해석의; (…의) 설명에 도움이 되는 (*of*); 해명[변명]의. ¶ *~ remarks* [*or notes*] 주석(註釋). **-ri·ly** 圄
ex·plant [eksplænt/-plάːnt] 圓 〖동·식물체의 일부〕를 몸의 외(外)에 두다, 체외(體外)에 배양하다. ── 圓 〔스〕 외식편[편(片)], 이식체〔편〕.
ex·plan·ta·tion [èksplæntéiʃən] 圓 외식, 체외 배
ex·ple·tive [éksplətiv/ikspliːt-] 圓 **1** 보충적인, 덧붙인; 무의미한, **2** 욕지거리를 하는, 감정적인. ── 圓 〖문법〗 허사(虛辭)(It is fine.의 It 따위); (무의미한) 감탄사[욕설](Damn 따위). **~·ly** 圄
éxpletive delétëd 圓 (美) 비속어 삭제, 문구 삭제, 복자(伏字) 부분(금기·외설 어구를 숨겼음을 밝힌 말).
ex·ple·tive 〖美속어〗 빌어먹을, 젠장맞을(fucking).
ex·ple·to·ry [ékspləttɔ̀ːri/-təri] 圓 =expletive.
ex·pli·ca·ble [éksplikəbl, iksplík-] 圓 설명할 수 있는, 납득이 가는 圓 inexplicable **-bly** 圄
ex·pli·cate [éksplikèit] 圄圄 **1** 〔논지·원리 따위〕를 펼치다, 전개하다. **2** 〔문학 작품 따위〕를 설명하다, 해설하다. ♢ EXPLAIN 圓 **-cà·tor** 圓 「설명, 해설.
ex·pli·ca·tion [èksplikéiʃən] 圓圓圓 발전, 전개;
ex·pli·ca·tive [éksplikèitiv, iksplíkə-/éksplikət-] 圓 설명이 되는, 해설적의. ¶ *be ~ of* …을 설명하다. **~·ly** 圄
ex·pli·ca·to·ry [éksplikətɔ̀ːri] 圓 =explicative.
***ex·plic·it**[1] [ikspl金sit] 圓 **1** 명백한, 명확한, 명시적인. ¶ an ~ statement[instruction] 명확한 진술[명확한 지시]. **2** 충분히 해명된, 계통이 선; 확고한. ¶ ~ faith[belief] 확고한 신앙[신념]. **3** 숨김없는, 솔직한. ¶ Be ~! 솔직히 말해 주게/He was quite ~ on that point. 그는 그 점에 대해서 조금도 숨김이 없었다. **4** 있는 그대로의; 음란한, (성묘사 따위가) 노골적인(圓 implicit). ¶ ~ *sexual conversation* 아주 음란한 대화. **5** 〖수학〗 양함수(y=f(x)) 표시의. **6** 현금 지출이 따르는. **~·ly** 圄 **~·ness** 圓
ex·plic·it[2] [éksplikit] 圓 완(完), 끝(책의 권말에 쓰던 말). 〔< L Here ends.〕
explícit fúnction 圓 〖수학〗 양(陽)함수.
‡**ex·plode** [iksplóud] 圄 (~s [-z]; -*plód·ed*; -*plód·ing*) 圄 **1** 폭발하다; 파열하다; (물건이) 큰 소리를 내다(圓 implode). ¶ The defective boiler ~*d*. 결함이 있는 보일러가 파열했다. **2** (감정이) 격발하다 (사람이) 갑자기 …하기 시작하다 (*in, into, with*). ¶ (~+ 圓+명) ~ *with* rage 격노하다/~ *into* laughter 폭소를 터뜨리다. **3** 〖음성〗 파열음으로 발음되다 ([t]의 [t] 따위). **4** (인구 등이) 폭발적으로 증가 [급증]하다. **5** (수자가) 급발진하다. **6** 사정(射精)하다.
── 圄 **1** …를 폭파[폭발]시키다, 파열시키다. **2** 〔명판·명성〕을 뒤엎다; (미신 따위)을 타파[논파]하다. ¶ an ~*d* theory 논파당한 이론. **3** 〖음성〗 …을 파열음으로 발음하다. **4** (사진·그림 따위)를 확대하다. **5** 〖물리〗 …에 급속한 핵융합[분열]을 일으키게 하다.
explode a bombshell (남을) 깜짝 놀라게 하다.
-plód·a·ble 圓
ex·plod·ed [iksplóudid] 圓 **1** 폭발[파열]된. **2** (이론·풍습 따위가) 논파[타파]된. **3** (기계 장치가) 분해 조

exploded view [diagram] 명 (기계 장치의) 분리도에 표시된. [해 조립도.
explóded víew[díagram] 명 (기계 장치의) 분해 조립도.
ex·plód·er [iksplóudər] 명 1 폭발시키는 사람[것]. 2 기폭 장치, (뇌관 따위) 점화 장치.
*ex·ploit¹ [éksplɔit, iksplɔ́it] 명 (~s) (큰) 공(功), 위업, 공훈; 영웅적 행위, 아슬아슬한 묘기.
*ex·ploit² [iksplɔ́it] 타(문) 1 〔자원〕을 개발하다, 개척하다; …을 이용[활용]하다; 〔신제품 따위〕을 선전하다, 판촉하다. ¶ ~ a mine 광산을 개발하다. 2 〔경멸적〕 〔남〕을 이용해 먹다; 〔노동력〕을 착취하다.
~·a·bíl·i·ty 명 ~·able 형
ex·ploit·age [iksplɔ́itidʒ] 명 =exploitation.
*ex·ploi·ta·tion [èksplɔitéiʃən] 명(U)C 1 개발, 개척; 이용; (판매의) 촉진, 선전. 2 (남을) 이용해 먹기; (노동력의) 착취. ~·al 형 ~·al·ly 부
ex·ploi·ta·tive [iksplɔ́itətiv] 형 천연 자원 개발 이용의; 착취적인, 남을 이용해 먹는. (또는 **exploitive, exploitatory**) ~·ly 부
ex·ploit·er [iksplɔ́itər] 명 개발자, 이용자; 착취자.
ex·ploit·ive [iksplɔ́itiv] 형 =exploitative.
ex·plo·ra·tion [èksplɔ̀réiʃən] 명 (~s [-z]) (U)C 1 탐험(search), 실지 답사; 탐험[답사] 여행. 2 (문제 따위의) 탐구, 천착, 조사; (지하 자원 따위의) 탐사. 3 〔의학〕 진찰, 검진, 촉진(觸診); 체내 검진 기구. ~·al 형
ex·plo·ra·tion·ist [èkspləréiʃənist] 명 지하 자원 탐사 기사, 지질학자.
ex·plor·a·tive [iksplɔ́:rətiv] 형 =exploratory. ~·ly 부
ex·plor·a·to·ry [iksplɔ́:rətɔ̀:ri/-təri] 형 1 실지 답사[탐험]의; 탐험을 좋아하는. 2 탐구적인, 시험적인; 예비적인, 입문적인.
‡ex·plore [iksplɔ́:r] 동 (~s [-z]; ~d; -plor·ing) 타 1 …을 탐험[탐사]하다, (미지의 지역 따위)를 답사하다. ¶ ~ the source of a river 강의 수원지를 답사하다. 2 〔문제 따위〕를 조사하다, 탐구하다. ¶ ~ a question 문제를 조사하다. 3 〔의학〕 (환부 따위)를 탐침(探針)으로 찾다, 검진하다. 4 〔삶 따위〕를 체적하다. 5 〔몸·머리카락 따위〕를 만지작거리다. 6 〔페어〕 …을 찾아내다. 자 체계적으로 조사하다 (for); 탐험[탐사]하다. ¶ an *exploring* party 탐험대.
-plór·a·bíl·i·ty 명 -plór·a·ble 형 -plór·ing·ly 부
‡ex·plor·er [iksplɔ́:rər] 명 (~s [-z]) 1 탐험가, 탐사자; 검사자, 조사자. 2 탐색용 도구, 검사 장치; 검진 기구, (美) (상처 따위의) 탐침((英) probe). 3 (E-) (美) (보이 스카우트의) 상급 대원(14-17세), (또는 **E⁴ Scóut**) 4 (E-) 익스플로러(미국의 우주 탐사용 인공 위성).
‡ex·plo·sion [iksplóuʒən] 명 (~s [-z]) (U)C 1 폭발, 파열(⇔ implosion); 폭발음. 2 (an ~) (인구의) 폭발적 증가, 급증; (가격의) 급등 (*in*). ¶ a population ~ 인구의 급증. 3 (감정 따위의) 폭발; (사건의) 발발. 4 (웅음 따위의) 터짐; 논파. 5 (내연 기관의) 연소. 6 〔음성〕 〔폐쇄 자음의〕 파열.
explósion shót 명 〔골프〕 익스플로전 샷(벙커에서 모래와 함께 방향을 쳐내는 타구법).
‡ex·plo·sive [iksplóusiv] 형 1 폭발성의, 폭발을 일으키는. ¶ an ~ substance 폭발물. 2 격앙적인; 감정을 몹시 드러내는, (정세 따위가) 폭발적인. ¶ an ~ person 격앙적인 사람/the ~ increase of population 인구의 폭발적 증가. 3 일촉즉발의, 불온한, 험악한. ¶ an ~ issue 일촉즉발의 위험을 내포한 문제. 4 〔음성〕 파열음의. ¶ an ~ consonant 파열 자음. — 명 (U)C 1 폭약; 폭발물. ¶ an initial ~ 기폭제. 2 〔음성〕 파열음.
~·ly 부 ~·ness 명
explósive bólt 명 폭발 볼트(우주선의 분리 부분 조작 시에 사용된다). [처리반.
explósive dispósal squád 명 (경찰의) 폭발물
explósive evolútion 명 〔생물〕 폭발적 진화(어떤 유(類)에서 단기간에 다수의 종(種)이 생기는 진화).

ex·po [ékspou] 명 (~s) (종종 E-) 만국 박람회; 전시회; 견본시(見本市). [<*exposition*]
ex·po·nent [ikspóunənt] 명 1 설명[해설]자; 연주자. 2 주창자, 대변자, 옹호자. ¶ a leading ~ of free trade 자유 무역의 주창자. 3 대표적 인물; (…의) 전형, 상징, 모범 (*of*). 4 (또는 [ékspou-]) (수학) 지수(指數)(X³에서의 3 따위). — 형 설명의[예시]하는.
ex·po·nen·tial [èkspounénʃəl] 형 1 해설[설명]자의; 대표적 인물의, 전형의. 2 (수학) 지수의. 3 (증가율 따위가) 기하급수적의, 급증하는. ¶ ~ increase in costs 경비의 기하급수적 증가. — 명 = ~ function. ~·ly 부
exponéntial cúrve 명 〔수학〕 지수 곡선.
exponéntial fúnction 명 〔수학〕 지수 함수.
exponéntial ráte 명 기하급수적 증가율.
‡ex·port [ikspɔ́:rt, ékspɔ:rt] 타 1 …을 수출하다 (*to*); (사상·제도 등)을 외국에 전파[보급]하다. — 자 수출하다. 명 import.
— 명 [ékspɔ:rt] 1 (U) 수출; (C) (~s) 수출품; 수출액(량). ¶ the ~s of Korea to America 한국의 대미(對美) 수출품/balance of imports and ~s 수출입의 균형. 2 (U) 전파, 확산. 3 〔컴퓨터〕 보내기, 수출.
— 형 [ékspɔ:rt] 수출의, 수출품에 관한. ¶ an ~ agent[bounty] 수출 대리점[보조금].
~·a·bíl·i·ty 명 ~·a·ble 형 ~·er 명 수출업자.
ex·por·ta·tion [èkspɔ:rtéiʃən] 명(U) 수출; (C) (美) 수출품 (*to*). 형 importation
éxport bíll 명 수출 어음.
éxport crédit 명 수출 신용, 수출 차관[융자].
éxport dúty 명 수출세.
Éx·port-Ím·port Bánk [-ímpɔ:rt-] 명 미국 수출입 은행; (e- i- b-) 수출입 은행. (또는 **Éximbànk**)
éxport prócessing zóne 명 수출 가공 지구.
éxport rejéct 명 〔경제〕 수출 기준 불합격품.
éxport súbsidy 명 수출 보조금.
éxport súrplus 명 수출 초과.
‡ex·pose [ikspóuz] 타 (~*pos·es* [-iz]; ~*d*; ~*pos·ing*) 1 (위험·공격·위해 따위에) …을 드러내다; (비·바람·추위 따위에) …을 노출시키다; 〔위약 따위를〕 경험[체험]시키다; 〔위험 등에〕 (사람)이 〔생각 따위〕에 접하다 (*to*). (~ + 명 + 전 + 명) a person *to* danger 남에게 위험한 일을 당하게 하다 / ~ oneself *to* misunderstanding 오해를 사다. 2 (상품 따위)를 진열하다, 가게의 앞쪽에 늘어놓다; 〔상표·카드의 패 따위〕를 보여주다; 〔카톨릭〕 〔성체·유골〕을 제단에 올리다. ¶ ~ goods for sale in a store 가게에 상품을 진열하다. 3 〔계획·비밀·정체 따위〕를 폭로하다, 알리다 (*to*)(⇒ REVEAL 유의어); 〔죄·사기 따위〕를 들추어내다, 적발하다. ¶ ~ a plot 음모를 폭로하다. 4 …을 세상의 웃음거리로 만들다, (비난의 대상이 되게 하다 (*to*)). (~ + 명 + 전 + 명) His foolish action ~*d* him *to* ridicule. 그는 어리석은 행동으로 세상의 웃음거리가 되었다. 5 〔어린애 등〕을 (문 밖에) 버리다. 6 〔사진〕 〔건판·필름 따위〕를 노출시키다. 7 〔수동형으로〕 〔건물 따위〕가 어떤 방향을 향하다(be open) (*to*).
be exposed to …에 노출되다.
expose oneself (남 앞에서) 몸[국부]을 노출하다.
— 명 [-4] =exposé.
-pòs·a·bíl·i·ty 명 -pós·a·ble 형 -pós·er 명
ex·po·sé [èkspouzéi/-∠-] 명 (추문 등의) 폭로 (기사), 들추어내기; 해설, 상설. (또는 **expose**) [<F]
*ex·posed [ikspóuzd] 형 1 방어물이 없는, (위험 따위에) 드러나 있는; 노출된(unconcealed). ~·ness 명
*ex·po·si·tion [èkspəzíʃən] 명 1 박람회, (대규모의) 전시회 (약 expo). 2 (U) 보여주기, 전시, 진열. 3 (U) 설명, 해설, 주해(註解); (C) 해설적 논문[담화] (*동사형은* expound). 4 (연극·소설 등에서) 상황[배경] 설명, 인물 제시. 5 〔음악〕 주제 제시부. 6 (U) (아이 등의) 유기, 버리기. 7 (U) 〔카톨릭〕 성체[유골]의 제시. 8 폭로;

노출. ~·al 혱
ex·pos·i·tive [ikspázətiv/-póz-] 혱 =expository.
ex·pos·i·tor [ikspázitər/-póz-] 몡 설명자, 해설자. **-tó·ri·al** **-tó·ri·al·ly** 凰
ex·pos·i·to·ry [ikspázətɔ̀ːri/-pózitəri] 혱 설명적인, 해설적인; (…의) 설명에 도움이 되는 (of). (또는 **expositive**) **-ri·ly** 凰
ex post fac·to [éks pòust fǽktou] 혱 사후(事後)의[에]; 소급의[하여].¶an ~ law 소급법. 〔L〕
ex·pos·tu·late [ikspástʃulèit/-pɔ́s-] 자타 (남에게) 타이르다(with); (…에 대해/…하지 말도록) 간(諫)하다, 충고하다; 훈계하다(about, for, on / against doing).¶(~+전+명) ~ with a person on [or about] his dishonesty 남의 부정직을 훈계하다. **-là·tor** 「간하여, 타이르듯이.
ex·pos·tu·lat·ing·ly [ikspástʃulèitiŋli/-pɔ́s-] 凰
ex·pos·tu·la·tion [ikspástʃulèiʃən/-pɔ̀s-] 몡 1 Ⓤ 충고, 타이르기. 2 (종종 ~s) 충고의 말, 간언.
ex·pos·tu·la·tive [ikspástʃulèitiv/-pɔ́stʃulət-] 혱 =expostulatory.
ex·pos·tu·la·to·ry [ikspástʃulətɔ̀ːri/-pɔ́stʃulətəri] 혱 간언의, 타이르는, 훈계의.
‡**ex·po·sure** [ikspóuʒər] 몡 (~**s** [-z]) 1 Ⓤ 비밀·약점·나쁜 짓의) 폭로, 적발, 발각, 탄로. 2 Ⓤ (계획 따위의) 발표, 제시. 3 Ⓤ (상품 따위의) 전시, 진열. 4 Ⓤ 노출(된 상태), 무방비 상태; (바람·비 따위에) 맞기, 맞히기; (비웃음 따위를) 당하게 하기; (위험 따위에) 직면해 있기; (영향 따위를) 받기 하기; (진실 따위에) 접하기, 체험[경험] 하기 (to).¶~ to the air 대기에 드러나 있음 / ~ to ridicule 비웃음을 사기. 5 Ⓤ 〔사진〕 노출 (시간). 6 Ⓤ (어린애 등을) 버리기, 유기. 7 (햇빛·바람에 대한) 위치, (집·방 따위의) 향(向).¶a house with a southern ~ 남향 집. 8 노출면; Ⓒ 〔카드놀이〕 패를 보이기. 9 매스컴 타기, 사람에게[세상에] 알려지기; 〔방송·선전〕하기. 10 〔경제〕 경제적 리스크[위험도]. 11 광고 (독자·시청자에의) 노출, 접촉.
exposure index 몡 〔사진〕 노출 지수.
exposure latitude 몡 〔사진〕 노출 허용도.
exposure meter 몡 〔사진〕 노출계(計).
exposure time 〔사진〕 노출 시간.
*****ex·pound** [ikspáund] 타자 1 (이론·주의·의견 등을) 상술하다, 상설(詳説)하다 (to). ⇒EXPLAIN 유의어 2 (성전(聖典) 등을) 해석하다. ❷ 상세히 설명하다 (on).
ex·pound·er [ikspáundər] 몡 해설자, 해석자.
expr. expires; express.
ex·pres·i·dent [⁺prèzədənt] 몡 (생존해 있는) 전(前)대통령[사장, 회장, 총장, 총재 따위].
‡**ex·press** [iksprés] 타 (~·**es** [-z]; ~**ed** [-t]) ㉰ 1 **a)** (사상·생각 따위를) 표현하다, 말로 나타내다; (사람에게) …을 말하다 (to).¶~ one's opinions clearly 자기 의견을 명확히 말하다 /(~+wh. 節) I cannot ~ how happy I was then. 내가 그때 얼마나 행복했는지는 말로 표현할 수 없다. **b)** (감정 따위를) 나타내다, 밖으로 드러내다.¶His face ~ed sorrow. 그의 얼굴에 슬픈 빛이 나타나 있었다. 2 《재귀용법으로》 자기 생각[감정]을 나타내다; (창작·예술 따위에) 자기를 표현하다; (감정이) 밖으로 나타나다.¶be cautious in ~ing oneself 좀처럼 속내를 드러내지 않다 / His joy ~ed itself in tears. 그는 너무 기뻐서 눈물을 흘렸다. 3 (기호·숫자 따위로) …을 표시하다, 상징하다 (as).¶The sign + ~es addition. +의 기호는 덧셈을 나타낸다 //(~+目+as 補) ~ water as H₂O 물을 H₂O로 나타내다. 4 《美》 …을 급송하다, 택배편으로 보내다; 《英》 (우편물을) 속달편[지금]으로 보내다. 5 (과즙·우유 등을 짜내다[from, out of]; (공기) 따위를 빼다.¶(~+目+前+명) ~ the juice from [or out of] oranges 오렌지 즙을 짜다 / ~ grapes for juice 주스를 만들기 위해 포도를 짜다. 6 (냄새 따위를) 발산하다. 7 (수동형·재귀용법으로) (생물) 〔형질〕을 발현시키다. — 타 급행 (열차로) 가다.
***express** oneself (말·몸짓으로) 느낀 바[의견]를 나타내다; (작품 따위에) 자신을 표현하다.
— 혱 〔한정용법〕 1 명시된, 명백한; 명확한, 숨김 없는.¶one's ~ will 명확한 의지. 2 특별한.¶an ~ purpose 특별한 목적. 3 정확히 성형[표현]된; 꼭 닮은.¶The girl was the ~ image of her mother. 그 소녀는 어머니를 꼭 닮았다. 4 지금의; 《英》 속달편의; 《美》 급행[택배] 운송편의.¶an ~ agency 운송 대리점 / an ~ messenger 특사 / ~ post 속달 (우편). 5 (열차 따위가) 고속(용)의, 급행의, 직행의; (가로 따위가) 일직선의.¶an ~ highway 고속 도로. 6 속사(速射)(총)용의.
— 凰 1 급행으로, 《英》 속달편[지금]으로; 《美》 급행[택배] 운송편으로.¶travel ~ 급행으로 여행하다. 2 특별히; 특별한 목적을 위하여.
— 몡 (~·**es** [-iz]) 1 (열차·버스 따위의) 급행. 2 《英》 특사, 급사(急使); Ⓤ 속달편; 속달 우편 (배달인); 급신, 급보, 특보.¶send a package by ~ 소포를 속달로 보내다. 3 《美》 운송[택배] 회사; Ⓤ 급행[택배] 편. ~·**less** 「上송; Ⓤ 급송편[화물]. 4 속사총.
ex·press·age [iksprésidʒ] 몡Ⓤ 《美》 1 (소포 따위의) 속달 운송 업무. 2 속달 운송 요금, 속달 요금.
expréss bùs 몡 고속 버스.
expréss càr 급행 화물용 화차. 「회사.
expréss còmpany 몡 급행편 운송회사, 택배
expréss delívery 혱 《英》 속달 (우편); 《美》 지금 운송[택배](special delivery).
expréss elevàtor 《美》 고속 엘리베이터.
ex·press·er [iksprésər] 몡 1 말[표현]하는 사람[것]. 2 표현력이 뛰어난 사람.¶Shakespeare is the greatest ~ that ever lived. 고금을 통해 세익스피어만큼 표현력이 풍부한 작가는 없다. (또는 **expressor**)
ex·press·i·ble [iksprésəbl] 혱 (말로) 표현할 수 있는; 짜낼 수 있는. (또는 **expressable**)
‡**ex·pres·sion** [ikspréʃən] 몡 (~**s** [-z]) 1 Ⓤ (사상·감정 따위의) 표현, 표시; (예술에서의) 표현, 발상; 표현력; Ⓒ 표현법, 말에 의한 표현.¶Writing is the ~ of sounds by graphic symbols. 쓴다는 것은 음을 문자로 표현하는 것이다. 2 특별한 어구[어법], 말씨, 말투; 표현법.¶a happy ~ 멋진 표현, 능란한 말씨 / idiomatic [figurative] ~ 관용적[비유적] 표현 / a clumsy ~ 서투른 말솜씨 / use a vulgar ~ 야비한 말을 쓰다. 3 Ⓤ Ⓒ (감정·성격 등이) 나타남, 표정; (목소리의) 음조, 억양.¶a sad ~ 슬픈 표정 / a facial ~ 얼굴의 표정 / a face that lacks ~ 표정이 없는 얼굴 / say with no ~ in one's voice 아주 담담한 어조로 말하다. 4 〔수학〕 식; 〔컴퓨터〕 식, 표현식; (언어) 〔의미 내용에 대하여〕 형식, 표현.¶a binomial [polynomial] ~ 2항식[다항식]. 5 〔유전〕 〔형질〕 발현; 유전자 단백질 합성 (과정). 6 Ⓤ (액체를) 짜내기. 7 〔음악〕 발상.
beyond [or ***past***] ***expression*** 형언할 수 없는.
find expression in …의 모습으로 나타나다.
give expression to …을 표현하다.
Pardon [or ***Excuse***] ***the expression.*** (구어) 이런 말을 해서 죄송합니다.
with expression 감정을 담아[넣어].
~·**al** 혱 표현상[표정]의.
Ex·pres·sion·ism [ikspréʃənìzm] 몡Ⓤ 《종종 e-》 〔미술·연극·문학〕 표현주의; 표현파; 표현주의적 양식. **-ist** 몡혱 **-ís·tic** 혱 **-ís·ti·cal·ly** 凰
ex·pres·sion·less [ikspréʃənlis] 혱 표정이 없는, 무표정한. ~·**ly** 凰 ~·**ness** 몡
expréssion màrk 몡 〔음악〕 발상 기호(악곡의 표정이나 성격을 지시하는 기호).
*****ex·pres·sive** [iksprésiv] 혱 1 (감정 따위를) 표현하는, 표현적인 (of).¶a look ~ of sorrow 슬픔을 나

expressivity

타내는 얼굴 표정. **2** (표정 따위가) 의미 심장한, 의미 있는, 표정이 풍부한.¶an ~ smile 의미 있는 미소. **3** 표현의[에] 관한; ~ art 고도로 표현된 예술. **4** (사회) 자기 현시[표출]적인. ~・ly 〔부〕 ~・ness 〔명〕

ex・pres・siv・i・ty [èkspresívəti] 〔명〕〔U〕 **1** (유전) (유전자의) 발현도(發現度). **2** 표현성; 표현(표정, 감정 표출, 의미)의 풍부함, 표현력. 〔delivery letter〕

expréss létter 〔명〕(英) 속달 (우편)((美) special

expréss líft 〔명〕(英) =express elevator.

expréss líner 〔명〕 쾌속 정기선.

ex・press・ly [iksprésli] 〔부〕 **1** 명백한 말투로; 명확히(definitely). **2** 일부러, 특히(specially).

Expréss Máil 〔명〕 (종종 e- m-) (美) 급행[빠른] 우편. **expréss-máil** 〔명〕

ex・press・man [iksprésmən, -mæn] 〔명〕(美) 급행[배달] 운송 회사 직원; 급행편 트럭 운전사.

expréss rífle 〔명〕 속사총(근거리용 엽총의 일종).

expréss tícket 〔명〕 급행권.

expréss tráin 〔명〕 급행 열차. 〔용 왜건.

expréss wàgon [(英) wàggon] 〔명〕 지급편 운송

ex・press・way [ikspréswèi] 〔명〕 (美) (유료) 고속 도로((英) motorway). 〔맘.

ex・pro・bra・tion [èksproubréiʃən] 〔명〕〔U〕〔C〕 비난, 책

ex・pro・pri・ate [ekspróuprièit] 〔동〕〔타〕 (토지・재산 등)을 수용(收用)하다, (공공의 목적으로) 징발하다; 빼앗다 (from). **-a・ble** 〔형〕 **-à・tor** 〔명〕

ex・pro・pri・a・tion [eksproupriéiʃən] 〔명〕〔U〕〔C〕 (토지・재산의) 수용, 징발. ~・ist 〔명〕

expt. experiment; expert; export. **exptl.** experimental. **Exptr.** exporter.

***ex・pul・sion** [ikspʌ́lʃən] 〔명〕〔U〕〔C〕 **1** 배제, 구축 (from). ¶the ~ of air from the lungs 폐로부터 숨을 토해내기. **2** 추방, 제명, 축출 (from). ¶the ~ of a student from a school 학생의 제적.

expúlsion fùse 〔명〕 (전기) 방출(放出) 퓨즈.

expúlsion òrder 〔명〕 (외국인에 대한) 국외 퇴거 명령, 추방령. 〔(약의) 구제력(驅除力)이 있는.

ex・pul・sive [ikspʌ́lsiv] 〔형〕 배제적인, 추방하는;

ex・punc・tion [ikspʌ́ŋkʃən] 〔명〕 말소, 삭제.

ex・punge [ikspʌ́ndʒ] 〔동〕〔타〕 **1** …을 지우다, 삭제하다, 말살[말소]하다 (from). ¶ ~ a name from a list 명단에서 이름을 삭제하다. **2** …을 닦아내다, 없애다; 멸종시키다. **-púng・er** 〔명〕

ex・pur・gate [ékspərgèit] 〔동〕〔타〕 **1** (책・영화)에서 불온(부적절, 외설한 대목을 삭제하다. ¶ ~ a book 책의 불온한 부분을 삭제하다. **2** (부도덕한 것 따위)를 깨끗이 하다, 정화하다. **-gá・tion, -gà・tor** 〔명〕

ex・pur・ga・to・ri・al [ikspə̀ːrgətɔ́ːriəl/-eks-] 〔형〕 삭제(자)의; 정화(자)의. 〔는]; 정화적인[하는].

ex・pur・ga・to・ry [ikspə́ːrgətɔ̀ːri] 〔형〕 삭제적인[하

ex・put [ékspùt] 〔명〕 (컴퓨터) 엑스풋(데이터 베이스

exp(w)y (美) expressway. 〔에서 정보를 꺼내기).

‡**ex・qui・site** [ikskwízit, ékskwizit] 〔형〕 (more ~; most ~) **1** 절묘한; 더없이 훌륭한; 정교한, 공들인. ¶ ~ embroidery 정교한 자수. **2** (즐거움이) 깊은, 강렬한; (아픔이) 격심한, 날카로운. **3** 예민한, 민감한. ¶an ~ ear for music 음악에 예민한 귀. **4** 우아한; 태도가 고상한, 세련된. ⇒DELICATE〔유의어〕¶She has ~ taste. 그녀는 취미가 고상하다. **5** (폐어) 엄선[정선]된. **6** 멋부리는 사람, 멋쟁이.

~・ly 〔부〕 ~・ness 〔명〕

exr. executor.

éx rìghts 〔형부〕 (증권) 권리락(權利落)으로[의] (약 x. r., x. rts.). 〔명〕 cum rights. (또는 **ex-rights**)

éx ríghts stòck 〔명〕 (증권) 권리락 주식.

exrx. executrix. **exs.** expenses.

ex・san・gui・nate [ekssǽŋwənèit] 〔동〕〔타〕 …에서 피를 뽑다; 방혈(放血)하다; …을 빈혈이 되게 하다.

---

extend

—〔자〕 출혈하여 죽다. **-ná・tion** 〔명〕

ex・san・guine [ekssǽŋgwin] 〔형〕 핏기 없는, 창백한, 빈혈의. (=exsanguinous) **èx・san・guín・i・ty** 〔명〕

ex・scind [eksínd] 〔동〕〔타〕 …을 잘라내다, 절제하다; (비유적) …을 근절시키다.

ex・sect [eksékt] 〔동〕〔타〕 …을 절제하다. **-séc・tile** 〔형〕 **-séc・tion** 〔명〕 절제(술).

ex・sert [eksə́ːrt] 〔동〕〔타〕 (침・꽃술)을 내밀다; …을 돌출시키다. 〔돌출하는, 드러난. **-sér・tion** 〔명〕

ex・sert・ed [eksə́ːrtid] 〔형〕 (생물) (수술・암술 따위가) (꽃부리 밖으로) 내민, 돌출한. 〔뻗칠 수 있는.

ex・ser・tile [eksə́ːrtl/-tail] 〔형〕 (생물) 돌출시키는,

ex・ser・vice [ˌèksə́ːrvis] 〔형〕 (英) (군인이) 제대한, 퇴역한; 군에서 불하(방출)한. ¶ ~ goods 군 불하품.

ex・ser・vice・man [-sə́ːrvismæ̀n] 〔명〕 (英) 제대[퇴역] 군인((美) veteran). 〔선 인도로[의].

éx shíp 〔형부〕 (상업) 선측(船側) 인도로[의], 수입항 본

ex・sic・cate [éksikèit] 〔동〕〔타〕 …의 물기를 빼다, …을 건조시키다. —〔자〕 건조되다. **-cá・tion, -cà・tor** 〔명〕

ex・sic・ca・tive [éksikèitiv] 〔형〕 건조시키는, 건조제의. 〔명〕 건조제(劑). 〔"어век[없는]. 〈L〉

ex si・len・ti・o [eks siléntʃiòu] 〔부구〕 반증(反證)이 없

ex・stip・u・late [ekstípjulət, -lèit] 〔형〕 (식물) 탁엽 (托葉)이 없는. (또는 **estipulate**)

éx stóre 〔형부〕 (상업) 점두 인도(店頭引渡)로[의].

ext. extend; extension; extent; exterior; external; extinct; extra; extract(ion).

ex・tant [ékstənt/ekstǽnt] 〔형〕 **1** (종종 still과 함께) 현존[잔존]하는. **2** (고어) 돌출한.

extd. extended.

ex・tem・po・ral [ikstémpərəl] 〔형〕 (고어) =extemporaneous, extempore. ~・ly 〔부〕

ex・tem・po・ra・ne・i・ty [ekstèmpərəníːəti] 〔명〕 즉시성, 임시 변통.

ex・tem・po・ra・ne・ous [ekstèmpəréiniəs, ìks-] 〔형〕 **1** (연설 따위가) 준비 없이 하는 즉석의, 즉흥적인. ¶an ~ piece of verse 즉흥시. **2** (미낮소 따위가) 임시 변통의, 급조한. **3** (범죄 따위가) 우발적인. **4** (약이) 처방전(필요)에 따라 조제된. ~・ly 〔부〕 ~・ness 〔명〕

ex・tem・po・rar・y [ikstémpəréri/-pərəri] 〔형〕 즉석의, 즉흥적인, 임시의. **-rà・ri・ly** 〔부〕 **-rà・ri・ness** 〔명〕

ex・tem・po・re [ikstémpəri] 〔부〕 그 자리에서, 준비 없이, 즉석에서; 원고[메모] 없이(offhand). ¶speak ~ 즉석에서 이야기[연설]하다. **2** (연주가) 즉흥적으로. 〔형〕 즉석의[즉흥적인]; 임시 변통의, 급조의.

ex・tem・po・ri・za・tion [ikstèmpərizéiʃən/-rai-] 〔명〕 **1** 〔U〕 즉흥적으로 만들기. **2** 즉석 작품, 즉석 연설, 즉흥적 작곡[연주]. **3** 임시 변통.

ex・tem・po・rize [ikstémpəràiz] 〔동〕〔자〕 **1** 즉석에서 이야기[연설]하다. **2** 즉흥적으로 노래[작곡, 연주]하다. **3** 임시[이럭저럭] 변통하다. —〔타〕 …을 즉흥적으로 만들다[작곡하다, 연주하다]. **-ríz・er** 〔명〕

ex・ten・ci・sor [eksténsaizər] 〔명〕 (스포츠) 손가락과 손목 운동 기구, 악력(握力) 강화기.

‡**ex・tend** [iksténd] 〔동〕〔타〕 (~s [-z]) **1** (몸・손발 따위)를 뻗다; (날개 따위)를 펴다[펼치다]. ¶ ~ one's arms 팔을 뻗다. ¶ ~ its wings (새 따위가) 날개를 펴다. **2** (밧줄 따위)를 (건너) 치다. (~+圓+前+名) ~ a wire between two posts 두 기둥 사이에 철사를 치다. **3** …의 간격을 넓히다; (컴퍼스) 다리를 벌리다. **4** (군사) (전열・전선 따위)를 산개(散開)시키다.

4 (거리・기간・기한 따위)를 늘리다, 연장하다 (to). ⇒LENGTHEN〔유의어〕¶ ~ one's visit for two more days 방문을 2일간 더 연장하다 // (~+圓+前+名) ~ a road to the next city 다음 도시까지 도로를 연장하다 / ~ the deadline to May 5 마감을 5월 5일까지 연기하다.

5 (범위・영토)를 확장하다; (금속 따위)를 늘이다 (to,

over). ¶ ~ a school building 교사(校舍)를 확장하다. **6** (…까지) (세력 등)을 뻗치다, 넓히다; (의미)를 확대하여 해석하다, 부연하다 (*to, over*). ¶ ~ one's influence [*or* power] 자기의 세력을 확대하다 / ~ one's business 사업을 확장하다. **7** (…에게) (은혜·원조 등)을 베풀다, 제공하다; (친절한 행위)를 하다. ¶ (~ + 囲 + 前 + 图) ~ sympathy [a warm welcome] *to* a person 남을 동정하다(따뜻이 맞이하다). **8** (…에게) (인사)를 하다; (초대장)을 보내다 (*to*). ¶ (~ + 囲 + 前 + 图) ~ congratulations *to* a person 남에게 축하 인사를 하다. **9** (빛)의 상환 기간을 연기하다. **10** (부기) (숫자·항목 따위)를 다음 난[면]으로 넘기다. **11** (법률) …을 평가하다, 사정(査定)하다; (토지)를 압류하다. **12** (수동형/재귀용법으로) (사람·말 등이) 전력을 다하다, 분발하다. **13** (메모 따위)를 상세히 정리하다; (속기·약자 따위)를 보통 글자로 바꾸다. **14** (나쁜 것을 섞어) …의 양을 늘리다, 물타기하다; …의 품질을 떨어뜨리다. **15** (고어) …을 과장하다; (폐어) …을 몰수(압수)하다.
— 图 **1** (길이가) 늘어나다, (토지·세력 등이) 넓어지다, 연장되다; (관심·지식 등이) (…에) 이르다, 미치다 (*to*). **2** (날씨·고통 등이) (…까지) 계속되다 (*to, into*). ¶ (~ + 前 + 图) The conference ~*ed into* Saturday. 회의는 토요일까지 계속되었다. **3** (…에서) 돌출하다, 쑥 내밀다 (*from*). ‖ **~·a·ble** 图

ex·tend·ed [ikstɛ́ndid] 图 **1** 잡아늘인, 넓어진, 장기간에 걸친, 오래 끈. **2** 광범한, 널리 퍼진. **3** (의미 따위가) 확대 해석된, 파생된; (가정·집단 따위가) 확대된; (세력이) 증대한. **5** (인쇄) (활자가) 평체(平體)인. **6** (군사) 산개된. **7** (노력·학습 과정 따위가) 집중적인. **8** 공개 강좌(교육)의. **~·ly** 图, **~·ness** 图

exténded cáre 연장 치료(회복기의 환자나 신체 장애자에 대한 재택(在宅) 간호 치료).
exténded cóverage 图 (보험) 확장 담보(보험 약의 담보 범위를 확장하는 추가 약관(約款)). [육].
exténded educátion 图 (대학의) 공개 강좌[교
exténded fámily 图 확대[복합] 가족(여러 대가 한 집에 사는 대가족). ⓐ nuclear family
exténded fórecast 图 (기상) 연장[장기] 예보.
Exténded Fúnd Facility 图 (금융) 확대 신용 공여 제도(IMF의 융자 제도; ⓐ EFF).
exténded insúrance [(英) assúrance] 图 연장 정기 보험. [대형(敷開除形).
exténded órder [formátion] 图 (군사) 산개
exténded pláy 图 EP판(1분에 45회전하는 음반; ⓐ EP). **ex·ténd·ed-pláy** 图
exténded precísion 图 (컴퓨터) 확장 정도(精度) (컴퓨터가 취급하는 자릿수의 2배 이상을 취급하는 것).
ex·tend·er [ikstɛ́ndər] 图 **1** 신장하는 사람. **2** (농도를 묽게 하기 위한) 안료(顔料); 증량제(增量劑). **3** (英) (대학 공개 강좌의) 교수. **4** (사진) 망원 렌즈.
ex·ten·si·ble [ikstɛ́nsəbl] 图 신장(伸張), 확장)할 수 있는; 신장(伸展)성의; 쑥 내미는. (또는 **extendible**) **-bíl·i·ty**, **~·ness** 图
ex·ten·sile [ikstɛ́nsəl/-sail] 图 (동물·해부) = extensible.
ex·ten·sim·e·ter [èkstensímətər] 图 = exten-
ex·ten·sion [ikstɛ́nʃən] 图 (~s [-z]) **1** (U) 연장, 신장; 확대, 확장. ¶ ~ works 확장 공사 / the ~ of an arm 팔을 뻗기 / the ~ of knowledge 지식의 확대. **2** (…까지의) 확장[연장] 부분; (C) 증축; (철도·도로 따위의) 연장선 (*to*). ¶ build an ~ *to* one's house 집을 증축하다. **3** (전화의) 내선 (번호) (ⓐ Ext.). ¶ Call me at the office, ~ four-two. 회사의 내선 42번으로 전화해 주시오. **4** (U) 넓음, 넓이; (영향·지식 등의) 범위, 한도. ¶ the ~ of our knowledge 인간의 지식이 미치는 범위. **5** (기일 따위의) 연장, 연기, 유예; (주문의) 판매 시간 연장(기). ¶ grant an ~ until the end of next month 내달 말까지의 연기를 승인하다. **6** (U) 공여, 제공. ¶ ~ of devel-

opment loan 개발 차관 제공. **7** (U) (어구의 뜻의) 확대 해석, 부연. **8** (상업) 상환 연기 승인서. **9** (U) (물리) 전층성(填充性). **10** (U) (해부) 몸을 똑바로 뻗기, 신전(伸展); 손발을 뻗은 위치; (의학) 탈구(脫臼) 교정. **11** (U) (논리) 외연(外延). **12** = ~ course. **13** (컴퓨터) 확장(자).

by extension 연장으로서; 방향을 바꾸어.
— 图 **1** (英) 대학 공개 강좌의; 대학 교육 보급 운동의.
~·less 图 [**2** 이어 대는; 확장하는; 신축 자재의.
ex·ten·sion·al [ikstɛ́nʃənəl] 图 확장의, 신장의. **2** (논리) 외연의. **~·ism**, **-ál·i·ty** 图. **~·ly** 图
exténsion córd 图 (전기의) 연장[연결] 코드.
exténsion cóurse 图 대학 공개 강좌(야간 강좌·통신 강좌 따위). university extension
exténsion ládder 图 고가 신축(伸縮) 사다리.
exténsion lécture 图 (대학의) 공개 강의.
exténsion lécturer 图 공개 강의 강사.
exténsion number 图 (전화의) 내선 번호.(ⓐ Ext.).
exténsion táble 图 신축 자재(自在) 테이블.
ex·ten·si·ty [ikstɛ́nsəti] 图 (U) **1** 신장[확장]성, 공간성; 범위, 정도. **2** (심리) 공간성.
‡**ex·ten·sive** [ikstɛ́nsiv] 图 (*more* ~; *most* ~) **1** 광범위한, 광대한, 넓은. ¶ an ~ area 광대한 지역. **2** (지식·변화·조사 따위가) 광범위에 걸친; 포괄적인. ¶ ~ inquiries 다방면에 걸친 조사 / ~ business 규모가 큰 장사. **3** (시간·인용 따위가) 긴, 장황한. ¶ an ~ journey 긴 여행. **4** (수량·규모·정도 따위가) 큰, 엄청난. ¶ an ~ fortune 거액의 재산 / ~ reading 다독(多讀). **5** 조방(粗放) 농업의(⇔ intensive). ¶ ~ agriculture 조방 농업. **6** (논리) 외연적인. **7** (증축 따위가) 부속[부가]의. **8** (물리) (속성 따위가) 시량적(示量的)의.
~·ness, **èx·ten·sív·i·ty** 图 [규모의.
*****ex·ten·sive·ly** [ikstɛ́nsivli] 图 광범하게, 널리; 대
ex·ten·so·me·ter [ikstensámətər/-sɔ́m-] 图 (기계) 신장계(伸張計), 정밀 신축계(伸縮計). [flexor
ex·ten·sor [ikstɛ́nsər] 图 (해부) 신근(伸筋). ⓐ
‡**ex·tent** [ikstɛ́nt] 图 **1** (U) (물체의) 넓이; 길이, 면적, 양. ¶ in ~ 크기[넓이]는 / the ~ of a line 선의 길이 / the ~ of a park 공원의 넓이. **2** (종종 an ~) 정도, 범위, 한계, 한도. ¶ the ~ of one's effort 노력의 한도 / This is the ~ of my ability. 힘껏 했습니다. **3** 신장[확대]된 것; 넓은 장소. ¶ the vast ~ of a prairie 광대한 대초원. **4** (美법률) (일시적인) 토지[자산] 강제 관리 영장. **5** (U)(C) (英법률) (채권자의) 압류 (영장). **6** (U) (英역사) (토지의) 평가. **7** (U) (논리) 외연.
to a certain extent 어느 정도까지, 다소.
to a great [*or large*] **extent** 대부분은, 크게.
to a great or small extent 다소간에.
to some extent = to a certain extent.
to the [*or such an*] **extent that** ① …할 정도까지; …한 결과로. ② …인 한(限), …의 범위에서. ③ …일 경우에, …이면. **4** …이므로. [극도로.
to the utmost [*or full*] **extent of** …이 미치는 한,
ex·ten·u·ate [ikstɛ́njuèit] 图 (타) **1** (결점·벌 등)을 가볍게 하다, (정상)을 참작하다, 완화하다. ¶ ~ a crime 죄를 가볍게 하다. **2** (사정이) …의 정상 참작의 여지를 주다, 변명이 되다. ¶ Nothing can ~ his guilt. 그의 죄과에는 정상을 참작할 여지가 없다.

(USAGE) **extenuate**의 목적어 —— extenuate는 나쁜 뜻을 내포하는 crime, guilt, cruelty와 같은 말을 목적어로 취한다. conduct, behavior처럼 선악 어느 쪽에나 쓰는 말은 나쁜 뜻을 내포하는 것이 명백한 경우에만 extenuate의 목적어가 될 수 있다. 그러나 사람은 목적어가 될 수 없으며, 이 경우에는 excuse를 쓴다.

3 …을 얕보다, 경시하다. **4** (고어) …을 얇게 하다; …을 야위게 하다; (액체·기체)를 묽게 하다. **5** (고어) (법)의 효력을 약화시키다. **-à·tor** 图

ex·ten·u·at·ing [ikstényuèitiŋ] 형 (죄 따위를) 가볍게 할 수 있는, 정상을 참작할 수 있는. (동사는 **extenuate**) **~·ly** 부

extènuating círcumstances 명 〔법률〕(형·배상 따위의) 경감 사유, 참작해야 할 정상(情狀).

ex·ten·u·a·tion [ikstènyuéiʃən] 명 1 (U) 경감, 정상 참작. 2 경감시키는 것, 참작할 만한 사정. *in extenuation of* …의 정상을 참작하여.

ex·ten·u·a·to·ry [ikstényuətɔ̀:ri/-təri] 형 =extenuating.

*****ex·te·ri·or** [ikstíəriər] 형 1 바깥쪽의, 외부의, 외관상의(⊕ interior). ⇨OUTSIDE [유의어] ¶ the ~ surface 바깥면. 2 외부로부터 오는, 대외적인. ¶ an ~ policy 대외 정책/an ~ influence 외부로부터의 영향. 3 외부에 있는, 관계없는, 별개의 (to). 4 〔건축 자재가〕 외장용의; 〔의학〕(내복용에 대해) 외용의.
— 명 1 (the ~) 외부, 바깥면(쪽). 2 (사물의) 형식; (~s) 겉보기, 외관. ¶ misleading ~s 사람들을 오해하게 하는 외관. 3 (영화나 무대의) 옥외 장면(배경, 세트).
on the exterior 보기에는, 외견상으로는.

extérior ángle 명 〔기하〕 외각. ⊕ interior angle

ex·te·ri·or·i·ty [ikstìəriɔ́:rəti/-ɔ́r-] 명 (U) 외재성(外在性); 외계물(外界物). ⊕ interiority

ex·te·ri·or·ize [ikstíəriəràiz] 타 1 =externalize. 2 〔외과〕 (수술 등을 위해) 〔내장〕을 일시 몸 밖에 노출시키다. **-i·zá·tion** 명

ex·te·ri·or·ly [ikstíəriərli] 부 외부에, 외면(적)으로; 옥외[대외]으로.

ex·ter·mi·nate [ikstə́:rmənèit] 타 〔종족 따위〕를 멸종시키다; 〔사상·질병 따위〕를 박멸하다, 근절하다; 전멸시키다. **-na·ble** 형 **-ná·tion** 명

ex·ter·mi·na·tor [ikstə́:rmənèitər] 명 1 박멸하는 사람(것), 2 해충 구제업자.

ex·ter·mi·na·to·ry [ikstə́:rmənətɔ̀:ri/-təri] 형 근절[박멸]적인. (또는 **exterminative**)

ex·tern [ékstə:rn] 명 통학생; (병원의) 통근의사, 통근 의학 연구생. (또는 **externe**) 자 intern
— [ékstə:rn, ikstə́:rn] 형 〔고어〕 외부의, 바깥의.

‡ex·ter·nal [ikstə́:rnl] 형 1 외부의, 밖의, 바깥쪽의 (⊕ internal). ⇨OUTSIDE [유의어] ¶ the ~ husks of a fruit 과실의 외피. 2 〔의학〕(약제가) 외용인. ¶ ~ remedies 외용약. 3 외부에 있는 (to); 외부로부터 오는. ¶ ~ force 외부에서 작용하는 힘, 외세. 4 외면적인; 형식적인; 외관적인. 5 대외적인, 외국의. ¶ ~ commerce 외국 무역. 6 〔동물·식물〕 바깥쪽의 ¶ the ~ ear 외이(外耳). 7 피상적인. 8 〔철학〕 외계의, 현상계(現象界)의. 9 (…의) 범위 밖의, (…와) 무관한, 동떨어진 (to). 10 우연한, 부수적인. 11 〔英〕 (시험만 보는) 학외(學外)의. (학위 따위가) 학외 시험에의.
— 명 (혼 ~s [-z]) 1 (U) 바깥쪽[면]. 2 보이는 것; (~s) 외모, 외형, 외관; 3 비본질적 사항; 외부적 ~·ly 부 정. 4 (濠) 공개 강좌 수강생.

extérnal affáirs 명 대외 문제. 〔耳道〕.

extérnal áuditory meátus 명 〔해부〕 외이도(外

ex·ter·nal-com·bus·tion [-kəmbʌ́stʃən] 형 외연(外燃)의.

extérnal degrée 명 (학외(學外)에서의 연구·실적에 대해 수여하는) 특별[명예] 학위.

extérnal éar 명 외이(外耳).

extérnal examinátion 명 (대학에 다니지 않는 학생의) 학외 시험; 학외 당국자에 의한 시험.

extérnal fertilizátion 명 체외 수정.

extérnal gálaxy 명 〔천문〕 은하계 밖 성운(星雲).

ex·ter·nal·ism [ikstə́:rnəlizm] 명 1 (U) 형식주의, (종교의) 극단적인 형식 존중주의. 2 〔철학〕 외재론(外在論). **-ist** 명

ex·ter·nal·i·ty [èkstə:rnǽləti] 명 (U) 1 밖에 있음; 외부에 나타난 피상성. 2 (-ties) 외계의 사물, 외

형, 외모, 외관. 3 〔철학〕 형식주의.

ex·ter·nal·i·za·tion [ikstə̀:rnəlizéiʃən/-laiz-] (* 英) **-sation** (명) 구체화, 객관화; 외면성, 객관성, 구체성; 〔심리〕 외재화(外在化).

ex·ter·nal·ize [ikstə́:rnəlàiz] (* 英) **-ise** 타 1 〔내부의 것〕을 객관화하다, 〔사상 따위〕를 구체화하다, 객관성을 주다. 2 …의 외형만을 생각하다[존중하다]. 3 …을 외적 원인으로 돌리다. 4 (사람·성격)을 사교적으로 만들다. **-iz·er** 명 〔집되는 공체〕.

extérnal lóan 명 외채(外債)(외국 자본 시장에서 모

extérnal mémbrane 명 〔해부〕 외막(外膜).

extérnal respirátion 명 〔생리〕 외호흡(外呼吸).

extérnal scréw 명 〔기계〕 수나사(male screw).

extérnal sórting 명 〔컴퓨터〕 외부 정렬(整列).

extérnal stórage [mémory] 명 〔컴퓨터〕 외부기억 장치.

extérnal stúdent 명 (등록한) 학외생.

extérnal tánk 명 (로켓) 외부 연료 탱크(⊕ ET).

ex·ter·o·cep·tor [èkstərəséptər] 명 〔생리〕(눈·귀·코·피부 따위) 외부[외계 감각] 수용기(受容器).

ex·ter·res·tri·al [èkstəréstriəl] 형 =extraterrestrial. **~·ly** 부 〔torial.

ex·ter·ri·to·ri·al [èkstərítəriəl] 형 =extraterri-

ex·ter·ri·to·ri·al·i·ty [èkstərìtəriǽləti] 명 =extraterritoriality.

extg. extracting.

*****ex·tinct** [ikstíŋkt] 형 1 (불·빛 따위가) 꺼진; (화산 따위가) 활동을 그친. ¶ an ~ volcano 사화산. 2 (생명력·희망 따위가) 끊어진, 사라진. 3 (관직·제도 따위가) 폐지된, 쇠퇴한; (관습 따위가) 사라진; (법률·권리 따위가) 실효된. ¶ an ~ custom 사라진 관습 / an ~ language 사어(死語). 4 (종족 따위가) 절멸한, 끊어진, 사멸한. ⇨DEAD [유의어] — 타 〔불〕을 끄다.

*****ex·tinc·tion** [ikstíŋkʃən] 명 (U)(C) 1 끄기, 꺼지기, 소화(消火), 소등. ¶ the ~ of a lamp 램프의 소등. 2 (종족·생물 등의) 사멸, 절멸; (가계(家系)의) 단절. 3 (관직·제도 등의) 폐지; (권리·부채 등의) 소멸, 말살(抹殺). 4 (희망·생명력 등의) 소멸. ¶ the ~ of hopes 희망이 사라짐. 5 〔광학〕 소광(消光), 흡광; 〔천문〕 감광(減光)(별빛이 지구 대기나 방사성간 먼지를 통과하면서 어두워지는 현상). 6 〔심리〕 (조건 반사의) 소거(消去).

ex·tinc·tive [ikstíŋktiv] 형 사멸되는, 소멸성의.

‡ex·tin·guish [ikstíŋgwiʃ] 타 (**~·es** [-iz]; **~ed** [-t]) 1 (불 따위)를 끄다. ¶ ~ a fire 화재를 진화하다. 2 〔정열·희망 등〕을 잃게 하다, 소멸시키다, 끊다. ¶ One failure after another ~ed her hope. 실패가 거듭되자 그녀는 희망을 잃었다. 3 …의 빛을 잃게 하다, …을 무색하게 만들다; …을 진정[침묵]시키다 (*in, with*). ¶ ~ one's opponents *with* a single word 한 마디 말로 반대자들을 제압하다. 4 (관직·관습 따위)를 폐지하다; (권리·요구·법안 따위)를 무효화하다. 5 〔법률〕(부채 등)을 소멸시키다. 6 (생명 등)을 소멸시키다. 7 (가계(家系))를 단절시키다. 8 〔심리〕(조건 반사)를 소거하다. **~·a·ble** 형 **~·ment** 명

ex·tin·guish·ant [ikstíŋgwiʃənt] 명 소화물(消火劑) 따위).

ex·tin·guish·er [ikstíŋgwiʃər] 명 1 끄는 사람 [것]. 2 촛불 끄는 도구; 소화기, 소화기; 소화제. ¶ a chemical ~ 화학 소화기. 3 음침한 사람.

ex·tir·pate [ékstərpèit, ikstə́:rpeit] 타 1 〔식물 따위〕를 뿌리째 뽑다. ¶ ~ weeds 잡초를 뿌리째 뽑다. 2 〔해충 따위〕를 구제하다; 〔종족 등〕을 절멸시키다. 3 〔나쁜 습관 따위〕를 근절하다. ¶ ~ a social evil 사회악을 근절하다. 4 〔교회〕…을 적출하다, 잘라내다, 제거하다. **-pá·tion** 명 **-pà·tive** 형 **-pà·tor** 명

extn. extension.

*****ex·tol** [ikstóul, -tɑl/-tóul] 타 (**-ll-**) (사람·행동 등)을 칭찬하다, 격찬[찬양]하다. (또는 (美) **extoll**)
extol a person to the skies 남을 극구 칭찬하다.

~·ler ~·ling·ly 부 ~(l)·ment 명

ex·tor·sive [ikstɔ́ːrsiv] 형 [법률] 강요하는, 강제적인. ~·ly 부

ex·tort [ikstɔ́ːrt] 명타 1 [법률] (금전 따위)를 강탈하다, 우려내다, 착취하다 (from). ⇨EXTRACT 유의어 ¶~ money by threats 협박해서 돈을 우려내다. 2 [정보·자백 따위]를 억지로 얻어내다, 강요하다 (from). ¶~ a confession[promise] from a person 남에게 자백[약속]을 강요하다. 3 [지나친 요금]을 요구하다. 4 [의미 따위]를 억지로 끌어내다[갖다 붙이다], 억지로 꾸며내다, 무리하게 …시키다. ~·er 명 -tór·tive 형

ex·tor·tion [ikstɔ́ːrʃən] 명 1 (금전 따위의) 강요, 갈취; (~s) 갈취 행위. ¶practice ~s 갈취하다. 2 [법률] (공무원의) 금품 강요죄, 독직(瀆職). 3 터무니없는 요금[이자] 착취, 폭리 탐하기. 4 강요, 탐함. ─명타 …에 터무니없이 비싼 값을 매기다. ─(자) 명에게) 강요하다 (upon). ~·er, ~·ist 명

ex·tor·tion·ar·y [ikstɔ́ːrʃənèri/-əri] 형 강탈하는, 강요하는; 착취적인.

ex·tor·tion·ate [ikstɔ́ːrʃənət] 형 1 (요구 등이) 터무니없는, (대가 따위가) 너무나 많이 비싼. 2 (또는 **extortionary**) 강요하는, 공갈치는. ~·ly 부

extr. extract; extraordinary; extruded.

‡ex·tra [ékstrə] 형 1 여분[가외]의, 필요 이상의; 특별한; 할증의, 임시의. ¶something ~ 어떤 가외의 것 / ~ effort 가외의 노력 / an ~ allowance 가외 수당 / an ~ edition (주·호, issue, number) 특별호, 임시 증간호 / ~ news 호외 / an ~ hand 임시 고용인 / an ~ inning game (야구의) 연장전 / E- work demands ~ pay. 가외의 일에는 가외 수당이 필요하다. 2 규격보다 큰, 규격외의; 각별한; (품질 따위가) 특별히 고급인. ¶an ~ binding 특별 장정(裝幀), 특제본.
─명 ~s [-z] 1 여분인 것; 경품; 보충 수업; (무도회의) 특별 프로. 2 별도 계산, 할증 요금; 팁, 가외 수당. ¶a few pence ~ 몇 펜스의 할증금 / pay an ~ to a waiter 웨이터에게 팁을 주다. 3 (신문의) 호외, (잡지의) 특별[중간]호, (방송의) 임시 뉴스[기로) (to). ¶an ~ to The Times 타임스지의 호외. 4 특수 용품[물], 극상품. 5 임시 고용인; [영화] 엑스트라. 6 (~s) (크리켓) 타구에 의하지 않은 득점.
─부 1 여분으로, 가외로, 부가적으로, 할증하여. ¶pay[work] ~ 가외로 지불하다[일하다]. 2 (구어) 특별히, 예외적으로. ¶~ good food 특별 고급 요리 / an ~ special edition (英) 석간의 최종판.

ex·tra- [ékstrə] 연결형 「…(범위) 밖의, 이외의」의 뜻. ¶extrajudicial, extraterritorial. (또는 **extro-**)

ex·tra-at·mos·pher·ic [-ætməsférik] 형 대기권 밖의.

éx·tra-báse hít [-béis-] 명 [야구] 장타(2루타·3루타·홈런).

éx·tra·bóld [èkstrəbóuld] 형 [인쇄] 엑스트라볼드 (특별히 획이 굵은 활자). ─명 엑스트라볼드체.

ex·tra-chro·mo·som·al [èkstrəkròuməsóuməl] 형 [유전] 염색체 외의, 비염색체의.

ex·tra-con·densed [-kəndénst] 형 [인쇄] (활자가) 특별히 폭이 좁은, 엑스트라콘덴스체의.

ex·tra·cor·po·re·al [èkstrəkɔːrpɔ́riəl] 형 체외(體外)의. ~ circulation 체외 순환. ~·ly 부

‡ex·tract 명타 [ikstrǽkt] 1 …을 뽑다; [탄환 따위]를 빼내다 (from). ¶~ a tooth 이를 뽑다 // (~+목+前+名) ~ the cork from a bottle 병의 마개를 뽑다. 2 [英古어] [원리·해석 따위]를 끌어내다, 추론하다 (from). 3 [쾌락·위안 등]을 얻다 (from). ¶~ pleasure from toil 고생 속에서 즐거움을 얻다. 4 …을 발췌하다, 인용하다. [절·구]를 끌어내다. ¶~ an adequate passage from a book 책에서 적절한 구절을 발췌하다. 5 [정보·돈 따위]를 억지로 얻어내다, [주의·찬동 따위]를 끌어내다. ¶I ~ed a confession 자백을 강요하다 / I ~ed a promise from him. 나는 그로부터 약속을 얻어냈다.

유의어 **extract** 잘 나오지 않는 것을 힘을 써서 끌어내다. **educe** 잠재적인 것 또는 미발달인 것을 끌어내어 발달시키다. **elicit** 노력/기교를 써서 저항을 배제하고 끌어내다. **evoke** 감정·흥미·기억 따위를 끌어내다. **extort** 승낙하지 않거나 저항하는 자로부터 억지로 빼앗다.

6 …을 짜내다, 추출하다. ¶~ the juice from a fruit 과일에서 즙을 짜내다. 7 (수학) (근)을 구하다.
─명 [ékstrækt] 1 UC 뽑아낸 것, 추출물. 2 발췌[절], 인용 어구 (from). ¶make ~s from Shakespeare 세익스피어에서 발췌[인용]하다. 3 달인 즙, 정제, 용액; 농축물, 엑스. ¶~ of peppermint 박하 엑스. 4 [석유] 엑스트랙트(원유로부터의 추출 산물(産物)).
~·a·bíl·i·ty 명 ~·a·ble 형 ~·i·bíl·i·ty 명 ~·i·ble 형 「용·제제(溶劑).

ex·tract·ant [ikstrǽktənt, eks-] 명 [화학] 추

*ex·trac·tion [ikstrǽkʃən, eks-] 명 UC 1 뽑아내기, 빼내기, 적출; (광물의) 채취(물). ¶the ~ of a tooth 발치(拔齒). 2 추출(물), 짜내기, 달여내기. 3 추출[발췌] (어구), 초록(抄錄). 4 계통, 가계, 혈통. ¶a man of German ~ 독일계 사람. 5 [수학] (거듭제곱근풀이.

ex·trac·tive [ikstrǽktiv, eks-] 형 1 뽑아내는, 발췌적인; 추출성의. 2 추출[발췌]할 수 있는. ─명 추출물; 발췌; 엑스(essence).

ex·trac·tor [ikstrǽktər, eks-] 명 1 추출[발췌]하는 사람. 2 추출(분리)기[장치]. 3 [외과] 적출기; (발치) 겸자(鉗子), 핀셋. 4 (총포 따위의) 약협(藥莢) 빼내는 노리쇠. 5 (원심 분리식) 탈수기.

ex·tra·cur·ric·u·lar [èkstrəkəríkjulər] 형 1 정식 학과 이외의. 2 (구어) 본업[일과] 외의. 3 (구어) 부도덕한, 불륜의. (또는 **extracurriculum**)

extracurricular activity 1 (학교 등의) 과외 활동. 2 (속어) 부도덕한 행위, 불륜, 바람 피우기.

ex·tra·dit·a·ble [èkstrədàitəbl] 형 (도망범으로서) 인도되어야 할; (죄 따위가) 인도 처분을 해야 하는.

ex·tra·dite [èkstrədàit] 타 1 [도망범]을 (본국·관할지에) 인도하다, 송환하다 (to). ¶~ a hijacker 비행기 납치범을 인도하다. 2 …을 (…으로부터) 인도(引渡)받다, 인수하다 (from).

ex·tra·di·tion [èkstrədíʃən] 명 U [법률] (도망범의 본국) 인도, 송환; 국외 추방(강제 퇴거).

extradítion tréaty 범인 인도 조약.

éxtra dívidend 명 특별 배당금.

ex·tra·dos [èkstrədàs, -dòus/ekstréidɔs] 명 [건축] (아치의) 외호면(外弧面).

éxtra dry 형 1 = extra sec. 2 (음료가) 달지 않은.

ex·tra·es·sen·tial [èkstrəisénʃəl] 형 본질 외의; 주요하지 않은. 「하게 외의.

ex·tra·ga·lac·tic [èkstrəgəlǽktik] 형 (천문) 은

ex·tra·il·lus·trate [-íləstrèit] 타 [책 따위]에 다른 자료의 삽화[사진]를 넣다[사용하다].

ex·tra·ju·di·cial [èkstrədʒuːdíʃəl] 형 1 소송 행위 외의; 재판권 외의; 법정의 권한 외의; 비합법적인; 비공식적인. ~·ly 부

ex·tra·large [-láːrdʒ] 형 (사이즈가) 특대(特大)의.

ex·tra·le·gal [èkstrəlíːgəl] 형 법의 영역(영역) 외의; 법의 규제를 안 받는. ~·ly 부 「에는 없는.

ex·tra·lim·i·tal [èkstrəlímitl] 형 (생물의) 그 지역

ex·tra·lin·guis·tic [èkstrəliŋgwístik] 형 언어 외의, 언어학의 영역 외의. -ti·cal·ly 부 「적인.

ex·tra·lit·er·ar·y [èkstrəlítərèri/-rəri] 형 문학 외

ex·tral·i·ty [ikstrǽləti] 명 = extraterritoriality.

ex·tra·lu·nar [èkstrəlúːnər] 형 달 밖의(에 있는).

ex·tra·mar·i·tal [èkstrəmǽrətl] 형 혼외(婚外) 교섭의, 간통의, 불륜의. ¶~ affairs 혼외 정사. ~·ly 부

ex·tra·mun·dane [èkstrəmʌndéin] 형 지구 이외의; 이 세상의 것이 아닌, 물질 세계 밖의.

ex·tra·mu·ral [èkstrəmjúərəl] 형 1 (美) 대학[학교]간 대항의. ¶ ~ athletics 학교 대항 경기. 2 (도시·대학 따위의) 구역 밖의, 교외의; (英) (강좌 따위가) 학외 공개의. ── 명 공개 강좌. **~·ly** 부

ex·tra·ne·ous [ikstréiniəs] 형 1 외래의; 외부에서 오는, 외래종의. 2 비본질적인; 관계가 없는(to). **~·ly** 부 **~·ness** 명

ex·tra·nu·cle·ar [èkstrənjú:kliər, -njú:-] 형 원자핵 밖의; (생물) (세포의) 핵외(核外)의. ¶an ~ inheritance 핵외 유전. **―nar·i·ness** 명

ex·tra·or·di·naire [ekstrɔ̀:rdinέər] 형 보통이 아닌, 별나게; 터무니없이, 엄청나게.

***ex·traor·di·nar·i·ly** [ikstrɔ́:rdənérəli] 부 비상하게, 별나게; 터무니없이, 엄청나게.

‡**ex·traor·di·nar·y** [ikstrɔ́:rdəneri, èkstrəɔ́:r-/ikstrɔ́:dənəri] 형 (*more ~; most ~*) 1 비상한, 보통이 아닌, 비범한. ¶ ~ power 비상한 힘/an ~ genius 보기 드문 천재. 2 터무니없는, 엄청난, 별난, 엉뚱한. ¶ ~ weather 이상 기후. 3 특별한, 특파(特派)된, 임시의. ¶ an ~ general meeting 임시 총회/an ambassador ~ 특명 대사. ── (보통 -naries) (英古어) (대인에 대한) 특별 수당. **-nar·i·ness** 명

extraórdinary ráy 명 (광학·결정) 이상 광선.

extraórdinary séssion 임시[특별] 회의[회기].

ex·tra·pa·ro·chi·al [èkstrəpəróukiəl] 형 교구(敎區) 밖의.

ex·tra·po·la·bil·i·ty [ikstræpələbíləti] 명 (수학) (…을) 추정 가능성.

ex·trap·o·late [ikstræpəleit] 통 1 (…을) 추정[추론, 예측]하다(*from*). 2 (수학) (…을) 외삽법(外揷法)[보외법(補外法)]으로 산정하다.

-là·tive 형 **-là·to·ry** 형

ex·trap·o·la·tion [ikstræpəléiʃən] 명UC (통계) 외삽(법), 보외(법); 추정, 추론; 예측.

ex·tra·po·si·tion [èkstrəpəzíʃən] 명 (언어) 외치(外置) 변형(보문(補文)을 문말(文末)에 이동시켜 그 자리를 대명사로 메꾸는 것. 예: That John is a thief is likely. → It is likely that John is a thief.).

éxtra séc 형 (샴페인이) 매우 쓴맛의.

ex·tra·sen·so·ri·al [èkstrəsensɔ́:riəl] 형 =extrasensory. **~·ly** 부

ex·tra·sen·so·ry [èkstrəsénsəri] 형 정상 감각 밖의, 초감각의, 영감의, 텔레파시의; 제6감의.

extrasénsory percéption 초감각적 지각, 영감, 텔레파시의, 제6감 (약 ESP).

éxtra síze 명 특대 사이즈의 것(사람, 의복).

ex·tra·so·lar [èkstrəsóulər] 형 태양계 밖의.

ex·tra·spe·cial [-spéʃəl] 형 특상의, 최고의. ¶the ~ edition (英) 석간(夕刊) 최종판.

ex·tra·strength [-strénkθ] 형 (약 따위가) 강력한.

ex·tra·ter·res·tri·al [èkstrətəréstriəl] 형 지구[대기권] 밖의, 외계의. ── 명 외계인[생명체] (약 E.T.).

ex·tra·ter·ri·to·ri·al [èkstrətèrətɔ́:riəl] 형 치외법권의; 치외법권을 누리는. ¶the ~ rights 치외법권. 2 (법률 따위가) 역외 적용되는. **~·ly** 부

ex·tra·ter·ri·to·ri·al·i·ty [èkstrətèrətɔ̀:riǽləti] 명UC 치외법권(治外法權); 역외 적용, 역외적 관할권.

éxtra tíme 명 (스포츠) (로스타임만큼의) 연장 시간.

ex·tra·u·ter·ine [èkstrəjú:tərin/-rain] 형 자궁 밖의[에서 일어나는]. ¶ ~ pregnancy 자궁외 임신.

***ex·trav·a·gance** [ikstrǽvigəns, -və-] 명 1 UC 사치, 낭비(성); 방종, 무절제(*in*); 사치품. 2 U (행동·의견 따위의) 무절제, 터무니없음; U 엉뚱한 생각[언행]. (또는 **extravagancy**).

with extravagance 과도하게, 지나치게.

***ex·trav·a·gant** [ikstrǽvigənt, -və-] 형 1 낭비하는, 사치스러운(*in*). ⇨LAVISH 유의어 ¶ an ~ man 돈을 헤프게 쓰는 사람 // be ~ *in* expenditure 씀씀이가 헤프다. 2 지나친, 터무니없는, 엄청난; 엉뚱한 (옷차림이) 요란한; (생각 따위가) 비현실적인. ⇨EXCES-

SIVE 유의어 ¶ ~ expenses 엄청난 비용 / an ~ behavior 엉뚱한 행동. **~·ly** 부 **~·ness** 명

ex·trav·a·gan·za [ikstrævəgǽnzə] 명UC 1 광상곡, 광시, 광상곡적 음악극. 2 미치광이 같은 짓, 광태. 3 화려한 행사, 호화 쇼. ¶a Hollywood ~ 할리우드의 호화 쇼. 4 화려한 의상(의상액세서리).

ex·trav·a·sate [ikstrǽvəseit] 통 1 (병리) (혈액·림프액 따위)를 맥관 밖으로 넘치게 하다, 일혈(溢血)시키다. 2 (지질) (용암 따위)를 분출하다. ── 자 1 (병리) 일혈하다, 내출혈하다. 2 (지질) (용암 따위가) 분출되다. ── 명 1 (병리) 일혈, 삼출물. 2 (지질) 용암 따위의 분출물. **-sá·tion** 명

ex·tra·vas·cu·lar [èkstrəvǽskjulər] 형 (해부) 혈관 밖의; 선 밖의.

ex·tra·ve·hic·u·lar [èkstrəvi:híkjulər] 형 우주 (항공) (우주 비행사의) 우주 유영; 선외(船外) 활동; 월면(月面) 활동(약 EVA).

extravehícular actívity (우주 비행사의) 우주 유영; 선외(船外) 활동; 월면(月面) 활동(약 EVA).

extravehícular mobílity únit (우주) 선외(船外) 활동용 우주복(약 EMU).

ex·tra·ver·sion [èkstrəvə́ːrʒən, -ʃən] 명 (심리) =extroversion. **-sive** 형 **-sive·ly** 부 **-ver·tive** 형 **-ver·tive·ly** 부

ex·tra·vert [ékstrəvə̀ːrt] 형명동 =extrovert.

ex·tra·vir·gin [-və́ːrdʒin] 형 (올리브유(油)가) 최고품질의 올리브에서 첫 번째로 짜낸[만든].

‡**ex·treme** [ikstríːm] 형 (*more ~, -trem·er; most ~, -trem·est*) 1 극도의, 극한의, 극심한. ¶ ~ patience 극도의 인내 / ~ happiness 더없는 행복. 2 (행동·의지 따위가) 극단적인, 과격한, 가혹한; (유행·복장 따위가) 최첨단의. ¶the ~ Left[Right] 극좌[극우]파 / ~ measures 극단적인 수단 / the ~ penalty 극형 / hold ~ views 과격한 의견을 가지다. 3 맨끝의, 중심에서 가장 먼. 4 최후의, 최종의. 「황금비(黃金比).

extreme and mean ratio (기하) 외중비(外中比),

in one's extreme moment; at the extreme hour of life 임종시에.

── 명 (~**s** [-z]) 1 극도, 극단, 최고; (the ~) 양극단의 한쪽; (~s) 양극단. ¶the ~s of joy and grief 기쁨과 슬픔의 양극단 / experience the ~s of fortune 기구한 운명을 겪다; (운명의 영고 성쇠를 맛보다 /*Extremes meet.* (속담) 극과 극은 일치한다. 2 (보통 ~s) 극단적인 수단[행위, 상태]. 3 과도함, 지나침. 4 (~s) 곤경, 위기. 5 (수학) 외항(外項); 극(極)값. 6 (3단논법의) 빈사(賓辭), 주사(主辭).

go [or *be driven*] *to extremes; run to an extreme* ① 극단으로 흐르다, 극단적인 언동을 하다. ② 마지막 수단을 쓰다.

go to the other [or *opposite*] *extreme* (지금까지와는) 정반대의 극단으로 흐르다.

in extremes (페어) 극한 상태로, 위기에, 곤경에.

in the [or *to an*] *extreme* 극히, 극도로.

into [or *to*] *extremes* [or *the extreme, an extreme*] 극단에까지, 막다른 데까지.

~·ness 명

extréme gámes 명복 extreme sports 경기 대회.

‡**ex·treme·ly** [ikstríːmli] 부 극단적으로, 극도로; (구어·강조) 대단히, 몹시.

extrémely hígh fréquency 명 (통신) 극초주파 (極高周波) (30-300 gigahertz; 약 EHF, ehf).

extrémely lów fréquency 명 (통신) 극저주파 (極低周波) (30-300 hertz; 약 ELF, elf).

extréme spórts 명복 극한 스포츠(스카이다이빙, 빙벽타기 등). 「(終傳) 성사.

extréme únction 명 (종종 E─ U─) (가톨릭) 병자

ex·trem·ism [ikstríːmizm] 명UC 극단적 경향[성질], 극단적 행위[사고]; 극단론, 과격주의. **-ist** 명형

*ex·trem·i·ty [ikstréməti] 명 1 끝, 말단, 선단, 맨 끝. ¶at the northern ~ of the island 그 섬의 북쪽 끝에. 2 (-ties) 사지, 손발. 3 (때로 -ties) 궁지, 곤경, 난국. ¶ask for help in an ~ 곤경에 빠져 도움을 청하다. 4 극도, 절정; 극단(과격)성. ¶the ~ of joy 기쁨의 절정. 5 (-ties) 극단적인 수단, 과격한 언동(방책). ¶be forced to *extremities* 부득이 마지막 수단을 취하다. 6 한계, 한도. 7 (고어) 임종, 최후의 순간.
in extremities 죽음 직전에; 곤경에 빠져.
reduce [or *drive*] *a person to* (*the last*) *extremity* [or *extremities*] 남을 궁지에 몰아 넣다.
resort [or *proceed*, *go*, *be driven*] *to extremities* [or *the extremity*] 최후[극단적] 수단에 호소하다.
to the last extremity 최후[죽을 때]까지.

ex·tre·mum [ikstríːməm] 명 (*-ma* [-mə]) (수학) 극(極)값.
-·kil·e 〔수 있는: 해방〔구출〕할 수 있는.
ex·tri·ca·ble [ékstrikəbl, ikstrí-] 형 이탈(유리)시킬 수 있는.
ex·tri·cate [ékstrəkèit] 타 1 (위기 따위에서) …을 구해내다, 해방시키다: 이탈시키다 (*from, out of*). ¶ ~ a friend *from* [or *out of*] debt 친구의 부채를 해결해 주다. 2 (화학) …을 유리(遊離)시키다. 3 (…로부터) …을 구별[식별]하다 (*from*).
extricate oneself from [or *out of*] …에서 빠져나오다, 모면하다.
-·cá·tion 명
ex·trin·sic [ekstrínsik, -zik/eks-] 형 1 고유의 것이 아닌, 비본질적인, 부대적인: …와 무관한 (*to*). ¶ ~ value 부대적 가치. 2 외부의, 바깥면의: 외부에서 발생한(⇔ **intrinsic**). (또는 **extrinsical**) **-si·cal·ly** 부
extrínsic fáctor 명 (생화학) 외(성)인자(비타민 B₁₂).
extrínsic semiconductor 명 (전자) 외인성 반도체.
ex·tro- [ékstrou, -trə] 접두 → EXTRA-.
ex·trorse [ekstrɔ́ːrs] 형 (식물) (꽃밥 따위가) 바깥쪽을 향한. (⇔ introrse (또는 **extrorsal**) **-ly** 부
ex·tro·ver·sion [èkstrəvə́ːrʒən, -ʃən] 명 1 (병리) 외전(外轉), 외번(外翻). 2 (또는 **extraversion**) (심리) 외향(성). 윤 introversion
-sive -sive·ly -vér·tive -vér·tive·ly 부
ex·tro·vert [ékstrəvə̀ːrt, -trou-] 명 (심리) 1 외향적(사교적)인 사람(⇔ ambivert, introvert). 2 (구어) 명랑한 사람. — 형 외향성의; 사교적인; 명랑한. (또는 **extroverted**) — 타 (관심 따위를) 밖으로 돌리다. (또는 **extravert**) **-ish** 형
*ex·trude [ikstrúːd] 타 1 …을 밀어내다, 밀어내다; 쫓아내다, 추방하다 (*from*). ¶ ~ a rascal *from* the society 사회에서 악한 배를 쫓아내다. 2 (금속 따위)를 사출 성형(成形)하다. 3 (상품)을 가공 성형하다. — 자 1 돌출하다; 밀려 나오다. 2 (금속 따위가) 사출 성형되다. 3 (지질) (용암이) 분출하다.
-trúd·a·ble -trúd·er 명 **-trú·si·ble, -trú·sile** 형
ex·tru·sion [ikstrúːʒən] 명 1 Ⓤ 밀어내기, 내밀기; 분출, 추방. 2 Ⓤ 압출(押出) 성형 (제품). 3 돌출물; (용암 따위) 지표면 유출물.
extrúsion préss 명 압출 가공기.
ex·tru·sive [ikstrúːsiv, -ziv] 형 1 내미는, 돌출성의; 밀어내는. 2 (또는 **effusive**) (지질) (암석이) 용암의 분출로 생긴. — 명 (지질) 분출암, 화산암.
ex·u·ber·ance [igzúːbərəns/-zjúː-] 명 1 풍부, 윤택 (*of*). ¶an ~ *of* joy 넘치는 기쁨. (또는 **exuberancy**) 2 (활력·기름 따위의) 충만: 번성; 무성.
ex·u·ber·ant [igzúːbərənt/-zjúː-] 형 1 다작(多作)의: 풍성한; (자질 따위가) 풍부한. ¶ ~ imagination 풍부한 상상력. 2 넘칠 듯한; 생기에 가득 찬. ¶ ~ joy 넘칠 듯한 기쁨. 3 (흙에·언어가) 화려한. **-ly** 부
ex·u·ber·ate [igzúːbərèit/-zjúː-] 자 (문어) 풍부하다, 넘쳐흐르다 (*in, with*); 넘쳐흘러 …이 되다(overflow) (*into*); …에 빠지다[열광하다] (*in, over*).
ex·u·date [éksjudèit] 명 삼출(滲出); 삼출물(액).
ex·u·da·tion [èksjudéiʃən] 명 1 Ⓤ 삼출. 2 삼출물, 분비물, 땀.
ex·u·da·tive [igzúːdətiv] 형
ex·ude [igzúːd, iksúːd/igzjúːd] 타자 (땀처럼) 스며[배어]나오다; (냄새·분위기 따위가) 풍기다. — 타 (땀 따위)를 스며[배어]나오게 하다; (증기·냄새 따위)를 풍기다; (자신·매력)에 넘치다.
*ex·ult [igzΛlt] 자 1 크게 기뻐하다, 환희하다, 기뻐 날뛰다 (*in, at, over*); (…에) 이겨 뽐내다 (*over*). ¶ (~+젠+명) *at* [or *in*] one's victory 승리에 기뻐 날뛰다 / ~ *over* one's success 성공을 뽐내다 // (~+*to do*) ~ *to find that* …을 알고 크게 기뻐하다. 2 (폐어) (기뻐서) 깡충깡충 뛰다.
ex·ul·tance [igzΛltəns] 명 =exultation.
ex·ul·tan·cy [igzΛltənsi] 명 =exultation.
ex·ul·tant [igzΛltənt] 형 크게 기뻐하는, 환희하는; 승리에 뽐내는(triumphant). **-ly** 부
*ex·ul·ta·tion [èɡzʌltéiʃən, èksʌl-] 명 Ⓤ 크게 기뻐함, 기쁨 날뜀, 환희 (*at*); 이겨 뽐냄 (*over*); (~s) 환성.
ex·ult·ing [igzΛltiŋ] 형 환희하는, 기쁨 날뛰는, 의기 양양한. **-ly** 부
ex·urb [éksəːrb, égz-] 명 준교외(교외보다 도심에서 더 떨어진 주택 지역). (< *ex-*+suburb)
ex·ur·ban [eksə́ːrbən, egz-] 형 준교외(거주자)의.
ex·ur·ban·ite [eksə́ːrbənàit, egz-] 명 (미) 준교외 지역 거주자. — 형 준교외 지역의.
ex·ur·bi·a [eksə́ːrbiə, egz-] 명 Ⓤ (미) (집합적) =exurban.
ex·u·vi·ae [igzúːviìː/igzjúː-] 명 (뱀·곤충 따위의) 허물, 탈피각(脫皮殼); (비유적) 잔해, 유물. **-al** 형
ex·u·vi·ate [igzúːvièit/igzjúː-] 타자 (허물 따위)를 벗다; 탈피하다, 탈각(脫殼)하다. **-á·tion** 명 [<L]
ex vo·to [eks vóutou] (L) 맹세에 따라, 맹세한 대로.
ex-vo·to [eks-ʹvóutou] 명 (~*s*) (감사의) 헌납물(獻納物).
ex-works [ʹwə̀ːrks] 형[부] (영) (가격 따위가) 공장도(공장도)의로. ¶the ~ price 공장도 가격.
exx. examples; executrix.
Ex·xon Mo·bil [éksən móubəl/-sɔn-] 엑손 모빌(미국의 석유 회사).
-ey [i] 접미 → -Y.
ey·as [áiəs] 명 1 새끼 매. 2 (또는 (영) **eyass**) (매사냥) (둥지에서 갓 잡아온 훈련되지 않은) 새끼 매.
EYC *E*uropean *Y*outh *C*enter.
‡eye [ai] 명 (~*s* [-z]) 1 눈, 안구; 눈동자; (종종 ~*s*) 눈언저리, 눈매. ¶blue [brown] ~*s* 파란[갈색] 눈동자 / the naked ~ 육안 / a compound ~ 복안, 겹눈 / a black ~ (맞아서) 멍이 든 눈(언저리) / put one's ~*s together* 잠자다.

(eye 1)
1 eyebrow 눈썹
2 eyelid 눈꺼풀
3 nictitating membrane 순막
4 eyelash 속눈썹

2 (종종 ~*s*) 눈의 작용, 시력. ¶long-sighted [near-sighted] ~*s* 원시[근시]안 / an eagle ~ 독수리 눈, 날카로운 눈 / have sharp [weak] ~*s* 눈이 좋다[나쁘다] / lose an ~ 한쪽 눈이 멀다 / see with one's own ~*s* 자기 눈으로 똑똑히 보다.
3 감식(감별)력, 보고 분간하는 힘, 안식(眼識) (*for*). ¶with the ~ *of* a poet 시인의 눈으로 / have the ~ *of* a painter 화가 같은 감식안을 가지다.
4 (종종 ~*s*) 눈길, 눈초리, 시선; 눈의 표정; 일별, 응시. ¶angry [contemptuous] ~*s* 화난[경멸적인] 눈빛 / the glad ~ (속어) 추파 / the green [or jealous] ~ 질투의 눈초리 / heavy ~*s* 졸린 눈.
5 (종종 ~*s*) 주시, 주의, 주목; 관찰, 감시. ¶turn one's ~*s* another way 주의를 딴 데로 돌리다 / keep a person under one's ~*s* 남을 지켜보다[감시하다].
6 의향, 유의, 관심, 목적; (종종 ~*s*) 견지, 견해, 관점. ¶in my ~*s*; to my ~(*s*) 내가 보기에는 / look with another ~ upon …에 대하여 다른 견해를 가지다. 7 (빛·지식·영향·소용돌 따위의) 중심. ¶Athens, the ~ *of* Greece 그리스의 중심인 아테네. 8 눈 모양의

것; (감자 따위의) 눈; (표적의) 중심; (공작새 꼬리의) 반점; 바늘귀, 구멍; (밧줄을 꿰는) 쇠고리, (후크 단추의) 구멍; 안경알. ¶the ~ of a needle 바늘귀. **9** (기상) (태풍의) 눈. ¶the ~ of the storm 태풍의 눈. **10** (해사) (바람의) 정면 (방향). **11** (美속어) 탐정. ¶a private ~ 사설 탐정. **12** (전자) 아이(시각 전자 장치); (美軍속어) 레이더 수상기; (美속어) (철도의) 신호등. **13** (美속어) (~s) 젖통이, 젖꼭지; 항문.
a beam in one's **(own) eye(s)** 제 눈 속의 들보, 자신이 모르는 큰 결점.
a gleam [or ***glint, twinkle***] ***in*** one's ***eye*** ① 아직 도 막연한 생각. ② 아직도 태어나지 않은 아이.
All my eye (and Betty Martin)!; (All) my eye (and) Betty Martin! (英속어) 바보 같은 소리!, 거짓말 마!, 허튼 소리!(Rubbish!)
(an) eye for (an) eye 눈에는 눈, 입은 피해와 똑같은 보복(←출애굽기(Exod.) 21:24).
A person's eyes are bigger than his stomach [or ***belly***]. (구어) 다 먹지도 못하면서 욕심을 내다. 식탐을 하다.
A person's eyes nearly [or ***almost, practically***] ***pop (out (of*** his ***head).;*** A ***person's eyes stand out of*** his ***head.;*** A ***person's eyes stick out like organ-stops*** [or ***chapel hatpegs***]. (구어) (놀라음·공포 따위로) 눈알이 튀어나올 듯이 같다.
apply the blind eye 자기에게 불리한 것은 못본 척 하다. 「기쁜 놀라움.
a sight for (sore) eyes 보기에도 즐거운 물건[사람],
at eye 한눈에, 쉽게. 「지게 보다.
be all eyes 주의를 집중하다, 열심히 보다, 뚫어
be a sheet in the wind's eye 좀 취해 있다.
be doped [or ***drugged***] ***up to the eyes*** (구어) 약물 과용으로 머리가 멍하다. 「고.
before one's ***very eyes*** 바로 눈앞에서, 드러내 놓
be up to the eyes in (debt) (빚에) 묶여 있다.
black a person's ***eye*** 남을 눈에 멍들게 때리다.
by (the, one's) ***eyes*** 눈대중으로,
cannot believe one's ***eyes*** 자기의 눈을 의심하다.
cast greedy eyes on [or ***upon***] …을 탐욕스럽게 [탐욕스러운 눈길로] 바라보다.
cast one's ***eye on*** [or ***at, over***] …을 바라보다, …에 시선을 던지다.
cast [or ***make***] ***sheep's eyes at*** …에게 추파를
catch [or ***strike, take***] a person's ***eye(s)*** (물건이) 남의 눈에 띄다; (사람의) 남의 주의(주목)을 끌다.
catch the Speaker's eye 발언권을 얻다.
clap eyes on = ***lay eyes on.***
close one's ***eyes to*** = ***shut one's eyes to.***
cry one's ***eyes out*** 눈이 붓도록 울다, 엉엉 울다.
cut the eyes [or ***an eye,*** one's ***eye***] (美) ① (…을) 힐끗 보다 (at). ② 서로 눈길을 주고받다, 눈짓을
do a person ***in the eye*** (구어) 남을 속이다. 「하다.
draw the wool over a person's ***eyes*** 남을 속이 다. 「내리깔다.
drop one's ***eyes*** (자기 행위를 부끄럽게 여기고) 눈을
easy on the eye(s) (구어) 보기에 좋은; 매력적인.
eyes and no eyes 관찰력이 예민한 사람과 그렇지 못한 사람(의 차이); 눈이 있어도 보지 못하는(관찰력이 둔한) 사람. 「하세요.
Eyes down! (구어) (bingo에서) 자, 시작합니다, 주목
Eyes front! (구령) 바로! 「사·발설을 금함).
Eyes only. (美) 보기만 할 것(극비 문서의 표시로 복
eyes on stalks (구어) 눈이 튀어나올 「정도로.
Eyes right [***left***]! (구령) 우[좌]로 봐!
eyes to cool it (속어) 한가로워지고 싶은 마음[바람].
feast one's ***eyes on*** …을 바라보며 즐기다, …으로 눈요기하다. 「보다.
fix one's ***eyes on*** [or ***upon***] …을 주시하다, 눈여겨

for the fair eyes of …을 위하여.
for your eyes only 대외비(對外秘)의, 1급 기밀의.
get one's ***eye in*** (英) (스포츠) (볼의 움직임 따위를) 눈(몸)에 익히다, 감을 익히다; 기량을 닦다.
get the eye (속어) 주목받다; 차가운 시선을 받다.
give an eye to ① …에 주목하다. ② …의 시중을 다. 「***eye.***
give a person a ***black eye*** = ***black*** a person's
give a person ***the eye*** (마음을 끌려고) 남을 보다, 홀린 듯이 보다, 남에게 추파를 던지다 「하다.
give one's ***eyes for*** …을 위해서라면 무슨 일이든지
give the (big, glad) eye to a person; ***give*** a person ***the (glad, big) eye*** 남에게 추파를 던지다.
glance one's ***eyes down*** [or ***over, through***] (구어) 눈을 쭉 훑어보다.
go eyes out (濠구어) ① 온 힘을 쏟다. ② 전속력으로
have all one's ***eyes about*** …을 빈틈없이 경계하다.
have an eye for …에 대한 안목이 있다.
have an eye in one's ***head*** 안목이 있다; 빈틈이 없
have an [or one's] ***eye on*** [or ***upon***] ① …을 눈을 떼지 않고 감시하다; …에 유의하다. ② …에 눈독을 들이다, …을 탐내다.
have an [or one's] ***eye out*** [or ***open***] ***for; have*** one's ***eyes peeled*** [or ***skinned***] ***for*** = ***keep an eye out for.***
have an eye to ① …에 눈독을 들이다, 야심이 있다, …을 꾀하다. ② …에 주의하다; …을 돌보다.
have an eye to the main chance 자기의 이익을 도모하다, 사리(私利)에 빈틈이 없다.
have eyes at [or ***in***] ***the back of*** one's ***head*** 사방으로 경계하다, 빈틈이 없다. 「다, 식탐을 하다.
have eyes bigger than one's ***stomach*** 과식하
have eyes for (속어) …에 흥미(관심)가 있다. …을 탐내다. 「안 보다(바라지 않다).
have eyes only for; only have eyes for …밖에
have eyes to see 용의 주도하다, 관찰력이 있다.
have…in one's ***eye(s)*** …을 염두에 두다, 마음속에 그리다. 「관심을 가지다).
have one eye on (동시에) …에도 주의를 기울이다
have [or ***get***] one's ***eye on*** …에 눈독을 들이다, …을 탐하고(욕심내고) 있다. 「…의 눈을 끌다.
hit a person ***in the eye*** ① 남의 눈을 때리다. ② 남
hit a person ***(right) between the eyes*** (구어) 남을 깜짝 놀라게 하다; 남에게 강렬한 인상을 주다.
if a person ***had half an eye*** 남이 조금만 더 영리
in a pig's eye (속어) ⇒PIG. 「하다면.
in eyes of; in the eye of …의 눈으로 보면.
in the eye of day 백주에, 대낮에.
in the [or one's] ***mind's eye*** 마음속으로, 상상으로 (←*Hamlet* I. ii. 185). 「공공연히.
in the public eye 세상의 이목을 끌어; 대중 앞에서,
in the wind's eye 바람을 정면으로 받아[받고].
It's all my eye. = ***My eye(s)!*** 「의하다.
keep an eye on [or ***upon***] …을 감시하다, …에 유
keep an eye out [or ***open***] ***for*** …을 감시(경계)하고 있다. 「(감시하다).
keep a person ***under*** one's ***eyes*** 남을 지켜보다
keep both eyes wide open 눈을 부릅뜨고 경계하
keep one's ***eye in*** = ***get*** one's ***eye in.*** 「다.
keep one's ***eye off*** …에 눈길을 보내지 않다.
keep one's ***eye on*** ① …에서 눈을 떼지 않다. ② …을 경계하다; 찬스를 놓치지 않으려고 주의하다.
keep one's ***eyes open*** [***skinned, fixed, peeled***] 눈을 부릅뜨고 경계하다, 방심하지 않다.
knock a person's ***eyes out*** (美속어) 깜짝 놀라게 하다. 「우연히 만나다.
lay eyes on (英구어) …을 (처음) 보다[발견하다];
leap to the eye 쉽게 눈에 띄다, 일목요연하다.

look *a person* **(straight, right) in the eye** 남을 똑바로 보다.
lose *one's* **eyes** 실명하다, 눈이 멀다.
make *a person* **open** *his* **eye(s)** 남을 놀라게 하다.
make (sheep's) eyes at …에게 추파를 던지다.
meet *a person's* [or **the**] **eye** ① (경치 따위가) …에게 보이다, …의 눈에 들어오다[비치다]. ② =*look a person in the eye*.
Mind your eye(s)! (구어) (…에) 조심해!, 주의해라.
more than meets the eye (구어) 겉으로 보기와는 다른 것, 뚝배기보다 장맛. ¶ *carry more weight than meets the* ~ 겉보기보다 중요하다[비중이 크다].
My eye(s)!; Oh, my eye! (속어) 저런!, 어머나!
not blink an eye 눈썹도 까딱하지 않다, 꿈적도 하지 않다.
one in the eye for *a person* 남에게 있어서의 뼈아픈 패배[충격].
open *a person's* **eyes to** 남을 …에 눈을 뜨게 하다, 남을 계발하다.
out of the public eye 세상의 눈에 띄지 않게 되어;
pass *one's* **eye over** …을 훑어 보다, 일별하다.
pass through the eye of a needle 몹시 좁은 곳을 빠져나가다; 매우 어려운 일을 하다.
pipe *one's* **eye(s)** [or **an eye, the eye(s)**] (구어) 울다, 눈물을 흘리다.
pull the wool over *a person's* **eyes** 〔남〕을 속이다.
put *one's* **finger in** *one's* **eye** (구어) 울다.
roll *one's* **eyes at** =*cast sheep's eyes at*.
run [or **cast**] **an eye** [or *one's* **eye(s)**] **over** = *pass one's eye over*.
see eye to eye with ① …와 직접 대면하다. ② …와 (…에 관한) 의견이 완전히 일치하다 (*on, over, about*).
see [or **tell**] **…with half an eye** ① …을 곧 알다, 일견하여(쉽게) 이해하다. ② …을 집중하여 보지 않다.
set an eye [or *one's* **eye**] **by** …을 열애하다, 존중하다.
set eyes on =*lay eyes on*.
shut [or **close**] *one's* **eyes to** …을 보지 않으려고 하다, 보고도 못 본 체하다, …에 눈을 감다.
spit in *a person's* **eye** (구어) 남을 경멸[모욕]하다.
strike [or **take, catch**] **the eye** 눈에 띄다.
take *one's* **eyes off** (부정문에서) …에서 눈을 떼다.
take [or **pick**] **the eyes from** [or **out of**] (토지 따위)의 가장 좋은 부분을 골라 갖다.
That's all my eye (and Betty Martin)! =*All my eye (and Betty Martin)!*
the eye of day [or **heaven, the morning**] (시) 태양.
the eyes and ears of the world 세상의 이목.
the eyes of heaven [or **night**] (시) 별.
throw dust in the eyes of *a person*; **throw dust in** *a person's* **eyes** 남이 진실을 못 보게 하다; 남을 속이다.
throw eyes [or **the eye**] **at** (濠) …에게 추파를 던지다.
throw up *one's* **eyes** (기가 막혀) 눈을 위로 치뜨다.
to the eye 표면상은, 겉으로 보기에는.
turn a blind eye (…을) 보고도 못 본 체하다 (*to*).
under the (very) eyes of …이 보는 앞에서.
up to the [or *one's*] **eyes** ① (…에) 몰두하여, 열중하여 (*in*). ② (…에) 깊이 빠져들어 (*in*).
wet the other eye 잔을 연거푸 마시다.
Where are your eyes? (주의를 촉구하며) 눈은 어디 두었니?, 무얼 하고 있니?
wipe *a person's* **eye; wipe the eye of** *a person* (속어) 남이 놓친 사냥감을 그가 보는 데서 잡다; 남을 앞지르다[꼭뒤지르다].
with all *one's* **eyes** 꼼꼼히 주의하여.
with an eye for …을 보는 안목이 있어.
with an eye to …을 목적으로 하여.
with dry eyes 눈물 한 방울도 흘리지 않고, 태연히.
with half an eye 일별하여, 쉽사리.
with one eye on …에 마음을 빼앗겨.
with *one's* **eyes closed** [or **shut**] ① 눈을 감고도, 간단히, 쉽게. ② (구어) 사정도 전혀 모르면서.
with *one's* **eyes open** ① 눈을 뜨고, ② (구어) 사정을 뻔히 알면서. ③ 잘 분별하여.
without batting an eye 눈 하나 깜짝 하지 않고, 태연히.
— (**~s** [-z]; **~d**; **ey(e)·ing**) 탄 ① …을 보다; …을 눈여겨보다, 주시하다; …을 흘끔흘끔 보다. ¶ ~ *the solution askance* 그 해결책을 의심쩍은 눈으로 보다. ② (신문) 조사(관찰)하다. ③ …에 구멍을 내다. (감자의) 눈을 따다. — 자 (고어) 눈에 보이다, 나타나다.
eye ... up (and down) (구어) (이성에게) 추파를 보 ~·**like** 형. **éy·er** 명 보는 사람, 관찰자. 〔내다(던지다).
éye appéal 명 (구어) (남의 눈을 끄는) 매력, 아름다움.
eye-ap·peal·ing [-əpìːliŋ] 형 (구어) 남의 눈을 끄는, 매력적인, 훌륭한.
éye avérsion 명 (상대의) 시선(눈길) 피하기.
eye·ball [áibɔ̀ːl] 명 ① 눈알, 안구. ② (TV쇼·웹 사이트 따위의) 시청자, 보는(읽는) 사람; 관중.
eyeball to eyeball (구어) 서로 마주(노려)보며, 솔직하게, 〔으로 노려 보다.
give *a person* **the hairy eyeball** (속어) 무서운 눈
have [or **get, put**] **an eyeball on** (속어) …을 (쳐)
to the eyeballs (구어) 철저하게.
up to the [or *one's*] **eyeball** (구어) (곤란·빚더미 따위에) 깊이 빠져들어; (…에) 몰두하여 (*in*).
— 탄 ① (미구어) 빤히 쳐다보다, 응시하다. ② 눈짐작 ~·**er** 명. 〔(대중)하다.
eye·ball-to-eye·ball [-təáibɔ̀ːl] 형 부 (구어) (익살) …와 얼굴을 맞대고[맞대고] (*with*). ¶ an ~ *confrontation* 정면 대결. 〔(의) 감시차.
éyeball vàn 명 (美경찰 속어) (편면(片面) 투시 유리
éye bànk 명 안구 은행.
eye-bar [áibɑ̀ːr] 명 (토목) 아이바(양끝에 둥근 구멍이 있는 강봉(鋼棒)).
éye bàth 명 세안(洗眼) 컵(eyecup).
eye-beam [áibìːm] 명 흘끗 보기, 일별(glance).
eye-black [áiblæ̀k] 명 =mascara.
eye-bolt [áibòult] 명 아이볼트(고리가 있는 볼트).
eye-bright [áibràit] 명 좁쌀풀; 뚜껑별꽃.
‡eye·brow [áibràu] 명 눈썹; (지붕의) 내닫이창.
hang [or **hold**] **on by** *one's* [or **the**] **eyebrows** (英속어) 간신히 곤경을 이겨(견디어) 내다. 〔푸리다.
knit [or **draw**] **the** [or *one's*] **eyebrows** 눈살을 찌
lift an eyebrow =*raise one's eyebrow(s)*.
raise [or **arch**] **an eyebrow** (구어) =*raise eyebrows*. =*raise one's eyebrow(s)*.
raise eyebrows 사람들을 놀라게 하다.
raise *one's* **eyebrow(s)** (…에) 눈썹을 치켜 올리다, 눈살을 찌푸리다 (*at*). 〔EYEBALL.
up to the [or *one's*] **eyebrows** (구어) = *up to the*
éyebrow flásh 명 (인사로 짓는) 눈썹을 찡긋하기.
éyebrow pèncil 명 눈썹 연필.
eye-catch·er [⁴kæ̀tʃər] 명 (美구어) 아름다운 것, 미인; 남의 눈을 끄는 것(사람); 인기 특매품.
eye-catch·ing [⁴kæ̀tʃiŋ] 명 (美구어) 남의 이목을 끄는, 이색적인; 멋있는, 근사한. **~·ly** 부.
éye chàrt 명 시력 검사표.
éye còntact 명 시선을 마주치기; (심리) 시선 교착.
eye-cup [áikʌ̀p] 명 세안 컵((英) eye bath).
eyed [aid] 형 ① 눈(구멍)이 있는, …한 눈을 가진, …한 모양의 반점이 있는. ② (복합어로) …한 눈을 가진. ¶ blue-~ 파란 눈의. **~·ness** 명 어느 한쪽 눈을 잘 쓰는 경향.
éye dìalect 명 시각 방언(視覺方言)(단어를 발음 그대로 적은 것, 예: *says*에 대한 *sez, women*에 대한 *wimmin, old*에 대한 *ould* 따위).
éye dòctor 명 안과 의사(oculist); 검안사(檢眼士).
eye·drop [áidrɑ̀p/-drɔ̀p] 명 눈물(tear). 〔器〕.
eye-drop·per [áidrɑ̀pər/-drɔ̀p-] 명 점안기(點眼

éye dròps 명복 안약. (또는 **éyedròps**)
eye-fill·ing [ǽfiliŋ] 형 (주구어) 눈이 휘둥그래질 만한, 굉장히 아름다운, 사람의 눈을 끄는. 「~. **~·er**
éye·fùck [áifʌ̀k] 자타 …을 음탕한 눈으로 쳐다보다.
eye·ful [áifùl] 명 1 눈에 들어갈 정도의 분량. 2 실컷 보고 싶은 것. 3 (구어) 훌륭한 것; 미인; (먼지 따위) 눈에 들어가는 것. ¶a blond ~ 금발 미인. **get** [or **have**] **an eyeful** ① (보고 싶은 것을) 실컷 보다(of). ② (…이) 눈에 들어가다(of).
eye·glass [áiglæ̀s/-glɑ̀ːs] 명 (~**es**) (코)안경(spectacles). 2 외알 안경; 안경알. 3 (광학 기계의) 접안 렌즈. 4 세안 컵.
eye·grab·bing [áigræ̀biŋ] 형 강하게 눈을 끄는.
eye·ground [áigràund] 명 안저(眼底).
eye·hole [áihòul] 명 1 눈구멍, 안와(眼窩). 2 들여다보는 구멍; (핀 등의) 구멍, 바늘귀.
eye-in-the-sky [ǽinðəskái] 명 (복 **eyes-**) (정찰 위성 등의) 전자 지상 감시 장치; 정찰기[위성]. (딴).
éye lánguage 명 아이 랭귀지(눈으로 하는 의사 전달).
eye·lash [áilæ̀ʃ] 명 속눈썹; [집합적] 속눈썹 (전체).
by an eyelash 근소한 차이로. (다, 추파를 보내다.
flutter one's eyelashes at (여성이) …에게 윙크하
hang [or **hold**] **on by one's** [or **the**] **eyelashes** (英속어) 가까스로 난국을 견디다; 몹시 위험한 상태에 있다. 「꼼짝도 하지 않다; 한 잠도 안 자다.
not bat an eyelash (구어) 눈 하나 깜박이지 않다.
not blink an eyelash 눈썹 하나 까딱하지 않다, 꿈
éye lèns 명 (광학) 안(眼) 렌즈. 「쩍도 하지 않다.
eye·less [áilis] 형 눈이 없는; 시력이 없는; 맹목적인. ¶an ~ leader 맹목적인 지도자.
éyeless síght [àilitíər] 촉시력(觸視力)(손가락으로 색·문자를 판별하는 능력).
eye·let [áilit] 명 1 작은 구멍; (천·가죽에 뚫은) 끈을 꿰는 구멍, (자수 따위의) 아일릿, 공작 구멍. 2 들여다보는 구멍; 총안(銃眼). ─ 타 (-**t**(**t**)-) …에 장식용 구멍을 내다; …에 끈 꿰는 구멍을 내다.
eye·let·eer [àilitíər] 명 끈 꿰는 구멍을 뚫는 송곳.
eye·lev·el [ǽlèvəl] 명형 눈높이(의).
***eye·lid** [áilid] 명 눈꺼풀(lid). ¶the lower [upper] ~ 아랫[윗] 눈꺼풀 / a double-edged ~ 쌍꺼풀.
hang [or **hold**] **on by one's** [or **the**] **eyelids** 위태롭게 달라붙어 있다; 위험한 처지에 있다.
in the batting [or **bat**] **of an eyelid** 눈깜짝할 사이에, 순식간에. 「조금도 놀라지 않다.
not [or **never**] **bat an eyelid** 눈썹 하나 까딱 않다.
eye·lift [áilift] 명 눈가 주름 제거 수술. (일종).
eye·lin·er [áilàinər] 명U 아이라이너(눈 화장품의
éye lótion 명 안약. ▷ breathalyzer
eye·lyz·er [áilàizər] 명 음주 안구 검지기(檢知器).
eye·mind·ed [ǽmáindid] 형 (심리) 시각형(視覺型)의, 시각 기억의. 형 ear-minded ~·**ness** 명
eye·o·pen·er [áiòupənər] 명 1 눈알을 만한(깜짝 놀랄만한) 것[행위, 발견]. 2 (美구어) 해장술. 3 (속어) 각성제; (마약 중독자의) 그날의 첫 주사.
eye·o·pen·ing [ǽoupəniŋ] 형 (美) 1 눈알을 만한, 훌륭한; 계발적인. 2 (음료 따위가) 정신이 나게 하는.
eye·patch [áipæ̀tʃ] 명 안대(眼帶). 「경.
eye·piece [áipìːs] 명 (광학 기계의) 접안 렌즈, 접안
eye·pit [áipìt] 명 안와(眼窩); 눈의 움푹 꺼진 곳.
eye·pop·per [ǽpɑ̀pər/-pɔ̀p-] 명 (美속어) 깜짝 놀랄 만한 것; 눈길거리게 하는 것; 굉장한 미인.
eye·pop·ping [ǽpɑ̀piŋ/-pɔ̀p-] 형 (美속어) 깜짝 놀랄 만한, 눈알이 튀어나올 정도의; 두근거리게 하는.
eye·print [áiprìnt] 명 아이프린트, 안문(眼紋)(망막의 혈관 패턴).
eye·reach [áirìːtʃ] 명 =eyeshot.
éye rhyme 명 시각운(視覺韻)(보기에는 운을 밟고 있으나 발음이 다른 것, 예: *brow, glow; war, car*).
eye·rol·ler [ǽroulər] 명 =eye-popper.

eye·serv·ant [áisə̀ːrvənt] 명 (고어) 주인 눈앞에서만 일하는 고용인, 표리 부동한 고용인.
eye·serv·er [áisə̀ːrvər] 명 =eyeservant.
eye·serv·ice [áisə̀ːrvis] 명U (고어) 1 주인 앞에서만 일하기, 표리 부동한 근무 태도. 2 칭찬의 눈길.
eye·shade [áiʃèid] 명 (테니스·골프 선수 등의) 보안용 챙; =eye shadow.
éye shàdow 명 아이 섀도. (또는 **éyeshàdow**)
eye·shot [áiʃɑ̀t/-ʃɔ̀t] 명U 눈길이 닿는 범위, 시계, 시야. 「않는 곳에.
beyond [or **out of**] **eyeshot of** …의 눈길이 닿지
in [or **within**] **eyeshot of** …의 눈길이 닿는 곳에.
eye·shut [ǽʃʌ̀t] 명 (美속어) 잠(shuteye).
eye·sight [áisàit] 명U 1 시력, 시각. ¶have bad [good] ~ 눈이 나쁘다[좋다] / lose one's ~ 실명하다.
éye sòcket 명 안와(眼窩). [2 (고어) 시야.
eye·some [áisəm] 형 보기 좋은, 아름다운.
eyes-on·ly [áizóunli] 형 (美) (문서 등이) 극비의.
eye·sore [áisɔ̀ːr] 명 눈에 거슬리는 것, 보기 흉한 것.
eye·span [áispæ̀n] 명 시야(視野).
éye splìce 명 삭안(索眼)(밧줄 끝을 고리처럼 만든 것).
eye·spot [áispɑ̀t/-spɔ̀t] 명 1 안점(眼點)(하등 동물의 감광(感光) 기관). 2 (공작새 꼬리 따위의) 눈 모양의 반점. 3 (식물) (사탕수수 등의) 안상(眼狀) 반점병.
eye·stalk [áistɔ̀ːk] 명 (동물) (새우·게 등의) 눈자루.
eye·strain [áistrèin] 명U 눈의 피로; 안정(眼精) 피로.
eye·strings [áistrìŋz] 명복 안구근(眼球筋), 「로.
eye·tooth [áitùːθ] 명 (복 -**teeth** [-tìːθ]) 1 송곳니, 견치, 위턱 송곳니. 2 (-teeth) 가장 소중한 것.
cut one's eyeteeth 세상 물정을 알게 되다, 철이 들다; (학문·기술 등을) 처음으로 배우다[경험하다](on).
give one's eyeteeth 소중한 것을 바치다, 어떤 대가
éye tùck 명 =eyelift. 「라도 치르다.
eye·wall [áiwɔ̀ːl] 명 (기상) 태풍의 눈 주위에 있는 구름의 벽(wall cloud).
eye·wash [áiwɔ̀ʃ/-wɑ̀ʃ] 명U 1 세안액, 안약. 2 (구어) 속임수, 영터리; 아첨; 허튼[실없는] 소리(nonsense). ── 타 (구어) 걸치장하다, 걸치장으로 사람을 속이다.
~·er 명 **~·ing** 명
eye·wa·ter [áiwɔ̀ːtər, -wɑ̀t-] 명U (고어) 1 눈물(tears). 2 안약 (눈의) 수양액(水樣液).
eye·wear [áiwɛ̀ər] 명U (시력 보호를 위한) 안경류.
eye·wink [áiwìŋk] 명 눈을 깜박거리기, 눈짓; (폐어) 흘끗 보기, 일별. 「들어간 이물질.
eye·wink·er [áiwìŋkər] 명 속눈썹(eyelash); 눈에
eye·wit·ness [áiwìtnis] 명 목격자; (법률) 현장 목격 증인 (*of, to*). ── 타 …을 목격하다, 직접 보다. ¶ ~ a murder 살인을 목격하다.
~·er 명 (구어) 목격 기사(記事), 현장 르포; 목격자담.
ey·ot [áiət/eit] 명 (英방언) =ait. 「번호부).
EYP Electronic Yellow Pages(전자식 직업별 전화
eyre [ɛər] 명 1 순회. 2 (英법률) (옛날의) 재판의 순회; 순회 법정. ¶justices in ~ 순회 재판관.
ey·rie [ɛ́əri/áiəri] 명 =aerie. (또는 **eyry**)
ey·rir [éiriər] 명 (복 *au·rar* [ɔ́irəːr]) 에이리어(貨)(아이슬란드의 화폐 단위; krona의 100분의 1).
Ez. (성서) Ezekiel; Ezra. **EZ** =easy. **Ezek.** Ezekiel.
E·ze·ki·el [izíːkiəl] 명 1 (성서) 에스겔(기원전 6세기의 히브리의 대예언자의 한 사람); 에스겔서(書)(약 Ezek.). 2 이지키얼(남자 이름).
e-zine [íːzìːn] 명 (종종 E-) 전자 잡지, 인터넷 잡지. 「독 정산 시스템).
[<*electronic magazine*] 「독 정산 시스템).
É-Z Páss (tòll sýstem) 명 (美) 통행료 전자 판
Ezr. Ezra. (또는 **Ez.**)
Ez·ra [ézrə] 명 1 (성서) 에스라(기원전 5세기 히브리의 학자·예언자); 에스라서(書)(구약 성서 중의 한 편). (또는 **Esdras**) 2 에즈러(남자 이름).

F

F, f [ef] 명 (복 *F's, Fs; f's, fs*) 1 영어 알파벳의 여섯째 자. ¶~ for Frank Frank의 F(국제 전화 통화 용어). 2 F[f]가 나타내는 소리. 3 F[f]자(형의 물건). 4 (활자·스탬프 따위의) F, f자.

F ㉠ 1 (차례·연속된 것 중의) 여섯 번째(의 것). 2 (학업 성적의) 낙제(failure). 3 〖음악〗바음(도레미파 창법의 파음); 바조; 바음 기호. ¶~ major 바장조. 4 (때로 f) (로마 숫자의) 40. 5 〖수학〗 =field; function (of). 6 (때로 f-) 〖전기〗 =farad. 7 〖화학〗 =fluorine. 8 (때로 f) 〖물리〗 =fermi; force; frequency; Helmholtz function. 9 〖생화학〗 =phenylalanine. 10 연필의 세자용(細字用)의 기호(fine). 11 〖사진〗렌즈의 밝기를 나타내는 기호.

F [ef] 명 《속어》 =fuck.

F Fahrenheit; female; filial; firm; franc(s); French. **f.** (라틴) *fac*(=make)(조제하라); false; 〖전기〗farad; farthing; father; fathom; feet; female; feminine; filly; fine; (네덜란드) *florin*(=guilder(s)); fluid; folio; following; foot; foreign; form; 〖음악〗forte; franc; franc(s); from; 〖수학〗 function. *****F.** Fahrenheit; February; Fellow; forint; France; franc(s); French; Friday. **F-** [ef] ㉠ 《미군사》 전투기(fighter)의 약칭. ¶*F*-14 (Tomcat) / *F*-15(Eagle).

fa [fɑː] 명 〖음악〗파(도레미파 창법의 넷째 음).

FA factory automation; 《군사》 field artillery(야전 포병대); fine art(s); 《영》 Football Association(축구 협회); freight agent(운송업자). **FAA** 《미》 Federal Aviation Administration(연방 항공국); 《영》 Fleet Air Arm(해군 항공대). **FAA, F.A.A., f.a.a.** 〖보험〗 free of all average(전손(全損)에 한한 담보).

F.A.A.A.S. Fellow of the American Academy of Arts and Sciences(미국 예술 과학 협회 회원); Fellow of the American Association for the Advancement of Science(미국 과학 진흥회 회원).

fab [fæb] 형 《영구어》 믿어지지 않는, 멋진(fabulous).

FAB *fast atom bombardment*. **fab.** fabric; fabricate(d).

fab·by [fǽbi] 형 《영구어》 매우 근사한, 아주 훌륭한.

Fa·bi·an [féibiən] 형 1 파비우스(Fabius)식의, 싸움을 피하는, 자연 전술의. 2 《개의》 전설, 신화; 《영》 《집합적·단수취급》 전설, 신화. ¶Muhammadan ~s 마호메트에 관한 전설. — 명 페이비언 협회원.

~·ism, ~·ist

Fábian Socíety 명 (the ~) 페이비언 협회(1884년 G. B. Shaw, S. J. Webb 등이 설립한 영국의 점진적 사회주의 단체).

Fa·bi·us [féibiəs] 명 **Quintus ~ Maximus Verrucosus** 파비우스(275-203 B.C.: 로마의 정치가·장군; 지구 전술로 Hannibal을 무찌름).

‡**fa·ble** [féibl] 명 (복 ~*s* [-z]) 1 우화(寓話). ¶Aesop's *Fables* 이솝 우화집. 2 〖U〗 지어낸 이야기; 거짓말, 거짓. ¶a mere ~ 단순히 지어낸 이야기 / a wild ~ 황당무계한 이야기. 3 (개개의) 전설, 설화; 〖U〗 《집합적·단수취급》 전설, 신화. ¶Muhammadan ~s 마호메트에 관한 전설. 4 (고어) (서사시나 극의) 줄거리(plot). 5 (고어) 잡담, 객담. — 통 (~*s* [-z]; ~*d*; -*bling*) ㉤ 1 우화를 이야기하다[쓰다]. 2 거짓말하다. — ㉣ ~을 그릴 듯하게 말하다. -**bler** 명

fa·bled [féibld] 형 우화[전설]로 유명한; 신화적[전설적]인, 유명한; 실재하지 않는, 가공의.

fab·li·au [fǽbliòu] 명 (복 -*aux* [-òuz]) 우화시(寓話詩)(중세 프랑스의 익살맞고 풍자적인 시).

Fa·bre [fɑ́ːbər] 명 **Jean Henry ~** 파브르(1823-1915: 프랑스의 곤충학자).

‡**fab·ric** [fǽbrik] 명〖C〗〖U〗 1 〖U〖C〗〗 직물, 피륙; 옷감; 짜는 법. ¶silk [woolen] ~*s* 견[모]직물 / cloths of different ~ 달리 짠 여러 가지 천. 2 〖U〗 (건물·사회 따위의) 구조; 조직, 기구. ¶the financial ~ of a bank 은행의 금융 조직. 3 건축물, 구조물; 〖U〗 구성[건조]법. 4 〖U〗 〖암석〗 구조. — 타 =fabricate.

fab·ri·cant [fǽbrikənt] 명 제작자, 제조업자.

fab·ri·cate [fǽbrikèit] 타 1 …을 만들어내다, 제작하다; …을 건조하다. 2 (부품들을) 짜맞추다, 조립하다. ⇒MAKE〖유의어〗 3 (부품)을 규격대로 제작하다; (원재료)를 가공하다. 4 (이야기 따위)를 지어내다; (문서 따위)를 위조하다(forge). **-cà·tive, -cà·tor**

fáb·ri·cà·ted fóod [fǽbrikèitid-] 명 인조 식품.

fab·ri·ca·tion [fæ̀brikéiʃən] 명 1 〖U〗 제작, 제조, 조립, 구성; 위조. 2 위조물; 허구, 지어낸 이야기, 거짓말. 3 구성 요소.

fábric condítioner 명 《영》 =fabric softener.

fábric scúlpture 명 직포 조각(다양한 천조각을 소재로 한 입체[공간] 예술).

fábric sóftener 명 《미》 섬유 유연제. 「《防水布》

Fab·ri·koid [fǽbrikɔid] 명 《상표》 (가구용) 방수포

Fabrý-Pérot interferòmeter [fǽbriperóu-, fɑː-] 명 〖광학〗 파브리페로의 간섭계(干涉計)(한 쪽을 은(銀)도금한 유리판 두 장을 평행으로 고정시킨 간섭계).

Fá·bry's disèase [fɑ́ːbriz-] 〖의학〗 파브리병(유전성 지질(脂質) 대사 이상증).

fab·u·lar [fǽbjulər] 형 우화[소설]적인, 우화의.

fab·u·la·tion [fæ̀bjuléiʃən] 명 우화적 소설화

fab·u·la·tor [fǽbjulèitər] 명 우화적 소설가. 「(化).

fab·u·list [fǽbjulist] 명 우화 작가; 거짓말쟁이.

fab·u·los·i·ty [fæ̀bjulɑ́səti/-lɔ́s-] 명 〖U〗 우화[전설]적임, 가공성.

‡**fab·u·lous** [fǽbjuləs] 형 1 《구어》 터무니없는, 엄청난, 막대한. ¶~ wealth 엄청난 부(富). 2 아주 멋진. ¶You're ~, Jane. 제인, 당신은 최고야. 3 우화로서 유명한, 가공의, 전설(상)의. ¶a ~ hero 전설상의 영웅. 4 믿을 수 없을 만큼 …하다. 4 외관, 외견, 겉보기. — 명 믿을 수 없을 정도의. **~·ly** 부 **~·ness** 명

FAC 《군사》 *F*ast *A*ttack *C*raft(급습정(艇)); *f*orward *a*ir *c*ontroller(전방 (저공) 정찰기[자]). **fac.** facade; facial(ly); facsimile; factor; factory; faculty.

fa·cade [fəsɑ́ːd, fæ-] 명 1 〖건축〗 (건물의) 정면, 전면, 파사드. 2 (비유적) (사물의) 표면, 외관, 겉보기, 허울. (또는 façade) 〖F〗

‡**face** [feis] 명 (복 *fac·es* [-iz]) 1 얼굴, 안면. ¶a round ~ 둥근 얼굴 / a cheerful [straight] ~ 유쾌한 [진지한] 얼굴.

〖유의어〗 **face** 「얼굴」을 뜻하는 가장 일반적인 말. **countenance** 심리 상태를 나타내는 것으로서의 얼굴; 격식을 차린 얼굴. **visage** 어떤 각도에서 본 얼굴; 가장 격식을 차린 얼굴.

2 표정, 안색; (종종 ~*s*) 찌푸린 얼굴(grimace), 찡그린 얼굴, 비웃는 얼굴. ¶a sad [an angry] ~ 슬픈[화난] 표정. 3 〖U〗 (the ~) 《구어》 뻔뻔스러움, 몰염치. ¶have the ~ to *do* 뻔뻔스럽게도 …하다. 4 외관, 외견, 겉보기. ¶adopt a ~ of …의 외양을 꾸미다, …인 체하다. 5 유명인, 저명 인사; 《속어》 사람, 놈, 녀석. ¶He's a bad

~. 그는 나쁜 놈이다. **6** ⓤ 체면, 면목, 위신. ¶gain [or get] ~ 체면을 세우다, 위신을 높이다. **7** (서류의) 문면(文面); (상업) (어음의) 액면대로의 뜻. **8** 지세(地勢), 지형; 표면. ¶the ~ of the waters 해면. **9** (이면에 대하여) 겉, 표면, 정면; (기구 따위의) 쓰는 면(쪽). ¶the right [wrong] ~ 옳은[뒷면]/the ~ of a card 카드의 표면/the ~ of a clock 시계의 문자반/the ~ of a knife 나이프의 날쪽. **10** 화장품; ⓤ 화장(make-up). **11** (기하) (입체의) 면. **12** (굴 ~) (광산) 막장, 채벽(採壁). **13** (인쇄) (활자의) 자면(字面); 자체(字體). **14** (전자) =faceplate 2. **15** (군사) (대형(隊形)의) 면. **16** (아이스하키) =~-off. **17** = ~ card. **18** (결정) 면(面). ¶a crystal ~ 결정면.
at [or *in, on*] *the first face* 얼른 보기에는.
Bag your face! = *Shut your face!*
beat one's face 팔굽혀 펴기(push-up)를 하다.
be blue in the face 안색이 파랗다, 몹시 화나 있다.
before a person's face 남의 면전에서, 공공연히.
before the face of …의 앞에.
be in a person's face 남을 불쾌하게 하다; 반항적으로 행동하다.
be more than (just) a pretty face; not be just a pretty face (구어) 얼굴만 예쁜 것이 아니라 (보기보다 능력[지식]이 있다), 『들어내다』.
blow up in one's face (구어) (계획 따위가) 갑자기 틀어지다.
cast [or *fling, throw*] … (*back*) *in a person's face* [or *teeth*] (과실 따위를 구실로) 남을 책망하다; (도전장 따위를) 남에게 보내다.
disappear off the face of the earth 완전히 행방을 감추다.
do [or *get, put*] *one's face on* (구어) 얼굴을 매만지다, 화장하다.
face on 얼굴을 그 쪽으로 향하고; 엎어져서.
face to face ① 마주 대하여, 마주 보고. ② (…에) 직면하여, 가까이에 (*with*). ¶come ~ *to* ~ *with a catastrophe* 파국에 직면하다. ③ (…와) 충돌하여 (*with*).
face up [*down*] 얼굴을 들고[숙이고]; 겉을 위로[아래로] 하여.
fall (flat) on one's face ① 엎어지다. ② (계획 따위가) 완전히 실패하다. 『대들다』.
fly in the face of (공공연히) …에 반대하다, 맹렬히 대들다.
get in a person's face (美속어) 남의 앞에 모습을 보이다. 『⇒GRIND.』
grind the faces of the poor (into the dust)
have a face as long as a fiddle ⇒ FIDDLE.
have one's face lifted 미용 수술을 하다.
have two faces (태도에) 표리가 있다; (말이) 두 가지로 해석되다, 애매하다. 『부끄러워하다.』
hide one's face [or *head*] 부끄러워 얼굴을 감추다;
in a person's face 남의 면전에서, 공공연히.
in one's face ① 의외로, 뜻밖에. ② 정면으로.
in (the) face of ① …의 면전에, 마주 대하여 보고; …에 직면하여. ③ …에 거리낌없이, …에도 불구하고. ¶He succeeded *in the* ~ *of difficulties*. 그는 많은 곤경에도 불구하고 성공했다.
just another pretty face (美구어) 평범한 사람[것].
keep a straight face 웃지 않고 있다, 진지한 표정을 하다.
keep one's face ① = *keep a straight face*. ② 태연하다, 여유를 보이다.
laugh on the other side of one's face (구어) (기쁨에서 싹 바뀌어) 맥이 탁 풀리다, 풀이 죽다.
look a person in the face 남의 얼굴을 빤히 쳐다보다.
lose (one's) face 체면이 깎이다, 면목을 잃다.
make [or *pull*] *a face* [or *faces*] 얼굴을 찌푸리다; 침울한 표정을 짓다. 『LONG FACE.』
make [or *pull, put on, wear*] *a long face* ⇒
make a person's face fall 남을 실망시키다.

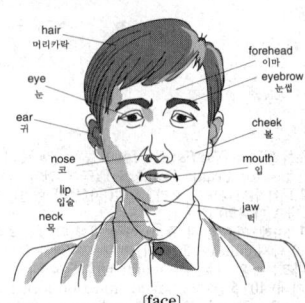

[face]

meet something in the face …에 직면하다.
on one's face 엎드려서.
on the face of it (구어) 얼핏 보기에는.
open [*shut*] *one's face* (美속어) 입을 열다[다물다].
put a bold [or *brave, good*] *face on* [or *upon*] ① …에 태연한 체하다, 허세를 부리다. ② …의 겉[거죽]을 보기좋게 꾸미다.
put a new face on …의 면모[외관]를 일신하다.
put a smile on a person's face (구어) (일 따위가) 사람에게 만족감을 주다. 『체면이 서다.』
save [or *maintain*] (*one's*) *face* 체면을 지키다.
set [or *put*] *one's face against* …에 반대[적대]하다.
set one's face to [or *toward*] ① …의 쪽으로 얼굴을 돌리다. ② …에 착수하다, …을 하고자 하다.
show one's face 얼굴을 내밀다, 나타나다.
Shut your face! 조용히 해!
smash [or *put*] *a person's face in* (구어) 남을 호되게 후려 갈기다.
to a person's face 맞대놓고, 공공연히, 노골적으로.
turn face about 뒤돌아보다; (형세가) 역전하다.
wash its face (속어) (사업 따위가) 그럭저럭 되어가다.

—ⓥ (*fac·es* [-iz]; ~*d* [-t]; *fac·ing*) ⓣ **1** …의 쪽을 향하다; …을 마주 대하다, …에 면하다. ¶The window ~s the street. 그 창은 거리를 향해 있다. **2** (위험 따위)에 직면하다 (*with*), 대담하게 맞서다; (싫은 일을) 직시하다, 용감히 견디다 (*down, out*). ¶~ *danger*; *be ~d with danger* 위험에 직면하다/~ *facts* 사실을 직시하다. **3** (위험 따위) …의 몸에 닥치다[다가오다]. ¶the difficult problem that ~s us 우리들 앞을 가로막는 어려운 문제. **4** …의 표면에 걸칠을 하다; (돌 따위의) 표면을 마무리하다[매끄럽게 하다] (*with*). ¶ (~+圄+쪞+图) *The wall is ~d with tiles*. 벽 표면은 타일로 되어 있다. **5** (의복) 가장자리[단]를 대다 (*with*). **6** (병사)에게 뒤로 돌아를 시키다 (*about*). **7** (술·차 따위)에 착색하다. **8** (트럼프)의 겉을 젖히다. **9** (아이스하키) 퍽(puck)을 페이스하다 (상대하는 두 선수 사이에 던져 넣다).

—ⓥⓘ **1** 향하다, 얼굴을 돌리다; (건물 따위가) …에 면하다 (*on, to, toward*). ¶ (~+쪞+图) *to one's right* [*left*] 얼굴을 오른[왼]쪽으로 돌리다 / *F- toward the camera*. 카메라 쪽을 향하시오 / *My house ~s* (*to the*) *north*. 우리 집은 북향이다. **2** 방향을 바꾸다 (*to, toward*). **3** (아이스하키에서 심판이) 페이스하다 (*off*). ¶*F- off!* (구령) 시합 개시! 『좌, 우향우!』
About [*Left, Right*] *face!* (구어) 뒤로 돌아[좌향좌]
be faced with [or *on*] …에 직면하다. 『⇒⑥ 2』.
face about (급히) 생각[태도]을 바꾸다, 표변하다.
face a person down 남을 노려보다, 위압하다.
face away 외면하다; (건물 따위가) …에서 빗나가다 (*from*).

face ((英) **it**) **out** ① 용감히[대담하게] 맞서다. ② 대담하게 밀고 나아가다. ③ 끝까지 참고 견디다.
face off 〔아이스하키〕 시합이 개시되다. ② (美) 대결하다.
face the music ⇒ MUSIC.
face up to ① …에 대담하게[정면으로] 맞서다; …을 직시하다. ② …을 인정하다.
Let's face it. 사실을 직시하자, 터놓고 보자; (감탄사적) 솔직히[까놓고] 말해서(frankly).

face-ache [-èik] 图 1 ① (英) 안면 신경통(facial neuralgia). 2 (속어) 시무룩한 사람; (구어) 몹시 보기 싫은 용모, 얼굴이 못생긴 사람.
fáce ángle 图 (기하) 면각(面角).
face-a·round [-əràund] 图 (방향) 전환; (태도의) 전향(轉向). └는 방해 행위.
fáce blóck 图 (미식축구) 얼굴로 상대방에게 부딪치
face·book [féisbùk] 图 (졸업 앨범 따위) 얼굴 사진
fáce brick 图 외장(外裝)[치장] 벽돌. └첩.
fáce cárd 图 (美) (카드의) 그림패((英) court card) (king, queen, jack 따위).
face-cloth [féisklɔ̀ːθ/-klɔ̀ð] 图 1 시체의 얼굴을 덮는 천. 2 수건, 타월((美) washcloth).
fáce crèam 图 얼굴 화장용 크림.
faced [feist] 图 1 (복합어로) …한 얼굴[표정]의; (물체의) 표면이 …한. ¶ a round-~ boy 얼굴이 둥근 소년/ a rough-~ chair 표면이 거칠거칠한 의자. 2 얼굴 표면을 단정히 한, 표면 가공한.
face-down [féisdáun] 图 고개를 숙이고, 엎드려서. ─ [´-] 图 (직접) 대결(鬪) showdown).
fáce flánnel 图 (英) 세면용 수건. └일종.
fáce flý (가축의 면상에 귀찮게 달라붙는) 쇠파리의
face-fun·gus [-fʌ̀ŋgəs] 图 (英구어) 수염, (특히) 턱
fáce géar (기계) 정면[페이스] 기어. └수염.
fáce guárd 图 (용접용) 얼굴 가리개; (미식축구) 헬멧; (펜싱) 마스크.
face-hard·en [-hɑ̀ːrdn] 图图 (달구었다 식혔다 하여) (금속) 의 표면을 단단하게 하다.
face·ism [féisizm] 图 용모[얼굴]에 의한 차별.
-ist 图图 용모로 차별을 하는 (사람).
face·less [féislis] 图 1 얼굴이 없는; 그 신원을 숨기는, 정체 불명의; 익명의. ¶ a ~ contributor 익명의 투고가. 2 개성[주체성]이 없는; 얼굴을 분간할 수 없는. 3 (화폐의) 면면이 마멸된; (시계의) 문자반이 없는. ~**·ly** 图 ~**·ness** 图
face-lift [-lìft] 图 1 미용 성형술, 안면 성형술. (또는 fáce lìfting, fácelìfting) 2 (건물 따위의) 새 단장, 외장; (자동차의) 모델 변경. ─ 图图 1 …에게 미용 성형수술을 하다. 2 (건물 따위)를 다시 치장하다; (자동차 따위의) 모델을 변경하다. (또는 **fácelìft**).
face·man [féismən] 图 (광산의) 막장 작업원.
fáce màsk[**shìeld**] 图 1 (스포츠) (야구의 포수나 하키의 골키퍼가 얼굴에 쓰는) 안면 방호구. 2 (노동자들이 쓰는) 안면 보호용 마스크. (또는 **fácemàsk**).
fáce massàge 图 얼굴 마사지.
face-nail [-nèil] 图图 (표면)에 수직으로 못을 박아 고정시키다. └(美) 대결, 대항(with).
face-off [-ɔ̀ːf/-ɔ̀f] 图 1 (아이스하키) 경기 개시. 2
fáce pàck 图 화장용 팩.
fáce pèel(**ing**) 图 (미용) 얼굴의 피부박리(술).
face·plate [féisplèit] 图 1 (기계) (선반의) 면판(面板). 2 (전자) 페이스플레이트(브라운관 앞면 유리), 3 (잠수부 따위의) 안면 보호용 금속[유리]판; (스위치) 판.
fáce pòwder 图 분. └표면 보호판.
fac·er [féisər] 图 1 표면 마무리를 하는 사람[것]. 2 (구어) 안면에 대한 가격(加擊); (英구어) 불의의 공격. 3 갑작스러운 고장[곤란, 난제].
face-sav·er [-sèivər] 图 체면을 세워주는 일[것].
face-sav·ing [-sèiviŋ] 图 체면을 세우는, 얼굴이 서는. ─ ① 체면[위신]을 세워주는 행위.

fac·et [fǽsit] 图 1 (보석·컷 글라스의) 작은 면(面); (건축) (다각형 기둥의) 면. 2 (사람·사물·문제 따위의) 일면, 국면, 양상(aspect). ¶ ~ s of his personality 그의 인품의 일면. 3 (동물) (절족(節足) 동물의 복안(複眼)을 이루는) 개안(個眼). 4 (치과) 파세트 (위아랫니가 서로 마찰되어 생기는 작은 면).
─ 图图 (-**t**-; (英) -**tt**-) (보석 따위에) 작은 면을 내다.
fa·ce·ti·ae [fəsíːʃiiː] 图图 1 익살(스러운 글). 2 외설[에로] 서적.
fáce tìme 图 (근무 시간 중의) 사내 근무 시간.
fa·ce·tious [fəsíːʃəs] 图 농담의, 익살맞은, 재미있는, 우스운. ⇒ HUMOROUS (유의어). ~**·ly** 图 ~**·ness** 图
face-to-face [-təféis] 图 얼굴을 마주 대하고, 정면으로 맞서서; (…에) 직면하여(**with**). ─ 图 정면의[으로 마주 대하는]; (컴퓨터) (PC통신 상태가) 서로 만나는 사이인(略 F2F). -**faced·ly** 图 ~**·ness** 图
fáce-to-fáce gròup 图 (사회) 대면(對面) 집단.
fáce-to-fáce tàlks 图 대좌(對座) 회담[담판].
fáce tòwel 图 (얼굴을 닦는) 작은 수건.
face-up [féisʌ́p] 图 얼굴을 위로 하고. └적 타당성.
fáce valíd·ity 图 (심리) (학력·능력 테스트의) 외견
fáce válue 图 1 (화폐·증권 따위의) 액면 가격(par value). 2 문자 그대로의 의미, 액면 그대로의 가치.
take [or ***accept***]…***at*** [or ***on***] ***face value*** …을 액면 그대로 받아들이다.
fáce wàll 图 흉벽(胸壁)(breast wall).
face·work [-wə̀ːrk] 图 외장(facing).
face-work·er [-wə̀ːrkər] 图 (英) =faceman.
fac·ia [féiʃə] 图 (英) (점두의) 간판; (자동차의) 계기판, 대시보드. (또는 **fascia**)
*****fa·cial** [féiʃəl] 图 1 얼굴의; 얼굴에 사용하는. ¶ a ~ contour 얼굴의 윤곽/a ~ cream 얼굴에 바르는 화장 크림. 2 표면(상)의. ─ 图① 얼굴 마사지, 미안술(美
fácial ángle 图 안면각. └顔術). ~**·ly** 图
fácial índex 图 안면 지수(示數) (안면의 대변의 높이의 백분율).
fácial nérve 图 (해부) 안면 신경. └면 신경통.
fácial neurálgia 图 (병리) 안
fácial tíssue 图 화장지.
fa·cient [féiʃənt] 图 (무엇인가를 행하는) 사람.
-fa·cient [féiʃənt] [연결] 「…화(化)하는, …작용을 일으키는」의 뜻. ¶**liquefacient**.
fa·ci·es [féiʃiìːz] 图 (图 ~) 1 외관, 외견. 2 (지질) 상(相)(퇴적층의 전체적 특색). 3 (의학) (어떤 병 특유의) 안색, 얼굴 모양; (해부) 면(surface). (L face)
fac·ile [fǽsil/-sail] 图 1 (경멸적) 술술 움직이는, 경박한; (말씨가) 유창한. ¶ a ~ movement 경박한 움직임 / have a ~ tongue 입이 가볍다 // He is ~ *in* device. 그는 책략이 뛰어나다. 2 쉬운, 쉽게 얻을 수 있는; 간편한, 손쉬운. ¶ a ~ method 손쉬운 방법. 3 편안한, 무관심한; 무기력한; 친근감을 주는; 유순한, 상냥한. ~**·ly** [-aili] 图 ~**·ness** 图
fa·ci·le prín·ceps [fǽsəli prínseps] 图 빼어난, 뛰어나게 우수한, 으뜸 탁월한 지도자, 으뜸. (L)
*****fa·cil·i·tate** [fəsílətèit] 图图 1 …을 용이하게 하다; …을 촉진[조장]하다. 2 (남) 의 일 따위를 돕다. ¶ a ~ conversation 대화가 원활하게 진행되지 않는다. -**tà·tive** 图
fa·cil·i·ta·tion [fəsìlətéiʃən] 图① 용이하게 하기; 촉진, 조장. 2 (생리) 소통, 촉진.
fa·cil·i·ta·tor [fəsílətèitər] 图 용이하게 하는 사람[것], 촉진자[물]; (단체 따위의) 살림꾼, 간사.
*****fa·cil·i·ty** [fəsíləti] 图① (图 -**ties**) [-z] 1 편의, 편리, 수단; 달성 가능성; (图) (시설, 설비, 기관, (군의) 기지 (**for**). ¶educational *facilities* 교육 시설 / *facilities* of civilization 문명의 이기 / comm-

unication *facilities* 통신 기관. **2** ⓤ (금융) 융자(금융 지원) (제도). ¶financing ~ 융자 제도. **3** ⓤ 용이함, 손쉬움. **4** ⓤ 능란함 솜씨, 숙련; 유창; ⓒ 재능, 솜씨 (*for, in, with*). ¶~ of speech 말솜씨, 말재간 // have great ~ *for* learning languages 어학의 재능이 비범하다. **5** ⓒ 유수, 고분고분함. **6** (종종 -ties) (구어) (극장·식당 따위의) 화장실.
give [or *afford, offer*] *a person* **facility** *for* 남에게 …의 편의를 제공하는.
with **facility** 쉽게, 수월하게.

facility mánagement ⓝ (컴퓨터) 설비 관리 운영 위탁(시스템 개발·관리 운영을 외부 전문 회사에 위탁함); ⓐ FM).

facility trip ⓝ (英) 관비(官費) 여행; 사비(私費) 여행(기업이 선전·판촉 등을 위해 경비 일체를 부담하는 여행).

*****fac·ing** [féisiŋ] ⓝ **1** 면(面)함; 직면 (한 상태); (집의) 향(向). **2** 겉칠, (타일 따위를 겉에 입히기) 표면 단장. **3** ⓤ (의복의) 가장자리 단을 달기. **4** (~s) (군복의) 다른 부분과 빛깔이 다른 깃·소매(표지). **5** (군사) 방향 전환(수무).
〈*fact* + *fiction*〉
go [or *be put*] *through one's* **facings** 기량을 시험받다.
put a person through a person's **facings** 남의 기량을 훈련시키다, 길들이다.
── 형 마주 대하고 있는, 대면(對面)의. ── 전 …에 대면
fácing brìck ⓝ = face brick. └하여(opposite).
fácing pàge ⓝ 대면 페이지.
fácing tòol ⓝ (기계) 단면(端面) 바이트(선반용 절삭
fack [fæk] ⓥ자 진실(사실)을 말하다. ── ⓝ 사실.
fa·çon de par·ler [fɑsɔ̃ də paʳléi] ⓝ 말투, 말솜씨; 상투어. 〈F〉
fa·con·ne [fæsənéi, ˊ-ˋ] ⓝ (직물이) 정교한 작은 무늬가 있는. ── ⓝ 정교한 작은 무늬가 있는 직물; (F).
facsim. facsimile. │ 직물의) 정교한 작은 무늬.
‡**fac·sim·i·le** [fæksíməli] ⓝ **1** (책·그림 따위의) 복제, 복사, 모사. ¶make a ~ of …을 복제[복사]하다. **2** Ⓤⓒ 팩시밀리, 팩스(fax): 사진 전송(법); 전송 사진.
in **facsimile** 복사하여[한]; 실물[원본] 그대로(의).

(유의어) **facsimile** 축척(縮尺)은 달라도 정확한 복사·모사. **copy** 「사본」의 일반적인 말. 원물에 가장 비슷하게 만든 것. **reproduction** 재료·크기·품질 따위가 원물과 같거나 차이가 나도 원물에 아주 비슷한 것. **duplicate** 원물과 동시에 또는 같은 방식으로만 든 똑같은 것. **replica** 미술품의 정확한 복제로서 원작자의 손에 의한 것.

── ⓥ타 (…을) 복사[모사]하다; (…을) 팩스로 보내다. ── ⓝ 복사[모사]의 것.

facsímile bróadcasting ⓝ 팩시밀리 방송.
facsímile télegraph ⓝ 복사(팩스) 전송기.
facsímile transmíssion ⓝ 팩시밀리 전송(법).

‡**fact** [fækt] ⓝ **1** (개개의) 사실. ¶an established [a solid] ~ 움직일 수 없는 사실 / a physical ~ 물리적 사실 / the ~ that the earth turns around the sun 지구가 태양 주위를 돈다는 사실. **2** Ⓤ (이론·허구에 대하여) 실제, 현실; 진상, 실태. ¶the ~ of the matter 일의 진상 / F~ is stranger than fiction. 사실은 소설보다 기이하다 / The ~ is that she can't speak English. 실은 그녀는 영어를 할 줄 모른다. **3** (보통 ~s) 주장하는 사실, ¶I can dispute all your ~s. 네가 주장하는 사실을 나는 다 반박할 수 있다. **4** (종종 ~s) (법률) (법정에서 진술된) 사실; 범행. ¶confess the ~ 범행을 자백하다.
after [*before*] *the* **fact** (법률) 범행 후[전]에, 사후
(*as*) *a matter of* **fact** 사실은, 실은.
be caught in the **fact** 현행범으로 체포되다.
blink the **fact** (*that…*) (英구어) (종종 부정문에서) (…라는) 사실을 외면[무시]하다.

facts and figures 정확한 정보[사실]; 상세한 내용
for a **fact** 확실히, 사실로서(for certain). │ (details).
in (actual) **fact**; *in point of* **fact** ① 실은, 사실상. ② 요는, 결국. ③ (부정문 뒤에서 앞의 말을 강조하여) 아니 사실은, 뿐만 아니라, 분명히 말해.
in spite of the **fact** *that*… …이지만.
in view of the **fact** *that*… …때문에.
Is that a **fact**? 그래요?(Is that so?)
That's the [or *a*] **fact**. 사실이지요, 틀림없어.
FACT *f*ully *a*utomatic *c*ompiler *t*ranslator. **fact.** factory. └자.
fáct finder ⓝ 진상 조사원; 조정자, 중재자; 안내 책
fact-find·ing [ˊfæɪndiŋ] ⓝⓤⓝ 실정(진상, 현장) 조사(의). ¶a ~ commission 진상 조사 위원회.
Fac·tice [fæktis] ⓝ (상표) 팍티스, 가황유(加黃油) (고무 제품의 연화제(軟化劑)).
fac·tic·i·ty [fæktísəti] ⓝ 사실성, 사실임.
***fac·tion**[1] [fækʃən] ⓝ **1** (당 내부의) 소수 그룹; 당파, 파벌, 도당. **2** ⓤ 파벌 다툼, 내분; 당파심.
fac·tion[2] Ⓤⓒ 실화 소설, 다큐멘터리 소설[영화].
〈*fact* + *fiction*〉
-fac·tion [fækʃən] 접미 -fy로 끝나는 동사에서 그 작용을 나타내는 명사를 만든다. ¶satis*faction*.
fac·tion·al [fækʃənl] ⓟ 파벌(도당)의; 당파심이 강한. ~·**ism** ⓝ 파벌주의; 파벌 싸움. ~·**ist** ⓝ
fac·tion·al·ize [fækʃənəlàiz] ⓥ타 ⓥ자 (美) (정당 따위를) 파벌화하다. ── ⓥ자 파벌로 나뉘어지다. ∸i·zá·tion ⓝ
fac·tion·ary [fækʃənèri-/-ʃənəri] ⓝ 당파[파벌]의 일원(partisan). ── ⓟ 당파[파벌]의.
fac·tious [fækʃəs] ⓟ 당파 본위의, 당파심에서 나온, 당파적인; 선동적인. ~·**ly** ⓟ ~·**ness** ⓝ
fac·ti·tious [fæktíʃəs] ⓟ 인위적인; 자연스럽지 못한; 인공적인, 모조의. ~·**ly** ⓟ ~·**ness** ⓝ
factítious disórder ⓝ (정신의학) 꾀병.
fac·ti·tive [fæktətiv] ⓟ (문법) (동사·형용사가) 작위(作爲)의(동사는 call, consider, elect, make 따위 목적어와 보어를 수반하는 것; 형용사는 목적보어가 되는 것); (접미사 따위가) 사역 동사를 만든는. ── 작위 동사(~ verb); ⓒ causative verb). ~·**ly** ⓟ
fac·tive [fæktiv] ⓟ (언어) 사실 서술적인(동사·형용사·명사가 종속절의 명제·내용이 사실임을 전제로 하고 있는 것). ── 사실 서술적 표현.
fáct of lífe ⓝ **1** 피할 수 없는 (인생[인간]의) 현실[사실]. **2** (the f-s of l-) 성·생식에 관한 사실.
fac·toid [fæktɔid] ⓝ 의사(擬似) 사실(근거가 없는데 인쇄·발간되어 일반에게 사실처럼 인정되고 있는 것).
fac·t 의사 사실의, 언뜻 사실처럼 생각되는.
‡**fac·tor** [fæktəʳ] ⓝ (복) ~**s** [-z] **1** (어떤 결과를 낳는) 요인, 요소, 원인(*in*). ⇨ ELEMENT (유의어) ¶a basic ~ 근본 요소 / one of the ~s *in* crime 범죄 요인 중 하나. **2** (경제) ⓒ ~ of production. **3** (수학) 인수(因子), 약수. ¶a common ~ 공인수, 공약수 /resolution into ~s 인수 분해. **4** (기계) 계수, 율. ¶the ~ of safety 안전 계수, 안전율. **5** (생물) (유전) 인자; (화학) 역가(力價). **6** (英) 중개인, 대리인; 위탁 판매인. **7** 채권(債權) 금융업(자회사)); 수금 대리업(자). **8** (신규 사업에 자금을 제공하는) 금융업자, 금융 회사. **9** (美법률) 제3의 채무자. **10** (스코) 토지 관리인, 마름.
by a **factor** *of* (증감 규모가) …(배)(倍) 만큼.
── ⓥ타 **1** (수·식)을 인수로 분해하다 (*into*). **2** …을 요소에 넣다, 고려하다 (*in, into*). **3** (어음)의 매입을 하다; (어음)을 매입하다. ── ⓥ자 외상 판매 채권(債權)을 매수하다; 채권 금융 업무를 하다.
factor in [or **into**] …을 요인의 하나로 넣다; (계획·예산 따위에) …을 넣다.
factor out (요소의 일부)를 제외하다, 뽑아내다.
∸·a·bíl·i·ty ⓝ ~·a·ble ⓟ

fac·tor·age [fǽktəridʒ] 圀U 1 대리 판매업, 도매업. 2 대리 판매인의 수수료, 도매상의 구전.
fáctor anàlysis 圀 〔통계〕 인자(인수)분석법.
fáctor còst 圀 〔(英)경제〕 요소 비용.
fáctor VIII [éight] 圀 〔의학〕 항(抗)혈우병 인자.
fáctor of adhésion 圀 〔철도〕 점착(粘着) 계수(차 바퀴의 점착 마찰과 견인력의 비율).
fáctor of prodúction 圀 생산 요소(자본·노동·기술 따위). (= **factor**)
fáctor of sáfety 圀 〔기계〕 안전율(재료의 최대 강도를 허용 응력으로 나눈 값). (또는 **safety fàctor**)
fac·to·ri·al [fæktɔ́ːriəl] 圀 〔(數)수학〕 계승의(階乘). ─ 圀 1 〔수학〕 인수의; 계승의. 2 대리업[도매업]의; 재외 상관(商館)의; 공장의. **~·ly** 團
fac·tor·ing [fǽktəriŋ] 圀 1 〔수학〕 인수 분해. 2 〔상업〕 채권(債權) 금융(매수업, 수금 대리업, 팩토링).
fac·tor·i·za·tion [fæ̀ktərizéiʃən/-tərai-] 圀U 〔수학〕 인수 분해; 〔법률〕 채권 압류 통고.
fac·tor·ize [fǽktəràiz] 團 1 〔수학〕 …을 인수 분해하다; 요소로 나누다. 2 〔법률〕 〔채무자〕에게 채권 압류의 통고를 하다(garnishee). ─ 圀 인수 분해되다.
fac·tor·ship [fǽktərʃìp] 圀U 대리업, 도매업.
‡fac·to·ry [fǽktəri] 圀 (團 **-ries** [-z]) 1 공장, 제조소. ¶ a ~ girl 여공/a glass ~ 유리 공장. 2 〔구어〕(경멸적) 동일 규격품을 양산해 내는 곳; (악(惡)의 온상. 3 (옛날의) 재외 상관(商館), 해외 출장소. 4 〔(英)속어〕 교도소; 경찰서.
Fáctory Ácts 圀(團)(the ~) 〔(英)역사〕 공장법.
fáctory automàtion 圀 공장 자동화(約 FA).
fáctory èffluent 圀 공장 폐수 (배수).
fáctory fàrm 圀 〔경멸적〕 공장화된 축산 농장.
fáctory fàrming 圀 (공장 방식의) 농장 경영, 사육.
fáctory flòor 圀 〔집합적〕 (산업계의) 노동자; 공장.
fáctory hànd 圀 (단순 노동의) 직공, 공원.
fac·to·ry-made [-mèid] 圀 공장제(製)의.
fáctory òutlet 圀 공장[메이커]직판장[직매점].
fáctory príce 圀 공장도 가격. 「선[함].
fáctory shíp 圀 (삼치잡이의) 공모선(工母船); 공작
fáctory sýstem 圀 (산업 혁명 이후의) 공장 제도.
fac·to·tum [fæktóutəm] 圀 잡역부, 막일꾼.
fáct shèet 圀 (특정 문제의) 개황[정보] 보고서.
*fac·tu·al [fǽktʃuəl] 圀 실제의, 사실상의; 사실에 입각한. **-·ál·i·ty** 圀 **~·ness** 圀
fac·tu·al·ism [fǽktʃuəlìzm] 圀 사실 존중, 사실 절대주의. **-ist** 圀 **-ís·tic** 圀
fac·tu·al·ly [fǽktʃuəli] 圀 실제로, 사실상(에) 비춰. ¶ ~ inaccurate news 사실과 다른 뉴스.
fac·tum [fǽktəm] 圀 (團 **-ta**, **~s**) 〔법률〕 사실, 사건, 사실 진술(서); 유언의 작성. (< L fact)
fac·ture [fǽktʃər] 圀U 제작(법); © 제작물.
fac·u·la [fǽkjulə] 圀 (團 **-lae** [-liː]) 〔천문〕 (태양 표면의) 흰 반점. **-lar**, **-lous** 圀
fac·ul·ta·tive [fǽkəlt̀eitiv/-tət-] 圀 1 권능을 주는, 허가하는. 2 임의의, 수의의. 3 우발적인. 4 〔생물〕조건적인, 다른 환경에서 생활할 수 있는. ¶ a ~ parasite 임의 기생균. 5 기능의, 능력의. 6 (화폐가) 임시(발행)의.
‡fac·ul·ty [fǽkəlti] 圀 (團 **-ties** [-z]) 1 ©U (지적·두뇌적) 재능, 능력, 재간 (for, of). ⇒ ABILITY 〔유의어〕 ¶ a critical ~ 비판 능력/the ~ of [for] making friends 친구를 사귀는 재능. 2 (정신적·신체적) 기능, 능력. ¶ the ~ of speech 언어 능력/the ~ of sight [hearing] 시각[청각]. 3 〔구어〕 뛰어난 수완; 솜씨, 수완; 자력, 재산; 지불 능력. 4 (종종 F-) 〔교육〕 a) 〔대학〕 (대학의) 학부, 분과. ¶ the ~ of law 법학부. b) 〔집합적; 단·복수 취급〕 (美) (학부의) 교수진, (대학은 따로는 학생을 포함한) 학부 전체; (대학·고교의) 전교직원. ¶ a ~ meeting 교수회. 5 〔집합적〕 (지적인 직업의) 동업자

단체; (the F-) (英) 의사회. ¶ the medical ~ 의사단. 6 (법률 따위에 의하여 부여된) 권한, 특권. 7 〔(교회)〕 (성직자가 고해를 듣는) 권능; 허가. 「〔의학·법〕.
the fóur fáculties (중세 대학의) 4학부 〔신학·법학·
fáculty thèory 圀 지불 능력 과세설.
fáculty wífe 圀 (남편이 소속한 대학의 사교 활동에 열심인) 교수 부인.
FA Cúp 圀 (the ~) (英) FA컵(영국 축구 협회(FA) 토너먼트전; 순은제 우승컵).
*fad [fæd] 圀 1 일시적 유행[열광], 변덕. ⇒ FASHION 〔유의어〕 ¶ ~ words 유행어/go in ~s (일시적으로) 유행하다/have a ~ for …에 열중하여 있다, 미쳐 있다. 2 (英) (입맛에) 까다로움. **∠-dism**, **∠-dist** ⇒ **∠-like**
FAD, f.a.d. 〔상업〕 *free air delivered*. 〔상〕
fad·a·yee [fædəjìː] 圀 **~n** [-n] =fedayee.
fad·dict [fædikt] 圀 패션광(狂). (< fad + addict)
fad·dish [fǽdiʃ] 圀 1 일시적 유행을 쫓는[열중하는]; 일시적 유행을 쫓는; 숫덤은 짓을 하는. 2 (英) 좋고 싫음이 분명한, 까다로운. **~·ly** 團 **~·ness** 圀
fad·dy [fǽdi] 圀 =faddish. **-di·ly** 團 **-di·ness** 圀
*fade¹ [feid] 圀 (**~s** [-z]; **fád·ed**; **fád·ing**) 國 1 (색깔이) 바래다, (빛 따위가) 희미해지다; 사라지다 (away, out). ¶ The light has ~d. 빛이 사라져 버렸다/The outline has ~d. 윤곽이 희미해졌다. 2 시들다; (힘이나 아름다움 따위가) 약해지다, 쇠퇴하다; (사람이) 몹시 야위다; 죽다(away). ¶ joys that never ~ 결코 사라지지 않을 기쁨/The flowers have ~d. 꽃은 시들어 버렸다. 3 (소리·기억·인상 따위가) 서서히 사라지다, 없어지다(away, out). ⇒ DISAPPEAR 〔유의어〕 ¶ (~ + 團) (~ + 젠+圀) The idea has ~d (away) from my memory. 그 생각은 내 기억에서 서서히 사라져 버렸다. 4 〔골프〕 (공이) 코스를 벗어나다, 페이드하다; 〔미식축구〕 (전방 패스를 위해) 자기 진영 골라인으로 후진하다(back). 5 (자동차의 브레이크가) 듣지 않다. ─ 國 …을 시들게 하다; 바래게 하다, 희미하게 하다; 쇠퇴하게 하다; 서서히 없애다.
fade awáy 사라지다, 없어지다; (색이) 바래다.
fade dówn =fade out.
fade ín ① 〔영화·TV〕 (화면이) 점점 뚜렷해지다[지게 하다]. ② 〔방송·녹음〕 (음량이) 점점 커지다[커지게 하다].
fade ínto 쇠하여 [희미해져] …이 되다. 「다].
fade óut ① 〔영화·TV〕 (화면이) 점점 희미해지다. (화면이) 점점 희미하게 하다. ② (음향이) 점점 작아지다.
fade úp =fade in. 「다[지게 하다].
─ 圀 **~s** [-z] 1 사라져 가는 것. 2 =in-; =~-out. 3 화면이 서서히 바뀌는 것. 「하다.
do [***take***] ***a fáde*** (속어) 자취를 감추다, 야간 도주
fade² [feid] 圀 풍미가 없는, 맛없는; 평범한, 시시한.
fade·a·way [féidəwèi] 圀U© 1 차차 사라짐, 소실 (消失). 2 〔야구〕 a) =screwball. b) (터치를 피하기 위한 주자의) 슬라이딩.
fad·ed [féidid] 圀 시든, 색이 바랜, 쇠퇴한. ¶ a ~ youth 시든 청춘. **~·ly** 團 **~·ness** 圀
fáded bóogie 圀 〔(美)속어〕 흑인 밀고자.
fade-in [-ìn] 圀U© 〔영화·TV〕 페이드인, 용명(溶明) (화면이 차차 뚜렷해지는 것); 〔방송·녹음〕 페이드인(음이 차차 분명해지는 것).
fade·less [féidlis] 圀 시들지 않는; 색깔이 바래지 않는, 쇠퇴하지 않는, 불후[불멸]의. **~·ly** 團
fade-out [-àut] 圀U© 〔영화·TV〕 페이드아웃, 용암(溶暗)(화면이 차차 희미해지는 것[작아지는 것]). 2 서서히 사라짐. 「〔녹음〕 음량 조절기.
fad·er [féidər] 圀 1 사라져 가는 것[사람]. 2 〔방송〕
fade-up [-ʌ̀p] 圀 =fade-in. 「다.
fadge [fædʒ] 圀〔(英)속어〕 적합하다, 맞다; 성공하
fad·ing [féidiŋ] 圀 〔무선〕 페이딩 (수신 전파의 강도가 시간적으로 변동하는 현상).
FAdm (군사) *Fleet Admiral*(해군 원수).

fa·do [fá:dou] 명 파도(포르투갈의 대표적인 민요·무용). 「(退色) 시험기.
fa·do·me·ter [fədámitər/-dɔ́m-] 명 〖화학〗 퇴색
FAE *fetal alcohol effect*(태아 알코올 영향); *fuel air explosive*.
fae·cal [fí:kəl] 형 (英) =fecal.
fae·ces [fí:si:z] 명복 (英) =feces.
fa·e·na [fɑɛ́inə] 명 파에나(투우의 최종 단계). [<Sp]
fa·er·ie [féiəri, féəri] 명 (고어) 1 요정(妖精) 나라 (fairyland). 2 요정(fairy). 3 마법, 매혹, 매혹. — 형 요정의(같은); 몽환적인, 매혹적인. (또는 **faery**)
F.A.F., f.a.f. 〔상업〕 *free at factory*(공장도 조건).
faff [fæf] 명자 (英구어) 헛소동을 피우다[피우기]; 빈둥빈둥 지내다[지내기], 두서없는 짓을 하다[하기].
fag[1] [fæg] 명 (-**gg-**) 타 1 (수동형·재귀용법으로) (사람)을 지치게 하다(*out*). 2 (英구어) (상급생이) (하급생)에게 심부름을 시키다. 3 [해사] (로프의 끝)을 풀다. — 자 (英) 1 지칠 때까지 일하다(싫은 일을) 열심히 하다(*away*). § ~ *away at* English 영어 공부를 열심히 하다. 2 (구어) (하급생이) 상급생의 심부름을 하다.
fag oneself to death 분골쇄신하다.
fag out 1 기진맥진하게 하다. 2 [크리켓] 외야수를 맡다(field).
— 명 1 UC (英) 싫은 일, 단조롭고 힘드는 일(toil); 피로. § *What a* ~! 참 하기 싫군! 2 싫은[단조로운] 일을 하는 사람(drudge). 3 (英구어) 상급생의 잔심부름을 하는 하급생. 4 (속어) 궐련. 5 = ~ *end*. 6 (美속어)
fag[2] 명 (천의) 토막(~ *end*); 꽁초 담배. [=faggot[2].
fag[3] 명형 (속어) 남자 동성애자(의), 호모(의).
fa·ga·ceous [fəgéiʃəs] 형 너도밤나뭇과(科)의.
fág énd 명 1 (사물의) 끄트머리, 끝, 말단; 찌꺼기 (英구어) (담배의) 꽁초. 2 (천의) 토막; (밧줄의) 풀린 끝. 3 (구어) (기간·이론 따위의) 끝, 말미.
fag-fac·to·ry [´fӕktəri] 명 호모의 집합소.
fag·got[1] [fǽgət] 명자 (英) =fagot.
fag·got[2] [fǽgət] 명 (美속어) 남자 동성 연애자. **~·(t)y** 형
fag·got·ry [fǽgətri] 명 (美속어) 남자 동성애, 호모.
fággot vòte 명 (英역사) 긁어 모은 투표(일시적 재산 소유에 의해 투표권을 얻은 유권자의 투표).
fag·gy [fǽgi] 형 (美속어) 남자 동성애의, 호모의; 사내답지 못한, 연약한. **-gi·ness** 명
fág hàg 명 (美속어) 동성애 남자만 사귀는 여자; 호모와 결혼한 여자. (또는 **fággy-hàg**)
Fa·gin [féigin] 명 어린아이를 앞잡이로 부려먹는 소매치기 두목, 어린에게 도둑질을 가르치는 늙은 두목. [<Dickens의 *Oliver Twist*에 나오는 인물 이름]
fag-joint [´dӡɔ̀int] 명 (美속어) 호모의 집합소[술집].
fag·mag [´mӕg] 명 (美속어) 호모 잡지.
fag·ot, (英) **-got** [fǽgət] 명 1 섶나무, 장작 다발. 2 다발, 뭉치. 3 (가공하기 위한) 철봉[강철봉] 다발. 4 (英) 썰어서 양념구이한 간(肝) 요리. — 동타 1 …을 다발짓다. 2 [피복]을 fagoting으로 장식하다.
fag·ot·ing [fǽgətiŋ] 명 UC 1 파고팅(천의 씨실을 빼고 날실을 다발지어 꿰맨 장식). 2 두 장의 천을 사이에 두고 실로 이어붙이는 장식 이음.
fa·gót·to [fəɡátou/-ɡɔ́t-] 명 (몇 -**ti** [-ti]) 파곳; 바순. ⇒BASSOON. [<It *bundle*] [fagoting 2]
fah [fɑː] 명 〖음악〗 = fa.
Fah. *Fahrenheit* (thermometer). (또는 **Fahr.**)
Fáhne·stock clíp [fɑ́:nstɑ̀k-/-stɔ̀k-] 〖전기〗 판스톡 클립(연결선(連接線)에 쉽게 맞물리는 용수철을 사용한 일종의 단자(端子)).
Fahr·en·heit [fǽrənhàit] 명 1 **Gabriel D.** ~ 파렌하이트(1686-1736; 독일의 물리학자; 화씨 온도계의 눈금 발명). 2 화씨 온도계, 화씨 눈금 (~ scale). 3 화씨(온도계)의(7) F(略) centigrade.

Fähren·heit thermómeter [scále] 명 화씨 온도계(빙점 32도, 비등점 212도).
FAI (프랑스) *Fédération Aéronautique Internationale*(국제 항공 연맹).
fa·ience [faiɑ́:ns, fei-] 명UC 파이앙스 도자기(유약으로 아름답게 착색한 도자기). (또는 **faïence**)
‡**fail** [feil] 자 (~**s** [-z]) 제 1 (사업·계획 따위에) 실패하다; (시험에) 떨어지다, 낙제하다 (*in, at*). § *The scheme ~ed*. 계획은 실패했다// (~+前+名) *fail in an examination* 시험에 낙제하다(* 이 의미로는 in을 생략한 타동사 용법도 있다).
2 부족하다, 결핍되다(*in*); (목표에) 미치지 못하다 (*of*); 흉작이 되다; (공급이) 동나다. (의무 따위에) 태만하다 (*in*). § *The potato crop has ~ed this year*. 금년에는 감자가 흉작이다// (~+前+名) § ~ *in beauty* 아름답지 않다/ ~ *of success* 성공하지 못하다.
3 (체력·미모·폭풍우 따위가) 약해지다, 시들다, 줄다; 소멸하다, 죽다. § *The wind ~ed*. 바람이 약해졌다 // (~+前+名) *He is very old and ~ing rapidly*. 그는 아주 늙어서 급속히 약해지고 있다. 4 약속을 지키지 못하게 되다. (회사·은행 따위가) 지불 불능이 되다, 파산하다. 5 (기계·전기 따위가) 고장나다, 멎다.
— 타 1 (to 부정사와 함께) …하지 못하다[않다], …을 게을리하다; …할 수 없다. (부정문에서) 반드시 …하다. § *I ~ed to go*. 나는 가지 못했다/ *Don't ~ to let me know*. 잊지 말고 반드시 나에게 알려 주시오.

USAGE **fail** + **to**-부정사와 **cannot**——(1) *fail to do*와 *cannot do*는 같은 뜻이지만 전자는 문어적이고 후자는 구어적이다. (2) *fail* + 동명사 구문은 옛 어법.

2 (남)의 기대를 저버리다, (남)을 실망시키다, (남)에게 쓸모가 없다. § ~ *a friend in need* 어려울 때 친구에게 도움이 되지 못하다/ *His eyesight ~ed him*. 그의 시력이 못쓰게 되었다/ *Words ~ed me*. 말이 나오지 않았다.
3 [교육] (남)에게 낙제점을 매기다, 낙제시키다; …에 낙제하다, …을 실패하다. § *He ~ed his examination again*. 그는 시험에 또 떨어졌다.
cannot fail to do …하지 않을 리가 없다. [다.
fail of (목적)을 달성할 수 없다; …을 완수하지 못하
fail safe (항공기·기기 따위가) 고장시 자동적으로 원상으로 돌아가다; …에 안전한 장치를 부착하다.
never [or *not*] *fail to do* 반드시 …하다.
— 명 (똑 ~**s** [-z]) U 1 (주식의) 인도 인수 불이행. § ~ *to deliver* [*receive*] 인도[인수] 불이행. 2 실패, 낙제 (*in*). § *a* ~ *in math* 수학에서의 낙제.
without fail (강조) 어김없이, 꼭. [한.
failed [feild] 형 (한정용법) 실패한; 결함이 있는; 파산
*fail·ing [féiliŋ] 명UC 1 실패(failure); 파산; 낙제; 불이행. 2 결점, 단점, 약점; 결함. ⇒FAULT 유의어
— 명 (옛) …이 없을 경우에는 …이 없어서. § *F*– *an answer to my letter*, *I will fax*. 답장이 오지 않으면 팩스를 보내겠다.
which [or *what*] *failing; failing which* [or *that*] 만약 그것이 안될 경우에는; 그렇지 않으면.
whom failing; failing whom 당사자가 지장이 있을[부재중일] 경우에는.
— 형 1 쇠약해가는, 끊어지는. 2 낙제의.
~·ly 부 **~·ness** 명 [(조선). [<F]
faille [fail/feil] 명UC 파유(물결 줄무늬의 비단·于견
fail-op·er·a·tion·al [´-àpəréiʃənl/-ɔ̀p-] 형 시스템에서 어느 한 곳에 고장이 생겨도 전체적인 피해를 막게 된 방식의.
fail-safe [´séif] 형 (오작동·오조작에 대해) 안전한 (장치의); 절대 안전한, 이중으로 안전하다. — 명 (때로 F–) (핵폭격기가 별도의 지시 없이는 넘을 수 없는) 진행 정지 지점; 절대 안전 장치[조치]. — 동 비상 [이중] 안전장치를 설치하다[가 작동하다].

fail-soft [´sɔ̀:ft/-sɔ̀ft] 명 〔컴퓨터〕 페일 소프트(고장·기능 이상에도 주기능은 작동하도록 짠 프로그램).
fáil spòt 명 삼림의 재생이 불가능했던 장소〔지역〕.
‡**fail·ure** [féiljər] 명 (복 ~s [-z]) 1 CU 실패(자, 작); 〔교육〕낙제(자, 점)(*in F*): 성공하지 못한 것[사람] (*in*). ¶a heavy ~ 큰 실패 // He was a ~ *in* business. 그는 사업에 실패했다 / Mr. Gray was a ~ *as* a professor. 그레이 씨는 교수로서는 실패자였다. 2 (해야 할 일의) 태만, 소홀, 불이행(*in*); (…하지 않는[못하는]) 것 (*to do*). ¶a ~ *in* duty 의무 태만 // a ~ *to* keep one's promise 약속 불이행. 3 〔부족, 결핍; 흉작; (후계자의) 부재 (*of*). 4 UC (주요 기능의) 쇠약, 감퇴; 〔의학〕 기능 정지, 부전(不全); (기계 따위의) 고장, 파손. ¶an engine ~ 엔진 고장 / a power ~ 정전 / a ~ of sight [memory] 시력[기억력]의 감퇴 / a heart ~ 심장 마비; 〔의학〕 심부전. 5 UC (회사 따위의) 지불 불능, 파산, 도산. ¶the ~ of a bank 은행의 파산.
end in failure; meet with failure 실패로 끝나다, 미수로 그치다.
failure of heirs [*issue*] 〔법률〕 후계자[사자(嗣子)] 가 없는 것.
make a failure of it 실수를 하다.
fail·ure-prone [-próun] 형 (기계 따위가) 고장나기 쉬운; (사람이) 실패하기 쉬운.
fain¹ [fein] 〔고어〕 튀 (would와 함께) 기꺼이, 쾌히. ¶I would ~ be with you. 기꺼이 당신 곁에 있겠소. ─ 형 〔서술용법〕 1 만족한, 기꺼이 …하는 (*to do*). 2 어쩔 수 없이 …하는 (*to do*). ¶He was ~ *to* apologize. 그는 어쩔 수 없이 사과했다. 3 열심인, …하고 싶어하는 (*to do*). ¶He is ~ *to* know the truth. 그는 진상을 알고 싶어한다.
fain² 명 〔英속어〕 잠깐 실례; …은 사양해(아이들이 게임 도중 일시 빠지고 싶거나 어떤 역할 떠위를 기피할 때 쓰는 말). (또는 *fains, fainites, fen*) ¶*F-(s)* I babysitting. 애보기는 사양해.
fai·naigue [fənéig] 자 〔英방언〕 1 게으름 피우다, 꾀부리다. 2 〔카드놀이〕 선과 같은 패를 가지고서도 딴 패를 내다. 3 남을 속이다. ─ 타 (남)을 속이다, 기만하다. ─ **nái·guer**
fai·né·ant [féiniənt] 형 아무 일도 하지 않는, 게으른. (또는 **faineant**) ─ 명 게으름뱅이.
-ne·ance, -ne·an·cy 명 〔<F〕
‡**faint** [feint] 형 (~*·er; ~·est*) 1 (빛·소리·색깔·기억·생각·희망·기회 따위가) 희미한, 어렴풋한, 엷은; 흐릿한. ¶a ~ resemblance 희미한 유사점 / a ~ sound 어렴풋이 들리는 소리 / I hadn't the ~*est* idea (of) what was meant. 무슨 뜻인지 알 수가 없었다. 2 (호흡·체력 따위가) 가냘픈, 미약한; 맘을 내키지 않는, 마음에서 우러나지 않는. ¶a ~ praise 마음에 없는 칭찬 / His breathing became ~*er*. 그의 호흡은 차츰 약해졌다. 3 (굶주림·병·통증 따위로) 기절할 듯한, 정신이 아찔한, 어질어질한 (*with, from, for*). ¶feel ~ 현기증이 나다 // He was ~ *with* hunger. 그는 배가 고파 쓰러질 지경이었다. 4 〔마음약한, 소심한. ¶*F-heart never won fair lady.* 〔속담〕 소심한 자는 결코 미인을 얻을 수 없다. 5 〔법률〕 근거 없는, 사실 무근의.
─ 자 1 졸도하다, 기절하다, 기절하다(*away*) (*from, with*). 2 (고어) 희미해지다, 어렴풋해지다. 3 (고어) 약해지다; 소심하게 되다.
─ 명 (보통 a ~) 기절, 실신, 졸도(swoon).
fall (down) [or *collapse*] *in* [or *into*] *a faint; go off in a faint* 기절하다.
in a dead faint 기절하여.
recover from a faint 제정신이 들다.
~·ness 명 **~·er** 명 졸도하는[기절하는] 사람.
faint·heart [-hὰ:rt] 명 겁쟁이(coward).
faint·heart·ed [féntháːrtid] 형 용기 없는, 겁 많은, 심약한(cowardly). **~·ly** 튀 **~·ness** 명
faint·ing [féintiŋ] 명 U 실신, 졸도, 기절. ─ 형 졸

도하는. **~·ly** 튀 인사불성이 되어; 심약하게.
fáinting fìt [**spèll**] 명 실신, 기절.
faint·ish [féintiʃ] 형 기절할 것 같은; 희미한. **~·ness**
‡**faint·ly** [féintli] 튀 희미하게, 어렴풋이; 힘없이; 심약하게, 머뭇머뭇.
faint-ruled [-rúːld] 형 (편지지 따위가) 엷은 괘선이 쳐 있는(feint-ruled).
faints [feints] 명(복) (위스키를 증류할 때 처음 또는 마지막에 나오는 불순한 알코올.
faint·y [féinti] 형 〔美남부〕 기절할 것 같은, 아찔해지는. (또는 **faint·i·fied** [féintəfàid], **~-síck**)
‡**fair**¹ [fɛər] 형 (~*·er; ~·est*) 1 (…에 대해) 공평한, 공정한, 편견 없는 (*to, on, with, toward*)(반) unfair). ¶a ~ decision [share] 공정한 판단[공평한 몫] / *by* ~ *means* 공정한 수단으로 // a man ~ *in* his dealings 처사가 공정한 사람 / *All's* ~ *in love and war*. 《속담》 사랑과 전쟁에는 수단을 가리지 않는다.

┌──────┐
│유의어│ **fair** 공평을 의미하는 일반적인 말. **just** 자기나 다른 관계자의 이해에 좌우되지 않고 올바른 기준을 지키는. **impartial** 어느 쪽에도 치우치지 않고 공평한; 특히 재판에 관하여 많이 쓰는 말. **disinterested** 사리·사욕이 없이 공평한. **unbiased, unprejudiced** 편견이 없고 공평한.
└──────┘

2 (경기 따위가) 규칙에 맞는, 이치에 맞는, 정정당당한; 〔야구〕 (타구가) 페어의; (요구·가격 따위가) 정당한, 정당한. ¶a ~ fight 정정당당한[맨손] 싸움.
3 (정도·수량·수입 따위가) 꽤 좋은, 상당한; (시도·따위가) 중간의 정도의, 평균의, 그만한; (평점이) 미(美)의; (추정 따위가) 대충의. ¶a ~ fortune [income] 상당한 재산[수입] / a ~ amount of money 상당한 액수의 돈.
4 유망한; …할 듯한[가능성이 있는]. ¶a ~ chance of success 유망한 성공의 기회.
5 〔기상〕 맑은, 개인, 좋은; 〔해사〕 (바람·조류가) 순탄한. ¶~ weather 갠 날씨 / *F-* to rainy. (일기 예보에서) 맑은 후 비 / a ~ wind 순풍.
6 (표면 따위가) 미끄러운, 평평한; 완만한. ¶a ~ curve 완만한 곡선. 7 (명성 따위가) 흠 없는; 더럽지 않은, 깨끗한; (필적 따위가) 선명한, 읽기 쉬운. ¶~ water 깨끗한 물 / ~ reputation 좋은 평판 / ~ handwriting 읽기 쉬운 필적. 8 살결이 흰; 금발의; 흰 피부에 금발의. ¶~ skin 흰 살결 / ~ hair 금발. 9 아름다운, 매력적인. 〔유의어〕 BEAUTIFUL ¶a ~ lady 미인 / ~ as an angel 천사처럼 아름다운. 10 (사람·약속 등이) 그럴 듯한, 정말 같은. ¶a ~ promise 말뿐인 약속 / ~ words 교언. 11 공손한, 정중한. 12 (도로·항로 따위가) 장애물이 없는, 탁 트인. ¶a ~ road 탁 트인 길. 13 〔구어〕 완전한, 진짜의. ¶a ~ treat 아주 재미있는 것.
a fair cop 〔속어〕 합법적인 체포.
a fair crack of the whip 〔英구어〕 호기(好機), 찬스.
a fair field and no favor 공명 정대, 공평 무사.
be fair with [or *to, toward*] …에게 공정하다.
be in a fair way to do [or *doing*] …할 가망이 충분히 있다.
by fair means or foul 무슨 일이 있어도, 기어코.
by one's own fair hand 자기 혼자서만.
fair and square 〔구어〕 공정하고, 아주 정직하게.
fair dos [or *do's*] 〔英구어〕 ① 공평한 몫[취급]. ② (감탄사적) 공명하게 하자; 그건 오해다.
fair enough ① =*fair to middling.* ② (*F- e-!*) (감탄사적) 됐어, 괜찮아, 알았어; 잘 됐어(all right).
fair, fat and forty (여성이) 중년 비만의.
fair or foul 날씨가 좋든 나쁘든, 청우(晴雨)에 관계없이.
Fair's fair. 〔구어〕 공평[공정]하면 된다.
fair to middling 〔美구어〕 그저 그만한, 수수한.
if it's a fair question 이런 것을 여쭤봐도 괜찮으나[다면].
It is only fair to do …하는 것은 당연하다.

keep fair with …와 사이좋게 지내다.
to be fair 공정하게 말하면.
— 🖉 (~*er*; ~*est*) **1** (play, fight, act 등과 함께) 공평하게, 공명 정대하게(그 밖의 동사는 보통 fairly). ¶play ~ 공평 공명 정대하게 승부[처신]하다. **2** 똑바로, 정면으로: 쾅 하고. ¶be struck ~ in the face 얼굴을 정면으로 얻어맞다/fall ~ 쾅 하고 쓰러지다. **3** 유망하게, 순조롭게. 잘. **4** 아름답게; 알기 쉽게; 친절하게는 and softly 그다지 서두르지 않고/speak ~ 공손하게 말하다. **5** (英구어·濠) 아주, 완전히.
bid fair to *do* …할 가망이 있다.
fair and square (구어) 정직하게, 공명 정대하게; 정면으로; 바로.
say fairer (than that) (英구어) 보다 좋은 제안을.
stand fair with …에게 평판이 좋다.
— 🖉 (고어) 여성; (여자) 애인; 좋은 것, 아름다운 것.
for fair (美속어) 완전히, 아주, 정말로.
no fair 규칙 위반; 비겁한 일[짓].
— 動 (~*s* [-z]) 他 **1** [조선] (재목 따위)를 반반하게 다듬다. **2** (페어)…을 깨끗이[정서(淨書)]하다. [*off*].
— 自 (美) (it를 주어로) (하늘이) 개다(*up, away*).
★fair² 图 (~*s* [-z]) **1** 품평회; (대규모의) 박람회, 견본시(場市)(exposition). ¶an agricultural ~ 농산물 경진회/a World's F- 만국 박람회. **2** (英) (정기적으로 서는) 장, 축제날, 잿날. ¶a summer ~ 여름 장. **3** 자선시(慈善市), 바자회. ¶a church ~ 교회 바자회. **4** (합동) 설명회. ¶a job[college] ~ 취업[대학 진학] 설명회. **5** (英) 지방 순회 전시[공연].「期).
(a day) after the fair 사후 약방문, 때늦은, 실기(失
fáir báll 图 [야구] 페어 볼. 図 **foul ball**
fáir cátch 图 [미식축구] 페어 캐치(공 받는 사람이 태클당하지 않기 위해 전진하지 않겠다는 의사 표시를 하고 킥된 공을 잡는 일).
Fair·child [féərtʃàild] 图 《상표》 페어차일드(사)(미국의 반도체 메이커).
fáir cópy 图 정서; 완전한 원고; 정확한 사본.
fáir déal 图 **1** 공정한 대우[취급]. **2** (the F-D-) (美) 페어딜 정책(Truman 대통령이 1949년 발표 대내 정책).
  Fáir Déal·er 图 「진짜(로).
fáir dín·kum [-díŋkəm] 图 (濠) 정직한[것], 진짜,
fáir dó 图 (종종 ~'s, ~s [-dú:z]) **1** 공평한 몫[대우]. **2** (감탄사적) 공평하게 합시다!; 정말이야!
fáir emplóyment 图 공평[평등] 고용.
fair-faced [⁴féist] 图 **1** 얼굴이 흰, 미모의. **2** (英) (벽돌벽의) 회반죽을 칠하지 않은.
fáir gáme 图 **1** (집합적) 잡아도 괜찮은 사냥감. **2** (조소·공격의) 좋은 목표; 웃음거리, 놀림감.
fáir gó (濠구어) 图 =fair do.
fáir gréen 图 (페어) =fairway.
fáir gróund [féərgràund] 图 (종종 ~s) (때로 단수취급) 장터, 축제 장소, 박람회장. 「에 드는.
fair-haired [⁴hέərd] 图 **1** 금발의. **2** (상관의) 마음
fair-haired [or **blue-eyed, white-haired**] **boy** ① (윗사람의) 마음에 드는 청년. **2** 유망한 사람.
fáir héll 图 (美속어) 천재, 뛰어난 사람.
fáir hóusing 图 (美) 공정 주택 거래(인종·성 차별을 금하는 주택 매매·임차 등).
fair·i·ly [féərəli] 图 요정처럼; 우아하게.
fair·ing¹ [féəriŋ] 图 (항공) 정형(整形)(비행기 따위를 유선형으로 다듬는 일); ⓒ 유선형의 덮개.
fair·ing² 图 (스코) 당연한 보답[보수, 벌]. [환, ~·**ly**
fair·ish [féəriʃ] 图 **1** 어지간한, 상당한. **2** 꽤 살결이
Fáir Ísle [féər-] 图 **1** 페어 아일(스코틀랜드 북쪽 Shetland 제도의 최남단 섬). **2** 페어 아일(여러가지 색의 기하학적 무늬가 특색인 편물).
fair·lead [féərli:d] 图 페어 리더, 도삭기(導索器) (선박·크레인 따위의 밧줄 얽힘·마모 방지를 위한 도삭 쇠붙이 장치); (항공) 삭도관(索導管). (또는 **fairleader**)
fáir·light [féərlàit] 图 (英) =transom window.
★fair·ly [féərli] 图 (*more* ~; *most* ~) **1** 공평[공정]하게, 공명정대하게. ¶treat a person ~ 남을 공정하게 대하다/It may ~ be said that …이라고 말해도 괜찮을 것이다. **2** 꽤, 상당히. ¶~ good 꽤 좋은. **3** 완전히, 아주, 충분히, 정말로. ¶He is ~ beside himself with anger. 그는 화가 나서 정말로 제정신이 아니다. **4** 잘, 멋지게, 적당히. ¶It cannot be ~ described. 그것은 잘 표현할 수가 없다. **5** 명백히, 분명히.
fairly and squarely 공정하게, 당당하게.
fáir márket príce[válue] 图 공정 시장 가격.
fair-mind·ed [⁴máindid] 图 (판단 따위가) 공평한, 공정한, 편견이 없는. ~·**ly** 图 ~·**ness** 图
★fair·ness [féərnis] 图ⓤ **1** 공정, 공평, 공명 정대. **2** 금발, (피부의) 힘; 아름다움.
in [or **out of**] **fairness** 공정[공평]하게 보아[말하면].
fáirness dóctrine 图 (美) (라디오·TV 토론에서) 반론의 기회를 주는 공정[기회 균등]의 원칙.
Fáir Óaks 图 페어 오크스(미국 Richmond 부근의 남북 전쟁 격전지). (또는 **Séven Pínes**)
★fáir pláy 图 **1** 정정당당한 시합 태도, 페어플레이. **2** 공명정대한 행동[조치]; 공정한 취급[대우]. 図 **foul play** 「한 질문.
fáir quéstion 图 (대답하기 까다로운) 아주 적절
fáir séx 图 (the ~) (집합적: 단·복수 양용) 여성
fáir sháke 图 (美구어) 공평한 조치[취급].
a fair shake of chance 좋고, 좋은 기회.
fair-sized [⁴sáizd] 图 중간 정도 크기의.
fair-spo·ken [⁴spóukən] 图 (말씨가) 공손하게, 상냥한; 구변 좋은. ~·**ness** 图 「만한, 수수한.
fair-to-mid·dling [⁴təmídliŋ] 图 (구어) 그저 그
fáir tráde 图 (경제) 공정 무역[거래], 호혜 통상.
fair-trade [⁴tréid] 图图 (상품)을 공정 거래 협정하에 팔다. — 图 공정 거래의, 공정 거래 협정(가격)의. ¶a ~ price 공정 거래 가격. -**trád·er** 图
fáir-tráde agréement 图 (美) 공정 거래[호혜 무역] 협정. 「위원회(@ FTC).
Fáir Tráde Commíssion 图 (the ~) 공정 거래
fáir-tráde láw 图 공정 거래법.
fáir úse 图 공정 사용(저작권이 있는 문장을 판권 소유자의 동의없이 비평이나 인용을 위해 사용하는 것).
fair·water [féərwɔ̀:tər, -wὰt-] 图 (해사) 페어워터(선체에 대한 물의 저항을 줄이기 위한 유선형 구조).
fáirwater cáp 图 (해사) 페어워터 캡(프로펠러축(軸)의 끝을 덮어서, 물의 흐름을 조정하는 유선형의 캡).
fair·way [féərwèi] 图 **1** 장애물이 없는 통로. **2** (골프) 페어웨이(티(tee)와 그린(putting green) 사이의 잔디발). **3** (해사) (강·항구 따위의) 가항(可航) 수로.
fair-weath·er [⁴wèðər] 图 좋은 날씨에만 적합한; 비상시에는 믿지 못할; 열의가 없는. 「되는 친구.
fair-weather friend 图 정작 필요할 때 도움이 안
★fair·y [féəri] 图 (*pl.* **fair·ies** [-z]) **1** 요정(妖精). **2** (구어) (경멸적) 동성애 남자, 호모(homosexual). — 图 **1** 요정의. **2** 요정 같은; 우아한. ¶a ~ form 우아한 자태. **3** 가공의, 상상속의. ~·**like** 图
fair·y-cake [-kèik] 图 (英) 소형 스펀지 케이크.
fáiry círcle 图 =fairy ring. 「(또는 **fáiry cáke**)
fáiry cýcle 图 (英) 유아용 자전거.
fair·y·dom [féəridəm] 图 =fairyland. 「는 식물.
fáiry fán 图 향기가 짙은 심홍색의 부채 모양 꽃이 피
fáiry gódmother 图 아주 친절한 사람, 독지가; 못하지 않을[난처할] 때 도와주는 사람. (<*Cinderella*>
fáiry gréen 图 황록색. (또는 **fáiry**)
fair·y·hood [féərihùd] 图ⓤ 요정임, 요정다움; (집합적) 요정. 「정 실재설.
fair·y·ism [féəriizm] 图 요정다움, 요정적 성질; 요
fáiry lády 图 (美속어) 여자 역의 레즈비언.

fáiry làmp 명 장식 램프[꼬마 전구].

***fáir·y·land** [féərilænd] 명 (종종 F-) 1 ⓤ 요정의 나라, 동화의 나라. 2 선경(仙境), 도원경.

fáiry líghts 명복 (英) (크리스마스 트리 장식용의) 색갈 있는 꼬마 전구.

fáiry mòney[góld] 명 요정한테서 얻은 돈; 주운 돈.

fáiry pènguin 명 쇠푸른이펭귄(호주산(產)).

fáiry rìng 명 요정의 고리(잔디밭 위에 균이 검푸르게 고리 모양으로 난 것; 요정들이 춤 춘 자리라고 믿었다).

fáiry stòne 명 요정석. 1 화석 또는 기묘한 형태의 돌. 2 고대의 거석 기념물.

‡**fáiry tàle[stòry]** 명 동화; 가공의[꾸민] 이야기, 거짓말. **fáir·y-tàle, fáir·y-tàle·ish** 형 〔 러운. 〔<F〕

fai·san·de [féizɑ:ndéi/´-`] 형 젊간해는, 부자연스
fait ac·com·pli [F fɛtakɔ́pli] 명 (목 -s -s [fɛzakɔ́pli]) 기정 사실. 〔<F〕 〔십시오. 〔<F〕
faites vos jeux [F fɛt vo ʒø] (룰렛에서) 돈을 거

‡**faith** [feiθ] 명ⓤ 1 신뢰, 신용 (in). ⇒BELIEF 유의어. ¶lose ~ in science 과학을 신뢰하지 않게 되다. 2 신념; 확신, 자신(in); (남에 대한) 신뢰 with unshaken ~ 흔들리지 않는 신념을 갖고 // lack ~ in education 교육에 대한 신념이 없다. 3 신앙, 믿음 (in); 신앙심. ¶ have ~ in God 하느님을 믿다. 4 ⓒ 신조, 교리; 종교: (the ~, the F-) 진정한 종교, 기독교. ¶ the Christian (Jewish, Mohammedan) ~ 기독[유대, 마호메트]교. 5 지켜야 할 의무; 약속, 서약. 6 (의무·책무의) 준수, 충실; 이행; 신의, 성실. 〔다(with).
be of the same faith in ... 에 관해 신념을 같이하
break [keep] one's faith 맹세[약속]를 깨뜨리다[지키다].
by [or on] one's faith 맹세코, 틀림없이. 〔키다.
by the faith of (고어) …에 걸고[맹세코], 확실히.
faith, hope, and charity 믿음, 소망, 사랑(기독교의 3덕)
give faith to ... 을 믿다. 〔의 세가지 덕).
give [or engage, pledge, plight] one's faith 약속하다, 서약하다.
in faith (고어) 참으로, 실로. 〔속하다, 서약하다.
in good [bad] faith 성실[불성실]하게; 신뢰[불신]하여.
in one's faith 성의를 갖고, 성심껏. 〔배신하여.
keep [break] faith with …와의 약속을 지키다[깨뜨리다]; 〔신념 따위를) 충실히 지키다[저버리다].
keep the faith 신념을 끝까지 지키다: (속어) (명령형으로) 힘내라, 정신차려라.
lose faith in …을 신뢰하는 마음을 잃다.
on faith 의심하지 않고, 신뢰하여.
on the faith of …을 신용하여, …의 보증으로.
pin one's faith on [or to] …을 굳게 믿다.
put faith in …을 신용하다.
faith-based [féist] 형 신앙[종교]을 바탕으로 하는, 종교적인.¶~ organizations 종교 단체.
fáith cùre 명 (기도 따위에 의한) 신앙 요법; 신앙에
fáith cùrer 명 신앙 요법가. 〔의한 치유.
fáith dòctor 명 (美남부) 기도 치료사.

‡**faith·ful** [féiθfəl] 형 (more ~; most ~) 1 충실한; 신의 있는, 약속을 지키는 (to, in); ¶ a public official 의무에 충실한 공무원/remain ~ to one's wife 아내에게 충실하다.

유의어 **faithful** 약속·맹세·책임 따위로 맺어진 상대·애정·에게 마음이 끝까지 언제까지나 변함없는. **loyal** 주인·국가·소속 단체·주의 따위에 충실하여 이에 배반시키려고 하는 자에게 저항하는.

2 신뢰할 만한, 믿을 수 있는. ¶ a very ~ source 믿을 만한 소식통, 그대로의, 정확한. ¶ a copy 원본 그대로의 사본/a ~ translation 충실[정확]한 번역. 4 (폐어) 신앙이 두터운, 독실한.
be [or stand] faithful to …에 충실[성실]하다.
—명 1 (보통 the ~) (집합적·복수취급) 신자, (특히 기독교·회교의) 충실한 신자들. 2 충실한 회원[신봉자, 지지자).
~·ness

‡**faith·ful·ly** [féiθfəli] 부 (more ~; most ~) 1 충실하게, 성실히. ¶ deal ~ with …에게 거짓없이 말하다. 2 정확히. 3 (구어) 굳게 (보증하여). ¶ promise ~ 굳게 약속하다.
Faithfully yours; (英) Yours faithfully 재배(再拜)(편지의 끝맺음 말).

fáith hèaler 명 =faith curer.
fáith hèaling 명 =faith cure.

*__**faith·less** [féiθlis] 형 1 신의 없는, 불성실한; 부정(不貞)한 (to). 2 (사람·도구 등이) 믿지 못할. 3 신념이 없는, 회의적인: (드물게) 신앙 없는. ~·ly ~·ness

fai·tour [féitər] 명 (고어) 사기꾼, 협잡꾼.
faits di·vers [féi di:véər] 명복 신문 기사 거리; 가십; 하찮은 사건. 〔<F〕
fa·ja [fá:hɑ:] 명 파하(스페인이나 중남미의 남자들이 두르는 밝은 색조의 넓은 장식띠). 〔<Sp〕

*__**fake**¹ [feik] 타재 ⓣ [예술 작품 따위] 위조하다; 조작하다, 모조하다 [예술 작품 따위] 위조하다(up). ¶ (~+目+閉) ~ (up) news 기사를 날조하다. 2 〔결점 등을) 숨기다; …을 손질하다, 윤색(潤色)하다(up). ¶ ~ the story a bit 이야기를 약간 윤색하다. 3 …인 체하다. ¶ ~ illness 아픈 체하다. 4 (구어) …을 속이다; (…에게 속이는 동작을 쓰다(out). 5 〔재즈〕 …을 즉흥적으로 연주하다. — 자 1 날조하다; 가장하다. 2 〔스포츠〕 속이는 동작을 하다.
fake it (美속어) 아는 체할 수 있는) 체하다; 허세를 부리다; (재즈 연주자가) 즉흥적으로 연주하다.
fake off (美속어) 빈둥거리다, 게으름 피우다.
fake out ① 〔스포츠〕 (상대)에게 속이는 동작을 쓰다. ② (…을) 속이다, 기만하다.
— 명 1 모조품, 가짜; 거짓 정보[이야기]. 2 사기꾼; 가짜 물건·물건 등이) 가짜의, 가짜의, 위조의(counterfeit).

fake² [해시] 명 (돌돌 만 밧줄의) 한 사리. — 타 (밧줄) 사리다, 돌돌 말다(down). (또는 flake)

fáke bóok (美) (무단 제작한 편곡) 악보
fa·keer [fəkíər] 명 = fakir.
fake·ment [féikmənt] 명 (구어) 모조품, 날조물; 사기, 속임수; 책략.
fak·er [féikər] 명 (구어) 날조[위조]자; 사기꾼, 협잡꾼; (믿지 못할 물건을 파는) 노점 상인, 도붓장수.
fak·er·y [féikəri] 명 속임수, 협잡, 위조(품).
fak·ey [féiki] 형 (구어) 모조품[가짜]의.
fa·kir [fəkíər, féikər/féikiə] 명 (회교·힌두교의) 고행자; 탁발승(흔히 기적을 행한다고 여겨지고 있다).
fa·la·fel [fəlɑ́:fəl] 명 (중동요리) 펠라펠(조미한 야채를 넣어 납작하게 말아서 만든 빵). (또는 falafil, felafel)
fa·lan·ga [fəlɑ́:ŋgə, -lǽŋə] 명 (그리스에서) 발바닥을 치는 고문.
Fa·lange [féilændʒ/fəlǽndʒ] 명 팔랑헤 당(스페인 내란 후 정권을 잡은 파시스트 당). **Fa·lán·gist**
fal·ba·la [fǽlbələ] 명 (17세기경 여성복의) 옷자락
fal·cate [fǽlkeit] 형 갈고리 [낫] 모양의. 〔장식.
fal·cat·ed [fǽlkeitid] 형 = falcate.
fal·chion [fɔ́:ltʃən, -ʃən] 명 (언월도(偃月刀) 비슷한 중세의) 폭이 넓고 날이 뒤로 잦혀진 칼; (시) 칼, 검.
fal·ci·form [fǽlsəfɔ̀:rm] 명 갈고리[낫] 모양의.

*__**fal·con** [fɔ́:lkən, fɔ́:k-, fǽl-] 명 1 매(매(鷹科)의 새). 2 (매사냥용의) 매, 암매. 3 (15-17세기의) 경포(輕砲). 4 (구어) 폴컨(미공군의 공대공 미사일).
(as) swift as a falcon (매처럼) 아주 빠른.
— 자 매사냥을 하다.

-co·nine, -co·nòid 형

fal·con·er [fɔ́:lkənər, fɔ́:k-, fǽl-] 명 1 매를 부리는 사람, 매부리; 매사냥꾼. 2 매 길들이는 사람. 「產).
fal·co·net¹ [fɔ́:lkənèt, fǽl-] 명 매의 일종(아시아산)
fal·co·net² [fɔ́:lkənèt] 명 (15-17세기의 소형 경포(輕砲)).
*__**fal·con-gen·tle** [-dʒéntl] 명 송골매의 암컷: (일반적으로) falcon의 암컷. (또는 **fálcon-géntil**)

fal·con·ry [fɔ́:lkənri, fɔ́:k-, fǽl-] 명U 매 길들이는 법; 매사냥.

fal·da [fáldə/fɔ́l-] 팔다(교황의 의식용 흰 비단옷).

fal·de·ral [fǽldərǽl] 명 =folderol.

fald·stool [fɔ́:ldstù:l] 명 (사제(司祭)용의 등 없는) 접는 의자; (영국 교회에서 쓰는) 연도대(連禱臺).

Fa·ler·ni·an [fələ́:rniən] 명형 팔레르노 백포도주 (이탈리아의 Campania 지방산; 고대 로마인이 애용).

Fa·lis·can [fəliskən] 명 1 (獨 ~(s)) 팔리스키 사람(에트루리아 남부에 살던 고대인). 2 [언어명](語).
─ 형 팔리스키 사람의, 팔리스키어의.

Fálk·land Íslands [fɔ́:klənd-] 명(the ~) 포클랜드 제도(남대서양의 Magellan 해협 동쪽에 위치한 영령(英領) 군도; 1984년 영유권을 둘러싸고 영국·아르헨티나 군사 충돌), (또는 **Falklands**)

Fálklands Fáctor (英) 예기치 않은 사건으로 정당 지지율이 높아지는 현상.

‡**fall** [fɔːl] 통 (~s [-z]; fell; ~·en) 1 떨어지다, 낙하하다; 추락하다; (비·눈·서리·이슬이) 내리다; (잎·꽃이) 지다; (머리카락이) 빠지다; (막 따위가) 내리다(down)(from, off, over, out of, into, on, onto). ¶Rain is ~ing. 비가 내리고 있다/Her hairs have ~en. 그녀의 머리카락이 빠졌다 // (~+前+名) Apples ~ off the tree. 사과들이 나무에서 떨어진다.
2 넘어지다, 쓰러지다; 무릎을 꿇다, 엎드리다(down, over)(to, on). ¶The old man stumbled and fell. 그 노인은 비틀하고 넘어졌다 // (~+前+名) ~ on one's knees[face] 무릎을 꿇다[엎드리다].
3 (머리카락·수염·옷자락 따위가) 늘어지다. ¶(~+前+名) Her hair ~s loosely to her shoulders. 그녀의 머리카락은 어깨까지 축 늘어져 있다.
4 (눈 따위가) 아래로 향하다; (시선·혐의 따위가)…로 향하다(on). ¶Her eyes fell. 그녀는 눈을 내리 깔았다/Suspicion fell on her. 그녀에게 혐의가 돌아갔다.
5 (값·가치 따위가) 떨어지다, 하락하다. (온도 따위가) 낮아지다(國 rise); 감소하다; (복이) 약해지다 ̇(물·주수가) 빠지다; (바람 따위가) 약해지다, 자다; (목소리가) 낮아지다. (대화 따위가) 그치다. ¶Prices are ~ing. 물가가 떨어지고 있다/His temperature fell. 그의 체온이 내려갔다/The wind has ~en. 바람이 갔다.
6 (안색 따위가) 생기를 잃다, 침울해지다, 낙심하다. ¶Her face fell. 그녀의 얼굴이 침울해졌다/~ at the news 그 소식에 침울해지다.
7 유혹에 지다; 타락하다, 죄를 범하다; 정조[순결]를 잃다. ¶(~+前+名) ~ into temptation 유혹에 지다.
8 실각하다(from); (내각 따위가) 쓰러지다; (품위 따위가) 떨어지다, 실추되다. ¶(~+前+名) The president fell from the people's favor. 대통령은 인기가 떨어졌다.
9 (적의 손에) 떨어지다, 함락되다, 공격에 굴복하다 (to). ¶(~+前+名) The city fell to the enemy. 그 도시는 적에게 함락되었다.
10 (상처 입고) 쓰러지다, (전장에서) 죽다. ¶~ in battle 전사하다 // (~+補) The horse fell dead. 그 말은 쓰러져 죽었다.
11 (어떤 관계·상태로) 되다, 빠지다. ¶(~+補) ~ asleep 잠들다 // (~+補) ~ heir to an estate 재산 상속인이 되다/~ into a bad habit 나쁜 버릇이 생기다/~ into one's hand 손에 들어오다.
12 (밤·어둠·계절 따위가) 다가오다; (재난·불운 따위가) 엄습해오다, 덮치다(on, upon, over). ¶Evening is ~ing fast. 밤이 빨리 다가오고 있다 // (~+前+名) Darkness fell upon the village. 어둠이 그 마을을 덮었다/Sleep [Fear] fell suddenly upon them. 졸음[공포]이 갑자기 그들에게 닥쳐왔다. **13** (명예·유산 따위가) …의 것이 되다, …에게 주어지다(to); (선택·배당 따위가) …에게 돌아가다; (부담·의무가) …의 어깨에 걸리다(on, on). ¶The expenses fell on [or to] me. 경비는 내가 부담하게 됐다/The property fell on [or to] his daughter. 재산은 그의 딸의 것이 되었다. **14** (휴일·기념일 따위가) (어떤 일시)에 해당되다; (악센트 따위가) …에 오다, 위치하다(on). ¶My birthday ~s on a Sunday this year. 내 생일은 금년엔 일요일이다/The accent of this word ~s on the first syllable. 이 단어의 악센트는 첫음절에 있다. **15** (도둑 등을) 만나다, …(에게) 습격당하다; (…와) 어울리다, 한패가 되다(among, into). ¶~ among thieves 도둑을 만나다/~ into the wrong crowd 불량배들과 어울리다. **16** (자연히) 나뉘다, 분활되다(into). ¶(~+前+名) The plays of Shakespeare ~ distinctly into four periods. 셰익스피어의 극은 뚜렷이 4기로 나뉜다. **17** (땅이 아래로) 경사지다(away)(off, to), 내려앉다; (강이) 흘러들다 (into). ¶(~+前+名) The river ~s into the sea. 그 강은 바다로 흘러든다 / The land ~s to the river. 그 토지는 강쪽으로 경사져 있다. **18** (광선·시선 따위가) …으로 향하다, 떨어지다, 비치다. **19** (건물 따위가) 무너지다, 붕괴하다(down, over)(to). ¶(~+前+名) ~ to pieces 산산이 부서지다 // (~+副) The building fell asunder. 그 건물은 산산이 무너졌다. **20** (목소리·말이) 새어나오다, 말하여지다. ¶(~+前+名) Not a word fell from his lips. 그의 입에서는 한마디도 나오지 않았다. **21** (짐승 새끼, 특히 양이) 태어나다. **22** (카드놀이) (패가) 죽다. **23** (속어) (사람이) 체포되다. **24** (크리켓) (타자가) 아웃되다.
─ 타 1 (美·英語) (나무를 베어 넘기다, 벌채하다; (뉴질·濠) (동물을) 죽이다. **2** (고어) (눈물을) 흘리다; (무기를) 버리다. **3** (페어) (지분·배당 따위를) 받다.

fall aboard ①…와 싸우다, 말다툼하다(with). ② (다른 배의) 뱃전에 부딪치다; …을 공격[습격]하다.

fall about ① 비틀거리다. ② 배꼽을 쥐고 웃다.

fall about laughing [or **with laughter**] =fall about ②.

fall abreast of …과 나란히 되다.

fall across …과 우연히 만나다.

fall a-doing (고어) …하기 시작하다. ¶~ a-crying 울기 시작하다.

fall all over (구어) …을 지나치게 치켜세우다. 노골적으로 칭찬하다.

fall (all) over oneself; fall over backward(s) (구어) (…하려고) 기를 쓰다, 안간 힘을 다하다(to do, for).

fall among 우연히 …속에 끼다, 함께가 되다; (도둑 따위를) 만나다.

fall apart ① 산산조각나다, 부서지다. ② (구어) 실패로 끝나다. ③ (구어) (제도·조직 따위가) 분열[와해, 붕괴]되다; (관계·거래 따위가) 무너지다; (사람·부부 등이) 갈라서다. ④ 노이로제에 걸리다.

fall a prey [or **victim**] **to** …의 희생물이 되다.

fall asleep at the switch [or **wheel**] 방심하다, 의무를 태만히 하다.

fall astern 다른 배에 뒤쳐지다, 추월당하다.

fall away ① 떨어져 나가다, 벗겨지다. ② (군중이) 흩어지다, 이탈하다; 주의[신앙 따위]를 버리다, 변절하다(from). ③ (생산·수 등이) 줄다(to); 쇠퇴하다, 멸망하다. ④ (땅이) 기울다, 경사지다(to).

fall back on [or **upon**] ① (군대가) …으로[까지] 퇴각하다, 철퇴하다. ② (저축·원조 등)에 의지하다.

fall behind ① 진도가 뒤떨어지다(in, with). ② (지불·일 따위가) 늦어지다. ③ (경쟁 따위에)…에게 뒤지다.

fall below (생산·연료 따위가) (기준·표준) 이하가 되다, …을 하회하다; …에 미치지 않다.

fall beneath ① (차·물건 따위)에 깔리다. ② (사람·사상 따위)의 영향[감화]을 받다.

fall between the cracks (정부·회사 따위의 문제가) 누구도 책임을 지지 않는 상태가 되다.

fall by (美속어) (예고 없이) 방문하다.

fall by the way (일 따위를) 도중에 내팽개치다.

fall calm (바람이) 자다, 가라앉다.
fall dead 죽어 넘어지다.
fall down ① 쓰러지다; 엎드리다; 병상에 눕다. ② **(구어)** (시험·일 따위에) 실패하다, (…을) 망치다(*on*). ③ (일·계획 따위가 …의 점에서) 잘 안되다(*on*). ④ **(구어)** (책임·약속 따위를) 안 지키다(*on*).
fall down and go boom **(美속어)** ① 자빠지다, 푹 쓰러지다. ② 크게 실패하다.
fall down on the job **(구어)** 제대로 일을 안 하다.
fall due (어음이) 만기가 되다.
fallen off the back of a lorry 훔친 물건의, 부정으로 입수한.
fall flat ⇨ FLAT.
fall (flat) on *one's **ass*** **(美속어)** ① 완전히 실패하다. ② 〖항공〗 (날씨가) 운항 못하도록 궂다.
fall for **(구어)** ① …에게 속다, 걸려[말려] 들다. ② …에게 반하다, …을 좋아하게[사랑하게] 되다(~ in love with).
fall foul of ⇨ FOUL.
fall from ① (…으로부터) 떨어지다. ② (세력 따위를) 잃다, 실각하다. ③ (군주 따위에 대한) 충성을 저버리다.
fall home (뱃전이) 안쪽으로 휘다.
fall ill **(英)** 병에 걸리다.
fall in ① (…에) 빠지다, 떨어지다; 내려앉다, 꺼지다, 안쪽으로 무너지다, 무너져 …이 되다. ¶ *~ in two* 떨어져서 둘로 갈라지다. ② 〖군사〗 (병사가) 정렬하다; (병사를) 정렬시키다. ¶*F- in!* **(구어)** 전원 집합. ③ 마주치다. ④ 일치하다, 동조하다. ⑤ (빚의 차용 기한이 다 되다; (자금이) 쓸 수 없게 되다; (토지·집의) 차용 기간이 다 되다. ⑥ **(슬랭)** 잘못을 저지르다; 실패하다.
fall in alongside [or ***beside***] (앞서 가는 사람과) 합류하여 걷다.
fall in for (비난·동정 따위를) 받다; 〖법〗 (을) 받다.
fall in love with …에게 반하다, …와 사랑을 하다.
fall in on [or ***upon***] *oneself* 정신 이상을 일으키다.
fall into ① …에 빠지다, (어떤 상태)이 되다, ②…으로 나뉘다, 분류되다. ③ (강 따위에) …으로 흘러들다. ④ 〔자기의 장소〕에 서다. ⑤ …에 종사하다; 〔이야기 따위〕를 하기 시작하다.
fall into line ① =***fall in***. ② (…과) 일치하다, (…에) 동의[동조]하다, (…를) 인정하다(*with*).
fall into place (의론·이야기 따위가) 앞뒤가 맞다.
fall in with ①…과 우연히 마주치다; …과 한패가 되다. ②…에 동조하다, 일치하다; …과 조화[부합]하다.
fall low 타락하다.
fall off ① (분리되어) 떨어지다. ⇨㉺1. ② 분리[이탈]하다(*from*). ③ 소원해지다; 변절하다. ④ 작아[적어]지다, (수량·강도가) 줄다, 감소되다, (기운·흥미 따위가) 없어지다, (체력·기력 따위가) 쇠퇴하다. ⑤ (질이) 저하되다, (장사가) 불황이 되다. ⑥ 〖항해〗 침로에서 벗어나다, 바람 불어가는 쪽으로 밀리다. ⑦ 〔해안선 따위가〕 굴곡하다.
fall off *one's **chair*** 깜짝 놀라다.
fall off the roof **(美속어)** 생리가 시작되다.
fall on [or ***upon***] ①…위에 떨어지다, 쓰러지다; …으로 돌려지다, 쏠리다, ② (밤이) …에 닥쳐오다, (졸음 따위)을 엄습하다. ③ (추첨 따위가) …에게 당첨되다; (부담이) …에게 떨어지다; (어떤 날이) …에 해당되다; …에 있다. ④ …을 습격[공격]하다. ⑤ …에 마주치다, …을 경험하다(* 보통 바람직하지 못한 일에 쓰인다). ⑥ …과 우연히 마주치다. ⑦ …에 문득 생각이 미치다; …을 숙고하다.
fall on [or ***upon***] *one's **feet*** ⇨ FOOT.
fall out ① (병사 등이) 대열에서 이탈하다. (군대를) 해산시키다. ¶*F- out!* **(구어)** 해산. ② (…와) 일치하지 않다, 사이가 나쁘다, 싸우다(*with*). ③ 결과가 …으로 되다, 일어나다. ¶ It may never ~ *out* that we meet again. 우리가 다시 만나는 일은 없을 것이다. ④ (치아·머리카락 따위가) 빠지다; (방사성 물질·폐기물 따위가) 유출되다. ⑤ 중퇴하다, 탈락하다. ⑥ **(美속어)** 당황하다, 놀라다; 죽다. ⑦ 낙후하다; 체념하다. ⑧ 바깥쪽으로 떨어지다.
fall out of …로부터 떨어지다, 밖으로 나오다, 빠져 나오다.
fall out of bed ① 침대에서 일어나다[나오다]. ② (물가가) 갑자기 떨어지다; (양이) 격감하다.
fall outside …의 범위 밖에 있다, …에 포함되지 않다.
fall over ① 떨어지다, 넘어지다; …위를 덮다, …를 엄습하다. ② …에 걸려 넘어지다. ③ …의 맞은 편에 떨어지다. 「서로 겨루다, 경쟁하다.
fall over one another [or ***each other***] **(구어)**
fall short (of) (…에) 미치지 못하다, 어긋나다.
fall sick =***fall ill***.
fall through 수포로 돌아가다, 실패하다.
fall through the floor **(구어)** 깜짝 놀라다.
fall to ①…으로 떨어지다, 쓰러지다, 내리다, 늘어지다. ② (땅이) …쪽으로 하향 경사지다. ③ …의 공격에 굴하다, 함락되다. ④ …의 것이 되다. ⑤ (특히) 〔일·의논·싸움 따위〕를 시작하다; …에 종사하다. ¶~ *to* work 일에 착수하다 / ~ *to* blows 치고 받기 시작하다. ⑥ 먹기 시작하다. ⑦ (문 따위가) 저절로 닫히다.
fall together 〖음성〗 (두 개의 음이) 같다, 일치하다.
fall to pieces 산산이 부서지다; (계획이) 좌절되다.
fall to the ground ① 땅에 넘어지다. ② (계획·시도 따위가) 실패로 끝나다.
fall under ①…의 영향을 받다; …의 관할[지배] 아래 들어가다, …의 책임이다. ②…의 범위[부류]에 들어가다; …에 해당하다.
fall up **(美속어)** 방문하다; 도착하다.
fall (way) back 물러나다, 퇴각하다(*to*).
fall wide of 빗나가다.
fall within …의 범위에 들어가다, …에 포함되다.
let fall ⇨ LET.

— 圄 (⊗) ~s [-z] 1 ⓤⓒ **(美)** 가을(* *fall of leaves* (낙엽의 계절)에서). ⇨AUTUMN. ¶the ~ *of 2002* 2002년의 가을. **2** 낙하, 강하, 추락, 강하(*from*). ¶the ~ of leaves 낙엽 / the ~ of teeth[hair] 이[머리카락]가 빠짐 // a ~ *from* one's horse 낙마. **3** 강수[강설](량); 낙하물, 강하물. ¶a heavy ~ of rain 호우 / a six-inch ~ of snow 6인치의 강설. **4** (물가·가치 따위의) 하락, 저하, 감소; (명성·지위 따위의) 실추. ¶a ~ *in* prices [stocks] 물가(주가)의 하락 / a ~ *in* temperature 온도의 하강. **5** (보통 a ~, the ~) 낙하[강하] 거리, 낙차. ¶ The stream has a ~ of three feet. 그 흐름은 낙차가 3 피트이다. **6** (~s) (단·복수 양용) 폭포. ¶ (the) Niagara *Falls* 나이아가라 폭포.

> USAGE 폭포 이름과 정관사──**(英)**에서는 보통 the를 붙이지만, **(美)**에서는 Niagara Falls처럼 널리 알려진 것에는 무관사다. 또 the Guryong Falls(구룡 폭포)처럼 미국인이 잘 모르는 것은 the를 붙인다. 단, 폭포명이 그곳 지명과 일치할 때는 그것과 구별하기 위해 the Niagara Falls라고 하는 경우도 있다. 또 Niagara Falls 따위처럼 무관사의 특정 폭포명은 단수 동사로 받는다.

7 내리받이, 경사, 구배; (만(灣)으로의) 유입(流入). ¶ a conduit with a sharp ~ 가파른 하향 경사를 이룬 도관(導管) // the ~ of the Mississippi *into* the Gulf of Mexico 미시시피강의 멕시코만으로의 유입. **8** 넘어짐, 전도(轉倒); 붕괴, 도괴, 도괴. ¶the ~ of a church tower 교회 탑의 도괴. **9** (수목의) 벌채(량). **10** 늘어짐, 늘어진 것, 늘어진 주름 장식; (모자의 뒤로 늘어진) 베일; (테리어개 얼굴 위의) 늘어진 털. **11** (a ~, the ~) 유혹에 빠짐; 타락, 전락; 순결[정조]을 잃는 것, 불륜; (the F- (of Man)), 때로 the f-) 〖신학〗 (원죄에 의한) 인류의 타락. **12** (the ~) (도시 등의) 함락; 멸망, 몰락. ¶the rise and ~ of the Roman Empire 로마 제국의 흥망. **13** **(속어)** 체포. **14** (악센트 따위의) 올바른 위치. ¶the ~ of an accent 악센트의 바른 위치. **15** (데슬링) 폴, 한판(승부). **16** 〖기계〗 (권양기(卷揚機)의) 밧줄, 도르랫줄

17 (~s) 〔해사〕 (선박의) 밧줄. 18 (짐승의) 출산; 한 배의 새끼의 수. 19 (사냥) 함정(deadfall). 20 〔채광〕 (갱도 내의) 낙반, 낙석. 21 〔스코〕 운, 운명.
at the fall of the day 해질 녘에.
go over the falls (美속어) 〔서핑〕 컬(curl)을 타다.
have [*or* ***get***] ***a fall*** 넘어지다, 쓰러지다.
ride for a fall (낙마한 듯이) 무모하게 말을 몰다; 위험한[무모한] 짓을 하다.
take a fall [*or* ***dive***] (美속어) ① 유죄 판결을 받다. ② (권투) 일부러 다운되다. 〔법〕
take [*or* ***get***] ***a fall out of*** (구어) …에게 이기다.
the fall of life 만년.　　　　　　　[…을 물리치다.
the fall of the leaf 낙엽의 계절, 가을.
the fall of the year 연말.
try a fall (…와) 한판 겨루다; 시합하다 (*with*).
— 图 가을의, 가을에 쓰이는[여무는].¶a ~ apple 가을 사과/the ~ term 가을 학기.

fal·la·cious [fəléiʃəs] 图 **1** 그릇된, 불합리한. **2** 남을 현혹시키는; 믿을 수 없는, 허위의. **3** 기대에 어긋나는. **~·ly** 團. **~·ness** 图.

fal·la·cy [fǽləsi] 图〖U〗 **1** 그릇된 생각[믿음]; 잘못. ⇨MISTAKE 〖유의어〗 **2** 그릇된[불합리한] 논법[추론], 오류. **3** 〖논리〗 허위, 착오; 궤변. **4** 허위성, 기만성.

fal-lal [fǽllǽl] 图 (주로 ~s) 화려한[번지르르한] 장신구, 겉치레장식, (머리의) 리본. (또는 **fal·lal**).

fal·lal·er·y [fǽllǽləri] 图 (집합적) 화려한[겉치레뿐인] 장식류, 번지르르한 싸구려.　　　[이탈자.

fall-a·way 图 〔美〕 (가톨릭으로부터의)

fall·back [fɔ́ːlbæ̀k] 图 **1** 후퇴, 철수. **2** (만일의 경우) 의지가 되는 것[사람], 대안, 예비(비축)물. **3** (일이 없는 때의) 최저 보장 임금. **4** 〖컴퓨터〗 예비[대체] 시스템. — 图 (또는 **fáll-bàck**) 예비의, 대체용의.

fállback position 图 (태세 정비를 위한) 후방 진지, 후퇴한 기반.

fall·board [fɔ́ːlbɔ̀ːrd] 图 (피아노의) 건반 덮개.

‡**fall·en** [fɔ́ːlən] 图 fall의 과거분사.
— 图 **1** 떨어진, 낙하한; 쓰러진.¶~ leaves 낙엽. **2** 엎드린. **3** 타락한; 정조를 잃은. **4** 붕괴된, 파멸된, 멸망한. **5** 죽은.¶~ in battle 전사의. **6** (볼이) 움푹 들어간; (배·마당이) 편편한. **7** (얼굴이) 침울한. — 图 (the ~) (집합적) 전사자, 전몰자.

fállen ángel 图 **1** 타락한[지옥에 떨어진] 천사. **2** (증권) (가격 상승을 기대하다 사들이는) 가격 하락 주식.

fállen árches 图【의】편평족(扁平足), 마당발.

fállen wóman 图 (혼외의) 순결을 잃은 여성; (美속어) 창녀(prostitute).

fall·er [fɔ́ːlər] 图 **1** 쓰러지는 사람; 떨어지는 것. **2** 떨어지며 작용하는 장치(공이·해머 따위). **3** 〔섬유〕 폴러(방적기에서 섬유를 빗는 기구).　　　　[의 고기.

fall-fish [fɔ́ːlfìʃ] 图 (復 ~, ~·es) 잉어과(科)의 큰 민물

fáll frónt 图 낙하식 책장 앞판자(책장의 앞면이 덮개를 겸하고 있어, 그것을 수평으로 하면 서판(書板)이 되는 것).

fáll gúy 图 (美속어) **1** 잘 속는 사람, 봉. **2** 남의 죄를 뒤집어쓰는 사람, 희생양(scapegoat).

fal·li·bil·i·ty [fæ̀ləbíləti] 图〖U〗**1** 틀리기 쉬움. **2** 오류를 면치 못하는 것[성질], 부정확한.

fal·li·ble [fǽləbl] 图 **1** 오류를 잘 범하는, 틀리기 쉬운. **2** 오류를 면치 못하는, 부정확한. **~·ness** 图. **-bly** 團.

fall-in [-ìn] 图 방사성 폐기물.

fall·ing [fɔ́ːliŋ] 图 **1** 낙하, 추락; 강하(降下); (물가 따위의) 하락. **2** 전도(轉倒); 함락, (암석의) 붕괴. **3** 몰락; 감퇴; 타락. — 图 **1** 떨어지는; 내리는; 내려앉는.¶a ~ body 낙하물. **2** (美방언) (날씨가 금방이라도) 비가 내릴 듯한.

fálling awáy 图 배반, 배교(背敎), 탈당, 변절.

fálling bànd 图 폴링 밴드(17세기 유럽 남성복의 폭이 넓고 호화로운 옷깃).

fálling díphthong 图 〔음성〕 하강(下降) 이중 모음(제1요소에 보다 강한 강세가 오는 이중 모음; 예를 들면 [ái], [áu], [ói] 따위).

fálling dóor 图 내리닫이(문) (flap door).
fálling léaf (ròll) 图 〔항공〕 낙엽 비행(술).
fálling márket 图 내림[하락]세 시장[경기]. 「감소.
fall-ing-off [-ɔ́ːf, -ɑ́f] 图 (復 **fall·ings-**, ~s) 쇠퇴, 떨어짐; (매출 따위의)
fall-ing-out [-áut] 图 (復 **fall·ings-**, ~s) 싸움, 불
fálling síckness 图 〔고어〕 간질.　　　[화, 다툼.
fálling slúice 图 자동 수문(水門).
fálling stár 图 유성(shooting star).
fálling stòne 图 운석(隕石).
fálling tíde [wáter] 图 (the ~) 썰물.　　　[악천후.
fálling wéather 图 (美중부) 큰 비[눈]가 오는 날씨.
fáll line 图 **1** 폭포선(고원의 시작을 나타내는 선). **2** (the F– L–) 미국 동남부의 Piedmont 평원과 해안 평야와의 경계선. **3** 〔스키〕 (경사 부분의) 강하 코스.

fall-off [fɔ́ːlɔ̀(ː)f, -ɑ̀f] 图 (양·질적인) 저하, 하락, 감소.

Fal·ló·pi·an tùbe [fəlóupiən-] 图 (때로 f–) (해부) 팔로피오관(수란관(輸卵管)·나팔관). 〔<이탈리아의 해부학자 G. Fallopio(1523–62)의 이름〕

fall·out [fɔ́ːlàut] 图〖U〗**1** 방사능 낙진, 죽음의 재(폭발·분화의 강하물). **2** (예기치 않은) 부산물; 부수적인 결과[사물], 후유증. **3** (일·활동 따위의) 포기자(수), 탈락자.

fállout shélter 图 방사성 낙진 지하 대피소.

*****fal·low**[1] [fǽlou] 图 **1** (밭·토지가) 묵히고 있는, 휴한(休閑)중인. **2** (잠재력 따위가) 잠자고[썩고] 있는; (활력 따위를) 충전 중인.　　　　　　　　[자고썩고] 있는.
lie fallow ① (토지가) 묵고 있다. ② (재능 따위가) 잠
— 图〖U〗 **1** (밭의) 휴경(休耕); 휴작, 휴한.¶land in ~ 휴한지. **2** 〔농〕 땅을 묵히다, 휴경하다.
— **~·ness** 图.

fal·low[2] 图 담황(갈)색의(brownish-yellow); 진한 담황색의. — 图〖U〗담황(갈)색, 진한 갈색.　　　　[있다).

fállow déer 图 노란 사슴(유럽산(產)으로 흰 반점이

fall-pipe [-pàip] 图 수직 배수관, 홈통.

fall-plow [fɔ́ːlplàu] 图 땅을 가을에 갈다.

fall-sown [-sóun] 图 가을에 파종하는.

fall-trap [-træ̀p] 图 〔사냥〕 함정.

fáll wind 图 〔기상〕 산비탈에서 내리부는 찬 바람.

‡**false** [fɔːls] 图 (**fals·er; fals·est**) **1** 옳지 못한, 틀린, 그릇된; 당치 않은, 오해에서 나온.¶a ~ accusation 그릇된 비난/~ pride 당치 않은[어리석은] 자존심//It is ~ that... …라는 것은 옳지 않다. **2** 거짓(말)의, 허위의.¶a ~ witness 거짓말하는 증인/a ~ statement 허위 진술. **3** 불성실한 (*to*), 신용할 수 없는.¶a ~ friend 믿지 못할 친구. **4** 기만적인, 사람을 현혹시키는; 부정한; 〔법률〕 불법의. **5** 가짜의, 위조의; 대용의; 인공의.¶a ~ bank note 위조 지폐/~ diamonds 가짜[모조] 다이아몬드/under a ~ name 가명으로. **6** 보조의, 부(副)의.¶a ~ deck 보조 갑판. **7** 근거없는, 당찮은; 사려가 모자라, 무분별한.¶a ~ hope 헛된 기대. **8** 겉으로만의; 부자연스런.¶~ tear [modesty] 거짓 눈물[겸손]. **9** (음성) 의사(擬似)의; 〔의학〕 가성(假性)….¶ ~ cholera 의사 콜레라. **10** (계량 따위) 부정확한, 틀리는; (음 따위가) 가락이 맞지 않는.¶a ~ balance 정확한 저울/a ~ note 가락이 맞지 않는 음.
be false in word and deed 언행이 일치하지 않다.
be false of heart 불성실하다.　　　　　　　[(貞)하다.
be false to …을 배반하다, …에 대해 불성실[부정(不
— 團 부정직하게, 거짓으로; 불성실하게, 배반하여.
play a person false; play false with a person 남을 속이다, 기대에 어긋나게 하다, 배신하다.
ring false (이야기 따위가) 참말 같지 않다, 거짓으로 들리다.
~·ly 團. **~·ness** 图.

fálse acácia 图 아카시아의 일종(black locust).

fálse ádd 图 〔컴퓨터〕 의사가산(擬加算)(자리올림이 없는 가산, 예를 들면, 1586+9237=713으로 하는 따위).

fálse alárm 图 **1** 거짓[잘못된] 화재 신고; 허위[잘못된] 경보. **2** 터무니[근거]없는 조바심[기대]; 지나친 생각.

false arrest 983 **familiar**

fálse arrést 〔법률〕 불법 체포〔구류〕.
fálse attáck 〔군사〕 양동(陽動)〔위장〕 공격.
fálse bédding 〔지질〕 사층리(斜層理).
fálse bóttom (트렁크·상자·그릇 따위의) 이중 바닥; (선물 상자 따위의) 속넣게 만든 바닥.
fálse cárd 〔카드놀이〕 속임수패.
false-card [ˈkɑːrd] 〔카드놀이〕 속임수패를 내다.
fálse chárge 그릇된 비난; 〔법률〕 무고.
fálse cléavers 〔식물〕 꼭두서넛과(科) 갈퀴덩굴.
fálse cóin 가짜 돈〔물건〕.
fálse cólor 적외선 컬러 사진 (촬영), 유사 색채법. **fálse-cól·or** 유사 색채로 촬영〔인쇄〕한 것.
fálse cólors 가짜 국기; 정체를 속이는 것, 위장. **sail under false colors** (배가) 가짜 국기를 달고〔국적을 속이고〕 항행하다; 정체를 속이다; 위장하다.
fálse cóncord 〔문법〕 (수·격·인칭 등의) 불일치.
fálse dáwn 새벽녘〔먼동〕의 미광; 헛된 기대〔즐거움〕.
fálse éye 의안(義眼).
fálse éyelashes 가짜〔인공〕 속눈썹.
fálse fáce 가면(mask).
fálse frónt 1 (납집 따위의) 겉치레 정면 외관. 2 (머리 앞부분에 대는) 가발, 다리. 3 허식, 겉치레.
false-héart·ed [ˈhɑːrtid] 불성실한, 사기의. **~·ly** ad. **~·ness** n.
*false·hood [ˈfɔːlshùd] n. 1 □ 거짓, 허위, 진실 아님. 2 □술책〔신념·학설〕등. 3 거짓말; □ 거짓말하기. ⇒LIE¹ 〔유의어〕¶ **tell a** ~ 거짓말하다.
fálse horízon (측량기 등의) 가상 수평선〔면〕.
fálse imprísonment 〔법률〕 불법 감금.
fálse kéel 〔해사〕 부〔붙임〕 용골(龍骨).
fálse kéy 곁쇠.
fálse lábor 〔의학〕 가성(假性) 진통.
fálse-mém·o·ry sýndrome [ˈmeməri-] 〔심리〕 허위 기억 증후군(실제 일어나지 않았던 일을 기억하고 믿는 심리 상태).
fálse móve 잘못된〔경솔한〕 동작; 실수, 실책. **make a false move** 경솔하게 움직이다.
fálse position 곤란한〔오해를 살만한〕 입장. **put [or place] a person in a false position** 남을 곤란한 입장에 빠뜨리다. 〔pregnancy〕.
fálse prégnancy 〔병리〕 상상 임신(pseudo-
fálse preténses [〔英〕 **preténces**] 〔법률〕 (사취 목적의) 허위 표시; 사취(罪). 〔표시로, **by** [or **on, under**] **false pretenses** 사취로, 허위
fálse quántity (운율) 모음의 장단이 그릇됨.
fálse rib 〔해부〕 가늑골(假肋骨).
fálse ríng (풍해 따위로 생기는) 거짓 나이테.
fálse stárt 1 (수영·육상 경기에서) 부정 출발, 플라잉. 2 (사업·기획 따위의) 시작부터의 실패〔좌절〕. **make a false start** 시작〔제1보〕을 그르치다.
fálse stép 헛디딤(stumble); 실수, 실책. 〔하다. **make** [or **take**] **a false step** 발을 헛디디다; 실수
fálse téeth 의치, 틀니.
fal·set·tist [fɔːlsétist] n. 가성(假聲)을 쓰는 가수〔이〕.
fal·set·to [fɔːlsétou] n. (pl. ~**s**) 〔특히 남성의〕 가성(假聲). 2 가성 가수. 3 꾸민 목소리로 노래하는. — a. 가성으로, 꾸민 목소리의.
fálse vámpire n. 육식성의 큰 박쥐(아프리카·아시아·오스트레일리아산(產)).
fálse vócal còrds 〔해부〕 가성대(假聲帶).
fálse wíndow 〔건축〕 벽창호(壁窓戶).
fálse wítness 허위〔거짓〕 증언〔증인〕. **bear** [or **give**] **false witness** 위증하다.
false·work [ˈfɔːlswəːrk] n. □ 〔토목〕 비계, 발판.
fals·ie [ˈfɔːlsi] n. 1 (~**s**) (브래지어 안쪽에 넣는) 유방 패드, 패드 넣은 브래지어. 2 모조품.
fal·si·fi·ca·tion [fɔːlsəfikéiʃən] n. □□ 1 위조, 변조. 2 오보, 와전; 곡해. 3 반증; 반박. 4 〔법률〕 문서 변조; 위증.

fal·si·fi·er [fɔːlsəfàiər] n. 위조자; 거짓말쟁이; 곡필가, 곡해자.
fal·si·fy [fɔːlsəfài] vt. 1 …을 속이다, 〔진실〕을 왜곡하다, 그릇되게 전하다. 2 〔서류 따위〕를 위조〔변조〕하다. ¶ ~ **a will** 유언장을 위조하다. 3 …의 잘못임을 입증하다, 반증을 들다. 4 〔기대 따위〕를 어긋나게 하다. — vi. 거짓말하다, 그릇되게 전하다.
~·fi·a·ble a. **~fi·abíl·i·ty** n.
fal·si·ty [fɔːlsəti] n. □□ 1 잘못, 부정확. 2 허위, 기만성; 부정직, 불성실. 3 거짓말, 허언. 4 배신, 배반.
Fal·staff [fɔːlstæf/-staːf] n. 1 **Sir John** ~ 폴스타프(천진난만하고 쾌활한 뚱뚱보 기사(騎士); Shakespeare의 희곡에 나오는 인물). 2 팔스타프 (Verdi의 오페라(1893)). **Fal·stáff·i·an** a.
falt·boat [fɔːltbòut] n. 접는 보트(kayak 비슷한 운반이 간편한 보트). (또는 **foldboat**)
*fal·ter [fɔːltər] vi. 1 움찔하다, 뒷걸음 치다; 망설이다(*at, in*). ⇒HESITATE 〔유의어〕¶ (~+전+명) *Never* ~ *in doing good.* 선행을 하는 데 망설이지 마라. 2 말을 더듬다, 우물거리다(*out*). 3 비틀거리다. 4 (엔진이) 이상을 보이다. 5 (인기·세력 따위가) 쇠퇴하다. — vt. …을 더듬거리며 말하다(*out*). ¶~ *out an excuse* 더듬더듬 변명하다. — n. 1 음찔하기, 망설임. 2 말더듬기. 3 비틀거리기. **~·er** n. **~·ing·ly** ad.
Fa·lun Gong [fáːlun gùŋ] n. 파룬궁(法輪功)(불교·도교·기공(氣功)(qigong) 등을 뒤섞은 민간 신앙·수양 운동; 20세기말 중국에서 출현). (또는 **Falungong**)
falx [fælks, fɔːlks] n. (pl. **fal·ces** [fælsiːz, fɔːl-]) 〔해부〕 겸상막(鎌狀膜) (조직); 대뇌〔소뇌〕 겸상막.
fal·cial [fǽlʃəl, fɔːl-] a.
FAM foreign airmail. **fam.** familiar; family.
F.A.M. (the) Free and Accepted Masons(프리 메이슨단; 비밀 결사의 하나). ⇒FREEMASON
fa·ma·cide [féiməsàid] n. 〔법률〕 명예 훼손자, 중상 모략하는 사람.
fa·ma·ti·nite [fǽmətìnait, faːmə-] n. 패머티나이트(적색계의 결정체(結晶體)를 이루는 광물).
*fame [feim] n. □□ 1 명성, 이름, 명망. 2 평판, 세평, 풍설. ¶**good** ~ 호평/**ill** ~ 오명. **a house [woman] of ill fame** 매춘굴〔매춘부〕. **attain** [or **achieve, acquire, come to, earn, gain, rise to, win**] **fame** 유명해지다. **make one's fame in** …으로 명성〔이름〕을 떨치다. — vt. (~-**s** [-z]; ~**d**; **fam·ing**) (수동형으로) …을 유명하게 하다, …이라고 소문나게 하다, …의 명성을 떨치다. ¶**a place** ~**d throughout the world** 세계적으로 유명한 장소.
~·less a. 유명한 장소.
FAME Forecasts and Appraisals for Management Evaluation(경영 평가 예측 사정(查定) 시스템).
*famed [feimd] a. 유명한, 이름난 (**for**); (…로서) 명성이 있는 (**as, to be**). ⇒FAMOUS 〔유의어〕¶**Liverpool is ~ for its docks.** 리버풀은 선거(船渠)로 유명하다.
Fa·meuse [fəmjúːz] n. 파뮤즈(미국산(產) 붉은 사과); 그 나무.
fa·mil·ial [fəmíljəl, -liəl] a. 가족의; (유전적으로) 혈통적인. ¶**a** ~ **disease** 혈통성 (유전적) 질병.
familial hypercholesterolémia n. 〔병리〕 가족성 고(高)콜레스테롤 혈증.
‡fa·mil·iar [fəmíljər] a. (**more** ~; **most** ~) 1 잘 알려진, 눈〔귀〕에 익은, 낯익은 (**to**); 흔한, 보통의. ¶**a** ~ **sight [voice]** 눈익은 광경〔귀에 익은 목소리〕.
2 잘 알고 있는, 정통한 (**to, with**). ¶**I'm not** ~ **with this part of the subject.** 문제의 이 부분은 잘 모르겠다.
3 (태도·표현 따위가) 격식을 차리지 않는, 스스럼없는. ¶**a** ~ **conversation** 스스럼없는 대화/**write in a** ~ **style** 딱딱하지 않은 문체로 쓰다. 4 친한, 친밀한, 허물없는 (**with**). ¶**a** ~ **friend** 친한 친구.

familiarity / **family room**

[유의어] **familiar** 알게 된 지 오래 되어 친숙한 사이의. **intimate** 몹시 친숙하여 마음 에까지 터놓는; 애정·혈연·공통의 이해 따위가 바탕을 이루고 있는. **close**=intimate(남의 개입을 허용치 않음을 암시). **confidential** 깊이 신뢰하여 개인적인 문제·비밀 따위도 터놓는.

5 허물없이 구는, 뻔뻔스러운. ¶His manner was ill-bred and ~. 그의 태도는 무례하고 뻔뻔스러웠다. **6** (동물이) 길들인, 길든. **7** (…와) 성적 관계가 있는 (*with*).
be familiar with =make oneself familiar with
be on familiar terms with …와 친한 사이다. [②].
make one*self* **familiar with** ①…와 친해지다, …에게 허물없이 굴다. ②…에 정통해지다.
— 图 (※) ~**s** [-z] **1** 친구. **2** =~ spirit. **3** (어떤 일에) 정통한 사람; (어떤 장소에) 잘 출입하는 사람. **4** (가톨릭) (교황·사제의) 집사; (종교 재판소의) 정리(廷吏).
~·**ly** 團 친밀하게, 스스럼없이. ~·**ness** 图

*****fa·mil·i·ar·i·ty** [fəmìliǽrəti, -ljǽr-/-liǽr-] 图(U) **1** 친밀, 친근; 친교 (관계) (*with*). **2** 잘 앎, 정통, 훤히 알고 있음 (*with*). ¶~ with music 음악통. **3** 허물없음, 뻔뻔스러움; ⓒ (종종 -ties) 허물없는 언행. ¶F- breeds contempt. (속담) 친분이 지나치면 경멸을 사게 된다. **4** ⓒ (-ties) 난잡한 성 관계; 애무.
be on terms of familiarity with …과 친한 사이
with familiarity 친절하게, 허물없이 [이다.

fa·mil·iar·ize [fəmíljəràiz] (※ (英) **-ise**) 图(圖) **1** (사물에) (사람을) 친숙하게[익숙하게] 하다, 정통하게 하다 (*with*). ¶(~+圓+前+名) ~ *a person with* a job 남을 일에 익숙하게 하다. **2** (사람·세상에) (사물을) 잘 알게[친화되게] 하다, 일반화하다, 널리 알리다 (*to*). ¶(~+圓+前+名) Radio has ~d the song *to* the world. 라디오가 그 노래를 세상에 퍼뜨렸다.
familiarize one*self* **with** …에 정통하다.
-i·**zá·tion**, **-iz·er** 图 [한.
fa·mil·i·ar·look·ing [-lúkiŋ] 團 눈에 익은, 익숙
famíliar spírit 시중드는 요정[마귀](사람을 섬긴 다고 믿었던 요정); (영매가 불러내는) 죽은 사람의 혼령.
fam·i·lism [fǽməlìzm] 图(U) **1** (사회) 가족주의. **2** (종종 F-) 패밀리즘(16-17세기 유럽에서 유행한 신비주의적 기독교에서 파생된 the Family of Love(사랑의 -list 图團 -lís·tic 團 [가족)의 교리).
fa·mille jaune [F famij ʒoːn] 연꽃 자기(軟質磁器) (노량을 바탕으로 유약을 칠한 중국 자기). 〈F〉

‡**fam·i·ly** [fǽməli] 图 (※ -**lies** [-z]) **1** (집합적) 가족, 가정, 일가. ¶How many people are (there) in your ~? ─ We are a ~ of four. 가족은 몇 명입니까? ─ 우리는 4인 가족입니다./How's your ~? ─ They are all well, thank you. 가족들은 별고 없습니까? ─ 고맙습니다, 모두 건강합니다.

[USAGE] 집합 명사와 수 ─ (1) family, committee처럼 「한계가 꽤 뚜렷한 집단」을 이루고 있는 것에는 복수형이 있다. 구문상으로는, 전체를 하나로 볼 때는 단수 취급, 구성원을 개별적으로 생각할 때는 복수 취급한다: The ~ *consists* of five persons./The ~ *are* all early risers. (2) people (단, 「국민」, 「민족」의 뜻일 때는 별도), cattle처럼 「한계가 막연한 것」은 복수형이 없고 구문상으로는 항상 복수 취급한다: twenty *people/Many people do* not like it. (3) furniture, land 따위를 세는 경우는 적당한 단위를 나타내는 말을 쓴다: *a few articles of furniture*. (4) fish에 대하여는 ⇨FISH.

2 (집합적) 가정의 아이들, 자녀. ¶The eldest of a ~ (한 가족의) 맏아이/He has a large ~. 그는 식구가 많다. **3** 식구, 식솔(부모·자식·하인·동거인을 포함). ¶Five *families* live in the building. 다섯 세대가 그 건물에 살고 있다. **4** 친족, 친척(숙부·숙모·사촌을 포함 한 근친자의 일단), 일문, 일가; ⓤ ~가(家). ¶a royal ~ 왕실/the F- of York 요크가(家). **5** ⓤ (英) 가문; (특히) 좋은 가문, 명문. ¶a man of (good) ~ 가문이 좋은 사람. **6** 종족, 민족; ⓤ (언어) (분류상의) 족. ¶the Teutonic ~ 튜턴 민족/the Indo-European ~ 인도 유럽 어족. **7** (생물) 과(科)(생물 분류에서 order(목)와 genus(속)의 사이). **8** (같은 종류의) 집단, …군(群)(같은 신념을 가진) 단체, 동지. ¶a ~ of nations 국가군. **9** (美) (마피아 따위의) 일가, 가족단; (회사·회사 사장의) 직원, 고급 간부. **10** (수학) 족(族). **11** (광물) (동종(同種)의 암석의) 족; (동질의) 토양류(土壤類). **12** (축산) (우수한 수컷의) 혈통; (동물) (가족) 집단.
a happy family 한 우리에 같이 사는 서로 다른 종류
just the family 가족[집안]끼리. ¶We are traveling *just the* ~. 가족끼리 여행중이다.
keep…(all) in the family …을 집안일로 하다, 밖에 안 알려지게 하다. [동아리.
one (big) happy family (생각·뜻 따위를 같이하는)
run in one's **[or the] family [or blood]** (구어) … 혈통을 물려받다. (자질·특징이) 유전하다.
start a family 첫 아이를 보다.
— 图 가족의, 일가의, 일족의; 가정에 드나드는; 가족 [가정용의]. ¶a ~ *pride* 집안의 자랑.
in a family way 가족적으로, 허물없이
in the [or a] family way (英) 임신하여(pregnant).
family allowance 图 가족 수당; (英) 자녀 수당.
family Bíble 图 가정용 성서(가족들의 출생·사망·결혼 등을 기록할 여백이 있는 큰 성서). [「품 라인」.
family bránd 图 통일 상표(같은 브랜드명을 붙인 제
family bútcher 图 출장 식육업자; 푸줏간.
family càp 图 (美) 아동 수당 한도.
family càre 图 가사, 집안일.
family círcle 图 **1** 친숙한 사람들, 밀접한 관계를 가진 일단의 사람들. **2** (극장의) 가족석. [tions).
family cóurt 图 가정 법원(court of domestic rela-
family crédit 图 (英) 아동 가족 수당.
Fámily Division 图 (英) 고등 법원.
family dóctor [physícian] 图 주치의, 가정의 (home doctor); 일반 개업의(general practitioner).
family féeling 图 가족적 분위기, 가정적 느낌.
family fríend 图 가족 일동의 친구.
fam·i·ly-fríend·ly [-fréndli] 團 가정 친화적인, 가족에게 친절한; 포르노물을 취급하지 않는.
family gáng·ing [-gǽŋiŋ] 图 (美) 환자 이외의 가족까지 부적절하게 진료하는 부당 진료 행위.
family gáthering 图 가족 모임.
fam·i·ly·gram [fǽməligræ̀m] 图 (美) (항해중인) 해군 병사에게 오는 가족 전보.
family hotél 图 가족 호텔(가족용 할인 요금이 있음).
family hóur [tíme] 图 (TV) 가족 시청 시간(대).
family jéwels 图 (美속어) **1** (the ~) 고환(testicles). **2** 집안의 수치스러운 비밀; CIA의 비밀 공작.
family léave 图 육아·개호(介護) 휴가(출산·육아·간병 등을 위한 무급 휴가).
family life cýcle 图 (사회) 가족 생활 주기(결혼에서 사망까지).
family líkeness [resémblance] 图 친족간의
family mán 图 가장; 가정적인 남자. [유사점.
family médicine [práctice] 图 가족 의료(community medicine); (전문 진료에 대해) 종합 진료.
*****family náme** 图 성(姓); ⇨ CHRISTIAN NAME.
family núrturer 图 가장, 가구[세대주].
family plán 图 (항공기의) 가족 요금.
family plánning 图 가족 계획; 산아 제한.
family practítioner 图 = family doctor.
family róom 图 (美) (가족의) 오락실, 거실(living room).

fámily sávings accòunt 명 (美) 가계 저축 예금 (계좌). (약 FSA).
fam·i·ly-size [-sáiz] 형 대형의, 덕용(德用)의.
fámily skéleton 명 (남의 이목을 꺼리는) 집안 비밀.
fámily stýle 명[형][美] (각자 큰 접시에 덜어서 먹는) 가족 방식(의, 으로).
fámily thérapy 명 (정신분석) 환자의 가족까지 포함시켜서 치료하는 가족 요법. **fámily thérapist** 명
fámily tradítion 명 (the ~) 가풍(家風), 집안 전통.
fámily trée 명 가계도(家系圖), (가계도 식의) 족보; (언어) 계통수(樹).
fámily-trée thèory 명 (the ~) [언어] 계통수설(系統樹說).
fámily tróuble 명 집안 싸움, 가정 불화.
fámily válues 명 (전통적인) 가족관, 가정관.
fámily víewing tìme 명 (美) 가족 시청 시간(오후 6-9시; 약 FVT).
fámily víolence 명 가정내 폭력(domestic violence).
‡**fam·ine** [fǽmin] 명 (~s [-z]) UC 1 기근; 흉작. 2 (물자의) 대부족, 결핍. ¶a house ~ 주택난. 3 굶주림, 기아. ¶die of ~ 굶어 죽다. 「비싼 물가」
fámine príces 명[복] 기근 시세(물자 부족으로 생기는
*fam·ish** [fǽmiʃ] 자 (수동형으로) …을 굶주리게 하다; 굶겨 죽이다. 타 1 [주로 수동형으로] …을 굶주리게 하다; 굶겨 죽이다. 2 〔구어〕 ~ed to death 굶어 죽다. —자 〔구어〕 〔진행형으로〕 굶주리다; 굶어 죽다. ¶I am ~ing. 〔구어〕 몹시 시장하다. —ment 명
fam·ished [fǽmiʃt] 형 굶주린. ⇨HUNGRY 유의어
‡**fa·mous** [féiməs] 형 (more ~; most ~) 1 유명한, 이름난, 잘 알려진 (for, as). ¶a once ~ poet 한때 유명했던 시인 // The city is ~ for its historic sites. 그 도시는 사적(史蹟)으로 유명하다 // The island is ~ as a winter resort. 그 섬은 겨울 휴양지로 유명하다.

〖유의어〗**famous** 좋은 의미로 유명한; 일반적인 말. **famed**=famous; 좀 격식을 차린 말. **renowned** =very famous; 위의 두 말보다 오래 가는 명성을 암시. **celebrated** 세상의 칭찬·명예를 받은; 단지 세상의 화제에 오름을 뜻할 때도 많다. **distinguished** 업적·학식 등으로 남보다 뛰어나기 때문에 유명한. **eminent** distinguished 보다 더욱 탁월하다는 의미가 강한 말. **illustrious** =renowned. **noted** 어떤 일로 세상의 주목을 받은; 나쁜 뜻에나 일시적인 평판에도 쓰인다. **well-known** 빼어난 성질과는 관계없이 단지 「세상에 널리 알려진」. **notorious** 나쁜 의미로 유명한.

2 〔구어〕 훌륭한, 멋진, 일류의 (for). ¶give a ~ dinner 멋진 만찬을 베풀다. 3 [폐어] 악명 높은(notorious). **~·ly** 부 **~·ness** 명 [언; (구어) 글쎄 그럴까.
famous last words 〔유〕 얼토당토 않은 말(설.
fam·u·lus [fǽmjuləs] 명 (*pl.* *-li* [-lài]) (학자·마술사 등의) 제자, 조수, 사용인. 〈L servant〉
‡**fan**[1] [fæn] 명 (~s [-z]) 1 송풍기, 선풍기. ¶an electric ~ 〔전기〕 선풍기/a ventilating ~ 환풍기, 부채. ¶a folding ~ 접는 부채. 3 부채 모양의 것(새 꽁지 따위); (프로펠러·풍차 등의) 부채형 날개. 4 키 (winnowing ~). 5 (자동차의) 냉각 팬. 6 (속어) (비행기의) 프로펠러. 7 (야구) 삼진(三振).
have a fan to and fro 부채질하다.
hit the fan (美속어) (갑자기) 혼란 상태이 되다, 난처해지다, (스캔들 따위로) 세상에 알려지다.
the shit hits the fan (美속어) 재난이 닥치다, 궁지에 빠지다, 위태한 상황이 되다.
— 동 (~s [-z]; -nn-) 타 1 부채(따위)로 (바람을 일으키다; (부채로) …을 부치다, …에 바람을 보내다. ¶(~+圓+圓+图) ~ one's face *with* a notebook 공책으로 얼굴을 부치다. 2 (불 따위를) 부치다; [감정] 부채질하다, 선동하다. ¶(~+圓+圓+图) Bad treatment ~ned their dislike *into* hate. 대우가 나빠서 그들의 혐오감은 증오심으로 바뀌었다. 3 (바람이) …에

솔솔 불다. ¶The breeze ~*ned* her hair. 산들바람이 그녀의 머리를 스쳤다. 4 〔파리 따위〕를 부채로 쫓다 (*away*)(*from*). ¶(~+圓+圓) ~ *away* a mosquito *from* the sleeping child 자는 아이에게서 모기를 쫓다. 5 〔날개 따위〕를 부채 모양으로 펼치다(*out*). 6 〔곡식〕을 (키 따위로) 까불러 고르다. 7 〔야구〕 〔타자〕를 삼진시키다. 8 〔총〕을 연사(連射)하다. 9 (美속어) (무기 따위를 찾기 위해) 뒤지다, 신체 검사하다. 10 〔美속어〕 〔공중 전화의 반환 레버〕를 흔들다. —자 1 (부채를 부칠 때처럼) 파닥거리다. 2 부채꼴로 펼쳐지다 (*out*). 3 〔야구〕 삼진당하다.
fan one's tail 달리다, 뛰다.
fan (on) it (美속어) 신경을 안 쓰다, 잊다; 〔명령형으로〕 그만 두자, 아무래도 좋다.
fan the air 헛치다; 〔야구〕 삼진당하다.
fan the breeze 잡담을 하다. 「선동하다.
fan the flame 부채질하다; (비유적) 격정을 돋우다.
*fan[2] 명 (~s [-z]) 〔구어〕 (스포츠·배우 등의) 열성적인 애호가(지지자), 팬; (복합어로) …광(狂). ¶a baseball[movie] ~ 야구[영화]팬. 〈*fanatic*〉
fa·na [fənáː] 명 (이슬람교) (Sufi파의) 자아멸각(自我滅却)의 경지(신과의 합일(슴ー)을 이룩한 순간).
*fa·nat·ic** [fənǽtik] 명 열광적인 애호가(지지자), 광신자, 매니아 (*about, on, for*). ¶a surfing ~ 서핑광.
*fa·nat·i·cal** [fənǽtikəl] 형 1 열광적인, 광신적인; (…을) 열렬히 지지[애호]하는 (*about, on*). 1 ~ devotion to a cause 어떤 주의에 대한 열광적 헌신. 2 광(광신자의. (또는 **fanatic**) **~·ly** 부 **~·ness** 명
fa·nat·i·cism [fənǽtəsìzm] 명 U 열광, 광신; C 열광적(광신적)인 언동. 「(신적으로 만들다(되다).
fa·nat·i·cize [fənǽtəsàiz] 타 열광시키다(되다), 광
fan·back [fǽnbæk] 명 (의자가) 부채꼴의 등이 있는.
fán bèlt 〔자동차의〕 팬 벨트.
fán blòwer 선풍기, 송풍기.
*fan·cied** [fǽnsid] 형 상상(상)의, 가공의; 마음에 드는; (고어) 기발한.
fan·ci·er [fǽnsiər] 명 1 (복합어로) 팬, …광(狂); (동·식물 따위의) 애호가, 육종(育種)[재배]가. 2 공상가, 몽상가.
*fan·ci·ful** [fǽnsifəl] 형 1 기발한, 별난. ¶a ~ design of flowers 기발한 꽃 디자인. 2 상상[공상]상의, 비현실적인. ¶a ~ tale 가공의 이야기. 3 공상에 잠기는, 공상적인; 변덕스러운. **~·ly** 부 **~·ness** 명
fan·ci·fy [fǽnsəfài] 타 기발한 것으로 만들다; 장식하다, 윤색하다. 「공상에 빠지는. **-fi·cá·tion** 명
fan·ci·less [fǽnsilis] 형 공상[상상]력이 없는; 현실적인. 「교하게.
fan·ci·ly [fǽnsəli] 부 공상[상상]적으로; 공들여, 정
fán clùb (인기 스타·스포츠 팀의) 팬 클럽, 후원회.
Fan·có·ni's anémia [fɑːnkóuniːz-] 명 〔의학〕 판코니 빈혈(유전성 소아 질환으로 악성 빈혈).
‡**fan·cy** [fǽnsi] 명 (*-cies* [-z]) 1 UC (부질없는) 공상, 상상. ¶a strange ~ 기묘한 공상. 2 U (예술 제작에 있어서의) 공상력, 상상력. 3 (공상으로 생긴) 생각, 심상(心像); 환상, 환각; 문득 떠오른 생각, 변덕스러운 생각). ¶walk where the ~ takes one 발길이 가는대로 걷다. 4 (일시적인) 기호, 애호; 도락 (*to, for*). ¶The ~ seized me. 나는 마음에 내켰다. 5 ① 심미안, 감상안, 안식; 취미. 6 (품종 개량을 위한) 동물 사육, 진종(珍種) 사육. 7 The ~ (집합적) 호사가들, 애호가들. 8 〔구어〕 ~ cake. 9 (폐어) 사랑, 연정. 10 (색·디자인의) 참신한 의복[옷감].
after [or to] *a person's* **fancy** 남의 마음에 드는, 남의 뜻에 맞는.
catch [or hit, strike, take, tickle] the fancy of *a person* [*or* *a person's* **fancy**] 남의 마음에 들다 [기호에 맞다].

have a fancy for ……을 좋아하다.
have a fancy that...[or *to do*] ……할 듯한 생각이 들다.
take a fancy to [or *for*] ……을 좋아하게 되다.
── (*-ci·er*; *-ci·est*) 형 1 의장(意匠)에 공들인, 장식적인, 화려한. ¶a ~ button 장식 단추/a ~ necktie 무늬가 별난 넥타이. 2 《美》 (과일·야채 따위가) 극상의, 특선의(choice); (레스토랑·호텔 따위가) 고급의, 일류의. ¶~ fruits 최고급 과일/a ~ resort hotel 고급 휴양 호텔. 3 (가게가) 장신구[특선품]를 다루는[파는]. ¶a ~ shop 장신구 가게. 4 공상(상)의, 상상(상)의; 변덕스러운. ¶a ~ portrait 상상으로 그린 초상화. 5 (값이) 터무니없는, 엄청난. ¶a ~ price 터무니없는 가격. 6 숙련을 요하는, 복잡한 기교의. ¶~ flying 곡예 비행/~ skating 곡예 스케이팅. 7 (동물이) 특수한 형으로 사육된, 진종(珍種)의; (꽃 따위가) 여러 가지 빛깔의; 애완(관상)용의.
── (*-cies* [-z]) 명 1 ……을 공상[상상]하다, 마음에 그리다; (……라고) 생각하다 (*as, to be*). ¶~ a blue sky 푸른 하늘을 상상해 보다/(~ + 目 + *as* 보) I can't ~ him *as* a priest. 그가 목사라고는 상상할 수가 없다. 2 (명령형으로) ……을 상상해 봐라. ¶(~ + 目 + *-ing*) F- her driving a car; I should never have believed it. 생각 좀 해봐라, 그녀가 차를 운전하다니 도저히 믿기지 않아. 3 (어쩐지) ……이라고 생각하다[믿다], ……이라는 생각이 들다. ¶(~ + *that* 졸) I rather ~ (*that*) he is about forty. 그는 마흔 살쯤 된 것 같은 느낌이 든다. 4 ……을 좋아하다(like), 마음에 들다. 5 《구어》 《재귀용법으로》 《자기 자신》을 (……이라고) 자부하다 (*as, to be*). ¶She *fancies* herself (*to be*) beautiful. 그녀는 미인이라고 자부하고 있다. 6 (동·식물의 진종을) 길러내다, 재배하다. 7 《英구어》 ……에 매력을 느끼다. ── ㉑ 공상(상상)하다.
fancy oneself as [or *to be*] ……이라고 자부하다, 우쭐해하다.
Fancy that!; Just (*fancy*) *that!* 《구어》 그럴 수가, 정말 놀랍군요!
fancy up 화려하게 치장[단장]하다.
── 감 설마, 어쩌면, 놀랍게도. ¶They invited you, too? F-! 그들이 당신도 초대했다고? 설마!
── 閃 《美구어》 공들여, 정성들여; 잘 꾸미고.
-ci·ness 명[Ú] (문체 따위의) (지나친) 장식성.
fáncy báll 명 가장 무도회.
fáncy cáke 명 (손님 접대용의) 데커레이션 케이크.
fáncy cút 명 다이아몬드 컷의 일종(삼각형·별 모양 등 둥근 모양 이외의 컷).
fáncy Dán [dǽn] [-dǽn] 명 《美속어》 멋쟁이 (fop); 허세를 부리는 권투선(選) 선수.
fáncy dive 명 (수영의) 다이빙 경기 기술.
fáncy díver 명 (수영의) 다이빙 경기 선수.
fáncy díving 명 (수영의) 다이빙 경기.
fáncy dréss 명 (가장 무도회의) 가장복; 기발한 의상.
fáncy dréss báll 명 가장 무도회.
fáncy fáir 명 《英》 (장식구·수예품 등을 파는) 자선시 (慈善市).
fan·cy-free [-frí:] 형 (생각 따위가) 자유로운, 상상력이 풍부한; 연애를 모르는, 애인이 없는, 순진한.
fáncy góods 명복 특선품; 사치품; 장신구류, 잡화류(《美》 notions) 진귀한 물건.
fáncy mán 명 애인; (창녀의) 애인, 정부, 기둥서방.
fáncy pack 명 《美속어》 = fanny pack.
fáncy pánts 명복 《단수취급》 《美속어》 멋쟁이; 나약한 사나이; 정력이 약한 남자. **fán·cy-pànts** 형
fáncy piece 명 《구어》 (아내 이외의) 마음에 드는 여자, 정부(情婦); 애인(fancy woman).
fan·cy·sick [fǽnsisik] 형 사랑에 고민하는.
fáncy wóman [**lády, gírl**] 명 정부(情婦), 첩 (mistress); 몸이 해픈 여자; 매춘부.
fan·cy·work [fǽnsiwə̀ːrk] 명[Ú] 수예품, 자수, 편물.
F and A, f & a *fore and aft.*
fán dànce (혼자서 추는) 선정적인 누드 부채춤.

fán dàncer 명 「하잖은 일, 터무니없는 일.
fan·dan·gle [fændǽŋgl, -́-́-] 명 1 기발한 장식. 2
fan·dan·go [fændǽŋgou] 명 《복 ~s》 1 판당고(3박자의 경쾌한 스페인 춤, 그 춤곡). 2 《美서남부》 댄스 파티, 무도회(ball). 3 어처구니없는[유치한] 행동, 바보짓. 《<Sp》
F & B *food and beverage.*
fán délta 명 《지리》 선상지(扇狀地), 부채꼴 삼각주.
F and F, f. and f. 《英》 *fittings and fixtures*(붙이 비품·가구).
fan·dom [fǽndəm] 명 《집합적》 (영화·스포츠 따위의) 모든 팬, 팬 전체.
F. & T. (보험) *fire and theft*(화재 및 도난).
fane [fein] 명 《고어·시》 신전, 사원; 교회, 예배당.
fa·ne·ga [fəníːgə] 명 파네가. 1 스페인어 사용국의 건량(乾量) 단위. 2 멕시코의 토지 면적 단위. 《<Sp》
fa·ne·ga·da [fæneigáːdə, faː-] 명 파네가다(스페인어권의 토지 면적 단위). 《<Sp》
fan·fare [fǽnfɛ̀ər] 명[ÚC] 1 (음악) 팡파르(화려한 트럼펫의 취주). 2 화려한 과시; 허세; 《구어》 광고, 선전.
fan·fa·ron [fænfərən/-rɔ̀n] 명 허풍선이, 제 자랑하는 사람. = fanfare 1.
fan·fa·ron·ade [fæ̀nfərənéid/-náːd] 명[ÚC] 호언 장담, 허풍; 허세, 위협; = fanfare 1.
fan·fish [fǽnfiʃ] 명 《복 ~·es》 벤텐어과(科) 원양어.
fán fòld 〔지리〕 선상 습곡(扇狀褶曲). 어의 일종.
fan·fold [fǽnfòuld] 명 복사장(帳)(용지와 카본지를 번갈아 끼워서 철한 것).
fang [fæŋ] 명 1 (뱀의) 독아(毒牙). 2 (육식 동물의) 송곳니(canine tooth), 3 (개의) 검치(犬齒); 《구어》 《~s》 (사람의) 이(teeth). 4 (엄니 모양의) 뾰족한 부분 (끝)(tusk), (칼·연장의) 슴베.
draw somebody's [or *something's*] *fangs* ……의 이빨을 뽑다, 흉포성을 제거하다; ……을 무력(무해)하게 만들다.
put in [or *sink*] *the fangs in* 《濠구어》 ……에게 돈을 조르다.
── 명 1 ……를 엄니에 물다. 2 (펌프에) 마중물을 붓다.
~·less, ~·like 형

fanged [fæŋd] 형 독니[엄니]가 있는.
fan·gle [fǽŋgl] 명 《경멸적》 유행(fashion).
fan·go [fǽŋgou] 명 온천니(溫泉泥)(점토 또는 진흙의 일종; 온습포(溫濕布)로 쓰이는 것). 《<It》
fán héater 명 송풍식 전기 난로.
fan·i·mal [fǽnəməl] 명 《속어》 1 (경기장 따위에서) 복수심이 노골적인 스포츠 팬. ⓔ hooligan 《<*fan²* + *animal*》
fan·i·on [fǽnjən] 명 (측량·공사장의) 위치 표시용 작은 기.
fan·jet [fǽndʒèt] 명 팬 제트 엔진; 팬 제트기.
fan·leaf [fǽnliːf] 명 〔식물병리〕 포도나무 병의 일종 (잎이 부채꼴로 변형되는 것이 특징).
fán létter 명 팬 레터. ⓐ fan mail
fan·light [fǽnlàit] 명 (창·문 위의) 부채꼴 채광창(봉창).
fan·like [fǽnlàik] 형 부채꼴의.
fán magazine 명 팬 잡지(저명 인사에 관한 정보·가십 등을 다룬 잡지).
fán màil 명 《집합적·단수취급》 팬 레터(fan letters).
fán màrker 명 《항공》 부채꼴 위치 표지(공항 근처에 배치되어 전파로 비행기를 유도).

[fanlight]

fan·ner [fǽnər] 명 1 부채질하는 사람. 2 키, 풍구. 3 송풍기, 선풍기.
Fan·nie [fǽni] 명 패니(여자 이름; Frances의 애칭). 「(또는 Fanny)
Fánnie Fármer 명 미국의 표준적 요리책 *The Fannie Farmer Cookbook*의 통칭.
Fánnie Máe 명 연방 저당권 협회(정식 명칭 Federal National Mortgage Association); 이 기구가 발행한 저당 증권. (또는 **Fánny Máe**)
fan·ning [fǽniŋ] 명 (단발총의) 연속 발사 동작(왼손으로 공이를 계속 세움).

fánning míll 〘명〙 〖농업〗 풍구, 정선기(精選機).

fan·ny¹ [fǽni] 〘명〙 (보통 one's ~) 〘美속어〙 엉덩이, 불기(buttocks); 〘英속어〙 여성의 성기(vagina).
fan a person's fanny 〘美속어〙 남의 공무니를 잡아
get off one's fanny 〘美속어〙 일어서다. 〔끝다.

fan·ny² 〘명〙〘타〙 능란한 말솜씨로 속이다(설득하다).
— 〘명〙 능란한 말솜씨, 허풍.

Fánny Ádams 〘英속어〙 1 (종종 Sweet ~, sweet f- a-) 아무것도 없음, 완전한 무(無)(nothing at all). 2 〘해사〙 통조림 양고기; 스튜.

fan·ny-dip·per [-dìpər] 〘명〙〘美속어〙 (surfer와 구별해서) 해수욕하는 사람. 〔(belt bag).

fánny páck (허리띠에 매다는 작은 주머니, 전대

fan·on [fǽnən] 〘명〙 〖교회〗 (사제의) 팔걸이; (교황의) 어깨걸이(장엄 미사 때 착용). (또는 **phanon**)

Fa·non [fǽnən; *F* fanɔ̃] **Frantz Omar** ~ 파농(1925-61; 프랑스령 Martinique섬 출신의 의사).

fan-out [-àut] 〘명〙 〖군사〗 전개, 산개(散開).

fán pálm 〘명〙 넓은 부채꼴 잎의 야자수(talipot 따위).

fán róof 〘명〙 부채꼴 트레이서리(fan tracery)가 있는 둥근 천장. 〔청량 음료〕.

Fan·ta [fǽntə] 〘명〙〘상표〙 환타(미국 Coca-Cola사의

fan·tab·u·lous [fæntǽbjuləs] 〘속어〙 최고의, 더할 나위 없는. 〔<*fantastic*+*fabulous*〕

fan·tad [fǽntæd] 〘명〙 =fantod.

fan·tail [fǽntèil] 〘명〙 1 부채꼴의 꼬리; 부채꼴 부분. 2 공작 비둘기; (남아시아산) 휘파람새 비슷한 작은 새. 3 공작꼬리(금붕어의 일종); 〖미국산〗 농어과의 담수어, 4 〘英〙 (선원용) 부채꼴 모자(sou'wester). 5 〘美〙 〖해사〗 (오리 부리 모양의) 선미 돌출부. 6 〖건축〗 부채꼴 구조(가설물). 7 (물레방아의) 날개. 8 〘요리〙 (작은 새우를) 요리 전에 껍데기를 벗겨 발긴. ~**ed** 〘형〙

fan-tan [ˊtæn] 〘명〙〘타〙 1 카드놀이의 일종. 2 판탄(番攤)(중국 도박의 일종). 〔<Chin〕

fan·ta·sia [fæntéiʒə, ˋtəzìə/-téiziə] 〘명〙 1 〖음악〗 환상곡(fantasy); (유명곡들의) 접속곡. 2 환상적 문예 작품. 〔<It〕 〔동경의, 대망(待望)의.

fan·ta·sied [fǽntəsid] 〘명〙 공상(상상)의, 가공의.

fan·ta·sist [fǽntəsist, -zist] 〘명〙 1 공상적(환상적) 작품의 작가; 환상악곡의 작곡가, 2 공상가(fantast).

fan·ta·size [fǽntəsàiz] (*〘英〙 -sise*) 〘자〙 〘타〙 …을 공상하다, 꿈에 그리다. — 〘자〙 (…에 관해) 몽상하다, 공상을 펼치다 (*about*). 〔는 **phantasize**〕 -**siz·er** 〘명〙

fan·tasm [fǽntæzm] 〘명〙 =phantasm.

fan·tas·mo [fæntǽzmou] 〘명〙〘美속어〙 정말 이상스러운, 매우 기발한; 믿을 수 없을 만큼 비현실적인, 아주 훌륭한. 〔(또는 **phantast**〕

fan·tast [fǽntæst] 〘명〙 몽상가, 환상가; 별난 사람.

‡**fan·tas·tic** [fæntǽstik] 〘형〙 (*more* ~; *most* ~) 1 환상적인, 몽환(공상)적인, 기상천외의. ¶ ~ *designs* 기상천외의 디자인. 2 〘구어〙 굉장한, 멋진. ¶ It's ~ *working with her.* 그녀와 함께 일하다니 꿈만 같다. 3 이상한, 야릇한. 4 (분량·액수 따위가) 엄청난, 큰; (경멸적) 터무니없는. ¶ ~ *sums of money* 엄청나게 큰 돈. 5 이유 없는. ¶ ~ *fears* 근거없는 두려움. 6 변덕스러운, 일시적 기분의; 허황한, 두서없는. (또는 *fantas-the light fantastic toe* (익살) 춤, 댄스. 〔tical〕 *trip the light fantastic* (익살) 춤추다, 댄스하다. — 〘명〙 〘고어〙 공상가. -**ti·cal·ly** 〘부〙 -**ti·cal·ness** 〘명〙

fan·tas·ti·cal·i·ty [fæntæstikǽləti] 〘명〙 환상성, 기괴성; 〖C〗 망상; 변덕.

fan·tas·ti·cate [fæntǽstikèit] 〘타〙 환상적으로 하다. -**cá·tion** 〘명〙

fan·tas·ti·cism [fæntǽstəsìzm] 〘명〙〘U〙 (문학·예술에서의) 기괴성 추구, 기괴주의.

*‡**fan·ta·sy** [fǽntəsi, -zi] 〘명〙 1 〘UC〙 상상, 공상; 환상, 변덕, 괴벽. 2 환상(공상)적인 생각, 백일몽; 성적 공상. 3 공상적인 작품; 〘문학〙 공상 소설(~ *fic-*

tion); 〖음악〗 환상곡(fantasia). 4 (실제 통용 목적이 아니라 수집가용으로 발행되는) 경화(硬貨). 5 그럴싸한 생각, 흥미로운 발명[계획, 디자인]. 6 〘속어〙 판타지 (amphetamine과 mescaline을 혼합한 마약).
have fantasies for …에게 성적 환상을 품다.
— 〘타〙 (…을) 공상하다, 상상하다; 환상곡을 연주하다. (또는 **phantasy**)

fántasy báseball 〘美〙 가상 야구(현역 선수들로 가상 야구팀을 만들어 즐기는 게임; 대표적인 것이 Rotisserie League Baseball).

fántasy fíction 공상 소설. 〔land.

Fan·ti [fǽnti, fɑ́:n-] 〘명〙 (아프리카의 가나 지방에 사는) 판티족(族); 〖U〗 판티어(語). (또는 **Fante**) 〔<It

fan·toc·ci·ni [fæntətʃíːni] 〘명〙〘복〙 꼭두각시; 인형극.

fan·tod [fǽntɑd/-tɔd] 〘명〙〘美〙 (보통 ~s) 조마조마함, 초조, 안달; 심한 걱정, 불안; 변덕스러운 행동.

fan·tom [fǽntəm] 〘명〙〘형〙 =phantom.

fán trácery 〖건축〗 부채꼴 트레이서리.

fán váult 〖건축〗 부채꼴(팬) 볼트(지주(支柱)를 중심으로 리브(rib)가 부채꼴로 뻗은 화려한 구성을 이룸).

fán váulting 〖건축〗 부채꼴(팬) 볼트 방식.

fán window 〖건축〗 부채꼴 창. 〔처럼.

fan·wise [fǽnwàiz] 〘부〙 부채꼴로, 부채를 펼친 것

fan·zine [fænzíːn, ˋ-] 〘명〙 (특정 연예인, 공상 과학 소설 등의) 팬 잡지. 〔<*fan*²+*magazine*〕

FAO *Finance and Accounts Office*; *Food and Agriculture Organization.* **F.A.P.** *first aid post.*

FAQ *fair average quality* (중급품); 〘상업〙 *free at quay;* 〘컴퓨터〙 *frequently asked question*(s).

fa·q(u)ir [fəkíər, féikər/fǽkiə] 〘명〙 =fakir.

‡**far** <FAR, 〈p. 988〉

FAR 〘美〙 *Federal Aviation Regulations*(연방 항공 규칙). **far.** *farad;* *farriery;* *farthing.*

far·ad [fǽrəd, -ræd] 〘명〙 〖전기〗 패럿(정전(靜電) 량의 실용 단위). 〘약〙 Faraday

Faraday [fǽrədi, -dèi] 〘명〙 패러데이 1 **Michael** ~ (1791-1867; 영국의 물리학자·화학자). 2 (*f*-) 전기 분해에 쓰이는 전기량의 단위(〘약〙 F, f).

Fáraday càge 〖전기〗 패러데이 상자(민감한 전기 계기를 정전계(靜電界)의 영향으로부터 차단한다).

Fáraday cùp 〖물리〗 패러데이 컵(하전(荷電) 입자를 포착하여 그 종류·하전량·방향을 결정하는 장치).

Fáraday effèct 〖물리〗 패러데이 효과.

fa·rad·ic [fərǽdik] 〘형〙 〖전기〗 유도(전류)의, 감응(전류)의. (또는 **far·a·da·ic** [fǽrədéiik]) 요법.

fa·ra·dism [fǽrədizm] 〘명〙 〖병리〗 감응 전류

far·a·dize [fǽrədàiz] 〘타〙 〖병리〗 (근육·신경)을 감응 전류로 자극·치료하다. -**di·zá·tion, -díz·er** 〘명〙

far·ad·me·ter [fǽrədmìːtər] 〘명〙 〖전기〗 패럿미터, 정전 용량계.

far·an·dole [fǽrəndòul] 〘명〙 파랑돌(프랑스 Provence 지방에서 시작되었다는 춤); 그 춤곡. 〔<F

*‡**far·a·way** [fɑ́ːrəwèi] 〘형〙 1 (거리가) 먼, 아득한(⇒DISTANT 유의어); (시간·관계가) 먼. ¶*a* ~ *sound* 멀리서 들리는 소리/*the* ~ *future* 먼 장래. 2 (표정·눈 따위가) 명한, 꿈꾸는 듯한. ¶*a* ~ *look* 명한 표정.

fár báck 〖미식축구〗 파백(경기가 전개되는 반대 방향에 위치하는 공격수의 백).

far-back [-bæk] 〘명〙〘형〙 먼 옛날(의); 아주 뒷쪽(의).

far·be·tween [-bitwíːn] 〘형〙 극히 드문; (사이가) 멀리 떨어진.

*‡**farce** [fɑ:rs] 〘명〙 1 〖UC〗 소극(笑劇), 광대극. 2 〖U〗 (광대극 따위에서 나타나는) 우스개, 익살. 3 (흔히 a ~) 웃음거리. 4 〘요리〙 (통구이 따위 속에 넣는) 속, 속감 (forcemeat). — 〘타〙 1 (연설·글 따위에) (…을) 가미하다 (*with*). 〔광대, 익살꾸러기. 〔<F joker〕

far·ceur [fɑːrsə́ːr] 〘명〙 1 유머 작가; 광대극 배우. 2

far

부사·형용사·명사로 쓰이지만 부사 용법이 가장 중요하다.
(1) 「멀리」의 뜻으로 거리의 차이를, 「오래」의 뜻으로 시간의 차이를, 「훨씬」의 뜻으로 정도의 차이를 강조한다.
(2) 「훨씬」의 뜻으로는 very와 달리 비교급을 강조할 수 있다.
(3) 비교급과 최상급에 두 가지 형태가 있으며 두 가지 다 사용 빈도가 높다.

‡**far** [fɑːr] 튄 (**farther** [fáːrðər], **further** [fáːrðər]; **farthest** [fáːrðist], **furthest** [fáːrðist]) **1** (거리) 멀리(에), 멀리 떨어져서, 아득히.¶wander ~ 멀리 방황하다/F- *from eye*, ~ *from heart*. (속담) 눈에서 멀어지면 마음에서 멀어진다, 거자일소(去者日疎)/How ~ is it from here to Seoul? 여기서 서울까지 얼마나 됩니까?

USAGE¹ far와 a long way——거리를 나타내는 far는 의문문·부정문에 쓰이는 것이 보통이다. 긍정문에서는 very, away, so, too 따위 부사나 전치사와 함께 쓰이고 특히 (구어)에서는 a long way (off)를 흔히 쓴다: How ~ is it?/It is not ~ from here. /It is *a long way* to London. 마찬가지로 의문문·부정문에는 far off, far away, far back을, 긍정문에는 a long way off[or away, back]를 흔히 쓴다.

2 (시간) 멀리, 오래, 훨씬.¶~ back in the past 훨씬 전에/look ~ into the future 먼 장래의 일을 생각하다/The night was ~ advanced. 밤이 꽤 깊었다/We sat talking ~ into the night. 우리들은 밤이 이슥하도록 앉아서 이야기했다.
3 (정도) 월등히, 현격하게; (비교급·최상급을 수식하여) 훨씬, 몹시. ¶~ beyond one's powers 도저히 힘이 미치지 못하여/He drove a stake ~ into the ground. 그는 말뚝을 땅속 깊이 박았다/I don't know how ~ to trust the lawyer. 어느 정도까지 변호사를 신용해야 할지 모르겠다/This book is ~ better than that. 이 책이 저 책보다 훨씬 좋다.

USAGE² 비교급·최상급을 강조하는 **far**와 **by far**——보통 far는 비교급을, by far는 the가 붙는 비교급을 강조한다: This is ~ better (than that)./This is *by* ~ the best (of all)./This is *by* ~ the better (of the two). ＊ that이 붙지 않는 비교급을 강조할 때도 far를 뒤에 놓을 때는 by far로 쓰는 것이 보통: This is better *by* ~. ＊ 최상급을 강조할 때 far and far away라고 말하는 경우도 있다.

as [or **so**] **far as;** (美구어) **far as** ① (전치사적) (거리·범위·정도가) …까지.¶I'll go with you *as* ~ *as* London. 런던까지는 함께 가겠습니다. ② (부사절을 이끌어) …와 같은[같이 먼] 거리까지. She didn't go *as* ~ *as* he did. 그녀는 그 만큼 멀리 가지 않았다. ③ (부사절을 이끌어) …하는 한; …에 관한 한.¶*as* ~ *as* I know 내가 아는 한.

USAGE³ **as far as**와 **to**——to가 from과 대응하여 도착 지점을 나타내는 데 비해, as far as는 「…까지(는)」으로 거리에 대한 한계 의식이 강하다: We went together *as* ~ *as* Busan. 부산까지는 함께 가고 거기서 헤어졌다. ＊ We went *to* Busan by train. 기차로 부산까지 갔다. ＊ as far as는 반드시 「멀다」는 것을 뜻하지는 않는다.

as [or **so**] **far as in me lies** 내 능력이 미치는 한.
as [or **so**] **far as it goes** 어느 정도(까지)는.
as [or **so**] **far as possible** 가능한 한, 극력.
as [or **so**] **far as that goes** [or **is concerned**] ① 그것에 관해 말하자면, 실제로는. ② 그뿐인가, 반대로.
carry [or **take**]**...too far** ⇨ CARRY. [로.
far ahead 훨씬 전방에; 아득한 장래에.
far [or **out**] **and away** 훨씬, 사뭇, 단연; 틀림없

이. ¶He is ~ *and away* the best player on the team. 그는 단연 팀 제1의 선수다.
far and wide [or **near**]**; near and far** 널리, 도처에. ¶He travels ~ *and wide* in search of his missing son. 그는 행방 불명된 아들을 찾아 온갖 곳을 여행하고 다닌다.
far apart 멀리 떨어져서. 「멀리 가다.
far away [or **off**] 멀리, 훨씬 멀리에.¶go ~ *away*
far back 훨씬 후방에; 먼 옛날.
far be it from me to *do* (구어) …할 생각은 추호도 없다.
far from ① …에서 멀리. ② 전연 …이 아닌, …와는 거리가 먼. ¶He is ~ *from* a fool. 그는 결코 바보가 아니다. ③ (문두에서) …은 커녕(instead of).
Far from it! (구어) (선행하는 부정문이나 반대의 뜻을 강조) 그런 일은 결코 없다, 당치도 않다.
far gone (병세 따위가) 꽤 진전하여, 아주 위험한 상태에; 꽤 깊이 들어가.
far out (속어) ① 틀에 박히지 않은(offbeat). ② (견해 따위가) 과격한, 극단적인. ③ 심원한, 난해한.
far removed from …과 전연 다른, 동떨어진.
far to seek 찾기 힘든[어려운].
go far ① 상당한 성과를 올리다, 성공[출세]하다.¶I have *gone* ~ with my work. 일이 꽤 진척되었다. ② (부정문에서) (돈·식량 따위가) 멀어지지 않다; (돈이) 물건을 많이 살 수 있다. ③ (…에) 큰 도움이 되다 (*to*, *toward*). ④ 멀리까지 가다.
go so [or **as**] **far as to** *do* 심지어 …하기까지 하다.¶She *went* so ~ *as to* ask him to take her out to dinner. 그녀는 그에게 외식을 시켜 달라고 부탁할 정도로 되었다.
go too [or **a bit**] **far; go far enough** (구어) 도를 지나치다, 너무 하다(*in*); 과장하다.
how far (거리·정도가) 어디까지, 어느 범위까지. ¶*How* ~ do you think they can be trusted? 어느 정도까지 그들을 믿을 수 있다고 생각하는가?
in so [or **as**] **far as** ⇨INSOFAR.
not far off [or **out, short, wrong**] (구어) 크게 벗어나지 않는, 대체로 옳바른.
not trust...as far as one **could throw him** [or **an inch**] (구어) …을 전혀 신용하지[믿지] 않다.
so far ① 지금까지(는).¶*So* ~, it is only talk. 지금까지는 이야기뿐이다. ② 이[그] 점[정도]까지(는).
so far as = *so far as*.

USAGE⁴ **so far as**와 **as far as**——이들 두 표현은 대체로 같은 뜻으로 쓰이지만, 다음에 오는 기술을 강조하거나 앞에 부정어가 있을 때는 so far as를 쓰는 것이 보통: Some go *so* ~ *as* to say that a man who cannot use the computer is not entitled to be a civilized man. 컴퓨터도 사용하지 못하는 인간은 문화인의 자격이 없다고까지 극언하는 사람도 있다 /He is not concerned in the affair *so* ~ *as* I know. 내가 아는 그는 그 일에 관계가 없다.

so far from *doing* …하기보다는 차라리(rather than); …대신에(instead of); …라기보다는 오히려.
so far(,) so good (구어) 지금까지는 이것으로 좋은 [순조로운]. (는).
this [or **thus**] **far** 여기까지는, 이 점까지는 지금까지
—— 휑 (**farther, further; farthest, furthest**) **1** (거리

farci 989 **farm**

적·시간적으로) 먼, 아득한; 멀리의. ⇨DISTANT 유의어 ¶a ~ country 먼 나라/a ~ traveler 멀리 여행하는 사람/in the ~ distance 아주 멀리에/to the ~ North 먼 북쪽에/in the ~ past 먼 옛날에. **2** (둘 중에서) 보다 먼, 먼쪽의, 저쪽의. ¶the ~ side of a stage 무대의 안쪽. **3** (성질이) 몹시 다른, (관계가) 먼, 현격한. **4** (나이가) 많은, 많은. ¶be ~ in years 나이가 많이 들었다. **5** (정치적으로) 극단적인. ¶the ~ left[right] 극좌[우]파.
a far cry from ① …에서 먼 거리에 있는 것. ¶It is a ~ cry from Seoul to Mokpo. 서울에서 목포까지는 먼 거리다. ② …과는 전혀 다른[판이한] 것, …에서 아주 동떨어진 것. ¶Reading is a ~ cry from speaking. 읽는 것과 말하는 것은 전혀 다르다.
(few and) far between ⇨FEW.
the far [or **four**] **corners of the earth** [or **world**] 세계의 방방곡곡(四方各국).
— 옵 **1** 먼 곳. **2** 높은 정도.
by far 훨씬, 단연(⇨USAGE); 분명히. ¶This is by ~ the best way. 이것이 단연 최선책이다.
from far and wide [or **near**] 사방으로[도처에서]부터. ¶come to see the fair from ~ and wide 박람회 관람을 위하여 사방에서 오다.
from far (**away** [or **off**]) 멀리서[먼 곳으로]부터.
~·**ness** 옵

far·ci [fɑ́ːrsi] 옵 (요리) 속을 넣은(stuffed). 〔<F〕
far·ci·cal [fɑ́ːrsikəl] 옵 **1** 소극(풍)의; 광대극풍의. ¶a ~ play 소극. **2** 말같잖은; 익살맞은, 웃기는(absurd). 〔=**farcial**〕. ~·**ly** 위. ~·**ness** 옵
far·ci·cal·i·ty [fɑ̀ːrsikǽləti] 옵U 익살맞음, 터무니없음.
far·ci·fy [fɑ́ːrsəfài] 옵티 소극화(笑劇化)하다; 놀리다.
far·cy [fɑ́ːrsi] 옵U (수의) (말 따위의) 피저증(皮疽症).
fard [fɑːrd] 옵 (고어) 얼굴 화장품. — 옵티 [얼굴]에 화장품을 바르다.
far·del [fɑ́ːrdl] 옵 (고어) **1** 꾸러미, 다발; (무거운) 짐, 부담. **2** (또는 ≠-bàg) (반추 동물의) 제3위(胃).
‡**fare** [fɛər] 옵 (복 ~**s** [-z]) **1** (배·기차·버스 따위의) 요금, 운임, 삯. ⇨PRICE 유의어 ¶a railroad ~ 철도 요금/a reduced ~ 할인 요금/a single [double] ~ 편도[왕복] 요금/at half ~ 반액으로/raise ~s 요금을 올리다/What is the ~ from Seoul to Busan? 서울·부산간 요금이 얼마입니까? **2** (요금을 내는) 승객. **3** U 음식물. ⇨FOOD 유의어 ¶dainty ~ 맛있는 음식/a bill of ~ 차림표, 메뉴. **4** (연극·문예 작품들의) 상연물, 오락. **5** (美) (어선 한 척의) 어획(량).
— 옵째 (~**s** [-z]; ~**d**; **fɑ́r·ing**) **1** (음식물로) 대접받다; 음식을 먹다. **2** (사람이) (잘·신통찮게) 살아가다, 지내다. ¶(~+옵) He ~s well in his new position. 그는 새 자리에서 잘하고 있다/You may go farther and ~ worse. (속담) 지나치면 못 탈 난다. **3** (비인칭의 it를 주어로) (일이) 되어가다, 일어나다. ¶(~+옵) How ~s it with you? 어떻게 지내십니까? **4** (사) 가다(go), 여행하다. ¶F- you [or thee] well! 안녕!
fare forth 여행을 떠나다.
fare well [ill, badly] ① 잘[잘못] 되어가다, 성공[실패]하다. ② 운이 좋다[나쁘다]. ③ 편히[고되게] 살아가다. ④ 맛있는[맛없는] 것을 먹다.
fáre adjústment òffice 옵 (the ~) 운임 정산소.
Fár East 옵 (the ~) 극동(동북한·중국·동남 동아시아 여러 나라).
Fár Éastern 옵
fare-beat·er [fɛ́ːrbìːtər] 옵 (美) 무임 승차자.
fáre·bòx [fɛ́ərbɑ̀ks/-bɔ̀ks] 옵 (버스 따위의) 요금 상자.
fáre dòdger 옵 =fare-beater.
fáre-gàte 옵 (철도 따위의) 자동 개찰구.
far·er [fɛ́ərər/fɛ́ərə] 옵 여행자로 나그네. ¶a way~ 나그네/a sea~ 선원; 해상 여행자. 〔종점〕.
fáre stàge 옵 (美) (버스 따위의) 동일 요금 구간(의 종점).
fare-thee-well [ˋðiːwél] 옵 (a ~) 완전한 상태, 완벽; 최고의 효과[성과]. (또는 fare-ye [you]-well)
to a fare-thee-well 완벽하게, 최고도로; 철저하게; 최후까지.
‡**fare·well** [fɛ̀ərwél, ˊ-ˊ] 캠 안녕!, 잘 가시오!, 잘 있어!(Good-by). — 옵 (복 ~**s** [-z]) **1** 작별 인사, 고별사. ¶exchange ~s with a teacher 선생님과 작별 인사를 주고받다. **2** 작별, 고별. ¶A F- to Arms 무기여 잘 있거라(Hemingway의 소설명)/his ~ to life 그의 죽음. **3** 송별회(~ party).
make one's farewell 작별 인사를 하다.
say [or **bid**] **farewell to** a person; **bid** a person **farewell** 남에게 작별을 고하다.

— 옵 고별의, 작별의, 마지막의. ¶a ~ speech 고별사.
farewéll párty 옵 송별회((구어) good-by party).
far-famed [fɛ́iːmd] 옵 널리 알려진, 유명한.
far·fel [fɑ́ːrfəl] 옵 ~ (유대요리) 파펠(물로 반죽한 밀가루를 잘게 집어 떼어 공처럼 만든 고형(固形) 음식).
far-fetched [fɛ́tʃt] 옵 억지[억설]의, 무리한. ¶a ~ joke 억지 농담. ~·**ness** 옵
far-flung [ˊflʌ́ŋ] 옵 널리 퍼진, 광범위한; 멀리 떨어진, 먼 곳의. ¶~ activity 광범위한 활동. 〔~·**ly** 위.
far-forth [ˊfɔ́ːrθ] 위 아득히 멀리까지; 매우, 대단히.
far-gone [ˊgɔ́ːn/-gɔ́n] 옵 **1** 먼, 멀리 떨어진. ¶a ~ village 멀리 떨어진 먼 마을. **2** (병세 따위가) 악화된, 심해진. **3** 지쳐빠진. **4** (밤이) 이슥한, 깊은. **4** 몹시 취한; 빚을 많이 진. **5** (신 따위가) 넘어서 낡은.
fa·ri·na [fərɪ́ːnə] 옵U **1** 곡식, 가루 가루(푸딩·오트밀·수프용). **2** (英) (감자 따위의) 녹말, 전분(starch). **3** (英) (식물) 꽃가루(pollen).
far·i·na·ceous [fæ̀rənéiʃəs] 옵 **1** (음식물이) 가루로 만든. **2** (열매가) 전분을 함유한[내는]. **3** 전분질의; 가루 같은(mealy).
far·i·nose [fǽrənòus] 옵 가루가 생기는; 흰 가루로 덮여 있는; 가루 모양의; 가루 투성이의.
far·kle·ber·ry [fɑ́ːrklbèri/-bəri] 옵 물앵두나무속(屬)의 작은 관목(미국 남부산; 검은 열매가 열린다).
farl(e) [fɑːrl] 옵 (스코) (밀가루 또는 호밀 가루로 만든) 살짝 구운 둥근 케이크.
fár léft 옵 (the ~, 종종 the F-L-) 극좌(極左). **far-**
‡**farm** [fɑːrm] 옵 (복 ~**s** [-z]) **1** 농장, 농원, 농지. ¶a mixed ~ 다각 경영 농장. **2** (복합어로) 사육장, 양식장; …농장, …원(園). ¶a chicken [fish] ~ 양계업 어장/run [or keep] a fruit ~ 과수원을 경영하다. **3** U 조세 징수 청부 제도(가 실시되는 지역); (징수 청부인이 내는) 상납금. **4** U (英국어) 소작료, 지대(地代); 소작; C 차지(借地); C 차용 계약. **5** 농장의 가옥, 농가. **6** 탁아소(baby ~). **7** (美) (야구·아이스하키) (메이저리그 소속 팀의) 2군(~ team). **8** (美) (질 좋은 광석 등을 위한) 시골 저장소. **9** (英) (석유 따위의) 저장소. **10** (美) CIA 요원[간부] 훈련소.
bet the farm [or **ranch**] (美속어) 전재산을 걸다, 큰 도박을 하다, 절대 확신하다.
buy the farm (속어) 전사하다; 죽다.
farm to arm (美속어) 마약 채취 식물의 재배로부터 판매까지의 일관 작업.
— 옵 (~**s** [-z]) 옵티 **1** (토지를) 경작하다; (가축 등을) (농장에서) 사육[양식]하다. **2** (공과·세금 따위의 징수) 를 도급 맡기다(out), 도급 맡다. **3** (일정한 요금으로) [사람·시설] 의 보호·관리를 위탁하다, …을 맡기다(out), 맡기는 것을 하청받다. ¶~ a baby 아기 돌보는 것을 맡다. **4** (美) (야구) [선수]를 2군에 소속시키다(out).
— 옵째 경작하다; 농장[사육장]을 경영하다.
farm out ① (토지를) 임대하다. ② [작업]을 하청 주다(to). ③ [어린이 따위]를 맡기다(on, to). ④ (수동형으로) (연작으로) [땅]을 황폐케 하다. ⑤ (美) (야구) [선수]를 2군팀에 맡기다. ⑥ (조세·요금의 징수) 〔를 도급 맡기다.
~·**a·ble** 옵

fárm bèlt 명 곡창 지대, 대농업 지대; (the F- B-) 미국 중서부 지방의 농업 지대.
fárm-bike [ᵊbàik] 명 (뉴질) (도로 아닌 곳에서 타는) 오토바이.
fárm blòc 명 (美) 농업 의원단(농민 이익을 옹호·대변하는 농업주(州) 출신 하원 의원의 초당적 그룹).
fárm clùb 명 (美) =farm team.
‡**fárm·er** [fá:rmər] 명 (-s [-z]) 1 농민, 농부; 농장주[경영자](囹 peasant).¶a landed [tenant] ~ 자작[소작]농. 2 시골 사람, 촌뜨기, 백성. 3 (돈을 받고) 유아를 맡아 보는 사람, 탁아소 경영자. 4 (일정액을 내고) 영업권[판매권]을 갖고 있는 사람; 조세 징수 도급인.
fármer chèese 명 파머 치즈(전유(全乳) 또는 탈지유의 coltage 치즈). (또는 **fárm(er's) chèese**)
fárm·er·ette [fà:rmərét] 명 (구어) 농사짓는[농장에서 일하는] 여자.
Fármer Géorge 명 농부 조지(전원을 좋아한 영국왕 George 3세의 별칭).
fármer in the déll 명 골짜기의 농부(노래에 맞춰 여러 가지 역을 맡은 사람들이 원을 만들어 하는 놀이).
Fárm·er-Lá·bor Pàrty [fá:rmərléibər-] 명 (the ~) 노동자농민당(1920년 미국 Minnesota 주에서 창당; 1944년 민주당에 합병).
fármer's álmanac 명 (美) 농사력(農事曆).
fármers coóperative 명 (美) 농업 협동 조합.
fármers márket 명 1 농산물 직매[직판]장. 2 농산물 재배자 집합장. (또는 **fármers' márket**)
fárm·er·y [fá:rməri] 명 (英) 농장 시설.
fárm·ette [fà:rmét] 명 소(小)농장.
fárm-fresh [ᵊfréʃ] 명 (농산물이) 산지[농장]에서 직송의.
fárm-gate sále [ᵊgeit-] 명 (뉴질) 농산물의 직매.
fárm hànd 명 1 농장 노동자, 머슴. 2 (美) (야구) 2군 선수. 3 건초 만드는 기계.
*__fárm·house__ [fá:rmhàus] 명 농가, 농장에 딸린 집.—명 농장에서 제조된.
fárm·ing [fá:rmiŋ] 명 1 농업, 농장 경영; 사육, 양식.¶wheat [chicken] ~ 밀농사[양계]. 2 (세금·요금 따위의) 징수 도급. —명 농업[농장]의.
far·misht [fá:rmíʃt] 명 (美속어) 혼란된, 뒤섞인.
*__fárm·land__ [fá:rmlǽnd] 명U 농지, 경지, 농토.
fár·most [fá:rmòust] 명 가장 먼(farthest).
fárm-out [fá:rmàut] 명 (석유·가스 발굴권 따위의) 임대, 리스; 임대물, 임대지.
fárm prodùce 명 농산물.
fárm schòol 명 (남아공) 백인 초등 학교; 유색인 농장 근로자의 자녀가 다니는 초등 학교.
fárm-sit·ter [ᵊsìtər] 명 (캐나다) 농장 임시 관리자.
fárm·stead [fá:rmstèd] 명 (부속 건물도 포함하여) 농장.
fárm sùrpluses 명 잉여 농산물.
fárm sýstem 명 1 (美) (야구) 제2군 리그 집단(프로 야구 영제(영制) farm 7). 2 (신인 양성을 위한) 소규모[지방] 연수 제도.
fárm tèam 명 (야구) 2군팀.
fárm-to-márket(-ròad) [ᵊtəmá:rkit(ròud)] 명 (美남부) 농업용 도로.
fárm·yard [fá:rmjà:rd] 명 농가의 안뜰.
Fár Nórth 명 극북(북극·아(亞)북극 지방).
Fárns·worth [fá:rnzwə̀:rθ] 명 **Philo Taylor** ~ 판즈워스(1906-1971: 미국의 물리학자: TV 개발의 선구자).
far·o [féᵊrou] 명U (카드놀이) 은행(물주가 은행이 되는 노름의 일종).
*__fár-óff__ [fá:rɔ́:f/-ɔ́f] 명 (장소·시간이) 멀리 떨어진, 아득한(faraway). ⇒ DISTANT 유의어
fa·rouche [fərú:ʃ/F faRuʃ] 명 1 격렬한. 2 사교를 싫어하는, 내성적인; 무뚝뚝한, 퉁명. (<F)
far-óut [fá:ráut] 명 1 (美구어) 인습에 구애되지 않는, 틀에 박히지 않은, 자유분방한; (재즈 따위가) 전위적인, 실험적인; (일반적으로) 참신한, 기발한; 멋진.¶a ~ idea 기발한 생각. 2 (美속어) 극단적인, 과격한. 3 난해한, 심오한; 아주 먼. 4 (속어) 열중[몰두]하고 있는: (술·마약 따위에) 취한. **~·ness** [사람, 괴짜.
far-out·er [fá:ráutər] 명 (구어) 틀에 박히지 않은
far-póint [ᵊpɔ́int] 명 (안과) 원점(遠點)(똑똑히 볼 수 있는 가장 먼 점).
far·ra·gi·nous [fəræʤənəs/-réidʒ-] 명 긁어 모은.
far·ra·go [fəráːgou, -réi-] 명 (~(e)s [-z]) (경멸적) 잡동사니.
far·rand [fǽrənd] 명 (스코·북아일) 1 …의 모양을 한, 성질[외관]이 …인. 2 어울리는, 품위 있는, 기분 좋은. (는 **farand**) **~·ly** 명
far·rang·ing [fáːréindʒiŋ] 명 (사물·일의) 스케일이 큰; (토론 따위가) 광범위한.
*__far·reach·ing__ [fá:rí:tʃiŋ] 명 (효과·영향 따위가) 멀리까지 미치는, 광범위한, 장래에까지 미치는; (계획 따위가) 원대한, 널리 응용될 수 있는.¶a ~ influence 광범위한 영향. **~·ly** 명 **~·ness** 명
far·ri·er [fǽriər] 명 1 (英) 1 편자공(工). 2 수의사, 말 전문 수의사. 3 (기병대의) 말 담당 하사관.
far·ri·er·y [fǽriəri] 명 1U 편자 제작업; C 말굽 만드는 대장간. 2U (고어) 수의술(veterinary surgery).
fár ríght (the ~, 종종 the F- R-) 극우(極右), 극단적 보수주의. **fár-ríght** 명
far·row [fǽrou] 명 1 한 배의 돼지 새끼. 2 U (돼지의) 분만.—명 (돼지가) 새끼를 낳다.
far·see·ing [fá:rsí:iŋ] 명 1 선견지명이 있는, 통찰력이 있는, 현명한. 2 원시안의. **~·ness, -séer** 명
Far·si [fá:rsi] 명 (이란의) 페르시아어; 이란인.
fár síde 명 (the ~) 먼 쪽; 반대쪽; 안쪽. (또는 **fárside**) [서,
on the far side of …의 저쪽에; …(살) 고개를 넘어
far·sight·ed [ᵊsáitid] 명 1 (英) 원시안의. 2 선견지명이 있는. ≒ near-sighted. **~·ly** 명 **~·ness** 명
fart [fa:rt] 명 (속어) 1 방귀. 2 보기 싫은 사람; 녀석, 놈. 3 시시한 것, 문제가 안되는 것; 무(無), 영(零). 4 (a ~) (부정문에서) 조금도 ~ 않다. [멀렁이,
a fart in a colander (英속어) 침착하지 못한 사람,
a fart in a whirlwind (속어) 보잘 것 없는 것[사람].
crack [or *cut, lay, let (out)*] *a fart* 방귀를 뀌다.
fiddle fart around (속어) 방귀를 뀌다.
not care [or *give*] *a fart about* …을 조금도 개의치 않다, 아무렇지도 않게 여기다, 무시하다.
—동(動) 방귀를 뀌다. [송세월하다.
fart about [or *around, off*] 바보짓하며 지내다, 허송세월하다.
fart (around) with …을 주무르다, 가지고 놀다.
‡**far·ther** [fá:rðər] (far의 비교급) (⇒ FURTHER) 명 1 (거리·시간상으로) 더 멀리(에); (정도·성질·관계가) 한층 더, 보다 더 많이; 더 나아가서.¶I can suffer no ~. 이제 더 이상 견딜 수 없다. 2 게다가, 더욱 더.
farther back 좀 더 뒤에[뒤로]; 더 오래되어[옛날에].
farther on 더 저쪽에; 나중에.
go farther [or *further*] *and fare worse* 지나치게 하여 도리어 손해 나다.
No farther! 이제 그만! 됐어! [없기를 바라다.
wish…farther [or *further*] (사람·사물)이 그곳에 —명 1 (거리·시간상으로) 더 멀리의.¶the ~ side of the bay 만의 저쪽/in the ~ future 먼 장래에. 2 더 앞선, 더 뒤의.¶a ~ stage of development 더 발달한 단계. 3 더 이상의.¶Have you anything ~ to say? 더 이상 할 말이 있나?
Fárther Índia 명 =Indochina.
fár·ther·most [fá:rðərmòust, -məst] 명 가장 먼.
‡**far·thest** [fá:rðist] (far의 최상급) 명 1 가장 먼. 2 가장 긴.¶the ~ way about 가장 멀리 도는 길.
at (the) farthest ① (아무리) 멀어도, ② (아무리) 늦어도.¶I will return in a week *at (the)* ~. 아무리 늦어도 1주일 안에 돌아올 것이다. ③ 기껏해야.
—명 1 가장 멀리(에). 2 최고로, 가장.
*__fár·thing__ [fá:rðiŋ] 명 1 파딩(영국의 청동화; 1/4

far·thin·gale [fáːrðiŋgèil] 몡 1 파딩게일(16, 17세기경에 스커트를 퍼지게 하려고 넣었던 버팀살). 2 버팀살로 퍼지게 한 스커트.
farts [fáːrts] 몡(복) 미술, 예술.
Fár Wést 몡 (the ~) (미국의) 극서부 지방(대평원(Great Plains) 서쪽의 지역). **Fár Wéstern** 몡
FAS 〔컴퓨터〕 *f*actory *a*utomation *s*ystem; *F*ederation of *A*merican [*A*tomic] *S*cientists; 〔의학〕 *f*etal *a*lcohol *s*yndrome (태아기 알코올 증후군); *f*lexible *a*ssembling *s*ystem (플렉시블 조립 시스템). **f.a.s., F.A.S.** 〔상업〕 *f*ree *a*longside *s*hip((화물의) 선측인도(船側引渡)).
fas·ces [fǽsiːz] 몡(복) -*cis*[-sis] (단수취급) 속간(束桿)(다발로 묶은 막대에 도끼를 붙인 것; 고대 로마에서 집정관의 권위를 표시); (일반적으로) 권위 (표시).
take [**lay down**] **the fasces** 권좌에 앉다[에서 물러나다].

(farthingale 2)

fas·ci·a [fǽʃiə/féiʃə] 몡 (복) -*ci·ae* [-ʃiiː] 1 (머리를 묶는) 띠, 끈. 2 (외과) 붕대. 3 〔건축〕 (지붕 끝의) 처마널, 처마도리에 댄 판자. 〔이오니아·코린트식 원주 부분의〕 띠모양의 막면(幕面). 4 〔해부·동물〕 근막(筋 (fasces) 膜) (근 표면을 싸고 있는 결체(結締) 조직성의 막); 근막 모양의 조직. 5 (동·식물(色帶). 6 (英) (자동차의 계기판. (또는 facia) -**al** 〔<L band〕 〔(dashboard)〕.
fáscia bòard [pànel] (자동차 따위의) 계기판
fas·ci·ate [fǽʃièit, -ʃiət] 몡 1 끈·띠 따위로 묶은, 다발 지은. 2 〔식물〕 (줄기 따위가 이상 발육으로) 납작한 띠 모양으로 된, 대화(帶化)의. 3 〔동물〕 색대가 있는, 줄무늬가 있는. (또는 **fasciated**) -**ly**
fas·ci·a·tion [fæ̀ʃiéiʃən] 몡 1 묶기, 동여매기, 결속. 2 묶이기, 동여매이기; 묶여[동여매어진] 상태. 3 〔식물〕 이상 발육으로 식물의 줄기·가지 따위의 대화(帶化).
fas·ci·cle [fǽsikl] 몡 1 작은 다발. 2 (분할 간행되는 책의) 한 권, 분책(分冊). 3 〔식물〕 밀산(密繖) 꽃차례; (잎 따위의) 다발모양, 총생(叢生). 4 〔해부〕 추신경계의 섬유속(纖維束). -**cled**
fas·cic·u·lar [fəsíkjulər] 몡 〔식물〕 총생하는, 뭉쳐나기의; (해부) 유관속(維管束)의. ~ **cambium** 〔식물〕 유관속 형성층.
fas·cic·u·late [fəsíkjulət, -lèit] 몡 다발로 된, 다발진; 총생의. (또는 **fasciculated**) ~**ly**
fas·cic·u·la·tion [fəsìkjuléiʃən] 몡 〔식물〕 족생(族生); 총생(줄기·꽃·잎 따위가 한 곳에 밀생하는 것).
fas·cic·u·le [fǽsikjùːl] 몡 =fascicle 2. 〔cf. 〕 2,4.
fas·cic·u·lus [fəsíkjuləs] 몡 (복) -*li* [-lài] =fasciculus.
fas·ci·i·tis [fæ̀ʃiáitis] 몡 〔병리〕 근막염(筋膜炎).
***fas·ci·nate** [fǽsənèit] 몡(타) 1 ~을 황홀하게 하다, 매혹하다(⇒ATTRACT 동의어) 〔수동형으로〕…에 매료되다, 마음이 끌리다(*at, by, with*). ¶ *Her beauty* ~*d everyone.* 그녀의 아름다움은 모두를 매혹했다 / *I was* ~*d by the sight.* 나는 그 경치에 매료되었다. 2 (공포 따위로) …을 꼼짝 못하게 하다. — 몡(자) 흥미[주의]를 끌다, 마음을 빼앗다 (*by*). -**nà·tive** 몡 (…에) -**ly**
fas·ci·nat·ed [fǽsənèitid] 몡 (…에) 매료된 (*with*, *by*).
***fas·ci·nat·ing** [fǽsənèitiŋ] 몡 황홀케 하는, 매혹적인, 반하는 (*to*). ¶ *a* ~ *poem* 매혹적인 시 / *The story is* ~ *to me.* 그 이야기는 정말로 재미있다. -**ly**
***fas·ci·na·tion** [fæ̀sənéiʃən] 몡 1 〔U〕 매혹(하기) (공포 따위로) 자지러지게 하기; (뱀이) 흐리려고 노려보 기. 2 〔U〕 황홀한 상태. 3 (a ~) 매력, 매혹하는 힘, 요염.

fas·ci·na·tor [fǽsənèitər] 몡 1 매혹하는[인] 사람[것]. 2 (레이스 따위로 짠) 여성용 스카프.
fas·cine [fæsíːn, fəs-] 몡 섶나뭇단, 장작단; 〔축성〕 〔군사〕 (방어나 다리) 길죽한 섶나뭇단뭉치.
fascíne dwélling 몡 호상(湖上) 가옥.
fas·cism [fǽʃizm] 몡〔U〕 1 〔종종 F-〕 파시즘(이탈리아의 Mussolini가 현실화한 독재적 국가 사회주의). 2 (F-) (이탈리아의) 파시스트 운동. 〔<It fascismo〕
fa·scis·mo [faːʃízmou] 몡 (복) ~**s** =fascism.
fas·cist [fǽʃist] 몡 1 파시즘 신봉자, (F-) (이탈리아의) 파시스트 당원. 3 독재자; 극우파 인사. — 몡 (또는 **fascístic**) 파시즘의[같은], 파시스트 당원의; 파쇼적인.
Fa·scis·ta [fəʃístə] 몡 (복) -*ti* [-ti] 1 (the Fascisti) 이탈리아 국수당(國粹黨). 2 파시스트 당원. 〔<It〕
fa·scis·tize [fəʃístaiz] 동(타) ~을 파쇼[파시즘, 파시스트]화하다. -**ti·zá·tion**
FASE 〔컴퓨터〕 *f*undamentally *a*nalyzable *s*implified *E*nglish(간이 영어).
fash[1] [fǽʃ] (스코) 동(타) …을 괴롭히다, 성가시게 굴다, 못살게 굴다. ¶ ~ *oneself* 고민하다; 흥분하다. — 몡 괴로움, 고민, 걱정.
fash one's beard [or thumb, head] 괴로워하다.
fash[2] (속어) 몡 =fashion. — 몡 =fashionable.
‡**fash·ion** [fǽʃən] 몡 1 〔C〕〔U〕 유행, 패션, 일시적 풍습; 유행하는 것[사람], 인기있는 것[사람]. ¶ *the world of* ~ 패션업계 / *the latest* [*or newest*] ~ *in* 유행하는 최신 유행의 머리 스타일 / *follow* [*or keep up with*] (*the*) ~ 유행에 따르다 / *take up a new* ~ 신형을 채택하다 / *He is the* ~. 그 인기인이다.

〔유의어〕 **fashion** 특정 시기·장소·집단에 특이한 의복·습관·생활상·말씨 등의 형. **style** 유행에 맞춘. **mode** 어떤 시기의 fashion의 최첨단. **vogue** 어떤 시기에 널리 인기를 얻고 있는 fashion. **fad** 갑자기 생겼다가 사라지는 변덕스러움을 강조하는 말. **craze, rage** 잠깐 동안의 일시적 열광으로서, 어리석은 것을 뜻하는 경우가 많다.

2 〔U〕〔C〕 (상류 사회의) 인습적인 풍습[관습]. 3 (the ~) 〔집합적; 단·복수 양용〕 상류 사회[사교계] (사람들); 유행을 창조하는[좇는] 사람들. ¶ *All the* ~ *of the city gave a fancy ball.* 그 도시의 상류 사회 전체가 가면 무도회를 개최했다. 4 〔C〕 **a**) 방법, 방식. ⇒METHOD 〔유의어〕 ¶ *in European* ~ 유럽식으로 / *in the traditional* ~ 전통적인 방식으로. **b**) 〔복합어로〕 〔부사적〕 …식[류·풍]으로. ¶ *swim dog-* ~ 개헤엄을 치다 / *walk crab-* ~ 게처럼 옆으로 걷다. 5 〔U〕 (물건의) 만듦새, 구조, 생김, 형, 스타일, 종류, 타입, ¶ *men of all* ~*s* 온갖 종류의 사람들. 7 〔U〕 (폐어) 솜씨; 제작 (과정).
after [or *in*] *a* [or *some*] *fashion* 어느 정도, 얼마간; 어떤 의미로서.
after [or *in*] *one's own fashion* 자기식으로.
after [or *in*] *the fashion of* …식[풍]으로, …를 따라흉내내어.
a man of fashion 멋쟁이; 상류 사회[사교계]의 사람.
be all the fashion (구어) 대유행하다.
be in [*out of*] *fashion* 유행하고 있다[지나다].
bring … *into fashion* …을 유행시키다.
come into fashion 유행하기 시작하다.
go [*get, drop*] *out of fashion* 유행하지 않게 되다.
in the latest fashion 최신형의, 〔되다, 한물 가다.
lead the fashion 유행을 선도하다, 유행의 첨단을 가다.
of fashion (구어) 상류 사회[사교계]의. 〔 건다.
set the [or *a*] *fashion* 유행을 만들어 내다.
spend money like [or *as if*] *it's going out of fashion* (구어) 마구 돈을 쓰다.
— 동 (~*s* [-z]) 타 1 …을 만들다 (…을 가지고 / …으로 / …

fash·ion·a·ble [fǽʃənəbl] 웹 (*more* ~; *most* ~) **1** 유행의, 유행에 맞는, 시속(時俗)의. ¶ a ~ dress; ~ clothes 유행하는 의상. **2** 유행에 따르는; 유행하는. **3** 상류 사회의, 사교계의; 상류층의, 상류층이 좋아하는; (작품 등이) 상류 사회를 다룬. ¶ the ~ world 상류 사교계 / a ~ lady 상류 사회의 부인 / a ~ hotel 고급 호텔. **4** 유행을 좇는 사람; 상류 사회의 사람. **~·a·bíl·i·ty, ~·ness** 몡

fash·ion·a·bly [fǽʃənəbli] 문 유행을 따라서, 최신 유행대로; 세련되게. **2** 상류 사회풍으로.

fáshion bòok 몡 패션 잡지(책).
fash·ion-con·scious [-kὰn(ǝ)s/-kɔ̀n-] 형 유행에 민감한.
fáshion coòrdinator 몡 패션 코디네이터(백화점 따위에서 패션 관계 활동을 진행·조정하는 사람).
fáshion desígner 몡 패션 디자이너.
fáshion displày 몡 최신 유행복의 전시회.
fash·ioned [fǽʃənd] 형 (복합어로) **1** …식(풍)의, …형의. ¶ old-~ ideas 구식 생각. **2** (…하게) 만든, …다운. ¶ carefully-~ 정성들여 만든.
fash·ion·er [fǽʃənər] 몡 **1** 만드는(모양을 가꾸는) 사람. **2** 양재사, 재단사(tailor). [말(용어).
fash·ion·ese [fǽʃəníːz, -níːs] 몡 패션계 특유의
fáshion hòuse 몡 패션 하우스, 유명 디자이너의 의상실.
fash·io·nis·ta [fǽʃənístə] 몡 패션 모델. (<Sp)
fash·ion·mon·ger [fǽʃənmὰŋgər] 몡 유행 연구가; 유행을 좇는[만들어 내는] 사람; 멋쟁이(dandy).
fáshion plàte 몡 신형[최신 유행] 복장 도판(圖版). **2** (구어) 최신 유행 의상을 입은 사람.
fáshion públicist 몡 패션 관련 홍보[선전] 업자.
fáshion shòw 몡 패션 쇼, 의장 발표회(collection).
fáshion víctim 몡 (구어) 지나치게 유행을 좇는 사람; 유행이 어울리지 않는 사람.

‡**fast**¹ [fæst/fɑːst] 형 (**~·er**; **~·est**) **1** 빠른, 급속히 움직이는. ⇒ QUICK (유의어). ¶ a ~ runner 빨리 달리는 사람 / a ~ bus 급행 버스. **2** (동작 따위가) 날랜, 민첩한; (일 따위가) 빨리 끝나는, 시간이 안 걸리는; (약이) 곧 듣는, 즉효의. ¶ a ~ race 단거리 경주 / a ~ reading 속독 / a ~ pain killer 즉효의 진통제. **3** (시계가) 더 가는, 빠른. ¶ My watch is two minutes ~. 내 시계는 2분 빠르다. **4** (도로·차 따위가) 고속용의, 고속에 맞춘; (당구대·라켓·코트 따위가) 공이 잘 튀는; (야구·크리켓이) 투수가 빠르다는; (투구가) 빠른. ¶ a ~ highway 고속 도로 / a ~ tennis court 공이 잘 튀는 테니스 코트. **5** (경멸적) (여자가) 방탕한, 행실이 좋지 않은, (남자가 여자를) 잘 후리는; 빠른 돈벌이의. ¶ a ~ woman 탕녀. **6** (장소에) 꽉 붙은, 고정된, 쉽게 움직일 수 없는(⇒ FIRM 유의어); 확고한. ¶ the roots ~ in the ground 땅에 깊게 내린 뿌리. **7** 도망칠 수 없는, 빠져나올 수 없는. ¶ a car ~ in the mud 진흙에 빠진 자동차. **8** (매듭 따위가) 꽉 맨, 단단한, 굳은; 꽉 쥐는. ¶ a ~ grip 단단히 쥐기 / Their chains were ~. 그들의 사슬은 굳게 묶여 있었다. **9** (문 따위가) 굳게 닫혀 있는. ¶ make a door ~ 문단속하다. **10** (구어) 말 잘하는, 구변[말솜씨]이 좋은. **11** 마음이 변치 않는, 충실한. ¶ ~ friends 우정이 변치 않는 친구. **12** (색 따위가) 불변의, 영속하는. ¶ a ~ color [dye] 바래지 않는 색[염료]. **13** (잠이) 깊은(sound), 푹 든. **14** 꽉 쥐는, 악수하는; (복합어로) …에 견디는, 내(耐)…의. **15** (세균) 내성균(耐性菌)의. ¶ acid-~ 내산(耐酸)(성)의. **16** (사진) (필름이) 고감도의; (렌즈가) 고속 촬영의, 대구경의. ¶ a ~ film 고감도 필름. **16** (돈·이자 따위가) 쉽게[빨리] 벌리는; 부정한 수단으로 번; (돈벌이 따위에서) 빈틈없는, 날렵한; 부정의, 사기적인. **17** 바쁜. ¶ He is ~ at work. 그는 일로 바쁘다.

fast and furious ① 맹렬한 기세의[로], 최고조의[로]. ② (게임 따위가) 떠들썩한, 북적이는; (의논 따위가) 불붙는, 격렬한.
lay fast hold on; take fast hold of …을 꽉 붙잡다.
lead a fast life 방탕한 생활을 하다. [다.
Not so fast. 잠간, 기다려, 그렇게 덤비지 마라.
pull [or **play**] **a fast one on** ⇒ FAST ONE.
— 문 (**~·er**; **~·est**) **1** 빨리, 급속히. ¶ speak ~ 빨리 말하다 / Light travels ~*er* than sound. 빛은 소리보다 빨리 이동한다. **2** 끊임없이, 연달아. ¶ Her tears fell ~. 그녀의 눈물이 하염없이 흘렀다. **3** 꽉, 단단히, 굳게. ¶ be ~ bound by the feet 발이 꽉 묶여 있다. **4** (잠이) 깊게, 푹(soundly). ¶ sleep ~ 푹 자다. **5** 방탕하게, 난봉피우며. **6** (시계 따위가 제시간·정각보다) 빨리, 더 가서.
be [**fall**] **fast asleep** 깊이 잠들어 있다[잠들다].
hold fast to …을 꽉 붙잡다.
lay *a person* **fast** 남을 속박하다.
live fast 방탕한 생활을 하다.
play fast and loose ⇒ PLAY.
stand fast 꿋꿋이 서다; 움직이지 않다; 고수하다.
thick and fast 끊임없이, 줄기차게.

*‡**fast**² 재태 **1** 단식하다, 절식하다; (…을) 끊다 (*from*). ¶ ~ *from* wine 술을 끊다. **2** (종교적 행사나 건강을 위해) 음식을 가려서 먹다, 정진(精進)하다. ¶ ~ on bread and water 빵과 물만 먹고 정진하다. — 타 …에 단식시키다; (병)을 단식으로 고치다(*off*).
— 몡 **1** 단식, 절식; 정진. **2** 단식 기간; 단식일, 정진일, (가톨릭) 재일(齋日). ¶ observe a ~ 단식일을 지키다.
break *one's* **fast** 단식 후 처음 음식을 먹다; 조반을 ~든다.

fast³ 몡 계류삭(繫留索) 밧줄, (쇠사슬로 된) 계삭(繫索).
FAST *f*actor *a*nalysis *s*ystem. [效性)의.
fast-act·ing [-ǽktiŋ] 형 (비료·약품이) 속효성(速
fast·back [fǽstbæ̀k/fɑ́ːst-] 몡 파스트백(차체 뒷부분이 유선형으로 된 구조의 자동차). **2** notchback
fast·ball [fǽstbɔ̀ːl/fɑ́ːst-] 몡 (야구) 속구(速球) (캐나다 파스트볼(softball의 일종).
fást báller 몡 (야구) 속구 투수.
fást bréak 몡 (농구) (상대팀이 수비 대형을 갖추기 전의) 속공. **fást-bréak** 재 [발생하는.
fast-break·ing [-bréikiŋ] 형 (사건 따위가) 잇따라
fást-bréed·er reáctor [-bríːdər-] 몡 (물리) 고속 증식로(增殖爐)(略 FBR).
fást búck [dóllar] 몡 (미속어) 쉽게 번 돈, 불로 소득; 부정하게 번 돈; 부업으로 번 돈; 쉬운 돈벌이.
make a fast buck 잽싸게 한 밑천 잡다, 한몫 보다.
fást-búck 재 (사일)의 고속[단시간] 연소형 부스터.
fást-búrn bóoster [-bə̀ːrn-] 몡 (군사) 탄도 미
fast-count [-káunt] 타 …에게 거스름돈을 덜 주다, …을 속이다(short-change).
fast-cut [-kʌ̀t] 몡재 (TV) 빈번한 장면 전환하다.
fást dày 몡 (종교) 단식일, 정진일, 재일(齋日).

‡**fas·ten** [fǽsn/fɑ́ːsn] 타 (**~s** [-z]) **1** …을 (…에) 단단히 고정시키다; 단단히 얽어매다[동여매다](*up*, *together*, *on*)(*to*, *on*, *in*). ¶ ~ your seat [or safety] belts. (기내 방송) 안전 벨트를 매십시오. // (~ + 目 + 前 + 名) ~ a boat *to* a tree 배를 밧줄로 나무에 잡아매다. **2** (단추 따위로) (옷)을 채우다(*down*), (자물쇠·빗장 따위로) (문)을 잠그다, 걸다. ¶ (~ + 目 + 문) ~ *down* lifeboats *on* deck 구명 보트를 갑판에 잡아매다. **3** (사람·동물 따위)를 (…에) 가두어 넣다(*in*, *up*). ¶ (~ + 目 + 前 + 名) ~ a dog *in* 개를 우리에 넣다. **4** (…에게) (별명 따위)를 붙이다; (죄 따위)를 돌리다, 덮어 씌우다(*on*, *upon*). ¶ ~ a nickname *on* a person 남에게 별명을 붙이다. **5** (눈·주의 따위)

를 돌리다, 고정시키다, 〔희망 따위〕를 걸다 (*on*, *upon*). **—**[자] **1** 고착[정착]하다; (문 따위가) 닫히다.¶ This door will not ~. 이 문이 잘 닫히지 않는다. **2** 꽉 붙들다, 달라붙다, 매달리다 (*on*, *upon*). **3** (…에) 주목하다; 집중하다; (…을) 대상으로 삼다 (*on*, *upon*).

fasten down ① 〔뚜껑 따위〕를 덮다, 〔창문 따위〕를 닫다. ② 〔뜻〕을 확정하다. ③ …에게 (…를) 약속시키다 (*to*).

fasten in 집어넣다, (…속에) 꽉 봉해 넣다.

fasten off (실 따위를) 뭉치로 감다.

fasten on [or ***upon***] ① …을 꽉 붙들다, 매달리다. ¶~ *on* a person's arm 남의 팔에 매달리다. ② 〔구실 따위〕를 잡다; 〔생각 따위〕를 받아들이다. ③ (주의 따위를) …에 집중하다; …을 주목하다; …을 대상으로 삼다.

fasten oneself on …를 귀찮게 굴다.

fasten one's eyes on …를 응시하다.

fasten up ① 꼭 닫다[잠그다]; 못질하다. ② 묶어 놓다, 가두어 두다.

fas·ten·er [fǽsnər/fɑ́:s-] [명] **1** 잠그는 사람. **2** (문·옷 따위의) 잠그는 기구(볼트·빗장·자물쇠 따위), 척(zipper), 클립, 스냅. **3** 빛깔이 바래지 않게 하는 약.

fas·ten·ing [fǽsniŋ/fɑ́:s-] [명] **1** [U] 잠금, 걸어맴, 고착. **2** 잠그는 기구(볼트·버클·자물쇠·단추 따위).

fást fílm [명] 고감도 필름.

fást fóod [명] 패스트 푸드, 즉석[간이] 식품.

fast-food [-fú:d] [형] **1** 패스트푸드(전문)의.¶a ~ chain store 패스트푸드 체인점. **2** 《구어》 (마약 따위가) 만들기[입수·사용하기] 쉬운. **3** 손쉽게 만든, 이해하기 쉬운.

fast-food·er [-fú:dər] [명] 《구어》 **1** 패스트푸드점. (또는 **fást-fóodery**) **2** 패스트푸드 업자[회사].

fást fórward [명] (테이프 리코더·비디오 따위의) 테이프 빨리 감기 (기능, 버튼)([약] FF, FFWD).

fást gróove [spíral] [명] 정지 홈(레코드판 녹음대(錄音帶) 끝에 있는 소용돌이 모양의 홈).

fast-grow·ing [-gróuiŋ] [형] 급성장하는.

fást íce [명] (남극의) 정착빙(定着氷).

fas·tid·i·ous [fæstídiəs, fəs-] [형] 까다로운, 말이 많은 (*about*, *in*); 지나치게 결벽한; 꼼꼼한, 엄격한 (*about*, *in*). ⇨PARTICULAR [유의어] ¶be ~ *in* dress 옷에 까다롭다. **~·ly** [부] **~·ness** [명]

fas·tig·i·ate [fæstídʒiət, -dʒèit] [형] **1** 원뿔처럼 끝이 뾰족한. **2** 〔동물〕 원추 다발 모양의. **3** 〔식물〕 (나뭇가지가) 평행으로 꼿꼿이 선; (빗자루처럼) 가지가 원뿔 모양으로 직립한. (또는 **fastigiated**)

fas·tig·i·um [fæstídʒiəm] [명] ([복] **~s, -i·a** [-iə]) 〔병리〕 극기(極期)(발열·병의 최고점; 감염률이 가장 높은 시기).

fast·ing [fǽstiŋ/fɑ́:st-] [명][U] 단식. **—**[형] 단식의.¶a ~ day 단식일(fast day)/a ~ cure 단식 요법.

fast·ish [fǽstiʃ/fɑ́:st-] [형] **1** 꽤 빠른. **2** 방탕한.

fást láne [명] **1** 추월 차선, 고속 차선. **2** (슈퍼마켓 따위의) 소량 전용 계산대(cash register). **3** =fast track 1.

life in the fast lane 먹느냐 먹히느냐[약육강식]의 인생.

fást-láne [형]

fast·link [fǽstliŋk/fɑ́:st-] [명] (신호등 따위가 없는) 고속 연결 차로.

fást mótion [명] 〔영화〕 저속 촬영에 의한 움직임(실제보다 빠르게 보인다).

fast-mov·ing [-mú:viŋ] [형] **1** 고속의, 고속을 낼 수 있는. **2** (소설·극 따위가) 전개가 빠른, 템포가 빠른.

fast·ness [fǽstnis/fɑ́:st-] [명][U] **1** [C] 요새, 성채; (접근하기 어려운) 피난처, 은둔처. **2** 고착; (색·염료의) 정착. **3** 빠름, 신속. **4** 방탕.

fást néutron [명] 〔원자물리〕 고속 중성자(특히 감속재(減速材)에 의해 감속되지 않는 고에너지 중성자).

fást òne [명] 《구어》 (a ~) 빈틈없는 행위, 협잡, 속임수; (경기 따위의) 속임수로 이기기.

pull [or ***put over***] ***a fast one on*** …을 속여 넘기다, 속임수로 이기다.

fást óperator [명] 《구어》 =fast worker.

fást reáctor [명] 고속 중성자로, 고속로.

fast-re·ced·ing [-risí:diŋ] [형] 급속히 후퇴하는.

fást tálk [명] 《美구어》 (남을 속이기 위한) 유창한 말솜씨[구변]. **fást tàlker** [명] 사기꾼.

fast-talk [-tɔ́:k] [동][타] 《美구어》 〔사람〕을 (…하도록) 유창한 말솜씨로 구슬리다 (*into*).

fast-talk one's way 말로 구슬려 앞으로 나아가다.

fást tèlegram [명] 《美》 지급 전보 (서비스).

fást tìme [명] 《美》 =daylight-saving time.

fást tráck [명] **1** 출세 가도, 고속 승진[출세] 코스. **2** 《美》 〔경제〕 (의회의 통상관련법 따위) 무수정(無修正) 일괄 승인(방식). **3** 〔경마〕 (제 속도를 낼 수 있는) 경주로. **4** 〔철도〕 급행 열차용 선로.

on a [or ***the***] ***fast track*** 《구어》 승승장구하는; 출세 가도를 달리는, (기업이) 급성장하는.

get off the fast track 속도를 늦추다, 무리를 하지 않다.

fast-track [-træ̀k] [동] 빠르게 승진[발달, 처리]하다[시키다]; 《구어》 우선적으로 추진하다. **—**[형] 출세 가도의; 신속한, 급행의; 무수정 승인의; 조기 착공의.

fást-tráck·er [명] 「는; 허세를 부리는.

fas·tu·ous [fǽstʃuəs/-tju-] [형] 거만한, 잘난 체하

fást wórker [명] 《구어》 빈틈없이 처신하는 사람; 설득력 있는 사람, 여자를 꾀어 곧 관계를 맺는 사람.

‡**fat** [fæt] [형] (**~·ter**; **~·test**) **1** 살찐, 뚱뚱한, 비만인. 《경멸적》 뚱보인([반] lean, thin).¶a ~ man 뚱뚱보/~ cheeks 통통한 볼/*A ~ chicken makes a lean will.* 《속담》 입이 사치해지면 의지가 약해진다.

> [유의어] **fat** 살찐; 보통은 경멸적인 뜻으로 쓰이는 말. **fleshy** 살찌고 뚱뚱한. **stout** 체격이 큰; 종종 fat를 완곡하게 나타내는 말. **plump** 토실토실하게 보기좋게 살찐. **chubby** 아이가 토실토실 살찌고 귀여운. **portly** 체구가 당당하고 살찐. **rotund** 키가 작고 뚱뚱한. **corpulent, flabby** 보기 흉하게 뚱뚱한. **obese** 의사들이 주로 쓴다.

2 지방분이 많은, 지방(脂肪)(질)의, 비계의; (그림 물감이) 기름이 많은.¶~ meat 비계, 지방/~ soup 기름기 많은 수프. **3** 어떤 특수 성분이 풍부한.¶a ~ pine 송진이 많은 소나무. **4** (전시용·식용으로) 특별히 살찌운. ¶a ~ ox 비육우/~ stock 비육[식육용] 가축. **5** (토지가) 기름진, 비옥한; 작황이 좋은.¶a ~ field 비옥한 밭/~ soil 옥토/a ~ year 풍년. **6** 《구어》 부유한, 돈이 많은; (일·거래 따위가) 수익[수입]이 짭짤한, 벌이가 되는.¶a ~ office[job] 수입이 많은 자리[일]. **7** 《구어》 다량의, 다액의; 《반어적》 얼마 안되는.¶a ~ income 고소득/pay a ~ price 거액[큰 대가]을 지불하다. **8** 두꺼운, 넓은, 널리 퍼진; (목·다리 따위가) 짧고 통통한, 굵은; (입술·종기 따위가) 부풀은; (활자가) 획이 굵은.¶a ~ book 두꺼운 책/~ fingers 굵은 손가락. **9** 풍부한, 윤택한.¶a ~ feast 푸짐한 성찬. **10** 공급이 풍부한; 가득 찬.¶a ~ purse 돈이 잔뜩 든 지갑. **11** 《구어》 둔한, 우둔한.¶a ~ smile 얼빠진 웃음. **12** (게 따위가) 탈피(脫皮) 직전의.

a fat lot 《속어》 ① 잔뜩, 두둑이. ② 《반어적》 조금도 …않은 (*of*).

(as) fat as a pig [or ***butter, a young thrush***] 「통통하게[돼지처럼] 살찐.

cut it (too) fat 자랑삼아 보이다.

cut up fat [or ***warm, well***] 많은 유산을 남기고 죽다.

fat and sassy 《美구어》 원기 왕성한, 씽씽한.

get [or ***grow***] ***fat*** ① 살찌다, 뚱뚱해지다. ② (…으로) 부자가 되다, 유복해지다 (*on*). ¶*Laugh and grow* [or *be*] ~. 《속담》 웃으면 복이 온다.

in fat city 《美속어》 ⇨FAT CITY.

It's not over until the fat lady sings. 아직 완전히 끝난 것은 아니다. 「유리한 입장에 있다.

sit fat 《美속어》 뽐내고 있다, 듬직히 자세를 취하다;

—圈 1 (* 종류를 나타낼 때는 ⓒ) 지방(질); (식용의) 유지(油脂). ¶animal [vegetable] ~ 동물성[식물성] 지방. 2 (동물의) 지방 조직, 비계, 기름기 많은 살; 비만. ¶the ~ of meat 비곗살. 3 (물건의) 가장 좋은 부분, 영양 많은 부분; 비옥한 토지. 4 수입이 많은 일[일자리], 수지맞는 일. 5 (배우가 자기의 재능을 보일 수 있는) 알맞은 역[대사]. 6 과잉, 과잉 물자.
a bit of fat (구어) 뜻밖의 행운[기회]; 벌이가 좋은 일.
(All) the fat is in the fire. 큰 실수를 저질렀다; 돌이킬 수 없다; 위기가 닥쳐왔다.
chew the fat [or *rag*] ⇨RAG.
incline to fat 비만기가 있다.
live on [or *off*] *one's own fat* (경제적·지적) 밑천으로 살다; 무위 도식하다.
put on fat 살이 찌다.
run to fat 살이 너무 찌다.
shoot the fat (속어) 수다 떨다.
the fat of the land (성서) 얻을 수 있는 최상의 것, 최고의 호강(←창세기(Gen) 45:18).
— 圄 (*-tt-*) 타 …을 살찌우다; …을 비옥하게 하다.
— 자 살찌다, 통통해지다(*up, off*); 비옥해지다.
fat up [or *off*] (식용·시장용으로) (가축)을 살찌우다.
kill the fatted calf 최대로 환대하다, 성찬을 마련하다(←누가 복음(Luke) 15:4).
~·less, ~·like 형

Fa·tah [fáːtɑː] 명 ⇨AL FATAH.

‡**fa·tal** [féitl] 형 (*more* ~; *most* ~) 1 (…에) 치명적인, 생명에 관계되는(*to*). ¶a ~ wound 치명상 // The accident proved ~ *to* her health. 그 사고가 그녀의 건강에는 치명적이었다.

유의어 fatal 죽음을 초래하는[할 것 같은]; 피할 수 없음을 강조하는 말. deadly 죽음을 초래할 것 같은. mortal 현실적으로 죽음의 원인이 된. lethal 성질상 반드시 죽음을 가져오는, 또는 죽이는 것이 목적인.

2 (…에) 파멸적인, 파멸의 원인이 되는(*to*). ¶a ~ blunder 돌이킬 수 없는 큰 실수. 3 운명을 결정하는, 결정적인, 치명적인, 피할 수 없는. ¶make a ~ decision 중대한 결단을 내리다 / the ~ day 결혼하는 날. 4 운명에 관한.
take the fatal step [or *leap, plunge*] (美익살) 결혼하다.
— 명 치명적 결과[결말]; 치명적인 자동차 사고.
~·ness 명

fát Albert 명 (美속어) 보잉 747 형기, 점보 제트기.

fa·tal·ism [féitəlìzm] 명 ⓤ 1 (철학) 운명론, 숙명론. 2 체념, 운명에 따르는 것. **-ist** 명

fa·tal·is·tic [fèitəlístik] 형 숙명론의, 숙명론적인; 운명론자의. **-ti·cal·ly** 부

fa·tal·i·ty [feitǽləti, fə-] 명 ⓤⓒ 1 (-*ties*) (생명에 관계되는) 재난, 사고; 불행한 일, 재앙; (재난에 의한) 죽음; 사망자(수). ¶Traffic accidents cause thousands of *fatalities* every year. 교통 사고에 의한 사망자 수는 매년 수천 명에 달한다. 2 치명적임, 치사성; (불가피하게) 재난에 빠지기 쉬움. 3 (a ~ 적임); 운명, 숙명; 인연. 4 숙명[운명]론.

fatálity ràte 명 =death rate.

**fa·tal·ly* [féitəli] 부 1 치명적으로, 비참하게. ¶He was ~ wounded. 그는 치명상을 입었다. 2 운명적으로; 불가피하게. 3 (문장 수식) 불행[불운]하게도.

fátal shéars 명(복) (the ~) (그리스·로마 신화) (인간의) 죽음(운명의 여신의 가위에서). ⓕ fatal sisters

fátal sísters 명(복) (the F- S-) (그리스·로마 신화) 운명의 3여신(생명의 실을 짜는 Clotho, 그 실의 길이를 정하는 Lachesis, 그 실을 자르는 Atropos).

fátal thréad 명 (그리스·로마 신화) 운명의 여신이 짜는 생명의 실; (인간의) 수명. ⓕ fatal sisters

Fa·ta Mor·ga·na [fáːtə mɔːrgáːnə] 명 1 신기루 (蜃氣樓)(특히 Sicily의 Messina 해협에 나타나는 것). 2 (f- m-) 환영, 환각. 〈＜It〉

fat-ass [＜ǽs] 형(복) (美비어) 뚱뚱한 (사람).

fat·back [fǽtbæ̀k] 명 1 (소금절임한) 돼지의 옆구리 윗부분의 비곗살. 2 게르치과(科) 물고기의 일종. 3 숭어(mullet). — 형 남부 흑인풍의.

fat·bel·lied [fǽtbèlid] 형 배가 나온.

fat·bod·y [fǽtbɑ̀di/-bɔ̀di] 명 (동물) 지방체(脂肪體), 지방 조직. (또는 **fát bòdy, fát-bòdy**)

fat-brained [＜bréind] 형 저능한, 어리석은.

fát cát 명(美속어) 1 거액의 정치 헌금자; 정당[정치인]의 재정 후원자. 2 금권(金權) 정치인, 거물, 세력가.

fát cèll 명 (생물) 지방 세포. [**fát-càt** 형]

fát chánce 명 (美속어) (반어적) 가망 없음, 매우 희박한 가망성. ¶have a ~ of survival 생존 가망이 거의 없다.

fat·chew·ing [fǽttʃùːiŋ] 명 (美구어) 잡담(하기).

fát cíty 명 (종종 F- C-) (美속어) 1 (금전·지위를 손에 넣어) 유복한[안락한] 상태. 2 비만; 둔뇌; 비만에 의한 컨디션 부조. 형. ② 실면; 컨디션이 나쁨.

in fat city [or *Fat City*] ① 잘 사는, 유복한; 흐뭇한.

‡**fate** [feit] 명 1 ⓤ (종종 F-) (피할 수 없는) 운명(의 힘); 숙명. 2 (one's ~) (개인·집단의) 운명, 운(運). 3 신의 섭리, 천명(天命); 예언. 4 (a ~, one's ~) (사람·계획 따위의) 궁극적 운명, 최후, 말로; 죽음, 파멸; 불운. 5 (the F-s) =fatal sisters (또는) 1 체념하다.
accept [or *submit to*] *one's fate* 운명을 감수하다
a fate worse than death 지독한 재난, 쓰라린 경험; 순결의 상실, 능욕을 당하는 것.
as fate would have it 운나쁘게도, 운좋게도.
(as) sure as fate 틀림없이, 반드시.
by the irony [or *twist*] *of fate* 운명의 장난으로, 얄궃은 운명으로. [결정하다.
decide [or *fix, seal*] *a person's fate* 남의 운명을
go to one's fate =meet *one's fate* ①.
meet one's fate ① 죽다, 파멸하다. ② 장래 자기 아내가 될 여자를 만나다.
tempt fate [or *the fates*] 목숨을 건 모험을 하다.
the will of Fate 운명의 장난.
— 타 (*fat·ed; fat·ing*) (수동형으로) …을 운명짓다. ¶ (~+圄+*to* do) be ~*d to* be a poet 시인이 될 운명이다. [다 된.

fat·ed [féitid] 형 운명이 정해진; (…할) 운명이; 운이

fate·ful [féitfəl] 형 1 운명을 결정하는, 중대한. 2 치명적인, 파멸적인. 3 숙명적인, 운명에 의해 지배됨. 4 예언적인; 불길한. **~·ly** 부 **~·ness** 명

fáte máp 명 (발생) 원기(原基) 분포도(배(胚)의 각 영역과 그것이 장차 형성될 기관(器官) 원기와의 대응을 나타내는 모식도(模式圖)). [(health spa).

fát fàrm 명 (美속어) 체중 감량(減量) 도장[체육관]

fat-free [＜fríː] 형 지방이 함유되지 않은, 무지방의.

fát-frèe fát 명 비만성 지방이 함유되지 않은 지방 식품. [식품.

fat·head [fǽthèd] 명 (구어) 바보, 얼간이, 천치.

fat·head·ed [fǽthèdid] 형 어리석은, 바보 같은.
~·ly 부 ~·ness 명 [큰 북미산(産).]

fáthead mínnow 명 잉어과(科) 물고기(대가리가

‡**fa·ther** [fáːðər] 명 (복 ~s [-z]) 1 아버지, 부친; (구어) 장인, 시아버지; 계부(stepfather), 양부(adoptive ~). ¶F- [or My ~] gave me this book. 아버지가 이 책을 주셨다(* 「우리 아버지」의 뜻으로 관사없이 Father로 쓰는 경우가 많다) / *Like ~, like son.* (속담) 그 아버지에 그 아들, 부전자전(父傳子傳) / *The wish is ~ to the thought.* (속담) 사람은 바라는 일을 사실처럼 믿는다.
2 아버지처럼 숭배받는[돌봐주는] 사람; 수호자. ¶a ~ *to* the oppressed 학대받는 사람들의 아버지.
3 (보통 ~) 조상, 선조. ¶*sleep* [or *lie*] *with one's* ~*s* 선영에 묻히다, 지하에 잠들어 있다.
4 (the ~) 창시자, 창립자; 발명가, 고안자; (美) (the Founding F-s) 미국 헌법 제정자들.
5 (종종 무관사로) 선행하는 것, 원형; (사태 따위의) 시

발, 기원(*of, to*). ¶the ~ of the airplane 비행기의 선구 / *The child is ~ of*[or *to*] *the man.* (속담) 어린이는 어른의 아버지. **6** (the F-) 신, 조물주. ¶O F- in heaven, we pray thee… (기도의 상용 문구) 하늘에 계신 하느님 아버지, 바라옵건대…(* 남을 부를 때는 the를 붙이지 않는다). **7** (존칭) 신부; 수도원장; 사부(師父); …대사(大師); 청죄사(聽罪師). ¶the Holy F- 로마 교황 / Most Reverend F- in God (영국 국교의) 대주교[주교]의 존칭. **8** (종종 F-s) 교부(敎父); 공(公)회의 참가 사교(司敎). **9** (~s) (시의회 등의) 장로, 원로, 최고참; [로마 역사] 원로원 의원(conscript ~s). **10** (존칭으로) …옹(翁); (강 따위의 의 인칭으로) …강. ¶F- William 윌리엄옹 / F- Thames 템스 강.

be gathered to *one's **fathers*** 죽다(die).
from father to son 조상 대대로.
how's your father (구어·익살) 거시기, 그것(* 이름을 잊었거나 입에 담기 어려운 말을 할 때).
the father (and mother) of; the mother and father of (구어) 끔찍한, 지독한; 굉장한.
the Father of Lies 거짓의 아버지(즉 Satan).
the Father of the Faithful 신도의 아버지(성서에서는 Abraham, 회교에서는 Caliph를 칭함).
the Father of Waters (美) 강; 미시시피강(江).
Your father loves you best [or ***better than your mother***]. (美구어) 슬립[속옷]이 보여요.
——ⓥⓣ **1** …의 아버지가 되다; (아버지로서) …을 낳다[기르다]; …에게 아버지처럼 대하다. **2** …을 만들다, 창시하다, 시작하다. ¶He ~ed many inventions. 그는 많은 발명을 했다. **3** (…을) …의 아버지[작자]라고 하다 (*on, upon*); …의 아버지[작자]임을 자인하다. **4** …의 책임을 지우다. ——ⓥⓘ 아버지로서 책임을 다하다[행동하다].

Fáther Chrístmas ⓝ (英) = Santa Claus.
fáther conféssor ⓝ (교회) 고해(告解)를 듣는 신부; 청죄사(聽罪師).「적인 아버지 상(像).
fáther fígure [ímage] ⓝ 아버지 같은 존재; 이상
fa·ther·fuck·er [fá:ðərfʌkər] ⓝ (美속어·비어) **1** = motherfucker. **2** 남자 동성애자.
fa·ther·hood [fá:ðərhùd] ⓝⓤ 아버지임; 아버지로서의 자격, 부권(父權); (집합적) 아버지.
fa·ther·ing [fá:ðəriŋ] ⓝⓤ 아버지 노릇 하기, 아버지로서 자녀를 키우는 일.
fa·ther-in-law [fá:ðərinlɔ̀:] ⓝ (⑫ **fa·thers-**) **1** 장인, 시아버지. **2** (英구어) 계부, 의붓아버지.「의 땅.
fa·ther·land [fá:ðərlænd] ⓝ 고국, 모국; 조국, 조상
fa·ther·less [fá:ðərlis] ⓐ **1** 아버지 없는; 아버지를 모르는. **2** 작자 미상의(未詳의).
fa·ther·like [fá:ðərlàik] ⓐ 아버지 같은, 아버지다운.
fa·ther·ly [fá:ðərli] ⓐ 아버지의; 아버지 같은; 자부(慈父)와 같은. **-li·ness** ⓝ
Fáther of the Hóuse ⓝ (英) 최고참 의원.
Fáther's Dày ⓝ (美) 아버지 날(6월 셋째 일요일).
fa·ther·ship [fá:ðərʃip] ⓝⓤ **1** = fatherhood. **2** (조합 따위의) 장로의 지위; (英) 최고참 의원의 지위.
fáther súbstitute ⓝ (심리) 부친 대리(代理)(아버지가 없을 때, 아버지 대신 애정의 대상이 되는 남성); = father figure. (또는 **fáther sùrrogate**)
Fáther Tíme ⓝ (시간을 의인화하여) 시간옹(翁), 시간 아버지(큰 낫과 모래 시계를 갖고 있다).
fath·o·gram [fǽðəgræm] ⓝ 음파 측심기(測深機)가 가리키는 심도(深度) 기록.
***fath·om** [fǽðəm] ⓝ (⑫ **~s,** (英) **~**) **1** 길, 패덤(두 팔을 벌린 길이; 수심 측량 단위; 6 피트). ¶five ~(s) deep 수심 다섯 길. **2** (英) 패덤(절단면 6 제곱 피트의 목재의 양). **3** (지력(知力) 따위의) 심도, 깊이; 이해, 통찰력(력). ¶a subject beyond his ~ 그에게는 이해할 수 없는 문제. ——ⓥⓣ (측연(測鉛)으로) (수심)

을 재다; (남의 마음)을 헤아리다, 추측하다. ¶~ a person's secret 남의 비밀을 알아채다. ——ⓥⓘ 깊이를 재다; 탐색하다. **~·a·ble** ⓐ **~·er** ⓝ
Fa·thom·e·ter [fæðəmètər/fəðɔ́m-] ⓝ (상표) 음파 측심기(sonic depth finder).
fath·om·less [fǽðəmlis] ⓐ **1** 깊이를 잴 수 없는, 굉장히 깊은. **2** 이해할[헤아릴] 수 없는. **~·ly** ⓐ
fáthom líne ⓝ (해사) 측연선(測鉛線).
fa·tid·ic [feitídik, fə-] ⓐ 예언의, 예언적인(prophetic). (또는 **-i·cal·ly** ⓐ)
fat·i·ga·ble [fǽtigəbl, fəti:gə-] ⓐ 피로하기 쉬운. (또는 **fatiguable**) **~·ness** ⓝ
‡**fa·tigue** [fəti:g] ⓝ (⑫ **~s** [-z]) **1** ⓤ (심신의) 피로, 피곤. ¶break the ~ of a long journey 오랜 여행의 피로를 풀다. **2** (종종 ~s) 피로의 원인이 되는 것; 노역(勞役), 노고(toil). ¶one of the day's ~s 하루의 일 중의 하나. **3** ⓤ (기계) (금속·목재 따위의) 약화, 피로; ⓒⓤ (생리) (기관·조직 따위의 일시적) 기능 마비. ¶metal (muscular) ~ 금속 피로[근육 마비]. **4** (군사) = ~ duty [party]; (~s) = ~ clothes.
dress in camouflage fatigues 위장(군)복 차림이다.「다.
on fatigue 잡역 근무 중인.
——ⓥⓣ (**~s** [-z]; **~d; -tigu·ing**) ⓥⓣ **1** …을 지치게 하다 (*with*). ¶I was ~d with work. 나는 일로 지쳐 있었다. **2** (기계) (재료)를 피로시키다. ——ⓥⓘ **1** 지치다. **2** (재료가) 피로하다. **3** (군사) 잡역하다.
fatigue clòthes ⓝ(⑫) (군사) 작업복, 전투복.
fa·tigued [fəti:gd] ⓐ 지친, 피로한. ⇒ TIRED 동의어
fatigue dùty ⓝ (군사) (벌로서의) 잡역, 사역.
fatigue jàcket ⓝ (美군사) 잡역(雜役)용 재킷[상의].
fa·tigue·less [fəti:gʃis] ⓐ 지치지 않는, 피로를 모르는
fatigue life ⓝ (기계) (소재 따위의) 피로 수명.「르는
fatigue limit ⓝ (재료의) 피로 내구(耐久) 한도.
fatigue pàrty ⓝ (군사) 작업반, 사역반.「**ràtio**)
fatigue ràtio ⓝ (재료의) 피로율. (또는 **endúrance**
fatigue strèngth ⓝ (재료의) 피로 강도.
fatigue tèst ⓝ (재료의) 피로 시험.
fatigue ùniform ⓝ (군사) = fatigue clothes.
fa·tigu·ing [fəti:giŋ] ⓐ 피로케 하는; 고된. **~·ly** ⓐ
Fa·ti·ha [fá:tihà:] ⓝ (회교) 파티하, 개경장(開經章), 개비(開扉)(코란(Koran)의 제 1 장의 명칭).
Fat·i·ma[1] [fǽtəmə, fá:timá:/fǽtimə] ⓝ 파티마. **1** 예언자 Muhammad의 딸로서 Ali의 아내(606?-632). **2** Bluebeard의 일곱번째, 즉 마지막 아내(꼬치꼬치 캐묻기 좋아하는 여성의 전형). **3** 여자 이름.
Fa·ti·ma[2] [fá:timə] ⓝ 파티마(포르투갈 중부, Lisbon 북쪽 마을; 성모 마리아가 출현한 기적으로 유명).
fat·ism [fǽtizm] ⓝ = fattism.
fát lámb ⓝ (濠·뉴질) (수출용) 어린 비육양(肥育羊).
fat·less [fǽtlis] ⓐ (음식물의) 지방분이 없는[적은]; (고기가) 기름기 없는, 살코기의.
fát líme ⓝ 부석회(富石灰).「새끼 돼지 따위).
fat·ling [fǽtliŋ] ⓝ 식육용 가축(특히 송아지·새끼양·
fát líp ⓝ (얻어 맞아서) 부풀어오른 입[입술].
fat·ly [fǽtli] ⓐ **1** 뚱뚱하게, 살쪄서; 데통스레, 꾸물꾸물, 서투르게. **2** 듬뿍, 풍부하게, 윤택하게(richly).
Fát Màn ⓝ 패트 맨(일본의 나가사키(長崎)에 투하된 원자 폭탄의 코드명; 모양이 굵고 둥근 데서).
fát mèat ⓝ (美군부·남부) (돼지의) 비계, 비곗살.
fat-mouth [-màuð] (美속어) ⓝⓥⓣ (행동은 하지 않고) 말하다. ——ⓥⓘ 겉치레로 말을 해서 속이다.「풍부.
fat·ness [fǽtnis] ⓝⓤ 비만; 기름기가 많음; 비옥;
fat·o·pho·bia [fǽtəfòubiə] ⓝ 비만 공포(증).
-bic ⓐ
fats [fǽts] ⓝⓐ (종종 F-) (단수취급) = fatso.
fat·so [fǽtsou] ⓝ (⑫ **~(e)s**) (경멸적) 뚱뚱보.
fat-sol·u·ble [-sɑ̀ljubl/-sɔ̀l-] ⓐ (화학) 지용성의(脂

溶性)의. 〔육 가축.
fat·stock [fǽtstɑ̀k/-stɔ̀k] 명U (英) (식용용의) 비
fát sùbstitute 명 인조 지방(fake fat).
fát sùcking 명 (의학) 지방 흡인(비만 수술법).
fát-tailed shéep [ˈtèild-] 명 지방꼬리 양(羊)(꼬리뼈 양쪽에 지방이 많은 식용용 양).
***fat·ten** [fǽtn] 타 1 …을 살찌우다(up); (가축 따위)를 비육(肥育)하다, 2 (토지 따위)를 비옥하게 하다; …을 풍부하게 하다; (문장 따위)를 늘어뜨리다(out). ~ one's pocketbook 수입을 늘리다. ── 자 1 살찌다, 동통해지다(up); (남의 노력 따위로) 유복해지다(on, upon). ~·a·ble 형 ~·er 명
fat·ten·ing [fǽtniŋ] 형 살이 찌는, 살이 찌게 하는.
fat·tish [fǽtiʃ] 형 다소 살찐, 좀 비만한. ~·ness 명
fat·tism [fǽtizm] 명 비만인 멸시(차별 대우).
fat·tist [fǽtist] 명 비만인을 차별하는 (사람).
fat·ty [fǽti] 형 지방(질)의, 지방을 함유하는; (병리) 지방성의, 지방 과다(성)의. ── 명 (구어·어린이말) (경멸의) 뚱뚱보. **-ti·ly** 부 **-ti·ness** 명
fátty ácid 명 (화학) 지방산(脂肪酸). 〔변성(變性).
fátty degenerátion 명 (의학) (세포·조직의) 지방
fat·ty·geus [fǽtigjuːz] 명 (구어) 작업복. 또는
fat·ty·ism [fǽtizm] 명 =fattism. (fattygews)
fátty líver (병리) 지방간(肝).
fátty óil 명 지방유(fixed oil).
fátty túmor 명 (병리) 지방종(lipoma).
fa·tu·i·tous [fətjúːətəs/-tjúː-] 형 어리석은, 얼빠진. ~·ness 명 〔어리석음은 짓보다도 나쁘다 따위].
fa·tu·i·ty [fətjúːəti/-tjúː-] 명 어리석음, 우둔;
fat·u·ous [fǽtjuəs/-tju-] 형 어리석은, 얼빠진. ⇒FOOLISH 유의어 2 알맹이 없는, 공허한, 비현실의, 환상의, 허깨비의. **~·ly** 부 **~·ness** 명
fat·wa(h) [fǽtwaː] 명 (이슬람교) (또는 F-) 파트와, 법적 결정, 칙명(勅命)(이슬람교의 지도자가 내리는 신학적 견해); (오용되어) 사형 선고. 〔<Arab〕
fát wèek 명 (美俗어) 주간의 특대호.
fat-wit·ted [ˈwítid] 형 우둔한 둔한, 어리석은.
fat·wood [fǽtwùd] 명 (美동남부) 불쏘시개용 나무.
fau·bourg [fóubuər, -buərg/-buəg] 명 (도시의) 교외(suburb), 변두리; 성락. 〔<F〕
fau·cal [fɔ́ːkəl] 형 인두(咽頭)(fauces)의; (음성) 후음(喉音)의; 후두음의.
fau·ces [fɔ́ːsiːz] 명 (단·복수 양용) (해부) 인두(咽頭); (식물) 꽃부리의 인두부. 〔<L throat〕
‡**fau·cet** [fɔ́ːsit] 명 (물통·수도 따위의) 물꼭지, 물주둥이, / 해 꼭(英) tap, cock).
fau·chard [fouʃɑ́ːr] 명 (적의 무기를 걸어 떨어뜨리는 갈고리 달린 긴 칼. 〔<F〕
fau·cial [fɔ́ːʃəl] 형 (해부) 인두(fauces)의. 〔쳇!
faugh [fɔː] 감 (혐오·경멸을 나타내어) 피이!, 흥!,
fauld [fɔːld] 명 폴드, (갑옷의) 허리 바대(허리와 넓적다리를 막는 철제 방호구).
Faulk·ner [fɔ́ːknər] 명 **William** ~ 포크너(1897-1962: 미국의 소설가). **~·i·an** 형
‡**fault** [fɔːlt] 명 1 (…의) 결점, 단점, 결함, 흠 (in). ¶ a ~ in a glass 유리잔의 흠집 / a ~ in the machine 기계 결함 / a ~ in a person's character 사람의 성격상 결함 / He has many ~s. 그에게는 결점이 많다.

> 유의어 **fault** 「사람의 결점」의 뜻의 가장 일반적인 말; 반드시 중대한 결점을 뜻하지는 않는다. **failing** 사람에게 흔히 있는, fault보다 더 관대하게 볼 수 있는 결점. **foible** 무해하지만 때로는 귀여운 결점, 기행, 기벽. **weakness** 어떤 충동을 자제할 수 없는 결점. **shortcoming** 완전한 표준으로 보아 부족한 점; 결점을 우회적으로 나타내는 말. **vice** fault나 failing 보다 도덕적으로 나쁜 결점.

2 (…의) 잘못, 과실, 과오; 허물 (in, of). ¶ a grave [or gross] ~ 중대한 과실 / commit ~s in grammar 문법상의 오류를 범하다. 3 U (one's ~) (과실의) 책임; 원인, 탓; 죄. ¶ The ~ lies with you. =The ~ is yours. 책임은 너에게 있다. 4 ~ (지질) 단층(斷層). 5 (컴퓨터·전기) (회로의) 고장, 누전 (leakage). 6 (스포츠) (테니스 따위의) 폴트(서브의 실패). 7 U (사냥) 냄새(발) 자취를 잃기. 8 (고어) 부족, 결핍. 〔오.
a fault on the right side 불만을 초래하지 않는 과
at fault ① 잘못하여; (…에 대해) 책임이 있어 (for); (기계가) 고장나서. ② 어찌할 바를 모르고, 당황해서. ③ (사냥개가) 냄새 자취를 잃어. ④ (이론 따위가) 불명확해서. 〔탓〕하다.
find fault with …의 흠을 찾다, …을 나무라다, 비난
for (the) fault of (고어) …이 부족하기 때문에.
in fault (고어) 죄가 있어, 잘못해서.
through no (particular) fault of one's **own** …의 책임[잘못]이 아닌데도; 불가항력으로.
to a fault 결점이라고 할만큼, 지나치게, 극단적으로. ¶ He is generous to a ~. 그는 지나치게 관대하다.
with all faults (상업) 일체 사는 쪽의 책임으로.
without fault 틀림없이(without fail).
── 타 1 (수동형으로) (지질) …에 단층을 일으키다. 2 (부정문·의문문에서) …의 흠을 찾다; …을 비난하다. 3 (연기(演技)를) 실패하다. ── 자 1 U (지질) 단층을 일으키다. 2 과오를 범하다; (테니스) 폴트를 범하다.
fáult blòck (지질) 단층 지괴(斷層地塊).
fault·find·er [fɔ́ːltfàindər] 명 1 남의 흠만 잡는 사람, 잔소리꾼. 2 고장 탐지 기구.
fault·find·ing [fɔ́ːltfàindiŋ] 명 U 흠잡기, 책망. 2 (전자 장치 등의) 고장 탐지, 점검. ── 형 남의 흠 잡는, 잔소리하는.
‡**fault·less** [fɔ́ːltlis] 형 결점(과실) 없는; 완전 무결한. **~·ly** 부 **~·ness** 명
fáult líne 1 (지질) 단층선(斷層線), 단층 지대, 2 단절, 분열; (사회) (계층간의) 단층선.
fáult plàne 명 (지질) 단층면(斷層面).
fáults and sérvice difficùlties 명 (英) (전화국의) 전화 수리부.
fáult tólerance 명 (컴퓨터) 내(耐)고장성(고장 부분이 시스템 전체에 영향을 주지 않는 것).
fáult-tól·er·ant [ˈtɑ́lərənt/-tɔ́l-] 형 (컴퓨터) 내(耐)고장성의. (또는 **evént trèe**)
fáult trèe 명 사고(고장) 결과 예상 계통도(系統圖).
*‡**fault·y** [fɔ́ːlti] 형 1 결점(결함)이 있는, 불완전한; 틀린, 잘못된. 2 ~ reasoning 잘못된 추론. 2 비난받을, 부적절한. **fáult·i·ly** 부 **fáult·i·ness** 명
fáult zòne 명 (지질) 단층대(斷層帶).
faun [fɔːn] 명 (로마 신화) 파우누스(반인반수(半人半羊)인 숲·목축의 신). ⇒ satyr **~·like** 형
fau·na [fɔ́ːnə] 명 (복) **~s, -nae** [-niː]) 1 (the ~) (집합적) (한 지역·시대의) 동물상, 동물군(相), 동물 구계(區系)의 flora). 2 (한 지역·시대의) 동물지(誌). **-nal** 형 **-nal·ly** 부
faun·et [fɔ́ːnit] 명 (美俗) (호모의 상대로서의) 청
fau·nist [fɔ́ːnist] 명 동물상(구계) 연구자. 〔소년.
fau·nis·tic [fɔːnístik] 형 동물상(相)(지(誌))의; 동물상 연구자의. **-ti·cal·ly** 부
Fáunt·le·roy sùit [fɔ́ːntlərɔ̀i-] 명 소공자풍의 양복(19세기말 유행한 소년용 정장).
fau·nu·la [fɔ́ːnjulə] 명 (복) **-lae** [-liː, -lè]) 동물상(動物相) 화석의 동물상(層).
Fau·nus [fɔ́ːnəs] 명 (로마 신화) 파우누스(고대 로마의 숲의 신; 후에 그리스 신화의 Pan과 동일시되었다).
faust [faust] 형명 (美俗) 추한(추악한) (여자).
Faust [faust] 명 파우스트(16세기 독일의 전설상의 인물. 전지 전능을 바라고 악마 Mephistopheles에게 영혼을 팔아 넘겼다; 이 전설을 소재로 한 괴테(Goethe)

Faus·ti·an [fáustiən] 형 1 Faust의[에 관한]; 파우스트적인. 2 (권력욕·물욕 등을 위해) 영혼을 파는, 정신적 가치를 저버리는. 3 정신적 불만[고뇌]이 있는.
Fáust slípper 명 실내용 슬리퍼(앞이 V자형으로 갈라진).
Faus·tus [fáustəs, fɔ́ːs-] 명 =Faust.
faute de mieux [fóut də mjə́ː] 부 따로 더 좋은 것이 없어서, 부득이. 〔<F for want of a better〕
fau·teuil [fóutil/-təːi] 명 1 안락 의자; 팔걸이 의자. 2 《英》 (극장의) 1층 정면의 1등석. 3 프랑스 학사원 회원의 자리[지위]. 〔<F stall〕
Fauve [fouv] 명 (종종 f-) 야수파(野獸派) 화가.
Fau·vism [fóuvizm] 명 (때로 f-) ① 야수파, 포비즘 (20세기 초엽 프랑스의 미술 운동. Matisse 등이 주장). **-vist** 명 형 야수파(의); 야수파 화가(의).
faux [fou] 형 인조(모조, 위조)의, 가짜의. 〔<F false〕
faux-na·ïf [fóunɑːíːf] 형 (형) 순진한[얌전한] 체하는 (사람), 소박성을 내세운 (작품). 〔<F〕
faux pas [fóu páː] 명 (복 ~ [-z]) 과실, 실수; 실례, 무례; (여자의) 부정(不貞). 〔<F false step〕
fav. favorable; favorite.
fav(e) [feiv] 명 마음에 드는 사람[배우, 경주마(馬)]
fa·ve·la [fəvélə] 명 (브라질의) 빈민가, 슬럼, 판자촌. ~·**do** [əvɑ́ːdou] 명 빈민가 주민. 〔<Port〕
fa·vel·la [fəvélə] 명 (복 -**lae** [-liː]) 젤라틴질(質)의 얇은 막에 싸인 낭과(囊果).
fa·ve·o·late [fəvíːəlèit, -lət] 형 벌집 모양의, 작은 구멍[기포(氣胞)]이 있는. **'**의 작은 구멍.
fa·ve·o·lus [fəvíːələs] 명 (복 -**li** [-lài]) 벌집 모양
fáve ráve 명 《구어》 (인기 탤런트[가수]; 좋아하는 것 (영화, 노래 따위). — 형 (가수 등이) 인기 있는.
fa·vism [fáːvizm] 명 (병리) 잠두(蠶豆) 중독증(잠두나 그 꽃가루에 의한 급성 용혈성(溶血性) 빈혈).
fa·vo·ni·an [fəvóuniən] 형 1 서풍(西風)의. 2 온화한(mild); 순조로운, 형편이 좋은.
‡**fa·vor**, 《英》 **-vour** [féivər] 명 (복 ~**s** [-z]) ① ⓤ 호의, 친절, 친절한 마음. ¶ treat a person with ~ 남을 호의적으로 다루다.

〔유의어〕 favor 호의적 감정. goodwill 호의적 감정을 적극적으로 표현함을 뜻하며 국제 관계에 많이 쓰임.

2 친절한 행위; (one's ~) 힘을 씀, 진력, 수고; 은혜; 청(請). ¶ return the ~ 은혜를 갚다 / I need a ~. 부탁이 있다, 수고 좀 해줄래. 3 ⓤ 편애, 편벽된 사랑, 정실 (partiality); 총애 (to). ¶ win a person's ~ 남의 총애를 받다 / show great ~ to a person 남을 크게 봐주다. 4 지지, 찬성; 인기, 평판, 유행. ¶ with general ~ 대체적인 찬성으로 / advance in public ~ 세간의 평판이 좋아지다. 5 우세, 우위; 유리, 이익. ¶ The score is 2 to 1, our ~. 점수는 2대 1로 우리쪽이 우세하다. 6 (호의·애정을 나타내는) 선물; 기념장(記念章), 회원장; (정당 지지자 등이 다는) 배지, 리본; 명 (파티·축하회의) 경품, 기념품. 7 ⓤ (호의에 의한) 허가. ⇒ by your favor. 8 (상업) 편지, 서간(書簡). ¶ your ~ dated the 5th of this month 이 달 5일자의 혜한. 9 (one's ~s) (여자의) 정교(情交)의 승낙; (타인에게 주어지는) 특권, 권리. ¶ bestow one's ~s on one's lover / sell one's ~s (여자가) 몸을 맡기다 / sell one's ~s (여자가) 몸을 팔다. 10 ⓤ 《고어》 용모; 매력. 11 《방언》 닮은 것.
ask a favor of ···에게 부탁을 하다. ¶ May I ask a ~ of you? 한가지 청이 있는데요.
ask the favor of ···을 요청하다.
by [or with] favor of ① ···의 호의로. ② ···편에 (편지 겉봉에 쓰는 말).
by your favor 실례지만, 죄송합니다만.
curry favor with a person; **curry** a person's **favor** 남의 비위를 맞추다, 남의 환심을 사다.
do a person **a favor; do a favor for** a person 남에게 은혜를 베풀다, 남의 부탁을 들어주다. ¶ Will you do me a ~? 청이 하나 있는데요.
Do me [or **us**] **a favor!** (속어) ① (No를 강조하여) 무슨 소리야!, 안돼! ② 제발 (··· 해 주시오).
fall from [or **out of**] **favor with** a person 남의 총애[인기]를 잃다.
find favor with [or **in the eyes of**] a person 남의 눈에 들다, 남의 총애[지지]를 얻다.
in a person's **favor** ① 남의 마음에 들어. ② 남을 위해서, 남에게 유리하도록.
in [**out of**] **favor** ① 인기 있는[없는], 유행하는[하지 않는]. ② 마음에 들어[미움을 받고] (with).
in favor of ① ···에 찬성[지지]하여. ② ···의 이익이 되도록, ···을 위하여. ③ (상업) (수표 따위가) ···의 앞으로 발행되어.
lose favor in a person's **eyes; lose favor with** a person 남의 총애[지지]를 잃다, 남의 눈 밖에 나다.
stand [or **be**] **high in** a person's **favor** 남의 총애를 받고 있다.
under favor =by your favor. ¦를 많이 받고 있다.
under (the) favor of ···을 이용하여, ···을 틈타서. ¶ under ~ of the night 야음을 틈타.
with favor 호의적으로; 찬성하여.
without fear or favor; without favor or fear 공평하게, 역성드는 법 없이.
— 타 (~**s** [-z]) ① 1 [계획·생각·사람]에 호의를 보이다, 찬성하다; ···에 은혜를 베풀다(⇒OBLIGE (유의어)); ···에게 주다 (with). ¶ (~+몀/+몀+쩐) Will you ~ me with a song? 내게 노래를 하나 들려주시겠소? 2 ···을 편애하다, 편들다 (over, above). ¶ Fortune ~s the brave. (속담) 행운은 용기있는 자의 편이다. 3 (···으로, ···을 주어) 돕다, 조력하다 (with). 4 (날씨·사정 따위가) ···에 유리하다, ···에 알맞다. ¶ The weather ~ed my tour. 날씨는 내가 관광하기에 좋았다. 5 ···을 조심하여 다루다, 돌보다. ¶ ~ one's injured foot 다친 발을 살살 다루다. 6 《구어》 ···을 닮다 (in). ¶ She ~s her mother. 그녀는 어머니를 닮았다. 7 《영화·TV》 (특정의 출연자를) (다른 사람보다) 좋은 카메라 앵글로 촬영하다. — 재 1 《고어》 (남에게) 호의를 나타내다 (to, unto). 2 《구어》 닮다.
be favored with ···의 혜택을 받다.
favored by (편지를) ···편으로.
~·**less** 형
‡**fa·vor·a·ble** [féivərəbl] 형 (**more** ~; **most** ~) 1 호의적인, 승낙의; 우호적인; 찬성하는 (to, toward). ¶ a ~ answer 호의적인 대답 / a ~ comment 호평 // He is ~ to the project. 그는 그 계획에 찬성이다. 2 유망한; 유리한, 순조로운, 형편이 좋은 (to, for). ¶ a ~ opportunity 좋은 기회. 3 (인상 따위가) 좋은, 호감을 주는. ¶ make a ~ impression on her 그녀에게 좋은 인상을 주다. 4 원조[이익, 편의]를 주는; (기후가) 양호한. ¶ a ~ wind 순풍. 5 (병상이) 양호한, 좋아지고 있는. 6 (무역의) 수출 초과의. ¶ the ~ balance of trade 무역 수지 흑자. ~·**ness** 명
*fa·vor·a·bly** [féivərəbli] 부 1 유리하게; 순조롭게, 편리하게, 유망하게. 2 호의적으로, 친절하게; 찬성하여. ¶ speak ~ of a person 남을 좋게 말하다.
fa·vor·ance [féivərəns] 명 《美남부》 1 좋아함, 좋아하는 것. 2 닮음.
*fa·vored** [féivərd] 형 1 호의[호감]을 사고 있는. ¶ a ~ personality 인기 탤런트; 특별한 편익[권리]을 누리고 있는 (with). ¶ the most ~ nation [clause] [국제법] 최혜국(最惠國) (대우 조항). 3 (복합어로) 용모가 ···한. ¶ well-[ill-]~ 얼굴이 잘생긴[못생긴].
~·**ly** 부 ~·**ness** 명 찬성자.
fa·vor·er [féivərər] 명 편들어 주는 사람; 보호자.
fa·vor·ing·ly [féivəriŋli] 부 편리하게, 순조롭게.
‡**fa·vor·ite** [féivərit] 명 1 인기 있는 사람, 마음에 드는 사람, 총아; 총신(寵臣) (of, with). ¶ a fortune's ~

행운아/She is a popular ~ as a singer. 그녀는 가수로 대중에게 인기가 있다. **2** 특히 좋아하는 것. ¶This novel is my ~. 나는 이 소설을 제일 좋아한다. **3** (스포츠) 우승 후보; (경마의) 인기 있는 말, (경기의) 인기 선수. **4** (the ~) (증권) 인기주(株). 「인기있다.
be a favorite with [or **of**] …의 총아이다; …에게
play [or **have, make**] **favorites** (구어) 편파적이다; (…을) 편애하다 (with).
—형 **1** 좋아하는, 마음에 드는, 총애하는. ¶one's ~ child 사랑하는 자식 /one's ~ book[song] 애독서[애창곡]. **2** 특히 잘하는, 특기의, 늘 내세우는. ¶his ~ excuse 그가 늘 써먹는 핑계.

fávorite són 명 (美) 출신지의 인기인, 고장 출신의 명사; (대통령 후보 지명전에서 각 주(州)의) 고장 출신 유력 후보[정치인].
fa·vor·it·ism [féivəritizm] 명Ⓤ (경멸적) 편듦; (…에 대한) 편애, 정실; 마음에 듦 (to, toward).
fav·o·site [fǽvəsàit] 명 산호의 일종(fossil coral).
‡**fa·vour** [féivər] 명 (英) =favor.
fa·vus [féivəs] 명 **1** Ⓤ (병리) 황선(黃蘚); 백선(白蘚). **2** 육각형의 포장용 타일(돌).
fawn¹ [fɔːn] 명 **1** 어린 사슴, (특히 한 살 미만의) 새끼 사슴. ¶in ~ (사슴이) 새끼를 배어. **2** 새끼 염소(kid). **3** Ⓤ (종종 a ~) 엷은 황갈색. —형 엷은 황갈색의(~-colored). —자 (사슴이) 새끼를 낳다.
fawn² 자 **1** (경멸적) 알랑거리다, 아첨하다 (on, upon). **2** (개가) 아양을 떨다(on, upon). ~**·er** 명
fawn-col·ored [fɔ́ːnkʌ̀lərd] 형 엷은 황갈색의.
fawn·ing [fɔ́ːniŋ] 형 알랑거리는; 아양떠는. ~**·ly** 부
fawn·y [fɔ́ːni] 형 엷은 황갈색의. ~**·ness** 명
‡**fax** [fæks] 명 **1** 팩스, 팩시밀리, 전송 화상[사진]; 팩스기(~ machine). **2** (복수취급)(구어) 사실, 정보. —타 (…을) 팩스로 보내다. ¶Please ~ me the document. 그 문서를 팩스로 보내주시오. [<facsimile]
fax·a·ble [fǽksəbl] 형 팩스로 통신할 수 있는, 팩스가 걸리는.   「를 보내어 괴롭히는 사람).
fáx hácker 명 팩스 해커(원하지 않는 상대에게 팩스
fáx machìne 명 팩시밀리 송수신기.
fáx módem 명 (컴퓨터) 팩스 모뎀(컴퓨터의 팩스송수신 장치).   「지 형식의 정기 간행물).
fax·zine [fǽkszin] 명 팩스 잡지(팩스로 보내는 잡
fay¹ [fei] 명 요정(妖精), 선녀(fairy). —자 (시) 요정 같은(). (구어) 거드름 피우는, 젠체하는. —명 (속어) 호모의.
fay² 타 (조선(造船)) 따위에서 목재를 서로) 단단히 접합시키다. —자 (목재가 서로) 단단히 접합되다.
fay³ 명 (속어)(경멸적) 백인(ofay).   [(Fe₂ SiO₄].
fay·al·ite [féiəlàit, faiǽlait] 명 (광물) 철감람석
FAZ foreign access zone(수입 촉진 지역).
faze [feiz] 타 (美구어) (부정문에서) …을 당황하게 하다, 겁먹게 하다, 곤란하게 만들다(daunt).
fa·zen·da [fəzéndə/Port fəzɛ̃də] 명 (브라질의) 대농장, 대농원; 커피 농원. [<Port]
f.b. *f*lat *b*ar; *f*oreign *b*ody; *f*reight *b*ill(운임 청구서); *f*ullback. **F.B.A.** (美) *F*ederal *B*ar *A*ssociation; *F*ellow of the *B*ritish *A*cademy(영국 학사원 회원). **F.B.E.** *f*oreign *b*ill of *e*xchange(외국환 어음). **FBI, F.B.I.** (美) *F*ederal *B*ureau of *I*nvestigation(연방 수사국). **fbm** *f*oot *b*oard *m*easure. **FBM** *f*leet *b*allistic *m*issile(함대형 탄도 미사일). **FBO, F/B/O** *f*or the *b*enefit *o*f(…의 이익을 위해, …을 수익자로 하여). **FBR** *f*ast-*b*reeder *r*eactor. **FBS** (병리) *f*asting *b*lood *s*ugar(공복시 혈당); (군사) *f*orward-*b*ased *s*ystem(전진 기지 방어 체제). **FBW** (항공) *f*ly-*b*y-*w*ire. **fc, fc.** franc(s). **FC, fc** *f*ootball *c*lub; *f*oot-*c*andle(못 촉광). **f.c.** (야구) *f*ielder's *c*hoice; *f*ire *c*ontrol; *f*ollow *c*opy(원고대로 할 것). **F.C.** *f*ree *c*hurch. **FCA** (美) *F*arm *C*redit *A*dministration(농업 금융국(局)). **FCB** (컴퓨터) *f*ile control block. **FCC** (美) *F*ederal *C*ommunications *C*ommission(연방 통신 위원회). **FCI** (美) *F*ederal *C*orrection *I*nstitution(연방 교도소). **FCIC** (美) *F*ederal *C*rop *I*nsurance *C*orporation (연방 작물 보험공사).

F̀ cléf 명 (음악) 바음(音) 기호, 저음 기호(bass clef).
FCO (美) *F*oreign and *C*ommonwealth *O*ffice(외무 연방부). **fcp.** *f*ools*c*a*p*. **FCS** (군사) *f*ire *c*ontrol *s*ystem. **fcy** *f*an*cy*. **F.D.** (라틴) *F*idei *D*efensor (=Defender of the Faith); *f*ire *d*epartment; *f*ocal *d*istance(초점 거리). **FDA** (美) *F*ood and *D*rug *A*dministration(식품의약청).
FD&C còlor [éfdìː*ə*ndsìː-] 명 (美) FD&C 색소 (FDA 승인의 식품·의약품·화장품용 합성색소).
F.D.C. *f*irst-*d*ay *c*over. **FDD** *f*loppy *d*isk *d*river(플로피 디스크 구동 장치). **FDF** (우주) *f*light *d*ata *f*ile. **FDIC** (美) *F*ederal *D*eposit *I*nsurance *C*orporation(연방 예금 보험 공사). **FDM** (전자) *f*requency-*d*ivision *m*ultiplexing (주파수 분할 다중 방식).
FDMA (통신) *f*requency *d*ivision *m*ultiple *a*ccess(주파수 분할 다중 접속 방식). **fdn.** *f*ounda*t*ion. **FDP** (독일) *F*reie *D*emokratische *P*artei(= Free Democratic Party)(자유민주당). **FDR, F.D.R.** *F*ranklin *D*elano *R*oosevelt. **Fdr.** *f*oun*d*er. **FDS** *f*light *d*irector *s*ystem(조종 지시 시스템).
Fe 기 (화학) iron. [<L *ferrum*] **FE** *f*light *e*ngineer (항공 기관사); (컴퓨터) *f*ormat *e*ffector. **fe.** *fe*cit. **FEA** (美) *F*ederal *E*nergy *A*dministration (연방 에너지국). **FEAF** [fiːf] *F*ar *E*astern *A*ir *F*orce.
feak [fiːk] 명 (美속어) 항문; 싫은 녀석. (또는 **feag**)
feal [fiːl] 형 (고어) 성실한; 충성스러운.
fe·al·ty [fíːəlti] 명Ⓤ **1** (역사) (영주에 대한 신하의) 충성, 충성의 맹세. **2** 충성; (시) 충실(fidelity), 성실. *do* [or *make, swear*] (*one's*) *fealty to* …에게 충성을 맹세[서약]하다.

‡**fear** [fiər] 명 (복 ~s [-z]) Ⓤ **1** 두려움, 무서움, 공포; Ⓒ 두려운 이유, 무서운 것. ¶turn white with [or from] ~ 무서워 파랗게 질리다/The ~ of death is upon him. 그는 죽음의 공포에 사로잡혀 있다. **2** (…하지 않을까 하는) 불안, 근심 (*of, of doing, that*物), (건강·안전에 대한) 걱정, 우려 (*for, of, about*); Ⓒ 걱정거리. ¶There is no ~. 걱정없다 //I have a ~ of failure [or *that* I may fail]. 나는 실패하지 않을까 걱정이다. **3** (나쁜 일이 일어날) 가능성, 두려움 (*of*). ¶~ *of* bankruptcy 파산 가능성 /Is there any ~ *of* that happening? 그런 일이 일어날 염려가 있느냐? **4** (신에 대한) 두려움, 외경(畏敬). ¶ the ~ *of* God 경건한 마음.

> 유의어 **fear** 「근심·공포」라는 뜻의 가장 일반적이고 넓은 뜻의 말. **dread** 위험[불쾌]한 일을 예상할 때 느끼는 불안·공포. **fright** 갑작스럽고 순간적인 공포. **terror** 좀체로 사라지지 않는 아주 커다란 공포. **horror** 오싹하는 불쾌감·혐오감이 섞인 terror. **panic** 종종 근거없이 많은 사람들에게 덮쳐서 미친 듯한 행동을 하게 하는 오래가는 공포.

for fear of …을 두려워하여; …하면 안 되니까, …이 없도록.
for fear (*that*); *for fear lest* …하지 않을까 두려워서, …할까봐. ¶He is working hard *for* ~ (*that*) he should fail. 그는 낙제할까봐 열심히 공부하고 있다.
from [or *out of, through, with*] *fear* 무서워서, 무서운 나머지.   「런 공포[불안]도 주지 않다.
hold [or *have*] *no fears for* (일이 사람에게) 아무
in [or *with, not without*] *fear and trembling* (구어) 몹시 두려워서, 벌벌 떨며.
in (*the*) *fear of* [or *that*] ① …을 걱정하여, …할까봐. ② …을 두려워하여, 무서워하여.
no fear (구어) (감탄사적) ① (의뢰 따위에 대해) 안

feared 돼, 어림없어. ② (제안·질문에 대해) 걱정할 것 없다! ¶You will not fail, no ~. 괜찮아, 넌 실패하지 않을 거야.
no fear but (that, what)... 틀림없이 …하다, 아마
no fear of (구어) …은 결코 없다, 걱정할 필요가 없다. ¶There's no ~ of rain. 비 걱정은 안 해도 돼.
put [or ***rub***] ***the fear of God*** [or ***death***] ***into*** [or ***in, up***] …을 겁주다, 위협하다.
strike fear into (남)을 갑자기 무섭게 하다.
without fear or favor 공평하게, 엄격하게. ⇨FAVOR.
— 타 (~*s* [-z]) 태 1 …을 무서워하다, 두려워하다. ¶~ the unknown 미지의 것을 두려워하다 // (~+*to* do) Man ~s to die. 인간은 죽는 것을 두려워한다 // (~+ -*ing*) I ~ doing it. 나는 그것을 하는 것이 두렵다. 2 …을 걱정하다, 좋지 아닌가 생각하다 (⑩ hope). ¶I ~ (that) he will not come. 그가 오지 않을까봐 걱정이다 / We ~ed lest he should fail. 그가 실패하지 않을까 걱정했다 // Will he get well soon?—I ~ not. 그가 곧 나을까?—낫지 않을 거야 / He will fail again, I ~. 그는 아무래도 또 실패할 것 같다.

(USAGE) ***do not fear but that***——fear의 부정형·의문형 뒤에서 that 대신에 문어체로 but that을 쓰는 일이 있다. fear가 명사인 경우도 같다: You need *not* ~ *but that* he will succeed. 그는 반드시 성공한다. ✱ 고문체에서는 but that을 that...not의 의미로 쓰는 일이 있다: There is *no* ~ *but that* he will come[=*that* he will *not* come]. 그가 오지 않을 염려는 없다[그는 꼭 온다].

3 (…하는 것을) 주저하다, 망설이다; 굳이 …하지 않다 (*to* do). ¶~ *to* bother her thoughts 그녀의 생각을 방해하지 않도록 하다. 4 (신 등)을 두려워하다. ¶There are none but ~ God. 신을 두려워하지 않는 사람은 없다. 5 (고어) 두려워하게 하다, 겁나게 하다. (새 따위)를 겁을 주어 쫓아버리다.
— 자 걱정하다, 염려하다 (*for*). ¶I ~ed *for* your safety. 나는 네 안전을 염려했다. 「팔자야.
Never fear!; Fear not! 걱정 마!, 괜찮아, 걱정도
feared [fiərd] 혱 (방언) 무서워하는, 두려워하는.
fear·ful [fíərfəl] 혱 (*more* ~; *most* ~) 1 무서운, 끔찍한, 무시무시한. ¶a ~ sight [accident] 무서운 광경[사고]. 2 두려워[무서워]하는; 걱정하는 (*of, about, of doing*). ¶She was ~ of the consequences. 그녀는 결과를 걱정했다 / He was ~ of failing in the examination. 그는 시험에 떨어지지 않을까 걱정했다. 3 신을 두려워하는, 경건한. ¶be ~ of God 신에게 경건하다. 4 (태도 따위가) 겁에 질린, 겁이 많은; 근심[염려]스러운. 5 대단한, 지독한, 굉장한. ¶a ~ mess 대단한 혼란. ~**ness** 몡
*****fear·ful·ly** [fíərfəli] 뛰 1 무서워하여, 벌벌 떨며. 2 (구어) 몹시, 굉장히. ¶a ~ hot day 굉장히 더운 날.
‡fear·less [fíərlis] 혱 (*more* ~; *most* ~) 무서움을 모르는, 겁내지 않는, 대담무쌍한, 용감한 (*of, of doing*). ⇨BRAVE 유의어. ¶be ~ of …을 두려워하지 않다. ~**·ly** 뛰 ~**·ness** 몡
fear·nought [fíərnɔ̀:t] 몡 (개발 계획 따위의) 두껍고 질긴 모직물; ⓒ 그것으로 만든 상의[외투]. (또는 **fearnaught**)
fear·some [fíərsəm] 혱 1 (익살) 무서운, 무시무시한; (구어) 굉장한, 엄청난, 깜짝 놀랄 정도의. ¶a ~ self-confidence 대단한 자신. 2 겁이 많은, 소심한; (…을) 무서워하는 (*of*). ~**·ly** 뛰 ~**·ness** 몡 「의) 이행.
fea·sance [fí:zns] 몡 ⓤ (법률) 행위, (약정·의무 등
fea·si·bil·i·ty [fì:zəbíləti] 몡 ⓤ 1 실행할 수 있음, 실현 가능성. 2 편리. 3 그럴듯함, 있음직함.
feasibility stùdy (개발 계획 착수에의) 타당성 조사, 실행 가능성 검토; 기업화 조사(略 FS).
*****fea·si·ble** [fí:zəbl] 혱 1 실행할 수 있는, 가능 한, 가능성 있는. ⇨POSSIBLE 유의어. ¶a ~ plan 실현 가능한 계획. 2 그럴 듯한, 있음직한(likely). ¶a ~ story 있음직한 이야기. 3 알맞은 (*for*). ¶~ land ~ for cultivation 경작에 알맞은 토지. ~**ness** 몡 -**bly** 뛰
‡feast [fi:st] 몡 1 축제, 축일, 제례(祭禮)(~ day). ¶a movable ~ 해마다 날짜가 바뀌는 축제일(Easter 따위) / an immovable ~ 매년 날짜가 같은 축제일 (Christmas 따위). 2 향연, 축하연, 잔치, 연회; 성찬. ¶hold a wedding ~ 결혼 피로연을 벌이다.

유의어 **feast** 많은 사람들이 모여 진탕 먹고 마시며 즐기는 일. **banquet** 호화롭게 차린 공식적인 feast.

3 (보통 a ~) (이목(耳目)을) 즐겁게 하는 것 (*for, to*), 즐거움. ¶a ~ *for* eyes 눈요기 / Good music is a ~ *to* the ears. 좋은 음악은 듣기에 즐겁다.
a feast of reason 매우 유익한 이야기.
a feast or a famine 풍요나 궁핍이나의 양극단; 전부냐 무(無)냐의 대승부.
make [or ***give***] ***a feast*** 연회를 베풀다. 「다.
make a feast of [or ***upon***] …을 맛있게[즐겁게] 먹
— 자 1 잔치에 참석하다, 성찬을 대접받다, 즐겁게 먹다. 2 즐겁게 보다[듣다] (*on*). ¶~ *on* a novel 소설을 읽으며 즐기다. — 타 1 …에게 성찬을 대접하다 (*on*). ¶(~+图+前+图) ~ a person on duck 남에게 오리 요리를 대접하다. 2 잔치를 벌여 (때)를 보내다. 3 (눈·귀)를 즐겁게 하다 (*on, with*). ¶(~+图+前+图) ~ one's eyes on a landscape [one's ears *with* music] 경치를 보며[음악을 들으며] 즐기다.
feast away 연회를 계속하다, 연회를 벌여 시간을 보-**er** 몡 -**less** 혱 「내다.
féast dày 축일, (교회의) 축제일; 잔칫날. 「거운.
feast·ful [fí:stfəl] 혱 축제의, 축일의; 명랑한, 즐
Feast of Dèdication 몡 =Hanukkah.
Feast of Fóols 몡 1 바보제(祭)(고대 로마의 포르나칼리아 축제(Fornacalia)). 2 우인제(愚人祭), 바보제(중세 프랑스의 종교 의례). (또는 **Fèstival of Fóols**)
Feast of Lánterns 몡 (힌두교) 10월 또는 11월에 행하는 5일간의 축제.
Feast of Lóts 몡 =Purim.
Feast of Órthodoxy 몡 (그리스 정교) 정교 승리제(正教勝利祭).
feast-or-fam·ine [-ərfǽmin] 혱 기복이 심한, 파란만장한. ¶live a ~ life 파란만장한 삶을 살다.
*****feat**[1] [fi:t] 몡 ⓒⓤ (눈부신) 위업; 공적, 공훈; 묘기, 뛰어난 솜씨. ¶~s of arms 무공(武功) / a ~ of agility 날쌘 재주. 「맞은; 말쑥한, 산뜻한.
feat[2] 혱 (고어·영방언) 솜씨있는, 교묘한; 적절한; 알
‡feath·er [féðər] 몡 (통 ~**s** [-z]) 1 (한 개의) 깃 (plume); (집합적) 깃털(plumage). ¶pluck ~s from a chicken 병아리의 깃털을 뽑다 / Fine ~s make fine birds. (속담) 옷이 날개. 2 종류, 부류. ¶*Birds of a ~ flock together*. (속담) 유유상종(類類相從). 3 ⓤ (집합적) 조류, 엽조류(獵鳥類). ¶fur and ~ 조수(鳥獸). 4 깃털 같은 것; 깃털 장식. 5 (보석·유리 따위의) 새깃 모양의 흠. 6 깃털처럼 가벼운[하찮은, 약한] 것; (a ~) 아주 부정문에서) 조금도 …않다. 7 ⓤ (건강·기분의) 상태, 원기. 8 ⓤ (보트) 페더(노를 수평으로 젖히기). 9 (궁술) 화살깃. 10 (맨 빨간쪽 귀에 붙이는) 솜촉. 11 (기계) ~ key. 12 (영속어) 침대; 수면. 13 (~s) (영속어) 치부(恥部), 음모(陰毛).
a (real) feather in one's ***cap*** [or ***hat***] 훌륭한[눈부신] 업적; 명예가 되는 것, 자랑거리.
(as) light as a feather 아주 가벼운.
be spitting feathers (구어) 몹시 화가 나있다.
crop a person's feathers 남에게 무안을 주다, 남의 콧대를 꺾다.
cut a feather (배가) 물보라를 일으키고 나아가다; (구어) 자신을 드러내려[돋보이려] 하다.
find a white feather in a person's ***tail*** 남이 겁

featherback / **feature**

쟁이임을 알아채다, 남의 소심함을 간파하다.
get** one's **feathers** [or **tails**] **up (美방언) 노하다.
have not a feather to fly with 빈털터리다, 무일푼이다.
in feather 깃을이 난, 깃털로 장식한.
in fine [or **good, grand, high**] **feather** 기분이 좋아서, 신이나서.
in full feather ① (새끼가) 깃털이 다 난. ② (구어) 차려 입고, 성장(盛裝)하여. ③ 주머니가 두둑한.
make** (**the**) **feathers fly (구어) ① 큰 소란을 피우다. ② (상대를) 해치우다.
not care a feather 조금도 개의치 않다.
ruffle** a person's **feather 남을 괴롭히다, 성가시게 하다.
ruffle up the feathers (새가) 화가 나서 깃을 세우다; (비유적) (사람이) 성내다.
show the white feather 겁을 내다, 비겁하게 굴다.
smooth** one's **ruffled** [or **rumpled**] **feathers 다시 침착해지다, 흥분을 가라앉히다.
the feathers fly 대소동(싸움, 논쟁)이 일어나다.
You could have knocked me down [or **over**] ***with a feather.*** 깜짝 놀랐다.
— 타 1 …을 깃털로 덮다. 2 (모자 따위)에 깃털 장식을 달다; (화살)에 깃을 달다 (*with*). 3 (보트) (노)를 수평으로 젖히다. 4 (사냥) …의 깃을 쏘아 떨어뜨리다. 5 (새가) 날개로 새끼를 해치고 날다; (물고기가) 지느러미로 물을 헤치고 나아가다. 6 (사냥개가) 냄새 자취를 따르게 하다. 7 …의 가장자리를 잘라 없애다. 8 (항공) (엔진)을 (비행중에) 정지시키다.
— 자 1 깃털이 나다. 2 깃 모양이 되다; 깃처럼 움직이다(퍼지다). ¶ (~+剧+图) the wave of barley ~*ing* to a gentle breeze 산들바람에 깃처럼 흔들리는 보리 이삭의 물결. 3 (보트) 노 끝을 수평으로 하다, 노를 수평으로 젖히다. 4 (사냥) (사냥개가 냄새 자국을 찾으며) 털을 곤두세우고 몸을 부르르 떨다. 5 (잉크 따위가) 번지다.
***feather** one's **nest** → NEST.
feather out (美) 점차 사라지다(진정되다).
feather up to (美속어) …에게 구애(접근)하다.
~**less**, ~**like** 형

feath·er·back [féðərbæk] 명 아시아·서아프리카 산(産) Notopteridae과(科) 담수어의 총칭.
féather bànding 명 (가구) 엷은 널빤지를 붙이거나 상감으로 나뭇결이 비스듬히 교차되게 한 장식 수법.
féather bèd 명 깃털 매트리스; 안락한 처지.
feath·er·bed [féðərbèd] 타 1 과잉 고용의. —(-*dd*-) 자 (노조가) 과잉 고용을 요구하다; 생산 제한을 하다. — 타 (…을) 과잉 고용을 하여 행하다; (경제·산업 따위)를 정부 보조금으로 지원하다.
féatherbed cóntract 명 과잉 고용 협약.
feath·er·bed·ding [féðərbèdiŋ] 명 (U) (경제) 1 페더베딩, 과잉 고용, 생산 제한(노동 조합이 실업 방지책으로 요구하는 관행). 2 (정부의) (국내) 산업 보호.
féather bóa 명 =boa 2.
feath·er·bone [féðərbòun] 명 우골(羽骨)(깃가지로 만든 고래 수염 대용품).
feath·er·brain [féðərbrèin] 명 =featherhead.
~**ed** 형 [다듬는 머리형].
feath·er·cut [féðərkʌt] 명 페더컷(깃털 모양으로).
féather dúster 명 깃털 브러시(먼지떨이, 총채).
feath·ered [féðərd] 형 1 깃털이 난; 깃털로 덮인; 깃털 장식이 있는. ¶ the ~ tribe 조류. 2 (항공) 프로펠러 회전식의; 빠른. 3 ~ feet 깃털 발, 준족. 3 (깃털) 같은. 4 (복합어로) …의 깃이 달린. ¶ green-~ 녹색 깃의.
feath·er·edge [féðərèdʒ] 명 쐐기 모양의 널빤지의 얇은 끝; 얇아진 날(나아가는 끝). — 타 …을 얇게 깎다. -**èdged** 형
feath·er·foot·ed [-fùtid] 형 (깃털처럼) 가볍게 움직이는, 발이 빠른.
féather gràss 명 나래새(볏과(科) 나래새속(屬) Stipa 식물의 총칭) (미국산(産)).
feath·er·head [féðərhèd] 명 1 경솔한 사람; 명청

이. 2 명청함, 저능. ~**ed** 형
feath·er·ing [féðəriŋ] 명 (U) 1 (집합적) 깃털, 깃 (plumage). 2 복슬복슬한 털; 화살깃; 잉크의 번짐. 3 (음악) 바이올린의 활을 경묘(輕妙)하게 쓰기. 4 (건축) (장식창의) 두 곡선이 이루는 뾰족한 끝. 5 (항공) 페더링(엔진을 비행중에) 정지시키기.
féather jòint 명 (목공) 별도 은촉 접합(널빤지 접합 때, 나무로 만든 은촉(feather)을 끼워 넣는 방법).
féather (**kèy**) 명 (기계) 페더(명행, 미끄럼) 키.
feath·er·leg·ged [-lègid, -lègd] 형 (美방언) 겁 많은, 비겁한.
feath·er·legs [-lègz] 명 (美속어) 비겁한(교활한) 사람.
feath·er·less [féðərlis] 형 깃털이 없는.
~**ness** 명
feath·er·light [féðərlàit] 형 매우(깃털처럼) 가벼운.
féather mérchant 명 1 (美속어) 책임 회피자, 게으름뱅이. 2 (美軍속어) 민간인, 병역 기피자; (2차 대전 때) 실력없이 승진한 장교.
féather pàlm 명 잎이 깃털 모양인 야자수.
feath·er·pate [-pèit] 명 =featherhead. -**pàt·ed** 형
feath·er·pluck·er [-plʌ̀kər] 명 (美속어) 1 난봉꾼. 2 =motherfucker.
féather shòt 명 (야금) 순동립(純銅粒).
féather stàr 명 (동물) 깃공사리.
feath·er·stitch [féðərstìtʃ] 명 (편물) 페더스티치 (깃 모양의 뜨개법). — 타 …을 깃 모양으로 뜨다, 페더스티치로 수놓다.
feath·er·veined [-vèind] 형 (식물) (잎맥이) 깃 모양으로 된.
feath·er·weight [féðərwèit] 명 1 (권투·레슬링) 페더급 선수; (경마) 핸디캡(기수). 2 (무게가) 가벼운 사람(것); (경멸적) 하찮은 사람(물건). — 형 1 페더급의. 2 하잘것없는, 하찮은.
feath·er·y [féðəri] 형 1 깃털로 덮인, 깃이 난. 2 깃털 같은; 가벼운; (감촉 따위가) 섬세한; 부서지기 쉬운. 3 경박한, 하찮은. -**er·i·ness** 명
feat·ly [fíːtli] 부 1 교묘히, 솜씨 있게, 능숙하게; 기민하게. 3 말쑥하게, 단정하게. — 형 상품의, 우아한; 말쑥한. -**li·ness** 명
‡**fea·ture** [fíːtʃər] 명 (~**s** [-z]) 1 (눈에 띄는) 특징, 특색; 요점, 주안점. ¶ a striking [or notable] ~ 현저한 특징/ a ~ of English grammar 영문법의 특징.

유의어 **feature** 남의 주의·관심을 끄는 두드러진 점. **characteristic** 어떤 사람·사물과 항상 생각하며 그것이 있음으로써 그 사람·물건과다워지는 성질. **peculiarity** 다른 사물과 뚜렷이 구별시켜 주는 독특한 성질. **trait** 사람·국민 등의 두드러진 성질.

---

2 (행사·쇼 따위의) 인기거리; 볼거리; 손님을 끄는 예인; (바겐 세일 따위의) 특매품; (상품의) 손님을 끄는 특징. ¶ The ~ of the exhibit is Picasso's works. 전시회의 볼거리는 피카소의 작품들이다. 3 (신문 잡지 따위의) 특집 기사, 연재(상세)물, 읽을거리(~ story); (TV·라디오의) 특집 프로, 스페셜(~ program). ¶ do a ~ on Korea 한국 특집을 하다. 4 (영화) 장편(長) 영화, 특작; (동시 상영물 중의) 주요 작품, 본편(~ film). ¶ a double ~ (program) (영화의) 2편 동시 상영. 5 **a**) 얼굴의 생김(눈·귀·코·입; 이마·턱 따위). **b**) (~**s**) 얼굴 생김, 용모, 이목구비. ¶ melancholy ~**s** 우울한 얼굴/ a girl of fine ~**s** 이목구비가 반듯한 소녀. 6 (산천의) 지세, 지형. ¶ the geographical ~**s** of Korea 한국의 지세. 7 (언어) 소성(素性), 특징.
make a feature of …을 볼(인기)거리로 삼다; …을 특색(특징)으로 하다.
— (~**s** [-z]; ~**d**; -**tur·ing**) 타 1 …의 특징을 그리다; …의 특색을 이루다. ¶ Political radicalism ~*d* the period. 정치적 근본주의가 그 시기의 특징이었다. 2 …을 특별 인기거리로 하다; (신문 따위가) …을 특종(특집)으로 하다, 대서특필하다 (*on, in*); (배우)를 주연으

시키다.¶This film ~s a famous actress. 이 영화는 유명한 여배우가 주연한다. **3** (방언) (용모 따위가) …과 비슷하다. **4** (美구어) …을 상상하다, …을 (…라고) 생각하다 (as). **5** (美속어) …을 이해하다. — ⓐ **1** 특색 [특징]을 이루다. **2** 중요 역할을 하다; (영화에) 주연하다; (신문 따위에) 대서 특필되다 (in).

fea·tured [fíːtʃərd] ⓐ **1** 특종(기사)의, 대서 특필된; 특색으로 한; 주연의.¶a ~ article 특집 기사/a ~ actress 주연 여우. **2** 용모(얼굴)의 용모가 …한.¶a sharp-~ woman 용모가 날카로운 여성.

féature fílm ⓝ 장편 (극)영화; 특작 영화; (동시 상영물 중의) 주요 작품, 본편.

féa·ture-léngth [-léŋkθ] ⓐ (영화·잡지 기사 따위가) 장편의.¶a ~ film 장편(극) 영화.

féa·ture·less [fíːtʃərlis] ⓐ **1** 특색[특징]이 없는, 평범한, 재미없는; 신기할 것 없는. **2** (경제) 가격 변동이 없는. ~·ly ⓐ. ~·ness ⓝ. 「는) 본편 영화.

féature presentátion ⓝ (예고편 다음에 상영하

féature prógram ⓝ (TV·라디오의) 특별 프로, 스

féatures èditor ⓝ (신문 따위의) 특집 부장. 「페셜.

féature sìze ⓝ (전자) (LSI(대규모 집적 회로)의) 최소 배선폭(配線幅).

féature stòry[árticle] ⓝ (신문·잡지 따위의) 특별 기사, 읽을거리, 특집물; 연재물; 기삿글.

fea·tur·ette [fíːtʃərét] ⓝ 단편 영화.

fea·tur·ish [fíːtʃəriʃ] ⓐ (신문·잡지의 체제 따위가) 인기 기사와 비슷한; 인기 기사를 게재한.

feaze¹ [fiːz] ⓥⓣ (해사) (밧줄의 끝)을 풀다; 풀리다.

feaze² [fiːz, feiz] ⓥⓣⓘ =feeze.

feaz·ing [fíːziŋ] ⓝ (해사) (때로 ~s) (밧줄 끝의 꼬인 것을) 풀어 헤친 부분.

Feb. February. **FEBA** [fíːbə] (군사) forward edge of the battle area(최전선).

feb·ri- [fébri] (연결) fever의 뜻.¶febrifuge.

fe·bric·i·ty [fibrísəti] ⓝⓤ 열이 있음.

fe·bric·u·la [fibríkjulə] ⓝ (원인 불명의) 미열(微熱).

feb·ri·fa·cient [fèbrəféiʃənt] ⓐ 열이 나게 하는. — ⓝ 열이 나게 하는 것.

fe·brif·er·ous [fibrífərəs] ⓐ 열이 나게 하는.

fe·brif·ic [fibrífik] ⓐ 발열의, 열이 있는.

fe·brif·u·gal [fibrífjugəl, fèbrifjúː-] ⓐ 해열(성)의.

feb·ri·fuge [fébrifjùːdʒ] ⓝ 해열의, 해열성[제]의. — ⓝ 해열제; 청량 음료.

fe·brile [fíːbril, féb-/fíːbrail] ⓐ 열이 나는; 열병의. **fe·bril·i·ty** ⓝ 「열병(fever).

feb·ris [fébris] ⓝ (ⓟl -res [-riːz]) (처방전에서) 열;

‡**Feb·ru·ar·y** [fébruèri, fébju-/fébruəri] ⓝ (ⓟl -ar·ies, ~s) 2월(ⓐ Feb.).¶~ has 29 days in a leap year. 윤년에는 2월은 29일까지 있다.

Fébruary Revolútion ⓝ =Russian Revolution.

FEC (美) Federal Election Commission (연방 선거 관리 위원회). **fec.** fecit. 「faecal.

fe·cal [fíːkəl] ⓐ 배설물[대변]의; 찌꺼기의. (또는 (英))

fe·ces [fíːsiːz] ⓝ (ⓟl) **1** 배설물, 대변, 똥. **2** (밑에 있는) 찌꺼기; 침전물. (또는 (英)) faeces)

fe·cial [fíːʃəl] ⓐⓝ =fetial.

fe·cit [fíːsit/L féːkit] (ⓛ) (작자 서명과 함께 써) …작, …씨(書) (ⓐ fec.). [<L he [or she] made it]

feck [fek] ⓥⓣ (美속어) 훔치다, 무단 차용하다.

feck·less [féklis] ⓐ **1** 효과 없는, 무능한; 무기력한; 무책임한. ~·ly ⓐ. ~·ness ⓝ. 「오물.

fec·u·la [fékjulə] ⓝ (ⓟl -lae [-liː]) (곤충의) 똥.

fec·u·lent [fékjulənt] ⓐ 오물이 많이 들어 있는; 불결한(foul), 더러워진. **-lence** ⓝ.

fe·cund [fíːkənd, fék-] ⓐ **1** (동물이) 다산(多產)의; (토지가) 비옥한; 열매가 많이 여는. **2** 창조력[발명의 재간]이 풍부한.

fe·cun·date [fíːkəndèit, fék-] ⓥⓣ **1** …을 다산

[비옥]하게 하다, …을 잘 여물게 하다. **2** (생물) …에 수정(受精)[수태]시키다(impregnate).

‡**da·tion** ⓝ 수태(수정) 작용. **fe·cún·da·tò·ry** ⓐ.

fe·cun·di·ty [fikʌ́ndəti] ⓝⓤ **1** (동물 암컷의) 다산(성); 생식력. **2** 비옥. **3** 풍부, 무진장함.¶~ of fancy 풍부한 상상력.

‡**fed¹** [fed] ⓥ feed 의 과거·과거분사.

fed² ⓝ (때로 F-) (美구어) **1** (the ~s) (집합적) 연방 정부 공무원; 경찰 공무원, FBI 수사관. **2** (the F-) 연방 정부. **3** (the ~) = Federal Reserve System [Board, Bank]. [<federal]

Fed., féd. federal; federated; federation.

fed·a·yee [fedɑːjiː/fədɑːjiː] ⓝ (ⓟl -n [-n]) 팔레스타인의 (대 이스라엘) 게릴라 (조직). [<Arab]

fed·er·a·cy [fédərəsi] ⓝ 동맹, 연합.

‡**fed·er·al** [fédərəl] ⓐ **1** (국가간의) 연합의, 연맹의, 동맹의; (국가가) 연방의, 연방제의; 연방 정부의.¶a ~ law 연방법/the ~ organization of labor unions 노동 조합의 연합 조직. **2** (F-) (美) 합중국의, 미국의, 연방 정부의.¶the F- Constitution (美) 연방 헌법. **3** (F-) (美역사) (남북 전쟁 시대의) 북부 연방 동맹의(주 Confederate).¶the F- army 북군/the F- States 북부 연방 제주. **4** (F-) (건축·가구 따위가) 연방 양식 [스타일]의. **5** (신학) 신인(神人) 계약의. **6** (美) (교육) (독립 단위로서 기능하는) 대학 연합의[으로 이루어진].— ⓝ **1** 연방주의자(federalist). **2** (F-) (美역사) (남북 전쟁 당시의) 북부 연맹 지지자, 북군 병사. **3** 연방 정부 관리. ~·ly ⓐ. ~·ness ⓝ. 「회.

Féderal Assémbly ⓝ (the ~) (러시아의) 연방의

Féderal Búreau of Investigátion ⓝ (the ~) 연방 수사국(법무부 산하의 수사 기관; ⓐ FBI).

Féderal Cápital ⓝ =Federal District.

féderal cáse ⓝ (종종 F-) (美) **1** 연방 법원[법집행기관] 관할 사건. 「일을 떠벌리다, 소란 피우다.

make a federal case (out) of (美구어) (하찮은

Féderal Cíty ⓝ (the ~) 미국 Washington, D.C.의 별칭.

Féderal Communicátions Commìssion ⓝ (the ~) (美) 연방 통신 위원회(ⓐ FCC).

féderal cóurt ⓝ (美) 연방 법원.¶a federal district court 연방 지방 법원.

Féderal Depósit Insùrance Corporàtion ⓝ (the ~) (美) 연방 예금 보험 회사(ⓐ FDIC).

féderal diplóma ⓝ (美구어) 은행권, 미달러 지폐.

Féderal Dístrict ⓝ (美) 연방 직할지(미국에서는 연방 정부 소재지인 District of Columbia를 가리킨다. (또는 **Féderal Cápital**; ⓐ Washington, D.C.

Féderal Eléction Commìssion ⓝ (美) (the ~) 연방 선거 관리 위원회(ⓐ FEC).

Féderal Emérgency Mánagement À·gency ⓝ (the ~) (美) 연방 긴급 사태 관리청(재해 대책 기구; ⓐ FEMA).

Féderal Énergy Régulatory Commìssion ⓝ (the ~) (美) 연방 에너지 규제 위원회(ⓐ FERC).

fed·er·al·ese [fèdərəliːz, -liːs] ⓝ (종종 F-) (美) 관청 용어, 딱딱하고 거드름 피우는 문체.

Féderal Expréss ⓝ (상표) 페더럴 익스프레스(미국의 택배 회사). ⓐ fedex

féderal fùnds ⓝⓟl (美) 연방 자금, (연방 준비 제도의) 자유 준비금; 단기 금융 시장.

féderal fùnds ràte ⓝ (美) 연방 자금 금리; 단기 금융 시장[콜 시장] 금리.

Féderal Hóme Lòan Mórtgage Corporàtion ⓝ (the ~) 연방 주택 금융 저당 회사(주택 저당권 매매를 지원; 별칭 Freddie Mac; ⓐ FHLMC).

Féderal Hóusing Administràtion ⓝ (the ~) (美) 연방 주택 관리청(ⓐ FHA).

fed·er·al·ism [fédərəlìzm] ⓝⓤ **1** 연방주의[제도].

2 (F-) 〘美역사〙 연방당(Federalist party)의 주의〔주장〕. **3** (F-) 〘신학〙 계약설.
fed·er·al·ist [fédərəlist] 〖명〗 연방주의자; (F-) 〘美역사〙 연방당원〔지지자〕. ─〖형〗 (또는 **fèderalístic**) 〘美〙 연방 제도의, 연방주의(자)의; 연방당의.
Féderalist párty 〖명〗 **1** (the ~) 〘美역사〙 연방당(미국 건국 초기에 강력한 연방 국가 수립을 주창한 정당). **2** 연방(추진)파. (또는 **Féderal párty**)
fed·er·al·ize [fédərəlàiz] (*英) -ise*) 〖명타〗 …을 연방화하다, 연합시키다; …을 연방 정부 관할 아래 두다. **-i·zá·tion** 〖명〗
féderal júg 〘美속어〙 연방 교도소. 「은행.
Féderal Lánd Bánk 〖명〗 (the ~) 〘美〙 연방 토지
Féderal Nátional Mórtgage Associàtion 〖명〗 (the ~) 〘美〙 연방 국민 저당 협회[금고] (연방 정부 보증의 주택 채권을 구입한 투자가에게 판매하는 민간 기구; 별칭 Fannie Mae; ⓐ FNMA).
Féderal Ópen Márket Commíttee 〖명〗 (the ~) 〘美〙 연방 공개 시장 위원회(연방 준비 제도의 단기 통화 정책 결정 기구; ⓐ FOMC). 「공보(公報).
Féderal Régister 〖명〗 (the ~) 〘美〙 (연방 정부의)
féderal repúblic 〖명〗 연방 공화국.
Féderal Resérve 〖명〗 (the ~) 〘美〙 =Federal Reserve Board.
Féderal Resérve Bánk 〖명〗 (the ~) 〘美〙 연방 준비 은행(ⓐ FRB). ⓐ Federal Reserve System
Féderal Resérve Bóard 〖명〗 (the ~) 〘美〙 연방 준비 (제도) 이사회(ⓐ FRB). ⓐ Federal Reserve System
Féderal Resérve dístrict 〖명〗 연방 준비 지구 (Federal Reserve Bank의 담당 지구).
Féderal Resérve nòte 〖명〗 〘美〙 연방 준비 은행권.
Féderal Resérve Sýstem 〖명〗 (the ~) 〘美〙 연방 준비 제도(중앙 은행 제도; 전국을 12개구로 나눠 각 구에 Federal Reserve Bank를 두고 이를 Federal Reserve Board가 감독하는; ⓐ FRS).
Féderal Tráde Commíssion 〖명〗 (the ~) 〘美〙 연방 통상 위원회(ⓐ FTC).
fed·er·ate [fédərèit] 〖명타〗 〖독립한 여러 주〕를 (중앙 정부하에) 연합시키다; …에 연방제를 실시하다. ─〖자〗 연합하다, 연방화하다. ─〖형〗 [fédərət] 연합한, 연방제의. ¶ ~ nátion 연합 국가. ~·ly 〖명〗
féd·er·at·ed chúrch [fédəreitid-] 〖명〗 연합 교회.
***fed·er·a·tion** [fèdəréiʃən] 〖명|Ｕ|Ｃ〗 **1** 연합, 동맹, 연합체. **2** 연방, 연방 제도〔정부〕.
Federátion Cóuncil 〖명〗 (the ~) 〘俄〙 연방 회의(러시아 연방 의회(Federal Assembly)의 상원). ⓐ Duma
Federátion Cúp 〖명〗 (the ~) 〘〙 페더레이션 컵 (대회)(세계 여자 테니스 단체전; 1963년에 시작). 「의자.
fed·er·a·tion·ist [fèdəréiʃənist] 〖명〗 연합[연방]주의
Federátion whéat 〖양〗 일 익에 내건성(耐乾性) 있는 소맥(小麥)의 일종. 「의, 연방의. ~·ly 〖명〗
fed·er·a·tive [fédərèitiv/fédərə-] 〖형〗 연합[동맹]
Fed·Ex [fédèks] 〘美구어〙 〖명타〗 〖우편 따위〕을 택배하다. ─〖명〗 택배 편지[소포]. 〔<*Fed*eral+*Ex*press〕
fedn. federation.
fe·do·ra [fidɔ́:rə] 〖명〗 페도라(챙이 위로 휜 펠트제의
Fed. Rés. Bd. *Federal Reserve Board*. **Fed. Rés. Bk.** *Federal Reserve Bank*.
fed-úp [fédʌ́p] 〖형〗 〘구어〙 (…에) 진절머리나는, 싫은; 싫증이 나는 (*with*). ~·**ness** 〖명〗
***fee** [fi:] 〖명〗 (粵 ~**s** [-z]) **1** (보통 ~s) (의사·변호사 등에 대한) 보수, 사례 (*for*). ⇨PRICE 〖유의어〗: 수업료 (tuition ~s). ¶ a doctor's ~s for a visit 왕진료. **2** (복합어로) (각종의) 요금, 납부금, 입학금, 입장료. ¶ 입회금 (프로 선수의 이적료), 『운영료 따위』 / an entrance ~ 입학금, 입회금 / an admission ~ 입장료. **3** (복합어로) 공공 요금[수수료]. ¶ a license ~ 면허 요금. **4** (古어) 축의금; 팁, 행하. **5** 〖Ｃ|Ｕ〗 〘법률〙 세습지〔권〕, 상속 재산, 소유권. **6** 〖Ｕ〗 〘역사〙 (중세의) 영지, 봉토(feud).
at a pin's fee (부정문에서) 한푼의 가치도 없이.
hold in fee (símple) 〘법률〙 〔토지〕를 봉토권〔무조건 상속지〕으로써 보유하다.
─〖명타〗 **1** …에게 보수[요금]를 치르다, …에게 납입금을 내다, …에게 팁을 주다. **2** 〘스코〙 …을 고용하다.
feeb [fi:b] 〖명〗 〘美속어〙 정신 박약자, 바보.
Feeb [fi:b] 〖명〗 〘美속어〙 (종종 f-) 〘美〙 연방 수사국(FBI) 요원. (또는 **Fée·bee, Fée·bie** [fíːbiː])
‡**fee·ble** [fíːbl] 〖형〗 (~·*r*; ~·*st*) **1** (신체적으로) 약한, 가냘픈, 연약한. ⇨WEAK 〖유의어〗 **2** (정신적으로) 약한, 박약한, 무기력한; (지능이) 낮은, 저능의. ¶ *be ~ in mind* 정신 박약이다. **3** (양(量)·음성·빛 따위가) 약한, 미약한, 가냘픈, 희미한; (효과·힘 따위가) 약한.
~·**ness** 〖명〗 **fée·blish** 〖형〗 **fée·bly** 〖명〗
féeble mán 〖美〙 (익살) 약손가락, 약지(藥指).
fee·ble-mind·ed [-máindid] 〖형〗 **1** 정신 박약의, 지능이 낮은. **2** 〘구어〙 어리석은, 멍청한(foolish, stupid). **3** 〘古어〙 의지가 약한. ~·**ly** 〖명〗 ~·**ness** 〖명〗
Fée·by [fíːbi] 〖명〗 (종종 f-) 〘美속어〙 =Feeb.
‡**feed** [fiːd] 〖명〗 (~**s** [-z]; **fed**) 〖타〗 **1** …에게 먹을 것〔먹이〕을 주다; (첫먹이)에게 젖을 주다; (아이·환자 등)에게 먹이다; …을 (…으로) 기르다, 키우다, 사육하다 (*on, upon, with*); 〔먹을 것으로〕 …을 주다; (토지 따위가) …의 먹을 것[먹이]을 산출하다. ¶ ~ *a baby* 아기에게 젖을 먹이다 / ~ *a family* 가족을 먹여 살리다 / *Well fed, well bred.* (속담) 의식(衣食)이 족해야 예절을 안다 // (~+|目|+|前+|名|) ~ *a kitten on* [or *with*] *milk* 새끼 고양이를 우유로 기르다.
2 …에 (…을) 공급[제공]하다 (*with*); …을 (…에) (계속) 공급하다(*in*)(*to, into*); (사람)에게 (정보 따위)를 주다, 알려주다; (강이) …에 흘러들다. ¶ (~+|目|+|前+|名|) ~ *a stove with coal*; ~ *coal into* [or *to*] *a stove* 난로에 석탄을 지피다.
3 (컴퓨터) (데이터)를 (…에) 입력하다 (*into*). ¶ ~ *data into a computer* 컴퓨터에 자료를 입력하다.
4 (눈·귀 따위)를 즐겁게 하다; (허영심 따위)를 만족시키다; (질투 따위)를 부추기다 (*with*). ¶ ~ *the eyes* 눈요기하다 / ~ *one's vanity* 허영심을 만족시키다. **5** (토지)를 목장으로 사용하다. **6** (전력)을 (…에) 보내다; (TV·라디오 프로)를 (송신소에) 회선을 통하여 보내다 (*to*). **7** (연극) (배우)에게 대사의 단서를 주다. **8** (축구·미식축구) …에게 패스하다. **9** (주차 미터기)에 (제한 시간이 될 때마다) 동전을 집어넣다.
─〖자〗 **1** (가축 따위가) 먹다; (사람이) 식사하다.
¶ *What time do you* ~? 몇 시에 식사합니까? **2** (동물이) (…을) 먹이로 하다, 상식하다 (*on, upon*). **3** (원료·연료 따위가)(기계에) (흘러) 들어가다 (정보·데이터가)(컴퓨터 따위에) 들어가다 (*into*). **4** (…으로) 만족하다, (…을) 만끽하다 (*on*). **5** (감정·조직 따위가) (…에 의해) 커지다 (*on*).
be féd úp; be féd to déath [or *the (báck) téeth, the gílls*] 〘구어〙 (…에) 물리다, 싫증나다 (*with, of, about, that* 節). ¶ *I am fed up with your grumbling.* 나는 네 불평엔 이젠 넌더리가 난다.
feed a cóld (감기 들었을 때 많이 먹어 이기는. ¶ F- *a cold and starve a fever.* (속담) 감기에는 많이 먹고, 열병에는 굶어라. 〘식(美食)하다.
féed at the hígh táble; féed hígh [or *wéll*] 미
féed báck ① (정보 따위)를 (…에) 되돌리다 (*to, into*); (컴퓨터) (출력)을 전단계로 돌려주다. ② (청중의 반응 따위)를 (…에) (생각·경험 따위)가 모습을 바꿔 되돌아가다. ⓐ feedback
féed dówn …을 먹어 치우다.
féed óff ① …을 먹다, 상식하다; (접시 따위)에서 먹다. ② (정보 따위)를 얻다.
féed ón [or *upòn*] ① …을 상식하다. ② …으로 살

다; …으로 양육[사육]되다. ③ …에 만족하다. ④ …의
feed one's face (경멸적) 먹다. └식객이 되다.
feed the bears (美俗어) 교통 위반 딱지를 떼이다;
교통 위반 벌금을 내다.
feed the fire*[*flames*] 불[노여움]을 부채질하다.
feed the fishes ⇒FISH.
feed through (경제적) 효과를 가져오다. (…에) 파급
하다 (*in, into, to*). └를 살레기 하다.
feed up …에게 맛있는 것을 실컷 먹이다; [가축 따위]
——*n.* (통) ~*s* [-z] **1** ⓤ (가축 따위의) 사료, 꼴, 여물
(fodder); ⓒ (1회분의) 사료.¶at one ~ 한 끼에/
chicken ~ 병아리 모이 / give a horse a ~ of hay 말
에게 건초를 사료로 주다. **2** 사료 공급, 사육, 사양(飼
養). **3** (구어) (어린이·동물의) 식사; (a ~) 맛있는 음
식.¶have a good ~ 맛있는 것을 배불리 먹다. **4**
(기계) (기계로의) 재료 공급, 급수; ⓒ 급송
(給送) (장치). **5** (연극) (배우에게) 대사의 실마리를 주
는 사람; (코미디언의) 조역, **6** (스포츠) 공을 패스하기.
at feed (소 따위가) 풀을 먹고, 먹이를 먹고.
be on the feed 먹이를 찾고 있다, (물고기가) 미끼를
물고[입질하고] 있다.   └흉년.
off one's feed (속어) ① 식욕이 없는. ② 풀이 죽은.
out at feed 목장에 나와 풀을 먹는.
*feed·back [fíːdbæ̀k] (명) 피드백. **1** (전자) 출력
조정, 자동 제어; 반환 출력. **2** (심리) 행동의 자동 제어
기능; (생물) 생체의 자기 제어 기능. **3** (정보·서비스 이
용자 따위의) 반응, 감상, 의견. **4** (앙케트 따위로 얻는)
조사 결과, 정보. **5** (경영) 고객·종업원 등의 의견·정보
를 경영 개선에 반영하는 것.
féedback inhibìtion (명) (생화학) 피드백 저해(생
체 반응의 자동 제어 체계). └드백 회로.
féedback lòop (명) (컴퓨터·전자) 되먹임 회로, 피
féed bàg (명) (美) (말의 목에 거는) 사료 자루.
put on the feed bag (속어) 식사하다, 먹다.
féed·box [fíːdbɑ̀ks/-bɔ̀ks] (명) **1** 사료[먹이] 상자,
여물통. **2** 기계의 공급 장치의 덮개.
féedbox informàtion (美俗어) (신빙성이 있다
고 여겨지는) 경마 정보. (또는 **féedbag informàtion**)
*feed·er [fíːdər] (명) **1** 먹을 것[모이]을 주는 사람; 사
육자. **2** 여물통, 구유, 미끼통, 젖병. **3** (형용사와 함께)
먹는 사람[동물].¶a large ~ 대식가 / a coarse ~ 조식
가(粗食家). **4** 비육용(肥育用) 가축. **5** (원료 따위를 기계
에) 보내는 사람, 공급자; 공급 장치(급수기 따위). **6** (하
천의) 지류(支流); =~ line; (광산의) 지맥(地脈). **7** (전
기) 배전선(配電線). **8** (美) 턱받이(bib). **9** 선동[조
féeder líne (항공로·철도의) 지선, 지방 노선. └자].
féed·er·lin·er [fíːdərlàinər] (명) 지선[지방 노선] 용
féeder ròad 지선 도로.   └(항공용) 여객기.
féed·for·ward [fíːdfɔ́ːrwərd] (명) 피드포워드(실행
에 앞서 결함을 예측하고 실시하는 피드백 과정의 제어).
féed·grain [fíːdgrèin] (명) 사료용 곡물; 곡물 사료.
féed-in [⁴ìn] (명) 무료 급식을 타기 위한 모임.
féed·ing [fíːdiŋ] (명) ⓤ **1** 급식, 사육. **2** (기계) 급송
(給送), 급수, 배전. **3** 목초지.
féeding bòttle (명) 젖병 (feeder).
féeding cùp (명) (환자용의) 흡음기(吸飲器).
féeding gròund (명) (동물) 사육장.
féeding tìme (명) (동물에게) 먹이 주는 시간.
féed·lot [fíːdlɑ̀t/-lɔ̀t] (명) (도살 전 가축의) 비육장(肥
féed pìpe (명) 급수관.   └育場).
féed pùmp (명) 급수 펌프.
féed·stock [fíːdstɔ̀k/-stɔ̀k] (명) ⓤ 공급 재료(제품 제
조 과정에서 필요로 하는 직접 원료). (또는 **féed stòck**)
féed·store [fíːdstɔ̀ːr] (명) 사료 판매점.
féed·stuff [fíːdstʌ̀f] (명) ⓤ 사료.
féed tànk [trough] (명) 급수 탱크, 음료용 수조.
féed·through [fíːdθrù:] (명) (전기) 피드스루(어떤
면의 양쪽에 있는 두 회로를 연결하는 도체(導體)).

féed·wa·ter [fíːdwɔ̀:tər, -wɑ̀t-] (명) (탱크 따위에
서 보일러로) 급수되는 물. (또는 **féed wàter**)
fee-faw-fum [fíːfɔ́:fʌ́m] (명) 으르렁!, 아웅!, 잡아
먹는다! …라는 뜻의 사람 잡아먹는 귀신, 흉혈귀, 도깨비;
(아이를 놀라게 하는) 의미 없는 위협 문구. (또는 **fee-
fo-fum** [-fóu-]) (<동화 *Jack the Giant Killer*의
거인이 다니는 무섭은 어감의 소리)
fee-for-serv·ice [fíːərsə́ːrvis/-fəsə́ːv-] (명) (진료
비를) 진료 때마다 지불하는, 개별 지불의.
‡feel [fíːl] (동) ~*s* [-z]; *felt* [-z]) **1** …을 만져보다; …
을 찾다, 살피다; …을 더듬어 찾다. [적정(敵情) 따위]
를 정찰하다.¶~ the edge of a knife 칼날을 만져 보
다 /~ the enemy 적정을 살피다 // (~+*wh.* 節) Just
~ *how* cold my hands are. 내 손이 얼마나 찬지 만져
보아라.
2 (신체적으로) …을 느끼다, 감지하다.¶~ pain
[hunger] 아픔[공복]을 느끼다 /~ the heat 더위를 느
끼다 / The earthquake was *felt* most severely on
the western coast. 그 지진은 서해안에서 가장 강하게
감지되었다 // (~+⑨+*do*) He *felt* his face *flush*. 그
는 얼굴이 달아오르는 것을 느꼈다 // (~+⑨+-*ing*)
We *felt* the ground *sinking*. 우리는 지면이 내려앉는
것을 느꼈다 // (~+⑨+*done*) I *felt* myself *lifted*
up. 몸이 들리는 것을 느꼈다.
3 (정신적으로) …을 느끼다, 지각(知覺)하다; …의 영향
을 받다; 통절히 느끼다; …에 감동하다.¶~ anger
[fear, joy, sorrow] 분노[공포, 기쁨, 슬픔]를 느끼다 /
~ pity for a person 남을 불쌍히 여기다.
4 …이라고 깨닫다[느끼다], 어쩐지 …이라고 생각하다,
…이라는 느낌이 들다.¶(~+⑨+*前*+*名*) What do
you ~ *about* his suggestion? 그의 제안에 대해 어떻
게 생각하는가? // (~+⑨+(*to be*) 補) She *felt* it her
duty to help him. 그녀는 그를 돕는 것이 자기 의무라
고 생각했다 // (~+⑨+*done*) ~ oneself *praised* 칭
찬받았다고 생각하다 / (~+*that* 節) I ~ *that* I am
right. = I am right. I ~. 내가 옳다고 생각한다.
5 (무생물이) …의 작용을 받다[받아 움직이다], …의 영
향을 받다.
——*vi.* **1** (…를) 찾다, 손으로 더듬다 (*after, for*); (…
를) 만져보다 (*of*); …을 무작정 뒤지다[조사하다]
(*about, around*).¶(~+*前*+*名*) He was ~*ing
about* in the dark *for* [or *after*] a light switch. 그
는 어둠 속에서 전등 스위치를 더듬으며 찾았다.
2 (보어와 함께) (…이라고) 느끼다[생각하다]; (…의)
느낌이 들다, 기분이 되다.¶(~+補) ~ cold [hot] 춥
다[덥다]고 느끼다 / ~ blue 우울한 기분이 되다 / ~
depressed 풀이 죽다 / I ~ sorry for you. 안됐습니다
(위로의 뜻) / I ~ certain that he will come. 나는 그
가 오리라고 확신한다 / Are you ~*ing* any better
today? 오늘은 기분이 좀 나은가?
3 (무생물이 주어가 되어) 느낌[촉감]이 …하다. (…한)
느낌이 있다.¶(~+補) ~ rough 촉감이 거칠다.
4 (가정법의 절과 함께) (…인 듯한) 느낌[감]이 들다 (*as
if* 節, *as though* 節, (구어) *like* 節).¶I ~ *as if* my
heart were bursting. 심장이 터질 것만 같다.
5 동정[공감]하다 (*with*); 가엾게 여기다 (*for*).¶(~+
前+*名*) I ~ *with* you. 당신에게 공감합니다.
6 (부사(구)·형용사(구)와 함께) (…에 대해) (주관적인)
의견[생각, 감상]을 갖다 (*about, on, toward*).¶How
do you ~ *about* her? 그녀를 어떻게 생각합니까?
7 느낌[감각]이 있다.
feel about ① 여기저기 더듬어 찾다. ② …에 대해 생
feel after …을 더듬어 찾다. ⇒*vi.* 1. └각하다.
feel a person's pulse 남을 진맥하다; 남의 기분을
feel around = feel about ①. └조심스럽게 살피다.
feel at home 마음이 편안하다.   ┌…에 상심하다.
feel bad [or *badly*] *about* …으로 기분을 상하다,
feel cheap ① 멋쩍게 느끼다. ② 풀이 죽다; 손 들다.

feel equal to =*feel up to*.
feel for ① …을 더듬어 찾다. ⇒㉛ 1. ② …에게 동정
feel free to *do* (구어) 마음대로[거리낌없이] …하다.
feel funny 이상한 감이 들다. 멋쩍다; (몸·기분 따위가) 아프다.
feel good ① 기분이 좋다. ②《美속어》조금 취해 있다.
feel in *one's* **bones** 확신하다; 직감하다.
feel like ① …는 느낌이 있다. ¶It ~*s like* satin. 촉감이 공단 같다. ② …같은 생각이 들다; 아무래도 … 할 것 같다. (구어) …하고 싶은 생각이 들다(*doing*); …을 마시[먹]고 싶은 생각이 들다.
feel like a million (dollars) (구어) 매우 건강하다 [기분이 좋다]; 상태가 아주 좋다.
feel (like [or **quite]) oneself** 여전히 건강하다; (정신·기분 따위가) 정상이다, 좋다.
feel no pain 감각이 없다, 죽어 있다; 만취해 있다.
feel of (美남부) …을 손으로 만지다[만져보다].
feel *one's* **legs** [or **feet, wings]** ⇨LEG.
feel *one's* **oats** (구어) ① 원기왕성하다. ②《美》 잘난 체하다. 「신중히 행동하다.
feel *one's* **way around** 손으로 더듬으며 나아가다; (美)
feel out (구어) ① (…에 관해) 남의 의향을 넌지시 떠보다; 타진하다 (*on*). ② [실행 가능성]을 신중히 검토해 보다. 「느끼다, 소외감을 느끼다.
feel out of it [or **things**] 자신이 어울리지 않음을
feel small 풀이 죽다; 부끄럽게 여기다.
feel the draft [or (英) **draught**] =*feel the wind*.
feel the pulse of …의 맥을 짚다; …의 의향[심정]을 타진하다.
feel the wind 곤궁하다, 주머니가 비어 있다.
feel up (속어) (희롱삼이) (여자의) 몸[국부]을 더듬다 [만지다], 애무하다. 「생각하다.
feel up to (*doing*) (구어) [일 따위]를 해볼 만하다고
make *itself* **felt** [감정 따위]를 겉으로 들어내다, 남이 알아채다.
make *oneself* [or **one's influence, one's presence**] **felt** 자신(의 힘)을 인정받게 되다, 주변 사람들에게 영향을 주다.
── 图 (단수형으로) **1** (a ~, the ~) 감촉, 촉감; (구어) 만져보기; (美) (성적인) 애무. ¶Let me have a ~. 좀 만져봅시다. **2** (a ~, the ~) 느낌, 기분, 분위기. ¶a queer ~ 묘한 기분/the ~ of winter 겨울 분위기. **3** 감지력, (고난의) 감(感), 감각. (판단력의).
by the feel (of it) (구어) 손으로 만져서, 감촉으로
cop a feel (속어) 상대방의 젖가슴[엉덩이 등]을 만지다[더듬다]. 「다; …에 익숙해지다.
get the feel of (구어) …의 요령을 터득하다, 감을 잡
have a feel for …을 알다, …에 감각이 예민하다.
to the feel [or **touch**] 촉감에. ¶This cloth is soft *to the* ~. 이 천은 촉감이 부드럽다.
feel·er [fíːlər] 图 **1** 만져보는 사람; 떠보는[탐지하는] 사람. **2** 탐지, 염탐(상대방의 의향 등을 떠보기 위한 질문 따위). **3** (동물) 더듬이, 촉각, 촉모, 촉수(觸手), 촉수(觸鬚). **4** (군사) 척후. **5** 틈새 게이지(기계 따위의 틈새 측정기). (또는 ~ **gáuge**) **6** (해사) (바다밑 측심의 (測深器)의) 측수 갈고리.
put [or **throw**] **out a feeler** [or **some feelers**] **about** …에 대해 떠보다, 타진[염탐]하다.
feel·good [fíːlgùd] 图圈《美구어》만족[행복]감(을 주는); 자기 만족(도취)(의). ¶a ~ movie 오락 영화.
feel·ie [fíːli] 图 **1** 감각 예술 작품[매체]. **2** (속어) (성적) 애무.
‡**feel·ing** [fíːliŋ] 图 (〜s [-z]) **1** ⓤⓒ 촉감, 감각, 지각. ¶a ~ of a glassy surface 유리의 표면 같은 촉감/a ~ of cold [pain] 추위[아픔]를 느끼는 감각.
2 (개개의) 감정, 느낌, 기분; (〜s) 이성(理性)에 대해) 감정, 정; ⓤ (악)감정, 반감, 적의. ¶anti-American ~ 반미 감정/a man of strong [weak] ~ 감정이 격한[여린] 사람/good [bad, ill] ~ 호감[반감, 악감]/create a ~ of anger [joy] 화나[기쁘게] 하다.
3 (a ~, the ~) 어슴푸레한 감(感), 의식, 예감, 인상, …감(感) (*of*, (*that*) 節). ¶a ~ of inferiority] 긴장[열등]감/I know the ~. 그 기분을 잘 안다.
4 (a ~, the ~, one's ~) (…에 대한) 의견, 생각(opinion); 감상 (*about, on, toward*). ¶express one's ~ *about* pacifism 평화주의에 관한 의견을 말하다.

[유의어] **feeling** 「이성」(reason)에 대해 주관적인 심리의 반응인 「감정」; 가장 흔한 말. **emotion** 흥분된 강한 feeling. **passion** 이성을 지배해 버리는 격렬한 emotion. **sentiment** 어떤 이성적 사고(思考)로 일어나는 세련되고 부드러운 emotion. **sense** 어떤 자극을 받아 마음 속에 일어나는 반응. **sensation** sense보다 육체적·객관적인 느낌.

---

5 ⓤ (종종 a ~) (…에 대한) 동정, 연민, 애정 (*for*). ¶a ~ *for* the sick 병자에 대한 동정심. **6** ⓤ (…에 대한) 흥분, 감동, 격정 (*over*). ¶There is a great deal of ~ *over* the election. 선거 분위기가 크게 고조되고 있다. **7** ⓤ (종종 a ~) (…에 대한) 감수성, 적성; 감상력; (예술 작품의) 정조(情調), 예술적 정감 (*for*). ¶a man of fine ~ 감수성이 뛰어난 사람/a Baroque ~ 바로크조(調). **8** (주변의) 분위기, 느낌(*about*).
enter into *a person's* **feelings** 남의 감정을 헤아리다, 남의 기분을 짐작하다. 「…다」들다.
get a [or **the**] **feeling of [that...]** …이라는 느낌이
give a feeling of [that...] …이라는 느낌을 주다.
have a feeling for ① …에 재능[소질]이 있다; …을 좋아하다. ② …을 동정[연민]하다.
have a [or **the**] **feeling of** [or **that...**] …같은 느낌[감]이 들다. 「잡힌] 기분이 들다.
have mixed feelings about …에 대해 복잡한[착
hurt *a person's* **feelings** 남의 감정을 해치다.
No hard feelings. (구어) 나쁘게 생각 말게.
relieve *one's* **feeling** 감정[흥분]을 가라앉히다.
swallow *one's* **feelings** 감정을 억누르다.
with feeling 감정을 넣어, 열의 있게; 감동하여.
── 圈 **1** 감각이 있는, 감지하기 쉬운. ¶a ~ heart 다감한 마음. **2** 인정 어린; 동정심이 있는. ¶a ~ story 인정 〜**·ly** 튌 〜**·ness** 图 「어린 이야기. **3** 감정적인.
feel·ing·ful [fíːliŋfəl] 圈 강한 감정을 나타낸; 인정 어린. 「감각이 없는.
feel·ing·less [fíːliŋlis] 圈 감정이 없는; (정상적인)
feel·thy [fíːlθi] 圈 아주 추잡한, 상스러운(filthy).
fee·mail [fíːmeil] 图 [경영] 그린메일(greenmail) 저지 소송 비용. 图 greenmail
fee-pay·ing [/péiiŋ] 圈 (학생이) 수업료를 내는; (시설 따위가) 요금을 받는. 「土權」
fée símple 图 무조건 토지 상속권, 단순 봉토권(封
fee-split·ting [/splítiŋ] 图ⓤ《美》(환자[고객]를 소개한 의사[변호사]간의) 수가(酬價) 배분.
‡**feet** [fíːt] 图 foot의 복수형.
fée táil 图侶(限嗣) 토지 상속권, 한사 봉토권.
feet·first [fíːtfə́ːrst] 튉 **1** 발부터 먼저. **2** (속어) 들것에 실려서, 입관되어; 죽어서. ¶go home ~ 죽다.
féet of cláy 图 **1** (존경받는 인물의 성격상) 약점, 결함; 예상외의 결점, 결정적 약점. **2** 취약한 바탕[기반].
féet péople 图 도보[육상] 난민(難民). 图 boat people
fee-TV [/tíːvíː] 图 유료 텔레비전.
fee-vee [fíːvíː] 图《美속어》=fee-TV.
feeze [fíːz, féiz] (방언) 图 **1** 괴로움, 초조; 당황. **2** 돌진; 격돌. ── 타 …을 어지럽히다. (또는 **feaze**)
fe·ge·lah [féigələ] 图 (속어) 호모, 동성애자. (또는 **feygelah**) (<Yid little bird)
Féh·ling solùtion [féiliŋ-] 图 (화학) 펠링액(液) (당(糖)의 검출 시약). (또는 **Féhling's solùtion**) (<독일 화학자 Hermann Fehling(1812-85))

feign¹ [fein] 타 1 …을 가장하다, …인 체하다. ⇨ PRETEND 유의어 ¶~ sickness[or to be sick] 꾀병을 부리다 // He ~ed that he was mad. = He ~ed himself (to be) mad. 그는 미친 체했다. 2 [이야기·구실 따위]를 꾸며내다; [문서 따위]를 위조하다. ¶~ an excuse 구실을 꾸미다. 3 [목소리 따위]를 흉내내다.
— 자 속이다; 가장하다; 꾸며내다.
~-er ~-ing-ly 부

feigned [feind] 형 1 겉치레의, 가짜의; 거짓의; 가장한, 흉내의. ¶in a ~ voice 가성으로. 2 상상의, 가공의. **féign·ed·ly féign·ed·ness** 명 [의.

fei·jo·a [feiჳóuə, -hóuə] 명 페이조아(남미산(産)의 상록수); 그 나무의 열매. (또는 **píneapple gùava**)

fein·schmeck·er [fáinʃmèkər/G fáinʃmɛkʁ] 명 (獨 ~) 식도락가, 미식가(gourmet). [<G]

feint¹ [feint] 명 1 가장, 시늉(pretense)(of, at, of [at] doing). 2 [스포츠] 속임수[견제] 동작, 페인트; in feint 가장하여. [(군사) 양동 작전(陽動作戦).
make a feint of doing …하는 체하다.
— 자타 때리는 체하다; 거짓 공격을 하다; 속이다(at, upon, against). — 타 …에 페인팅하다, 견제하다;
…처럼 굴다, 가장하다.

feint² 형 (괘선이) 엷은[게], 희미한[하게]. ¶~ lines 희미한 줄 / ruled ~ 엷게 줄 친. — 명 엷은 괘선.

feint-ruled [⌃rú:ld] 형 (편지지 따위가) 엷은 괘선이 쳐진.

feir·ie [fíəri, fí:ri] 형 (스코) 건강한, 튼튼한.

feist [faist] 명 (美방언) (잡종) 강아지; 쓸모 없는 사람, 성마른 사람. (또는 **fice, fist**)

feist·y [fáisti] 형 (美구어) 혈기[원기] 왕성한, 팔팔한; (경멸적) 걸핏하면 싸우는, 성질이 급한. [저].

FEL [fel] (군사) *free electron laser*(자유 전자 레이저).

feld·sher [féldʃər] 명 (옛 소련·동구 제국의) 준의사, 의사보. (또는 **feldscher, feldschar**)

feld·spar [féldspɑ̀:r] 명ⓊⒸ [광물] 장석(長石). (또는 **felspar**)

feld·spath·ic [feldspǽθik] 형 [광물] 장석의[을 함유하는]. (또는 **felspathic**)

feld·spath·oid [féldspæ̀θɔ̀id] 명 [광물] 준장석 (準長石)의. (또는 **feldspathóidal**) — 명 준장석.

feld·spath·ose [féldspæ̀θòus] 형 [광물] = feldspathic. (또는 **felspathose**)

fé·li·bre [feili:brə] 명 Félibrige의 회원. [<F]

Fé·li·brige [feili:briჳ] 명 (the ~) 펠리브리주(프로방스어의 보존·순화를 목적으로 하는 단체).

fe·li·cia [fəlíʃə, -líʃiə, -lí:ʃə/fəlísiə] 명 펠리시어 (여자 이름).

fe·li·cide [fí:ləsàid] 명 고양이 죽이기[죽이는 약].

fe·li·cif·ic [fì:ləsífik] 형 행복하게 하는, 기쁨을 가져다 주는; 행복을 그의 기준으로 삼는.

fe·lic·i·tate [filísətèit] 타 1 (문어) [사람]을 (…의 일로) 축하하다, 경하하다(on, upon). 2 (고어) … 을 행복하게 하다. **-tà·tor** 명 축하객.

fe·lic·i·ta·tion [filìsətéiʃən] 명ⓊⒸ 축하, 경하; (~s) 축하의 말, 축사(on, upon).

fe·lic·i·tous [filísətəs] 형 1 [행동·방식·표현이] 적절한, 알맞은; 멋들어진. ⇨FIT 유의어 2 (드물게) 경사스런; 행운의; 즐거운. ~·**ly** 부 ~·**ness** 명

*****fe·lic·i·ty** [filísəti] 명 (문어) 1 더할 수 없는 행복, 지복(至福)(bliss), 하느님의 은총. ⇨HAPPINESS 유의어 2 경사, 길사(吉事). 3 (표현·방법 따위의) 적절함, 교묘함; 교묘한[적절한] 표현, 명문구. 4 (드물게) with felicity 적절하게, 솜씨 있게. [행운.

fe·lid [fí:lid] 명 고양잇과(科)에 속하는 동물.

fe·line [fí:lain] 형 1 고양잇과(科)의, 고양이 같은. ¶~ softness of step 고양이가 사뿐사뿐 걷는 걸음걸이. 3 교활[음험]한, 남몰래 하는. ¶~ amenities 가시가 담긴 상냥한 언동. — 명 고양잇과(科)의 동물 (felid). 고양이. ~·**ly** 부 ~·**ness** 명 **fe·lín·i·ty** 명

féline leukémia vìrus 명 고양이 백혈병 바이러 **Fe·lix** [fí:liks] 명 펠릭스(남자 이름). [스.
Félix the Cát 명 고양이 펠릭스(미국 만화의 주인공 인 얼굴이 흰 검은 고양이; 작자는 Otto Messmer

‡**fell**¹ [fel] 동 fall의 과거. [(1892-1983).

fell² 타 1 [남]을 때려눕히다. 2 [나무]를 베어 넘어 뜨리다, 벌채하다. 3 (재봉) …을 접어 감치다.
— 명 1 (한 철의) 벌채량. 2 (재봉) 접어 감치기.

fell³ 형 1 맹렬한, 사나운; 잔인한, 무시무시한. ¶a ~ battle 격전. 2 치명적인, 위험한. ¶a ~ poison 맹독.
at [or **in**] **one fell swoop** 단번에, 일거에.
~·**ness** 명

fell⁴ 명 1 (털이 달린) 짐승 가죽(hide), 모피(pelt). 2 사람의 피부. 3 머리카락, 텁수룩한[헝클어진] 머리카락.

fell⁵ 명 ((스코·北잉)) 1 (종종 ~s) 바위산; 황무지. 2 (F-) (지명으로) …산(Mt.).

fel·la [félə] 명 (구어) =fellow.

fell·a·ble [féləbl] 형 벌채할 수 있는, 벌채하기 알맞은.

fel·lah¹ [félə] 명 (獨 ~s, -la·heen [⌃ləhí:n]) (이집트·시리아 등지의) 농부, 인부.

fel·lah² 명 (구어) =fellow.

fel·late [fəléit, fe-] 타 (…에게) 펠라티오(fellatio)를 하다. **-lá·tor** 명 펠라티오를 하는 사람. **fel·la·trice** [félətris] 명 펠라티오를 하는 여자.

fel·la·ti·o [fəléiʃiòu/fel-] 명 [의] 구강(口腔) 성교[성애], 펠라티오(음경을 입으로 자극하기). (또는 **fellation**) ⓒ **cunnilingus, oral sex**

fell·er¹ [félər] 명 1 나무꾼, 벌채자[기(機)]. 2 (재봉틀의) 접어 감치기 부속기; 접어 감치는 사람.

fell·er² 명 (구어) =fellow.

fell·mon·ger [félmʌ̀ŋgər, -mɑ̀ŋ-] 명 짐승 가죽[모피] 상인, (특히) 양피 상인. ~·**ing**, ~·**y** 모피상[업].

fel·loe [félou] 명 =felly¹.

‡**fel·low** [félou] 명 (~**s** [-z]) 1 (형용사와 함께 친근하게 부르는 말로) 남자, 사나이; (the ~) (경멸적) 놈, 녀석. ¶a good[clever] ~ 좋은[영리한] 남자 / a good-for-nothing ~ 쓸모없는 사람 / my dear [or good, old] ~ 여보게(친근한 표현) / There's a good ~. (어린이를 타이를 때) 착하지.
2 (보통 one's ~s) 친구, 동지, 동배, 동료; (고어) 한패, 한통속. ¶~s in crime 공범자 / ~s in suffering 고뇌를 나누는 친구 / ~s at school 동창생.
3 (지위 등이) 동등한 사람(equal); 동업자; 동시대의 사람. ¶the ~s of Milton 밀턴과 동시대의 사람들.
4 (경쟁 따위의) 상대자[방]; 맞수, 필적자. ¶He has no ~ in this line. 이 방면에서는 그와 맞설 사람이 없다.
5 (짝[쌍]이 된 것의) 한 쪽[짝]. ¶Where is the ~ of this glove? 이 장갑의 다른 한 짝은 어디 있을까?
6 (구어) 사람(일반적으로) 사람(person), 누구든(one); (말하는 사람으로서의) 나, 자기. ¶A ~ must eat. 사람은 먹어야 산다 / What can a ~ do? 내가 무엇을 할 수 있겠는가? 7 (구어) 미남자(beau), 애인, 연인. 8 (英) (대학의) 특별 연구원; (대학의) 평의원(評議員), 이사. 9 (종종 F-) (학회의) 특별 회원(* 보통 회원은 member). ¶a F- of the Royal Society 왕립 협회 회원. 10 (페어) 조합원, 공동 출자[경영]자.
be hail fellow (**well met**) 서로 마음이 맞는 친구이다, 극히 다정한 사이이다.
blame the other fellow (책임 따위를) 남에게 지우다[떠 넘기다].
fellows in arm 전우(戰友).
pass all one's fellows 동급생을 앞지르다.
Poor fellow! 가엾어라!, 불쌍한 녀석!
— 타 1 …와 대등하게 하다, …에 필적시키다. 2 (고어) 짝지우다. (동행의. ¶a
— 형 (한정용법) 친구의, 동료의, 동업의; 동행의. ¶a ~ countryman 같은 나라 사람 / a ~ student 학우 / My ~ citizens! 국민 여러분* 미대통령이 대국민 연설에서 자주 사용).

féllow cómmoner 명 (英) (옛날 대학에서) 평의원(fellows)과 함께 식탁에 앉을 수 있는 학생.
féllow créature 명 같은 인간, 동포.
féllow féeling 명 동정, 공감; 상호 이해; 동료 의식.
***fel·low·man** [féloumǽn] 명 (복 **-men** [-mén]) 같은 인간, 동포. (또는 **féllow mán**)
féllow sérvant 명 (같은 고용주 밑에서) 함께 일하는 사람.
féllow-sérvant rúle 명 공동 고용주 규칙(고용주는 동료 고용인의 과실에 의해 상해를 입은 고용인에 대해서는 책임을 지지 않는다).
***fel·low·ship** [félouʃip] 명 **1** ⓤ (같은) 친구임; 교제, 친교, 친목; (고어) 우정. ¶ enjoy good ~ *with* one's friends 친구들과 정답게 지내다. **2** ⓤ 공동, 제휴; (이해 관계·경험 따위를) 함께 함, 나눔. ¶ ~ *in misfortune* 불행을 함께 함. **3** (단·복수 양용) 단체, 조합, 회, 모임. ¶ admit a person to a ~ 남을 입회시키다. **4** (집합적) (대학·병원의) 특별 연구원; 특별 연구원 지위[신분]; 특별 연구원 장학금[장학 재단]. ¶ go abroad on a ~ 장학금으로 해외에 나가다. **5** (美) 대학 평의원의 지위; 특별 회원의 지위.
give [or *offer*] *a person the right hand of fellowship* 남을 친구[동료]로 맞아들이다, 남과 우의를 맺다.
—— 타 (**-p-**, (英) **-pp-**) (美) 타 …을 (종교 단체 따위의) 회원이 되다. 타 회원이 되다.
féllow trável(l)er 명 길동무; (정치상의, 특히 공산당의) 동조자, 공명자. **fél·low-tráv·el·(l)ing** 형
féllow wórker 명 직장 동료.
fel·ly[¹] [féli] 명 (차바퀴의) 큰 바퀴테, 걸테(felloe).
fel·ly[²] 부 (고어) 격렬하게; 잔인하게, 매정하게.
fe·lo-de-se [fíːloudéisi, -séi] 명 (복 **fe·lo·ses-** [féləniːz-], **fe·los-** [féloυz-]) 자살(자). 〈L〉
fel·on[¹] [félən] 명 (법률) 중죄인, 강력범; (고어) 악한.
—— 형 (고어) 흉악한, 잔인한; 악의가 있는. [성 염증].
fel·on[²] 명ⓤ (의학) 표저(瘭疽)(손가락 끝의 급성 화농
fe·lo·ni·ous [fəlóuniəs] 형 (법률) 중죄(범)의; (고어) 사악한, 사악한. ¶ ~ *homicide* 살인죄.
~·ly 부 ~·ness 명 죄수단의
fel·on·ry [félənri] 명ⓤ (집합적) 중죄인; (유형지의)
fel·o·ny [féləni] 명ⓤ (법률) 중죄(重罪)(살인·방화·무장 강도·강간 따위 흉악 범죄). 홍 misdemeanor
commit a felony 중죄를 범하다. ¶ ~ 하다.
compound the felony ① 중죄를 시담(示談)하다 (불법임). ② 사태를 악화시키다. [인 따위).
félony múrder 명 (법률) 중죄 모살(謀殺)(강도 살
fel·sic [félsik] 형 (지질) (암석이) 규장질(珪長質)의.
fel·site [félsait] 명 (광물) 규장암(珪長岩).
fel·spar [félspɑːr] 명 (英) =feldspar.
fel·spath·ic [felspǽθik] 형 (英) =feldspathic.
fel·stone [félstoun] 명 (英) =felsite.
‡**felt**[¹] [felt] 동 feel의 과거·과거분사. —— 형 절실한, 통감되는. ¶ a ~ *want* 절실한 요구[결핍].
***felt**[²] 명 **1** ⓤ 펠트. **2** 펠트 제품, (특히) 펠트 모자. **3** (형용사적) 펠트(제)의. ¶ a ~ *carpet* 펠트제의 융단 / a ~ *hat* 펠트 모자. —— 타 ① …을 펠트로 하다. ② …을 펠트로 덮다. ③ 펠트(천)이 되다. (펠트처럼) 엉클어지다. ~·like, félty 형
felt·ing [féltiŋ] 명 **1** 펠트천, 펠트류, 펠트 제품. **2** 펠트 제조 공정. **3** 펠트 원료. [매직 펜 따위).
félt márker 명 펠트 마커(의류 따위에 표시를 하는
felt síde 명 펠트면(面)(종이의 표면; 종이를 제조할 때 펠트에 접하는 면). [(felt marker).
félt-tip pén [-tip-] 명 펠트펜(felt pen), 매직 펜
fe·luc·ca [fəlʎkə/felʎkə] 명 펠러커선(船)(지중해 연안에서 사용; 무갑판·3각돛의 소형 선박). 〈It〉
FeLV *feline leukemia virus.*
fel·wort [félwəːrt] 명 용담과(科)의 2년초(草) 식물.
fem [fem] 명 (美속어) =feminine. —— 형 **1** 여자,

여성. **2** (동성애에서) 여자역을 하는 여자(femme).
fem. *female; feminine.* **FEMA** (美) *Federal Emergency Management Agency*(연방 긴급 사태 관리청).
‡**fe·male** [fíːmeil] 명 (복 ~**s** [-z]) **1** 여성, 여자 (* 통칭·과학상 성별을 나타내는 용어로서 쓴다); (경멸적) 여자, 계집. **2** (동물) 암컷. **3** (식물) 암 식물[포기].
—— 형 **1** 여성[여자]의; 여자[여성]다운, 여성적인. ¶ a *child* 여자애 / ~ *education* 여성 교육 / the ~ *sex* 여성 / a *chorus* of ~ *voices* 여성 합창. **2** (동물) 암컷의; (식물) 암의, 자성(雌性)의, 암술받이의. ¶ a ~ *flower* 암꽃. **3** (기계) 암의. ¶ a ~ *screw* 암나사. **4** (페어) 여자 같은, 연약한. 합 **male** ~·**ness** 명

〖유의어〗 **female** 동식물 이외에 사람에게도 쓰며, 성이 여성·암컷임을 나타내는 말. **feminine** 여성다운 부드럽고 섬세한 성질을 나타내는 말. **effeminate** 남자답지 않은 섬세함·연약함·사치스러움을 강조하는 말. **womanlike** 여자에게 따르기 쉬운 결점·약점을 나타내는 말. **womanly** 제대로 성숙한 여성다운 부드러움·동정·분별 등 좋은 성질을 나타내는 말. **womanish** 특히 남자가 연약함을 경멸하는 말.

fémale cháuvinism 명 (광신적) 여성 중심[우월]론[주의].
fémale cháuvinist 명 (광신적) 여성 우월[중심] 주의자.
fémale cháuvinist píg 명 (경멸적·익살) (광신적) 여성 우월 주의자(약 FCP). [하는 남자 배우.
fémale impérsonator 명 여장(女裝)[여자 역할을
fémale rhýme 명 =feminine rhyme.
fem·cee [fémsiː] 명 (라디오·TV의) 여성 사회자. 〈*female*+em*cee*〉
feme [fem, fiːm] 명 (법률) 여자, 처, 아내.
féme cóvert 명 (법률) 기혼 여성[부인], 유부녀.
féme sóle 명 (복 ~ **s-s**) (법률) 독신 여성; 독립 여성(법률상 남편으로부터 독립된 재산을 가진 여성).
féme-sóle tráder 명 (법률) 독립 사업을 경영할 권리를 가진 기혼 여성.
fem·ic [fémik] 형 페믹성(性)의, 페믹의(철, 마그네슘, 칼슘을 주요 원소로 하는 광물군(鑛物群)에 관한).
fem·i·cide [féməsàid] 명 여성을 죽임[죽이는 사람].
Fé·mi·na [F *femina*] 명 페미나 상(프랑스 심사위원들이 선발하는 프랑스의 문학상)(*Prix* ~).
fem·i·na·cy [fémənəsi] 명 여자다운 성질.
fem·i·nal [fémənəl] 형 여자다운, 여성적인.
—— 명 여성적인 남자.
fem·i·nal·i·ty [fèmənǽləti] 명ⓤ 여성적인 특성, 여자다움; ⓒ (여성용) 장신구. [다움.
fem·i·nate [fémənit] 명 (집합적) 여성, 부인(women).
fem·i·nin [fémənin] 명 =estrone.
***fem·i·nine** [fémənin] 형 **1** 여자[여성]의; 여자다운, 부드러운, 상냥한; 여성용의; 여성 특유의. 동 FEMALE 〖유의어〗 ¶ ~ *staff* 여성 사원 / ~ *curiosity* 여성 특유의 호기심. **2** (남자가) 여자 같은, 연약[나약]한. ¶ a man with a ~ *wording* 말씨가 여자 같은 남자. **3** (문법) 여성의. ¶ a ~ *noun* 여성 명사. —— 명 **1** 여자[여성] 다움; (경멸적) 여자, 계집. ¶ *charming* ~s 매력있는 여성. **2** (문법) (the) ~의 성; 여성형(princess, she 따위). 합 masculine ~·ly 부 ~·ness 명
féminine caesúra 명 (운율) 여성 휴지(休止)(무강세 음절 또는 단음절의 직후에 생기는 휴지).
féminine énding 명 **1** (운율) 여성 행말(行末)(시행의 마지막 강음절 다음에 여분의 약음절이 와서 끝나기). **2** (문법) 여성 어미(hostess, heroine, comedienne 따위).
féminine génder 명 (문법) 여성. [enne 따위).
féminine rhýme 명 (운율) 여성운(악센트가 있는 음절 다음에 악센트가 없는 1음절 또는 2음절로 끝나는 압운(押韻): fashion(2중운); laziness(3중운)).

fem·nin·i·ty [fèmənínəti] 명U 1 여성임; 여자다움. 2 (집합적) 여성, 여자. 3 (남자의) 연약함, 나약함.
fem·i·nism [fémənìzm] 명U 1 남녀 동권론[주의]; (때로 F-) 여성 해방[여권 신장] 운동. 2 (남성의) 여자 같음, 여성적 기질; (의학) (남자의) 여성화.
fem·i·nist [féménist] 명 남녀 동권론자; 여성 해방 [여권 신장]론자, 여권주의자. ― 형 남녀 동권주의(자)의. ¶the ~ movement 여성 해방 운동. **-nís·tic** 형
fe·min·i·ty [fimínəti, fe-] = femininity.
femínity contról 명 (스포츠) (여자 선수의) 성(性)검사(gender verification의 구칭).
fem·i·nize [fémənàiz] 타 1 여성화하다; 여자답게 하다(되다). 2 (생물) 자성화하다. 3 (인원 구성 따위를 (가)) (남성에서) 여성으로 바꾸다(바뀌다).
-ni·zá·tion 명 여성화; (생물) 자성화(雌性化).
Fém Líb [fémlìb] 명 (종종 f- l-) (미구어) 여성해방. (또는 Fémlíb) (<feminine+liberation)
femme [fem] 명 (속어) 여자; 아내(wife); 동성애에서 여자역. (<F woman)
femme de chám·bre [F fam də ʃɑ̃ːbR] 명 (복 **femmes d- c-**) 하녀, 시녀; (호텔의) 객실 담당 여성. (<F)
femme fa·tale [fém fətǽl] 명 (복 **-s -s**) 요부, 마성(魔性)의 여자. (<F)
femme in·com·prise [F fam ɛ̃kɔpRiːz] 명 (복 **-s -s**) (남에게) 과소 평가되는 여성, 슬픈 재원. (<F)
fem·o·ral [fémərəl] 형 대퇴(골)의, 넓적다리의.
fémoral ártery 명 (해부) 고동맥(股動脈).
fem·stru·a·tion [fèmstruéiʃən] 명 (미) 생리, 월경, 멘스(* 여권 주의적 용어). (<feminine+menstruation)
fem·to- [fémtou, -tə] 연결 「1,000조(quadrillion) 분의 1」의 뜻. ¶femtogram, femtosecond. 「(기 fm).
fem·to·me·ter [fémtəmìtər] 명 (물리) =fermi
fe·mur [fíːmər] 명 (복 **~s, fem·o·ra** [fémərə]) 1 (해부) 대퇴골, 대퇴부, 넓적다리. 2 (곤충) 퇴절(腿節).
fen¹ [fen] 명 (英) (종종 ~s) 늪 (지대), 소택지; (the F-s) 영국 동부 Wash만의 서부 및 남부의 소택지.
fen² [fen, fʌn] 명 (복 ~) 편(分)(중국의 알루미늄 주화). 「려고 쓰는 말.
fen³ [fen] 형 싫어(어린이 놀이 따위에서 싫은 역할을 안하**FEN** [éfìːén, fen] *Far East Network* (미군) 극동 방
fe·na·gle [fənéigl] 동 =finagle. **-gler** 명 「송망.
fenc. fencing.
***fence** [fens] 명 (복 **fenc·es** [-iz]) 1 울타리, 담. ¶ a board [stone] ~ 판자담[돌담] / put ~s around the farm 농장 둘레에 울타리를 치다. 2 (마술(馬術) 따위의) 장애물. 3 (비유적) 변론의 능숙(교묘)함: 토론의 명수, 논객. 4 장물아비(매입처). 5 (기계) 유도 장치, 보호재(材); (목공) (기계 따위의) 절단 조절 장치, 가이드. 6 (항공) (비행기 날개의) 펜스, 경계표판(境界標板)(기류가 옆으로 흐르는 것을 방지한다). 7 (고어) U 검술, 펜싱. ¶a master of ~ 검술의 명수. 8 방어(물), 방벽(防壁).
be on a *person's side of the fence* (구어) 남의 편을 들다.
be on the fence = *sit on the fence*. 「편을 들다.
come [or *get*] *(down) off the fence* 중립적 태도를 버리다, 어느 편에 들지 태도를 정하다.
come down [or *descend*] *on the right side of the fence* 우세(유리)한 편에 가세(가담)하다.
go for the fences (야구) 장타를 노리다.
look after [or *look to, mend, repair*] *one's fences* ① 자기 입장을 강화하다; (국회 의원이) 자기 지반을 다지다. ② 관계를 개선하다; 화해하다. ③ 집의 울타리를 수선하다.
on the other side of the fence 반대측에서(에서), 반대당에 편들어. 「불공평한; 인정되지 않는.
over the fence (濠·뉴질 구어) 불합리한, 불공평한.
refuse one's fences (英) 위험을 피하다.
ride (the) fence ① (美서부) (카우보이가) 말을 타고 목책 주위(목장)를 돌아보다. ② (美) (유리한 쪽에 붙으려고) 관망하기로 하다. 「르다, 일을 망치다.
rush one's fences (구어) 경솔하게 행동하다; 서두
sit [or *stand*] *on the fence; straddle* [or *walk*] *the fence* 형세를 관망하다, (유리한 편에 붙으려고) 기회를 살피다; 중립을 지키다.
stop to look at a fence 장애 앞에서 뒷걸음질하다 [꽁무니 빼다]. 「운 것을 작심하고 말하다.
take the fence ① 울타리를 없애다. ② 말하기 어려 ― 동 (**fenc·es** [-iz]; ~*d* [-t]; **fenc·ing**) 타 1 ~ 에 울(울타리, 담)을 치다, 두르다(around)(with). ¶~ the place 그 장소에 울을 치다 / ~ the nursery 모판 주위에 울타리를 두르다 (~+명+부)(~+명+전+명) The farmer ~*d off* his garden *from* the children. = The farmer ~*d* his garden *from* children. 농부는 아이들이 못 들어가도록 채소밭을 울로 막았다. 2 …을 막다, 방어하다, 지키다, 보호하다 (*from*, *against*). ¶(~+명+전+명) ~ one's house *from* the north wind 집을 북풍으로부터 막다. 3 (장물)을 고매(故買)하다. 4 (해사) (돛에 낸 구멍에 밧줄 고리쇠를 붙여) 보강하다. 5 (토론 따위에서) 잘 받아 넘기다. ― 자 ⓐ 검술(펜싱)을 하다. ¶~ with a person 남과 검술을 하다. 2 (질문 따위를) 교묘하게 받아넘기다, 막아내다 (*with*). ¶(~+전+명) ~ *with* a question 질문을 받아 넘기다(둘러대다). 3 (말 따위가) 울타리를 뛰어넘다. 4 울타리를 치다(수리 하다). 5 고매하다.
fence…about [or *around*, *round*] ① …에 울타리를 두르다. ② (수동형으로) (방어물로) 확고히 하다[방비하다]; (규제 수단으로) 제한하다 (*with*).
fence for …을 얻기 위해 상대와 경쟁하다.
fence in ① …을 둘러[에워]싸다. ② (수동형으로) (사람)을 구속[속박]하다.
fence off ① …에 울타리를 두르다. ② (질문을) 잘 ~*-like* 형 (*defence*) 「받아넘기다.
fénce bùster 명 (야구) 장타자(power hitter).
fence-cor·ner [-kɔ̀ːrnər] 명 사생아의, 부모를 알 수 없는. (또는 **fénce hànger**)
fence-hang·er [-hæ̀ŋər] 명 (美속어) 우유부단한 사람.
fence·less [fénslis] 형 울타리가 없는; (고어) 무방비의. **~·ness** 명
fénce lìzard 명 울타리 도마뱀(이구아나과(科) 도마
fence-mend·ing [-mèndiŋ] 명U (美) (의원의) 지반(기반) 다지기; 실지(失地) 회복; (외국 따위와의) 관계 회복(개선). ― 형 실지 회복의; 관계 회복의.
fénce mònth [sèason, tìme] 명 (英) (사슴의) 금렵기(禁獵期).
fence-off [-ɔ̀ːf] 명 (스포츠) 동점끼리 벌이는 시합.
fenc·er [fénsər] 명 1 (울타리 따위의) 장애물을 뛰어넘도록 훈련받은 말. 2 (울타리) 선수, 검도하는 사람; 검사, 검객. 3 울타리[담]를 만드는[수리하는] 사람.
fence-sit·ter [-sìtər] 명 중립자, (형세) 관망자, 기회주의자. **-sìt** 동 기회를 엿보다, 형세를 관망하다.
fence-sit·ting [-sìtiŋ] 명 형세 관망, 기회 엿보기. ― 형 형세를 관망하는, 기회주의적인, 중립적인.
fence-strad·dler [-stræ̀dlər] 명 (美구어) = fence-sitter. **-dle** 동 **-dling** 명
fen·ci·ble [fénsəbl] 형 방어할 수 있는.
***fenc·ing** [fénsiŋ] 명 1 펜싱, 검술, 검도. 2 (토론·질문 따위를) 교묘하게 받아넘기기. 3 U[담 따위의] 재료; (집합적) 울, 울타리, 담(fences). 4 (속어) 장물 매매.
fend [fend] 동 1 (갈·타격 따위를) 받아넘기다 (*off*). ¶ ~ *off* blows 타격을 받아넘기다. 2 (고어) …을 막다, (사람·물건)을 지키다. ― 자 1 막다: 저항하다. 2 날아서 가다. 3 …을 부양하다 (*for*). ¶~ *for* oneself 자활하다, 독력으로 꾸려 나가다. ― (스코) 자주 독행(獨行)의 노력. (<*defend*)
fend·er [féndər] 명 1 (자동차 따위의) 흙받기, 펜더; (기관차 따위의) 완충 장치. 2 (배의) 방현물(防舷

物)(재(材)). 3 (벽난로 앞에 놓는) 난로[철사]망. 4 충돌을 받아넘기는 사람[것]; 완충물. [<de*fend*+-*er*]
fénder béam 명 (뱃전에 단 얼음막이의) 방현재; (선로 끝에 있는) 차를 정지시키는 완충재.
fénder bénder 명 (美俗어) (가벼운) 자동차 접촉 사고 (운전사). (또는 fénder-bènder)
fénd·er-bènd·ing
fend·ered [féndərd] 형 펜더[방어물, 완충 장치]가 있는; (배에) 방현재가 갖추어져 있는. —특.
fénder píle 명 (부두나 계선장(繫船場)의) 완충용 말
fénder stóol 명 (英) (벽난로 맘 앞의) 발걸이.
Fen·di [féndi(:)] 명 (상표) 이탈리아의 모피 제품.
fen·es·tel·la [fènəstélə] 명 (영 -lae [-li:]) (건축) 1 작은 창. 2 (제단 남쪽의) 작은 벽감.
fe·nes·tra [fìnéstrə] 명 (영 -trae [-tri:]) 1 (뼈 따위의) 천공(穿空). 2 (곤충의 날개 따위의) 투명한 반점.
fe·nes·trat·ed [fìnéstreitid, fénəstrèit-] 형 1 창문이 있는; 창문에 특색이 있는. 2 (뼈·식물) 천공 모양의, 투명한 반점이 있는. 3 (외과) 천공(穿孔)의.
fen·es·tra·tion [fènəstréiʃən] 명◎ 1 (건축) 창문의 설계(배치). 2 (외과) (내이(內耳) 따위의) 천공(穿孔)술.
fén fire 명 도깨비불(will-o'-the-wisp).
fen·flu·ra·mine [fenflúərəmì:n] 명 (약학) 펜플루라민(식욕을 억제하는 비만 치료제).
Feng·tien [fʌŋtjén] 명 펑톈(奉天). 1 Shenyang의 옛 이름. 2 Liaoning의 옛 이름. (또는 Fengtian)
Fe·ni·an [fí:niən, -njən] 명 1 페니언 결사의 비밀 회원 (아일랜드의 독립을 목적으로 미국 New York에서 1858년에 결성된 비밀 결사). 2 (아일 역사) 애국 기사 (로마의 지배에 반항하여 2∼3세기에 아일랜드에서 활약); (아일랜드 전설상의) 떠돌이 기사. — 형 페니어의 (원)의, 메니어회주의의. ~·ism 명
Fénian cýcle 명 페니언 전설(2∼3세기에 활약한 아일랜드 전사단을 찬양한 일련의 전설 이야기).
fenks [feŋks] 명⑤ 고래 기름의 찌꺼기.
fen·land [fénlænd] 명⑤C (총종 ~s) (영국 동부의) 습지, 소택지.
fen·man [fénmən] 명 (영국 동부의) 소택 지방 주민.
fen·nec [fének] 명 페넥, 아프리카여우(북아프리카산).
fen·nel [fénl] 명 (식물) 회향풀의 열매), 1 산(產).
fen·nel·flow·er [fénlflàuər] 명 검은씨물, 니겔라; (조미료용).
fénnel óil 명 회향유(茴香油)(조미료용). 1 꽃.
Fen·no·scan·di·a [fènouskǽndiə] 명 (지리) 펜노스칸디아(핀란드·스웨덴·노르웨이·덴마크를 포함한 정치적·지질학적 단위로서의 북구 지역). -an 명
fen·ny [féni] 형 1 늪의; 늪이 많은. 2 (동식물 따위가) 소택지산(産)의. — 로펜(관절염 치료제).
fen·o·pro·fen [fènouprɑ́ufən] 명 (약학) 페노프로펜.
fen-reeve [-ri:v] 명 (英) 소택 지방 감독관.
fén rùnners 명(복) (늪 지방에서 쓰는) 스케이트.
fen·ta·nyl [féntənìl] 명 (약학) 펜타닐(진통제).
fen·thion [fenθáiən] 명 (화학) 펜시온(유기인(有機燐)계의 살충제).
fen·u·greek [fénjugrì:k/-nju:] 명©Ⓤ 호로파(葫蘆巴) (콩과(科) 식물로 가축의 사료. 그 씨는 약용 및 향
feod [fju:d] 명 (폐어) =feud². — 신료).
feo·da·ry [fjú:dəri] 명 1 봉신(封臣), 가신(家臣), 종자(從者). 2 (폐어) 연행자, 공모자.
feoff [fef, fi:f] 타 …에게 영지를 주다, 봉하다 (enfeoff). — 명 =fief.
feoff·ee [féfi:, fi:fí:] 명 영지 수령자; 공공 부동산 관
feoff·ment [féfmənt, fi:f-] 명◎Ⓤ 영지(토지) 수여
(증서).
feof·for [féfər, fi:fər] 명 영지 수여자. (또는 **feoff-er**)
FEP *Fair Employment Practices*. **FEPA** (美) *Fair Employment Practices Act*(공정 고용 실행법).
FEPC (美) *Fair Employment Practices Com-*

mittee(공정 고용 실행 위원회).
fer [fə:r, 약 fər] 명[복] (구어) =for. ¶ ~ shur (美어) 확실히, 단연(* for sure를 발음대로 철자한 것).
-fer 연결형 bearing, producing의 뜻의 명사를 만든다. ¶coni*fer*(구과(毬果) 식물).
FERA (美) *Federal Emergency Relief Administration*(연방 긴급 구조국).
fe·ra·cious [fəréiʃəs] 형 다산의, 비옥한.
fe·rac·i·ty [fərǽsəti] 명 (드물게) 다산, 비옥.
fe·rae na·tu·rae [fíəri: nətjúəri:] 명 (법률) (동물이) 야생(상태)의. ¶animals ~ 야생 동물. [<L]
fe·ral¹ [fíərəl, fér-] 형 1 (동식물이) 야생의; 야생(상태)로 돌아간. ¶become ~ 야생으로 돌아가다. 2 (사람이) 야만적인, 흉포한. ──── 1산한, 어두운.
fe·ral² 형 1 죽음을 초래하는, 치명적인. 2 장례의; 음
fer·bam [fə́:rbæm] 명 (화학) 퍼뱀, 페르밤(농약).
fer·ber·ite [fə́:rbəràit] 명 (광물) 철중석(鐵重石) (텅스텐 원광). [<독일 광물학자 R. Ferber의 이름]
FERC (美) *Federal Energy Regulatory Commission*(연방 에너지 규제 위원회).
fer-de-lance [fɛ̀ərdəlǽns/-lɑ́:ns] 명 (중남미 열대산(産)) 삼각형 머리의 큰 독사. [<F]
Fer·di·nand [fə́:rdənænd/-nənd] 명 퍼디낸드(남
fere [fiər/fi:r] 명 (고어·스코) 친구, 동료.
fer·e·to·ry [fɛ̀rətɔ́:ri/-təri] 명 (성인(聖人)의) 성해[성골] 안치함; (옛 교회 안의) 유골당, 유물당.
fer·gu·son·ite [fə́:rgəsənàit] 명 (광물) 퍼르구소나이트, 이트로탄탈석(石).
fe·ri·a¹ [fíəriə] 명 (영 -ae [-lì:], ~s) (고대 로마의) 종교적 휴일; (교회) 평일. -al 형
fe·ri·a² [férjə] 명 (영 ~s, -ri·as [-z]) (스페인 및 스페인어권 여러 나라의) 지방 축제, 축제일. [<Sp]
fe·rine [fíərain, -rin] 형 =feral.
Fer·in·gi [fəríŋgi] 명 (경멸적) 1 유럽인; 유럽·아시아의 혼혈인, 포르투갈인과 인도인의 혼혈아. 2 인도 태생의 포르투갈인. (또는 **Feringhee**, **Ferángi**) [<Pers]
fer·i·ty [férəti] 명 야생(미개) 상태; 잔인, 흉포.
fer·ly [féəli] 형 (스코) 명 1 별난 것. 놀라(으)싹하게 하는 것. 2 놀람, 경악; 경이. ── 형 뜻밖의, 유별난. ── 부 이상하게 생각하여; 놀라다. (또는 **ferlie**)
Fer·mat [fɛərmɑ́:/F fɛRmɑ́] 명 **Pierre de** ~ 페르마(1601-65: 프랑스의 수학자).
fer·ma·ta [fɛərmɑ́:tə] 명ⓊⒸ ~s, -te [-te]) (음악) 페르마타, 늘임표, 연성(延聲) 기호(ᴖ,ᴗ). [<It]
Fermát's príncíple 명 (광학) 페르마의 원리(빛이 한 점에서 다른 점으로 이동할 때는 최단 시간에 갈 수 있는 경로를 취하다는 원리).
*****fer·ment** 명 [fə́:rment] 1 효소, 효모(enzyme). 2 Ⓤ 발효. 3 Ⓤ (종종 a ~) 대소동, 난리, 홍분. ¶cause a social ~ 사회를 소란에 빠뜨리다.
in a ferment 소동이 벌어져.
── 동 [fə:rmént] 타 1 …을 발효시키다. 2 …을 뒤끓게 하다, 자극하다. ── 자 1 발효하다. ¶Fruit juices are apt to ~ in summer. 여름에는 과즙이 발효하기 쉽다. 2 뒤끓다, 끓어오르다, 홍분하다, 선동되다.
fer·mènt·a·bíl·i·ty [fə:rméntəbəliti] 명 **fer·mént·a·ble** 형 발효성의.
*****fer·men·ta·tion** [fə̀:rmentéiʃən] 명Ⓤ 1 발효 (작용). 2 소동, 고민; 홍분.
fermentátion lóck 명 발효전(栓)(포도주의 발효중에 발생하는 가스를 빠지게 하는 데 사용하는 밸브).
fer·ment·a·tive [fərméntətiv] 형 발효성(작용)의; 발효력이 있는. ~·ly 부 ~·ness 명
fer·ment·er [fərméntər] 명 발효를 일으키는 유기체; 발효조.
Fer·mi¹ [fə́:rmi] 명 (물리) 페르미(10⁻¹⁵ 미터).
Fer·mi² [fə́:rmi] 명 **Enrico** ~ 페르미(1901-54: 이탈리아 태생의 미국 물리학자).
Fer·mi·ol·o·gy [fə̀:rmiɑ́lədʒi, fɛ̀ər-/-ɔ́l-] 명

[물리] 페르미올로지(양자 역학과 Fermi의 이론에 입각해서 물리 현상을 연구하는 분야).
fer·mi·on [fə́:rmiàn, féər-/-ɔ̀n] 몝 [물리] 페르미 입자(스핀(spin)이 반기수(半奇數)인 소립자·복합 입자).
Férmi súrface 몝 [물리] (결정(結晶) 내에 있는 전자 에너지의) 페르미면(面). 「방사성 원소; ⑦ Fm).
fer·mi·um [fə́:rmiəm, féər-] 몝Ⓤ [화학] 페르뮴
*fern [fə:rn] 몝Ⓤ (집합적) 양치, 양치류의 식물. ¶ flowering [or royal] ~ 고비. **⌐less, ⌐like** 몝
Fer·nan·dez [fɛərnǽndez, fər-] 몝 **Juan** ~ 페르난데스(1536?-1602?: 스페인의 항해가).
fern·brake [fə́:rnbrèik] 몝 양치(fern) 덤불.
fern·er·y [fə́:rnəri] 몝 양치류의 재배소, (장식용의) 양치류 재배원; (수집된) 양치식물.
férn gréen 몝 탁한 황록색. 「(새).
férn ówl 몝 쏙독새(nightjar)(쏙독새과(科)의 중치
férn sèed 몝 양치류의 포자(胞子)(옛날에 이것을 지니면 모습이 보이지 않는다고 믿었다). 「거진.
fern·y [fə́:rni] 몝 양치식물의; 양치 같은; 양치류가 우
*fe·ro·cious [fəróuʃəs] 몝 **1** 흉포한, 사나운, 잔인한. ⇨ FIERCE 유의어 ¶ a ~ animal 맹수. **2** 엄청난, 대단한. ¶ a ~ appetite 왕성한 식욕. ~·**ly** 뛘 ~·**ness** 몝
*fe·roc·i·ty [fərásəti/-rɔ́s-] 몝 **1** Ⓤ 흉포함, 야만, 사나움; 잔인(성). **2** 잔인한 행위, 만행.
-fer·ous [fərəs] 연결 bearing, producing, containing의 뜻. ¶ coniferous. 「큰 연어.
fer·ox [férɑks/-ɔks] 몝 (英) (스코틀랜드 호수산(産))
Fer·ra·ga·mo [fèrnɑ:ri] 몝 (상표) 페라가모 (이탈리아의 Salvatore ~제 가죽 제품, 의류 따위).
Fer·ra·ri [fərɑ́:ri/It ferrɑ́:ri] 몝 페라리. **1 Enzo** ~ (1898-1988: 이탈리아의 고급 스포츠카 설계·제작자). **2** (상표) 페라리형 고급 스포츠카.
fer·rate [féreit] 몝Ⓤ [화학] 철산염(鐵酸塩).
fer·rel [férəl] 몝 (고어) =fer(r)ule.
Fér·rel's láw [férəlz-] 몝 페렐의 법칙(풍향이 북반구에서는 오른쪽으로, 남반구에서는 왼쪽으로 치우친다는 법칙). [< 미국의 기상학자 William Ferrel(1817-91)의 이름] 「는; 철제의. **2** 철 같은
fer·re·ous [fériəs] 몝 **1** (화학) 철의, 철을 함유하
fer·ret[1] [férit] 몝 **1** 흰담비(유럽에서 토끼 따위의 사냥에 이용); (미국 서부산(産)) 황색의 검은발담비 (black-footed ~). **2** 탐색자, 탐정. **3** 페렛. **a.** [항공] 레이더 기지 탐색기[위성]의, **b.** (F-) (군사) 전자파 정보 수집용 정찰 위성의 총칭. ── 튱⨉ **1** …을 흰담비로 사냥하다[잡다]. **2** (범인 등)을 찾아내다, 탐색하다(out). ¶ (~ + 목 + 젹) ~ *out* a criminal 범인을 찾아내다. **3** …을 괴롭히다. ── 튱⨉ **1** 흰담비를 써서 사냥하다. **2** 찾아다니다, 뒤지다(about, ferret for …을 찾다. [around)(for).
~·**er**
fer·ret[2] 몝 (무명·명주 따위의) 리본, 테이프; 가는 끈.
férret bádger 몝 족제비 오소리(아시아산(産)).
fer·ret-eyed [-àid] 몝 눈이 흰담비 같은(눈가가 붉고 작으며 잘 깜빡거리는 눈을 말한다).
fer·ret·ing [féritiŋ] 몝 Ⓤ (흰담비를 이용한) 토끼 사냥. **2** 몝 리본; 가는 끈.
fer·ret·y [fériti] 몝 흰담비 같은; 캐기 좋아하는.
fer·ri- [féri, -ri] 연결 [화학] 「제2철로서의 철을 함유하는」의 뜻. ferro-. ¶ **ferriferous**.
fer·ri·age [fériidʒ] 몝 나룻배, 도선(渡船)(업); 나룻배권; Ⓤ 나룻배 삯, 도선료.
fer·ric [férik] 몝 철의, 철을 함유하는; (화학) 제2철의[을 함유하는]. ¶ ~ **chloride**[**oxide**] 염화[산화] 제2철.
férric súlfate 몝 (화학) 황산철(응고제·의약품용).
fer·rif·er·ous [fərífərəs] 몝 철을 함유하는, 철이 나는. ¶ ~ **rock** 광맥. [리) 페리 자성(磁性)의.
fer·ri·mag·net·ic [fèrimægnétik, fèri-] 몝 (물
Fér·ris whèel [féris-] 몝 (유원지의) 페리스 관람차

(미국인 기사 G. W. G. Ferris(1859-96)가 발명).

(Ferris wheel)

fer·rite [férait] 몝 Ⓤ Ⓒ 페라이트. **1** (화학) 철산화물, 아(亞)철산염. **2** [야금] α 철(鐵). **3** (암석) 철화합물.
fer·ri·tin [férətn] 몝 (생화학) 페리틴(호박색 결정성 단백질; 간장·비장·골수 속에서 발견되며 철을 함유).
fer·ro- [férou, -rə] 연결 [화학] 「철의, 제1철로서의 철을 함유하는」의 뜻. ⓦ **ferri-.** ¶ **ferronickel** 니켈철.
fer·ro·cal·cite [fèrouːkǽlsait] 몝Ⓤ (광물) 철방해석(鐵方解石). 「철(철과 크롬의 합금).
fer·ro·chro·mi·um [fèroukróumiəm] 몝Ⓤ 크롬
fer·ro·con·crete [fèroukánkriːt] 몝 철근 콘크리트(reinforced concrete).
fer·ro·e·lec·tric [fèrouilékrik] 몝 (물리) 강유전체(强誘電體)의. 몝 강유전체.
fer·ro·mag·ne·sian [fèroumægníːʃən, -ʒən] 몝 (광물) 철분과 마그네슘을 함유한.
fer·ro·mag·net [fèroumǽgnit] 몝 (물리) 강자성체(强磁性體). ~·**ic** 몝ⓦ ~·**ism** 몝Ⓤ 강자성.
fer·ro·man·ga·nese [fèroumǽŋgəniːz, -nìːs] 몝Ⓤ 망간철(망간을 90% 이상 함유).
fer·rom·e·ter [fərɑ́mətər/-rɔ́m-] 몝 [전기] 페로미터(강자성 물질의 투자율(透磁率)·이력(履歷) 현상 측정 장치). 「(텅스텐을 80% 이상 함유).
fer·ro·tung·sten [fèroutʌ́ŋstən] 몝Ⓤ 텅스텐철
fer·ro·type [fèroutàip] (사진) 몝 **1** …을 페로타이프하다, 페로로 처리하다, 광택 내기 건조법. ── 몝 페로타이프(인화의 광택용); 철판(鐵板) 사진(법).
fer·rous [férəs] 몝 철의, 철을 함유하는; 철에서 얻은; (화학) 제1철을 함유하는. ¶ ~ **oxide**[**chloride**] 산화[염화] 제1철.
férrous súlfate 몝 (화학) 황산철, 황산 제1철.
férrous súlfide 몝 (화학) 황화철, 황화 제1철.
fer·ru·gi·nous [fəruːdʒənəs] 몝 **1** (지질) 철의, 철을 함유하는. ¶ a ~ **spring** 철분 함유 광천 / ~ **quartz** (광물) 철석영(鐵石英). **2** 쇠녹빛의, 황갈색의.
fer·(r)ule [férəl, -ruːl] 몝 **1** (접합부를 보강하는) 쇠테, 쇠몰테, 쇠고리. **2** (기계·기구의) 물미; (보일러관의) 쇠 밀테두리; 끼움고리. **3** 접속관, 이음관(배관 용구). **4** (낚싯대의 각 단을 잇는) 양끝 부분. ── 튱⨉ …에 ferrule을 끼우다[붙이다, 대다].
fer·rum [férəm] 몝 (화학) 철(iron)(⑦ Fe).
‡**fer·ry** [féri] 몝 (몝 -**ries** [-z]) **1** 나룻터, 도선장, 선착장. ¶ **cross the** ~ 도선장을 건너다. **2** 나룻배, 페리, 도선(ferryboat), 연락선. ¶ **board the** ~ **for Busan** 연락선을 타고 부산으로 향하다. **3** Ⓤ 도선 업무; 도선 영업권. **4** 정기 공수(**air** ~); (새 비행기의) 자력(自力) 현지 수송. **5** (우주선 부속의) 착륙선. **6** (속어) 매춘부.
by [or **on the**] **ferry** 나룻배[페리]로. ¶ **cross the river by** ~ 페리로 강을 건너다.
── 튱⨉ (-**ries** [-z]) **1** …을 나룻배로 건네다[나르다]; (강 따위를) 나룻배로 건너다. ¶ ~ **people across a river** 사람들을 나룻배에 태워 강을 건너다. **2** (비행기)를 목적지[공장]까지 현지에서 보내다. **3** (군대 따위)를 공수[해상 수송]하다; (차 따위로) 수송하다. ── 튱⨉ 나룻배로 건너다 (*over, across*). 「고) 다니다.
ferry around (사람·물건)을 여기저기 데리고[가지]
fer·ry·age [fériidʒ] 몝 = **ferriage**.
****fer·ry·boat** [féribòut] 몝 나룻배, 연락선, 페리보트.
férry bridge 몝 열차 운반용 도선; 도선 잔교(棧橋).
férry hòuse 몝 도선업자 집; ferry 발착장.
fer·ry·man [férimən] 몝 나룻배 사공, 페리 승무원 (선장 포함); 도선업자.

fer·ry·mas·ter [férimǽstər/-mà:s-] 명 연락선의 선장.

férry pìlot 명 (새로 제작된 비행기의) 현지 수송 조종사.

férry ràck 명 (연락선의) 접안 유도 잔교(棧橋).

férry ràge 명 〔항공〕 페리 항속 거리(하중(payload)이 0일 때의 최대 안전 항속 거리).

férry stèamer 명 연락(기)선.

fer·ti·gat·ion [fə̀:rtəgéiʃən] 명 적하 시비법(滴下施肥法)(적하식 관수(灌水) 장치의 물에 비료분을 섞는다).

‡**fer·tile** [fə́:rtl/-tail] 형 (more ~; most ~) 1 (땅이) 기름진, 비옥한; (…을) 많이 산출하는(of, in)(⇔sterile). ¶ ~ land[soil] 기름진 땅[토양]/be ~ of wheat 밀을 많이 산출하는. 2 (사람[동물]이) 자식[새끼]을 많이 낳는, 다산의, 출산[번식]력이 있는; (…을) 많이 낳는(of, in). 3 (…의 점에서/…에 대해) 창의[창의]력이 풍부한(of, in/with), be ~ in[or of] invention 발명의 재간이 풍부하다. 4 풍작을 가져오는. ¶ ~ rains 풍작의 비, 단비. 5 〔생물〕 (알·난자 따위가) 생식 능력이 있는; 수정된. ¶ ~ eggs 수정란(受精卵). 6 〔식물〕 결실 능력이 있는; 수정 능력을 가진. 7 〔물리〕 핵분열 물질로 바뀔 수 있는, 핵연료의 원료로 될 수 있는. ¶ ~ material 핵연료의 원료 물질. ~·ly 부 ~·ness 명

Fértile Créscent 명 (the ~) 비옥한 초승달 지대 (고대 동방의 중심이었던 나일 강과 티그리스 강 그리고 페르시아만 사이에 만을 이는 지대).

*__fer·til·i·ty__ [fə:rtíləti] 명 1 비옥, 다산. 2 풍요. (상상력 따위가) 풍부함. ¶ the ~ of fancy 공상(력)의 풍부함. 3 〔생물〕 생식[번식]력, 다산의 생산력, 비옥도. **the Sea of Fertility** 〔천문〕 (달 표면의) 풍요의 바다 (Mare Fecunditatis). 〔배의와 연관된〕
── 명 1 〔한의용법〕 풍작[다산]의. 2 〔(…의) 풍요신 같은.

fertility clìnic 명 〔시험관〕 인공 수정 병원.

fertility clòck 명 피임 시계(여성의 신체 리듬을 측정하여 임신 또는 불임 기간을 알리는 컴퓨터 측정기).

fertility cùlt 명 (농경 사회에서 다산을 기원하는 풍요신 숭배 (의식); 그 의식을 행하는 단체.

fertility drùg[pìll] 명 배란 유발제, 임신 촉진제.

fertility fàctor 명 〔생물〕 =F factor. 〔根〕.

fertility sỳmbol 명 풍요신(神)의 상징(특히 남근(男

fer·ti·liz·a·ble [fə́:rtəlàizəbl] 형 〔생물〕 기름지게 할 수 있는; 수정[수태]시킬 수 있는. **-bíl·i·ty** 명

fer·ti·li·za·tion [fə̀:rtəlizéiʃən/-lai-] 명 ⓊⒸ 1 (땅의) 비옥화, 시비; 풍부하게 함. 2 〔생물〕 수정[수태] 작용. 3 지력(地力)의 향상 발전. **~·al** 형

*__fer·ti·lize__ [fə́:rtəlàiz] 타 ⓈⓄ 1 〔땅〕을 기름지게[비옥하게] 하다, 〔땅〕에 비료를 주다; …을 다산으로 하다. ¶*fertilizing* effect 비료로서의 효과. 2 〔정신 따위〕를 풍요하게 하다. ¶ ~ the mind 마음을 풍요롭게 하다. 3 〔생물〕 …을 수정[수정]시키다[시키다, 〔물〕을 수분(受粉)시키다. ¶ Bees ~ flowers. 꿀벌이 꽃을 수분시킨다. 4 …을 향상 발전시키다. ── ⓐ 땅에 비료를 주다. ── 명 ~**r** =fertilizer.

fer·ti·liz·er [fə́:rtəlàizər] 명 1 ⓊⒸ 비료, (특히) 화학 비료. ¶ nitrogenous ~ 질소 비료. 2 공부[비옥]하게 하는 〔사람〕. 3 수정[수분] 매개자(벌 따위). ¶ Bees are ~s of flowers. 벌은 꽃의 수정을 매개한다.

fer·u·la [férjulə] 명 (⑤ ~**s**, **-lae** [-li:]) 1 미나리과 식물의 약용 식물. 2 = ferule1.

fer·u·la·ceous [fèrjuléiʃəs] 형 갈대의; 갈대 모양의.

fer·ule1 [férəl, -ru:l] 명 1 (체벌용) 채찍, 매. 2 (비유적) 엄한 학교 교육; 체벌. ¶ be under the ~ 학교에서 엄하게 교육받다. (또는 **ferula**) ── ⓐ …을 매로 징계하다; …을 매로 징계하다.

fer·ule2 명 〔서 발견되는 화합물〕.

fe·rú·lic ácid [fərú:lik-] 명 〔화학〕 페룰산(식물의).

fer·ven·cy [fə́:rvənsi] 명 ⓊⒸ 열렬, 열성, 열정.

*__fer·vent__ [fə́:rvənt] 형 열렬한(⇒EAGER (유의어)); 강렬한, (감정 따위가) 격한; 뜨거운, 타는 듯한, 백열의.

¶ a ~ desire 열망. ~·ly 부 ~·ness 명

fer·vid [fə́:rvid] 형 열렬한, 열정적인; 백열의, 뜨거운. ¶ ~ loyalty 열렬한 충성심. ~·ly 부 ~·ness 명

fer·vid·i·ty [fə:rvídəti] 명 =FERVIDNESS.

*__fer·vor__, (英) **-vour** [fə́:rvər] 명 Ⓤ 1 열렬; 열정, 열성. ¶ speak with great ~ 열변을 토하다. 2 백열(白熱), 혹서, 무더위.

Fès [fes] 명 =FEZ.

Fes·cen·nine [fésənàin, -nin] 형 〔도물게〕 1 고대 이탈리아의 Fescennia의 축제[결혼식]에서 영창(詠唱)된. 2 저급한, 비속한; 음란한.

fes·cue [féskju:] 명 1 〔식물〕 김의털(목초용). (또는 ~ **gràss**) 2 (교사의) 교편(敎鞭), 지시봉.

féscue fòot 명 〔수의〕 김의털 중독(소 발의 질환).

FESEM 〔물리〕 *f*ield *e*mission *s*canning *e*lectron *m*icroscope (주사형(走査型) 전자 현미경).

Fes·pa·co [fespəkòu] 명 아프리카 영화·TV 예술제(Burkina Faso의 Ouagadougou에서 매년 열림; '제3세계의 칸영화제'로 불림; 1969년 발족). 〔<*Pan-African Festival of Cinema and TV*〕

fess1 [fes] 명 〔문장〕 중앙 띠(방패꼴 문장의 한가운데를 가로지르는 굵은 선). (또는 **fesse**)

in fess (두 개 이상의 무늬가) 방패 중앙에 수평으로
per fess 방패 모양의 중앙을 수평으로. 〔그려진〕

fess2 동 〔구어〕 (간단히) 실토하다, 고백하다(*up*).

fess3 형 〔美중남부〕 선생, 교사. (또는 **fessor**)

féss pòint 명 〔문장〕 (방패 모양의) 중심점.

fest [fest] 명 〔구어·美북부〕 축제; 파티.

Fest. *festival*. 〔*songfest, slugfest*〕

-fest [fest] 연결 (美) 「축제, 대회, 콘테스트」의 뜻.

fes·ta [féstə] 명 축제, 축제일, 휴일.

fes·tal [féstl] 형 축제의, 축제다운; 즐거운, 홍겨운. ¶ a ~ day 축제일. ~·ly 부

fes·ter [féstər] 동ⓒ 1 (상처 따위가) 곪다, 짓무르다; 쑤시다, 아프다. ¶ a ~*ing* wound 곪은 상처. 2 (체내의 이물질 따위가) 궤양을 형성하다. 3 부패하다, 썩다. 4 괴로워하다; (마음이) 몹시 아프다. ── 타 1 (상처)를 곪게 하다; 짓무르게 하다. 2 …을 아프게 하다, 괴롭히다. ── 명 궤양; 농포(膿疱); 고름.

fes·ter·ing [féstəriŋ] 형탄 (英속어) (강조) 지겨운 〔지겹게〕, 싫증이 나는[나도록].

fes·ti·na len·te [festáinə lénti] 천천히 서둘러라, 급할수록 천천히(make haste slowly). 〔<L〕

fes·ti·nate [féstənèit] ⓐⓒ 1 서두르다. 2 〔병리〕 (신경성 질환으로) 걸음이 빨라지다. ── 타 재촉하다.── 명 [féstənèit, -nət] 서두르는, 허둥대는.

fes·ti·na·tion [fèstənéiʃən] 명 서두름, 허둥댐; 〔병리〕 보행 강박(步行强迫), 가속(加速) 보행.

‡**fes·ti·val** [féstəvəl] 명 (ⓟ ~**s** [-z]) 1 축제, 제례(祭禮), 축제일. ¶ the New Year's ~ 신년 축하 축제. 2 축제일, 축일. 3 ⓒⓊ 향연, 잔치. 4 정기적인 행사, 페스티벌, …제. ¶ a *music* [*film*] ~ 음악 [영화]제. 「치를 베풀다.
hold [*or keep, make*] *a festival* 축제를 열다. 잔── 형 축제의, 제례의, 축일의; 축제 기분의, 즐거운.

fes·ti·val·go·er [féstəvəlgòuər] 명 축제에 가는[참가하는] 사람. 「자유 좌석.

féstival sèating 명 (美) (록 콘서트의) 예약 없는

*__fes·tive__ [féstiv] 형 축제의, 축제일 같은; 홍거운, 법석대는(jovial), 들뜬, 즐거운. ¶ a ~ mood 축제 기분. ~·ly 부 ~·ness 명 〔board 잔칫상.

*__fes·tiv·i·ty__ [festívəti] 명 1 ⓊⒸ 축제, 잔치, 제전. 2 (-ties) 축하 행사; 법석, ¶ *wedding festivities* 결혼피로연. 3 Ⓤ 홍거움, 들뜬 기분; 희열, 환희.

fes·tiv·ous [féstəvəs] 형 〔도물게〕 =festive.

fes·toon [festú:n] 명 1 꽃줄(꽃·잎·색종이 따위로 만든 줄 모양의 장식). 2 〔건축〕 꽃줄 장식. 3 〔치과〕 치육 유리연(齒肉遊離緣). ── 동타 1 (수동형으로) …을 꽃줄로 장식하다[있다]. ¶ (~+目+前+名) ~ a Christmas tree *with* tinsel 크리스마스 트리를 금·은실로 장

식하다. 2 …을 꽃줄로 만들다. 3 〔치과〕 의치 주위에 천연 잇몸 상태를 재현하다. 「합성」 꽃줄(festoons).
fes·toon·er·y [festúːnəri] 图ⓤⓒ 꽃줄 장식: 〔집합〕 꽃줄.
Fest·schrift [féstʃrift] 图 (~**en** [-ən], ~**s**) (종종 f-) (동료·제자가 학자에게 헌정하는) 기념 논문집 〔논총〕. [< G festival writing]
FET 〔전자〕 *field effect transistor*(전계(電果) 효과 트랜지스터). **F.E.T.** 〔美〕 *Federal Excise Tax*(연방 소비세).
fe·tal [fíːtl] 图 태아(의), 배(胚)의. (또는 **foetal**)
fétal álcohol efféct 图 〔병리〕 태아(胎兒) 알코올 영향(图 FAE).
fétal álcohol sýndrome 图 〔병리〕 태아(胎兒) 알코올 증후군(임신부의 알코올 과다 섭취로 인한 신생아의 기형이나 기능 장애; 图 FAS).
fétal circulátion 图 〔병리〕 태아 혈행(血行). 「순환.
fétal diagnósis 图 〔병리〕 태아 진단. 「로빈.
fétal hémoglobin 图 〔의학〕 태아성 혈색소(헤모글
fétal position 图 〔정신의학〕 (정신 퇴행에서 볼 수 있는) 태아형 자세, 태위(胎位).
fétal rights 图(美) 태아의 권리.
fétal súrgery 图 〔외과〕 태아 수술. (tion)
fe·ta·tion [fiːtéiʃən] 图ⓤ 임신, 수태. (또는 **foeta**
*****fetch**[1] [fetʃ] 图 (~**es** [-iz], ~**ed** [-t]) ⓣ 1 …을 (가서) 가지고 오다; 데리고 오다 (*from, for*). ⇒ BRING 〔유의어〕 ¶ F– a policeman. 경관을 불러 오너라 / (~+图+图) (~+图+[前+图]) F– me my umbrella. = F– my umbrella *to* me. 제 우산을 가져다 주세요./ I'll ~ you the letter. = I'll ~ the letter *for* you. 편지를 가져다 드릴게요.
2 (피·눈물·웃음 등 따위)를 나(오)게 하다; …을 꺼내다, 이끌어내다(*out*) (*from*). ¶ ~ tears 눈물을 흘리다 / ~ a pump 펌프에 마중물을 부어 물이 나오게 하다.
3 (한숨)을 쉬다, (숨)을 내쉬다, (신음 소리·외침 소리)를 내다, 발하다(*out*) (*from*). ¶ ~ a deep sigh 깊은 한숨을 쉬다 / ~ a sneeze 재채기를 하다 / ~ a laugh *from* the class 반 친구들을 웃기다.
4 (상품이) …의 값에 팔리다, (값)을 부르다. ¶ ~ a good price 좋은 값에 팔리다 // (~+图+图) This will ~ you much. 이것은 비싼 값에 팔릴 것이다.
5 〔구어〕 …에게 (일격)을 가하다. (~+图+图) ~ him a blow [*or* box] on the head[nose] 그의 머리 [코]에 한 대 먹이다.
6 〔구어〕 …을 매혹(매료)하다, (남의 마음)을 사로잡다 (*in*); …을 납득시키다(*over*). ¶ ~ the public 일반 사람들의 호평을 얻다/This garden will ~ her imagination. 그녀는 이 정원에 매료될 것이다. 7 〔어떤 운동·급격한 동작 따위)를 해내다. ¶ ~ a leap[turn] 도약 〔회전〕하다. 8 〔구어〕 〔항해〕 …에 (바람·파도 따위를 뚫고) 도착하다, 닿다. ¶ ~ a harbor 항구에 도착하다. 9 〔사냥〕 (사냥개가) 〔사냥감〕을 찾아서 가져오다. 10 〔컴퓨터〕 〔명령〕을 꺼내다. 11 〔속어〕 …을 죽이다. ¶ ~ a person 남을 죽이다.
— ⓘ 1 가서 물건을 가져오다. 2 〔항해〕 침로를 잡다, 항진(航進)하다; 침로를 가지다. 3 〔사냥〕 (사냥개가) 잡은 것을 가져오다. ¶ Go ~! (사냥개에게 명령하여) 물어와! 4 돌아서 가다, 우회하다(*around, about*).
fetch about ⓘ 돌아서 가다, 우회하다. ⓘ 〔돛배가〕 진로를 바꾸다.
fetch a compass 돌아서 가다, 우회하다.
fetch along ⓘ 데려오다. ⓘ …을 잘하다.
fetch and carry ⓘ 바빠 심부름 따위를 하다, 잡일을 하다 (*for*); …을 여기저기 데리고〔가지고〕 다니다.
fetch *a person* **a crash** 〔英〕 〔사람〕을 세게 때리다.
fetch *a person* **around** [*or* **round**] ⓘ 〔美〕〔구어〕 남을 납득시키다. ⓘ 〔방언〕 남을 소생시키다.
fetch away [*or* **way**] 〔항해〕 (배가 흔들려 뱃짐이) 이동하다, 흔들려 움직이다.

fetch down ⓘ …을 쏘아 떨어뜨리다, 쳐 쓰러뜨리다. ⓘ 〔물가 따위〕를 하락시키다.
fetch headway 〔항해〕 가속하며 전진하기 시작한다.
fetch in …을 둘러싸다; 가지고 들어가다: 끌어들이다.
fetch out …을 꺼내다; 〔소질 따위〕를 발현시키다: 〔광·음 따위〕를 내다.
fetch over ⓘ 〔사람〕을 〔집으로〕 데리고 오다. ⓘ 〔남에게〕 의견〔생각〕을 바꾸도록 설득하다.
fetch round ⓘ …의 의식을 회복시키다. ⓘ 〔화제〕를 …로 돌리다 (*to*).
fetch sternway 〔항해〕 가속하면서 후퇴하다.
fetch through 곤란 따위를 극복하다; 목적을 이루다.
fetch...to 〔구어〕 〔사람〕을 〔급히〕 제정신이 들게 하다, 을 소생시키다.
fetch up ⓘ …을 토하다, 게우다. ⓘ (잃은 것)을 되찾다, 회복하다: …을 상기하다. ¶ ~ *up* a memory 기억을 되살리다. ⓘ 〔말〕을 기르다. ⓘ 〔항해〕 도착하다. ⓘ 딱 멈추다, 끝나다; …을 얻다 (*with*). ⓘ 〔英구어〕 결국 …하다〔로 끝나다〕 (*in, at, on*).
— 图 1 〔방언〕 데리고 오기, 초래하기. 2 술책, 책략. 3 ⓤ 〔항해〕 대안(對岸) 거리, 바람에 의해 파도가 이는 지역. 4 (사물이 미치는) 범위; (상상력의) 범위. 5 〔컴퓨터〕
cast a fetch 술책을 부리다. 〔명령을〕 꺼내기.
~·er 图
fetch[2] 图 (사람이 죽기 직전에 먼 곳의 친척이나 친구 앞에 나타난다는) 생령(wraith); 꼭 닮은 것; 유령, 망령.
fetch·ing [fétʃiŋ] 图 〔구어〕 마음을 사로잡는, 넋을 잃게 하는, 매력적인. **~·ly** 图
fete, fête [feit, fet] 图 1 (종교상의) 축제, 축전, 제례; 〔가톨릭〕 영명(靈名) 축일. 2 축일, 축제일, 휴일. ¶ a national ~ 국경일. 3 축하연, 향연, 잔치. — 图他 (잔치를 벌여) …을 축하하다. (또는 **fête**) [< F
fête cham·pê·tre [F fet ʃɑpɛtr] 图 (~ **-s -s**) 대원유회; 가든 파티(garden party). [< F *outdoor*
féte dày 축일, 축제일(festival day). [*festival*]
fet·e·ri·ta [fètəríːtə] 图 페테리타(미국 서남부산(産))
fe·ti· [fíːti, -tə] 〔연결〕 ⇒ FETO-. 「수수.
fe·tial [fíːʃəl] 图 1 (고대 로마의) 전령(傳令) 사제의. 2 국제 문제를 다루는, 선전 포고[강화]에 관한; 외교의.
— 图 (고대 로마의) 전령 사제의 일원.
fet·ich [fétiʃ] 图 = fetish. **~·like** 图
fet·ich·ist [fétəʃist] 图 = fetishist.
fe·ti·cide [fíːtəsàid] 图ⓤ 태아 살해, 낙태. (또는 **foeticide**) **-cíd·al** 图
fet·id [fétid, fíː-] 图 고약한 냄새가 나는, 악취를 풍기는. (또는 **foetid**) **~·ly** 图 **~·ness** 图
fe·tid·i·ty [fetídəti, fiː-] 图 악취를 발하는 것).
fe·tip·a·rous [fitípərəs] 图 (유대류의 동물이) 미숙아를 낳는. (또는 **foetiparous**)
fet·ish [fétiʃ, fíːtiʃ] 图 1 물신(物神), 주물(呪物)(야만인이 신으로 받든 나뭇조각·돌조각 따위). 2 맹목적 숭배의 대상; 미신의 대상. 3 〔심리〕 페티시즘의 대상, 주물(이성의 머리털·발톱·옷 따위). (또는 **fetich**)
make a fetish of …을 맹목적으로 숭배하다.
~·like 图
fet·ish·ism [fétiʃizm, fíːt-] 图ⓤ 1 물신〔주물〕 숭배. 2 〔심리〕 페티시즘(이성의 몸의 일부(모발 따위)나 옷 따위에 성적 만족을 얻는 변태 심리). 3 맹목적 숭배〔헌신〕. (또는 **fetichism**) **-ish·ist** 图 물신 숭배자; 성(性) 도착자. **·ish·tic** 图 **·ish·tic·al·ly** 图
fet·ish·ize [fétiʃàiz] 图他 …을 맹목적으로 숭배하다, 열광적으로 우러러 본다.
fet·lock [fétlàk/-lɔ̀k] 图 1 (말의) 거모(距毛) (발굽의 뒤 뒤쪽에 난 덥수룩한 털). 2 구절(球節) (~ *joint*) (거모가 나는 부분). ⇒ **foeto-**
fe·to· [fíːtou, -tə] 〔연결〕 fetus의 뜻. ¶ *fetoscope*. (또는
fe·tol·o·gy [fiːtɑ́lədʒi / -tɔ́l-] 图ⓤ 태아학(胎兒學), 태아 치료학. **-gist** 图

fe·to·pro·tein [fìːtəpróutiːn] 명 태아 단백질(정상 태아의 혈청 중에 다량으로 포함되어 있는 단백질).
fe·tor [fíːtər] 명 지독한 악취. (또는 **foetor**)
fe·to·scope [fíːtəskòup] 명 《의학》 태아경(胎兒鏡).
fe·tos·co·py [fiːtάskəpi/-tɔ́s-] 명 태아경 검사.
***fet·ter** [fétər] 명 **1** (~s) 차꼬(shackle), 족쇄. **2** (비유적) (보통 ~s) 구속, 속박.
in fetters 차꼬가 채워져, 사로잡혀. ② 구속(속박)되어.
─ 타 **1** …에 차꼬를 채우다; 족쇄를 채워 …에 매다 (to). **2** …을 구속[속박]하다. ¶be ~ed by tradition 인습에 사로잡혀 있다.
~·er 명 **~·less** 형
fétter bòne (말의) 큰 발목뼈.
fet·ter·bush [fétərbùʃ] 명 석남과(石南科)의 상록 관목. 〔미국 산(産)의 heath) 비슷한 관목.
fet·ter·lock [fétərlὰk/-lɔ̀k] 명 =fetlock.
fet·tle [fétl] 명 Ⓤ **1** (심신의) 상태, 컨디션. **2** 페틀링 (fettling)(노상(爐床)용 내화재).
in fine [or *good*] *fettle* 좋은[건강한] 상태로, 원기 왕성하여.
─ 타 《요업》 …에서 틀 자국을 없애다; 〔주조〕 〔주물〕에서 모래를 제거하다.
fet·tling [fétliŋ] 명 《야금》 페틀링(반사로(反射爐)의 안벽을 이루는 재료); 주물(鑄物) 겉면 소제.
fet·tuc·ci·ne [fètətʃíːni] 명 페투치니(끈 모양의 스파게티 파스타). (또는 **fettuccini**) 〔<It〕
fettuccíne Al·fré·do [-ælfréidou/It -alfréːdo] 명 《요리》 페투치네 알프레도(페투치네를 버터·파르메산 치즈·크림 따위를 넣어 조미한 요리). 〔<It〕
fe·tus [fíːtəs] 명 (임신 9주 이후의) 태아; 배(胚). (또는 **foetus**) ⇒ embryo
fétus fárming 《의학》 태아의 체외 배양.
feu[1] [fjuː] 명Ⓤ[C] 〔스코 법률〕 토지 보유, 영대(永代) 조차권[지]. ─ 타 영대 조차를 허가하다, 주다 ⇒ fee
feu[2] [fəː] 명 고(故), 죽은(late)…, 0 feue
feu·age [fjúːidʒ] 명 〔英법률〕 =fumage.
***feud**[1] [fjuːd] 명 **1** (여러 대에 걸친 가족·종족간의) 원한, 적의, 불화. ¶a deadly ~ 불구대천의 원한. **2** 싸움, 다툼; 쟁의, 반목. ⇒ QUARREL 유의어
be at feud with …과 반목하다, 다투다.
keep up a feud over …을 둘러싸고 계속 다투다.
─ 자 (…와/…의 일로) 사이가 나빠지다, 다투다, 반목하다 (with/over).
feud[2] 〔법률〕 봉토(封土), 배령지(拜領地), 영지.
feud. feudal; feudalism.
***feu·dal**[1] [fjúːdl] 형 **1** 봉건(제도)의, 봉건적인. ¶the ~ social system 봉건적 사회 구조. **2** 배령지의, 봉토의. ¶~ estates 봉토. **3** 봉건 시대의, 중세(Middle Ages)의. ¶the ~ age [or times] 봉건 시대. **4** 〔태도·행위·관계 따위〕 봉건적인. **~·ly** 부
feu·dal[2] 형 (두 집안·씨족 간의) 불화의, 반목의.
féudal invéstiture 명 (봉건 제도에서) 영주로부터 가신(家臣)에의 봉토 수여.
***feu·dal·ism** [fjúːdəlìzm] 명 Ⓤ 봉건 제도〔주의〕. **-is·tic**
feu·dal·ist [fjúːdəlist] 명 봉건주의자, 봉건 제도 옹호자; 봉건 제도 연구자.
feu·dal·i·ty [fjuːdǽləti] 명 **1** Ⓤ 봉건제, 봉건주의. **2** Ⓤ 봉건적 상태; 봉신성, 충성. **3** 〔집합적〕 (봉건 제도의) 지배 계급, 특권 계급, 귀족. **4** 봉토(fief), 영지.
feu·dal·ize [fjúːdəlàiz] (* (英) **-ise**) 타 **1** …을 봉건제로 하다. **2** …에 봉건 제도를 실시하다. **-i·zá·tion**
féudal lòrd 영주, 봉건 군주.
féudal sỳstem 봉건 제도〔feudalism).
feu d'ar·ti·fice [F fø dartifis] 명 *-x d'-*) 불꽃, 폭죽(firework); 불꽃놀이; 한 순간 사람 눈을 빼앗는 것. 〔<F fire of contrivance〕
feu·da·to·ry [fjúːdətɔ̀ːri/-təri] 명 **1** (봉건 사회의) 가신(家臣). **2** 영지, 봉토. ─ 형 **1** 봉건적 주종 관계인, (…에) 예속하는, (…을) 섬기는 (to). **2** 봉토를 받고 있는; (봉토가) 영주의 지배하에 있는.

feu de joie [F fø də ʒwa] 명 (복) *feux d- j-*) 축포(祝砲), 축화(祝火). 〔<F fire of joy〕
feud·ist[1] [fjúːdist] 명 여러 대에 걸쳐서 서로 반목하는 사람, 숙적.
feud·ist[2] 봉건법 학자.
feu-du·ty 명 〔스코〕 영구 차지료.
Feuil·lant [fəjɑ́ːŋ/F fœjɑ̃] 명 〔프랑스 역사〕 푀양당[클럽] 회원(프랑스 혁명 때 입헌 왕정을 주장).
feuil·le·ton [fɔ́iitn/F fœjtɔ̃] 명 **1** (신문의) 문예란, 소설란, 비평란. **2** 문예란의 기사(가벼운 소설·평론 등). **~·ism**, **~·ist** 명 **~·ís·tic** 형 〔<F serial story〕
Feul·gen [fɔ́ilgən] 형 《생물》 포일겐〔핵염색〕 반응의. 〔<독일 생리학자 Robert Feulgen(1884-1955)의 이름〕
Féulgen reàction 명 (the ~) 포일겐 반응, 핵염색 반응.
fev., FEV fever.
‡**fe·ver** [fíːvər] 명 **1** Ⓤ (a ~) 열, 발열. ¶a high〔slight〕(고열〔미열〕/a ~ of 37 degrees 37도의 열. **2** 열병, 고열성 질환(* 병명일 경우 Ⓤ). ¶intermittent ~ 간헐열(間歇熱)/scarlet ~ 성홍열/typhoid ~ 장티푸스. **3** (a ~) 극도의 흥분 (상태), 격한 감정, 열광. **4** 일시적 열광 (상태), 광적 대유행; 불안정한[이상한] 사회 상태. ¶racing ~ 경마열. **5** (a ~) 굉장히 빠름.
have a fever 발열하다.
in a fever ① 열에 들떠서. ② 열광〔흥분〕하여 (of).
in a ~ of excitement 극도로 흥분하여.
run a fever 발열하다, 열이 있다.
starve a fever 먹지 않고[단식하여] 열을 내리게 하다.
─ 타 …을 열나게[발열케] 하다, 열병에 걸리게 하다; …을 열광시키다. ─ 자 발열하다, 열병에 걸리다; 들뜬 것처럼 되다, 열광적으로 활동하다.
féver and águe 〔병리〕 말라리아 열.
féver blister 명 =cold sore.
fe·vered [fíːvərd] 형 **1** (병적인) 열이 나는; 열병에 걸린; 열띤; 매우 흥분된. **2** 부자연스러운 정도의.
féver·few [fíːvərfjùː] 명 《식물》 화란국화. 〔열광,
féver hèat (37℃를 넘는) 발열, 신열; 병적 흥분.
***fe·ver·ish** [fíːvəriʃ] 형 **1** 흥분하고 있는, 안절부절 못하는; 열광적인; 불안정한. ¶a ~ excitement 열광. **2** (미)열이 있는. **3** 열병(성)의; (장소 따위가) 열병이 유행하는[많은]. **4** 발열성의.
~·ly 부 **~·ness** 명 발열[흥분] 상태.
fe·ver·less [fíːvərlis] 형 (병적인) 열이 없는.
fe·ver·ous [fíːvərəs] 형 =feverish.
féver pítch 명 병적 흥분, 열광.
at fever pitch 흥분하여.
reach [or *rise to*] *fever pitch* 몹시 흥분하다.
fe·ver·root [fíːvərùːt] 명 퍼두리풀(인동과. 북미산(産). * horse gentian, tinker's weed라고도 함).
féver sòre 명 =cold sore.
féver thérapy 《의학》 발열 요법.
féver trèe 《미》 **1** 해열제용 나무(blue gum 따위). **2** 꼭두서닛과(科)의 나무.
féver twig 〔식물〕 노박덩굴(bittersweet).
few[1] ⇒ FEW. ⟨p. 1013⟩
few[2] =feu[1].
few·er [fjúːər] 형 **1** few의 비교급. **2** (…보다) 적은, 소수의(⊕ more). ¶~ words and more action 말보다 실천.
no fewer than (수사와 함께) …만큼이나(as many as); 최소한(at least) * 뜻밖에 많음을 강조.
─ 대 〔복수취급〕 (예상·다른 것 따위보다) 소수의 사람〔것〕. ¶F~ have come than we hoped. 온 사람은 기대했던 것보다 적었다.
few·ness [fjúːnis] 명 Ⓤ 소수, 근소.
-fex [feks] 연결 〔만드는 것[人]〕의 뜻. ¶spini*fex*.
fey [fei] 형 **1** 〔英방언〕 죽어야 할 운명의, 빈사의. **2** 〔스코〕 주문에 걸린 듯한. **3** 묘하게 흥분된 (죽음의 전조 상태). **4** 초자연적인. **~·ly** 부 **~·ness** 명

표준 영어에서 few는 many의 반의어로서 「수의 적음」을 나타낸다. 따라서 「양의 적음」을 나타내는 little에 대응한다(그러나 방언에서는 little같이 양에 관해서도 쓰므로 주의를 요한다). 문법적으로는 부사 a few나 little보다 단순하다.
few의 용법에서 특히 유의할 점은 부정관사 a가 붙고 안붙고의 차이다. 어느 쪽이든 「소수」의 뜻을 나타내기는 마찬가지만, 전자는 긍정적이고 후자는 부정적이 된다는 차이가 있다.

‡**few** [fju:] ⓐ **1** (a를 붙이지 않고 부정적으로) 얼마 안 되는, 근소한, 조금밖에 없는; 극소수의, 거의 없는. ¶a man of ~ words 말수가 적은 사람/a rule that has ~ exceptions 예외가 적은 규칙/There are ~, if any, such men. 그런 사람은 있다고 해도 드물다/He had but ~ chances of success. 그가 성공할 가망은 거의 없었다/We had ~ or no opportunities. 우리에게는 기회가 거의 없었다/F- artists live luxuriously. 예술가치고 사치스럽게 사는 사람은 별로 없다/We are always complaining our days are ~. 우리들은 인생이 짧다고 입버릇처럼 탄식한다/He saw ~ women and ~er children. 그의 눈에 여자는 별로 띄지 않았고 어린이는 더욱 더 안보였다/F- words are best. (속담) 말수는 적은 것이 최고다.
2 (a 또는 다른 한정사와 함께 긍정적으로) 다소의, 소수의, 두어 서넛의, 얼마간의, 조금은 있는. ¶a girl with a ~ merits 약간의 장점이 있는 소녀/Your plan has many merits but also a ~ defects. 당신의 계획에는 장점도 많으나 단점도 약간 있다/A ~ fearless boys dared to skate on the thin ice. 겁없는 소년 몇 명이 대담하게 얇게 언 얼음 위에서 스케이트를 탔다(* 수사와 마찬가지로 다른 형용사 앞에 놓인다)/The first ~ weeks in America were [or was] agony for me. 미국에서의 처음 몇 주간은 정말 죽을 맛이었다/He comes here every ~ days. 그는 며칠에 한 번씩은 여기에 온다.

USAGE few와 a few── 대화에서는 few/a few의 혼동을 피하기 위해 few보다는 very few나 not many, hardly any를 주로 쓴다: She does not have many friends. 그녀는 친구가 거의 없다.

3 (방언) (양에 관해) **a)** (a를 붙이지 않고 부정적으로) 적은, 소량의, 근소한; 소량 밖에 없는, 거의 없는. **b)** (a와 함께 긍정적으로) 적은, 소량의, 약간의; 조금은 있는. ¶There's ~[a ~] gruel. 죽이 조금밖에 없다[조금은 있다].
4 (부사적으로) (a ~) 약간, 조금. ¶a ~ more 약간[조금] 더. […뿐(only).
as few as… (수사와 함께; 소수임을 강조) 겨우….
at (the) fewest 적어도.
but few 근소한(only few).
(few and) far between 매우 드문, 극히 적은, 이따금[띄엄띄엄] 있는. ¶In Nevada the towns are ~ *and far between*. 네바다 주에는 도시가 적고 드문드문 흩어져 있다.

── ⓔ (복수취급) **1** (a ~) (긍정적 용법) 소수의 사람, 소량의 물건; 몇 잔의 술. ¶Send me *a* ~. 조금 보내주세요/A ~ of the survivors of the earthquake are still living. 그 지진에서 살아남은 사람이 아직 몇 사람 살아 있다/I went into a pub and had *a* ~. 나는 선술집에 가서 몇 잔 마셨다.
2 (the ~) 소수, 소수파; 선택된 사람들(ⓑ the many). ¶That music appeals to *the* ~. 그 음악은 한정된 소수의 사람들에게만 받아들여지고 있다/Yachts are for *the* ~. 요트는 소수의 사람들만을 위한 것이다/It is a rule not for the many but for *the* ~. 그것은 일반 서민을 위한 것이 아니라 소수의 선택된 사람들을 위한 규칙이다.
a few ① (방언) 어느 정도; 조금(a little). ¶He can ride *a* ~. 그는 승마를 조금은 할 수 있다. ② (구어) (반어적으로) 많이. ¶It will cost you *a* ~. 꽤 돈이 들 것이다.
a good few (구어) =*quite a few*.
but a few 아주 조금(의).
have a few (구어) (완료형으로 써서) (취하도록) 술을 마시다, 술취하다 (*in*).
not a few ① 꽤 많은 수(의). ¶*Not a* ~ of the members were absent. 꽤 많은 수의 회원이 결석했다/We had *not a* ~ visitors. 방문객은 꽤 많았다. ② (구어·속어) 꽤, 적지 않게(considerably). ¶That news interested me *not a* ~. 나는 그 뉴스에 상당한 관심이 쏠렸다.
only [or *just*] *a few* =*but a few*.
precious few (구어) 극소수(의).
quite a few (구어) 상당수(의); 다수(의)(many). ¶There were *quite a* ~ who doubted it. 그것을 의심한 사람이 꽤 있었다.
some few ① 소수(의), 약간(의). ② (美구어) 꽤 많은 수(의). ¶*Some* ~ of the soldiers are still living. 그 병사 중 상당수가 아직 생존하고 있다.
that few 그 소수의 사람들(* 드물게 those few 대신에 쓰인다). ¶A ~ men studied and *that* ~ succeeded in the examination. 소수의 사람들이 공부했고, 그 소수의 사람들이 시험에 합격했다.
── ⓔ (복수취급) (부정적으로) 극소수의 사람, 약간의 물건. ¶F- of his reports were authentic. 그의 보고 중에서 믿을 만한 것은 적었다/Very ~ have seen it. 그것을 본 사람은 극히 적다/Many are called but ~ are chosen. 청함을 받은 자는 많되 택함을 입은 자는 적으니라(← 마태복음(Matt.) 22 : 14).

Féyn·man díagram [gráph] [fáinmən-] (물리) 파인먼도(圖)(소립자간의 상호 작용을 나타내는 그림) (美 미국 물리학자 Richard P. Feynman(1918-88)의 이름).

fez [fez] ⓐ (복 ~·zes) 페즈, 터키 모자 (붉은 원추형이며 검은 술이 달려 있다).
~zed, ~·zy ⓐ

Fez [fez] ⓐ 페즈(모로코 북부의 도시; 옛 이슬람 왕조의 수도).

ff, ff. and what follows; folios; (and the) following(pages, verses, etc.); [fez] (음악) fortissimo. **FF** *functional food*. **F.F.A.** (상업) *free from alongside*(ship)(선측도(船側渡)).

F fàctor ⓐ (세균) F인자(因子), 임성(稔性)인자(대장균의 성 결정 인자).
FFB (美) *Federal Financing Bank*. **FFC** *Foreign Funds Control*(외자 통제); *free from chlorine*.
F.F.I. *free from infection*. **F.F.V.** *First Families of Virginia* (버지니아 주의 오래된 가문; (美속어) 상류계급의 사람; 죄인, 죄수). **f.g.** *fully good*. **F.G.** *Federal Government; Fire*[*Foot*] *Guards*. **FGA, fga** (보험) *free of general average*(공동 해손 불담보). **FGM** *female genital mutilation*(여성 성기 절제; 할례 따위); *field guided missile*(야전용 유도 미사일). **fgn., Fgn.** *foreign*. **F.H.** *fire hydrant*(소화전). **FHA** *Farmer's Home Administration*(농민

가정청); (美) Federal Highway [Housing] Administration (연방 고속 도로[주택] 관리청). **FHLB** (美) Federal Home Loan Bank(연방 주택 은행). **FHLBB** (美) Federal Home Loan Bank Board(연방 주택 금융 은행 위원회).

f-hole [éfhòul] 圖 바이올린·첼로 따위의 표면에 난 *f*자형의 구멍.

FHWA (美) Federal Highway Administration.

fi¹ [fi:] 圖 [음악] 피(계명 창법의 음계에서 파와 솔 사이의 반음계를 위해 쓰는 계명).

fi² [fai] 圖 (속어) 하이 파이(hi-fi); (녹음 재생의) 충실.

FI *family identity*(가족의 독자성 추구). **Fi.** Finland; Finnish. **f.i.** *for instance*. **FIA** (美) Federal Insurance Administration(연방 보험 관리국). **F.I.A.** (프랑스) *Fédération Internationale de l'Automobile*(국제 자동차 연맹).

fi·a·cre [fiá:kər, -á:k-] 圖 피아크르[4륜 임대] 마차.

fi·an·cé [fi:a:nséi/fiá:nsei] 圖 약혼중인 남성, 약혼자(남성). 〖<F betrothed〗 「혼녀. 〖<F betrothed〗

fi·an·cée [fi:a:nséi/fiá:nsei] 圖 약혼중인 여성, 약혼

fi·as·co [fiǽskou] 圖 (圈 ~(**e**)**s**) 1 대실패, 완패. ¶*end in a* ~ 대실패로 끝나다. 2 (포도주용의) 바닥이 둥근 유리 그릇. 〖<It〗

fi·at [fíːət, fáiət/-æt] 圖 1 (독단적인) 명령, 엄명; 법령. 2 결단, 결정. 3 圓 인가(sanction), 허가.
by fiat (절대) 명령에 의해.

Fi·at [fíːət, fíːæt/fíət] 圖 피아트(이탈리아제 자동차).

fi·at lux [fíːɑːt lʌks, fáiət-] 빛이여, 있으라(Let there be light). 〖<L〗 「지폐.

fíat mòney [cùrrency] 圖 (美) 법정 불환(不換)

fib¹ [fib] 圖 사소한 거짓말이 없는; 거짓말. ⇒LIE¹ 圖 一圖 (*-bb-*) 사소한 거짓말을 하다, …을 속이다 (*about*). ~*·ber* 圖 ~*·bing* 圖

fib² ⸺圖 (*-bb-*) (英) (권투 따위에서) …을 치다, 때리다. ⸺圖 일격, 난타.

FIBA (프랑스) *Fédération Internationale de Basketball Amateur*(국제 아마추어 농구 연맹).

‡**fi·ber**, (英) **-bre** [fáibər] 圖 (圈 ~**s** [-z]) 1 ⓤⓒ 섬유; 단(單)섬유(filament); 섬유 유리. 2 (집합적) ⓤ 섬유 조직[질], 섬유상 물질. 3 ⓤ 성격, 기질; 본질; 정신력; 박력. ¶*a man of fine* [*coarse*] ~ 섬세한[거친] 성격의 사람. 4 ⓤ 강도(强度), 내구성. 5 ⓤⓒ 〔식물〕 인피(靭皮) 섬유. 6 ⓤⓒ 〔동물·해부〕 (신경·근육 따위의) 섬유질[조직]. 7 (영양가가 낮은) 식물 섬유, 섬유질 식품(dietary ~). 8 =optical ~. 「확신한다.
fill in one's fiber (*that…*) (…임을) 절실히 느끼다, *with every fiber of* one's *body* 전신으로, 온몸으로.

fíber àrt 圖 〔미술〕 파이버 아트(천연 섬유·합성 섬유를 써서 입체적인 형태를 구성하는 예술).

fi·ber·board [fáibərbɔ̀ːrd] 圖 섬유판(압착 섬유로 만든 판자 비슷한 건축 재료). 「광섬유 다발.

fíber bùndle 圖 〔광학〕 (영상을 전달하는) 부드러운

fi·bered [fáibərd] 圖 섬유를 가진, 섬유질의; (복합어로) …의 섬유로 된. ¶*finely*-~ 가는 섬유로 된; 섬세한 기질의.

fi·ber·fill [fáibərfìl] 圖ⓤ 쿠션 속용 인조 섬유.

fi·ber·glass [fáibərglæ̀s/-glɑ̀ːs] 圖ⓤ 유리 섬유 (spun glass) (광통신 케이블·전연재 따위로 쓰인다; *fíber glàss*) (상표명 Fiberglas); 유리 섬유 (또는 **fíber glàss**) 〖상표명 Fiberglas〗

fi·ber·less [fáibərlis] 圖 섬유가 없는; (비유적) 줏대없는, 성격이 무른.

fi·ber·op·tic [-ɑ̀ptik-ɔ̀p-] 圖 광섬유의[를 사용한]. ¶~ *instruments* 광(섬유) 기기.

fíber-optic cáble 圖 광(섬유) 케이블.

fíber óptics 圖 1 (단수취급) 섬유 광학. 2 광(光) 섬유 다발(광통신 케이블·내시경용). 웹 optical fiber

fíber plànt 圖 섬유 식물(목화·삼 따위).

fi·ber-re·in·fórced còncrete [-riːinfɔ́ːrst-] 圖 섬유 강화 콘크리트(탄화 규소 섬유를 사용).

fi·ber·scope [fáibərskòup] 圖 〔광학〕 파이버스코프(유리 섬유의 내시경(內視鏡)).

fíber-tìp pèn [-tip-] 圖 펠트펜(felt-tipped pen).

fibr- [faibr] 〘연결〙 ⇒FIBRO-.

fi·bre [fáibər] 圖 (英) =fiber.

fi·bri·form [fáibrəfɔ̀ːrm] 圖 섬유 모양의.

fi·bril [fáibrəl, fíb-] 圖 1 미소(微小) 섬유. 2 〔식물〕 모근(毛根). 3 〔해부〕 (근육·신경의) 원(原)섬유.

fi·bril·lar [fáibrələr, fíb-] 圖 미소 섬유의; 〔식물〕 모근의. 「섬유의. 2 〔해부〕 원섬유의.

fi·bril·lary [fáibrəlèri, fíb-/fáibrílərí] 圖 1 소(小)

fi·bril·late [fáibrəlèit, fíb-] 圓ⓐ 1 (병리) 섬유성 연축을 앓다. 2 (미소) 섬유로 되다. ⸺圓 (미소) 섬유를 만들다. -**là·tive** 圖

fi·bril·la·tion [fàibrəléiʃən, fìb-] 圖ⓤ 1 미소 섬유(근모(根毛))의 형성. 2 〔병리〕 (심장 질환에 의한) 근육성 진통, 섬유성 연축(攣縮).

fi·brin [fáibrin] 圖ⓤ 1 〔생화학〕 섬유소(素), 피브린(혈액이 응고할 때 생기는 섬유 모양의 단백질). 2 〔식물〕 부질(麩質). ~**·ous** 圖

fi·bri·no- [fáibrənou-, -nə] 〘연결〙 fibrin의 뜻. ¶*fibrinolysis*(섬유소 분해). 「소원(原), 피브리노겐.

fi·brin·o·gen [faibrínədʒən] 圖ⓤ 〔생화학〕 섬유

fi·brin·o·gen·ic [fàibrənoudʒénik] 圖 〔생리〕 fibrin을 생성하는; fibrinogen의. (또는 **fi·bri·nog·e·nous** [fàibrənɑ́dʒənəs]) -**i·cal·ly** 圖

fi·bro- [fáibrou, -brə, -bri-] 〘연결〙 fiber의 뜻(* 모음 앞에서는 fibr-). ¶*fibroma*.

fi·bro·blast [fáibrəblæ̀st] 圖 〔해부〕 섬유 모(母) 세포, 결합 조직 형성 세포. -**blás·tic** 圖

fi·bro·ce·ment [-símént] 圖 (英) 석면 시멘트 (asbestos cement). 「의.

fi·bro·cys·tic [fàibrəsístik] 圖 〔병리〕 섬유 낭포

fíbrocýstic disèase 圖 〔병리〕 섬유 낭포병, 유선종(乳腺症)(유방에 양성의 낭포가 생기는 상태).

fi·bro·gen·e·sis [fàibroudʒénəsis] 圖 〔생체 기관 내의〕 섬유 조직의 발생 및 증식. -**gén·ic** 圖

fi·broid [fáibrɔid] 圖 1 섬유성(질)의. 2 (종기 따위가) 섬유 모양의, 섬유종(纖維腫) 비슷한. ⸺圖 〔병리〕 육(肉)섬유종, 자궁 근종(根腫).

fi·bro·in [fáibrouin] 圖ⓤ 〔생화학〕 피브로인(거미줄·명주의 주성분인 불소화 단백질).

fi·bro·ma [faibróumə] 圖 (圈 ~**s**, ~**·ta** [-tə]) 〔병리〕 섬유종.

fi·bro·my·al·gi·a [fàibrəmaiǽldʒiə] 圖ⓤ 〔병리〕 =fibrositis.

fi·bro·nec·tin [fàibrənéktin] 圖 〔생물〕 파이브로넥틴(섬유꼴 단백질로 조직을 연결·강화하는 역할을 함).

fi·bro·pla·sia [fàibrəpléiʒə, -ʒiə, -ziə] 圖 〔의학〕 섬유 증식증, 섬유 조직 형성.

fi·bro·sis [faibróusis] 圖ⓤ 〔병리〕 섬유증(症)(섬유 조직의 과다 증식). -**brót·ic** 圖

fi·bro·si·tis [fàibrəsáitis] 圖 〔병리〕 류머티즘(性) 섬유 조직염(炎). -**sít·ic** 圖

fi·brous [fáibrəs] 圖 섬유의, 섬유로 된, 섬유 모양의. ¶*meat* 섬유질 고기. ~**·ly** 圖 ~**·ness** 圖

fíbrous róot 圖 〔식물〕 실뿌리, 수염뿌리.

fíbrous tíssue 圖 〔해부〕 섬유 조직.

fi·bro·vas·cu·lar [fàibrouvǽskjulər] 圖 〔식물〕 목질 섬유와 관다발로 된. ¶*a* ~ *bundle* (섬유층에 싸인) 관다발. 「말을 하는 사람.

fib·ster [fíbstər] 圖 (구어) 사소한[악의 없는] 거짓

fib·u·la [fíbjulə] 圖 (圈 *-lae* [-lìː], ~**s**) 1 〔해부〕 비골(腓骨), 종아리뼈. 2 〔고고〕 (장식이 있는) 걸쇠(clasp), 브로치. **-lar** 圖

fic. *fiction*; *fictitious*.

-fic [fik] 〘연결〙 *making*, *producing*, *causing*의 뜻. ¶*colorific*, *horrific*, *pacific*, *prolific*, *soporific*.

FICA, F.I.C.A. [fáikə, fi:-] 《美》 *Federal Insurance Contributions Act*(연방 보험 기여법).

-fi·ca·tion [fikéiʃən] 접미 -fy로 끝나는 동사로부터 그 동사가 뜻하는 행동·상태를 나타내는 명사를 만든다. ¶modi*fication*, paci*fication*.

fiche [fi:ʃ] 명 《~(s)》 《구어》 =microfiche.

Fich·te [fíktə/*Ger* fiçtə] 명 **Johann Gottlieb ~** 피히테(1762-1814; 독일 철학자; 독일 관념론 창시자).
~·**an** 형명 ~·**an·ism** 명

fich·u [fíʃu:/fíʃu:] 명 피쉬(삼각형 숄). [<F]

*****fick·le** [fíkl] 형 **1** (날씨·운명 따위가) 변하기 쉬운, 변덕스러운, 불안한. ¶ ~ weather 변덕스러운 날씨. **2** (사람·기분·애정 따위가) 잘 변하는, 변덕스러운. ¶a ~ lover 변덕스러운 연인.
(*as*) *fickle as fortune* 몹시 변덕스러운. 「가혹한 운명의 장난.
the fickle finger of fate 《속어》
~·**ness** -**ly** 부 (fichu)

fick·le-mind·ed [-máindid] 형 《사람이》 변덕스러운; 바람둥이의.

fi·co [fí:kou] 명 《复 ~es》 시시한 일[물건], 하찮은 일[물건]; (비유적) 경멸의 몸짓. [<It]

fict. fiction(al); fictitious.

fic·tile [fíktl/-tail] 형 **1** 소조(塑造)할 수 있는, 가소성(可塑性)의. **2** 소조된. **3** 도토(陶土)로 만든, 점토제의; 도기의. ¶~ ware 도기. **4** (사람이) 다루기 쉬운, 부화뇌동하는; 《의견·성격 따위가》 융통성 있는.

‡**fic·tion** [fíkʃən] 명 **1** U 소설 (문학). ¶Fact is stranger than ~. 사실은 소설보다 기이하다. **2** (집합적) 소설 (작품). ⇒NOVEL 유의어 ¶ detective ~ 탐정소설/science ~ 공상 과학 소설. **3** 지어낸 일, 꾸며낸 이야기; 허구, 날조(figment). ¶a libelous ~ 비방 (중상)하려고 지어낸 일. **4** ⓒ 가정, 가설. **5** 〔법률〕 의제(擬制). 「이야기 같은, 소설적인. ~·**ly** 부

*****fic·tion·al** [fíkʃənl] 형 허구의, 지어낸 일의; 꾸며낸
fic·tion·al·ize [fíkʃənəlàiz] 타 …을 소설화하다; 소설풍으로 하다, 각색하다. -**i·zá·tion, -iz·er** 명

fic·tion·eer [fìkʃəníər] 명 다작(多作) 작가, 대중 작가. ~·**ing** 명 소설을 쓰는 것.

fíction exécutive 명 (잡지사의) 편집장.

fic·tion·ist [fíkʃənist] 명 소설가, fictionalize.

fic·tion·ize [fíkʃənàiz] 타자 소설을 쓰다. ―타 =

fic·ti·tious [fiktíʃəs] 형 **1** 위조의, 거짓의, 허구의, 진짜가 아닌. ¶a ~ name 가명. **2** 상상의, 가공의, 소설적인. ¶a ~ character 가공 인물. **3** 〔법률·상업〕 의제(擬制)의, 가공(架空)의. ~·**ly** 부 ~·**ness** 명

fictítious bíll 명 공(空)어음.
fictítious cápital 명 의제(擬制) 자본.
fictítious demánd 명 《경제》 가(假)수요.
fictítious fórce 명 〔물리〕 관성력(慣性力)(inertial force).
fictítious pérson 명 〔법률〕 법인. 「force).
fictítious príce 명 에누리.
fictítious transáction 명 공(空)거래.
fictítious yéar 명 〔천문〕 가상년(假想年).

fic·tive [fíktiv] 형 거짓의, 허구의; 상상의, 가공의; 소설의, 창작의. ¶a ~ art 창작 예술. ~·**ly** 부 ~·**ness** 명 ¶a ~ character 가공 인물. 〔법률·상업〕 의제

fid [fid] 명 **1** 〔해사〕 돛대 버팀마개, 고정재(材). **2** 쐐기, 마개. **3** (밧줄의 가닥 따위를 푸는 데 쓰는) 목제(木)

fid. fidelity; fiduciary. 「속제(製). 편.

-fid [fid] 연결 divided, lobed의 뜻. ¶bi*fid*, tri*fid*, multi*fid*, pinnati*fid*.

Fid. Def., FID DEF (라틴) *Fidei Defensor*.

*****fid·dle** [fídl] 명 **1** 《구어》 바이올린(violin); 그와 비슷한 현악기(첼로·비올라 따위). **2** 〔해사〕 (식탁 가장자리의) 테. **3** 하찮은〔사소한〕 것〔행위〕. **4** 《속어》 협잡, 속임수, 사기.

(*as*) *fit* [or *fine*] *as a fiddle* 매우 건강하여. 「다.
hang up one's *fiddle* 은퇴하다, 사업 따위를 그만두
hang up one's *fiddle when one comes home* 밖에서는 친절하고 집안에서는 퉁명하다.
have a face as long as a fiddle 매우 침울한 얼굴을 하고 있다. 「우 아름답다〔매혹적이다〕.
One's face is made of a fiddle. 《구어》 얼굴이 매
on [or *at*] *the fiddle* 《구어》 사기(협잡, 부정)를 저질러. ¶a cop *on the* ~ 악독 경관.
play first [*second*] *fiddle to* 《구어》 …의 위〔밑〕에 있다; 주역〔단역〕을 맡다.
―타 **1** 《구어》 (곡)을 바이올린으로 켜다〔연주하다〕. ¶~ a tune 바이올린으로 한 곡 켜다. **2** (시간)을 낭비하다(*away*). ¶ (~+目+腓) ~ the day *away* 하루를 빈둥빈둥 허비하다. **3** 《속어》 …을 속이다; …을 속여(부정 수단으로) 손에 넣다. **4** 《美》 …을 매만지다, 손보다. **5** (제본) (접지한 종이)를 철하다. ―자 **1** (구어) 바이올린을 켜다. **2** …을 만지작거리다, 가지고 놀다(*around*, 《英》 *about*)(*with*); (남의 물건 따위를) 마음대로(함부로) 만지다 (*with*). ¶ (~+腓+腓) ~ *with* a knife 칼을 만지작거리다. **3** 빈둥거리다, 빈들거리다(*around, about*).

fiddle while Rome burns ⇒ROME.
―감 시시해!, 말도 안 돼!(fiddlesticks). 「자.
fíddle báck 명 등받이가 딱딱한 바이올린 모양의 의
fid·dle·back [fídlbæk] 명 **1** 바이올린 모양의. **2** (합판의 무늬가) 가느다란 줄무늬로 된.
fíddle blóck 명 〔해사〕 피들〔바이올린형(形)〕 도르래.
fíddle bòw 명 바이올린의 활.
fíddle càse 명 바이올린 케이스.
fíddle cràb 명 =fiddler crab.
fid·dle-de-dee [-didi:] 감 엉터리다!, 시시하다!
―명 U 시시한 일, 허튼 소리(nonsense). ―형 하찮은, 시시한. (또는 **fiddlede(e)dée**)
fid·dle-fad·dle [-fædl] 《구어》 명감 엉터리 같은 것, 하찮은〔시시한〕 일. ―자 시시한 일로 공연한 소동을 벌이다 (*with*). -**dler** 명 「둥둥 놀다.
fid·dle-fart [-fɑ:rt] 자타 《속어》 빈둥거리다, 빈
fid·dle-foot·ed [-fútid] 형 《구어》 **1** 안절부절 못하는, 흠칫 흠칫 놀라는. **2** 방랑벽이 있는.
fid·dle-fuck·ing [fídlfʌkiŋ] 형 《속어》 (특정의 사물을 가리켜) 대단치도(변변치도) 않은, 쓸데도 없는.
fid·dle·head [fídlhèd] 명 **1** 〔해사〕 이물의 소용돌이 모양의 장식(바이올린 윗부분과 비슷한 데서). **2** (고비 따위) 소용돌이 모양의 순(荀). 「모양의 장식.
fíddle páttern 명 (포크·스푼 자루 끝의) 바이올린
fid·dler [fídlər] 명 **1** 《구어》 바이올리니스트, 제금가. **2** 《英구어》 사기꾼, 셈을 속이는 사람. **3** 게으름뱅이. **4** 《英속어》 프로 권투 선수(prize-fighter). **5** ~ crab.
(*as*) *drunk as a fiddler* 《美구어》 몹시 취한.
pay the fiddler (어리석은 행동에 대한) 대가를 치루
fíddler cràb 명 꽃발게의 일종. 「다.
Fíddler's Gréen 명 (여자와 술과 노래가 있는) 뱃사람의 낙원(선원·기병 따위가 죽은 뒤 간다고 생각되는).
fid·dle·stick [fídlstik] 명 **1** 바이올린의 활. **2** 시시한 일〔것〕, 매우 사소한 일. **3** (부정어와 함께) 조금도.
¶ (~s) 에이 엉터리다!, 싱겁다!
fíddle stríng 명 바이올린의 줄〔현〕.
fid·dle·wood [fídlwùd] 명 U (서인도 제도산(産)) 무겁고 단단한 목재.
fid·ley [fídli] 명 〔해사〕 기관실(汽罐室) 통풍 테두리. (또는 **fidley**) 「바이올린을 켜는.
fid·dling [fídliŋ] 형 하찮은, 사소한, 시시한(petty).
fid·dly [fídli] 형 《英구어》 (무척) 힘드는, 성가신.
FIDE, F.I.D.E. 《프랑스》 *Fédération internationale des échecs*(국제 체스 연맹).
fi·de·i·com·mis·sary [fàidiaikámmisèri/-kóm-

isəri] 〔법률〕 [명] 신탁 유증(信託遺贈)의 수익자.
— [형] 신탁 유증의[과 비슷한].

fi·de·i·com·mis·sum [fàidiaikəmísəm] [명] ([복] ***-mis·sa*** [-mísə]) 〔법률〕 신탁 유증.

Fi·de·i De·fen·sor [fáidiài difénsɔːr] [명] 신앙의 수호자(영국 국왕의 존칭의 하나; [약] F.D., Fid. Def.). 〔<L Defender of the Faith〕

fi·de·ism [fíːdeiìzm, fáidi-] [명][U] 신앙 지상주의(종교적 신앙을 중시). **-ist** [명] **-is·tic** [형] 〔<F〕

Fi·del·ism [fidélizm, fíːdəlìzəm] [명][U] =Castroism. (또는 **Fi·de·lis·mo** [fìːdelí(ː)zmou]) **-ist, -de·lís·ta** [명] 〔<쿠바 대통령 Fidel Castro의 이름〕

***fi·del·i·ty** [fidéləti, fai-] [명][U][C] **1** (주의·사람 등에 대한) 충실, 성실, 충성; (배우자에 대한) 정절; (약속·의무 따위의) 엄수. ⇨LOYALTY [유의어] ¶~ *to* one's principles 자기 원칙에 충실함. **2** 진짜 그대로임; 박진성, 정확함. ¶report the news with ~ 뉴스를 정확하게 전하다. **3** 〔무선〕 (재생음의) 충실도. ¶a high-~ radio 고성능[하이파이] 라디오. **4** 〔생태〕 군락 적합도(群落適合度).

fidélity insùrance [명] 〔보험〕 성실[신용] 보험(고용주가 종업원으로부터 받는 손해에 대해 거는 보험).

fi·des Pu·ni·ca [fáidiːz pjúːnikə/-pjúːn-] [명] 카르타고인의 신의(信義); 배반, 변절. 〔<L〕

fidge [fidʒ] [동][명] 《스코》 =fidget.

fidg·et [fídʒit] [동][자] 안절부절 못하다, 주저주저하다 (*about*); (안절부절 못하며) 만지작거리다 (*with*). ¶(~+[副]) Don't ~ (*about*). 침착해라 // (~+[前]+[名]) ~ *about* the room 방안을 초조하게 걸어다니다.
— [타] …을 안절부절 못하게 하다, 안달나게 하다.
— [명] **1** (종종 the ~s) 안절부절 못함, 허겁지겁함, 침착하지 못한 기분. **2** 안절부절 못하는[침착하지 못한] 사람. (또는 **fidgeter**) **3** (옷 따위의) 스치는 소리, 옷 스침. **4** 《英속어》 비밀, 엿들음. 「다.
give** a person **the fidgets 남을 안절부절 못하게 하
have the fidgets 안절부절 못하다, 주저주저하다.
in a fidget 안절부절 못하여.

fidg·et·y [fídʒiti] [형] 안절부절 못하는, 침착하지 못한; 귀찮게 구는. **-et·i·ness** [명]

fíd hòle [명] 〔해사〕 피드 구멍. 「는 종이, 점화지.

fid·i·bus [fídəbəs] [명][U] 《英》 (양초 따위에) 불 붙이

fi·do [fáidou] [명] ([복] ~***s***) 제조상의 흠이 있는 경화(硬貨). 〔<*f*reaks, *i*rregulars, *d*efects, *o*ddities〕

Fi·do [명] 《美》 개 이름; 《구어》 멍멍개.

FIDO [fáidou] 〔항공〕 *f*og *i*nvestigation *d*ispersal *o*perations((활주로의) 안개 제거 장치).

FIDO, Fi·do [fáidou] [명] 〔우주〕 우주선 조종사[비행사]. 〔<*fl*ight *d*ynamics *o*fficer〕

fi·du·cial [fidjúːʃəl/-djúːʃiəl] [형] **1** (참조·비교의) 기준[표준]의, 기점의. ¶a ~ point 기준점. **2** 신념에 입각한, 깊이 신뢰하는. **3** 신탁의(fiduciary). **~·ly** [부]

fi·du·ci·ar·y [fidjúːʃièri/-djúːʃiəri] [형] **1** 〔법률〕 신용이 있는, 신탁의, 수탁자의. ¶~ contract 신용 계약/a ~ loan 신용 대출금/a ~ institution 신용 기관/a ~ capacity 수탁자의 자격. **2** (공무 따위에서) 신뢰를 바탕으로 하는, 비밀 수호의. **3** (불환 지폐 따위가) 신용 발행의. **4** 〔물리〕 (광학 측정기의 망선(網線)상의) 기준(점)의. **5** 《폐어》 신용의, 의존의. — [명] 〔법률〕 수탁자, 피신탁자(trustee). **-àr·i·ly** [부]

fidúciary bònd [명] 수탁자 보증(금).

fidúciary ìssue [명] (지폐의) 신용[보증] 발행.

fi·dus A·cha·tes [fáidəs əkéitiːz] [명] 《英》 충실하고 신의가 두터운 친구. [참] Achates 〔<L〕

fie [fai] [감] 이런!, 저런!, 젠장!, 체! (불쾌·혐오·불찬성 따위의 뜻). ¶*F*– upon you! 너는 싫어!/*F*–, for shame! (아이를 꾸짖을 때) 이런, 창피하지도 않니!

FIE 《프랑스》 *Fédération internationale d'escrime* (국제 펜싱 연맹). 「세력 범위. **3** =fiefdom 2.

fief [fiːf] [명] **1** 봉토(封土), (세습) 영지. **2** 활동 영역,

fief·dom [fíːfdəm] [명] **1** (영주의) 영지, 봉토. **2** 《구어》 (정치인의) 절대적 지반; 지배[세력]권.

fie-fie [ˊfái] [형] 형편없는, 괘씸한, 언어 도단의.

FIEJ 《프랑스》 *Fédération internationale des éditeurs de journaux et publications*(국제 신문 발행인 협회).

‡field [fiːld] [명] ([복] ~***s*** [-z]) **1** (넓은) 들, 들판, 벌(판). ¶beasts of the ~ 야수/flowers of the ~ 들꽃. **2** (보통 a ~) 광막하게 펼쳐진 곳, 벌판. ¶an ice ~; a ~ of ice 빙원/a snow ~ 설원/a ~ of sea 대해. **3** (구획된) 밭, 전답, 경작지, 목초지; (the ~s) 전야(田野). ¶ a corn ~ 옥수수밭/a ~ of wheat 밀밭. **4** 《보통 복합어로》 (어떤 용도에 충당된) 지면, 터, 광장. ¶a flying ~ 비행장(＊airfield 보다 소규모). **5** 《복합어로》 (천연 자원의) 매장지, 산지. ¶a gold ~ 금광/an oil[a coal] ~ 유전[탄전]. **6** 싸움터, 전장; 전투; 《구어》 〔美육군〕 Washington, D.C. 이외의 주둔지. ¶a hard-fought ~ 격전(지)/a single ~ 1대 1의 싸움/a stricken ~ 고전. **7** 분야, 범위, 영역. ¶a ~ of research 연구 분야/in one's own ~ 전문 분야에 있어서/go into the ~ of medicine 의학계에 들어가다. **8** 〔스포츠〕 (트랙내의) 경기장, (육상 경기의) 필드([참] track); 《집합적》 필드 경기; (야구·축구 따위의) 구장(球場); 〔야구〕 《넓은 뜻에서》 내외야, 《좁은 뜻에서》 외야. **9** (the ~) 모든 경기자; 〔크리켓·야구〕 수비측, 야수; 외야수; 〔사냥〕 사냥 참가자; 〔경마〕 (인기 말 이외의) 모든 출전 말. ¶bet on the ~ in a horse race 경마에서 인기 말 이외의 모든 출전말에 걸다. **10** (건축·도로 공사나 생산 활동 따위의) 현장; (상거래나 조사·연구 활동 따위의) 실지, 현지. **11** (카메라·망원경 따위의) 시계(視界); (TV의) 영상면. ¶the ~ of a telescope 망원경의 시계. **12** (깃발·그림·화폐·방패 따위의) 바탕; 〔문장〕 문장 바탕. ¶on a white ~ 흰 바탕에. **13** 〔물리〕 (전기·자기(磁氣) 따위의) 장(場), 계(界); 〔전기〕 장자석(場磁石), 계자(界磁). ¶the magnetic ~ 자기장. **14** 〔수학〕 체(體); 장(場). ¶the ~ of rational numbers 유리수체(有理數體). **15** 〔컴퓨터〕 난(欄), 항목; 천공란(card ~). **16** 〔심리〕 장(場) (서로 영향을 미치는 요인의 복합적인 전체). **17** 〔TV〕 필드(1회의 주사(走査)로 생긴 거친 화면). **18** 〔철학〕 (개념의 의미 작용이 적용되는) 관계 영역.

a fair field and no favor (시합 따위에서) 공평무
a good field 많은 호적수. 「사, 공정.
be out of** a person's **field 문외한이다, 전문 분야가 다르다. 「장, 신천지.
fresh fields and pastures new 《구어》 새 활동의
have the field to** one**self 경쟁 상대가 없다.
in the field ① 실제로 사용[운용]되어; (실험실·공장 따위를 떠나) 실지로. ② (연구 조사의) 현장에서, 현장 조사 활동에서. ③ 〔군사〕 전투에 참가하여; 출정[작전, 종군]중에. ¶fall *in the* ~ 전사하다. ④ 〔스포츠〕 경기에 출전하여; 수비에 들어가. ⑤ (선거에) 입후보하여. ⑥ 전문 분야에서.
keep** [or **hold, maintain**] **the field 진지를 유지하다; 전투[노력]를 계속하다; 세간에서 인정받고 있다; 지배적이다 (*against*).
lead the field 선두에 서다; 사냥터에서 앞장서다.
leave the field open 간섭하지 않다.
lose** [**win**] **the field 진지를 빼앗기다[차지하다]; 패배[승리]하다.
play against the field 〔경마〕 인기 말에 걸다.
play the field ① 인기 말 이외의 모든 말에 걸다. ② 널리 활동하다. ③ 《美구어》 여러 이성과 교제하다.
sweep the field 전승하다, 전 종목에 걸쳐 승리하다.
take** [**leave**] **the field ① 출진[퇴진]하다, 전투를 시작하다[그치다]. ② (야구·축구 따위의) 경기를 시작하다[마치다]; 수비에 들어가다[를 마치다]. 「하다.
take to the field 전투[게임]를 시작하다; 수비에 임

─형 1 들의, 야외의, 야생의.¶~ flowers 야생화. 2 현장의, 실지의.¶a ~ survey 현장 조사 / ~ description 현지 기록. 3 (정부 기관 등의) 출장소[지부, 지사]의; 담당 구역의. 4 (스포츠) 필드(경기)의. 5 (군사) 야전의, 제1선의.¶a ~ post 야전 (사령) 우편. 6 농장 노동자로 일하는.
─동타 1 (야구·크리켓) (공)을 처리하다; (선수)를 수비에 세우다; (선수)를 선발하다. 2 (팀)을 시합시키다. 3 (英) (후보)를 내세우다.¶~ a candidate for governor 지사 후보를 내세우다. 4 (문제 따위)에 잘 대처하다; (질문 따위)를 재치있게 받아넘기다; (타구)를 잘 처리하다; (입장 따위)를 고수하다. 5 …을 임무[부서]에 배치하다; (군사) (부대)를 전선에 배치하다. 6 (구어) (신제품 따위)를 실지 시험하여 보다(~-test). ─제 1 (야수로서) 수비하다; 공을 처리하다. 2 (경마에서) 인기 말 이외의 말에 (돈을) 걸다.
field àgency 图 (정부 기관 등의) 지방 출장소.
field allówance 图 (군사) 전투 수당.   「전 병원.
field àmbulance 图 (야외) 구급차; (군사) 이동 야
field àrchery 图 (스포츠) 야외 코스 순회 양궁 경기.
field àrmy 图 (군사) 야전군(전투 단위). 图 army
field artillery 图 (군사) (집합적) 야포, 야전 포병; (F-A-) (美) 야전 포병대(현재는 포병대의 일부).
field bàg 图 =musette (bag).
field bàttery 图 (군사) 야포대, 야전 포병 중대.
field bèd 图 야전 침대.   「수첩.
field bòok 图 (측량자·조사자의) 현장 수첩, (동식물
field bòot 图 무릎까지 오는 장화.
field càptain 图 (미식축구) 주장 선수.
field cènter 图 현지 조사 센터.
field clùb 图 (생물) 야외 연구 클럽, 박물학 동호회.
field còil 图 (전기) 장자석 코일(자기장을 만들기 위해 철심(鐵心)에 감은 코일).
field còlors[(英) còlours] 图 (대대·중대 본부 따위의 위치를 표시하는) 야영기(野營旗).
field còre 图 (전기) 장자석(場磁石) 철심(鐵心).
field còrn 图 (가축 사료용) 옥수수.
field-cor·net 图 [´kɔːrnét/-kɔ́ːnit] 图 (남아프리카 Cape Province 각 지방의) 하급 치안 판사.
field còurt 图 약식 군법 회의.
field cròp 图 (대농업의) 농작물(곡물·콩·목화 따위).
field cùrrent 图 (전기) 장자석(場磁石) 전류.
field dày 图 1 야외 (운동) 경기일; (美) (학교의) 운동회날 (英) sports day. 2 야외 집회, 견학회, 3 (생물학자 등의) 야외[현장] 조사일. 4 (군사) 야외 훈련일. 5 (구어) 마음껏 활동할 수 있는 기회, (고대하던) 호기; 신나는 행사[일이 있는 날, 즐거운 하루[한때]; 큰 수확을 거둔[대성공한] 날; 주요 안전 토의일;
have a field day (美) 마음껏 뛰놀다; 대성공을 기뻐 하다.
field dòg 图 사냥개.
field dràin [tìle] 图 배수용 토관(土管).
field drèssing 图 (전투중의) 응급 치료.   「관리.
field drìver 图 (美) 소유주 불명의 가축을 몰수하는
field-ed pánel [fíːldid-] 图 (건축·가구) 돋을 패널[을 이용한].
field-ef·fect [´ifékt] 图 (전자) 전기장(電氣場) 효과의[을 이용한].
field-effect transìstor 图 (전자) 전기장 효과 트랜지스터(略 FET).   「계 방사(電氣放射).
field emìssion 图 (물리) 전기장의(電氣場의) 방출, (電
*field·er** [fíːldər] 图 1 (크리켓) 야수(野手). 2 (야구) 야수, 외야수(outfielder).   「택.
fielder's chóice 图 (야구) 필더즈 초이스, 야수 선
field èvent 图 필드 경기(종목).
field exércise 图 (군사) 기동 연습.
field·fare [fíːldfɛ̀ər] 图 (유럽산産) 티티새의 일종.
field-gate [fíːldgèit] 图 (유전(油田)의) 필드게이트 (천연 가스가 원유와 분리되는 지점).
field glàss 图 (보통 ~es) (휴대용) 쌍안경.

field gòal 图 1 (미식축구) 필드 골(필드에서 킥하여 얻은 득점; 3점). 2 (농구) 슛(투).   「ficer
field gràde 图 (군사) (육군의) 영관급. 图 field of-
field gráy 图 (때로 a ~) 어두운 회색(dark gray).
field guide 图 (조류·식물·암석 따위의) 휴대용 도감.
field gùn 图 (군사) 야포, 야전포.   「(圖鑑).
field hànd 图 (美) 농장 노동자.
field hòckey 图 필드 하키((英) hockey).
field hòrsetail 图 (식물) 쇠뜨기(colt's-tail).
field hòspital 图 (군사) 야전 병원.
field hòuse 图 1 (운동장의) 부속 건물(탈의실·창고 따위). 2 실내(옥내) 경기장; 체육관.
field ìce 图 얼음 벌판, 빙원(氷原).
field·ing [fíːldiŋ] 图U (야구·크리켓) 수비, 필딩.
fielding áverage 图 (야구) (야수의) 수비율.
field intènsity 图 (물리) =field strength.
field-i·on mìcroscope [´àiən-] 图 (전자) 전기장 이온 현미경, 이온 방사 현미경.
field jàcket 图 (육군의) 야전용 상의; 작업복의 상의.
field jùdge 图 1 (경기) (던지기·뛰기 따위의) 필드 심판원. 2 (미식축구) 필드 저지, 계심(計審) (주로 경기 시간을 담당하고 레퍼리를 보좌하는 심판원).   「장.
field kìtchen 图 (군사) 야전 반합, 야전(식) 취사
field làrkspur 图 (식물) 유럽산 제비고깔속(屬)].
field lèngth 图 이착륙 활주 거리.   「일년초.
field lèns 图 (광학) (망원경·현미경의) 시계(視界) 렌즈, 대물(對物) 렌즈.
field màgnet 图 장자석(場磁石), 계자(界磁).
field mànager 图 (야구) 감독.
field màrshal 图 (종종 F- M-) (영국·프랑스·독일 등의) 육군 원수(略 FM)((美) General of the
field móuse 图 들쥐.   「Army).
field mùsic 图 (군사) 1 야전 군악대(나팔수·고수(鼓手) 등으로 편성). 2 (군악대용) 행진곡.
field nìght 图 중요한 토의(행사가 열리는 밤.
field òffice 图 (기업 등의) 지사, 현장 사무소.
field òfficer 图 (군사) (육군·공군·해병대의) 영관(급 장교) (略 F.O., f.o.)
field of fíre 图 사계(射界)(병사가 사격[화기]으로 커버할 수 있는 범위).
field of fòrce 图 (물리) 힘의 작용이 미치는 장(場).
field of hónor 图 전장(戰場); 결투장.
field of víew 图 (광학) 시야, 시계(視界).
field of vísion 图 시야(visual field).
field-piece [fíːldpiːs] 图 (군사) 야포(field gun).
field póst òffice 图 야전 우체국(略 FPO).
field pùnishment 图 (英·군사) 전지(戰地) 형벌.
field rànk 图 (군사) 영관급(field officer).
field ràtion 图 (美육군) 야전용 휴대 식량.
field recòrding 图 (연주 등의) 현지 녹음.
field sècretary 图 (美) 외근 직원, 지방 연락원.
field sèrvice 图 (군사) 야전 근무.
fields·man [fíːldzmən] 图 (크리켓) 야수(野手).
field spàniel 图 필드 스패니얼(영국종(種) 조류(鳥類) 사냥개의 일종).
field spòrts 图복 야외 운동; (스포츠) (트랙 경기에 대한) 필드 경기.
Fields prìze [fíːldz-] 图 필드 상(賞) (국제 수학자 회의에서 4년마다 젊은 수학자 2명씩에게 수여하는 「수학의 노벨상」). (<캐나다 수학자 J. C. Fields(1863-1932)의 이름). 「재용) 자연석.
field·stone [fíːldstòun] 图 (미가공의 건축·포장용·
field strèngth 图 (물리) 전기장[자기장]의 강도.
field-strip [´strip] 图타 (-pp-, (들물게) ~t) (총포)를 검사를 위해 분해하다.   「조사.
field stùdy 图 (사회학 등의) 현지[실지] 조사, 야외
field tèlegraph 图 (야전용) 휴대 통신기.
field tèst 图 (신제품 따위의) 실지 시험, 시험 사용.

field-test [´tèst] 동타 (신제품 따위)를 실지 시험하다.

field theory 명 1 (물리) 장(場)의 이론. 2 (심리) 장 이론(場理論).

field trial 명 1 (사냥개 따위의) 야외 실지 시험(테니스). 2 =field test.

field trip 명 현장 견학 여행; 현지 조사 여행; (업무상) 여행.

field ùmpire 명 (야구) 누심(壘審).

field·ward(s) [fí:ldwərd(z)] 부 들판 쪽으로.

field winding 명 (전기) 장자석 코일(주자극(主磁極) 또는 보극(補極)에 감겨 있는 코일).

field·work [fí:ldwə̀:rk] 명 1 (측량·탐사 등의) 야외 작업; (조사원 등의) 야외(실지) 연구(조사); (사회 사업 단원 등의) 현장 방문; (생물학 등의) 현장 채집; (학생 등의) 현장 연습, 실습. 2 (보통 ~s) (군사) (임시) 야전 진지, 토루(土壘). **field-wòrk·er, ~er** 명

***fiend** [fi:nd] 명 1 마귀, 악마, 악령; (the F-) 마왕. 2 악마 같은 사람, 잔인한 사람. ¶You ~! 이 악마같은 놈아! 3 (구어) (남을) 괴롭히는 사람(사물). 4 (구어) …광, 중독자; 한 가지 일에 열중(집착)하는 사람; (…의) 달인, 명수 (at). ¶a cigarette ~ 지독한 골초(애연가) / a golf ~ 골프광 / an opium ~ 아편 중독자 // She is a ~ at tennis. 그녀는 테니스의 명수다. **~-like** 형

fiend·ish [fí:ndiʃ] 형 1 악마마(의). 2 잔인무(도)한 3 (날씨 따위가) 험악한. 4 (일 따위가) 대단히 곤란한(힘든); 교묘한. **~·ly** 부 **~·ness** 명

‡fierce [fiərs] 형 (fier·cer; fierc·est) 1 (성미·태도·표정·행동 따위가) 사나운, 거친; 무시무시한, 잔인한. ¶a ~ dog 사나운 개 / ~ looks 험상궂은 표정.

유의어 **fierce** 사람이나 동물의 성질·행동·노여움 따위가 공포심을 줄 만큼 사나움을 뜻함. **ferocious** fierce에다가 피에 굶주린 듯한 잔인함의 뜻이 더해진 말. **truc·ulent** 사람에게 쓰며, 공포심을 불러일으키려 하려는 의도를 강조하는 말.

2 위·바람 따위가 격심한. ¶a ~ storm 맹렬한 폭풍우. 3 (감정·통증 따위가) 격렬한, 열렬한. 4 (구어) 지독한, 몹시 불쾌한, 고약한. ¶a ~ cold 지독한 감기. 5 (기계 따위가) 급히 작동하는, 성능이 민감한. ― 부 (속어) =fiercely. **~·ness** 명

‡fierce·ly [fíərsli] 부 사납게, 맹렬하게, 격렬하게.

fi·eri fa·ci·as [fáiərài féiʃiæ̀s] 명 (英) (법률) 강제 집행(차압) 영장(略 fi. fa.). [<L]

fi·er·i·ly [fáiərəli] 부 불처럼; 불같이 격렬하게, 열렬히.

***fi·er·y** [fáiəri] 형 (fi·er·i·er, more ~; fi·er·i·est, most ~) 1 불의, 화염의, 화화의. ¶a ~ discharge 화염의 분출. 2 불 같은; 타는 듯한; 불같이 빨간. ¶a ~ heat 타는 듯한 더위 / a ~ sunset 타는 듯한 저녁놀 / ~ eyes 이글거리는 눈. 3 불같이 격렬한; 열렬한, 열정적인; 성급한. ¶a ~ disposition 격렬한 기질 / a ~ speech 열변 / a ~ temper 격한 성미. 4 인화하기 쉬운; (광산 따위가) 인화성 가스를 품은. 5 (종기 따위가) 염증을 일으킨. 6 (맛 따위가) 매운, 얼얼한; (술이) 화끈 화끈한. ¶a ~ taste 얼얼한 맛. **fi·er·i·ness** 명

fíery cróss 명 1 불의 십자가(Ku Klux Klan의 표장 (標章)). 2 혈화(血火)의 십자가(옛 스코틀랜드에서 전쟁 개시와 모병을 알림). (또는 **fire cróss**)

fi·es·ta [fiéstə] 명 축제일, 성인의 기념일(축일) (saint's day); 축제, 제례(festival). [<Sp feast]

Fi·es·ta [fiéstə] 명 (상표) 피에스타(미국 포드사의 소형 승용차). ¶(bullfight). [<Sp]

fies·ta de to·ros [fiéstə dei tó:rous] 명 투우.

FIFA [fí:fə] (프랑스) *Fédération Internationale de Football Association*(=International Football Federation)(국제 축구 연맹). **fi. fa.** *fieri facias*.

fife [faif] 명 (플루트 비슷한) 저, 횡적(옛날에), 파이프; 파이프 주자(fifer). ¶a drum and ~ band 고적대(鼓笛隊). ― 동자 횡적(파이프)을 불다. ― 타 (곡)을 횡적으로 불다. **fíf·er** 명

fífe ràil 명 (해사) (큰돛대의) 밧줄 매는 난간.

fi·fi [fáifái] 명 (구어) 경제(기업) 소설(financial fiction).

fi·fi·nel·la [fì:finélə] 명 (공군 속어) 비행기에 고장을 일으키는 여자 요정.

FIFO, fifo [fáifou] 명U 1 (회계) 선입 선출법(先入先出法). 2 (컴퓨터) 선입 선출 방식(법). 略 LIFO [<*fi*rst-*i*n, *f*irst-*o*ut]

‡fif·teen [fìftí:n] 형 15의, 15개(명, 세)의.
― 명 1 15명, 15개. 2 15세. 3 15번째의 것. 4 (양복 사이즈의) 15번. 5 15, 15를 나타내는 기호 (xv, XV). 6 (테니스) 피프틴(최초의 1포인트를 얻었을 때의 호칭; 15점). 7 15개(15명)로 1벌(조)이 되는 것; (럭비) (15명으로 된) 1팀. 8 (the F-) (英역사) 15년의 난(亂) (1715년 자코뱅당의 반란). 「(또는 ⑮)

15 기 (英) (영화가) 15세 미만 입장 불가(의)(종전의 AA).

‡fif·teenth [fìftí:nθ] 형 제15의, 15번째의. 2 15분의 1의. ― 명 1 (the ~) 15번째, 15번째의 것; (한 달의) 15일. 2 (the ~) (음악) 15도 음정. 3 (a ~, one ~) 15분의 1.

‡fifth [fifθ] 형 1 제5의, 5번째의. ¶~ form [*or* year] (英) (중등학교의) 제5학년. 2 5분의 1의. ― 부 다섯번째로. ― 명 1 (the ~) 제5번째의 것; (한 달의) 5일. 2 (the ~) (음악) 제5도, 5도 음정; 5도 음정의 화성적 결합. 3 (a ~, one ~) 5분의 1(~ part). 4 (美) 피프스(1갤런의 5분의 1); 1피프스(들이)병. 5 (F-) (美구어) = F- Avenue. ¶~ 짝 놀라게 하다.

dig [*or* *hit*] *under the fifth rib* 급소를 찌르다; 깜 *smite a person* (*under*) *the fifth rib* 남을 제5 늑골 밑(급소)을 찔러서 죽이다.

take the Fifth (美구어) ① (법정에서) 미국 헌법 수정 제5조에 의거하여 자기에게 불리한 증언을 거부하다 (略 F- Amendment). ② (f-) 묵비권을 행사하다.

~·ly 부 「(생의) 노경(老境).

fifth áct 명 (the ~) (연극 따위의) 제5막, 종막; (인

Fifth Améndment 명 (the ~) 미국 수정 헌법 제5 조(피고인에게 자신에게 불리한 증언의 거부권을 부여).

⇒ *take the* FIFTH.

Fifth Ávenue 명 5번가(New York시 Manhattan 의 번화가).

fifth cólumn 명 제5부대, 제5열. 1 적국·적군이나 적대 세력과 내통하는 내부 세력. 2 스페인 내란 때 Madrid에 있던 프랑코 장군의 동조자들.

fifth cólumnist 명 제5열 분자, 제5부대원. [율.

Fifth Commándment 명 (성서) 십계의 5번째 계

Fifth dày 명 (퀘이커 교도 사이에서) 목요일.

fifth diménsion 명 (수학·물리) 5차원(4차원을 넘어선 이론상의 차원). 「전염성 홍반(紅斑).

fifth diséase 명 (의학) 제5병(어린 아이에게 생기는

fifth estáte 명 (the ~, 때로 the F-) 제5 계급. 1 귀족, 성직자층, 중류층, 언론 이외의 유력 집단(계층)(노동 조합 따위). 2 국제 범죄 조직.

fifth generátion compùter 명 (the ~) 제5세 대 컴퓨터(현재 사용되는 제4 세대(초LSI 소자)의 후속으로 예상되는 고성능 컴퓨터).

Fifth Mónarchy 명 (the ~) 제5왕국(그리스도가 세계을 통일하여 건설하게 될 영원의 나라. ←다니엘서

fifth pàrt 명 의식(意識). [(Dan.) 2 : 44.

fifth posítion 명 (발레) 제5 포지션.

Fifth Repúblic 명 (the ~) 제5 공화국(1958년 드골의 정계 복귀와 새 헌법으로 출발한 현 프랑스 정체).

fifth whéel 명 1 (4륜 마차의) 전향륜(轉向輪). 2 (4륜 마차의) 예비 바퀴; (자동차의) 보조 바퀴. 3 여분의 것(사람), 쓸데없는 것(사람); 무용지물, 밥벌레.

‡fif·ti·eth [fíftiiθ] 형 제50의, 50번째의. 2 50분의 1의. ― 명 1 (the ~) 50번째. 2 (a ~) 50분의 1.

‡fif·ty [fífti] 형 1 50의, 50명의, 50개의. 2 많은, 다수의. ¶I have been there ~ times. 나는 여러 차례 거

기에 갔다왔다. ━(複 -ties [-z]) 1 50; 50명, 50개. 2 50세; (the -ties) (연령의) 50대, (세기의) 50년대. ¶be over[under] ~ 50세 넘었다[전이다]. 3 50번째의 것[사람]. 4 (양복 사이즈의) 50호. 5 50을 나타내는 기호(50, l, L). 6 50명[50개]으로 1조[한 벌]가 되는 것. 7 50달러[파운드] 지폐.

fif·ty-fif·ty [-fífti] 形 반반의, 등분의, 50대 50의, 균등의. ¶a ~ chance 성패가 반반인 기회. ━副 균등(등분)하게, 반반[으로], 절반씩(으로).

go fifty-fifty with …와 (이익 따위를) 절반씩 나누다, (부담을) 절반씩 지다(*on*).

on a fifty-fifty basis 50 대 50의 조건으로, 대등하게.

fif·ty-five [-fáiv] 形名 1 55(의). 2 (美俗어) (경식 당어서) 루트 비어(root beer).

fif·ty-fold [fíftifòuld] 形副 50배의[로].

fif·ty-one [-wʌ́n] 形名 1 51(의). 2 (美俗어) (경식 당어서) 코코아, 핫초콜릿.

fif·ty-pence piece [-pèns-] (英) 새 50펜스 주화.

fif·ty-pen·ny [fíftipèni] 形 길이 5.5인치(14cm)인 못의(약 50d).

fif·ty-sev·en [-sévən] 形 1 57의. 2 많은 종류의.

fif·ty-yárd líne [-jɑ́ːrd-] 名 (미식축구) 50야드 선.

***fig**[1] [fig] 名 1 무화과, 무화과 나무[열매]. ¶green ~s 싱싱한 무화과(말리지 않은 것)/pulled ~s (터키산(產)) 말린 무화과. 2 (보통 a ~) (부정문에서) 아주 조금, 근소; 하찮은(무가치한) 것; (부사적) 조금도 …아니다. 3 피코(fico)(엄지손가락을 집게손가락과 가운뎃손가락 사이로 내미는 상스럽고 경멸적인 짓). 4 담배 공초.

A fig for…! 따위가 뭐냐, …는 아무 것도 아니다.

not care [or *give*] *a fig* [or *fig's end*] *for* …을 전혀 문제시하지 않다. ¶*I don't care a ~ for* what they say. 그들이 뭐라건 나는 전혀 개의치 않는다.

not worth a fig 아무런 가치도 없는.

fig[2] (구어) 形名 (-gg-) 1 …을 성장(盛装)시키다, 치장하다(*out*, *up*). 2 …을 닦다(*up*). 3 ⦗말⦘에게 기운나게 하다.

fig out 치장시키다, 성장하다.

fig up 1 치장시키다; 면목을 일신하다. 2 (생각 따위로 말의) 기운을 북돋우다.

━名U 1 복장, 의복. 2 모양, (건강) 상태.

in full fig 성장하여, 잔뜩 치장하여.

in good [or *fine*] *fig* 매우 건강하여, 팔팔하여.

fig. figurative(ly); figure(s).

Fig·a·ro [fígərðu] 名 1 피가로(Beaumarchais의 극 *Le Barbier de Séville*(1775), Mozart의 *Le Nozze di Figaro* 등에 등장하는 재치있는 이발사); 재치있는 거짓말쟁이. 2 (*Le* ~) 르 피가로(Paris에서 발행되는 일간 신문; 1826년 창간).

fig·eat·er [fígìːtər] 名 풍뎅이의 일종(미국 남부산).

fig·gy [fígi] 形 무화과가 든.

‡**fight** [fait] 名 1 (…와의/…을 위한) 싸움, 전투, 회전 (*with*, *against* / *for*). ⇨ BATTLE 유의어 ¶a land [sea, street] ~ 육전, 시가[시전] / a running ~ 여러 날 계속되는 전투 / a sham ~ 모의전. 2 (일반적으로) 경쟁, 싸움, (…을 위한) 분투, 노력 (*for*); (…에 대한) 투쟁 (*against*). ¶the ~ *against* disease 투병 / a ~ *for* higher wages 임금 인상 투쟁 / a ~ *to* survive 생존을 위한 투쟁, 죽지 못해 사는 생활. 3 (우열을 다투는) 경쟁, 승부, 쟁패전. ¶a stand-up ~ 정정당당한 승부. 4 (…와의/…을 둘러싼) 격투, 싸움, 주먹다짐; 격론, 논쟁, 입씨름 (*with* / *over*). ¶a ~ *over* the issue 그 문제를 둘러싼 논쟁. 5 □ 전투[력], 투쟁심, 전의(戰意), 투지, 파이트. ¶He has plenty of ~ *in* him. 그는 투지만만하다. 6 권투(복싱) 시합(bout). 7 (집어 던지는 싸움), ¶a pillow [snowball] ~ 베개[눈] 싸움.

be full of fight 투지만만하다.

give [or *make*] *a fight* 일전을 벌이다.

have a fight against …와 싸우다, 주먹다짐하다.

make a good fight of it 선전(善戰)하다.

pick a fight with …에게 싸움[시비]을 걸다.

put up a good [*bad, poor*] *fight* 선전[고전]하다.

show fight (굴하지 않고) 전의를 나타내다, 저항하다.

take all the fight out of a person 남에게서 완전히 투지를 빼앗다; 기를 죽이다.

the fight of one's life (강적과의) 고전.

━(~ed [fought]) 魟 1 싸우다. 다투다, 격투하다, 맞붙어 싸우다; (상대를) 굴복시키려고 하다, 타파하려고 하다 (*with*, *against*). ¶(~ +前+名) ~ *with* [or *against*] an enemy 적군과 싸우다.

USAGE **fight**의 용법━「적과 싸우다」는 *fight with an enemy*가 가장 흔한 표현이지만, fight를 타동사로 써서 *fight an enemy*라고 하기도 한다. fight against는 특히 강력한 (승산이 없는) 적과 싸우는 경우에 쓰이며 엄밀한 구별이 있는 것은 아니다. * fight with는 다음 예처럼 「…와 함께 싸우다」의 뜻이 될 경우가 있다: England *fought with* France *against* Germany.

2 (어떤 일의 실현을 위해) 노력하다, 분투하다 (*for*, *against*). 3 (유혹 등에) 지지 않으려고 싸우다 (*against*). ¶(~+前+名) ~ *against* temptation 유혹과 싸우다. 4 (…을 얻으려고 / …을 둘러싸고) 싸우다, 드잡이하다; 입씨름하다, 격론을 벌이다 (*for* / *over*, *about*). 5 (직업 선수로) 권투를 하다.

━他 1 …와 싸우다, (무기로) 싸우다; (토론 따위로) …와 싸우다, 격렬하게 서로 다투다. ¶~ a battle [duel] 전투[결투]하다 / ~ a fire 진화 작업을 하다 / ~ cancer 암과 투병하다 / ~ a question 문제점을 논쟁하다. 2 (주의·주장·논쟁 따위를) 싸워서 지지하다, (소송 따위를) 변호하다; …을 얻으려고 싸우다; (선거의 입후보해) 의원에 입후보하다. ¶~ a case at a court 법정에서 사건을 다루다. 3 (군함·포격 따위를) 지휘하다, 연습시키다; (배·비행기 따위를) 조종하다. ¶~ a gun 포격을 지휘하다. 4 (투견 따위를) 싸움 붙이다.

can't fight [or *punch*] *one's way out of a paper bag* (美俗어) 너무 약해서 시합이 되지 않다.

fight a bottle (美俗어) (도가 넘게) 술을 마시다.

fight back 싸워서 저지하다; 저항하다, 반격하다; [사람]에게 저항하다; (감정·눈물·행동 따위를) 억제하다, …를 억제하다.

fight down (반대 따위를) …을 압도하다; (감정 따위의) 억제하다.

fight for ① …을 위해 싸우다. ② …을 얻기 위해 싸우다. ¶~ *for* fame [liberty] 명성[자유]을 얻으려고 싸우다[분투하다].

fight it out 끝까지 싸우다, 승부가 날 때까지 싸우다; 철저하게[결론이 날 때까지] 논의하다.

fight like cat and dog (구어) (늘) 싸우다, 격렬하게 서로 다투거리다.

fight like Kilkenny cats 끝까지 싸우다, 쓰다.

fight off ① …을 격퇴하다, ② …에게서 손을 떼려고 애쓰다.

fight on ① 계속해서 싸우다. ② (군사) …에서 싸우다.

fight one's way 싸우며 나아가다, 곤란을 무릅쓰고 나아가다 (*forward*, *out*).

fight out ① …와 끝까지 싸우다, …을 극복하다. ② [문제 따위를] 매듭짓다: 결론이 날 때까지 이야기하다.

fight shy of ⇒ SHY[1].

fight through 끝까지 싸우다. 다.

fight…through [동의·제안 따위를] 얻으려고 애쓰다.

fight to a [or *the*] *finish; fight to the last ditch* 최후까지[한 쪽이 쓰러질 때까지] 싸우다.

fight tooth and nail 맹렬히 싸우다.

fight up against (곤란한 상대)와 역전 분투하다.

fight windmills ⇨ WINDMILL. 지 않다.

fight with gloves off 글러브 없이 싸우다; 용서하~·a·bíl·i·ty, ~·a·ble 形, ~·ing·ly 副.

fight·back [fáitbæ̀k] 名 (英) 반격(return attack).

fight·er [fáitər] 명 1 싸우는 사람, 투사, 전사. 2 (직업) 권투 선수. 3 싸움을 좋아하는[호전적인] 사람; 호전적인 동물(투견·싸움닭 따위). 4 (군사) 전투기(⑧ F).

fight·er-bomb·er [-bámər] 명 (군사) 전폭기.
fight·er-in·ter·cep·tor [-intərséptər] 명 (군사) 요격 전투기.
fighter pilot 명 전투기 조종사.
fighter plane 명 (군사) 전투기.

‡**fight·ing** [fáitiŋ] 명 1 (한정용법) 싸우는, 전쟁의, 전투용의; 전투적인, 호전적인(warlike). ¶ ~ forces 전투 부대, 군대 / ~ men 전사, 전투원, 군인 / ~ power [or strength] 전투력 / a ~ field 싸움터 / a ~ tribe 호전적인 부족(部族). 2 (구어) (부사적) (전투적일 정도로) 몹시, 지독히. ¶ ~ mad 몹시 노하여.

fighting drunk [or **tight**] (구어) 취하여 시비거는 [싸우려 드는]. 「최고[최상]의.
fighting fit (구어) 일전태세를 갖춘; (컨디션 따위가)—⑧⑥ 1 싸움, 전투, 교전. ¶ street ~ 시가전. 2 격투, 주먹다짐; 투쟁, 논쟁.
fighting chair 명 (美) (원양 어선의) 낚시용 의자.
fighting chance 노력 여하로 실현할 수 있는 성공의 가능성[가망, 기회], 적은 승산[승기].
fighting cock 명 투계, 싸움닭(gamecock); (구어) 싸움을 좋아하는 사람.
live like a fighting cock (싸움닭처럼) 맛있는 것만 먹고 사치스럽게 살다.
Fighting French 명 =Free French.
fighting fund 명 투쟁(운동) 자금, 군자금.
fighting song 명 응원가.
fighting spirit 명 투쟁심, 투지(fight).
fighting talk 명 =fighting words. 「(船樓).
fight·ing-top [-tàp/-tɔ̀p] 명 (군함의) 전투 장루
fighting words 명봉 도발적인 말, 트집.
fight-or-flight reaction [-ɔ̀rfláit-] 명 (생리) 공격·도피[투쟁·도주] 반응(스트레스가 부과되는 자극에 대한 교감 신경의 반응).

fig leaf 명 1 무화과 잎; 무화과 잎 모양의 가리개. 2 (남자 조각상의) 치부 가리개(←창세기(Gen.) 3 : 7). 3 (부정 따위를 서투르게) 은폐하는 것, (뻔히 들여다보이는) 겉꾸밈, 얼버무림.

fig·ment [fígmənt] 명 1 상상의 산물, 공상, 환상. 2 꾸며낸[지어낸] 일[이야기], 허구(壁 fiction).
a figment of the [or **one's**] **imagination** 상상(공
fig tree 명 무화과나무. 「상]의 산물.
dwell under one's vine and fig tree ⇨ VINE.
fig·u·line [fígjulàin] 명 (드물게) 도기(陶器); 도토 (陶土)(potter's clay). —형 점토의.
fig·u·ral [fígjurəl] 형 1 (사람·동물의) 모양[상, 形]으로 된. 2 (음악) 화려한(figurate). —**ly** 부
fig·u·rant [fígjurànt] 명 1 (발레에서) 남성 무용수. 2 (연극 따위에서 대사 없는) 단역(端役). ∞ figurante
fig·u·rate [fígjurət] 형 1 정형(定形)을 가지고 있는, 일정한 형의. 2 (음악) 화려한. —**ly** 부
figurate number 명 (수학) 다각수(多角數).
fig·u·ra·tion [fígjuréiʃən] 명 [U][C] 1 형상화, 정형 (定形) 부여, 성형(成形). 2 형상, 형태, 외형. 3 비유적 표현(물). 4 (도안 따위의) 장식. 5 (음악) (음·선율·저음부의) 수식.
*****fig·u·ra·tive** [fígjurətiv] 형 1 비유적인, 은유(隱喩)의. ¶ a ~ expression 비유적 표현 / in a ~ sense 비유적 의미로. 2 (문장·작가의) 비유가 많은, 수식 어구가 많은; (문체가) 화려한. 3 (그림·조각의) 조형(造形)의에 의한, 형상 묘사의. 4 상징적인, 표상적인. ¶ ~ly 부
~**ness** 명 「(술(회화·조각 따위).
figurative arts 명복 (단수취급) (the ~) 조형 미

‡**fig·ure** [fígjər/-gə] 명 1 a) (아라비아) 숫자; (숫자의) 자리; 합계 수, 총액. ¶ the ~ 8 숫자의 8/double [three, four] ~s 두[세, 네] 자리 수/six [seven] ~s (美구어) 10만[100만] 달러. b) (구어) (형

용사와 함께·단수형으로) 가격, 값. ¶ a high ~ 높은 값. c) (~s) (구어) 계산, 셈, 산수.
2 a) 모양, 형태, 형체, 형상. ⇨ FORM (유의어) ¶ be square in ~ 사각형이다. b) 사람의 모양, (사람의) 모습. ¶ see the ~ of a man in the dark 어두운 곳에서 사람의 모습을 보다.
3 모습, 풍채, 외관; (여성의) 몸매; 이채로운[눈에 띄는] 모습, (당당한) 허우대; (속어) (특별한 모양을 한) 인물, 사람; 색다른[별난] 사람. ¶ a handsome ~ 잘생긴 모습 / a fine ~ of a man 풍채가 당당한 남자 / make an imposing ~ 위풍당당한 허우대를 하고 있다.
4 (형용사와 함께 쓰여) 명사, 거물, (역사상의) 인물; (U) (사회적) 중요성, 저명; 눈에 띄는 인상, 이채. ¶ a prominent ~ 거물 / an excellent ~ in music 대작 곡가 / He was one of the greatest ~s of his time. 그는 당시의 가장 위대한 인물 중의 한 사람이었다.
5 (그림·조각 따위의) 인물 상(像), 조상(彫像), 초상, 화상(畫像); (여성의) 반신상. ¶ a ~ in bronze 동상 / a ~ of an angel 천사의 상.
6 그림, 도해, 삽화(⑧ fig.); 도안; (천 따위의) 무늬, 의장(意匠). ¶ a curtain ornamented with ~s of flowers 꽃 무늬로 장식된 커튼. 7 표상(表象). ¶ The dove is a ~ of peace. 비둘기는 평화의 상징이다. 8 (기하) 도형. ¶ a rectangular ~ 장방형 / geometrical ~s 기하학적 도형. 9 (수사) 비유적 표현, 문채(文彩)(~ of speech)(과장·비유·중단법 따위). 10 (문법) (생략 따위의) 문법적 변칙, 수사(修辭)상의 파격. 11 (음악) 음형(音型)(하나의 통일된 느낌을 주는 짧은 가락음); 기악 저음부 보표(譜表)에 적히는 숫자. 12 (댄스) 피겨, 일련의 동작, 선회(旋回); (스케이트) 피겨 (스케이팅). 13 (광학) (반사 망원경 따위의 거울면의) 정확한 영상(映像). 14 (점성) 천궁도(天宮圖), 12궁도(horoscope). 15 (논리) (삼단 논법에서) 격(格).

a man of figure 명사, 지위가 있는 사람.
a man of figures 계산을 잘하는 사람.
at a high [low] figure 고가[저가, 염가]로. ¶ get it at a high ~ 그것을 고가로 입수하다.
be good [poor] at figures 셈에 밝다[어둡다], 계산을 잘하다[못하다]. 「나타내다, 이채를 띠다.
cut [or **make**] **a fine** [or **brilliant**] **figure** 두각을
cut [or **make**] **a sorry** [or **poor**] **figure** 비참[초라]한 실수를 하다, 잡치다. [다].
cut no figure (美) 대단한 것이 못되다. ㅣ해 보이다.
do figures 계산하다, 셈하다.
figure of eight ⇨ FIGURE EIGHT.
get a head for figures 셈에 밝다.
give [or **cite**] **figures** 숫자를 들어 설명하다.
go [or **come**] **the big figure** (美속어) 크게 이목을 끌다. 「행동하다.
go the whole figure (美구어) 철저히 하다, 열심히.
keep [**lose**] **one's figure; have a good [poor, terrible] figure** 몸매가 날씬하다[망가지다, 형편없다]
miss a figure (구어) 큰 실수를 하다, 잡치다. [다].
on the big figure (美속어) 대규모로, 과장하여.
put a figure on ⋯의 정확한 수치를 말하다.
— 용 (~s [-z]; ~**d**; ~**ing**) 타 1 ⋯을 숫자로 나타내다, 계산하다. 2 어림잡다(up). ⇨ COMPUTE (유의어) ¶ ~ up a total 합계를 내다. 2 ⋯을 형태로 나타내다, 그림[도표]으로 나타내다; ⋯을 묘사하다(depict). 3 ⋯을 마음 속에 그리다, 상상하다. 4 ⋯을 (무늬로) 장식하다, 꾸미다(with). ¶ ~ cloth with a floral pattern 옷감을 꽃무늬로 장식하다. 5 ⋯을 기호[상징]하다; ⋯을 비유로 나타내다. ¶ A dove ~s peace. 비둘기는 평화를 상징한다. 6 (美구어) ⋯을 (⋯이라고) 생각하다, 여기다. ¶~+목+to do [전+]). ¶~ oneself a hero 자신을 영웅으로 여기다 / I ~d him to be about fifty. =I ~d that he was about fifty. 나는 그를 50세 가량이라고 생각했다. 7 (美) ⋯을 이해 [해석]하다. ¶ I can't ~ her. 그녀를 이해할 수 없다. 8

…의 태도를 취하다, …처럼 행동하다. ¶ He ~*d* a philanthropist. 그는 자선가처럼 굴었다. **9** 〔음악〕 (숫자 기호로) …의 반주 화음을 나타내다. **10** 〔댄스·스케이트〕 …에 피겨를 그리다.
— [자] **1** (어떤 사람으로서) 나타나다, 통하다; (…의) 역을 맡아 연기하다 (*as*). **2 a)** 이채를 띠다, 두각을 나타내다, 유명해지다 (*in*). **b)** 일당이다 (*in*). ¶ persons who ~ *in* a robbery 강도의 패거리. **3** 계산하다; 《美구어》 연구하다, 고안하다 (*for*). **4** 《美》 기대하다, 믿다; 작정하다 (*on, upon*). ¶ (~+[前]+[名]) He ~*s on* marrying her. 그는 그녀와 결혼할 작정이다. **5** 《美구어》 (행위 따위가) 납득이 가다, 이해가 되다, 당연해 보이다 (*out*). ¶ It [*or* That] ~*s*. 그건 당연하다, 생각한 대로이다. **6** 〔댄스·스케이트〕 피겨를 하다.
figure as …의 역할을 하다; …으로 통하다.
figure…close 《美구어》 아슬아슬하게 …에서 벗어나다.
figure for …의 대책을 세우다.
figure in ① …에 관련이 있다; …에 참가하다; 〔극·소설 따위〕에 등장하다. ② ⇨[자] 2.
figure…in [or ***into***] 《美구어》 …을 셈에 넣다.
figure on [or ***upon***] 《美구어》 ① …에 기대다, …을 믿다. ② …을 고려에 넣다. ③ …의 계획을 세우다.
figure out 《美》 ① …을 계산하다. ¶ Will you ~ *out* my income tax? 내 소득세를 계산해 주시겠소? ② …을 생각해내다; 발견하다. ¶ Just ~ it *out* yourself. 스스로 생각해 내시오. ③ …을 이해하다.
figure out at 합계[계산하여] …이 되다.
figure to oneself 마음 속에 그리다, 상상하다.
figure up 합계[합산]하다.
go figure 《美속어》 가서 찾아보다(go and ~ it out).
~·less [형]
-fig·ure [형] 《숫자와 함께》 …자리 수의(digit). ¶ a 6-~ income 6자리 수의 소득.
***fig·ured** [fígjərd/-gəd] [형] **1** 형성된, 모양을 이룬. **2** (그림 또는 조상(彫像)으로) 표현[묘사]된. **3** 무늬가 있는, 문직(紋織)의. ¶ ~ silk 문직 비단 / ~ wallpaper 무늬 있는 벽지. **4** 〔음악〕 화려한, 현란한; (악보의 저음부가) 숫자를 단. **5** (문장 따위가) 수식이 많은, 형용[비유]이 풍부한. **~·ly** [부]
fig·ure-dance [-dæ̀ns/-dɑ̀:ns] [명] 피겨 댄스.
fig·ure-danc·er [-dæ̀nsər/-dɑ̀:ns-] [명] 피겨 댄서.
fígured báss [명] 〔음악〕 **1** 숫자가 딸린 저음(continuo). **2** 통주(通奏) 저음.
fígured glàss [명] 형판(型板) 유리(한쪽 면에 무늬가 박힌 판유리).
fígure éight [명] 8자 모양(의 도형); 〔항공〕 8자형 비행; (피겨 스케이팅의) 8자형 선회; (로프의) 8자형 매듭. (또는 **figure of eíght**)
fig·ure-ground [-gráund] [명] 〔심리〕 도(圖)와 지(地), 도-지 (시야(視野) 안에 별로 분명치 않은 배경(=지)에 대하여 윤곽이 분명한 것(=도)이 돋아나 보이는 지각 특성).
fig·ure·head [fígjərhèd/fígə-] [명] **1** 명목상의 우두머리[지도자], 표면상의 대표. **2** 〔해사〕 선수상(船首像). **3** 《익살》 (사람의) 얼굴, 상판.
fígure légend [명] (그림 따위의) 설명문, 제(題).
fígure of fún [명] 《구어》 재미있는 사람; 괴짜.
fígure of mérit [명] **1** 〔항공〕 성능(性能) 계수. **2** 〔전자〕 (회로 따위의) 양도(良度) 지수, 성능 계수.
fígure of spéech [명] **1** 〔수사〕 비유적 표현, 문채(文彩) (직유, 은유 따위). **2** 문장의 수식. **3** 과장; 《익살》 거짓말.
fígure pàinting [명] 초상화(법).
fígure pìcture [pìece] [명] 초상화.
fig·ur·er [fígjərər/fígə-] [명] **1** (본을 떠서 도자기에) 도안을 넣는 사람. **2** 피겨 스케이팅을 하는 사람.
fígure salòn [명] 미용 체조 교실.
fígure skàte [명] 피겨 스케이트화(靴).
fígure skàting [명] 피겨 스케이팅. (또는 **fígure-skàting**) **fígure skàter** [명]

fig·u·rine [fìgjurí:n/ˊ-ˋ-] [명] (금속·나무·도토(陶土)로 만든) 작은 입상(立像)(statuette). 〔<F〕
fíg wàsp [명] 〔곤충〕 무화과 말벌.
fig·wort [fígwə̀:rt] [명] 현삼속(玄蔘屬)의 식물.
Fi·ji [fí:dʒi:] [명] **1** 피지(남태평양의 섬나라; 수도 Suva). **2** 피지 제도(諸島)(남태평양의 군도). (또는 ~ **Íslands**) **3** 피지(제도)의 주민.
Fi·ji·an [fí:dʒi:ən/fi:dʒí:ən] [형] 피지(제도)(사람)의. **—** [명] 피지(제도) 사람; [U] 피지어(語).
fike [faik] 《스코·北英》 [명] **1** (사람을) 불안하게 만드는 것; (특히) 가려움. **2** 근심. **—** [동][자] 안절부절못하다. **—** [타] …에게 폐를 끼치다, 괴롭히다.
fikh [fik] [명] 〔회교〕 =fiqh.
fil. filament; fillet; filter.
fi·la [fáilə] [명] filum의 복수형.
Fil·a [fílə] [명] 《상표》 휠라(이탈리아의 운동복 제조 회사; 그 브랜드).
fi·la·ceous [filéiʃəs] [형] 실(같은 물질)로 이루어진, 섬유상의.
fil·a·gree [fíləgrì:] [명][형][동] =filigree.
***fil·a·ment** [fíləmənt] [명] **1** 〔전기〕 (전구·진공관 안의) 필라멘트; 〔전자〕 필라멘트, 선조(線條). **2** 가는 실, 섬유(fiber); (방직 섬유의) 단(單)섬유. **3** 〔식물〕 수술대, 화사(花絲); (균류·해초 따위의) 섬유 세포. **4** 〔조류〕 솜털의 깃가지. **5** 〔병리〕 (오줌·염증액(炎症液) 속의) 사상체(絲狀體). **~·ed** [형] 섬유가 있는.
fil·a·men·ta·ry [fìləméntəri] [형] 섬유(실)의, 섬유 모양의; 〔식물〕 수술대의.
fil·a·men·tous [fìləméntəs] [형] 섬유의[로 된]; 실 같은.
fi·lar [fáilər] [형] 실(모양)의; 실(모양의 물질)이 있는.
fi·lar·i·a [filέəriə] [명] (복 **-ae** [-ì:]) 사상충(絲狀蟲), 필라리아(혈액 따위에 기생). **-i·an** [형]
fi·lar·i·al [filέəriəl] [형] **1** 사상충의. **2** 〔병리〕 필라리아(병)의.
fil·a·ri·a·sis [fìləráiəsis] [명][U][C] (복 **-ses** [-sì:z]) 〔병리〕 필라리아병.
fi·lar·i·id [filέəriid] [명][형] 사상충[필라리아](의).
fi·lasse [filǽs] [명] 필라스(방적 전의 식물 섬유).
fi·late [fáileit] [형] 〔동물〕 실 모양의, 가는.
fil·a·ture [fílətʃər] [명] **1** [U] 제사(製絲); (고치에서 실을 뽑는) 물레질, 실 뽑기[잣기]. **2** 실 뽑는[잣는] 기계, 물레, 제사기; 제사 공장.
fil·bert [fílbərt] [명] **1** (유럽산(產)) 개암나무; 개암(열매). **2** 개암나무 빛깔, 엷은 갈색. **3** 《속어》 열중하고 있는 사람, …광. **4** 《속어》 머리.
filch [filtʃ] [동][타] 〔대단치 않은 것〕을 훔치다, 좀도둑질하다(pilfer). ¶ ~ an ashtray from a restaurant 레스토랑에서 재떨이를 훔치다. **ˊ·er** [명] **ˊ·ing·ly** [부]
‡file[1] [fail] [명] (복 **~s** [-z]) **1** 서류철, 편지꽂이; 서류 정리함[장]; 철하는 판(板)[쇠붙이], 폴더(folder). **2** (정리된) 자료, 기록, 파일; 신문[공문서]철; 《고어》 목록, 명부. ¶ a ~ of papers 신문철. **3** 세로줄, 열, 행; 〔군사〕 오(伍), 종렬(⦅참⦆ rank); 진급표의 한 단계. **4** (체스판의) 세로줄. **5** 〔컴퓨터〕 파일(체계적인 데이터의 집합).
a blank file 〔군사〕 결오(缺伍)(후열이 없는 자리).
file by file 줄줄이; 잇따라, 속속.
half a file 대오의 한 사람.
in file 이열 종대로, 대열을 이루어; 잇따라, 계속하여.
in single [or ***Indian***] ***file*** 일렬 종대로.
keep [or ***have***] ***a file on*** …에 대한 자료[정보]를 수집해 두다.
on file; on [or ***in***] ***the*** [or ***one's***] ***files*** (서류 따위가) 철해져, 정리 보관되어; (이름 따위가) 기록되어.
— [동] (**~s** [-z]; **~d; fil·ing**) [타] **1** 〔서류〕를 철하다, 정리[보관]하다; (생각 따위를 머리 속에) 정리해 두다 (*away*). ¶ (~+[目]+[副]) ~ letters *away* 편지를 정리 보존하다. **2** 〔서류 따위〕를 제출하다; 〔고소 따위〕를 제기하다, 신청하다. ¶ ~ a suit [*or* charge] 고소하다 // (~+[目]+[前]+[名]) ~ a protest *against* …에 대해 항의하다 / ~ a complaint *with* …에 불평을 제기하다. **3** …을 열을 지어 행진시키다(*off*). ¶ (~+[目]+[副]) ~ the

file

soldiers *off* 병사들을 일렬 종대로 행진시키다. **4** 〔신문〕 (전송(電送)하기 위해) 〔원고〕를 정리하다; 〔기사〕를 전송하다. **5** 〔컴퓨터〕 파일을 보존하다.
── 자. **1** 열을 지어 행진하다(*off, away*), 줄을 지어 (건물 따위에) 들어가다(*in*); 한 줄로 (…을) 통과하다 (*past, through*).¶*F~ left!* 줄줄이 좌로 (갓)! **2** (…을) 신청하다, 제기하다 (*for*). **3** 〔美〕 〔토지 소유권·채굴권 따위〕 주장〔신청〕하다 (*on, upon*). **4** 〔美〕 (…에) 입후보 등록하다 (*for*). ¶*~ for Congress* 국회의원 선거에 후보로 등록하다. **5** (서류 따위를) 정리[보관]하다.
file and forget 철해 놓고 잊어버리다, 문제 삼지 않다.
file an information 고소장을 제출하다, 고소하다.
file away [or *off*] 종렬을 지어 행진하다, (일렬 종대로) 분열행진하다. 」하다.
file for ① …을 신청[제기]하다. ② …에 입후보 등록
file in [*out*] 줄지어 들어가다[나오다].
∠-able 형 *fíl-er* 명

file² 명 **1** 줄, 손톱줄. **2** (the~) 손질, 끝손질, 마무리; (문장 따위의) 퇴고(推敲).¶*It needs the ~.* 그것은 손질이 필요하다. **3** 〔英속어〕 빈틈없는[교활한] 사람.¶*a deep* [*an old*] *~* 만만치 않은[빈틈없는] 녀석. **4** 〔곤충〕 (마찰음을 내는) 여상기(鑢狀器). 」다.
bite [or *gnaw*] *a file* 손톱도 안 들어가다, 헛수고하
── 타. **1** …을 줄로 자르다[갈다, 깎다], …에 줄질하다(*down, off, away*).¶(~+몸+前+名) *~ something in two* …을 둘로 토막내다/(~+몸+名) *~ something smooth* 줄질하여 …을 매끈하게 하다. **2** (문장 따위를) 다듬다, 퇴고하다.── 자. 줄을 쓰다; 줄질을 해서 광을 내다. 」없애다.
file away [or *off*] (울퉁불퉁한 데를) 줄로 깎아내다
file down 줄질하여 없애다.

file³ 타 〔방언〕 …을 더럽히다, 〔신성〕을 모독하다; (사람)을 타락시키다.

fi·lé [filéi, fíːlei] 명 필레(수프 조리용).

file bànd 연마대(研磨帶)(강철 쇠줄을 여러 개 부착한 고리 모양의 대강(帶鋼)).

file-bonc [ʃbóun] 명 〔美속어〕 (육군 사관 학교에서) 성적을 높이는 것, 플러스점(點).

file-bon·er [fáilbòunər] 명 〔美속어〕 성실한 학생, 열심히 공부하는[노력하는] 사람.

file bòttom 〔해사〕 뱃바닥의 한 형(型)(바닥은 똑바로고 바깥쪽 가장자리의 만곡부가 급각도로 되어 있다).

file càrd 명 **1** 정리용[파일] 카드. **2** (줄 청소용의) 금속 브러시, 줄솔. 」clerk).

file clèrk 문서철[정리] 담당자, 문서계((英) filing

file cùtter 줄의 이를 세우는 사람.

file-fish [fáilfìʃ] 명 (~·es) 〔어류〕 쥐치.

file fòotage 명 〔TV〕 정리된 필름(의 피트 수); (군중·풍경·스포츠 경기 따위) 자료 영상(의 피트 수).

fil·e·mot [fíləmɑ̀t/-mɔ̀t] 명 〔고어〕 누르스름한 갈색(의), 마른 나뭇잎 색(의). 」명(名).

file-name [fáilnèim] 명 〔컴퓨터〕 (검색용의) 파일

file phòto 명 〔신문사 따위의〕 자료[보관] 사진.

file pìcture 명 〔TV의〕 자료 화면.

file-punch [fáilpʌ̀ntʃ] 명 서류철 펀치(구멍 뚫는 기구). 」철 담당원.

fil·er¹ [fáilər] 명 〔컴퓨터〕 파일러, 정리원, 서류

file·er² 명 줄질하는 사람, 줄쟁이. 」스텝).

file sèrver 명 〔컴퓨터〕 파일 서버(파일 관리 장치(시

file shàring 명 〔컴퓨터〕 (LAN에서) 파일 공유(사용).

fi·let [filéi/-́-] 명 **1** U 망사 레이스. (또는 *∠ làce*) **2** (요리) =fillet **2**. ── 타 =fillet **2**. 〔<F〕

file 13 명 〔美속어〕 쓰레기통. (또는 *file 17*)

filét mi·gnón [-miːnjɑ́n/-miːnjɔ́n] 명 (복 *~s* -s) 필레미뇽(두껍게 자른 안심 스테이크용 쇠고기). 」)

file trànsfer prótocol 명 〔컴퓨터〕 (컴퓨터 사이의) 파일 전송(轉送) 규약(약 ftp, FTP). **fil·o-**)

fil·i- [fíli, fáili] 〔연결〕「실」의 뜻.¶*filiform.* (또는 ***fil·i·al*** [fíliəl] 형 **1** 자식의, 자식으로서의; 자식다운;

(부모에 대하여) 자식 관계의. **2** 〔유전〕 부모로부터 … 세대의(약 F). ¶*first ~* 잡종 제 1대(F₁)의.
~·ly 부 *~·ness* 명 」자회사. 〔<F〕

fil·iale [filiáːl; filiál] 명 〔프랑스 국내에의 외국계〕

fílial generátion 명 〔생물〕 잡종 후대(약) F₁(제 1대), F₂(제 2대)의. ¶*the first ~* 잡종 제 1대(F₁). 「孝〕

filial pìety[dúty] 〔윤〕 효심, 효도, (특히 유교의) 효

fil·i·ate [fílieit] 타 〔법률〕 (사생아)의 아버지를 재판으로 결정하다.

fil·i·a·tion [fìliéiʃən] 명 U **1** 자식임, (자식 쪽에서 본) 친자 관계. **2** 계통, 유래. **3** (…에서의) (언어의) 파생, 기원, 유래(*from*). ¶*the ~ of a language* 언어의 파생. **4** 〔법률〕 (재판에 의한) 사생아의 인지(認知)(affiliation). **5** (회·단체 따위의) 분파, 지부.

fil·i·beg [fíləbèg] 명 킬트(kilt)(스코틀랜드 고지의 남자들이 입는 짧은 스커트). (또는 *fillebeg*)

fil·i·bus·ter [fíləbʌ̀stər] 명 U **1** 〔美〕 (긴 연설 따위에 의한 소수파의) 의사 진행 방해 (전술); (의사 진행 방해를 노린) 긴 연설; 의사 진행 방해자. **2** 〔역사〕 (명령을 어기고 외국 영토를 침범하는) 불법 투사; (17세기경의) 해적.── 동 **1** 〔美〕 (소수파가 긴 연설 따위로) 의사 진행을 방해하다. **2** 약탈하다, 해적 행위하다. ── 타 〔美〕 의사 진행 방해로 〔의안·법안〕의 통과를 방해[저지]하다, 지연시키다.
~·er 명 의사 진행 방해자. *~·ism* 명 의사 진행 방해 (연설). *~·ous* 형 」자식 살해자[범]. *-cíd·al* 형

fil·i·cide [fíləsàid] 명 U (어버이의) 자식 살해; C

fi·lic·i·form [filísəfɔ̀ːrm, fəl-] 형 양치(羊齒) 모양의.

fil·i·cite [fíləsàit] 명 양치류의 화석.

fil·i·coid [fíləkɔ̀id] 형 양치 모양의.── 명 양치류와 비슷한 식물. 」있는).

fil·if·er·ous [failífərəs] 형 실 모양을 한 부분[이

fil·i·form [fíləfɔ̀ːrm, fáil-] 형 실[섬유] 모양의.

fil·i·gree [fíləɡrìː] 명 U **1** (금·은·구리 따위의) 선(線)세공. **2** 매우 섬세한 것, 파손되기 쉬운 장식물.
── 형 선세공의[을 한]; 섬세한.¶*~ work* 금은 세선공.── 타 …을 세공공으로 하다, 금은 세공공으로 장식하다. (또는 *fil(l)agree*) *-greed*

fil·ing¹ [fáilìŋ] 명 U 서류철 정리(법). 「긴 가루.

fil·ing² [fáilìŋ] 명 줄질, 줄 마무리; (*~s*) 줄밥, 줄질하여 생긴 가루.

filing càbinet 명 〔서류 정리용〕 파일 캐비넷.

filing clèrk 명 =file clerk.

fil·i·o·pi·e·tis·tic [fìliouphàiətístik] 형 〔인류〕 조상(전통)을 지나치게 숭배하는.

fil·ip [fílip] 명 =fillip.

Fil·i·pine [fíləpìn] 명 =Philippine.

Fil·i·pi·no [fìləpíːnou] 명 명 필리핀 사람(특히 기독교도인). ── 형 =Philippine. 〔<Sp *Philippine*〕

fil·is·ter [fíləstər] 명 =fillister.

filk [filk] 명 필크 음악(공상 과학문학 주제 관련의 음악). **fílk·er** 명

†fill [fil] 타 (~*s* [-z]) **1** 〔장소·시간·용기 따위〕를 (…으로) 가득하게 하다, 채우다 (*with*); …에 채워 넣다.¶*The audience ~ed the hall.* 청중이 회관을 가득 메웠다/(~+몸+前+名) *~ a box with books* 상자에 책을 채워 넣다/*F~ this glass* (*with beer*) *for me.* =*F~ me this glass* (*with beer*). 이 잔에 (맥주를) 채워 주시오.
2 (마음)을 (…으로) 채우다 (*with*). ¶(~+몸+前+名) *be ~ed with joy* 기쁨으로 가슴이 뿌듯하다/*The news ~ed his heart with hope*[*sorrow*]*.* 그 소식을 듣자 그는 희망으로[슬픔으로] 가슴이 부풀었다[미어졌다].
3 …을 배부르게 하다; 〔공복·식욕 따위〕를 (…으로) 채우다, 만족시키다(satisfy) (*with*). ¶*a meal that ~s a person* 남을 배부르게 하는 식사.
4 …에 충만하다, …에 가득 있다. ¶*Smoke ~ed the room.* 방에 연기가 자욱했다.
5 〔지위〕를 차지하다, (빈 자리)를 보충하다; 〔구멍 따

위]를 메우다, 막다; 〔치아〕를 충전(充塡)하다, 봉박다. ¶~ a tooth 치아에 봉박다/~ a vacant position 공석을 메우다 // (~+目+前+名) ~ an ear with cotton 귀를 솜으로 틀어막다.
6 〔직무·약속 따위〕를 수행하다, 이행하다. ¶~ one's office satisfactorily 직무를 훌륭히 수행하다. **7** 〔수요 따위〕에 응하다; 〔요구〕를 충족시키다(satisfy). ¶~ an order 주문에 응하다. **8** 〔처방 약 따위〕를 조제하다. **9** 〔해사〕 (바람이) 〔돛〕을 부풀리다. **10** …에 섞임있다 (with). ¶milk ~ed with water 물을 탄 우유. **11** 〔건축〕 …에 흙을 돋우다, 성토(盛土)하다 (with). **12** 〔여백〕을 (글자·장식 따위로) 메우다, 채우다.
— 자 **1** (장소·물건이) …로 가득 차다, 충만하다; (마음이 …감정으로) 가득차다 (with). ¶The hall ~ed soon. 회의장은 곧 만원이 되었다 / Her heart ~ed with joy. 그녀는 기쁨으로 가슴이 터질듯 했다. **2** (돛이) 바람을 안다, 부풀다. **3** 음료 따위를 따르다, 마실 것을 대접하다. **4** 기압이 늘다; 저기압이 쇠약해지다.
fill and stand on; fill away 〔해사〕 (바람을 충분히 받도록) 〔활대〕를 돌리다.
fill a need [or **want**] 부족한 것을 메우다[채우다].
fill a person's shoes ⇨ SHOE.
fill in ① 대리를 하다. ② …을 메우다; 〔서류〕에 적어 넣다. ¶~ in a blank space 빈 자리를 메우다 / ~에 필요 사항을 기입하다. ③ 《美》 〔남〕에게 알리다, 설명하다 (on). ¶He ~ed me in on it. 그는 내게 그것에 관하여 자세히 알려 주었다. ④ 〔도안 따위〕를 완성시키다. ⑤ 〔시간〕을 메우다〔때우다〕. 「다.
fill in (the) time (종종 진행형으로) 시간〔틈〕을 때우
fill out ① 커지다; 부풀다; 살찌다. ② …을 부풀리다, 둥글게 하다, 커지게 하다. ③ 〔돛 따위〕를 가득 하다. ④ 〔빈 자리〕를 메우다, …에 기입하다. ¶~ out an application 원서에 필요 사항을 기입하다. ⑤ 〔원고·소설 따위〕를 마무리하다. ⑥ 《美》 〔…의 일 따위〕를 대행하다. ⑦ 《美》 〔약 따위〕를 처방전에 따라 조제하다.
fill the bill ⇨ BILL¹.
fill up 을 채우다, …의 빈 자리를 메우다; 자리가 차다 (with). ¶F-it up, please. (차에 기름을) 가득 채워 주세요. ② 메워지다, 바닥이 얕아지다 (with). ③ 〔연못 따위〕를 만수가 되게 하다; 만수가 되다. ④ 〔극장 따위〕를 만원이 되게 하다; 만원이 되다.
— 명 **1** 〔용기〔그릇〕 가득(한) 양; 한 대〔모금〕. ¶a ~ of tobacco 담배 한 모금. **2** (one's ~) 그득함, 충분, 만복. ¶drink [eat] one's ~ 양껏 마시다〔먹다〕/grumble [weep] one's ~ 잔뜩 불평하다〔실컷 울다〕/take one's ~ of rest 충분히 쉬다. **3** 〔건축〕 성토.
have one's fill of (완료형으로) …을 실컷 맛보다, 포식하다. ¶I've had my ~ of the police 경찰이라면 이제 신물이 난다.
~·a·ble 형
fill-dike [⁽dàik] 명 (눈 녹아서) 도랑의 물이 넘치는. — 명 눈 녹는 무렵(2월) (February ~).
fille [fi:ǝ/F fij] F 명 **1** 딸; 소녀. **2** 독신(미혼) 여성. **3** 여종업원. **4** 매춘부. 〈F〉
fil·le·beg [fíləbèg] 명 =kilt 1. (또는 **filibeg**)
filled [fild] 형 (내용물이) 가득 찬, 가득 든. ¶a ~ briefcase 서류가 가득한 서류 가방.
-filled [fild] 연결 (명사 뒤에서) …을 넣은; …으로 가득한. ¶tear-~ eyes 눈물이 가득한 눈. 「너. 〈F〉
fille de cham·bre [F fij də ʃɑ́:ᵑbR] 명 하녀, 시
fille de jóie [F fij də ʒwa] 명 매춘부. 〈F〉
filled góld 명 금박(金箔), 압연 금 피복품.
filled mílk 명 식물성 기름을 섞은 탈지유.
fill·er [fílǝr] 명 **1** 채우는 사람〔것〕; 주입기, 주입(기)의 스포이트; 깔때기. **2** 〔종종 a ~〕 메우는 물건, 충전물; (알갱이의) 내용물, 속; (판자 구멍 따위에서 메움 나무, 충전재; (양을 늘리기 위한) 혼합물; (구두의) 골; 바닥을 채우는 물건. **3** U (종종 a ~) (신문·잡지 따위

의) 여백 기사, 단신, 필러; (방송 프로 사이의 시간을 메우는) 단편물[프로]. **4** U (종종 a ~) 가제식(加除式) (looseleaf) 용지. **5** 〔식물〕 충전(充塡) 문자.
fil·lér [filéǝr-] (형 ~) 필레르(헝가리의 화폐 단위). (또는 **filler**)
filler cáp 명 (자동차의) 급유구 뚜껑.
filler métal 명 (용접에 쓰이는) 용가재(溶加材).
fil·les·ter [fíləstǝr] 명 =fillister.
*fil·let [fílit] 명 **1** (머리용의) 가는 끈, 헤어밴드, 리본; (끈 모양의) 띠; (목재·금속 따위의) 가는 조각. **2** [filéi/fílit] 〔요리〕 필레 살코기(소·돼지의 늑골과 허리 뼈 사이의 최고급 살코기)(⇨BEEF (그림)); (생선의) 가시 없이 저민 고기조각. (또는 《美》 **filet**) **3** 〔제본〕 (표지의) 윤곽선; 윤곽선 찍어내는 기구; 〔기계〕 나사(螺絲). **4** 〔건축〕 (두 쇠시리 사이의) 두둑; (둥근 기둥의 홈과 홈 사이의) 경계턱. **5** 〔해부〕 〔신경〕 섬유속(束); 융대(絨帶); (~s) (말 따위의) 허리; (포구(砲口) 따위의) 고리 모양의 띠. — 타 **1** 〔머리〕를 리본으로 묶다. **2** [filéi/fílit] (또는 《美》 **filet**) 〔요리〕 (생선을) 뼈[가시] 없이 저며내다; …의 필레 살코기를 떼어내다. **3** 〔제본〕 …에 윤곽선을 넣다. **~·er** 명
fíllet wéld 명 〔기계〕 필릿 용접(모재(母材)의 거의 직각으로 교차하는 두 면의 마주치는 선에 따라 하는 용접).
fil·li·beg [fíləbèg] 명 =kilt 1.
fill-in [<in] 명 **1** 빈 곳을 메우는 것〔사람〕; 〔구어〕 대리인, 대행자, 대용. **2** 〔서식·용지 따위의〕 기입, 써 넣기. **3** 〔구어〕 개요 (전달), (배경) 설명 (on); 시간 메우기 심심풀이 (거리); 빈 칸 메우기 퀴즈, 크로스워드 퍼즐. — 형 〔한정용법〕 **1** 일시적인; 대리[대용품]의[에 관한]. **2** 설명의, 보고의.
*fill·ing [fíliŋ] 명 UC **1** 채우는 것, 충전(물); 〔치아〕 충전재(材); 봉. **2** 〔요리〕 (파이·샌드위치 따위의) 채워넣기, 충전. **4** (직물의) 씨실, 횡사(橫絲). **5** (저지대 따위의) 흙 돋우기. — 형 배를 불리는, 배부르게 하는.
fílling státion 명 주유소(gas 〔《英》 petrol] station). **2** 《美속어》 작은 마을; 술집.
fil·lip [fílǝp] 타타 **1** …을 손가락으로 튀기다, 튀겨 날리다. ¶~ dust from one's clothes 옷에서 먼지를 손가락으로 튀겨 털다. **2** …을 찰싹 때리다. **3** …을 자극하다, 자극하여 …을 촉구하다. (4) 《美》 손가락으로 튀기다. — 명 **1** 손가락[손톱]으로 튀기기, **2** 용기를 북돋우는 것, (가벼운) 자극. **3** 하찮은 것, 사소한 일. (또는 **filip**)
fil·lis [fílis] 명 〔원예〕 (삼 따위의) 느슨하게 꼰 끈.
fil·lis·ter [fílǝstǝr] 명 〔건축〕 (창틀의 유리를 끼우는) 홈, **2** 홈 파는 대패, 개탕대패. (또는 **filister**)
fíllister héad 명 원통형 나사의 대가리.
fíll líght 명 〔사진〕 필라라이트, 보조광(補助光).
fíll mill [fílmil] 명 술집.
Fill·more [fílmɔ:r] 명 Millard ~ 필모어(1800-74; 미국의 제13대 대통령).
fill-or-kíll órder [-ǝrkíl-] 명 〔증권〕 즉시 집행 주문(못하면 자동 취소되는 매매 주문). (또는 **fill or kill**)
fill-up [⁽ʌp] 명 **1** (연료 따위를) 가득 채우기, 만(滿)탱크. **2** =filler 2, 3. 「괄량이 계집아이.
fil·ly [fíli] 명 **1** 암망아지 (⇨ colt). **2** 〔구어〕 소녀; 말
‡**film** [film] 명 (pl. ~**s** [-z]) **1** 엷은 피[껍]질, 엷은 층; (표면에 생긴) 피막; 엷은 운모판; (플라스틱 따위의) 엷은 투명 시트, 포장용 랩; ¶a ~ of dust 먼지의 엷은 층. **2** UC 필름, 감광막, 건판; 영화용 필름. ¶fast ~ 고감도 필름. **3** (한 편의) 영화(《美》 movie); (the ~s) 〔집합적〕 영화; (종종 ~s) 영화 산업, 영화 제작. ¶a ~ actor [fan] 영화 배우〔팬〕 / a silent [talking] ~ 무성〔발성〕 영화 / go to the ~s 영화 보러 가다 / act〔or play〕 in a ~ 영화에 출연하다 / make〔shoot〕 a ~ 영화를 제작〔촬영〕하다 **4** 가는 실로 만든 그물. **5** 〔눈의〕 침침함, 흐림; 엷은 안개, 아지랑이; 〔병리〕 〔어떤 눈병에서 생기는〕 불투명 피막.
go to see a film 영화 보러 가다.

filmable

━ 형 《한정용법》 영화의[에 관한].
━ 통 타 1 ···을 엷은 껍질로[막으로] 덮다. 2 ···을 필름에 담다; ···을 (영화로) 촬영하다; [소설 따위]를 영화화하다. ¶ ~ a novel 소설을 영화화하다. ━ 자 1 엷은 껍질로[이] 덮이다[{(···으로) 흐리다; (···으로) 흐리어지다 (with). ¶ (~+전+명) Her eyes ~ed with tears. 그녀의 눈은 눈물로 흐려졌다 // The sky ~ed over. 하늘이 온통 흐려 있었다. 2 (사람·작품 등이) 영화에 알맞다; 영화를 제작[감독]하다.
~-like 형

film·a·ble [fíləməbl] 형 (소설 따위가) 영화화하기에 알맞은, 영화화할 수 있는. 「(被曝線量) 측정기).
film bàdge 명 필름 배지(방사선 취급자용 간이 피폭
film-based [béist] 형 필름 기반상[기본상]의.
film-card [film kàːrd] 명 = microfiche.
film clìp (TV) 필름 클립, 방송용 영화 필름.
film crìtic 명 영화 평론가(movie reviewer).
film·dom [filmdəm] 명 ⓤ 영화계, 영화 산업[계]
film fèstival 명 영화제(映畵祭). 「확인.
film gàte 명 〔촬영기·영사기 따위의〕 필름 보전용 틀.
film-go·er [filmgòuər] 명 영화 팬.
film·ic [filmik] 형 영화의; 영화와 같은. **-i·cal·ly** 부
film·ing [filmiŋ] 명 (영화의) 촬영 (기간).
film·ize [filmaiz] 통 타 ···을 영화로 찍다, 영화화하다(cinematize). **-i·zá·tion** 명 영화화(된 작품).
film·land [filmlænd] 명 = filmdom. 「화.
film·let [filmlit] 명 단편 영화, (8밀리 따위) 소형 영
film líbrary 명 영화 도서관, 필름 대여소.
film-mak·er [filmmèikər] 명 1 영화 제작자, 영화회사. 2 (사진용) 필름 제조업자. 「제조.
film-mak·ing [filmmèikiŋ] 명 ⓤ 영화 제작; 필름
film mùsic 명 영화 음악(movie music).
film nòir [F film nwɑːr] 명 (영화) 누아르 영화(암울한 암흑가·범죄 영화의 총칭). [<F black film]
fil·mog·ra·phy [filmɑ́grəfi/-mɔ́g-] 명 ⓤⓒ 영화 관계 문헌; 영화 작품 해설[목록].
film pàck 명 통에 든 필름, 필름 팩.
film premìère [4---] 명 (신작 영화의) 개봉. [<F
film projèctor 명 영사기.
film ràting 명 1 영화 등급(관객 연령 제한) 표시.

참고 (1) 《美》 G 미성년자 입장가; PG-13 13세 미만 보호자 동반소, PG-16 16세 미만 보호자 동반 소; R 17세 미만 보호자 동반 소; NC-17 17세 미만 입장 금지, 성인용(종전의 X). (2) 《英》 U 미성년자 입장가; PG 보호자 지도 요; 12 12세 미만 입장 금지; 15 15세 미만 입장 금지; 18 18세 미만 입장 금지, 성인용.

2 영화 작품성 표시(영화평·광고 등에 ★ 수로 표시).

★★★★	Outstanding	★★	Not bad
★★★✓	Excellent	★✓	Fair
★★★	Very good	★	Poor
★★✓	Good		

film recòrder 명 영화용 녹음 장치.
film schòol 명 영화 학교[대학(원)].
film-script [filmskript] 명 = screenplay.
film sèt 명 영화 촬영용 세트. 「〔식자의〕. ~**-ter**
film·set [filmsèt] 통 타 사진 식자하다. ━ 형 사진
film·set·ting [filmsètiŋ] 명 (인쇄) 사진 식자.
film sìte (영화의) 촬영 현장.
film slìde [filmslàid] 명 (환등용) 슬라이드.
film stàr 명 영화 스타(《美》 movie star).
film stòck 명 미개봉 영화, 미사용(未使用) 영화 필름.
film·strìp [filmstrìp] 명 (35밀리) 슬라이드 필름.
film stùdio 명 영화 촬영소.
film tèst 명 (영화 배우 지망자의) 카메라 테스트.
film thèater 명 영화관.
film·y [filmi] 형 1 엷은 껍질[막]의. 2 엷은 껍질[막]로 덮인; 흐릿[몽롱]한. **film·i·ly** 부 **film·i·ness** 명

FILO [fáilou] 명 (컴퓨터) 선입 후출(先入後出)(법)(최초에 입력된 것이 최후에 출력되는 방식의 데이터 저장법). 빵 LIFO [<*fi*rst *in*, *l*ast *o*ut]
fil·o·plume [fíləplùːm, fáil-] 명 (조류) 털 모양의 깃털, 모상우(毛狀羽).
fil·o·po·di·um [fìləpóudiəm, fàil-] 명 (복) **-di·a** [-diə] (생물) 사상 가족(絲狀假足).
fi·lose [fáilous] 형 실 모양의; 끝이 실 모양으로 된.
fil·o·selle [fíləsèl, -zèl] 명 ⓤⓒ 풀손.
fils¹ [fils] 명 (복 ~) 필스 (1 이라크·요르단·바레인·쿠웨이트 등의 통화 단위(1디나르(dinar)의 1,000분의 1). 2 아랍 에미리트 연방의 통화 단위(디르헴(dirhem)의 100분의 1). 3 1필스의 주화. (또는 fil)
fils² [fiːs] 명 (복 ~) 아들(son) (같은 이름의 부자를 구별하기 위하여 아들의 성 뒤에 쓴다). 빵 père ¶ Dumas ~ 소(小) 뒤마. [<F]
filt (라틴) *filtra* (처방전에서) 여과(濾過)하시오.
***fil·ter** [filtər] 명 1 여과기, 여과 장치, 필터 2 (사진) 필터, 여과기 3 (광학) 여광기(濾光器); (물리) 여파기(濾波器). 3 필터 담배. 4 여과용 자재(천·숯·모래·종이 따위). 5 (또는 ~ **sìgn**) 《美》 (교통 신호등의) 녹색의 화살표 신호(《美》 green arrow); 좌[우]회전 차선.
━ 통 타 1 ···을 여과하다(strain); 여과하여 ···을 제거하다(*off*, *out*). ¶ (~+ 명 + 부) ~ *off* impurities 여과하여 불순물을 제거하다. 2 여과기[필터]의 작용을 하다. ━ 자 1 (빛·물 따위가) (···을 통해 / ···로 / ···에서) 스며 나오다, 새다, 지나가다, 침투하다 (*through* / *into* / *out of*); (사람들이) 서서히 움직이다[들어가다, 나오다]. ¶ (~+ 전+ 명) Water ~s *through* the sandy soil. 물은 모래땅에 스며든다. 2 (소문 따위가) (···에) 새어 나가다(*through*, *out*)(*to*, *into*); (사상이) (···에) 배어들다 (*into*). 3 《英》 (차가) 좌[우]회전하다.
━ 《구어》 필터가 붙은. ¶ a ~ cigarette 필터 담배.
~**-er** 명
fil·ter·a·ble [filtərəbl] 형 여과할 수 있는; (세균) 여과성의. (또는 filtrable) **-bíl·i·ty**, ~**-ness** 명
filterable vírus 명 여과성 병원체[바이러스].
filter bèd 명 여과지(池), 여과 탱크; 여과용 물질(층).
filter càke 명 (화학) 여과케이크(찌꺼기 덩어리).
filter cènter 명 (군사) 대공(對空) 정보 본부. 「리).
filter fàctor 명 (사진) 필터 계수(係數)(필터 사용 때의 노출(露出) 증가를 나타내는 수).
filter fèeder 명 여과 섭식(攝食) 동물(물 속의 유기물·미생물을 여과 섭취하는 동물). **filter fèeding** 명
filter pàper 명 여과지(紙).
filter prèss 명 압착식 여과기; 어유(魚油) 착유기.
filter pùmp 명 여과용 펌프. 「[t/t] 명
filter tìp 명 필터 달린 담배. **filter-tìp**(**ped**)
***filth** [filθ] 명 ⓤ 1 오물, 불결한 것; 불결, 부정(不淨). 2 상스러움; 음란(한 말·생각). 3 도덕적 부패, 타락; 추행. 4 (때로 the ~) 《집합적》 《英속어》 경찰.
filth disèase 명 불결병.
***filth·y** [fílθi] 형 1 불결한, 더러운. ⇒ DIRTY 유의어 2 상스러운; 외설스러운; 음란(한 말). 추악한, 추잡한. ¶ a ~ joke 상스러운 농담. 3 《구어》 (날씨가) 불쾌한, 싫은. ¶ ~ weather 불쾌한 날씨. 4 《美속어》 (···이) 넘쳐 돌아가는 (*with*). ━ 부 지독하게, 대단히. **fílth·i·ly** 부 ~**·ness** 명
filthy lúcre (익살) 돈; 부정 소득; 악전(惡錢).
fil·tra·ble [fíltrəbl] 형 = filterable.
fil·trate [fíltreit] 통 타 여과하다 (filter). ━ 명 여과액(液)[수(水)]. **-trat·a·ble** 형 **fil·trá·tion** 명
filtrátion plànt 명 정수장(淨水場). 「여과.
fi·lum [fáiləm] 명 (복) **-la** [-lə] 사상(絲狀) 조직, 실 모양의 것; 섬유(filament).
FIM *f*ield *i*nterceptor *m*issile (야전용 대공 미사일).
fim·ble [fímbl] 명 웅마(雄麻)(male hemp).
fim·bri·a [fímbriə] 명 (복) **-bri·ae** [-briːː] (생물)

《복수형으로》 술[털] 모양의 가장자리. **-bri·al** [형]

fim·bri·ate [형] [fímbriət, -brièit] **1** 〔동·식물〕 술이 달린, 실 모양의 돌기가 있는. (또는 **fimbriated**) **2** 〔문장〕 (다른 색의) 가는 띠선으로 두른. **—**[동][타] [fímbrièit] 〔문장〕 〔무늬〕를 색이 다른 테로 두르다.

fim·bri·a·tion [fìmbriéiʃən] [명] 〔생물〕 가두리털 착생(着生), 술 모양의 상태; 가장자리 털, 가두리 장식.

fim·bril·late [fimbrílət, -leit] [형] 〔생물〕 가장자리 털이 있는, 술 장식이 있는.

fi·mic·o·lous [faimíkələs, fə-] [형] 〔생태〕 분생(糞生)의.

F.I.M.S. 《프랑스》 *Fédération Internationale de Médecine Sportive*(국제 스포츠 의학 연맹).

***fin**[1] [fin] [명] **1** (물고기의) 지느러미, (바다표범·펭귄 따위의) 지느러미 모양의 기관; 《집합적》 어류, 어족. ¶the dorsal [pectoral, ventral, caudal, anal] ~ 등 [가슴, 배, 꼬리, 뒷] 지느러미. **2** (~s) (수영·잠수용) 오리발(flipper); (잠수함의) 수평키; 〔항공〕 수직 안정판; (자동차의) 주행 안전판(tail ~); (기계의) 지느러미 비슷한 부분. **3** 《속어》 팔, 손. **4** (~s) (내연 기관의 실린더 따위의 외면에 씌운) 얇은 판.

fin, fur and feather(s) 어류·수류(獸類) 및 조류.

Give us your fin. 우리 악수합시다.

—[동] (**-nn-**) [타] …의 지느러미를 잘라내다; 〔민물고기 따위〕를 베어 나누다. **—**[자] 지느러미를 (세차게) 움직이다[움직여 헤엄 치다]. **∠·less, ∠·lìke** [형]

fin[2] [명] 《美속어》 5달러 (지폐).

fin. final; finance; financial; 《라틴》 *finis*; finish(ed). **Fin.** finish; Finland; Finnish. **F.I.N.A.** 《프랑스》 *Fédération Internationale de Natation Amateur*(국제 아마추어 수영 연맹).

fin·a·ble[1] [fáinəbl] [형] 벌금을 물려야 할, 과료(科料)에 처할 수 있는. (또는 **fineable**) **∼·ness** [명]

fin·a·ble[2] [형] 깨끗하게 할 수 있는, 세련되게 할 수 있는.

fi·na·gle [finéigl] [동] 《구어》 [자] 사기치다. **—**[타] …을 속이다; …을 속여서[사기쳐서] 빼앗다(*out of*). (또는 **fenagle, fanigle**) **-gler** [명]

‡fi·nal [fáinl] [형] **1** 최후[최종]의, 마지막의 ([참] initial). ⇨LAST [유의어] ¶the ~ round (경기의) 최종회. **2** 궁극의, 종국의. ¶the ~ goal 궁극의 목표, 결승점 / the ~ aim 궁극의 목적. **3** 최종적인, 결정적인. ¶the ~ ballot 결선 투표 / My decision is ~. 내 결정은 최종적이다. **4** 〔법률〕 최종의, 종결의. **5** 〔문법〕 목적을 나타내는; 〔음성〕 최종 음절의. ¶a ~ clause 목적절 (that, in order that, lest 따위로 유도되는 종속절).

one final word [or ***thing***] 《구어》 끝으로 한 가지 덧붙일 말은.

—[명] ([복] **∼s** [-z]) **1** 최후의 것; 종국, 궁극. **2** (종종 ~s) (경기 따위의) 결승(전); (대학 따위의) 최종 시험, 기말 시험(~ exam). ¶take the ~*s* 마지막[기말] 시험을 치르다. **3** (신문의 그 날의) 최종판. **4** 〔음악〕 피날리스, 종지음(終止音).

run [or ***play***] ***in the finals*** 결승전에서 뛰다[경기하다], 결승전에 나가다.

final cáuse [명] 〔철학〕 목적인(目的因).

final cút [명] 〔영화〕 마무리 편집(편집 완료 필름).

final dríve [명] (자동차의) 최종 구동[감속] 장치.

***fi·na·le** [finǽli, -ná:li] [명] **1** 〔음악〕 종악장, 종곡(終曲), 피날레; 〔연극〕 종막. **2** 종국, 대단원. 〔<It〕

fi·nal·ism [fáinəlìzm] [명] 〔철학〕 궁극[목적] 원인론. **-ís·tic** [형] 「적 원인론(신봉)자.

fi·nal·ist [fáinəlist] [명] 결승전 진출 선수; 〔철학〕 목

fi·nal·i·ty [fainǽləti] [명] **1** 종국, 결말, 최후. ¶an air of ~ 이제 다 틀렸다는 태도. **2** [U][C] 결정적[최종적]인 것[언동, 상태]. ¶speak with ~ 단언하다. **3** [U] 〔철학〕 궁극 원인설[론]; 궁극성.

fi·na·lize [fáinəlàiz] (＊《英》 **-lise**) [동][타] …을 완성하다, 마무리짓다, 완결시키다; …을 최종적으로 승인하다. **—**[자] 결론을 내리다; 협정을 맺다; 협상[교섭]을 마무리짓다. **-li·zá·tion, -lìz·er** [명]

fínal júdgment [명] (the ~) 〔법률〕 최종 판결.

‡fi·nal·ly [fáinəli] [부] **1** 《글머리에 쓰여》 최후로, (열거·말 따위의) 마지막으로; 마침내, 결국. ¶*F*– justice triumphed. 드디어 정의가 이겼다. **2** 결정[최종]적으로. ¶settle a matter ~ 사건을 완전히 해결하다.

Fínal Solútion [명] **1** (the ~) 최종적 해결(나치스 독일에 의한 유대인의 계획적 말살). **2** (종종 f– s–) 민족 말살, 집단 학살(genocide).

‡fi·nance [finǽns, fáinæns] [명] ([복] ***-nanc·es*** [-iz]) **1** [U] 재정, 재무, 금융; 재정학. ¶public [*or* national] ~ 국가 재정 / an expert in ~ 재정 전문가 / the Minister [Ministry] of *F*– 재무 장관[재무부]. **2** 자금 조달, 융자. ¶equity ~ 주식 발행에 의한 자금 조달 / inventory ~ 재고 융자. **3** (~s) 세입(revenue), 수입; (정부·회사 따위의) 재원, 재력. ¶household [*or* family] ~*s* 가계 / the ~ of a country 한 나라의 재정 / adjust [*or* order] ~*s* 재정을 관리하다.

—[동] (***-nanc·es*** [-iz]; **~*d*** [-t]; ***-nanc·ing***) [타] **1** …에 융자하다, 자본[자금]을 공급[조달]하다, 출자하다; …에 신용 공여하다(＊대형 프로젝트에 쓰인다). ¶~ a railroad 철도에 융자하다. **2** (재정적으로) …을 처리하다, 〔돈〕을 대주다. ¶(~+[目]+[前]+[名]) ~ a daughter *through* college 딸의 학비를 대어 대학을 졸업시키다. **—**[자] 자금을 확보[운용]하다; 재정을 처리[관리]하다.

fináce bìll [명] 재정 법안; 《美》 금융 어음.

Fináce Commìttee [명] 《美》 상원 재정 위원회.

fináce còmpany [명] 금융 회사; 《英》 =finance house.

fináce hòuse [명] 《英》 할부 금융 회사.

‡fi·nan·cial [finǽnʃəl, fai-] [형] **1** 재정(상)의, 재무의; 금융상의; 회계[금전 출납]상의; 금전상의. ¶~ ability 재력 / ~ affairs 재정[금융] 사정 / be in ~ difficulties [*or* trouble] 재정적으로 어려움에 처하다.

> [유의어] **financial** 금전·재정의, 특히 막대한 금액을 다루는 일에 관한. **fiscal** 국가 또는 단체의 수지에 관한. **monetary** 통화의 제조·유통·가치 따위에 관한. **pecuniary** 개인적인 또는 비교적 소액 금액에 관한.

2 금융 관계자의, 재계(인)의. ¶~ circles; the ~ world 재계, 금융계. **3** (클럽·조합 따위의) 회비를 내는. **4** 《濠구어》 돈이 있는[많은].

fináncial accóunting [명] 재무 회계.

fináncial árchitecture [명] 금융 구조; 금융 위기 조기 경보 시스템.

fináncial disclósure [명] (공직자 등의) 재산[자산] 공개.

fináncial expénse [명] 〔회계〕 재무[금융] 비용.

fináncial fúture [명] 금융 선물(先物) (거래).

fináncial ínstrument [명] 금융 상품[증서], 금융 수단(주식·채권·예금 증서·기업 어음(CP) 따위의 총칭).

***fi·nan·cial·ly** [finǽnʃəli, fai-] [부] 재정적으로, 재정상.

fináncial márket [명] 〔금융〕 금융 시장.

fináncial plánning [명] 재무 계획의 입안; 재무 계획 입안 업무([약] F.P.).

fináncial sérvice [명] 투자 정보 서비스업[기관], 종합 금융 상담업[회사].

fináncial státement [명] **1** 〔회계〕 재무표, 재무 상태 설명서; (~s) 재무 제표(財務諸表). **2** 《英》 (재무 장관의 대의회(對議會)) 재무 보고서.

Fináncial Tímes [명] (the ~) 파이낸셜 타임스(영국의 고급 경제 신문).

fináncial yéar [명] (the ~) 《英》 회계[재정] 연도(《美》 fiscal year).

***fin·an·cier** [fìnənsíər, fài-/fainǽnsiə, fi-] [명] **1** 재정가, 재무관. **2** 금융업자; 자본가, 대투자가; 자금 조달에 능한 사람. ¶He is one of the ~*s* for the project. 그는 그 계획에 대한 자본주의 한 사람이다. **—**[동][타] …에게 융자하다; 《美》 〔돈〕을 속여 빼앗다. **—**[자] 《경멸적》 재정을 처리[조작]하다.

fi·nan·cière [F finɑ̃sjɛːR] 명 (소스·스튜 따위가) 피낭시에르의. — 명 피낭시에르 소스(마데이라 포도주와 송로의 엑스로 만든 소스).

fi·nanc·ing [fínænsiŋ, fáinæn-] 명 자금 조달[공급], 융자, 금융; 조달[공급] 자금.

fin·back [fínbæk] 명 긴수염고래(~ whale).

fin·ca [fíŋkə] 명 (스페인어를 쓰는 지방의) 대농장; (스페인어권의 아메리카 여러 나라의) 농원.

finch [fintʃ] 명 참샛과(科)의 작은 새.

‡**find** [faind] 동 (~s [-z]; found) 타 1 a) (사람·물건)을 찾아내다, 발견해 내다; (노력하여) …을 얻다. ¶ ~ the lost key 잃어버린 열쇠를 찾아내다 / *Nothing sought, nothing found*. (속담) 호랑이 굴에 들어가야 호랑이를 잡는다 // (~+目+前+名) ~ *favor with a person* 남의 호의를 얻다 // (~+目+目) = (~+目+前+名) Will you ~ me a taxi? = Will you ~ a taxi *for* me? 택시 좀 잡아 주겠소? b) …을 발견하다. c) …이 있다, 볼 수 있다. ¶ (~+目+補) She was *found* alone. 그녀는 혼자 있었다.

(USAGE) 우리말에서는 보통 주어가 되지 않는 것, 특히 때를 나타내는 말이 find의 주어가 되는 일이 있다: *The next morning found him on the summit of the mountain*. 이튿날 아침 그는 정상에 도달했다.

2 …이 뜻밖에 눈에 띄다, …을 우연히 발견하다; 우연히 …을 만나다. ¶ ~ a coin on the street 길에서 동전을 발견하다 / ~ trouble everywhere 도처에서 곤란을 당하다 // (~+目+補) He was *found* dead. 그는 죽어 있었다 // (~+目+done) The boy was *found* seriously wounded. 소년은 중상을 입고 있었다.

3 (우연 또는 경험·노력 따위로) …을 알다, 깨닫다; …임을 알아채다. ¶ (~+目+(to be) 補) I ~ them (to be) foolish. 나는 그들이 어리석다는 것을 알고 있다 / I *found* it easy to explain. 나는 설명하기 쉽다는 것을 알았다 / I *found* him out. 나는 그가 외출하였다는 것을 알았다 // (~+目+前+名) I *found* my purse *gone*. 나는 지갑이 없어진 것을 깨달았다 // (~+目+do) They *found* the business *pay*. 그들은 그 장사가 수지맞는다는 것을 알게 되었다 // (~+that 節) He *found* that he was mistaken. 그는 자기가 틀렸다는[잘못된] 것을 깨달았다 // (~+wh. to do) Will you ~ *how to get* there? 거기에 어떻게 가면 되는지 아십니까? // (~+wh. 節) Can you ~ *where* he has gone? 그가 어디에 갔는지 알 수 있습니까? // (~+目+前+名) I *found* a warm cooperator in him. 나는 그가 친절한 협력자임을 알았다 / How are you ~ing London? (구어) 런던의 인상이 어떻습니까?

4 …에 도달하다, 이르다, 닿다. ¶ The blow *found* his chin. 그 주먹이 그의 턱에 맞았다 / The anchor *found* (the) bottom. 닻이 밑바닥에 닿았다.

5 (몸의 부분·기관 따위)를 쓸 수 있게 되다. ¶ ~ one's tongue [or voice] 목소리가 나오게[말을 할 수 있게] 되다 / ~ one's head 침착해지다.

6 (연구·조사·계산 따위로) 알아내다(out); 발견하다; …을 확인하다. ¶ ~ the cube root of 125 125의 세제곱근을 구하다 / *F- (out) how to* [or *how you can*] *get there*. 그곳에 갈 수 있는 방법을 알아 보시오. 7 (의식(衣食) 따위)를 공급[제공]하다, 주다 (for, with, in). ¶ The hotel does not ~ breakfast. 그 호텔에서는 식사는 제공하지 않는다 / Wages $500 a week, with board and lodging *found*. 주급 500달러에 숙식 제공 // (~+目+前+名) ~ one's son *with money* 아이에게 돈을 주다. 8 (법률) …을 판결[평결]하다. ¶ ~ a verdict of guilty 유죄 평결을 내리다 // (~+目+補) He was *found* guilty. 그는 유죄 평결을 받았다 // (~+that 節) The jury *found* that the man was innocent. 배심원단은 그가 무죄라고 판정하였다. 9 (美南部) (가축이) (새끼)를 낳다. 10 (속어) 홈

치다(steal). — 자 1 (법률) (배심[재판관])이 평결[판결]을 내리다 (for, against). ¶ (~+前+名) The jury *found for* [*against*] the plaintiff. 배심원단은 원고에게 유리[불리]한 평결을 내렸다. 2 (사냥) (사냥개가) 사냥감을 발견하다.

all [or *everything*] *found* (하인 등이 급료 외에) 의·식·주까지 얻는.

be well found in …의 설비[의장]가 충분하다.

find a person in (남)에게 …을 지급하다.

find Christ 그리스도(교의 진리)를 발견하다.

find fault with → FAULT.

find for oneself 자기 스스로 의식주를 마련하다.

find herself (해사) (새 배가) 출항할 수 있는 상태가 되다.

find it (경마에서) 이기는 말에 걸다. […되다.

find it in one's heart to do …할 마음이 나다, …하려고 마음먹다. [가 맞다.

find it (*to*) *pay*; *find* (*that*) *it pays* (해 보니) 수지

find one's account in …으로 이익을 보다.

find oneself ① 자기의 천분을 깨닫다, 적소(適所)를 얻다. ② (…한) 기분이다. ¶ How do you ~ *yourself* this morning? 오늘 아침 기분은 어때? ③ 깨닫고 보니 …에 있다. ④ 의식(衣食)을 스스로 변통하다.

find one's feet [or *legs*] (아기가) 서서 걷게 되다; 자립하다[하게 되다].

find one's way ① 길을 찾아가다; 도달하다; 애써 나아가다 (into, through). ② 결국 …에 도달하다 (to).

find out ① (범인 따위)를 발견하다, 찾아내다. ¶ I have *found out* who broke the window. 나는 누가 유리창을 깼는지 알아냈다. ② (문제 따위)를 풀다, 해결하다. ③ 진상을 알다 (about). ④ (사람의 본성·정체·의도 따위)를 알아내다, 간파하다. ¶ We *found* her *out*. 우리는 그녀의 의도[정체]를 알아냈다. ⑤ (죄 따위)를 간파[폭로]하다, 들춰내다. ⑥ …을 찾아내다, …에 접근하다. ⑦ (美) …을 수색하다.

find out about …의 존재를[…임을] 알아채다.

find up …을 찾아내다.

find what o'clock it is 진상을 간파하다.

speak…as one finds …을 본대로 이야기[평]하다.

take…as one finds …을 있는 그대로 받아들이다[인식하다]. [(사냥) (여우의) 발견.

— 명 ~**s** [-z] 1 발견, 2 발견[발굴]물; 습득물. 3 *a sure find* (英) ① 여우가 확실히 있다고 생각되는 곳. ② (구어) (찾아가면) 꼭 만날 수 있는 사람; 알아 두어도 좋은 사람.

have [or *make*] *a great* [or *lucky*] *find* 뜻밖에 좋은 것을 입수하다. [있는.

find·a·ble [fáindəbl] 형 발견할 수 있는, 찾을 수

find·er [fáindər] 명 1 발견자, 주운 사람. 2 (카메라·현미경·망원경의) 파인더(viewfinder). 3 (복합어로) …을 발견하는 사람[기구]. ¶ a path*finder* 개척자. 4 (美) 거간꾼, 중개업자. 5 (천문) (큰 망원경에 부착된) 소형 광각(廣角) 망원경. 6 (군사) 거리 측정기. *Finders keepers*. (구어) (먼저) 찾는[본] 사람이 임자(Finding's keeping).

finder's fee 명 (중개인의) 구전, 수수료.

fin de siè·cle [fǽŋ də sjékl] 명 (佛) 세기말 (문학적으로 퇴폐적 경향이 나타난 19세기 말). — 형 (또는 **fin-de-siècle** [ː-ː-ː]) 세기말적인, 퇴폐적인; (19세기 말 시점에서) 새로운, 현대적인, 도시적인. [F]

***find·ing** [fáindiŋ] 명 UC 1 찾아내기, 발견. (종종 ~s) 발견[습득]물. 2 (법률) (판사의) 판결, 판정; (배심의) 평결(verdict). 3 (~s) (美) (CIA의 비밀 공작에 대한 대통령의 지령, 인가); (위원회 등의) 조사 결과, 답신(答申). 4 (~s) (美) (직공용) 도구류나 재료; 부속품.

Finding's keeping. 먼저 찾는[본] 사람이 임자.

finding list 명 탐색 목록(간결화된 도서 목록 따위).

find-spot [fáindspɒt/-spɔ̀t] 명 (고고) (유물·매장품 따위의) 출토[발굴]지(점), 발견지(점).

fine¹ [fain] 형 (**fin·er; fin·est**) **1 a)** 품질이 좋은, 상등의.¶a ~ tobacco 고급 담배. **b)** (사물·일이) 훌륭한, 좋은; 멋있는, 아름다운.¶a ~ house[view] 훌륭한 집[경치]. **c)** (종종 비꼬아) (솜씨·기능이) 아주 좋은, 훌륭한, 우수한.¶~ workmanship 훌륭한 솜씨/a ~ play 훌륭한 연기, 묘기, 미기(美技).
2 a) (사람이) 뛰어난, 훌륭한; 기술이 뛰어난, 숙련된.¶a ~ poet 뛰어난 시인. **b)** (인품 따위가) 세련된; 품위있는, 교양 있는 체하는.¶~ manners 세련된 매너/~ tastes 고상한 취미. **c)** (인격이) 고결[고매]한, 고상한.
3 a) 미세한; 가는, 가느다란; 엷은; (기체 등이) 희박한.¶~ powder[sand] 고운 가루[모래]/~ rain[snow] 가랑비[눈]/~ paper 얇은 종이. **b)** (올 따위가) (밴 coarse); (세공 따위가) 정교한.¶~ lace 올이 가는 레이스/~ skin 고운 살결/a ~ design 정밀한 설계.
4 a) (칼날 따위가) 날카로운, 예리한.¶a ~ edge 예리한 칼날/a ~ pen 잔글씨용 펜, 가는 펜. **b)** (감각 따위가) 예민한, 섬세한; (구별 따위가) 미묘한.¶a ~ sense of humor 섬세한 유머 감각/a ~ difference[adjustment] 미세한 차이[조정]/~ distinctions in meaning 의미상의 미묘한 차이.
5 a) (날씨가) 갠, 쾌청한(clear)(* (美)에서는 보통 nice를 쓴다.¶~ weather 맑은 날씨.¶It's ~ today. =It is a ~ day (today). 오늘은 날씨가 좋습니다. **b)** (공기 따위가) 상쾌한, 기분 좋은, 건강에 좋은.¶~ air 상쾌한 공기.
6 a) 건강한(well), 원기왕성한; (장소 따위가) 건강에 좋은, 쾌적한.¶How are you?—F—, thank you. 안녕하십니까?—예, 덕분에 건강합니다/This house is ~ for us. 이 집은 우리에게는 쾌적하다. **b)** (사람·동물 등이) 단련된, 잘 다듬어진; (체격 따위가) 당당한, 몸집이 큰; 발육이 좋은.¶a ~ athlete 잘 단련된 운동 선수/a ~ child for his age 나이에 비해 몸집이 큰 아이/~ shoulders 잘 발달된 어깨/a ~ cedar 잘 자란 삼나무.
7 (구어) **a)** 좋은, 괜찮은, 만족스러운(satisfactory); 즐거운.¶have a ~ time 즐겁게 보내다/That's ~. 좋습니다. **b)** (강조) 대단한, 지독한.¶That's a ~ thing to say! 어떻게 그런 심한 말을 하는거야! **c)** (반어적) 훌륭한.¶That's a ~ excuse! 거 참 핑계 좋군!
8 (문장 따위가) 화려한, 수식이 많은; 비위 맞추는(의복 따위가) 화려한, 옷차림이 훌륭한.¶~ writing 미문(美文)/F— feathers make ~ birds. (속담) 옷이 날개.
9 (사람·물건이) 아름다운, (풍채 따위가) 훌륭한.¶a ~ baby 예쁜 아기. **10** 웅대한, 광대한, 널따란.¶a ~ expansion of ocean 망망대해. **11** (금·은 따위가) 순도 높은, 순도 …의; 정제한.¶~ 은 순금/gold 18 carats ~ 18금.
a fine gentleman [lady] 세련된 신사[숙녀]; 고상한 체하는 신사[숙녀]. 강한.
(all very) fine and dandy (구어) 괜찮은, 아주 건
all very fine and large ① (구어) 정말 같은, 그럴 듯한. ② (비꼬아) 그건 참 잘됐among.
all very fine and well 그럴듯한; (비꼬아) 대단히 좋.
be fine with [or **by**] (구어) …에게는 괜찮다, …은 좋다.¶That's ~ with me. (제안에 대해) 좋습니다.
call…by fine names …에게 걸찬렛말을 하다.
fine and… (형용사를 강조하여) 아주, 매우, 더할 나위 없이.¶be ~ and beautiful 매우 아름답다.
fine thing (감탄사적) 어휴, 어허 참, 지겹군.
not to put too fine a point [or **an edge**] **on** [or **upon**] **it** 단도직입적[노골적]으로 말해서.
one fine day [or **morning**]; **one** [or **some**] **of these** [or **those**] **days** (구어) 일간, 언제든 한 번(* 이 경우의 fine에는 의미가 없으며, 과거에도 미래에도 쓰인다). [佛心).
one's finer feelings 고결한 감정[기분]; 양심, 불신
one's finest hour 최고의 시기, 전성기, 황금 시대.
say fine things 좋게 말하다.

That will be fine. ① (수락의 뜻) 괜찮아, 문제 없어. ② (거절의 뜻) 아니, 괜찮아(No, thank you).
the finer points (전문가만이 아는) 미세한[미묘한] 점, (상세한) 전문적 지식(of).
— 부 **1** (구어) 훌륭히, 잘; 충분히; 훌륭하게, 우아[고상]하게.¶sing ~ 노래를 잘 부르다/I am doing ~, thanks. 덕분에 잘 지내고 있습니다. **2** 섬세[미묘]하게.
cut [or **run**] **it fine; cut things fine** ① (시간·돈 따위를) 바듯이 하다. ② 아슬아슬한 짓을 하다.
draw it fine 까다롭게 따지다.
It suits me fine. (구어) 그건 됐네, 나에게는 십상이다. 들뜨게 하는다.
talk fine 고상한 말씨를 쓰다; 고상한 체하다; 사귀다다.
train an athlete too fine 운동 선수에게 훈련을 지
work fine (일이) 잘되다. 나치게 시키다.
—타 (~**s** [-z]; ~**d**; **fin·ing**) 자 (액체가) 맑아지다, 순화되다; 잘게[작게, 정확하게] 되다(away, down, off); (날씨가) 개다, 맑아지다(up). —타 (술 따위를) 맑게 하다(down, away); …을 잘게 하다; …을 정제[순화]하다.
fine away [or **down**] ① 점점 가늘어[깨끗해, 맑아]지다. ② 점점 작아지다; …을 감[축]소하다; 사라지다.
—명 **1** (the ~) 개인 날, 맑은 날씨, 쾌청.¶in the ~ 갠 사이에. **2** (~s) 가루, 분말; 미립자; 정제광(鑛).
(in) fine or **fine** 개든 흐리든, 날씨에 관계 없이.
‡fine² [fain] 명 (명 ~**s** [-z]) **1** 벌금, 과태료.¶a parking ~ 주차 위반 벌금/pay a $10 ~ 벌금 10달러를 물다. **2** 봉건적 토지 보유권 갱신에 내는 돈. **3** (고어) 벌, 처벌. **4** (U) 결말(end).
in fine 결국; 요는, 간단히 말하면(in short).
—타 (~**s** [-z]; ~**d**; **fin·ing**) …에게 벌금을 과하다; …을 과료에 처하다 (for). ¶(~+목+목) He was ~d [They ~d him] 100 dollars for speeding. 그는 과속으로 100달러의 벌금을 부과받았다.
fi·ne³ [fí:nei] 명 (음악) (악곡의) 끝, 종지. 〔It〕
fine⁴ [fi:n] 명 핀(프랑스의 중간 품질 브랜디). 〈F〉
fine·a·ble [fáinəbl] 형 과료(科料)에 처할 수 있는, 벌금을 부과해야 하는. **~ness**
fine ággregate [fáin-] 명 (토목) 세골재(細骨材).
fine árt [fáin-] 명 **1** 미술품. **2** (the ~s) 미술(주로 회화·조각·건축). **3** (~s) (넓은 뜻의) 예술(시·음악 따위). **4** 고도의 기술을 요하는 일.
fine bouche [fi:n búːʃ] 명 예민한 미각[취미]; 교양 있는 기호(嗜好). 〈F〉
fine cerámics [fáin-] 명 고품질 세라믹스.
Fine Chám·pagne [F fin ʃɑ̃paɲ] 명 (종종 f-c-) (단맛이 나는) 리큐어 브랜디. 〈F〉 [화학 제품.
fíne chémical [fáin-] 명 정제(精製) 약품, 고순도
fine chémistry [fáin-] 명 파인 케미스트리(다품종 고(高)부가 가치의 화학 제품에 관한 화학).
fine cómb [fáin-] 명 =fine-tooth comb.
fine-comb [fáinkòum] 타 빗으로 빗다; 샅샅이 뒤지다[찾다].
fíne cút [fáin-] 명 가늘게 썬 담배. [뒤지다[찾다].
fine-cut [fáinkʌt] 형 잘게 썬. 반 rough-cut
fine-draw [fáindrɔ́ː] 타자 (-**drew**; -**n**) **1** (재봉) (솔기가 보이지 않도록) …을 감쪽같이 꿰매다. **2** (철사 따위를) 가늘게 잡아늘이다. **3** (논의 따위를) 미세한 데까지 끌고 가다.
fine-drawn [fáindrɔ́ːn] 형 **1** (해진 곳 따위를) 감쪽 같이 꿰맨. **2** (철사 따위를) 아주 가늘게 뽑은. **3** (논의 따위가) 지나치게 세세한, 너무 세세하여 요점을 알기 어려운; (차이 따위가) 아주 미세한. **4** (스포츠맨 등이) 과도한 훈련·연습으로 체중이 준. [치 식품.
fine food [fáin-] 명 (마케팅) 정밀 식품, 고부가 가
Fi·ne Gael [fínə géil] 명 통일 아일랜드당(아일랜드 공화국 2대 정당의 하나).
fine-grain [fáin-] 명 (사진) (화상 따위가) 미립자의; (비유적) 아주 세밀한.
fine-grained [fáingréind] 형 **1** 결이 고운. **2** (사

진) =fine-grain. 3 (설명·해설 따위가) 아주 세밀한.
fíne líne [fáin-] 명 가는 줄[로프].
walk a fine line 줄타기를 하다; 위험한 일을 하다.
*fíne·ly [fáinli] 부 1 훌륭하게, 품위있게; 아름답게, 멋지게. 2 잘게, 가늘게; 정교하게; 교묘하게.
fi·nem re·spí·ce [fíːnem réspike] 끝[결과]을 잘 고려하라. 〈L〉 「리 못.
fíne náil [fáin-] 명 (길이 1~1.5인치의) 강철의 마무
fíne·ness [fáinnis] 명 U 1 훌륭함, 아름다움; (품질의) 우량, 품위. 2 미세함, 가늚, 정교. 3 (합금 따위의) 순도; 분말도(粉末度). 4 (때로 a~) (정신·감각 따위의) 예민, 명철, 섬세, 정확.
fíneness rátio 명 (항공) 장단비(長短比), 단면 장단비, 종횡비(비행기 동체 길이와 최대 직경과의 비).
fíne prínt [fáin-] 명 1 ① 매우 작은 활자체: ⓒ 그 인쇄물. 2 (the~) (계약서 따위의) 세목(細目); (비유적) (계약서 등의 숨겨진) 불리한 조건. **fíne-prínt**
fin·er·y¹ [fáinəri] 명 Uⓒ 1 화려한 옷, 아름다운 장식품. 2 (페어) 화려.
fin·er·y² 〔야금〕 정련로(精鍊爐).
fines [fainz] 명 미립자, 고운 가루; 〔야금〕 미분(微
fines hérbes [fíːn ɛ́ərb/ F fin zɛ́rb] 명 〔요리〕 핀제르브(파슬리·파 따위를 잘게 썰어 섞은 것). 〈F〉
fíne·spún [fáinspʌ́n] 형 1 (실 따위가) 아주 가늘게 자아낸. 2 정교한; 지나치게 세밀한, 실제적이 아닌. ¶a ~ clock 정교한 시계. (또는 **fíne-spún**)
fi·nésse [finés] 명 Uⓒ 1 교묘한 처리; 기교, 수완. ¶exceptional diplomatic~탁월한 외교 수완. 2 술책, 책략. ¶the~of love 사랑의 술수. 3 〔카드놀이〕 피네스(낮은 점수의 패를 내고 판에 있는 패를 따려고 하기). ─타 1 수완을 부리다; 술책을 쓰다. 2 〔카드놀이〕 피네스를 쓰다. ─타 1 …을 술책을 써서 하다. 2 〔카드놀이〕 (어떤 패)를 피네스로 쓰다. 〈F〉
fin·est [fáinist] 명 (복수취급) (미구어) 경찰, 경관.
fi·nes·tra [finéstrə] 명 열린 틈, 구멍; (분묘 내벽의) 통풍구멍.
fíne strúcture [fáin-] 명 1 〔물리〕 (원소의 스펙트럼에 나타나는) 미세 구조. 2 〔생물〕 생물체의 미세 구조. ─타 밀히 조사하다.
fine-tooth-comb [fáintuːθkóum] 명·타 철빗면
fine-tooth(ed) cómb [fáintuːθ(t)-] 명 1 빗살이 가는 빗, 참빗. 2 면밀[철저]한 조사(음미).
go over [or *through*] *with a fine-tooth comb* 세밀하게 음미[탐색]하다.
fine-tune [fáintjúːn/-tjúːn] 타 1 (TV·라디오 따위)를 (미(微))조정하다; (기계·엔진 따위)를 조정하다. 2 (바람직한 방향으로) 약간 조정하다; (세부)를 손보다. **fíne-tún·er**
fíne túning [fáin-] 명 미세 조정.
fin·fish [fínfiʃ] 명 (shellfish에 대해) 물고기.
fin·foot [fínfut] 명 (~s) 발에 물갈퀴가 있는 새.
fin·foot·ed [-fútid] 형 〔조류〕 발에 물갈퀴가 있는.
‡fín·ger [fíŋgər] 명 (~s [-z]) 1 손가락(보통 엄지 손가락은 제외). ¶the index~집게손가락, the middle~가운뎃손가락, 중지/the ring~무명지, 약손가락/the little [or small, fourth]~새끼손가락. 2 (장갑의) 손가락. 3 중지의 길이(약 4.5인치); 손가락의 폭(3/4 인치)(digit). 4 손가락 모양의 것; (시계·계기류의) 지침, 바늘; 지시물; 손가락 과자; (기계의) 손가락 모양 돌기물. 5 (음악) 운지(運指)의 법. 6 (속어) 밀고자, 스파이(~ man). 7 (영속어) 소매치기. 8 (미속어) 마약 한 봉지.
be [or *feel*] *all (fingers and) thumbs; one's fingers are all thumbs* 아주 서투르다, 손재주가 없다.
burn one's fingers; get [or *have*] *one's fingers burnt* 손을 데다. (참견했다가) 혼나다. (투기로) 손해 *by a finger's breadth* 가까스로, 간신히. 「보다.
by the finger of God 신의 섭리로.
can [or *be able to*] *count...on one's fingers* (구어) (수가 적어서) …은 다섯 손가락으로 셀 정도이다.
crook one's (little) finger ① (구어) (손가락을 구부려) 남의 주의를 끌다. ② (술 따위)를 즐겨 마시다.
cross one's fingers =*keep one's fingers crossed.*
feel one's fingers itch 손가락이 근질근질하다; (…하고 싶어) 안달이 나다 (*for, to do*).
for the lifting of a finger 쉽게, 수월하게.
get [or *pull, take*] *one's finger out* (영속어) ① 급히 가다. ② (게으름 피우기를 그만두고) 열심히 일을 시작하다. ③ 방해하는 것을 그만두다.
give a person the finger (미구어) (중지를 세우고 상대를 향해 흔들어) 노여움[멸시감]을 나타내다.
have [or *put*] *a finger in the* [or *a, every*] *pie; have one's fingers in many different pies* (구어) (경멸적) 안 끼는 데가 없다, 약방의 감초같다; 쓸데없이 관여[참견]하다.
have a thing at one's fingers' ends [or *tips*] …을 잘 알고 있다, …에 정통하다.
have light [or *sticky*] *fingers* (구어) 도벽이 있다.
have more...in one's little finger than a person (has in his whole body) (구어) (남)보다 훨씬 더 …의 능력[재능]이 있다.
have [or *lay*] *one's* [or *a*] *finger on one's lips* =*put a finger to one's lips.*
have [or *keep*] *one's finger on the pulse of* (구어) …의 생각[의향, 실상]을 잘 파악하고 있다[에 정통하다].
have one's fingers [or *hand*] *in the till* 자신이 근무하는 가게의 돈을 (장기간에 걸쳐) 후무리다.
keep [or *have*] *one's fingers crossed* (중지를 인지에 포개고) 기도하다, 좋은 결과[행운]를 빌다.
lay [or *put*] *a finger on* (부정문·if절에서) (적의를 품고) …을 만지다, …을 손대다; (부녀자)를 해치다.
lay [or *put*] *one's finger on* ① …을 정확하게 지적하다; …을 생각해내다. ② …의 소재를 알아내다.
let a thing slip through one's fingers …을 손에서 떨어뜨리다(lose hold of), 놓치다.
lift the little finger 술을 몹시 마시다.
live by one's fingers' ends 손재주(를 쓰는 일)로 생계를 꾸리다. 「체하다; (미속어) 몰래 보다.
look through one's fingers at …을 보고도 못 본
not lift [or *raise,* (드물게) *stir*] *a finger* 손가락 하나 까딱 않다, 노력을 전혀 안하다.
One's fingers itch for [or *to do*] …하고 싶어 좀이 쑤시다[안달이 나다]. ¶*My~s itch* to do it. 그것이 하고 싶어 못 견디겠다. 「하다, 책망하다.
point the finger at [or *a, one's*] *finger at* …을 비난[비판]
poke a finger at …을 손가락질하다, 비웃다.
pull finger (뉴질 속어) =*get one's finger out.*
put a [or *one's*] *finger to one's lips* 쉿하고 입에 손가락을 대다, 입 다물라고 신호하다.
put one's fingers on (단서 따위)를 잡다.
put the finger on (속어) (범인)을 경찰에 밀고하다; (범행할 장소 또는 사람)을 선정하다.
rub one's thumb and index finger together 엄지 손가락과 인지를 포개어 비비다, 돈을 내라고 신호하다.
shake [or *wag*] *one's finger at a person* [or *a person's face*] 남을 비난하다.
slip through a person's fingers (구어) (기회·돈 따위가) 사라지다, 빠져나가다.
snap one's fingers (at) (…을) 경멸하다.
stick to a person's fingers (돈이) 남에게 착복되다.
the finger of God 하느님의 거룩한 손길, 하느님의 권능. 「*little finger.*
throw [or *turn up*] *the little finger* =*lift the*

to the end of** one's **little finger 완전히.
turn** [or **twist, wind, wrap**] a person **round** one's **(little) finger 남을 마음대로 조종하다, 농락하다.
with a wet finger 아주 쉽게, 힘 안 들이고.
work one's ***fingers to the bone*** (구어) 뼈빠지게 일하다.
— 동 (~s [-z]) 타 1 …에 손가락을 대다; …을 손가락으로 만지작거리다; 가지고 놀다. ¶~ papers 서류를 만지작거리다. 2 …을 슬쩍 훔치다; (물건)을 탐내다; (뇌물 따위)에 손을 내밀다. ¶~ a bribe 뇌물을 받다. 3 (음악) …을 탄주하다; …에 운지보(運指譜)를 붙이다; (어떤 운지법으로) …을 연주하다. 4 (美속어) …을 경찰에 밀고하다; (범행의 대상으로) (사람·장소)를 수인에게 지시하다. 5 (비난하듯) …에게 손가락질하다. 6 (속어) =fingerfuck. — 재 1 (지문이나 어떤 특징으로) 손끝으로 만지작거리다(*with*). 2 (음악)(악기가) 손가락으로 연주되다; (…의) 운지법으로 연주되다[하다]. ~·er 명

finger álphabet 명 (농아자용) 지문자(指文字).
fin·ger·board [fíŋɡərbɔ̀ːrd] 명 (피아노 따위의) 건반(keyboard); (현악기의) 지판(指板).
finger bòwl 명 핑거 볼(식탁에서 손가락 씻는 그릇).
fin·ger·breadth [fíŋɡərbrèdθ, -brètθ] 명 손가락 폭(finger's breadth)(약 2cm). 〔카운드식 경식당〕
finger bùffet 명 핑거 뷔페(finger food가 나오는).
fin·ger-dry [-drái] 통타 (머리)를 손가락으로 매만져 말리다.
fin·gered [fíŋɡərd] 형 1 (복합어로) …손가락의, 손가락이 …한. ¶two-~ 두 손가락의/light-~ 손재주가 있는. 2 (상품 따위의) 손이 닿은. 3 (동·식물) 손가락 모양의. 4 (음악) 지주(指奏)의, 운지(運指) 기호가 붙은.
fin·ger·fish [fíŋɡərfìʃ] 명 불가사리(starfish). (위).
finger fòod 명 (손으로 집어 먹는 음식)(마른 안주 따위).
fin·ger·fuck [fíŋɡərfʌ̀k] 타 (속어·비어) (여성의 성기)를 손가락으로 애무[자극]하다.
finger gàte 명 (야금) 지연(指延).
finger glàss 명 유리로 만든 핑거 볼(finger bowl).
finger hòle 명 (관악기·볼링 공 따위의) 손가락 구멍.
fin·ger·ing[1] [fíŋɡəriŋ] 명 1 손가락으로 만지작거리기, 손장난. 2 (음악) 운지법; ⓒ 운지 기호. 〔<F〕
fin·ger·ing[2] [fíŋɡəriŋ] 명 소모사(梳毛絲)(~ yarn).
finger lánguage 명 (농아자용의 (聾啞者用)) 지두어(指頭語)(수어)(법). 2 =finger alphabet.
fin·ger·less [fíŋɡərlis] 형 손가락이 없는; 손가락 …을 잃은.
fin·ger·lick·in' [-líkin] 형 손가락을 핥을 만큼. ¶*F-good* 아주 맛있다(* Kentucky Fried Chicken의 슬로건). (또는 **finger-lícking**)
fin·ger·ling [fíŋɡərliŋ] 명 1 작은 고기, 치어(稚魚) (특히) 연어·송어 새끼. 2 매우 작은 것.
finger màn 명 (美속어) 살해·강도 따위의 대상을 지시하는 사람; 밀고자(informer).
finger màrk 명 지문, (때묻은) 손가락 자국, 손때.
fin·ger·math [fíŋɡərmæθ] 명 지산(指算)(손가락으로 하는 셈).
finger mób 명 (美속어) (밀고의 대가로) 경찰의 보호를 받는 도둑 무리.
fin·ger·nail [fíŋɡərnèil] 명 1 손톱. 2 (구어) (인쇄) 둥근 팔호(parenthesis). ※매직기.
hold [or ***hang***] ***on*** (***to***...) ***by*** one's ***fingernails*** (진행형으로) (일 따위에) 필사적으로 매달리다.
to the fingernails 완전히, 철저히; 손톱 끝까지.
finger nùt 명 (기계) 집게 너트(wing nut).
finger páint 명 핑거 페인트(젤리 모양의 그림 물감).
finger-páint 재
finger páinting 명 핑거 페인팅, 지두화(指頭畵)(법).
fin·ger·peck [fíŋɡərpèk] 명타 (원고 따위를) 손가락으로 톡톡 두드려 타자하다. (작업).
finger plàte 명 (문의 손잡이 부분에 붙이는) 지판(指板).
fin·ger·point·ing [-pɔ́intiŋ] 명 (美구어) (부당한) 고발; 손가락질, 지탄, 힐난.

finger pópper 명 (美속어) (재즈에 열중하여) 손가락으로 소리내는 사람(연주자); 재즈광(狂).
finger pòst 명 (손가락 모양의) 길 안내 표지(guidepost); (…의) 지표, 안내, 안내(*to*).
fin·ger·print [fíŋɡərprìnt] 명 1 (보통 ~s) 지문. ¶take her ~s 그녀의 지문을 채취하다. 2 뚜렷한 특징.
— 동타 1 …의 지문을 채취하다. 2 (지문이나 어떤 특징으로) …의 신원을 알아내다. 3 (사람의) DNA의 샘플을 채취하다.
finger réading 명 (맹인의) 점자(點字) 독법.
finger ríng 명 반지, 가락지.
finger ròll 명 (이탈리아식) 길쭉한 롤빵.
fin·ger-shaped [-ʃèipt] 형 손가락 모양의.
finger shíeld 명 =fingerstall.
fin·ger·spell [fíŋɡərspèl] 타 손가락으로 철자하다. 손가락 알파벳으로 의사 전달을 하다. 〔guage〕
fin·ger·spel·ling [fíŋɡərspèliŋ] 명 =finger language.
fin·ger·stall [fíŋɡərstɔ̀ːl] 명 손가락 끼우개, 골무.
fin·ger·tight [-táit] 형 손으로 단단히 조인.
fin·ger·tip [fíŋɡərtìp] 명 1 손가락 끝. 2 =fingerstall. (또는 **finger típ**)
have [or ***keep***] ...***at*** one's ***fingertips*** ① …을 곧 쓸[입수할] 수 있다. ② …을 잘 알고 있다, …에 정통하다; …을 쉽게 처리하다.
to one's [or ***the***] ***fingertips*** 완전히, 어느 모로 보나. ¶a gentleman *to his ~s* 완벽한 신사.
— 형 1 (의복이) 어깨에서 넓적다리 중간까지 닿는. 2 접근[입수]하기 쉬운. 3 간단히 조작할 수 있는.
fingertip tòwel 명 (손으로 쓰는) 작은 타월.
finger tróuble 명 (컴퓨터) 손가락의 조작 미스.
finger wàve 명 1 손가락 웨이브(손가락으로 하는 정발(整髮)). 2 (구어) 중지를 세워 상대방을 향해 흔들기 (멸시·분노의 제스처). ※*the FINGER*.
give a person ***the finger wave*** =*give a person* **finger-wáve** 명 〔장된 연기를 하는 배우〕.
fin·ger-wring·er [-rìŋər] 명 (美속어) (영화) 과
fi·ni [fiːníː] 형 끝난; 완료된, 완성된; 최후의. 〔F〕
fin·i·al [fíniəl/fáin-] 명 (건축) (용마루·첨탑 따위의) 꼭대기 장식; (가구 따위의) 머리 장식. ~ed 형
fin·i·cal [fínikəl] 형 =finicky.
~cal·i·ty 명 **~·ly** 부 **~·ness** 명
fin·ick [fínik] 재 뽐내다; 빈둥거리다.
fin·ick·y [fíniki] 형 1 지나치게 까다로운, 너무 꼼꼼한; 지나치게 마음을 쓰는(*about*). ¶be ~ *about* food 음식에 까다롭다. 2 세심한 주의가 필요한, 신경을 써야 하는. (또는 **finnicky, finicking, finikin**)
fin·i·gal [fíniɡəl] 명 =finagle.
fin·ing [fáiniŋ] 명 청징(淸澄). 1 녹은 유리 원료의 기포 제거 작업. 2 포도주나 알코올의 정화·여과 작업.
fin·is [fínis, fáinis] 명(ⓒ) (the ~) 끝(end); (책·영화 따위의) 끝, 결미(結尾); 종결, 종말, 죽음. 〔<L〕
fi·nis co·ro·nat o·pus [fínis kɔːróunæt óupəs] 일은 그 결과에 따라 영관(榮冠)을 얻는다; 만사 마무리가 중요하다. 〔<L〕
‡**fin·ish** [fíniʃ] 동 (~*es* [-iz]; ~*ed* [-t]) 타 1 …을 끝내다, 끝마치다, 완료[완성]하다(*off, up*). ¶~ one's work 일을 끝내다/~ a book 책을 다 읽다[쓰다]// (~+目+튁) ~ *up* the work 일을 끝마치다.
2 …을 종결하다; …을 마감[종료]하다; (과정 따위)를 마치다; …을 졸업[수료]하다. ¶~ one's life 일생을 마치다/~ school 학업을 마치다, 졸업하다.
3 (식사 따위)를 먹어치우다; …을 다 써버리다(*off, up*). ¶~ all the meat 고기를 깨끗이 먹어치우다.
4 …을 꼼짝 못하게 하다; …을 해치우다, 죽이다(*off*);

(수동형으로) 끝장나다; 재기불능이 되다. ¶My answer ~ed him. 내 대답에 그는 꼼짝 못했다/I think I'm ~ed. 나는 이제 끝장난 것 같다// (~+몜+前+명) The heat ~ed her off. 그녀는 더위에 완전히 지쳐버렸다. **5** …을 끝마무리하다, 끝손질하다(off)(with). ¶(~+ 몜+前+명) ~ wood with varnish 나무를 니스로 마무리하다. **6** (남)에게 마무리 교육을 하다; (수동형으로) (처녀가 finishing school에서) 사교계에 나설 준비 교육을 마치다. **7** (제본)…의 끝손질을 하다.
── (자) **1** (공연·전투 등이) 끝나다, 막을 내리다. ¶The concert ~ed at 10. 공연은 10시에 끝났다. **2** (사람이 일 따위를) 끝내다, 마무리하다(off, up)(with); (…으로/…을 하며) 끝내다(with/by doing); 결국 …이 되다(in). ¶I ~ed before he did. 나는 그보다 먼저 끝냈다/(~+前+몡) Let's ~ with [or by singing] this song. 이 노래를 부르고 끝내자. **3** (경기에서) 결승점에 닿다(up), …등에 들다. ¶(~+몜) He ~ed second in the race. 그는 경주에서 2등을 했다. **4** (사교계 진출을 위해) 교양 학교(finishing school)에서 교육받다. **5** (축구에서) 1점을 얻다. **6** (페어) 죽다.
be finished ① (일이 /사람이; 물건이) 없어지다. ② (사람이) (…을 / …하는 것을) 끝내다, 마무리하다
finish it off (속어) 사정(射精)하다. 〔*with*〕.
finish off ① (일 따위를) 정리하다, 마무리하다, (일 따위가) 끝나다, 마무리되다. ② (음식 따위를) 다 먹어 치우다; 다 써버리다. ③ 멸망시키다; 죽이다.
finish up ① 결국 …이 되다, …로 끝나다(in). ② …로 끝마치다, 최후로 …하다(with, by doing).
finish up nowhere 아무 보람[성과]없이 끝나다.
finish with (수동형으로) ① …으로 끝 마치다. ② …와 절교하다, 인연을 끊다. ¶I have ~ed with him. 그 사람과 절교했다. ③ …을 다 써버리다, …이; 따위로) 되다; 흥미가 없어지다. ④ (남)을 야단치는 것을 그만두다.
── (명) (~·es [-iz]) UC **1** (a ~, the ~) 끝, 종결 (☞END 유의어). ② (경기·여우 사냥 따위의) 최종 단계, 최후 장면; (경주의 결승; 골인. ¶a hot ~ 손에 땀을 쥐게 하는 결승전. **2** 최후; 몰락(의 원인). **3** 끝마무리, 끝손질. **4** (인격 따위의) 완성, 세련. **5** 끝맺음; 마무리 재료; (건물의) 내부 공사의 마무리. **6** 병 아가리.
be in at the finish (여우 사냥 따위에서) 최후의 장면에 참가하다. (비유적) 마지막 장면에 입회하다.
come to the finish 끝나다.
fight to a finish 끝까지 싸우다.
give a finish to …을 마무리하다, 매듭짓다.
fínish còat 뎡 마무리 칠[처리]. (또는 **fínishing còat**)
fin·ished [fíniʃt] 혱 **1** 끝마친, 완료한; 완성된, 마무리된. ¶Are [or Have] you ~? 다 끝났습니까? **2** 연마된; 훌륭한. ¶a ~ poem 훌륭한 시. **3** (사람이) 세련된; 더할 나위 없는. **4** (구어) 끝장난, 몰락한; 운이 다한. **5** (美) 이미 관계가 끝난(없는).
fínished góods 뎡복 완제품, 완성품.
fin·ish·er [fíniʃər] 뎡 **1** 완성자; (경주 따위의) 완주자, 끝마무리 직공(기계). **2** 치명적 일격(따마디).
fínisher càrd 뎡 마무리 카드(아마 방적 따위에서 카드 공정(工程)의 마지막에 쓰는 기계).
fínish hárdware 뎡 마무리용 철물(손잡이·자물쇠 등).
fin·ish·ing [fíniʃiŋ] 혱 (한정용법) 끝마무리의, 최후의. ¶a ~ blow [or stroke] 마지막 일격, 결정타.
── 뎡 **1** 마무리. **2** (~s) (건축) 치장, 장식(조명의 고정 설비). **3** (축구) 결승골, 골 마무리 (기술).
fínishing náil 뎡 (가늘고 머리가 작은) 평못, 돌림못.
fínishing schòol 뎡 교양(신부) 학교(사교계 진출을 위한 특별 교육을 시키는 학교).
fínishing tóuch 뎡 (~es) 마무리(작업, 손질).
give the finishing touch(es) [or *stroke(s)*] 마지막 손질을 하다, 마무리(작업)을 하다.

fínish líne 뎡 결승선.
fi·nite [fáinait] 혱 **1** 제한[한정]된, 유한(有限)의(반 infinite). ¶one's ~ intelligence 한정된 지력. **2** (시간·공간·자연 법칙 따위의) 제약을 받는; (존재가) 절대적이 아닌. **3** (수학) 유한의. **4** (문법) (동사가) 정형(定形)의. the ~) 유한(성); (집합적) 유한물.
~·ly 튀. ~·ness 뎡 〔(定動詞節)〕
fínite cláuse 뎡 (술부에 정동사형을 가진) 정동사절
fi·nite·di·men·sion·al [-diménʃənəl] 혱 (에서) 유한 차원의
(벡터 공간의) 유한 차원의 ¶~ 〔에서) 유한 교차성.
fínite intersèction próperty 뎡 (수학) (집합
fínite vérb 뎡 (문법) 정동사, 정형 동사(수·인칭·시제·법 따위에 따라 한정된 동사의 어형). 「-ist 뎡〕
fi·nit·ism [fáinaitizm] 뎡 (철학) 유한론[주의].
fin·i·to [finíːtou] 혱 (구어) 끝난, 종료된.
fin·i·tude [fínətjùːd/fáinitjùːd] 뎡 U 유한(성).
fink [fiŋk] 뎡 (美·캐나다 속어) **1** 파업 파괴자; (노동 조합 내부의) 첩자(labor spy). **2** 밀고자; (경찰의) 끄나풀; 배신자. **3** 싫은 녀석. **4** 경찰관, 형사.
── (자) **1** 경찰에 알리다, 밀고하다. **2** 파업을 파괴하다.
fink out (美속어) ① 약속을 어기다, 배신하다(cop out)(on). ② (계획·활동 따위에서) 발을 빼다, 꽁무니 빼다(on). ③ 의지[신용]할 수 없게 되다. ④ 참패하다
fín kéel 뎡 (美속어) (요트의) 핀 용골.
fink-out [-àut] 뎡 배반, 배신; 공무니 빼기, 후퇴. 「다.
Fin·land [fínlənd] 뎡 핀란드(북유럽의 공화국; 수도 Helsinki). ~·er 뎡 핀란드 사람.
Fin·land·i·za·tion [fìnləndizéiʃən/-daiz-] 뎡 U (정치) 핀란드화(化)(핀란드의 과거 대(對)소련 정책처럼 대내적으로는 독자 체제를 유지하며 초강국에 사대주의적 정책을 취하는 것).
Fin·land·ize [fínləndàiz] (타) (옛 소련이) (유럽의 비(非)친소 국가)를 핀란드화하다, (비유적) 대(對) 강대국 우호 정책을 취하게 하다.
fin·let [fínlit] 뎡 작은 지느러미, 부(副)지느러미.
fin·mark [fínmɑ̀ːrk] 뎡 (핀란드의) 마르카 화폐 (markka). (또는 **finnmark**)
Finn [fin] 뎡 **1** 핀란드 사람. **2** 핀 사람(유럽 북부에서 핀란드를 중심으로 거주); (the ~s) 핀족(族).
Finn., Finn Finnish.
Finn·air [fínɛər] 뎡 핀란드 항공(기) AY.
fín·nan háddie[háddock] [fínən-] 뎡 (스코틀랜드의) 훈제(燻製) 대구.
finned [find] 혱 지느러미가 있는; (복합어로) 지느러미가 ~한. ¶long-~ 지느러미가 긴.
fin·ner [fínər] 뎡 긴수염고래(finback). 「죽 장화.
fin·nes·ko [fíneskou] 뎡 (복 ~) 피네스코(순록 가
Finn·ic [fínik] 혱 핀족의; 핀말의. (는 Finnish)
fin·nip [fínip] 뎡 (美속어) 5달러[파운드] 지폐, 5달러. (또는 **finnif**)
Finn·ish [fíniʃ] 혱 핀란드 사람; 핀란드 사람[말]의; 핀족의. ── 뎡 U 핀란드 말; 핀어(語). 「Ugric.
Fin·no- [fínou, -nə] (연결) Finnish의 뜻. ¶*Finno*-
Fin·no-U·gri·an [-júːgriən/-júː-] 혱 피노우그리아 사람[어족]의. ── =Finno-Ugric.
Fin·no-U·gric [-júːgrik/-júː-] 혱 뎡 피노우그리아 어족(유럽 북부와 북아시아의 지족(支族))(의).
fin·ny [fíni] 혱 지느러미가 있는, 지느러미 같은; 물고기의; (시) 물고기가 많은. ¶~ tribes 어족(魚族).
fi·no [fíːnou] 뎡 피노스페인산(産)의 셰리주(酒).
fín rày 뎡 지느러미 가시.
fin. sec. *financial secretary*.
Fin·sen líght [fínsən-] 뎡 핀센 광(피부병 치료용). 〔덴마크 의사 Niels R. Finsen(1860–1904)의
fin-ski [fínski] 뎡 (美속어) 5달러 지폐(fin). 「름」
fín whàle 뎡 =finback.
FIO (美속어) *fart it off*(방귀로 날리다; 전혀 개의치 않다). **f.i.o., F.I.O., FIO** (상업) *free in and*

fiord [fjɔːrd] 명 =fjord.
Fiord·land [fjɔ́ːrdlænd] 명 피오르드랜드(뉴질랜드 남(南)섬 남서부의 산악 지대; 국립 공원).
fio·ri·tu·ra [fiɔ̀ːritúərə] 명 (복 -re [-rei]) [음악] 피오리투라(18세기 이탈리아 오페라의 선율 장식).
fip·pence [fípəns] 명 (英구어) =fivepence.
fip·ple [fípl] 명 [음악] (관악기의) 주둥이 마개.
fiqh [fik] 명 [회교] 피크흐, 회교 법학. (또는 **fikh**)
***fir** [fəːr] 명 **1** (식물) 전나무. (또는 ~**-trée**) **2** ⓤ 전나무 재목. [(항) (역).
FIR (항공) flight information region(비행 정보 구역).
fír còne 명 전나무 방울[구과].
‡**fire** [faiər] 명 (복 ~**s** [-z]) **1** ⓤ 불, 불꽃; (고대 철학) 우주의 4원소, 땅·물·불·바람의 불. ¶F- burns. 불은 탄다 / There is no smoke without ~. (속담) 아니 땐 굴뚝에서 연기 날까.
2 a) (요리·난방용 따위의) 불, 숯불, 화롯불, 모닥불, 화톳불. ¶make [or start] a ~ in the stove 난로에 불을 피우다 / put a pan on the ~ 냄비를 불에 올려 놓다 / urge a ~ 불을 붙이다 / Warm yourself by the ~. 불을 쬐시오. **b)** (英) (전기·가스 따위의) 난방기, 히터 (heater). ¶an electric [a gas] ~ 전기[가스] 난로. **3** ⓒⓤ 불, 화재. ¶a big [or great] ~ 큰 불, 큰 화재 / an accidental ~ 실화(失火) / an incendiary ~ 방화 / ~ equipment 소방 기구 / insure a building against ~ 건물을 화재 보험에 들다 / Fire! 불이야! / A ~ broke out. 불이 났다.
4 a) ⓤⓒ (총·포 따위의) 발사, 발포, 점화; 총화, 포화. ¶random ~ 난사(亂射) / a covering ~ 엄호[지원] 사격 / cease ~ 사격[전투]을 중지하다 / cross ~ 십자 포화 / concentrate ~ 포화를 집중하다. **b)** ⓤ 소이제(燒夷劑), 연소물; 연료; 화약; 불꽃; 적색 신호용. ¶red ~ 신호용 적색 불꽃 / a ~ bomb 소이탄. **c)** (보통 a ~) (질문·비난 따위의) 퍼부음, 집중 공세. ¶put a ~ of questions to him 그에게 질문 공세를 퍼붓다.
5 번쩍이는 빛, 번쩍임, 광채; (보석 따위의) 광휘. ¶the ~ of lightning 번갯불의 번쩍임.
6 ⓤ 열정; 열렬함, 열광; 흥분, 격노. ¶the ~ of love [hatred] 불 같은 사랑[증오] / the ~ of patriotism 애국의 열정. **7** ⓤ 생생한 상상력; 시적(詩的) 영감; 공상. **8** ⓤ (육체를 태우는 듯한) 열; 심한 통증. **9** ⓒⓤ 고난, 시련. **10** (보통 the ~) 불 고문, 화형(火刑). **11** ⓤ (화주 따위의) 화끈한, 몸을 덥게 하는 힘; 화주(liquor). **12** 불꽃, 섬광(spark); 도깨비불. **13** ⓤⓒ (고어) 번갯불, 천둥과 번개. **14** (시) (별 따위) 반짝이는 것. ¶heavenly ~s; ~s of heaven 별 / **a líne of fíre** 탄도, 사선. [자리, 성과.
all fíre and tów (美남부) 화를 잘 내는.
béat [or **sláp, whíp**] **the fíre óut of** ···을 때려 눕히다; 타도하다. [먼으로 협공당하여.
between twó fíres 앞뒤에서 적의 포화를 받고, 양
build [or **máke**] **a fíre** 불을 피우다.
build [or **háve, líght**] **a fíre únder** (구어) ···을 부추기다; 다그치다. ···에게 압력을 넣다.
cátch (on) [or **gó on**] **fíre** ① 불붙다, 타오르다. ② 흥분하다. ③ 열광적인 환영을 받다.
dráw a pérson's fíre; dráw the fíre of a person (남을 지키기 위하여) ···의 비난[공격]을 받다.
dráw fíre 공격[비난]을 초래하다; 표적이 되다.
fálse fíre (적을 유인하기 위한) 거짓 신호.
fíght fíre with fíre 상대와 똑같은 수법[전법]을 쓰다, 눈에는 눈으로 앙갚음하다.
fíre and swórd 포화와 검, 전화(戰禍).
fíre in one's bélly 야심, 열의.
fúll of fíre 활기에 찬. [온갖 위험을 무릅쓰다.
gó through fíre and wáter 물불을 가리지 않다.
háng fíre ① (총포가) 늦게 발사되다. ② 결단을 못 내리다, 꾸물대다; (사업 따위가) 더 이상 성장하지 않다.
hóld one's fíre 발포를 삼가다; 함부로 입을 열지 않다, 대답을 미루다; 사실을 숨기다. [쓰고,
in the líne of fíre 사선(射線)에서; 피격 위험을 무릅
láy a fíre 불 피울 준비를 하다, 땔나무를 쌓다.
líke fíre; like a hóuse on fíre (속어) 급속히, 빨리.
máke up a [or **the**] **fíre** 불에 장작[석탄]을 넣어 태우다. [패로 끝나다.
míss fíre ① (총포가) 불발이 되다. ② 성공 못하다, 실
on fíre ① 불타고, 불이 나서. ② 흥분하여, 열중하여, (이상 따위에) 불타서.
on the fíre (美속어) 고려중인, 준비중인.
ópen fíre on [or **at**] ① ···에게 (비난 따위의) 포문을 열다, (질문 따위를) 퍼붓기 시작하다. ② ···에게 사격을 개시하다. ③ (어떤 일)을 시작하다.
pláy with fíre 중대한[위험한] 문제를 가볍게 다루다; (비유적) 불장난하다.
póur [or **thrów**] **óil on the fíre** (비유적) 불에 기름을 붓다, 불을 더욱 크게 만들다. [에 혼이 나다.
púll a pérson's chéstnut óut of the fíre 남 때문
púll [or **snátch**]**...óut of the fíre** (어려움을 물리치고) ···을 성취[성사]시키다.
sét fíre to; sét...on fíre ① ···을 태우다. ···에 불지르다. ② (사람)을 흥분시키다, 부추기다.
sét the Thámes [or (美) **the wórld**] **on fíre** ⇒THAMES.
shóot fíre (눈이) 번쩍이다, 빛나다.
shów the fíre 잠깐 불을 쬐어 놓다[가열하다].
stír [or **póke**] **a fíre** 불을 쑤셔 일어나게 하다.
stríke fíre ① (성냥 따위로) 불을 붙이다. ② 감명을 주다, 감동시키다.
táke fíre =catch fire.
únder fíre ① 포화를 받고. ② 비난[공격]을 받고. ¶come under ~ 공격[포화, 비난, 비판]받다.
Whére is the fíre? (구어) 어디 불이라도 났소?(* 교통 경찰이 속도 위반자에게 흔히 하는 말).

— 통 (~**s** [-z]; ~**d; fír·ing**) 타 **1** ···에 불을 붙이다. ···을 태우다, 불을 지르다, 방화하다. ⇒KINDLE [유의어] ¶~ a house 집에 불지르다.
2 (노(爐)·기관 따위의) 불을 때다[지피다, ···에 연료를 공급하다. ¶~ the boiler 보일러에 불을 지피다.
3 ···을 불에 올려놓다, 불에 쬐다[굽다, 데우다], ···에 불기운을 넣다. ¶~ tea 차를 볶다.
4 (가마 속에서) (도자기·벽돌 따위)를 굽다. ¶~ pottery [porcelain, bricks] 도기[자기, 벽돌]를 굽다.
5 a) [총포]를 쏘다, (화기)를 발사하다, (탄환·로켓 따위)를 발사하다(at, into, on, upon). ¶~ a blank shot 공포를 쏘다 / (~+퇴+쩐+명) He ~d small shot at the birds. 그는 새에게 산탄을 쏘았다. **b)** (질문·비난 따위)를 퍼붓다(at). ···에게 질문 공세를 퍼다. **c)** (지뢰 따위)를 폭발시키다; ···을 폭파하다.
6 (감정·정열 따위)를 타오르게 하다; (사람)을 흥분[감격]하게 하다(up). ¶The book ~d his imagination. 그 책은 그의 상상력에 불을 붙였다 // (~+퇴+쩐+명) ~ a person with indignation 남을 격분케 하다.
7 (남)을 분기시키다, 고무하다; (불 붙은 것처럼) ···을 시뻘겋게 하다, 빛나게 하다. **8** (구어) ···을 내던지다; (돌 따위)를 (hurl). ¶~ a stone through a window 창문에 돌을 던지다. **9** (구어) (강제적으로) ···을 추방하다, 내쫓다; (남)을 해고하다(out, from). ⇒DISMISS [유의어] ¶ (~+퇴+쩐+명) He was ~d from his job. 그는 직장에서 해고당했다. **10** (수의) (염증 치료를 위해 인두로) 지지다, 태워서 (조직을) 파괴하다(cauterize); 낙인을 찍다.

— 자 **1** 불이 붙다. **2** (불 붙은 것처럼) 빨개지다, 빛나다, 반짝이다. **3** 흥분하다, (정열 따위가) 타오르다. **4** (총포 따위가) 불을 뿜다, 발사되다. ¶The gun ~d. 총이 발사되었다. **5** (사람이) 발포하다, 사격하다(at, on, into), (탄환·로켓 따위가) 발사되다. ¶~ at random

난사(亂射)하다 // ~ *into* the crowd 군중을 향해 (최루탄 따위를) 쏘다 / ~ *at* the fleeing enemy 도주하는 적에게 사격하다. **6** 《구어》 (돌·창·화살 따위를) 던지다. **7** (식물의 잎·곡물이) 일찍 시들다, 노랗게 되다. **8** (내연기관이) 발화하다. **9** 〔음악〕 종소리를 일제히 울리다.
fire ahead =*fire away* ①.
fire a salute 예포를 쏘다.
fire away 《구어》 ① 〔이야기·일 따위〕를 시작하다. ② 《명령문에서》 지체 말고 해라, 덤벼라. ③ (…을 향해) 총을 계속 쏘다(*at*); …을 다 쏘아버리다. ④ 〔질문·이야기 따위〕를 계속하다.
fire back ① 반격하다(*at*); 말대꾸하다. ② 곧 되돌려주다, 반품하다. ③ (엔진이) 역화(逆火)하다.
fire from the hip 〔권총〕을 재빨리 쏘다.
fire off ① 〔탄환 따위〕를 발사하다, 발포하다; …을 다 발사하다. ② 〔이야기·질문 따위〕를 시작하다, …을 퍼붓다. ③ 〔편지·메모 따위〕를 즉각 보내다 (*to*).
fire on 《美속어》 꾸짖다; 〔남〕을 후려갈기다.
fire oneself with anger 발끈 성내다.
fire out 《美》 내쫓다, 해고하다.
fire up ① (아궁이 따위에) 불을 때다. ② 발끈하다, 격분[격앙]하다; …을 발끈하게[화나게] 하다. ③ 〔엔진 따위〕를 시동[가동]하다; …을 활성화하다. ④ 〔상상력 따위〕를 북돋우다.
get fired 해고되다.
fíre àgriculture [명] 화전(火田) 농업.
fíre alàrm [명] 화재 경보; 화재 경보기.
fíre and brímstone [명] 지옥의 고통[시련], 천벌.
fire-and-brim·stone [-ənbrímstoun] [형] (설교 따위가) 지옥[저승]의 불[벌]을 연상케 하는.
fíre-and-for·get mìssile [-ənfərgét-] [명] 〔군사〕 (목표) 자동 탐지·공격 미사일.
fíre ànt [명] 〔곤충〕 불개미(열대 지방산(産)).
fíre apparàtus [명] 소화(消火) 장비(소방차 따위).
fíre àrea [명] 방화 구역.
＊fire·arm [fáiərɑ̀ːrm] [명] (보통 ~s) (소총·권총 따위의) 소화기(小火器).
fire·back [fáiərbæ̀k] [명] **1** (벽난로 뒷벽의) 열 반사판. **2** 꿩의 일종(등이 빨간 남아시아산(産) 꿩).
fire·ball [fáiərbɔ̀ːl] [명] **1** (옛날의) 탄환, 소이탄. **2** 불덩어리; 《시》 태양. **3** 유성 화구(火球)(광도가 강한 유성); 번개. **4** 《美구어》 정력가. **5** 〔야구〕 강속구.
fire·ball·er [fáiərbɔ̀ːlər] [명] 《속어》 〔야구〕 강속구 투수.
fíre ballòon [명] 열기구(熱氣球)(hot-air balloon).
fire·base [fáiərbèis] [명] 발사 기지, 포격 진지.
fíre bàsket [명] (모닥불을 피우는) 쇠바구니.
fíre bày [명] 사격호(壕).
fíre bèll [명] 화재 경보벨.
fire·belt [fáiərbèlt] [명] 방화대(防火帶).
fire·bird [fáiərbə̀ːrd] [명] 《美》 꾀꼬리(Baltimore oriole).
fíre blànket [명] 방화[소화]용 모포(wet blanket).
fíre blàst [명] 〔식물〕 (홉(hop) 따위의) 고축병(枯縮病).
fíre blìght [명] 〔식물〕 고사병(과일의 전염병).
fíre blòcks [명][복] 〔군사〕 화기 방색(防塞)(판).
fire·board [fáiərbɔ̀ːrd] [명] 난로 덮개.
fire·boat [fáiərbòut] [명] **1** 소방선[정]. **2** (화공(火攻)하기 위한) 화선(火船).
fire·bomb [fáiərbàm/-bɔ̀m] [명] 소이탄; 화염병(Molotov cocktail). **—**[동][타] …을 소이탄으로 불태우다; 화염병을 던지다[으로 공격하다]. **~·er** [명]
fíre bòss [명] 《美》 〔채광〕 갱내 보안원(gasman, 《英》 fireman)
fire·box [fáiərbàks/-bɔ̀ks] [명] (보일러·기관차 따위의) 화실(火室).
fire·brand [fáiərbræ̀nd] [명] **1** 불붙은 나무 토막, 관솔, 횃불. **2** 선동자. **3** 정열가, 정력가.
fire·break [fáiərbrèik] [명] 《美》 **1** (삼림·초원 따위의) 방화대(帶)[선]. **2** 〔군사〕 핵무기 억제.
fire-breath·ing [-brìːðiŋ] [형] 불을 뿜는; (말하는 태도가) 위협적인. **-brèath·er** [명]
fire·brick [fáiərbrìk] [명] 내화(耐火) 벽돌.
fíre brigàde [명] (의용) 소방단[대]; 《英》 소방서; 《美軍속어》 긴급 출동 부대.
fíre bùcket [명] **1** 비상용 소화(消火) 물통. **2** (불 쬐는) 화로.
fire·bug [fáiərbʌ̀g] [명] **1** 《美》 개똥벌레(firefly). **2** 《구어》 방화 범인(arsonist), 방화광(pyromaniac).
fíre chìef [명] 《美》 소방서장, 소방국장.
fíre clày [명] (내화(耐火) 벽돌용) 내화 점토.
fíre còal [명] 《美방언》 목탄.
fíre còmpany [명] **1** 소방대. **2** 화재 보험 회사.
fíre contról [명] **1** 〔군사〕 (군함 따위의) 사격 지휘; (제트기 따위의) 발포 자동 제어. **2** 《美》 (민간의) 소방[방화] (활동).
fire·crack·er [fáiərkræ̀kər] [명] 폭죽(통); 《美속어》 폭탄, 수뢰(水雷).
fíre cròss [명] =fiery cross.
fire-cure [-kjùər] [동][타] 〔담배 잎〕을 불로 건조시키다.
fíre cùrtain [명] (극장 따위의) 내화(耐火) 커튼; 〔군사〕 탄막(彈幕) 포화.
fíre cùt [명] 〔목공〕 나무 들보의 끝 부분에 비스듬히 판 홈.
-fired [-fáiərd] [연결] …(연료)로 움직이는. ¶an oil-*fired* heater 석유 히터.
fire·damp [fáiərdæ̀mp] [명][U] (탄갱 내의) 폭발성 가스.
fíre depàrtment [명] 《美》 **1** 소방서, 소방국. **2** 《집합적; 단·복수 양용》 소방대[단]; 소방서[국]원.
fíre dirèction [명] 〔군사〕 (특히 포병대의) 사격 지휘.
fire·dog [fáiərdɔ̀ːg/-dɔ̀g] [명] =andiron.
fíre dòor [명] **1** (보일러 따위의) 아궁이, 연료 주입구. **2** (자동) 방화문; 비상구.
fire·drake [fáiərdrèik] [명] (북유럽 신화의) 화룡(火龍). (또는 **fíre-dràgon**)
fíre drìll [명] **1** 방화[소방] 연습[훈련]. **2** (화재 때의) 대피 훈련.
fired-up [fáiərdʌ́p] [형] 《美속어》 술에 취한; 노한, 격분한; 열광한, 흥분한.
fire-eat·er [fáiərìːtər] [명] **1** 불을 먹는 마술사. **2** 툭하면 싸우는 사람, 성미가 급한 사람; 용감한 사람. **3** 《美구어》 소방관.
fire-eat·ing [fáiərìːtiŋ] [명] 불을 먹는 요술. **—**[형] (성질·정책 따위가) 격렬한, 적극적인; 호전적인.
‡fíre èngine [명] 소방차; 소방 펌프.
fíre escàpe [명] 화재 피난 장비; 비상 계단, 비상구.
fíre èxit [명] (화재) 비상구.
fíre extìnguisher [명] (휴대용) 소화기.
fire-eyed [fáiəràid] [형] 《시》 눈이 번쩍번쩍 빛나는.
fire·fang [fáiərfæ̀ŋ] [동][자] (저장중의 곡류·유기 비료가 유기물의 분해열 때문에) 건조하다, 말라붙다.
fire·fight [fáiərfàit] [명] 〔군사〕 총격전, 포격전; (군대간의) 전초전(前哨戰), 소규모 충돌; 소논쟁.
fire·fight·er [fáiərfàitər] [명] (특히 산불을 끄는) 소방대원(fireman). (또는 **fíre fighter**)
fire·fight·ing [fáiərfàitiŋ] [명][U] 소방[소화] 활동; (기계·조직 따위의) 고장[장애] 제거 (활동).
fire·flaught [fáiərflɔ̀ːt] [명] 《스코》 **1** 전광, 번갯불. **2** 유성(流星). **3** 성미가 급한[화를 잘 내는] 사람.
fire-float [-flòut] [명] 소방선(船).
fire·flood [fáiərflʌ̀d] [명] 〔석유〕 화공법(火攻法)(유층(油層)내의 원유의 일부를 연소시켜, 발생한 가스의 압력으로 석유를 채굴하는 방법). (또는 **fireflooding**)
＊fire·fly [fáiərflài] [명] 개똥벌레(lightning bug, firebug). [참] glowworm
fíre gìlding [명] 아말감 도금.
fíre gràte [명] 난로의 쇠살대.
fire·guard [fáiərgɑ̀ːrd] [명] **1** =fire screen. **2** =firebreak. **3** 《美》 화재 감시원.
fíre hàll [명] 《美·캐나다》 소방서(fire station).
fíre hàt [명] 소방관용 헬멧.
fíre hòok [명] 소방용 쇠갈고리.
fire·horse [fáiərhɔ̀ːrs] [명] (옛날의) 소방차를 끌던 말.
fíre hòse [명] 소화용[소방] 호스.
fire·house [fáiərhàus] [명] 《美》 =fire station.

fire hunt 명 횃불(을 켜고 하는) 사냥.
fire-hunt [-hʌnt] 동 (美) 횃불을 켜고 사냥하다.
fire hýdrant 명 소화전(美) fireplug).
fire insùrance 명 화재 보험.
fire írons 명 (부젓가락 따위) 벽난로용 기구.
fire ládder 명 비상(소방)용 사다리로.
fire-less [fáiərlis] 형 불붙기가 없는; 생기[활기] 없는.
fíreless cóoker 명 축열(蓄熱) 요리기.
fíre-light [fáiərlàit] 명 U 벽난로의 불빛, 불빛.
fíre-light-er [fáiərlàitər] 명 불쏘시개.
fíre line 명 (삼림 지대의) 방화선(防火線)(firebreak); (보통 ~s) 소방 비상선.
fíre-lòck [fáiərlàk/-lɔ̀k] 명 화승총.
‡**fíre-man** [fáiərmən] 명 (복 **-men** [-mən]) 1 소방관, 소방대원. 2 화부(火夫); (철도) 기관 조수; (美해군) 기관병. 3 (英) = fire boss. 4 (속어) (야구) 구원 투수(relief pitcher).
fíre márshal 명 (美) (시·주(州)의) 소방서[국]장; (공장 등의) 방화 (관리) 책임자.
fíre-new [-njúː] 형 (고어) = brand-new.
Fi·ren·ze [It firéntse] 명 피렌체(Florence의 이탈리아어(語)명).
fíre òffice 명 (英) 화재 보험 회사.
fíre òpal 명 화단백석(火蛋白石)(메키스코산(産)의 빨간 오팔)(girasol).
fíre-pàn [fáiərpæ̀n] 명 (英) (타는 석탄을 넣는) 부삽, 화로.
‡**fíre-plàce** [fáiərplèis] 명 (복 **-plac·es** [-iz]) 1 벽난로, 벽난로 바닥(hearth). 2 옥외로(爐), 옥외 화덕 「무공이.
fíre-plòw [-plàu] 명 발화용 나
fíre-plùg [fáiərplʌ̀g] 명 1 소화전(栓). 2 체격이 딱 벌어진 사람.
fíre pòint 명 (the ~) (물리) 연소점(burning point).
fíre pòlicy 명 화재 보험 증서.
fíre-pòl·ish [´pàliʃ/-pɔ̀l-] 타 (유리를) 불로 끝마무리 하다.
fíre pòt 명 1 (난로의) 화실(火室). 2 (땜납용의) 도가니(crucible). (또는 **fírepòt**)
fíre-pòw·er [fáiərpòuər] 명 U 1 (군대 무기 시스템의) 화력(火力), 사격 능력. 2 (조직 따위의) 목표 달성 능력; [스포츠] (팀의) 득점력. (또는 **fíre pòwer**)
fíre-prác·tice [´præktis] 명 U = fire drill.
fíre prevèntion 명 방화 (설비); 화재 예방.
*__fíre-pròof__ [fáiərprúːf] 형 내화성(耐火性)의, 불연성(不燃性)의. ━ 타 을 내화물[불연성]로 만들다.
fíre-pròof-ing [fáiərprúːfiŋ] 명 U 1 내화성화(化), 내화 장치(를 하기). 2 내화[방화(防火)] 재료.
fíre protèction 명 방화(防火), 소방.
fir·er [fáiərər] 명 1 불 붙이는 사람, 방화자; 발포자. 2 점화물; [복합어로] …총, …포. ¶a single-[six-]~ 단발[6연발]총/ a rapid-~ 속사포. 「((美) arson).
fíre-ràis·ing [fáiərèiziŋ] 명 U (英) 방화(放火)(죄)
fíre réd 명 1 진홍(眞紅)의 오렌지색. 2 (또는 ~ tóner) 1의 색의 염료. 「(reels)
fíre-reel [fáiərìːl] 명 (캐나다) 소방 자동차. (또는
fíre resístance 명 내화력(耐火力)[성]. 「조의.
fíre-re-sìst·ant [ˊrizìstənt] 형 내화성의, 내화(耐火)
fíre-re-sìst·ing [fáiərizìstiŋ] 형 내화성의(耐火性의).
fíre retárdant 명 방화(防火) 재료.
fíre-re-tárd·ant [ˊritɑ́ːrdnt] 형 연소를 방지[저지] 할 수 있는, 연소 방지[저지]의.
fíre-re-tárd·ed [ˊritɑ́ːrdid] 형 = fireproof.
fíre-risk [ˊrìsk] 명 1 발화 위험물[원인](흡연, 가연물 (휴지, 집안의 가솔린 따위)). 2 (보험) 화재 위험(도); 손해 보전 의무; 피보험 재산 물건. 「실, 기관실.
fíre-ròom [fáiərù(ː)m] 명 (美) (기선의) 보일러
fíre-sàfe [fáiərsèif] 형 내화(방화)성의, 내열성의.
fíre sàle 명 불타다 남은 물건의 특매; (재산·재고품

따위의) 처분[정리] 특매. **fíre-sàle** 명
fíre scrèen 명 (난로의) 열 가리개[둘러치는 철망].
Fíre Sèrvice 명 (英) 소방서.
fíre sèt 명 = fire irons.
fíre sètting 명 [채광] 화력 채굴.
fíre shíp 명 화선(火船)(적의 배·다리 따위를 태우기 위해 폭발물을 싣고 떠내려 보내는 배).
fíre shòvel 명 (화구(火口)용) 석탄삽.
*__fíre-síde__ [fáiərsàid] 명 1 (보통 the ~) 난롯가, 노변. ¶sit by the ~ 난롯가에 앉다. 2 가정; 가정의 화목[단란], 가정 생활. ━ 형 노변의; 가정(생활)의. 「담.
fíreside chát 명 노변 환담[대담](정치인의 방송 대
fíre-spòt·ter [fáiərspàtər/-spɔ̀t-] 명 (英) = fire watcher.
fíre stàtion 명 소방서, 소방대원 대기소.
fíre stèp 명 (군사) 발사 발판(참호 안에서 발포할 때 병사가 올라서는 발판).
fíre stíck 명 1 불붙은 나무, 관솔. 2 (원시인의) 부싯 막대. 3 부지깽이; (~s) 부젓가락.
fíre-stòne [fáiərstòun] 명 U C 1 (난로·화덕 제조용) 내화석. 2 부싯돌(flint).
fíre-stòp [fáiərstàp/-stɔ̀p] 명 (건물의) 방화 칸막이. ━ 타 (건물) 에 방화 칸막이를 설치하다.
fíre-stòrm [fáiərstɔ̀ːrm] 명 1 큰 화재[폭풍, 핵폭 뒤에 생기는 폭풍. 2 (분노·항의 따위의) 폭발; 맹반대. (또는 **fíre stòrm**)
fíre supprórt 명 (군사) (항공기·야포 따위에 의한)
fíre tèmple 명 조로아스터교의 예배소. 「화력 지원.
fíre tòngs 명 부집게, 부젓가락.
fíre tòwer 명 산불 감시탑[초소]; = drill tower.
fíre-tràp [fáiərtrǽp] 명 (건축 재료·구조 따위가) 화재 때 빠져나갈 곳이 없는 위험한 건물.
fíre trènch 명 전투호(塀).
fíre trùck 명 = fire engine.
fíre-tube bòiler [ˊtjùːb-] 명 연관(煙管) 보일러.
fíre wálking 명 불에 달군 돌 위를 맨발로 걷기(종교적 의식 또는 재판). **fíre wálker** 명
fíre wáll 명 1 방화벽[판]. 2 (항공) 기관부 격벽(隔壁). 3 [컴퓨터] 파이어월, 보안 장치(정보 접속 통제 체제). 4 (금융) 파이어월(금융 기관의 은행 업무와 증권 업무의 분리(규정)). (또는 **fírewàll**)
fíre wàrd 명 (고어) = firewarden.
fíre-wár·den [fáiərwɔ̀ːrdn] 명 (삼림지의) 소방 감독관; 방화 담당자; (건물의) 화재 책임자.
fíre wátcher 명 (英) (공습 때의) 화재 감시원.
fíre-wàtch·ing [fáiərwàtʃiŋ/-wɔ̀t-] 명 U 화재 감시.
fíre-wà·ter [fáiərwɔ̀tər, -wɑ̀tər] 명 U (구어) 화주(火酒)(위스키·브랜디 따위 독한 술).
fíre wèather 명 산불이 일어나기 쉬운 날씨.
fíre-wèed [fáiərwìːd] 명 불탄 자리에 자라는 잡초.
fíre-wòm·an [fáiərwùmən] 명 여자 소방관.
fíre-wòod [fáiərwùd] 명 U 장작, 땔나무.
*__fíre-wòrk__ [fáiərwə̀ːrk] 명 1 (종종 ~s) 불꽃, 화포(花砲); 발광[발연(發煙)]물, 봉화; (~s) 쏘아올린 꽃불; 불꽃 놀이. ¶let off ~s 불꽃을 쏘아올리다. 2 (~s) (분노 따위의) 폭발, (기지 따위의) 번득임.
fírework(s) dísplay 명 불꽃 놀이 대회.
fíre wórship 명 (종교) 배화(拜火), 화신(火神) 숭배; (구어) 배화교(zoroastrianism). 「교 신자.
fíre wórshiper 명 (종교) 배화(火神) 숭배자; 배화
fir·ing [fáiəriŋ] 명 U C 1 (총의) 발사, 발포, 사격; (지뢰 따위의) 폭발; (엔진·로켓 따위의) 점화가; (아궁이 따위에) 불붙이기. ¶a ~ mechanism 폭발[발화] 장치. 2 연료, 땔감(fuel). 3 불을 쬐기, 굽기, (차를) 볶기, (도자기 따위의) 구워 만들기. 4 (마른 토양에 의한 작물의) 시들어 죽음. 5 해고(dismissal).
fíring báttery 명 (군) 야포대(隊), 사격 중대.
fíring chàrge 명 (총 따위의) 장약(裝藥), 발사약.
fíring dàta 명 (군사) 사격 제원(諸元).

firing glàss 图 (18세기의) 원쁠 모양의 술잔.
firing iron 图 (수의(獸醫)용) 인두, 낙철(烙鐵).
firing line 图 (군사) 화선(火線), 사격선(공격의 최전선); (단·복수 양용) 최전방 부대. **2** (비유적) (운동·논쟁 따위의) 제1선(forefront); 비난의 대상.
be on [or **(英) in**] **the firing line** 최전방에 위치하다; 비난(공격) 대상이다. 「정확한 순서.
firing òrder 图 (다(多)기통 내연 기관의 각 기통의)
firing pàrty 图 =firing squad.
firing pìn 图 (총포의) 공이, 격침.
firing pòint 图 발화점; (군사) 발사점[지점].
firing rànge 图 사격[폭격] 연습장, 시험 발사장.
firing squàd 图 (단·복수 양용) 조총(弔銃) 사격대; (총살형 집행 때의) 총살대, 사격대.
firing stèp 图 =fire step.
fir·kin [fə́:rkin] 图 **1** (英) 퍼킨(용량 단위); 0.25 barrel, 약 40*l*). **2** (버터·라드 따위를 넣는) 작은 나무통.
‡**firm**[1] [fə:rm] 图 (**~·er; ~·est**) **1** (구조·조직이) 굳고, 단단한, 견고한, 튼튼한. ⇒HARD 유의어 ¶ ~ wood 단단한 재목/ ~ muscles 단단한 근육.
2 (토대 따위가) 흔들리지 않은, 안정된. ¶ ~ ground 단단한 땅, 대지/a ~ foundation 단단한 토대[기반].

> 유의어 **firm** 고정되어 결코 움직이지 않는, 흔들리지 않는. **fast** 단단히 부착·고정되어 쉽게 움직이지 않는. **steady** 위치·평형·움직임 따위가 안정되어 흔들리지 않는. **stable** 쉽게 넘어지거나 무너질 것 같지 않은.

3 (태도·행동이) 굳은, 단호한, 확고한; (용모·동작이) 단호해 보이는, 결연한. ¶ ~ treatment of children 어린이를 엄하게 다루기/ ~ measures 단호한 조치/a ~ glance[voice] 단호한 눈길[목소리].
4 (사상·신념 따위가) 변하지 않는, 확고한; (주의·인격 등이) 한결같은, 견실한. ¶ a ~ friend 한결같은 친구/ a ~ belief[faith] 확고한 신념[신앙].
5 (상업) (물가·경기가) 변동하지 않는, 안정된. ¶be ~ in price 시세가 안정되어 있다. **6** 확정적인; (상업) 승낙 회답 기한부의. ¶a ~ offer 승낙 기한부 (매매) 신청. **7** 확실한; 충분한. ¶ ~ evidence [information] 확실한 증거[정보].
be as firm as a rock 바위처럼 단단하다, 요지 부동
be firm on one's **legs** 두 다리로 꿋꿋이 서 있다.
be on firm ground 기초[기반]이 튼튼하다
—图 굳게, 견고하게, 확고하게(* 다음 숙어 외에는 주로 firmly를 씀).
hold firm to …을 고수하다; …을 꽉 잡다.
stand[or **hold**] **firm** ① (물가 따위가) 안정세를 유지하다. ② 꿋꿋이 서다; 단호한 태도를 보이다.
—图 (**~s** [-z]) …을 굳게 하다, 단단하게 하다; [시황·가격 따위] 를 안정시키다. —재 굳어지다, 단단해지다; (시황·물가 따위가) 안정되다.
firm up 안정시키다. ¶ ~ up prices 가격을 안정시키다.
‡**firm**[2] 图 (**~s** [-z]) **1** 상사(商社), 상회, 회사, 상점. ¶a law ~ 법률 회사, 로펌. **2** 기업(체), 회사. **3** (집합적) 함께 일하는 일단의 사람들; 의료팀. **4** (속어) (비밀) 조직(첩보 기관·비밀 수사반 따위).
fir·ma·ment [fə́:rməmənt] 图 (보통 the ~) (시) 하늘, 창공; 천계(天界). —**mén·tal** 图
fir·man [fə́:rmən, fərmáːn] 图 (**~s**) (오스만 터키 황제의) 칙령(勅令)(edict); 면허장.
firm bànking 图 펌 뱅킹(기업과 은행의 컴퓨터를 통한 자금의 종합 관리).
fir·mer [fə́:rmər] 图 날끝이 얇은 끌. — 图 =~ chisel.
fírmer chísel 图 (목공) 날이 얇은 끌.
fírmer góuge 图 (목공) 얇은 날의 둥근 끌.
‡**firm·ly** [fə́:rmli] 图 (**more ~; most ~**) 굳게, 단단히; 확고하게, 단호히. 「고(단호)함.
*****firm·ness** [fə́:rmnis] 图U 견고, 견실, 단단함; 확

firm òrder 图 (상업) 확정[기한 지정] 주문, 정식 발주.
firm·ware [fə́:rmwèər] 图 (컴퓨터) 펌웨어 (hardware도 software도 아닌 자료 보존 부분 따위).
firn [fiərn] 图 만년설, 피른, 싸라기눈(névé). 〈G〉
fír nèedle 图 전나무 잎. 「이 되는 과정.
firn·i·fi·ca·tion [fə̀ərnəfikéiʃən] 图 눈이 만년설
fir·ry [fə́:ri] 图 전나무(재목)의; 전나무가 많은.
‡**first** [fə:rst] 图 **1** (보통 the ~) 제1의, 첫(번)째의; 최초의. ¶the ~ anniversary 1주년 기념일/the ~ experience 첫 경험/the ~ volume 제1권/the ~ man from the right 제일 오른쪽 사람 / take the ~ opportunity to do a thing 기회가 나는 대로 일을 하다/the ~ impression of Korea 한국의 첫 인상.
2 (계급·지위·기능 따위가) 가장 중요한, 첫째의, 1위의, 일류의, 수위의. ¶the ~ men in the country 그 나라의 지도자들/the ~ scholar of the day 당대의 최고 학자/John is ~ in his class. 존은 학급에서 1등이다.
3 (보통 the F~) (美) 대통령의[이 쓰는, 이 임명한]; 주지사의(가 쓰는). ¶the F~ couple 대통령[주지사] 부처. **4** (자동차) 1단 기어의, 최저속 전동(傳動)의. **5** (음악) (각 음성부·악기군에서) 수석의; 최고음부의, 제1의. ¶the ~ violin 제1 바이올린. **6** (구어) (부정문에서) 아주 조금의, 극히 초보의. **7** (美북부) …하고 싶어 하는. **8** (천문) (별의 광도가) 1등의.
at first hand ⇒HAND.
at first sight [or **glance, view**] 첫눈에, 한 번 보아. ¶I love her at ~ sight 첫눈에 그녀에게 반하다.
at the first opportunity 기회 있는 대로.
cast the first stone ⇒STONE.
do not know [or **have**] **the first thing** [or **idea**] **about** [or **of**] …에 대해서는 아무 것도 모르다.
first thing off the bat 즉시, 곧바로.
first things first (구어) (문장 첫머리나 독립문으로) 중요한 것부터 먼저 (다루자).
for the first time 처음으로.
in the first place [or **instance**] (우선) 첫째로.
of the first water 최고급의; (반어적) 지독히 나쁜.
(on) the first fine day 날씨가 개는 대로. 「다.
put the first thing first 가장 중요한 일을 먼저 하
(the) first thing (구어) (부사적) 무엇보다도 먼저; (특히 아침에) 맨 먼저[처음에] (* 보통 the ~ 생각).
(the) first time 처음에는(at first). ② (접속사적) 처음 …했을 때, …하자마자 바로(* 종종 the~ 생각).
—图 **1** (문두·문미에서) 첫째로, 최초로; 제1위로; 선두로(* 몇 가지 항목을 열거할 경우 first…, secondly…, and lastly… 처럼 말하는 일이 많다). ¶Safety ~. (게시) 안전 제일/Which horse came in ~? 어느 말이 1등을 했는가? **2** (보통 문두·문미에서) (무엇보다도) 먼저, 우선. ¶I'll smoke ~. 우선 담배 한 대 피우자/If you're going, phone ~. 가려거든 먼저 전화를 해. **3** (문중에서) 처음으로. ¶We ~ met ten years ago. 우리는 10년 전에 처음으로 만났다/When did you visit Italy ~? 처음 이탈리아를 간 것이 언제였습니까? **4** (구어) (부정문에서) 아무리해도 우선 …하지 않다, 차라리 (…하는 게 낫다). ¶Surrender? We will die ~. 항복하라고? 차라리 죽는 게 낫다/I'll see you damned [or hanged] ~. 나는 그런 짓을 한단 말인가(단호한 거절의 뜻). **5** 1등(석)으로, 1등차로; (美) (우편) 제1종으로.
come first 최우선이다.
come in first (경주에서) 1착이 되다.
first and foremost 무엇보다도[맨] 먼저. 「것은.
first and most important(ly) 우선 가장 중요한
First come, First served. ① (속담) 먼저 온 사람이 우선이다. ② 선착순.
first, last, and all the time (美) 시종일관하여.
first(, midst) and last 전후를 통하여, 통틀어, 전체로 보아; 시종일관하여, 철두철미하게.
first of all 무엇보다도 먼저, 우선 첫째로.

first óff (美구어) 첫째로, 끝, 바로.
first or lást 조만간, 머지않아.   「뒤.
first úp (濠) ① 우선 해보다; 첫째로. ② 우선 해본
pút...fírst 〔사람·사물〕을 가장 중시하다, 우선하다.
ránk fírst 제1위이다.
stánd fírst 선두에 서다.
――图 1 ⓤ (보통 the ~) 첫째, 첫번째의 것[인물]; (달의) 첫째날; 제1호, 제1부, 제1판, 제1위, 제1급; 최초임. ¶ May (the) ~; on the ~ of May 5월 1일 / He wrote the ~ of his stories in London. 그는 자기의 최초 소설을 런던에서 썼다 / He was among the ~ to arrive at the scene. 그는 맨 먼저 현장에 도착한 사람들 중의 하나였다. 2 ⓤ (보통 the ~) 처음, 시작. ¶ about the ~ of the year 연초(무렵)에. 3 (the F-) (인명 뒤에서) 1세. ¶ Elizabeth the F- 엘리자베스 1세(＊Elizabeth I로 쓴다). 4 ⓤ 〔자동차〕제1속, 1단 기어, 최저속 전동(low gear). 5 ⓤ (보통 무관사) 〔야구〕 1루. ⓒ 1루수. 6 〔음악〕 최고음부. 7 (보통 ~s) (상품의) 1급품, 최상품. 8 (英) (대학에서 시험의) 제1급 (~ class), 최우수 성적(의 학생). 9 (경기 따위의) 1위, 일등상. 10 (the F-) (英) 9월 1일 (자고(partridge) 사냥이 시작되는 날).
at (the) fírst 맨 처음에는, 최초에는. ¶ At ~ I didn't know what it was. 처음에는 그게 무엇인지 몰랐다.
be the fírst to do 맨 먼저[주저하지 않고] …하다.
fírst amòng équals 동급 인사 중 책임자[대표]; (정치) 동급 지도자[각료] 중의 수석[제1인자].
fírst pàst the póst (英) ① (경주에서) 풋대를 먼저 통과한 사람이 1등이. ② (선거에서) 비교[상대] 다수를 얻은 사람[당]이 당선된[승리한].
from fírst to lást 처음부터 끝까지, 시종.
from the (very) fírst 처음부터.
gét [or táke] a fírst (英) (시험에서) 우등을 하다.
first áid 图 응급 처치, 구급 요법. ¶ apply [or give] ~ to a patient 환자에게 응급 처치를 하다.
first-aid [⁴éid] 图 응급의, 구급의. ¶ ~ facility 응급
first-aid kít [cáse] 图 구급 상자. 「처치소[시설].
Fírst Améndment 图 (the ~) (美) 헌법 수정 조항 제1조(종교·언론·집회·청원의 자유를 보장; 흔히 언론의 자유 조항).
use the Fírst Améndment to do 헌법 수정 조항 제1조를 내세워 …하다.   「(可算) 공리.
fírst áxiom of còuntabílity 图 〔수학〕 제1가산
fírst bálcony 图 (美) ＝dress circle.
fírst báse 图 (보통 무관사) 〔야구〕 1루. ¶ be safe [out] at ~ 1루에서 세이프[아웃]되다.
gét to [or ***máke, réach***] ***fírst báse*** ① 〔야구〕 1루에 나가다. ② (口語) (부정문에서) 조금 진보하다. (사업 따위의) 첫걸음을 내딛다, 순조롭게 출발하다 (with). ③ 《속어》 (섹스의) 제1단계(키스·포옹·애무 단계)까지 가다 (with).
fírst báseman 图 〔야구〕 1루수.
fírst blóod 图 (격투기에서) 초반의 우세.
fírst-born [fə́ːrstbɔ̀ːrn] 图 1 맨 먼저 태어난, 첫아이의, 맏이의, 장남[장녀]의(eldest). ― 图 1 맏아이 [장남녀, 자]. 2 최초의 결과[산물].
fírst cáll 图 1 (집합 시간 전의) 제1차 나팔. 2 〔중권〕 (주식 시장의) 전장(前場); 제1회 납입.
fírst cáuse 图 1 〔철학〕 제1원인. 2 (the F- C-) 〔신학〕 신(God), 조물주. 3 원동력.
fírst-cáuse àrgument 图 〔철학〕 제1원인론(신을 제1원인으로 생각하는 설).
fírst-chair [⁴tʃɛ̀ər] 图 (관현악의 각 파트의) 수석의.
Fírst Chámber 图 (the ~) 네덜란드 의회(States General)의 상원.
fírst-chop [⁴tʃɑ̀p/-tʃɔ̀p] 图 (印度) ＝first-class.
fírst cláss 图 1 최고급, 일류, 최고위. 2 (비행기 따위의) 1등. 3 《우편》 (美) 제1종; (英) 다음날 배달(의

우편물). 4 (英) (대학의) 제1급, 최우수 성적(의 학생).
――图 ＝first-class.
***first-class** [⁴klǽs/-klɑ́ːs] 图 제1급의, 최고급의, 일류의, 최상의. ¶ a ~ power 1등국 / feel ~ 기분이 최고다, (몸의 상태가) 쾌청하다 / The weather was ~. 날씨는 최상이었다. 2 (배·비행기 따위) 일등의. ¶ a ~ coach [berth, ticket] 1등차[침대, 차표]. 3 《우편》 (美) 제1종의; (英) 다음날 배달의. ¶ the ~ mail 제1종 우편. ⓟ 1 (기차·배·비행기 따위) 1등석으로. ¶ travel to Europe ~. 1등석으로 유럽 여행을 하다. 2 (美) 제1종 우편으로; (英) 다음날 배달로. 3 (구어) 최고로, 홀륭하게. ¶ He plays ~. 그는 홀륭한 연주자[연기]를 한다.   「년생.
fírst clássman 图 (美국 육군[해군] 사관 학교의) 4
fírst cóat 图 (벽·페인트 따위의) 초벌칠, 애벌칠.
fírst-come [⁴kʌ̀m] 图 선착순의.
fírst-come-first-served [⁴kʌ̀mfə́ːrstsə́ːrvd] 图 선착순의, 빠른 순이 이기는.
on a first-come-first-served basis 선착순으로, 순번대로.
fírst-cómer [fə́ːrstkʌ̀mər] 图 선착자, 최초의 손님.
Fírst Commándment 图 (십계명의) 제1계명.
Fírst Cómmoner 图 (英) 제1 평민(1919년까지는 하원 의장, 지금은 추밀원 의장).   「령).
fírst commúnion 图 《가톨릭》 첫번째 성체 배령(拜
fírst cónsonant shíft 图 〔언어〕 제1 자음 추이(推移)(게르만어와 다른 인도유럽어를 구별하는 폐쇄 자음의 음의 변화).
fírst cóst 图 (英) 〔경제〕 구입 원가(prime cost).
fírst cóusin 图 1 친사촌. ⓒ cousin 2 밀접한 관계에 있는[유사한] 것[사람], 근친.
fírst dárk 图 (美남부) ＝twilight.
fírst dáy 图 (종종 F- d-) (퀘이커교에서) 일요일.
fírst-day cóver [-dèi-] 图 첫날 커버(우표의 발행 첫날의 소인(消印)이 찍힌 봉투; ⓟ FDC).
fírst-de·grée [⁴digrìː] 图 1 (화상 따위가) 제1도의, 가장 가벼운. 2 최고의; 〔법률〕 (죄상 따위가) 제1급의, 가장 무거운.
fírst-degrée búrn 图 〔병리〕 제1도 열상[화상]; 경화상.
fírst-degrée múrder 图 (美) 〔법률〕 제1급 모살(謀殺), 1급 살인죄.
fírst derívative 图 〔수학〕 1차 도함수.
fírst divísion 图 〔스포츠〕 1부 리그; 1부 리그림.
fírst dówn 图 (미식축구) 퍼스트 다운(공격측 팀에 부여된 연속 4회의 공격권 중 첫번째).   「제1판.
fírst edítion 图 (서적의) 제1판, 초판(본); (신문의)
Fírst Émpire 图 (the ~) 프랑스 제1제국(Napoleon 1세 치하의 프랑스(1804-14)).
fírst estáte 图 (종종 F- E-) 제1신분(유럽 중세의 성직자, 귀족, 평민의 세 신분 중 최상위의 것).
fírst fámily 图 (the ~) 1 (한 지역의) 명문, 호족(豪族). 2 (종종 F- F-) (美) 대통령[주지사]의 가족. 3 맨 처음 이주한 사람들의 자손; (식민지 시대로부터의) 명문, 유서깊은 가문.
fírst féature 图 (영화) 본(本)영화, 주요 상영 영화.
fírst fínger 图 집게손가락(forefinger).
Fírst Fléet 图 (the ~) (濠) (1788년 오스트레일리아에 온) 최초의 수인(囚人) 선단(船團).
fírst flóor 图 1 (美) 1층(英) ground floor). 2 (英) 2층(美) second floor).
fírst-foot [⁴fʊ̀t] 图 (스코) 1 설날의 첫 손님. 2 (기념일 따위에) 외출하여 맨 처음 만난 사람. (또는 ~er) ――图 정월 초하루에 최초로 방문하다. ――图 정월 초하루의 첫 손님이 되기 위해 돌아다니다.
first-foot it 정월 초하루의 첫 손님이 되다.
fírst frúits 图 1 (과실 따위의) 맏물, 햇것; (옛날 신에게 바친) 첫 이삭. 2 (노동·노력 등의) 첫 성과[결과].

first géar 〔명〕 (자동차) 제1단 기어(low gear).
first-gen·er·a·tion [´dʒènəréiʃən] 〔형〕 1 이민(귀화)인의 자녀로 태어난; 이민 2세의. 2 (외국에서) 이민 온(귀화한); 이민 1세의. 3 (제품 따위가) 초기 모델의, 제1세대의. **fírst generátion**
first hálf 〔명〕 (1년을 둘로 나눈) 상반기, 전반기.
*__first·hand__ [fə́ːrsthǽnd] 〔부〕 직접, 바로; 직접 체험에 의해. ——〔형〕 직접의; 직접 얻은; 직접 사들인; 직접 체험하여 얻은. ¶~ information 직접 입수한 정보 / ~ vegetables 직접 사들인 야채. (또는 **first-hánd**)
first-ín, first-óut 〔명〕 (회계·컴퓨터) 선입 선출법(先入先出法)(약 FIFO). 「(1864-76).
First Internátional 〔명〕 (the ~) 제1 인터내셔널
fírst jóhn 〔명〕 (軍속어) =first lieutenant.
fírst lády 〔명〕 (종종 F- L-) (美) 대통령 부인; 주지사 부인. 2 국가 원수의 부인. 3 (예술·지적 직업 따위에 있어서) 지도적 여성, 제1선에서 활약하는 여성.
fírst lánguage 〔명〕 제1언어, 모국어.
fírst lieuténant 〔명〕 (美육·공군·해병대) 중위; (美해군) 갑판 사관.
fírst líght 〔명〕 (美남부) 여명, 새벽, 동틀녘.
first-line [-láin] 〔형〕 1 제1선의, 최전선의. ¶~ troops 전방 부대. 2 최우량의, 최고급의.
first·ling [fə́ːrstliŋ] 〔명〕 (보통 ~s) 1 맏물, 햇것, 첫 수확; 첫 성과(결과)(first fruits). 2 (가축의) 첫배 새끼. 3 (같은 종류의 것 중) 최상의 것.
First Lórd 〔명〕 (英) 제1경(卿), 장관, 대신, 총재.
first·ly [fə́ːrstli] 〔부〕 첫째로(in the first place).
fírst máin tráck 〔명〕 (철도) 본선 궤도.
fírst máte 〔명〕 (해사) (선장 다음의) 1등 항해사.
fírst mórtgage 〔명〕 제1 저당, 제1 순위 저당.
fírst mótion 〔명〕 (로켓) (발사대 이륙시의) 초기 운동.
fírst móver 〔명〕 =first cause.
*__fírst náme__ 〔명〕 (성(姓)에 대하여) 이름, 세례명(given name). ⇒CHRISTIAN NAME.
first-name [-néim] 〔동〕 (친근감을 주기 위해) …을 이름(세례명)으로 부르다. ——〔형〕 1 세례명의. 2 터놓고 이름을 부르는 사이인, 가까운, 친근한.
on a first-name basis with; on first-name terms with …와 절친한 사이로.
fírst níght 〔명〕 (연극의) 첫날(의 무대).
first-night·er [fə́ːrstnáitər] 〔명〕 (연극·오페라 따위의) 첫날 공연 단골 손님. (또는 **fírst-níghter**)
fírst offénder 〔명〕 (법률) 초범자.
fírst offénse 〔명〕 (법률) 초범(初犯).
fírst ófficer 〔명〕 1 1등 항해사. 2 =copilot.
first-of-May [-əvméi] 〔형〕 (美속어) 신출내기(의).
fírst páper(s) 〔명〕 1 外서류(외국인이 미국으로 귀화할 때 시민권 취득 신청 서류; 1952년 폐지).
fírst páss effèct 약물 첫번 통과 효과.
first-past-the-post [-pǽstðəpóust] 〔형〕 (선거 제도가) 비교 다수 득표주의를 취하고 있는.
fírst pérson 〔명〕 (the ~) 1 (문법) 제1인칭(I, we). 2 (소설 따위의) 1인칭 형식
First Póint of Áries 〔명〕 (천문) 춘분(점).
fírst posítion 〔명〕 (발레) 제1 포지션(두 다리를 무릎 부분에서 밀착시켜 곧게 서는 자세).
fírst prínciple 〔명〕 (보통 ~s) 제1(기본) 원리(원칙).
fírst quárter 〔명〕 1 (천문) (달의) 상현(上弦) 상기 간. 2 (한 해의) 일사분기(一四分期)(1~3월).
first-rate [-réit] 〔형〕 제1급의, 일류의. (구어) 훌륭한, 훌륭한. ¶a ~ poet 일류 시인. ——〔부〕 (구어) 훌륭하게, 멋지게. 1~ 멋지게 해내다.
first-rat·er [-réitər] 〔명〕 제1급의 사람(것).
fírst réading 〔명〕 (의회) 제1 독회.
fírst refúsal 〔명〕 =first option. 제1 선매권.
First Réich 〔명〕 (the ~) 신성 로마 제국(Holy Roman Empire)(962-1806).

Fírst Repúblic 〔명〕 (the ~) (프랑스의) 제1 공화국 (1792-1804).
fírst rún 〔명〕 (영화) 개봉 흥행(release).
first-rún théater 〔명〕 (영화의) 개봉관.
fírst sácker 〔명〕 (美속어) (야구) 1루수. 「사 위원.
fírst schóol 〔명〕 (英) 초등 학교.
Fírst Séa Lórd 〔명〕 (英) (해군 본부 위원회의) 제1군
fírst sécretary 〔명〕 (종종 F- S-) (공산당 등 사회주의 정당의) 제1서기(사실상 당수).
fírst sérgeant 〔명〕 (美육군) 상사, 고참 중사.
fírst skírt 〔명〕 (美軍속어) 육군 여성 부대(WAC)의 고 「급 장교.
fírst spéed 〔명〕 =first gear.
Fírst Státe 〔명〕 (the ~) 미국 Delaware 주의 별칭.
fírst stóry 〔명〕 =first floor.
fírst stríke 〔명〕 (군사) (핵공격 따위의) 선제(先制) 공격; (야구) (투수의) 첫 스트라이크.
first-strike [-stráik] 〔군사〕 〔형〕 (핵공격에서) 선제(先制)의, 제1격의. ——〔명〕 =first strike.
fírst-stríke capabílity 〔군사〕 제1격 (선제 공격) 능력. 「수, 정규 선수.
fírst stríng 〔명〕 (the ~) (구어) (스포츠팀의) 제1 선
first-string [-stríŋ] 〔형〕 뛰어난, 제1급의, 일류의; (경기) 정(正)선수의, 1군의. ¶the ~ team 1군팀.
first-time [-táim] 〔형〕 첫 번째의, 처음으로 하는. ¶a ~ offender 초범(初犯).
first-tim·er [-táimər] 〔명〕 처음으로 한 사람, 초심자.
first-to-die pólicy [-tədái-] 〔명〕 (부부 중 한 쪽이 사망하면 보험금이 지불되는) 부부 생명 보험.
fírst violín 〔명〕 (음악) (관현악·실내악의) 제1 바이올린, 제1 바이올린 주자(파트).
fírst violínist 〔명〕 (음악) 제1 바이올린 주자(파트).
fírst wátch 〔명〕 (해사) 첫 저녁 당직(오후 8-12시).
fírst wáter 〔명〕 (보석류의) 최우량질; (일반적으로) 최우수, 제1급의 인물.
of the first water 최고(급)의, 제1급의. ¶a diamond of the ~ 최고급 다이아몬드; (비유적) 제1급의 인물.
Fírst Wórld 〔명〕 (the ~) 제1세계, 선진 공업국.
Fírst Wórld Wár 〔명〕 (the ~) =World War I.
firth [fəːrθ] 〔명〕 (스코) (육지로 깊이 들어간) 후미, 만; 강어귀. 「제 스키 연맹.
FIS (프랑스) *Fédération Internationale de Ski*
fisc [fisk] 〔명〕 1 (고대 로마의) 국고(國庫), (로마 황제의) 내탕금(內帑金). 2 (스코 법률) 국고.
fisc. fiscal.
*__fis·cal__ [fískəl] 〔형〕 1 국고의, 국고 수입의. ¶~ policies 국가 세입 정책. 2 재정(상)의, 재무의, 회계의. ⇒FINANCIAL 〔유의어〕~ crisis 재정 위기 / in ~ 2003 2003 회계 연도의. ——〔명〕 1 (스코틀랜드의) 검찰관, 검사; (이탈리아·스페인 등의) 검찰 총장. 2 수입 인지. 3 =~ year. ——**ly** 〔부〕
físcal ágent 재무 대리인, 재무 대리 기관.
físcal drág 〔명〕 (경제) 재정적 제동(制動)(정부의 흑자 예산이 경제 성장에 미치는 억제 효과).
fis·cal·ism [fískəlìzm] 〔명〕 (경제) 재정주의, 재정 위주 경제 정책. 〔형〕monetarism -**ist** 〔명〕
fis·cal·i·ty [fiskǽləti] 〔명〕 재정 최우선; 재정 정책; 「(-ties) 재정 문제.
físcal stámp 수입 인지.
físcal yéar 〔명〕 (美) 회계 연도(英) financial year) (미국의 경우 7월 1일부터 이듬해 6월 30일까지 약 FY).
*__fish¹__ [fiʃ] 〔명〕 (粵 ~(es) [-(iz)]) 1 물고기; 어류, 어족. ¶a saltwater ~ 바닷물고기/a freshwater ~ 민물고기 / take ~ in a net 그물로 고기를 잡다 / This river is rich in ~. 이 강에는 물고기가 많다 / All's that comes to the(or his) net. (속담) 무엇이든 걸리면 그러한다, 넘어져도 그냥 일어나는 법이 없다는다 / Teach ~ how to swim. (속담) 공자 앞에서 문자 쓴다.
2 (U) 생선, 어육(魚肉), 어물. ¶dried(salted) ~ 건어

(乾魚)[절인 생선]/slices of raw ~ 생선회.

> USAGE **fish**와 **fishes** —— fish는 「생선의 살」의 뜻으로는 물질 명사(불가산어)이며, 한 마리, 두 마리 세는 「물고기」의 뜻으로는 단수·복수 동형의 가산어인데, (英)에서는 three fishes와 같이 -es가 붙은 복수형을 쓰는 일이 있다. 또 (英)(美) 모두 종류를 나타내는 경우는 fishes를 쓰지만, 두 종류 이상의 물고기가 일반적으로 있다: a school of ~ 물고기 떼/three ~es [or three kinds of ~] 세 종류의 물고기.

3 《복합어로》 수산 동물, 어패류. ¶ jelly*fish* 해파리/shell*fish* 조개; 갑각류(게·새우 따위). **4 a)** (상어 따위) 몸집이 큰 물고기. **b)** 《구어》 《형용사와 함께》 (특수한) 사람, (별난) 녀석; 잘 속는 사람, 봉. ¶ an odd [or a queer] ~ 별난 녀석, 괴짜/a dull ~ 얼간이/a cool ~ 뻔뻔스러운 녀석, 양체. **5** (the F-(es)) 《복수취급》 《천문》 물고기자리, 쌍어궁(雙魚宮)(Pisces). **6 a)** 《해사》 닻 올리는 장치, (돛대 따위의) 받침널. **b)** 《철도》 철로의 이음 철판(fishplate). **c)** 《속어》 《해군》 어뢰. **7** 《美속어》 1달러. **8** 《美속어》 매춘부; (레즈비언의 입장에서) 보통 여자; 신참자; 로마 가톨릭 교도.

a big fish in a little pond 우물 안 개구리.
a fish out of water 물을 떠난[뭍에 오른] 물고기(환경이 달라져 자기의 실력을 발휘할 수 없는 사람).
a pretty [or nice, fine] kettle of fish 대혼잡, 혼
(as) drunk as a fish ⇒DRUNK. ⌐란, 분규.
(as) dump as a fish 매우 어리석은, 멍청한.
cry stinking fish 《고어》 자기 자신(의 일·물건·가족)을 스스로 헐뜯다, 자조(自嘲)하다.
drink like a fish 술을 많이 마시다(벌컥벌컥 들이켜다), 대주가다. ⌐되다, 익사하다.
feed the fishes ① 뱃멀미로 토하다. ② 물고기 밥이
have (got) other [or bigger, better, more important] fish to fry 따로 해야 할 더 중대한 일이 있다. ⌐손에 넣다.
land one's **fish** 잡은 물고기를 끌어올리다, 목적물을
like a fish out of water 뭍에 올라온 물고기(같은], 장소[상황]에 어울리지 않아[않는].
make fish of one and flesh [or fowl] of another (두 사람[그룹]을) 부당하게 차별대우하다.
mute as a fish 잠자코 있는, 침묵을 지키는.
neither fish, (flesh,) nor fowl; neither fish, flesh, (fowl,) nor good red herring 정체를 알 수 없는; 이도저도 아닌. ⌐놀다.
play a fish 낚시에 걸린 물고기의 진을 빼다; 가지고
There are many [or plenty of] other fish in the sea. 기회[좋은 사람]는 얼마든지 있다. * 실패·실연한 사람을 위로하는 말.

— 圓 (~es [-iz]; ~ed [-t]) 亙 1 물고기를 잡다, 낚시질[고기잡이]하다(for / in / with). ¶ (~+前+名) ~ *in* the river 강에서 낚시질하다/~ *for* cod 대구를 낚다/~ *from* a boat 배에서 낚시질하다. 2 (물·진흙·호주머니 속 따위를) 찾다, 뒤지다(about, around) (for). ¶ (~+前+名) ~ *for* pearls 진주를 찾다/~ *for* a job 일자리를 찾다. 3 (넌지시 또는 술책을 써서) 낚아내다, 알아내려고 하다(for). ¶ (~+前+名) ~ *for* information 정보를 얻어내려고 하다/~ *for* praise 칭찬의 말이 나오게 만들다. 4 (강 따위에서) 물고기가 낚이다. ¶ (~+圓) This stream ~es well. 이 내에서는 물고기가 잘 낚인다. 5 《속어》《권투》 페인트 모션을 쓰다. 6 (전도사가 신앙을 갖도록) 설득하다.

— 他 1 [물고기]를 잡다, 낚다; [산호 따위]를 따다, 채취하다. ¶ ~ salmon 연어를 낚다/~ coral 산호를 채취하다. 2 (바다·강 따위에서) 낚시질하다, 고기잡이하다. ¶ ~ the river 강에서 낚시질하다. 3 (물 속·호주머니 속 따위에서)…을 꺼내다, 끌어올리다(up); …을 찾아내다, 알아내다(out) (from, out of); [잊었던 것]을 생각해내다(out). ¶ (~+目+前+名) They ~ed up the dead man *from* the lake. 그들은 호수에서 시체를 인양했다. 4 《해사》 **a)** [닻]의 갈고리(fluke)를 뱃전에 끌어올리다. **b)** [돛대나 활대]를 받침널로 보강하다. **5** 《아일》 [사람]을 차별하다.

fish in troubled [or muddy] waters 혼란을 틈타서 이득을 취하다, 어부지리를 얻다.
fish or cut bait 태도를 분명히 하다, 어느 쪽인지 정 ⌐하다.
fish out ① (못 따위)에서 물고기를 다 잡아버리다. ② …을 꺼내다. ③ 〔정보 따위〕을 알아내다.
fish the anchor 《해사》 닻을 뱃전으로 끌어올리다.
fish up 꺼내다, 끌어올리다(from, out of).
~·less 형

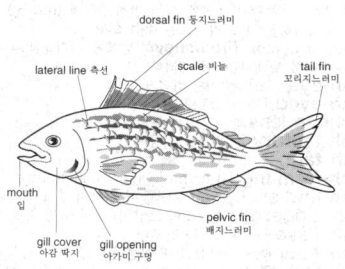

[fish]

fish² 명 (물고기 모양의 점수 계산용) 산(算)가지.
fish·er·y 명 어업; fishing.
fish·a·ble [fíʃəbl] 형 물고기가 잡히는[낚이는].
fish and chips 명 《단수취급》 《英》 생선 프라이와 감자칩(영국의 대중적 패스트푸드); 이를 파는 가게. (또는 físh-and-chíps, físh'n'chíps)
físh báll 명 어육 완자.
fish-ball [fíʃbɔ̀ːl] 명 《美》 시시한 녀석, 하잘것 없는 놈.
fish-bel·lied [-bèlid] 형 《건축·기계》 (가로대·도리·들보 따위의) 아래쪽[밑면]이 볼록한.
físh bòat 명 어선.
fish·bolt [fíʃbòult] 명 《英》 (철로용) 이음매 볼트.
fish·bone [fíʃbòun] 명 생선뼈[가시].
fish·bowl [fíʃbòul] 명 1 어항. 2 유리로 둘러친 장소, 유리 우리; 사방 어디서나 보이는 상태. 3 《美속어》 (교도소의) 관찰실; (경찰서의) 보호실, 유치장.
físh càke 명 =fish ball.
fish-carv·er [-kɑ̀ːrvər] 명 (식탁용의) 생선 나이프.
físh cròw 명 (물고기를 잡아먹는) 까마귀의 일종.
físh cúlture 명 양어; 양식 어업; 양어법.
físh dávit 명 《해사》 닻걸이 기둥.
físh dày 명 《기독교》 (생선을 먹는) 육식 금지일.
físh déaler 명 《美》 생선 가게[장수].
físh dóctor 명 《어류》 자갈치의 일종.
físh dúck 명 《구어》 비오리(merganser).
físh éagle 명 《조류》 물수리(osprey).
fish·eat·er [fíʃìːtər] 명 1 (~s) 《英》 생선 요리용 나이프와 포크. 2 《美비어·속어》 가톨릭 교도, 사제.
*fish·er [fíʃər] 명 1 어부; 어선. 2 어식(魚食) 동물(담비·족제비 따위). 3 (북미산의) 담비; 《U》 그 모피.
fish·er-boat [-bòut] 명 어선.
Fisher King (아서왕 전설의 Percival의 이야기에 나오는) 성배(聖杯) 보관인.
‡**fish·er·man** [fíʃərmən] 명 (복 -men [-mən]) 1 어부; 강태공, 낚시꾼. 2 낚싯배, 어선.
fisherman's bénd 닻 매듭. ⌐의 일종.
fisherman's knót 명 두 밧줄의 양끝을 잇는 매듭

fisherman's ring 〖가톨릭〗 어부의 반지(로마 교황이 끼는 도장이 새겨진 반지).

Fisherman's Whárf 〖피셔맨즈 와프(미국 San Francisco 북쪽 끝의 어항; 관광지). 「꾼」

fish·er·wom·an [fíʃərwùmən] 〖 여자 어부/낚시

‡**fish·er·y** [fíʃəri] 〖 1 〖 (종종 -eries) 어업, 수산업. ¶ coast [deep-sea] fisheries 연안[원양] 어업. 2 (보통 -eries) 어장; 〖굴·진주 따위의〗채취장, 양식장. ¶ an oyster ~ 굴 양식장. 3 수산 회사. 4 〖 〖법률〗 어업권. 5 (보통 -eries) 수산학; 수산[어업] 기술. 6 (보통 -eries) 어기(漁期). 7 어획고[량].

fishery zòne 〖 어업 전관(專管) 수역.

fish·eye [fíʃài] 〖 1 어안(魚眼). 2 월장석(月長石). 3 (회반죽 공사에서) 표면에 생긴 반점[흠]. 4 (the ~) 차가운[의심하는] 눈초리. (또는 **fish èye**) *give a person the fisheye* 남에게 차가운[의혹의] 눈초리를 보내다, …을 쪼리다.

fish-eye [-ài] 〖 어안 렌즈의.
fish-eyed [-àid] 냉담한, 냉혹한.
fisheye lèns 〖사진〗 어안 렌즈.
fish fàctory 〖 수산물 가공 공장.
fish fàrm 〖 양어장; 어장.
fish-farm·ing [-fɑ́ːrmiŋ] 〖Ⓤ=fish culture.
fish·find·er [fíʃfàindər] 〖 어군 탐지기.
fish fìnger 〖 (美) (스틱 모양의) 생선 튀김.
fish flàke 〖 (美) 어물 건조대.
fish flòur 〖 분말의 정제 어분(魚粉).
fish fòrk 〖 생선용 식탁 포크. 「생선 튀김.
fish frỳ 〖 1 낚시한 물고기를 요리해 먹는 피크닉. 2
fish-gig [fíʃgìg] 〖=fizgig. (또는 **fìzgig**)
fish glòbe 〖 (유리로 만든 둥근) 어항.
fish glùe 〖 부레풀, 어교(魚膠).
fish hàtchery 〖 물고기 부화장.
fish hàwk 〖 〖조류〗=fish eagle.
fish·hook [fíʃhùk] 〖 낚시; 낚걸이 쇠갈고리; (美속어) 손가락 (전체).
fish hòrn 〖 (美속어) 색소폰. 「魚場).
fish hòuse 〖 생선 가게; (英) 어업 조합 집어장(集
fish·i·fy [fíʃəfài] 〖타 1 …을 물고기로 바꾸다. 2 …에 생선을 공급하다. (연못 따위)에 물고기를 방생하다.

‡**fish·ing** [fíʃiŋ] 〖 (美)~s [-z] 1 Ⓤ 낚시질; 어업, 어획. 2 낚시터, 어장. 3 Ⓤ 〖법률〗 어업권, 어획권. ¶ He owns the ~ in this lake. 그는 이 호수의 어업권을 가 *do fishing* 낚시질하다, 고기를 잡다. 「지고 있다. *go (out) fishing* 낚시질 가다.

fishing bànks 〖복〗 (얕은 바다의) 어초(魚礁), 어장.
fishing bòat 〖 어선, 낚싯배.
fishing bòundary 〖 어업 전관 수역.
fishing expedìtion [trìp] 〖 1 (유용한) 정보 탐색[캐내기] (작업). 2 〖법률〗 (상대방의 증언·문서 따위의) 예비 검토·조사 (작업). 3 (英) 여성이 해외(식민지)에 결혼 상대를 찾으러 가는 것.
fishing gròund 〖 (~s) 어장.
fishing lìcense 〖 입어(入漁) 허가증, 낚시 허가증.
fishing lìne 〖 (英)=fishline.
fishing nèt 〖=fishnet.
fishing pòle 〖 (대나무 따위의) 낚싯대.
fishing ròd 〖 낚싯대.
fishing smàck 〖 (활어조를 갖춘) 소형 어선.
fishing stòry 〖=fish story.
fishing tàckle 〖 낚시 도구(바늘·줄·대·릴 따위).
fishing wòrm 〖 (미끼로 쓰는) 지렁이(fishworm).
fish jòint 〖 〖토목〗 첨접(添接)〖이음 철판(fishplate)에 의한 레일 따위의 접합〗.
fish kèttle 〖 (생선 요리용) 타원형 냄비.
fish·kill [fíʃkìl] 〖 (수질 오염에 의한) 어류의 떼죽음.
fish-kiss [-kìs] 〖 〖속어〗 (…에게) 입술을 오므려 키스하다. — 〖 입술을 오므리고 하는 키스, 뽀뽀.

fish knìfe 〖 식탁용 생선 나이프.
fish làdder 〖 물고기 사닥다리(물고기가 폭포·댐 따위를 거슬러 올라갈 수 있게 층계 모양으로 만든 것).
fish làmp 〖 집어등(集魚燈).
fish·like [fíʃlàik] 〖 1 물고기 같은, 비린내 나는 (fishy). 2 (사람이) 냉담한, 냉혈의.
fish·line [fíʃlàin] 〖 (美) 낚싯줄(line).
fish lìps 〖 (美속어) 두껍게 튀어나온 입술.
fish lòuse 〖 물고기 진드기.
fish màrket 〖 어시장(魚市場).
fish mèal 〖 어분(魚粉). (또는 **fìsh-mèal**)
fish·mon·ger [fíʃmʌ̀ŋgər, -mɑ̀ŋ-] 〖 (英) 생선장수[가게 (주인)].
fish'n'chips [fíʃəntʃìps] 〖 =fish and chips.
fish·net [fíʃnèt] 〖 어망; Ⓤ 그물 모양의 직물(net).
fish òil 〖 어유(魚油). 「— 〖 어망의.
fish·paste [fíʃpèist] 〖 Ⓤ 어묵.
fish·plate [fíʃplèit] 〖 (레일 따위의) 이음 철판.
fish pòle 〖 =fishing pole.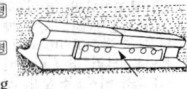

(fishplate)

fish·pond [fíʃpɑ̀nd/-pɔ̀nd] 〖 양어장지(池).
fish pòol 〖 =fishpond.
fish·pot [fíʃpɑ̀t] 〖 (새우·장어 등을 잡는) 통발.
fish·pound [fíʃpàund] 〖 (美) 어살(weir)(물 속에 설치해 놓은 나무 울).
fish prótein cóncentrate 〖 어류 농축 단백.
fish sàuce 〖 생선 요리용 소스.
fish shòp 〖 생선 가게, 어물전((英) fishmonger's; (英) fish and chips 가게. 「리 지폐.
fish·skin [fíʃskìn] 〖 1 콘돔(condom). 2 1달러짜리
fish slìce 〖 생선 튀김 뒤집개(요리용 얄팍한 주걱); (英) 생선 요리용 식탁 나이프.
fish-sound [-sàund] 〖 (물고기의) 부레.
fish spèar 〖 (물고기 잡는 작살.
fish stìck 〖 =fish finger.
fish stòry [tàle] 〖 (구어) (낚시꾼이 잡은 물고기의 크기를 부풀리는 것과 같은) 허풍, 터무니없는 이야기.
fish tàckle 〖 〖해사〗 물고기 끌어올리는 도르래; 닻을 뱃전에 얹어놓는 도르래와 삭구.
fish·tail [fíʃtèil] 〖 (구어) 물고기 꼬리(자동차가 미끄러져 후미가) 좌우로 흔들리다; (비행기가 착륙 전에) 미익(尾翼)을 좌우로 흔들어 속력을 떨어뜨리다. — 〖타〗 (급브레이크를 밟아) 〖차〗를 좌우로 흔들다. — 〖 1 물고기의 꼬리. 2 (비행기의 미익을 좌우로 흔들어 속력을 떨어뜨리는 조종법. 3 (물고기 꼬리 모양의 불꽃을 내는) 가스 버너(~ burner). 4 피시 테일(보석을 고정시키기 위한 받침). 〖 물고기 꼬리 모양의.
fishtail búrner 〖 =fishtail 3.
fishtail wìnd 〖 물고기 꼬리 바람(사격을 할 때 탄도를 빗나가게 하는 변덕스러운 바람).
fish·tank [fíʃtæ̀ŋk] 〖 1 (양어·관찰용의 유리제) 수조(木槽), 어항. 2 (속어) (교도소의 신입 죄수) 관찰실.
fish torpèdo 〖 어뢰. 「(fish bowl).
fish tràp 〖 물고기 잡는 장치(통발 따위).
fish wárden 〖 (美) 어업[어장] 감독관.
fish wày 〖 (폭포·댐 따위의) 어로(魚路), 물고기 사닥다리(fish ladder).
fish·weir [fíʃwìər] 〖 어살(fishpound).
fish·wich [fíʃwìtʃ] 〖 튀긴 생선 샌드위치.
fish·wife [fíʃwàif] 〖 (복)-**wives** [-wàivz] 1 여자 생선 장수. 2 입이 험한 여자. 3 (美속어) 동성애 남자의 (법률상의) 아내.
fish·works [fíʃwə̀ːrks] 〖(복) 1 인공 물고기 증식 기구[장치]. 2 수산물 가공 공장.
fish·worm [fíʃwə̀ːrm] 〖 =fishing worm.
fish-wrap·per [-ræ̀pər] 〖 (美속어) 신문.

fish·y [fíʃi] 〖형〗 **1** 물고기의; (모양·냄새·맛 따위가) 물고기 같은, 비린내나는; 생선으로 된; 물고기가 많은. ¶a ~ diet 생선으로 만든 음식 / a ~ lake 물고기가 많은 호수 / a ~ smell 비린내. **2** (구어) 의심스러운, 믿어지지 않는. ¶a ~ statement 믿기 어려운 말. **3** (물고기 눈알처럼) 흐리멍덩한, 무표정의. ¶a ~ stare 멍하니 바라보기. **4** (보석이) 진한 쥐색의.
fishy about the gills 〖英속어〗 새파랗게 질린, 낙담한.
smell fishy 이상야릇하다. 수상쩍다.
fish·i·ly 〖부〗 **fish·i·ness** 〖명〗
fish·y·back [fíʃibæk] 〖명〗 =fishybacking. ── 〖형〗 (거룻배·페리 보트 따위에 의한) 트레일러 트럭 수송의.
fish·y·back·ing [fíʃibækiŋ] 〖명〗 (거룻배·페리 보트 따위에 의한) 짐을 실은 트레일러 트럭의 수송.
fisk [fisk] 〖명〗 〖스코〗 =fisc 2.
fis·si- [físi, -sə] 〖연결〗 「분열된」의 뜻. ¶*fissi*parous.
fis·sile [físəl/-sail] 〖형〗 **1** 갈라지기 쉬운, 분열성의. **2** (물리) =fissionable. **fis·síl·i·ty**
fis·sion [fíʃən] 〖명〗〖U〗〖C〗 **1** 분열, 열개(裂開). **2** 〖생물〗 (세포의) 분열, 분체(分體). **3** 〖물리〗 핵분열. ¶atomic ~ 원자력 해방. ──〖자타〗 (를) 핵분열 시키다(시키다).
fis·sion·a·ble [fíʃənəbl] 〖형〗 **1** 〖물리〗 핵분열하는, 핵분열하기 쉬운, 핵분열성의. ¶~ material 핵분열성 물질 / a ~ nucleus 핵분열성 원자핵. **2** 갈라지기 쉬운, 분열성의. (또는 **fissile**) ── 〖명〗 (보통 ~s) 핵분열성 물질〔원소〕. **-bíl·i·ty**
físsion bómb 〖군〗 원자 폭탄(atomic bomb).
físsion cháin reáction 〖물리〗 핵분열 연쇄 반응. 「gen bomb.
fís·sion-fú·sion bòmb [-fjúːʒən-] 〖명〗 =hydro-
físsion pròduct 〖물리〗 핵분열 생성물.
fís·sion-tráck dàting [-træk-] 〖지구과학〗 핵분열 연대 측정법(지층의 형성 연대 측정법).
fis·si·pal·mate [fisəpǽlmeit/físi-] 〖형〗 (새의 발이) 발가락이 넓적하고 평평한, 물갈퀴발의.
fis·si·par·i·ty [fìsəpǽrəti] 〖명〗〖생물〗 분열 번식(성).
fis·sip·a·rous [fisípərəs] 〖형〗 분체(分體) 생식의, 분열에 의해 번식하는. **~·ly** 〖부〗 **~·ness** 〖명〗
fis·si·ped [físəpèd] 〖명〗 열각아목(裂脚亞目)의 동물 (개·고양이 따위). ── 〖형〗 분지(分趾)의; 열각아목의.
fis·sure [fíʃər] 〖명〗 **1** (바위·땅의) 갈라진 곳, 틈, 금, 균열. ¶a ~ in a rock 바위의 갈라진 틈. **2** 균열(이) 생김; (의견·견해 따위의) 불일치, 분열. **3** 〖해부〗 (뇌·간장 따위의) 열구(裂溝). **4** 〖지질〗 열하(裂罅)(암석 중의 갈라진 틈). ──〖타〗 틈〔금〕을 내다, …을 가르다, 쪼개다. ──〖자〗 틈〔금〕이 생기다, 갈라지다, 째지다.
-su·ral, **~·less** 〖형〗 **~·ness** 〖명〗
‡fist [fist] 〖명〗 **1** 주먹. ¶strike one's ~ on the table 주먹으로 탁자를 치다. **2** (구어) 손(hand); 움켜 쥠, 파악(grasp). ¶Give us your ~. 악수합시다. **3** (구어) 필적. **4** 〖인쇄〗 손표, 지표(index sign)(☞). **5** 시도, 기도. 「주먹을 쥐다.
clench [or *double*] *one's* **fist** (분노·고뇌 때문에)
grease [or *cross, oil*] *a person's* **fist** [or *palm*] (구어) (매수하려고) 금전〔팁〕을 주다, 매수하다.
hand over **fist** (구어) 대량으로; 척척.
make a good [*bad, poor*] **fist** *of* [or *at*] …을 잘 하다〔잘못하다〕, …에 능하다〔서투르다〕.
shake one's **fist** (분노의 표시로) 움켜쥔 주먹을 흔들다.
the mailed **fist** 무력, 군사력.
write a good [*an ugly*] **fist** 필적이 훌륭하다〔서투르다〕. ──〖타〗 (주먹으로) …을 때리다〔치다〕; …을 쥐다; (붓·활대 따위를) 쥐다, 조종하다.
FIST (美) *Federal Investigative Strike Team*(연방 도주범 수사 기동대).
fist·ed [fístid] 〖형〗 **1** 주먹을 쥔. **2** (복합어로) 주먹이 …한. *close-[or hard-]~* 주먹을 꽉 쥔; 인색한.
fist·fight [fístfàit] 〖명〗 주먹 싸움, 싸움.

fist-fuck [-fλk] 〖명〗 (비어) (남자의) 자위 행위. (또는 **físt fùck**) 〖자〗 자위 행위를 하다.
fist·ful [fístfùl] 〖명〗 **1** 한 손 가득, 한 줌, 한 움큼(*of*). **2** 상당한 수, 다수(*of*).
fist·i·an·a [fìstiǽnə/-áːnə] 〖명〗 (구어) 권투(계).
fist·ic [fístik] 〖형〗 권투의, 주먹 싸움의. (또는 **fistical**)
fist·i·cuff [fístikλf] 〖명〗 **1** 주먹으로 한대 치기. **2** (~s) (단수취급) (악실) 주먹질, 싸움; 권투(boxing).
come to fisticuffs 주먹 싸움이 되다.
──〖동〗 (주먹으로) …을 때리다; 주먹으로 치고받다.
~·er 〖명〗 권투 선수(boxer).
físticuff láw 힘의 지배, 약육 강식.
fist·mele [fístmìːl] 〖양궁〗 피스트밀(엄지손가락을 세우고 쥔 주먹의 폭). 「된 주(註).
fist·note [fístnòut] 〖명〗 지시(指示) 기호(☞)로 표
fis·tu·la [fístjulə/-tju-] 〖명〗 (*~s*, *-lae* [-liː]) **1** 〖병리〗 누(瘻), 누관(瘻管)(궤양·상처 따위 때문에 생긴 구멍). ¶anal ~ 치루(痔瘻). **2** (수의) ~s (fistulous withers); (동물의) 관상(管狀) 기관. **3** 〖메이〗 관(管): 피리, (플루트 따위) 단관(單管) 악기. (<L pipe)
fis·tu·lize [fístjulàiz/-tju-] 〖자〗 〖병리〗 누관(瘻管)이 생기다. ──〖타〗 누관을 만들다. **-li·zá·tion**
fis·tu·lous [fístjuləs/-tju-] 〖형〗 **1** 〖병리〗 누성(瘻性)의, 누에(瘻)같은. **2** 관 모양의, 통 모양의; 관상부(管)기관)로 된. (또는 **fistular, fis·tu·late** [fístjulət])
FISU (프랑스) *Fédération Internationale du Sport Universitaire* (국제 대학 스포츠 연맹).

‡fit¹ [fit] 〖형〗 (**~·ter**; **~·test**) **1** (목적·조건 따위에 /…하기에) 적당한, 알맞은(*for/to do*). ¶a ~ place 적당한 장소. // It is not ~ *for* my purpose. 그것은 나의 목적에 맞지 않는다.
2 (행위·복장 따위가) …에 어울리는, 적합한(*for*); 온당한. ¶a ~ behavior 적절한 행동 / It is not ~ that you should do such a thing. 네가 그런 짓을 하다니 어울리지 않는다 // ~ *for* a king 왕에게 어울리는.

〖유의어〗 **fit** 목적·용도·일 따위에 적합한; 때로 필요한 자격을 갖추었거나 유능함을 암시. **fitting** 특히 어떤 정신·기분·목적 따위와 조화되는. **suitable** 어떤 조건에 합치한, 상황에 알맞은. **proper** 정당한 이유·관습·본래의 성질 따위로 보아 당연히 어울린다고 생각되는. **appropriate** 매우 fit 또는 suitable한. **apt** 어떤 목적에 딱 알맞은, 목표하는 결과를 가져오는. **happy** 말·행동·생각 따위가 특히 apt하고 효과적인. **felicitous** 매우 happy한.

3 (직무 따위에 /…하기에) 적합한, 적임의, 자격〔능력〕이 있는(*for/to do*). ¶a ~ chairman 유능한 의장 // a man ~ *to* command 통솔력이 있는 사람 // He is ~ *for* that position. 그는 그 지위에 적임이다.
4 …의 가치가 있는, …할 만한(*for/to do*). ¶This picture is not ~ *for* sale [*to be sold*]. 이 그림은 팔 만한 것이 못 된다 / All the news that's ~ *to* print. 보도할 가치가 있는 뉴스는 모두 다룬다(미국 *New York Times*의 표어).
5 …할 준비가 되어 있는; (구어) 당장 …할 것 같은(*for/to do*). ¶The ship is now ~ *for* service. 그 배는 이제 취항할 준비가 다 되어 있다.
6 (경기자·경주마 따위가) 상태(컨디션)가 좋은; (구어) 건강한. **7** 〖생물〗 적응적 번식을 하는; (적응에 의한) 유전적 변화를 하는. **8** (속어) 매력적인.
as fit as a fiddle ⇒ FIDDLE.
feel fit (몸 상태가) 매우 좋다. 「시, 매우.
fit for nothing 아무 쓸모 없는, (美구어) 몹
fit to be tied 몹시 화난, 잔뜩 골이 난; (美구어) 몹
fit to burst [or *bust*] (구어) 매우 힘 있게(기운차게); 특히, 가슴이 메어 터질 정도로(* cry, laugh, sing 등과 함께 쓰인다).
fit to drop (구어) (지쳐서) 쓰러질 정도의.

fit to kill (구어) 극도로, 몹시.
fit to wake the dead (美속어) 아주 큰 소리로.
keep *oneself* **fit** 건강(상태)를 유지하다.
not fit to hold a candle to …와 비교도 안 되는.
the survival of the fittest 적자 생존.
think [or **see**] **fit** *to do* …하는 것을 적당하고 생각하다, …하기로 결정하다.

— 타 (-tt-) 타 **1** (의도·시기·목적 따위가) …에 들어 맞다, 적합하다, …에 알맞다, 어울리다; (치수·모양 따위가) …에 꼭 맞다. ¶ The dress ~s her perfectly. 그 드레스는 그녀에게 딱 맞는다 / The example ~s the case. 그 실례는 그 경우에 들어맞는다.
2 …에 알맞게 하다, 맞추다(*to*). ¶ (~+目+前+名) a ring *to* the finger 반지를 손가락에 맞추다 / ~ expense *to* one's income 지출을 수입에 맞추다.
3 (조정하여) …을 꼭 맞게 하다, 끼우다(*in, into*). ¶ (~+目+前+名) ~ a picture *into* a frame = ~ a frame *with* a picture 그림을 액자에 끼우다.
4 (남)을 (직무 따위에) 적응시키다, (남)에게 자격[능력]을 갖게 하다, 준비시키다(*for*). ¶ (~+目+前+名) This school ~s students *for* college. 이 학교는 대학 진학을 위한 준비 교육을 한다.
5 …에 (적합한 것을) 설치하다, 공급하다(*with, to*). ¶ (~+目+前+名) ~ the ship *with* new engines 배에 새 엔진을 달다. **6** (수학) [곡선]을 주어진 한 조[組]의 점을 통과하도록 조정하다.
— 자 **1** 적합하다, 알맞다, 어울리다 (치수·모양 따위가) 꼭 맞다(*in, into, with*). ¶ (~+前) Your new dress ~s well. 당신의 새 드레스는 몸에 잘 맞습니다 // (~+前+名) ~ *into* the new life 새로운 생활에 적응하다. **2** (美구어) 수험 준비를 하다(*for*).
fit in ① 조화하다, 적합하다(*with*). ② 끼워넣다. ③ (예정 따위)를 …에 맞추다(*with*).
fit into …에 꼭 들어맞다[적응]하다; 어울리다.
fit like a glove 꼭 맞다.
fit on ① (옷 따위)를 맞는지 입어보다. ② (뚜껑 따위)가 잘 맞다.
fit out …을 장비하다; …에 (필요한 물건)을 갖추어 주다(*with*).
fit…round …을 …에 맞추려고 바꾸다. ¶ I'll ~ my schedule *round* yours. 나의 스케줄을 너에게 맞추겠다.
fit the cap on ⇒ CAP¹.
fit to a T (구어) 꼭 맞다(제도용 자에서).
fit up ① =fit out. ② (英구어) …에게 (일 따위)를 찾아주다, 나눠 주다(*with*).
— 명 **1** 적합(성), 적합도. **2** 꼭 맞는 것[의복]. ¶ The jeans are a perfect ~. 그 청바지는 꼭 맞습니다. **3** (美) 수험 준비. **4** (통계) 적합도. **5** (美속어) 마약 주사 기구 한 벌.
~·ta·ble 형

‡**fit²** 명 **1** (보통 a ~) (병의) 발작; 쥐; 경련. ¶ a fainting ~ 기절, 졸도 / a ~ of coughing. 한바탕의 기침.
2 (몸·감정의) 복받침, 격발; 일시적 흥분, 변덕, 일시적 기분. ¶ in a ~ of rage [passion, jealousy] 홧김에[흥분하여, 질투심에 불타]. **3** (the ~) 기분.

beat [or **break, knock**] *a person* **into fits** 남을 철저히 해치우다.
be in fits of laughter 자지러지게 웃다, 웃음으로 웃기[울기] 시작하다.
burst into a fit of laughter [**weeping**] 갑자기 웃기[울기] 시작하다.
by [or **in**] **fits** (**and starts** [or **snatches**]) 발작적으로, 때때로 생각난 듯이.
fall down in a fit; go into fits 졸도하다.
give *a person* **a fit** (구어) 남을 놀래게[성나게] 하다.
give *a person* **fits** (구어) 사람을 철저히 해치우다; 호되게 꾸짖다.
have [or **throw**] **a fit; have (forty** [or **a thousand**]**) fits** ① 발작[경련]을 일으키다, 졸도하다. ② 발끈하다; 깜짝 놀라다.
send [or **throw**] *a person* **into fits** ① 남에게 발작을 일으키게 하다. ② 남을 깜짝 놀라게 하다; 발끈하게 하다.
when [or **if**] **the fit is on** [or **takes**] *a person* 마음이 내키면, 기분이 좋으면. [1절(canto).
fit³ [fit] 명 (고어) 노래, 시가(詩歌), 이야기; 노래[이야기]의
fit·a·hol·ic [fítəhálik/-hɔ́l-] 명 몸매 가꾸기[건강] 중독자[광(狂)]. (<*fitness*+*aholic*)
fitch [fitʃ] 명 족제비의 일종(polecat); (그 털로 만든) 붓, 화필; ⓤ 그 모피. (또는 **fitchet, fitchew**)
fitch·y [fítʃi] 형 (문장) (십자 모양의) 가로대의 끝이 뾰족한. (또는 **fitch·ée** [fítʃi:, fitʃéi])
fit·ful [fítfəl] 형 변하기 쉬운, 단속적인, 변덕스런, 발작적인. **~·ly** 부 **~·ness** 명
fit·ly [fítli] 부 적당히, 적절히, 어울리게; 적시에.
fit·ment [fítmənt] 명 **1** ⓤ (붙박이) 가구. **2** (종종 ~s) 설비; 장비, 비품(fittings).
***fit·ness** [fítnis] 명 ⓤⓒ **1** 적당, 적합, 적절. **2** 적합성, 합(合)목적성, (언행 따위의) 타당성, 온당 (*for*). **3** 건강 (상태); 운동, 몸매 가꾸기. ¶ ~ industry 헬스 산업. **4** 〔생물〕 (유전자형의) 적응도. **5** 〔적성, 사물의 합리성.
the (eternal) fitness of things 사물 본래의 합목
fitness cènter [**clùb**] 명 (美) 헬스 클럽.
fit·out [⌐áut] 명 (英구어) (여행 따위의) 준비, 여장.
fit·ted [fítid] 형 **1** (…에) 적합한, 알맞은 (*for, to*). ¶ ~ clothes 몸에 꼭 맞는 옷. **2** (…에) 딸린, 장식된; (방이) 가구·비품이 딸린(*with*). ¶ a watch ~ *with* gold 금딱지 시계. **~·ness** 명
fit·ten [fítn] 형 (美남부·英방언) 알맞은, 일치한.
fit·ter [fítər] 명 **1** (옷의) 가봉을 하는 사람; (카펫의) 재단공. **3** (기계·비품 따위의) 조립공, 설비공; 공급자, 조달하는 사람. **4** 장신구[여행용품]상; 〔영화〕 의상 담당자.
***fit·ting** [fítiŋ] 형 적합한, 적당한, 적절한, 알맞은, 어울리는; (옷 따위가) 꼭 맞는 (*for*). ⇒FIT¹ 유의어
— 명 **1** 적합, 맞추어 보기; 조정, 정비. **2** (a ~) (새옷을) 입어보기, 가봉. **3** (보통 ~s) 가구, 설비; 비품, 부속품[가구], 부품. **4** (英) (양말 따위의) 형(型), 사이즈.
~·ly 부 **~·ness** 명 [방.
fitting ròom (옷가게 따위의) 가봉실, 옷 입어보는
fitting schòol 명 (美) 예비 학교.
fitting shòp 명 (기계의) 조립 공장.
fit-up [⌐ʌp] 명 (속어) **1** 가설 무대 (장치). **2** (또는 ⌐ cómpany) 순회(유랑) 극단. **3** 범인 날조[조작].
Fitz- [fits] 접두 「…의 아들」의 뜻(® Mac-, O'). * 보통 왕족의 서자(庶子)를 나타냄. ¶ *Fitz*Gerald.
Fitz·ger·ald [fitsdʒérəld] 명 피츠제럴드. **1** 남자 이름. **2** F(rancis) Scott (Key) ~ (1896-1940 : 미국의 소설가: *The Great Gatsby*(1925)).
FitzGérald contráction 명 〔물리〕 피츠제럴드 수축[단축](운동하고 있는 물체는 속도수가 광속에 가까워지면 운동 방향으로 수축한다는 가설). (또는 **FitzGérald-Lórentz contráction**) (<아일랜드 물리학자 George F. FitzGerald(1851-1901))
FIU Financial Intelligence Unit(금융정보 분석원; 돈세탁 방지 사정 조사 기관).

‡**five** [faiv] 형 다섯의, 다섯 개[사람]의; 5세의.
— 명 (pl. ~**s** [-z]) **1** 다섯 개[사람]. **2** 다섯 시; 다섯 살. ¶ a child of ~ 다섯 살 난 아이. **3** (연속된 것의) 다섯 번째의 것[사람]; (트럼프·도미노의) 5의 패; (주사위의) 5점; (크리켓) 5점타, (5, V). **4** 5의 문자, (5, V). **5** 다섯 개[사람]로 된 한 조; 농구팀. **6** (~s) 다섯 손가락, 주먹. **7** (~s) (장갑·구두 따위) 5호 사이즈(의 것). **8** (美) 5파운드 지폐; (美) 옛 5달러 지폐. **9** (구어) 5분 (휴식). **10** =**fives**.
a bunch of fives (구어) 주먹; 손.
five of clubs (美속어) 주먹.
give [or **slip**] *a person* **five** (美속어) ① 남과 악수하다. ¶ *Give* me [or Gimme] ~. 악수합시다. ② 손

slap a person five 《美속어》 =give a person five

take (a) five 《속어》 잠깐 쉬다 (5분 정도의 휴식). 《②.

use one's **fives** 주먹다짐하다.

──《타》 《美》 * 다음 숙어로만 쓴다.

five it 묵비권을 행사하다. 《참》 take the FIFTH

five-and-dime [ˊəndáim] 《명》 《美》 =five-and-ten.

five-and-ten [ˊəntén] 《명》 《美구어》 싸구려 잡화점. (또는 ~-cènt stòre)

fíve-bòb déal [ˊbɑ̀b-] 《英속어》 소량의 마약. 모락한.

fíve-by-fíve [ˊbaifáiv] 《속어》 《형》 키가 작고 뚱뚱한, 모학한.

fíve-case nóte [ˊkèis-] 《명》 《美속어》 5달러 지폐.

Fíve Civílized Tríbes [Nátions] 《명》 (the ~) 《美역사》 개화(開化) 5부족(백인 문화를 수용했지만, 1830–40년에 걸쳐 Indian Territory로 강제 이주당한 Cherokee, Creek, Choctaw, Chickasaw, Seminole 인디언들의 총칭).

five-cor·ner(s) [ˊkɔ́ːrnər(z)] 《명》 오스트레일리아 산(産) 에파크리스과(科)의 관목에 열리는 5각형 열매.

fíve-dày (wòrk) wéek [ˊdèi-] 《명》 주 5일 근무제.

Fíve-Él·e·ments schòol [ˊéləmənts-] 《명》 《동양 철학의》 음양 오행설(陰陽五行說).

five-fin·ger [ˊfíŋɡər] 《명》 1 잎이 다섯 손가락 모양으로 갈라진 식물(가락지나물류(類)의 식물 따위): 토끼풀속(屬)의 식물; 앵초의 일종(oxlip); 아메리카담쟁이. 2 불가사리. 3 《속어》 도둑. ─《형》 《한정형용》 다섯 손가락[5지]의. ¶ ~ exercise 피아노의 5지 연습; 쉬운 일.

fíve-finger díscount 《명》 《美속어》 도둑질; 장물.

fíve fíngers 《명》 1 도둑, 물건을 사는 체하고 훔치는 사람, 소매치기. 2 5년의 형기(刑期). 「대[업신여기다.

give five fingers to a person 《美속어》 남을 깔보

fíve-fíve [ˊfáiv] 《美속어》 《형》 시속 55마일. ─《명》《형》 =five square. (또는 **fívefive**)

five·fold [fáivfòuld] 《형》 1 다섯으로 나누어진, 다섯 부분으로 이루어지는. 2 5배의, 5겹의. ─《부》 5배로, 5겹으로. 「훈련을 끝냄.

five-gait·ed [ˊɡéitid] 《형》 〖馬術〗 5종의 보조(步調)

fíve húndred 《명》 〖카드놀이〗 5백, 노트럼프(유커(euchre))에서 파생된 카드놀이.

fíve húndred rúmmy 《명》 〖카드놀이〗 500점 러미 (500점을 선취한 사람이 이기는 게임).

five-leg·ged [ˊlégid, -léɡd] 《형》 《해사》 (스쿠너가) 다섯 돛대를 갖춘.

Fíve Nátions 《명》《복》 (the ~) 《美역사》 (북미 인디언 이러쿼이(Iroquois) 족의) 5족 연합.

Five-O [ˊóu] 《명》 《美속어》 (십대 사이에서) 경찰(관).

fíve-o'clóck shádow [ˊəkl{bk-/-əklɔ̀k-] 《명》 《美구어》 (아침에 깎은 뒤) 오후 5시쯤 다시 자란 수염.

fíve-o'clóck téa [ˊəklàk-/-əklɔ̀k-] 《명》 《英》 오후에 드는 차(간식).

five·pence [fáivpəns/fáifpəns] 《명》 《英》 (~(**s**)) 5펜스(흔히 fippence); 《美》 5센트 (백동화).

five·pen·ny [fáivpèni/fáifpəni, fáiv-] 《형》 1 1.75인치 길이의(못의 길이 표시) 《부》 5d). 2 《英》 5펜스의 (가치가 있는). ─《명》 =fivepence.

five-per·cent·er [ˊpərséntər] 《명》 《美속어》 (5%의 수수료를 받는 관납 사업 브로커(알선업자).

fíve-per·cénts [fáivpərsénts] 《명》《복》 5%의 이익이 붙는 것; 5% 배당주(株). 「한 성적.

fíve póinter 《美속어》 성적이 우수한 학생; 우수

fiv·er [fáivər] 《명》 1 《美·英속어》 5달러[파운드] 지폐. 2 (각종 게임에서) 5점, 5점패(牌). (크리켓) 5점타.

fives [faivz] 《명》 《단수취급》 《英》 파이브즈(2–4명이 함께 하는 handball 비슷한 구기).

fíve·scòre [fáivskɔ̀ːr] 《형》 100의.

fíve sénses 《명》 (the ~) 오감(五感).

fíve-síd·ed púzzle pálace [ˊsàidid-] 《美軍속어》 =Pentagon.

five-speed [ˊspìːd] 《형》 5단 기어[변속]의.

fíve-spót [ˊspɑ̀t/-spɔ̀t] 《명》 1 카드의 5점 패; 주사위의 5점 눈; 한 쪽에 5개의 점이 있는 도미노패. 2 《속어》 5달러 지폐. 3 《美속어》 5년의 금고형.

fíve squáre 《형》 《무선의 수신 상태가》 양호한; 분명한, 명료한. ─《부》 분명히, 똑똑히, 명확히.

fíve-stár [ˊstɑ́ːr] 《형》 1 (계급·등급 따위를 나타내는) 별 다섯 개의, 오성(五星)의, 초특급의. ¶ a general [admiral] 《美구어》 육군[해군] 원수/a ~ hotel 초특급 호텔. 2 (문학 작품 따위) 일류의, 최고의.

fíve-stònes [ˊstòunz] 《명》《복》 《단수취급》 《英》 (5개의 돌을 사용하는) 공기 놀이.

fíve W's [-dʌ́bljuz] 《명》《복》 (the ~) 5W(정보에 불가결한 who, what, when, where, why 등 5개 요소).

Fíve-Yéar Plán [ˊjəːr-] 《명》 (종종 f--y- p--) (the ~) 〖경제〗 (경제 개발) 5개년 계획.

‡**fix** [fiks] 《동》 ~**es** [-iz]; ~[-t], **fixt**) 《타》 1 (…에) …을 고정[고착]시키다; …을 달다(up, on), 붙이다, 배치하다(to, in, on). ¶ ~ a loose board 느슨해진 판자를 고정시키다 // (~+图+前+名) ~ a mirror to the wall 거울을 벽에 고정시키다.

2 (날짜·장소·가격 따위를) (…으로) 결정하다, 정하다(up)(for, at). ¶ (~+图+前+名) ~ one's residence at[or in] …에 주거를 정하다 / ~ a price at ten dollars 값을 10달러로 정하다 / The date of his departure is ~ed for May 10. 그의 출발 날짜는 5월 10일로 정해졌다.

3 (주의·시선 따위를) (…에) 쏟다[돌리다](on, upon); (남)을 빤히 보다; (표정·눈 따위)를 끌다; (눈초리·표정 따위)를 굳어지게 하다. ¶ The matter ~ed his attention. 그 일이 그의 주의를 끌었다 // (~+图+前+名) He ~ed his eyes on the ground. 그는 땅을 풀어지게 바라보았다.

4 (습관·관념·견해 따위)를 정착[확립]시키다; (마음·기억에) …을 새겨 두다, 심어 두다(in). ¶ a custom ~ed by tradition 인습으로 굳어진 습관 // F-- these words in your mind. 이 말을 단단히 명심하시오.

5 (책임·죄 따위)를 (…에게) 지우다, 씌우다, 돌리다(on, upon). ¶ ~ the responsibility on the leader 책임을 지도자에게 돌리다. 6 (…의 연대·장소)를 결정[확정]하다. 7 (기계)를 수선[수리]하다; 조정하다(⇒ MEND 유의어); (환자)를 회복시키다(up, 《美》 over). ¶ ~ a machine 기계를 조정하다 / ~ a TV (set) TV를 수리하다. 8 (머리·의복 따위)를 매만지다; (방 따위)를 정돈하다; (기구 따위)를 당장 쓸 수 있도록 정비하다(up); 준비하다(for). 9 《美》 (식사)를 준비하다, 요리하다. ¶ ~ a meal 식사 준비를 하다 / Let me ~ you a sandwich. 샌드위치를 만들어 주마. 10 《美구어·경멸적》 **a)** (부정·은밀하게) …을 유리하도록 꾸미다, 미리 담합하다; (매수하여) …을 포섭하다. ¶ ~ a jury 배심원을 포섭하다 / ~ a game (매수 따위로) 시합을 담합하다. **b)** …을 (뒤탈이 없게) 처리하다. 11 《구어》 …에 앙갚음하다, 혼내다, 벌주다. ¶ I'll ~ him. 그에게 본때를 보여주겠다. 12 (대차(貸借))를 청산하다. ¶ ~ one's account 청산하다. 13 〖화학〗 (유동체 따위)를 응고시키다, 휘발하지 않게 하다. ¶ ~ ammonia 암모니아를 응고시키다. 14 (염료 따위)를 변색되지 않게 하다. ¶ (~+图+前+名) ~ dyes by mordant 매염제로 염료를 변색되지 않게 하다. 15 〖사진〗 …을 정착(定着)시키다. 16 …을 고정하다. ¶ ~ a microscopic specimen 현미경 표본을 고정하다. 17 《구어》 (동물)을 거세하다, 불까다. 18 《속어》 …에게 마약을 팔다(주사하다). 19 〖유전〗 (형질)을 고정하다.

──《자》 1 고정[고착]되다. 2 응고하다, 굳어지다. 3 (눈·표정이) 정지하다, 딱딱해지다. 4 (습관·생각 따위가) 굳어지다, 고정화하다; (주의 따위가 …에) 머물다, 쏠리다(on, to). 5 정주[정착]하다(down)(in). 6 결정하다;

고르다(on, upon). **7** (…하도록) 수배하다, 예정을 세우다(to do). ¶We've ~ed to go there. 우리는 그곳에 가게 되었다. **8** 《美남부》(진행형으로》 …할 준비를 하다, …할 작정이다(to do). ¶I am ~ing to go hunting. 사냥 갈 생각이다. **9** 《속어》 마약을 팔다[주사하다].
be fíxing like …할 작정[생각]이다.
fíx a pérson for lífe 남에게 자리잡게[정착하게] 하다.
fíx a pérson's flínt 남을 해치우다.
fíx a pérson's (líttle réd) wágon 《美口》…을 해치우다, 벌주다.
fíx it [or **thíngs**] **(úp)** (…와) 일을 매듭짓다[처리하다](with).
fíx óff ① 출발하다. ② 만족시키다.
fíx ón [or **upón**] (날짜·장소 따위)를 정하다, 고르다, 선택하다.
fíx óut 《美口》 ① (배)를 의장(艤裝)하다. ② …을 죽이다.
fíx óver 《美口》 (엔진 따위)를 수리하다. (옷 따위)를 수선하다.
fíx úp ① 차려 입다, 정장을 하다. ② …을 수선하다. ③ (환자)를 회복시키다. ④ …을 정돈하다; (남)을 위하여 준비하다, 돌봐주다(for, with). ⑤ …을 결정하다. ⑥ …을 조직하다; …을 화해시키다, 해결하다. ⑦ 《美俗》 (재귀용법·수동형으로) 차려 입다. ⑧ (남)을 묵게 하다. ⑨ 《美속어》 …을 매수하다, 뇌물로 구슬리다.
gét fíxed úp (남과) 데이트 약속을 하다.
—— *명* (**[복] ~-es** [-iz]) **1** 《구어》 곤경, 궁지, 난관, 진퇴양난. ⇨PREDICAMENT 유의어 **2** 《구어》 (석석의) 수리, 조정, 조절, 해결(책). ¶think of a ~ for the problem 문제의 즉각적인 해결책을 생각하다. **3** 〖항공·항해〗(배·항공기 따위의) 위치; 위치 결정. **4** 《美》 (심신·기계 따위의) 상태(order). **5** (종종 the ~) 《美속어》 매수, 증뢰; 매수할 수 있는 사람[입장]; 미리 짜고 하는 시합. **6** 《구어》 항상[꼭] 있었으면 하는 것; 《美속어》 1회분 분량, 마약 주사; 중독성 기호품. **7** 《美속어》 컴퓨터 프로그램의 수정(修正).
a héll of a fíx 참으로 곤란한 상태.
be ín a fíx 곤경에 빠져 있다. ② 《美속어》 임신 중이다.
be in a góod [**bád**] **fíx** 상태가 좋다[나쁘다].
be in a prétty [or **níce, réal, térrible**] **fíx** 곤경에 빠져 있다, 몹시 당황하다.
gét [**gíve**] **a fíx** 《속어》 (마약) 주사를 맞다[놓다].
gét a fíx ón …의 위치를 확인하다; …의 정체·성격 따위)를 밝혀낸다.
gét onesélf into a (bád) fíx 궁지에 빠지다.
néed one's dáily fíx of 매일의 …이 꼭 있어야 하다.
óut of fíx (몸 따위의) 상태가 나쁜; (기계가) 고장난.
fíx. fixture.
fíx-a-ble [fíksəbl] *형* 고정시킬 수 있는; 굳어지는; 일정하게 할 수 있는. **-bil·i·ty** *명*
fíx-a-head [-əhèd] *형* (샐러드 따위가) 미리 만들어진.
fíx-ate [fíkseit] *자타* **1** …을 고정[정착]시키다. **2** 〖정신분석〗(인격의 향상)을 정지시키다; 《수동형으로》 (…에) 병적으로 집착하다(on, upon). **3** 《美》 …을 쳐다보다, …에 시선을 고정시키다. —*자* **1** 고정하다, 정착하다. **2** 〖정신분석〗 인격의 향상이 정지하다. **3** 주의를 집중하다(on).
fíx-at-ed [fíkseitid] *형* **1** (발달·적응 따위가) 정지된, 고정된. **2** (…에) 집착하는(on, by, with).
fix-a-tion [fikséiʃən] *명* 〖UC〗 **1** 고정, 정착, 고착; 정치(定置). **2** 〖화학〗 **a)** (휘발성 물질의) 불(不)휘발화, (액체 따위의) 응고. **b)** (공중 질소의) 고정. **3** 〖정신분석〗 인격 향상의 정지. **4** 〖사진〗 정착; 〖염색〗 색깔이 바래지 않게 하기[하는] 방법. **5** 〖심리〗 고착; 《구어》 (사람·사물에 대한) 병적 집착(on, about, with); 집념, 강박 관념, 강한 관심.
fix-a-tive [fíksətiv] *형* 고정[고착]하는, 고착력이 있는; 정착성의; 색깔이 바래지 않는. —*명* (= **fix·a·tif** [fíksətiv, -tiːf]) 〖UC〗 **1** 〖그림〗 (유화 따위의) 정착액 (오염·변색을 예방). **2** (생물) (현미경 검사를 위하여 생

물을 죽여 보존하는) 고정액. **3** 〖염색〗 매염제(媒染劑). **4** 〖사진〗 정착액(fixer). **5** (향수 따위의) 휘발 억제제.
fíx-a-ture [fíksətʃər] *명* 〖U〗 모발 정조제(整調劑) (머릿기름·무스 따위).
‡**fixed** [fikst] *형* (**móre ~**; **móst ~**) **1** 고정된, 정착한, 설비된. ¶~ blocks 고정 도르래. **2** (시선 따위가) 움직이지 않는. ¶with a ~ gaze 빤히 바라보면서. **3** (관념 따위가) 깊이 마음에 새겨진, (결심 따위가) 확고한. ¶a ~ idiom 굳어진 관용구/a ~ purpose 확고한 목적. **4** (가격·일시 따위가) 일정한, 불변의. ¶~ facts 확정 사실/a ~ salary 고정급/a ~ color 불변색. **5** 정리[정돈]된. **6** (음의리의, 미리 짜여진[담합된, 몰래(부정)하게] 결정된(bribed). ¶a ~ horse race 미리 짜여진 경마. **7** 《美口》 필요한 것[돈]이 지급된. (돈 따위가) 충분한, 넉넉히 있는. ¶be well ~ for) 충분히, 휘발하지 않는. **~** oil 불휘발성 기름/~ acid 불휘발산(酸). **9** 《美》 (동물이) 거세된.
be cómfortably [or **wéll**] **fíxed** 안정된[편안히] 생활을 하다.
~·ness *명*
fíxed áction páttern *명* 〖동물〗 고정적 동작 패턴 (유전적이며 학습이 필요 없는 동작 양식).
fíxed ássets *명* 〖복〗 고정 자산(토지·기계 따위).
fíxed brídge *명* 〖치과〗 가공 의치(架工義齒).
fíxed cápital *명* 고정 자본.
fíxed chárge *명* **1** 고정 요금. **2** 확정 비용[부채]. **3** (~s) 고정비, 고정적 간접비.
fíxed cóst *명* 고정비, 고정 원가, 불변 비용.
fíxed dísk *명* 〖컴퓨터〗 고정 (자기(磁氣)) 디스크.
fíxed-dó sýstem [-dóu-] *명* 〖음악〗 고정(固定)도 방식(방법)(조(調)의 변화에 관계 없이 C를 언제나 도(do)로 읽고 노래하는 계명 창법의 한 방식).
fíxed exchánge ráte *명* 〖경제〗 고정 환율.
fíxed féast *명* 〖교회〗 고정 축일(祝日).
fíxed fócus *명* (카메라의) 고정 초점.
fíxed-fo-cus [-fóukəs] *형* 고정 초점의. ¶a ~ camera 고정 초점 카메라.
fíxed-héad dísk [-héd-] *명* 〖컴퓨터〗 고정 헤드 디스크.
fíxed idéa *명* 고정 관념, 강한 선입견. 〖佛〗 idée fixe.
fíxed íncome *명* 고정 수입[소득].
fíxed-in-come [-ínkʌm] *형* 고정 수입이 있는; (물건이) 고정 수입을 낳게 하는.
fíxed-íncome invéstment *명* 채권 투자.
fíxed ínterest ráte *명* 고정[확정] 이율(의).
fíxed invéstment trúst *명* 고정형 투자 신탁.
fíxed liability *명* (때로 -ties) 고정[장기] 부채.
fíx·ed·ly [fíksidli, fíkstli] *부* 고정적으로, 정착하여; 확정적으로; 꼼짝 않고.
fíxed ódds *명* 〖복〗 (경마률이 사전에 결정된) 고정 내기 (사람 수에 관계없는) 당첨[배당]률.
fíxed óil *명* 〖화학〗 고정유, 불휘발성유(fatty oil).
fíxed póint *명* **1** 고정점(固定點). 〖물리〗 온도 정점(定點). 〖수학〗 부동점(不動點). **2** 《英》 파출소.
fíxed-point [-pɔ́int] *형* 〖컴퓨터〗 고정 소수점 방식의.
fíxed príce *명* 정가, 고정[균일] 가격; 공정[협정] 가격.
fíxed próperty *명* 고정 자산, 부동산.
fíxed rátio *명* 〖경영〗 고정 비율.
fíxed sátellite *명* 정지 위성.
fíxed stár *명* 〖천문〗 항성(恒星).
fíxed státion *명* 《속어》 고정 교신국.
fíxed trúst *명* = fixed investment trust.
fíxed vírus *명* 〖의학〗 고정 바이러스, 고정독(毒).
fíxed-wing [-wíŋ] *형* 〖항공〗 고정익(固定翼)(기)의. ¶a ~ aircraft 고정익기.
fíx·er [fíksər] *명* **1** 고정하는 사람[것], 설치하는 사람[것]. **2** 〖염색〗 매염제(媒染劑); 〖사진〗 정착제(fixative). **3** 《구어》 짬짜미[담합] 따위를 꾸미는 사람; 막후 인물, 배후 조정자. **4** (분쟁 따위의) 조정자, 해결사. **5** 《美속어》 마약 밀매인; 악덕 변호사.

fix·ing [fíksiŋ] 명(U) 1 고정, 고착; 설치, 장치; (사진) 정착; (화학) 응고. 2 (美) 수리, 정비, 손질. 3 (~s) (美구어) 필요한 재료, 구성 요소; 가구류, 비품, 기구, 설비; 부속품, 장식물; 첨가물, (요리의) 고명, 곁들여 나오는 것. (또는 **fix-in's** [fíksinz]) 4 (항공) (무선 항법의) 위치 결정. 5 (금융) 금가(金價) 책정(gold ~).

fix-it [∠it] 형 (美구어) 수리의, 개장(改裝)의; (일을) 조정(개선)하는. ¶a ~ shop 수리점.

fix-it màn 명 (美구어) 수리인; (정계의) 조정역.

fix·i·ty [fíksəti] 명 1 (U) 정착, 고정, (시선 따위의) 부동(성); 불변(성). 2 정착물, 고정물.

fixt [fikst] 동 (고어) fix의 과거·과거분사.

*****fix·ture** [fíkstʃər] 명 1 고정(고착)물; (가옥내 붙박이) 설비, 시설; 비품. ¶bathroom ~s 욕실 설비. 2 (같은 곳·직위에) 오래 버티고 있는 사람[것], 터줏대감, 붙박이. ¶He became a ~ at first base. 그는 붙박이 1루수가 됐다. 3 (기계) 공작물 고정 장치. 4 (~s) (법률) (토지·건물의) 부속 설치물. 5 (英) (정기적인) 행사; 경기 대회; 개최일, 예정 일정. ¶a home ~ 홈 경기. 6 (상업) 정기 대출금. 7 고정 상태; 틀어박기.

be a fixture in …의 붙박이다; …에 정착하다.

play the fixture 정기[예정된] 시합[행사]을 하다.

~·less

fix-up [∠ʌ̀p] 명 1 (美) 수리, 수선. 2 (美속어) 마약 주사 1회분의 양, 1회의 마약 주사.

fiz·gig [fízgìg] 명 1 (고어) 말괄량이, 바람난 여자. 2 칙칙 소리내는 불꽃. 3 (소리내며 돌아가는) 팽이. 4 작살(fish spear). ── 형 경박한, 얌전치 못한.

fizz [fiz] 자 1 쉿쉿 소리나다[끓다, 거품이 일다](*up, out*); 흥분하다, 활기띠다; 신바람 들뜨다. ── 명 1 쉿쉿 하는 소리; (맥주·소다수 따위의) 거품. 2 (美) 소다수, 발포성(탄산) 음료. 3 피즈(레몬 주스·설탕·탄산수·얼음을 혼합한 알코올 음료). ¶gin ~ 진 피즈. 4 (英구어) 샴페인(champagne). 5 (U) 활기, 원기. 「(물건).

fizz·bo [fízbou] 명 (구어) 소유주가 직접 판매

fizz-boat [∠bòut] 명 (뉴질 속어) 모터 보트.

fizz·er¹ [fízər] 명 1 쉿쉿[팽팽] 소리 내는 것. 2 (크리켓) 맹렬하게 빠른 공; (구어) 제1급의 것, 일급품.

fizz·er² (경찰어의) 밀고자. (또는 **fizz, phizzer**)

fizz·ing [fíziŋ] 형 (구어) 제1급의, 훌륭한; 굉장히 빠

fizz jòb [∠] 명 (美속어) 제트기. 「른.

fiz·zle [fízl] 자 1 약하게 쉬쉬 하고 소리내다. 2 (음료가) 거품이 사라지다; (구어) 비참하게 실패하다(*out*). ── 명 1 쉬쉬 하는 소리. 2 (구어) 실패, 물거품.

fizz·wa·ter [fízwɔ̀:tər, -wɑ̀t-] 명 (탄산수 따위와 같은) 발포성 음료; 소다수, 탄산수.

fiz·zy [fízi] 형 쉬쉬 하고 끓는[거품이 이는], 비등성 (沸騰性)[발포성(發泡性)]의. ── 명 발포성 음료.

FJ 약 Air Pacific (Fiji 항공사).

fjeld [fjeld/*Norw* fje:l] 명 펠드(빙하 침식으로 생긴 Scandinavia의 불모의 대지(臺地)). (또는 **field**)

fjord [fjɔ:rd/*Norw* fjo:r] 명 피오르드, 협만(峽灣). (또는 **fiord**) **~·ic**

FKI Federation of Korean Industries(한국 전국 경제인 연합회, 전경련). **FKTU** Federation of Korean Trade Unions(한국 노동 조합 총연맹, 노총). **FL** Flight Lieutenant; Florida; flush; *focal length*; *foreign language*. **fl.** floor; florin; flourished; flowers; fluid. **Fl.** Flanders; Flemish. **Fla.** Florida.

flab [flæb] 명 군살, 군더더기살; 몹시 뚱뚱함.

flab·ber·gast [flǽbərgæ̀st/-gɑ̀:st] 타 (주로 수동형으로) (경멸적) …을 (…에) 깜짝 놀라게 하다; 어리둥절하게 하다; 당황하게 하다(*by, at*); …을 취하게

~·er **~·ing** 「만들다.

flab·by [flǽbi] 형 (-*bi·er*; -*bi·est*) 1 (근육 따위가) 늘어진, 딴딴하지 못한(flaccid). ¶~ muscles 늘어진 근육. 2 (의지·발언 따위가) 힘이 없는, 연약한; 활기[맥] 없는. ¶a man of ~ character 의지가 박약한 사람/a

~ *man* 무기력한 사람. **-bi·ly** **-bi·ness** 명

fla·bel·late [flæbélət/-lèit] 형 (생물) 부채꼴의, 부채 모양의. (또는 **flabélliform**)

fla·bel·lum [fləbéləm] 명 (복 -*la* [-lə]) 1 (종교 의식용) 큰 부채; (교황의) 성선(聖扇), 깃털 부채. 2 (동·식물) 부채꼴의 기관[조직].

flac·cid [flǽksid] 형 1 (근육 따위가) 늘어진, 흐늘흐늘한, 단단하지 못한. ¶~ cheeks 늘어진 볼. 2 (생각·의지 따위가) 연약[박약]하, 무기력한. 3 (식물) (잎 따위가) 시든. **~·ly** 부 **~·ness** 명 「무기력.

flac·cid·i·ty [flæksídəti] 명 (U) 이완(弛緩), 늘어짐.

flack¹ [flæk] (美속어) 명 1 선전원, 보도[홍보] 담당자. 2 홍보, 선전, 보도. ── 자타 (…의) 홍보[선전]을 담당하다(*for*). ── 타 선전[광고]하다; (선전하여) 알리다.

flack² =flak 1, 2. 「판촉을 꾀하다. (또는 **flak**)

flack³ 자타 ※ 다음 숙어로만 쓴다.

flack out (美속어) 자다; 맛쳐하다, 곤드레만드레가되다; 의식을 잃다; 피곤해지다; 우울해지다; 죽다.

flack·er·y [flǽkəri] 명(U) (美속어) 선전; 홍보 (활동).

flac·on [flǽkən] 명 (향수용) 작은 병, 작은 플라스크 (flask). (<F) 「자 채찍질.

fladge [flædʒ] 명 (英속어) (성도착 행위)·채벌로서

‡**flag¹** [flæg] 명 (복 ~**s** [-z]) 1 기(旗), 깃발. ¶a black ~ 검은 기(해적기·사형 집행 신호기)/a national ~ 국기/a red ~ 붉은 기(전투 개시·위험 신호·혁명의 기)/a white ~ 백기(적군과의 회담을 위한 신호기·휴전기·항복기)/a yellow ~ 황색기; 검역(檢疫旗)/the ~ *of the Stars and Stripes* 성조기, 미국 국기/the Union ~ 유니언 잭(Union Jack). 2 (비행기·선박의) 국적기(registry); (英해군) 기함기, 기함(旗艦)기; 기함(flagship); 제독. 3 (~s) (매 따위의) 다리의 긴 깃털, (새의) 허우적(腕翅); (사냥) (사슴이나 세터종(種) 개 따위의) 털이 북슬북슬한 꼬리. 4 (신문) (제1면·사설면에 실려 있는) 신문 이름; 판권란, 발행인란(masthead). 5 (음악) 음표의 꼬리(hook). 6 (인쇄) 플래그(정정할 곳을 표시하는 작은 종이 쪽지). 7 (완곡적) 월경(red ~). 8 (택시 미터기의) 빈차 표지. 9 (영화·TV) 카메라의 차광막(遮光幕). 10 (컴퓨터) 플래그(해당하는 데이터나 프로그램의 조건을 나타내기 위한 기호·수치(數値) 따위). 11 (美학생 속어) (성적)로 F.

a flag to die for 대의 명분(cause).

dip the flag 기를 조금 내렸다가 올리다(상선이 군함을 만났을 때 하는 경례). 「어 내리다.

drop the flag (경주의) 출발[결승] 신호로 기를 흔들

fly [or *hoist, hang out, put up*] *a flag* 기를 올리다[게양하다]. 「심·충성심)을 나타낸다.

fly the flag (1) 자기 주장(의견)을 고집하다. (2) 애국

hang out [or *hoist*] *a flag half-mast high* [or (美) *at half-mast*] 반기(半旗)를 올리다, 조의를 표하다.

hang [or *show*] *the white flag* 백기를 올려 항복

haul down one's flag =*strike one's flag*.

hoist one's [or *the*] *flag* (함대 사령관이 취임 표시로) 사령관기를 올리다, 사령관직에 취임하다; 지휘권을 잡다. 「*the flag*.

keep the flag flying ① 싸움을 계속하다. ② =*fly*

lower one's [or *the*] *flag* =*strike one's flag*.

nail one's flag to the mast 태도를 분명히 하다, 주의를 꺾지 않다; 항복을 거부하다; 환영하다.

put [or *hang*] *the flag(s) out* (구어) 승리를 축하

show the flag (구어) ① 지지를 표명[호소]하다. ② (모임 따위의) 얼굴을 슬쩍 비치다. ③ (英속어) 자국의 힘을 과시하다; 외국 항구를 공식 방문하다. ④ (무력을 배경으로) 요구사항을 들이밀다.

strike one's [or *the*] *flag* ① (선박의) 지휘를 그만두다, 사령관직을 그만두다. ② (경의·항복 따위를 나타내어) 기를 내리다. 「아래.

under the flag of …의 기치[깃발] 아래; …의 비호

wave the flag 애국심을 북돋우다.
with flags flying 의기양양하게, 위풍당당히.
wrap *oneself* ***in the flag*** 애국을 내세워 사리(私利)를 꽂다[채우다].
— 동태 (~s [-z]; -gg-) 1 …에 기를 올리다, …을 기로 장식하다. ¶ ~ **a house** 집에 기를 달다. 2 (사람·열차 따위)에 기로 신호하다(경고하다)(*down*), [정보·명령 따위]를 기로 전하다. ¶ ~ **a taxi** *down*; ~ (*down*) **a taxi** 손을 들어 택시를 세우다 // (~+目+前+名) ~ *an order to* vessels *at a distance* 멀리 있는 배에 수기(手旗)로 명령을 전하다. 3 (사냥) (기 따위를 흔들어) (새나 짐승) 을 꾀어내다. 4 (참조하기 위해) [책 페이지]에 쪽지를 붙이다. 5 (美속어) (사람)을 다가오지 못하게 하다, 거부하다; (사람)에게 소리를 지르다.
flag it (美속어) 시험[학과목]에 떨어지게 하다.
flag out (선주가) 편의 치적국(便宜置籍國)의 국기로. ⌐**less** 『⌐배를 등록하다.
flag² 명 1 붓꽃류(類)(창포·붓꽃 따위). 2 (북미산(産)의) 붓꽃(blue ~). 3 칼 모양의 잎사귀.
flag³ 동재 (통 따위가) 축 늘어지다; (초목 따위가) 시들다, 2 (힘·기력 따위가) 쇠퇴하다, 줄다, 약해지다, (놀이·이야기 따위가) 시들해지다, (흥미 따위가) 식다, 없어지다.
flag⁴ 명 1 (보도용) 판석(板石)(flagstone). 2 (~s) 판석 포장 도로. — 동타 …에 판석을 깔다, …을 판석으로 포장하다. ⌐**ger** 명 ⌐**less** 형
flag-bear·er [ˈflægbɛərər] 명 기수(旗手); (주의·사회 운동 따위의) 지도자. 『목표기를 단 배).
flag-boat [ˈflægbout] 명 기정(旗艇)(조정 경기에서
flág bòttom =flag seat.
flág càptain 명 〔해군〕 기함의 함장.
flág càrrier 명 국책 항공(선박) 회사, 국가를 대표하는 항공[선박] 회사.
flág dày 명 1 (때로 F- D-) (英) 기의 날((美) tag day) (가두에서 자선 사업 기금을 모집하는 날; 기부한 작은 기를 받는다). 2 (F- D-) (美) 국기 제정 기념일(6월 14일; 1777년 성조기(the Stars and Stripes)를 제정).
flag·el·lant [ˈflædʒələnt] 명 1 채찍질하는 사람, 태형(笞刑) 집행인. 2 (종교상의 수련을 위하여) 자신을 채찍질하는 사람; (종종 F-) 자신을 매질하는 고행자(苦行者). 3 자기를 매질하여 매질당하는(기) 성적 만족을 얻는 사람. — 형 1 매질을 좋아하는, 매질에 의한 고행자의. 2 혹평의, 혹독히 비판하는. ~·**ism** 명
fla·gel·lar [ˈflædʒələr, fləˈdʒɛlər] 형 〔생물〕 편모(鞭毛) 모양의.
flag·el·late [ˈflædʒəleit] 동타 1 (종교상 처벌·쾌락 따위를 위해) …을 채찍질하다. 2 편달(鞭撻)하다; 몹시 비난하다. — 형 1 (생물) 편모(鞭毛)가 있는; 편모 모양의, (또는 **flagellated**) (식물) (딸기처럼) 포복지(匍匐枝)가 있는. 2 편모충. **-là·tor** 명 **-la·tò·ry** 형
flag·el·la·tion [ˌflædʒəˈleiʃən] 명(U) 1 (특히 종교적·성적인) 채찍질; 편달. 2 (생물) 편모 발생[배열].
fla·gel·li·form [fləˈdʒɛləfɔːrm] 형 (생물) 편모 모양의, 가느다랗고 나긋나긋한.
fla·gel·lum [fləˈdʒɛləm] 명 (복 ~**la** [-lə], ~**s**) 1 (생물) 편모. 2 (식물) 포복지(runner). 3 매(whip).
flag·eo·let¹ [ˌflædʒəˈlɛt] 명 1 플래절렛(앞에 네 개, 뒤에 두 개의 구멍이 있는 통소). 2 (파이프 오르간의) 플래절렛 음전(音栓)(pipe-organ stop).
fla·geo·let² [ˌflædʒouˈlei] 명 리마(lima)콩. 〈F〉
flag·eo·lét tònes [ˌflædʒəˈlɛt-] 명 (음악) (현악기의) 플래절렛음(音).
flag·fall [ˈflægfɔːl] 명 (레이스의 출발 신호로) 기를 아래로 내리기; (濠) (택시의) 최저 요금.
flág fóotball 명 플래그 풋볼(미식 축구의 변종).
flag·ger [ˈflægər] 명 =flagman. 「풀린, ~·**ly** 부
flag·ging¹ [ˈflægiŋ] 형 축 늘어지는; 약해지는; 맥이
flag·ging² [ˈflægiŋ] 명 (U) (집합적) (깔아 놓은) 판석(板石) 포장. 2 판석 포장 길.

flag·gy¹ [ˈflægi] 형 축 늘어진; 수그러지는; 노곤한, 힘없는, 녹실녹실한.
flag·gy² 형 판석으로 이루어진; 판석 모양의; (판석처럼) 벗겨지기 쉬운, 얇은 조각으로 되는(laminate).
flag·gy³ 형 창포(붓꽃)가 무성한; 창포 비슷한.
fla·gi·tious [fləˈdʒiʃəs] 형 흉악한, 극악 무도한; 파렴치한; 악명 높은. ~·**ly** 부 ~·**ness** 명
flág lieúten·ant 명 〔해군〕 장성급에 딸린 부관(참모).
flág list 〔해군〕 현역 장성 명부.
flág·man [ˈflægmən] 명 (레이스 따위의) 신호 기수(旗手); (건널목의) 신호 기수지기; (측량에서) 측량대(range pole)를 갖고 서 있는 사람.
flág of convénience 명 =flag of necessity.
flág of distréss 명 1 (선박의) 조난 신호기(반기나 거꾸로 단다). 2 하숙 구하는 광고.
flág òfficer 명 해군 장성(그가 탄 군함에는 장기(將旗)를 계양); (商船·센데의) 사령관.
flág of necéssity 명 (美) (무역) 편의치적(置籍) 국기(세금 따위의 편의를 위해 선박을 등록한 나라의 국기).
flág of trúce 명 (군사) 휴전기.
flag·on [ˈflægən] 명 1 대형 포도주병. 2 (손잡이·뚜껑이 달린) 목이 가는 병.
flág·pole [ˈflægpoul] 명 1 깃대(flagstaff). 2 (측량) =range pole.
run...up the flagpole (*and see if anyone salutes*) …에 대한 반응(반향)을 살피다, 관측 기구를 띄우다; …을 시험해보다.

flágpole sítter 명 (항의·자기 선전을 위하여) 깃대 꼭대기에서 농성하는 사람. [flagon 2]
fla·grance [ˈfleigrəns] 명 (U) 흉악 (무도), 극악, 악명 높음. (또는 **flagrancy**)
flág rànk 명 〔해군〕 장성의 계급.
fla·grant [ˈfleigrənt] 형 1 눈꼴사나운, 언어 도단의. **a ~ lie** 새빨간 거짓말. 2 악명 높은, 극악한; 죄의식이 없는. ¶**a ~ crime** 흉악 범죄. 3 (고어) …는. ~·**ly** 부 ~·**ness** 명
fla·gran·te de·lic·to [fləˈɡrænti diˈliktou] 부 〔법률〕 (성범죄에서) 현행범으로. 〈L〉
flág seat 명 〔가구〕 갈대나 골풀 또는 붓꽃잎을 엮어서 만든 의자의 앉는 부분. 또는 **flag bòttom**).
flag·ship [ˈflægʃip] 명 1 기함(旗艦), 제독함. 2 (어떤 항로의) 주요 선박; 최고급(최대) 선박(항공기). 3 가장 중요한(뛰어난) 것, 주력 상품(~ product). 4 본사, 본점, 본고. — 형 flagship (2)의 주요(중요)한.
flágship stòre (체인점의) 본점, 주력 상점.
flág smút 명 (식물) 밀의 검은 깜부기병.
flag·staff [ˈflægstæf/-stɑːf] 명 (복 -**staves**, ~**s**) =flagpole 1. 「있는 나라).
flág státe 명 〔국제법〕 기국(旗國)(선박이 등록되어
flág státe dóctrine 명 〔국제법〕 기국주의(선박은 공해상에서 기국의 법률에 따른다는 원칙).
flág stàtion [stòp] 명 (美) 신호 정차역(기(旗) 따위의 신호가 있을 때만 열차·버스가 멈추는 역).
flág·stick [ˈflægstik] 명 〔골프〕 홀에 세우는 깃대, 핀(pin).
flag·stone [ˈflægstoun] 명 1 (U C) (포장용) 판석.
flag-up [ˈflægʌp] 명 (美속어) (요금을 더 받기 위하여) 택시 미터를 꺾지 않고 손님을 태우는.
flag-wag·ging [ˈflægwægiŋ] 명 1 (해사) 수기(手旗) 신호. 2 =flag-waving.
flag·wav·er [ˈflægweivər] 명 1 기를 흔드는 사람, 신호 기수, 수기 신호수. 2 광적 애국주의자[배타주의자](chauvinist); 선동가. 3 애국가(歌).
flag·wav·ing [ˈflægweiviŋ] 명 (구어) 애국심에 호소하기, 애국[애당] 과시, 애국[애당]적 선동.
flail [fleil] 명 1 (보리 따위를 터는) 도리깨. 2 (중세에 쓰여진) 도리깨 모양의 무기. — 동타 …을 도리깨로

flail tank

치다, 연방을 두들기다. 2 《美속어》 실패[낙제]하다. 3 《동물》 꼬리를 채찍질을 하여 움직이다. 불규칙적으로 나아가다; (손발 따위를) 도리깨처럼 휘두르다. 3 《속어》 시험을 잡치다, 낙제하다.

fláil tànk 《군사》 대지뢰 전차(對地雷戰車).

flair [flɛər] 명 ① ① 〔종종 a ~〕 천부적인 재능; 직감력, 예리한 육감; 번득임; 제6감 (for). ¶ a ~ for business 장사의 재간/have a ~ for speaking 말주변이 있다. 2 기호(嗜好), 성향. 3 세련됨. 4 《사냥》 후각(嗅覺).

flak [flæk] 명 ① 《군사》 대공 포화; 대공포(부대). 2 비난, 비평; 격론. (또는 flack) 3 = ~-catcher.
catch flak 비난을 받다, 꾸중 듣다.
**~ 에 부딪치다.
come in for [or **run into**] **a flak** 심한 반대[반발]
flak-catch·er [⁓kætʃər] 명 《기업·정부의》 대변자, 고충(苦衷) 처리 담당자. (또는 **flak**)

‡flake¹ [fleik] 명 1 《종종 복합어로》 (벗겨진) 얇은 조각, 벗겨지는 한 조각, 박편(薄片) ¶ a ~ of ice 얼음 한 조각/cereal ~s 곡물 플레이크. 2 《구름·눈·깃털 따위의》 작은 조각; 불꽃, 불똥. ¶ ~s of snow 눈송이, 설편(雪片)/~s of flames 이글이글 타오르는 화염. 3 (層). 4 《美속어》 기인, 괴짜. 5 《美속어》 믿을 수 없는 사람. 6 《美속어》 (경찰관의 할당량을 채우기 위한) 체포, 가짜 체포. 7 《美속어》 코카인. 8 《고고》 플레이크, 박편(剝片).
in flakes 박편이 되어; 펄럭펄럭, 펄펄.
— 통 (~d [-t]; flák·ing) 자 1 얇은 조각으로 되다, 벗겨져 떨어지다(off, away). 2 (눈 따위가) 펄펄 내리다, 날아 떨어지다. 3 《美속어》 본체에서 벗어나다, 탈선하다(off); 약속을 어기다(on). — 타 1 ⋯을 벗기다, 떼어내다(off), ⋯을 얇게 자르다. 2 ⋯을 얇은 조각으로 덮다, 얼룩지게 하다. 3 《美속어》 ⋯에게 누명을 씌우다, 날조한 혐의로 체포하다. 4 《고고》 (석핵(石核)에서) 박편을 벗겨 내어 〔석기〕를 만들다, 박편을 얻다. — 형 《美속어》 괴팍한, 파격적인.
~-less 형

flake² 명 1 물고기 말리는 시렁. 2 《식료품 따위의》 저장 선반. 3 《해사》 (작업용의) 뱃전의 발판.

flake³ 명 《해사》 밧줄의 한 사리(fake).

flake⁴ 명 = flake out 下.
flake down 《美속어》 잠자리에 들다, 자다.
flake off 《美속어》 《종종 명령형으로》 사라져, 꺼져버려; 그만 두어.
flake out 《美속어》 ① (지치거나 마약 복용으로) 잠들다; 기절하다; 죽다. ② 떠나다, 사라지다. ③ 실패한 상궤를 벗어난 행동을 하다.

flake⁵ 《英》 돔발상어(dogfish).

flake·board [fléikbɔ̀ːrd] 명 플레이크(칩) 보드(얇은 나뭇조각을 합성 수지로 겹쳐 붙인 판자).

flaked-out [fléiktáut] 형 《美속어》 (취하거나 지쳐) 잠든, 곯아떨어진; (마약 중독으로) 의식을 잃은. (또는 **fláke-òut**) — 명 대실패; 실수.

flake·let [fléiklit] 명 (눈 따위의) 작은 조각.

flake-out [⁓àut] 명 《美속어》 대실패, 큰 실수.

flak·er [fléikər] 명 부싯돌을 잘라내는 사람; 《석기(石器)를 만드는 데 쓰이는 끝이 뾰족한 연장.

flak·ers [fléikərz] 형 《英구어》 피로한, 지친.

fláke tòol 명 《고고》 박편(剝片) 석기(⋯ 料).

fláke whíte 연백(鉛白)(얇은 조각 모양의 안료(顔料).

flak·ey [fléiki] 형 《美속어》 아주 엉뚱한, 이상한; 제정신이 아닌, (머리가) 혼란한. (또는 **flaky**)

flák jàcket[vèst] 명 방탄 조끼.

fla·ko [fléikou] 형 《美속어》 술 취한.

flák sùit 《美공군》 방탄복.

flak·y [fléiki] 형 1 얇은 조각 모양의; 박편으로 된. 2 벗겨져 떨어지기 쉬운. 3 《美속어》 괴짜의. 4 《美속어》 (프로그램 따위가) 미스(고장)가 많은. — 명 《美속어》 괴짜, 변종. **flák·i·ly** 부 **flák·i·ness** 명

fláky pástry 반죽을 얇게 겹쳐 구운 패스트리.

flam [flæm] 명 《구어》 명① 거짓말, 허사; 속임수, 기만, 속임수. — 통 (-mm-) 타 ⋯을 속이다, 기만하다. — 자 속이다, 거짓말을 하다.

flam·age [fləmáːdʒ] 명 엉터리, 허풍.

flam·bé [flɑːmbéi] 형 1 플랑베의(브랜디, 럼 따위를 붓고 불을 붙인). 2 (도자기의) 광택이 있는(大焰色-).
— 통 타 《요리·과자》 에 술을 붓고 불을 붙이다. —
플람베한 요리[과자]. 《<F》

flam·beau [flæmbou] 명 (복 ~x [-z], ~s) 1 (의식·여흥용의) 횃불. 2 (장식이 있는) 큰 촛대. 《<F》

flam·boy·ance [flæmbɔ́iəns] 명 ① 화려함, 눈부심. (또는 **flamboyancy**)

flam·boy·ant [flæmbɔ́iənt] 형 1 (색채 따위가) 활활 타오르는 듯한, 현란한. 2 (사람·행위·문체 따위가) 화려한; 대담한. 3 《건축》 플랑부아양 양식의, 화염식의 (15–16세기 프랑스에서 유행한 고딕 건축 양식). — 명 봉황목(鳳凰木). ~·ly 부

flam·doo·dle [flæmdùːdl] 명 《美구어》 헛소리, 터무니없는 말.

‡flame [fleim] 명 (~s [-z]) ① ① 1 《종종 ~s》 불길, 불꽃, 화염(⇒BLAZE (유의어)): 연소. ¶ the Olympic ~ 올림픽 성화. 2 《불꽃 같은》 광휘, 광채; 눈부신 광채. 한 줄기의 빛. ¶ the ~s of sunset 타는 듯한 저녁놀. 3 (비유적) 타는 듯한 정열, 정염(情炎), 격정. ¶ ~s of love [wrath] 사랑[노여움]의 불꽃. 4 《컴퓨터》 (전자우편·전자 게시판에서의) 무례한[상스러운] 표현, 플레임. 5 ② 《속어》 애인, 연인. 6 = ~ color.
an old flame 《구어》 옛 연인[애인].
burn with a low [or **blue**] **flame** 《美속어》 ① 억병으로 취하다. ② 분을 《속으로》 삭이다, 속은 부글부글 끓으나 겉으로는 태연한 척하다.
burst into flame(s) 확 타오르다.
catch flame 불이 붙다.
commit to the flames 태워 버리다. ⋯시키다.
fan the flame 정열[화]를 부채질하다; 사태를 악화시키다.
go down in flames 《美속어》 파멸하다, 못쓰게 되다.
go up in flames 타오르다; 꺼져 없어지다.
in a flame 흥분하여.
in flames 활활 타올라서.
shoot...down in flames 《구어》 ⋯을 비판하다.
— 통 (~s [-z]; ~d; flám·ing) 자 1 불길을 내다[뿜다], 불꽃을 내며 타다, 타오르다(out, up). 2 불꽃처럼 빛나다; (얼굴이) 확 붉어지다, 빨개지다 (with). ¶ Her cheeks ~d. 그녀의 볼이 빨개졌다 // 〔~+前+名〕The hill ~s with azaleas. 언덕은 진달래로 불타는 듯하다. 3 《정열 따위가》 불타오르다 (산노를); 발끈하다, 격분하다(out, up). ¶ 〔~+圖〕 His anger ~d out. 그의 분노가 폭발했다. 4 《컴퓨터》 (전자 우편 따위로) 매도하다, 욕설을 퍼붓다. — 타 1 ⋯을 태우다, 눈게[그을리게] 하다. 2 ⋯을 화나게 하다; 흥분시키다. 3 《신호 따위》를 봉화로 전하다. 4 ⋯을 불로 살균[소독]하다. 5 《컴퓨터》 ⋯에게 욕설 편지를 보내다.
flame out ① (제트 엔진이) 갑자기 멈추다. ② 갑자기 타오르다, 불길이 확 치솟다. ③ 기운이 꺾이다, 힘을 잃다. **~·less**, **~·like** 형 《전부 발휘하는.

fláme cèll 《동물》 (디스토마·촌충 따위의) 불꽃 세포, 화염 세포.

fláme còlor 불꽃색, 밝은 주황색. (또는 **flame**)
fláme-còl·ored 형

fláme flìer 명 《美속어》 제트기 조종사.

fláme gùn [cùltivator] 《농업》 화염 제초기.

flame-hard·en [⁓hàːrdn] 타 《야금》 불꽃으로 벼리다[담금질하다].

flame·let [fléimlit] 명 작은 불꽃, 작은 불길.

fla·men [fléimen] 명 (복 ~s, fla·mi·nes [flǽmənìːz]) (고대 로마 신전의) 사제(司祭).

fla·men·co [fləméŋkou] 명 (복 ~s) 1 플라멩코 (남스페인 Andalusia 지방의 집시의 춤). ¶ a ~ dancer 플라멩코 댄서. 2 《음악》 플라멩코의 곡[노래]. 《<Sp》

flame-out [⁓àut] 명 1 (연료 공급 장애 따위로 인한)

flame-projector 1046 **flap**

제트 엔진의 갑작스러운 정지(blowout). 2 ① 좌절; 파멸, 소실; 좌절[낙담한 사람; 실패로 끝난 것]둥. (또는 **flámeòut**) 방사기).

flame-pro·jec·tor [-prədʒèktər] 명 〔군사〕화염 **flame·proof** [fléimprùːf] 형 방염(防炎)의, 불타지 않는.

flam·er [fléimər] 명 1 〔속어〕파렴치한 호모, 남색. 2 〔미속어〕매우 예절 없음, 명백한 실수; 얼트기 녀석.

flame-re·sist·ant [-rizìstənt] 형 =flameproof.

fláme retàrdant 명 인화(引火) 억제제, 내염제(耐 炎劑). (또는 **fláme retàrder**) **fláme-retárdant** 형

fláme sèssion 명 탁상 공론[회의].

fláme stìtch 명 플레잉 스티치(불꽃 모양의 지그재 그 무늬를 만드는 needlepoint stitch).

fláme tèst 명 〔화학〕불꽃 시험.

flame-throw·er [fléimθròuər] 명 1 〔군사〕 = flame-projector. 2 〔농업〕 =flame gun. 3 1, 2를 조 작하는 사람. 4 〔속어〕제트기.

fláme trácer 명 예광탄(曳光彈) 방지 장치.

fláme tràp 명 (버너의 노즐에 있는) 화염 역행(逆行)

fláme trèe 명 호주 벽오동. 방전).

fláme wàr 명 〔컴퓨터〕(PC 통신 상의) 상호 공격[비

*flam·ing** [fléimiŋ] 형 1 불타는, 타오르는. 2 (색채의) 타는 듯한, 선명한. ¶the ~ sunset sky 새빨간 저녁 노을. 3 불빛이 내리쬐는, 염열(炎熱)의 4 열렬한, 열정적인. ¶Hers was a ~ love. 그녀의 사랑은 열렬하였다. 5 (그림·표현 따위가) 요란한; (거짓말 따위가) 터무니없는. 6 〔英·濠口語〕대단한, 지독한. ¶You ~ fool! 이 천하의 바보야. 7 〔컴퓨터〕(전자 우편·전자 게시판에) 무례한 표현 써넣기. **~·ly** 부

fla·min·go [fləmíŋgou] 명 (복 ~(e)s) 플라밍고, 홍학(紅鶴).

fláming ònions 명 〔英軍俗語〕대공(對空) 포화.

flam·ma·bil·i·ty [flæməbíləti] 명 ①① 연소성, 인화성. 2 격하기[노하기] 쉬움.

flam·ma·ble [flǽməbl] 형 가연성의, 불타기 쉬운. ¶*Flammables* (게시) 인화물 주의, 화기 엄금.

flam·y [fléimi] 형 1 불길의; 활활 타오르는. 2 불꽃 같은, 타는 듯한.

flan [flæn, flɑːn] 명 1 플랜(치즈·크림·과일 따위를 넣은 파이). 2 화폐용 금속면(blank).

Flan·ders [flǽndərz/flɑ́ːn-] 명 플랜더스(플랑드르(Flandre)의 영어명; 현재의 벨기에 서부·프랑스 북부·네덜란드 서남부의 북해 연안 지방; 중세의 독립국). ♦ Fleming¹, Flemish 장으로 여김).

Flánders póppy 명 〔식물〕개양귀비(전몰자의 상

flâ·ne·rie [flɑ̀ːnrí:] 명 〔F flânrí〕무위(無爲), 나태; (한가로운) 산책. [＜F] [＜F]

flâ·neur [flɑːnə́ːr] 명 떠돌이; 게으름뱅이, 건달.

flange [flændʒ] 명 1 플랜지, 불쑥 나온 테두리; (수레바퀴의) 테두리의 가장자리. 2 (레일 따위의) 나온 귀. 3 플랜지 제작기. — 타 …에 플랜지를 설치하다.

↙·less 〔제설판(除雪板)〕

flang·er [flǽndʒər] 명 1 플랜지 제작가. 2 〔철도의〕

flange·way [flǽndʒwèi] 명 플랜지웨이(달리는 열차의 바퀴가 닿는 레일의 가장자리).

‡**flank** [flæŋk] 명 1 옆구리; (소 따위의) 옆구리살. ⇨BEEF 그림. 2 (건물·산 따위의) 측면, 옆구리. 3 측면 보루(堡壘). 4 〔군사〕측면(의 부대), (좌우의) 익(翼), 날개. ¶attack them on both ~s 그들을 협공하다. 4 〔기계〕플랭크(나사의 산이나 톱니바퀴 톱니의 측면). **cover the flanks** 측면을 엄호하다. [경사면).

in flank 측면에서.

take in flank 측면을 찌르다[공격하다].

turn a person's flank 남을 앞지르다, 꼭뒤지르다; 남을 논파(論破)하다. [을 우회하다.

turn the enemy's flank 측면(배후) 공격을 위해 적

— 통 (~ed [-t]) 타 1 …의 측면에 위치[배치]하다

(*with, by*); …쪽에 서다. 2 〔군사〕 …의 측면을 방어[공격]하다. 3 …의 측면을 우회하다. — 자 (…에) 측면을 접하다(*on, upon*); 측면을 보다. 〔요리〕.

flan·ken [flǽŋkən] 명 갈빗살; 플랑켄(소갈비 갈비

flank·er [flǽŋkər] 명 1 측면 방어병; (~s) 〔집합적〕 측면 부대. 2 〔축구〕측면 보루[포대]. 3 자매 상품. 4 〔미식축구〕플랭커(좌우 양 끝의 있는 선수). 5 〔구어〕협잡, 사기.

do [or *work*] *a flanker* 〔구어〕꼭뒤지르다, (멋지게) 앞지르다.

flánk spèed 명 (배의) 전(최고)속력(full speed).

at flank speed 전속력으로.

*flan·nel** [flǽnl] 명 1 ① 플란넬(천); 〔美〕무명. 2 (~s) 플란넬로 만든 의류, (특히) 운동 바지; 〔美〕두꺼운 모직 속옷, 속옷, 면(綿) 플란넬. 3 〔英〕 (소형) 목욕 수건(〔美〕washcloth). 4 〔英口語〕허세, 아첨; 인사치레의 말, 감살부리는 말.

get [or *win*] *one's flannels* 선수가 되다.

red flannel 혀(tongue).

— 통 (*-l-*, 〔英〕*-ll-*) 타 …에게 플란넬 옷을 입히다; …을 플란넬 천으로 닦다. — 자 〔英口語〕허세를 부리다, 아첨하다. [어 벗어나다.

flannel through 〔구어〕(곤란 따위를) 용케 둘러대

~·ed 플란넬 옷[바지]을 입은.

flan·nel·board [flǽnlbɔ̀ːrd] 명 플란넬보드(플란넬 천으로 덮인 표면에 플란넬로 만든 알파벳 글자나 숫자를 붙인 판; 주로 학교 교재용). (또는 **flánnel bòard**)

flan·nel·et [flǽnəlét] 명 ①① (내의용의) 면(綿) 플란넬. (또는 **flannelette**)

flan·nel·ly [flǽnəli] 형 1 플란넬로 만든, 플란넬 비슷한. 2 (목소리 따위가) 가라앉은, 쉰.

flan·nel·mouth [flǽnlmàuθ] 명 1 이야기가 불분명한 사람, 소곤소곤(우물우물) 말하는 사람. 2 〔미구어〕 입빨린 말[걸치레말]에 능한 사람; 허풍쟁이.

flan·nel·mouthed [flǽnlmàuðd, -màuθt] 형 (경멸적) 그럴 듯하게(남에게 듣기좋게) 말 잘하는.

‡**flap** [flæp] 명 (*-pp-*) 자 1 (기 따위가) 펄럭이다, 나부끼다, 휘날리다. 2 (날개 따위가) 퍼덕거리다; 날개치며 날다(*away, off*). ¶(~+무) The bird ~*ped away*. 새가 날개치며 날아갔다. 3 (납작한 물건으로) 찰싹 치다 (*at, with*). ¶~ *at the fly with* a newspaper 신문지로 파리를 찰싹 때리다. 4 (모자챙 따위가) 처지다, 늘어지다(*down*). 5 〔구어〕(진행중으로) 낭패하다, 동요[당황, 흥분]하다(*about, around*). 6 〔英구어〕(귀가) 쫑긋 서다. 7 〔미속어〕바보처럼 말하다; 지절이다.

— 타 1 (날개 따위를) 퍼덕거리다, 펄럭거리게 하다. ¶The wind ~*s* the sail. 바람에 돛이 펄럭거린다. 2 (손바닥·부채 따위로) …을 찰싹 치다, 때리다(*away, off*). ¶(~+무+전+명) ~ a person *on the face* 남의 얼굴을 찰싹 때리다 // (~+무+부) ~ flies *away* 파리를 쫓다. 3 (모자의 챙 따위를) 잡아당겨 내리다; …을 늘어지게 하다. 4 〔구어〕(쾅 하고) …을 던지다; …을 탁 하고 닫다, 접다. 5 〔음성〕[음]을 탄음(彈音)으로 발음하다.

flap about ① …을 (걱정하는 기색으로) 말하다, 필요 이상으로 걱정하다. ② …에 관해 잡담하다.

flap away [or *off*] ① 날개를 퍼덕이며 날아가다. ② …을 두드려 쫓다; 물리치다. [다맵다.

flap one's lip [or *jaw, chops*] 〔속어〕지껄이다, 수

flap out (등불) 부채질하여 끄다. 〔고. 경청하여.

(*with*) *one's ears flapping* 〔구어〕귀를 쫑긋 세우

— 명 1 (기 따위의) 펄럭임, 펄럭이는 소리, (새 따위의) 날개치는 소리, (날개의) 퍼덕임. 2 (납작한 물건으로 가볍게) 찰싹 치기. ¶a ~ *in the face* 빰따귀를 때리기. 3 파리채(flyflap). 4 (한 끝이) 늘어진 조각; (모자의) 늘어진 챙; (봉투·호주머니 따위의) 뚜껑; (책상 따위의) 접히는 날개판(판); (밸브의) 혀; (책 표지의 안으로 접히는) 날개; (물고기의) 아감딱지; (버섯류의) 펼친 갓. 5 (외과)

(이식 수술용) 피부[조직] 절편(切片). **6** 〔항공〕 (비행기의) 부익(副翼), 플랩. **7** 〔음성〕 떨리는 음. **8** (문 따위의) 경첩. (또는 **∼ hìnge**) **9** 《구어》 **a)** (a∼) 흥분 상태, 동요. **b)** 위기, 긴급 사태[회의]; 〔군사〕 공습 (경보). **c)** 스캔들; 소동, 공황 상태. **d)** 싸움, 난투; 소란스러운 파티. **e)** 실패, 실수. **f)** (특정 지역에서의) UFO(미확인 비행물체)의 빈번한 목격. **10** (∼s) 《美속어》 (사람의) 귀; (동물의) 처진 귀.

be in [or ***get into***] ***a flap*** 안절부절못하다; 당황하다.
let flaps down 《속어》 천천히 가시오.
roll up** one's **flaps 《美속어》 수다를 그치다.
What's the flap? 웬 소동이야?, 무슨 일 났어?

∼·less [형]

flap·doo·dle [flǽpdù:dl] [명][U][C] 《구어》 허튼 수작, 횡설수설.

fláp dòor [명] 늘어뜨리는 문짝, (위로) 젖히는 문.

flap·drag·on [flǽpdræ̀gən] [명][U] 불붙은 브랜디 속에서 건포도·플럼 따위를 꺼내 먹는 놀이(snapdragon).

flap-eared [∸iərd] [형] 귀가 늘어진.

flap·er·on [flǽpərɑ̀n/-rɔ̀n] [명] 〔항공〕 플래퍼론(부익(副翼)(flap)과 보조 날개(aileron)의 기능을 겸한 것).

flap·jack [flǽpdʒæ̀k] [명] **1** 《美》 핫케이크(griddlecake, pancake); 《英》 (귀리를 섞은) 단 케이크. **2** 《英》 (화장용) 콤팩트.

flap·jaw [flǽpdʒɔ̀:] [명] 《美속어》 수다; 수다쟁이.

flap·pa·ble [flǽpəbl] [형] 《구어》 (스트레스나 위기에 처해서) 흥분[동요]하기 쉬운, 혼란에 빠져 있는.

flap·per [flǽpər] [명] **1** 찰싹찰싹 치는 사람[것]; 펄럭이는 것; 파리채; (새를 쫓는) 딱딱이. **2** 경첩이 달린 문; 늘어뜨린 판자. **3** (물고기의) 넓은 지느러미. **4** (겨우 날기 시작한) 새 새끼; 어린 계집애; 말괄량이, 왈가닥 소녀(1920년대 유행어). **5** 흥분[동요]하기 쉬운 사람. **6** 주의[기억]를 깨우쳐주는 사람[것]. **7** 《속어》 손(hand).
— [동][자] 펄럭펄럭 움직이다; 불안해지다, 당황하다.
∼·dom [명] 말괄량이 기질. **∼·ish** [형] **∼·ìsm** [명]
〔<Swift의 *Gulliver's Travel*에 등장하는 Flapper〕

flap·ping [flǽpiŋ] [형] 퍼덕이는. **—** [명] 퍼덕이기. ¶∼ flight 〔항공〕 날개치기 비행.

flap·py [flǽpi] [형] 느슨한, 야무지지 못한; 축 늘어진.

flaps [flæps] [명][복] 《단수취급》 (말의) 입술 부종(浮腫).

fláp vàlve [명] (펌프 따위) 플랩 밸브, 나비 모양의 밸브.

***flare** [flɛər] [동][자] **1** (불꽃이) 너울거리다, 훨훨 타오르다(*about, away, out, up*). **2** 확 타오르다(*up*). **3** (격정 따위가) 용솟음치다; (반란·질병 따위가) 터지다, 재연하다; (사람이) 격분하다, 발끈하다(*up, out*); (논쟁 따위가) 격화되어 …이 되다(*into*). **4** 번쩍이다, (불꽃처럼) 눈부시게 빛나다. **5** 바깥쪽으로 젖혀지다, 깔때기처럼 밖으로 퍼지다, (스커트가) 플레어로 되다. **6** (이물 또는 뱃전이) 위[바깥]쪽으로 돌출하다. **—** [타] **1** …을 확 타오르게 하다. **2** …을 과시하다. **3** …에게 화염[빛]으로 신호하다. **4** …을 바깥쪽으로 벌어지게 하다; 〔스커트〕를 플레어로 만들다. **5** 〔항공〕 〔기체〕를 위로 올리다.

flare up [or ***out***] ① 확 타오르다(*into*). ② 《비유적》 격분하다; (감정 따위가) 용솟음치다. ③ (사건·소동·질병 따위가) 돌발하다, 재연하다.
— [명] **1** 너울거리는 불꽃[빛]. **2** 갑자기 확 타오름. **3** (신호·조명·안내 등에 쓰이는) 불빛, 섬광; (옥외의) 조명 장치; 섬광 신호; 조명탄(∼ bomb). **4** (기물(器物)의) 나팔꽃 모양의 벌어짐, (스커트 등의) 플레어; (∼s) 나팔 바지. **5** 〔해사〕 (뱃전의) 밖으로 휨. **6** 〔사진〕 플레어, 광반(光斑). **7** 〔천문〕 태양 표면 폭발 현상(solar ∼). **8** 〔항공〕 (착륙 직전의) 기체의 상승. **9** 〔의학〕 발적(發赤), 플레어; (발적의) 확대.

flare·back [flɛ́ərbæ̀k] [명] **1** 후염(後炎)(발포 후에 포미(砲尾)를 열었을 때 나오는 화염). **2** (추위·더위 따위의) 되돌아옴. **3** 격렬한 반론.

fláre bòmb [명] 조명탄(照明彈).

flared [flɛərd] [형] 타오르는, (바람에) 번쩍거리는; (스커트 따위가) 플레어로 된.

flare-out [flɛ́əràut] [명] 〔항공〕 (착륙 전의) 수평 (자세).

fláre pàth [명] (비행장의 야간 이착륙용) 조명 활주로.

fláre stàck [명] 배출 가스 연소탑.

fláre stàr [명] 〔천문〕 섬광성(閃光星).

flare-up [flɛ́ərʌ̀p] [명] **1** 확 타오름; 번쩍 빛남. **2** 발끈 성내기; (감정 따위의) 폭발. **3** (사건·소동·질병 따위의) 돌발, 재연; 돌발적 인기, 대소동.

flar·ing [flɛ́əriŋ] [형] **1** 너울거리며 타는, 번쩍이는. **2** 번지르르한, 야한, 호화 찬란한. **3** 깔때기[나팔꽃] 모양의; (뱃전 따위가) 불쑥 나온. **∼·ly** [부]

‡flash [flæʃ] [명] ([복] **∼·es** [-iz]) **1** 섬광, 번쩍임. ¶a ∼ of lightning 번쩍하는 번개; 《속어》 한 잔의 진. **2** (재치 따위의) 번득임; (희망 따위의) 서광, 빛; (감정 따위의) 폭발. ¶a ∼ of wit [humor] 기지[유머]의 번득임/a ∼ of hope 한 가닥 희망의 빛. **3** 순간(instant); 일별. **4** 《구어》 민첩한 사람, 민완가; 걸출한 사람[운동 선수]; 《속어》 카리스마적 매력. **5** [U] (속된) 허식, 과시. **6** (신문·방송의) 뉴스 속보(速報), 특보; 특전(特電), 예보. **7** 《美》 =flashlight. **8** 〔영화〕 플래시, 순간 장면; 〔사진〕 플래시. **9** (알코올성 음료의) 착색제. **10** 수문(水門), 방조문(防潮門); 《고어》 (배를 통과시키기 위하여) 갑자기 둑을 끊어 흘러가게 한 물. **11** 《英》 〔군사〕 (부대 구별을 위한) 휘장, 기장. **12** 《속어》 (마약 복용 후의) 쾌감, (마약의) 즉효 작용. **13** (갱년기 여성이 겪는) 체열감, 몸의 화끈함. **14** 《속어》 음부[속옷, 유방]의 순간적 노출. **15** [U] 《고어》 (악당끼리의) 은어, 변말, 곁말(cant). **16** 《美속어》 술을 한 잔 들이키기; 오줌(piss).

a flash in the pan ① (화승총의) 불통 속에서 화약만 타는 헛방. ② 《비유적》 용두 사미, 일시적 성공(자).
(as) quick as a flash 《구어》 섬광처럼 빨리, 즉석에서.
for a flash 한 순간.
in [or ***like***] ***a flash*** 눈 깜짝할 새, 즉시, 즉석에서.
— [동] (**∼·es** [-iz]; **∼ed** [-t]) [자] **1** (연소·폭발·반사 따위로) 번쩍이다; 번쩍 발광[발화]하다; (조명이) 번쩍 들어오다(*on*); (칼·눈 따위가) 번득이다, 빛나다. ⇨ SHINE [유의어] ¶The lightning *∼ed*. 번개가 번쩍했다 // (∼+[前]+[名]) His eyes *∼ed with* anger [excitement]. 그의 눈은 성이 나서[흥분하여] 번쩍거렸다. **2** 얼굴이 시뻘개지다; 화내다, 발끈하다; (화가 나서) 퉁명스럽게 말하다(*out*). **3** (생각 따위가) 퍼뜩 떠오르다; (기지 따위가) 번득이다(*into, on, upon*). ¶(∼+[前]+[名]) The idea *∼ed across* [or *into, through*] his mind. 그 생각이 문뜩 그의 마음에 떠올랐다/An idea *∼ed on* [or *across, into, through*] me. 어떤 생각이 나에게 퍼뜩 떠올랐다. **4** (시간·차 따위가) 휙 하고 움직이다; (눈앞을) 휙 지나가다(*by, past*); (사람·물건이) 갑자기 나타나다(*forth, out*). **5** 급히 …한 상태가 되다[행동을 하다](*out*)(*into*). ¶∼ *into* action [consciousness] 재빨리 행동하다[깨닫다]. **6** 《구어》 …을 자랑스럽게 내보이다; 과시하다. **7** 《속어》 (사람 앞에서) 성기[유방, 팬티 따위]를 슬쩍 보이다. **8** 《드물게》 (파도가) 쫙 흩어지다. **9** 《美속어》 환각제의 효과를 느끼다.
— [타] **1** 〔불·빛〕을 번쩍이게 하다; 〔화약 따위〕를 확 불붙게 하다; 〔칼·눈〕을 번득이다; 《비유적》 (눈이) 감정을 나타내다 (*at*); 흘끗 보다. ¶∼ a light 빛을 번쩍이게 하다 // She *∼ed* him a quick glance. 그녀는 그를 흘끗 보았다. **2** …을 (섬광·신호기로) 급히 알리다; 〔사건·정보 따위〕를 (무선 따위로) 속보(速報)[타전]하다. ¶(∼+[目]+[副]) ∼ the news *abroad* 뉴스를 해외로 전송하다. **3** 《구어》 …을 내보이다, 자랑하다; …을 슬쩍 보이다(*up*)(*at, on*). **4** (배를 통과시키기 위해 수문을 열어)〔수로 따위〕의 수량을 늘리다. **5** 〔녹은 유리〕를 흘려서 판유리로 만들다; 〔민유리〕에 색유리의 박막(薄膜)을 씌우다. **6** 〔건축〕 〔지붕〕에 비흘림을 달다; 빗물이 잘 빠지도록 하다. **7** 〔물〕을 급히 증기로 바꾸다. **8** 〔카드놀이〕 〔카드〕를 돌리는 사이에 언뜻 보이다. **9** 〔영화〕 〔문자 따위〕를 급히 화면에 넣다.

flash across ① (생각 따위가) 퍼뜩 떠오르다. ② (표

정이 얼굴에) 확 나타나다.
flash báck ①〔화・기억 따위가〕…로 급히 돌아가다(*to*). ②〔빛을〕반사하다;…을 다시 비추다(*at*). ③〔시선 따위〕를 재빨리 되돌리다.
flash bý [or *pást*] 휙 스쳐 지나가다.「허 건너뛰다.
flash fórward 〔화면 따위가〕미래[뒤]의 장면으로 급
flash in the pan ① (화승총이) 헛방이 되다. ②(비유적) (계획 따위가) 용두사미로 되다.
flash it 〔속어〕음부[유방 따위]를 슬쩍 보이다.
flash ón ① (조명이) 반짝 켜지다. ② 퍼뜩 …을 깨닫다, …을 알아차리다.
flash óut ① (재치・기질 따위가) 번득이다, 순간적으로 떠오르다. ② 벌컥 화를 내다, 화가 나서 외치다.
flash óver 〔전기〕섬락(閃絡)시키다.
— 형 1 겉만 번지르르한, 야하게 차려 입은; 〔英구어〕현대풍의. 2 (英) 가짜의, 위조의. ¶~ jewelry 가짜 보석 / ~ notes 위조 지폐. 3 (속어) 재치 있는, 빈틈없는. 4 (구어) 불량배의. ¶~ slang 악당의 은어. 5 한순간의, 눈 깜짝할 새의. ¶~ news 뉴스 속보 / ~ freezing 순간 냉동. 6 섬광에 기인하는; 섬광을 막기 위한.
flash as a Chinky's horse; flash as a rat with a gold touch (濠속어) 아주 야한[화려한].
~·less
FLASH [flǽʃ] 명 플래시, 특별 긴급 통신(미군 내에서 최우선 통신에 부여되는 코드. [<의성음(擬聲音)])
flash·back [flǽʃbæ̀k] 명 UC 1 (영화) 플래시백(회상 따위를 위해 장면이 되돌아가는 일); 그 장면, 2 불꽃의 역류. 3 (마약에 의한) 환각의 재발. — 형 플래시백의. 「자, 수문판.
flash·board [flǽʃbɔ̀ːrd] 명 (수위(水位) 조절용) 판
flásh bóiler 명 플래시 보일러(물을 분무시켜 증기를 만드는 특수 보일러).
flásh búlb [flǽʃbʌ̀lb] 명 〔사진〕섬광 전구, 플래시 전구. (또는 flásh (búlb))
flásh búrn 명 (원자력에 의한) 섬광 화상(火傷).
flásh cárd [flǽʃkɑ̀ːrd] 명 1 플래시 카드(시청각 교육용). 2 (스포츠) (제조 따위의 심판이 쓰는) 득점 표시 카드. (또는 flásh cárd) 「살균하다.
flásh cóok [-kúk] 타 (적외선 따위로) …을 순간
flásh cúbe [flǽʃkjùːb] 명 〔사진〕플래시큐브(섬광 전구 네 개가 회전하며 빛을 내는 장치).
fláshed gláss 명 플래시드 글라스(투명 유리에 색유리나 금속 산화물을 입힌 유리).
flash·er [flǽʃər] 명 1 (신호기・자동차 따위의) 점멸등[신호]; 그 장치. 2 (속어) 노출광(exhibitionist). 3 (고어) 허세부리는[과시하는] 사람.
flásh fíre 명 돌발적인 화재.
flásh flóod 명 (폭우 뒤의) 분류성(奔流性) 홍수.
flash-for·ward [-fɔ́ːrwərd] 명 UC (영화・연극) 미래 장면의 사전 삽입(기법・장면).
flash-freeze [-fríːz] 타 급속[순간] 냉동하다.
flásh gún [flǽʃgʌ̀n] 명 (사진) 플래시 건(카메라 셔터와 동시에 섬광 전구를 번쩍이게 하는 장치). 「하게.
flash·i·ly [flǽʃili] 부 번쩍이면서; 번지르르하게, 야하게.
flash·ing [flǽʃiŋ] 명 UC 1 (건축) (지붕 골 또는 지붕과 벽의 접촉면의) 빗물막이 판금. 2 막아 놓은 물. 3 섬광 (작용). 4 투명 유리에 색유리 박막을 씌움. 5 (속어) (노출광의) 성기를 살짝 보임. — 형 번쩍번쩍 빛나는, 번쩍이는. **~·ly** 부
flásh lámp 명 (사진) =flashbulb.
*****flash·light** [flǽʃlàit] 명 1 회중 전등(英) electric torch). 2 (야간 촬영용) 섬광; C (플래시[섬광] 전구, 플래시 촬영 사진. 3 (등대의) 명멸광; C 회전등, 섬광등.
fláshlight físh 명 발광눈금돔(과(科)의 물고기).
flash·o·ver [flǽʃòuvər] 명 (전기) (방전에 의한) 섬락(閃絡) [격 표시 제품.
flásh páck 명 (英) (상업) (슈퍼마켓 따위의) 할인

flásh photógraphy 명 섬광 촬영 사진(술).
flásh photólysis 명 (화학) 섬광 광분해(법).
flásh pícture 명 섬광 촬영 사진.
flásh póint 명 1 (물・화) 인화점. 2 (행동・사건 따위의) 시발점, (급격한) 전환점, 불쏘시개. 3 분쟁지.
flásh ríder 명 (美속어) 야생마 조련사. 「상황[지역].
flásh róll [móney] 명 (美속어) (거래용으로 되어 있다는 느낌을 살짝 내비치는 돈뭉치.
flásh spéctrum 명 (천문) 섬광 스펙트럼(개기일식 전후에 수초 동안 나타나는 태양 스펙트럼).
flash·tube [flǽʃtjùːb[-tjùːb] 명 =flashbulb.
flásh wélding 명 플래시 용접, 불꽃 용접.
flash·y [flǽʃi] 형 1 번쩍 빛을 내는, 섬광 같은. 2 일시적인, 겉만 번지르르한, 외양만 눈부신; 용두사미의. ¶a ~ performance 한때 반짝이는 연기. 3 야한, 걸치레뿐인. ¶a ~ dress 겉만 번지르르한 옷. 4 격렬한, 융통한. **flásh·i·ness** 명
*****flask¹** [flǽsk/flɑ́ːsk] 명 1 (화학 실험용) 플라스크; (금속・유리제의 납작한) 휴대용 술병. ¶a ~ of brandy 호주머니용 브랜디병. 2 1의 용기 가득한 양. 3 보온병(美) thermos bottle). 4 (사냥용) 화약통(powder ~). 5 주물용 모래 거푸집. 「상(砲床).
flask² [flǽsk] 명 1 (대포의) 포미 장갑(砲尾裝甲). 2 (폐어) 포
flask·et [flǽskit/flɑ́ːsk-] 명 1 소형 플라스크, 작은 병. 2 (옆이 길고 바닥이 얕은) 빨래 광주리.
‡**flat¹** [flǽt] 형 (*~·ter*; *~·test*) 1 평평한, 기복이 없는; 편평한; 밋밋한; 수평의. ⇨LEVEL 유의어 ¶a ~ ground [or land] 평지 / a ~ relief 밋밋한 돋을새김.
2 (서술용법) 길게 누운, 납작 엎드린; 착 달라붙은 (*against*); (건물 따위가) 쓰러진. ¶stand ~ *against* the fence 담장에 착 달라붙어 있다.
3 (물건의) 평평한 모양의, 얇은, 낮은; (얼굴・코 따위가) 납작한; (여자의 가슴이) 납작한, 작은; (발이) 편평족[마당발]의. ¶a ~ plate 얕은 접시 / ~ shoes 굽이 낮은 구두 / have ~ feet 마당발이다.
4 (지도・손 따위가) 펼친, 편; (불룩한 물건이) 오그라든, (타이어 따위가) 바람이 빠진, 펑크난. ¶a ~ letter 펼친 편지 / the ~ hand 편 손.
5 (거부・결심 따위가) 단호한; 전적인; 솔직한, 노골적인, 명백한. ¶~ contradiction 명백한 모순.
6 (가격・요금이) 일률적인, 균일의; 등급이 없는. ¶a ~ fare [price] 균일 요금[가격]. **7** 기운이 없는, 의기 소침한; (상황이) 답답한; (생활・말 따위가) 지루한; 단조로운. ¶a ~ life 답답한 생활 / a ~ sermon 지루한 설교 / I feel ~ now he has gone away. 그가 가버렸어서 나는 신이 안 난다. **8** (시장이) 활기 없는, 침체한; (음식 따위가) 맛없는, (술 따위가) 김빠진; (농담 따위가) 재미 없는, 싱거운; 머리가 나쁜; (전지・배터리가) 다 된 (dead). ¶a ~ market 불경기 / ~ wine 김빠진 포도주 / a ~ joke 싱거운 농담. **9** (구어) 무일푼의, 파산한. ¶I'm absolutely ~. 나는 빈털터리다. **10** (a ~) (수가) 우수리없는, 딱꼭의; (경주의 시간 따위가) 플랫의. ¶a ~ ten seconds 10초 플랫. **11** (공채 따위가) 무이자의; (채권 거래에서) 금리 포함 가격의; (증권업자가) 보유[인수] 증권이 바닥난 상태의. **12** (그림) 평면적인, 원근법이 없는; (색채가) 단조로운; 광택이 없는, 윤기 없는(mat); (사진) 명암이 뚜렷하지 않은. **13** (음악) 변음(變音)의, 플랫의, 반음 내리는(♭ sharp); 저음의; (음정이) 단(♭…minor), 감(減)・. **14** (음성) **a)** 평설 (平舌)의. ¶~ vowels 평설 모음(혀를 평평하게 하고 발음하는 [ɑː, ər, æ] 따위). **b)** 유성(有聲)의(voiced)(♭ sharp); ¶~ consonants 유성 자음([b, d, g, v, z] 따위). **15** (문법) 어미 변화가 없는(*drive slow*처럼 형용사의 -ly를 붙이지 않고 부사로 쓰이기도 하는 경우 따위). **16** (해사) 돛을 팽팽히 편.
(*and*) *that's flat* (구어) 단연코 그렇다, 할 말은 이것 뿐이다(that's final)(*앞에 말한 거절・부정 따위를 강조하여). ¶I'll go and that's ~! 간다면 간다!

(as) flat as a pancake 《구어》 (토지 따위가) 아주 평평한; (케이크·타이어·여자의 가슴 따위가) 납작한; (이야기 따위가) 아주 지루한.
be in [or **go into**] **a flat spin** 곤경에 처하다, 몹시 당황하다.
fall flat ① 폭 쓰러지다. ② (기도·의도 따위가) 실패로 끝나다, 뜻대로 안되다; (농담 따위가) 효과가 없다.
fall flat on one's **face** 코방아 찧다. 꼴사납게 넘어 지다; 무참하게 실패하다; 면목을 잃다.
flat on one's **ass** 《美속어》 ① 엉덩방아를 찧고. ② 무일푼의. ③ 무능한.
flat on one's **back** (병 따위로) 누워 있기만 하는.
flat out 녹초가 된, 기진맥진한.
go flat ① (타이어가) 바람이 빠지다. ② (맥주 따위가) 김이 빠지다. ③ (배터리가) 나가다. ④ 맛이 가다; 재 미가 사라지다.
in nothing [or **no time**] **flat** 《구어》 눈 깜짝할 사이에, 순식간에.
knock a person flat 남을 때려 눕히다.
lay a thing flat …을 폭삭 무너뜨리다.
leave…flat 《구어》 …을 버리다, 두고 떠나다.
lie flat ① 엎드리다; 옆으로 쓰러지다. ② (건물 따위가) 폭삭 무너지다.
— 图 **1** 평평하게(flatly); 수평으로. **2** 딱 잘라; 단호히. ¶I told them ~. 그들에게 단호히 말해주었다. **3** 《구어》 완전히, 전혀. ¶go ~ against another's instructions 남의 지시를 어기다 / be ~ broke 완전히 무일푼이다, 파산 상태이다. **4** 정확히, 꼭; 플랫에. ¶He ran the race in ten seconds ~. 그는 경주에서 10초 플랫을 기록했다. **5** 〖음악〗 반음을 내려서. ¶sing ~ 반음 내려서 노래를 부르다. **6** (금) (공채 따위) 무이자로. **7** 〖해 사〗 납작하게 편 상태로.
flat aback 깜짝 놀라서.   [사] (돛을) 평평히 펴고.
flat out ① 《美구어》 전속력으로; 전력을 다해. ② 《英 구어》 녹초가 되어, 기진맥진한.
— 图 **1** 평평한 것; 평저선(平底船); 얕은 바구니[상 자]; 〖철도〗 (지붕 없는) 대차(臺車). **2** (종종 ~s) 굽이 낮은[없는] 여자 구두. **3** (the) ~ 평평한 면; (물건의) 평평한 부분; 평면도, 그림. **4** (강 따위에 가까운) 평지, 낮은 습지, 얕은 여울. **5** 〖음악〗 **a)** 내림표음, 플랫(♭): 반음 내린 음. **b)** (반관 악기에서) 반음 낮은 검은 건반. **6** 〖연극〗 플랫(무대의 배경을 구성하는 일부). **7** 《구어》 바람 빠진 타이어(~ tire). **8** 〖건축〗 평지붕. **9** (~s) 《구어》 (경마의 장애물 없는) 평지 경주. **10** 《美속어》 경찰 관. **11** (어린이용의) 얄팍하고 큰 책. **12** 〖원예〗 (묘목을 키우기 위한) 납작한 상자.
draw from the flat 그림에서 모사(模寫)하다.
give the flat 《구어》 (구혼자를) 퇴짜놓다.   [하다.
join the flats (이야기 따위의) 앞뒤를 맞추다, 동맞게
on [or **in**] **the flat** 종이(캔버스)에, 평면도에; 평지에
on the same flat 동일 평면상[수준]에.   [서.
— 图 (**-tt-**) 图 **1** …을 평평하게 하다. **2** 〖음악〗 반음 내리다. ¶~ a tone 가락을 반음 내리다. **3** 〖묘목〗을 평평한 상자로 옮겨 심다. — ④ **1** 평평해지다. **2** 단조롭 게 되다; 김빠지다. **3** (시도 따위가) 실패로 끝나다.
flat in 《해사》 세로돛 아랫부분을 배 중앙으로 끌
flat off 《美》 경사가 차차 평면이 되다.   [어당기다.
flat out 《美구어》 기대에 반하여 실패로 끝나다, 용두
~**ness** 图   [사미로 끝나다.
*__flat²__ **1** 《英》 〖플랫식〗 아파트(《美》 apartment); (~s) 아파트 건물[동(棟)]. **2** 《英》 (물건의) 바닥; 층.
— 图 (**-tt-**) 〖濠〗.
flát á [-éi] 〖음성〗 [æ]의 음.   [따위의 부사.
flát ádverb 〖문법〗 단순형 부사(-ly 가 붙지 않는
flát anténna 〖TV〗 평면 안테나.
flát árch 〖건축〗 평(平) 아치, 플랫 아치.
flat-ass [-ǽs] 图 《美속어》 전혀, 완전히.
flát báck 〖제본〗 평등이 평평한 책.
flat-back·er [flǽtbækər] 图 《美속어》 매춘부.
flát bàg 图 서류 봉투.
flat·bed [flǽtbed] 图图 **1** 바닥이 평평한 (트레일러, 트럭). **2** 수평식의 (윤전기). (또는 **flát-bèd**)
flat-bed áircraft 图 〖항공〗 평저형(平底型) 수송기.
flat·boat [flǽtbòut] 图 (대형) 평저선(平底船).   [한.
flat-bot·tomed [-bátəmd/-bɔ́t-] 图 바닥이 평평
flát bréad 图 (플랫 브로드) (얇은 웨이퍼 모양의) 호밀빵. (또는 **flat-brod** [flǽtbròud])
flát cap [flǽtkæp] 图 (16-17세기에 영국 London에서 유행한) 납작한 모자; flatcap을 쓴 사람; 런던 시민.
flát·car [flǽtkɑːr] 图 〖철도〗 대차(臺車).   [한.
flat-chest·ed [-tʃéstid] 图 (여자가) 젖가슴이 납작
flát-coat·ed retríever [-kòutid-] 图 플랫코티드 리트리버(영국 원산의 새 사냥개).
flát-earth·er [-ə́ːrθər] 图 지구는 평평하다고 고집하는 사람; 틀린 이론 따위를 고집하는 사람. -**ist** 图
flat·ette [flætét] 图 《濠》 작은 아파트.
flát fèe 图 = flat rate.   [납작한 물고기.
flát·fish [flǽtfìʃ] 图 (~**es**) 넙치·가자미류의
flat·foot [flǽtfùt] 图 **1** (图 **-feet**) 편평족, 마당발. **2** (图 ~**s**) 《속어》 경찰관. **3** (图 ~(**s**)) 보병, 신병.
flat·foot·ed [flǽtfútid] 图 **1** 편평족의. **2** 단호한, 비타협적인; ¶a ~ denial 단호한 거부. **3** 어색한, 서투른. — 图 《구어》 단호히; 직접; 느닷없이, 불쑥.
catch a person flatfooted 《구어》 남을 놀라게 하 ~**ly** 图 ~**ness** 图   [다, 불시에 습격하다.
flat-four [-fɔ́ːr] 图 〖엔진이〗 수평 4기통의.
flát-gráined [-gréind] 图 (널빤지가) 엇결인.
flát·hat [-hǽt] 《구어》 图 (-**tt**-) 무모하게 저공 비행을 하다; 허세를 부리다. — 图 경찰관, 형사. ~**ter** 图
flát héad 图 평평한 나사못 대가리.
flat·head [flǽthèd] 图 머리가 납작한. — 图 (북미 산(産)의) 대가리가 납작한 뱀.   [어] 얼간이의.
flat·head·ed [flǽthèdid] 图 머리가 납작한(美속
flátheaded bórer 图 비단벌레류의 애벌레.
-**fla·tion** [fléiʃən] 〖연결〗 …인플레이션. ¶stag*flation*.
flat-i·ron [flǽtàiərn] 图 **1** 다리미, 인두. **2** 〖지질〗 삼각형의 깎아지른 산등성이.
flát-jóint [-dʒɔ́int] 图 도박; 도박장.
flát-jóint pòinting 图 〖석공〗 평줄눈.
flát-knit [-nìt] 图 (편물을) 평(平)뜨개질한.
flát knítting 图 평(平)뜨개질.
flat·land [flǽtlænd] 图 평평한 토지, 평지.
flat·let [flǽtlit] 图 《英》 소형[원룸] 아파트.   [조명.
flát líght 图 〖사진〗 평면광(피사체 정면에서의) 균등한
flat·line [flǽtlàin] 图 (뇌파도·심전도 따위 모니터 화면의) 평탄선: (비유적) 침체.
go flatline 죽다, 운명하다.
— 图 《美속어》 죽다, 생명 활동 징후를 잃다.
flat·ling [flǽtlìŋ] 图 《英방언》 평평하게; (칼 따위의) 납작한 쪽으로; 단호히, 딱 잘라.
*__flat·ly__ [flǽtli] 图 **1** 평평하게, 수평으로. **2** 명백히, 단호하게. ¶refuse ~ 단호히 거절하다. **3** 단조롭게; 힘없이, 활기 없이.
flát màn 图 《美속어》 일률 과세(균일 세율) 지지자.
flat·mate [flǽtmèit] 图 《英》 = roommate.
flat-nosed [-nóuzd] 图 납작코의.
flát organizátion 图 〖경영〗 평면 조직(지휘권의 서열 계층이 적은 조직).
flat-out [-áut] 图 **1** 《속어》 솔직한, 노골적인; 순전한. ¶a ~ lie 새빨간 거짓말. **2** 《구어》 전속력의, 최고 속의; 전력을 다한, 총력을 기울인. ¶a ~ effort 총력 전, 혼신의 노력. — 图 **1** 《속어》 솔직히; 똑바로; 전적, 완전히. **2** 《구어》 전속력으로, 최고 속도로; 단호히 하여. — 图〖Ｕ〗《속어》 대실패.
flát pàck 图 (여성의) 위가 납작한 헤어스타일.
flat-pack [flǽtpæk] 图 〖전자〗 플랫팩(메모난 박판 모양의 측면에서 리드선이 나와 있는 IC 용기).
flát-pán·el displày [-pǽnəl-] 图 〖항공기 조종실 따위의〗 평형(薄型)〖평판〗 액정 표시 장치.

flát-plate colléctor [´pleɪt-] 명 평판식 태양열 집열기. 〔뗍 steeplechase
flát ràce 명 〔육상·경마〕 (장애물이 없는) 평지 경주.
flát rácing 명 (장애물이 없는) 평지 경주(법)[경마].
flát ràte 명 1 균일 요금[세율, 임금률]; 정액 급여. (또는 flát fèe) 2 (금) 일괄[정액] 금리.
flát-rate táx [-rèɪt-] 명 〔美〕 정액[일률] 과세.
flát róof 명 〔건축〕 평지붕.
flat-roofed [´rúːft] 형 지붕이 납작한.
flát scréen 명 1 (액정 TV 화면 따위에 쓰이는) 박면(薄面)[평면] 스크린. 2 〔컴퓨터〕 (디스플레이용의) 박면, 얇은 화면. 〔뗍 =flat TV.
flat-screen [´skriːn] 형 (스크린의) 박면[평면]형의.
flát sílver 명 (나이프·포크 따위의) 은제 식기류.
flát sòur 명 1 플랫 사워(밀폐 후에 일어나는 통조림 식품의 발효 작용). 2 발효한 통조림 식품.
flát spín 명 1 〔항공〕 (비행기의) 수평 나선식 비행(운동). 2 〔속어〕 당황하기 힘든 상태, 정신 착란 상태.
go into a flat spin 나선 회전 상태가 되다: 〔구어〕 흥분하다, 당혹해하다.
in a flat spin 나선 회전 상태로; 〔구어〕 흥분[당혹]하여.
flát tàx 명 =flat-rate tax.
*‡**flat·ten** [flǽtn] 타 1 …을 평평하게 하다, 평평하게 펴다(out). ¶~ (out) crumpled paper 구겨진 종이를 펴다 // (~+图+前+名) ~ oneself against a wall 벽에 달라붙다. 2 …을 쳐서 납작하게 하다; …의 기를 죽이다: 〔속어〕(권투에서) (상대)를 녹아웃시키다(down)(on, against). ¶ crops ~ed (down) by a storm 폭풍에 쓰러진 작물. 3 …을 단조롭게[무미건조하게] 하다, 시시하게 하다. 4 〔페인트 따위의〕 광택을 없애다. 5 〔음악〕 〔음조〕를 낮추다, 내림표를 더하다. 6 〔광학〕 〔렌즈의 왜곡(歪曲)을 없애다. 7 〔금속판〕을 두드려서 평평하게 하다, 〔금속〕을 두드려서 평평하게 하다. ― 자 1 평평해지다, 평탄해지다. 2 (사람이) 녹초가 되다, 맥이 빠지다. 3 〔폭풍·파도 따위가〕 가라앉다. 4 〔음식물〕이 맛이 없어지다. 5 〔음악〕 (음조가) 내려가다, 반음 내려가다. 〔다(flat in).
flatten in 〔해사〕 새로 돛의 하단을 배 중앙으로 당기
flatten out ① 평평하게 하다[되다]. ② 〔항공〕 (급강하·급상승에서) 〔기체〕를 수평 비행의 자세로 고치다(비행기)가 수평 비행으로 되돌아가다. ③ (수요·물가 따위가) 안정되다, 보합 상태이다.
*‡**flat·ter¹** [flǽtər] 타 (~s [-z]) 타 1 …에게 아첨하다, 알랑거리다, 비위 맞추다. ¶ He is always ~ing me. 그는 언제나 나에게 알랑거린다. 2 〔초상화·사진 따위]를 실물 이상으로 아름답게 그리다[찍다]. (옷·광선 따위가) …을 돋보이게 하다. ¶ This portrait ~s her. 이 초상화는 그녀의 실물보다 낫게 그려졌다 / That black dress ~s her figure. 그 검은 드레스는 그녀의 몸매를 돋보이게 한다. 3 (경험이) …을 우쭐[의기양양]하게 하다; (수동태로) 을 기쁘게[영광으로] 생각하다(at, by/to do). ¶ I'm ~ed at the invitation. 초대해주셔서 영광으로 생각합니다. 4 …을 기쁘게 하다; (남)을 추어올리다. 아첨하다(into). 5 〔눈·귀 따위]를 즐겁게 하다, 만족시키다. 6 …에게 허황된 희망을 품게 하다. ― 자 아첨하다; 알랑거리다.
feel (oneself) flattered by …으로 기뻐하다, 우쭐해하다.
flatter oneself 자만[자신]하다, 편리하게 생각하다.
~·a·ble 형 〔(on, that〕 〔뗍.
flat-ter² 명 1 (물건을) 평평하게 하는 사람[것]. 2 (금속 세공용) 판판한 망치. 3 정선판(整線板).
*‡**flat-ter-er** [flǽtərər] 명 아첨꾼, 아첨하는 사람.
*‡**flat-ter-ing** [flǽtəriŋ] 형 1 아첨[아부]하는, 알랑거리는. 2 기쁘게 하는, 위안의. 3 실제보다 돋보이게 하는; 장점을 돋보이게 하는. 4 유망한. ~·ly 부
‡**flat·ter·y** [flǽtəri] 명 (pl. -ter·ies [-z]) 1 아첨, 아부, 알랑대기. 2 아첨[아부]의 말; 감언.
flat-tie [flǽti] 명 1 (~s) 〔구어〕 굽이 낮은[없는] 구

두. 2 〔카니발의〕 도박장. 3 평저선(平底船). 4 〔속어〕 평면 영화, 2차원 영화. 5 〔속어〕 경찰관. (또는 **flatty**)
flát tíme sèntence 명 〔美법률〕 정기[확정] 금고형.
flat·ting [flǽtiŋ] 명 U 평평하게 하기; (금속의) 압연(壓延); (페인트의) 윤택을 없애는 칠.
flát tíre 명 (펑크 따위로 바람이 빠진 타이어.
flat·tish [flǽtiʃ] 형 좀 평평한, 좀 단조로운.
flat-top [flǽtɑp/-tɔp] 명 1 〔구어〕 〔美해군〕 항공모함. 2 =crew cut. (또는 **flát-tóp**) **flát-tòpped** 형
flát TV 평면[박면] 텔레비전, 벽걸이 텔레비전.
flat·u·lence [flǽtʃuləns] 명 1 위장에 가스가 고이기, 고창(鼓脹). 2 공허, 허세; 자만심.
flat·u·len·cy [flǽtʃulənsi] 명 =flatulence.
flat·u·lent [flǽtʃulənt] 형 1 위장에 가스가 찬, 고창(鼓脹)의; (음식)이 가스를 발생하는. ¶ feel ~ 배가 가득 찬 느낌이 들다. 2 (언동 따위가) 공허한, 허세의; 허풍의, 우쭐한. ~·ly 부
fla·tus [fléɪtəs] 명 U C 1 위장 내에 고이는 가스; 방귀; 〔의학〕 팽만(膨滿). 2 한 줄기의 바람. 〔< L〕
flat·ware [flǽtwɛər] 명 U 1 〔집합적〕 접시류. 2 할로우웨어 2 은제 식기류(나이프·포크 따위).
flát wàsh 명 =flatwork.
flát wáter 명 정수역(静水域)(호수 따위).
flat·wise [flǽtwàɪz] 부 판판[평면]하게, 납작하게, 평면으로. (또는 **flatways**) 〔저지 삼림 지대.
flat·woods [flǽtwùdz] 명 복 (수원(水源)이 있는
flat·work [flǽtwə̀rk] 명 U 〔집합적〕 평평한 세탁물(침대 시트 따위 다림질이 편한). 〔와충(渦蟲).
flat·worm [flǽtwə̀rm] 명 편형(扁形) 동물, 편충(扁虫)
Flau·bert [floubɛ́ər/F flobɛːr] 명 **Gustave ~** 플로베르(1821-80: 프랑스의 소설가).
flaunt [flɔːnt] 자 1 …을 자랑삼아 보이다, 과시하다. ⇒SHOW 유의어 ¶ ~ one's riches 재력을 과시하다. 2 (깃발 따위)를 드높이 휘날리다. 3 〔구어〕 〔규칙 따위〕를 무시하다, 얕보다. ― 자 1 허세를 부리다, 호화하게 차려입고 보라는 듯이 돌아다니다. 2 (깃발 따위가) 나부끼다. ― 명 U 드러내 보임, 과시. **~·er** 명
flaunt·ing·ly [flɔ́ːntɪpli] 부 1 이것 보라는 듯이, 과시하여. 2 (깃발 따위가) 펄럭펄럭 나부끼며.
flaunt·y [flɔ́ːnti] 형 이것 보라는 듯한, 의기양양한; 화려한, 야한. **fláunt·i·ly** 부 **fláunt·i·ness** 명
flau·tist [flɔ́ːtist] 명 〔美〕 =flutist.
flav- [fleiv, flæv] 연결 =flavo-. ¶ flavin.
fla·ve·do [fləvíːdou, fléi-] 명 (~s) 〔식물〕 플라베도(감귤류의 겉껍질). 〔을 띤, 누르스름한.
fla·ves·cent [fləvésnt] 형 누르스름해지는; 황색
fla·vin(e) [fléivin] 명 U C 〔생화학〕 플라빈(동·식물 조직 중에 분포되어 있는 황색 색소).
fla·vo- [fléivou, flǽv-] 연결 yellow의 뜻(* 모음 앞에서는 flav-). ¶ flavopurpurin.
fla·vo·dox·in [flèivoudɑ́ksən/-dɔ́k-] 명 〔생화학〕 플라보독신(황색 색소 리보플라빈을 함유하는 단백질).
fla·vo·my·cin [flèivoumáisn/-sin] 명 〔약학〕 플라보마이신(항생 물질의 일종). 〔색 단백질.
fla·vo·pro·tein [flèivoupróutiːn] 명 〔생화학〕 황
fla·vo·pur·pu·rin [flèivoupə́rpjurin] 명 〔화학〕 플라보푸르푸린(황색소의 결정성(結晶性) 염료).
‡**fla·vor,** 〔英〕 **-vour** [fléivər] 명 (~s [-z]) 1 맛. ⇒TASTE 유의어 ¶ a sweet ~ 단맛. 2 조미료, 양념, 향신료. 3 U C (이야기 따위의) 정취, 풍취, 멋, 묘미, 맛; 기운, 기미; (사물의 독특한 성질); 신랄한 맛. ¶ ~ of the Orient 동양의 멋[정취]. 4 향기, 냄새, 방향(芳香). 5 종류, 변종. 6 〔물리〕 플레이버(quark 또는 lepton을 식별하는 내부 양자(量子)수).
flavor of the month [or week, year] 지금 유행하는 것[일]; 시대 풍조; 그 달[주, 해]의 인물.
give flavor to …에 맛을 더하다, 양념을 치다.
― 타 (~s [-z]) 타 …에 맛을 내다, 풍미[향기]를 곁

들이는; (생활·이야기 따위에) 멋을 곁들이다(with). ¶(~+閉+图+图) ~ food with spices 음식에 양념으로 맛을 내다. — 图 (…의) 맛이 나다(of).
~·less 圈

fla·vored [fléivərd] 圈 1 풍미를 낸; 양념을 친. 2 (복합어로) 풍미가 …한; …의 기미가 있는, …다운 데가 있는. ¶a nicely-~ cooking 맛있는 요리 / grape-~ candy 포도맛 캔디.

flávor enháncer 圈 화학 조미료(monosodium

fla·vor·ful [fléivərfəl] 圈 풍미 있는; 그윽한, 감칠맛이 있는. ~·ly 图 [식품의 첨가물].

fla·vor·gen [fléivərdʒən] 圈 풍미소(風味素)(가공

fla·vor·ing [fléivəriŋ] 圈 1 ⓤ 맛을 내기, 조미(調味). 2 ⓤⓒ 조미료, 향료, 양념.

fla·vor·ist [fléivərist] 圈 화학 조미료/식품 향료.

fla·vor·ous [fléivərəs] 圈 1 풍미 있는, 향기로운, 맛있는. 2 정취 있는.

fla·vor·some [fléivərsəm] 圈 1 맛이 있는; 독특한 맛의. 2 풍취[정취]있는.

fla·vor·y [fléivəri] 圈 (차 따위가) 풍미가 물씬한.

fla·vour [fléivər] 圈 (英) =flavor.

***flaw**[1] [flɔː] 圈 1 (보석·도자기 따위의) 흠, 금, 갈라진 틈(in). 2 (도덕·성격·논리상의) 결점, 약점 (in). ⇒DEFECT 유의어 ¶~s in character 성격상 결함. 3 (법률 문서·수속 등의) 결함, 하자, 불비. — 围围 1 …을 금가게 하다. 2 (수동형으로) …를 망가뜨리다. 3 (문서 등)를 무효로 하다. 图 금가다; 무효로 되다.

flaw[2] 圈 돌풍, 질풍, 스콜(squall); (비·눈 따위를 동반한) 일시적인 폭풍.

flawed [flɔːd] 圈 흠이 있는, 금이 간; 결함[결점, 하자]이 있는.

flaw·less [flɔ́ːlis] 圈 1 금[흠]이 없는. 2 결점이 없는; 완전한. ~·ly 图 ~·ness 圈

***flax**[1] [flæks] 圈ⓤ 1 아마(亞麻). (또는 ~ plànt) 2 아마 섬유; 아마포(布), 린네르(linen). 3 아마科(園 식물)의 총칭.

flax[2] (美口語) 围围 …을 연타(連打)하다. 图 바삐 뛰어다니다(around).

fláx bràke 圈 아마 쇄경기(碎莖機).

fláx còmb 圈 아마씨 훑어내는 기계.

flax·en [flǽksən] 圈 아마의, 아마로 만든; 아마 같은; 아마(담황)색의. (또는 **flaxy**)

flax·en-haired [-héərd] 圈 머리가 아마(亞麻) 빛[담황색]의.

fláx lily 圈 [식물] 1 뉴질랜드삼. 2 백합科 Dianella 圈의 식물의 총칭.

fláx plànt 圈 아마(flax).

flax·seed [flǽkssiːd] 圈ⓤⓒ 아마인(亞麻仁)(linseed).

flay [flei] 圈围 1 (동물의) 가죽을 벗기다, (나무·과일의) 껍질을 벗기다. 2 (남)에게서 (금전 따위)를 갈취[착취]하다, 약탈하다; (사람)을 발가벗기다. 3 …을 심하게 매질하다(whip), 4 (비유적) …을 혹평하다, 깎아 내리다. *flay a flint* 욕심사나운[인색한] 짓을 하다.

~·*er*

F làyer 圈 (무선) F층(지상 200~250km 사이의 전리층(電離層)으로 단파를 반사).

flay-flint [fléiflint] 圈 착취자; 구두쇠, 노랑이.

FLB *Federal Land Bank; funny-looking beats* (상 심박(心拍)). **fld.** *field; flowered; fluid.* **fl.dr.** *fluid dram(s).*

‡**flea** [fliː] 圈 (~s [-z]) 图 1 벼룩; 벼룩처럼 뛰는 작은 벌레; ==beetle. 2 (俗) 성가신[귀찮은] 사람. *a flea in one's* [or **the**] *ear* 듣기 싫은 소리, 비꼬는 말. *a flea in one's nose* (美俗) 이상한 생각.
(*as*) *fit as a flea* 원기 왕성해서, 팔팔해서.
not hurt a flea (口) 벼룩 한 마리도 못 죽이다, 마음이 곱다.

flea·bag [fliːbæ̀g] 圈 (俗) 1 침대; 침낭. 2 싸구려 호텔, 여인숙. 3 더러운 공공 장소. 4 벼룩이 들끓는 개.

flea·bane [fliːbèin] 圈 개망초. [5 구지레한 노파.

fléa bèetle 圈 잎벌렛科(科)의 작은 갑충(甲蟲).

fléa·bite [fliːbàit] 圈 1 벼룩에 물린 자국. 2 조그만 생채기[아픔, 통증]; 얼마 안 되는 돈; 사소하지만 불쾌한 일. 3 흰 말의 밤색 점.

fléa-bìt·ten [-bìtn] 圈 1 벼룩에게 물린 (자국이 있는). 벼룩투성이의. 2 (말 따위가) 흰색에 밤색 얼룩이 있는. 3 (口) (생활 따위가) 비참한, 초라한.

fléa circus 圈 벼룩 서커스(구경거리).

fléa còllar 圈 (살충제가 들어 있는 애완 동물용) 벼룩 없애는 목걸이.

fléa-flick·er [-flíkər] 圈 (미식축구) 플리플리커(장거리의 더블 패스로 상대편을 속이는 극적인 플레이).

fléa·house [fliːhàus] 圈 (美俗) 싸구려 숙박소.

fléa·louse [fliːlàus] 圈 (곤충) 나무이.

fleam [fliːm] 圈 (수의) (마소용) 방혈침(放血針); (외과) (정맥 절개용) 랜싯(lancet). [룩 시장.

fléa màrket [fáir] 圈 싸구려[고물, 중고] 시장, 벼

fléa·pit [fliːpìt] 圈 (英口) (영화관 따위) 대중이 많이 모이는 지저분한 장소[건물]((美) fleabag). [약.

fléa pòwder 圈 잡벌레를 죽이는 마약, 가짜 마

fléa·trap [fliːtræ̀p] 圈 (美俗) =fleahouse.

fléa·wort [fliːwə̀ːrt] 圈 1 금불초류의 잠초. 2 (유럽산(産)의) 질경이(씨는 약용).

flèche [fleiʃ] 圈 1 (건축) (고딕式 교회의) 첨탑, 뾰족탑(steeple). 2 (축성) 돌각보(突角堡). [<F

flé·chette [fleiʃét] 圈 (군사) 플레셰트(제1차 세계대전 때 공중에서 투하한 철제 화살). [<F

fleck [flek] 圈 1 (피부의) 반점, 주근깨. 2 (빛깔·광선 따위의) 점, 반점, 무늬. 3 (작은) 조각, (액체의) 방울; 소량. ¶~s of dust 작은 먼지. — 围 (수동형으로) …에 반점을 넣다; …을 얼룩덜룩하게 하다 (*with*). ~·**less** 圈 ~·**less·ly** 图 ~·**y** 圈

fleck·er [flékər] 围围 =fleck.

fleck·ered [flékərd] 圈 얼룩[반점]이 있는.

flec·tion [flékʃən] 圈 1 굴곡, 만곡(彎曲); (해부) 굴곡 운동. 2 굽은 곳, 굴곡[만곡]부. (또는 (英) **flex·ion**) 3 ⓤⓒ (문법) 굴절, 어미 변화. 4 (수학) =flexure 2. ~·**al**, ~·**less** 圈

‡**fled** [fled] 圈 flee의 과거·과거분사.

fledge [fledʒ] 围围 1 (새 새끼)를 날 수 있을 때까지 기르다; (화살)을 깃털을 달다, 어른이 되게 하다. 2 …에 깃(털)을 달다, …을 깃털로 덮다. — 图 1 깃털이 고루 나다; 둥지를 떠날 수 있게 되다. 2 어른이 되다, 홀로서기할 나이가 되다. **fledged**, ~·**y** 圈

fledg·ling [flédʒliŋ] 圈 1 깃털이 갓난 새, 날 수 있게 된 새. 2 풋내기, 신출내기, 애송이. — 圈 젊은; 풋내기의, 미숙한. (또는 **fledgeling**)

‡**flee** [fliː] 图 (~s [-z]; **fled**) 困 1 (위험·추격자 따위로부터) 달아나다, 벗어나다, 피난하다 (*from*). ¶He fled at the sight of a policeman. 그는 경찰관의 모습을 보자마자 도망쳤다 // (~+閉+图) ~ *from* temptation 유혹에서 벗어나다.

[유의어] **flee** 당황하여 급히 도망치다. **escape** 속박·감금 따위에서 도망치다. **decamp** 발견·체포를 피하기 위해 떠나 버리다. **abscond** 부정이 폭로될 것이 두려워 행방을 감추다.

2 서두르다, 질주하다; 날다; 소산(消散)하다, 사라지다. ¶Life had[*or* was] *fled*. 이미 숨이 끊어졌다 // (~+閉+图) The smile *fled from* his face. 그의 얼굴에서 미소가 사라졌다.

[USAGE] **flee**와 **fly** — flee는 (英)(美)에서 모두 문어적이며 구어에서는 보통 fly를 쓴다. fly도 특히 (美)에서는 「도망가다」의 뜻으로는 거의 쓰이지 않고 run away, escape가 보통. 또 「도망가다」를 뜻하는 fly의 p., pp.는 flee와 마찬가지로 fled가 보통. 다만 (英)에서는 pp.로 flown을 쓰는 일도 있다.

fleece 1052 **flesh color**

──㉣ (사람·장소 등)에서 달아나다; …을 피하다; 을 버리다. ¶They *fled* the town because of the plague. 그들은 전염병 때문에 그 마을에서 떠났다.

***fleece** [fliːs] ⓝⓊⒸ 1 (양 따위의) 털; (한 번에 깎은) 한 마리분의 양모. ¶the Golden F- (그리스 신화) 황금 양털. 2 양모 모양의 것; 흰 구름, 펄펄 내리는 눈, 양털 같은 머리. ¶a ~ of hair 텁수룩한 머리털. 3 플리스(보온용 안감의 부드러운 직물); 그 직물로 된 우플. 4 [문장] 플리스(양의 몸통을 띠에 걸어 드리운 도형). ──ⓥⓉ 1 (양)의 털을 깎다. 2 …에게서 (돈 따위를) 강탈하다, 속여 빼앗다 (*of*). ¶be ~*d* by sharpers 사기꾼에게 돈을 빼앗기다 // (~+몸+前+名) ¶~ a person *of* his money 남을 속여 돈을 빼앗다. 3 (양털 모양의 것으로) …을 덮다. ¶a host of clouds *fleecing* the sky 하늘을 온통 덮고 있는 뭉게구름. ¶a host of clouds *fleecing* the sky. ~·**less**, ~·**like** ⓐ **fléec·er** ⓝ

fleece·a·ble [flíːsəbl] ⓐ 깎을 수 있는; 속기 쉬운.
fleeced [fliːst] ⓐ 1 (복합어로) …양 털이 있는. ¶a long-~ sheep 털이 긴 양. 2 (천이) 부드러운 보풀이 있는.
fleech [fliːtʃ] ⓥⓉ (스코) (남) 달콤한 말로 속이다.
***fleec·y** [flíːsi] ⓐ 1 양모의(製)의, 양모로 덮인. 2 양모 같은, 푹신푹신한. ¶~ clouds 뭉게구름.
── (또는 **fleecie**) ⓝ 양털깎이(fleece picker).
fléec·i·ly ⓐⓓ **fléec·i·ness** ⓝ
fleer[1] [fliər] ⓥⓘ 비웃다, 조소[조롱]하다(*at*).
── …을 비웃다, 조롱하다. ──ⓝ 멸시, 비웃음, 조소. ~·**ing·ly** ⓐⓓ
fle·er[2] [flíːər] ⓝ 도망자.
***fleet**[1] [fliːt] ⓝ 1 함대; (the ~) (집합적) 한 나라의 해군(력), 전(全)함대; /admiral of the ~ (英) 해군 원수 /a powerful ~ 강력한 함대. 2 (상선·어선의) 선대, 선단. 3 (비행기의) 비행대(陨); (탱크·트럭의) 차대(車陨), 자동차대. ¶an air ~ 비행대 /a ~ of tanks 전차대. 4 (한 회사 소속의) 전(全) 차량[항공기, 선박].
a fleet in béing (전략상 무시할 수 없는) 견제 함대; (전략·정략상) 온존하고 있는 것.
***fleet**[2] 1 빠른, 쾌속의. ¶He is ~ of foot. 그는 발이 빠르다. 2 (비) 잠시 동안의, 덧없는, 무상한. ──ⓥⓘ ⓥⓉ 1 빨리 지나가다, 날아가다. 2 (해사) 위치를 바꾸다. 3 (고어) (강물처럼) 흐르다; 사라지다. 4 (폐어) 뜨다; 둥을 달고 달리다. ──ⓥⓉ 1 (때)를 어느덧 보내다. 2 (해사) (선구(船具) 따위의 위치를 바꾸다; (도르래 장치를) 돌려대다; 갑판 위에 (로프를) 늘어놓다. ¶~ a rope 밧줄의 위치를 바꾸다. ~·**ly** ⓐⓓ ~·**ness** ⓝ
fleet[3] (英방언) 강어귀, 포구(浦口); 시내, 개천; 수로; 하수구(sewer); (the F-) (런던의) 플리트 하수구. 2 (the F-) 플리트 교도소 (F- Prison).
fleet[4] (英방언) ⓐ (땅이) 무른, 부서지기 쉬운; (물 따위가) 얕은. ──ⓐⓓ 얕게, 표면 가까이에.
fléet ádmiral ⓝ (美해군) 해군 원수.
Fléet Áir Àrm ⓝ (the ~) (英) 해군 항공대.
fléet ballístic míssile submarine ⓝ 유도탄 적재 원자력 잠수함.
fleet-foot·ed [-fútid] ⓐ 발이 빠른.
***fleet·ing** [flíːtiŋ] ⓐ (시간 따위가) 나는 듯이 지나가는, 한순간의, 덧없는. ¶Life is ~. 인생은 덧없다.
~·**ly** ⓐⓓ ~·**ness** ⓝ
Fléet Strèet ⓝ (the ~) (英) 1 플리트가(街)(London의 신문사 거리). 2 신문업계; (집합적) 신문 기자.
flei·shig [fléiʃig, -ʃik] ⓐ (유대교) 살코기(제품으로) 이루어진[만들어진].
Flem. Flemish.
Flem·ing[1] [flémiŋ] ⓝ 1 플랑드르 사람. 2 플라망어를 쓰는 벨기에 사람. ⓐ Flanders
Flem·ing[2] ⓝ 플레밍. 1 Alexander ~ (1881-1955: 영국의 세균학자; 페니실린을 발견). 2 Ian ~ (1908-64: 영국의 「007시리즈」 작가). 3 John Ambrose ~ (1849-1945: 영국의 전기 공학 기사).
Fléming válve ⓝ (전자) 플레밍 밸브, 2극 진공관.

Flem·ish [flémiʃ] ⓐ 플랑드르(Flanders)의; 플랑드르[플라망] 사람[말]의. ──ⓝ 1 (the ~) (집합적) 플라망 사람(the Flemings). 2 Ⓤ 플라망어.
Flémish bónd ⓝ (석공) 플레미시 쌓기(벽돌 쌓기에서 자 층을 벽돌의 긴 쪽과 마구리를 번갈아 쌓는 방식).
Flémish schóol ⓝ (the ~) (미술) 플랑드르파(派)(15-17세기에 플랜더스에서 일어난 화파).
flench [flentʃ] ⓥⓉ =flense.
flense [flens] ⓥⓉ (고래 따위)의 가죽을 벗기다[지방을 채취하다]. (또는 **flench, flinch**) (<Dan)
‡**flesh** [fleʃ] ⓝ Ⓤ 1 (인간·동물의) 살, 근육(* bone, skin); 근육과 지방의 조직. ¶raw ~ 생살 /proud ~ (상처가 아물면서 나오는) 새살 /the ~ of the back 잔등의 살. 2 (식용의) 고기, 식육 (* 현재는 이 뜻으로 보통 meat를 씀). ¶(생선·새고기와 구별하여) 짐승 고기. ¶~ and bones (요리용) 갈비살; 골육, 몸 /live on ~ 육식을 하다. 3 (식물의 껍질·씨에 대해) 속, 알맹이, 과육(果肉), 엽육(葉肉). 4 살, 살집; 체중. 5 (the ~) (정신·영혼과 구별하여) 육체, 신체(body); 성체(聖體) (⑫ spirit, soul). ¶the ills of the ~ 육체적인 병 /the arm of ~ 유신의 팔, 인력(← 역대기하 (2 Chron.) 32 : 8). 6 (the ~) (도덕성·정신성과 구별하여) 육욕, 정욕; 인간의 육체(性), ¶sins of the ~ 육욕의 죄, 부정(不貞)의 죄. 7 (일반적으로) 생물; (좋은 뜻으로서) 인간 전체. ¶all ~ 살아 있는 모든 것, 중생(←이사야서(Isa.) 40 : 6). 8 (one's own ~) 육친, 혈육, 친족, 동족. 9 (인체의) 표면, 피부, 살갗; 피부색, 살색 (~ color). ¶a woman of dark ~ 살결이 거무스름한 여자.
after the flesh 육체에 따라, 세속적으로; 사람답게.
flesh and féll ① 온몸, 전신. ② (부사적) 살도 가죽도, 온몸이, 모조리, 완전히. ┆──ⓥⓘ 동해지다.
gain [or get, make, put on] flesh 살이 찌다, 동살이 붙다.
go the way of all flesh (성서적) 죽다(die).
in flesh 살이 쪄서, 뚱뚱해져서.
in the flesh ① 살아서; 육체의 형상으로. ② 실물 [로서]. ③ (본인) 스스로, 직접, 몸소.
lose flesh 살이 빠지다, 야위다. ┆──ⓥⓘ 싹하게 하다.
make a person's flesh crawl [or creep] 남을 오싹하게 하다.
one flesh (성서) 일심 동체, 부부. ¶become [or be made] one ~ 부부(로서 일심동체가) 되다.
one's pound of flesh 무리한 요구 (← Shakespeare 작 *The Merchant of Venice*).
press (the) flesh (美구어) (특히 선거 유세 중 정치인이) 사람들과 악수하다. ──ⓥⓉ 살을 붙이다.
put flesh on …에 상세한 정보[내용]를 첨가하다, 살을 붙이다.
──ⓥⓉ (~*es* [-iz], ~*ed* [-t]) 1 (칼 따위)를 (처음으로) 살에 찌르다. 2 (사냥) (사냥개·매 따위에) 게 고기맛을 보여 자극하다. 3 (인간)을 유혈[전쟁]에 익숙하게 하다. ¶~ green troops by a raid 신병 부대에게 공격을 시킴으로써 전투에 익숙하게 하다. 4 …의 욕정을 돋우다; (남)을 분발하게 하다; (고어) [욕욕]을 만족시키다. ¶~ one's lust 음욕을 만족시키다. 5 (뼈대)에 살을 붙이다; (구상 따위)를 구체화하다(*out, up*). ¶~ out a plan with statistics 통계 자료로 계획을 보다 더 충실하게 만들다. 6 …을 살찌우다, 비대하게 하다 (*up*). ¶(~+몸+前+名) ¶~ a steer *up* 식용용의 거세된 소를 살찌우다. 7 (생가죽)에서 살을 깎아내다. ──ⓥⓘ (구어) 살이 붙다, 살이 찌다(*up, out*).
flesh out [or up] ⓥⓘ ① 살이 찌다[붙다]; 살찌게 하다. ② 내용을 구체화하다, 구체화하다.
~·**less** ⓐ 살이 없는, 말라빠진.
flésh and blóod ① (one's own ~) 자손; 육친, 골육, 혈육. ② (피가 통하는) 육체, 육신, 살아 있는 인간; 인정, 인간성. 3 실질, 구체화, 살을 붙임.
flesh-and-blóod ⓐ 현혈이 있는 살아 있는; 현실의.
flésh-brùsh [fléʃbrʌ̀ʃ] ⓝ (혈액 순환 촉진을 위한) 피부 마찰용 솔; 때밀이 솔.
flésh còlor ⓝ (백인의) 살색, 피부색(연분홍색이 감

flesh-eat·er [4:tər] 명 육식하는 사람; 육식 동물; =flesh-eating bacteria.
flesh-eat·ing [4:tiŋ] 형 육식성의.
flesh-eating bactéria 살을 파먹는 박테리아 (A군 연쇄구균 박테리아의 속칭).
fleshed [fleʃt] 형 1 통통한, 살찐: (복합어로) …한 살을 가진. ¶thick-~ 살이 두툼한. 2 무정한, 냉혹한.
flesh·er [fléʃər] 명 1 생가죽에서 살을 발라내는 도구[사람]. 2 (스코) 푸주한(butcher).
flesh·ette [fləʃét] 명 플레셰트(작은 다트(dart) 모양의 산탄자(散彈子); 대인용 병기). ⟨F⟩
flésh fly 명 쉬파리.
flésh glòve (혈액 순환 촉진을 위한) 피부 마찰용 쇠낱갑이.
flesh·hook [fléʃhùk] 명 1 (냄비에서) 고기를 건지는 쇠갈고리. 2 (주로 ~s) 고기 매다는 쇠갈고리.
flésh·ing knife [fléʃiŋ-] 명 살을 깎아[저며]내는 칼.
flesh·ings [fléʃiŋz] 명복 살색 속옷, 살색 타이츠; 가죽에서 깎아[저며]낸 고깃조각.
fléshing tòol 명 살을 깎아[저며]내는 도구.
flesh·ly [fléʃli] 형 1 육체의, 육체적인; 살집이 좋은. ¶the ~ envelope (정신을 싸고 있는) 육체. 2 (문어) 육욕의, 관능적인; 감각에 호소하는. ¶~ desires 육욕. 3 인간의; 세속적인, 현세적인. **-li·ness**
flésh pèddler 명 (美속어) 1 (배우·모델·운동 선수 등의) 스카우트맨, 탤런트(모델) 소개업자; (관리직) 직업 알선소[업자]; (무용수들을 관리하는) 극장 지배인. 2 매춘부; (사창가의) 호객꾼, 삐끼.
flesh·pot [fléʃpɑt/-pɔ̀t] 명 1 고기 냄비. 2 (성서) (the ~s) 미식(美食), 사치스런 생활(을 시켜 주는 곳) (←출애굽기(Exod.) 16:3). 3 (보통 ~s) 환락가, 유흥가; (속어) 매춘굴.
flesh-press·er [⊢prèsər] 명 (美구어) (선거 운동에서) 악수·포옹 공세 하기를 좋아하는 정치가.
flesh-press·ing [⊢prèsiŋ] 명 (美구어) (선거 운동에서 후보자 등의) 악수[포옹] 공세.
flesh-print·ing [⊢prìntiŋ] 명 (전자광학적 방법에 의해) 어육(魚肉)의 단백질형(型)을 기록한 것(물고기의 이동 조사용).
flésh side 명 (짐승 가죽의) 안쪽, 살면(面). 형 grain
flésh tíghts 명복 살색 속옷(fleshings).
flésh tìnt(s) 명 (그림) (인체의) 피부색, 살색.
flésh tràde 명 인신 매매; 매춘업.
flésh wòrm 명 구더기(flesh fly의 유충).
flésh wòund 명 얕은 상처, 경상.
flesh·y [fléʃi] 형 1 살찐, 뚱뚱한, 비만의. ⇒ FAT 유의어 2 살의, 육질의, 살과 같은. 3 (식물) (과실이) 다육질의 (pulpy), (잎이) 두껍고 부드러운. ¶~ fruit (딸기·복숭아 따위) 다육 과일. **flésh·i·ly** 분 **flésh·i·ness** 명
fletch [fletʃ] 타 (화살)에 깃을 달다.
fletch·er [flétʃər] 명 (고어) 화살 제조인, 화살 깃을 다는 사람.
Fletch·er·ism [flétʃərìzm] 명 (美) 플레처식 식사법(공복시 소량을 충분히 씹어 먹는 식사법). ⟨美國의 영양학자 Horace Fletcher(1849-1919)의 이름⟩
flet·ton [flétn] 명 (종종 F-) 플레톤 벽돌(반건조식 성형법으로 만든 영국식 벽돌).
fleur-de-lis [flə̀:rdl̀i:, -lí:s] 명 (복 **fleurs-**) 1 붓꽃(의 꽃)(형 flower-de-luce). 2 (문장) 붓꽃 모양의 무늬 (프랑스 왕실의 문장); (the ~) 프랑스 왕실. ⟨F⟩
fleu·ret(te) [fləret, fluər-] 명 작은 꽃 (모양의) 장식. ⟨F⟩
fleu·ron [flúərɑn, flúər-/flúərɔn] 명 (fleur-de-lis 2) (왕관·화폐 따위의) 꽃무늬 장식; (인쇄) 꽃무늬 활자.
fleu·ry [flúəri, flúəri/flúəri] 형 (문장) 붓꽃 모양의 무늬로 장식된(flory).

‡flew[1] [flu:] 통 fly[1]의 과거.
flew[2] 명 =flue[3]. 「큰 윗입술.
flews [flu:z] 명 (복) (사냥개 따위의) 아래로 축 늘어진
flex[1] [fleks] 통(타) 1 (보통 준비 운동으로) (손발·관절 따위)를 구부리다; (근육)을 수축시키다. 2 (지절) (지층)을 습곡(褶曲)하다. 3 (고고) (유체)를 굴장(屈葬)하다. — 자 (관절 따위가) 구부러지다; (근육)이 수축하다.
flex one's muscles (美속어) 힘이 있음을 보이다, 힘으로 위협하다.
— 명 1 (수족 따위를) 굽히기; 굴성. 2 (英) a) 가요선(可撓線), 전선, 코드 ((美) electric cord, extension). b) (속어) 신축(伸縮) 밴드.
flex[2] (구어) 명 =flexible. — 통(자) 근무시간 자유 선택제. 「택제로 일하다.
flex. flexible.
flex·a·gon [fléksəɡɑn/-ɡən] 명 플렉사곤(종이를 접어 만든 다면체). ¶a ~ toy house 종이접기식 장난감집.
flex·dol·lars [fléksdɑ́lərz/-dɔ̀l-] 명(복) (美) 탄력적 부가 급부 제도(책정된 일정 금액 내에서 피고용자가 부가 급부를 자유롭게 선택하는 제도).
flex·i- [연결] flexible의 뜻. ¶flexitime.
***flex·i·bil·i·ty** [flèksəbíləti] 명(U) 1 구부리기 쉬움, 굴곡성. 2 유연성, 적응성, 융통성. ¶ ~ lalor ← 노동시장의 유연성. 3 (성질이) 고분고분함, 다루기 쉬움.
***flex·i·ble** [fléksəbl] 형 1 구부리기 쉬운, 낭창낭창한, 유연성이 있는. ¶a ~ cord 잘 휘는 코드.

유의어 **flexible** 꺾지 않고 구부릴 수 있는. **elastic** 마음대로 형태가 줄었다 할 수 있는; 힘을 빼면 원상으로 되돌아감을 암시. **limber** 몸이 나긋나긋하여 마음대로 움직일 수 있는. **pliant** 바깥 힘에 저항하지 않고 순응하는; 비유적으로 흔히 쓰는 말. **resilient** elastic한 물건이 힘을 빼면 곧 원상으로 되돌아오는 성질을 강조한 말. **springy** =elastic and resilient. **supple** 상처를 내지 않고 굽혔다, 비틀었다, 접었다 할 수 있는.

2 (제도·목소리 따위가) 마음대로 바꿀 수 있는; (예절·정신 따위가) 융통성 있는, 유연한, 적응성이 있는. ¶a ~ mind 유연한 정신(의 소유자) / Be more ~ in your thinking. 생각을 좀더 융통성 있게 갖도록 하시오. 3 (사람이) 고분고분한, 순종하는, 다루기 쉬운. — 명 잘 구부러지는 물질[소재]. **~·ness** 명 **-bly** 분
fléxible bínding 명 (제본) 얇은[유연한] 표지; (실로 꿰맨) 유연 제본.
fléxible dìsk 명 (컴퓨터) =floppy disk.
fléxible exchánge ráte sýstem 명 (금융) 변동 환율 제도. 「대응 전략.
fléxible respónse strátegy 명 (군사) 신축적
fléxible reúsable súrface insulátion 명 (우주선용) 유연성 내열재(耐熱材)(약 FRSI).
fléxible tìme 명 =flextime. 「trust
fléxible trúst 명 (英) 오픈형(型) 투자신탁. 형 **fixed fléxible wórking hóurs** 명(복) =flextime.
flex·ile [fléksəl/-sail] 형 =flexible.
flex·il·i·ty [fleksíləti] 명 =flexibility.
flex·ion [flékʃən] 명 (英) =flection. 「집.
flex·i·place [fléksipleis] 명 (속어) 재택 근무자의
flex·i·time [fléksitàim] 명 (英) =flextime.
flex·og·ra·phy [fleksɑ́ɡrəfi/-ɔ́ɡ-] 명 (인쇄) 철판(凸板) 인쇄(flexographic printing).
flex·o·graph·ic [flèksəɡrǽfik] 형 「형 extensor
flex·or [fléksər] 명 (해부) 굴근(屈筋)(~ muscle).
flex·time [flékstàim] 명 근무 시간 자유 선택제.
flex·u·os·i·ty [flèkʃuɑ́səti/-ɔ́s-] 명 굴곡(만)곡(성, 상태, 부(部)).
flex·u·ous [flékʃuəs] 형 1 굴곡이 많은, 꾸불꾸불한; (식물) (잎가장자리가) 물결 모양의. 2 유연[융통성]이 있는. (또는 **flex·u·ose** [flékʃuòus]) **~·ly** 분
flex·ur·al [flékʃərəl] 형 굴곡의, 굽어지는, 휘는.

¶ ~ strength 〔물리〕 휨 강도(強度).
flex·ure [flékʃər] ⓝ 1 굴곡, 만곡(부); 주름. 2 〔물리〕 휨; 〔수학〕 왜곡도; 〔지질〕 습곡(褶曲).
flex·year [fléksjìər] ⓝ 연간 자유 근무 시간 제도
flib·ber·ti·gib·bet [flíbərtidʒìbit] ⓝ 1 《英》 경박한 사람, 바람둥이 여자. 2 〔고어〕 수다쟁이(특히 여자).
***flick**[1] [flik] ⓝ (보통 a ~) 1 (채찍·손가락 끝 따위로) 살짝 때리기, 찰싹 치기; (손가락으로) 튀기기. ¶by a ~ of one's whip 채찍으로 찰싹 쳐서. 2 휙[탁] 치는 소리. 3 경쾌한 움직임. ¶a ~ of the wrist [tail] 손목[꼬리]을 홱 움직이기. 4 튀긴 것 (splash). ¶a ~ of mud on one's coat 상의에 튀긴 흙탕. 5 《英속어》 = ~-knife.
give a person *the flick* 〔남〕을 무시하다.
── ⓣ 1 (채찍으로) …을 가볍게 때리다; (손가락으로) …을 튀기다(with); (채찍 따위를) (…에) 대다. (~+图+젠+명) ~ *a horse with* one's *whip*; ~ *a whip at* a horse 말을 채찍으로 찰싹 치다. 2 (먼지·재 따위를) 튀겨 날리다, 털어버리다(off, away)(from). ¶(~+图+젠+명) ~ *dust from* one's *coat sleeve* 소매의 먼지를 털어버리다. 3 〔물건〕을 튀기다 (잉크 따위)를 튀기다. 4 (책장 따위)를 획획 넘기다 (over). ── ⓘ (채찍 따위가) 휙[획] 움직이다; (…을) 찰싹 때리다(at). 2 날개치다, 휠휠 날다. 3 〔구어〕 책장 따위를 획획 넘기다(through).
flick[2] ⓝ 〔속어〕 1 (한편의) 영화(필름); (the ~s) 〔집합적〕 영화 상영. ¶a skin ~ 포르노 영화/go to the ~s 영화를 보러 가다. 2 영화관. 〔flicker의 단축형〕
***flick·er**[1] [flíkər] ⓥⓘ 1 (빛이) 깜박이다, 명멸하다. (등불 따위가) 흔들리다; (희망 따위가) 가물거리다; (불길·저항 따위가) 서서히 꺼져가다(out). ¶a ~*ing shadow on the wall* 벽에 어른거리는 그림자/*Her life is* ~*ing out*. 그녀의 생명의 불이 꺼져가고 있다. 2 (나뭇잎 따위가) 하늘거리다 (깃발 따위가) 나부끼다. 3 (새 따위가) 날개치다(flutter). 4 홀긋 보다, 훔쳐 보다 (at). ── ⓣ …을 명멸(明滅)시키다; …을 한들거리게 하다; …을 떨게 하다.
── ⓝ 1 명멸하는[흔들리는] 불빛; (불빛 따위의) 명멸, 흔들림; (감정의) 흔들림, 떨리움. ¶a ~ *of candle* 가물거리는 촛불. 2 (희망·원기 따위의) 번득임, 반짝하는 것, 미광. ¶a ~ *of hope* 일루의 희망. 3 (보통 ~s) 영화, 영화관. 4 〔속어〕 의심 섞인 척하는 것 지. 5 〔컴퓨터〕 플리커(CRT 디스플레이 화면의 깜박거림).
~·ing·ly ⓐⓓ ~·y ⓐ 〔림〕.
flick·er[2] ⓝ 딱다구리의 일종(북미산(產)).
flick-knife [-nàif] ⓝ 《英》 날이 튀어나오는 칼(《美》 switchblade). (또는 **flíck knìfe**)
flick róll ⓝ 〔항공〕 급횡전(急橫轉)(snap roll).
flied [flaid] ⓥ fly[1]의 과거·과거분사.
fli·er [fláiər] ⓝ 1 (날개로) 공중을 나는 것. 2 비행가 [사], 조종사(aviator); 공군 병사, 비행대원; 공중 곡예사. 3 여객기(특히 정기 이용자). 4 고속으로 움직이는 것[사람]; 준마, 쾌속정, 급행 열차[버스]. 5 〔기계〕 = flywheel (방적기의) 플라이어; (인쇄기의) 종이 넘기는 장치; (풍차의) 날개. 6 〔구어〕 비약, 도약; 〔스포츠〕 (기선을 잡는) 빠른[부정] 출발(flying start). 7 《美구어》 투기적 모험[투기], 도박, 시도. ¶a ~ *in speculative bonds* 위험한 외채 투자. 8 〔건축〕 (직선 계단의) 한 단; (~s) 직선 계단. 9 《美》 (작은) 광고지, 전단, 삐라. 10 《英구어》 야심가, 걸물(傑物). (또는 flyer)
take a flier 1 도약하다; 쾅하고 떨어지다. ② 〔스키〕 (도약대에서) 점프하다. ③ 《美구어》 내기를 걸다; 요행수를 노리다 (at, on). 3 〔구어〕
‡**flight**[1] [flait] ⓝ 1 ⓤⓒ 날기, 비행, 비상; 나는 법; 나는 힘. ¶a night [long-distance] ~ 야간[장거리] 비행/*birds in* ~ 날고 있는 새/*the art of* ~ 비행술/*make [or take] a* ~ 비행하다, 날다. 2 ⓤⓒ 비행 거리[행정(行程)], 방위. 3 (철새 떼의) 이동; (나는 새의) 때; (화살 따위의) 일제 발사(volley). ⇒ FLOCK[1] 〔유의어〕
4 비행기 여행; (로켓 따위의 성층권 밖 비행, 우주 여행. ¶*make a long* ~ 장거리 비행을 하다/*be on a training* ~ 훈련 비행중이다.
5 (비행기의) 예정편, 정기 항공편. ¶*an* 8 *o'clock* ~ 8시 항공편/*Korean Air F-85 대한 항공 제*85편.
6 《美》 〔공군〕 비행 중대; 비행 편대. 7 ⓤ (비행기의) 조종기술, 조종 기술. 8 ⓒ (매가 날면서 하는) 사냥감 추격. 9 ⓤ (공·화살 따위의) 날아감; (시간 따위의) 빨리 지나감, 신속한 진행[이행]. ¶*the* ~ *of time* 화살처럼 지나가는 시간. 10 ⓤⓒ (상상·공상 따위의) 비약, 고양(高揚); (기지·재치의) 번득임. ¶a ~ *of wit* 번득이는 재치. 11 a) 충계참까지의[충에서 충까지의] 일련의 계단. b) (운하의) 일련의 수문. c) 〔스포츠〕 경기자추의 능력별 그룹. d) (경주·경마의) 장애물; (허들의) 단열(段列). 12 ⓤⓒ (궁술) 멀리 쏘는 화살(~ arrow); 화살 멀리 쏘기 경기(~ shooting); 그 거리. 13 〔속어〕 (LSD 따위의) 환각 체험(trip). 「…십시오.
Have a nice flight! (기장이 승객에게) 좋은 여행되
in the first [or *highest, top*] *flight* 선두에 서서, 솔선하여, 중요한 지위를 차지하여; 일류의.
take [or *wing*] *one's flight* 〔문어〕 (새·비행기 따위가) 날다, 비행하다.
── ⓥⓘ (야생조가) 떼지어 날다; (새가) 날아오르다.
── ⓣ 1 (새)를 날아오르게 하다; (날아오르는 새)를 쏘다. 2 (화살)에 깃털을 달다.
***flight**[2] ⓝ ⓤ 1 도주, 도망; 패주; 도피; 탈출(from). ¶a ~ *from reality* 현실(로부터)의 도피/~ *in disorder* (潰走)/*seek safety in* ~ 도망쳐 일신의 안전을 꾀하다. 2 〔경제〕 (자본 따위의) 도피.
put [or *drive*] *…to flight* …을 도주[패주]시키다.
take (*to*) *flight*; *betake oneself to flight* 도주하다.
flight àrrow ⓝ 원뿔꼴[피라미드형] 화살촉이 달린 화살, 원시(遠矢); (일반적으로) 길고 가벼운 화살.
flight attèndant ⓝ (여객기의) 객실 승무원(stewardess, hostess 대신에 쓰는, 성별의 명시를 피하는 말).
flight bàg ⓝ (항공 회사명이 적힌) 항공 여행 가방.
flight càpital ⓝ 〔경제〕 국외 도피 자본, 자본 도피 (refugee capital). **flight càpitalist** ⓝ
flight chàrt ⓝ 항공도.
flight clàss ⓝ (여객기의) 좌석 등급(비싼 요금 순으로 first class, business class, economy class, tourist class가 있다).
flight contròl ⓝ 1 항공[비행] 관제; (항공 회사의) 운항 관리. 2 운항[항공] 관제실, 관제탑. 3 (보통 ~s) 〔집합적〕 조종 장치. **flight contròller** ⓝ
flight còupon ⓝ 여객의 탑승과 수하물 운송용 쿠폰.
flight crèw ⓝ = aircrew.
flight dàta file ⓝ 《우주》 비행 데이터 파일(우주선에 탑재하는 작업 소개 책·데이터 파일).
flight dàta procèssing sýstem ⓝ 〔항공〕 비행 계획 정보 처리 시스템. 「(FDR).
flight dàta recòrder ⓝ = flight recorder
flight dèck ⓝ 1 (항공 모함의) 비행 갑판. 2 (항공기의) 조종실. 〔로켓〕 특수 비행 훈련.
flight-de·pénd·ent tràining [-dipéndənt-] ⓝ
flight desìgn ⓝ 《우주》 비행 설계.
flight enginèer ⓝ 항공 기관사.
flight fèather ⓝ 〔조류〕 날개깃, 칼깃.
flight formàtion ⓝ 비행 대형[편대].
flight-in·de·pénd·ent tràining [-índipéndənt-] ⓝ 〔공군〕 일반적 비행 훈련.
flight informàtion règion ⓝ 〔항공〕 비행 정보 구역(略 FIR).
flight instrument ⓝ 비행[항공] 계기(計器).
flight interrúption mànifest ⓝ 〔항공〕 일괄 운송 위탁 서류(略 FIM). 「(점퍼).
flight jàcket ⓝ 비행사 재킷(앞에 포켓이 달린 가죽

flíght lèader 图 1 (군용기의) 편대장. 2 〖美공군〗 비행 중대장.
flight·less [fláitlis] 图 (새가) 날지 못하는.
flíght lieuténant 图 〖英〗 공군 대위(〖美〗 captain).
flíght lìne 图 1 〖항공〗 비행 대기선(항공기의 정비·주기(駐機) 구역). 2 (항공기 등의) 비행 경로.
flíght mànifest 图 〖우주〗 (우주 왕복선 승무원용) 적하(積荷) 목록.
flíght mùscle 图 (새 날개의) 비상근(飛翔筋).
flight-num·ber [-nλmbər] 图 (항공편의) 편명(便名)[번호].
flíght òfficer 图 〖美〗 공군 준위.
flíght pàth 图 비행 경로; (유도탄 따위의) 진로 ; (항공 유도 장치의) 지시 코스.
flíght pày 图 〖美공군〗 비행 수당.
flíght phàse 图 〖항공·로켓〗 비행 페이스(우주 왕복선은 발사 전, 발사, 궤도 비행, 탈궤도, 진입, 착륙, 착륙 후의 페이스로 나뉜다).
flíght plàn 图 (항공) 비행 계획(서).
flíght recòrder 图 〖항공〗 비행 기록 장치, 자동 비행 기록기(* 속칭 black box).
flíght·see·ing [fláitsìiŋ] 图 비행 관광.
flíght sèrgeant 图 〖英공군〗 공군 중사.
flíght shòoting 图 〖궁술〗 멀리 쏘기 경기, 원시(遠矢) 경기; 나는 새 쏘기 경기.
flíght-sim gáme [-sìm-] 图 모의 비행 장치(flight simulator)를 이용한 시합[공중전].
flíght simulàtor 图 (승무원 훈련용) 모의 비행 (훈련) 장치.
flíght strìp 图 〖항공〗 1 비상(불시착용) 활주로; 활주로(runway). 2 (일련의) 항공 정찰 사진.
flíght sùit 图 (군용기) 탑승자의 비행복.
flíght sùrgeon 图 〖美공군〗 항공 군의(軍醫)(관).
flíght tèst 图 비행 시험. **flíght-tèst** 图타
flíght tìme 图 (소요) 시간.
flight-wor·thy [fláitwə̀ːrði] 图 (안전) 비행이 가능한; (계기 따위가) 항공기용의, 내공성이 있는.
flight·y [fláiti] 图 1 변덕스러운, 경박한, 들뜬; 무책임한. 2 머리가 조금 돈, (생각 따위가) 엉뚱한. 3 〖고어〗 빠른. **flíght·i·ly** 图 **flíght·i·ness** 图
flim-flam [flímflæ̀m] 〖구어〗 图[C] 1 엉터리, 허튼 소리. 2 속임수, 사기; (교묘한) 사기 행위, 신용 사기. ¶ a political ~ 정치적 협잡. —图 (-mm-) …에게 사기를 치다, …을 속이다.
flim·sy [flímzi] 图 1 무른, 부서지기[깨지기] 쉬운, 약한; 재질[료]이 나쁜. ¶ a ~ material 부서지기 쉬운 재료. 2 (근거·이론 따위가) 박약한, 설득력이 없는, 불충분한. (이유 따위가) 빤히 들여다보이는. ¶ a ~ excuse 속보이는 변명. 3 (사람이) 허약한; 경박한. —图 1 〖英〗 (얇은) 양피 종이, 얇은 복사(전사(轉寫))지; (신문 기자의) 얇은 원고지; [U] 통신용 원고. 2 〖英속어〗 지폐; 전보. 3 (-sies) 얇은 여성복(특히 내의). **-si·ly** 图 **-si·ness** 图
flinch¹ [flint∫] 图죄 1 (위험·어려움에서) 물러서다, 꽁무니빼다 (from). 2 (고통·공포 따위로) 주춤하다, 기가 꺾이다, 위축되다 (at). —图 …에서 물러서다.
—图 1 움찔하기, 뒷걸음질. 2 〖카드놀이〗 플린치 (패를 숫자 순서대로 책상 위에 쌓아가는 놀이).
~-er 图 ~·ing·ly 图 주춤주춤, 겁을 먹고.
flinch² 图자 =flense.
flin·ders [flíndərz] 图복 부서진 조각, 파편.
break...in [or *into*, *to*] *flinders* …을 산산조각내다.
fly in [or *be blown to*] *flinders* 산산조각으로 흩날리다.
*fling [fliŋ] 图 (**~s** [-z]; **flung**) 图타 1 (거칠게) …을 던지다, 내던지다, 팽개치다(*about*, *away*, *down*, *off*, *out*) (*at*, *on*(*to*), *over*, *to*). 2 (보어와 함께) …을 (팽개치듯이) 움직여 (…의 상태로) 하다. ⇒ THROW 유의어. ¶ (~+图+圈) ~ one's books on the desk 책을 책상 위에 내던지다 / (~+图+圖) ~ *off* one's clothes 옷을 벗어 던지다 / ~ one's money *about*[or *around*] 돈을 물쓰듯 하다 // (~+图+圖) ~ a door open[shut] 문을 거칠게 열다[닫다].
2 **a**) (레슬링 따위에) (상대방)을 내동댕이치다; (말이) (탄 사람)을 흔들어 떨어뜨리다(*off*). **b**) 〖고어〗 …을 속이다; …을 속여서 (돈)을 빼앗다 (*out of*).
3 **a**) [머리·팔·발 따위를] (양팔)을 쑥 내뻗다 (*on*, *around*, *at*, *in*, *upon*). ¶ (~+图+圈+图) ~ one's arms *around* a person's neck 남의 목을 얼싸 안다 / (~+图+圖) ~ the head *about* (말)을 흔들어대다. **b**) (재귀용법으로) 몸을 몸시[갑자기] 움직이다; …에 몸을 던지다(*up*, *about*)(*into*, *on*). ¶ ~ oneself *about* in one's anger 화가 나서 이리저리 날뛰다 / ~ oneself *into* a chair 의자에 털썩 주저앉다.
4 (감옥에) …을 갑자기 집어넣다; (혼란·궁지 따위에) …을 빠뜨리다 (*into*). ¶ (~+图+圈+图) ~ a person *into* prison 남을 투옥하다.
5 …에게 (경멸적 시선 따위)를 던지다, 쏘아붙이다; …에게 (말)을 내뱉다, 퍼붓다; (…을 시선 따위)를 보내다 (*to*, *at*, *against*). ¶ ~ harsh words *at*[or *against*] a person 남에게 심한 말을 퍼붓다.
6 (자금·노력 따위)를 (사업 따위에) 쏟아붓다 (*into*); (재귀용법으로) (사업·임무 따위에) 매달리다, 몰두하다 (*into*, *on*, *upon*). ¶ ~ oneself *upon* a person's mercy 남의 자비심에 매달리다. 7 (군대) (전장에) 내보내다, 급파하다; [무기]를 급송하다 (*into*). ¶ ~ tanks *into* a battle 전차를 전투에 투입하다. 8 (야심·인습 따위)를 펼쳐 버리다; …와 관계를 끊다 (*aside*, *away*, *off*); (기회·금전 따위)를 헛되이 하다, 낭비하다 (*away*); (물건)을 처분하다, (쓸모 없는 것 따위)를 버리다 (*out*, *away*). ¶ (~+图+圖) ~ *away* one's chances of promotion 승진의 기회를 놓치다. 9 (고어) (빛·향기 따위)를 발하다, 발산하다 (*off*). ¶ (~+图+圖) ~ fragrance *around* 주위에 향기를 발산하다.
—图 1 돌진하다; 덤벼들다, 뛰어들다; 자리를 박차고 떠나다 (*away*, *off*, *forth*, *out*). ¶ (~+圖) ~ *away* [or *off*] without a word 한 마디 말도 없이 뛰쳐 나가다. 2 (말 따위가) 날뛰다 (*out*); (사람이) 몸을 내던지다. ¶ (~+圖) ~ *out* (말이) 날뛰다, 차다. 3 험뜯다, 욕하다 (*out*) (*at*, *against*). ¶ (~+圖) ~ *out against* one's rival 경쟁자에게 심한 욕설을 퍼붓다.
fling about [or *around*] 홱 뿌리다; (고개를) 흔들다.
fling a fact [*fault*] *to a person's teeth* [or *face*] 사실[과실]을 들이대고 남을 면박하다.
fling away ① …을 내팽개치다. ② [기회 따위]를 놓치다. ③ …을 낭비하다. ③ 뛰어나가다. [⇒ TOOTH.
fling...(*back*) *in a person's teeth* [or *face*]
fling caution to the wind(*s*) 분별이 없다, 무모[경솔]하다.
fling down ① 내던지다. ② 〖구어〗 …을 그만두다.
fling in ① …을 던져 넣다. ② 〖구어〗 …을 그만두다.
fling off ① 뛰어나가다. ② …을 (아무렇게나) 벗어던지다. ③ (적(敵) 따위)를 따돌리다, 피하다. ④ …을 말해버리다.
fling on (옷)을 급히 입다. [(무심코) 말해버리다.
fling one's arms [or *hands*] *up in* [or *with*] *horror* 깜짝 놀라다, 실망한 기색을 보이다.
fling oneself at a person [or *a person's head*] 남의 관심을 끌려고 하다, 아첨하다.
fling oneself into ① …에 뛰어들다. ② (사업 따위)에 투신[몰두]하다.
fling out ① (얄팍 따위)를 쑥 내뻗다. ② (폭언)을 내뱉다(손가락질을 하다). 피하다, …을 내쫓다.
fling...to the wind(*s*) ⇒ WIND¹.
fling up ① (발뒤꿈치)를 올려 차다. ② 단념하다; 포기하다. ③ 〖美구어〗 토하다, 게우다.
—图 (복 **~s** [-z]) (보통 a ~) 1 내던지기, 팽개치기; 흔들기; 돌진, 약진. ¶ a ~ of dice 주사위를 한 번 굴리기. 2 (말 따위가) 날뛰기, 걷어차기. 3 〖구어〗 기분[빗]대로 하기, 방종, (일시적인) 바람기. 4 악담, 비웃기, 욕; 격분. 5 〖구어〗 가볍게 해보기, 시도. 6 (a ~, the

flinger

~) (손발을 활발하게 움직이는) 스코틀랜드의 춤 (Highland ~); 《미국학생 속어》 댄스(파티).
at one fling 단숨에, 대번에, 일거에. [떨며 놀다.
have one's [or a] fling 하고 싶은 대로 하다, 법석을
in a fling 분연히, 발끈하여. [척척 진전되어.
(in [or at]) full fling 쏜살같이, 전속력으로, 맹렬히;
take [or have] a fling at ① …을 잠시[시험삼아] 해 보다, 시도하다. ② …을 비웃다, 욕하다, 골탕먹이다.

fling·er [flíŋər] 명 1 던지는 사람[것]. 《야구》 투수. 2 차는 버릇이 있는 말. 3 악담[욕설]하는 사람. 4 Highland fling을 추는 사람. 5 기름받이, 플링어.

fling-wing [-wìŋ] 명 《구어》=helicopter.

***flint** [flint] 명[U,C] 1 부싯돌: 라이터의 돌.¶a ~ and steel 부싯돌과 부시. 2 매우 딱딱한[완고한, 냉혹한] 것 [사람].¶a jaw of ~ 돌처럼 단단한 턱/a heart of ~ 냉혹한 마음. 3 =~ glass. 4 =~ corn.
(as) hard as (a) flint 돌같이 단단한; 완고한.
set (one's) face like a flint 안색을 추호도 변치 않다; 단호한 태도를 취하다. [한] 것을 하다.
skin [or flay] a flint 《구어》 욕심 사나운[아주 인색
wring [or get] water from a flint 불가능한[기적적]인 일을 하다.
— 타 …에 부싯돌을 달다[장치하다].

✓-like
flint córn 명 알갱이가 딱딱한 옥수수.
flint gláss 명 《광학》 플린트 유리, 납유리.
flint-head [flínthèd] 명 (부싯돌로 만든) 화살촉.
flint-heart-ed [-hɑ́:rtid] 형 냉혹한, 무정한.
flint·lock [flíntlɑ̀k/-lɔ̀k] 명
부싯돌 총; 수발총(燧發銃).
flint·y [flínti] 형 1 부싯돌로 된, 부싯돌질(質)의; 부싯돌처럼 딱딱한. 2 완고한; 무정[냉혹]한, 피도 눈물도 없는.
flint·i·ly 부 **flínt·i·ness** 명

flip¹ [flip] 동 (**-pp-**) 타 1 (손 톱 끝으로)…을 튀기다: …을 홱 던지다.¶~ *a coin* 돈 [flintlock] 을 튀기다. 2 …을 톡 치다; (재 따위)를 가볍게 털다 (*off*). 3 …을 세게 움직이다, 홱 열다[닫다], 잡아당기다[밀다]; (부채·지느러미 따위)를 팔락팔락 움직이다. 4 [카드 따위]를 홱 젖히다; [레코드판 따위]를 뒤집다 (*over*). 5 《속어》 …을 몹시 흥분케[들뜨게] 하다(*out*); 정신 [이성]을 잃게 하다. 6 〖금융〗 …을 재빨리 전매[전환]하다. 7 《미·속어》 (달리는 열차)에 훌쩍 올라타다.
— 자 1 (손가락으로) 튀기다 (*at*); (채찍 따위로) 찰싹 치다 (*at*); [책장 따위)를 휙휙 넘기다 (*through*). 2 [지느러미 따위]로 팔락팔락 걷다[움직이다]. 3 갑자기 꿈을 움직이다. 4 뒤집히다, 거꾸로 되다; 공중제비하다. 5 《속어》 신이 나서 떠들다; 몹시 화를 내다(*out*)(*over*).
flip one's lid [or raspberry, top, wig] 《미·속어》 ① 자제력을 잃다, 발끈하다. ② 흥분하게 되다, 열중하게 되다. ③ 웃음을 터뜨리다. [광(狂)홍분]하다 (*over*).
flip out 《속어》 ① 벌컥 화내다, 실신하다. ② (…에) 열
flip over …을 뒤집어 놓다; …을 빨리 넘기다[젖히다]. [올리다.
flip up (승부·순번을 정할 때) 동전을 손가락으로 튀겨
— 명 1 손가락으로 튀기기; 가볍게 치기; 홱 젖히기. 2 공중제비, 공중 회전. 3 [미식축구] 재빠른 패스. 4 《속어》 단거리 비행. 5 =~ side.
— 감 《초등 학생들이 놀라움을 나타내는》 어!, 앗!

flip² 명[U,C] 플립(맥주·브랜디 따위에 설탕·달걀·향료를 넣은 혼합주).

flip³ 《구어》 형 1 입만 까진, 건방진, 경망스러운 (flippant). — 명 건방진 사람.

FLIP *f*loating *i*nstrument *p*latform(해양 조사선).

flip chàrt 명 플립 차트(윗부분을 고리로 철하여 도해·설명용 차트).

flip chìp 명 《전자》 플립 칩(다른 부품에 붙일 수 있는 점착성(粘着性) 마이크로 회로편(回路片)).

flip-flop [-flɑ̀p/-flɔ̀p] 명 1 [U] 퍼덕퍼덕거림[하는 소리]. 2 불꽃, 폭죽. 3 공중제비, (놀이터의) 회전 시소. 4 《전자》 플립플롭(~ *circuit*)(진공관 회로의 일종). (또는 flíp-flàp) 5 《미구어》 태도·의견·방침 따위의) 돌변, 역전; U턴. 6 (pl. ~s) (또는 **sándals**) 샌들(美) thong). (또는 flíp-flàp) 퍼덕퍼덕[덜커덕덜커덕] 소리를 내어. — 자 퍼덕퍼덕 소리내다. (또는 **flip-flap**) 공중제비하다. 3 《미구어》 태도를 돌변하다; 방향전환하다. — 타 …을 역전시키다.

flip-out [-àut] 명 《속어》 자제력 상실, 분노, 동요; 열광; 끔찍한[놀랄만한] 체험.

flip·pan·cy [flípənsi] 명 1 [U] 경솔, 경박: 건방짐. 2 경솔言動)의 언행.

flip·pant [flípənt] 형 1 경솔한, 경박한; 건방진, 무례한, 뻔뻔스러운 (*about*). 2 《방언》 잽싼; 유연한. 3 (고어) 수다스러운. **~·ly** 부 **~·ness** 명

‡flip·per [flípər] 명 1 (바다표범 따위의) 지느러미발, 물갈퀴; (펭귄의) 날개. 2 (~s) 잠수용 오리발(fin). 3 (배의) 수평타. 4 [증권] (투자 회사의 공모주[신규 발행주] 매매 담당자. 5 《속어》 (사람의) 손, 팔; 《속어》 고무줄 새총. 6 〔연극〕 플리퍼(무대 도구의 하나).

flip·ping [flípiŋ] 형부 《영·속어》 (강조어) 지독한[하게], 지긋지긋한[하게]; 아주. — 명[U] 《미·속어》 (고리대금 업자가) 이자에 이자를 얹기. [*disk*의 별칭].

flip·py [flípi] 명 《속어》 《컴퓨터》 플리피(mini floppy

flip síde 1 (the ~) 《미구어》 (레코드의) 뒷면, B면, 《비유적》 (사람·사물의) 이면, 또 다른 면, 대조적인 면. 《미·속어》 귀로.

flip-top [-tɑ̀p/-tɔ̀p] 형 1 (테이블의) 확장식의.¶a ~ *table* 확장식 테이블. 2 (깡통의) 고리를 위로 잡아 당겨서 따는 식의(pop-top).

FLIR, Flir [flə:r] 《군사》 적외선 전방 감시 장치. [<*f*orward-*l*ooking *i*nfrared *r*adar]

***flirt** [flə:rt] 동 자 1 (여성이) (…와) 바람 피우다, 장난삼아 연애하다 (남녀가) 시시덕거리다, 희롱하다 (*with*). 2 (생각 따위를) 이리저리 해보다, (위험 따위를) 대수롭지 않게 여기다, 장난삼아 손을 대다 (*with*).¶(~+團+图)~ *with the idea of getting a job* 문득 취직을 해볼까 생각하다. 3 펄럭펄럭[홱홱] 움직이다; 날아다니다. — 타 1 …을 홱 움직이다; [부채 따위]를 펄럭펄럭 부치다, [새가] [꽁지]를 퍼덕퍼덕 움직이다. 2 〔물건〕을 홱 던지다[팽개치다]; [야구] [투수가) (상대팀)을 가볍게 누르다[이기다]. — 명 1 장난삼아 연애를 하는 사람; 바람둥이 여자. (또는 **flirter**) 2 홱[휙] 던지기. 3 (새 꽁지 따위의) 급격한 움직임.
~·ing·ly 부 장난으로, 시시덕거리며.

flir·ta·tion [flə:rtéiʃən] 명 1 [U] (남녀의) 시시덕거림; 연애 장난, 바람 피우기. 2 (생각 따위의) 변동, 우롱. 3 (학과 따위에 대한) 일시적 관심[흥미] (*with*).
carry on [or have] a flirtation (…와) 바람 피우다, 놀장난 하다 (*with*).

flir·ta·tious [flə:rtéiʃəs] 형 1 (여자가) 희롱하기 좋아하는, 시시덕거리는; 장난삼아 연애를 하는. 2 (언동 따위가) 경박한, 진지한 데가 없는. **~·ly** 부 **~·ness** 명

flirt·y [flə́:rti] 형 =flirtatious.

***flit** [flit] 동 (**-tt-**) 자 1 경쾌하게 움직이다; (구름 따위가) 획[쏜살같이] 날다. 2 (새·곤충 따위가) 날개를 퍼덕거리며 [훨훨] 날아[날아다니다](*about, by, to and fro*). ⇨FLY¹ 〖유의어〗 ¶*birds* ~*ting from tree to tree* 이 나무 저 나무로 날아다니는 새들. 3 (시간이) 빨리 지나가다 (*by*); (생각·공상 따위가) 오락가락하다, 스치다.¶(~+前+图) *Fancies* ~ *through [or across] his mind.* 갖가지 공상이 그의 마음 속을 스쳐간다. 4 《스코·北英》 집을 이사하다; 《英·방언》 …에서 쫓겨 야반 도주하다. 5 《英·구어》 (남녀가) 눈이 맞아 도망치다. — 타 《스코》 …을 이전[퇴거]시키다; (가구 따위)를 옮기다.

—[명] 1 경쾌한 움직임; 훨훨[퍼덕퍼덕] 날기; 스쳐가기. 2 《스코·北英》 이사; 야반 도주; 사랑의 도피. 3 《美속어》 남자 동성애자.
do a* (*moonlight*) *flit 야반 도주하다.

flitch [flitʃ] [명] 1 (소금에 절여 훈제로 한) 돼지의 옆구리살. 2 큰 생선 토막; 네모로 벤 고래의 비곗살. 3 〔목공〕 죽데기 널판; (흩널같은) 얇은 널빤지. —[동][타] …을 토막내다; 〔목공〕 〔흩널〕을 합판으로 만들다.

flítch bèam [gìrder] [명] 〔목공〕 배합보, 겹들보.

flite [flait] 《스코》 [동][자] (…와) 말다툼[언쟁]하다 (*on, against, with*); 꾸짖다, 욕하다; 조롱[야유]하다 (*at*). —[타] …을 몹시 꾸짖다; 우롱하다. —[명] 말다툼, 논쟁; 질책; 야유. (또는 **flyte**)

flít gùn [명] 휴대용 살충 분무기.

flit·ter[1] [flítər] [동] =flutter.

flit·ter[2] [명] 훨훨 날아다니는 것[사람].

flit·ter[3] [명] 금속박(箔); 장식용의 가는 금속 조각.

flit·ter·mouse [flítərmàus] [명] ([복] ***-mice*** [-màis]) 《고어》 박쥐(bat). 〔<G〕

flit·ting [flítiŋ] [형] 빨리 지나가는; 훨훨 나는. —[명] 이사; 야반 도주. **~·ly** [부] 「수를 저지르다.

fliv [fliv] 《美속어》 [명] 자동차. —[동][자] 실패하다, 실

fliv·ver [flívər] [명] 《속어》 1 값싼 물건; 자동차, 값싼 중고 소형차; (개인용) 소형 비행기; 소형(구축)함. 2 실책, 실패. —[동][자] 1 실패하다. 2 싸구려 자동차로 여행

flix [fliks] [명][U][C] (토끼 따위의) 모피, 솜털. ⌊하다.

FLN, F.L.N. 《프랑스》 *Front de Libération Nationale*(=National Liberation Front)(알제리 민족 해방 전선; 알제리의 집권당).

‡**float** [flout] [동][자] 1 (물에) 뜨다, 떠오르다 (*on, in*) ([반] sink); 부유(浮遊)하다, 떠다니다, 흘러가다(*down, off*). ¶ (~+[前]+[名]) A cork *~s on* the water. 코르크는 물에 뜬다. 2 (기체중·공중 따위에) 떠오르다, 떠돌다; (달 따위가 중천에) 걸리다 (*in, across*). ¶a balloon *~ing* high *in* the sky 하늘 높이 떠도는 기구. 3 (생각 따위가) 떠오르다 (*before, in, through*). ¶ideas *~ing in* [or *through*] the mind 마음속에 떠오르는 생각. 4 《구어》 《진행형으로》 (사상·소문 따위가) 퍼지다, 유포되다(*about, around*). ¶A nasty rumor about him is *~ing around* town. 그에 관한 추문이 시내에 퍼지고 있다. 5 방황하다, 정처없이 떠돌다, 헤매다 (*about, around*); (정당·주소 따위가) 일정하지 않다, 자주 바뀌다. 6 (마음·결심 따위가) 헷갈리다, 동요하다 (*between*) ([참] floating vote). 7 (회사 따위가) 설립되다, 발족하다; (계획이) 입안되다. 8 〔상업〕 (어음 따위가) 유통되고 있다; 만기일을 기다리다. 9 〔금융〕 변동 시세[환율]제이다; (금리가 주기적으로) 변동하다.

—[타] 1 〔배·기구(氣球) 따위〕를 뜨게 하다, 표류시키다 (*on, in*); (물·호수 따위가) …을 떠오르게 하다. ¶The rising tide *~ed* the ship. 밀물로 배가 떠올랐다. 2 《고어》 〔…(의 표면)〕을 흠뻑 적시다 (*with*); 범람시키다; …을 관개(灌漑)하다. ¶ (~+[目]+[前]+[名]) Her face was all *~ed with* tears. 그녀의 얼굴은 온통 눈물로 젖어 있었다. 3 〔소문 따위〕를 퍼뜨리다, 유포시키다. 4 〔회사 따위〕를 설립하다, 발족시키다; 〔계획 따위〕를 제안하다. ¶~ a company 회사를 설립하다. 5 〔주식·채권〕을 증권시장에 팔다, 발행하다. ¶~ a bond issue 채권을 발행하다/~ loans 기채(起債)하다. 6 〔환율·금리 따위〕를 변동 시세제로 하다([반] fix). 7 〔석회 따위의 표면〕을 흙손으로 고르다, 반반히 하다. 8 〔컴퓨터〕 〔데이터〕를 부동(浮動) 소수점의 표기로 바꾸다. 「르고.

floating on air 《속어》 들떠서, 기뻐서 어쩔 줄을 모

floating on* (*the*) *clouds 《속어》 ① 헛된 희망[꿈]을 품고, 환상을 갖고. ② =*floating on air*.

float one 《美속어》 수표를 현금화하다; 돈을 빌리다.

—[명] 1 뜨는 것, 부유물; (낚싯줄의) 찌; 《고어》 부유(浮遊). 2 떠오르게 하기 위한 것; 부대(浮袋), 부낭, 구명구(具)[대(袋)]. 3 〔기계〕 (물탱크 따위의 수량 자동 조절용) 부구(浮球). 4 =floatboard. 5 〔항공〕 (수상기(水上機)의) 플로트, 부주(浮舟); 〔해사〕 부잔교(浮棧橋). 6 〔동물〕 (물고기의) 부레(bladder). 7 a) (퍼레이드 따위의) 장식[꽃] 수레. b) 《복합어로》 《英》 (배달용의) 소형 전기 자동차. c) (대형 화물 운반용의) 대차(臺車); 《濠·뉴질》 마필 운반차. 8 (보통 ~s) 《英》 〔연극〕 각광(footlights). 9 (미장이의) 흙손. 10 (자수·피륙 안쪽의) 부사(浮絲). 11 〔지질〕 표석(漂石)(풍화 작용으로 생긴 암석 조각). 12 《복합어로》 플로트(아이스크림을 띄운 음료). 13 《美》 〔금융〕 부동(浮動) 증권[수표]; 그 액면; (수표 따위의) 미결제 금액, 미불 기간. 14 〔금융〕 변동 환율제; (환율의) 변동. 15 (제조업자의) 재고 상품(factory ~). 16 (연금·급여 등에 붙는) 조정 수당. 17 《英》 (거스름 용의) 잔돈. 18 =floater 2, 4. 19 《美속어》 수업이 없는 시간, 자유 시간. 20 (브레이크댄스에서) 플로트(한쪽 손으로 몸을 지탱하여 몸을 마루와 수평되게 회전 시

on the float 떠서, 표류하여. ⌊키는 춤).

float·a·ble [flóutəbl] [형] 1 뜰 수 있는, 떠오르는 성질의. 2 (강이 배·뗏목 따위를) 띄울 수 있는. 3 (광석이) 부유 선광법으로 처리할 수 있는.

float·age [flóutidʒ] [명] =flotage.

float·a·tion [floutéiʃən] [명] =flotation.

float·board [flóutbɔ̀ːrd] [명] (물방아의) 물받이 판; (옛날 외륜선의) 물갈퀴 판.

flóat brìdge [명] 부교(浮橋), 뗏목 다리. 「hotel」

float·el [floutél] [명] 수상(水上) 호텔. 〔<*floating*+

float·er [flóutər] [명] 1 뜨는 사람[것], 부유물; 뗏목(raft); 구명대; 낚시찌, 부척(浮尺); 표류병(瓶). 2 《구어》 직업[주소]을 자주 바꾸는 사람, 뜨내기 노동자, 떠돌이. 3 (정치적·종교적) 신념[정견]이 없는 사람; 특정 업무가 없는 사원. 4 〔정치〕 《구어》 (매수가 가능한) 부동(浮動) 투표자; (여러 군데서 투표하는) 부정 투표자. 5 (회사의) 발기인; 공채 발행인. 6 〔보험〕 포괄 예정 보험 계약; 포괄적 보험 증권. 7 《구어》 〔금융〕 부동 증권; 대출[차입]금; 《英》 지참인불 증권. 8 《속어》 부유 시체, 익사체. 9 《英속어》 실수, 실패. 10 〔야구〕 (스핀을 주지 않는) 슬로볼. 「료 따위의 공급을 조절하는.

float-feed [⌐fìːd] [형] 〔기계〕 부구(浮球)(float)로 연

float·fish·ing [flóutfìʃiŋ] [명] 《英》 찌낚시질; 배를 띄우고 하는 낚시질. 「는 고급 판유리).

flóat glàss [명] 플로트 유리(float process로 제조하

flóat gràss [명] =floating grass.

flóat hòur [명] 《美학생 속어》 자유[휴강] 시간.

***float·ing** [flóutiŋ] [형] 1 (물 위·공중에) 떠 있는. ¶~ ice 유빙(流氷)/a ~ mine 부유 기뢰. 2 유동적인, 부동(浮動)하고 있는, 일정치 않은([반] fixed); 돌아다니는, 이동하는. ¶a ~ population 유동 인구. 3 〔병리〕 정착하지 않는, 유리(遊離) 상태의. 4 〔금융〕 (자본 따위가) 유동적인, 고정되어 있지 않은. ¶a ~ liability 유동 채무. 5 〔재정〕 (공채 따위가) 회계연도중에 상환해야 하는. 6 〔금융〕 변동 환율제의; 변동 금리의. 7 〔상업〕 해상 (수송중인) 화물의. ¶a ~ cargo 미(未)도착 화물. 8 〔기계〕 자유로 움직이는. 9 《속어》 (술·약에) 취한; 들뜬.

—[명] 1 부동(浮動), 부유(浮遊), 부양. 2 (흙손에 의한) 마무리칠; (회반죽의) 중간칠.

flóating ánchor [명] 〔해사〕 물닻(sea anchor).

flóating ássets [명][복] 유동 자산(current assets).

flóating áxle [명] 〔기계〕 부동축(浮動軸).

flóating báttery [명] (뗏목·배 위에 만든) 부유 포대(砲臺); 〔전기〕 부동(浮動) 축전기.

flóating bónd [명] 단기 공채. 「bridge).

flóating brídge [명] 부교(浮橋), 뗏목 다리(《英》 float

flóating cápital [명] 〔경제〕 유동[부동(浮動)] 자본.

flóating cráne [명] 기중기선(船).

flóating cúrrency [명] 〔경제〕 변동 환율제의 통화.

flóating débt [명] 〔경제〕 유동 부채, 일시 차입금.

flóating décimal póint [명] 〔컴퓨터〕 부동(浮動) 십진 소수점(전자 계산기 따위의 이동하는 소수점).

flóating (drý) dóck 명 부선거(浮船渠).
flóating exchánge ráte 명 (금융) (통화의) 변동 환율. ¶~ system 변동 환율제.
flóating gráss 명 (소택지의) 부초, 부평초.
flóating ísland 명 1 (부유물이 뭉쳐서 섬처럼 된) 뜬 섬. 2 커스터드(custard)의 일종.
flóating kídney 명 [해부] 유주신(遊走腎), 유리(遊離) 신장.
flóating léver 명 [철도] (차량의) 제륜자(制輪子).
flóating líght 명 1 부표등(浮標燈); (등불을 밝힌) 야간 구명 부표. 2 등대선(lightship).
flóat·ing-póint [-pòint] 명 [컴퓨터] 부동(浮動) 소수점의(181.8을 1.818×10²으로 표시하는 따위).
flóating pólicy 명 1 (해상 보험에서) 선명 미상(未詳) 적하 보험, 예정 보험; 그 증권. 2 =floater 6.
flóating ráte 명 1 (금융) (자유) 변동 시세[이율]. ¶~ of exchange 변동 환시세. 2 (~s) 선하세(船荷稅).
flóat·ing-ráte [-rèit] 명 변동 시세의; 변동 금리의.
flóating-rate bónd 변동 금리부(附) 공채[사채].
flóating-rate CD 시장 금리 연동형 양도성 예금
flóating-rate nóte 변동 금리부 채권. ↓증서.
flóating ríb 명 [해부] 유리(遊離)[부동]늑골.
flóating stóck 명 [증권] 부동주(株).
flóating súpply 명 [상업] 재고량; (단기 매매 차익을 노린) 부동(浮動) 증권. ↙화의 대외가치 상승.
flóating úpward 명 [경제] (변동 시세제에서의) 통
flóating vóte 명 1 부동표. 2 (the ~) (집합적) (美) 부동층, 부동 투표자. **flóating vóter**
flóat·plane [flóutplèin] 명 [항공] 수상 비행기.
flóat pròcess 플로트 유리 제조 공정, 플로트법.
flóat·stone [flóutstòun] 명 [UC] 경석(輕石), 부석(浮石); (벽돌 다듬이용) 숫돌.
flóat tànk 부유 탱크(암실내에 설치한 온수 탱크; 스트레스 치료 장치). ↙어리. (또는 **flock**)
floc [flɑk/flɔk] 명 (화학 침전물 따위의) 솜모양의 덩
floc·ci·nau·ci·ni·hil·i·pil·i·fi·ca·tion [flɑ̀k-sənòʊsənàihìləpìləfikéiʃən/flɔ̀k-] 명 (英戲) 무기치[무익, 무의미]하다고 여기는 것[버릇]; (부(富) 따위의) 경시(輕視)(* 영어에서 가장 긴 단어의 예로 인용된다).
floc·cose [flɑ́kous/flɔ́k-] 형 (식물) 부드러운 털 모양의(이 있는); 양털 같은.
floc·cu·late [flɑ́kjulèit/flɔ́k-] 타 솜 모양의 덩어리로 만들다[되다]; 응집[응고]하다. **-lant, -là·tor**
floc·cu·la·tion [flɑ̀kjuléiʃən/flɔ̀k-] 명 [UC] 면상 (綿狀) 침전[반응], 응집.
floc·cule [flɑ́kjuːl/flɔ́k-] 명 1 한 뭉치의 양털[양모양의 물질]; (액체 속 따위의) 솜털 모양의 작은 덩어리.
floc·cu·lent [flɑ́kjulənt/flɔ́k-] 형 1 양털 모양의, 솜모양 같은; 유모질(柔毛性)의. 2 (곤충 따위가) 부드러운 털로 덮인. **-lence** 명 양털[솜털] 모양. **-ly** 부
floc·cu·lus [flɑ́kjuləs/flɔ́k-] 명 (복 **-li** [-lài]) 1 양털 모양의 작은 뭉치. 2 [해부] (소뇌(小腦)의) 소엽(小葉). 3 [천문] 명왕반(榠王斑)(태양의 단색상에 보이는 무수히 빛나는 반문(斑紋)).
floc·cus [flɑ́kəs/flɔ́k-] 명 (복 **-ci** [-sai]) 1 (동물 꼬리 끝의) 더부룩한 털; (새 새끼의) 솜털; [식물] 솜털; (곰팡이의) 균사 뭉치. 2 [기상] 솜털구름.
— 명 [기상] (구름의) 솜털 모양의.
‡flock¹ [flɑk/flɔk] 명 (단·복수 양용) 1 (양·염소·새 의) 떼 (of); (소·사슴으로의) 떼. ¶a ~ of ducks 오리 떼. /~s and herds 양과 소(sheep and cattle).

유의어 **flock** 양·염소·새의 떼. **drove** 이동중인 소 양·돼지의 떼. **flight** 날고 있는 새의 떼. **herd** 소·말, 기타 비교적 비슷한 동물의 떼. **pack** 사냥개·늑대 따위가 공격·방어를 위해 짓는 무리. **school** 물고기·고래 따위의 큰 떼. **shoal** 물고기의 큰 떼. **swarm** 곤충이 밀집한 떼.

2 (사람의) 떼, 무리, 일단 (of); 다수, 여럿, 군중. ¶a ~ of humble men and women 수수한 남녀의 한 떼.
3 [집합적] (예수를 따르는) 모든 기독교도, 기독교회; 회중(會衆); (부모·교사를 양치기로 보고) 어린이, 학생. ¶the ~ of Christ [집합적] 기독교 신자. 4 (물건의) 모임, 다수(of···)(¶). ¶a ~ of new books 많은 신간 서적.
in flocks 떼지어, 무리를 이뤄.
— 자 (~**ed** [-t]) 떼를 짓다, 모이다(*together*) (*in, about*); 떼지어 가다[오다] (*out of, into, to*). ¶ (~+前+명) Pilgrims ~ to Mecca every year. 순례자는 해마다 떼를 지어서 메카로 온다. **Birds of a feather ~ together**. (속담) 유유상종(類類相從).
~·less 형
flock² 명 1 한 뭉치의 양털[머리칼, 솜]. 2 (복수취급) 털[솜] 부스러기; 넝마. 3 [집합적] (벽지 무늬용) 털[직물] 부스러기. 4 (~s) 솜 모양의 침전물. — 타 [침대 따위에] 털[솜] 부스러기를 넣다; [벽지(壁紙) 따위에] 털 부스러기를 붙이다.
flock·bed [flɑ́kbèd/flɔ́k-] 명 털 부스러기 따위를 넣어서 만든 침대.
flóck·ing [flɑ́kiŋ/flɔ́k-] 명 1 플로킹(털 부스러기로 장식한 벽지나 헝겊의 비로드 모양 무늬). 2 =**flock²** 3.
flóck·mas·ter [flɑ́kmæstər/flɔ́kmɑ̀ːs-] 명 목양(牧羊)업자; 양치기.
flóck páper 명 나사지(羅紗紙)(털 부스러기를 넣어 만든 판지·벽지).
flock·y [flɑ́ki/flɔ́ki] 형 양털 모양의, 털뭉치 같은; 유모질(柔毛質)의.
floe [flou] 명 (바다에 떠 있는) 빙원(氷原); 부빙(浮氷).
flog [flɑg, flɔg/flɔg] 타 (**-gg-**) 1 ···을 세게 치다, 채찍질하다; [말 따위를] 채찍질해서 빨리 가게 하다[그치다]. ¶ (~+목+부) ~ *a donkey along* 나귀를 채찍질해서 가게 하다. 2 매질하여 ···을 고치다[가르치다] (*out of, into*). ¶ (~+목+前+명) ~ laziness *out of a person* 남을 매질하여 게으른 버릇을 고치다.·~ Latin *into a boy* 매질하여[여자식으로] 소년에게 라틴어를 가르치다. 3 (구어) (재귀용법으로) 스스로를 채찍질하다, 노력하다. 4 (정부 따위를) 격렬히 비판하다. 5 (俗) (상품 따위) 적극 판매[선전]하다; (선전하여) 판매를 촉진하다. 6 (英俗) ···을 패배시키다(*in*). 7 [강]에 낚싯줄을 되풀이하여 던지다. 8 (英俗) ···을 (불법적[무단]으로) 차용하다; ···을 훔치다. — 자 애서 나아가다, 노력하다(*away*) (*at*); (바람에) 심하게 흔들리다.
flog a dead horse (구어) =HORSE.
flog...to death (문제 따위를) 진저리날 만큼 토의하다[다루다]; (이야기·선전 문구 따위를) 질릴 정도까지 되풀이하다.
~·ger 명 채찍질하는 사람.
flóg·ging [flɑ́giŋ/flɔ́g-] 명 [UC] 채찍질, 태형(笞刑).
flógging chísel 명 [금속가공] 큰 끌[정].
flo·ka·ti [floukɑ́ːti] 명 (단·복수 양용) 플로카티(그리스산(産)의 수직 융단).
flong [flɑŋ/flɔŋ] 명 [인쇄] 지형(紙型) 용지[원지].
‡flood [flʌd] 명 (~**s** [-z]) 1 (종종 ~s) (단수취급) 홍수, 큰물; (the F-) [성서] 노아의 홍수(Noah's F-, the Deluge)(←창세기(Gen.) 7). ¶The ~s are out *all along the valley*. 그 골짜기 일대에 홍수가 났다.

유의어 **flood** 하천 따위가 넘치는 것. **deluge** 호우에 의해 모든 것을 휩쓸어 버리는 격심한 flood; 호우 그 자체를 뜻하는 경우도 많다. **inundation** flood 때문에 광범한 토지가 물에 잠긴 상태; 문어적인 말.

2 (보통 a ~) (사물의) 대범람, 넘쳐 흐름; (눈물 따위의) 쏟아져 나옴, 분류(奔流); (사람·편지 따위의) 쇄도; (감정 및 따위의) 충만 (of); 다수(다량) (의 사람, 편지 따위) (of). ¶a ~ of callers 방문객의 쇄도. /a ~ of fire 불바다./ in ~s of tears 눈물을 펑펑 흘리면서. 3 밀물, 만조(⇔ ebb); [시류(時流)] 번영

flood control

따위의) 최고조. **4** (구어) =floodlight. **5** (고어·시) 바다, 강, 호수, 해양.
at the flood 만조시에; (비유적) 호기(好機)에.
before the Flood 노아의 홍수 이전에; 먼 옛날에.
flood and field 바다와 뭍으로, 수륙으로.
in flood (강이) 범람하여; (토지가) 물에 잠겨서.
in full flood 한꺼번에, 맹렬히.
— 图 (~s [-z]) 囲 **1** …을 범람시키다, 물이 불게 하다. ¶The stream is ~ed by rain. 비가 와서 강물이 불었다. **2** (물이) …에 넘치다, …을 물 속에 잠기게 하다. ¶The river ~ed our fields. 강이 범람하여 우리 논밭이 물속에 잠겼다. **3** …에 가득히 물을 채우다; …에 방수(放水)하다; …에 관계하다. **4** (빛 따위가) …에 가득 차다; (사람·물건 등이) …에 쇄도하다(out); (감정·통증 따위가) …을 사로잡다(with). ¶be ~ed with inquiries 문의가 빗발치다.
— 困 **1** (하천이) 범람하다. (…으로부터) 넘쳐 나오다 (out of); (조수가) 밀려오다. **2** (사람·물건이) 쇄도하다, (다량으로) 들이닥치다(in (into, to)). ¶(~+图+图) Sunlight ~ed into the room. 햇빛이 방안에 가득히 비쳤다. **3** (병리) (출산할 때 자궁에서) 다량으로 출혈하다. **4** (속어) 월경이 과다하게 나오다.
be flooded out 홍수로 집을 잃다, 홍수로 (집이 침수해) 대피하다(*from, of*). …으로 뒤덮다.
flood…out with (사람·사물)에 …을 쏟아붓다, …다.
~·a·ble 형 홍수가 나기 쉬운. ~·like 형
flóod contról 图 (토목) 홍수 조절, 치수(治水).
flóod·er [flΛdər] 图 (토지에) 물을 대는 사람; 범람하는 하천.
flóod fál·low·ing [-fǽloui ŋ] 图 (농업) 관수 휴한법(冠水休閑法)(휴작(休作)중에 물을 대어 토양이 매개하는 병원균을 박멸하는 방법).
flood·gate [flΛdgèit] 图 **1** (토목) 수문, 방조문(防潮門). **2** (보통 the ~s) (감정·눈물 따위의) 배출구 (of).
flood·ing [flΛdi ŋ] 图 U **1** 범람, 홍수. **2** (의학) (분만·월경 과다의) 대량 출혈; (정신의학) 범람 요법 (공포증 환자에게 극한적 공포 상황에 직면시키는 행동)
flóod lámp 图 =floodlight. 요법.
flood·light [flΛdlàit] 图 **1** 투광(投光) 조명 (광선). **2** (또는 ~ projèctor) 투광 조명기. — 图 (~·*ed, -lit*) …을 투광 조명으로 비추다. ~·ing 图
flood·mark [flΛdmὰ:rk] 图 고수표(高水標), 만조표(滿潮標)(high-water mark).
flood·om·e·ter [flʌdάmətər/-όm-] 图 홍수계(밀물의 수위(水位) 기록계).
flood·plain [flΛdplèin] 图 (홍수의) 범람원(氾濫原).
flood·strick·en [-'strìkən] 형 수해를 입은, 홍수로 시달리는. ¶the ~ area 수해[수재] 지역.
flóod tíde 图 **1** (the ~) 밀물, 만조(↔ ebb tide). **2** (비유적) 밀물처럼 밀어닥치는 것; 최고조. **3** (증가하고 있는) 다수, 대량(*of*). (방조벽)
flóod wáll 图 (토목) 홍수벽(洪水壁), 제방, 방조벽
flood·wa·ter [flΛdwɔ̀:tər] 图 U 홍수의 큰물).
flood·wood [flΛdwùd] 图 U 유목(流木).
‡**floor** [flɔ:r] 图 (愛 ~s [-z]) **1** 마루, 마루방; (~s) 마루 판자[재목]. ¶sweep [scour] the ~ 마루를 청소하다[문질러 닦다] / sit on the ~ 마루[바닥]에 앉다.
2 (건물의) 층(story). (집합적; 단·복수 양용) …층 주민[사람]. ¶the upper ~(s) 위층 / This is my ~. (엘리베이터에서) 이번 층에서 내립니다.

> [USAGE] **floor** 용법의 英·美 차이점 ― (美)에서는 1층은 the first ~, 2층은 the second ~, 3층은 the third ~이지만, (英)에서는 1층은 the ground ~, 2층은 the first ~, 3층은 the second ~이다.

3 (the ~) (바다·골짜기의) 밑바닥; 평평한 작업장, 장지; (구축물 따위의) 평탄부, 바닥 부분; (광산) (수평 갱도의) 상층(床層), 광상(鑛床). ¶the sea ~ 해저.

4 (보통 the ~) (의사당·강당 따위의) 의원석, 참가자석; 회의장(會 platform); (집합적) (자리에 앉아 있는) 의원, 참가자; (the ~) (의원 등의) 발언권. ¶the ~ of the House 국회의 의원석 / questions from the ~ 의원석[참가자]으로부터의 질문 // For the next five minutes the ~ is yours. 5분간 발언을 허용합니다. **5** (증권 거래소 따위의) 입회장; (영화·TV의) 촬영소, 스튜디오; (공장·소매점 등) 제조소, 매장. **6** (the ~) (나이트클럽·디스코텍 따위의) 플로어. **7** (해사) 선저(船底); 선상(船床); 늑판(肋板). **8** (美속어) (가격·임금 따위의) 최저(액)(↔ ceiling).
ask for the floor 발언권을 요구하다.
be on the floor 토의 중이다.
cross the floor (회의장에서) 반대편에 찬성하다; 반대파[당]로 옮기다.
get [or *have*] *the floor* 발언권을 얻다.
give a person the floor 남에게 발언권을 주다.
go on the floor (구어) (영화가) 제작에 들어가다.
go through the floor (구어) 폭락하다.
hold the floor 발언권을 갖고 있다; 이야기를 독점하다.
mop [or *wipe, sweep*] (*up*) *the floor* [or *ground*] *with a person* (속어) (남)을 완전히 압도하다; …을 무찌르다[패배시키다].
on the floor ① (구어) (영화가) 제작중인. ② (英속어) 무일푼의, 빈털터리의. …시키다.
put a floor under …에게 지지를 보내다; …을 안정
put a person on the floor 남을 기쁘게 하다.
take the floor ① (美) 발언하려고 일어서다, 일어서서 발언하다; 토론에 참가하다[을 시작하다]. ② 춤추려고 일어서다; 춤에 끼어들다.
walk the floor (걱정 따위로) 마루를 왔다갔다 하다.
— 图 (~s [-z]) 囲 **1** …에 마루를 놓다; …에 (돌 따위를) 바닥에 깔다(*with*). **2** …을 쓰러뜨리다, 패배시키다; (구어) 손들게 하다, 끽소리 못하게 하다; (뉴스 따위가) …을 곤혹스럽게 하다; (수동형으로) 두 손을 들다, 입을 다물다. ¶~ an opponent in an argument [a boxing match] 논쟁[권투 시합]에서 상대방을 두 손 들게 하다[때려눕히다]. **3** (英) (벌로서) (학생)을 마루 위에 앉히다. **4** (英학생 속어) (시험에서) …에 멋지게 답을 쓰다, …을 전부 풀다. **5** (구어) (음료 따위)를 비우다, 마셔버리다. **6** (종종 ~ it로) (美구어) (가속 페달)을 세게 밟다, (車)를 전속력으로 힘껏 질주시키다. — 囲 (구어) (가속 페달)을 세게 밟아) 전속 질주하다.
floor it (구어) 가속 페달을 힘껏 밟다.
floor·age [flɔ́:ridʒ] 图 U =floor space.
flóor àrea =floor space. (率).
flóor-àrea rátio [-ἐəriə-] 图 (건축) 건폐율(建蔽
floor·board [flɔ́:rbɔ̀:rd] 图 **1** 마루널, 마루청. = JOIST 그림. **2** (자동차 따위의) 바닥.
flóor bróker 图 (美) (증권) 플로어 브로커, 장내 중개인. 會 floor trader
floor·cloth [flɔ́:rklɔ̀θ/-klɔ̀θ] 图 **1** 마루 걸레. **2** U 마루 깔개(리놀륨 따위). **3** =groundsheet.
floor·cross·ing [-'krɔ̀:si ŋ/-krɔ̀s-] 图 (英) (의회 등에서) 반대당[파]에 투표하기: 소속 정당의 의안에 대한 반대 투표. **flóor-cròss·er** 图
floor·er [flɔ́:rər] 图 **1** 마루 까는 사람. **2** 바닥에 쓰러뜨리는 사람[것]; 맹렬한 타격. **3** (skittles에서) 세운 막대를 단번에 전부 넘어뜨리는 투구. **4** (구어) 난문제; (앞가늠할 수 없는) 논의, 반론; 급보, 곤혹스런 뉴스.
flóor éxercise 图 (체조) 마루 운동.
flóor fúrnace 图 마루밑 난로, 마루 난로.
floor·ing [flɔ́:ri ŋ] 图 **1** 마루; (집합적) (英) (의회 등에서의) 마루 재료[판자·돌 따위].
flóor lámp 图 (美) 마루에 놓는 스탠드(英) stan-dard lamp).
flóor léader 图 (美) (상·하원의 정당) 원내 총무. 會 whip. 닿는 길이의. 形 full-length
floor-length [-lé ŋkθ] 图 (스커트 따위가) 마루까지

flóor líght 명 마루의 채광창(採光窓).
flóor·man [flɔ́ːrmən] 명 **1** 매장 주임; (접객·영업 따위의) 책임자. **2** (공장·유전 따위의) 중노동자, 기계(보수)공. **3** (빌딩 따위의) 바닥 청소원.
flóor mánager 명 **1** (美) (정당 대회 따위의) 의사진행 책임자; =floor leader; (무도회 따위의) 사회자. **2** (TV의) 무대 감독, 조(助)연출. **3** (美) (백화점의) 매장 감독(주임)(《英》 shopwalker).
flóor mát 명 플로어 매트(카펫 보호용 깔개).
flóor mòdel 명 **1** (TV·라디오 따위의) 마루형(型)·콘솔(console)형. **2** (점포의) 진열(전시)용 상품.
flóor pàrtner 명 (美) (증권) 장내 매매 담당자(증권 회사의 사원인 동시에 증권 거래소 회원 자격을 가지고 자기 회사를 위해 floor broker로 일하는 사람).
flóor plán 명 (건축) 평면도.
flóor plànning 명 (상업) 매입 자금 융자 방식(팔릴 때까지 상품을 담보로 하는 자금 차입 방식).
flóor príce 명 (경매 따위의) 최저 가격. 「춤의 총칭.
flóor ròck 명 (브레이크댄싱에서) 마루 위에서 추는
flóor sàmple 명 견본[점두(店頭)] 전시품.
floor-shift [flɔ́ːrʃìft] 명 자동차 바닥의 변속 장치.
flóor shów 명 (카바레·나이트클럽 등의) 여흥 쇼.
flóor spáce 명 (건물의) 바닥 면적, 건평; (점포의) 매장 면적. 「하는 (아파트 따위)).
floor-through [-θrùː] 명형 (美) 1개 층을 다 차지
flóor tráder 명 (증권) 플로어 트레이더(자기의 계정으로 매매를 행하는 증권 거래소 회원).
floor·walk·er [flɔ́ːrwɔ̀ːkər] 명 (美) (백화점 등의) 매장 감독(《英》 shopwalker).
floo·zy [flúːzi] 명 (속어) 방탕한 여자; 창녀; 마음씨만 좋은 여자. (또는 **floosie, floosy, floozie**)
***flop** [flap/flɔp] 자 (**-pp-**) 탄 **1** 털썩 떨어지다; 털썩 넘어지다(*down*); 풍 빠지다; 바쁘게 돌아다니다(*about, around*); 쿵쿵 걷다. ¶ (~+閔) ~ *down* on one's knees 털썩 꿇어앉다. **2** (美) (태도 따위가) 갑자기 바뀌다, 변절하다; (정치적으로) 배반(배신)하다(*over*)(*to*).¶(~+閔) ~ *over to* the other party 변절하여 반대당에 붙다. **3** (구어) (사업·계획·영화·연극 따위가) (완전히) 실패하다. ¶ The play ~*ped* dismally. 그 연극은 비참한 실패로 끝났다. **4** (바람 따위 때문에) 펄럭이다. **5** (구어) 잠자다. ── 타 **1** (쿵(쾅)하고) ~을 떨어뜨리다, 던지다(*down*). **2** (날개 따위)를 푸드덕거리다. **3** (재구어법으로) 아무렇게나(털썩, 툭) 몸을 던지다. ¶ (~+目+閔) ~ oneself *down* on the grass 잔디 위에 털썩 주저앉다. **4** (사진 제판 따위에) 볕에 쬐어 반대 (역판(逆版))로 하다. **5** (美속어) [시험]을 망치다, 낙방하다. 「아무렇게나 뒹굴다.
flop about [or *around*] (구어) 빈둥빈둥 돌아다니고 있다.
flop along (구어) 무거운 발걸음으로 걷다.
flop into (구어) …속에 쾅 들어가다. ¶ ~ *into* the water 물 속에 쿵 빠지다.
flop out ① (구어) …을 때려 눕히다. ② (속어) 잠자다; 하룻밤 머물다. 「다 그런 것이다.
That's the way the mop flops. 인생이란 그런 것이다.
── 명 **1** (a ~) 쿵 하고 (소리내며) 떨어지기(넘어지기), 털썩 주저앉기; 쿵 하는 소리. ¶ with a ~ 쿵 하고. **2** (구어) 실패; (책·연극 따위의) 실패작; 실패자. **3** (주가 따위의) 폭락, 급락. **4** (정책 따위의) 180도 전환, 변절 (aboutface). **5** (美속어) 잠자리; 싸구려 여인숙; 일박.
go flop 실패하다, 망하다. 「6 (속어) 배설물, 똥.
take a flop 벌렁 드러눕다, 넘어지다, 뒹굴다.
── 부 쿵(털썩, 풍덩, 퍽) 하고; 바로. ¶ *fall* ~ *into* the water 물 속에 풍덩 빠지다.
FLOP [flap/flɔp] 명 (컴퓨터) 부동(浮動) 소수점 연산. (< *floating-point operation*). 「진.
flop-eared [-ʃərd] 형 (사냥개 따위가) 귀가 축 늘어
flop·house [fláphàus/flɔ́p-] 명 (*pl.* **-hous·es** [-hàuziz]) (美속어) (부랑자 등을 위한) 값싼 여인숙,

간이 숙박소((英구어) doss house).
flop·o·ver [flápòuvər/flɔ́p-] 명 (TV) 플롭오버(조정 잘못으로 영상이 아래 위로 움직이는 일); 반전(反轉).
flop·per [flápər/flɔ́p-] 명 **1** (정치적인) 변절자. **2** 거지; 부랑자. **3** 퍼덕퍼덕 소리를 내는 사람(것); (英) 오리(집오리) 새끼. **4** (美속어) 보험 사기군. 「flop 2.
flop·pe·roo [flápərúː/flɔ̀p-] 명 (속어) (~s) (속어) =
flop·py [flápi/flɔ́pi] 형 (구어) 퍼덕이는, (옷 따위가) 펄럭이는; 헐렁한, 해이해진, 느슨한; (문체 따위가) 산만한.
── 명 = ~ disk. **-pi·ly** 부 **-pi·ness** 명
flóppy dísk 명 **1** (컴퓨터) 플로피 디스크(diskette). **2** (속어) 음반(일명)벌레. 「지.
flóppy (dísk) dríve 명 (컴퓨터) 플로피 디스크 장
flops, FLOPS [flaps/flɔps] 명 (컴퓨터) 플롭스(1초간에 부동(浮動) 소수점 연산을 몇 번 행하는가를 나타내는 계산 속도 단위). (< *floating-point operations per second*)
flóp·ti·cal dísk [fláptikl-/flɔ́p-] 명 (컴퓨터) 광(光) 플로피 디스크(광자기(光磁氣) 기억 장치).
flor. (라틴) *floruit*(=flourished). **Flor.** Florence; Florentine; Florida.
flo·ra [flɔ́ːrə] 명 (복 ~s, -rae [-riː]) **1** (한 지방 또는 한 시대에 특유한) 식물(군); 식물상(相), 식물구계(區系)(정 fauna). **2** 식물지(誌), 식물상. 〔< L Flora〕
Flo·ra [flɔ́ːrə] 명 플로라. **1** (로마 신화) 꽃과 봄의 여신. **2** 여자 이름.
***flo·ral** [flɔ́ːrəl] 형 **1** 꽃의, 꽃 같은; 꽃으로 덮힌(장식된). **2** 식물군(상)의, 식물구계의. **3** (F-) 꽃의 여신 Flora의. ── 명 꽃 모양의 (천, 벽지 따위). **~·ly** 부
flóral clóck 명 꽃시계.
flóral émblem 명 (나라·주·시 등을) 상징하는 꽃.
flóral énvelope 명 (식물) 꽃뚜껑, 꽃덮이.
flóral léaf 명 (식물) 꽃잎.
flóral tríbute 명 헌화(獻花).
flóral wédding 명 화혼식(花婚式)(결혼 7주년 기념).
flóral zóne 명 (식물) 초본대(草本帶).
flo·re·at·ed [flɔ́ːriəitid] 형 =floriated.
***Flor·ence** [flɔ́ːrəns, flár-/flɔ́r-] 명 **1** 플로렌스(여자 이름; 애칭 Flo, Florrie). **2** 피렌체(이탈리아 중부 Tuscany 주의 주도(州都); 원명 Firenze).
Flor·en·tine [flɔ́ːrəntìːn, flár-/flɔ́rəntàin] 형 **1** 피렌체의; (美술) 피렌체파(派)의. **2** 쨍 쨍쨍짹 써. ── 명 **1** 피렌체 사람. **2** (f-) ⓤ 능견(綾絹)의 일종; 초콜릿 과자의 일종.
flo·res·cence [flɔːrésns] 명 ⓤ 개화(開花); 꽃필 때, 개화기; 한창, 전성(번영)기.
flo·res·cent [flɔːrésnt] 형 개화한, 꽃이 핀, 꽃철의.
flo·ret [flɔ́ːrit] 명 **1** 작은 꽃. **2** (식물) 국화실 따위의 작은 통꽃. **3** (또는 **flo·rette** [flɔːrét]) 교차실, 생사.
flo·ri·at·ed [flɔ́ːrièitid] 형 꽃장식이 있는, 꽃무늬 있는. (또는 **flo·ri·ate** [flɔ́ːriət])
flo·ri·bun·da [flɔ̀ːrəbʌ́ndə] 명 (원예) 플로리분다(송이 모양의 꽃이 피는 식물; 특히 장미).
flo·ri·cul·ture [flɔ́ːrəkʌ̀ltʃər] 명 ⓤ (관상용의) 화초 재배(법), 꽃 가꾸기. **-cúl·tur·al** 형 **-cúl·tur·ist** 명
flor·id [flɔ́ːrid, flár-/flɔ́r-] 형 **1** (안색이) 불그레한, 혈색이 좋은, 장미빛의. **2** (음악·조각·문체가) 화려한, 찬란한, 장식이 많은; (옷 따위가) 화려한. **3** (병이) 증세가 드러나는 (시기의). **~·ly** 부 **~·ness** 명
***Flor·i·da** [flɔ́ːridə, flár-/flɔ́r-] 명 플로리다(미국 동남단의 주(州); 주도 Tallahassee; 약 Fla.).
Flórida Kéys 명 (the ~) 플로리다 키즈(제도)(미국 Florida주 남단의 작은 섬·산호초군(群)).
Flor·i·dan [flɔ́ːridən, flár-/flɔ́r-] 형 플로리다(주)의, 플로리다 주민의. ── 명 플로리다주의 주민. (또는 **Flo·rid·i·an** [flərídiən])
Flórida wáter 명 플로리다수(水)(향수의 일종).
flo·rid·i·ty [flɔːrídəti/flɔ-] 명 ⓤ **1** 혈색이 좋음, 홍

flo·rif·er·ous [flɔːrífərəs] 〖형〗 1 꽃이 피는, 꽃이 많은. 2 화려한, 미사여구를 쓴. ~**·ly** 〖부〗 ~**·ness** 〖명〗

flor·i·gen [flɔ́(ː)rədʒən/flɔ́r-] 〖명〗 〖생화학〗 화성소(花成素), 개화(開花) 촉진 호르몬.

flo·ri·le·gi·um [flɔ̀ːrəlíːdʒiəm] 〖명〗 (복 **-gi·a** [-dʒiə]) 화보(花譜), 화집; 명시선(名詩選), 사화집(詞華集). [<L]

flor·in [flɔ́ːrin, flɑ́r-/flɔ́r-] 〖명〗 1 플로린 은화(1849년에 발행된 영국의 2실링 은화; 1971년부터 10펜스화로 통용). 2 (네덜란드의) 길더 은화(guilder). 3 플로린 금화(1252년에 이탈리아 Florence에서 발행된 금화). 4 〖英역사〗 플로린 금화(14세기 영국의 6실링 금화). 5 (유럽 제국·영국 연방의) 플로린 금[은]화.

flo·rist [flɔ́ːrist, flɑ́r-/flɔ́r-] 〖명〗 화초 재배자[연구가]; 꽃가게, 꽃장수. ¶at a ~'s (shop) 꽃가게에서.

flo·ris·tic [flɔːrístik] 〖형〗 꽃에 관한; 식물 구계(區系) 연구의, 식물상(相)(誌)의. **-ti·cal·ly** 〖부〗

flo·ris·tics [flɔːrístiks] 〖명〗 (단수취급) 〖식물〗 식물상(相)(誌)학, 식물 구계학(區系學).

-flo·rous [flɔ́ːrəs] 〖연결〗 -flowered, having flowers의 뜻. ¶*uniflorous*. 「(칭).

Flor·rie [flɔ́ːri] 〖명〗 플로리(여자 이름; Florence의 애

flo·ru·it [flɔ́ːrjuit, flɑ́r-] 〖명〗 1 (작가·화가의) 재세기(在世期), 활약기(특히 생사의 연월일이 분명하지 않을 때에 쓴다: 약 fl., flor.). 2 (운동·유파 따위의) 전성기. ——〖자〗 (연대 앞에서) (…에) 활약하다. [<L]

flo·ry [flɔ́ːri] 〖형〗 = fleury.

Flóry tèmperature [flɔ́ːri-] 〖명〗 〖화학〗 플로리 온도(용제(溶劑)의 특정 중합체가 다른 중합체와 다른 특질을 나타내는 온도). [<미국의 화학자 P. J. Flory (1910–85)의 이름]

flos·cu·lous [fláskjuləs/flɔ́s-] 〖형〗 작은 꽃으로 된, 통상화(筒狀花)로 된. (또는 **floscular**)

floss [flɔ(ː)s, flɑs] 〖명〗 U〗 1 판야나무(silk-cotton tree)의 솜 모양의 섬유. 2 고치실[솜], 풀솜; 명주실. 3 (옥수수의) 수염; (속어) 솜사탕. 4 = dental ~. ——〖자〗 (이 사이를) 치실로 깨끗이 하다.

flóss sìlk 〖명〗 1 명주실(꼬지 않고 자아낸 비단실; 값싼 견직물이나 자수용). 2 풀솜.

floss·y [flɔ́(ː)si, flɑ́si] 〖형〗 1 고치실의(같은), 풀솜 같은, 푹신푹신한. 2 (美) 야하게 장식한, 멋부린.

flóss·i·ly 〖부〗 **flóss·i·ness** 〖명〗

FLOT [flɑt/flɔt] forward line of own troops (아군 부대의 최전선). **flot.** flotation.

flo·tage [flóutidʒ] 〖명〗 U〗 1 부양(浮揚), 부유(浮遊); 부력, 부양력(buoyancy). 2 C〗 부유물, 표류물. 3 (집합적) 배, 뗏목. 4 〖해사〗 건현(乾舷)(배의 흘수선 위의 부분). (또는 **floatage**)

flo·ta·tion [floutéiʃən] 〖명〗 U〗 1 부양; 부력. ¶the center of ~ 〖물리〗 부심(浮心) (부체(浮體)의 중심(重心))/~ equilibrium 부양 평형(平衡). 2 U C〗 (채권의) 발행, (증권의) 모집; (회사 따위의) 설립, 창업. 3 변동 환율로 이행. ¶the ~ of the Deutsche Mark 독일 마르크의 변동 환율제로의 이행. 4 〖야금〗 부유 선광(浮遊選鑛). 5 부체학(浮體學). (또는 **floatation**)

flotátion còllar 〖명〗 (착수(着水) 후 우주선의 캡슐에 다는 환상(環狀)의) 부양 부대(浮揚浮帶).

flotátion gèar 〖명〗 1 (비행정 따위의) 부체(浮體). 2 기체(機體)의 부양 장치; 구명 동의(胴衣).

flo·tel [floutél] 〖명〗 해상(海上) 호텔. [<*floating*+*hotel*]

flo·til·la [floutílə] 〖명〗 1 소함대(艦隊)(艇隊); 소형 선단; (美해군) (2개 이상의 소함대(squadron)가 있는) 소함정 부대. 2 (비유적) 행동을 함께 하는 집단.

flot·sam [flɑ́tsəm/flɔ́t-] 〖명〗 U〗 1 (조난선의) 부하(浮荷), 표류물; (물위의) 부유[폐기]물; 잡동사니. 2 (집합적) 부랑자, 건달. 3 굴의 알(oyster spawn).

flótsam and jétsam 〖명〗 〖해양법〗 표류 화물과 바닷가에 밀려온 화물; 잡동사니. 2 (집합적·복수취급) 사회의 쓰레기, 부랑자.

FLOTUS (美) First Lady of the United States.

flounce[1] [flauns] 〖자〗 1 (화가 나서) 뛰쳐나가다, 뛰어들다(*away, off, out*)(*out of, into*). ¶(~+圃) He ~d off in a passion. 그는 잔뜩 화가 나서 뛰어나갔다 (~+圃+圄) He ~d *into* the water. 그는 물 속에 풍덩 뛰어들었다. 2 몸부림(발버둥)치다, 날뛰다 (*about*). 3 과장되게(남의 눈을 끌도록) 움직이다(걷다). ——〖명〗 힘껏 잡아당기기; 몸부림, 발버둥.

flounce[2] 〖명〗 (스커트 등의 층층으로 된) 주름 장식. ——〖타〗 …에 주름 장식을 달다. 「주름 장식.

flounc·ing [fláunsiŋ] 〖명〗 U〗 주름 장식의 재료; C〗

***floun·der**[1] [fláundər] 〖자〗 1 몸부림치다, 버둥거리다; 고생하며 나아가다, 힘겨루며 나아가다(*about, along*)(*through*). ¶(~+圄) ~ *in the deep snow* 깊은 눈 속에서 버둥거리다. 2 허둥대다, 갈팡질팡하다, 실수를 하다(*about*); 간신히(가까스로) 마치다 (해내다)(*through*). ¶(~+圄) ~ *through a song* 떠듬떠듬 노래하다. ——〖명〗 몸부림, 버둥거림, 허위적거림.

~·ing·ly 〖부〗 몸부림치며.

floun·der[2] 〖명〗 (복 ~**s**) 가자미과(科)의 물고기.

***flour** [flauər] 〖명〗 U〗 1 밀가루, 소맥분; (밀가루 이외의) 곡분(穀粉). ¶*rye* ~ 호밀가루. 2 분말 식품. 3 보드랍고 고운 가루, 미분(微粉). ¶~ *of emery* 금강사(金剛砂). ——〖타〗 (~+몵) 〖1〗 (美) …을 가루로 빻다. 2 (요리 따위에서) …에 가루를 뿌리다. ¶~ *the chicken* 닭고기에 밀가루를 처바르다. 3 …을 가루로 되다; (페인트가) 풍화하여 가루로 되다. ~**·less** 〖형〗

flóur bàg 〖명〗 밀가루 부대.

flóur bèetle 〖명〗 밀가루에 꾀는 작은 갑충(甲蟲).

flóur bòx 〖명〗 = flourdredger.

flour·dredg·er [fláuərdrèdʒər] 〖명〗 (요리용) 가루 뿌리는 기구(dredger).

‡flour·ish [flə́ːriʃ/flʌ́r-] (~*es* [-iz]; ~*ed* [-t]) 〖자〗 1 (문화·학문·사상 따위가) 번영(번창, 번성)하다; (도시·국가 따위가) 전성기이다, 융성하다. (유의어) SUCCEED ¶a period in which art ~*ed* 예술이 번창했던 시대. 2 (사람이) …에 성공(번창)하다(*in*); (사람이) 건강하다; (예술가·작가 따위가) 한 시대에 활약하다. ¶Socrates ~*ed* about 400 B.C. 소크라테스는 기원전 400년경에 활약했었다. 3 (동식물이) 잘 자라다; (동물이) 번식하다; (초목 등이) 우거지다. 4 (장사가) 잘 되어가다, 번창하다. 5 팔(무기)을 휘두르다(*about*). 6 장식 서체로 쓰다; 화려한 말로 쓰다(이야기하다), 멋을 부려 쓰다(말하다); 떠벌리다(*about*). 7 〖음악〗 화려하게 연주하다(트럼펫으로) 팡파르를 울리다. ——〖타〗 1 (칼·팔 따위)를 (위협적으로) 휘두르다, 내두르다(*at*). 2 …을 과시하다, 허세를 떨다. 3 …을 화려하게 꾸미다, 장식 서체로 쓰다; …을 장식적 디자인으로 꾸미다.

——〖명〗 (복 ~*es* [-iz]) 1 (보통 a ~) (칼·팔 따위의) 휘두르기. 2 과시, 허세; 〖1〗 화려함, 눈부심. 3 장식 서체(로 쓰기), 당초풍(唐草風)의 장식 곡선. 4 (수사) (글의) 윤색, 미사 여구. 5 〖음악〗 장식 악구(樂句); 화려한 트럼펫 취주, 팡파르. 6 U〗 〖드물게〗 전성기, 전성, 번영.

a flourish of trumpets (환영식·경축식) 우렁차게 울리는 나팔의 취주(팡파르); (비유적) 요란한 대선전.

in full flourish 한창 융성하여, 전성기이어.

with a flourish 화려(요란)하게, 성대히.

~**·er** 〖명〗 ~**·y** 〖형〗

flour·ish·ing [flə́ːriʃiŋ/flʌ́r-] 〖형〗 무성한, 우거진; 번영하는; 융성한, 성대한. ~**·ly** 〖부〗

flóur mìll 〖명〗 제분소; 제분기. 「리).

flóur tortìlla 〖명〗 밀가루 토르티야(tortilla)(멕시코 요

flour·y [fláuəri] 〖형〗 1 가루의; 가루 모양의. ¶~ *corn* 옥수수 가루. 2 부서져 가루가 되기 쉬운; 가루투성이의, 가루칠을 한. **flóur·i·ness** 〖명〗

flout [flaut] 〖타〗 …을 경멸(모욕)하다, 업신여기다, 비웃다, …에 코방귀를 뀌다. ——〖자〗 경멸(우롱)하다, 비웃다

(at). ━━ⓃⓊ 경멸적인 말, 모욕, 조롱. ~·ing·ly 🅐

‡**flow** [flou] 🅓 (**~s** [-z]) ㉮ **1** (물·액체 따위가) 흐르다; (…로) 흘러들다(*into*, *to*); (피·전기 따위가) 통하다, 순환하다, 돌다.¶(~+前+名) Tears ~*ed down her cheeks*. 눈물이 그녀의 볼을 흘러내렸다/*Rivers ~ into the ocean*. 강은 바다로 흐른다.
2 (피·눈물 따위가) 솟아나오다(*out*)(*from*); (하천에서) 발원하다; (지혜·감정 따위가 …에서) 생기다, 우러나다(*from*); (결론·명령 따위가 …에서) 나오다.¶(~+前+名) *Love ~s from the heart*. 사랑은 마음에서 우러난다.
3 (사람·마차 등이) 줄지어 지나가다; (세월·사건 따위가) 흐르듯이 움직이다(지나가다)(*away*).¶*His talk ~ed on*. 그의 이야기는 계속 이어졌다.〔*from*〕.
4 (말·시 따위가) 술술 나오다, 거침없이 흘러 나오다
5 (옷·머리칼 따위가) 척 늘어지다(*over*); (깃발 따위가) 바람에 나부끼다.¶(~+前+名) ~ *in the breeze* 산들바람에 나부끼다.
6 (장소가 …로) 범람하다, 넘치다; (물건·돈 따위가) 많이 있다, (술 따위가) 넘치도록 나오다(*with*).¶(~+前+名) a land *~ing with milk and honey* 〔성서〕 젖과 꿀이 흐르는 땅, 풍요의 땅(←출애굽기(Exod.) 13:5). **7** (조수가) 밀려오다, 오르다, 차다(🄰 ebb). **8** (구어) 월경이 비치다(나오다), (생리로 출혈하다).
━━🄣 **1** …을 흘리다, 붓다; 분비하다; [석유 따위]를 분출(유출)시키다. **2** …을 범람시키다, 넘치게 하다; 관개하다.
flow away (세월이) 경과하다, (세월이) 지나가다. 〔개하다.
flow like water (술 따위가) 아낌없이 제공되다.
flow out 유출하다, 흘러나오다.
flow over (소음·비난 따위가) …에 영향을 미치지 못하다, …의 위를 지나쳐 가다; (감정 따위가) …을 품다.
━━🄝 (🄿 **~s** [-z]) **1** (a ~, the ~) (액체·기체 따위의) 흐름, 흘러내림, 유동; 유수(流水); 흐르는 것.¶*a ~ of electricity* 전기의 흐름.

┌───┐
│〔유의어〕 **flow** 유체(流體)의 특징으로서의 끊임없는 흐름을 강조하는 말. **stream** 운동의 성질보다도 풍부함과 계속됨을 강조하는 말. **current** 일정한 방향을 가진 센[빠른] 흐름. **tide** 방향의 변화 또는 휩쓰는 힘을 암시하는 말. **flux** 방향·외관이 끊임없이 유동·변화함을 강조하는 말.   │
└───┘

2 (말·교통 따위의) 거침없는 흐름; (사물의) 끊임없는 흐름, 유입, 유출; (사상 따위의) 방향, 사조; (옷 따위의) 유려한 맵시. **3** (액체·기체의) 유출(유입)률; (단위 시간당) 유량(流量), 유출(유입)량. **4** (피·석유·용암 따위의) 분출, 유출; 솟아남; Ⓒ 범람, 홍수.¶*a ~ of joy* 넘치는 기쁨/*the ~ of water* 물의 유출. **5** (the ~) 밀물, 만조(🄰 ebb).¶*Every ~ must have its ebb*. (속담) 밀물이 있으면 썰물도 있다, 달도 차면 기운다. **6** (전기·가스 따위의) 공급; (우유·벌꿀 따위의) 산출. **7** (구어) 월경. **8** (스코) 연안의 수로(水路), 작은 후미; 습지대. **9** (컴퓨터) (프로그램의 흐름) (미식축구) (경기자의) 움직임 (방향). **10** (암석 따위의) 변형; 〔기계〕 (고열에 의한 금속의) 완만한 팽. 〔기)로.
at [or **on**] **the flow** (조수가) 밀려들어; 오름세(음성
go with the flow (미국어) 시류(대세)를 따르다, 시
the ebb and flow 🄰 ebb. 〔류에 영합하다.
the flow of soul 마음을 터놓은 따뜻한 교류, 환담.
flow·age [flóuidʒ] 🅝 Ⓤ **1** 유출, 유동; 범람(상태). **2** 유출물[액체]. **3** (역학) (점성(粘性) 물질의) 유동.
flów chàrt 🅝 **1** 생산[작업] 공정도, **2** (컴퓨터) 플로 차트, 흐름[순서]도. (또는 **flów-chàrt, flów dìagram**)
flów cy·tòm·e·try [-saitάmətri/-tɔ́m-] 🅝 (생화학) 유동 세포 측정법.
flów diagram 🅝 =flow chart.
‡**flow·er** [fláuər] 🅝 (🄿 **~s** [-z]) **1** 꽃; 화초, 화훼; (비유적) 미인.¶*artificial ~s* 조화/~ *language*: *the language of ~s* 꽃말/*the national ~* 나라꽃, 국화.

┌───┐
│〔유의어〕 **flower** 식물의 생식 기관이 형성되는 부분, 특히 아름답게 물든 것. **bloom** 개화하여 아름다움이 절정에 달한 꽃; 보통 관상용 식물에 대해 쓰는 말. **blossom** 열매가 열릴 때까지의 한 단계로서 핀 꽃; 보통 과수에 쓰는 말.   │
└───┘

2 Ⓤ 만발, 만개, 개화(상태). **3** Ⓤ 꽃장식, 꽃무늬, 환; 꾸밈, 장식. **4** 화려한 어구; 수사적인 말.¶*~s of speech* 사화(詞華) **5** (the ~) (인생의) 전성기, 활동기, 청춘.¶*a girl in the ~ of youth and beauty* 한창 젊고 아름다운 때의 처녀. **6** (the ~) …의 꽃, 훌륭한 소산; 정화(精華), 정수; (미덕·예절 따위의) 귀감, 본보기; (사물의) 요정, 골자 (*of*). **7** (~s) 〔단수취급〕 〔화학〕 화(華); (발효의) 뜨는 찌끼(거품).¶*~s of sulphur* 유황화(硫黃華). **8** (~s) 마리화나의 싹. **9** (속어) 동성애자.
come into flower 꽃이 피다, 개화하다.   〔호모.
in flower 꽃이 피어, 만발하여.   〔조화 사절.
No flowers (by request). (부고(訃告) 따위에서)
Say it with flowers. 〔광고〕 속마음을 꽃으로 전하세요.(꽃집의 광고 문구).
━━🄣 **1** 꽃이 피다; (꽃이) 만개되다. **2** (예술 양식 따위가) 번창하다; (재능 따위가) 꽃피다; 성숙하다, 전성기(한창때)에 이르다.¶*His genius ~ed early*. 그의 천재성은 일찍 꽃을 피웠다. ━━🄔 **1** …을 꽃으로 장식하다(덮다); 꽃무늬로 장식하다. **2** …에 꽃을 피우다.

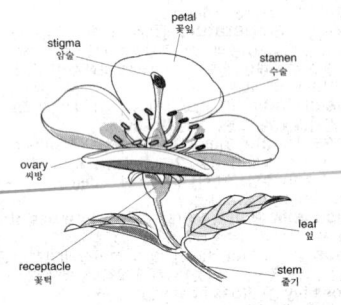

〔flower〕

flow·er·age [fláuəridʒ] 🅝 Ⓤ **1** 개화 (상태); 〔집합적〕 꽃. **2** 꽃무늬, 꽃장식.
flówer arràngement[arrànging] 🅝 꽃꽂이.
flow·er·bear·ing [fláuərbὲəriŋ] 🅐 꽃이 피는.
flow·er·bed [fláuərbèd] 🅝 화단. (또는 **flówer bèd**)   〔행 상속세용 국채〕.
flówer bònd 〔증권〕 플라워 본드(미국 재무부 발
flówer bùd 🅝 꽃봉오리, 꽃눈. 🔒 leaf bud
flówer bùg 🅝 〔곤충〕 꽃노린재.
flówer chìld 〔🄿 *f- children*〕 히피족(의 한 사람); 비현실적인 사람; (이상만 추구하는) 현실 도피자.
flówer cùp 🅝 〔식물〕 꽃받침(calyx).
flow·er·de·luce [-dəlú:s] 🅝 (🄿 *flowers-*) 붓꽃(iris). 🔒 fleur-de-lis
flow·ered [fláuərd] 🅐 **1** 〔복합어로〕 …꽃이 핀, 꽃을 가진.¶*single-~* 홑꽃이 피는, 홑꽃의/*double-~* 겹꽃이 피는, 겹꽃의. **2** 꽃으로 장식된; 꽃무늬의.¶*silk* 꽃무늬 비단. **3** (차(茶) 따위가) 꽃잎으로 제조된.
flow·er·er [fláuərər] 🅝 **1** 꽃이 피는 식물(* 보통 꽃피는 시기나 피는 방식을 나타내는 형용사와 함께 쓰인다).¶*an early* [*a spring*] *~* 빨리(봄에) 꽃피는 식물. **2** (차(茶)·도기 따위의) 꽃무늬 넣는 사람.
flow·er·et [fláuərit] 🅝 작은 꽃(floret).
flówer gàrden 🅝 화원, 꽃밭.

flówer gìrl 图 1 《英》꽃 파는 아가씨[여자]. 2 《美》(결혼식에서) 신부 앞에서 꽃을 뿌리는 소녀.
flówer hèad 图 《식물》두상화(서)(頭狀花(序)).
flow·er·ing [flóuəriŋ] 图 꽃이 피는(피어 있는); 꽃이 제철인. 1 개화; 꽃피는 시기[계절]. 2 《예》재능의) 개화; 전성기. 3 꽃모양 무늬, 꽃장식.
flówering dógwood 图 딸나무(북미산(產)) 층층나무과(科)의 낙엽수; 봄에 흰꽃 또는 연분홍꽃이 핀다).
flówering férn 图 《식물》고비.
flówering plánt 图 《식물》꽃이 피는 식물; 속씨식물; (관상용) 꽃이 피는 식물(花卉).
flow·er·less [fláuərlis] 图 1 꽃이 없는, 꽃이 피지 않는. 2 《식물》은화(隱花) 식물의.¶a ~ plant 은화 식물.
flow·er·let [fláuərlìt] 图 =floret. ┌우아한.
flow·er·like [fláuərlàik] 图 꽃과 비슷한; 아름다운.
flówer péople 《집합적》히피족(族); 현실 도피자.
flówer píece 꽃그림; 꽃장식, 꽃꽂이. ┌자.
flow·er·pot [fláuərpàt/-pɔ̀t] 图 (화초의) 화분.
flówer pówer 图 꽃의 힘(히피족 사상의 중심인 사랑과 평화의 슬로건); 사랑에 의한 사회 변혁.
flówer sèrvice 图 꽃 예배(교회를 꽃으로 장식하고 예배를 본 후 그 꽃을 병원 같은 곳에 기증한다).
flówer shòp 图 꽃집, 생화 가게.
flówer shòw 图 화초 품평회, 꽃 전시회.
flówer stàlk 图 《식물》꽃자루, 화경(花梗).
Flówer Státe 图 (the ~) 미국 Florida 주의 별칭.
*__flow·er·y__ [fláuəri] 图 1 꽃이 많은, 꽃이 만발한 꽃으로 뒤덮인. 2 꽃의; (향기가) 꽃 같은. 3 꽃장식[무늬]의. 4 (경멸적) 《말·문체가》 화려한, 미사 여구를 쓴. **-er·i·ly** 튀 **-er·i·ness** 图 ┌미화한 칭호).
Flówery Kíngdom 图 (the ~) 중화(中華)(중국을
*__flow·ing__ [flóuiŋ] 图 1 흐르는; 분출하는; 밀물의. 2 (말 따위가) 물 흐르는 듯한, 유려한, 유창한. (선 따위가) 미끈하게 흐르는.¶ ~ words 유창한 말. 3 (옷·머리카락 따위가) 풍성하게 늘어진. ¶ ~ robes 낙낙한 긴 겉옷. 4 가득 찬, 충만한. ~·**ly** 튀
flówing tíde (the ~) 밀물, 만조; (여론의) 동향. *swim with the flowing tide* 우세한 쪽에 붙다.
flów line 图 1 =assembly line. 2 《기계》 유선(流線). 3 《지질》 유문(流紋)(화성암의 줄무늬 결).
flów (lìne) prodúction 图 일관 작업(생산).
flow·me·ter [flóumì:tər] 图 유량(流量)[유속(流速)]계.
*__flown__[¹] [floun] 图 fly¹의 과거분사. ┌계.
flown[²] 图 1 유문(流紋)의. ¶ ~ ceramic ware 유문 유약(釉藥) 도자기. 2 (고어) (…으로) 충만한(*with*).
flów-on [-ɑ́n/-ɔ́n] 图 《濠·뉴질》 (관련 부서와의) 조정(連動) 승급.
flów shèet 图 =flow chart.
flow·stone [flóustòun] 图 《지질》 유석(流石), 흐름 돌(동굴벽이나 바닥을 얇게 덮은 종유석(鍾乳石)).
Floyd [flɔid] 图 플로이드(남자 이름; Lloyd의 별칭).
fl. oz. *fluid ounce*(s). **FLQ, F.L.Q.** Front for the Liberation of Quebec(퀘벡 해방 전선). **flt.** filter; flight; float; flotation. **FLT, Flt.** fleet. **Flt. Lt.** *Flight Lieutenant.* **Flt. Off.** *Flight Officer.* **Flt. Sgt.** *Flight Sergeant.*
*__flu__ [flu:] 图 U (종종 the ~) 《구어》 인플루엔자, 독감. (또는 **flue**) 《<*influenza*》
flub [flʌb] 图 (**-bb-**) 1 《美구어》실패하다, 실수를 하다. 2 《속어》 농땡이를 게을리하다. —图 실패, 실수.
flub·dub [flʌ́bdʌ̀b] 图 U 《美》 1 뽐냄, 허세; 호언장담. 2 《속어》 무의, 어리석음; 바보, 얼빠진 사람.
flub-up [ʌ́p] 图 《구어》 실수, 실패; 명청이.
fluc·tu·ant [flʌ́ktʃuənt] 图 1 동요하는, 오르내리는; (물이 따위가) 불안정한. 2 파동하는, 물결치는. 3 《의학》 파동성의; 중심이 무른, 액상(液狀)의.
fluc·tu·ate [flʌ́ktʃuèit] 图① 1 (정책·가격·온도 등이) 계속 변화하다, 변동하다; 동요하다, 불안정하다. ¶ ~ *between* hopes *and* fears 일희 일비(一喜

悲)하다. 2 파도처럼 움직이다, 파동하다. —튀 …을 파동시키다; 동요시키다.
fluc·tu·at·ing [flʌ́ktʃuèitiŋ] 图 변동이 있는, 동요하는, 오르내리는.¶ ~ stock prices 불안정 주식 시세.
*__fluc·tu·a·tion__ [flʌ̀ktʃuéiʃən] 图 U 1 끊임없는 변화, 변동; (a ~) 변동폭(幅), 등락; (~s) 흥망, 성쇠. 2 (정신적인) 동요, 불안정. 3 파동, 파도 같은 상하 운동. 4 (유전) 방향 변이(變異). ~·**al** 图
fluctuátion lìmit 图 《경제》 (가격·율 따위의) 변동 [등락]폭 제한, 허용 변동폭.
flu·dem·ic [flu:démik] 图 악성 독감[인플루엔자]. 《<*influenza*+*epidemic*》
flue[¹] [flu:] 图 1 (굴뚝의) 연도(煙道). 2 (냉난방 장치의) 송기관(送氣管), 통기관; (가스의) 송관(送管); (보일러 따위의) 염관(焰管). 3 《음악》 (파이프 오르간의) 순관(脣管)(~ pipe); 그 관구(管口)(windway). *in* **[or** *up***] *the* flue (구어) 저당잡혀(in pawn).
flue[²] 图 U 보풀, 솜[털]부스러기 (가구 밑 따위에 쌓이는).
flue[³] 图 U 어망, 후릿그물(dragnet). ┐는) 먼지 뭉치.
flue[⁴] 图 1 (새지의) 긴 가지(barb). 2 닻혀, 닻의 갈고리(fluke). (창·작살의) 가시, 미늘.
flue[⁵] 图 〔건축〕 (창문 따위의) 바깥쪽(나팔꽃 모양)으로 열리다.
flue[⁶] 图 《구어》 =flu.
flue-cure [⁴kjùər] 튀튀 (담배잎)을 (열기 송관을 통해) 말리다, 건조 처리하다. 튀 fire-cure
flu·ence [flú:əns] 图 =influence. (*다음 숙어로*) *put the fluence on* …에게 최면[마법]을 걸다.
*__flu·en·cy__ [flú:ənsi] 图 U 유창함, 능변, 달변. *with fluency* 유창하게, 술술.
‡__flu·ent__ [flú:ənt] 图 (*more* ~; *most* ~) 1 유창한, 거침없는, 능변의(*in*); 달필인.¶speak ~ English 유창하게 영어를 하다/a ~ speaker [*or* talker] 능변가.

┌─유의어─────────────────────────┐
│**fluent** 말이 거침없이 흘러나옴을 뜻하는   │
│말. **eloquent** 유창한 데다가 힘차고 또 효과적으로 │
│이야기하는. **glib** fluent하지만 내용이 없음을 경멸조로 │
│암시하는 말. **voluble** 말이 빠르고 수다스러워서 │
│막을 수 없는.   │
└─────────────────────────────────┘

2 (움직임·곡선 따위가) 완만한, 부드러운; 우아한.¶ ~ curves 완만한 곡선. 3 (강 따위가) 거침없이 흐르는. 4 유동성의, 모양이 일정하지 않은. ¶ ~ substances 유동성 물질. 5 (모양 따위가) 쉽게 변하는, 유연한.
—图 《수학》변수, 변량(變量). ~·**ness** 图
‡__flu·ent·ly__ [flú:əntli] 튀 (*more* ~; *most* ~) 1 유창하게, 술술. 2 완만하게. 3 유연하게. 4 우아하게.
flúe pìpe 图 《음악》=flue¹ 3.
flu·er·ic [flu:érik] 图 =fluidic.
flu·er·ics [flu:ériks] 图 U =fluidics.
flúe stòp 图 (오르간의) 순관 음전(脣管音栓).
flue·work [flú:wə̀rk] 图 《집합적》 순관 음전.
flue·y [flú:i] 图 보풀이 있는, 보풀 같은, 복슬복슬한.
fluff [flʌf] 图 1 U 보풀, 면모(綿毛); C 솜[털]부스러기. 2 한 뭉치의 털, 후털. 3 U 솜털; 갓난 수염. 4 《구어》 (연주·시합 따위에서의) 실수, 실책; (배우가) 대사를 잊어버리기, 설외운 대사. 5 보잘것없는 것, 경박한 것. 6 《구어》 젊은 여자, 아가씨. 7 U (the ~) 《美속어》 거절; 해고. ┌자; 아가씨, 섹시한 여자.
a (*little*) *bit* [*or a piece*] *of fluff* 《구어》 젊은 여 *give a person the fluff* 남을 거부[해고]하다.
make a fluff 실수하다; 대사를 까먹다.
—图 1 …에 보풀을 세우다, 부풀게 하다(*up*, *out*).[图+用+團]. **The bird** ~*ed itself up*. 새는 부르르 떨며 몸[털]을 부풀렸다. 2 《구어》 을 잘못[실수]하다, (대사 따위를) 까먹다, 틀리다; (포구(捕球) 따위)를 실패하다. 3 《속어》 을 혹평하다. —图 1 보풀이 일다. (면모처럼) 등실둥실 뜨다. 2 《구어》 실수하다; 대사를 틀리다.
fluff off ① 《美군대속어》 빈둥거리다; 《英속어》 가다. ②

fluff·y [flʌ́fi] 형 1 솜털의[같은]. 솜털 모양의; 솜털로 뒤덮인. 2 부풋한, 솜같이 가벼운. 3 (인품 따위가) 경박한; (지능 따위가) 하찮은, 시시한, 보잘것 없는. 4 《英속어》 술에 취해서 비틀거리는; (배우가) 대사를 잘 잊어버리는. **flúff·i·ly** 부 **flúff·i·ness** 명

‡**flu·id** [flúːid] 명 (복 ~s [-z]) U C 1 유체(流體), 유동체(기체·액체의 총칭). 유동질. ⇔LIQUID 〖유의의〗 2 〔의학〕 (동물의) 체액; (동식물의) 분비액. 3 〔구어〕 수분, 물기; 《美속어》 진한 음료. —형 (more ~; most ~) 1 유동성의; 유체의. ¶ ~ substances 유동 물질. 2 유동적인, 불안정한. 3 (문체·동작 따위가) 물 흐르듯한, 유려(流麗)한; (말이) 유창한. 4 즉시 현금으로 바꿀 수 있는. ~·al 형 ~·al·ly 부 ~·ly 부 ~·ness 명

flúid ássets 명복 유동 자산.
flúid cómpass 명 액체 나침반.
flúid cóupling 명 〔기계〕 유체 커플링(hydraulic coupling).
flúid dr·am [dr·achm] 명 액량 드램(1/8액량 온스= 약 fl. dr.).
flúid drive 명 1 《자동차》 유체 구동 (장치). 2 =fluid coupling.
flúid dynámics 명 〖단수취급〗 유체 역학.
flúid fúel 명 유체 연료(액체·기체·화학 연료의 총칭).
flu·id·ic [fluːídik] 형 유동성의, 유체의; 유체 공학의.
flu·id·ics [fluːídiks] 명 〖단수취급〗 유체 공학. (또는 fluérics, fluidónics)
flu·id·i·fy [fluːídəfài] 타 ~를 유체[유동]화하다.
flu·id·i·ty [fluːídəti] 명 U 1 유동(성)(을 solidity). 2 〔물리〕 유동도(流動度); 변하기 쉬움; 가변성. 3 인구 이동; 이동률. 4 (말·문장 따위의) 유창함. 5 만들수.
flu·id·ize [flúːədàiz] 타 ~를 유동화하다, 유체로 만들다.
flú·id·ized béd [flúːədàizd-] 명 〔공학〕 유동상(流動床)[층].
flú·id·ized-bed combústion [-bèd-] 명 〔공학〕 유동층 연소(법).
flúid mechánics 명 〖단수취급〗 유체 역학.
flu·id·on·ics [flùːidóniks] 명 =fluidics.
flúid óunce 명 액량(液量) 온스(약체 따위의 액량 단위; 《美》 1/16 파인트, 《英》 1/20 파인트; 약 fl. oz.).
flúid préssure 명 〔물리·역학〕 유체 압력, 유압.
flu·i·dram [flùːidræm] 명 =fluid dram.

fluke¹ [fluːk] 명 1 (종종 ~s) 닻혀, 닻의 갈고리. 2 (창·작살·화살 따위의) 미늘(barb). 3 (~s) 고래 꼬리. **peak** [or **turn**] **the flukes** (고래가) 바닷속에 잠기다.

fluke² 명 1 우연히 들어맞음, 요행, 뜻밖의 행운; 우연한 사건(행운, 불운 따위). ¶ win by a ~ 요행으로 이기다. 2 (a ~) (당구 따위의) 플루크, 우연히 맞기. 3 실패, 겉치레만의 것. —동타 (당구 따위에서) (공)을 요행히 맞히다; 우연히 손에 넣다. 자 ~에 성공[실패]하다.

fluke³ 명 1 넙치[가자미]류의 물고기. 2 흡충류(吸蟲類)(디스토마류). 3 《英》 달걀 모양의 감자의 일종.
flúke·worm [flúːkwə̀ːrm] 명 =fluke³. 2 촌충.
flu·ki·cide [flúːkəsàid] 명 흡충(吸蟲)[디스토마] 구제제.
fluk·y [flúːki] 형 《구어》 1 요행수의, 뜻밖에 맞은 듯; (바람·날씨 따위가) 일정하지 않은; 변하기 쉬운. (또는 flukey) **flúk·i·ly** 부

flume [fluːm] 명 1 (급류가 흐르는) 협곡(gorge). 2 (발전(發電)·관개용의) 인공 수로, 용수로; (목재 따위를 흘려보내는 운반하는) 홈통식 수로, 홈통. 3 (유원지의) 워터 슈트(water chute).
be [or **come, go**] **up the flume** 《美속어》 ① 실패하다, 못쓰게 되다; 혼이 나다. ② 죽다.
—동타 1 (목재 따위)를 수로로 운반하다. 2 (물)을 수로[홈통]으로 끌어오다. 자 인공 수로를 만들다; 홈통을 걸치다.
flum·mer·y [flʌ́məri] 명 U C 1 오트밀[밀가루]로

만든 죽. 2 커스터드류. 3 (-ies) 허튼 소리; 겉치렛말.
flum·mox [flʌ́məks] 《구어》 동타 ① …을 얼떨떨하게 하다, 당황하게 하다. ②자 실패하다, 못쓰게 되다. —명 U 실패; 당혹, 혼란. (또는 **flummux, flummix**)

flump [flʌmp] 동타자 1 쿵[털썩] 놓다, 쾅 내던지다; 쿵 하고 떨어[쓰러]지다(down). —명 (a ~) 털썩 내려놓기[떨어뜨리기]; 그 소리.

‡**flung** [flʌŋ] 동 fling의 과거·과거분사.

flunk [flʌŋk] 《美구어》 동자 1 (시험 따위에) 실패[낙제]하다(in); 퇴학하다(out). 2 단념하다, 손을 떼다(out). — 타 1 (시험 따위에) 실패하다, 낙제점을 받다. 2 …을 불합격시키다, 퇴학[낙제]시키다(in). **¶get a** ~ **in** English 영어 과목에 낙제하다. 「낙제시키는 교사.
~·**ée** 명 낙제생, 낙제자. ~·**er** 명 《美》 낙제[퇴학]자;
flunk out (**of school**) 《美구어》 (성적 불량으로) 퇴학당하다[시키다].

flun·k(e)y [flʌ́ŋki] 명 1 제복 입은 고용인[하인]. 2 《구어》 아첨꾼, 알랑쇠. 3 (요리사 등의) 조수.
~·**ism** 명 U 하인 근성; 아부.

fluo- [flúː(ː)ə] 〖연결〗 =fluoro-. ¶ *fluo*boric(불화 붕소(弗化硼素)의).
flu·o·cin·o·lone ac·e·to·nide [flùːəsínəlòun æ̀sətóunaid] 명 〔화학〕 플루오시놀론 아세토나이드(합성 부신 피질 호르몬제).
flu·or [flúːɔːr, flúːər] 명 = fluorite.
fluor- [fluər, flɔːr/fluər] 〖연결〗 ⇒FLUORO-.
fluor·a·cet·am·ide [flùːərəsétəmaid] 명 〔약학〕 플루오르아세트아미드(쥐잡는 살충제).
flu·o·resce [flùːərés, flɔːr-] 동자 형광(螢光)을 발하다. **-resc·er** 명 형광제(劑).
flu·o·res·cé·in [flùːərésiin, flɔːr-] 명 〔화학〕 플루오레세인(형광 지시약·수류 속도 측정 등에 쓴다).
flu·o·res·cence [flùːərésns, flɔːr-] 명 U (물·화) 형광 발광(發光); (물질의) 형광성; 형광.
flu·o·res·cent [flùːərésnt, flɔːr-] 형 1 형광성의, 형광의. ¶ ~ **substance** 형광체[물질]. 2 아주 밝은, 선명한, 또렷한. —명 형광등 (조명 설비).
fluoréscent lámp [**búlb, túbe**] 명 형광등, 형광 방전등.
fluoréscent líght 명 형광(등).
fluoréscent microscope 명 형광 현미경.
fluoréscent scréen 명 〔물리〕 형광판[면, 막].

flu·or·ic [fluːɔ́rik, -ɑ́r-] 형 1 〔화학〕 불소(弗素)(성)의, 불소에서 얻는. 2 〔광물〕 형광석의[에서 얻는].
flu·o·ri·date [flúːərədèit, flɔ́ːr-] 타 〔화학〕 (수돗물 따위에) 불화물(弗化物)을 타다. 「첨가(법).
flu·o·ri·da·tion [flùːərədéiʃən, flɔ̀ːr-] 명 U 불화물
flu·or·ide [flúːəraid, flɔ́ːr-] 명 〔화학〕 불화물(弗化物).
flu·or·i·dize [flúːərədàiz, flɔ́ːr-] 타 (치아)를 불화물(弗化物)[불소]로 처리하다. **-di·zá·tion** 명
flu·or·i·nate [flúːərənèit, flɔ́ːr-] 타 〔화학〕 1 …을 불화(弗化)하다, 불소와 화합시키다. 2 =fluoridate.
flu·o·rine [flúːəriːn, flɔ́ːr-] 명 U 〔화학〕 불소(弗素) (기호 F, 원자 번호 9; 할로겐 원소(元素)의 하나).
flúorine dáting 명 불소법(法)(화석 뼈의 연대 판정).
flu·o·rite [flúːərait, flɔ́ːr-] 명 U 〔광물〕 형석(螢石).
flu·o·ro- [flúːərou, -rə, flɔ́ːr-] 〖연결〗 (* 모음 앞에서는 fluor-). 1 fluorine의 뜻. ¶ *fluoro*carbon. 2 fluorescence의 뜻. ¶ *fluoro*scope.
flu·o·ro·car·bon [flùːəráːrbən, flɔ̀ːr-] 명 U 〔화학〕 과불화(過弗化) 탄화 수소, 탄화 플루오르.
flu·o·ro·chrome [flúːərəkròum, flɔ́ːr-] 명 (생물) 형광 색소.
flu·o·rom·e·ter [flùːərɑ́mətər, flɔː-/-rɔ́m-] 명 형광계; 〔의학〕 뢴트겐선량(線量) 측정기. (또는 **fluorimeter**) **flù·o·rо·mét·ric** **-o·róm·e·try** 명 형광 측정(법).
flu·o·ro·plas·tic [flùːərəplǽstik] 명 〔화학〕 불소

fluoropolymer 수지(樹脂). 「〔화학〕 불소 중합체.
flu·o·ro·pol·y·mer [flùərəpáləmər/-pɔ́l-]
flu·o·ro·scope [flúərəskòup, flɔ:r-] 〔名〕 형광 투시경, (X선) 형광경. — 〔타〕 …을 형광 투시법으로 조사하다. **-scóp·ic**
flu·o·ros·co·py [fluəráskəpi, flɔ:-/-rɔ́s-] 〔名〕〔U〕 형광 투시법, (X선) 투시 진단(법). 「〔藥〕증(沈着症).
flu·o·ro·sis [fluərousis, flɔ:-] 〔名〕〔병리〕 불소침
flu·o·ro·u·ra·cil [flùərəjúərəsil] 〔名〕〔약학〕 플루오로우라실(항치료약).
flu·or·spar [flú:ərspɑ:r/flúər-] 〔名〕 =fluorite.
flu·phen·a·zine [flu:fénəzi:n] 〔名〕〔약학〕 플루페나진(신경 안정제의 일종). 「제མ(진정제·최면제).
flu·raz·e·pam [fluərǽzəpæm] 〔名〕〔약학〕 플루라
flur·ried [flə́:rid/flʌ́r-] 〔名〕 혼란한, 흥분한; 당황한.¶in a ~ manner 당황〔흥분〕하여. ~**ly** 〔副〕
flur·ry [flə́:ri/flʌ́ri] 〔名〕 1 〔질풍을 동반한〕 소나기, 눈보라; 질풍, 한 줄기의 바람, 2 (a ~) 〔갑작스런〕 혼란, 동요, 곤혹, 낭패.¶get into a ~ 허둥대다, 당황하다. 3 〔증권〕 약간의 시세의 동요, 일시적 주가 파동. 4 〔작살 맞을 순간의 고래의〕 단말마의 몸부림.
in a flurry 허겁지겁, 허둥지둥.
—— 〔타〕 〔남〕을 당황하게 하다, 허둥대게 하다.¶get flurried (남)을 당황하게 하다, 허둥대게 하다. — 〔自〕 1 허둥대다, 당황하다. 2 〔조금 하게 갑다.〕 2 눈보라치다.
‡**flush¹** [flʌʃ] 〔名〕 (~·**es** [-iz]) 1 (a ~ (볼 따위의)) 홍조(紅潮), 얼굴 붉힘; A ~ of blood brightened her cheeks. 그녀의 볼에 핏기가 돌았다. 2 (a ~ (물·피 따위가)) 왈칵 쏟아져 나옴, 분출; (변기·관(管) 따위의) 씻어 내림, 배수; (사람·주문 등의) 쇄도; 급증.¶a ~ of water 왈칵 흘러 나오는 물. 3 〔U〕 (the ~의) 우쭐함, 의기양양; 감격, 흥분, 환희 (of).¶in the ~ of hope〔success〕 희망으로 불타서〔성공에 우쭐하여〕. 4 〔U〕 (the ~) 발랄함, 신선한 빛.¶in the ~ of youth 한창 젊을 때 (새 잎 따위가) 돋아남; (돋아난) 새 잎. 6 〔U〕 발열, 고열. 7 〔U〕 (시) (하늘의) 불그레한 빛.¶the sunset ~ 저녁놀.
in a flush (속어) 당황하여, 혼란에 빠져.
—— 〔타〕 (~·**es** [-iz]; ~ed [-t]) 1 〔수동형으로〕 〔얼굴을〕 붉히다, 상기시키다, 홍조를 띠게 하다 (with). ¶(~+目+前+名) be ~ed with anger〔shame, wine〕 화가 나서〔창피하여, 술에 취하여〕 얼굴이 빨개지다. 2 (물·액체 따위로) 〔변기·관·찌꺼기 따위를〕 씻어 내리다(away, down, out); (물 따위를) 왈칵 흐르게 하다.¶~ a drain 물을 흘러 내리면서 씻다. 3 〔수동형으로〕 …을 우쭐하게 하다, 힘이 나게 하다.¶(~+目+前+名) be ~ed with victory 이겨서 신바람이 나 있다. 4 (목장 따위를) 물로 흠뻑넘치게 하다, 관개하다. 5 〔야금〕 (광상)에서 광재(鑛滓)를 배출하다. 6 (번식기에) (양)을 살찌우다. 7 〔美속어〕 〔필요 없는 것〕을 버리다, 소각하다; …을 쫓아내다, 동아리에 넣지 않다. 8 (美속어) (수업)을 빼먹다.
—— 〔自〕 1 (뺨·얼굴이) 붉어지다, 홍조를 띠다, 상기되다 (up)(with); (얼굴이) 붉게 빛나다 (색·빛이) 빛나다// (~+前) (~ up) 귀까지 빨개지다// (~+前+名) He ~ed into rage. 그는 얼굴을 붉히며 화를 냈다.// Her face ~ed a rosy red. 그녀의 얼굴은 장밋빛으로 물들었다. 2 (물 따위가) 왈칵 흐르다; 쫙 퍼지다, 용솟음치다; (생각 따위가) 퍼뜩 떠오르다. 3 (美속어) (시험에) 떨어지다 (in). 4 (草·나무가) 새싹이 돋아나다. 「같은 소리 마!
flush it (美속어) ① 실패하다 (in). ② (감탄사적) 바보
~·**a·ble** 〔形〕 ~·**ing·ly** 〔副〕 ~·**ness** 〔名〕
flush² 〔形〕 1 (…와) 같은 평면의, 수평의, 같은 높이의 (with).¶The door is ~ with the wall. 그 문은 벽과 평면으로 되어 있다. 2 (…와) 닿아 있는, 인접하는 (against, with). 3 〔서술용법〕〔구어〕 (돈)이 많이 가진 (of); 부유한, 유복한; …을 아낌없이 쓰는 (with).¶be ~ of money 돈을 많이 가지고 있다. 4 홍조를 띤, 빨개진; 혈색이 좋은. 5 생기가 넘치는; 번창하는, 경기가 좋은; (물이) 넘칠 듯한. ¶ ~ times 호경, 호경기// a river ~ after the spring thaw 눈녹은 물로 넘칠듯한 하천. 6 (타격이) 정통의, 정면의. 7 〔해사〕 평갑판의.¶a ~ deck 평갑판. 8 (인쇄) 양 머리렇한의.
—— 〔副〕 1 평평하게, (…와) 같은 높이로 (with). 2 (…에) 접속시켜서 (against); (…에) 꼭 맞아 떨어 (into). 3 〔구어〕 바로, 정면으로; 곧바로, 곧장.
come flush on a person 뜻밖에 남과 마주치다.
—— 〔타〕 …을 (…와) 같은 평면으로 하다, 평평하게 하다; 〔인쇄〕 행 머리글을 가지런히 하다. —— 〔自〕 (봄에 초목이) 새싹〔새잎〕을 내밀다.
—— 〔自〕 (싹·잎이) 힘차게 돋아나옴; 〔美속어〕 부자.
~·**ness** 〔名〕 (금전의) 윤택, 유복.
flush³ 〔타〕 1 (사냥) (새)를 날아오르게 하다. 2 〔법인 등〕을 (…에서) 몰아내다, 적발하다 (out) (of, out of, from). —— 〔自〕 (사냥) (새가) 푸드덕 날아오르다. —— 〔名〕〔C〕〔U〕 (사냥) 날아오른 새(의 떼); 날아오름.
flush⁴ 〔카드놀이〕 〔名〕 (포커에서) 플러시의. —— 〔名〕 플러시(같은 종류의 패를 들기, 또는 그 패).
flúsh déck 〔해사〕 평갑판(平甲板).
flúsh-décked 〔形〕 평갑판의. 「panel door
flúsh dóor 플러시 도어(앞뒤에 합판을 댄 문).
flushed [flʌʃt] 〔形〕 홍조를 띤, (…로) 흥분한 (with).
flush·er [flʌʃər] 〔名〕 1 하수도 청소부. 2 세수(水洗)〔살수〕 장치, 세정기. 3 〔美속어〕 (세제)의 변소.
flush·ing [flʌʃiŋ] 〔名〕 세척식의. —— 〔名〕〔U〕 1 물로 씻어 내림, 세척. 2 〔축산〕 번식기의 특별 사육. 3 홍조(紅潮). ~·**ly** 〔副〕
flúsh tánk 〔名〕 (화장실의) 저수 탱크(cistern).
flúsh tóilet 수세식 변소.
flus·ter [flʌ́stər] 〔타〕 1 …을 혼란시키다, 당황부절 못하게 하다. ¶ ~ oneself 당황하다, 안절부절 못하다. 2 〔남〕을 (술로) 혼란〔흥분〕시키다, 취하게 하다. —— 〔自〕 혼란해지다, 당황하다, 안절부절 못하다. —— 〔名〕〔U〕〔C〕 혼란, 동요, 낭패, 당황.¶all in a ~ 아주 당황하여.
flus·trate [flʌ́streit] 〔타〕〔구어〕 = fluster. (또는 **flusterate**) **-trá·tion** 〔名〕 = fluster.
flus·trat·ed [flʌ́streitid] 〔形〕 당황하여, 안절부절 못하여; 술이 몹시 취한, 흥분한. (또는 **flusterated**)
‡**flute** [flu:t] 〔名〕 1 플루트, 저(笛), 피리.¶a ~ player 플루트 연주자(flutist). 2 (오르간의) 플루트 음전(音栓). 3 (오케스트라의) 플루트 주자(奏者). 4 〔건축〕 (기둥 따위의) 둥근 세로 흠. 5 (여성복의) 둥근 흠 주름. 6 플루트 모양의 것; 가늘고 긴 술잔; 가늘고 긴 프랑스 빵. 7 (속어) 음경(skin ~); 〔美속어〕 호모. —— 〔타〕 1 피리 같은 소리를 내다, 휘파람을 불다. 2 …에 흠을 내다 (금속판에) 뒤틀리다. —— 〔自〕 1 (피리 같은 목소리로) …을 말하다〔노래하다〕. 2 …을 피리로 불다. 3 (기둥 따위)에 세로 흠을 내다. ~·**like** 〔形〕
flut·ed [flu:tid] 〔形〕 1 피리 소리의, 플루트 음색의; (음색이) 아름답고 맑은. 2 〔건축〕 (기둥 따위)에 둥근 세로 흠이 있는; 흠을 새긴.
flut·er [flú:tər] 〔名〕 1 (기둥·가구 따위)에 세로 흠 파는 기구〔사람〕. 2 〔古語〕 = flutist; 플루트 제조자.
flut·ing [flú:tiŋ] 〔名〕〔U〕〔C〕 1 플루트의 취주; 피리의 음색, 피리 같은 소리. 2 둥근 흠 주름으로 꾸미기. 3 (기둥 따위의) 세로 흠 파기 (⇨ CAPITAL² 그림); 주름 달기. 4 흠; 주름. (또는 **flautist**)
flut·ist [flú:tist] 〔名〕 플루트 취주자; 피리 부는 사람.
‡**flut·ter** [flʌ́tər] 〔自〕 (~·**s** [-z]) 1 (깃발 따위가) 펄럭이다, 나부끼다, 휘날리다; (나뭇잎·불빛 따위가) 바르르 떨다, 흔들거리다; (눈꺼풀 따위가) 실룩거리다. 2 (새가) 날개치다, 푸드덕거리다; 푸드덕푸드덕 날개치며 날다〔回饱〕; 푸드덕 날개질하다 (about). 3 (심장·맥박 따위가) 불규칙적으로 빨리 고동치다, 두근거리다 (with).¶(~+前+名) Her heart ~ed with

flutter kick

fear. 그녀의 가슴은 무서워서 두근거렸다. **4** (공포로) 부들부들 떨다; (기대·희망·흥분 따위로) 가슴이 뛰다, 안절부절 못하다 *(with, in)*.¶ ~ *with new hope* 새 희망으로 가슴이 뛰다. **5** 우왕좌왕하다, 서성거리다, 정처없이 걷다 *(about)*. **6** 《英구어》 적은 돈을 걸다.
— 国 **1** (깃털·날개 따위를) 퍼덕거리다; …을 떨게 하다; (깃발 따위를) 휘날리다. **2** (입술·눈꺼풀 따위를) 껌벅거리다. **3** …을 동요시키다, 흥분시키다, 혼란케 하다, 당황하게 하다. **4** 《英구어》…에 적은 돈을 걸다.
— 명 (複~s [-z]) **1** (the ~, a ~) (깃털의) 펄럭임; (새의) 날갯짓; (심장의) 두근거림; (빛 따위의) 어른거림; (손을 떠는 것; 경련. **2** (a ~) (마음의) 동요, 떨림, 흥분; 대소동, 물의(物議), 센세이션. **3** (수영) =~ kick. **4** 《英구어》 (a ~) (소액의) 투기, 한몫 걸어보기 *(at, on)*. **5** (녹음의) 재생 상태가 고르지 않음; (TV) (영상의) 광도(光度)가 고르지 않음. **6** (항공) 플러터(비행기 날개 따위에 일어나는 자동 진동). **7** (음악) =**~-tonguing**. **8** (시장의) 일시적 동요, 작은 파동. **9** (태도 따위가) 섬세하고 우아함 **10** 거짓말 탐지기 조사.
all of a flutter 《구어》 부르르 떨며, 어쩔줄 몰라.
make [or *cause*] *a flutter* 세상을 떠들썩하게 하다, 평판이 자자해지다.
put [or *throw*] *a person in* [or *into*] *a flutter*; *bring a flutter to a person's heart* 남을 안절부절 못하게[가슴 졸이게] 하다.
~**ing·ly** 펄럭펄럭, 허둥거리며.
flútter kíck 명 (크롤·배영의) 물장구(치기).
flut·ter-tongue [-tλη] 명 (음악) flutter-tonguing 에 의한 효과. 〔혀를 떠는 취주법〕.
flut·ter-tongu·ing [-tλη̣iη] 명 (음악) 플러터텅잉.
flútter whèel 명 (낙수(落水)로 움직이는) 물레바퀴.
flut·ter·y [flλtəri] 형 펄럭이는, 나부끼는; 팔랑거리는; 흥분하기 쉬운.
flut·y [flúːti] 형 피리 소리 비슷한, (소리가) 부드럽고 맑은. [는 flutey] **flút·i·ness** 명.
flu·vi·al [flúːviəl] 형 하천의; 하류 작용으로 생긴; 강에 사는[있는, 나는]. ¶~ **animals** [**plants**] 하천 동물 [식물].
flu·vi·a·tile [flúːviətàil] 형 =fluvial.
flu·vi·ol·o·gy [flùːviάlədʒi/-ɔ́l-] 명 명 하천학.
flu·vi·om·e·ter [flùːviάmətər/-ɔ́m-] 명 (위험 地의) 하천 수량 기록계. (또는 **flu·vi·og·raph** [flúːviəgrǽf])

***flux** [flʌks] 명 **1** (a ~) (물의) 흐름, (기체·액체의) 유동(流動). **2** (a ~) 범람; 《비유적》 (말·담화의) 도도한 흐름, **3** ⓤ (the ~) (조류의) 밀려듦, 밀물(⇔ reflux). **4** ⓤ 끊임없는 변화, 변천, 유전; 불안정. ⇒FLOW 유의어 ¶*All things are in a state of ~*. 만물은 유전(流轉)한다. **5** ⓤ (병리) (혈액·체액의) 병적[이상] 배설; 설사; 이질(痢疾)(dysentery). **6** ⓤ (물리) (물·전기 따위의) 유량(流量), 유동률, (전기·자기(磁氣)의) 속(束). **7** ⓤ (화학·야금) 용재(融劑), 용매; 용해, 용융. **8** ⓤ (수학) 연접동(連接動), 유동(流動); 유량(流量).
the flux and reflux 조수의 간만; 《비유적》 (운명·세력 따위의) 소장(消長); 영고 성쇠.
— 동타 **1** …을 녹이다, 유체로 만들다. **2** …을 용제로 녹여서 섞다; 〔폐어〕 (병리) …을 (하제(下劑)로) 설사시키다. — 자 **1** 알칼리 흐러나오다; 녹다; 유동하다. **2** (조수가) 들어오다. **3** 변화[유전]하다.
flúx dènsity 명 (물리) 유속(流束) 밀도(광속(光束)· 전속(電束) 등이 단위 단면적을 통과하는 양).
flúx gàte[**vàlve**] 명 (물리) 플럭스 게이트(지구 자장(磁場) 따위 외계 자장 강도 측정기).
flux·ion [flʌ́kʃən] 명 **1** 유동, 유출; 끊임없는 변화(變轉). **2** (병리) (체액의) 병적[이상] 유출; 병적 충혈. **3** (수학) (폐어) 유율(流率)(현재의 미분).
flux·ion·al [flʌ́kʃənəl] 형 **1** 유출의, 유동(성)의; 끊임없이 변화하는. **2** (수학) 미분(법)의. ~**ly** 부.
flux·ion·ar·y [flʌ́kʃənèri] 형 (고어) =fluxional.

flux·me·ter [flʌ́ksmìːtər] 명 (물리) 자속계(磁束計), 자기선속계(計).
flúx·oid (**quántum**) [flʌ́ksɔid-] 명 자속 양자(磁束量子) (초전도체를 만드는 폐회로를 관통하는 자속(磁束)의 크기 단위).
flx, flx. flexible.

‡**fly**¹ [flai] 동 (**flies** [-z]; **flew**; **flown**) ㉠ **1** 《새·벌레 따위가》 날다; 날아가다*(away, off)*; 날아다니다*(around)*.¶ (~+[부]) ~ *away* 날아가다.

[유의어] **fly** 「날다」를 뜻하는 가장 넓은 뜻의 말. **flit** 잇따라 장소를 바꾸며 짧게 빨리 날다. **flutter** 날개를 파닥거리며 짧은 거리를 날다. **hover** 공중에 떠서 한 군데에 머물다. **soar** 거의 수직으로 하늘 높이 날아 오르다. 또는 고공의 기류를 타고 날개를 거의 움직이지 않고 날다.

2 (물체가 바람으로) 공중을 날다*(over, by)*, 날리다, 날아오르다; (깃발·옷 따위가) 펄럭이다*(flutter)*; (머리카락 따위가) 나부끼다*(away)*; (구름·연기 따위가) 공중에 뜨다; (불꽃 따위가) 튀다; (탄환·화살·공 따위가) 날다 *(to, toward)*.¶(~+[부]+[명]) *Her hair flew in the wind*. 그녀의 머리카락이 바람에 나부꼈다.
3 (…에서 …로[에]) 비행기로 가다*(from…to / by, with)*; (우주선으로) 우주 비행하다; (항공기·로켓 따위가) 날다, 비행하다; 비행기[우주선]를 조종하다. ¶~ **blind**[**contact**] 계기[시계(視界)] 비행을 하다 // (~ +[전]+[명]) ~ *to London* 비행기로 런던에 가다 / ~ *by* [or *with*] *Korean Air* 대한 항공으로 여행하다.
4 (차 따위가) 휙 통과하다; (시간이) 빨리 지나가다*(by, past)*; (소문 따위가) 퍼지다*(about)*; (돈이) 금새 없어지다.¶*Rumor flies*. 소문은 빨리 퍼진다 / *Time flies*. 《속담》 세월은 쏜살같다.
5 (사람·동물이) 재빨리 움직이다; (…로) 쏜살같이 가다, 달려가다*(to)*; (여우가) 있는 곳에서 뛰어나오다. ¶(~+[전]+[명]) *The policeman flew to the spot*. 경관은 현장으로 달려갔다.
6 갑자기 …하게[…한 상태로] 되다*(into)*.¶(~+[전]+[명]) ~ *into a passion* 발끈 화내다 / ~ *into a rapture* 좋아서 날뛰다. **7** 《보어 형용사와 함께》 (문 따위가) 급히 열리다[닫히다].¶(~+[부]) *The door flew open*. 문이 확 열렸다. **8** 뛰어넘다, 도약하다 (물고기 따위가) 뛰어오르다.¶(~+[전]+[명]) ~ *over a hedge* 울타리를 뛰어넘다. **9** (구어) 달아나다; (위험 따위에서) 도망치다, 피하다 (* (英)에서는 보통 flee 대신에 fly를 쓴다); (사람이) 증발하다*(off) (from)*; (안개·그림자 따위가) 사라지다. ¶*A wicked man will ~ from justice*. 악인은 정의는 피하는 법이다. **10** (…을) 공격하다, 덮치다, 대들다*(at, on)*. **11** *(p., pp. flied)* (야구) 플라이를 치다. **12** (구어) (부정문에서) (연설·생각 따위가) 성공하다, 설득력이 있다, 실행 가능하다. **13** (美속어) 마약을 주사하다; (~ **high**로) 마약에 도취하다.
— 타 **1** (새 따위를) 날리다, 띄우다; (연·기구 따위)를 날리다, 띄우다.¶~ *a balloon* 기구를 띄우다. **2** (항공기 따위를) 조종하다.¶~ *a fighter* 전투기를 몰다. **3** (항로·지역 따위)를 (날아서) 지나가다; …의 상공을 날다 [통과하다]; (항공 회사)를 이용하다[하여 여행하다] *(from / to)*; (화물·여객)을 항공기로 나르다. **4** (깃발) 을 게양하다, 휘날리다. ¶~ *a national flag* 국기를 게양하다. **5** …에서 도망치다; …을 피하다 (* (英)에서는 보통 flee 대신 fly를 쓴다).¶~ *one's country* 국외로 망명하다. **6** (美구어) …에서 사냥을 하다*(at)*; …을 매사 냥하다. **7** *(p., pp. flied)* (연극) (막·배경 따위)를 무대 위에 드리우다[무대 천장으로 감아올리다]. **8** *(p., pp. flied)* (야구) (공)을 쳐올리다. [퍼지다.
as the crow flies ⇒CROW¹.
fly about ① 날아다니다; 흩어지다. ② (소문 따위가)
fly apart [or *up*] *in pieces, into fragments, to bits*) 산산조각으로 흩어지다. 등을 벌리다.
fly around ① 바삐 돌아다니다. ② 《美구어》 대소

fly at ① …에게 덤벼들다, 공격하다; …을 매사냥하다. ② …을 호되게 꾸짖다(비난하다). ③ …을 무모하게 시작하다.

fly at *a person's* **throat** 남의 목을 조르려고 덤벼들다; 남을 갑자기 습격(공격)하다.

fly at high(er) game ⇒GAME. 〔모르고 행동하다.〕

fly blind ① 계기(計器) 비행을 하다. ② 〔구어〕 영문도

fly by [or **past, over**] 상공을 날다; 분열 비행을 하다.

fly by the seat of *one's* **pants** (속어) (계기에 의존하지 않고) 직감(손으로 더듬이)로 조종하다.

fly high ① 높이 날다. ② =*fly at high(er)* GAME. ③ (진행형으로) (일이) 척척 풀려나가다, 순조롭다; 출세(성공)하다. ④ (진행형으로) 의기양양해지다.

fly in ① 비행기로 도착하다. ② 〔항공기·승객·화물 등을〕 착륙(기착)시키다. ③ (구어) 열심히

fly in the face [or **teeth**] **of** ⇒FACE. 〔해내다.

fly light 〔美속어〕 한끼를 거르다; 공복(空腹)이다.

fly low ① 낮게 날다. ② 먹은 것을 내리지 않다 (= **fly high**). ③ 세상의 이목을 꺼리다, 표면에 나서지 않다. ④ 〔美속어〕 바지의 지퍼가 열려 있다.

fly off ① 날아가 버리다, 날아 흩어지다; 급히 떠나다. ② 위반하다, 배반하다 (*from*). ③ 증발하다.

fly off the handle 〔구어〕 (느닷없이) 화내다.

fly on [or **upon**] =*fly at*.

fly out ① 뛰어나가다. ② (…에서) 비행기로 출발하다 (*of*). ③ 갑자기 화를 내다, 갑자기 맹렬히 덤벼들다 (*at, against*). ④ (야구) 플라이를 쳐서 아웃이 되다.

fly right 〔美속어〕 (도의적으로) 올바른 처신을 하다, 예의바르게 행동하다.

fly the track 〔美속어〕 (열차가) 탈선하다; 상궤를 벗어나다; 급히 전향하다(그만두다).

fly to arms ⇒ARM².

fly up ① 위(북쪽)으로 날다. ② 뛰어나가다. ③ (英) 걸 스카우트의 연소 그룹에서 연장 그룹으로 옮기다, 정식대원이 되다. ④ 〔美속어〕 발끈하다 (~ *up in the air*).

go fly a [or *one's*] **kite** ⇒KITE¹.

go flying 넘어지다, 뒹굴다.

let fly ① (…에게) 발포(투석)하다, 화살을 쏘다 (*at*); …을 쏘다 (*at*). ② (…에게) 심한 말을 하다, 심한 말로 비난하다 (*at, on*); 감정적이 되다. ③ 〔美속어〕 침을 뱉다; 〔美속어·비어〕 소변보다.

make the dust fly 〔美구어〕 맹렬히 해치우다.

make the fur fly ① 〔구어〕 큰 싸움을 벌이다; 큰 소동을 일으키다. ② =*make the dust fly*. 〔뿌리다.

make the money fly 돈을 물쓰듯 하다, 돈을 마구

send [or **knock**]…**flying** 〔구어〕 (물건)을 내던지다, 흩날리다. ② (남)을 후려갈기다; (남)을 내쫓다.

— (명) (복 *flies* [-z]) 1 날기; 비행, 비상(飛翔). 2 (천막 입구에) 내려뜨린 헝겊; 플라이(비가 많이 올 때 천막 위에 덮는 천). 3 (양복의) 단추 가리개(주름 · 헝겊). (종 *flies*) (英) 바지의 앞섶(지퍼). ¶ *Your* ~ *is open* [or *down, undone*]. 바지의 지퍼(남대문)이 열렸어. 4 비행 거리; (공 따위가) 나는 코스; 탄도. 5 (야구) = ~ ball. 6 (*flies*) (英) (말 한 필이 끄는) 임대 경마차; 유람 마차. 7 〔기계〕 =flywheel; (방적기의) 연사기(撚絲機); 베틀의 북. 8 〔인쇄〕 a) 인쇄지를 물어내는 장치, 종이 집는 장치. b) (옛날의) 종이를 집어내는 직공. 9 (깃발의) 가로 폭; (깃발의) 바깥 끝. 10 =flyleaf. 11 = ~ sheet. 12 (*flies*) 〔연극〕 무대의 천장 부분(무대 장치를 조작하는 곳)(~ *loft*). 13 (피아노·오르간의) 건반 뚜껑. 14 (시계) 조정기. 15 〔해사〕 플라이(배의 속도를 측정기의 바깥쪽의 회전 장치).

give it a fly 〔濠 · 뉴질〕 해보다, 시험해 보다.

off the fly (속어) 아무것도 하지 않고, 쉬고.

on the fly (美) ① 비행중에; (공 따위가) 땅에 떨어지기 전에. ② 서둘러; 쉴새없이. ③ 〔구어〕 슬그머니, 몰래. ¶ get a drink *on the* ~ 몰래 한잔하다. ④ 나가면서. ⑤ 〔구어〕 작동[가동, 활동]중에.

up in the fly 〔연극〕 잘 되어가는.

‡**fly²** (명) (복 *flies* [-z]) 1 파리. 2 날벌레(파리 같은 곤충). 3 (날벌레에 의한) 충해. 4 〔낚시〕 제물 낚시, 산 파리 미끼. 5 (남아공) =flybelt.

(fly² 4)

a fly in amber ① 호박(琥珀) 속의 화석 파리(커프스 단추 따위로 쓴다). ② 원형대로 잘 보존된 유물, 진품(珍品); 구태의연한 것.

a [or **the**] **fly in the ointment** 〔성서〕 옥에 티; 가치(흥 · 기쁨)을 망치는(반감시키는) 것.

a fly on the wall (英구어) 몰래 남을 관찰하는 사람 ((美) a mouse in the corner).

a fly on the wheel [or **coachwheel**] 자만하는 [허세 부리는] 사람. 〔⇒WHEEL.

break [or **crush**] **a fly on a** [or **the**] **wheel**

catch flies (속어) ① (지루하여 하품하다. ② 〔연극〕 (배우가) 의외의 동작으로 관객의 주의를 끌다.

Don't let flies stick to your heels. 꾸물대지 마라(* 빨리 하지 않으면 발뒤꿈치에 파리가 꾄다는 뜻).

drink with flies (濠속어) ① 혼자서 술을 마시다. ② 혼자서 마시는 술.

like a blue-arsed fly (英속어) 황급히, 허겁지겁.

like flies 파리 떼처럼, 떼지어서. ¶ die *like flies* 떼죽음을 당하다. 〔죽이다, 마음이 여리다.

not harm [or **hurt**] **a fly** 〔구어〕 파리 한 마리도 못

rise to the fly 속다, 걸려들다.

There are [or **is**] **no flies on**…. (속어) ① (사람이) 주의깊다, 방심하지 않다, 약삭빠르다. ② (사람이) 결점이 없다, 나무랄 데가 없다. ③ (거래가) 조금도 꺼림칙한 데가 없다.

~·less (형)

fly³ (형) 1 (英구어) (경멸적) 빈틈없는, 노련한, 방심할 수 없는. 2 (美속어) 근사한, 멋있는. **~·ness** (명)

fly·a·ble [fláiəbl] (형) 날 수 있는; (날씨가) 비행에 알맞은; (상품이) 공수할 수 있는.

fly ág·a·ric [-ǽgərik] (명) 〔식물〕 광대버섯(파리잡이 종이에 칠하는 독을 이 버섯에서 뽑았다).

fly ásh (명) 비산회(飛散灰)(노爐에서 배기(排氣)와 함께 나오는 불연성의 재; 시멘트 혼합제).

fly·a·way [fláiəwèi] (형) 1 (머리칼 따위가) 바람에 나풀거리는, 펄럭이는; (옷이) 헐렁거리는, 아무렇게나 걸친. 2 (사람이) 덜렁거리는, 들뜬. 3 (조립 공장의 항공기가) 비행 준비가 된; (군수품이) 공수용으로 포장(제조)된. — (명) 1 경솔한 사람; 변덕장이. 2 도망자. 3 뒤에서 보이는 옷자락의 신기루. 4 조립 공장에서 자체 비행으로 목적지로 가는 항공기. 5 휴대용 장거리 송신기(통신 위성에 TV 전파를 쏘는).

fly-bait [-bèit] (명) 〔美속어〕 1 Phi Beta Kappa의 회원. 2 사체(死體), 시체.

flý báll (명) 1 〔야구〕 플라이, 비구(飛球). 2 괴짜, 기인. 3 =fly cop. 4 〔美속어〕 (남자) 호모, 동성애자.

fly·bane [fláibèin] (명) 파리 죽이는 풀(끈끈이 제비꽃 따위).

fly·belt [fláibèlt] (명) 체체파리(tsetse fly)가 들끓는

fly·blow [fláiblòu] (동) (-*blew*; -*blown*) 1 (파리가) (고기 따위)에 쉬를 슬다, 구더기가 꿇게 하다. 2 (명성 따위)를 더럽히다. — (명) 파리의 쉬(구더기).

fly·blown [fláiblòun] (형) 1 파리가 쉬를 슨; (고기 따위가) 구더기가 생긴. 2 (평판·명성 따위가) 더럽혀진; 오염된, 불결(불순)해진, 부패한.

fly·boat [fláibòut] (명) 1 소형 쾌속선. 2 (영국의) 운하용 쾌속선; (네덜란드의) 연해용 평저선(平底船).

flý bòb [**bùll**] (명) (속어) =fly cop.

flý bòmb (명) =flying bomb.

fly bòok (명) (책 모양의) 파리낚시 상자.

fly·boy [fláibɔ̀i] (명) 1 (美구어) 항공기 승무원, 조종사; 미공군 장병. 2 (속어) 멋쟁이.

fly·bridge [fláibridʒ] 몡 =flying bridge 2.
fly·by [fláibài] 몡 **1** (항공) (에어 쇼 따위) 의례(儀禮)로 행하는 저공 통과) 비행, 공중 분열식(flyover). **2** (로켓) (우주선의 천체로의) 근접 통과. (또는 **flý-bỳ**)
fly-by-light [ˊ-ˋlàit] 몡 (항공) (광(光)케이블을 써서 광 신호로 조종하는 (방식)(약 FBL).
fly-by-night [ˊ-ˋnàit] (구어) (경멸적) 혱 **1** 업무 따위가) 믿지 못할; (세일즈맨 등이) 무책임한, 눈앞의 이익만 챙기는. **2** 일시적인; 불안정한. ─명 **1** 믿지 못할 사람[것]; (빚지고) 야반 도주하는 사람; (투자·융자 따위에서) 리스크[위험도]가 큰 기업[사람]. (또는 **flý-by-níghter**) **2** 밤에 놀러다니는 사람.
fly-by-wire [ˊ-wáiər] 몡혱 (항공) 플라이바이와이어(의)(조종 페달의 작동을 컴퓨터를 통한 전기 신호로 조종간에 전달하는 조종 시스템). ─몡자 =**fly-fish**.
flý cásting (낚시) 파리[제물] 낚시질. **flý-càst** 통
fly·catch·er [fláikæ̀tʃər] 몡 **1** 딱새과의 작은 새(유럽산(産)). **2** 타이란새과(科)의 새(미국산(産). **2** 파리잡는 사람[기구]. **3** (식물) 파리지옥풀.
fly-chas·er [ˊ-ˋtʃèisər] 몡 (美속어) (야구) 외야수.
flý còp [díck] 몡 (美속어) 사복 경관, 형사.
fly·cruise [ˊkrùːz] 몡 비행기 편과 배 편을 묶은 세트 여행. ─몡자 fly-cruise로 여행하다.
fly-drive [ˊ-drài∨] 몡 (형용사적) 비행사과 렌터카로 하는 여행. ─몡자 fly-drive하다. **flý-drìv·er** 몡
flý dùmper 몡 (쓰레기를 불법 투기하는) 무허가 트
fly·er [fláiər] 몡 =flier. 「럭 운송업자.
fly-fish [ˊ-fíʃ] 몡자 파리 낚시질하다. **~·er** 몡 파리 낚시꾼. **~·ing** 몡 U 파리 낚시.
flý·flap [fláiflæ̀p] 몡 (美) =fly swatter.
flý gàllery [flóor] 몡 (연극) 무대 양옆의 (좁다란) 무대 장치 조작대.
fly·girl [fláigəːrl] 몡 (속어) 젊은 여성 힙합인(hip-hop)
flý hálf [fláigəːrl] 몡 (럭비) 플라이 하프(standoff half). 「팬.
fly-in [ˊin] 몡 (구어) **1** 플라이인. **a)** 참가자가 자가용 비행기로 모이는 집회[대회]. **b)** 자가용 비행기를 탄 채 용무를 볼 수 있는 야외 극장·은행 따위 시설(愚) drive-in). **2** (군사) 병력·물자의 공수. ─몡 항공기 이착륙장이 있는, 항공기를 탈 수 있는.
＊fly·ing [fláiiŋ] 몡 **1** 나는, 날 수 있는; 비행(술)의. ¶ a ~ insect 나는 곤충. **2** 하늘에 뜬, 하늘에서 춤추는; (깃발 따위가) 펄럭이는, 나부끼는. **3** 급속히 움직이는, 나는 듯이 빠른; (도약 따위가) 달리면서[도움닫기를 하여] 하는. **4** 급한, 서두르는; 단시간의; 순식간의, 덧없는. ¶ a ~ remark 간단한 발언[말]. **5** 용무가 급한; 급파[급송]의; 기동성 있는. **6** 달아나는, 도망[도주]하는. **7** (해사) (돛의) 아래쪽 가장자리만이 원재(圓材)와 지삭(支索) 따위에 매어 있지 않은.
with flying colors ⇨ FLYING COLORS.
under [or with] a flying seal 개봉하여.
─몡 **1** ⓤ 날기, 비행, 비상; 비행[체공] 시간/~ in formation 편대 비행. **2** 날림, 띄움; (비행기 따위의) 조종; 비행 여행. **3** (~s) (공중에 뜬) 틸[솜]부스러기. **4** (연극) 무대 장치를 올리거나 내려 행하는 방법; 그 무대 장치. **5** (속어) (술·마약·섹스 등에 의한) 날아갈 듯한 경험.
flying bird 몡 =hummingbird.
flying bòat 몡 비행정. (B) floatplane
flying bòmb 몡 비행 폭탄(무인 비행기에 싣는 폭탄)(fly bomb). (B) robot bomb
flying bóxcar 몡 (구어) 대형 수송기.
flying bridge 몡 **1** 주교(舟橋), 가교(假橋), 부교. **2** (해사) (배에서) 가장 높은 함교. ⇨ skybridge 2.
flying búttress 몡 (건축) 플라잉 버트레스(두 벽 사이에 아치되고 가로지른 지주). ⇨ BUTTRESS 그림.
flying càrpet 몡 마법의 융단(wishing carpet).
flying círcus 몡 **1** (전투기의) 원형 진상(陣狀) 편대. **2** 곡예 비행 쇼[팀].
flying clùb 몡 비행 클럽.

flying cólors 몡복 **1** 휘날리는 깃발, 승리를 알리는 깃발. **2** 대성공, 대승리.
with flying colors; with colors flying 대승리[성공]로, 멋지게, 당당하게, 유유히.
flying cólumn 몡 (군사) 유격대, 별동대.
flying córps 몡 항공대.
flying cráne 몡 크레인을 장비한 대형 헬리콥터.
flying déck 몡 (항공 모함의) 비행 갑판.
flying dísk 몡 **1** =Frisbee. **2** =flying saucer.
flying dóctor 몡 (濠) 비행 왕진 의사.
flying drágon 몡 날도마뱀.
Flying Dútchman 몡 **1** (the ~) 네덜란드의 유령선(희망봉 근해에 출몰한다고 한다); 그 배의 선장. **2** (요트 경기의) 플라잉 더치맨급(級)(FD급). **3** (美) 술래잡기 놀이의 일종.
flying fatíque 몡 =aeroneurosis.
flying fíeld 몡 비행장, 소공항(airport 보다 작다).
flying fish 몡 (어류) 날치.
Flying Fórtress 몡 (美) 공중 요새(제2차 세계 대전 때 활약한 중폭격기 B-17의 별칭).
flying fóx 몡 (여우 비슷한 얼굴의) 큰박쥐.
flying fróg 몡 날개구리(인도산(産).
flying gúrnard 몡 (어류) 쥐치성대류(類)의 바닷물 고기(발달한 가슴지느러미로 활공)(butterfly fish).
flying hándicap 몡 (스포츠) 도움닫기 스타트 (flying start)에 주어지는 핸디캡.
flying hórse 몡 **1** =hippogriff. **2** (회전 목마 따위의) 말 모양 좌석.
flying jíb 몡 (해사) 이물 앞쪽의 삼각돛. 「jump」
flying júmp [léap] 몡 도움닫기를 한 도약(running
flying lémur 몡 여우원숭이(동남 아시아·인도 제도산(産).
flying lízard 몡 =flying dragon.
flying machíne 몡 (초기의) 비행기, 항공기.
fly·ing-man [-mæ̀n] 몡 비행가(airman).
flying máre 몡 (레슬링) 업어치기.
fly·ing-off [-ˋɔːf/-ˋɔf] 몡 (항공기) 이륙, 이함(離艦).
flying òfficer 몡 공군 장교; (보통 F- O-) (英) 공군 중위.
flying párty 몡 유격대, 별동대.
flying pícket 몡 지원 동정 파업 요원.
flying ríngs 몡 (체조) 링.
flying sáucer 몡 비행 접시. (B) UFO
flying schóol 몡 비행[항공] 학교.
Flying Scótsman 몡 (the ~) (英) 플라잉 스콧츠맨(London-Edinburgh 간 급행 열차의 애칭).
flying shéar 몡 (금속가공) 플라잉 시어(이동중인 금속판을 연속적으로 절단하는 전단기(剪斷機).
flying shéet 몡 =fly sheet. 「점」
flying spót 몡 (TV) 비점(飛點)(영상에 나타나는 흰
flying spráy 몡 파리잡는 스프레이.
flying squád 몡 (英) **1** 특별 기동대, 유격대; 긴급 파견(원조, 조사)반. **2** (종종 F- S-) (英) 특별 수사대.
flying squádron 몡 **1** (해군) 유격 함대. **2** (공군) 비행 중대. **3** (노동 쟁의 따위의) 유격대.
flying squírrel 몡 (동물) 날다람쥐류(類).
flying stárt 몡 **1** 도움닫기 스타트. **2** (기선을 제압하는) 재빠른 스타트, 순조로운 출발. 「하다.
get off to a flying start in …에서 순조롭게 출발
flying táckle 몡 (미식축구·럭비) 플라잉 태클(몸을 던져 행하는 태클).
flying trapéze 몡 공중 그네.
flying vísit 몡 짧은(갑작스런) 방문.
flying wédge 몡 (운동 선수·경찰관 등의) V자형 대형; (속어) (유흥장 따위의) 경비원(들).
flying wíng 몡 (항공) 전익(全翼) 비행기(주익(主翼)의 일부를 동체로 이용하는 꼬리 날개가 없는 비행기).
fly·leaf [fláiliːf] 몡 면지(面紙)(책의 권두·권말의 백지); (프로그램 따위의) 여백. **2** 나아가는 경로.
flý líne 몡 **1** 제물낚시용의 낚싯줄. **2** (생태) (철새의)
flý lòft 몡 (연극) 무대 천장.

fly·man [fláimən, -mæ̀n] 명 1 〔연극〕 무대 장치 담당자. 2 〔英〕 경마차(fly)의 마부.
fly múg 명 《美속어》 =fly cop.
fly nét 명 《말 따위의》 파리망(網); 방충망.
fly-off [fláiɔ̀:f/-ɔ̀f] 명 항공기의 성능 비교 비행 쇼.
fly·o·ver [fláiòuvər] 명 1 의례(儀禮)[저공] 비행, 공중 분열식((英) flypast). 2 폭격기(대)의 비행. 3 관광 비행. 4 〔英〕 (입체 교차하는) 고가 도로. (철로 위의) 고가 다리((美) overpass).
flyover péople 명 《美》 〔TV〕 동해안의 뉴욕과 서해안의 로스앤젤레스 사이 지역에 사는 사람들.
fly·pa·per [fláipèipər] 명 파리 잡는 끈끈이 종이.
fly·past [fláipæ̀st/-pɑ̀:st] 명 〔英〕《항공》 =flyby 1.
fly pitch 명 《英속어》 (무허가 노점상인의) 가게터.
  fly·pitch·er 명 무허가 노점상.
fly·post [fláipòust] 명타 《英》 (포스터 따위)를 (…에) 몰래 붙이다. **~·er** 명
fly ráil 명 1 〔가구〕 (현수판(drop leaf)을 지탱하는) 회전 까치발. 2 (또는 **fly-ràil**) 〔연극〕 무대 천장의 대도구
fly ròd 명 제물 낚싯대. [를 조작하는 브리지.
fly shèet 명 1 (광고 따위) 한 장으로 된 인쇄물; 광고지, 전단(handbill). 2 텐트 상부 따위를 덮는 방수포.
fly·speck [fláispèk] 명 1 파리똥의 얼룩; 작은 얼룩 [오점]. 2 (배·사과 등의) 흑반병(黑斑病). —동타 …에 파리가 쉬를 슬다; …에 작은 얼룩을 묻히다.
fly-spray [⁀sprèi] 명 파리잡이 스프레이.
fly·strip [fláistrìp] 명 (살충제를 먹인) 파리잡이 플
fly swàtter 명 파리채(flyflap). [라스틱 조각.
flyte [flait] 동타 〔스코〕 =flite.
fly-tip [⁀tip] 동 (-**pp**-) 타 《英》 (쓰레기)를 함부로 버리다, 불법 투기하다. **~·per**, **~·ping** 명
fly·trap [fláitræ̀p] 명 1 파리잡이롱(파리지옥 따위) 식충(食蟲) 식물); 2 파리잡이통. [〔철도〕
fly-un·der [⁀ʌ̀ndər] 명 고가 도로[철도] 밑의 도로
fly·way [fláiwèi] 명 철새가 나는 길[경로].
fly·weight [fláiwèit] 명 〔권투·역도 따위의〕 플라이급 선수. — 형 플라이급의. [전 조절을 바꿈).
fly·wheel [fláihwì:l] 명 〔기계〕 플라이휠(기계의 회
fly whìsk 명 파리 쫓는 채(총종·깃털·지위의 상징).
fly zòne 〔육상〕 (계주의) 배턴을 주고 받는 지역
Fm 기 《화학》 fermium. [(exchange zone).
FM, F.M. [éfém] 명 1 〔전자〕 주파수 변조, 2 FM 방송. — 주파수 변조의; FM방송의. 참 AM
  [<*f*requency *m*odulation]
fm. fathom(s); from. **F.M.** field magnet; Field Marshal; Foreign Minister [Mission]. **FMB** 《美》 Federal Maritime Board(연방 해사원(海事院)). **FMC** 《美》 Federal Maritime Commission(연방 해사 위원회). **FMCS** 《美》 Federal Mediation and Conciliation Service(연방 조정 중재청). **FMLA** 《美》 Family and Medical Leave Act (of 1993)(가족·의료 휴가법). **FMN** *f*lavin *m*ono*n*ucleotide(플라빈 효소군(群)의 보효소(補酵素)의 하나). **fmn.** formation. **fmr.** former(ly). **FMS** 〔컴퓨터〕 *f*lexible *m*anufacturing *s*ystem(융통성 있는 다품종 소량 생산 체계); 〔항공〕 *f*light *m*anagement *s*ystem; 《美》 *f*oreign *m*ilitary *s*ales(대외 군사 판매). **FMVSS** 《美》 Federal Motor-Vehicle Safety Standard(연방 자동차 안전 기준). **fn, fn., f.n.** footnote. **fnd.** foundation; founded(ed). **fndr.** founder. **fnl.** final(ly). **FNMA** 《美》 Federal National Mortgage Association(연방 저당권 협회).
f-num·ber [éfnʌ̀mbər] 명 〔사진·광학〕 f수(렌즈의 밝기를 표시)(focal ratio).
Fo [fou] 명 *Dario* ~ 포우(1926-); 이탈리아 극작가; 노벨 문학상(1997).
FO *f*ade *o*ut; *f*ield *o*fficer; *f*uel *o*il. **fo.** folio. **F.O.** *f*ield *o*fficer; *F*inance [*F*inancial] *O*fficer; *f*lying

*o*fficer; *F*oreign *O*ffice; 〔군사〕 *f*orward *o*bserver (전방 관측병).
foal [foul] 명 (한 살 미만의) 말[당나귀·노새]의 새끼. *in* [or *with*] *foal* (말에) 새끼를 배어. — 동 (말 따위가) (새끼를) 낳다(*down*).
‡foam [foum] 명 **~s** [-z]; 🄤🄫 1 (집합적) 거품, 포말(泡沫). ¶ gather ~ 거품이 일다.

    유의어 **foam** 작은 bubble이 모여서 하얗게 된 것. **bubble** 하나의 기포(氣泡). **froth** foam과 뜻은 같으나 무력·무가치를 상징하는 말. **spume** 물결이 이는 수면의 foam, froth. **lather** 비누의 거품. **suds** lather보다 더 거품이 많은 (세탁용 따위의) 비누액.

2 (중노동을 한 말 따위의) 비지땀. 3 (간질·공수병 따위로) 입에서 내뿜는 거품. 4 (면도용) 거품 비누; 《화학》 발포체. 5 소화기 거품; 그 거품통; 〔구어〕 = ~ rubber. 6 《美구어》 맥주. 7 (the ~) 〔시〕 (거품이 이는) 바다. *in a foam* ① 거품 덩어리로, ② (말 따위가) 온통 땀투성이가 되어.
— 동 (~s [-z]) 자 1 거품이 일다, 거품을 일으키다 (*up*); 거품을 내며 흐르다(*along, down, over*); (말 따위가) 비지땀을 흘리다. ¶ (~+뷘) ~ *over* 거품이 넘치다/ The torrent roared and ~*ed along*. 급류는 거품을 일으키며 우렁차게 흘렀다. 2 (화가 나) 입에 게거품을 뿜다(*at*); 화가 나 있다(*with*). ¶ (~+뷘+명) ~ *with rage* 격분하다.
— 타 ① …을 거품이 일게 하다, 거품투성이로 하다. 2 〔플라스틱·금속 따위〕에 기포를 주입하다; 〔콘크리트·모르타르 따위〕에 기포가 생기게 하다.
foam at the mouth ① (간질·공수병 따위의) 입에서 게거품을 내뿜다[날리다]. ② 《속어》 몹시 화를 내다, 격분하다.
foam off [or *away*] 거품이 되어 사라지다: (희망·정열 따위가) 헛되이 사라지다. 수포로 돌아가다.
foam with anger =*foam at the mouth* ②
L-ing·ly 뷘 *L-less*, *L-like* 형
foam·back [fóumbæ̀k] 명 천의 뒷면에 뿌리는 방향용 합성 발포제. [블록.
fóam blòck 명 폼 블록(foam home 건축용 프레(材)
foam·crete [fóumkrì:t] 명 발포(發泡) 콘크리트(활주로용 포장재). [panded plastic).
fóamed plástic 명 《화학》 발포(發泡) 스티롤(ex-
fóam extínguisher 명 포말 소화기.
fóam glàss 명 거품 유리, 다포(多泡) 유리.
fóam hòme 명 폼 홈(polystyrene의 폼재(材)로 마나 콘크리트와 맞쳐 짓는 집).
fóam-in-pláce pàckaging 명 현장 발포 포장(플라스틱 발포물을 넣어 고화(固化)시키는 완충 포장법).
fóam polystýrene 명 =foamed plastic.
fóam rúbber 명 기포(氣泡)[발포(發泡)] 고무.
foam·y [fóumi] 형 1 거품이 많은, 거품투성이의; 거품이 이는, 거품으로 된. ¶ a ~ stream 거품이 이는 개울물. 2 거품의[같은]. **fóam·i·ly** 뷘 **fóam·i·ness** 명
fob¹ [fɑb/fɔb] 명 1 (바지의) 시계 주머니. (또는 **~ pòcket**) 2 《美》 = ~ chain. 3 = ~ watch.
fob² 동타 (-**bb**-) (고어) …을 속이다, 기만하다.
fob off ① 《불량품 따위》을 속여서 팔다(palm off) (*on*). ② (사람·요구 등)을 피하다; [남]을 (교묘한 말로) 속이다(*with*).
FOB 《美속어》 *f*resh *o*ff the *b*oat(배에서 갓 내린; 세상 물정을 모르는). **f.o.b., F.O.B.** *f*ree *o*n *b*oard (《화물의) 본선(本船) 〔화주〕 인도). ¶ a price ~ 본선 인
fób chàin 명 회중 시계줄(사슬, 리본). [도 가격.
FOBS 〔군사〕 *f*ractional *o*rbital *b*ombardment *s*ystem(부분 궤도 폭격 체제).
fób wàtch 명 회중 시계.
F.O.C., f.o.c. 〔상업〕 *f*ree *o*f *c*harge(무료).
fo·cac·ci·a [foukɑ́tʃə/-kɔ́tʃ-] 명 포카치아(피자 비

숫한 빵 모양의 이탈리아 요리).
*fo·cal [fóukəl] 《형》 1 초점(상)의; 초점에 있는. 2 《병리》 병소(病巢)의, 소상(巢狀)의. 3 《지진》 진원(震源)의. ¶ the ~ region 진원 지역. ~·ly 《부》
fócal inféction 《병리》 병소(病巢) 감염.
fo·cal·ize [fóukəlàiz] 《타》 1 =focus. 2 《감염 지역 따위를》 국지국부)화하다. fì·zá·tion 《명》
fócal léngth [dìstance] 《광학》 초점 거리.
fócal pláne 《광학》 초점면(面).
fó·cal-pláne shútter [-plèin-] 《사진》 포컬 플레인 셔터, 초점면(面) 셔터.
fócal póint 《광학》 초점. 2 《활동·관심 따위의》 중심, 초점. 3 《지진 따위의》 중심부; 《질병의》 주환부(主患部); 《사건·폭동 따위의》 중심지.
fócal rátio 《광학·사진》 =f-number.
fo·ci [fóusai, -kai] 《명》 focus의 복수형. 〔focus〕
fo·co [fóukou] 《명》 소규모의 게릴라 거점. 〔<Sp〕
fo'c's'le, fo'k's'le [fóuksl] 《명》 =forecastle.
‡fo·cus [fóukəs] 《명》 (복 ~·es [-iz], -ci [-sai, -kai]) ⓊⓅ 1 (the ~) 《관심·주의·활동 따위의》 초점, 중심; 주안점, 주안점의 초점 및 학 활동의 초점. 2 《물리》 초점. ¶ a real [virtual] ~ 실[허] 초점. 3 《광학》 《렌즈의》 초점, 초점 거리; 명확한 상(像)의 상태; 초점 정합(整合). 4 《기하》 《원뿔 곡선의》 초점. 5 (the ~) 《지질》 《지진의》 진원(震源), 《사건·폭동 따위의》 중심지; 《태풍의》 눈. 6 《병리》 《질병의》 주(主)환부, 병소(病巢). 7 《경영》 사업의 특화(特化), 단일 업종 집중. 8 《언어》 《문장의》 초점, 강조어.
bring... into focus ① 《물체》를 《렌즈의》 초점에 맞추다. ② 를 분명[명확]히 하다.
come into focus (초점이 맞추어져) 뚜렷이 보이다; 《상황 따위가》 뚜렷해지다. 「도렷하게[희미하게].
in [out of] focus ① 초점[핀트]이 맞아[어긋나]. ②
—— 《동》 (-s-, 《영》 -ss-) 《타》 1 《빛 따위》를 초점에 모으다; 《렌즈 따위》의 초점을 《…에》 맞추다(on, upon); 《영상》을 분명하게 하다. 2 《주의·관심 따위》를 《…에》 집중시키다 (on). ¶ (~+몀+쥔+몀) ~ one's attention[thoughts] on …에 주의[생각]를 집중시키다. —— 《자》 1 《빛 따위》의 초점이 모이다; 《렌즈 따위》의 초점이 《…에》 맞다(on, upon). 2 《…을》 중점적으로 다루다; 《주의 따위》를 집중하다(in)(on, upon).
~·a·ble 《형》 ~·er 《명》 ~·less 《형》
fócus gróup 포커스 집단(여론·반응 조사를 위해 표적 시장에서 추출한 소수의 소비자 그룹).
fó·cus·ing clòth [fóukəsiŋ] 《사진》 《구식 사진기의 초점식》 덮개布.
fócusing cóil 《전기》 집속(集東) 코일.
fócusing gláss 《사진》 초점 유리, 초점 확대경.
fod·der [fɑ́dər/fɔ́də] ⓊⓀ 1 《가축의》 먹이, 꼴, 사료; 《익살》 《사람의》 식량(food). 2 《작품·예술 따위의》 소재, 재료. 3 《경멸적》 언제나 착취[받거나 이용되는 것(사람), 임시 변통물, 소모품. 4 《속어》 탄약. —— 《동》 《타》 《가축》에게 먹이[꼴]를 주다; …에게 변치 않은 사료를 주다.
‡foe [fou] 《명》 (복 ~s [-z]) 《문어》 1 적, 원수; 악의[적의]를 품은 사람. <ENEMY 《유의어》 ¶ a deadly ~ 대적(大敵). 2 적병, 적군; 적국 사람. 3 《경기 따위의》 상대; 《논쟁 따위의》 적수, 대항자 ~, 정적. 4 《…에》 반대자, 적대자(to); 《…에》 유해한 것, 파괴하는 것; 장애 (of, to). ¶ a ~ to freedom 자유의 적.
FOE, F.O.E. 《미》 Fraternal Order of Eagles(이글 공제 조합); 《영》 (또는 FoE) Friends of the Earth (지구의 벗(국제 환경 보호 단체: 1971년 설립)).
foehn [fein/G fø:n] 《명》 푄(높은 산에서 불어 내리는 고온 건조한 바람). 《또는 föhn》 〔<G〕
foe·man [fóumən] 《명》 《문어》 적(병)(foe, enemy).
a foeman worthy of one's steel 적이라기 보다는 훌륭한
foe·tal [fí:tl] 《형》 =fetal. 「용사, 호적수.
foe·ta·tion [fi:téiʃən] 《명》 =fetation.

foe·ti·cide [fí:təsàid] 《명》 =feticide.
foet·id [fétid, fí:t-] 《형》 =fetid.
foe·tus [fí:təs] 《명》 (복 ~·es) =fetus.
fo·far·raw [fóufərɔ̀:] 《명》 《美구어》 =foofaraw.
*fog¹ [fɔ:g, fɑg/fɔg] 《명》 (복 ~s [-z]) Ⓤⓒ 1 안개, 농무(濃霧). ¶ a dense [or heavy, thick] ~ 짙은 안개 / The ~ cleared [or lifted]. 안개가 걷혔다.

《유의어》 fog 시계(視界)를 상당히 가리는 안개. mist fog보다 엷은 안개. haze 연기·먼지 따위가 얇게 퍼져 시계를 가리는 것; 습기를 암시하지 않는 말. smog 대도시·공업 지대에 나타나는 매연(smoke)과 안개(fog)가 섞인 것.

2 《안개와 같은》 연기, 연무(煙霧); 먼지, 물보라; 《美속어》 김, 수증기. 3 혼란, 당황; 모호함, 불명확함(vagueness). 4 《사진》 《음화(陰畵)의》 흐림. 5 《물·화》 연무, 포그(기체 중에 확산된 액체 입자의 혼합물).
(all) in a fog 당황하여, 어찌할 바를 몰라.
raise a fog 혼란을 일으키다; 당황하게 하다.
—— 《동》 (~s [-z]; -gg-) 《타》 1 …을 안개[연기, 증기 따위]로 덮다(up). 2 …을 흐리게 하다, 어둡게 하다(up). 《사진》 《음화》를 흐리게 하다. 3 …을 혼란[혼미]하게 하다; …을 애매하게 하다. 4 《수동형으로》 …을 당황하게 하다, 허둥대게 하다. 5 《동물》 《봄》을 강속구로 던지다; (때려) 죽이다. —— 《자》 1 《안개가 끼다; 안개[먼지 등》에 싸이다[흐려지다](up, over). 2 《사진》 흐려지다, 부옇게 되다. 3 《英》 《선로에》 농무 경계 신호를 내다. 4 《원예》 습기에 시들어 죽다(off). 5 《美방언》 담배를 피우다.
fog it in 《야구》 《속어》 강속구를 던지다. ¶를 피우다.
fog up ① 안개로 흐려지다, 김이 서리다. ② 《속어》
~·less 《형》 ② 《속어》 담배에 불을 붙이다.
fog² 《명》Ⓤⓒ 《美·英방언》 1 《벤 뒤에 자라난》 두번째 풀. 2 《겨울 동안에》 《풀이 선 채로》 말라 죽은 풀. 3 이끼.
—— 《동》 (-gg-) 《타》 1 《토지》의 풀이 선 채 말라 죽도록 내버려두다. 2 《가축》에게 두번째로 돋은 풀을 먹이다.
fóg alárm 《명》 농무[안개] 경보.
fóg bànk 《명》 안개 봉우리, 무제(霧堤)《해상의 농무》.
fóg bèll 《명》 농무 경종(警鐘)《배가 울리는 경보》.
fóg·bound [fɔ́:gbàund, fɑ́g-/fɔ́g-] 《형》 안개 때문에 갇힌: 《배·비행기가》 짙은 안개로 항행할 수 없는.
fóg·bow [fɔ́:gbòu, fɑ́g-/fɔ́g-] 《명》 안개 무지개《안개 속에 보이는 흰 무지개》. 《또는 fogdog, fogeater, seadog》 〔<fog¹+rainbow〕
fog·broom [fɔ́:gbrù(:)m, fɑ́g-/fɔ́g-] 《명》 《도로의 비행장의》 안개 소산(消散) 장치.
fog·dog [fɔ́:gdɔ̀g, fɑ́g-/fɔ́gdɔ̀g] 《명》 fog bank 안에 이따금 보이는 밝은 점; =fogbow.
fo·gey [fóugi] 《명》 =fogy.
*fog·gy [fɔ́:gi, fɑ́gi/fɔ́gi] 《형》 1 《짙은》 안개가 낀, 안개가 많은[자욱한]. 2 안개 같은; 《안개가 낀 것처럼》 흐릿한; 희미한, 몽롱한, 애매한(vague); 《사고(思考) 따위》가 혼란스러운; 당황한. 4 《사진》 흐린, 뿌연.
not have the foggiest (idea [or notion]) 전혀
-gi·ly 《부》 -gi·ness 《명》 「도무지 모르다.
Fóggy Bóttom 《명》 1 포기 보텀《미국 Washington D.C.의 Potomac 강변 저지대; 국무부 건물 소재지》. 2 《美구어》 미국 국무부(Department of State).
fog·horn [fɔ́:ghɔ̀ːrn, fɑ́g-/fɔ́g-] 《명》 《해사》 농무 경적(警笛). 2 크고 탁한 목소리. 3 《美익살》 코.
fo·gle [fóugl] 《명》 《속어》 비단 손수건[목도리].
fó·gle hùnter [hèister] 《명》 《속어》 소매치기.
fóg lèvel 《사진》 《현상된 필름의》 노광(露光)이 덜 된 부분의 농도.
fóg líght [lámp] 《명》 《자동차의》 안개등(燈).
fóg sígnal 《명》 《선박·철도의》 안개[농무] 경계 신호.
fóg síren 《명》 농무(濃霧) 경계 사이렌(기구).
fo·gy [fóugi] 《명》 《구어》 《보통 old ~》 시대에 뒤진 사람, 구식 사람; 《美軍속어》 장기 복무 수당. 《또는 fogey》

~·ish 형 구식의. **~·ism** 명U 구식(인 생각).
foh [fɔː] 감 (고어) =faugh.
föhn [fein/G føːn] 명 =foehn. [(개)(법).
FOI(A) (美) Freedom of Information (Act) (정보 공
foi·ble [fɔ́ibl] 명 1 사소한 약점[단점, 결점]. ⇨FAULT
〖유의어〗 2 괴상한 취미[기호]. 3 〖펜싱〗 칼의 약한 부분
(칼의 가운데서 칼끝까지)(刻) forte¹). [「<F〗
foie gras [fwáː gráː] 프와 그라(거위간 요리).
foil¹ [fɔil] 타 1 〖계획 따위를〗 좌절시키다, 헛되게
하다. ¶The project was ~ed. 그 계획은 좌절되었다.
2 …을 패배시키다, 깨뜨리다: 격퇴하다; (사업·계획 따
위에서) …을 방해[저지]하다 (in). 3 〖사냥〗을 따돌리
다; (짐승이 이리저리 돌아다녀서) 〖냄새 자취〗를 감추
다. ─ 명 1 〖짐승의〗 도망간 발자국. 2 〖고어〗 패배, 좌
절; 격퇴. **∼·a·ble** 형.
*foil² 명U 1 박(箔), 포일. ¶gold ~ 금박(金箔). 2 거울
뒤에 입힌 박. 3 (보석의) 밑에 까는 박. 4 C 남(다른
것)을 돋보이게 하는 사람[것](for, to). 5 C 〖건축〗 잎
[잎] 무늬 장식. 6 날개, 수중익. 7 〖속어〗 작은 마약
봉지. ─ 타 1 …에 박을 입히다. 2 …을 돋보이게 하
다. 3 〖건축〗 …에 잎무늬 장식을 붙이다.
foil³ 명 〖펜싱〗 1 포일(칼끝에 솜뭉치를 붙인 연습용 펜
싱 칼). 2 (~s) 포일을 사용하는 펜싱 경기. [「비한.
foil·borne [fɔ́ilbɔ̀ːrn] 형 〖배가〗 수중익(水中翼)을 구
fóil càpsule (술병 주둥이의) 금속 포일 캡슐.
foil·ing¹ [fɔ́iliŋ] 명 1 〖건축〗 꽃잎 모양 장식. 2
(거울 뒤의) 박(箔) 입히기.
foil·ing² 명 〖사냥〗 (사슴 따위의) 냄새 자국. [「뚜껑.
fóil lidding 〖요구르트 용기 따위의〗 금속박[포일]
foils·man [fɔ́ilzmən] 명 〖펜싱〗 포일(foil)로 펜싱을
하는 사람.
foin [fɔin] 〖고어〗 명 (칼·창 따위의) 찌르기.
─ 자 (칼·창 따위로) 찌르다, 찌르고 들어가다.
foi·son [fɔ́izn] 명 1 〖고어〗 풍부; 풍작. 2 〖스코〗 체
력, 활력, 원기; 자양분.
foist [fɔist] 타 1 〖불량품·가짜 따위를〗 억지로 떠
맡기다, 속여 팔다(off)(on(to), upon); (…에게) …을
들이대(at). 2 (부정한 문구 따위)를 슬그머니 써넣
다 (어떤 지위에)(부당한 인물)을 몰래 앉히다 (in,
into). 3 〖카드놀이〗(승부를 단정하고) 〖카드〗를
엎어 두다. 8 〖구어〗 〖사업 따위〗를 걷어치우다. 〖잡지
따위〗를 폐간하다.
fol. folio; followed; following.
fo·la·cin [fɔ́ləsin/fóu-] 명 〖생화학〗 =folic acid.
fo·late [fɔ́uleit] 명 〖생화학〗 폴산[엽산(葉酸)](folic
acid)의. ─ 명 폴산(酸), 폴산염[에스테르].
‡**fold¹** [fould] 명 **~s** [-z] 타 1 (형겊·종이 따위)를
접다(up, away), 접은 자국을 내다; …을 되접어 꺾다
(back), 접어 겹치다(over), 접어 개다(up). ¶~ up an
umbrella 우산을 접다. 2 (다리 따위)를 오그리다; (양
손·양팔)을 끼다; (양다리)를 꼬다(cross); (새 따위가)
〖날개·깃〗을 접다(up). ¶~ one's hands 양손을 끼다. 3
…을 감아 붙이다, 〖옷 따위〗를 걸치다(about, around).
¶~ +타+전+명) He ~ed his arms about the
neck of his opponent. 그는 양팔로 상대의 목을 껴안
았다. 4 …을 싸다, 넣다, 포장하다 (in). 5 ¶~ some-
thing in paper 어떤 것을 종이로 싸다. 5 〖구어〗 〖…을〗
꼭 껴안다, 포옹하다(in). ¶~ a person in one's arms
남을 품에 껴안다. 6 〖요리〗 〖계란 흰자 따위〗를 뒤섞다
(in, into). 7 〖카드놀이〗 (승부를 단정하고) 〖카드〗를
엎어 두다. 8 〖구어〗 〖사업 따위〗를 걷어치우다. 〖잡지
따위〗를 폐간하다.
─ 자 1 접히다, 포개지다, 접혀 개어지다(back, up,
down, away). 2 〖카드놀이〗 (승부를 단념하고) 카드를
엎다. 3 (사업·공장 따위가) 망하다, 도산하다; (연극이)
공연 중지되다; (신문 따위가) 폐간되다(up). 4 〖구어〗
배를 움켜쥐고 웃다(up). 5 〖구어〗 행복하다, 물러서다,
타협하다. 6 〖지질〗 〖지층에〗 습곡이 생기게 하다.
fold away 접다; 정리하다.
fold back 되접어 꺾다[꺾이다]; (이불)을 개다.
fold in 〖요리〗 한데 섞다; (재료)를 더하다.

fold out (접힌 것이) 펴지다. 열리다.
fold, spindle, or mutilate 〖펀치 카드 따위〗를 〖접
거나 뚫거나 찢어서) 못쓰게 만들다.
fold up ① 쓰러지다, 녹초가 되다; 손들다, 주저앉다.
② (우스워서·아파서) 배를 움켜쥐다 (with). ③ 반듯
하게 접다. ④ 망하다, 도산하다; (신문 따위가) 발행을
중지하다. [⇨ARM¹.
with folded arms; with one's **arms folded**
─ 명 **~s** [-z] 1 접은[접어 포갠] 부분; 주름; 층
(layer); 접은 자국, 구김살. 2 접어서 생긴 움푹한 곳
(옷의 접힌 부분). 3 (英) (토지의) 우묵한 곳. 4 〖지질〗
습곡(褶曲). 5 (서린 뱀의) 사리, (새끼 따위를 둘둘 만)
한 사리. 6 (신문) (신문지의) 중앙의 접은 자국; (1면
의) 중요 기사를 다른 기사와 구별하는 칸막이. 7 〖제본〗
접어 넣은 페이지. 8 〖해부〗 습벽(褶襞).
∼·a·ble 형.
fold² 명 1 (가축·양의) 우리, 양사. 2 (the ~) 우리 안
의 양떼. 3 (비유적) 그리스도 교회; (the ~) 〖집합적〗
교회 신도, 회중(會衆). 4 (the ~) 공통의 신앙[신념·사
상 따위]을 집단, 단체.
receive [or **welcome**, **take**] a person **back**
to [or **into**] **the fold** 남을 다시 동료[회원]으로 맞아
들이다.
return [or **come back**] **to the fold** 옛 보금자리
로 돌아가다; 원래의 신앙[단체 따위]으로 복귀하다.
─ 명타 〖양 따위〗를 우리 안에 넣다; (양을 우리 안에
서 길러) 〖땅〗을 기름지게 하다.
-fold [fòuld] 접미 1 「…배의, …겹의」의 뜻. ¶three-
fold. 2 「…의 부분을 가진」의 뜻. ¶manifold.
fold·a·way [fóuldəwèi] 형 〖한정용법〗 접게 된, 접어
식는(folding). ¶a ~ bed 접는 식 침대.
fold·boat [fóuldbòut] 명 =faltboat. [「안테나.
fóld·ed dípole [fóuldid-] 〖통신〗 접힌 다이폴
fólded hórn 폴디드 호른(접어서 짧게 되어 있는
저음용 호른형 스피커의 나팔).
fold·er [fóuldər] 명 1 접는 사람; 접는 기계. 2 접은
인쇄물(광고·지도·팸플릿 따위). 3 종이[서류] 끼우개,
폴더. 4 (~s) 접는 안경. 5 (美) 접는 종이 성냥. 6 (비
행기의) 탑승권(boarding pass).
fol·de·rol [fáldəràl/fɔ́ldərɔ̀l] 명 =falderal.
fold·ing [fóuldiŋ] 형 〖한정용법〗 접어 개는, 접는 식
의. ¶a ~ chair 접의자/a ~ screen 병풍.
fólding cámera (속어) (경찰차에 실린) 휴대용
속도 측정기.
fólding dóors 복 접게 된 문.
fólding gréen [léttuce, cáb-
bage] 명 =folding money.
fólding machíne 접지기.
fólding móney [stúff] 명 (美
구어) 지폐(paper money), 큰돈.
fólding rúle 명 접는 자.
fold-out [fóuldàut] 명 (잡지 따
위의) 접어서 끼운 페이지.
fold-up [fóuldʌ̀p] 명 1 접는 식
물건(침대·의자 따위). 2 종료, 종결; (공연 따위의) 중
지; (간행물의) 발간 정지; 폐쇄, 도산. 3 굴복, 항복.
─ 형 접는 식의 (= **fóld-ùp**). [「FBI.
Fóley Squáre [fóuli-] 명 (美속어) 연방 수사국,
fo·li·a [fóuliə] 명 folium의 복수형.
fo·li·a·ceous [fòuliéiʃəs] 형 1 잎의; 잎 같은, 잎
모양의. 2 잎이 있는, 잎 모양의 기관이 있는; 잎으로
된. 3 얇은 조각[판·층]으로 된. **∼·ness** 명.
*fo·li·age [fóuliidʒ] 명 1 〖집합적〗 잎; 무성한 잎,
군엽(群葉). 3 〖건축·미술〗 잎꽃, 가지 무늬 〖장식〗.
fo·li·aged [fóuliidʒd] 형 〖복합어로〗 잎이 있는; 잎
〖꽃, 가지〗무늬 장식을 한. ¶dark-~이 거무스름한.
fóliage léaf 〖식물〗 보통 잎, 본잎. 웹 floral leaf
fóliage plànt 명 관엽(觀葉) 식물.

fo·li·ar [fóuliər] 〖형〗 잎의, 잎 모양의; 엽질(葉質)의.
fo·li·ate [fóuliət, -lièit] 〖형〗 1 잎이 있는, 잎으로 덮인; (복합어로) (…한) 잎이 있는, 잎 모양의. 3 (건축) (또는 foliated) 잎[꽃, 가지] 무늬 장식이 있는. ― 〖동〗 [fóulièit] 〖자〗 1 잎을 내다. 2 얇은 조각으로 쪼개지다. ― 〖타〗 1 잎을 잎 모양으로 하다; (건축) …에 잎[꽃, 가지] 무늬 장식을 하다. 2 …에 박(箔)을 입히다. 3 (책)에 장수를 매기다.
fo·li·at·ed [fóulièitid] 〖형〗 1 잎 모양의. 2 (건축) =foliate 3. 3 (암석) 얇은 층으로 된.
fo·li·a·tion [fòuliéiʃən] 〖명U〗 1 잎이 남; (식물) 잎의 배열(순서). 2 (집합적) (foliage). 3 (원고·책의) 장수 매기기(순서), 장수. 4 (지질) (바위 따위가) 얇은 조각으로 갈라지기. 5 (건축) 잎(꽃, 가지) 장식(하기). 6 (식물) 아형(芽型), 7 박(箔) 만들기; 거울의 박 입히기.
fó·lic ácid [fóulik-, fál-/fɔ́l-] 〖명U〗 (생화학) 폴산(酸), 엽산(葉酸)(비타민 B복합체의 하나; 빈혈약).
fo·lie de gran·deur [fɔːliː də grɑːndə́ːr] 〖명〗 《F.》 (=folies d- g-) (정신의학) 과대 망상(megalomania).
fo·lín·ic ácid [foulínik-] 〖명〗 (생화학·약학) 폴린산(酸)(빈혈증 치료제).
*fo·li·o [fóuliòu] 〖명〗 (복 ~s) 1 〖UC〗 2절(折)(4 페이지분); 2절판(版)(지(紙))의 책. 2 (원고 따위에서 겉에만 페이지를 매긴) 한 장(leaf); 페이지 매기기. 3 (인쇄) (책의) 페이지 번호; (신문 상단의) 난외 제목(쪽수 번호·날짜·제목 따위의 총칭). 4 (부기) (장부의) 1페이지, (서로 페이지수가 매겨진) 좌우 양쪽의 1페이지. 5 (법률) (문서 길이의 기준이 되는) 단위 어수(語數)((美)에서는 보통 100단어, 英에서는 72∼90단어).
in folio (지)(인쇄)(으로). ¶a book in ~ 2절판의 책. ― 〖명〗 2절(折)(판)의. ¶a ~ volume 2절판의 책. ― 〖타〗 1 …에 페이지 수를 매기다. 2 (법률) (서류)에 단위 어수마다 표를 하다.
fo·li·o·late [fóuliəlèit] 〖형〗 (식물) (복합어로) 소엽(小葉)의로 이루어진). 「작은 잎 모양의 기관.
fo·li·ole [fóuliòul] 〖명〗 (식물) 1 작은 잎(leaflet). 2
fólio pùblishing 〖명〗 종이에 인쇄하는 재래식 출판. 〖형〗 electronic publishing 「듯. ¶centi*folious*.
-fo·li·ous [fóuliəs] 〖연결〗 leafy, having leaves의
fo·li·um [fóuliəm] 〖명〗 (복 -li·a [-liə]) 1 얇은 잎 모양의 층, 박층(薄層)(lamella). 2 (기하) 데카르트의 잎 모양(곡선이 가로 고리 모양이고, 양쪽 끝이 동일한 결절점(結節點)으로 되어 있는 부분).
fo·li·vore [fóuləvɔ̀ːr] 〖명〗 (동물) 엽식(葉食) 동물.
fo·liv·o·rous [fouliv́ərəs] 〖형〗
‡**folk** [fouk] 〖명〗 (복 ~(s)) 1 (보통 ~s) (복수취급) 사람들, 세인(世人). ¶as ~s say 세상에서 말하듯이. 2 (종종 ~s) (복수취급) (특정의 주소·연령·처지의 사람들; 사람들을 부를 때) 여러분. ¶city[country] ~(s) 도시[시골] 사람들 / old ~s 노인네들 / our ~s at home (우리) 고향 사람들 / All right, ~s. Come on, this is a party. 자, 여러분, 즐깁시다. 파티입니다. 3 (the ~) (복수취급) (문화·관습 따위를 계승하는) 사람들, 민중, 서민. 4 (one's [or the] ~s) (복수취급) (美口) 가족; 친척; 양친. 5 (고어) 민족, 종족; (교회의) 신도들; (영주의) 가신; (동물의) 종류. 6 (口) 소박(민중)음악(=~ music).
just (*plain*) *folks* (口) 꾸밈없는 사람들.
― 〖형〗 (한정용법) 1 민간에서 시작된, 민중[서민]의. 2 민속의. ¶~ *culture* 민속 문화. 3 민요(조)의 민속 음악의. ¶ ~ *ballads* 민요.
fólk árt 〖명〗 민속 예술, 민예(品). **fólk-árt** 〖형〗
folk·craft [fóukkræft/-krɑ̀ːft] 〖명〗 민속 공예(品).
fólk cùstom 〖명〗 민속, 민간 관습.
*fólk dànce 〖명〗 포크 댄스, 민속(향토) 무용; 그 곡.
fólk dàncer 〖명〗
folk etymólogy 〖명〗 민간[민중] 어원(설).
fólk guitár 〖명〗 (음악) 포크 기타.
folk·ie [fóuki] 〖명〗 (口) 민요 가수; 민요 팬. ― 〖형〗

민요 가수[민속 음악]의; 민요조의. (또는 **folky**)
folk·ish [fóukiʃ] 〖형〗 1 민간의, 서민의. 2 민속조(調)의. **folk·like** 〖형〗 **~ness** 〖명〗
folk·life [fóuklàif] 〖명〗 서민 생활(연구).
*folk·lore [fóuklɔ̀ːr] 〖명U〗 1 (집합적) 민속, 민간 전승. 2 민속학, 민간 전승학. 3 민속 신앙, 신화. 4 (의상 따위의) 민족풍, 민속조.
folk·lor·ic [fóuklɔ̀rik] 〖형〗 민간 전승의; 민속학의; 민속조의. **-lor·i·cal·ly** 〖부〗
folk·lor·ism [fóuklɔ̀rizm] 〖명U〗 민속 연구, 민속학; 민간 전승(의 하나). **-lòr·ist** 〖명〗 **-lor·ís·tic** 〖형〗
folk·lor·is·tics [fòuklɔːrístiks] 〖명〗 (단수취급) 민속[민간 전승] 연구, 민속학. 「용하는 미사.
fólk máss 〖명〗 (전통 예배 음악 대신) 민속 음악을 사
fólk mèdicine [rémedies] 〖명〗 민간 요법.
fólk mémory 〖명〗 (사회) (과거사에 대한) 민족(집단)의 기억.
fólk músic 〖명〗 민속 음악, 민요. 「공유의 기억.
folk·nik [fóuknik] 〖명〗 (속어) 포크송 가수[팬, 광(狂)].
folk-pop [-pàp/-pɔ̀p] 〖명〗 민요풍 팝 음악.
fólk psychólogy 〖명〗 민족 심리학(race psychology).
fólk róck 〖명〗 민요풍의 록 음악, 포크 록.
(또는 **fólk-ròck**) **fólk-ròcker** 〖명〗
folk·say [fóuksèi] 〖명U〗 속어적 표현, 통속어.
fólk sínger 〖명〗
*fólk sóng 〖명〗 포크 송, 민요; 민요조의 노래.
folk·ster [fóukstər] 〖명〗 《美口》 =folk singer.
fólk stòry 〖명〗 =folk tale.
folk·sy [fóuksi] 〖형〗 1 남과 잘 사귀는, 사교적인. 2 서민적인, 허물없는, 스스럼없는. 3 (예술의 수법·양식 따위가) 서민적인; 민속적인. **-si·ness** 〖명〗 「소설.
fólk tàle[stòry] 〖명〗 민간 설화, 민화, 전설; 미신.
folk·way [fóukwèi] 〖명〗 (~s) (사회) 민속, 습속, 사회적 관행. 「판 직물.
folk·weave [fóukwìːv] 〖명〗 (英) (민예품의) 거칠게 짠
folk·y [fóuki] 〖형〗 (속어) =folkie. ― (口) =folkie; =folksy. **fólk·i·ness** 〖명〗
foll. folios; followed; following.
fol·li·cle [fálikl/fɔ́l-] 〖명〗 1 (식물) 골돌과(蓇葖果). 2 (해부) 소낭(小囊), 여포(濾胞); 난포(卵胞); 모포(毛包) (hair ~). 3 누에고치.
fóllicle mìte 〖곤충〗 모낭충(毛囊蟲).
fol·lic·u·lar [fəlikjulər] 〖형〗 1 (해부) 골돌과가 있는. 2 (해부) 소낭의, 여포의. 3 (병리) 여포를 침범하는, 여포에 일어나는.
fol·lic·u·lin [fəlikjulin] 〖명〗 =estrone; =estrogen.
‡**fol·low** [fálou/fɔ́l-] 〖타〗 (~**s** [-z]) (時) 1 (시간·순서에서) …의 뒤따르다, …의 다음에 오다, …에 뒤이어 일어나다; …의 뒤를 잇다(after); …의 다음에 위치하다. ¶ Spring ~s winter. 봄은 겨울 다음에 온다 / ~ him *as president* 그의 뒤를 이어 대통령이 되다 / *One misfortune* ~s *another*. 《속담》 엎친 데 덮치기, 화불단행(禍不單行)

〖유의어〗**follow** 「뒤따라 오다」라는 뜻의 가장 일반적이고 넓은 뜻의 말. **ensue** 필연적으로 follow하다. **succeed** 어떤 것에 뒤이어 그것을 대신하다.

2 (사람·동물이) …의 뒤를 따라가다[오다], 동행하다, 수행하다(*in, out, up*); …을 따라다니다(*about, around*). ¶ ~ *hounds* (사냥개를 앞세우고) 사냥을 하다 / (~+ 몸+ 前+ 몸) *The dog* ~*ed me to the house.* 그 개는 나를 따라 집까지 왔다 // (~+ 몸+ 몸) ~ *a person in* [*out*] 남의 뒤를 따라 들어가다[나가다]. 3 (지도자)를 따르다, 추종하다; …의 가르침[주의·학설]을 신봉하다; (규칙·충고·풍습 따위)에 따르다, …에 따라서 행동하다; (유행 따위)를 따르다. ¶ ~ *the fashion of the day* 시대의 유행을 따르다 / *the rules of a game* 경기의 규칙을 지키다 / *He* ~s *Plato*. 그는 플라톤을 신봉하다 / *It is a good doctor who* ~s

his own directions. 《속담》 훌륭한 의사는 자신의 처방을 따른다.
4 (길 따위)를 따라서 나아가다; (길 따위)…와 나란히 달리다; (방침·방법)을 따르다. ¶ ~ a path 소로를 따라가다 // (~+圈+前+名) *F*– this road *to* the corner. 모퉁이까지 이 길을 따라 가시오.
5 …의 결과로서 일어나다, …에서 생겨나다. ¶Disease often ~s malnutrition. 영양 부족으로 병이 생기는 수가 흔히 있다 / Trade ~s *the flag*. 《속담》 무역도 국력이 바탕이다.
6 …을 (뒤)좇다, 추적[추격]하다; (사람)을 미행하다. ¶They ~ed the enemy for miles. 그들은 수 마일이나 적을 추격했다 / I knew we were being ~*ed*. 우리가 미행당하고 있음을 알았다. **7** …을 얻으려고 노력하다, 추구하다. ¶ ~ fame[pleasure] 명성[쾌락]을 추구하다. **8** …에 종사하다, 관계하다; (생활 양식·취미 따위)를 계속하다. ¶ ~ the trade of a grocer 식료품상을 하다 / ~ the law 법률에 종사하다, 변호사 일을 보다 / ~ the sea 선원이 되다. **9** (움직임·진행·진로 따위)를 눈으로 좇다, 주시하다; (이야기 따위)에 귀를 기울이다. ¶ ~ the news (시시각각 진전되는) 뉴스를 좇다. **10** …에 흥미를 갖다, 흥미를 갖고 연구하다; …을 열광적으로 지지[후원]하다, …의 팬이 되다. ¶He ~s soccer. 그는 축구통[팬]이다. **11** (의문문·부정문에서) (이야기·설명 따위)를 이해하다, (토론의 전개 따위)를 따라가다. ¶ ~ the 〔줄거리〕를 마음으로 더듬다, (뜻)을 알아차리다. ¶ ~ an argument 주장을 알아차리다. **12** …에 뒤따라 (…을) 덧붙이다 (*with*). **13** (발생·발전의 단계)를 거치다; 〔교육 과정〕을 이수하다.
— 자 **1** (시간·순서에서) 다음에 오다[가다]; (일이) 뒤이어 일어나다 (*after*); 결과로서 일어나다[행해지다]. ¶No one knows what may ~. 다음에 무슨 일이 일어날지 아무도 모른다 / If anything ~*ed after* it. 나는 그 뒤 무슨 일이 일어났는지 알고 싶다. **2** 따라서 가다[오다], 수행하다; 뒤에서 좇아가다[오다], 추적[미행]하다 (*after*); (~+圈+前+名) The policeman ~*ed after* the man in question. 경관은 문제의 남자를 뒤쫓았다. **3** (it를 주어로) 결과로서[당연히] …이 되다 (*that* 절). ¶Because he is good, *it* does not ~ *that* he is wise. 사람이 좋다고 해서 반드시 현명하다고는 할 수 없다. **4** (英) (주로 의문문·부정문에서) 이해하다, 이야기를 알아듣다. ¶Do you ~?—I don't quite ~. 알겠니?—전혀 모르겠어.
as follows 다음과 같이 (* 이 follows 는 비인칭 동사로 항상 ~s를 씀). ¶The report runs *as* ~*s*. 보고는 다음과 같다.
Do you follow me?; Are you following me? 내 말 따라와요?
follow…about [or *around*] (남)을 줄곧 따라다니다.
follow after ① …을 따라가다; …에 뒤따라 일어나다. ② …을 찾다; 추구하다.
followed by 뒤이어, 잇달아.
follow…home …을 끝까지 계속하다; …을 철저히 추구하다.
follow on ① 잇달아 계속하다; 바싹 뒤따르다. ② (크리켓) (1 회전을 끝내고) 잇달아 타번(打番)이 되다; (당구) 밀어치다, (밀어친 공이) 목적공을 따라 나아가다. ③ …에서 이어지다 (*from*). ④ …의 결과속이다. ⑤ …의 뒤를 이어 등장하다. ⑥ …보다 조금 늦게 가다; …의 뒤를 이어 등장하다.
follow one's nose ➪ NOSE.
follow out ① …을 끝까지 해내다; 끝까지 추구하다. ② 〔충고·지시 따위〕를 끝까지 따르다; …을 실행하다.
follow suit ➪ SUIT.
Follow that! 당신 차례요! 자아 계속해요.
follow through ① 〔야구·골프·테니스〕 (공을 친 후에) 배트[클럽·라켓] 따위를 끝까지 휘두르다. ② (…을 노력하여) 끝내다, 완수하다 (*with*); 〔논·계획 따위〕를 끝까지

해내다. ③ (…로) 공격을 계속하다 (*with*).
follow up ① (구어) …을 끝까지 좇다. ¶ ~ *up* a wounded deer 상처 입은 사슴을 끝까지 쫓다. ② (구어) (단서 따위)를 끝까지 추적하다; (신문·방송이) …의 속보를 내다. ¶ ~ *up* a clue 단서를 철저히 좇다. ③ (구어) (여세를 몰아) 한층 철저히 이행하다. ¶ ~ *up* a victory 승리의 여세를 몰아 공격하다. ④ 〔의학〕 (진단·치료 후에) (환자)를 정기적으로 진찰하다. ⑤ 〔축구·럭비〕 (공)을 끝까지 쫓아가서 도와주다. ⑥ (구어) (흥미·관심 따위)를 계속 갖다. ⑦ 철저히 규명하다; 적절한 처리를 하다 (*on*). ¶ ~ *up on* the situation 상황을 철저히 조사하다. ⑧ 잇따라 …하다 (*with*). 「어…에.
follow(…)with …으로 (…을) 뒤잇다, (…에) 뒤이어
to follow 다음 요리로서, 뒤따라서 (오는).
— 图 **1** 좇기, 추적; 추종; 추구. **2** (당구) = ~ shot. **3** (구어) (식당 요리의) 추가분. **4** = ~-up **3**.
‡**fol·low·er** [fálouər/fɔ́l-] 图 (똉 ~**s** [-z]) **1** 뒤따르는 사람[것, 일]. **2** 종자(從者), 가신(家臣); 수행원; 부하; 졸개; 당원. **3** (주의·학설 따위의) 신봉자, 추종자, 모방자; (연예인 따위의) 여세도, 열렬한 팬 (*of*). **4** 모방자, 아류(亞流) (*of*). ¶a ~ *of* the latest trends 최신 유행의 모방자. **5** 추적자, 미행자.

〔유의어〕**follower** 어떤 사람·가르침·주의·학설 따위를 믿고 따르는 사람. **adherent** follower보다 더 열렬하고 헌신적임을 뜻하는 말. **disciple** 어떤 지도자의 주의·의견을 개인적으로 믿고 따르는 사람. **partisan** 무비판적으로 믿고 지지하며 따르는 사람. **supporter** 반대·공격의 대상으로 어떤 이론[견해]을 적극적으로 지지하는 사람.

6 (英구어) (하녀의) 애인, 연인; (하녀를 꾀는) 난봉꾼. **7** 〔기계〕 종동부(從動部); 따라 움직이는 바퀴. **8** (계약서 따위의 첫장에 붙은) 추가 쪽지.
fol·low·er·ship [fálouərʃip/fɔ́l-] 图 □ **1** 지도자를 따르는 것[능력]; follower로서의 입장[임무]. **2** 〔집합적〕 지지자, 신봉자, 수행원, 부하.
‡**fol·low·ing** [fálouiŋ/fɔ́l-] 图 **1** (a ~) 〔집합적·단수취급〕 수행원[단]; 문하생, 제자, 가신(家臣), 종자, 부하; 신봉자, 숭배자, 지지자〔층〕. ¶a political leader with *a* large ~ 지지자가 많은 정당 지도자 **2** (보통 the ~) (단·복수 양용) 다음에 말하는[기술하는] 것[일, 사람]. ¶The ~ have received honorary degrees. 아래 분들이 명예 학위를 받았다 / Change the ~ into Korean. 다음을 한국어로 바꾸시오.
— 圈 〔한정용법〕 **1** (the ~) 다음의, 다음에 오는[말하는], 이하의 (⑩ previous). ¶the ~ day[week, month] 그 다음날[주, 달] / in the ~ year 그 다음 해에 (* next year는 지금에서 보아 '내년'). **2** 같은 방향으로 움직이는[부는, 흐르는]; 순풍의; (조수가) 배 가는 쪽으로 흐르는. ¶a ~ wind 순풍.
— 前 …에 잇따라, …의 뒤에; …의 결과 (* 주로 신문용어). ¶*F*– the lecture, the meeting was open to discussion. 강연에 뒤이어 그 모임은 토론으로 들어갔다. 「follow the leader.
fol·low-my-lead·er [-ˈmɑliːdər] 图 (英) =
fol·low-on [-àn/-ɔ̀n] 图 (the ~) (크리켓) 속행(續行) 제2회전. **2** 제2세대; 후계자. **3** 후속의; 당연히 뒤따르는.
fóllow scène 图 〔영화〕 이동 촬영한 장면.
fóllow shòt 图 **1** 〔영화·TV〕 (피사체를 따라가며 찍는) 이동 촬영. **2** (당구) 밀어치기 (⑩ draw shot).
fóllow the leader 图 (美) 대장놀이(대장이 된 아이의 동작을 모두가 흉내내는 어린이 놀이).
fol·low-through [-θrùː] 图©□ **1** 〔골프·야구〕 (공을 친 후에) 클럽[배트] 따위를 끝까지 휘두르기. **2** (계획 따위의) 수행, 달성; (약속 따위의) 이행 《美俗》결말.
*‡**fol·low-up** [-ʌ̀p] 图□ (종종 a ~) **1** 추적; 추격; 추

구, 탐구; 속행. 2 (광고 따위의) 후속 권유장; 후속 상법(商法). 3 〔언론〕 (뉴스의) 속보, 추가[후속, 추적] 기사; 관련 기사. (또는 **follow**) 4 〔의학〕 추적 검사[진료]; 정기적으로 진찰을 받는 환자. ── [형] 1 잇따른; 재차의. ¶a ~ visit 재차 방문. 2 (상용 편지 따위를) 후속 발송하는, 후속의. 3 뒤좇는, 추적의. ¶a ~ survey 추적 조사.

fóllow-up sýstem [명] 계속 권유 판매법.

‡**fol·ly** [fáli/fɔ́li] [명] ([복] ***-lies*** [-z]) 1 [U] 어리석음, 우매, 우둔. 2 어리석은 짓[생각, 말], 우거(愚擧). ¶ commit many *follies* 여러가지 어리석은 짓을 하다. 3 어리석은 투자[사업, 소비]; 터무니없이 큰 건축물. 4 (-lies) 《단수취급》 (글래머 걸이 출연하는) 시사 풍자극 (theatrical revue); 그 여성 출연자. 5 [U] 《폐어》 사악(邪惡); 음란.

Fol·som [fóulsəm] [형] 폴섬 문화의(북미 Rocky 산맥 동부의 선사 시대 문화).

Fólsom màn [명] (선사 시대의) 폴섬 사람.

Fólsom pòint [명] 〔고고〕 (폴섬 문화를 특징 짓는) 화살촉 모양의 폴섬형(型) 첨두(尖頭) 석기.

FOMC 《美》 *F*ederal *O*pen *M*arket *C*ommittee(연방 공개 시장 위원회).

fo·ment [foumént] [동][타] 1 〔불화·반란 따위〕를 도발[선동]하다; 조장[촉진]하다. ¶~ hatred 증오심을 북돋우다. 2 〔환부〕를 찜질하다, 덥게 하다.

fo·men·ta·tion [fòumentéiʃən] [명][U] 1 (불화·반란 따위의) 도발, 선동; 촉진, 조장. 2 찜질; [C] 찜질약.

fo·ment·er [fouméntər] [명] 1 조장[선동]자. 2 탕파.

fo·mes [fóumi:z] [명] ([복] ***fom·i·tes*** [fámitì:z/fóu-]) 〔의학〕 (접촉 전염) 매개물(의류·침구류 따위).

‡**fond**[1] [fand/fɔnd] [형] (**~·er; ~·est**) 1 《서술용법》 좋아하여, 마음에 들어; 《구어》 《비꼬아》 (…하는) 나쁜 버릇이 있는 (*of*). 2 애정이 담긴, 다정한. ¶~ caresses 애무. 3 《한정용법》 정에 약한[치우친], 맹목적으로 사랑하는. ¶~ parents 지나치게 자녀를 귀여워하는 부모 / a ~ husband 아내에게 빠진 남편. 4 《한정용법》 실없는, 분별없는, 제멋대로의. 5 《한정용법》 《고어》 맹신적인, 경솔하게 믿는. 6 《방언》 바보 같은, 어리석은.

be fond of …을 좋아하다, …이 좋다; 《구어》 …하는 나쁜 버릇이 있다(do*ing*).

grow [or ***get, become***] ***fond of*** …이 (아주) 좋아지다.

fond[2] [명] 1 기초; (레이스(lace)의) 바탕천. 2 《폐어》 자금(fund); 저축, 축적. 〔<F〕

Fon·da [fándə, fɔ́n-] [명] 폰다. 1 **Henry** ~ (1905–82: 미국 영화 배우). 2 **Jane** ~ (1937– : 미국의 여배우; 1의 딸). 3 **Peter** ~ (1939– : 미국 영화 배우; 1의 아들).

fon·dant [fándənt/fɔ́n-] [명] 1 [U] 설탕을 녹여 크림 모양으로 만든 것(당과(糖菓)의 원료). 2 퐁당(입 안에서 금방 녹는 연하고 단 과자). 〔<F melting〕

fon·dle [fándl/fɔ́n-] [동][타] 1 …을 귀여워하다, 애무하다, 껴안다. 2 《폐어》 …을 응석받다. ── [자] 귀여워하다; 시시덕거리다 (*with*). **-dler** [명] 귀여워하는 사람.

fon·dling [fándliŋ/fɔ́n-] [명] 귀여운 아이, 귀염받는 사람; 애완 동물. **~·ly** [부]

***fond·ly** [fándli/fɔ́nd-] [부] 1 다정하게, 귀엽게, 사랑스럽게. 2 《고어》 어리석게도, 경솔하게, 분별없이.

think fondly of …에 애착심이 들다.

***fond·ness** [fándnis/fɔ́nd-] [명][U][C] 1 (보통 a ~) 아주 좋아함, 애호 (*for*). 2 애정, 자애(慈愛), 다정함 (*for*). 3 맹목적인 사랑 (*for*). 4 《고어》 경솔한 생각.

have a fondness for …을 좋아[애호]하다.

fon·du [*F* fɔ̃dy] [명] ([복] **~s**) 〔발레〕 퐁뒤(받치고 있는 다리를 서서히 구부리는 것). ── [형] [fandjú:, ⌐-/fɔ́ndju:] =fondue.

fon·due [fandjú:, ⌐-/fɔ́ndju:] [명] 퐁뒤(버터·치즈를 녹여 휘저은 달걀과 함께 구운 요리). ── [형] (또는 **fondu**) 녹은(melted). 〔<F〕

fóndue fòrk [명] 퐁뒤용 포크.

fon·du·ta [fandjú:tə/fɔ́n-] [명] 피에몬테풍(風) 퐁뒤 (fontina를 우유, 버터, 달걀 노른자와 함께 녹인 요리).

F 1 [éfwʌ́n] [명] =Formula One.

F_1 làyer [éfwʌ́n-] [명] 〔통신〕 F_1층 (지상 200–300km 상공의 전리층으로 단파 반사). [참] F_2 layer

fon·fen [fánfèn/fɔ́n-] [명] 《英속어》 (사기꾼이 꾸며낸 돈벌이 이야기의) 줄거리. 〔<Yid〕

fonk [faŋk/fɔŋk] [명] 《속어》 =funk.

fons et o·ri·go [fánz et ɔ:ráigou/fɔ́nz et ɔrái-] [명] 근원, 원천. 〔<L source and origin〕

font[1] [fant/fɔnt] [명] 1 (교회의) 세례반(洗禮盤); (성당 입구의) 성수반(聖水盤)(stoup). 2 (램프의) 기름통. 3 (일반적으로) 원천, 근원. 4 《고어·시》 샘(fountain).

〔font[1] 1〕

font[2], 《英》 **fount** [faunt] [명] 〔인쇄〕 폰트(같은 크기·서체의 활자 한 벌). ¶a wrong ~ 고르지 못한 활자([약] wf).

Fon·taine·bleau [fántinblòu/fɔ́n-] [명] 퐁텐블로(Paris 동남쪽의 도시; 궁전과 숲으로 유명; 역대 프랑스 국왕의 거주지).

font·al [fántl/fɔ́ntl] [형] 1 샘의; 원천[기원]의. 2 세례반(洗禮盤)의; 세례의.

fon·ta·nel(le) [fàntənél/ fɔ̀n-] [명] 〔해부〕 (태아·유아의 두개골 사이에 있는) 숫구멍, 정문(頂門).

Fon·teyn [fantéin/fɔn-] [명] **Margot** [má:rgou] ~ 폰테인(1919–91; 영국의 발레리나).

fon·ti·na [fantí:nə/fɔn-] [명][U] 폰티나(양젖 치즈). 〔<It〕

fónt nàme [명] 세례명, (성(姓)에 대하여) 이름.

font·ware [fántwɛ̀ər/fɔ́nt-] [명] 〔컴퓨터〕 폰트웨어(표준형에는 장비되지 않은 서체·문자를 만드는 소프트웨어).

foo [fu:] 〔컴퓨터〕 [감] (혐오를 나타내어) 체, 제기랄!; (통신상에서 말을 걸 때) 실례합니다. ── [명] 푸(프로그램 예(例) 따위에서 제1의 변수[함수]에 상투적으로 쓰는 이름; 제2 이하는 bar, baz 따위).

‡**food** [fu:d] [명] ([복] **~s** [-z]) [U] 1 음식물, 식량, 영양물. ¶daily ~ 일상 음식 / ~ and clothing 의식(衣食) / one's favorite ~*s* 좋아하는 음식.

> [유의어] **food** 「먹을 것」이라는 뜻의 가장 보편적인 말. **fare** 사람·동물의 영양이 될 수 있는 식품 모두. **provisions** 상품으로서 시장에 있는, 또는 비축해 둔 식량 전반. **ration** provisions 중에서 배급되는 food. **rations** =food. **victuals, viands** 둘 다 격식을 차리는 말.

2 (마실 것에 대해) 고형(固形)의 먹을 것; 주식(主食) (staple ~). ¶~ and drink 음식물. 3 (특수한) 고형(固形) 식품, 영양[가공] 식품; (동·식물의) 영양물, 먹이, 비료 (*for*). ¶an infant's ~ 유아(영양)식 / natural [health] ~*s* 자연[건강] 식품. 4 (마음의) 양식; (사고·반성 따위의) 재료[대상] (*for, of*). ¶mental [*or* intellectual] ~ 마음의 양식(책 따위) // ~ *of* fancy 공상거리.

be [or ***become***] ***food for*** …의 밥[먹이]이 되다.

be off one's food (병 따위로) 식욕이 없다.

food, clothing and shelter 의식주(* 어순에 주의).

food for powder 탄환의 밥, 병사들.

food for the squirrels 《美속어》 미친 사람, 바보; 아주 어리석은 일.

food for thought 사고의 양식[재료], 생각할 거리.

keep food on the table 《구어》 근근히 살아가다.

That is food for thought. 그건 생각해 볼 일이다.

fóod àdditive [명] 식품 첨가물(조미료 따위).

food·a·hol·ic [fù:dəhɔ́:lik, -hál-] [명] 과식증인 사람; (병적) 대식가.

Fóod and Agriculture Organizàtion [명] (UN의) 식량 농업 기구([약] FAO).

Fóod and Drúg Administràtion [명] 《美》 식품 의약(안정)청(보건복지부(HHS) 산하 기구; [약] FDA).

fóod bànk [명] 《美》 (빈민 구제용) 식량 저장 배급소.

fóod bàsket 몡 곡창 지대; 식품 바구니.
fóod chàin 몡 1 〖생태〗 먹이 연쇄, 먹이 사슬. 2 식
fóod còlor 몡 식품용 염료(천연색제). ┌료품 연쇄점.
fóod contròl 몡 (英) (비상시의) 식량 관리[통제].
 fóod contròller 몡 식량 관리[통제]관.
fóod còurt 몡 (이동식) 옥외 간이 식당가, 패스트푸
 드 포장마차촌.
fóod cỳcle 몡 〖생태〗 =food web.
Fóod for Pèace 평화를 위한 식량 계획(제
 2차 세계 대전 후의 미국의 대외 식량 원조 계획).
food-gath·er·ing [´gæðəriŋ] 몡 수렵 채집 생활
의. **-er·er** 몡 (gourmet); 식도락.
food·ie [fúːdi] 몡 (속어) 식충이; 미식가, 식도락가
fóod irradiátion 몡 식품 조사(食品照射)(식품 보존
법의 하나로, 야채·과일 따위에 감마선을 쬐는 일).
food·ism [fúːdizm] 몡 식품(특히) 자연 식품) 중시.
fóod làbeling 몡 (포장 식품의) 식품 내용물 표시.
food·less [fúːdlis] 몡 먹을 것이 없는; (토지 따위
가) 불모의; 영양이 없는. **~·ness** 몡
fóod lift 몡 (英) =dumbwaiter 2.
fóod·lift [fúːdlìft] 몡 식량 긴급 공수.
fóod pòisoning 몡 식중독.¶get ~ 식중독에 걸리
fóod pròcessing 몡 식품 가공 처리, 조리. ┌다.
fóod pròcessor 몡 만능 조리 용구.
fóod pỳramid 몡 〖생태〗 먹이 피라미드.
fóod scìence 몡 식품 과학. ┌량 카드.
fóod stàmp [còupon] 몡 (美) (구호 대상자용) 식
*****food·stuff** [fúːdstʌ̀f] 몡 1 (종종 ~s) 식료품; 식
 량.¶staple ~s 주(主)식량. 2 영양소.
fóod stỳlist 몡 푸드 스타일리스트(광고나 출판물의
 사진 촬영용 요리를 마련하는 사람.
fóod vàlue 몡 (식품의) 영양가.
fóod wàste 몡 음식 찌꺼기.
food·way [fúːdwèi] 몡 (~s) 식생활 습관; 조리법.
fóod wèb 몡 〖생태〗 먹이그물[망](food cycle).
foo·ey [fúːi] 몡탄 =phooey.
foof [fuːf] 몡 (속어) =foo foo.
foo·fa·raw [fúːfərɔ̀ː] 몡 (美구어) 싸구려 장신
 구; 하찮은 일로 떠들어대기. (또는 **fóofooràh**)
fóo fòo 몡 (美속어) 바보, 멍청이; 향수. (또는 **fóo
 fòo**) (shave); 향수.
fóo-fóo wàter [fúːfùː-] 몡 면도 후 로션(after-
‡**fool**¹ [fuːl] 몡 (褒 ~s [-z]) 1 바보, 얼간이, 천치.
 ¶a big [or (구어) downright, damn] ~ 엄청난 바보 /
 What a ~ he is (to do such a thing)! (그런 짓을 하
 다니) 그는 정말 바보야 / A ~'s bolt is soon shot. (속
 담) 어리석은 자는 밑천이 금방 드러난다.

 〖유의어〗**fool** 정신적으로 결함이 있는 사람, 지능이 낮
 은 사람을 뜻하는 가장 일반적인 말; 경멸의 뜻으로도
 쓰인다. **simpleton** 상식[양식]·판단력이 부족하여
 지식·소양이 모자란 사람.

 2 (옛날 왕후·귀족이 고용했던) 광대(jester). 3 바보 취
 급을 당하는 사람, 놀림감. 4 저능인 사람; 백치.¶a
 born [natural] ~ 선천적 바보. 5 (美구어) (…에) 맥을
 못추는[약한] 사람 (for, at); (현재분사와 함께) (…에)
 열중하는 사람, …광(狂).¶a ~ for candy [wine] 단것
 [술]을 몹시 좋아하는 사람 / a dancing ~ 댄스광(狂).
 act the fool =play the fool. ┌한다.
 be a fool for one's pains 애쓴 보람이 없다, 헛수고
 be a fool to (고어) …와는 비교도 안 되다.
 be a fool to oneself (英) (친절하여) 손해를 보다.
 be fool enough [or **enough of a fool**] **to** do 어리
 석게도[바보같이] …하다.
 be no [or **nobody's, no one's, no man's**] **fool**
 (구어) 쉽게 속아 넘어가지 않다, 빈틈이 없다.
 be the fool of fate 운명에 농락당하다.
 feel like a fool (구어) 어이없는 꼴을 당하다.

form the fool 바보 흉내를 내다.
make a fool of a person 남을 바보 취급하다, 속여
넘기다. ┌웃음거리가 되다.
make a fool of oneself (구어) 바보짓을 하다; 웃
play the fool ① 광대 노릇을 하다. ② (구어) 바보짓
 을 하다, 큰 실수를 저지른다.
play the fool with; (美구어) **play...for a fool** ①
 …을 속이다, 갖고 놀다. ② …을 망쳐놓다.
suffer fools gladly (부정문에서) (구어) 바보에게
 관대하다; 바보짓을 용인한다. ┌[녀]은 바보군.
(the) more fool you [him, her] (英) 당신[그, 그
 ─통 (~s [-z]) ① …을 업신여기다, …을 바보 취
 급하다. 2 …을 속이다, 기만하다 (with); (남)에게서
 (물건을) 속여 빼앗다 (out of), (남)을 속여서 …시키다
 (into doing).¶(~+목+前+목) … a person into
 investing in an enterprise 남을 속여서 사업에 투자
 하도록 하다 / ~ a person out of his money 남을 속여
 서 돈을 빼앗다. 3 …을 헛되이 쓰다, 허비하다(away).¶
 (~+목+부) … away one's time [money] 시간[돈]을
 허비하다. 4 (기쁜 일로) …을 놀라게 하다. 5 (폐어) (남)
 을 떨어지게 하다. ─통 1 (구어) 어리석은 짓을 하다; 익
 살맞은 짓을 하다, 장난하다 (about, around) (with); 농
 담하다.¶I was only ~ing. 농담을 했을 뿐입니다 / Stop
 ~ing! 어리석은 짓 마라! 2 빈둥거리다, 놀며 지내다;
 어슬렁거리다 (about, around). 3 (구어) …을 가지고
 놀다, 만지작거리다; (이성과) 바람 피우다 (with).
fool along (美) 한가로이 거닐다, 어슬렁거리다.
fool around [or **about**] ① (구어) 빈둥거리다; 시간
 을 (…으로) 낭비하다 (with). ② (구어) …을 만지작거
 리다, 가지고 놀다 (with). ③ (美구어) (이성과) 바람을
 피우다 (with). ④ (구어) 기분 나는 대로[아무렇게나]
 하다; (칼·총기 따위로) 함부로 장난치다 (with).
fool away (구어) [시간·돈 따위]을 낭비한다.
fool with (구어) [위험물 따위]를 가지고 놀다; [남]
 과 놀이삼아 어울리다.
You could have fooled me. (구어) 설마 그럴 리
 가, 도저히 못 믿겠어.
 ─형 (한정용법) (美구어) 어리석은.¶~ talk 어리석
 은 이야기 / a ~ politician 얼빠진 정치인.
fool² 몡 (영) (요리) 풀(과일을 약한 불에 쩌서 짓이겨
 크림 따위를 섞은 음식).¶gooseberry ~ 구즈베리 풀.
fóol dùck 몡 (북미산(産)) 오리의 일종.
fool·er·y [fúːləri] 몡 (**-eries**) (개
 개의) 어리석은 행위, 어리석은 생각[말], (특히) 장난.
fóol guèsser 몡 (유원지 따위의) 맞추기 노름꾼.
fool·har·dy [fúːlhàːrdi] 형 무모한, 터무니없는.¶a
 ~ **action** 무모한 행동. **-di·ly** 부 **-di·ness** 몡
fóol hèn 몡 (美) 뇌조(雷鳥).
fool·ing [fúːliŋ] 몡 익살, 광대짓; 장난.
‡**fool·ish** [fúːliʃ] 형 (**more ~; most ~**) 1 어리석
 은, 분별[지각, 판단력]이 없는 (반 wise).¶It is ~ of
 him [or He is ~] to waste his time. 어리석게도 그는
 시간을 허비하는 것이다. 2 바보 같은; 어이[어처구니]없는, 기
 가 막히는; 우스운.

 〖유의어〗**foolish** 지능이 모자라다고 판단되어 결여된; 때
 로 정신 박약을 뜻하기도 한다. **simple** 지니고 있는
 지능을 잘 쓰지 못하는; foolish보다 뜻이 약하다.
 silly 기지가 없고, 상황을 파악하지 못하는, 또는 쓸
 모없는. **stupid** 선천적으로 또는 정신적 충격 때문에
 지능을 쓰지 못하는. **dull** 선천적으로 또는 질병·과로
 따위로 지능의 작용이 둔한. **fatuous** foolish, dull
 또는 stupid하지만 자기는 똑똑하다고 자기 만족하고
 있는. **absurd** 생각·행위 따위가 진실·합리성에 어긋
 나고 터무니없는. **ridiculous** 너무나 absurd 또는
 foolish하여 웃음거리밖에 되지 않는. **ludicrous**
 absurd하고 우스꽝스러운. **preposterous** 매우
 absurd한, 또는 전혀 조화롭지 못한.

3 쑥스러운, 멋쩍은, 창피한, 부끄러운, 당혹한. **4 (**고어**)** 하찮은, 보잘것없는.

*fool·ish·ly [fúːliʃli] 부사 바보 같이; (문장 수식) 어리석게도, 바보스럽게도. [음; 어리석은 행동.
*fool·ish·ness [fúːliʃnis] 명U 어리석음, 바보 같
fool·oc·ra·cy [fuːlάkrəsi/-lɔ́k-] 명 (익살) (愚人) 정치[지배]; (집합적) 지배 계급의 어리석은 자들.
fool·proof [fúːlprùːf] 형 **1** 절대로 고장나지[위험하지] 않는, 누구나 사용할 수 있는, 안전한. **2** 매우 간단한, 절대 실패하는 일이 없는, 아주 확실한.
fools·cap [fúːlzkæ̀p] 명 **1 (**英**)** 풀스캡, 대판 양지 (大判洋紙)(인쇄 용지의 크기의 하나; 13.5×17인치 크기; 略 fcp.). **2** =fool's cap 1. [cap.
fóol's cáp 명 **1** (원뿔형의) 어릿광대 모자. **2** =dunce
fóol's érrand 명 헛걸음, 헛수고, 도로(徒勞).
fóol's góld 명 황철광, 황동광; (비유적) 겉만 번지르한 것. [影)의 행복.
fóol's páradise 명 바보 천국; 헛된 기쁨, 환영(幻 **live** [or **be**] **in a fool's paradise** 환상의 세계에서 살다; 어리석게도 만사가 순조롭다고 믿다.

‡**foot** [fut] 명 (복 **feet** [fiːt]) **1** (척추 동물의) 발 (복숭아뼈 아랫 부분). ⇨ LEG. ¶ **stand on one** ~ 한 발로 서다.
2 a) (동물) (무척추 동물의) 발 비슷한 부분: (절지 동물·복족류의) 발, 촉각(觸脚). **b)** (식물) (이끼·양치류 식물의) 발; (꽃잎의) 밑부분.
3 (이동 기관으로서의) 발. ¶ attract a tourist's ~ 여행가의 발길을 끌다.
4 피트(12 inches, 1/3 yard, 30.48cm) (略 ft., f.) ¶ **four square**[**cubic**] *feet* [or ~] 4평방[입방] 피트 / a ten-~ pole 10피트의 막대.

[foot 1]
1 thigh 허벅지 2 knee 무릎
3 calf 장딴지 4 shank 정강이
5 leg 다리 6 foot 발 7 toe 발가락 8 heel 뒤꿈치

(USAGE) 길이를 나타내는 **foot**의 복수형—— 길이의 단위로서의 foot의 복수형은 feet이지만, 특히 수사(數詞)가 선행할 경우 구어에서는 five *feet* [or *foot*] two 처럼 foot를 불변화 복수형으로 쓸 때가 있다. 복합 형용사에서는 a five-*foot*-high wall처럼 단수로 쓰는 것이 보통.

5 U **(**英**) (**집합적·복수취급**)** 보병(~ soldiers). ¶ horse and ~ 기병과 보병 / (서수(序數) 다음에서) the 42nd (Regiment) F- 제42 보병 연대.
6 보행, 발걸음; 걸음걸이, 보조; 달리기. ¶at a slow [swift] ~ 느린[잰] 발걸음으로 / be fleet [or swift] of ~ 발이 빠르다 / be sure of ~ 발걸음이 당당하다. **7** 발 모양의[역할을 하는] 것[부분]; (가구) (의자·테이블 따위의) 다리(의 끝 부분); (컵·찻장 따위의) 대; (재봉틀의) 누름쇠(presser ~). ¶ the *feet* of a chair 의자의 다리. **8** (보통 the ~) 최저부, 최하부(base); (양말 따위의) 발 부분; (기둥 따위의) 밑동; (산의) 기슭; (사다리·층계의) 아랫 부분; (페이지의) 아래쪽; (해사) (돛의) 아래자락; (침대 등의) 발쪽, 발치(闰 head). ¶ the ~ of a bridge [hill] 다리의 기부(基部)[산기슭]. **9** (보통 the ~) (선두에 대해) 말미(末尾), 맨끝; (계급·지위의) 최하위[급], 말석, 꼴찌. ¶ the ~ of a class 반의 꼴찌[최하위]. **10** (인체) (활자의) 각부(脚部); (활자의) 밑줄 아래로 나온 부분(g, y, Q 등). **11** (인쇄된 것의) 마지막 (부분; 맨 아래 기록되어 있는 것(총계 따위). ¶ the ~ of a procession 행렬의 맨 끝. **12** (운율) 음보(音步), 운각 (韻脚)(시의 음의 조합 단위). **13 (**英**)** ~s (영) (단·복수 양용) 침전물, 찌끼, 앙금(바닥에 남는) 앙금; 조당(粗糖). **14** (음악) 피트(풍금 음관(音管)의 음도(音度)를 정하는 단

위). **15** (보통 ~s) (연극) =footlights.
at a foot's pace 보행 속도로, 보통 걸음으로.
at *a person's* ***feet****;* ***at the feet of*** *a person* ① 남의 발 밑에. ② 남이 시키는 대로, 남에게 충성히[복종]하여. ③ 남의 제자로서.
at foot 가까이(에서).
be bound [or ***tied***] ***hand and foot*** 손발이 묶이다, 옴짝달싹 못하다.
begin on the right [***wrong***] ***foot*** =*get off on the right* [*wrong*] *foot*.
Best foot forward! 힘내!
carry [or ***sweep, knock***] *a person* ***off his feet*** ① (파도·강풍 따위가) 사람을 실족하게 하다, 넘어뜨리다. ② 사람을 열광시키다, 감동[흥분]시키다.
catch *a person* ***on the wrong foot*** 남을 느닷없이 붙잡다, 남의 허를 찌르다. [보조를 바꾸다.
change foot [or ***feet***] (행진중에) 발을 바꿔 디디다.
change *one's* ***feet*** (구어) 신발을 바꿔 신다. [치다.
dance off *one's* ***feet*** [or ***legs***] 춤을 많이 추어 지
dead on *one's* ***feet*** (구어) 주저앉을 정도로 지쳐서.
die on *one's* ***feet*** (사람이) 즉사하다: 무너지다, 좌절
drag *one's* ***feet*** ⇨DRAG. [하다, 실패하다.
fall [or ***drop***] ***on*** *one's* ***feet*** ① (고양이처럼) 떨어져 사뿐히 서다, 난관을 뚫고 나가다. ② 운이 좋다.
feet first [or ***foremost***] ① 발부터 먼저. ② 아무 준비없이. ③ 죽어서.
feet of clay 불완전한 기초[토대]; (인격상의) 약점, 의외의 약점(←(성서) 다니엘서(Dan.) 2:33).
find [or ***feel***] *one's* ***feet*** [or ***legs***] (…에) 자신이 생기다, 수완이 늘다, (새로운 환경에) 익숙해지다 (*in, at*). ② 걸음을 발휘하다; 독립해서 해나갈 수 있다. ③ (젖먹이 등이) 걷게[일어서게] 되다.
find [or ***get, have, know, take***] ***the length of*** *a person's* ***foot*** 남의 약점[성격]을 알다, 남의 발목
foot by foot 1피트씩; 차츰. [을 잡다.
gain *one's* ***feet*** 걸을 수 있게 되다, 일어서다.
get [or ***have***] *a*, ***one***, *one's* ***foot in*** (***the door***) (구어) ① 문이 닫혀지지 않도록 문에 발을 들여놓다. ② (비유적) (입회가 어려운 클럽 따위에) 들어갈 기회를 얻다, 잽싸게 끼어들다.
get off on the right [***wrong***] ***foot*** 잘[잘못] 시작하다, 출발이 순조롭다[잘못되다]. [반을 굳히다.
get *one's* ***feet on the ground*** 발을 땅에 대다: 지
get *one's* ***feet wet*** 참가[시작]하다, 처음 해보다.
give…the foot (美속어) (남)을 걷어차다: 딱 잘라 거절하다.
go (***to***) ***the foot*** (美속어) 반에서 꼴찌를 하다.
have [or ***keep***] ***a foot in both camps*** 신중히 양다리를 걸치고 있다, 양진영에 발을 디밀고 있다.
have [or ***keep***] ***both*** [or *one's*] ***feet*** (***set*** [or ***planted***] ***firmly***) ***on the ground*** 땅을 디디고 서 있다; 들떠 있지 않다, 현실적[실제적]이다.
have [or ***get***] ***cold feet*** ⇨COLD FEET.
have leaden feet 걸음걸이가 느리다, 발이 무겁다.
have one foot in the grave 한 발을 무덤 속에 넣고 있다, 다 죽어가고 있다. 죽을 때가 가깝다.
have *one's* ***feet under*** *one* 확고히 서다, 자립하다, 자기 의견을 확고히 갖다. [게 압력을 가하다.
hold [or ***keep***] *a person's* ***feet to the fire*** 남에
keep (***on***) *one's* ***foot*** [or ***feet***] ① 똑바로 서 있다[걷다], 쓰러지지 않다. ② 신중히 행동하다; 성공하다.
kick with the wrong foot (스코·아일) (상대방이나 주위 사람들과) 종교[종파]를 달리하고 있다.
land on both [or *one's*] ***feet*** =*fall on one's feet*.
measure *a person's* ***foot by*** *one's* ***own last*** 자기의 척도로 남을 평가[판단]하다. [실각하다.
miss *one's* ***foot*** [or ***footing***] ① 발을 헛디디다. ②
My [or ***Your***] ***foot!*** (속어) 설마!, 어림없는 소리!
not fit to wash *a person's* ***feet*** (성서) 남의 상대

footage / **foothold**

off one's *feet* ① 움직이지 못해서, 기동할 수 없을 정도로. ② 열중하여. ③ 앉아서, 누워서.
on foot ① 걸어서, 도보로. ② (계획 따위가) 착수되어, 진행중으로. ③ (美구어) (소 따위가) 산 채로.
on one's *feet* ① 일어나서, 서서. ② (병 후에) 일어나서, 다 나아서. ③ (경제적으로) 독립[자립]하여. ④ 방심하지 않고. ⑤ 적극의[에서], 즉흥적인[으로].
on the right [*wrong*] *foot* 적당[부적당]하게; 형편이 좋게[나쁘게].
pull foot [or *it*] (속어) (명령형) 서둘러; 도망쳐.
put [or *set*] *a foot wrong*; *not put* [or *set*] *a foot right* (英) 말을 잘못하다.
put [or *set*] *a person on his feet* 남을 독립시키다; 남을 호전 상태로 되돌리다; 재기[회복]시키다.
put [or *set*] *one's best foot forward* [or *foremost*] ① 되도록 좋은 인상을 주려고 하다; 최선의 노력을 하다. ② 되도록 빨리 걷다[서두르다].
put [or *get*] *one's feet up* (구어) 누워서[발을 무엇인가에 올려 놓고] 쉬다.
put [or *set*] *one's foot down* (구어) ① 결연한 태도를 취하다, 단호하게 거절하다[반대하다]. ② (英) (가속 페달을 밟아) 속력을 내다.
put [or *stick*] *one's foot in* [or *into*] *one's mouth*; *put* one's *foot in* [or *into*] *it* (구어) ① 본의 아니게 실언을 하다. ② 큰 실수를 하다, 실패하다.
put one's *foot on it* = *put* one's *foot down* ②.
put one's *worst foot forward* 흉한[추한] 모습을 보이다.
run [or *rush*] *a person off his feet* [or *legs*] (구어) 남에게 쉴새없이 일을 시키다, 바쁘게 하다.
set foot in [or *upon, on*] …에 발을 들여놓다, …에 들어서다; …에 상륙하다. ¶Here men from the planet earth first *set* ~ *upon the moon*. 지구라는 행성에서 온 인간이 이곳 달에 첫발을 들여놓다(1969년 7월, Apollo 11호의 승무원이 달에 남겨놓고 온 금속판에 새겨진 글).
set off [or *start* (*off*)] *on the right* [*wrong*] *foot* = *get off on the right* [*wrong*] *foot*.
set [or *have, put*] *one's foot on the neck of* …을 완전히 복종시키다.
set…on foot (일을) 시작[착수]하다.
sit at the feet of a person; sit at a person's feet 남에게 사사(師事)하다, 남의 제자가 되다.
start (*off*) *on the right* [*wrong*] *foot* = *get off on the right* [*wrong*] *foot*.
stand on one's *own* (*two*) *feet* ① 자급자족하다. ② 독립하다, 자립심을 가지다.
take to one's *feet* 걸어서 가다(go on foot), 걷다.
The shoe is on the other foot. 책임은 상대방에게 있다; 얼토당토 않은 생각이다; 형세가 일변했다.
throw oneself at a person's feet [or *at the feet of a person*] (구어) 남의 발밑에 무릎을 꿇다; 남에게 애원하다.
throw one's *feet* (속어) 비럭질을 하다; (임시의) *to* one's *feet* 서 있는 상태로, ¶rise [or get, come] *to* one's *feet* 일어서다/jump [or spring, leap] *to* one's *feet* 벌떡 일어나다.
tread under foot 압박하다, 짓밟다.
under [or *beneath*] *a person's foot* [or *feet*] 남의 발밑에; 남에게 완전히 굴복하여, 남이 하자는 대로.
under foot ① 발 아래에; 굴복시켜서, 지배하여. ② 발밑에. ③ 방해가 되어.
vote with one's *feet* 퇴장하여 반대 의사를 나타내다.
walk off one's *feet* 걸어서 피곤하다.
walk [*dance*] *a person off his feet* 남을 지치도록 걷게[춤추게] 하다.
with both feet 단호하게, 확고하게; 듬직하게.

—⑤风 ① 걷다, 걸어서 가다; 달리다. **2** 춤추다. 발로 장단을 맞추다. **3** (배가) 나아가다, 달리다; (어떤 거리를) 가다. **4** (비용 따위가) …(에) 달하다(up to).
—⑤他 **1** …의 위를 걷다; …의 위에서 춤추다; …을 밟다. ¶~ the grass 잔디 위를 걷다. **2** (춤)을 추다. **3** …을 걸어서 지나가다. **4** (양말 따위)에 발 부분을 붙이다. **5** (구어) (셈)을 치르다; …을 합계하다(up). **6** (매 따위가) …을 발톱으로 움켜잡다. **7** (고어) …에 정착하다.
foot it 춤추다; (먼 거리를) 걷다.
foot the bill 셈을 치루다, 비용을 부담하다.
foot up ① 총계[모두 합해] …가 되다 (to). ② …을 합계하다, 총액적으로 평가하다.

fóot·age [fútidʒ] 图 U C **1** (목재·영화 필름 따위의) 피트 단위의 길이[부피], 피트 수(數). **2** (채광) 채굴(採掘) 피트 수에 의한 임금 제도; 채굴 지불액. **3** (영화·TV의) 특정 장면. ¶news-reel ~ 뉴스 장면.
fóot-and-móuth (**diséase**) [-ənmáuθ-] 图 U (수의) 구제역(口蹄疫)(hoof-and-mouth disease) (가축의 입·발굽에 잘 걸리는 전염병).
‡**foot·ball** [fútbɔːl] 图 (英) ~s [-z] **1** U 풋볼, 미식 축구(American ~). **2** U (英) **a**) 축구(soccer) (* 정식 명칭은 association ~). **b**) 럭비(Rugby). **3** (미식 축구 공[볼], 럭비공[볼]. **4** (비유적) 서로 떠넘기는[돌리는] 것[문제]; 남록하게 마구 혹사받는 사람[것]. **5** 할인 (특가, 미끼) 상품. **6** (F-) (美속어) (군사) 풋볼(미국 대통령의 핵공격 지령용 가방).
make a (*political*) *football out of* …을 (정치적) 흥정거리로 사용하다.
—⑤风 풋볼[미식축구]을 하다. —⑤他 (구어) (손님을) 끌기 위하여 (상품)을 원가보다 싸게 팔다.
fóotball còupon 图 축구 도박[내기] 참가 신청서.
fóot·ball·er [fútbɔːlər] 图 미식축구 선수; 축구 선수.
fóotball hóoligan 图 (폭력적인) 축구광, 훌리건.
fóotball pòol 图 (英) 축구 도박(pools).
foot·bath [fútbæθ/-bàːθ] 图 (興) **-baths** [-bǽðz/-bàːðz]) 발 씻기; (욕실 등의) 발 씻는 곳[대야].
foot·board [fútbɔːrd] 图 (기차·마차·기계 등의) 발판, 디딤널; 페달, 스텝.
foot·boy [fútbɔ̀i] 图 (제복 입은) 사환, 급사(page).
fóot bràke 图 (자동차 따위의) 발 브레이크.
foot·bridge [fútbrìdʒ] 图 (보행자용) 인도교.
foot-can·dle [kændl] 图 (광학) 피트 촉광(조도(照度)의 단위) ⓔ FC, fc, ft-c.
foot·cloth [fútklɔ̀θ/-klɔ̀θ] 图 **1** 양탄자, 깔개. **2** (폐마) (장식용) 말에 씌우는 천.
foot-drag·ger [-drǽɡər] 图 (구어) 꾸물거리는 사람; 고의로 지연시키는 사람; 열의없는 사람.
foot-drag·ging [-drǽɡiŋ] 图 (美구어) 완만, 활기 없음; 맹성님; 지체.
fóot dròp [dǽŋɡl] 图 (병리) (발의 굴근(屈筋) 마비로 생기는) 하수족[下垂足], 첨족(尖足).
foot·ed [fútid] 图 발이 있는 (복합어로) 발이 …의, …발의. ¶a four-~ animal 네발 짐승.
foot·er [fútər] 图 **1** 푸터(은쪽 하단에 일괄적으로 쓰이는 표제·날짜 따위)(⇨ header). **2** (고어) 보행자. **3** (복합어로) (신장·길이가) …피트의 사람[것]. ¶a six-~ 키가 6 피트인 사람. **4** (英) =soccer; =Rugby.
foot·fall [fútfɔːl] 图 발걸음, 걸음걸이; 발소리.
fóot fàult 图 (테니스) 풋 폴트(서브할 때 공을 치기 전에 라인을 밟는 반칙). **fóot-fàult** 图.
fóot frónt 图 (토지·가옥의) 정면의 폭, 앞폭.
foot·gear [fútɡìər] 图 U (집합적) 신는 것(footwear); (양말 따위).
Fóot Gùards 图图 (the ~) (英) 근위 보병 연대.
foot·hill [fúthìl] 图 산기슭의 작은 언덕. (보통 ~s) (산맥 가장자리의) 구릉 지대.
***foot·hold** [fúthòuld] 图 **1** 발딛는 곳, 발판. **2** 확고한 지위, 거점. **3** (보통 ~s) 고무로 만든 덧신의 일종.

gain [or **get**] **a foothold in** …에 발판[기반]을 구축하다. 「=football.
foot·ie [fúti] 图 《구어》 =footsie:
***foot·ing** [fútiŋ] 图⒞⒰ 1 확고한[부동의] 지위[지반, 거점]. 2 (사물의) 기반, 기초. 3 발판, 발디딤; 발 밑(경주omen을 시작한 것이 그 절벽은 발디딜 곳이 없었다. 4〔건축·토목〕기초, 토대, 바닥 쌓기. 5 서로간의 입장[관계], (사람과의) 사이(*with*). ¶be on a friendly ~ *with* a person 남과 친한 사이이다. 6 (새로운 위치·입장·관계 따위에) 들어가기; 입회, 가입, 입사, 입학; 입회금, 가입금. 7 지위, 신분, 자격. 8 (양말·가구 따위의) 발 부분[다리, 발판을 붙이기; 발[다리] 부분의 재료; 기물(器物)의 다리로서 붙일 것. 9 합계[합산]하기; 합계[합산]액, 총액. 10 걸음, 제자리 걸음; 무도(舞蹈), 스텝 밟기. 11〔군사〕편제, 체제, 체제. ¶on a peace [war] ~ 평시[전시] 체제로.
gain [or **get, obtain**] **a footing in** …에서 기반을 잡다; …에 지위[지반]를 차지하다.
keep *one's* **footing** ① 발판[설자리]을 유지하다. ② 기반[지위]을 유지하다.
lose [or **miss**] *one's* **footing** ① 발을 헛디디다[미끄러지다]. ② 설 자리[발판]을 잃다. 「step).
Mind your footing. 발 밑을 조심하시오(Watch your
on the same [or **an equal**] **footing with** …과 동등한 자격[관계]으로, 대등하게. 「내다.
pay (**for**) *one's* **footing** 입회금을 내다; 입회한 턱을
put…on a sound [or **firm**] **footing** …을 굳건한 토대[기반] 위에 올려 놓다. 「하기 쉬운.
foot-in-mouth [-inmáuθ] 圈《구어》실언의, 실언
foot-in-móuth disèase 圈《구어》(익살) 실언벽(癖), 실언증. ¶have a ~ 실언벽이 있다.
foot-lam·bert [-lǽmbərt] 圈〔광학〕 푸트 램버트(휘도(輝度)의 단위: 略 fL).
foot·le [fútl/fútl] 《구어》圄ⓒ 빈둥거리다; 허튼 소리를 하다, 바보 같은 짓을 하다(*around, about*). — 图 (기회 따위의) 어리석은 것, 우열(愚劣).
foot·less [fútlis] 圈 1 발이 없는. 2 근거[발붙일 곳이] 없는; 알맹이[실체]가 없는. 3《구어》꼴사나운, 어색한; 어찌할 도리 없는; 무능한, 효력이 없는.
***foot·light** [fútlàit] 图 1 (보통 ~s)〔연극〕각광(脚光). 2 (the ~s) 무대; 배우 직업. 「에게.
across the footlights 무대에서; 배우로부터 관객
appear before the footlights 각광을 받고 등장하다; 무대에 서다, 배우가 되다.
behind the footlights 관람석에.
get across [or **over**] **the footlights** (연극 따위가) 히트하다, 관객에게 감명을 주다. 「타가 나다.
smell of the footlights 연극 분위기가 나다; 배우
foot·ling [fútliŋ/fút-] 圈《구어》하찮은, 쓸모없는, 무익한; (언동이) 바보 같은.
foot-lock·er [fútlàkər/-lɔ̀kə] 图《군사》(병사용) 소형 사물 트렁크(침대 다리 밑에 놓아둔다).
foot·loose [fútlùːs] 圈 가고 싶은 곳에 갈 수 있는; 구속을 안 받는, 자유로운; 침착성이 없는.
***foot·man** [fútmən] 图 (*pl.* **-men** [-mən]) 1 (제복을 입은) 급사, 안내원, 하인. 2 (古) 도보 여행자, 보행자. 3 《고어》보병(infantryman). 4《고어》도보 여행자, 보행자.
***foot·mark** [fútmà:rk] 图 발자국; 족문(足紋)(footprint).
foot·muff [fútmʌf] 图 발싸개(보온용). 「print).
***foot·note** [fútnòut] 图 1 각주(脚註)②〔권말이나 장 끝의〕주(註). 2 보충 설명; 부차[부수]적인 것 (*to*).
as a footnote …에 각주[주석]을 달다; 덧붙여 말하다.
— 图⒰ …에 각주[주석]을 달다; 덧붙여 말하다.
foot·pace [fútpèis] 图 1 보통 걸음(의 속도). 2 (제단(祭壇)의) 상단, 단(壇). 3 (계단의) 층계참.
foot·pad [fútpæ̀d] 图 1 노상 강도 (圈 highwayman). 2 우주선의 연착륙용(軟着陸用) 각부(脚部).

fóot pàge 图 사환, 심부름꾼; (옛날의) 시동(侍童).
fóot pàn 图 발 씻는 대야; 발 보온 기구, 탕파(湯婆).
fóot pàssenger 图 통행인, 보행자(pedestrian).
foot·path [fútpæ̀θ-pà:θ] 图 (圈 ~s [-ðz, -θs]) 1 (들판의) 소로, 인도(footway). 2《英》보도(《美》sidewalk).
fóot pàvement 图《英》(포장된) 인도, 보도.
foot·plate [fútplèit] 图 1〔목공〕토대(mudsill). 2 (탈것의) 승강台 발판; (기관·화부 등이 서는) 발판.
foot-pound [-páund] 图〔물리〕피트파운드(1파운드 무게의 물체를 1피트 들어올리는 일의 양: 略 ft-lb).
foot-pound-sec·ond [-sékənd] 图〔물리〕피트·파운드·초(秒) 단위계(系)의(略 fps, f.p.s.).
***foot·print** [fútprìnt] 图 1 발자국, 족적(足跡). 2 (검증용으로 채워지는) 발 모양, 족문(足紋); 타이어 자국. 3 (비행기 따위의) 소음 범위; (통신 위성의) 지상 송신 범위. 4 (우주선 따위의) 착륙[착수] 예정 구역. 5 《군사》(미사일·폭탄 따위의) 탄착[파괴] 범위. 6〔컴퓨터〕(소형 컴퓨터 따위가) 차지하는 공간. 7〔건축〕(건물의) 밑부분 모습; 건축 면적, 건평.
fóot pùmp 图 (자동차용) 발로 밟는 공기 펌프.
foot-race [fútrèis] 图 도보 경주. -**ràc·er** 图
fóot ràil 图 (책상·의자 따위의) 발을 얹는 가로대.
foot·rest [fútrèst] 图 (이발소 의자·치과 진료대 따위의) 발 올려놓는 대, 발걸이.
fóot ròck 图 풋록(break dancer가 마루춤으로 들어가기 전에서 춤출 때의 스텝의 총칭.
foot·rope [fútròup] 图〔해사〕(돛·로메 따위의) 아래 끝; 돛을 걷을 때의 디딤 밧줄; (줄 사다리의) 가로줄.
fóot ròt 图 1〔수의〕부제증(腐蹄症)〈소·양 따위의 발굽 전염병〉. 2 (식물) 아랫대[뿌리] 썩음[마름](병).
fóot rùle 图 1 피트 자. 2 (사물의) 척도, 판단 기준.
foot·scald [fútskɔ̀:ld] 图《말의》반들의 염증.
foot-scrap·er [fútskrèipər] 图 신발 흙털이.
foot·shot [fútʃàt/-ʃòt] 图《군속어》자해 행위[언동].
foot·sie [fútsi] 图《美》1《종종 ~s》《구어》시시덕거림, (남녀간의) 희롱; 밀통. 2《美속어》밀접한 관계, 유착. 3 (속어) 걸음마. (또는 **footie, footsy**)
play footsie(s) with ① (테이블 밑에서) …와 발을 맞대고 희롱하다, 몰래 정을 통하다. ②…과 비밀리에 거래를 하다; …에게 알랑거리다.
Foot·SIE [fútsi] 图《종종 f-》《英》파이낸셜 타임즈 주가 지수(~ index). 〔Financial Times Stock Exchange 100 Index(略 FT-SE Index)에서〕
foot-sie-woot·sie [-wútsi] 图《美속어》=footsie.
foot·slog [fútslàg/-slɔ̀g] 圄 (-**gg**-) (진흙탕 속 따위를) 걸어가다, 힘든 행진[행군]을 하다. — 图⒰ (고되고 힘든) 행진, 행군.
foot·slog·ger [fútslàgər/-slɔ̀gə] 图 보병(《英속어》).
fóot sòldier 图 보병(infantryman). 〔어〕보행자.
foot·sore [fútsɔ̀:r/-sɔ̀:] 圈 (많이 걸어서) 발이 아픈, 발이 부은. ~**·ness** 图
foot·stalk [fútstɔ̀:k] 图 1〔식물〕잎꼭지; 꽃자루, 작은 꽃째기. 2〔동물〕육경(肉莖).
foot·stall [fútstɔ̀:l] 图 1 (여자용 말안장의) 등자(stirrup). 2〔건축〕주춧돌, 기둥의 기부(基部).
‡**foot·step** [fútstèp] 图 1 걸음걸이, 걸음; 발소리. 2 보폭(步幅)(pace). 3 발자국. 4 층계, 계단.
follow *a person* **in his footstep**; **follow** [or **tread, walk**] **in** *a person's* **footsteps** ① 남의 발자국[뒤]을 따라가다. ② 남의 선례를 따르다, 남의 뜻을 이어받다.
follow *a person's* **footsteps** 발소리에 의지해 남의 뒤를 따라가다. 「춧돌.
foot·stone [fútstòun] 图 (묘의) 대석(臺石); 발
foot·stool [fútstù:l] 图 발 올려놓는 대; (승마할 때의) 휴대용 발판(stool).
foot·sure [fútʃùər] 圈 발 디딤이 확실한(surefoot-

전치사와 등위 접속사로 쓰이나, 전치사로서의 역할이 단연 두드러진다. 원뜻 fore(앞에)에서 목적·용도·교환·이유·관련·범위 등의 주요 의미가 파생했다. 부사 용법은 없으나, 문중에서 대체로 약하게 발음하는 것은 다른 전치사와 마찬가지지만 특히 for는 세게 발음하면 four로 오해되기 쉬우므로 주의를 요한다.

‡**for** [fɔːr, 약 fər] 🕮 **I. 목적·의도**

1 (목적) **a)** …을 위해[위한], …을 목적으로 하여. ¶ articles ~ sale 매물 / a house ~ rent (美) 셋집, 임대 가옥 / run ~ exercise 운동을 위해 달리다 / go a walk[drive] 산책[드라이브]하러 가다 / go to a gym ~ a workout 연습하러 체육관에 가다 / study ~ an examination 시험 공부를 하다 / make plans ~ retirement 은퇴할 계획을 세우다 / go home ~ Christmas 크리스마스를 보내러 귀성하다 / use tape recorders ~ teaching foreign languages 외국어를 가르치기 위해 테이프 리코더를 이용하다 / He paused ~ a word with her. 그는 그녀와 한마디 하려고 걸음을 멈췄다 / Everything he does is done ~ effect. 그가 하는 일은 모두 효과를 노린 것이다. **b)** …을 얻기[획득하기] 위한 [위해], …을 찾아. ¶ a suit ~ alimony 별거 수당 청구 소송 / a claim ~ damages 손해 배상 청구 / the struggle ~ existence 생존 경쟁 / work ~ wages[one's living] 임금[생계]을 위해 일하다 / send ~ a doctor 의사를 부르러 보내다 / He searched ~ hidden treasures. 그는 숨겨진 보물을 찾았다.

2 (희구·기대) (동사 뒤에서) …을 바라고, …을 원하여, …을 구하여; …을 기대하여, …을 예기하여. ¶ long ~ home 고향을 그리워하다 / wait ~ an answer 회답을 기다리다 / go ~ a soldier 병사가 되려고 하다 / hunger ~ knowledge 지식을 갈망하다 / Hope ~ the best. 최선을 기대해라(멀지 않아 좋은 일이 있을 것이다) / The state of things cries ~ reform. 사태는 개혁을 촉구하고 있다 / Death steals upon us when we least look ~ it. 죽음은 우리가 전연 원하지 않을 때 살며시 다가온다 / She has a taste ~ fancy clothes. 그녀는 색다른 의상을 좋아한다.

3 (찬성·지지) …에 찬성하여, …을 지지하여; …에 편들어; …을 옹호하여, ¶ arguments ~ and against the bill 법안에 대한 찬반 양론 / We are ~ honest government[straight dealings]. 정직한 정치[공정한 처리]를 지지한다 / Whom do you vote ~? 누구에게 투표를 하겠느냐? / They fought ~ their country. 그들은 조국을 위해 싸웠다.

4 (준비) …에 대비하여, …을 위해. ¶ prepare ~ an exam 시험 준비를 하다 / get ready ~ supper[early retirement] 저녁[조기 은퇴]을 준비하다.

5 (이익·은혜) …을 위하여, …을 위한. ¶ act ~ a client 소송 의뢰인을 위해 일하다 / I have something ~ you. 너에게 줄 것이 있다 / Can I do anything ~ you? = What can I do ~ you? 무엇을 도와드릴까요?

[USAGE]¹ 간접 목적어에 붙는 **for와 to**──간접 목적어가 직접 목적어 다음에 올 경우, 그것이 직접 주고받는 대상일 때에는 to를 쓰고, 동작의 결과가 그 사람에 미칠(대개 이익이 되는) 경우에는 for를 쓴다. for를 동반하는 동사는 buy, get, make, find 따위이다: Mother bought me a new dress. → Mother bought a new dress ~ me. / Mother gave me a book. → Mother gave a book *to* me.

6 (경의·기념) (美) …을 기념하여, …에 경의를 표해서, …을 위하여. ¶ give a dinner ~ a person 남을 위해 만찬회를 열다 / This monument was built ~ the founder. 이 기념비는 창립자를 기념해서 세워졌다.

7 (보전) …을 유지하기 위하여; …을 고치기 위하여[위한]. ¶ flee ~ one's life 필사적으로 도망치다 / take medicine ~ one's cough 기침약을 먹다.

II. 용도·방향

8 (용도·소속) …용의, …에 쓰기로 한; …에게 보내는, …에게의. ¶ equipment ~ the army 군용 장비 / a closet ~ dishes 식기장 / a letter ~ you 너에게 온 편지 / leave word ~ a person 남에게 전할 말을 남기다 / I have good tidings ~ you. 너에게 좋은 소식이 있다 / There's a phone call ~ you. 네 전화다.

9 (적응·적성) …의 목적[필요, 요구]에 맞는. ¶ a book ~ children 아동용 책 / suits ~ bathing 수영복 / horses ~ riding 승용마 / words ~ expressing the idea 그 개념을 표현할 적절한 말 / I do not think her wife ~ you. 그 여자가 네 아내로 적합하다고는 생각지 않는다.

10 (대상) (감정·기호·재능의 대상으로서의) …에 대하여[대한], …을 이해하여[하는]. ¶ pity ~ the poor 빈자에 대한 동정 / have an eye ~ beauty 심미안이 있다 / have an ear ~ music 음악을 알다 / have a nose ~ (美속어) …냄새를 잘 맡다 / I have a great liking ~ astronomy. 나는 천문학을 아주 좋아한다 / I have a disgust ~ the odor. 그 냄새는 아주 싫다 / He had a head ~ science. 그는 과학적인 재능이 있었다.

11 (목적지·방향) …을 향해서, …행의(* 도착 지점은 to). ¶ a plane ~ Alabama 앨라배마행 비행기 / start ~ London 런던을 향해서 출발하다 / sail ~ Florida 배편으로 플로리다로 향하다.

12 (기여·공헌) …하도록, …에 공헌하여. ¶ ~ the advantage of everybody 모두에게 편리하도록.

III. 교환

13 (보수) …의 보수로서, …의 답례로. ¶ be thanked ~ one's efforts 수고한 데 대한 사례를 받다 / I wish I could repay you somehow ~ your kindness. 당신의 친절에 어떻게 해서든 보답할 수 있었으면 합니다 / There are things that can't be bought ~ money. 돈으로는 살 수 없는 것들이 있다 / We're paying him ~ the new house today. 오늘 그에게 새로 구입한 집의 대금을 지불한다.

14 (대용·대리·대표) …대신에, …을 대신하여; …을 대표해서, …을 상징하여. ¶ a substitute ~ butter 버터의 대용품 / write a letter ~ a person 편지를 대필하다 / I'll go ~ you. 너 대신 내가 가겠다 / P.M. stands ~ Prime Minister. P.M.은 Prime Minister의 약자이다 / The crown stands ~ royal dignity. 왕관은 왕의 위엄의 상징이다 / He is the member ~ Manchester. (英) 그는 맨체스터 출신 의원이다.

15 (교환) …과 교환해서; …의 벌충으로; …과 상쇄하여. ¶ blow ~ blow 맞받아치기 / money ~ goods 상품 대금 / I changed a dollar bill ~ ten dimes. 1달러 지폐를 10센트 은화 10개로 바꿨다.

[USAGE]² 가격을 나타내는 **for와 at**──at는 「비싼[싼] 값으로」, 「한 개당(apiece) 얼마로」 따위를, for는 「…과 교환으로」 따위를 뜻한다. 따라서 price, apiece 따위의 단어가 있을 경우에는 at를 쓴다. 예: buy something ~ ten dollars / buy[sell] something *at* the price of ten dollars / buy[sell] them *at* two dollars apiece.

16 (벌) …의 벌로서(의). ¶ payment ~ the crime 그 범죄에 대한 징벌 / He was imprisoned ~ theft. 그는 절도죄로 투옥되었다.

IV. 인과 관계

17 (이유·원인) …때문에. ¶ ~ many reasons 여러 가

지 이유로/a city famed ~ its beauty 아름답기로 유명한 도시/~ appearance' sake 체면상/~ the sake of one's country 나라를 위해/shout ~ joy 기뻐서 큰 소리를 지르다/be hospitalized ~ chest pains 가슴의 통증으로 입원하다/He was well liked among his friends ~ his good looks and good nature. 그는 용모도 잘 생기고 성격도 좋았으므로 친구들이 아주 좋아했다/They will be released ~ lack of evidence. 그들은 증거 불충분으로 석방될 것이다/I didn't call on you ~ fear of disturbing you. 방해가 되지 않을까 해서 방문하지 않았다.

18 (보통 with all과 함께) …에도 불구하고(in spite of); …을 고려하더라도, …이라 하더라도(considering). ¶ He's a decent guy ~ all that. 그럼에도 불구하고 그는 착실한 사나이다/F- all that smoke pollution, Cleveland has its charms. 저렇게 연기 공해가 심한 클리블랜드이지만, 그 나름의 매력이 있다/F- all the sweat and blood the situation appeared unchanged. 그렇게 피땀을 흘렸는데도 사정은 나아진 것이 없는 것 같았다.

19 〖결과〗 …(라는 결과)가 나올, …에 대한. ¶There can be no cause ~ complaint. 불평을 할 이유는 없을 것이다/There is no solid foundation ~ the rumor. 그런 풍설이 나올 만한 확실한 근거는 없다.

V. 관련·적합

20 〖관련〗 …에 대해서(는). ¶be pressed ~ time [money] 시간[돈]에 쫓기다/He is hard up ~ something to say. 그는 무슨 말을 해야 할지 난감해 하고 있다/The goods are now ready ~ packing. 상품은 이제 포장해도 된다/So much ~ that topic. 그 화제는 그 정도로 해두자/The work is suspended ~ the present. 그 일은 당분간 중지된다/He has no equal ~ running. 달리기라면 그를 당할 사람이 없다.

21 〖적부(適否)〗 …에 맞는, 어울리는, 적합한. ¶ clothes ~ winter 겨울옷/a subject ~ speculation 심사 숙고할 문제/be good[bad] ~ one's health 건강에 좋다 [나쁘다]/be good[or fit] ~ food 식용에 적합하다/Smoking is bad ~ your throat. 흡연은 목에 좋지 않다.

22 〖기준·관점〗 …으로서는, …에 비하여, ¶too warm ~ April 4월치고는 너무 덥다/He is tall ~ his age. 그는 나이에 비해 키가 크다/The ant, ~ its size, is the world's strongest creature. 개미는 몸의 크기에 비하면 세계에서 제일 힘이 센 생물이다.

23 〖속성·자격〗 …으로서. ¶know a thing ~ a fact 어떤 일을 사실로 알고 있다/pass ~ a specialist 전문가로 통하다/use coal ~ fuel 석탄을 연료로 사용하다/It was an honor to have him ~ a friend 그를 친구로 두고 있는 것은 명예로운 일이었다/We had eggs ~ breakfast. 우리는 계란으로 아침을 떼웠다/Will you take this man ~ your husband? 이 사람을 남편으로 받아들이겠습니까?/I mistook her ~ a maid. 나는 그녀를 하녀로 잘못 알았다.

24 〖비교〗 **a)** (A ~ A형으로) A와 다른 A를 비교하면, ¶Weight ~ weight, this is lighter. 무게를 비교하면 이쪽이 더 가볍다. **b)** (each, every, 수사 등의 앞에 쓰여) …마다, …에 대하여.

25 (for+목적어+to do; 부정사의 의미상 주어를 나타내어) …이 (…하는, …하도록, …하는 것을 따위). ¶ It's time ~ me to go. 내가 가야 할 시간이다/This is not a book ~ children to read. 이것은 아이들이 읽을 책이 아니다/It is wrong ~ you to tell her a lie. 네가 그녀에게 거짓말을 하는 것은 좋지 않다/All I want is ~ somebody to be thinking about me. 누군가가 나를 생각해 준다면 나는 그것으로 족하다/I couldn't bear ~ us not to be friends. 우리가 친구 사이가 아니라는 것은 견딜 수 없는 일이었다/F- me to live with her was intolerable. 그녀와 함께 산다는 것은 견딜 수 없는 일이었다.

주의 **for…to-** 부정사 구문에 대하여── (1) It is bad *for* you to smoke. 에서는 for you와 to smoke 사이에서 for가 끊긴다. To smoke is bad *for* you. 라고도 할 수 있다. (2) There isn't any need *for* you *to* hurry. 에서는 for you가 to hurry와 의미상 긴밀히 연결되어서 발음상 끊기지 않는다. 즉 for는 본래의 뜻을 잃고 to- 부정사의 의미상의 주어를 나타내는 기호가 되어 있다. 따라서 for가 문두에 오거나, for…to-부정사가 비교의 대상이 되거나, for 다음에 형식 주어 there가 오거나 한다: F- you *to* marry her is an absolute folly. / I desire nothing more than ~ you *to* come. (3) It is necessary ~ you *to* come. 은 for…to- 부정사 구문으로, necessary is for you to come 전체에 걸려 있지만, It is kind *of* you to come. 에서는 of you가 앞의 형용사와 밀접하게 연결되어 있다. It is 다음에 오는 형용사가 kind, nice, bad, wicked, clever, cruel, foolish 따위인 경우에는 you 앞에 of를 쓴다.

VI. 범위·때

26 〖거리〗 …의 사이, …에 걸쳐. ¶walk (~) a mile 1마일 걷다/The forest stretches ~ a long way. 숲은 멀리까지 펼쳐져 있다.

27 〖시간〗 …동안. ¶~ a long time 오랫동안/~ the next two hours 다음 두 시간 동안/~ the past five years 과거 5년간/~ life 평생 동안/Could I see you ~ a minute? 잠깐 뵐 수 있을까요?/He has been dead ~ five years. 그가 죽은 지 5년이 되었다/She has been sixteen years old ~ six months. 그녀가 16살이 되고 반년이 지났다.

28 〖지정·할당·귀속〗 (어떤 정해진 일시·행사 따위)에; …의, …으로 정해진, …에 할당된. ¶an appointment ~ the afternoon 오후에 만날 약속/hold special services ~ Christmas 크리스마스에 특별 예배를 거행하다/time ~ a rest 휴식 시간/The meeting is arranged ~ Saturday afternoon. 모임은 토요일 오후로 정해져 있다.

29 〖허용·여유·가능성 따위〗 (종종 too, enough와 함께 쓰여) …을 허용하기에는, …을 필요로 하기에는. ¶ too beautiful ~ words 형용할 수 없을 만큼 아름다운/too many ~ separate mention 너무 많아서 일일이 다 말할 수 없는.

30 〖동작〗 막 …하려 하여; …할 생각으로. ¶He was just ~ going to bed. 막 자려던 참이었다/I am not ~ discussing. 나는 토론할 생각은 없다.

as for me 나로서는, 나라면.
be all for …에 대찬성이다.
be for it 〖英口語〗 야단맞을[혼날] 것이 뻔하다.
be in for 〖보통 싫은 일을 하지 않으면 안 되다, …하기로 되어 있다. ¶be in ~ an examination 시험을 쳐야만 하다.
be in [or all] for it 〖口〗 (벌·위험 따위)를 면할 수 없다, 꼼짝 못할 처지에 빠져 있다.
for all I know 아마[의외로] (…일지도 모른다). ¶He may be a good man ~ all I know. 그는 의외로 좋은 사람일지도 모른다.
for all one cares 별로 상관은 없지만, …이 알 바는 아니지만. ¶You can tell him, ~ all I care. 그에게 말해도 좋지만 내가 알 바는 아니다/He could die just like a dog ~ all those Mexicans care. 그가 개죽음을 당하든 말든 저 멕시코인들은 아무렇지도 않지.
for all one is worth ⇒WORTH.
for all (that) ⇒ALL.
for all the world; for the (whole) world ⇒ [WORLD.
for a' that 〖스코〗 (…에도 불구하고) 결국 (for all [that).
for a while 잠깐, 잠시, 얼마동안.
for better or (for) worse ⇒BETTER.

***for ever** (**and ever**) 영원히.
for fear of ⇒FEAR. ***for free*** ⇒FREE.
for good (**and all**) ⇒GOOD.
for my part 나로서는(as for me).
for nothing ⇒NOTHING. ***for now*** ⇒NOW.
for once ⇒ONCE.
for one 한 예로서; (나) 개인으로서는. ¶ Oil pollution, ~ one, is already widespread in mid ocean. 일례로 기름 공해는 대양 한가운데에 널리 퍼져 있다 / I ~ one do not think so. 나는 그렇게 생각하지 않습니다.
for one's part ⇒PART.
for one thing 첫째로는, 한가지 이유는. ¶ F— one thing, we have no money; ~ another, we have no time. 첫째로는 돈이 없고, 또 한가지 이유는 시간이 없다.
for shame ⇒SHAME.
for sure ⇒SURE.
for the life of one ⇒LIFE.
for the most part ⇒PART.
for the rest 다른 일은, 나머지는.
for this [***that***] ***matter*** 이[그] 일이라면.
for this once 이번만은. ¶ Listen to me ~ this once. 이번만은 내 말을 들어주기 바란다.
for this [***that***] ***reason*** 이런[그런] 이유 때문에.
for to (고어) …하기 위하여(in order to).
if it had not been for; (문어) ***had it not been for*** (그 때) …이 없었더라면. ¶ If it had not been ~ your help, I could not have succeeded. 그때 네 도움이 없었더라면 나는 성공하지 못했을 것이다.
if it were not for; (문어) ***were it not for*** (현재) …이 없다면. ¶ If it were not ~ air, all living things would die. 공기가 없다면 모든 생물은 죽을 것이다.
Now for... 자 …하자. ¶ Now ~ a glass of wine. 자 한 잔 합시다.
Oh for...! 아아 …이 아쉽다[있었으면, 그립다]. ¶ Oh ~ a good drink! 아아 한 잔 쭉 했으면 좋겠다!

once (***and***) ***for all*** ⇒ONCE.
run for it 도망치다.
That [**or There**] ***is...for you.*** (구어) (빈정대는 투로) 그것이 …라는 겁니다, …이란 그런 것이다; 그것이 …라는 건가요 (* for you는 상대방의 주의를 끌기 위해 덧붙이는 말). ¶ That's public spirit ~ you. 그것이 공공심이라는 겁니다.

── 쳅 **1** (주로 문어) 그 까닭은, 왜냐하면 …이므로 (* 보통 앞에 콤마 따위나 세미콜론이 오고, 회상적·부가적·보충적으로 이유·설명 따위를 말한다). ¶ I was sleeping, ~ I was tired. 나는 자고 있었다. 피곤했기 때문이다 / It is morning, ~ the birds are singing. 새가 지저귀는 것을 보니 아침이다 / I will not go out, ~ it is raining. 외출하지 않겠다. 비가 오니까 / He stayed behind; ~ he was ill. 그는 뒤에 남았다. 몸이 아파서였다.

(USAGE)³ 이유를 나타내는 **for**와 **because** ── because는 「왜냐하면」처럼 객관적 원인을 직접적으로 말하는 강한 말로, 주절보다도 because 절 쪽에 의미의 중점이 있다. for는 「…, 그 이유는」처럼 주관적 이유를 부가적으로 말하는 경우에 쓴다. because는 종속 접속사이고, for는 등위(等位) 접속사이다. I can't come just now, *because* I'm busy writing a letter. * because 절을 앞에 두어도 된다 / You should not smoke, ~ you are still under age. * 그러나 다음 2와 같이 for를 because와 같은 뜻으로 쓰는 수도 있다.

2 (의도적으로 직접적인 이유를 말하여) …이기 때문에, …이므로(because). ¶ I did it ~ they asked me to do it. 그들에게서 부탁을 받았기 때문에 내가 그렇게 했다 / They are...jealous ~ they are jealous. 그들은… 시샘이 많아서 시샘하는 겁니다(← Shakespeare작 *Othello* 3 : 4).

── 쳉 (~s) 찬성자; 찬성 의견(pro).

foot-ton [´tʌ́n] 쳉 (물리) 피트톤(1톤의 물체를 1피트 들어올리는 일의 양의 단위).
fóot wàrmer 쳉 탕파(湯婆), 발 보온기; 따뜻한 신발.
foot·way [fútwèi] 쳉 (보행자용의) 소로, 인도; (英) 보도(美) sidewalk).
foot·wear [fútwɛ̀ər] 쳉 U (집합적) 신는 것(신발류·양말 따위).
foot·well [fútwèl] 쳉 (자동차) (운전석·조수석의) 발밑 공간.
***foot·work** [fútwə̀ːrk] 쳉 U **1** (스포츠) (테니스·권투 따위의) 발놀림, 발재주. **2** 발로 뛰기, 걸어다니기; (기자의) 현장 취재 활동. **3** 교묘[능숙]한 처리.
foot·worn [fútwɔ̀ːrn /-wɔ́ːn] 쳉 **1** 밟아서 닳은. **2** (많이 걸어서) 발이 아픈(footsore).
foo·ty¹ [fúːti] 쳉 (北美방언) 빈약한, 가치가 없는, 하등(下等)의; 불품이 없는. ── 쳉 보잘것없는 사람[것].
foot·y² [fúti] 쳉 **1** (英속어) =footsie. **2** (濠·뉴질랜드속어) 축구.
foo·zle [fúːzl] 툼 그르치다, 실수하다; (골프에서) 잘 못 치다, 실책하다. ── 쳉 **1** 실수, 실패; 서투른 솜씨; (골프에서) 서투르게 볼을 치기. **2** (구어) 머리가 군은 사람; 잘 속는 사람, 봉. -**zler** 쳉 (美속어) 얼간이.
fop [fap/fɔp] 쳉 (경멸조) 멋쟁이, 맵시꾼(dandy).
FOP (軍史) *forward observation post*.
fop·ling [fáplɪŋ/fɔ́p-] 쳉 (고어) 멋쟁이인 체하는 남자.
fop·per·y [fápəri/fɔ́p-] 쳉 **1** 맵시내기, 멋부리기, 허식. **2** 어처구니 없는 일, 경박함.
fop·pish [fápɪʃ/fɔ́p-] 쳉 맵시[모양]를 낸, 멋부리는. ~**·ly** 쳉 ~**·ness** 쳉
‡**for** ⇒FOR. ⟨p. 1079⟩
FOR, F.O.R., f.o.r. *free on rails*(철도[화차] 인도).
for. *foreign; forest; forester; forestry.*
for- [fɔːr, fər] 접두 *away, off, extremely, wrongly* 의 뜻. ¶ forbid, forbear, forget, forgo, forworn.
fo·ra [fɔ́ːrə] 쳉 forum의 복수형.
***for·age** [fɔ́ːrɪdʒ, fɑ́r-/fɔ́r-] 쳉 **1** (소·말의) 사료, 마초, 꼴; (군마(軍馬)의) 마량(馬糧). ~ *crops* 사료용 작물. **2** CU (소·말의) 사료 수집, 마량 징발(徵發); 식량 뒤지기, 양식 징발. **3** CU 약탈, 습격.
be on the forage 먹이를 찾다; (병사가) 양식 징발을 하다; 약탈하다.

── 튐 **1** (식량을) 찾아 돌아다니다; 양식 징발에 나서다(*about*)(*for*). ¶ The soldiers ~ed among the villages 식량을 찾아 여러 마을을 돌아다녔다. **2** 찾아 돌아다니다, 뒤지다(*about*)(*among*, *for*). ¶ (~+쫸) ~ *about* to find a book 책을 찾으려고 여기저기 뒤지다. **3** 약탈[습격]하다 (*on*, *upon*). ── 튇 **1** …에서 먹이[마량, 식량]를 모으다[징발하다]; 약탈하다. **2** (가축)에게 먹이를 주다. **3** …을 징발[약탈]하여 손에 넣다.
fórage càp 쳉 (軍史) (보병의) 약식 모자.
for·ag·er [fɔ́ːrɪdʒər, fɑ́r-/fɔ́r-] 쳉 식량[사료] 징발자; 약탈자.
for·ag·ing [fɔ́ːrɪdʒɪŋ, fɑ́r-/fɔ́r-] 쳉 채집, 수렵. ── 쳉 채집 수렵(생활)의. ~ *people* 채집 수렵민.
fóraging ànt 쳉 행군 개미(떼지어 먹이를 찾아다니는 개미의 총칭), 병정 개미(army ant).
fóraging pàrty 쳉 (軍史) 징발대; 약탈자 무리.
fo·ra·men [fərémən/fɔ-] 쳉 (*pl*. ~**s, -ram·i·na** [-rǽmənə], ~**s**) (뼈·배주(胚珠) 따위의) 구멍, 배공(胚孔).
fo·ram·i·nal [fərǽmənl/fɔ-] 쳉
forámen mág·num [-mǽgnəm] 쳉 (해부) 대후두공(大後頭孔)(연수(延髓)가 통하는 구멍).
fo·ram·i·nate [fərǽmənət/fɔræméineit] 쳉 작은 구멍이 있는, 유공(有孔)의. (또는 **foráminous**)
-**i·ná·tion** 쳉

for·a·min·i·fer [fɔːrəmínəfər] 图 유공충(有孔蟲). (또는 **fóram, foràminíferan**) **fo·ràm·i·níf·er·al, fo·ràm·i·níf·er·ous** 图

for·as·much as [fɔ̀ːrəzmʌ́tʃ ǽz, fər-] 쥅 《문어》 〔법률〕 …이기 때문에, …이므로(seeing that, since).

for·ay [fɔ́ːrei, fɑ́r-/fɔ́r-] 图 1 전격적 침략; 급습. 2 (낯선 분야에의) 진출, 손대기 (into). ¶a successful ~ into politics 정계 진출의 성공. — 图 1 (…을) 급습 [습격]하다 (into). 2 (이익 따위를 얻으려) 침입 [진출]하다. ¶ ~ into U. S. markets 미국 시장에 진출하다. — 印 …을 급습[약탈]하다. **~er** 침략[약탈]자.

forb 图 광엽 초본(廣葉草本), 잡초.

*for·bade [fərbǽd, -béid, fɔːr-] 图 forbid의 과거. (또는 **forbad, forbid**)

‡for·bear[1] [fɔːrbɛ́ər, fər-] 图 (~s [-z]; -bore; -borne) 1 […하기]를 삼가다, 보류하다, 그만두다; (감정·노여움 따위)를 억누르다, 참다. ¶ ~ angry feelings 노여움을 억누르다 // (~ + to do) ~ to strike a man 남을 때리는 것을 참다 // (~ + -ing) I could not ~ laughing. 나는 웃음을 참을 수가 없었다. 2 (폐어) …을 참다, 참고 용서하다; …없이 지내다. — 囲 1 삼가다, 보류하다 (from doing). ¶ (~ + 前 + 웜) ~ from asking questions 질문을 삼가다 / ~ from complaining 불평을 삼가다. 2 참고 견디다, 참다, 자제하다 (with). ¶ ~ with his fault 그의 결점을 *bear and forbear* 잘 참고 견디다. 「참다. **~er** 삼가는[참는] 사람.

for·bear[2] [fɔ́ːrbɛ̀ər] 图 =forebear.

*for·bear·ance [fɔːrbɛ́ərəns, fər-] 图 1 삼감, 조심, (술·담배 따위를) 그만두기, 그만둠, 자제; 용서, 관용. ➪PATIENCE 유의에 3 〔법률〕 부작위(不作爲), (권리 행사의) 보류, 유보; (채권자의) 지불 유예.

for·bear·ing [fɔːrbɛ́əriŋ, fər-] 图 참을성[자제력] 있는; 관대한, 관용하는. **~ly** 图

Forbes [fɔːrbz] 图 포브즈(미국의 격주간 경제 잡지).

‡for·bid [fərbíd] 囲 (**-bade, -bad; -bid·den, -bid; ~·ding**) 印 1 금하다; 〔행위·소지(所持)·출입 따위〕를 금하다; (…해서는) 안 된다고 명령하다 (to do). ¶ (~ + 囲 + to do) ~ a person to speak 남에게 말하지 못하게 하다 // (~ + 囲 + 囲) The doctor ~s him wine. 의사는 그에게 술을 못 마시게 한다 / She was ~den tobacco. 그녀는 흡연이 금지되었다. 2 …을 (규칙·법률에 의해) 금지하다, 막다(prohibit). ¶ ~ smoking 흡연을 금지하다.

> 유의어 **forbid** 개인적으로 또는 직접 금하다. **prohibit** 법령 따위의 공적으로 금하다. **inhibit** 긴급한 필요에 의하여 금하다. **ban** 법률적으로 또는 사회적으로 금하다; 강한 비난의 뜻이 담긴 말. **taboo** 사회 관습상 금하다.

3 (처지·사정 따위가)(어떤 행위)를 불가능하게 하다, 방해하다, 허락하지 않다 (to do; 〔구어〕 from doing). ¶The river *forbade* the approach of the army. 강물 때문에 군대가 접근하지 못하였다 // (~ + 囲 + to do) The storm ~s us to proceed. 폭풍우 때문에 우리는 전진하지 못한다. 4 …을 배척하다, 제외하다. — 囲 〔드물게〕 금하다, 허락하지 않다; 방해하다. *God* [or *Heaven, The Lord, The Saints*] *forbid* (*that…*)! 결코 …일 리가 없다; …하는 일이 없기를! **~der** 금지자. 「큰일이다.

for·bid·dance [fərbídəns, fɔːr-] 图回 금지하기; 금지(되어 있는 상태), 금제(禁制).

‡for·bid·den [fərbídn, fɔːr-] 图 forbid의 과거분사. — 图 금지된; 금단의. **~ly** 图 **~ness** 图

Forbidden City 图 (the ~) 1 (중국 베이징의) 자금성(紫禁城)(명(明)·청(淸) 왕조의 왕궁); 중국 지도층 [정부]. 2 티벳의 수도 라사(Lhasa의 이름).

forbidden degree 〔법률〕 금혼 촌수.

forbidden fruit 图 1 (the ~) 〔성서〕 금단의 열매 (←창세기(Gen.) 2:17). ¶*F- is sweetest*. 〔속담〕 금단의 열매는 달다. 2 금하기 때문에 오히려 탐나는 것; 부도덕한 쾌락; 불의(不義), 밀통. 3 귤과의 상록 교목.

forbidden ground 图 1 성역(聖域), 출입 금지 구역. 2 금지된 화제, 터부(taboo), 금기 사항.

forbidden line 图 〔물리〕 (분광학에서) 금제선(禁制線)

for·bid·ding [fərbídiŋ, fɔːr-] 图 1 기분 나쁜, 불길한; 무서운, 적이가 있는. ¶a ~ face 무서운 얼굴. 2 험악한, 위험한. **~ly** 图 **~ness** 图

*for·bore [fɔːrbɔ́ːr, fər-] 图 forbear[1]의 과거. 「사.

*for·borne [fɔːrbɔ́ːrn, fər-] 图 forbear[1]의 과거분

Fórbush dècrease[effect] [fɔ́ːrbuʃ-] 图 〔천문〕 포시 감소[효과](태양 활동이 활발해진 후에 우주선(線) 강도가 갑자기 감소기 현상). 〔<미국의 물리학자 Scott E. Forbush(1904-84)의 이름〕

for·by(e) [fɔːrbái] 囲囲 〔스코〕 (…의) 가까에에, 바로 곁에(near, by); …이외에, 게다가(besides).

‡force[1] [fɔːrs] 图 (图 **forc·es** [-iz]) 1 (물리적인) 힘, 기세, 세력, 에너지; 원동력; ⓒ (a F-) (수사 앞에서) ➪POWER 유의에 ¶the ~ of a waterfall 폭포수의 위세 / the ~ of a blow 타격의 세기 / a F-10 gale 풍력 10의 강풍.

2 ⓤ (one's ~) (육체적인) 힘, 체력, 완력; 기력. ¶ *Persuasion is better than* ~. 설득은 완력보다 낫다.

3 (어떤 것에 가해진) 힘; 폭력; 위압하는 힘, 강압; 〔법률〕 폭력 (행위), 강박; (법에 의한) 불법 강제. ¶ *use* ~ *on a person* 남에게 폭력을 휘두르다.

4 ⓤⓒ (사물의) 영향력, 지배력; 효과. ¶the ~ of public opinion 여론의 힘.

5 (지배자·국가 따위의) 힘, 위력, 세력; (종종 ~s) 세력(자), 유력자. ¶the third ~ 제3세력 / a driving ~ (사업 따위의) 원동력이 되는 사람.

6 ⓤ (의론 따위의) 설득력; (연기(演技)·문장 따위의) 박력. ¶the ~ of her acting 그녀의 연기력.

7 ⓤ 〔정신적 도덕적인〕 힘, 기력, 기백. ¶ ~ of character 기백 / a personality of great ~ 강렬한 개성의 소유자 / the ~ of one's mind[intellect] 정신력[지력].

8 (the ~) 군사력, 전력, 무력, 병력; (종종 the ~s, the F-(s)) 군대, 부대, 군(軍). ¶the armed ~s (of a country) (한 나라의) 군대, 육해공군 / the allied ~s 연합군 / the naval[air] ~ 해군[공군].

9 〔집합적; 단·복수 양용〕 집단, 대(隊), 일단(一團); (종종 F-, the ~) 경찰(대). ¶the[or a] police ~ 경찰(대) / a sales ~ 판매원.

10 ⓤ 〔문어〕 (법률·조약 따위의) 실시, 시행; 강제력, 효력. ¶bring a law into ~ 법률을 시행하다. 11 《문어》 (말 따위의) 의미, 진의(眞意); 취지. 12 ⓤ 〔물리〕 (물체에 가해지는) 힘, 힘의 세기, 강도(깁 f). ¶centrifugal ~ 원심력. 13 〔야구〕 =~ play. 14 〔당구〕 끌어치다.

by force 〔문어·고어〕 힘[폭력]으로, 강제로.

by [or *with*] *force and arms* 〔법률〕 폭력에 의해.

by main force 전력을 다하여, 혼신의 힘을 기울여.

by (*the*) *force of* …의 힘으로, …에 의하여. ¶ *by* ~ *of habit*[*superstition*] 습관[미신]에 이끌려.

come into force (법률이) 효력을 발생하다, 시행되다.

in force ① 〔문어〕 실시중인, 유효한. ¶a law now *in* ~ 현행 법률. ② 일제히, 대적으로; (군사) 대군으로 이루다. ¶ *in full* ~ 총력으로, 전력을 기울여.

join [or *combine*] *forces* (…와) 힘을 합치다, 협력하다; 제휴하다 (*with*).

of no force 효력이 없는; 무효인.

put [or *carry*] *…into* [or *in*] *force* 〔법률〕을 실시하다, 시행하다.

with all one's force 전력을 다해서, 힘껏.

— 囲 (**forc·es** [-iz]; **~d** [-t]; **forc·ing**) 印 1 …을 강요[강제]하다; 억지로 …시키다; 어쩔 수 없이 …하게

하다 (*into*, *into doing*, *to do*); (수동형으로) …하지 않을 수 없다. ¶(~+목+*to* do) We ~d him *to* sign the paper. 우리는 그에게 서류에 서명하도록 했다 // (~+목+젠+명) Poverty ~d her *into* a crime. 가난 때문에 그녀는 죄를 범했다.

> [유의어] **force** 힘으로, 또는 어쩔 수 없는 사정으로 어떤 일을 억지로 시키다. **compel** force보다 좀 뜻이 약한 말. **oblige** 의무·필요 때문에 어쩔 수 없이 …시키다; compel보다 더 뜻이 약한 말. **constrain** 어떤 속박·제한의 힘으로 …시키다. **coerce** 폭력·협박 따위의 수단을 써서 …시키다.

2 〔힘·소리 따위〕를 억지로 내다; (방해를 무릅쓰고) …을 강행하다, 억지로 밀어붙이다; 〔의미·해석〕을 갖다 붙이다. ¶~ one's strength[voice] 억지로 힘을 내다 / ~ a smile 억지로 미소 짓다 // (~+목+젠+명) ~ *back* a current 흐름을 역류시키다.
3 〔사람·사물〕을 (…에) 밀어[집어, 쑤셔] 넣다 (*into*, *to*); 〔사람〕을 (…에) 밀어내다, 쫓아내다 (*out of*). ¶(~+목+젠+명) ~ one's hands *into* gloves 장갑을 억지로 끼다.
4 …을 뚫고[밀치고] 나아가다 (*through*, *into*); 〔의회 따위〕를 (국회 등을) 억지로 통과시키다 (*through*). ¶(~+목+젠+명) ~ one's way *through* a crowd 군중 속을 뚫고 나아가다.
5 〔사람·물건·일〕을 (…에게) 강요하다 (*on*, *upon*). ¶ ~ one's opinions[or views] *on* [or *upon*] others 자기의 생각을 남에게 강요하다.
6 〔복종 따위〕를 강요[강제]하다; …을 힘으로 손에 넣다; 〔사물〕을 강제로 내밀다 (*약속·고백 따위*). 강요하다 (*from*, *out of*). ¶(~+목+젠+명) ~ a confession[an answer] (*from*[or *out of*] a person) (남에게) 자백[대답]을 강요하다. 7 〔문·자물쇠 따위〕를 부수고 열다, 비틀어 떼다; …을 굴복시키다; 〔성(城) 따위〕를 공략하다, 탈취하다. ¶~ a door[gate] 문[대문]을 억지로 열다 // (~+목+젠+명) ~ the gun *from* his hand. 나는 그의 손에서 총을 잡아챘다. 8 〔식물〕을 촉성 재배하다; 〔사람·동물〕을 (약물 따위로) 무리하게 성장시키다, 빨리 성숙시키다. 9 …에게 폭력을 가하다, 〔완곡적〕 〔부녀자〕를 폭행하다, 강간하다 (*rape*). 10 〔야구〕 a) …을 봉살(封殺)하다, 포스아웃시키다 (*out*). b) 사구로 〔1점〕을 주다 (*in*). 11 〔카드놀이〕 …에게 으뜸패를 내놓게 하다; …에게 어질수 없어 손안에 둔 패를 보이게 하다 (*on*, *upon*). 12 〔비행기〕를 강제 착륙시키다 (*down*). 13 〔음식〕을 억지로 삼키다 (*down*).
─(자) 밀고 나아가다[지나가다]; 강행군을 하다.

force back ① …을 되밀(치)다, 되돌리다. ② 〔충동·눈물 따위〕를 억누르다.
force down ① …을 억누르다, 억압하다; 〔감정 따위〕를 억제하다. ② 〔음식 따위〕를 억지로 삼키다. ③ 〔비행기〕를 강제 착륙시키다. ④ 〔물가 따위〕를 끌어내리다, 하락시키다.
force *a person's* **hands** ① 남에게 억지로 행동하게 하다. ② 억지로 속셈을 드러내게 하다.
force in (야구) (볼 넷으로) 밀어내기 점수를 주다.
force one's [or **the**] **pace** [or **running**] 무리하게 서두르다. (경주에서 상대를 지치게 하려고) 무리하게 속력을 내다[피치를 올리다].
force out ① 강제 퇴출[사직]시키다 (*of*). ② 〔야구〕 포스아웃시키다, 봉살하다. ③ 〔수〕를 쓰다.
force the game 〔크리켓〕 (빨리 득점하기 위해) 무리하게 치다.
force up ① 〔물가 따위〕를 상승시키다, 올리다. ② …을 토하게 하다.

~·**less** 형 **fórc·ing·ly** 부

force² 명 〔北英〕 폭포.
force·a·ble [fɔ́ːrsəbl] 형 =forcible.
fórce cùp 명 =plunger 4.
*****forced** [fɔːrst] 형 (*한정적*) 1 강요된, 강제적인;

의무화된. ¶~ service 강제 복무. 2 억지로 만든; 억지의, 가식의; 부자연스러운; 촉성 재배된. ¶a ~ smile 억지 웃음, 고소(苦笑) / a ~ style 부자연스러운 문체. 3 폭행당한. 4 비상시의, 긴급한. 5 강제의, 외부 힘에 의한. **fórc·ed·ly** [fɔ́ːrsədli] 부 ~·**ness** 명

forced-choice [-tʃɔ́is] 형 강제 선택[양자 택일]의.
force de frappe [fɔ́ːrs də fræpéi/F fɔrs də frap] 〔F〕 1 핵 억제력, 핵전력. 2 공격력, 격파력; 무기. (또는 **force de dissuasion**) 〈F striking force〉
fórced lábor 명 강제 노동.
fórced-lábor càmp 명 강제 노동 수용소.
fórced lánding (항공기의) 불시착.
fórced márch 명 (군사) 강행군.
force-draft [-dræft] 타 1 〔법률·제안〕을 긴급 입안하다. 2 …을 밀어 붙이다, 전력을 다해 해내다.
fórced sále 명 〔법률〕 강제 매각, 공매(公賣).
fórced sáving 명 〔경제〕 강제 저축; 강제 절약.
fórce féed 명 (펌프 따위에 의한) 연료의 강제 주입, 윤활유의 강제 순환.
force-feed [-fíːd] 타 (*-fed*) 1 …에게 강제로 밥을 먹이다. 2 〔습관·생각 따위〕를 강제로 주입시키다; (…을) 억지로 받아들이게 하다 (*on*).
fórce field 명 〔물리〕 (전기력·자기력·소립자 따위의) 장(場), 힘의 장(場); (SF 따위에서) 보이지 않는 힘이 작용하는 장해 구역.
force·ful [fɔ́ːrsfəl] 형 1 힘찬, 원기왕성한; 효력이 있는, 효과적인; 인상적인, 2 힘에 의해 움직이는; 강제적인. ~·**ly** 부 ~·**ness** 명
force-land [-lænd] 자 (비행기 따위가[를]) 긴급 착륙하다[시키다]; 불시착하다[시키다]. (또는 **fórceland**)
force ma·jeure [fɔːrs mɑʒéːr, -mə-] 명 (*-s -s*) 1 압도적인 힘, 우세; (대국의) 강압적 힘. 2 〔법률〕 불가항력. 〈F superior force〉
force·meat [fɔ́ːrsmìːt] 명 〔U〕 〔요리〕 포스미트(양념하여 다진 고기). (또는 **farcemeat**)
fórce of hábit 타성(惰性), 습성, 습관의 힘.
by [or **from**, **out of**] **force of habit** 타성으로.
fórce of náture 명 (the ~) 〔물리〕 자연계의 힘.
force-out [-àut] 명 〔야구〕 봉살(封殺), 포스아웃.
fórce pláy 〔야구〕 포스 플레이(주자가 포스아웃되는 플레이). ¶hit into a ~ 봉살타를 치다.
for·ceps [fɔ́ːrsəps/-seps] 명 (*pl*. *-ci·pes* [-səpìːz]) (*복수취급*) 1 (외과용) 겸자(鉗子), 핀셋, 족집게. 2 (동물) (게 따위의) 겸자 모양의 기관(器官), 집게. **~·like**, **for·cip·i·al** [fɔːrsípiəl] 형
fórceps delivery 명 〔의학〕 겸자 분만.
fórce pùmp 명 압수(壓水) 펌프, 밀펌프. (형) lift pump
forc·er [fɔ́ːrsər] 명 1 강요하는 사람; 작물 촉성 재배자. 2 (밀펌프의) 피스톤. 3 촉성 재배 작물.
*****for·ci·ble** [fɔ́ːrsəbl] 형 1 강제적인, 우격다짐의; 폭력적인. ¶a ~ arrest 강제 체포 / a ~ entry [or *entrance*] into a house 불법 가택 침입. 2 강력한; 효과적인, 유효한. ¶a ~ blow 강타. 3 (사람·행위·말 따위가) 설득력 있는. ~·**bíl·i·ty**, ~·**ness** 명
for·ci·ble-fee·ble [-fíːbl] 형 센 듯하나 실은 약한, 허울만 센, 허세(엄포)의.
fórcible smóking 명 강제[간접] 흡연.
*****for·ci·bly** [fɔ́ːrsəbli] 부 1 〔법률〕 강제적으로, 우격다짐으로. 2 강력하게, 유효하게. 「재배」
forc·ing [fɔ́ːrsiŋ] 명 1 강제; 강요; 탈취. 2 촉성
fórcing bèd 명 (촉성 재배용) 온상.
fórcing hòuse 명 1 (촉성 재배용) 온실, 촉성 사육실; (범죄 따위의) 온상(hotbed). 2 교과 과정이 한정되 「학교.
fórcing pùmp 명 =force pump.
for·ci·pate [fɔ́ːrsəpèit] 형 겸자(鉗子)[핀셋] 모양의. (또는 **forcipated**)
forc·ite [fɔ́ːrsait] 명 포사이트(발파용 다이너마이트
ford [fɔːrd] 명 (강 따위의) 얕은 곳, 여울; (고어) 시

내. ― 图타 (강 따위)의 여울을 걸어서 건너다. ― 웬 얕은 곳을 건너다(over). ~·a·ble 웹.
Ford [fɔːrd] 웹 1 포드; 포드형 자동차(미국 Ford Motor사 제품). 2 **Gerald R**(**udolph**) ~ (1913- : 미국의 정치가; 제38대 대통령(1974-77)). 3 **Harrison** ~ (1942- : 미국의 영화 배우). 4 **Henry** ~ (1863-1947: 미국의 자동차 제조업자). 5 **John** ~ (1895-1973: 미국의 영화 감독).
Ford·ism [fɔːrdizm] 웹 포드 방식(주의), 대량 생산 방식(Henry Ford가 자동차 생산에 처음 도입).
Ford·ize [fɔ́ːrdaiz] 图타 1 (제품)을 일관 작업으로 대량 생산하다. 2 (인원이나 작업)을 규격화하다; …에서 개성을 없애다.
for·do [fɔːrdúː] 图타 (**-did**; **-done**) (고어) …을 죽이다; …을 파괴하다; …을 지치게 하다. (또는 **foredo**)
for·done [fɔːrdʌ́n] 웹 fordo의 과거분사. ― 웹 (고어) 지쳐 빠진, 기진한. (또는 **foredone**)
'**fore** [fɔːr] 웹 (시) =before.
***fore**¹ [fɔːr] 웹 (**the** ~) 1 앞에 있는, 앞 부분의, 전면의, 앞쪽의(백 hind, back).¶the ~ legs of a dog 개의 앞다리. 2 (순서상) 맨 먼저의, 처음의; (고어) (시간적으로) 먼저의, 앞의. 3 (해사) 앞돛대의; 선수(船首)의.
― 븓 1 (해사) 이물에(쪽으로). 2 (폐어) 이전에; (방언) 앞으로, 전방으로.
fore and aft 〔해사〕 선수에서 선미(船尾)까지, 배 앞 뒤에, 배 전체에 걸쳐; 앞과 뒤(처음과 끝)에.
― 웹 (해사) 1 전면, 앞 부분. 2 (해사) 선수(船首); 앞돛대(foremast); 이물(bow). 3 =foreleg.
at the fore ① (해사) 앞돛대 머리에. ② 전방에.
to the fore ① (해사) 앞에; (문제 따위가) 표면화하여; 눈에 띄는 지위[위치]에.¶come **to the** ~ 지도적 위치에 서다, 유명하게 되다; (문제 따위가) 표면화하다. ② (금전 따위가) 당장 쓸 수 있게 준비되어, 수중에 있는. ③ (스코) 아직 살아 있는; 활동적인.
― 젼 (또는 '**fore**) (고어) …의 앞에; …에 걸고(by).
Fore George! 성 조지에 맹세코, 정말로(가벼운 맹세 또는 감탄의 뜻)(By George!) [리]. 〔<before〕.
fore² [fɔːr] 웹 (골프) 위험하다!(공이 간다는 것을 알리는 소리로).
fore- [fɔːr] 웹 front, before, superior의 뜻.¶ forehead, forecastle, forecast, foretell, foreman.
fore-and-aft [fɔ́ːrənǽft/-áːft] 웹 1 (해사) 선수 (船首)에서 선미까지의; 배의 용골(중심선)에 평행하는 [세로의], 종범식(縱帆式)의. 2 (모자가) 앞뒤에 차양이 있는. 「범선(縱帆船)(스쿠너 따위).
fore-and-aft·er [fɔ́ːrənǽftər/-áːf-] 웹 (해사) 종
fore·arm¹ [fɔ́ːrɑːrm] 웹 1 전박(前膊), 전완(前腕); 팔뚝. 2 (네발짐승의) 전완.
fore·arm² [fɔːrɑ́ːrm] 图타 (수동형으로) 미리 무장하다; 사전에 준비하다.¶Forewarned is ~ed. (속담) 유비무환(有備無患). 「하는 보호대.
fórearm pàd 웹 (미식축구) 손목부터 팔꿈치를 보호
fore·bear [fɔ́ːrbɛ̀ər] 웹 (보통 ~s) 조상, 선조 (ancestor). (또는 **forbear**)
fore·bode [fɔːrbóud] 图타 1 (나쁜 일)을 예언[예시]하다; …의 전조가 되다.¶oil crisis that ~s a recession 경기 후퇴를 예시하는 석유 위기. 2 (불행 따위)를 예감하다, (…한) 예감이 들다 (that 節)…를 알려주다. 웬 예언하다; 예감이 들다.
-bód·er 웹 예언자; 전조.
fore·bod·ing [fɔːrbóudiŋ] 웹UC 예언; 예시; 전조, 조짐; (나쁜 일의) 예감; (…라는) 육감.¶have a ~ that …라는 예감이 들다. ― 웹 (나쁜 일을) 예감하는.
~·**ly** 븓. ~·**ness** 웹. 「전뇌(終腦).
fore·brain [fɔ́ːrbrèin] 웹 (해부) 전뇌부(前腦部).
fore·cab·in [fɔ́ːrkæ̀bin] 웹 (여객선의) 앞쪽 선실(2 등 객실); 선수루(船首樓)의 캐빈.
fore·cad·die [fɔ́ːrkæ̀di] 웹 (골프) 공의 낙하 위치
***fore·cast** [fɔ́ːrkæst/-kàːst] 웹 (~(·**ed**)) 图타 1 …

을 예상하다, 예측하다. ⇨ PREDICT 〔유의어〕¶ ~ the consequences 결과를 예측하다. 2 (날씨 따위)를 예보하다; 예언하다.¶ ~ the weather 일기 예보를 하다. 3 …의 전조가 되다, 조짐을 보이다.¶ ~ a change in policy 정책 변화의 조짐을 보이다. 4 …에 대비하여 계획을 세우다, 미리 …을 예정하다.¶ ~ provision for winter 월동 준비를 하다. ― 웬 1 예상[예측, 예보]하다. 2 미리 계획을 세우다[준비하다].
― 웹 1 예측, 예상, 예언 (for, that節).¶a business ~ 경기 예측. 2 (날씨의) 예보.¶a weather ~ 일기 예보. 3 예측[예견]하기; (고어) 선견지명, 혜안(炯眼).
~·**a·ble** 웹. ~·**er** 웹 예측하는 사람; 일기 예보자.
fore·cas·tle [fóuksl, fɔ́ːrkæ̀sl, -kɑ̀ːsl] 웹 (해사) 1 선수루(船首樓); (선수부의) 선원실. 2 (앞돛대 앞의) 전부(前部) 상갑판. (또는 **fo'c's'le**, **fo'c'sle**)
fore-check [-tʃèk] 图웬 (아이스하키) 포어 체크하다 (상대 공격조가 상대편이 자기 진영에 있을 때에 저지함).

〔forecastle 1〕

「전게(前揭)]의.
fore·cit·ed [fɔ́ːrsàitid] 웹 앞에 인용한, 전기(前記)
fore·clos·a·ble [fɔːrklóuzəbl] 웹 1 제외할 수 있는, 내쫓을 수 있는. 2 (법률) (저당물을) 유질(流質) 처분할 수 있는.
fore·close [fɔːrklóuz] 图타 1 (법률) **a**) (저당권[질권(質權)] 설정자의 저당물을 찾을 권리를 상실케 하다. **b**) (저당물)을 유질(流質) 처분하다. 2 (저당물)을 보관을 행사하다. 2 …을 내쫓다, 배제[제외]하다 (**from**, (**out**) **of**). 3 …을 방해하다, 막다, 저지하다 (**from doing**). 4 …에 대한 독점권을 확립하다. 5 …을 미리 끝맺다, 미리 대답[해결]하다. ― 웬 1 제외[배제]하다. 2 (…에) 담보권을 행사하다. 저당물을 유질(流質)시키다 (**on**). 「의 반환청구상실; 우질 처분.
fore·clo·sure [fɔːrklóuʒər] 웹UC (법률) 저당물
fore·con·scious [fɔ́ːrkànʃəs/-kɔ̀n-] 웹 (심리) =preconscious. 「웹 (횡격).
fore·course [fɔ́ːrkɔ̀ːrs] 웹 (해사) 앞돛대의 큰 횡
fore·court [fɔ́ːrkɔ̀ːrt] 웹 1 앞뜰; (주유소의) 급유장.¶a attendant (英) 주유소 직원. 2 (테니스·배드민턴) 포어코트 (백 backcourt). (또는 **fóre còurt**)
fore·dat·ed [fɔːrdéitid] 웹 앞날짜의.¶a ~ check
fore·deck [fɔ́ːrdèk] 웹 (해사) 앞갑판. 「연수표.
fore·do [fɔːrdúː] 图타 =fordo.
fore·done [fɔːrdʌ́n] 웹 =fordone.
fore·doom 图타 (수동형으로) 미리 …의 운명을 정하다 (**to**).¶efforts ~ed to failure 처음부터 실패할 운명이던 노력. ― [fɔ́ːrdùːm] 웹 (고어) (미리 정해진) 운명.
fóre èdge 웹 (책의) 앞 가장자리(등의 반대쪽).
fóre-edge pàinting [fɔ́ːrèdʒ-] 웹 책의 앞단면에 그리는 기법; 면단의 그림.
fore-end [fɔ́ːrènd] 웹 1 (총의) 전상(前床). 2 (해사) 앞부분, 앞쪽 끝(front); (~**s**) (구어) (잠수함의) 앞머리.
‡**fore·fa·ther** [fɔ́ːrfɑ̀ðər] 웹 (보통 ~**s**) [-z] (보통 ~**s**) 선조, 조상. ~·**ly** 웹.
Fórefathers' Dày 웹 (美) 조상의 날, 청교도 상륙 기념일(1620년 12월 21일 Pilgrim Fathers가 북미 대륙에 상륙한 기념일; 현재는 12월 22일).
fore·feel 图웬 [fɔːrfíːl] (**-felt**) …을 예감[예지]하다. ― [fɔ́ːr-] 웹 예감, 예지.
fore·fend [fɔːrfénd] 图타 =forefend.
***fore·fin·ger** [fɔ́ːrfiŋɡər] 웹 집게손가락, 식지(食指) (first [or index] finger).
fore·foot [fɔ́ːrfùt] 웹 (**-feet**) 1 (동물의) 앞발(다리); (사람 발의) 앞부분. 2 (해사) 용골(龍骨)의 앞끝.

fore·front [fɔ́:rfrʌ̀nt] 圀 (the ~) 1 (물건의) 맨 앞부분, 맨 앞면; (전투 따위의) 최전선, 선봉. 2 가장 중요한 위치[지위], (활동·흥미 따위의) 중심.
come to the forefront 세상의 주목을 받다.
in [or **at**] **the forefront of** ① 〔전투 따위의〕 최전선에서. 2 …의 선두[중심]가 되어.
fore·gath·er [fɔ:rgǽðər] 周因 =forgather.
fore·gift [fɔ́:rgìft] 周 (英) 권리금, 보증금.
fore·go¹ [fɔːgóu] 困 (**-went; -gone**) (…의) 앞에 가다, (…에) 선행하다, 앞장서다(precede).
fore·go² 周匝 =forgo.　　「배; 조상, 선조.
fore·go·er [fɔːrgóuər] 周 선행자; 선례(先例); 선
*****fore·go·ing** [fɔ́:rgòuiŋ] 圀 1 (동사의) 전의 (preceding); 앞에 말한, 위에서 말한. 2 (the ~) 《명사적》《단·복수 양용》 전술(前述)[상기(上記)]한 것.
fore·gone [fɔːgɔ́(:)n, -gɑ́n/fɔ̀:] 周 forego¹의 과거분사. — 周 1 이전의, 전의, 과거의(past). 2 이미 정해진, 기정의; 필연적인. **~·ness** 周
foregóne conclúsion 周 필연적인 결론[결과]; 처음부터 정해져 있는 결론[의견, 결정]; 확실한 것.
*****fore·ground** [fɔ́:rgràund] 周 (보통 the ~) 1 (풍경·그림 따위의) 전경(前景)(↔background). 2 최전면, 가장 눈에 띄는 위치. ¶be in the ~ 제일 눈에 띄다. 3 〔컴퓨터〕 동시에 복수 프로그램이 실행될 때 우선도가 높은 프로그램이 실행되고 있는 상태(환경). — 周因 …을 전경에 그려놓다; 최전면에 내다.
fore·ground·ing [fɔ́:rgràundiŋ] 周 〔언어〕 전경화(前景化)(시적인 비유 방식).
fore·gut [fɔ́:rgʌ̀t] 周 전장(前腸). 1 〔동물〕 척추 동물·절족 동물·환형 동물 등의 소화 기관의 첫 부분. 2 〔발생〕 포유 동물의 태생기 소화 기관의 위쪽 부분.
fore·hand [fɔ́:rhæ̀nd] 周 周 1 〔테니스 따위에서〕 포핸드의(↔backhand). 2 앞[전방]의. 3 맨 앞부분의, 선두의. 4 미리 한, 앞을 내다보고 한. ¶a ~ payment 선불.
— 周 1 〔고어〕 우위(優位), 상위. 2 포핸드 스트로크(~ stroke). 3 (기수 앞쪽의) 말의 앞 반신(半身). — 周 〔테니스 따위에서〕 포핸드로.
fore·hand·ed [fɔ́:rhǽndid] 周 1 =forehand 1. 2 《美》 시의 적절한(timely), 임기응변의; 장래에 대비한, 신중한, 검소한; 유복한. **~·ly** 周 **~·ness** 周
‡**fore·head** [fɔ́rid, fɑ́r-, fɔ́:rhèd/fɔ́rid, fɔ́:hèd] 周 **~s** [-z] 1 이마(brow). ¶a high [or wide] ~ 넓은 이마. 2 (물건의) 전면, 앞 부분.
‡**for·eign** [fɔ́:rən, fɑ́r-/fɔ́r-] 周 1 외국(타국)의; 외국[해외]으로부터의, 외국산의, 외국 특유의, 외국행의, 해외의; 외국의, 외국에 있는, 재외(在外)의 (↔domestic). ¶~ goods 외래품/a ~ accent 외국 말투/a ~ language 외국어/~ tourists [residents] 외국인 관광객 [거주자]/~ travel 해외 여행/a ~ country [or land] 외국. 2 외국과의 교섭(교역)에 관한, 대외적인. ¶~ mail 외국 우편/~ trade 외국[대외] 무역. 3 타지방의, 타향에서 온; 일정 지역외의. 4 〔법률〕 외국(타주(他州)〕 법의[에 관한, 에 바탕을 둔], 관할권 밖의; 타지역의, 외국의, 《美》 타주(주)외의. 5 《증언 따위가》 다른 사람의 것으로부터의. 6 外部에서 들어온, 외래의, 이질(異質)의; 유해한. ¶a ~ body in the eye 눈에 들어온 이물질. 7 (당면 문제에 관계가 없는; 성질을 달리하는, 부적당한, 동떨어진 (to). 8 눈[귀]에 익지 않은, 낯선 (to). 9 (복합어로) 외국(인) …의. ¶~-looking 외국인처럼 보이는, 외국풍의/~-made 외국제의.
— 周 *다음 숙어로만 쓴다.
buy foreign 외국 제품을 사다. 　　「으로 가다.
go foreign 〔해사〕 외항 선원이 되다; 자국의 영해 밖
sell foreign 周 [배] 외국을 외국 선주에게 팔다.
~·ly 周 **~·ness** 周
fóreign affáirs 周周 외교[대외] 문제, 외무 (행정). ¶the Ministry of F– A– and Trade 외교통상부.
fóreign ágent 周 《美》 외국 대리인[로비스트].

fóreign áid 周 대외 원조. **fór·eign-áid** 周
Fóreign and Cómmonwealth Óffice 周 (the ~) 《英》 외무[연방]부(⑪ FCO).
fóreign bíll [dráft] 周 외국환 어음.
fóreign bódy 周 〔의학〕 (체내에 들어온) 이물질.
for·eign-born [-bɔ́:rn] 周 외국 태생의.
fóreign cápital 周 외국 자본, 외자(外資).
fóreign correspóndent 周 (신문·잡지·통신사의) 해외 특파[통신, 주재]원(for).
fóreign cúrrency 周 외국 통화[화폐], 외화(外貨).
fóreign cúrrency hóldings 周(周) 〔경제〕 외화 보유고[액].　　「[액](foreign reserve).
fóreign cúrrency resérve 周 〔경제〕 외화 준비
fóreign débt [lóan] 周 대외 채무, 외채(外債).
fóreign dévil 周 《중국》 양놈, 서양인.
‡**for·eign·er** [fɔ́:rənər, fɑ́r-/fɔ́r-] 周 **~s** [-z] 1 외국인, 외인, 이방인. 2 〔구어〕 타관 사람, 침입자.

유의어 **foreigner** 언어·풍속·습관 따위의 차이를 강조하는 말. **alien** 거주하는 나라와는 다른 국적을 가지고 있으며서 모국에의 충성을 맹세함을 강조하는 말. **stranger** 언어·습관에 아직 익숙하지 않음을 강조하는 말.

2 외국의 산물, 외국 제품, 외국 물; 외래 동[식]물. 3 〔해사〕 외국선(船). 4 (~s) 〔증권〕 외국 증권.
do a foreigner 〔속어〕 (취업자·실업 수당 수급자가) 멋대로 부업을 하다.　　「래, 국제 신용 거래.
fóreign exchánge 周 외국환(換) (어음); 외환 거
fóreign exchánge gáin 周 환차익(換差益).
fóreign exchánge lóss 周 환차손(換差損).
fóreign exchánge márket 周 외환 시장.
fóreign exchánge ráte 周 환 시세; 환율(換率).
for·eign-flag [-flǽg] 周 (비행기·선박이) 외국 국적의.　　　　　　　　　　「외국계의, 외항(선)의.
for·eign-go·ing [-gòuiŋ] 周 (배·비행기 따위가)
fóreign invéstment 周 해외 투자, 외자(外資).
for·eign·ism [fɔ́:rənìzm, fɑ́r-/fɔ́r-] 周 1 외국의 풍속(습관). 2 외국 어법(語法). 3 외국 문물의 모방; 외국풍(風)의 특성.　　　　　　　「(속)의, 외국인 부대.
fóreign légion 周 외인 부대; (F– L–) (프랑스군 소
Fóreign Mínister 周 외무 장관, 외상(Minister of Foreign Affairs)(《英》 Foreign Secretary).
fóreign mínistry 周 (보통 the F– M–) 외무부(성).
fóreign míssion 周 1 (해외 주재) 외교 사절단, 재외 공관. 2 해외 전도[선교] 단체.
fóreign óffice 周 《英》 (보통 the F– O–) 외무부(Foreign and Commonwealth Office의 구칭; ⑪ FO).
fóreign pólicy 周 외교[대외] 정책.
fóreign relátions 周周 국제 (관계) 문제, 외교 문제. ¶an expert in ~ 외교 문제 전문가. 2 국제 관계. ¶a deterioration in their ~ 국제 관계의 악화.
Fóreign Relátions Committée 周 《美》 상원 외교 위원회(⑪ FRC).
fóreign resérve 周 외화(外貨) 준비(금).
Fóreign Sécretary 周 《英》 외무 장관, 외상.
fóreign sérvice 周 1 (the F– S–) (미국 국무부 내의) 외교국(재외 공관을 통괄); (미국 이외의 외무부의) 해외 근무직(부문). 2 《군사》 해외[국외] 근무.
fóreign tráde bálance 周 해외 무역 수지.
fóreign-tráde zòne 周 1 자유 무역 지역. 2 수출 가공 구역.　　　　　　　　　　　　「용어](loan word).
fóreign wórd 周 외국어의 단어, 외래어, 차용어(借
fore·judge¹ [fɔːrdʒʌ́dʒ] 周困 …을 미리 판단하다.
fore·judge² 周因 =forjudge.
fore·know [fɔːnóu] 周 (**-knew; -known**) …을 미리 알다, 예지(豫知)하다. **~·a·ble** 周 **~·er** 周
~·ing·ly 周　　　　　　　　　　「지(豫知), 선견지명, 통찰.
fore·knowl·edge [fɔ́:rnɑ̀lidʒ, -́-́-/fɔ:nɔ́l-] 周 예

for·el [fɔ́:rəl, fɑ́r-/fɔ́r-] 명 (책 표지로 쓰는 저질의) 양피지; (책의) 케이스. (또는 **forrel**)

fore·la·dy [fɔ́:rləidi] 명 =forewoman.

fore·land [fɔ́:rlænd] 명 1 갑(岬)(cape). 2 해안 지역의 hinterland); 앞쪽[전면]에 있는 토지[지방]; 성벽·둑의 파세(波勢) 완화용 전면지(前面地).

fore·leg [fɔ́:rlèg] 명 (동물·의자의) 앞다리.

fore·limb [fɔ́:rlìm] 명 (척추동물의) 앞다리; (새·물고기의) 앞날개, 앞지느러미.

fore·lock¹ [fɔ́:rlàk/-lɔ̀k] 명 앞머리; (말의) 앞갈기.
take [or *seize*] *time* [or *an occasion*] *by the forelock* 호기를 놓치지 않고 잡다, 호기를 타다.
touch [or *pull, tug* (at)] *one's forelock to* (구어) …에게 (필요 이상으로) 굽실거리다[인사차리다].

fore·lock² 명(타) 쐐기핀(로 고정시키다.

***fore·man** [fɔ́:rmən] 명 (복 -**men** [-mən]) 1 (현장의) 십장(什長), 우두머리, 직공장, 감독. 2 (법률) 배심장(陪審長). ~·**ship** 명(U) foreman의 지위[자격].

fore·mast [fɔ́:rmæst, -mɑ̀st] 명 (해) 앞돛대.

fore·mast·man [fɔ́:rmǽstmən/fɔ́:rmɑ̀:st-] 명 (해사) 앞돛대 선원, 평(平)선원, 수병.

fore·milk [fɔ́:rmìlk] 명 1 (산부의) 초유(初乳)(colostrum). 2 (소 따위의) 처음 짠 젖(세균이 많다).

***fore·most** [fɔ́:rmòust, -məst] 형 (the ~) 맨 앞의, 첫번째의; 일류의, 주요한. 부 맨 먼저, 첫번째로
first and foremost 무엇보다 먼저, 맨 먼저. [로.
head foremost 거꾸로, 곤두박이쳐.

fore·name [fɔ́:rnèim] 명 (성(姓)에 대하여) 이름 (first name).

fore·named [fɔ́:rnèimd] 형 앞에서 이름을 든[밝힌], 전기(前記)[전술(前述)한].

***fore·noon** [fɔ́:rnú:n/⌒⌒] 명 (고어) 오전, 점심 전. — 형 오전의, 점심 전의.

fórenoon màrket (증권) 전장(前場).

fo·ren·sic [fərénsik] 형 1 범죄 과학의; 법의학의 [적인], (범죄의) 과학 수사의. 2 법정의[에 관한] ¶ ~ *terms* 법정 용어. 3 변론[토론]의, 변론에 알맞은. (의론 따위가) 수사적인. — 명 1 (~s) (단·복수 양용) 변론[토론]술, (美) 토론 연습[훈련]. 2 (~s) (단수취급) 범죄 과학. -**si·cal·i·ty** [⌒sikǽləti] 명 -**si·cal·ly** 부 과학.

forénsic médicine[jurisprúdence] 법의학.
forénsic psýchiatry 명 법 정신의학. [학.
forénsic psychólogy 명 법 심리학, 재판 심리학.
forénsic scíence 명 법과학; 과학 수사 (기법).

fore·or·dain [fɔ̀:rɔ:rdéin] 타 …을 미리 정하다; 미리 …의 운명을 정하다 (to, to do). -**ment** 명

fore·or·di·na·tion [fɔ̀:rɔ:rdənéiʃən] 명(U) 미리 정하기; (신의 뜻에 의한) 예정, 운명, 숙명.

fore·part [fɔ́:rpɑ̀:rt] 명 (the ~) 앞부분, 처음 부분; (혜) 앞갑판. [초기.

fore·paw [fɔ́:rpɔ̀:] 명 (개 따위의) 앞발.

fore·peak [fɔ́:rpì:k] 명 (해사) 이물의 선창(船倉).

fore·per·son [fɔ́:rpə̀:rsn] 명 =foreman; forewoman.

fóre pláne (목공) 막대패.

fore·play [fɔ́:rplèi] 명(U) (성교의) 전희(前戱).

fore·pleas·ure [fɔ́:rplèʒər] 명 (성교의) 전(前)쾌감(오르가즘 이전의 성적 쾌감). [앞쪽의 4분위.

fore·quar·ter [fɔ́:rkwɔ̀:rtər] 명 (쇠고기 따위의)

fore·reach [fɔ̀:rrí:tʃ] 자 (다른 배를 쫓아가다, 추월하다 (on, upon); (배가) 타력(惰力)으로 계속 나아가다. — 타 …을 쫓아가다; …을 추월하다[이기다].

fore·run [fɔ̀:rrʌ́n] 타 (-*ran*; ~·*ning*) 1 …의 앞을 달리다, …에 앞서다. 2 …의 전조가 되다, 예상[예기]하다. 3 선수를 치다. 4 …을 추월하다.

***fore·run·ner** [fɔ́:rrʌ̀nər, -⌒-] 명 1 선인(先人), 선배, 선임자; 선조, 전조, 징조, 예고; (병 따위의) 징후. 2 선구자, 예언자; (스키) 코스의 시험 활주자. 3 (the F-) 세례자 요한.

fore·sad·dle [fɔ́:rsædl] 명 (송아지·양 고기 따위의) 등심의 앞부분.

fore·said [fɔ́:rsèd] 형 전술(前述)한, 기술(既述)한.

fore·sail [fɔ́:rsèil, (해사) fɔ́:rsəl] 명 (해사) 앞돛대의 큰 돛; 앞돛대 돛대의 세로돛.

***fore·see** [fɔ:rsí:] 타 (~**s** [-z]; -**saw**; -**seen**) 1 …을 예감[예지], 예견[하다. ⇨PREDICT 유의어 ¶ ~ *the future* 앞을 내다보다. 2 …을 미리 보다[만나다]. — 자 선견지명을 갖다, 통찰력을 발휘하다.
~·**ing** 명 선견지명의. ~·**ing·ly** 부 -**sé·er** 명

fore·see·a·ble [fɔ:rsí:əbəl] 형 미리 알 수 있는.
in [or *for*] *the foreseeable future* 가까운 장래[에, 당분간.
-**a·bíl·i·ty** 명 -**a·bly** 부

fore·seen [fɔ:rsí:n] 동 foresee의 과거분사.

fore·shad·ow [fɔ:rʃǽdou] 동(타) …을 미리 암시하다, 예시하다, …의 전조가 되다. ~·**er** 명 ~·**ing** 명

fore·shank [fɔ́:rʃæŋk] 명 (소) 앞다리의 위쪽 고기.

fore·sheet [fɔ́:rʃìːt] 명 (해사) 1 앞돛의 아랫 자락에 매는 밧줄. 2 (~s) 앞돛대의 돛자리, 이물 쪽의 공간.

fore·shock [fɔ́:rʃàk/-ʃɔ̀k] 명 (지진의) 예진.

fore·shore [fɔ́:rʃɔ̀:r] 명 (the ~) (해변의) 만조선과 간조선 사이의 부분, 2 바닷가, 해안.

fore·short·en [fɔ:rʃɔ́:rtn] 동(타) 1 (미술) (원근법에 의하여) (먼 곳을) 단축하여 그리다. 2 …을 단축하다, 간단히 하다. ~·**ing** 명 (원근법에 의한) 단축법.

fore·show [fɔ:rʃóu] 동(타) (-*ed*; -*n*) (고어) …을 미리 보이다; …을 예시[예고]하다, 전조로서 나타내다. (또는 **foreshadow**)

***fore·sight** [fɔ́:rsàit] 명(U) 1 장래에 대한 대비[배려], 준비, 2 선견(지명), 통찰(력) (*to do*). ⇨PRUDENCE 유의어 3 장래의 전망, 가망. 4 장래의 전망, 가망. 5 (측량) 전시(前視). 6 (소총 따위의) 가늠쇠. ~·**ful** 형

fore·sight·ed [fɔ́:rsàitid] 형 선견지명[통찰력]이 있는, 깊이 생각하는, 장래를 내다보는.
~·**ly** 부 ~·**ness** 명 [피.

fore·skin [fɔ́:rskìn] 명(U) (해부) (음경의) 포피(包).

fore·sleeve [fɔ́:rslì:v/-⌒] 명 웃소매.

fore·speak [fɔ:rspí:k] 동(타) (-*spoke*; -*spoken*) 1 …을 예언하다. 2 …을 미리 요구하다, 예약하다.

‡**for·est** [fɔ́:rist, fɑ́r-/fɔ́r-] 명 1(U)(C) 숲, 삼림, 산림; 삼림지(대); (집합적) 숲의 수목. ¶ a ~ *tree* 삼림수.

유의어 **forest** 넓고 깊은 삼림으로 새·짐승이 있는 숲. **wood(s)** 마을에 가깝고 forest보다 작은 숲. **grove** 손질이 된 작은 숲.

2 (a ~) 임립(林立)한 것; 많음 (*of*). ¶ a ~ *of chimneys*[*masts*] 임립한 굴뚝[돛대]. 3 (보통 F-) (英) 왕실 소유림[지], (英역사) 왕실 사냥터.
cannot see the forest [or *wood*(*s*)] *for the trees* 나무를 보고 숲을 못보다; 작은 일에 구애되어 큰 일을 놓치다. [물.
— 형 (한정용법) 산림[삼림]의. ¶ ~ *animals* 산림 동물 — 동(타) …에 삼림[산림]을 조성하다; …에 식림하다.
~·**ed**, ~·**less**, ~·**like** 형

for·est·age¹ [fɔ́:ristidʒ, fɑ́r-] 명 (英역사) 산림세(稅); 삼림 지대 주민의 부역; 입목(立木) 벌채권.

fore·stage² [fɔ́:rstèidʒ] 명 (막 앞의) 무대 앞쪽, 튀어 나온 무대(apron).

for·est·al [fɔ́:ristl, fɑ́r-/fɔ́r-] 형 산림(지대)의; 숲을 이루는. ¶ ~ *resources* 산림 자원. (또는 **forésteal**)

fore·stall [fɔ:rstɔ́:l] 타 1 …의 기선을 제하다, 선수를 치다; …에 앞서다, …을 앞지르다; …을 미리 막다, …에 미리 조치를 강구하다. ¶ ~ *a riot* 폭동을 미리 막다 / ~ *the enemy* 적의 기선을 제압하다. 2 (값을 올리기 위하여) (상품)을 매점하다; (매점·매석으로) (시장 등의) 거래를 방해하다. 3 (고어) …의 동행을 방해하다; (매어) (입구 따위)를 막다. ~·**ment** 명

for·est·a·tion [fɔ̀:rəstéiʃən, fɑ̀r-/fɔ̀r-] 명 식림, 조림(造林), 영림(營林); 삼림[숲] 가꾸기.

fore·stay [fɔ́ːrstèi] 阁 〔해사〕 앞돛대의 앞밧줄.
fórest biomass 阁 삼림 생물군(群).
for·est·er [fɔ́ːrəstər, fár-/fɔ́r-] 阁 1 삼림지 거주자; 삼림 노동자. 2 임학자(林學者), 삼림학 전문가. 3 삼림 감독관; =forest ranger. 4 〔동물〕 삼림 동물[조류].
fórest fíre 阁 산불, 삼림 화재.
fórest gréen 阁 짙은 황록색, 짙은 녹색. **fór·est-**
fórest párk 阁 (英) 산림 공원. **gréen** 阁
fórest ránger 阁 (美) 산림 경비(감시)원.
fórest resérve 阁 삼림 보호구, 보호[보존]림.
for·est·ry [fɔ́ːrəstri, fár-/fɔ́r-] 阁⑪ 1 임학, 산림학. 2 조림, 식림; 삼림 관리(법). 3 (드물게) 삼림지.
fórest thérapy 阁 산림욕 요법.
fórest trée 阁 산림수, 임목(林木).
fore·swear [fɔːrswɛ́ər] 통 =forswear.
fore·taste 阁 [fɔ́ːrtèist] 1 시식(試食). 2 (앞으로 겪을 고락을) 미리 맛보기. 3 (a ~) 전조(前兆), 조짐(*of*).
━[-́ ́-] 통 …을 미리 (맛)보다[맛보다, 경험하다.
*****fore·tell** [fɔːrtél] 통 (**-told**) ⑪ 1 …을 예고[예언]하다. ⇨PREDICT 유의어 ¶ ~ a person's future 남의 장래를 예언하다 // (~+*wh*. 節) Nobody can ~ *what will happen tomorrow*. 내일 무슨 일이 일어날지는 아무도 모른다. 2 (사물이) …을 미리 나타내다, …의 전조를 보이다. ━⑪ 예고[예언]하다.
fore·thought [fɔ́ːrθɔ̀ːt] 阁⑪ 1 장래에 대한 심려(深慮), 조심; ⇨PRUDENCE 유의어 2 (사전의) 고려, 계획; 예상. ━阁 미리 계획[고려]된.
fore·thought·ful [fɔːrθɔ́ːtfəl] 阁 선견지명이 있는; 조심스러운, 신중한. **~·ly** 闾 **~·ness** 阁
fore·time [fɔ́ːrtàim] 阁 지난날, 옛날, 과거.
fore·to·ken [fɔ́ːrtòukən] 阁⑪⑪ 전조, 전조, 징후.
━통 [-́ -́-] …을 예시하다, …의 조짐을 보이다.
*****fore·told** [fɔːrtóuld] 통 foretell의 과거 과거분사.
fore·tooth [fɔ́ːrtùːθ] 阁 (複 **-teeth** [-tìːθ]) 앞니, 문치(門齒)(incisor).
fore·top [fɔ́ːrtàp/-tɔ̀p] 阁 〔해사〕 앞돛대의 망루(望樓). (말의) 이마 위 갈기; (페어) (사람의) 앞머리.
fore·top·gal·lant [-tɔpgǽlənt/-tɔp-] 阁 〔해사〕 앞돛대의 위쪽 돛대의. ¶ a ~ mast 앞돛대의 위쪽 돛대.
fore·top·man [fɔ́ːrtɔ́pmən/-tɔ́p-] 阁 〔해사〕 앞돛대의 망루원(望樓員).
fore·top·mast [-tápmæst/-tɔ́pmàːst] 阁 〔해사〕 앞돛대의 중간 돛대. 〔중간돛〕
fore·top·sail [-tápsèil/-tɔ́p-] 阁 〔해사〕 앞돛대의 중간 돛.
fore·type [fɔ́ːrtàip] 阁 원형(原型)(antetype).
‡**for·ev·er** [fərévər, fɔr-] 闾 1 영구히, 영원히 (*英* for ever). 2 (진행형과 함께) 끊임없이, 언제나, 설새없이. 3 (구어) 오랫동안, 쪽.
   forever and a day 영구히, 영원히.
   forever and ever [or ***aye***] (문어) 영원히. ¶ Glory be to God ~ *and ever*, amen. (기도문) 하느님께 영광이 영원히 있사옵나이다, 아멘.
   not*…*forever 영원히[언제까지나] …하는 것은 아니다.
━⑪ (the ~) 오랜 시간; 영원, 영겁(永劫).
   take forever (구어) 엄청난 긴 (오랜) 시간이 걸리다.
for·ev·er·more [fɔːrèvərmɔ́ːr, fər-] 闾 (문어) (강조) 영원토록(forever more) (* forever의 강조형).
fore·warn [fɔːrwɔ́ːrn] 통⑪ (사람)에게 (…을) 미리 경고하다[주의시키다](*of*, *about*); (…하지 않도록) 경고하다(*against*); (…하도록) 통고[경고]하다 (*that* 節). ¶ Forewarned is forearmed. (속담) 유비무환(有備無患) / He ~*ed* me not to go there. 그는 나에게 그곳에 가지 말라고 경고했다. **~·er** 阁 **~·ing·ly** 闾
fore·went [fɔːrwént] 통 forego의 과거.
fore·wind [fɔ́ːrwìnd] 阁 〔해사〕 순풍(順風).
fore·wing [fɔ́ːrwìŋ] 阁 (곤충의) 앞 날개. 〔형〕
fore·wom·an [fɔ́ːrwùmən] 阁 foreman의 여성형.
fore·word [fɔ́ːrwə̀ːrd] 阁 (저자 이외의 사람의 짧은) 머리말, 서문(阁) afterword. ⇨PREFACE 유의어
forex, Forex [fɔ́ːrəks, fár-] 阁 외국환. (<*foreign exchange*)
fore·yard[1] [fɔ́ːrjɑ̀ːrd] 阁 〔해사〕 앞돛대의 맨밑의
fore·yard[2] 阁 앞뜰.
for·fait·ing [fɔ́ːrfèitiŋ] 阁 (금융) 수출 장기 연불어음의 비소급적 할인 매수 금융. 〔<F〕
*****for·feit** [fɔ́ːrfit] 阁 1 ⑪⑪ **a)** 벌금, 과료(科料), 위약금. **b)** (범죄·태만·위약으로 인해) 몰수되는[잃는] 것; 상실한 권리[명예, 지위]. ¶ pay a ~ 벌금을 물다. 2 (재산 따위의) 몰수; (권리·자격 따위의) 상실, 박탈. ¶ the ~ of one's civil rights 시민권의 상실[박탈]. 3 (계임에서) 벌로서 내놓는 물건; (~s) (단수취급) 벌금 놀이.
   take [***pay***] ***a*** [or ***the***] ***forfeit of*** (…에 대한 벌로서) …을 b탈당[상실하다](*for*).
━통 1 벌로서 (권리·재산 따위)를 잃다, 몰수되다, [자유·권리 따위]를 박탈당하다. ¶ ~ one's property 재산을 몰수당하다. 2 (어떤 행위의 결과로서) …을 잃다, 잃을 처지에 놓이다.
━阁 (…에게) 몰수된, 상실된(*to*).
~·a·ble 阁 **~·er** 阁 벌금 처분을 받는 사람.
fór·feit·ed gáme [fɔ́ːrfitid-] 阁 〔스포츠〕 (야구 따위의) 몰수 경기[게임].
for·fei·ture [fɔ́ːrfitʃər] 阁 1 (재산 따위의) 몰수; (권리·지위·자격 따위의) 박탈, 상실; (명성의) 상실; (계약 따위의) 실효. 2 몰수물; 벌금, 과료.
for·fend [fɔːrfénd] 통⑪ 1 (美) …을 방어하다, 지키다. ¶ ~ oneself *from* …로부터 자신을 지키다. 2 …을 피하다. 3 (고어) …을 금하다. (또는 **forefend**)
   (May) God [or ***Heaven***] ***forfend!*** 결코 일이 있어서는 안 된다, 신이 막아 주시기를!
for·gath·er [fɔːrgǽðər] 통쥐 (문어) 1 모이다, 집합하다. 2 (스코) (우연히) 만나다, 조우(遭遇)하다 (*with*). ¶ ~ *with* a storm 폭풍우를 만나다. 3 사귀다, 친하게 지내다 (*with*). (또는 **foregather**)
*****for·gave** [fərgéiv] 통 forgive의 과거.
*****forge**[1] [fɔːrdʒ] 阁 1 용광로, 가열로, (대장간의) 노(爐). 2 괴철로(塊鐵爐)(공장). 3 대장간, 철공소. 4 (사상·계획 따위를) 연마하는 곳, 산실.
━통 1 [쇠]를 벼리다; 벼려서 (…을) 만들다 (*into*), 단조하다. ⇨MAKE 유의어 2 (노력하여) 만들어내다; (계획 따위)를 세우다, 안출하다; (관계·우정)를 구축하다[쌓다]. 3 [거짓말 따위]를 지어내다, 날조하다, 꾸며내다. ⇨MAKE 유의어 ¶ ~ a lie 거짓말을 지어내다. 4 …을 위조하다, 모조하다. ¶ ~ a certificate 증명서를 위조하다. ━쥐 1 위조하다; 가짜[모조품]를 만들다, 위조죄를 범하다. 2 벼리다, 대장간 일을 하다. **~·a·ble** 阁
forge[2] 통쥐 1 서서히 나아가다; 꾸준히 발전하[진전되다], (~ ahead) (배가 타력(惰力)이나 조류로) 전진하다; (주자 등이) 급히 속력을 내다; (노력에서) …에 장족의 발전을 하다; 선두에 서다.
forg·er [fɔ́ːrdʒər] 阁 대장장이; 날조자; 위조자[범].
forg·er·y [fɔ́ːrdʒəri] 阁⑪⑪ 1 모조, 위조, 변조. 2 위조물, 위폐, 모조 작품. 3 (법률) 문서 위조(죄).
‡**for·get** [fərgét] 통 (**-got**; **-got(·ten**); **~·ting**) ⑪ 1 …을 잊다, 망각하다, 기억하고 있지 않다; …이 생각나지 않다(멸 remember). ¶ I shall never ~ your kindness. 친절은 결코 잊지 않겠습니다 // (~+*wh*. to do) I've *forgotten how* to do it. 나는 그것을 어떻게 하는 것인지 잊어버렸다. // (~+*that* 節) Did you ~ *that* I was coming? 너는 내가 온다는 것을 잊고 있었는가? 2 (…하기)를 잊다, 잊어버리고 (…하지) 않다 (to do); (의문·부정문에서) (…한 것)을 잊다 (*doing*); (부정문에서) …에게 안부 전하는 것을 잊다 (*to*). ¶ (~+*to* do) He has *forgotten to* pay back the money. 그는 그 돈 갚는 것을 잊었다 / Don't ~ *to* come. 잊지 말고 [꼭] 오너라 // (~+⑪+團+阁) Don't ~ me to your family. 가족에게 꼭 안부 전해 주세요.

forgetful 1088 **fork lunch(eon)**

(USAGE) **forget+to-부정사와 forget+동명사**
forget+to-부정사는 미래의 일에, forget+동명사는 과거의 일에 쓴다: Don't ~ *to mail* the letter on your way home. 집으로 오는 길에 잊지 말고 편지를 부쳐라 // I will never ~ *seeing* her at the party. 파티에서 그녀를 만났던 것을 결코 잊지 못할 것이다. * 과거의 일임을 명시하려면 having seen her처럼 완료형을 쓴다.

3 …을 가지고 가는[오는] 것을 잊다; …을 잊고 두고 오다(* 장소 부사와 함께 쓰이지 않는다)(图) leave).
4 …에 생각이 미치지 않다; (열중한 나머지) …을 깨닫지 못하다. ¶ ~ oneself in ... …에 넋을 잃다.
5 …을 (의식적으로) 잊다, 개의치 않다; …을 무시하다, 내버려두다. ¶ ~ an offense 죄를 용서하다 / Let's ~ what happened. 지난 일은 잊어버립시다.
6 게을리하다, 등한히[소홀히]하다. ¶ ~ one's duties 자기의 임무를 소홀히하다 / ~ God 신[신앙생활]을 잊다.
— 秘 잊어버리다: (…의 일을) 잊다, 마음에 두지 않다 (*about*). ¶ (~+前+图) You may ~ *about* her. 그녀의 일은 마음에 두지 마시오. [여) 괜찮다.
and don't you forget it! (앞서 말한 것을 강조하여)
before I forget 잊기 전에 (말해 두겠는데).
Forget about it. =*Forget it.* ①
forget and forgive; forgive and forget (과거사·원한 따위를) 깨끗이 잊어버리다.
Forget it. (구어) ① (감사·사죄에 대해) 괜찮아요; 신경 쓰지 마; 천만의 말씀(* about이 없는 쪽이 직접적이고 무뚝뚝한 어법). ② (요청 따위를 거부하여) 천만에요, 당치도 않다. ③ (귀찮게 생각나는 일을) 이제 그쯤 해둬, 알게 뭐야. ④ (또는 *F- it all*.) (속어) 쳇.
forget more about...than a person ever knew …에 대해서는 누구보다도 잘 알다.
forget oneself ① 자기 분수를 잊다, 제 주제를 모르다, 분수에 맞지 않는 말을 하다. ¶ You are ~ting yourself! 네 분수를 알아라! ② 무아지경에 빠지다, 몰두하다; 의식을 잃다. ③ (고어) 발끈 하대다. ④ 남의 이익[일]을 우선하다. ⑤ (구어) (아이가) 오줌[똥]을 지리다.
Forget you! 나갑시다; 나가, 꺼져; 천만의 말씀.
not forgetting (물론) …도 (포함해서)(and also).
~**ter**

****for·get·ful** [fərgétfəl/fəgétfəl] 图 **1** 잊기 쉬운, 잊기 잘하는 (of). ¶ He is very ~ *of* things. 그는 건망증이 심하다. **2** (서술용법) 부주의한; 소홀히 하는, 무관심한 (of). ¶ be ~ *of* others 남의 일을 개의치 않다. (시·고어) 잊게 하는. ~**·ly** 图 건망증; 부주의, 태만.
****for·get·ful·ness** [fərgétfəlnis] 图 잊기 쉬움, 망각.
for·ge·tive [fɔ́ːrdʒitiv] 图 (고어) 발명의 재간이 있는, 창조력이 풍부한. [우애의 상징).
for·get-me-not [-mɪnɑ̀t/-nɔ̀t] 图 물망초(신의와
for·get·ta·ble [fərgétəbl] 图 잊혀지기 쉬운, 잊어버릴 듯한; 잊어도 좋은.
forg·ing [fɔ́ːrdʒiŋ] 图 ⓤⓒ **1** 단조(鍛造)(품). **2** 위조, 날조. **3** (馬術) (말의 앞·뒷발의) 추돌(追突).
for·giv·a·ble [fərgívəbl] 图 용서할 수 있는, 허용(용납)되는. ~**ness** 图 **-bly** 图
****for·give** [fərgív] 图 (~*s* [-z]; *-gave*; *-giv·en*; *-giv·ing*) 值 **1** 죄·사람을 용서하다, 너그럽게 봐주다. ¶ EXCUSE 유의어) ~ a sin 죄를 용서하다 / Pray ~ me! 부디 용서를 빕니다 / Am I ~ *n*? 저를 용서하시는 겁니까? // (~+前+图+图) May God ~ us our sins. 주여, 저희 죄를 용서하소서 / (~+图+ 前+图) be ~*n for* stealing 도둑질한 것을 용서받다. **2** (빚·의무를) 면제하다, 탕감해 주다. ¶ ~ a person his debt 남에게 빛 갚음을 탕감해 주다. — 秘 용서하다
forgive and forget ⇒ FORGET.
Forgive me [or *my manners*], *but* (구어) 죄송

[미안]하지만 …. ¶ F- *me*, *but* I don't think so. 죄송하지만 내 생각은 다릅니다. 「할 수 있어?
May you be forgiven! (구어) 어떻게 그런 말[짓]을
-giv·er 图 용서[면제]하는 사람.
****for·give·ness** [fərgívnis] 图 ⓤ **1** 용서 (for); 용납; 허용; (빛·의무의) 면제 (of). **2** 관대함, 관용.
for·giv·ing [fərgíviŋ] 图 (기꺼이) 용서하는; 관용하는, 관대한; 관용을 보이는. ~**·ly** 图 ~**·ness** 图
for·go [fɔːrgóu] 图 (*-went*; *-gone*) 值 **1** …을 멀리하다, 삼가다, …없이 때우다(do without); …을 버리다. **2** (고어) …을 무시[경시]하다. **3** (고어) …을 떠나다; (폐어) …을 통과하다. (또는 *forego*).
*‡***for·got** [fərgɑ́t/-gɔ́t] 图 forget의 과거·과거분사.
*‡***for·got·ten** [fərgɑ́tn/-gɔ́tn] 图 forget의 과거분사.
forgótten mán 图 **1** 세상에서 잊혀진 사람. **2** (美 정치) (부당하게) 잊혀진 사람(1930년대의 중산층 또는 노동자 계급의 사람들). 「으로 고용되는.
for-hire [-hái*ə*r] 图 (차 따위가) 임대의; (사람이) 돈
for-in·stance [fərínstəns] 图 (美구어) 실례, 예. ¶ Give me a ~. 예를 들어 보시오. 「F-, Ft.).
for·int [fɔ́ːrint] 图 포린트(헝가리의 화폐 단위; 略
for·judge [fɔːrdʒʌ́dʒ] 图 (图) (법률) (재판에 의해) (남)을 (…로부터) 실권시키다, 추방하다 (*from*); …로부터 (…을) 박탈[몰수]하다 (of). (또는 *forejudge*).
*‡***fork** [fɔːrk] 图 **1** (식탁용) 포크. ¶ a knife and ~ (한 벌의) 나이프와 포크. **2** 갈퀴, 쇠스랑; =forklift. **3** 포크 모양의 것; 갈퀴진 나뭇말뚝); (갈퀴 모양의 전광(電光). **4** 분기(分岐), 갈래지기; (강·도로 따위의) 분기점; (나뭇가지의) 갈래; (인체의) 가랑이. ¶ the ~ of a road 길의 분기점. **5** (갈래진) 가지; (美) (강의) 주요한 지류. **6** (비유적) 선택해야 할 하나의 길[것], 기로(岐路). **7** (음악) 소리 급쇠(tuning). **8** (속어) (~s) 손가락; 소매치기, 도둑. **9** (서양장기) 양수걸이. **10** (폐어) 화살의 갈래. [하다.
hawk one's [or *the*] *fork* (濠속어) 몸을 팔다, 매춘
play a good knife and fork 식욕이 왕성하다, 배불리 먹다.
— 图 (~*ed* [-t]) ⓕ **1** …을 갈래가 지게 하다, 포크 모양으로 하다. ¶ ~ one's fingers V자 사인을 하다. **2** …을 포크로 찌르다; (건초를) 쇠스랑으로 찍어 올리다 [던지다, 옮기다]; (갈퀴·쇠스랑 따위로) 비료를 묻다 (*in*); …을 파 젖히다(*over*). **3** (서양장기) 양수걸이를 걸다. — 秘 **1** 갈래지다, 분기하다; (갈림길에서) 어느 한쪽으로 가다. **2** 포크를 쓰다; 쇠고랑(따위)로 일하다.
fork it in (구어) 게걸스럽게 먹다.
fork over [or *out, up*] (구어) (돈·물건 따위를 마지 못해) 내다, 넘겨주다, 지불하다 (*to, for, on*).
Fork you! 꺼져! =*Fuck you!*
— 图 (식사가) 입식(立食)식의, 서서 먹는.
~**·less**, ~**·like**
fórk·ball [-bɔ̀ːl] 图 (야구) 포크볼.
forked [fɔːrkt, fɔ́ːrkid] 图 **1** 포크 비슷한; 두 갈래 진, 분기(分岐)한. ¶ a ~ radish 두 갈래진 무. **2** (복합어로) …갈래의, …으로 갈래진. ¶ three-~ 세 갈래의. **3** Z자형[번개꼴]의. **4** 모호한, 어느 쪽으로도 해석되는.
fórk·ed·ly 图 **fórk·ed·ness** 图 「자동차).
fórked-éight [-éit] 图 (속어) V형 8기통 엔진(의
fórked líghtning 图 =chain lightning.
fórked tóngue 图 일구이언(一口二言), 거짓말.
speak with [or *have*] *a forked tongue* 일구이언하다, 거짓말하다.
fork·ful [fɔ́ːrkfùl] 图 (농업용 포크의) 1포크분.
fork·hand·er [-hændər] 图 (美구어) (야구) 좌완 투수, 사우스포(southpaw).
fork·lift [fɔ́ːrklìft] 图 포크리프트(차), 지게차. (또는 ~ *trúck*, *fórk* [*líft*] *trúck*) — 图 …을 포크리프트로 운반하다.
fórk lúnch(eon) 图 **1** (英) 뷔페(간이 식당)의 점심

fork supper 명 (英) 포크만으로 먹는 저녁 식사.
fórk·tailed [fɔ́ːrktèild] 형 (새·물고기 따위의) 꼬리가 두 갈래진.
fórk trùck 명 =forklift.
fork·y [fɔ́ːrki] 형 =forked. **fórk·i·ness** 명

*__for·lorn__ [fərlɔ́ːrn] 형 1 버림받은, 버려진, 고독한 (*of*). (인상·광경 따위가) 비참한, 황량한, 불쌍한; *of fortune* 운명이 등을 돌린. 2 절망적인, 희망을 잃은; (빛) (희망 따위를) 빼앗긴, (…이) 없는 (*of*). ¶a future ~ *of hope* 희망이 없는 미래. ~**·ly** 부 ~**·ness** 명

forlórn hópe 명 (a ~) 1 헛된 희망; 거의 가망이 없는 시도, 2 결사적 행동, 돌격, 3 (폐어) 결사대(원).

‡**form** [fɔːrm] 명 (복 ~**s** [-z]) 1 ⓒⓤ (물건의 색·질 따위와 구별하여) 모양, 형상, 형태; ⓒ 외형, 외관, 윤곽; (사람·물건의) 모습; 몸, 인체, 몸매. ¶assume various ~*s* 여러 가지 형태를 취하다 / He has a well-proportioned ~. 그는 몸매가 균형이 잡혀 있다.

> 유의어 **form** 물체의 형태·사물의 진행·실현 형식을 의미하는 가장 넓은 뜻의 말; 내용과의 밀접한 관련을 암시하는 말. **figure** 선에 의한 형태. **shape** 체적(용적)이 있는 물체의 모양. **outline** 물체의 가장 바깥쪽을 구획하는 선. **contour** 물체의 outline이 만드는 모양. 특히 곡선적인 형태; 아름다움·부드러움·풍부함 따위, 또는 이에 반대되는 의미를 암시하는 말.

2 (물건·건물 따위의 모양을 결정하는) 형(型), 원형, 틀, 주형(mold); (콘크리트를 부어 넣는) 형틀, 거푸집; (기계의) 골조(骨組); (美) (인쇄) 조판(組版) (英) forme); ⓤ (결정) 결정형(結晶形). ¶cakes baked in different-shaped ~ 여러 모양의 틀로 구운 케이크.

3 **a)** (종종 a ~) (사물이 존재하는) 상태, 형태 (相); 종류(kind) (*of*). ¶two ~*s of* government 두 가지 정치 형태. **b)** (생물) 종(種); 같은 종류의 집단; 종류, 생존 형태; (식물의) 품종. ¶a ~ *of horse* 말의 일종. 4 ⓤ (문예 작품 따위의) 형식, 표현 형식, 스타일; (그림의) 구도, 형식; (있는 그대로) 본체, 인체, 외관, 외견. ¶a piece of music in sonata ~ 소나타 형식의 악곡 / literary ~ 문체.

5 ⓒⓤ 틀에 박힌 방식, 관례; 형식, 형식적 행위(예절); (사회적 기준에서 본) 처신, 예의 범절. ¶a conventional ~ 인습적 관례 / good ~ 올바른 예절 / It's bad ~ to do that. 그런 짓을 하는 것은 무례한 짓이다.

6 ⓒⓤ (일정한) 방식, 방법, 형; (스포츠) 폼; 재래식 (판에 박힌) 방법. ¶the ~*s of* address 이름 부르는 방식 / an established ~ 일정한 방식, 정형(定型). 7 (종교 의식의) 축문(祝文), 제문(祭文); (법률 문서 따위의) 관용문; (식사(辭) 따위의) 상투 문구. 8 **a)** (기입해 넣는) (…)용지, 신청서; (…)표(票), 양식. ¶a telegraph ~ 전보 용지 / an application ~ 신청서(용지). **b)** (다른 것에 보기가 되는) 모형, 서식(書式), 양식. ¶a ~ *for a deed* 증서의 서식(양식). 9 **a)** ⓤ (일·연주·연기 따위의) 컨디션, 상태, (경기자·말의) 건강 상태. ¶keep in ~ 늘 컨디션 좋은 상태로 있다. **b)** ⓤ 기술, 기법, 테크닉. ¶display tremendous ~ 뛰어난 기량을 보여 주다. 10 (영국의 public school 등과 미국의 일부 사립 학교의) 학년, 학급(* 보통은 the first ~(1학년)에서 the sixth ~(6학년)까지). 11 ⓤ 적정한 형; 정연한 배치(질서), 12 ⓤ (철학) (내용·질에 대해) 형식, (F-) (플라톤 철학에서) 이데아(idea) / (아리스토텔레스 철학에서) 형상(形相); (논리) 사유(思惟)의 형식(opp. matter). 13 ⓤⓒ (英) (선수·경주마 등의) 과거 성적(표) (英속어) 전과(범죄) 기록(부). 14 (의상실 따위의) 작업·진열용) 마네킹 인형. 15 ⓤⓒ (언어·문법) (언어의 의미에 대해) 형태, 어형(語形); (단어·어구가 취하는) 변화형, (…)형(形) func-tion). ¶a derivative ~ 파생형 / an infinitive ~ 부정형(不定形). 16 (英) (영) (등받이가 없는) 긴 의자, 벤치. 17 산토끼굴(hare's lair). [은 물의 한 형태이다.

a form of …의 한 형태. ¶Ice is a ~ *of* water. 얼음

after the form of …의 서식에 따라, … 양식대로.
as a matter of form; for form's sake 형식상, 의례대로.
fill in [or (美) **out, up**] **a form** 용지에 기입하다.
go through the form of …라는 형식을 거치다.
in any shape or form ⇨SHAPE. [비정상인.
in bad form; off [or **out of**] **form** 정상이 아닌,
in due [or **proper**] **form** 정식으로, 제대로.
in [or (美) **on**] **form** 썩 좋은 상태로 있는.
in great [or **good, rare**] **form** 쾌조인.
in the form of …의 모양으로, 모양을 따서.
know the form (英구어) 비밀 정보를 손에 넣다.
take form 모습(형태)을 갖추다, 구체화하다.
take the form of …의 모습을 취하다, …모습으로
true to form 평상과 같이, 관례대로. [나타내다.
What's the form? (英구어) ① 형편은 어때? 전망은 있어? ② 무슨 일이야?

— 동 (~**s** [-z]) 태 1 …을 (…의) 형태로 만들다 (*into*); (틀에 맞추어) …을 만들어 내다, 형성하다 (*after, by, from, out of, on*). ⇨MAKE 유의어¶ (~+目+图) ~ *the dough into* loaves 가루 반죽을 (구워서) 빵으로 만들다 / ~ a thing *after* [*or by, from, upon*] a certain pattern [*or* model] 어떤 형(型)을 본따서 물건을 만들다.
2 (단체·조직)을 만들다, 결성하다, 구성하다; …을 생기게 하다, 만들어 내다. ¶~ a cabinet 내각을 조직하다, 조각하다.
3 (사상·의견 등)을 정리하다, 생각해 내다; (계획 따위)를 세우다; (판단)을 내리다. ¶~ an idea 생각을 정리하다 / ~ a plan 계획을 세우다. [대응이 되다.
4 …역할을 하다; …이 되다. ¶~ a substitute *for* …의
5 (습관 따위)를 들이다, 붙이다. ¶~ bad habits 나쁜 습관을 붙이다. 6 (관계·교제 따위)를 맺다. ¶~ an alliance 동맹을 맺다. 7 (훈련·교육 따위로)(정신·인격 따위)를 형성(육성)하다, 단련(배양)하다. ¶~ the character [mind] 인격(정신)을 배양하다. 8 (말)을 발음하다; …을 똑똑히 발음하다. 9 (문법) (접사·어형 변화가) (파생어)를 만들다. 10 …을 정리하다; (군사) (어떤 대형으로) …을 정렬시키다(*up*) (*into*), [어떤 대형]을 만들다.
— 자 1 모양을 이루다, 형성되다 (*from*), 생기다; (…로) 되다 (*into*). ¶Crystals ~ in the retort. 레토르트 속에 결정(結晶)이 생긴다. (공상·희망 따위가) 생기다, 일다, 나타나다. 3 (특수한 형태를) 취하다; (군사) (대형(隊形))을 짓다(*up*)(*in, into*). ¶~ *into* a line 횡대를 짓다.
form itself into …의 꼴이 되다.
form on (다른 대열에) 이어 대열을 만들다.
form the words 말을 하다.
form up ① 대형(隊形)을 이루다. ② …을 정렬시키다; ~**·a·ble** 형 …에게 대형(隊形)을 이루게 하다.
-form [fɔːrm] 연결 「…꼴·모양을 가진, …형(形)의」의 뜻. (* 보통 -iform). ¶cruci*form*, uni*form*.

‡**for·mal**[1] [fɔ́ːrməl] 형 (**more** ~; **most** ~) 1 (언동이) 틀에 박힌, 격식을 차린; 관례를 따르는, 인습적인.
2 (의식·계약 따위가) 정식의, 형식을 갖춘, 공식의. ¶a ~ contract [agreement] 정식 계약(협약).
3 (옷 따위가) 정식용의; (파티 따위가) 정장을 요하는. ¶~ attire 정복, 예장(禮裝).
4 (사람·태도 등이) 형식에 치우친, 격식을 차리는; 예의 바른(을 지키는); (…에) 엄격한, 냉담한, 쌀쌀한 (*to, with*). ¶a ~ man 예의 바른 남자.
5 (말·표현 따위가) 공식적인, 격식을 차린, 딱딱한; 문어체의(윤) informal, colloquial). ¶~ words[expressions, style] 딱딱한 말[표현, 문체].
6 형식상의, 알맹이가 없는, 겉으로만의; 의례적인, 형식적인; 명목상의, 이름뿐인(nominal). ¶a ~ expression of apology 형식적인 사과의 말.
7 (성질·내용과 구별하여) 모양의, 외형(관)의; 형식의, 형태상의(④) material). ¶~ beauty 형식미, 외견상의

아름다움/a ~ resemblance 외형상의 유사(類似). **8** 〔행위 따위가〕 규정의 틀에 따른, 정석(定石)의. **9** 〔정원·디자인 따위가〕 매우 규칙바른, 잘 정돈된; 균형 잡힌. ¶a ~ garden 잘 정돈된 정원. **10** 〔교육·훈련 따위가〕 정규의, 학교에서 습득하는. ¶~ education 정규[학교] 교육. **11 a)** 〔철학·논리〕 형식의, 형식적인. **b)** 〔철학〕 (아리스토텔레스의) 형상(形相)의(essential)(opp. material). ¶the ~ cause 형상인(形相因). **12** 〔연극〕 구성[배경 고정] 무대의.
── 图 정장[예복, 야회복] 차림으로. 「가다.
go formal 〖美口〗 정장[야회복] 차림을 하다[으로
── ⑧ **1** 형식적인 것. **2** (美) 정식 무도회(만찬회). **3** 〔여성의〕 야회복(evening gown).
~ness ⑧

for·mal[2] [fɔ́ːrməl] ⑧ 〔화학〕 = methylal. [<*form*+*aldehyde*]
fórmal cáll[**vísit**] ⑧ 의례적 방문, 예방(禮訪).
form·al·de·hyde [fɔːrmǽldəhàid] ⑧ 〔화학〕 포름알데히드. [<*formic*+*aldehyde*]
fórmal dréss ⑧ 정장, 예장(禮裝).
fórmal grámmar ⑧ 형식 문법.
for·ma·lin [fɔ́ːrmǝlin] ⑧ 〔상표〕 〔화학〕 포르말린 (살균제·방부제). [<*formaldehyde*+*-in*]
for·mal·ism [fɔ́ːrməlìzəm] ⑧ ◎ **1** 〔음악·예술 따위의〕 규정적[전통적] 형식의 엄수, 〔경멸적〕 〔극단적인〕 형식주의(⇒ idealism); 허례(주의). **2** 〔종교〕 형식 존중주의. **3** 〔윤리〕 형식주의. **4** 〔심리〕 형태 심리학.
for·mal·ist [fɔ́ːrməlist] ⑧ **1** 형식주의자; 형식 존중주의자; 형식론자. **2** 기회주의자.
for·mal·is·tic [fɔ̀ːrməlístik] ⑧ 형식주의적인, 형식에 구애되는. -**ti·cal·ly** 图
***for·mal·i·ty** [fɔːrmǽləti] ⑧ **1** ◎ 형식적임, 형식에 구애됨; 정통적 규칙[절차]의 엄수, 인습. ¶No ~, *please.* 〖美口〗 편히 하십시오. **2** ◎ 딱딱함, 꼼꼼함. **3** (보통 ~**ties**) 정규[정식] 절차. ¶the passport[legal] *formalities* 여권 교부[법률상의] 절차. **4** 형식[의례]적 행위. **5** (성직자·학자 등의 규정된) 정장.
go through due formalities 정식 절차를 밟다.
without formality 격식을 차리지 않고, 편안하게.
for·mal·ize [fɔ́ːrməlàiz] (* ⑧ **-ise**) ⑧ **1** 〔문어〕 …을 정식의 것으로 하다, 격식을 갖추다, 공인[승인]하다. ¶~ a plan 계획을 승인하다. **2** …에 일정한 형(식)을 주다; …을 형식화(化)하다. ── ⑧ 형식적이다; 형식주의로 행동하다; 격식을 차리다.
-**iz·a·ble** ⑧ **-i·zá·tion** ⑧ 형식화; 의례화. **-iz·er** ⑧
fórmal lógic ⑧ 형식 논리학.
***for·mal·ly** [fɔ́ːrməli] ⑧ **1** 형식적으로, 의례적으로. **2** 명백히. **3** 정식으로, 공식적으로; 예의바르게. **4** 형식에 관하여, 형식상; 겉보기로, 외견상.
fórmal univérsal ⑧ 〔언어〕 보편적 언어 형식.
fórmal·wear [fɔ́ːrməlwɛ̀ər] ⑧ 정장, 예복.
For·man [fɔ́ːrmən] ⑧ **Milos ~** 포먼(1932- ; 체코 출신의 영화 감독).
for·mant [fɔ́ːrmənt] ⑧ **1** 〔음악〕 형성음(形成音); 〔음성〕 포먼트(모음의 구성 소음(構成素音)). **2** 〔언어〕 파생형(接辭); 어간 형성사(形成辭).
for·mat [fɔ́ːrmæt] ⑧ ◎ ◎ **1** 〔서적·잡지의〕 판형(판型) folio, quarto, octavo). **2** 〔서적·신문·잡지의〕 체재, 외장. ¶a tabloid ~ 타블로이드판. **3** 〔TV·라디오 프로의〕 구성, 형식. ¶a seminar ~ 세미나 형식. **4** 〔동전·우표 따위의〕 형식. **5** 〔컴퓨터〕 포맷, 서식; 데이터의 배열.
── ⑧ (**-tt-**) **1** …의 체재를 갖추다; …를 구성하다. **2** 〔컴퓨터〕 디스크를 포맷하다. **~·ter** ⑧ [<F]
for·mate[1] [fɔ́ːrmeit] ⑧ 〔화학〕 포름산염(酸鹽).
for·mate[2] ⑧(⑧) (비행기가) 편대를 짜다, 편대 비행하다.
‡**for·ma·tion** [fɔːrméiʃən] ⑧ (⑧) ~s [-z] **1** ◎ 형성, 구성, 조성(組成), 편성; 성립, 육성, 형성. ¶the ~ of ice 결빙. the ~ of character 인격의 형성. **2** ◎ 구조, 조립, 형식. ¶in curved ~ 만곡(彎曲)으로 / The

island is of rocky ~. 그 섬은 암석으로 되어 있다. **3** ◎ ◎ 〔군사〕 대형, 진형(陣形); 편대; 〔축구 등의〕 대형, 포메이션. ¶battle[close] ~ 전투[밀집] 대형/fly in ~ 편대 비행하다. **4** 형성물, 구성[조성]물. ¶new (word) ~s 신어, 신조어. **5** 〔지질〕 충(層), 암충, 〔암충의〕 계통. **6** 〔생물〕 〔식물의〕 군계(群系). **7** 〔화학〕 화성(化成). *~·al* ⑧
formátion flíght ⑧ 〔군사〕 편대 비행.
form·a·tive [fɔ́ːrmətiv] ⑧ **1** 형태를 주는; 조형(形)의. **2** 형성의, 발달의. **3** 〔생물〕 형태 형성적인, 조형의. **4** 〔문법〕 성어(成語)에 쓰이는, 말을 구성하는. ── ⑧ 〔문법〕 ~ = element. *~·ly* ⑧ *~·ness* ⑧
fórmative árts ⑧ (the ~) 조형(造形) 미술.
fórmative élement ⑧ **1** 〔문법〕 성어(成語) 요소 (접두사나 파생 접미사 따위). **2** 〔언어〕 (생성 문법에서) 형식소(素).
form·board [fɔ́ːrmbɔ̀ːrd] ⑧ 〔건축〕 콘크리트를 흘려 넣는 거푸집, 모양틀.
form·book [fɔ́ːrmbùk] ⑧ (the ~) (英) (경마의) 과거 성적 기록표, 경마 안내; 〖英口〗 (말·기수의 전적으로 비추어 본) 예상.
fórm cláss ⑧ 〔문법〕 형태류(하나 또는 그 이상의 형태적 특징을 공유하는 단어군 또는 의미 단위).
fórm críticism ⑧ 형식 비평(학); (성서의) 양식사적 (樣式史的) 연구. **fórm crític fórm-crítical**
fórm dràg ⑧ 〔물리〕 형상(形狀) 저항[항력(抗力)].
forme [fɔːrm] ⑧ (英) 조판.
‡**for·mer**[1] [fɔ́ːrmər] ⑧ 〔한정용법〕 **1** 〔시간·순서가〕 앞의, 먼저의; 과거의, 옛날의. ⇒ PREVIOUS 유의어 ¶one's ~ wife 전처. **2** (the ~) (둘 중 순서가) 앞의, 전자의 (opp. latter). **3** 전임의, 이전의. ¶a ~ *president in former times* [or *days*] 옛날에는. 「전대통령.
── (the ~) 전자(前者). ¶Of the two men, I prefer the ~ to [or over] the latter. 두 사람 중 후자보다 전자가 마음에 든다.
form·er[2] ⑧ **1** 만드는 사람, 제작자, 형성자, 구성자. **2** 성형기(成形機), 형판(型板), 계기(計器), 모형; 실 짓는 기계; 〔전기〕 권형(捲型). **3** 〔복합어로〕 (英) (중학교의) …학년(생). ¶third-~s 3학년생.
‡**for·mer·ly** [fɔ́ːrmərli] ⑧ **1** 이전에(는), 옛날에는. **2** 〔폐어〕 바로 지금.
form-fit·ting [fɔ́ːrmfìtiŋ] ⑧ 어떤 형태에 맞게 만들어진, (옷이) 몸에 꼭 맞는. ¶a ~ shirt 꼭 맞는 셔츠.
form·ful [fɔ́ːrmfəl] ⑧ (스포츠에서) 폼을 내는, 폼이 좋은.
fórm génus ⑧ 〔생물〕 형태속(形態屬), 〖복 편의.
for·mic [fɔ́ːrmik] ⑧ **1** 개미의. **2** 〔화학〕 포름산(酸)의. ¶~ ether 포름산 에테르.
For·mi·ca [fɔːrmáikə] ⑧ (종종 f-) (상표) 포마이커(합성수지 도료(塗料).
fórmic ácid ⑧ 〔화학·약학〕 포름산(酸).
for·mi·car·y [fɔ́ːrməkèri/-kəri] ⑧ 개미집, 개밋둑.
for·mi·cate [fɔ́ːrməkèit] ⑧ 개미가 꾀다, 개미 떼를 짓다; (…이) 우글우글하다 (*with*).
for·mi·ca·tion [fɔ̀ːrməkéiʃən] ⑧ ◎ ◎ 〔병리〕 의충감(蟻走感)(개미가 피부 위를 기는 듯한 가려움증).
***for·mi·da·ble** [fɔ́ːrmidəbl] ⑧ **1** 무서운, 겁나는. ¶a ~ prospect 끔찍한 광경. **2** 만만치 않은, 가공할; 어려운. **3** 경외심[경외감]이 일게 하는, 매우 뛰어난. **4** 강력한. *-bíl·i·ty*, *~·ness* ⑧ *-bly* ⑧
form·less [fɔ́ːrmlis] ⑧ **1** 모양이 없는, 무정형(無定形)의; 형태가 갖춰지지 않은, 볼품없는; 정돈되지 않은. **2** 실체가 없는, 비물질적인. *~·ly* ⑧ *~·ness* ⑧
fórm létter ⑧ (인쇄·복사된) 같은 내용의 편지(안내장, 안내장 따위). 「담임 (선생).
form·mas·ter [-mæstər/-màːs-] ⑧ (英) 학급
For·mo·sa [fɔːrmóusə] ⑧ **1** 타이완, 대만(臺灣) (Taiwan)의 옛 이름. ~**-san** ⑧ 타이완의; 대만 사람(의). ── ⑧ ◎ 대만 사람; ◎ 대만어(語).

form·room [fɔ́ːrmrù(ː)m] [명] 《英》 교실.
fórm shèet [명] **1** (경마) 전문지, 경마 신문. **2** (일반적으로) 후보·출장 선수에 관한 기록[팸플릿].
‡**for·mu·la** [fɔ́ːrmjulə] [명] ([복] **~s** [-z], **-lae** [-lìː]) **1** 식사(式辭), 제문(祭文), 형식적인 문구; 〔기독교〕 신앙 고백문, 신조, 교의; 판에 박은 말, 상투어. **2** 《경멸적》 인습적 방식, 상투적[전통적] 수법, 정석(定石)(*for*); (…을) 으레 초래하는 것(*for*). ¶a ~ *for* success 출세를 위한 상투적 수단. **3** 〔수학·화학〕 공식, 식. ¶an algebraic ~ 대수식 / an empirical ~ 실험식. **4** 《美》 (약품·식품 따위의) 제조법, 조리법, 처방. **5** [U] 《美》 유아용 혼합 분유, 조합유(調合乳), 밀크 비슷한 유아식. **6** (협상·행동의) 기본 원칙, 정칙(定則); 해결책, 방책; 비결(*for*). **7** (F-) (경주용 차의) 공식 규격, 포뮬러(중량·배기량 따위; [약] F). **—**[형] **1** 정석적인, 인습적인. **2** (경주용 자동차가) 포뮬러[규격]에 맞는.
fórmula cár [명] (공식 규격의) 경주용 자동차.
for·mu·la·ic [fɔ̀ːrmjuléiik] [형] **1** 공식[정식]에 따라 씌어진; 상투어구로 된. ¶a ~ plot 뻔한 줄거리. **2** 공식[규범]이 되는, 공식을 이루는. **-i·cal·ly** [부]
fórmula invésting [명] 〔증권〕 포뮬러 플랜 투자(일정한 투자 계획(formula plan)에 따라 하는 증권 투자).
fórmula móvie [명] 정석적인 영화(관중을 사로잡을 스토리에 영웅적 주인공·특수 효과·해피엔딩이 어울어진 영화).
Fórmula Óne [1] [명] 포뮬러 원, F1 (배기량 1500-3000 cc의 엔진을 장착한 1인승 경주차). ¶~ race F1 레이스[자동차 경주].
fórmula plán [명] 〔증권〕 포뮬러 플랜(formula investing의 일정한 투자 계획).
for·mu·lar·ize [fɔ́ːrmjuləràiz] (* 《英》 **-ise**) [동][타] =formulate. **-i·zá·tion, -iz·er** [명]
for·mu·lar·y [fɔ́ːrmjulèri/-ləri] [명] **1** 식문[제문]집; 규칙[공식]집. **2** (기도 따위의) 상투어, 관용 표현. **3** 〔약학〕 처방서[집]. **4** 〔교회〕 의식서, 기도서. **—**[형] 정식(定式)의, 규정의; 공식적인; 상투적인.
*__for·mu·late__ [fɔ́ːrmjulèit] [동][타] **1** …을 명확하게[조직적으로, 체계적으로] 나타내다[말하다]. ¶~ a theory 이론을 명료하게 설명하다. **2** …을 공식화[정식화]하다, 공식으로 나타내다. **3** 〔방법 따위〕를 고안해 내다, 발전시키다. **4** 처방[조제]하다, 처방[시방]서에 따라 만들다. **-la·ble** [형] **-là·tor** [명] 규칙[법칙] 제정자.
*__for·mu·la·tion__ [fɔ̀ːrmjuléiʃən] [명][U] **1** 공식화, 체계화; 체계적 정리[논술]. **2** 명확한 설명[어구, 표현].
fórmula wèight [명] 〔화학〕 (이온 결정(結晶) 따위의) 식량(式量), 분자량(molecular weight).
fórmula writing [명] (교과서 등을) 규정에 따라 쓰기.
for·mu·lism [fɔ́ːrmjulìzm] [명][U] **1** 형식[공식] 존중, 형식[공식]주의. **2** 형식 체계. **-list** [명] **-lís·tic** [형]
for·mu·lize [fɔ́ːrmjulàiz] [동][타] =formulate. **-li·zá·tion, -lìz·er** [명]
fórm wòrd [명] 〔문법〕 =function word.
form·work [fɔ́ːrmwə̀ːrk] [명] 〔건축〕 (콘크리트를 흘려 넣는) 거푸집틀; 거푸집 공사.
for·myl [fɔ́ːrmil] [명] 〔화학〕 포르밀.
for·ni·cate[1] [fɔ́ːrnəkèit] [동] 〔법률〕 간통하다, 간음하다. **-cà·tor** [명]
for·ni·cate[2] [fɔ́ːrnikət, -kèit] [형] 〔생물〕 아치형의, 활 모양의. (또는 **fornicated**)
for·ni·ca·tion [fɔ̀ːrnəkéiʃən] [명][U] **1** 〔법률〕 간통; 〔성서〕 간음. **2** 〔성서〕 우상 숭배. **fór·ni·ca·to·ry** [형]
for·nix [fɔ́ːrniks] [명] ([복] **-ni·ces** [-nəsìːz]) 〔해부〕 (두개(頭蓋) 따위의) 원개(圓蓋); 뇌궁(腦弓). **-ni·cal** [형]
for-prof·it [-práfit/-prɔ́f-] [형] 영리 목적의, 이익 추구의. [반] nonprofit
for·rad·er [fɔ́ːrədər, fár-/fɔ́r-] [부] 《英구어》 보다 앞쪽에(further ahead). (또는 **forrarder**)
get no forrader 조금도 더 나아가지 않다.
for·rel [fɔ́ːrəl, fár-/fɔ́r-] [명] =forel.

For·rest Gump [fɔ́ːrəst gʌ́mp, fár-] [명] 《美구어》 멍청한 인간, 얼간이. 〔<미국 작가 Winston Groom의 소설·영화 *Forrest Gump*의 주인공 이름〕
‡**for·sake** [fərséik, fɔːr-] [동][타] (**-sook** [-súk]; **-sak·en** [-séikən]; **-sak·ing**) **1** …을 저버리다, 버리고 가다, 버리다. ⇨ABANDON [유의어] ¶~ one's hometown 고향을 버리다. **2** 〔습관·생활 양식·주의 따위〕를 그만두다, 버리다. **-sák·er** [명]
*__for·sak·en__ [fərséikən, fɔːr-] [동] forsake의 과거분사. **—**[형] 버림받은, 버려진; 고독한, 쓸쓸한. **~·ly** [부] **~·ness** [명]
*__for·sook__ [fərsúk, fɔːr-] [동] forsake의 과거.
for·sooth [fərsúːθ, fɔːr-] [부] 《고어》 참으로, 확실히, 과연, 정말; 《야유》 거[어허] 참 정말로.
for·spent [fərspént, fɔːr-] [형] 《고어》 지쳐 빠진.
For·ster [fɔ́ːrstər] [명] **Edward Morgan** ~ 포스터(1879-1970: 영국의 소설가·평론가).
for·swear [fɔːrswέər] [동] (**-swore**; **-sworn**) [타] **1** …을 맹세코 그만두다, 〔…과의 관계〕를 단연코 끊다. ¶~ to wed again 두 번 다시 결혼하지 않겠다고 맹세하다. **2** …을 맹세코 부정[부인]하다. **3** 《재귀용법으로》 《문어》 …에 거짓 맹세[증언]하다. **—**[자] 거짓 맹세[위증]하다, 위증죄를 범하다. **~·er** [명]
for·sworn [fɔːrswɔ́ːrn] [동] forswear의 과거분사. **—**[형] 거짓 맹세[위증]한. **~·ness** [명]
for·syth·i·a [fɔːrsíθiə, fər-/-sáiθ-] [명] 개나리(중국 및 유럽 동남부 원산의 낙엽 관목).
‡**fort** [fɔːrt] [명] **1** 성채, 보루, 요새. ¶found a ~ 보루를 구축하다. **2** 〔美육군〕 (상설) 주둔지, 기지([참] camp). **3** 〔美역사〕 (인디언들과의) 교역 시장.
hold the fort ① (증원군이 올 때까지) 방어[방위]하다; 자기 입장을 지키다, 양보하지 않다; 현상을 유지하다. ② (남이 부재중) 대신 일을 계속하다. ③ 근무중[당번]이다.
fort. fortification; fortified.
for·ta·lice [fɔ́ːrtəlis] [명] 작은 성채; 《고어》 요새.
Fòrt Bén·ning [-béniŋ] [명] 포트베닝(미국 Georgia 주의 육군 기지·보병 훈련 센터).
forte[1] [fɔːrt] [명] **1** 장점, 강점; 특기. **2** 〔펜싱〕 (칼자루에서 중앙까지의) 칼의 가장 강한 부분. [참] foible
for·te[2] [fɔ́ːrtei, -ti/*It* fɔ́rte] 〔음악〕 [형] 포르테의, 강음의(loud)([반] piano). **—**[부] 포르테로, 강하게, 강한 소리로(loudly)([가] *f*). **—**[명] 강음부. 〔<It〕
for·te·pia·no [-piáːnou] [형][부] 〔음악〕 포르테피아노, 강하게 그리고 곧 약하게([가] *fp*).
‡**forth** [fɔːrθ] [부] 《문어》 **1** 《동사 뒤에서》 《장소·방향》 **a)** 앞으로, 전방으로, 앞쪽으로(forward); (안에서) 밖으로(outward). ¶swing back and ~ 앞뒤로 흔들리다 / draw ~ 끌어내다 / go ~ 나아가다; 발행되다. **b)** (은닉·태만·불명료 따위의 상태에서) 밖으로, 외부로, 나와서; 나타나서, 보이는 곳으로(out). ¶cast ~ 쫓아내다, 내던지다 / go ~ to battle 출전하다. **2** 《명사 뒤에서》 《시간·순서》 앞으로, …이후. ¶from this day ~ 오늘 이후. **3** (장소·집 따위로부터) 떨어져서(away); 《페어》 외국에. ¶travel ~ 해외 여행을 하다.
and so forth [or ***on***] ⇨AND[1].
back and forth ⇨BACK[1].
bring forth ⇨BRING. ***burst forth*** ⇨BURST.
come forth 나타나다.
forth of 《시·문어》 …에서 밖으로(out of).
hold forth ⇨HOLD. ***put forth*** ⇨PUT.
right forth 당장에, 곧.
so far forth 그[이] 정도까지는, 그만큼은.
so far forth as …의 정도까지는, …할 만큼은.
—[전] 《고어》 …에서 밖으로[나와서].
FORTH, Forth [fɔːrθ] [명] 〔컴퓨터〕 포스(보통의 영어 단어를 사용하는 고수준의 프로그래밍 언어).
*__forth·com·ing__ [fɔ̀ːrθkʌ́miŋ, ⌐⌐-] [형] **1** 곧 나타나려고 하는, 가까이 다가오는, 때가 가까워오는, 닥쳐오

는.¶a list of ~ books 근간 도서 목록. 2 (부정문에서) 가까이 준비되어 있는, 곧 입수되는; 이용할 수 있는. 3 (구어) (원조 따위에) 적극적인, 협력적인 (about); 솔직한. 4 호의적인, 사교적인.¶a ~ man 붙임성 있는 사람. ―명 접근, 출현. ~·ness 명

forth·right [fɔ́ːrθràit] 부 1 똑바로 앞으로; 솔직하게, 숨김없이. 2 (고어) 당장, 즉시. ―형 1 단도 직입적인, 솔직한. 2 똑바로 나아가는, 곧은. 3 결정적인, 주저하지 않는. ―·ly 부 ~·ness 명

forth·with [fɔ̀ːrθwíð, -wíθ] 부 곧, 당장, 즉시, 때를 놓치지 않고. ―명 (속어) 즉시 출두 명령.

for·ti·eth [fɔ́ːrtiiθ] 형 1 (the ~) 제40의, 40번째의. 2 40분의 1의. ―명 1 40분의 1. 2 (the ~) 제40, 40번째(의 것).

for·ti·fi·ca·tion [fɔ̀ːrtəfikéiʃən] 명 1 ⓤ (도시 따위의) 요새화, 방비. 2 ⓒ (방벽·참호·탑 따위) 방비(어) 시설, 방비 공사. 3 축성법(築城法)[학]. 4 ⓒ (종종 ~s) 요새, 성채. 5 (식품의) 영양가 보강; (포도주 따위의) 알코올 성분 강화. /주, 알코올을 첨가주.

fór·ti·fied wíne [fɔ́ːrtəfàid-] 명 보강(補強) 포도주.

for·ti·fi·er [fɔ́ːrtiifàiər] 명 1 축성가(築城家). 2 강화하는 사람[것]; 강화제, 강장제; (이상) 알코올 음료, 술.

***for·ti·fy** [fɔ́ːrtifài] 타 1 …의 방비를 강화하다, …을 요새화하다, …에 방어 공사를 하다 (against).¶(~+목+전+명) ~ a city against the enemy 적의 공격에 대비하여 도시를 방비하다. 2 (재귀용법으로) (육체적·정신적으로) …을 강화하다 (against); 기운을 북돋우다, 격려(고무)하다 (with).¶(~+목+전+명) ~ oneself against illness 병에 걸리지 않도록 몸을 튼튼히 하다. 3 (파괴·비명 따위를 견딜 수 있도록) …을 강화하다, 저항력(내구력)을 갖게 하다 (with). 4 (이론·증거 따위를) 굳히다, 확증하다, 뒷받침하다 (with). 5 (식품을 비타민 따위를 첨가하여) 강화하다, …의 영양가를 높이다; (포도주 따위에) 알코올을 첨가하다, (알코올을 첨가하여) 강화하다. ―·fi·a·ble 형 ·ing·ly 부

for·tis [fɔ́ːrtis] (음성) 명 경음(硬音)의, 강자음(強子音)의. ―명 (복 -tes [-tiːz]) 경음, 강자음(k, p, t 따위) (~ consonant), 의 lenis

for·tis·si·mo [fɔːrtísəmòu] (음악) 형 포르티시모의, 아주 강한. ―부 아주 강하게(약 ff). ―명 포르티시모의 음[악구](It) pianissimo

***for·ti·tude** [fɔ́ːrtətjùːd/-tjùːd-] 명 1 ⓤ 인내, 꿋꿋함, 불굴의 정신.¶with ~ 의연하게. 2 (폐어) 강건함; 견고함. ―·tu·di·nous 형 강한, 불굴의.

for·ti·tu·di·nous [fɔ̀ːrtətjúːdənəs/-tjùː-] 형 인내의.

Fòrt Knóx [-náks/-nɔ́ks] 명 포트녹스(미국 Kentucky 주 소재 군용지, 연방 금괴 저장소가 있다).
as safe as Fort Knox 절대 안전한.

***fort·night** [fɔ́ːrtnàit, -nit] 명 (단수형) (영) 2주간, 14일간(*(미) two weeks).¶Monday ~; a ~ on Monday 2주 후[전]의 월요일/today [or this day] ~; a ~ (from) today 전[내]주의 오늘/for a ~ 2주일간/in a ~ 2주 후에/every ~ 2주일마다/once a ~ 2주일에 한 번/stay a ~ 2주간 체재하다.

fort·night·ly [fɔ́ːrtnàitli] 형 2주일에 한번 일어나는[나타나는], 2주일마다의, 격주의.¶a ~ 2주일에 한 번, 2주일마다, 격주로. ―명 격주 간행물.

FORTRAN, Fortran [fɔ́ːrtræn] 명ⓤ (컴퓨터) 포트란(과학 기술 계산용의 프로그램 언어). (<*for*mula *tran*slation)

‡**for·tress** [fɔ́ːrtris] 명 (복 ~·es [-iz]) 1 요새; 요새 도시, 성채. 2 안전 지역. ―타 ~·es [-iz]; ~ed [-t] …에 요새를 마련하다, …을 요새화하다; 견고하게 방어하다. /따른 단일화된 강력한 유럽].

Fórtress Éurope 명 유럽 요새(EU의 경제 통합우).

for·tu·i·tism [fɔːrtjúːətìzm/-tjùː-] 명 (철학) 우연설(偶然說)(론). ᆨ **teleology** ·**tist** 명 우연론자.

for·tu·i·tous [fɔːrtjúːətəs/-tjùː-] 형 1 우발적인, 우연의, 뜻밖의.¶a ~ meeting 우연한 만남. 2 (구어) 운이 좋은, 행운의. ~·ly 부 ~·ness 명

for·tu·i·ty [fɔːrtjúːəti/-tjùː-] 명 1 ⓤ 우연성, 우발성; 우연. 2 우연한[우발적] 사건. 3 굉장한 행운.

‡**for·tu·nate** [fɔ́ːrtʃənət] 형 (more ~; most ~) 1 행운의, 운이 좋은 (in, in doing, to do).¶be ~ in one's son 훌륭한 아들을 두어 행복하다/It is ~ that 다행히도 …하다. 2 행운을 가져오는, 길조의.¶a ~ investment 운이 좋은 투자/a ~ omen 길조. ¶a ~ (the ~) 행운아. ~·ness 명

‡**for·tu·nate·ly** [fɔ́ːrtʃənətli] 부 (more ~; most ~) 운좋게, 다행히; (문장 수식) 운좋게도, 다행히도.

‡**for·tune** [fɔ́ːrtʃən] 명 (복 ~s [-z]) 1 ⓤⓒ 부(富); 재산, 자산; 큰돈, 거금; 부(富)에 의해 결정된 신분, 부귀한 몸.¶a man of ~ 재산가/cost a ~ 많은 돈이 들다; 비싼 값을 치르다/push one's ~ 열심히 재산을 모으다. 2 ⓤ 운.¶bad [or ill] ~ 불운/He had the bad ~ *to* fail. 그는 불행하게도 실패했다.
3 (장래의) 운명, 숙명, 운세.¶whatever my ~ may be 내 운명이 어떻게 되든/Every man is the maker of his own ~. 운명은 자기가 개척하는 것이다.
4 ⓒⓤ (~s) 운명의 기복, (인생·국가 따위의) 부침(浮沈), 성쇠.¶be the sport of ~ 운명에 농락되다.
5 (F-) (의인화된) 운명, 운명의 여신.¶*F-favors the brave* [or *bold*]. (속담) 행운의 여신은 용감한 사람의 편이다. 6 ⓤ 행운, 다행; 성공, 번영. 7 (F-) 포천(미국의 격주간 경제지). 8 (고어) 여자 재산가[상속인).
a small [or *tidy*] *fortune* (구어) 상당한 재산[금액].
be in [or *have*] *good fortune* 운이 좋다. /거금.
by good [*bad*] *fortune* 운좋게도[나쁘게도].
come into [or *inherit*] *a fortune* (상속 따위로) 재산을 얻다.
have fortune on one's side 운이 트이다.
have one's fortune told 운세를 점쳐 받다.
have the fortune to do 운좋게도 …하다.
make [or *build up*] *a fortune* 부자가 되다, 재산을 모으다.
make one's fortune 입신출세하다, 성공하다.
marry a fortune (재산을 노리고) 돈 많은 여자와 결혼하다. * fortune은 「여자 재산가」의 뜻.
seek one's fortune 입신출세[성공]의 길을 찾다.
share a person's fortunes 남과 파란많은 운명[고락]을 같이하다. /치다[예언하다].
tell [or *read*] *a person's fortune* 남의 운세를 점
tell fortunes (점쟁이가 직업적으로) 점을 치다.
try the fortune of war 무운(武運)을 시험하다, 일단 해보다.
―타 (고어) (남)에게 재산을 주다. ―자 (고어) 우연히 일어나다; (…와) 우연히 만나다 (*upon*).
It fortuned that… 우연히 …하게 되었다.
~·less 형 불운의; 재산이 없는.

For·tune 명 포천(미국의 격주간 경제 잡지).

fórtune còokie [**cóoky**] 명 (미) (중국 음식점에서 디저트로 내는) 점쾌 과자.

Fórtune 500 [-fáivhándrid] 명 (미) 포천 500대 (大) 기업(*Fortune*이 매년 게재하는 미국 및 해외 기업의 매상 규모 상위 500사(社)).

fórtune húnter 명 (구어) (재산을 노리고 결혼하여) 부자가 되려는 사람.

for·tune-hunt·ing [-hʌ̀ntiŋ] 명 재산을 노려 구혼하는. ―명ⓤ 재산을 노린 구혼.

fórtune's whéel 명 (운명의 여신이 돌리는 물레); 운명의 수레 바퀴[변전(變轉)], 영고(興亡) 성쇠.
be at the top [*bottom*] *of fortune's wheel* 행운의 절정[비운의 밑바닥]에 있다.

for·tune-tell·er [fɔ́ːrtʃəntèlər] 명 점쟁이.

for·tune-tell·ing [fɔ́ːrtʃəntèliŋ] 명ⓤ 점, 길흉(운

세) 판단. ─ 🔞 점을 치는; 점치는 데 쓰이는.
for·ty [fɔ́ːrti] 🔞 40의, 40명의, 세의; (막연히) 다수의. ─ 🔞 〈-ties [-z]〉 1 🔞 40, 40의 기호(40, XL, XXXX). 2 🔞 〈복수취급〉 40명, 40개; 40세. 3 40번째의 것[사람]. 4 40명[개] 한 조. 5 〈-ties〉 (수의) 40대; (one's -ties) 〈나이의〉 40대 (말로). 40년대; (온도·위도의) 40도대; (가로(街路)의) 40번지대. ¶a man in his *forties* 40대의 남자. 6 🔞 〈테니스〉 포티(세 번째 포인트). 7 (the Forties) 🔞 스코틀랜드 동북 해안과 노르웨이 서남 해안 사이의 해역(깊이가 40길 이상).
forty miles from nowhere 《美》 순 시골, 벽촌.
forty to the dozen (구어) 빠른 말로.
forty [or *six*] *ways to* [or *for, from, till*] *Sunday* 《美속어》 모든 방법[사방팔방]으로; 혼란하여; 완전히.
like forty 《美구어》 맹렬한 기세로.
for·ty-eight·mo [-éitmou] 🔞🔞 48절판의 (크기·책·종이) (약 2.5×4인치); 🔞 48mo, 48°).
for·ty-five [-fáiv] 🔞 45(명, 개)의. ─ 🔞 1 🔞🔞 (기수의) 45; 45의 기호(45, XLV). 2 🔞 〈복수취급〉 45명[개]. 3 45명[개] 한 조. 4 45회전의 레코드. 5 45구경 권총, (특히) 콜트(Clot) 자동 권총(.45로 표기한다).
for·ty·fold [fɔ́ːrtifóuld] 🔞🔞 40배의.
for·ty-four [-fɔ́ːr] 🔞 1 🔞🔞 44; 44의 기호(44, XLIV 따위)); 🔞 〈복수취급〉 44명[개]. 2 🔞🔞 매손부. 3 〈-s〉 《美속어》 아이들; 키스. ─ 🔞 44(명, 개)의.
for·ty·ish [fɔ́ːrtiiʃ] 🔞 40세 정도의; 40(개)쯤의.
for·ty-nin·er [-náinər] 🔞 1 (종종 Forty-Niner) 《美》 49년조(組)((1849년 gold rush 때 금광을 찾아 California로 간 사람). 2 새로 발견된 광산 따위에 몰려드는 사람.
for·ty-o·ver [-óuvər] 🔞 〈美 속어〉 신호를 크게.
for·ty-rog·er [-rádʒər/-rɔ́dʒə] 🔞 〈美 무선 속어〉 알았다, OK; 메시지를 받았다. 「(사람).
for·ty-some·thing [fɔ́ːrtisÀmθiŋ] 🔞🔞 40대의
for·ty-three [Ɵríː] 🔞 1 〈英〉 (교도소의) 수감자 격리 규정. 2 독방 수감자[죄수].
fórty wèight 🔞 《美속어》 맥주, 커피. 「선잠.
fórty wínks 🔞🔞 〈단·복수 양용〉 짧은 낮잠, 얕은 잠. *have* [or *take, catch*] *forty winks* 한잠 자다.
*fo·rum [fɔ́ːrəm] 🔞 〈-s, -ra [-rə]〉 1 공개 토론 (의 장), 토론회(장); (TV·라디오의) 공개 토론 프로; (신문·PC통신 따위의) 토론란, 독자란, 토론 잡지. ¶an open ~ 공개 토론회. 2 (때로 the F-) 포럼, 공공 광장 (고대 로마의 대광장). 3 법정, 재판소. 4 (여론의) 비판, 심판. ¶the ~ of public opinion 여론의 비판. 〈L〉
‡for·ward [fɔ́ːrwərd] 🔞 1 (공간적으로) 앞에(으로), 앞쪽에(으로). ¶go [rush] ~ 전진[돌진]하다 / walk straight ~ 똑바로 앞으로 걷다. (또는 **forwards**)

〖유의어〗 **forward** 앞 또는 목표 쪽으로: move ~ 전진하다. **onward** 정해진 목표를 향하여 계속 자꾸자꾸: move *onward* 앞으로 계속 나아가다.

2 (시간적으로) 앞에, ─이후로; 장래로, 금후; (기일·예정) 앞당겨. ¶look ~ 장래를 생각하다. 3 (사람·물건 따위의) 앞쪽에[으로]. ¶~ of 《美》 …의 앞에, 정면에. 4 (bring, come, put 따위의 동사와 함께) 앞으로, 표면으로, 보이는 곳에. 5 (배·비행기 따위의) 앞부분에서, 선수 [기수] 쪽으로. 6 〈상업〉 선물[선도(先渡)]로; (부기) 이월 *bring forward* ⇒BRING. 「forwarder.
can't get any forwarder 조금도 나아가지 못하다.
carry forward ⇒CARRY. *come forward* ⇒COME.
date forward (은행 따위의) 날짜를 앞당기다.
from this [*that*] *day forward* 오늘[그날] 이후,
help forward 촉진하다. 「후[그 후].
look forward to doing [*something*] …하기(어떤
put forward ⇒PUT. 「짓]을 고대하다.
put [or *set*] *oneself forward* 주제넘게 나서다.

send forward ⇒SEND.
─ 🔞 (*more* ~; *most* ~) 1 〔한정용법〕 전방[앞쪽]으로의, 전진하는; 전방에 있는, 앞의. ¶a ~ march 전진(행군) /a ~ motion 전진 운동/the ~ path 전방의 소로.
2 (보통보다) 빠른, 선진의; (동·식물 따위가) 계절에 앞선; (아이가) 조숙한. ¶a ~ child 조숙한 아이 / a ~ crop 올된[조생] 곡물 / a ~ spring 예년보다 빠른 봄.
3 (사람·의견 따위가) 급진적인, 과격적인; 진보적인. ¶a ~ person[party, ideas] 진보적인 사람[정당, 생각].
4 〔종종 부정문에서〕 (일·계획 따위가) 진척되어 있는, 순조롭게 진행되는 (*in, with*).
5 〔서술용법〕 자진하여 (…)하는, 선뜻 (…)하는 (*to do, in doing, with*). ¶He was always ~ *to* help others. 그는 언제나 자진하여 남들을 도와주었다.
6 〔경멸적〕 (…에 대해) 주제넘은, 건방진, 뻔뻔스러운 (*with*). ¶a ~ manner 건방진 태도. 7 〔한정용법〕 (배 따위의) 앞부분의, 앞부분에 있는. 8 〔한정용법〕 〔상업〕 (거래·계약 따위가) ~로 선물(先物)의 (로 되는). ¶~ buying 선물 매입. 9 〔스포츠〕 전위(前衛)의, 전진의.
─ 🔞 〈🔞 ~**s** [-z]〉 1 (축구·농구·하키 따위의) 포워드, 🔞 (F.W.)🔞 back); 〔미식축구〕 라인 맨. 2 (비유적) (~s) 전위적 인물, 선봉. 3 〔금융〕 선물(先物); (보험 따위의) 장래 받을 것. 4 (~s) 〔속어〕 암페타민 정제.
─ 🔞🔞 〈-s [-z]〉 1 〔英〕 (물건을) …에게 보내다, 발송하다 (*to*); (우편물을 새 주소로) 전송(轉送)하다 (*to*), 회송하다. 2 〔문어〕 〔계획 따위를〕 진행시키다, 조장[촉진]하다. ≒ PROMOTE 유의어 ¶~ a plan 계획을 촉진하다. 3 〔제본〕 초벌 마무리를 하다. 3 **·a·ble** 🔞
fórward áir contròller 🔞 전진 항공 관제관.
fórward báse [státion] 🔞 전진(전방) 기지.
for·ward-based [-béist] 🔞 (병력·미사일 따위가) 전진 (기지에) 배치된; 사정 거리가 짧은 (🔞 FB).
fórward bías [vóltage] 🔞 〔전자〕 순전압[順電壓], 순(방향) 바이어스.
fórward cóntract 🔞 〔상업〕 선물 계약(先物契約).
fórward delívery 🔞 〔상업〕 선도(先渡). 「전개.
fórward deplóyment 🔞 〔군사〕 전진 배치, 전방
fórward échelon 🔞 〔군사〕 전방군(前方群)(전투 지역내·교전 태세에 있는 부대 및 장교). 🔞 rear echelon
for·ward·er [fɔ́ːrwərdər] 🔞 1 (사업·개혁·운동 따위의) 촉진자, 추진자, 조성자. 2 발송자; 운송업자, 운송 회사. 3 〔제본〕 초벌 마무리공.
fórward exchánge 🔞 〔금융〕 선물환(先物換).
for·ward·ing [fɔ́ːrwərdiŋ] 🔞🔞 1 (사업·계획·운동 따위의) 추진, 촉진, 조장. 2 발송; 전송(轉送), 회송; 운송업. 3 〔제본〕 초벌 마무리를 함. 4 〔조각〕 (동판 조각에서) 에칭에서 조각도로 마무리하기까지의 과정. 「송」 주소.
fórwarding áddress 🔞 (우편물의) 전송(轉送)[회
fórwarding àgent 🔞 운송업자, 운송점.
fórwarding instrúctions 🔞🔞 발송 지시(서).
for·ward-lean·ing [-líːniŋ] 🔞 1 (가까이) 다가오는, 곧 나타나려 하는(forthcoming). 2 때 이른, 시기 상조의(premature). ¶a ~ proposal 시기 상조의 계획. 3 개방적인, 대담한(open). ¶as ~ as possible 가능한 개방적으로. 4 열심인, 열렬한(eager); 적극적인, 공격적인(aggressive). ¶be more ~ on Iran 이란에 대해 좀더 강경한 입장을 취하다. 5 진보적인, 선진의(advanced).
for·ward-look·ing [-lùkiŋ] 🔞 앞을 내다보는, 선견지명이 있는; 전향적인, 진보적인.
for·ward·ly 🔞 1 대담하게; 주제넘게, 주책없이. 2 앞쪽[전방]으로. 3 〔고어〕 자진하여, 기꺼이.
fórward márgin [spréad] 🔞 〔금융〕 (외국환의) 직물(直物) 시세와 선물(先物) 시세와의 차.
fórward márket 🔞 〔상업〕 선물(先物) 시장(futures market). 🔞 spot market 「back mutation
fórward mutátion 🔞 〔유전〕 전진 돌연 변이. 🔞
for·ward·ness [fɔ́ːrwərdnis] 🔞🔞 1 주제넘음; 뻔뻔스러움, 건방짐. 2 재빠름; 마음내킴, 적극성, 진취성.

열심. 3 앞서 있음; 시기가 이름; 조숙, 올됨.
fórward páss 명 〔미식축구·럭비〕 포워드〔전진〕 패.
fórward príce 명 선물 가격〈선물 거래의 가격〉.
fórward prógress [mótion] 명 〔미식축구〕 ball-carrier의 전진이 막히고 볼이 데드가 됨; 또는 그 지점.
fórward quotátion 명 〔상업〕 선물 시세.
fórward ráte 명 〔금융〕 〔외국환의〕 선물 시세.
fórward róll 명 〔체조〕 앞으로 구르기, 전회전.
fór·wards [fɔ́ːrwərdz] 부 =forward.
fórward scátter 명 〔통신〕 〔전파의〕 전방 산란(散亂).
for-ward-think-ing [-θiŋkiŋ] 형 장래를 고려하는, 진보적인(forward-looking).
fórward wáll 명 〔미식축구〕 공격측 라인의 양끝의 선수를 제외한 안쪽의 5인〈센터, 양 가드, 양 태클〉.
for·wea·ried [fɔrwíərid] 형 〔고어〕 =forworn.
for·went [fɔːrwént] 동 forgo의 과거.
for·why [fɔːrhwái] 〔고어·방언〕 부 왜, 무엇 때문에. 접 왜냐하면. 〔도는 **foreworn**〕
for·worn [fɔːrwɔ́ːrn] 형 〔고어〕 지친, 녹초가 된.
for·zan·do [fɔːrtsɑ́ːndou] 형 [명]〔음악〕 =sforzando.
F.O.S., f.o.s. *free of stamp*; *free on station* (驛)유치); *free on steamer*(기선(汽船) 인도); 〔속어〕 *full of shit*.
Fós·bur·y (flòp) [fázbəri(-)/fɔ́z-] 명〔동·자〕〔육상〕 등이 뛰기넘기 배면 뛰기(를 하다). 〔<창안자인 미국 선수 Dick Fosbury의 이름〕
FOSDIC [fásdik] 명 〔컴퓨터 입력용〕 광학적 필름 판독 장치, 포스딕. 〔<*f*ilm *o*ptical *s*canning *d*evice for *i*nput to *c*omputers〕
fos·sa [fásə/fɔ́sə] 명 (복 -sae [-siː]) 〔해부〕 〔뼈의〕 구멍(pit), 와(窩). ¶ *canine* ~ 견치와(犬齒窩).
fosse [fas, fɔ(ː)s] 명 1 〔성·요새의〕 외호(外濠). 2 도랑; 수로, 운하. 3 (또는 **foss**)
fos·sette [fasét/fɔ-] 명 1 조금 오목한 곳; 보조개 (dimple). 2 〔병리〕 소와(小窩); 각막 궤양(角膜潰瘍).
fos·sick [fásik/fɔ́s-] 자 1 (濠·뉴질〕〔채광〕 〔남의 채〔금〕광지를〕 도굴하다; (폐갱에서) 금을 찾다. 2 (濠·뉴질) 돈벌이 자리를 찾다 (*for*). — 타 〔濠·뉴질〕〔금 따위〕를 찾다; 〔비밀 따위〕를 캐내다. **-er** 명
***fos·sil** [fásəl/fɔ́s-] 명 1 화석. 2 (보통 an old ~) 〔구어〕 〔유우·경멸적〕 시대에 뒤진 사람[것], 시대 제도의 잔재, 노인네, 화석 인간. 3 〔고어〕 〔땅 속에서〕 파낸 것, 발굴물. 4 〔언어〕 화석어(to and fro의 fro 따위). — 형 1 화석의, 화석질〔성〕의, 화석이 된. 2 발굴된. 3 시대에 뒤진. **~·like** 형
fóssil fùel 명 화석 연료〈석유·석탄·천연 가스 등〉, 는, 화석을 함유하는.
fos·sil·if·er·ous [fàsəlífərəs/fɔ̀s-] 형 화석이 나
fos·sil·ize [fásəlàiz/fɔ́s-] 타 1 〔지질〕 …을 화석이 되게 하다. 2 …을 경직화시키다, 고정〔형식〕화하다; 〔사람·사상 등〕을 시대에 뒤떨어지게 하다. — 자 1 화석이 되다, 화석화하다; 〔구어〕 화석을 찾다. 2 시대에 뒤떨어지다; (머리 따위가) 굳어지다.
-iz·a·ble 형 **-i·zá·tion** 명 화석화(化); 화석에 뒤짐.
fos·so·ri·al [fasɔ́ːriəl/fɔ-] 형 〔동물〕 굴을 파는, 땅을 파는; 굴을 파기에 알맞은.
***fos·ter** [fɔ́(ː)stər, fás-] 타 1 …의 성장·발달을 촉진시키다, 육성〔조장〕하다. ¶ ~ exports 수출을 촉진하다. 2 〔남의 아이〕를 수양(收養)하다, 〔양자 등〕을 기르다; 〔英〕 〔양자〕로 양육모 주다. ¶ ~ children 양자들. 3 〔환자·어린애·동물의 새끼 등〕을 돌보다, …을 소중히 하다. 4 〔희망·원한 따위〕를 마음에 품다. ⇒ CHERISH 〔유의어〕
— 자 〔고어〕 수양(아이)하다; 부모(~ *parent*).
at foster 유모〔수양 부모〕에게 맡겨서.
~·ing·ly 부
Fos·ter [fɔ́(ː)stər, fás-] 명 포스터. 1 **Jodie** ~ (1962 -): 미국의 여배우. 2 **Stephen (Collins)** ~ (1826 - 64): 미국의 가곡 작곡가.
fos·ter·age [fɔ́(ː)stəridʒ, fás-] 명 🇺 1 양육. 2 양자(임)의 신분). 3 양자에게 보냄, 수양 부모에게 맡김; 수양 제도. 4 육성, 조성, 촉진. 「사이).
fóster bròther 명 젖형제(같은 젖을 먹고 자란 남
fóster cáre 명 양자(고아 등)의 양육.
fóster chíld 명 수양 자녀.
fóster dáughter 명 수양, 수양딸.
fos·ter·er [fɔ́(ː)stərər, fás-] 명 1 양육자, 수양 부모, 유모. 2 육성자, 재배자.
fóster fáther 명 수양 아버지. 「보호 시설.
fóster hóme 명 수양가(收養家), 아동〔노약자, 병자〕
fos·ter·ling [fɔ́(ː)stərliŋ, fás-] 명 =foster child.
fóster móther 명 수양모; 유모. 2 〔英〕 보육기; 가축용 포유기(哺乳器). **fóster-móther** 동(타) …의 양모〔유모〕가 되다.
fóster núrse 명 유모(乳母), (수양아의) 여자 양육자.
fóster párent 명 수양 부모.
fóster síster 명 젖자매. 참 foster brother
fóster són 명 양자, 수양 아들.
F.O.T., f.o.t. *free of tax*(면세); 〔상업〕 *free on truck*(화차〔철도〕 인도).
fo·tog [fətáɡ/-tɔ́ɡ] 명 〔美속어〕 =photog.
Fou·cault [fuːkóu] 명 푸코. 1 **Jean Bernard Léon** ~ (1819 - 68): 프랑스의 실험 물리학자). 2 **Michel** ~ (1926 - 84): 프랑스의 철학자; 구조주의의 대표자).
Foucáult péndulum 명 〔물리〕 푸코(의) 추(진자).
fou·droy·ant [fuːdrɔ́iənt] 형 1 전격적인, 급격한. 2 〔병리〕 급성의. ¶ ~ *paralysis* 급성 마비. 〔<F〕
‡**fought** [fɔːt] 동 fight의 과거·과거분사.
‡**foul** [faul] 형 (~·er; ~·est) 1 (공기·물 따위가) 오염된, 탁한; 더러운, 불결한, 때문은; 진흙투성이의, 진창의, ⇒ DIRTY 〔유의어〕 ¶ ~ *air* 탁한 공기 / ~ *water* 구정물 / ~ *linen* 빨래, 세탁물 / *a* ~ *road* 진창길.
2 (냄새 따위가) 몹시 불쾌한, 구역질 나는, 구린내 나는. ¶ *a* ~ *odor* [or *smell*] 악취.
3 (음식물이) 조악한, 썩은; 불결한 것을 먹는. ¶ *a* ~ *dinner* 형편 없는 식사.
4 〔행위·범죄 따위가〕 괘씸한, 몹쓸, 창피스러운, 악랄한. ¶ *a* ~ *crime* 악질 범죄 / *a* ~ *rogue* 악당.
5 〔말 따위가〕 입이 거친, 상스러운, 음란한. ¶ *a* ~ *tongue* 상스러운 말 / *a* ~ *talk* 음담, 음란한 이야기.
6 〔경기에서〕 반칙의, 규칙 위반의, 공정하지 못한, 부정의; 〔야구〕 파울의. ¶ *a* ~ *blow* 반칙 타격 / *a* ~ *stroke* 반칙의 일격; 〔당구〕 무효타 / *a* ~ *fly* 파울 플라이.
7 〔불순물로 관이〕 막혀 있는, 꽉 차 있는. ¶ *a* ~ *pipe* [*chimney*] 막힌 파이프〔굴뚝〕. 8 〔날씨가〕 나쁜, 궂은, 험악한, 폭풍우가 일 듯한; 〔항해〕 역풍(逆風)의. ¶ ~ *weather* 악천후 / *a* ~ *wind* 역풍. 9 〔해사〕 〔배 밑에〕 조가비 따위가 붙은; (배가) 충돌〔접촉〕할 위험이 있는, 얕은 여울〔암초〕에 걸릴 위험이 있는. ¶ *a* ~ *coast* [*bottom*, *ground*] 암초가 있는 위험한 해안〔해저〕. 10 〔밧줄·쇠사슬 따위가〕 뒤엉킨, 엉클어진. 11 〔속어〕 더러운, 지저분한. ¶ *a* ~ *copy* 지저분한 원고. 12 〔구어〕 몹시 싫은〔불쾌한〕; 일진이 나쁜, 재수〔운〕이 없는. 13 〔폐어〕 못생긴, 추한, 못생긴.
by fair means or foul 수단 방법을 안 가리고.
— 부 1 부정하게, 위법으로. 2 반칙적으로; 〔야구〕 파울 되게, 파울라인 밖으로. 「것이 없다.
be living foul 〔속어〕 〔사람이〕 부끄러움을 모르다, 염
fall [or *go, run*] *foul of* ① (배가) …과 충돌하다; …와 뒤얽히다. ② …와 다투다, 입씨름하다. ③ 〔법률 따위〕에 저촉되다. 「속이다.
hit foul 〔권투〕 반칙하다.
play a person foul 남에게 비열한 짓을 하다,
— 명 (~s [-z]) 🇺🇨 싫은 것; 불결한 물건; 악천후. 2 충돌; 뒤얽힘, 엉클어짐. 3 〔경기의〕 반칙

(against); 〔야구〕 파울 볼(~ ball).
claim a foul 파울이라고 주장하다; 상대방의 반칙을
cry foul 상대를 비난하다, 항의하다. 주장하다.
through foul or [or *and*] *fair; through fair or* [or *and*] *foul* (구어) 어떤 경우에도, 어떤 사정이 있다 할지라도, 만난을 무릅쓰고; 좋든 궂든.
── 圏 (~s [-z]) 囮 1 (구어) …을 더럽히다, 지저분하게 하다(*up*)(*with*). 2 (굴뚝·총신 따위)를 막히게 하다; (도로)을 막다. 3 (배가) …과 충돌하다. 4 (밧줄·닻 따위)를 얽히게 하다, 엉클어지게 하다(*up*). 5 (명예 따위)를 더럽히다, 손상하다; …의 체면을 깎다. ¶ ~ one's name 이름을 더럽히다. 6 (경기) (해초·조가비가) (배 밑)을 덮다, …에 달라붙다. 7 (경기에서) …에게 반칙 행위를 하다; 〔야구〕 (투구)를 파울로 치다(*off, away*).
── 肏 1 더러워지다, 부패하다. 2 (軍 사) (배가) 충돌하다. 3 뒤얽히다, 엉클어지다; 막히다. 4 (경기에서) 반칙을 하다, 반칙으로 퇴장당하다(*out*). 5 〔야구〕 파울을 치다.
foul *a person's name* 남의 이름을 더럽히다, 남의 험담을 하다. 「다(망신하다).
foul one's hands with …에 관계하여 몸을 더럽히 *foul out* ① 〔야구〕 파울 플라이를 쳐 아웃되다. ② 〔농구〕 5반칙으로 퇴장당하다.
foul up ① 뒤얽히다. ② 실수하다; 죄(파울)를 범하다. ③ …과 충돌하다. ④ (美구어) …을 더럽히다. ⑤ …을 혼란시키다. ⑥ (美구어) (실수를 하여) …을 망쳐 놓다.
fóul ánchor 圏 〔해사〕 얽힌 닻; 줄 감긴 닻 그림.
fou·lard [fuːlɑ́ːrd, fə-/fúːlɑː] 圏 UC 풀라르 천(부드럽고 윤이 나는 얇은 비단 또는 얇은 견면(絹綿) 교직천); 풀라르 제품(넥타이·스카프 따위). 〈F〉
fóul báll 圏 1 〔야구〕 파울 볼(cf. fair ball). 2 (속어) 무능한(불운한, 별난) 놈; (美속어) 실패로 끝난 계획.
fóul bérth 圏 〔해사〕 약조건의 투묘지.
fóul bíll 圏 〔해사〕 이환(罹患) 건강증서(~ of health).
fóul·brood [fáulbruːd] 圏 (꿀벌 유충의) 부저병(腐蛆病). 「(<F pressed)
foule [fuːléi] 圏 UC 플레(윤이 나는 가벼운 모직 천).
fouled-up [fáuldʌ́p] 圏 혼란된, 엉망진창인.
fóul fíend 圏 (the ~) 악마, 마왕(the Devil).
foul·ing [fáuliŋ] 圏 U 1 부착, 퇴적; (선체의) 부착물. 2 (금속가공) 눌어 붙음.
fóul líne 圏 1 〔야구〕 본루와 1·3루를 잇고 외야까지 연장한 선. 2 (농구) 백보드에서 15피트 거리에 그은 자유투를 하는 선(free throw line). 3 〔볼링〕 볼을 던질 때 넘어서는 안 되는 선.
foul·ly [fáuli] 된 1 불결하게, 더럽게; 불쾌하게. 2 부정하게, 악랄하게; 모욕적으로. 3 (고어) 악취를 풍기며.
fóul·mouth [fáulmáuθ] 圏 입이 건〔험한〕 사람.
fóul-mouthed [fáulmáuðd, -θt] 圏 야비한(상스러운, 모독적인) 말을 쓰는, 입이 건(험한).
foul·ness [fáulnis] 圏 U 1 불결, 더러움; 악취; 조악함; 지속. 2 C 오물, 불결물. 3 사악, 부정, 악랄. 4 (날씨의) 험악함.
fóul pápers 圏 초고, 초안. 「(날씨의) 험악함.
fóul pláy 圏 1 배신[부정] 행위; 범죄, 살인. 2 (경기에서의) 반칙 (행위) ↔ fair play 「의한 득점.
fóul shót 圏 〔농구〕 프리 스로(free throw); 그것에
foul-spo·ken ['spóukən] 圏 =foulmouthed.
fóul stríke 圏 〔야구〕 파울 스트라이크(스트라이크로 카운트되는 파울).
fóul típ 圏 〔야구〕 파울 팁.
foul-tongued [fáultʌ́ŋd] 圏 =foulmouthed.
foul-up [ˈʌp] 圏 (구어) 1 (무능·부주의 따위에 의한) 혼란 상태, 무질서. 2 (기계 부품의) 작동 불량, 고장, 부조(不調). 3 실수-연발하는 사람(bungler).
fou·mart [fúːmərt, -mɑ̀ːrt] 圏 (유럽산産) 족제비.
‡**found**[1] [faund] 圏 find의 과거·과거분사.
── 圏 1 발견된, 습득한, 찾은. 2 (英) (종종 명사 뒤에서) a) (배·방 따위에) 필수품[설비]이 비치되어[갖추어져] 있는. b) (설비 따위가) 가격·집세

따위에 포함된, 할증금이 없이 제공되는. 3 (英) (all ~, fully ~) (급료 이외에) 침식을 제공하는. 4 (잡동사니 따위를 예술 작품에 이용하는) 오브제(예술)의, 파운드 아트의.
── 圏 1 급료 외에 무료로 제공되는 것(방·식사 따위), 하인에게 제공되는 식사. 2 (~s) 습득물(광고). ¶ losts and ~s 유실물과 습득물 (광고란).
‡**found**[2] 圏 (~s [-z]) 囮 1 (회사·학교 따위를) 창설(창립), 설립, 제정, 수립)하다; …을 시작하다. ¶ ~ a school 학교를 설립하다. 2 (튼튼한 토대 위에) (건조물)을 건설하다, 건축하다(*on*). 3 (이론 등)을 (…에) 근거 [입각]하여 만들다 (*on, upon*). ¶ (~ + 囲 + 宮) a theory ~ed on fact 사실에 바탕을 둔 이론. 4 …에 기초[근거, 토대]를 두다. ── 圏 (…에) 바탕을 두고 있다; (…에) 기초를 두고 말하다 (*on, upon*).
found[3] 圏 囮 1 (금속 따위)를 형(型)에다 녹여 붓다; …을 주조(鑄造)하다. ¶ ~ a bell 종을 주조하다. 2 (유리 원료)를 녹이다; (유리 제품)을 만들다.
Found. Foundation. 「적·상징적 작품으로 만든 것).
fóund árt 圏 (미술) 파운드 아트(일상적인 물체를 미 ‡**foun·da·tion** [faundéiʃən] 圏 (~s [-z]) 1 Ⓤ (사상·학설·보도 따위의) 기초, 근거, 토대, 근원, 출발점. ¶ a historical ~ 역사적 근거 / This report has no ~. 이 보도는 근거가 없다. 2 (보통 ~s) (건물의) 기초, 토대, 주춧돌; (건축물·벽 따위의) 최하부. ⇒ BASE 吕의어 ¶ a stone ~ 주춧돌. 3 Ⓤ 창설, 창립, 건설, 건립; (기금 등의) 설립. 4 Ⓤ 저축 따위의) 심, 보강 재료; (편물의) 뜨개질한 첫술. 5 ⓤⒸ (미용) (밑 화장용) 파운데이션(~ cream); (회화) 바탕칠. 6 = ~ garment. 7 (공공물 유지를 위한) 기금, 기본(기부)금. 8 (기금 기부로 유지되는) 시설, 협회, 재단; (재단·협회 따위의) 정관, 현장. ¶ the Rockefeller F− 록펠러 재단.
lay the foundations (…의) 기초[토대]를 쌓다, 주춧돌을 놓다(*of*).
on the foundation (英) 기금(장학금)을 받아.
shake…to the [or *one's*] *foundations* ① (건물·국가 따위)를 뿌리(바탕)까지 뒤흔들다. ② (남)을 깜짝 놀라게[걱정하게] 하다. 「~ 근거없는 소문.
without foundation 근거없이. ¶ a rumor *without* ~**al** 圏 기본의, 기초적인. ~**al·ly** 된 ~**ar·y** 圏 ~**less** 圏 기초[근거]가 없는.
foun·da·tion·al·ism [faundéiʃənlizm] 圏 기본 [기초]주의(기정 사실을 처음부터 옳다고 믿고 다루는 사고 방식). 「과정.
foundátion cóurse 圏 (英) (대학의) 기초(교양)
foundátion créam 圏 파운데이션 크림.
Foundátion Dáy 圏 Australia Day의 옛 이름.
foun·da·tion·er [faundéiʃənər] 圏 장학생.
foundátion gárment 圏 (몸매를 균형잡히게 하기 위한) 여성용 속옷류, 파운데이션(코르셋·거들 따위).
foundátion mémber 圏 =founder member.
foundátion múslin 圏 밑감으로 쓰는 모슬린.
foundátion nét 圏 밑감 망사(고무를 입힌 것).
foundátion schóol 圏 재단 설립 학교.
foundátion stóne 圏 1 초석, 토대석, 주춧돌; (英) (건축물 기공식 때에 놓는) 기석(基石) ((美) cornerstone). 2 기초, 근거(根底); 기본 원리(원칙).
foundátion súbjects 圏 (英) (교육) 기초 교과목.
‡**found·er**[1] [fáundər] 圏 (圏 ~s [-z]) 창설[설립] 자, 설립자; 창립자; 창시자, 원조(元祖), 시조. ~**ship** 圏 창설[설립]자(임)의 지위.
found·er[2] 圏 囮 1 (배가) 침수하여 가라앉다. 2 (건물·토지 따위가) 함몰(陷沒)하다, 붕괴하다. 3 (사업·계획 따위가) 실패하다. 4 (말이) 비틀거리다, 넘어지다, 절름거리다. 5 (수의) (말이) 제엽염(蹄葉炎)에 걸리다. ── 囮 1 배를 침몰시키다. 2 (사업·계획 따위)를 망치다, 파멸시키다. 3 (말)을 넘어뜨리다; 발을 절게 하다; (말)을 제엽염에 걸리게 하다. 4 (골

프) [공]을 땅에 처박다. —[U.C.] (수의) (말의) 제엽염(蹄葉炎). [주조공.
found·er³ 주조자(鑄造者), 주물사(鑄物師); 활자
fóunder mèmber [명] 창립 회원.
fóunder's dày [명] 창립자 기념일.
fóunder's kìn [명] (英) 학교 기금 기부자의 근친.
fóunders' shàres [명] (금융) 발기인 주(株)(신규 사업 발기인[창업자]에게 무상으로 증여되는 명예주).
fóunding fáther [명] 1 창립자, 창시자(founder). 2 (F- F-s) (美역사) 건국의 아버지(1787년의 미국 헌법 제정자들). [고아.
fóund·ling [fáundliŋ] [명] 버린(주운) 아이, 기아.
fóundling hòspital [명] (英) 고아원, 기아 보호소.
fóund óbject [명] =found art.
fóund póem [명] 발명시(發明詩)(상품 라벨·광고 따위의 문구를 짜맞추어 하나의 시의 형태로 만든 것).
found·ress [fáundris] [명] founder¹의 여성형.
found·ry [fáundri] [명] 1 주조 공장; 주조(유리의) 제조 공장. 2 주물 만들이, 주조(법). 3 [집] 주물류. 4 (美속어) 정신 병원.
fóundry ìron [pìg] [명] 주철(鑄鐵). [(校正刷).
fóundry pròof [명] (인쇄) (제판 직전의) 최종 교정쇄
fount¹ [faunt] [명] 1 (문어·시) 샘, 분수; (비유적) …원(源), 원천 (of). 2 (램프의) 기름통; (만년필의) 잉크통. (<fountain)
fount² [faunt, fɑnt] [명] (英) =font².
‡**foun·tain** [fáuntən] [명] 1 샘 [-z] 1 샘; 수원(水源). 2 (비유적) (…의) 원(源), 근원, 원천 (of). ¶a ~ of pleasure [wisdom] 쾌락[지혜]의 원천. 3 분수; 분수탑, 분수반(盤), 분수지(池). 4 =drinking ~. 5 =soda ~. 6 액체 저장 용기, 잉크통, 기름통. — (~s [-z]) 샘처럼 흐르다[흘러나오게 하다]; 샘처럼 솟아나다[솟게 하다]. **-tained, ~·less, ~·like**
foun·tain·head [fáuntənhèd] [명] (a ~, the ~) 1 (강의) 원천, 수원. 2 (비유적) (…의) 근원, 본원(本源). …원(源)(of). ¶a ~ of information 정보원.
Fóuntain of Yóuth [명] (the ~) 청춘의 샘, 불로천(不老泉)(청춘을 되찾게 해준다는 유럽 전설에 나오는 신비의 샘물).
‡**fóuntain pèn** [명] 만년필. [비의 샘물.
‡**four** [fɔːr] [명] 넷의, 네 명(개)의; (서술적) 네 살의. *four or five* 소수의(a few). [사구(四軍).
four wide ones [명] (야구) (특히 고의[경원]) *to the four winds* (고어) 사방으로(in all directions).
— [명] (복 ~s [-z]) 1 (.U.C.) (무관사로) 4; 4의 기호(4, IV). 2 (복수취급) 네 사람, 네 개. 3 [명] 네 시; 네 살. 4 (연속된 것의) 네 번째 것[사람]; (카드의) 4의 패. (주사위의) 4점(의 눈); 4번 사이즈의 것. ¶the ~ of spades 스페이드의 4. 5 4인조, 네 개로 벌; 노가 넷 있는 보트(의 승무원); (~s) 4인승 보트 레이스; 4기통 엔진[차]; (U.) (4두 마차의) 말 4필; (크리켓) 4점타. ¶a carriage [or coach] and ~ 4두 마차 / in ~s 네 사람 [개]씩 짝을 지어. 6 (~s) (군사) 4열 종대. ¶*Fours right!* (구령) 우로 4열! 7 (~s) (인쇄) 4절판(判). 8 (~s) (재정) 4부 이자의 공채[주식].
four and one (흑인 속어) 금요일(주(週)의 5일째); (주급(週給)의) 급료일.
make a [or *the*] *four up* (英) (브리지·테니스의 복식 경기 따위에) 네 사람째로 들어가다.
on all fours ⇒ ALL FOURS.
four-ale [fɔ́ːréil] [명] (英) (옛날 1쿼트(quart)에 4 펜스로 팔던) 값싼 맥주. [적으로) 술집.
fóur-ále bàr [명] 싼 맥주를 파는 술집; (구어) (일반
fóur-bag·ger [-bǽɡər] [명] (美) (야구) 홈런.
fóur-báll (mátch) [명] (골프) 포볼(네 사람이 하는
fóur bálls [명] (야구) 사구(四球), 볼 넷. [시합).
fóur bíts [명] (美속어) 50센트. **fóur-bít** [명]
four-by-four [bɑifɔ́ː] [명] 4륜 구동차. (美속어) 4단 속도의 4륜 구동 트럭. (또는 4×4 *4×4s, 4×* *4's*)) [four. 2 (英속어) 유대인(Jew).
four-by-two [-bàitúː] [명] 1 (濠·뉴질) =two-by-
four-chan·nel [-ʧǽnəl] [명] (오디오) (녹음·재생 방식의) 4채널인(quadraphonic). [라진. (F
four·che(e) [fuərʃéi] [명] (문장) 끝이 V자형으로 갈
fóur-cól·or [-kʌ́lər] [명] (인쇄) 4색(도) 인쇄의.
fóur-cólor pròblem [cónjecture] [명] (수학) 4색 문제[가설] (어떤 지도에서도 이웃 나라가 4색으로 색구분이 가능하다는 설, 1976년에 증명되었음).
fóur-cólor pròcess [명] (인쇄) 4색[원색] 인쇄법.
four-cor·nered [-kɔ́ːrnərd] [명] 네 귀가 있는; 사각의(square). ¶a ~ cap 4각 대학모.
four-cor·ners [-kɔ́ːrnərz] [명][복] (the ~) 1 (단·복수 양용) 1 (美) 네 구석; (단수취급) 네거리(crossroad), 2 모든 범위[영역]. ¶the ~ of a document 서류의 전체 내용[범위]. 3 (단수취급) 4주희(四柱戱)(볼링 비슷한 놀이). (또는 **fóur córners**)
the four corners of the earth (성서) 지구 끝, 사 구의 구석구석(←이사야서(Isa) 11 : 12).
four-cy·cle [-sàikl] [명] (내연 기관의) 4주기(四週期)의, 4행정의. ¶a ~ engine 4사행정 기관.
four-di·men·sion·al [-diménʃənəl] [명] (수학) 4 차원의. ¶ ~ space 4차원 공간.
fóur drágons [명] (종종 F- D-) 네 마리의 용(아시아의 신흥 공업 경제 지역(NIES)의 한국, 대만, 홍콩, 싱가포르). (또는 **fóur lìttle drágons**) [쓴.
four-eyed [fɔ́ːràid] [명] 눈이 네 개의; (구어) 안경을
fóur·eyes [fɔ́ːràiz] [명] 네눈박이 물고기(foureyed fish); (구어) 안경 쓴 사람.
4-F [fɔ́ːréf] [명] (~'s) [명] (군 신체 검사의) 불합격
fóur fìgures [명][복] 네 자리 숫자. [자, 병역 면제자.
fóur flùsh [명] 1 (카드놀이) (포커에서 한 장만 더 있으면 플러시가 되는 불완전한 패. 2 (美구어) 큰소리치기, 허세.
four-flush [-flʌ́ʃ] [동][자] 1 (포커에서) 같은 패를 네 장만 가지고도 다 갖춘 체하다. 2 (美) 허세를 부리다, 허풍 떨다. **~·ing**
four-flush·er [fɔ́ːrflʌ̀ʃər] [명] (美구어) 허세부리는 사람; 사깃꾼; (카드놀이) four flush하는 사람.
four-fold [fɔ́ːrfòuld] [명] 4배의, 4중의; 네 사람[부분]으로 된. — [부] 4배로, 4중으로, 넷으로, 네 부분으로.
four-foot·ed [-fútid] [명] 네 발의, 네 발 가진; 네발 짐승의. ¶ ~ beasts 네발 짐승.
fóur-fóot (wáy) [fút(-)] [명] (英) (철도) 4피트 규격의 궤간(軌間) (표준 철도 간격.
fóur frèedoms [명] (the ~) 네 가지 자유(1941년 미국 대통령 Franklin D. Roosevelt가 미국 정책 목표로 선언한 네 가지 기본적 자유: freedom of speech (언론의 자유), freedom of worship (신앙의 자유), freedom from want (가난으로부터의 자유), freedom from fear (공포로부터의 자유)).
four-hand·ed [-hǽndid] [명] 1 (게임 따위가) 네 사람이 하는. 2 (피아노곡 따위) 두 사람 연탄(聯彈)의. 3 (원숭이처럼) 손이 네 개인, 사수류(四手類)의. (또는 **fóur-hànd**) **~·ly**
Fóur-H Clúb [fɔ́ːréitʃ-] [명] (美·캐나다) 4-H클럽(원래 농촌 청소년의 실용적 기술 교육을 목적으로 설립된 조직. 4-H는 head, hand, heart, health를 의미). (또는 **4-H Clùb**) **4-H** [명] **4-H'er** [명] 4-H 클럽 회원.
Fóur Hórsemen (of the Apocalypse) [명] (the ~) 요한 계시록[묵시록]의 4기사(백·적·흑·청색 말을 탄 4명의 기사; 각기 질병(pestilence), 전쟁(war), 기근(famine), 죽음(death)을 상징, →요한 계시록 (Rev.) 6 : 2); (비유적) 인류의 4대 재앙.
Fóur Húndred, 400 [명] (the ~, the f- h-) (美) (한 도시·지역의) 사교계(상류 사회) 사람들, 명사 계급.
Fou·ri·er [fúːrièi, -riər] [명] 푸리에. 1 François Marie Charles ~ (1772-1837: 프랑스의 공상적 사

회주의자·사회 개혁가). **2 Jean Baptiste Joseph ~** (1768-1830: 프랑스의 수학자·물리학자).

Fou·ri·er·ism [fúəriərìzm] 冏 푸리에주의(협동 조합적 사회를 주장하는 공상적 사회주의). **-ist, -ite** [-ràit] 冏 **-ís·tic** 冏 [<F.M.C. Fourier]

four-in-hand [fɔ́:rinhǽnd] 冏 **1** (Y자형으로 매는 보통) 넥타이. **2** (또는 tálly-hò) 4두 마차; 네 필 한 조의 말. — 쥉 네 필이 끄는 (마차의). ¶a ~ coach 4두 마차. — 閂 혼자서 네 필의 말을 부려.

four-lane [⁴lèin] 쥉 (고속 도로가) 편도 2차선의, (왕복) 4차선의. — (또는 **fóur-làner**) 편도 2차선 도로.

fóur-leaf clóver [⁴li:f-] 쥉 네 잎 클로버(행운의 상징). (또는 **fóur-lèafed [-lèaved] clóver**)

four-leg·ged [⁴légid, -légd] 쥉 **1** 네 발의, 사족류 (四足類)의. **2** (해사) (스쿠너가) 돛대가 네 개 있는.

fóur·let·ter mán [⁴lètər-] 冏 (美俗) 바보(* dumb의 4글자에서); 싫은 녀석(* shit, homo 따위).

fóur-letter wórd 冏 (완곡적) 네 글자말, 사자어(四字語). **1** 비속어, 외설어(cunt, fuck, fart, shit 따위). **2** (구어) (일반적으로) 금기어(禁忌語)(taboo word).

four-mast·ed [⁴mǽstid/-máːst-] 쥉 (해사) 네 개의 돛대가 있는. ¶a ~ ship 돛대가 네 개인 배.

fóur-mín·ute míle [⁴mínit-] (경기) 4분 이내로 1마일을 달리는 경주.

Fóur Modernizátions 冏쥉 (the ~) (중국의) 4대 근대화(1975년 저우언라이(周恩來) 수상이 제창한 슬로건: 농업·공업·국방·과학 기술의 현대화 정책). 「것.

fóur nínes, 99.99 冏 (美俗) 순도(純度)가 높은

four-o, -oh [fɔ́:róu] 冏 (美육군 속어) 완벽한, 완전한. — 閂 완점, 완벽(한 사람). (또는 **fóur-póint-òh**)

four-oar [fɔ́:rɔ́:r] 冏 노가 넷 있는 (보트).

four-o'clock [fɔ́:rəklɑ̀k] 冏 **1** 분꽃; 분꽃 속의 식물. **2** (오스트레일리아 산(產)) 밀식조(蜜食鳥).

fóur of a kínd [카드놀이] (poker의) 포카드.

411 [fɔ́ːr wʌ̀n wʌ́n] 冏 **1** (美) (전화) 번호 안내. **2** (美俗) (에 관한) 정보; 세부 사항(on). **get the 411 on** (美구어) …에 관한 정보를 입수하다.

four-on-the-floor [fɔ́:rənðəflɔ̀:r] 冏 (자동차) (4단 기어의) 플로어시프트 변속 장치(의 automatic), 4단(수동) 변속차. — 冏 **1** 4단 수동 변속차. **2** (속어) 철저한, 지나친. — 閂 (속어) 철저히, 지나치게, 몹시.

401(K)s [fɔ́:róuwʌn(kéi) z] 冏 (美) 국세청(IRS) 코드 401(K)급여 소득자의 퇴직 적립금에 대한 특별 면제 조치 조항); 퇴직 적립금제, 적립 퇴직금.

four-part [⁴pɑ́:rt] 쥉 (음악) 4부 합창[합주]의.

four·pence [fɔ́:rpəns] 冏 (단·복수 양용) (英) 4펜스(약 4d); (옛날의) 4펜스 은화.

have [or **get in**] **one's fourpence worth** (구어) 의견을 말하다; 말참견하다.

four·pen·ny [fɔ́:rpèni/-pəni] 쥉 **1** (英) 4펜스의. **2** (목공) (못이) 길이 1.25인치의. ¶~ nails 1.25인치 못. (옛날의) 4펜스 은화; 4펜스의 것[버스 승차권].

fóurpenny óne (英속어) 강타, 타격. 「권].

four·plex [fɔ́:rpleks] 冏 4층의; 4배의. — 冏 4가구 주택(quadplex). @ duplex 「네 켜의.

four-ply [⁴plài] 쥉 네 줄로 꼰; 4매를 겹친, 4중의,

four-point·er [⁴pɔ̀intər] 冏 (美학생 속어) A(학점), 수(秀); 우등생(* 평점 A가 4점으로 계산되는 데서).

fóur póint stánce 冏 (미식축구) 4점 스탠스(두 손을 땅에 대는 스탠스).

four-post·er [fɔ́:rpóustər] 冏 쥉 **1** 사주(四柱)식 침대 (~ bed). **2** 돛대가 네 개인 배. **fóur-pòst** 쥉 사주식의.

four-pound·er [⁴paundər] 冏 (英) 무게 4파운드의 빵덩어리.

four-ra·gère [fúərəʒɛ̀ər] 冏 (陔) **~s** [-z] (프랑스·美육군) (왼쪽 어깨에 붙이는) 장식술. [<F]

four·score [fɔ́:rskɔ́:r] 쥉 (文語) 80의 4배(인), 80(의); 80세(의). ¶~ **and seven years ago** 87년 전.

fóur séas 冏쥉 (the ~) (영국을 에워싼) 네 바다.

within the four seas 영국 본토 안에.

four-seat·er [⁴sí:tər] 冏 (자동차 따위) 4인승.

four·some [fɔ́:rsəm] 冏 (골프) 포섬(네 사람이 두 조로 나뉘어 교대로 치는 경기). ¶a mixed ~ 혼성 포섬. **2** 4개조, 4인조; 네 사람 한 패. — 쥉 네 사람[개]으로 이루어진, 4인제의; 네 사람이 하는.

four·square [fɔ́:rskwɛ́ər] 쥉 **1** 네모진, 정방형의. **2** 튼튼한, 견고한; 확고한, 부동의. **3** 솔직한, 곧이곧대로의. **4** (속어) 틀에 박힌, 창의성이 없는. — 閂 **1** 애매하지 않게, 분명하게; 솔직히. **2** 정방형으로; 굳게. — 冏 정방형, 정사각형. **~·ly** 閂 **~·ness** 冏

four-star [⁴stɑ̀:r] 쥉 **1** 별 넷의, 사성(四星)의, 장군 [제독]의. ¶a ~ general [admiral] 육군[해군] 대장. **2** (호텔 따위가) 고급의; (일반적으로) 우수한, 탁월한.

four-strip·er [⁴stráipər] 冏 (美) 해군 대령(captain).

four-stroke [⁴stròuk] 冏 (기계) (내연 기관의) 4사이클의. — 쥉 4사이클 엔진(의 차). @ four-cycle

‡**four·teen** [fɔ̀:rtí:n] 쥉 14, 개의. — 冏 **~s** [-z] ⓤⓒ **1** 14; 14의 기호(14, XIV). **2** 14명, 14개, 3 14세. **4** 14번째의 것[사람]. **5** 14명 한 조, 14개 한 벌.

***four·teenth** [fɔ̀:rtí:nθ] 쥉 **1** (보통 the ~) 제14의, 14번째의. **2** 14분의 1의. ¶a ~ **part** 14분의 1. — 冏ⓤⓒ **1** (보통 the ~) 제14, 14번째(의 것); (달의) 14일. **2** 14분의 1. **~·ly** 閂

‡**fourth** [fɔːrθ] 쥉 **1** (보통 the ~) 제4의, 4번째의. **2** 4분의 1의. **3** (자동차의 변속 기어가) 전진 4단의. — 冏 **1** ⓤ (the ~) 제4; 4번째 사람[것]; 제4위의 사람[것](to do); (달의) 4일. **2** 4분의 1. ¶**three ~s** 4분의 3. **3** (the ~) (음악) 제4도 음정. **4** ⓤ (변속 기어의) 전진 4단. **5** (the F-) (美) =Independence Day, F- of July. **~·ly** 閂

fóurth cláss 冏 **1** (계급·품질 따위의) 4번째, 제4급. **2** (또는 **fóurth-class màtter**) (美) 제4종 우편물.

fóurth-class [⁴klǽs/-klɑ́:s] (美) 쥉 **1** (계급·품질 따위가) 4번째의, 제4급의. **2** 제4종 우편(물)의. — 閂 제4종으로[의우편물로].

fóurth diménsion 冏 **1** (the ~) [물리·수학] 제4차원. **2** 일상 경험의 밖에 있는 것, 4차원의 세계.

fóurth-diménsional 쥉

fóurth dówn [미식축구] 제4 다운, 최종 다운(공격팀에 주어진 연속 네 차례 공격권의 네번째 플레이).

fóurth estáte 冏 (종종 F-E-) (the ~) 제4 계급; 신문계, 언론계(의 사람)들(the press); 저널리스트.

fóurth generátion lánguage 冏 (the ~) (컴퓨터) 제4 세대 언어(사무 처리 프로그램·데이터 베이스 작업에). (속 4GL)).

fóurth generátion wárfare 冏 (the ~) (美) 제4세대 전쟁(내전·게릴라전 등의 형태 저강도 전쟁).

fóurth márket 冏 (美) (증권) 제4 시장, 장외 시장(기관 투자가끼리 비상장 주식을 직접 매매 거래하는 시장).

Fóurth of Julý 冏 (the ~) (美) 미국 독립 기념일 (Independence Day). 「국(1945-58).

Fóurth Repúblic 冏 (the ~) (프랑스의) 제4공화

Fóurth Revolútion 冏 제4 교육 혁명(학교 교육에 컴퓨터를 이용한 교육 기기를 도입한 새로운 단계).

fóurth tíme (lòser) 冏 (美속어) 자포자기로 행동하는 범인.

fóurth wáll 冏 (연극) 제4의 벽(사실주의 연극에서, 무대와 관객 사이에 상정(想定)되는 가상의 벽).

Fóurth Wórld 冏 (the ~) (때로 f- w-) 제4세계(제3세계 중 자원·기술을 갖지 못한 후발 개도국들).

fóur tónes 冏쥉 (중국어의) 사성(四聲).

four-wall·ing [⁴wɔ̀:liŋ] 冏 (속어) (영화 제작자·배급자가 영화관을 전세내어 하는 자주(自主) 상영, 독자 흥행. (또는 **fóur-walls cóntract**) **fóur-wàll** 冏⸍

four-way [⁴wèi] 쥉 **1** 사방으로 통하는, 사방에 출입구[길]가 있는. **2** 네 사람이 하는[참가하는].

4WD 〖略〗 =four-wheel drive (vehicle).
four-wheel [´hwíːl] 〖형〗 네 바퀴 달린, 4륜식의; 4륜 구동의. ¶a ~ carriage 4륜 마차. (또는 **fóur-whéeled**)
fóur-wheel drive 〖자동차〗 4륜 구동(驅動)(차) (略 FWD, 4WD). **fóur-whèel-drìve** 〖형〗
four-wheel·er [´hwíːlər] 〖명〗 4륜차, 4륜 마차; 《美》 FOV field of view(시야). 〖명〗 4륜 자동차.
fo·ve·a [fóuviə] 〖명〗 (pl. **-ae** [-iː]) **1** 〖해부·동물〗 와 (窩). **2** 〖안과〗 =~ centralis. **-al**
fóvea cen·trá·lis [-sentréilis] 〖명〗 〖해부〗 (망막의) 중심와(中心窩).
FOW, f.o.w. 〖해사〗 first open water; 〖무역〗 free on wagon.
‡**fowl** [faul] 〖명〗 (**~s** [-z]) **1** 닭, (특히) 암탉 (hen); (식용의) 큰 닭. ¶domestic ~s 닭, 가금(家禽). **2** 〖집요리·꿩·칠면조 따위의〗 가금. **3** (F-) 〖북미 인디언의〗 새고기; ¶fish, flesh, and ~ 어육·수육·조육(鳥肉). **4** Ⓤ (집합적) 조류; (복합어로) …새. ¶a flock of waterfowl 한 떼의 물새 / game ~ 엽조. **5** (시·고어) 새(bird). ¶the ~s of the air 공중에 나는 새들(←마태 복음(Matt.) 6 : 26). ── 〖동〗타 (**~s** [-z]) 들새를 잡다 〖주로 ing형〗 〖가금〗 콜레라. [(쏘다).
fówl chòlera 〖의학〗 새[가금] 콜레라.
fowl·er [fáulər] 〖명〗 들새 사냥꾼.
Fow·ler [fáulər] 〖명〗 **Henry Watson ~** 파울러 (1858–1933; 영국의 사전 편찬자; *Modern English Usage*(1926)).
Fówler flàp 〖항공〗 파울러 플랩(주익(主翼)의 뒷쪽 아래 부분을 내림으로서 양력(揚力)을 높이는 장치). 〔<미국의 항공 기사 Harlan D. Fowler〕
fowl·ing [fáuliŋ] 〖명〗Ⓤ 들새잡이, 새 사냥.
fówling piece 〖명〗 새총, 엽총.
fówl pèst [plàgue] 〖명〗 닭 페스트.
fówl-run [´rʌ̀n] 〖명〗 《英》 양계장. (또는 **fówl rùn**)
‡**fox** [faks/fɔks] 〖명〗 (pl. **~·es**) **1** 여우; 암여우 (vixen). ¶a silver ~ 은빛 여우. **2** Ⓤ 여우 모피. **3** (종종 old ~) 〖경멸적〗 교활[간악]한 사람. **4** 〖해사〗 송으로 꼰 가는 밧줄. **5** (F-) 〖북미 인디언의〗 폭스 족(族)(의 사람); (F-) Ⓤ 폭스 인디언말. **6** 〖고어〗 칼, 검. **7** 《美속어》 섹시한 젊은 여성. **8** 〖성서〗 승냥이; 거짓 예언자. **9** (F-) 〖상표명〗 폭스 방송(미국의 TV 네트워크).
a fox in a lamb's skin ⇨LAMB.
a fox's sleep 거짓[외견상의] 무관심.
a fox that has lost his tail 자기가 겪은 불행을 남도 겪게 하려는 사람(* 이솝 우화에서).
cunning [or *sly, wily,* 《美속어》 *crazy*] *as* [or *like*] *a fox* 아주 교활한.
play the fox 남을 속이다, 교활하게 굴다.
set the fox to keep the geese 고양이에게 생선 가게를 맡기다; 눈 뜨고 당하다.
the fox and the grapes ⇨SOUR GRAPES.
── 〖동〗타 **1** 〖구어〗 …을 기만하다, 속이다; 속여서 빼내다. **2** 〖구어〗 …을 당혹하게 하다. **3** 〖책장·인화(印畵)〗를 갈색으로 변색시키다. **4** 〖구두〗의 앞끝을 수선하다. **5** 〖취미 따위〗를 시게 하다. **6** (속어) …을 미행하다. ── 〖동〗자 **1** 교활하게 굴다, 교활한 짓을 하다. **2** (종이 따위가) 갈색으로 변색하다, 얼룩지다. **3** (맥주 따위가) ~·like 〖형〗 시어지다.
fóx and géese 〖명〗 여우와 거위 놀이 (15개의 "거위" 말로 한 "여우" 말을 구석으로 모는 장기 비슷한 놀이).
fóx and hóund(s) [dóg(s)] 〖명〗 여우와 사냥개 놀이(술래 잡기의 일종).
fóx brùsh 〖명〗 여우 꼬리(여우 사냥의 기념품).
fóx èarth 〖명〗 여우 굴.
foxed [fakst/fɔkst] 〖형〗 **1** (고서(古書)가) 황갈색 얼룩이 진, 빛바랜. **2** 속은. **3** (맥주 따위가) 시어져버린.
fox-farm [´fàːrm] 〖명〗 《캐나다》 여우 사육장. **~·er**
fox·fire [´fàiər] 〖명〗 (고목에 돋는 균류가

내는) 도깨비불.
fox·glove [fáksglʌ̀v/fɔ́ks-] 〖명〗 〖식물〗 디기탈리스 (digitalis)(잎은 심장병에 특효약). ¶ 〖새가 난다.
fóx gràpe 〖명〗 (미국 동부산(產)의) 야생 포도(사향 냄
fox·hole [fákshòul/fɔ́ks-] 〖명〗 **1** 〖군사〗 개인 참호. **2** (비유적) 피난처, 은닉 장소. 〖우 사냥개).
fox·hound [fákshàund/fɔ́ks-] 〖명〗 폭스하운드(여
fóx hùnt 〖명〗 =fox-hunting. 〖따라다니는 사람.
fóx hùnter 〖명〗 여우 사냥꾼; 《美속어》 여자 뒤꽁무니
fox-hunt·ing [´hʌ̀ntiŋ] 〖명〗Ⓤ 여우 사냥(《英》 hunting). **fóx-hùnt** 〖자〗 여우 사냥을 하다.
fox·ing [fáksiŋ/fɔ́ks-] 〖명〗 **1** 갑피(甲皮). **2** (책의 페이지·인화 따위의) 변색, 얼룩.
fox-mark [´màːrk] 〖명〗 (습기에 의한 책 따위의) 갈색
fóx pàw 《美속어》 과실, 실수(faux pas). 〖얼룩.
fóx squìrrel 〖명〗 여우다람쥐(북미산(產)의 큰 다람쥐).
fox·tail [fáksteil/fɔ́ks-] 〖명〗 **1** 여우 꼬리. **2** 여우 꼬리 모양의 수상화(穗狀花)가 피는 잡초(강아지풀 따위).
fóxtail míllet 〖명〗 조(포아풀과(科)의 식물).
fóx térrier 〖명〗 폭스 테리어(영국산의 테리어개).
fox-trel [fákstrel/fɔ́ks-] 〖명〗 《美속어》 성적 매력이 넘치는 젊은 여성. 〔*fox*+min*strel*〕
fóx tròt 〖명〗 **1** 폭스 트롯(남녀 한쌍이 추는 4/4박자의 사교 춤); 그 곡. **2** (말 따위의) 폭스 트롯 보조(步調).
fox-trot [´tràt/-trɔ̀t] 〖자〗 (**-tt-**) 폭스 트롯을 추다; (말이) 폭스 트롯 보조로 가다.
fox·y [fáksi/fɔ́ks-] 〖형〗 **1** 여우 같은; 교활한, 얄미운. **2** 《美속어》 성적 매력이 있는, 섹시한; 유행의. **3** 여우색의, 적갈색의; 갈색으로 변색한. **4** (맥주 따위가) 신, 산패(酸敗)한. **5** (유화(油畫)가) 붉은 빛이 너무 강한. **6** 악취가 심한. **fóx·i·ly** **fóx·i·ness**
foy·er [fɔ́iər, fɔ́iei] 〖명〗 (극장·호텔의) 휴게실, 로비(lobby). **2** 현관의 홀; 집회소. 〔<F〕
fp. 〖음악〗 forte-piano 〖스포츠〗 forward pass. **f.p.** fine paper(우량 어음); fireplug; foolscap; foot-pound(s); 〖음악〗 forte-piano; freezing point; fully paid(완불의). **F.P.** fireplug; fixed price; floating policy; fully paid. **F.P.A.** 《英》 Family Planning Association; Foreign Press Association. **FPA, f.p.a.** 〖보험〗 free of [《英》 from] particular average(分損不擔保), 단독 해손(海損) 부담보.
FPC 《美》 Federal Power Commission; fish protein concentrate(물고기 단백 농축 식품); fixed price contract; flat plate collector(평면 (태양열) 집열판). **fpl, Fpl** 〖부동산〗 fireplace.
F-plan (Diet) [éfplæn(-)] 〖명〗 《美》 〖상표〗 (섬유질 섭취 따위에 의한) 다이어트 식사. 〔<F is fiber〕
fpm, f.p.m., fp/min feet per minute. **FPO** field [fleet] post office(야전[함대] 우체국). **fps, f.p.s.** feet per second; foot-pound-second; frames per second. **FPT** 〖상업〗 freight pass-through. **Fr** ㉠ 〖화학〗 francium. **FR** 〖부동산〗 family room; freight release. **fr.** father; fragment; franc; frequent; from. **Fr.** Father(신부); France; Frau; French; Friar; Friday.
Fra [fraː] 〖명〗 〖가톨릭〗 수도사(friar)의 칭호. 〔<It〕
frab·jous [frǽbdʒəs] 〖형〗 〖구어〗 멋있는, 최고의. **~·ly** 〖싸움. 〔<F〕
fra·cas [fréikəs/frǽkaː] 〖명〗 (pl. **~·es**) 법석, 소동,
frac·tal [frǽktl] 〖명〗 〖수학·물리〗 차원 분열[분할] 도형, 프랙탈(산의 기복·해안선 따위 아무리 세분해도 똑같은 구조가 나타나는 도형; chaos theory의 응용으로 인간 세상이나 생물계·자연계의 불규칙적인 형상 해명에 이용). ── 〖형〗 차원 분열 도형의, 프랙탈의.
fráctal geómetry 〖명〗 〖수학〗 프랙탈 기하학.
‡**frac·tion** [frǽkʃən] 〖명〗 (**~·s** [-z]) **1** (전체에 대해) 일부, 작은 부분. ⇨ PART 〖유의어〗 ¶a ~ of the crowd 군중의 일부. **2** (a ~) 아주 조금, 소량; 파편, 단

편(斷片); (부사적으로) 조금, 약간. ¶ There is not a ~ of truth. 손톱만큼의 진실도 없다. 3 〔수학〕 분수: 〔두 수의〕 비(比), 비율. ¶ a common [or vulgar] ~ 분수(常) [보통] 분수 / a complex [or compound] ~ 번(繁)분수 / a proper [an improper] ~ 진[가]분수 / a decimal ~ 소수. 4 분쇄, 분할, 세분; 〔교회〕 성체(聖體)[성찬의 빵] 의 분할. 5 〔화학〕 (증류의) 분류(分溜). 6 (당파의) 분파 (分派), 당노선 이탈자 그룹(deviationist).
at a fraction of …의 몇 분의 일인가로.
by a fraction 〔부정문에서〕 조금도.
(down) to a [or *the*] *fraction* 완전히.
fraction by fraction 조금씩.
in slow fractions 천천히.
—圖 (~*s* [-z]) 작은 부분으로 나누다[나뉘다].
~**ism** 圆 분파(分派)주의. ~**ist** 圆 분파주의자.
frac·tion·al [frǽkʃənl] 圈 1 부분적인; 미소한, 보잘것없는; 소액의; 〔증권〕 단주(端株)의. 2 〔수학〕 분수의. ¶ a ~ expression [equation] 분수식 [방정식] / ~ functions 분수 함수. 3 〔화학〕 분별의, 분류의. 4 당파 분파의. ~**ism** 圆 분파주의. ~**ist** 圆 ~**ly** 則
fráctional cúrrency 圆 소액 화폐, 보조 화폐.
fráctional distillátion 圆 〔화학〕 분별 증류(分別 蒸溜), 분류(分溜).
frac·tion·al·ize [frǽkʃənəlàiz] 圆 소부분으로 나누다[나누어지다]; 분류(分溜)하다. **-i·zá·tion** 圆
fráctional órbital bombárdment sýstem 圆 〔군사〕 부분 궤도 폭격 시스템(미사일이나 인공 위성을 지구 궤도에 쏘아 올려 목표 상공에서 하강시켜 공격하는 시스템; ® FOBS, F.O.B.S.).
frac·tion·ar·y [frǽkʃəneri/-nəri] 圈 =fractional.
frac·tion·ate [frǽkʃənèit] 圆 〔화학〕 1 …을 각 성분자 [단편, 부분]로 나누다; 세분하다. 2 (혼합물)을 분류(分溜)하다; 분류[분별]에 의하여 얻다. **-á·tion** 圆 〔U〕 〔화학〕 분별 [분류] (법).
frac·tion·a·tor [frǽkʃənèitər] 圆 1 〔화학〕 분류 (分溜)[분별] 장치. 2 (색체 복합물의) 분리 장치.
frac·tion·ize [frǽkʃənàiz] 圆 (조직·기구 따위)를 작은 부분으로 나누다, 분할하다; 세분하다. —困 작은 부분으로 나뉘다. **-i·zá·tion** 圆
frac·tious [frǽkʃəs] 圈 1 (노인·아이 등이) 성 잘내는, 까다로운, 잘 토라지는. ¶ a ~ child 까다로운 아이. 2 다루기 힘든, 제어하기 어려운. ~**ly** 則 ~**ness** 圆
frac·to- [frǽktou] 回目 broken의 뜻. ¶ *fractocumulus* 편운(片積雲).
frac·tur·al [frǽktʃərəl] 圈 파쇄성의, 골절의.
*****frac·ture** [frǽktʃər] 圆 1 골절, 좌상(挫傷). ¶ suffer [set] a ~ 골절 [접골]하다. 2 〔U〕 파쇄(破碎), 파손, 파열; 〔C〕 갈라진 틈[금], 터진 데; 파쇄면(面); (광물의) 단구(斷口). 3 〔음성〕 (음의) 분극, 갈라짐(단모음의 이중 모음화). —뎄 1 …을 부러뜨리다, 골절하다; …을 깨다, 부수다, 깨뜨리다. ¶ ~ one's leg 다리를 부러뜨리다. 2 (속어) …를 박장대소케 하다; …을 갑자기 흥분시키다. 3 (비유적) (매사)를 혼란시키다; (법·규칙 따위)를 어기다, 깨뜨리다. —困 부러지다, 부서지다, 깨지다, 골절하다.
-tur·a·ble 圈 **-tured** 圈 〔속어〕 술취한; 포복절도한.
frae [frei] 甲 〔스코〕 ®=from. —則 =fro.
frae·num [frínəm] 圆 (® -na [-nə]) =frenum.
frag [frǽg] 圆 〔美俗어〕 (-*gg*-) [마음에 안 드는 상관]을 (수류탄으로) 살상하다. —圆 =fragmentation grenade. ~**ger**, ~**ging** 圆
*****frag·ile** [frǽdʒəl/-dʒail] 圈 1 깨지기 쉬운, 망가지기 쉬운, 부서지기 쉬운, 무른(⇒ tough). ¶ *Fragile*! 파손주의(포장 상자 따위의 표시). 2 허약한, 연약한 (용모·손 따위가 가냘픈(⇒WEAK 유의어)). 〔익살〕 기운이 없는, 기분이 좋지 않은. 3 실질이 없는, 박약한, 불충분한; 덧없는, 오래 못가는. ~**ly** 則 ~**ness** 圆
fra·gil·i·ty [frədʒíləti] 圆 1 〔U〕 깨지기 [부서지기] 쉬

움; 허약: 덧없음. 2 깨지기 [부서지기] 쉬운 것.
*****frag·ment** [frǽgmənt] 圆 1 조각, 파편; 단편(斷片), 단장(斷章); 미완의 유고(遺稿). 3 일부분, 남은 것. ⇒ PART 유의어 4 소량, 얼마 안되는 것.
burst [or *break*] *into fragments* 산산조각나다.
in fragments 산산조각나되어. 부서지다.
—圆 붕괴 [분열]하다 [시키다], 분해 [분단]하다 [시키다]; 세분화하다.
frag·men·tal [frægméntl] 圈 1 =fragmentary 1. 2 〔지질〕 쇄설질(碎屑質)의(clastic). ~**ly** 則
*****frag·men·tar·y** [frǽgməntèri/-təri] 圈 1 단편으로 이루어진, 단편적인; 부서진; 미완의. ¶ ~ memories 단편적 추억. 2 〔지질〕 =fragmental 2.
-tàr·i·ly 則 **-tàr·i·ness** 圆
frag·men·tate [frǽgməntèit] 圆 =fragmentize.
frag·men·ta·tion [frǽgməntéiʃən] 圆 〔U〕 1 분열 [붕괴]; (지질) (폭탄 따위의) 파쇄; (사상·행동 따위의) 분열, 붕괴. 2 (생물) (핵의) 무사 분열(無絲分裂); (염색체의) 분단(分斷), 절단; 〔C〕 파쇄 폭탄 [수류탄]의 파편.
fragmentátion bómb 圆 파편 [파쇄성] 폭탄.
fragmentátion grenáde 圆 파편 [파쇄성] 수류탄.
frag·ment·ize [frǽgməntàiz] 圆圆 …을 분열 [파쇄]시키다; 분쇄가 되다. **-zá·tion, -ìz·er** 圆
*****fra·grance** [fréigrəns] 圆 1 (U) 방향(芳香), 향기; 방향성(性). ⇒SMELL 유의어 (또는 〔고어〕 **frágrancy**) 2 향기나는 것, 향수, 방향제(劑).
*****fra·grant** [fréigrənt] 圈 (*more* ~; *most* ~) 1 향기로운, 방향있는. 2 〔문어〕 유쾌한. ¶ ~ memories 즐거운 추억. 3 〔익살〕 악취나는. ~**ly** 則 ~**ness** 圆
fraid·y-cat [fréidikǽt] 圆 〔美아동〕 겁쟁이, 간이 작은 사람(* 특히 남자 아이에 대해 쓴다). (또는 **'fraidy** ['fráid] **càt, scáredy-càt**)
*****frail**[1] [freil] 圈 **-er**; **-est** 1 (체질이) 허약한, 약한, 연약한. ⇒ WEAK 유의어 2 (도자기 따위가) 깨지기 쉬운, 무른. 3 (비유적) 덧없는. ¶ ~ happiness 덧없는 행복. 4 의지 박약한, 유혹에 빠지기 쉬운; 〔고어〕 (여자가) 부정한. 5 〔구어〕 구제할 길 없는; 어찌할 수 없는.
—圆 〔속어〕 여자, 소녀. ~**ly** 則 ~**ness** 圆
frail[2] 圆 1 골풀 바구니. 2 건포도 한 바구니 분량.
fráil éel 圆 美흑인 속어) 섹시한 여자, 귀여운 소녀.
frail·ty [fréilti] 圆 1 약함; 여림, 무름; 덧없음. ¶ F—, *thy name is woman.* 약한 자여, 그대 이름은 여자니라(←Shakespeare 작 *Hamlet* I. ii). 2 유혹에 빠지기 쉬움, 의지 박약; 결점, 약점.
fraise[1] [freiz] 圆 1 〔축성〕 와책(와柵)(끝이 뾰족한 말뚝 방책). 2 (16세기에 유행한) 주름잡은 옷깃, 프레이즈.
fraise[2] 圆 1 〔광업〕 1 〔석재〕의 구멍 넓히는 송곳; 소형 프레이즈(공작용 회전식 원형 칼. 2 〔시계〕 톱니바퀴의 톱니 자르는 도구. —圆 〔돌〕의 구멍을 넓히다.
FRAM 〔컴퓨터〕 *ferroelectric random access memory*(강유전체(强誘電體) 램, FRAM(강유전 물질을 사용한 차세대 메모리 반도체)). ® DRAM, SRAM
fram·a·ble [fréiməbl] 圈 조립 [구성]할 수 있는, 궁리할 수 있는. (또는 **frameable**) ~**ness** 圆
fram·b(o)e·sia [frǽmbíːʒə] 圆 〔U〕 〔병리〕 딸기종(腫), 인도마마(yaws)(흑인의 풍토 전염병).
*****frame** [freim] 圆 (® ~*s* [-z]) 1 (건물 따위의) 골조, 뼈대. ¶ the ~ of a house 집의 뼈대. 2 구성, 구조물. 3 〔U〕 〔의학〕 신체, 체격, 골격. ¶ He has a strong ~. 그는 체격이 건장하다. 4 (정치·사회 따위의) 기구(機構); (이론 따위의) 구조; 조직, 체계. ¶ the ~ of government 정치 기구. 5 액자; 틀, 창틀; 골격 (온실 따위의 프레임), 온상; (보통 ~*s*) (안경의) 테. ¶ a window ~ 창틀. 6 (a ~ of mind) 기분, (마음의) 상태, 기분; 〔연극 따위의) 형태, 무대. 8 (a ~) 배경, 환경. 9 틀을 받침, 자수 틀. 10 〔인쇄〕 식자대; 〔광산〕 세광대(洗鑛臺); 〔해사〕 늑재(肋材). 11 〔야구〕 회, 이닝. 12

〔볼링〕 프레임; 〔당구〕 1회분 게임. **13** 〔영화〕 (필름의) 한 토막; 〔TV〕 프레임(주사선(走査線)에 의해 완성된 영상). **14** 〔컴퓨터〕 프레임(정보의 구성단위). **15** 〔교육〕 프레임(프로그램 학습의 기본 단위). **16** 《속어》 = ~-up.
in frame 〔조선〕 (선체가) 뼈대가 완성된.
in the frame 《속어》 범죄 용의자로 지목되어.
put ...into a frame …을 액자 속에 넣다, 틀에 끼우
shake one's frame 몸을 떨다.
— 图 [-z]; ~d; frám·ing) ⓔ **1** …을 짜다, 구성하다; 조립하다, 건설[건조]하다. ¶ ~ a ship 배를 건조하다. **2** (계획·법률 따위를) 만들다, 입안하다, 구상하다, 짜다. ¶ ~ a plan 계획을 세우다. **3** (말을 하다, 말하다. ¶ ~ adequate words 적절한 말을 쓰다. **4** (사상 따위를) 마음에 그리다[품다], 상상하다. **5** (틀에 따라서) …을 만들다, 모양짓다. ¶ ~ a statue *from* marble 대리석으로 상(像)을 만들다. **6** (…에 대해서) 하도록) …을 만들다 (*for / to do*); (목적에) …을 맞추다 (*to, into*). ¶ a building ~*d for* cold 내한용(耐寒用)으로 지은 건물. **7** 〔구어〕〔음모·부정〕을 꾸미다, (거짓 증거 따위를) 날조하여 (남)에게 죄를 씌우다; 《수동형으로》 (…의) 함정에 빠지다(*up*) (*for*). **8** 〔그림 따위〕를 액자에 넣다, 틀에 끼우다. ¶ ~ a picture 그림을 틀에 끼우다. — ⓘ 〔고어〕 (…을 향하여) 가다; 준비하다; (시도) 해보다; 가까이 있다. ¶ ~ well 유망하다.
frame up 〔구어〕 …을 함정에 빠뜨리다; …을 날조하다; 〔승패 따위를〕 조작하다. ④ frame-up
framed 틀에 끼운. **~·less** 图 테나.
fráme anténna [《英》 **áerial**] 图 〔통신〕 액자형 안
frámed building [fréimd-] 图 골조식 (구조) 건
fráme hóuse 图 목조 가옥. 「축물.
fráme líne 图 (영화 필름의) 토막선.
fráme of mínd (일시적인) 마음의 상태, 기분.
in a good [unhappy] frame of mind 흐뭇한[비참한]한 기분으로.
fráme of réference 图 (ⓟ *frames o- r-*) **1** (판단·행위 따위의) 기준틀, 준거 체계(準據體系); 견해, 이론; 시점(視点). **2** 〔수학·물리〕 좌표계(座標系).
fram·er [fréimər] 图 **1** 짜는 사람, 구성자, 조립인; **fráme sáw** 图 기획자, 입안자. 「 톱.
frame·shift [fréimʃift] 图 〔유전〕 프레임시프트 돌연 변이(~ mutation). — 图 프레임시프트의. 「(助材).
fráme tímber 图 〔건축의〕 뼈대재(材); 내력의 늑재
frame-up [<ʌp] 图 〔구어〕 **1** 음모, 날조, 무고, 위증; (조작된) 부정 경기. **2** 《美속어》 (상품의) 진열, 전시.
***frame·work** [fréimwə̀ːrk] 图 **1** 구조물, 뼈대. **2** 틀, 테두리; ⓤ 구성, 구조, 체계; (이론 따위의) 구상, 골자. **3** 틀을 써서 만든 작품. **4** (공사용) 비계; 골조 공사. **5** (과실나무의) 가지. **6** = frame of reference.
within the framwork of …의 틀 안에서; …의 관점에서. — 图 ⓔ (과실나무 따위에) 접붙이다.
Framework Agréement 图 (the ~) 미·북한 관계 기본틀 협약(1994년 제네바에서 미국과 북한 사이에 체결된 북한의 핵개발 규제·핵 발전소 건설 지원 협약).
fram·ing [fréimiŋ] 图 ⓤⓒ **1** 조립, 구성, herring 짜기; 조립법; 틀 끼우기, 액자에 넣기. **2** 구상, 계획, 고안; 틀, 귀틀, 액자, 뼈대. **3** (수학) 좌표계(座標系).
franc [fræŋk / frɑ̃ː] 图 프랑. **1** 프랑스의 화폐 단위 (⑧ F., Fr., f., fr.) **2** 스위스·벨기에·알제리 등지의 화폐 단위; 그 화폐. **3** 옛날의 프랑스 은화.
‡**France**[1] [fræns / frɑːns] 图 프랑스(공식 명칭 the French Republic; 수도 Paris) 「의 소설가·비평가).
France[2] 图 Anatole ~ 프랑스(1844-1924): 프랑스
***fran·chise** [fræntʃaiz] 图 **1** (the ~) 선거권, 참정권; 시민권, 공민권. **2** (관청이 회사에 주는) (…이/…하는) 특권, 특허 (*for / to do*), 지배[관할]권; 《美》 특권 행사 허가 지역. **3** 《美》 (상업) **a)** 가맹 사업, 프랜차이즈; (특정 구역에서의) 독점 판매권; 독점 판매 지역, 특약 지구. **b)** 체인점(店) 가맹권(~ store), 체인점의

4 《美》 〔스포츠〕 (프로 리그의) 프랜차이즈(제), 연고 지제; 구단(球團) 소유권; (경기의) 방송[방영]권. **5** 〔보험〕 면책률[액]. **6** 회원[단체]권. — 图 ⓔ **1** 《美》 …에게 사용권[특권, 독점 판매권]을 허가하다. **2** …에게 참정권[시민권]을 주다.
²**chis·a·bil·i·ty** 图 **-chis·a·ble** 图 **~·ment** 图
fran·chi·see [fræntʃaizíː] 图 독점 판매[사용]권 취득자, 프랜차이즈 가맹점.
fran·chis·er [fræntʃáizər] 图 **1** 독점 판매권을 가진 사람·회사. (또는 **franchisor**) **2** = franchisee.
fránchise tàx 图 면허세, 영업세.
fran·ci·cize [frǽnsisàiz] 图ⓔ = francize.
Fran·cis·can [frænsískən] 图 (이탈리아의 수도사 St. Francis가 창설한) 프란체스코(수도)회의. ¶ the ~ order 프란체스코 수도회. — 图 프란체스코 수도회 수도사; (the ~s) 프란체스코 수도회. 「원소; ⑦ Fr).
fran·ci·um [frǽnsiəm] 图ⓤ 〔화학〕 프란슘(방사성
fran·cize [frǽnsaiz] 图ⓔ (캐나다) …에게 프랑스적 풍습을 강요하다, 프랑스말을 쓰게 하다. (또는 **francicize**) ²**ci·zá·tion, -ciz·er** 图
Fran·co[1] [fræŋkou] 图 **Francisco** ~ 프랑코 (1892-1975): 스페인의 군사 지도자·독재자; 총통 (1939-75)). 「스어를 말하는 캐나다인(의).
Fran·co[2] 图 (ⓟ ~s) 图 프랑스계 캐나다인(의); 프랑
Fran·co- [fræŋkou, -kə] 〔연결〕 French, France의 뜻. ¶ *Franco-British*.
Fran·co-A·mer·i·can [-əmérikən] 图图 프랑스 [프랑스-캐나다]계 미국인(의); 프랑스·미국 간의.
fran·co·lin [fræŋkəlin] 图 자고새의 일종.
Fran·co·phile [fræŋkəfàil] 图图 프랑스(인)을 좋아하는 (사람), 친프랑스(의 사람). (또는 **Fran·co·phil**) ²**phíl·i·a** 图
Fran·co·phobe [fræŋkəfòub] 图 프랑스(인) 공포증의, 프랑스(인)을 싫어하는. (또는 **Francophóbic**) — 图 프랑스(인)을 싫어하는 사람, 프랑스(인) 공포증의 사람. ²**phó·bi·a** 图
Fran·co·phone [fræŋkəfòun] 图 《복수 공용어 나라에서》 프랑스어 사용 주민. — 图 (또는 **Francophónic**) 프랑스어를 쓰는. ²**pho·nie** 图 프랑스어권.
franc·ti·reur [F frɑ̃ːtirœːr] 图 《프랑스》 비정규(非正規) 저격병, 게릴라병. [<F free shooter]
frang·er [fréindʒər] 图 《濠비어》 = condom.
fran·gi·ble [fréndʒəbl] 图 부술 수 있는, 부서지기[깨지기] 쉬운, 약한. ²**bíl·i·ty, ~·ness** 图
fran·gi·pane [fréndʒəpèin] 图 **1** 프랑지페인(크림·아몬드·설탕을 넣은 과자). **2** = frangipani. [<F]
fran·gi·pan·i [fréndʒəpǽni, -páːni] 图 (ⓟ ~s) 〔식〕 인도 재스민(서인도 제도산(産) 협죽도과의 관목); 그 꽃으로 만든 향수.
Fran·glais [frɑ̃ːŋɡléi] 图 《때로 f-》 ⓤ 프랑글레. **1** 프랑스어화된 영어. (또는 **Fránglish**) ➔ FRENGLISH **2** 프랑스(구어)에 수용된 영어 단어·표현. [<F]
fran·gli·fi·ca·tion [fræŋɡləfikéiʃən] 图ⓤ 영어 단어[표현]의 프랑스어 가입, 프랑글레화. ④ Franglais
‡**frank**[1] [fræŋk] 图 (**~·er**; **~·est**) **1** 〔이야기가〕 숨김없는; (사람·태도 따위가) (…에게/…에 대해) 솔직한, 가식이 없는 (*with / about*). ¶ *a ~ with* …에게 솔직한 의견. **2** 명백한, 공공연한, 노골적인. **3** 〔고어〕 관대한.

> 유의어 **frank** 진실이나 자기의 의견을 서슴없이 표명하는. **candid** (때로 곤혹스러울 만큼) 정직하고 공평한. **open** 전혀 숨기거나 거리낌이 없는. **outspoken** 자유롭게 말하는, 좀 더 삼가는 편이 좋은 경우에도 서슴없이 말하는. **straightforward** 에둘러 말하거나 회피하지 않는.

to be frank (with you) 솔직히 말해서.
frank[2] 图 **1** (우편물 따위의) 무료 송달의 서명[도장]; (우편물의 요금 납부) 소인, 증지. **2** 무료 송달 우편물. **3**

우편물 무료 송달 특전. ―[동][타] 1 …에 무료 송달의 서명을 하다; …을 무료로 송달하다. 2 〔우편물〕에 소인(消印)을 찍다. 3 〔사람〕을 무료로 수송하다; …을 자유로 통행시키다; 출입을 용이하게 하다. 4 …을 (…에서) 면제하다 (*from*); …의 비용을 부담하다.
∠·a·ble [형] **∠·er** [명] 우편물 무료 송달자.

frank[3] [명] 《美구어》 =frankfurter.

Frank[1] [fræŋk] [명] 1 프랑크족의 사람; (the ~s) 프랑크족(라인강 유역에 살던 고대 게르만 민족 중의 한 종족). 2 (지중해 동쪽 연안 국가들에서) 서유럽 사람.

Frank[2] [fræŋk, frɑːŋk] [명] 1 프랭크(남자 이름; Francis, Franklin의 애칭). 2 **Anne** ~ 프랑크(1929–45: 「안네의 일기」(1947)).

fránked máil [frǽŋkt-] [명] 〔우편〕 무료 우편.

Frank·en·food [frǽŋkənfùːd] [명] (종종 f–) 《美구어》 유전자 변형 식품. 〔<*Frankenstein*+*food*〕

Frank·en·stein [frǽŋkənstàin] [명] 프랑켄슈타인. 1 자기를 파멸시키는 괴물[파괴적인 힘]을 만들어내는 사람. 2 (또는 ∠ **mònster**) 그러한 괴물[파괴적인 힘]; 자신이 만든 고민거리. **-stéin·i·an** [형] 〔<Mary Shelley의 소설 *Frankenstein*(1818)의 주인공 이름〕

Fránkenstein sỳndrome [명] 〔정신의학〕 프랑켄슈타인 증후군(인조 괴물이 출현해 인간을 파멸시킬지도 모른다는 두려움).

Frank·fort [frǽŋkfərt] [명] 1 프랭크퍼트(미국 Kentucky 주의 주도(州都)). 2 =Frankfurt.

Frank·furt [frǽŋkfərt/-fəːt] [명] 프랑크푸르트(독일의 금융 중심 도시). **~·er** [명] 「(1462년 발족).

Fránkfurt Bóok Fáir [명] 프랑크푸르트 도서전

frank·furt·er [frǽŋkfərtər] [명] 프랑크푸르트 소시지. (또는 **frankfort(er), frankfurt**)

Fránkfurt Schòol [명] 〔철학〕 프랑크푸르트 학파(1920년대 이래 독일 Frankfurt 대학 사회 연구소에 거점을 두어 온 Marxism의 일파).

frank·in·cense [frǽŋkinsèns] [명][U] 유향(乳香)(감람과의 나무에서 채취하는 종교 의식용의 향료).

fránk·ing machìne [frǽŋkiŋ-] [명] 《英》 (요금 별납 우편 따위의) 우편 요금 미터(《美》 postage meter).

fránking privilege [명] 《美》 (국회 의원의) 우편물 무료 송달 특권. 「―[명][U] 프랑크족의 언어.

Frank·ish [frǽŋkiʃ] [형] 프랑크족의; 서유럽 사람의.

frank·lin [frǽŋklin] [명] 〔英역사〕 (중세 후기의 중산계급의) 자유 토지 보유자, 자유 농민, 소지주.

Frank·lin [frǽŋklin] [명] **Benjamin** ~ 프랭클린(1706–90: 미국의 정치가·외교관·과학자·발명가).

‡**frank·ly** [frǽŋkli] [부] (*more* ~; *most* ~) 1 솔직히, 숨김 없이, 있는 그대로; 명백하게, 노골적으로. 2 《문장 수식》 솔직히 말해서, 실은, 정말이지; 《의문문에서》 솔직히 묻겠는데. 「어 용법).

frankly speaking 솔직히 말해서(* (quite) ~는 구

***frank·ness** [frǽŋknis] [명][U] 솔직, 정직.

frank·pledge [frǽŋkplèdʒ] [명] 〔古英법률〕 10인조(제도)(tithing)(10인 1조의 연대 책임); 10인조의 일원.

Fran·quis·ta [frænkístə] [명] 프랑코(Francisco Franco) 지지[주의]자. 〔<Sp〕

***fran·tic** [frǽntik] [형] 1 (…로) 미친 듯이 날뛰는, 미친 듯한; 열광하는 (*with*). 2 《구어》 굉장한, 지독한, 대단한. 3 《고어》 광기의, 미친. 4 《美속어》 멋진, 근사한; 속물의, 범용한. **~·ly** [부] **~·ness** [명]

***fran·ti·cal·ly** [frǽntikəli] [부] 미친 듯이, 미쳐서, 미쳐 날뛰어; 《구어》 굉장히, 대단히.

frap [fræp] [동][타] (*-pp-*) 〔해사〕 …을 밧줄로 꽉 매다.

frap·pé [fræpéi/∠-] [명] 프라페. 1 《美》 살짝 얼린 과일즙. 2 얼음으로 차게 한 식후의 술. 3 (또는 **frappe** [fræp]) =milk shake. ―[형] 《명사 뒤에서》 식은; (얼음으로) 차게 한; 언. ―[동][타] …로 프라페를 만들다. 〔<F〕

frat [fræt] [명] 《美구어》 1 =fraternity 1; =frat-rat. 2 《美학생 속어》 융통성 없는 남학생, '범생이'.

fratch [frætʃ] 《英방언》 [동][자] 다투다, 싸우다; 논쟁하다. ―[명] 논쟁, 불화, 싸움. **∠·er** [명] **∠·y** [형]

fra·ter[1] [fréitər] [명] 1 (종교 교단·우애 단체의) 교단원, 회원, 조합원; (사제(司祭)가 아닌) 수도사; 동지, 동료, 동포. 2 남자 대학생 동아리 회원.

fra·ter[2] [명] 《고어》 (수도원의) 식당. (또는 **fratry**)

***fra·ter·nal** [frətə́ːrnl] [형] 1 형제의, 형제다운; 우애의. ¶~ love 형제애. 2 《美》 친목회의; (대학의) 동아리의. 3 (쌍둥이가) 이란성(二卵性)의. ―[명] 1 《美》 친목회원. 2 =~ society. 3 =~ twin. **~·ly** [부]

fra·ter·nal·ism [frətə́ːrnəlìzm] [명][U] 1 형제애, 형제다움. 2 우애, 친목; 우애주의. **-ist** [명]

fratérnal órder [명] 《美》 =fraternal society.

fratérnal socíety [associátion] [명] 친목 단체,

fratérnal twín [명] 이란성 쌍둥이. 「공제 조합.

***fra·ter·ni·ty** [frətə́ːrnəti] [명] 1 《美》 (남자 대학생의) 사교·친목 클럽, 동아리. [참] sorority. 2 (the ~) 《집합적; 단·복수 양용》 협동 조합; 종교[신도] 단체; 동업 조합; 동인(同人). ¶the medical ~ 의사회. 3 [U] 우애, 형제애, 동포애. 4 [U] 형제 관계; 《집합적》 (한 집안의) 전(全) 형제[자매].

fratérnity hòuse [명] (대학의) 학생[동아리] 회관.

frat·er·ni·za·tion [frætərnizéiʃən] [명][U] 형제와 같은[우애적] 교제[친교].

frat·er·nize [frǽtərnàiz] [동][자] 1 (…와) 형제와 같이 친하게 사귀다(together) (*with*). 2 (적국민[피정복 국민]과) 친하게 사귀다, (적국 여자와) 친밀해지다. ―[타] 《드물게》 …을 형제처럼 사귀게 하다. **-niz·er** [명]

frat-rat [∠ræt] [명] 《美학생 속어》 동아리 회원.

frat·ri·cide [frǽtrəsàid, fréit-] [명][C][U] 1 〔법률〕 형제[자매] 살해(범), 그 죄; 동포 살해. 2 〔군사〕 상호 핵공격 파괴. **-cíd·al** [형]

Frau [frau] [명] ([복] **~s, ~·en** [-ən]) 1 …부인, …여사(Mrs., Ms)([약] Fr.). 2 아내; 기혼 여성. 〔<G〕

***fraud** [frɔːd] [명] 1 [U] 사기, 속임, 협잡. ¶actual ~; ~ in fact 고의적[현실] 사기 / legal ~ 법정(法定) 사기 / practice ~ 사기치다. 2 (a ~) 사기 행위, 기만적 언행; 가짜, 협잡 물건. ¶election ~*s* 선거(법) 위반 / a real estate ~ 부동산 사기. 3 [U] 기만, 휼계, 속임수. ¶His heart is full of ~. 그의 마음은 기만으로 가득 차 있다. 4 《구어》 사기꾼, 협잡꾼, 야바위꾼.
a pious fraud 선의(善意)의 속임수.
in [or ***to the***] ***fraud of*** 〔법률〕 …을 기만하려고.
∠·ful [형] **∠·ful·ly** [부]

frau·di·tor [frɔ́ːditər] [명] (기업의) 부정[불법] 행위 감사관. 〔<*fraud*+aud*itor*〕 「*ster*〕

fraud·ster [frɔ́ːdstər] [명] 사기꾼. 〔<*fraud*+gang-

fraud·u·lent [frɔ́ːdʒulənt] [형] 사기를 하는, 속이는, 부정한; 사기적인. **-lence, -len·cy** [명] **~·ly** [부]

***fraught** [frɔːt] [형] 1 (…을) 내포한, (…이) 따르는; (…으로) 찬 (*with*). ¶a situation ~ *with* danger 위험을 내포한 사태. 2 《고어·시》 (…으로) 가득한, (…을 가득) 실은 (*with*). 3 걱정하여, 긴장하여. ¶wear a ~ expression 긴장된 표정을 띠다. ―[명] 《스코》 하물(荷物), 뱃짐.

Fräu·lein [frɔ́ilain] [명] ([복] ~(**s**)) 1 …양(Miss)([약] Frl.). 2 아가씨, 미혼 여성; (종종 f–) 《英》 독일 여자 가정 교사. 〔<G unmarried woman〕

Fráun·ho·fer lìnes [fráunhòufər-] [명] 〔천문〕 프라운호퍼선(線)(태양 스펙트럼에 보이는 흡수선).

frax·i·nel·la [frӕksənélə] [명] 〔식물〕 백선(白鮮).

fray[1] [frei] [명] 1 (the ~) 싸움, 소동, 난투; 승강이(질). 2 (스포츠의) 경쟁, 경기. 3 《고어》 놀람, 공포.
be eager for the fray 무슨 일이 있기를 고대하다.

***fray**[2] [동][타] 1 〔의류·새끼줄 따위〕를 닳(아빠지)게 하다, 너덜너덜 풀리게 하다(*through*). 2 …을 문지르다, (사슴이) 〔머리〕를 비벼 각피(角皮)를 떨어뜨리다. 3 〔신경〕을 소모하다; …의 평정(平靜)을 잃게 하다. ―[자] 1 (신경

이) 곤두서다. **2** (옷이) 닳아서 해어지다(*out*); 문지르다 (*against*). **3** (사슴이) 뿔을 비비다.
fray one's nerve 신경을 곤두세우다.
── 명 닳아서 해어진 부분, 풀린 부분.
fray·ing [fréiiŋ] 명 ⓤ 닳게 함[됨]; ⓒ 닳은 것; (사슴의 탈)각피(脫皮)각피; 소맥부리.
fra·zil [fréizəl] 명 《캐나다·美》 결빙(結氷)(~ ice).
fraz·zle [frǽzl] 동 타 **1** …을 닳아 떨어지게 하다, 해어지게[풀리게] 하다. **2** …을 지쳐빠지게 하다. ── 자 **1** 닳아 떨어지다, 해어지다, 풀리다. **2** 지치다, 피로해지다. ── 명 누더기, 넝마, 자투리; 너덜너덜하게 함, 닳아 빠지게 함, 너덜너덜한 상태; 기진 맥진.
to a frazzle 너덜너덜[기진맥진]할 때까지, 엉망이 될 때까지.
frázzled 형 기진맥진한.
FRB, F.R.B. 《美》 Federal Reserve Bank[Board].
FRC 《美》 Federal Radio Commission(연방 라디오 위원회); 《美》 Foreign Relations Committee.
FRCD (금융) *floating-rate certificate of deposit* (변동 금리 예금 증서). **FRCP** 《英》 *Fellow of the Royal College of Physicians*(내과 의사회 회원).
FRCS 《英》 *Fellow of the Royal College of Surgeons*(외과 의사회 회원). **frd.** 〔건축〕 framed.
*freak¹ [fri:k] 명 **1** ⓤⓒ 이상 현상[사건], 변덕, 종작 없는 생각, 일시적 기분, 피복. **2** 변태적인 소산(所産), 변종(變種), 기형(물), 괴물; (구어) 괴짜. **3** 《美구어》 (복합어로) …에 열중하는 사람, …광(狂). ¶ a jazz ~ 재즈광. **4** (구어) 마약 중독자; 성적 매력이 넘치는 남자[여자]; 성도착자, (남자) 동성애자; 신경증 환자. **5** 프리크(콜라에 오렌지 맛을 낸 음료).
as the freak takes you 기분 내키는 대로.
in a freak 갑자기 생각이 바뀌어.
out of mere freak 그저 한때의 기분[변덕]으로.
── 동 (美속어) **1** 마약으로 환각 체험을 하다[시키다](*out*). **2** 색다르게 하다[시키다]. **3** 흥분하다[시키다](*out*). ──자 체험하다.
freak freely (美속어) 마약을 사용하고 있고 않고를 체험하다.
freak on [or *all over*] *a person* (美속어) …와 남의 시선을 끌듯이 춤추다.
freak out (美속어) ① 환각제를 먹다; 환각 증상이 되다, 흥분하다. ② 히피족이 되다; 색다른 짓[복장]으로 하다. ③ (남)을 환각 증상이 생기게 하다; 몹시 흥분시키다. ④ 자제력을 잃다[잃게 하다]. ⑤ 지치게 하다.
── 형 별난, 색다른, 이상한, 기묘한.
freak² 동 타 …을 얼룩지게 하다, …에 줄무늬를 넣다.
── 명 얼룩, 반점, 얼룩, 줄무늬.
freaked¹ [fri:kt] 형 충격을 받은; 몹시 지친; (마약에) 취한. (또는 ~ óut)
freaked² 형 얼룩진, 줄무늬가 있는.
freak·ing [fri:kiŋ] 형 (속어) 가혹한, 호된, 지독한.
freak·ish [fri:kiʃ] 형 **1** 변덕스러운. **2** 기이한, 색다른; 기형적인, 괴기한. ~**·ly** 부. ~**·ness** 명.
freak of náture 기형 인간[동물], 돌연변이; 이상한 자연 현상, 이상 기후; 조물주의 장난.
freak-out [‑àut] 명 (속어) **1** ⓤ (마약에 의한) 환각 상태(증상); 끔찍한 환각 체험; 흥분, 격노. **2** 환각 상태에 빠진 사람. **3** 히피족 집회; 환각제 파티; 떠들썩한 파티. (또는 **freákòut**)
fréak shòw (서커스 따위의) 기형 인간[동물] 쇼, 괴기[비인간적] 행사[의식]. 「인 남자.
fréak trick (美속어) 성도착 행위를 하는 변태적
freak·y [fri:ki] 형 **1** =freakish. **2** (속어) 소름끼치는, 무서운. **3** (마약 중독에 의한) 환각 증상의; 히피족 같은. ── (속어) 마약[환각제] 상용자; 히피.
fréak·er·y **fréak·i·ly** 부 **fréak·i·ness** 명.
*freck·le [frékl] 명 **1** 주근깨; (의학) 하일반(夏日斑). **2** 작은 반점, 기미. **3** (濠속어) 항문. ── 동 타 주근깨 [반점, 기미]가 생기다. ── …에게 주근깨[기미]가 생기게 하다, …을 주근깨[기미]투성이로 만들다.

freck·led [frékld] 형 주근깨[반점, 기미]가 있는. ¶ a ~ face 주근깨투성이의 얼굴.
freck·ly [frékli] 형 주근깨[반점, 기미]투성이의.
Fred [fred] 명 프레드(남자 이름; Frederick, Alfred, Wilfred의 애칭).
Fréd·die Mác [frédi-] 《美》 연방 주택 금융 저당 회사(정식 명칭은 Federal Home Loan Mortgage Corporation); 그 저당 증권.
Fred·er·ic(k) [frédərik] 명 프레드릭(남자 이름).
‡**free** [fri:] 형 (*fre·er; fre·est*) **1** 자유로운, 자유의 몸인, 해방된; 석방된, 감금되어 있지 않은 (형 captive). ¶ a ~ negro 해방된 흑인/set[or make] slaves ~ 노예들을 해방하다.
2 (노예에 대하여) 자유인의, 자유인을 위한; 《美》 노예 제도를 금지하는[인정하지 않는]. ¶ F– State 《미역사》 (노예제를 금지했던) 자유주(州).
3 (정치·사회 제도가) 자유주의의, 자유로운; (경제·거래·무역이) 자유로운, 통제가 없는. ¶ a ~ world 자유 세계/~ institutions 자유주의 제도/a ~ economy [trade system] 자유 경제[무역 체제].
4 외부로부터 압력을 받지 않는, 독립한, 자립적인; (국가·국민이) 독립된, 자치의[할 수 있는]; (권위 따위에 얽매이지 않는, 편견[조건]이 없는. ¶ a ~ action 자유[자발적] 행동/the right of ~ passage 자유 통행권/a ~ nation 독립 국가.
5 마음대로인, 자유로이 …할 수 있는, 뜻대로 되는 (*of*). ¶ press 출판·보도의 자유/be ~ *to go or* (*to*) *stay* 가든지 가지 않든지 자유이다.
6 (제약 따위가) 없는, 면제된 (*from, of*); 면한, 안전한 (*from*). ¶~ *from prejudice* 편견이 없는/~ *of taxes* 면세(免稅)의/~ *of charge* 무료의.
7 공짜의, 무료의, 수업료가 없는, 무료 입장의; (상품이) 무세(無稅)의, 면세의. ¶~ schools 수업료 없는 학교/a ~ ticket 무료 입장권/~ imports 면세 수입품/get a ~ ride 무임 승차하다.
8 (해석 따위가) 문자 그대로가 아닌, 의역(意譯)의; (작품 따위가) 형식에 구애되지 않는. ¶ a ~ translation 자유역(譯), 의역/a ~ composition 자유 작문.
9 (길 따위에) 장애가 없는, 자유로 다닐 수 있는; 자유로이 출입할 수 있는 (*of*). ¶ a ~ road 자유 통행로.
10 비어 있는, 쓰이지 않는; 한가한, 선약이 없는, 손이 빈. ¶ The line is ~. 통화가 된다(전화선이 비어 있다).
11 고정[결합]되지 않은, 느슨한, 헐거운; (화학) 화합(化合)되지 않은, 유리(遊離)의; (식물) 이생(離生)의; (물리) 외부의 힘을 받지 않는. ¶ the ~ *end of a rope* 밧줄의 매듭을 짓지 않은 끝. **12** 누구나 참가할 수 있는, 개방된, 마음대로 뛰어들 수 있는. ¶ a ~ fight 난투, 난전(亂戰). **13** 방해받지 않는; 편한; 순조로운; 단단한; 재빠른, 막힘 없는. ¶ a ~ step 재빠른 걸음/a ~ style 유창한 문체. **14** 자제하지 않는, 단정치 못한, 야무지지 못한 (*with*). ¶ be ~ *with one's tongue* 재잘거리다.
15 솔직한, 숨김없는, 허물없는, 스스럼없는 (*with*); 제멋대로의, 천박한, 방자한, 방종한. ¶~ behavior 제멋대로의 행동/be ~ *with a person* 남에게 허물없다.
16 아까워하지 않는, 통이 큰 (*with*); 풍부한, 엄청난. ¶ a ~ spender 돈 씀씀이가 헤픈 사람/a ~ flow of water 도도한 물의 흐름. **17** (선물 따위) 답례를 기대하지 않는. ¶ a ~ gift 답례를 바라지 않는 선물. **18** (스포츠) 규칙[규정]에 얽매이지 않는, 자유 연기[해법]의; (축구) 상대의 마크를 받지 않는. ¶~ skating 프리 스케이팅. **19** (돛 따위가) 가공하기 쉬운; (땅이) 경작하기 쉬운. **20** (노동자가) 조합에 가입하지 않은. ¶~ laborers 비조합 노동자. **21** (해사) (바람이) 맞바람이 아닌, 순풍의. **22** (음성) (모음이) 개음절(開音節) 속에 있는, 뒤에 자음이 따르지 않는(see 형 [i:] 따위). ¶~ vowels 자유 모음. **23** (복합어로) …이 없는; …이 면제된. ¶ a duty-~ shop 면세점/sugar-~ coffee 설탕을 넣지 않은 커피/a nuclear-~ zone 비핵지대.

(as) free as a bird [or ***air, the wind***] 《구어》 (새처럼) 자유로운, 마음대로의, 자유 분방한.
feel free ① 《명령형으로》 편히 하시오. ② 마음대로[거리낌없이] (…하다) (*to* do).
for [or ***on***] ***free*** 공짜로, 무료로, 무상으로.
free from …을 면한, …의 염려가 없는. 「[로].
free, gratis, and for nothing 《구어》 전부 거저의
free of …을 떠나서; …이 면제된. ¶ ~ *of* cost [duty] 무료[면세]로. 「주 자유로운[롭게].
free, white and (over) twenty-one 《美구어》 아
get [or ***go***] ***free*** 자유의 몸이 되다.
get free of [or ***from***] …을 떠나다; …을 면하다[벗
get off scot free 완전 자유가 되다. [어나다].
have [or ***get***] ***a free hand*** ⇨FREE HAND.
have** one's* ***hand free ① 아무것도 갖지 않고 있다. ② 무엇이나 원하는 것을 할 수 있다.
It's a free country. 《구어》 여기는 자유 국가야, 간섭하지 마(＊상대방이 제지할 때의 응수). 「하다.
make** a person* ***free of 남에게 …을 마음대로 쓰게
set free …을 자유의 몸이 되게 하다, 해방[석방]하다.
The best things in life are free. 돈과 관계 없는 것 중에 소박한 기쁨이 있다.
with a free hand 아낌없이.
— [부] **1** 자유롭게, 방해를 받지 않고. **2** 무료로, 공짜로. ¶Children are admitted ~. 《게시》 아동은 무료. **3** 느슨하게, 헐겁게. ¶hang ~ 축 늘어지다. **4** 〔해사〕 순풍을 받고. ¶sail ~ 순풍을 받고 항해하다.
fall free 자유 낙하하다; 폭락[급락]하다.
make free with …을 마음대로 쓰다[먹다, 마시다, 손질하다]; …에게 허물없이 대하다, 버릇없이 굴다.
make free with the name of God 하느님을 함부로 들먹이다.
— [동][타] (~***s*** [-z]; ~***d***) **1** …을 (…에서) 자유롭게 하다, 해방[석방]하다 (*from*), 자유의 몸으로 만들다. ¶~ slaves 노예를 해방하다 / ~ one's mind 마음의 짐을 벗다. **2** 〔남〕을 (…에서) 구하다, 해방하다 (*from*); 〔남〕에게 (…을) 면제하다, 없애 주다 (*of*); …에서 (…을) 벗기다, 제외하다 (*from, of*). ¶ (~+[目]+[前]+[名]) ~ oneself *from* one's difficulties 난국을 벗어나다.

> [유의어] **free** 「해방하다」를 의미하는 가장 일반적이고 넓은 뜻의 말. **release** 감금·속박 따위에서 해방하다. **liberate** 압정(壓政)·부당한 형벌 따위에서 해방하다; 종종 강력한 행동·군사 작전 따위에 의함을 암시. **emancipate** 종속적인 상태에서 (정식·법적으로) 해방하다; 종종 정신적 해방을 뜻한다.

free up …을 해방하다, 풀어주다; 해소하다.
-free [fri:] [연결] 「…없는, …을 사용하지 않는」의 뜻. ¶sugar-*free*, tax-*free*.
frée ágent [명] (스포츠·연극의) 자유 계약 선수[배우]; 자유 행위자; 자유 직업인. 「대기(大氣).
frée áir [átmosphere] [명] (the ~) 〔기상〕 자유
frée alóngside shíp [véssel] [명] =F.A.S.
Frée and Accépted Másons [명] (the ~) = Freemason.
frée and cléar [부] 〔법률〕 저당 따위에 잡히지 않아.
frée and éasy [형][부] 자유스러운[스럽게], 마음 편한[하게], 스스럼없는[없이]; (돈을) 자유롭게 쓰는 (*with*). — [명] 흡연·음주 허용 음악회; 인습을 무시한 자유스러운 클럽, 자유 분방한 뮤직 홀. **frée-and-éasiness** [명]
free-as·so·ci·ate [-əsóuʃieit] [동][자] 자유 연상(聯想)하다, 생각나는 것을 말하다. **-as·só·ci·a·tive** [형]
frée associátion [명] 〔정신분석〕 자유 연상. 「중량.
frée bággage allòwance [명] 무료 수화물 허용
frée ballóon [명] 자유 기구(氣球).
free·base [fríːbèis] [동][타] **1** 〔코카인〕을 순화하다, 순도를 높이다. **2** 〔순화 코카인〕을 흡입하다. — [자] 순화 코카인을 쓰다. — [명] 순화 코카인. **-bàs·er** [명]
frée béach [명] 누디스트 비치(나체욕이 허용되는 해변).
frée bénch [bánk] [명] 〔英법률〕 (망부(亡夫)의 등록 부동산에 대하여) 미망인에게 지급되는 이자.
free·bie [fríːbi] [명] 《美구어》 공짜 물건, 경품(景品); 공짜로 할 수 있는 것; 우대자. — [형] 무료의, 공짜의. ¶a ~ card 무료 초대권. (또는 **free·bee, freeby**)
free·board [fríːbɔ̀ːrd] [명] 〔해사〕 건현(乾舷)(흘수선에서 상갑판까지의 부분). 「다.
free·boot [fríːbùːt] [동][자] 해적 행위를 하다, 약탈하
free·boot·er [fríːbùːtər] [명] **1** 약탈자, 해적. **2** 《구어》 부[쾌락]를 찾아 헤매는 사람. 「유인[민]에 알맞은.
free·born [fríːbɔ̀ːrn] [형] 자유의 몸으로 태어난; 자
frée cápital [명] 자유[유휴] 자본.
frée chúrch [명] (때로 F– C–) (교황·국가의 제약을 받지 않는) 자유 교회; 《英》 비국교파(非國敎派) 교회.
frée cíty [명] 자유시(독립 국가를 이룬 도시).
frée clímb(ing) [명] 도구 없이 하는 (암벽) 등반.
frée cóinage [명] (개인이 화폐 적격 금속을 주조소에서 주조해 받을 수 있는) 자유 주화(제).
frée colléctive bárgaining [명] 《英》 노사 협상.
frée compánion [명] (중세의) 용병단(傭兵團)원.
frée cómpany [명] (중세의) 용병단. 「배달 서비스.
frée delívery [명] 무료 배달; 《英》 (우편물의) 원격지
frée demócracy [명] 자유 민주주의 (국가).
frée démocrat [명] 자유 민주주의자; (종종 F– D–) 자유 민주당(Free Democratic Party) 당원.
frée dìving [명] 《英》 = skin diving.
freed·man [fríːdmən, -mæ̀n] [명] ([복] ***-men***) (노예의 신분에서 해방된) 자유민.
⁑**free·dom** [fríːdəm] [명] ([복] **~*s*** [-z]) **1** [U][C] 자유로운 상태, 자유. ¶~ of religion 신앙의 자유.

> [유의어] **freedom** 제한·속박·억압이 전혀 없는 상태. **liberty** 이전에 존재했던 속박·억압 따위로부터의 해방, 또는 말·행동·신조·신앙 따위를 마음대로 선택할 수 있음을 강조하는 말. **license** liberty를 남용하여 제멋대로 하기.

2 [U] (의무·부담·책임·규칙 따위의) 해방, 면제; (…이) 없음 (*from*). ¶~ *from* charge [taxation] 무료[면세] / enjoy ~ *from* danger [fear] 위험[공포]이 없는 생활을 즐기다. **3** [U][C] (전제 정부에의) 굴종에 대한 시민의 자유, (전제적 지배의) 해방; (정치적·국가적) 자유, 자주, 독립. **4** (도시·단체가 누리는) 특별한 자유, 특권. ¶~ to levy taxes 세금을 과하는 특권. **5** (언동의) 솔직함, 숨김 없음 (*of*); (언동의 / …할) 자유 (*of* / *to* do), 자유롭고 구김살 없음, 활달, 자유 자재; 허물없음, 멋대로 굴기. ¶speak with ~ 마음대로 지껄이다. **6** [U] 권리 향유권; 자유로 출입하는 권리, 자유 사용권. **7** [U] 〔철학〕 자유, 자유 의지, 자결.
have the freedom of …에 자유로 출입할 수 있다; …을 자유로 이용할 수 있다. 「대로 …할 수 있다.
***have (the) freedom to** do* …할 자유가 있다, 마음
in [or ***with***] ***freedom*** 자유로이, 마음대로. 「다.
take [or ***use***] ***freedoms with*** …에게 허물없이 굴
fréedom bìrd [명] 《美軍속어》 본국 귀환용 수송기.
fréedom fighter [명] 자유의 투사; 전투적인 혁명론자; 폭력 수단을 사용하는 반체제 활동가.
fréedom màrch [명] (종종 F– M–) 《美》 자유에의 행진(1960년대 흑인 민권 운동 지지 데모). (또는 **fréedom wàlk**) **fréedom màrcher** [명]
fréedom of associátion [명] 결사(結社)의 자유.
fréedom of informátion [명] 정보의 자유(정부에 대한 정보 및 자료 공개 청구권; [약] FOI).
Fréedom of Informátion Àct [명] 《美》 (the ~) 정보 공개법(1966년 제정; [약] FOIA).
fréedom of spéech [명] 언론의 자유.
fréedom of the cíty [명] (the ~) 명예 시민권(칭호).
fréedom of the préss [명] 출판의 자유.

fréedom of the séas 명 (the ~) [국제법] (중립국 선박의) 공해(公海) 자유 항행권.

fréedom ride 명 (종종 F- R-) (美) (1960년대 후인 민권 운동자들이 대중 교통 기관의 인종 차별 철폐를 위해 벌인) 남부로의 버스 여행. 「ride 참가자.

fréedom rider 명 (종종 F- R-) (美) freedom

Fréedom 7 [-sévən] 명 프리덤 세븐(1961년 5월 발사된 미국의 첫 유인 우주선 Mercury 3호의 애칭).

freed·wom·an [frí:dwùmən] 명 (노예의 신분에서) 해방된 여자.

frée ecónomy 명 자유(주의) 경제.

frée eléctron 명 [물리] 자유 전자.

frée énergy 명 [물리] 자유 에너지.

frée énterprise 명 자유 기업 (제도); 사기업.

frée énterpriser 명 **frée-én·ter·pris·ing** 형

frée expánsion 명 [열역학] 자유 팽창.

frée fáll 명 1 자유 낙하(지구의 인력만으로 생기는 물체의 낙하 운동). 2 낙하산이 펴지기 전의 강하. (또는 1, 2에서 **frée-fàll**) 3 우주선의 타성 비행. 4 (가치·명성 따위의) 하락, 급락; (주가의) 대폭락.

frée-fáll pàrachuting [-fɔ́:l-] 명 스카이 다이빙.

frée fíght 명 (美구어) 난투, 난전; 맞불어 싸움.

frée-fìre zòne [-fáiər-] 명 [군사] 무차별 포격지대.

frée flíght 명 [항공] 자유[무유도] 비행.

free-float·ing [-flóutiŋ] 형 1 (기분이) 막연한; 정착되지 않은. 2 (국민이) 독립한, 자주적인. 「te.

free-flow·er·ing [-fláuəriŋ] 형 (원예) 꽃이 잘 피

frée-fly·ing plátform [-fláiiŋ-] 명 (우주) 자유 비행 플랫폼(우주 정거장 주위에서 독자적으로 실험·관측을 행할 수 있는 무인(無人) 비행체). (또는 **frée-flýer**)

Free·fone [frí:fòun] 명 (종종 f-) (英) 무료 전화, 수신인 요금 부담 전화((美) 800 number).

free-for-all [-fərɔ́:l] 명 1 (누구나 참가할 수 있는) 경기[시합], 토론; 난투 (소동). 2 특히 자유 경쟁, 무한 경쟁. 3 《美속어》 누구하고나 동침하는 여자. (또는 **frée for àll**) — 형 1 (토론 따위의) 자유 참가의; 입장 무료의. 2 자유 경쟁의. **-áll·er** 명 《美속어》 무법자.

frée fórm 명 1 (언어) 자유 형태(다른 말의 일부로서가 아니라 그 자체가 독립하여 쓰이는 형태. 예: fire, book, run 따위). 2 (예술) (추상 예술의) 자유 조형(造形).

free-form [-fɔ́:rm] 형 1 (디자인 따위가) 자유 조형의, 형식 파괴의; 재래식이 아닌, 새 양식의. 2 되어가는 대로 맡게는; 자유 방임적인, 자유 제작의. (또는 **fréefòrm**)

Frée Fránce 명 자유 프랑스(2차 대전시 de Gaulle을 수반으로 London에서 수립된 프랑스 임시 정부).

Frée Frénch 명 (the ~) 자유 프랑스군. [France

frée gíft 명 (판촉용) 경품.

frée góld 명 1 (美) 프리 골드(국고 금괴 중 화폐의 상환에 구애받지 않는 잉여의 금괴). 2 (광물) 자연금.

frée góods 명 1 면세품. 2 자유재(自由財).

frée grátis 부 무료로, 거저. — 형 (서술용법) 무료인, 거저인. ¶Entrance is ~. 입장 무료.

frée hánd 명 자유 행동, 자유 재량.

give [or *allow*] *a person* **a free hand** …에게 행동의 자유(재량)권을 주다. 「행동의 자유를 얻다.

have [or *get*] **a free hand** 자유 행동을 할 수 있다.

with a free hand 아낌없이, 너그럽게.

free-hand [frí:hænd] 형 (자 같은 것 없이) 손만으로 그린, 자유 묘사의. ¶a ~ drawing 자재화(自在畫). 2 (종래의) 틀에 얽매이지 않는; 자유로운. — 부 자유 묘사로; 자유자재로[조각]하여.

free-hand·ed [-hǽndid] 형 1 통이 큰, 대범한, 너그러운, 관대한. 2 손이 비어 있는, 일이 없는. 3 =freehand. **~·ly** 부 **~·ness** 명

free-heart·ed [-há:rtid] 형 걱정이 없는; 자발적인; 솔직한; 통이 큰. **~·ly** 부 **~·ness** 명

free·hold [frí:hòuld] 명 [법률] (종신 또는 세습의) 자유 보유 부동산, 자유 보유 관직; ⓤ 자유 토지 보유, (부동산·관직의) 자유 보유권. — 부 자유 보유(권)의.

free·hold·er [frí:hòuldər] 명 자유 토지 보유자; 자유 소유권 보유자. 「않은) 술집, 선술집.

frée hóuse 명 (英) (특정의 주조 회사와 제휴하지

frée issúe 명 1 (英) 주식 배당. 2 (美) (흑인 남자와 백인 여자의) 혼혈아; 백인과 흑인(인디언) 간의 혼혈인; 해방된 흑인. 「위 재즈).

frée jázz 명 (음악) 프리 재즈(1960년대에 유행한 전

frée kíck 명 (축구) 프리 킥, ⓐ penalty kick

frée lábor 명 자유민의 노동; 비조합원의 노동; (집합적) 비조합원 노동자((英) free labour). 「lance.

frée lánce 명 (중세의) 무소속 기사, 용병; =free-

free-lance [frí:lǽns] 명 1 자유 계약자, 프리랜서(작가·기고자·기자 따위), (또는 **freelancer**) 2 무소속 논객(論客)[정치가]. — 형 자유로운 입장에서 활동하는. ¶a ~ writer 자유 기고가. — 부 자유 계약으로, 비전속으로. (또는 **frée-lànce**)

free-lanc·er [frí:lǽnsər] 명 =freelance 1. (또는 **frée-làncer**) 「자 명부.

frée líst 명 (美) (상업) 면세(免稅) 품목표; 무료 우대

frée líver 명 기분 내키는 대로 사는 사람; 식도락가, 미식가. (또는 **frée-líver**)

free-liv·ing [-líviŋ] 형 1 기분 내키는 대로 살아가는; 식도락의. 2 (생물) (기생·공생 따위를 하지 않는) 자유 생활(성)의, (숙주를 떠나는) 독립 생활의.

free·load [frí:lòud] (美구어) 자 남의 도움으로 생활하다, (…의) 식객 노릇을 하다; (음식물을) 공짜로 얻어먹다; (남의 것을) 마음대로 쓰다 (*on, off*). — 명 공짜(남이 돈을 내는) 식사(먹을 것). **~·ing** 명

free·load·er [frí:lòudər] 명 1 (美구어·경멸적) (음식물을) 곧잘 얻어먹는 사람, 식객; (대가의) 태연한 담당자. 2 (美속어) 누구나 참가할 수 있는 파티·공짜 음식

frée lóve 명 자유 연애; 프리 섹스. [이 나오는 모임.

frée lúnch 명 1 (손님을 끌기 위한) 무료 식사. 2 (구어) 공짜지만 실상은 그렇지 않은 것. ¶There's no (such thing as a) ~. 세상에 공짜라는 것은 없다.

‡**free·ly** [frí:li] 부 (*more* ~; *most* ~) 1 자유롭게, 거리낌없이; 자유 자재로; 기꺼이, 자발적으로. 2 솔직히. 3 아낌없이, 대범하게.

***free·man** [frí:mən, -mèn] 명 (*pl.* **-men** [-mən, -mèn]) 1 (노예에 대하여) 자유민, 시민, 공민; (英) 명예 시민.

frée márket 명 (경제) 자유 시장.

free-mar·ke·teer [-mɑ:rkətìər] 명 자유 시장 경제 옹호[지지, 제창]자.

frée-márket environméntalism 명 자유 시장[시장 주도] 환경 보존주의.

frée-már·ket·ry [-má:rkitri] 명 자유 시장 (원칙).

free-mar·tin [frí:mà:rtn] 명 (수컷과 쌍둥이인 생식 기능이 없는 새끼 암소.

Free·ma·son [frí:mèisn] 명 1 (회원 간의 우애를 목적으로 하는) 프리메이슨단(團)(Free and Accepted Masons)의 회원. 2 (f-) [역사] (중세의 숙련 석공(石工) 조합원. **frèe·ma·són·ic** [frì:məsánik] 형

free·ma·son·ry [frí:mèisnri] 명 ⓤ (같은 경험을 한 사람들 사이의) 자연스러운 우정[공감]; 본능적인 유대. 2 (F-) 프리메이슨의 주의[관행, 제도].

frée média 명 (美) 무료 미디어(무료로 제공되는 TV 등 미디어에 의한 발표 기회).

frée móney 명 자유 화폐.

free·ness [frí:nis] 명 ⓤ 1 자유로운 것. 2 손이 큼, 관대함, 느긋함. 3 스스럼이 없음, 소탈함. 4 버릇없음.

frée-nét [-nèt] 명 (컴퓨터) 무료 이용 네트워크(보통 특정 회원에 한정).

frée on bóard 명 (상업) = f.o.b., F.O.B.

frée on ráils 명 = F.O.R.

frée páper 명 (英) 무료 신문(광고 수입만으로 제작

하여 무료로 배포되는 신문).
frée párdon 图 〔법률〕 특사(特赦), 은사.
frée páss 图 무임 승차(권); 무료 입장권.
frée páth 图 〔물리〕 자유 행로. 〔없는〕 자유 시간.
frée périod 图 (수업중 학생의) 자습 시간; (수업이
frée pístol 图 〔스포츠〕 자유 권총(사격 경기의 한 종목).
frée pláy 图 무제한의 활동.
frée pórt 图 자유항; 비과세항, 비과세 구역.
Frée-post [fríːpòust] 图ⓤ (英) (우편 요금의 수취인 지불제). 〔열을 안 받는〕 자유 출판물.
frée préss 图 자유 언론, 출판의 자유; 〔집합적〕 검
frée rádical 图 〔화학·생화학〕 유리기(遊離基).
free-range [´rèindʒ] 图 (英) (가축·가금을) 놓아 기르는, 방목의. — 图 (닭 따위의) 방사 용지.
frée réin 图 (행동·결정의) 완전한 자유, 자유 재량.
give free rein to …에게 행동의 자유를 주다.
frée-re·túrn trajéctory [-ríːɜrn-] 图 〔우주〕 (외계 비행 우주선의) 자동 귀환 궤도.
frée ríde 图 무임 승차, 공짜로 타기; 〔구어〕 불로 소득, 거저〔공짜로〕 얻은 것(이익, 갈채, 즐거움).
get [or **have**] **a free ride** ① 무임 승차하다. ② (구어) 불로 소득을 얻다, 공짜로 즐기다.
frée-ríde 图ⓐ
frée ríder 图 1 무임 승객, 2 〔구어〕 불로 소득자; 〔경제〕 (비용을 부담하지 않는) 공공재 편익 수혜자. 3 〔노동〕 (노조의 덕을 보는) 비노조원. (또는 **frée-rider**)
free-rid·ing [´ráidiŋ] 图 〔증권〕 무임 승차 (행위).
1 증권사가 공모주의 일부를 값이 오른 뒤 팔아 이득을 챙기는 것. 2 공매매(空賣買). (또는 **frée ríding**)
frée sáfety 图 〔미식축구〕 프리 세이프티(최종 수비
frée sámple 图 (무료의) 시제품, 견본 제품.
frée schóol 图 무료 학교; (학생이 자주적으로 학과를 선택하는) 자유 학교. **frée schóol·er** 图
free-si·a [fríːʒiə, -ziə] 图 〔식물〕 프리지어.
frée sílver 图 〔경제〕 은화 자유 주조. **frée-síl·ver** 图
frée skáting 图 〔스케이트〕 프리 스케이팅.
frée-skát·er 图
frée skíing 图 (경기로서의) 프리 스키. **frée skíer** 图
frée sóil 图 〔美역사〕 (노예 사역이 금지된) 자유 지역. 특히 Slave State
free-soil [-sóil] 图 (美역사) 노예 제도 침투에 반대하는; (F--S-) 자유 지역당의. ~**er**, ~**ism** 图
Frée Sóil pàrty 图 〔美역사〕 자유 지역당(1854년 공화당에 합병).
frée spáce 图 〔물리·전기〕 자유 공간(절대 0도의 공
frée spéech 图 언론의 자유(freedom of speech).
frée spéecher 图 자유 언론주의자; (美) (반체제의) 과격파 학생.
frée spírit 图 자유분방한 정신의 소유자; (인습을 따르지 않는) 사람, 숨김없이 말하는. ~**ly** 图 ~**ness** 图
free-spo·ken [´spóukən] 图 솔직히〔거리낌없이〕
free-stand·ing [fríːstǽndiŋ] 图 (조각·건축물이) 독립해 있는, 받침대 없이 서 있는; 독립하고 있는, 자치〔자율〕의. (또는 **frée-stánding**)
freestánding ínsert 图 (신문의) 별쇄 광고 (전단).
Frée Státe 图 1 (美역사) (남북 전쟁 이전에) 노예 제도를 금지했던 자유주(州). 2 (the ~) 미국 Maryland 주의 별칭. 3 아일랜드 자유국.
free-stone [fríːstòun] 图 1 Ⓤⓒ (결이 없는) 돌(사암(砂岩) 따위). 2 씨가 잘 빠지는 과실(복숭아 따위). 3 연수(軟水). — 图 (과실 따위가) 씨가 잘 빠지는.
free-style [fríːstàil] 图 (the ~) 1 (수영) 자유형, 크롤(crawl). 2 〔레슬링〕 프리스타일, 자유형 (시합). 3 (체조·피겨스케이팅·스키) 자유 연기(종목) (경기). — 图 자유형의. -**stýl·er** 图
free-swim·mer [´swímər] 图 〔동물〕 자유 유영 (遊泳) 동물(물고기·해파리 따위). -**swím·ming** 图
free-swing·ing [´swíŋiŋ] 图 무분별한, 저돌적인,

거침없는, 위험을 돌보지 않는. **frée-swíng·er** 图
free-think·er [fríːθiŋkər] 图 (종교상의) 자유 사상가; 무신론자, 불가지론자.
free-think·ing [-θiŋkiŋ] 图ⓤ (종교상의) 자유 사상. — 图 자유 사상가를 품은[신봉하는], 자유 사상의.
frée thóught 图 (종교상의) 자유 사상.
frée thrów 图 (농구) 자유투, 프리 스로.
frée tícket 图 1 무료(공짜)표. 2 (美구어) 행동의 자유; (…할) 구실(핑계) (to do). 3 (속어) 〔야구〕 사구.
Frée·town [fríːtàun] 图 프리타운(Sierra Leone 공화국의 수도·항구.
frée tráde 图 1 자유 무역, 자유 무역 제도[주의, 정책, 지지]. 2 (고어) 밀무역. **frée-tráde** 图
Frée Tráde Área of the Américas 图 (the ~) 미주(美洲) 자유 무역 지역(북·중·남미 및 카리브해 국가들이 추진 중인 자유 무역 지역; 약 FTAA).
frée tráder 图 자유 무역주의자; (美) 개인 무역업자.
frée-tráde zòne 图 자유 무역 지역(약 FTZ).
frée transportátion 图 (속어) 〔야구〕 사구.
frée tríp 图 (속어) 1 〔야구〕 사구. 2 (환각제 중단 뒤
frée únion 图 (남녀의) 동거. 〔의〕 환각 재발.
frée univérsity 图 1 (대학의) 학생 자주 강좌. 2 자유 대학(교직원과 학생이 공동 운영).
frée vérse 图 (운율) 자유시(vers libre). 〔표.
frée vóte 图 (英) (당론의 규제를 받지 않는) 자유 투
free·ware [fríːwɛ̀ər] 图 〔컴퓨터〕 프리웨어(개발자의 승인 없이 자유로이 무료 사용할 수 있는 소프트웨어).
free·way [fríːwèi] 图 (美) 고속 도로((英) motor way); 무료 간선 도로.
free·wheel [fríːʰwiːl/-wíːl] 图 (자동차의) 프리휠, 자유 회전 장치; (자전거의) 자유륜(輪). — 图ⓐ图 1 (동력·페달을 멈추고) 타성(프리휠)으로 달리다. 2 자유로이[기분 내키는 대로] 행동하다(about, through, around). 3 =freewheeling.
free·wheel·er [fríːʰwiːlər/-wíːl-] 图 1 free-wheel이 장치된 자전거[탈것]. 2 멋대로 사는[구는] 사람, 자유 분방한 사람.
free·wheel·ing [fríːʰwiːliŋ/-wíːl-] 图 1 자유 분방한; 규칙[인습]에 얽매이지 않은[영향받지 않는]. 2 타성의, (타성으로) 달리는. 3 (회의 따위가) 특정한 주제에 국한되지 않는. — 图ⓤ 1 멋대로 굴기, 방종. 2 활수하게 돈을 쓰기, 낭비. ~**ly** 图 ~**ness** 图
frée wíll 图 자유 의지[선택]; 〔철학〕 자유 의지설.
of one's free will 자유 의지로; 자발적으로, 자진하여.
free·will [fríːwíl] 图 1 자유 의지의, 임의의, 자발적인. 2 〔철학〕 자유 의지설의. 〔유[임의]의 헌금.
fréewill óffering 图 (종교상의) 자발적인 기부, 자
free·wom·an [fríːwùmən] 图 freeman의 여성형.
frée wórld 图 (the ~) (때로 F- W-) (공산권에 대한) 자유 세계, 자유주의 제국(諸國). **frée-wórld** 图
‡**freeze** [fríːz] 图 (**freez·es** [-iz]; **froze**; **fro·zen**; **fréez·ing**) ⓐ 1 (액체 따위가) 얼다, 결빙하다, 응고하다(up, over); (젖은 물건이) 얼다, 차서 굳어지다, 응고하다. ¶ Water ~s (up) at 32° F. 물은 화씨 32도에서 언다. **2 a**) (파이프 따위가) 얼어붙다; 얼어서 구멍이 막히다. **b**) (물건 따위에) 얼어붙다 (to). ¶ (~+前+名) ~ **to** the ground 땅에 얼어붙다. 3 (비인칭의 it을 주어로 하여) 얼음이 얼 (많이 춥다), 빙점 이하의 기온이다. ¶ It froze hard last night. 어젯밤 얼음이 꽁꽁 얼었다. 4 (구어) 추위에 몸이 얼 것 같다, 몹시 춥게 느끼다, 동사에 걸리다. ¶ I am freezing. 얼어 죽을 것 같다. 5 얼어 죽다, (추위에 식물이) 말라 죽다. ¶ (~+前+名) ~ **to death** 동사하다. 6 (구어) 표정이 굳어지다, 감정이 차갑게 굳어지다; (공포·충격 따위로) 오싹하다, 섬뜩해지다 (up) (with). ¶ (~+前+名) His face **froze with** terror. 그의 얼굴은 공포로 굳어졌다. 7 (구어) 갑자기 서다, 꼼짝 못하게 되다. ¶ Fear made him ~. 그는 무서워서 꼼짝 못했다. 8 (얼어붙은 것처럼) 꼼짝 않다;

(의견·생각 따위가) 굳어지다; 유연성이 없어지다. **9** (사람이) 서먹서먹한[쌀쌀한] 태도를 취하다(*up*). **10** (나사·못 따위가) 꽉 붙다, 안빠지게 박히다. **11** (양태부사와 함께) (식료품이) 냉동 보존되다.
— 🅣 **1** …을 얼리다, 결빙시키다(*up, over*), 응고시키다; (강·연못 따위)의 표면에 얼음이 얼게 하다. **2** (식료품)을 냉동 보존하다, 냉동고[실]에 저장하다: 급속 냉동하다(*up*). **3** (관 따위)를 얼어붙게 하다, 얼음으로 막히게 하다, 얼음에 갇혀서 하다(*over, up*). ¶ (~+🅑+🅟) The lake was *frozen over*. 호수는 온통 얼어붙었다. **4** (수동형으로) …을 몹시 춥게 (느끼게) 하다, 동상에 걸리게 하다: …을 얼어 죽게 하다, (추위로) 말려 죽이다. **5** (감정 따위)를 차갑게 굳어지게 하다, 무서워 오싹하게 하다, …의 열을 식히다. **6** (공포 따위로) …에 꼭 매달리게[달라붙게] 하다. ¶ (~+🅑+🅟+🅐) Fear *froze* her *to* [or *onto*] the steering wheel. 무서워서 그녀는 자동차의 핸들을 잡은채 꼼짝할 수가 없었다. **7** 〔재정〕 (재산 따위)를 동결하다. (원료·제품 따위의) 제조(판매)를 금하다. **8** 〔임금·물가 따위〕를 고정시키다, 동결하다, 불박아 놓다. ¶ ~ public utility rates 공공 요금을 동결시키다. **9** 〔의학〕 〔신체의 일부〕를 인공 동결법으로 마취시키다.
be frozen to death 얼어 죽다.
Freeze! 〔美구어〕 꼼짝 마!, 손들엇!(*경찰관·범인 등이 사용한다); 서!(*어린이 놀이에서). ¶*F*—, I got you covered. 꼼짝 마, 움직이면 쏜다.
freeze a person's blood; make a person's blood freeze (공포 따위로) 남을 오싹하게 만들다.
freeze down 〔美구어〕 정착[정주]하다.
freeze in (수동형으로) (배 따위가) 얼음에 갇히다.
freeze in one's **track** (무서운 나머지) 그 자리에 얼어붙다.
freeze off 〔구어〕 …에게 쌀쌀맞게 굴다.
freeze one's **buns** [or **balls, nuts, tits**] **off; freeze the balls off a brass monkey** 〔美속어〕 엄청나게 춥다.
freeze (on) to [or **onto**] 〔구어〕 …에 꼭 매달리다; 쫓아내다, 〔남〕을 배기지 못하게 하다. ② 〔美〕 (식물이) 얼어서 말라 죽다. ③ 〔美〕 (사람)을 너무 추위서 배겨 나지 못하게 하다. ④ (수동형으로) 〔일〕을 추위로 중단시키다. ④ 〔사람〕을 일부러 무시하다, 대꾸하지 않다.
freeze over (호수 따위가) 얼어붙다, 결빙하다.
freeze up ① 얼다; 얼어서 막히다. ② 〔구어〕 (태도 따위가) 굳어지다, 서먹서먹해지다, 쌀쌀해지다. ③ 〔구어〕 (무서움 따위로) 얼어붙다; (무대 따위로) 주눅들다.
freeze up on 〔진상 따위〕를 숨기다.
till [or **until**] **hell freezes over** 영원히, 영구적으로.
when hell freezes over 〔속어〕 결코.
— 🅝 (a ~, the ~) **1** 결빙, 응고; 결빙기[상태]. **2** 혹한, 한파, 서리. **3** (물가·임금 따위의) 고정, 동결, (판매 따위의) 금지; 자산 동결. **4** 〔구어〕 냉장고.
do a freeze ① 〔美구어〕 매우 춥게 느끼다. ② 〔濠·뉴질 속어〕 무시당하다.
put the freeze [or **chill**] **on a person; give a person the freeze** 〔美속어〕 (남에게) 냉담한 태도를 취하다, 어색하게 대하다.
frèez·a·bíl·i·ty 🅝 **frée·z·a·ble** 🅐
freeze-dry [-drái] 🅣 (식품·혈액 따위)를 냉동 건조하다. — 🅐 냉동 건조한. (또는 **frèeze-dríed**) `~·ing` 🅝
frèeze étching 🅝 〔세포〕 프리즈 에칭(자료를 동결·절단하여 만드는 전자 현미경용 표본 작성법). (또는 **frèeze-étching**) **frèeze-étch** 🅐
freeze-frac·ture [-fræktʃər] 🅝🅣 생물 시료(試料)를 동결·절단하여 전자 현미경용 표본으로 하다.
frèeze fràme 🅝 **1** 〔영화〕 스톱모션 기법. **2** (비디오 따위의) 화면 일시 정지, 일시 정지 장치[버튼]; 정지 화면[화상]. — 🅣 (화면·화상)을 일시 정지하다. (또는

frèeze-fràme) **frèeze-fràme** 🅐 「지지자.
freeze·nik [fríːznik] 🅝 〔美속어〕 핵무기 생산 동결
freeze-out [-àut] 🅝 **1** (냉대·책략에 의한) 축출, 몰아내기. **2** (또는 **frèezeòut**) (카드놀이) 포커의 일종 (밑천이 떨어진 사람은 떨어져나가고 마지막에 남은 사람이 이긴다).
play freeze-out 〔美구어〕 남을 춥게[배겨나지 못하
*****freez·er** [fríːzər] 🅝 **1** 냉동시키는 사람. **2** (아이스크림 따위의) 냉동기, 〔英〕 냉동장치. **3** 냉장고, (냉장고의) 냉동실, 냉동차(車). **4** 〔濠구어〕 냉동용육 양(羊), 냉동 양육(羊肉)업자. **5** 「결 변색[변질].
frèezer bùrn 🅝 (생선 따위를 얼릴 때 나타나는) 동
freeze-up [-ʌ̀p] 🅝🅤 〔구어〕 **1** 결빙(기), 혹한(기). **2** 〔美·캐나다〕 (호수·하천의) 전면 결빙; 결빙 지역.
*****freez·ing** [fríːziŋ] 🅐 **1** 빙점에 가까운, 빙점(하)의. **2** 몹시 추운; 얼어붙을 듯한; (식료품의) 냉동(용)의. **3** 얼기 시작한; 얼어붙게 한; (기상) (비 따위가) 결빙성(結氷性)의, 얼음이 섞인. **4** (태도 따위가) 냉담한, 서먹서먹한; 소름끼치는 듯한. **5** 〔구어〕 (부사적) 얼어붙을 듯이. ¶ It's ~ cold. 얼어붙을 듯이 춥다. — 🅝 **1** 결빙[동결] (작용); 〔화학〕 응고. **2** 〔구어〕 빙점. **3** (식료품의) 냉동(법). **4** (물자·자산 따위의) 동결. `~·ly` 🅐
frèezing compártment 🅝 (냉장고의) 냉동실.
frèezing drízzle 🅝 결빙성 이슬비.
frèezing míxture 🅝 〔화학〕 한제(寒劑)(소금과 얼음의 혼합물 따위); 동결제(動結劑)(cf. fp).
frèezing póint 🅝 (the ~) 빙점; 〔물리·화학〕 응고점.
frèezing ráin 🅝 결빙성의 비(ice rain). 「공장.
frèezing wòrks 🅝 〔濠·뉴질〕 (가축의) 도살 냉동
frée zòne 🅝 (도시·항구의) 자유 지역, 무과세 구역.
F règion 🅝 〔물리〕 (전리층의) F 영역(최대 고도).
‡**freight** [freit] 🅝 **1** 🅤 (美·캐나다) (수상·육상·항공의 의한) 운송[적재] 화물, 〔英〕 선화(船貨), 선적 상품, 공수 화물. ⇨ LOAD 〔유의어〕 **2** 🅤 보통 화물 운송, 보통편 (❲急❳ express); 〔英〕 보통 화물 운송. **3** 🅤 보통 화물 운송료, 운임(~ rate); 뱃삯. ⇨ free 운임 무료/~ prepaid; advanced ~ 운임 선불/~ paid 운임 지불 필. **4** 🅤 무거운 짐, 부담; (운송) 가격, 비용. **5** = train.
by freight 보통 화물[운송]편으로. 「하다.
pay the freight for …을 지불[청산]하다.
pull [or **drag**] one's **freight** 〔속어〕 사라지다, 떠나
— 🅣 **1** …에 화물을 싣다(*with*). ¶ (~+🅑+🅟+🅐) ~ a ship *with* coal 배에 석탄을 싣다. **2** …을 운송하다. ¶ (~+🅑+🅟+🅐) ~ goods *to* New York 뉴욕으로 화물을 보내다. **3** (배·화차)를 세내다, 빌리다. **4** 무거운 짐을 지우다(*with*). `~·less` 🅐
freight·age [fréitidʒ] 🅝🅤 **1** (육·해·공의) 화물 운송, 화물 운임, 운임. **2** 🅤 화물, 적하(積荷); 뱃짐.
fréight àgent 🅝 화물 취급업자, 운송 대리점.
fréight càr 🅝 화차(貨車) 〔英〕 goods wagon).
fréight dèpot 🅝 화물역(〔英〕 goods station).
fréight èlevator 🅝 화물 엘리베이터.
fréight èngine 🅝 화물 열차의 기관차.
freight·er [fréitər] 🅝 **1** 화물선[열차, 수송기]. **2** 화물 운송(배달)업자. **3** (화물의) 수하인(受荷人), 하주(荷主). **4** 화물 발송[탁송]인; 화물을 싣는 사람.
fréight fòrward 🅝 운임 선불.
fréight fòrwarder 🅝 화물 (발송) 취급업자, 운송업자[회사]. 「집산장.
fréight hòuse 🅝 화물역, 화물 하치장(창고); 화물
fréight insùrance 🅝 〔보험〕 운임(운송료) 보험.
freight-lin·er [fréitlàinər] 🅝 컨테이너 열차.
fréight páss-through 🅝 〔상업〕 운임 전가(轉嫁).
fréight ràte 🅝 (화물의 단위 중량당) 운임, 운송료.
fréight tèrminal 🅝 화물 터미널(goods yard).
fréight tòn 🅝 운임 톤(40 입방 피트의 용적톤).
fréight tràin 🅝 화물 열차(〔英〕 goods train).

fréight wàgon 〖(美서부)〗 대형 화물 마차.
Frei·korps [G fráiko:r] 〖 (독일의) 의용군.
fremd [fremd, fréimd] 〖 〖고어·스코〗 외국의: 관계없는; 낯선; 비우호적인.
frem·i·tus [frémitəs] 〖 〖병리〗 (흉벽 따위 촉진할 수 있는) 진동음, 진탕음(振盪音).
‡**French** [frentʃ] 〖 프랑스의; 프랑스 사람[말]의; 프랑스풍의. ¶ a ~ lesson 프랑스어 수업/~ literature 프랑스 문학. ─〖 1〗 프랑스 말. **2** (the ~)〖(집합적·복수취급) 프랑스 사람[국민]. **3** 프랑스 베르무트(~ vermouth). ¶ gin and ~ 진과 프렌치 베르무트의 칵테일. **4** 〖UC〗 〖英속어〗 오럴 섹스, 구강 성교.
Excuse [or *Pardon*] *my French.* (구어) 말을 함부로 해 미안하다.
─〖타〗 **1** (종종 f-) 〖갈비〗에서 고기를 발라내다; (요리용으로) …을 가늘고 길쭉하게 자르다. **2** (속어) …에게 오럴 섹스[구강 성교]를 하다; …와 French kiss를 하다.
~**·ness** 〖 하다.
Frénch Acádemy 〖 (the ~) 프랑스 한림원(翰林院), 아카데미 프랑세즈. (<F Académie Française)
Frénch béan 〖 〖英〗 강낭콩.
Frénch béige 〖 (때로 a ~) 엷은 다색(茶色).
Frénch bóot 〖 〖美〗 (주차 위반차에 채우는) 바퀴
Frénch bréad 〖 (길쭉한) 프랑스 빵. 〖쇠채.
Frénch Canádian 〖 1 프랑스계 캐나다 사람; = Canadian French. **2** 흑갈색의 젖소(캐나다산(産)).
Frénch chálk 〖 (재단사용) 활석 분말.
Frénch Commúnity 〖 (the ~) 프랑스 공동체 (프랑스와 옛 프랑스 식민지 국가들과의 경제·문화 협력 기구; 1958년 발족). 〖 French Union
Frénch connéction 〖 프렌치 커넥션(프랑스의 Marseilles에 근거한 국제 마약 밀수 조직).
Frénch cricket 〖 (타자의 두 다리를 기둥으로 삼는) 약식 크리켓. 〖소맷부리.
Frénch cúff 〖 프렌치 커프스(이중으로 접는 셔츠의
Frénch cúlture 〖 **1** 프랑스 문화. **2** (속어) 오럴 섹
Frénch cúrve 〖 (제도용) 구름 자. 〖ㅅ.
Frénch díp 〖 프렌치디프(French bread에 로스트 비프 따위를 얹은 것).
Frénch dóor 〖 =French window.
Frénch dréssing 〖 (종종 f-) 프렌치 드레싱.
Frénch fáct 〖 〖캐나다〗 (Quebec 주에서의 영어 문화에 대한) 프랑스어[문화]의 우위; (Quebec 주의) 프랑스적 전통, 프랑스주의. 〖fries.
Frénch fried potátoes 〖[-fráid-]〖복〗 =French
Frénch fríes 〖〖복〗 (종종 f-) 감자 튀김(chips).
French-fry [-frài] 〖타〗 …을 기름에 넣어 튀기다. (또는 french-fry) 〖색.
Frénch gráy [〖英〗 **gréy**] 〖 (a ~) 녹색을 띤 회
Frénch Guiána 〖 (남미의) 프랑스령 기아나.
Frénch héel 〖 (하이힐의) 프렌치 힐(중앙부 굽이 높은 힐). **Frénch-héeled** 〖
Frénch hórn 〖 프렌치 호른(금관 악기). 〖스크림.
Frénch íce crèam 〖 계란 커스터드로 만든 아이
French·i·fy [frénʧəfài] 〖타〗 (때로 f-) …을 프랑스식[류]으로 하다, 프랑스화하다, 프랑스어투로 하다; 멋[맵시]을 내다. ─〖자〗 프랑스풍이 되다. **-fi·cá·tion**
French·ism [fréntʃizm] 〖 =Gallicism.
Frénch kíss 〖 프렌치 키스(deep [soul] kiss)(혀를 맞대고 하는 깊은 키스).
Frénch knickers 〖 (폭이 넓은 여성용) 니커 바지.
Frénch léave 〖 (경멸적) 인사허가, 예고없이 떠나기, 무단 퇴출(退出); (빚진 채) 자취를 감추기, 증발.
take French leave 무단 결근[이탈]하다, 슬그머니
Frénch létter 〖 〖英구어〗 콘돔. 〖떠나다.
Frénch lóaf 〖 (둥글고 길쭉한) 프랑스 빵.
‡**French·man** [fréntʃmən] 〖 〖복〗 **-men** [-mən])
1 프랑스 사람(남성); 프랑스계 남성. **2** (구어) 프랑스
말을 하는 사람. **3** 프랑스 배. 〖서투르게 하다.
be a good [*bad*] *Frenchman* 프랑스 말을 잘하다
Frénch návy 〖 칙칙한 감청색.
Frénch pástry 〖 프랑스식 파이.
Frénch pólish 〖 프랑스 니스, 래커 칠.
French-pol·ish [-pálij/-pɔ́l-] 〖타〗 …을 프랑스 니스로 마무리하다[윤내다]. 〖춘화.
Frénch póstcard [**prínt**] 〖 (속어) 에로 사진,
Frénch Províncial 〖 (종종 F- p-) (가구·장식 따위가 18세기의) 프랑스 지방 양식의[과 비슷한].
Frénch Quárter 〖 (the ~) 프랑스 거리, 프렌치 쿼터(미국 New Orleans의 구 시가지).
Frénch Revolútion 〖 (the ~) (역사) 프랑스 혁명(1789-99의 시민 혁명). 〖혁명력(曆), 공화력.
Frénch Revolútionary cálendar 〖 프랑스
Frénch róll 〖 **1** 프렌치 롤(표면이 단단한 (타)원형의 빵). **2** =French twist. 〖물매로 된 지붕.
Frénch róof 〖 〖건축〗 프랑스[망사르드] 지붕(이중
Frénch séam 〖 〖재봉〗 프랑스 솔기, 통솔(천의 솔기를 뒤집어 기워 천의 끝이 보이지 않게 한 바느질).
Frénch sýstem 〖 프랑스식 소모(梳毛) 방적(법).
Frénch télephone 〖 (탁상 전화의) 송수화기.
Frénch tíckler 〖 (속어) (여성의 쾌감을 높이기 위해) 돌기물 따위를 붙인 콘돔(dildo).
Frénch tóast 〖 프렌치 토스트(계란과 우유의 혼합물에 살짝 담갔다가 버터로 구운 빵).
Frénch twíst 〖 머리를 뒤로 묶어 원기둥 모양으로 감아올린 여성의 머리스타일. 〖Community의 전신).
Frénch Únion 〖 프랑스 연합(1946-58; French
Frénch wálk 〖 〖美속어〗 (남을) 강제로 내쫓는 일.
French-wálk 〖타〗
Frénch wáy 〖 (속어) 구강(口腔) 성교.
Frénch wíndow 〖 (~s)〖건축〗 프랑스 창(보통 도어 겸용의 두 짝으로 된 유리창). 〖(부인).
French·wom·an [fréntʃwùmən] 〖 프랑스 여성
French·y [fréntʃi] 〖 프랑스풍[인]의. ─ (구어) 프랑스(계) 사람; (속어) 콘돔.
Frénch·i·ly 〖 Frénch·i·ness 〖
fre·net·ic [frənétik] 〖〖 광란의, 열광적인 (사람), 미쳐 날뛰는 (사람). (또는 **frenetical, phrenetic(al)**)
-i·cal·ly 〖 **~·ness** 〖
Freng·lish [fréŋgliʃ] 〖〖 프랑스어가 섞인 영어(의); 프랑스 사투리의 영어(의). (또는 **Fringlish**)
fren·u·lum [frénjuləm] 〖 (복 **-la** [-lə]) **1** 〖해부〗 (음핵·포피·혀 따위의) 소대(小帶); (해파리의 갓 아래의) 계대(繫帶). **2** 〖곤충〗 포자(胞子). (또는 **fraenulum**)
-lar 〖 =frenulum
fre·num [fri:nəm] 〖 (복 **-na** [-nə], **~s**) 〖해부〗
fren·zied [frénzid] 〖 광적인, 미쳐 날뛰는; 흥분한, 열광한. (또는 **phrensied**) **~·ly** 〖
***fren·zy** [frénzi] 〖 **1** 〖UC〗 극도의 흥분, 열광, 불끈함; 광란. ¶ a ~ delight 미칠 듯한 기쁨/ in a ~ of hate 증오로 눈이 멀어. **2** 일시적 정신 착란, 발작.
a feeding frenzy ① 먹이(감)에 달려드는 광란 상태. ②(비유적) 특종 기사를 찾아다니는 열광 상태.
drive [or *get*] *a person to* [or *into*] *frenzy* 남을 격분[열광]시키다.
in a frenzy 미쳐서, 격분하여. 〖여.
in the frenzy of the moment 순간적으로 격분하
work oneself into a frenzy 점점 발광 상태로 되다.
─〖타〗 〖수동형으로〗 …을 몹시 흥분[격분]시키다, 미쳐 날뛰게 하다(*with*). (또는 **phrensy**) **-zi·ly** 〖
Fre·on [fri:ɑn/-ɔn] 〖 (상표) 프레온 (가스).
freq. frequency; frequentative; frequent(ly).
fre·quence [frí:kwəns] 〖 =frequency 1, 2.
*‡**fre·quen·cy** [frí:kwənsi] 〖 **1** 〖UC〗 자주 일어남 [일어나는 상태], 빈발(頻發), 빈번. ¶ the ~ of crimes 범죄의 빈발. **2** 빈도(頻度); (맥박·방문·출현 따위의)

fréquency bànd 명 〔전기〕 주파수대.
fréquency chànger 명 〔전기〕 주파수 변환기.
fréquency chàrt 명 〔미식축구〕 상대팀의 전술 따위를 장면마다 종합한 표.
fréquency convérter 명 =frequency changer.
fréquency cóunt 명 〔통계〕 빈도수.
fréquency cúrve 명 〔통계〕 도수[빈도] 곡선.
fréquency distribútion 명 〔통계〕 도수 분포.
fréquency modulátion 명 〔전자〕 주파수 변조(變調); FM 방송(略 FM). 略 amplitude modulation
fréquency prógram 명 《美》〔상업〕 단골[상용] 고객 우대 계획[제도], 이용[구매] 점수제(항공사의 frequent flight program 따위).
fréquency respónse 명 〔전자〕 주파수 응답.
fréquency spéctrum designátion 명 주파수 표시(VLF, VHF, UHF 따위).

‡**fre·quent** [fríːkwənt] *형* (*more* ~, ~*er*; *most* ~, ~*est*) **1** 자주 일어나는, 빈번한, 흔히 있는; (맥박이) 빠른. ¶a ~ pulse 빠른 맥박 / make ~ references to the dictionary 사전을 자주 참조하다. **2** 상습적인, 단골의, 보통의, 늘 …하는. ¶a ~ customer 단골 손님. **3** 점점이[많이] 있는. **4** 〈고어〉 친한; 정통한. — 타 [frikwént, fíːkwənt] **1** …에 종종 가다, …을 자주 방문하다, 자주 …에 모이다. ¶~ a library 늘 도서관에 가다. **2** …와 교제하다, 흔히 …와 함께 있다. **3** 〈고어〉 습관적으로 읽다.
fre·quént·a·ble *형* **fre·quént·er**, ~**ness** 명
fre·quen·tá·tion [fríːkwentéiʃən, -kwən-] 명 **1** 빈번한 방문[출입, 교제]. **2** 습관[체계]적 독서.
fre·quen·ta·tive [frikwéntətiv] 〔문법〕 *형* 반복을 나타내는, 반복 표시의. — 명 **1** 반복 동사(patter, chatter 따위). **2** 반복상(相). **3** 반복형(예: crackle은 crack, wrestle은 wrest의 반복형).
fréquent flíer 명 (항공 회사의) 단골 고객[이용객]; 마일리지 서비스 등록 승객. **fréquent-flíer** 형
fréquent flíght prógram [sèrvice] 명 〔항공〕 단골 고객 특별 서비스[우대] (제도), =milage service.

‡**fre·quent·ly** [fríːkwəntli] *부* (*more* ~; *most* ~) 종종, 자주, 빈번히; 몇 번이고. ⇨OFTEN 유의어
fréquently ásked quéstions 명 〔컴퓨터〕 (인터넷에 잘 나오는) 질문·회답 파일 (略 FAQ).
fréquent stáyer prógram 명 (호텔 등의) 단골 손님 우대 제도, 숙박 점수제.
fréquent tráveler prógram 명 (철도 등의) 단골 승객[여객] 우대제, 탑승 점수제.
frère [F frɛːR] 명 **1** 형제, 동포; (같은 단체의) 동료, 단원. **2** 수도승. [< F brother]
fres·co [fréskou] 명 (*pl*. ~(*e*)*s*) 프레스코화(畫); ⓤ 프레스코 화법(갓 칠한 외벽에 수채(水彩)로 그리는 화법). ¶in ~ 프레스코 화법으로. — 타 …을 프레스코화법으로 그리다; (벽면 따위에) 프레스코화를 그리다. ~**ed** 형 [< It. cool, fresh]

‡**fresh**¹ [freʃ] 형 (~*er*, ~*est*) **1** 새로운, 최신의; 새로이[갓] 만든, 신작의(*from*). ⇨ NEW 유의어 ¶~ news[information] 최신 뉴스[정보].
2 (…에서) 새로 입수한, 갓 도착한, 금방 나온(*from*, *out of*). ¶an egg ~ *from* the hen 암탉이 갓 낳은 알. **3** 신선한, 싱싱한, 날것의; 말리지 않은, 냉동[가공]하지 않은. ¶~ milk 신선한 우유 / ~ meat 날고기.
4 신규의, 미사용(未使用)의, 전에는 모르던[없었던]; 참신한. ¶a ~ idea[theory] 참신한 생각[이론]. **5** 새로운, 별도의, 추가의, 그 이상의. ¶~ supplies 신규 공급. **6** 소금기 없는, 염분 없는; 아무것도 타지 않은. ¶~ water 담수, 맹물. **7** 젊은; 기운찬, 활발한, 발랄한, 팔팔한. **8** 색이 바래지 않은, 선명한; (인상·기억 따위에) 생생한 (*in*). ¶be ~ *in* one's memory [*or* mind] 기억이 새롭다. **9** (공기 따위가) 신선한, 맑은, 시원[상쾌]한, 산뜻한. ¶~ air 상쾌한 공기. **10** 〔법률〕 최근의; (범행) 직후의; 즉석[즉시]의. ¶~ pursuit 즉시 추적. **11** 〔기상〕 (바람이) 패 센, 질풍의. **12** 경험 없는, 미숙한, 풋내기의; 〈속어〉 (대학의) 신입생의. ¶a ~ hand 초심자. **13** 《美구어》 (…에 대해) 주제넘은, 뻔뻔스러운, 건방진 (*to*); (…에게) 버릇없는 (*with*). **14** 《美》 (소가 새끼를 낳아) 젖이 다시 나오게 된. **15** (포도주가) 숙성되지 않은. **16** 《속어》 멋진, 훌륭한, 훌륭한; 정보에 정통한, 최신의. **17** 〈구어〉 비틀거리는, 술취한. **18** 〔스코〕 서리가 내리지 않는; 술에서 깬.
as fresh as paint [*or a rose*]; *fresh and fair* 생기 발랄한. [실을 발견하다.
break fresh ground 새 분야를 개척하다, 새로운 사
fresh and sweet 《美속어》 교도소에서 (매춘부가) 교도소에서
fresh bit 《美속어》 처녀, 순진한 아가씨. [막 출옥한.
fresh one 《美속어》 햇내기(의 죄수).
fresh from [*or out of*] ① 갓 나온; …에서 갓 도착한[들어온]. ② 《美속어》 …을 막 다 팔아버린[써버린].
Fresh paint! (게시) (페인트)칠 주의(Wet paint!).
get [*or be*] *fresh with a person* 남에게 버릇없이 굴다.
green and fresh 애송이의, 풋내기의.
in the fresh air 집 밖에서, 야외에서. [발하다.
make a fresh start 새로 처음부터 시작하다, 새출
throw fresh light on …에 새로운 해석을 내리다.
— 명 **1** (the ~) (인생·일년·하루의) 시작, 초기. **2** 〈속어〉 신입생; (the ~es) 신입생 클라스. **3** =freshet. **4** 돌풍. ¶a ~ of wind 일진 돌풍. [아침 일찍.
in the fresh of the morning 상쾌한 이른 아침에.
— 타자 ① …을 신선[청신]하게 하다. — 자 새롭게 되다, 신선[청신]하게 하다.
— 부 (복합어로) 새로, 새롭게, 신선하게, 생생하게; 《美구어》 아주 최근에(*out of*). ¶~*-baked bread* 갓 구운 빵.
fresh out of …이 방금 다 떨어져, …구운 빵.
fresh-air [-éər] 형 (공기가 신선한) 야외[옥외]의; 《美》 교외 산책의. (또는 **frésh áir**)
frésh blóod 명 새로운 피[요소]; (집합적) 신인, 신진
frésh·blown [fréʃblóun] 형 막 피어난. [기예.
frésh bréeze 명 **1** 서늘한 바람. **2** (또는 **frésh wínd**) 〔기상〕 흔들바람 (초속 9m 내외).
frésh céll thérapy 명 〔병리〕 세포 회생 요법(갓 죽인 동물 세포에서 얻은 혈청을 인체에 주입하는 최근의
frésh díp 명 《속어》 캐주얼 의상, 평상복. [요법].
fresh·en [fréʃən] 타자 **1** …을 신선하게 하다, 새롭게 하다, 되살리다, 활기띠게 하다. ¶~ one's make-up 화장을 고치다 / ~ *up* one's memory 기억을 새롭게 하다. **2** …에서 소금기를 빼다. ¶~ sea water 해수를 담수화하다. **3** 〈美〉 (음식물)에 술을 치다. **4** (배에서) (밧줄 따위)의 위치를 바꾸다. — 자 **1** 신선[생생]해지다; 팔팔해지다(*up*). **2** (기분이) 상쾌[산뜻]해지다(*up*). 〈구어〉 (목욕·휴식·옷 갈아입기 따위로) 말쑥[산뜻]해지다(*up*). **3** (바람이) 강하게 불기 시작하다(*up*). **4** 소금기가 빠지다. **5** 〈美〉 (소가) 젖이 다시 나오게 되다.
freshen (*the*) *way* (배가) 속력을 내다[높이다].
freshen up ① 새롭게[신선하게] 하다[되다], 활기를 띠(게 하)다. ② 〈구어〉 말쑥[산뜻]하게 하다; (종종 재귀용법으로) 말쑥[산뜻]해지다. ③ (바람이) 강해지다.
fresh·en·er [fréʃənər] 명 **1** 신선하게 하는 것[사람]. **2** 스킨 로션. **3** 청량 음료수.
fresh·er [fréʃər] 명 〈구어〉 =freshman 1.
fresh·et [fréʃit] 명 **1** (폭우·해빙에 의한) 불어난 물, 큰물, 홍수. **2** (바다로 흘러드는) 민물의 흐름.
frésh gále 명 〔기상〕 큰바람 (초속 18m 내외).

‡**fresh·ly** [fréʃli] 부 **1** 새로, 새롭게; ¶The coffee is ~ *made*, 갓 끓인 커피다. **2** 신선하게; 생생하게. ¶

~ green leaf 싱싱하게 파란 잎. **3** (바람이) 강하게; 활발하게. **4** 눈에 띄게, 아주. ¶a ~ original idea 아주 독창적인 생각. **5** (구어) 버릇없이, 건방지게.

*fresh·man [fréʃmən] 명 (복 **-men** [-mən]) **1** (대 · 고교 따위의) 신입생, 1학년생 *(*(英)에서는 보통 대학에만 쓰인다. ¶a college ~ 대학 1학년생. **2** 신참, 풋내기, 초심자. ¶a ~ in Congress (美) 초선 의원. — 형 **1** 1학년생[신입생](용)의. ¶ ~ courses 1학년생의 과목. **2** 신참의, 신입의. ¶a ~ Congressman 초선 의원. **3** 최초의, 첫번째의. ~·**ship** 명

참고 (1) (美)에서는 4년제 대학(college, university) 1-4년생까지 남녀 다같이 freshman, sophomore, junior, senior로 부르며, 고등학교(high school)는 1-3년생을 freshman, junior, senior로 부른다. (2) 대학 1학년생은 a freshman in college로 쓰나 학교 이름을 나타낼 경우 in 대신 at를 쓴다.

fréshman compositìon 명 (대학의) 기초 작문.
fréshman wèek 명 (대학의) 신입생 오리엔테이션 [예비 교육] 주간. (또는 **fréshmen wèek**)
*fresh·ness [fréʃnis] 명 ① 새로움, 신선(미); 선명, 생생함; 산뜻함, 상쾌.
fréshness dàte 명 신선도 보증 기간. 『갓 올라온.
fresh-run [´rʌ̀n] 형 (연어 따위가) 바다에서 강으로
frésh wáter 명 민물, 담수; 맹물; 신선한 인물.
fresh·wa·ter [fréʃwɔ̀ːtər] 형 **1** 민물의, 담수의, 민물에 사는. ¶ ~ fish 민물고기. **2** 민물에만 익숙한, 바다에서는 쓸모없는. ¶a ~ sailor 강이나 호수만을 항해하는 선원; 무능한 선원. **3** (美) 작은, 이름 없는; 내륙(內陸)의, 시골의. **4** (메어) 경험이 거의 없는, 신출내기의, 미숙한. (또는 **frésh-wàter**) 『지방 대학.
fréshwater cóllege 명 (美) (잘 알려지지 않은)
Fres·nel [frənél/F frɛnɛl] 명 프레넬. **1 Augustin-Jean** ~ (1788-1827; 프랑스의 물리학자). **2** (f-) 〔물리〕 주파(진동)수의 단위(10¹²Hz).
Fresnél light 명 집광 조명 장치.
Fresnél mirrors 명 〔광학〕 프레넬의 거울(빛의 간섭을 연구하기 위해 연결한 2개의 평면경).
fress [frɛs] 자타 먹는다; 대식하다. **-er** 명 대식가.
*fret¹ [fret] 동 (**-tt-**) 타 **1** …을 (…으로) 애태우다, 괴롭히다, 고민[초조]하게 하다(*about, over, at, for*). ¶(~+目+前+名) Don't ~ yourself *about* me. 나 때문에 마음 쓰지 마라. **2** …을 좀먹다, 마멸시키다, 부식[침식]하다; (침식 · 마찰 따위로) …을 만들다, (벌레 따위가) …에 먹어 들어가다; (피부) 쓸려 벗기다. **3** 〔건강 따위〕 해치다(*away*). **4** (수면) 물결을 일으키다. ¶ ~ the surface of a lake 호수의 수면에 물결을 일으키다. ─ 자 **1** (…의 일로) 초조해 하다, 안달하다; 불만을 느끼다; 뉘우치다; 고민[걱정]하다, 슬퍼하다 (*about, over, at, for*). ¶(~+前+名) have nothing to ~ *about* 아무것도 걱정할 것이 없다. **2** (동물이) (조금씩) 씹다, 깨물다, (벌레 따위가) 구멍을 내다. ¶(~+前+名) The horse ~ed *at* the bit. 말이 재갈을 물어 (원하 따위가) 마음에 사무치다; 불쾌감을 주다, 감정을 상하게 하다. **4** (물건이) 발효하다. **5** 부식[침식]되다(*away*); (산 · 녹 따위가) (…을) 부식[침식]하다(*into, on, upon, at*). **6** (물의 흐름 · 수면이) 거칠어지다, 물결치다.

fret at the smallest problems; fret oneself about [or *over*] *trifles* 하찮은 일로 고민하다.
fret(, fuss) and fume (…에 대해) 잔뜩 골을 내고 있다, 몹시 화가 나 있다.
Fret not! (구어) 염려하지 마!, 안달하지 마!
fret oneself into a fit of nerves [*a fever*] 신경이 곤두서서 짜증을 내다[열을 내다]. 『해치다.
fret one's health away [or out] 안달하여 건강을
fret one's life away 안달하여 일생을 보내다.
─ 명 ① **1** (a ~, the ~) (구어) 애탐, 초조, 고민; 불쾌, 노여움. ¶the ~ and fume 노발 대발 / There's no ~ *about* money. 돈 걱정은 없다. **2** 부식, 침식(侵蝕) 먹어듦; ⓒ 부식 장소. 『화(이 나서.
on the [or *in a*] *fret* (英구어) 짜증[안달]이 나서, 성

fret² 명 **1** 번개(돌림) 무늬 돋을새김; 번개(돌림) 무늬 (세공). **2** 〔문장〕 교차상(交叉狀)의 끈무늬. ─ 타 (**-tt-**) …을 번개(돌림) 무늬로 장식하다, …에 번개(돌림) 무늬를 하다. ~·**less** 형

〔fret² 1〕

fret³ 명 〔음악〕 프렛(현악기의 상아 또는 금속제 기러기발). ─ 타 (**-tt-**) …에 프렛을 달다. ~·**less** 형
*fret·ful [frétfəl] 형 **1** 안달하는, 화 잘내는, 짜증내는, 초조해 하는, 까다로운, 짜증[성]내고 있는. (또는 **fretsome**) ¶in a ~ voice 짜증난 목소리로. **2** (수면 이) 물결이 이는; (바람이) 거센. ~·**ly** 부 ~·**ness** 명
frét sàw 명 실톱. (또는 **frétsàw**)
fret·ted¹ [frétid] 형 돋을 무늬가 있는[로 장식한].
fret·ted² 형 **1** 안달난, 노발대발하는. **2** 부식[침식]한.
fret·ted³ 형 〔악기〕 프렛(기러기발)이 있는. 『마멸된.
fret·ty¹ [fréti] 형 화 잘내는, 성마른(fretful).
fret·ty² 형 **1** 〔문장〕 X 모양으로 교차된 무늬의. **2** 돌림 무늬(雷紋) 모양의.
fret·work [frétwə̀ːrk] 명 ① 돋을 무늬 세공, 투조(透彫), 돋을 무늬 장식; ⓒ (a ~) 돋을새김한 것.
Freud [frɔid/G frɔyt] 명 **Sigmund** ~ 프로이트 (1856-1939; 오스트리아의 의사; 정신분석학 창시).
Freud·i·an [frɔidiən] 형 **1** 프로이트(학설)의. **2** (구어) (간접 · 무의식으로) 성(性)의. ─ 명 프로이트 학설 신봉자, 프로이트주의자.
Freud·i·an·ism [frɔidiənìzm] 명 ① 프로이트 학설[주의], 정신 분석 학설. 『실언.
Freúdian slíp 명 프로이트적 실언, 본심이 드러난
Freud·ism [frɔidizm] 명 =Freudianism.
FRF (우주) *flight readiness firing*(예비 연소). **FRG** *Federal Republic of Germany*. ***Fri.** Friday.
fri·a·ble [fráiəbl] 형 부서지기 쉬운, 가루로 되기 쉬운, 무른. **-bíl·i·ty**, ~·**ness** 명
fri·ar [fráiər] 명 〔가톨릭〕 (탁발의 남자) 수도회)의 수도사. **2** (인쇄) 페이지 가운데 선명하지 않은 곳. ~·**ly** 형
Fríar Mínor 명 (복 **-s M-**) 〔가톨릭〕 프란체스코회 수사(修士)(Franciscan).
fríar's bálsam 명 〔약학〕 안식향(安息香) 팅크(상처 따위에 바른다). (또는 **fríars' bálsam**)
fríar's lántern 명 도깨비불(will-o'-the-wisp).
fri·ar·y [fráiəri] 명 탁발 수도회(원).
frib·ble [fríbl] 자 쓸데없는 짓을 하다, 경박하게 굴다(*away*); 시간을 허비하다. ─ 타 …을 쓸데없는 일에 낭비하다(*away*). ¶ ~ *away* one's time 시간을 낭비하다. ─ 명 **1** 쓸데없는 일을 하는[에 시간을 허비하는] 사람, 빈둥빈둥 노는 사람. **2** ① 쓸데없음, 쓸데없는 일. ─ 형 쓸데없는, 하찮은. **-bler** 명
fric·an·deau [fríkəndòu, ´-´] 명 (복 **-s, -x** [-z]) 프리칸도(송아지 고기 요리). (또는 **fricando**) 〔<F〕
fric·as·see [frìkəsíː] 명 프리카세(송아지나 닭고기를 잘게 썰어 스튜 또는 찜으로 한 요리). ─ 타 (고기)를 프리카세식으로 요리하다. 〔<F *fricasser*〕
fri·ca·tion [frikéiʃən] 명 ① 〔음성〕 (마찰음 · 파열음 · 어두 파열음 따위의 음성에 특징적인) 협착적 호흡음.
fric·a·tive [fríkətiv] 형 〔음성〕 마찰로 의하여 생기는, 마찰음의. ─ 명 마찰음[f] [v] [θ] [ð] [s] [z]).
*fric·tion [fríkʃən] 명 ① **1** 마찰; 〔역학 · 물리〕 마찰 (력). **2** ①ⓒ 불화, 알력. ¶ ~ between two nations 두 나라 사이의 알력. **3** ① 피부 마사지; 헤어 토닉. **4** ① 마찰음(~ sound). ~·**less** 형 ~·**less·ly** 부
fric·tion·al [fríkʃənəl] 형 마찰의; 마찰에 의한 [의해 생기는]. ¶ ~ force 마찰력. ~·**ly** 부

fríctional unemplóyment [명] 〔경제〕 마찰적 실업(노동의 유동성 상실로 인한 일시적 실업).
fríction bàll [명] (마찰을 줄이는) 볼 베어링.
fríction bràke [명] 〔기계〕 마찰 브레이크. 「클러치.
fríction clùtch [명] 〔기계〕 마찰 연동기(連動機), 마찰
fríction còupling [명] 마찰 접합 (장치).
fríction gèar [명] 〔기계〕 마찰 기어.
fríction gèaring [명] 〔기계〕 마찰 전동(傳動) 장치.
fric·tion·ize [fríkʃənàiz] [통][타] …에 마찰을 일으키다.
fríction lòss [명] 〔기계〕 마찰 손실.
fríction màtch [명] 마찰 성냥.
fríction tàpe [명] (전선에 감는) 절연용 테이프.
fríction whèel [pùlley] [명] 〔기계〕 마찰 바퀴.
‡**Fri·day** [fráidei, -di] [명] ([복] **~s** [-z]) **1** 금요일([약] F., Fr., Fri.). ⇨BLACK FRIDAY, GOOD FRIDAY **2** 프라이데이(Defoe 작 *Robinson Crusoe*에 등장하는 충실한 하인); (일반적으로) 충실한 하인. **—**[부] 금요일에.
girl* [*man*] *Friday 충실한 하녀[하인].
make it a Friday night 금요일 밤처럼 즐겁게 보내다.
Fri·days [fráideiz, -diz] [부] 금요일마다(on ~), 금요일은 언제나(on any Friday).
Fríday the 13th [명] **1** 13일의 금요일(1989년 10월 13일 금요일의 뉴욕 증권 시장 주가 폭락). **2** 액운의 날(예수가 처형된 날이 13일의 금요일인 데서).
fridge [fridʒ] [명] 《구어》 =refrigerator.
fridge-freez·er [ˊfrìːzər] [명] 냉장·냉동고.
***fried** [fraid] [동] fry¹의 과거·과거분사. **—**[형] **1** 기름으로 튀긴. **2** 《속어》 술취한; 피로한, 어지러운.
Frie·dan [fridǽn] [명] **Betty** ~ 프리댄(1921–; 미국의 여권 운동가; 전미 여성 기구(NOW) 창립).
fried·cake [fráidkèik] [명][U][C] 기름에 튀긴 과자; 도넛.
fríed dóg [명] 《美》 군만두(potsticker).
fríed égg [명] **1** 계란 프라이. **2** 《美軍속어》 군모에 다는 배지. **3** 《美속어》 일본 국기. **4** (~s) 《속어》 젖통.
Fried·man [fríːdmən] [명] 프리드먼. **1 Jerome Isaac** ~ (1930–: 미국의 물리학자; 노벨 물리학상(1990)). **2 Milton** ~ (1912–: 미국의 경제학자; 노벨 경제학상(1976)).
Fried·man·ism [fríːdmənìzm] [명] 프리드먼 학설[주의], 신화폐수량설(monetarism) (통화 공급량 조절로 경제 안정 성장이 가능하다는 설).
Fried·man·ite [fríːdmənàit] [명] 프리드먼주의자. **—**[형] 프리드먼(주의)의.
Fríedmann ùniverse [명] 〔천문〕 프리드먼 우주(Big Bang 우주 모델의 하나; 우주는 극도의 팽창 후에 수축으로 전환되고, 이 수축은 팽창과 같은 시간이 걸린다고 한다). 〔＜러시아의 수학·물리학자 Alexander Friedmann(1885–1925)의 이름〕
‡**friend** [frend] [명] ([복] **~s** [-z]) **1** 벗, 친구, 동무. ¶a bosom [*or* close, good, great] ~ 친우 / everybody's ~ 팔방 미인 / *A ~ in need is a ~ indeed.* 《속담》 어려울 때의 친구가 참된 친구다.

> [유의어] **friend** 「친구」를 뜻하는 가장 일반적인 말. **acquaintance** 만나면 말을 나눌 정도로 아는 사람. **companion** 어떤 행동·상태 따위를 함께 하는 사람. **crony** 오랜 세월에 걸친(종종 학창 시절의) 친구(＊ 젊은 사람들에게는 그다지 쓰이지 않는 말). **associate** 종종 공통의 이익·목적·사업 따위에서 대등한 입장에서 교제하는 사람. **comrade** 공동의 목적·운명 따위로 굳게 맺어진 동지. **colleague** (지적인) 직업상의 동료; 개인적 친숙은 관계 없다. **buddy** comrade의 구어. **chum, pal** 둘 다 「친구」를 뜻하는 구어.
> [USAGE] 이중 소유격──(**1**) my friend는 This is *my friend* Mr. Kim. 처럼 특정한 친구를 말할 경우에 쓰인다. 관사로 말하면 *the* friend에 해당한다. (**2**) a friend of mine은 one of my friends의 약한 형태라고 하는 의견도 있으나, 이 경우의 of는 동격의 of (=who is)로 생각하여 a friend who is mine의 뜻으로 보는 것이 좋다. my와 a를 함께 쓰기 위해서는 이 구문이 필요하다. ＊ 현대 영어에서는 a, an, this, that, some, any 따위와 명사나 대명사의 소유격은 나란히 쓸 수가 없으므로 of를 사용한 이중 소유격을 쓴다: *that* boyfriend *of* my *daughter's* / *that* snub nose *of hers* 그녀의 저 들창코.

2 《부르거나 소개할 때 쓰여》 친구. ¶Look, my ~. 이보게 친구 / My good ~. 자네, 여보게 / my honourable [*or* learned] ~ 영국 상·하원 의원[법정에서 변호사]끼리의 정식 호칭. **3** 지지자, 후원자; 동조자, (계획 따위의) 추진자, 호의를 보이는 사람 (*of, to*). ¶a ~ *of* liberty [truth] 자유[진리]의 옹호자 / a ~ *of* the poor 가난한 자의 벗. **4** (~s) (모임의 이름 따위) …친구의 모임; (학교·시설 따위의) 후원회[단체]. **5** (국가·당파 따위에서) 동포, 동지; 맹우, 동료. **6** 자기[우리]편, 우군. [참] enemy, foe **7** 동행(자), 반려; 아는 사람. **8** (사람에게 도움이 되는) 동물, 물품. ¶The dog is naturally the ~ of man. 개는 본래부터 인간의 좋은 친구이다. **9** 애인; 데이트 상대, 보이[걸]프렌드. **10** 《익살》 녀석, 친구(＊ 모르는 사람에게도 쓴다). **11** 《스코》 (~s) (보증인이 될 수 있는) 친척, 근친. **12** (F–) 프렌드파(派)(the Society of Friends; 속칭 Quakers의 사람, 퀘이커 교도). **13** 성가신[폐를 끼치는] 친지. **14** 우연히 만난 사람. **15** (또는 **líttle** ~) 《속어》 월경.
be* [or *keep*] *friends with a person 남과 친하게 지내다.
Be my friend. 사이좋게 지내자, 함께 놀자.
friends at* [or *in*] *court; friends in high places 유력한 지위에 있는 사람, 유력한 연줄[배경].
make* [or *keep, be*] *a friend of a person 남과 친해지다, 친구가 되다.
make friends again =*make friends with a person again.*
make friends with …와 친해지다, …와 친구가 되다.
make friends with a person again 화해하다.
What are friends for? 친구 좋다는 게 뭐야.
What's a...between friends? 《구어》 친구 사이인데 …이면 어떠냐?
—[통][타] **1** 《드물게》 …을 돕다, 원조하다. **2** 《~ it로》 친구인 듯이 행동하다.
fríend fòrm [명] 《속어》 (수감자에 대한) 면회 허가서.
***friend·less** [fréndlis] [형] 친구가 없는, 의지할 곳 없는. **~·ness** [명]
***friend·li·ness** [fréndlinis] [명][U] (종종 a ~) 우정, 친절, 친애, 호의.
‡**friend·ly** [fréndli] [형] (**-li·er**; **-li·est**) **1** 친구다운, 친구에 어울리는, 우정 있는; 호의적인, 친절한 (*to, toward*). ¶a ~ greeting [*or* nod] 다정한 인사. **2** 사이가 좋은 (*with*); 우호적인, 친선의. ¶a ~ nation 우방 / be on ~ relation *with* 〔다른 나라〕와 우호 관계에 있다. **3** 같은 편의; 찬성하는, 지지하는 (*to*). ¶He is ~ *to* my proposition. 그는 나의 제안을 지지한다. **4** 쓸모 있는, 안성맞춤의, (…에) 도움이 되는 (*to*). ¶a ~ wind 순풍 / a ~ shower 단비, 자우(慈雨). **5** 《복합어로》 …에 우호[친화]적인, …을 해치지 않는; 〔컴퓨터〕 (시스템 따위가) 사용하기 쉬운. ¶eco-~ 환경 친화적인 / user-~ 사용하기 쉬운. **6** 《구어》 성적(性的)으로 친밀한[가까운] (*with*). **7** (F–) 《드물게》 프렌드파의, 퀘이커 교도[종파]의.
***be friendly to* [or *toward*]** …에게 친절히 하다.
in a friendly way 호의적으로.
on friendly terms 친한, 사이가 좋은 (*with*). ¶Bill is *on ~ terms with* her. 빌은 그녀와 가까운 사이이다.
—[명] ([복] **-lies** [-z]) **1** 우호적인 사람, 악의 없는 사람. **2** 《美속어》 (전시의) 아군, 아군의 비행기[배]; (침략자에 대해) 우호적인 원주민. **3** 《英》 친선 시합.

──튄 (또는 **friendlily**) 《드물게》 우정을 가지고, 친구답게, 친절히, 호의적으로, 우호적으로; 안성맞춤으로. **-li·ly** 튄 우정. **-li·ness** 몡 우정.
-friend·ly [frendli] 연결 「…에 적합한, …에 친화적인, …에 해를 주지 않는」의 뜻. ¶earth-*friendly*.
friendly áction [súit] 몡 《법률》 협의 소송. 「폭.
friendly fíre 몡 우군(자기편)에 의한 포격[공격], 오
friendly gáme [mátch] 몡 친선 경기[시합].
friendly léad [-li:d] 몡 《美》(런던의 빈민 구제를 위한) 자선 모금 행사.
friendly society 몡 (때로 F- S-) 《英》공제 조합 ¶((美) benefit society).
friend of the court 몡 법정 조언자.
‡**friend·ship** [fréndʃip] 몡⑪⑤ 친구임; 우정, 우호, 친숙, 친선(with). ¶a ~ of ten years 10년 간의 교우 / feel ~ *for* a person 남에게 친밀함을 느끼다.
friendship fòrce 몡 (외국인 민박을 주선하는) 국제 친선 기구. 「적 특매가격).
friendship price 몡 우호 가격(동맹국에 대한 우호
Friendship 7 몡 우정 7호(Mercury 계획의 선의 미국 최초의 유인 인공 위성). [ter city).
friendship town 몡 《英》 자매(우호) 도시(《美》 sis-
friendship tréaty 몡 (친선) 우호 조약.
Friends of the Earth 몡 (the ~) 〔단·복수 양용〕 대지지구의 친구(영국의 국제 환경 보호 단체, 略 FOE).
Friend virus 몡 《생화학》 프렌드 바이러스(쥐의 비장 비대를 일으키거나 정상적인 비장 세포를 암세포로 바꾸는 바이러스). 〈美國의 미생물학자 Charlotte Friend
fri·er [fráiər] 몡 =fryer. 「(1921–)의 이름〉
Frie·sian [fríːʒən] 몡 형 =Frisian.
Frie·sic [fríːzik] 몡 =Frisian.
Fries·land [fríːzlənd, -lænd] 몡 프리슬란트(네덜란드 북단 북해 연안 지방).
frieze¹ [friːz] 몡 《건축》 프리즈(고전 건축의 엔태블러처 architrave와 cornice의 중간 부분). 2 《벽 따위의》 띠 모양으로 장식한 부분, 띠 모양 장식.
frieze² 몡⑪⑤ 프리즈(한쪽만 보풀을 세운 외투용 모직물). ──貝 …의 보풀을 세우다.
frig¹ [frig] 동 (-gg-) 태 (비어) 1 《여성과》 성교하다 (fuck); 《여성의 성기》에 수음(手淫)을 하다; 《종종 재귀용법으로》 자위 행위를 하다(masturbate). 2 …을 속이다, …의 약점을 이용하다, …을 희생시키다. 3 장난하다. 만지다; 《물건》을 이상하게 만들다. ── 자 1 (비어) 성교하다; 수음(자위)하다. 2 《구어》 빈둥거리다; 게으름 피우다(*about, around*). 3 사라지다(*off*).
frig around [or ***about, away***] 목적도 없이 돌아다니다; (빈둥빈둥 놀면서) 시간을 보내다.
frig off 사라지다, 떠나다.
몡 성교; 손장난.
frig² [frid3] 몡 《英구어》 =refrigerator.
frig·ate [frígət] 몡 1 프리깃함(艦). a) 18–19세기 초엽의 쾌속 법주(帆走) 군함. b) 《英·캐나다》 대공(對空)·대잠수용(對潛用)의 소형 구축함. c) 《美》 5000–7000톤급의 중형 전투함. 2 = ~ bird. 「는 **frígatebird**).
frigate bird 몡 군함새(열대산(産)의 큰 바다새). (또
frige [frid3] 몡 《英구어》 =refrigerator.
Frigg [frig] 몡 《북유럽 신화》 프리그(여신 중 최고의 신(神)). (또는 **Frigga, Fri(ja), Freya**)
‡**fright** [frait] 몡 1 ⑪⑤ (갑작스런) 공포, 경악, 전율. ⇒FEAR 유의어. ¶A ~ went through me. 등골이 오싹했다. 2 《구어》 (보통 a ~) (몹시) 끔찍[추악, 괴상]한 사람[것]. ¶He is a perfect ~. 그는 마치 괴물 같다.
get the **fright** [or *shock*] *of one's life* 엄청난 충격을 받다, 간이 콩알만해지다.
give a person a **fright** 남을 놀라게 하다.
have [or *get*] *a* **fright** 공포에 사로잡히다.
in a **fright** 깜짝 놀라서.
take **fright** *at* …을 두려워하다.
── 튄 (시) …을 놀라게 하다.

‡**fright·en** [fráitn] 튄 (~s [-z]) 태 **a**) …을 깜짝 [흠칫] 놀라게 하다, 겁나게 하다; (수동형으로) …에 깜짝[흠칫] 놀라다(*at, by, with*). ¶be ~*ed by* a shadow 그림자에 무서워하다. **b**) 《구어》 (수동형으로) 습관적으로 무서워하다; 무섭게 여기다 (*of*). 2 …을 위협하여 …시키다[쫓아버리다] (*away, off*) (*into / out of, from*). ¶~ + 目 + 圖, + 目 + 圖) ~ a child *into* fits 아이를 놀라게 하여 실신시키다 / ~ a person *out of* smoking 남을 겁주어 금연시키다 / ~ a person *into* submission 남을 위협하여 복종시키다 / (~+目+名+圖) ~ a cat *away* 고양이에게 겁을 주어 쫓아버리다. ── 자 깜짝 놀라다; 무서워지다, 무서워하다, 겁내다.
be **frightened** *at* [or *about, with*] …에 놀라다.
be **frightened** *of* …을 무서워하다.
frighten *a person to death* 남을 까무라칠 만큼 놀~·**able,** ~·**ing** 형 ~·**ing·ly** 튄 「라게 하다.
fright·ened [fráitnd] 형 1 (…에) 깜짝 놀란, 겁에 질린 (*at, of*). 2 (…을) (습관적으로) 무서워하는 (*of, to do*). ~·**ly** 튄 「공갈 협박하다.
fright·en·er [fráitnər] 몡 겁주는 사람[것]; 《구어》
put the **frighteners** *on* [or *in*] …을 협박하다, 위협하다; 검주어 복종하게 하다.
*‡**fright·ful** [fráitfəl] 형 1 소름끼치는, 무서운, 끔찍한. ¶a ~ accident 끔찍한 사고. 2 몹시 추한, 꼴사나운. ¶a ~ dress 꼴사나운 옷. 3 《구어》 불쾌한. ¶have a ~ time 구역질나는 일을 겪다. 4 《구어》 대단한, 극단적인. ¶a ~ amount of money 막대한 돈.
*‡**fright·ful·ly** [fráitfəli] 튄 1 무섭게, 깜짝 놀라서, 굉장하게. 2 《英구어》 몹시; 대단히. ¶I'm ~ glad. 몹시 기쁘다.
fright·ful·ness [fráitfəlnis] 몡⑪ 1 공포, 무시무시함, 추악함. 2 (점령지의 주민에 대한) 폭압책, 잔학.
fríght wìg 몡 《어릿광대·코미디언 따위가 쓰는》 머리카락이 곤두선 가발.
*‡**frig·id** [frídʒid] 형 1 매우 추운, 혹한의. ¶a ~ day [climate] 몹시 추운 날[기후]. 2 냉담한, 무관심한; 무표정한, 무감동한 (*to, toward*). 3 형식적인, 딱딱한; 형식뿐인. ¶a ~ bow 형식적인 인사. 4 《여성이》 성적 불감증의, 성욕이 없는. 5 아취가 없는; 상상력이 결여된. ~·**ly** 튄 ~·**ness** 몡 「《고대 로마의》 냉수용장.
frig·i·dar·i·um [fridʒədɛ́əriəm] 몡 (퓬 **-i·a** [-iə])
fri·gid·i·ty [fridʒídəti] 몡⑪ 1 한랭(寒冷). 2 냉담; 냉혹; 무기력. 3 《여성의》 불감증.
Frígid Zòne 몡 (the ~, 종종 the f- z-) 한대(寒帶).
fri·go [F frígou] 몡 《軍속어》 냉동육(肉). 〔<F
frig·o·rif·ic [frìgərífik] 형 차게[춥게] 하는, 냉각시키는. 「의) 냉동 포장 공장.
frig·o·rif·i·co [frìgərifikou] 몡 《남미》 (고기 따위
fri·jol [fríːhoul, -´] 몡 (퓬 **-jo·les** [-´houlz, -hóuliz]) (특히 멕시코·미국 서남부산의) 강낭콩. (또는 **frijole**) 〔<Sp〕
*‡**frill** [fril] 몡 1 주름 장식, 가장자리 장식. 2 《사진》 (필름 가장자리의) 주름 모양의 구김살. 3 《새·동물의》 목털. 4 (~s) (태도나 문체 따위의) 허식, 겉체례. 5 (~s) 불필요한 것, 겉치레; (항공사 등의) 과잉 서비스.
No **frills.** (기내에서) 서비스 없음; (음식에) 첨가물 없음.
put on one's **frills** 잘난 체하다. 「넣다.
── 태 1 …에 주름을 붙이다, 가두리 장식을 하다. ── 자 (사진) 주름이 생기다. 주름[지다.
~·**ed** 형 ~·**er** 몡 「리사안(産)).
frílled lízard [fríld-] 몡 목도리 도마뱀(오스트레일리아산).
frill·er·y [fríləri] 몡⑪⑤ 주름 장식.
frill·ing [fríliŋ] 몡⑪⑤ 가두리 장식; 주름.
frill·y [fríli] 형 주름 장식이 있는, 주름 모양의; 꾸민, 겉체레의, 허식이 많은. (-**ies**) 《구어》 주름 장식이 있는 (여성용) 속옷[페티코트]. **fríll·i·ness** 몡
*‡**fringe** [frind3] 몡 1 (숄·옷자락 따위의) 술(장식). 2 술 모양의 것. 3 가장자리, 가, 변두리, 주변. ¶a ~ of

beard on the chin 턱가에 난 수염. **3** (지식·학문 따위의) 초보, 피상적 지식; (중요성에 있어) 2차적인 것, 부차[부수]적 부분; 주변, 외면. **4** (여자 이마 위에) 드리운 앞머리. (동·식물의) 터부룩한 털. **5** (광학) (광선의) 줄무늬. **6** 한 패, 패거리; (집합적) 비주류파, 분파 (집단); 과격파 (그룹) (= group). **7** (the ~) (예술제 따위의) 비정규 부문, 실험 부문. **8** = benefit.
on the fringe(s) of …의 바깥 가장자리[변두리]에.
—휑 부수적인; (중요성 따위가) 2차적인.
—톤 **1** …에 술을 달다, …을 술로 장식하다. ¶a ~d table cloth 술이 달린 테이블 보. **2** …에 테를 두르다.
~·less, ~·like 휑
frínge àrea 횡 (라디오·TV) 수신[수상] 불량 지역.
frínge bànk 횡 (英) (소규모의) 저축 은행.
frínge bènefit 횡 (때로 ~s) (경영) 후생 복지 급여 (수당), 부가 급부; (美õlbtë) 소득.
fringed [frindʒd] 휑 술 장식[모양의 것이] 있는.
frínge gròup 횡 (사회·정당 따위의) 비주류파; 과격파.
frínge lànd 횡 (캐나다) 철도에서 멀리 떨어진 땅.
frínge mèdicine 횡 보조 의료(침술·지압 따위).
frínge párking 횡 교외 주차(駐車).
frínge párty 횡 군소 정당, 포말 정당.
fring·er [frindʒər] 횡 (구어) 비주류과 인사; 과격파 인사; (사회의) 이단자.
frínge ràting 횡 주변 시간대 시청률(골든 아워 전후 의 TV 시청률).
frínge thèater 횡 (종종 F- T-) (英) 주변 소극장; 실험극[전위극] (공연 극장).
frínge tìme (TV) 주변 시간대(골든 아워 전후의 시간대).
fring·ing [frindʒiŋ] 횡U|C 술 장식의 재료; 술 장식. —휑 가장자리를 이루는. ¶~ reefs 거초(裾礁).
fring·y [frindʒi] 휑 술과 같은; 술(장식)이 있는.
frip [frip] 횡 (美학생 속어) 무능자, 약자.
frip·per·y [frípəri] 횡U|C **1** (-*ies*) 값싸고 번지르르한 옷가지, (허식적) 시시한 물건. **2** (문제·태도 따위의) 허식, 겉치레, 과시. **3** 하찮은 일, 사소한 일. —휑 값싼, 하찮은, 시시한. [젊은 여자.
frip·pet [fripit] 횡 (英속어) 경박한 여자; (구어)
Fris·bee [frizbi] 횡 (상표) 프리즈비(던지고 받는 놀이용 플라스틱 원반); (f-) U 프리즈비 경기.
Frísbee gòlf 횡 (스포츠) 프리즈비 골프(공 대신에 프리즈비를 사용하는 골프 비슷한 게임).
Fris·co [frískou] 횡 (美구어) = San Francisco.
fri·sé [frizéi] 횡U|C 프리제 천(표면의 보풀(loop)을 자르지 않은 융단천). (또는 **frisée**) [< F]
fri·sette [frizét] 횡 (드물게) (여자 이마 위의) 곱슬 곱슬하게 한 앞머리. (또는 **frizette**) [< F *dresser*]
fri·seur [F frizœ́:R] 횡 (남성) 미용사. [< F *hair*-
Fri·sian [fríʒən/-ziən] 횡 Friesland의, Frisian Islands의; 프리지아어[인]의. —횡 프리지아 사람 (Friesland와 Frisian Island거주); U 프리지아어(독일 어계로 영어와 밀접한 관계를 가진다; ⇒ Fris.). (또는 **Friesian**) [있는 열도로 보였다).
Frísian Islands 횡 (the ~) 프리지아 제도(북해에
frisk [frisk] 톤 **1** (쾌활하게) 뛰어 돌아다니다, 뛰놀 다, 장난치다, 까불어대다. ¶~ *about on the lawn* 잔디에서 뛰놀다. —톤 **1** …을 휘두르다, 흔들다. ¶The horse ~*s its tail.* 말이 꼬리를 휘두른다. **2** (美) (몸수 기·마약 따위의 조사를 위해 몸을 더듬어) (남)을 몸수 색하다. **3** (속어) (옷 위로 더듬어) (남)으로부터 물건을 훔치다; 가택 수색을 하다. —횡 **1** 뛰어 돌아다님, 떠들며 놀기, **2** (속어) (몸을 더듬는) 몸수색. **3** 농담, 희롱. ~·**er** 횡 ~·**ing·ly** 튿
fris·ket [frískit] 횡 (인쇄) **1** (수동(手動) 인쇄기의) 종이 누르는 나무틀, 종이 집게. **2** (사진판(版) 따위의 수정 때에 쓰는) 마스크(mask).
frisk·y [fríski] 휑 활발한, 뛰어 돌아다니는; 까부는, 장 난치는. **frísk·i·ly** 튿 **frísk·i·ness** 횡
fris·son [frisɔ́ːŋ] 횡 떨림, 전율, 스릴. [< F *thrill*]

fri·sure [frizər] 횡 머리 모양; 조발(調髪). [< F]
frit[1] [frit] 횡U 프릿. **1** 녹기 전의 유리 원료. **2** 도자기의 유약 원료를 혼합한 것. **3** (치과) 의치의 유약 재료.
—톤 (-*tt*-) …을 (유리 원료)로 용해하다. (또는 **fritt**)
frit[2] 횡 (속어) 호모인 남자. —휑 (방언) = fright-
frít flý 꽃파리의 일종. [ened.
frith [friθ] 횡 = firth.
frit·il·lar·y [frítəlèri/fritíləri] 횡 **1** 표범나비. **2** 패모속(貝母屬)의 식물(백합과(科)).
frit·ter[1] [frítər] 톤 (돈·시간·정력 따위를) 조금씩 낭비하다 (*away*) (*on*). ¶~ *away* the years of one's youth 젊은 시절을 허송하다. **2** …을 산산조각 내다, 잘게 썰다. —횡 작은 조각, 세편(細片). ~·**er** 횡
frit·ter[2] 횡 (~s) 프리터(과일·고기 튀김).
fritz [frits] 횡 (美속어) 횡 (the ~) 고장(* 다음 숙어로).
on the fritz 고장이 나서; (술에) 취해.
put...on the fritz; put the fritz on 망가뜨리다, 못쓰게 만들다; …을 그만두게 하다.
fritz out 고장나다, 망가지다 (*out*). —톤 (기계 따위를) 고장나게 하다. [고장나게 하다.
Fritz [frits] 횡 **1** 프리츠(남자 이름; Frederick, Friedrich의 애칭). **2** (美속어·경멸적) 독일인; 독일군, 독일군의 전투기[포탄, 잠수함]. **3** (f-) (俗) 소시민.
fritz·er [frítsər] 횡 (美속어) 모조품, 가짜.
friv·ol [frívəl] 톤 (-*l*-, (英) -*ll*-) (구어) **1** 쓸데없는 [어이없는] 짓을 하다; 경솔[경박]하게 굴다. —톤 …을 헛되이 쓰다, 낭비하다 (*away*). ~·**er** 횡
fri·vol·i·ty [frivάləti/-vɔ́l-] 횡 **1** U 경박, 경솔, 불성실. **2** (-*ties*) 경솔[경박]한 언행, 시시한 것[일].
***friv·o·lous** [frívələs] 휑 **1** 불성실한; 경박한, 경솔한. ¶~ *conduct* 경솔한 행동. **2** 사소한, 시시한; 보잘 것없는; 실없는, 어이없는. ~·**ly** 튿 ~·**ness** 횡
frívolous cáll 횡 (경찰 따위에의) 장난 전화.
fri·zette [frizét] 횡 = frisette.
frizz[1] [friz] 톤(자) **1** (보풀 따위를) 지지다, 곱슬곱슬하게 하다 (*out, up*). —톤 곱슬곱슬해지다, 곱슬거리다.
—횡 곱슬곱슬함; 곱슬곱슬한 것, 곱슬한 털, 고수머리. (또는 **friz**) ~·**er** 횡
frizz[2] 횡 = frizzle[2]. —횡 휑 [고수머리, -**zler** 횡
friz·zle[1] [frízl] 횡 = frizz[1]. —휑 지진 머리, 짧은 고수머리. [사각하게 튀기다 (*up*); 햇볕에 태우다.
friz·zle[2] 톤 지글지글 소리나다; 햇볕에 그을리다.
—톤 (고기 따위를) 지글지글 소리내며 튀기다, 바삭
frizzle[3] 횡 진눈깨비. [< *frozen* + *drizzle*]
friz·zling [frízliŋ] 휑 지글지글 익는[타는]; 염열의.
friz·zy [frízi] 휑 작게 퍼진, 고수머리의, 곱슬 곱슬한. (또는 **frizzly**) **-zi·ly** 튿 **-zi·ness** 횡
frl. fractional. **Frl.** (독일) *Fräulein*(= Miss, Ms.).
FRM *fiber reinforced metals*(섬유 강화 금속).
FRN *floating-rate note*(변동 금리 단기 증권).
✝fro [frou] 튿 저쪽으로(away), 뒤쪽으로.
to and fro 앞뒤로 왔다 갔다; 여기저기, 이리저리.
Fro [frou] 횡 (종종 f-) = Afro. (또는 **'Fro, 'fro**)
frob [frab/frɔb] 횡 (美속어) **1** 작은 것, 한 손에 들 수 있는 것. **2** (단말기의 노브 따위) 돌리는 것. —톤 …을 만지작거리다, (돌리면서) 조정하다[가지고 놀다].
frob·nitz [frάbnits] 횡 (美속어) (이름을 모르는 것을 가리켜) 저것(gadget).
***frock** [frak/frɔk] 횡 **1** (여성용) 드레스, 가운. **2** (선원용) 털실 스웨터. **3** 수도복(服), 성직복. **4** (기장이 긴) 군복. **5** (농부·직공의) 작업복(smock ~). **6** = coat. —톤 **1** …에 프록을 입히다. **2** …을 성직에 앉히다.
cast [or *throw*] *one's frock to the nettles* 성직 [사제직]을 버리다.
fróck còat 횡 프록 코트(19세기에 유행한 남자용 상
frock·ing [frάkiŋ/frɔ́k-] 횡 작업복용 옷감. [의).
froe [frou] 횡 (美) 판자를 쪼개는; 까뀌.
Froe·bel [fréibəl/G frǿːbəl] 횡 **Friedrich** ~ 프뢰

벨(1782-1852: 독일의 교육 개혁가; 세계 최초로 유치원 창설). **Froe·bel·i·an** [fróːbiːliən] 혱 ~**ism** 명

‡**frog**¹ [frɑg, frɔːg/frɔg] 명 (֎ ~**s** [-z]) 1 개구리. 2 (F-) 〖경멸적〗 프랑스 사람(개구리를 식용으로 하는 데서). 3 수반(水盤) 속의 꽃을 받치는 쇠붙이(침봉(針峰) 따위). 4 〖구어〗 (~ 에) 목소리의 쉼〖잠김〗, 쉰 소리, 목쟁이의 통증. 5 〖음악〗 (현악기의) 활 조리개. 6 《美속어》 10대 사이에서) 따분한 사람. 7 《美속어》 1달러 지폐. 8 《美남부》 (말의) 알통.
a big frog in a small pond 〖구어〗 작은 조직〖집단〗의 큰 존재〖개인〗.
a little [or **small**] **frog in a big pond** 큰 조직 속의 미미한 존재〖개인〗.
(**as**) **cold as a frog** 매우 싸늘한, 냉담한.
frog in the meadow [or **middle**] 원을 이루고 노래하면서 하는 어린이들의 술래잡기.
have [or **get**] **a frog in the** [or **one's**] **throat; there's a frog in** one's **throat** 〖구어〗 목이 쉬다: 목에 가래가 끓다.
rain frogs 《美남부》 큰 비가 내리다.
—타자 (~**s** [-z]; -**gg**-) 1 개구리를 잡다〖찾다〗. 2 《美속어》 속다(**up**). 명 (~ it**도**) 《美》 뛰듯이 걸어가다.
—혱 (때로 F-) 《속어》 프랑스인의〖과 같은〗.
~·**ging** 명 ~·**like** 혱

frog² 명 1 프로그(가슴에 다는 단추 고리를 겸한 장식끈; 군복 따위의 늑골 장식). 2 (혁대의) 칼꽂이.
~**ged** 혱

frog³ 명 〖동물〗 제차(蹄叉)(말굽 바닥의 3각 모양 연골).

frog⁴ 명 〖철도〗 철차(轍叉)(선로의 교차점에 설치하는 장치).

frog·eat·er [frɑ́giːtər, frɔ́ːg-/frɔ́g-] 명 1 개구리를 먹는 사람. 2 (F-) 《속어》〖경멸적〗 프랑스 사람.

[frog² 1]

frog·eye [frɑ́gài/frɔ́g-] 명 〖식물병리〗 잎의 흰별무늬병.
frog·face [frɑ́gfèis, frɔ́ːg-/frɔ́g-] 명 1 개구리상(像), 개구리 같은 얼굴〖용모〗. 2 (또는 **frɔ́g fàce**) 《속어》 이상한 사람, 멍청이.
frog·fish [frɑ́gfìʃ, frɔ́ːg-/frɔ́g-] 명 (֎ ~**es**) 1 빨간 씬벵이류(열대산(産)). 2 아귀.
frog·gy [frɑ́gi, frɔ́ːgi/frɔ́gi] 혱 1 개구리의〖같은〗. 2 개구리가 많은. 3 차가운, 냉담한. 3 (F-) 《속어》〖경멸적〗 프랑스인의(French). —명 (F-) 《속어》〖경멸적〗 프랑스 사람. (또는 **frɔ́g·gie**)
frɔ́g hàir 《美속어》 정치〖선거 운동〗 자금〖헌금〗.
frog·hop·per [frɑ́ghɑ̀pər, frɔ́ːg-/frɔ́ghɔ̀p-] 명 거품벌레과(科)의 작은 곤충.
frɔ́g kíck 〖수영〗 (평영에서의) 개구리 차기.
frog·man [frɑ́gmæn, -mən, frɔ́ːg-/frɔ́gmən] 명 잠수부; 〖해군〗 수중 파괴〖공작〗 대원.
frog·march [frɑ́gmɑ̀ːrtʃ, frɔ́ːg-/frɔ́g-] 명 엎어 나르기(반항하는 죄수 등을 앞어서 넷이서 손발을 잡아 나르는 일; 뒷짐진 팔을 결박하고 걷게 하기; (일반적으로) 억지로 걷게 하기. —타자 …의 손발을 잡고 앞어서 나르다; 팔을 뒤로 결박하고 걷게 하다. (또는 《英》 **frɔ́g's·mɑ̀rch**)
frɔ́g órchid 〖식물〗 개제비란(개구리 모양의 작은 녹색 꽃이 피는 난초). [폐; 濠속어] 콘돔.
frog·skin [frɑ́gskìn, frɔ́ːg-] 명 《속어》 1달러 지폐.
frɔ́g spàwn 명 1 개구리 알. 2 홍조류(紅藻類)의 민물산(産)의 말 무리(frog spit).
frɔ́g spit [**spittle**] 명 1 담수에 덩어리로 떠 있는 녹조류 식물. 2 〖곤충〗 (거품벌레가 내는) 거품.
frɔ́g stìcker 명 《美속어》 총검, (무기로서의) 칼. 2 《美방언》 주머니칼. (또는 **frɔ́g·sticker**)
frɔ́g tòwn [frɑ́gtàun] 명 《美》 시골 마을.

*
frol·ic [frɑ́lik/frɔ́l-] 명 1 ① 희롱거리기, 장난, (신명이 나서) 까불기(fun, gaiety). 2 〖단수형으로〗 유쾌한

모임[놀이, 소동]. —자 (-**icked;** -**ick·ing**) 1 신명나서 떠들다, 까불다; 장난치다. 2 (불꽃이) 활활 타오르다. —형 〖고어〗 =**frolicsome**. -**ick·er** 명
frol·ic·some [frɑ́liksəm/frɔ́l-] 형 유쾌하게 떠드는, 까불며 장난치는, 쾌활한. ~·**ly** 부 ~·**ness** 명

‡**from** ⇒**FROM**. 〈p. 1114〉
fro·mage [froumɑ́ːʒ] 명 치즈. [<F cheese]
fromáge fráis [-frei] 명 프로마주 프레(지방분이 적은 액체에 가까운 치즈). [<F fresh cheese]
fro·men·ty [fróumənti] 명 =**frumenty**.
Fromm [frɑm/frɔm] 명 **Erich** ~ 프롬(1900-80: 독일 출신의 미국 정신 분석학자·문명 비평가).
frond [frɑnd/frɔnd] 명 〖식물〗 (잘게 갈라진) 잎; (이끼 따위의) 엽상체(葉狀體). ~·**less** 형
frond·age [frɑ́ndidʒ/frɔ́n-] 명 ① 〖집합적〗 〖식물〗 엽상체, 군엽(群葉). [-는, 잎이 무성한.
frond·ed [frɑ́ndid/frɔ́nd-] 형 〖식물〗 엽상체가 있
fron·des·cence [frɑndésns/frɔn-] 명 1 잎의 발생 상태〖시기〗. 2 〖집합적〗 잎, 군엽. -**cent** 형
fron·deur [frɑndə́ːr/frɔn-] 명 1 폭도; 반체제〖불평〗 분자. 2 (F-) 〖프랑스 역사〗 프롱드 당(the Fronde; 루이 14세 때의 반(反) 왕당파) 당원.
fron·dose [frɑ́ndous/frɔ́n-] 형 〖식물〗 엽상체가 있는, 엽상체 비슷한. (또는 **frondous**)

‡**front** [frʌnt] 명 1 (the ~) 맨 앞부분, 앞면, 표면; 앞, 전방 (of ↔ back). ¶the ~ of an envelope 봉투의 앞면/look to the [or one's] ~ 앞(쪽)을 보다.
2 (the ~) (건물의) 정면, 전면; (형용사와 함께) (건물 따위의) 쪽, 면. ¶the ~ of a building 건물의 정면.
3 a) 〖군사〗 전선(前線), 선두; (the ~) 최전방, 일선, 전지(戰地); (대열의) 방향. ¶the home ~ 의 활동. b) 지도적 지위〖입장〗. ¶rise to the ~ of one's profession 종사하는 직업의 지도적 지위에까지 오르다.
4 (사상적·정치적인) 운동, 전선; 협력, 제휴, 활동. ¶the people's [or popular] ~ 인민 전선/form a united ~ 공동 전선을 형성하다. 5 활동〖경쟁〗 분야〖영역〗, 방면. 6 (도로·하천 따위에 면한) 빈터; (英) (the ~) (해안의) 산책길. ¶a lake ~ 호숫가/go along the ~ 해안로를 가다. 7 〖구어〗 명목상의 간판 인물; 표면상의 〖합법적, 사업, 단체〗, 방패막이 (for). ¶a ~ for a crime 범죄 은폐의 방패막이. 8 〖태도; 표정, 용모. 〖구어〗 겉치레, 체면. ¶a calm [brave] ~ 침착한〖용감〗 태도. 9 ① 오만함; 뻔뻔스러움, 몰염치. 10 〖人〗 이마; 얼굴. 11 앞부분에 붙이는 것, 가슴받이, 넥타이, (여성의) 이마 위에 붙이는 가발. 12 〖기상〗 전선. ¶a cold [warm] ~ 한랭〖온난〗 전선. 13 〖연극〗 관람석; 무대의 앞면. 14 〖음성〗 전설면(前舌面)〖음〗. 15 〖골프〗 전반(18홀 중 전반 9홀). 16 = ~ **desk**. [화.
a change of front 《군사》 방향 전환; 태도〖견해〗 변
at the front ① 일선에서, 싸움터에 나가; 출정중인. ② (문제 따위가) 표면화하여; 세평에 올라. ③ 정면〖전면〗에서; 선두〖앞쪽〗에서.
at the front of …의 선두에, 앞 부분에.
be sent to the front =go to the front.
change front ① 〖군사〗 (전장의) 정면을 바꾸다, 방향을 바꾸어 전진하다. ② (비유적) 화제〖방침, 논의 방향 따위〗를 바꾸다.
come [or **bold**] **to the front** 두각을 나타내다, 유명해지다; 전면〖표면〗에 나서다.   [선을 펴다.
form a united front against …에 대하여 공동 전
from front to back 앞〖처음부터 끝〗 뒤〖끝〗까지.
front and rear (부사적) 앞뒤로; 앞뒤 양면으로부터.
front of 《속어》 =in front of.
front to front 〖고어〗 마주보고, 맞대면하여.
get in front of oneself 《美속어》 (몹시) 서두르다; 당황하다; 허둥대다.   [로 가다.
go to the front 싸움터에 나가다, 출정하다; 일선으
have the front to do 뻔뻔스럽게도 …하다.

from

「떨어져」(away)가 원뜻으로, 공간적으로나 시간적으로나 물리·화학적으로나 심리적으로나 오로지 출발점·출처를 가리킨다. 또한 다른 전치사들과는 달리 부사로는 쓰이지 않고 오로지 전치사로만 쓰이는 점도 특기할 만하다.

‡**from** [frʌm, frɑm, 약 frəm / frɔm, 약 frəm] 〈전〉
1 (운동·동작 따위의 시발점·기점) …에서. ¶start [set sail] ~ London 런던에서 출발[출항]하다 / fall ~ the sky 하늘에서 떨어지다 / rise ~ a chair 의자에서 일어서다 / hang ~ a bough 나뭇가지에 매달려 있다 / a train running west ~ New York City 뉴욕 시에서 서쪽으로 가는 기차 / A nail projected ~ the wall. 못이 벽에서 튀어나와 있었다.
2 (범위·시간·순서 따위의 기점·시발점) **a)** (장소) …으로부터. ¶~ above 위로부터 / ~ within[without] 안[밖]으로부터 / ~ far and near 여기저기에서, 도처에서 / ~ over the sea 해외로부터 / ~ door to door 이집에서 저 집으로, 집집마다 / ~ mouth to mouth 입에서 입으로 / read ~ page 5 to 9 5페이지에서 9페이지까지 읽다 / a good film ~ beginning to end 처음부터 마지막까지 좋은 영화 / The ship was on fire ~ end to end. 그 배는 온통 불길에 휩싸였다 / They live ~ hand to mouth. 그들은 하루 벌어 하루 생활하고 있다 / He took a box ~ under the counter. 그는 카운터 밑에서 상자를 꺼냈다 / The sound of laughter came ~ behind the curtain. 웃음소리가 커튼 뒤쪽에서 들려왔다.
b) (때) …이래 (쭉), …부터 (쭉). ¶~ this time forward 앞으로는, 금후는 / ~ of old; ~ long ago 옛날부터 / ~ time to time 때때로, 이따금 / ~ birth till death 태어나서부터 죽을 때까지 / He works ~ morning to[or till] night. 그는 아침부터 밤까지 일한다 / Shakespeare lived ~ 1564 to 1616. 셰익스피어는 1564년부터 1616년까지 살았다 / I have known him ~ a child. 나는 어릴 때부터 그를 알고 있다 / We used to see him ~ week to week. 이전에는 매주마다 그를 만났었다 / The law has been in force ~ just after the war until the present time. 그 법률은 전쟁 직후에 시행되어 현재에 이르고 있다.
c) (수량·가격 따위) …부터, …이상. ¶Let's count ~ one to twelve. 1에서 12까지 세어 봅시다 / The number of stores will be increased ~ 25 to a total of 30. 가게 수는 25에서 총수 30까지 증가할 것이다 / We have men's ready-made suits ~ 50 dollars. 남자 기성복은 50달러짜리부터 있습니다.
d) (선택의 범위) …에서, …의 가운데서. ¶There are over thirty dishes to select ~. 30종류 이상의 요리가 운데서 고를 수 있습니다 / Choose a tie ~ among those. 여기 넥타이 가운데서 하나를 고르시오.

USAGE[1] **from...to, from...till, from...through [to...inclusive]** ── (**1**) from...to는 장소와 시간에 다 쓰이나, from...till은 시간에 대해서만 쓰며, 「…에서 …까지(내내)」라는 계속의 뜻이 강하다: ~ Seoul to Suwon / ~ 1 a.m. to[or till] 10 p.m. * ~ time to time 「이따금」과 같이 계속의 관념이 있는 경우에는 till은 쓰지 않는다. (**2**) from 11 to 20은 11, 20을 포함하지 않고, 그것을 명시하기 위해 (美) from...through, (英) from...to...inclusive를 쓰는 일이 있다: (美) ~ January 18 through February 15, (英) ~ January 18 to February 15 inclusive. (**3**) from...to에 같은 명사나 대구(對句) 따위처럼 밀접히 관련된 명사가 쓰일 경우 보통 관사는 생략된다: ~ shop to shop / ~ head to foot.

USAGE[2] **from과 since** ── from은 단순히 때의 출발점만을 나타내는 데 대하여 since는 출발점을 나타냄과 동시에 현재(또는 과거의 어느 시점)까지의 계속의 뜻을 내포한다. 따라서 from은 과거·현재·미래의 어느 때에 대해서나 쓰지만 since는 과거의 어떤 시점에 대해서만 쓴다.

USAGE[3] **from과 out of** ── (**1**) from은 장소를 ,out of는 「(장소의) 안에서 밖으로」의 뜻을 지닌다: She came ~ [out of] the room. (**2**) from...to는 연속 동작으로 간주되기 때문에 from...and to를 쓸 수 없으나 out of...to는 두 동작으로 보아 out of...and to를 써도 된다: He ran out of the house and to the tree.

3 (간격·부재·휴지) (종종 away ~) …에서 (떨어져서). ¶3 miles ~ shore 물가에서 3마일 떨어진 곳에 / 30 minutes ~ now 지금부터 30분 후에 / stay away ~ home 집을 떠나 있다 / be absent ~ school 학교를 결석하다 / wander ~ one's purpose 목적에서 벗어나다 / How far is it ~ here? 여기서 거리가 얼마나 됩니까? / The houses are back ~ the road. 그 집은 도로에서 쑥 들어간 곳에 있다 / He is still a long way ~ passing his examination. 그는 시험에 합격하기에는 아직도 멀었다 / Far ~ being cold, I am hot. 춥기는커녕 몸에서 난다.
4 (변화·추이) …에서; (결과를 나타내는 to와 상관적으로 쓰여) …에서 (변화해서). ¶awake ~ a dream 꿈에서 깨어나다 / recover ~ illness 병이 낫다 / The field changed ~ green to brown. 들판은 푸른 빛에서 갈색으로 바뀌었다 / He wants to change his appointment ~ Monday to Friday. 그는 약속 날짜를 월요일에서 금요일로 변경하기를 바라고 있다 / Things are going ~ bad to worse. 사태는 점점[갈수록] 더 나빠지고 있다.
5 (차이·구별) (know, tell, show 따위와 함께 쓰여) …와 달리, …의 중에서(out of). ¶tell one thing ~ another 한쪽을 딴 것과 구별하다 / I differ ~ my father in opinion. 나는 아버지와 의견이 다르다 / I cannot tell him ~ his twin brother. 나는 그와 그의 쌍둥이 동생을 구별할 수가 없다 / There was no one to show me right ~ wrong. 나에게 옳고 그름의 구별을 가르쳐 줄 사람은 아무도 없었다.
6 (분리·해방·억제·방해 따위) (동사+목적어+from...구문으로) …에서 ,…로부터. ¶be released ~ prison 교도소에서 석방되다 / be free ~ care 걱정이 없다 / can't refrain [or keep oneself] ~ laughing 웃지 않을 수 없다 / keep a secret ~ others 비밀을 남에게 누설하지 않다 / He lives apart ~ his wife. 그는 아내와 별거하고 있다 / She took the ring ~ her finger. 그녀는 손가락에서 반지를 빼냈다 / If you take 7 ~ 15, 8 remains. 15에서 7을 빼면 8이 남는다 / I was excluded ~ membership. 나는 회원에서 제외되었다 / No one is free ~ fault. 결점이 없는 사람은 없다 / The medicine gives you relief ~ headache. 그 약을 먹으면 두통이 멎을 거요 / He saved the child ~ a fire. 그는 그 어린이를 불에서 구해냈다 / Bad weather prevented them ~ sailing. 날씨가 나빠서 그들은 출항할 수 없었다.
7 (출처·유래) …에서부터(의). ¶goods ~ foreign countries 외국제 상품 / take a pencil ~ one's pocket 호주머니에서 연필을 꺼내다 / come [or be] ~ the Midwest 미국 중서부 출신이다 / hear ~ a person 남에게서 소식을 듣다 / drink ~ the river 냇물을 마시다 / act some scenes ~ *Hamlet* 『햄릿』 중의 몇 장면을 연기하다 / paint ~ nature 사생(寫生)하다 / paint ~ memory 기억을 더듬어서 그리다 / Where are you ~?

어디 출신이십니까, 어느 나라에서 오셨습니까?/Skill comes ~ practice. 숙련은 연습에서 얻어진다.
8 (원료·재료) …에서, …으로. ¶make chemical fibers ~ petroleum 석유에서 화학 섬유를 만들다/This jam is made ~ oranges and sugar. 이 잼은 오렌지와 설탕으로 만든다.

USAGE[4] **be made from**과 **be made of, be made with**──보통 be made from은 재료가 화학적 변화를 받아서 원형이나 성질을 바꾸어 제품이 되어 있을 때에 쓰고, be made of는 재료가 물리적 변화를 받지만 원래의 성질을 잃지 않고 제품이 되는 경우에 쓴다: Wine is made ~ grapes. 포도주는 포도로 만든다 (* be made with는 쓰인 재료의 일부를 나타낼 때 쓴다)/The bridge is made of stone. 그 다리는 돌로 만들어졌다.

9 (원인·동기·매체·수단) …에서, …이므로, …에 의하여. ¶death [die] ~ starvation 아사(餓死)[굶어 죽다]/suffer ~ headache 두통을 앓다/scream ~ fear 두려움으로 비명을 지르다/act ~ a sense of duty 의무감에서 행동하다/His failure in the examination resulted ~ laziness. 그가 시험에 떨어진 것은 게으름 때문이었다/He was nervous and irritable ~ lack of sleep. 그는 수면 부족으로 말미암아 신경질적이 되어 있었다/She came in, red-faced ~ the cold. 그녀는 추위 때문에 얼굴이 빨개져 가지고 들어왔다/My muscles are sore ~ playing baseball. 야구를 했더니 근육이 쑤신다.
10 (시점(視點)·관점·판단의 근거) …으로 (보아, 판단해서), …에 근거하여. ¶speak ~ experience 경험에 근거해서 말하다/judge ~ appearances 겉모습으로 판단하다/draw a conclusion ~ the premise 전제에서 결론을 끌어내다/The hotel ~ up here was as small as a doll's house. 그 호텔은 이 고지에서 볼 때 인형의 집처럼 작았다/The plan is not advisable ~ the political point of view. 정치적 관점에서 보면 그 계획은 타당한 것이 못된다/F- the look of the sky it will snow tonight. 하늘을 보니 오늘밤은 눈이 오겠다/F- the evidence, he must be guilty. 그 증거로 보아 그는 유죄임에 틀림없다.

USAGE[5] **from**의 목적어──from은 종종 전치사(구)나 부사(구)를 목적어로 취하기도 한다: ~ above [below] 위[아래]에서/~ out (of) …로부터(* out of의 강조형)/choose ~ among these items 이들 품목 중에서 고르다.

be [or **come**] **from** …에서 오다; …출신이다.
from head to foot ⇒HEAD.
from now on 앞으로는 (쭉), 금후.
from then on 그때부터 (쭉).
(out) from under 궁지[곤경]에서 (벗어나). ¶get out ~ under 궁지를 벗어나다.

head and front 주요부(主要部).
in front 전방[앞쪽]에, 정면에, 맨 앞쪽에; 가장 중요한 자리[위치]에.
in front of …의 앞에; …의 정면에, 앞면에.
in the front of ① …의 앞부분에; …의 앞면[줄]에. ② …의 가장 중요한 자리[위치]에.
keep up a front 성공한 것처럼 꾸미다.
lie on one's front 엎드려 자다.
on the home [or *domestic*] *front* 후방에서; 국내에서, 국내(사정)에 관해.
out front ① 입구 바깥쪽에서. ② (남보다) 앞서, 발군(拔群)하여. ③ (연극) 관객[관람]석에서. ④ (구어) 솔직하게, 정직하게. ⑤ 처음(부터).
put on a front 겉치레하다.
show [or *present, put on, put up*] *a bold* [or *brave, good*] *front on* …에 대담한 태도를 보이다.
up front ① (구어) 미리; 선불로, 전도금으로. ② (구어) 처음에[부터]; 곧. ③ (구어) 솔직[정직]하게; (사람이) 솔직하게 (with). ④ (구어) 전면에, 선두에 서서, 중심이 되어; (군사) 전선에; 차의 앞좌석에. ⑤ (구어) (스포츠) 전위[포워드]에서. ⑥ (구어) 널리 알려져, 공개되어. ⑦ (기업 따위의) 관리 부문.
── 한정용법) **1** 앞(부분)의, 앞면의, 정면의. ¶~ seats at a theater 극장의 맨 앞줄 좌석/a ~ wheel (차의) 앞바퀴/a ~ view 정면의 조망/a ~ elevation 정면도. **2** 중요한, 현저한. **3** (음성) 전설(前舌)(음)의. ④ front vowel
be [or *stand*] *in the front rank* 유명[중요]하다.
take a front seat (美구어) 중요한 지위를 차지하다.
──동 앞쪽[정면]에[으로]. ¶Eyes ~! 바로[앞으로 봐]!
front and center (활동·흥미·관심 따위의) 선두에, 중앙에, 최전방에.
──동 타 **1** …에 면하다, 향하다. ¶the landscape ~ing the title page 속표지 맞은편에 있는 풍경화. **2** …에 직면하다; …에 맞서다, 적대하다, 반항하다. ¶~ a danger 위험에 맞서다/~ death 죽음에 직면하다. **3** …에 앞면을 달다, …의 정면에 있다[이 되다] (with). ¶(~+目+前+名) a mansion ~ed with a garden 정면에 정원이 있는 저택. **4** (음성) 전설음으로 전화(轉化)하다. **5** (재즈 밴드 따위) 를 지휘하다. **6** …을 도입부로 하다. **7** (구어) …의 대표[지도자]가 되다. **8** (구어) (TV 프로 따위)에 출연하다, 종합 사회자로 나서다. **9** (군사) (대열)을 정면으로 향하게 하다. **10** (농구) (상대)의 정면에서 플레이하다. **11** (속어) (돈)을 건네다, (물건)을 선도하다; (美속어) [마약 따위)를 건네다.
──자 **1** 향하다, 면하다, 정면으로 향하다 (on, upon, onto, to, toward). ¶(~+前+名) The house ~ed on the sea. 그 집은 바다를 향하고 있었다// (~+副) F- round and stand still. 정면을 향하고 꼼짝 말고 있어라. **2** (구어) 남의 눈을 속이다; (…의) 대역[앞잡이, 지지자, 대변자]이 되다 (for). **3** (속어) (…의) 방패막이가 되다 (for). **4** (濠·뉴질 구어) (경찰서 따위에) 나타나다, 모습을 보이다 (up) (at). **5** (美속어) 잘난 체하다. **6** (英속어) 공격적으로 행동하다. **6** (美속어) 허세부리다.
front it (英속어) 공격적으로 나오다.
front off about (속어) …에 대해 주제 넘게[건방지게] 불복하다[반감을 보이다].
front out (속어) 맞서다, 대결하다; 겁방 떨다, 까불다.
try [or *want*] *to front* (美속어) 남을 헐뜯다.
──자 **1** (구령) 앞으로 나와[봐]. **2** 프런트로(호텔에서 프런트 담당이 보이를 부를 때의 소리).
front and center ① (구어) 중앙 앞으로 (나와). ② (속어) (보이지 않는 사람에게) 이리 나와.
front. frontispiece.
front·age [fr󠀁ántidʒ] 명 **1** (건물의) 정면, 앞면. **2** 앞면의 폭. **3** (건물의) 향. **4** (강·도로 따위에 면한) 임계지(臨界地), 인접지, 빈터. **5** 건물 정면과 도로 사이의 땅[빈터]. **6** (군대의) 숙영지(宿營地), 전투[점령] 정면.
── 동 타 …으로 정면을 돌리다, 면하다.
front·ag·er [fr󠀁ántidʒər] 명 (하천·도로) 인접지 소유[거주]자.
fróntage róad 명 (美) 지선 도로. 動 service road
fron·tal [fr󠀁ántl] 형 **1** 앞의, 앞면(前面)의. ¶a ~ attack 정면 공격. **2** (해부) 정면의, 이마의, 전두부(前頭部)의. **3** (기상) 전선(前線)의. **4** (미술) 정면을 향한; (그림에서) 화면과 평행의; (조각에서) 정면에서 본. ── 명 **1** (해부) 전두골. **2** (종교) (제단의) 정면 휘장. **3** (건물의) 정면. **4** =frontlet 3. **~·ly** 부
fróntal bóne 명 (해부) 전두골(前頭骨).
fróntal cýclone 명 (기상) 전선 저기압.
fron·tal·i·ty [fr󠀁ʌntǽləti] 명 (미술) 정면성(正面性).

frón·tal lóbe 〖해부〗 (뇌의) 전두엽(前頭葉).
frón·tal lobótomy 〖외과〗 전두엽 절제술.
frón·tal sýstem 〖기상〗 전선계(前線系).
frónt bénch 〖英〗 (the ~; 단·복수 양용) **1** (하원 의사당의 각료·야당 간부가 앉는) 정면석. **2** =front bencher. **frónt-bènch** 〖각료〖야당 간부〕의.
frónt béncher 〖英〗 (하원 front bench에 앉는) 장관, 야당 간부, 거물급 의원. (또는 **frónt-béncher**)
frónt búrner 〖美〗**1** (렌지의) 앞쪽 버너(⇔ back burner). **2** 최우선 사항, 최대 관심사가 중요한 위치.
  cooking on the front burner 〖속어〗 호조를 띠어, 상태〔컨디션〕가 좋은. 「대한 관심사로〔의〕.
  on the [or *one's*] *front burner* 최우선으로〔의〕, 중
frónt-búrn·er 〖형〗
frónt cóurt 〖농구〗 프런트 코트(상대방 코트); (프런트 코트에서 하는) 공격진〔선수〕.
frónt désk 〖美〗 (호텔 등의) 접수처, 프런트(〖英〗 reception desk).
frónt díve 〖수영〗 전면(前面) 다이빙(몸을 앞으로 회전시키며 뛰어 내리는 다이빙법).
frónt dóor 〖형〗**1** 정면 현관 입구. **2** (목적 달성을 위한) 최선의 접근 방법, 정공(正攻)법. **3** 합법적 수단, 정규 수속. **4** (the ~) 〖美속어〗 (서커스단의) 경영주.
  do...through front door …을 정정당당하게〔정식 절차를 거쳐〕 하다, 정공법으로 다루다〔접근하다〕.
—〖속어〗 (회사 따위에) 취직하는, 어엿한.
frónt-dòor 〖형〗
frónt-drive [⁃dràiv] 〖형〗 (자동차의) 전륜 구동(의).
frónt édge 〖형〗=cutting edge.
frónt énd 〖형〗 프런트 엔드. **1** 〖전자〗 안테나에서 오는 전파를 선택 증폭하여 중간 주파수로 변환시키는 부분. **2** 〖컴퓨터〗 주 컴퓨터와 사용자 사이에 위해하는 전(前)처리 제어; 그 시스템.
frónt-end [⁃ènd] 〖형〗**1** 시작〔시초〕의, 시작에 필요한, 착수 단계의. **2** (사업 자금 따위가) 미리 준비되는, 선불용의. **3** 앞 부분의; 〖美속어〗 (카나탄 회장 따위에서) 정면 입구에 가까운 쪽의. ¶ front end의.
frónt-end bónus 〖형〗 유능한 사원의 타회사 전직을 막기 위해 정상 급여·수당 외에 지급하는 상여금.
frónt-end·ing [⁃èndiŋ] 〖형〗 〖컴퓨터〗 (단말기에서의) 데이터의 직접 입력〔처리〕.
frónt-end lóad 〖형〗 〖증권〗 선취(先取) 수수료.
frónt-end lóader 〖형〗 끝에 삽이 달린 트랙터.
frónt-end móney 〖형〗 〖속어〗 (영화의) 흥행〔개봉〕 전 수익(금).
frónt-end prócessor 〖형〗 〖컴퓨터〗 주(主) 컴퓨터 대신 데이터를 미리 처리하는 소형 컴퓨터 장치.
fron·ten·is [frʌnténis, frɑn-] 〖형〗 프런테니스(3벽면 코트에서 행하는 스쿼시와 비슷한 스포츠).
frónt fóot 〖형〗 (피트로 측정한 건물이나 부지의) 폭.
frónt fóur 〖미식축구〗 방어 라인에 있는 4명의 수
frónt gróup 〖형〗 (지하 조직의) 위장 단체. 「비 선수.
fron·tier [frʌntíər, frɑn-, ⁄- /frántiə] 〖형〗 (⊕) ~s [-z]) **1** 국경 (지방) (*between, with*). ⇒ BORDER 유의어 ¶ *Music recognizes no ~.* 음악에는 국경이 없다. **2** 〖美〗 미개척지와 개척지의 접경, 변경 지대; (식민 이전의) 서부 변경. **3** (~s) (학문·지식 따위의) 미개척 분야, 새 영역, 최첨단 분야(*of*). ¶ *the latest ~s of linguistic science* 언어학의 최근의 연구 분야. **4** (종종 ~s) 한계, 극한; 경계. ¶ *beyond the ~s of language* 언어의 한계를 넘어서. **5** 〖수학〗 경계.
  on the frontiers 〖변경〗에서, 신개척지에서.
—〖형〗 〖한정용법〗 **1** 국경의. ¶~ *garrisons* 국경 수비대. **2** 〖美〗 변경의. **3** 최첨단을 가는, 선구적인.
~·**less**, ~·**like** 〖형〗
frontíer índustry 〖형〗 첨단 산업. 「궤도 이론.
frontíer órbital théory 〖화학〗 프론티어 전자
fron·tiers·man [frʌntíərzmən] 〖형〗 국경〔변경〕 주

민; 〖美〗 변경 개척민.
frontíer spírit 〖형〗 (the ~) 개척자 정신〔기질〕.
⁕frón·tis·piece [frʌ́ntispìːs, frɑ́n-] 〖형〗**1** (책의) 권두화(卷頭畵)(⇔ front). **2** 〖건축〗 정면. **3** (현관 위의) 장식벽, 합각 머리. —〖타동〗 권두화를 그리다.
frónt·lash [frʌ́ntlæ̀ʃ] 〖형〗 역(逆)공세, 역반격.
frónt·less [frʌ́ntlis] 〖형〗**1** 정면이 없는. **2** (고어) 파렴치한, 뻔뻔스러운. ~·**ly** 〖부〗 ~·**ness** 〖형〗
frónt·let [frʌ́ntlit] 〖형〗**1** (모든 동물의) 이마. **2** (조류) (털빛이나 털이 난 모양새가 다른 부분과 다른) 이마 부분. **3** 이마에 다는 장식용) 리본, 밴드. **4** (유대인 사이에서) 이마에 붙이는 부적.
frónt líne 〖형〗 (the ~) **1** (활동·투쟁 따위의) 선두, 최첨단. **2** 〖군사〗 (최)전선, 제일선.
frónt-line 〖형〗**1** 전선(용)의. **2** 제1선에서 활약하는. **3** 최첨단의; 일류의; 경험이 풍부한.
frónt·list [frʌ́ntlist] 〖형〗 (출판사의) 신간 목록. ⇔
frónt lóad 〖형〗 =front-end load. 「backlist
frónt-lóad [⁃lóud] 〖타동〗**1** …을 전면에 넣다. **2** 〖임금·비용 따위를〗 계약 때 정하다; (용자금을) 앞당겨 대출하다. **3** 처음에 전력 투구하다. —〖형〗 [⁃⁀] (또는 **frónt-lóaded**) 전면 삽입〔투입〕식의.
frónt lóader 〖형〗**1** 전면으로 넣고 빼는 기기(세탁기 따위). **2** =front-end loader.
frónt-lóad·ing [⁃lóudiŋ] 〖형〗**1** (기기가) 전면 삽입〔투입〕식의. **2** (수수료·이자 따위의) 계약시 징수, 당초 지불. **3** 출발〔시작〕 때 전력을 다하는 것. **4** 미리 (몰래) 술 마시는 것.
frónt·man [frʌ́ntmæ̀n] 〖형〗**1** 간판 구실을 하는 인물, 대표; 표면에 내세우는 인물. (또는 **frónt màn**) **2** (밴드의) 리더, 리드 보컬; 〖TV〗 (프로의) 사회자, 호스트. **3** 마피아의 법률 고문.
frónt mátter 〖인쇄〗 책의 본문 앞 부분(속표지·차례 따위). ⇔ back matter
frónt móney 〖형〗**1** 선불금, 착수금. **2** (회사 설립에 필요한) 자본금. **3** 접도금.
frónt náme 〖美속어〗 (성에 대한) 이름, 세례명.
frónt níne 〖골프〗 18홀 플레이의 전반 9홀.
frónt óffice 〖美〗**1** (회사·조직체의) 본부, 총무실, 사무총국; 수뇌부, 간부; (경찰) 본부. **2** 〖증권〗 (거래소의) 객장(주식 매매가 행해지는 곳). **3** 〖익살〗 (실권·결정권을 쥔) 남편, 아내. ⇔ 경영 간부의; 상부의.
frónt-óf-fice 〖형〗 수뇌부의; 최종적인. 「적인.
fron·to·gen·e·sis [frʌntoudʒénəsis] 〖형〗 〖기상〗 전선(前線)의 발생〔발달〕. **-ge·nét·ic** 〖형〗
fron·tol·y·sis [frʌntáləsis] 〖형〗 〖기상〗 전선의 소멸
frónt organizátion 〖형〗 = front group.
frónt páge 〖형〗 (책의) 속표지; (신문의) 제1면.
frónt-page [⁃pèidʒ] 〖형〗 〖한정용법〗 (뉴스 따위가) 신문 제1면용의, 중요한, 보도 가치가 높은. ¶~ *news* 톱 기사. —〖타동〗 …을 제1면에 싣다〔게재하다〕.
frónt ránk 〖형〗 (the ~) 최고위, 제일급.
  in the front rank 유명하여, 중요 인물이어서.
frónt-rank [⁃ræ̀ŋk] 〖형〗 제1급의, 일류의.
frónt-ránk·er [⁃ræ̀ŋkər] 〖형〗 주요 인물.
frónt róom 〖형〗 거실(living room).
frónt rúnner 〖형〗**1** 〖스포츠〗 선두를 달리는 선수〔말〕; 최우수 선수. **2** 선두에서 선 사람, (선거에서) 가장 유력한 후보. (또는 **frónt(-)rúnner**) **frónt-rún·ning** 〖형〗
frónt rúnning 〖형〗 〖증권〗 주식 선(先)매매 거래.
fronts·man [frʌ́ntsmən] 〖형〗 〖英〗 가게 앞에 서서 파는 점원.
frónt stéps 〖형〗〖복〗 정면 입구 계단. 「따위).
frónt vówel 〖형〗 〖음성〗 전설(前舌) 모음(i, e, ɛ, æ)
frónt·ward [frʌ́ntwərd] 〖형〗 전방〔정면 쪽〕으로. (또는 ~**s**) —〖형〗 전방의, 정면으로 향한.
frónt-wheel [⁄hwíːl/-wíːl] 〖형〗 (차 따위의) 앞바퀴에 작용하는. ¶ *a* ~ *brake* 전륜(前輪) 브레이크.

frónt-whèel dríve 〖명〗〔자동차〕전륜 구동(驅動).
frónt yárd 〖명〗(집의) 앞뜰. 〖參〗backyard
frore [frɔːr] 〖형〗(고어) 서리가 내리는, 혹한의.
frosh [frɑʃ/frɔʃ] 〖명〗(미구어) (대학의) 신입생(의).
‡frost [frɔːst/frɔst] 〖명〗 1 ⓤ 서리; ⓒ 서리가 내리기, 강상(降霜).¶a heavy [or severe] ~ 된서리/an early ~ 이른 서리/Jack F- (의인화한) 서리, 엄동. 2 ⓤ (종 a ~) 결빙(結氷), 동결; (서리가 내릴 정도의) 추위, 혹한; (냉장고 따위의) 서리 낌; (英) 결빙 온도, 빙점(氷點)하. 3 밀크 셰이크; 프라페(frappé). 4 (태도·기질의) 차가움, 냉담, 냉혹. 5 ⓒ (구어) (출판·공연 따위의) 실패; (美속어) 냉담한 거부[무시]. ¶The play was a dreadful ~. 그 연극은 참담한 실패였다.
degree of frost 〖英〗빙점 이하의 눈금.
with frost 냉담하게.
— 〖동타〗 1 (수동형으로) …을 서리로 덮다. 2 …의 표면을 하얗게 흐리게 하다(*over, up*); (유리·금속의) 광택을 없애다. 3 (냉장고 따위의) 서리 낌; (英) 결빙 온도, 빙점(氷點)하. 4 (수동형으로) …을 서리로 해치다, 상해(霜害)를 입히다. 5 (머리를) 희게 하다. 6 (얼음에 미끄러지지 않도록) (편자의 못)을 날카롭게 하다. 7 (남)을 화나게 하다. 8 (속어) 쌀쌀하게 거절[무시]하다. — 〖동자〗 1 서리가 내리다. ¶It ~s. 서리가 내린다. 2 (서리처럼) 하얗게 되다. 3 (美속어) 실패하다.
frost a person's ass 〖美속어〗지겹게 만들다.
frost over 서리로 뒤덮다[뒤덮이다].
~**·less**, ~**·like** 〖형〗
Frost [frɔːst/frɔst] 〖명〗 **Robert (Lee)** ~ 프로스트 (1874-1963; 미국의 시인).
Frost·belt [frɔːstbèlt] 〖명〗 (때로 f-) 〖美〗 한랭[강상(降霜)] 지대. 〖參〗 Snowbelt (또는 **Fróst Bèlt**)
frost·bite [frɔːstbàit/frɔst-] 〖명〗ⓤ 동상(chilblain). ¶suffer from ~ 동상 걸리다. — 〖동타〗 …을 추위에 상하게 하다, …에 상해(霜害)를 입히다, 동상을 입히다. — 〖동자〗 겨울 요트 경기[놀이]를 하다. — 〖형〗 겨울철에 행해지는, 겨울 요트 경기의, (트 논익[경기]).
fróstbite sàiling [bòating] 〖명〗 〖美〗 겨울철 요.
frost·bit·ing [frɔːstbàitiŋ] 〖명〗 =frostbite sailing.
frost·bit·ten [frɔːstbìtn/frɔst-] 〖형〗 1 상해(霜害)를 입은; 동상에 걸린. 2 냉담한.
frost·bound [frɔːstbàund/frɔst-] 〖형〗 (지면 따위가) 동결한, 얼어붙은; (태도·관계 따위가) 냉담한.
frost·ed [frɔːstid/frɔst-] 〖형〗 1 서리에 덮인, 서리가 내린. ¶a ~ windowpane 성에 낀 유리창. 2 =frostbitten. 3 설탕을 입힌; (머리털이) 하얗게 된, 광택을 없앤. 5 급속히 냉동된; ~ foods 냉동 식품. 6 아이스크림을 섞어서 만든. 7 (태도·기분 따위가) 쌀쌀한, 차가운; 거만한. 8 (美속어) 술 취한. — 〖명〗ⓤⓒ 셰이크(아이스크림·우유·시럽 따위를 섞은 음료).
frósted glàss 〖명〗 젖빛[광택을 없앤] 유리.
frost·fish [frɔːstfiʃ/frɔst-] 〖명〗 (북미산(産)) 작은 대구류(類).
frost·flow·er [frɔːstflàuər/frɔst-] 〖명〗 애스터 (Aster)속의 식물(들국화·쟁당 따위).
frost-free [⌐fri:] 〖형〗 (지역의) 서리가 내리지 않는; (냉장고가) 서리 제거 장치가 달린, 서리가 끼지 않는.
fróst hèaving [hèaving] 〖명〗 〖지질〗 동상(凍上)(땅이 얼어서 솟아오르는 현상).
fróst hòllow 〖명〗 (야간에 추운) 산간의 분지.
frost·i·ly [frɔːstili/frɔst-] 〖부〗 서리(얼음)듯이; 서리처럼; 쌀쌀하게, 냉담하게. ¶smile ~ 쌀쌀하게 웃다.
frost·i·ness [frɔːstinis/frɔst-] 〖명〗ⓤ 서리가 내릴 만큼, 차가움, 참; 반백(半白); 쌀쌀함, 냉담.
frost·ing [frɔːstiŋ/frɔst-] 〖명〗 1 서리가 내림, 서리 낌. 2 〖美〗 (과자에 입힌) 당의(糖衣)(icing). 3 (유리·금속의) 광택을 없애기, 광택을 없앤 면. 4 (장식 세공용의) 유리 가루.
the frosting on the cake 빛을 더해 주는 것, 금상

fróst·line [frɔːstlàin/frɔst-] 〖명〗 (지면의) 동결선.
fróst pòint 상점(霜点)(서리가 맺히는 온도).
frost·work [frɔːstwɔ̀ːrk/frɔst-] 〖명〗ⓤ (유리창에 생기는) 서리꽃, 성에; (은그릇 따위의) 서리 무늬 장식.
‡frost·y [frɔːsti/frɔsti] 〖형〗 1 서리가 내리는, 서리가 맺는, 얼어붙는 듯한, 혹한의; 〖美〗 a night 서리가 내리는 밤. 2 서리에 덮인. 3 (태도·성질 따위가) 쌀쌀한, 냉담한 (to). 4 (머리털 따위가) 서리 같은, 반백(半白)의; 노령의, 늙은. 5 (美속어) 냉담한, 차분한. 6 (美속어) 취한. 7 (美속어) (술·마약 따위에) 취한. 8 (美속어) 불감증의. — (美속어) 1 (잔) 맥주. (또는 ~ **òne**) 2 백인의 흉내를 내고 싶어하는 흑인.
‡froth [frɔːθ/frɔθ] 〖명〗ⓤⓒ 1 거품, 포말. ⇨ FOAM 〖類義語〗the ~ on beer 맥주의 거품. 2 (병·흥분에 의한) 게거품. 3 시시한 생각, 공허한 것; 빈말. — 〖동타〗 1 …을 거품으로 덮다. 거품을 일게 하다(*up*). ¶~ eggs 달걀을 저어서 거품이 일게 하다. 2 (거품처럼) …을 뿜어내다. ~ one's anger 화를 토해내다. 3 …을 시시한 것으로 장식하다(*up*). 〖동자〗 거품을 내다(*up*).
froth at the mouth 입에서 거품을 뿜다.
~**·er** 〖명〗 「애음가」
froth·blow·er [frɔːθblòuər] 〖명〗 (英) (익살) 맥주 애음가.
froth-spit [⌐spit] 〖명〗 (거품벌레의) 내뿜는 거품.
froth·y [frɔːθi/frɔθi] 〖형〗 1 거품(같은), 거품투성이의. 2 공허한, 알맹이가 없는; 천박한. 3 (옷 따위가) 나볍고 섬세한 천의. **fróth·i·ly** 〖부〗 **fróth·i·ness** 〖명〗
frot·tage [frɔːtάːʒ/frɔ-] 〖명〗ⓤ 프로타주. 1 〖미술〗 종이를 물체 위에 놓고 연필 따위로 문질러 복사하는 미술 기법; 그 작품. 2 〖심리〗 옷을 입은 채 몸을 남의 몸[성기]에 문질러 성적 쾌감을 얻는 변태 성욕. 〖＜F〗
frot·teur [frɔːtɔ́ːr] 〖명〗 〖심리〗 frottage하는 사람.
frou·frou [frúːfrúː] 〖명〗ⓤ (비단이 스치는) 사그락 소리. 2 (프릴·리본 따위로 공들인 여성복의) 장식. 3 (구어) (짓꿋 꾸민) 점잖, 고상함. 〖＜F〗
frounce [frauns] 〖명〗ⓤ (고어) 뽐냄, 젠체함, 허식. — 〖동타〗 (고어) 1 …의 머리를 컬하다. 2 …에 주름을 잡다. — 〖동자〗 (폐어) 이맛살을 찌푸리다.
froust [fraust] 〖명〗〖자〗 =frowst.
frouz·y [fráuzi] 〖형〗 =frowzy.
frow¹ [frou] 〖명〗 =froe. 「주부. 〖＜D〗
frow² [frau] 〖명〗 여성; (네덜란드·독일의) 부인, 아내.
fro·ward [fróuwərd] 〖형〗 빙퉁그러진; 옹고집의, 완고한, 다루기 힘든. ~**·ly** ~**·ness** 〖명〗
‡frown [fraun] 〖명〗 (~s [-z]) 1 (…에) 눈살을 찌푸리다, 얼굴을 찡그리다 (*about, at*); (…에 대해) 싫어하는 [언짢은] 얼굴을 하다 (*on, upon*). ¶(~+〖전〗+〖명〗) ~ *at* the interruption 방해를 받자 눈살을 찌푸리다/~ *on* a person's doing 남이 …하는 것에 언짢은 얼굴을 하다. 2 불찬성의 뜻을 표시하다, 난색을 보이다 (*on, upon*). ¶(~+〖전〗+〖명〗) ~ *upon* a scheme 계획에 난색을 보이다. 3 (사물이) 어두운[신통찮은, 위험한] 양상을 보이다; (산 따위가) 위압적인 모습을 보이다.
— 〖동타〗 1 눈살을 찌푸려 …을 표시하다. ¶~ disgust 상을 찡그려 혐오감을 나타낸다. 2 무서운[성난] 표정으로 …을 쫓아버리다(*away, off*); (美) …을 위압하다 (*down*); 무서운 표정을 지어 …시키다 (*into*). ¶(~+〖명〗+〖전〗+〖명〗) ~ a person *into* silence 무서운 표정을 지어 남을 침묵시키다 // (~+〖명〗+〖부〗) ~ a person *off [or away*] 무서운 표정을 지어 남을 쫓아버리다.
— 〖명〗 (~s [-z]) 1 찡그린 상, 우거지상, 씁쓸한 얼굴. 2 불찬성[불만]의 표정, 언짢은 표정, 난색.
wear a frown 얼굴을 찌푸리다.
~**·er** ~**·ing** ~**·ing·ly**
frowst [fraust] 〖명〗 (英구어) (a ~) 실내의 후끈한 공기. — 〖동자〗 후끈한 공기 속에 있다; 방 안에서 빈둥거리다. ~**·er** 〖명〗 틀어박히는 사람.
frowst·y [fráusti] 〖형〗 (英구어) 역한 냄새가 나는, 숨막

frowsy

히는, 곰팡내 나는. **fróws·ti·ly** 튄 **frówst·i·ness** 명

frows·y [fráuzi] 휑 (英) =frowsy. —명 (美俗) 단정치 못한 여자. (또는 **frousy**)
fróws·i·ly 튄 **fróws·i·ness** 명

frowz·y [fráuzi] 휑 불결한, 더러운, 지저분한, 단정치 못한; 퀴퀴한, 곰팡내 나는; 숨막히는, 후끈한. (또는 **frouzy**) **frówz·i·ly** 튄 **frówz·i·ness** 명

*__froze__ [frouz] 통 freeze의 과거.

‡**fro·zen** [fróuzn] 통 freeze의 과거분사.
— 휑 (**more ~; most ~**) 1 언, 얼음이 언, 결빙된. ¶ a ~ pond 얼음이 언 못. 2 급속히 냉동된, 냉장되어 있는. ¶ ~ fish [meat] 냉동어[육]. 3 혹한의, 한랭한. ¶ the ~ North 혹한의 북극 지방. 4 얼음 박힌, 동상의; 동사한, 냉해를 입은. 5 (파이프 따위가) 얼음으로 막힌, 얼어 붙은. 6 (표정 따위가) 냉담한, 쌀쌀한; 냉엄한. ¶ a ~ glance 차가운 눈길. 7 (놀라움·무서움 따위로) 얼어붙는, 꼼짝 못하는(*with*); 억압된. ¶ be ~ to the spot with horror 무서워서 꼼짝달싹 못하다. 8 (자산 따위가) 동결(봉쇄)된, (물가 따위가) 동결된. 9 (가격·임금·제도 따위가) 고정적인, 불변의. ¶ a ~ social system 고정적인 사회 제도. 10 (美) (사실·진실이) 냉엄한, 움 ~**ly** 튄 ~**ness** 명 ┘직일 수 없는.

frózen ássets 명 동결 자산.
frózen crédit [lóan] 명 (금융) 회수 불능 대출금.
frózen cústard 명 냉동 커스터드(아이스크림과 비슷한 물렁물렁한 식품).
frózen émbryo 명(朕) 냉동 수정란(受精卵).
frózen fóods 명 냉동 식품.
frózen fráme 명 (영화·비디오의) 정지 화면[화상].
frózen límit 명 (the ~) (英구어) (인내의) 최대한도.
frózen mítt(en) 명 (俗) (the ~) 냉랭한 응대[대접].
frózen shóulder 명 (병리) 오십견(五十肩).

FRP *f*iber *r*einforced *p*lastics 유리 강화 플라스틱); *f*uel *r*eprocessing *p*lant. **FRPF** *f*ire*p*roo*f*. **trpl** (부동산) *f*ire *pl*ace. **FRQ** *fr*e*q*uent(ly). **FRS** (美) *F*ederal *R*eserve *S*ystem, *F*rs. *fr*anc*s*. **F.R.S.** (英) *F*ellow of the *R*oyal *S*ociety (하사관 회원).

F.R.S.I. (우주) *f*lexible *r*eusable *s*urface *i*nsulation(유연성 내열재). **frt.** *fr*eight; *fr*uit.

fruc·ti- [frÁkti/frúk-] (연결) 「과일의」의 뜻(* 모음 앞에서는 fruct-). ¶ *fructiferous*.

fruc·tif·er·ous [fraktífərəs] 형 열매 맺는, ~·ly 튄
fruc·ti·fi·ca·tion [frÀktəfikéi∫ən] 명 ① 1 열매를 맺음, 결실, 결과; (균류의) 포자 형성. 2 과실. 3 (식물의) 결실 기관(器官). **-ca·tive** 형.
fruc·ti·fy [frÁktəfài] 통(식물이) 열매를 맺다; (땅이) 비옥해지다; (비유적) (노력 따위가) 열매를 맺다. — 타 ~에 열매를 맺게 하다. ~를 다산(多産)으로 만들다; (땅)을 기름지게 하다. **-fi·er** 명
fruc·tose [frÁktous] 명① (화학) 과당(果糖).
fruc·tu·ous [frÁkt∫uəs] 형 과실이 많이 열리는; (동물이) 다산의; 생산력이 풍부한; (땅이) 비옥한; 유리 [유익]한. ~**·ly** 튄 ~**·ness** 명
frug [fruɡ] 명 (美) 프러그(트위스트에서 파생된 춤). — 재(*-gg-*) 프러그를 추다. ~**·ger** 명

*__fru·gal__ [frúːɡəl] 휑 1 검약하는, 절약하는. ⇒ECONOMICAL 유의어. ¶ a ~ housekeeper 알뜰한 주부. 2 비용이 들지 않는; (식사 따위가) 검소한, 빈약한, 충분치 ~ 않은.
be frugal of …을 낭비없이 쓰다, 절약하다.
~**·ly** 튄 ~**·ness** 명
fru·gal·i·ty [fruːɡǽləti] 명① 검약, 절약, 검소.
fru·gi·vore [frúːdʒəvɔ̀ːr] 명 (동물) 과일 먹는 동물 (특히 영장류).
fru·giv·o·rous [fruːdʒívərəs] 형 과실을 상식(常食)하는.

‡**fruit** [fruːt] 명 (複 ~**s**) 1 과실, 실과(* 과일 전체를 총칭할 때나 과실로서의 과일을 가리는 집합명사, 과일의 종류를 나타낼 때는 보통명사 취급). ¶ fresh [ripe] ~ 신선한[익은] 과일 / grow ~ 과수를 재배하다. 2 (씨

가 있는) 열매; 은화식물의 포자 및 그 부속기관. 3 (~s) 식물에서 거두는 것, 소출, 농산물. ¶ the ~*s* of the earth 땅에서의 산물. 4 ① (식물) (종자가 있는) 과실, 열매. ¶ sap [dry, stone] ~ 액과[건과, 핵과]. 5 (~s) 성과, 소산, 결과; 보수, 이익(*of*). ¶ the ~*s of* one's effort 노력의 소산. 6 (포도주의) 과일향[맛]. 7 (성서) 자손. 8 (속어) (남성) 동성애자; (英구어) 놈; (속어) 미친 사람, 괴짜; 얼간이, 봉. ┌다.
bear [or produce] fruit(s) 열매를 맺다, 효과를 낳 ***in fruit*** 결실하여, 열매를 맺고.
the fruit of the body [or loins, womb] (성서) 아들(←신명기(Deut.) 28:4).
— 재 열매를 맺다, 과실을 맺다. — 타 (열매)를 맺 ~·**like** 형 ┘게 하다, (과일)을 맺게 하다.

fruit·age [frúːtidʒ] 명 ① 1 과일을 맺음, 결실; 결실의 계절. 2 (집합적) 과일; 과실 작물. 3 소산, 성과; 결과.
fruit·ar·i·an [fruːtέəriən] 명 과일[나무 열매] 상식자(常食者), 과식(果食)주의자. ~·**ism** 명
frúit bàr 명 과일을 건조 압축시킨 것, 건과(乾果).
frúit bàt 명 (동물) 큰박쥐(flying fox).
frúit bùd 명 꽃 눈, 꽃 싹, 과아(果芽).
fruit·cake [frúːtkèik] 명 1 프루트케이크. 2 (속어) 괴짜, 얼빠진 [머리가 돈] 사람; (경멸적) 남자 동성애자.
(as) nutty as a fruitcake (속어) 얼빠진, 머리가 -**cak·ey, -cak·y** 형 ┘돈, 멍청한.
frúit cócktail 명 프루트 칵테일(잘게 썬 과일에 셰리 주 따위를 탄 것).
frúit cùp 명 프루트 컵(잘게 썬 여러 가지 과일을 섞어 컵에 담은 디저트).
frúit dròp 명 1 (익기 전에의) 낙과(落果). 2 과일 맛이 나는 사탕.
fruit·ed [frúːtid] 형 1 열매를 맺은, 열매가 된. 2 과일이 든. ¶ ~ jelly 과일이 든 젤리. ┌과수 재배자.
fruit·er [frúːtər] 명 과일 운반선; 과수(果樹); (英)
fruit·er·er [frúːtərər] 명 (英) 과일 장수; 과일 운반
frúit flỳ 명 광대파리(유충은 과실·야채의 해충). ┌선.

‡**fruit·ful** [frúːtfəl] 형 (***more ~; most ~***) 1 열매가 잘 여는, 결실이 많은, 다산의. ¶ a ~ vine (성서) 결실이 잘 되는 포도나무; 자식 많은 여자(←시편(Ps.) 128:3). 2 많은 결실[풍작]을 가져오는; 기름진, 비옥한. ¶ a ~ season (풍성한) 결실의 계절 / ~ rain 단비. 3 이익이 있는, 수익이 많은, 유리한(*for*). ¶ a ~ job 수입이 많은 직업 / a ~ discussion 유익한 토론. 4 …이 풍부한, ~을 밴[잉태한] (*of*, *in*). 5 (작가 등이) 다작의. ¶ a ~ writer 다작 작가. ~·**ly** 튄 ~·**ness** 명
frúiting bòdy 명 (식물) (균류의) 자실체(子實體).
fru·i·tion [fruːí∫ən] 명 ① 1 (계획·목표 따위의) 달성, 실현, 성취(*of*). ¶ the ~ *of* one's hopes 희망의 실현. 2 (실현·소유의) 향락(享樂), 향유(享有); 기쁨. 3 (식물의) 결실; (비유적) (노력의) 성과, 결정. ┌다.
come [or be brought] to fruition 성취[달성]되
fru·i·tive [frúːitiv] 형 (열매를 맺는; 성과가 나는, 2 즐겁게 해주는, 즐거움을 낳는.
frúit jàr 명 과일[야채] 보존용 유리병.
frúit jùice 명 과즙(果汁), 과일 주스.
frúit knìfe 명 과도.

*__fruit·less__ [frúːtlis] 형 1 무익한, 효과없는, 헛된; 공허한, 보람 없는(*of*). ⇒USELESS 유의어. ¶ a ~ plan [effort] 보람 없는 계획[헛된 노력] / be ~ *of* profit 이익이 되지 않다. 2 열매 맺지 않는; (토지가) 메마른, 불모의. ~·**ly** 튄 ~·**ness** 명 ┌의 하나의 열매.
fruit·let [frúːtlit] 명 작은 과실; 집합과(集合果屬)
frúit machìne 명 (英구어) 슬롯 머신(美 *slot machine*)(도박·게임용 기계).
frúit pícker 명 과일 따는 사람.
frúit píece 명 과일의 정물화(靜物畫).
frúit rànch 명 (美) 과수원(fruit farm).
frúit sálad 명 1 (美) 과일 젤리; (英) 과일 샐러드. 2 (美俗) (군복에 다는) 리본과 훈장. 3 (속어) (마

약 대용의) 진통제와 진정제의 혼합물. **4** (美속어) (병원에서) 뇌졸중 환자.

do a fruit salad (美속어) (남자가) 남 앞에서 성기를 보이다.

frúit sèeder 뗑 과일의 씨 빼는 기구.
frúit sìrup 뗑 과즙, 과일 시럽.
frúit stànd 뗑 (美) 과일 가게[노점].
frúit sùgar 뗑 (化學) 과당(fructose).
frúit trèe 뗑 과수(果樹).
frúit wìne 뗑 (포도 이외의) 과실주.
fruit-wood [frúːtwùd] 뗑 (가구용의) 과수재(果樹材).
fruit·y [frúːti] 뗑 **1** (맛·향기가) 과일과 같은, 과일 맛[향]이 나는. **2** 풍미가 많은.¶a ~ wine 풍미 그윽한 포도주. **3** (구어) (목소리 따위가) 달콤한, 감미로운; (문장 따위가) 감상적인.¶a ~ voice 달콤한 목소리. **4** (속어) 미친. **5** (속어) (남성의) 동성애의. **6** (英속어) (이야기 따위가) 재미있는; 음란한, 외설스런, 도발적인; (사람이) 흥미진진한; 흥미를 불러일으키는. **7** (속어) 큰 부자의; 풍부한. **frúit·i·ly** 閉 **frúit·i·ness** 뗑
fru·men·ta·ceous [frùːmentéiʃəs] 뗑 밀[곡식]의, 밀[곡식] 같은, 밀[곡식]로 된.
fru·men·ty [frúːmənti] 뗑 프루멘티(밀에 설탕·향료·우유를 넣고 끓인 죽).
frump [frʌmp] 뗑 **1** 너절한 차림의 여자, 칠칠치 못한 여자. **2** 수수하고 고풍스러운 사람. **3** (~s) (英방언) 불쾌. **~·ish** 너절한 차림의, 칠칠치 못한.
frump·y [frʌmpi] 뗑 =frumpish. **frúmp·i·ly** 閉 **frúmp·i·ness** 뗑
***frus·trate** [frʌstreit] 통뗑 **1** (계획 따위)를 좌절시키다, 망가뜨리다, 헛수고가 되게 하다, 무효로 만들다.¶~ a plan 계획을 무효로 만들다. **2** …을 실망시키다, …에게 좌절감을 안겨주다; …의 (계획 따위)를 꺾어 놓다, 실패하게 하다 (in).¶(~+目+前+名) be ~d in one's ambition 야망이 꺾이다. ━ 뗑 실망[좌절]하다, 망그러지다. ━ 뗑 (古어) 실망한, 헛된; 헛수고의.
-trat·er 뗑 **-tra·tive** 뗑
frus·trat·ed [frʌstreitid] 뗑 **1** 실망[낙담]한; 실패한, 좌절된. **2** 좌절감을 품은; (성적(性的)으로) 욕구 불만의. **3** (짐 따위가) 발송[배달] 지연의. **~·ly** 閉
frus·trat·ing [frʌstreitiŋ] 뗑 좌절감을 느낄 정도의, 안달이 난, 초조한. **~·ly** 閉
***frus·tra·tion** [frʌstréiʃən] 뗑U©︎ **1** (계획·바람 따위의) 좌절 (상태), 실패; 실망, 낙담. ¶with a look of ~ 낙담한 얼굴로. **2** 무효로 함, 저해; 장애물, 방해되는 것. **3** 〔법률〕 계약 목적의 달성 불능. **4** 〔심리〕 욕구 불만, 좌절감.
frustrátion clàuse 뗑 〔보험〕 항해 중절(中絕) 약관.
frustrátion tòlerance 뗑 〔심리〕 욕구 불만 내성(耐性). 〔세포막.
frus·tule [frʌstjuːl] 뗑 〔식물〕 규조(硅藻)의 규산질〕
frus·tum [frʌstəm] 뗑 (복 **~s, -ta** [-tə]) **1** (기하) 절두체(截頭體), 원뿔대(臺), 각뿔대. ¶a ~ of a cone [pyramid] 원[각]뿔대. **2** (건축) 기둥몸.
fru·tes·cent [fruːtésnt] 뗑 〔식물〕 관목성의, 관목 이 되는(shrubby). **-cence** 뗑 〔목[灌木].
fru·tex [frúːteks] 뗑 (복 **-ti·ces** [-tisiːz]) (英) 관
fru·ti·cose [frúːtikòus] 뗑 〔식물〕 관목 모양의.
frwd. foreword. **frwk** framework. **frwy.** freeway.

‡**fry¹** [frai] 통 (**fries** [-z]) 턘 **1** 〔생선·고기·야채 따위〕를 (기름에) 튀기다[부치다], 프라이팬으로 데우다(up).¶~ an egg for him 그에게 계란 프라이를 해주다/~ up cold rice 찬밥을 볶다. **2** (속어) …을 전기 의자로 처형하다. **3** (햇볕 따위가) (작물 따위)를 건조시켜 못쓰게 하다(up). ━ 턘 **1** 튀겨지다, 프라이되다. **2** (구어) 지독히 덥다; 햇볕에 타다. **3** (속어) 전기 의자로 처형되다. **4** (美속어) (신입생·신병이) 괴롭힘을 당하다. **5** (美속어) (흑인의) 고수머리를 드라이어로 똑바로 펴다. **6** (컴퓨터) 고장나다. **7** (페어) (물이) 끓다.

fry in one's **own grease** [or **fat, oil**] 자업자득
fry oneself 정열에 불타다. [로 고통을 겪다.
fry the fat out of …에게서 억지로 헌금을 짜내다.
have other fish to fry ⇨FISH. 〔갈취하다.
━ 뗑 (복 **fries** [-z]) **1** 튀김[프라이] (요리); (-ies) (특히) 감자 튀김. **2** (英) 튀김용의 내장. **3** (美) 옥외에서의 튀김 파티. **⁓·a·ble** 뗑 〔서 벌이는 튀김 회식.
fry² 뗑 **1** (알에서 갓 깬) 치어(稚魚), 유어(幼魚); 2년생 새끼 연어. **2** (군서하는 작은 물고기, 잡어. **3** (구어) (종종 a small ~) 〔집합적〕 사람들; 아이들.
(the) small [or **smaller, lesser, young(er)**] **fry** 〔집합적〕 ① 작은 물고기, 치어, 작은 동물. ② (경멸적) 아이들; 송사리들; 애숭이, 변변치 못한 것.
fry, Fry. ferry; Freeway.
frý cóok 뗑 (식당의) 튀김[프라이] 전문 요리사.
Frýe bòot [frái-] 뗑 (상표) 프라이 부츠(무릎까지 올라오는 가죽 부츠).
fry·er [fráiər] 뗑 튀김 요리사[도구], 프라이 팬; 튀김용 식품(영계 따위). (또는 **frier**)
frý·ing pàn [fráiiŋ-] 뗑 프라이 팬.
jump [or **leap**] **out of the frying pan into the fire** 작은 어려움을 피하려다 큰 어려움을 당하다; 여우를 피하려다 호랑이를 만나다.
fry·pan [fráipæn] 뗑 (美) =frying pan.
fry-up [⁓ʌp] 뗑 (英구어) (남은 음식 따위로 만드는) 즉석 볶음 요리 (만들기).
FS filmstrip. **f.s.** foot-second. **F.S.** Fabian Society; Field Service; Fleet Surgeon. **FSA** (美) family savings account(가계 저축 계정); Farm Security Administration(농업 안정국); Federal Security Agency. **FSC** Federal Safety Council; Federal Supreme Court. **FSD** (전자·물리) full-scale deflection. **FSH** (생화학) follicle-stimulating hormone(난포 자극[성숙] 호르몬). **FSI** free-standing insert (신문·잡지의) 별쇄 광고. **FSK** 〔컴퓨터〕 frequency shift keying(주파수 변위 방식); (러시아) Federalnaya Sluzhba Kontrrazvedki(=Federal Security[Counterintelligence] Service) (연방 방첩국(국내 정보 기구)). **FSLIC** Federal Savings and Loan Insurance Corporation. **FSO** (美) Field Security Officer; Foreign Service Officer(국방부 소속 해외 근무 요원). **FSP** (美) Food Stamp Program. **FSR** Field Service Regulations.
f-stop sỳstem [éfstɑ̀p-/-stɔ̀p-] 뗑 (사진) F 넘버 표시 조리개 방식(factorial stop system).
FSTS Federal Secure Telephone Service. **FSTV** fast scan television. **FSX** (군사) fighter support experimental(차세대 지원 전투기). **Ft, Ft.** forint. **FT** Financial Times; (수학) Fourier transform; free throw. **ft.** feet; (인쇄) feint; foot; fort; fortification. **FTA** Free Trade Agreement(자유 무역 협정). **FTAA** Free Trade Area of the Americas. **FTC** Fair Trade Commission(공정 거래 위원회); (美) Federal Trade Commission(연방 통상 위원회). **fth., fthm.** fathom.
FT Index (the ~) (英) 파이낸셜타임스(FT) 주가지수(Financial Times가 발표하는 런던 증권 시장의 주가 지수). (또는 **FT Sháre Index**) 〔<Financial Times Industrial Ordinary Share Index〕
ft-lb foot-pound(s). **FTP, ftp** (컴퓨터) file transfer protocol(파일 전송 프로토콜).
FT-SE 100 (Index) [fútsi-] 뗑 (英) 파이낸셜 타임스(FT) 주식 거래 100사 주가 지수(Financial Times가 발표하는 런던 증권 시장 상장의 공업주 100종의 주가 지수). (또는 **Fóotsie (Index)**) 〔<Financial Times-Stock Exchange 100 (Share) Index〕
F₂ lày·er [éftuː-] 뗑 (통신) F₂층(지상 약 250-500km에 있는 전파를 반사하는 전리층(電離層)).
FTZ foreign trade zone; free trade zone.

fu [fuː] 명 (美속어) 마리화나.
FU (속어) *Fuck you*.
fub [fʌb] 동타 (*-bb-*) =fob².
fu·bar [fjúːbɑːr] 형 (美속어) (혼란 상태에 빠져) 걷잡을 수 없는. — 명 대혼란.
fub·sy [fʌ́bzi] 형 (英방언) 땅딸막한, 동통한.
fuch·sia [fjúːʃə] 명 1 퓨셔(바늘꽃과(科)의 관상용 식물). 2 명 적자색(赤紫色). 형 적자색의
fuch·sin(e) [fúksin/fúːk-] 명 푹신(진홍색 염기성 염료의 일종). (또는 **magenta**)
fuck [fʌk] (비어) 동타 1 ⋯와 성교하다. 2 ⋯을 부당하게 다루다[이용하다], 속이다, 밥으로 삼다; 학대하다. 3 실수하다, 못쓰게 만들다(*up*). 4 저주[악담]하다. 5 ⋯에 간섭하다(*with*). — 자 1 (⋯와) 성교하다(*with*). 2 ⋯에 간섭[참견]하다(*around*) (*with*).
be fucked by the fickle finger of fate 운명에게 희롱당하다, 불운을 만나다.
be fucked (*off*) 몹시 노하다(화나다).
be fucked out 몹시 지쳐 있다, 허덕이다.
be fucked up ① 혼란해지다, 엉망이 되다. ② (정신적으로) 시달리다, 노이로제에 걸리다. ③ (마약으로) 취하다.
fuck about [or *around*] ① 깝죽거리다, 빈둥거리다; 참견하다. ② 성교[난교(亂交)]하다. ③ ⋯을 가지고 놀다, 주무르다; ⋯을 괴롭히다(*with*).
Fuck a duck [or *dog*]*!* (놀라움 따위를 나타내어) 농담 마!, 닥처!
Fuck it all! (실망·분노 따위를 나타내어) 우라질!, 제기랄!, 「뒈져 버려!」
Fuck me (*hard*)*!* 빌어먹을!; 입 닥처!; 꺼져 버려!.
Fuck me if... (구어) 절대로 ⋯하는 일은 없다.
fuck off 책임을 피하다, 농땡이치다; 꾀부리다. ② 사라지다, 내빼다. ③ (일 따위를) 망치다. ④ 자위 행위[수음]하다. ⑤ (또는 *Go fuck off*) (명령문으로) 제기랄!, 닥쳐!, 꺼져 버려!, 참견 마!
fuck one's fist; fuck oneself 자위 행위를 하다.
Fuck on you! 씩 꺼져 버려! 「먹어[밥]로 삼다.」
Fuck over ① (성적으로) 학대하다; 심하게 다루다. ②
Fuck that noise! 입 닥쳐!, 거짓말 마!
fuck the dog 빈둥거리다, 시간을 낭비하다.
fuck up ① (일 따위를) 망치다, 엉망으로 만들다. ② 바보짓을 하다, 경솔하게 굴다. ③ ⋯을 학대하다, 상처 입히다; ⋯을 미치게 하다, 노이로제에 걸리게 하다. ④ ⋯을 동요시키다.
fuck with ① ⋯을 주무르다, 가지고 놀다; ⋯에 참견하다, (갖고) 놀다; ⋯에 거스르다; ⋯을 도발하다, 화나게 하다. ② ⋯와 성교하다.
Fuck you very much! (반어적) 생각해주어서 고맙다.
Get fucked! 빌어먹을!, 알게 뭐야!
Go fuck a dog [or *duck*]*!; Go* (*and*) *get fucked!* 저리가!, 냉큼 꺼져! 「뒈져 버려.」
go fuck oneself (명령문 또는 *can*, *could*와 함께) 그래? 놀랠는 걸!
If that don't fuck all! 그래? 놀랠는 걸!
— 갑 (속어) 제기랄!, 우라질!, 닥쳐!, 꺼져!, 천만에! (* 강한 분노·혐오감·거부감 따위를 나타내며 때로 *you*, *it* 따위 대명사와 함께 쓰인다).
Fuck it! 제기랄!, 젠장!, 닥쳐!, 꺼져!. 알게 뭐야!
Fuck you! 빌어먹을!; 뒈져 버려!, 썩 꺼져!
— 명 1 (a~) 성교; (성교 상대의) 여자. 2 놈, 새끼; 골치 아픈[귀찮은] 사람, 비열한 사람. 3 (the ~) (강조) 도대체. ¶*What the ~ is it?* 도체 그게 뭐야/*Shut the ~ up.* 닥쳐!, 입다물어! 4 정액(semen).
for fuck's sake 제발 (부탁이나).
Like fuck! 천만에!, 그럴 리 없이!, 절대 안돼!
not give [or *care*] *a fuck* (*for nothing*) (⋯따위에) 신경을 안 쓰다, 모르는 체하다 (*about*).
take a flying fuck [or *frig*] (*at a rubber duck*) (명령문에서) 뒈져 버려.
throw a fuck into ⋯와 성교하다.
worth a fuck 아무런 가치[쓸모]도 없는.
⌐**·a·ble**, ⌐**·y** 형

(USAGE) (1) 이른바 *four-letter word* 중 가장 많이 쓰이는 말로 전에는 문자화하는 것조차 금기(taboo)시 되었으나 지금은 일상 회화에서 자주 쓰인다. (2) 완곡적으로 문자화할 경우 f*ck나 f--- 따위로 쓴다. 만화에서는 @!!☺☺@@!! 처럼 기호로 표시한다. ¶We ☺!!☺@@☺ love it.

fuck-all [-ɔ́ːl] 명 (英비어) 전혀 ⋯않는 것.
fucked [fʌkt] 형 (비어) =~*out*.
fucked-out [-áut] 형 (비어) 몹시 지친, 녹초가 된; 노쇠한, 고물의.
fucked-up [-ʌ́p] 형 (비어) 1 (사물이) 엉망인, 몹시 혼란인. 2 타격을 받은, 충격을 받은. 3 (마약·술 따위로) 정신이 이상해진. 4 (군사) 부상한, 사살된.
fuck·er [fʌ́kər] 명 (비어) 1 멍청이, 지긋지긋한 놈. 2 (종종 친근함을 나타내어) 놈, 것. 3 성교하는 사람. 4
fúck film (비어) 포르노 영화. 「=*penis*.
fuck·head [fʌ́khèd] 명 (비어) 바보, 명청이, 얼빠진 놈. ~**ed** 형
fuck·ing [fʌ́kiŋ] (비어) 형 (강조) 1 지긋지긋한, 지독한, 형편없는. ¶*You ~ fool!* 이 바보 새끼! 2 진짜의, 완전한. ¶*a ~ shame* 진짜 부끄러운 것. — 부 됩다.
Fucking Ada! 실없는 소리 마! 「매우, 대단히.
fucking A [or *ay*, *aye*] (*right*) ① 절대로, 틀림없이. ② (감탄사적) 대단해!, 멋지다!, 좋았다!
fucking hell (감탄사적) 우라질!, 제기랄!
fucking well 거의, 대충(nearly).
fucking well told 전적으로 동감인.
— 명 U 1 성행위. 2 사기, 속임수. 3 혼내주기.
give a person fucking 남을 학대하다, 심하게 다루다; 남을 바보 취급하다.
fuck-off [fʌ́kɔ̀ːf] 명 (비어) 1 게으름뱅이; 가까이(믿을 수) 없는 사람. 2 (경멸적) 자위 행위 하는 사람, 얼빠진 사람. 2 실수, 실패; 혼란. 3 정서 불안인 사람.
fuck-up [fʌ́kʌ̀p] 명 (비어) 1 실수만 하는 사람, 얼빠진 사람. 2 실수, 실패; 혼란. 3 정서 불안인 사람.
fu·coid [fjúːkɔid] 형 푸쿠스속(屬) 해초(海草)의[와 비슷한]. — 명 푸쿠스속 해초. **fu·cói·dal**, **-cous** 형
fu·cus [fjúːkəs] 명 (*-ci* [-sai], ~*es*) 푸쿠스속(屬) 해초.
fud [fʌd] (구어) = *fuddy-duddy*.
fud·dle [fʌ́dl] 동타 1 술을 취하게 하다. 2 (머리를) 혼란시키다, 혼미하게 만들다. — 자 (독한 술을) 상습적으로 마시다, 술에 젖어 지내다.
fuddle away 술에 취해 시간을 보내다.
fuddle one's cap [or *nose*] 술 취하다.
— 명 UC 명정(酩酊), 만취; 혼미 상태, 정신 착란.
in a fuddle (머리가) 혼란한[기분이] 혼란하여.
on the fuddle 만취하여; 혼미에 빠져.
fud·dy-dud·dy [fʌ́didʌ̀di] (구어) 명 1 시대에 뒤진[보수적인] 사람. 2 잔소리꾼, 하찮은 일로 떠드는 사람. (또는 **fúddy**) 형 1 시대에 뒤진, 보수적인. 2 성가신, 까다로운, 잔소리가 심한. (또는 **fúddy-dùd**)
fudge¹ [fʌdʒ] 명 UC 퍼지(설탕·버터·우유·초콜릿으로 만드는 과자).
fudge² 명 U (경멸적) 허튼 소리, 대말. — 동자 허튼 소리를 하다. — 갑 바보 같으니, 허튼 소리!
fudge³ 명 1 날조, 조작, 속임수; 임시 변통. 2 (신문 인쇄에서 추가 기사의) 별쇄용(別刷用) 스테레오판. 3 (색도 인쇄의) 별쇄 기사, 별쇄 추가 기사 인쇄기.
fudge and mudge 애매 모호한 태도.
— 동자 1 속이다, 부정을 저지르다; (의무·약속 따위를) 저버리다, 지키지 않다; 한도를 넘다, 영역을 벗어나다 (*on*). ¶~ *on an exam* 시험에서 커닝하다. 2 (문제 따위에) 정면 대처를 피하다 (*on*); (책잡히지 않도록) 모호한 태도를 취하다, 논평[코멘트]을 피하다, 말을 돌리다(*off*). ¶~ *on an issue* 문제를 회피하다. 3 (비용 따위를) 부풀리다, 물타기하다; 과장하다. 4 (신문 따위의

fudge factor 대체 기사를) 가까스로 집어넣다, 적당히 꾸미다. — 탄 1 〔문제 따위〕에 대한 정면 대처를 피하다, 회피하다; …을 모호하게 하다, 얼버무리다. ¶ ~ a direct question 직접적 질문을 피하다. 2 …을 속이다, 과장하다; …을 꾸미다. 3 …을 임시 변통으로 꾸미다; …을 날조하다(up). 4 …을 가까스로 집어넣다. 5 〔속어〕잘못하다, 실수하다, 바보짓을 하다. 6 표절[모방]하다.
fudge it 〔구어〕속이다; 얼렁뚱땅하다.
fúdge fàctor 명 〔속어〕오차(誤差) (범위); 여유.
Fueh·rer [fjú(:)ərər] 명 =Führer.
‡**fu·el** [fjú(:)əl] 명 ⓤ ~s [-z] ⓤ 1 〔종류를 나타낼 때는 ⓒ〕연료; (엔진·발전소·원자로 따위의) 동력 에너지원(源). ¶gaseous[liquid, solid] ~ 기체[액체, 고체] 연료/nuclear ~ 핵연료. 2 (에너지원으로서의) 식량, 식품. 3 감정을 부추기는 것. ¶His words were ~ to her hatred. 그의 말이 그녀의 미움을 부채질했다.
add fuel to the fire [or *flame(s)*] 불에 기름을 붓다, 격정을 더욱 부추기다.
take on fuel; take fuel on 〔구어〕술을 많이 마시다.
— 통 (~s [-z]; -l-, 〔英〕-ll-) 탄 1 …에 연료를 공급하다. ¶ ~ a ship 배에 연료를 공급하다. 2 …에 활기를 불어넣다; 부채질하다; 지지하다, 자극하다. — 자 ~ 연료를 얻다; 연료를 싣다[보급하다]. ¶enter port to ~ 연료 보급을 위해 입항하다.
fúel àir bómb 명 〔군사〕기화(氣化) 폭탄(⇨ FAB).
fúel àir explósive 명 〔군사〕기화 폭약(⇨ FAE).
fúel cèll 명 연료 전지; (여러 개 중 하나의) 연료 탱크.
fúel cèll càr 명 연료 전지 자동차(내연 기관 대신 수소로부터 전기를 추출한다).
fúel cỳcle 명 〔원자〕연료자로[핵] 연료 사이클.
fúel dèpot 명 연료 보급창, 연료 저장고.
fu·el-ef·fi·cient [-ifíʃənt] 형 연료 소비 효율[연비(燃比)]이 높은[좋은], 연료 절약형의. ¶a ~ car 연비가 높은 차. **-cien·cy** 명
fúel èlement 명 연료 요소(원자로용의 핵연료).
fu·el·er [fjú(:)ələr] (* 〔英〕-**el·ler**) 명 연료 공급자 [장치]; (특수 혼합 연료를 사용하는) 경주용 자동차.
fúel gàuge 명 (자동차 따위의) 연료 미터[계] (〔美〕gas gauge).
fúel gúzzler 명 연비(燃比)가 낮은 차, 연료 소비가 많은 차.
fúel injéction 명 연료 분사(噴射).
fu·el·ish [fjú(:)əliʃ] 형 연료를 과다 소비하는, 연료 낭비[형]의. **-ly** 부
fu·el-mi·ser [-màizər] 명 연비가 높은 차.
fúel òil 명 연료유; 중유(重油).
fúel ràte 명 (로켓·제트 엔진의) 초(初)당 연료 소비율.
fúel ròd 명 (원자로의) 연료봉(棒).
fúel·wòod [fjú(:)əlwùd] 명 장작, 땔 나무.
Fu·en·tes [fwéntes] 명 **Carlos** ~ 푸엔테스 (1928-): 멕시코의 소설가·비평가).
fug [fʌɡ] 명 ⓤ 〔英구어〕(a ~) (닫아 둔 방 따위의) 후끈한 공기, 습하고 퀴퀴한 공기. — 통 (-**gg**-) (공기가) 후끈한 방·집 안에 틀어박히다, 꼼짝 않고 있다.
fu·ga·cious [fjuɡéiʃəs] 형 1 〔식물〕(꽃 따위가) 빨리 지는, 쉬이 시드는. 2 덧없는, 순식간의. 3 휘발성의. **-ly** 부 **~·ness** 명
fu·gac·i·ty [fjuɡǽsəti] 명 ⓤ 조락성(早凋性); 덧없음.
fu·gal [fjú(:)ɡəl] 형 〔음악〕푸가식(fugue)의, 둔주곡 (遁走曲)(풍)의. **~·ly** 부
-fuge [fjuːdʒ] 연결 「제거[축출]하는 것」의 뜻. ¶ refuge, subterfuge.
fug·gy [fʌ́ɡi] 형 〔(실내의 공기 따위가) 후끈한, 숨이 막힐 듯한, 곰팡내 나는, 퀴퀴한. **-gi·ly** 부
*‡**fu·gi·tive** [fjúːdʒətiv] 형 1 도망자; 탈주자; 피난민, 망명자. ¶a ~ from justice[the army] 도망범[탈영병]. 2 방랑자. 3 곧 사라지는[없어지는] 것, 덧없는 것, 붙잡기 어려운 것. 4 바래기 쉬운 색깔. — 형 1 도주하는, 달아나는. 2 순식간의, 덧없는; 걷잡을 수 없는, 붙잡기 어려운. 3 (문학 작품 따위가) 일시적 주제를 다룬, 그때그때의 감흥에 따라 쓰여진. 4 헤매는, 방랑하는; (마음 따위가) 안정되지 않은. 5 〔미술〕(색이) 쉬 바래는, 변색하는. ¶ ~ colors 쉬이 바래는 색깔.
-ly 부 **~·ness**, **-tív·i·ty** 명
fúgitive wàrrant 명 지명 수배.
fu·gle [fjúːɡl] 통 자 안내역을 맡다; 지도[선도]하다.
fu·gle·man [fjúːɡlmən, -mæn] 명 향도병; 선도[지도]자; (정당의) 대변인.
fugue [fjuːɡ] 명 1 〔음악〕푸가, 둔주곡(遁走曲); ⓤ 푸가 형식의 악곡. 2 〔비유적〕 교대로 밀려 오는 것. 3 〔정신의학〕일시적 기억 상실 상태. — 통 푸가[둔주곡] 를 작곡[연주]하다. **fugued** 형 〈F〉
fugue·like [fjúːɡlàik] 형 푸가풍의.
fu·guist [fjúːɡist] 명 〔음악〕푸가 작곡가[연주자].
Füh·rer [fjúːrər] 명 지도자; (der F-) 총통(나치스 집권 후 Hitler에게 쓴 칭호). (또는 **Fuehrer**) 〈G〉
Fu·jian [fùːdʒiáːn, -dʒièn] 명 푸젠(福建)(중국 동남부의 성): =Fukienese. (또는 **Fu·kien** [fùːkjén])
Fu·ji·mo·ri [fùːdʒimɔ́ːri] 명 **Alberto (Kenya)** ~ 후지모리(1938-): 페루의 대통령(1990~2000)).
Fu·kien·ese [fùːkjeniːz, -níːs] 명 ⓤ 푸젠어[푸젠부]; 타이완어에서 쓰이는 중국어 방언.
-ful[1] [fəl] 접미 1 full of의 뜻, 명사 및 형용사에 붙는다. ¶careful, joyful, painful, shameful. 2 characterized by, tending to, able to 하위의 뜻. 명사·형용사·동사에 붙는다. ¶forgetful, harmful, helpful.
-ful[2] [ful] 접미 명사에 붙어서 as much as it will fill 의 뜻의 명사를 만든다. ¶spoonful, handful.
Ful·bright [fúlbràit] 명 1 **James William** ~ 풀브라이트(1905~95): 미국의 정치가). 2 풀브라이트 장학금(~ scholarship)(Fulbright Act에 따라 외국인 학생에게 주는 장학금). 3 (또는 **Fulbrighter**) 풀브라이터 장학생(~ scholar).
Fúlbright Àct 명 〔美〕풀브라이트법(잉여 물자의 매각 대금을 국내외의 연구·조사·교육의 교류에 이용키로 정한 법률; 1946년 제정).
ful·crum [fúlkrəm, fʌ́l-] 명 ~s, **-cra** [-krə]) 1 (지레의) 지점(支點), 받침점, 지렛대 받침. 2 받침, 지주(支柱). 3 〔동물〕(동물 체내의) 지지 기관. — 통 탄 …에 지렛대 받침을 놓다; …을 지렛대 받침으로 삼다.
‡**ful·fill** [fulfíl] 통 (~s [-z]) 탄 1 〔약속 따위〕를 이행하다, 실행하다; 〔수동형으로〕 〔예언·희망 따위〕가 실현되다. ¶ ~ one's promise 약속을 이행하다. 2 〔의무·직무 따위〕를 다하다, 수행하다(⇨DO 유의어) 〔명령·법률 따위〕에 따르다. ¶ ~ one's duties 임무를 완수하다. 3 〔요구·조건 따위〕를 만족시키다(기대 따위에) 어기지 않다. ¶ ~ requirements 조건을 만족시키다. 4 〔기간·일 따위〕를 만료하다. 5 〔재귀용법으로〕 〔자기 자신〕의 힘[자질, 역량]을 완전히 발휘하다. 6 〔부족분〕을 채우다, 〔결손 부분〕을 바로잡다. (또는 **fulfil**)
fulfill oneself in …에 자신의 역량을 십분 발휘하다.
~·a·ble 형 **~·er** 명
*‡**ful·fill·ment** [fulfílmənt] 명 1 ⓤ 실행, 이행; 실현, 성취, 완료, 충족(of). ¶a sense of personal ~ 개인적인 성취[충족]감. 2 〔잡지 구독 예약 접수·발송 따위〕 고객 주문 처리 업무[과정]. (또는 **fulfilment**)
ful·gent [fúldʒənt] 형 〔문어·시〕찬란한, 빛나는, 현란한. **~·ly** 부 **~·ness** 명
ful·gid [fúldʒid] 형 〔시〕빛나는, 번쩍이는.
ful·gu·rant [fúlɡjurənt] 형 (번갯불처럼) 번쩍이는.
ful·gu·rate [fúlɡjurèit] 통 자 번갯불처럼 번쩍이다, 섬광을 발하다. — 탄 〔의학〕 〔종양 따위〕를 전기 치료하다.
ful·gu·rat·ing [fúlɡjurèitiŋ] 형 번쩍이는 듯한; 고주파 요법의.
ful·gu·ra·tion [fùlɡjuréiʃən] 명 1 전광(電光)(처럼 번쩍이는 것). 2 〔의학〕(종양 따위의) 고주파(高周波) 요법.
ful·gu·rite [fúlɡjuràit] 명 ⓤ 〔지질〕 풀구라이트, 섬 전암(閃電岩)(번갯불의 작용으로 모래·암석 속에 생기는

ful·gu·rous [fʌ́lgjurəs] 〖형〗 번갯불 같은, 번쩍이는; 전광석화(電光石火)의, 전격적인.

fu·lig·i·nous [fjuːlídʒənəs] 〖형〗 **1** 검댕의, 검댕 같은, 그을은(sooty, smoky). **2** 거무스름한, 검댕빛의, 회흑색의. ~**·ly** 〖부〗 ~**·ness** 〖명〗

‡**full**¹ [ful] (~**·er**; ~**·est**) 〖형〗 **1** (그릇·장소 따위가) 가득 찬, 가득한, 충만한, 빽빽이 찬(up) (of, with); (비유적) 머리가 꽉찬; 가슴이 벅찬(of); 다 채운[누린]. ¶a ~ audience 만장한 청중 / a ~ bus 만원 버스 / a cup ~ to the brim 철철 넘치게 따른 잔.
2 (…으로) 가득한, (…에) 찬, (…이) 많이 있는(of); (인생·생활 따위가) 충실한, 만족한. ¶a world ~ of enjoyment 즐거움이 가득한 세계 / a face ~ of wrinkles 주름살투성이의 얼굴.
3 완전한, 모자람 없는, 전부의, 전부 갖추어진; (회의 따위가) 전원 참석의. ¶a ~ jury (12명) 전원이 다 모인 배심원 / a ~ year 만 1년 / a ~ view 전경(全景) / a ~ text 전문(全文).
4 (크기·수량 따위가) 최대한의[에 이른], 최고의; (계절·활동 따위가) 최고조의, 한창 때의; (연령이) 한창 사리에 밝은; 성인(成人)의. ¶a ~ tide 만조 / ~ summer 한여름 / in ~ bloom 만발하여 / be in ~ health 최고의 건강 상태에 있다.
5 (자격·자질 따위가) 정식의; 모든 특권을 갖는; 최고 지위를 갖는. ¶a ~ member 정회원 / a ~ colonel 대령.
6 (구어) 배가 부른[찬]; 만족한(up). ¶a ~ stomach 배부름, 만복(滿腹) / I'm ~ up. 배가 부릅니다.
7 풍부한, 넉넉한, 충분한; 충실한, 상세한. ¶a ~ supply 충분한 공급 / a ~ harvest 풍작 / a ~ meal 양이 넉넉한 식사 / give ~ detail 충분히 상술(詳述)하다.
8 (의복이) 치수를 넉넉히 잡은, 넉넉한. **9** (모습 따위가) 풍만한, 통통한, 볼록한(in). ¶a ~ bosom [or bust] 풍만한 가슴. **10** (…에) 골몰한, 근심 몰두한(of). ¶a ~ man ~ of himself 자기 일만 생각하는 사람. **11** (움직임 따위가) 생기(생동감) 있는; (빛 따위가) 강렬한; (술 따위가) 감칠맛 있는. **12** 한 부모에게서 태어난, 같은 부모의. **13** 〖음악〗 성량이 풍부한; 완전한; 전성부(全聲部) 전음부의. ¶~ cadence 완전 종지(終止)(법). **14** (해사) (돛이) 바람을 가득 안은; (배가) 돛에 바람을 가득 받은. **15** 〖야구〗 (타자의 카운트가) 풀카운트의; 만루의. **16** (말이) 아직 거세하지 않은. **17** (속어) 몹시 취한, 곤드레의. **18** (술이) 숙성된.
(**as**) **full as a tick** [or **a bull, a foot, a goog, an egg, the family pot**] 몹시 취한, 곤드레가 된.
at full length 한껏 길이로, 큰 대자로 쭉 뻗고, 큰 맷자로; 상세히. ¶lie at ~ length 큰 맷자로 드러눕다.
at full speed; **in full career** 전속력으로.
eat as full as one can hold 배불리 먹다.
full of beans [or **hops, prunes**] 원기왕성하여, 기분이 좋아.
full of oneself ① 자신의 일에만 골몰하여. ② 자만하여, 거만하여.
full of shit [or **it**] 《美속어》(터무니없는) 거짓말의.
full of the news 말하고 싶어서 입이 근질근질한.
full of years and honors 천수에 영화를 누리고, 여생을 편하게.
full to overflowing 넘칠 정도로 가득차.
full up (구어) ① 꽉 차서, 만원으로. ② 싫증나서, 질려서.
on a full stomach 배가 불러서.
turn a thing **to full account** 철저히 이용하다.
with one's **mouth full** 입에 음식이 가득한 채로.
— 〖부〗 **1** 정통적면(正面)으로, 정확히. **2** (고어) 충분히. **3** (시) 대단히, 아주, 매우. ¶a ~ beautiful 매우 아름다운 / know it ~ well 그것을 아주 잘 알다.
full and by 《해사》 돛에 바람을 가득 안고.
full as useful as …와 똑같이 쓸모있는.
full fain 매우 기쁘게 (…하고 싶다).
full many a 퍽[매우] 많은.
full out 전속력으로; 전력을 다해.
full soon 곧, 즉시.
— 〖동〗 **1** (달이) 차다. **2** (의복이) 헐렁거리다, 넉넉하다. — 〖타〗 (의복)에 주름을 잡아 넉넉하게 하다.
— 〖명〗 **1** (U) (달의) 찬 때, 절정, 정점. ¶the ~ of the moon [tide] 만월[만조] / The bloom is past the ~. 꽃은 한창 때가 지났다. **2** (the ~) 전부.
at full 한창, 절정에.
at the full 한창, 절정에.
in full 에누리하지 않고; 생략하지 않고; 상세히. ¶na.
past the full 전성[개화]기를 지나, 한창 때를 지나.
to the full [or **fullest**] 최대한으로; 완전[충분]하게.

full² 〖타〗 **1** (축융기(縮絨機)로) …의 올을 촘촘하게 하다. **2** 더운 물에 담그다, 재양치다. — 〖자〗 (천의) 올이 촘촘해지다. **~·ing** 〖명〗 축융.

Fúll Admiral 〖명〗 《美》 해군 대장.

fúll áge 〖명〗 성년(20세). [풀백.

fúll-back [fúlbæk] 〖명〗 〖축구·럭비·하키〗 후위(後衛)

fúll bínding 〖명〗 가죽 제본. **fúll-bóund** 〖형〗

fúll bírd 〖명〗 《美軍俗어》 대령.

fúll blást (구어) 〖명〗 전력, 전속(全速); 전면 조업 [가동], 회전. — 〖부〗 전력의를 다해; 단숨의[에], 전속력의[으로]; 전면 가동[조업, 회전]의[으로]. [가동]으로.
at full blast 전력을 다해, 전속력으로; 전면 조업

fúll blòod 〖명〗 순혈(純血), 순혈(종)인 사람[동물]; (U) 한 부모의 피를 타고난 관계(對) half blood). ¶brothers of ~ 친형제. **fúll-blòod** 〖형〗

full-blood·ed [-blʌ́did] 〖형〗 **1** (혈통이) 순수한, 순혈종의, 순종의. **2** (同 **fóol-bloòd**) **2** 다혈질의, 혈기 왕성한, 정력적인. ¶~ cheek 혈색이 좋은 얼굴. **3** 완전한, 완벽한; 충실한. **4** 전형적인, 진짜의. ~**·ly** 〖부〗 ~**·ness** 〖명〗

full-blown [-blóun] 〖형〗 **1** (꽃이) 만발한; 완전히 성숙한. **2** 모든 특성[조건]을 갖춘, 완전한, 본격적인. **3** (병이) 악화된, 상당히 진행된. **4** (돛이) 바람을 잔뜩 받은.

fúll bóard 〖명〗 (호텔 등에서) 세 끼 식사를 다 하는 숙박.

full-bod·ied [-bádid/-bɔ́d-] 〖형〗 **1** 합체한; 내용이 충실한; (술 따위가) 감칠맛이 있는. **2** (사람이) 뚱뚱한(stout). **3** 중요한, 중요한. ¶a ~ role 중요한 역할.

full-bore [-bɔ́ːr] (구어) 〖형〗 최고 속력[최대 출력]으로 움직이는[작동하는], 초스피드의. — 〖부〗 최대한으로; 최고 속도[최대 출력]로, 초스피드로. [풍만한.

full-bos·omed [-búzəmd] 〖형〗 (여자가) 가슴이

full-bot·tomed [-bátəmd/-bɔ́t-] 〖형〗 **1** (가발의) 머리같이 뒤로 길게 늘어진. **2** 배 밑바닥의 (적재력이) 큰.

fúll bróther 〖명〗 친형제의.

fúll círcle 〖명〗 완전히 한바퀴 돌아서.

come full circle 한바퀴 돌아(일주하여, 여러 변화를 겪고) 제자리로 돌아오다.

fúll-court préss [-kɔ́ːrt-] 〖명〗 **1** 〖농구〗 올코트 프레싱, 전면 압박 수비 작전. **2** 《美》 (법안 통과 따위를 위한) 전면 공세, (정치 캠페인 따위의) 전면적 전개; 혼신의 노력. [유제(釉劑)의.

full-cream [-kríːm] 〖형〗 (탈지하지 않은) 우유의, 전

full-cus·tom [-kʌ́stəm] 〖형〗 (제품의) 특별 주문의.

full-cut [-kʌ́t] 〖형〗 (보석의) 풀컷의(58면이 있는 브릴리언트 컷을 말함).

fúll dréss 〖명〗 (공식의) 예장(禮裝), 정장; 야회복.

full-dress [-drés] 〖형〗 **1** 예장[정장]의; 정식의. ¶a ~ suit 예복 / a ~ dinner 공식 만찬. **2** 본격적인, 철저한, 완전한. ¶a ~ debate 본격적인 토의 / a ~ investigation 본격적 조사.

fúll-dress rehéarsal 〖명〗 무대 총연습.

fúll dúplex 〖명〗 《통신》 양방향 동시 통신.

fúll emplóyment 〖명〗 〖경제〗 완전 고용.

full·er¹ [fúlər] 〖명〗 **1** (직물의) 축융공(縮絨工), 마무리공; 재양치는 사람. **2** (대장간의) 홈 내는 반원형 망치.

Fuller 〖명〗 **Richard Buckminster** ~ 풀러(1895–1983; 미국의 건축가·기술자; geodesic dome의 발명

fúller's éarth 〖명〗 백토(白土), 표포토(漂布土). [자].

fúll fáce 둥근 얼굴; 정면을 향한 얼굴.
full-face [fúlfèis] 휑 1 정면을 향한 얼굴. 2 (인쇄) 획이 굵은 활자(boldface). —튀 정면을 향해; (인쇄) 획이 굵어. 튀 = full-faced.
full-faced [-féist] 휑 1 얼굴이 둥근[통통한]. 2 정면을 향한. ¶a ~ portrait 정면을 향한 초상화. 3 (인쇄) (활자가) 획이 굵은(bold-faced). 튀 맞은쪽에 짝.
full-fash·ioned [-fǽʃənd] 휑 몸[다리]의 선에 따른.
fúll fíeld 휑 (美) (연방 정부 고위직 후보의) 전면적 신원 조사(~ investigation). 따위가 큰 사이즈의.
full-fig·ured [-fígjərd] 휑 (여성의 체격이) 큰; (옷)
full-fledged [-fléd3d] 휑 1 (새가) 깃털이 다 난. 2 충분히 발달한, 성숙한. 3 제몫을 하게 된; 자격이 충분한. 4 완전한, 철저한. 튀 unfledged
fúll fróntal (구어) 휑 1 모든 것을 드러낸, (앞쪽이) 전라(全裸)의. ¶~ nudity 앞쪽의 전라. 2 (비유적) 철저한, 전체적인. ¶make a ~ attack on …을 전면 공격하다. —휑 앞을 향한 전라 사진.
fúll gáiner 휑 몸을 공중에서 역회전시켜 발이 먼저 물 속에 들어가는 다이빙. 한.
full-grown [-gróun] 휑 완전히 성장[발육]한, 성숙
fúll hánd 휑 (카드놀이) 풀 하우스(포커에서 같은 점수의 패 3장과 2장을 갖춘 수).
full-heart·ed [-hɑ́ːrtid] 휑 용기[자신]에 넘친; 열심인, 정성어린; 가슴이 벅찬. 튀 ~·ly 튀 ~·ness 휑
fúll hóuse 휑 (극장 따위의) 만원(滿員) =full hand.
full·ing [fúliŋ] 휑휑 (모직물의) 축융(縮絨); 마전.
full-length [-léŋkθ] 휑 1 등신대(等身大)의; 전신의. ¶a ~ portrait 전신상 / a ~ mirror 체경(體鏡). 2 생략이 없는, 단축하지 않은; 장편의. ¶a ~ movie 장편[무삭제] 영화. 4 (옷이) 발끝까지 내려오는.
full-line [-láin] 휑 (상품 따위의) 전품목[기종]의. ¶a ~ store 전상품 취급점.
fúll lóad 휑 (전기) 전부하(全負荷).
fúll lóck 휑 (자동차 따위의) 최대 한도로 꺾은 핸들.
fúll márks 휑휑 (英) (성적·평가 따위의) 만점; (비유적) 최고상, 최고의 영예. 튀 찬하하다.
give a person full marks for …으로 남을 격찬[칠]
fúll méasure 휑 넉넉한 계량[치수]; 가득한 양.
enjoy a full measure of …을 만끽하다.
in full measure 충분히, 듬뿍, 가득.
fúll món·ty [-mánti/-mɔ́n-] 휑 (F- M-) (the ~) 1 완전함; 총체, 전체. 2 벌거숭이, 벌거벗은[적나라한] 상태. 끝까지 가다.
go the full monty ① 벌거숭이가 되다. ② 갈데까지
fúll móon 휑 (a ~의) 보름달, 만월(滿月).
full-mouthed [-máuðd] 휑 1 (소 따위가) 이가 완전히 난. 2 목소리가 큰(울려 퍼지는); 소란스러운; (개가) 시끄럽게 짖어대는. 튀 ~·ly 튀
fúll náme 휑 (생략하지 않은) 성명(美) first name 과 middle name, last name; (英) Christian name 과 surname]. 튀 half[quarter] nelson
fúll nélson 휑 (레슬링) 풀 넬슨(목누르기의 일종).
***full·ness** [fúlnis] 휑휑 1 가득함, 충분[충만]함; 완전, 만족, 풍부. 2 (살 따위의) 풍동[풍봉]함; (옷 따위의) 넉넉함, 여유. 3 (음·색 따위의) 풍부함; (술맛의) 감칠맛. (또는 fulness)
in (*all*) *one's fullness* 충분히, 십분.   에.
in the fullness of time 때가 되어[차서], 정해진 때
the fullness of the heart 감개무량; (성서) 진정.
full-op·ti·mi·za·tion [fulàptəmizéiʃən] 휑 (경영) 종합 최적화(最適化).
full-orbed [-ɔ́ːrbd] 휑 (구체(球體)가) 동그란; 만월의
fúll óut 튀 1 (英) =full time. 2 풀 스피드.
full-out [-áut] 휑 1 전력을 다한, 전속력의[을 낸]. 2 전면적인, 철저한, 본격적인. 3 (인쇄) 행 첫머리를 맞춘.
fúll páge 휑 (신문 따위) 현역[전(全)면]. **fúll-páge** 휑.
fúll páy 휑 (英) 현역[전(全)] 급료. 튀 half pay

fúll pítch (크리켓) 휑 바운드 없이 바로 삼주문(三柱門)에 던진 공. —휑 (또는 **full-pitched**) (공이) 땅에 닿지 않고 삼주문(三柱門)에 던져진.
fúll proféssor 휑 정교수(正敎授).
full-rigged [-rígd] (해사) 휑 (범선이) 전장(全裝)의, 전장범(帆)의; 완전 장비의. ¶a ~ ship 전장선.
fúll sáil 휑 1 바람을 한껏 받은 돛. 2 (부사적) 돛을 모두 올리고; 전속력으로, 재빨리. **fúll-sáiled** 휑
full-scale [-skéil] 휑 1 실물 크기의. 2 본격적인; 전면적으로 하는, 총력을 기울이는; 전면적인, 철저한.
fúll scóre 휑 (음악) 총보(總譜).
fúll sérvice 휑 1 성가대가 따르는 예배. 2 (식당·주유소 따위의) 풀 서비스. 튀 self-service
full-serv·ice [-sə́ːrvis] 휑 풀 서비스 제공의, 부대 서비스를 완비한. (또는 **fúll-sèrve**)
fúll-sérvice bánk 휑 (美) 정규 (시중) 은행.
fúll síster 휑 친자매.
fúll síze 휑 (사진 따위의) 실물 크기, 등신대(等身大).
full-size [-sàiz] 휑 1 실물 크기의, 등신대의. 2 = full-grown. 3 (소형이 아닌) 보통[표준] 사이즈[크기]의; (美) (자동차의) 최상급 대형차의. ¶a ~ car 대형차. 4 (침대의) 풀 사이즈(약 1.4×1.9m)의(튀 king-[queen-, twin-]size). (또는 **full-sized**) —휑 (美) 최상급 대형차(승용차의 등급).
fúll spéed 휑 (해사) 원(原) 속력 (항해중 유지되는 정상 속도). —튀 전속력으로.
at full speed 전속력으로, 전력을 다해.
fúll stóp 휑 1 (英) 종지부, 마침표; 끝. ¶come to a ~ 완전히 끝나다. 2 (구어·감탄사적) 이상 끝!
fúll swíng 휑 최대 능력; 대활약; 최고조.
in full swing 본격적으로; 최고조로.
full-swing [-swíŋ] 휑 본격적인; 최고조의.
full-term [-tə́ːrm] 휑 1 산달이 임박한. 2 임기 만료까지 근무하는.
full-throat·ed [-θróutid] 휑 (목이 터질 듯한) 큰 목소리의. ¶give a ~ roar 고함을 치다.
fúll tílt 휑(튀) (구어) =full speed.
fúll tíme 휑 1 (정규의) 전(全) 근무[노동, 조업] 시간, 기준 근무[노동] 시간. 2 (구기 따위의) 소정 시합 시간, 풀 타임; 시합 종료. 튀 half[part] time
full-time [-táim] 휑 전시간(근무, 노동)의; 상근의, 전임의. ¶a ~ teacher 전임 교사. —튀 전임으로서. ¶work ~ 전임으로서 일하다.
fúll-tíme jób 휑 전시간 근무의 일(자리), 상근직; (구어) 아주 힘든 일, 매달려야 하는 일.
full-tim·er [-táimər] 휑 (英) 모든 수업 시간에 출석하는 학생; 전임자, 상근자. 튀 half-timer
fúll tóss 휑 =full pitch.
fúll tréatment (the ~) (구어) 특정인을 다루는 상투적 방법; 융숭한 접대; (역설적) 거친 환영.
full-up [-ʌ́p] 휑 (구어) 가득[꽉] 찬, 만원[만석]의.
fúll wórd 휑 (문법) 실어(實語)(명사·동사·형용사·부사 따위 실질적 의미를 갖는 말).
‡**ful·ly** [fúli] 튀 (*more ~; most ~*) 1 완전히, 전적으로, 아주. ¶be ~ satisfied 아주 만족하고 있다. 2 충분히. ¶eat ~ 양껏 먹다. 3 (수사와 함께) 족히, 너끈히, 적어도(at least). ¶~ five miles 족히 5마일.
ful·ly-fashioned [-fǽʃənd] 휑 (英) =full-fashioned
ful·ly-fledged [-fléd3d] 휑 (英) =full-fledged
ful·ly-grown [-gróun] 휑 (英) =full-grown.
fúl·mar [fúlmər] 휑 (조류) 풀머갈매기(북극 해양에 서식).
fúl·mi·nant [fʌ́lmənənt] 휑 폭발성의[적인]; (병리) 급격히 발병[진행]하는, 급성의, 전격성의.
fúl·mi·nate [fʌ́lmənèit] 휑 1 (번갯불처럼) 번쩍이다. 2 (큰 소리를 내며) 폭발하다. 3 맹렬히 비난[항의]하다, 호통치다 (*against*, *at*). ¶(~+前+名) ~ *against* a person 남을 호통치다. 4 (병 따위가) 갑자기 닥치다. —휑 1 …을 폭발시키다. 2 …을 맹렬히 비

난하다. ― 图 (화학) 뇌산염(雷酸塩); 뇌산 수은.
fúl·mi·nat·ing pòwder [fʌ́lmənèitiŋ-] 图 (화학) 1 폭약분(粉), 뇌분(雷粉). 2 뇌산염(fulminate).
ful·mi·na·tion [fʌ̀lmənéiʃən] 图U 격렬한 비난, 질책; 폭발. 图 (람), 비난하는 사람.
ful·mi·na·tor [fʌ́lmənèitər] 图 고함[호통]치는 사람.
ful·mi·na·to·ry [fʌ́lmənətɔ̀ːri] 图 폭발성의; 울려 퍼지는; 격렬하게 비난하는.
ful·mine [fʌ́lmin, fúl-] 图 (구어) =fulminate.
ful·min·ic [fʌlmínik, ful-] 图 1 폭발성의, (화합물이) 불안정한. 2 (화학) 뇌산의. ¶~ acid 뇌산(雷酸).
ful·mi·nous [fʌ́lmənəs, fúl-] 图 우레(번개)의같은.
ful·ness [fúlnis] 图 =fullness.
ful·some [fúlsəm, fʌ́l-] 图 1 (태도·말씨 따위가) 과도한, 지나쳐서 불쾌한[역겨운]. ¶~ praise 역겨운 찬사. 2 (음식물 따위가) 비위에 거슬리는, 혐오감을 일으키는. 3 포괄적인, 종합적인. 4 풍부한; 통통하게 살찐 비만한. ~·ly 图 ~·ness 图
Ful·ton [fúltən] 图 **Robert ~** 풀턴(1765-1815; 미국의 기계 기사(技師); 증기선을 발명).
ful·ves·cent [fʌlvésnt] 图 황갈색을 띤.
ful·vous [fʌ́lvəs] 图 황갈색의.
fu·mage [fjúːmidʒ] 图 (英) (법률) 굴뚝세(소유하는 난로에 대해 왕에게 바치던 세금). (또는 f(e)uage)
Fu Man·chu [fúː mæntʃúː] 图 1 푸맨추(영국의 소설가 Sax Rohmer (1883-1959)의 작품에 등장하는 동양의 악당). 2 팔(八)자 수염(~ mustache). 3 (美속어) 마리화나 상용자.
fu·ma·rate [fjúːmərèit] 图 (생화학) 푸마르산염.
fu·már·ic ácid [fjuːmǽrik-] 图 (화학) 푸마르산.
fu·ma·role [fjúːmərǒul] 图 (화산의) 분기공(噴氣孔). **-rol·ic** [-rάlik] 图
fu·ma·to·ri·um [fjùːmətɔ́ːriəm] 图 (图 **-ri·a** [-riə]) 1 (식물의) 포충대(捕蟲袋). 2 훈증(燻蒸)(소독)실.
fu·ma·to·ry [fjúːmətɔ̀ːri/-təri] 图 훈증(소독)실. ― 图 연기의, 훈증의.

*****fum·ble*** [fʌ́mbl] 图죄 1 더듬다, 여기저기 찾(아다)니다(about, around) (for); …을 모색하다(after); …을 서투르게 만지작거리다(at, with). ¶(~+圈+名), ~ for(or after) a key 열쇠를 더듬어 찾다(~+圈) He ~d about trying to find his lighter in the dark. 그는 어둠 속에서 라이터를 찾으려고 더듬거렸다. 2 실수하다, 멍가르다. 3 분명히 않게 말하다, 말을 더듬다. 4 (스포츠) 펌블하다, 공을 놓치다. ―固 1 …을 만지작거리다, 서투르게 다루다; 더듬어서 …하다. ¶~ one's way 더듬어서 나아가다. 2 (말)을 더듬거리다(우물거리다)(out). 3 (스포츠) (공)을 펌블하다, 잘못 잡다(받다). ― 图 더듬기; 실수하다. | 물러대다; 실수하다.
fumble about (or *around*) 여기저기 찾다; 마구 더듬다.
图 1 솜씨가 서투름, 서투른 취급. 2 (스포츠) 펌블. **-bler** 图 (공을 놓치는 따위).
fum·bling [fʌ́mbliŋ] 图 (서투르게) 만지작거리는; 서투른. ~·ly 图 ~·ness 图

‡**fume** [fjuːm] 图 (图 ~s [-z]) 1 (때로 ~s) 가스, 연기; 증기, 연무(煙霧)(* 냄새가 고약한 유독성 기체). ¶exhaust ~s 배기 가스. 2 냄새; 향기. ¶the ~ of flowers 꽃 향기. 3 후끈하는 열기; 술기운, 독기. 4 (a ~) 노기, 애태우는 기분. 5 이성(판단력 따위)을 무디게 하는 것, 열이 뻗힘; 실체가 없는 것.
be in a fume 몹시 화가 나 있다.
― 图 (~s [-z]; **d; fum·ing**) 电 1 가스를 발생시키다, 증발시키다; …을 그을리다, 연기에 쐬다, 훈증하다.
― 画 1 연기를 내다, 연기가 나다; 증발하다(*away*) 노발대발(복달)하다 (*at, about, over*)), ¶(~+圈+名) I sometimes ~ at him. 그에게 종종 화가 난다.
fume and fret (화가 나) 안달복달하다, 짜증내다.
∠·less, ∠·like **fúm·er** 图
fumed [fjuːmd] 图 (목재가) 암모니아로 그을린 것.

fu·mi·gant [fjúːmigənt] 图 훈증 소독제.
fu·mi·gate [fjúːməgèit] 图困 1 …을 연기로 그을리다, 훈증하다. 2 (고어·드물게) …을 향기로 채우다.
-ga·tion **-ga·to·ry** 图 (람; 훈증(소독)기).
fu·mi·ga·tor [fjúːməgèitər] 图 훈증(소독)하는 사람.
fum·ing [fjúːmiŋ] 图 1 연무를 내는, 향연(향기)를 발산하는. 2 불끈한, 약이 오른. ~·ly 图
| [栗]과(科)의 식물.
fu·mi·to·ry [fjúːmətɔ̀ːri/-təri] 图 서양 현호색(玄胡)
fum·y [fjúːmi] 图 연무(煙霧)(증기)가 가득한, 연기(증기)를 내는. **fúm·i·ly** 图

‡**fun** [fʌn] 图U 1 즐거움, 기쁨, 재미, 위안. ¶**a book that is** ~ **to read** 즐겁게 읽을 수 있는 책. 2 장난(할) 사람(물건, 일); 장난, 희롱, 우스움. ¶**He's good** [*or* **great**] ~. 그는 재미있는 사람이다.
(*all*) *the fun of the fair* 명절[축제 따위]의 즐거운 여흥[놀이, 구경거리]; (여러 가지) 낙.
for [*or in*] *fun* 농담으로, 장난 삼아; 재미로.
for the fun of it [*or the thing*] =*for fun*.
full of fun 즐거워서.
good clean fun 건전한 오락.
have (*one's*) *fun* 실컷 놀다, 흥겨워하다.
It is fun doing …하는 것은 재미있다[즐겁다].
like fun (구어) ① (동사 뒤에서) 기운차게, 자꾸, 연방. ¶**sell** *like* ~ 날개 돋친 듯 팔리다. ② (강한 부정·의문을 나타내어) 조금도[결단코] …이 아니다. ¶*Like* ~ **you did!** 설마! (네가 했을 리 없다).
make fun of; poke fun at …을 놀리다, 조롱하다.
out of fun 장난으로, 재미로.
What fun! 정말 재미있군[즐겁군]!(How amusing!).
― 图 (**·nn·**) (구어) 까불다, 농담하다.
― 图 (구어) 1 유쾌한, 즐거운, 재미있는. ¶**have a** ~ **time** 즐거운 시간을 보내다. 2 농담의.
be more fun than a barrel of monkeys (구어) 아주[매우] 유쾌하다.

fun·a·bout [fʌ́nəbàut] 图 (취미·스포츠용) 소형 자동차. [<*fun*+run*about*]
| (곡예).
fu·nam·bu·lism [fjuːnǽmbjulìzm] 图U 줄타기
fu·nam·bu·list [fjuːnǽmbjulist] 图 줄타기 곡예사.
fún and gámes (구어) 1 못된 장난, 희롱. 2 재미, 즐거움; 즐거운 파티; 소동. 3 (반어적) 곤란, 어려움. 4 (美) 성애 행위, 페팅, 성교.
Fún Cíty 图 (종종 f- c-) (美속어) 대도시, 환락의 도시(뉴욕시의 별칭).
func(**t**). function.
‡**func·tion** [fʌ́ŋkʃən] 图 (图 ~s [-z]) 1 기능, 작용, 목적, 구실. ¶**vital** ~s 생활 기능. 2 직능, 직분, 역할. ¶**fulfill one's** ~ **as** [*or* **of**] **a teacher** 교사로서의 직분을 다하다. 3 (사회적·종교적인) 의식(儀式), 제전(祭典), 행사(行事); 축전, 사회적 모임; 2 (美) 대규모 집회(모임). ¶**charity** ~s 자선 행사. 4 상관 관계, 상관적 요소. 5 (수학) 함수. ¶**an algebraic** ~ 대수 함수. 6 U C (문법) 기능. ¶**in the** form ~ 2 (화학) =functional group. 8 (컴퓨터) 기능(컴퓨터의 기본 조작(명령)).
― 图画 (~s [-z]) 1 기능(직분)을 다하다, 구실을 하다(*as*); (기계 따위가) …을 바탕으로 작동하다, 움직이다(*on*). ¶(~+圈) **My computer doesn't** ~ **very well.** 내 컴퓨터는 제대로 작동하지 않는다 ∥ (~+*as* 補) **He** ~**ed as boss.** 그가 두목 노릇을 했다. 2 (문법) 기능을 가지다.
*****func·tion·al*** [fʌ́ŋkʃənl] 图 1 기능(직무)(상)의. ¶~ **beauty** 기능미(美). 2 (가구·건축 등이) 기능 본위로만든, 편리한, 실용적인. (또는 **functionalistic**) ¶~ **tools** 편리한 도구. 3 기능을 다하는. 4 (수학) 함수의. ¶**a** ~ **symbol** 함수 기호. ~·ly 图
fúnctional cálculus 图 (수학) 함수 계산.
fúnctional diséase[**disórder**] 图 (병리) 기능성 질환(기관의 기능 이상을 일으키는 질환).
fúnctional equátion 图 (수학) 함수 방정식.

fúnctional fòod 图 (건강·장수 등을 위한) 기능성 식품(섬유질·철분 강화 식품 등; ⓒ FF).
fúnctional gràmmar 图 (언어) 기능 문법.
fúnctional gròup 图 (화학) 관능[작용]기(基).
fúnctional illíterate 图 기능적[준(準)] 문맹(자).
fúnctional illíteracy 图 **functionally illíterate**
func·tion·al·ism [fʌ́ŋk(ʃ)ənəlìzm] 图ⓤ **1** (건축 따위의) 기능(본위)주의. **2** (심리) 기능 심리학. **-ist** 图 **-ist·ic** 图 「용성; 상관성, 상관 관계.
func·tion·al·i·ty [fʌ̀ŋk(ʃ)ənǽləti] 图ⓤ 기능성, 실
func·tion·al·ize [fʌ́ŋk(ʃ)ənəlàiz] 图ⓣ **1** …을 기능적인 것으로 만들다. **2** (경영) …을 직능화하다, 직능별로 나누다. **‑i·zá·tion** 图 「표제.
fúnctional representátion 图 (정부) 직능 대
fúnctional shíft [chánge] 图 (문법) 기능 전환(형태상의 변화 없이 다른 법[품사]로 기능하는 일).
func·tion·ar·y [fʌ́ŋk(ʃ)ənèri] 图 직원, 관리, 공무원. ¶a public ~ 공무원. ── 图 기능적[직무]의.
func·tion·ate [fʌ́ŋk(ʃ)ənèit] 图ⓘ = **function**.
fúnction kéy 图 (컴퓨터) 조작 키.
func·tion·less [fʌ́ŋk(ʃ)ənlis] 图 직능[기능]이 없는.
fúnction ròom 图 대회의장, 대연회장.
fúnction shíft 图 =**function shift**.
fúnction wòrd 图 (문법) 기능어(전치사·접속사·조동사·관계사 따위). ⓒ **content word**
‡**fund** [fʌnd] 图 (⻌) **~s** [-z] **1** 기금, 자금; (~s) (수표·어음 결제용의) 예금. ¶a reserve ~ 적립금/a war ~ 군자금/a scholarship ~ 장학 기금/insufficient ~s (어음 발행인의) 예금 잔고 부족. **2** (a ~) (지식·정보 따위의) 축적, 비축. ¶an unfailing ~ of wit 무진장한 기지(機智)/a ~ of information 지식의 보고(백과사전 따위); 풍부한 정보. **3** (~s) 소지금; 재원, 자원; (英) (the ~s) 공채, 국채. **4** 기금 관리 조직[기구], …기금; 투자 신탁 기구(회사). ¶International Monetary F- 국제 통화 기금(⋟ IMF).
funds permitting 자금이 허용하면, 돈이 있으면.
in [*out of*] *funds* 돈이 있어[떨어져].
No funds. 예금 잔고 무(無)(* 은행으로부터의 통지).
widows' and orphans' fund (美속어) 뇌물로 주는 돈; 현금.
── 图ⓣ (~**s** [-z]) **1** (단기 차입금)을 장기 공채로 바꾸다; (빛)의 이자 지불에 자금을 공급하다; (돈)을 공채에 투자하다. **2** (계획·사업 따위)에 자금을 제공[출자]하다. **3** …을 기금으로 적립하다, 저축하다; (지식·경험 따위)를 축적하다.
fund. fundamental.
fund·age [fʌ́ndidʒ] 图 (속어) 자금; 소지금.
fun·da·ment [fʌ́ndəmənt] 图 **1** 원경관(原景觀); 지세(地勢). **2** 둔부(臀部), 궁둥이; 항문. **3** 기본 이론[원리]; (원리·이론 따위의) 기초, 기반, (건축물의) 기초.
‡**fun·da·men·tal** [fʌ̀ndəméntl] 图 (*more* ~; *most* ~) **1** 기본적인, 근본적인, 바탕[기초, 토대]이 되는 (*to*); 중요한, 긴요한 (*to*). ¶~ principles [rules] 기본 원칙[법칙]/~ human rights 기본적 인권/Fulfilling responsibility is ~ *to* democracy. 의무의 이행은 민주주의의 기본이다. **2** 타고난, 뿌리 깊은, 근원적인; 원리[근본]주의를 신봉하는. **3** (음악) 기본의, 기본의. ¶~ tones 여러 기초음. ── 图 **1** (~s) 근본, 기본, 기초, 바탕; 원칙, 원리 (*of*). ¶the ~s *of* education 교육의 기본. **2** (~s) (경제) 기본적 경제 지표, 펀더멘털즈(economic ~s)(성장율, 인플레이션율, 실업률, 경상수지 따위 한 나라의 경제 상태를 나타내는 것). **3** (음악) (화음의) 기초음, 주음(主音). (또는 **~ nóte** [tóne]) **4** (물리) 기본파(波)[진동수]. **~·ness** 图
fundaméntal báss [-beis] (음악) (화음의) 기본저음.
fundaméntal cólors 图图 원색(原色). [초 저음.
fundaméntal fréquency 图 (물리) 기본 진동 수; 기본파(波)의 주파수. 「호 작용.
fundaméntal interáctions 图 (물리) 기본 상
fun·da·men·tal·ism [fʌ̀ndəméntəlìzm] 图 **1** (종종 F-) ⓤ 근본[원리]주의(근대주의를 배격하고 성서를 절대적으로 옳다고 주장하는 20세기초의 미국 개신교 운동); 그 신앙. **2** 전통적 기본 원리[이념]의 고수. **3** (회교) 원리주의. ¶Islam ~ 회교 원리주의. **‑is·tic** 图
fun·da·men·tal·ist [fʌ̀ndəméntəlist] 图 **1** (종종 F-) 근본주의의 신자. **2** 정통 회귀론자, 원리주의자.
── 图 **1** (종종 F-) 근본주의(신자)의. **2** 원리주의의, 기본 원리를 엄수하는; 극단적으로 보수적인.
fun·da·men·tal·i·ty [fʌ̀ndəmentǽləti] 图ⓤ 기본적임, 기본성; (기본적인) 긴요성.
fundaméntal láw 图 기본법, (특히) 헌법.
***fun·da·men·tal·ly** [fʌ̀ndəméntəli] 图 근본[본질]적으로, 바탕에 있어서는, 원래.
fundaméntal númbers 图 (수학) 기수(基數).
fundaméntal párticle 图 (물리) 소립자(素粒子); (생물) 기본 입자.
fundaméntal séquence 图 (수학) 기본열(列).
fundaméntal stár 图 (천문) 기준성(星)(다른 천체의 위치 결정의 기준이 되는 별).
fundaméntal tíssue 图 (식물) 기본 조직.
fundaméntal tóne 图 (음악) 바탕음.
fundaméntal únit 图 (물리) 기본 단위.
fundaméntal vibrátion 图 (물리) 기본 진동.
fúnd·ed débt [fʌ́ndid-] 图 장기채; 장기 차입금.
fúnd·hòld·er [fʌ́ndhòuldər] 图 공채 투자자 [소유자]. 「대 아프리카산 초본).
fun·di¹ [fándi] 图 (남아프리카) 참새피속(屬)의 초본(조 비슷한 열
fun·di² (아프리카 동부 남부에서) 기능을 가진 사람, 숙련자, 선생. [<Swahili]
fund·ie [fʌ́ndi] 图 (구어) **1** = **fundamentalist**. **2** 과격한 환경 보호론자; 환경[녹색]당원. (또는 **fundy**)
fund·ing [fʌ́ndiŋ] 图 자금 제공, 융자; 돈, 임금.
fúnd mànager 图 (금융) 자금 운용 담당자, 펀드 매니저(보험 회사, 투신사 등의 투자 전문가).
fúnd-ràise [ˊrèiz] 图 기금 조성으로 (돈)을 조달하다. ── ⓘ 자금을 조달하다. (또는 **fúndràise**)
fúnd-ràis·er [ˊrèizər] 图 **1** (美) 기금 조달자, 모금 담당자. **2** 모금 행사(파티). (또는 **fúndràiser**)
fúnd-ràis·ing [ˊrèiziŋ] 图图 자금 조달(의); 모금 (의). (또는 **fúndràising**) ¶a ~ party 모금 파티.
fun·dus [fʌ́ndəs] 图 (⻌ **-di** [-dai]) (해부) (위 따위의) (밑)바닥, 기저부(基底部). **-dic** 图 [<L bottom]
*fu·ner·al [fjúːnərəl] 图 (⻌ **~s** [-z]) **1** 장례식, 영결식; (美) 영결 예배, 장례식 설교. ¶a state ~ 국장(國葬)/attend a ~ 장례식에 참석하다/hold a ~ 장례식을 거행하다. **2** (the ~, a ~) 장례 행렬(~ train). **3** (비유적) 종말, 최후; 죽음; 무덤. **4** (구어) (one's ~) 싫은[불쾌한] 것[일]; 관계 있는 것[일], 해야 할 것[일].
be none of one's own funeral (구어) …이 알 바가 아니다, …와 무관한 일이다.
be one's (own) funeral (구어) …에게 불행[불쾌]한 일이다; …에 관계 있는 일이다 / …이 해야 할 일이다, …의 책임이다. 「 (없이) 재미로 가다[참석하다].
go to the funeral just for the ride (특별한 목적
I'll dance at your funeral. (구어) 네 장례식 때 춤을 추겠다(저주할 때 쓰는 말).
will [or *would*] *be late for one's own funeral* (구어) 기한에 오는 법이 없다, 시간을 안 지킨다.
── 图 (한정용법) 장례식의; 장례식용의. ¶a ~ ceremony 장례식/a ~ oration 조사(弔辭).
fúneral chápel 图 영안실; 장례식장.
fúneral diréctor 图 장의사(士)((美) **mortician**, (英) **undertaker**); (면허를 가진) 장의 관리사.
fúneral hòme 图 (美) 장의사; 시체 안치소. (또는 **fúneral pàrlor** [**chùrch, rèsidence**])
fu·ner·al·ize [fjúːnərəlàiz] 图ⓣ **1** …의 장례식(추도식)을 행하다. **2** (폐어) 슬프게[우울하게] 만들다.

fúneral màrch 〖명〗 장송 행진곡.
fúneral píle[pỳre] 〖명〗 화장용 장작더미.
fúneral rìtes 〖명〗 장례(식).
fúneral sèrvice 〖명〗 영결 예배.
fúneral tràin[procèssion] 〖명〗 장례 행렬.
fúneral ùrn 〖명〗 납골 단지.
fu‧ner‧ar‧y [fjúːnərèri/-nəri] 〖형〗 장례식의, 매장의.
fu‧ne‧re‧al [fjuːníəriəl] 〖형〗 1 장례식의, 장례식에 어울리는.¶ ~ garments 상복/a ~ bell 조종. 2 구슬픈, 침울한, 우울한. **~‧ly** 〖부〗「치명적인; 비참한.
fu‧nest [fjuːnést] 〖형〗 해악을 불러일으키는, 불길한;
fún fàir [fjuːnést] 〖명〗 1 《英》 유원지, 놀이공원(《美》 amusement park). 2 (교회 등이 모금을 위해 벌이는) 잔치, 축제; 순회 쇼 [서커스](carnival).
fún‧fest [fʌ́nfèst] 〖명〗 친목회, 오락회, 여흥 모임.
fún fùr (평상복으로 입는) 값싼 모조 모피옷.
fun‧gal [fʌ́ŋɡəl] 〖형〗 = fungous. 〖명〗 = fungus.
fun‧gi [fʌ́ndʒai, fʌ́ŋɡai] 〖명〗 fungus의 복수형.
fun‧gi- [fʌ́ndʒə, fʌ́ŋɡə] 〖연결〗「균, 곰팡이, 진균(眞菌)」의 뜻.¶*fungi*cide.
fun‧gi‧ble [fʌ́ndʒəbl] 〔법률〕 〖형〗 바꿀[대체할] 수 있는. 〖명〗 대체물(금전·곡물 따위). **-bíl‧i‧ty** 〖명〗
fun‧gi‧cide [fʌ́ndʒəsàid] 〖명〗〖U〗 살균제, 곰팡이 방지[제거]제. **-cíd‧al** **-cíd‧al‧ly** 〖부〗
fun‧gi‧form [fʌ́ndʒəfɔ̀ːrm] 〖형〗 버섯[균] 모양의.
fun‧gi‧stat‧ic [fʌ̀ndʒəstǽtik, fʌ̀ŋɡə-] 〖형〗 (진)균의 증식을 억제하는. **-i‧cal‧ly** 〖부〗
fun‧gi‧tox‧ic [fʌ̀ndʒətáksik] 〖형〗 균류에게 유독한. **-tox‧íc‧i‧ty** 〖명〗「식성성(食菌性)인.
fun‧giv‧or‧ous [fəndʒívərəs] 〖형〗 (어떤 곤충이)
fun‧go [fʌ́ŋɡou] 〖명〗〖야구〗 〖명〗 (~es) 1 (수비 연습을 하기 위해) 가볍게 위로 던진 공. 2 외야에 날린 연습용 플라이. 3 연습용 배트(~ bat). 4 《속어》 실패, 실수; 보답 없는 행위. ─〖타〗 연습용 배트로 쳐 올리다. 《속어》 실패하다.
fun‧goid [fʌ́ŋɡɔid] 〖형〗 1 균 비슷한, 균성의, 균질(菌質)의. 2 《병리》 진균상(眞菌狀) 종양의. (모양·성질·속도가) 버섯[곰팡이]과 비슷한; 빨리 성장하는. 〖명〗〖C〗〖U〗 균성 식물: 〔병리〕 진균상 종양.
fun‧gol‧o‧gy [fʌŋɡɑ́lədʒi/-ɡɔ́l-] 〖명〗 균류학(菌類學).
fun‧gous [fʌ́ŋɡəs] 〖형〗 1 균의, 균에 의해 생기는.¶ a ~ disease 균에 의한 질병. 2 균 비슷한, 균성의, 균질의. 3 갑자기 생기는, 일시적인.
***fun‧gus** [fʌ́ŋɡəs] 〖명〗 (복수 *-gi* [fʌ́ndʒai, fʌ́ŋɡai], *~es*) 1 균류 (곰팡이 따위). 2 《병리》 (상처의) 균상종(菌狀腫), 용종(茸腫). 3 갑자기 생기는 (싫은) 것. 4 《속어》 턱수염. 〖형〗 = fungous. **-gic,** **-like** 〖형〗
fún hòuse 〖명〗 (유원지의) 도깨비집.
fu‧ni‧cle [fjúːnikl] 〖명〗 《식물》 주병(珠柄).
fu‧nic‧u‧lar [fjuːníkjulər] 〖형〗 1 밧줄[케이블]의; 그 장력(張力)에 의한; 밧줄[케이블]로 움직이는. 2 《해부》 삭대(索帶)[삭조]의; 《식물》 주병의. 〖명〗 = ~ railway.
funícular ráilway 강삭(鋼索) 철도. 「way.
fu‧nic‧u‧lus [fjuːníkjuləs] 〖명〗 (복수 *-li* [-lài]) 1 《해부》 삭대, 삭조(신경 섬유속(束)); 정삭(精索)·뱃줄 따위). 2 《식물》 주병. 3 《곤충》 (촉각의) 사절(絲節).
funk[1] [fʌŋk] 《구어》 〖명〗〖U〗〖C〗 1 (a ~) 겁, 겁을 먹음, 두려움; (경멸적) 겁쟁이. 2 낙담, 의기 소침.
be in a funk of …에 겁을 먹고 있다.
blue funk 엄청난 공포.
─〖자〗 …을 두려워(하게)하다, …에 겁을 먹다, 움츠러들다.¶ Don't ~ it. 그 일에 겁을 먹다, 움츠러들다(*out*).
funk[2] 〖자타〗 《구어》 …에 연기를 내뿜다. (담배) 연기를 피우다. ─〖자〗 1 연기가 나다: 악취를 풍기다. 2 《美속어》 펑크 (음악)을 연주하다(음악에 따라) 기분 좋게 몸을 흔들다 (*to*). ─〖명〗〖U〗 악취: 《美속어》 담배 연기. 2 (복장·거동의) 파격, 기묘함. 3 =~ art. 4 = funky music.

funk‧a‧del‧ic [fʌ̀ŋkədélik] 《美속어》 (음악이) 격렬하고 도회적인. 「아트.
fúnk àrt 〖명〗 펑크 예술(기괴[과격]한 것을 소재로 한 팝
fúnk hòle 〖명〗 대피호; 도망[피신]처; 병역 기피처.
funk-jazz [´dʒæz] 〖명〗 펑크 재즈.
fúnk mòney 《英》 = hot money.
funk‧y[1] [fʌ́ŋki] 〖형〗 두려워하는, 겁 많은: 기가 죽은.
funk‧y[2] 1 《구어》 악취를 풍기는, 퀴퀴한, 냄새가 나는. 2 《美속어》 《재즈》 소박한 블루스풍의, 펑키한; 펑크 (음악)의. 《복장 따위가》 괴이한, 파격적인 펑크 차림의; 멋들어진; 섹시한. 4 《속어》 울한, 침울한; 감정적인; 저급한; 저질스런.
fúnk‧i‧ly 〖부〗 **fúnk‧i‧ness** 〖명〗
fúnky mùsic 펑키 뮤직[재즈](1950년대에 유행한 소박한 블루스풍 재즈). 「**fún-lòv‧er**
fun-lov‧ing [´lʌ́viŋ] 〖형〗 쾌락을 즐기는, 잘 노는.
***fun‧nel** [fʌ́nl] 〖명〗 1 깔때기. 2 (기선·기관차의) 굴뚝. 3 깔때기 모양의 통풍구; 채광 구멍. 4 《해부·동물》 (오징어 따위의) 깔때기 모양의 기관. 5 = ~ cloud.
─ 〖명〗 (*-l-*, 《英》 *-ll-*) 〖타〗 1 …을 깔때기 모양으로 하다. 2 …을 중심으로 모으다, 중심으로부터 분산시키다; (정력 따위)를 집중하다, 보내다 (*into*). ¶ (~ + 명 + *into* + 명) ~ all one's energies *into* one's job 전 정력을 일에 집중하다. 3 …을 좁은 통로로 통과시키다. ─〖자〗 1 깔때기 모양이 되다. 2 깔때기에 모이다, 중심으로부터 분산하다. 3 깔때기[좁은 통로]를 지나다.
funnel down (음식·음료를) 허겁지겁 듯이 대번에 먹 「…like 다[마시다].
fúnnel clòud (tornado의) 깔때기 구름(tuba).
fun-nel‧form [fʌ́nlfɔ̀ːrm] 〖형〗 깔때기 모양의.
fun‧ni‧ly [fʌ́nili] 〖부〗 1 재미있게, 우습게, 익살맞게.
funnily enough 기묘하게도. 「2 기묘하게.
fun‧ni‧ment [fʌ́nimənt] 〖명〗〖U〗 농담, 익살. 「로움.
fun‧ni‧ness [fʌ́niniəs] 〖명〗〖U〗 우스움, 기괴함, 익살.
‡**fun‧ny**[1] [fʌ́ni] 〖형〗 (*-ni‧er; -ni‧est*) 1 우스운, 재미있는, 익살맞은. ⇒ AMUSING 〖유의어〗 ¶ a ~ tale 우스운 이야기/a ~ person 익살꾼인 사람. 2 《구어》 기묘한, 괴상한, 이상한.¶ a ~ way to behave 기괴한 행동/It's ~ he hasn't home yet. 그가 아직 귀가하지 않았다니 이상하다. 3 의심스러운, 수상한; 교활한; 불공정한.¶ a ~ look 의심스러운 눈길. 4 (기분 따위가) 이상한, 찜찜한; 머리가 좀 이상한. 5 (연재) 만화(난)의.¶ a ~ column (신문의) 만화란/~ pictures 만화. 6 오만한; 전방진. 7 《美구어》 (남자가) 동성애의; 여성적인. 「다.
feel funny 기분이 나쁘다[어짢다], 어색한 기분이 들
get funny with …에게 불손하[뻔뻔스럽게] 굴다.
go (all) funny ① 머리가 돌다, 미치다. ② = *feel funny*.
see the funny side of (사태 따위의) 우스운 면을 깨닫다, 〔어려운 상황〕에 부딪쳐도 웃을 수 있다.
That's (very) funny.; Very funny. 《구어》 ① 그것 (참) 이상하구나. ② (반어적) 아주 우습지 않다.
What's funny? (되물음으로) 뭐가 (그렇게) 우습니?
─ 〖명〗 (복수 *-nies* [-z]) 1 《구어》 재미있는(웃기는) 이야기, 농담. 2 웃기는(재미있는) 사람[것, 놈]. 3 《美구어》 (the *-nies*) (신문·잡지의) 연재 만화: 만화란.
make a funny 농지거리하다, 익살 부리다.
¶ 기묘하게, 우습게, 재미있게. ¶ *act* ~ 까불다.
fun‧ny[2] 〖명〗 《英》 퍼니 보트(폭이 좁은 1인용 보트).
fúnny bòne 〖명〗 1 (팔꿈치의) 척골(尺骨)의 끝(《美》 crazy bone). 2 유머 센스[감각].
fúnny bòok 만화책.
fúnny bùsiness 《구어》 1 부정 거래, 부정[부도덕] 행위, 사기, 우스갯 짓; 기묘한 일; 장난.
fúnny fàrm [hòuse] 《속어》 정신 병원; 알코올[약물] 중독자 요양소. 「있는.
fun‧ny-ha-ha [-hɑ̀ːhɑ́ː] 《美구어》 우스운, 재미
fun‧ny‧man [fʌ́nimæ̀n] 〖명〗 《美속어》 익살스런 사

람; 어릿광대; 희극 배우.
fúnny mírror 명 (유원지의) 요철경(凹凸鏡).
fúnny mòney 명 (속어) 1 가짜돈, 장난감 돈. 2 출처 불명의 돈(정치 자금 따위); 위험한 일에 쓰이는 돈. 3 가치가 부풀려진 통화; 불안정한 돈(어음 따위). 4 군표(軍票). 5 (증권) 전환(轉換) 우선주(전환 사채, 보증채 따위); 기업 매수 자금 조달에 쓰인다.
fúnny pàper 명 (美구어) (신문의) 만화 섹션.
fun·ny·pe·cu·liar [-pikjúːljər] 형 (英구어) 이상야릇한, 기묘한. 「**fún rùnner** 명
fún rùn 명 (자선 기금 모집을 위한) 시민 마라톤 경기.
fun·some [fánsəm] 형 재미있는, 즐거운.
fun·ster [fánstər] 명 어릿광대, 희극 배우, 코미디언.
FUO (의학) *f*ever of *u*nknown *o*rigin(원인 불명의 발열). 「성 폭발 활동의[에 의한].
fu·o·ro [fjuːrou] 형 (천문) 수소신(超新星)의, 초신
‡**fur** [fəːr] 명·형 (~**s** [-z]) 1 (가공한) 모피; ⓤ (모피 제품용) 털, 부드러운 털, 솜털. ⇨SKIN 유의어 2 (보통 ~**s**) 모피 제품, 모피옷; 인조 모피, 모피 (제품). ¶a fine fox ~ 썩 좋은 여우 모피. 3 ⓒ (집합적) 부드러운 털 [모피]을 가진 짐승. 4 Ⓤ 부드러운 털 모양의 부착물; (환자의) 설태(舌苔); 물때, 버케. 5 (속어) (여성의) 성기; 음모. 6 (the ~) (美속어) 경찰.
fur and feather 조수류(鳥獸類).
hunt fur 모피수(獸)(토끼 따위)를 사냥하다.
make the fur fly ① 대소동을 일으키다, 대판 싸움을 벌이다. ② 일을 빨리 해치우다.
stroke [or **rub**] **the** [or **a person's**] **fur the wrong way** (남)을 화나게 하다. 「되다.
the fur flies ① 큰 소동이 일어나다. ② 재빨리 성취
— 명 (~**s** [-z], -**rr**-) 타 1 (의복에) 모피 안(가선)을 대다. 2 (남)에게 모피 제품을 입히다. 3 (건축) (마루 따위)에 마루청을 대다. 4 …에 설태[물때]가 끼게 하다 (*up*, *down*). — 자 설태[물때, 버케]가 끼다(*up*).
~**·less** 형
fur. furlong(s); furnished: further. 「론 제조용).
fu·ran [fjúəræn/-´] 명 (화학) 푸란(무색 액체: 나일
fu·ra·zol·i·done [fjùərəzálidòun/-zɔ́l-] 명 (약학) 푸라졸리돈(세균성 위장염, 적리 등의 치료에 쓰임).
fur·bear·er [fə́ːrbɛ̀ərər] 명 모피 동물. (또는 **fúr-bèaring** 형)
fur·be·low [fə́ːrbəlòu] 명 (스커트 · 페티코트의) 주름[옷단] 장식; (보통 ~s) 화려한 장식. — 타 …에 주름 장식을 달다; …을 화려하게 꾸미다.
fur·bish [fə́ːrbiʃ] 타 1 …을 갈다, 닦다, 윤내다; (비유적) …을 연마하다(*up*). ¶ (~+목+부) ~ *up* old furniture 헌 가구를 닦다. 2 (헌것)을 새롭게 하다, 일신하다(*up*). ~**·er** 명 「종의 송이풀.
Fúr·bish lóusewort [fə́ːrbiʃ-] 명 (식물) (희귀
fur·burg·er [fə́ːrbə̀ːrgər] 명 (비어) 1 (구강 성교 대상으로서의) 여성의 성기, 음부. 2 여자, 여인.
fur·cate 형 [fə́ːrkeit, -kət] 가지진, 두 갈래로 갈라진. ¶a ~ tail 끝이 두 갈래로 갈라진 꼬리. — 자타 [fə́ːrkeit] 두 갈래로 하다, 분기(分岐)하다. ~**·ly** 부
fur·ca·tion [fəːrkéiʃən] 명 (두 갈래의) 분기.
fur·cu·la [fə́ːrkjulə] 명 (**-lae** [-lìː]) 1 (조류) 차골(wishbone). 2 (곤충) 맨 꼬리 기관. **-lar** 형
fúr fàrm 명 (밍크 따위의) 모피 동물 사육장.
fúr fàrming 명 모피 동물 사육.
fur·fur [fə́ːrfər] 명 (魔 **-fu·res** [-fjuriːz, -fə-]) 상피(上皮)의 얇은 조각, (특히) 비듬: (곡물의) 겨.
fur·fu·ra·ceous [fə̀ːrfjuréiʃəs] 형 비듬[겨]의[같은]; 비듬이 많은(scurfy). ~**·ly** 부
fu·ri·bund [fjúərəbànd] 형 난폭하게 구는, 난폭한.
Fu·ries [fjúəriːz] 명복 (the ~) (그리스 · 로마 신화) (우라누스(Uranus)의 피로 태어난 복수의 세 여신.
‡**fu·ri·ous** [fjúəriəs] 형 (**more** ~; **most** ~) 1 격노한, 날뛰는, 격심한, 광포한 (*with*, *at*/*about*). ¶~ hate 격렬한 증오. 2 (파도 · 바람 따위가) 무시무시한, 광란하는. ¶a ~ storm[sea] 휘몰아치는 폭풍[광란하는 바다]. 3 (활동 따위가) 맹렬한, 격렬한; 터무니없는.
grow fast and furious (환락 따위가) 절정에 이르다. ~**·ness** 명 「다, 광란하게 되다.
***fu·ri·ous·ly** [fjúəriəsli] 부 광란하여, 맹렬히; 극단적으로; 힘차게; 정력적으로. 「하다, 어지럽히다.
give a person **furiously** *to think* 남을 헷갈리게
furl [fəːrl] 명·타 1 (기 · 돛 따위)를 말다, (우산 따위)를 접다, (커튼)을 걷다. 2 (희망)을 버리다. — 자 말려 올라가다, 접히다, 개켜지다(*up*). — 명 말기, 감기, 접기, 개키기; 말린[접힌] 것. ~**·a·ble** 형 ~**·er** 명
fur·long [fə́ːrlɔːŋ/-lɔŋ] 명 펄롱(거리의 단위; 220야드, 또는 1/8 마일에 해당; 약 201m; 약 fur.).
fur·lough [fə́ːrlou] 명 (특히 해외 근무 군인 · 공무원 등의) 휴가(증). ¶get [or have] two weeks' ~ 두 주일의 휴가를 얻다. 2 (美) (일시적) 해고(layoff) (저자의) 일시 가출소. — 타 …에게 휴가를 주다; (美) …을 일시 해고하다. — 자 휴가를 보내다.
on furlough 휴가중에, 휴가로.
fur·men·ty [fə́ːrmənti] 명 (英방언) =frumenty. (또는 **furmety**, **furmity**)
furn. furnace; furnished; furniture.
‡**fur·nace** [fə́ːrnis] 명 (~·**es** [-iz]) 1 가마, 화덕, 화로, 난로, (보일러의) 노(爐). ¶a blast ~ 고로(高爐). 2 혹서(酷暑)의 땅. 3 (비유적) 혹독한 시련(의 장소). ¶ (the F-) (천문) 화학로자리(Fornax).
be tried in the furnace 혹독한 시련을 겪다.
— 명·타 (-**nac·es** [-iz]; ~**d** [-t]; **-nac·ing**) (야금) ~**·like** 형 「…을 (난로에) …을 가열하다.
‡**fur·nish** [fə́ːrniʃ] 명 (~·**es** [-iz]; ~**ed** [-t]) 타 1 (필요한 것)을 공급하다, 제공하다, 주다 (*with*/*to*) ⇨PROVIDE 유의어 ¶ ~ sufficient evidence 충분한 증거를 제공하다// (~+목+목) He ~ed the hungry *with* food. =He ~ed food *to* the hungry. 그는 굶주린 사람들에게 음식을 주었다// (~+목+목) I ~ed him food. 그에게 음식을 주었다. 2 …에 필수품 [가구]을 비치하다, 설비하다(equip). ¶ (~+목+목) This house is well ~ed. 이 집은 세간이 모두 갖추어져 있다// (~+목+전+명) ~ a room *with* an air conditioner 방에 에어컨을 설치하다. — 자 가구[세간]를 비치하다.
furnish *oneself with* …을 사[가져]오다. 「하다.
furnish out (필요한 것)을 채우다; …에 재료를 공급
***fur·nished** [fə́ːrniʃt] 형 1 가구가 비치된. ¶F- House (to Let). (게시) 가구 딸린 셋집. 2 (상점 따위가) 재고가 있는, 필요한 것을 갖춘.
fur·nish·er [fə́ːrniʃər] 명 조달자; 공급자. 2 가구상; 가구 설치공. 3 (美) (신사용) 장신구점.
***fur·nish·ing** [fə́ːrniʃiŋ] 명 1 Ⓤ 공급, 장비; (가구의) 비치, 설비. 2 (~**s**) (집합적) 가구, 세간, 비품; (~s) (남성용) 액세서리. ¶men's ~s 남자용 액세서리.
‡**fur·ni·ture** [fə́ːrnitʃər] 명Ⓤ (집합적: 단수취급) 1 가구, 비품, 세간(* 셀 때는 a piece 또는 an article, an item 이 ~로 쓴다) ⇨ fixture. ¶parlor [kitchen] ~ 객실용 가구[부엌 세간]/a piece [set] of ~ 가구 한 점 [벌]. 2 부속품, 부품 설비[기구]; (문 따위의) 손잡이[고리]와 자물쇠; (배의) 의장(艤裝) 용구; (공공 장소의) 시설물. 3 (마음 속에) 갖추어진 것, 지식; (물건의) 내용, 알맹이. ¶the ~ of one's pocket 호주머니 속의 소지금/the ~ of one's mind 지식, 교양. 4 (인쇄) (空木). 5 침대 커버와 시트. 6 (고어) 갑옷; 마구.
a nice little piece of furniture (美속어) 성적 매력이 있는 여성.
part of the furniture (구어) 눈에 안 띄는 사람[것].
remove furniture (업자가) 이삿짐을 운반하다; 이~**·less** 형 「삿짐 운반업을 하다.

fúrniture bèetle [bòrer] 명 가구[목재] 좀벌레.
fúrniture vàn 명 (이사를 위한 대형) 가구 운반 트럭.
fu·ror [fjúɔːr] 명 ⓤⓒ 1 열광, 열광적 감격[흥분]. 2 열광적 유행, 〜열(熱); 열광적 찬양 (over). ¶the soccer 〜 축구열. 3 격정, 광란, 광기. (또는 1, 2 (英) furore) *make* [or *create*] *a furor* 열광시키다[케 하다].
fúror col·li·gén·di [-kàlədʒéndai/-kɔ̀l-] 명 열광적인 수집[채집]열. 〔<L〕 「[미드(이노제)]
fu·ro·se·mide [fjuəróusəmàid] 명 (약학) 푸로세미드.
furp [fəːrp] 동ⓝ (美俗) 데이트에 가다; 여성을 동반하여 파티에 가다. 「운 이야기.
fur·phy [fə́ːrfi] 명 (濠俗) 낭설, 엉터리 소문, 우스
furred [fəːrd] 형 1 모피 달린[안을 댄]. 2 모피로 된[안을 댄]. 3 모피 옷을 입은. ¶a 〜 *lady in mink* 밍크 모피를 걸친 부인. 4 설태(舌苔)[버캐]가 낀.
fur·ri·er [fə́ːriər/fʌ́riə] 명 모피 상인[가공업자], 모피옷 제조[수선]공. 「[집합적] 모피 제품.
fur·ri·er·y [fə́ːriəri/fʌ́ri-] 명 ⓤⓒ 1 모피(가공)업. 2
fur·ring [fə́ːriŋ] 명 1 (의복에) 모피 대기, 모피로 가선을 두르기. 2 (의복에 사용하는) 모피, 모피 안감. 3 설태(舌苔)[버캐, 물때]가 낌. 4 (건축) (바닥이나 벽의) 잇las기(를 박기); 바탕 재료[뼈대].
***fur·row** [fə́ːrou/fʌ́r-] 명 1 (밭을 간 뒤의) 고랑, 쟁기자국. 2 (고랑 같은) 좁고 긴 골; (배 따위가 지나간) 자취; 바퀴 자국. 3 (얼굴의) 깊은 주름. ¶the 〜*s of age* 노령으로 인한 깊은 주름. 4 (詩·古語) 경작지, 농지.
draw a straight furrow 성실히[우직]하게 세상을 살아가다. 「[직면하다.
have a hard furrow to plow 어려운[곤란한] 일에
plow a lonely furrow 혼자 묵묵히 일하다[살아가다]; 자기 길을 가다.
—— 타 1 〜을 (쟁기로) 갈다. 2 〜에 고랑[자국]을 내다. 3 〜에 주름살을 짓다. 4 〜을 뚫고 나가다. ¶〜 *the sea* 파도를 헤치고 나가다. —— 자 고랑이 되다. 주름지다.
〜·**er** 명 〜·**less** 형 〜·**like** 형
fur·row·butt [fə́ːroubʌt] 명 (美俗) 음란한 여자.
fur·row·y [fə́ːroui/fʌ́r-] 형 고랑이 난, 주름진.
fur·ry [fə́ːri] 형 1 모피로 만든, 모피가 붙은. 2 (동물이) 모피로 덮인; (사람이) 모피를 입은[걸친]. 3 모피 비슷한, 모피(솜털)질의. 4 설태(물때)가 낀. 5 (美俗) 무서운, 모골이 송연한. -**ri·ly** 부 -**ri·ness** 명
fúr sèal (동물) 물개(seal).
***fur·ther** [fə́ːrðər] 형 (far의 비교급) 더 farther

[USAGE] *further*와 *farther* (비교급) —— 모두 far의 비교급으로, 보통 farther는 거리에 대해, further는 I *have nothing* 〜 *to mention.*처럼 정도·시간·수량 따위를 나타내는 데 쓴다. 그러나 실제로는 이 구별이 엄밀히 지켜지고 있지 않으며, 구어에서는 어느 경우에나 further를 쓰는 경향이 있다.

1 (공간·시간적으로) 더 멀리, 훨씬 멀리, 더욱 앞으로. ¶as *far as this but no* 〜 여기까지만 더 이상 없고. ¶*I am too tired to go* 〜*.* 너무 지쳐서 더는 못 가겠다. 2 (정도·범위가) 한층 나아가서, 더욱 깊이. ¶*We inquired* 〜 *into the matter.* 우리는 그 사건의 조사를 더 진행시켰다. 3 게다가, 그 위에, 더욱이. ¶*Let me* 〜 *tell you that...* 한 마디 더 말씀드리겠습니다만. 4 (〜 *than*) 다른 쪽에, ¶*look* 〜 *than the store* 딴 상점에서 찾다. *further on* 더 앞으로[에]. 「보다.
go any further (질병·소문 등이) 더욱 더 번지다[진
go further 더 이상 더 나아가다[말하다].
I'll see you further (first). (구어) 그건 질색이다. 당치도 않다(I certainly won't.).
wish a person further (구어) 남에게 좀더 저쪽에 가도록 원하다; 남이 없었으면 좋겠다고 생각하다.
—— 형 1 더 먼, 더 앞의. 2 그 이상의, 한층 더한. ¶*until* 〜 *notice* 추후 통지가 있을 때까지.
for further information [or *details, particulars*] 보다 상세한 것은. ¶*For* 〜 *details, see page 123.* 더 자세한 사항은 123쪽을 참조할 것.
further to (상업통신문에서) 〜에 관하여, 부언하면.
—— 타 〜을 추진하다, 촉진[조성]하다. ⇨ PROMOTE
유의어 ¶〜 *one's plans* 계획을 촉진하다.
fur·ther·ance [fə́ːrðərəns] 명ⓤ 촉진, 조장, 조성, 증진; ⓒ 촉진[원조]하는 사람[것].
in [or *for the*] *furtherance of* 〜을 증진하기 위해.
fúrther educátion 명 (英) 직업[보습, 훈련] 교육 (의무 교육을 받은 다음에 진흥하는 사람을 위한 것).
fur·ther·er [fə́ːrðərər] 명 조장[촉진]하는 사람[것].
‡**fur·ther·more** [fə́ːrðərmɔ̀ːr] 부 (종종 and 〜) 그 위에, 더욱이, 더군다나. ⇨BESIDES 유의어
fur·ther·most [fə́ːrðərmòust] 형 가장 먼 (from).
fur·ther·some [fə́ːrðərsəm] 형 (구어) 촉진[조성]하는; 도움이 되는, 유익한.
‡**fur·thest** [fə́ːrðist] 형 (far의 최상급) =farthest.
fur·tive [fə́ːrtiv] 형 1 남몰래 하는, 은밀한. ¶*cast a* 〜 *glance* 흘깃보다. 2 남의 눈을 속이는, 교활한, 수상적은 (*in*). ¶a 〜 *manner* 수상적은 태도. 3 훔친; 도둑과 같은. 〜·**ly** 부 〜·**ness** 명
fu·run·cle [fjúərʌŋkl] 명 (병리) 종기, 부스럼, 절양 (癤瘍) (boil). 퓨링클(피부·피하 조직 등에 생기는 악성 종기). **fu·rún·cu·lar, fu·rún·cu·lous** 형
fu·run·cu·lo·sis [fjuərʌ̀ŋkjulóusis] 명 (병리) 절양증(癤瘍症); 세균에 의한 연어과(科) 물고기의 감염.
‡**fu·ry** [fjúəri] 명 (복 -ries [-z]) 1 ⓤⓒ (a 〜) 격노, 격분. ¶〜 *of anger* 격노. ¶(a) *cold* 〜 꼭 참았던 분노. 2 형 (감정·병·전투·폭풍 따위의) 격심함, 맹렬함, 맹위, 격렬함; ⓒ 흥분 상태, 격정, 열광. ¶*in the* 〜 *of one's passion[desire]* 격렬한 열정(욕망)에 사로잡혀서. 3 (그리스·로마 신화) (F-) 복수의 세 여신 (Furies)의 하나. 4 (비유적) (-ries) 원귀(怨鬼); 가책. 5 포악한 사람, 원한에 불타는[심술궂은] 여자. 6 동물의 흉포성(以暴性). 7 (구어) 영감, 신들림.
fly [or *get*] *into a fury* 격노하다, 노발대발하다.
in a fury 격노[대노]하여.
like fury (구어) 맹렬히, 무시무시한 기세로.
furze [fəːrz] 명ⓤ (식물) 가시금작화(金雀花).
furz·y [fə́ːrzi] 형 (英) 가시금작화의[가 무성한].
fus. fuselage.
fu·sain [fjuːzéin, ′-́] 명ⓤ (데생용) 목탄; ⓒ 목탄화.
fus·cous [fʌ́skəs] 형 암갈색의, 거무스름한.
‡**fuse**[1] [fjuːz] 명 1 (전기) 퓨즈; (구어) 퓨즈가 나감. ¶*put a new* 〜 새 퓨즈를 끼우다. 2 신관(信管), 도화선; (군사) 기뢰·폭탄 따위의 기폭 장치.
blow a [or *one's*] *fuse* 퓨즈를 나가게 하다; (구어) 몹시 화내다; 격노하다. 「미가 급하다[느긋하다].
have [or *be on*] *a short* [*long*] *fuse* 성미가 급하다[느긋하다].
—— 타 1 〜에 신관[도화선]을 장치하다, 기폭 장치를 하다. 2 (플러그 따위에) 퓨즈를 장치하다. —— 자 (퓨즈가) 끊어지다, 나가다.
〜·**less** 형 〜·**like** 형
*****fuse**[2] 타 1 〜을 녹이다, 융해(融解)시키다. 2 (비유적) 〜을 융합[융화]시키다, 연합하다 (*in*). 〔전등 따위의 퓨즈를 갈다.〕 —— 자 1 녹다, 융해하다. ⇨ MELT 유의어 2 (비유적) 융합[융화]하다, 결합하다.
fúse bòx 명 1 (전기) 퓨즈 상자 (cutout box). (또는 **fúse càbinet**) (美俗) 머리.
fu·see [fjuːzíː] 명 1 내풍(耐風) 성냥. 2 (철도의) 적색 섬광(閃光) 신호 (경고 신호). 3 (구식 시계의) 균형 (均衡) 용태엽. 4 신관 (fuse), 도화선. (또는 **fuzee**)
fu·se·lage [fjúːsəlɑːʒ] 명 (비행기의) 동체, 기체.
fú·sel òil [fjúːzəl-] 명 (화학) 퓨젤유(油).
fúse wìre 명 도화선. 「해도(溶解度).
fu·si·bil·i·ty [fjùːzəbíləti] 명ⓤ 가용성(可溶性); 용
fu·si·ble [fjúːzəbl] 형 녹는, 가용성의; 녹기 쉬운. ¶*a* 〜 *metal* 가융(可融) 금속. 〜·**ness** 명 -**bly** 부
fu·si·form [fjúːzəfɔ̀ːrm] 형 방추(紡錘) 모양의.

fu·sil[1] [fjúːzəl/-zil] 명 화승총(火繩銃). 〔<F〕
fu·sil[2] 형 〔고어〕 녹여서 만든, 주조(鑄造)한; 가용성의; 용해할[하는]. (또는 fusile) 〔<F〕
fu·sil·ier [fjùːziliər] 명 **1** 〔집합적〕 (~s) 퓨질리어 연대(영국에서 옛날에 화승총(火繩銃)을 사용한 연대); 그 연대. (또는 fusileer) **2** (옛날의) 화승총병(兵).
fu·sil·lade [fjúːsəlèid] 명 **1** (총포의) 일제[연속] 사격(에 의한 대량 처형). **2** (비유적) (질문·비난 따위의) 집중 공세, 연발; (야구) 집중 안타. ¶ a ~ of questions 맹렬한 질문 공세. ── 타 ⓘ ~에 일제 사격하다. 〔<F〕

***fu·sion** [fjúːʒən] 명 **1** ⓤ 용해, 융해; 융합. ¶the point of ~ 용해점, 융점/~ welding 융접(融接). **2** 융해[융합]물. **3** ⓤⓒ (정치) (정당 따위의) 연합, 연합, 합병, 제휴; 합동체. ¶ a ~ administration 연립 내각 ((英) coalition cabinet). **4** ⓤⓒ 통합, 종합; (인종 언어 따위의) 융합, 통합, 온합(물). **5** ⓤ (물리) 핵융합 (nuclear ~). **6** ⓤ (안과) 융상(融像). **7** (음악) 퓨전 (록 따위와 융합된 재즈 음악). **8** = ~ food. ── 형 (요리 따위가) 퓨전의, 다국적의. **~·al** 형

fúsion bòmb 명 수소 폭탄(hydrogen bomb).
fúsion fòod 무[다]국적 요리, 퓨전 요리(동·서양식 융합 요리). (또는 fúsion cuisìne [mènu])
fu·sion·ism [fjúːʒənìzm] 명 (정치) (정당·당파의) 합동[연합]주의, 연합론, 연립주의. **-ist** 명
fúsion pòint 명 융점, 융해점.
fúsion reàction 명 핵융합 반응.
fúsion reàctor 명 〔물리〕 핵융합로(爐).

‡**fuss** [fʌs] 명 (複 ~·es [-iz]) **1** ⓤⓒ 공연한 소동, 쓸데없는 걱정, 안달복달 (*about, over*). ¶ a great deal of ~ 큰 소동. **2** 하찮은 일에 법석을 떠는 사람. **3** (a ~) 불평, 이의, 이의신청. **4** 장식. **5** (구어) 싸움; 언쟁, 논쟁.
be in a state of fuss 안절부절 못하고 애태우다.
get into a fuss 안달하다.
make [or kick up] a fuss 크게 떠들어대다, 소란 피우다; 투덜거리다 (*about, over*).
make a fuss of [or over] …을 칭찬하다, 추켜올리다.
make much [or great] fuss about trifles 하찮은[사소한] 일로 소동을 벌이다.
start a fuss 소동을 일으키다.
── 자 (~·es [-iz]; ~ed [-t]) **1** 법석을 떨다, 공연히 소란을 피우다, 쓸데없는 걱정을 하다 (*about, over*); 안달하다, 안절부절 못 하다 (*about, around*). ¶ (~+團) *about* [or *around, up* and *down*] 안절부절 못 하고[법석을 떨며] 돌아다니다 // (~+前+囵) ~ *about* [or *over*] a person's trifling mistakes 남의 사소한 잘못을 과장하여 야단치다. **2** 불평하다; 칭얼거리다. **3** (美속어) (여성과) 데이트하다. ── 타 (하찮은 일로) …을 법석떨게 하다, …의 애를 태우다, …을 안달나게 하다. ¶ …않다, 개의치 않다.
not be fussed about (英속어) …에 대해서는 상관 ∼·**er** 명 「치장, 허식; 불평.
fúss and féathers 명 (구어) 〔단수취급〕 지나친
fuss·budg·et [fʌ́sbʌ̀dʒit] 명 (구어) 하찮은 일에 법석을 떠는 사람, 공연히 떠들어대는 사람.
fuss·pot [fʌ́spɑ̀t/-pɔ̀t] 명 (구어) =fussbudget.

***fuss·y** [fʌ́si] 형 **1** 법석을 떠는, 까다로운; 신경질적인 (*about*). ¶ be ~ *about* one's food 음식에 대해서 까다롭다. **2** (복장·문체 따위가) 지나치게 꾸민; 세부까지 공들인. **3** 번거로운; (저술 따위가) 지나치게 세밀한. **4** (英구어) (…에) 마음[신경]을 쓰는, 염려하는 (*about*).
fúss·i·ly 부 **fúss·i·ness** 명
fust [fʌst] 형 (방언) = first.
fus·ta·nel·la [fʌ̀stənélə, fùːs-] 명 퍼스타넬라(그리스 남자가 입는 흰 무명 스커트). (또는 fustinella)
fus·tian [fʌ́stʃən/-tiən] 명 **1** ⓤⓒ 성기게 짠 두꺼운 무명(綿). **2** ⓤⓒ 퍼스티언 천, 두꺼운 능직 무명 (코르덴·벨벳 따위). **3** ⓤ (비유) 과장된 말[문장]. ── 형 **1** 퍼스티언 천의, **2** (말·문장이) 지나친, 과장된.

3 쓸모 없는, 시시한.
fus·tic [fʌ́stik] 명 **1** 황목(黃木)(열대 아메리카산(産) 뽕나무과(科) 교목); 그 목재. **2** ⓤ 퍼스틱 염료.
fus·ti·gate [fʌ́stəgèit] 타 **1** …을 곤봉으로 때리다; 엄벌하다. **2** …을 혹독하게 비난하다, 혹평하다.
-gá·tion, -gà·tor 명 **-ti·ga·to·ry** [-tigətɔ̀ːri] 형
fus·ty [fʌ́sti] 형 **1** 곰팡내 나는, 퀴퀴한, 숨이 막힐 듯한. **2** 낡아빠진, 시대에 뒤진, 진부한. **3** 구식인, 완고한, 고루한. **-ti·ly** 부 **-ti·ness** 명
fut [fʌt] ⓤ = phut.
fut. future.
fu·thark [fúːθɑːrk] 명 ⓤ 룬 자모[문자](runic alphabet). (또는 futharc, futhorc, futhork)

‡**fu·tile** [fjúːtl/-tail] 형 **1** 무익한, 효과 없는. ⇨USELESS 유의어 ¶ ~ efforts 헛수고. **2** 하찮은, 시시한. ¶ a ~ talk 잡담. **~·ly** 부 **~·ness** 명
fu·til·i·tar·i·an [fjuːtìlətɛ́əriən] 형 **1** (희망도 노력도 쓸데없다는 뜻의) 무익론(無益論)의, 무익론을 믿는. **2** 하찮은 일에 열중하는. ── 명 **1** 무익론자. **2** 취미 따위에 일생을 바치는 사람. **~·ism** 명
***fu·til·i·ty** [fjuːtíləti] 명 **1** ⓤ 무익, 쓸모없음; 무의미함, (경멸적) (무의미한) 행위[사건], 헛수고.

fu·ton [fúːtɑn/-tɔn] 명 (複 ~(s)) (침대 위에 까는) 매트리스, (일본) 요. 〔<Jap〕
fut·sal [fʌ́tsəl, fúːt-] 명 5인제 미니 축구, 풋살(정규 구장의 3분의 1 크기 구장에서 시합).
fut·tock [fʌ́tək] 명 (해사) 더북, 늑재(肋材).
fúttock shròud 명 (해사) 퍼톡 슈라우드(돛대 삭구(索具)의 하단을 유지하는 쇠사슬 또는 쇠막대).
fu·tur·al [fjúːtʃərəl] 형 미래의.
fu·tu·ram·a [fjùːtʃərǽmə/-ráːmə] 명 미래 전시; 미래상(像). **-rám·ic** 형 (<*future*+pa*norama*)

‡**fu·ture** [fjúːtʃər] 명 (複 ~s [-z]) **1** ⓒⓤ (the ~) 미래, 장래. ── 형 미래의. ¶ foresee the ~ 미래를 예견하다.

[USAGE] *in future, in the future, for the future, for future* ── (1) *in future* 와 *in the future*는 구별 없이 쓰이기도 하나, *in future*는 "앞으로(from now on)", *in the future*는 "장차, 언젠가(some day in the future)"의 뜻으로 쓰인다.
(2) *for the future*는 *in the future*와 같은 뜻이나, 현재와 구별하여 "앞으로는, 장차는"이라는 강한 뜻을 나타낸다. * *Prepare for the* ~. 와 같은 경우 *for the future*는 문자 그대로 "장래에 대해서"의 뜻이다. *for future*는 "후일[장래]을 위하여"의 뜻.

2 (the ~) 장차 일어날 일, 미래에 존재하는 것; 전도, 장래의 상황. ¶ a car of the ~ 미래의 자동차 / *prepare* the ~ 장래 상황에 대비하다. **3** 유망한 전도, 장래성 (*in*). ¶ He has a great ~ *in* politics. 그는 정계에서 장래가 촉망되고 있다. **4** (the ~) 〔문법〕 미래 시제; 미래형. **5** (보통 ~s) (상업) 선물(先物); 선물 매매[계약]. **6** (the F-) 내세(來世). **7** (속어) 약혼자.
deal in futures 선물 거래[매매]를 하다.
have no [a bright, a brilliant] future 전도가 어둡다[밝다], 장래성이 없다[많다].
in [or *for the*] *future* (현재와 대조하여) 장래에, 앞으로.
in the future 장차, 미래에. 「으로는.
in the near future; *in no distant future* 가까운 장래에.
in the remote [or *distant, far*] *future* 먼 장래에.
no future (in it) (구어) 승산이 없는; 장래성이 없는.
with (a) *future* 유망한.
── 형 〔한정용법〕 **1** 미래의; 장차 일어나는; 장래에 관한; 사후의, 내세의. ¶ one's ~ wife 미래의 아내 / ~ generation 후대 / *some* ~ *day* 장차 언젠가. **2** (상업) 선물(계약, 거래)의. **3** 〔문법〕 미래(시제, 형)의.
in future ages 후세에.
fúture delìvery (상업) 선도(先渡).
fúture góods (상업) 선물(先物).

fúture ínterests 명 〔법률〕 장래권(토지 및 기타 재산에 대해 앞으로 일정 시점에 이르러서 향유할 수 있는 권리).
fu·ture·less [fjúːtʃərlis] 형 미래가 없는, 장래성이 없는.
fúture lìfe 내세, 저승, 영계(靈界).
fúture pérfect 명 (the ~) 〔문법〕 미래 완료 (시제).
fúture príce 명 〔상업〕 선물 가격.
fútures còntract 명 〔상업〕 선물 (거래) 계약.
fútures ecònomy 명 선물 경제.
fúture shòck 명 미래 충격(사회나 기술의 급격한 변화에 적응하지 못하는 데서 오는 심리적 충격).
fútures màrket 명 〔상품·채권의〕 선물 시장.
fútures transáction 명 〔상업〕 선물 시장 거래.
fúture stùdies 명복 미래 연구, 미래학.
fúture ténse 명 (the ~) 〔문법〕 미래 시제.
fúture válue 명 (복리로 운용된 자금의) 미래 가치.
fu·tur·ism [fjúːtʃərìzm] 명 1 (종종 F-) 미래파(주의)(1910년경 이탈리아에서 일어난 전위적인 예술 운동; 폭력·스피드·기계화 따위를 강조하고 전통적 양식에 반기를 든 예술 운동). 2 (f-) 미래파의 작풍(作風)(수법).
fu·tur·ist [fjúːtʃərist] 명 1 (종종 F-) 미래파 예술가. 2 〔신학〕 미래 신자(요한 계시록에 있는 예언을 믿는 사람). 3 인류 진보의 신봉자. 4 (또는 **futurologist**) 미래학자. — 형 미래파의.
fu·tur·is·tic [fjùːtʃəristik] 형 1 미래(파)의. 2 시대를 앞서는, 초현대적인; (구어) 돌출의. **-ti·cal·ly** 부
fu·tur·is·tics [fjùːtʃəristiks] 명 (단수취급) 미래학; 미래의 예지(豫知).
fu·tu·ri·ty [fju:tʃúərəti] 명 1 ⓤ 미래, 장래; 내세. 2 ⓤ 〔집합적〕 다음 세대, 자손. 3 ⓒ (종종 -ties) 〔단수 취급〕 미래의 상태(사건); 장래의 가능[가망]성. 4 =~
futúrity índustry 출전하는 말이 오래 전에 결정[등록]되어 있는 경마(경기). ┃race.
futúrity ràce 출전하는 말이 오래 전에 결정[등록]되어 있는 경마(경기).
futúrity stákes 명 1 =futurity race. 2 futurity race에 거는 돈.
fu·tur·ol·o·gy [fjùːtʃərálədʒi/-rɔ́l-] 명 ⓤ 미래학. **-o·lóg·i·cal** 형 **-gist** 명
futz [fʌts] 자 (속어) 1 성교하다. 2 빈둥거리다 (around). 3 못쓰게 되다. — 타 1 …와 성교하다, 2 …을 엉망으로 만들다(up), 3 …을 속이다, 갈취하다.
futz (around) with ① …을 우물쭈물[어물어물]하다. ② …을 데리고 놀다. ③ …에게 시비를 걸다.
— 명 1 =vulva. 2 바보, 멍청이, 3 메스꺼운[평판이 나쁜] 놈; 노인.
fuze [fju:z] 명 통 =fuse.
fu·zee [fju:zí:] 명 =fusee.
Fu·zhou [fúːdʒóu] 명 푸저우(福州)(중국 푸젠성(福建省)의 성도·항구 도시). (또는 **Foochow, Fuchou**)
fuzz[1] [fʌz] 명 1 보풀, 솜털; 잔털. ¶ the ~ on a peach 복숭아의 솜털. 2 (속어) 짧은 머리 모양. 3 (속어) 마약 (효능), 자극. 4 (美속어) 음모(陰毛).
bump fuzz (美속어) 성교하다.
clean the fuzz out of the head 몽롱한 머리를 맑게 하다.
in a fuzz (英속어) 허둥대어, 흥분하여.
— 통타 1 …을 솜털로 덮다, 보풀을 일게 하다. 2 …을 불명확하게 하다, 폭신하게 하다(up). — 자 1 보풀이 일다, 폭신해지다(out). 2 고의로 애매[불명확]하게 만들다. 3 (美속어) 술에 취하다.
fuzz up …을 희미[혼란]하게 하다; 실패하다.
fuzz[2] [fʌz] 명 (속어) 1 (the ~) 〔집합적; 단·복수 양용〕 경찰. 2 (또는 ~ **màn**) 경찰관, 형사; 교도관.
fuzz·ball [fʌzbɔ̀:l] 명 1 〔식물〕 말불버섯(puffball). 2 (美속어)
fuzz·box [fʌzbàks/-bɔ̀ks] 명 전기 기타의 소리를 흐리게 하는 장치.

Fuzz·bust·er [fʌ́zbʌ̀stər] 명 〔상표〕 퍼즈버스터(속도 위반 탐지 레이더 회피용 전자 장치).
fuzz·buzz [fʌ́zbʌ̀z] 명 (美속어) 분쟁, 혼란 (상태), 혼잡, 불편.
fuzzed [fʌzd] 명 (美속어) 술 취한.
fuzz-face [ˊ-fèis] 명 (美속어) 턱수염을 기른 남자.
fuzz·i·fy [fʌ́zifài] 통타 (구어) 애매하게 하다.
fuz·zle [fʌ́zl] 통자 (美속어) 취하다. **-zled** 형
fúzz màn 명 (美속어) 경찰관, 교도관, 형사.
fuzz·nuts [fʌ́znʌ̀ts] 명 (美속어) 쓸모없는 녀석, 명청이; 신참, 풋내기.
fuzz-nutted [ˊ-nʌ̀tid] 명 (美속어) 미숙한; 신참의.
fúzz stàtion 명 (the ~) (美속어) 경찰서.
fúzz tòne 퍼즈톤(fuzzbox로 내는 탁한 음질).
fuzz·word [fʌ́zwə̀ːrd] 명 〔고의적인〕 애매한[알쏭달쏭한] 말(씨)(문구); 완곡을 치는 말(씨).
fuzz·y [fʌ́zi] 형 1 보풀[솜털]같은; 보풀 인. 2 흐릿한, 불명확한. ¶ ~ outlines 흐릿한 윤곽. 3 (이론 따위가) 수상쩍이 있는; 경계가 모호한. 4 곱슬한. 5 (술 취해) 머리가 멍한; 지리멸렬한. 6 〔수학〕 퍼지(이론, 집합)의.
— 명 (또는 **fuzzie**) (美속어) 1 경관. (또는 ~ **tàil**) 2 (경마의) 우승이 확실한 말; (내기에서) 확실한 것.
fúzz·i·ly 부 **fúzz·i·ness** 명
fuzz·y-head·ed [-hèdid] 명 머리가 멍한; 경박한, 생각이 모자라는.
fúzzy lógic 명 〔수학〕 애매한 이론, 퍼지 논리(fuzzy set를 바탕으로 한 논리).
fúzzy mátching 명 〔컴퓨터〕 퍼지 매칭(2가지 것을 비교할 때 완전히 동일한가가 아니라 비슷한가의 여부를 판단하는 방법).
fúzzy sét 명 〔수학〕 퍼지 집합(集合)(명확히 정의된 경계가 없는 집합).
fúzzy théory 명 퍼지 이론(0과 1의 두 수치뿐 아니라 그 사이의 애매한 개념도 다루는 수학적 이론).
fuzz·y-wuz·zy [-wʌ́zi] 명 (때로 F- W-) (구어) 수단의 흑인 (군인); 수단 또는 나라의 흑인.
FV ⑦ ① (TV) fantasy violence(끔찍한 폭력물); (라틴) folio verso(=on the back of the page).
f válue 명 = f-number.
FVC (의학) forced vital capacity. **FW** fire wall; formula weight; **f.w.** flush valve; fresh water.
FWA (美) Federal Works Agency(연방 사업 관리국). **F.W.A.** Family Welfare Association.
FWD, f.w.d. four-wheel [front-wheel] drive.
fwd. foreword; forward.
f-word [éfwə̀ːrd] 명 (the ~) (완곡적) =fuck.
FWPCA (美) Federal Water Pollution Control Administration(연방 수질 오염 방지국). **fwt.** (권투) featherweight. **FWY** (우편) Freeway. **FX** fighter experimental(차세대 전투기); foreign exchange.
F/X (영화·TV) 특수 효과.
FX-10 [éfeksten] 명 (美) 아메리칸 잔디.
fy [fai] 감 =fie. (또는 **fye**)
FY, f.y. fiscal year(회계 연도).
-fy [-fai] 접미 make, cause to be, become의 뜻의 동사를 만든다. ¶ beautify, liquefy.
fyce [fais] 명 =feist.
FYI, f.y.i. for your information.
fyke [faik] 명 (美) 긴 주머니 모양의 어망.
fyl·fot [fílfət/-fɔt] 명 만(卍)자형(swastika).
Fyn [fin] 명 핀 섬(치즈로 유명한 덴마크 남부의 섬).
fyrd [fəːrd] 명 (英역사) 1 퓌르드(노르만 정복 이전의 영국 자유 농민의 부족군(部族軍)). 2 퓌르드에 참여할 의무.
fytte [fit] 명 (고어) =fit[3].
fz. (음악) forzando; freeze; freezing. **FZDZ** (기상) freezing drizzle.

G

G, g [dʒiː] [명] ([복] ***G's, Gs; g's, gs***) **1** 영어 알파벳의 일곱째 자.¶*G* for George George의 G(국제 전화 통화 용어). **2** G[g]가 나타내는 소리(the hard "g"의 [g]음, the soft "g"의 [dʒ]음). **3** G[g]자형(의 물건); (활자·스탬프 따위의) G[g]자.

g gallon(s); 〔심리〕 general intelligence(일반 지능); goalkeeper; good; gram(s); 〔전자〕 grid. **g** [기] 〔물리〕 acceleration of gravity; gravity.

G [dʒiː] [명] ([복] ***Gs, G's***) **1** 《美속어》 천 달러(grand). **2** (성적의) 우(優). **3** 〔항공〕 그래비티(gravity)(가속도의 단위).

G gay; 〔심리〕 general intelligence; German; Gibbs function; 〔물리〕 giga-; good.

G [기] **1** (차례·연속된 것 중의) 일곱번째(의 것). **2** 〔음악〕 사음(다 장조의 제5음, 도레미 창법의 솔음), 사음의 음표[현(弦)·건(鍵) 따위]; 사조(調).¶*G* clef 사음 기호 / *G* flat G 플랫 / *G* major [minor] 사 장[단]조. **3** (중세 로마 숫자의) 400([참] Roman numerals). **4** 〔전기〕 =conductance; =gauss. **5** 〔물리〕 =constant of gravitation(만유 인력 상수(常數)). **6** 〔생화학〕 =glycine; =guanine. **7** 《美·濠》 =general (audiences)(연령 제한이 없는 영화)([참] film rating).

g. gauge; gender; genitive; *g*oing back to; grain(s); gram(s); 《英》 guinea. **g., G.** gourde; 《英》 guinea; gulf. **G.** German(y); gourde(s); (specific) gravity. **Ga** [기] 〔화학〕 gallium. **ga.** gauge. **Ga.** 〔성서〕 Galatians; Gallic; Georgia. **G.A.** *G*eneral *A*gent [*A*ssembly]; (또는 **g. a., G/A**) *g*eneral *a*verage; *G*eneral of the *A*rmy; *g*raphic *a*rts. **GaAs** [기] 〔화학〕 *ga*llium *a*r*s*enide. **GAASF** *G*eneral *A*ssociation of the *A*sian *S*ports *F*ederations(아시아 경기 연맹 총연합회).

gab¹ [gæb] 《구어》 [동][자] (***-bb-***) (…와/…에 대해) 잡담하다, 수다떨다(chatter)(*on*)(*with / about*). **—**[명] **1** [U] 잡담, 수다; 유창한 변설(辯舌).¶Stop [*or* Stow] your ~. 입 닥쳐! **2** 수다쟁이(gabber).

gab² [명] 〔기계〕 갈고랑이(hook).

GAB *G*eneral *A*greements to *B*orrow.

GABA [gǽbə] [명] 〔생화학〕 감마아미노낙산(酪酸)(신경 전달 물질의 하나). 〔<*g*amma-*a*mino*b*utyric *a*cid〕

gab·ar·dine [gǽbərdìːn, ⌐-⌐] [명] **1** [U] 개버딘(능직 천); [C] 개버딘제의 옷[레인코트]. (또는 **gaberdine**) **2** =gaberdine 1.

gab·ber [gǽbər] [명] 《구어》 수다쟁이(gabbler); (라디오·TV의) 시사 해설자.

***gab·ble** [gǽbl] [동][자] **1** 빨리 지껄이다, 재잘거리다(*away, on*)(*about*). **2** (거위 따위가) 꽥꽥 울다(*away*). **—**[타] …을 빨리 지껄이다, 마구 지껄여대다(*off, out*). ¶~ one's prayers 빠른 말로 기도를 드리다 // (~+[目]+[補]) You ~ me crazy. 네가 재잘재잘거리는 통에 미칠 지경이다. **—**[명][U] (the ~) 빨라서 알아들을 수 없는 말; 허튼 이야기. **-bler** [명] 수다쟁이(chatterer).

gab·bro [gǽbrou] [명][U][C] ([복] **~s**) 〔암석〕 반려암(화성암의 일종). **gab·bro·ic** [gəbróuik] [형]

gab·by [gǽbi] [형] 《구어》 수다스러운(talkative).

ga·belle [gəbél/gæbél] [명] 세금(tax); 물품세; 〔프랑스 역사〕 (혁명 전의) 염세(塩稅). **-bélled** [형]

gab·er·dine [gǽbərdìːn, ⌐-⌐] [명] **1** (중세 유대인 남자들의) 길고 헐거운 웃옷. **2** =gabardine 1. **3** 《英》 헐렁한 작업복.

gab·er·lun·zie [gæ̀bərlʌ́nzi] [명] 《스코 문어》 떠돌아다니는 거지, 탁발승.

gab·fest [gǽbfèst] [명] 《美구어》 **1** 잡담, 수다, 긴 사설. **2** 우물가 쑥떡공론, 잡담 모임.

ga·bi·on [géibiən] [명] 보람(堡藍)(흙·돌을 채운 원통형 바구니); 돌 바구니, 돌망태(제방 따위의 토대용).

ga·bi·on·ade [gèibiənéid] [명] 보루, 보람(堡藍)으로 쌓은 담; 돌 바구니[돌망태] 공사.

***ga·ble** [géibl] [명] 〔건축〕 **1** 박공(牔栱), 박풍(牔風). **2** (또는 ⌐ **wàll**) 박공벽.

〔gable 1〕

Ga·ble [géibl] [형] **(William) Clark** ~ 게이블(1901–60: 미국의 영화 배우).

ga·bled [géibld] [형] 박공 구조로 만든; 박공이 있는.

gáble ènd [명] 〔건축〕 박공옆(박공 부분의 끝[옆]).

gáble ròof [명] 박공 지붕. **gá·ble-róofed** [형]

ga·blet [géiblit] [명] (창 위 따위의) 박공 모양으로 돌출한 부분, 작은 박공.

gáble wíndow [명] 박공창; 박풍식의 창.

Ga·bon [gæbɔ́ːŋ] [명] 가봉(아프리카 서부의 공화국; 수도 Libreville).

Gab·o·nese [gæ̀bəníːz] [형] 가봉의; 가봉 사람의. **—**[명] ([복] ~) 가봉 사람, 가봉 원주민.

ga·boon¹ [gəbúːn] [명] 가분(아프리카산(産) 나무); 가분 재목(가구 제조용).

ga·boon² [gɑːbúːn, gə-] [명] 《속어·방언》 타구(唾具).

Ga·bo·ro·ne [gɑ̀ːbəróuni] [명] 가보로네(Botswana의 수도; 옛 이름 Gaberones).

Ga·bri·el [géibriəl] [명] 가브리엘. **1** 〔성서〕 성모 마리아에게 그리스도의 수태를 알린 대천사. **2** 남자 이름.

gáb ròom [명] 《속어》 여자 화장실.

gáb sèssion [명] 《구어》 =gabfest 2.

gáb shìrt [명] 개브 셔츠(여자용 바지에 맞춰 입게 만든 셔츠).

ga·by [géibi] [명] 《英속어》 얼간이, 바보(fool).

gad¹ [gæd] [동][자] (***-dd-***) **1** 놀러다니다, 어슬렁거리다(*about, around, out*). **2** 《고어》 (초목이) 우거지다. **—**[명] (the ~) 놀러 다니기, 어슬렁거리기. ***on***[or ***upon***] ***the gad*** 놀러다니며, 어슬렁거리며. ⌐**·der** [명]

gad² [명] **1** (가축을 모는) 막대기(goad). **2** (암석·석탄 따위를 쪼개는 광산용) 정, 끌. **—**[동][타] (***-dd-***) 〔가축 따위〕를 막대기로 몰다; 〔암석〕을 정으로 깨다[쪼개다].

Gad¹ [gæd] [감] 아이고, 저런, 천만에, 맙소사(＊God의 완곡한 어형으로 가벼운 저주의 뜻). (또는 **gad**) ***by Gad*** 저런; 하느님께 맹세코(by God).

Gad² [명] **1** 〔성서〕 갓(야곱(Jacob)과 실파(Zilpah)의 아들); 갓족(族)(이스라엘 12족의 하나). **2** 갓(다윗(David)왕 시대의 선지자·역사 기록자).

gad·a·bout [gǽdəbàut] 《구어》 [명] 돌아[놀러]다니는 사람; 허풍 떨고[소문 퍼뜨리고] 다니는 사람. **—**[형] 놀러[돌아]다니는.

Gad·da·fi [gədɑ́ːfi] [명] **Muammar (Muhammad) al-[el-]** ~ 가다피(1942– : 리비아의 군인·정치인; 국가 원수). (또는 **Gad·ha·fi, Qaddafi**)

gad·fly [gǽdflài] [명] **1** 등에, 말파리, 쇠파리. **2** (요구·비판 따위를 하며) 귀찮게 구는 사람, 잔소리꾼.

***gadg·et** [gǽdʒit] [명] **1** 그럴듯한 장치[기계, 기구];

gadgeteer 정교한 소도구, (장식적인) 부속품, 부품. **2** 신안(新案), 고안; 그럴듯하나 쓸모없는 것. **3** (비어) 남근(男根). ~·y 〖형〗 장치가 있는; 기계 만지기를 좋아하는.

gadg·e·teer [gædʒətíər] 〖명〗 gadget를 고안[제작, 애호, 사용] (하기를 좋아하는) 사람.

gadg·et·ry [gædʒətri] 〖명〗〖U〗 (집합적) (실용 신안의) 소도구류, 자질구레한 장치. ¶ the kitchen ~ 주방 용품.

Ga·dhel·ic [gədélik] 〖명형〗 = Goidelic. [**gadoid**]

ga·did [géidid] 〖명형〗 대구과(科)의 (물고기). (또는

gad·o·lin·ite [gædəlàinàit] 〖명〗〖광물〗 가돌린석(石). [< 핀란드 화학자 J. Gadolin(1760-1852)]

gad·o·lin·i·um [gædəlíniəm] 〖명〗〖U〗 〖화학〗 가돌리늄(희토류 금속 원소의 하나; 〖기호〗 Gd).

ga·droon [gədrúːn] 〖명〗 〖건축〗 휜 주름 새김; (은그릇 따위의) 세로무늬 장식. ~·ing 〖명〗 둥근 홈 조각 장식.

gad·wall [gædwɔ̀ːl] 〖명〗 알락오리(들오리의 일종).

gad·zook·er·y [gædzúːkəri, -zúk-] 〖명〗 의고체(擬古體)(법)(역사 소설 등에 고풍스런 말·문체를 쓰는 것).

Gae·a [dʒíːə] 〖명〗 〖그리스 신화〗 가이아, 게(대지의 여신; Titan 족의 어머니). (또는 **Gaia, Ge**)

Gael [geil] 〖명〗 게일인(人)(스코틀랜드의 고지 켈트 족의 사람; (語)를 쓰는 켈트인(人).

Gael, Gael. Gaelic.

Gael·ic [géilik] 〖형〗 게일인의; 게일어의. — 〖명〗〖U〗 게일어(켈트어에 속하는 고대 아일랜드인의 언어).

Gáelic cóffee 〖명〗 = Irish coffee.

Gáelic fóotball 〖명〗 게일식 축구(아일랜드의 축구 비슷한 경기; 한 팀 15명). 〖아일랜드어〗 사용되는.

Gael·tacht [géiltəxt] 〖명〗 (아일랜드의) 게일어권.

gaff¹ [gæf] 〖명〗 **1** (물고기를 끌어올릴 때 쓰는) 갈고리, 작살. **2** (싸움닭의 며느리발톱에 대는) 쇠발톱. **3** 〖구어〗 꺾은, 사형(斜桁) ~ sail의 윗단에 뻗은 둥근 재목. **4** 〖U〗 〖속어〗 속임수, 트릭. **5** 학대, 혹사; 심한 비난.
get the gaff 학대 받다; 호되게 당하다; 혹평받다.
give the gaff 학대[혹사]하다; 혹평하다.
stand [or *take*] *the gaff* 〖美속어〗 고통[중압]을 견디어내다; 꾹 참다. 〖져보다, 문책하다.
throw a gaff into 〖美속어〗 (계획·예상 따위를) 망
— 〖타〗 **1** (물고기를) 갈고리로 걷다, 갈고리로 걸어 올리다. **2** (속어) (금전 따위를) 빼앗다.

gaff² 〖英속어〗 〖명〗 삼루 극장, 싸구려 연예장(penny~). — 〖자〗 (동전을 던져) 내기를 하다.

gaff³ 〖명〗〖U〗〖C〗 수다, 쓸모없는 허풍; 외침.
blow the gaff (속어) 비밀을 누설하다; 밀고하다.

gaffe [gæf] 〖명〗 (사교·외교상의) 실수[실책], 결례. *make* [or *commit*] *a gaffe* 실수하다, 결례하다.

gaf·fer [gæfər] 〖명〗 **1** (경멸적·익살) 시골 영감, 영감. **2** 〖英구어〗 (공사장의) 감독, 십장. **3** 〖美속어〗 아버지. **4** (구어) (영화·TV 스튜디오의) 주임 전기 기사, 조명 주임; (연극) 무대 감독. [< godfather의 단축형]

gaff-rigged [-rìgd] 〖해사〗 gaff sail을 장비한.

gáff sáil 〖해사〗 gaff에 단 세로돛; < GAFF³ 3.

gáff tópsail 〖해사〗 gaff sail의 바로 위에 다는 보통 삼각형의 돛.

gag¹ [gæg] 〖명〗 (**-gg-**) 〖타〗 **1** (소리를 내지 못하도록) ~의 입을 물건으로 틀어막다, …에게 재갈을 물리다. ¶He was ~ged with adhesive tape. 그는 반창고로 입이 봉해졌다. **2** (의회 따위에서) …의 언론의 자유를 억압 [봉쇄]하다; …에게 발언[보도]을 금지하다. ¶~ the press 언론[출판]의 자유를 억압하다. **3** 〖치과〗 …의 입을 단단히 벌려 놓다. **4** …에게 구역질나게[메스껍게] 하다; 숨막히게 하다. — 〖자〗 구역질이 나다, 메스꺼워지다; (뼈 따위가) 목에 막히다(*on*). **2** (…을) 참을 수 없다(*at*).
— 〖명〗 **1** (소리를 내지 못하도록) 입 안을 틀어막는 것, 재갈. **2** (권력에 의한) 언론 탄압; 발언 금지. ¶place a ~ upon reporters covering the case 사건을 취재하는 기자들에 대해 보도를 금지하다. **3** (수술용) 개구기(開口器). **4** (의회) 토론 종결(cloture).

*****gag²** 〖구어〗 〖명〗 **1** (대본·대사의) 개그, 익살맞은 대사. **2** (일반적으로) 익살, 개그. **3** 기만 행위, 사기; 거짓말.
pull a gag ① 익살떨다. ② (…을) 속여[놀려]먹다 (*on*). ¶ *pull a ~ on a girl.* 소녀를 놀려 먹다.
— 〖명〗 (**-gg-**) 〖자〗 **1** (배우가) 개그를 쓰다, 개그를 주고받다. **2** (거짓말로) 속여[놀려]먹다. — 〖타〗 **1** (대본·대사 따위의) …에 개그를 넣다(*up*). **2** …을 속이다, 놀리다.

ga·ga [gáːgàː] 〖형〗 **1** 얼빠진, 어리석은; (英) 노망한. **2** (…에) 열광적인, 열중한, 몰두한(*over, about*).
go [or *become*] *gaga* ① 망령[노망]이 들다. ② (…에) 열광하다(*over, about*).

Ga·ga·rin [gɑːgáːrin, gə-] 〖명〗 **Yuri Alekseyevich** ~ 가가린(1934-68: 옛 소련의 최초의 우주 비행사).

gag-bit [-bìt] 〖명〗 (말 조련용) 재갈. (또는 **gágbit**)

gage¹ [geidʒ] 〖명〗 **1** (고어) 도전; 도전의 표시(중세 기사가 도전 때 땅에 던지던 장갑·모자 따위). **2** 저당(물). [담보; 전당물.
in gage of …의 저당으로서.
throw down a [or *the*] *gage* 도전하다.
— 〖타〗 (고어) **1** …을 저당(전당) 잡히다; …을 걸다. **2** …에 대해 언질을 주다; 서약하다.

gage² 〖명〗〖타〗 = gauge.

gage³ 〖명〗 〖식물〗 서양자두의 일종.

gage⁴ 〖美속어〗 〖명〗 파이프, 파이프 담배 한 대 분; 위스키, (싸구려) 술; 마리화나.
get one's gage up 〖美속어〗 화를 내다; 술 취하다.
— 〖자〗 (또는 **gaged**) 취하다. 〖Germany에서〗

G-agent [dʒíːéidʒənt] 〖명〗 신경 가스. [< 발명국인

gag·er [géidʒər] 〖명〗 = gauger.

gag·ger [gǽgər] 〖명〗 **1** 언론을 탄압하는 사람[것]. ¶ the ~ *of the press* 언론의 자유를 탄압하는 사람. **2** 거푸집을 보강하기 위한 L자형 쇳조각.

gag·ger² 〖명〗 = gagman.

gag·gle [gǽgl] 〖명〗〖자〗 (거위 따위가) 꽥꽥 울다; 잘 지껄이다(about). — 〖명〗 **1** (거위 따위의) 꽥꽥 우는 소리. ¶ a ~ *of geese* 거위떼. **2** (구어) (단·복수양용) (시끄럽게 떠드는) 일단; (경멸적) (수다스러운 여자의) 모임.

gág lãw 〖명〗 언론 규제법, 보도 금지령; = gag rule.

gág líne 〖명〗 개그, 짤막한 조크.

gag·man [gǽgmæn] 〖명〗 (〖복〗 **-men** [-mèn]) 개그 작가; 개그가 장기인 코미디언. (또는 **gagster**)

gág ôrder 〖美법률〗 (법정에서 심리중인 사항에 관한) 보도[공표] 금지 명령; 함구령.

gág réin 〖명〗 (말의 재갈에 맨 조련용) 고삐.

gág resolútion 〖美역사〗 (노예 제도 반대 청원에 대한) 불채택[심의 거부] 결의(1836-44년).

gág-root [gǽgrùːt] 〖명〗 = Indian tobacco. 〖령.

gág rûle 〖명〗 (의회에서의) 함구령; 〖美역사〗 토론 제한

gag·ster [gǽgstər] 〖명〗 = gagman. 〖속어〗 익살재

gág stríp 〖명〗 (단편적인) 개그 만화. 〖담꾼.

gahn·ite [gáːnait] 〖명〗 〖광물〗 가나나이트, 아연 첨정 〖석(尖晶石).

GAI *guaranteed annual income.*

Gai·a [gáiə, géiə] 〖명〗 **1** 〖그리스 신화〗 = Gaea. **2** 가이아(하나의 거대한 유기체로서의 지구; 환경 보호론자가 즐겨 쓰는 표현). **3** = ~ hypothesis.

Gáia hypóthesis [théory] (the ~) 가이아설(說)(지구 전체를 단일 생명체로 보는 학설).

*****gai·e·ty** [géiəti] 〖명〗〖U〗 **1** 명랑(한 기분), 쾌활, 유쾌. **2** (종종 -ties) 환락, 축제 분위기, 흥청거림 ¶ the *gaieties of the New Year season* 정초의 축제 분위기. **3** (복장 따위의) 화려함, 화사함. (또는 **gayety**) 〖분위기.
the gaiety of nations 대중(민중)의 즐거움; 들뜬

Gail [geil] 〖명〗 게일. **1** 여자 이름(Abigail의 애칭). **2** 남자 이름. 〖(產) 국화과(科) 식물).

gail·lar·di·a [geilɑ́ːrdiə] 〖명〗 천인국(天人菊) (미국산

*****gai·ly** [géili] 〖부〗 **1** 명랑하게, 즐겁게, 쾌활하게. **2** 화 화게, 화려하게. ¶ *ladies ~ dressed* 화려하게 차려입은 숙녀들. **3** 경솔하게. (또는 **gayly**)

*****gain¹** [gein] 〖명〗 (**~s** [-z]) 〖타〗 **1** (원하는 것)을 노력

gain

하여 얻다, 손에 넣다, 획득하다(*by, through, from*) (반 *lose*). ¶~ permission to enter a country 입국 허가를 얻다 / ~ popularity 인기를 얻다 / ~ fame *by one's novel* [*through one's diligence*] 소설로[근면 때문에] 유명해지다.
2 (사물이) [분노 따위]를 가져다 주다; …을 얻게 하다 (*for*). ¶A red rag ~s the anger of a bull. 붉은 천조각은 황소를 화나게 한다.
3 [승리·상 따위]를 쟁취하다; [싸움 따위]에 이기다. ¶~ the prize 상을 타다 / ~ a battle 전투에 이기다.
4 [체중·속도 따위]를 증가하다, 늘리다. ¶~ weight 체중이 늘다 / ~ speed 속도를 늘리다 / The plane ~*ed* altitude. 비행기는 고도를 높였다.
5 [돈 따위]를 벌다, 이득 보다(earn). ¶~ a living [livelihood] 생활비를 벌다. **6** (시계가) 더 가다, 빠르다 (반 *lose*). ¶ My watch ~s two minutes a day. 내 시계는 하루에 2분 더 간다. **7** (노력하여) …에 도달하다; [목적지 따위]에 도착하다. ¶~ one's ends 목표에 도달하다. **8** [남]을 설득하다; …을 자기편에 끌어들이다(*over*).
— 재 **1** 이익을 얻다, 득을 보다(*by, from*). ¶(~+前+图) ~ *by the enterprise* 사업으로 이익을 올리다 / ~ *from experience* 경험에서 배우다. **2** 발전하다, 나아지다; 늘다, 증가하다(*in*). ¶The patient ~*ed* daily. 환자의 건강은 날로 좋아졌다 // (~+前+图) ~ *in weight* 체중이 늘다 / ~ *in appetite* 식욕이 왕성해지다. **3** (시계가) 빨리 가다 (반 *lose*). ¶~ by six minutes a day 하루에 6분 빨리 가다. **4** (경기 따위가) 활발해지다. ¶[기운에] 끌어들이다.

***gain** a person **over**; **gain over** a person* 남을 자기편으로 끌어들이다.
***gain** a point* 주장의 정당성을 호소하다.
gain face 권세력, 명성 따위를 얻다.
gain ground ⇒GROUND.
gain on [or *upon*] ① (추적에서) …을 따라붙다, 다가가다. ② (경주에서) …보다 더 빠르다, …을 떼어놓다. ¶~ *on one's pursuers* 추적자를 따돌리다. ③ (바다가) [육지]를 침식하다. ④ (버릇 속에서) [사람]을 사로잡다. ⑤ [남]에게 아첨하다, [남]의 환심을 사다.
gain the day 싸움에서 이기다.
gain the upper hand on [or *over*] …에게 이기다, …보다 우세하게 되다.
gain time ⇒TIME.
— 명 (목 ~s [-z]) **1** 얻는 것; 이익(만 *loss*); (~s) 이익금, 보수, 상금, 득점. ¶a clear ~ of 1,000 dollars 천 달러의 순이익 / ill-gotten ~s 부당 이득금[물] / *No ~s without pains.* = *No pains, no ~s.* (속담) 노력 없이 이득 없다. **2** 증가, 증대; 진보, 전진(*in, to, of*). ¶a ~ *in weight* 체중의 증가 / a ~ *to knowledge* 지식의 증진. **3** ① 얻음, 획득. **4** [전자] (증폭기 따위의) 진폭 이득, 출력률. **5** (TV·라디오 따위의) 음량 조작.
on the gain 잘 되어; (병이) 차도가 있는, 회복중인.
ride (*the*) *gain* (TV·라디오 등의) 음량을 조절하다.
~·**a·ble** 형

gain² 명 (목공) (접속부의) 눈금, 홈(groove), 장붓구멍. —타 …에 눈금[홈, 장붓구멍]을 내다[파다].

gáin contròl 명 (전자) (수신기·증폭기의) 이득 제어 (장치).

gain·er [géinər] 명 **1** 획득자; 이득자; 승리자(반 *loser*). **2** (수영) (다이빙에서) 뒤로 재주넘기(full ~).
come off a gainer 벌다; 이기다.

gain·ful [géinfəl] 형 **1** 이익이 있는, 유리한; 돈벌이에 정신이 있는. ¶a ~ occupation 돈벌이가 되는 직업. **2** (직업의) 유급(有給)의. ~·**ly** 부 ~·**ness** 명

gain·ings [géiniŋz] 명(복) 벌이, 번 액수; 소득, 수익, 이득; 상금, 도박에서 딴 돈.

gain·less [géinlis] 형 이익이 없는, 이득이 안 되는, 쓸모[보람] 없는. ~·**ness** 명

gain·ly [géinli] 형 (방언) 어울리는, 적절한; 경쾌한, 민활한; 우아한. -**li·ness** 명

gain·say 타 [gèinséi] (-**said**) (부정문·의문문에서) …을 부정[부인]하다; …에 반대하다, 반박하다, 논쟁하다. ¶(~+*that*절) We cannot ~ *that* he has a genius for poetry. 그가 시에 천재적인 있음을 인정하지 않을 수 없다. — 명 (드물게) 부정, 부인; 반박, 반론. ~·**er** 명 [보상제].

gain·shar·ing [géinʃɛəriŋ] 명 (경영) 수익 배분제

'gainst [genst] 전 (시) =against. (또는 gainst)

GAISF General Association of International Sports Federations(국제 경기 연맹 연합).

*****gait** [geit] 명 **1** 걸음걸이, 걷는 모양. ¶an unsteady ~ 불안정한 걸음걸이. **2** 말의 보조(*walk, amble, rack* [or single foot], trot, canter, gallop의 순으로 빨라진다). **3** (활동·생활 등의) 속도. ¶at a leisurely ~ 느긋한 속도로. **4** 생산율.
go one's (*own*) *gait* 마음 먹은[자기식] 대로 하다.
— 타 **1** (말)에 바른 보조를 훈련시키다; [품평회에서 개]를 심사원 앞에서 걷게 하다. **2** (일)의 준비를 하다.

gait·ed [géitid] 형 (복합어로) 걸음걸이가 …한. ¶slow-~ oxen 느릿느릿 걷는 황소들. **2** (말이) 바른 보조 훈련이 된.

gait·er [géitər] 명 (~s) **1** 각반(脚絆). **2** 옆에 신축성 있는 바대를 댄 반장화. **3** (등이) 형겊인) 오버슈즈.
ready to the last gaiter button 만반의 준비가 된.
gái·tered 형 각반을 친. ~·**less** 형

Gait·skell [géitskəl] 명 Hugh Todd Naylor ~ 게이츠켈(1906-63: 영국의 경제학자·정치가: 노동당

gal¹ [gæl] 명 (구어·장난) =girl. [당수).

gal² [갤] 명 (가속도의 cgs 단위. 1 gal = 1 cm / sec².).

gal. gallery; gallon(s). **Gal.** Galatians.

ga·la [géilə, gǽlə/gɑ́:lə] 명 축제의 축제 기분의, 유쾌한, 화려한. ¶a ~ day 축제일, 축일. — 명 **1** 축축, 축제; 특별한 여흥[대접]. **2** (英) 운동회, 경기 대회. ¶a swimming ~ 수영 대회. **2** 나들이옷, 성장(盛裝).
in gala 나들이옷 차림으로, 성장하고.

ga·lact- [gəlǽkt] 연결 ⇒GALACTO-.

ga·lac·ta·gogue [gəlǽktəgɔ:g, -gɑg/-gɔg] 명 최 유제(催乳劑). 형 젖의 분비를 촉진하는, 최유의.

ga·lac·tan [gəlǽktən] 명 (생화학) 갈락탄.

ga·lac·tic [gəlǽktik] 형 **1** (천문) 은하의(大星群) (galaxy)의; 은하(계)의; 거대한. **2** (생리) 젖의 분비에 관한; 최유(催乳)의. [赤道).

galáctic equátor [círcle] 명 (천문) 은하 적도

galáctic nóise 명 (천문) 은하 잡음(cosmic noise).

galáctic pláne 명 (천문) 은하면(面).

galáctic póle 명 (천문) 은하극(極).

ga·lac·to- [gəlǽktou, -tə] 연결 milk의 뜻(모음 앞에서는 galact-). ¶*galacto*poietic(유즙 분비 촉진제).

ga·lac·to·ki·nase [gəlǽktəkáineis] 명(U) (생화학) 갈락토키나아제.

ga·lac·tom·e·ter [gæ̀lǽktámətər/-tɔ́m-] 명 검유기(檢乳器)(lactometer). [스.

ga·lac·tose [gəlǽktous] 명(U) (생화학) 갈락토오

ga·lac·to·se·mi·a [gəlǽktəsi:miə] 명 (병리) 갈락토오스 혈증(血症). -**mic** 형

ga·lah [gəlɑ́:] 명 **1** (오스트레일리아산) 앵무새의 일종. **2** (濠속어) 바보, 멍청이(fool).

Gal·a·had [gǽləhæd] 명 **1** Sir ~ 갤러해드(아서왕 전설의 원탁의 기사 중 하나). **2** (비유적) 고결한 사람.

gála night 명 (극장 따위에서) 특별 공연의 밤.

gal·an·tine [gǽlənti:n] 명 갤런틴(닭·송아지의 뼈를 바른 고기로 만든 요리). (또는 galatine)

gal·án·ty shòw [gəlǽnti-] 명 (19세기 영국의) 그림자 놀이의 무언극.

Ga·lá·pa·gos Íslands [gəlɑ́:pəgòus-] 명 (the ~) 갈라파고스 제도(에콰도르 서쪽 태평양상에 있으며 희귀 동물이 많다). [특별 자선 공연.

gála performance [shòw] 명 (명사들의 모인)

gal·a·te·a [gæ̀lətíːə/-tíə] 명 ⓒ 갈라테아(흰 바탕에 푸른 세로 줄무늬가 있는 질긴 무명; 여성·아동 복지용).

Gal·a·te·a [gæ̀lətíːə/-tíə] 명 〔그리스 신화〕 갈라테아(키프로스 왕 Pygmalion이 조각한 상아 처녀상에서).

Ga·la·tia [gəléiʃiə, -ʃiə] 명 갈라티아(소아시아 중부에 있었던 고대 국가).

Ga·la·tian [gəléiʃiən, -ʃiən] 형 갈라티아의; 갈라티아 사람의. ── 명 **1** 갈라티아 사람. **2** 〔성서〕 (the ~s) 《단수취급》 갈라디아서(書)(생략: Gal.).

gal·a·vant [gǽləvæ̀nt] 동자 = gallivant.

***gal·ax·y** [gǽləksi] 명 **1** (the G-) 〔천문〕 은하, 은하수, 은하계(the Milky Way). **2** (은하계 이외의) 성운, 은하, 소우주. **3** (a ~) (사람·물건의) 화려한 대집단, 기라성 같은 모임[무리]. ¶a ~ of distinguished writers 기라성 같은 저명 작가들의 모임.

gal·ba·num [gǽlbənəm] 명 갈버넘, 풍지향(楓子脂)(고무질 수지(樹脂)); 의약·향료용).

Gal·braith [gǽlbreiθ] 명 **John Kenneth ~** 갤브레이스(1908- : 미국의 경제학자·외교관). ~·**ian**

***gale¹** [geil] 명 (~s [-z]) **1** 매우 센 바람; 〔기상〕 강풍(풍속 매초 13.9-28.4m). ⇨ WIND 유의어. ¶a ~ of wind 일진의 강풍/a moderate[fresh, strong] ~ 센 [큰, 큰센] 바람. **2** (보통 ~s) (감정·웃음 따위의) 폭발. ¶break [or go] into ~s of laughter 갑자기 폭소를 터뜨리다. **3** 〔고어·시〕 미풍, 산들바람.

gale² 명 〔식물〕 = sweet ~. 〔야단법석; 흥분.

gale³ 명 〔英〕 〔집세·이자 따위의〕 정기적 지불.

ga·le·a [géiliə] 명 ⓒ (pl. **-le·ae** [-liː]) 〔식물〕 〔꽃받침·꽃부리 따위의〕 투구 모양 돌기, 도상체(盜狀體); 〔해부〕 투구 모양의 기관, 모상건막(帽狀腱膜).

ga·le·ate [géiliət] 형 〔식물〕 투구 모양의 돌기가 있는; 투구 모양의. (또는 **galeated**)

ga·lee·ny [gəlíːni] 명 〔조류〕 〔英방언〕 색시닭(아프리카산).

gale-force [-fɔ̀ːrs] 형 〔바람이〕 강풍급의.

Ga·len [géilən] 명 **Claudius ~** 갈레노스(130-200: 그리스의 의학자·철학자). **2** (일반적으로) 의사.

ga·le·na [gəlíːnə] 명 ⓤ 〔광물〕 방연광(方鉛鑛).

-**len·ic** [-líːnik] 형

Ga·len·ic, ga- [geilénik, gə-] 형 **1** 갈레노스(Galen)의; 갈레노스파 의학의. **2** (보통 g-) (갈레노스파식의) 본초(本草) 약물의; 본초 의학적인.

ga·len·i·cal [geilénikəl, gə-] 형 본초 약물, 생약(生藥). = Galenic.

ga·le·nite [gəlínait] 명 = galena.

ga·lère [gəlɛ́ər] 명 (답답잖은) 한패, 동아리; 뜻밖의 상황, 따분한 처지, 불쾌한 장소[상황]. 〔< F〕

ga·le·ro [gəlɛ́ərou] 명 (~s) 교황모(帽).

gále wàrning 명 〔기상〕 강풍 해상 경보.

gál Fríday 명 = girl Friday.

Ga·li·cia [gəlíʃiə] 명 **1** 갈리시아(스페인 북서부 대서양 연안 지역; 옛 왕국). **2** 갈리치아(유럽 중동부 폴란드·소련과의 접경 지역).

Ga·li·cian [gəlíʃiən] 형 갈리시아 지방의; 갈리시아 사람(말)의. ── 명 갈리시아 사람; ⓤ 갈리시아 말.

Gal·i·le·an¹ [gæ̀ləlíːən] 형 갈릴리(Galilee)(사람)의. ── 명 갈릴리 사람; 기독교도; (the ~) 《경멸적》 예수 그리스도.

Gal·i·le·an² [gæ̀ləléiən, -líːən] 형 Galileo(이론)의. ── 명 Galileo 이론 신봉[지지]자. (또는 **Galileian**)

Galiléan téléscope 명 갈릴레이식 망원경.

gal·i·lee [gǽlilìː] 명 갈릴리(영국의 일부 교회당의 현관 또는 입구 공간).

Gal·i·lee [gǽlilìː] 명 갈릴리. **1** 이스라엘 북부의 지방. **2 the Sea of ~** 이스라엘 동북부의 호수.

the Man of Galilee 갈릴리 사람; 예수 그리스도.

***Gal·i·leo** [gæ̀lilíːou, -líou] 명 **1 ~ Galilei** 갈릴레오(1564-1642: 이탈리아의 천문·물리학자). **2** 〔항공〕 갈릴레오 위성(미국의 목성 탐사기).

gal·i·ma·tias [gæ̀ləméiʃiəs, -mǽtiəs] 명 ⓤ 횡설수설, 종잡을 수 없는 말.

gal·in·gale [gǽliŋgeil] 명 〔식물〕 (영국산(産)) 방동사니의 일종(科) 식물의 뿌리.

gal·i·ot [gǽliət] 명 〔옛날 지중해의〕 돛과 노로 움직이는 소형 갤리선; 케치(ketch)형의 소형 범선.

gal·i·pot [gǽləpɒ̀t/-pɔ̀t] 명 송진.

***gall¹** [gɔːl] 명 ⓤ **1** (동물의) 쓸개즙, 담즙; ⓒ 담낭, 쓸개. **2** 쓴 것; 고통스러운 것. **3** 쓰라림; 미움, 원한. **4** (구어) 뻔뻔스러움, 무례함, 몰염치, 철면피.
(as) bitter as gall ① 몹시 쓴. ② 몹시 불쾌해서.
dip one's [or the] pen in gall; write in gall 독필(毒筆)을 휘두르다. 〔분통.
gall and wormwood 몹시 싫은[불쾌한] 것; 쓰라림.
have the gall to do 뻔뻔스럽게도 …하다.
in the gall of bitterness 심한 고통을 당하여.

gall² 동타 **1** 〔피부〕 쓸려 벗기다; 스쳐 벗겨져 쓰리게 하다. **2** …을 애태우다, 화나게 하다. ── 동자 **1** 쓸려 벗겨지다. **2** (금속 부품이) 마손[마멸]되다. ── 명 **1** (피부의) 찰과상; (말의) 안장에 쓸린 상처; (숲 따위의) 노출된 지면. **2** 화나게 하는 일(것); 초조, 고민, 걱정(거리).

gall³ 명 〔식물〕 (잎·줄기 따위에 생기는) 벌레혹, 충영(蟲癭), 몰식자(沒食子), 오배자(五倍子). 〔오배자

gall. gallery; gallon(s). 〔자액(液)에 담그다.

***gal·lant** [gǽlənt] 형 **1** (more ~; most ~) **1** 용감한, 씩씩한, 늠름한. ⇨ BRAVE 유의어. ¶a ~ soldier 용감한 병사. **2** 당당한, 웅장한. ¶a ~ sight 장관(壯觀)/a ~ ship 호화로운 배. **3** (의복 따위가) 아름다운 꾸민, 화려한, 화사한; 호사스러운. ¶make a ~ show 화려하게 꾸미다. **4** [gəlǽnt, gǽlənt] (여성에게) 친절한, 정중한; 정사(情事)의, 연애의. ¶~ adventures 정사.
the honorable and gallant member 〔英의회〕 육·해군 출신 의원에 대한 경칭.
── 명 **1** [gǽlənt] 용감한 사나이, 씩씩한 남자. **2** 멋쟁이, 한량. **3** 여성에 친절한 남자. **4** (여성에 대한) 구혼자; 애인; 정부(情夫). 〔(好男)인 체하다.
play the gallant (남자가) 장난삼아 구애하다: 호남(好男)인 체하다.
── 동타 [gəlǽnt, -láːnt] (여성)을 부축하고 다니다, 친절히 대하다(escort); (여자)에게 치근거리다, 구애하다. ── 동자 호남인 양 뽐내다; (여자에게) 치근거리다, 구애하다; (여자)와 시시덕거리다, 놀아나다(with).
~·**ness**

***gal·lant·ly** [gǽləntli] 부 **1** 용감하게, 씩씩하게; 당당하게. **2** [gəlǽntli] (여성에게) 정중히[친절히].

***gal·lant·ry** [gǽləntri] 명 **1** ⓤ 용기, 용감; 용맹; ⓒ 용감한 행동[말]. **2** ⓤ (여성에 대한) 친절; 정중한 행위[말]. **3** ⓤⓒ 정사(情事), 불의, 밀통.

gall·blad·der [gɔ́ːlblæ̀dər] 명 〔해부〕 담낭, 쓸개. (또는 **gáll bládder**) ⇨ ABDOMEN 그림.

gal·le·ass [gǽliæ̀s] 명 갤리어스(15-18세기 지중해에서 사용한 대형 전투용 갤리선). (또는 **galliass**)

gal·le·on [gǽliən] 명 갤리온(15-17세기에 스페인에서 군함·상선으로 사용한 대형 돛배).

gal·le·ri·a [gæ̀líəriə] 명 갤러리아(한 지붕 아래 여러 소점포가 모여있는 쇼핑센터). 〔< It. gallery〕

***gal·ler·y** [gǽləri] 명 (pl. **-ler·ies** [-z]) **1 a)** 화랑(art ~); (英) 미술관(美) museum); 그림 전시실, 갤러리; ⓒ the National G- (런던의) 국립 미술관. **b)** 《집합적》 진열[전람] 미술품. ¶the ~ of the Louvre 루브르 미술관 소장의 미술품. **2** (극장·교회 등의 2층으로 된) 회랑(回廊), 발코니석; (국회 등의) 방청석. ¶the Strangers' G- 〔英〕 (하원의) 방청석. **3** (극장의) 맨 위층(꼭대기) 좌석; (the ~) 《집합적》 맨 위층 좌석의 관객; 《저속한 취미를 가진》 일반 대중. **4** 〔골프〕 (골프 경기 따위의) 관중, 갤러리; 청중; (국회 등의) 방청인. **5** 회랑, 주랑(柱廊)(지붕이 있고 막힌 데 없이 툭 트인 복도); (공공용의) 좁고 긴 방, 복도. **6** (발코니식의) 복도, 통로; 주랑 현관; 베란다, 발코니. **7** 사진 촬영실

[소]; (사격 따위의) 연습장[실]. 8 〔연극〕 갤러리(무대 양쪽의 발판대(臺)). 9 〔해사〕 선미(船尾) 전망대. 10 〔광산〕 수평 갱도(坑道);〔축성〕 지하도. 11 〔테이블·선반 따위의〕 가장자리 장식. 12 (램프의) 등피받이.
bring down the gallery 일반 관객의 갈채를 받다.
play to the gallery 대중적 인기를 노려 연기하다; 대중의 인기를 노리다, 저속한 취미에 영합하다.
— 타 …에 gallery를 설치하다.
-ler·ied 〔gallery가 있는. **~·like** 〔형〕
gállery fòrest 사바나(savanna) 등지의 강을 따라 생긴 대상림(帶狀林)(fringing forest).
gal·ler·y·go·er [gǽlərigòuər] 〔명〕 미술관(화랑) 단골 손님.
gállery hít[shót, pláy] (경기 대회·연극 따위에서) 관객의 인기를 얻으려는 과장된 동작.
gal·ler·y·ite [gǽləriàit] 〔명〕 극장의 맨 위층 관객; (골프 경기 따위의) 관중.
gal·let [gǽlit] 〔석공〕 〔명〕 =spall. — 타 〔모르타르 접합부〕에 자갈을 메우다. (또는 *galet*)
***gal·ley** [gǽli] 〔명〕 **1** 갤리선(옛날에 노예·죄수에게 젓게 한 돛배); (고대 그리스·로마의) 군함. **2** (배·항공기 안의) 요리실, 주방. **3** 〔인쇄〕 게라(조판한 활자판을 담아 두는 얕은 상자) — *proof*. (어 쩌다 빠져서. 〔galley 1〕
in this galley 이 생각지도 않은 입장이 되어, 이 피로 인해.
gálley pròof 〔명〕 〔인쇄〕 (보통 ~s) 교정쇄(校正刷).
gálley réading 〔명〕 〔인쇄〕 가(假)조판 교정.
gálley sláve 〔명〕 갤리선을 젓는 노예[죄수]; 몹시 힘든 일을 하는 사람.
gal·ley-west [-wést] 〔부〕 〔美구어〕 철저히, 엉망진창으로, 형편없이. (또는 *gálleywèst*)
knock a person galley-west 남을 완전히 때려 눕히고, 형편없이 만들다.
gal·ley·worm [gǽliwə̀ːrm] 〔명〕 〔동물〕 노래기.
gall·fly [gɔ́ːlflài] 〔명〕 (벌레혹(gall)을 만드는) 오배자충(五倍子蟲), 몰식자(沒食子)벌.
gal·li·am·bic [gæliǽmbik] 〔명〕 〔운율〕 갤리앰버스 격(格)의, 단단장장격(短短長長格)의. — (~s) 갤리앰버스격의 시.
gal·liard [gǽljərd] 〔명〕 (16-17세기에 유행한) 두 사람이 추는 3박자의 쾌활한 춤; 그 무곡. — 〔형〕 쾌활한, 활발한, 명랑한(gay). (또는 *gaillard*) **~·ly** 〔부〕
gal·lic[1] [gǽlik] 〔화학〕 갈륨(gallium)의.
gal·lic[2] 오배자(五倍子)의, 몰식자(沒食子)의.
Gal·lic [gǽlik] 〔명〕 **1** 골(Gaul)(사람)의. **2** (종종 익살) 프랑스(사람)의. **-li·cal·ly** 〔부〕 〔두질·잉크 얼룩을〕
gállic ácid 몰식자산(沒食子酸), 갈산(酸)(가죽 무두질용).
Gal·li·can [gǽlikən] 〔형〕 **1** =Gallic. **2** 〔교회〕 프랑스 가톨릭 교회의; 갈리아주의의. — 〔명〕 프랑스 가톨릭 교도.
Gal·li·can·ism [gǽlikənìzm] 〔명〕 〔교회〕 갈리아주의, 교황권제한주의. 〔참〕 *ultramontanism* **-ist** 〔명〕
Gal·li·ce [gǽləsi] 〔부〕 (때로 g-) 프랑스말을 번역할 때) 프랑스어로(는)(in French).
Gal·li·cism [gǽləsìzm] 〔명〕〔U〕C〕 **1** 프랑스어 특유의 어법; 다른 언어에 도입된 프랑스어적 표현(숙어). **2** 프랑스풍(의 습관); 프랑스인 기질. (또는 *gallicism*)
Gal·li·cize [gǽləsàiz] 〔타〕(*英) -cise*)(종종 g-) 〔자〕 〔언어 따위〕를 프랑스식으로 하다, 프랑스화하다. — 〔자〕 프랑스식이 되다. **-ci·zá·tion, -cìz·er** 〔명〕
gal·li·gas·kins [gæligǽskinz] 〔명〕〔복〕 **1** (16-17세기에 입었던) 헐거운 바지, **2** (일반적으로) 헐렁한 반바지. **3** 가죽으로 만든 각반(脚絆).
gal·li·mau·fry [gæ̀ləmɔ́ːfri] 〔명〕 **1** 주워 모은 것, 잡탕, 뒤범벅. **2** (고기·야채에 후추를 많이 넣은) 잡탕의 스튜.
gal·li·na·cean [gæ̀lənéiʃən] 〔명〕 순계류(鶉鷄類)의

새(닭·꿩·뇌조 따위). — 〔형〕 =**gallinaceous.** 〔류〕의.
gal·li·na·ceous [gæ̀lənéiʃəs] 〔형〕 가금(家禽)[순계
gall·ing [gɔ́ːliŋ] 〔형〕 (…을) 짜증나게[화나게] 하는, 괴롭히는 (*to*). **~·ly** 〔부〕 **~·ness** 〔명〕
gal·li·nip·per [gǽlinìpər] 〔명〕 〔구어〕 사람을 쏘는 벌레(모기·빈대 따위); 그와 비슷한 쏘지 않는 벌레.
gal·li·nule [gǽlənjùːl/-njùːl] 〔명〕 〔조류〕 쇠물닭류.
Gal·li·o [gǽliòu] 〔명〕 직무 이외의 책임을 회피하는 사람, 무관심한 사람. 〔＜종교의 간섭을 거부한 로마의 지방 총독 J. A. Galilio의 이름〕
Gal·li·on·ic [gæ̀liánik/-ɔ́n-] 〔형〕 무관심하고 태평한.
gal·li·ot [gǽliət] 〔명〕 =**galiot.**
gal·li·pot [gǽləpàt/-pɔ̀t] 〔명〕 (유약(釉藥)을 입혀 쓰는) 작은 오지 그릇, 약단지; 〔고어〕 약종상(藥種商).
gal·li·um [gǽliəm] 〔명〕〔U〕 〔화학〕 갈륨(희금속 원소의 하나; 원자 번호 31; 기호 Ga).
gállium ársenide 〔화학〕 비화(砒化)갈륨, 갈륨 비소(반도체 재료; 기호 GaAs).
gal·li·vant [gǽləvǽnt/-́-̀] 〔자〕 (*be*[*go*] ~*ing*으로) 〔구어〕 돌아다니다; 여행하다(*about, around*); 놀러 가다(*off*); (이성과) 놀아나다. **~·er** 〔명〕
gall·nut [gɔ́ːlnʌ̀t] 〔명〕 벌레혹, 충영(蟲癭). ⇨ **GALL**[3].
Gal·lo·ma·ni·a [gæ̀ləméiniə] 〔명〕〔U〕 프랑스 심취. **¶***Gallophile.* **-ac** [-æ̀k] 〔명〕 프랑스 심취자.
***gal·lon** [gǽlən] 〔명〕 **1** 갤런(액량(液量) 단위로 4 quarts; 略 *gal., gall.* 미국 표준 갤런(the wine ~)은 3.7853*l*, 영국 표준 갤런(the imperial ~)은 4.546*l*); 갤런 용기. **2** (구어) (~s) 대량, 다수. **~·age** 〔명〕 사용 갤런수(량). 〔가느다란 끈, 꼰 끈. **~ed** 〔형〕
gal·loon [gəlúːn] 〔명〕 무명·비단·금실·은실 따위의)
‡gal·lop [gǽləp] 〔명〕 **1** 갤럽, 빠른 걸음(말 따위의 가장 빠른 걸음걸이)(참 *gait*). **2** 갤럽으로 달리기, 질주. **3** 빠른 진행 속도; 급진행 기간.
a snail's gallop (익살) 굼든 걸음걸이.
at full [or *a*] *gallop* 전속력으로, 황급히.
break into a gallop 전속력으로 달려 내닫다.
— 〔자〕 (~*ed* [-t]) 〔자〕 **1** (말을 타고) 갤럽[전속력]으로 달리다(*off*). **2** (말 따위가) 갤럽으로 달리다, 질주하다 (*off*), **3** (사람·시간 등이) 빨리 가다, 서두르다(*off*); 빨리 말하다(*away*); 급히 읽다(*through, over*). ¶(~+前+名) ~*ed through*[or *over*] *a letter* 편지를 급히 읽다. — 〔타〕 〔말〕을 갤럽으로 달리게 하다(*off*).
gal·(l)o·pade [gæ̀ləpéid] 〔명〕〔자〕 =**galop.**
gal·lop·er [gǽləpər] 〔명〕 **1** 말을 질주시키는 사람; 갤럽으로 달리는 말. **2** (군사) 〔옛날 영국군의〕 경(輕)야포; (그것을 실은) 포차(砲車). **3** 〔英군사〕 부관, 전령 장교.
Gal·lo·phile [gǽləfàil] 〔명〕〔형〕 프랑스를 좋아하는 (사람), 친불(親佛)의 (사람). **-phíl·i·a** 〔명〕〔U〕 프랑스 사랑.
Gal·lo·phobe [gǽləfòub] 〔명〕〔형〕 프랑스를 싫어하는 (사람). **-phó·bi·a** 〔명〕〔U〕 프랑스 혐오.
gal·lop·ing [gǽləpìŋ] 〔형〕 **1** (말이) 갤럽으로 달리는; 질주하는; 빨리 움직이는. **2** (병이) 급성의. ¶~ *pneumonia* 급성 폐렴. **3** 성장[증대]이 빠른.
gálloping dóminoes[**ívories**] 〔명〕 〔속어〕 (크랩(craps)에 쓰이는) 주사위(dice).
gálloping infláton 〔명〕 〔경제〕 급성 인플레이션. ⇨ *creeping inflation*
gal·lous [gǽləs] 〔형〕 〔화학〕 제1갈륨의, 2가(價)의 갈
Gal·lo·way [gǽləwèi] 〔명〕 **1** 갤러웨이(스코틀랜드 남서부 지방; 소·말의 명산지). **2** (종종 g-) 갤러웨이종(種)소말.
***gal·lows** [gǽlouz] 〔명〕 (복 ~(*es*)) **1** 교수대(~ *tree*); (the ~) 교수형. **2** (군사) (교수대 비슷한 모양의 장치나 도구), 물건걸이; (제조용) 철봉. **3** (~*es*) 〔방언〕 바지 멜빵(suspenders). **4** = ~ *bird*.
cheat the gallows (병사(病死)·자살 따위로) 교수형을 모면하다.

come to*[or *die upon, get*] *the gallows 교수형에 처해지다.
have a gallows look; have the gallows in *one's* ***face*** 아주 흉악한 인상을 하고 있다.
— [형] 《한정용법》 교수형에 처해 마땅한, 흉악한; 《英방언》 비열[야비]한, 나쁜; 《英속어》 지독한, 심한.
gállows bìrd [명] 《구어》 교수형에 처해야 할 사람, 흉악범; 망나니.
gállows hùmor [명] 심각한 사태를 빈정거리는 듯한 「유머, 기분 나쁜 농담, 블랙 유머.
gal·lows-ripe [-ràip] [형] 교수형의 준비가 된.
gállow(s) trèe [명] 교수대.
gall·stone [gɔ́ːlstòun] [명][U][C] 〔병리〕 담석(膽石).
Gál·lup pòll [gǽləp-] [명] (the ~) 갤럽 (여론) 조사 〔＜미국의 통계학자 G. H. Gallup (1901–84)의 이름〕
gal·lus·es [gǽləsiz] [명][복] 《美구어》 바지 멜빵(suspenders). **gal·lused** [gǽləst] [형]
gáll wàsp [명] 혹벌과(科)의 곤충(그 유충은 식물에 충영(蟲癭)(gall)을 만든다).
Ga·lóis thèory [gælwɑ́ː-] [명] 〔수학〕 갈루아 이론 (대수 방정식의 해법에 군(群) 개념을 적용한 이론). 〔＜프랑스의 수학자 Évariste Galois(1811–32)의 이름〕
ga·loot [gəlúːt] [명] 《속어》 (종종 big ~) 머리가 잘 돌지 않는 사람, 얼간이, 바보; 신병. (또는 **galloot**)
gal·op [gǽləp] [명] 갤럽(4분의 2박자의 약동적인 원무(圓舞)); 그 무곡. — [동][자] 갤럽을 추다. 〔＜F〕
ga·lore [gəlɔ́ːr] [형] 《명사 뒤에 쓰여》 풍부한, 많은. ¶ food and drink ~ 다량의 식과 음료. — [명][U] 《드물게》 풍부함, 많음.
***ga·losh(e)** [gəlɑ́ʃ/-lɔ́ʃ] [명] (~es) 고무 덧신, 오버슈즈. **~ed** [-t] [형] 덧신을 신은.
gals. gallons.
Gals·wor·thy [gɔ́ːlzwə̀ːrði, gǽlz-] [명] **John ~** 골즈워디(1867–1933: 영국의 소설가·극작가). **Gals·wór·thi·an** [형]
Gal·ton [gɔ́ːltn] [명] **Sir Francis ~** 골튼(1822–1911: 영국의 인류·유전학자; 우생학의 창시자).
ga·lumph [gəlʌ́mf] [동][자] 《구어》 의기 양양하게 걷다; 쿵쾅 소리내며 걷다[달리다]. (또는 **gallumph**)
galv galvanic; galvanism; galvanized.
gal·van·ic [gælvǽnik] [형] **1** 갈바니[직류] 전기의[에 의한]; 전류를 일으키는[에 의한]. ¶ ~ current 갈바니 전류. **2** 감전된 것 같은, 경련의, 발작적인; 충격적인. ¶ a ~ smile 발작적인 웃음 / ~ effect 충격적인 효과. (또는 **galvanical**) **-i·cal·ly** [부]
galvánic báttery [명] 〔전기〕 =voltaic battery.
galvánic céll [명] 〔전기〕 =voltaic cell.
galvánic electrícity [명] 〔전기〕 동전기(動電氣).
galvánic píle [명] 〔전기〕 =voltaic pile.
galvánic skín respònse [명] 〔생리〕 피부 전기 반응(불안·스트레스 따위 정신적 자극에 의한 피부의 전기 전도의 변화; [약] GSR).
gal·va·nism [gǽlvənìzm] [명][U] **1** 〔전기〕 갈바니[직류] 전기; 동[유(流)]전기; 동전기학. **2** 〔의학〕 직류 전기 요법. **3** 활발한 행동. **-nist** [명] 유전기 학자.
gal·va·ni·za·tion [gæ̀lvənizéiʃən/-naiz-] [명][U] **1** 갈바니 전기를 통하기; 〔의학〕 직류 전기 요법. **2** 아연 도금. **3** 자극하기, 활기 띠게 하기.
gal·va·nize [gǽlvənàiz] [동][타] **1** …에 전류를 통하다[작용시키다]. **2** 〔의학〕 직류 전기 요법을 시술하다. **3** …에 아연 도금을 하다. **4** …을 갑자기 활기 띠게 하다, 자극하다; …을 자극하여 (어떤 행동을) 취하게 하다 (*to, into*).
galvanize *a person* ***into life*** 남에게 활력을 넣어 「주다, 남을 갱생시키다.
-nìz·er [명]
gál·va·nized íron [gǽlvənàizd-] [명] 함석, 아연 「도금 강판.
gal·va·no- [gǽlvənou, gælvǽn-, -nə] [연결] galvanic, galvanism의 뜻. ¶ *galvano*graph.
gal·van·o·graph [gælvǽnəgræ̀f, -grɑ̀ːf] [명] 전기판(電氣版)(인쇄물).
gal·va·nog·ra·phy [gæ̀lvənɑ́grəfi/-nɔ́g-] [명][U] 〔인쇄〕 전기 제판술.
gal·va·nom·e·ter [gæ̀lvənɑ́mətər/-nɔ́m-] [명] 〔전기〕 (미소(微小) 전류를 재는) 검류계(檢流計).
gal·va·no·met·ric [gæ̀lvənoumétrik] [형] 검류계의[로 측정한]. (또는 **galvanometrical**) **-ri·cal·ly** [부]
gal·va·nom·e·try [gæ̀lvənɑ́mətri/-nɔ́m-] [명][U] 전류 측정(법).
gal·va·no·plas·ty [gǽlvənouplæ̀sti, gælvǽnə-] [명][U] 전기 주조법(鑄造法), 전기판술(電氣版術). (또는 **galvanoplastics**) **-plás·tic** [형] **-plás·ti·cal·ly** [부]
gal·va·no·scope [gǽlvənouskòup, gælvǽ-] [명] 검류기(檢流器), 검전기(檢電器). **-scop·ic** [-skɑ́pik/-skɔ́p-] [형] **-nos·co·pist** [-nɑ́skəpist] [명]
Gál·ves·ton plàn [gǽlvestən-] [명] 《美》 =commission plan. 〔＜이를 채택한 최초의 미국 도시 Texas 주 Galveston의 이름〕
gal·ways [gɔ́ːlweiz] [명][복] 《속어》 (종종 G–) 구레나「룻.
Gal·we·gian [gælwíːdʒən] [형] 스코틀랜드의 Galloway 지방의. — [명] Galloway의 주민.
gam[1] [gæm] [명] **1** 고래 떼. **2** (포경선간의) 사교적 방문, 교환(交歡); (일반적으로) 사교, 교제. **3** 《속어》 회합, 의론, 교섭. — [동] (**-mm-**) [자] **1** (고래가) 모이다, 떼를 짓다. **2** 〔해사〕 (포경선의 선원 등이) 사교적인 방문을 하다; (일반적으로) 교환하다. — [타] …과 교환하「다.
gam[2] [명] 《속어》 (~s) (여자의 매력적인) 다리.
gam. gamut.
gam- [gæm] [연결] ⇨GAMO-.
Ga·ma [gǽmə/gɑ́ːmə] [명] **Vasco da ~** 가마(1460?–1524: 포르투갈의 항해가).
Ga·may [gæméi, ⌐–] [명] (때로 g–) 가메이(프랑스 Beaujolais 지방·미국 California 북부산(産)의 포도); 가메이로 담근 적포도주.
gamb [gæmb, gæm] [명] 〔문장〕 동물의 다리. (또는 **gambe**)
gam·ba [gǽmbə] [명] =viola da ~; (바이올린·첼로 비슷한 음색을 내는) 감바 음전(音栓)(~ stop).
gam·bade [gæmbéid] [명] =gambado[2].
gam·ba·do[1] [gæmbéidou] [명] ([복] ~(*e*)*s*) 등자 대용물(등자 대신에 안장에 붙인 장화[각반]); 긴 각반.
gam·ba·do[2] [명] ([복] ~(*e*)*s*) **1** (말의) 도약. **2** 뛰놀기, (짓궂은) 장난; 멋진 동작. (또는 **gambade**)
Gam·bi·a [gǽmbiə] [명] **1** (the ~) 감비아(서부 아프리카의 공화국; 수도 Banjul). **2** (the ~) 감비아 강(아프리카 서부를 서쪽으로 흘러 대서양으로 들어간다).
Gam·bi·an [gǽmbiən] [명] 감비아 사람. — [형] 감비아의.
gam·bier [gǽmbiər] [명][U] 갬비어, 아선약(阿仙藥) 「(의약·염색·가죽 무두질용).
gam·bit [gǽmbit] [명] **1** 〔서양장기〕 (졸(pawn) 따위를 희생하고 두는) 초판의 수. **2** (우위를 확보하기 위한) 책략, 계략, 수; (선수를 잡기 위한) 작전. **3** (거래·행동 따위의) 시작; (대화의) 실마리; 화제(話題).
try gambit after …을 계속 선수로 몰아붙이다.
— [동][자] 선수를 치다, 도전하다.
‡gam·ble [gǽmbl] [동] (**~*s*** [-z]; **~*d*; -*bling***) [자] **1** 내기하다, 도박하다 (*at, on*). ¶ (~＋[前]＋[名]) ~ *at* cards (돈)내기 카드놀이를 하다. **2** …에 돈[명예 따위]을 걸다(*on*); (이판사판의) 모험을 하다(*with*); 투기를 하다(*in*). ¶ (~＋[前]＋[名]) ~ *in* sugar 설탕을 사재기하다 / Don't ~ *with* safety. 위험한 모험은 하지 마라. — [타] **1** 〔재산 따위〕를 도박으로 잃다(*away*). **2** 〔재산·목숨 따위〕를 걸다; …을 믿다, 확신하다(*on*).
gamble away ① 도박으로 〔돈·재산 따위〕를 날리다. ¶ He ~*d away* his savings. 그는 도박으로 저금을 날렸다. ② 쉬지 않고 도박[내기]하다.
gamble on ① …에 걸다. ¶ ~ *on* horse races 경마에 돈을 걸다. ② 《속어》 …을 믿다, 신용하다, 확신하다; …에 희망을 걸다. ¶ You may ~ *on* that. 그건 확실하다, 절대 틀림없다.

—图 1 노름, 도박. 2 (a ~) 투기; 이판사판의 모험.
go on the gamble 도박[노름]을 하다.
have a gamble on …에 걸다.
take a gamble on …에 이판사판의 모험을 하다.
***gam·bler** [gǽmblər] 图 도박꾼, 노름꾼; 투기꾼.
take a gambler's chance 이판사판으로 해보다.
gámblers' fàllacy 图 (심리) 도박꾼의 착각(같은 사상(事象)이 되풀이되면 다음에는 다른 사상이 일어날 확률이 높아진다는 착각).
gam·ble·some [gǽmblsəm] 图 도박을 좋아하는.
***gam·bling** [gǽmbliŋ] 图 ⓤ 도박, 노름.
gámbling hòuse[hèll, dèn] 图 도박장.
gámbling tàble 图 도박대(臺); 도박장. [Vegas].
Gámbling Tówn 图 (美속어) 도박의 도시(Las
gam·boge [gæmbóudʒ, -búːʒ] 图 ⓤ 1 캄부지, 자황(雌黃), 등황(藤黃)(자황수(樹))에서 채취한 수지(樹脂); 황색 안료·하제(下劑)로 쓴다). 2 황색. **-bó·gi·an** 图
gam·bol [gǽmbl] 图 (-*l*-, (英) -*ll*-) (아이·새끼 양 등이) 뛰놀다, 뛰어다니다(about); 장난치다. —图 (보통 ~s) 뛰놀기, 뛰어다니기; 장난치기.
gam·brel [gǽmbrəl] 图 1 (말 뒷다리의) 복사뼈 관절. 2 (정육점에서 고기를 매다는) 말다리 모양의 쇠갈고리. (또는 ~ **stìck**) 3 =~ roof.
gámbrel ròof 图 2단 박공(牔栱) 지붕, 맞배지붕.
gám·brel·ròofed 图

‡**game**¹ [geim] 图 (®~**s** [-z]) **1 a)** 놀이, 게임, 유희; 오락; (the G-) (몸짓을 보고 말을 알아맞히는 제스처게임(charades). ¶ PLAY 문외어¶**a ball** ~ 구기(球技)/ It's just a ~. 장난[놀이]일 뿐이다. **b)** 놀이 도구, 게임 용품; 놀이 시설[설비]. **c)** =computer[video] ~.
2 경기, 경기 (어떤 시합의 일부인) 한 경기, 한 게임(* (美)에서는 baseball, football 따위 -ball이 붙는 경기에 쓰인다). ¶a drawn ~ 무승부 시합/ a called ~ 중단 경기, 콜드 게임/ a ~ of chance 운에 좌우하는 시합.
3 (~s) (학과목으로서의) 체육; 경기 대회; (고대 그리스·로마의) 경기 대회, 경연회(競演會). ¶ the Olympic Games 올림픽 경기.
4 (시합에서) 승리에 필요한 점수, 중간 점수; (카드놀이) (승리를 결정하는) 최저 득점. ¶The ~ is 25. =25 is (the) ~. 25점으로 승부가 난다, 25점 게임.
5 ⓤ 시합[승부]의 형세, 이길 가망. ¶How is[or goes] the ~? 시합은 어떻게 되어가고 있지?
6 경기 태도; (the ~) 경기 방법. **7** (경기 비슷한) 승부, 경쟁, 흥정. ¶the ~ of diplomacy 외교적 흥정. **8** (구어) 계획, 방침, 의도; (종종 ~s) 책략, 수법. **9** ⓤⓒ 농담; 장난, 희롱(fun). **10** ⓤ (집합적) 사냥감; 사냥으로 잡은 것(짐승, 새 따위), 그 고기. ¶ big ~ 큰 사냥감(코끼리·사자 따위); 중요한 목적/ fair ~ 사냥해도 위반이 안 되는 새나 짐승/ forbidden ~ 보호조[수](獸); 손을 대면 안 되는 것. **11** (공격·비난 따위의) 목표, 표적; (백조 따위의) 무리, 떼. **12** ⓤ 투지; 담력. **13** ⓤ (구어) 위험이 따르는) 일, 사업, 직업; 전문, 능한 분야. ¶ the stock market ~ 증권 투기업. **14** (the ~) (英속어) 매춘; 절도; (비어) 성교.
a game not worth the candle 수지가 안 맞는 일.
a game that[or **at which**] **two can play** ⇒ Two can play (at) that game.
ahead of the game (美구어) ① 우세한; (중권 따위에서) 재미보고 있는. ② (시간에) 앞서, 너무 빨라서.
at a person's **own game** (남)과 같은 방법으로.
be on[**off**] one's **game** (1) (말·경기자가) 컨디션이 좋다[나쁘다]. ② 정세가 유리[불리]하다.
fly at high[or **higher**] **game** 큰 뜻을 품다; 더 큰 것을 노리다.
force the game (크리켓) 득점을 올리기 위해 무리한 플레이를 하다.
game and game; game all (스포츠) 득점 1대 1.
game and (**set**) (테니스) 게임 세트, 시합 끝(* set를 생략할 경우에는 and를 [æ(ː)nd]로 발음한다; 이

경우 game-and로도 쓴다). [압승, 완승.
game, set and match ① =*game and* (*set*). ②
give a person **a game** 남에게 져주다.
give the game[or **show**] **away** 계획[비밀]을 누설하다, 자기의 속셈을 보이다.
have a game of play 한 판 붙다[겨루다].
have a game with a person =*make* (a) *game of* a person. [고 있다, 승부의 주도권을 잡다.
have the game in one's **hands** 승리의 열쇠를 쥐
in game 농담으로. ¶ speak *in* ~ 농담하다.
It's all part of the game. 그건 예상했던 것이다, 놀랄 일이 아니다.
make a game 게임의 편을 짜다.
make (**a**) **game of** a person 남을 놀리다, 업신여기다, 속이다.
make game to *do* [or *be*] (장난으로) …하는 흉내를 내다, …인 척하다. [못한, 신참의.
new to the game 경기[장사, 활동 따위)에 익숙치
None of your (**little**) **games** (**with me**)! (구어) 그런 수[잔꾀]에는 안 넘어가!
not in the game 성공할 가망이 없는.
on the game (英속어) 매춘[절도]을 하여.
play a dangerous game 위험한 수를 쓰다.
play a deep game 음모를 꾸미다.
play a double game 표리 부동한 행동을 하다. [다.
play a good [**poor**] **game** 훌륭[졸렬]한 경기를 하
play a losing [**winning**] **game** 이길 가망이 없는[있는] 시합을 하다; 손해[이득]가 되는 일을 하다.
play a person's **game; play the game of** a person ① 무의식중에 남의 이익이 되는 일을 하다. ② (남과) 같은 수를 써서 맞서다[이기다, 앙갚음하다].
play a waiting game 기회를 기다리다; (구어) 지구전으로 나가다, 지연 전술을 쓰다.
play games ① 아무렇게나 하다, 무책임한 태도를 취하다; 진상을 감추려 하다. ② (…을) 약을리다, (…에게) 변죽을 울리다(*with*).
play (**silly**) **games** 농하다, 실떡거리다.
play the game (구어) 정정당당한 경기를 하다; 훌륭하게 처신하다, 올바른 일을 하다.
play the same game =*play* a person's *game* ②.
see through[or **discover**] a person's **game** 남의 수법[의도]을 간파하다.
spoil the game 모처럼의 노력을 헛되게 하다; 실수하다.
That's not the game. 그것은 올바른 수가 아니다, 그런 법은 없다. [끝났다[틀렸다].
The game is up. (구어) 비밀이 탄로났다, 만사가
the name of the game (구어) 중요한 일[요점].
The same old game! 또 그 수법이야! 여전히 그 수법(으로 속일 셈)이군!
Two can play (**at**) **that game.; That's a game that two can play.** 이쪽에도 수가 있다, 당하고만 있지 않겠다.
What a game! ① 참 재미있군! ② (반어적) 시시하군!, 집어치워!
What's a person's **game?** (구어) (심문 따위에서)
What's the game? (구어) 도대체 어쩌려고 그러니?, 왜 그래?, 어떻게 된 거야?
—图 (**gam·er; gam·est**) **1** 사냥의, 낚시의; 사냥감(고기)의. **2** (싸움닭처럼) 투지 만만한 용기있는. ¶ a ~ sportsman 감투 정신이 왕성한 스포츠맨. **3** (구어) 할 용기[의지]가 있는 (*for, to* do).
(**as**) **game as Ned Kelly** (濠구어) (유명한 산적 네드 켈리처럼) 용맹무쌍한. [감하게 싸우다 죽다.
die game 끝까지 분투하다, 당당하게 싸워서 지다; 용
—图 ① 내기하다, 도박하다(gamble). —囲 (구어) (재산·시간 따위를) 도박으로 잃다(*away*).

game² 图 (구어) (팔·다리가) 부자유한, 불구의(lame).
gáme àct(**s**) 图 =game law.
gáme àrea 图 사냥 허가 구역.

game·bag [géimbæg] 명 사냥감 넣는 주머니.
gáme bàll 명 게임 볼. 1 (테니스 따위에서) 앞으로 1점이면 승부가 결정되는 때의 서브. 2 (축구 따위에서) 팀 승리에 공헌한 코치·선수에게 팀 동료가 선사하는 공.
gáme bìrd 명 (법률로 정해진) 엽조(獵鳥).
game·cock [géimkàk/-kɔ̀k] 명 싸움닭; (비유적)
gáme ègg 명 싸움닭의 알. 「불굴의 투사.
gáme fìsh 명 (낚시의 대상이 되는) 물고기, 낚시감.
gáme fòwl 명 싸움닭; 수렵조. 「**-kèep·ing**
game·keep·er [géimkì:pər] 명 사냥터 관리인.
gam·e·lan [gǽmələn] 명 가믈란(인도네시아의 전통 타악기 기악 합주; 그 합주에 쓰이는 타악기).
gáme làw 명 수렵법. 「허(중).
gáme license 명 수렵 면허; 엽조수(獵鳥獸) 판매 면
game·ly [géimli] 부 용감하게, 감투 정신을 가지고.
gáme màker 명 〔컴퓨터〕 게임용 소프트웨어 개발자 [제작가].
game·ness [géimnis] 명U 용감성, 불굴, 인내.
gáme of chánce 명 운(運)의의 좌우하는 게임.
gáme of pólitics 명 (the ~) 정략(政略), 정치적
gáme of skíll 명 실력의(이) 좌우하는 게임. 「흥정.
gáme of wár 명 (the ~) 전략.
gáme pàrk 명 야생 동물 보호 구역.
gáme plàn 명 1 (시합 따위의) 작전 계획, 전술. 2 (美) (비유적) (목적 달성을 위한) 전략, 작전, (정치의) 운동 계획; 비즈니스 전략. 「정하는 득점, 결승의 1점.
gáme pòint 명 (테니스·핸드볼 따위에서) 승패를 결
gáme preserve [resérve] 명 (종종 ~s) 금렵구 (禁獵區); 엽조수 번식 보호림. 「시인.
game-pre·serv·er [-prizə̀:rvər] 명 금렵구의 감
gam·er [géimər] 명 (구어) 이기려는 사람; 게임광(狂); 〔스포츠〕 지칠 줄 모르는[과감한] 선수.
gáme ròom 명 오락실, 게임 룸. 「임 쇼, 퀴즈 프로.
gáme shòw 명 〔TV·라디오〕 게임 프로(상이 걸린) 게
games·man [géimzmən] 명 1 교묘한 술수를 쓰는 사람; 임기응변에 능한 사람, 모사(謀士). 2 시합[게임] 참가자, 선수; 3 게임 광(狂), 게임의 달인.
games·man·ship [géimzmənʃìp] 명U 1 교묘한 술수를 쓰기, 2 상대[적]를 이기기 위한 전술, 임기응변술. 3 게임 솜씨.
gámes màster 명 (英) 체육[체조] 교사.
gámes mìstress 명 (英) 여자 체육[체조] 교사.
game·some [géimsəm] 형 (문어) 뛰노는, 놀기 좋아하는, 장난치는; 명랑한. ~**·ly** 부 ~**·ness** 명
gámes ròom 명 경기실, 실내 경기장.
game·ster [géimstər] 명 도박꾼; 용감한 운동 경기
gámes thèory 명 =game theory.
gam·et- [gǽmit, gǽmət] 연결 ⇒GAMETO-.
gam·ete [gǽmit, gəmíːt] 명 〔생물〕 배우자(配偶子), 생식체. **ga·me·tal** [gəmíːtl], **ga·met·ic** [gəmétik] 형
gáme tènant 명 수렵[어로]권 임차인.
gáme thèory 명 (the ~) (수학) 게임 이론(제한된 조건하에서 이익 최대화·손실 최소화를 꾀하는 이론).
ga·me·to- [gəmíːtou, gǽmətou, -tə] 연결 「배우자(配偶子)」 */gametophyte.*
ga·me·to·cyte [gəmíːtəsàit] 명 〔생물〕 생식 모세
gáme wàrden 명 수렵구 관리관, 금렵구 감시원.
gam·ey [géimi] 형 =gamy.
gam·ic [gǽmik] 형 〔생물〕 =sexual 4.
gam·in [gǽmin] 명 남자 부랑아, 집 없는 아이. 〔<F〕
gam·ine [gæmíːn] 명 (F) 여자 부랑아; (몸집이 작고 예쁜) 말괄량이(tomboy); 요정같이 매력적인 아가씨.
— 형 말괄량이[활발한 소녀] 같은. 〔<F〕
gam·ing [géimiŋ] 명 1 (돈 따위를) 걸기, 투기. 2 (완곡적) 도박, 노름(gambling). 3 (군대·비즈니스 등에서) 모의 게임에 의한 학습[문제 해결]. 4 =gamesmanship 1. — 형 도박용의.
gáming hòuse 명 =gambling house.

gáming ròom 명 도박실.
gáming tàble 명 도박대(gambling table).
gam·ma [gǽmə] 명 1 감마(그리스어 알파벳의 셋째자(Γ, γ)의 명칭; 영어 알파벳의 G, g에 해당). 2 (순서·분류의) 제3, 제3위, 세번째의 것. 3 (G-) 〔천문〕 감마성(星)(별자리 중에서 세번째로 밝은 별; γ로 나타낸다). 4 감마(100만분의 1그램)(microgram). 5 〔물리〕 감마(자속(磁束) 밀도 단위; ⑦ γ). 6 〔사진〕 감마(네거 프린트의 콘트라스트의 정도를 나타내는 단위). 7 (英) 감마(γ)급(級)(학업 성적의 최하위). 8 =~ ray.
gámma càmera 명 감마선(線) 카메라(인체 내에 주입된 방사성 트레이서를 검파(檢波)하는 카메라).
gámma decày 명 〔물리〕 감마 붕괴.
gam·ma·di·on [gəmǽidiən] 명 (복 **-di·a** [-diə]) 대문자 감마(Γ)를 결합해서 만든 도형(만자(卍字)).
gámma distribútion 명 〔통계〕 감마 분포.
gámma glóbulin 명 〔생화학〕 감마 글로불린(혈장 (血漿) 속의 단백질 성분의 일종; 항체 기능이 있음).
gámma hydróxy bútyrate 명 감마 히드록시부티르산(인간의 뇌 속에서 생성되는 아미노산의 일종; 근육 강화제·각성제; ⑫ GHB).
gámma knìfe 명 〔의학〕 감마선 칼(뇌종양 절제·막힌 혈관 뚫기 등에 쓰이는 방사선 장비). 「방사.
gámma radiátion 명 〔물리〕 감마 방사선; 감마선
gámma-radiation sterilizátion 명 감마선 조사(照射) 살균. 「(γ-ray)
gámma rày 명 〔물리〕 감마선(방사선의 일종). (또는
gámma-ray astrónomy 명 감마선 천문학.
gámma-ray búrst 명 〔천문〕 감마선 폭발(감마선 복사의 급격한 단기간의 방출; ⑫ GRB).
gámma-ray láser 명 =graser.
gam·ma·sonde [gǽməsànd/-sɔ̀nd] 명 〔기상〕 감마존데(감마선을 자동 관측하는 기구(氣球)).
gámma sùrgery 명 〔의학〕 감마선 외과 수술.
gam·mer [gǽmər] 명 (경멸적) (시골) 할망구, 노파.
gam·mon[1] [gǽmən] 명 주사위(backgammon)의 게임; (주사위의) 두 판 연속의 전승(全勝).
— 동타 (상대)를 두 판 연속으로 이기다.
gam·mon[2] 명 1 U 훈제(燻製)[소금절임] 햄. 2 베이컨의 아래 끝부분(넓적다리 고기·옆구리 고기 따위).
— 동타 (돼지고기)를 훈제하다.
gam·mon[3] (英구어) 명U 터무니없는[허튼] 소리(~ and spinach); 사기, 속임수. — 동자 터무니없는 허튼 소리를 하다; 시치미 떼다. — 동타 …을 속이다, 기만하다. ~**·er** 명 「이물에 고정시키다.
gam·mon[4] 동타 〔해사〕 (제1 사장(斜檣))을 바울로
gámmon and spínach 명 1 베이컨와 시금치를 곁들인 요리. 2 터무니없는 소리, 허튼 소리.
gam·mon·ing [gǽməniŋ] 명 〔해사〕 제1 사장을 고정시키는 밧줄[사슬].
gam·my [gǽmi] 형 (英구어) =game[2].
gam·o- [gǽmou, -mə] 연결 1 「결혼, 결합」의 뜻(* 모음 앞에서는 gam-). 2 */gamogenesis.*
gam·o·gen·e·sis [gæ̀mədʒénəsis] 명U 〔생물〕 양성(兩性)생식(유성(有性)생식, 자웅(雌雄)생식. **-ge·net·ic** [-dʒənétik], **-ge·nét·i·cal** 형
gam·o·pet·al·ous [gæ̀məpétələs] 형 〔식물〕 꽃잎이 결합되어 있는, 합판(合瓣)의.
gam·o·sep·al·ous [gæ̀məsépələs] 형 〔식물〕 합생(合生)의 꽃받침을 가진, 합악(合萼)의.
-ga·mous [gəməs] 연결 「여자, 결혼, 결합」의 뜻(* 형용사를 만든다). */heterogamous, polygamous.*
gamp [gæmp] 명 (英구어·익살) 크고 볼품없는 우산.
gam·ut [gǽmət] 명 (the ~) 전(全)범위[영역], 전반. 2 〔음악〕 음계; 전성역(全聲域), 전음역; 장음계.
run the (whole) gamut of [or **from**] 갖은[온갖] …을 다하다[겪다].
gam·y [géimi] 형 1 사냥한 짐승의 고기 같은 풍미가

있는; (고기가) 약간 썩기 시작하여 냄새가 나는. **2** (동물·물고기 따위가) 기운이 좋은, 용감한. **3** (이야기 따위가) 아슬아슬한, 선정적인, 외설적인. **4** 사냥감이 많은. (또는 **gamey**) **gám·i·ly** 튀 **gám·i·ness** 명
-ga·my [gəmi] 연결 「결혼, 결합, 번식」의 뜻(*명사 gan [gən] gin¹의 과거. ¶를 만든다). ¶ polygamy.
gan·der [gǽndər] 명 **1** 거위의 수컷. **2** (구어) (a ~) 일별(一瞥), 훑곳 보기. ¶ take [or have] a ~ 훑곳 보다. **3** (구어) 바보, 얼간이. **4** (美고어) 아내와 별거중인 남편. — 图丞 (美속어) 훑곳 보다.
Gan·dha·ra [gʌndάːrə, gen-] 명 간다라(인도 서북부 및 아프가니스탄 동부의 옛 지방명). — 혱 (또는 **Gandharan**) 간다라 지방(주민, 미술)의.
Gan·dhi [gάːndi, gǽn-] 명 간디. **1 Indira ~** (1917–84: 인도의 수상; J. Nehru의 딸). **2 Mohandas Karamchand ~** (1869–1948: 인도의 정치 지도자; 건국의 아버지; Mahatma(성웅)으로 불림). **3 Rajiv ~** (1944–91: 인도의 수상; 1의 아들).
Gan·dhi·an [gάːndiən, gǽn-] 혱 간디의; 간디주의(자)의, 비폭력 저항주의의. — 명 간디주의자.
Gándhi càp 명 간디 모자(인도의 남성용 흰 모자).
Gan·dhi·ism [gάːndiizm, gǽn-] 명 U 간디주의, 비폭력 무저항주의. (또는 **Gandhism**) **-ist, -dhist**
G & T, g and t (美속어) 명 *gin and tonic*.
gán·dy dàncer [gǽndi-] 명 (美속어) (철도의 구간) 선로공; 육체 노동자; 계절 노동자.
ga·nef [gάːnəf] 명 (美속어) 좀도둑, 사기꾼; 욕심 많은 기회주의자; 악당; 남성 동성애자. — 통타 홈치다, 갈취하다. (또는 **ganev**) (<yiddish)
‡gang¹ [gǽŋ] 명 (~s [-z]) (단·복수 양용) **1** 무리, 패거리, 일단, 집단, 집단. ¶ a ~ of boys 일단의 소년들. **2** (구어) 놀이 친구(동료); 비행(非行) 소년 집단; 동호회. ¶ a motorcycle ~ 폭주족. **3** 함께 일하는 동료. **4** [집합적] (악한 따위의) 일당, 폭력단(*사람을 가리킬 때는 gangster). ¶ a ~ of thieves 도적떼. **5** (짝 맞출 수 있는 도구(기계)의) 한 벌. **6** (英방언) 길.
— 통타 **1** ~을 조로 편성하다. **2** (구어) …을 집단으로 습격하다. **3** [기계 장치]를 동시에 작동시키다; (부품)을 한 조로 짝맞추다. — 图 (구어) 집단이 되다; 집단 행동을 하다(*up*); 단결하다, 가담하다(*up*)(*with*).
gang up on [or against] *a person* (구어) (남)을 집단으로 공격하다(에) 집단으로 대항하다.
gang up to *do* 떼지어 (단결하여) …하다.
gang² 명 =gangue.
gang³ 图丞 (스코) 가다, 나아가다; (계획 따위가) 뒤틀리다.
gang agley (계획 따위가) 어긋나다, 실패하다.
one's ain gait 자기 생각대로 행동하다.
gang·bang [gǽŋbǽŋ] 명 (비어) 윤간(輪姦)(gang rape); 혼음 파티. (또는 **gáng bàng**) — 타 윤간하다; …을 집단 습격하다. **~·er** 명 (美속어) (1980년대 로스앤젤레스의) 거리 폭력단; 비행 청소년 집단 단원.
gang·board [gǽŋbɔːrd] 명 (海事) 선수루(船首樓)와 후갑판을 직접 연결하는 높은 통로; =gangplank.
gang·bust·er [gǽŋbʌstər] 명 (구어) (말 〔또는 복수 속〕) 경찰관; =G-man. **2** 큰 감명(영향)을 주는 사람(것).
like gangbusters 기세 좋게, 폭발적으로, 화려하게.
— 혱 (종종 ~s) **1** (범죄 단속 등이) 거친, 난폭한. **2** 굉장히 잘 하는; 대성공의, 최고 인기의.
go gangbusters 대성공하다, 크게 히트하다.
-bùst·ing 명
gange [gǽndʒ] 통타 [낚싯바늘(줄)에 철사가 붙어 있는 부분]을 가는 철사로 감아 보호하다; [낚싯바늘]에 목줄을 매다.
gang·er [gǽŋər] 명 (英) (노동자의) 조장, 십장.
Gan·ges [gǽndʒiːz] 명 the ~ (River) (인도의) 갠지스 강.
Gan·get·ic [gǽndʒétik] 혱 [지스 강.
gáng hòok 명 [낚시] 닺낚늘.
gang·land [gǽŋlænd] 명 U C 암흑가, 조직 범죄

(자)의 세계. — 명 [한정용법] 암흑가[갱]의.
gan·gle [gǽŋgl] 图丞 어색하게(칠칠치 못하게) 움직이다. — 명 어색한 움직임.
gan·gli- [gǽŋgli] 연결 ⇒GANGLIO-.
gan·gli·a [gǽŋgliə] 명 ganglion의 복수형.
gan·gli·ate [gǽŋglièit] 혱 (해부) 신경절(神經節)이 있는. (또는 **gangliated**)
gan·gling [gǽŋgliŋ] 혱 (경멸적) (몸이) 호리호리하고 키 큰, 꺾다리인, 후리후리한. (또는 **gangly**)
gan·gli·o- [gǽŋgliou, -liə] 연결 ganglion의 뜻(*모음 앞에서는 gangli-). ¶ *ganglio*nitis(신경절염), *gangliated*.
gan·gli·o·cyte [gǽŋgliəsàit] 명 (해부) 신경절 세포(ganglion cell).
gan·gli·on [gǽŋgliən] 명 (혱 *-gli·a*, ~**s**) **1** (해부) (뇌·척수의 외부에 있는) 신경절. **2** (병리) 결절종(結節腫), 건초류(腱鞘瘤). **3** (지적(知的)·산업적 활동 따위의) 중심, 중추. **~·ate, ~·at·ed** 혱 =gangliate.
gánglion cèll 명 =gangliocyte.
gan·gli·on·ic [gǽŋgliάnik/-ɔ́n-] 혱 신경절의.
gan·gli·o·side [gǽŋgliəsàid] 명 (생화학) 갱글리오사이드(신경절에 있는 당지질(糖脂質)의 총칭).
gan·glio·si·do·sis [gǽŋgliousaidóusis] 명 (복 *-ses* [-siːz]) (의학) 갱글리오사이드 축적증(蓄積症).
gan·gly [gǽŋgli] 혱 =gangling. [의) 반장, 십장.
gang·mas·ter [gǽŋmæstər/-mάːs-] 명 (노동자 **Gáng of Fóur** (the ~) (중국 문화 혁명 때의) 4 인방(四人帮)(江青·王洪文·张春橋·姚文元).
gang·plank [gǽŋplæŋk] 명 (海事) (배의) 건널판(brow), 트랩.
gáng plòw 명 연동(連動)(복식(複式)) 보습.
gáng ràpe 명 윤간, (부녀자) 집단 강간(폭행). **gáng-ràpe** 图타 …을 윤간하다.
gan·grene [gǽŋgriːn] 명 (병리) (괴저(壞疽), 탈저(脫疽) ¶ (비유적) 부패, 타락. ¶ a moral ~ 도덕적 부패, 부패. — 通图타 (…에) 괴저를 생기게 하다[에 걸리다].

[gangplank]

gan·gre·nous [gǽŋgrənəs] 혱 (병리) 괴저(탈저)의, 괴저에 걸린. [쪽의 일종).
gang·sa [gάːŋsɑː] 명 강사(gamelan에 쓰는 철금(鐵
gang·shag [gǽŋʃæg] 명 (속어) =gangbang. (또는 **gáng shày**)
gangs·man [gǽŋzmən] 명 =ganger.
gang·sta [gǽŋstə] 명 (속어) =gangster; =~ rap. [위를 예찬하는 랩 음악).
gángsta ràp 명 (美) 갱스터 랩(마약·섹스·폭력 따
gang·ster [gǽŋstər] 명 (구어) **1** 갱(범죄 조직)의 일원, 악한, 폭력배. ¶ ~ films 갱 영화. **2** (美속어) 마리화나 담배(끽연자). **~·dom** 명 악당, 갱 사회. **~·ish** 혱 **~·ism** 명 U 갱(폭력) 행위.
gangue [gǽŋ] 명 U (광물) 맥석(脈石)(광석과 함께 산출되는 경제 가치가 없는 광물). (1944-88) [결.
gang-up [ʌ́p] 명 (구어) 집단 반대, 반대를 위한 단
gáng wàr[wàrfare] 명 갱 투쟁.
gang·way [gǽŋwèi] 명 **1** 통로, 좁은 보도. **2** (海事) **a)** 현문(舷門)(뱃전 쪽 출입구). **b)** =gangplank. **c)** (뱃전과 갑판실 사이)의 노천 갑판. **3** (철도) 탄수차(炭水車)와 기관사실 사이의 부분; 디젤·전기 기관차 측면의 기관사 통로; 객차와 객차 사이의 통로. **4** (英) (극장·식당의) 통로; (하원에서) 간부 의원석과 평의원석 사이의 통로. **5** (건축 현장의 임시) 건널판. **6** (재광) 주요 갱도. **7** (통나무를 제재소로 보내기 위한) 경사로(傾斜路). **8** (비행기·배의) 트랩.
bring to the gangway (선원에 대한 징벌로) 현문으로 끌어내어 매질하다.

sit above [below] the gangway (英) 간부[평]의 원석에 앉다. ─ 圍 [~] 길을 내라, 비켜라! ¶ G─, please. 잠깐 실례합니다. ~ed 圍

gan·is·ter [gǽnistər] 圍 가니스터(노(爐)의 내벽을 바르는 내화성 규질암(硅質岩)). (또는 **gannister**)

gan·ja(h) [gáːndʒɑ] 圍 마리화나. [<Skt]

gan·net [gǽnit] 圍 부비새(갈매깃과(科)의 바다새); (속어) 욕심꾸러기.

gan·oid [gǽnɔid] 圍 [어류] 경린어(硬鱗魚)(철갑상어 따위). ─ 圍 경린어(류)의.

Gan·su [gɑ́ːnsjúː] 圍 간수(甘肅)(중국 북서부의 성).

gant·let¹ [gǽntlit, gɔːnt-] 圍 1 (철도) 곤틀릿 궤도 (복선이 단선으로 합쳐진 구간). 2 =gauntlet² 1, 2. 圍 (철도) (선로)를 곤틀릿 궤도로 부설하다. (또는 **gauntlet**)

(gantlet¹ 1)

gant·let² 圍 =gauntlet¹.

gan·try [gǽntri] 圍 1 (철도) 신호교(橋)(신호기 따위를 설치한 다리 모양의 구조물). 2 (고가 이동 기중기 따위의) 가교(架橋) 부분. 3 (미사일·로켓의) 이동식 발사 정비탑 (~ scaffold). 4 통의 받침대. (또는 **gauntry**)

gántry cràne 圍 (기계) 갠트리 기중기, 고가(高架) 이동 기중기.

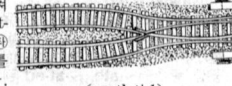
(gantry crane)

Gan·y·mede [gǽnə-miːd] 圍 1 (그리스 신화) 가니메데스(Zeus가 신들의 술시중을 들게 하기 위해서 데려간 트로이의 미소년). (또는 **Ganymedes**) 2 (천문) 가니메데(목성의 최대 위성). 3 (보통 g-) (시중을 드는) 소년 급사.

GAO (美) *General Accounting Office*.

‡**gaol** [dʒeil] 圍 圍 =jail.

gaol·bird [dʒéilbə̀ːrd] 圍 (英구어) =jailbird.

gaol·break [dʒéilbrèik] 圍 (英구어) =jailbreak.

‡**gaol·er** [dʒéilər] 圍 =jailer.

‡**gap** [gæp] 圍 1 (벽·울타리의) 갈라진 틈, 구멍, (대열의) 끊긴 데 (in, between). ¶ a ~ in the fence 울의 틈. 2 빈 곳, 공백, 틈; (시간의) 간격, 끊긴 사이 (in). ¶ a ~ in records 기록의 공백 부분. 3 부족, 결원, 결함 (in). ¶ ~s in one's knowledge 지식의 결함. 4 (문화적·사회적) 격차, 갭; (자세·견해 따위의) 차이, 불일치, 큰 차이 (between); (감정적인) 골. ¶ a generation ~ 세대차 / the ~ between ideals and actions 이상과 행동의 큰 격차. 5 (…의) 불균형 (between, in). ¶ a trade ~ of $200 million 2억 달러의 무역 수지 적자 (* 흑자는 surplus). 6 협곡, 골짜기; 고갯길, 산길. 7 (항공) (복엽 비행기의) 날개 간격. 8 (전기) 갭, 불꽃 간격 (spark ~). 9 (미식축구) 갭(라인의 이웃한 선수 사이의 틈). 10 (속어) (유방 사이의) 들어간 곳, 골짜기(음부의) 갈라진 틈.

fill [or *bridge, close, plug, stop, supply*] *a gap* 간격을 메우다; 부족[결함]을 보충하다.

make [or *leave*] *a gap* 틈이 나게 하다, 간격이 생기게 하다. ¶ 고 내리실 때 조심하세요.

Mind the gap. (전동차와 승강장 사이가 넓으니) 타고 내리실 때 조심하세요.

open a gap 기회를 주다.

stand in the gap 몸으로 막다.

take the gap (英속어) 파티 도중에[경기(景氣)가 좋을 때] 빠져 나가다. '벌어지다, 갈라지다.

─ 圍 타 (-pp-) …에 갈라진 틈[구멍]을 만들다. ─ 圍

GAPA *ground-to-air pilotless aircraft* (지대공(地對空) 무인 비행기).

*****gape** [geip, gæp] 圍 재 1 (놀람·감탄 따위에) 입을 크게 벌리고 바라보다 (at). ⇨ GAZE 유의어 2 (음료·술 따위를 마시기 위해서) 입을 크게 벌리다; (공복·졸음·열증 따위로) 무심코 입을 헤벌리다. 3 (조개·상처·지면 따위가) 입을 크게 벌리다, 크게 갈라지다. 4 (고어) 갈망하다 (*after, for, to do*). 「보다.

gape (and *stare*) *at* 입을 헤벌리고 …을 넋을 잃고

make a person gape 남을 놀라게 하다.

─ 圍 1 크게 난 구멍, 벌어진 틈. 2 입을 크게 벌리기; 입을 크게 벌리고 바라보기; 멍연자실; 하품. 3 (동물) 벌린 입의 넓이. 4 (the ~s) (단수취급) a) (수의) 개체충(開嘴症)(가끔 (家禽)의) gapeworm에 감염되어 입을 헤 벌리는 병). b) 하품(을 해댐).

have [or *get*] *the gapes* 자꾸 하품을 하다.

gáp·ing 圍 **gáp·ing·ly** 圍 입을 딱 벌리고, 멍하니.

gap·er [géipər] 圍 1 입이 딱 벌어지게 하는 사람 [것]; 입을 벌리고 멍하니 바라보는 사람; 하품을 하는 사람. 2 (조개) 큰 대합. 3 =broadbill. 4 (구어) (크리켓) 쉽게 잡을 수 있는 공. 5 (속어) 거울.

gáper's blóck (美구어) (운전 기사가 사고 따위를 구경하려고 서행하여 생기는) 구경 (교통) 정체. (또는 **gáper deláy**)

gápe·seed [géipsìːd] 圍 (美구어) 1 공상, 백일몽; 비현실적인 목표. 2 놀라서 입을 벌리고 바라보는 사람; 이상한[놀랄 만한] 것.

seek [or *plant, reap, sow, buy*] *gapeseed* ① 공상하다; 방심하다, 멍하니 둘러보다. ② 비현실적인 [실현 불가능한] 목표를 추구하다.

gápe·worm [géipwə̀ːrm] 圍 (동물) 개체충(開嘴蟲)(선충류(線蟲類)의 기생충). 「隙」 결함.

gáp jùnction (생물) (세포간의) 갭[협간극(狹間

ga·po [géipou] 圍 (美속어) 심한 체취(體臭). (또는 **GAPO**) [<*g*iant *a*rmpit *o*dor]

gap·o·sis [gæpóusis] 圍 (단추나 스냅을 잠갔을 때 사이가 벌어져 생긴) 틈; 간극; 결함.

gapped [gæpt] 圍 (여기 저기) 구멍이 뚫린, 틈이 난.

gápped scàle 圍 갭트 스케일(완전한 음계에서 특정한 음들을 빼고 만들어진 음계).

gap·py [gǽpi] 圍 갈라진 틈[구멍]이 있는; 끊긴, 토막토막의; 결합이 있는; 연락이 없는. 「틈이 난.

gap-toothed [-tùːθt, -tùːðd] 圍 이와 이 사이에

gar [gɑːr] 圍 (~**s**) (어류) 미국산 경린류(硬鱗類)의 담수어. [<*gar*fish]

G.A.R. (美) *Grand Army of the Republic*.

‡**ga·rage** [gərɑ́ːʒ, -rɑ́ːdʒ / gǽrɑːʒ, -ridʒ] 圍 (*~rag·es* [-iz]) 1 차고; 자동차 정비 공장. 2 (英) 주유소. 3 (폐어) (비행기의) 격납고(hangar).

─ 圍 타 (*-rag·es* [-iz]; ~**d**; *-rag·ing*) (자동차)를 차고[정비 공장]에 넣다. ~·**a·ble** 圍

ga·rage·man [gərɑ́ːʒmæ̀n, -rɑ́ːdʒ- / gǽrɑːʒ-] 圍 자동차 수리[정비]공(工) ((英) garagist).

garáge sàle 圍 (개인이 자기집 차고에서 하는) 중고품 염가 판매. ⑧ tag sale, yard sale.

garáge shòp (美) (차고를 개조한) 가내 소공장.

ga·ra·gist [gərɑ́ːʒist / gǽrɑːʒ-] 圍 (英) 자동차 정비 공장 소유자; 자동차 정비공 (garageman).

ga·ram ma·sa·la [gɑ́ːrəm məsɑ́ːlə] 圍 가람 마살라(카레 요리 등에 쓰이는 혼합 향신료(香辛料)). [<Hind]

Gár·and rífle [gǽrənd-, gərǽnd-] 圍 개런드식 반자동 소총(제2차 세계 대전 중 미국 육군의 표준 총) (M-1). [<미국의 발명가 John C. Garand(1888–1974)의 이름]

*****garb** [gɑːrb] 圍 1 ① (신분·직업에 특유한) 복장, 의상. ¶ clerical ~ 성직복. 2 ①, 의류. ¶ a fantastic ~ 멋진 옷. 3 ①① 옷차림, 외관, 외형. ─ 圍 타 (재귀용법·수동형으로) (사람)에게 (…의) 옷차림을 시키다, 입히다 (*in*). ¶ (~ 圍+前+名) ~ *oneself in*[or *as*] *a cowboy* 카우보이 복장을 하다. ⌐·**less** 圍

*****gar·bage** [gɑ́ːrbidʒ] 圍 ① 1 (부엌의) 찌꺼기, 쓰레

기, 남은 음식; (美속어) 음식, 식사; (일반적으로) 쓰레기, 폐물. **2** (英) (돼지 따위의 먹이용) 꿀꿀이죽; (생선 따위의) 내장. **3** (구어·경멸적) 가치가 없는[쓸모없는] 것, 잡동사니; 쓰레기 같은 군상[인간]; 시시한 이야기, 거짓말. ¶literary ~ 졸작. **4** (속어) 불필요한 장식물; (요리의) 첨가물, 고명. **5** 우주를 표류하는 인공 위성이나 로켓의 잔해. **6** (컴퓨터) 불필요한 데이터. **7** (농구) 쉽게 득점할 수 있는 골. **8** (美속어) 저질 마약.
gárbage ìn, gárbage òut (컴퓨터) ⇒GIGO.
tálk a lóad of gárbage 장황하게 말을 늘어 놓다.
—— 图 (개 따위가 남은 음식을) 먹다(*down*).
gárbage dòwn (美속어) 게걸스럽게 먹다.

gárbage càn 图 **1** (부엌의) 쓰레기통(英) dustbin). **2** (美속어) 낡은 구축함. **3** (속어) (TV의) 마이크로파[초단파] 중계 장치.

gárbage collèction 图 **1** 쓰레기 수거. **2** 〔컴퓨터〕 (주기억 장치 내의) 불필요한 정보 정리. 〔dustman〕.

gárbage collèctor 图 쓰레기 청소부[수거인] ((英)).

gárbage dispòsal 图 쓰레기 처리.

gárbage dispòser 图 음식 찌꺼기 분쇄기(싱크대 배수구용). 〔(접착제·시너 따위)〕.

gárbage drùg 图 (속어) 역효과를 내기 쉬운 마약.

gárbage dùmp 图 쓰레기장. 〔수수료〕.

gárbage fèe 图 쓰레기 수거료; (속어) 터무니없는 요금.

gárbage frèak[hèad] 图 (美속어) 약(특히 마약)이라면 안가리고 복용하는 사람.

gárbage incinerator 图 쓰레기 소각로.

gar·bage·man [gá:rbidʒmæn] 图 =garbage collector.

gárbage mòuth 图 (속어) 입이 건[저저분한] 사람, 음란한[추잡한] 이야기를 입에 담고 다니는 사람.

gar·bage·ol·o·gy [gà:rbidʒáládʒi-/-ɔ́l-] 图 = garbology. 〔((英)dustcart)〕.

gárbage trùck[wàgon] 图 쓰레기 수거(운반)차

gar·ban·zo [gɑ:rbǽnzou, -bɑ́:n-] 图 (徺 ~s) **1** =chickpea. **2** (~s) (美속어) 젖퉁이, 유방. 〔<Sp〕

gar·ble [gɑ́:rbl] 图 图 **1** (사실·서류 따위를) 부당하게 취사 선택하다, 왜곡하다; 〔문장 따위에 함부로 손을 대다, 윤색하다. ¶a ~ed report of a speech 연설 내용을 왜곡한 보도. **2** (무심코) …을 혼동하다, 뒤범벅을 만들다; …을 (모르고) 잘못 전하다. **3** (고어) …을 정선하다. **4** (향신료 따위에서) 불순물을 가려내다. — 图 U C (사실 따위의) 왜곡, 혼동, 부당한 취사선택; 왜곡시킨 것, 함부로 손질한 어구[문장 따위]; (걸러낸) 불순물. **~·a·ble** 图 **-bler** 图 〔인.

gar·bo [gá:rbou] 图 (徺 ~s) (濠구어) 쓰레기 수거

Gar·bo [gá:rbou] 图 **Greta ~** 가르보(1905-90): 스웨덴 태생의 미국 여배우; 본명 Greta Gustafsson.
dó a Gárbo (구어) 사람[남의 눈]을 피하다.

gar·board [gá:rbɔ̀:rd] 图 〔해사〕 용골익판(龍骨翼板)의, 〔골 아래쪽의 제일 바깥판〕.

gárboard stráke 图 〔해사〕 용골익판(龍骨翼板)(용

gar·bol·o·gist [gɑ:rbálədʒist/-bɔ́l-] 图 쓰레기 수거인; 쓰레기 연구가.

gar·bol·o·gy [gɑ:rbálədʒi/-bɔ́l-] 图 쓰레기학[연구]. (또는 **garbageology**)

Gar·cí·a Lor·ca [gɑ:rsíə lɔ́:rkə] 图 **Federico ~** 가르시아 로르카(1898-1936: 스페인의 시인·극작가).

Gar·cí·a Már·quez [-má:rkes] 图 **Gabriel ~** 가르시아 마르케스(1928- : 콜롬비아의 소설가; 노벨 문학상(1982)).

gar·çon [gɑ:rsɔ́:ŋ] 图 (徺 ~s) **1** (부르는 말로) 보이, 사환(waiter). **2** 소년; 젊은 미혼 남자. **3** 남자 고용인[하인]. 〔<F〕 〔파트. 〔<F〕

gar·çon·nière [F gɑrsɔnjɛːR] 图 독신 남자용 아

gar·da [gɑ́:rdə] 图 (廣 **-da·í** [-dəí:], ~s) 아일랜드의 경찰관; (the G-) 아일랜드 경찰.

gar·dant [gá:rdnt] 图 =guardant.

‡**gar·den** [gá:rdn] 图 (徺 ~s [-z]) **1** C U (英) 뜰, 정원(美) yard); 채소밭; 과수원. ¶a back[front] ~ 뒷[앞]뜰. ¶a kitchen[market] ~ 가정[영업]용 채소밭 / a nursery ~ 묘목밭. **2 a)** (종종 ~s) 공원, 유원지. ¶botanical[zoological] ~s 식물[동물]원. **b)** 옥외의 간이 식당. **3** 비옥한 농경 지대, 곡창 지대. **4** (G-s) (지명 뒤에서) …가(街), …광장. ¶Queen's *Gardens* (런던의) 퀸가. **5** (the G-) 에피쿠로스 학파(고대 그리스의 철학자 Epicurus가 정원에서 제자들에게 철학을 가르친 데서). **6** (美속어) 화물 열차 조차장. **7** (美) 대공원(公). **8** (속어) [야구] 외야.
cúltivate one's (òwn) gárden (목묵히) 자신의 일을 하다, 자신의 일에 정신을 쏟다.
Éverything in the gárden is lóvely. (구어·반어적) 만사 OK다, 아주 만족스럽다.
léad a pèrson úp[or dówn] the gárden (pàth) (구어) 남을 오도(誤導)하다, 현혹시키다.
máke [or díg] a gárden 정원을 만들다.
— 图 **1 a)** 정원의; 뜰에서 재배하는; 정원[예]용의; 내한성의(hardy). ¶a ~ hose 정원에 물을 뿌리는 호스. **b)** 뜰이 있는; 정원 같은. **2** 보통의, 흔히 있는(common *(or)* gárden ⇨ COMMON. 〔mon〕.
— 图 图 (뜰) 가꾸다, (원예 재배) 하다.

gárden apártment 图 **1** 뜰이 연이어 있는 아파트의 1층. **2** 뜰이 있는 저층 아파트 (단지).

gárden bàlm 图 (식물) 향수박하.

gárden bàlsam 图 (식물) 봉숭아.

gárden cènter 图 원예 용품점, 종묘점(種苗店).

gárden cíty 图 전원 도시.

gárden crèss 图 냉이의 일종(샐러드용 야채).

‡**gar·den·er** [gá:rdnər] 图 (徺 ~s [-z]) **1** 정원사. **2** 원예(애호)가; 야채 재배업자, **3** (속어) [야구] 외야수.
Whó's the gárdener? 정원이 참 훌륭하군요.

gar·den·esque [gɑ̀:rdənésk] 图 정원 같은, 정원풍의

gárden flàt [英] =garden apartment 1.

gárden fràme 图 (식물 재배용) 나무틀, (촉성 재배용) 온상(cold frame).

gar·den-fresh [-fréʃ] 图 (정원 따위에서) 갓 수확한. ¶ ~ fruit 갓 따온 과일. 〔옥의 화장실〕.

gárden hòuse 图 **1** (정원의) 정자. **2** (美중·남부)

gar·de·nia [gɑ:rdí:njə, -niə] 图 치자나무; 그 꽃.

‡**gar·den·ing** [gá:rdniŋ] 图 U 정원 가꾸기, 조원(造園)(술); 원예; (속어) (등산로를 위해서) 초목을 베어내기.
dó the gárdening 정원을 손질하다[가꾸다].

Gárden of Éden 图 (the ~) 에덴 동산; 낙원.

Gárden of the Góds 图 (the ~) 신들의 정원(미국 Colorado Springs 시 부근의 사암(砂巖) 지대).

gárden pàrty 图 가든 파티, 원유회(lawn party).

gárden pàss 图 정원의 작은 길.

gárden plànt 图 원예 식물, 재배 식물.

gárden plòt 图 정원 터.

gárden sèat 图 정원 벤치; (英) (버스의) 2층 좌석.

gárden spìder 图 왕거미, 무당거미. 〔별칭.

Gárden Státe 图 (the ~) 미국 New Jersey 주의

gárden stùff 图 [英] (채소밭에서 기르는) 채소류.

gárden sùburb 图 (英) 전원(식 교외) 주택지.

gárden trówel 图 (원예용) 모종삽.

gárden trùck 图 채소류; 시장 출하용 채소.

gar·den-va·ri·e·ty [-vəríəti] 图 흔한; 보통(종)의.

gárden víllage 图 =garden suburb. 〔류의 일종.

gárden wárbler 图 (3류) 꾀꼬릿과(科)의 일종.

gárden whíte 图 (곤충) 배추흰나비의 일종.

garde-robe [-róub] 图 (고어) **1** 옷장 (속에 넣는 것). **2** 사실(私室), 개인방. **3** (중세의) (옥외) 변소.

Gard·ner [gá:rdnər] 图 가드너. **1 Ava ~** (1922-90): 미국의 여배우). **2 E(rle) S(tanley) ~** (1889-1970): 미국의 추리 소설가).

gare·fowl [gɛ́ərfàul] 명 (복 ~(s)) 날개가 퇴화한 바다새(great auk).

Gar·field [gáːrfiːld] 명 가필드. **1** James Abram ~ (1831–81) 미국의 제20대 대통령). **2** 미국의 만화가 Jim Davis의 신문 연재 만화 Garfield의 주인공인 고

gar·fish [gáːrfiʃ] 명 =gar.

Gar·gan·tu·a [gɑːrgǽntʃuə/-tjuə] 명 가르강튀아 (프랑스의 작가 Rabelais의 소설 *Gargantua and Pantagruel* 중에 나오는 거인왕).

gar·gan·tu·an [gɑːrgǽntʃuən/-tjuən] 형 거대한 (gigantic); (G-) Gargantua 같은.

gar·get [gáːrgit] 명⓾Ⓒ **1** (수의) (소·양 따위의) 유방염(乳房炎); (고어) (소·돼지 따위의) 인후종양(咽喉腫痛). **2** (식물) 미국산(產) 자리공(pokeweld). ~·y 형

gar·gle [gáːrgl] 자타 (…으로) 양치질하다 (with); (양치질할 때처럼) 목 울리는 소리로 말하다; (美俗어) 술을 마시다. — 타 **1** (목구멍·입 안을) 양치질하여 가시다. ¶ ~ one's [or the] throat 양치질을 하다. **2** (물을) 목 울리는 소리로 하다. **3** (美俗어) (차의 라디에이터 속의 물을) 빼다. — 명 **1** (a ~) 양치질; 양치할 때 따위의) 목 울리는 소리. **2** ⓾Ⓒ 구강 청정제; (美俗어) 술, (맥주 따위의) 한 잔.

-gler

gar·goyle [gáːrgɔil] 명 **1** 이무기돌(고딕 건축에서 괴수의 머리 모양을 한 지붕의 홈통 주둥이); 사람·동물 형상의 괴물 조각; 용모가 흉악한 사람. **-goyled** 형 (gargoyle)

gar·goyl·ism [gáːrgɔilizm] 명⓾ (병리) 가고일리즘(신체 장애, 정신 이상을 수반하는 유전병).

gar·i·bal·di [gæ̀rəbɔ́ːldi] 명 (~es) **1** (19세기 중엽의) 여성·어린이용 헐렁한 블라우스(Garibaldi군 병사가 입었던 붉은 셔츠를 모방한 것). **2** (英) 건포도를 넣은 비스킷. **3** 자리공과(科)의 물고기(미국산(產)).

Gar·i·bal·di 명 Giuseppe ~ (1807–82) 이탈리아의 애국자; 국가 통일에 공헌.

GARIOA [gæ̀rióuə] *Government and Relief in Occupied Areas*(미국 점령 지역 구제 기금).

gar·ish [gɛ́əriʃ] 형 (경멸적) **1** (복장·장식이) 유난히 번쩍거리는, 지나치게 화려한, 야한. ¶ ~ ornaments 지나치게 야한 장식. **2** (건물·문장이) 야단스럽게 장식한, 지나치게 꾸민; (광선이) 눈부신. ~·ly 부 ~·ness 명

***gar·land** [gáːrlənd] 명 **1** 화환, 화관, 꽃장식 (wreath). ¶a ~ of laurel 월계관. **b)** 영예, 명예, 승리의 표상. **2** (조각 따위의) 화환 무늬. **3** (시·민요 따위의) 시문집(詩文集); 선집(選集), 명구집. **4** (해사) 밧줄고리. *carry (away) [or gain, get, win] the garland* (시합 따위에서) 이기다, 승리를 거두다. — 타 …을 화환으로 장식하다, …에 화관[화환]을 씌우다; …을 화환으로 만들다. ~·less, ~·like 형

Gar·land [gáːrlənd] 명 Judy ~ 갈런드(1922–69) 미국의 여배우).

‡gar·lic [gáːrlik] 명⓾ **1** 마늘; (조미료로서의) 마늘 맛[냄새]. ¶a clove of ~ 마늘 한 쪽. **2** 파속(屬)의 식물. (한정용법) 마늘의; 마늘을 넣은; 마늘 맛 비슷한. **-lick·y** 형 마늘 냄새[맛]이 나는; 마늘 비슷한.

***gar·ment** [gáːrmənt] 명 **1** 의류 한 점; 속옷 한 점; (~s) 옷, 의류; 여성복, 운동복 한 점; (~s) 옷, 의류; 여성복, 운동복 한 점; 걸치장; 덮개, 씌우개, 외피. — 타 (과거분사로) (옷)을 입다, 씌우다. ~·less 형

gárment bàg 명 여행시 옷을 접어넣게 된 휴대용 가방.

Gárment District [Cènter] 명 가먼트 지구(센터)(New York 시의 Manhattan에 있는 fashion의 중심지).

gárment industry 명 의류 산업. 〔심지〕.

garn [ɡɑːrn] 감 (英俗어) (불신·경멸·놀라움을 나타내어) 어리석은 소리 마라, 농담하지 마라. (또는 **g'arn**) [<go on! 의 전화(轉化)]

gar·ner [gáːrnər] 타 **1** (곡물 창고 따위에) 축적[저장]하다(*up, in*). **2** (美) (이익·의석 따위를) 얻다. **3** (정보 따위를) 모으다, 입수하다.

— 명 ㉮ 축적하다. **1** 곡물 창고. **2** 비축, 저장.

gar·net [gáːrnit] 명⓾Ⓒ 석류석(石榴石), 가닛; 가닛빛, 심홍색. ~·like 형 〔砂布〕.

gárnet páper 명 연마지(硏磨紙), 샌드페이퍼, 사포

***gar·nish** [gáːrniʃ] 타 **1** …으로 장식하다, 꾸미다; (문장)을 미사어구로 꾸미다(*with*). ¶ (~+閩+前+名) ~ a room *with* flowers 방을 꽃으로 장식하다. **2** (요리)에 고명을 곁들이다(*with*). **3** (법률) 채권 압류 통고를 하다, (재산 따위를) 압류하다; (페어) (제3자를 법정에) 소환하다. **4** (속어) …에게서 돈을 갈취하다.

swept and garnished ⇒ SWEEP.

— 명 **1** (요리의) 고명, 곁들이는 것. **2** 장식, 장식물; 미사어구. **3** (英) (신입자가 내는) 입회금, 상납금.

~·a·ble 형 ~·er 명 장식자; (법률) 채권 압류 통고자.

gar·nish·ee [gàːrniʃíː] 명 (법률) (채권)을 압류하다; …에게 채권 압류 통고를 하다. — 명 채권 압류 통고를 받은 사람, 제3채무자.

gar·nish·ment [gáːrniʃmənt] 명 **1** ⓾Ⓒ 장식. **2** (법률) (제3자에 대한) 출두 명령; (제3채무자에 대한) 채권 압류 통고[절차].

gar·ni·ture [gáːrnitʃər] 명 **1** ⓾Ⓒ 장식(물), 액세서리. **2** (요리에) 곁들이는 것(garnish). **3** (집합적) 비품, 비치품, 가구. **4** (의상의) 장식(품).

ga·rote [ɡəróut, -rɔ́t] 명타 =garrot(t)e.

GARP *Global Atmospheric Research Program*(지구 환경 조사 계획).

***gar·ret¹** [ɡǽrət] 명 **1** 다락방, 맨 윗층. **2** (속어) 머리.

from garret to kitchen; from cellar to garret 집안 구석구석까지. 〔텅 비어 있다.〕

have one's garret unfurnished (속어) 머리 속이 *like a cat in a strange garret* 겁을 먹고.

~·ed 형

gar·ret² 명타 〔석공〕 =gallet.

gar·ret·eer [ɡæ̀rətíər] 명 (고어) (가난한 문필가·악사 등) 다락방에 사는 사람.

***gar·ri·son** [ɡǽrəsn] 명 **1** (집합적; 단·복수 양용) 수비대, 주둔군. **2** (수비대가 지키는) 요새, 주둔지.

go [*be sent*] *into garrison* 수비에 배치[파견]되다.

in garrison 수비를 맡고.

— 타 **1** (요새·요소 따위에) 수비대를 주둔시키다; (군대)를 수비대로 …에 주둔[배치]시키다(*in, on, at*). **2** (군대가) 수비대로서 (요새·도시 등)을 점령하다.

gárrison artíllery 명 (집합적) 요새포(砲).

gárrison càp 명 (美軍사) =overseas cap.

gárrison decrèe 명 위수령(衛戍令). 〔전승.〕

Gárrison fínish 명 (경마 따위에서 골인 직전의) 역

gárrison stàte 명 군국주의 국가 ¦ police state

gárrison tòwn 명 수비대 주둔 도시. 〔랑말.〕

gar·ron [ɡǽrən] 명 (스코·아일) 노역에 종사하는 조

gar·rot [ɡǽrət] 명 (방언) (조류) 흰뺨오리.

gar·rot(t)e [ɡərɔ́t, -róut] 명 **1** (스페인 등지의) 쇠고리 교수형; **2** 쇠고리, 교살 강도; 교살 강도. — 타 **1** …을 쇠고리 교수형에 처하다. **2** …의 목을 조르고 강탈하다. **-rot·(t)er** 명 교수형 집행인; 교살 강도.

gar·ru·li·ty [ɡərúːləti] 명⓾ 수다, 다변.

gar·ru·lous [ɡǽrələs] 형 **1** 잘 지껄이는, 수다스러운, 다변의. ⇒ TALKATIVE 유의어 **2** (연설 등이) 장황한, 말 많은. **3** (새 따위가) 시끄럽게 지저귀는; (시내가) 귀에 거슬리게 소리내는. ~·ly 부 ~·ness 명

gar·ry·ow·en [ɡæ̀rióuən, ɡèər-] 명 (럭비) 개리오웬 펀트(필드 포지션을 유리하게 하기 위해 높이 차는 펀트(punt)).

***gar·ter** [gáːrtər] 명 **1** (~s) 양말 대님(英) (sock suspender); (와이셔츠의 소매를 올리는) 고무 밴드. **2** (구두가 벗겨지지 않도록) 구두 뒤의 구멍에 꿰어 버클로 잡아매는 가죽 끈. **3** (the G-) **a)** (英) 가터 훈장(badge

of the Order of the G-). **b)** (the G-) 가터 훈작사단 (勳爵士團)(Order of the G-). **c)** (G-) 가터 훈위(勳位). **d)** (보통 G-) 가터 훈작관(勳爵士)(the Knight of the G-), 가터 훈작사관(紋章官)(G- King of Arms).
have one's guts for garters (구어) …을 혼내주다.
win the barbwire garter (속어) 훌륭한 일을 하다, 쓸데없는 일을 멋지게 해내다.
— 통㉠ 1 (양말) 을 양말대님으로 매다. 2 (英) …에게 ~less 휑 ㅣ가터 훈위(훈장]를 수여하다.
gárter bélt 명 (여성용) 스타킹을 매는 벨트, 가터 벨트(英) suspender belt).
gárter snàke 명 얼룩뱀(미국산(產)으로 독이 없다).
gárter stítch 명 가터 뜨기.
garth [gɑːrθ] 명 회랑(回廊) 안뜰; (고어) 뜰, 안뜰, 구내; (물고기를 잡기 위한) 어량(魚梁).
Ga·ru·da [gǽrədə] 명 1 인도네시아의 항공사. 2 (종종 g-) (인도 신화) 부분적으로 인간 모습으로 그려지는 큰 새; 인도네시아의 국장(國章).
Gar·vey [gɑ́ːrvi] 명 **Marcus Moziah** ~ 가비 (1887-1940) 미국에서 활약한 자메이카의 인권 운동가; 흑인 분리 독립 주장). ~**ism** 명 ~**ite** 명
‡**gas** [gæs] 명 (복 ~·(**s**)**es** [-iz]) 1 (물리) 가스, 기체(图 solid, liquid). 2 UC (등화·연료용) 가스, 석탄 가스.¶fuel [natural] ~ 연료[천연] 가스/illuminating ~ 등화용 가스/light the ~ 가스에 불을 붙이다. 3 U (마취용) 일산화질소, 소기(笑氣)(laughing ~). 4 U (美어) 휘발유, 가솔린(gasoline, (英) petrol). 5 (the ~) U 가스 따위의 액셀러레이터; 정력, 활력.¶Take your foot off the ~. 액셀러레이터에서 발을 때라, 속도를 줄여라. 6 U 채내[장내] 가스; 방귀.¶have ~ 배에 가스가 차다/pass ~ 방귀를 뀌다. 7 UC (채광) 갱내 가스. 8 U (군사용) 독가스.¶tear ~ 최루 가스. 9 UC (속어·경멸적) 허튼소리, 큰소리.¶talk ~ 허튼 소리를 하다. 10 (a ~) 매우 즐거운[인상적인] 사람[것]; 크게 영향을 미치는 사람[것].¶Boy! That's a ~. 야, 그것 참 재미있다! 11 (속어) 상한 술, 싸구려 술.
(all) gas and gaiters (구어) 헛소리, 허풍.
All [or Everything] is gas and gaiters. (구어) 모든 일이 나무랄 데가 없다, 만사 더할 나위 없다.
run [or be] out of gas ① 휘발유[연료]가 다 떨어지다. ② (피곤해서) 녹초가 되다.
step [or tramp, tread] on the gas; give it [or her] the gas (구어) 액셀러레이터를 밟다, 속력을 내다; (비유적) 행동[활동]을 가속화하다; 서두르다. ¶We'd better *step on the* ~. 서두르는 것이 좋겠다.
take gas (美속어) (서핑) 서프보드에서 떨어지다.
turn down the gas 가스(등)의 불을 줄이다.
turn on the gas ① 가스 꼭지를 틀어 가스에 불붙이다. ② (속어) 기염을 토하다.
turn out [or off] the gas ① (가스 꼭지를 잠가 가스를 끄다. ② (속어) 허풍떨기를 그치다.
— 통 (~**ses** [-iz]; -**ss**-) ㉠ 1 (美어) …에 가스를 공급하다; (美어) (차·비행기 등에) 휘발유를 넣다, 급유하다(*up*). 2 을 독가스로 질식(중독)시키다, 가스로 공격하다. 3 (실 따위를) (보풀을 제거하기 위해) 가스 불꽃으로 처리하다.¶~*sed* yarn 가스실, 주란사실. 4 가스로 처리하다(과일 따위). 에틸렌 가스 처리로 촉성 재배하다. 5 (속어) …에게 잡담을 하다, 허풍을 떨다; …을 즐겁게[기쁘게] 하다.¶Her new suit ~*ses* me. 그녀의 새 옷은 정말 멋있다. — ㉡ 1 (차·비행기 등의) 휘발유를 가득 채우다(*up*). 2 (충전중인 전지 따위가) 가스를 내다. 3 (구어) (진행형으로) 잡담을 길게 늘어놓다, 허풍을 떨다(*on*) (*about*).
gas up (美) ① (자동차 연료통에) 휘발유를 채우다. ② …에 휘발유를 채우다. ③ …을 더 신나게 하다.
~**-less** 명 가스[기체]가 없는.
GAS *general adaptation syndrome*.

gás·a·te·ri·a [gæ̀səti̇́əriə] 명 (美속어) 셀프서비스 주유소.
gás attáck 명 독가스(가스탄) 공격.
gas·bag [gǽsbæ̀g] 명 **1** (기구·풍선 따위의) 가스 주머니, 기낭(氣囊); (속어) 기구(氣球). **2** (속어) 떠버리, 허풍선이. — 통㉠ 떠들어대다, 쉴새없이 지껄이다.
gás bàrrel 명 (가스 공급용) 가스관(管).
gás bòiler 명 가스 보일러.
gás bòmb 명 독가스탄(gas shell).
gás bràcket 명 (벽에 걸린) 가스등 받침.
gás bùoy 명 가스등 부표(浮標).
gás bùrner 명 가스 버너; 가스 연소기.
gás càrbon 명 가스탄(炭).
gás céll 명 (비행선의) 가스 주머니의 한 구획; 가스 전지.
gás chàmber 명 가스(처형)실.
gás chromátograph 명 (화학) 가스 크로마토그래프, 가스 분석 기계[장치].
gás chromatógraphy 명 (화학) 가스(기상(氣相)) 크로마토그래피(法)(유기화합물 혼합체의 분석법).
gás còal 명 가스용탄(炭)(도시 가스의 원료인 석탄).
gás cóke 명 가스 코크스.
Gas·con [gǽskən] 명 **1** (허풍떨기로 유명한) 프랑스의 가스코뉴(Gascony) 사람. **2** (g-) 허풍선이, 자랑쟁이. — 형 **1** 가스코뉴(사람)의. **2** (g-) 허풍선이의.
gas·con·ade [gæ̀skənéid] 명 U 허풍, 제자랑. — 통㉠ 허풍떨다, 제자랑하다; 뽐내다. -**ád·er** 명
gás cóoker [stóve] 명 (英) (요리용) 가스 레인지.
gas·cooled [¹kúːld] 형 (원자로가) 가스 냉각(식)의.
gás cútting 명 (금속공학) 가스 절단(용단(溶斷)].
gas·dy·nam·ics [gæ̀sdainǽmiks] 명 (단수 취급) 기체 역학. **-ic** 형 **-i·cist** 명
gás éater 명 =gas-guzzler. ㅣ발유 소비량이 적은.
gas-ef·fi·cient [¹ifíʃənt] 형 연료 효율이 좋은, 휘
gas·e·lier [gæ̀səli̇́ər] 명 =gasolier.
gás éngine 명 가스 엔진(내연 기관).
*****gas·e·ous** [gǽsiəs-sjəs] 형 **1** 가스의, 가스 모양[질]의, 기체의; 기체(가스)로서 존재하는.¶~ matter 기체. **2** (구어) 실체가 없는; 공허한; 불안정한, 확실치 않은. (美속어) 존재 가치가 없는. **gas·e·i·ty** [gæsíːəti] 명 U 가스 모양, 기체. ~·**ness** 명
gáseous diffúsion 명 (화학) 기체 확산법.
gás fíeld 명 천연 가스 발생지, 가스전(田).
gas·fil·ter [gǽsfìltər] 명 가스 여과기(장치).
gás fíre 명 (英) 가스 난로(gas heater); 가스의 불.
gas-fired [¹fáiərd] 형 가스 연료를 사용한.
gás fítter 명 가스 공사업자. ㅣ기구(류).
gás fítting 명 가스 공사(법); (~s) 가스 배관, 가스
gás fíxture 명 가스전(栓), 가스 꼭지.
gás flúshing 명 (조리된) 식품 재료 진공 포장 보존.
gás fúrnace 명 가스로(爐); 가스 발생로. ㅣ(법).
gás gàngrene 명 (병리) 가스 괴저(壞疽).
gás géyser 명 (英) 가스 온수기.
gas-guz·zler [¹gʌ̀zlər] 명 (美속어) 연료 소비가 많은 (대형)차. (또는 **gás gùzzler**) -**zling** 형
*****gash**[1] [gæʃ] 명 **1** 깊게 베인 상처. **2** (바위 따위의) 깊이 갈라진 틈. **3** (속어) 입. **4** (비어) (여자의) 외음부; (성교 대상으로서의) 여자; 성교. — 통㉠ …을 깊이 베다. — ㉡ (美속어) 성교하다.
gash[2] 명 (스코) 무례한[건방진] 말(투); 수다, 잡담. — 형 수다스러운. — 통㉡ 수다를 떨다.
gash[3] (英속어) 명 U 예비 부품, 여분의 것, 음식물 찌꺼기; 보너스, 여분의, 임수[이용]할 수 있는; 쓸
gás hèater 명 가스 가열기[난방기]. ㅣ모없는.
gás hélmet 명 (군사) (헬멧형의) 방독 마스크.
gás hòg 명 (美속어) =gas-guzzler.
gas·hold·er [gǽshòuldər] 명 가스 탱크(英구어) gasometer. ㅣ(美軍속어) 바, 비어 홀.
gás hóuse [gǽshàus] 명 (美) 가스 공장(gasworks).
gas·i·fi·ca·tion [gæ̀səfikéiʃən] 명 가스화, 기화(氣

化)(법); 가스 발생.

gas·i·form [gǽsəfɔ̀ːrm] [형] 가스 모양의, 기체의.

gas·i·fy [gǽsəfài] [동] 가스로 만들다[되다], 기화(氣化)하다. **-fi·a·ble** [형] 기화할 수 있는. **-fi·er** [명]

gás jèt [명] 가스 버너; 가스등의 불꽃[화구(火口)].

gas·ket [gǽskit] [명] **1** 개스킷(액체·기체의 누출을 막는 고무·금속 따위); 틈새를 막는 것, 패킹(packing). **2** 〔해사〕 돛을 활대에 잡아매는 밧줄.
blow a gasket 《속어》 버럭 화를 내다, 격노하다.
～·ed [형] 개스킷을 단.

gás làmp [명] 가스등(燈).

gás láser [명] 〔물리〕 기체 레이저(네온·헬륨·이산화탄소·질소 따위의 기체를 이용하는 레이저).

gas·light [gǽslàit] [명] 가스등; [U] 가스등의 불빛; 가스등의 화구(火口)(gas jet). **—** [형] 가스등 시대의. **—** [동][타] 《美속어》 …을 미치게 하다. **～·ed** [형]

gás lìghter [명] 가스 점화기[장치]; (담배용) 가스라이터.

gáslight pàper [명] 〔사진〕 가스라이트지(紙)(밀착용 인화지).

gás lìne [명] 주유 대기중의 자동차 행렬.

gás-liq·uid chromatógraphy [ˊlikwid-] [명] 〔화학〕 =gas chromatography.

gas·lit [gǽslìt] [형] 가스등으로 비쳐진; 가스등 시대의.

gás lòg [명] (가스 난로용) 연소관[통].

gás màin [명] (도로 밑에 묻힌) 가스 본관(本管).

gas·man [gǽsmæ̀n] [명] **1** 가스 회사 직원; 가스 검침원, 가스료 수금원. **2** 가스 제조업자; 가스 공사업자. **3** 〔채광〕 가스 폭발 감시원.

gás màntle [명] 가스 맨틀(가스등의 점화구에 덮어 씌우는 그물).

gás màsk [명] 방독면(防毒面), 방독[가스] 마스크; 호흡기 보호용 마스크(《英》 respirator).

gás mèter [명] 가스 계량기.

gás mìleage [명] (휘발유 1갤런 당) 주행 마일 수, 연비(燃比).

gás mìser [명] 에너지 절약형 차(車).

gás mòtor [명] =gas engine.

gas·o·gene [gǽsədʒìːn] [명] (목탄차 따위의) 연료 가스 발생 장치; 휴대용 탄산수 제조기(gazogene).

gas·o·hol [gǽsəhɔ̀ːl, -hɑ̀l/-hɔ̀l] [명] 가소홀(가솔린과 에틸알코올의 혼합 연료). 〔< *gas*oline+alc*ohol*〕

gás òil [명] 가스유, 경유(輕油).

***gas·o·lene** [gǽsəlìːn] [명] =gasoline.

gas·o·lier [gæ̀səlíər] [명] 가스등 샹들리에.

‡**gas·o·line** [gǽsəlìːn] [명][U] 가솔린, 휘발유(《英》 petrol; 《구어》 gas). ¶unleaded ～ 무연 휘발유. (또는 gasolene) **～·less, ˌlín·ic** [형]

gásoline ѐngine[mòtor] [명] 가솔린 엔진[기관].

gas·om·e·ter [gæsɑ́mətər/-ɔ́m-] [명] 가스 측정[계량]기, 가스 저장기; 《英》 가스 탱크(gas tank).

gás òven [명] 가스 레인지(《英》 gas cooker); 가스 (처형)실(gas chamber).

‡**gasp** [gæsp/gɑːsp] [명] **1** 헐떡거림, 숨참; (공포·놀람 따위로) 숨이 막힘[멎음]. **2** 헐떡거리며 하는 짧은 말.
at one's*[or *the*] *last gasp ① 임종시에, 숨이 넘어갈 순간에. ② 극도로 지쳐서, 녹초가 되어. ③ 절박해져서.
give*[or *let out*] *a gasp 숨이 막히다[멎다].
to the last gasp 숨을 거둘 때까지, 최후까지.
— [동] (**～*ed*** [-t]) [자] **1** 헐떡거리다; 숨이 차다; (공포·놀람 따위로) 숨이 막히다(*with*); (…에 숨이 막힐 정도로) 놀라다(*at*). ⇨PANT [유의어] ¶ (～+[前]+[名]) I ～*ed with* rage. 나는 화가 나서 숨이 막혔다. **2** 열망[갈망]하다(*after, for*). ¶ (～+[前]+[名]) ～ *after* liberty 자유를 갈망하다. **3** 《구어》 《진행형으로》 목이 (바싹바싹) 타다. **—** [타] …을 헐떡이며 말하다(*away, forth, out*); 헐떡이며 토해내다(*away*).
gasp for breath 숨이 가빠서 헐떡거리다.
gasp one's life away*[or *out*]; *gasp one's last 숨을 거두다, 절명하다.
ˊ·ing [형] **ˊ·ing·ly** [부]

GASP 《美》 *G*roup *A*gainst *S*moker's *P*ollution; *G*als *A*gainst *S*moke and *P*ollution; *G*reater Washington *A*lliance to *S*top *P*ollution. ＊모두 공해·흡연 반대 운동 단체의 명칭.

gás pèdal [명] 《美》 (자동차의) 액셀러레이터(accelerator).

gas·per [gǽspər/gɑ́ːs-] [명] **1** 헐떡이는[숨차하는] 사람. **2** 《英속어》 싸구려 담배; 마리화나 담배.

gás-per·me·a·ble léns [-pə̀ːrmiəbl-] [명] 기체[산소] 투과성 렌즈(세미소프트 콘택트 렌즈의 일종).

gás pìpe [명] 가스관(管); 《구어》 (성능이 나쁜) 총.
take the gas pipe 《美구어》 =*take the* PIPE ①.

gás plànt [명] **1** 〔식물〕 서양 백선. **2** 가스 공장(gasworks).

gás pòker [명] 가스 점화 기구.

gás prodùcer [명] 가스 발생기.

gas-proof [ˊprùːf] [형] 가스가 스며들지 않는; 내(耐)가스성의.

gás rànge [명] (요리용) 가스 레인지.

gás rìng [명] 가스 풍로.

gas-rip·ened [ˊràipənd] [형] (야채 따위가) 에틸렌 가스로 인공 재배한.

gassed [gæst] [형] 《속어》 술취한(*up*); 《美속어》 몹시 감동한; 독가스에 중독된.

gas·ser [gǽsər] [명] **1** 《속어》 매우 즐거운 일, 매우 우스꽝스러운 농담. **2** 가스를 발생하는 것[사람]. **3** 천연 가스정(井). **4** 《속어》 허풍선이, 떠버리.

gás shèll [명] 독가스탄(gas bomb).

gas·sing [gǽsiŋ] [명][U][C] **1** (실 따위의) 가스 처리. **2** 독가스 공격; 가스 중독. **3** 가스 발생; (훈증 소독 따위를 할 때의) 기화(氣化), 가스화. **4** 《속어》 잡담, 허풍.

gas-sip·per [ˊsìpər] [명] 연료 소비가 적은 차.

gás snìpper [명] 소형차, 가솔린 소비가 적은 자동차.

gás stàtion [명] 주유소(《英》 petrol station).

gas-stin·gy [ˊstíndʒi] [형] 휘발유[연료] 소비가 적은.

gás stòrage [명] (과실·야채 보관용) 저장 창고.

gás stòve [명] (요리용) 가스 레인지. [참] gas fire

gas·sy [gǽsi] [형] **1** 가스(모양)의; 가스가 가득 찬; 가스를 함유한. ¶a ～ odor 가스 냄새. **2** 허풍이 많은, 제자랑이 많은; 알맹이가 없는. **-si·ly** [부] **-si·ness** [명]

gás tàil [명] 〔천문〕 (혜성의) 가스(로 이루어진) 꼬리.

gás tànk [명] **1** (가스 제조소의) 가스 탱크(《英》 gasometer); (정유 공장의) 가솔린 탱크. **2** (비행기 따위의) 연료 탱크.

gás tàr [명] 콜 타르(coal tar).

Gast·ar·bei·ter [gɑ́ːstɑ̀rbaitər] [명] ([복] ～) (독일에 들어온) 외국인 노동자. 〔< G guest worker〕

gas·ter- [gǽstər] [연결] ⇨GASTRO-.

gas·ter·o- [gǽstərou, -rə] [연결] gastro-의 이형. ¶*gastero*pod. (또는 **gaster-**)

gas·ter·o·pod [gǽstərəpɑ̀d] [명][형] =gastropod.

gás thermòmeter [명] 가스[기체] 온도계.

gas·tight [gǽstàit] [형] 가스가 통하지 않는, 가스가 새지 않는; 내(耐)가스 구조의. **～·ness** [명]

gastr- [gæstr] [연결] ⇨GASTRO-.

gastral [gǽstrəl] [형] 위[소화기]의[에 관한].

gas·tral·gi·a [gæstrǽldʒiə] [명][U] 위통(胃痛). **-gic** [형]

gas·trec·to·my [gæstréktəmi] [명] 위 절제(술).

gas·tric [gǽstrik] [형] 위(胃)의; 위와 같은 형태[기능]의. ¶～ hyperacidity 위산 과다증.

gástric býpass [명] 〔의학〕 위 바이패스(술), 위장 접합(술).

gástric flú[influénza] [명] 《속어》 배에 오는 독감.

gástric júice [명] 위액.

gástric úlcer [명] 〔병리〕 위궤양.

gas·trin [gǽstrin] [명] 〔생화학〕 가스트린(위액 분비 촉진 호르몬).

gas·tri·no·ma [gæ̀strənóumə] [명] 〔병리〕 가스트리노마(췌장에 생기는 종양의 일종).

gas·tri·tis [gæstráitis] [명] ([복] ***-trit·i·des*** [-trítədìːz]) 〔병리〕 위염(胃炎). **-trít·ic** [형]

gas·tro- [gǽstrou, -trə] [연결] stomach의 뜻(＊모음 앞에서는 gastr-). ¶*gastro*pod, *gastr*algia. (또는 **gaster(o)-**)

gas·tro·cam·er·a [gæ̀stroukǽmərə] [명] 위(胃)카메라.

gas·tro·col·ic [gæ̀stroukɑ́lik/-kɔ́l-] [형] 〔해부〕 위와 결장(結腸)의.

gas·tro·en·ter·ic [gæstrouèntérik] 형 =gastrointestinal. 「리) 위장염. **-ter·it·ic** [-tərítik-]
gas·tro·en·ter·i·tis [gæstrouèntəráitis] 명U 〔병
gas·tro·en·ter·ol·o·gy [gæstrouèntərálədʒi/-ról-] 명UC 위장병학, 소화기병학. **-o·log·ic** [-əládʒik], **-o·lóg·i·cal** 형 **-gist** 명 위장병 전문의.
gas·tro·in·tes·ti·nal [gæstrouintéstənl] 형 〔해부〕위장에 관한, 위장의. 「〔식도락가(gourmet).
gas·trol·o·ger [gæstrálədʒər/-tról-] 명 미식가,
gas·trol·o·gy [-dʒi] 명U 위학(胃學); 요리학. **gas·tro·log·ic** [gæstrəládʒik], **-tro·lóg·i·cal** 형 **-tro·lóg·i·cal·ly** 부 **-gist** 명
gas·tro·nome [gæstrənòum] 명 미식(식도락)가; 술 감정가. (또는 **gastronomer, gastronomist**)
gas·tron·o·my [gæstránəmi/-trón-] 명U 1 미식법; 요리학. 2 (특정 지역 특유의) 요리[식사] 양식. **gas·tro·nom·ic** [gæstrənámik], **gàs·tro·nóm·i·cal** 형 **gàs·tro·nóm·i·cal·ly** 부
gas·tro·pho·tog·ra·phy [gæstrəfətágrəfi/-tóg-] 명 위내(胃內)[내시경] 촬영법.
gas·tro·plas·ty [gæstrəplæ̀sti] 명 위(胃)형성(술); =gastric bypass.
gas·tro·pod [gæstrəpàd/-pòd] 명 〔동물〕 복족류 (腹足類) 동물(소라 따위). —형 (또는 **gastropodous**) 복족류의.
Gas·trop·o·da [gæstrápədə/-tróp-] 명 pl. 〔동물〕 복족류. 「〔병리〕위하수(胃下垂).
gas·trop·to·sis [gæstrəptóusis/-trəp-] 명U 〔병리〕
gas·tro·scope [gæstrəskòup] 명 〔의학〕 위경경, 위내시경. **-scop·ic** [-skápik/-skóp-] 형
gas·tros·co·py [gæstráskəpi/-trós-] 명U 〔의학〕 위경 검사(법), 위내시경 검사. **-pist** 명
gas·trot·o·my [gæstrátəmi/-trót-] 명UC 〔외과〕 위 절개(술). **gas·trot·om·ic** [gæstrətámik] 형
gas·tro·trich [gæstrətrik] 명 복모강(腹毛綱) 미생물의 총칭. **gas·trot·ri·chan** [gæstrátrikən] 형
gas·tru·la [gæstrulə] 명(pl. ~s, **-lae** [-liː]) 〔발생〕 원장배(原腸胚), 낭배(囊胚). **-lar** 형
gas·tru·late [gæstruleit] 자 〔발생〕 원장(原腸) [장배]형성을 형성하다. **-lá·tion** 명UC 〔발생〕 원장
gás túrbine 〔기계〕 가스 터빈. 「[배] 형성.
gás wàrfare 명 (독)가스전(戰).
gás wèll 명 천연 가스정(井).
gas·works [gæswɔ̀ːrks] 명 pl. **〔단수취급〕** 가스 공장[제조소]. (또는 **gashouse**)
gat[1] [gæt] 명 GET의 과거.
gat[2] 명 《속어》 총, 권총; 화기(火器).
—동자 (**-tt-**) * 다음 숙어로만 쓴다.
gat up (미속어) 총으로 무장하다.
gat[3] 명 (절벽이나 모래톱 사이의) 수로(水路).
gat[4] [gaːt] 명 〔음악〕 가트(인도 음악 기악곡의 주제의 전개부). (**gath**) (**gath**)
‡gate[1] [geit] 명 1 문, 대문; (성·도시·공원 따위의 입구에 만든) 문 모양의 건조물; 성문(城門). ¶ a main [back] ~ 정문[후문] / go [or pass] through the ~ 문을 통과하다.

참고 (1) 두 짝으로 된 문을 뜻할 경우에는 종종 **gates**라고 한다. (2) **door**가 지붕 있는 구조물의 입구를 개폐하는 것에 대해, **gate**는 담 따위로 둘러싸진 지붕 없는 장소의 입구를 개폐하는 것을 말한다.

2 **a)** 입구, 관문, 통로. **b)** (유료 도로의) 요금 징수소; (철도 건널목 등의) 차단기. **c)** (공항의) 탑승구, 게이트. **d)** (경마의) 게이트(starting ~). **e)** (댐 따위의) 수문, 갑문. (파이프 등의) 판(瓣), 밸브.
3 (비유적) 입구, (…에 이르는) 길, 방법, 수단(**to, for**) (를 gateway, doorway). ¶the ~ to stardom 스타에의 길. 4 〔스키〕 기문(旗門). 5 산길; 산골짜기; (항구의 입구의) 해협. 6 (the ~) (구어) (운동 경기·연주회 따위의) 유료 입장자수; 입장료 수입 총액(~ money). 7 〔자동차〕 게이트(변속 레버의 안내틀). 8 〔톱·연동식 톱의〕 틀(sash). 9 〔야금〕 (주형의) 쇳물 주입구; 주둥이에 난는 금속 찌꺼기. 10 〔전자〕 게이트. **a)** 전자 회로를 일정 시간, 또는 그 다음에 같은 신호가 나올 때까지, 작동 또는 정지시키는 신호. **b)** 둘 이상의 입력의 특정한 짜맞춤에 의해서만 하나의 출력 신호가 나오는 회로 (logic ~). **c)** 전기장 효과 트랜지스터(FET)에 입력 신호를 가하여 전류를 제어하는 전극. 11 〔컴퓨터〕 게이트 (하나의 논리 기능; NOR, AND, OR 따위). 12 (the ~) (美속어) 해고. 13 〔성서〕 문, 법정(* gate(s) of the city의 줄임).
at the gate(s) of …의 바로 가까이에, 직전에.
crash [or **break**] **the gate** (속어) ① (극장·파티 따위에) 입장권[초대장] 없이 들어가다. ② 멋지게 들어가다; 성공[합격]하다.
get the gate (美속어) ① (애인에게) 퇴짜맞다, 절교당하다. ② 해고되다, 내쫓기다.
give *a* person **the gate** (美속어) ① (약혼자·애인·친구 등)을 차버리다, 절교하다. ② (남)을 해고하다(fire). ③ 쫓아내다.
open a gate [or **the gate(s)**] **for** …에게 편의를 제공하다, 문호를 열다, 기회를 주다.
the enemy at the gate(s) 눈앞의 적[위협].
—(**gat·ed; gat·ing**) 타 1 …에 문을 달다. 2 〔英〕 (대학 등에서) 〔학생〕에게 금족령을 내리다. 3 〔전자〕 (전자 장치의) 조작을 게이트로 통제하다. 4 (속어) (사람)을 버리다, 해고하다. — 자 〔야금〕 쇳물 붓는 주입구를 만들다[사용하다].
~·less, ~·like 형
gate[2] [geit] 명 1 (고어) 길, 가로(* 일반적으로 Galloway처럼 「…로(路)」를 나타내는 명칭에 쓴다). 2 〔北英·스코〕 습관적 행동 양식[방법]; 상투 수단.
-gate [geit] 〔연결〕 1 「의혹·추문·스캔들」의 뜻 (* (유) 명사에 붙여 쓴다). ¶Koreagate. [< Watergate]
gáte arráy 〔전자〕 논리 소자(素子)를 배열한 세미커스텀(semicustom) 집적 회로, 게이트 어레이.
gâ·teau [gætóu] 명 (pl. ~**x** [-z]) 과자, 케이크. (또는 **gâ·teâu**)
gáte bàr 명 대문 빗장. 「는 **gateau**) [< F]
gáte bìll 명 〔英대학〕 폐문 시간 지각부[요금] 벌금[.
gate-crash [-kræ̀ʃ] 자 (구어) (파티 따위에 초대장·입장권 없이) 불쑥 들어가다; (…에) 무료 입장하다.
~·er 명 (구어) 불청객; 무료 입장자. 「넣은 페이지.
gate·fold [géitfòuld] 명 〔인쇄〕 (잡지 따위의) 접어
gate·house [géithàus] 명 (pl. **-hous·es** [-hàuziz]) 1 문지기집, 수위실; (고어) (성벽·감옥 따위의) 파수막, 문루(門樓). 2 (댐 따위의) 수문 관리소.
gate·keep·er [géitkìːpər] 명 1 문지기, 수위; 건널목지기. 2 〔조직체의〕 정보 관리[통제]자, 게이트키퍼(정보의 수집·공표 따위를 정리 통제하는 사람).
gáte lèg 명 (접 테이블의) 접히는 판자를 받치는 다리.
gáte-lèg(ged) táble 명 접 테이블.
gate·man [géitmən, -mæ̀n] 명 문지기; 건널목지기 (gatekeeper). 「드리고 다니는 사람.
gáte mòney 명 (경기 대회·연주회 따위의) 입장[관람]료의 수입 총액(gate)).
gáte·mouth [géitmàuθ] 명 (美속어) 남의 일을 퍼
gáte nùmber 명 탑승구[출발구] 번호.
Gáte of Héavenly Péace 명 (the ~) (중국 Beijing의) 천안문(天安門)(Tiananmen).
gáte of hórn 명 (the ~) 〔그리스 신화〕 뿔의 문(잠의 문으로 여기서 정몽(正夢)이 나온다고 함).
gáte of ívory 명 (the ~) 〔그리스 신화〕 상아의 문 (잠의 문으로 여기서 역몽(逆夢)이 나온다고 함).
gáte of the cíty 명 (the ~) 〔성서〕 법정(← 룻기 (Ruth) 4 : 11).
gate·post [géitpòust] 명 문설주. (또는 **gáte-pòst**) **between you, (and) me, and the gatepost** 우

Gates [geits] 圈 Bill [William Henry] ~ 게이츠 (1955 - : 미국의 Microsoft Corp. 창업주).

gáte théory 圈 〈생리〉 게이트 이론(신경의 자극이 어느 역치(閾値)를 넘어서면 갑자기 반응이 나타난다는 이론). (또는 **gáte-contròl thèory**).

gáte tòwer 圈 〈중세 성(城)의〉 문탑(門塔), 문루.

‡**gate·way** [géitwèi] 圈 (∼s [-z]) **1** 입구, 통로. **2** (통로·출입구의) 문틀, 아치. **3** 관문, 현관; 국제 공항; (비유적) …에 이르는 길, 수단(to). ¶a [or the] ∼ to success 성공으로의 길. **4** 〈통신〉 게이트웨이(∼ system)(다른 컴퓨터[데이터] 통신) 네트워크 따위를 서로 접속하기 위한 장치). **5** (속어) 〈야구〉 1루.

gáteway drùg 圈 〈중독성이〉 약한 〔기본 전환용의〕 약물(알코올, 마리화나 따위).

Gath [gæθ] 圈 〈성서〉 갓(Philistia의 도시; 거인 골리앗(Goliath)의 출생지). *Tell it not in Gath.* 〈성서〉 이 소문을 갓에 알리지 마라; 누설하지 마라; 적의 귀에 들어가게 하지 마라 (←사무엘하(2 Sam.) 1 : 20).

‡**gath·er** [gǽðər] 圈 (∼s [-z]) 歐 **1** 모으다, 끌어[긁어]모으다(*in*, *up*, *together*), [물건]을 하나하나 줍다. ¶∼ one's books *together* 책을 한 묶음으로 하다.

> ⟪유의어⟫ **gather** 「모으다, 모이다」라는 뜻의 가장 일반적인 말. **collect** 어떤 방침에 따라 취사 선택이 이루어짐을 암시. **assemble** 특정한 목적을 위한 집합을 암시. **congregate** 모여서 군중·집단이 됨을 암시.

2 〔자료·정보 따위〕를 모으다, 얻다; …을 축적하다, 저축하다. ¶∼ experience 경험을 쌓다 / ∼ wealth 부(富)를 축적하다 / *A rolling stone* ∼s *no moss*. (속담) 구르는 돌에는 이끼가 끼지 않는다, 직업을 자주 바꾸는 사람은 돈을 모을 수 없다[성공하지 못한다].
3 〔관찰하여〕 …을 알다[알아내]; …으로 추정[추측]하다 (*from*). ¶(∼+目+前+名) What did you ∼ *from* his statement? 그의 말을 너는 어떻게 받아들였니? // (∼+*that*절) I ∼ed *that* he was upset. 나는 그가 당황하고 있다고 생각했다.
4 〔꽃·과실 따위〕를 따다, 채집하다; 〔농작물〕을 거두어들이다(수확하다)(*up*, *in*). ¶∼ flowers 꽃을 따다.
5 …을 끌어안다 (*in*, *into*).
6 …을 가려내다, 골라내다, 〔시문(詩文) 등〕을 선집(選集)하다(*out*). **7** 〔재009량〕을 〔힘·기력 따위〕를 모으다, 결집하다, 쏟다(*up*). **8** 〔눈살〕을 찌푸리다. 〔얼굴〕을 그리다(*up*, *in*). **9** 〔천〕에 주름을 잡다, 개더를 만들다 (*in*, *up*). ¶a skirt ∼ed (*in*) at the waist 허리에 주름을 잡은 치마. **10** 〔제본〕 (인쇄하여 접은 종이를) 차례대로 모으다. **11** 〔속도·체력 따위〕를 늘리다, 증가시키다; 〔체력〕을 회복하다, 〔속도〕를 더해주다(*up*). ¶∼ speed [weight, volume] 속도[무게, 부피]를 늘리다. **12** 끌다, 끌어들이다; 〔주목 따위〕의 대상이 되다; 〔남〕을 (…주위에) 끌어모으다. ¶*A good football game always* ∼s *a crowd*. 멋진 축구 경기에는 늘 관중이 모인다. **13** 〔몸·몸의 일부〕에 감다, 싸다. ¶∼ a muffler around one's neck 목에 머플러를 두르다. **14** 〔세금·회비 따위〕를 징수하다(*up*).
—歐 **1** 모이다, 집합하다(*round*)(*around*, *round*, *about*). ¶(∼+前+名) ∼ *around* a campfire 캠프파이어 주위로 모이다. **2** (…에) 집결하다, 쌓이다, ¶(∼+前+名) Tears ∼ed *in* her eyes. 그녀의 눈에 눈물이 괴었다. **3** 〔속도 따위〕 증가[증대]하다, 늘다, 더하다. ¶*The storm* ∼ed. 폭풍이 거세어졌다. **4** (이마·천 따위가) 주름지다, 오그라들다. ¶*His brows* ∼ed *in anguish*. 그는 고통으로 얼굴을 찌푸렸다. **5** 〔종기가〕 곪다, 화농하다.
be gathered to one's fathers ⇒FATHER.
gather a person in [or *into*] *one's arms* 남을 끌어안다.

gather ground ⇒GROUND.
gather head 세력을 늘리다; (종기가) 부어오르다.
gather in (농작물을 거두어들이다, 수확하다; …을 들어[주워] 올리다; 〈야구〉 〔공〕을 잡다. 〔맞/물리다〕.
gather in upon (기계) (톱나바퀴의 이가) …에 꼭 접속하다.
gather one's brows 눈살을 찌푸리다.
gather oneself in [or *together*] 용기(기력)을 내다; 정신을 바짝 차리다. ¶쏟다.
gather one's energies 전력을 다하다, 혼신의 힘을
gather round …을 돕기 위해 모이다, 달려들다.
gather strength 기운을 내다, 우세해지다.
gather together …을 모으다; 집합하다.
gather up ① …을 주워 모으다. ② 〔이야기 따위〕를 요약하다(sum up). ③ 〔손발 따위〕를 움츠리다. ④ 〔옷〕의 주름을 잡다. ⑤ (미구어) …을 체포[연행]하다.
gather way ⇒WAY.
—圈 **1** 끌어모으기, 집합, 집결; 수축; 모이기. **2** (∼s) (천 따위의) 주름, 개더. **3** (수확 따위의) 양, 수량.
∼·**a·ble** 圈

gáth·ered skírt [gǽðərd-] 圈 주름치마[스커트].
gath·er·er [gǽðərər] 圈 **1** 모으는 사람, 수집자; 수금원. **2** (재봉틀의) 주름잡는 장치.
‡**gath·er·ing** [gǽðəriŋ] 圈 (∼s [-z]) **1** 모임, 회합, 집회(⇨MEETING 〔유의어〕); 군중, 인파; 쌓임, 집적(集積). ¶a social ∼ 친목회 / a large ∼ of people 많은 사람의 모임. **2** 수집물; 편집한 것; (자선을 위한) 기부금; 수확물. **3** Ⓤ 모으기, 모이기; 채집. **4** Ⓤ 화농(化膿); Ⓒ 부스럼, 종기. **5** 〔제본〕 접지(摺紙); 접장(摺帳). **6** (천)의 주름, 개더; Ⓤ 주름잡기, 개더 만들기.

gáthering còal 圈 불씨용 석탄 (덩어리).
gáthering mòdem 圈 (컴퓨터) 집합 모뎀.
Gát·ling (gùn) [gǽtliŋ-] 圈 개틀링 기관총(초기의 기관총). 〈◁발명가인 미국의 Richard J. Gatling (1818 - 1903)의 이름〉

ga·tor [géitər] 圈 (미구어) 악어(alligator); (속어) 재즈 팬. (또는 **gater**) ¶스포츠 음료.
Ga·tor·ade [géitərèid] 圈 〈상표〉 게토레이(미국의
GATT [gæt] 圈 가트(WTO의 전신). (또는 **Gatt**) 〔<*General Agreement on Tariffs and Trade*〕
gat-up [gǽtʌp] 圈 (미구어) 권총 강도.
Gát·wick Airport [gǽtwik-] 圈 개트윅 공항 (London 남쪽에 있는 국제 공항).
gauche [gouʃ] 圈 서투른, 눈치가 둔한, 눈치없는, 투박스러운; 세련되지 않은; 서투른; 왼손잡이용의; 뒤틀린, 비대칭(非對稱)의. ∼·**ly** 위 ∼·**ness** 圈 〔<F〕
gau·che·rie [góuʃəri:] 圈 ⓊⒸ **1** 버릇없음, 신경이 둔함, 눈치없음; 투박함; 서투름. **2** 무뚝뚝한 언동, 조잡한 행위[말]. 〔<F〕 ¶그림에 관한.
gau·ches·co [gautʃéskou] 圈 gaucho의 생활에 관한.
gau·chiste [gouʃíst] 圈 정치적 과격파, 좌익인 사람. 〔<F *la gauche*(왼쪽)〕
gau·cho [gáutʃou] 圈 (∼s [-z]) **1** 가우초(남미 대초원의 카우보이). **2** (또는 **∼ pànts**) (∼s) 가우초 바지(헐렁하며 발목에서 묶는다). —圈 (미구어) 차창 밖으로 고개나 엉덩이를 내보이는.
gaud [gɔːd] 圈 (문어) **1** 값싸고 겉만 번드르르한 장식품. **2** (∼s) 축제 같은 야단법석, 요란한 의식[연회].
gaud·er·y [gɔ́ːdəri] 圈 **1** 겉만 번드르르한, 허식. **2** 아름다우나 옷; 화려한 장신구.
***gaud·y[1]** [gɔ́ːdi] 圈 **1** 화려한, 눈부신. **2** 야한, 화려하고 천한. **3** (문어) 지나치게 수식이 많은, 화려하게 꾸민. **gáud·i·ly** 위 **gáud·i·ness** 圈
gaud·y[2] (영) (대학의) 축제, 향연, (특히) 졸업 축
gauf·fer [gɔ́ːfər] = goffer. 〔헌으.
***gauge** [geidʒ] 圈 **1** ⓊⒸ 측정 기준, 규격, 척도, 표준 규격. **2** (평가·판단의) 척도, 기준; 수단, 방법; 시험. ¶a ∼ of one's ability 능력 평가의 척도. **3** 정도; 규모; 능력; 용적, 용량. **4** 계기(計器); 측정기. ¶a wind ∼ 풍속

계 /a pressure ~ 압력계. 5 〔병기〕 (총·대포의) 구경. 6 〔철도〕 (레일의) 궤간(軌間)(* 4피트 8인치 반(1.435 m)을 표준궤(standard ~), 그보다 넓은 것을 광궤(廣軌broad ~), 그보다 좁은 것을 협궤(狹軌narrow ~)라고 한다). 7 〔해사〕 배의 흘수(吃水); (바람에 의한) 다른 선박과의 위치 관계(* 다른 배의 바람 불어오는 쪽에 있을 때는 weather ~, 바람 불어가는 쪽에 있을 때는 lee ~). 8 〔토목〕 급고량(急固量)(빨리 굳히기 위해서 회반죽에 섞는 것). 9 〔건축〕 (지붕의 기와·타일 따위의) 노출면의 길이, 넓이. 10 획 게이지, 차륜 배면 (背面) 거리. 11 (편물의) 게이지. 12 (인쇄의) 게이지(조판의 치수 따위를 정하는 것).
get the gauge of …의 의향을 알아보다.
have the weather[lee] gauge of ① 〔해사〕 …의 바람이 불어오는[가는] 쪽에 있다. ② …보다 유리[불리]한 위치에 있다.
take the gauge of …을 재다; 평가하다. ㅡ리하다.
— 동타 1 (사람·행동 등)을 평가[판단]하다. 2 …의 정확한 크기(용량·힘 따위)를 측정하다. 재다. 3 …을 표준에 맞추다. 4 …을 구분하다; …의 윤곽을 그리다. 5 〔소 석고와 모르타르)를 일정량으로 혼합하다. 6 〔벽돌·돌 따위)를 같은 크기[모양]로 만들다. (또는 (특히 전문어로) gage) **~·a·ble** 형 **~·a·bly** 부
gáuge còck 명 (검수기(檢水器).
gáuge glàss 명 검수관(檢水管).
gáuge pàrticle 명 〔물리〕 게이지 입자(粒子).
gaug·er [géidʒər] 명 1 재는 사람[것]; 계량인(기); (기계 제품의 검사원; (술통 따위의) 검수인. 2 과세액 사정관; (英) 세금 징수관. (또는 gager)
gáuge thèory 명 〔물리〕 게이지 이론(기본적 물리력간의 상호작용을 통일적으로 설명하려고 하는 여러 이론).
gáug·ing ròd [géidʒiŋ-] 명 (세금 징수관용의) 계량 막대기.
Gau·guin [gougǽn] 명 **(Eugène Henri) Paul ~** 고갱(1848-1903: 프랑스의 후기 인상파 화가).
***Gaul** [gɔːl] 명 1 ◯ 〔역사〕 골, 갈리아(북이탈리아·프랑스·벨기에의 전역과 네덜란드·독일·스위스의 일부를 포함하는 지역). 2 골(갈리아) 사람; (익살) 프랑스 사람.
Gau·lei·ter [gáulaitər] 명 (독일 나치 정권의) 지구 지도자; (전체주의 정권에서) 지방의 권력자. 〈G〉
Gaul·ish [gɔ́ːliʃ] 명 ◯ (고대) 골어(語). — 형 1 (고대) 골 지방의; 골 사람[어]의, 2 (익살) 프랑스 사람의.
Gaulle [gɔːl/goul] 명 =de Gaulle.
Gaull·ism [góulizm] 명 (프랑스의) 드골(Charles de Gaulle)의 정치 노선; 드골파의 정견·정책.
-ist 명 드골파 사람, 드골 지지자. — 형 드골파의.
gault [gɔːlt] 명 〔지질〕 골트층(階)(영국 남부의 녹사층(綠沙層) 속에 있는 점토질 중생대 지층). (또는 **galt**)
Gault [gɔːlt] 명 〔美법률〕 미성년자의 법적 보호와 권리에 관한. 〈15세의 소년 Gerald Gault에 관한 1967년의 대법원 판례〉.
***gaunt** [gɔːnt] 형 1 몹시 여윈, 수척한, 말라빠진. ⇒THIN 유의어 2 (장소가) 황량한, 쓸쓸한, 으스스한, 음산한. **~·ly** 부 **~·ness** 명
gaunt·let[1] [gɔ́ːntlit] 명 1 (갑옷의) 손목가리개. 2 (손목 덮개가 달린) 긴 장갑; (긴 장갑의) 손목 덮개.
fling [or throw] down the gauntlet [or glove] 도전하다.
take [or pick] up the gauntlet [or glove] ① 도전에 응하다. ② 반항적인 태도를 보이다. ③ 변호하다.
~·ed 형 긴 장갑을 낀.
gaunt·let[2] 명 1 **(the ~)** 태형(笞刑); 태형 집행인(들). 2 괴로운 상황, 혹독한 시련. 3 =gantlet[1].
run the gauntlet ① 태형을 받다. ② 심한 공격[비판]을 받다. ③ 어려운 고비를 넘기다, 시련을 겪다.
— 동타 =gantlet[1].
gaun·try [gɔ́ːntri] 명 =gantry.
gaur [gauər] 명 **~(s)** 〔인도산(產)〕 큰 들소.
gauss [gaus] 명 〔전기〕 가우스(자속(磁束) 밀도의 cgs 전자(電磁) 단위). 〈K. Gauss의 이름〉
Gauss [gaus] 명 **Karl Friedrich ~** 가우스(1777 -1855: 독일의 수학자·천문학자). **~·i·an** [-iən] 형
Gáussian ínteger 명 〔수학〕 가우스 정수(整數).
Gau·ta·ma [gɔ́ːtəmə/gáu-] 명 고타마(~ Buddha) (석가모니(563?-483? B.C)의 성(姓)).
***gauze** [gɔːz] 명 ◯|ⓤⓒ 1 얇은 천, 사(紗); 가제, 거즈. 2 그물 모양의 것, 눈이 촘촘한 철망. 3 엷은 안개(haze). 4 (속어) 의식 불명, 몽롱. — 동타 가제로 덮다; [장 따위]을 눈이 촘촘한 철망으로 가리다. — 자 안개가 끼다, 아련해지다. **~·like** 형
gauz·y [gɔ́ːzi] 형 사(紗) 같은, 얇은, 비쳐 보이는.
gáuz·i·ly 부 **gáuz·i·ness** 명
ga·vage [gəváːʒ] 명 (환자에게 하는) 위관(胃管)을 통한 영양 보급; (호스 따위에 의한) 가금(家禽)의 강제 사육. 〈F〉
‡**gave** [geiv] 동 give의 과거.
gav·el[1] [gǽvl] 명 1 (의장·법관이 사용하는) 작은 망치, 의사봉; (경매인이 쓰는) 작은 망치. 2 (석공) 마무름 망치. — 동타 (**-l-**, (英) **-ll-**) (회의 따위의) 의장을 맡다; (의장이 의사봉을 두들겨서) (회의)의 질서를 유지하다, 개회하다 (**down**). 〔동의〕 을 실행하다.
gav·el[2] 명 (봉건 시대의) 지대, 연공(年貢).
gav·el·kind [gǽvəlkaind] 명 ◯|ⓒ (英법률) (유언 없는 사망자의 유산의) 남자[아들] 균등 분배 상속 토지 보유; 이렇게 보유된 토지.
gav·el·to·gav·el [-təgǽvəl] 형 개회에서 폐회까지의.
ga·vi·al [géiviəl] 명 인도산(產) 악어. 〈F〉
ga·vot(te) [gəvát/-vɔ́t] 명 가보트(프랑스의 옛 무용); 가보트 무곡(舞曲). — 자 가보트를 추다. 〈F〉
GAW guaranteed annual wage(연간 임금 보장제).
gaw [gɔː(d)] 감 (英속어) =God.
Gaw·del·pus [gɔ́ːdlpəs] 명 (英속어) 남의 속을 태우는 사람. 〈God help us〉
Gawd·f'bid [gɔ́ːdfbid] 명 (英속어) =Gawdelpus. (또는 **Gawd-forbid**) 〈God forbid〉
gawk [gɔːk] 명 (구어) 얼간이, 바보. — 자 멍청히 입을 벌리고 바라보다(at). **— ·er**
gawk·ish [gɔ́ːkiʃ] 형 =gawky. **~·ly** 부 **~·ness** 명
gawk·y [gɔ́ːki] 형 멍청한, 얼빠진; 꼴사나운, 볼품없는. (또는 **gawkish**) **~=gawk**.
gáwk·i·ly 부 **gáwk·i·ness** 명
gawp [gɔːp] 자 (英구어) 빤히 쳐다보다; 입 벌리고 멍하니 보다 (at). — 명 바보, 얼간이. (또는 **gaup**) **~·er**
***gay** [gei] 형 (**~·er; ~·est**) 1 명랑한, 쾌활한, 즐거운. ¶ ~ music 경쾌한 음악 / ~ voices 명랑한 목소리 / All is ~ that is green. (속담) 풋내기의 쾌활한 법.

유의어 **gay** 근심·걱정이 없고 원기가 왕성한. **merry** 쾌활하게 말하고 노래하며 명랑한. **jolly** 유쾌하고 유머에 넘치며 즐거움이 가득 차 있는. **jovial** 명랑하여 다른 사람과 즐겁게 사귀는. **jocund merry**, **jolly** 따위 뜻의 문어(文語). **lively** 생기 발랄하며 활력이 있는. **sprightly**, **vivacious** 둘 다 태도·말투가 lively 한. **animated** 원기(생기)가 넘치는.

2 (색깔 따위가) 화려한, 번쩍거리는; (색조가) 선명한. ¶ ~ colors 화려한 색깔 / ~ ornaments 번쩍거리는 장식. 3 (장소 따위가) 사교적 즐거움[오락]이 많은. 4 (구어) 동성애(자)의, 게이의, 남성 동성애자의; 동성애를 지지하는; 동성애자가 모이는. ¶ a ~ organization 게이 조직. 5 (英속어) 방탕한, 방랑한. ¶ a ~ lady 몸가짐이 헤픈 여자, 매춘부. 6 (美속어) 건방진, 뻔뻔스러운. 7 (英방언) 건강한. 8 (스코) 상당한(gey).
(as) gay as pink ink [or *a row of pink tents*] 진짜 호모인.
follow a gay trade 유통 접객업을 하다, 물장사를 하다.
get gay (美속어) (…에게) 건방지게 굴다, 치고오르다 (*with*). ¶ Don't get ~ *with* me. 건방지게 굴지 마.

gay bar 1148 **gd.**

lead a gay life 방탕한 생활을 하다.
— 명 (愛 ~s [-z]) (특히 남자) 동성애자.
— 형 명랑하게; 화려하게; (스코) 쾌, 상당히.
ᛑ-**ness** 명
gáy bár 명 (남자 동성애자들이 모이는) 게이 바.
gáy bàshing 명 동성애자 공격[학대]
gáy bóy 명 (美속어) 남자 동성애자. 「하는 부랑자.
gay-cat [géikæt] 명 (美속어) 애송이 깡패; 종종 일
gay-dar [géidɑːr] 명 (남성 동성애자가 가지는) 남성 동성애자 식별 능력. [<*gay*+*radar*]
gáy dóg 명 (속어) 방탕자; 돈을 헤프게 쓰는 사람.
gay·e·ty [géiəti] 명 =gaiety.
gáy géne 명 (유전) (남자) 동성애자 유전자.
Gáy Líb 명 (종종 g- l-) 1 =Gay Liberation. 2 동성애자 해방 운동의 일원[지지자].
Gáy Liberátion 명 (종종 g- l-) 동성애자 해방 운동(동성애자 차별 철폐·인권 확대 요구 운동). **Gáy**
***gay·ly** [géili] 부 =gaily. | **Liberátionist**
gáy márriage 명 =동성애자끼리의 결혼.
gay·o·la [geióulə] 명 (美속어) (게이 바 따위가 범죄 조직 또는 경찰에 내는) 뇌물. [<*gay*+*payola*]
Gay-Pay-Oo [géipèiúː] 명 게페우, 국가 정치 보안부(옛 소련의 비밀 경찰; ③ G.P.U., Ogpu).
gáy plàgue 명 에이즈(AIDS).
gáy pówer 명 게이 파워(동성애자의 정치적 영향력).
gáy quárters 명복 화류계, 홍등가, 유흥가; 게이 구역. 「호 운동.
Gáy Ríghts Mòvement 명 남성 동성애자 권익 수
gáy science 명 연애 문학(戀愛文學), 연애시.
gay·some [géisəm] 형 명랑한.
gáy wóman [lády] 명 여성 동성애자.
gaz. gazette; gazetteer.
Ga·za [gáːzə] 명 가자. 1 가자 지구(~ Strip)의 항구도시; 팔레스타인 자치 정부의 수도. 2 (성서) 삼손이 Philistines에게 눈을 빼앗긴 곳(←사사기(Judg.) 16: 1-21). 「남자, 소년. (또는 **gazebo**)
ga·ze·bo [gəzéibou] 명 (美속어) 동, 녀석;
Gaz·an [gáːzən] 형명 가자의 (시민); 가자 지구의 (주민).
ga·zar [gəzɑːr] 명 가자르(반짝거리는 동전 모양의 금실로 장식한 얇은 견직물).
Gáza Stríp 명 (the ~) 가자 지구(이스라엘 남서부 지중해에 면한 팔레스타인 자치 지역).
‡**gaze** [geiz] 자 (~*s* (*gaz·es* [-iz]; ~*d*; *gaz·ing*) 응시하다, 가만히 보다, 바라보다(*at*, *into*, *on*, *upon*).
¶ (~+부) (~+전+명) ~ *up at the stars* 별들을 가만히 올려다보다 / ~ *into a person's face* 남의 얼굴을 찬찬히 바라보다 / ~ *on* [or *upon*] *the beautiful lake* 아름다운 호수를 바라보다.
gaze after …을 물끄러미 떠나보내다.
gaze around [or *about*] (놀라서) 두번번 거리다.
gaze away (…을) 하염없이[멀리] 바라보다(*at*).

[유의어] **gaze** 감탄·흥미·호기심 등으로 열심히 바라보다, **stare** 놀란 따위로 눈을 크게 뜨고 유심히 보다. **gape** 무식 또는 세상을 몰랐기 때문에 놀라서 입을 헤벌리고 정신없이 보다.

— 명 응시(凝視), 주목, 주시.
at gaze ① 빤히 바라보고. ② (사슴이) 몸을 옆으로 하고 정면을 응시하고 (있는).
fix one's gaze at [or *on*] …을 응시하다
turn one's gaze on …로 눈을 돌리다.
ᛑ-**less** 형 **gáz·ing·ly** 부
ga·ze·bo¹ [gəzéibou] 명 (愛 ~(*e*)*s*) 전망대, 망루.
ga·ze·bo² [gəzéibou] 명 (愛 ~*s*) =gazabo.
gaze·hound [géizhàund] 명 (냄새보다) 눈으로 짐승을 쫓는 사냥개.
ga·zelle [gəzél] 명 (愛 ~(*s*)) 가젤(북아프리카·아시아산(産) 영양(羚羊)의 일종). 합 **ariel**

ga·zelle-eyed [-àid] 형 (영양처럼) 순한 눈매를 가진. 「(속어) 경찰관, (연방) 마약 단속관.
gaz·er [géizər] 명 뚫어지게 보는 사람, 응시자; (美
***ga·zette** [gəzét] 명 **1** 신문(* 주로 신문의 이름에만 쓰인다). ¶ *Westminster G-* 웨스트민스터 지(紙). **2** (英) **a)** 관보(官報). ¶ *an official ~* 관보, 공보(公報). **b)** (영국 Oxford 대학 따위의) 학보(學報). **3** 한 장짜리 신문[정기 간행물]. 「재되다[되어 있다].
go into [*be in*] *the gazette* 파산자로서 관보에 게
— 타 (수동형으로) (英) …의 임명·파산 따위를 관보로 공고하다, …을 관보에 싣다.
be gazetted out 관보로 사직이 공고되다.
gaz·et·teer [gæ̀zətíər] 명 지명(地名) 사전, 지명 색인; (고어) 관보 기자.
ga·zi [gáːzi] 명 =ghazi.
ga·zil·lion [gəzíljən] 명 (美속어) =zillion.
gaz·o·gene [gǽzədʒìːn] 명 =gasogene. 「덩이.
ga·zon·ga [gəzɔ́ŋgə/-zɔ́ŋ-] 명 (속어) 젖, 유방; 엉
gaz·pa·cho [gəzpɑ́ːtʃou] 명 (요리) 가스파초(H마토·오이·양파·마늘 따위로 만든 걸쭉한 수프). [<Sp]
ga·zump [gəzʌ́mp] (구어) 타 (부동산 매매 계약 체결 직전에 값을 올려 (살 사람)을 애먹이다; (매매 계약 직전의) 값 인상, 사기, 사취. — 자 (부동산 매매 계약 체결 직전의) 값 인상, 사기, 사취. 합 **gazunder** (또는 **gazoomph**) ~-**er** 명
ga·zun·der [gəzʌ́ndər] (구어) 타 (매매 계약 직전에) 값을 깎다. 「(매매 계약 직전의) 값 인하.
— 자 | **gazump** ~-**er** 명
Gb gigabyte.
GB [dʒíːbíː] 명 **1** (군사용) 신경 가스(~ gas, Sarin). **2** (또는 **gb**) (美속어) =goofball.
GB (국제 자동차 식별 기호) Great Britain and Northern Ireland. **G.B.** (야구) game(s) behind(게임차); Great Britain. **GBA** Global Basketball Association(세계 농구 협회). **G.B.E.** Knight [or Dame] Grand Cross of the British Empire(대영 제국 대십자 훈장 훈작사(勳爵士)). **GBH** grievous bodily harm. **GBMD** (군사) Global Ballistic Missile Defense(전(全)세계 탄도 미사일 방위). **GBS** George Bernard Shaw.
GB théory 명 (문법) 지배 결속(통솔 속박) 이론.
[<*government-binding theory*] 「탄).
GBU, **g.b.u.** (美군사) guided bomb unit (유도 폭
GBY [dʒíːbíːwái] 명 (속어) 행운을 빕니다. [<*God*
g'·bye [gəbái] 감 (구어) =good-bye. [*bless you*!]
GC [dʒíːsíː] (속어) 타 **1** …에서 …을 모두 버리다. **2** (폐기물)을 전용[재활]하다. **3** …을 잇다. — 명 데이터를 소거하여 기억장치를 초기화하는 작업.
[<*garbage collection*]
G.C. George Cross; Golf Classic[Club, Course]; Grand Cross. **GCA** General Claim Agent(일반 청구 대리인); (항공) ground-controlled approach. **g-cal**, **g.cal.** gram *calorie*(s). **GCC** Gulf Cooperation Council(페르시아 만안(灣岸) 협력 회의). **G.C.D.**, **g.c.d.** greatest common divisor. **GCE** (英) General Certificate of Education. **G.C.F.**, **g.c.f.** greatest common factor(최대 공약수). **GCHQ** (英) Government Communications Headquarters(정부 통신 본부). **GCI** ground-controlled interception(지상 유도 요격 방식).
G clef 명 (음악) 높은[사]음자리표, 고음부 기호.
GCM general court-martial(종합 군법 회의).
G.C.M., **g.c.m.** greatest common measure(최대 공약수). **GCMG** (英) (Knight [or Dame]) Grand Cross of St. Michael and St. George. [*code*]
G còde 명 (예약 녹화용의) G코드. [<*Gemster*
GCSE (英) General Certificate of Secondary Education(중등 교육 일반 증서). **G.C.T.**, **GCT** Greenwich Civil Time. **GCVO** (英) (Knight [or Dame]) Grand Cross of the Victorian Royal Order. **Gd** 기 (화학) gadolinium. **gd.** good;

guard. g.d., G.D. Goddamned. **G.D.** *G*rand *D*uchess[*D*uchy, *D*uke].

Gdańsk [gədáːnsk, -dǽnsk] 图 그단스크(폴란드 북부의 항구 도시; 독일명 Danzig).

GDM (교육) *G*raded *D*irect *M*ethod(단계적 직접법).

GDP *g*ross *d*omestic *p*roduct(국내 총생산). **GDR** *G*lobal *D*epositary *R*eceipts(해외 주식 예탁 증서).

G.D.R. *G*erman *D*emocratic *R*epublic. **gds.** goods. **GDT** *g*raphic *d*isplay *t*erminal(그래픽 표시 단말기).

Ge [dʒiː, giː] 图 =Gaea.

Ge ⑦ 〖화학〗 germanium. **GE** *G*eneral *E*lectric (Company); *g*enetically-*e*ngineered. **g.e., GE** 〖제본〗 *g*ilt *e*dges(금테).

ge·an·ti·cline [dʒiǽntiklàin] 图 〖지질〗 지배사

‡**gear** [giər] 图 (图 ~**s** [-z]) **1** ⓒⓤ (종종 복합어로) 〖기계〗 기어, 톱니바퀴; 톱니바퀴에 의한 전동 장치, 일련의 기어; (자동차의) 변속 기어; (특정 기능용) 장치. ¶ high [low] ~ 고속[저속] 기어 (* 〖英〗 top [bottom] ~) / backward [or reverse] ~ 후진 기어 / forward ~ 전진 기어 / first ~ 제 1 단 기어 / a steering ~ 조타 (操舵) 장치 / the landing ~ (항공기의) 착륙 장치 (undercarriage). **2** ⓤ (복합어로) 〖집합적〗 (특수한 구실을 하는) 기구, 도구, 장비, 용구. ¶ medical ~ 의료 기구 / fishing ~ 낚시 도구. **3** (종종 ~s) 마구(馬具). **4** ⓤ 〖해사〗 삭구(索具); 선원의 사물(의류 따위). **5** 소지품, 휴대품; 〖집합적〗 가정 용품, 가구; 동산(動産). **6** ⓤ 의류, 의복; 〖구어〗 (특히 젊은이들에게 인기가 있는) 최신 유행복[액세서리]. **7** 무장; 무기. **8** 고급, 상품. **9** (구어) 마약(주사기). 〖俗〗 훔친 물건. **10** 〖방언·古어〗 이야기; 사건, 일, 행위. **11** 〖美구어〗 별표(asterisk).

get [or **go, move**] **into gear** 기어가 들어가다; 본 조롭게 움직이기 시작하다. 〖마음속〗 노력하다.

get *oneself* **in gear** (구어) 행동에 들어가다, 열심히 하다.

in [or **into**] **gear** (기어가 맞물려) 모터에 연결되어; (일이) 원활하게 진행되어, 순조롭게 잘 돌아가서(in order). ¶ *in* high ~ 최고 속도로; 최고조에 / *Everything* is *in* ~. 만사 쾌조다.

out of gear 기어가 빠져서, 운전이 잘 되지 않아; 잘 돌아가지 않아(out of order), 상태가 순조롭지 않아.

shift [or **switch,** 〖英〗 **change**] **gears** ① 기어를 바꾸다. ② (갑자기·극적으로) 태도[방침]를 바꾸다.

slip a gear 실패하다, 잘못을 저지르다.

That's [or **It's**] **the gear.** (英속어) 맞았다, 그것 참〖좋다.

throw [or **get, put, set**] **...in** [or **into**] **gear** ① 기어를 넣다. ② …의 준비를 갖추다, 실행에 옮기다.

throw [or **put**] **...out of gear** ① 기어를 풀다. ② …을 혼란에 빠뜨리다; 〖계획 따위〗 중단시키다.

— 图 (~**s** [-z]) ⒯ **1** (수동형으로) …에 기어[전동 장치]를 달다; (자동차 따위)의 기어를 넣다; (…에) 〖기계〗를 연동시키다 (*to*). **2** …을 설비하다, 준비하다; (말 따위)에 마구(馬具)를 채우다(*up*). **3** …을 (계획[요구]에) 맞추다[맞게 조정하다] (*to, for, toward*). — 图 **1** (기어가) (…와) 맞물리다(*into, with*); (기계가) 연동하다. **2** (…에) 적합하다, 일치하다(*with*).

gear down 기어를 저속으로 넣다; …의 범위를 축소하다, 줄이다. [(*for*).

gear *oneself* (**up**) (…에 대해) 마음의 준비를 하다

gear up ① 기어를 고속으로 넣다. ② (말)에 마구를 달다. ③ (수동형·재귀용법으로) (…의/…할) 준비를 시키다 (*for* / *to* do). ④ …을 촉진하다.

~·less 〖俗〗 매력적인; 최고의, 멋진, 훌륭한, 근사한.

gear·box [gíərbɑ̀ks/-bɔ̀ks] 图 **1** 변속기 상자, 기어박스; (자동차의) 변속기(transmission). **2** 〖俗〗 바보, 멍청이. (또는 **géar bòx**)

géar càse 图 =gearbox 1. (또는 **géarcàse**)

gear-change [⁴tʃèindʒ] 图 〖英〗 =gearshift.

géar cùtter 图 톱니 깎는 기계, 기어 절삭기(切削機).

gear·head [gíərhèd] 图 〖俗〗 **1** =gearbox 2. **2** 프로그래머, 프로그램 제작자.

gear·ing [gíəriŋ] 图ⓤⓒ **1** 〖기계〗 전동 장치; 기어 장치(법), 기어 설치(법). **2** 연동(連動), 전동. **3** 〖英〗 〖금융〗 기어링(수익성 제고를 위한 타인 자본[차입금] 사용; 자기 자본에 대한 타인 자본[부채]의 비율).

in [*out of*] *gearing* 전동하여 [하지 않아].

géaring ràtio 图 〖英〗 〖금융〗 자금 조달 비율.

géar lèver [**stìck**] 图 〖英〗 =gearshift.

géar ràtio 图 〖기계〗 기어비(比), 치수비(齒數比)(최초의 톱니바퀴와 마지막 톱니바퀴의 회전 속도의 비).

gear·shift [gíərʃìft] 图 〖美〗 변속 레버; 기어 전환 장치.

gear·wheel [⁴hwìːl] 图 =cogwheel. 〖장치.

GEC 〖英〗 *G*eneral *E*lectric *C*ompany.

geck·o [gékou] 图 (图 ~(**e**)**s**) 〖동물〗 도마뱀붙이.

GED *g*eneral *e*ducational *d*evelopment.

gee¹ [dʒiː] 图 〖英속어〗 말(gee-gee). 〖어린이말〗 말.
— 图 (말 따위 동물을 부릴 때) 어디여, 오른쪽으로 (가). (ⓑ haw³ — 图 오른쪽으로 돌다; 피하다.

gee ho [or **up**] ① (명령형; 말 따위에게) 빨리 (가), 이러! ② (사람을) 격려하다.

gee² [dʒiː] 图 (구어) (놀라움·칭찬 따위를 나타내어) 이런, 어머나, 아이 깜짝이야(* Jesus의 완곡한 표현; 주로 여성담).

Gee whiz(**z**)**!** 어머나!, 이거 놀랐는걸! 〖여성담〗.

gee³ [dʒiː] 图 〖美속어〗 놈, 남자; 교도소(감옥)에서 큰 소리 하는 죄수. (<GUY의 머리글자의 발음에서) 〖권총(gun).

gee⁴ [dʒiː] 图 〖美속어〗 **1 1** 갤런의 술. **2** 아편, 마약. **3** 총.

gee⁵ [dʒiː] 图 〖金〗 방식(고주파 펄스에 의한 전파 항법(航法)).

gee-gaw [dʒíːgɔː, gíː-] 图 =gewgaw. 〖방식〗.

gee-gee [⁴dʒìː] 图 〖어린이말·구어〗 말; 경주마. ¶play

gee-ho [⁴hóu] 图 =gee¹. 〖말놀이를 하다.

geek¹ [giːk] 图 〖俗〗 图 **1** 기괴한[징그러운] 짓을 하는 흥행사; 괴짜, 기인. (또는 **geekoid**) **2** 바보, 얼간이; 귀찮은 사람. **3** 〖美〗 컴퓨터 통(通)〖광(狂)〗; 해커; 샌님, 책벌레. ¶a computer ~ 컴퓨터광. **4** 술주정뱅이; 코카인 중독자. — 图 이상한 (사람 같은) 짓을 하다(*out*).

geek out ① 공부밖에 모르다. ② 괴상한[괴짜 같은]
~·**dom** 图 〖~·**y** 图 〖행동을 하다.

geek² [giːk] 图 (濠구어) (빨히) 쳐다보기[보다].

geep [giːp] 图 (俗) 기프(염소와 양의 교배종). (또는 **shoat**) (<*g*oat+sh*eep*)

gée pòle 图 개썰매의 끌채.

‡**geese** [giːs] 图 goose의 복수형.

geest [giːst] 图ⓤ 〖지질〗 충적토(沖積土).

gee-up [⁴áp] 图 =gee¹.

gée whiz [⁴hwíz] 图 =gee². (또는 **gée whízz**)

gee-whiz [⁴hwíz] 图 (구어) **1** (사물이) 깜짝 놀라게 하는, 경탄할 만한. ¶a ~ technology 놀라운 과학 기술. **2** (표현 따위가) 사람을 선동하는. ¶ ~ journalism 선정적 저널리즘. **3** (사람이) 열광적인, 흥분한.

gee-wo [⁴wóu] 图 =gee¹.

gee·zer [gíːzər] 图 〖俗〗 **1** 괴짜 (노인), 기인. **2** 〖美〗 놈, 녀석. **3** 독한 술. (또는 **geeser**)

GEF *G*lobal *E*nvironment *F*acility(지구 환경 기금).

ge·fíl·te fish [gəfíltə-] 图 〖유대 요리〗 게필테 피시 (송어·잉어 따위에 달걀·양파 등을 섞어 수프로 끓인 것). (또는 **gefillte** [**gefüllte**] **fish**)

ge·gen·schein [géigənʃàin] 图 〖천문〗 대일조(對日照)(태양 반대쪽 하늘의 미광). (<G *counterglow*)

Ge·hen·na [gihénə] 图 **1** 〖성서〗 게헨나(Jerusalem 근처에 있는 Hinnom의 골짜기; Moloch의 신에게 아이들을 산제물로 바친 곳 ← 열왕기하 (2 Kings) 23:10). **2** (일반적으로) 지옥(hell), 고난의 땅.

Geh·rig [gérig] 图 **Lou** [**Henry Louis**] ~ 게릭 (1903–41; 미국의 야구 선수; 생애 타율 .341).

Géi·ger(-Mül·ler) còunter [gáigər mjúːlər-] 图 가이거 계수관[방사능 측정기]. (<독일의 물리학자 Hans Geiger(1882–1945))

Geiger(-Müller) tube 명 〖물리〗 가이거 뮐러관(管)(가이거 계수관의 주요 부분을 이루는 관).

Gei·gers [gáigərz] 명복 〖구어〗 방사성 입자. 〖집합〗

G-8 〖=Group of Eight. 〗 적〗 방사성.

gém cútting 명 보석 연마(研磨)(술).

Gei·sel [gáizəl] 명 **Theodor Seuss** ∼ 가이젤 (1904-91: 미국의 동화 작가·삽화가: 필명 Dr. Seuss).

gei·sha [géiʃə] 명 (일본) 게이샤(藝者), 예기(藝妓).

Géiss·ler tùbe [gáislər-] 명 가이슬러관(管) (진공 방전 장치). 〖<독일의 발명가 H. Geissler(1814-79)의 이름〗

Geist [gaist] 명 정신, 영혼: 지적(知的) 감수성, 예술 적 소질. 〖<G spirit〗

gel [dʒel] 명 〖물·화〗 **1** 겔(콜로이드 용액이 젤리 모양 으로 응고한 상태); (생화학) 겔(전분, 아세트산 셀룰로 오스 따위). **2** (머리 손질용) 겔. **3** 〖연극〗 =gelatin 5. ―동자 (-ll-) **1** 겔이 되다, 교질화(膠質化)하다; 모양을 이루다: (생각 따위가) 굳어지다((美) jell). **2** (美속어) 잘 되어가다: 느긋해지다[하다]: 팽개쳐 두다. ∼·a·ble 형 〖<gelatin〗 〖스 컨트리 선수. 〖<G

ge·län·de·läu·fer [gəléndəlɔ̀ifər] 명 〖스키〗 크로

ge·län·de·sprung [gəléndəsprù̀ŋ] 명 〖스키〗 겔 렌데슈프룽(스톡을 짚고 장애물을 넘는 기술). (또는 **geländge jump** [-ˈ-ˌ-])

gel·ate [dʒéleit] 동자 겔화(化)하다.

*__gel·a·tin__ [dʒélətn/-tín] 명UC **1** 정제(精製) 아교, 젤라틴, 젤라틴 비슷한 물질(우무 따위). **3** 젤라틴 모양의 물질을 주성분으로 하는 제품. ¶explosive ∼ 폭 발성 젤라틴. **4** 식용 젤리. **5** (또는 ∼ slide) 〖연극〗 조명 장치용의 젤라틴 (필터). (또는 **gelatine**)

ge·lat·i·nate [dʒəlǽtənèit] 동 =gelatinize. ∸ná·tion 명 〖모양의.

gel·a·tin·i·form [dʒəlǽtinəfɔ̀ːrm] 형 젤라틴[겔]

ge·lat·i·nize [dʒəlǽtənàiz] 동타 **1** …을 젤라틴화 하다, 아교질로 만들다. **2** (사진) (종이)를 젤라틴 막 (膜)으로 입히다[처리하다]. ― 동자 젤라틴 모양이 되다. (또는 **gelatinate**) ∸ni·zá·tion, **-niz·er** 명

ge·lat·i·noid [dʒəlǽtənɔ̀id] 형 젤라틴[아교]질의. ― 명 젤라틴[아교] 모양의 물질.

ge·lat·i·nous [dʒəlǽtənəs] 형 젤리 비슷한[모양 의]; 젤라틴의; 젤라틴을 함유한, 젤라틴으로 이루어진; 안정된. ∼·ly 부 ∼·ness 명

gélatin pàper 명 (사진) 젤라틴 감광지.

gélatin plàte 명 (사진) 젤라틴 건판(乾板).

gélatin pròcess 명 (인쇄) 젤라틴(인화)법.

ge·la·tion[1] [dʒəléiʃən, dʒə-] 명UC 동결, 빙결(氷結).

ge·la·tion[2] 명U (물·화) 교화(膠化), 겔화.

geld[1] [geld] 동타 (∼**ed, gelt**) (말 따위) 거세하 다: …의 힘[활기]을 빼앗다, 약체화하다. ∸**er** 명 〖금.

geld[2] 명UC (英역사) (지주가 왕실에 바친) 세금, 상납

geld·ing [géldiŋ] 명 **1** 거세한 짐승[말]. **2** (고어) 내시.

gél filtràtion 명 겔 여과(濾過). 〖시, 환관(宦官).

gel·id [dʒélid] 형 **1** 얼음처럼 찬, 얼어붙는 듯한; 매우 추운. **2** (기질·태도 따위가) 쌀쌀한, 냉담한.

ge·lid·i·ty [dʒilídəti] 명 ∼·ly 부 ∼·ness 명

gel·ig·nite [dʒélignàit] 명UC 젤리그나이트(니트로 글리세린을 함유한 고성능 폭약.

gel·ly [dʒéli] 명 (속어) =gelignite.

gelt[1] [gelt] 동 geld[1]의 과거·과거분사.

gelt[2] 명 (美속어) 돈.

*__gem__ [dʒem] 명 (복 ~**s** [-z]) **1** 보석, 보옥(寶玉). ⇨JEWEL 『유의어』. **2** 보석처럼 아름답고 귀중한 것, 주옥(珠玉), 보물, 자랑(4포인트), 특히 뛰어난 작품. **3** 존경(애정)의 대상이 되는 사람, (보석같이) 소중한 사람. **4** =muffin. **5** U (인쇄) brilliant와 diamond 중간 크기 의 활자(4포인트). ― 동타(∼**s** [-z]; -**mm**-) …을 보 석(같은 것)으로 장식하다, …에 보석을 박다. ¶a ∼ ruby 최고의 루비. ∸**less**, ∸**like** 형 〖machine〗

GEM [dʒem] 형 =hovercraft. 〖<ground effect

GEM (군사) guidance evaluation missile.

Ge·ma·ra [gəmáːrə/ge-] 명 게마라(유대교의 율법 서 Talmud의 제2편). **-ric** 형 **-rist** 명

ge·mein·schaft [gəmáinʃa(ː)ft] 명 (종종 G-) (사 회) 공동 사회, 공동체, 동료 집단, 게마인샤프트. **gesellschaft** 〖<G〗 〖생아 연구자.

gem·el·lol·o·gist [dʒèməlálədʒist/-lɔ́l-] 명 쌍

gem·i·nate [dʒémənèit] 동자 **2**중으로 하다[되다], 쌍[짝]을 이루다: 겹으로 늘어놓다[서다], 쌍을 짓다. ― [dʒémənət, -nèit] (또는 **geminated**) 쌍생(雙生)의, 한 쌍의, 짝을 이룬. ― 명 [dʒémənət, -nèit] (음 성) 중복 자음. ∼·ly 부

gem·i·na·tion [dʒèmənéiʃən] 명UC **1** 이중화, 중 복, 반복. **2** (음성) 자음 중복. **3** (수사) 어구 반복.

Gem·i·ni [dʒémənài, -nì] 명 (단수취급) **1** (천 문) 쌍둥이자리(the Twins). (점성) (12궁의) 쌍아궁(雙 子宮); 쌍둥이자리 태생의 사람. ⇨ZODIAC 그림. **2** 제미니(미국의 우주 (탐사) 계획(1965- 66); 그 계획의 2인승 우주선). **3** 어이쿠, 엇, 이런 (놀라움·곤혹 따위를 나타내는 말). ∸**ní·an** 명

gem·ma [dʒémə] 명 (복 **-mae** [-miː]) (식물) 무성 아(無性芽); (동물) 아체(芽體). 〖무성아」 비슷한.

gem·ma·ceous [dʒeméiʃəs] 형 싹[무성아]의; 싹

gem·mate [dʒéméit] 형 (동·식물) 무성아[싹]가 있 는; 무성 생식(發芽生殖)의. ― 동자 발아하다; 발아에 의해 번식하다. **gem·ma·tion** [dʒeméiʃən] 명

gemmed [dʒemd] 형 보석으로 장식된(with).

gem·mif·er·ous [dʒemífərəs] 형 **1** 싹[무성아]이 있는, 싹[무성아]에 의해 번식하는. **2** 보석을 산출하는.

gem·mip·a·rous [dʒemípərəs] 형 싹[무성아]이 나는; 싹[무성아]으로 번식하는.

gem·mi·par·i·ty [dʒèməpǽrəti] 명 ∼·ly 부

gem·mule [dʒémjuːl] 명 **1** (식물) 무성아(gemma). **2** (동물) (무장(無腸)동물의) 유모배(有毛胚), 아구 (芽球). **3** (진화) 제뮬(Darwin이 유전자를 전하다고 생 각한, 가설의 생명 단위의 하나).

gem·my [dʒémi] 형 보석(이) 있는, 보석을 박은; 보석 같은; (보석처럼) 빛나는, 반짝이는.

Gém of the Móuntains 명 =Gem State.

gem·ol·o·gy [dʒemáləʒi/-mɔ́l-] 명U 보석학. (또는 **gemmology**) **gem·mo·lóg·i·cal** 형 **gem-** (**m)ól·o·gist** 명 보석 전문가[감정가].

gems·bok [gémzbàk/-bɔ̀k] 명 (복 ∼**s**) 젬복(남아 프리카산(産)의 큰 영양(羚羊)). (또는 **gemsbuck**)

Gém Státe 명 (the ∼) 미국 Idaho 주의 별칭.

Gém·ster còde [dʒémstər-] 명 =G code.

gem·stone [dʒémstòun] 명UC 보석[준보석]의 원석.

ge·müt·lich [gəmjúːtlik] 형 기분이 좋은, 쾌적한, 마음에 드는. (또는 **gemuetlich**) 〖<G〗

Ge·müt·lich·keit [G gəmýːtlikàit] 명 따뜻한 우 정[친절]; 쾌적함; 쾌적. (기질·성질 따위의) 합치. (또는 **Gemuetlichkeit**) 〖<G〗

gen [dʒen] 명 (英구어) (the ∼) 일반[내부] 정보; 정 확한 정보, (…의) 진상(the truth)(on). ― 동 (-**nn**-) * 다음 숙어로만 쓴다.

gen up ① (…에 대하여) 정보를 얻다, 배우다(about, on). ② (남)에게 정보를 주다, 알리다(about, on).

gen. gender; general(ly); generator; generic; genitive; genus. **Gen.** (군사) General; Genesis; Geneva(n).

-gen [dʒən, dʒen] 연결 production(생기는 것, 생 성물)의 뜻. ¶androgen, endogen, hydrogen.

ge·nappe [dʒənǽp] 명UC (방직) (촉감이 매끄러운) 털 실, 견모사(絹毛絲)(∼ **yarn**). ― 동타 〖우스티드 천의 보풀을 태우다.

ge·na·vy [dʒenéivi] 명 (美구어) 대세(大勢).

gen·co [dʒénkou] 명 (복 ∼**s**) (英) 전력[발전] 회

사. 〔<*gen*erating *c*ompany〕
gen·darme [ʒáːndɑːrm] 圈 (優 ~s) 1 (프랑스·벨기에 등의) 헌병; (속어)(익살) 경찰관. 2 (지질) (주봉(主峰) 앞에 우뚝 솟아 있는) 암봉(岩峰), 뾰족한 바위. 〔<F〕
gen·dar·me·rie [ʒɑːndɑ́ːrməri] 圈 (집합적; 단·복수 양용) (프랑스 등의) 헌병(대), 그 건물; 경찰서. (또는 **gendarmery**)
gen·der¹ [dʒéndər] 圈⑩ 1 〔문법〕 성(性). ¶the masculine[feminine, neuter, common] ~ 남성[여성, 중성, 동성]. 2 (구어) (생물학적인) 성, 성별(sex). 3 (사회적·문화적 역할로서의) 성. **~·less**
gen·der² 图 (고어) 낳다, 생기다.
gen·der-bend·er [-bèndər] (구어) 圈 1 성별 왜곡자(남녀 구분이 안되는 행동·차림을 하는 사람; 이성행세를 하는 배우·가수). (또는 **gender-blender**) 2 (전기 커넥터의) 암수 변환기[어댑터]. ─ 图 (복장 따위가) 남녀 구별이 안되는. **-bènd·ing**
génder gàp 圈 성차(性差), 남녀차.
génder idéntity 圈 성별 인식[자각].
gen·der·neu·tral [-njùːtrəl/-njùː-] 圈 (말(語) 따위가) 성적(性的)으로 중립적인(chairperson, firefighter 따위). 〔에 국한되는.
gen·der·spe·cif·ic [-spisífik] 圈 한쪽의 성(性)
gene [dʒiːn] 圈 (생물) 유전자, 유전 인자. 〔<G〕
Gene [dʒiːn] 圈 (남자 이름; Eugene의 애칭).
ge·ne·a·log·i·cal [dʒìːniəládʒikəl, dʒèn-/-lɔ́dʒ-] 圈 족보[계보(系譜)](학)의; 자손[가계(家系)]의. **~·ly** 图
genealógical trée 圈 =family tree.
ge·ne·al·o·gize [dʒìːniǽlədʒàiz, dʒèn-] (*英) **-gise**] 圈 족보[계보]를 찾아보다[만들다].
ge·ne·al·o·gy [dʒìːniǽlədʒi, dʒèn-/-ǽl-] 圈 1 (사람의) 가계(家系), 혈통; (동식물·언어의) 계통, 계보. 2 가계도, 족보; 계보; 계통도(family tree) 3 ⓤ 족보[가계]학[연구]; 계보[계통]학. **-a·lòg·ic** 圈 **-gist**
géne amplificátion 圈 (생물) 유전자 증폭[확산].
gen·e·arch [dʒéniɑ̀ːrk] 圈 가족[부족]의 장, 가장.
géne bànk 圈 유전자 은행.
géne(-based) thérapy 유전자 치료법[요법].
gen·e·col·o·gy [dʒìːnikálədʒi, dʒèn-] 圈 종(種) 생태학.
géne convérsion 圈 (유전) 유전자 변환.
géne delétion 圈 (유전) 유전자 제거.
géne expréssion 圈 (유전) 유전자 발현.
géne fàrming 圈 유전자 이식에 의한 유용 물질 생
géne fíxer 圈 유전자 치료학자. 〔산 (기술).
géne flòw 圈 (유전) 유전자 유동(流動)[확산].
géne fréquency 圈 유전자 빈도.
géne hùnter 圈 유전자 연구자.
géne insértion 圈 (유전) (결손) 유전자 삽입.
géne jùggler 圈 유전자 조작 과학자.
géne machìne 圈 유전자 합성기[器].
géne manipulátion 圈 (유전) 유전자 조작.
géne màp 圈 (유전) 유전자 지도.
géne màpping 圈 (유전) 유전자 지도 작성(염색체상의 유전자 자리(locus)를 결정하는 것).
géne mutátion 圈 (유전) 유전자 돌연 변이.
géne pòol 圈 유전자 (공)급원; 유전자 저장고.
géne prìnt 圈 유전자 지문(DNA fingerprint).
gen·er·a [dʒénərə] 圈 genus의 복수형.
gen·er·a·ble [dʒénərəbl] 圈 낳을 수 있는, 발생되는, 생성이 가능한. **-bíl·i·ty**, **~·ness** 圈
‡**gen·er·al** [dʒénərəl] 圈 (*more* ~; *most* ~) 1 전체의, 전원의, 전반[종합]적인, 포괄적인. ¶a ~ catalog 총목록 / ~ rules 총 칙, 통 칙. 2 전면적인; 전신(全身)의. ¶ ~ health (전신의) 건강 상태. 3 사회 일반의, 보통의; 대부분에게 공통된, 보편적인. ⇨ COMMON 유의어 ¶ a ~ custom 일반 사회의 관습. 4 일반적인; 통상의, 다방면에 걸친, 잡다한. ¶ ~ culture 일반 교양 /
a ~ reader 일반 독자. 5 문제 전반을 다루는, 개략의, 개괄적인, 대체적인. ¶a ~ idea 일반 개념 / a ~ outline 개관 / ~ instructions 총괄적 지시. 6 명확하지 않은, 구체적이 아닌; 막연한, 애매한. 7 (英) (대학의 성적·학위가) 보통의(pass); 일반 교양의. 8 장성급의; 광범한 지휘권을 가진, 지위가 높은; (관직명 뒤에서) 총…, 장…, …장. ¶a ~ chairman 회장 / a governor ~ 총독 / a lover ~ (익살) 난봉꾼, 탕아. 〔적으로.
as a general rule [or **thing**] 대개는, 보통은, 일반
as is general with …에게는 흔히 있는 일이지만.
have a general idea (of) (…이) 대개 어떻다는 것을 알고 있다.
in a general way 일반적으로, 대체로.
in general terms 일상적인 말로; 막연히.
in general use 널리 쓰여.
─ 圈 ~**s** [-z] 1 (군사) **a**) 대장; 장군, 장성(* brigadier ~ 준장, major ~ 소장, lieutenant ~ 중장, full ~ 대장). ¶ ~ MacArthur 맥아더 장군. **b**) (영국·미국 이외의 육군) 대장, 중장. 2 군사령관; 전략[전술]가. (속어) (일반적으로) 장(長). ¶a good [or great] ~ 명장, 전략가 / He is no ~. 그는 아무래도 전략가 감감은 아니다. 3 (교회) (수도회의 최고위) 총회장 (구세군의) 대장. 4 (the ~) 통칙, 보편적 사실, 일반 원칙. 5 (the ~) (고어) 일반인, 대중. 6 (英구어) 잡역부(婦) (~ servant). 7 (the G-) (英구어) = ~ post office.
caviar to the general ⇨CAVIAR.
in general ① 대개, 대체로. ② (명사 뒤에서) 일반적으로, 전반적으로. ¶people *in* ~ 일반 대중.
in the general (고어) 개괄[개설]적으로.
~·ness
Géneral Accóunting Óffice (the ~) (美) (연방 의회 산하의) 회계 감사원(略 GAO).
géneral adaptátion sýndrome 圈 (생리) 일반 순응[적응] 증후군(스트레스에 의한 각종 질환).
géneral admíssion 圈 (극장·경기장 따위에) 자유석 입장료, (예약석 이외의) 일반 입장권.
géneral affáirs 圈 서무(庶務), 총무.
géneral ágent 圈 총대리인; (보험 따위의) 총대리점.
Géneral Agréement on Táriffs and Tráde (the ~) = GATT(관세무역 일반 협정).
Géneral Agréement to Bórrow (the ~) (경제) (IMF의) 일반 차입 협정(略 GAB).
Géneral Américan 圈 미국어(미국 중서부 지역의 옛 방언; 현 Midland dialect에 가깝다; 略 GA).
géneral anesthésia 圈 (의학) 전신 마취(법).
géneral anesthétic 圈 (약학) 전신 마취제.
Géneral Assémbly (the ~) 1 (때로 g- a-) (미국의) 주의회. 2 유엔 총회(略 GA). 3 (뉴질랜드의) 국회. 4 (장로 교회의) 대회, 총회.
géneral áverage 圈 (보험) 공동 해손(海損).
géneral cárgo 圈 일반 화물.
Géneral Certíficate of Educátion (英) (the ~) 교육 이수 일반 시험(대학 입학 자격 시험; 略 GCE; (그 합격자에게 수여되는) 교육 일반 증서.
Géneral Certíficate of Sécondary Educátion 圈 (the ~) (英) 중등 교육 수료 일반 시험(略 GCSE; (그 합격자에게 수여되는) 중등 교육 일반 증서.
géneral conféssion 圈 (신도들이 일제히 말하는) 참회의 기도; (장기간에 걸친 죄의) 총고백. 〔세.
géneral consúmption táx 圈 (경제) 일반 소비
géneral contráctor 圈 (건설) 종합 건설업자.
Géneral Cóurt (the ~) (미국 Massachusetts와 New Hampshire 주의) 주의회. 〔의(略 G.C.M.).
géneral cóurt-martial 圈 (美군사) 고등 군법 회
gen·er·al·cy [dʒénərəlsi] 圈⑩ⓒ (군사) 대장 장성
géneral déaler 圈 (英) 잡화상. 〔의 지위[임기].
géneral degrée 圈 (英) 보통[일반 교양] 학위.
géneral delívery 圈 (美·캐나다) 유치(留置) 우편;

(우체국의) 유치 우편 담당자.
géneral díscharge 图 〔美(군사)〕 일반 제대(증).
géneral drílls 图 〔해군〕(군함의 승무원) 전원 배치.
géneral éditor 편집장, 편집 주간.   「훈련.
géneral educátion 图 일반[보통] 교육.
géneral eléction 图 1 〔美〕 본선거, 총선거(⇔ primary ②). 2 (英) 총선거(하원의원의 선거로, 5년마다 실시)(⇔ by-election).
Géneral Eléction Dày 图 〔美〕 총선거일(4로 나뉘지는 해의 11월 첫째 월요일 다음의 화요일).
Géneral Eléctric 图 제너럴 일렉트릭사(社)(~ Co.)(미국의 세계 최대 종합 전기 회사).
géneral expénse[chárge] 图 〔회계〕 일반 경비[관리비].   「grammar)
géneral grámmar 图 일반 문법. (또는 univérsal
géneral héadquarters 图 〔단·복수 양용〕〔美군사〕 총사령부(⇔ G.H.Q., GHQ).
géneral hóspital 图 종합 병원; (군사) 통합 병원.
gén·er·al-ín·ter·est màgazine [-íntərəst-] 图 종합 잡지, 일반 잡지.
gen·er·al·ís·si·mo [dʒènərəlísəmòu] 图 1 (영·미 외의 나라에서) 대원수(大元帥), 전군 최고 사령관. 2 (대만 등의) 총통. 〈It〉
géneral íssue 图 〔법률〕 일반 답변(원고의 최초 이의 신청이나 기소 내용을 전면 부인하는 답변).
gen·er·al·ist [dʒénərəlist] 图 다방면의 지식[기능]을 가진 사람, 만능 선수; (관청·회사의) 일반직 직원. 图 specialist
Ge·ne·ra·li·tat [ʒènərà:litá:t] 图 (스페인의) Catalonia 자치 정부(1977년 재설립).
gen·er·al·i·ty [dʒènərǽləti] 图 1 일반성, 보편성; 일반 원리[법칙], 통칙.¶a rule of great ~ 매우 보편성이 있는 법칙. 2 (종종 -ties) 일반론, 개설(概說). 3 (the ~) 〔복수취급〕 대부분, 대다수(of).¶the ~ of students 대다수의 학생들. 4 〔U〕 막연한 기술[설명].
in the generality of cases 대개의 경우, 보통.
***gen·er·al·i·za·tion** [dʒènərəlizéiʃən; -laiz-] (*英) -sa·tion) 图〔UC〕 1 일반[보편]화; 종합; 개괄, 귀납. 2 (종합·개괄한 결과의) 개념, 통칙, 귀납적 결과; 일반론[법칙]. 3 〔논리〕 개괄(법); 〔심리〕 (자극) 범화(汎化).
make a hasty generalization; be hasty in generalization 속단하다, 지레짐작하다.
***gen·er·al·ize** [dʒénərəlàiz] (*英) -ise) 图他 1 (지식 따위)를 일반화[보편화]하다. 2 (특정 사실 따위에서) 〔법칙·결론 따위〕를 이끌어 내다, 귀납하다; (약간의 사실 ···)으로 〔일반론〕을 추론하다; 개괄[종합]하다. 3 ···을 퍼뜨리다, 보급시키다; 〔법률 따위〕을 광범하게 적용하다. — 图 1 (···에 관해/···으로부터) 종합 [개괄]하다(*about/from*). 2 일반적으로[막연히] 말하다, 개괄적으로 다루다. 3 일반적인 추론을 하다. 4 〔의학〕 (질병이) 전신에 퍼지다. **-iz·a·ble -iz·er**
géneralized sýstem of préferences 图 〔경제〕 일반 특혜 (관세) 제도(⇔ GSP).
géneral knówledge 图 일반적인[광범한] 지식; 주
géneral láw 图 일반법; 일반 법칙.   「지의 사실.
‡**gen·er·al·ly** [dʒénərəli] 图 1 일반적으로, 널리, 대부분, 대개는.¶It was once ~ believed that the earth was flat. 예전에는 일반적으로 지구가 편평하다고 믿었다. 2 보통, 통상, 대체로. 3 대략, 대강.
generally speaking; speaking generally; to speak generally 일반적으로 말하면.
géneral mágazine 图 종합 잡지, 일반 (대중) 잡지.
géneral mánager 图 1 (회사·공장 따위의) 총지배인; 〔英〕 사장. 2 〔야구〕 구단장(사장)(⇔ GM).
géneral méeting 图 총회.
géneral mobilizátion 图 (국가) 총동원.
Géneral Mótors 图 제너럴 모터스(~ Corp.)(미국의 자동차 메이커); 그 회사제 자동차 총칭(⇔ GM).

gén·er·al-ob·li·gá·tion bònd [-òbləgéiʃən-] 图 〔금융〕 일반 보증채, 세입[일반 재원] 담보 지방채.
géneral ófficer 图 〔육·공군·해병대의〕 장성.
géneral of the áir force 图 〔美〕 공군 원수.
géneral of the ármy 图 〔美〕 육군 원수.
géneral órder 图 〔군사〕 (전 부대에 내려지는) 일반 명령; (~s) (보초의) 일반 수칙.
géneral párdon 图 일반 사면.
géneral pártner 图 〔법률〕 무한 책임 사원[조합원]. 图 special partner   「합명 회사.
géneral pártnership 图 〔법률〕 무한 책임
géneral póst 图 1 (the ~) (오전중의) 제1회 배달 우편; 2 〔U〕 (아이들의) 우체국 놀이. 3 〔英〕 대폭적인 인사 이동, 대이동.
géneral póst office 图 (the ~) 중앙 우체국; 〔英〕 (G- P- O-) 런던 중앙 우체국(⇔ G.P.O., GPO).
géneral práctice 图 〔의학〕 일반 (개업의의) 진료; 일반 진료소, 의원; (변호사 등의) 일반 영업.
géneral practítioner 图 1 일반 개업의(醫)(⇔ G.P.); 가정의(family doctor). 2 만능 선수.
gen·er·al-púr·pose [-pə́:rpəs] 图 다목적[다기능]의, 만능의, 범용(汎用)의.¶a ~ dam 다목적 댐.
géneral-púrpose ínterface bùs 图 〔컴퓨터·전자〕 범용(汎用) 인터페이스 버스(⇔ GPIB).
géneral relatívity 图 〔물리〕 일반 상대성 이론.
Géneral Sécretary 图 (옛 소련 공산당의) 서기장; (중국 공산당의) 총서기; (g- s-) 사무국장[총장], 사무장, 간사장.
géneral semántics 图 〔단수취급〕 일반 의미론.
géneral sérvant 图 〔英〕 허드렛일꾼, 잡역부.
Géneral Sérvices Administrátion 图 (the ~) (美정부) 총무처 행정 관리청(⇔ GSA).
gen·er·al·ship [dʒénərəlʃip] 图〔U〕 1 대장다운 기량(器量), 대군 통솔의 수완[능력]. 2 지위[관리] 능력, 통솔력; 용병(영영) 수완. 3 장성의 직[지위, 신분].
géneral stáff 图 〔군사〕 (the ~) 〔집합적; 단·복수 양용〕 일반 막료, 참모. 图 special staff
géneral stóre 图 만물상, 잡화점(〔英〕 general [shop]).
géneral stríke 图 (총동맹) 파업.
géneral térm 图 1 〔논리〕 일반 명사. 2 〔수학〕 (수열의) 일반항. 3 〔법률〕 (법원의) 통상 개정기.
géneral wélfare 图 공공 복지, 일반 복지.
géneral wíll 图 일반[보편]적 의지, (사회의) 총의.
Géneral Wínter 图 (비유적) 동장군.
*__gen·er·ate__ [dʒénərèit] 图他 1 (아이 등)을 낳다, 산출하다; (전기·열 따위)를 일으키다, 발생시키다. 2 (생각·감정·결과·상태 따위)를 야기하다, 초래하다, 빚다.¶~ *criminal acts* 범죄 행위를 야기하다. 3 〔수학〕 (점·선·면이 움직여서) 〔선·면·입체〕를 만들다. 4 〔언어〕 (생성 문법으로) 〔문장〕을 생성시키다. — 图 (아이가) 생기다; (생각·결과가) 생기다; (전기)가 발생하다.
gén·er·at·ing stàtion [dʒénərèitiŋ-] 图 발전소.
‡**gen·er·a·tion** [dʒènəréiʃən] 图 〔U〕 (~ [-z]) 1 (집합적; 단·복수 양용) (같은) 세대(世代), 같은 시대의 사람들.¶the postwar ~ 전후 세대/the rising ~ 청년층/the future ~s 후세, 후세. 2 1세대, 1대(사람이 태어나서 부모가 될 때까지의 약 30년간).¶*two* ~s *ago* 2세대전. 3 (사상·문제·태도 따위를 공유하는) 동시대의 사람들, ···족(族)(⇔ beat ~). 4 〔가계의〕 1대(代), 세대; 동세대의 자손; (어떤 한 가계의) 일족, 집단.¶a *second* [*third*] ~ *American* 2세[3세] 미국인. 5 (전자 기기·무기의) 형(型), 종류, 세대.¶a new ~ of computers 신세대 컴퓨터/*fifth* ~ *computers* 제5세대 컴퓨터. 6 아이를 낳음, 생식. 7 〔자연 또는 인공 작용에 의한〕 산출; 〔열·소리 따위의〕 발생.¶the ~ of heat[electricity] 열[전기]의 발생. 7 〔U〕 〔감정 따위의〕

발생, 유발. 8 〔생물〕 (번식 양식으로 구별되는 동식물의) 세대; 발생. ¶alternation of ~s 세대 교번. 9 ⓤ 〔수학〕 (도형의) 생성; 〔컴퓨터〕 (프로그램 따위의) 생성.
for generations 몇 대에 걸쳐서.
from generation to generation; generation after generation 대대로 (이어져서).
wise in one's generation 세상 물정에 밝은; 영리한, 현명한.
~·al 형

Generátion D 명 〔美〕 D세대, 디지털 세대 (Generation Y를 잇는 세대). 〔<digital〕
generátion gàp 명 세대간의 단절, 세대차.
generátion of vípers 명 〔성서〕 위선자.
Generátion X 명 〔美〕 X세대(1960-70년대에 태어난 세대). **Generátion X(')·er** [-éksər] 명 〔美구어〕 X세대에 속하는 사람. 〔<미국 작가 Douglas Coupland 의 소설 *Generation X*(1991)〕 「음 세대」.
Generátion Y 명 〔美〕 Y세대(Generation X의 다음 세대).
gen·er·a·tive [dʒénərətiv, -rèitiv] 형 1 (기관 따위가) 발생(상)의, 산출의; 생식의. ¶a ~ cell 생식 세포. 2 생산 능력이 있는, 번식력이 있는. 3 〔언어〕 생성적인, 문장을 생성하는. **~·ly** **~·ness** 명
génerative grámmar 명 〔언어〕 생성 문법(Chomsky에 의해 시작된 언어 이론). 「생성 의미론.
génerative semántics 명(복) 〔단수취급〕〔언어〕
gén·er·a·tive-trans·for·má·tion·al grámmar [-trænsfərméiʃənl-] 명 〔언어〕 변형 생성 문법.
gen·er·a·tiv·ist [dʒénərətivist, -rèi-] 명 생성 문법가〔학자〕.
gen·er·a·tiv·i·ty [dʒènərətíviti] 명 〔심리〕 생식성 (生殖性)(보통 중년기에 나타나는 후진 양성 욕구).
*gen·er·a·tor [dʒénərèitər] 명 1 (英) 발전기((美) dynamo); 음향 발생기. 2 산출하는 사람[것], 발생시키는 사람[것]. 3 〔화학〕 가스[증기] 발생기. 4 〔수학〕 생성원(生成元). 5 〔컴퓨터〕 생성 프로그램.
gen·er·a·trix [dʒènəréitriks] 명 (복 *-tri·ces* [-trəsíːz]) 1 〔수학〕 모선(母線), 모점(母點), 모면(母面). 2 =generator 1.
géne recombinátion 명 〔유전〕 유전자 재조합.
ge·ner·ic [dʒinérik] 형 1 〔생물〕 속(屬)(genus)의, 속에 특유한, 속성(屬性)의. ¶a ~ name 속명(屬名). 2 (성질 따위가) 일반적인, 포괄적인. 3 〔문법〕 (수·인칭·시제가) 총칭적인. ¶the ~ singular 총칭적[대표] 단수. 4 (약제·포도주 따위가) 일반 명칭으로 판매되는, 노브랜드의, 상표 등록이 되어 있지 않은. ¶a ~ drug 상표 미등록 약. 5 〔컴퓨터〕 통칭의, 통칭적인. ¶a ~ software 범용 소프트웨어. (또는 **generical**) 6 〔상표명이 아닌〕 일반명(~ name). (~s) 상표 없는 상품(약품·식품 등). **-i·cal** **-i·cal·ly** **~·ness** 명
genéric brànd 명 널리 선전되지 않은 상품.
genéric pròduct 명 상표 없는[노브랜드] 상품.
genéric technólogy 명 기반(基盤) 기술.
*gen·er·os·i·ty [dʒènərásəti, -rɔ́s-] 명 1 아끼지 않아힘, 마음씨 좋음. 2 관대, 아량, 도량이 큼; ⓒ (-ties) 관대한[활수한] 행위. 3 광대(廣大)함; 풍부[충분]함. 4 (고어) 고귀한 가문 태생.
show generosity in …에 관대하다, 아량을 베풀다.
‡**gen·er·ous** [dʒénərəs] 형 (*more ~; most ~*) 1 (돈 따위를) 아끼지 않는, 잘 쓰는 *(with)*; 이기심이 없는. ¶a ~ giver 인심 좋은 증여자 // He is ~ *with* his money. 그는 돈을 잘 쓴다. 2 (…에 대해/…하는데) 관대한, 마음이 넓은, 아량이 있는*(with, about, to, toward /in, in doing)*. ¶~ *in* judgment 판단이 너그러운 / be ~ *to* a fault 실수에 대해 관대하다. 3 큰; 풍부한, 많은. ¶~ fare 푸짐한 음식. 4 (술 따위가) 감칠맛 나는; (색깔이) 짙은. 5 〔문어〕 비옥한. 6 〔고어〕 고귀한 태생의. 「이」 …하다.
It is generous of (her) to do (그녀는) 선뜻[기꺼~·ness 명

*gen·er·ous·ly [dʒénərəsli] 부 1 아낌없이, 인심좋게. 2 관대하게; (문장 수식) 관대하게도. 3 아주 많이.
ge·nes·ic [dʒənésik, -níː-] 형 기원[발생]에 관한.
*gen·e·sis [dʒénəsis] 명 (복 *-ses* [-síːz]) 1 ⓤⓒ (the ~) 기원; 발생, 창시(創始), 시작; 발생 양식[유래]. 2 (G-) 〔성서〕 창세기(구약 성서의 제1권; 略 Gen.).
génesis róck 명 〔지질〕 1 (종종 G- R-) 창세기의 암석(1971년 아폴로 15호가 달에서 가져온 회장석(灰長石)). (또는 **génesis bèan[stòne]**) 2 원시 암석.
géne splícing 명 〔유전〕 유전자 접합(接合).
gen·et¹ [dʒénit, dʒənét] 명 사향고양이(civet cat) 의 일종; ⓤ 그 모피. (또는 **genette**)
gen·et² [dʒénit] 명 =jennet. 「스의 극작가).
Ge·nêt [dʒənéi] 명 **Jean ~** 주네(1910-86: 프랑
géne technólogy 명 =genetic engineering.
géne thèrapy 명 〔유전〕 유전자 치료(결손 유전자 보완에 의한 유전병 치료법). **géne thèrapist**
ge·neth·ics [dʒənéθiks] 명ⓤ 〔단수취급〕 유전자 윤리. 〔<*geneti*cal+*ethics*〕
ge·net·ic [dʒənétik] 형 1 〔생물〕 유전(학)의. 2 유전자의[에 의해 만들어지는]. 3 발생의, 기원[발생]에 영향 받는, 발생론상의. (또는 **genetical**) **-i·cal·ly** 부
genétically enginéered 형 유전자 공학[조작]에 의해 생성된(略 GE). ¶~ plants 유전자 조작 식물. (또는 **genetically-engineered**)
genétically módified 형 유전자 조작[변형]의 [으로 만들어낸](略 GM). ¶~ food 유전자 조작 식품 (略 GMF).
genétically módified òrganism 명 유전자 변형 생물[유기]체(略 GMO).
genétic álphabet 명 유전 알파벳(DNA 중의 네 개의 염기). 「**códing**
genétic códe 명 유전자 정보[암호]. **genétic**
genétic cópying 명 유전자 복제.
genétic cóunseling 명 유전 상담(신생아의 유전병 상담 지도). **genétic cóunselor**
genétic dáta 명 유전자 데이터[정보].
genétic drìft 명 유전적 부동(浮動).
genétic enginéering 명 유전(자) 공학.
genétic enginéer 명 유전 공학자.
genétic equilíbrium 명 유전적 평형.
genétic évidence 명 =DNA evidence.
genétic fállacy 명 〔논리〕 발생론적 허위[오류].
genétic fíngerprint 명 유전자 지문.
genétic fíngerprinting 명 유전자 지문 분석.
genétic informàtion 명 유전〔자〕 정보.
ge·net·i·cist [dʒənétəsist] 명 유전학자.
genétic lóad 명 유전(적) 하중(荷重).
genétic máp 명 유전(자) 지도.
genétic márker 명 유전자 표지(標識).
genétic matérial 명 유전 형질(形質). 「섭생법.
genétic nutrítion 명 유전·환경 요인을 중시하는
ge·net·ics [dʒənétiks] 명ⓤ 〔단수취급〕 유전학; 〔복수취급〕 유전적 특징[현상]; 유전학 책; =genesis
genétic scréening 명 유전학적 스크리닝(개인의 유전병 발견과 예방을 위한 것). 「자의 변경·이식.
genétic súrgery 명 유전자 수술(수술에 의한 유전
géne trànsfer 명 〔생물공학〕 유전자 도입(導入).
géne transplatàrion 명 유전자 이식.
ge·ne·va [dʒəníːvə] 명ⓤ 네덜란드의 진(술)(酒).
*Ge·ne·va [dʒəníːvə] 명 1 제네바(스위스의 도시). 2 **Lake of ~** (the ~) 제네바 호(湖)(별명 Lake Leman).
Genéva bànds 명(복) 목 앞에 늘어뜨리는 한랭사(寒冷紗)의 장식띠(스위스의 칼뱅파 목사가 사용했음).
Genéva Convéntion 명 (the ~) 1 제네바 조약 (1864년 체결된 적십자 조약). 2 제네바 협정(전시의 부상병·포로·전사자 취급에 관한 국제 협정).
Genéva cróss 명 적십자(red cross).

Genéva gòwn (칼뱅파 및 영국의 장로교 교회 등에서 쓰는) 목사의 검은 예배복.

Ge·ne·van [dʒəníːvən] 형 1 제네바의. 2 칼뱅파의(Calvinistic). ─ 명 1 제네바 사람. 2 칼뱅파 신자.

Ge·nève [F ʒənéːv] 영 Geneva의 프랑스명.

Gen·e·vese [dʒènəvíːz] 형 =Genevan. ─ 명 1 =Genevan. 2 (생선 요리의 소스가) 제네바풍의.

Gen·ghis Khan [dʒéŋgis káːn, géŋ-] 명 칭기즈 칸(成吉思汗)(1162-1227): 몽고 제국의 창설자). (또는 **Jénghis[Jínghis] Khán**)

*gen·ial¹ [dʒíːnjəl, -niəl] 형 1 (기후·풍토 따위가) 따뜻한, 온난한, 쾌적한; (건강·생물 따위에 좋은). ¶a ~ climate 따뜻한 기후. 2 (태도·성질 따위가) 친절한, 다정한, 온화한, 상냥한. ⇒AMIABLE 유의어 ¶~ greetings 친절한 인사말. 3 (페어) 결혼의; 생식(生殖)의. 4 (드물게) 천재의, 천재적인. ─ 명 (~s) 천재. **~·ness** 명

ge·ni·al² [dʒənáiəl] 형 (해부·동물) 턱(chin)의.

ge·ni·al·i·ty [dʒìːniǽləti] 명 ① 친절, 온정, 상냥함, 싹싹함; (기후의) 온난, 쾌적.

ge·nial·ize [dʒíːnjəlàiz, -niəl-] 타자 …을 유쾌[쾌적]하게 하다; …에게 따뜻한 마음을 갖게 하다.

gen·ic [dʒénik] 형 (생물) 유전자의[에 관한, 비슷한, 에서 생기는]. [<gene+-ic]

-gen·ic [dʒénik] 연결 1 producing, forming, produced by 의 뜻(* 종종 -gen, -geny로 Latin어 명사와 호응). ¶acrogenic. 2 be fitting of 의 뜻. ¶photogenic.

ge·nic·u·late [dʒəníkjulət, -lèit] 형 (해부·생물) 슬상(膝狀) 관절이 있는; 무릎 모양으로 굽은. **~·ly** 부

ge·nic·u·la·tion [dʒənìkjuléiʃən] 명 ①ⓒ 슬상 만곡(膝狀彎曲)(부(部)).

ge·nie [dʒíːni] 명 (pl. ~s, -ni·i [-niài]) 1 (회교 신화) 정령(精靈), 요정(jinn). 2 (동화의) 마법사의 심부름꾼.

ge·ni·i [dʒíːniài] 명 genius, genie의 복수형. ¶cf. **ge·nis·ta** [dʒənístə] 명 금작화속(屬)의 식물.

gen·i·tal [dʒénətl] 형 1 생식의; 생식기의, 성기의. ¶the ~ organs 생식기. 2 (정신분석) 성기기(性器期)의; 성기 성욕(性慾)의. ─ 명 (~s) 성기, 생식기, 외음부(外陰部). **~·ly** 부 [진(疱疹)].

génital hérpes 명 (병리) 음부(陰部) 헤르페스[포

gen·i·ta·li·a [dʒènətéiliə, -ljə] 명(pl.) (해부) 생식기, 성기; 외음부(外陰部). **-al, -tal·ic** [-tǽlik] 형

gen·i·tal·i·ty [dʒènətǽləti] 명 오르가슴에 달할 능력이 있음; 성기에 대한 과도한 관심, 성기 편중; (정신분석) 성기 성욕.

gen·i·ti·val [dʒènətáivəl] 형 (문법) 속격(屬格)(형)의. **~·ly** 부

gen·i·tive [dʒénətiv] 형 소유격의, 제2격의, 속격의. ¶the ~ case 소유[속]격. ─ 명 속격, 제2격; 속격의 말[구조]. ¶itourinary.

gen·i·to- [dʒénətou, -tə] 연결 genital의 뜻. ¶gen-

gen·i·to·u·ri·nar·y [dʒènətoujúərənèri] 형 (해부·생리) 비뇨 생식기의(泌尿生殖器의)(urogenital). ¶~ medicine 비뇨 생식기학(성병 따위를 다룸).

‡**gen·ius** [dʒíːnjəs, -niəs] 명 (pl. ~·es [-iz]) 1 ① (예술 따위에서의) 천부성(天分), 천부의 재능. ¶a man of ~ 천재. 2 천재, 영재, 귀재(의,at, with); (심리) (지능 단계의) 천재(* IQ 140 이상). ⇒ABILITY 유의어 ¶an infant ~ 신동/a mathematical ~; a ~ in mathematics 수학의 천재/He's a ~ at chess. 그는 체스의 천재이다. 3 (a ~) 비범한 능력, 재능, 소질 (for). ¶a ~ for music[art] 음악[미술]에 대한 (천부적) 재능. 4 (?) (시대·국민 특유의) 사조, 풍조, 정신; (언어·제도 따위의) 특질, 특성; (고장의) 기풍, 분위기. ¶the ~ of the English language 영어의 특질. 5 (pl. **ge·ni·i**) (특유의 어떤 장소·제도 따위의) 수호신. 6 (남·장소·행위·운명 따위에) 영향을 미치는 사람. 7 (명 **ge·ni·i**) 악령, 정령(의, 사람).

have a genius for …의 재능이 있다, 천재이다.
one's good[evil] genius 사람에게 붙어다닌다는 선령[악령]; 좋은[나쁜] 감화를 주는 사람.

génius bánk 명 (美) 천재 (정자) 은행.
génius gránt 명 (과학·예술계) 영재상(英才賞).

ge·ni·us lo·ci [dʒíːniəs lóusai] 영 (the ~) 고장의 수호신; 터주; 고장의 기풍, 분위기. [<L]

Genl., genl. General; general.

genned-up [dʒéndʌp] 형 (英구어) …에 정통한, …에 대해 환한(about, on).

gen·o·a [dʒénouə] 명 (때로 G-) (해사) 제노아 지브(요트의 큰 돛에 포개는 큰 지브). (또는 ~ **jib**)

Gen·o·a [dʒénouə] 명 제노아(이탈리아 Milan 남쪽의 항구 도시; 이탈리아명 Genova). 「이크.

Génoa cáke 위에 아몬드를 얹은, 건포도가 든 케

gen·o·cide [dʒénəsàid] 명 ① (특정 인종·민족의 계획적·조직적인) 대량 살육, 집단 학살. **gèn·o·cíd·al** 형

Gen·o·ese [dʒènouíːz] 형 제노아의; 제노아 사람의. ─ 명 (pl. ~) 제노아 사람; 제노아 방언.

gen·o·gram [dʒénəgrǽm] 명 ⓒ 심리학적 가계도 (가족의 성격과 세대간의 상호 작용을 나타낸 그림).

ge·noise [ʒeinwɑ́ːz] 명 스펀지 케이크.

ge·nome [dʒíːnoum] 명 (유전) 게놈. 1 생물의 최소한의 유전자군(群)을 가진 염색체의 한 세트. 2 (일반적으로) 생물의 유전물질. (또는 **genom**) 《G gen+chromosome》

ge·no·mic [dʒinóumik, -náː-] 형 게놈의, 유전자의. ─ (~s) (단수 취급) 게놈 연구, 게놈학.

gen·o·pho·bi·a [dʒènəfóubiə] 명 성(性) 공포, 성욕 공포증.

gen·o·type [dʒénətàip, dʒíː-] 명 (유전) 1 유전자형(型 phenotype). 2 공통 유전자를 가지는 생물군(群). **-typ·ic** [-típik], **týp·i·cal** 형 **týp·i·cal·ly** 부

-gen·ous [dʒənəs] 연결 producing, produced by 의 뜻(* 명사 어미인 -gen과 호응). ¶endogenous.

Gen·o·vese [dʒènəvíːz] 형 = Genoese.

gen·re [ʒɑ́ːnrə] 명 1 종류; 유형, 양식; (문학·예술 따위의) 부문, 부류, 장르. 2 ① (미술) 풍속화(~ painting): 사실주의, 풍속화법. ─ (미술) 일상 생활을 그린, 풍속화(법)의; 장르별의. [<F]

génre páinting 명 풍속화. **génre páinter**
génre públishing 명 장르[유형] 출판.

gens [dʒenz] 명 (pl. **gen·tes** [dʒéntiːz]) (고대 로마의) 부족, 씨족; (인류) 부계 씨족.

Gen·scher [génʃər] 명 **Hans-Dietrich** ~ 겐셔 (1927-): 독일의 정치인; 외상; 독일 통일의 주역).

gent¹ [dʒent] 명 1 (구어) 신사; 신사인 체하는 사람; (~s) 남성. 2 (the G-s(?)) (단수 취급) (英구어) 남자용 공중 변소기.(美) men's room. [<gentleman]

gent² 형 (페어) 우아한, 품위 있는; 고귀한 태생의.

Gent., gent. gentleman; gentlemen.

gen·ta·mi·cin [dʒèntəmáisin] 명 (약학) 젠타마이신(항생 물질).

*gen·teel [dʒentíːl] 형 1 (문어) 상류 사회의 사람의, 2 가문이 좋은, 좋은 집안에서 자란; 품위 있는, 우아한. 2 (반어적) 거드름 피우는, 고상한 체하는. **do the genteel** 점잔빼다, 젠체하다. **~·ly** 부 **~·ness** 명

gen·teel·ism [dʒentíːlizm] 명 점잔은 말[거동] (예: sweat → perspire, bitch → lady-dog).

gen·tes [dʒéntiːz] 명 gens의 복수형.

gen·tian [dʒénʃən] 명 용담과(龍膽科)의 식물; 그 뿌리로 만든 건위강장제.

gen·tian-bit·ter [-bìtər] 명 용담 고미액(苦味液).

géntian víolet 명 젠티아나 바이올렛(로자닐린(rosaniline)에서 채취한 자줏빛 염료의 일종).

*gen·tile [dʒéntail] 명 (때로 G-) 형 1 (유대인이 아닌) 이교도의, (드물게) (유대인 입장에서) 이방인의, 기독교도의. 2 (일반적으로) 이교의. 3 (모르몬교도 사이에서) 비모르몬교도의. 4 (문법) 민족[국적, 국가]을 나타내는 말.

gentility 1155 **gentry**

──⒜ 1 유대 민족 이외의, 비유대인의. (유대인 입장에서) 이방인의. 2 (유대인과 구별하여) 기독교도의. 3 (일반적으로) 이교(도)의. 4 비모르몬 교도의. 5 부족[씨족]의. 6 (문법) 민족[국적, 국가]을 나타내는.
~·**dom** [-dəm] ⒜ (유대인 입장에서) 전(수)이방인; 이교도.
gen·til·i·ty [dʒentíləti] ⒜ 1 ⓤ 양가(良家) 태생, 명가(名家) 출신; 고상함, 우아함. 2 ⓤⒸ (반어적) 고상한 체하기; (-ties) 고상한 체하는 행위[행동]. 3 상류 사회의. (the ~) (집합적) 상류 계급 인사.

‡**gen·tle** [dʒéntl] ⒜ (-tler; -tlest) 1 (사람·말투 등이) (…에 대해) 부드러운, 온화한, 친절한, 정중한 (with, to). ¶a ~ manner 부드러운 태도 / a ~ mother 자모(慈母) / be ~ with [or to] her 그녀에게 상냥하게 대하다. 2 (날씨·동작 따위가) 평온한, 조용한, 부드러운; (지배·처벌 따위가) 관대한, 엄하지 않은. ¶a ~ wind 산들바람. 3 적당한, 알맞은. ¶take ~ exercise 적당한 운동을 하다. 4 (경사 따위가) 가파르지 않은, 완만한(steep). ¶a ~ slope 완만한 비탈.

⟨유의어⟩ **gentle** 같은 종류의 사물에서 흔히 볼 수 있는 난폭·과격함이 없이 평온함을 느끼게 하는; 사람의 경우는 의식적으로 다른 사람에게 친절·완용을 베푸는 것을 뜻한다. **mild** 그 뜻이 gentle보다 소극적이며 약하다. **soft** 거칠거나 과격한 면이 없고 느낌이 한결 부드러운.

5 가문[태생]이 좋은, 상류 계급의. ¶a man of ~ blood [or birth] 가문이 좋은 사람. 6 (동물이) 순한 이든. ¶a ~ animal 순한 동물. 7 고상한, 세련된, 교양이 있는, 우아한; 신사의. 8 (소리 따위가) 낮은, 조용한. ¶a ~ voice 조용한 목소리. 9 (약·술 따위가) 독하지[세지] 않은; (맛·기분 따위가) 부드러운, 무던한. 10 문장(紋章)을 달 자격이 있는. 11 (고어) (인격 따위가) 정숙한, 기사도적인.
gentle and simple 상하 귀천(의), 신분의 고하를 막론하고.
(**my**) **gentle reader(s)** (문어) 관대한 독자여(옛날에 저자가 머리말 등에서 쓴 말).
──⒝ 1 (고어) 신사, 가문이 좋은 사람; (~s) (고어·속어) ~=gentlefolk. 2 (낚싯밥으로 쓰는) 구더기.
──⒞ (~s [-z]; ~d; -tling) 1 (말 따위를) 길들이다. 2 (사람을) 달래다. 3 (성격·행동·동작을) 온화[얌전]하게 하다, 유순하게 하다, 4 (몸 따위를) 부드럽게 [쓰다듬다], 부드럽게 다루다. 5 (폐어) …을 고상[고귀]하게 하다; 귀족으로 만들다. ──ⓐ 우아하게 되다; 조용히 움직이다[걷다].
géntle árt ⒜ =gentle craft 1.
géntle bréeze ⒜ 산들바람; (기상·해사) 연풍(軟風)(시속 8–12 마일). ┌인내를 요하는 활동[일].
géntle cráft ⒜ (the ~) 1 (스포츠로서의) 낚시. 2
gen·tle·folk [dʒéntlfòuk] ⒜ (때로 ~s) (복수취급) 가문이 좋은 사람들, 양가(良家)의 사람들.
gen·tle·hood [dʒéntlhùd] ⒜ 가문(家紋)을 가질 권리가 있는 사람의 지위; 가문이 좋음.

‡**gen·tle·man** [dʒéntlmən] ⒜ (⒡ -**men** [-mən]) 1 신사; 집안이 좋은 사람, 신분이 고귀한 사람(⒡ lady). 2 a) (정중한 말씨로) 남자분, 양반. ¶Show this ~ to a seat. 이 남자분을 자리로 안내해 주세요. b) (경멸적) 저 친구[녀석]. ¶my ~ 저 친구[놈, 녀석]. 2 (-**men**) a) (호칭) 제군, 여러분. ¶Gentlemen! (남자 청중에 대하여) 제군! (* 남녀의 청중에 대하여는 Ladies and gentlemen!) b) (G–) (상업 서한의 첫머리에서) 근계(謹啓) (* 최근에는 Ladies and Gentlemen, Gentleperson 따위로 쓴다). 4 교양이 있고 점잖은 사람, 신사, 군자. 5 (귀족·왕왕 등의) 남자 시종(侍從). 6 일정한 수입[직업]이 없는 남자, 유한 계급의 사람; (영) 밀수업자. ¶be a ~ (익살) 백수이다. 7 (영) (크리켓 따위의) 아마추어 선수. 8 (영역사) yeoman(향사(鄕士))보다 지위가 높은 남자; 지위가 높은 사람. 9 (-**men**) (단수 취급) (영) 남자 화장실(⒤ men's room) (For Gentlemen의 생략; the Gentlemen's [or gentlemen's]라고도 한다)(⒡ ladies). 10 (the ~) (미) (상·하원의) 남자 의원.
a gentleman at large ① (익살) 무직자, 실업자. ② (영고어) 특정한 임무가 없는 궁내관(宮內官).
a gentleman in waiting 시종. ┌기군.
a gentleman of fortune (익살) 해적; 모험가; 사
a gentleman of the press 신문 기자.
a gentleman of the road 노상 강도; 거지, 부랑자; 행상인; 집시(gypsi).
a gentleman of the short staff (익살) 경찰관.
a gentleman of the three outs 돈도 옷도 신용도
play the gentleman 신사인 체하다. ┌없는 사람.
the old gentleman (익살) 악마.
~·**hòod** ⒜ⓤ 신사의 신분[자격]. ~·**like** ⒜
gen·tle·man-at-arms [-ətɑ́ːrmz] ⒜ (⒡ -**men-**) (영) (국왕의) 의장병(儀仗兵) 취위병.
gen·tle·man-com·mon·er [-kɑ́mənər/-kɔ́m-] ⒜ (영) (옛날 Oxford·Cambridge 대학의) 특별 자비생.
gen·tle·man-farm·er [-fɑ́ːrmər] ⒜ (⒡ -**men-farm·ers**) 취미로 농사짓는 사람; 부농(富農).
gen·tle·man·ly [dʒéntlmənli] ⒜ 신사다운[적인], 예의바른, 신사에 걸맞는. ¶in a ~ 신사답게. -**li·ness**
gen·tle·man-rank·er [-ræŋkər] ⒜ (영) (신사 계급 출신의) 병사, 졸병. ┌agreement.
géntleman's agréement ⒜ =gentlemen's
géntleman's géntleman ⒜ (귀인의) 종자(從者), 종복, 하인. ┌신분; 신사임, 신사적 태도.
gen·tle·man·ship [dʒéntlmənʃip] ⒜ ⓤ 신사의
gen·tle·man-ush·er [-ʌ́ʃər] ⒜ (⒡ -**men-ush·ers**) (영국 왕실의) 궁내관(宮內官). ┌(默契).
géntlemen's agréement ⒜ 신사 협정; 묵계

*__gen·tle·ness__ [dʒéntlnis] ⒜ⓤ 상냥함, 관대[얌전]함, 친절; 고상[우아]함.
Géntle Péople ⒜ 선량한 사람들.
gen·tle·per·son [dʒéntlpə̀ːrsn] ⒜ 1 (익살) 여러분; 신사, 숙녀(lady) (성차별을 피한 용어). 2 (G–s) (회사로 보내는 편지의 서두에서) 근계(謹啓). ┌(séx)
géntle séx (the ~) (집합적) 여성. (또는 **géntler**
gen·tle-voiced [-vɔ̀ist] ⒜ 목소리가 상냥한.
gen·tle·wom·an [dʒéntlwùmən] ⒜ (⒡ -**men**) 귀부인, 숙녀. 2 (영역사) 시녀. 3 (the ~) (상·하원의) 여성 의원. ~·**hòod** ⒜ⓤ 귀부인의 신분, 숙녀임. ~·**like** ⒜ 숙녀다운, 정숙한. -**li·ness** ⒜ ~·**ly** ⒜

‡**gen·tly** [dʒéntli] ⒠ (more ~; most ~) 1 상냥하게, 친절하게. 2 평온하게, 조용하게, 부드럽게; 알맞게. ¶Speak ~. 조용히 말하라. 3 서서히, 완만하게. 4 가문이 좋게, 양가 태생으로. ¶be ~ born [bred] 좋은 집안에서 태어나다[자라다]. 5 (소리가) 조용히. 6 고상하게, 세련되게. 7 ~ attired 세련된 옷맵시의.
Gently does it. (구어) (일 따위를) 조심하여 하시오.
gen·tri·fi·ca·tion [dʒèntrəfikéiʃən] ⒜ (도시 빈민가 부의의) 고급화. ┌화한.
gen·tri·fied [dʒéntrəfàid] ⒜ 고상한, 세련된; 고급
gen·tri·fy [dʒéntrəfài] ⒞ⓔ (빈민가 따위)를 고급화하다, 고상하게 하다. ~(⒡) 고급화되다. -**fi·er** ⒜
gen·tron·ics [dʒentrɑ́niks/-trɔ́n-] ⒜ (생물·전자) 젠트로닉스(유전학과 전자 공학을 결합한 혁신적 기술 분야). [⟨genetics+electronics⟩]

*__gen·try__ [dʒéntri] ⒜ⓤ 1 (the ~) (집합적) 상류 계급 사람들, 가문[가정 교육]이 좋은 사람들. 2 (the ~) (복수취급) (영) 신사 계급 (영국 계급으로 중류 상층 계급). 3 (the ~) (복수취급) 지배자[특권] 계급, 귀족; 넓은 토지의 소유자. 4 (집합적·복수취급) (구어·경멸적) 패거리, 동아리. ¶these ~ 이런 무리들 / the news-paper ~ 신문쟁이들. 5 신사의 신분, 신사임.

gents' [dʒents] 명 (the ~) (구어) 남자용 공중 변소.
ge·nu [dʒíːnjuː, dʒén-] 명 (복 ~·a) (해부) 무릎. **~·al** 형 무릎의(같은).
gen·u·flect [dʒénjuflèkt] 동자 (예배 등에서) 한쪽 무릎을 꿇다, 공손히 무릎을 꿇다; 비굴한 태도를 취하다, 추종하다. **-fléc·tion, -flèc·tor** 명
*__gen·u·ine__ [dʒénjuin] 형 (more ~; most ~) 1 진짜의, 모조품이 아닌. ¶a ~ diamond 진짜 다이아몬드 / ~ writing 진필(眞筆). 2 (병이) 진성(眞性)의. ¶a ~ case of cholera 진성 콜레라. 3 꾸밈[위선]이 없는, 마음에서 우러나온; 성실한. ¶a ~ person 성실한 사람. 4 (사람·행동이) 순수한; (동물이) 순종의. ¶a ~ poodle 순종 푸들. **~·ness** 명 [닛] 진품.
génuine àrticle 명 (the ~) (구어) 대용품이 아
*__ge·nus__ [dʒíːnəs] 명 (복 __gen·e·ra, ~·es__) 1 종류, 부류. 2 (생물) 속(屬)(과(family)와 종(species) 사이). 3 (논리) 유(類), 유개념.
Gén X [dʒen éks] 명 =Generation X.
Gén X·er [dʒen éksər] 명 Generation Xer.
-ge·ny [dʒəni] (연결) origin의 뜻. ¶phylogeny.
geo [dʒíːou] 명 (복 ~s) (스코) 작은 만(灣), 협곡.
Geo. George.   「graphy.
ge·o- [dʒíːou, dʒíə-] (연결) the earth의 뜻. ¶geo-
ge·o·bank·er [dʒíːoubæŋkər] 명 (금융) 전세계에 지점·자회사망을 가진 금융업자. **-bánk·ing** 명
ge·o·bot·a·ny [dʒíːoubátəni/-bɔ́t-] 명① 지구 식물학(phytogeography). **-bo·tán·ic, -bo·tán·i·cal -bo·tán·i·cal·ly** 부 **-nist** 명
ge·o·cen·tric [dʒìːouséntrik] 형 1 (천문) 지구 중심으로부터의, 지구의 중심에서 본[잰]. 2 지구 중심의, 지구를 중심으로 한(⇔heliocentric); 지구를 기준으로 한. ¶a ~ theory of the universe 천동설(天動說). (또는 **geocentrical**) **-tri·cal·ly** 부 **-tri·cism** 명
geocéntric látitude 명 지심 위도(地心緯度).
geocéntric lóngitude 명 지심 경도(地心經度).
ge·o·chem·is·try [dʒìːoukémistri] 명 지구 화학; 물질의 화학적·지질학적 성질.
-chem·i·cal -chem·i·cal·ly 부 **-chem·ist** 명
ge·o·chro·nol·o·gy [dʒìːoukrənάlədʒi/-nɔ́l-] 명① 지질 연대학. **-chròn·o·lóg·ic, -i·cal -gist** 명
ge·o·chro·nom·e·try [dʒìːoukrənάmitri/-nɔ́m-] 명 (방사성 원소 따위에 의한) 지질 연대 측정(법). **-chron·o·met·ric** [-krὰnəmétrik/-krɔ̀n-] 형
ge·o·co·ro·na [dʒìːoukəróunə] 명 (천문) 지구 코로나(지구 대기의 가장 바깥쪽에 존재하는 층). **-nal** 형
geod. geodesic; geodesy; geodetic.
ge·ode [dʒíːoud] 명 (지질) 정동(晶洞); 이질 정족 (異質晶族). **-od·ic** [dʒiάdik] 형
ge·o·des·ic [dʒìːədésik, -díːs-] 형 측지(測地)(학)의, 측지의; 측지선의(geodetic). (는 **geodesical**) ─ 명 (또는 ~ **líne**) (수학) 측지선(測地線).
geodésic dóme 명 (건축) 측지선 돔(다각형의 격자를 짜맞춰 만든 경량(輕量) 돔).
ge·od·e·sy [dʒiάdəsi/-ɔ́d-] 명① 측지학(응용 수학의 일부분). (는 **geodetics**) **-sist** 명 측지학자.
ge·o·det·ic [dʒìːədétik] 형 측지학의; (수학) 측지선의. (또는 **geodetical**) **-i·cal·ly** 부
geodétic sàtellite 명 측지 위성.
GEODSS (군사) _ground-based electro-optical deep space surveillance_ (지상 설치형 전자 광학식 심(深)우주 감시(시스템)).
ge·o·duck [gúːidʌk] 명 대합(大蛤)류의 일종(식용).
ge·o·dy·nam·ics [dʒìːoudainǽmiks] 명복 (단수급) 지구 역학. **-ic, -i·cal -i·cist** 명
ge·o·ec·o·nom·ics [èkənάmiks, -ìːkə-/-nɔ́m-] 명복 (단수취급) 지리 경제학. **-ic, -i·cal -i·cal·ly** 부

Geof·frey [dʒéfri] 명 제프리(남자 이름; 애칭 Geoff, Jeff; 별칭 Jeffrey).
geog. geographer; geographic(al); geography.
ge·og·no·sy [dʒiάgnəsi/-ɔ́g-] 명① (고어) 지구 구조학. **-nós·tic** 형
*__ge·og·ra·pher__ [dʒiάgrəfər/dʒiɔ́g-] 명 지리학자.
*__ge·o·graph·i·cal__ [dʒìːəgrǽfikəl/dʒìə-] 형 1 지리(상)의, 지리학에 관한. 2 지리상의, 지리적인. ¶~ features 지세(地勢)/~ distribution 지리적 분포. (또는 **geographic**) **~·ly** 부
geographical látitude 명 지리학적 위도.
geographical lóngitude 명 지리학적 경도.
geographical médicine 명 (의학) 지리 의학, 기상 환경 의학(geomedicine).
geographical míle 명 지리 마일(약 1,852m).
‡__ge·og·ra·phy__ [dʒiάgrəfi/dʒiɔ́g-] 명 (복 __-phies__ [-z]) 1 지리학; 지리학 연구. ¶physical [human] ~ 자연[인문] 지리학. 2 ①ⓒ 지형, 지세, 지리. 3 (구성요소의) 전체적 배치, 윤곽. ¶the ~ (of) (英구어) (部屋의) 구조, 방의 배치; (완곡적) 화장실. 5 지리학 서적[논문], 지지(地誌). 「배치; (완곡적) 뒷간, 화장실
the geography (of the house) (구어) (집의)
ge·o·hy·drol·o·gy [dʒìːouhaidrάlədʒi/-drɔ́l-] 명 지하수학(學). **-dro·lóg·ic, -i·cal -gist** 명
ge·oid [dʒíːoid] 명 지오이드, 지구체(體)(표면을 전부 평균 해면으로 간주한 지구의 모양). **ge·ói·dal** 형
geol. geologic(al); geologist; geology.
ge·o·lin·guis·tics [dʒìːoulingwístiks] 명복 (단수취급) (언어) 지리 언어학, 언어 지리학.
*__ge·o·log·ic__ [dʒìːəlάdʒik/-lɔ́dʒ-] 형 지질학(상)의, 지질의. (또는 **geological**) **-i·cal·ly** 부
geológical oceanógraphy 명 지질 해양학.
geológical súrvey 명 지질 조사.
geológic máp 명 지질도(圖).
geológic tíme 명 (지질) 지질학적 시간, 지질 연대.
*__ge·ol·o·gist__ [dʒiάlədʒist/dʒiɔ́l-] 명 지질학자.
ge·ol·o·gize [dʒiάlədʒàiz/dʒiɔ́l-] (*英) -gise) 동자 지질학을 연구하다; 지질 조사를 하다. ─ 타 …의 지질(학적) 조사를 하다.
*__ge·ol·o·gy__ [dʒiάlədʒi/dʒiɔ́l-] 명 1 ① 지질학; 천체 (우주) 지질학. 2 ①ⓒ 지질, 암석 분포, 지질학적 특징. ¶the ~ of Mars 화성의 지질. 3 지질학 서적[논문].
geom. geometer; geometric(al); geometry.
ge·o·mag·net·ic [dʒìːoumæɡnétik] 형 지자기(地磁氣)의; 지자기학의. ¶~ field 지구 자기장.
geomagnetic stórm 명 =magnetic storm.
ge·o·mag·net·ism [dʒìːoumǽɡnətìzm] 명① 지(구)자기; 지(구)자기학.
ge·o·man·cy [dʒíːoumænsi] 명① 흙점(占)(종이 위에 아무렇게나 던진 한 줌의 흙의 모양이나 선을 보고 치는 점). **-cer** 명 **-màn·tic** 형 흙점의.
ge·o·med·i·cine [dʒìːoumédəsin] 명① 지리 의학, 기후 환경 의학(geographical medicine).
ge·om·e·ter [dʒiάmətər/dʒiɔ́d-] 명 1 기하학자(geometrician), 2 자벌레나방, 자벌레.
*__ge·o·met·ric__ [dʒìːəmétrik] 형 1 기하학(상)의, 도형 따위의) 기하학적인, 등비[기하] 수열의. ¶~ population growth 기하 급수적인 인구 증가. 2 기하학적인 그림[조각]의, (G-) (고대 그리스 미술에서) 기하학 양식의. ¶~ style 기하학적 양식. (또는 **geometrical**) ─ 명 기하학(학)적 무늬. **-ri·cal·ly** 부
geométric génerator 명 (컴퓨터) 도형(圖形) 발생기.   「기하학자.
ge·om·e·tri·cian [dʒìːəmətríʃən, dʒìːə-/dʒìɔ́-] 명
geométric méan 명 (수학) 등비(비례) 중항(中項); 상승(相乘)(기하) 평균.
geométric progréssion 명 (수학) 등비 수열.
in geometric progression 가속도적으로.

ge·o·met·rics [dʒìːəmétriks] 图图 기하학적 특징; 기하학적 디자인[패턴].

geométric séries 图 《수학》 등비[기하] 급수.

geométric spíder 图 방사상·나선상의 그물을 치는 호랑거밋과(科)의 거미.

geométric trácery 图 (영국 고딕 건축의) 기하학 양식의 창(窓) 장식. ─ 图 자벌레나방.

ge·om·e·trid [dʒiɑ́mətrid/-ɔ́m-] 图 자벌레나방

ge·om·e·trize [dʒiɑ́mətràiz/-ɔ́m-] 图巨 기하학을 연구하다; 기하학적 방법으로 처리[고찰]하다. ─ 图 …을 기하학적 도형으로 만들다; …에 기하학 원리를 적용하다. **-tri·zá·tion** 图

‡**ge·om·e·try** [dʒiɑ́mətri/-ɔ́m-] 图 (**-tries** [-z]) 1 ⓤ 기하학; 기하학 체계. ¶analytic [metrical] ~ 해석(解析)[계량(計量)] 기하학 / (non-)Euclidean ~ (비)유클리드 기하학 [plane[solid, spherical] ~ 평면[입체, 구면] 기하학. 2 기하학 서적[논문], 기하학 교과서. 3 (고체·표면의) 형상; 평면[입면] 도형. 4 (기계 장치 따위의) 외형, 구조; 기하학적 배열[의장]. ¶a variable ~ plane 가변익(可變翼) 비행기.

ge·o·mor·phic [dʒìːəmɔ́ːrfik] 图 지표(地表)의[에 관한]; 지구와 비슷한 형의.

ge·o·mor·phol·o·gy [dʒìːəmɔːrfɑ́lədʒi/dʒìːəmɔːrfɔ́l-] 图 ⓤ 지형학(地形學); 지형학적 특징. **-pho·lóg·ic, -pho·lóg·i·cal** 图 **-pho·lóg·i·cal·ly** 图 **-gist** 图

ge·oph·a·gy [dʒiɑ́fədʒi/-ɔ́f-] 图 ⓤ 토식(土食) (습관)(earth eating) (흙 따위를 먹는 일; (유아 등의) 토식벽(癖)). (또는 **geophagia, geophagism**) **-gist** 图 **-gous** 图

ge·o·phone [dʒìːəfòun] 图 《상표》 지오폰, 지중청음기(地中聽音機).

ge·o·phys·i·cal [dʒìːoufízikəl] 图 지구 물리학(상)의. **~·ly** 图

geophýsical wárfare 图 《군사》 지구 물리학전(戰)(기상 변화 등 환경의 인위적 변경을 꾀하는 일).

ge·o·phys·ics [dʒìːoufíziks] 图图 《단수취급》 지구 물리학. **-i·cist** 图 ┌**-phýt·ic** 图

ge·o·phyte [dʒìːəfàit] 图 《식물》 지중(地中) 식물.

geopol. geopolitics

ge·o·pol·i·tics [dʒìːoupɑ́lətiks/-pɔ́l-] 图 《단수취급》 1 지정학(地政學). 2 (한 국가 또는 지역의) 지리적·정치적[지정학적] 요인. 3 지정학에 의한 국가 정책.

ge·o·po·lit·i·cal [dʒìːoupəlítikəl/-pɔ́l-] 图 지정학의, 지정학적인. (또는 **geopolitic**) ~ **cards** 지정학적 협상카드[수단]. **~·ly** 图 **-pòl·i·tí·cian, -tist** 图

ge·o·pon·ic [dʒìːəpɑ́nik/-pɔ́n-] 图 농경[농업]의 (agricultural) (익살) 시골의, 시골티가 나는. ┌<Gk>

ge·o·pon·ics [dʒìːəpɑ́niks/-pɔ́n-] 图图 《단수취급》 농경술, 농(업)학(husbandry).

ge·o·po·ten·tial [dʒìːəpətén∫əl] 图 《물리》 지오퍼텐셜(어떤 고도에서의 단위 질량의 위치 에너지와 해면에서의 위치 에너지와의 차이).

ge·o·pres·sured [dʒìːouprɛ́ʃərd] 图 지압(地壓)을 받고 있는. (또는 **geopressurized**)

ge·o·probe [dʒìːəpròub] 图 《로켓》 우주 탐사 로켓(지구 표면에서 6,400km 이상 떨어진 우주 공간을 조사함).

ge·o·ram·a [dʒìːərǽmə/-rɑ́ːmə] 图 지오라마(큰 원구(圓球)의 내면에 그려진 지구[대지의 경치]를 구경꾼에게 보게 하는 장치).

Geor·die [dʒɔ́ːrdi] 图 《스코·英》 조디. 1 (때로 g-) 타인(Tyne) 강 유역 주민(의). 2 방언; (Tyne 강의) 석탄선; (George Stephenson)이 발명한 갱부용의 안전등. 2 옛날의 1기니 금화. (또는 **Geordy**)

George[1] [dʒɔːrdʒ] 图 1 잉글랜드의 수호성인 St. George의 악룡(惡龍)을 퇴치하는 그림; (가터 훈장의 악룡 퇴치의 조지 상(像)). 2 《英속어》 St. George 상이 있는 화폐(Geordie 2). 3 (통신어에서) G자를 나타내는 말. 4 갈색의 큰 토기 주전자. 5 《美속어》 항공병(兵) —

(비행기의) 자동 조종 장치. 6 《美속어》 뛰어난[근사한] 사람[것]. ¶the real ~ 최고의 것. 7 《美속어》 (극장의) 안내인(usher). 8 (때로 g-) 《속어》 변소.

by George 정말로, 어머나(가벼운 맹세 또는 감탄을 나타낸다). ┌《시켜라[말켜라]》.

Let George do it. 《속어》 (싫은 일은) 다른 사람에게 ─ 图 《美속어》 (때로 g-) 근사한, 멋진, 최고의. ─ 图印 《美속어》 (때로 g-) …을 (섹스 놀이에) 유혹하다, (여자를) 구슬러 성교하다.

George[2] 图 1 **Saint** ~ 성(聖) 조지(?-303?: 로마의 순교자; England의 수호 성인). 2 조지(남자 이름).

Géorge Cróss [Médal] 图 《英》 조지 십자 훈장.

George·town [dʒɔ́ːrdʒtàun] 图 조지타운. 1 남미 Guyana의 수도·항구 도시. 2 미국 Washington, D.C.의 고급 주택가.

Geor·géette (crépe) [dʒɔːrdʒét-] 图 (종종 g-) 《상표》 조젯(얇은 견(絹) 또는 인조견 크레이프).

Geor·gia [dʒɔ́ːrdʒə] 图 1 조지아(미국 동남부의 주; 주도 Atlanta; 약 Ga.). 2 그루지야 (공화국)(카프카스 지방의 나라로 CIS 가맹국; 수도 Tbilisi). 3 조지아(여자 이름).

Géorgia Màfia 图 《美》 조지아 마피아(미국 대통령 J. Carter의 Georgia 주지사 시절부터의 측근들).

Geor·gian [dʒɔ́ːrdʒən] 图 1 (영국의) George 왕조 (시대의)(George 1-4세, 1714-1830); George 왕조풍의. 2 George 5세(1910-36)(시대)의. 3 (미국의) Georgia 주[사람]의. 4 그루지야(공화국)의; 그루지야인[어]의. ─ 图 1 (영국의) George 왕조[5세] 시대의 사람[작가]; 2 George 왕조[5세] 시대의 양식[특징]. 3 (미국의) Georgia 주 사람. 4 그루지야 국민. ⓤ 그루지야어(語).

Géorgia píne 图 = longleaf pine, ┌(earth science).

geor·gic [dʒɔ́ːrdʒik] 图 농업(의)(agricultural). ─ 图 전원[농사]시(詩).

ge·o·sci·ence [dʒìːousáiəns] 图 지구 과학, 지학

ge·o·sci·en·tist [dʒìːousáiəntist] 图 지구 과학자, 지학자. ┌「이) 지압에 견디는,

ge·o·stat·ic [dʒìːoustǽtik] 图 지압(地壓)의; (건물 《물리》 강체(剛體)역학, 지압학(地壓學).

ge·o·stat·ics [dʒìːoustǽtiks] 图 《단수취급》

ge·o·sta·tion·ar·y [dʒìːoustéi∫ənèri/-∫ənəri] 图 (위성이) 지구 정지 궤도(靜止軌道)상에 있는. ¶a ~ satellite 정지 위성 / ~ orbit (위성의) 정지 궤도.

ge·o·strat·e·gy [dʒìːoustrǽtədʒi] 图 ⓤ 전략 지정학(地政學); 지정학에 바탕을 둔 전략[정책]. **-stra·te·gic** [-strətíːdʒik] 图 **-gist** 图

ge·o·stroph·ic [dʒìːoustrɑ́fik/-strɔ́f-] 图 《기상》 지구 자전에 의한 편향력(偏向力)의.

ge·o·syn·chro·nous [dʒìːousíŋkrənəs] 图 = geostationary. ¶~ orbit (위성의) 정지 궤도.

ge·o·tax·is [dʒìːoutǽksis] 图ⓤ 《생물》 주지성(走地性), 중력주성(重力走性)(생물이 중력 쪽으로, 또는 그 반대쪽으로 운동하는 성질).

ge·o·ther·mal [dʒìːouθə́ːrməl] 图 지열(地熱)의; 지구 열학의[에 관한]. (또는 **geothermic**) **~·ly** 图

geothérmal énergy 图 지열 에너지. ┌도.

geothérmal grádient 图 《지질》 지온(地溫) 변화

geothérmal pówer (generátion) 图 《전기》 지열 발전.

geothérmal pówer plànt 图 지열 발전소.

ge·o·trop·ic [dʒìːoutrɑ́pik/-trɔ́p-] 图 《생물》 향지(성)의[굴지(屈地)성의]. **-i·cal·ly** 图

ge·ot·ro·pism [dʒiɑ́trəpìzm/-ɔ́t-] 图 ⓤ 《생물》 향지성[굴지성, 중력굴성(重力屈性). @ heliotropism ¶ negative ~ 배지성(背地性) / positive ~ 향지성.

ger [gəər] 图 게르(몽고인의 둥근 주거 천막).

ger. gerund(ial); gerundive. **Ger.** German(ic); Germany. ┌[Jerry).

Ger·ald [dʒérəld] 图 제럴드(남자 이름; 애칭 Gerry,

Ger·al·dine [dʒérəldi:n] 몡 제럴딘(여자 이름; 애칭 Gerry, Jerry).
ge·ra·ni·um [dʒəréiniəm] 몡 1 〖식물〗 양아욱, 제라늄. 2 쥐손이풀속(屬)의 식물. 3 ⓊⒶ 선홍색(鮮紅色).
ger·ber·a [gə́ːrbərə, dʒə́ːr-] 몡 〖식물〗 솜나물.
ger·bil [dʒə́ːrbəl] 몡 〖동물〗 저빌쥐. (또는 **gerbille**)
Gere [giər] 몡 **Richard ~** 기어(1949- : 미국의 영화 배우). 「부산(產)의 목이 긴 영양.」
ger·e·nuk [gérənùk] 몡 〖동물〗 게레눅(아프리카 동
ger·fal·con [dʒə́ːrfɔ̀lkən] 몡 =gyrfalcon.
ger·i·at·ric [dʒèriǽtrik] 몡 노인병(학)의; 노령(기)의, 노인(용)의. ¶ ~ medicine 노인(병) 의학. 2 〈구어〉(사람·기계 등이) 낡은, 노쇠한. ── 몡 노인병 환자: 〈구어·경멸적〉노인, 늙다리.
geriátric fóod desìgner 몡 노인 전문 영양사.
ger·i·at·rics [dʒèriǽtriks] 몡 〖Ⓤ〗(단수취급) 노년의학, 노인 의학, 노인병학; 노년학(gerontology).
-a·tri·cian [-ətríʃən], **-rist** 노인병 전문의.
geriátric wárd 몡 노인 병동.
ger·i·at·ry [dʒèriǽtri] 몡 =geriatrics.
ger·kin [gə́ːrkin] 몡 =gherkin.
***germ** [dʒə́ːrm] 몡 1 세균, 미생물; 병원균, 병균. ¶ influenza ~s 인플루엔자 병원균 / spread ~s 세균을 퍼뜨리다. 2 〖ⓊⒸ〗(발생) **a)** 싹, 발아; 종(種). **b)** 〈생체의〉 원기(原基). 3 Ⓤ (보통 the ~) 〈사물의〉 싹, 조짐; 근원, 기원; (발달의) 초기: ¶ the ~ of an idea 어떤 생각의 싹틈. 4 〖생물〗 발생(진화)의 초기 단계: Ⓒ *in germ* 초기 단계의[에], 미발달의. ⌐= ~ cell. ── 〖병리〗 병원균의[에 의한]; (발달) 초기의.
── 몡 (비유적) =germinate.
~·less, ~·like 몡.
Germ. German; Germany.
ger·man [dʒə́ːrmən] 몡 1 (복합어로) 같은 부모[조부모]에게서 태어난: ¶ a brother-~ 친형제(兄弟) / a cousin-~ (친)사촌(first cousin). 2 〈고어〉 =germane.
‡**Ger·man** [dʒə́ːrmən] 몡 1 독일의; 독일풍[식, 제]의; 독일인[민족]의. 2 게르만 민족의; 독일어의.
── 몡 (~**s** [-z]) 1 독일인 (the ~**s**) 〈집합적〉 독일 국민. 2 Ⓤ 독일어. ¶ High ~ 고지(高地) 독일어(현재의 독일어 표준어) / Low ~ 저지(低地) 독일어(북부 독일 방언). 3 (보통 g-) 게르만 무용(프랑스 식의 cotillion 비슷한 사교춤의 일종); (g-) 그 무도회. 「계 미국인(의).」
Ger·man-A·mer·i·can [-əmérikən] 몡몡 독일
Gérman bánd 몡 가두 밴드[악대].
Gérman Democrátic Repúblic 몡 (the ~) 독일 민주 공화국(통일 이전의 동독의 명칭; 약 GDR).
ger·man·der [dʒə(:)rmǽndər] 몡 〖식물〗 개곽향속(屬)의 식물; 개불알꽃(~ speedwell).
ger·mane [dʒə(:)rméin] 몡 (…의) 밀접한 관계가 있는(*with*); (…에) 적절한(*to*); (페어) 근친 관계에 있는, 가까운. ~·ly 몡 ~·ness 몡.
Gérman Féderal Repúblic 몡 (the ~) 독일 연방 공화국(서독(1949-90) 및 현재 독일의 공식 명칭).
Ger·man·ic [dʒə(:)rmǽnik] 몡 1 독일(인)의 (German); 독일적의. 2 게르만 민족의, 게르만의.
── 몡 Ⓤ 게르만어의 조어(祖語). ¶ **East** [**North, West**] ~ 동(북, 서) 게르만어. **-i·cal·ly** 몡.
Ger·man·ish [dʒə́ːrməniʃ] 몡 독일식의 [게르만의].
Ger·man·ism [dʒə́ːrmənìzm] 몡Ⓤ 1 독일어풍 [어법, 표현]. 2 독일적 기풍 [정신], 독일인 기질. 3 독일(인) 편들기.
Ger·man·ist [dʒə́ːrmənist] 몡 독일 문화[문학] 연구자, 독일(게르만)어 학자. 「신, 독일인 기질.」
Ger·man·i·ty [dʒə:rmǽnəti] 몡Ⓤ 독일풍, 독일 정
ger·ma·ni·um [dʒə(:)rméiniəm] 몡Ⓤ 〖화학〗 게르마늄(희금속 원소의 하나; 기호 Ge).
Ger·man·ize [dʒə́ːrmənàiz] 몡 (* 英) **-ise**) 몡 (…을) 독일식으로 하다[되다], 독일화하다; (고어) (…을)

독일어로 번역하다. **-i·zá·tion**, **-ìz·er** 몡. 「(風疹).」
Gérman méasles 몡Ⓤ (단수취급) 〖병리〗 풍진
Ger·man·o- [dʒə(:)rmænou, -nə] 〖연결〗 German의 뜻. ¶ *Germanophile*, *Germanophobia*.
Gérman Ócean 몡 (the ~) 북해(North Sea)의 옛이름. 「독일광(狂), 독일 심취.」
Ger·man·o·ma·ni·a [dʒə(:)rmænəméiniə] 몡Ⓤ
Ger·man·o·phile [dʒə(:)rmǽnəfàil] 몡몡 독일 편드는 사람(의), 독일 문화 애호가(의); 독일 (문화) 연구자(의). (또는 **Germanophil**) **-phil·ia** 몡.
Ger·man·o·phobe [dʒə(:)rmǽnəfòub] 몡몡 독일을 싫어하는 (사람), 독일인 [문화, 사상]을 싫어하는 (사람); 독일 배척주의의 (사람).
Ger·man·o·pho·bi·a [dʒə(:)rmǽnəfóubiə] 몡Ⓤ 독일 혐오, 독일인 [문화, 사상]을 싫어하기, 독일 공포증, 반독 사상[감정].
Gérman sáusage 몡 독일 소시지(향료가 든 굵은 소시지).
Gérman shépherd 몡 독일 셰퍼드(경찰견·맹도견). (또는 **Gérman shépherd** [**police**] **dòg**)
Gérman shórthaired póinter 몡 털이 짧은 독일산 사냥개. 「(金).」
Gérman sílver 몡 양은(洋銀) (구리·아연·니켈의 합
Gérman téxt 몡 〔인쇄〕 독일 문자 활자(Fraktur).
Gérman wírehaired póinter 몡 독일산 털이 뻣뻣한 새 사냥개.
‡**Ger·ma·ny** [dʒə́ːrməni] 몡 독일(1990년 10월 3일에 통일; 수도 Berlin; 독일어명은 Deutschland).
gérm bànk 몡 세균 은행(연구용 배양균, 미생물 공급 기관).
gérm bòmb 몡 세균(폭)탄.
gérm càrrier 몡 보균자.
gérm cèll 몡 〖생물〗 생식[배젖] 세포. 〖혤〗somatic cell
gérm disèase 몡 세균성 질환.
ger·men [dʒə́ːrmən] 몡 (몡 ~**s**, **-mi·na** [-mənə]) 〖생물〗 생식선(生殖腺), 생식질(質); (고어) =germ.
gérm-frée [dʒə́ːrmfrí:] 몡 무균의; (실험 동물이) 무균 상태에서 자란. ¶ a ~ *condition* 무균 상태.
ger·mi·cide [dʒə́ːrməsàid] 몡ⒸⓊ 살균제.
-cíd·al 몡 살균하는, 살균력 있는; 살균제의.
ger·mi·cul·ture [dʒə́ːrməkλltʃər] 몡Ⓤ 세균 배양.
ger·mi·nal [dʒə́ːrmənəl] 몡 1 〖생물〗 생식 유아(幼芽)의, 배(胚)의, 배종(種)의; 생식 세포의. 2 배태(胎)기의; 초기(단계)의, 미발달의; 독창적인. ~·ly 몡.
gérminal dísk 몡 〖발생〗 배반(胚盤)(blastodisk).
gérminal vésicle 몡 〖발생〗 배포(胚胞), 난핵포(胞), 핵포. 「초기의.」
ger·mi·nant [dʒə́ːrmənənt] 몡 싹트는, 생장[발달]하기
***ger·mi·nate** [dʒə́ːrmənèit] 몡※ 1 성장[발달]하기 시작하다. 2 〖식물〗 (종자 따위가) 발아하다; (종자·포자 따위가) 〈성체로〉 자라다; 생기다, 발생하다. ── 몡 〈종자 따위를〉 발아시키다; …을 성장[발달]시키다, 발생시키다. **-na·ble** 몡 **-ná·tion** 몡.
ger·mi·na·tive [dʒə́ːrmənèitiv, -nət-] 몡 발아의, 발아[발생, 발육]력이 있는. ~·ly 몡.
ger·mi·na·tor [dʒə́ːrmənèitər] 몡 싹트게 하는 것[사람]; 발아력 시험기.
gérm làyer 몡 〖발생〗 배엽(胚葉).
gérm plàsm [**plàsma**] 몡 1 〖발생〗 배원질(胚原質), 생식(세포)질; 〈집합적〉 생식 세포. 2 유전 요소, 염색체와 유전자.
gérm-pròof [dʒə́ːrmprù:f] 몡 내균성의.
gérm théory 몡 〖발생〗 배원설(胚原說)/생물체의 배(胚)·종(種) 기원설; 〖병리〗 매균설(媒菌說).
gérm wárfare 몡 세균전(biological warfare).
gérm wéapon 몡 세균 무기. 「**·i·ness** 몡.」
germ·y [dʒə́ːrmi] 몡 〈구어〉 세균투성이의. **gérm-**
Ge·ron·i·mo [dʒəránəmòu/-rɔ́n-] 몡 제로니모 (1829-1909): 북미 인디언 아파치(Apache)족의 추장).
── 〖미군어〗 간다, 얏(낙하산병이 뛰어내릴 때 외치는

소리); 〔놀람·기쁨 따위를 나타내어〕야, 좋았어, 해냈어.
do one's Gerónimo (비행기에서) 낙하산으로 뛰어내리다.
ge·ron·tic [dʒəránтik/-rɔ́n-] 〘형〙 장수의, 노령의;
ge·ron·to- [dʒirántou, dʒə-, -tə/-rɔ́n-] 〘연결〙 old age의 뜻(* 모음 앞에서는 geront-). ¶gerontology.
ger·on·toc·ra·cy [dʒèrəntákrəsi/-tɔ́k-] 〘형U〙 노인 정치(지배), 장로제(長老制); 노인 정부.
ge·ron·to·crat [dʒiráтəkræt/-rɔ́nt-] 〘형〙 노인 지배자(정치인), 장로 정치인. **ge·ròn·to·crát·ic** 〘형〙
ge·ron·to·log·ic [dʒərɔ̀ntəládʒik/-tɔ-] 〘형〙 노인의; 노인(노령) 문제의. ¶a ~ counselor 노인 (문제) 상담자. (또는 **gerontological**)
ger·on·tol·o·gy [dʒèrəntálədʒi/-tɔ́l-] 〘형U〙 노인[노년]학〘형〙 geriatrics). **-gist** 〘형〙
ge·ron·to·mor·pho·sis [dʒərɔ̀ntoumɔ́:rfousis/-rɔ́n-] 〘형〙 〘생물〙 성체(成體) 진화(적응 능력을 잃고 멸종에 이르게 되는 진화상의 특수화; 공룡 따위가 그 예).
ge·ron·to·phil·i·a [dʒərɔ̀ntəfíliə/-rɔ́n-] 〘형〙 〘정신의학〙 노인(성)애(노인만을 성애의 대상으로 함).
ge·ron·to·pho·bi·a [dʒərɔ̀ntəfóubiə/-rɔ́n-] 〘형〙 노인 혐오; 노령[노화] 공포.
-ger·ous [dʒərəs] 〘연결〙 bearing, producing(…을 낳는, 가지는)의 뜻. ¶setigerous(강모(剛毛)가 난).
ger·o·vi·tal [dʒèrəváitl] 〘형U〙 〘약학〙 제로바이틀 (노화 방지약; 별칭 H3, GH3).
ger·ry·man·der [dʒérimǽndər, gér-] 〘형〙 〘타〙 〘美정치〙 〔선거구〕를 자기 당에 유리하게 등록 개편[구획]하다. 2 …을 부당하게 손질하다, 멋대로 뜯어고치다. ── 〘자〙 선거구를 멋대로 개편하다. ── 〘형U〙 〘美정치〙 (당리(黨利)를 위한) 선거구 개편, 게리맨더링; 그 선거구; (자파에게 유리하도록) 손질하기. **~·er** 〘형〙
〔< 美國 Massachusetts 주지사 E. Gerry (1744-1814)가 개정한 선거구 형태가 salamander(도룡뇽)와 비슷한 데서〕
Gersh·win [gə́:rʃwin] 〘형〙 거슈윈. 1 **George ~** (1898-1937; 미국의 작곡가). 2 **Ira ~** (1896-1983; 미국의 작사가; 1의 형).
gert·cha [gə́:rtʃə] 〘형〙 〔속어〕바보 같이, 썩 꺼져, 그만 둬. (또는 **gertcher**)
ger·trude [gə́:rtru:d] 〘형〙 어린이용 슬립[내복].
‡**ger·und** [dʒérənd] 〘형〙 〔문법〙 1 동명사(動名詞).

〘참고〙 동사 변화의 하나로 원형에 -ing를 붙인 형. 본래의 동사의 성질(목적어·보어·부사(구)를 수반할 수 있고, 완료형을 가진다)과 명사의 성질(주어·목적어·보어 따위로 되거나, 경우에 따라서는 the를 수반하거나 'of+명사' 로 목적어 상당어를 표현할 수 있다)을 아울러 가진다: Seeing is believing./I remember my mother singing the song for me. 나는 어머니가 내게 그 노래를 불러준 것을 기억하고 있다.

2 〔라틴 문법〕 동사적 중성 명사(동사의 격(格)을 지배).
ge·run·di·al [dʒəránndiəl] 〘형〙 **ge·rún·di·al·ly** 〘부〙
ger·und-grind·er [-gràindər] 〘형〙 〔고어〕 학자인 체하는 (특히 라틴어 문법) 선생.
ge·run·dive [dʒəránndiv] 〔라틴 문법〕 〘형〙 동사상 (動詞狀) 형용사. ── 〘형〙 동명사(gerund)의 〔적인〕.
ge·run·di·val [dʒèrəndáivəl] 〘형〙 **~·ly** 〘부〙
Ge·ry·on [dʒíəriən/gér-] 〘형〙 〔그리스 신화〕 게리온(머리와 몸통이 셋이고 날개가 있는 괴물. Hercules가 죽였다). (또는 **Ge·ry·o·nes** [dʒíəriòuni:z], **Geryoneus**)
Ge·samt·kunst·werk [gəzá:mtkùnstwεərk] 〘형〙 종합 예술 (작품)(R. Wagner의 작품처럼 음악·연극·무용·시 따위를 통합한 예술). 〔<G〕
Ge·séll Devélopmental Schèdules [gəzél-] 〘형〙 게젤식 발달표(취학전 아동들의 인지·운동·언어·사회성의 발달 정도를 측정하는 평가 시스템). 〔美國의 아동 심리학자 Arnold L. Gesell(1880-1961)〕
ge·sell·schaft [G gəzél|ʃaft] 〘형〙 〘獨 -schaf·ten [G -ˌʃaftən]) (종종 G~) 1 (오락·학문 학회의) 공통의 목적을 위해 모인 동아리, 결사(結社). 2 〔社會〕이익 사회. 〘獨〙 gemeinschaft 〔<G companionship〕
ges·so [dʒésou] 〘형〙 (獨 **~es**) [-z] U 〔미술〕 1 U 석고 (가루); 그림·도금(鍍金) 따위의 지지체에 바르는 조합 물질. 2 석고 바탕. **~ed** 〘형〙 〔<It〕
gest [dʒest] 〘형〙 〔고어〕 1 (중세의) 운문(韻文) 이야기, 설화시(說話詩). 2 이야기; 모험[무용]담; 공적, 위업; 무용, 모험. (또는 **geste**)
ge·stalt [gəʃtáːlt] 〘형〙 (獨 **~s, -stal·ten** [-ʃtáːltən]) U〔C〕 (때로 G~) 〔심리〕 형태, 게슈탈트(경험의 통일적 전체). 〔<G shape, form〕 〔게슈탈트 심리학.
Gestált psychólogy (때로 g~) 형태 심리학,
Gestált thérapy 〘형〙 게슈탈트 (심리) 요법(게슈탈트 심리학 응용). (또는 **Gestált psychothérapy**)
Ge·sta·po [gəstá:pou/ge-/G gəʃtápo] 〘형〙 (獨 **~s**) (the ~) 〔집합적; 단·복수 양용〕 (나치 독일의) 비밀 국가 경찰, 게슈타포; (g~) (일반적으로) 비밀 경찰.
〔<G Geheime Staatspolizei (=secret state police)〕
ges·tate [dʒésteit] 〘형〙 〘타〙 1 …을 잉태[임신]하다. 2 〔생각·계획 따위〕를 마음 속에 서서히 무르익게 하다. 다듬다. ── 〘자〙 1 잉태하다. 2 (생각 따위가) 형성되다.
ges·ta·tion [dʒestéiʃən] 〘형〙 1 U 임신 (기간), 잉태. 2 (생각·계획 등의) 배태(胚胎), 형성. 3 (a ~) 임신[잉태] 기간; 숙성[형성] 기간(~ period). **~·al** 〘형〙
geste [dʒest] 〘형〙 =gest.
ges·tic [dʒéstik] 〘형〙 (댄스에서) 몸동작의[움직임에 관한]. (또는 **gestical**) 〔손짓〕에 의한.
ges·tic·u·lar [dʒestíkjulər] 〘형〙 몸[손]짓의, 몸짓
ges·tic·u·late [dʒestíkjulèit] 〘형〙 〘자〙 몸짓[손짓]을 하다[으로 말하다]; 흥분한 몸짓을 하다[으로 나타내다]. ── 〘타〙 …을 몸[손]짓으로 나타내다[말하다]. **-là·tor** 〘형〙
ges·tic·u·la·tion [dʒestìkjuléiʃən] 〘형〙 1 U 몸[손]짓을 하기[으로 말하기]. 2 기운찬[흥분한] 몸짓.
ges·tic·u·la·tive [dʒestíkjulèitiv/-lət-] 〘형〙 몸[손]짓을 좋아하는; 몸짓[손짓]이 많은, 제스처가 풍부한.
ges·tic·u·la·to·ry [dʒestíkjulətɔ̀:ri/-təri] 〘형〙 몸짓[손]짓의, 몸[손]짓이 많은.
ges·to·sis [dʒestóusis] 〘형〙 (獨 **-ses** [-si:z]) 〔의학〕 임신 중독(증). 〔<gestation+-osis〕
‡**ges·ture** [dʒéstʃər] 〘형〙 (獨 **~s** [-z]) U〔C〕 (생각·감정 따위를 나타내는) 몸짓, 손짓, 동작, 제스처; 몸짓하기. ¶facial ~ 표정/fine ~ 관용, 아량/speak by ~ 손짓으로 말하다. 2 기색, 기미; (의사 표시로서의) 행위; (형식적인) 의사 표시, 의례상의 언사[거동]. ¶a ~ of friendship 우정의 표시/a mere ~ (본심이 아닌) 단순한 제스처/a diplomatic ~ 외교 사령.
in [or *as*] *a gesture of* …의 표시[몸짓]으로.
make [or *give*] *a gesture of* …의 몸짓을 하다.
── 〘자〙 몸짓[제스처]을 하다; (…을/…에게) 손짓으로 가리키다 (*at/to, toward*). ── 〘타〙 〔의사 따위]를 몸짓[제스처]으로 나타내다(gesticulate).
-tur·al 〘형〙 **-tur·al·ly** 〘부〙 **-tur·er** 〘형〙
gésture lànguage 몸짓 언어(sign language).
gésture pòlitics (실효성이 없을 줄 알면서 체면 상 하는) 겉치레 정치 (활동). 〔지 않는〕 겉치레 행동.
ges·tur·ism [dʒéstʃərìzm] 〘형〙 (실제 성과를 기대하
ge·sund·heit [gəzúnthait] 〘獨〙 1 (건배할 때) 건강을 위하여. 2 (재채기를 한 사람에게) 몸조심하세요 ((God) bless you!). 〔<G health〕
‡**get** ⇒GET. (p. 1160)
get-ac·quaint·ed [´əkwéintid] 〘형〙 서로를 알기 위한, 친목 도모를 위한. ¶a ~ meeting 간친회.
get-at·a·ble [ɡetǽtəbl] 〘형〙 〔구어〕 1 (장소 따위에) 도달할 수 있는, 다가가기 쉬운. 2 (물건 따위가) 손에 넣기 쉬운; (사람이) 접근하기 쉬운. **-bíl·i·ty**, **~·ness** 〘형〙

get

「(어떤 상태에) 이르다」가 본래의 뜻이다. 여기서 타동사로서 「(이익을) 얻다」와 「(불이익을) 당하다」의 뜻과 자동사로서 「(어떤 상태)가 되다」의 뜻이 생겼다. 또한 사역동사로서 to-부정사를 목적격보어로 취하여 「…시키다」, 과거분사를 보어로 취하여 「…해 받다」 또는 「…당하다」라는 뜻으로 쓰이기도 한다. 과거분사를 보어로 하는 경우에는 have와 용법이 똑같아 서로 맞바꿔도 되지만, to-부정사를 보어로 취하는 경우에는 그럴 수 없다는 점에 유의할 필요가 있다. have는 원형부정사를 보어로 취하기 때문이다.

‡get [get] 图 (*got*; *got*, (美구어) *got·ten*; ~·*ting*)
㊀ **I. (이익을) 얻다**

1 (노력의 결과로서) …을 얻다, 획득[쟁취]하다; 입수하다; 사다; [목적]을 달성하다. ¶ ~ possession of …을 손에 넣다 / ~ a victory 승리를 얻다 / ~ one's liberty 자유를 쟁취하다 / ~ a ticket 차표를 사다 / ~ coal 석탄을 채굴하다 / ~ information 정보를 얻다 / ~ a big[good] crop 큰 수확을 얻다[풍작이다] / ~ fame and wealth 명성과 부를 얻다 / ~ a good grade on the test 시험에서 좋은 점수를 얻다 / I want to ~ a new suit. 새 양복을 사고 싶다 / I *got* some fresh air and sunshine. 신선한 공기를 마시고 일광욕을 했다.

2 [선물·편지·돈·허가 따위]를 받다, 받아들이다; [신문]을 보다, 구독하다. ¶ ~ a birthday present 생일 선물을 받다 / ~ a pension 연금을 타다 / ~ permission 허가를 받다 / ~ a chance to talk to a person 남과 이야기할 기회를 얻다 / ~ a good education 좋은 교육을 받다 / Where did you ~ it? 어디에서 그것을 얻었지? // (~+圄+前+名) ~ a letter *from* her 그녀로부터 편지를 받다.

> 유의어 **get** 방법·의사에 관계없이 「얻다」라는 뜻의 가장 일반적인 의미의 말. **obtain** 상당한 노력 또는 시간을 들여서 얻다. **acquire** 부단한 노력을 거듭하면서 획득하다. **gain** (경쟁의 결과) 가치 있는 것을 acquire하다. **earn** 노력의 정당한 대가로서 얻다. **win** 경쟁·장애를 물리치고 원하는 것을 얻다; 그것에 상응하는 역량·자격 따위를 암시. **procure** 계획·연구하여 (때로 별로 좋지 않은 수단을 써서) 얻다. **secure** 얻기 어려운 것을 확보하다.

3 …을 일하여 얻다, 벌다(earn). ¶ ~ much[little, nothing] 이익이 많다[적다, 없다] / How much can I ~ a month? 한 달에 얼마나 벌 수 있을까요? / *Ill got, ill spent.* (속담) 부정하게 번 돈은 오래 가지 못한다 // (~+圄+前+名) They *got* a lot *out of* dealing with Indians. 그들은 인디언들과의 거래로 많은 돈을 벌었다.

4 [과목 따위]를 (…으로부터) 배우다(learn), 익히다 (*out of, from*); [지식]을 얻다, 몸에 지니다. ¶ ~ one's piano lessons 피아노 레슨을 받다 / I've *got* it by heart. 그것을 이미 암기했다 / ~ something *out of* the book 그 책에서 무엇인가를 배우다.

5 [인상·감정·생각 따위]를 가지다, 얻다. ¶ ~ an impression 인상을 받다 / ~ the impression that… …라는 인상을 받다[받다] / ~ one's own way 제멋대로 행동하다 / ~ a sight of …을 알아보다, 보다 // (~+圄+前+名) ~ it *into* one's head that… …이라는 생각을 갖게 되다.

6 (계산 따위에) [해답·결과]를 얻다. ¶ Dividing nine by three we ~ three. 9를 3으로 나누면 3이 된다.

7 [동물의 수컷이] [새끼]를 보다(beget).

II. 마련하다

8 [물건 따위]를 가져오다, [사람]을 데려오다(fetch). ¶ Go ~ your books. 가서 책을 가져오너라 / Please go (and) ~ a doctor. 의사를 모셔 오너라 // (~+圄+前+名) Would you ~ a bottle of beer *from* a refrigerator for me? 냉장고에서 맥주를 한 병 갖다 주시겠습니까? // (~+圄+圄) G~ me my hat. 내 모자를 갖다 주시오.

9 [식사·음료 따위]를 준비하다, 만들다(prepare); [식사]를 하다. ¶ ~ (the) breakfast [dinner] 아침[저녁] (식사)를 준비하다[짓다] / ~ lunch at the hotel 호텔에서 점심을 먹다 // (~+圄+圄) ~ her a cup of coffee 그녀에게 커피를 한 잔 끓여주다[대접하다].

III. 당다·파악하다

10 [장소·사람]과 (전화 따위로) 연락이 닿다; [방송 따위]을 수신[수상]하다; [장소]에 도달하다. ¶ ~ the shore 해안에 도달하다 / You can always ~ me by telephone [*or* on the telephone]. 전화로 언제든지 연락해주십시오 / You can ~ Seoul on[*or* over] the radio. 라디오로 서울의 방송을 들을 수 있습니다.

11 [구어] **a)** …을 이해하다, …을 알[아듣]다(understand); …을 듣다(hear); [속어] …을 알아채다 (notice). ¶ I don't ~ the joke. 나는 그 농담을 이해할 수가 없다 / I didn't ~ your last name. 너의 성을 듣지 못했다 / Did you ~ the look on his face? 그의 표정을 알아챘니? // (~+圄+補) Don't ~ me wrong. 나를 오해하지 말게.

b) (보통 명령문으로) …을 똑바로지게 보다, 주목하다, 관찰하다. ¶ G~ the dress she's wearing. 그녀가 입은 드레스를 잘 보시오.

IV. (불이익을) 당하다

12 [피해·패배 따위]를 당하다[; [벌로서) …을 받다. ¶ ~ a blow 한 대 얻어맞다 / ~ a bad fall 심하게 넘어지다 / He *got* two years in jail. 그는 2년형을 선고받았다.

13 [병]에 걸리다; [버릇·습관 따위]가 붙다; [종교·사상 따위]에 정신이 팔리다; …의 마음을 끌다. ¶ ~ measles 홍역에 걸리다 / ~ a cold 감기에 걸리다 / ~ the socialism 사회주의에 물들다 / Narcotics will ~ him. (그러다가) 그는 마약에 중독되고 말 것이다.

V. (고통을) 주다

14 (보통 have got의 형태로) …을 해치우다, 손 들게 하다; 괴롭히다, 난처하게 하다(puzzle); (美속어) …을 짜증나게 하다(irritate); …의 간담을 서늘하게 하다 (thrill). ¶ ~ me [you, someone] 나[당신, 누군가]를 괴롭히다 / This problem ~s me. 이 문제에는 손들었다 / A ride on the roller coaster ~s me. 롤러 코스터를 타면 간담이 서늘해지다 / Her silly remarks ~ me. 그녀의 바보 같은 말에는 짜증이 난다.

15 [구어] [탄환·타격 따위가] …을 때리다, …을 맞히다(hit), …에 상처를 입히다 (*in, on*). ¶ I *got* him with the first shot. 나는 단 한 발로 그를 맞혔다 / (~+圄+前+名) The bullet *got* him *in* the leg. 총알이 그의 다리에 명중했다.

16 (美구어) …을 죽이다(kill); (야구 따위에서) …을 아웃시키다(put out); [사람]에게 (…에 대해) 보복[복수]하다 (*for*). ¶ They'll ~ you one of these days. 너는 가까운 시일 안에 그들에게 살해될 것이다 / I'll ~ you *for* this someday. 언젠가는 이 일을 반드시 복수하겠어.

VI. …에 이르게 하다

17 …하게 하다, (권유[설득]하여) …하도록 하다 (persuade). ¶ (~+圄+*to do*) I'll ~ a friend *to* help me. 친구에게 도와달라고 해야겠다 / I *got* him *to* quit drinking. 그를 설득하여 술을 끊게 했다.

18 a) …시키다, …하게 하다. ¶ (~+圄+*done*) ~

one's hair cut (남을 시켜) 머리를 깎다/~ a person discouraged 남을 실망시키다/~ a man drunk 남을 취하게 하다/~ oneself appointed 임명되다/~ one's arm broken 팔이 부러지다. **b)** …을 완료하다, 끝마치다.¶(~+圓+*done*) Can you ~ the work *done* in time? 일을 기한내에 끝낼 수 있겠냐?

19 …을 (어떤 상태로) 하다; (구어) (*we* [you] ~ 형태로) …하다, …하고 있다.¶(~+圓+*-ing*) ~ the clock *going* 시계를 가게 하다/We'll ~ things *going* soon. 곧 만사가 궤도에 오를 것이다/(~+圓+補) ~ one's hands *dirty* 손을 더럽히다/~ *everything ready* to depart 출발 준비를 모두 갖추다.

20 (고어) (방향·장소의 이동을 나타내는 부사(구)와 함께) …을 (어떤 상태·위치에) 이르게 하다; (사람·물건 등)을 …로 움직이게 하다, 데리고[가지고] 가다.¶~ her home 그녀를 집까지 바래다 주다/(~+圓+副) ~ a child *to* bed 아이를 재우다/~ a fire *under* control 불길을 잡다/~ oneself *into* difficulty 곤경에 빠지다/~ a thing *out of* the way 물건을 치우다/I cannot ~ the key *in* the hole. 열쇠가 구멍에 맞지 않는다.∥(~+圓+副) ~ a picture *down* 그림을 떼어 내다/~ a lid *off* 뚜껑을 열다/~ the crops *in* 농작물을 거두어들이다/~ a person *away* 남을 쫓아버리다/~ the desk *upstairs* 책상을 이층으로 옮기다.

21 (고어) (재귀용법으로) …을 가게 하다.¶(~+圓+副) G- thee *in*. 들어와라.∥(~+圓+補) G- thee gone. 가버려, 꺼져 버려.

Ⅵ. 기타 용법

22 …을 잡다(seize); (짐승·물고기 따위)를 잡다 (capture); (럭비) (선수)를 태우르다.¶~ him by the arm 그의 팔을 잡다/G- him before he escapes. 그가 도망치기 전에 잡아라/We *got* several salmon in the river. 우리는 강에서 연어를 몇 마리 잡았다.

23 (고어) (기차 따위)에 제시간에 대다, (놓치지 않고) 타다(catch).¶~ the last bus 마지막 버스를 타다.

24 (자동차가) …의 연비를 달성하다, 달리다.¶My car ~s 15 miles to the gallon. 내 차는 갤런당 15마일을 달린다.

25 a) (have got의 형태로) …을 가지고 있다.¶I haven't *got* a penny. 돈이 한푼도 없다/What an ugly face she's *got*! 그녀의 얼굴은 정말 못생겼군!/What *have* you *got* to say? 할 말은 뭐야? **b)** (구어) (have *got* to-부정사의 형태로) …해야 하다 (must, have to). (* 단축형으로 사용되는 일이 많다).¶I've *got* to pass this time. 이번에는 꼭 합격해야 한다/It's *got* to be done at once. 그것은 즉시 해야만 한다 (* (英)에서는 특정한 경우의 동작에 사용하여, 상습적 동작을 나타내는 have to와 구별하는 수가 있다).

26 (동작 명사를 목적어로) …하다.¶~ rest 쉬다, 휴식하다/~ possession of a highrise 고층 건물을 소유하다/~ a good look at her face 그녀의 얼굴을 자세히 보다.

—— 国 **1** 도착하다, 도달하다(arrive), 이르다(*to*); 가다, 오다(*into* / *out of*).¶(~+前+图) ~ *into* [*out of*] a room 방으로 들어가다[에서 나오다]/~ *to* bed 자다/~ *to* the station 역에 도착하다/~ safely *across* the road 무사히 길을 건너다/~ *through* the gate 문을 통과하다/~ *over* a river 강을 건너다/~ *to* blows 치고받는 싸움이 되다/Where has it *got* to? 그것은 어떻게 되었니?∥(~+副) They *got* home sooner than they had expected. 그들은 생각보다 빨리 집에 도착했다/The train ~s *in* at noon. 기차는 정오에 도착한다.

2 (어떤 상태가) 되다.¶(~+補) ~ better [worse] 좋아지다[나빠지다]/~ sick [well] 병에 걸리다[이 낫다]/~ angry 화를 내다/~ old 나이를 먹다/~ drunk 술에 취하다/~ wise to (美구어) …을 깨닫다/~ tired of …에 싫증이 나다/~ acquainted with …과 알게 되다.

3 (수동의 조동사 be 대신 써서) …당하다.¶~ hurt 다치다/~ beaten 패배하다/~ left 뒤에 남겨지다, 뒤떨어지다/~ sacked 해고되다/~ caught in a rain 비를 만나다/~ married 결혼하다/The play *got* produced. 그 희곡은 연극으로 제작되었다.

> **USAGE**「get+과거분사」의 용법 —— 수동형은 보통「be+타동사의 과거분사」로 나타내는데, 예를 들면 The door was shut at six.에서는「문이 6시에 닫혔다(동작의 수동형)」인지「문이 6시에는 닫혀 있었다(상태의 수동형)」인지 구별하기가 어렵다. 따라서 구어에서는 동작의 수동형을 명시하기 위하여「get+과거분사」가 흔히 쓰인다. ⇨BE(조의)⁴). (* get 외에 become이나 grow도 사용되나 문어적이며, 동사 본래의 의미가 강하다. 또 상태를 나타내는 수동형을 명시하기 위해서는 lie, stand, rest 따위가 사용된다. 또「get+과거분사」는 미래 진행형이나 완료 진행형에 많이 사용된다.)

4 벌다, 이익을 얻다.¶He has *gotten* vastly. 그는 엄청난 돈을 벌었다.

5 …하기 시작하다(start).¶(~+*-ing*) ~ *going* [*moving*] 출발하다[움직이다]/They *got talking* about old times. 그들은 옛날 이야기를 시작하였다/G- *going* [or *moving*, *weaving*] on your work. 빨리 일을 시작하시오/Let's ~ *going*! 빨리 합시다; 자, 해봅시다.

6 …하게 되다; (美) 간신히 …하다(manage); …할 수 있다, …할 기회[특권]을 얻다.¶(~+*to* do) ~ to be friends 친구가 되다/I *got* to like him. 나는 그가 좋아졌다/She finally *got* to sleep after midnight. 그녀는 결국 자정이 지나서야 잠이 들었다/I couldn't ~ *to* go. 도저히 갈 수가 없었다/I was lucky to ~ *to* see the new play. 새 연극을 볼 수 있게 되어 다행이었다.

7 (美구어) (주로 명령형으로) 즉시 가다(떠나다).

as…as you can get (*it*) 원하는 만큼[최고로] …한.

get about ① 걸어다니다(move about), 여기저기 여행하다; (앓고 난 뒤에) 걷기 시작하다, 걸을 수 있게 되다. ② (소문 따위가) 퍼지다.¶The idea has *got about* that he's dangerous. 그는 위험 인물이라는 인식이 퍼졌다. ③ (구어) 사교적인 일로 활발해지다.

get above *oneself* (구어) (진행형으로) 분수를 모르다, 자만하다.

get abreast of ① …와 어깨를 나란히 하다, 뒤지지 않다. ② …에 정통하다.

get abroad ① 외국을 여행하다. ② (뉴스 따위가) 퍼지다.¶발[얼굴]이 넓다.

get across ① …을 건너다; (건너편으로) 횡단하다, 건너가다. ② (구어) (이야기·농담 따위)를 (청중 등에게) 알게 하다, 이해시키다; 통하다, 이해되다(*to*).¶I find it difficult to ~ *across* my jokes to him. 그에게 내 농담을 알아듣게 하기는 어렵다. ③ 분명해지다; (연극 따위가) 성공하다, 히트 치다. ④ …을 불쾌하게 하다, 화나게[짜증나게] 하다.

get after ① …을 뒤쫓다, 추적하다. ② (구어) (사람)을 (…의 일로) 야단치다, 책망하다(*for*); (…하도록) 다그치다[재촉하다](*to do*).

get against (속어) …에 반대하다.

get ahead 나아가다, 발달하다; 성공하다, 출세(승진)하다.

get ahead of ① (경쟁자 따위)를 앞지르다(surpass); …을 능가하다(outdo). ② (빚)을 갚다, 청산하다; (일 따위)를 제때 처리하다.

get along ⇨ALONG.

get along well [badly] 협조하다[하지 않다], 마음이 맞다[맞지 않다].

Get along with you! (구어) ① 저리 가!, 썩 꺼져! ② (불신·짜증을 나타내어) 허튼 소리 작작해라!, 바보 같으니!, 설마!

get among …에 가담하다, 한패거리가 되다.

get anywhere ⇨ANYWHERE.

get *a person* **upon** 남에게 …을 말하게 하다.

get around ① =*get about*. ② (사람)의 의식을 회복시키다, …을 정신차리게 하다; (구어) …을 설복시키다. ③ …을 돌아서 가다, 우회하다; …의 의표를 찌르다, …보다 한술 더 뜨다(outwit), (구어) (장애물·고난 따위)를 피하다, 극복하다; (법률 따위)를 빠져나가다. ¶~ *around* the difficulties 고난을 극복하다 / ~ *around* the law 법망을 교묘히 빠져나가다. ⑤ (구어) …의 환심을 사다, …을 감언이설로 꾀다.

get around to (보통 동명사와 함께) …까지도 하다, …에까지 손이 미치다; (한참 시간이 지난 후) …에 관심을 갖다, …을 고려하다.

get at ① …에 도달하다, 닿다. ¶~ *at* the conclusion 결론에 도달하다. ② …을 잡다, 수중에 넣다. ¶~ *at* some money 얼마간의 돈을 수중에 넣다. ③ (구어) [일]에 착수하다, 시작하다. ¶I've kept putting the work off, but I really must ~ *at* it. 일을 미루어 왔으나 이제는 착수하지 않으면 안 되겠다. ④ (구어) …을 알다, 발견하다; …을 깨닫다, 이해하다. ¶I can't ~ *at* his meaning. 그의 진의를 알 수가 없다. ⑤ (진행형으로; 의문문에서) …을 암시하다(hint), 의미하다, 말하고자 하다(imply). ¶I don't know what you are ~*ting at*. 네가 무엇을 말하고자 하는지 모르겠다. ⑥ (속어) …을 공격하다; …의 흠을 찾다. ⑦ (구어) …에게 빈정대다, …을 희롱하다. ⑧ (구어) …을 매수하다(bribe), …에 부정 수단을 쓰다. ¶~ *at* a policeman 경찰관을 매수하다. ⑨ (구어) …을 (넌지시) 먹어치우다.

get away ① 떠나다; 출발하다, (경기 따위에서) 스타트하다; 휴가를 얻다(from). ¶The race horses *got away* at once *from* the gate. 경주마는 게이트에서 일제히 출발했다. ② 도망치다(escape); (…로부터) 벗어나다(from). ¶He tried to ~ *away* but couldn't. 그는 도망치려고 했으나 실패했다. ③ …을 제거하다, 빼앗아 가다(from); …에게 (일 따위)를 쉬게 하다(from). ¶~ a thing *away* 물건을 떼어내다. ④ …을 가지고 (데리고) 가다; (물건)을 낚아채다. ⑤ (구어) …을 보내다, 발송하다.

get away from it all (휴가 등으로) 일상의 번거로움[근심, 의무]에서 벗어나다.

get away with ① …을 잘 해내다, (벌 따위)를 교묘히 모면하다. ¶~ *away* with murder 살인을 하고도 용케 빠져 나가다; (비유적) 큰 일을 저지르고도 벌을 받지 않다. ② …을 치우다, 먹다, 마시다. ¶They ~ *away* with anything. 그들은 무엇이든 먹어치운다.

Get away with you! = *Get along with you!*

get back ① (…에) 돌아가다[오다](to, into); (종종 명령형으로) (뒤로) 물러나다. ② (정당 따위가) 정권을 되찾다. ③ …을 되찾다; (물건·사람)을 돌려주다[보내다].

get back at [or ***on***] (구어) …에게 앙갚음[보복]하다.

get back to (화제·일 따위가) …로 돌아가다. ② …에게 결과 보고를 하다, 뒤에 답례 전화를 하다[편지를 쓰다]. ¶G- *back to* me on this. 이것에 대해 보고 하시오. ······하다.

get…back together again …와 재결합하다, 화해하다.

get behind ① (일·공부 따위가) 뒤지다(with, in, on); (지불 따위가) 밀리다(with). ② (야구) 리드당하다. ② (구어) …을 지지하다, 후원하다. ¶~ *behind* the candidate 그 후보를 지지하다. ③ (…의) 뒤에 숨다; …을 회피하다. ④ …을 해명하다, …의 밑바닥까지 꿰뚫다. ⑤ (속어) (음악 따위)를 즐기다.

get behind it (속어) (마약에) 취하다, 기분이 좋아지다. ·······음을 말리다.

get between …사이에 들어가다(끼다); …사이의 싸움을 말리다.

get beyond …넘어로 가다; (한도)를 넘기다.

get burned 돈을 잃다; 정신적인 상처를 받다.

get by ① 지나가다(pass). ¶Let me ~ *by*. 좀 지나가 겠습니다. ② (듣지 않고) 용케 해내다; 잘 빠져 나가다. 그럭저럭 헤어나다(in, on, with); 속이다(deceive). ¶~ *by* with murder 살인을 하고도 발각되지 않다. ③ (검열 따위)를 통과하다.

get cracking ⇒CRACK.

get done with (구어) …을 끝내다, 마치다, 처리하다.

get down ① (…으로부터) 내리다(from); (…을) 내려오다. ¶~ *down from* the tree 나무에서 내려오다. ② …을 내려놓다; (물거 따위)를 내리다; (비행기·새 따위)를 떨어뜨리다. ③ …을 굽히다, 구부리다. ¶~ *down* one's knees 무릎을 굽히다. ④ (英) (아이가 식사 후) 식탁을 떠나다(from). ⑤ (음식·약 따위)를 (그럭저럭) 삼키다(swallow). ⑥ (구어) …의 기력을 없애다, 침울하게 하다; (英) 침울해지다, 기력을 잃다. ¶This wretched weather ~*s* me *down*. 이런 고약한 날씨에는 침울해진다. ⑦ …을 적어 두다, 써 넣다. ⑧ (구어) …을 해치우다, 패배시키다. ¶The difficult task finally *got* him *down*. 그 어려운 일에 그는 결국 지고 말았다.

get down on ① (남)이 싫어지다; …을 비난하다. ¶The boss *got down on* him. 사장은 그가 싫어졌다. ② …에 반대하다. ③ …에 (정신을) 집중하다.

get down to ① …에 내리다. ¶~ *down to* the ground 지면에 내리다. ② (일 따위)에 진지하게 대처하다, 차분히 착수하다. ¶Let's ~ *down to* business. 사업 얘기합시다. ③ …까지 파고들다.

get down with =*get done with*.

get even with …에 앙갚음하다. ⇒EVEN.

get far ① 먼 곳으로 가다. ② (사태가) 발전하다; 지위가 높아지다, 출세하다, 성공하다. ¶He'll ~ *far* in life. 그는 출세할 것이다.

get forward 나아가다, 진척하다; …을 전진시키다.

get going ① …하기 시작하다(begin). ⇒㉔ 5. ② 서두르다(make haste).

get his [***hers***] 벌을 받다; (속어) 피살되다.

get hold of ⇒HOLD. ***get home*** ⇒HOME.

get in ① (안으로) 들어가다, 들어오다; (차 따위)를 타다. ② 역[공항, 항구]에 도착하다; (집에) 돌아오다. ③ (구어) 사이좋게 지내다(with), 말려들다(with). ¶I couldn't ~ *in with* him at all. 나는 아무리 해도 그와 친해질 수 없었다. ④ (시험에) 합격하다[시키다], 입학[입사]하다[시키다]; 국회 의원에 당선되다; (정당이) 정권을 잡다. ¶He *got in* for Chester. 그는 체스터주에서 당선되었다. ⑤ (물건)을 속에 집어넣다; [말]로 참견하다; …을 제출하다. ⑥ …을 모으다; (수확물·세금 따위)를 거둬 들이다; (빌려준 돈 따위)를 회수하다. ¶~ the hay *in* before the rainy season 장마철 전에 목초를 베어 들이다. ⑦ (물건)을 들이다, 구입하다; (물건)을 배달하다. ⑧ (의사·수리공 등)을 (집으로) 부르다. ¶~ a doctor *in* 의사를 부르다. ⑨ (씨 따위)를 뿌리다. ⑩ …을 (스케줄에) 짜 넣다. ¶~ *in* some golf during the summer 여름에 골프 칠 시간을 얼마간 일과에 넣다. ⑪ …을 잘[제시간에] 끝내다. ⑫ (속어) 일을 삽입하다, 성공하다.

get in on (의론·조직·활동 따위)에 참여[참가]하다.

get inside ① …안에 들어가다, 잠입하다. ② …을 알다, 이해하다.

get into ① …에 들어가다, 타다; [목적지 따위]에 도착하다. ⇒㉔ 1. ② (어떤 상태)에 들어가다[빠지다]. ¶~ *into* action 활동에 들어가다 / ~ *into* a person's grace 남의 마음에 들다. ③ …을 입다, 신다 (put on). ④ (나쁜 버릇·습관 따위)에 …을 지배하다, …에 달라붙다. ¶I can't understand what has *got into* the child. 그 아이가 왜 그렇게 되었는지 알 수가 없다. ⑤ (구어) (나쁜 뜻으로) …을 하다, 해치우다. ⑥ (방법·기술 따위)를 습득하다[시키다]. ⑦ (의회에) 당선되다[시키다], 입학[입사]하다[시키다]. ⑧ (美속어) …에 열중하다; …와 사귀다. ⑨ (속어) …에 삽입하다, (여자)와 성교하다.

get into it (속어) 싸움[주먹다짐]을 시작하다.

get in with ⇨*get in* ③.
get it 《구어》 ① 이해하다; 《구어》 《의문문에서》 알았어?, 됐습니까? ¶This is just between us, ~ *it*? 이것은 비밀이다, 알았지? ② (…의 일로) 야단맞다, 벌받다 (*for*). ¶~ *it* in the neck 되게 야단맞다, 혼나다. ③ (전화·초인종 따위를) 받다.
get it (all) together 《구어》 ⇨TOGETHER.
get it into *one's* **head that...** 《구어》 …이라고[하다고] 확신하게 되다.
get it off 《속어》 (남자가) 오르가슴에 이르다, 사정(射精)하다.
get it on ① 《구어》 열을 올리다, (음악 따위를) 박자에 맞춰 연주하다, 크게 즐기다. ② 《美구어》 시작하다. ③ 《속어》 (컨디션 따위가) 좋다, 최고이다. ④ 《비어》 (…와) 성행위를 하다(*with*); 성적으로 흥분하다.
get it out 《속어》 고민을 털어놓다[이야기하다].
get it up 《속어》 음경을 발기시키다; 그럴 마음이 나다.
get low 《美속어》 마리화나를 피우다.
get near (to) (…에) 가까이 가다, 접근하다.
get next to …에 접근[가까이]하다, …와 친지가 되다.
get nowhere (fast); not get anywhere 성과[진전]가 없다, 잘 안 되다; 아무짝에도 소용이 없다.
get off ① 내리다; 〔차·말·비행기 따위〕에서 내리다 (반 get on). ¶~ *off* a train 기차에서 내리다. ② …에서 떨어지다; 떼어 놓다; 〔잔디밭 따위〕에 들어가지 않다; (화제에서) 벗어나다. ¶*G*– *off* the grass. 잔디밭에 들어가지 마시오. ③ 출발하다, (경주 따위에서) 스타트하다; 떠나다. ¶He *got off* on the noon train. 그는 정오 열차로 출발했다. ④ 〔우편물〕을 부치다; 〔남〕을 출발시키다, 보내다. ⑤ 〔벌 따위〕를 면하다, 면하게 하다; 벌이나 곤경을 면하다, 무죄 방면되다. ¶~ *off* one's duty 의무를 면하다 / The lawyer *got* me *off*. 그 변호사 덕분에 죄를 면했다. ⑥ …을 떼어 내다 (remove); 〔옷〕을 벗다(put off). ⑦ 〔농담·잔소리 따위〕를 하다, 〔연설 따위〕를 하다, 말하다. ¶~ *off* one's opinion 의견을 말하다. ⑧ (허가를 얻어) 일자리를 뜨다, 조퇴하다; 하루 일을 끝내다, 퇴근하다. ⑨ …을 처분하다, 팔다; 〔딸〕을 치우다. ⑩ 《명령형으로》 만지지 마시오!, 가까이 오지 마시오. ⑪ 《속어》 뻔뻔스럽게도[대담하게도] …하다 (do*ing*). ⑫ 〔시 따위〕를 암기하다; …을 출판하다. ⑬ 《속어》 오르가슴에 도달하다[하게 하다]; 흥분시키다. ⑭ 《英》 연애하다, 애인을 얻다.
get off (by heart) 암송[암기]하다.
get off easily ① 즐겁게 지내다. ② =*get off easy*.
get off easy 가벼운 벌을 받고 끝나다.
get off for …으로 벌을 받다.
Get off it! 《구어》 그만둬!, 바보같이!
get off on 《속어》 …을 즐기다, …에 열광하다. ¶He ~*s off on* golf. 그는 골프에 빠져 있다.
get off on the right [wrong] foot ⇨FOOT.
get off (to sleep) 잠들다; …을 잠들게 하다. ¶~ a baby *off to sleep* 아기를 재우다.
get off with 《속어》 ① …에서 벗어나다, …을 면하다. ② 《英구어》 〔이성〕과 친해지다. ③ …을 갖고 달아나다.
Get off (with you)! =*Get along with you!*
get on ① …에 타다(반 get off). ¶~ *on* the bus 버스에 타다. ② …을 입다, 신다, 쓰다. ③ 앞으로 나아가다, 진척하다, 헤쳐 나가다; 일이 잘 되다, 성공[출세]하다. ¶The work *got on* well. 일은 잘 진척되었다. ④ (일 따위를) 계속하다 (*with*). ¶~ *on with* one's studies 공부를 계속하다. ⑤ (목적지를 향해서) 앞으로 나아가다, 출발하다. ⑥ 《진행형으로》 (시간이) 지나가다. ¶It was ~*ting on* in the afternoon. 오후 시간도 많이 지나가고 있었다. ⑦ 《진행형으로》 나이를 먹다; 살아가다, 해나가다. ¶~ *on* without help 도움 없이 해나가다 / be ~*ting on* well 건강하게 지내고 있다 / How are you ~*ting on*? (요즘) 어떻게 지내십니까? ⑧ 사이좋게 지내다 (*with*). ¶~ *on with* a suspicious man 의심 많은 사나이와 잘 지내다. ⑨ 《구어》 …을 야단치다, 책망하다. ⑩ 〔팀·단체 따위〕에 들어가다, 가입하다. ⑪ (사람과 통화하기 위해) 수화기를 들다 (*to*).
get on *a person's* **nerves** ⇨NERVE.
get on at …에게 (귀찮게) 잔말하다.
get *one***self together** 《구어》 자제하다.
get *one***self up** ⇨*get up* ⑦.
get *one's* [or *a*] **living** 생활비를 벌다.
get *one's* **rocks off** 오르가슴에 이르다, 성적 쾌감을 느끼다.
get on for [or **to, toward**] 《진행형으로》 (시간·나이가) …에 가까워지다(* getting on for의 형태로 쓰는 일이 많다). ¶It's ~*ting on for* eleven. 벌써 11시가 다 되어간다 / He is ~*ting on for* seventy. 그는 이미 70이 다 되어간다(* getting on for는 almost, nearly의 뜻으로 부사적으로도 쓰인다. 예: He has lived here ~*ting on for* five years.).
get on in life [or **the world**] 출세하다, 성공하다.
get on the ball 빈틈없이 하다, 주의깊게 하다.
get on to [or **onto**] ① (탈것에) 타다; (지붕 따위에) 오르다; …을 (…에) 태우다. ② 이해하다; 알다. ③ 《구어》 〔…의 부정·비밀 따위〕를 들춰내다, 찾아내다. ④ 《英구어》 (전화 따위로) 연락하다. ⑤ 《구어》 …에게 명령[요구]하다; …을 야단치다, 벌주다(*for*). ⑥ (다음 화제·행동·일 따위로) 바뀌다, 나아가다; 〔남〕을 (다음 일 따위로) 옮아가게 하다, …에 착수시키다. ⑦ (의회·위원회 따위에) 선출되다; 〔남〕을 (…에) 선출하다. ⑧ 《英구어》 〔문제 따위〕를 처리하다; …의 상대를 하다. ⑨ 〔남〕에게 …을 돌보게 하다.
Get on with it! 《구어》 빨리빨리!, 서둘러!
Get on (with you)! =*Get along with you!*
get out ① 나오다, 나가다, 떠나다; (차 따위에서) 내리다. ¶*G*– *out!* 나가라! ② 도망치다, 달아나다; …을 도망치게 하다. ③ (비밀 따위가) 새다, 알려지다. ¶We must not let the secret ~ *out*. 비밀을 누설하면 안 된다. ④ 사회에 나가다. ¶~ *out* and mix with people 사회에 나가 사람들과 어울리다. ⑤ …을 내다, 꺼내다; 〔마개 따위〕를 빼내다. ¶~ *out* some books from the shelf 선반에서 책을 몇 권 빼내다. ⑥ …을 출판하다, 공표하다; 〔제품〕을 만들어내다; 〔서류 따위〕를 제출하다. ¶~ *out* a magazine 잡지를 발행하다. ⑦ 〔말〕을 하다, 말하다. ¶He *got out* a few words. 그는 몇 마디 말을 했다. ⑧ 〔문제 따위〕를 풀다, 찾아내다. ⑨ (도서관에서) 〔책〕을 대출받다. ⑩ 《야구·크리켓》 아웃되다[시키다]. ⑪ 《증권》 〔주식〕을 팔아 넘기다.
get out from under ① …의 밑에서 나오다. ② 〔남〕의 영향〔지배〕에서 벗어나다. ③ 〔싫은 일·부담 따위〕를 면하다. ④ 절박한 위기를 벗어나다.
get out of ① …을 …에서 얻다, 알아내다, 받아내다. ¶~ a confession *out of* her 그녀를 자백하게 하다. ② …에서 나오다, 도망치다; 〔차 따위〕에서 내리다. ¶~ *out of* a car 차에서 내리다 / ~ *out of* bed 잠자리에서 일어나다. ③ …이 미치지 않는 곳으로 가다. ¶~ *out of* sight 보이지 않게 되다 / It has *got out of* my mind. 나는 그 일을 잊어버렸다. ④ 〔책임·의무 따위〕를 면[피]하다[하게 하다], 벗어나다[나게 하다]. ¶~ *out of* paying taxes 세금을 내지 않다. ⑤ 〔나쁜 버릇 따위〕를 버리다[버리게 하다]. ¶~ *out of* the habit of biting one's nails 손톱 물어뜯는 버릇을 고치다.
Get out of here. ① 나가!, 썩 꺼져! ② 설마!, 입 닥쳐!
Get out of it! 《속어》 바보 같은 소리 마!, 농담 마!
Get out of the [or *one's*] **way!** 비켜요!
Get out with it! 《구어》 입 닥치시오!, 썩 꺼져요!
get over ① …을 넘다, 건너다; 〔장거리〕를 가다. ¶~ *over* to Europe 유럽으로 건너가다 / ~ *over* the river 강을 건너다. ② 〔곤란〕을 극복하다; 〔증거·주장 따위〕를 논파하다; 〔병 따위〕로부터 회복되다. ¶~ *over* difficulties 곤란을 극복하다 / ~ *over* an ill-

ness 병이 낫다. ③ 《부정문에서》 〔충격·불행 따위〕를 잊다; 〔남〕을 잊어버리다. ¶He *cannot* ~ *over* the shock. 그는 그 충격에서 헤어나지 못한다/He never *got over* Kathy. 그는 캐시를 잊을 수가 없었다. ④ …을 완성하다, 이루다, 끝내다. ⑤ …을 알게 하다, 이해시키다(*to*). ¶~ the facts *over to* the people 사실을 사람들에게 이해시키다. ⑥ 《부정문에서》 〔일〕을 이해하다; 《구어》 (cannot [could not] ~로) 〔일〕을 믿다. ¶I *can't* ~ *over* it! 도저히 믿을 수 없어, 깜짝 놀랐어! ⑦ 《구어》 성공하다. ⑧ 《속어》 …에게 호감을 주다; 속이다, 꼭뒤지르다.

get over (and done) with 《구어》 …을 끝내다.

get past ① (…의) 곁을 지나가다; 〔사람·물건〕에 …을 통과시키다. ② (…을) 추월하다, 꼭뒤지르다; 들키지 않다.

get round =*get around*.

Get set! (경주에서) 준비!

get some 《美속어》 성교하다.

get something on 《구어》 〔남〕에게 불리한 정보를 입수하다, …의 약점을 쥐다.

get somewhere 성공하다; 효과가 있다.

get the ball rolling 일을 시작[착수]하다.

get the better of …을 능가하다, 이기다. ⇨BETTER[1].

get the chop 《英》 해고당하다; 살해되다.

get the lead out ⇨LEAD[2].

get the order of the boot 《속어》 해고당하다.

get there ① (어떤 장소에) 도착하다. ② 《구어》 목적을 달성하다, 성공하다.

get through ① …을 빠져 나가다[나가게 하다], 통과하다[시키다]; …에게 〔궁지 따위〕를 벗어나게 하다. ② 〔일 따위〕를 끝내다, 완수하다; (…을) 졸업하다. ¶~ *through* the work 일을 끝내다. ③ (시험 따위에) 합격하다[시키다]; (의안 따위가[를]) 통과되다[시키다]. ¶~ a bill *through* the Senate 법안을 상원에서 통과시키다. ④ 〔돈 따위〕를 탕진하다; 〔음식물〕을 깨끗이 비우다[먹어치우다]. ¶~ *through* all one's money 가진 돈을 모두 써버리다. ⑤ 〔시간·계절 따위〕를 그럭저럭 보내다. ⑥ …에게 전화를 연결해주다. ⑦ 《美속어》 마약을 입수하다.

get through to ① 〔목적지 따위〕에 도착하다[시키다]. ② …에게 (이야기[일 따위]를) 이해시키다; …와 말이 통하다. ¶I can't ~ *through to* him at all. 그와는 이야기가 전혀 안 통한다. ③ 〔사람·장소〕에 전화 연락하다, 전화가 통하다. ¶~ *through to* London 런던과 전화가 통하다. ④ 〔스포츠〕 〔결승전 따위〕에 진출시키다.

get through with ① 〔일 따위〕를 (잘) 끝내다, 완수하다. ② 《구어》 〔남〕을 혼내주다, 해치우다.

getting on for 《구어》 거의, 대체로(nearly).

get to ① …에 도착하다, 닿다(⇨[자] 1); 〔어떤 결과〕에 이르다. ② …와 연락이 닿다. ③ …에 착수하다, …을 시작하다. ④ …에 영향[감명]을 주다. ¶This picture really *got to* him. 이 그림은 정말로 그를 황홀하게 했다. ⑤ 《구어》 …을 괴롭히다, 못살게 굴다. ⑥ (매수·협박 따위를 위해) …에게 접근하다, …을 (매수[협박]하여) 움직이다.

get together ① …을 모으다, 합치다; 합쳐지다, 모이다; (두 사람이) 데이트하다. ② 〔생각·사물〕을 잘 정리하다; 상담하다, (의견이) 일치하다. ¶The committee finally *got together* on its proposals. 위원회는 그 제안에 대하여 결국 의견이 일치했다. ③ 《재귀용법으로》 《구어》 자신을 억제하다, 침착하게 굴다. ④ (모임 따위를) 〔특정 일시〕로 정하다 (*for*).

get under ① (…의) 밑에 들어가다, 밑에 숨다; …을 (…에) 숨기다. ② 〔화재·소동 따위〕를 진압하다, 〔남〕을 통제[지배]하다.

get up ① 일어서다; …을 일으켜 세우다. ¶~ *up* on one's feet 벌떡 일어서다. ② 일어나다; …을 깨우다. ¶Mother ~*s* me *up* at 7. 어머니는 나를 7시에 깨운다. ③ …에 오르다; (말·차 따위에) 타다 (*on*); 이랴, 끌끌!(말한테 하는 구령). ¶~ *up on* a horse 말을 타다. ④ …을 조직하다, …을 일으키다. ¶~ *up* a party 정당을 조직하다. ⑤ (바람·파도·불 따위가) 심해지다, 사나워지다. ¶The sea *got up*. 바다가 거칠어졌다/The wind was ~*ting up*. 바람이 점점 거세졌다. ⑥ 〔속도〕를 높이다; 〔감정〕을 흥분시키다, 부추기다. ¶~ *up* the energy 흥분시키다. ⑦ 《英구어》 《수동형·재귀용법으로》 《경멸적》 〔(옷)차림 따위〕를 단정히 하다, 〔머리〕를 매만지다, 화장하다; (…로) 분장하다 (*as*, *in*). ¶She *got* (herself) *up in* her best clothes. 그녀는 가장 좋은 옷을 입었다. ⑧ 〔책〕을 장정(裝幀)하다. ⑨ …을 특별히 연구하다, 공부하다; …에 정통하다. ¶~ *up* Milton's poems 밀턴의 시를 공부하다.

get up against ① (창·벽 따위의) 옆[곁]에 서다, …옆[곁]으로 이동하다; 〔사람·물건〕을 (벽·창 따위의) 옆[곁]에 세우다, …옆[곁]으로 옮기다. ② 《구어》 〔상사 등〕에게 적대하다, 대들다; …와 사이가 나쁘다.

get up and go ① 《구어》 척척 움직이기[하기] 시작하다; 서두르다. ② 《속어》 (형기를 마치고) 출옥하다.

get up to ① …에 이르다, 닿다; (온도 따위가) …까지 오르다; (수업·일 따위가) …까지 진척되다. ② 〔장난·나쁜 짓 따위〕를 하다, …에 연루되다. ¶Don't ~ *up to* any mischief. 장난치면 안 돼!

get up with …에 도달하다, 따라붙다.

get what's coming to *one* 당연한 보답을 받다.

get wind of ⇨WIND[1].

get with 《구어》 …에 주목하다, …로 분주해지다, …을 뒤쫓다.

get within …을 〔법·한계〕 내에 한정하다; 〔사정 거리 따위〕의 안에 들다.

get with it ① 《구어》 유행을 알다, 센스가 있다. ② 힘을 내다; 정신을 기울이다.

Get you [or ***him, her, them***]***!*** 《속어》 《상대방의 자만하는 말에 대해 경멸적으로》 그래 장하다, 잘났다!

have got 《종종 단축형으로》 ① (…을) 가지고 있다. ¶She's *got* a new car. 그녀는 새 차를 가지고 있다. ② (…)해야 하다(*to* do). ¶You*'ve got to* eat more vegetables. 너는 야채를 더 많이 먹어야 한다. ③ 〔질병 따위〕에 걸리다, …을 경험하다. ¶*Have* you *got* a cold? 감기 걸렸니?

have got it bad(ly) 《속어》 (…에) 열중해 있다, 확 달아 있다.

It's got so (that)... 《구어》 …의 상태[형편]가 되다. ¶*It's got so (that)* Bill couldn't sleep for love of Linda. 빌은 린다가 보고 싶어 잠을 못 이룰 지경이었다.

I've got you there! 《구어》 어때 손들었지!

tell *a person* ***where to get*** [or ***he*** [***she***] ***gets***] ***off*** 《구어》 …의 무례한 행위에 대해 주의를 주다, …을 타이르다.

What has got...? …은 어찌 되었나?

What's gotten [or ***got***] ***into*** *a person?* 〔남〕은 대체 어떻게 된 것입니까?

Where does *one* ***get off*** *doing?* 《구어》 …하다니 대체 어쩔 셈이야?

Where do (you think) you get off? 《속어》 도대체 무얼 (생각)하고 있는 거야?, 마음대로 해!

You [or ***We***] ***get...*** 《구어》 …이 있다.

You got it. ① 《구어》 《상대방의 말을 받아》 그렇고 말고, 바로 그거야. ② 《의뢰·요구에 답하여》 알았소, 좋소; 마음대로 하시오. ③ 《美속어》 (교신에서) 응답 바람.

You got me! 《구어》 모르겠는데!

You've got me there [or ***good***]***!*** 《구어》 너에겐 손들었어!

—[명] **1** (특히 동물의 수컷이) 새끼를 보기; 그 새끼. **2** (테니스 따위의) 겟(상대방의 득점이 될 만한 어려운 공을 받아 넘기기). **3** 《속어》 바보, 멍텅구리. **4** 《濠구어》 도망, 도주.

get·a·way [gétəwèi] 몡 (a ~, one's ~) 1 (범인의) 도망, 도주; 탈출. 2 (경주·자동차의) 스타트, 출발; (연극의) 개막. 3 (여우가) 덤불에서 뛰어나오기. 4 [구어] 단기 휴가; (학교의; (시골·휴양지의) 주말[휴가용] 별장.
make a [or **one's**] **getaway** 도주[탈출]하다.
— 혱 도주용의. (또는 **gét-awày**)

Geth·sem·a·ne [geθséməni] 몡 1 [성서] 겟세마네(Jerusalem의 동쪽에 있는 동산; 그리스도가 유다의 배반으로 붙잡히기 직전 자기 운명을 예감하고 고뇌하던 장소. ←마태 복음(Matt.) 26:36). 2 (g-) 고뇌; 고난의 장소. **Geth·se·man·ic** [gèθsəmǽnik] 혱 [장소(때), 궁지.

get-out [-àut] 몡 1 (상업) 채산점, 손익 분기점. 2 (英구어) (곤란·궁지로부터의) 탈출; 탈출 수단[방법]. 3 (연극) 상연 후의 뒷정리; (TV) 스튜디오의 뒷정리.
as [or **for, like**] **(all) get-out** (속어) 매우, 아주, 심히, 극도로. ¶ work as all ~ 아주 열심히 일하다.

get-rich-quick [-rítʃkwík] 혱 [구어] 일확천금의.
get·ta·ble [gétəbl] 혱 얻을[손에 넣을] 수 있는.
get·ter [gétər] 몡 1 얻는 사람[것]. ¶ attention ~s 주목받는 사람[것]. 2 = go-~. 3 [전기] 게터(전구·진공관내의 잔류 가스를 흡수하는 물질).
— 통 [gétər] 태 (게터로) (잔류 가스)를 없애다, (진공관을) 진공으로 하다. 자 게터를 쓰다. 「가스 제거.
get·ter·ing [gétəriŋ] 몡 (게터(getter)에 의한) 잔류
get·ter-up·per [gétərápər] 몡 [구어] (아침) 기상이 …한 사람. ¶ a later ~ 늦잠꾸러기.
get·ting [gétiŋ] 몡 ＊다음 숙어로만 쓴다.
get (out) while the getting's good (구어) 도망칠 수 있을 때 도망치다, 피할 수 있을 때 피하다.

get-to·geth·er [-təgèðər] 몡 [구어] (소규모의 비공식) 집회, 사교 모임, 간담회, 회의.
get-tough [-tʌ́f] 혱 [구어] 강인한, 강경한. ¶ a ~ policy 강경책. 「미국의 석유왕·미술품 수집가).
Get·ty [géti] 몡 **J(ean) Paul** ~ 게티 (1892-1976).
Get·tys·burg [gétizbə̀:rg] 몡 게티즈버그(미국 Pennsylvania 주 남부의 소도시; 남북 전쟁 때 격전지).
Géttysburg Addréss (the ~) 게티즈버그 연설(1863년 11월 19일 A. Lincoln 대통령이 Gettysburg 국립 묘지 봉헌식에서 행한 연설; "government of the people, by the people, for the people"로 유명).
get·up [gétʌ̀p] 몡 [구어] 1 체재(體裁), 외관; (서적의) 장정. 2 (a ~) (경멸적) (괴상한) 복장, 옷차림. 3 = get-up-and-go. (또는 **gét-ùp**) [or (all get-out).
as [or **for, like**] **(all) getup** 매우, 아주, 극도[최고]
get-up-and-go [-ʌpəngóu] 몡U [구어] 나서서 하려는 박력[의욕], 열기; 주도[적극]성. — 혱 패기만만한. (또는 **gét-ùp-and-gét**)

get-well [-wél] 몡 [구어] 문병[병문안]의. ¶ a ~ card 문병을 비는 문병 카드, (또는 **gét-wéll-quíck**)
ge·um [dʒí:əm] 몡 뱀무속(屬)의 식물.
GeV, Gev gigaelectron volt.

gew·gaw [gjú:gɔ:] 몡 싸구려 물건, 겉만 번드르르한 것. — 혱 싸구려의, 겉만 꾸민. **~ed, ~ish, ~y** 혱
Ge·würz·tra·mi·ner [gəvúərtstrəmì:nər] 몡 (종종 g-) 게뷔르츠트라미너(독일 Alsace산(産) 백포도주).
gey [gei] (스코) 혱 (수량이) 상당한. — 튀 꽤, 상당히.
gey·ser [gáizər, -sər] 몡 1 간헐(間歇)(온)천. 2 [gí:zər] (英구어) 순간 온수 장치((美) water heater).
— 통자 (간헐천처럼) 분출하다. 「…을 (간헐천처 **~·al, ~·ic** 혱 [럼] 분출시키다.
gey·ser·ite [gáizəràit] 몡 (암석) 간헐석(間歇石).
g.f. (美속어) girlfriend.
GFE government-furnished equipment.
G-film [dʒí:film] 몡 일반용 영화(G-rated film).
G5 ⇒Group of Five. 「算] 속도 단위.
G-FLOPS [dʒí:flàps/-flɔ̀ps] 몡 [컴퓨터] 연산(演)
G-force [dʒí:fɔ̀:rs] 몡 (물리) 관성력(慣性力)(inertial force). (< gravity)

GFTU (英) General Federation of Trade Unions (노동 조합 연맹). **GG,G.G.** government-to-government(정부간 거래); Governor-General(총독); (英) Grenadier Guards. **gg.** gamma globulin; gas generator; great gross.
G-girl [dʒí:gə̀:rl] 몡 (속어) 창녀(good-time girl).
GGR, g.gr. great gross. **GH** general headquarters(hospital); growth hormone. **GHA** Greenwich hour angle(그리니치 시각(時角)).
Gha·na [gɑ́:nə, gǽnə] 몡 가나(수도 Accra).
Gha·na·ian [gɑ́:niən, gǽn-/gɑ:néiən] 혱 가나(인)의. — 몡 가나인. (또는 **Ghanian**)
ghar·ry [gǽri] 몡 (인도) 승합 마차. (또는 **gharri**)
＊**ghast·ly** [gǽstli/gɑ́:st-] 혱 1 (안색 따위가) 죽은 사람[유령] 같은, 핏기 없는, 창백한. ¶ a ~ look on his face 파랗게 질린 그의 표정. 2 무서운, 무시무시한, 모골이 송연한. ¶ a ~ experience 무서운 경험. 3 [구어] 터무니없는, 지독한, 형편없는. ¶ a ~ mistake 터무니없는 실수. 4 [구어] 기분이 매우 나쁜[언짢은]; 어찌할 바를 모르는. ¶ feel ~ 기분이 몹시 언짢다. — 튀 1 송장같이, 창백하게. 2 (또는 **ghast(l)ily**) 무섭게, 무시무시 **-li·ness** 몡 [하게.
ghat [gɔ:t] 몡 (인도) 1 강가의 계단; 선착장. 2 산길, 고개. 3 (~s) 산맥. (또는 **ghaut** [gɔ:t]) ⟨Hind⟩
ghaut [gɔ:t] 몡 =ghat. 「바다로 통하는) 계곡.
gha·zi [gɑ́:zi] 몡 1 (이교도와 싸우는) 회교도의 전사(戰士). 2 (G-) 승리의 전사(터키에서 승전 군주 등에게 주어지는 예배 칭호). ⟨Arab⟩ 「킨 낙산(酪酸).
GHB gamma hydroxy butyrate (acid)(감마 히드록
ghee [gi:] 몡U (인도에서 물소 젖으로 만드는) 액체 버터. (또는 **ghi**) ⟨Hind⟩
ghe·rao [geráu] 몡 (욕-**s** [-z]) (인도·파키스탄) 포위 데모(경영자를 건물 안에 가두어 넣고 단체 교섭하는 데모). — 통태 (경영자)를 사업소내에 가두어 넣다. ⟨Hind⟩ 「서민도산 작은 오이의 일종.
gher·kin [gə́:rkin] 몡 (초에 절여 먹는) 작은 오이;
ghet·to [gétou] 몡 (욕-**(e)s**) 게토 1 (예전에 유럽에 있던) 유대인 강제 거주 지역; 유대인 지구, 유대인가(街). 2 (美) (소수 민족의) 빈민굴, 슬럼가(街); 고립된 집단. — 통 =ghettoize. ⟨ It 16세기 Venice의 유대인 거주 지역명) 「오 카세트.
ghétto blàster [bòx] 몡 (구어) 대형 휴대용 라디
ghet·to·ism [gétouìzm] 몡 소수 민족의 집단 거주, 슬럼화(化); 슬럼가(街)에서의 생활, 슬럼가식의 사고 방식; ghetto의 분위기.
ghet·to·ize [gétouàiz] 통태 …을 ghetto에 몰아넣다; ghetto화하다. **-i·zá·tion** 몡
ghi [gi:] 몡 =ghee.
Ghib·el·line [gíbəlàin, -lì:n] 몡 기벨린 당원, 황제 당원(중세 교황당(the Guelphs)에 반대하여 독일 황제를 지지한 당파의 한 사람). — 혱 기벨린당[황제당]의. **-lin·ism** 몡 ⟨It⟩ 「열풍). ⟨Arab⟩
ghib·li [gíbli] 몡 (기상) 기블리(북아프리카 사막의
ghil·gai [gílgai] 몡 =gilgai. 「단의 일종). ⟨Arab⟩
Ghior·des [gjɔ́:rdes/-dì:z] 몡 기오르데스(터키 융
＊**ghost** [goust] 몡 1 유령, 죽은 사람의 영혼, 망령, 원령(怨靈). ¶ the ~ of his dead father 망부의 영혼 / look like a ~ 유령처럼 보이다. 2 (the ~) 환영(幻景), 단순한 그림자, 허깨비; 희미한 기미 같은 것; 파리 [핼쑥]한 사람; 흔적. ¶ a ~ of the past 과거의 환영. 3 (부정문에서) (a ~, the ~) 극히 적은 가능성; 조금, 극소(of). ¶ the ~ of a smile 엷은 미소 / He doesn't have a [or hasn't (got) the] ~ of a chance of passing the exam. 그가 시험에 합격할 가능성은 거의 없다. 4 (때로 G-) 영혼, 영적 존재. ¶ the Holy G- 성령. 5 (고어) 생명의 근원, 혼(魂). ¶ body and ~ 육체와 영혼. 6 [구어] =~ writer. 7 (TV) 고스트, 다중상(多重像); (사진) 고스트(~ image). 8 (생리) 고스트

(헤모글로빈이 없는 적혈구의 잔해). **9** (∼s) 《단수취급》 문자 놀이의 일종(진 사람은 게임에서 제외되어 ghost 라 불린다). **10** 유령 회사[사원]; 가공(架空)의 학생; 《美》 유령 인구. **11** 《극장·극단의》 회계[경리]계. **12** =∼ edition; =∼ word.
a [or *the*] *ghost of* (*a*) 극히 적은 ···, 엷은 ···.
(*as*) *pale* [or *white*] *as a ghost* (얼굴이) 파리하여.
get ghost 《속어》 사라지다, 재빨리 떠나다.
give [or 《고어》 *yield*] (*up*) *the ghost* ① (사람이) 죽다; (사물이) 작동[존재]하지 않게 되다. ② 《비유적》 절망[체념]하다. (따위를) 펼쳐 버리다.
lay a ghost 망령[유령]을 쫓아버리다: 《구어》 《충격 따위를》 펼쳐 버리다.
play ghost to ···의 대작(代作)을 하다.
raise a ghost 망령을 부르다. ┌나온다.
The ghost walks. 유령이 나오다: 《속어》 곧 급료가
trot out the ghosts 《속어》 (정당이 선전을 위해) 자기 당의 옛 대정치가의 이야기)를 들먹이다.
— 톤《타》 **1** ∼을 대작(代作)하다. **2** (유령처럼) ···에 불어다니다. — 《자》 **1** 대작하다. **2** (유령이) 소리를 내지 않고 움직이다. **3** (범선이) 바람이 없는데도 움직이다.
— 《형》 (회사 따위가) 가공(架空)의, 유령···; 은밀한 (stealthy); 무인의. ¶ *a* ∼ *company* 유령 회사/*a* ∼ *-i.ly* 부 ∼ *like*, ∼ *y* 형 ┌ *plane* 무인 비행기.
GHOST [goust] 略 정점(定點) 고공 기상 관측법; 대 기권 기상 관측용 기구. 〔< *G*lobal *H*orizontal *S*ounding *T*echnique〕 ┌놓는다.
ghóst cándle 악귀를 쫓는 촛불(시체 주위에 켜
ghóst child 출생 신고가 안 된 아이.
ghóst cràb 〔동물〕 달랑게속(屬) 게의 총칭.
ghóst dànce (종종 G— D—) 교령(交靈)춤(북미 인디언이 죽은 사람의 혼과 통하기 위하여 추는 주술적 춤), ┌재하지 않는 책).
ghóst edition 명 유령본(문헌 목록에는 있으나 실
ghóst feather 명 《구어》 =dust ball.
ghost·ing [góustiŋ] 명 **1** 〔TV〕 고스트, 다중상: 다중상 발생[형성]; 〔컴퓨터〕 (모니터 디스플레이에 나타나는) 잔상. 《군사》 근무 면탈, 동맹이.
*ghóst·ly [góustli] 형 1 유령의[같은], 희미한, 그림자 같은. 2 《문어》 영적[정신적]인; 종교적인. ¶ *our* ∼ *enemy* 악마(the Devil) / *a* ∼ *father* 고해 신부, 성직자. 3 작가(作家)의. -**li·ness** 명
ghóst nèt 명 버려진 유망(drift net).
ghóst rider 명 유령 승객; 〔보험〕 유령 가입자.
ghóst stàtion 명 《英》 무인역(驛): 폐쇄역.
ghóst stòry 명 괴담, 귀신 이야기; 〔터무니없는〕 이야기.
ghóst time 《美軍속어》 비번(off-duty). ┌야기.
ghóst tòwn 명 유령 도시(주민이 떠난 황폐한 도시).
ghóst tràin 명 **1** (유원지의) 도깨비 열차[전차]. **2** 《美구어》 최수 호송차; 제설차. **3** (버스의) 막차.
ghóst tùrn 명 뜻밖의 방향 전환, 반전(反轉).
ghost·ware [góustwɛ̀ər] 명 〔컴퓨터〕 고스트웨어 (실재하지만 감지하지 못하는 기술).
ghóst wòrd 명 유령어(오식·원고의 오류 따위로 생겨나서 대중화된 말. derring-do 따위).
ghost·write [góustràit] 타 (···의) 대작(代作)을 하다.
ghóst writer 명 대필(유령) 작가, 고스트 라이터. (또는 *ghóstwriter*)
ghoul [gu:l] 명 **1** 《이슬람교 전설에서》 무덤을 파헤쳐 시체를 먹는다고 하는 귀신; 도굴꾼; 시체 도둑. **2** 잔인한 짓을 하고[것을 보고] 유쾌해 하는 사람.
ghoul·ish [gúːliʃ] 형 악마적인, 잔인한; 엽기 취미의, 병적인; ghoul의 같은. ∼**·ly** 부 ∼**·ness** 명
G.H.Q., GHQ 《군사》 *g*eneral *h*ead*q*uarters.
ghyll [gil] 명 《英》 =gill⁴.
GHz *g*igaherz(es).
GI [dʒíːái] 《구어》 명 (복 ∼'s, ∼s) **1** (미국 육군의) 병사, 하사관, (특히) 징모병; 제대 군인. **2** (the ∼s) 《속어》 설사. — 형 **1** 《美육군》 군대에서 지급하는, 관급(官

給)의; 군대 규칙에 맞는, 군에서 정한. ¶ ∼ *shoes* 군화. **2** 미국 군인의[다운]; 군기를 엄수하는. ¶ *a* ∼ *bride* (GI와 결혼[약혼]한 외국의) 전쟁 신부. — 타 (*GI'd*; *GI'·ing*) 《타》 (검열의 예비로) (병영 따위를) 정돈하다.
— 《자》 군대 규칙을 엄수하다. 〔< *government issue*〕
Gi *g*ilbert. **gi.** *gi*ll(s). **G.I., GI, g.i.** *g*alvanized *i*ron(함석); *g*astro*i*ntestinal; 〔법률〕 *g*eneral *i*ssue; *g*overnment *i*ssue.
‡**gi·ant** [dʒáiənt] 명 **1** (설화·전설 따위의) 거인; 거한 (巨漢); 거대한 짐승[물고기]. **2** (재능·지력·권력 따위에서의) 거인, 거장, 대가, 위대한 사람[것]. ¶ *an artistic* ∼ 위대한 예술가 / *an economic* ∼ 경제 대국. **3** (종종 G—) (그리스 신화) 기가스(대지에서 태어난 거인족 (Gigantes)의 한 사람). **4** (채광) (수압 채광에서) 압력수를 분출시키는 노즐. **5** 〔천문〕 =∼ star. **6** 〔의학〕 거인증 환자. 〔대〕 거인증, 엄청나게 큰, 특대의 《반》 dwarf). **2** 위대한, 비범한, 탁월한. ∼**·like** 형
gi·ant·ess [dʒáiəntis] 명 (상상속의) 여자 거인; (일반적으로) 큰 여자. 〔*·tism* 1, 2 (골격의) 거대증.
gi·ant·ism [dʒáiəntizm] 명 〔병리〕 =gigantism.
gíant killer 명 (스포츠 따위에서) 거물[강팀] 킬러, 거물 잡는 선수[팀].
gíant ótter 명 〔동물〕 왕수달(남미산(産)).
gíant pánda 명 〔동물〕 자이언트 판다.
gíant plánet 명 〔천문〕 대행성(목성, 토성, 천왕성, 해왕성 따위).
gíant pówder 명 강력 화약[폭약]. ┌일산(産) 목축·경찰견).
gíant schnáuzer 명 〔동물〕 자이언트 슈나우저(독
gíant sequóia 명 세퀴이아 삼나무(big tree).
gíant slálom 명 〔스키〕 대회전 (경기).
gíant('s) stríde 명 (유원지 따위에 있는) 회전탑.
gíant stár 명 〔천문〕 거성(巨星)(직경이 태양의 10–100배는 되는 별). 형 supergiant
gíant swíng 명 (기계 체조의) 대차륜.
gíant tórtoise 명 〔동물〕 땅거북속(屬)의 대형 거북.
giaour [dʒauər] 명 불신자, 비(非) 회교도, 이단자 (회교도에 있어서 말하는). 〔< Turk〕
gi·ar·di·a·sis [dʒìːɑːrdáiəsis] 명 〔병리〕 편모충증 (鞭毛蟲症)(편모충의 기생으로 생기는 장 질환).
gib¹ [gib] 명 **1** 번식기 및 그 후의 연어 수컷의 아래턱 끝에는 갈고리 모양의 굴곡, **2** 〔기계〕 요(凹)자형 쐐기, 지브. — 타 (*-bb-*) ···을 지브로 고정시키다.
gib² 명 고양이; (거세한) 수고양이.
Gib. *Gib*raltar.
gib·ber [dʒíbər, ɡíbər] 자타 (분노·공포 따위로) 뜻 모를 말을 지껄이다; (원숭이 따위가) 꺅꺅거리다.
gibber away (원숭이 따위가) 계속 꺅꺅거리다. (경멸적) (사람이) 계속 횡설수설하다.
— 명 빨리 지껄이는 뜻모를 말, 횡설수설.
gib·ber·él·lic ácid [dʒìbərélik-] 명 〔생화학〕 지베렐린산(식물의 생장 호르몬).
gib·ber·el·lin [dʒìbərélin] 명 지베렐린(고등 식물의 생장 호르몬; 씨 없는 포도를 만드는 데 쓴다).
gib·ber·ish [dʒíbəriʃ, ɡíb-] 명 ⓤ 뜻모를 말; (어려운 말·전문어 따위가 많아) 이해할 수 없는 말[글].
gib·bet [dʒíbit] 명 **1** 《고어》 교수대(처형 후 시체를 그대로 일반에게 공개한다); 교수형. **2** 기중기의 지브(jib).
— 타 **1** 교수대에 처형하다. **2** 공공연하게 창피를 주다, 남들의 웃음거리로 만들다.
gib·bon [ɡíbən] 명 기번(동인도·남아시아산(産) 긴 팔 원숭이). ┌국의 역사가).
Gib·bon [ɡíbən] 명 **Edward** ∼ 기번(1737–94: 영
gib·bose [ɡíbous] 형 =gibbous.
gib·bos·i·ty [ɡibásəti/-bɔ́s-] 명 **1** ⓤ 볼록한 모양, **2** 부풀어 오름, 융기, 돌출; (특히) 곱사등.
gib·bous [ɡíbəs] 형 **1** 〔천문〕 (달·천체가) 반원보다 볼록한 상태의, 볼록하게 돌출한. ¶ *the* ∼ *moon* 철월(凸月)(반달과 보름달 사이의 달). **2** 곱사등의. **3** 볼록한,

gibe 가운데가 융기한. **~·ly** 분 **~·ness** 명
gibe [dʒaib] 명짜 (…을/…때문에) 비웃다, 우롱하다 *(at/for)*. ─타 …을 비웃다, 조롱[우롱]하다. ─명 (…을/…때문에) 비웃음, 조롱, 우롱 *(at/for)*. (또는 **jibe**). **gíb·er** 명 **gíb·ing·ly** 분
Gib·e·on [ɡíbiən] 명 〔성서〕 기브온(고대 Palestine의 Jerusalem 북서쪽에 있던 도시).
Gib·e·on·ite [ɡíbiənàit] 명 〔성서〕 기브온 주민 (Joshua를 속여서 멸망을 면하고 이스라엘인의 노예가 되었다. ➡여호수아 (Josh.) 9).
GI Bill (of Rights) 명 (the ~) 《美》 제대군인 원호법.
gib·let [dʒíblit] 명 (~s) (닭·거위 따위의) 내장; (고어) 찌꺼기, 남은 것.
Gi·bral·tar [dʒibrɔ́ːltər] 명 1 지브롤터(영국의 식민지로 스페인 남단의 요새화된 항구 도시). 2 **Rock of** ~ (the ~) 지브롤터 바위(Pillars of Hercules의 하나); 바윗돌 같은 존재. 3 **Strait Of** (the ~) 지브롤터 해협(Spain과 Morocco 사이의 해협). 4 (때로 g-) 난공불락의 요새. **-tar·i·an** [tɛ́əriən] 명
Gib·ran [dʒibrάːn] 명 **Kahlil** ~ 지브란(1883-1931: 레바논의 소설가·시인·화가로 신비주의자). 「부.
GI bride 명 (GI와 결혼(약혼)한 외국의) 전쟁 신
Gib·son [ɡíbsn] 명 깁슨. 1 **Mel** ~ (1956-: 미국 태생의 오스트레일리아 영화 배우). 2 진 또는 보드카에 양파를 곁들인 칵테일.
Gíbson gírl 명 깁슨 스타일의 미녀 (삽화가 C. D. Gibson(1867-1944)이 그린 1890년대의 미국 미인의 전형).
Gíbson mix méthod 명 〔컴퓨터〕 깁슨 믹스법 (法)(컴퓨터 본체 성능 평가 방법).
gi·bus [dʒáibəs] 명 오페라 모자(~ hat).
***gid·dy** [ɡídi] 형 1 〈문어〉 경박한, 경솔한; 충동적인, 변덕스러운; 들뜬. ¶a ~ goat (속어) 촐랑거리는 사람, 까불이. 2 현기증나는, 어지러운; 현기증이 나게 하는. ¶a ~ cliff 아찔한 절벽/a ~ dance 어지러운 춤.
act [or *play*] *the giddy goat* [or *ox*] ① 실떡거리다. ② 어리석은[경솔한] 짓을 하다. 「어지럽다.
feel [or *become, turn*] *giddy* 현기증을 느끼다.
My giddy aunt! (놀람을 나타내어) 저런!, 어머나!
─분 현기증이 나(게 하)다.
Giddy up! (말을 몰 때) 이라!
gíd·di·ly 분 **gíd·di·ness** 명
gid·dy·ap [ɡídiæp, -ʌ́p] 감 (말 따위에게) 앞으로 가, 더 빨리 (걸어). (또는 **giddap, giddup, giddyup**)
gid·dy·head·ed [-hèdid] 형 〈남부〉 경솔한.
Gide [ʒiːd] 명 **André (Paul Guillaume)** ~ 지드 (1869-1951: 프랑스의 소설가; 노벨 문학상(1947)).
Gid·e·on [ɡídiən] 명 1 〔성서〕 기드온(이스라엘의 사사(士師). ➡사사기(Judg.) 6-8). 2 국제 기드온 협회 회원; (the ~s) ≒International.
Gídeons Internátional 명 (the ~) 국제 기드온 협회(1899년에 기독교 실업인들이 창설한 국제적 성경 보급 단체; 구칭 the Gideon Society). 「2 ≒**gadget**.
gidg·et [ɡídʒət] 명 〈속어〉 1 활달하고 귀여운 소녀.
gie [ɡiː] 타 (~*d*; ~*d*, ~*n*; ~*ing*) 〔스코〕 ≒give.
‡**gift** [ɡift] 명 1 (…에 대한) 선물, 선사품; 기증품 *(to, for)*. ➡PRESENT 유의어. ¶a Christmas ~ 크리스마스 선물. 2 ⓒⓤ (…에 대한) 증여, 기증 *(to)*; 줄 권리, 증여권. ¶make a ~ of 10,000 dollars *to* …에 1만 달러를 기증하다 // The decision is not in his ~. 그에게 결정권은 없다. 3 (a ~) 〈英구어〉 쉽게 할 수 있는 일; 값싼 물건. ¶ The exam was a ~. 그 시험은 식은 죽 먹기였다. 4 (…의/…에 대한) 특별한 능력; (신의) 은사 (恩賜), 천부의 재능, 자질 *(for, of/with)*. ➡ABILITY 유의어. ¶a man of many ~s 다재 다능한 사람.
a gift from the gods 횡운, 호기(好機).
as [or (고어) *at] a gift* 거저라도(even for nothing).
by [or *of*] *free gift* 무상으로, 공짜로.
Christmas Gift! 〈美남부〉 크리스마스 축하합니다.
God's gift (…에 내려준) 신의 선물 *(to)*.
have a gift for [or *of*] …에 재능이 있다. 「름없다.
It's a gift. 그것은 누워서 떡 먹기이다; 그건 거저나 다
─타 1 …에게 ~을 선물[선사]하다 *(with)*; (…에게) 주다 *(to)*. ¶ (~+目+前+名) ~ a thing *to* a person = ~ a person *with* a thing 남에게 물건을 주다. 2 …에게 ~을 부여하다 *(with)*. ¶be ~ed with a talent 재능이 있다.
~·less 형 재능이 없는.
GIFT [ɡift] 명 생식체[배우자] 난관내 이전[이식(법)], 기프트 법(불임 치료법의 하나). 〈*g*amete *i*ntrafallopian *t*ransfer〉
gíft·book [ɡíftbùk] 명 증정[기증]본; 기증용의 미장본.
gíft certíficate 명 《美》 상품권. 「본(美裝本).
gíft cóupon 명 《英》 경품 교환권.
***gift·ed** [ɡíftid] 형 타고난 재능이 있는, 천부적인; (…의) 뛰어난 재능[지능]이 있는 *(with)*; 머리가 매우 좋은. ¶a ~ artist 천부적인 예술가. **~·ly** 분 **~·ness** 명
gífted chíld 명 〔심리〕 영재[천재]아; 신동(神童).
gíft hórse 명 선물로 주는 말; 선물.
look a gift horse in the mouth 선물로 받은 물건의 흠을 잡다, 남의 호의[친절]를 트집 잡다(* 말의 나이는 이를 보고 알 수 있는 데서).
gift·ie [ɡífti] 명 〔스코〕 재능, 능력.
gíft of (the) gáb (the ~) 〈구어〉 말재주, 능변; (경멸적) 수다쟁이. ¶have the ~ 말재주가 있다; (경멸적) 수다쟁이다.
gíft of tóngues 명 (the ~) 1 〔성서〕 ≒glossolalia.
gíft shóp 명 선물 가게. 「2 어학의 재능; 말재간.
gíft táx 명 증여세.
gíft tóken [vóucher] 명 《英》 ≒gift certificate.
gift·ware [ɡíftwɛ̀ər] 명 (선물용) 도자기, 유리 제품.
gift-wrap [-ræ̀p] 타 (-*pp*-) 선물용으로 포장하다.
─명 ≒giftwrapping. (또는 **giftwràp**)
gíft-wràp·ping [ɡíftræ̀piŋ] 명 선물용 포장(재료).
gig[1] [ɡig] 명 1 〔해사〕 조정 경기용 소형 보트; 선장[함장]용 보트. 2 말 한 필이 끄는 2륜 마차; 〈속어〉 고물 자동차. 3 (또는 ~ **mill**) 기모기(起毛機), 보풀 세우는 기계. 4 용모가 기괴한 사람. 5 명 (-*gg*-) 자 gig를 타고 가다. ─타 (직물에) 보풀을 세우다.
gig[2] 명 (고기잡이용) 작살; 갈고랑이 낚싯바늘. ─타 (-*gg*-) 명 1 (물고기 따위)를 작살로 잡다[찌르다]. 2 〈美서부〉 …에 박차를 가하다; …을 부추기다. ─자 물고기를 작살로 잡다[죽이다].
gig[3] 〈美속어〉 명 1 사기. 2 (가벼운) 규칙 위반의 보고; 벌점; 규칙 위반에 대한 가벼운 벌. ─타 (-*gg*-) 1 …을 속이다. 2 …의 규칙 위반을 보고하다; 규칙 위반으로 처벌하다, 벌점을 주다.
gig[4] 〈구어〉 명 1 재[즉흥] 연주회; (가수 등의 단 1회의) 고용 계약[출연]; 그 연주 장소. 2 일, 일시적인 일; 관심사, 자신 있는 분야. 3 (재즈 팬의) 광란적인 파티. ─자 (-*gg*-) (단기[하룻밤] 계약으로) 연주하다. 「meter.
giga- [ɡíɡə] 연결형 one billionth of a ~, 《美》 ≒*giga-*
gig·a·bit [ɡíɡəbit, dʒíɡə-] 명 〔컴퓨터〕 기가비트(기억 용량과 데이터 전송의 단위; 10억 비트). 「kilobit
gig·a·byte [ɡíɡəbàit, dʒíɡə-] 명 〔컴퓨터〕 기가(10억)바이트(기억 용량의 단위; ㉑ G(B)). 「이클(㉑ GC).
gig·a·cy·cle [ɡíɡəsàikl, dʒíɡə-] 명 기가(10억) 사
gig·a·flops [ɡíɡəflὰps, dʒíɡə-/-flɔ̀ps] 명 〔컴퓨터〕 기가(10억)플롭스(연산 속도의 단위). 「〔GHz〕.
gig·a·hertz [ɡíɡəhə̀ːrts, dʒíɡə-] 명 기가(10억) 헤르츠
gi·gan·te·an [dʒàiɡæntíːən, dʒi-] 형 ≒gigantic.
gi·gan·tesque [dʒàiɡæntésk] 형 거인의; 거대한, 초대형의. 〈F〉
***gi·gan·tic** [dʒaiɡǽntik, dʒi-] 형 거인의[같은]; 거대한, 대규모의; 방대한. ¶a ~ statue 거대한 조상(彫像). ➡HUGE 유의어. **-ti·cal·ly** 분 **~·ness** 명
gi·gan·tism [dʒáiɡæntizm, dʒi-, ⌐-⌐] 명 ⓤ 〔병리〕 거인증; 〔동·식물〕 거대증; 거대화 경향.

gi·gas [dʒígəs] 〖〗〖식물〗 (거) 대형의.
gi·ga·ton [gígətʌ̀n, dʒígə-] 〖〗 기가톤(TNT 10억 톤분의 폭발력 단위; 〖〗 GT).「10억 와트(〖〗 GW, Gw).
gi·ga·watt [dʒígəwὰt, dʒígə-/-wɔ̀t] 〖〗 기가와트,
***gig·gle** [gígl] 〖〗(…을 보고[듣고]) 킬킬 웃다(at); 킬킬 웃음 (감정을) 나타내다. ⇨LAUGH 〖유의어〗 ─〖〗 보내다.
giggle away 계속 킬킬 웃다.
─〖〗 **1** 킬킬거리는 웃음; 〖구어〗 재미있는 사람[것]; 농담. ¶ give a ~ 킬킬 웃다. **2** (the ~s) 웃음을 그치지 못함. **3** 〖英구어〗 여자(아이)들의 모임[한 떼].
for a giggle 재미로, 농담으로.　　　　　「웃어대다.
have (a fit of) the giggles (억누르지 못하고) 킬킬
─**gler** 〖〗 〖蔑俗〗 우스꽝스런; 경박한.
-gling·ly ~ -gly 껄껄하면 킬킬 웃는.
gig·gle-house [-hàus] 〖〗 〖濠俗〗 정신 병원.
gig·gle-smoke [-smòuk] 〖〗 〖美俗〗 마리화나.
gig-lamps [ǽmps] 〖〗 〖英俗〗 안경.
gig·let [gíglit] 〖〗 킬킬거리는 소녀, 말괄량이. 〖고어〗 음탕한 여자. (또는 **gig·lot** [gíglɔt]).
gig·man [ɡíɡmən] 〖〗 **1** 2륜 마차 소유자. **2** 속물 (인
gig mill 〖〗 **1** =gig¹. 〖〗 **3. 2** 기모(起毛) 공장.
GIGO [gáigou] 〖〗〖컴퓨터〗 기고(컴퓨터에 못된 프로그램을 입력하면 완전치 못한 답밖에 얻을 수 없다는 원칙). [<*g*arbage *in*, *g*arbage *o*ut]
gig·o·lo [dʒíɡəlòu, ʒíɡ-] 〖〗 **1** 여자에게 얹혀 사는 남자; (매춘부의) 기둥 서방. **2** (돈 많은 여자를 상대하는) 남자 직업 댄서, 제비족.
gig·ot [dʒígət] 〖〗 **1** (손목이 가늘고 깔대에 어깨쪽으로 넓어진) 지고 소매. **2** (요리용) 양(羊) 다리.
gigue [ʒiːg] 〖〗 〖음악·무용〗 =jig².
GI hàircut 〖〗 GI(군대식) 헤어 스타일. ¶ get a ~ 군대식으로 머리를 깎다.
GII *G*lobal *I*nformation *I*nfrastructure.
GI Jáne [Jíll, Jóan] 〖〗 〖구어〗 미군 여자 병사.
GI Jóe 〖구어〗 미군 (남자) 병사.
Gi·la (mònster) [híːlə-] 〖〗 〖동물〗 (미국 남서부 산(産)) 독이 있는 도마뱀.
gil·bert [gílbərt] 〖〗 〖전기〗 길버트(기자력(起磁力)의 cgs 전자 단위로, 0.7958 암페어 횟수와 같다; 〖〗 Gi).
 [<영국의 물리학자 William Gilbert의 이름]
Gil·bert [gílbərt] 〖〗 길버트. **1** William ~ (1544-1603; 영국의 물리학자·의사; 자기(磁氣)연구로 유명).
2 William Schwenck ~ (1836-1911; 영국의 극작가·시인). **3** 남자 이름(애칭 Bert, Gil).
Gil·ber·ti·an [gilbə́ːrtiən] 〖〗 길버트(W. S. Gilbert)적인; 익살스럽고 앞뒤[조리]가 맞지 않는.
Gilbértian situàtion 〖〗 익살스럽고 뒤죽박죽인 상황[장면]. [<W.S. Gilbert의 이름]
***gild**¹ [gild] 〖〗(**~ed, gilt**) **1** …에 금도금하다; 금[금박]을 입히다; …을 금빛으로 칠하다. ¶ the frame with gold leaf 액자에 금박을 입히다. **2** 아름답게 꾸미다, 번쩍이게 하다; …을 그럴싸하게 하다. ¶ ~ the truth 진실을 왜곡하다. **3** (古) 피투성이가 되게 하다.
gild [or **paint**] **the lily** [or **refined gold**] (완벽한 것에) 불필요하게 손질을 가하다, 사족을 달다.
gild the pill 알약을 황금빛으로 칠하다; 좋지 않은 것
~·a·ble 〖〗　　　　　　　　　「을 좋게 꾸미다.
gild² 〖〗 =guild.
gild·ed [gíldid] 〖〗 **1** 금[금박]을 입힌, 금도금한, 황금빛으로 빛나는. ¶ some ~ relics 금박을 입힌 유물들. **2** 겉치레의, 겉만 꾸민, 〖〗 **~ words** 알맹이 없는 미사여구. **3** 부자의, 부호의; 상류 계급의 호사스러운.
Gílded Áge 〖〗 (the ~) (미국 남북 전쟁 후의) 금박 시대, 대호황 시대. [Mark Twain과 C. D. Warner 합작의 동명(同名) 소설 제목]
gílded cáge 〖〗 유복하나 자유가 없는 환경[삶].
Gílded Chámber 〖〗 (the ~) 〖英〗 상원(House of Lords).

gílded spúrs 〖〗 (〖英俗〗) 황금 박차(훈작사(knight) 의 기장).　　　　　　　　　「젊은이들, 귀공자들.
gílded yóuth 〖〗 (집합적·복수취급) 상류층[돈 많은]
gild·er¹ [gíldər] 〖〗 도금공, 금박사.
gild·er² [-] 〖〗 =guilder.
Gil·de·roy [gíldərɔ̀i] 〖〗 * 다음 숙어로만 쓴다.
higher than Gilderoy's kite 〖美俗〗 ① (보이지 않을 만큼) 매우 높게. ② 호되게, 몹시. ③ 〖美俗〗 술 취해서; (마약에) 흠뻑 빠져서.
gild·ing [gíldiŋ] 〖〗 **1 a)** 금도금(술), 금박 입히기. ¶ **chemical** [*or* **electric**] ~ 전기 도금. **b)** 도금 재료, 금박, 금분(金粉). **2** 겉치레, 허식.
gi·let [ʒiléi/F ʒile] 〖〗 질레(앞자락이 있는 블라우스 같은 조끼; 발레 의상의 하나). [<F]
gil·gai [gílgai] 〖濠〗 (작은) 도랑[하수도]; (작은) 연못, 웅덩이. (또는 **ghilgai, gilgie, gilguy**)
Gil·ga·mesh [gílgəmèʃ] 〖〗 길가메시(전설상의 Sumer인의 왕; Babylon의 서사시 *The Epic of* ~의
Gil·iak [gíliæk] 〖〗 =Gilyak.　　　　　「주인공).
***gill**¹ [gil] 〖〗 **1** (보통 ~s) 〖어류〗 아가미. **2** (버섯의 갓 뒤쪽의) 주름, 균습(菌褶). **3** =ground ivy. **4** (종종 ~s) (닭·칠면조의) 턱밑의 처진 살, 육수(肉垂); (사람의) 턱밑 군살. **5** (俗) (사람의) 입(mouth).
fed to the gills 〖俗〗 물려서, 정나미 떨어져(*with*).
green [or **blue, pale, white, yellow**] **around** [or **about**] **the gills** (병·공포 따위로) 안색이 나쁜, 파랗게 질린; 기분이 나쁜.
lit [or **loaded**] **to the gills** 〖俗〗 몹시 취해서.
rosy [or **red**] **about** [or **around**] **the gills** 혈색이 좋은, (취해서) 얼굴이 붉은.
to the gills 〖구어〗 한껏; 모두, 완전히.
turn red in the gills 화를 내다.
─〖〗 **1** (물고기)를 자망(刺網)으로 잡다. **2** (물고기)의 아가미를 빼내다. **3** (버섯의) 주름을 도려내다. ④ (물고기가) 자망에 걸리다.
~·er 〖〗 **~·less, ~·like** 〖〗

gill² [dʒil] 〖〗 질(액량) 단위; 1/4 pint; 〖美〗 0.118 리터, 〖英〗 0.142 리터; 〖〗 gi.).
gill³ [dʒil] 〖〗 (종종 G-) 〖고어〗 처녀; 연인, 애인. ¶ *Jack and G-* 청년과 처녀, 젊은 남녀 / *Every Jack has his G-*. 〖속담〗 짚신도 제짝이 있다. (또는 **jill**)
gill⁴ [gil] 〖〗 〖英방언〗 (수목이 우거진) 골짜기, 협곡; (계곡의) 시내, 개울. (또는 **ghyll**)
gill-cov·er [gílkʌ̀vər] 〖〗 〖동물〗 아감딱지.
gilled [gild] 〖〗 아가미가 있는; (버섯의 갓 안쪽에) 주름이 있는.
Gil·les·pie [gilséspi] 〖〗 **John Birks ('Dizzy')** ~ 길레스피(1917-93; 미국의 재즈 트럼펫 주자; bebop 을 주도).　　　　　　　　　「제의 면도·화장용품).
Gil·lette [dʒilét] 〖〗 (상표) 질레트(미국 Gillette사
gíll fùngus [gil-] 〖〗 갓 뒤쪽에 주름이 있는 송이버섯류의 버섯.　　　　　　　　　　　「(Juliana의 별칭).
Gil·li·an [dʒíliən, -ljən] 〖〗 질리언(여자 이름).
gil·lie [gíli] 〖〗 **1** (스코·아일) (사냥꾼·낚시꾼의) 안내자; (스코틀랜드 고지의 족장의) 시종, 종복. **2** 길리(뒷축이 낮은 장식 달린 여성용 스포츠화). (또는 **gilly**)
gil·lion [gíljən, dʒíl-] 〖〗 (〖英〗 ~**s**, (수사 뒤에서) ~) 〖俗〗 10억(〖美〗 billion); 〖美俗〗 무수, 다수.
gíll nèt [gil-] 〖〗 자망(刺網). **gíll·nèt** 〖〗
gil·ly¹ [gíli] 〖〗 (스코) =gillie 1.
gil·ly² 〖〗 〖美〗 서커스의 운반차; 소규모 서커스, 곡마단; 꽃 (자동차). ─〖〗 gilly로 운반하다[되다].
gil·ly·flow·er [dʒíliflàuər] 〖〗 〖식물〗 **1** 패랭이꽃 **2** 정향나무의 꽃들. (=**gillyflower**)
***gilt**¹ [gilt] 〖〗 gild의 과거·과거분사. ─〖〗 금도금한, 금[금박]을 입힌; 황금빛의. ¶ a ~ frame 금테/a ~ top 천금(天金)(도련을 친 책의 윗부분에 도금을 한 것).
─〖〗 〖〗 **1** (도금에 쓰는) 금, 금박, 금분(gilding). **2** 겉

gilt

만의 아름다움. 3 (속어) 돈. 4 (~s) 우량 증권.
take the gilt off the gingerbread 매력을 반감시키다. 흥을 깨다; 가치를 떨어뜨리다; 허식을 없애다.
gilt² 명 (아직 새끼를 낳은 일이 없는) 젊은 암퇘지.
gílt cúp 명 〖식물〗 =buttercup.
gilt-edged [⌀edʒd] 형 **1** (책·종이 따위가) 금테의, 가장자리에 금을 칠한. **2** (어음·증권·출연자 따위가) 최상급의, 일류의, 우량의; (英) 〖증권〗 정부 발행[보증]의(blue-chip). (또는 **gílt-èdge**)
gílt-edged secúrities 명(북) 〖증권〗 우량 증권; (英) 국채, 정부 보증채. 량 증권.
gilt-edged sháre[stóck] 명 〖증권〗 (英) 우
gim·bals [dʒímbəlz, gím-] 명(복) 〖단수취급〗 〖해사〗 짐벌(나침반의 수평 유지 장치). (또는 **gímbal rìng**)
gim·crack [dʒímkræk] 명 **1** 겉만 번드르르한 것, 허울만 좋은 싸구려 물건. ─ 형 (경멸적) 겉만 번드르르한, 싸구려의. **~·y** 형
gim·crack·er·y [dʒímkrækəri] 명 〖U〗 〖집합적〗 **1** 허울만 좋은 물건. **2** (미술·음악 따위에서) 속이 빤히 들여다 보이는 기교.
gim·let [gímlit] 명 **1** (T자형 자루의) 나사 송곳, 코르크뽑이(롯 auger). **2** (美) 김릿(라임 주스와 진의 칵테일). ─ 동타 …에 나사 송곳으로 구멍을 뚫다. 형 꿰뚫을 수 있는, 구멍을 낼수 있는. **~·y** 형
[gimlet 1]
gímlet éye 명 날카로운 눈[시선], 꿰뚫을 듯한 눈초리.
gim·let-eyed [⌀àid] 형 눈[시선]이 날카로운.
gim·me [gími] (美구어) =give me. (* 보통 명령문에 쓰인다) ─ 명 **1** 〖골프〗 김미(비공식 경기에서 치지 않아도 되는 극히 짧은 최종 퍼트). **2** (the ~s) 속어 금품을 조름[요구함]; 탐욕, 물욕. **3** (속어) **a)** 간단히 할 수 있는 일, 식은 죽 먹기. **b)** 쉽게 입수한 것, 횡재; (기업 따위가 주는) 무료 제공품[선물]. ─ 형 탐욕의; 금품[기부금]을 조르는. (또는 **gimmie**)
gímme hát[càp] 명 (기업의) 선전용 모자.
gim·mick [gímik] 명 **1** (경멸적) (선전이나 이목 끌기 위한) 궁리, 장치, 수법. **2** (수공품·제품 따위의) 교묘한 신안 장치, 신고안품. **3** (美구어) (요술쟁이 등의) 비밀 장치, 트릭; 속임수 장치[수단]. **4** (美속어) 마약 주사 기구. ─ 동타 …에 교묘한 장치를 하다(up). **-er** 명
gim·mick·ry [gímikri] 명 〖U〗 (美구어) **1** 속임수 장치의 사용. **2** (집합적) 교묘한 수[신안 장치], 세공. (또는 **gim·mick·er·y** [gímikəri])
gimp¹ [gimp] 명 **1** (의복·커튼용의) 꼰 끈 장식, 장식 끈. **2** (레이스의 돋을무늬에 쓰이는) 실. ─ 동타 꼰 끈으로 장식하다[만들다]. 리며 걷다.
gimp² 명 (속어) 절뚝거림; 절름발이. ─ 동자 절뚝거리다.
gimp³ 명 (美구어) 원기, 활기, 활력; 패기.
gimp·y [gímpi] (美속어) 형 절름발이의. ─ 명 경관.
*gin¹ [dʒin] 명 〖U〗 **1** 진(라이보리(rye)에 juniper berries 따위를 첨가한 무색의 증류주(酒)). 〖C〗 한 잔의 진. **2** (속어) (일반적으로) 증류주. **3** ~ mill. ─ 동 (-nn-) (구어) 진을 마시다; 술취하다(up). 내다.
gin up …을 분기시키다, 선동하다. ② …을 만들어
gin² [dʒin] 명 **1** 씨아, 조면기(cotton ~). **2** (수렵용) 덫. **3** 삼각(三脚) 기중기; 고정식 원동기; (일반적으로) 기계(장치), (美) (흑인·불량 소년 간의) 거리에서의 난투. ─ 동타 (-nn-) **1** (목화)를 씨아에 걸어 씨를 빼다. **2** (사냥감)을 덫으로 잡다. **~·ner** 명 조면공.
gin³ [dʒin] 명 (카드놀이) 진 (러미)(~ rummy)(두 사람이 하는 rummy의 일종).
gin⁴ [gin] 동 (**gan; gun; ~·ning**) (고어) =begin.
gin⁵ [dʒin] 명 (경멸적) 원주민 여자. 〖테일.
gín and ít [dʒín-] 명 진과 이탈리안 베르무트의 칵
gin-and-Jaguar [dʒínəndʒǽgwɑːr/-dʒǽgjuə] 명

ginnery

(美구어) (신흥) 중상류층 계급(upper-middle class) (지역)의. ⓐ stockbroker belt (또는 **gin-and-Jag**)
gín and tónic [dʒín-] 명 진토닉(칵테일). 트레.
gín blòck [dʒín-] 명 〖기계〗 하역용 일륜(⌀)도
ginch [dʒintʃ] 명 (속어) (섹스 상대로서의) 여자; (여
gin dive [dʒín-] 명 (속어) =gin mill. 자의) 음문.
gin·ee [gíni] 명 (속어·경멸적) 이탈리아(계) 사람.
gín fízz [dʒín-] 명 진 피즈(진에 레몬즙·탄산수 따위를 섞은 칵테일).
gin·ga [dʒíŋə] 명 징가(삼바 리듬을 연상시키는 유연한 몸놀림). [<Port] **gín·ge(l)·lie** [<Hind]
gin·ge(l)·ly [dʒíndʒəli] 명 참깨; 참기름. (또는 **gin·gi·li**)
*gin·ger [dʒíndʒər] 명 〖U〗 **1** 생강; 생강의 뿌리(식용·약용). **2** (구어) 톡 쏘는 매운 맛, 자극; 원기, 활기, 정력. **3** 생강빛, 황[적]갈색; (英) 붉은 머리카락(의 사람). 북돋우다.
put some ginger into …을 자극하다, …의 활기를 ─ 동타 **1** …에 생강으로 맛을 내다, (냄새 제거 따위에) 생강을 사용하다. **2** (구어) …을 자극하다; …의 원기를 북돋우다, 활기 띠게 하다, 격려[고무]하다(up).
ginger up 활기를 북돋우다; 자극을 주다.
─ 형 **1** 생강으로 맛을 낸[만든]; 황[적]갈색의; (머리카락이) 붉은. beer.
gin·ger·ade [dʒìndʒəréid] 명 (英) =ginger
gínger ále [dʒín-] 명 진저 에일(생강의 향미가 있는 탄산 청량 음료). (또는 (구어) **gínger póp**) 료).
gínger béer [dʒín-] 명 진저 비어(생강 맛이 강한 청량 음
gin·ger·bread [dʒíndʒərbrèd] 명 〖U〗 **1** (당밀로 맛을 들인) 생강이 든 케이크[쿠키]. **2** 요란한[야한] 장식.
take the gilt off the gingerbread ⇒GILT¹.
─ 형 야한, 싸구려 장식의. 쿠키.
~·y 형
gíngerbread nút 명 (둥근 단추 모양의) 생강이 든
gínger gròup 명 (英) (조직 내부의) 혁신파, 강경파.
gin·ger·ly [dʒíndʒərli] 부 아주 조심스럽게, 주의깊게, 신중하게. ─ 형 조심스런, 신중한. **-li·ness** 명
gínger nùt 명 (英) =gingerbread nut.
gínger pòp 명 (구어) =ginger ale.
gínger ràce 명 =ginger.
gín·ger·ròot [dʒíndʒərrù(ː)t] 명 생강 뿌리.
gin·ger·snap [dʒíndʒərsnæp] 명 (美) 생강과 당밀로 맛을 낸 쿠키. 크고 볼품없는) 박
gínger wìne 명 (英) 생강주(酒).
gin·ger·y [dʒíndʒəri] 형 **1** 생강의 같은, 생강의 풍미가 있는, 매운, 얼얼한. **2** 생강빛의, 적[황]갈색의; 붉은 머리카락의. **3** 원기 왕성한, 정력 넘친, 씩씩한. **4** (말씨 따위가) 신랄한; (구어) 성마른, 성질이 급한.
ging·ham [gíŋəm] 명 〖U〗 깅엄(줄무늬 또는 바둑판 무늬의 평직(平織) 면포). **2** (美구어) 우산.
gin·gi·li [dʒíndʒəli] 명 〖U〗 참깨; 참기름.
gin·gi·va [dʒindʒáivə, dʒíndʒəvə] 명 (복 **-vae** [-viː]) 〖해부〗 잇몸, 치은(gum).
gin·gi·val [dʒindʒáivəl, dʒíndʒə-] 형 **1** 치경[잇몸]의. **2** 〖음성〗 치경음(齒莖音)의(alveolar).
gin·gi·vi·tis [dʒìndʒəváitis] 명 〖병리〗 치은염.
ging·ko [gíŋkou, dʒíŋ-] 명 (복 **~(e)s**) =ginkgo.
gin·gly·mus [dʒíŋgləməs, gíŋ-] 명 (복 **-mi** [-mài]) 〖해부〗 경첩 관절(hinge joint).
Ging·rich [gíŋritʃ] 명 **Newt(on Leroy) ~** 깅리치 (1943- : 미국의 정치인: 연방 하원 의장(1994-98)).
gin·head [dʒínhèd] 명 (美속어) 술취한 사람, 주정뱅이.
gin·house [dʒínhàus] 명 조면(繰綿) 공장.
gink [giŋk] 명 (속어) (지겨운) 놈, (시시한) 녀석.
gink·go [gíŋkou, dʒíŋ-] 명 (복 **~(e)s**) 은행나무 (maidenhair-tree). (또는 **gingko**; 〖학명〗 ***Ginkgo biloba***)
gínkgo nùt 명 은행(은행나무의 열매).
gín mill [dʒín-] 명 (美속어) (싸구려) 술집, 대폿집.
gin·ner·y [dʒínəri] 명 조면 공장.

Gín·nie Máe [dʒíni méi] 圆 (美) 정부 전미 저당 금고 협회(Government National Mortgage Association)의 별칭; 이 협회 발행의 채권.

gi·nor·mous [dʒainɔ́ːrməs] 圆 (英구어) (크기·양이) 예상 이상으로 (엄청나게) 큰[많은], 터무니없는. [<*gigantic*+*enormous*]

gín pàlace 圆 (英) (19세기의 화려하게 꾸민) 싸구려 술집.

gín rúmmy [dʒín-] 圆 (카드놀이) =gin³.

Gins·berg [gínzbəːrg] 圆 **Allen** ~ 긴즈버그 (1926–97; 미국의 시인).

gin·seng [dʒínseŋ] 圆ⓒⓊ 인삼; 그 뿌리; 그 뿌리로 만든 약. (또는 **genseng**) [<Chin *jên-shên* 人蔘]

gín shòp [dʒín-] 圆 (英) 진을 파는 술집.

gín slíng [dʒín-] 圆 (美) 진 슬링(진에 설탕·향료·얼음을 섞은 음료).

gin·zo [gínzou] 圆 (속어)(경멸적) 圆 (廛 **~es**) 외국인, (특히) 이탈리아(계) 사람. — 圆 이탈리아인[계]의. (또는 **guinzo**)

Gio·con·da [dʒoukándə] 圆 *La* ~ 라 지오콘다 (Mona Lisa의 초상화). — 圆 (미소 따위가) 수수께끼 같은, 신비로운. [<It]

gio·co·so [dʒoukóusou] 圆圓 (음악) 유쾌하고 명랑한[하게], 우스꽝스런[스럽게]. [<It]

gip¹ [dʒip] (속어) 圆圓 (-**pp**-) 圆 =gyp¹.
gip² [dʒip] 圆圓 (-**pp**-) (생선의 창자를 빼내다.
gip³ [dʒip] 圆 (속어) =Gypsy. [깃국물, 스튜.
gíp·po [dʒípou] 圆 (廛 **~s**) Ⓤ (英軍속어) 수프, **gip·py** [dʒípi] (종종 G-) 圆 (廛 **~s**) 圆 1 이집트 사람(군인). 2 집시. [이집트(사람)의. [는 설사.
gíppy túmmy (英속어) (열대지방 여행자가 걸리
*****Gíp·sy** [dʒípsi] 圆圓 (英) =Gypsy.
*****gi·ráffe** [dʒəɾǽf/-ráːf] 圆 (廛 **~(s)**) 1 기린. 2 (the G-) (천문) 기린자리. **gi·ráff·ish** 圆.

gir·an·dole [dʒírəndòul] 圆 1 회전 불꽃; 회전 분수. 2 (축제) 연결 지뢰. 3 가지 달린 장식 촛대. 4 큰 보석 둘레에 작은 보석을 박은 목걸이(귀걸이). (또는 **gi·ran·do·la** [dʒirǽndələ]) [<It chandelier]

gi·ra·sol [dʒírəsɔ̀ːl, -sàl/-sɔ̀l] 圆 1 (광물) 화단백석(火蛋白石)(fire opal). 2 (식물) 뚱딴지, 돼지감자(Jerusalem artichoke). (또는 **girasole**)

*****gird**¹ [gəːrd] 圆圓 (~**ed**, **girt**) 1 (벨트·띠 따위로) …을 졸라매다, 묶다, 차다(*with*); (칼·갑옷 따위를) 차다, 걸치다(*on*). ¶ (~+目+前+名) ~ *a coat with a belt* 코트를 벨트로 매다∥ (~+目+副) ~ *on a sword* 칼을 차다. 2 …을 둘러싸다, 에워싸다(*up*)(*with*), ¶ (~+目+前+名) ~ *a castle with a moat* 성에 해자(垓子)를 둘러 파다. 3 (재귀용법으로) 정신을 차리다, 긴장하다; (…할) 각오를 단단히 하다; 준비하다(*up*)(*to do, for*). ¶ (~+目+*to do*) ~ *oneself to attack the enemy* 적을 공격할 준비를 하다. (권력 따위를) 주다, 부여하다(*with*).
gird oneself (**up**) ① 허리띠를 졸라매다. ② (…에) 대비하다[하여 정신을 바짝 차리다](*for, to do*).
gird (**up**) *one's* [or **the**] *loins* ⇒ LOIN.
~·**ing·ly** 圆.

gird² 圆圓 조소하다, 비웃다(*at*); (英방언) 재빨리 움직이다. — 圆 비웃다, 힐책하다; (스코) 때리다. — 圆 (고어) 조소, 비웃음; (스코) 타격. ~·**ing·ly** 圆.

gird·er [gə́ːrdər] 圆 (토목·건축) 도리, 대들보, 거더. ~·**less** 圆.

gird·er·age [gə́ːrdəridʒ] 圆 (집합적) (건축) 도리, **gírder brìdge** 圆 형교(桁橋). [대들보; 도리 방식.

*****gir·dle**¹ [gə́ːrdl] 圆 1 (여성용) 거들. 2 (허리에 매는) 띠, 허리띠, 장식띠. 3 띠 모양의 것, 둘러싸는 것, 테두리. ¶*an island within the* ~ *of the sea* 바다로 둘러싸인 섬. 4 보석의 윗면과 아랫면이 맞물리는 선; 대(臺)에 물리는 부분. 5 (해부) 대(帶), 지대(肢帶). ¶*the pelvic* [or *hip*] ~ 골반대. 하지다/*the shoulder* ~ 견갑대,

상지대. 6 (건축) 환대(環帶) 장식. 7 (천문) 수대(獸帶)(zodiac); 황도(黃道); 적도. 8 (식물) 나무 껍질을 둥글게 고리 모양으로 벗겨 낸 뒤의 자리[테].
have [or *carry*, *hold*] … *under one's girdle* …을 지배하다, 복종시키다.
put a girdle round ① …을 일주하다. ② (철도선 따위가) 환상으로 둘러싸다.
— 圆圓 1 …을 띠로 매다; (띠·끈 따위로) 묶다, 감다. 2 …을 둘러싸다, 에워싸다, 포위하다(*about, around*)(*with*). ¶*The town is* ~*d with rivers.* 그 도시는 사방이 강으로 둘러싸여 있다. 3 (…주위를) 돌다. ¶*a satellite girdling the moon* 달을 도는 위성. 4 (나무 껍질을) 고리 모양으로 벗기다.

gir·dle² 圆 (스코) =griddle.
gír·dle·càke [gə́ːrdlkèik] 圆 (스코) =griddlecake.
gír·dler [gə́ːrdlər] 圆 1 둘러싸는 사람[것]. 2 나무 껍질을 고리 모양으로 파먹는 해충의 총칭. 3 거들[허리띠]을 만드는 사람.

‡**girl** [gəːrl] 圆 (廛 **~s** [-z]) 1 여자[계집]아이, 소녀, 아가씨, 미혼의 젊은 여성; 여학생(school ~) (廛 boy). ¶*a* ~*'s* [or ~s] *school* 여학교. 2 (경멸적) 가정부, 여종업원, 여성 근로자; 여배우. ¶*a daily* ~ 파출부/*a shop* ~ 여점원/*an office* ~ 여사무원. 3 (one's) ~ 연인, 애인. ¶*one's best* ~ 연인. 4 딸(daughter). ¶*I have two* ~*s.* 나에게는 딸이 둘 있다. 5 (the ~s) (복수취급) (한 집의) 여자[딸]들; (나이에 관계없이) 여자 친구들. 6 (구어) (경멸적) (나이·기혼·미혼을 불문하고) 여자. ¶*a* ~*'s heart* 여자의 마음. 7 (구어) (친한 여성·아내 등을 부르는 말로) 당신, 여보; (점원이 여자 손님을 응대하는 말로) 손님, 사모님, 아가씨. ¶*my dear* ~ 여보, 당신. 8 (구어) 매춘부; (속어) 호모의 여자 역할을 하는 사람. 9 (또는 **girly**) (속어) 코카인.
a girl [or *about*] *the town* 거리의 여자, 매춘부.
old girl ① (여성을 부르는 말로) 이봐, 자네. ② (구어) 아내, 어머니; 노파. ③ (英) 여자 졸업생, 동창생.
That's the [or *my*] *girl!* (구어) 잘했어!, 좋아!
(*the*) *girl next door* 이웃집 아가씨(양처(良妻) 타입의 여성).
the principal [or *leading*] *girl* (英) (무언극 따위의) ~·**dom** 圆.

girl·cott [gə́ːrlkàt/-kɔ̀t] 圆圓 (여성이 여성에게 편견을 가진 사람[것]을) 보이콧하다. [<*girl*+*boycott*]

gírl Fríday 圆 (오른팔 역할을 하는) 여비서, 여성 보좌관.

gírl·frìend [gə́ːrlfrènd] 圆 1 (one's) ~ 연인, 애인; 걸프렌드. 2 (구어) (여자의) 여자 친구. 圆 **boyfriend**. (또는 **girl friend**)

gírl guìde 圆 (때로 G- G-) (英) 걸가이드의 일원. 2 (the G- G-s) 걸가이드(미국의 Girl Scouts에 해당).

*****girl·hood** [gə́ːrlhùd] 圆Ⓤ 1 소녀[처녀]임; 소녀기 [시대], 처녀 시절. 2 (집합적) 소녀들.

girl·ie [gə́ːrli] 圆 (구어) (잡지 따위가) 여자의 나체를 볼거리로 삼는; (술집 따위가) 여성이 접대하는. — 圆 1 (경멸적) 소녀, 처녀, 아가씨, 색시. 2 (속어) 매춘부. **gírlie màgazine** (구어) 누드 잡지. (또는 **girly**)
gírlie shòw (구어) 누드[나체] 쇼.

girl·ish [gə́ːrliʃ] 圆 1 소녀(시절)의; 처녀다운, 천진난만한. ¶ ~ *hesitancies* 소녀다운 망설임. 2 (사내아이가) 계집애 같은, 유약한. ~·**ly** 圆. ~·**ness** 圆.

gírl scòut 圆 (G- S-) (美) 1 걸스카우트의 일원. 2 (the G- S-s) 걸스카우트(단원은 7–17세).

gírl's kíckball 圆 (美속어) 축구(soccer).

girl·y [gə́ːrli] 圆 1 =girlie. 2 여자다운, 소녀티가 나는. — 圆 1 =girlie. 2 (美속어) 코카인.

girl·y-girl·y [-gə́ːrli] 圆 (구어) 유달리 소녀티가 나는[보이는] 여자.

gi·ro¹ [dʒáiərou] 圆 (廛 **~s**) =autogiro.
gi·ro² 지로. 1 (종종 G-) 우편 대체; 은행 대체 결제

[예금]. 2 《英구어》 2주마다 우편 대체로 지급되는 실업 수당. ¶ National Giro 《英》 우편 지로(1968년 영국에서 시작). ─ 图 지로로 지급하다.
Gi·ronde [dʒəránd/-rɔ́nd] 图 (the ~) 지롱드江 (프랑스 혁명 당시 온건 공화주의자당).
Gi·rón·dist, Gi·rón·din 图图
*girt¹ [gəːrt] 图 gird¹의 과거·과거분사. ─ 图 《해사》
girt² [gəːrt] 图 =girth.
girth [gəːrθ] 图图(U) 1 (물건의) 둘레의 치수(길이); (사람의) 허리 둘레.¶the ~ of a tree trunk 나무 줄기의 둘레/a man of large ~ 허리가 굵은 사람. 2 (말 따위의) 뱃대끈(⇒SADDLE 그림); (사람의) 벨트, 허리띠. 3 〔건축〕 중인방(中引枋). ─ 图图 1 …을 뱃대끈으로 졸라매다, (말 따위에) 뱃대끈을 매다. 2 …을 둘러싸다, 에워싸다. 3 …의 둘레 치수를 재다. ─ 图 둘레(허리 둘레)가 …이다. 「**G.I.s, GÍ shits**」
GI's [dʒíːáiz] 图 (~의 《속어》 설사. 또는 **G.I.'s, GIS** 《컴퓨터》 *Generalized [Global] Information System; Geographic Information System*.
Gis·card d'Es·taing [dʒiskɑ́ːr dəstæŋ] 图 **Valéry ~** 지스카르 데스탱(1926- : 프랑스의 정치가; 대통령(1974-81)). **Gis·card·i·an** [dʒiskɑ́ːrdiən] 图图 **Gis·cárd·ism, Gis·cárd·ist**
gism [dʒizm] 图 《속어》 =jism.
gis·mo [gízmou] 图 (~s) =gizmo.
Gis·sing [gísiŋ] 图 **George (Robert) ~** 기싱 (1857-1903: 영국의 소설가).
*gist [dʒist] 图 1 (보통 the ~) (일의) 요점, 요지, 골자.¶give the ~ of one's story 이야기의 요점을 들려주다. 2 (소송의) 주요 동기, 소인(訴因).
git [git] 图 《방언》 =get. 图 1 《英속어》 얼간이, 쓸모없는 사람. 2 (~s) 《美속어》 용기, 근성. (~s) **get-go**
gîte [ʒiːt] 图 숙박(휴양소); (프랑스어) 임대 별장.
git-go [-góu] 图 《美속어》 최초, 처음, 시작(beginning); 기운, 활력. (또는 **get-go**)
from [at] the git-go 처음부터[에].
git·tern [gítərn] 图 guitar 비슷한 옛날 악기.
giu·sto [dʒúːstou] 图图 《음악》 적절한[하게], 정확
‡**give** ⇒GIVE. ⟨p. 1172⟩ 「한[하게].
give-and-take [-ənteik] 图(U) 1 공평한 거래(교환); 상호 협력, 타협, 협조.¶the principle of ~ 상호 협력의 정신. 2 농담을 주고받기, 응수; 의견의 교환. ─ 图 대등한 교환의; 상호 협력의.
give·a·way [gívəwèi] 图 1(U) 포기, 방기(放棄). 2 (a ~) **a)** (비밀 따위를) 무심코 누설하기; (고의가 아닌) 배신; (이익 목적의) 비밀 누설.¶a dead ~ 철저한 배신. **b)** 명백한 증거. 3 《美》 (상품 판촉용) 경품, 서비스품; 무료 견본, 무료 신문; 쉽게 할 수 있는 것. 4 《美》 (라디오·TV의) 현상 퀴즈 프로. 5 부정 거래, 사기 거래; 《美》 헐명. ¶ 1 떨이로 파는, 헐값으로; 무료 제공되는. 2 (라디오·TV프로 따위가) 상품[경품]이 붙은. 3 비밀을 누설하는. 「으로.
at giveaway prices 저거나 다름없는 값으로, 헐값
gíveaway néwspaper 图 무료 배포 신문; 내막 폭로 기사 전문 신문.
gíveaway promótion 图 경품부 세일 캠페인.
gíveaway shów 图 (TV 따위의) 현상 퀴즈쇼.
gíve-báck [gívbǽk] 图 1 〔노동〕 기득권의 반환(노동 조합이 임금 인상과 교환으로 다른 기득권을 포기하기). 2 반환된 것; 환급금. (또는 **gíve-báck**)
‡**giv·en** [gívən] 图 give의 과거분사.
─ 图 1 주어진, 정해진, 일정한, 소정의.¶at a ~ time 주어진 시간에/within a ~ period 일정 기간내에. 2 …에 빠져 버린; …하기를 좋아하는, …하는 경향이 있는(to).¶be ~ to talking 잡담에 열중하다/They were ~ to violence. 그들은 언제나 폭력을 휘두르려 했다. 3 수여된, 주어진; 증여된.¶G- *goods never prosper*. 《속담》 증여된 재산은 늘어나지 않는다. 4 《문어》 〔전치사·접속사적〕 (계산·추론의 전제로서) …을 가정하면; …을 고려하면(* 종종 that을 수반한다).¶G- *good health* [or G- (*that*) *one is in good health*], *one can achieve anything*. 건강만 주어진다면 어떤 일이라도 할 수 있다. 5 《수학·논리》 주어진; 기지(旣知)의, 가설(假設)의. 6 (공문서가) 《몇월 며칠에》 작성된.¶G- *under my hand and seal on the 3rd* (*day*) *of May* 5월 3일 자필 서명 날인하여 작성함. ─ 图 (~**s** [-z]) 이미 알고 있는 것[사실]; 기정 사실, 당연한 일; 〔철학〕 소여(所與), 여건.
Gi·ven·chy [ʒivɑ̃ːnʃi/F ʒivɛ̃ʃi] 图 《상표》 지방시 (프랑스 고급 의류). ⟨프랑스의 의상 디자이너 Hubert de Givenchy(1927-)의 이름⟩
*gíven náme 图 (성에 대하여) 이름(first name).
⇒CHRISTIAN NAME
gív·er [gívər] 图 수여자, 기증[증여]자. 「하는 사람.
gív·er-up·per [-ʌ́pər] 图 《구어》 쉽게 포기[체념]
give-up [gívʌp] 图 1 《구어》 양보, 단념, 포기. 2 《증권》 위탁자 (명의) 명시 거래; (다른 증권업자에게) 수수료를 나누어 주기, 나누어 준 수수료.
Gi·za [gíːzə] 图 기자, 기제(이집트 Cairo 교외의 도시; 근처에 피라미드와 스핑크스가 있다). (또는 **Gizeh**)
giz·mo [gízmou] 图 (~**s**) 《美구어》 1 신안(新案) 소도구[기계] 장치(gadget); (이름을 모르는) 장치, 거시기; (도박의) 속임수(장치), 트릭. 2 놈, 녀석. (또는 **gismo**)
giz·zard [gízərd] 图 1 (새의) 모래주머니, 사냥(砂囊). 2 《구어》 창자, 내장, (특히) 장과 위; 목구멍.
fret one's gizzard 속썩이다, 괴로워하다.
stick in one's gizzard ① 마음에 들지 않다, 울화가 치밀다. ② (음식이) 목구멍에 걸리다, 소화가 되지 않다.
GK *goalkeeper*. **Gk., GK** *Greek*. **Gl** 〔화〕 *glucinum*. **GL** *general ledger*; *ground level*. **gl.** *gill*; *glass*; *glaze*; *gloria*; *gloss(ary)*.
gla·brous [gléibrəs] 图 《동·식물》 털이 없는.
gla·cé [glæséi/-] 图 1 《美》 (과일 따위를) 얼린, 얼음으로 차게 한. 2 (케이크 따위에) 설탕을 바른, 당의를 입힌; (과일 등을) 설탕에 절인. 3 (새까양 가죽·견직물 따위의) 윤을 낸. ─ 图 1 …에 윤을 내다. 2 …에 설탕을 바르다, 당의를 입히다; 설탕에 절이다.
⟨F *glacer* *freeze, glaze*⟩
gla·cial [gléiʃəl] 图 1 얼음의, 빙하의. 2 얼음[빙하]의 작용에 의한.¶~ *erosion* 빙식(氷蝕). 3 (종종 G-) 빙하 시대[기]의. 4 혹한의; 얼음처럼 찬. 5 얼음처럼 쌀쌀한, 냉담한, 냉혹한. 6 (빙하처럼) 느린, 지지부진한. 7 〔화학〕 얼음 모양의, 빙상 결정(結晶)의. 〔지질〕 빙하의. ~**·ist** 图 빙하학자. ~**·ly** 图
glácial acétic ácid 图 〔화학〕 빙초산.
glácial époch [éra] 图 (the ~) 1 (또는 **glácial périod**) (지질학상 홍적세(洪積世)에 해당). 2 빙하 시대(빙하 작용이 있었던 시대의 총칭).
gla·ci·ate [gléiʃièit/-si-] 图图 1 …을 얼음[빙하]으로 덮다. 2 …에 빙하 작용을 미치다, …을 빙하로 침식하다. 3 …을 빙결시키다, 얼게 하다. 2 얼다; 얼음[빙하]으로 덮이다.
gla·ci·at·ed [gléiʃièitid/-si-] 图 빙하로 침식된; 빙하로 뒤덮인.¶a ~ *valley* 빙하 계곡. 「(氷結).
gla·ci·a·tion [glèiʃiéiʃən/-si-] 图(U) 빙하 작용; 빙결.
gla·cier [gléiʃər/glǽsjə] 图 빙하. ~**ed** 图 ⟨F⟩
gla·ci·ol·o·gy [glèiʃiɑ́lədʒi, -si-/-si-ɔ́l-] 图 빙하학, 빙하 연구; (특정 지역의) 빙하 형성 상태[특징]. **-o·lóg·ic, -o·lóg·i·cal** 图 **-gist** 图
gla·cis [gléisis, glǽs-] 图 (图 *gla·cis* [-si(ː)z], **-es**) 1 완만한 비탈. 2 〔요새 전면의〕 비스듬한 제방.
‡**glad¹** [glǽd] 图 (~**der; ~·dest**) 1 〔서술용법〕 **a)** 기쁜, 즐거운, 만족한(*at, of, about, for, that*图, *to do*). ¶ *be* ~ *about the good news* 좋은 소식을 들으

give [giv] 동 (~s [-z]; gave; giv·en; giv·ing) 타

「한쪽에서 다른 쪽으로 (물건을) 옮겨서 (남에게) 가져가게 하다」가 원뜻이다. 여기서 「유형적인 물건을 구체적으로 주다, 넘겨주다」라는 뜻 외에 「정신적인 것을 비유적으로 주다, 넘겨주다」라는 뜻도 생겼다. 타동사로서 이중목적어를 취하는 일이 많으며, 자동사로서는 「주변 환경에 맞춰 구부러지고 누그러지면서 순응한다」는 뜻이 중요하다. 다른 기본동사들과 마찬가지로 중요한 관용구를 많이 만든다.

USAGE give가 이중목적어를 취하는 경우, 목적어의 양쪽이 대명사일 때는 동류 직접목적어(주로 it)가 선행하며, (美)에서는 G– it to me.의 경우처럼 to를 취하나, (英)에서는 G– it me.처럼 to를 취하지 않는 일이 많다.

I. (유형의 것을) 주다

1 (무상으로) (물건)을 주다, 바치다, 적선하다, 기부하다, 증여하다. ¶ ~ a birthday present 생일 선물을 주다 // (~+目+目) (~+目+前+名) ~ him half-a-dollar; ~ half-a-dollar to him 그에게 50센트를 주다 / He gave money to the poor. 그는 가난한 사람들에게 돈을 적선했다 (* 수동형은 The poor were given money. 또는 Money was given (to) the poor.)

유의어 give 「주다」라는 뜻의 가장 일반적인 말. **present** give보다 딱딱한 말; 어떤 격식을 차린 증여 방식을 암시. **bestow** 가치 있는 것을 무상으로 주다. **confer** 명예·은혜 따위를 (종종 정중하게) 수여하다. **grant** 권한을 가진 자가 요청에 따라 수여하다.

2 (대가(代價)·교환으로) …을 주다, (돈)을 지불하다 (pay) (for). ¶ (~+目+目) (~+目+前+名) ~ ten dollars for a magazine 잡지대로 10달러를 지불하다 / He ~s $2,500 won to his secretaries for a month's work. 그는 비서에게 2,500달러의 월급을 준다 // (~+目+目) Let me ~ you $10 for the ticket. 표삯 돈 10달러 드리겠습니다 / How much will you ~ me for my car? 내 차를 얼마에 사주시겠습니까?

3 …을 넘겨주다, 인도하다, 교부하다; …에게 (손·팔 따위)를 내밀다; (재귀용법으로) (여자가) 몸을 맡기다[허락하다]; 맡기다, 위탁하다 (into). ¶ (~+目+目) G– him a letter to mail. 그에게 편지를 부쳐달라고 해라 / Please ~ me sugar. 설탕 좀 건네주십시오 // (~+目+目) ~ a suitcase to the porter 짐꾼에게 여행 가방을 짐꾼에게 넘겨주다 / ~ one's daughter in marriage 딸을 시집보내다 / ~ a child into the care of a person 아이를 남에게 맡기다 / She gave herself to him. 그녀는 그에게 몸을 허락했다.

4 (장소·좌석 따위)를 물려주다, 양보하다 (concede). ¶ ~ ground 기반을 물려주다 / ~ a point in an argument 논쟁에서 한 걸음 물러서다 // (~+目+目) I'll ~ you that point. 그 점에서는 네게 양보하겠다 / (~+目+前+名) I gave my seat to an old lady. 나는 노부인에게 자리를 양보했다.

II. (무형의 것을) 주다

5 (명예·지위·권리·허가·임무 따위)를 주다, 수여(부여)하다. ¶ (~+目+目) ~ a person a title 남에게 직함을 주다 / ~ an actor a role 배우에게 배역을 주다 / women equal pay with men 여성에게 남성과 동일한 임금을 주다 / She was given the name of Patricia. 그녀에게는 패트리샤라는 이름이 주어졌다 / G– me liberty, or ~ me death. 나에게 자유 아니면 죽음을 달라 (Patrick Henry의 말).

6 (축복·격려·맹세 따위)를 주다; (애정·신뢰 따위)를 보내다. ¶ ~ a person one's blessings 남을 축복해주다 / ~ a person one's word for 남에게 …을 보증[맹세]하다 // (~+目+前+名) ~ aid to a person 남을 돕다 / ~ one's good wishes to a person 남에게 행복을 기원하다 / ~ encouragement to a person 남을 격려하다 / G– my regards to your family. 가족들에게 안부 전해주십시오.

7 (시간·기회·여유 따위)를 주다; …을 할당[배당]하다. ¶ (~+目+目) G– me a chance! 내게 기회를 달라! / G– yourself an hour to get there. 그곳에 도착하려면 한 시간 걸릴 것으로 잡으시오 / G– every man a full ration of biscuits. 모두에게 비스킷이 충분히 돌아가도록 하시오 / He gave us Saturday as our day of meeting. 그는 모임 날짜를 토요일로 잡았다.

8 (과거분사형으로) (사고의 기초로서) …을 주다, 설정하다, 가정하다. ¶ These facts being given, the argument makes sense. 이러한 사실들을 전제로 한다면 그 주장은 납득이 간다.

III. 가지게 하다

9 (손해·이익·벌 따위)를 주다, 받게(가지게) 하다; (병)을 옮기다. ¶ (~+目+目) ~ a man three months' imprisonment 어떤 사람을 3개월의 금고형에 처하다 / She gave him her cold. 그녀는 그에게 감기를 옮겼다 / It gave his views a foundation of solid fact. 이로써 그의 견해는 확고한 사실을 바탕으로 하게 되었다.

10 a) (노력·시간 따위)를 (…에) 바치다, 기울이다 (to); (재귀용법으로) …에 몰두[전념]하다 (up, over) (to). ¶ (~+目+目) ~ one's mind to a task 일에 전념하다 / ~ oneself to drinking 술에 빠지다. **b)** (수동형으로) (나쁜 일에) 빠지다; (…의…하는) 버릇이 있다 (up, over) (to / to doing). ¶ He is given to boasting. 그는 자만하는 버릇이 있다. **c)** (목숨 따위)를 (국가·대의 등을 위해) 바치다, 희생하다 (up) (for, to). ¶ ~ one's life to study 평생을 연구에 바치다.

11 …을 (…에게) 돌리다 (ascribe) (to). ¶ (~+目+前+名) ~ all the glory to God 모든 영광을 신에게 돌리다 / They gave the play to Shakespeare. 그들은 그 희곡을 세익스피어작이라고 했다 // (~+目+目) G– the Devil his due. 아무리 싫은 상대방일지라도 인정해야 할 것은 인정해주어라.

IV. 알려 주다·보여 주다

12 (징조 따위)를 보이다 (show); (성과·결과)를 나타내다; (계량기가) (수량)을 가리키다. ¶ ~ signs of an illness 병의 징조를 보이다 / The sky ~s the promise of fine weather. 하늘을 보니 날씨가 좋아질 것 같다 / The thermometer ~s 90°(Fahrenheit). 온도계는 (화씨) 90도를 가리키고 있다 // (~+目+前+名) ~ to the public the result of one's studies 연구 결과를 공표하다.

13 (지식·정보 따위)를 알리다, 전하다, 보도하다 (communicate); (의견)을 말하다; (신호 따위)를 하다; (판결 따위)를 내리다, 선고하다; (英) (스포츠) (선수·볼 등에게) …을 선언하다. ¶ ~ one's name 이름을 대다 / ~ news 뉴스를 전하다 / ~ explanations 설명을 하다 / ~ signs 신호하다 / ~ one's opinions 의견을 말하다 / ~ a hint 힌트를 주다 / The Times ~s the full text of it. 타임스지는 그 전문을 싣고 있다 / He gave no reason for his delay. 그는 늦은 이유를 말하지 않았다 // (~+目+副) ~ the ball out 볼을 아웃이라고 선언하다 / (~+目+目) ~ a person a good example 남에게 좋은 모범을 보이다 / The judge gave him ten years (in prison). 판사는 그에게 10년 (금고)형을 선고했다 / Will you ~ me the right time? 정확한 시각을 좀 가르쳐주시오.

14 (목소리·음)을 내다, 발하다 (emit); (소리내어) …을

말하다(utter); [몸짓]을 하다.¶~ a cry [hiss] 소리를 지르다[쉬 하고 말하다] / ~ a cough 기침을 하다 // (~+톰+톰) ~ a person a greeting 인사하다 // (~+톰+前+名) ~ utterance to one's sentiments 소감을 말하다 / ~ a command to the troops 군에 명령을 내리다.

15 …을 기술(記述)하다, 묘사하다(describe).¶(~+톰+톰) ~ (us) a circumstance as it really occurred 사태를 있었던 그대로 기술하다 / Shakespeare ~s (us) human nature marvelously well. 셰익스피어는 인간의 본성을 놀랄 만큼 잘 묘사하고 있다.

16 …을 보이다, 드러내다.¶(~+톰+前+名) ~ the sail to the wind 돛이 바람을 받게 하다 / The army marched along the river, giving their right flank to the enemy. 군대는 우측을 적에게 드러낸 채 강을 따라 진군했다.

17 [경치]를 제공하다.¶The window ~s the park. 그 창문에서는 공원이 보인다.

V. 일으키다·개최하다
18 …을 산출하다(produce); [슬픔·기쁨 따위의 감정]을 일으키다, 초래하다, (자연·물리적 작용의 결과로서) …을 발생시키다, 가져오다, (계산·측량의 결과로서) …을 가져오다.¶~ good results 좋은 결과를 가져오다 / Cows ~ milk. 소에서 우유가 나온다 / Flints ~ sparks. 부싯돌에서 불꽃이 튄다 / 84 divided by 12 ~s 7. 84를 12로 나누면 7이 된다 // (~+톰+톰) ~ a person satisfaction 남에게 만족을 주다 / It ~s me great pleasure. 그것은 내게 큰 기쁨을 준다.

19 [연회·연주회 따위]를 갖다, 개최하다; …을 상연하다(perform); [수업, 연기 따위]를 하다.¶~ a dinner [concert] 만찬회[연주회]를 갖다 / ~ a play 연극을 상연하다 / ~ a song 한 곡 부르다 / ~ a lecture 강의[강연]하다 / ~ a passage from her 구절을 낭독하다 / (~+톰+톰) We gave him a farewell banquet. 우리는 그의 송별회를 가졌다.

VI. 기타 용법
20 [동작을 나타내는 명사를 목적어로 하여] …하다.¶~ a jump 뛰다 / ~ a glance 한 번 흘깃 보다 / ~ a pull 당기다 / ~ advice 충고하다 / thanks 감사의 말을 하다 // (~+톰+톰) ~ a person a blow [kiss] 남을 때리다[에게 키스하다] / ~ the cart a push 수레를 한 번 밀다 / ~ it a good wash 그것을 잘 씻다.

21 (to-부정사와 함께) [남]에게 …을 시키다, …을 할 수 있게 하다.¶(~+톰+to do) ~ a person seriously to think 남에게 깊이 생각하게 하다 / You gave me to believe that the school meant more to you than anything. 이제 나는 너에게는 학교가 무엇과도 바꿀 수 없는 것임을 알게 되었다.

22 (美) …에게 전화를 연결하다.¶G- me Miss Kim, please. (전화에서) 김양을 부탁합니다.

23 (건배의 인사로서) …을 제안하다; 남에, 건배하다; (청중 등에게) [연사 등]을 소개하다.¶~ a toast 건배하다 // (~+톰+톰) Ladies and gentlemen, now I ~ (you) the Queen. 여러분, 여왕을 위하여 건배합시다.

— ⓐ **1** [물건]을 주다, 선물을 보내다, 적선하다; 기부하다 (to).¶(~+前+名) ~ generously to charity 자선에 아낌없이 기부하다 / It is more blessed to ~ than to receive. [성서] 주는 것이 받는 것보다 복이 있다(→사도행전(Acts) 20 : 35).

2 (압력 따위로) 구부러지다, 휘다, 느슨해지다, 움푹 들어가다.¶The branch gave but didn't break. 나뭇가지는 휘었으나 부러지지는 않았다 / The ground gave under my feet. 발밑의 땅이 꺼졌다 / This sofa ~s comfortably. 이 의자는 폭신폭신하여 기분이 좋다 / The foundations are giving. 기초가 흔들리고 있다.

3 (추위 따위가) 누그러지다, (날씨가) 풀리다; (서리 따위가) 녹다.¶The frost ~s. 추위가 풀린다.

4 굴복하다, 양보[타협, 순응]하다; 호흡을 맞추다 (to).

~ to the motion of the horse 말의 움직임에 몸을 맞추다.

5 (창·통로 따위가) (…에) 면하다, 통하다(into, on, to, onto).¶(~+前+名) a window giving on the yard 뜰에 면한 창 / a wicket giving into an avenue 가로수길로 통하는 작은 문 / The road ~s onto the highway. 그 길은 간선 도로로 통한다.

6 (美구어) 입을 열다, 불다, 정보를 털어놓다.¶Now ~! 자, 털어놓으시오.

7 (속어) 재즈를 열연하다(out).

be given to …에 빠지다, 열중하다; …하는 버릇이 있다 (doing).

Don't give me that (rubbish [or nonsense])! (구어) 그런 소리 마라, 그건 말도 안 돼! 「뜨리다.

give about …을 도르다, 배포하다; [소문 따위]를 퍼

give a dog a bad name 뒷구명으로 (남의) 인격을 손상시키다.

give again 되돌려주다.

give against a person 남에게 불리한 판결을 내리다.

give...all one's **guts** (구어) …에 전력을 쏟다.

give a lot to do 반드시 …하고 싶다.¶I'd ~ a lot to know how... 어떻게 해서 …인지 꼭 알고 싶다.

give and take ① 의견을 교환하다. ② 타협하다; 서로 양보하다; 상부상조하다.

give a person [or thing] best ⇒BEST.

give a person what for (구어) 남을 호되게 야단치다, 벌하다. 「이 말하다.

give a piece of one's **mind** 생각한 바를 거리낌없

give away ① [물건]을 거저 주다, 증여[기증]하다; [상품]을 싸게 팔다 (to); [상·선물]을 도르다, 건네다.¶~ away prizes 상을 수여하다. ② (부주의·태만 따위로) [기회 따위]를 놓치다, [시합 따위]에서 호기를 놓치다.¶~ away a good chance 좋은 기회를 놓치다. ③ (결혼식에서) [신부]를 신랑에게 인도하다. ④ (의식적으로) [비밀 따위]를 누설하다 (reveal) (to); [남]을 배반하다(betray); (속어) (무의식적으로) …을 폭로하다.¶Your face ~s away your age. 얼굴을 보면 나이를 알 수 있다 / He was given away by one of his accomplices. 그는 공범 중의 한 사람에게 배반당했다 / His dialect ~s him away. 지방 사투리 때문에 그의 마각이 드러났다. ⑤ (美) 무너지다, 쓰러지다. ⑥ 대신하다; 양보하다. ⑦ (濠구어) 그만두다, 체념하다; [흥미 따위]를 잃다.

give away the (whole) show ⇒SHOW.

give back ① …을 돌려주다, 반환하다; 말대꾸하다, 응수하다.¶~ a thing back to the owner 물건을 주인에게 돌려주다 / ~ back insult for insult 모욕으로 응수하다. ② 물러서다, 퇴각하다. ③ [소리·빛]을 반향[반사]하다.

give (back) as good as one **gets** 멋지게 응수하다, 지지 않고 되쏘아붙이다.

give birth to ⇒BIRTH.

give down (암소가) [젖]을 내다.

give ear to ⇒EAR.

give forth ① [소리·냄새 따위]를 내다, 발하다.¶A crow gave forth a gloomy note. 까마귀가 음산한 소리를 냈다. ② [책]을 출판하다. ③ …을 공표하다.

give ground ⇒GROUND[1].

give in ① [서류 따위]를 제출하다, 건네다 (to). ② …을 공표하다; (후보자로서) [자기 이름]을 …에 공표[등록]하다 (to). ③ 항복하다, 굴복하다(yield) (to).¶He's given in to my demand. 그는 나의 요구에 굴복했다.

give into …으로 통하다(⇒ⓐ 5).

Give it a rest! (英구어) 입 다물어!

give it away (濠구어) 그만두다.

give it one's **all [or all you've got]** 전력[혼신의] 힘을 다하다.

give it (to) a person **(hot)** ① (美구어) 남을 (호되게) 야단치다, 벌주다.¶He gave it to them for

breaking the rules. 그는 그들이 규칙을 위반했기 때문에 호되게 야단쳤다. ② (속어) …에게 성행위를 하다.
give it *to a person* **straight** 남에게 솔직하게 말하다.
Give it up! (구어) 그만둬!, 헛수고 마!
Give me... ① (또는 **Give me...any day**) 나는 …쪽이 좋다. ¶*G— me* the good old days. 옛날이 좋았었지. ② (전화로) …좀 대주세요(⇨ⓓ 22).
give of …을 아낌없이 바치다[주다], 선뜻 내놓다. ¶~ *of* one's abundance 재산을 선뜻 내놓다.
give off ① (증기·빛·냄새 따위)를 내다, 풍기다, 발하다. ② (가지 따위)를 뻗다. ¶The tree *gave off* many branches. 그 나무는 많은 가지를 뻗었다.
give of *one's* **best** 자신의 최선을 다하다.
give of *oneself* 자기가 할 수 있는 일을 다하다, 자신을 헌신적으로 바치다.
give on [or **upon**] ⇨ⓓ 5.
give *oneself* **away** 정체를 드러내다.
give *oneself* **out as** [or **to be**] …이라고 자칭하다.
give *oneself* **over to** (음주 따위)에 빠지다, …에 몰두하다; =*give over* ③.
give *oneself* **trouble about** …에 진력하다, 애쓰다.
give *oneself* **up** ① 항복하다, 단념하다(*for*). ② (…로/…에게) 자수하다(*for*/*to*)(동 *give up* ③). ③ (…에) 전념하다(*to*)(동 *give up* ③).
give or take (구어) (시간·수량·금액 따위)의 증감을 포함하여, 대체로, 약.
give out ① (냄새·소리 따위)를 내다, 발하다. ② (명령 따위)를 내리다. ¶He *gave out* orders that… 그는 …이라는 명령을 내렸다. ③ …을 발표하다, 전하다, 퍼뜨리다. ④ …을 나누어 주다, 분배하다(어). ¶~ *out* programs 프로그램을 나누어 주다. ⑤ (구어) (힘·저축 따위가) 다하다; (기계 따위가) 고장나다. ¶The engine *gave out*. 엔진이 고장났다./Our food supplies *gave out*. 식량이 떨어졌다. ⑥ 별 뜻 없이 (…)하다[말하다](*with*). ¶~ *out with* the smile 무심코 웃다. ⑦ (재귀용법으로) (…라고) 주장하다, 말하다(*to be, as, for*). ⑧ 마음대로[자유롭게] 하다. ⑨ [스포츠] (심판이) …을 아웃이라고 선언[판정]하다. ⑩ (속어) 자진하여 몸을 허락하다.
give over ① …을 인도하다, 맡기다, 양도하다(*to*). ¶*G— it over to* me. 그것을 내게 넘기시오. ② …을 끝내다, 중지하다, 그만두다. ¶*G—over* teasing the cat. 고양이를 괴롭히는 짓을 그만두어라. ③ (재귀용법으로) …에 (…에) 빠지게 하다, 몰두하게 하다(*to*). ¶He *gave* himself *over to* laughter. 그는 마냥 웃기

만 했다. ④ (수동형으로) …을 (어떤 목적에) 바치다, 충당하다(*to*). ⑤ 맞다, 그치다; 끝나다. ¶The rain will soon ~ *over*. 비는 곧 멎을거야. ⑥ =*give oneself up* ②. ⑦ (英구어) (일·습관 따위)를 중단하다, 버리다; 조용히 하다.
give place to ⇨PLACE. **give rise to** ⇨RISE.
give...something to cry for [or **about**] (걸핏하면 우는 아이 따위)를 (진짜로) 울게 하다, 혼내주다.
give the case against *a person* =*give against a person*.
give the time of day 아침 저녁의 인사를 하다.
give the world for [or **to do**] …을 […하기] 위해서라면 어떤 희생도 치르다.
give to the world 공표[발표]하다, 출판하다.
give up ① …을 단념하다, 체념하다; 항복하다; (의사가) (환자)를 포기하다. ¶~ *up* an attempt 시도를 포기하다/~ *up* all hope 모든 희망을 버리다/~ *up a* puzzle 수수께끼가 풀리지 않는다고 단념하다. ② (습관 따위)를 포기하다, 그만두다. ¶~ *up* smoking 금연하다. ③ (자리 따위)를 양보하다; (영토 따위)를 넘기다; (범인 따위)를 인도하다(*to*). ¶~ *up* oneself *to* the police 경찰에 자수하다. ④ (재귀용법으로) …을 (…에) 열중하게 하다, 몰두시키다(*to*). ¶~ *up* oneself *up to* drawing a picture 그림 그리기에 전념하다. ⑤ (수동형으로) …을 (어떤 목적에) 바치다(*to*). ¶His weekends are *given up to* golfing. 그는 주말을 골프로 보낸다. ⑥ (지위 따위)를 포기하다, 물러나다. ¶~ *up* the presidency 대통령직을 물러나다. ⑦ (시간 따위)를 (…에) 충당하다(*to*). ⑧ (비밀 따위)를 누설하다; 털어놓다. ⑨ (집·차 따위)를 처분하다. ⑩ [야구] (투수가) (안타·득점 따위)를 내주다.
give up *a person* **for** [or **as**] **dead** [**lost**] 남을 죽은[잃은] 것으로 치고 단념하다.
give up on *a person* (구어) 남에게 정나미가 떨어지다, 남을 글렀다고 단념하다.
give (up) the ghost 죽다.
give way ⇨WAY¹.
Give you joy! 축하[축복]합니다.
What gives? (구어) ① 뭐가 있었느냐?, 웬일이냐? ② 어떻게 지내십니까?, 안녕하세요.
What I wouldn't give for [or **to do**] **...!** (구어) …만 있으면 더 이상 바랄 게 없을텐데.
── [명]ⓤ **1** (압력에 의한 물질의) 만곡, 휨, 함몰. **2** 탄력성; (정신·성격의) 순응성, 유연성. ¶need something with more ~ 좀더 유연성이 있는 게 필요하다.

니 기쁘다 / feel ~ *at* the result 결과에 만족하다 / I'm ~ *of* your company. 당신이 동석해 주셔서 기쁩니다 // I am ~ (*that*) he has come. 그가 와 주어서 기쁘다 // I'm very ~ *to* see you. 만나 뵙게 되어 매우 기쁩니다. **b)** (will, would, should 따위와 함께) 기꺼이 (자진해서) …하는, 쾌히 …하는(*to do*). ¶I should be very ~ *to* hear it. (반어적) 그것은 꼭 듣고 싶군 / I'll be very ~ *to do* anything you say. 당신의 분부라면 무엇이든 기꺼이 하겠습니다.

〖유의어〗 **glad** 기쁨으로 마음이 설레는. **happy** 소망이 달성되어, 또는 행운에 만족하고 있는. **delighted** 기뻐하고 있다는 것을 몸짓으로나 말로 분명히 표현하거나 있음을 암시. **pleased** 조용히 충족된 기분에서 기쁨으로 들떠 있는 기분까지를 의미하는 넓은 뜻의 말. **cheerful** 기운찬, 쾌활한; 특정한 원인이거나, 기질적인 것이건 상관없다. **joyful, joyous** 서로 바꿔 쓸 수 있는 경우가 많으나, joyful은 어떤 특정 원인으로 실제로 기뻐하고 있음을 뜻하고, joyous는 기쁨을 가져오는(주는) 성질임을 뜻한다.

2 (한정용법) **a)** (사건·소식 따위가) 반가운, 기쁨을 가져다 주는; (날씨 따위가) 상쾌한, 빛나는, 밝은, 명랑한.

¶a ~ occasion 경사 / ~ tidings [or news] 기쁜 소식, 낭보(朗報) / a ~ spring morning 빛나는[아름다운] 봄날 아침. **b)** (표정·목소리 따위가) 즐거운 듯한, 기쁜 듯한, 희희낙락하는. ¶a ~ smile [countenance] 기쁜 듯한 미소[표정] / give a ~ cry 환성을 지르다 / A wise son maketh a ~ father. 지혜로운 아들은 아비의 기쁨이다(←잠언(Prov.) 10:1).
── [동]ⓣ (-*dd*-) (고어) (남)을 기쁘게 하다.

glad² (구어) [식물] 글라디올러스(gladiolus).
glad·den [glǽdn] [동]ⓣ (남)을 기쁘게 하다, (남의 눈·귀)를 즐겁게 하다. ── ⓘ 기뻐하다, 즐거워하다. **~·er** [명] (폐어) 기쁘게 하는 것. [(everglade).
glade [gleid] [명] 숲속의 빈터; (美) 습지, 늪지대
glád éye (the ~) (구어) 다정한 눈길; 추파.
give *a person* **the glad eye** 남에게 추파를 던지다.
glád hánd [명] (구어) **1** 우호적인 악수. **2** (종종 the ~) (대대적인) 환대, 따뜻한 환영.
get the glad hand 환대를 받다.
give *a person* **the glad hand** 남을 대대적으로[따뜻하게] 환영하다.
glad-hand [-hǽnd] [동]ⓣ (구어) (남)을 따뜻하게 맞이하다; (남)을 대대적으로 환영하다. ── ⓘ 마구 아

양 떨다. ─혱 (대대적으로) 환대하는, 열렬한.
~・er 몡 ~・ing 몡혱
glad・i・a・tor [glǽdièitər] 몡 1 (고대 로마의) 검투사
(劍鬪士). 2 논객(論客), 논쟁자. 3 현상 시합에 나가는
투사; 프로 권투 선수. **-a・tó・ri・al**
glad・i・o・la [glædióulə] 몡 =gladiolus 1.
glad・i・o・lus [glædióuləs] 몡 1 (복 **-li** [-lai],
~(**es**)) [식물] 글라디올러스. 2 [해부] 흉골체(胸骨體).
‡**glad・ly** [glǽdli] 분 (**more** ~; **most** ~) 기꺼이, 쾌
히. ⊕ sadly
*glad・ness** [glǽdnis] 몡U 기쁨, 즐거움.
glád ràgs [구어] 나들이옷: (특히) 야회복.
glad・some [glǽdsəm] 혱 기쁘게 하는, 즐거운; 기
뻐하는, 즐거워[기뻐] 보이는. ~・**ly** 분 ~・**ness**
Glad・stone [glǽdstòun/-stən] 몡 글래드스턴. 1
William Ewart ~ (1809-98: 영국의 정치가; 수상).
2 (한가운데서 양쪽으로 열리는) 소형 여행 가방. (또는
⌐ **bàg**). 3 포장이 있는 2인승 4륜 유람 마차.
Glad・sto・ni・an [glædstóuniən, -njən] 혱 글래
드스턴파[식]의 (사람).
Glad・ys [glǽdis] 몡 글래디스(여자 이름).
glair(e) [glɛər] 몡 1 달걀의 흰자위, 난백(卵白). 2
(난백으로 만든) 윤내는 약, 도사(陶射). 3 (난백처럼) 진
득진득한 투명 물질. ─ 타 ...에 윤내는 약을 바르다.
glair・e・ous [glɛ́əriəs] 혱 [고어] =glairy.
glair・y [glɛ́əri] 혱 1 난백[흰자위] 모양의, 난백질의;
점성(粘性)의, 진득진득한. 2 윤내는 약을 바른.
glaive [gleiv] 몡 [고어] 검(sword), 폭이 넓은 검.
glam [glæm] [구어] =glamo(u)r. ─ 혱 =glam-
orous. ─ 타 (**-mm-**) =glamorize.
glam up 미화[치장]하다, 매력적으로 보이게 하다.
glam・or [glǽmər] 몡U타 ⇨ GLAMO(U)R.
glam・or・ize [glǽməràiz] 타 1 ...을 매력 있게
하다, 매력을 더하다. 2 미화[찬미, 이상화]하다; 로맨틱
하게 그리다. ¶ Don't ~ war. 전쟁을 미화하지 마라.
(또는 **glamourize**) **-i・zá・tion, -iz・er** 몡
glam・or・ous [glǽmərəs] 혱 1 매혹적인, 황홀하게
하는; 성적 매력이 넘치는. ¶ **a** ~ **lady** 매혹적인 여성.
2 흥분과 모험에 찬, 활기가 넘치는. (또는 **glam-
ourous**) ~・**ly** 분 ~・**ness** 몡
*glam・o(u)r** [glǽmər] 몡U C 1 황홀하게 하는 매
력, 사람의 넋을 잃게 하는 아름다움; (여성의) 육체적
[성적] 매력. ¶ **the** ~ **of the tropics** 열대의 매력. 2
(부러울 정도의) 굉장한 자극, 멋들어짐. 3 [고어] 마법,
마술; 요술. ¶ **be under a** ~ 마법에 걸려 있다.
cast [or **throw**] **a glamo(u)r over** ...에게 마법을
─ 몡타 매료하다, 매혹하다. ─ 걸다, ...을 매혹하다.
~・**less** 혱
glámour bòy 몡 (배우・탐험가 등) 매력적인 남자.
glámour gìrl 몡 (여배우・모델 등) 성적 매력이 넘치
는 여자.
glámour pànts 몡 (단・복수 양용) (속어) 매력적
인 얼굴을 가진 여자.   「자[남자].
glámour pùss 몡 (속어) 매혹적인 용모를 가진 여
glámour stòck 몡 [증권] 인기주(소형 성장주 따
위).   「서 중반까지 유행한 록 음악 형식).
glam-rock [⌐ràk/-rɔ̀k] 몡 글램록(1970년대 초반에
‡**glance**¹ [glæns/glɑːns] 몡 (**glanc・es** [-iz]; ~**d**
[-t]; **glanc・ing**) 재 1 (의도적으로) 힐끗[얼핏] 보다
(**at**), ...을 흘어보다(**over, down, through**). ¶ (~+
전) ~ **about** [**around**] 주위를 힐끗 보다 / ~ **down**
[**up**] 힐끗 내려다[올려다]보다 // (~+전+명) ~
over [or **through, down**] **an account** 계산서를 흘어
보다. 2 (문어) (사물이) 반짝 빛나다, (빛이) 번득이다
(flash). ¶ ~ **back** 반사하다, 되비치다. 3 (화살・탄환
따위가) 비스듬히 맞다, 스치고 지나가다, 비스듬히
(이야기가) 벗어나다(**from, off**). ¶ (~+전+명) **The
arrow** ~**d off his shield.** 화살은 그의 방패에 맞고 튀
어나갔다 / ~ **off** [or **from**] **the subject** 주제에서 벗어
나다. 4 (이야기하는 김에) 시사하다, 잠깐 언급하다(**at,
over**); (...을) 넌지시 말하다(**at**). ¶ (~+전+명) ~ **at
the relations** ...의 관계에 대해 잠시 언급하다[시사하
다]. ─ 타 1 [고어] ...을 힐끗 보다; ...에 얼핏 시선을
던지다. 2 [눈 따위]를 ...쪽으로 향하다(**at, over,
down**); [고어] [희미한 빛 따위]를 반사시키다. 3 [고
어] ...을 비스듬히 맞히다, 스치고 지나가게 하다: [패
에] [버나 타환 따위]를 ...에 넌지시 돌리다(**at**).
glance off ① ⇨ 재 3. ② (잔소리 따위가) ...에게는
통하지 않다.   「훑어보다.
glance one's eye(s) over [or **down**] ...을 대충
─ 몡 (**glanc・es** [-iz]) 1 (a ~) 힐끗 보기, 일별,
일견(**at, into, over**). ¶ **exchange** ~**s** 서로 눈짓하다.

⌐유의어⌐ **glance** 재빨리 슬쩍[힐끗] 시선을 던지기.
glimpse 한 번의 glance로 눈에 들어올 정도의 작고
불완전한 광경・모습.

2 번득임, 섬광, 반사광. ¶ **the first** ~ **of sunlight** 일
출. 3 (이야기 도중에) 잠깐 언급하기, 시사하기; [고어]
빗대어 말하기. 4 (탄환 따위가) 스치고 지나가기, 비스
듬히 되튐. 5 [크리켓] 비스듬히 치기.
at a (**single**) **glance** 척[한 번] 보아서: 곧.
at first glance [or **sight**] 일견하여, 한 번 보아.
steal [or **catch**] **a glance at** ...을 슬쩍 보다.
take [or **give**] **a glance at** [or **into**] ...을 힐끗 보다.
glance² 몡 [광물] 광택(輝鑛), 휘석(⌐silver ~ 휘은광.
glánce còal 휘탄(輝炭), 무연탄(anthracite).
glance-over [⌐óuvər] 몡 (a ~) 쪽 훑어 보기. (또
는 **glance-thròugh**)
glanc・ing [glǽnsiŋ/glɑ́ːns-] 혱 1 번쩍이는, 반짝
반짝 빛나는, 번득이는. 2 (타격・탄환 따위가) 빗나가는,
살짝 스치는. ¶ **a** ~ **blow** 가벼운 일격. 3 (언급 따위가)
간접적인, 넌지시 빗대는. ~・**ly** 분
*gland**¹ [glænd] 몡 1 [해부] 선(腺), 샘. ¶ **the sweat**
~**s** 땀샘, 한선(汗腺). 2 [식물] 분비 기관[조직].
⌐・**less, ⌐・like** 혱
gland² 몡 [기계] (피스톤 따위의) 패킹 누르개.
glan・dered [glǽndərd] 혱 (수의) 비저(鼻疽)에 걸린.
glan・ders [glǽndərz] 몡U (단수취급) [수의] 비
저(말・당나귀 따위의 전염병). **-der・ous** [-dərəs] 혱
gland・i・form [glǽndəfɔ̀ːrm] 혱 선(腺) 모양의; 견
과(堅果) 모양의.
glan・du・lar [glǽndʒulər] 혱 1 [해부] (기관・세포가)
선(腺)이 있는[으로 된]; 선의 수 선 모양의. 2 선의 분비물로
인한, 선 이상에서 생기는. 3 선천적인, 타고난; 본능적인.
4 육체적인, 성적인. (또는 **glandulous**) ~・**ly** 분
glándular féver 몡 [병리] 선열(腺熱).
glan・dule [glǽndʒuːl/-djuːl] 몡 [해부] 소선(小腺).
glan・du・lous [glǽndʒuləs/-djuː-] 혱 =glandular.
glans [glænz] 몡 (복 **glan・des** [glǽndiːz]) 1 [해
부] 귀두(龜頭). ¶ ~ **penis** [**clitoris**] 음경[클리토리스] 귀두. 2
[식물] 견과(堅果).
‡**glare**¹ [glɛər] 몡 (복 ~**s** [-z]) U (**the** ~) 번쩍거
리는 빛, 눈부신 빛, 섬광. ⇨ BLAZE 유의어 ¶ **the** ~ **of
the footlights** 눈부신 각광, 화려한 무대. 2 (a ~) 노
려보기, 쏘아보기. ¶ **give a person a** ~ **of hostility**
...을 적의에 찬 눈초리로 노려보다. 3 U (**the** ~) 두드
러지게 눈에 띄기, 화려한 겉보기; 현란함, 강렬함. ¶ **in
the full** ~ **of publicity** 완전히 눈에 띄어.
─ 재 (~**s** [-z]; ~**d**; **glar・ing**) 재 1 눈부시게 빛나
다, 반짝반짝 빛나다. ⇨ SHINE 유의어 2 노려보다, 눈을
부릅뜨다(**at, on, upon**). ¶ (~+전+명) **The lion** ~**d
at its prey.** 사자는 먹이를 노려보았다. 3 [고어] 남의
시선을 끌다, 눈에 띄다; 주제넘게 나서다. ─ 타 (사람
을) 노려본 [분노・적의 따위]를 나타내다(**at**). ¶ **They**
~**d their anger at each other.** 그들은 서로 노려보며
분노의 표정을 지었다.

‑‑less 图
glare² 图 (美) (얼음 따위의) 빛나는 매끈한 표면.
*****glar·ing** [glέəriŋ] 图 1 (빛이) 눈부신, 반짝거리는. 2 (색이) 지나치게 눈에 띄는; 야한, 화려한. 3 (결점 따위가) 눈에 잘 띄는; 너무나 명백한, 빤한; 심한. ¶a ~ lie 빤한 거짓말. 4 노려보는 듯한, 눈을 부라리는.
~·ly 图 ~·ness 图 「ness」
glar·y¹ [glέəri] 图 반짝반짝 빛나는, 눈부신. **glár·i·**
glar·y² 图 (얼음처럼) 반드러운, 매끈매끈한.
Glas·gow [glǽsgou/glɑ́:z‑] 图 글래스고(스코틀랜드 서남부의 항구 도시).
glas·nost [glǽsnɔst, glǽz‑/‑nɔst] 图 정보 공개, 글라스노스트(옛 소련 Gorbachev 정권하의 개방 정책). [<Russ]
Glas·phalt [glǽsfɔ:lt/glɑ́:sfælt] 图 (종종 g‑) (상표) 글래스팔트(아스팔트와 깨진 유리로 만드는 도로 포장재). [<glass+asphalt]
‡**glass** [glæs/glɑ:s] 图 (복 ~·es [‑iz]) 1 ⓤ 유리; ⓒⓤ 유리 모양[질]의 물질. ¶ stained [frosted, hardened] ~ 착색[젖빛, 강화(强化)] 유리/blow ~ 유리를 불다, 불어서 유리 그릇을 만들다. 2 a) (집합적) 유리 제품. ¶ dinner ~ 유리 식기. b) 유리를 사용한 (유리창·유리 케이스·유리 뚜껑 따위). ¶a pane of ~ 창유리 한 장. 3 a) 유리잔[컵]. ¶ fill a ~ up to the brim 잔을 가득 채우다. b) 한 잔의 양(of). ¶a ~ of water [milk] 물[우유] 한 잔. 4 (잔에 든) 술; 음주. ¶a friendly ~ 마음 맞는 친구끼리의 한 잔. 5 a) (고어) 거울(looking ~). b) 렌즈; 확대 렌즈. c) (단안(單眼)) 휴대용 망원경, 망원경; 현미경. ¶ look through a ~ 망원경으로 보다. d) (~es) 안경(eyeglasses); 쌍안경(binoculars); goggle 1, pince‑nez, spectacle 3). ¶a pair of ~es 안경 하나/wear strong [weak] ~es 도수가 높[낮]은 안경을 끼다. 6 (美) (英) 청우계; 온도계, 검온기. 7 모래 시계; 모래 시계로 한 번 재는 시간(* [해사] a glass는 반 시간); (英) 시계. 8 ⓤ (英) 온실. 9 (the ~) 기압계(barometer). 10 폭죽상 (volcanic ~); ==fiber. 11 (美속어) 다이아몬드.
as clear as glass 유리처럼 투명하여; 아주 명백하여.
be fond of one's glass 술을 좋아하다.
enjoy one's glass 술을 즐기다.
have had a glass too much 과음했다, 몹시 취하 「있다.
raise one's [or a] glass to …을 위해 건배하다, 축배를 들다. 「보이다.
see through a glass darkly 희미하게 [몽롱하게] 보이다.
under glass 온실 안에서.
— 图 (~·es [‑iz], ~ed [‑t]) 国 1 …에 유리를 끼우다; …을 유리로 덮다(in, over); …을 유리 용기에 담아 밀봉하다. ¶ ~ a window 창에 유리를 끼우다/~ a picture 그림을 유리 액자에 넣다. 2 (쌍안경 따위로) …을 찬찬히 살피다. 3 (재귀용법으로) …의 상(像) [그림자]을 비치다. ¶ Hills ~ themselves in the lake. 호수에 산 그림자가 비치고 있다. — 国 1 (수면에) 거울처럼 되다. 2 (쌍안경 따위로) 사냥감을 찾다.
— 图 유리 같은 [로 만든]; 유리를 끼운 것. ¶a ‑‑less, ‑‑like 图 「bottle 유리병.
gláss àrm 图 (야구 선수 등의) 근육이 손상된 팔; (속어) 약해진 노동자.
gláss blòck [brìck] 图 (건축) 유리 블록.
gláss blòwer 图 유리 부는 직공[기계].
glass-blow·ing [glǽsblòuiŋ/glɑ́:s‑] 图ⓤ 유리 불기; 유리 그릇 제조; 유리 세공.
gláss càse 图 유리 상자[진열장].
gláss cèiling 图 유리 천장; (美) (직장 내에서 소수파(특히 여성)의 승진을 막는) 보이지 않는 차별[장벽].
glass-ce·ram·ic [sirǽmik] 图 글라스세라믹(열이나 산(酸)에 강한 결정질의 유리).
gláss clòth 图 1 유리 그릇을 닦는 행주. 2 (연마용) 유리 종이. 3 유리 섬유 직물.

gláss còckpit 图 자동화된 군종석.
gláss córd 图 글라스 코드(유리 섬유제 타이어 코 「드).
gláss cúlture 图 온실 재배.
gláss cùtter 图 1 유리 절단 기구, 유리칼. 2 유리 절단공; 유리 세공공(細工工). **gláss cùtting** 图
gláss dòme 图 (둥근) 유리 지붕, 유리돔.
glass-dust [‑dʌ̀st] 图 (연마용(研磨用)) 유리 가루.
gláss éye 图 (유리로 만든) 의안(義眼); 흑내장(黑內障)(의 말); 흉채가 흰 눈을 가진 사람. **gláss-éyed** 图
gláss fíber 图 유리 섬유. 「양(of).
gláss·ful [glǽsfùl/glɑ́:s‑] 图 컵[글라스] 한 잔의
gláss harmónica 图 글라스 하모니카(musical glasses)(한 벌의 회전식 유리 그릇에 분량이 다른 물을 넣어 조음(調音)하는 악기).
gláss·house [glǽshàus/glɑ́:s‑] 图 (복 -hous·es [‑hàuziz]) 1 유리 공장. 2 (英) 온실. 3 유리 가게. 4 (벽·지붕 따위를) 유리로 만든 집; 유리 지붕으로 된 사진 촬영실. ¶ *Those* [or *People*] *who live in* ~*s should not throw stones.* (속담) 떳떳하지 못한 사람은 남을 비평하지 않는 게 좋다. 5 (the ~) (英속어) 군 교도소; (英) brig.
glásshouse effèct 图 =greenhouse effect.
glass·i·fi·cá·tion pròcess [glǽsəfəkéiʃən‑/glɑ́:s‑] 图 (방사능 폐기물의) 유리 처리법.
glass·ine [glæsí:n] 图ⓤ 글라신지(紙)(얇고 광택이 나는 반투명한 종이; 책 커버나 식품 포장에 사용).
gláss·i·vá·tion [glæ̀səvéiʃən/glɑ̀:s‑] 图 (전자) 글라시베이션(이산화 실리콘으로 반도체 칩의 표면을 보호 안정화하는 방법).
gláss jáw 图 (권투 선수의) 약한 턱; KO 펀치에 약한 것. *have a glass jaw* 쉽게 녹아웃 당하다.
gláss-jáwed 图
gláss-mák·ing [glǽsmèikiŋ/glɑ́:s‑] 图ⓤ 유리(기구) 제조[업]. **gláss-màk·er** 图
gláss·man [glǽsmən/glɑ́:s‑] 图 유리 장수[제조인]; 유리 끼우는 직공.
gláss-pà·per [glǽspèipər/glɑ́:s‑] 图ⓤ (유리 가루를 먹인) 사포(砂布), 사지(砂紙); 유리 섬유 종이. 「마뱀).
gláss snàke 图 유리뱀(미국 남부산으로 잘 잘리는 도
Gláss-Stéa·gall Àct [‑stí:gɔ:l‑] 图 (the ~) (美) 글래스·스티걸법(은행의 증권 업무를 금한 1933년의 은행법; 1999년 폐기됨). [<공동 제안자인 Carter Glass와 Henry B. Steagall의 이름]
gláss string 图 유리 가루를 먹인 연줄(연싸움용).
gláss tànk 图 유리 용해로(溶解爐).
glas·steel [glǽsstì:l/glɑ́:s‑] 图 유리와 강재(鋼材)의 혼합물.
gláss tìssue 图 (英) 유리 섬유포(布).
*****gláss·ware** [glǽswὲər/glɑ́:s‑] 图ⓤ (집합적) 유리 제품, 유리 그릇, 유리 식기.
gláss wóol 图 유리솜(酸)의 여과·전기 절연용).
gláss wórk [glǽswɔ̀:rk/glɑ́:s‑] 图 유리 (그릇) 제조(업); 유리 끼우기; (집합적) 유리 제품[그릇류].
~·er 图 유리 직공[세공인]. 「(급) 유리 공장.
gláss·works [glǽswɔ̀:rks/glɑ́:s‑] 图 (단수취급)
gláss·wort [glǽswɔ̀:rt/glɑ́:s‑] 图 (식물) 퉁퉁마디(예전에는 그 재를 태워 유리 제조용 소다를 채취했다.)
*****gláss·y** [glǽsi/glɑ́:si] 图 1 유리 모양[질]의; 유리 [거울] 같은, (표면이) 매끄러운. ¶a ~ surface of the lake 거울처럼 잔잔한 호수면. 2 (눈이) 흐릿한, 생기가 없는; 무표정한, 멍하니 바라보는. ¶ ~ eyes 흐릿한 눈.
— 图 (또는 glassie) (洋) 유리 구슬.
gláss·i·ly 图 **gláss·i·ness** 图
glass·y-eyed [‑àid] 图 1 명청한 표정의, 눈이 흐리멍덩한, 생기가 없는. (또는 **glass-eyed**) 2 (美속어) (술·마약으로) 취한, 어질어질한. 「(주민).
Glas·we·gian [glæswí:dʒən] 图 图 Glasgow의
glau·ber·ite [glɔ́ubəràit] 图 글라우버석(石), 석회 망초(石灰芒硝).

Gláu·ber('s) sált [gláubər(z)-] 영 (종종 ~s) 글라우버염(塩), 망초(芒硝), 황산나트륨(염색·설사약). [<독일 화학자 Johann R. Glauber(1604-68)]

glauc- [glɔːk, glauk] 연결 =glauco-

glau·co- [glɔ́ːkou, -kə, gláu-] 연결 gleaming, silvery, bluish-green, bluish-gray의 뜻(* 모음 앞에서는 glauc-). ¶ *glauconite, glaucoma.*

glau·co·ma [glɔːkóumə, glau-] 명 ⓤ (안과) 녹내장(綠內障). **~·tous** [-təs] 형

glau·co·nite [glɔ́ːkənàit] 명 (광물) 해록석(海綠石).

glau·cous [glɔ́ːkəs] 형 1 녹회색의, 엷은 청록색의. 2 (식물) (자두·포도 따위가) 흰 가루로 덮인. **~·ly** 부

Gláx·o Wéll·come [glǽksou wélkəm] 명 글락소 웰컴(사)(영국의 의약품 회사).

***glaze** [gleiz] 타 1 (창 따위)에 유리를 끼우다; (건물 따위)에 유리창을 달다(*in*). ¶ ~ a window 창에 유리를 끼우다 // (~+목+전) ~ a porch *in* 현관을 유리로 둘러싸다. 2 (도자기)에 유약(釉藥)을 바르다; (모닥)를 유약을 칠해서 굽다(*over*). 3 (가죽·종이 따위)에 광택제를 칠하다, 윤이 나게 가공하다. 4 (요리) (음식물)에 시럽[당밀]을 입히다. 5 (미술) (그림)에 투명한 안료(顔料)를 겉칠하다. 6 (닦거나 하여) 거울 같은 면이 되게 하다, 윤[광택]을 내다. ── 자 1 유리처럼[미끄럽게] 되다, 광택[윤]이 나다; (노면이) 얼어붙다. 2 (눈·표정이) (…때문에) 흐릿해지다, 흐려지다(*over*)(*with*).
glaze a person **over** (속어) 남을 취하게 하다. 도취시키다.
glaze in 유리로 둘러싸다[덮다].
── 명 ⓒⓤ 1 (유리·도자기 따위의) 광택이 있는 표면; (표면의) 윤, 광택. 2 윤내는 약, 광택제. 3 잿물; 유약. 4 (미술) 겉칠. 5 (요리) 글레이즈(당의(糖衣)·조미한 국물 따위). 6 (美) (기상) 우빙(雨氷), 살짝 언 얼음. 7 눈이 침침함; 멍한 표정.

glazed [gleizd] 형 1 유약[광택]을 바른; 광택이 있는; 매끈매끈한. 2 유리를 끼운[로 덮은]. 3 (눈이) 흐릿한; 생기가 없는; (속어) 곤드레만드레 취한.
be glazed drunk (속어) 술에 취해 있다.

glázed bríck 명 오지 벽돌.

glázed fróst[íce] 명 (英) =glaze 6.

glázed páper 명 유광지(有光紙), 광택지.

glaz·er [gléizər] 명 1 (도자기류의 유약을 바르는 직공; (가죽·모피 따위의) 윤내는 직공. 2 윤내는 기계.

gla·zier [gléiʒər/-ziər] 명 1 (창문 따위에 유리를 끼우는) 유리장이, 유리 장수. 2 = glazer 1. [보여
Is your father a glazier? (익살) 앞을 막아서면은

glázier's díamond 명 유리 절단용 다이아몬드.

glázier's pútty 명 창문 유리용 퍼티[접합제].

gla·zier·y [gléiʒəri/-zjə-] 명 ⓤⓒ 유리장이 일; 유리 (공) 제조업(glasswork).

glaz·ing [gléiziŋ] 명 1 ⓤ 유리 끼우는 일, 유리 공사. 2 ⓤⓒ (창·문 따위에 끼우는) (판)유리. 3 ⓤ 유약 바르기, 광택 내기, 겉칠. 4 유약을 칠한[윤을 낸] 표면.

gláz·ing-bar [-bàːr] 명 (英) (창유리 따위의) 창살.

glaz·y [gléizi] 형 1 유리 같은, 유리질[모양]의; 광택이 있는, 번들번들한. 2 (눈이) 흐릿한, 생기가 없는.
gláz·i·ly 부 **gláz·i·ness** 명

glb (수학) greatest lower bound. **GLC** Greater London Council(lor)(대런던 시의회 (의원)). **GLCM** ground-launched cruise missile(지상 발사 순항(巡航) 미사일). **gld., Gld.** guilder(s); gulden(s).

***gleam** [gliːm] 명 (緊) (~s) [-z] 1 희미한 빛, 어슴푸레한 빛, 미광(微光). 2 섬광(閃光), 번쩍임, 빛남. 3 (a ~) (희망·감정 따위의) 번득임, 징후(*of*). ¶ *a ~ of hope* 한 가닥 희망 / *a ~ of wit* 기지(機智)의 번득임. *a gleam in a person's eye* (실행 전의) 막연한[언뜻 떠오르는] 생각; (익살) 배지도 않은 아이.
── 자 (~s [-z]) 1 번쩍이다, 희미하게 빛나다; 미광을 발하다, 희미하게 빛나다. ⇒ SHINE 유의어 2 (희망·생각·유머가) (…에) 얼핏 보이다, 번득이다(*in*); (얼굴·눈에 감

정으로) 반짝 빛나다(*with*). ¶ Indignation ~*ed in* his look[eyes]. 그의 얼굴[눈]에는 의분의 빛이 번득였다.
~·ing 형 **~·ing·ly** 부 **~·less** 형

gleam·er [glíːmər] 명 글리머(입술·얼굴을 윤기나게 하는 화장품). ── 나는, 어슴푸레한.

gleam·y [glíːmi] 형 번득이는, 빛나는; 희미하게 빛나는.

***glean** [gliːn] 타 1 (이삭 따위)를 줍다, 주워 모으다; (발 따위)에서 수확하고 남은 것을 모으다. ¶ ~ *a field* 밭의 수확하고 남은 것을 모으다. 2 (지식·정보 따위)를 (…에서) 조금씩 모으다, 꾸준히 모으다(*from*). ¶ information ~*ed from* books 책에서 조금씩 수집한 정보. 3 (주관)에 배우다, 찾아내다. ── 자 1 수확하고 남은 것을 모으다, 이삭을 줍다. 2 정보를 조금씩[단편적으로] 모으다. **~·a·ble** 형 **~·er** 명

glean·ing [glíːniŋ] 명 ⓤ 1 수확하고 남은 것을 모으기, 이삭 줍기; (정보 따위의) 수집. 2 (~s) 수확하고 남은 것, 주워 모은 이삭; 수집물; (지식·정보 따위의) 단편적 집록(集錄), 선집(選集).

glebe [gliːb] 명 1 (古) 흙, 토양(soil); 밭, 경지(耕地). 2 (또는 ~ **lánd**) (英) 성직령(聖職領) 경지, 교구 교회의 소속 경작지.

***glee** [gliː] 명 1 ⓤ 큰 기쁨, 환희, 기뻐서 날뜀; (남의 불행 따위에) 회심의 미소 짓기. ¶ *a shout of* ~ 환성, 환호. 2 (음악) 글리(3성(聲) 이상의 무반주 합창곡).
in high glee; full of glee 아주 기뻐서, 기뻐 날뛰며.

glée club 명 (美) (남성) 합창단, 글리 클럽.

glee·ful [glíːfəl] 형 기뻐 날뛰는, 매우 기뻐하는; 명랑한; 기쁨을 주는. ¶ ~ news 기쁜 소식 / *in a* ~ *mood* 기분이 아주 좋아서. **~·ly** 부 **~·ness** 명

glee·man [glíːmən] 명 (중세의) 음유 시인(吟遊詩人)(minstrel), 방랑 가객(歌客).

gleep[1] [gliːp] 명 (물리) 글리프(저(低)에너지의 실험용 원자로). [<*g*raphite, *l*ow *e*nergy, *e*xperimental *p*ile]

gleep[2] 명 (美구어) 바보, 멍청이. ── 자 (~s) 세속먹다.

glee·some [glíːsəm] 형 (古) =gleeful.

gleet [gliːt] 명 ⓤⓒ (병리) 1 만성 요도염; 요도 분비물. 2 (말 따위의) 만성 비공염(鼻孔炎). **~·y** 형

Glee·vec [glíːvek] 명 (약학) 글리벡(만성 골수성 백혈병 치료제).

Gleich·schal·tung [gláikʃɑ̀ːltuŋ] 명 (정치) 통제 (사회 전반에 대한 정치적·문화적 획일화). [<G]

Gleit·zeit [G gláitsait] 명 =flextime. [<G]

***glen** [glen] 명 (스코·아일) 골짜기, 협곡(峽谷).

glen·gar·ry [glengǽri] 명 (종종 G-) 글렌가리 모자 (~ *bonnet*) (스코틀랜드 고지 사람의 챙 없는 모자).

Glenn [glen] 명 **John Herschel ~, Jr.** 글렌 (1921- : 미국의 우주 비행사·정치가).

gle·noid [glíːnɔid] 형 (해부) 얕은 홈의, 관절와(關節窩)가 있는. ¶ *the ~ cavity* 관절와.

Glén pláid[chéck] 명 (종종 g-) 글렌 플레이드(격자무늬의 일종; 그 천). **~·ed** [-d] 형 (또는 glei)

gley [glei] 명 (지질) 글레이층(점토질의 청회색 토양).

gli·a [glíːə] 명 (해부) 신경교(膠). **glí·al** 형

gli·a·din [gláiədin] 명 (생화학) 글리아딘(밀 따위의 곡류에서 얻는 단순 단백질). (또는 gliadine)

glib [glib] 형 (~·*ber*; ~·*best*) 1 (경멸적) 입이 가벼운, 잘 재잘거리는, 입심 좋은; 말뿐인. ⇒ FLUENT 유의어 ¶ *a* ~ *talker* 구변 좋은 사람 / *a* ~ *speech* 청산 유수 같은 구변. 2 (행동·태도 따위가) 겉날림의, 성의없는, 가벼운; 경박한. **~·ly** 부 **~·ness** 명

***glide** [glaid] 자 (~s [-z]; glíd·ed; glíd·ing) 타 1 미끄러지다, 미끄러지듯이 가다, 활주하다 (⇒SLIDE 유의어); (물이) 소리없이 흐르다. ¶ A skater ~*s on the ice*. 스케이트 선수가 얼음 위를 활주한다. 2 (시간 따위가) 어느덧 지나가다(*along, away, on, by*); (일 따위가) 차츰 (…으로) 되다[변하다](*into*). ¶ (~+전) *The years ~d by* [or *on*]. 세월이 어느덧 지나가 버렸

다. 3 (사람 등이) 소리없이[살그머니] 걷다; 소리없이[몰래] 들어가다[나오다](*in* / *out*)(*from*). ¶ (~ +젼+图) She ~*d from* the room. 그녀는 살며시 방에서 나갔다. 4 〖항공〗 (비행기가 엔진을 끄고) 활공(滑空)하다; 글라이더로 날다. 5 〖음악〗 (음을 끊지 않고) 연결시켜 노래[연주]하다. ¶ ~을 미끄러지게 하다. 2 〖음악〗 (음을) 이어서 노래[연주]하다.
—图 (图 ~s [-z]) 1 스르르 움직이기, 미끄러지듯한 움직임; 활공, 활주; 소리없이[조용히] 나아가기. 2 〔댄스에서〕 미끄러지듯한 동작, 글라이드; 미끄러지는 듯한 동작의 댄스 3 〖음악〗 슬러, 활창(滑唱)(slur); =portamento. 4 〔음성〕 a) 이동음(移動音), 연결음(length의 미국 발음에서 [θ]음 앞에서 나는 [k]음, b) 반모음(半母音)([w], [j], 때로 [r], [l]을 포함한다). 5 〔물의〕 얕고 조용한 흐름, 정류(靜流). **glid·ing·ly** 图
glide bòmb 图 〖군사〗 활공 폭탄. **glíde-bòmb** 图
glide clip 图 〖濠〗 종이 따위의 물림쇠. [图图]
glide·path [gláidpӕθ/-pὰːθ] 图 글라이드패스(공항·우주선의 계기 비행시 활공 강하 진로).
***glid·er** [gláidər] 图 1 미끄러지(듯 움직이)는 사람[것], 2 〖항공〗 글라이더, 활공기. 3 〔베란다에 두는 가볍〕그네 의자. 4 활주정(艇).
glide slòpe 图 〖항공〗 활공각(滑空角).
glid·ing [gláidiŋ] 图 미끄러지는, 활공[활공]하는.
—图 활공, 글라이더 경기. **~·ly** 图
glíding àngle 图 〖항공〗=glide slope.
glíding shift 图 flextime에 기초하는 교대 근무(제).
glíding tíme 图 (英) =flextime.
glim [glim] 图 (속어) 1 불빛, 등불, 등롱; 양초; 희미한 빛. 2 (~s) 안경. 3 (스코) 흘끗, 조금, 조금.
douse [or *dowse*] *the* *glim* 불을 끄다.
—图图 …을 흘끗 보다.
***glim·mer** [glímər] 图 1 깜박이는[명멸하는] 빛; 희미한 빛, 미광. 2 희미하여[어렴풋한] 인식[감지]. 3 소량; (…의) 기미(*of*).¶ a (faint) ~ *of* hope 가냘픈 희망.
have a glimmer [or *glimmering*] *of* …을 어렴풋이 알아채다[감지하다].
Not a glimmer (*of an idea*)! (英) 전혀 모르겠어!
—图图 1 희미하게 빛나다, 반짝거리다, 명멸하다. 2 어렴풋이 나타나다, 희미하게 보이다. [다, 사라지다.
go glimmering (美어) (명성·희망 따위가) 소멸하
***glim·mer·ing** [glímərɪŋ] 图 1 깜박이는[명멸하는] 빛; 희미한 빛, 미광. 2 막연한 짐작, 소량; (…의) 기미(*of*).— 图 희미하게 빛나는, 명멸하는. **~·ly** 图
‡**glimpse** [glimps] 图 (**glimps·es** [-iz])1 힐끗 보기, 일별(一瞥), 일견. ⇒GLANCE 유의어 2 얼핏 나타나기, 희미하게 보임.¶ She gave him ~s of her thoughts. 그녀는 자기 생각을 그에게 언뜻 비추었다. 3 어렴풋이 알아채기. 4 (고어) (빛의) 희미한 번쩍임.
by glimpses 흘끗흘끗. [섬광.
catch [or *get, have, obtain*] *a glimpse of;*
take [or *give*] *a glimpse at* …을 힐끗[얼핏] 보다, 일별하다. 「광경.
the glimpse of the moon 밤의 세계; 달빛 아래의
— 图 (*glimps·es* [-iz]; ~*d* [-t]; *glimps·ing*) …을 힐끗 보다, 잠깐 보다, 일별하다. — 图 1 힐끗 보다(*at*). 2 (고어) 눈에 들어오다, 보이다. [이다[빛나다]. 「안경을 파는 노점 상인.
glím wòrker 图 (美속어) (축제 따위에서) 도수 없는
***glint** [glint] 图 1 반짝 빛나다, 깜박깜박 빛나다.¶ The cat's eyes ~ed in the darkness. 어둠 속에서 고양이의 눈이 반짝 빛났다. 2 (탄환·칼 따위가) 빗나가다, 빗맞다. 3 (고어) 갑자기 움직이다. 돌진하다.
— 图 …을 반짝이게 하다, 반사시키다. ¶ (~ +图+图) A mirror ~s back light. 거울은 빛을 반사한다.
—图 1 반짝임, 반짝; 섬광; 광택. 2 어렴풋이 [언뜻] 보임; 기미(trace). 3 (고어) 일별, 일견.
a glint in a person's eye 언뜻 떠오르는[막연한] 생

gli·o·ma [glaióumə] 图 (图 ~·**ta**, ~**s**) 〖병리〗 신경교종(膠腫)〈종양의 일종〉. **~·tous** 图
glis·sade [glisɑ́ːd, -séid] 图 1 〔등산〕 글리사드, 제동 활강(制動滑降)〈눈이 쌓인 험한 비탈을 피켈로 제동을 걸면서 미끄러져 내려오기〉. 2 〔발레〕 글리사드, 활보(滑步). 〖Fr. *glissé*〗 3 (발레) =glissando. — 图 제동 활강(滑降)하다; 〔발레〕 활보로 추다. **-sád·er** 图
glis·san·do [glisɑ́ːndou] 〔음악〕 图 (图 **-di** [-diː]) 글리산도 악절, 활주음부, 글리산도 (주법). — 图 글리산도 (연주되는).
glisse·ment [F glismɑ̃] 图 활주, 미끄러짐. 〔<F〕
***glis·ten** [glísn] 图 (*with*). ⇒SHINE 유의어 ¶~*ing* snow [dew] 반짝반짝 빛나는 눈[이슬]/Her eyes ~*ed with* curiosity. 그녀의 눈은 호기심으로 빛났다.— 图 반짝임, 빛남, 섬광, 광휘. **~·ing·ly** 图 번쩍번쩍 (빛나).
glis·ter [glístər] 图图 (고어·시) =glitter.
glitch [glit] 图 (속어) 图 1 〔기계 따위의〕 갑작스런 고장: 돌발 사고; 결함. 2 〔구어〕 〔계획 따위의〕 갑작스런 차질; 작은 사고; 작은 기술상의 문제. 3 〔컴퓨터〕 오류, 상태가 나쁨, 끌치 아픈 사태(图 bug¹ 4), 4 글리치(전자 회로의 전압의 순간적인[돌연한] 급증(surge)), 고장. 5 〔천문〕 (pulsar의) 펄스 주기의 급변.— 图 1 갑자기 상실하다[고장나다]. 2 〔컴퓨터〕 갑자기 고장나다[상태가 나빠지다]; 〔여러 행씩 몰아서〕 scroll하다. 3 〔천문〕 glitch를 일으키다. 图 …에 갑자기 고장을 일으키게 하다. **~·y** 图
‡**glit·ter** [glítər] 图图 (~**s** [-z]) 1 반짝이다, 반짝반짝 빛나다 (*with*). ⇒SHINE 유의어 ¶ stars ~*ing* in the sky at night 밤하늘에 반짝이는 별들 / *All is not gold that* ~*s*. (속담) 번쩍인다고 해서 반드시 금은 아니다, 외양은 믿을 것이 못 된다. 2 〔복장·장식 따위가〕 야하다, 화려(현란)하다, 눈의 돌리다 (*with*). ¶ (~+图+图) ~ *with gems* 보석으로 현란하게 꾸미다.—图 U (the ~) 반짝이는 빛, 광휘, 반짝임. 2 (the ~) 화려함, 현란. 3 〔집합적〕 작고 반짝이는 장신구.
glit·te·ra·ti [glìtərάːti] 图복 (the ~) (구어) 〔집합적〕 상류 계급[사교계] 사람들; 성공한 사람들, 명사. 〔<*glitter*+*literati*〕
glítter ice 图 (얼음된 비로 지표에 생기는) 우빙(雨氷).
***glit·ter·ing** [glítərɪŋ] 图 1 반짝반짝 빛나는, 번쩍이는. 2 화려한, 눈이 부신. 3 겉만 번드르르한, 그럴듯한. ¶~ generalities 미사 여구. **~·ly** 图
glítter róck 图 글리터 록(핑크 록(punk rock)의 일종). (또는 **déca-ròck**) **glítter rócker** 图
glit·ter·y [glítəri] 图 =glittering.
glitz [glits] 图 (美·캐나다 속어) 图U (외견·분위기 따위의) 요란함, 야함, 현란[화려]함.— 图图 …을 화려하고 세련되게 꾸미다(*up*).
glitz·y [glítsi] 图 (美·캐나다 속어) 요란한, 야한, 화려한. **glítz·i·ly** 图 **glítz·i·ness** 图
GLM 〖스키〗 *graduated length method*(숙련도에 따라 스키 길이를 늘려가는 방법). **Gln** *glutamine*.
gloam [gloum] 图图 (스코) 어둑어둑해지다, 해가 지다, 날이 저물다. — 图 (고어) =gloaming.
gloam·ing [glóumɪŋ] 图 (the ~) (시·스코) 희미한 빛, 땅거미, 황혼.
gloat [glout] 图图 1 기쁜[만족스러운] 듯이 바라보다; (악의를 품고) 고소한 듯이 바라보다(*over, upon,* *on*). ¶ a ~*ing* smile 고소한 듯한 미소를 띠고 그는 혼자서 싱글벙글해했다, 남몰래 기뻐하다. — 图U (a ~) 만족한[고소한] 기분으로 바라봄; 심술굿은 만족감; 싱글벙글함. **~·er** 图 **~·ing·ly** 图 자못 기쁜[만족스러운] 듯이.
glob [glɑb/glɔb] 图 (액체의) 작은 방울, 한 방울; 덩이(眼球的). 2 전세계의, 지구상의, 세계적인; 세계적인 규모의. ¶ the ~ market 세계 시장. 3 범위가 넓은, 전
***glob·al** [glóubəl] 图 1 공모양의, 구(球)형의.

체적[전면적, 포괄적]인. ¶a ~ problem 포괄적[세계적] 문제. 4 【컴퓨터】 대역(大域)[광역]의, 범용(汎用)의. ¶~ optimization 대역적 최적화(化). ~·ly 튄
glóbal clímate chànge 몡 《美》 지구 기온 변화.
glóbal corporátion 몡 글로벌[다국적] 기업.
glóbal degrée 몡 (MBA 따위) 전세계 통용 자격.
glóbal hópscotch 몡 (해외 진출 기업의) 저임국 (低賃國) 순례. 〔규모 정보 인프라(기반) (약 GII).
Glóbal Informátion Ínfrastructure 몡 지구
glob·al·ism [glóubəlìzm] 몡Ⓤ 1 세계화; 세계적 규모의 정책[사고 방식], 세계주의. 2 《美》 세계적인 간섭 [개입] 정책. -ist 몡형
glob·al·i·ty [goubǽliti] 몡Ⓤ 세계화 상태; 세계성.
glob·al·ize [glóubəlàiz] 됨타 세계화하다, 세계적 규모[기준, 규격]로 만들다, 전세계에 퍼지게 하다. -i·zá·tion 몡 (금융·기업·규격 따위의) 국제화[세계화].
glóbal márketing 몡 글로벌 마케팅(세계를 단일 시장으로 보는 마케팅). 〔계; 범지구적 제휴.
glóbal pártnership 몡 세계적 시야에서의 협력 관
glóbal posítioning sỳstem 몡 (종종 G- P- S-) 전지구 위치 확인 시스템(약 GPS). ⇨ NAVSTAR GLOBAL POSITIONING SYSTEM.
glóbal pówer 몡 세계적 대국, 강대국. 〔품.
glóbal próduct 몡 (같은 상표로 팔리는) 세계적 상
glóbal quóta sỳstem 몡 포괄적 쿼터제.
glóbal séarch 몡 【컴퓨터】 전(수)파일 검색.
glóbal slúmp 몡 【경제】 세계 (경기) 불황.
glóbal stándard 몡 (상품 따위의) 세계 규격[기준].
glóbal tectónics 몡 【지구 변동학(플레이트의 운동·해저 확대에 의한 운동, 상호 작용). ⑤ plate tec-
glóbal tén 몡 세계 시장 점유율 10%(이상). ¦tonics
glóbal víllage 몡 지구촌(통신 수단의 발달로 일체화된 세계). [<M. McLuhan과 Q. Fiore의 저서명)
glóbal wárming 몡 지구 온난화 (현상).
glo·bate [glóubeit] 혱 공 모양의.
‡globe [gloub] 몡 (團 ~s [-z]) 1 (the ~) 《문어》 지구; 세계. ⇨EARTH 유의어 2 천체(행성·태양 따위). 3 지구[천체]의(儀). ¶a celestial[terrestrial] ~ 천체[지구]의(儀). 4 구(球), 구체(ball)(램프 갓·전구 따위) 공 모양의 것; 눈알, 안구; (~s) 《美속어》 유방. ¶an electric ~ 전구. 5 금구(金球)(제왕권(帝王權)의 상징).
all over the globe 전세계에, 지구 전체에.
the whole habitable globe 온세계. 〔다.
— 됨타 …을 공 모양으로 만들다. — 됨자 공 모양이 되
~·like 혱 〔(fl) 의 초본)
glóbe ámaranth 몡 《식물》 천일홍(千日紅)(비름과
glóbe ártichoke 몡 《식물》 =artichoke 1.
globe·fish [glóubfìʃ] 몡 (團 ~, ~·es) 복어(puffer), 개복치(ocean sunfish). 〔물.
globe·flow·er [glóubflàuər] 몡 금매화속(屬)의 식
glóbe líghtning 몡 《기상》 =ball lightning.
globe·trot [glóubtràt/-tròt] 됨자 세계 (관광) 여행 — 됨자 (-tt-) (정기적으로 또는 자주) 세계 (관광) 여행 을 하다. ~·ter 몡 ~·ting 몡
glóbe válve 몡 《기계의》 구형(球形) 밸브.
GLOBEX [glóubeks] 몡 《상표》 글로벡스(CME·로이터 통신사 합작의 온라인 거래 시스템).
glo·big·er·i·na óoze [gloubìdʒəríinə-, -rínə-] 몡 (바다 밑의) 글로비게리나 연니(軟泥).
glo·bin [glóubin] 몡Ⓤ 《생화학》 글로빈(헤모글로빈 속의 단백질 성분). 〔globo-cop.
glo·bo- [glóubou, -bə] 연결 globe, global의 뜻. ¶
glo·bo·boss [glóubəbɔ̀s, -bɔ̀s/-bɔ̀s] 몡 《구어》 글로벌 기업 경영자[사장]. 〔유엔(평화유지군).
glo·bo·cop [- kàp/-kɔ̀p] 몡 《구어》 세계 경찰관;
glo·bo·crat [glóubəkræt] 몡 《구어》 (UN 따위 세계적 기구의) 고위 간부. 〔구상체(球狀體).
glo·boid [glóubɔid] 혱 구형에 가까운. — 몡 구형,

glo·bose [glóubous, -́] 혱 구형의, 구상(球狀)의. (또는 glo·bous [glóubəs]) ~·ly 튄 glo·bos·i·ty [gloubásəti/-bɔ́s-] 몡Ⓤ 구형, 구상.
glob·u·lar [glábjulər/glɔ́b-] 혱 1 공 모양의, 구형의; 구(球)의, 구면(球面)의. 2 작은 구체로 이루어지는 [가 있는]. 3 전세계의, 세계적 규모의; 전체의. (또는 globulous) -lár·i·ty 몡 ~·ly 튄 ~·ness 몡
glóbular chárt 몡 구면(球面) 투영도.
glóbular clúster 몡 《천문》 구상 성단(球狀星團).
glóbular projéction 몡 (지도의) 구면 투영법.
glóbular sáiling 몡 《해사》 구면 항법(spherical sailing). 〔방울; 혈구(血球); 환약.
glob·ule [glábjuːl/glɔ́b-] 몡 작은 구체(球體); (물)
glob·u·lin [glábjulin/glɔ́b-] 몡Ⓤ 《생화학》 글로불린(동식물의 조직내에 있는 단순 단백질의 일종).
glob·u·lous [glábjuləs/glɔ́b-] 혱 =globular.
glo·cal [glóukəl] 혱 《구어》 〔경제〕 (사업·거래 따위에서) 범세계적이면서 현지[지역] 실정도 고려하는. -i·zá·tion 몡 ~·ize 됨 [<global+local]
glock·en·spiel [glákənspìːl, -ʃpìːl/glɔ́k-] 몡 《음악》 글로켄슈필, 철금(鐵琴). [<G glockenspiel]
glögg [glʌg, glug] 몡 글뢰그(데운 포도주에 브랜디나 위스키, 건포도·아몬드 따위를 넣은 펀치). (또는 glogg) [<Swed]
glom [glam/glɔm] 《속어》 됨 (-mm-) 타 1 …을 훔치다. 2 …을 붙잡다; 체포하다. 3 …을 보다, 바라[지켜]보다. — 짜 붙잡히다. (또는 glaum, glahm)
glom onto …을 붙잡다; …을 손에 넣다; …을 훔치 — 몡 손; 도둑; 봄. 〔다.
glom·er·ate [glámərət, -rèit/glɔ́m-] 혱 밀집한, 공 모양으로 굳어진[모인](conglomerate). — [-rèit]
glom·er·a·tion [glàməréiʃən/glɔ̀m-] 몡Ⓤ 공 모양으로 만들기, 구상화(球狀化); ⓒ 공 모양의 집괴(集塊)[덩어리]. 〔차례; 《해부》 =glomerulus.
glom·er·ule [glámərùːl/glɔ́m-] 몡 《식물》 집단 꽃
glo·mer·u·lo·ne·phri·tis [gloumèrjulounəfráitis/glɔ-] 몡 《병리》 사구체 신염(絲毬體腎炎).
glo·mer·u·lus [gloumérjuləs, glə-] 몡 (團 -li [-lài]) 《해부》 (신장의) 사구체(絲毬體). -lar 몡
glo·mus [gloumǝs] 몡 《해부》 사구체(體), 글로무스(모세 혈관의 작은 모임). ¶~ tumor 《병리》 글로무스 종양.
glon·o·in [glánouin/glɔ́n-] 몡Ⓤ 《화학·약학》 니트로글리세린(nitroglycerin)(협심증 치료제).
‡gloom [gluːm] 몡 (團 ~s [-z]) 1 (the ~) 어스름, 어둑어둑함; 어둠, 암흑(darkness). 《시》 어두컴컴한 곳, 나무 그늘. ¶in the ~ of a dense forest 빌림의 어둠 속에서/the ~ of sunset 땅거미. 2 Ⓤ 우울, 침울, 음침; 의기 소침. ¶man's future full of ~ 암담한 인류의 장래. 3 침울한 모습, 우울한 표정; 우울한 사람.
cast [or throw] a gloom over …에 어두운 그림자를 던지다; …을 음울하게 하다.
chase one's gloom away 우울한 기분을 풀다.
— 됨자 1 어두워지다, 어둑어둑해지다; 어렴풋이 보이다. 2 《문어》 우울[음울]해지다; 얼굴을 찡그리다.
— 됨 …을 어둡게 하다, 음울하게 만들다; …을 어둡게 〔~·ful 형 ~·ful·ly 튄 ~·less 형 〔하다.
glóom and dóom 몡 (정치·경제 정세 따위의) 비관, 어두운 전망. 〔울[음울]하게.
gloom·i·ly [glúːmili] 튄 1 어둡게, 침침하게. 2 침
think gloomily of …을 비관적으로 생각하다.
‡gloomy [glúːmi] 혱 (gloom·i·er; gloom·i·est) 1 어두운, 암흑의; 어둑한, ⇨DARK 유의어. ¶a dell 어두운 골짜기. 2 우울하게 하는, 마음을 답답하게 하는;

glop

비관적인, 희망이 없는.¶He looks ~ about his life. 그는 자기 인생에 대해 비관하는 것 같다. **3** 우울한, 침울한, 슬픈(sorrowful). ⇨ SAD ¶a ~ man [mood] 음침한 사람[분위기]. **glóom·i·ness** 圈

glop [glɑp/glɔp] 圈 (구어) **1** (축 모양의) 식욕을 돋우지 않는[만드는] 음식. **2** (일반적으로) 끈적끈적한 것. **3** 눈물을 잘 흘리는, 감상벽(感傷癖). ─ 国 (-**pp**-) …에 끈적끈적한 것을 얹다. **~·py** 圈

Glo·ri·a [glɔ́ːriə] 圈 **1** (미사중의) 영광의 찬가; 영광송(頌), 송영(頌詠) 등. **2** (g-) 후광, 광배(光背), 원광(圓光). **3** ⓤ (g-) 글로리아직(織)(견(絹)과 모[면]의 교직; 우산·여성복감). **4** 여성이름(여자 이름). [< L **glory**]

Glória in Ex·cél·sis Dé·o [-eksélsis déiou] 「지극히 높은 곳에서는 하느님께 영광(Glory to God in the highest)으로 시작되는 영광송. (또는 **gréat(er) doxólogy**) [< L]

Glória Pá·tri [-páːtri] 「성부와 성자와 성령께 영광(Glory be to the Father, and to the Son, and to the Holy Ghost)으로 시작되는 짧은 영광송. (또는 **lésser doxólogy**) [< L]

Glória Tí·bi [-tíːbi] (the ~) 「주님께 영광(Gloria tibi, Domine)으로 시작되는 영광송. [< L]

glo·ri·fi·ca·tion [glɔ̀ːrəfikéiʃən] 圈 ⓤ **1** (일반적으로) 찬양, 찬양. **2** (신의 영광을 찬양, 찬양, 칭찬. ¶the ~ of Christ 그리스도의 찬미. **3** 신의 영광을 받은 상태, 영화(榮化). **4** (구어) 미화(美化)(된 것). **5** (구어) 축제, 축하, 축연.

****glo·ri·fy** [glɔ́ːrəfài] 圉 国 **1** (신)에게 영광을 돌리다, (신)을 찬양[찬미]하다. **2** 영화롭게 하다, …에게 명예를 주다. **3** (아·敎) (경멸적) …을 미화하다, 꾸미다. ¶~ one's success 성공을 미화하다. **4** 찬양[찬미, 칭] **-fi·a·ble** 圈 **-fí·er** 圈 찬, 예찬하는이.

glo·ri·ole [glɔ́ːriòul] 圈 후광, 광배(光背), 원광(圓光).

‡**glo·ri·ous** [glɔ́ːriəs] 圈 (**more ~**; **most ~**) **1** 명예[영광]에 넘치는, 빛나는, 영예로운; 명성 높은; 명예[영광]를 주는. ⇨ SPLENDID 유의어 ¶a ~ history [victory] 빛나는 역사[영예로운 승리]/ England is ~ in her poetry. 영국은 시(詩)로 이름이 높다. **2** (구어) 기쁜, 즐거운; 굉장한; 매우 유쾌한. ¶have a ~ time at the circus 서커스를 보며 즐거운 시간을 보내다. **3** 눈부시게 아름다운; 화려[장엄]한; 멋진. ¶a ~ view 장관(壯觀). **4** (구어) 거나하게 취한.

What a glorious day! 참 멋진 날이군!; (반어적) 참 지독한 날이군!

~·ly 凰 **~·ness** 凰

Glórious Fóurth 圈 (the ~) 영광의 제4일(미국 독립 기념일; 7월 4일).

Glórious Revolútion 圈 (the ~) [英史] 명예 혁명(English Revolution).

glork [glɔːrk] (속어) 〔컴퓨터〕 고장. ─ 国 (itself로) 고장나다, 자멸하다. ─ 国 (놀람·분노 따위를 나타내어) 쳇, 아차.

‡**glo·ry** [glɔ́ːri] 圈 (ⓟ -**ries** [-z]) **1** ⓤ 영광, 영예, 명예; 명성, 절찬(*for*). ¶gain [*or* win] ~ 영예를 얻다 / fight *for* ~ 싸워서 명예와 승리를 위해서 싸우다. **2** ⓤⓒ (종종 -**ries**) 영광[명예]을 주는(사람); 자랑거리. ¶the *glories* of Rome 로마 제국의 위업. **3** ⓤ (신의) 영광, 은총; 찬미, 찬송, 예배. ¶Give ~ to God. 신을 찬송하라. **4** ⓤ 천국의 영광[지복]; 천국. ¶the saints in ~ 천국에 있는 성자[사람]들. **5** ⓤⓒ (보통 the ~) 눈부실 정도의[찬연한] 아름다움, 미관, 장관. ¶the ~ of a sunset 석양의 아름다움. **6** ⓤ 번영, 영화(榮華); 전성(全盛) ¶(구어) 의기양양, 대만족. **7** (신·여왕들의) 광륜(光輪), 후광(後光), 원광(圓光). **8** (천문) 환일(幻日).

bask [*or* **bathe**] *in a person's reflected glory* 남의 영광 덕택에 명예를 얻다.

go to (*one's*) *glory* 승천하다, 죽다(die).

in one's [*or* **its**] *glory* 온갖 영화를 누려; 전성기에.

return with glory 개선하다, 금의환향하다.

send [*or* **blow**] *a person* ***to glory*** ① (익살) (남)을 죽이다, 천당으로 보내다. ② (사제가 …의) 장례식을 집전하다.

─ 圉 ¶ 다음 숙어로만 쓴다.

glory days [*or* **years**] (인기·성공 따위의) 절정[전성]기. ¶the ~ *days* of radio 라디오의 전성 시대.

glory in (-**ries**) [-z] ¶ **1** 기뻐하다, 자랑으로 여기다 (*in, in doing*). ¶(~+開+名) ~ *in* one's fame [strength] 명성[힘]을 자랑하다. **2** (폐어) 자만하다. **3** (고어) 찬연히 빛나다.

─ 國 (또는 ~ **bé**) (구어) 이건 놀랍군; 고마워라(* *G-* be to God.의 생략; 놀라움·득의·감탄 따위 표시).

Great glory!; *How the glory!* (속어) 이건 놀랍군!; 아이 좋아라!

~·ing·ly 凰

glóry bòx 圈 (濠·뉴질) 결혼을 앞둔 여성의 의상함 (⦅美⦆ hope chest, ⦅英⦆ bottom drawer).

glóry hòle 圈 **1** (구어) 잡동사니를 넣어두는 방[장롱, 서랍]. (해사) =lazaretto 3. **2** (유리를 녹이는) 용해로. **3** (美) (광산) (노천 채굴로 생긴) 원뿔형 구덩이.

****gloss**¹ [glɑs, glɔːs/glɔs] 圈 **1** ⓤ (표면의) 광택, 윤; ⓒ 번들번들한 면. ¶silk with a good ~ 윤이 나는 비단. **2** (a ~) 겉치레, 허식; 그럴듯한 구실. ¶a ~ of integrity 겉치레뿐인 성실. **3** (또는 **glósser**) 광택 내는 화장품; 광택용 도료(~ paint).

put [*or* **set**] *a gloss on* [*or* **upon**] …에 광택을 내다; …의 겉을 꾸미다.

take the gloss off (…의) 흥을 깨다 (*of*).

─ 国 **1** …에 윤[광택]을 내다, …을 닦다(*over*). **2** …의 겉치레를 하다; …을 호도하다, 외관을 속이다(*over*). ¶ ~ *over* flaws in the product 제품의 흠을 속이다.

gloss² 圈 **1** 주해(註解), 주석, 해설 (*on*). **2** 억지 해석, 곡해. **3** (주석이 달린) 어휘; 용어 해설(glossary). **4** (본문의 행간·지면 따위에 단) 주해, 어구 주석. ¶a marginal [*an* interlinear] ~ 난외[행간] 주.

─ 国 **1** …에 주석을 달다, …을 주해하다. **2** …을 억지 해석하다, …을 둘러대어 설명하다; 둘러대다(*over, away*). **3** ¶ ~ *over* a mistake 잘못을 얼버무리다.

─ 国 **1** (…에) 주석을 달다, (…을) 주해[주석]하다 (*on, upon*), **2** ~ *on* [*or* **upon**] the original text 원전에 주석을 달다.

gloss. glossary. 1 달다. **2** (고어) (…을) 곡해하다.

gloss- [glɑs, glɔːs/glɔs] [연결] ⇒ GLOSSO-.

glos·sa [glɑ́sə, glɔ́ːs-] 圈 (ⓟ -**sae** [-siː], **~s**) (해부) 혀; (곤충) 중설(中舌).

glos·sal [glɑ́səl, glɔ́(ː)s-] 圈 혀의, 혀에 관한.

glos·sar·i·al [glɑsέəriəl, glɔ(ː)s-] 圈 용어 해설의. ¶a ~ index 어휘 색인. **~·ly** 凰

****glos·sa·ry** [glɑ́səri, glɔ́(ː)s-] 圈 **1** (권말의) 어휘[용어] 해설, 주해서. **2** (전문어·특수어·난해어 따위의) 소사전, 용어[어] 사전, 어휘 사전 (*to, of*). ¶a Shakespeare ~; a ~ *to* Shakespeare 셰익스피어 용어 사전.

-rist 圈 어휘 주해자, 용어 해설 편자. 「전.

glos·sa·tor [glɑséitər, glɔ(ː)s-] 圈 **1** 주석자, 주해자. **2** (중세의) 로마법[교회법] 주석자. 「혈제(術).

glos·sec·to·my [glɑséktəmi, glɔ(ː)s-] 圈 (의학) (의학) 설절제(術).

glos·se·mat·ics [glɑ̀səmǽtiks, glɔ̀(ː)s-] 圈 (단수취급) (언어) 언리학(言理學), 언어 기호학.

-mát·ic 圈

glos·seme [glɑ́siːm, glɔ́(ː)s-] 圈 (언어) 언어 형식소(素)(어간, 격(格), 음조, 어순(語順) 따위); 언소(素)(언어를 구성하는 궁극적인 요소).

gloss·er [glɑ́sər, glɔ́(ː)s-] 圈 **1** 광택[윤]을 내는 것[사람]. **2** =gloss¹ 3.

glos·si·tis [glɑsáitis, glɔ(ː)s-] 圈 ⓤ (병리) 설염(舌炎). **-sit·ic** [-sítik]

gloss·me·ter [glɑ́smìːtər, glɔ́(ː)s-] 圈 광택계. (또는 **glossimeter**)

glos·so- [glɑ́sou, glɔ́(ː)s-] [연결] tongue의 뜻(* 모음 앞에서는 gloss-). ¶*glossology, glossectomy*.

glos·sog·ra·pher [glɑsɑ́grəfər, glɔːs-/glɔsɔ́g-] 영 =glossator. **glòs·so·gráph·i·cal** **-phy** 영 어휘 주석, 용어 해설.

glos·so·la·li·a [glɑ̀səléiliə/glɔ̀s-] 영 ⓒ (종교적 황홀 상태에서 말하는) 의미불명의 말; 방언(gift of tongues). 〔학: 명령법(命名法).

glos·sol·o·gy [glɑsɑ́lədʒi/glɔsɔ́l-] 영 (고어) 언어

*****gloss·y** [glɑ́si, glɔ́(ː)si] 형 1 광택이 있는, 윤이 나는, 반들반들한. 2 그럴듯한, 겉치레만의, 겉만 번드르르한. ¶a ~ lie 그럴듯한 거짓말. 3 (종이가) 표면에 윤기가 있는; (잡지 따위가) 광택지를 사용한. ¶~ paper 광택지. — 영 1 (사진) 광택 인화. 2 (구어) =~ magazine; 상류 사회[사교계] 영화.
glóss·i·ly 부 **glóss·i·ness** 영
glóssy mágazine 영 (구어) (패션 잡지 따위 사진을 많이 실은) 고급 용지의 잡지(美) slick).

-glot [glɑt/glɔt] 연결 tongue의 뜻. ¶polyglot.
glot·tal [glɑ́tl/glɔ́tl] 형 1 성문(聲門)의. 2 (음성) 성문에서 나오는[조음되는]. ¶~ = ~ stop.
glot·tal·ize [glɑ́təlàiz/glɔ́t-] 타 (음성) 성문(聲門音)으로 발음하다, 성문(음)화하다.
-i·zá·tion **-ized** (음성) 성문음으로 발음된.
glóttal stóp (음성) 성문 폐쇄음, 성문 파열(자)음.
glot·tic [glɑ́tik/glɔ́t-] 형 1 =glottal. 2 (고어) =linguistic. [diːz]] (해부) 성문(聲門).
glot·tis [glɑ́tis/glɔ́tis] 영 (복 ~·es, -ti·des [-ti-])
glot·to·chro·nol·o·gy [glɑ̀toukrənɑ́lədʒi/glɔ̀-toukrənɔ́l-] 영 ⓤ (언어) 언어 연대학(年代學).
Glouces·ter [glɑ́stər, glɔ́ːs-/glɔ́s-] 영 1 글로스터(영국 잉글랜드 남서부의 도시). 2 글로스터 치즈.

*****glove** [glʌv] 영 (복 ~s [-z]) 1 장갑(cf. mitten). ¶a pair of ~s 장갑 한 켤레/with one's ~s on 장갑을 낀 채/put on [take off] one's ~s 장갑을 끼다[벗다]/Excuse my ~s. (악수할 때) 장갑을 낀 채 실례합니다. 2 (권투) 글러브(boxing ~); (美속어) 권투, 복싱. 3 (야구) 글러브(baseball ~); (비유적) (야구의) 수비 능력. 4 =~ compartment. 5 =gauntlet¹.
bite one's **glove** 복수를 맹세하다. 「허지 않다.
do not lay a glove on (속어) …을 손보지[damage 입]
fight with the gloves off [or **without gloves**] 본격적으로[사정없이] 싸우다.
fit (a person) **like a glove** (옷·환경 따위가) (남)에게 꼭 맞다. 「하다.
go for the gloves (속어) (경마에서) 무모한 내기를
hand and [or **in**] **glove with** a person ⇒HAND.
handle [or **treat**] **...with kid gloves** [or **with gloves on**] …을 신중히[부드럽게] 다루다.
handle [or **treat**] **...without gloves** [or **with gloves off**] …을 거칠게[사정없이] 다루다.
put on [or **wear**] **gloves** 부드럽게 해치우다, 온건하게 공격하다. 「(글러브를 끼고) 권투를 하다.
put on the gloves; have the gloves on (구어)
take off the gloves; take the gloves off (토론·투쟁 따위에) 본격적으로 맞서다, 기를 쓰고 싸우다.
take up the glove 도전에 응하다.
The gloves are off. 싸울 준비가 되어 있다. 「하다.
throw (**down**) **the glove** 도전하다; (권위에) 저항
— 타 1 …에 장갑을 끼다. 2 …에게 장갡 구실을 하다. 3 (야구) (공)을 글러브로 받다.
~·less, ~·like
glóve bòx 영 1 글러브 박스(방사선 물질 따위를 다루기 위한 밀폐 투명 용기). 2 =glove compartment.
glóve compártment 영 (자동차 앞좌석의) 도구 따위를 넣어두는 함. (또는 **glóve bòx**)
glóve dòll [**pùppet**] 영 =hand puppet.
glóve fìght 권투 시합. 영 prizefight
glóve lèather 영 (가볍고 부드러운) 글러브 가죽.
glove·man [glʌ́vmən] 영 (야구·크리켓) 야수

(fielder). 「팁, 행하(行下): 뇌물.
glove-mon·ey [-mʌ̀ni] 영 (고어) (하인에게 주는)
glov·er [glʌ́vər] 영 장갑 제조인; 장갑 장수.
gloves-off [glʌ́vzɔ̀ːf/-ɔ́f] 형 (구어) 심한, 혹독한; 난폭한, 거친(harsh).
glóve spónge 영 장갑 모양의 해면(海綿).

*****glow** [glou] 재 (the ~, a ~) 1 (가열된 물체가 내는) 빛, 백열, 적열: 백열[적열]광. 2 (색깔의) 밝기, 선명함; 새빨감[타오르는] 색깔. ¶the ~ of sunset 저녁놀 / the morning [evening] ~ 아침[저녁]놀. 3 (몸의) 달아오름, 훈훈함. ¶a comfortable ~ after a bath 목욕 후의 상쾌한 훈훈함. 4 (뺨의) 홍조, 상기, 달아오름: (피부의) 윤기, 건강한 혈색. ¶the bright ~ in her cheeks 그녀 뺨의 생기있는 윤기. 5 (감정의) 고조, 흥분, 열정; (술 따위의) 거나하게 취함: 행복감, 행복감, 기쁨. ¶I feel the ~ of happiness 행복감을 만끽하다. 6 (전기) 글로(글로 방전에 따르는 가스 분자의 발광(發光)).
(**all**) **of a glow; in a glow** (구어) 얼굴이 (벌겋게) 달아오르라; 빨갛게 빛나.
— 재 (~s [-z]) 1 (불꽃 없이) 열과 빛을 발하다, 백열[작열]하다. 2 (세계 가열된 것처럼) 빛나다, 빛을 내다; (눈·얼굴 따위가 …로) 빛나다(with, at). ⇒SHINE
유의어 ¶a Christmas tree ~ing with many colored lights 많은 색전구로 반짝이고 있는 크리스마스 트리. 3 (꽃·잎 따위가) 불타는 듯한[선명한] 색깔을 띠다, 붉게 빛나다(with). ¶The maple leaves ~ed with autumnal tints. 단풍잎은 붉게 물들어 불타는 듯했다. 4 (뺨·얼굴이) 홍조를 띠다, 붉어지다; (건강하여) 혈색이 좋다(with). 5 (운동 따위로 몸이) 훈훈해지다, 달아오르다. ¶Whiskey makes the whole body ~. 위스키를 마시면 온 몸이 달아오른다. 6 (강한 감정 따위로) 가슴이 뿌듯하다, 북받치다, 타오르다(with).
¶~ with anger 노여움으로 불타다.
glów dìscharge 영 (물리) 글로 방전(放電)(저압 가스 속에서의 발광(發光) 방전). 「광채.
glow·er¹ [glóuər] 영 (네른스트(Nernst) 전등의) 발
glow·er² [gláuər] 재 (불만·노여움 때문에) 언짢은 얼굴로 보다, 무서운 눈초리를 하다, 노려보다(at). 2 (스코) (놀라서) 풀어지게 바라보다(at, upon). — 영 (무서운 얼굴로) 노려봄; (불만·노여움에 의한) 언짢은[불쾌한] 얼굴, 무서운[찌푸린] 얼굴; (스코) 풀어지게 봄, 응시. **~·ing** 형 **~·ing·ly** 부
glow·fly [glóuflài] 영 개똥벌레(firefly).

*****glow·ing** [glóuiŋ] 형 1 백열(白熱)의, 빨갛게 단. 2 (색채가) 강렬한, 타오르듯이 선명한, 화려한 ¶~ colors 선명한 색채. 3 (얼굴이) 홍조를 띤, 붉어진. 4 (사람·표현 따위가) 정열적인, 열심인, 열렬한; (비유적) 생생[싱싱]한; 격찬하는. ¶a ~ patriot 열렬한 애국자. 5 (부사적) (불타는 듯이). ¶~ hot 불타는 듯이 더운. **~·ly** 부
glów làmp 영 글로 전구[램프].
glów plùg 영 (기계·자동차) 예열 플러그.
glow·worm [glóuwə̀ːrm] 영 개똥벌레류의 유충(幼蟲)(땅 속에서 희미한 빛을 낸다). 영 firefly
glox·in·i·a [glɑksíniə/glɔks-] 영 글록시니아(브라질 원산의 관상용 열대 식물). (<18세기 독일의 식물학자·의사 B. P. Gloxin의 이름+-ia)
gloze¹ [glouz] 타 1 …을 그럴싸하게 설명하다, 교묘하게 발뺌하다; (결점·실수 따위를) 얼버무리다(over). 2 (고어) …에 주석을 달다; 오해[곡해]하다.
— 재 1 (고어) 주석[설명]하다(on). 2 알랑거리다, 아첨하다. — 영 ⓤⓒ 1 아첨, 아부; 사기, 속임수. 2 (고어) 주석.(폐어) 겉꾸밈, 눈가림. **glóz·ing·ly** 부
gloze² [glouz] 재 (스코) 빛나다, 반짝이다. — 타 …을 빛나게 하다, 반짝이게 하다. — 영 반짝임, 불꽃.
glt (제본) gilt. **glu.** glucose; glutamic acid.
gluc- [gluːk, gluːs] (연결) GLYCO-.
glu·ca·gon [glúːkəgɑ̀n/-gɔ̀n] 영 (생화학) 글루카곤(췌장에서 분비되는 호르몬).

glu·can [glúːkæn] 명 〔생화학〕 글루칸(육탄당(六炭糖)의 D-글루코오스에서 만들어지는 다당류의 총칭).

glu·ca·nase [glúːkəneis, -neiz] 명 〔생화학〕 글루카나아제(글루칸 소화 효소).

glu·ci·num [gluːsáinəm] 명U 〔화학〕 글루시늄 (beryllium의 옛 이름; ⑦ Gl). (또는 **glucinium**) **-cin·ic** [-sínik]

glu·co- [glúːkou, -kə] 연결 ⇨GLYCO-

glu·co·cor·ti·coid [glùːkoukɔ́ːrtəkɔ̀id] 명 〔생화학〕 글루코(당)지 코르티코이드(척추 동물의 부신 피질에서 분비되는 스테로이드 호르몬의 총칭).

glu·co·gen·ic [glùːkədʒénik] 명 〔생화학〕 포도당(glucose) 생성의. **-gen·e·sis** [-dʒénəsis] 명

glu·co·ne·o·gen·e·sis [glùːkouniːoudʒénəsis] 명 〔생화학〕 글루코네오제네시스, 포도당 새 합성.

glu·cón·ic ácid [gluːkánik-/-kɔ́n-] 〔화학〕 글루콘산(酸). (또는 **glycónic [glycogénic] ácid**)

glu·co·re·cep·tor [glùːkərisèptər] 명 〔생리〕 글루코리셉터, 글루코오스 수용기(뇌신경 세포).

glu·co·sa·mine [gluːkóusəmìːn, -min] 명 〔생화학〕 글루코사민(척추 동물의 조직 중 다당류가 많이 포함된 천연 아미노당(糖)).

glu·co·san [glúːkəsæn] 명 〔생화학〕 글루코산(포도당의 분자내(內) 무수물(無水物)).

glu·cose [glúːkous] 명U 〔생화학〕 글루코오스, 포도당; 물엿(starch syrup). **-cos·ic** [-kásik/-kɔ́s-] 형

glúcose tòlerance tèst 〔의학〕 당부하(糖負荷) 시험(당뇨병 검사; @ GTT).

glu·co·si·dase [gluːkóusədèis, -dèiz] 명 〔생화학〕 글루코시다아제(글루코시드를 가수 분해하는 효소).

glu·co·side [glúːkəsàid] 명 〔화학〕 글루코시드, 배당체(配糖體), 당원질(糖原質).

glu·co·syl·trans·fer·ase [glùːkəsiltrǽnsfəreis] 명 〔생리〕 글루코실트랜스페라아제(글루코실기(基)의 전이를 촉매하는 효소).

glu·cu·rón·ic ácid [glùːkjuránik-/-rɔ́n-] 〔생화학〕 글루쿠론산(酸). (또는 **glycurónic ácid**)

glu·cu·ron·ide [gluːkjúərənàid] 명 〔생화학〕 글루쿠로니드(가수 분해하여 글루쿠론산을 얻는 배당체(配糖體). (또는 **glycuronide**)

***glue** [gluː] 명UC 1 아교, 아교질. 2 (접착제로 쓰이는) 아교제, 본드; (일반적으로) 접착제, 풀. ¶ **instant (quick-drying) ~** 순간 접착제.
stick like glue to **a** *person* …에게 귀찮게 붙어 다니다, 끈덕지게 달라붙다. ┃빗나갔어.
The glue did not hold. (구어) 실패했어; (과녁을)
── 타(타) 1 …을 아교[접착제]로 붙이다[접합시키다] *(together, down)*; … 에 아교[접착제, 풀]를 바르다 *(up)*. ¶ **~** *two pieces of wooden board together* 두 장의 판자를 아교로 접착시키다. **2** (수동형으로) (…에) 들러붙어 떨어지지 않다 *(to)*; (재귀용법으로) (…에) 주의를 집중하다 *(to)*. ¶ They were ~*d to the TV set.* 그들은 TV 앞에서 떠날 줄 몰랐다. ── 자 밀착하다; 아교로 잘 붙다. ¶ **(~+)** *The wood ~s well.* 목재는 아교로 잘 붙는다.
glue oneself to …에 주의를 집중하다.
glue up …을 아교로 바르다, 밀폐하다.
with one's eyes glued on [or *to*] …을 뚫어지게 응시하며. **⌁·like** 형 **glú·er** 명

glue·pot [glúːpàt/-pɔ̀t] 명 1 아교 냄비. 2 (구어) 진흙탕; (美) 습지. 3 (속어) 경주마.

glúe sniffing 명 본드[시너] 냄새를 맡기. (또는 **glúe-sniffing**) **glúe sniffer** 명

glue·y [glúːi] 형 1 아교 같은, 아교질의; 끈적끈적한, 점착성의; 아교 부성이의[를 바른]. (또는 **glutinous**) 2 (美속어) 감상적인, 부드러운 (특히 10대의 본드 [시너] 냄새를 맡는 사람(glue sniffer).

glug [glʌɡ] 동자 (**-gg-**) (액체를 따르거나 마실 때) 꼴록꼴록 소리를 내다. ── 명 꼴록거리는 소리.

glu·i·no [glúːinou] 명 〔물리〕 글루이노.

glum [glʌm] 형 (**~·mer; ~·mest**) (구어) 뚱한, 무뚝뚝한, 침울한, 울적한; 기운 없는, 낙담한. ¶ **a ~ face** 침울한 얼굴. **⌁·ly** 부 **⌁·ness** 명

glume [gluːm] 명 〔식물〕 영(穎), 영포(穎苞)

glump·y [glʌ́mpi] 형 (고어) =grumpy, glum.

glu·on [glúːɑn/-ɔn] 명 〔물리〕 글루온(쿼크(quark) 사이의 상호 작용을 매개하는 입자).

glut [glʌt] 동 (**-tt-**) 타 1 (재귀법으로) …을 실컷 [배불리] 먹이다; (식욕·욕망 따위)를 채우다, 만족시키다 *(with, on)*. ¶ **~** *one's appetite for adventure* 모험심을 실컷 만족시키다. **2** 물리게 하다, 싫증나게 하다 *(with)*; 실컷 …하다. ¶ **~** *one's eyes* 싫증날 정도로 보다. **3** (시장에) …을 지나치게 공급하다, 과잉 공급하다 *(with)*. ¶ *the market ~ed with fruit* 과일이 과잉 공급인 시장. **4** (길·통로)을 막다, 막히게 하다. ── 자 포식하다; 게걸스럽게 먹다. ── 명 (때로 a ~) **1** 충분한 공급; 과식, 포식, 식상. **2** 공급 과잉; 과도한 양[수]. ¶ *an oil ~* 원유 공급 과잉. **⌁·ting·ly** 부

glu·ta·mate [glúːtəmèit] 명 〔생화학〕 글루타메이트, 글루타민산염(酸鹽). 「타민산(⑦ E; @ Glu).

glu·tám·ic ácid [gluːtǽmik-] 명 〔생화학〕 글루

glu·ta·mine [glúːtəmìːn, -min] 명 〔생화학〕 글루타민. [<*gluten+amine*]

glu·tar·al·de·hyde [glùːtərǽldəhàid] 명 〔생화학〕 글루타르알데히드(비(非)인화성 액체).

glu·tár·ic ácid [gluːtǽrik-] 명 〔생화학〕 글루타르산(酸)(플라스틱용 가소제(可塑劑)의 중간체).

glu·ta·thi·one [glùːtəθáiouən] 명 〔생화학〕 글루타티온(생체 조직의 어떤 종류의 효소 활동을 촉진).

glu·te·al [glúːtiəl, gluːtíːəl] 형 〔해부〕 둔부(臀部)의, 둔근(臀筋)의. ── 명 〔채취되는 단순 단백질〕.

glu·te·lin [glúːtəlin] 명 〔생화학〕 글루텔린(밀에서 채취되는 단순 단백질).

glu·ten [glúːtn] 명U 〔화학〕 글루텐, 부질(麩質).

glúten brèad 명 글루텐 빵(gluten flour로 만든 빵; 당뇨병 환자용). 「(부분을 제거한 것).

glúten flòur 명 글루텐 밀가루(밀가루에서 전분의 대

glu·te·nous [glúːtənəs] 형 글루텐의; 글루텐 모양의, 부질(麩質)의; 글루텐을 다량 함유하는.

glu·teth·i·mide [gluːtéθəmàid] 명 〔약학〕 글루테티미드(최면제·진정제용). [-tiːai)] 〔해부〕 둔근(臀筋)

glu·te·us [glúːtiəs, gluːtíːəs] 명 (복 **-te·i** [-tiài,

glut·fla·tion [glʌtfléiʃən] 명 글러트플레이션(상품이 남아 도는데 가격은 상승하는 일). [<*glut+inflation*]

glu·ti·nous [glúːtənəs] 형 아교질의; 점착성의, 끈적끈적한(gluey). **-nos·i·ty** [-násəti] 명 **⌁·ly** 부

glútinous ríce 명 찹쌀. **⌁·ness** 명

glu·tose [gluːtous] 명 〔화학〕 글루토스(과당(fructose)을 약알칼리로 처리하여 얻는 물질).

glut·ton¹ [glʌ́tn] 명 **1** (경멸적) 대식가, 폭식가. **2** (구어) 열중[탐닉]하는 사람, 싫증낼 줄 모르는 사람; 꾹 참고 견디는 사람 *(for, of)*. ¶ *a ~ for work* 일에 열중하는 사람, 일벌레 / *a ~ for punishment* 아무리 얻어맞아도 끄떡없는 사람[권투 선수]. 「시아손(貂).

glut·ton² 명 오소리 비슷한 족제비과의 동물 (유럽·아

glut·ton·ize [glʌ́tənàiz] 자 (英) 폭식하다, 대식하다, 실컷 먹다. ── 타 …을 탐하다; …을 탐욕스럽게 읽다[듣다, 보다]. **⌁·zá·tion** 명

glut·ton·ous [glʌ́tənəs] 형 **1** 게걸스러운, 걸신들린, 식탐하는; 많이 먹는. ⇨ HUNGRY 유의어 **2** (…에) 탐욕스러운, 욕심 많은 *(of)*. **3** (…을) 의심하는 *(of)*. **⌁·ly** 부 **⌁·ness** 명

glut·ton·y [glʌ́təni] 명UC 대식, 폭음 폭식; 탐닉.

gly., Gly. glycine.

glyc-, glyco- [glais, glaisi/glik, glis] 연결 ⇨GLYCO-

glyc·ate [gláikeit] 동자 설탕에 화학 반응을 일으키다.

gly·ce·mi·a [glaisíːmiə] 명 〔의학〕 혈당(중). (또는

glycaemia -mic 형

glyc·er·al·de·hyde [glìsərǽldəhàid] 명 (화학) 글리세르알데히드(글리세린의 산화로 얻어지는 알데히드). (또는 **glycéric áldehyde**) 「리세린산(酸).

gly·cér·ic ácid [glisérik-, glìsər-] 명 (화학) 글

glyc·er·ide [glísəràid, -rid] 명 (화학·생화학) 글리세리드(글리세린의 지방산 에스테르의 총칭).

*__glyc·er·in__ [glísərin] 명ⓤ (화학) 글리세린. 함 glycerol (또는 **glycerine**)

glyc·er·in·ate [glísərənèit] 타동 …을 글리세린으로 처리하다. —명 글리세린산염.

glyc·er·ol [glísərɔ̀ːl, -rɑ̀l/-rɔ̀l] 명ⓤ (화학) 글리세롤(glycerin의 학명). (또는 **glycerin(e)**)

glyc·er·yl [glísəril] 명 (화학) 글리세릴기(基)를 함유한. = ~ group.

glýceryl gròup [rádical] 명 글리세릴기(基)(글리세리드에서 유도된 3가(價)의 기(基).

glýceryl trinítrate 명 =nitroglycerin.

gly·cine [gláisiːn, -´] 명 (생화학) 글리신, 아미노아세트산(酸)(단맛이 있는 무색 결정(結晶); 기호 T; 약 Gly), (는 **glycocoll, aminoacétic ácid**)

gly·co- [gláikou, -kə] 연결 sweet의 뜻. ¶ glycogen, glycogenesis. (또는 **gluc(o)-, glyc-**)

gly·co·gen [gláikədʒən, -dʒèn] 명ⓤ (생화학) 글리코겐, 당원(糖原), 동물 전분.

gly·co·gen·e·sis [glàikədʒénəsis] 명ⓤ (생화학) 글리코겐 형성(합성), 당원(糖原) 형성(합성).

gly·co·gen·ic [glàikədʒénik] 형 (생화학) 글리코겐의; 당원을 형성하는.

gly·co·ge·no·sis [glàikoudʒənóusis] 명 (병리) 당원병(糖原病). (또는 **glýcogen stòrage disèase**)

gly·col [gláikɔːl, -kɑ̀l/-kɔ̀l] 명ⓤ (화학) 글리콜(ethylene alcohol)(자동차의 부동액·용제).

gly·col·ic [glaikɑ́lik/-kɔ́l-] 형

glycólic ácid 명ⓤ (화학) 글리콜산(酸) 「質).

gly·co·lip·id [glàikəlípid] 명 (생화학) 당지질(糖脂

gly·col·y·sis [glaikɑ́ləsis/-kɔ́l-] 명 (생화학) 당(糖)분해, 해당(解糖)(작용).

gly·con·ic [glaikɑ́nik/-kɔ́n-] 형 (때로 G-) 명 (그리스·라틴 시(詩)의) 글라이콘 시체(詩體)(일종의 4 운각(韻脚) 시체); 그 시(詩). —명 글라이콘 시체의.

gly·co·pro·tein [glàikəpróutiːn] 명ⓤ (생화학) 당(糖)단백질. (또는 **glucoprotein, glycopeptide**)

gly·cos·a·mi·no·gly·can [glàikousəmìː-nouglàikæn] 명 (생화학) 글리코사미노글리칸.

gly·co·side [gláikəsàid] 명 (생화학) 배당체(配糖體). **-sid·ic** [-sídik] 형 **-ric** 형

gly·co·su·ri·a [glàikousjúəriə] 명ⓤ (병리) 당뇨.

gly·co·syl·ate [gláikəsəlèit] 타동 (생화학) 글리코실화(化)하다. **-á·tion** 명

glyph [glif] 명 1 (건축) 장식홈 (세로)홈. 2 (고고) 그림 문자, 상형(象形) 문자. 3 조상(彫像); 부조상(浮彫像). 4 기호, 상징. 5 (컴퓨터) 글리프(자형의 본질을 추상화한 것). **-ic** 형

glyph·o·graph [glífəgræf/-grɑ̀ːf] 명 (인쇄) 납각 전기판(蠟製電氣版). **-gráph·ic** 형

gly·phog·ra·phy [glifɑ́grəfi/-fɔ́g-] 명ⓤ 납각 전기 제판술. **-pher** 명

glyp·tic [glíptik] 형 (보석 따위의) 조각(彫刻)의; (광물) 무늬가 있는. —명ⓤ (보통 pl.) 보석 조각(법).

glyp·tics [glíptiks] 명 (단수취급) 보석 조각술.

glyp·to·dont [glíptədɑ̀nt/-dɔ̀nt] 명 조치수(彫齒獸)(아르마딜로속(屬)의 포유 동물).

glyp·to·graph [glíptəgræf/-grɑ̀ːf] 명 (보석 따위의) 조각 무늬; 보석 조각 무늬가 있는 것.

glyp·tog·ra·phy [gliptɑ́grəfi/-tɔ́g-] 명ⓤ 조각 보석학; 보석 조각술. **-pher** 명 **glyp·to·graph·ic** [glìptəgrǽfik], **glýp·to·gráph·i·cal** 형

Gm gigameter. **GM** Geiger-Müller counter. **gm.** gramme; gram(s). **G.M.,GM** game master; General Manager; general merchandise [mortgage]; (美) General Motors; genetically modified (food); George Medal; gold medal(ist); Grand Marshal[Master]; gross margin; guided missile.

G-man [dʒíːmæn] 명 (복 **G-men** [dʒíːmèn]) (美구어) 연방 수사국(FBI) 수사관; (아일) 형사; (속어) 쓰레기 수거인. (또는 **Ĝ màn**) (<Government man)

G.M. & S. general, medical, and surgical.

GMAT (美) Graduate Management Admissions Test(경영대학원 입학 적성 시험); Greenwich Mean Astronomical Time(그리니치 평균 천문시). **g.m.b.** good merchantable brand. **GmbH** (독일) Gesellschaft mit beschränkter Haftung(=company with limited liability)(유한 책임 회사). **Gmc, Gmc.** Germanic. **G.M.C.** general management committee; (英) General Medical Council(전국 의

G-M còunter 명 =Geiger counter. 「로 회의).

GMDSS (해사) Global Maritime Distress and Safety System(국제 해상 조난 및 안전 시스템).

GMF genetically modified food. **GMO** genetically modified organism(유전자 변형(생물)체).

GMP (美) Good Manufacturing Practice (의약품 제조 및 품질 관리 기준). **g.m.q., G.M.Q.** good merchantable quality(판매 적합 품질). **GMS** (마케팅) general merchandise store(종합 소매점).

GMT, G.M.T. Greenwich Mean Time(그리니치 표준시). **GMW** gram-molecular weight. **GN** Global Negotiation. **gn., Gn.** guinea(s). **G.N.** Graduate Nurse. **GNA** Ghana News Agency.

gnarl¹ [nɑːrl] 명 (나무의) 옹이, 혹. —타동 …에 옹이[혹]를 만들다; …을 비틀다, 구부리다.

gnarl² 자동 (개 따위가 이를 드러내며) 으르렁거리다.

gnarled [nɑːrld] 형 1 (나무가) 옹이[혹]투성이의; 울퉁불퉁한; 굽은. 2 (얼굴이) 햇볕에 타서 주글주글 해진. 3 (사람·성격이) 비뚤어진, 비꼬인.

gnarl·y [nɑ́ːrli] 형 1 =gnarled. 2 (속어) 불쾌한, 싫은; 천한, 상스러운. 3 (또는 **narly**) (美속어) 멋있는, 근사한, 훌륭한. **gnárl·i·ness** 명

gnash [næʃ] 타동 1 (분노나 고통으로) (이)를 악물다, 갈다. 2 …을 (이를 갈며) 물다; …에 분노를 들어내다 (at, over). —자동 이를 악물다[갈다]; (이가) 갈리다.

gnash one's teeth (분노·유감 따위로) 이를 갈다. 명 이를 악물기[갈기].

⌒**·ing·ly** 부 이가 갈리게, 불쾌하게.

*__gnat__ [næt] 명 1 각다귀. 2 (英) 모기. 3 작은 일.

strain at a gnat (and swallow a camel) (성서) (큰 일을 소홀히 하고) 작은 일에 구애되다(←마태 ⌒**·like** 형 복음 23 : 24).

gnath·ic [nǽθik] 형 턱(jaw)의. (또는 **gnathal**)

gna·thi·on [néiθiɑ̀n, nǽθ-/-ɔ̀n] 명 (인류) 하악점(下顎點)(아래턱 전면 정중선(正中線)의 최저점).

gna·thite [néiθait, nǽθ-] 명 (해부) 상악(上顎)의; (절지동물의 입의 부속 기관인) 구기(口器).

-gna·thous [gnəθəs] 연결 having (such) a jaw의 뜻. ¶ prognathous(턱이 튀어나온). 「못.

gnát ròbot 명 (체내 검사·수술용의) 초소형 의료 로

gnát's píss [pée] 명 (속어) 멀건[맛 없는] 음료(멀건 차나 술 따위). (는 **gnáts' píss [pée]**)

like gnat's piss 맛대가리 없는.

gnát's whístle 명 (the ~) (속어) 일품(逸品), 절

gnat·ty [nǽti] 형 gnat가 더글더글한. 「품.

*__gnaw__ [nɔː] 통 (~ed; ~ed, ~n) 타동 1 a) …을 갉아먹다, 쏠다, 씹다; …을 깨물다; …을 물어 끊다(away, off). ¶ ~ something away[or off] …을 물어 끊다// a dog ~ing a bone 뼈를 씹고 있는 개. b) (구멍 따위)를 갉아서 만들다. ¶ (~ + 目 + 前 + 名)

gnawer

Rats ~ed a hole in[or into, through] a board. 쥐가 쏠아서 그 널빤지에 구멍이 뚫렸다. **2** (수동형으로) (질병·근심 따위가 계속) ...을 괴롭히다, 고민하게 하다; ...을 약하게 하다. ¶be constantly ~ed by pain 늘 고통에 시달리다. **3** (자연의 힘이) ...을 닳게 하다, 소모시키다(away); ...을 침식[부식]하다.
— ⓐ **1** (쉴새없이) 갉다, 쏠다, 씹다(away)(at, on, upon); 갉아 구멍을 뚫다(into). ¶(~+图+图) ~ at a piece of bread 빵을 씹다/~ into a wall (쥐 따위가) 쏠아서 벽에 구멍을 뚫다/~ on[or upon] a bone 뼈를 갉아먹다. **2** 끊임없이 괴롭히다, 고통을 주다; 기력을 꺾다(at). ¶(~+图+图) anxiety ~ing at his heart 그의 마음을 좀먹는 불안. **3** 침식[부식]하다(at).
~·a·ble ⓐ
gnaw·er [nɔ́ːər] ⓝ 씹는 사람, 갉아먹는 것; (동물) ~ [설치(齧齒)동물].
gnaw·ing [nɔ́ːiŋ] ⓝⓤ **1** 갉아먹기, 쏠기. **2** (보통 ~s) (육체적·정신적인) 끊임없는 고통[고뇌]. ¶the ~s of hunger 굶주림의 괴로움/~s of conscience 양심의 가책. — ⓐ **1** 갉아먹는, 쏘는, 씹는. ¶~ animals 설치 동물. **2** (고통 따위가) 에는 듯한, 격렬한. ¶a ~ pain 살을 에는 듯한 고통. ~·ly ⓟ
GND gross national demand(국민 총수요).
GNE gross national expenditure(국민 총지출).
gneiss [nais] ⓝⓤ (지질) 편마암(片麻岩). ~·ic ⓐ
gneiss·oid [náisɔid] ⓐ 편마암 비슷한[모양의].
GNI gross national income. **GNMA** (美) Government National Mortgage Association.
gnoc·chi [nɑ́ki/nɔ́ki] ⓝⓤ (단·복수 양용) (요리) 노키(밀가루, 달걀, 치즈 따위로 만드는 경단의 일종).
gnome[1] [noum] ⓝ **1** 땅의 요정(妖精), 작은 도깨비 (땅 속의 보물을 지킨다는 늙은 난쟁이); (추한) 난쟁이. **2** (the ~s) (구어) 국제적 금융업자인들의. ¶the gnomes of Zurich 취리히의 작은 도깨비들(스~·like 위스의 은행가·환(換) 투기업자들).
gnome[2] [noum, nóumi] ⓝ 금언, 격언.
gno·mic[1] [nóumik, nám-/nɔ́m-] ⓐ gnome[1]의.
gno·mic[2] 금언[격언]의[적인]; 금언[격언] 작가의. ¶~ poetry 격언시. (또는 **gnomical**) **-mi·cal·ly** ⓟ
gnom·ish [nóumiʃ] ⓐ 땅의 요정(gnome) 같은; 변덕스러운, 장난꾸러기의.
gno·mist [nóumist] ⓝ 금언[격언] 작가.
gno·mol·o·gy [noumɑ́lədʒi/-mɔ́l-] ⓝ 금언[격언]집; 경구가 많은 작품, 격언적인 작품.
·mo·lóg·ic, ·mo·lóg·i·cal ⓐ **·gist** ⓝ
gno·mon [nóumən/-mɔn] ⓝ **1** 그노몬, 해시계의 바늘(고대의 천문 관측기). **2** (해시계의) 지시침(指時針). **3** (기하) 평행사변형의 한 귀퉁이에서 그것과 닮은 꼴을 잘라낸 나머지 부분. **gno·món·ic, gno·món·i·cal** ⓐ
gnomónic projéction (수학) 심사도법(心射圖法), 노목식 투영법. (취급) 해시계 제작[측시]법.
gno·mon·ics [noumániks/-mɔ́n-] ⓝ (단수-**gno·my** [gnəmi] 연결 art of judging(판단학)의 뜻. ¶physiognomy.
gno·sis [nóusis] ⓝⓤ 영적(靈的) 지식, 신비적 직관.
-gno·sis [gnóusis] 연결 knowledge, recognition의 뜻. ¶diagnosis, prognosis.
gnos·tic [nɑ́stik/nɔ́s-] ⓐ **1** 지식에 관한; 지식이 있는, (특히) 영지(靈知)를 지닌; 영리한. **2** (G-) 영지주의(자)의. (또는 **gnostical**) — ⓝ (G-) 영지주의자.
-ti·cal·ly ⓟ
-gnos·tic [gnástik/gnɔ́s-] 연결 「인식(인지)의」의 뜻. ¶prognostic.
Gnos·ti·cism [nɑ́stəsìzm/nɔ́s-] ⓝⓤ (G-) 영지주의(靈知主義)(지식을 중시한 초기 기독교 시대의 이단).
Gnos·ti·cize [nɑ́stəsàiz/nɔ́s-] ⓥ (* 英) **-cise-** ⓥ 영지주의를 수용[지지]하다. — ⓥ 영지주의를 토대로 해석하다. (또는 **gnosticize**) **-ciz·er** ⓝ
gno·to·bi·ol·o·gy [nòutoubaióələdʒi/-ɔ́l-] ⓝⓤ (세균) 무균(無菌) 동물 생물학. (또는 **gnotobiotics**)

goalie

gno·to·bi·o·sis [nòutoubaióusis] ⓝ (세균) 그노토비오시스(무균(無菌) 동물이 계통이 명확한 미생물을 접종받아 사육되는 환경 조건).
gno·to·bi·ote [nòutoubáiout] ⓝ 특정 미생물 접종 동물. **-bi·ot·ic** [-baiátik] ⓐ **-bi·ot·ics** ⓝⓤ (단수취급) 무균 동물학.
GNP, G.N.P. gross national product(국민 총생산). **gnr.** gunner. **gns.** (英) guineas.
gnu [n(j)uː] ⓝ (pl. ~s) 누(牛科)의 큰 영양.
‡**go**[1] ⇒ GO. 〈p. 1185〉
go[2] [gou] ⓝ 바둑. (또는 **I-go** [ígou]) 〈<Jap〉
go[3] (컴퓨터) government(정부 기관; 인터넷 도메인명의 하나). **GO, G.O., g.o.** general office(r); general order(일반 명령).
go·a [góuə] ⓝ 고아(티베트산(産) 영양의 일종).
Go·a [góuə] ⓝ 고아(인도 남서 해안의 옛 포르투갈 영토). (또는 **Gôa**) **-an, -nése** ⓐⓝ
goad [goud] ⓝ **1** (가축 따위를 모는) 막대기, 찌르는 막대기; (막대기 모양의) 찌르는 기구. **2** (a ~) 자극(제), 격려(하는 것); 괴롭히는 것.
kick the goad ① (소가) 성이 나 막대기를 차다. ② 쓸데없이 덤비다가[반항하다가] 다치다; 양심에 반하는 행동을 하다.
— ⓥ **1** 막대기로 ...을 찌르다[몰아대다]. **2** ...을 자극[격려]하다, 몰아붙이다, 선동하다(on); 자극[선동]하여 ...시키다(to, into, to do, into doing). ¶(~+图+图+图) ~ a person to madness [or into fury] 남을 자극하여 격노케 하다 // (~+图+图) ~ a person on 남을 선동하다 // (~+图+to do) ~ a person to steal 남을 부추겨서 도둑질을 시키다.
~·like ⓐ
go·a·head [əhèd] ⓝ (한정용법) **1** 전진하는, 나아가는, (신호 따위가) 전진해도 좋다는; (시합에서) 앞서(가)는. **2** 진취적인, 야심적인, 모험심 있는. ¶a ~ person 진취적인 사람. — ⓝ **1** 전진; (보통 the ~) 진행 명령, (신호기의) 청신호(green light); (일·행동에 대한) 개시 허가. ¶get[give] the ~ on the new project 새로운 계획에 대한 허가를 얻다[주다]. **2** ⓤ (美구어) 진취적인 기상; 야심; ⓒ 진취적인 사람. ~·ism ⓝ 적극주의, 진취적인 기상.
go·a·head·a·tive·ness [əhédətivnis] ⓝⓤ (속어) 적극[진취]적인 기상; 적극성. (또는 **gò-ahéaditiveness**)
‡**goal** [goul] ⓝ (pl. ~s [-z]) **1** (one's ~) 목적, 목표 (⇨ PURPOSE 유의어); 목적지, 행선지. ¶obtain one's ~ in life 인생의 목표를 달성하다/Our ~ is Rome. 우리의 행선지는 로마이다. **2** (경기의) 골, 결승점[선]; 결승점을 나타내는 기둥(따위). ¶reach [or make] the ~ 결승점에 도달하다, 골인하다. **3** (구기(球技)의) 골; 골에 공을 넣기, (그) 득점. **4** =goalkeeper.
drop a goal (럭비) 드롭골(으로) 득점하다.
get [or **kick, make, score, win**] **a goal** 득점하다
keep goal (축구 따위) 골키퍼역을 맡다(for), 골 문을 지키다. 「스스로 자살골을 넣다.
score an own goal (축구 따위에서) 자살골을 넣다.
throw [or **knock**]...**for a goal** (美속어) ① (남)을 당황하게[놀라게] 하다. ② (남)을 마구 때리다. ③ (남)을 호되게 때리다, (물건)을 때려 부수다, 못 쓰게 만들다. ④ (일)에 잘 대처하다.
— ⓝ (~s [-z]) ⓥ 목표[결승점]를 향하다; 골에 넣다, 득점하다. — ⓥ (럭비) (트라이)를 득점으로 연결 ~·**less** ⓐ 목적 없는; 무득점의. 「하다.
góal àrea (축구·하키) 골 에어리어.
góal àverage (축구) 득점률. 「average의 차.
góal dífference ⓝ (축구) 골 득실차(得失差), goal
goal-driv·en [-drívən] ⓐ (컴퓨터) (프로그램이) 귀납적인. 「(**goalee**)
goal·ie [góuli] ⓝ (구어) = goalkeeper. (또는

come을 우리말로 「오다」가 아닌 「가다」로 옮겨야 할 경우도 있지만, go는 「가다」로만 옮기면 된다. 그러나 그 역(逆)은 성립하지 않아, 「가다」를 영어로 옮길 때는 go가 아닌 come으로 해야 할 경우도 있는데, 그것은 come을 「가다」로 옮겨야 하는 바로 그런 경우와 일치한다(⇨ USAGE¹, COME).

go는 대웅어(語)인 come과 마찬가지로 주로 자동사로 쓰이며, 원뜻인 「가다」에서 「(…에) 이르다, 도달하다」로, 그리고 도달한 결과 「…의 상태에 있다, …으로 통하다」로 어의가 발전했다.

‡**go** [gou] 동 (*~es* [-z]; *went*; *~ne*; *~ing*) 자

I. **가다 1** a) 가다, 나아가다(move along). ¶*go by train*[*air, ship*] 기차[비행기, 배]로 가다/*go on foot* 걸어서 가다/*go* (at) three miles an hour 시속 3마일로 나아가다/*go* one's way 자기 길을 가다/One, two, three, *go*!; Ready, set![(英) steady], *go*! 〖스포츠〗하나, 둘, 셋, 출발[시작]!/People were coming and *going* all the time. 사람들이 늘상 출입하고 있었다 // (~ +<u>匣</u>) *Go back*. 되돌아가시오.

〖USAGE〗¹ **go**와 **come**——우리말의 「가다」 「오다」는 말하는 사람을 중심으로 하여 이야기하는 것이 보통이나, 영어의 go, come은 말하는 사람이 중심이 되지 않는 경우도 있다. 예컨대 「내일 놀러 오시지 않겠어요?」는 Won't you *come* to see me tomorrow?이나, 「예, 가겠습니다」는 Yes, I will *come*.이 된다. 마찬가지로 「조지, 내려와요」 George, *come* down, please.에 대하여 「예, 곧 가겠습니다」는 Yes, I'm *coming* (down).이라고 한다. 또 「(…에 가는데) 당신도 함께 가지 않겠어요?」 Won't you *come* with me?에 대해 「예, 가겠습니다」 Yes, I'll *come*.이라고 한다.

b) (어떤 장소로) 가다, 향하다 (*to*); (…하러) 가다 (*for, on*); (부정사와 함께) (…하러) 가다(⇨ USAGE³); (-ing 형과 함께) 가다. ¶ (~ +<u>匣</u>+<u>名</u>) *go for a walk* 산책하러 가다/*go for a* (at) *swim*[*swim*] 수영하러 가다/*go on* an errand[a journey] 심부름 가다[여행을 떠나다]/*go to* the station 정거장에 가다/*go to* school 학교에 (공부하러) 가다/*go to* bed 취침하다/*go to* church 교회에 (예배보러) 가다/*go to* (the) hospital 병원에 (치료받으러) 가다/a fishwife *going to* the market place 시장에 나가는 여자 생선 장수/He is *going to* America this fall. 그는 이번 가을에 미국에 가려고 한다/(~ +*to* do) *go to drink* (술)마시러 가다/(~ +-*ing*) *go fishing* [*hiking, boating*] 낚시[하이킹, 뱃놀이] 가다.

〖USAGE〗² **go on**과 **go for**——「…하러 가다」라는 경우, 뒤에 journey, errand, expedition, mission 따위의 라틴계 명사가 오는 경우는 *go on a* …. 를, bathe, drive, ride, swim, walk와 같이 본래의 영어로서 동사와 같은 어형 또는 그에 가까운 어형의 명사가 오는 경우는 *go for a* …를 쓰는 일이 많다. 그러나 *go on*[or *for*] *an excursion* [*a visit*]처럼 on과 for의 어느 것이 오는 경우도 있으며, 대체로 go for는 「즐기러 간다」는 뜻이 강하다.

〖USAGE〗³ **go** *doing*의 어형——(1) go fishing[hunting, mountain-climbing, picnicking, shooting, shopping, skating, skiing] 따위는 고정된 표현으로, go to fish 따위로는 쓰지 않는다. go fishing, etc.는 go *on* fishing이나 go a(-) fishing으로 약화되고 다시 a(-)가 소실되어 생긴 어형이며, 따라서 fishing은 역사적으로는 동명사이나 현대 영어에서는 보통 현재분사로서 취급된다. (2) go *doing* 뒤에는 그 행위가 행하여지는 장소를 나타내는 구, 즉 in the river, at a department store 따위가 온다: They *went mountain-climbing* in the Alps. (3) go *doing*의 부정형은 명령문에서만 쓰이며 특히 비난의 뜻을 내포한다: *Don't go saying* that! 그 따위 소리 집어치우시오.

2 떠나다, 출발하다, 가버리다. ¶*Let's go*. 출발하자/The train has just *gone*. 기차는 방금 떠났다/*Be gone*! 꺼져버려!/He is *gone*. 그는 가버렸다/Spring has come, winter is *gone*. 겨울은 가고 봄이 왔다 // (~ +<u>匣</u>) *go away* on a short trip 짧은 여행길에 나서다.

〖USAGE〗⁴ **have gone**——(1) (美)에서는 「…에 간 적이 있다」라는 경험을 나타내는 have been (to) 대신에 have gone (to)가 많이 쓰인다. (2) have gone (to…)가 (…으로) 가버렸다 (그래서 여기에는 없다)의 뜻일 경우, 대화의 현장에 있는 1인칭·2인칭에는 보통 쓰지 않는다: He *has gone* to America. (3) 그러나 「…으로 (…을 타고) 간 적이 있다」와 같이 수단을 수반하는 경험을 나타내는 경우나, 가정·전언(傳)言)에는 1인칭·2인칭에도 쓴다: *I have gone* to Boston three times by car./Suppose *you have gone* to America./If anyone calls, please say that *I have gone* to New York.

3 (기계 따위가) 움직이다, 작동하다; (심장·맥박이) 고동치다. ¶Is your watch *going*? 네 시계는 가고 있니?/I kept a fire in the hearth *going* day and night. 난롯불을 낮이고 밤이고 꺼지지 않게 했다 / (~ +<u>匣</u>) The motor won't *go* well. 모터가 잘 작동하지 않는다/My heart [pulse] *goes quickly*. 심장[맥박]이 빨리 뛴다.

4 (종 따위가) 울리다, (시계가) 치다, (소리가) 나다; (총포가) 폭발하다(explode), 발사되다; (동물이) 울다. ¶ (~ +<u>補</u>) *go bang* 쾅 소리가 나다/It has just *gone* eight. 방금 8시를 쳤다/Pigs *go* oink oink. 돼지는 꿀꿀거린다 // (~ +<u>匣</u>) *There goes* the bell. 벨이 울리고 있다.

5 (물건이) 팔리다, (…의 값에 /…에게) 팔리다 (*for, at*/*to*); (승리·유산 따위가) (…의) 차지가 되다, (…의) 손에) 넘어가다 (*to*). ¶*Going*! *Going*! *Gone*! 팝니다, 팝니다, 팔렸습니다 // (~ +<u>補</u>) *go very dear* 아주 비싸게 팔리다 // (~ +<u>匣</u>+<u>名</u>) Victory always *goes to* the strong. 승리는 항상 강자의 것이다 /The estates *went to* him. 재산은 그의 것이 되었다.

6 (시간 따위가) 지나다, 경과하다(pass); (수동형으로) 지나갔다. ¶*Time goes*. 시간이 지나간다/The evening *went* pleasantly. 저녁 시간은 즐겁게 지나갔다/He wanted his life to *go smoothly*. 그는 무사 평온한 삶을 살고 싶었다/Winter is *gone*. 겨울은 지나갔다.

7 (수동형으로) (사물이) 없어지다, 꺼져[사라져]버리다. ¶All hope is *gone*. 희망은 모두 사라져버렸다/All my money is *gone*. 가진 돈이 바닥났다.

8 (must, can, have to 뒤에서) 제거되다, 폐지되다. ¶Poverty [War] must *go*! 빈곤[전쟁]은 없어져야 한다!/This old building must *go*. 이 낡은 건물은 철거해야 한다.

9 부서지다, 무너지다, 부러지다; 쇠하다, 못쓰게 되다 (fail); (구어) (사람이) 죽다. ¶The mast *went* in the storm. 돛은 폭풍으로 부러졌다/The dike might *go* any minute. 둑이 언제 무너질지 모른다/His eyesight will *go* first. 그는 먼저 시력이 떨어질 것이다 // (~ +<u>匣</u>) The old man *went peacefully* at 3 a.m. 오전 3시에 노인은 편안히 숨을 거두었다.

10 (…에 따라) 행동하다, 따르다(follow); 입각하다

(by, on, upon). ¶ (~+前+名) the best criterion to go by 준거해야 할 최선의 기준/have nothing to go on [or upon] 의지할 것이 아무 것도 없다.
11 (몸짓 따위를) 하다, 행동하다(behave). ¶Then he *went* like this. 그때 그는 이렇게 했다.
12 a) (부사(구)와 함께) (일이) 진행되다, 추진[진척]되다; …으로 되다(turn out). ¶ (~+副) His plan did not *go* well. 그의 계획은 잘 추진되지 않았다/How does it *go* with you? 요즘은 어떠하십니까?// (~+前+名) The case *went* against me. 상황은 내게 불리하게 되었다. b) (구어) (일이) 성공하다, 잘되다. ¶ make the party *go* 파티를 성공시키다.
II. (…에) 이르다
13 (길이) 이르다, (범위가) 뻗어나다, 미치다(to); (길이) 닿다, 미치다; (복식 시합 따위에) 지탱하다, 버티다. ¶enough water to *go* another week 1주일 더 버틸 만한 물// (~+副) How far does this road *go*? 이 길은 어디까지 나 있습니까?// (~+前+名) His land *goes to* the river. 그의 소유지는 강까지 뻗어 있다.
14 (정도 따위가) …까지 가다 (to). ¶ (~+副) That's *going* too far. 그것은 지나쳤다/His story is true as far as it *goes*. 이 일에 관한 그의 이야기는 정말이다 // (~+前+名) He *went* to great trouble for me. 그는 나를 위해 굉장히 애를 써주었다.
15 a) (…의 상태)로 되다(become); …으로 변하다(to, into). ¶ (~+補) 보통 바람직스럽지 않은 상태에 관해서 쓴다. *go* blind 장님이 되다, 맹목적이 되다/*go* bankrupt 파산하다/*go* red with anger 화가 나서 벌개지다/The egg *went* bad. 계란이 썩었다// (~+前+名) *go* to seed 씨가 되다/*go* into pieces 엉망진창이 되다/*go* into a faint 정신이 아찔해지다. b) (제도·유행 따위를) 받아들이다. ¶ (~+副) *go* conservative 보수화하다/Britain has *gone* metric. 영국은 미터법을 채택했다/India *goes* nuclear. 인도는 핵 보유국이다.
16 호소하다; (수단에) 의지하다(to). ¶ (~+前+名) *go* to court [or law] 재판을 걸다/*go* to war 무력에 호소하다, 전쟁을 시작하다/*go* to blows 완력을 쓰다/He always *goes* to his brother for help. 그는 일이 있을 때마다 형의 힘을 빌린다.
17 (어떤 장소 따위에) 놓이다, 넣어지다 (on, into, between); (내용으로서) 포함되다, 들어가다 (in, into); …이 되다(to). ¶ (~+前+名) The book *goes* on the top shelf. 이 책은 제일 위 선반에 놓인다/It won't *go into* this box. 그것은 이 상자에는 들어가지 않는다/All that will *go into* a few words. 그것은 모두 몇 마디로 말해버릴 수 있다/Twelve inches *go into* a foot. 12인치는 1피트이다// (~+副) Where does the desk *go*? 책상은 어디에 놓을까?// (~+補) Five into ten *goes* twice. 10을 5로 나누면 2가 된다.
18 a) (돈 따위가) (…에/…하는 데) 쓰이다, 충당되다 (for, on, to, toward/in (doing)); (…에) 이바지하다, 도움이 되다(tend). ¶ (~+前+名) the qualities that *go* to [or towards] the making of a hero 영웅이 되는 데 도움이 되는 특성/All his money *goes* on alcohol. 그의 돈은 모두 술값에 쓰인다// (~+to do) This *goes* to show that... 이것으로 …임을 알 수 있다. b) (진행형으로) (구어) 이용할 수 있다, 입수할 수 있다 (be available). ¶Is there any money *going*? 쓸 돈이 있습니까?
19 (복수 명사를 보어로 하여) 평등하게 참여하다. ¶ (~+補) *go* partners 공동 출자하다/*go* shares [or halves] with a person 남과 절반씩 나누어 가지다.
III. …의 상태이다, …으로 통하다
20 보통 …이다, 일반적으로는 …이다. ¶ (as+名+~) *as* the world *goes* [or people *go*] 흔히들 하는 말을 빌리면.
21 (형용사(구)를 보어로 하여) (언제나) …한 상태에 있다; 임신중이다. ¶ (~+補) *go* naked [armed, hungry] 벌거벗고[무장하고, 배를 곯고] 있다/*go in* rags 언제나 누더기를 걸치고 있다/*go in* fear of one's life 언제나 생명의 위험을 느끼고 있다.
22 (시(詩) 따위에) …이라고 말하고 있다, 쓰여 있다, (표현 따위가) …이라고 되어 있다. ¶as the saying *goes* 속담에도 있듯이/Thus *goes* the Bible. 성서에는 그렇게 쓰여 있다// (~+副) How do the words to that song *go*? 그 곡의 가사는 어떻게 되어 있느냐?
23 a) 유통되다, 유포되다, 일반에 전해지다; (…의 이름으로) 통하다 (by, under). ¶ (~+副) Dollars don't *go* here. 여기서는 달러가 통용되지 않는다// (~+前+名) The rumor has *gone* around. 그 소문은 사방에 퍼져 있다// (~+前+名) *go* by the name of …의 이름으로 통하다/*go* under a false name 가짜 이름으로 통하다// (~+that 節) The story *goes* that... …이라는 이야기다. b) (구어) (주장 따위가) 받아들여지다, 권위를 갖다; 유효하다. ¶Anything *goes* here. 여기서는 무엇이든지 할 수 있다/Whatever he says *goes*. 그의 말은 무엇이든 통한다.
24 조화되다, 어울리다(with). ⇒*go with* ②.
IV. 기타 용법
25 (be going+to-부정사) **a)** 막 …하려 하고 있다, …할 듯하다. ¶The cat *is going to* kill the rat. 고양이가 막 쥐를 죽이려 들고 있다/It *is going to* snow. 눈이 내릴 것 같다. **b)** (의지) …할 작정이다. ¶I *am going to* flog you. 너를 때려 줄 테다. **c)** (미래) …할 것이다. ¶You *are going to* see a lot of him. 너는 이제부터 그를 자주 만나게 될 것이다. **d)** (가벼운 명령) …하도록 되어 있다. ¶You*'re not going to* see her. 그녀를 만나서는 안 된다.

> USAGE⁵ **be going+to-부정사**——(1) 말하는 사람의 기분[의지]을 생생하게 표현하는 구어체에 흔히 쓰인다: I'm *going to* buy a new car. (* 문어에서는 intend, mean 따위를 쓴다.) (2) 말하는 사람 이외의 사람[물건]이 주어인 경우는 '있을 것 같다'로, 말하는 사람의 감정을 생생하게 나타낸다: It*'s going to* rain before evening./She *is going to* make a good wife. 그녀는 좋은 아내가 될 것 같다.

26 (-ing형과 함께) (…하는 일) 따위의 일을 하다. ¶*go wandering* around the town 거리를 어슬렁어슬렁 돌아다니다/Don't *go telling* me lies. 제발 거짓말 따위는 하지 말게.
— 他 **1** (구어) (보통 부정문에서) …을 견디다(endure), 참다. ¶I can*not go* his manner. 그의 태도에는 참을 수 가 없다. **2** (구어) …에 걸다(bet), 치르다 (on). ¶ (~+目+目) I will *go* you 10 dollars on the game. 그 게임에서 네게 10달러 걸겠다. **3** …을 산출하다 (yield); …의 체중[중량]이 나가다. ¶This field will *go* two bales of cotton. 이 밭에서는 두 곤포의 목화가 생산된다/These tomatoes will *go* half a pound each. 이 토마토는 개당 반 파운드는 나갈 것이다. **4** (could *go*로) (구어) [음식물 따위를] 즐기다, 맛보다. ¶I *could go* a big steak dinner right now. 지금 당장이라도 스테이크 대짜 하나는 먹을 수 있다. **5** (시계가) (몇 시)를 치다; (야구) …회를 던지다; (권투) …라운드를 싸우다. **6** (구어) (직접화법의 전달동사로) …라고 말하다(say).

and that goes 그것으로 끝.
as [or so] far as it goes 그것에 관한 한.
as...go 일반의 …에 비하면, …치고는. ¶He is young, *as* grandfathers *go*. 그는 할아버지치고는 젊다/This is a good motel, *as* motels *go*. 이 모텔은 모텔치고 는 좋은 편이다.
at times go 요즘 형세로서는 이다, 는 좋은 편이다.
be going on ① (시각·연령이) …에 가까워지고 있다, 거의 …이 되다. ¶It *is going on* eight o'clock. 8시가 다 됐다/She *is going on* nineteen. 그녀는 곧

19세가 된다. ② 일어나고 있다([참] *go on* ④).

be going to ⇨[자] 25.

Don't be gone* (*too*) *long. 《구어》 빨리 돌아와요.

Don't* (*even*) *go there. 《구어》 ① 그곳에 가지 마시오. ② 《구어》 그 이야기는 하지 마시오[그만 합시다]; 민감한[감정이 상할] 이야기[문제]는 건드리지 맙시다.

Get you gone! 썩 꺼져!

go about ① 돌아다니다; 《구어》 …와 사귀다, 어울리다 (*with*). ② 《진행형으로》 (소문·질병 따위가) 퍼지다(circulate). ③ 열심히 …하다; …하려고 애쓰다(*up*) (*to* do); 끊임없이 …하다(do*ing*). ¶*Go about* your business! 자기 일이나 해라!; 쓸데없는 참견을 하지 마라! ④ 〔일〕에 착수하다(undertake)(*up*). ⑤ 〔군사〕 「뒤로 돌아」를 하다. ⑥ 〔해사〕 (배가) 진로를 바꾸다.

go above and beyond 〔권한·직무 따위〕를 넘어서다, …밖의 일을 하다.

go abroad ① 외국에 가다. ② (보도 따위가) 퍼지다.

go across ① 어긋나다. ¶Things *go across*. 일이 잘되지 않는다. ② …을 넘다, 건너다, 횡단하다.

go after 《구어》 …을 구하다, 얻으려 하다; 〔여자 등〕의 꽁무니를 쫓아다니다; 〔범인 따위〕를 추적하다.

go against ① …에 대항하다, 반대하다, 거역하다. ② (일이) 〔주의·양심 따위〕에 반하다, 맞지 않다. ③ …에게 불리하게 끝나다.

go ahead ⇨AHEAD.

go all lengths ⇨LENGTH.

go all out 《美속어》 전력을 다하다 (*for*, *to* do).

go along ⇨ALONG.

go a long* [or *good, great*] *way ⇨WAY[1].

go and *do* ① …하러 가다. ¶*Go and* see who it is. 누군지 보고 오너라. ② 어리석게도[불행히도, 제멋대로, 놀랍게도] …하다. ¶What a fool to *go and* do such a thing! 그따위 짓을 하다니 정말 한심한 친구로군! / *Go and* be miserable! 제멋대로 하다가 혼 좀 나보라지! ③ 《단순한 강조의 뜻으로》 그럼, 자. ¶*Go and* try it yourself! 그럼 혼자서 해보시오.

> [USAGE][6] **go and**+원형부정사와 **go**+**to**-부정사
> (**1**) go to get a ticket이라고 할 것을 go and get a ticket이라고 하는 수가 있다. 이것은 형식상으로는 대등하게 결부되어 있으나 의미상으로는 and get가 목적을 나타내는 변칙적인 결합형으로서 구어체에서 쓰이며, go 이외에 come and…, try and… 따위도 자주 쓰인다. (**2**) 예전에는 and를 생략하고 2개의 부정사를 직접 병치(倂置)하는 어법도 있었으며, 오늘날에도 《美》에 남아 있다: *go* get a ticket. 그러나 이 어법은 보통 go, come, try 따위의 명령형이나 부정사의 경우에 국한되므로 I *go* (*and*) get a ticket. 따위로는 쓰지 않는다. (**3**) go and do의 완료형 have gone and done은 《구어》로 「(어리석게도) …해버렸다」의 뜻으로 쓰인다.

***go any length*(*s*)** ⇨LENGTH.

go ape over 《속어》 …에 몰두하다, 열광적이 되다.

go** a person **one better ⇨BETTER.

go around 《美》 =*go round*.

go as far as to *do* =*go so far as to do*.

go at 《구어》 ① …을 공격하다, …에 덤벼들다(attack); 〔문제 따위〕를 격렬하게 토의하다. ¶He *went at* John with his fists. 그는 존에게 주먹질하며 덤벼들었다. ② 〔일 따위〕를 본격 착수하다; 〔식사〕를 허겁지겁 먹기 시작하다. ③ (물건이) …의 값에 팔리다.

***go at it* (*hammer and tongs*)** (일 따위에) 맹렬한 기세로 착수하다(tackle energetically).

go away ① 가버리다; 떠나다; (시골 따위에) 틀어박히다. ② 도망치다, 도주하다. ③ 《부정문에서》 (문제 따위가) 사라지다, 풀리다. ④ (고통 따위가) 가시다, (설사 따위가) 낫다; (꿈·냄새 따위가) 사라지다. ⑤ 신혼 여행을 가다. ¶The bride wore a pretty blue suit to *go away* in. 신부는 예쁜 파란색 옷을 입고 신혼 여행 길에 올랐다. ⑥ 《구어》 《감탄사적》 바보 같은 소리 마라.

go away with ① …을 갖고 도망치다. ¶*go away with* a person's wallet 남의 지갑을 갖고 도망치다. ② 《구어》 …을 믿다.

go back ① 돌아오다, 돌아가다; (시계가) (서머 타임에서) 표준시로 돌아가다. ② 한창때를 지나다, 쇠퇴하기 시작하다(deteriorate). ¶These old trees are *going back*. 이들 노목들은 쇠퇴하기 시작했다. ③ 회고하다, 거슬러 올라가다(*to*).

go back and forth 오락가락하다, 우물쭈물하다; 기분이 안정되지 않다.

go back of ① 《美구어》 〔사건 따위〕를 조사하다(go behind). ② =*go back on*.

***go back on* [or *upon, from*]** ① 〔약속 따위〕를 깨다, 철회하다; 〔주의 따위〕를 버리다. ¶*go back on* one's word 약속을 깨다. ② 〔남〕을 속이다, 배반하다.

go back to *doing* 〔하던 일〕을 다시 시작하다.

go bail for ⇨BAIL[1].

go before ① 앞서 가다, 앞서다; 안내하다; 먼저 죽다. ② …의 앞에 출두하다; (의안 따위가) …에 제출되다.

go begging ⇨BEG.

go behind ① 〔사건 따위〕의 배후를 조사하다(go back of), 진상을 캐다. ¶*go behind* the evidence 증거를 이면에서 정사(精査)하다. ② 손해보다, 돈을 잃다.

go between …의 사이에 들어가다; 중재[중개, 매개]하다. [참] go-between

go beyond …을 능가하다, …보다 낫다; 〔범위·권한 따위〕를 넘다(exceed). ¶*go beyond* the speed limit 제한 속도를 넘어서다 / *go beyond* oneself (열중한 나머지) 자기를 잊다, 도를 넘다, 전에 없이 힘을 내다.

***go broke* [or *bust*]** 《구어》 파산[파멸]하다.

go bush 모습을 감추다; 난폭해지다; (동물이) 야생으로 돌아가다.

go by ① (시간 따위가) 경과하다; (사람·차 등이) 통과하다(pass). ¶Years have *gone by*. 몇 해가 지나갔다. ② …에 따르다(follow); 《구어》 …에 의거하여 행동[판단]하다, …을 신용하다. ③ …의 곁[앞]을 지나쳐 가다. ④ 《let…go by의 형태로》 〔기회·과실 따위〕를 못 보고 놓치다. ¶Don't *let* this chance *go by*. 이 기회를 놓치지 마라. ⑤ 《美》 방문하다, 들르다(call). ⑥ (…의 이름으로) 알려지다, 통하다. ⑦ …에 달려 있다, …나름이다. ⑧ …을 거쳐 가다.

go down ① (배 따위가) 침몰하다; (해·달이) 지다(set); (물건이) 떨어지다; (사람·장소 등이) 영락하다. ② (약·음식물 따위가) 삼켜지다, 목구멍을 내려가다. ③ 《구어》 《종종 well, all right, badly 따위와 함께》 …에 납득되다, 받아들여지다 (*with*). ¶The play *went down* very well *with* the audience. 그 연극은 관객으로부터 아주 좋은 반응을 얻었다. ④ (역사 따위에) 기억[기록]되다 (*in*); (후세에) 전해지다 (*to*). ¶He will *go down in* history as a hero. 그는 영웅으로서 역사에 남을 것이다. ⑤ (…까지) 계속되다, 미치다(*to*). ⑥ (파도·바람이) 잔잔해지다, 자다. ⑦ (타이어 따위의) 바람이 빠지다; (조수·부기 따위가) 빠지다. ¶The tire is *going down*. 타이어의 바람이 빠지고 있다. ⑧ (물가·온도 따위가) 내려가다; (물건의 질·가치 따위가) 떨어지다. ⑨ (사람이) 쓰러지다, 무릎 꿇다; …에 굴복하다, 패배하다 (*to*, *before*). ⑩ 내려가다, 하강하다 (*from*, *in*, *into*); (길이) 내리막이 되다. ⑪ 《英》 (유행성 질병에) 걸리다, …으로 쓰러지다 (*with*). ⑫ 《英》 (휴가·휴학·퇴학으로) 대학을 떠나다 ([반] go up). ⑬ 《美》 남쪽으로 가다; 《英》 (대도시에서) 시골로 가다. ⑭ 성공하다; (연극이) 끝나다, 막을 내리다. ⑮ 《속어》 체포되다, 투옥되다. ⑯ 〔컴퓨터〕 작동되지 않다. ⑰ 《속어》 일어나다, 발생하다. ¶What's *going down*? 무슨 일이야?

***go easy* (*on*)** ⇨EASY.

go far ⇨FAR.

Go fetch! 《개에 대한 명령》 가져와!
go for ① …을 가지러[부르러, 구하러] 가다. ② …을 목표로 하다(aim at), 얻으려고 애쓰다. ¶*go for* (the) first prize 1등 상을 타려고 노력하다. ③ 《구어》 …을 공격[습격]하다; …을 비판[매도]하다. ④ …으로 간주되다, 생각되다; …으로 통하다. ⑤ …을 지지하다(support), …에 찬성하다. ⑥ 《속어》 …을 좋아하다, …에 홀딱 반하다. ⑦ …에 팔리다. ¶Eggs *went for* two dollars a dozen. 계란은 한 줄당 2달러에 팔렸다. ⑧ …의 도움이 되다. ¶*go for* much [something, little, nothing] 크게 도움이 되다[조금은 도움이 되다, 그다지 도움이 되지 않다, 아무런 도움도 되지 않다]. ⑨ 《현재시제로》 《구어》 …에 적용되다, 꼭 들어맞다.
Go for it! 《구어》 ① 단호히 목적을 추구하다, 사생결단으로 덤비다. ② 《명령형으로》 자, 해봐!, 어서!, 힘내!
go forth ① 나가다, 출발하다; 여행을 떠나다. ② (명령 따위가) 내리다, 공포되다; (소문 따위가) 퍼지다.
go forward ① 전진하다. ② (일이) 진전[진척]되다; (계획 따위를) 진척시키다(*with*). ③ (제안 따위가) …에 회부되다(*to*). ④ (시계가) 표준시에서 서머 타임으로 바뀌다.
go great guns ⇨GUN.
go halves with ⇨HALF. ***go hang*** ⇨HANG.
go hard with *a person* ⇨HARD.
go home ⇨HOME.
go in ① 들어가다(enter); (마개·뚜껑 따위가) 꼭 맞다. ② (해·달 따위가) 구름 속으로 들어가다. ③ 공격하다; 〔크리켓〕 타자가 되다, 타격측이 되다. ④ (경기 따위에) 참가하다. ¶*Go in* and win! 잘 싸워라!; 힘내라! (응원·격려의 말). ⑤ 《구어》 (일이) 이해되다, 머리에 들어오다. ⑥ 《英》 (학교 따위가) 시작되다.
go in and out (빛이) 점멸하다; (…을) 나왔다 들어갔다 하다.
go in at 《속어》 …을 맹렬히 공격하다.
go in for 《구어》 ① 〔시험 따위〕를 치르다(take); …의 후보로 나서다. ② (취미로) …에 열중하다, 골몰하다; …을 특히 좋아하다. ¶*go in for* golf 골프에 미치다. ③ …에 찬성하다, …을 지지하다(side with). ④ …에 참가하다. ⑤ …하고자 마음먹다, …을 목적으로 하다. ⑥ …을 업으로 삼다, …에 종사하다; …을 전공하다.
go into ① …을 조사하다; …을 연구하다. ¶*go* deeply *into* a question 문제를 깊이 추구하다. ② 〔어떤 직업 따위〕에 들어가다. ¶*go into* business 실업계에 들어가다. ③ 〔어떤 장소〕에 들어가다; (출입구 따위가) …으로 통하다; …에 포함되다(⇨[자] 17). ④ 〔어떤 상태〕로 되다(⇨[자] 15 a)). ¶*go into* hysterics 히스테리를 일으키다. ⑤ …에 참가하다. ⑥ …에 언급하다. ¶*go into* details 상세히 언급하다. ⑦ …을 입다[신다], …차림을 하다; (몸의 부분이) 〔옷 따위〕에 꼭 맞다. ⑧ 〔행동 따위〕를 시작하다, …한 태도를 취하다. ⑨ 〔나무·벽 따위〕에 충돌하다.
go in with …에 참가[가입]하다, …의 한패가 되다, 협력하다.
go it 《구어》 ① 무턱대고 하다, 앞뒤 생각 없이 행동하다. ¶He sure did *go it* a little bit too far. 그가 확실히 좀 지나쳤다. ② (맹렬한 기세로) 하다. ¶*Go it*, pal. 힘내라, 잘해라. ③ (차 따위가) 무섭게 질주하다.
go it alone 《구어》 《보통 will, can 따위와 함께》 (원조를 받지 않고) 독력[자력]으로 해나가다.
go it blind 무턱대고[되는 대로] 하다.
go it strong ⇨STRONG.
go off ① (총포 따위가) 발사되다; (폭탄 따위가) 폭발하다; (경보 따위가) 울리다. ¶The firecracker *went off*. 폭죽이 터졌다. ② (아무 소리 없이) 사라지다; (배우가) 퇴장하다; (…을 찾아/…하기 위해) 나가다(*for*/*to* do). ③ 갑자기 …하다(*into*); 갑자기 …을 시작하다(*with*). ¶～ *off into* laughter 갑자기 웃음을 터뜨리다. ④ 《구어》 (식료품 따위가) 나빠지다, 썩다; (용모 따위가) 시들다; (품질 따위가) 떨어지다. ⑤ 《부사(구)와 함께》 (일이) 되어가다, 진행되다. ¶The party *went off* well. 파티는 잘 진행되었다. ⑥ (…을 가지고, …와 함께) 도주하다, 도망치다(*with*); 떠나다(leave). ¶*go off with* all the money 돈을 몽땅 가지고 도망치다. ⑦ 의식을 잃다, 까무러치다; 잠들다; 죽다. ⑧ (물품이) 팔리다, 매진되다. ⑨ 《구어》 (딸이) 출가하다, 시집가다. ⑩ (약속 따위가) 이행되지 못하다; 〔계약 따위〕를 회피하다. ¶The bargain *went off*. 거래는 성립되지 않았다. ⑪ …을 그만두다, 중지하다. ⑫ (수도·가스 따위가) 끊기다; (통증·효과 따위가) 없어지다; (흥분 따위가) 가라앉다. ⑬ (시멘트·모르타르 따위가) 굳어지다. ⑭ 시작하다. ⑮ 《英구어》 …이 싫어지다, 질려나다. ⑯ 《속어》 출산하다; 오르가슴에 도달하다.
go off (by oneself) 은둔하다, 외톨이가 되다.
go off milk (암소가) 젖이 멎다.
go on ① 앞으로 나아가다; 계속되다. ¶The party *went on* until midnight. 파티는 심야까지 계속되었다. ② 계속해서 …하다, 계속하다(*with*); 이어서[다음에] …하다(*doing, to* do). ¶*go on with* one's journey [work] 여행[일]을 계속하다 / *go on working* 계속해서 일하다 / He *went on to* say that… 그는 이어서 …이라고 말했다.

> [USAGE]7 **'go on＋동명사'** 와 **'go on＋to-부정사'** ── (**1**) 'go on＋동명사' 는 지금까지의 동작[상태]을 더 계속한다는 뜻: In spite of the interruption he *went on speaking*. / It will *go on raining* all day, I'm afraid. (**2**) 'go on＋to-부정사' 는 「다음에 …하다, 더 나아가서 …하다」의 뜻: Let's *go on to* discuss the demerits. 다음으로 잘못된 점을 논의하자.

③ (시간이) 지나가다, 경과하다. ¶Time *went on*. 시간이 지났다. ④ 《보통 진행형으로》 《구어》 (일이) 일어나다, 벌어지다. ¶What's *going on* here? 여기서 무슨 일이 일어나고 있느냐? ⑤ (옷 따위가) 맞다, 입을[신을] 수 있다. ¶These shoes won't *go on*. 이 구두는 못 신을 것 같다. ⑥ 차례로 …하다; 〔크리켓〕 투구(投球)할 차례에 서다. ⑦ (배우가) 무대에 나가다. ⑧ 《구어》 《나쁜 뜻으로》 처신[행동]하다. ¶ *go on* rudely 무례한 짓을 하다. ⑨ 《구어》 지껄이다, 떠들어대다(*about*); 욕설을 퍼붓다(*at*). ⑩ …의 도움을 받다, 신세를 지다. ¶*go on* the parish 교구의 구제를 받다. ⑪ 해 나가다, 살아가다; 일이 진척되다. ¶*go on* well [badly] 유복하게[가난하게] 지내다. ⑫ 《英구어》 그럭저럭 꾸려 나가다, 변통하다(manage)(*for*). ⑬ (전기·수도 따위가) 들어오다. ⑭ ＝*go* (*on*) *before*. ⑮ ＝*go on for*. ⑯ (유원지 따위에서) 〔말·차 따위〕를 타다. ⑰ 《美구어》 《부정문에서》 …을 좋아하다, …에 관심을 갖다. ⑱ 《의문문·부정문에서》 …에 따라 행동하다, …에 따르다.
Go on! 《구어》 ① 나아가라!; 계속해라! ② 《반어적》 허튼 소리 마라!, 설마! ③ 돌아가!
go on a wind 〔해사〕 (돛단배가) 바람을 이용하다.
go (on) before 앞장서서 나가다; …보다 앞서 가다[죽다].
go one's own way 자기 길을 가다, 자기 생각대로 하다.
go on for 《진행형으로》 (나이 따위가) …에 가까워지다. ¶He is *going on for* sixty. 그는 60세가 다 되었다.
go on the stage 배우가 되다.
go on to ① 〔다음 장소·주제 따위〕로 나가다, 넘어가다. ② 〔새 습관·방식〕을 시작하다, 채택하다. ¶*go on to* a diet 다이어트를 시작하다.
Go on (with you)! ① 자, 계속해! ② 말도 안 돼, 농담 작작해!
go out ① 외출하다, 밖으로 나가다. ¶She *went out* on a date. 그녀는 데이트하러 나갔다. ② (이성과) 사귀다, 놀러 다니다(*together*)(*with*). ③ 사교계[세상]에 나가다; (여자가 직업을 얻어) 일하러 나가다. ¶*go out* as a governess 가정 교사 일을 하러 나가다. ④ 퇴진[사직, 은퇴]하다(resign). ¶The Cabinet will *go out*. 내각은 사퇴할 것이다. ⑤ 《완료형으로》 스러지다, 시대에 뒤떨어지다. ¶Miniskirts *have gone out*.

미니스커트는 유행이 지났다. ⑥ (불 따위가) 꺼지다. ¶All the lights *went out*. 등불은 모두 꺼졌다. ⑦ 《구어》 의식이 없어지다; 죽다(die). ⑧ (외국으로) 나가다, 이민가다 (*to*). ⑨ (연·월이) 끝나다, 저물다. ⑩ (마음이 …에) 끌리다, (동정 따위가) 쏠리다(*to*). ⑪ (조수(潮水)가) 빠다. ⑫ 파업을 하다(*for*). ¶*go out* (on strike) *for* higher wages 임금 인상을 요구하며 파업을 하다. ⑬ =*go all out*. ⑭ 《美》 (제방 따위가) 무너지다, 유실(流失)되다; …을 파괴하다. ⑮ (엔진 따위가) 서다, 꺼지다; (분노 따위가) (말 따위에서) 사라지다(*of*). ⑯ 공개되다; 출판되다, 방송되다; (…에게) 발송되다 (*to*). ¶*go out* live (프로가) 생방송되다. ⑰ (…에) 지원하다, 후보가 되다; (…의) 테스트를 받다 (*for*). ⑱ 출진하다, 결투하다; (예선에서) 패배하다. ⑲ 〔야구〕 …을 아웃시키다; 아웃이 되다. ⑳ 〔골프〕 (18홀 중) 9홀을 돌다. ㉑ 〔크리켓〕 (1회의 승부가 끝나고) 타자가 물러나다. ㉒ 〔카드놀이〕 마지막 패를 내다.

***go out and** do* 일부러[굳이] …하다.

go out of …에서 나가다; …에서 사라지다, 소멸하다; …로부터 벗어나다, 빗나가다. ¶*go out of* business 폐업하다 / *go out of* date [print] 시대에 뒤떨어지다[절판되다].

go out of** one's* ***mind [or ***senses***] 미치다.

go over ① …을 세밀히 조사하다, 검사[점검]하다; …을 시찰하다. ¶*go over* a plan 계획을 세밀히 살펴보다. ② …을 복습하다; …을 반복하다(repeat); …을 다시 읽어보다. ¶*go over* the notebooks 공책을 다시 보다. ③ …을 건너다, 넘다(cross); …으로 건너가다, 넘어가다 (*to*). ④ 《구어》 잘 되다, 성공하다. ⑤ (적편에) 투항하다, 전향하다; (…으로) 개종하다(*to*). ¶*go over to* the enemy [Rome] 적편에 붙다[가톨릭으로 개종하다]. ⑥ (다른 새 방식 따위를) 채용하다; 〔방송〕 (스튜디오·리포터 따위로) (마이크 따위를) 돌리다 (*to*). ⑦ (공연·연설 따위가) (…에게) 받아들여지다, 호평을 얻다 (*with*). ⑧ 〔결점 따위〕를 끄집어내어 이야기하다, 화제로 삼다. ⑨ …을 청소하다, 깨끗이 하다; …을 수리하다. ⑩ (경비 따위가) 〔예정〕을 초과하다; …의 상공을 날다; …에서 승진하다. ⑪ (의안 따위가) 연기되다. ⑫ (차가) 전복하다.

go over big [or ***best, perfect***] 《속어》 대단한 인기를 얻다 (*with*).

go partners 공동 출자하다.

go places ⇨PLACE.

go public (회사가) 주식을 공개하다.

go round 《주로 英》 ① (수·양이) 모두에게 돌아가다. ¶enough apples to *go round* 모두에게 돌아갈 만큼의 사과. ② =*go about* ① ② ③. ③ 《구어》 (잠깐) 들르다. ¶*go round* to see …이 있는 데를 잠깐 들러보다. ④ 회전하다; 눈이 핑핑 돌다. ¶The earth *goes round*. 지구는 자전한다. ⑤ …을 한 바퀴 돌 정도의 길이가 있다.

***go shares with** a person* ⇨SHARE[1].

go slow ⇨SLOW.

go so [or ***as***] ***far as to** do* …까지도 하다.

go some 《美구어》 대단하다, 큰 성과를 올리다.

go steady ⇨STEADY.

go straight (출감 후) 착실하게 살다.

go the way of all things 죽다.

go (the) whole hog ⇨HOG.

go through ① …을 통과하다, 빠져 나가다; …에 스며들다. ② (법안 따위가) 의회를 통과하다, 가결되다. ③ 〔과정·수속 따위〕를 마치다, 밟다; 〔의식 따위〕를 행하다; (협상·거래 따위가) 매듭지어지다, 끝나다. ¶*go through* the process of …의 절차를 마치다. ④ 〔고생 따위〕를 경험하다, 겪다, …에 견디다. ¶*go through* hardships 고난을 겪다. ⑤ (세밀히) …을 조사[검토, 검사]하다. ¶*go through* a person's pocket 남의 호주머니를 검사하다. ⑥ …을 다 써버리다; (옷·신발 따위가) 해지다. ¶*go through* one's fortune 재산을 탕진하다. ⑦ (책이) 판을 거듭하다. ¶*go through* several editions 여러 판을 거듭하다. ⑧ (신청·계획 따위가) 승인되다, 용인되다. ⑨ …을 자세히 논하다; (외우기 위해) 〔이야기·연습 따위〕를 되풀이하다. ⑩ …을 청소하다, 깨끗이 하다. ⑪ (전화 따위가) 통하다.

go through it 《구어》 혼이 나다.

go through with …을 끝까지 해내다, 완성하다.

go to ① 〔권위 따위〕에 의존하다; 〔수단 따위〕에 호소하다; …에게 상담하다. ② 〔귀찮은 일 따위〕를 떠맡다, 비용을 대다. ③ …에 이바지하다.

Go to! 《고어》 ① 좀 기다려, 설마(승인하지 않거나 의심 등을 나타낸다). ② 자아 (가자, 하자)(Come on!).

go (to) all lengths ⇨LENGTH.

go together ① 함께 가다[있다], 서로 붙어 다니다; 공존하다. ② 어울리다, 조화되다; 마음이 맞다. ③ 《구어》 애인 사이이다 (*with*).

go to it 《구어》 즉시 일에 착수하다, 힘차게 하다.

go too far 지나치다, 극단에 흐르다.

go to pieces ⇨PIECE. ***go to sea*** ⇨SEA.

go to sleep 자다, 잠들다.

go to the country ⇨COUNTRY.

***go (to) the length of** doing* ⇨LENGTH.

go under ① (배 따위가) 침몰하다(sink). ② (…에) 굴복하다, 지다 (*to*). ③ (사업 따위가) 실패하다(fail), 파산[도산]하다. ④ (사람이) 파멸하다; 《속어》 죽다.

go up ① 올라가다, 오르다(rise). ② (값이) 오르다, (수·양 따위가) 늘어나다(increase); (지위 따위가) 오르다. ③ 《美》 북으로 가다; 《英》 (수도·대도시로) 가다 (*to*)([반] go down ⑬). ④ 파열[폭발]하다(explode); 폭파[파괴]되다. ¶ *go up* in flames 불길에 휩싸이다. ⑤ 《美구어》 (완전히) 실패하다, 파멸하다(fail), 파산하다; 죽다. ⑥ 《美구어》 (…)쪽으로 가다, …에 다가가다 (*to*). ¶*go up to* her 그녀에게 다가가다. ⑦ (건물 따위가) 들어서다, 세워지다. ⑧ 《英구어》 진급하다; 대학에 들어가다(＊보통 Oxford, Cambridge 대학). ⑨ (전등·조명 따위가) 들어오다; (막이) 오르다. ⑩ 《속어》 (배우가) 대사를 까먹다, (연주가가) 잘못 연주하다.

go up against 《속어》 …에 맞서다, 도전하다.

go upon ① …에 의하다, …에 의거해서 행동[판단]하다. ② …을 꾀하다; …에 착수하다.

go west ⇨WEST.

go with ① …와 행동을 같이하다, …에 동의하다; …을 이해하다. ¶I can't *go with* him in that. 그 점에서는 그에게 동의할 수 없다. ② …와 어울리다, 조화되다, …에 맞다. ¶Red wine *goes* well *with* meat. 적포도주는 고기에 제격이다 / He *goes with* anyone. 그는 누구와도 잘 어울린다. ③ …에 부속되다. ④ …와 동반하다, 동행하다. ⑤ 《구어》 …와 사랑하는 사이이다, 교제하다; (특히) 성관계를 갖다. ⑥ 《부사(구)와 함께》 (일이) 잘 진행되다.

go with child 임신하고 있다.

go with it 《구어》 시류를 따르다, 사태를 감수하다.

go without ① …이 없다, …을 가지고 있지 않다. ② …없이 지내다[해나가다](do without).

go without saying 말할 필요도 없다, 명백하다.

go with the dirt 《美속어》 꺼지다, 사라지다.

go with young (동물이) 새끼를 배고 있다.

go wrong ⇨WRONG.

have gone (…으로) 가버려서 (이곳에) 없다; 《美구어》 (…에) 간 적이 있다(*to*). ⇨[USAGE][4].

Here goes!; Here we go! ① 자 간다!, 자 시작한다! ② 자 받아라!

How goes the world [or ***it***] ***with you?*** 요즘 재미가 어떠십니까?

let go ⇨LET[1].

let go with …을 기탄없이 언명하다; 〔큰소리 따위〕를 마음껏 외치다.

let it go at that 《美구어》 그것으로 됐다고 하다, 그 이상 문제 삼지 않다. ¶He grinned, and *let it go at that*. 그는 씩 웃었을 뿐 그 이상 아무 말이 없었다.

goalkeeper

let** oneself **go (구어) 자제력을 잃다; 마음껏 하다, (…에) 빠지다.
there goes (구어) (기회 따위가) 사라져버리다.
to go (명사 뒤에서) ① 앞으로, 나머지의. ¶There are only three days *to go*. 앞으로 3일밖에 없다. ② (美) (식당에서) 가져가기 위한. ¶Five hamburgers *to go*, please. 햄버거 5개를 (가져갈 수 있게) 싸 주세요.
to go [or ***be going***] ***on with*** (영구어) (명사·enough 따위의 뒤에서) 당장의 필요에는 충분한.
What goes? (美속어) 무슨 일이 일어났지?
What goes around comes around. 일어날 일은 어차피 일어나기 마련이다; 살다 보면 좋은 일도 생기는 법이다; 자업자득(自業自得), 인과응보(因果應報); 역사(유행)는 되풀이된다.
What's going down [or ***on***]? 무슨 일이야?, 왜 그래?
Where do we go from here? 앞으로 어떻게 하면 좋지?, 무슨 묘안이 없어?
Who goes there? (보초의 수하) 누구야?
— 명 (복 ~**es** [-z]) **1** ⓤ 감, 사라짐, 진행; 청신호. **2** (a ~) (구어) 성공(success) (*of*). ¶a sure *go* that will succeed. **3** ⓤ 원기(spirit), 정력, 활력. **4** (a ~) (구어) 되어가는 형편, 사태; 난처한 일, 궁지. ¶a queer [or rum] *go* 괴상한 일 / Here is a pretty [or nice] *go*! 이거 참 괴상한 일이(곤란하게 됐는데!) **5** (구어) **a)** 시도, 시험 (a ~, one's ~) (게임 따위의) 차례, 기회(*at*). ¶It's your *go*. 네 차례다. **b)** (술 따위의) 한 모금(잔, 입량). ¶three *goes* of rum 석 잔의 럼주. **c)** 한바탕 일하기(spell); 한 시합. ¶a main *go* 주요 시합. **d)** (갑자스러운) 질병. **6** (통 ~) (구어) 유행, **7** 약속된(결정된) 일(bargain). ¶It's a *go*! 그것으로 결정되었어! **8** (영구어) (Cambridge 대학의) 학위 시험. 통 great *go*, little *go*).

goal·keep·er [góulkì:pər] 명 (축구·하키) 골키퍼.
goal·keep·ing 명 골 수비(의).
goal kick (축구·럭비) 골 킥. (또는 **gáalkick**)
goal line (스포츠) 골 라인. 통 touchline
goal·mouth [góulmàuθ] 명 (축구 따위의) 골 마우스(goalpost로 둘러싸인 지역).
goal·post [góulpòust] 명 (축구 따위의) 골 포스트, 골대. (또는 **gáal pòst**)
move [or ***shift***] ***the goal posts*** (구어) 몰래 규칙(조건)을 바꾸다.
goal·shar·ing [góulʃɛ̀əriŋ] 명 (경영) =gainsharing
goal·tend·er [góultèndər] 명 =goalkeeper.
goal·tend·ing [góultèndiŋ] 명 **1** =goalkeeping. **2** (농구) 바스켓에 들어가려는 공을 쳐내는 반칙.
Góa pòwder 고아 분말(브라질산(産)) araroba)에서 채취하는 분말; 피부병 치료제).
go-a·round [ə́ràund] 명 **1** 한 바퀴 돌음, 일순(一巡); 우회 도로, 우회. **2** 싸움(언쟁), 발행, 회피(runaround). **3** (일련의 회담·시합·심문 따위의)…회째, …라운드; 격론, 논쟁; 한 판 승부. (또는 **go-round**)
go-as-you-please [-əzjupli:z] 형 **1** (사람·물건이) 무계획적인, 기분 내키는 대로 하는, (규칙·인습 따위에) 얽매이지 않는, 자유로운, 제멋대로의.

‡**goat** [gout] 명 (복 ~(s)) **1** 염소. ¶a billy ~; a he-~ 숫염소 / a nanny ~; a she-~ 암염소. **2** (the G~) (천문) 염소자리(Capricorn). **3** (美속어) 남의 죄를 뒤집어쓰는 사람, 제물, 희생자, 속죄양(scapegoat). **4** (구어·경멸적) 호색한(漢), 색골; 바보, 멍청이. **5** (~s) 악인(통 sheep). **6** (美) =goatee. **7** (美속어) (강력 엔진을 단) 자동차, 개조 자동차; (美속어) (철도) 입환(入換) 기관차(switch engine).
act [or ***play***] ***the (giddy) goat*** 까불다, 바보짓을 하다; 무책임한 행동을 하다, 무모한 짓을 하다.
get a person's goat 남을 화나게 하다, 괴롭히다, 짓궂은 짓을 하다, 실망시키다.
look goats and monkeys 호색한(색골)인 척하다.
ride the goat (美속어) (비밀 결사·조직 따위에) 입회가 허가되다, 가입하다. ⇒SHEEP.
separate [or ***divide***] ***the sheep from the goats***
skin a goat (속어) 토하다, 토악질하다.
~**-like** 형

goat àntelope 명 (동물) 염소 영양(羚羊)(염소아과(亞科)의 영양 비슷한 동물의 총칭; 캐슈미르·중국산).
goat·ee [goutí:] 명 (사람의) 아래턱(염소) 수염.
-eed 형
góat gòd 명 목양신(牧羊神)(Pan, satyr 따위).
goat·herd [góuthə̀rd] 명 염소 치는 사람, 염소지기.
goat·ish [góuti] 형 **1** 염소의; 염소 같은. **2** (고어·문어) 음탕한, 호색의. ~**·ly** 부 ~·**ness** 명
goat·ling [góutliŋ] 명 (英) (1-2살의) 새끼 염소.
goats-beard [góutsbìərd] 명 (식물) **1** 나도쇠채(국화과(科)). **2** 눈개승마(장미과(科)). (또는 **góat's-bèard**)
goat·skin [góutskìn] 명 ⓤ 염소 가죽; ⓒ 염소 가죽 부대.
góat('s) pèpper 명 관목성 고추(chili). 통 제품.
goat·suck·er [góutsʌ̀kər] 명 쏙독샛과(科)의 새 (nightjar).
goat·y [góuti] 형 =goatish.

gob¹ [gab/gɔb] 명 **1** (점토·크림 따위의) 덩어리. **2** (~s) (구어) 대량, 다량, 많음(*of*). ¶~*s of* money 많은 돈. **3** (또는 **goaf**) (채광) 충전(充塡) 재료(폐석·모래 따위), (석탄의) 버력. — 통 (-*bb*-) **1** (채광) (채굴한 자리를 충전 재료로 메우다. **2** (英속어) (침·가래를) 뱉다. — 자 (英속어) 침(가래)을 뱉다.
gob² 명 (구어) 뱃사람, 선원; (美해군) 수병.
gob³ 명 (英속어) 입(mouth).
g.o.b. (상업) good ordinary brand.
gob·bet [gábit/gɔ́b-] 명 **1** 한 조각, 단편. **2** (날고기의) 한 덩어리(lump, mass); (음식의) 한 입; 한 방울(drop). ¶a ~ *of* gold 금 한 덩어리. **3** (주석·번역용으로 뽑은) 텍스트의 일부, 발췌; 악곡(樂曲)의 일부분.
gob·ble¹ [gábl/gɔ́bl] 타 **1** 을 급하게(걸신들린 듯이) 먹다[쑤셔 넣다](*up*); …을 통째로 삼키다 (*down*). ¶He ~*d up* the meat quickly. 그는 재빨리

그 고기를 먹어치웠다. 2 《구어》 (욕심을 내서) …에 달려들다, …을 잡아채다; 탐독하다(*up*). 3 《美속어》 〔야구〕 〔공〕을 잡다. 4 《비어》 구강 성교를 하다(*off*). ── [자] 걸신들린듯이 먹다. ── [명] 《비어》 구강 성교.

gob·ble² [동][자] (칠면조 수컷이) 울다; 칠면조 수컷 같은 울음 소리를 내다. ── [명] 칠면조의 울음 소리. 「트).

gob·ble³ [명] 〔골프〕 가블(홀에 똑바로 재빨리 치는 퍼

gob·ble·de·gook [gάbldigùk/gɔ́b-] [명][U][C] 《구어》 (공문서 따위에서 볼 수 있는) 알아듣기 힘든 말[표현]; 뒤범벅[뒤죽박죽]된 것. (또는 **gobbledygook**)

gob·bler¹ [gάblər/gɔ́b-] [명] 《구어》 칠면조의 수컷.

gob·bler² [명] 1 걸신들린 듯이 먹는 사람; (책을) 탐독하는 사람. 2 《비어》 구강 성교를 하는 사람.

Gob·e·lin [gάbəlin, góub-/gɔ́b-] [형] 고블랭직(織) 의[비슷한]. ¶the ~ tapestry 고블랭직의 벽걸이 융단. ── [명] 1 고블랭(직). 2 암청록색(~ blue).

go-be·tween [´-bitwìːn] [명] 1 중개자, 거간꾼, 주선인; 중매쟁이. 2 연결시키는 것, 가교(架橋).

Go·bi [góubi] [명] (the ~) 고비 사막. **~·an** [형]

gob·let [gάblit/gɔ́b-] [명] 1 (손잡이가 없는) 받침과 굽이 있는 술잔. 2 《고어》 (금속[유리]제로 손잡이가 없는) 사발 모양의 술잔; 《시》 술잔.

***gob·lin** [gάblin/gɔ́b-] [명] 1 〔전설〕 (사람에게 못된 짓을 하는) 작은 요정. 2 마귀, 악귀. **~·ésque** [형]

gob·lin·ry [gάblinri/gɔ́b-] [명] 마귀들의 소행.

go·bo [góubou] [명] ([복] **~(e)s**) 〔영화·TV〕 (카메라의 렌즈에 들어오는 빛을 차단하는) 차광판; (마이크로 들어오는 잡음을 막는) 음파 흡수판.

gob·smacked [gάbsmækt/gɔ́b-] [형] 《英속어》 몹시 놀란, 어리둥절한. 「딱딱한 캔디.

gob-stop·per [´-stὰpər/-stɔ̀p-] [명] 《英》 크고 둥근

go·by [góubi] [명] ([복] **~, -bies**) 〔어류〕 망둥이.

go-by [´-bài] [명] (the ~) 《구어》 모른 체하고 지나가기[지나치기], 보고도 못 본 체하기; 무시, 회피.

get the go-by 무시당하다.

give** a person **the go-by 남을 일부러 피하다; 모른 체하고 옆을 지나가다. 「관).

G.O.C. 《英》 General Officer Commanding(총사령

go-cart [´-kὰːrt] [명] 1 《美·캐나다》 유아의 탈것, 유모차. 2 《고어》 (유아용) 보행기(baby walker). 3 손수레(handcart). 4 =kart. 「Chief.

G.O.C. in C. General Officer Commanding *in*

gock [gɑk/gɔk] [명] 《속어》 추접스러운[끈적끈적한] 것. (또는 **guck, gook**)

‡God [gɑd/gɔd] [명] ([복] **~s** [-z]) 1 [U] (일신교·기독교의) 신, 하느님, 창조[조물]주, 천주(天主). ¶the Almighty ~; ~ Almighty 전능하신 하느님/the Lord ~ 주(主)이신 하느님/believe in ~ 하느님(의 존재)을 믿다/~ *helps those who help themselves*. 《속담》 하늘은 스스로 돕는 자를 돕는다.

2 (종종 g–) (다신교에서 특정한 힘[속성]을 가진) 신; (그리스·로마 신화의) 남신(男神)([참] goddess); (특정 종교·교파에서의) 신. ¶the ~ of Islam 이슬람의 신/the concept of ~ in pantheism 다신교의 신 개념.

> [참고] 그리스·로마 신화의 주요 **god**──the *g–* of agriculture 농경의 신(Cronus, Saturn)/the *g–* of day 해의 신(Apollo, Phoebus)/the *g–* of fire 불의 신(Vulcan)/the *g–* of heaven 하늘의 신(Jupiter, Zeus)/the *g–* of hell 지옥의 신(Pluto, Hades)/the *g–* of love; the blind *g–* 사랑의 신(Cupid, Eros)/the *g–* of the sea 바다의 신(Neptune, Poseidon)/the *g–* of this world 악마(Satan)/the *g–* of war 전쟁의 신(Mars, Ares)/the *g–* of wine 술의 신(Bacchus, Dionysus)

3 (g–) 신상(神像); 우상, 숭배의 대상; 신격화된 사람[것], 막강한 지배자. ¶a (little) tin *g–* (사람들이 두려워하는) 작은 폭군; 신처럼 모셔지고 있는 관리/Money is his *g–*. 그에게는 돈이 전부이다. 4 (종종 g–s) 《英》 〔연극〕 (값이 싼) 맨 위층 관람석; 맨 위층 관람석의 관객, 일반 관객(《美》 peanut gallery). ¶appeal to the *gods* 일반 관객의 탄성을 자아내다. 5 [U] (Christian Science에서) 지존[지고]의 존재. 6 《감탄·불신·절망·놀람·분노 따위를 나타내어》 하느님(∗God을 함부로 부르는 것을 꺼려 God을 생략하거나 Gad, gosh, gum, Heaven, goodness (gracious), (Good) Lord 따위를 대용하기도 한다). ¶honest to ~ [*or* goodness] 정말로, 참으로, 절대로.

a god from the machine ⇨DEUS EX MACHINA.

a house of God 교회당.

a man of God 목사. 「반드시.

by [or ***before***] ***God*** 하느님께 맹세코, 틀림없이, 꼭,

for God's sake 제발, 부디; 도대체, 대관절.

for the gods 《종종 반어적》 (신들에게 어울릴 만큼) 훌륭한, 멋진. ¶a sight *for the gods* 장관(壯觀), 멋진 광경/a feast *for the gods* 진수성찬.

God above! =*My God!*

God (be) willing 신의 뜻이라면, 사정이 허락하면.

God bless ...! …에게 축복이 있기를!

(God) bless me [or ***my life, my soul, us***]***!*** 큰일 났군!, 아뿔싸!, 이런!

(God) bless you! ① 당신에게 신의 축복이 있기를!; 정말 감사합니다! ② (재채기를 한 사람에게) 몸조심하

God damn you! 이 빌어먹을 놈아! 「시지요.

God forbid! 그런 일이 없기를!, 어림도 없는 소리!, 천만에!

God grant...! 신이여 원컨대 …하게 하소서! ¶~ *grant* that they may succeed! 신이여, 원컨대 그들을 성공케 하소서!

God help [or ***save***] ***you*** [***him***]***!*** 불쌍도 해라!, 하느님이 당신[그]을 구해 주시기를!

God in Heaven! =*My God!*

God knows ① …을 신만이 안다, 아무도 모른다 (*wh.* [節], *wh-* [句]). ¶~ (only) *knows when* he came. 그가 언제 왔는지 아무도 모른다/She went ~ *knows where*. 그녀는 아무도 모르는 곳으로 갔다. ② …임을 하늘이 아신다, 맹세코 …이다(*that* [節]).

God speed you! 《고어》 성공[안전]을 빕니다.

God the Father, God the Son, God the Holy Ghost 성부와 성자와 성령[신](the Trinity).

Good God! =*My God!*

in God's good time 때가 오면, 언젠가는.

in God's name 《구어》 신에게 맹세코, 신의 이름을 걸고; 아무쪼록, 제발; 《의문문에서》 도대체.

in the lap [or ***on the knees***] ***of the gods*** 신의 뜻에 따라; 사람의 힘이 미치지 못하는, 불확실한.

kiss [or ***pray to, worship***] ***the porcelain*** [or ***enamel***] ***god*** 《속어》 (화장실에서) 토하다.

make a god of …을 숭배하다, …만을 생각하다.

My [or ***Oh***] ***God!*** 오 하느님!, 야단[큰일]났군!, 저런 괘씸한!(∗My!, Oh, my!라고도 한다).

on God's earth 전세계에, 지구상에; 도대체; 《부정문에서》 전혀(∗on earth의 강조형).

play God 신처럼[전능한 것처럼] 행동하다; (…에 대해) 제멋대로 행동하다(*with*).

please God 《문장 첫머리에서》 하느님께 기원합니다; 《문장 끝에서》 신의 계시[섭리]가 있다면, 사정이 허락하면, 순조롭게 되면. 「의 맺음말).

So help me (God)! 맹세코!, 틀림없이!(원래는 선서

Thank God! ⇨THANK.

to God 《구어》 하느님께 맹세코.

under God 하느님 다음으로; 누구보다도.

with God 하느님과 함께, 죽어서 천당으로. ¶be *with* ~ 죽어서 천국에 있다. 「나!

Ye gods (and little fishes)! 《익살》 뭐라구!, 어머

── [동][타] (**~s** [-z]; **-dd-**) 1 (g–) 신격화하다, 신으로

모시다; 우상화하다. 2 (~ it) 신의 역할을 하다.
―囹 (실망·분노 따위를 나타내어) 어머나, 어쩌면.
Go·dard [goudáːrd/F godaːR] 몡 **Jean-Luc** ~ 고다르(1930- : 프랑스의 영화 감독).
Go·dard·i·an [goudáːrdiən] 몡 【영화】 고다르풍의 (카메라의 분방(奔放)한 사용법·시나리오의 즉흥성·과격적인 연출 따위가 특징).
God-aw·ful [ɔ́ːfəl] 몡 (구어) (때로 G-) 매우 불쾌한, 싫은, 지독한. ¶ What a ~ thing to say! 무슨 그런 듣기 거북한 소리를 하니! ―旦 대단히, 매우.
God-box [-bɑ̀ks] 몡 (속어) 교회, (美속어) 교회의 (파이프) 오르간.
god·child [gɑ́dtʃàild/gɔ́d-] 몡 (몡 -chil·dren) (one's ~) 대자녀(代子女). 卽 godparent, goddaughter, godson
god·dam(n) [gɑ́ddǽm/gɔ́d-] 몡 (구어) (종종 ~ it) (격한 감정 등을 나타내어) 제기랄!, 빌어먹을!, 우라질!
―몡 1 "goddamn"이라고 말하기; 빌어먹을 놈이라고 욕하기. 2 하잘 것 없는[쓸모없는] 것; 아주 조금, 약간. **not worth a goddamn** 아무런 가치[쓸모도] 없는.
―몡 =damned 2(* 종종 완곡적인 강조의 뜻을 나타 ―旦 =damned. ㄴ낸다).
―囹 (사람·물건)을 경멸의 대상으로 저주하다, 쓸모없는 것이라고 헐뜯다. ―囹 "goddamn"이라는 말을 쓰다; 악담하다. (또는 **gód dámn**) ㄴdamned.
god·damned [gɑ́ddǽmd/gɔ́d-] 몡[旦] (구어) = **god·daugh·ter** [gɑ́ddɔ̀ːtər/gɔ́d-] 몡 대녀(代女). 卽 godchild, godson
‡**god·dess** [gɑ́dis/gɔ́d-] 몡 (몡 ~·**es** [-iz]) 1 (신화의) 여신(god). ¶ the ~ of liberty 자유의 여신.

> 참고 그리스·로마 신화의 주요 **goddess**──the ~ of love 사랑의 여신(Venus, Aphrodite) / the ~ of corn 오곡의 여신(Ceres, Demeter) / the ~ of heaven 하늘의 여신(Juno, Hera) / the ~ of hell 지옥의 여신(Proserpina, Persephone) / the ~ of the moon[hunt] 달(사냥)의 여신(Diana, Artemis) / the ~ of war 전쟁의 여신(Bellona) / the ~ of wisdom 지혜의 여신(Minerva, Athena).

2 숭배[동경]의 대상인 여성; 절세 가인.
god·dess·hood [gɑ́dishùd/gɔ́d-] 몡[U] 여신임; 여신과 같은 특성(아름다움, 상냥함 따위).
go·det [goudét] 몡 (옷을 낙락하게 하기 위해 덧대는) 삼각천, 고매; (口) 인조 견사 방사기(紡絲機)의 롤러.
go·de·tia [goudíːʃiə, gə-] 몡 고데시아(달맞이꽃 비슷한 관상용 일년초). ((스위스의 식물학자 Charles H. Godet(1797-1879)의 이름))
go-dev·il [-dèvəl] 몡 1 (美) 급유관(給油管) 청소기. 2 (목재·석재 운반용) 썰매. 3 =handcar. 4 (유정 (油井)내의) 다이너마이트 폭파기.
*god·fa·ther** [gɑ́dfɑ̀ːðər/gɔ́d-] 몡 1 대부(代父); (성공회에서) 교부(敎父)(卽 godmother). ¶ stand ~ to a child 아이의 대부가 되다. 2 (비유적) (남자) 후견인, 보증인; (사람·물건의) 명명자(命名者). 3 (종종 G-) (美) (마피아 따위 범죄 조직의) 수령, 보스, 막후(배후) *My godfather(s)!* (완곡적) ⇒ *My GOD!*. ㄴ인물.
―몡囹 …의 대부[교부]가 되다; 후견[보증]인이 되다; 책임을 지고 키우다[보살피다].
God-fear·ing [fíəriŋ] 몡 1 신을 깊이 숭배하는[두려워하는]. 2 (때로 g-) 매우 독실한, 경건한. **-ly** 旦
god-for·sak·en [gɑ́dfərsèikən/gɔ́d-] 몡 (종종 G-) 1 (사람이) 신에게 버림받은, 타락한; 가엾은, 비참한; 사악[극악]한. 2 (장소가) 황량한; 쓸쓸한; 외딴.
God·frey [gɑ́dfri/gɔ́d-] 몡 고드프리(남자 이름).
God-giv·en [-gìvən] 몡 하느님이 주신, 천부(天賦)의; 절호의; 고마운.
God·head [gɑ́dhèd/gɔ́d-] 몡 1 (the ~) 신, 천주; 삼위 일체. 2 (g-) [U] 신성(神性); 신격(divinity). 3 (the

g-) (드물게) 신, 여신. ┌임, 신격, 신성.
god·hood [gɑ́dhùd/gɔ́d-] 몡[U] (때로 G-) 신(神)
Go·di·va [gədáivə] 몡 **Lady** ~ 고다이버 부인(?- 1057: 영국 Mercia 백작 Leofric의 아내; 주민을 중세 (重稅)에서 해방시키기 위해 Coventry 거리를 알몸으로 백마를 타고 돌았다고 한다). 卽 Peeping Tom
god-king [-kíŋ] 몡 신격화된 군주, 신왕(神王).
god·less [gɑ́dlis/gɔ́d-] 몡 1 신이 존재하지 않는, 신을 갖지 않는; 신의 존재를 인정하지 않는, 신을 믿지 않는. 2 사악한, 죄많은. **~·ly** 旦 **~·ness** 몡
*god·like** [gɑ́dlàik/gɔ́d-] 몡 (종종 G-) 신과 같은, 신성한, 위엄이 있는; 신에게 어울리는. **~·ness** 몡
god·ling [gɑ́dliŋ/gɔ́d-] 몡 (힘·권위가 미치는 범위가 한정되어 있는) 작은 신(神).
god·ly [gɑ́dli/gɔ́d-] 몡 1 신의 계율[뜻]에 순종하는, 신심이 깊은, 독실한. ¶ the ~ (반어적) 믿음이 깊은 사람들. 2 (고어) 신성한; 신의 3 (속어) 멋됐는, 최고의. ―旦 (고어) 독실히[경건히하게]. **-li·ness** 몡
God-man [-mæ̀n, -mǣn] 몡 1 =Jesus Christ. 2 (몡 -men [-mèn]) (g-) 반신반인(半神半人), 초인.
*god·moth·er** [gɑ́dmʌ̀ðər/gɔ́d-] 몡 1 대모(代母); (성공회에서) 교모(敎母)(卽 godfather). 2 여자 후견인 [보증인]; (美) (마피아 따위의) 보스 부인. ―몡囹 …의 대모[교모]가 되다; …의 후견[보증]인이 되다.
go·down [góudàun] 몡 1 (인도·동아시아의) 창고. 2 (美속어) 아파트의 이하층; 지하실.
god·par·ent [gɑ́dpɛ̀ərənt, -pɛ̀ːr-/gɔ́dpɛ̀ər-] 몡 대부[모]; (성공회에서) 교부[모]. 卽 godchild
Gód's ácre 몡(모) 묘지, 교회 부속 묘지.
Gód Sáve the Quéen[Kíng] 몡 여왕[국왕] 폐하 만세(영국의 국가명(國歌名)).
Gód's Bóok 몡 성서(the Bible).
Gód's còuntry 몡 1 신의 은총이 가득한 땅; 풍광명미(風光明媚)한 전원 지방; (God's own country) 낙원, 신의 나라(* 미국인이 자국을 가리킴). 2 도시에서 떨어져 있는 전원 지역; 향토, 고향.
Gód's éarth 몡 전세계.
god·send [gɑ́dsènd/gɔ́d-] 몡 (a ~) (신의 선물과 같은) 뜻밖의 행운, 하느님의 선물, 경사스러운 일.
god·sent [gɑ́dsènt/gɔ́d-] 몡 신의 은총인, 하늘이 주신 것 같은. ¶ a ~ rain 자비.
Gód's Éye 몡 신의 눈(잔가지로 만든 십자가에 기하학적 무늬의 색실 따위를 감은 것; 행운의 부적).
Gód's gíft 몡 (구어) 1 =godsend. (또는 **God's own gift**) 2 여자의 넋을 잃게 하는 남자.
think (that) one is God's gift to (구어) …에는 최고라고[재능이 있다고] 자부하다. ┌인물.
god·ship [gɑ́dʃip/gɔ́d-] 몡[U] 신(神)임, 신성(神性)
Gód's image 몡 (성서에서) 인체.
Gód slót 몡 (英구어) (라디오·TV의) 종교 프로.
Gód's mèdicine 몡 (美속어) 마약. ┌daughter
god·son [gɑ́dsʌ̀n/gɔ́d-] 몡 대자(代子). 卽 god-
Gód·speed [gɑ́dspíːd/gɔ́d-] 몡 (사업 따위의) 성공, (여행 따위의) 무사, 행운; 성공[행운]의 기원. (<God speed you의 단축형)
Gód's plénty[quántity] 몡 풍부함[남아도는] 양.
Gód squàd 몡 (속어) (the ~) 1 (기독교 복음주의의) 전도자의 일단. 2 (英속어) 구세군; 호별 방문하는 광신자들. 3 의료 윤리 고문단.
Gód's trúth 몡 절대의 진리.
God·ward [gɑ́dwərd/gɔ́d-] 旦 신을 향하여. (또는 **Godwards**) 몡 신을 향한, 신에의.
God·wit [gɑ́dwit/gɔ́d-] 몡 [조류] 흑꼬리도요새.
God·wot·ter·y [gɑdwɑ́təri/gɔdwɔ́t-] 몡 (익살) 지나치게 꾸민 조원(造園).
God·zil·la [gɑdzílə/gɔd-] 몡 고질라(1954년 일본 영화에서 등장하기 시작한 괴수(怪獸)).
Goeb·bels [gʌ́bəlz] 몡 **Joseph Paul** ~ 괴벨스

(1897–1945: 나치 독일의 정치가).
go·er [góuər] 영 **1** 가는 사람, 통행인: 《형용사와 함께》 움직이는 사람[것]. ¶a good[poor] ~ 걸음이 빠른[느린] 사람[말 따위], 움직임이 빠른[느린] 시계 따위 / comers and ~s 오는 사람들. **2** 《복합어로》 (…에) 자주 가는[참석하는] 사람, 단골. ¶a movie*goer* 영화관에 자주 가는 사람. **3** 《구어》 활동적인 사람; 야심가; 음란한 사람(특히 여성). **4** 《구어》 승산이 있는 경주마[견]; (실현성이 있는) 제안[생각].

GOES [gouz] 영 미국의정지(靜止)기상위성. 〔<Geostationary Operational Environmental Satellite〕
***Goe·the** [gə́ːrtə] 영 **Johann Wolfgang von ~** 괴테(1749–1832: 독일의 시인·극작가·소설가).
Goe·the·an [gəːrtíən] 영 괴테의[에 관한]; 괴테풍의, 괴테주의의. ── 영 괴테 숭배자[연구가], 괴테 학도. (또는 **Goethian**)
Góethe Institute 영 괴테 협회(독일 Munich에 본부를 둔 독일어·독일 문화 보급 기관).
go·fer[1] [góufər] 영 《美·캐나다 속어》 (회사 또는 개인의) 심부름꾼, 잡역부. (또는 **gó-fer, gopher**)
go·fer[2] 영 《방언》 = waffle[1].〔사구 *go for*〕
gof·fer [gáfər/góuf-] 영 **1** (옷·모자 따위의 장식용) 주름; 주름잡는 기구(다리미 따위). **2** 《재봉》 (마구잡이 따위의) 도드라진 무늬 장식. ── 타 …에 주름을 잡다. 구김살을 짓다; 《제본》 (책의 마구리쇠(edge)에) 압형(押型)하여 무늬를 내다. (또는 **gauffer**)
gof·fer·ing [gáfəriŋ/góuf-] 영 ⓤ 장식용 주름; 주름 잡기, 주름 장식. (또는 **gauffering**)
Gog and Ma·gog [gágənmígag/gɔ́gənméigɔg] 영 《성서》 곡과 마곡(Satan에게 홀려 하느님의 나라에 대항하는 두 나라. ← 요한 계시록(Rev.) 20:8).
go-get·ter [-gétər, ⸺ ─] 영 《구어》 (사업 따위의) 수완가, 수단꾼, 민완가. **gó-gét·ting** 영 수완이 좋은.
gog·gle [gágl/gógl] 영 **1** (~s) (방풍용·잠수용 따위의) 큰 안경, 고글; (말 안경, 맹인 안경 등) 가린 사람). ¶water ~s 수중 안경. **2** 눈을 부릅뜨기, 눈알을 굴리기; 응시. **3** (the ~) 《英속어》 텔레비전. ── 자 **1** 눈을 부릅뜨고[둥그렇게 뜨고] 보다(*at*); (눈이) 희번덕거리다, 눈을 부라리다; 곁눈으로 보다. **2** 《구어》 작살로 물고기를 잡다. ── 타 〔눈알〕을 굴리다. ── 영 눈알이 튀어나온, 희번덕거리는.
gog·gle-box [-bàks/-bɔ̀ks] 영 《英속어》 (익살) 텔레비전 (수상기). ≒ idiot box
gog·gle-dive [-dàiv] 영 잠수 안경을 끼고 하는 수중 어업 활동.
gog·gle-eyed [-àid] 영 (놀라서) 눈을 부릅뜬, 눈알을 희번덕거리는; 퉁방울눈의; 《美구어》 술취하여 곁눈으로 보는. (또는 **googly-eyed**)
── 위 눈을 부릅뜨고, 눈알을 굴리며.
gog·gler [gáglər/gɔ́g-] 영 **1** 눈을 부릅뜨고 보는 사람, **2** 작살로 물고기를 잡는 사람.
Gogh [gou, gɔːx] 영 ⇒VAN GOGH.
gog·let [gáglit/gɔ́g-] 영 《인도》 물을 차게 해두는 목이 긴 병[항아리].
go-go [⸺gòu] 영 《구어》 **1** 정력적인, 활발한, 활동적인. ¶the ~ generation 활동적인 세대. **2** 유행의, 최신의. ¶the ~ social set 유행하는 첨단으로 자는 사교계 사람들. **3** 고고의, 록 리듬으로 춤추는. **4** 《증권》 (주식 매매 따위에서) 매우 적극적인; (주식·증권으로) 투기적으로 값자기 값이 오르는. **5** (경기 따위가) 호조[활황]인; (미) 경제 성장(시대)의. ¶a ~ 고고 (댄스); 고고를 추는 모임. **2** = ~ fund. ── 자 고고 춤을 추다.
gó-go bóot 영 고고 부츠(무릎까지 오는 여성용 장화).
gó-go dáncer 영 (나이트클럽의) 고고 댄서[무용수].
gó-go fúnd 영 《증권》 고고 펀드(단기간에 최대의 수가 상승 차익을 얻으려는 투기성 투자 신탁).
Go·gol [góugəl, -gɔ(ː)l] 영 **Nikolai Vasilievich ~** 고골리(1809–52: 러시아의 소설가·극작가).
Goi·del·ic [gɔidélik] 영 게일족(族)(Gaels)의; 고이

델 어군(語群)의. ── 영 ⓤ 고이델 어군(語群)(넓은 뜻으로) 게일어(語)(Q-Celtic).
‡go·ing [góuiŋ] 영 (복수 **~s** [-z]) **1** ⓤⓒ 가기, 떠나기; 출발; 여행; 보행; (사람의) 서거, 죽음. ¶a safe ~ and quick return 안전한 출발과 조속한 귀환. **2** ⓤ (the ~) 노면(경주로)의 상태; (일반적으로) 상황, 형세. ¶hard[easy] ~ 어려운[쉬운] 상태. **3** ⓤ 진행 방법, 진전, 진척 상황; 진행 속도, (업무의) 수행; 영업. ¶Fifty miles an hour is pretty good ~. 시속 50마일이면 상당히 빠른 속도다. **4** (보통 ~s) 행실, 행위, 소행(* goings-on 쪽이 보통). **5** 《복합어로》 …에 잘 가기. ¶church*going* 교회 다니기.
heavy [or *tough*] *going* 《구어》 나아가기 어려움; 더딘 진행; 난항. ¶I find working with him *heavy* ~. 그와 일을 같이 하기가 꽤나 어렵다.
Nice going! 《구어》 잘한다, 잘했어. * 상대가 실패했을 경우 따위에 반어적으로도 쓴다. 〔가 늦기 전에.
while the going is good 상황이 나빠지기 전에, 때 ── 영 **1** (한정용법) (기계 따위가) 운전[가동]중인; 진행[활동]중인. ¶I set the clock ~ 시계를 가게 하다. **2** (최상급 형용사+명사 뒤에서) 현존하는; 현재 있는; 활약중인; 손에 넣을 수 있는. ¶He's the biggest fool ~. 그 이상의 바보는 없다/(Is there) any tea ~? 차 있습니까? **3** (순조롭게) 일을 계속하는, 영업중인; 호경기의, 성업중인. **4** (한정용법) 현행의, 일반적으로 하고 있는; 통상의. **5** 떠나는, 출발하는.
get going ⇒GET.
get [or *have*] *something* [or *a thing*] *going with* 《구어》 …와 사귀다, 어울리다, 좋은 사이이다.
going and coming; coming and going 도망칠 길이 없어, 궁지에 빠져.
going away 《스포츠》 (종반에) 큰 차이로. ¶win a match ~ *away* 시합에서 크게 이기다.
Going, going, gone! 없습니까, 없습니까, 네 팔렸습니다 (* 경매인의 말).
going on ① (사람·시간이) …에 가깝게, 거의(《英》 *for*). ¶I'm sixteen ~ *on (for)* seventeen, 나는 16살이지만 머지 않아 17살이 되다. ② (일이) 일어나고 있는. ¶What's ~ *on* here? 여기 무슨 일 있습니까? ③ (행사 따위가) 계속되고 있는. 〔란하게 하다.
have a person going 《구어》 남을 한방 먹이다, 곤 *have…going for one* 《구어》 …이 유리한 입장에 있다, (사물이) 잘 되어 가다. ¶You *have* nothing [a lot, plenty] ~ *for* you. 네게 유리한 점은 없다[이 매우 많다].
have got going on 《구어》 근사하다, 멋있다.
have something going 《구어》 ① 계획[예정]이 있다(*for oneself*). ② (…와) 거래하고 있다(*with*). ③ (…와) 친밀한 사이이다(*with*).
in going order 운전할 수 있는[이상이 없는] 상태로;
keep going ⇒KEEP. 〔건전하게.
set…going …의 운전을 시작하다, …을 움직이게 하다; …을 시작하다; …을 창립하다.
go·ing-a·way [-əwèi] 영 **1** 여행을 떠나는 사람을 위한[에 의한]; 이별의. ¶a ~ party 송별 파티. **2** 신혼 여행용의. ¶a ~ dress (신부의) 신혼 여행 드레스.
góing concérn[búsiness] 영 《경영》 영업[성업]중인[채산이 맞는] 회사[사업]; 《회계》 계속 기업.
góing-concérn vàlue 영 영업권, 권리금.
góing lóng 영 《상업·증권》 투기(투자)를 위한 매입. 영 going short
go·ing-o·ver [-óuvər] 영 (복 **go-ings-**) **1** 《구어》 철저한 조사[검사, 심문]. 점검. **2** 《美구어》 호된 꾸짖음; 《속어》 심한 매질.
give a person a going-over 남을 심문[조사]하다; 남을 호되게 꾸짖다; 매질하다.
góing price 영 (the ~) 현행 가격, 시가(時價).
góing private 영 《증권》 주식 비공개.

góing pùblic 圈 〔증권〕 주식 공개.
góing ràte 圈 (the ~) 현행 요금〔이자율〕.
góing shórt 圈 〔상업·증권〕 투기〔투자〕를 위한 매도.
go·ings-on [góuiŋzán/-ɔ́n] 圈複 〔구어〕 **1** (비난받을 만한) 행위, 소행, 짓. **2** 사건, 일어난 일.
góing to Jerúsalem 圈 =musical chairs.
go-it-a·lone [<tloun] 圈 〔구어〕 독립〔자립〕한.
goi·ter, (英) **-tre** [góitər] 圈 〔병리〕 갑상선종(腫).
goi·tro·gen [góitrədʒən, -dʒen] 圈 〔병리〕 갑상선종.
goi·trous [góitrəs] 圈 갑상선종의. ─ 종 유발 물질.
go-kart [<ɑːrt] 圈 =kart. ＊형용사적으로도 쓴다.
Gó·lan Héights [góulɑːn-, -lən-] 圈複 〔the ~〕 골란 고원(시리아 서남부의 고지; 1967년 이래 이스라엘이 점령, 1981년 합병).
Gol·con·da [galkándə/gɔlkɔ́n-] 圈 **1** 골콘다(인도의 보고(寶庫)로 알려진 옛 도시). **2** (종종 g-) 풍부한 광산; 부원(富源), 무한한 보고(寶庫).
‡**gold** [gould] 圈 ─**s** [-z] ⓤ **1** 금(⑦ Au); 황금, 금괴.¶pure ~ 순금. **2** 〔집합적〕 금제품, 금화.¶pay in ~ 금화로 치르다. **3** 금본위(제)(~ standard).¶go off ~ 금본위를 폐지하다. **4** 금전, 부(富), 재화〔美于어〕 돈.¶greed for ~ 금전욕, 물욕. **5** (금처럼) 귀중한〔값비쌘〕 것, 고귀한(순수한, 아름다운〕 것.¶a heart of ~ 친절(선량〕한 마음을 지닌 사람)/a voice of ~ 감미로운 목소리. **6** ⓤⓒ 금빛, 황금색.¶hair of ~ 금발. **7** 금도금, 금박, 금가루, 황금색 그림 물감, 금실, 금물. **8** ⓒ (주) 과녁의 한복판, 골드(bull's-eye). **9** ⓒ 〔스포츠〕 =~ medal; 〔음악〕 =~ record.
(as) good as gold ① (아이·동물 등이) 얌전한, 예절 바른. ② 아주 신뢰할 만한; 더할 나위 없이 좋은.
go for (the) gold 전력을 다하다; 목표를 높게 잡다.
hit the gold; make a gold 과녁의 한복판[골드]을 쏘아맞히다.
strike gold 금(광)을 발견하다; 노다지를 찾아내다. 풍부한 수입[정보]원(源)을 발견하다.
the [or *a*] *crock* [or *pot*] *of gold at the end of the rainbow* 결코 얻을 수 없는 부[보수], 그림의 떡.
worth one's [or *its*] *weight in gold* (사람·물건이) 같은 무게의 금만큼의 가치가 있는, 매우 유용[귀중]한.
── 圈 **1** 금으로 만든, 황금제의; 금으로 된.¶a ~ coin 금화/a ~ ring[watch] 금반지[시계]. **2** 금의(같은). **3** 황금빛의.¶~ chrysanthemums 금화(黃菊). **4** 금(화)의; 금화로 지불할 수 있는, 금본위(제)의.¶a ~ embargo 금 수출 금지. **5** 〔속어〕 〔음악〕 (음반이) 100만장 이상 팔린.¶go ~ 100만장 판매를 돌파하다.
góld amálgam 圈 금아말감(수은과 금의 합금).
Góld·bach conjècture [góuldbɑːk-] 圈 〔수학〕 골드바흐의 예상(『2보다 큰 모든 짝수는 2개의 소수(素數)의 합』이라는 미증명 정리(定理)). 〔<독일 수학자 Christian Goldbach (1690-1764)의 이름〕
góld bàsis 〔화폐〕 금본위.¶on a ~ 금본위로.
gold·beat·er [góuldbìːtər] 圈 금박공(金箔工), 금박장이.   ─용 소 큰창자 가죽.
góldbeater's skìn (금박 사이에 끼우는 소의 큰창자 가죽).
góld-beat·ing [góuldbìːtiŋ] 圈 금박 제조 (기술).
góld bèetle 풍뎅이. (또는 **góldbùg**)
Góld·berg [góuldbə̀ːrg] 圈 **Whoopi** ~ 골드버그 (1949- ; 미국의 여배우).
góld blòc 圈 금블록(금(金)본위제 국가군(群)).
góld-brick [─brìk] 圈 **1** 〔구어〕 금벽돌(벽돌 모양의 금괴 또는 그 모조품). **2** 〔구어〕 겉만 번드르르한 것, 위조품, 가짜. **3** *a*) 〔美속어〕 꾀를 피우는 사람, 농뗑이. *b*) 〔美軍속어〕 의무를 회피하려 하는 군인(shirker). (또는 **goldbricker**) **4** 〔美〕 민간 출신의 육군 소위. **5** 〔美〕 매력 없는 아가씨. ─ 종 〔美속어〕 ⓐ 책임을 회피하다, 농뗑이 부리다(shirk); 빈둥거리다. ── 타 (남) 을 속이다, 속여 빼앗다(swindle).
gold·bug [góuldbʌ̀g] 圈 **1** =gold beetle. **2** 〔구어〕 금본위제 지지자. **3** 〔구어〕 (인플레이션에 대한 대비로) 금에 투자하는 사람; 황금광.
góld búllion stàndard 圈 금지금(金地金)[금괴본위(제)](1925-31년 영국에서 채용).
góld cárd 圈 (신용 카드의) 골드 카드.
góld certíficate 圈 〔美〕 금(金)증권(연방 정부가 1865-1933년간에 발행한 금태환 지폐).
góld cláuse 圈 〔경제〕 금약관(金約款).
Góld Còast 圈 (the ~) **1** 황금 해안(현재의 Ghana 공화국의 일부; Ghana의 옛 명칭). **2** 골드 코스트(오스트레일리아 남동단의 해변; 관광·휴양지). **3** (the g-c-) 〔美구어〕 (연안의) 고급 주택지(역).
gold-col·lar [<kɑ̀lər/-kɔ̀l-] 圈 두뇌 노동(자)의, 골드 칼라의(지적 직종이나 정보 관리·처리 등에 종사). ── 圈 두뇌 노동자. 참 blue-collar, white-collar
gold·crest [góuldkrèst] 圈 〔조류〕 상모솔새.
góld-dig [<dìg] 종 〔속어〕 (여자가) 감언이설로 남자에게서 돈을 우려내다.
góld digger 圈 **1** 금광을 찾아다니는 사람, 사금 캐는 사람. **2** (올림픽 따위에서) 금메달 기대주(선수, 팀 등). **3** 〔속어〕 돈을 목적으로 남자와 교제[결혼]하는 여자. (또는 **góld-digger**)
góld digging 圈 **1** 금 캐기, 금광 찾기. **2** (~s) 금광[사금] 지대. **3** 〔속어〕 (여자가) 남자에게서 돈을 우려내기.
góld dìsc 圈 =gold record.
góld dùst 圈 사금(砂金); 금가루.
be like gold dust 〔구어〕 매우 귀중하다.
‡**gold·en** [góuldən] 圈 **1** 금빛의, 황금색의; 금처럼 번쩍이는.¶~ hair 금발/gold(en)/the ~ sun 황금빛으로 빛나는 태양/~ tinge 황금색. **2** *a*) 금(제)의(＊이 뜻으로는 gold가 보통).¶~ earrings 금 귀걸이. *b*) 금을 함유(산출)하는.¶a ~ country 금이 풍부한 나라. *c*) 금화의; 금의. **3** 〔한정용법〕 (금처럼) 귀중한, 훌륭한, 최고의; (기회 따위가) 절호의, 중요한.¶win ~ opinions 절찬(격찬)을 받다/a ~ remedy 묘약/a ~ opportunity 절호의 기회/Speech is silver; silence is ~. 〔속담〕 웅변은 은, 침묵은 금. **4** 활력[활기]에 가득찬, 생기가 넘치는; (희망·행복 따위로) 빛나는.¶~ youth 활력있는 젊음. **5** (때·시대 따위가) 행복에 가득찬; 융성한, 번영을 누리는.¶~ hours 꿈같이 행복한 몇 시간/the ~ era of jazz 재즈의 황금 시대. **6** 재능과 운이 갖춰진; 틀림없이 성공하는. **7** 부(富)를 창출하는.¶Malaysia's ~ resources 말레이시아의 달러 박스 자원. **8** (목소리 따위가) 풍부하고 부드러운.¶a ~ voice 매끄럽고 성량이 풍부한 목소리. **9** (결혼 기념일 따위가) 50번째의. **10** (종업원에게) 특별히 높은 급료를 지급하는, 우대의. ─**·ly** 里 ─**·ness** 圈
Gólden Áccess Pássport 圈 〔美〕 장애인 우대.
gólden áge 圈 (the ~) **1** (종종 G- A-) 〔그리스 신화〕 황금 시대(인간이 평화롭고 근결한 생활을 하던 때의 시대). **2** (국가·문학 등의) 전성기, 황금 시대. **3** (지혜·만족·여가 따위를 특색으로 하는) 중년 이후의 인생; (비유적) 퇴직 연령, 노년, 고령(old age).
gólden áge clùb 圈 〔美〕 노인 클럽.
Gólden Áge Pássport 圈 〔美〕 노인 우대증(62세 이상의 노인에게 발급).
gólden áger 圈 〔美〕 노인, 초로의 사람, 정년 퇴직자.
gólden annivérsary 圈 50주년 기념일.
gólden bálls 圈複 (3개의) 금빛 공(전당포 간판).
gólden bántam córn sweet corn의 원예 품종.
gólden bóy 圈 인기[장래성] 있는 남자.
góld-en-brown álgae [-brɑ́un-] 圈 규조류의 一 종[식물].
Gólden Búll (the ~) 〔史〕 황금 문서, 금인(金印) 칙서 (신성 로마 제국 황제 Charles IV가 내린 칙서).
gólden cálf 圈 **1** 〔聖사〕 *a*) Aaron이 만들어 이스라엘 민족이 숭배한 수송아지 주상(鑄像). (←출애굽기(Exod.) 32:4). *b*) Jeroboam이 만든 2개의 금송아지 우상(←열왕기상(1 Kings) 12:28-

Golden Crescent 29). **2** (숭배 대상으로서의) 금전, 재물, 부(富).

Golden Créscent 몡 (the ~) 황금의 초승달 지대 (이란·아프가니스탄·파키스탄의 접경 지대로 헤로인의 생산·거래 지대). 魯 Golden Triangle

gólden dáys (the ~, one's ~) 전성 시대.

Gólden Delícious 몡 골든 딜리셔스(미국산(産) 누른 사과 품종).

gólden dìsc 몡 =gold record. ┌란 사과 품종).

gólden éagle 몡 검독수리(머리·목덜미깃이 황금색).

Gólden Éagle Pássport 몡 (美) 골든 이글 패스포트(62세 이하의 사람에게 발급되며, 연방 정부 운영의 공원·휴양 시설에 1년간 무료 입장이 가능하다).

gold·en·eye [góuldənài] 몡 (變·(s)) 흰빰오리.

Gólden Fléece 몡 **1** (the ~) 〔그리스 신화〕 황금양털(Jason이 Argonauts의 원정대를 이끌고 가서 손에 넣었다). **2** 금양털 훈작사단(動爵士團).

Gólden Gáte 몡 (the ~) 금문(金門) 해협(미국 San Francisco만과 태평양을 잇는 해협; 길이 2,825m의 the Golden Gate Bridge (금문교)가 걸쳐 있다).

Gólden Glóbe Awárd 몡 골든 글로브상(賞)(미국 Hollywood Foreign Press Association(할리우드 외신 기자 협회)이 매년 1월 수여하는 영화·TV상; 1944년 창설). ┌골. 魯 sudden death 2

gólden góal 몡 (the ~) 〔축구〕 골든 볼, 연장 결승

gólden góose 몡 (이솝 우화의) 황금알을 낳는 거위; 부(富)를 낳는 것.

gólden hándcuffs 몡(複) 〔경영〕 특별 우대 조치, 황금 수갑(인재 확보를 위한 특별 고용 계약).

gólden hándshake 몡 (구어) 〔경영〕 (조기·명예 퇴직 권장을 위한) 특별 퇴직금; 그 퇴직금의 지불 (신청).

Gólden Hórn 몡 (the ~) 골든 혼(터키 Istanbul의 해항(海港)).

gólden júbilee 몡 (the ~) 50주년 축전.

gólden kéy 몡 **1** 천국의 열쇠(←마태 복음(Matt.) 16:19). **2** 뇌물, 코 아래 진상. ¶ *A ~ opens every door.* (속담) 황금만능(黃金萬能).

Gólden Légend 몡 (the ~) 「황금 성인전」 (이탈리아의 수도사 Jacobus de Voragine(1228/30-98)가 편찬한 라틴어 성인전의 영문판; 1483년 발간).

gólden méan 몡 (the ~) **1** 중용(中庸), 중도(中道). **2** =golden section.

gold·en·mouthed [góuldənmàuðd, -màuθt] 몡 웅변의, 능변의. ┌하는) 선충(線蟲)의 일종.

gólden nématode 몡 (토마토 따위의 뿌리에 기생

gólden númber 몡 (the ~) 황금수(黃金數)(부활절 날을 정하는 데 쓰는 수; 서력 연수에 1을 보태어 19로 나눈 나머지 수).

gólden óldie 몡 (때로 G-O-) (구어) **1** 옛날에 히트된[그리운] 것, 그리운 노래[영화]; 그 레코드. **2** 노익장의 현역. (또는 **gólden óldy**)

gólden óriole 몡 ⇒ORIOLE 1. ┌ 「화제의 최고상」.

Gólden Pálm 몡 (the ~) 황금 종려상(賞)(칸 국제영

gólden paráchute 몡 〔경영〕 조기 퇴직 특별 우대 조치, 할증 퇴직금(회사의 매수·합병 때 경영자는 다액의 퇴직금을 받을 수 있게 하는 고용 계약; 퇴직 수당).

gólden retríever 몡 골든 리트리버(영국종(種) 새 사냥개의 일종). ┌ 〔식물〕국화과의 다년초).

gold·en·rod [góuldənràd/-ròd] 몡 메역취속(屬)의

gólden rúle 몡 **1** (the ~) 〔성서〕황금률(마태 복음 (Matt.) 7:12의 산상 수훈 중의 1절, "*Do unto others as you would have them do unto you*."). **2** 행동 규범, 지도 원리. **3** 〔수학〕3의 법칙(rule of three).

gólden sáying 몡 금언(金言).

gólden séction 몡 (the ~) 〔미술·수학〕황금 분할 (약 0.618:1의 비(比)). (또는 **gólden méan**)

gólden sháre 몡 (英) 황금주(株)(기간 산업의 민영화시 외국 자본에 의한 매수를 막기 위해 정부가 보유하는 주식). ┌ 「칭.

Gólden Státe 몡 (the ~) 미국 California 주의 별

gólden sýrup 몡 (英) 골든 시럽(당밀(糖蜜)에 다른 성분을 가해서 만든 시럽; 제과용).

Gólden Tríangle 몡 (the ~) 황금의 삼각 지대(태국·라오스·미얀마의 접경 지대로 헤로인의 주요 산지); (일반적으로) 생산력이 높은 지역.

gólden wédding (annivérsary) 몡 금혼식(金婚式)(결혼 50주년). 魯 silver wedding ┌ 「시기.

gólden yéars 몡 (65세 이후의) 노후, 연금 생활

gólden yóuth 몡 상류층의 젊은이(gilded youth).

gold féver 몡 금매입 열(熱); 금광 열.

góld fíeld 몡 금광지, 채금지(採金地).

gold-filled [-fíld] 몡 금을 씌운, 금을 입힌.

gold·finch [góuldfìntʃ] 몡 오색방울새(유럽산); 황금방울새(북미산). ┌의 일종.

gold·fin·ger [góuldfìŋgər] 몡 〔속어〕합성 헤로인

‡**gold·fish** [góuldfìʃ] 몡 (變·(·es)) **1** 금붕어. **2** = garibaldi **3**. **3** (속어) 통조림한 연어. ── 금붕어 같은; 남의 눈에 노출되는.

góldfish bòwl 몡 **1** 금붕어 어항. **2** (구어) 대중에게 노출된 곳[상황], 프라이버시가 보호되지 않는 입장. *in a goldfish bowl* 금붕어 어항 속에서; 공개되어, 사람눈에 노출되어.

góld fíxing 몡 〔금융〕금값[金價] 결정, 금거래 기준가 결정; 세계 주요 금시장에서 매일 거래되는 금 가격 (fixing), (또는 **góld fíx**)

góld fóil 몡 금박(gold leaf보다 두꺼우며, 주로 치과용). ┌용). **góld-fóil** 몡

góld hóldings 몡 금 보유고.

gold·ie [góuldi] 몡 (美) =gold record.

gold·i·locks [góuldilàks/-lòks] 몡(複) **1** (단수취급) 금발의 사람[미녀]. **2** (단·복수 양용) 미나리아재비의 일종(유럽산); 메역취와 비슷한 초본(유럽산).

Gol·ding [góuldiŋ] 몡 **William G. ~** 골딩(1911-93; 영국의 소설가; 노벨 문학상(1983)).

góld láce 몡 금몰, 금 레이스. **góld-láced** 몡

góld léaf 몡 금박. **góld-léaf** 몡

Góld·man Sàchs [góuldmən sæks] 몡 골드먼 색스사(社)(~ & Company)(미국의 투자 은행).

góld médal 몡 (경기 따위의) 금메달; 금상, 일등상.

góld médalist 몡

góld míne 몡 **1** 금광, 금산. **2** 달러 박스, 부(富)의 원천. **3** (지식 따위의) 보고(寶庫) (*of*).

sit on a gold mine (美구어) (자기도 모르는 사이에) 매우 값진 것을 갖고[알고] 있다.

gold·min·er [góuldmàinər] 몡 **1** 금광부, 채금자 (採金者); 금광 노무자. **2** (~s) 금광 회사 주(株).

góld nóte 몡 (美) 금화 태환(兌換) 지폐. ┌ 「도금.

góld pláte 몡 **1** (집합적) 금제의 식기류. **2** (전기) 금

góld-plate [-pléit] 몡⊕ …에 금도금을 하다; 전기 금도금을 하다. **-plát·ed** 몡

góld-plat·ing [-pléitiŋ] 몡 (제품·건축물에) 값비싸고 불필요한 부속품[장식]을 설치하기; 그 부속품[장식].

góld póint 몡 **1** (경제) 금[정화(正貨)] 수송점(點). **2** (물리) 금점(金點)(순수한 금의 융해점; 1036°C).

góld récord 몡 100만 장 이상 팔린 히트 레코드; 이것을 낸 가수에게 주는 금제 레코드.

góld resérve(s) 몡 (the ~) 금[정화] 준비(액).

góld rúsh 몡 골드 러시. **1** 새 금광지로의 쇄도; 1849년 미국 California 주의 경우가 특히 유명), **2** (인플레 대책·투자 따위를 위한) 금 매입(열기). **3** 일확천금을 바라고 새로운 곳[분야]에 쇄도하기. **góld rúsher** 몡

góld síze 몡 금박 밑바탕 도료.

gold·smith [góuldsmìθ] 몡 금 세공사[업자].

Góld·smith 몡 **Oliver ~** 골드스미스(1730?-74; 아일랜드 태생의 영국 시인·작가).

góld sódium thi·o·mál·ate [-θàioumǽleit] 몡 금티오말산(酸) 나트륨(관절염 치료용). ┌ 「본위(제).

góld stàndard (sýstem) 몡 (the ~) 〔경제〕금

góld stár 몡 **1** (美) (전사자가 있음을 알리는) 금성장

(金星章). ¶a ~ mother[wife] 전사자의 어머니[부인]. 2 (학교에서 성적 우수자에게 주는) 황금빛 별.
gold-star [´stà:r] 형 《속어》 일급[최고급]의, 훌륭한.
góld stíck 명 《英》 1 (근위 기병 연대장·친위대장이 받드는) 금색봉(棒). 2 (G- S-) 금색봉을 받드는 사람.
gold·stone [góuldstòun] 명U =aventurine.
góld thèrapy 명 금요법(金療法)(염화금산 나트륨 투여에 의한 질환 치료). 「그 뿌리(약용).
gold·thread [góuldθrèd] 명 《식물》 깽깽이풀(黃蓮);
gold-tipped [´típt] 형 (궐련 따위의) 금빛 종이 물부리가 붙은.
Gold·was·ser [góuldvà:sər, -wà:-] 명 골드바서 (단맛이 도는 리큐어의 일종). (<G gold water)
gold·work [góuldwə̀:rk] 명 금세공품.
gold·work·ings [góuldwə̀:rkiŋz] 명복 사금 채광장, 사금 세광(洗場).
go·lem [góuləm, -lem] 명 1 (유대 민속) 골렘(점토·나무 따위로 만들어 생명을 불어넣은 인형). 2 바보, 얼간이. 3 자동 인형, 로봇(automaton).
‡**golf** [galf, gɔ:lf/gɔlf, gɔf] 명U 골프. ¶play ~ 골프를 치다. ── 동자 골프를 치다. ¶go ~ing 골프 치러 가다. ── 타 …을 (골프 클럽으로 치듯이) 높이 쳐올리다.
gól·fa·bíl·i·a [gàlfəbíliə/gɔ(:)l f-] 명복 골프 관련 수집품(클럽, 볼, 스코어 카드 따위).
gólf bàg 명 골프 백.
gólf bàll 명 골프 공.
gólf càrt 명 골프 카트. 1 골프 백을 나르는 손수레. 2 골퍼를 나르는 소형 전동차(golf car).
gólf clùb 명 골프채; 골프 클럽(골프 애호가 단체) 또는 그 시설; 《英》 =country club.
gólf còurse 명 골프장, 골프 코스.
golf·er [gálfər, gɔ́:lf-/gɔ́lf-, gɔ́f-] 명 1 골퍼, 골프선수[치는 사람]. 2 카디건(cardigan)의 일종.
gólf hòse 명 (운동·골프용) 긴 양말.
golf-links [´líŋks] 명복 =golf course.
gólf wìdow 명 골프광(狂)의 아내, 골프 과부.
Gol·go·tha [gálgəθə/gɔ́l-] 명 1 《성서》 골고다(그리스도가 십자가에 못박힌 Jerusalem 부근의 언덕). 2 (g-) 수난의 땅, 희생의 장소; 매장지, 묘지.
gol·iard [góuljərd] 명 (때로 G-) (12-13세기의) 편력(遍歷) 시인(라틴어 풍자시의 음유 시인).
gol·iar·der·y [góuljə:rdəri] 명 (편력 시인의) 풍자시. **gol·iár·dic** 형
Go·li·ath [gəláiəθ] 명 1 《성서》 골리앗(David에게 살해된 블레셋족의 거인. ←사무엘상 (1 Sam.) 17:48). 2 (보통 a g-) 거인; 강력한 영향력이 있는 사람[것], 사물; 거대 기관, 대기업. 3 《기계》 = ~ crane.
goliáth bèetle 명 (때로 G-) 골리앗 풍뎅이(아프리카산(産) 갑충).
Goliath cràne 명 (門) 형태의) 이동식 대형 기중기.
GOLKAR, Gol·kar [gálka:r/gól-] 명 골카르, 직능 그룹(인도네시아의 직능 단체 연합 정당).
gol·li·wog(g) [gáliwàg/góliwɔ̀g] 명 (때로 G-) 골리위그(검은 얼굴의 추한 (남자) 인형); 얼굴이 추하게 생긴 사람, 요괴. 「를 나타내어」
gol·ly[1] [gáli/góli] 감 《구어》 (가벼운 놀람·감탄 따위 *By* [or *My*] *golly!* 저런!, 어머나! 「럴 수가!
Good golly, Miss Molly! 《구어》 와!, 어이구!, 그 [<god의 완곡한 말]
gol·ly[2] 명 《축구어》 1 《어린이말》 =golliwogg. 2 흑인, 유색인. 「(paddy wagon).
go-long [´lɔ̀:ŋ/-lɔ̀ŋ] 명 《美속어》 범인 호송차
go·losh [gəláʃ/-lɔ́ʃ] 명 =galosh.
go·lup·tious [gəláp∫əs] 형 《익살》 맛 좋은; 즐거운.
GOM, G.O.M. 《英》 Grand Old Man(W. E. Gladstone의 별명).
go·ma [góumə] 명 《美속어》 아편.
gom·been [gambí:n/gɔm-] 명 《아일》 고리 대금(업)(usury); 고리, 폭리. (또는 **gombeenism**).
gom·been-man [-mæ̀n] 명 《아일》 고리 대금업자(usurer); 사채(私債)업자.
gom·broon [gambrú:n/gɔm-] 명 곰브룬(백색 반투명의 페르시아 도기(陶器)의 일종).
go·mer [góumər] 명 1 암컷의 발정 확인용으로 정관을 절제한 수컷. 2 (또는 **goomer**) 《美속어》 (병원에서) 달갑지 않은[성가신] 환자; 심기증(心氣症) 환자; 멍청이, 얼간이(* get out of my emergency room의 머

[golf]

gom·er·el [gámərəl/góm-] 명 〔스코·北英〕 바보, 얼간이. (또는 **gomeral, gomeril**)

Go·mor·rah [gəmɔ́:rə, -mɑ́rə/-mɔ́rə] 명 1 〔성서〕 고모라(죄악 때문에 Sodom과 함께 신에게 멸망당한 도시. ←창세기(Gen.) 19:24). 2 사악한[더러운] 장소. (또는 **Gomorrha**) **-r(h)e·an** 명

gon- [gɑn/gɔn] 연결 ⇒GONO-. ¶*gon*, polygon.

-gon [gɑn/gən, gɔn] 연결 「…각형」의 뜻. ¶penta~.

go·nad [góunæd, gán-] 명 〔해부〕 생식선.

go·na·dal, go·na·di·al [gounéidiəl], **go·nád·ic**

go·nad·o·trop·ic [gounǽdətrápik/gòunədoutrɔ́pik] 형 〔생화학〕 생식선(腺)을 자극하는, 향(向)생식선성(性)의. (또는 **gonadotrophic**)

go·nad·o·tro·pin [gounǽdətróupin/gòunədou-] 명 〔생화학〕 생식선(腺) 자극 호르몬.

-gon·al [gənl] 연결 「…각형의」의 뜻의 형용사를 만든다. ¶penta*gonal*.

Gon·court [gɑŋkúər/gɔ̀n-] 명 **Edmond Louis Antoine Huot de** ~ (1822–96), **Jules Alfred Huot de** ~ (1830–70) 공쿠르 (형제)(두 사람 다 프랑스의 미술 평론가·소설가·역사가).

Goncóurt Príze 명 공쿠르상(賞)(Goncourt 형제의 유지에 따라 프랑스의 Académie Goncourt가 매년 최우수 소설을 선정하여 주는 상; 1903년에 창설).

*__**gon·do·la**__ [gándələ/gón-] 명 1 곤돌라(Venice 특유의 바닥이 평평한 유람선). 2 〔美〕 (18–19세기의) 바닥이 평평한 대형 거룻배. 3 (기구의) 조롱(吊籠), (비행선의 조선(吊船). 4 〔美〕 대형 무개 화차. 5 (= ~ càr) 5 (공중 케이블·스키 리프트의) 곤돌라. 6 (슈퍼마켓 따위에서 상품을 사방에서 꺼낼 수 있게 한) 진열대.

gon·do·lier [gàndəliər/gɔ̀n-] 명 곤돌라 사공.

Gond·wa·na [gɑndwáːnə/gɔnd-] 명 곤드와나 대륙(지질 시대에 남반구에 있었다는 가설상의 대륙). (또는 **Gondwánalànd**)

‡**gone** [gɔːn, gɑn/gɔn] 형 go의 과거분사.
—형 1 지나간, 과거의, 이전의, 먼 옛날의. ¶a thing ~ 과거지사/ sweet memories of ~ summer 지난 여름의 즐거웠던 추억들. 2 가망이 없는, 절망적인, 못쓰게 된, 어쩔 수 없는. ¶I'm a ~ man. 나는 이제 틀렸다. 3 a) 멸망한. 결단난. 형편없는. ¶her ~ beauty 이미 시들어버린 그녀의 미모. b) 소멸된. 죽은. ¶be dead and ~ 죽어버리다. 4 기력이 떨어진, 우울해지는. 5 다 써버린. ¶The money was ~. 돈은 다 써버렸다. 6 〔구어〕 임신한. ¶She's six months ~ (with child). 그녀는 임신 6개월이다. 7 (real ~) 〔美속어〕 유달리 뛰어난, 아주 멋진, (음악이) 흥겨웁게 하는. ¶a real ~ gal 아주 멋진 여자. 8 (연령·시간을) 지난, …넘은, 이상의. ¶a woman ~ eighty years of age 80세를 지난 여자/ Is it ~ 3 yet? 벌써 3시 지났느냐? 9 (화살 따위가) 과녁을 벗어난. 10 〔속어〕 (술·마약·음악으로) 기분이 고양된, 취한; 황홀 상태에 든. 11 〔美속어〕 의식을 잃은.

be gone ① (명령문으로) =*Get you gone!* ② 〔구어〕 외출중이다.

be [or **have**] **gone of** [or **with**] …이 되다. ¶What's ~ *with* him? 그는 어떻게 되었습니까?

be gone under 〔속어〕 의식 불명이다; 술을 잃고 있다; (술·마약에) 취해 있다.

far gone 크게 진전되어; 깊이 관여되어; 열중하게 된, 제정신을 잃은(*in*). ¶She is *far* ~ *in* love. 그녀는 사랑에 깊이 빠져 있다. ② 몹시 지쳐서, 기진맥진하여

Get you gone! 가버려!, 꺼져! 〔여. ③ 죽어가는.

gone on [or **over**] …에 열중하여; …에 반하여. ¶He is ~ *on* her. 그는 그녀에게 푹 빠져 있다.

in days gone by 옛날(에).

past and gone 흘러간, (이미) 과거의, 기왕의.

real gone ⇒ GONE 7. 〔가망〕이 없는 사람.

góne càse 명 절망(가망)이 없는 상태, 파멸; 장래

gon·ef [gɑ́nəf/góːn-] 명 〔美속어〕 도둑, 소매치기.

góne féeling [sensátion] 명 정신이 아찔해지는 느낌, 쇠약감, 우울해지는 기분.

góne góose [gósling, cóon] 명 〔속어〕 가망이 없는[쓸모 없는] 사람(dead duck); 절망적인 상태.

gone·ness [gɔ́ːnnis/gɔ́n-] 명ⓊⒸ 기력의 쇠퇴, 우울한 기분, 지쳐빠진 상태.

G₁ phàse [dʒí:wʌ́n-] 〔생물〕 G₁기(期)(세포 분열) 주기 중 DNA 합성 준비기). 〔< *G* is gap의 생략형〕

gon·er [gɔ́ːnər/gɔ́n-] 명 〔구어〕 죽은 사람[것]; 결단이 난 것; 파멸[파산]한 사람; 가망이 없어진 사람[것].

gon·fa·lon [gánfələn/gɔ́n-] 명 〔중세 이탈리아 도시 국가 따위에서 사용했던〕 기(旗); 기(旗)드림.

gon·fa·lon·ier [gànfələniər/gɔ̀n-] 명 1 기드림 기수. 2 (중세 이탈리아 도시 국가의) 장관.

*__**gong**__ [gɔːŋ, gɑŋ/gɔŋ] 명 1 (신호용) 징, 공. 2 (또는 ~ **bèll**) 공벨, (초인종 따위의) 접시 모양의 벨. 3 〔英구어〕 (순찰차의) 사이렌. 4 〔英속어〕 메달, 훈장. 5 〔美속어〕 아편, 마리화나.

be all gong and no dinner 〔구어〕 〔익살〕 입만 떠들어대고 실제는 아무 것도 하지 않다. 〔우다.

kick the gong around 〔美속어〕 마리화나[아편]을 피
—동자 〔英〕 (교통 경찰이) 사이렌을 울려서 정차를 명하다. —동타 징[공]을 울리다.

~·like 형 징[공]의.

go·ni·o- [góuniou, -niə] 연결 corner, angle의 뜻. ¶*goniometer, goniometry*. (또는 **goni-**)

go·ni·om·e·ter [gòuniámətər/-ɔ́m-] 명 1 각도계, 측각기(測角器)(결정 따위의 면각(面角) 측정용). 2 〔무선〕 무선방위계(方位計): ~ direction finder.

go·ni·om·e·try [gòuniámətri/-ɔ́m-] 명Ⓤ (결정 따위의) 각도 측정, 측각술(測角術). **-o·met·ric** [-əmétrik], **-o·met·ri·cal** 형 **-o·met·ri·cal·ly** 부

go·ni·ot·o·my [gòuniátəmi/-ɔ́t-] 명 〔의학〕 안우각(眼隅角) 절개(술)(젖먹이의 선천 녹내장 수술).

go·ni·um [góuniəm] 명 (pl. **-ni·a** [-niə]) 〔생물〕 생식원(原) 세포, 성원(性原) 세포.

-go·ni·um [góuniəm] 연결 gonium의 뜻. ¶arche*gonium*.

gon·na [gɔ́:nə, gənə] 〔美구어〕 =going to. ¶Are you ~ go ? 너는 갈 셈이냐?

gon·o- [gánou, -nə/gɔ́n-] 연결 sexual, reproductive의 뜻(* 모음 앞에서는 gon-). ¶*gono*phore.

gon·o·coc·ce·mi·a [gànəkɑksi:miə/gɔ̀nəkɔk-] 〔의학〕 임균 패혈증. **-mic** 형

gon·o·coc·cus [gànəkákəs/gɔ̀nəkɔ́k-] 명 (*pl.* **-ci** [-sai]) 임균(淋菌). **-coc·cic** [-kák(s)ik/-kɔ́k-] 형

go·no·go [nóugòu] 형 (계획·행동의) 계속이냐 중지냐를 결정하는. (또는 **gó/nó-gò, gó or nó-gò**)

gon·o·phore [gánəfɔ̀:r/gɔ́n-] 명 1 〔동물〕 (히드로충류(蟲類)의) 생식체. 2 〔식물〕 꽃잎이나 또는 앞부분; 암술머리와 꽃밥. **-phór·ic, gon·óph·o·rous** 형

gon·or·rhe·a, 〔英〕 -rhoe·a [gànəríːə/gɔ̀nəríː-] 명Ⓤ 〔병리〕 임질(淋疾). **-al, -rhé·ic** 형

gon·sil [gánsil/gón-] 명 =gunsel.

-go·ny [gəni] 연결 production, genesis, origination의 뜻. ¶cosmo*gony*, theo*gony*.

gon·zo [gánzou/gɔ́n-] 〔美속어〕 형 1 (보도 기사 따위가) 독단과 편견으로 가득찬, 사실을 왜곡한, 과장된. 2 괴상한; 미친; 이상한. —명 1 편향 보도, 독단과 편견으로 가득찬 보도; 왜곡 기사를 쓰는 기자. 2 이상[괴상]한, 광기; 이상한 사람.

goo [guː] 명Ⓤ 〔美속어〕 1 (아교·엿 따위) 찐득거리는 것. 2 (구어·경멸적) 불쾌한[지겨운] 감상(感傷).

goob [guːb] 명 〔美속어〕 =goober 2.

goo·ber [gúːbər] 명 〔美남부〕 땅콩. (또는 ~ **pèa**) 2 (美학생 속어) (또는 **goob**) 작은 여드름; 기인(奇人).

‡**good** ⇒GOOD. ⟨p. 1198⟩

good은 일상 생활에서 가장 많이 쓰이는 낱말 중의 하나이다. 「좋다」는 뜻의 형용사로서 질적·양적·도덕적으로 마음에 드는 모든 경우에 폭넓게 쓸 수 있으며,「선(善)」을 기본으로 하는 명사 용법도 중요하다. 명사 good의 복수형인 goods은 별개의 표제어로 다룬다.

good [gud] 휑 (*bet·ter*; *best*) I. 질적(質的)으로
1 (내용·수량·정도가) 좋은, 충분한, 만족할 만한; 훌륭한.¶~ literature[poetry] 훌륭한 문학[시]/a ~ breeding 좋은 가정 교육/a ~ view 훌륭한 경치/~ food [wine] 고급[포도주, or land] 기름진 땅/ He can speak ~ English. 그는 영어를 잘 구사한다/ This was not a ~ apple year. 올해의 사과 수확은 좋지 않았다/A ~ beginning makes a ~ ending. (속담) 시작이 좋으면 끝도 좋다.

유의어 **good** 나무랄 데 없는, 또는 만족할 만한 정도인; 넓은 의미를 가진 말. **right** 그때의 정세에 알맞은.

2 진짜의, 진정(眞正)한, 가짜가 아닌; 실재하는, 현실의.¶Our prospect has not come ~. 우리의 예상은 맞지 않았다/You can tell a ~ quarter by biting on it. 진짜 25센트 은화인지는 깨물어 보면 안다.
3 교양이 있는, 지적인, 세련된.¶have a ~ academic background 학력이 높다.
4 (상거래 따위에서) 믿을 만한, 신뢰할 수 있는(reliable); 틀림없는, 확실한, 안전한(safe). ¶~ securities 확실한 증권/on ~ authority 믿을 만한 소식통에 의하면.
5 (증서·계약 기간 따위가) 유효한; 합법적인, 통용되는. ¶This ticket is ~ for a month. 이 표는 1개월 간 유효하다.
6 (…에/…하는 데) 맞는, 적합한, 제격인(*for, on*/*to do*); 쓸모 있는, 편리한.¶a ~ wind 때맞춰 부는 바람, 순풍/a ~ day *for* fishing 낚시하기에 더할 나위 없이 좋은 날/a ~ place *to* live (in) 살기 좋은 곳/a ~ *to* eat[drink] 먹을[마실] 수 있는/hold ~ 꼭 들어맞다, 해당되다/take a ~ turn 호전되다/G– *for* him! 역시 그답다!
7 유능한(competent); 솜씨가 좋은, 숙달한, 능숙한(skillful); 재간 있는(clever)(*at, in, with, on*).¶a ~ manager 유능한 매니저/be ~ *at* arithmetic 산수에 능하다/He's ever so ~ *with* his hands. 그는 손재주가 매우 좋다/A ~ *marksman may miss*. (속담) 명포수도 실수가, 원숭이도 나무에서 떨어진다.
8 정교하게 만들어진, 마무리가 훌륭한.¶a really ~ job 훌륭히 해낸 일/a ~ play 내용이 잘 짜여진 연극.
9 (옷이) 비교적 새 것인, 품질이 좋은; (옷이) 최상의, 가장 멋진.¶He wore his ~ suit to the office today. 그는 오늘 아주 멋진 옷을 입고 회사에 출근했다.
10 (사람·신체 기관이) 건강한, 건장한, 튼튼한(well). ¶~ hearing[eyesight] 좋은 청력[시력]/~ teeth 튼튼한 이, 건치(健齒)/be in ~ health 건강이 아주 좋다.
11 (건강에) 좋은, 도움이 되는; (약이) 잘 듣는(*for*). ¶Fresh fruit is ~ *for* you. 신선한 과일이 당신 건강에 좋습니다/This is a ~ medicine *for* a cold. 이것은 감기에 잘 듣는 약이다.
12 (음식이) 상하지 않은, 신선한; 먹을 수 있는; 입에 맞는, 맛있는.¶a ~ dinner 맛있는 식사/taste ~ 맛이 좋다/The meat was still ~ after two months of having been frozen in ice. 그 고기는 2달 간이나 냉동해 두었지만 아직도 먹을 수 있었다.
13 용모·용모 따위가 남의 눈을 끄는, 매력 있는; 이목이 수려한, 예쁜.¶She has a ~ figure. 그녀는 매력적인 용모와 자태를 지니고 있다/She has lost her ~ looks. 지난날의 그녀의 미모도 한물 갔다.
14 (얼굴의 피부 따위가) 매끄러운, 반들반들한, 흠[기미] 이 없는.
15 (비·구름 따위가 없이) 갠, (날씨가) 좋은.¶a ~ day 쾌청한 날/~ weather 좋은 날씨.
16 (테니스·핸드볼 따위에서 서비스 볼이나 리턴 볼이) 좋은 지점에 떨어진(댑 bad).
17 경마 (마장(馬場)의 상태가) 양호한.
18 (성적·평점이) 우(優)의; (쇠고기 등급에서) 양(良)의, 중품(中品)(상품(choice)보다 아래 등급)의.

II. 양적(量的)으로
19 (a ~) 흡족한, 충분한, 풍부한. ¶a ~ supply of coal 충분한 석탄 공급/have a ~ meal 식사를 충분히 하다/make a ~ profit 상당히 벌다/give a person a ~ scolding 남을 호되게 꾸짖다/She wanted a ~ cry. 그녀는 실컷 울고 싶었다.
20 (a ~) 완전한, 완전한.¶a ~ day's journey 꼬박 하루가 걸리는 여행/a ~ two hours from here 여기서 족히 2시간이 걸리는 곳/He weighed a ~ two hundred and thirty pounds. 그의 몸무게는 230파운드는 나갔다.
21 (a ~) (양·수가) 꽤 많은, 상당한.¶a ~ amount 상당한 양/a ~ part of a day 하루의 대부분/a ~ speed 상당한 속도로/for a ~ many years 여러 해 동안이나/from a ~ distance 꽤 먼 곳에서/That's a ~ long time ago. 그건 아주 오래 전의 일이죠.

III. 도덕적(道德的)으로
22 (도덕적으로) 훌륭한, 덕이 있는, 고결한, 선량한; 공정한, 올바른; 독실한, 신앙심이 깊은; 충실한, 충직한. ¶~ men and bad 선인과 악인/a ~ woman 착한 여자/a ~ deed 선행(善行)/a young businessman of ~ character 솔직한 성격의 젊은 실업가.
23 (행동·목적 따위가) 올바른, 정당한; 적합한, 적절한 (*for*).¶It is not ~ *to* waste time. 시간을 낭비하는 것은 좋지 않다/He is ~ *for* nothing. 그는 아무 쓸데도 못 쓴다/He would be a ~ man *for* the position. 그라면 그 자리에 적임일 것이다.
24 행실이 좋은, 얌전한, 예의바른.¶a ~ child 얌전한 아이/a ~ loser 지고도 의젓한 사람/She is as ~ as a lamb. 그녀는 어린 양처럼 얌전하다.
25 친절한, 인정이 많은; 남에게/…에 관해) 너그러운, 자비로운(*to*/*about*); (평판 따위가) 좋은.¶a man of ~ reputation 평판이 좋은 사람/do a ~ deed 착한 일을 하다/You've been very ~ *to* me. 제게 정말 잘 해 주셨습니다/G– *words cost nothing*. (속담) 좋은 말을 하는 데 돈 드는 것은 아니다.
26 명예로운, 훌륭한; 이름난, 신분이 높은.¶a ~ name 영명(令名)/~ families 명문, 명가(名家)/G– blood flows in her veins. 그녀는 명문 집안 출신이다.
27 (판단·주장 따위가) 정당한, 사리에 맞는, 타당한; 세심한, 주의 깊은.¶~ judgment 사리에 맞는 판단/~ reasons 납득이 가는 이유/There is ~ evidence that she is innocent. 그녀가 무죄라는 확실한 증거가 있다.
28 (사람이) 신뢰할 수 있는, 책임[의무]를 다하는 (*for*). ¶~ tenants 믿을 수 있는 차지인(借地人)/I'll lend him ten thousand dollars because I know he's ~ *for* the money. 그라면 그만한 돈은 틀림없이 갚을 테니, 1만 달러 빌려주겠다.
29 유쾌한, 즐거운; (이야기 따위가) 재미있는, 익살 맞은.¶a ~ joke 유쾌한 농담/have a ~ time 즐겁게 지내다/That's a ~ one. (비꼬아) 거짓말 마라.
30 (구어) 아주 친한, 친밀한.¶He's a ~ friend of mine. 그는 제 친한 친구입니다/G– *company makes the road shorter*. (속담) 길동무가 좋으면 먼 길도 가깝다.

good

31 〈고어〉《배·도시명 따위에 습관적으로 붙여》영팡스러운, 명예로운.
32 〈호칭·언급 따위에서〉 존경할 만한. ¶my ~ friend 여보게, 자네/My ~ man [sir]! 〈놀람·불신·항의 따위의 뜻을 내포하여〉 여보시오!; 형씨!(* 뜻은 별로 없고 때로 빈정대는 투로 쓴다.
33 〈고어〉《지체 있는 사람을 부르는 말로》…님. ¶~ my lord 영감님 /~ your ladyship 마님, 사모님.
a good few [**many**] 적지 않은[꽤 많은] (수의).
a good one 재미있는 농담, 멋진 이야기. 「면.
all in good time 〈구어〉 머지 않아, 곧; 때가 되면[오(**all**) **well and good**] 〈구어〉 좋아, 어쩔 수 없지.
as good as …이나 다름없는, 거의 …인. ¶I'm just *as* ~ *as* dead myself. 나는 죽은 거나 다름없다/She *as* ~ *as* admitted she was prejudiced. 그녀는 자기가 편견을 가지고 있음을 인정한 셈이었다.
as good as a play (연극처럼) 아주 재미있는.
as good as gold 아주 좋은, 최고의 가치가 있는; 아주 얌전한[행실이 좋은]; 전폭적으로 신뢰할 수 있는.
as good as good 〈구어〉 썩 좋은.
as good as *one's* **word** [or **bond, promise**] 반드시 약속을 지키는. ¶a man *as* ~ *as* his *word* 반드시 약속을 지키는 사람.
Be a good chap [or **boy, girl**] (**and do…**) (어른이 아이에게 일 따위를 시킬 때) (너) 착하지 (…해주지 않을래?)
Be good! (헤어질 때의 인사말) 잘 있어!; 〈익살〉 얌전히 있어!; (어머니가 아이에게) 다녀오너라.
Be good enough to *do*.; **Be so good as to** *do*. 아무쪼록 …해주십시오.
but good 〈美구어〉 완전히; 몹시, 대단히, 아주.
come good 〈濠구어〉 (실패 뒤에) 성공하다.
feel good 컨디션[기분]이 좋다; 안심하다. ¶I don't *feel* too ~ about it. 아무래도 마음이 안 놓인다.
good and [gúdn] 〈구어〉 심히, 굉장히; 완전히. ¶I'm ~ *and* tired. 완전히 지쳤다/It's ~ *and* cold. 몹시 춥다(* 뒤따르는 형용사에 대하여 «매우»라는 뜻의 강조부사로 쓰인다. 그밖에 똑같은 뜻으로 nice and…, fine and… 을 쓴다).
good and proper 〈美구어〉 철저히.
good for …에 알맞은; …에 견디어; …을 지불할 수 있는; (…기간) 유효의. ⇒回 5, 8, 11, 23.
Good for me [or **him, you**]! 〈구어〉 좋았어!, 됐어!
good full 〈해사〉 (범선이 바람을 비스듬이 앞쪽으로부터 받으면서 나갈 때에) 돛에 바람이 잘 닿는.
Good God [or **gracious, heavens, Lord**]! 어럽쇼!, 이건 놀랐는걸!
Good man! 잘한다!, 잘했다!
good men and true 훌륭한 사람들.
good old 〈애정·찬미 또는 조롱의 뜻을 담아〉 옛적의, 지나간; 그리운; 애용하는. ¶in the ~ *old* days 예전에는, 좋았던 옛 시절에는.
Good one. 〈구어〉 아주 좋아.
good to go 〈구어〉 순조롭게, 잘 나가서.
had as good 〈구어〉 …하는 게 낫다. ¶We *had as* ~ stay here. 우린 여기 있는 게 낫겠다.
have a good mind to *do* 꼭 …하고 싶은 마음이다.
have a good night 하루 밤 푹 자다.
have it (**so**) **good** 〈구어〉 운[재수]이 좋다; 타고나다, 혜택받다.
hold [or **stand**] **good** 효력이 있다(*for*); 존속하다.
in good time ① (…에) 충분한 시간 여유가 있게; 때맞춰, 제때에. ¶He returned home *in* ~ *time* for the dinner. 그는 식사 시간에 넉넉히 대어서 집에 돌아왔다. ② 곧, 당장에. 「행이다.
It is a good thing [or **job**] (**that**)… …이어서 다
keep good 썩지 않다, 유지하다.
like a good boy [or **girl, fellow, one**] ① 착한 아이처럼; 기운을 내어. ② 활발하게, 기세 좋게.
look [or **listen**] **good** 〈구어〉 ① 기량이 뛰어나다; 돋보이다. ② 유망한 듯하다, 촉망되다.
make a good thing out of …을 이용[활용]하다.
make good ① 〔약속〕을 지키다, 이행하다(fulfill). 〔목적〕을 수행하다, …을 이행하다/*make* ~ one's promise 약속을 이행하다/*make* ~ one's escape 도망쳐 나오다. ② 〔손해〕를 메우다, 벌충하다; 〔부족〕을 보충하다; 〔빚을〕 갚다. ③ 〔언실(言實)〕 따위를〕 입증[실증]하다(prove). ¶She *made* ~ in this job. 그녀는 이 일에서 유능하다는 것을 입증했다. ④ 〔지위·입장 등〕을 유지하다, 확보하다. ⑤ (…에서) 성공하다(succeed)(*in / as*); 기대에 부응하다. ¶He will *make* ~ in that job. 그는 그 일에 성공할 것이다. ⑥ 〔해사〕 (풍압·나침반의 오차를 계산에 넣어서) 〔배의 항로〕를 계산하다. 「없는.
not good enough to *do* 〈구어〉 …할 가치[자격]가
Not so good! 〈속어〉 이거 큰 잘못인걸!, 큰일났군!
take in good part 선의로 생각하다.
That's good. (칭찬의 뜻으로) 잘했어, 좋았어.
too much of a good thing (너무 고마와서, 너무 좋아서) 곤혹스러운 일, 난처한 일.

— 圀 1 (no, any, some 따위와 함께) 효용, 이익, 값어치, 가치; 복리, 행복. ¶for the ~ of mankind 인류를 위해/I only wanted your ~. 당신에게 좋기를 바랐을 뿐입니다/A change would do me ~. 전지(轉地)를 하면 내게는 좋으련만/What ~ will that do? 그런 일을 해서 무슨 소용이 있겠는가?/What's the ~ of my going? 내가 가서 좋을 게 뭐냐?
2 탁월한 점, 장점, 아름다운 점; 친절. ¶Develop the habit of seeing the ~ in people. 사람들의 장점을 보는 습관을 길러라.
3 a) 선(善), 덕, 미덕; 고결; (G-) 덕을 이루는 힘. ¶be a power for ~ 선을 권장하는 힘이 되다/know ~ from evil 선악을 분별하다/The highest ~ consists in humility. 최고의 선은 겸양에 있다. **b)** (the ~) 선 〔도덕〕의 이상(理想). **c)** (the ~) 〔집합적: 복수취급〕 좋은 사람〔것〕들. ¶The ~ die young. 착한 사람은 요절한다.
4 유리(有利), 이점; 좋은 일〔것〕, 바람직한 것〔일〕; 바람직한 결과. ¶That's all to the ~. 그것은 정말 좋은 일이다/Who's going to get any ~ out of this? 누가 여기서 무슨 좋은 결과를 얻으려고 생각하겠는가.
5 〔美〕 (쇠고기 공정(公正) 등급의) 양(良)(* 상품(choice)
6 (~s) ⇒GOODS. 「의 아래).
a bit of no good 큰 손해[피해]; 큰 화상(火傷).
after no good =*up to no good*.
come to good 좋은 결과를 낳다.
come to no good 실패로 끝나다, 나쁜 결과가 되다. ¶Her jealous relatives said that she would *come to no* ~. 시기심 많은 친척들은 그녀가 성공하지 못할 것이라고 말했다.
do *a person* **good** 남에게 이롭다; 남의 건강에 좋다.
do good 친절을 베풀다, 착한 일을 하다; 효력이 있다; 도움이 되다(*to*).
for *a person's* **good** 남을 위하여.
for good (**and all**) 이것을 마지막으로; 영구히, 영원히. ¶leave the country *for* ~ 영원히 조국을 떠나다.
for good or [or **and**] (**for**) **evil** [or **ill**] 좋든 나쁘든, 가부간, 여하튼. ¶Science, *for* ~ *and evil*, is what is distinctive of our time. 좋든 나쁘든 간에 과학은 현대를 특징짓는 것이다.
in good with 〈美구어〉 ① …의 마음에 들어, …와 사이가 좋아. ② …을 잘[능숙하게] 다루는.
It is no good *doing*.; **It's not a bit of good** *doing*. …해도 소용없다.   「(n.g.),
no good 쓸모없는; 가치가 없는: (영화 필름 편집에서) 불가(⇔ NG.,
That's no good. 쓸데없다, 소용없다.
to the good ① (종종 all 뒤에서) 일반에게 유익하게,

¶Peace is all to the ~. 평화란 정말 좋은 것이다. ②(수치 뒤에서) 벌이가 되어, 흑자로; 대변(貸邊)에, 대월(貸越)이 되어; 순익으로.
up to no good ① 못된 장난에 빠져서. ②(美) 쓸모[소용]가 없는, 도움이 안 되는.
What good is...? …이 무슨 소용인가?, 무슨 도움이 되는가? ¶ *What ~ is* a book if we don't read? 책이란 읽지 않으면 아무 쓸모도 없다.
— 國 (시인·승낙·만족·기쁨 따위를 나타내어) 좋았어!, 잘한다!, 좋고 말고!, 잘 왔어! ¶Very ~, my lady! 잘 알았습니다.
— 國 (구어) 잘, 훌륭하게(well); 실컷. ¶He can talk pretty ~, can't he? 그는 훌륭히 말할 수 있겠지요?/She cried ~. 그녀는 속이 후련해지도록 울었다.

‡**gòod aftérnoon** 國 (오후 인사) 안녕하십니까; 안녕히 계십시오[가십시오]. ⇨GOOD MORNING. 「인사.
good-af·ter·noon [ǽftərnúːn/-ɑ̀ːf-] 國 오후
góod behávior 國 1 예의바른 행동; 규율[질서]을 지키는 행위; 선행. 2 (공무원의) 적정한 직무 수행.
during good behavior 선행을 하는 한.
Góod Bóok 國 (the ~, the g- b-) 성서(Bible).
góod bréeding 國 올바른 예의 범절.
góod búddy 國 1 (美속어) (CB radio 이용자의) 통신 상대방을 부르는 말; 시민 라디오 이용자(CBer). 2 (구어) 친구.
góod bútt 國 마리화나 담배.
‡**góod-by** [-bái] 國 =goodbye. (또는 **goodby**)
‡**góod-bye** [gùdbái] 國 (작별 인사) 안녕히 계십시오[가십시오], 안녕. ¶G— for now. 오늘은 이만 안녕.
— 國 (옷 ~*s* [-z]) UC 작별의 말[인사], 작별. ¶exchange ~*s* 작별 인사를 나누다. (또는 **gòod-býe**)
kiss goodbye ⇨KISS.
say[or *bid, tell, wish*] *a person goodbye* 남에게 작별을 고하다, 남과 작별하다.
[<God be with ye.의 단축]
góod chéer 國 1 썩 좋은 기분, 원기; 용기. ¶be of ~ 기분이 썩 좋다. 2 즐거운 잔치[떠들썩한 연회] (진수) 성찬. ¶make[enjoy] ~ 떠들썩한 잔치를 벌이다.
good-con·di·tioned [¿kəndíʃənd] 國 상태가 좋은, 호조의.
Góod Cónduct Mèdal 國 (美군사) (하사관·사병에게 주는) 선행(善行) 기장.
góod cóp-bád cóp mòde [routine] 國 (수사관들의) 당근과 채찍 양면책, 회유와 강압 양면 수법.
‡**góod dáy** 國 (낮 인사) 안녕하십니까; 안녕히 계십시오[가십시오]. ⇨GOOD MORNING.
good-day [-déi] 國 낮 동안의 인사.
góod déal 國 1 (a ~) a) 다수, 다량(의…)(*of*). b) (부사적) 많이, 크게, 상당히, 대단히. ¶It snowed a ~ last year. 작년에는 상당히 많은 눈이 내렸다. 2 (구어) 만족스러운 제안[협정]; (속어) 만족스러운[즐거운] 상황[일, 생활]. ¶make a ~ 유리하게 거래하다.
— 國 (구어) 됐어, 알았어; (동의를 나타내어) 물론.
góod débt 國 변제가 확실한 부채. 國 **bad debt**
góod égg 國 (구어) 명랑한 사람; 신뢰[의지]할 수 있는 사람, 좋은 사람. — 國 이런! (기쁨의 표현).
‡**góod évening** 國 (저녁 인사) 안녕하십니까; 안녕히 계십시오[가십시오]. ⇨GOOD MORNING.
good-eve·ning [-íːvniŋ] 國 저녁 인사.
góod fáith 國 (보통 in ~) 신뢰, 정직, 성실, 성의. 國 **bad faith** ¶act in ~ 성실하게 행동하다.
góod féeling 國 선의, 호의; 우호 관계.
good·fel·la [gúdfèlə] 國 (속어) 깡패, 폭력단원.
góod féllow 國 1 친해질 수 있는 사람, 착한 사람. 2 (고어) 술 친구; (폐어) 도둑, 강도.
good-fel·low·ship [¿félouʃìp] 國 대인 관계가 원만함, 사교성; 우정, 우애; 다정[상냥]함.
good-for-noth·ing [¿fərnʌ́θiŋ, ⊥-⊥-] 國 도움이 되지 않는, 쓸모없는, 무가치한. — 國 쓸모없는 사람[것]; 밥벌레. (또는 **góod-for-náught**)
Góod Fríday 國 성(聖)금요일, (일반적으로) 수난일 (부활절 전의 금요일로 그리스도의 수난을 기념하는 날).
góod gúy 國 (구어) (서부극 따위의) 착한 사람(國 **bad guy**); 좋은[착한] 녀석.

— 國 (시인·승낙·만족·기쁨 따위를 나타내어) 좋았어!, 잘한다!, 좋고 말고!, 잘 왔어! ¶Very ~, my lady! 잘 알았습니다.
— 國 (구어) 잘, 훌륭하게(well); 실컷. ¶He can talk pretty ~, can't he? 그는 훌륭히 말할 수 있겠지요?/She cried ~. 그녀는 속이 후련해지도록 울었다.

good-heart·ed [ʰɑ́ːrtid] 國 친절한, 마음씨 고운, 인정이 많은. **~·ly** 國 **~·ness** 國
Góod Hópe 國 ⇨CAPE OF GOOD HOPE.
góod húmor 國 기분 좋음, 쾌활(한 기분); 싹싹함.
good-hu·mored [¿hjúːmərd/-hjúː-] 國 기분이 좋은, 쾌활한; 싹싹한, 상냥한. **~·ly** 國 **~·ness** 國
good·ie [gúdi] 國 (구어) 1 =goody¹. 2 선인(善人)인 체하는 사람(goody-goody). 3 언제나 예의바른 사람. — 國 =goody¹.
good·ish [gúdiʃ] 國 1 꽤 좋은, 괜찮은. ¶It is a ~ day for tennis. 테니스 치기에는 안성맞춤인 날이다. 2 (英) (수량·정도가) 상당한, 어지간한. ¶a ~ distance 꽤 먼 거리. 「람.
góod Jóe [jóe] 國 (구어) 상냥하고 마음씨 고운 사
góod lífe 國 (the ~) 1 풍족[유복]한 생활. 2 도덕[종교적 생활]에 따르는 생활, 품행 방정한 생활.
good-look·er [¿lúkər] 國 (구어) (여성에 대하여) 잘생긴 사람, 미인; 매력있는 것.
good-look·ing [¿lúkiŋ] 國 1 (사람이) 잘생긴, 아름다운, 미모의. ⇨BEAUTIFUL [유의어] 2 (의복 따위가) 잘 어울리는.
góod lóoks 國 매력적인 용모, (특히) 미모.
góod lúck 國 행운. — 國 행운이 있기를, 성공을 빕니다; 힘 내세요.
*góod·ly [gúdli] 國 1 꽤 큰, 상당한 양의. ¶a ~ sum 상당한 액수/a ~ number of calories 상당한 양의 칼로리. 2 아름다운, 잘생긴, 매력적인. ¶a ~ building 멋진 건물. 3 (고어) 양질의, 고급의. **-li·ness** 國
good·man [gúdmən/-mæn] 國 (고어) 1 가장(家長); 남편. 2 (G—) (성(姓) 앞에서) …씨(* gentleman 보다 격이 낮은 경칭). 國 **goodwife**
góod móney 國 양화(良貨); (英구어) 고임금.
‡**góod mórning** 國 (오전 인사) 안녕하십니까, 안녕히 주무셨습니까; 안녕히 가십시오[계십시오].

주의 만났을 때의 강세는 Gòod mórning(↘)!, 헤어질 때의 강세는 Góod mórning(↗)!으로 되는 것이 보통이다. Good afternoon!, Good day!, Good evening!도 마찬가지이다.

good-morn·ing [-mɔ́ːrniŋ] 國 오전중의 인사.
góod mórrow 國 (고어) =good morning.
góod náture 國 착한 마음씨, 사람이 좋음, 온후함.
‡**good-na·tured** [¿néitʃərd] 國 (*more* ~; *most* ~) 마음씨가 착한, 온순한, 사람이 좋은, 온후한, 싹싹한. ⇨AMIABLE [유의어] **~·ly** 國 **~·ness** 國 「웃.
góod néighbor 國 우호적인 사람[국가], 선량한 이
good-neigh·bor [¿néibər] 國 (국가끼리) 우호적이고 상호 원조 관계에 있는, 선린(외교)[정책]의.
~·hòod 國 선린(善隣) 관계.
Góod Néighbor Pólicy 國 (the ~) (1933년 미국 Roosevelt 대통령이 취한) 선린 외교 정책.
‡**góod·ness** [gúdnis] 國 U 1 좋은 상태, 우수한 성질, 양호(國 **badness, evil**). 2 선량함, 유덕(有德), 미덕. ¶~ of man 인간의 선성(善性).

유의어 **goodness** 타고난 도덕적 숭고함, 특히 친절·관용·동정심 따위. **morality** 바른 행동 기준에 따르는 일. **virtue** 의식적으로 노력하여 도덕률을 지키고 악의 길을 거부하는 도덕적 숭고함.

3 친절, 관용, 자선. ¶out of the ~ of one's heart 친

절심에서. **4** (the ~) **a)** (질의) 우수함, 양호함, 우량. ¶the ~ of a timber 재목의 우량함. **b)** 정수(精髓), 진수(眞髓), 미점(美點), 강점; (식품의) 자양분. **5** (완곡적) 신(神)(* 감탄구 따위에 God 대신에 쓴다).
for goodness' sake 제발, 아무쪼록, 부디.
Goodness knows! 누군들 알겠나!
have the goodness to do ① 친절하게도 …하다. ② (명령문으로) 부디 ~해 주시오. ¶Have the ~ to listen! 부디 경청해 주십시오.
in the name of goodness 하늘에 맹세코, 도대체.
(My) goodness!; (고어) Oh, (my) goodness!; Goodness me! 저런!, 어머나!
Thank goodness! 고맙군! (를) 바란다.
wish [or hope] to goodness (구어) 제발 (…이기를).
——② (놀람·분노 따위를 나타내는) 이것 참, 어렵쇼!
Goodness (gracious)! (구어) 이것 참!, 어렵쇼!
góodness of fít 圀 (통계) 적합도.
good néws 圀 (부정관사를 붙이지 않고 단수 취급) **1** 좋은 소식, 길보(吉報); 복음. **2** (美·캐나다 구어) 유쾌한 사람[일]; 바람직한 사람[일], 나무랄 데 없는 사람[사태, 상황]. ¶He is ~ in many ways. 그는 여러 가지 점에서 나무랄 데 없는 사람이다.

góod néws-bád néws jóke 圀 (美) 사물의 선과 악, 좋은 면과 나쁜 면 따위 양면을 이용한 농담(예: *Good news*: I was stranded on a desert island with ten gorgeous girls. *Bad news*: I was a girl, too). (발행의) 현대 구어역 성서.
Góod Nèws Bíble 圀 (the ~) (미국 성서 협회)
‡**gòod níght** 圀 (밤 인사) 안녕히 가십시오[계십시오]; 안녕히 주무십시오.
say good night to (속어) ① …에게 작별 인사를 하다. ② …을 단념하다, 없는 것으로 치다.
good-night [-náit] 圀 (밤의) 야별 인사.
góod óffices 圀(복) 알선, 돌봄; (외교) (분쟁 따위의) 중재, 조정; 영향력.
through the good offices of …의 알선[호의, 재]으로.
good-oh [-óu] 囧 (英구어) (찬동·칭찬의 뜻으로) 좋아!, 멋져!, 잘했다! —圀 (濠) 좋은. —囲 (濠) 좋아, 예, 그렇고말고, (good-o)
góod óil 圀 (濠속어) 신뢰할 수 있는 정보.
góod óld bóy 圀 (구어) **1** 좋은 친구, 믿을만한 친구; 한 패(조직)의 일원. **2** (美) 전형적인 남부 사람, 싹싹하고 허물없는 남부 사람. (또는 **góod-òle-bóy, góod òl' bóy) góod òld bóyism** 圀
góod péople 圀(복) (the ~) 요정들(fairies).
góod quéstion 圀 생각케 하는 질문, (어렵고도) 좋은 질문. ¶That's a ~. 그건 좋은 질문이군요(* 생각할 시간을 벌기 위한 상투어).
‡**goods** [gudz] 圀(복) **1** 상품, 물품. ¶~ in stock 재고품 / essential ~ 필수품 / canned ~ 통조림류. **2** 재산, 소유물; (경제) 재화(財貨); (법률) 동산. ¶household ~ 가재(家財) / give over one's ~ to a person 동산을 남에게 양도하다. **3** (구어) 약속된 것. **4 a)** (the ~) (구어) 진짜; 일급(상)품. ¶The work is the ~. 그 작품은 진짜다. **b)** (the ~) (단수취급) (구어) 요구되고 있는[필요한] 소질[능력]; 대망의 것[사람], 필요한 것[사람]; 성적 매력이 있는 여성. ¶He is the real ~. 그 사람이야말로 적격자다. **5** (the ~) (구어) 범죄의 증거, 장물. ¶catch a person with the ~ 남을 현행범으로 체포하다. **6** (美) 피륙, 직물. ¶a dress ~ 드레스 천. **7** (英) (철도) 화물; 화물 열차. ¶a ~ agent 운송 회사업자 / by ~ 화물 열차로.
a (nice) bit of goods (英속어) 유능한 사람; (성적 매력이 있는) 여자; 성교.
a piece of goods (속어) 사람, (특히) 소녀.
deliver [or produce] the goods 약속을 이행하다; 기대[요구]에 부응하다.
have [or get] the goods on a person 남의 범

의 확증을 입수하다[잡다].

[USAGE] **goods**의 용법 —— goods에 수사(數詞)나 many가 붙는 일은 거의 없고, "많은"은 a lot of를 쓴다. 또한 goods는 보통 복수 취급하여 These ~ are mine. (이들 재산은 내 것이다)와 같이 말하나, (美)에서는 goods가 '피륙, 직물'의 뜻인 경우에는 단수 취급한다: This ~ *is* mine.

góod Samáritan 圀 (때로 G- S-) **1** (성서) 착한 사마리아인(←누가 복음(Luke) 10:30–37). **2** 고통받는 사람의 참된 벗, 인정이 많은 사람.
góods and cháttels 圀(복) (법률) 동산(動産).
góod scóut 圀 =good Joe.
góod sénse 圀 (타고난) 양식, 분별.
Góod Shépherd 圀 (성서) (the ~) 선한 목자(그리스도의 상징적 호칭. ← 요한 복음(John) 10:11).
good-sized [-sáizd] 囧 대형의, 꽤 큰; 큰 편인.
góod sórt 圀 (濠구어) 착한 여자, 붙임성 있는 여자. **2** (구어) 친절하고 호감을 갖게 하는 사람.
góod spéed 圀 (고어) 성공; 행운.
góods tráin 圀 (英) 화물 열차(=(美) freight train).
góods ván 圀 (英) 배달용 트럭.
góods wágon [trúck] 圀 (英) 철도 화차(貨車)((美) freight car).
góods yárd 圀 (英) 화물 터미널(=(美) freight terminal).
good-tem·pered [-témpərd] 囧 착한, 온후한, 싹싹한, 사근사근한. **~·ly** 囲 **~·ness** 圀
góod thíng 圀 **1** 좋은[잘된] 일, 적당한 착상[투기]; 좋은 일거리; 행운. **2** 경구, 명언. **3** (~s) 진미, 성찬.
(and) a good thing, too 잘했어, 잘됐어, 훌륭해. [사치품.
be onto [or on to, on] a good thing; have a good thing going (구어) 좋은 일거리[돈벌이감]가 얻어걸리다, 순조롭다.
It's a good thing (that)... (구어) …해서 잘 됐다, …은 행운이다.
too much of a good thing (좋지만 도가 지나쳐서 오히려) 귀찮은 것, 달갑지 않은[않은] 것.
góod tíme 圀 쾌락; (속어) 모범수의 감형된 형기.
good-time [-táim] 囧 (사람이) 쾌락을 좋는, 방탕한, 놀기 좋아하는. —囲 (~ it) 방탕한 생활을 하다.
góod-tìmer 圀
good-time Chárlie [Chárley] 圀 난봉꾼, 도락가; 낙천가.
góod-time gírl 圀 바람둥이 여자; (완곡적) 매춘부.
góod túrn 圀 선행, 친절(한 행위). ¶an ill turn do a person a ~ 남에게 친절하게 하다 / *One ~ deserves another.* (속담) 가는 정이 있으면 오는 정이 있다.
góod úse [úsage] 圀 (언어의) 표준[바른] 용법.
good-wife [gúdwàif] 圀 (複 -wives [-wàivz]) **1** (스코) (한 집안의) 여주인, 주부; 여인숙 주인. **2** (G-) (고어) ~부인(lady 아랫 자리의 여성의 경칭).
‡**góod·will** [gúdwìl] 圀 **1** 호의, 친절, 온정, 선의; 선선. ⇒FAVOR (유의어) ¶international ~ 국제 친선. **2** 기꺼이 승낙하기, 쾌락. **3** (상업) (상점의) 신용, 평판; 단골; 노포(老鋪)의 성가(聲價). **4** (회계) 영업권, 권리금. (또는 **góod wíll**) —囧 친선의; 호의(선의)의. ¶a ~ mission 친선 사절단 / pay a ~ visit to …을 친선 방문하다. **góod-willed** 囧
góod wórd 圀 **1** 찬사; 변호의 말. **2** (the ~) (美) 좋은 소식.
have [or put in] a good word for …을 칭찬하다.
góod wórks 圀(복) 자선 행위, 선행.
good·y¹ [gúdi] (구어) 圀 **1** (보통 -ies) 특별한 음식, 맛있는 것(과자), 캔디. **2** (-ies) 즐겁게[유쾌하게] 하는 것. **3** (영화·TV 드라마의) 주인공(의 친구). **4** =goody-goody. —囲 (놀람·기쁨을 나타내어) 와, 끝장난다!, 멋지다! (또는 **goodie**)
good·y² 圀 (고어) **1** (하층 계급의) 아주머니; (성(姓)

goody-goody

앞에 붙여 부르는 말로) …댁[아줌마].¶*G*– Smith 스미스 아줌마. **2** (美) (대학 따위의) 기숙사 청소부(婦).

good·y-good·y [-gúdi] (구어) 형 착한 사람[도덕가]인 체하는, 잘난 체하는. ─ 명 착한 사람[도덕가]인 체하는 사람, 영리한 체하는 아이[사람].
─ 감 다음 뜻으로만 쓴다. 「냈다!
Goody-goody gumdrop! (어린이말) 신난다!, 해

goo·ey [gúːi] 형 **1** 끈적거리는, 들러붙는 (과자 따위가) 달고 끈적거리는. **2** (구어) 매우 감상적인, 달콤한, 아기자기한. ─ 명 **1** 끈적거리는 음식. **2** 성격이 약한 사람. **3** (美속어) 여자 친구.

goof [guːf] (속어) 명 **1** 바보, 멍청이. (또는 **goofer**) **2** 실패, 실수. **3** 보결[신인] 선수. **4** (美속어) 마약 중독자. *make a goof* 실수하다, 망치다.
─ 통(자) **1** (…에) 실패하다, 실수를 저지르다(*up*); (상습) 오해[오판]하다 (*on*). **2** 빈둥거리다; 사보타주하다 (*off, around*) (*on*). **3** 장난삼아 해로인 따위를 주사하다; (해로인에 취해서) 꿈퀴다[꾸벅꾸벅하다]. ─ 타 (속어) (실수하여) 망쳐버리다, 실패하다(*up*).
goof at (美속어) …을 조사하다; …을 보다.
goof on a person (美속어) 남을 놀리다.
goof up on …을 실수로 망쳐 버리다.

goof·ball [gúːfbɔːl] 명 **1** 쓸모없는 사람; 괴짜. **2** 중독[상용]자. **3** 마약; 바르비탈계 수면제, 넨부탈 (Nembutal).

goof·er [gúːfər] 명 = goof 1, 4.

go-off [-ɔːf/-ɔːf] 명 (구어) 개시 (시간); 출발 (시간).
at one go-off 단번에.
at the first go-off 단번에, 즉시.

goof-off [-ɔːf/-ɔːf] 명 (속어) **1** 책임을 회피만 하는 사람, 게으름뱅이, 농땡이. **2** 유식 (기간).

goof-up [-ʌp] 명 (속어) **1** (태만으로) 실수만 저지르는 사람, 얼빠진 놈. **2** (중대한) 실수, 실패.

goof·y [gúːfi] 형 **1** (속어) 바보 같은, 얼빠진; 별난, 엉뚱한; 머리가 돈. **2** (英) 뻐드렁니의. **3** (美구어) 술 취한. **góof·i·ly** 부 **góof·i·ness** 명

goof·y-foot [-fùt] 명 (서핑) 오른발을 앞으로 내고 타는 서퍼. (또는 **góofy-fòoter**)

goog [gu(ː)g] 명 (濠속어) 계란; 바보. 얼간이.
(as) full as a goog 몹시 취하여.

goo·gly [gúːgli] 명 (英) (크리켓) 곡구(曲球)의 일종.
─ 형 (美구어) (눈이) 희번덕거리는, 퉁방울눈의.

goo·gol [gúːgɔ(ː)l, -gəl] 명 구골(10^{100}). 천문학적 숫자. 「스(10^{10100}).

goo·gol·plex [gúːgɔ(ː)lpleks, -gəl-] 명 구골플렉

goo-goo[1] [gúː] 명 (~**s**) (美경멸적) 정치개혁 운동가. [< Good Government Association)

goo-goo[2] (눈빛이) 요염한, 호색적인.
make goo-goo eyes at …에게 추파를 던지다.

gook[1] [gu(ː)k] 명 (구어) **1** UC 오물, 미끈미끈[끈적끈적]한 것. (또는 **guck**) **2** (짙은) 화장. **3** 시시한[하찮은] 일. **4** (美속어) 싸구려[질이 나쁜] 물건. ~**y** 형

gook[2] [guːk] 명 (속어·경멸적) **1** 동양인, 동남아시아인; 피부가 거무스름한 외국인, (특히) 중동 사람. **2** 진기한 사람[동물]; 거지; 대춘부. **4** 바보, 명청이. (또는 **geek, gooner**) ~**y** 형

goon [guːn] 명 **1** (美구어) (노동 쟁의에 고용되는) 폭력단원, 건달. **2** (속어) 얼간이, 바보; 난폭한 사람.

goon·da [gúːndə] 명 (인도) 악당, 건달, 불한당.

góon·(e)y bìrd [gúːni-] 명 (속어) (조류) 신천옹 (信天翁) (albatross); 바보, 멍텅구리.

góon squàd 명 (속어) 정부 폭력단; 경찰.

goon·y [gúːni] 형 **1** (속어) 어리석은; 명청한; 어색한. ¶*a* ~ *smile* 바보 같은 미소. **2** (같은); 폭력적인; 잔인한. ─ 명 (속어) = goon 1; = gooney bird. (또는 **gooney**) **góon·i·ly** 부

goop[1] [guːp] 명 (속어) 버릇없는 사람, 멀렁이; 바보.

goop[2] 명 UC 끈적거리는[걸쭉한] 것; 보기만 해도 토할 것 같은 음식.

goop·y[1] [gúːpi] 형 (속어) **1** 끈적거리는, 끈적끈적한. **2** 별나게 감상적인.

goop·y[2] 명 (속어) 바보. ─ 형 어리석은, 바보 같은.

goos·an·der [guːsǽndər] 명 비오리(오리의 일종); 비오리속(屬)의 새.

‡**goose**[1] [guːs] 명 (복 **geese** [giːs]) **1** 거위; (야생)기러기; 거위[기러기]의 암컷(⟷ gander). ¶*All his geese are swans.* (속담) 자기 것이면 거위도 모두 백조로 보인다(모든 것이 최고], 자화자찬/*What is sauce for the* ~ *is sauce for the gander.* (속담) 한 편에서 맞는 것은 다른 편에도 맞는다. **2** U (식용) 거위[거위]고기. **3** (종종 you ~로 부르는 말로) 바보(같은 여자), 숙맥. ¶*a silly* ~ 바보. **4** (복 **góos·es**) (양복점) 다리미. **5** (복 **góos·es**) (속어) (장난으로) 궁둥이 사이를 쿡쿡 찌르기. **6** (복 **góos·es**) **a)** (구어) 원기[힘]를 북돋우는 것. **b)** (美구어) 차의 액셀러레이터를 힘껏 밟기. **7** (속어) (거위 소리 비슷한) 야유. **8** (속어) 기관차의 긴급 정거. 「(하게).

(as) loose as a goose (구어) 침착하게; 느릿느릿

call a goose a swan 검은 것을 희다고 우기다.

can [or *will*] *not say bo(o) to a goose* 매우 심하다, 몹시 겁이 많다.

cook a person's goose (구어) 남의 희망[계획, 기회 따위]를 망쳐놓다; 남을 궁지에 몰다.

get the goose (연극 따위에서) 관객의 야유를 받다.

give…the [or *a*] *goose* (美속어) …에게 기합을 넣다. (자동차를 가속하다.

kill the goose that lays [or *laid*] *the golden egg(s)* 소견없는 짓을 하여 재원(財源)을 잃다; 눈앞의 이익 때문에 앞날의 큰 이익을 잃다.

make a goose of …을 바보 취급하다, 가지고 놀다.

pluck a person's goose (for him) 남의 거만한 콧대를 꺾어놓다, 남에게 창피를 주다.

shoe the goose 하찮은 일로 시간을 낭비하다.

sound [or *all right*] *on the goose* (美) 사상이 온건한; 당의 방침[주의]에 충실한.

The goose hangs [or *honks*] *high.* (美) 만사가 순조롭다, 전망이 밝다.

The old woman is picking [or *plucking*] *her geese.* (어린이말) 눈이 계속 내리고 있다.

turn geese into swans; turn every goose to a swan 지나치게 과장하다, 자화자찬하다.

─ 통(타) **1** (비어) (장난으로) (남)의 궁둥이 사이를 찌르다. **2** (구어) …에게 활력[자극]을 주다(주어 ~시키다); …을 (더욱) 강하게 하다, 끌어올리다(*up*); 늘리다, 촉진하다(*up*); (속도를 내기 위해) (엔진 회전수)를 높이다, (엔진·기계)를 시동하다. **3** (속어) (연극·배우)을 야유하다. ~**·like** 형 **góos·er** 명

goose·ber·ry [gúːsbèri, -bəri, gúːz-/gúzbəri] 명 **1** 구스베리; 그 열매. **2** U 구스베리주(酒). **3** (젊은 여성들을) 시중드는 사람(chaperon); 훼방꾼.
play [or *be a*] *gooseberry* (英속어) (연인들의) 달갑잖은 동행자가 되다; 훼방꾼이 되다.
play old gooseberry with …을 엉망으로 만들다, 망쳐버리다; (남)을 괴롭히다, …을 혼내 주다.

góoseberry bùsh 명 구스베리 나무. ¶*We found him* [or *her*] *under a gooseberry bush.* (아기는 어디서 났느냐는 아이들의 질문에 답하여) 아기는 구스베리 나무 밑에서 주웠어. 「을 친 것.

góoseberry fóol 명 익힌 구스베리에 크림과 설탕

góose bùmps 명(복) (美) = goose flesh.

góose clùb 명 (英) 크리스마스용의 거위를 사기 위한 적립금 조합; 소(小)노동 조합.

góose ègg 명 **1** 거위[기러기] 알. **2** (美구어) **a)** 0; 무득점, 영점(英) duck's egg). **b)** 실패. **3** (美구어) (얻어맞아 머리에 생긴) 혹. 「키다.

goose-egg [-èg] 명 타 (美구어) (상대 팀)을 영패시

góose flèsh 명 (추위·공포로 생기는) 소름. ¶*have*

~ 소름이 끼치다 / be ~ all over 온몸에 소름이 끼치다. (또는 góoseflèsh)
goose·foot [gúːsfùt] 명 (복 ~s) 명아주류의 잡초.
goose·gog [gúːzgɔg/-gɔ̀g] 명 《英방언》 =gooseberry.
góose gràss 명 《식물》 갈퀴덩굴(cleavers).
goose grèase 명 거위 기름(가정용 연고(軟膏)).
goose·herd [gúːshə̀ːrd] 명 거위 치는 사람.
goose·neck [gúːsnèk] 명 1 거위 목(모양의 것); S 자형 관(管). 2 《해사》 구스넥(붐(boom) 밑동에 부착하는 구부러진 갈고리). ~ed [-t] 형 「용 전기 스탠드」
góoseneck làmp 명 목대가 자유자재로 굽는 탁상
góose pìmples 명 =goose flesh.
góose quìll 명 거위의 깃대; 거위 깃펜.
góose skìn 명 소름(goose flesh). (또는 góose-skìn)
give a person **goose skin** 남에게 소름이 돋게 하
góose stèp 명 (the ~) 1 《군대 따위에서》 무릎을 굽히지 않고 다리를 높이 들어 올려 걷는 행진 보조. 2 (제자리에 서서 하는 신병의) 보조(步調) 훈련.
goose-step [-stèp] 자 (-pp-) 1 goose step으로 행진하다. 2 (협박을 받아) 무조건 따르다.
~·per 명 「꾸짖는 말」
goos·ey [gúːsi] 명 《어린이말》 거위; 바보(어린이를
goos·y [gúːsi] 형 1 거위 같은; 어리석은. 2 (구어) 놀라기 잘하는, 신경 과민한; 금방 소름이 끼치는; (성미 가 까다로운; 신경질적인. (또는 goosey)
goo·zle [gúːzl] 명 《美중남부》 =gozzle.
G.O.P., GOP 《美》 Grand Old Party(공화당).
go·pak [góupæk] 명 고팩(우크라이나의 민속 무용).
go·pher¹ [góufər] 명 1 (북미의 초원에 서식하는) 땅다 람쥐의 총칭. 2 =pocket ~ 3 (미국 동남 해안산(産)) 식용 거북의 총칭. (또는 ~ tòrtoise) 4 =~ snake. 5 (G-) 미국 Minnesota 주 출신자(주민)의 별명. —자 (채광) (무질서하게) 구멍을 파다, 채광하다; 발과 폭발을 점증하게 해서 구멍을 넓히다.
go·pher² 명 (속어) 1 매우 열심인 사람, 열성적인 세일즈맨. 2 심부름하는 소년, 어린 사환. 3 불량 소년, 졸때기; (美속어) 금고털이; 금고(실). 「~ ball.」
go·pher³ 타 (美속어) 돌고넌을 던지다.
Go·pher (종종 g-) (컴퓨터) 고퍼(인터넷 상의 정보를 메뉴 형식으로 검색하는 프로그램).
gópher bàll (美속어) 홈런 투구(投球), 홈런볼.
gópher snàke (북미 서부에 서식하는 독없는) 뱀(bull snake). 「칭.」
Gópher Stàte 명 (the ~) 미국 Minnesota 주의 별
gópher wòod 명 (성서) 노아(Noah)의 방주를 만들었다고 전해지는 나무(←창세기(Gen.) 6:14).
GOR general operational requirement.
go·ral [gɔ́ːrəl] 명 《동물》 히말라야 영양.
Gor·ba·chev [gɔ́ːrbətʃɔ̀ːf, -tʃɑ̀f/-tʃɔ̀f] 명 **Mikhail S.** ~ 고르바초프(1931- : 옛 소련·러시아의 정치인; 소련 공산당 서기장(1985-91), 대통령(1990-91); 노벨평화상(1990)).
gor·bli·mey [gɔːrbláimi] 감 《英속어》 제기랄!, 아뿔싸!, 천만에! — 형 천한, 저속한. (또는 **gaw-blimey, gorblimy**) [<God blind me]
gor·cock [gɔ́ːrkɑ̀k/-kɔ̀k] 명 《英방언》 붉은뇌조의 수컷. ⇨ **gorhen**
Gor·di·an knót [gɔ́ːrdiən-] 명 (the ~) 고르디오스(Gordius)의 매듭(프리기아 왕 고르디오스가 전차에 매어놓은 매듭; 장래 아시아의 지배자가 될 사람만이 풀 수 있다는 것을 Alexander 대왕이 칼로 잘라버렸다); 난문(難問), 아주 어려운 일.
cut the **Gordian knot** 일도 양단의 조치를 취하다, 어려운 일을 단번에 해결하다. 「形蟲).」
gór·di·an wòrm [gɔ́ːrdiən-] 명 《동물》 선형충(線
Gor·di·mer [gɔ́ːrdimər] 명 **Nadine** ~ 고디머 (1923- : 남아프리카 공화국의 소설가; 노벨 문학상).

Gór·don Bénnett [gɔ́ːrdn-] 감 《英속어》 저런, 이거 놀랍군(놀라움을 나타내는 표현; God의 대용). [<미국의 신문 편집자 James ~ (1841-1918)의 이름]
*gore¹ [gɔːr] 명U 1 (악살) (상처의) 피, 엉긴 핏덩어리. 2 (구어) 살육, 살육; (TV·영화의) 유혈 폭력 장면.
gore² 타 1 (동물이) 뿔(엄니)로 …을 받다. 2 (뾰족한 도구로) …을 찌르다, (바위가) (뱃전 따위를) 뚫어 부수다, 꿰뚫다.
gore³ 명 1 a) 고어(의복 따위에 넣어 폭을 넓히는 삼각형의 헝겊). b) (복식) (부분 조각을 이어서 스커트 따위를 만드는) 천조각. 2 삼각형의 자투리땅. —타 (옷 따위를) 삼각천으로 재단하다; …에 삼각천을 대다. [gore¹]
gored [-d] 형
Gore [gɔːr] 명 **Al(bert Arnold)** ~ 고어 (1948- : 미국의 정치인; 부통령(1993-)).
Gore-Tex [gɔ́ːrtèks] 명 《상표》 고어텍스(방습성 섬유; 스포츠용 의류 따위).
*gorge¹ [gɔːrdʒ] 명 1 (물이 흐르는) 험한 바위 틈; 협곡, 계곡. 2 목구멍; 식도, 위(胃) 주머니. 3 배불리 먹은 음식; 폭음 폭식(한 것); 위 안의 음식. 4 (美) (강·도로 따위를) 가로막는 것, 집적물. 5 (요새 따위의) 뒤쪽 입구. 6 원시적인 낚싯바늘(~ hook). 7 (복식) 고지(의 목덜미와 라펠의 꿰맨 줄). 8 U 복사뼈, 혐오; 분노, 원한.
heave [or *cast* (*up*)] *the* **gorge** 먹은 것을 토하다; 구역질 나다, 메슥거리다; …을 몹시 싫어하다 (*at*).
make a person's **gorge rise** (남)을 구역질나게 하다, 메스껍게 하다; (남)을 몹시 넌더리가 나게 하다; 분통 터지게 하다. 「다(구역질이 나다).」
one's **gorge rises at...** …을 보고 속이 메스꺼워진
—타 1 《수동태·재귀용법으로》 (음식을) 채워넣다 (*with, on*). ¶ (~+目+前+名) ~ *oneself with* cake 케이크를 걸신들린 듯(배불리) 먹다. 2 게걸스럽게 먹다, 탐식하다. 3 《수동형으로》 (…로) 막히게 하다, 메우다 (*with*). —자 배부르게 먹다, 게걸스럽게 먹다 (*on*). ¶ ~ *on* good dinners 성찬을 배부르게 먹다.
górg·er 명 「장(巨匠). (또는 **gurge**)」
gorge² (문장) (방패 따위의) 소용돌이꼴의 문장의
gorged¹ [gɔːrdʒd] 형 배부른, 식상(食傷)한; 가득한.
gorg·ed·ly [gɔ́ːrdʒidli] 부
gorged² (문장) (동물이) 목에 (보관(寶冠)·고리 따위를) 두른 (*with*).
‡**gor·geous** [gɔ́ːrdʒəs] 형 (*more* ~; *most* ~) 1 (시각적으로) 화려한, 호화로운, 눈에 번쩍 띄는. ⇒ SPLENDID 유의어 ¶ a ~ sunset 장려한 낙조 / ~ girls 매력적인 여성. 2 (구어) 매우 즐거운(멋진, 훌륭한). ¶ That's ~! 그것 멋진데! ~·ly 부 ~·ness 명
gor·ger·in [gɔ́ːrdʒərin] 명 (건축) (도리스식) 주관(柱頸)(기둥몸과 기둥머리가 맞닿는 부분).
gor·get [gɔ́ːrdʒit] 명 1 (갑옷의) 목가리개, 경갑(頸甲). 2 (옛 여성이 착용한) 목가리개. 3 (17-18세기 장교 예복의) 초승달 모양의 금장(襟章). 4 (새 따위의) 목의 얼룩무늬. ~ed 형
gor·gio [gɔ́ːrdʒiou] 명 (복 ~s) 집시가 아닌 사람.
Gor·gon [gɔ́ːrgən] 명 1 (그리스 신화) 고르곤(머리털이 뱀이며 그 눈을 본 사람은 돌로 변했다고 전해지는 3자매 괴물의 하나). 2 (g-) 무시무시한 여자; 추녀.
Gor·go·ni·an [gɔːrgóuniən] 형 (때로 g-) Gorgon 의(과 같은); 무시무시한.
gor·gon·ize [gɔ́ːrgənàiz] 타 (Gorgon처럼) 노려보아 돌로 변하게 하다; 무서운 얼굴로 노려보다; 꼼짝 못하게(얼이 빠지게) 하다; …에 최면적 효과를 갖다.
Gor·gon·zo·la [gɔ̀ːrgənzóulə] 명 (ull ~) 곤졸라. (또는 **chéese**) [<이탈리아의 Gorgonzola 원산]
*gor·hen [gɔ́ːrhèn] 명 《英방언》 붉은뇌조의 암컷. ⇨
go·rill [gɔ́ːril] 명 =gorilla 2. 「gorcock」
go·ril·la [gərílə] 명 1 고릴라. 2 《英구어》 수락하고 포악한 남자; 《속어》 깡패, 폭한(暴漢); (美속어) 살인

청부인. **3** 매우 장대한[사람을 위압하는] 것. **4 (속어)** 대성공[히트]한 작품[영화, 음반]. ── 图(国) **(美俗어)** …을 (…에게) 도둑질하다, 탈취하다(*out of*); (남)을 후려갈기다. ~**·like, -li·an, -line** [-lain] /-**loid**
Gö·ring [géəriŋ] 图 Hermann (Wilhelm) ~ 괴링 (1893-1946: 나치 독일의 공군 원수); =**Goering**.
gork [gɔːrk] (美俗어) 图 (뇌장애로 인해) 의식 불명인 환자, 식물 인간; 바보, 멍청이. ── 图(国) (환자)에게 진정제를 대량 투여하다(*out*). ~**ed** [-t] 图
Gor·ki [gɔːrki] 图 Maxim ~ 고리키(1868-1936: 러시아의 소설가·극작가). (또는 **Gorky**)
gor·mand [gɔːrmənd] 图 =**gourmand**.
gor·mand·ize [gɔːrməndàiz] 图 게걸스럽게 먹다, 많이 먹다, 폭식하다. ── 图 [gɔːrməndiːz] = gourmandise. **-iz·er** 图 [한. ~**·ly** 图 ~**·ness** 图
gorm·less [gɔːrmlis] 图 (英구어) 어리석은, 우둔한.
gorp¹ [gɔːrp] 图 (美구어) 고프(등산가 등의 간식용 식품; 말린 과일·견과도·호두 따위를 섞은 것).
gorp² (美속어) 图 (…을) 게걸스럽게 먹다.
gorse [gɔːrs] 图(U) (英) (식물) 가시금작화(*furze*) (의 속칭). ≒juniper. **górs·y** 图
gor·y [gɔːri] 图 **1** 피투성이의. **2** 피비린내나는, 유혈의; 잔혹한, 피에 굶주린; 끔찍한. ¶a ~ battle 피비린내 나는 전투. **3** 불쾌한, 싫은. **gór·i·ly** 图 **gór·i·ness** 图
*****gosh** [gɑʃ/gɔʃ] 图 **(놀라움·기쁨·의혹을 나타내어)** 아이쿠!, 어머!, 뭐라고!, 반드시!! ¶By ~! 아이쿠!, 어머!, 큰일 났군! 반드시! (<God의 완곡한 말)
gosh-aw·ful [ɑʃfəl] 图 **(美속어)** 터무니없는, 극단적으로. ── 图 비참한, 지독한(God-awful).
gos·hawk [gɑ́shɔːk/gɔs-] 图 (조류) 참매(의 무리).
Go·shen [góuʃən] 图 **(성서)** 고센 땅(이스라엘 사람의 이집트 체재중의 거주지. ←창세기(Gen.) 45:10); 풍요롭고 쾌적한 땅, 비옥한 땅, 낙토.
go-sho [소우] 图 (图 ~s) **(속어)** (공항에서의) 공석 대기 승객(go-show passenger).
go-show [소우] 图 **(美속어)** 예약 없이 여객기에 탑승하러 가기(종전 공석 대기(stand-by)가 된다). 图 **no-show** 애송이, 풋내기.
gos·ling [gázliŋ/gɔ́z-] 图 **1** 거위 새끼. **2** 어리석은 자.
go-slow [소슬lóu] 图 **1 (구어)** 완만(신중)한 움직임(변화); 점진주의(정책). **2 (英)** (노동자의) 태업(怠業), 사보타주((美) slowdown). ~**·er** 图
*****gos·pel** [gáspəl/gɔ́s-] 图(U) **1** (the ~) 복음(그리스도와 그 사도들의 가르침, 기독교의 교의(教義)). ¶ preach the ~ 전도하다. **2** (the G-) 복음서 (Matthew, Mark, Luke, John). **3** (G-) (미사성찬)에서 읽는 복음서의 몇 절. **4** (U) 절대적 진실, 금과옥조, 진리. **5** (C) (행동 지침으로서의) 교의, 주의, 신조. ¶a political ~ 정치적 신조. **6** = ~ song 1; = ~ music.
take something as [or *for*] *gospel* 어떤 것을 금과옥조로 생각하다[진실이라고 굳게 믿다].
── 图 **1** 복음(서)의[에 의한]; 복음 전도의. **2** 복음(서)에 따른[바탕을 둔]. **3** 고스펠(~ music)의.
── 图 (-*l(l)*-) (…에게) 복음을 설교하다.
góspel bòok 图 (성찬식에서 낭독하는) 복음서 발췌.
gos·pel·er, (英) -pel·ler [gáspələr/gɔ́s-] 图 **1** (교회) 복음서(에서) 낭독자. **2** 복음서 기록자, 복음사가(史家). **3** 복음 전도자. **4** 고스펠 가수. **5** (hot ~) 열광적인 청교도, 광신적 전도자.
gos·pel·ize [gáspəlàiz/gɔ́s-] 图(国) …에게 복음을 전하다, 전도하다. **~한 종교음악.**
góspel mùsic 图 고스펠 음악(흑인 영가에서 파생한 종교 음악).
góspel òath 图 복음서에 손을 얹고 하는 서약.
gos·pel-push·er [-pùʃər] 图 **(美속어)** 설교자, 목사.
góspel side 图 (the ~) 제단의 북쪽(복음서를 읽는 쪽, 회중 쪽에서 제단을 향하여 왼쪽). 图 epistle side
góspel sòng 图 (음악) **1** 복음 성가(흑인의 종교 음악). **2** 고스펠 송(흑인의 종교 음악).

góspel trúth 图 복음서의 진실; 절대적 진실[진실].
Gos·plan [gɑspláːn/gɔs-] 图 국가 계획 위원회(옛 소련의 5개년 경제 계획 수립·집행 기구). 〈Russ〉
go·spo·din [gəspədíːn] 图 (图 -**da** [-dáː]) …님, …씨(Mr.에 해당하는 경칭). 〈Russ〉
gos·port [gáspɔːrt/gɔ́s-] 图 (항공) 기내 통화관(通話管).
gos·sa·mer [gásəmər/gɔ́s-] 图 **1** (U)(C) (공중·수풀 속 따위에 걸려 있는) 거미줄[집]. **2** 아주 섬세한 것, 가냘픈 것. **3** (U)(C) 얇은 실[직물]; (방수처리된) 얇은 천; (여자용) 얇은 천의 레인코트. **4 (英)** (상표) 실크 해트(식) 모자. ── 图 (또는 **gossamery, gossamered**) 가느다란 거미줄 같은; 얇고 가벼운, 섬세한.
gos·san [gásn/gɔ́s-] 图 (지질) (황철광 따위의) 암갈색 노두(露頭), 고산.
gos·sip [gásəp/gɔ́s-] 图 **1** (U) 뜬소문, 험담; 뒷공론, 쑥덕공론; 잡담; (U) (신문 따위의) 가십 기사.

[유의어] **gossip** 남의 신변·행동 따위에 관한 가벼운 소문. **rumor** 분명한 근거도 없이 꼬리에 꼬리를 물고 퍼져나가는 소문. **scandal** 남의 평판을 손상시키는 다소 악의 있는 rumor.

2 가벼운[스스럼없는] 이야기[읽을거리], 세상 돌아가는 이야기, 만필. ¶have a good old ~ 그리운 옛 이야기를 하다. **3** 남의 말하기 좋아하는 사람, 떠버리, 수다쟁이 (여자). (또는 **gossip(p)er**) **4** (고어) 친구, (특히 여자끼리의) 친구. **5** (方언) 대부(代父), 대모(代母).
── ~**ed** [-t]) 图 (…의/…에 관해) 잡담[한담]하다(*with/about*); (…에 관해) 남의 험구를 하고 다니다, 가십으로 쓰다(*about*). ── 图 **1** (고어) …의 뜬소문으로 치고 말하다[퍼뜨리다]. **2** (英방언) …의 ~**·er** [대모가] 되다.
góssip còlumn 图 (신문·잡지 따위의 저명 인사에 관한) 가십란[기사]. **góssip còlumnist** 图
gos·sip·ing [gásəpiŋ/gɔ́s-] 图 지껄이기, 수다, 잡담. ── 图 지껄여대는, 수다떠는, 잡담의. ~**·ly** 图
gos·sip·mon·ger [gásəpmʌ̀ŋɡər, ~, gɔ́səpmàŋ-] 图 [뜬소문에] 열중하는 사람, 수다쟁이.
gos·sip·ry [gásəpri/gɔ́s-] 图(U) **1** 잡담[뜬소문으로] 말하기, 뜬소문, 가십. **2** (집합적) 입방아 찧는 패들, 뒷공론 좋아하는 사람들.
gos·sip·y [gásəpi/gɔ́s-] 图 **1** 수다를 잘 떠는, 남의 말을 하기 좋아하는. **2** (기사 따위가) 가십[만담]풍의, 가십으로 가득 찬, 소문난 이야기가 많은.
gos·syp·lure [gásəpluər/gɔ́s-] 图 (생화학) 솜벌레 나방의 애벌레가 분비하는 성적(性的) 유인물질.
go-stop [소탑/-스탑] 图 **(美)** =**stop-go**.
‡**got** [gɑt/gɔt] 图 get의 과거·과거분사.
GOT (图 glutamic oxaloacetic transaminase(이 것의 혈중 농도로 간염 상태 따위를 알 수 있다).
Go·ta·ma [góːtəmə/góu-] 图 =**Buddha 1**. (또는 **Gautama, ≒ Búddha**)
gotch·a [gátʃə/gɔ́tʃə] 图 **(美속어)** **1** 알았다! 좋아! **2** 그봐!, 꼴좋다!, 들켰지! ── 图 **1** 찰나상; 자상(刺傷). **2** (美) (뜻밖의) 시련, 당혹, 굴욕; (美) 낭패감을 갖게 하는 행위(과거, 특히 젊은 날의 흠[실수 행위]이 폭로나 해명 요구 따위). **3 (美속어)** 체포. ¶This is a ~. 당신은 체포다. ≒(I've got you)의 준말)
gótcha jóurnalism 图 **(美)** 후보의 과거 흠[실수 행위] 들춰내기 위주 선거 보도.
gótcha pólitics 图 **(美)** 과거 비행[탈선 행위] 들춰내기 정치.
Goth [gɑθ/gɔθ] 图 **1** 고트인, 고트족 사람; (the ~s) 고트족(3-5세기에 로마 제국에 침입한 게르만 민족). **2** 교양 없는 사람, 무례[무작법]한 사람. **3** (图-) (음악) 고스록(저음부에 신비적·종말론적 기조의 영국 록음악).
Goth., Goth, goth. Gothic.
Goth·am [gáθəm, góuθ-, gáθ-] 图 **1** (美) New York 시의 속칭. **2** [gátəm, góuθ-/gɔ́ut-] 고탬(주민이 모두 바보들이었다고 전해지는 영국 Nottinghamshire

의 마을); 영국 Newcastle 시의 속칭.
the wise men of Gotham 고담의 현인들(* 바보들을 가리킴).
~·ite [-ài̯t] 圀 (익살) =New Yorker; 고담의 주민.
***Goth·ic** [gáθik/góθ-] 휑 1 a) (건축이) 고딕 양식의(12-16세기 중엽까지의 유럽 건축 양식). b) (회화·조각 따위가) 고딕 양식의(13-15세기 북유럽의 작품 양식). 2 (경멸적) 고딕 예술의. 3 고트인의; 고트어(語)의. 4 (종종 g-) 중세의; 중세적(풍)의. 5 고딕 음악의(북유럽의 1200-1450년경의 음악). 6 야만적인, 언행이 거친, 우락부락한. 7 (현대 문학이나 영화가) 고딕파의(타락과 퇴폐 분위기를 자아내는 작품). 8 (인쇄) 고딕체의.
— 圀 1 Ⓤ 고딕기(期)의 미술 공예, 고딕 예술(양식). 2 Ⓤ 고트어(語). 3 (종종 g-) 고딕파(風) 소설(극, 영화). 4 (보통 g-) (인쇄) =black letter; 고딕체 활자.
-i·cal·ly 凰 **goth·ic·i·ty** [gɑθísəti/gɔ-], **~·ness** 圀
Góthic árch 〔건축〕 끝이 뾰족한 아치.
Góthic árchitecture 〔건축〕 고딕 (양식의) 건축.
Goth·i·cism [gáθəsìzm/gó-] 圀Ⓤ 1 〔건축·조각·회화 따위에서의〕 고딕 양식, 고딕류, 고딕적 수법. 2 고딕 숭배(취미). 3 (때로 g-) 거칢, 야만; 무취미, 살풍경. 4 〔언어〕 고트어풍(어법); 고트어 연구. **-cist** 圀
Goth·i·cize [gáθəsàiz/góθ-] (*영) **-cise**) 国闱 1 …을 고딕 양식으로 하다. 2 …을 중세풍으로 하다, 중세풍 비슷하게 하다. **-ciz·er** 圀
Goth·ick [gáθik/góθ-] 휑 (영) (종종 g-) 〔문학〕 고딕파(派)의; 고딕풍의을 모방한), **~·ry** 圀
Góthic nóvel 〔문학〕 고딕 소설(18세기 후반-19세기 초 영국에서 유행했던 괴기·공포 소설).
Góthic Revival 〔건축〕 고딕 복고조(고딕 양식을 모방한 영국 빅토리아조의 건축 양식).
Góthic týpe 〔인쇄〕 (활자의) 고딕체(영) black letter, 〔미〕 sans serif.   [주력 선수.
gó-to gùy [góutə-] 圀 〔구어〕 (팀을 이끄는) 기둥,
go-to-meet·ing [-təmíːtiŋ] 휑 〔드물게〕 (의복이) 교회 갈 때의, 나들이(외출)용의. ¶ ~ *clothes* 외출복.
got·ta [(자음 앞에서) gátə, (모음 앞에서) gátu/gótə] 〔구어〕 =(have) got a, (have) got to.
gotta go; got to go (미구어) ① 가야겠어, 떠나야겠어. ② 화장실에 가야겠어.
***got·ten** [gátn/gótn] 통 (미구어) *get*의 과거분사. * 〔영〕에서는 ill-gotten 이외의 복합어로만 쓰인다.
Göt·ter·däm·mer·ung [gàtərdɛ́mərun/gɔ̀t-] 圀 1 〔게르만 신화〕 신들의 황혼(거인족(악의 세력)과의 최후의 결전에 있어서 신들과 만물의 멸망). 2 (정치 체제·사회 질서 따위의) 붕괴. 〔<G〕
got-up [-ʌ́p] 휑 장식한; 꾸민, 인공적인; 가짜의, 허위의. ¶ a ~ *affair* [*story*] 꾸며낸 일(이야기) / a ~ *match* 미리 짜고 하는 시합.
gouache [gwɑːʃ, guɑ́ːʃ] 圀ⓊⒸ 구아슈 (화법)(불투명한 수채화 물감으로 그리는 방법); 그 물감; 구아슈화(畫). 〔<F〕   「치즈. 〔<네덜란드의 원산지 이름〕
Gou·da (chéese) [gáudə(-), gúː-] 圀Ⓤ 하우다
gouge [gaudʒ] 圀 1 둥근 끌; 둥근 끌로 판 자국(홈); 둥근 끌 세공. 2 〔미구어〕 갈취, 착취, 강탈; 사기, 협잡; 사기꾼; 갈취(사기)한 돈(물건). 3 〔미구어〕 게으름뱅이, 굼뜬 사람(poke). 4 〔지질〕 단층분쇄암 점토.
— 闱 1 …을 둥근 끌로 새기다; (둥근 끌로) …에 홈을 파다, 구멍을 뚫다(새기다). ¶ ~ *a channel* 홈을 파다. 2 …을 둥근 끌로 도려내다; 둥글게 도려내다(*out*). 3 〔미〕 …에게서 (돈 따위를) 우려내다(사취하다); (overcharge). **góug·er** 圀
Gou·lárd's éxtract [guːlɑ́ːrdz-] 〔의학〕 연당수(鉛糖水)(아세트산연의 수용액으로 습포용).
〔<프랑스의 외과 의사 Thomas Goulard(1720-90)〕
gou·lash [gúːlɑːʃ, -læʃ] 圀 1 ⓊⒸ 굴라시(양고기 볶아서 파프리카로 양념한 쇠고기 스튜; 헝가리 요리). 2 〔카드놀이〕 브리지의 카드 분배법의 하나.
góulash cómmunism 圀 헝가리식 공산주의 체제(소비 물자 생산에 의해서 생활 수준을 높이는 방식의 공산주의: 1968-88년). **góulash cómmunist** 圀
Gou·nod [guːnóu] 圀 **Charles François ~** 구노(1818-93: 프랑스의 작곡가).
gou·ra·mi [gurɑ́ːmi] 圀 (휑 ~(**s**)) 1 구라미(동남아시아산(產) 식용 담수어). 2 동종의 소형 관상어.
gourd [gɔːrd, guərd/guəd] 圀 1 박과(科) 식물 열매의 총칭; 호리병박의 열매. ¶ *the snake*[*Spanish*] ~ 쥐참외(호박). 2 호리병박으로 만든 용기; 호리병박 모양의 목이 가는 병(플라스크). 3 (속어) 머리.
Jonah's [or *the prophet's*] *gourd* 〔성서〕 급성장했다가 곧 시드는 것 〔←요나(Jonah) 4:6〕.
lose one's gourd (속어) 머리가 돌다, 미치다.
out of [or *off*] *one's gourd* 머리가 돌아서, 미쳐서.
saw [or *cut*] *gourds* (미남부) 코를 골다.
~·like 휑   「G., Gde.)
gourde [guərd] 圀 구르드(Haiti의 화폐 단위); (약
gourd·head [gɔ́ːrdhèd, gúərd-/gúəd-] 圀 (속어) 머리 속이 빈 사람.
gour·mand [guərmɑ́ːnd, gúərmənd] 圀 1 대식가. 2 미식가, 식도락가. (또는 **gormand**) — 휑 많이 먹는; 식도락의. **~·ism** 圀 식도락. 〔<F〕
gour·man·dise [gùərməndíːz] 圀 식도락; 미식(美食)을 즐김. 휑 gormandize 〔<F〕
gour·met [guərméi/-́] 圀 식도락가, 미식가, 구르메; 포도주통(通)(전문가); (넓은 뜻으로) 전문가; 통(通). — 휑 미식가의; 미식가를 위한 요리용의.
〔<F epicure, wine taster〕
gout [gaut] 圀 1 Ⓤ (병리) 통풍(痛風). 2 (피 따위의) 방울, 얼룩, 덩어리. 3 (속어) 다발.
goût [guː] 圀 1 (음식 따위의) 미각, 맛, 풍미. 2 (문학·예술 따위의) 방식, 기호, 취미; 감상력. 〔<F〕
gout·y [gáuti] 휑 통풍을 일으키기 쉬운; 통풍에 걸려 있는; 통풍(성)의. **góut·i·ly** 凰 **góut·i·ness** 圀
Gov., gov. government; governor.
‡**gov·ern** [gʌ́vərn] 통 (~s [-z]) 闱 1 〔나라·국민 등〕을 다스리다, 통치(지배)하다. ¶ ~ *a state* 국가(주)를 다스리다 / *the consent of the ~ed* 피통치자의 동의. 2 (공공 기관 따위)를 관리(운영)하다; 〔요새 따위〕를 군 지배하에 두다. ¶ ~ *a church* 교회를 관리하다.

〔유의어〕 **govern** 정치 형태 여하를 불문하고 사회의 질서와 복지를 증진시키기 위하여 권력을 사용하다. **rule** 군주·독재자 등이 직접 권력을 휘둘러 국민을 복종시켜 지배하다; govern은 언제나 좋은 뜻으로 사용되나 rule은 때로 나쁜 뜻으로 쓰인다. **reign** 군위에 군림하다; 반드시 실제 권력을 뜻하지는 않는다. **control** 사람·사물을 권력·영향력으로 통제·관리하다. **administer** 행정 사무를 집행하다.

3 〔행동 따위〕를 지배(좌우)하다, …을 결정하다, …에 영향을 주다; 〔가격 따위〕를 결정하다; 〔의무 따위〕를 규정하다. ¶ *the motives* ~*ing a decision* 결정을 좌우하는 동기. 4 〔욕망·감정 따위〕를 억누르다, 억제하다; 〔속도 따위〕를 제어하다. ¶ ~ *oneself* 자제하다, 참다 / ~ *one's temper* 노여움을 억제하다. 5 …의 법칙〔기준, 선례〕이 되다. (원칙·법칙 따위가) …을 지배하다. ¶ *the scientific principles* ~*ing a phenomenon* 하나의 현상을 지배하는 과학적 원칙. 6 〔문법〕 (동사·전치사가) 〔목적어〕를 지배하다. 7 〔엔진·기계 따위〕의 속도를 조절하다. — 闱 1 통치하다, 정무(政務)를 보다. ¶ *The King reigns but does not* ~. 왕은 군림하되 통치하지 않는다 (*영) 국왕의 지위). 2 지배〔관리, 운영〕하다; 좌우하다; 권세를 휘두르다.
gov·ern·a·ble [gʌ́vərnəbl] 휑 통치(지배, 관리)할 수 있는; 억제하기 쉬운. **-bíl·i·ty**, **~·ness** 圀
gov·ern·ance [gʌ́vərnəns] 圀Ⓤ 1 지배, 통치, 관

리, 통제; 지배권[력]; 권위. **2** 통치법[조직], 관리법[조직]. **3** 피지배 상태.
*gov·ern·ess [gʌ́vərnis] 圈 **1** 여자 가정 교사 (to, for).¶a daily [resident] ~ 통근[입주] 여자 가정 교사/a nursery ~ 보모. **2** (고어) 여성 지배자; 여성 지사 [총독]. **3** 지사 부인. ── 困 (여성이) (…의) 가정교사를 하다. -er·ness·y 圈
góverness càrt [càr] 圈 (英) (옛날의) 2륜 경마차.
gov·ern·ing [gʌ́vərniŋ] 圈 지배[통치]하는; 관리[운영, 통제]하는; 지배[지도]적인.¶the ~ classes 지배 계급/the ~ body (학교·병원 등의) 관리부, 이사회.
‡gov·ern·ment [-mənt] 圈 **1** 🅤 (국가 따위의) 통치, 정치, 행정, 시정(施政); 통치권, 행정권.¶~ of laws, not of men 사람의 지배가 아닌 법의 지배; 법 앞에는 만인이 평등/municipal ~ 시정/~ of the people, by the people, for the people 국민의, 국민에 의한, 국민을 위한 정치. (─A. Lincoln) **2** 🅤 **a)** 정치 체제, 정체(政體), 국가 조직.¶democratic [monarchical, republican] ~ 민주[군주, 공화] 정체. **b)** 정치학.¶~ 101 정치학 입문. **3** (종종 G-) (집합적; 단수취급, (英) 단·복수취급) **a)** 통치 기관, 정부; (각종 기관의) 집행부, 이사회.¶a State ~ 주(州)정부. **b)** (英) 내각(cabinet), 정부.¶a coalition ~ 연립 내각/form a new ~ 새 내각을 조직하다/the Blair ~ 블레어 내각(* (美) the Clinton Administration (클린턴 정부))/The ~ has fallen. 내각이 붕괴되었다. **4** 정부 당국[기관], 관계 관청. **5** 🅤 (공공 시설·기관의 관리, 운영; (일반적으로) 지배, 관리, 통제, 규제.¶the ~ of a university 대학의 관리/petticoat ~ 엄처시하/the ~ of one's conduct 자신의 행동 관할 구역, 행정구. **6** 행정 관할 구역, 행정구. **7** (~s) 圈 국채, 공채 증서. **8** 🅤 (문법) 지배. 「다.
be in (the) government service 국가 공무원이
under the government of …의 관리[지배]를 받아.
*gov·ern·men·tal [gʌ̀vərnmɛ́ntl] 圈 정치(상)의, 통치(상)의; 행정 기관의, 정부의; 국영(國營)의, 관설(官設)의. ~·ly 閒
gov·ern·men·tal·ism [gʌ̀vərnmɛ́ntəlizm] 圈 정부 주도[권한 확대]주의. -ist 圈
góvernment bònd 정부 채권, 공채 증서, 국채.
góv·ern·ment·ese [gʌ̀vərnməntíːz, -tíːs] 圈 (까다로운) 관청 용어(gobbledygook, officialese). (또는 gòvernmèntalése)
Góvernment Hòuse 圈 (때로 g- h-) (the ~) **1** (영국 식민지의) 총독 관저. **2** 총독부.
gov·ern·ment-in-ex·ile [-inégzail, -éksail] 圈 (圈 góv·ern·ments-) 망명 정권[정부].
góvernment íssue 圈 (美) 관급품. ── 圈 (종종 G-I-) 정부가 지급된, 관급의(圗 G.I.). (또는 góvernment-íssue)
góvernment màn 圈 **1** (美) 관리, 공무원; (특히) FBI 수사관, 지방(G-man). **2** 현정부 지지자.
góvernment mòney 圈 정부 자금, 공적 자금.
Góvernment Nátional Mórtgage Associátion 圈 (the ~) (美) 국립 주택 저당 금고(1968년에 설립된 정부 주택 금융 기관; 圗 GNMA). (또는 Gínnie
góvernment nòte 圈 정부 (발행) 지폐. [Máe)
góvernment óffice 관청.
góvernment official 圈 관리, 국가 공무원.
gov·ern·ment-op·er·a·ted [-ɑ́pərèitid/-ɔ́p-] 圈 국영의, 관영의.¶~ enterprise 국영 기업.
góvernment pàper 圈 (정부 발행의) 국채 증서.
góvernment párty 圈 여당, 집권당.
góvernment règulation 圈 정부 규제.
góvernment relátions 圈魁 (기업·사회 단체 등의) 대(對)정부 관계[로비 활동].
góvernment secúrity 圈 (-ties) 국채, 공채(정부[기관] 발행의 유가 증권; 재무부 채권, 공채 증서).

góvernment stòck 圈 국채(gilt-edged security).
góvernment súrplus 圈 (정부의) 미사용 불하품.
‡gov·er·nor [gʌ́vərnər, gʌ́vn-] 圈 (圈 ~s [-z]) **1** (일반적으로) 통치자, 지배자. **2** (美) 주지사; 도지사 (圗 Gov., gov.). **3** (英) (조직·협회·은행 따위의) 장, 관리자; 이사, 총재, (英속어) 교도소장. The G- of the Bank of England 영국 중앙 은행 총재/the ~s of a bank 은행의 수뇌진/the board of ~s of a school 학교의 이사회. **4** (英) (식민지·속령(屬領)의) 총독. **5** (수비대·요새 따위의) 사령관. **6** (기계) (가스·증기·물 따위의) 조속기(調速機), 조정기.¶an electric ~ 전기 조속기. **7** (문법) 주요소(語). (또는 head) **8** (英구어) 우두머리, 고용주; 어른, 아버지; (부르는 말로) 어르신네; (익살) (지체) 높은 양반.
gov·er·nor·ate [gʌ́vərnərət, -rèit, gʌ́vənə-] 圈 **1** (이집트의) 행정 단위. **2** 지사 공관, 총독 관저; 총독부, 지사가 집무하는 관청. 「(독).
gov·er·nor-e·lect [-ilékt] 圈 (취임 전의) 지사[총gov·er·nor gé·ne·ral 圈 (圈 -s g-, g- -s) **1** (부지사·지사 대리를 거느리는) 지사, 장관. **2** (G- G-) (英) =governor 4. (또는 góvernor-géneral)
góv·er·nor-gén·er·al·ship 圈
góvernor's cóuncil 圈 (美) 지사 자문 위원회.
góv·er·nor·ship [gʌ́vərnərʃip] 圈🅤 지사[장관, 총재 등]의 지위[직무, 임기].
Gov.-Gen. Governor-General. **Govt., govt., gov't** government.
gow [gau] 圈 (속어) **1** 마약, 아편; 마리화나 담배; 약의 효과. **2** 누드 사진, 나체화. 「지.
gow·an [gáuən] 圈 (스코) 노란색[흰색] 들꽃; 데이
gowk [gauk, gouk] 圈 (英방언) 뻐꾸기; 바보, 얼간이.
‡gown [gaun] 圈 (圈 ~s [-z]) **1** (여자용) 긴 옷옷, 가운; 잠옷(nightgown); 화장복(dressing ~); evening ~; (외과 의사의) 수술복. **2** (직업·신분 따위를 나타내는) 정복, 가운, 법복, 승복; (고대 로마의) 겉옷(toga);¶a judge's ~ 판사의 법복/an academic ~ 대학 교수[학생]의 가운. **3** (보통 the ~) (집합적) **a)** (대학 도시의) 대학생 및 교수단, 대학측. **b)** (가운을 착용하는) 성직자, 판사. **4** (추상적으로) 평화.
arms and gown 전쟁과 평화.
in wig and gown 법복을 입고.
take the gown 성직자[변호사]가 되다.
town and gown (대학 도시의) 시민과 대학측.
wear the gown 법복을 입다, 법관으로 종사하다.
── 圈 (~s [-z]) 圈 (수동형으로) …에게 가운을 입히다. ── 困 가운을 입다.
gowned [gaund] 圈 가운을 입은.¶~ war 법정 투쟁.
gowns·man [gáunzmən] 圈 (圈 -men [-mən]) **1** (직업·지위를 나타내는) 가운을 입는 사람[법관·변호사·성직자·대학 교수 등). **2** 대학 구내 거주 학생·교수; (고어) (군인·성직자에 대하여) 일반 시민, 민간인.
gox, GOX [gɑks/gɔks] 圈 기체 산소. (圗 lox¹) (<gaseous oxygen)
g.ox. gaseous oxygen(기체 산소).
goy [gɔi] 圈 (圈 ~im [-im], ~s) (美속어·경멸적) (유대인 쪽에서 본) 이방인, 이교도(gentile); 유대계 국가를 지키는 유대인. (또는 goi)
Go·ya [gɔ́iə] 圈 **Francisco de ~** 고야(1746-1828; 스페인의 화가). **Goy(a)ésque** 圈
góy·ische [gɔ́iiʃə] 圈 (경멸적) (유대인측의) 비유대인의, 이교도의. (또는 goyish, goyisch)
goz·zle [gázl/gɔ́zl] 圈 (美남부) 목(구멍).
gp, gp., Gp. group. **G.P., GP** Gallup Poll; general paresis; (음악) general pause; general practice[practitioner, purpose]; Gloria Patri; (英) graduated pension; Grande Patron (프랑스) Grand Prix. **GPA** grade point average.
GPC general purpose computer (범용(汎用) 컴퓨

GP Capt. *Group Captain.* **gpd, GPD** *gallons per day.* **gph, GPH, g.p.h.** *gallons per hour*(시간당 갤런). **GPI, G.P.I.** *general paralysis of the insane*; 〔항공〕 *ground position indicator.* **GPIB** 〔컴퓨터〕 *general purpose interface bus*(범용(汎用) 인터페이스 버스). **gpm, GPM, g.p.m.** *gallons per minute.* **GPM** *graduated payment mortgage.* **GPN** *graduate practical nurse.* **G.P.O.** 〔英〕 *General Post Office*; *Government Printing Office*(조폐창). **G.P.R.S.** *general packet radio service*(범용 전파 서비스). **gps, GPS, g.p.s.** *gallons per second.* **GPS** 〔군사〕 *Global Positioning System*(전(全)지구 위치 파악 시스템). **GPSS** *General Purpose Simulation System*(범용(汎用) 시뮬레이션 시스템). **GPT** 〔의학〕 *glutamic pyruvic transaminase*(간세포에 있는 효소; 혈중 농도는 간염의 지표); 〔심리〕 *group projective test.* **GPU** *General Postal Union*(세계 우편 연합). **GPU, G.P.U.** [géipéiúː, dʒiːpiːjúː] 圈 (옛 소련의) 국가 정치 보위부, 게페우(1922년부터 1935년까지 있었던 비밀 경찰). (또는 **Ogpu, Gay-Pay-Oo**) 〔<Russ〕 **GQ** [dʒíːkjúː] 圈 *GQ* (미국의 남성 패션 잡지). ── 圈 (속어) 멋있는, 멋진, 세련된. ¶look real ~ 아주 멋이 있다. 〔<*Gentlemen's Quarterly*〕 **GQ** 〔해사〕 *General Quarters*(전원 배치). **gr.** *grade*; *grain(s)*; *grammar*; *gram(s)*; *grand*; *great*; *grind*; *gross*; *group*. **Gr.** *Grecian*; *Greece*; *Greek*. **G.R.** 〔군사〕 *General Reserve*; 〔라틴〕 *Georgius Rex* (= *King George*).

Gráaf·i·an fóllicle [vésicle] [gráː·fiən-] 圈 〔해부〕 그라프 여포(濾胞)〔난포(卵胞)〕. 〔네덜란드의 해부학자 Regnier de Graaf(1641-73)의 이름〕

***grab** [græb] 圈 (*-bb-*) 囤 1 …을 갑자기 꽉 잡다, 움켜쥐다, 잡아채다(*away*); 〔남〕을 붙잡다, 체포하다. ⇨TAKE 〔유의어〕 ¶ ~ a purse 지갑을 낚아채다 // (~+目+前+名) He ~*bed me by* [*in*] *the arm.* 그는 나의 팔을 움켜쥐었다. 2 …을 가로채다, 횡령(착복)하다. ¶ ~ *the land* 땅을 가로채다. 3 재빨리 손에 넣다(이용하다, 먹다). ¶ ~ *a bite* 급히 먹다 / (~+目+副) I'll ~ *a taxi back*. 급히 택시를 잡아타고 돌아가겠다. 4 (구어) 〔남〕의 마음을 사로잡다, 관심을 끌다, …에게 강한 인상을 주다. ¶This story does not ~ *me at all*. 내게는 이 이야기가 도무지 재미없다. ── 囶 1 (…을) 낚아채다, 움켜쥐다; 낚아채려〔움켜쥐려〕 하다 (*at, for, onto*). 2 (자동차의 브레이크 따위가) 삐걱거리다. ¶ ~ *at a chance* 기회를 포착하다. ── 圈 1 (a ~) 잡아채기, 움켜쥐기. 2 약탈, 강탈, 횡령; 약탈물, 횡령품. ¶a *policy of* ~ 약탈 정책. 3 사람의 마음을 사로잡는 것; 잡는 힘; 접착력. 4 (흙 따위를 퍼 담아내는) 그래브(*clamshell*); 물건을 집는 기계(장치). 5 (트럼프 놀이의) 그래브. 6 (英속어) 초과 근무. **have** [or **get**] **the grab on** (속어) …보다 유리한 입장에 서다, …보다 우월하다. **make a grab at** [or **for**] …을 잡아채려〔움켜쥐려〕 하다. **up for grabs** (구어) ① 누구에게나 가능성이 있는, 실력대로의〔에 따른〕, 먼저 잡는게 임자인. ② (구어) 대혼란의, 수습할 수 없는. ── 圈 (한정용법) 1 붙잡기 위한. 2 의외〔무작위〕로 뽑은.
~·ba·ble 圈

gráb bàg 圈 (美) 1 (파티 따위에서) 보물 뽑기 주머니(英 *lucky dip*). 2 (구어) (사람·물건·아이디어 따위의) 잡다한 것, 잡동사니. ¶a ~ *of proposals* 온갖 제안. 3 (구어) 운에 맡기는 상황.

grab·ber [grǽbər] 圈 1 잡아채는〔움켜쥐는〕 사람, 강탈자. 2 횡령자; 불법 토지 수탈자. 3 욕심쟁이. 4 (美속어) 흥미를 끄는 것, 갑자을 서늘케 하는 것. 5 (~*s*) (속어) 손가락, 손. 6 (속어) 객차의 차장.

grab·ble [grǽbl] 圈 囶 1 (…을) 손으로 더듬다, 손으로 더듬어 찾다 (*for*). 2 (…을 찾아) 네 발로 기다 (*for*). ── 囤 …을 움켜쥐다. **-bler** 圈

grab·by [grǽbi] 圈 1 (구어) 탐욕스러운, 욕심많은; 이기적인. 2 (美속어) 이목〔흥미〕을 끄는, 매혹적인.

gra·ben [gráːbən] 圈 〔지질〕 지구(地溝). 〔<G〕

gráb hàndle [ràil] 圈 (탈것 따위의) 난간.

grab-hook [grǽbhùk] 圈 낚아채기용 갈고리.

grab-joint [grǽbdʒɔ̀int] 圈 (속어) (서커스 회장 따위의) 노점.

‡**grace** [greis] 圈 (圈 *grac·es* [-iz]) 1 Ⓤ (태도·동작 따위의) 품위〔기품〕 있음, 우아, 고상, 단아함; (문체·표현 따위의) 아름다움, 세련. ⇨ELEGANCE 〔유의어〕 ¶*with* ~ 우아하게, 품위 있게 / ~ *of bearings* 태도의 우아함 / *scholarly* ~ *of phrases* 학자다운 기품 있는 말씨. 2 Ⓤ (보통 ~s) (사람을 매료하는) 성질, 자질; 장점; 애교, 매력; 점잔을 체하는 태도. ¶one's *saving* ~ 단점을 메우는 장점 / *have all the social* ~s 사교상의 소양을 모두 갖추고 있다 / *Every lover finds many* ~s *in the beloved*. 사랑을 하는 사람은 누구나 상대방의 좋은 점을 많이 발견한다. 3 Ⓤ 호의, 선의, 친절; (연장자 등으로부터의) 은혜, 두둔, 후원. ¶*by special* ~ 특별한 호의로 / *with a smiling* ~ 싹싹하게. 4 Ⓤ 〔고어〕 〔종교〕 자비, 관대함; 용서, 관용; 〔법률〕 특사(법), 은사. ¶*an act of* ~ 관대한 행위〔조치〕. 5 Ⓤ Ⓒ (지불·의무 따위에 대한) 유예 (기간); 〔법률〕 지불 유예. ¶*days of* ~ (지불) 유예 기간 / *a three days'* ~ 3일간의 유예. 6 Ⓤ Ⓒ (동작·행동·〔문어〕 예의, 체면; 아량, 고결; 도덕심이 강함, 덕망. 7 Ⓤ Ⓒ (식전·식후의) 감사 기도. ¶a ~ *at meals* 식사 때의 기도. 8 Ⓤ (보통 G-) 각하 (부인) (공작 부인)·대주교에 대한 경칭). ¶*His* [or *Your*] *G*- 각하 / *Her G*- 각하 부인. 9 (the G-s) 〔그리스 신화〕 미(美)의 3여신(Aglaia는 빛남(brilliance), Euphrosyne는 기쁨(joy), Thalia는 꽃핌(bloom)을 상징). 10 Ⓤ 〔신학〕 (하느님의) 자비하심, 은혜, 은총; (사람에게 새 삶과 격려를 주는) 하느님의 감화력, 성령의 작용; (하느님께서 받은) 덕, 미덕; 하느님의 은총을 입고 있는 상태(*state of* ~). ¶*the Christian* ~s 기독교도의 미덕. 11 〔음악〕 꾸밈음(~ *note*). 12 〔英〕 (대학의) 칭호 수령 허가, 졸업 인정; (옥스퍼드·케임브리지 대학의) 평의회(評議會)의 결의.
a fall from grace 눈밖에 남, 실추. 〔허가〕.
airs and graces 젠체함, 짐짓 점잔뺌.
by* (*the*) *grace of …의 은혜〔도움, 힘〕으로, …때문에.
by the grace of God 하느님의 은총으로(정식 문서에서 왕호(王號) 뒤에 붙인다).
fall [or ***lapse***] ***from grace*** ① 〔신학〕 하느님의 은총을 잃다, 타락하다. ② (악행 따위로 유력자 등의) 눈밖에 나다, 호의를 잃다; 신용을 잃다.
have the* (*good*) *grace to do 깨끗이〔친절하게도, 아량을 가지고〕 …하다. ¶*Would you have the* ~ *to help, please?* 도움을 주실 수 있겠습니까?
in [or ***into***] ***a person's good*** [***bad***] ***graces*** 남의 호감〔미움〕을 사서, 남이 좋아〔싫어〕하여. ¶성찬을 받아,
in a state of grace 신의 은총을 입어; 특사를 받아;
say (***a***) ***grace*** 식전〔식후〕 감사 기도를 드리다.
There*(,) *but for the grace of God, go I. (구어) (다행한 주에 있는 사람에게) 신의 은총이 없었다면 나도 저렇게 되었을 것이다.
the [or ***this***] ***year of grace*** 그리스도 기원, 서기. ¶*in the year of* ~ *2005* 서기 2005년에.
with (***a***) ***bad*** [or (***an***) ***ill***] ***grace*** 마지 못해서, 울며 겨자 먹기로.
with (***a***) ***good grace*** 쾌히, 기꺼이, 자진해서.
── 囤 (*grac·es* [-iz]; ~*d* [-t]; *grac·ing*) (문어) 1 …을 (…으로) 아름답게 꾸미다, 우아하게 하다; …에게 (…으로) 명예를 주다, 빛내다 (*with, by*). ¶ (~+目+前+名) *The Queen* ~*d the occasion with her presence.* 여왕의 참석으로 그 자리가 한층 더 빛났다.

2 (음악) …에 꾸밈음(카덴차 따위)을 붙이다.
Grace [greis] 몡 그레이스(여자 이름).
grace-and-fa·vor [-ənféivər] 몡 (英) (주택 따위가) 왕실[정부]로부터 종신 대여된.
gráce cùp 몡 (식사의 마지막에 돌려 마시는) 축배[건배]의 잔; (그 잔으로 하는) 건배, 축배; 이별의 술잔.
‡**grace·ful** [gréisfəl] 몡 (*more* ~; *most* ~) **1** 기품[품위] 있는, 우아[우미]한, 단아한. **2** (곤란한 상황에서 대화 따위가) 적절한; (언동이) 깨끗한, 솔직한. ¶a ~ reply 솔직한 대답. **~·ness** 몡
‡**grace·ful·ly** [gréisfəli] 뵘 (*more* ~; *most* ~) 기품 있게, 우아[단아]하게.
grace·less [gréislis] 몡 **1** 우아함[품위]이 없는; 보기 흉한, 꼴사나운. **2** 무례한, 버릇없는, 세련되지 못한. **3** (고어) 타락한, 사악한. **~·ly** 뵘 **~·ness** 몡
gráce nòte 몡 (음악) 꾸밈음.
gráce pèriod 몡 (보험료·채무 따위의) 지불 유예 기간; (신청 기한의) 유예 기간.
grac·ile [grǽsəl, -sail] 몡 **1** 날씬한, 호리호리한, 가냘픈. **2** 날씬하고 우아한[기품 있는]. **3** (문체가) 수식이 없는, 간결한. **~·ness** 몡
grac·i·lis [grǽsəlis] 몡 (복 *-les* [-lìːz]) (해부) 박근(薄筋)[넓적다리 안쪽 근육].
gra·cil·i·ty [grəsíləti, grə-] 몡 ⓤ 날씬한, 가냘픔; (문체의) 간결함.
‡**gra·cious** [gréiʃəs] 몡 (*more* ~; *most* ~) **1** (인품·태도가) 친절한, 상냥한, 인정 많은; 예의 바른, 정중한(*to*). **2** (한정용법) (생활 따위가) 우아한, 품위있는, 취미가 고상한, 쾌적한. ¶~ living 우아한 생활/a ~ home 편안한 가정. **3** (손아랫사람에게) 관대한. **4** (英) (국왕·여왕 등의 존칭) 인자한, 자비로운; (신 등이) 자비로운. ¶Our G- Queen 자비로운 여왕 폐하. **5** (폐어) 행복한, 다행스러운. ¶a ~ rain 자애우(慈雨), 단비. ── 뚬 (고어) (놀람·안도·곤혹을 나타내어) 이크, 저런, 야단났군; (yes, no 앞에서 강조적) 그럼요, 당치않아요. ¶~ Gracious God of mercy! ¶Good(ness) ~! =*G-* Heaven[goodness]! =*G-* (me)! =(My) *G-*! 이런!, 큰일났군! **~·ness** 몡
*****gra·cious·ly** [gréiʃəsli] 뵘 정중[상냥]하게, 자비롭게, 친절하게.
grack·le [grǽkl] 몡 북미산(産) 찌르레기과(類)의 새.
grad[1] [grǽd] (구어) 몡 (학교·대학의) 졸업생; 대학원생. 몡 대학원의. (< *graduate*) 〔**grade**〕
grad[2] 몡 그레이드(직각의 100분의 1의 각도). (또는 **grad.**) 몡 = *gradient*; grading; graduate(d).
grad·a·bil·i·ty [grèidəbíləti] 몡 (교통) (화물 자동차가 언덕을 오르는) 등반 능력. (또는 **gradeability**)
grad·a·ble [gréidəbl] 몡 **1** 단계별로 나눌 수 있는, 등급을 매길 수 있는. **2** (문법) (형용사·부사가) 비교 변화형을 갖는.
gra·date [gréideit/grədéit] 몡져 **1** (색이) 차츰 변해 가다, 차츰 흐려지다. ── 모 **1** (색 따위를) 차츰 변화시키다, 차츰 흐리게 하다. **2** …을 등급[단계]별로 배열하다, …에 등급을 매기다.
gra·da·tim [gréideitim] 뵘 (처방전에서) 차차, 서서히.
*****gra·da·tion** [greidéiʃən/grə-] 몡 **1** ⓤⓒ 점진적 이행(진전, 변화), 서서히 변하기. **2** (보통 ~s) (점진적 이행의) 단계, 정도, 등급, 계급. **3** (그림의) 명암의 이행; 농담법(濃淡法); (사진의) 계조(階調); (조각·건축 따위의) 선의 완만함. **4** (음계 따위의) 평정(平衡). **6** ⓤ (언어) 모음 전환 (ablaut)(예: ring-rang-rung). **7** ⓤ (수사) 점층법(漸層法)(climax). *by gradation* 서서히. **~·al** 몡 순서가 있는, 단계적[점진적]인. **~·al·ly** 뵘
‡**grade** [greid] 몡 (복 ~s [-z]) **1 a)** 등급, 계급, 계층. ¶the best ~ of paper 최상질지(紙)/people of different social ~s 사회적 계층이 다른 사람들. **b)** 동일 계급[등급, 정도]에 속하는 사람[것]; (美 군사) 계급. **2** (과정·성장 따위의) 단계, 정도; (병의) 진행도, …기(期). ¶~ III syphilis 제3기 매독/students of university ~ 대학 정도의 학생들. **3** (the ~, one's ~) 학년, 연급(年級)(英) form); (학년의) 전(全)학생 (* 미국에서는 주(州)에 따라 다르지만 주로 1st-6th grade가 초등 학교, 7th-9th grade가 중학교, 10th-12th grade가 고등 학교에 해당함). ¶a pupil in the eighth ~ 8학년생(한국의 중학 2학년생에 해당) [be moved up to the next ~ 진급하다. **4** (the ~s) 초등 학교. ¶teach in the ~s 초등 학교에서 가르치다. **5** 성적의 평점, 평가, 단계점(英) mark). ¶receive a high ~ 좋은 점수를 받다/make a passing ~ 합격점을 따다. **6** (도로·철도의) 물매, 경사도(英) gradient); 사면, 비탈. ¶a slow ~ 완만한 물매/a ~ of 1 in 10 10분의 1의 경사도. **7** (축산) 개량 잡종. **8** (언어) 모음 전환 (gradation) 계열에 있어서의 모음의 상대적 위치. **9** (지 질) 전물 주변의 지반면(地盤面). ⓟ (수학) = *grad*[2].
at grade 동일 평면에, 같은 높이에. ¶*crossing at ~* 평면 교차. ② (하상(河狀)의) 침전물의 양이 변하지 않는.
in grades 단계를 이루어.
make the grade (구어) ① 규정된 목표에 도달하다; 합격[성공]하다. ② 노력하여 (…을) 얻다(*for*).
on the down [*up*] *grade* 내리막[오르막]에서, 내리받이[치받이]에서; 차츰 쇠퇴[번성]하여.
over [*under*] *grade* (철도·도로 따위가 교차하는 경우) 위[아래]쪽에서, 평면보다 위[아래]에.
up to grade (품질이) 수준에 이른, 규격에 맞는.
── 모 (~s [-z]; *grad·ed*; *grad·ing*) 타 **1** …을 등급으로 분류하다, 유별(類別)[등차]하다; …의 등급을 정하다[매기다](*according to, by*). ¶~ apples *by* size 크기로 사과의 등급을 매기다. **2** …에게 성적을 매기다. ¶…을 채점하다(英) mark). ¶~ the examination 답안을 채점하다. **3** (도로 따위의) 경사를 완만하게 하다. ¶~ a road 길을 평탄하게 고르다. **4** (축산) (교배하여) (품종)을 개량하다(*up*). **5** (언어) (동음이음)을 모음 전환에 의하여 변화시키다. **6** (색채 따위)를 차츰 다른 색으로 바꾸다. ── 쟈 **1** (도로 따위가) 사면[비탈]이 되어 있다. **2** 등급별로 되어 있다; (…의) 등급[품질]이다. ¶(~+圖) This pen ~s B, 이 펜은 B급이다. **3** 차츰 변화하다(*from, to, into*).
grade down 품질·등급, 점수)를 내리다.
grade up ① 상위 품종으로 분류되다. ② …을 품종 개량하다; …을 격상(格上)시키다. ┌하다.
grade up with …와 어깨를 나란히 하다, …에 필적
── 몡 **1** 초등 학교의, 초등 학생의. **2** 잡종의. **3** (복합어로) …급의, …수준의. ¶weapon-~ 무기급의.
-grade [greid] (연결) walking, moving, going의 뜻. ¶digiti*grade*, planti*grade*.
gráde A 몡 (종종 G- A-) A급[클래스]의, 제1급의, 최고의(first-class). ¶~ milk A등급 우유.
gráde crèep 몡 (공무원의) 자동 승진, 연공 승진.
gráde cròssing 몡 (美·캐나다) (철도·도로 따위의) 평면 교차(점), 건널목(英) level crossing).
grad·ed [gréidid] 몡 단계적인, 정도차가 있는.
grade-grub·ber [⁻ɡrʌ̀bər] 몡 (美구어) 성적만을 위해 공부하는 학생; 선생님에게 알랑거리는 학생.
-bing
gráde inflàtion 몡 학점[성적] 인플레이션.
gráde làbelling 몡 (품질·상품의) 등급 표시(標示).
grade·ly [gréidli] (英방언) 몡 **1** 멋진, 훌륭한; 가치 있는. **2** 완전한, 나무랄 데 없는. **3** 건강한; (여자가) 잘생긴. **4** 적절한, 타당한; 진정한. ── 뵘 바르게, 적절하게; 정확히, 엄밀히; 정말로.
grade·mark [gréidmɑ̀ːrk] 몡 (품질을 나타내는) 등급 표시(標示). ── 모 등급 표시를 달다.
gráde pòint 몡 (숫자로 표시한) 성적 평가점.
gráde pòint áverage 몡 성적 평가점 평균(각 학

목의 성적 평점을 평균한 수치; [약] GPA).

grad·er [gréidər] [명] **1** 등급을 매기는 사람[것]; 선별기; 채점자, 평점자. ¶an orange ~ 오렌지 선별기 / a soft [hard] ~ 점수가 후한[짠] 채점자. **2** 《美》 (도로 따위의) 정지기(整地機), 그레이더. **3** 《美》 《서수사와 함께》 (초·중등 학교의) …학년 (학)생(《英》 former).

gráde schòol [명] 《美》 초등 학교(《英》 primary school). [참] elementary school (또는 **gráded schóol**)

gráde separàtion [명] 입체 교차.

gráde tèacher [명] 《美》 초등 학교 교사.

***gra·di·ent** [gréidiənt] [명] **1** 《英》 (철도·도로 따위의) 경사, 물매; 경사도(《美》 grade). ¶a ~ of 20 degrees 20도의 물매. **2** 사면(斜面); 비탈, 비탈길. **3** 〔물리〕 (온도·기압 따위의) 변화도, 구배(勾配), 경사(도); 구배 곡선[도표]. **4** 〔수학〕 기울기([약] grad.). ── [형] **1** 경사진; 차츰 상승[하강]하는. **2** 〔동물이〕 보행성의; (발이) 보행에 적합한.

gra·di·ent·er [gréidièntər] [명] 측사계(測斜計), 미각계(微角計).

gra·din [gréidin] [명] **1** 계단(좌석)의 한 단(段). **2** 〔교회〕 제단 뒤쪽의 선반. (또는 **gra·dine** [grədíːn])

grad·ing [gréidiŋ] [명][U][C] **1** 〔상업〕 등급 매기기. **2** 정지(整地); 〔토목〕 (도로의) 물매 완화, 경사 변경. **3** (결정(結晶)·콘크리트재(材)의) 입도(粒度).

Grad. Inst. P. *Grad*uate of the *Inst*itute of *P*hysics.

gra·di·om·e·ter [grèidiámətər/-ɔ́m-] [명] **1** 〔물리〕 경도 측정기. **2** 〔측량〕 측사계(測斜計).

grád schòol [명] 《구어》 =graduate school.

‡**grad·u·al** [grǽdʒuəl/-dʒu-, -dju-] [형] (***more*** ~; ***most*** ~) **1** 점진적인, 조금씩의, 차츰 …하는. ¶~ improvement in health 건강의 점진적인 회복. **2** (경사가) 완만한. ¶a ~ slope 완만한 비탈. ── [명] 〔기독교〕 (종종 G-) **1** 층계송(層階誦), 응답송. **2** (성가대용) 미사 가변(可變) 부분 성가집. ~·**ness** [명]

grad·u·al·ism [grǽdʒuəlìzm/-dʒu-, -dju-] [명][U] 점진주의[정책]; 〔생물〕 점진 진화설; 〔철학〕 연속관[주의]. **-ist** [명] **-ís·tic** [형]

***grad·u·al·ly** [grǽdʒuəli/-dʒu-, -dju-] [부] 차츰, 서서히.

Grádual Psálms [명][복] (종종 g- p-) 〔성서〕 성전에 올라가는 노래(Song of Degrees [Ascents])(시편 제 120-134의 15편).

grad·u·and [grǽdʒuæ̀nd/-dju-] [명] 《英》 (대학의) 「졸업[학위 취득] 예정자.

‡**grad·u·ate** [명] [grǽdʒuət, -dʒuèit/-dju-] **1** 《美》 (각종 학교의) 졸업생; 《英》 (대학/학과) 졸업생, 학사(學士)(*of*, *from* / *in*). ¶high school ~*s* 고교 졸업생 / a ~ *in* economics 경제학부 졸업생 / a Yale ~; a ~ *from* [or *of*] Yale University 예일대 졸업생. **2** 대학원생(~ student). **3** 〔화학〕 눈금 매긴 용기, 미터 글라스. **4** 《美구어》 인생[성] 경험이 풍부한 사람, 달인(達人).
── [형] [grǽdʒuət, -èit/-dju-] **1** 대학을 졸업한, 학사 학위를 받은. ¶a ~ engineer 공학사. **2** (대학의) 졸업생을 위한; 대학원의. **3** =graduated.
── [동] [grǽdʒuèit/-dʒu-, -dju-] (***-at·ed***; ***-at·ing***) [자] **1** (대학을) 졸업하다, 학위를 받다; 《美》 (각종 학교를) 졸업하다(*from*, 《드물게 英》 *at*). ¶(~+[前]+[名]) ~ *from* college [high school] 대학[고교]을 졸업하다 (＊《英》에서는 대학 이외는 leave school, finish[*or* complete] the course of…의 표현을 쓴다). **2** (수학하여) (…의) 자격을 따다(*as*). ¶~ *as* a nurse 간호사 자격을 취득하다. **3** (…으로/…에서) 나아가다, 승진하다(*into*, *to* / *from*). **4** 서서히 (…으로) 변화하다, 차츰 (…이) 되다(*away*)(*into*). ¶(~+[前]+[名]) The dawn ~*d into* day. 날이 차츰 밝아 왔다. ── [타] **1** 《美·캐나다》 …에게 학위를 수여하다, …을 졸업시키다; 《수동형으로》 〔사람〕이 (…을) 졸업하다(*from*). ¶He was ~*d from* Harvard. 그는 하버드를 졸업했다. **2** 〔대학·학교〕를 졸업하다. ¶She ~*d* college in 1999. 그녀는 1999년에 대학을 졸업했다. **3** 〔학생 등〕을 (…으로) 진급시키다(*to*). **4** 〔용기·자 따위〕에 눈금을 매기다. **5** …을 유별하다, …에 등급을 매기다; 〔과세 따위〕를 누진적으로 하다. **6** 〔화학〕 (증발시켜) …을 농축시키다.

gráduate còurse [명] 대학원 과정.

grad·u·at·ed [grǽdʒuèitid/-dju-] [형] **1** 점증하는; 단계를 둔, 등급순으로 배열한. **2** 눈금을 매긴. ¶a ~ glass 미터 글라스. **3** (세금이) 누진적인. ¶~ taxation 누진 과세. **4** 새의 꼬리가 끝이 차츰 가늘어지는.

gráduated detérrence [명] 단계적 핵 억지 전략.

gráduated léngth mèthod [명] 점차 긴 스키로 바꾸어가는 스키 지도법([약] GLM).

gráduated pènsion [명] 《英》 누진 연금.

gráduate núrse [명] 《美》 유자격[정규] 간호사.

gráduate schòol [명] 《美》 대학원.

gráduate stùdent [명] 《美》 대학원생.

gráduating stùdent [명] 《美》 졸업 예정자.

‡**grad·u·a·tion** [grӕ̀dʒuéiʃən/-dju-] [명] ([복] ~***s*** [-z]) **1** [U][C] (대학) 졸업, 학위 취득. ¶a ~ thesis 졸업 논문. **2** 《美》 졸업식; 《英》 졸업장[학위] 수여식. **3** [U] 눈금을 매기기; (~s) 눈금, 도수. **3** [U][C] 등급 매기기; 등급(별), 계급. **4** [U] 〔화학〕 (증발에 의한) 농후화, 농축. **5** [U] 〔그림·사진〕 (색·명암 따위의) 바림.

graduátion céremony [éxercises] [명] = graduation 2.

grad·u·a·tor [grǽdʒuèitər/-dju-] [명] 눈금을 매기는 사람; 눈금 기계; 농축기; 증발기.

gra·dus [gréidəs] [명] **1** 〔음악〕 교본(教本), 연습곡집. **2** (법률 따위의) 편람, 연습 문제집. **3** 고전 운율 시어(詩語) 사전(라틴·그리스어 작시용 참고서). 〔<L〕

Grae·ae [gríːiː] [명][복] 〔그리스 신화〕 그라이아이(태어날 때부터 백발의 노파이며, 하나의 이와 눈을 공유했다는 세 자매; Gorgons의 경호자). (또는 **Graiae**)

Grae·cism [gríːsizm] [명] 《英》 =Grecism.

Grae·cize [gríːsaiz] [동] 《英》 =Grecize.

Grae·co- [gríːkou, -kə, grék-] [연결] 《英》 ⇨GRECO-.

graf [græf/grɑːf] [동][자] 《명령형으로》 《구어》 문단[단락]이 끝나다(＊글을 읽을 때 한 단락이 끝났음을 알리기 위해 쓴다. 새 단락을 시작할 때는 new graf라고 한다). 〔<para*graph*〕

graf·fi·ti [grəfíːti] [명][복] **1** graffito의 복수형. **2** (벽·화장실 따위의) 낙서; 《구어》 《집합적·단수취급》 낙서. **-tist** [명] 낙서(예술)가. 〔<It〕

graffíti àrt [명] 《美》 (벽 따위에 그리는) 낙서 예술.

graf·fi·to [grəfíːtou] [명] ([복] ***-ti*** [-ti]) **1** 〔고고〕 (유적의 벽 따위에 긁어서 그려진 고대의) 그림[문자]. **2** (-ti) 낙서. **3** 《드물게》 개개의 낙서 예. 〔<It〕

graft¹ [græft/grɑːft] [명] **1** 〔원예〕 (접목에 쓰는) 접수(接穗), 접지(接枝); 접붙인 식물; (접수의) 접붙이는 자리; 접목(법). **2** 〔외과〕 이식 조직, (피부 따위) 이식 조각; (피부 따위의) 이식. **3** 접합, 융합, 합체(合体).
── [동][타] **1** (대목(臺木)에) 〔접수〕를 접붙이다, 접목하다(*together*)(*in*, *into*, *on*, *onto*); …을 접목법으로 번식시키다[개량하다]. ¶(~+[目]+[前]+[名]) ~ a shoot from an apple tree *on* an old tree 사과의 접수를 노목에 접붙이다. **2** 〔외과〕 〔생체 조직〕을 (…에) 이식하다(*on*, *onto*). ¶~ skin 피부를 이식하다. **3** (접목하듯) …을 (…에) 이어붙이다, 접합하다, 융합[융화]시키다(*on*, *onto*). ¶(~+[目]+[前]+[名]) ~ the foreign custom *on* our culture 외래 습관을 우리의 문화에 융합시키다. **4** 〔해사〕 (밧줄 끝이 풀리지 않도록) 엮어서 매듭짓다. ── [자] **1** (…에) 접목하다; 접붙여지다, 접목이 되다(*on*). **2** 〔외과〕 이식 수술을 하다.

graft² 《美구어》 [명][U][C] 부정 이득, 수뢰, 독직; 수뢰[독직] 사건; 부정 이득물[금품, 이권]. ── [동][타] …을 부정 수단으로 얻다. ── [자] 독직[수뢰]하다.

graft³ [명][U][C] 《英》 도랑 파는 가래; 일, 직업; 노동. ── [동][자] 파다; 열심히 일하다.

graft·er¹ [grǽftər/gráːf-] [명] 접목하는 사람.

graft·er² [명] 《구어》 독직 관리, 수뢰자; 사기꾼.

graft·er³ [명] 《英구어》 열심히 일하는 사람, (유능한) 일꾼.

graft·ing [grǽftiŋ/grɑ́ːf-] 명 ⓤⓒ 1 〔원예〕 접목(법). 2 〔외과〕 =graft¹ 2.

gráft-ver·sus-hóst disèase [-ˈvəːrsəshóust-] 명 〔병리〕 (이식편(移植片) 세포가 피이식자의 세포에 공격적으로 작용하는) 대숙주성(對宿主性) 이식편병(病).

gra·ham [gréiəm, græm] 명 통밀의, 그레이엄 밀가루(~ flour)로 만든. ¶ ~ bread 통밀빵. [<미국의 식이요법 개량가인 S. Graham (1794-1851)의 이름]

Gra·ham [gréiəm, græm] 명 그레이엄. 1 **Martha** ~ (1894-1991; 미국의 무용가·안무가; 현대 무용의 선구자). 2 **Thomas** ~ (1805-69; 스코틀랜드의 화학자). 3 **William Franklin** ("Billy") ~ (1918- ; 미국의 복음 전도자).

Gráham's láw (of diffúsion) 명 〔물·화〕 그레이엄의 법칙. [<T. Graham의 이름]

grail¹ [greil] 명 1 큰 접시(platter), 잔(cup). 2 (the G-) 성배(聖杯)(the Holy G-); (때로 g-) 〔구어〕 강력하게 희구하는 목표, (노력을 요하는) 궁극 목적.

grail² 명 〔고어〕 =gradual. [이상.

‡**grain** [grein] 명 (郓 ~s [-z]) 1 단단하고 알갱이가 작은 씨앗; 곡식알, 낟알. ¶ a ~ of corn [wheat] 옥수수[밀] 한 알. 2 ⓤ 〔집합적〕 곡물, 곡류(〔英〕 corn); 곡초(穀草). ¶ the chief ~ of the temperate climate 온대의 주요 곡물. 3 (모래·소금·화약·설탕 따위의) 알갱이, 입자. ¶ a ~ of shot [sand] 산탄[모래]의 한 알. 4 그레인(형량(衡量)의 최저 단위; 0.0648 그램; ⓔ gr., gr); 〔보석〕 그레인(진주·다이아몬드의 계량 단위; 50mg, 즉 1/4 캐럿). 5 (a ~) 〔부정문·의문문에서〕 극소량, 미량(微量)(of). ¶ without a ~ of sense 눈곱만큼의 분별도 없이 / There is not a ~ of truth in what he says. 그의 말에는 손톱만큼의 진실도 없다. 6 ⓤ 나뭇결, 나뭇결 무늬; (널빤지 따위의) 나뭇결 방향[선]; (돌·석탄의) 결, 겉. ¶ cross [straight] ~ 엇결[곧은 결]/split along the ~ 나뭇결에 따라 쪼개지다. 7 a) (가죽의) 거죽 면(~ side). b) (인조 가죽 따위의) 우툴두툴한 무늬; 곱슬주름. 8 (물질을 구성하는) 입자의 크기; 결; 알갱이 모양의 결[결모양]. 9 결정(結晶) 〔상태〕. 10 ⓤ (직물의) 섬유, 끈질, 올. ¶ cloth of fine [coarse] ~ 올이 고운[거친] 천. 11 ⓤ 성질, 기질. ¶ two brothers of similar ~ 성질이 아주 닮은 형제. 12 (~s) 〔양조용〕 맥아 찌꺼기. 13 ⓤ 빨간색 염료, 양홍(洋紅). 14 (필름의) 입자(粒子).

against [or **contrary to**] **the** [or **one's**] **grain** 기질[성미]에 반하여[맞지 않아서].

a grain of mustard (seed) 한 알의 겨자씨; 크게 **dye in (the) grain** ⇨ DYE. [발전할 요소를 지닌 것.
in grain ① 타고난, 본질적으로. ¶ a fool in ~ 타고난 바보. ② 철저히. ③ 빨간색 염료로 물들인.
rub a person **against the grain** 남을 화나게 하다.
separate (the) grain from the chaff 쓸모있는 것과 없는 것을 구분하다.
with a grain [or **pinch**] **of salt; with some grains of allowance** 줄잡아, 에누리해서.

—동 (~s [-z]) ⓣ 1 …을 낟알로 만들다, 알갱이로 만들다. 2 (가죽)에서 털을 없애다, 거죽을 거칠게 하다. 3 …을 나뭇결[돌결] 모양으로 칠하다. 4 (美부부) (가축)에게 곡물을 먹이다. — 자 알갱이 모양이 되다; 알갱이[알갱이]가 생기다.

gráin álcohol 명 (곡류로 만든) 에틸 알코올.
gráin bròker 명 곡물 중개인(grain factor).
grained [greind] 명 1 (복합어로) 알갱이가 …인. ¶ fine-~ sand 알이 고운 모래. 2 알갱이 모양의, 오톨도톨하게 칠한; (동전의 가장자리가) 깔쭉깔쭉한; (짐승 가죽에서) 털을 뺀. 3 나뭇결[돌결]이 있는, 나뭇결 모양으로 칠한. 4 (복합어로) 성질[성미, 기질]이 …한. ¶ tough-~ journalism 불굴의 저널리즘. [장도.
gráin èlevator 명 (美) 양곡기(揚穀機); 대형 곡 **grain·er** [gréinər] 명 1 나뭇결[돌결] 모양으로 칠하는 사

람; 그 칠하는 솔. 2 제모기(除毛器); (무두질용) 탈회액.
grain·field [gréinfiːld] 명 곡물 밭. [(脫灰液).
gráin grówth 명 〔야금〕 결정(結晶) 성장.
grain·ing [gréiniŋ] 명 1 나뭇결[돌결] (내기). 2 (가죽·종이 따위)를 도톨도톨하게 하기. 3 잔주름 내기. 4 〔제당〕 기정(起晶).
gráin lèather 명 그레인 레더(털이 있던 쪽을 겉으로 하여 무두질을 마무리한 가죽). [없는.
grain·less [gréinlis] 형 알갱이가 없는; 나뭇결이 **grains** [greinz] 명(복) 〔단수취급〕 작살, 톳.
grain·sick [gréinsik] 명 〔수의〕 ⓤ (반추 동물의) 위 확장증(胃擴張症), 급위 확장이 된.
gráin sìde 명 (the ~) (짐승 가죽의) 털이 있던 쪽, 거죽. ⓔ flesh side [원산).
gráin sòrghum 명 〔식량·사료용〕 수수(아프리카
grain·y [gréini] 형 1 알갱이가 비슷한[모양의]. 2 곡물이 가득한, 낟알이 많은. 3 (벽지·합판 따위가) 나뭇결 무늬가 있는. 4 (사진) 입자가 거친[굵은]. 「言].
gral·la·to·ri·al [græ̀lətɔ́ːriəl] 명 〔조류〕 섭금류(涉
gral·loch [grǽlək] 〔英〕 명 (사슴의) 내장: 내장 꺼내기. — ⓣ (사슴의) 내장을 꺼내다[들어내다].

‡**gram**¹, (美) **gramme** [græm] 명 (郓 ~s [-z]) 그램(무게의 단위; ⓔ g, g., gm, gr).
gram² 명 이집트콩(chickpea)(동인도 원산).
gram. grammar; grammarian; grammatical.
-gram¹ [græm] 연결 drawing, writing, recording 의 뜻. ¶ dia*gram*, mono*gram*, tele*gram*.
-gram² 연결 gram의 뜻. ¶ centi*gram*, kilo*gram*.
gra·ma [grɑ́ːmə] 명 (미국 서부·서남부 원산) 볏과(科)의 목초의 일종(~ grass). (또는 **gramma**)
gra·ma·dan [grɑːmɑ́ːdɑːn, ˋ-ˊ] 명 〔인도〕 그라마단 운동(지주(地主)의 토지 소유권을 마을 의회에 이양시키려는 운동). **gra·ham·dan** [grɑːmdɑ́ːn])
gram·a·ry(e) [grǽməri] 명 〔고어〕 마법, 마술.
grám átom 명 〔화학〕 그램 원자(각 원소의 원자량과 동등한 그램 단위의 수). **grám a·tóm·ic** 형
grám-atómic wéight 명 〔화학〕 =gram atom.
grám càlorie 명 그램 칼로리, 소(小)칼로리(ⓔ g-cal).
gram-cen·ti·me·ter [ˈsɛ́ntiməṭər] 명 〔물리〕 그램센티미터 (ⓔ g-cm). **grám-equívalent wéight**
grám equivalent 명 〔화학〕 그램 당량(當量). (또는
gra·mer·cy [grəmə́ːrsi] 감 〔고어〕 (감사·놀라움을 나타내어) 고맙소!, 황송해서!, 뭐라고!, 큰일났군!, 앗! — 명ⓤ 〔페어〕 감사(의 말), 사의(謝意).
gram·i·ci·din [grǽməsáidn] 명 〔약학〕 그라미시딘(Gram-positive균에 의해 생기는 국소성 질환 치료용 항생 물질). (또는 **gramicídin D**) [eous.
gram·i·na·ceous [græ̀mənéiʃəs] 형 =gramin-
gra·min·e·ous [grəmíniəs] 형 1 풀[목초] 같은. 2 화본과(禾本科)의, 볏과(科)의. **~·ness**
gram·i·niv·o·rous [græ̀məníνərəs] 형 1 초식성의; 종자를 먹는. 2 (턱·이 따위가) 곡물을 먹기에
gram·ma [grǽmə] 명 =grama. [적합한.
gram·ma·logue [grǽməlɔːg, -lɑ̀g/-lɔ̀g] 명 (속기) 부호나 단일 문자로 나타낸 말; 그 부호(logogram).
‡**gram·mar** [grǽmər] 명 (郓 ~s [-z]) 1 ⓤⓒ (학문으로서의) 문법; ⓤ 문법학연구; 문법 체계; 문법론 [규칙]. ¶ descriptive [comparative, generative, school, prescriptive] ~ 기술[비교, 생성, 학교, 규범] 문법. 2 (한 언어의 개인의) 문법. ¶ English ~ 영문법. 3 문전(文典), 문법서(~ book). 4 ⓤ (개인의) 문법적 지식, 말투, 어법. ¶ He uses good[bad] ~. 그는 정확한[틀린] 어법을 구사한다. 5 ⓤ (학문·과학·예술의) 기초, 근본 원리; 입문서, 안내서. ¶ a ~ of economics 경제학 입문. 6 (구어) =~ school.
*****gram·mar·i·an** [grəmɛ́əriən] 명 문법가, 문법학자; 문법[어법]을 확립한 사람.
gram·mar·less [grǽmərlis] 형 (언어가) 문법이 없

는; (문장 따위의) 문법을 무시하는; 문법 지식이 없는.

grámmar schòol 图 1 (美) a) 초등 학교(elementary school). b) (英) 중학교(primary schoolและ high school의 중간 학교). 2 (英) 그래머 스쿨(public school과 비등한 중등 학교). 3 (뉴질) 공립 중학교.

*gram·mat·i·cal [grəmǽtikəl] 图 1 문법의, 문법 상의, 문법적인. ¶ ~ analysis 문법적 분석. 2 어법에 맞은, 문법에 맞는. ~·ly 图 ~·ness 图 (체).

grammátical chánge [언어] 문법적 변화 (1).
grammátical génder [언어] 문법적 성.
gram·mat·i·cal·i·ty [grəmætikǽləti] 图 ① 문법성(文法性)(grammaticalness).
gram·mat·i·cal·ize [grəmǽtikəlàiz] (*(英) -ise*) 图 [언어] [내용어 따위]를 문법화하다; [의미 특징]을 문법 범주의 하나로 나타내다. **-i·zá·tion** 图
grammátical méaning [언어] 문법적 의미. 图 lexical meaning
gram·mat·i·cism [grǽmətəsìzm] 图 (드물게) 문법상의 항목[원칙]; 문법적 정의(定義).
gram·mat·i·cize [grǽmətəsàiz] 图因 …을 문법적으로 바르게 하다, 문법 규칙에 맞추다. ──图 문법상의 문제를 논하다.
gram·ma·tol·o·gy [grǽmətálədʒi/-tɔ́l-] 图 서기법(書記法) 연구, 그래머톨러지(로고스 중심주의에 반격하고 문자 언어를 문명 해독의 기본으로 하는 방법). **-tól·a·try** 철저한 문자 신앙, 사전 맹종. **-gist** 图
gramme [græm] 图 (英) = gram¹.
gram·mo·lec·u·lar [`-məlékjulər] 图 [화학] 그 램분자의. (또는 **gram-mol·ar** [`-móulər]) 「ecule.
grám-molécular wéight [화학] 그램 mol-
grám mòlecule [화학] 그램 분자(물질량의 단위; 그 분자량과 같은 그램 수의 물질량).
gram·my [grǽmi] 图 (俗) = grandmother.
Gram·my [grǽmi] 图 (~**s**; **-mies**) (美) 그래미 상(賞)(National Academy of Recording Arts and Sciences(미국 레코딩 예술·과학 아카데미)가 우수한 레코드에 매년 수여하는 상).
Gram-neg·a·tive [grǽmnégətiv] 图 (종종 g-) 1 그람 음성(陰性)의. 图 Gram's method

*‡gram·o·phone** [grǽməfòun] 图 (英) ~**s** [-z] (英) 축음기(美) phonograph)(원래 상표명: 현재는 record player쪽이 일반적). (또는 **acóustic** ~)
-phón·ic, -phón·i·cal 图 **-phón·i·cal·ly** 图
Gram-pos·i·tive [`-pázətiv/-pɔ́z-] 图 (종종 g-) (세균의) 그람 양성(陽性)의. 图 Gram's method
gramp(s) [græmp(s)] 图 (口語) 할아버지.
gram·pus [grǽmpəs] 图 1 돌고래의 일종; 범고래 (killer whale). 2 (口語) 숨결이 거친 사람. 「끌다.
*blow [or snore] **like a grampus** 코를 드렁드렁
Gram·sci [grá:mʃi] 图 **Antonio** ~ 그람시 (1891-1937: 이탈리아의 정치 이론가; 이탈리아 공산당 창당).
Grám's méthod [grǽmz-] 图 (때로 g-) 그람 염색법(세균 감별법의 하나). [<덴마크의 세균학자 Hans C. J. Gram(1853-1938)의 이름]
Gram-var·i·a·ble [`-véəriəbl] 图 (종종 g-) (그람 염색법에서) 염색이 고르지 않은.
gran [græn] 图 (어린·어린이말) 할머니(granny).
Gra·na·da [grəná:də] 图 그라나다. 1 스페인 남부 지중해 연안에 있었던 중세 무어인의 왕국. 2 스페인 Andalusia 지방의 주도; 옛날 Granada 왕국의 수도.
gra·na·de·ro [grà:nə:déirou] 图 (俗 ~**s**) (멕시코의) 폭도 진압 부대[기동대] 대원. 「그 열매(식용).
gran·a·dil·la [grænədílə] 图 시계초과(科)의 식물;
*gra·na·ry** [gréinəri/grǽn-] 图 1 곡창, 곡물 창고; 곡창 지대. 2 (일반적으로) 주요 원천, 저장고. ──图
(G-) (상표) 빵·밀가루가(麥芽粒)을 함유한.
Gran Cha·co [grá:n tʃá:kou] 图 (the ~) 그란 차코(남미 중남부의 대평원).

‡**grand** [grænd] 图 (~·**er**; ~·**est**) 1 웅대한, 인상적인, 장려한; 호화로운, 성대한; (the ~) (명사적) 장대[웅대]한 것. ¶ a ~ view 장관(壯觀)/a ~ palace 웅장한 궁전 /a ~ banquet 성대한 연회[잔치]/live in ~ style 사치스러운 생활을 하다. 2 당당한, 위엄이 있는, 엄숙한, 장중한. ¶ ~ orations 당당한 연설. 3 (계획 이상 따위가) 원대한, 매우 야심적인, 고매한. ¶ ~ plans 원대한 계획. 4 기품[품위] 있는, 숭고한, 존경을 한 몸에 받는, 위대한. ¶ a ~ old man 품위 있는 노인; 장로. 5 중요한, 저명한, 큰; (보통 G-) (지위·관직이) 최고의, 고위(高位)의; (건물 따위의) 주된, 주요한. ¶ a ~ question 중대한 문제 /a ~ potentate 최고 주권자. 6 완전한, 총괄적인, 전체의; 결정적인, 명확한. ¶ the ~ total 총계 /~ proof 결정적인 증거 /a ~ example 명확한 예. 7 상류 계급에 속하는, 호사스러운; (경멸적) 우쭐하는, 으스거리는, 젠체하는, 자존심이 강한. ¶ be awfully ~ 매우 으스거린다. 8 (口語) 일류의: 정말 굉장한, 즐거운; 더할 나위 없는. ¶ ~ weather 쾌청한 날씨 /feel ~ 즐겁기 짝이 없다 /have a ~ time 매우 유쾌한 시간을 보낸다. 9 [법률] 중대한, 중죄의; 주범의 (图 petit, petty). 10 [음악] 규모가 큰, 대합주(大合奏)용의. ¶ a ~ fugue 대둔주곡(大遁走曲). b) 전(全)…, 대(大)… ¶ a ~ sonata 대소나타곡.
in a grand way 당당하게.
in grand style 호화롭게, 사치스럽게.
──图 (~**s** [-z]) 1 (口語) = = piano. 2 (俗 ~) (美국어) 천 달러; (英국어) 천 파운드; (속어) 1000. ¶ five ~ 5천 달러. 3 (클럽 따위의) 회장.
do the grand (俗語) 거드름피우다, 뻐기다.
~·ly 图 ~·ness 图
grand- [grænd] 연결 「1친등(親等)을 거른[건너뛴] 혈연 관계의」의 뜻. ¶ grandfather, grandson.
grán·dad [grǽndæd] 图 (口語) = grandfather; (일반적으로) 나이 많은 남자.
gran·dam [grǽndəm, -dæm] 图 1 (古語) = grandmother. 2 노파. (또는 **gran·dame** [grǽndeim, -dəm]) (great-aunt).
gránd·aunt [grǽndænt/-á:nt] 图 종조모, 대고모
gránd-ba·by [grǽndbèibi] 图 (어린) 손자(손녀).
Gránd Bánk(s) (the ~) 그랜드 뱅크(캐나다의 Newfoundland 동남쪽에 있는 세계 3대 어장의 하나).
Gránd Canál (the ~) 대운하. 1 중국 베이징(北京)과 항저우(杭州)를 잇는 운하. 2 이탈리아 Venice의 간선 수상 교통로.
Gránd Cányon 图 (the ~) 그랜드 캐니언(미국 Arizona 주 북부 Colorado강의 대협곡; 길이 450km 이상, 깊이 1.6km); 그랜드 캐니언 국립 공원.
Gránd Cányon Státe 图 (the ~) 미국 Arizona 주의 별칭.
*grand·child** [grǽntʃàild] 图 (图 -**chil·dren** [-tʃìldrən]) 손자, 손녀.
Gránd Cóu·lee [-kú:li] 图 (the ~) 1 그랜드 쿨리(미국 Washington 주 중부의 물이 마른 협곡). 2 (또는 ~ **Dám**) 그랜드 쿨리 댐(세계 최대의 댐).
Gránd Cróss [-kráːs] 图 (the ~) (英) 대십자장(章) (Knight의 최고 훈장; 图 G.C.); 대십자장 수훈자.
gránd·dad [grǽndæd] 图 (口語) 할아버지.
gránd·dad·dy [grǽndædi] 图 (口語) 1 할아버지. 2 (같은 종류 중) 가장 큰[현저한, 오래된] 것[사람]; 시조, 창시자. 3 (美남부) = daddy-longlegs.
gránd·daugh·ter [grǽndɔ̀:tər] 图 손녀.
grand-du·cal [`-djú:kəl] 图 grand duke[duchess] 의에 어울리는.
gránd dúchess 图 1 대공비(大公妃); 여(女)대공. 2 (제정 러시아의) 황녀, 황손녀. (略 GD).
gránd dúchy 图 (종종 G- D-) 대공국(大公國)(略 Gr. Dy.).
gránd dúke 图 1 (국왕 다음 서열인) 대공(大公). 2 (제정 러시아의) 황태자, 황손.

grande [F grɑ̃d] 형 grand의 여성형. [<F]
grande dame [grɑ̃ːn dɑ́ːm, -déim] 명 (복 -s -s) 1 (중년의) 사회[직업]적으로 명성이 높은 여성, 신분이 높은[기품 있는] 여성. 2 중진 여성.
gran·dee [grændíː] 명 (스페인·포르투갈의) 최고 귀족, 대공작; 신분이 높은 사람, 고관, 귀인.
grande é·cole [F grɑ̃dekɔl] 명 (프랑스의) 전문 단과 대학, 그랑데콜(행정가·교사 등 특정 직업인 양성이 목적). [<F]
grande pas·sion [F grɑ̃d pɑsjɔ̃] 명 격정, 열애. [<F grand passion]
gránde toi·létte [-twɑːlét] 명 예복, 성복(盛服).
***grán·deur** [grǽndʒər, -dʒuər/-dʒə, -dʒuə] 명 1 장대, 웅대, 장려, 위광(偉觀), 위풍. ¶the ~ of nature 자연의 웅장함. 2 고상함, 심원함, 원대[위대]함. ¶the ~ of character 고상한 인격. 3 장대[웅대, 위대한 것[작품]. 4 거만함, 호언 장담. [<F]
‡**grand·fa·ther** [grǽndfɑ̀ːðər] 명 (복 ~s [-z]) 1 조부, 할아버지. 2 (종종 ~s) 남자 조상. 3 (종종 G-) (친밀감을 가지고) 노인장, 할아버지. 4 시조(始祖), 창시자; 최고(最古)의 것. 5 (미속어) (대학·고교의) 최상급생. 6 =grandfather('s) clock. 형 (새 법규 발효 전의) 기득권의[에 의한]. 탄 (사람·회사 등)을 신규 법률[규칙]의 적용에서 제외[면제]하다.
grándfather cláuse 명 (미) 조부 조항(새 법규 제정시 기득권 따위를 예외로 인정하는 조항).
grand·fa·ther·ly [grǽndfɑ̀ːðərli] 형 1 조부의[같은]. 2 조부다운, 친절한; 관대한, 엄하지 않은.
grándfather('s) clóck 명 (진동 전자가 붙은) 상자꼴의 대형 시계.
gránd fínal 명 (축구 따위에서) 우승팀을 결정하는 시즌 최종전.
gránd finále 명 (오페라·쇼 따위의) 종국, 대단원.
gran·di·flo·ra [grændəflɔ́ːrə] 명 큰 꽃송이를 맺는 장미, 큰 꽃을 피우는 식물; 과장된 말투.
gran·dil·o·quence [grændíləkwəns] 명 호언 현(誇言)의 과장된, 허풍떠는.
gran·dil·o·quent [grændíləkwənt] 형 (말투·표현이) 과장된, 허풍떠는[버리는, 버리는. ~·ly 부
gránd ínquest 명 [법률] =grand jury.
gran·di·ose [grǽndiòus] 형 1 웅대[장대]한, 장엄한, 숭고한. ¶a ~ future 응대한 미래. 2 (경멸적) 거드름피우는, 젠체하는; 과장된. ¶a ~ speech 젠체하는 연설. 3 필요 이상으로 복잡한. 4 [정신의학] 과대(誇大) ~·ly 부 -os·i·ty [-ɑ́səti/-ɔ́s-] 명
gran·di·o·so [grændióusou] 형 부 [음악] 웅대한[하게], 당당한[하게]. [<It]
gránd júror [júryman] 명 대배심원.
gránd júry 명 [법률] 대배심(大陪審), 기소 배심(12~23인으로 구성). 참 petty jury
grand·kid [grǽndkìd] 명 (구어) =grandchild.
Gránd Láma 명 (the ~) =Dalai Lama.
gránd lárceny 명 [법률] 중(重)절도(죄). 참 petty larceny [지방 지부의 최대 단위.
gránd lódge 명 (Freemasons 따위의 비밀 결사의)
‡**grand·ma** [grǽndmɑ̀ː, -mɔ̀ː, grǽmmɑ̀] 명 (구어) 할머니; (속어) 노파, 노부인.
gránd mál [grænd mɑ́ːl, -mǽl] 명 [병리] (간질의) 대발작. 참 petit mal [<F]
grand·mam·ma [grǽndmɑ̀mɑː, -mɑ̀mə] 명 (구어) 할머니. (또는 grandmama)
gránd mánner 명 1 딱딱한[격식에 얽매인] 태도[표현법]. 2 (문학·미술의) 숭고품, 장중풍. 형 대행진.
gránd márch 명 (무도회의) 참가자 전원이 하는 개
Gránd Máster 명 1 (비밀 결사·기사단 따위의) 단장, 회장. 2 (종종 g- m-) (서양장기의) 명인.
Gránd Mónarch 명 (the ~) 대왕(大王)(프랑스왕 Louis 14세의 속칭).
grande monde [F grɑ̃ mɔ̃ːd] 명 사교계, 상류 사회. [<F great world]

‡**grand·moth·er** [grǽndmʌ̀ðər] 명 (복 ~s [-z]) 1 조모, 할머니. 2 (종종 ~s) 여자 조상. 3 (종종 G-) (친밀감을 나타낸 호칭으로) 할머님.
shoot one's grandmother ① (구어) 낙담하다, 실망하다. ② (미구어) 잔인한[질이 나쁜] 짓을 하다.
So's your grandmother! (속어) 바보 같은[말도 안 되는] 소리!
teach one's grandmother to suck eggs ⇒EGG.
Tell that to your grandmother! 허튼 소리 하지 마라!
This beats my grandmother. 이것 놀랐는걸!, 깜짝이야! [가 되다.
ㅡ탄 (구어) …을 응석받다, 어리광 부리게 하다. 2 …의 조모
grandmother the cups (영) 받침접시를 적셔 잔이 미끄러지지 않게 하다.
grand·moth·er·ly [grǽndmʌ̀ðərli] 형 1 할머니의[같은]; 응석받듯 자애로운. 2 (규칙 따위가) 세밀한 데까지 간섭하는, 자질구레한 일에 잔소리하는.
grándmother('s) clóck 명 상자꼴의 큰 시계. 참 grandfather's clock
Gránd Nátional 명 (the ~) (1839년 이래 매년 3월에 영국 Aintree에서 개최되는) 대(大)장애물 경마.
grand·neph·ew [grǽndnèfjuː/-nèvjuː] 명 형제의 손자, 조카(딸)의 아들. [(딸)의 딸.
grand·niece [grǽndniːs] 명 형제의 손녀, 조카
gránd óld mán 명 (the ~) 1 (정계·예술계 따위의) 원로, 장로, 중진. 2 (G- O- M-) 영국의 정치가 W. E. Gladstone이나 W. Churchill의 애칭(@ G.O.M.).
Gránd Óld Párty 명 (the ~) (미) 공화당(the Republican Party)의 애칭(@ G.O.P., GOP).
gránd ópera 명 그랜드 오페라, 대(정(正))가극.
‡**grand·pa** [grǽndpɑ̀ː, -pɔ̀ː, grǽm-, grǽmpɑ̀] 명 (구어) =grandfather.
grand·pa·pa [grǽndpɑ̀pə; -pɑ̀ːpə, grǽm-] 명 (구어·兒소어) =grandfather.
*grand·par·ent [grǽndpɛ̀ərənt/-pɛ̀ər-] 명 조부, 조모. -par·en·tal [애의 개요.
gránd pássion 명 1 뜨거운 연애[사랑], 열애. 2 열
gránd piáno 명 그랜드 피아노, 평형(平型) 피아노.
grand prix [F grɑ̃ prí] 명 (복 g- p-, -s p-, g- es) 1 (영화제·콩쿠르 따위에서의) 최우수상, 대상, 그랑프리. 2 (the ~) (G- P-) 그랑프리 (경주)(장거리의 험난한 코스를 도는 국제 자동차 경주). [<F great prize]
gránd róunds 명 [의학] 대형의, 입원 중인 특정 환자에 대한] 병례(病例) 검토회. [적인.
grand·scale [grǽndskèil] 형 1 대형의, 대규모적인; 정력
gránd seigneur [F grɑ̃ sɛɲœːr] 명 (복 -s -s) 1 조부, 할아버지. 2 (반어적) 지체 높은 사람.
gránd sire [grǽndsàiər] 명 1 조부. 2 노인, 노인. 3 종성 변조(鐘聲變調) 타법(교회의 한 벌로 된 종의 음색·음조를 바꾸어치는 방법).
gránd slám 명 1 (야구) 만루 홈런. (또는 gránd- slámmer) 2 [골프·테니스] 그랜드 슬램(한 선수가 한 시즌 중에 주요 4개 대회에서 우승하는 일). 3 [카드놀이] (브리지에서) 압승. 4 (일반적으로) 대성공, 완승.
gránd-slám 명 (야구) 만루 홈런의.
*grand·son [grǽndsʌ̀n] 명 손자.
grand·stand [grǽndstæ̀nd] 명 (경마장·경기장 따위의) (정면의) 특별 관람석; [집합적; 단·복수 양용] 특별 관람석의 관중. ㅡ재 (미구어) (관중을 흥분시키기 위해) 화려한[관중을 의식한] 플레이를 하다. ㅡ형 (한정용법) 1 특별석에 있는 (것 같은). 2 잘 바라보이는, 유리한 지점을 확보한. 3 관중을 의식한.
~·er 명 그랜드스탠드 플레이어; 특별 관람석의 관중.
grándstand fínish 명 [스포츠] 대접전의 결승.
grándstand pláy 명 (미구어) 1 관중을 의식한 연기[플레이]. 2 (찬성을 얻거나, 강한 인상을 주기 위한) 화려한 동작[제스처]. **grándstand pláyer**
gránd stýle 명 (문학·미술의) 장중체(莊重體).

gránd tóur 図 1 (the ~) (英) (옛날 귀족 자제의) 유럽 대륙 순유(巡遊) 여행. 2 유럽 주요 도시 여행; 대여행. 3 흑선(惑宣) 대여행, 행렬간 여행. 4 (전시회·시설 따위의) 안내인이 딸린 시찰[견학] 여행.
make the grand tour of …을 일주[순회]하다.
gránd tóuring (càr) 図 =Gran Turismo. (또는 **gránd tóurer**) 「부.
grand·un·cle [grǽndʌŋkl] 図 조부모의 형제, 종조
gránd unificátion théory 図 (물리) 대통일(大統一) 이론(장래의 양자장(量子場) 이론). (또는 **gránd únified théory**)
gránd vizíer 図 (역사) (전 회교 국가의) 수상(首相).
grange [greindʒ] 図 1 농장, 농원. 2 (英) (부농의) 시골 저택; (수도원 따위의) 부속 농장. 3 (고어) 곡창, 곳간. 4 (美) (the G-) 美 농민 공제 조합; 그 지방 지부.
grang·er [gréindʒər] 図 1 (美서북부) 농부, 농장 노동자. 2 농장 관리인. 3 (G-) (美) 농민 공제 조합원.
grang·er·ize [gréindʒəràiz] (* (英) **-ise**) 图트 1 (책)에 원본에 없는 사진[삽화 따위]를 따로 인쇄하여 집어넣다. 2 (다른 책에 집어넣기 위해 오려내서) (책)을 못쓰게 만들다. **-ism**, **·i·zá·tion**, **-iz·er** 「rous.
gran·i- [grǽni, gréi-] (연결) grain의 뜻. *granivo-*
gra·nif·er·ous [grənífərəs] 図 곡식[낟]알이 영그는, 알갱이 모양의 열매를 맺는.
***gran·ite** [grǽnit] 図U 1 화강암. 2 (화강암처럼) 단단한(튼튼한) 것; 매우 단단함, 강장(强壯).
(as) hard as granite 매우 단단한; 아주 완고한.
bite on granite 헛수고를 하다.
~·like, gra·nit·ic [grənítik] 図
Gránite Stàte 図 (the ~) 미국 New Hampshire 주의 별칭.
gran·ite·ware [grǽnitwɛ̀ər] 図U 1 화강암 무늬의 에나멜 철기(鐵器). 2 화강암 무늬 도기(陶器); 그 보다 약간 단단한 반유리질 도기. 「(質)다.
gran·it·oid [grǽnitɔid] 図 화강암 비슷한, 화강암질
gran·i·vore [grǽnəvɔ̀ːr, gréin-] 図 곡물을 먹는 동물(조류). **gra·niv·o·rous** [grǽnívərəs, grein-] 図 (새 따위가) 곡물을 먹는.
gran·nexe [grǽneks] 図 =granny flat.
gran·ny [grǽni] 図 1 (구어·어린이말) 할머니(=**gran.**). 2 노파. 3 요란하게 떠들어대는 사람, 잔소리꾼. 4 (美남부) 조산원, 산파(midwife). 5 = knot. 6 (英속어) 범죄 행위[활동]를 은폐하기 위한 합법적인 사업. (또는 **grannie**) 「하다.
teach one's granny to suck eggs 부처에게 설법
── 图 할머니[노파]의, 예스런 여성의; (여성·소녀의 의복이) 할머니풍[패션]의. ── 图卍 (美남부) (아기)를 산파의 도움으로 받다.
gránny báshing [báttering] 図 (구어) 노인 학대.
gránny birth 図 노령 출산.
gránny dress 図 할머니 드레스(긴 소매·하이네크에 발목까지 오는 헐렁한 젊은 여성용 의복).
gránny dúmping 図 (특히 육친) 노인 유기.
gránny flàt [ánnexe] 図 (英) (조부모 등이 거주하는) 노인용 판채, 주택 내의 별동.
gránny glàsses 図卍 작은 렌즈의 금(속)테 안경; (비유적) (사물에 대한) 통찰. 「(center)
gránny hóuse 図 무의탁아 양육 시설(foster-care
gránny knót 図 거꾸로 매기, 세로 매기. (또는 **granny's knot [bènd]**)
gránny mùm 図 노령 출산모.
gránny nánny 図 (부모 대신) 손자를 양육하는 조
gránny prégnancy 図 노령 임신.
gran·o- [grǽnou, -nə] (연결) granite의 뜻.
gra·no·la [grənóulə] 図 1 그래놀라(납작귀리에 건포도나 황설탕을 섞은 조반용 식품). 2 (美속어) 히피.
gran·o·lith [grǽnəliθ] 図 (도로 포장용) 화강암 콘크리트. **·líth·ic** 図

‡**grant** [grænt/graːnt] 图트 1 (금품·권리 따위)를 주다, 수여[교부, 하사(下賜)]하다(to). ⇨GIVE (유의어) ¶~ a degree 학위를 수여하다 // (~+目+目) ~ a person a pension 남에게 연금을 지급하다 // (~+目+前+名) ~ a right *to* him 그에게 권리를 부여하다. 2 (소원 따위)를 들어주다, 허락하다(to); (계의 따위)에 응하다, 동의하다, (요구·탄원 따위)를 승낙하다. ¶(~+目+目) ~ a person a favor 남의 부탁을 들어주다. 3 …을 (양보하여) 인정[용인]하다; (토론 등에서) 가령 …이라고 하다, 가정하다(to be). ¶This ~*ed*, what next? 이것은 그렇다고 치고, 그럼 다음은?/ I ~ that point. 그 점을 일단 인정한다. (~+目+to be) ~ it *to* be true 그것이 진실임을 인정하다. 4 (법률) (재산·권리 따위)를 (증서에 의해) 양도하다. ¶~ property 재산을 양도하다. ── 卍 동의하다.
God grant (that)...! 신이여 …하게 해주옵소서!
Granted. (구어) (상대의 말을 일단 인정하여) 맞았어 (* 보통 뒤에 But…이 이어진다).
grant [or *granting, granted*] *(that)...* (문어) 설사 …이라 할지라도[하더라도].
take...for granted ① …을 당연한 일로[의문의 여지가 없다고] 생각하다. ¶*take* (it) *for* ~*ed* (that) man is mortal. 사람이 죽는다는 것은 당연한 일이라고 생각하다. ② (소유물·권리 따위)를 당연한 일로 생각하고 돌보지 않다, 경시하다. ¶*take* one's own language *for* ~*ed* 모국어를 소홀히 하다.
── 図 1 UC 수여, 교부, 하사; U허가, 인가; 용인. ¶a ~ of a pension 연금의 교부/ a ~ of the exclusive right 독점권의 허가. 2 원조[하사]받은 것, 하사[교부]금. 3 (특정 목적의) 보조금, 기부금(연구·장학금 따위) (to do, *for*). (경제) 무상 원조. 4 (법률) 양도 증서[재산]; U양도, 양여, 권리 부여.
in grant (법률) 증서에 의해서만 양도할 수 있는.
~·a·ble 図 **~·er** 図 허용하는 사람; 수여[양도]자.
Grant [grænt/graːnt] 図 그랜트. 1 Cary ~ (1904–86: 영국 태생의 미국 영화 배우). 2 Hugh ~ (1963– : 영국의 영화 배우). 3 Ulysses S(impson) ~ (1822–85: 미국 제18대 대통령; 남북 전쟁 당시 북
gránt cóst 図 무상 원조. [군 총사령관). 4 남자 이름.
gran·tee [grænti:/graːn-] 図 (법률) 1 양수인, 피수여자. 2 (보조금·장학금 따위의) 피지급자, 급비생.
grant-in-aid [-inéid] 図 (圖 *grants-*) 1 국고 보조금, (중앙 정부가 주는) 조성금, 교부금. 2 (연구·교육·문예 활동 따위에 대한) 보조[조성]금.
gránt lànds 図卍 (美) (석유·가스 등 천연 자원 개발용의) 불하 지명지.
grant-main·tained [-méintèind] 図 (英) (학교·교육 기관이) 중앙 정부의 보조[지원]금을 직접 받는.
gran·tor [grǽntər, grǽn-, grænt5ːr/graːntɔ́ː] 図 (법률) 양도자, 수여자.
grants·man [grǽntsmən] 図 (연구) 지원[보조]금을 잘 얻어내는 사람. **~·ship** 図
Gran Tu·ris·mo [græn tuːríːzmou] 図 GT카(레이싱 카 제조 기술을 도입한 고성능 승용차; 약 GT). (<It)
gran·u·lar [grǽnjulər] 図 1 (알갱이 같은, 입상(粒狀)의; 알갱이로 된[가 생기는]. 2 (표면·조직)이 거칠거칠한, 과립상(顆粒狀)의. ¶a ~ surface 거칠거칠한 면.
~·ly 図
gran·u·lar·i·ty [grǽnjulǽrəti] 図U 입상(粒狀); (암석) 입도(粒度).
gran·u·late [grǽnjulèit] 图트 1 …을 알갱이[모양]으로 하다. 2 (표면 따위)를 오돌도돌[거칠거칠]하게 하다. ── 卍 1 알갱이 모양이 되다, 거칠거칠하게 되다. 2 (병리) 육아 조직(肉芽組織)이 생기다.
gran·u·lat·er [grǽnjulèitər] 図 알갱이로 만드는 사람[물건]; (설탕의) 조립기(造粒機). (또는 **granulator**)
gran·u·lat·ed [grǽnjulèitid] 図 알갱이 모양의, 과립의. ¶~ sugar 그래뉴당(糖),

gran·u·la·tion [ɡrænjuléiʃən] 명 ⓤⓒ 1 알갱이[입(粒狀)]로 하기, 과립화(顆粒化). 2 알갱이 모양, 과립 상태; (꺼칠꺼칠한 표면의) 오돌도돌한 것. 3 〔병리〕 육아(肉芽) 형성. 4 〔천문〕 =granule 3. **-la·tive**

granulátion tíssue 명 〔병리〕 (궤양·상처 따위에 생기는) 육아(肉芽) 조직(proud flesh).

gran·ule [ɡrǽnjuːl] 명 1 작은 알갱이, 세립(細粒), 과립: 작은 환약(丸藥). 2 미소체(微小體), 미립자; 작은 포자(胞子). 3 〔천문〕 (태양 광구면(光球面)에서 볼 수 있는) 입상반(粒狀斑). 「피질의 작은 신경 단위」.

gránule céll 〔해부〕 과립(顆粒) 세포(소뇌와 대뇌

gran·u·lo·cyte [ɡrǽnjulousàit] 명 〔생물〕 과립 (백혈)구(球). **-cyt·ic** [-sítik]

gran·u·lo·ma [ɡrænjulóumə] 명 (복 ~s, ~·ta [-tə]) 〔병리〕 육아종(肉芽腫)(육아 조직의 염증성 종양). **-lom·a·tous** [-lámətəs/-lɔ́m-]

granulóma in·gui·ná·le [-iŋɡwənéili, -néili, -náːlei] 〔병리〕 서혜부(鼠蹊部) 육아종(성병의 일종). (또는 **granulóma ve·né·re·um** [-vəníəriəm])

gran·u·lo·ma·to·sis [ɡrænjuloumətóusis] 명 〔병리〕 (다발성) 육아종증(症).

gran·u·lose [ɡrǽnjulóus] 형 =granular.

gra·num [ɡréinəm] 명 (복 **-na** [-nə]) 1 (처방전에서) 1그레인(grain). 2 〔식물〕 그라나(엽록체 중의 클로로필을 함유하는 입자). [< L]

＊grape [ɡreip] 명 1 포도 (열매); 포도나무. 2 〔a bunch [or cluster] of ~s 포도 한송이). 2 포도색. 3 〔수의〕 (~s) 〔단수취급〕 (소의) 진주병; (말발굽에 생기는 포도송이 모양의) 결절. 4 (the ~) 포도주; (the ~s) 샴페인. 5 포도탄(彈)(grapeshot).
bélt the grápe (美속어) 술을 잔뜩 마시다.
in the gríp of the grápe (속어) (포도주에) 취하여.
sóur grápes ⇒ SOUR GRAPES.
The grápes are sóur. 저 포도는 시다(＊ 탐나는 것이 얻어지지 않을 때 아쉬움·자위의 문구); (오기로) ~·**like** 형 「저 …를 지지하다.

grápe brándy 명 포도주를 증류하여 만든 브랜디.

grápe cúre 명 (결핵의) 포도 (식이) 요법.

grape·fruit [ɡréipfrùːt] 명 그레이프프루트(감귤류 열매로 미국 남부산); (~s) (속어) (큰) 유방.

grápefruit léague 명 〔구어〕〔야구〕(미국 메이저리그의 각 팀이 1초 개막 전에 행하는) 오픈 게임.

grápe hýacinth 명 무스카리(백합과(科)의 식물).

grápe júice 명 그레이프 주스, 포도즙.

grápe pícking 명 포도 따기〔수확〕.

grápe rót 명 (포도의) 두창병(痘瘡病).

grap·er·y [ɡréipəri] 명 포도 재배용 온실; 포도원.

grape·shot [ɡréipʃɑ̀t/-ʃɔ̀t] 명 〔역사〕 포도탄(彈) (옛날 대포에 쓰였던 몇 개의 철구(鐵球)로 된 탄환).

grape·stone [ɡréipstòun] 명 포도씨.

grápe súgar 명 포도당(dextrose).

grape·vine [ɡréipvàin] 명 1 포도 덩굴(나무). 2 〔구어〕 **a)** ⓒⓤ 비밀 정보의 입에서 입으로의 전달, 비밀 정보(망); 헛소문, 유언비어, 허보(虛報), (또는 ~ **télegraph**) **b)** the ~) 비밀 정보원(源). 3 〔스케이트〕 피겨 스케이트의 한 종목. 4 〔레슬링〕 포도 덩굴 굳히기(상대의 발에 자기 발을 감고 하는 누르기).
on [or **through**] **the grápevine** (입에서 입으로) 전해지는 소문으로.
〔구어〕 입에서 입으로의, 소문의.

＊graph[1] [ɡræf, ɡrɑːf] 명 1 그래프, 도식, 도표. ¶a líne[bar] ~ 선[막대] 그래프. 2 〔수학〕 선분(線分) 그래프(linear ~). 3 〔언어〕 문자체(書體)(개념, 소리, 언어적 표현의 대용(代用)으로 쓰이는 문자나 부호). ─ 동태 …을 그래프로 만들다, 도시(圖示)하다.

graph[2] [ɡræf] 명 〔英〕 젤라틴판(版)으로 인쇄하기.

-graph [ɡræf, ɡrɑːf] 〔연결〕 drawn, written의 뜻. ¶mono*graph*, photo*graph*, tele*graph*.

graph·eme [ɡrǽfiːm] 명 〔언어〕 서기소(書記素) (어떤 언어의 서기체계(書記體系)의 최소 단위; 영어 알파벳의 각 문자 따위).   〔어〕서기소론(論).

gra·phe·mics [ɡrǽfiːmiks] 명 〔단수취급〕〔언

-gra·pher [ɡrəfər] 〔연결〕 「쓰는 사람, 그리는 사람, 기록자」의 뜻. ¶tele*grapher*, steno*grapher*.

＊graph·ic [ɡrǽfik] 형 1 (표현·묘사 따위가) 그림을 보는 것 같은, 사실적인, 생생한. ¶a ~ description 사실적인 묘사. 2 그림[도표]을 이용한, 도식적인, 그래프한. ¶a ~ formula 도해식(圖解式)/a ~ method 도식법. 3 서산(書算)의, 필기의, 써서 나타내는. ¶a ~ error 오기(誤記). 4 쓰인, 새겨진, 그려진, 회화의. 5 〔지질〕 (바위가) 문자 모양의 무늬가 있는, 문상(文象)(구조)의. ¶a ~ granite 문상 화강암. 6 〔수학〕 그래프[도식]를 사용한(에 의한). 7 그래픽 아트의 (=**graphical**).
─ 명 1 그래픽 아트(시각 예술, 인쇄 미술)의 작품. 2 (도해·설명용의) 도표, 그림, 도식. 3 〔컴퓨터〕 그래픽 (디스플레이상의 도형 (표시)). 4 (TV) 자막. 5 (~s)
-i·cal·ly 부 **-i·cal·ness**, **~·ness**   〔graphics.

-graph·ic [ɡrǽfik] 〔연결〕「graph의(에 관한)」의 뜻. ¶tele*graphic*, bio*graphic*. (또는 **-graphical**)

graph·i·ca·cy [ɡrǽfikəsi] 명 그래픽 아트의 재능 [기술], 도안[도식(線畫)]을 그리는 기능.

gráphical úser interface 〔컴퓨터〕 = GUI.

gráphic árts 명복 (the ~) 그래픽 아트, 시각 예술. 1 석판·동판·목판의 인쇄 미술, 판화. (또는 **graphics**) 2 서(書)·그림·판화 따위의 예술.

graph·i·cate [ɡrǽfikət, -kèit] 형 그래픽 아트에 숙달한(능한), 판화, 도안 그리는 재주가 좋은.

gráphic desígn 명 그래픽 디자인.

gráphic fórmula 명 = structural formula.

gráphic interchánge fórmat 명 〔컴퓨터〕 화상 데이터 압축 보존 형식(약 GIF).

gráphic nóvel 명 극화(劇畫).

graph·ics [ɡrǽfiks] 명복 〔단수취급〕 1 제도법(製圖法), 제도학. 2 = graphic arts 1. 3 〔영화·TV〕 그래픽스(화면에 표시되는 타이틀·크레디트·자막 따위의 총칭). 4 〔단수취급〕 도식 계산법, 그래프 산법(算法). 5 (단·복수 양용) ~ computer = 컴퓨터 그래픽의. 「용어의」 전자판과 전자 막대로 된 장치.

gráphics táblet 명 〔컴퓨터〕 (도해(圖解)) 자료 입

graph·ite [ɡrǽfait] 명ⓤ 〔광물〕 석묵(石墨), 흑연. **gra·phit·ic** [ɡrəfítik]

gráphite fíber 명 그래파이트[흑연] 섬유.

gráphite reáctor 명 〔원자력〕 흑연 (감속형) 원자로(carbon reactor).

graph·o- [ɡrǽfou, -fə] 〔연결〕 writing의 뜻(＊ 모음 앞에서는 graph-). ¶*graph*ology, *graph*eme.

graph·ol·o·gy [ɡræfálədʒi/-fɔ́l-] 명 1 필적학; 필적 관상법, 필상학(筆相學). 2 〔언어〕 서기소론(書記素論). 3 필기[도식]법.
-o·log·i·cal [-əládʒikəl/-lɔ́dʒ-] **-gist**

graph·o·ma·ni·a [ɡræfəméiniə] 명ⓤ 〔정신의학〕 서자광(書字狂)(무턱대고 글자를 쓰고 싶어하는 병적인 충동). **-ac** [-æk] 명 서자광 환자.

gra·phon·o·my [ɡræfánəmi/-fɔ́n-] 명 〔언어〕 서기론(書記論), 서자학(書字學).

graph·o·scope [ɡrǽfəskòup] 명 〔컴퓨터〕 그래포스코프(화면의 표시 데이터를 light pen 따위로 수정할 수 있는 수상(受像) 장치).

graph·o·spasm [ɡrǽfəspæ̀zm] 명 〔병리〕 서경(書痙), 서자(書字) 경련(writer's cramp).

graph·o·ther·a·py [ɡræfəθérəpi] 명 〔정신의학〕 필적 진단(법); 필적 요법(정신병 치료를 위해 필적을 바꾸게 하는 심리 요법).

Graph·o·type [ɡrǽfətàip] 명 (상표) 그래퍼타이프(얇은 금속 조각에 글자를 돋을새김으로 나오게 하는

graph paper 타자기식 기계). **graph·o·typ·ic** [-típik] 형
gráph pàper 명 방안지, 그래프 용지.
gráph théory 명 (수학) 그래프 이론.
-gra·phy [-grəfi] 연결 1 「서법(書法), 기술법, 표현법」의 뜻. ¶ photo*graphy*, steno*graphy*. 2 「기술(記述)하는 학문, 기록하는 과학」의 뜻. ¶ *geography*, bio*graphy*. 3 「필(기)법」의 뜻. ¶ calli*graphy*.
grap·nel [grǽpnl] 명 1 (갈고리나 쥐는 기구가 있는) 거는 도구, 고정구(固定具), 갈고랑쇠. 2 (해사) 네발닻(앵커)(보통 4개의 갈고리가 있는 작은 닻). (또는 grapeline, graplin)
grap·pa [grάːpa] 명 U 그랍파(이탈리아산(産) 비숙성(非熟成) 브랜디).
gráp·pi·er cemént [grǽpiə̀r-] 명 그라피에 시멘트(수경성(水硬性) 석회를 만들 때의 부산물).
*__**grap·ple**__ [grǽpl] 타 1 ···을 잡다, 쥐다, 붙들다. 2 (갈고리로) ···을 걸(어서 고정시키)다. ¶ They ~*d* the enemy's ship. 그들은 적선을 갈고리로 걸어매었다. 3 ···과 붙잡고 싸우다, 격투하다. 4 ⋯ (갈고리로) 걸어매다, 고착하다; 갈고리를 쓰다. 2 (레슬링 따위에) 맞붙어 싸우다, 드잡이하다, 격투하다(*together*)(*with*). ¶ (~+튀) The two wrestlers ~*d together*. 두 레슬러는 서로 맞붙었다. 3 (난제 따위를) 극복하려고 노력하다, (⋯과) 씨름하다; (난국에) 맞서다, 부딪치다(*with*). ¶ (~+튀+명) ~ *with* a problem 문제와 씨름하다.
━ 명 1 (배 따위를 걸어서 고정시키는) 갈고리, 네발닻. 2 꽉 잡기, 세게 쥠. 3 (레슬링·격투 따위에서) 붙잡는 기술, 껴안기, 죄기, 백병전. 4 격투, 백병전.
come to grapples with ⋯과 격투하다; [어려운 문제 따위]와 씨름하다.
-pler 걸어매는 사람[것]; 레슬러.
grápple gròund 명 닻을 내릴 곳, 정박지.
gráp·pling ìron[hòok] [grǽpliŋ-] 명 =grapnel
grap·po [grǽpou] 명 (~**s**) (속어) 포도주. [1.
grap·y [gréipi] 형 1 포도의[같은]; 포도꼴의; 포도(과즙) 맛이 나는. 2 (수의) (소가) 결핵의, (말의) 포도창에 걸린. (또는 **grapey**) **gráp·i·ness** 명
GRAS [græs] (미) (약학) 식품 의약청(FDA) 입격증. [<*G*enerally *R*ecognized *a*s *S*afe]
gra·ser [gréizər] 명 (물리) 그레이저, 감마선 레이저(gamma-ray laser). [<*g*amma-ray *a*mplification by *s*timulated *e*mission of *r*adiation]
*__**grasp**__ [græsp/grάːsp] 타 (~*ed* [-t]) 타 1 ⋯을 (단단히) 붙잡다, (꽉) 쥐다; ⋯에게 매달리다 (기회)를 잡다. ⇨ HOLD 유의어 ¶ ~ a shadow and let go the substance 그림자를 좇다가 실체를 놓치다 / *G~ all, lose all*. (속담) 다 잡으려다 다 놓친다, 토끼 둘을 쫓으려 하나도 못 잡는다. 2 ⋯을 이해하다, 파악하다. ¶ ~ an argument 논점을 이해하다. ━ 자 1 붙잡다, 쥐다. 2 (붙)잡으려고 하다, (⋯에) 달려들다(*at, for*). ¶ (~+튀+명) ~ *at* the air 허공을 잡으려 하다 / be ready to ~ *for* any support 무엇이건 의지할 물건을 붙잡을 태세를 취하다.
grasp the nettle 자진해서 난국에 부딪치다.
━ 명 (때로 a ~) 1 (단단히) (붙)잡음(*at*); 꽉 쥐기, 파악(*of*). ¶ have a firm ~ *of* a hammer 해머를 꽉 쥐다. 2 (껴안거나 잡고 있는) 양손, 양팔; 포옹. ¶ He took her in his ~. 그는 그녀를 껴안았다. 3 (손에 잡을 수 있는[손이 미치는] 범위[거리]. 4 소유, 보지(保持); (문어) (⋯에 대한) 지배, 통제(*on*). ¶ fall into the enemy's ~ 적의 수중에 떨어지다. 5 (⋯에 대한) 이해(력), (지적) 파악(력)(*of, on*). ¶ a mind of wide ~ 폭넓은 이해심. 6 ① (노의) 손잡이. [에] 이해할 수 없는.
beyond [***out of***] ***one's grasp*** 손이 닿지 않는 곳.
get [***take***] ***a grasp on*** *oneself* 감정을 억제하다. [파악하다.
have a good grasp of ⋯을 잘 이해하다, 충분히
in the grasp of ⋯의 수중에, ⋯에 지배되어.
keep a grasp on ⋯을 통제(지배)하다.

make a grasp at ⋯을 꽉 붙잡다.
within *one's* ***grasp*** 손이 미치는 곳에; 이해할 수 ↔·**a·ble** 형 ↔·**er** 명
grasp·ing [grǽspiŋ/grάːsp-] 형 1 쥐는, 붙잡는 (데 쓰는). 2 (경멸적) 욕심 많은, 탐욕스러운; 집요한.
~·**ly** 부 ~·**ness** 명
*__**grass**__ [græs/grάːs] 명 (복 ~**es** [-iz]) 1 U (종류를 나타낼 때에는 (C)) ((집합적)) 풀, 목초; 잔디. ¶ blades[or leaves] of ~ 풀잎. 2 초지(草地), 초원, 목초지, 목장; (보통 the ~) 잔디밭. ¶ five acres of ~ 5에이커의 초지 / *The ~ is (always) greener on the other side (of the fence[hill])*. (속담) 울타리(담) 맞은편 잔디는 (언제나) 더 푸르다, 남의 떡이 더 커 보인다. 3 (종종 true ~**es**) 볏과(科) 식물(벼·보리·옥수수·대나무 따위). 4 (~**es**) 풀의 줄기나 잎. 5 풀이 파릇파릇한 계절, 봄. 6 U (속어) 아스파라거스; (속어) 잎채소, 상추; (미속어) 야채를 잘게 썬 샐러드. 7 (미속어) 백인의 머리털; (속어) (여자의) 음모, 치모. 8 (채광) 지표(地表), 갱(坑) 밖. 9 U (영속어) (경멸적) 밀고자, 정보 제공자; 경찰관. 10 U (속어) 마리화나. 11 (구어) (전자) 물(잡음에 의해 레이더 화면상에 생기는 풀 모양의 선(線). 12 (영속어) (인쇄) 임시 고용(일).
(as) green as grass (구어) 애송이인, 철부지의.
a snake in the grass ⇨ SNAKE.
be [or ***run***] (***out***) ***at*** [or ***to***] ***grass*** ① (가축이) 풀을 뜯어먹고 있다, 방목되어 있다. ② (사람이) 일을 떠나 유식하다; 휴가를 얻어 한가로이 지내다. ③ (광산) 갱 밖에 나와 있다. [애송이인.
between grass and hay 아직 어른이 되지 못한.
blow grass (속어) 마리화나(대마초)를 피우다.
burn the grass (濠속어) 서서 소변을 보다.
cut one's own grass (영속어) 제 힘으로 생활을 하다.
cut the grass from under a person's feet 남의 말꼬리를 잡다; 남을 방해하다, 남을 실패하게 하다.
go to grass ① (가축이) 목장으로 가다, 방목되다. ② 은퇴[은거]하다. ③ (속어) 맞아 쓰러지다; 죽다, 뻗다, 돼지다. ¶ *Go to ~*! 뒈져라!
hear the grass grow 이상하리만큼 민감하다.
hunt grass (英속어) 맞아 쓰러지다.
Keep off the grass! ① (게시) 잔디밭에 들어가지 마시오. ② 참견[방해]하지 마라.
lay down (***a land***) ***in grass*** (땅에) 잔디를 심다.
let the grass grow under *one's* ***feet*** 꾸물대다가 기회를 놓치다; 긴장을 풀다.
put [or ***send, turn***]⋯***out to grass*** ① (구어) (남)을 휴양시키다, 휴가를 주다. ② (구어) (남)을 해고하다, 퇴직시키다. ③ (속어) ⋯을 때려 눕히다, 타도하다. ④ (가축)을 방목하다. ⑤ (경주마)를 은퇴시키다.
━ 타 (~**es** [-iz]; ~**ed** [-t]) 1 ⋯에 풀이 나게 하다, ⋯을 풀로 덮다(*over*); ⋯에 잔디를 깔다. 2 풀을 먹이다. (가축)을 방목하다. 3 (천 따위)를 풀밭 위에 펼쳐 말리다. 4 (구어) (남)을 때려 눕히다. 5 (새)를 쏘아 떨어뜨리다; (물고기)를 낚아 올리다. 6 (英속어) ⋯을 밀고하다(*on*). ━ 자 1 (가축이) 풀을 먹다. 2 풀[잔디]이 나다[로 뒤덮이다](*up*). 3 (英속어) (남)을 밀고하다 (*on*). 4 (英) (인쇄) (식자공)이 임시 일을 하다.
~·**less, ~·like** 형
Grass [grάːs] 명 Günter Wilhelm ~ 그라스 (1927- : 독일의 소설가·시인·극작가; 노벨 문학상 (1999)).
gráss-blade [bléid] 명 풀잎.
gráss cárp (어류) 초어(草魚)(잉어과의 담수어).
gráss cháracter 명 (한자의) 초서(草書).
gráss clóth 명 그래스 천(모시·아마(亞麻)·대마 따위의 질긴 섬유로 만든 평직물). (또는 **grásscloth**)
gráss cóurt 명 (테니스의) 잔디 코트.
grass·cut·ter [grǽskʌ̀tər/grάːs-] 명 1 풀[잔디] 깎는 기계. 2 풀 베는 사람. 3 (또는 **gráss clipper**) (속어) (야구) 강한 땅볼.

grass-eat·er [græsìːtər/gráːs-] 圈 《속어》 뇌물을 요구하지 않으나 주면 받는 경찰관. ⑧ meateater
grass-er [græsər/gráːs-] 圈 1 《美속어》 마리화나 상용자. 2 《英속어》 밀고자. ≒ **gráss-gréen**
gráss gréen 圈 (때로 a ~) 풀빛, 초록색, 연두색.
grass-grown [-gróun] 圈 풀이 나 있는, 풀로 덮인.
gráss hánd 圈 (한자의) 초서체(草書體); 《英속어》 《인쇄》 임시 식자공.
grass-hook [græshùk] 圈 풀 베는 낫(sickle).
‡**grass-hop·per** [græshàpər/gráːshɔ̀p-] 圈 (옝 ~s [-z]) 1 메뚜기; 여치류. 2 (비유적) 변덕쟁이; 바람둥이. 3 《美속어》 (정찰·농약 살포용) 경비행기. 4 《속어》 마리화나 상습자. 5 《美속어》 경관. ┌「어린
knee-high to a grasshopper 《英구어》 아주 작고
grass·land [græslænd/gráːs-] 圈Ⓤ 초원 (지대); 목초용 농지, 방목지.
gráss máks 圈 마리화나 흡연용 마스크(파이프에 붙여 연기를 고스란히 마시기 위한 것). ┌「잉꼬류.
gráss párakeet 圈 《조류》 (오스트레일리아산(產))
gráss-plot [græsplàt/gráːsplɔ̀t] 圈 잔디; 초지.
gráss róots 圈圈 (the ~) (단·복수 양용) 1 농업 지구, 전원 지대; 농목민, 농업 지역민. 2 일반 대중, 민중, 서민, 민초(民草); 《정치》 유권자. 3 (비유적) (사물의) 본원; 기초. 4 지표에 가까운 토양, 표토(表土).
get down to the grass roots 근본(뿌리)까지 캐 내려가다, 진상을 파헤치다.
grass-roots [-rùːts] 圈 1 민중의, 대중의. ¶a ~ movement 민중의 운동. 2 농업 지구의, 전원 지대의. 3 기초적인, 근본적인. 4 참신한, 새로운.
gráss-roots democracy 圈 《정치》 민초(民草) ┌풀뿌리, 대중) 민주주의.
gráss shéars 圈 잔디[풀] 깎는 가위.
gráss skiing 圈 잔디 스키.
gráss skirt 圈 (홀라댄스 따위의) 도롱이 스커트.
gráss snáke 圈 유럽산(産)의 독 없는 뱀.
gráss stýle 圈 (붓글씨의) 초서(체).
Grass-tex [græsteks/gráːs-] 圈 (상표) 그래스텍스(테니스 코트(의 표면재)). [<grass+texture]
gráss trèe 〔식물〕 (오스트레일리아산(產)) 백합과(科)의 상록수.
gráss wéed 圈 《美속어》 = marijuana.
gráss widow 圈 1 《종종 익살》 생과부; 이혼한 여자; 남편과 별거중인 여자. 2 (고어) 버림받은 여자; 미혼모. ┌「남자; 아내와 별거중인 남자.
gráss wídower 圈 《종종 익살》 생홀아비; 이혼한
grass-work [græswə̀ːrk/gráːs-] 圈Ⓤ 《광산》 갱외(坑外) 작업.
*****grass·y** [græsi/gráːsi] 圈 1 풀로 뒤덮인; 풀이 많이 난; 풀 냄새(향기)가 나는. 2 풀, 볏과 식물의[같은]. 3 풀빛(초록색)의. 4 초식(성)의. 5 《美속어》 마리화나 ┌(대마)의.
gráss·i·ness 圈
gráss·y-gréen [-gríːn] 圈 초록색의.
*****grate**¹ [greit] 圈 1 (석탄 난로의) 쇠살대, 화상(火床). 2 《美》 (창·배수구 따위의) 격자, 쇠격자, 격자창[문]. 3 벽난로. 4 (채광) (노에 격자를 끼운) 어레미, 체. — ⑧ (~에) 쇠살살을 달다.
*****grate**² ⑨⑧ 1 갈다, 빻다. (강판으로) …을 갈다. ¶~ a carrot 당근을 갈다. 2 …을 삐걱삐걱[득득] 비비다, 삐걱거리게 하다(together). ¶~ one's teeth 이를 갈다. 3 〔남〕의 감정을 해치다, …을 안달나게 하다. ¶His speech ~ d on me. 그의 연설은 우리의 신경을 거슬렸다. 4 (고어) 닳게 하다, 마멸시키다. — ⑨ 1 삐걱삐걱[득득] 소리를 내다, 삐걱거리다(against, on). ¶(~+甩+前+名) The door ~d on its rusty hinges. 문이 녹슨 경첩이 삐걱거렸다. 2 (사람·귀 따위에) 거슬리다, 싫은 느낌을 주다(on, upon). ¶(~+甩+前+名) His voice ~s on us. 그의 목소리는 불쾌하다 / ~ on[or upon] the ear 귀에 거슬리다. — 圈 귀에 거슬리는 소리.

G-rated [dʒíːréitid] 圈 (영화가) 누구나 볼 수 있는, 연령 제한이 없는. ¶a ~ film 누구나 볼 수 있는 영화. ⑧ film rating [<general]
‡**grate·ful** [gréitfəl] 圈 (more ~; most ~) 1 (…에 대하여/…하여) 고맙게 생각하는, 감사하는(for/to do). ¶I am ~ to you for your kindness. 친절히 해 주셔서 감사합니다 / be deeply ~ to know that …이라는 것을 알고 아주 고맙게 여기다. 2 (한정용법) 감사의 (뜻을 나타내는). ¶a ~ letter[look] 감사의 편지[표정].

〔유의어〕 **grateful** 남에게서 받은 호의·은혜에 감사하는. **thankful** grateful과 같은 뜻으로도 사용하나 사람·신·자연·운명 등에의 감사를 나타낸다.

3 기분 좋은, 상쾌한; 《문어》 유쾌한, 즐거운; 반가운, 고마운. ¶a ~ shade 상쾌한 그늘. ~**ness** 圈
*****grate·ful·ly** [gréitfəli] ⓣ 1 감사하여. 2 즐겁게.
grat·er [gréitər] 圈 가는[문지르는] 사람; 강판.
grat·i·cule [grætəkjùːl] 圈 1 《항해》 (지도나 해도의) 경위선망(網). 2 (수학(轉寫표의) 눈금, 방형(方形) 구획 도면. 3 (광학) (현미경 따위의) 계수선(計數線).
*****grat·i·fi·ca·tion** [grætəfikéiʃən] 圈 1 만족 (감), 큰 기쁨. 2 **physical**[**spiritual**] ~ 육체적[정신적] 만족. 2 만족[기쁨]을 주는 것, 욕구 충족. ¶It must be a ~ to know that one is liked. 자기가 사랑받고 있음을 안다는 것은 기쁜 일임에 틀림없다. 3 기쁘게 하기, 만족시키기. 4 (고어) 보수, 답례; 팁, 행하.
find one's gratification in …을 기뻐하다.
‡**grat·i·fy** [grætəfài] ⑧ (**-fies** [-z]) 1 〔남〕을 만족시키기, 기쁘게 하다, …에게 고마워하게 하다; 《수동형으로》…에/…하여/…인데 대해) 만족하다, 즐거워하다 (at, with, by/to do/that 節). ¶It gratified him to learn the effect. 그 결과를 알고 그는 만족했다 // (~+甩+前+名) I am gratified with[or at] the result. 나는 그 결과에 만족한다 // (~+甩+to do) I was gratified to hear the news. 나는 그 소식을 듣고 기뻐했다. 2 (욕망·충동 따위를) 만족시키다, 채워주다; (귀·눈) 을 즐겁게 해주다. ¶one's thirst for knowledge 지식욕을 만족시키다. 3 (폐어) …에게 보수를 주다, 보답하다; 뇌물을 주다, 매수하다.
-**fi·a·ble** 圈 -**fi·er** 圈
grat·i·fy·ing [grætəfàiiŋ] 圈 만족스러운, 만족을 주는, 유쾌한, 즐거운(to). ~**ly** ⓣ
grat·in [grǽtn, grɑ́ːn/-grǽtæ̀ŋ] 圈 그라탱 요리. [<F]
gra·ti·né [grætənéi, grɑ̀ːt-] 圈 (~**ed**) (요리) 그라탱으로 하는. — 圈 (또는 **gratinée**) 치즈나 빵가루를 뿌려 구워 빛깔을 낸. [<F]
grat·ing¹ [gréitiŋ] 圈 1 (창 따위의) 쇠격자, 격자; 격자문[창]. 2 《해사》 (보트의 바닥에 까는) 격자 모양의 깔개; (승강구의) 격자 뚜껑. 3 (물리) 회절 격자(回折格子).
grat·ing² 圈 1 기분 나쁘게 하는, 신경을 건드리는. ¶a ~ remark 신경을 건드리는 말. 2 (목소리·소리가) 귀에 거슬리는, 삐걱거리는, 불쾌한. ~**ly** ⓣ
gra·tis [grǽtis, gréi-] ⓣ 圈 무료로, 공짜로. ¶The sample is sent ~ on application. 견본은 신청하시는 대로 무료로 보내드립니다. — 圈 《서술용법》 무료의, 공짜의. ¶Entrance is ~. 입장 무료.
‡**grat·i·tude** [grǽtətjùːd/-tjùːd] 圈Ⓤ (일에 대한) 감사(하는 마음)(**for**); (사람에 대한) 사의(**to, toward**). ¶express (one's) ~ **to** a person 남에게 감사의 뜻을 표하다 / show ~ **for** a person's kindness 남의 친절에 감사를 표하다.
in [or *out of*] *gratitude* 감사한 마음에서, 은혜에 ┌「보답하여.
with gratitude 감사하여.
gra·tu·i·tous [grətjúːətəs/-tjúː-] 圈 1 공짜로 얻은, 무료의, 무보수의; (법률) 무상의. ¶~ service 무료 봉사. 2 (경멸적) 이유[원인]없는, 까닭 없는, 근거 없는; 쓸데[필요]없는. ¶~ criticism 엉뚱한 비평. ~**ly** ⓣ ~**ness** 圈

gratúitous cóntract [명] 〔법률〕 무상 계약.
gra·tu·i·ty [grətjúːəti/-tjúː-] [명][U][C] **1** 팁(tip), 축의(금). **2** 선물; 은전. **3** 《英》 (정부가 군인에게 주는) 공로 포상금; (제대·퇴역시 군인이 받는) 수당, 퇴직금.
No gratuity accepted. 《게시》 팁[축의금] 사절.
grat·u·lant [grǽtʃulənt/-tju-] [형] 기쁨[만족감]을 나타내는; 축하의.
grat·u·late [grǽtʃulèit/-tju-] 《고어》 [동][타] …을 기꺼이 맞다; …에게 기쁨을 나타내다; …을 축하하다. ── [자] 기쁨을 (말로) 나타내다. **-lá·tion** [명] **-la·tò·ry** [형]
graunch [grɔːntʃ] [동][타] 《英방언》 삐걱삐걱[끼끼] 소리나게 하다; 〔기계 따위〕를 삐걱거리게 하다, 망가뜨리다. ── [자] 삐걱삐걱[끼끼] 소리내다. ── [명] 《속어》 〔컴퓨터〕 (어처구니 없는) 실수.
grau·pel [gráupəl] [명][U] 〔기상〕 싸라기눈(snow pellets).
gra·va·men [grəvéimən/-men] [명] (복) ***-vam·i·na*** [-vǽmənə], **~s**) **1** 불평, 불만; 《英》 (성직자 회의에서 하원을 거쳐 상원에 제출하는) 진정서. **2** 〔법률〕 (고소·고발 따위의) 가장 중요한 점, 주요 취지.
‡**grave**[1] [greiv] [명] (복) **~s** [-z]) **1** 묘혈; 무덤, 묘소, 분묘. ¶worship at a ~ 묘에 참배하다. **2** 《비유적》 멸망한[과거의] 것을 버리는 곳; 사지(死地). **3** (the ~, a ~) 죽음, 파멸. ¶dread the ~ 죽음을 무서워하다. **4** 《英방언》 야채류 저장 굴[움].
(as) close as the grave 절대 비밀로.
(as) silent [or ***quiet, secret***] ***as the grave*** (비밀에 대하여) 입을 굳게 다문.
(as) still as the grave (장소 따위가) 쥐죽은 듯이 조용한.
beyond the grave 저승에(서).
dance on** a person's **grave 남의 불행을 제물로 삼다[이용하다].
dig** one's **own grave 스스로 무덤을 파다, 자멸하다.
dig the grave of …을 파멸시키다, 묘혈을 파다.
find a watery grave 익사하다.
find** one's **grave in …에서 죽다.
from (the) cradle to (the) grave 요람에서 무덤까지, 태어나서 죽을 때까지, 일생 동안(＊사회 보장의 표어).
have one foot in the grave ⇨FOOT.
in** one's **grave 죽어서.
make [or ***set***] *a person* ***turn (over) in his grave*** 남을 죽어서도 눈을 감지[고이 잠들지] 못하게 하다.
(on) this side (of) the grave 이승에(서).
rise from** one's **grave 되살아나다, 소생하다.
sink into the grave 죽다.
Someone is walking on [or ***over***] ***my grave.*** 누군가가 내 무덤 위를 걷고 있다(＊까닭없이 오싹할 때 하는 말).
to** one's* [or ***the] ***grave*** 죽을 때까지.
turn (over) [or ***spin***] ***in** one's **grave*** (고인이) 무덤 속에서 탄식하다, 고이 잠들지 못하다.
‡**grave**[2] [형] (***grav·er; grav·est***) **1** (사람·성격 따위가) 엄숙한, 장중한; 침착한; 진지한, 심각한. ¶~ ceremonies 엄숙한 의식 / a ~ character 침착[진지]한 성격 / look ~ 엄숙[진지]한 표정을 짓다. **2** (책임·문제 따위가) 중대한, 중요한, 무거운. ¶~ responsibilities 무거운 책임. **3** 위기를 내포한, 심상치 않은, 위험이 따르는; 위독한. ¶a ~ situation 심상치 않은 사태 / a ~ illness 중병. **4** [또는 grɑːv] 〔문법〕 **a)** 악센트가 없는 (unaccented). **b)** 저조(低調)[하강조]의[로 발음되는]. **c)** 저(低)[약음]악센트(`)의[를 갖는](㉥ acute). **5** (색이) 차분한, 수수한, 칙칙한. ── [명] [또는 grɑːv] 〔문법〕 = ~ accent; 저음조성(低音調性). **∠·ness** [명]
grave[3] [동] (**~d; *grav·en,* ~d**) 《문어》 [타] **1** …을 파다, 새기다, 조각하다(*on, in*). ¶~ an inscription *on* marble 대리석에 명(銘)을 새기다. **2** (마음·기억에) …을 아로새기다, 명심하다(*on, in*). ¶~ the words *in* the heart 그 말을 명심하다. **3** 《고어》 〔굴〕을 파다. ── [자] 새기다, 조각하다.
grave[4] [동][타] 〔해사〕 〔배 밑〕의 부착물을 제거하고 도료[타르]를 바르다.
gra·ve[5] [grɑ́ːvei] [형][부] 〔음악〕 그라베, 느린[느리게], 장엄한[하게]. 〔<It〕
gráve áccent [gréiv-/grɑ́ːv-] [명] 저(低)악센트(`) (영어에서는 제2강세, 프랑스어에서는 모음의 음가나 동음 이의어의 구별 따위를 나타낸다).
grave·clothes [gréivklòuðz] [명][복] 수의(壽衣).
grave·dig·ger [gréivdìgər] [명] **1** 무덤 파는 사람; 《비유적》 마무리하는 사람. **2** = burying beetle.
gráve góods [명] 〔고고〕 (묘의) 부장품(副葬品).
‡**grav·el** [grǽvəl] [명] (복) **~s** [-z]) **1** [U] 《집합적》 자갈, 잔돌, 사력(砂礫); [C] 〔광물〕 (사금이 들어 있는) 사력층(層). ¶pay ~ 경제성 있는 사력층. **2** [U][C] 〔병리〕 (신장·방광에 생기는) 요사(尿砂), 결사(結砂); 요사[결사]증.
hit the gravel 《美속어》 땅에 엎드리다; 지면에 뛰어내리다; 〔야구〕 슬라이딩하다.
── [동][타] (**~s** [-z]; ***-l-,*** 《英》 ***-ll-***) **1** 〔길 따위〕를 자갈로 덮다, …에 자갈을 깔다. **2** …을 당혹하게 하다, 난처하게 하다, 애먹이다. ¶I was completely ~*ed* by his reasoning. 나는 그가 따지고 드는 데 아주 혼이 났다. **3** 《美구어》 …을 짜증[안달]나게 하다, 화나게 하다. **4** (자갈이 편자와 발굽 사이에 끼어) 〔말〕을 절게 하다.
── [형] 귀에 거슬리는, 삐걱삐걱하는.
grav·el-blind [-blàind] [형] 《문어》 눈이 거의 보이지 않는, 반소경의. [참] sand-blind, stone-blind
grave·less [gréivlis] [형] **1** 무덤이 없는; 정식으로 매장되지 않은. **2** 불사의, 불멸의.
grav·el·ly [grǽvəli] [형] **1** 자갈의[같은]; 자갈이 많은. **2** (목소리가) 걸걸한, 귀에 거슬리는. ¶a ~ voice 귀에 거슬리는 목소리. **3** 〔병리〕 요사(尿砂)의[에 의한].
grável pìt [명] 자갈 구덩이, 자갈 채취장.
grav·el·stone [grǽvəlstòun] [명] **1** 자갈, 조약돌. **2** 〔병리〕 (모래 모양의) 결석(結石).
‡**grave·ly** [gréivli] [부] 엄숙하게, 장중하게; 차분[진지]하게; 중대하게.
grav·en [gréivən] [동] grave[3]의 과거분사. ── [형] 감명을 받은, 가슴에 아로새겨진; 조각된, 새겨진.
gráven ímage [명] 우상(idol).
grav·er [gréivər] [명] 조각사; 조각도(刀); 동판 조각도.
grave·rob·ber [gréivrɑ̀bər/-rɔ̀b-] [명] 도굴꾼; (해부용으로 훔치는) 시체 도둑.
Graves [grɑːv] [명][U] (프랑스의) 그라브산(産) 백포도주.
Gráves' disèase [gréivz-] [명] 〔병리〕 그레이브즈병(病), 바제도병(病), 안구 돌출성 갑상선종. 〔<아일랜드의 의사 R. J. Graves(1796-1853)의 이름〕
grave·side [gréivsàid] [명] (the ~) 무덤 옆.
grave·stone [gréivstòun] [명] 묘석, 묘비.
Gra·vett·i·an [grəvétiən] [명][형] (유럽 후기 구석기 시대의) 그라벳 문화(기)(의).
〔<la Gravette 프랑스에 있는 표준 유적〕
***grave·yard** [gréivjɑ̀ːrd] [명] **1** 묘지. **2** (고물) 폐기장; 폐차장(auto ~). **3** 음산한[활기 없는] 장소. **4** 《美속어》 〔볼링〕 득점이 어려운 레인. **5** 《구어》 = ~ shift.
── [형] **1** (기침이) 죽음의 전조 같은. **2** 《속어》 극비의; 출세할 가망이 없는.
Gráveyard schóol [명] (the ~) 묘지파(18세기 중엽 영국의 서정 시인들의 한 파).
gráveyard shìft [명] 《美》 (3교대 근무에서) 밤 12시부터 아침 8시까지의 근무, 심야[철야] 근무; 《집합적》 철야 근무자들.
gráveyard wàtch [명] **1** 묘지기. **2** = graveyard shift. **3** 〔해사〕 = middle watch.
grav·id [grǽvid] [형] 《문어》 **1** 임신중인; 〔의학〕 (자궁이) 수태한. **2** 《비유적》 (…로) 가득 찬(*with*). **3** 전조(前兆)가 되는, 불길한. ¶~ skies 잔뜩 찌푸린 하늘.
gra·vid·i·ty [grəvídəti] [명] **~·ly** [부] **~·ness** [명]
gra·vim·e·ter [grəvímətər] [명] (고체·액체의) 비중계; 중력계. ¶a lunar ~ 달 표면 중력계.
grav·i·met·ric [grǽvəmétrik] [형] 중량[비중] 측정의[에 의한]; 중력계[장]의 변화의[에 의한].

gravimétric análysis 〖화학〗 중량 분석.
gra·vim·e·try [grəvímətri] 〖명〗〖U〗 중량[밀도] 측정.
gráv·ing dòck [gréiviŋ-] 〖해사〗 (배 수리용) 드라이[건(乾)] 독(dry dock). 〖ゑ〗 grave⁴
gráving tòol 〖명〗 1 조각 용구; 조각도(burin). 2 (the G- T-) 〖천문〗 조각도자리.
grav·i·sphere [grǽvəsfiər] 〖명〗〖U〗 〖천문〗 (천체의) 인력[중력]권. [< *gravity*+*sphere*]
grav·i·tas [grǽvitæs, -tɑ̀ːs] 〖명〗〖U〗 엄숙함, 경건함.
grav·i·tate [grǽvəteit] 〖자〗〖V〗 1 인력에 끌리다, 중력의 작용으로 움직이다(*to, toward*). ¶The earth ∼s *toward* the sun. 지구는 (인력에 의해) 태양 쪽으로 끌린다. 2 가라앉다, 침하(沈下)하다, 하강하다; (액체 따위가) 낮은 곳에 괴다(*to*). ¶∼ *to* the bottom of a river 강바닥에 가라앉다. 3 (…에) 끌리다[끌려가는 경향이 있다](*to, toward*). ¶Musicians ∼ *toward* one another. 음악가들은 서로 끌린다. ── 〖타〗 …을 (중력에 의해) 침하[하강]시키다(*down*).

***grav·i·ta·tion** [grævətéiʃən] 〖명〗〖U〗 1 〖물리〗 인력, 중력; 인력[중력] 작용. ¶the law of ∼ 인력의 법칙 / terrestrial [universal] ∼ 지구[만유] 인력. 2 침하, 하강. 3 〖U〗〖C〗 끌리는[자연스러운] 경향(*to, toward*). ¶the ∼ of people *toward* the suburbs 사람들의 교외 이주 경향. 〜**·al** [-əl] 〖형〗 〜**·al·ly** 〖부〗

gravitátional astrónomy 〖명〗 천체 역학.
gravitátional collápse 〖천문〗 중력 붕괴.
gravitátional cónstant 〖물리〗 중력[만유 인력] 정수(定數).
gravitátional fíeld 〖명〗〖물리〗 중력장(重力場).
gravitátional fórce 〖물리〗 중력.
gravitátional interáction 〖물리〗 중력 상호 작용.
gravitátional léns 〖천문〗 중력 렌즈.
gravitátional máss 〖물리〗 중력 질량.
gravitátional radiátion 〖물리〗 중력파의 방출, 중력 방사(放射).
gravitátional wáve 〖물리〗 중력파(重力波).
grav·i·ta·tive [grǽvətèitiv] 〖명〗 중력[인력]의(작용을 받는); 중력[인력]에 끌리는.
gra·vi·ti·no [grævətíːnou] 〖명〗 〖물리〗 중력 미자(微子), 그래비티노.
grav·i·ton [grǽvətɑn/-tɔ̀n] 〖명〗 〖물리〗 중력 양자(量子), 그래비톤.

‡**grav·i·ty** [grǽvəti] 〖명〗〖U〗 1 〖물리〗 중력, (지구) 인력. ¶zero ∼ 무중력 상태. 2 중량, 무게. ¶the center of ∼ 무게 중심 / specific ∼ 비중. 3 (일반적으로) 인력, 끌림. 4 중력 가속도(g). 5 진지함, 심각함, 위엄; 성실[엄숙]한 태도. ¶preserve one's ∼ 위엄을 유지하다. 6 중대함, 심상치 않음, 위험성. ¶the ∼ of the situation 상황의 중대성. 7 〖음악〗 저음.
with gravity 성실[엄숙]하게, 진지한 태도로.

grávity cèll 〖전기〗 중력 전지.
grávity dàm 중력댐(그 자체의 중량으로 저수지의 수압을 이겨내는 것). 〖ゑ〗 fault. 〖ゑ〗 reverse fault
grávity fàult 〖지질〗 중력 단층(斷層)(normal fault).
grávity fèed 〖기계〗 (연료·재료 따위의) 중력을 이용한 공급법; 중력 이용 공급 장치.
grávity mèter 〖지질〗 = gravimeter.
grávity wàve 〖물리〗 (유체(流體)의) 중력파; = gravitational wave.
grávity wìnd 〖명〗 중력풍(drainage wind).
grav·lax [grǽvlæks] 그래브락스(연어에 향신료를 가한 것). (또는 **gravadlax, gravlaks**)
gra·vure [grəvjúər, gréivjər/grəvjúə] 〖명〗〖U〗〖C〗〖인쇄〗 그라비어 인쇄(법), 사진 요판(凹版)(photogravure); 그라비어 인쇄물; 그라비어 인쇄 원판.

***gra·vy** [gréivi] 〖명〗〖U〗〖C〗 1 (고기를 구울 때 나오는) 육즙, 그레이비, 육즙 소스. 2 〖U〗 (속어) **a)** 쉽게[뜻하지 않게] 얻은 돈, 악전(惡錢). **b)** 불법으로[부정하게] 얻은 돈; (공직자의) 부정 이득금, 뇌물. **c)** 뜻밖의 이득물, 횡재.
***By** [or *Good*] *gravy!* 저런!(*가벼운 욕설); 결단코!
in the gravy 돈이 있는, 부자의; 자유스러운.
grávy bòat 〖명〗 (배 모양의) 육즙[소스] 그릇; = gravy train.
grávy tràin 〖명〗 the ∼) (노력을 하지 않고 이득을 얻을 수 있는) 좋은 입장[지위, 일]; 부당 이득.
ride [or *get on, board*] *the gravy train* 쉽게 큰 돈을 벌다, 괜찮은 벌이를 만나다.

‡**gray¹, gray** (英) **grey** [grei] 〖형〗 (∼**·er**; ∼**·est**) 1 회색 [쥐색]의, 잿빛의. ¶a ∼ dog 회색 개. 2 (질병·고뇌 따위로 얼굴·피부 따위가) 창백한, 흙빛의, 핼쑥한. ¶be as old as ash 아주 핼쑥하다. 3 흐린, 어둑어둑한, 어슴푸레한, 음산한. ¶∼ skies 잔뜩 찌푸린 하늘 / a ∼ day 흐린 날. 4 (기분·성격·생활 따위가) 어두운, 음울한, 쓸쓸한. ¶∼ prospects 어두운 전망. 5 흰 머리가 섞인, 머리가 희끗희끗한. ¶∼ hairs (비유적) 노년 / grow ∼ (머리가) 세다. 6 노년의; 원숙한. ¶∼ wisdom 원숙한 지혜, 노년의 경험 노련. 7 태고의, 고대의. ¶the ∼ past 먼 과거, 태고. 8 (선악·입장 따위가) 애매한, 이도저도 아닌; (시장 거래 등이) 암거래에 가까운. ⇨GRAY MARKET. 9 (사람이) 정체 불명의, 아주 평범한, 특징이 없는. 10 (천이) 표백하지 않은. 11 (美속어) 백인의. 12 회색 옷을 입은; (동물이) 쥐색 차림을 가진.

get [or *go, turn*] *gray* ① 백발이 되다, 머리가 세다. ② (사람·안색이) 창백해지다; (구어) 걱정하다.
as ∼ as (a) blue. 6 걱정으로 늙어버리다.
근심 걱정으로 늙어버리다.
grow gray in the service of …에 오랜 세월을 바치다.
── 〖명〗 (∼**s** [-z]) 1 〖U〗〖C〗 회색[쥐색](의 것); 회색 그림 물감[염료]; 회색 천[옷]. ¶dressed in ∼ 회색 옷을 입고. 2 (the ∼) (피륙·옷감의) 표백과 염색을 하지 않은 상태, 무표백. 3 (the ∼) (새벽녘·해질 무렵 따위의) 어스름, 땅거미. ¶the ∼ of the daybreak 새벽녘의 어스름. 4 = horse; ((the) G-) 〖英〗 용기병(龍騎兵) 제 2 연대의 말. 5 (종종 G-) 〖美〗 (남북 전쟁 때의) 남군 (병사)(한 blue). 6 무명 인사, 특징이 없는 사람. 7 (美속어) 백인. 8 〖英속어〗 은화, 돈.
in the gray 가공하지 않은.
── 〖동〗 (∼**s** [-z]) 1 회색[잿빛]으로 하다[되다]; 백발로 만들다[되다]; 고령[노령]화하다. 2 〖사진〗 광택을 없애다. ∼**·ly** 〖부〗 ∼**·ness** 〖명〗

gray² [grei] 〖명〗 그레이(전리(電離) 방사선의 흡수선량(線量)의 SI 단위) (略 Gy).
gráy área 〖명〗 1 (양극 사이의) 중간 영역; (이도저도 아닌) 어중간한 부분[상황]. 2 = gray area.
gray·back [gréibæk] 〖명〗 1 〖美역사〗 (남북 전쟁 때의) 남군 병사. 2 등이 회색이고 배가 담색[백색]인 해양·수생 동물의 총칭(회색고래·도요새류(類) 따위). 3 〖속어〗 이 (louse). (또는 **greyback**)
gray·beard [gréibiərd] 〖명〗 1 반백의 수염이 난 사람; 노인; 현인, 동자 2 (돌·오지의) 술병(bellarmine). 3 〖英〗 = virgin's-bower. ∼**·ed** 〖형〗
gráy célls 〖명〗(구어·익살) = gray matter.
Gráy códe 〖컴퓨터〗 그레이 코드(2진(進)로 표시된 연속하는 수의 체계로, 인접하는 어느 표시도 1자리에서만 다르도록 만든 것).
[〈미국의 물리학자 Frank Gray의 이름]
gray-col·lar [kɑ́lər/-kɔ̀l-] 〖명〗 〖美〗 (수리·정비 따위의) 기술 서비스를 하는 노동자의, 그레이 칼라의. ¶∼ worker 그레이 칼라 (근로자). 〖ゑ〗 blue-collar, white-collar
gráy dráke 〖곤충〗 하루살이.
gráy ecónomy 〖명〗 〖경제〗 회색 경제(공적 통계로 포착할 수 없는 경제 활동으로부터 생기는 소비·수입·소 득 따위).
gráy éminence = éminence grise. (뒤에 따위).
gray·fish [gréifiʃ] 〖명〗 (〜·**es**) 〖어류〗 돔발 상어; 대구의 유어(幼魚).
gray-flan·nel [-flǽnl] 〖명〗 (구어) (회사의) 간부다운

의; 회사[조직] 사람들의.
Gráy Fríar 圀 프란체스코회 수도사. [<회색 수도복]
gráy gòods 圀 (직기에서 갓 빠져나온) 표백·염색 등의 가공을 하지 않는 직물. (또는 **greige**)
gráy góose 圀 = graylag.
gráy hàir 圀 백발, 흰머리; 노인; 노령.
gét gray háir 백발이 되다, 머리가 세다; 《구어》 걱정하다; 근심 걱정으로 늙다.
gíve *a person* **gráy háir** 남을 걱정하게 하다.
líve to come gráy háir 오래 살다, 장수하다.
gray-haired [-hɛ́ərd] 圈 백발의 (사람).
gray-head [gréihèd] 圀 (백발) 노인; 수컷 향유고래.
gray-head·ed [-hédid] 圈 **1 a)** 머리가 희끗희끗한, 반백의; 노년[노령]의, 노인의. **b)** 예로부터의 된. **2** 《英》 (···에) 정통[노련]한(*in*). **3** 수컷 향유고래의.
gráy hén 圀 검은멧닭의 암컷(heath hen). [래의.
gráy hórse 圀 흰 바탕에 잿빛 털의 말.
gray·hound [gréihàund] 圈 = greyhound.
gray·ing [gréiiŋ] 圈 노인[고령]화, 노화.
gray·ish [gréiiʃ] 圈 잿빛[쥐색]이 도는.
gráy jáy 〔어류〕 캐나다 어치(Canada jay).
gráy kníght 〔상업〕 회색의 기사(기업 매수 싸움에서 표적 기업의 적인지 우군인지 분명치 않은 진영).
Gráy Làdy 圀 《美》 적십자사의 여성 자원 봉사자.
gray·lag [gréilæ̀g] 圀 회색기러기.
gray·ling [gréiliŋ] 圀 〔어류〕 살기; 〔곤충〕 굴뚝나비.
gráy lóbby 圀 《美》 노인 로비; (G- L-) 미국 퇴직자 협회(AARP).
gray·mail [gréimèil] 圀 《美》 (피의자의) 정부 기밀 폭로 협박;(* blackmail의 완곡어).
gráy máre 圈 《비유적》 남편을 깔고 뭉개는 아내.
¶ *The ~ is* [or *will prove*] *the better horse*. (속담) 엄처시하(嚴妻侍下)다.
gráy márket 圀 회색 시장, 비정규적 유통 시장 (black market(암시장)과 normal market(보통 시장)의 중간적 시장); 그 거래 (상품). **gráy-már·ket** 圈
gráy márketeer 圀 회색 시장 관계자.
gráy mátter 圀 **1** 〔해부〕 (뇌·척수의) 회백질(灰白質)(圈 white matter). **2** 《구어》 두뇌, 지능, 지성.
gray·monk [gréimʌ̀ŋk] 圀 = Cistercian.
gráy múllet 圀 〔어류〕 숭어(mullet).
gray·out [gréiàut] 圀 〔의학〕 회색 현기, 회색시증(灰色視症)(대뇌 혈류(血流)의 감소에 의한 부분적 의식(시각) 장애). 圈 redout, blackout 3
Gráy Pánther 圀 《美》 그레이 팬서(노인의 권리 확대를 목표로 하는 운동 단체 Gray Panthers의 일원).
gráy pówer 圀 노인 파워.
gráy scàle 圀 그레이 스케일(TV·사진·인쇄의 화조 (畫調) 판정용).
gráy síster 圀 프란체스코 제3 수도회 수녀.
gráy squírrel 圀 (북미산(産)) 회색큰다람쥐.
gray·stone [gréistòun] 圀ⓤ 회색 화산암(의 건물).
gray·wacke [gréiwækə] 圀ⓤ 경사암(硬砂岩).
gráy wàter 圀 중수도(中水道) 용수(정화 처리의 후 재이용되는 물).
gráy wólf 圀 (북미산(産)) 회색이리.
gráy zóne 圀 **1** 이도저도 아닌 상태, 애매한 범위. **2** 그레이 존 무기(~ weapon)(순항 미사일 따위). **3** 회색 지대(세력 귀속이 애매한 지역).
‡**graze¹** [greiz] 图 (*graz·es* [-iz]; ~*d*; *graz·ing*) ㉠ **1** (가축이) 풀을 먹다(*on*). ¶ *the cows graz-ing on the clover* 토끼풀을 먹고 있는 소들. **2** 가축을 방목하다. **3** 《美속어》 가벼운 식사를 하다, 스낵을 먹다; (음식점에서) 각종 요리를 조금씩 맛보다. ─㉡ **1** (목초를) 먹다. **2** (풀)을 가축에게 먹이다. (토지)를 목장으로 사용하다. ¶ ~ *a field* 들을 목장으로 만들다. **3** 〔소·양 따위〕를 방목하다. ···에게 들풀을 먹이다. **4** (폐 위 등의 가축을) 감시하다, 돌보다. (목초지가) ···의

방목에 적합하다. **5** 《구어》 〔가벼운 식사〕를 하다, 가벼운 것으로 때우다. 「해고하다, 쫓아내다.
sénd [or *pút óut*] *a person* **to gráze** 《익살》 남을 ─圀 방목, 풀을 뜯기[먹이기]; 목초(지).
graze² 图㉠ **1** ···을 스치고 지나가다, (지나갈 때) 살짝 닿다, 스치다. ¶A bullet ~*d his cheek*. 탄환이 그의 볼을 스쳤다. **2** 〔피부 따위〕를 스쳐 벗기다. ¶~ *the skin* 피부가 까지다. ─㉡ 살짝 닿으면서 지나가다, 스쳐 지나가다(*along, by, past*); 닿아서[문질러서] 껍질이 벗겨지다(*against*).
─圀 **1** 스침; 스쳐서 벗겨짐; (a ~) 가벼운 찰과상. **2** 《군사》 (포탄의) 착지(着地) 폭발; 접지 탄도.
graz·er [gréizər] 圀 초식 동물; 방목 가축; 방목자.
gra·zier [gréiʒər/-ziə] 圀 《英》 목축업자; (濠) 양치기, 목양자(牧羊者); 농장주(rancher). ~·y 圀
graz·ing [gréiziŋ] 圀ⓤ **1** 방목, 목축. **2** 목장, 목초지; 목초. **3** 음식점에서 각종 요리를 조금씩 맛보기.
grázing lànd 방목지.
grázing tícket (대학생 속어) 식권(의 묶음).
gra·zi·o·so [gràːtsióusou] 圈圀 〔음악〕 우아한[하게]. [<It *with grace*]
GRB *gamma-ray burst*. **Gr.Br., Gr.Brit.** *Great Britain*. **Grc.** *Greece*. **grd.** *grind*: *ground*; *guard*. **GRE** 《美》 *Graduate Record Examination* (일반 대학원 입학 자격 시험).
‡**grease** [griːs] 圀ⓤ **1** (부드러운) 수지(獸脂). **2** 유지(油脂); 그리스, 윤활유, 활제(滑劑); 머리 기름. ¶put ~ *on one's hair* 머리에 기름을 바르다. **3** 양털의 지방분; (또는 ~ *wòol*) 탈지(脫脂)하지 않은 생양털. **4** 〔수의〕 (말의) 종염(踵炎), 수자(水疵)(병). (또는 ~-*hèel*) **5** 《美속어》 (주식 매매에서) 특별히 높은 수수료; 뇌물; 돈. **6** 《美속어》 연고(緣故); 아첨, 아부. **7** 《구어》 = butter.
in gréase; in príde [or *príme*] *of gréase* (엽조수(獵鳥獸)가) 한창 기름이 오른, 잡아먹기 꼭 맞은.
in (the) gréase (양모·모피가) 아직 탈지(脫脂)하지 않은, 깎아낸 그대로인.
like gréase in a pán 바지직바지직 세차게.
─图 [griːs, griːz] (*greas·es* [-iz]; ~*d*; *greas·ing*) ㉠ **1** (기계 따위)에 그리스[윤활유]를 치다. ¶~ *the axle of a car* 차축에 윤활유를 치다. **2** ···을 그리스로 더럽히다. **3** 《구어》 ···에게 뇌물을 쓰다. **4** (사물의) 진행을 쉽게 하다; 촉진하다, 빠르게 하다. **5** 《속어》 〔비행기〕를 미끄러지듯이 착륙시키다. **6** 《美속어》 사살[총격]하다. **7** 《美속어》 급히 먹다. **8** 《속어》 비행기를 미끄러지듯이 착륙시키다(*in*). ─㉡ 뇌물을 주다.
gréase a pérson's pálm [or *físt, hánd*] 남에게 뇌물을 주다.
gréase the fát píg [or *sów*] 필요없는 사람에게 물건을 주다; 쓸데없는 짓을 하다.
gréase the whéels [or *skíds*] (뇌물을 주거나 해서) 일을 원활히 추진하게 하다.
like [or *quíck as*] *(gréased) líghtning* 《구어》
~·less 圈 ⇒LIGHTNING.
grease·back [gríːsbæ̀k] 圀 《美속어》 국경을 넘어 미국에 밀입국하는 멕시코인.
grease·ball [gríːsbɔ̀ːl] 圀 **1** 《美속어》 지중해 민족계(라틴 아메리카계) 사람; 멕시코 사람. **2** 피부가 번들번들한 사람. **3** =greaser 3 a). **4** 《美육군》 요리사.
gréase bòx 圀 (차축(車軸)의) 그리스(윤활유) 통.
grease-burn·er [-bə̀ːrnər] 圀 《美속어》 요리사.
grease·bush [-bùʃ] 圀 =greasewood.
gréase cùp 圀 (기계에 달려 있는) 윤활유 그릇.
gréase gùn 圀 **1** 윤활유[그리스] 주입기. **2** 《軍어》 45구경 경기관총.
gréase mònkey 圀 《美속어·英구어》 (자동차·항공기의) 기계공, 정비사: (선박의) 기관사 보조.
gréase páint 圀 〔메이크업용〕 그리스분[페인트], 도란(獨 Dohran); (배우의) 분장, 메이크업.
gréase pèncil 圀 유성(油性) 연필.

grease·proof [gríːsprùːf] ⓐ 기름이 배지 않는, 방유(防油)의. [paper].
gréaseproof páper ⓝ 《英》 납지(蠟紙).(《美》 wax
greas·er [gríːsər, -zər] ⓝ 1 기름 치는 사람[기구]; (기선의) 기관사. 2 《美속어》 《경멸적》 라틴 아메리카 사람, 멕시코인, 이탈리아인. 3 《英속어》 a) 비뚤어진 사람, 돌마나, (거리의) 폭력단원. b) 장발의 폭주족. 4 《속어》 아첨꾼; 불쾌한 녀석.
gréase tràp ⓝ (배수관의) 유지 차단 장치.
grease tróugh [píːt] ⓝ 《美속어》 간이 식당.
grease·wood [gríːswùd] ⓝ U 명아주류(類)의 관목 (미국 서부산(產)).
*greas·y [gríːsi, -zi] ⓐ 1 기름으로 더럽혀진, 기름투성이의. ¶a ~ plate 기름투성이의 접시. 2 지방이 많은, 기름진. ¶take a ~ meal 기름진 식사를 하다. 3 매끈매끈한[반들반들한], 미끄러운; (축감의) 매끄러운. 4 (날씨가) 사나운, 험악한. ¶a ~ sky 잔뜩 찌푸린 하늘. 5 알랑거리는, 유들유들한, 입이 싼. ¶a ~ character 알랑거리는 성격. 6 속임수가 많은, 믿을 수 없는, 교활한. 7 《수의》 (말)의 종창(踵炎)에 걸린. ── [漢속어] 양털 깎는 사람. gréas·i·ly ⓐ gréas·i·ness ⓝ 《美속어》 공부 벌레.
gréasy grind
gréasy póle ⓝ 《英》 (놀이 도구용) 기름 장대; 기름 장대 오르기 경기.
climb up the greasy pole 곤란한 일을 시작하다.
gréasy spóon ⓝ 《속어》 비위생적인 싸구려 식당[음식], 대중 식당; 즉석 튀김 요리점.
*great [greit] ⓐ (~·er; ~·est) 1 《한정용법》 《크기·규모·범위 따위가》 큰; 거대[장대, 광대]한, 대(大)…. ⇒BIG 유의어 ¶a ~ A 대문자 A/a ~ plain 대평원/a ~ expanse of land 광활한 땅/a ~ famine 대기근. 2 《한정용법》 《수량을 나타내는 명사와 함께》 다수[다량]의. ¶a ~ crowd[army] 대군중[대군]/a ~ deal 많음/a ~ many people 굉장히 많은 사람들/a ~ number 헤아릴 수 없이 많은 수/the ~ majority [or body, part] 대부분, 대다수. b) 《시간·거리를 나타내는 명사와 함께》 오랜, 장대한. ¶live to a ~ age 장수하다.
3 a) 《한정용법》 《정도·세기 따위가》 보통이 아닌, 비상한, 굉장한, 심한, 강렬한, 이상한. ¶~ pain 격통/a ~ sorrow [pleasure] 큰 슬픔[기쁨]/a ~ success 대성공/a ~ noise 굉장한 소음/~ bloodshed 심한 출혈/one's ~est weakness [merit] 가장 큰 약점[장점]. b) 《한정용법》 《정도를 나타내는 명사와 함께》 큰, 극도의. ¶a ~ fool 명청이/a ~ talker 대단한 수다쟁이/a ~ lover of music 열렬한 음악 애호가.
4 a) 유명한, 저명한. ¶~ visitors 저명한 손님들/a ~ inventor 대발명가. b) (the G~) 《칭호·직함·사건 따위와 함께》 대…, …대왕[대제]. ¶Alexander the G~ 알산더 대왕.
5 《구어》 훌륭한; 일류의, 월등히 뛰어난; 아주 멋진; (사람이) 유쾌한. ¶a ~ chance [or opportunity] 절호의 기회/We had a ~ time. 굉장히 재미있었다/I'm feeling ~. 매우 기분이 좋다/That's ~! 그거 멋진데!
6 《한정용법》 주목할 만한, 두드러진, 현저한. ¶a ~ occasion 대축행일. 7 중대한, 중요한; 의의 깊은. ¶a ~ mistake 중대한 실수/a ~ problem 중대 문제/the ~ years of one's life 인생의 중요한 시기. 8 (the ~) 《한정용법》 주된, 주요한. ¶the ~ hall 본당/the ~ staircase 본 계단/his ~est work 그의 주요 저서[대표작]. 9 (신분·지위 따위가) 높은, 고위의, 고귀한. ¶a ~ lady 귀부인/the ~ families 명문가. 10 (생각·거동 따위가) 기품[품격]이 높은, 숭고한, 고결[고상]한. ¶a ~ deed 숭고한 행위/~ thoughts 고결한 사상/a man of ~ character [heart] 고상한 인격[심정]의 소유자. 11 흔히 쓰이는, 즐겨 쓰는, 상투적인; 대단히 좋아하는, 아주 인기 있는. ¶His ~ sport is fishing. 그는 낚시를 아주 좋아한다. 12 《능력·내용 따위가》 위대한, 뛰어난, 우수[탁월]한. ¶a ~ artist [statesman,

playwright] 위대한 예술가[정치가, 극작가]/a ~ book [painting] 명저[명화]. 13 《구어》 《서술용법》 a) (…에) 아주 열심인, (…에) 크게 흥미를 가진; (…을) 높이 평가하는(at, for, on). b) (사람에) (…에) 솜씨가 좋은, 잘하는, 숙달된; (…에) 정통한, 소상한(at, on, with). ¶be ~ at golf 골프를 썩 잘하다. 14 《서술용법》 a) (감정으로) 가득 찬, 넘친(with). ¶a man ~ with pride 기고만장한 사람/He is ~ with anger. 그는 몹시 화가 나 있다. b) 임신한(with).
a great one [or **person**] **for** …에 매우 열심인 사람. ¶a ~ person for reading 대단한 독서가.
a great while ago 아주 오래 전에.
be great on 큰 관심을 가진; …에 열심이다; …에 정통하다. ¶be ~ on Virginia Woolf 버지니아 울프에 관해서 밝다.
be of great importance 아주 중요하다.
Great God [or **Caesar, Scot, sun, heavens**]! 《구어》 《놀람·분노를 나타내어》 이런!, 어이쿠!, 어머!, 깜짝이야!
great with child 임신중인.
the greater [or **greatest**] **part of** …의 대부분[대반].
the greatest happiness of the greatest number 최대 다수의 최대 행복. [←John Stuart Mill] ⓐ utilitarianism
── ⓐ 《구어》 1 《크기를 나타내는 형용사 앞에서》 대단히, 매우. ¶a ~ big man 아주 큰 사람/a girl of ~ good nature 아주 마음씨 고운 소녀. 2 멋지게, 아주 잘, 훌륭하게, 순조롭게. ¶She sings ~. 그녀는 노래를 잘한다/He is getting on ~. 그는 잘 해나가고 있다.
── ⓝ 1 (종종 the ~s) (어떤 분야의) 대가, 거물, 명사, 스타; 중요한 것; (the ~est) 《속어》 최고의[특출하게 훌륭한] 사람[것]. ¶the ~s of modern music 현대 음악의 대가들/He's the ~est. 그가 최고다. 2 (the ~) 《집합적·복수취급》 위대한[신분이 높은] 사람들, 걸물, 중진. ¶England's literary ~ 영국 문단의 거장들. 3 (~s, 종종 G~s) 《단수취급》 《英구어》 Oxford 대학에서 인문학과정의 B.A.학위를 취득하기 위한 최종 시험; 그 과정의 학과목. ⇒ **gó** 4 (ⓐ) 《美구어》 (…의) 대부분, 다량 (of). ¶a ~ of books 많은 책. 5 《고어》 전부, 전체, 총체.
great and small 상하 귀천(의 구별 없이).
in [or **by**] **the great** 총괄하여, 모조리.
no great (《美구어》 많지 않은, 대단한 것이 아닌 (of); 《부사적》 별로 (…아닌).
play the great I am 《구어》 젠체하다. [aunt.
great- [greit] 연결 「한 대(代)가 먼」의 뜻. ¶great-
gréat ápe ⓝ 유인원(고릴라·침팬지 따위).
Gréat Assize ⓝ (the ~) 최후의 심판(Last Judgment).
great-aunt [⁓ǽnt/-ɑ́ːnt] ⓝ = grandaunt.
Gréat Bárrier Réef ⓝ (the ~) 대보초(大堡礁)(오스트레일리아 Queensland 주 동쪽 연안의 세계 최대의 산호초; 길이 약 2,000km).
Gréat Básin ⓝ (the ~) 그레이트 베이슨(미국 서부의 대분지).
Gréat Béar ⓝ (the ~) 《천문》 큰곰자리(Ursa Major).
gréat beyónd ⓝ (보통 the G~ B~) 저승, 내세.
*Gréat Británi ⓝ 1 대(大)브리튼 섬(England, Scotland, Wales를 총칭하는 정치적 호칭). 2 (일반적으로) 영국(略 GB, G.B., GBR, Gr.Brit).). ⓐ United Kingdom
gréat cálorie ⓝ 킬로칼로리. ⓐ calorie
gréat cháir ⓝ = armchair.
Gréat Chárter ⓝ (the ~) 《英역사》 =Magna Carta.
gréat círcle ⓝ 1 대원(大圓)(구면(球面)과 그 중심을 지나는 평면이 만나 생기는 원) ⓐ small circle). 2 《구의》 대권(大圈)(두 지점 사이의 최단 거리를 잇는 선).
gréat-cír·cle
gréat-circle cóurse [ròute] ⓝ 대권 코스[항

gréat-circle sáiling 뗑 〖항해〗 대권 항법. 粵

gréat-cóat [gréitkòut] 뗑 《英》 (군용의) 천이 두꺼운 외투; 방한용 상의. ¶a khaki ~ 카키색 군용 외투.

gréat cóuncil 뗑 1 (노르만 왕조 시대 영국의) 왕정청(王政廳)(왕의 자문 기관·왕권 대행 기관). 2 (옛날 Venice 등지의) 도시 의회.

Gréat Crásh 뗑 (the ~) 뉴욕 증권 시장의 대폭락 (1930년 세계 공황의 시발점이 된 1929년 10월 29일의 주가 대폭락). (또는 **Gréat Stóck Márket Crásh**)

Gréat Cúltural Revolútion 뗑 (the ~) = cultural revolution 2.

Gréat Dáne 뗑 그레이트 데인(독일산(產)의 큰 사냥개).

Gréat Dáy 뗑 (the ~) 최후의 심판일. 「개).

Gréat Depréssion 뗑 (the ~) (1929년 10월 미국에서 시작된) 세계 대공황.

Gréat Dípper 뗑 (the ~) 〖천문〗 큰곰자리.

Gréat Divíde 뗑 (the ~) 1 북아메리카 대륙의 분수계[령](分水界[嶺])(Rocky 산맥). (= **Continéntal Divíde**) 2 (일반적으로) 대륙의 분수계[령]. 3 (종종 g- d-) 생사의 기로; (운명을 결정하는) 중대 시기, 위기; (g- d-) 《美구어》 이혼.

cross the Great Divide 유명을 달리하다, 죽다.

Gréat Dóg 뗑 (the ~) 〖천문〗 큰개자리(Canis Major).

gréat·en [gréitn] (고어) 匣[匣] ⋯을 크게 하다, 위대하게 하다; 확대[증대]하다. — 匣 커지다, 위대해지다; 중요[중대]성이 더해지다.

Gréat·er [gréitər] 형 (종종 g-) 1 (도시가) 교외를 포함한, (나라가) 속령(屬領)을 포함한, 대(大)⋯. ¶the ~ metropolitan area 대수도권. 「(소)속령을 포함).

Gréater Brítain 뗑 영연방(Great Britain과 그 전

Gréater Chína 뗑 대중화(大中華)(권)(중국과 홍콩·타이완을 묶은 중국 경제권).

Gréater Lóndon 뗑 대런던(the City of London과 32개 자치구(borough)로 이루어진 지역).

Gréater Néw Yórk 뗑 그레이터 뉴욕.1 Manhattan에 Bronx, Brooklyn, Queens, Staten Island를 추가한 New York City의 전체. 2 New York City에 Long Island와 New York 주 남부, Connecticut 주 남부, New Jersey 주 북부를 추가한 광역 도시권.

gréatest cómmon divísor[fáctor, méasure] 뗑 (the ~) 〖수학〗 최대 공약수(粵 G.C.D. [G.C.F., G.C.M.]).

gréatest háppiness prínciple 뗑 (the ~) 〖철학〗 최대 행복의 원리(「최대 다수의 최대 행복」을 인간 행위의 규범으로 삼는 윤리 원칙).

gréat fée 〖英역사〗 국왕으로부터 직접 받은 영지.

Gréat Gáts·by [-gǽtsbi] 뗑 (*The* ~) 위대한 개츠비(미국 소설가 F. Scott Fitzgerald의 소설(1925)).

gréat gó 뗑 (속어) (Oxford 대학에서) B.A. 학위를 취득하기 위한 최종 시험. 粵 great 3

great-gránd·child [grǽntʃàild] 뗑 (粵 *-chil·dren* [-tʃìldrən]) 증손(자[녀]). 「손녀.

great-gránd·dàugh·ter [-ɡrǽndɔ̀:tər] 뗑 증

great-gránd·fa·ther [-ɡrǽnfɑ̀:ðər] 뗑 증조부.

great-gránd·mòth·er [-ɡrǽnmʌ̀ðər] 뗑 증조모.

great-gránd·pàr·ent [-ɡrǽmpɛ̀ərənt/-pɛ́ər-] 뗑 증조부모, 증조모.

great-gránd·sòn [-ɡrǽnsʌ̀n] 뗑 증손(자).

great-gréat- [-ɡréit-] [연결] 「great-보다 1대(代) 먼 촌수의」의 뜻. ¶a *great-great-*grandchild 고손자.

gréat gróss 뗑 대(大)그로스(수량의 단위로 12 그로스(144 다스, 1,728개)에 상당한다: 粵 GGR).

gréat gún 뗑 = big gun.

gréat gúns 뗑 1 (구어) (부사적) 매우 건강하게; 흘륭하게, 솜씨있게. ¶an old man still going ~ 아직도 매우 원기있는 노인. 2 (감탄사적; 놀람·성냄 따위를 나타내어) 저런, 정말 놀랍다, 이건 너무하다

go great guns (구어) ⇒GUN.

gréat·héart·ed [gréithɑ́:rtid] 형 1 (문어) 마음이 넓은, 아량이 있는, 관대한; 고결한. 2 위세가 좋은; 용감한. ~·ly 뗌 ~·ness 뗑 「리 부엉이.

gréat hórned ówl 뗑 〖조류〗 (아메리카산(產)) 수

gréat húndred 뗑 120(long hundred).

gréat ínquest 뗑 = grand jury.

Gréat Lákes 뗑(粵) (the ~) 5대호(미국과 캐나다의 경계에 있는 Ontario, Erie, Huron, Michigan, Superior 호).

Gréat Léap Fórward 뗑 (the ~) 대약진 (정책) (1958–61년 마오쩌둥이 추진한 중국의 공업화 정책).

‡**gréat·ly** [gréitli] 兩 1 〖동사·분사·형용사의 비교급 앞에서〗매우, 크게, 심히, 아주, 훨씬. ¶be ~ surprised 크게 놀라다. 2 〖동사 뒤에서〗위대하게; 품위 있게, 고상하게; 관대히.

Gréat Mógul 뗑 1 (the ~) (인도의) 무굴 제국 (Mogul Empire)의 황제. 2 (g- m-) 큰 인물, 거물.

great-néph·ew [-nèfju:/-nèvju:] 뗑 = grand-nephew.

*****gréat·ness** [gréitnis] 뗑℧ 1 큼, 거대, 다대, 광대. 2 위대, 웅대; 저명, 탁월; 고귀. 3 중요점, 중대점. 4 마음[도량]이 넓음, 관대.

great-níece [-nì:s] 뗑 = grandniece.

Gréat Pláins 뗑 (the ~) 대평원(미국·캐나다의 Rocky 산맥 동쪽의 대초원 지대). 粵 prairie

Gréat Pówer 뗑 (종종 g- p-) 강(대)국, 대국; (the ~s) (세계의) 열강. **Gréat-Pów·er, gréat-pów·er** 형

gréat prímer 〖인쇄〗 대프라이머(18포인트 활자).

Gréat Proletárian Cúltural Revolútion 뗑 (the ~) (중국의) 프롤레타리아 문화 대혁명(1966–69).

Gréat Pyrenées 뗑 그레이트 피레네(피레네 산맥 지방의 큰 번견 또는 목양견).

Gréat Rebéllion 뗑 (the ~) 〖英역사〗 대반란(영국의 Civil War, 즉 청교도 혁명의 별칭). 「點).

Gréat Réd Spót 뗑 〖천문〗 (목성의) 대적점(大赤

Gréat Ríft Válley 뗑 (the ~) 그레이트 리프트 밸리(아시아 남서부 Jordan 강 계곡에서 아프리카 동남부 모잠비크로 이어지는 세계 최대의 지구대(地溝帶)).

Gréat Rússian 뗑 1 대(大)러시아인(슬라브어를 쓰는 옛 소련 유럽의 중앙부나 북부의 주요 종족). 2 ℧ 대(大)러시아어(우크라이나어·백러시아어를 제외). — 형 대러시아인의; 대러시아어의.

gréat séal 뗑 (the ~) 1 (종종 G- S-) 국새(國璽). 2 (G- S-) 〖英고어〗 국새 상서(尙書); 그 직(職)[지위].

Gréat Smóky Móuntains 뗑 그레이트 스모키 산맥(미국 애팔래치아 산맥 중의 한 산계(山系); 이 산맥의 대부분은 국립 공원).

Gréat Socíety 뗑 (the ~) 위대한 사회(교육·의료 증진과 빈곤 퇴치를 내세운 Lyndon B. Johnson 미(美) 행정부의 정책); (일반적으로) 사회 전체, 대사회.

gréat sóil gròup 뗑 대(大)토양군(토양 분류의 기본 단위의 하나). 「신(主神).

Gréat Spírit 뗑 (the ~) 아메리칸 인디언 부족의 주

Gréat Térror 뗑 (the ~) 대공포 시대[정치](옛 소련의 1930년대 Stalin의 대숙청).

gréat tít 뗑 〖조류〗 박새.

gréat tóe 뗑 = big toe.

Gréat Tráin Róbbery 뗑 (the ~) 대열차 강도 (사건) (1963년 Scotland에서 London으로 향하던 우편 열차가 습격당해 약 260만 파운드를 도난당한 사건).

great-ún·cle [-ʌ̀ŋkl] 뗑 = granduncle. 「건).

Gréat Wáll 뗑 1 (the ~) (중국의) 만리장성(the Chinese Wall). (또는 ~ **of Chína**) 2 〖천문〗 은하의 벽(태양계에서 2–3억 광년 떨어진 거대한 성운군(星雲

Gréat Wár 뗑 (the ~) = World War I. 「群).

Gréat whéel 뗑 〖시계의〗 제1 톱니바퀴.

Gréat Whíte Fáther[Chíef] 뗑 (the ~) (익살)

미국 대통령; 권력자, 최고 유력자. 〈〈아메리칸 인디언이 쓰던 호칭〉 [man-eater).
gréat white shárk 圀 백상어리.
Gréat White Wáy 圀 (the ~) 불야성가(不夜城街) (New York 시 Broadway 극장 지구의 별명).
gréat wórld 圀 (the ~) 귀족(상류) 사회(의 생활 양식).
gréat yéar 圀 〈천문〉 = Platonic year.
greave [griːv] 圀 (보통 ~s) (갑옷의) 정강이받이.
greaved 圀 정강이받이를 댄. 〈개·물고기 사용).
greaves [griːvz] 圀囹 (단·복수 양용) 지방 찌꺼기.
grebe [griːb] 圀 〈조류〉 논병아리류.
gre·bo [gríːbou] 圀 (~s) 그리보족(族)(나무와 옷차림에 정발을 한 록 음악광(狂)).
*****Gré·cian** [gríːʃən] 圀 그리스(풍)의; 그리스인(人) (풍)의, 고대 그리스의. 〈※〉에서는 건축·사람의 얼굴형 및 숙어 이외에는 〈그다지 쓰지 않는다〉. ¶ ~ architecture 그리스 건축/a ~ profile (Grecian nose가 특징인) 그리스형의 옆얼굴. — 圀 **1** 그리스인(Greek). **2** 〈고어〉 그리스어(學)학자, 그리스 학자.
Grécian bénd 圀 〈英〉 (1868년경 여성들 사이에서 유행했던) 상체를 조금 앞으로 굽히고 선[걷는] 자세.
Grécian gíft 圀 = Greek gift.
Grécian knót 圀 〈英〉 그리스식 결발(結髮)(고대 그리스 스타일을 모방한 머리 묶는 양식).
Grécian nóse 圀 그리스형의 코(콧대의 선이 이마에서 일직선으로 되어 있다).
Grécian slíppers 圀 그리스형 운두가 낮고 부드러운 실내화.
Gre·cism 〈英〉 **Grae-** [gríːsizm] 圀囹 **1** (예술·문화에 나타난) 그리스 정신. **2** 그리스풍(문화)의 모방). **3** 그리스 어법, 그리스 말 속의 그리스어풍의 표현.
Gre·cize, 〈英〉 **Grae-** [gríːsaiz] 圀囹 **1** …을 그리스식(풍)으로 하다, 그리스화(化)하다. **2** …을 그리스어로 번역하다. —圀 그리스화(化)하다, 그리스 어법(습관 따위)에 따르다.
Gre·co-, 〈英〉 **Grae·co-** [gríːkou, -kə, grék-] 〈연결〉 그리스의 뜻. ¶ *Greco*-Roman, *Grecophile,*
Gre·co-Ro·man, 〈英〉 **Grae·co-** [⌐ róumən] 圀 그리스와 로마(풍)의; 그리스의 영향을 받은 로마의. — 圀囹 〈레슬링〉 그레코로만형(허리 아래의 공격을 금지하는 스타일). ¶ catch-as-catch-can
‡**Greece** [griːs] 圀 그리스(정식 명칭 the Hellenic Republic; 수도 Athens).
*****greed** [griːd] 圀 〈경멸적〉 **1** (부(富)·이득에 대한) 끝없는 욕심, 탐욕(*for, of*). ¶ one's ~ *for* money [*honors*] 금전욕[명예욕]. **2** 식탐, 게걸, 대식(大食).

〈유의어〉 greed 이익·부에 대하여 탐욕스러움: 또한 나쁜 뜻. greediness 음식에 대한 탐욕: 또한 금전 기타 일반적인 것에 대하여서도 쓰이며, 반드시 나쁜 뜻만은 아니다. avarice 한 번 쥔 것은 절대 놓지 않고, 다시 또 새것을 구하는 욕심. avidity = greediness.

out of greed 탐욕 때문에.
~·less, ~·some 圀 [스레, 걸신들린 듯이).
*****greed·i·ly** [gríːdili] 圀 탐욕스럽게, 욕심부려; 게걸스레.
‡**greed·y** [gríːdi] 圀 (*greed·i·er; greed·i·est*) **1** (부·이득에 대하여) 욕심사나운[많은], 탐욕스러운(*for, after, of*). ¶ with ~ eyes 욕심이 있는 듯한 눈으로./~ [*or for*] money 돈에 욕심이 많은. **2** 게걸들린, 걸신 스러운. ¶ a ~ *boy* 게걸스런 소년. **3** (…을) 열망(갈망) 하는(*of, for, over*); 몹시 (…)하고 싶어하는(*to do*). ¶ be ~ *of* [*or for*] praise 칭찬을 갈망하는 // be ~ *to* gain fame 명성을 열망하는.
—圀 * 다음 숙어로만 쓴다.
greedy up 〈속어〉 게걸스레 먹다.
gréed·i·ness 圀 [어〕 대식가(glutton).
gréed·y·guts [gríːdigʌts] 圀囹 〈단·복수 동〉 〈英〉 〈구어〉 대식가.
‡**Greek** [griːk] 圀 **1** 그리스의[에 관한]; 그리스인(人)의; 그리스어의. ¶ ~ civilization 그리스 문명. **2** 그리스 문자의. ¶ ~ letters 그리스 문자. **3** 그리스 정교회의. — 圀 **1** 그리스인. **2** ⓤ 그리스어. ¶ Ancient [*or* Classical] ~ 고대 그리스어(기원 200년경까지)/Late ~ 후기 그리스어(약 200~500년)/Middle ~ 중세 그리스어(700~1500년)/Modern [*or* New] ~ 현대 그리스어 (1500년 이후부터 현재까지), **3** ⓤ (구어) 〈말·문장 따위가) 도무지 뜻을 수 없는 일. ¶ talk ~ 영문 모를 말을 지껄이다. **4** 그리스 정교회의 신자. **5** 그리스 문화[정신]의 영향을 많이 받은 사람; 그리스인(語派). **6** 〈美구어〉 Greek-letter fraternity [sorority]의 회원. **7** (종종 g-) (고어) 사기꾼, 협잡꾼 (카드놀이) 속임수를 쓰는 사람; 유쾌한 사람. **8** (속어) 항문 성교(하는 사람); (남성) 동성애자. **9** (속어) 아일랜드인.
Fear [or *Beware*] *the Greeks bearing gift.* 선물을 조심하라(a Greek gift). [졌다.
It's all Greek to me. 나로서는 뭐가 뭔지 전혀 모르
talk Greek 종잡을 수 없는 말을 지껄이다.
The Greeks had a name [or *word*] *for it.* 그건 오래 전부터 이야기되어 온 것이다. 새로운 것이 아니다.
when Greek meets Greek 두 영웅이 만났을 때. ¶ *When* ~ *meets* ~, *then comes the tug of war.* 〈속담〉 두 영웅이 만나면 격한 싸움이 벌어진다.
— 圀 (비어) (이성간에) 항문 성교를 하다.
~·dom, ~·ness 圀 [어 알파벳.
Gréek álphabet 圀 (the ~) 그리스 문자, 그리스
Gréek Cátholic 圀 그리스 정교 신자; (로마 교황의 의식을 따르는) 동방 귀일(歸一) 교회 교도.
Gréek Chúrch 圀 (the ~) =Greek Orthodox Church. [스 십자가.
Gréek cróss 圀 (가로 세로의 길이가 같은) 그리
Gréek fáshion 圀 (완곡적) =Greek way[style].
Gréek fáthers 圀 그리스어로 저술한 초기 기독교 교부(敎父)들.
Gréek fíre 圀 그리스 화약(적함 따위의 화공에 쓰였다); (일반적으로) 연소 혼합물, 방화용(放火用) 연소물.
Gréek frét[kéy] 圀 창살[돌림]무늬, 뇌문(雷紋).
Gréek gíft 圀 방심할 수 없는[남을 해치려고 보내는] 선물. ¶ Trojan Horse
Gréek·less 圀 그리스어를 모르는. ¶ ~ Greek (원서가 아닌 번역본에 의한 그리스 문학 연구.
Gréek-lét·ter fratérnity[socíety] [⌐ létər-] 圀 그리스 문자 동아리(그리스어 알파벳을 딴 이름의 남자 대학생 사교 클럽). [아리(여대생 사교 클럽).
Gréek-létter sorórity 圀 여학생 그리스 문자 동
Gréek Órthodox Chúrch 圀 (the ~) 그리스 정교회(그리스의 국교(國敎)).
Gréek Revíval 圀 (the ~) 그리스 부흥(고대의 것을 많이 모방한 19세기 전반의 건축·장식 등의 양식).
Gréek ríte 圀 (the ~) 그리스(동방)식 전례(典禮). (또는 *Býzantine* [*Constantinopólitan*] *ríte*)
gréek téxt 圀 〈광고〉 (광고 레이아웃 때 쓰는) 무의미한 더미 카피.
Gréek wáy[stýle] 圀 〈완곡적〉 圀 (the ~) 그리스식 (스타일)(남성 사이의 항문 성교). —圀 그리스식으로, 항문으로.
‡**green** [griːn] 圀 (~·*er*; ~·*est*) **1 a)** 녹색의, 초록색의, 풀빛의. ¶ ~ leaves 푸른 잎/dark[light] ~ 진한 [옅은] 녹색의. **b)** 푸른 잎[초목]으로 뒤덮인, 파릇파릇한. ¶ ~ fields 푸른 들판.
2 (종종 G-) 생태계(환경)를 중시(배려)하는, 환경 친화적인; 환경(생태계, 자연) 보호주의(운동)의. ¶ ~ cars 환경 친화적인 승용차/~ movements 환경 보호 운동.
3 야채[채소]의, 푸성귀의; (여름의) 청초(靑草)의.
4 (계절이) 푸른, 신록의; (겨울이) 눈이 없는, 온난한. ¶ a ~ winter 눈이 오지 않는 겨울/圀 churchyard).
5 원기 왕성한, 활기 있는; 젊은, 팔팔한. ¶ enjoy a ~ old age 정정하다, 노익장이다.
6 가공되지 않은, 날것의, 건조[훈제, 소금절임]하지 않

Green. 은; (목재가) 건조하지 않은; (시장의 생선이) 갓 양륙된; (가죽이) 무두질하지 않은; (고기가) 싱싱한, 갓 잡은 [도살한].¶~ coffee 볶지 않은 커피/~ fish 생선/~ hides 생가죽. **7** (과일 따위가) 익지 않은, 새파란; (치즈·주류 따위가) 숙성되지 않은.¶~ fruit 익지 않은 과일, 풋과일/~ liquor 익지 않은 술. **8** (…에) 경험이 없는, 미숙한, 풋내기의, 숫된(*in, at*); (말 따위가) 아직 길들여지지 않은.¶a ~ hand 미숙련자/be ~ *in years*[*or experience*] 경험이 적다/be ~ *in judgment* [*at the job*] 판단력이 부족하다[업무에 미숙하다]. **9** (사람이) 단순한, 얼간이 같은, 속기 쉬운. **10** 최신[최근]의; (기억·상처 따위가) 생생한, 새로운; 바로 최근에 온.¶~ *in one's memory* 기억이 새로운. **11 a)** 환자 같은 얼굴의; (공포·병 따위로) 안색이 창백한(*with*).¶~ *with fear* 공포로 얼굴이 파랗게 질린. **b)** (질투 따위로) 얼굴이 새파래진, 질투심이 많은(*with*); (사람 등을) 부러워하는, 시샘하는(*about*). **12** (벽돌·도자기 따위가) 아직 굽지 않은; (시멘트·회반죽이) 아직 충분히 굳지 않은.¶~ *bricks* [*pottery*] 아직 굽지 않은 벽돌[도자기]. **13** 〔주조〕 생모래의; (주물이) 거푸집에서 갓 빠진; (분말이) 소결(燒結)시키지 않은. **14** (계획 따위가) 청신호의. **15** (기계·장치가) 작동 준비 완료의.
(*as*) *green as grass* ① 파릇파릇한. ② (구어) 세상 물정을 모르는, 무지한, 새파란.
be not as[*or so*] *green as one is cabbage-looking* (구어)(익살) (사람이) 겉보기처럼 미숙하지는 않다[바보는 아니다].
green around[*or about*] *the gills* ⇒GILL¹.
green in earth (고어) (사람이 매장된 지 얼마 안 되어) 아직 흙도 마르지 않은.   「하는.
green with envy[*jealousy*] 몹시 부러워하는[시샘
have a green thumb ⇒GREEN THUMB.
in the green wood[*or tree*] 원기 왕성할 때에, 순탄할 때에, 번영의 시대에.
turn green ① 갑자기 기분이 나빠지다, 메스꺼워지다.¶*Turn ~!* (美속어) 젠장!, 뒈져라! ② (어떤 일이) 매우 싫어지다.
── 명 (목 ~s [-z]) **1** ⓤⓒ 녹색, 초록빛.¶*the fresh* ~ 신록. **2** ⓤⓒ 녹색 그림 물감이[안료(顔料), 도료, 염료]. **3** ⓤ 녹색 옷(감). ¶*be dressed in ~* 녹색 옷을 입고 있다. **4** (~s) **a)** (美) (장식용의) 푸른 나뭇잎[가지]; 푸른 잎 화환.¶*Christmas ~s* 크리스마스 장식용 푸른 가지. **b)** 야채, 푸성귀; 야채 요리. **c)** 청록색 군복. **d)** (구어) =~ light 1. **5** ⓤⓒ **a)** 풀밭, 초원; 잔디밭. **b)** =bowling ~. **c)** (거리·마을의) 잔디가 난 공유지[공원]; ¶*a village ~* 마을의 공유지. **d)** 〔골프〕 (퍼팅) 그린 (putting ~); 골프 코스. **e)** 활터. **6** ⓤ (the ~) (美속어) 돈, 지폐 (魯 greenback); (~s) (英속어) 돈. **7** 환경 보호 정당[정책] 지지자; (종종 G-) 환경 보호주의 정당 당원; (the G-s) (독일·영국 등지의) 녹색당. **8** (the G-) 녹색 기장(아일랜드의 국장(國章)); (the G-s) 아일랜드 녹색당. **9** 신선함; 청춘, 젊은 기운; 남자다움, 씩씩함. **10** (구어) 미숙함, 경험 없는 터. **11** (때로 ~s) (속어) 질이 나쁜 마리화나. **12** (~s) (속어) 성교. **13** (속어) 자기 임금. **14** (~s) (속어) 속도 위반 딱지.
in the green ① 혈기 왕성한 때에, 소장(少壯)의. ② (속어) (계기(計器)류가) 안전한 상태를 나타내어.
see green in a person's eye 남을 만만하게 보다.
── 통 (~s [-z]) 타 **1** …을 녹색으로 하다[칠하다, 물들이다], 녹화(綠化)하다. **2** (구어) …에게 활기[원기]를 되찾게 하다. …을 도로 젊게 하다. **3** …에게 환경 의식을 불어넣다; …의 정책을 환경 친화적으로 바꾸다. **4** (속어) 〔남〕을 속이다, 기만하다. ── 자 녹색이 되다
 ⌐ [으로 변하다]; 파릇파릇해지다.
Green. Greenland.
gréen áctivist 명 환경 (보호) 운동가.
gréen álgae 명 (복수취급) 녹조(綠藻).   「의.
green-ass [-ǽs] 형 (美속어) 숫된, 순진한, 풋내기

gréen áudit 명 환경 적합성[타당성] 감사.
gréen·back [gríːnbæk] 명 **1** (美구어) 달러 지폐; 그린백(뒷면이 녹색인 법정 지폐); (~s) (美속어) 돈. **2** 녹색의 동물, 동물. **3** (美구어) 1파운드짜리 지폐.
Gréenback pàrty 명 (the ~) (美역사) 그린백당(黨)(농산물 가격을 인상시키기 위해 greenback 지폐의 증발(增發) 정책을 지지한 정당(1875-84)). **Gréen·báck·er** 명 그린백 당원. **Gréen·báck·ism** 명
gréen bádge 명 (英) 택시 운전 허가증.
gréen bág 명 **1** (변호사용) 녹색 가방. **2** (속어) 변호사업; 변호사. (또는 gréen-bág)
gréen bàn 명 (濠) (노동 조합원의) 공해 사업 등에의
gréen béan 명 초록까지 강낭콩.   「참여 거부.
green-belt [gríːnbèlt] 명 **1** (도시·사막 주변의) 녹지대, 그린 벨트; 개발 제한 구역. (또는 gréen bèlt)
2 ⓤ 녹색띠.
Gréen Berét 명 〔軍史〕 그린 베레[육군 특전 부대]대원; (g- b-) (특전 대원의) 녹색 베레 모자.
green-blind [-blàind] 형 녹색 색맹의. **~·ness** 명
gréen bòok 명 (종종 G- B-) 녹서(綠書)[녹색 표지의 이탈리아·영국 등지의 정부 간행물].
gréen·bri·er [gríːnbràiər] 명 〔식물〕 청미래덩굴.
gréen cárd 명 **1** (美) (외국인 노동자에게 주어지는) 입국 허가증; 영주권(permanent visa). **2** (英) 해외에서의 (자동차) 사고 보험증; (장애자에게 주는) 직업 훈련 인증서. **gréen-cárd·er** 명
gréen chárge 명 완전히 혼합되지 않은 화약.
gréen chéese 명 생(生) 치즈; 그린 치즈(샐비어의 잎으로 물들인 저급 치즈).
gréen Chrístmas 명 그린 크리스마스(눈이 오지 않는 따뜻한 크리스마스). ↔ white Christmas
gréen clóth 명 **1** 녹색 테이블보; 도박대(臺). **2** (G- C-) (영국 왕실의) 가정국(家政局)(정식 명칭은 the Board of G- C-).   「자.
gréen consúmer 명 환경 (보호) 의식이 높은 소비
gréen còrn 명 덜 익은 연한 옥수수(요리용).
gréen cróp 명 미숙할 때 먹는 작물, 청과, 푸성귀.
Gréen Cróss Còde 명 (the ~) (英) 아동 교통 안전 규칙.
gréen cúrrency 명 〔경제〕 녹색 통화(EU 가맹국이 농업 공동 시장에서만 사용하는 잠정적 통화).
gréen déck 명 (the ~) (美속어) 초원(grass).
gréen design 명 환경 친화적 디자인[설계].
gréen dráke 명 〔곤충〕 하루살이(mayfly).
gréen dúck 명 (생후 9-13주쯤 된) 집오리 새끼.
Greene [gríːn] 명 Graham ~ 그린(1904-91: 영국의 소설가·극작가).   「그림 물감(terre verte).
gréen éarth 명 (천연의 녹토(綠土)를 사용한) 녹색
gréen enginéering 명 (보존) 기술; 환경 공학.
green·er [gríːnər] 명 (외국인) 미숙련공.
Gréen Érin 명 = Green Isle.
green·er·y [gríːnəri] 명 **1** ⓤ (집합적) 푸른 잎나무, 녹수; (장식용) 푸른 가지. **2** = greenhouse. **3** 환경 문제 중시(관).
green·er·y-yal·ler·y [-jǽləri] 형 (구어) 녹색과 황색의 것을 특히 좋아하는; art nouveau의; 젠체하는.
gréen éye 명 (the ~) 질투; (철도 신호기의) 녹색(등).
green-eyed [-áid] 형 **1** 녹색 눈의. **2** (구어) 질투심이 강한, 시기심 많은; 사물을 비뚤게 보는.
gréen-eyed mónster 명 (the ~) 질투, 시기(← Shakespeare 작 *Othello* III, iii, 166).
gréen fát 명 바다거북의 기름(진미임).
gréen fèe 명 〔골프〕 = greens fee.   「른 사료.
gréen·feed [gríːnfìːd] 명ⓤ (魯) (건초가 아닌) 푸
green·field [gríːnfìːld] 형 (英) 전원[미개발 지역]의.
gréen·finch [gríːnfìntʃ] 명 (유럽산(産)) 방울새.
gréen fíngers 명 (英속어) = green thumb.
gréen-fín·gered 형

gréen flásh [ráy] 녹광(綠光)(일출·일몰시 잠깐 나타나는 녹색 섬광).
green·fly [gríːnflài] 명 《英》 《집합적》 진딧물(aphid).
gréen fóod 명 (식품·사료로서의) 야채.
green·gage [gríːngèidʒ] 명 서양자두의 일종.
gréen GDP 명 【경제】 환경 비용 차감 국내 총생산.
gréen·gill [gríːngil] 명 아가미가 녹색인 굴.
gréen gláss 명 청색[녹색] 유리(병 제조용).
gréen góods 명(복) 1 《美속어》 위조 지폐, 가짜 돈. 2 청과, 야채류.
gréen góose 명 새끼 거위; 바보. 「청과물 상인.
green·gro·cer [gríːngròusər] 명 《英》 채소 장수,
green·gro·cer·y [gríːngròusəri] 명 《英》 1 청과물 가게; ⓤ 청과물 장사. 2 《집합적》 푸성귀, 청과물.
green·heart [gríːnhɑ̀ːrt] 명 녹심목(綠心木)(남미산(産)의 녹나뭇과(科)의 수목); 녹심목 재목.
green·horn [gríːnhɔ̀ːrn] 명 1 《구어》 (익살) 풋내기, 초심자, 철부지, 무경험자. 2 속기 쉬운 사람, 얼간이. 3 《구어》 새로 온 외국인[이민].
gréen hórnet 명 《美속어》 군사상의 긴급 중요 과제
Gréen Hórnet 명 (the ~) 《美》 그린 호넷(만화·영화에 나오는 정의파; 녹색말뚝 표시를 한 마스크를 씀).
gréen hotél 명 환경 친화적인 호텔.
***green·house** [gríːnhàus] 명 1 온실. 2 《英》 (도자기를 굽기 전에 말리는) 건조실. 3 (어느 비행기의 조종실·총좌(銃座) 따위를 덮는) 플라스틱 지붕.
gréenhouse efféct 명 ((the) ~) 【기상】 온실 효과(지구 온난화 현상). 「〔스·메탄·오존 따위).
gréenhouse gás 명 온실 효과 가스(기체) (탄산가스
gréen íce 명 《美속어》 에메랄드.
green·ie [gríːni] 명 1 《구어》 환경 운동가[보호론자]. 2 =greenhorn. 3 《속어》 암페타민정(錠)(각성제).
green·ing [gríːniŋ] 명 1 푸른 사과(껍질이 녹색인 품종; 요리용). 2 녹색화; (시가지·사막 따위의) 녹색(화); (야채 따위의) 녹화. 3 ⓤ 회춘, 재생, 부활; (집단·사회의) 녹색 세대화(世代化). 4 환경 보호 정책[교육].
***green·ish** [gríːniʃ] 명 녹색의 띤, 푸르스름한.
Gréen Ísle 명 (the ~) 녹색의 섬(아일랜드의 별칭).
green·ism [gríːnizm] 명 환경 보호 주의. **-ist** 명
green·keep·er [gríːnkìːpər] 명 =greenskeeper.
***Green·land** [gríːnlənd, -lænd] 명 그린란드(북미 동북방에 있는 세계 최대의 섬; 덴마크령). **~·er** 명
Green·land·ic [grinlǽndik] 명 그린란드(사람[말])의. 명 그린란드어.
green·let [gríːnlit] 명 【조류】 (중남미산(産)) 개고마리 비슷한 명금(鳴禽)의 일종.
gréen líght 명 1 (교통 신호의) 파란 불, 청신호(⇔ red light). 2 (the ~) 《구어》 정식 허가, 승인. 「다].
get [give] the green light 정식 허가를 얻다[내주
gréen líne 명 녹색선; 두 적대 지역 사이의 경계(선).
green·ling [gríːnliŋ] 명 【어류】 쥐노래미.
green·lin·ing [gríːnlàiniŋ] 명 《종종 G-》 《美》 《금융》 특정 경제(警濟) 지역 지정 철회 운동, 차별화 철폐 운동(차별화를 행하는 은행·보험 회사로부터 예금 인출 따위의 조치를 취한다). ⇔ redlining
gréen línnet 명 =greenfinch.
gréen lóbby 명 《집합적; 단·복수 양용》 환경 보호 단체. 「광객 쇄도.
green·lock [gríːnlɑ̀k/-lɔ̀k] 명 골프 코스 체증; 관
gréen lúng 명 《英구어》 (도심지의) 녹지, 공원.
gréen·mail [gríːnmèil] 명 《증권》 그린메일(주가(株價)를 올리려고 한 회사의 주를 대량 매입하는 일, 또는 경영측에 기업 매수 등 위협을 주어 주를 프리미엄을 붙여 사들이는 일; 이에 사용된 자금이나 여기서 챙긴 이득. ── 명(타) …을 그린메일의 대상으로 하다. **~·er** 명 [<*green*('돈'의 뜻)+*black*mail]
gréen mán 명 1 =green(s)keeper. 2 (the ~) 《英》 (보행자 전용 푸른 신호등에 그려진) 보행자의 상(像).

gréen manúre 명 【농업】 녹비(綠肥); 덜 썩은 퇴비〔두엄〕. **gréen-ma·núre** 명
green·mar·ket [gríːnmɑ̀ːrkit] 명 청과물 시장.
gréen márketing 명 환경 중시[친화적] 기업 활동
gréen méat 명 《英》 (사료용의) 생풀 목초. 「마케팅〕
gréen móld 명 = blue mold.
gréen móney 명 《美속어》 지폐; 현금.
gréen mónkey 명 녹색[사바나] 원숭이(긴꼬리원숭이; 서아프리카산(産)).
gréen mónkey diséase 명 = Marburg disease.
Gréen Móuntain Státe 명 (the ~) 미국 Vermont 주의 별칭.
green·ness [gríːnnis] 명(복) 1 초록, 녹색; 푸르름, 신선; (수목의) 신록, 청초(靑草). 2 미숙, 미경력; 유치, 단순함, 속기 쉬움. 3 기운, 활력.
gréen ónion 명 =spring onion. 「환경 운동가.
Gréen Pánther 명 《美·경멸적》 과격한[전투적인]
Gréen Páper 명 1 (때로 g- p-) 《英》 녹서(綠書)(토의 자료로 하기 위해 정부 시안(試案)을 설명한 문서). 2 (g- p-) 《속어》 지폐, 돈(money).
Gréen Párty 명 (the ~) 녹색당(독일 등 유럽 각국의 반(反)원자력 발전·환경 보호 정당).
gréen péa 명 푸른 완두콩; 《美속어》 (대학의) 신입생.
Gréen·peace [gríːnpìːs] 명 그린피스(국제 환경 보호 운동 단체; 1970년 결성).
gréen péach áphid 명 【곤충】 자두진딧물.
gréen péak 명 《英방언》 = green woodpecker.
gréen pépper 명 피망, 양고추.
gréen póund 명 그린 파운드(EU에서의 농산물 거래의 환율 단위; green currency의 하나).
gréen pówer 명 금력, 재력.
gréen revolútion 명 (the ~) 녹색 혁명. 1 〔농업〕 개발 도상국에서의 품종 개량 따위에 의한 식량 증산. 2 선진 공업국에서의 환경 보호 의식 고조.
gréen róad 명 농로(農路). ⓐ greenway
green·room [gríːnrù(ː)m] 명 〔극장의〕 출연자 휴게실, 대기실, 분장실. 「하다.
talk greenroom 《英》 (출연자들이) 휴게실에서 잡담
gréen·sand [gríːnsænd] 명 【지질】 녹사(綠砂).
gréens fée 명 그린 피(골프 코스 사용료).
gréen·shank [gríːnʃæ̀ŋk] 명 【조류】 청다리도요.
gréen·sick [gríːnsik] 명 【병리】 위황병(萎黃病)에 걸린. **~·ness** 명 【병리】 위황병(chlorosis). 「인.
gréen(s)·keep·er [gríːn(z)kìːpər] 명 골프장 관
gréen sóap 명 (피부병 치료용) 약용 비누의 일종.
Gréen Stámp 명 1 《상표》 그린 스탬프(일정 매수로 경품과 교환할 수 있는 쿠폰). 2 《美속어》 a) 속도 위반 딱지(speeding ticket). b) (~s) 돈.
gréen·stick frácture [gríːnstìk-] 명 【외과】 약목(若木) 골절(뼈의 한쪽은 부러지고 또 다른 쪽은 구부러진 불완전 골절].
gréen·stone [gríːnstòun] 명ⓤ 녹색암; 녹옥(綠玉).
gréen stríke 명 환경 보호 파업.
gréen stúff 명 《美속어》 지폐; 현금.
green·stuff [gríːnstʌ̀f] 명ⓤ 푸성귀, 야채류; 초목.
gréen·sward [gríːnswɔ̀ːrd] 명 (잘 손질된) 푸른 잔디(밭). **~·ed** 명
gréen táble 명 1 《英》 도박대(臺)(gambling table). 2 《美》 회의 테이블; 회의; 의석(council board).
gréen téa 명 녹차. ⇔ black tea
gréen thúmb 명 《美》 식물 재배[원예]의 재능[솜씨]((英) green fingers); 원예열(熱).
have a green thumb ① 식물 재배를 잘하다, 원예의 재능이 있다. ② (…에) 적성이 맞다(*for*).
gréen-thúmbed 명 **gréen-thúmb·er** 명
gréen tíme 명 청신호 시간(교통 신호가 잇달아 청색으로 되어 차량이 계속 주행할 수 있는 시간대).

gréen túrtle 図 바다거북, 푸른거북.
gréen vítriol 図 〔화학〕 녹반(綠礬).
green·wash¹ [grí:nwɔ́ʃ/-wɔ́ʃ] 〔美속어〕 图 甲 (부정한 돈)을 세탁하다(launder). ─ 図 돈 세탁(money laundering). [<*greenback*+*wash*]
green·wash² 〔美속어〕 图 囚 (기업의) 환경 보호 홍보 활동하다. ─ 図 (구어) (기업의) 환경 보호 캠페인[활동], 환경 홍보 운동. [<*green*+*brainwash*]
gréen wáve 〔서밍〕 갈라진 틈이 없는 긴 파도.
green·way [grí:nwèi] 图 녹색길(큰 공원 사이를 연결하는 보행자·자전거 전용 도로).
green-weed [grí:nwi:d] 図 囚 금작화(金雀花)류.
***Green·wich** [grínidʒ, -nitʃ, grén-] 図 그리니치 (영국 London 동남부의 한 구(區); 본초 자오선(prime meridian)의 기점인 왕립 천문대가 있던 곳).
Gréen·wich (Méan [Cívil]) Tíme 図 그리니치 (표준)시(時) GMT.
Gréen·wich Víllage [grénitʃ-, grín-] 図 그리니치 빌리지(미국 New York시 Manhattan 남부 지구; 예술가·작가의 마을).
green·wood [grí:nwùd] 図 (봄·여름의) 푸른 숲, 푸른 잎이 우거진 삼림(영국에서는 Robin Hood 등 추방자의 생활 터전으로 연상된다).
  go to the greenwood (英) 속세를 벗어나 숲속에서 살다; 추방자[무법자]가 되다.
  under the greenwood 녹음에서 (즐겁게).
gréen wóodpecker 図 청딱따구리(유라시아 대륙·아프리카 북부산(産)). ─ **greenhorn**.
green·y [grí:ni] 図 =greenish. ─ 図 〔美속어〕
green·yard [grí:njɑ̀:rd] 図 잔디밭; (英) (소유주 불명의 가축을 넣어 두는) 우리(pound).
Greer [gríər] 図 Germaine ～ 그리어(1939- : 오스트레일리아 출신 여권 운동가).
‡**greet¹** [gri:t] 图甲 1 〔남〕에게 인사하다, 경의를 표하다; …(으)로) 환영하다, 환호하여 맞이하다(*with*). ¶ (～+囧+前+图) ～ *a person with cheers* [*an embrace*] 남을 환호[포옹]로 맞이하다. 2 〔일·발언 따위〕에 (…으로) 반응을 보이다, 대응하다, 맞이하다 (*with*). ¶*be ～ed by cheering crowds* 환호하는 군중의 환영을 받다. 3 (청경·음성 따위가) 〔눈·귀·코 등〕에 들어오다, 감지되다, 나타나다. ¶*A magnificent view ～ed our eyes.* 우리 눈앞에 장관이 펼쳐졌다. ─ **-er** 図
greet² (스코·고어) 图 (*grat*; *grut·ten*) 울다, 한탄하다. ─ 図 울기, 슬퍼하기.
‡**greet·ing** [grí:tiŋ] 図 (屢 ～*s* [-z]) 1 ⒞Ⓤ 인사, 절, 인사의 말. ¶*exchange ～s* 서로 인사를 나누다/*return the ～* 답례하다. 2 (～*s*) (편지 따위의) 인사말, 경의를 표하는 말; 인사장; (구어) 축하합니다(* 생일·성탄절 따위의 것이지만). ¶*send Christmas* [*New Year's*] *～s* 크리스마스[신년] 인사장을 보내다. 3 (美) (편지의) 첫 두 문구(英) salutation)(Dear Sir 따위). 「다.
  say [*give*] *one's greetings to* …에게 인사전하
  Season's Greetings!; Greetings of the Season! 크리스마스(와 새해)를 축하합니다.
  Send my greetings to...! …에게 안부 전해 주세요.
  ─ 囝 (～*s*) 안녕하십니까(hello). 「하장.
gréeting(s) cárd 図 인사장, 크리스마스 카드, 연
gre·gar·i·ous [grigɛ́əriəs] 図 1 (동물이) 떼지어 사는, 군거(群居)하는; (식물) 군생하는, 군거의. 2 (사람이) 사교적인, 집단을 좋아하는, 3 떼의, 군집의; 집단에 특유한. ～**·ly** 団 ～**·ness** 図
grège [greiʒ] 図 〔섬유〕 생사(raw silk). 2 베이지색에 가까운 밝은 회색. ─ 図 (천이) 표백하지 않은; 회색이 강다는 베이지색의, 또는 **greige**). [<F]
Gre·go·ri·an [grigɔ́:riən] 図 1 로마 교황 Gregory 1세 또는 13세의. 2 그레고리오력의[에 의한]; 그레고리오 성가의 (특징을 가진). ～ *chant* 그레고리오 성가.
Gregórian cálendar (the ～) 그레고리오력

(曆)(1582년에 교황 Gregory 13세가 율리우스력을 개정한 현행의 태양력). 「歌).
Gregórian chánt 図 〔가톨릭〕 그레고리오 성가(聖
Greg·o·ry [grégəri] 図 1 그레고리우스, 그레고리오 (역대 로마 교황의 이름). 2 그레고리(남자 이름).
grégory pówder 図 〔약학〕 그레고리 분말(완하제(緩下劑)). (또는 **Grégory's pówder**)
greige [grei, greiʒ] 図 〔섬유〕 1 =gray goods. (또는 ～ *gòods*) 2 = grège 2. ─ 図 =grège.
gre·mi·al [grí:miəl] 図 (교회) (미사 또는 성직 서품식(敍品式)에서 쓰는) 사제용 무릎 덮개(천).
grem·lin [grémlin] 図 1 (비행기 엔진에 고장을 일으키는 것으로 상상했던) 눈에 보이지 않는 꼬마 마귀. 2 곤란의 원인(이 되는 것); 말썽꾸러기. 3 〔美속어〕 = gremmic. 「자. (또는 **gremmy**)
grem·mie [grémi] 図 〔美속어〕 서핑[파도타기] 초심
Gre·na·da [grənéidə] 図 그레나다(서인도 제도의 Windward 제도 중의 섬나라; 수도 St. George's).
  -dan, -di·an 図
gre·nade [grinéid] 図 수류탄; 소화탄, 최루탄.
gren·a·dier [grènədíər] 図 1 (G-) (영국의) 근위보병(近衛步兵) 제1연대(the G- Guards)의 병사. 2 정예 부대의 보병. 3 척탄병, 수류탄병. 4 (어류) 대구류의 심해어. 5 〔조류〕 =waxbill.
gren·a·dine¹ [grènədí:n, 느─느] 図Ⓤ 그레나딘(명주·인견·털 따위로 된 얇은 사직(紗織) 천).
gren·a·dine² 図Ⓤ 그레나딘(석류로 만든 시럽; 칵테일용); 적황색 (염료). ─ 図 적황색의.
Gresh·am [gréʃəm] 図 Thomas ～ 그레셤(1519?-79; 영국의 무역상·재정가).
Grésham's láw [théorem] 図 〔경제〕 그레셤의 법칙("악화는 양화를 구축한다"라는 법칙).
gres·so·ri·al [gresɔ́:riəl] 図 〔동물〕 보행성의; (새의 발이) 보행에 알맞은. (또는 **gressorious**)
Grét·na Gréen [grétnə-] 図 그레트나 그린(스코틀랜드 남부의 마을; 옛날 잉글랜드에서 결혼을 인정받지 못한 남녀들이 이곳으로 도피하여 결혼했다; (g- g-) 사랑의 도피처. ¶～ *marriage* (英구어) 사랑의 도피 결혼.
‡**grew** [gru:] 图 grow의 과거. 「혼.
grew·some [grú:səm] 図 =gruesome.
grey [grei] 図 =gray¹(* 이하에는 없는 복합어는 ～*·ish* 図 ～*·ly* 團 ～*·ness* 図 「gray¹ 참조).
grey área (英) 회색 지대(실업률은 높지만 정부의 보조를 받을 정도에는 이르지 않은 지역). 「racing.
grey·cing [gréisiŋ] 図Ⓤ (英구어) = greyhound
***grey·hound** [gréihàund] 図 1 그레이하운드(사냥개의 한 종류). 2 (원양 항로의) 쾌속선. 3 (G-) (美) 그레이하운드 버스 회사(the G- Corp.); Ⓒ 그 버스.
  (as) swift as a greyhound 굉장히 빠른, 잽싼.
  ─ 图Ⓒ (속어) 도주하다, 달아나다 (보통 gray-)·(흑인이) 백인과 데이트하다.
greyhound rácing (전자 모형 토끼를 쫓는) 그레이하운드 경주. (또는 **greycing**)
grey-wave [〰wéiv] 図 (구어) (회사·투자 따위가) 좀처럼 이익을 내는, (혹자) 기업이 되는.
GRF *growth hormone releasing factor*. 「감각류.
grib·ble [gríbl] 図 바다이(바다 속의 목재를 좀먹는
grid [grid] 図 1 (석쇠의) 쇠살대, 쇠격자. 「*a cattle ～* 격자망 외양간. 2 (고기 따위를 굽는) 석쇠(gridiron) (자동차 지붕에 있는) 짐대, 짐받이. 3 (전기) **a)** (축전지 내의) (그리드, (금속제) 격자 모양 기관(基板). **b)** (종종 G-) (고압선에 의한) 송전 계통, 배전망; (英) (the ～) 고압 송전선망. 4 〔전자〕 (3극관·다극관의) 그리드, 격자. 5 **a)** (가로·감도의) 바둑판 무늬. **b)** (도로의) 경선·위선. **c)** = gridiron 3. 6 〔해사〕 = gridiron 5. 7 (가스·수도 따위의) 배관망, 시설망; (TV·라디오 방송의) 방송망. 8 (英속어) 자전거; 오토바이. 9 (자동차 경주의) 그리드(starting ～)(격자무늬 모양으로 배치된 차

의 출발 지역). 10 [인쇄] (사진 식자기의) 문자반(盤), 모형반(母型盤). [한정용법] [속어] 미식 축구의.
— 타 (-dd-) …에 그리드를 설치하다. **grid·ded** [-id] 형 [<gridiron의 단축형]
Grid [grid] 명 (the ~; 종종 g-) [컴퓨터] 그리드 network(차세대 인터넷 운영 체계).
gríd bías 명 [전자] (진공관의) 격자[그리드] 회로.
gríd círcuit 명 [전자] (진공관의) 격자[그리드] 회로.
gríd condènser 명 [전자] 격자 축전기[콘덴서].
gríd cúrrent 명 [전자] 격자 전류.
gríd declinàtion 명 [측량] 그리드[격자] 편각(偏角).
grid·der [grídər] 명 [미구어] 미식 축구 선수.
grid·dle [grídl] 명 1 (제과·요리용) 철판, 번철: 프라이팬. 2 (채광) 선광용(選鑛用)(체망)체.
on the griddle (구어) 엄한 시험[심문]을 받고 있는. — 타 1 을 번철[프라이팬]로 굽다. (채광) …을 선광용 체로 치다(out).
gríd·dle·càke [grídlkèik] 명 griddle로 구운 과자, 핫케이크, 팬케이크(flapjack, (미) pancake).
gride [graid] 자타 1 맞스치다, 삐걱거리다, 삐걱삐걱하다. — 타 (고어) …을 (무기 따위로) 꿰뚫다, 베다: 삐걱거리며 하다. 2 삐걱 맞스치는[삐걱거리는] 소리.
grid·i·ron [grídàiərn] 명 1 (고기·생선 등을 굽는) 석쇠(grid, grill). 2 석쇠 비슷한 것: (가스 등의) 배관망: 고압 송전선망: (도로의) 바둑판 눈, 도로망: (철도의) 측선(側線), 철도망: (극장의) 무대 천장의 창살 모양 대들보. 3 미식 축구 경기장: (구어) 미식 축구. 4 (옛날의 화형(火刑用)) 쇠격자. 5 (출판) 그리드 모양대(船臺).
lay a person on the gridiron 남을 몹시 괴롭히다. — 타 격자 모양으로 칸막이하다: 바둑판 무늬 모양 의 하다. 2 미식 축구하다.
grid·i·ron·ing [grídàiərniŋ] 명 [濠·뉴질] (중간토지를 후일 싸게 사기 위해) 격자꼴로 토지를 구입하기.
gríd lèak 명 [전자] 그리드 리크(고저항 저항기).
grid·lock [grídlàk/-lɔ̀k] 명 [미] 1 교통 정체[마비, 체증]: 교통 차단. 2 (비유적) 정돈(停頓) 상태, 마비, 옴짝달싹 못하는 상태. — 타 을 정체[마비]시키다. ~ed [-t] 형 [<grid+deadlock] [도로).
gríd ròad 명 (캐나다) 격자 도로(바둑판 모양의 간선).
gríd variàtion 명 [항해] 그리드 편차(자기(磁氣) 자오선과 진정(眞正) 자오선이 이루는 각도).
‡grief [gri:f] 명 1 [U] (일시적 재난·불행 따위에 대한) 큰 슬픔, 비탄, 비통, 큰 고뇌(at, over, about, for), 슬픔에 잠긴 모습. ⇒SORROW [유의어] *show ~ over a person's death* 남의 죽음을 슬퍼하다 / *Time tames the strongest ~*. (속담) 시간이 흐르면 아무리 큰 슬픔도 잊게 된다, 세월이 약. 2 [C] (a ~) 슬픔의 원인, 비탄의 씨: [U] 불운한 사건, 재난, 사고. 4 [고어] 고난, 재해: 고통.
be in [or *suffer, feel*] *grief* 비탄에 잠겨 있다.
bring a person to grief ① 남을 혼쭐내다: 남에게 상처를 입히다. ② 남을 실패하게 하다, 파멸시키다.
come to grief ① 재난을 만나다, 불행[곤경]에 빠지다, 실망을 맛보다. ② (구어) (계획·사업 따위가) 실패[파멸]하다. [다: 남을 괴롭히다.
give a person grief (구어) 남에게 잔소리[꾸중]하
Good [or *Great*] *grief!* (구어) (놀람·낙담 따위를 나타내어) 앗!, 맙소사!, 어머나!
~·less 형. ~·less·ness 명
grief-strick·en [ˈstrìkən] 형 슬픔에 젖은, 비탄에 잠긴: 고민하는.
gríef thèrapy 명 [정신의학] 비애 요법(배우자나 자식을 잃은 사람들의 정신적인 절망적 도움을 주는 지료법).
Grieg [gri:g] 명 **Edvard (Hagerup)** ~ 그리그 (1843-1907: 노르웨이의 작곡가).
*****griev·ance** [grí:vəns] 명 1 불평[불만, 고충]의 씨[원인]. ¶ *remove a* ~ 불만의 씨를 제거하다. 2 (부당한 행위에 대한) 노여움, 불평, 불만(*against*). ¶ *have* [or *hold, bear, harbor*] *a* ~ *against a person* 남에게 불만을 품다.

griévance commìttee 명 [노동] (노사 쌍방의 대표로 구성되는) 고충[불만] 처리 위원회.
‡grieve¹ [gri:v] 자 (~s [-z]; ~d; griev·ing) 형 1 (…을) 슬퍼하다, 마음 아파하다, (…으로) 비탄에 잠기다(*about, at, for, over*). ¶ (~+전+명) = *at the news* [*for a loss, over a friend's death*] 그 소식을 듣고[손실을 입고, 친구의 죽음을] 슬퍼하다 // (~+*to do*) *I* ~ *to say*. 말하기 슬픈 일이다. 2 (…을) 몹시 후회하다(*at, about, over*). ¶ ~ *about one's past errors* 지난날의 과오를 몹시 후회하다. — 타 1 …을 몹시 슬프게 하다: (수동형으로) (…을/…한 것을) 슬퍼하다(*at/to do*). ¶ *be much* ~*d at her misfortune* 그녀의 불행을 매우 슬퍼하다. 2 (병으로) …을 상하게 하다.
grieve² 명 [스코] 농장[토지] 관리인.
*****griev·ous** [grí:vəs] 형 1 슬프게 하는, 비통하게 하는: 쓰라린. ¶ ~ *news* 비보(悲報). 2 언어 도단인, 극악무도한, 지독한. ¶ *a* ~ *crime* 극악무도한 범죄. 3 슬픈, 비통한. ¶ *a* ~ *cry* 비통한 외침 소리. 4 (상처 따위가) 고통스러운, 괴로운: (질병 등이) 심한. ¶ *a* ~ *wound* 아픈 상처 / ~ *pain* 격통. 5 압제적인: 무거운, 부담이 되는. ¶ ~ *taxes* 중세(重稅). ~·ly 부 ~·ness 명
griévous bódily hárm 명 [영법] (고의에 의한) 중대한 신체 상해, 중상해(重傷害)(略 GBH).
griff¹ [grif] 명 = griffin². 「내부 정보. (또는 griffin)
griff² [grif] 명 [英속어] 정확한 보고: 사실에 입각한 정보.
griffe [grif] 명 [미] 흑인과 흑백 혼혈아 사이의 혼혈아: 흑인·아메리칸 인디언 혼혈아. (또는 griffin)
grif·fin¹ [grífin] 명 [그리스 신화] 그리핀(몸통은 사자, 머리와 날개는 독수리인 괴물): (또는 griffon, gryphon)
grif·fin² 명 [인도·동양에) 새로 온 사람, 새로 온 유럽인.
grif·fin³ 명 [미] = griffe.
grif·fin⁴ 명 = griff².
grif·fon¹ [grífən] 명 = ~ vulture. 「(産) 애완견.
grif·fon² 명 그리폰(벨기에산
grif·fon³ 명 [그리스 신화] = griffin¹.
gríffon vúlture 명 (유럽산(産)) 그리폰 독수리.
grift [grift] 명 [속어] 1 (the ~) (종종 복수취급) 사기, 협잡, 속임수. 2 사기[협잡]로 우려낸 돈.
on the grift [미속어] 협잡질을 하여: 방랑 생활을 하여. — 타 [미 따위]를 속임수로 우려내다.
grift·er [gríftər] 명 [속어] 1 사기[협잡]꾼, 야바위꾼: 사기 도박사. 2 방랑자, 부랑자.
grig [grig] 명 (옛날) 1 귀뚜라미, 여치, 메뚜기. 2 아주 작은 닭: 작은 뱀장어. 3 팔팔[쾌활]한 젊은이.
(as) merry [or *lively*] *as a grig* 몹시 쾌활한.
Gri·gnárd reáction [gri:njɑːrd-] 명 [화학] 그리냐르 반응(그리냐르 시약을 써서 알코올·산(酸)·케톤 따위 각종 유기 화합물을 합성한다). [<프랑스의 화학자 Victor Grignard(1871-1935)] 「[합성] 시약.
Grignárd reàgent 명 [화학] 그리냐르 시약(유기
gri·gri [grí:gri:] 명 (아프리카 원주민이 쓰는) 호신(護身)부적, 액막이: 부적(護符). (또는 grís-gris)
*****grill¹** [gril] 명 1 석쇠, 적쇠(gridiron). 2 [英] 고기 굽는 기구, 그릴: (美) broiler. 3 석쇠로 구운 요리(불고기, 생선구이 등), 3 =grillroom. 4 [고기 따위]을 굽다. ⇒BURN [유의어] 2 …을 지독한 열 [더위]로 괴롭히다. 3 (구어) [남]을 힐문하다, 엄히 심문하다: 엄격한 요구[시련 따위의 과제]로 고통을 겪게 하다. — 자 1 (고기 따위가) 불에 구워지다. 2 혹서에 노출되다: 엄한 심문을 받다. ~·er 명 [<F]
grill² 명 = grille.
gril·lage [gríliʤ] 명 격자(格子)를 구조, 귀틀 지정.
grille [gril] 명 1 (창문 따위의) 장식적 의장(意匠)이 있는 창살: 격자창(格子窓). 2 (자동차의) 라디에이터 그릴(radiator). 3 (라디오 따위의 스피커 보호용) 장식 체

grilled 형 장식 격자가 있는; (석쇠로) 구운.
grill·ing [grílin] 형 타는 듯한; (심문 따위가) 엄한, 용서 없는. — 명 타는 듯이. /~생.
grill rat 명 《美학생 속어》 학생 식당에서 식사하는 학생.
grill-room [grílrù(ː)m] 명 1 그릴(룸)(호텔·레스토랑 따위에서 고기를 구워서 내는 곳》(호텔·클럽의) 간이 식당. 2 (경찰서의) 문초[취조]실.
grill·work [grílwə̀ːrk] 명 (쇠)창살 모양의 것; 격자 구조.
grilse [grils] 명 (〜, **grils·es**) (바다에서 강으로 오르는 3년생 정도의) 어린 연어.

‡**grim** [grim] 형 (〜**·mer**; 〜**·mest**) 1 엄한, 용서 없는; 타협[양보]의 여지가 없는; 요지부동의, 단호한. ¶ 〜 demands 가혹한 요구 / 〜 reality 엄연한 사실 / 〜 determination 단호한 결의. 2 (이야기 등이) 무서운, 오싹하게 하는; 불쾌한, 싫은. ¶ a 〜 joke[tale] 기분 나쁜 농담[이야기]. 3 (용모·태도 등이) 험악한; 접근하기 어려운, 퉁명스러운; 징그러운, 무시무시한. ¶ a 〜 face 무서운 얼굴 / Her face went 〜. 그녀의 얼굴은 험악해졌다. 4 사나운, 잔인한, 광포한, 무자비한. ¶ a 〜 war 잔인한 전쟁 / a 〜 warrior 사나운 전사.
hold[or **hang, cling**] **on like grim death** (무서워서) 결사적으로 달라붙다, 죽어도 떨어지지 않다.
〜**·ness** 명

grim·ace [gríməs, griméis] 명 1 찡그린 얼굴, 우거지상. ¶ make 〜s 얼굴을 찡그리다. 2 점잔뺀 얼굴; 꾸민 표정. — 자 (불만·고통 따위로) 얼굴을 찡그리다[찌푸리다], 우거지상을 하다. **gri·mac·er** 명
gri·mal·kin [grimǽlkin, -mɔ́ːl-] 명 1 고양이; 늙은 암고양이. 2 심술궂은 노파.
grime [graim] 명 ⓤ 1 더러움, 때, 그을음, 먼지. 2 (도덕적인) 오점. — 타 …을 더럽히다(with).
*****grim·ly** [grímli] 부 엄하게, 무섭게; 사납게, 잔인하게.
Grimm [grim] 명 그림(형제). **Jakob Ludwig Karl** 〜 (1785–1863), **Wilhelm Karl** 〜 (1786–1859)(독일의 형제 언어·민속학자: 함께 동화를 집대성).
Grímm's láw 【언어】 그림의 법칙(게르만계 언어에 있어서의 인도유럽어의 자음 변화에 관한 법칙).
Grím Réaper [the 〜] (큰 낫을 들고 망토를 걸친 해골 모습의) 사신(死神).
grim·y [gráimi] 형 때[그을음 따위]로 덮인, 더러워진, 때투성이의. **grím·i·ly** 부 **grím·i·ness** 명
‡**grin** [grin] 자 (〜**s** [-z]; **-nn-**) 〜 1 (이를 드러내고) (…에게/…으로) 방긋[벙긋, 씩] 웃다, 히죽거리다 (at/with). ⇨ LAUGH 유의어 ¶ (〜 + 前 + 图) 〜 with delight 방글거리며 기뻐하다 / 〜 at a person 남을 보고 방긋 웃다. 2 (…에게) (고통·노여움 따위로) 이를 드러내다 (at). 3 틈새[갈라진 틈]로 보이다, 노출되다. — 타 방긋이 웃으며 이를 드러내어 [찬성·경멸 따위의] 를 나타내다. ¶ 〜 defiance 이를 드러내고 도전적인 태도를 보이다 / 〜 (one's) approval 빙긋 웃으며 승낙[동의]하다.
grin and bear it (고통·노여움 따위를) 억누르고 웃으며 참다.
grin from ear to ear 입을 쩍 벌리고 싱글싱글 웃다.
grin like a Cheshire cat ⇨ CHESHIRE CAT.
grin on the other side of one's **face** 후회하다.
— 명 (〜**s** [-z]) 1 방글방글 웃음; 쓴 웃음. 2 (고통·경멸 따위로) 이를 드러내기.
on the (**broad**) **grin; with a broad grin** (이를 드러내고) 방긋 웃으며.
wipe [or **take**] **the grin off** one's **face** (구어) 히죽거리는 것을 멈추다, 진지해지다.
〜**·ner** 명 〜**·ning·ly** 부
Grinch [grintʃ] 명 (때로 g-) 《美구어》 홍을 깨는 사람[것]; 홍을 깨기. 〈Dr. Seuss(1904–91)의 동화 *How the Grinch Stole Christmas*(1957)의 주인공인 녹색의 가공 생물 이름〉
‡**grind** [graind] 타 (〜**s** [-z]; **ground**, (드물게)

〜**ed**) 타 1 (칼 따위)를 갈다(down); 닦다, 비비다; 연마하다; 마멸시키다(away, down). ¶ 〜 a sword 칼을 갈다 / 〜 a lens 렌즈를 갈다. 2 …을 빻다, 분쇄하다, 바수다; (맷돌로) 타서 …을 만들다(up, down)(to, into). ¶ (〜 + 目 + 前 + 图) 〜 something to powder 어떤 것을 빻아서 가루로 만들다 / 〜 corn into flour 곡물을 빻아서 가루로 만들다. 3 (수동형으로) (폭정·빈곤 따위로) …을 압박[학대]하다; 착취하다 (down). ¶ be ground (down) by tyranny 폭정에 시달리다. 4 …을 맹렬히 비비다, 북북 문지르다(on, into, against); …을 짓밟다(under). ¶ 〜 one's teeth 이를 갈다; 이를 갈며 분해하다. 5 (맷돌 따위)를 (돌려서) 빻다; (핸드 오르간 따위)를 (돌려서) 소리를 울리다, (곡)을 연주하다(out). ¶ 〜 a hand mill 맷돌을 돌리다. 6 (구어) [지식 따위]를 애써 가르치다(into); (남)에게 (지식 따위)를 억지로 주입하다(cram)(in). ¶ 〜 grammar into a boy's head = 〜 a boy in grammar 소년에게 문법 지식을 주입하다. 7 (속어) (남)을 지겹게[초조하게] 하다.
— 자 1 가루로 갈리[빻]다; 맷돌로[을] 갈다; (맷돌 따위가) 돌아가다. 2 삐걱거리다(on, against); 이를 갈다. ¶ (〜 + 前 + 图) The ship ground on the rock 배가 바위에 닿아 삐걱거렸다. 3 (부서·구와 함께) (가루가) 갈아지다, 빻아지다, 갈리다, 연마되다(away). ¶ (〜 + 图) Glass 〜s smooth. 유리는 매끈하게 연마된다. 4 (구어) (…을 위해) 애써 일하다, 열심히 공부하다(away) (at, on, for). ¶ (〜 + 前 + 图) 〜 for an exam 시험 공부를 열심히 하다. 5 (美속어) (스트립쇼에서) 도발적으로 허리를 돌리다. 6 (비어) 성교하다; 자위 행위를 하다. 7 (美속어) (컴퓨터가 가감승제 따위에서) 단순한 연산을 되풀이하다.
grind (away) at …을 열심히 하다.
grind down ① …을 빻아 가루를 내다(into); …을 갈아 닳게 하다. ② …을 학대하다, 억압하다. ¶ 〜 down the poor peasantry 가난한 농민을 학대하다. ③ (빻으면) 가루로 되다.
grind on (활동·절차 따위가) (거침없이) 진척되다; 길게 계속되다.
grind out ① (구어) (저작, 음악 따위)를 연이어 기계적으로 만들어내다. ② (핸드 오르간 따위)로 연주하다. ③ 이를 갈며[목이 쉬도록] 말하다. ¶ 〜 out an oath 이를 갈며 욕지거리하다. ④ (담뱃불 따위)를 비벼서 [문질러] 끄다. ⑤ (갈아서) …을 만들다; (돈 따위)를 착취하다(of). ⑥ (고심해서) …을 만들어내다; 애써 시가(詩歌)를 짓다.
grind the faces of the poor (**into the dust**) 빈민을 학대하다(←이사야서(Isa.) 3 : 15).
grind to a halt (차가) 끼익 소리내며 서다; (활동·행렬 따위가) (천천히) 멈추다.
grind up 갈아[문질러] 부수다[가루로 만들다].
have an ax to grind ⇨ AX.
— 명 (〜**s** [-z]) 1 ⓤ 갈기, 연마, 빻기; (커피콩 따위의) 가는 정도, 가루의 굵기. 2 삐걱거리는 소리. ¶ the 〜 of wheels 차바퀴의 삐걱거리는 소리. 3 a) 율 〜 (구어) 뼈빠지는 단조로운 일; 힘들고 지루한 일[공부]. ¶ the daily 〜 단조로운 일상사[일과] / It is a hard 〜 to learn a foreign language. 외국어를 배우기는 힘들다. b) (美구어) (비유어) 공부 벌레. 4 (속어) 도발적으로 허리를 돌리며 춤추기; (속어) 성교의 대상인 여자. 5 (英학생 속어) a) 〜 을 산책하다. ¶ a 〜 장애물 경마. b) (운동을 위한) 산책. 6 (속어) (행상인 등의) 손님 부르는 소리; (서커스의) 호객꾼; 노점 상인.
— 명 (美) 24시간 연속으로는; 휴식(휴일) 없이 흥행하는. ¶ a 〜 show 연속[무휴] 흥행(쇼).
*****grind·er** [gráindər] 명 1 (복합어로) 빻는[가는, 닦는] 사람; (칼)을 가는 사람; 어금니를 가는 사람. 2 분쇄[연마]기, 연삭기(研削機), 숫돌. 3 어금니; (〜s) (구어) 이. 4 (美) = hero sandwich. 5 (美속어) 공부 벌레; (英속어) (시험 준비의) 주임교사 (가정) 교사; 낮은 임금으로 혹사하는 사람. 6 (속어) (카니발 따위의) 호객꾼;

(속어) 스트리퍼. **7** (美속어) 열병식장; 연습장(場).
grinder's ásthma 명 (병리) 연마공(硏磨工) 천식.
grinder's phthísis 명 (병리) 연마공 폐결핵.
grind·er·y [gráindəri] 명 **1** (날붙이 따위에) 가는 집, 연마 공장. **2** (英) (집합적) 피혁 직공의 용구나 재료; 그 판매점.
grínd hòuse 명 (美속어) 휴식 시간[휴일] 없이 연속 상영하는 대중 극장[영화관]; 심야 영화관.
***grind·ing** [gráindiŋ] 명U **1** 제분, 분쇄, 연마; 삐걱거림, 마찰(음). **2** (美구어) 주입식 교육[공부]. **3** 힘들고 단조로운 일. ─ 형 **1** 갈아 부수기[으깨기]에 적합한. ¶the ~ teeth 어금니. **2** 몹시 괴로운, 국국 쑤시는. ¶a ~ toothache 국국 쑤시는 치통. **3** (가난·세금 따위가) 학대[압박]하는; (일이) 가혹한, 뼈빠지는. ¶a ~ tax 중세(重稅). **4** (소리가) 귀에 거슬리는; (귀에) 끼익하는.
***come to a grinding halt** [or **stop**] (구어) (차가) 끼익하고 멈춰서다; (활동이) 필연적으로 정지하다.
~·**ly** 부
grínding òrgan 명 수동(手動) 오르간(barrel organ).
grínding whèel 명 숫돌바퀴, 연삭(硏削) 숫돌차.
grínd shòw 명 (美속어) 휴식 시간[휴일] 없이 흥행하는 쇼.
***grind·stone** [gráindstòun] 명 **1** (연마·연삭용) 숫돌, 회전 숫돌[연마반]. **2** 맷돌. ─ 타 되돌아가다.
***get back to the grindstone** 본래의 (싫어하는) 일.
***hold** [or **have, keep, bring, put**] *a person's nose to the grindstone* 남을 혹사하다.
***keep** [or **have, hold, put**] *one's nose to the grindstone* 뻐빠지게 일[공부]하다.
grin·ga [gríŋgə] 명 (경멸적) (중남미·스페인에서의) 외국 백인 여성, (특히) 미국[영국] 여성. 〔<Sp〕
grin·go [gríŋgou] 명 (복~s) (경멸적) (중남미·스페인에서의) 백인 외국인, (특히) 미국[영국]인.
gri·ot [gríóu, gríːou] 명 (서아프리카 여러 부족의) 전승(傳承) 시인, 역사 구송자(口誦者).
‡**grip¹** [grip] 명 **1** (종종 a ~) 단단히 붙잡기[쥐기] (*on, of, onto, around*); (배트·라켓 따위의) 잡는[쥐는] 법, 그립. ¶let go one's ~ on [or of] a rope 쥐고 있던 로프를 놓다 / take a ~ on a bough 큰 가지를 단단히 붙잡다 / shorten [lengthen] one's ~ (배트 따위를) 짧게[길게] 잡다. **2** (종종 a ~) **a)** 붙드는 힘, 악력(握力). ¶have a strong ~ 악력이 세다. **b)** (위·위험 등이 남을) 제어, 지배, 통제(*on, of, over*). ¶have a ~ on an audience 청중의 마음을 사로잡다[끌다] / get into the ~ of 사태·병 따위]의 장악[되다. **c)** (일·사태를) 처리하는 힘, 통솔[지배]력. ¶strengthen one's ~ 통솔력을 강화하다. **3** (종종 a ~) 이해(력), 파악(력), 터득(*on, of*). ¶have a ~ on one's duty 자기 역할을 자각하고 있다. **4** (비밀 결사의 동지 사이의) 특수한 악수법. ¶the Masonic ~ 프리 메이슨식의 (회원임을 나타내는 특별한) 악수법. **5 a)** (기계·장치 따위의) 그립, 핸들; (케이블 카의 연동 장치의) 그립. **b)** (기물(器物)의) 쥐는 곳, 자루, 손잡이; (골프채·라켓 따위의) 손잡이, 그립. **6 a)** 급격한 통증, 산통(疝痛). ¶a ~ in one's stomach 갑작스런 복통. **b)** (the ~) = grippe. **7** (美) 작은 여행 가방 (gripsack). **8** ⓒ (속어) **a)** (연극) 무대 담당(stage-hand), 도구 담당. **b)** (영화·TV) 촬영 조수.
***at grips (with)** (…과) 맞붙잡고, 드잡이하여; (문제 따위와) 씨름하여.
***come** [or **get**] **to grips with** ① (위험·곤란 따위에) 만나다, 직면하다; …과 맞붙어 싸우다. ② (문제 따위)에 정면으로 대처하다; …와 씨름하다.
***get** [or **take**] **a grip on oneself** 자제하다.
***have** [or **get**] **a good** [**poor**] **grip of** [**or on**] … ① …을 잘 파악[이해]하고 있다[있지 않다].
***have a grip on** ① …을 사로잡다, 장악[지배]하다. ② …을 이해[파악]하고 있다.
***hold** *a person* **in one's grip** 남을 단단히 쥐고 있

다; 손아귀에 넣다.
***in the grip of** ① …에 붙들려[속박되어]. ② (병)에
***keep a firm** [or **tight**] **grip on** …을 꽉 잡고 있다; …을 완전히 장악[통제]하고 있다.
***lose one's grip (on** [or **of**]) (구어) ① (일 따위에 대한) 능력[기운, 열의]을 잃다. ② 제어할 수 없게 되다. ③ (…에 대한) 이해력이 없어지다. ¶His mind has *lost* its ~. 그는 사물을 파악할 힘을 잃고 말았다.
─ 타 (~**ped** [-t], **grip**t; ~·**ping**) **1** …을 단단히 쥐다[잡다], 꽉 붙잡다. ─ HOLD 유의어 ¶The child ~*ped* his mother's arm. 그 아이는 어머니의 팔을 꽉 붙잡았다. **2** (마음·주의 따위)를 사로잡다, 감동시키다; (남)을 감동시키다; …을 이해[파악]하다. ¶The scene ~*ped* the spectators. 그 장면은 관객의 눈을 끌었다 / ~ a person's argument 남의 논지를 이해하다. **3** (기계가) …을 죄다, 죄어 고정시키다. ¶The brake ~*s* the wheel. 브레이크는 차바퀴를 죄어 멎게 한다. **4** (고어) 점유[횡령]하다; 강탈하다. ─ 자 **1** 단단히 붙잡다[누르다]; (도구 따위가) 물다(*on*). **2** 마음을 휘어잡다, 관심[주의]을 끌다.
grip² 명 (英) 작은 도랑, 배수구, 시궁창.
grip³ 명 (the ~) =grippe.
gríp bràke 명 (기계) 제동기[브레이크]의 일종.
gríp càr 명 = cable car.
gripe [graip] 타 **1** …을 괴롭히다, 고통을 주다; 안달나게 하다; 학대[압박]하다. ¶be ~*d* with want 결핍에 시달리다. **2** (수동형으로) (배)를 쥐어짜듯 아프게 하다, …에게 복통을 일으키게 하다. **3** …을 단단히 쥐다[잡다, 붙들다]; (해사) (배)를 덱에 붙들어 매다. **4** (고어) 강탈[횡령]하다. ─ 자 **1** (구어) (…에게 /…에 관해서) 불평을 늘어놓다, 계속 투덜거리다 (*at / about, over*). ¶~ *about* the food 음식에 관해 불평하다. **2** 배가 쥐어뜯듯이 아프다. **3** (고어) (이득 따위에) 달려들다. **4** 손에 넣으려 애쓰다(*at*). **4** (해사) (범선이) 바람 불어오는 쪽으로 향하려고 하다.
***gripe** *a person's* **back** [or **butt, middle kidney,** (비어) **ass, balls**] (美속어) 남을 화나게 하다, 안달이 나게 하다.
─ 명 **1** (the ~s) (복수취급) (병리) (심한) 복통; 산통(疝痛). **2** (구어) 불평, 고통; 푸념; 불평[푸념]꾼; (the ~s) 투정[불평]하는 버릇, **3** 꽉 쥐기, 붙잡기; 움켜쥠. **4** 지배, 제어; 압박; 괴롭힘, 압박. **5** (~s) (해사) 보트를 매는(고정시키는) 밧줄. **6** 붙잡은 것; (기계의) 그립, 클립, 클러치; (기구의) 손잡이, 자루(handle).
***be in the gripe of** …에 속박되다; 시달리다.
***come to gripes (with)** (…와) 맞붙다; 분투 노력하다.
gríp·er 명
gripe sèssion 명 (美속어) 불평 토론회, 서로 푸념.
gripe wàter 명 (英) (유아용) 배탈 물약, 복통약.
grip·man [grípmən] 명 (케이블 카) 운전 기사.
grippe [grip] 명U (the ~) (병리) 독감, 유행성 감기. 〔<F *seizure*〕
grip·per [grípər] 명 **1** 잡는[쥐는] 사람[물건]; 끼우는 도구, **2** (운동복의) 똑딱단추. **3** (인쇄) 그리퍼, 물림.
grip·ping [grípiŋ] 형 (연극·책 따위가) 주의[흥미]를 끄는, 매혹하는, 황홀하게 하는. ~·**ly** 부
grip·py [grípi] 형 (구어) 유행성 감기(grippe)에 걸린.
grip·sack [grípsæk] 명 (美) 여행용 손가방, 슈트케이스.
gript [gript] 동 grip의 과거·과거분사.
grip·y [gráipi] 형 국국 쑤시는, 산통(疝痛)(gripe)을 일으키는. (또는 **gripey**)
gri·saille [grizái, -zéil] 명 회색만으로 돋을새김처럼 그리는 화법; 그 화법에 의한 그림. 〔<F〕
Gri·sel·da [grizéldə] 명 ① 그리젤다. ① 중세 문학에 등장하는 모범적인 정숙한 여자, 양처. ② 여자 이름.
gris·e·o·ful·vin [grìziouf/lvin, grìs-] 명 (약학) 그리세오풀빈(백선(白癬) 따위 피부 감염증 치료제).
gris·e·ous [grísiəs, gríz-] 형 회색의, 청회색의.

gri·sette [grizét] 그리제트(옛날 프랑스 여공이 입었던 회색의 싼 모직천); 여직공, 여점원. 〔<F gray gown〕
gris-gris [gríːgriː] 몡 (복) ~ [-z] = grigri.
gris·kin [grískin] 몡 (英) (비계가 적은) 돼지의 허리살; 돼지고기의 토막, 돈육.
gris·ly [grízli] 휑 (표정·생김새 따위가) 몸서리나는, 소름끼치는, 어쩐지 기분나쁜; 무서운, 험악한, 음산한, 섬뜩한. 2 불쾌한, 싫은. (또는 grizzly) **-li·ness** 몡
gri·son [gráisn, grízn] 몡 (動) 그리슨(중남미산(産) 족제빗과(科)의 육식 동물).
grist¹ [grist] 몡 1 ⓤ 제분용 곡물; 빻은 곡물. 2 한 번에 빻는 곡물의 양. 3 (양조용) 맥아, 엿기름가루. 4 (集合的) 다량, 많음. ¶a ~ of washing 많은 빨랫감. 5 (美) 흥미 있는[유익한] 뉴스거리, 이야깃거리; (시장 분석의) 기초 자료. ¶~ for considerations 검토 자료.
(all) grist to [or for] one's [or the] mill 돈벌이감, 이익(의 원천); 이익이 되는 일. ¶All's ~ that comes to his mill. (속담) 그는 무엇이나 잘 이용한다, 넘어져도 그냥은 일어나지 않는다.
grist² 몡 그리스트(실·밧줄의 굵기).
gris·tle [grísl] 몡 (식용육 속에 박혀 있는) 심, 물렁뼈; 연골(軟骨) 비슷한 것; 〔해부〕 연골(cartilage).
in the gristle 아직 뼈가 굳지 않은, 성숙치 않은, 기초가 튼튼하지 않은. ¶연골이 많은.
gris·tly [grísli] 휑 연골로 된, 연골질의; (식용육이).
grist-mill [grístmìl] 몡 (의뢰인의 곡물을 빻는) 제분소.
grit [grit] 몡 1 (집합적) 잔 티끌, 사진(砂塵), 모래, (공중에서 떨어지는) 먼지; (닭이 소화를 돕기 위해 먹는) 모래알. 2 규질 사암(사질砂岩), (또는 gritstone) 3 어떤 고난도 견디는) 기골, 근성; 용기, 담력. ¶a man of the true ~ 참 용기가 있는 사람. 4 연마용에 알맞은 석질(石質). 5 (~s) (美속어) 먹을 것. 6 (G-) (캐나다) 자유당원.
hit the grit (美속어) ① =hit the DIRT. ② 길을 나서다, 여행하다. ③ 걷다, 터벅거리며 가다.
put (a little) grit in the machine 원활한 진행을 방해하다, 찬물을 끼얹다.
— 통 (-tt-) 타 1 …을 삐걱거리게 하다; 이를 갈며 말하다. 2 〔길 따위에〕 모래를 뿌리다〔넣다〕. — 재 1 모래를 밟는 것 같은 소리를 내다. 2 (美속어) 먹다.
grit [or clamp, clench] one's teeth ① 이를 갈다. ② 이를 악물고 견디다.
~·less 휑 **~·ter** 몡
grit and góre 몡 근성[담력]과 혈기(guts and blood).
gritch [grit] 몡 (속어) 잔소리, 푸념, 투정; 불평 분자. 재 불평[투정]하다. 〈*gripe+bitch*〉
grits [grits] 몡복 (단·복수 양음) 1 (美) 거칠게 빻은 곡물; (英) 거칠게 간 옥수수, 그 요리. 2 (도로 공사용) 자갈.
grit·stone [grítstòun] 몡 ⓤ = grit 2.
grit·ty [gríti] 휑 1 모래투성이의; 모래와 같은, 껄끄러운. 2 근성[용기] 있는, 대담한. **-ti·ly** 튀 **-ti·ness** 몡
griv·et [grívit] 몡 (동북 아프리카산(産) 긴꼬리원숭이.
griz·zle¹ [grízl] 통 회색으로 하다[되다]. — 몡 회색의. 2 (頭) 회색[반백]의 머리; 회색 [반백]의 가발. 3 (삼색에 흰색[검정색]이 섞인) 얼룩말. 4 (회색의 반을 구워진) 불량 벽돌.
griz·zle² [英구어] 통 (경멸적) 1 (아이 등이) 불평하다, 떼쓰다 (about). 2 비웃다. 3 슬퍼하다, 한탄하다. — 몡 (아이 등이) 투정, 떼쓰기. **-zler** 몡
griz·zled [grízld] 휑 1 백발이 섞인, 반백의. 2 회색의.
griz·zly¹ [grízli] 휑 = grizzled. 몡 = ~ bear.
griz·zly² [grízli] = grisly.
grízzly béar (북미 서부산(産)의 큰 회색곰.
grm. gram(s). **gro.** gross.
‡**groan** [groun] 통 (복) ~s [-z] 1 (슬픔·고통 따위의) 신음 소리, 끙끙거리는 소리. ¶with a ~ 신음하며 / give a ~ of despair 절망하여 신음하다.

〔유의어〕 **groan** 심한 통증·슬픔 따위로 저도 모르게 나오는 짧고 낮은 신음 소리; 발작적으로 격렬한 소리를 낼 때도 있다. **moan** 고통·슬픔 따위 때문에 내는 길고 낮은 신음 소리.

2 (~s) 불평[불만]의 소리; (연설자에 대한) 반대[비난]의 웅성거림. ¶~s of scorn 비웃는 소리. 3 (a ~) (구어) (사람을) 끙끙거리게 하는 것[사람]. 4 (금속·나무 따위의) 끽끽[삐걱]거리는 소리.
— 통 (~ed [-d]) 재 1 (고통·비탄 따위로/…을 보고) 신음하다, 끙끙거리다 (out) (with, in/at). ¶~ with pain 아파서 끙끙거리다. 2 (불만·분노 따위로/…의 일로) 투덜대다, 혀를 차다 (with/about, over); 원하다 (에…를) 찾다, 갈망하다 (for). ¶(~+前+名) The wounded ~ed for medicine. 부상자들은 신음하며 약을 찾았다. 3 신음하는 듯한 소리를 내다; 삐걱거리다. ¶the ~ing wind 윙윙거리는 바람. 4 (비유적) (선반·테이블 따위에) 과도한 짐이 놓이다 (with). ¶a shelf ~ing with books 책이 많이 얹혀 있는 선반. 5 (…에 짓눌려) 끙끙거리다, 번민하다 (beneath, under, with). ¶~ inwardly 남몰래 속태우다, 번민하다 // (~+前+名) ~ beneath one's toil 중노동에 시달리다. — 타 1 …을 끙끙거리며[고통스러운 듯] 말하다 (out); 불만[비난]의 뜻을 나타내다. ¶(~+目+副) ~ out a reply 신음하는 소리로 대답하다. 2 (불평·반대·조소 따위의 웅성거림으로) …을 입다물게 하다 (down). ¶(~+目+副) ~ down a speaker 불평[반대]하는 소리를 질러 연설자의 입을 막다.
~·ing·ly 튀 끙끙거리며, 신음하며.
groan·er [gróunər] 몡 1 끙끙거리는[신음하는] 사람; 불평을 말하는 사람. 2 (속어) 가수; 프로 레슬러; (장례식 따위에) 잠입하는 도둑. 3 진부한 농담, 썰렁한 이야기.
groat [grout] 몡 그로트화(14-17세기경 영국에서 쓰였던 4펜스 은화); 몇 푼 안 되는 돈, 푼돈.
do not care a groat 조금도 개의치 않다.
not worth a groat 한푼의 가치도 없는.
groats [grouts] 몡복 (단·복수 양음) 거칠게 간 밀; 겉겨 없는 귀리[메밀, 보리]. (※ grits 보다 굵다).
groat·y [gróuti] 휑 (美속어) = grody 2.
gro·bi·an [gróubiən] 몡 투박한 시골 사람.
‡**gro·cer** [gróusər] 몡 (복) ~s [-z] 식료품 장수, 식료 잡화상. ¶a ~'s (shop) (英) 식료품점, 식료 잡화점.
grócer's ítch 〔병리〕 식료품상 가려움증(症).
‡**gro·cer·y** [gróusəri] 몡 (복) -cer·ies [-iz] 1 (美) 식료품점, 식료 잡화점 (~ store); (英) grocer's (shop), grocery shop). 2 (-ies) 식료 잡화류 (속어) 식사. 3 ⓤ 식료 잡화 판매업. 4 (美남서부) 바, 술집. 5 ⓒ 식료품의 중요[필요]한 것[일부], 결과.
blow one's groceries (속어) 토하다, 게우다 (vomit).
bring home the groceries (美속어) ① 과업을 완수하다. ② 생활에 필요한 것을 벌다. **~·cer.**
gro·cer·y·man [gróusərimən, -mæn] 몡 = grocer.
gro·ce·te·ri·a [gròusətíəriə] 몡 (美) (셀프 서비스의) 간이 식료품점. 〔<*grocery+cafeteria*〕
grock·le [grákl/grɔ́kl] 몡 (경멸적) 1 (英방언) (영국 중부·북부 지방에서 온) 관광객, 행락객. 2 (英속어) (환영받지 못하는) 외국인, 비회원; 달갑잖은 인물.
gro·dy [gróudi] 휑 (속어) 1 (품질 따위가) 조악(粗惡)한, 열등한, 하등의. 2 메스꺼운, 혐오감(구역질)을 일으키는.
Groe·nen·dael [grúːnəndɑ̀ːl, gróu-] 몡 그루넨달(벨기에산(産)의 양치기 개).
grog [grag/grɔg] 몡 1 그로그주(酒)(물을 탄 술, 특히 럼주). ¶half and half ~ 물을 반 탄 술. 2 (濠구어) 독한 술; (美속어) 마약. — 통 (-gg-) 재 1 그로그주를 마시다; (濠구어) 술을 마시다. — 타 뜨거운 물을 부어 [에 담가] (술통의) 주기를 빼다.

grog blossom (과음으로 생긴) 주부코, 딸기코.
grog·ger·y [grágəri/grɔ́g-] 명 《美》선술집, 목롯집.
grog·gy [grági/grɔ́gi] 형 1 (극도의 피로·충격으로) 비틀거리는, 휘청거리는, 그로기 상태가 된; 술·병 따위 때문에 비틀비틀하는. 2 (집·기둥·테이블의 다리 따위가) 흔들흔들하는; (이가 빠질 듯이) 흔들거리는. 3 《美구어》 술취한. **-gi·ly** 부 **-gi·ness** 명
grog·hound [grɔ́ghàund/grɔ́g-] 명 《美속어》애주가, 주객; (특히) 맥주파(당).
grog·mill [grágmìl/grɔ́g-] 명 《美속어》바, 술집.
grog·ram [grágrəm/grɔ́g-] 명UC 올이 성긴 견 (絹)과 양모를 섞어 짠 직물; 그 제품. 「술집, 바.
grog·shop [grágʃàp/grɔ́gʃɔ̀p] 명 《英》 (싸구려)
groin [grɔin] 명 1 〖해부〗 서혜부(鼠蹊部), 샅; (비유적) 성기(性器), 고환. 2 〖건축〗 궁륭(穹窿); (궁륭을 떠받치는) 능재(肋材). 3 (작은) 방파제(《英》 groyne); 방사제(防砂堤). ── 타 〖건축〗 ∼을 궁륭으로 하다[만들다]; 방파[방사]제를 쌓다.
groin·ing [grɔ́iniŋ] 명UC 〖건축〗 두 개의 궁륭의 교차; 〖집합적〗 교차 궁륭, 십자공(十字栱).
gróin pòint 〖건축〗 궁륭(穹窿)의 교차점.
grok [grɑk/grɔk] 타 (**-kk-**) 《美속어》 마음이 통하다, 친밀하게 되다; 《속어》 (고민 등에 대해) 마음을 열고 대화하다. ── 타 《美속어》 완전히 이해하다.
Gro·lier binding [design] [gróuliər-] 그롤리에식 가죽 장정(가는 금선(金線)을 기하학적 무늬로 만든 장식). (< 프랑스의 애서가 J. Grolier de Servieres (1479–1565)의 이름에서)
GROM [gram/grɔm] 명 〖컴퓨터〗 그래픽용 판독 전용 메모리. [< *graphic read only memory*]
grom·met [grámit/grɔ́m-] 명 1 (가죽·천 따위의 작은 구멍에 대는 금속제의) 쇠고리. 2 〖해사〗 돛을 로프에 매는 밧줄 고리. 3 《美군사》 (모자의) 심.
Gro·my·ko [groumíːkou, grə-] 명 **Andrei Andreevich ∼** 그로미코(1909–89: 옛 소련의 외교관·정치가; 외상(1957–85)).
gronk [graŋk/grɔŋk] 자 〖컴퓨터〗 컴퓨터를 일시적 기능 정지 상태에서 풀어 다시 가동한다. ── 자 (컴퓨터·차 따위가) 고장나다(*out*); (사람이) 지쳐서 움직이지 못하게 되다(*out*). **∼ed** [-t]
groob·y [grúːbi] 형 《속어》 = groovy.
*__**groom**__ [gruːm] 명 1 신랑(bridegroom). ¶ the bride and ∼ 2 마부, 말 시중 담당자. 3 《英》 (왕실의) 궁내관(宮內官). ¶ the G- of the Great Chamber 왕의 침실 담당관. 4 《고어》 종복, 하인. ── 타 1 (수동형·재귀용법으로) (복장 차림을) 단정하게 가다듬다, ∼ one's hair 머리를 손질하다 / be well[badly] ∼ ed 몸단장이 잘 되어[안 되어] 있다. 2 (말·잔디 따위)를 돌보다, 손질하다. 3 (남)을 (요직·선거 따위에) 내세우다, 천거하다(*for, to do*); ⋯이 되도록 훈련하다, 준비시키다(*as*). ¶(∼+목+전+명) be ∼ed *for* a presidential candidate 대통령 후보로 천거되다. **∼·er** 명 「크.
gróom's càke (여러 층으로 쌓은) 결혼식 케이
grooms·man [grúːmzmən] 명 《고어》 신랑 들러리. 〖관〗 best man, bridesmaid
*__**groove**__ [gruːv] 명 1 (목재·금속 따위 표면에 새긴) 홈, 우묵한 곳, (널·검의 홈통; (못통의) 강선(腔線). 2 도랑, 고랑, 바퀴 자국. 3 상투적인 방식[생활]; 관습, 관례, 상도(常道). ¶ the social ∼ 사회 관례. 4 (자기의 능력·취미 따위에) 가장 알맞은 직업[생활·활동 따위]; 적소(適所)(niche). 5 《속어》 취미, 버릇, 18번. ¶ find one's ∼ in advertising 광고업에서 자기의 적성을 발휘하다. 5 《속어》 유쾌한 경험[경험]; 기쁨, 즐거움; (a ∼) 썩 근사한[멋진] 것; 최고조; 재즈의 명연주. 6 (the ∼) 〖야구〗 스트라이크 존의 한복판. 7 〖인쇄〗 활자의 밑바닥의 홈. 「영damn다.
be (stuck) in a groove (구어) 틀에 박힌 생활을

get [or fall, drop] into a groove 틀에 박히다, 버릇이 되다, 천편일률적으로 되다.
get out of the groove 따분한[틀에 박힌] 일상[생활 양식]에서 탈피하다.
in the groove 《속어》 ① 신이 나서, 최상의 컨디션으로; 최고조의, 신나는. ② 최신식의, 유행의. ③ 《美》 재즈를 신나게 연주하여. ④ 〖야구〗 (공이) 스트라이크 존의 한복판을 지나서.
── 타 1 ⋯에 홈을 내다[파다]; (레코드)에 녹음하다. 2 ⋯을 홈에 넣다[끼우다]. 3 《남》 (음악)을 신나게 연주하다. ── 자 1 틀에 박히다 (*into*); 관례하다; (⋯에) 죽치고 앉다(*into*). 2 《속어》 즐기다; (재즈 연주를) 듣다[하다 (*behind, on*); 의기 죽[마음]이 맞다(*together*); 진보하다, 나아가다. 3 홈이 *groove it* 《속어》 즐기다, 즐겁게 지내다. 「생기다.
groove with 《속어》 ⋯을 좋아하다; ⋯와 잘 지내다.
grooved [gruːvd] 형 홈이 파진[있는].
groov·er [grúːvər] 명 홈을 파는 사람; 《속어》 멋있는[근사한] 녀석.
gróov·ing plàne [grúːviŋ-] 홈 파는 대패.
gróoving sàw 홈 파는 톱.
groov·y [grúːvi] 형 1 홈의[같은]; 《속어》 틀에 박힌, 상투적인, 천편일률적인. 2 《속어》 멋진, 근사한, 매력적인. 3 《美속어》 (재즈 따위의) 연주가 신바람나는. 4 《美속어》 유행이 지난, 한물 간; 사정에 밝은; 술취한. **gróov·i·ly** 부 **gróov·i·ness** 명
*__**grope**__ [group] 자타 1 손으로 더듬다; 손으로 더듬어 (⋯을) 찾다[나아가다](*about, around*) (*for, after*); ¶ (∼+전+명) ∼ *around* in the darkness 어둠 속을 여기저기 손으로 더듬고 다니다 // (∼+전+명) ∼ *for* the knob in the dark 어둠 속을 손으로 더듬어 손잡이를 찾다. 2 (비밀 따위를) 무턱대고 캐다, (암중) 모색하다 (*for, after*). 《속어》 (여성의) 몸을 더듬다, 애무하다 ── 타 1 ⋯을 손으로 더듬어 찾다, 모색하다. 2 《속어》 (여자의) 몸을 애무하다[더듬다]. 「중 모색하다.
grope one's way ① 손으로 더듬어 나아가다. ② 암
── 명 1 손으로 더듬기; 모색. 2 《속어》 성적 애무.
gróp·er 명
grop·ing [gróupiŋ] 형 손으로 더듬는, 암중 모색하는; (행동이) 믿음직하지 못한, 망설이는. **∼·ly** 부
Gro·pi·us [gróupiəs] 명 **Walter ∼** 그로피우스 (1883–1969: 독일계의 건축가; Bauhaus 설립).
gros·beak [gróusbìːk] 명 〖조류〗 원추형의 크고 튼튼한 부리를 가진 새의 총칭. [<F]
gro·schen [gróuʃən] 명 (복 ∼) 그로셴. 1 옛날 독일 은화. 2 (現) 오늘날 니켈화(10 pfennig에 해당). 3 오스트리아의 통화 단위(1/100 schilling에 해당). [<G]
gros·grain [gróugrèin] 명UC 그로그램(비단 또는 인조견으로 이랑 무늬 지게 짠 천). 그 리본. [<F]
‡**gross** [grous] 형 (**∼·er; ∼·est**) 1 〖한정용법〗 총체 [총계]의, 총⋯의, 전체[전부]의; (소득·매상고 따위가) 경비 따위를 공제하지 않은(순(純) 무게가) 포장품을 포함한(함 net). ⇨ WHOLE 〖유의어〗 ¶ (the) ∼ sales 총매상고 / ∼ error 〖수학〗 오차의 총계. 2 〖한정용법〗 (잘못·오해 따위가) 심한, 엄청난, 지독한. ¶ make a ∼ mistake 엄청난 잘못을 범하다 / make a ∼ insult 심하게 모욕하다. 3 《문어》 (사람·언동 등이) 거친; 천한, 상스러운, 저속한, 촌스러운; 난잡한, 음탕한; 무지한, 야만적이다. ¶ a ∼ taste[word] 상스러운 취미[말] / a ∼ joke 음탕한 농담. 4 큰: 부피가 큰, 두꺼운; 건장한; (경멸적) 뚱뚱한, 비대한. ¶ ∼ features (유달리) 큼직큼직한 이목구비의 / a ∼ stalk 굵은 줄기 / a ∼ woman 뚱뚱한 여자. 5 (식물이) 울창한, 무성한; (안개·액체 따위가) 짙은, 진한. ¶ the ∼ vegetation 무성한 식물[초목] / a ∼ fog 짙은 안개, 농무(濃霧). 6 총체적인, 대체적인, 개략의. ¶ a ∼ overview of a question 문제의 개관. 7 알갱이가 굵은, (직물 따위가) 결이 거친. 8 (먹는 것이) 변변치 않은, 거친, 조잡한. ¶ ∼ food 조식(粗食). 9 (감각이) 둔한, 무딘; 우둔

한.¶a ~ ear 무딘 귀. 10 《美속어》 불쾌한, 기분 나쁜.
── 쥉 1 a) (못 ~(-es)) (공제 없는) 총체(₩ net); (the
~) 총계, 총수입.¶a ~ of $200 총계 200달러. b) (못
~-es) (페어) 본체, 대부분; (군대 등의) 본대(本隊) 총
량, 총액. 2 (못 ~) 〔상업〕 그로스(수량의 단위; 12다
스, 144개; @ gro., gr.).¶a great ~ 12그로스,
1,728개/a small ~ 10다스, 120개. 3 〔골프〕 그로스
(핸디캡을 빼기 전의 총 타수)(⑦ net).

by the gross ① 그로스 단위로. ② 전체로; 한데 모
아서. ③ 대량으로; 도매로.¶sell [buy] goods *by the*
~ 도매로 물건을 팔다[사다].

in gross ① 〔법률〕 (권리가) 인적인, 인신 부속의. ②
= *in the gross* (1). ③ 〔고어〕 = *by the gross*.

in the gross ① 〔고어〕 대개, 전체적으로, 통틀어. ②
= *by the gross*.

── 튑 (~*es* [-iz]) 〔경비 따위를 공제하지 않고〕
…의 총수익을 올리다, 총계 …을 벌다.

gross out (美속어) ① 〔남〕을 (상스러운 언동으로) 화
나게 하다, 욕보이다. ② 〔남〕에게 충격을 주다.

gross up (英) (종종 수동형으로) (순익)을 공제하였
~-ly 튑 ~-ness 튑   └액수로 늘리다.

gróss áverage 튑 〔보험〕 =general average.

gróss doméstic próduct 튑 〔경제〕 국내 총생
산(GNP에서 해외로부터의 순소득을 공제한 것; @
GDP), ⑦ GNP

gross·er [gróus∂r] 튑 〔구어〕 (형용사와 함께) (영
화·연극 흥행 따위) 막대한 이익을 내는 사람[것, 영화,
음반 따위].¶a big ~ 대인기 작[수입].

gróss íncome [révenue] 튑 〔경비 공제 전의〕

gróss márgin 튑 〔회계〕 매상 총수익[이익], 조(粗)
이익(순매출고에서 매상 원가를 뺀 액수). ⑦ GNE).

gróss nátional expénditure 튑 국민 총지출

gróss nátional próduct 튑 〔경제〕 국민 총생산
(⑦ GNP, G.N.P.), ⑦ net national product

gross-out [⁃àut] 튑 〔美속어〕 메슥거리게 〔지겹게〕
하는 〔것〕 사람, 정황〕).   〔스타.

gróss pláyer 튑 〔속어〕 (흥행을 보증하는) 거물〔거물

gróss próceeds [sáles] 튑뵧 총매출액[매상고].

gróss prófit 튑 〔회계〕 =gross margin.   〔ton〕.

gróss tón 튑 영(英)톤, 2,240파운드; 1,016kg) (long

gróss tónnage 튑 〔해사〕 (선박의) 총톤수.

gróss wéight 튑 (포장 따위를 포함한) 총중량.

grosz [grɔːʃ] 튑 (~y [‐ʃi]) 그로시(폴란드
의 화폐 단위; 100분의 1 즐로티(zloty)) 1그로시 청동
화.

grot [grat/grɔt] 튑 〔문어〕 =grotto.   〔화.

***gro·tesque** [groutésk] 튑 1 〔미술·문학〕 그로테스
크풍(風)(양식)의, 괴기주의의(怪奇主義)의. 2 기괴
한, 괴상한, 기묘한, 그로테스크한.¶a ~ monster 기
괴한 괴물. 3 우스꽝스런, 어처구니 없는.¶a ~
mistake 어처구니 없는 잘못. ── 튑 1 (the ~) a) 〔미
술〕 그로테스크풍 무늬(장식). b) 〔문학〕 그로테스크풍,
괴기주의. 2 괴기적인 것[사람]; 그로테스크한 작품.
3 〔인쇄〕 =sans serif. ~-ly 튑 ~-ness 튑

gro·tes·quer·y [groutéskəri] 튑ⓒU 기괴〔그로테
스크]한 성질〔것]; 그로테스크한 무늬, 그로테스크 양식
〔의 작품〕. (또는 **grotesquerie**)

Gro·ti·us [gróuʃiəs] 튑 **Hugo** ── 그로티우스
(1583‐1645; 네덜란드의 법학자·정치가; 국제법의 아
버지). **Gro·tian** [gróuʃən/-/‐n] 튑

grot·to [grátou/grɔ́t‐] 튑 (⁓ ~(e)s) (작은) 굴, 동
굴; (피서용 따위의 인공적) 바위굴, 석굴.

grot·ty [gráti/grɔ́ti] 튑 〔속어〕 1 불쾌한, 기분이 나
쁜; 더러운. 2 〔질(質)·상태 따위가〕 초라한, 도움이 안
되는, 쓸모없는. (또는 **groady, groddy**) **‐ti·ness** 튑

grouch [graut] 튑 〔구어〕튑튑 시무룩해지다, 토라지
다; 불평하다(*about*). ── 튑 1 (a ~, the ~) 시무룩
함; 불평. 2 토라진[시무룩한] 사람; 불평 분자.

gróuch bàg 튑 《美속어》 (비상금을 넣어두는) 소형
가방[지갑]; 숨겨 놓은 돈.

grouch·y [gráutʃi] 튑 (불만으로) 시무룩해진, 토라
진, 뾰로통한; 곧잘 화를 내는.
gróuch·i·ly 튑 **gróuch·i·ness** 튑

‡**ground¹** [graund] 튑 (~s [-z]) 1 U (종종 the
~) 지면, 땅(바닥), 지표.¶in [on] the ~ 땅 속[바닥]에/
deep under the ~ 땅속 깊숙이.

2 U (종종 the ~) 흙, 땅, 토양; 토지.¶fruits of the
~ 땅의 산물/a small piece of ~ 조그마한 토지/
fertile ~ 비옥한 땅/till the ~ 농사를 짓다.

3 (종종 ~s) 〔복합어로〕 (특정) 장소, …장(場), …지
(地); 운동장, 그라운드.¶a holy ~ 성역/baseball ~s
야구장/a fishing [hunting] ~ 어장[사냥터]/picnic
[camping] ~s 행락지[야영지].

4 (~s) 〔복수취급〕 (집 둘레의) 정원, 마당; 부지, 구
내.¶well-kept ~s 잘 가꾸어진 정원/one's house and
~s 집과 대지/on college ~s 대학 구내에서.

5 U (종종 ~s) 근거, 논거; 이유, 원인 (*for, of*). ⇨
REASON 유의어 ¶on public[religious] ~s 공공적[종
교적] 이유에 입각해서/good ~s *for* believing it 그것
을 믿을 만한 충분한 근거.

6 ⓒU 입장, 지반; 견지, 견해, 주장.¶ middle ~ 중립
의 입장/on common ~ 공통의 입장에서, (견해 따위
가) 일치하여. 7 U (연구 등의) 분야, 영역, 범위; (토론
의) 제목, 화제, 문제.¶Let us go over the ~ again.
다시 그 문제로 돌아가자/forbidden ~ 금지된 화제. 8
기초, 근원, 대본(大本), 전제(*of*).¶God is the ~ *of*
all beings. 신은 만물의 근원이다. 9 U (강이) 해저,
수저(水底); (어장의) 얕은 여울; 〔상업〕 (선박의) 입항
세, 정박료(groundage). 10 (그림·장식품·레이스·직물
따위의) 바탕, 밑바탕, 바탕색; (페인트의) 밑칠; (예컨
대) 바탕칠.¶a gold design on a light-green ~ 엷은
녹색 바탕에 금색의 무늬. 11 (~s) 〔복수취급〕 찌꺼기,
커피의 찌꺼기(coffee ~). 12 U 〔美〕 〔전기〕 어스,
접지(接地)(〔英〕 earth). 13 〔음악〕 =~ bass. 14 〔채광〕
모암(母岩). 15 마루; (극장의) 1층 관람석(pit).

above (the) ground ① 지상에. ② 살아서(alive);
죽었으나 아직 매장되지 않은.

beat a thing ***into the ground*** (美속어) …을 의론
에 치우쳐 망쳐놓다.   〔시 논의하다.

beat over the old ground 토의가 끝난 문제를 다

beat to the ground 완패하여; 기진맥진하여.

below [or ***under***] ***ground*** 죽어서, 지하에 묻혀.

bite the ground =*bite the DUST*.

break fresh [or ***new***] ***ground*** 처녀지에 삽질을 하
다, 개간하다; 새 분야[신천지]를 개척하다.

break ground ⇒ BREAK.   〔다.

bring…to the ground …을 쓰러뜨리다; 멸망시키

burn [or ***be burnt***] ***to the ground*** 잿더미가 되
다, 전소(全燒)하다.

change one's ***ground*** =*shift one's ground*.

come [or ***go***] ***to the ground*** 지다, 몰락하다.

cover [or ***go over***] ***old ground*** 이미 알려진 문제
를 다루다; 진부한 이야기[옛 강의]를 되풀이하다.

cover (the) ground ① (어떤 거리를) 가다, 답파하
다; 여행하다. ② (일·연구 따위에) 어느 정도 진척
[진전]되다. ③ (연구·강의 따위가) (어떤 범위에) 걸쳐
다[미치다]; (특정 문제를) 상세[철저]하게 논하다. ④
〔야구〕 (선수가) 수비 범위가 넓다.

cut the ground (out) from under a person;
cut [or ***dig, sweep***] ***the ground from under***
a person's feet 남을 논파하다; 남의 의표를 찌르
다, 따돌리다; 선수를 쳐서 남의 계획을 곤란케 하다.

dash…to the ground …을 땅바닥에 내동댕이
치다. ② (계획 따위)를 분쇄하다, 실패로 끝나게 하다.

down to the ground ⇒ DOWN¹.

fall on stony ground (말·충고 따위가) 무시되다;
〔성서〕 열매를 맺지 않다, 효과가 없다.

fall to the ground ① (계획 따위가) 실패로 돌아가다, 소용 없게 되다. ② (희망 따위가) 사라지다. ③ 땅에 쓰러지다.
from the ground up ① 밑바닥에서부터 끝까지, 처음부터 다시 시작하여. ② 완전히, 철저하게.
gain [or ***gather***] ***ground*** ① 전진하다, 적을 후퇴시키다. (…을) 따라잡다(*on*). ⓣ 성공하다; 진보하다. (병자가) 좋아지다. ③ 지지(인기, 힘)을 얻다.
get ground of ① …을 침식하다. ② …에 이기다, …보다 우위에 서다. ③ …을 떼어놓다; …에 접근하다, …을 따라잡다.
get off the ground ① 이륙하다. ② (구어) (일이) 잘 시작되다. ③ (계획 따위를) 실행에 옮기다, 계획대로 궤도에 올리다.
give [or ***yield***] ***ground*** 굴복하다, 지다(*to*); 물러나다.
go [or ***run***] ***to ground*** ① (여우 따위가) 굴 속으로 도망치다. ② 남의 눈을 피해 살다; (범인 등이) 몸을 숨기다.
go to the ground =*come to the ground*.
happy hunting ground ① (a ~) 갖고 싶은 것이 가득히 있는 장소. ② (the ~) 천국.¶go to the *happy hunting* ~(s) (익살) 죽다.
have [or ***keep***] ***one's feet on the ground*** ⇨FOOT.
hold [or ***keep, maintain***] ***one's ground*** 자기의 입장(의견)을 고수하다; 한 발도 물러나지 않다, 꿈쩍도 않다, 요지 부동이다(*against*); 강세를 보이다.
into the ground 필요 이상으로; 쓰러질 때까지, 못 쓰게 되도록.
kiss the ground ① (회교도 등이) 땅에 입맞추다, 납작 엎드리다, 몸을 굽히고 머리를 조아리다. ② 타도되어 쓰러지다. ③ 굴욕을 맛보다.
lay [or ***prepare***] ***the ground for*** …의(을 위한) 사전 준비[정리 작업]를 하다.
lose ground ① 후퇴[퇴각]하다. ② (건강 따위가) 나빠지다. ③ 지지[인기, 세력, 진지]를 잃다; 약세를 보이다. ④ (…에게) 지다, 패배하다(*to*). 〔다(*on*).
make (***up***) ***ground*** 전진(만회)하다; (…을) 따라잡
mop [or ***wipe***] (***up***) ***the ground*** [or ***floor***] ***with*** *a person* (속어) …을 완전히 압도하다, 해치우다.
off the ground (일이) 진행중인. ② 비행중인.
on delicate [***shaky***] ***ground*** 미묘(불확실)한 입장 [상황]에서. 〔명확한 사실[증거]이 뒷받침되는.
on firm [or ***solid***] ***ground*** 확고한 입장(상황)에서;
on home ground 잘 아는 영역(문제)에서.
on one's own ground 잘 알고 있는 장소(장면, 상황)에서, 본고장에서, 전문[전공] 분야에서.
on the ground ① 현장[즉석]에서; 일에 착수하여. ② (비행기가) 정비중인. ③ 결투를 해서.
on the ground of [or ***that...***]; ***on*** (***the***) ***grounds of*** [or ***that...***] …의 이유로, 을 구실[핑계]로.
run [or ***work***] ***...into the ground*** ① (행위 따위) 를 지나치게[필요 이상으로] 하다. ② (힘든 일을 맡아서) (남)을 녹초가 되게 하다; (지나치게 써서) (물건)을 못 쓰게 만들다. ③ (남)을 완패시키다, 압승하다.
run to ground = *go to ground*; =*run to* EARTH.
shift one's ground (토론·상황 따위에서) 주장(입장, 의견, 의도)을 바꾸다, 변절하다.
stand one's ground =*hold one's ground*.
suit *a person* (***down***) ***to the ground*** (구어) (옷·기후 따위가) (남)에게 꼭[잘] 맞다[어울리다].
take (***the***) ***ground*** (해사) (배가) 좌초하다, 암초에 부딪히다, 얕은 곳에 얹히다.
take the ground that …라는 입장을 취하다, 의견을 갖다. 〔[드문].
thick [***thin***] ***on the ground*** 많은[많지 않은, 드문
touch ground ① (토론이) 본론에 들어가다; 현실 문제를 다루다. ② =*take* (*the*) *ground*.
wipe the ground with …을 따끔하게 혼내[야단쳐]

얼굴을 못들게 하다.
wish [or ***hope***] ***that the ground would*** (***open and***) ***swallow*** *one* 쥐구멍에라도 들어가고 싶다.
worship the ground *a person* ***walks on*** 남을 열렬히 사랑하다, 남에게 열을 올리다.
— 형 1 지상의[에 있는; (동물이) 지상[동물]에 사는. (식물이) 지면을 기는[뒤덮는]; (군사) 지상(전투용)의. 2 기초[기본, 근본]의.¶~ principles 근본 원리.
— 동 (~s [-z]) 타 1 …의 기초[근거, 논거]를 (…에) 두다(*on*, *in*).¶morals and ethics ~ed on religion 신앙에 기초한 도덕과 윤리. 2 (보통 수동형으로) …에게 (…의 기초를) 단단히 가르치다(*in*). ¶(~+图+쩐+ 명) ~ a pupil *in* geometry 학생에게 기하의 기초를 단단히 가르치다/He is well[ill] ~ed *in* English. 그는 영어의 기초가 단단하다[단단하지 않다]. 3 …을 지면 [땅위, 지면]에 놓다, 쓰러뜨리다; (수동형으로) (항공기가) 비행 중지되다, 착륙하다; (구어) (조종사)를 지상 근무로 하다, 비행 근무를 해제하다; (악천후 따위가) (비행기)의 이륙을 막다.¶~ one's opponent 상대를 때려 눕히다 / The plane was ~ed because of the bad weather. 악천후 때문에 이륙하기 못했다. 4 (해사) (배)를 좌초시키다; (닻)을 내리다. 5 (구어) (아이)를 (벌로) 외출 금지시키다; (경기자)를 출장 금지시키다; (면허 정지로) (운전자)를 운전 금지시키다. 6 (그림·장식품 따위의) 바탕 색칠을 하다, …에 밑칠하다. 7 (전기) …을 접지[어스]시키다. 8 (미식축구) (볼)을 고의로 지면에 떨어뜨리다. — 자 1 지상에 떨어지다[닿다]; (비행기가) 착륙하다. 2 (배가) 얕은 여울에 걸리다, 좌초하다. 3 (…에) 의거하다, 입각하다(*on*, *upon*). 4 (야구) a) 땅볼을 치다. b) =*ground out*.
ground arms (항복의 표시로) 무기를 땅에 놓다; 항
ground out 내야 땅볼을 치고 아웃되다. 〔복하다.
~·a·ble 형 ~·a·bly, ~·ed·ly 부 ~·ed·ness 명
ground² 图 grind의 과거·과거분사. — 형 1 가루로 빻은; 간. ¶~ coffee 분말 커피 / ~ meat 간 고기. 2 (유리 따위를) 간, 연마한; 갈아서 꺼칠꺼칠하게 한.

ground·age [gráundidʒ] 명 ⓤ (英) (배의) 정박(입항)료(料)[세(稅)].
ground alért 명 (군사) (전투기·파일럿의) 지상[비상] 대기; 지상 대기중인 항공기.
gróund ángling 명 바다 낚시. 〔만든 지팡이.
gróund ásh 명 서양물푸레의 어린 나무; 그것으로
gróund báit 명 (물고기를 모이게 하는) 뿌리는 미끼, 밑밥. **gróund-báit** 타 …에 밑밥을 뿌리다.
gróund báll 명 (야구·크리켓) =grounder.
gróund báss 명 (음악) 기본적 저음, 기초 저음.
gróund béam 명 (건축) 1 바닥보. 2 =groundsill.
gróund béetle 명 (곤충) 딱정벌레.
ground·bird [gráundbə̀ːrd] 명 (오스트레일리아 지방의) 연작(燕雀)류의 새; 지면에 둥우리를 짓는 새.
gróund bíscuit 명 (美俗) 팔매질에 알맞은 돌.
gróund bòx 명 (화단 따위의 가장자리에) 회양목.
ground·break·er [gráundbrèikər] 명 창시(개척)자; (발전·개량을 가져오는) 독창적 아이디어[제품].
gróund-bréak·ing [gráundbrèikiŋ] 명 ⓤ (건축) 기공(起工)(식). 형 기공식의; 창시의, 혁신적인.
gróund chèrry 명 (미국산(産)) 꽈리류(類).
gróund clòth 명 1 (美) =groundsheet. 2 무대를 덮는 캔버스.
gróund còlor 명 1 페인트[도료]의 밑칠. (또는 **gróund còat**) 2 (유화·장식 따위의) 바탕색.
gróund connéction 명 (전기) 접지(어스) 접속.
gróund contról 명 (항공) (항공기·우주선 따위의) 지상 관제(시설). **gróund contróller** 명
gróund-con·tról(**led**) **appróach** [-kən-tróul(d)-] 명 (항공) (레이더에 의한) 착륙 유도[관제], 지상 유도 착륙 (방식)(略 GCA).
gróund-controlled intercéption 명 (군사)

(야간·악천후 때의) 지상 관제 (적기) 요격(⑧ GCI).
gróund cóver 명 (집합적) (이끼·양치류 따위) 지면을 뒤덮는 식물[목본], 지피(地被) 식물.
gróund crèw 명 (집합적) (비행장의) 지상 근무원, 정비원(英) ground staff). 「(檢漏器).
gróund detèctor 명 (전기) 누전 검사기, 검루기
gróund-ed [gráundid] 형 1 (복합어로) 기초를 둔, 근거가 있는. ¶ a well-~ suspicion 근거가 충분한 혐의. 2 (속어) 외출이 금지된, 근신 처분을 받은. ~·ly 부
gróund effèct 명 지면[지표] 효과(지표상에서 고속 자동차·비행기에 가해지는 부력(浮力)[상승력]).
gróund-efˈfect machine [-ifèkt-] 명 (항공) 지면 효과기(效果機), 호버크라프트(hovercraft)(⑧ GEM).
gróund-er [gráundər] 명 (야구·크리켓) 땅볼.
gróund fir 명 = ground pine 1.   「포화.
gróund fíre [gráundfàiər] 명 (군사) 지상[대공]
gróund fish 명 해저에 사는 물고기(bottom fish).
gróund·fishˈing [gráundfìʃiŋ] 명ⓤ 바닥 낚시.
gróund flóor 명 (the ~) 1 (英) (건물의) 1층((美) first floor). 2 (구어) (사업 따위의) 제일보; (사업·거래 등에서) 유리한 입장[관계]; (속어) (사업 따위의) 최저 수준.
get [or *come, be let*] *in on the ground floor* (사업에서) 발기인과 동일 자격[조건]으로 주식을 취득하다; 처음부터 관여하여 유리한 지위를 차지하다.
gróund fòg 명 땅 안개.
gróund fórces 명(복) (군사) 지상군, 육상 부대.
gróund fròst 명 1 지표(地表)의 서리. 2 (英) 농작물에 해를 주는 냉기[동결(凍結)] 상태.   「사냥감.
gróund gàme 명 (英) (집합적) (토끼 따위의) 짐승
gróund gláss 명 1 (광학) 젖빛 유리; 불투명 유리. 2 유리 가루.   「(産).
gróund hèmlock 명 (식물) 캐나다 주목(북미 동부
ground·hog [gráundhɔ̀g/-hɔ̀g] 명 1 (동물) = woodchuck. (또는 **gróund hòg**) 2 (美속어) (열차의) 제동수(制動手).
Gróundhog Dày 명 (美) 성촉절(聖燭節)(Candlemas)(2월 2일; 우리의 「경칩(驚蟄)」에 해당).
gróund íce 명 물밑 얼음; 지표(地表)를 덮은 살얼음.
gróund·ing [gráundiŋ] 명ⓤⓒ 1 (a ~) 기초 지식의 교수; 기초 학력; 기초 공사(*in*). ¶ have a good ~ *in* English 영어의 기초가 튼튼하다. 2 밑칠, (염료 따위의) 바탕(색). 3 (전기) 어스[접지] (공사). 4 (해사) 좌초; (검사·수선을 위해) 배를 물으로 끌어올리기. 5 비행[운전] 금지; 출장[외출] 금지. 6 (미식축구) 그라운딩.
gróund ívy 명 (식물) 적설초(꿀풀과(科)의 다년초).
gróund·keepˈer [gráundkìːpər] 명 = groundskeeper.   「택지의 지주.
gróund lándlord 명 (英) 집터를 임대하는 사람.
gróund-láunched [-lɔ́ːntʃt] 형 (미사일 따위가) 지상 발사의. ¶ a ~ missile 지상 발사 미사일.
gróund-láunched crúise missile 명 (군사) 지상 발사 순항 미사일(⑧ GLCM). (또는 **Glickum**)
ground·less [gráundlis] 형 근거[이유, 까닭] 없는, 사실 무근의. ¶ ~ fears [rumors] 근거 없는 공포[사실 무근의 소문]. ~·ly 부 ~·ness 명
gróund lével 명 1 1층. 2 (회사 따위의) 지위가 가장 낮은 사람. 2 (물리) = ground state.
ground·ling [gráundliŋ] 명 1 지상[지표 가까이]에서 사는 동물[자라는 식물]. 2 물 밑바닥에 사는 물고기 (미꾸라지 따위). 3 a) 취미가 저급한 사람[관객, 독자]; 교양이 없는 사람. b) (엘리자베스조(朝) 시대의 극장에서) 하등석 관객(바닥에 서서 관람). 4 지상 근무자.
gróund lóg 명 (해사) 측연(測鉛)(배가 바다에서 배의 속도·조류의 세기를 측정하는 기구). 「(異称) 선회.
gróund lòop 명 (항공) (이착륙 때의 급격한) 이상
ground·man [gráundmən, -mæ̀n] 명 (복) -**men** 1 = groundskeeper. 2 = (英) groundsman.
기계공. 3 (광산) (노천굴에서) 토사[재를] 나르는 작업원; (지하 광산의) 갱도 굴진 작업원.
gróund márker 명 (항공) 조명탄.
gróund·mass [gráundmæ̀s] 명 (암석) 석기(石
gróund nòte 명 (음악) 으뜸음.   「基), 기질(基質).
gróund·nut [gráundnʌ̀t] 명 먹을 수 있는 덩이줄기[덩이뿌리]가 있는 식물; (英) 땅콩.
gróundnut schème 명 (英) 비용만 들이고 결국 실패로 끝난 계획.   「나무의 일종.
gróund óak 명 (식물) 어린 오크나무; 개곽향속(屬)
gróund operàtion 명 (군사) 지상 작전.
ground·out [gráundàut] 명 (야구) 내야 땅볼 아웃.
gróund píne 명 (식물) 1 비늘석송. 2 자난.
gróund plàn 명 1 (건축) (건물의) 평면도. 2 기본 계획, 기초안, 밑그림; 개요.
gróund plàne 명 1 (투시 화법의) 기준 평면, 기평면(基平面). 2 (전기) = ground plate 1.
gróund pláte 명 1 (전기) 접지[어스]판(板). 2 (건축) = groundsill. 3 (철도) (침목을 버티는) 바탕 철판.
ground·plot [gráundplɑ̀t/-plɔ̀t] 명 1 평면도. 2 (항공) 그라운드플롯(비행 위치 측정법의 일종).
gróund pollùtion 명 (유독 화학 폐기물에 의한) 토양 오염; (땅 속 폐기물에 의한) 환경 오염.
gróund·prox [gráundprɑ̀ks/-prɔ̀ks] 명 (항공) 대지(對地) 접근 경보 장치(⑧ GPWS).
[<ground proximity warning system]
gróund rátions 명 (美속어) 성행위.
gróund ráy 명 (통신) = ground wave.
gróund rént 명 (英) 지대(地代), 차지료(借地料).
gróund róbin 명 = towhee.   「은다리 파랑새.
gróund róller 명 파랑새, (Madagascar 섬산(産)) 짧
gróund rúle 명 1 (스포츠) 구장 사정에 따라 정해진 규칙. 2 (보통 ~s) 행동 원리, 기본 원칙. 「2루타.
gróund rúle dòuble 명 (야구) 구장 규칙에 따른
gróund rùn 명 (착륙시의) 활주거리.
gróund séa 명 = groundswell.
ground·sel[1] [gráundsəl] 명 (식물) 개쑥갓.
ground·sel[2] 명 (건축) = groundsill.
gróund·sheet [gráundʃìːt] 명 (천막 안에 까는) 방수포[깔개](美) ground cloth).   「대, 지대(地臺).
gróund·sill [gráundsìl] 명 (건축) 지대재(材), 토
grounds·keepˈer [gráundzkìːpər] 명 1 (공원·토지 따위의) 관리인. 2 (야구장 따위의) 관리인, 정비원. **gróunds-kèepˈing** 명
grounds·man [gráundzmən] 명 (복) -**men** [-mən] = groundskeeper; (英) = groundman.
gróund·speed [gráundspìːd] 명ⓤⓒ (비행기의) 대지(對地) 속도. ⓒ airspeed (또는 **gróund spéed**)
gróund squírrel 명 (북미산(産)) 얼룩다람쥐, 땅에 사는 다람쥐(spermophile).
gróund stáff 명 (英) (집합적; 단·복수 양용) 1 (경기장의) 정비원. 2 = ground crew. 「를 가진 상태).
gróund stàte 명 (물리) 기저(基底) 상태(최저 에너지
gróund stàtion 명 (항공·우주) (우주선 따위를 추적하는) 지상국(局)(earth station).
ground-strafe [-stréif] 자태 = strafe.
gróund stráfˈing [-stréifiŋ] 명 (군사) (비행기에 의한) 지상 소사(地上掃射), 기총 소사.
gróund strókè 명 (스포츠) 그라운드 스트로크(테니스 따위에서 공이 바운드한 후에 치기). ⓒ volley 3
gróund·swell [gráundswèl] 명 1 (폭풍·지진 따위의) 큰 파도, 여파(餘波); (보통 a ~) (여론 따위의) 고조, 들끓음. (또는 **gróund swéll**)
gróund táckle 명 (닻·밧줄 따위의) 정박 용구.
gróund-to-áir [-tuːɛ́ər] 형태 (군사) 지대공의[으로](surface-to-air). ¶ ~ missiles 지대공 미사일.
gróund-to-gróund [-təgráund] 형태 (군사) 지대지의[로]. ─ 명 지대지 미사일.

gróund tráck 圖 〔항공·우주〕 지적선(地跡線)(항적의 지표면(地表面)에 대한 투영선).

ground truth 圖 (공중 탐사 결과를 보완하기 위한) 「지상 실측 정보.

ground·wa·ter [ɡráundwɔ̀:tər] 圖Ⓤ 지하수; (광업) 갱내수. (또는 **gróund wáter**) —圖 지하수의. ¶ a ~ table 지하수맥도 / ~ contamination 지하수 오염.

gróundwater lèvel 圖 1 = water table 1. 2 지하수위(지하수면의 해발 고도).

ground wàve 圖 〔통신〕 지상파(地上波).

ground wire 圖 접지[어스]선(英 earth wire).

ground·work [ɡráundwɔ̀:rk] 圖Ⓤ 1 토대, 제1단계, 기초 (공사) 2 (비유적) 기초, 근저(⇒BASE 동의어); 근본 원리. 2 (자수·그림 따위의) 바탕(바). 3 (드물게) 주성분. ¶ lay the groundwork for … 의 기초를 놓다[쌓다].「터를 닦다.

gróund zéro 圖 1 〔군사〕 제로 지점, 폭심지(爆心地)(원수폭 폭발의 바로 아래[위]의 지면[수면]). 2 (비유적) 활발한 활동[급격한 변화의 중심[기점]; 〔구어〕 가장 초보 단계. 3 (G-Z-) 〔美〕 반핵(反核) 운동 조직.

‡**group** [ɡru:p] 圖 1 모임, 떼, 무리, 집단, 그룹; (a ~ of + 복수명사) 〔단·복수 양음〕 (사람·물건 등의) 일단, 한 떼. ¶ a ~ of boys or them of boys / fall into two ~s 두 무리로 나뉘다. 2 (복합어로) a) (목적·이익 따위를 같이하는 사람의) 무리, 단체, 파, 분파, 동호회, 서클; (자본 계열이 같은) 기업 그룹. ¶ a religious ~ 종교 단체 / the drastic ~ 강경파, 매파(派). b) (노래나 춤 따위의) 그룹, 팝 그룹 등의 연예인. 3 〔화학〕 기(基), 원자단(團): (주기표의) 족(族): 속(屬)(금속 이온 그룹). ¶ the hydroxyl ~ 수산기. 4 〔美공군〕 전투군(群)(부대 단위); 〔美空軍〕 항공군(群)(wing과 squadron의 중간); 〔英공군〕 비행 연대. 5 〔언어〕 a) 어단(語團)(어족(language family)·어파(branch)의 하위 구분). b) (지리적 기준·계통 등에 의해 분류된) 언어군(群). 6 〔지질〕 층군(層群); 계(界). 7 〔음악〕 (오케스트라의) 섹션, 파트; 팝그룹(pop ~). 8 〔미술〕 (구도의 한 단위를 구성하는 사람 또는 사물의) 군상(群像). 9 〔수학〕 군(群)(추상 대수학의 기본 개념의 하나). 10 〔문법〕〔英〕 어군, 구(句). 11 〔생물〕 분류군(群); 혈액형(blood ~). 12 〔컴퓨터〕 집단, 그룹. ¶ *in a group* 한 무리를 이루어. *in groups* 떼를 지어, 삼삼오오.
—圖 (~ed [-t]) 타 1 …을 집단[무리]으로 만들다, 그러모으다(together); …을 (…과) 함께 하다(with). 2 …을 (…으로) 분류하다, 무리로 나누다; …을 혈액형으로 나누다(into); …을 (빛깔·모양 따위로) 조화있게 배열하다. —재 1 집단[무리]이 되다, 떼짓다(together); (…의 둘레에) 모이다(around, round). 2 (…와 따위의) 일원[일부]이 되다; (…와) 조화를 이루다(with). ¶ The tower ~s well with the trees. 그 탑은 나무들과 잘 어울린다.
—圖 (한정용법) 집단[단체]의; 〔문법〕 어군으로 이루어지는.

∠·a·ble 圖.

group·age [ɡrú:pidʒ] 圖 그룹화(化)[분류]; 〔운송〕 혼재 수송, 혼재 화물 취급.「행 대장(美) colonel).

gróup cáptain 圖 (종종 G-C-) 〔英〕 공군 대령, 비

gróup dynámics 圖〔단수취급〕 집단 역학(경험적 사회학의 한 부문).「어.

group·er¹ [ɡrú:pər] 圖 〔어류〕 농어과(科)의 식용

group·er² 圖 1 단체 여행단의 일원. 2 〔속어〕 공동으로 별장 따위를 빌리는 젊은이[독신자] 그룹의 일원. 3 〔美〕 encounter group 의 참가자: 그룹 섹스(group sex)의 참가자. 4 (G-) Oxford Group movement의 지지자.

gróup grópe 圖 〔美속어〕 1 (익살) 혼음(混淫) 파티; (encounter group 요법의 하나로서의) 집단 접촉. 2 (일반적으로) 사람[물건]의 밀접한 교류[제휴].

group·ie [ɡrú:pi] 圖 〔속어〕 1 록 가수[그룹]의 꽁무니를 쫓아다니는 10대 소녀, 오빠 부대(의 한 사람); 유명인의 뒤를 따라다니는 젊은이; 열광적 팬. (또는 **groupy**) 2 〔美구어〕「…그룹」으로 불리는 동족 기업

집단. 3 〔英속어〕 공군 대령.

*****group·ing** [ɡrú:piŋ] 圖 1 Ⓤ (그룹으로) 모으기[모이기]; 혈액형의 분류; 그룹. 2 Ⓤ○ (집합체의) 배치.

gróup insúrance 圖 〔美〕 단체 보험. 「배합.

group·ism [ɡrú:pizm] 圖 집단 순응, 집단 지향(성), 집단주의, **-ist** 圖 (婚), 군혼(群婚).

gróup márriage 圖 (원시 민족간의) 집단혼(集團)

gróup médicine 圖 = group practice 1.

gróup mínd 圖 (the ~) 군중[집단] 심리.

Gróup of Éight 圖 (the ~) (주요) 8개국 그룹 (Group of Seven에 Russia를 포함), 약 G-8).

Gróup of Fíve 圖 (the ~) (금융) (주요) 5개국 그룹; 5개국 재무장관 회의(미국·영국·독일·프랑스·일본으로 구성; 약 G-5).

Gróup of Séven 圖 (the ~) (선진) 7개국 그룹; 7개국 재무장관 회의(G-5 제국에 캐나다, 이탈리아를 포함; 약 G-7) 「개발 도상국 그룹).

Gróup of 77 圖 (the ~) 77개국 그룹(UNCTAD의

Gróup of Tén 圖 (the ~) 10개국 재무장관 회의 (IMF 가맹 주요 10개국으로 구성; 1972년 해산).

Gróup of Thrée 圖 (the ~) (서방) 3대 공업국(미국·일본·독일), 약 G-3).

Gróup of 24 圖 (the ~) 24개국 그룹(IMF의 24개 개발 도상국의 모임; 아시아·아프리카·라틴 아메리카 지역에서 각각 8개국씩 선출된다).

gróup práctice 圖 1 (한 건물에서 의사가 제휴하여 행하는) 집단 진료[개업](group medicine). 2 〔법률〕 집단 변호사 업무.

gróup psychólogy 圖 집단 심리학. 「표제.

gróup represéntation 圖 〔정치〕 (직능) 집단 대

gróup séx 圖 집단 성행위, 난교(亂交).

gróup tést 圖 집단 테스트.

gróup théory 圖 군론(群論).

gróup thérapy [psychothérapy] 圖 〔정신의학〕 집단 (심리) 요법. **gróup thérapist** 圖

group·think [ɡrú:pθìŋk] 圖 1 집단 사고(집단의 합의에 기초하여 문제를 해결하는 방법). 2 집단 순응 사고(개인의 창의성이나 책임감의 결여).

group·us·cule [ɡrú:pəskjùːl] 圖 소(小)집단. 〔<F〕

gróup velócity 圖 군속도(群速度).

group·ware [ɡrú:pwɛ̀ər] 圖 〔컴퓨터〕 그룹웨어(그룹으로 작업하는 사람들에게 효율적 작업 환경을 제공하는 소프트웨어).

gróup wòrk 圖 〔社會〕 집단 (사회) 사업[작업].

group·y [ɡrú:pi] 圖 〔속〕 = groupie 1.

grouse¹ [graus] 圖 (圈 ~, **grous·es**) 〔조류〕 뇌조(雷鳥)(사냥감 새). ¶ a black ~ 멧닭 / a spruce ~ 캐나다 뇌조. 2 〔英〕 = red ~.

grouse² 〔구어〕 圖재 (…에 대하여) 불평하다, 투덜대다(about, at). —圖 (a ~, the ~) 불평; 불만의 원인[이유]. **gróus·er** 圖

grouse³ 圖 〔濠·뉴질 속어〕 훌륭한, 굉장한, 아주 멋진.

grout¹ [graut] 圖Ⓤ 1 그라우트, 액상(液狀) 모르타르, 시멘트 풀. 2 (벽·천장의) 마무리칠, 엷칠. 3 (보통 ~s) 침전물, 찌꺼기; 커피 찌꺼기. 4 〔고어〕 a) 조식(粗食); 죽. b) (~s) = groats. —圖타 …에 그라우트를 주입하다[로 채우다]; 그라우트로 이음하다.

grout² 圖 (돼지가 흙 따위를) 코로 파헤치다; 〔비유적〕 (파헤쳐서) 찾다.

grout·y [ɡráuti] 圖 1 〔스코〕 흙탕의, 더러운; (태도가) 거친, 조잡한. 2 〔美〕 불쾌한, 기분이 언짢은, 동한.

‡**grove** [ɡrouv] 圖 (圈 ~s [-z]) 1 작은 숲, 나무숲. ⇒ FOREST 유의어) ¶ a picnic ~ 피크닉에 알맞은 숲 / a ~ of pines 소나무숲. 2 소규모의 (특히 감귤류) 과수원. ¶ an orange ~ 밀감밭. 3 (보통 G-) …거리 (* 주로수가 있는 거리 이름).

grov·el [ɡrávəl, ɡrɑ́v-, ɡrʌ́v-] 圖재 (**-l-**, 〔英〕 **-ll-**) 1 (동물이) 기다, 기어가다. 2 (경멸적) (비

groveling   1235   **grown**

굴·공포 따위로) 엎드리다, 엎드려 기다(*before, at*); (공포·노예 근성 따위 때문에) 비굴하게 행동하다, 비하하다(*before, to*). **b) ~** *before* [or *to*] authority 권위 앞에 굴복하다. **3** (하찮은[상스러운] 일에) 빠지다(*in*). **4** (속어) (컴퓨터) 언제 끝날지 모르면서 일을 계속하다 (*over, through*); 자세히 조사하다. **5** (속어) 애원하다.
grovel (*about*) *in the dust* [or *dirt*] 땅에 머리가 닿도록 급실거리다, 비굴한 행동을 하다.
~·**er**, (英) ~·**ler** 명

grov·el·ing, (英) **-el·ling** [grávəliŋ, gráv-/gróv-] 형 **1** 기는, 기어가는. **2** 비굴한, 아첨하는; (생각 따위가) 야비한, 천한. ~·**ly** 부

gróves of Ácademe 명 (the ~; 종종 the g- of a-) 학문의 세계; 학계; 대학의 학문 환경.

grov·y [gróuvi] 형 숲의, 숲을 닮은; 숲이 많은.

‡**grow** [grou] 동 (~**s** [-z]; **grew**; ~**n**) 자 **1 a)** (생물이) 성장하다, 자라다, 발육하다(*from, into, to*); (초목이) 우거지다; (손톱·머리카락 등이) 자라다; (종자가) 발아하다(*out*). ¶~ *two inches* (*taller*) 키가 2인치 커지다// (~+전+명) A tadpole ~*s into* a frog. 올챙이는 자라서 개구리가 된다/*Great* [or *Tall*] *oaks from little* ~*s*. (속담) 큰 떡갈나무도 작은 도토리에서 자란다, 천릿길도 한 걸음부터. **b)** (성장 따위에 의해) 차츰 결합하다, 뒤섞여 하나로 되다(*together*). **2** (감정·사건 따위가) (당연한 결과로서) 생기다, 일어나다; 시작되다; 발생하다; 발달[발전]하다(*from, out of*). ¶Our friendship *grew from* common interests in the theater. 우리의 우정은 서로가 연극을 좋아한 데서 싹텄다.
3 (차츰) 커지다, 증대하다, 늘어나다(*in*); 크게 되어 …에 달하다(*to*), …으로 발달[발전]하다(*into*). ¶~ *in fame* 명성이 높아지다/The small shop *grew into* a large firm. 그 작은 가게는 발전하여 큰 회사가 되었다. **4** (보어와 함께) (차츰) …이 되다, 되어가다 (*into*); (차츰) …하게 되다 (*to be, to do*). ¶(~+보) ~ *angry* [*weary*] 점점 화를 내다[피곤해지다]// (~+*to be* 보) (~+전+명) ~ *to be* [or *into*] a pretty woman (자라서) 예쁜 여자가 되다// (~+*to do*) I *grew to realize* the delicate situation. 미묘한 사정을 알아차리게 되었다. **5** (습관 따위가) …의 몸에 붙다; …의 마음에 들게 되다 (*on, upon*).
— 타 **1** (식물 따위)를 기르다, 재배하다; (동물 따위)를 사육하다; (농작물 따위)를 산출하다. **2** (수염 따위)를 기르다, 자라게 하다. ¶(~+목+보) ~ *one's hair long* 머리를 길게 기르다. **3** (수동형으로) (산이) 수목으로 덮여 있다(*over, up*) (*with*). ¶The hill is well *grown with* trees. 그 언덕에는 나무가 잘 우거져 있다. **4** (습관 따위)를 붙이다; (취미 따위)를 기르다.

grow apárt ① 다른 방향으로 뻗어가다. ② 의견이 나 누어지다; 관계가 끊어지다, 헤어지다.
grow awáy ① (식물 따위가) 자라면서 가지가 나누어 지다(*from*). ② (가족·친구 등과) 멀어지다(*from*); (나쁜 습관에서) 차츰 벗어나다(*from*). ③ (식물 따위 가) (잘) 자라다.
grow dówn [or **dównward**] ① (식물·털 따위가) 밑으로 자라다. ② 작아[짧아], 낮아지다, 감소하다.
grow ín ① (식물 따위가) 안쪽으로 향하여 자라다[생장하다]. ② 움직이지 않는 식물·털 따위가) (다시) 나다. ③ 늘다, 증대하다. ④ (…에) 파고들다, 침투하다(*to*).
grow ínto ① (나무 따위가) 성장하여 …로 파고들다. ② 몸이 …자리에 충분할 만큼 커지다. ③ 성장하여 …이 되다; (차츰) …이 되다. ④ (경험·성장 따위로) …을 훌륭히 해낼 수 있게 되다; …에 익숙해지다. ⑤ (문제 따위)이 …에 되다[번지다].
grow ón [or (문어) **upón**] ① (불안·악습 따위가) 차 차 …을 지배하게 되다, 점점 더해가다[심해지다]. ¶A bad habit *grew upon* her. 그녀의 나쁜 버릇이 더 심해졌다. ② …이 마음에 들기[호감을 끌기 시작] 되다. ③ (과일·야채 따위가) …에서 자라다.
grow ón [or (문어) **upón**] *a person's hands* (사 업 따위가) …에게 벅차게[감당할 수 없게] 되다.
grow on trees 쉽게 손에 들어오다[생기다].
grow óut ① (종자가) 발아하다, 싹이 트다, (잎 따위가) 나오다; (식물·털 따위가) 바깥쪽으로 향해 자라다. ② (美) (우수 따위)를 성장시키다.
grow óut of ① …에서 생겨나다, 일어나다. ② (나쁜 버릇 따위)에서 벗어나다, 자라서 …이 고쳐지다. ¶She will ~ *out of* the bad habit in time. 그녀는 때가 되면 나쁜 버릇을 고치게 될 것이다. ③ (성장하여) … 이 맞지 않게 되다(*outgrow*).
grow togéther [or *into óne*] ① (덩굴 따위가) 자라서 하나로 되다, 결합하다. ② 친해지다.
grow (***togéther***) ***into óne*** 하나로 결합[융합]하다.
grow úp ① (사람·동물이) 성장[성숙]하다; 어른[성인]이 되다; 커서 …로 되다(*into, to be*). ¶~ *up to be* a sociable man 성장해서 사교적인 인간이 되다. ② (구어) (명령형으로) 어른답게 행동[생각]해라. ③ (식물이) 발아하다, 싹트다; 생장하다. ④ (어떤 사태 따위가) 일어나다, 생기다. ⑤ (우정 따위가) 생기다.

~·**a·ble** 형 재배할 수 있는.   (습관 따위가) 생기다.

grow·er [gróuər] 명 **1** (판매용 꽃·과일·야채류의) 재배자; 사육[양식]자. **2** (형용사와 함께) …하게 자라는 식물[사람 따위]. ¶a rapid ~ 빨리 자라는 식물.

‡**grow·ing** [gróuiŋ] 형 **1** 성장하고 있는, 자라는, 한창 발육하고 있는; 성장의[에 관한], 성장에 알맞은[을 촉진하는]. ¶a ~ organism 성장하고 있는 생물/good ~ weather 재배에 적합한 기후/a ~ child 한창 자라는 아이. **2** (수량·정도 따위가) 증대하는, 고조되는; 심해지는. ~ *anxiety* 고조되는 불안. — 명 ⓤ 성장, 발육; 재배; 발달. ~·**ly** 부

grówing páins 명 **1** (청소년의) 성장기 신경통; 청소년기의 정서적 불안정, 젊은이의 고민; 삶의 고뇌. **2** (새 계획·발전에 따르는) 초기의 곤란; 출산의 고통.

grówing póint 명 (식물) 생장점(生長點).

grówing séason 명 (the ~) (식물·농작물의) 발 육[성장] 시기[계절].

‡**growl** [graul] 동 (~**s** [-z]) 자 **1** (동물이 화가 나서) (…에게) 으르렁거리다. ¶The dog ~*ed at* the stranger. 개가 낯선 사람을 보고 으르렁댔다. **2** (…에게) 투덜거리다, 이렇저렇게 불평하다 (*at*). ¶~ *at the food* 음식에 대해 투덜대다. ⇨COMPLAIN 유의어 **3** (천둥·대포 따위가) 우르르 울리다. ¶A distant *thunder* ~*s*. 멀리서 천둥이 우르릉 울린다. — 타 화난 목소리로 …이라 말하다, [으렁 소리]를 내다(*out*) (*at*). ~ (*out*) *an answer* 화난 목소리로 대답하다. — 명 (~**s** [-z]) **1** (a~) 으르렁거림; 으르렁거리는 소리; (화가 나서) 딱딱거림[거리는 소리]; 투덜대는 불평; (천둥 따위의) 우르르 울리는 소리. **2** (음악) 포효(咆哮) 주법.

growl·er [gráulər] 명 **1** 으르렁거리는 사람[것], 딱딱거리는 사람; (방언·속어) 개; (美육군 속어) 연락용 통화 장치; (속어) 스피커, 인터폰. **2** (구어) 양을 재어 마는 맥주를 담는 그릇[깡통 따위]. **3** (英속어) 4륜 합승 마차. **4** (전기) 그라울러(변압기의 일종). **5** (캐나다) (항행에 방해가 되는) 작은 빙산, 해빙(海氷). **6** (美속어) 변소.

rush [or *work*] *the growler* (美속어) 술[맥주]을 잔뜩 마시다; 양 푼에 파는 맥주를 사다.

growl·er·rush·ing [-rʌ́ʃiŋ] (美속어) 명 음주; 주연(酒宴), (술을 마시고) 떠듦. 술을 마시는는; 애주가의.   「우르르 울리는. ~·**ly** 부

growl·ing [gráuliŋ] 형 으르렁거리는; 딱딱거리는;

growl·y [gráuli] 형 **1** (동물의) 으르렁거리는 소리 같은, 신음 소리의. **2** 화를 잘 내는, 토라진.

‡**grown** [groun] 동 grow의 과거분사.
— 형 **1** 성장한, 발육한; (수량·정도 따위가) 커진, 증 대한; 성숙한, 어른의. ¶a ~ *man* 성인, 어른. **2** (복합

어로)…이 우거진; …재배의, …산(產)의. ¶weed-~ gardens 잡초가 무성한 정원/home-~ cheese 집에서 만든 치즈.

‡**grown-up** [ʌ́p] 형 1 성숙한, 성인[어른]이 된. ¶a ~ woman 성숙한 여자. 2 (아이가) 어른스러운; 어른에게 알맞은, 성인용의. ⇒RIPE 유의어 ¶ ~ fiction 성인 소설. —명 (통 **grównùp**) 성인, 어른(adult).

‡**growth** [grouθ] 명 ① 1 성장, 생장, 발육; 성장 단계, 발달의 정도. ¶ the rapid ~ in infancy 유아기에 있어서의 급속한 발육. 2 성숙, 완전한 성장. 3 ⓒ (a ~) 생장물, 발생물(머리카락·수염·손톱 따위); (곁)가지; (집합적) 초목, 식물. ¶ a thick ~ of grass 우거진 풀숲/a week's ~ on the chin 1주 동안 자란 수염. 4 발달, 발전, 진전, 진화; 출현. ¶encourage [or promote] the ~ of …의 발달을 조장하다. 5 (때로 a ~, the ~) (수량·정도·크기의) 증대, 증가, 증강, 신장. ¶the ~ of a city 도시의 확장/the remarkable ~ of population 현저한 인구 증가. 6 재배, 배양; 산출, 생산; …산(產), 원산. ¶fruits of one's own ~ 자신이[손수] 재배한 과일/goods of foreign[home] ~ 외국 제품[국산품]. 7 포도 수확; 포도주의 산지별 등급. 8 ⓒ (병리) 종양, 증식(물). ¶a benign[malignant, cancerous] ~ 양성[악성, 암] 종양. 9 (경제) 성장, 발전. ¶the rate of (economic) ~ (경제) 성장률.

get [or **gain**] **one's growth** (심신이) 성숙하다, (사람이) 다 크다.

reach (one's) **full growth** 완전히 성장하다, 성숙기에 이르다.

grówth cènter 명 (경제) 성장의 중심(지); 집단 감각(感覺) 훈련소[센터].
grówth còmpany 명 성장 회사[기업].
grówth cùrve 명 (생물) 성장[생물 개체의 생장, 또는 개체수의 증감을 시간에 따라 나타낸 그래프].
grówth fàctor 명 (생물) 발육[성장] 인자(미량으로 생물의 증식·발육에 불가결한 물질; 비타민·호르몬 따위).
grówth fùnd 명 (금융) 그로스 펀드(성장에 중점을 두고 자금 운용을 하는 투자 신탁).
grówth hòrmone 명 (생리) 성장 호르몬(略 GH).
grówth hòrmone reléasing fàctor 명 (생화학) 성장 호르몬 방출 인자(略 GRF).
grówth ìndustry 명 (경제) 성장 산업.
grówth recèssion 명 (경제) 불경기, 성장률 둔화.
grówth règulator 명 (생화학) 성장 조정 물질. (또는 **grówth règulating substance**)
grówth rìng 명 = annual ring.
grówth shàres 명(복) (英) (증권) =growth stock.
grówth stòck 명 (증권) 성장주(株). (흐름)
grówth sùbstance 명 (식물) 생장 물질, 식물 호르몬.
groyne [grɔin] 명(통) =groin 3.
GRP (광고) gross rating point (종합 시청률). **Grp.**
GR-S (rúbber) [dʒíːtɑ̀ːrés(-)] 명 합성 고무의 일종(타이어용). [<*G*overnment *R*ubber-*S*tyrene]
GRT (항해) gross registered tonnage(총등록 톤수).
GRU [gruː] 명 (러시아어의) 군사 정보국(*M*ilitary *I*ntelligence *S*ervice). [<Russ *Glávnoye razvédyvatel'noye upravlénie*]

*grub [grʌb] 명 1 땅벌레(갑충류의 애벌레), 구더기. 2 싫은 일을 꾸준히 하는 사람, 공부 벌레; 삼류 문인 (literary hack); 지저분하고 게으른 사람. 3 ⓤ (구어) 음식물, 식량. ¶ G— up! 식사 준비 다 됐어요, 식사하세요./No work, no ~. 일하지 않는 자는 먹지도 말라. 4 (개간지 따위에 남은) 그루터기. 5 (크리켓) 땅볼. 6 (~s) (美속어) 누더기 옷, 더러운 일을 때 입는 옷.
— 통 (-**bb**-) 통 1 …을 파다, 파내다; …의 나무 뿌리를 파내다(up), 뿌리째 뽑다(up, out). ¶ a newly ~ed ground 새 개간지 // (~+图+부)) ~ up a tree 나무를 뿌리째 뽑다. 2 (속어) …에게 먹을 것을 주다, 먹이다. 3 (기록·데이터 따위를 애써서 얻다[찾아내다](out, up). 4 (美) (되풀이해 뜻 없이) 빌리다; 슬쩍

훔치다. —쩐 1 파다, 뿌리를 파내다(on, along, about, around, away); 파헤쳐 (…을) 찾다(for); (…을) 애써 찾다, 샅샅이 뒤지다(about)(for). ¶ ~ about in one's bag for the paper 가방 속의 서류를 열심히 뒤지다. 2 열심히 일하다(on, along). 3 힘써 탐구하다, 힘든 연구에 종사하다. 4 (美) (음식을) 먹다(on).
grub aróund (구어) 꾀죄죄한 옷을 걸치다(in).
grub óut 뿌리를 뽑다[파내다]; 열심히 공부하다.

grúb àx 명 뿌리 캐는 곡괭이.
grúb·ber [grʌ́bər] 명 1 나무 뿌리[그루터기 따위]를 캐내는 사람; 나무 뿌리를 파내는 도구(grub ax 따위). 2 열심히 일[공부]하는 사람. 3 수전노.
grúb·by [grʌ́bi] 형 1 구더기가 끓는, 땅벌레가 많은. 2 더러운, 지저분한; 칠칠치 못한; 게으른. 3 천한, 비열한, 경멸할 만한. -**bi·ly** 부 -**bi·ness** 명
grúb hòe 명 뿌리 캐는 괭이.
grúb hòok 명 (쟁기 비슷한) 뿌리 뽑는 갈고랑이.
grub-hunt·ing [-hʌ̀ntiŋ] 명 (英속어) 박물학을 공부하는. -**hùnt·er** 명 (英속어) 박물학자.
grúb sàw 명 돌 자르는 톱.
grúb scréw 명 그러브 나사(한쪽 끝에 드라이버 홈이 있는 대가리 없는 나사).
grub·stake [grʌ́bstèik] 명 (美구어) 1 (광맥을 발견했을 경우 이익 분배 조건으로) 시굴자에게 주는 금품. 2 (美구어) (빈민·새 사업 착수자 등에게 주는 금전 기타의) 물질적 원조. —통 …에게 물질적 원조를 주다; (남)에게 도박 밑천을 대주다. -**stàk·er** 명
grub-street [grʌ́bstrìːt] 형 삼류 소설 같은, 삼류 작가가 쓴; 수준 낮은. —명 =Grub Street 2.
Grúb Strèet 명 1 그러브가(街)(London의 Milton Street의 옛 이름; 삼류 문인들이 많이 거주했다). 2 (집합적) 삼류 문인(~ hack).

*grudge [grʌdʒ] 명 (…에 대한) 원한, 유한(遺恨), 악의, 유감 (against). ⇒MALICE 유의어
bear [or **owe**] *a person a* **grudge; have** [or **bear, carry, harbor, nurse,** (美) **hold**] *a* **grudge against** *a person* 남에게 원한을 품다.
with a grudge 한을 품고, ━━ 하다.
work [or **pay**] **off a grudge** 원한을 풀다, 앙갚음하다.
— 통 1 ~을 주기를 꺼리다, 아까워하다, 마지못해 …하다. ¶ ~ one's labor 몸을 사리다. 2 (소유물·성공 따위로) (남)을 부러워하다, 시기하다. ¶ (~+图+图) He ~s me my success. 그는 내 성공을 시기한다. — 통 1 원망하다, 앙심을 품다. 2 투덜대다, 불평을 하다. —명 한.
grúdge fíght [**mátch**] 명 숙명의 대결, 한풀이 시합.
grudg·ing [grʌ́dʒiŋ] 형 1 (…에) 마음 내키지 않는, (…을) 마지못해 하는(in). ¶ a ~ praise 마지못해 하는 칭찬. 2 인색한, 쩨쩨한. ~**ly** 부 ~**ness** 명
grue [gruː] 통 (스코) (공포로) 몸서리치다. —명 (공포의) 몸서리, 전율; (北英) 얼음, 눈.
gru·el [grúːəl] 명 1 묽은 죽, 오트밀 죽(환자·노인용). 2 (英구어) 엄한 벌(罰); 패배; 죽음.
give *a person his* **gruel** 남을 엄벌하다; 남을 죽이다.
have [or **get, take**] *one's* **gruel** (속어) 엄한 벌을 받다, 몹시 혼나다; 살해되다. ━━ 을 죽이다.
— 통 (-*l*-, (英) -*ll*-) (英) …을 엄벌하다, 혼내다; …
gru·el·ing, (英) **-el·ling** [grúːəliŋ] 형 기진맥진케 하는; 심한, 호된. —명 (英구어) 엄벌; 가혹한 처사, 심한 봉변. ¶give [get] a ~ 혼내주다[혼나다].
grue·some [grúːsəm] 형 으스스한, 모골이 송연한, 무서운; 고된, 고통스러운. ~**ly** 부 ~**ness** 명
grúesome twósome 명 (美구어)(익살) 두 연인, 내외간; (일반적으로) 한 쌍.

*gruff [grʌf] 형 1 걸걸한[쉰] 목소리의(hoarse). ¶ a ~ voice 쉰 목소리. 2 (사람·태도 등이) 거친, 우락부락한; 퉁명스러운, 무뚝뚝한. ¶a ~ manner 거친 태도. 3 (스코) 결[올]이 성긴. ~**ish** 형 ~**ly** 부 ~**ness** 명

gru·gru [grúːgruː] 명 1 그루그루야자수(열대 아메리카산(産)). 2 (또는 ~ **grùb**[**wòrm**]) (종려·야자 따위의 고갱이를 해치는) 바구미류의 유충.

grum [grʌm] 형 (유모가) 엄한, 딱딱한; 무뚝뚝한, 언짢아하는. **~·ly** 부 **~·ness** 명

‡**grum·ble** [grʌ́mbl] 자 (~s [-z]; ~d; -bling) (A) 1 (…에게/…에 관해) 불평하다, 투덜거리다(to, at/about, at, over, for). ⇨COMPLAIN 유의어 ¶ Don't ~! 투덜거리지 마라! // (~+前+名) ~ for wine 술이 없다고 투덜대다 / ~ at [or about, over] the food 음식 투정을 하다. 2 으르릉거리다(growl); (천둥 따위가) 우르릉 울리다. — 타 …을 불만스럽게 말하다 (out). ¶ ~ (out) a reply 불만인 듯이 대답하다.
Mustn't grumble. (구어) (건강 따위가) 그저 그래.
— 명 (총 ~s [-z]) 1 불평, 불만; 푸념. 2 (~s) 불복, 불만스러운 기분; 불평[불만]의 말. 3 (a ~, the ~) 먼 우렛소리. **-bly** 부 **~ 등 따위가) 우르릉 울리는 소리.
grum·ble-guts [-gʌ̀ts] 명 (구어) =grumbler.
grum·bler [grʌ́mblər] 명 투덜대는[불평하는] 사람, 불평꾼. ¶ a born ~ 타고난 불평꾼.
grum·bling [grʌ́mbliŋ] 형 1 투덜거리는, 불평하는. 2 끊임없이 통증을 느끼게 하는. **~·ly** 부
grúmbling appéndix 명 (구어) 때때로 아픈[만성] 맹장[충수]. 〔리〕응혈, 엉긴 핏덩이.
grume [gruːm] 명 (피 따위의) 끈적거리는 덩이; 〔병리〕응혈, 엉긴 핏덩이.
grum·met[1] [grʌ́mit] 명 = grommet.
grum·met[2] 명 선실 급사[보이](cabin boy).
gru·mose [grúːmous] 형 = grumous 1.
gru·mous [grúːməs] 형 1 〔식물〕(뿌리가) 집단 과립(顆粒)으로 된. 2 핏덩이[응혈] 같은, (피가) 응고한.
grump [grʌmp] 명 1 불평가. 2 (the ~s) (종종 ~s) 기분이 언짢음, 저기압. ¶ have the ~s 기분이 언짢다, 저기압이다. — 자(A) 불평하다, 투덜거리다; 동하다. — 타 …을 불만스럽게 말하다.
grump·ie [grʌ́mpi] 명 (美) 철이 든[성숙한] 어른 (yuppie족의 생활 양식과 가치관에 반발하는 사람).
〔<*gr*own-up *m*ature *p*erson + *-ie*〕
grump·y [grʌ́mpi] 형 심술이 난, 기분이 언짢은, 무뚝뚝한. **grúmp·i·ly** 부 **grúmp·i·ness** 명
Grun·dy [grʌ́ndi] 명 (Mrs. ~) 옹졸하고 인습적인 관례를 중히 여기는 사람; 잔소리꾼, 세상 (사람들).
What will Mrs. Grundy say? 세상 사람들은 뭐라고 말할까?
〔<영국의 극작가 Tom Morton(1764?–1838)의 희곡 *Speed the Plough* 중의 인물 이름〕
Grun·dy·ism [grʌ́ndiìzm] 명(U) (남의) 인습에 얽매임, 지나친 인습 존중, 세상 체면에 신경 쓰기; (g-) 세상 체면에 신경 쓰는 언동. **-ist** 명
grunge [grʌndʒ] 명 (구어) 1 오물, 쓰레기, 더러운 것; 조악한[저질의] 것; 불쾌한 것. 2 칠칠치 못한 사람, 적은 보수로 뼛골 빠지게 일하는 사람; 진력나게 하는 사람. 3 = ~ *rock*; = ~ *look*. (또는 **grunch**)
nurse a grunge 원한[을] 품다.
— 형 = grungy. 「의 넝마주이 같은 차림).
grúnge lòok 그런지 패션(grunge rock 가수들
grúnge ròck 그런지 록(기타 음을 앞세운 공격적이며 역동적인 사운드를 특징으로 하는 록 음악).
grun·gy [grʌ́ndʒi] 형 (美구어) 1 시시한, 볼품 없는, 황폐한; 더러운, 불결한. 2 (컴퓨터) 사용하기 어려운, 설계가 나쁜.
grun·ion [grʌ́njən] 명 (어류) 그루니온(색출멸과(科)의 작은 식용어; 미국 California주 남부 연안산(産)).
*‡**grunt** [grʌnt] 자(A) 1 (돼지가) 꿀꿀거리다; (돼지처럼) 꿍꿍거리다. 2 투덜거리다, 불평 중얼 불평하다 (grumble). — 타 …을 불퉁거리듯이 말하다(out) (*that* 절). ¶ (~+目+團) ~ (*out*) an answer 불퉁거리며 불만스럽게 대답하다. — 명 1 (돼지의) 꿀꿀거리는 소리; 투덜대는 불평 [불만]. 2 하스돔과(科)의 물고기(물에서 건져올리면 꿀꿀 소리를 낸다). 3 (美속어) 병사, 보병. 4 (美속어) (음식의) 계산(청구)서. 5 (美속어) (악살) 레슬링 (선수), 2류 프로 레슬러. **~·ing**/ly 부
grunt·er [grʌ́ntər] 명 1 돼지, 꿀꿀거리는 동물. 2 투덜거리는 사람, 불평가. 3 = grunt 명 2. 4 (漢속어) 몸가짐이 나쁜 여자. 「(grúnt-hòrn)
grunt-i·ron [-áiərn] 명 (美속어) 튜바(tuba). (또는
grun·tle [grʌ́ntl] 자(A) (英방언) 투덜대다, 불평하다 (grunt). — 타 (英구어) …을 기쁘게 하다, 만족시키다.
grun·tled [grʌ́ntld] 형 (구어) 기뻐하는, 만족스러운.
grunt·ling [grʌ́ntliŋ] 명 새끼 돼지.
grúnt wòrk 명 (속어) 지루하고 고된 일.
Grus [grʌs, gruːs] (천문) 두루미자리(the Crane).
grut [grʌt] 명 (美속어) 시시한[쓸모없는, 더러운] 것.
Gru·yère [gruːjɛ́ər, gri-/grúːjɛə] 명(U) 그뤼에르 치즈(~ *cheese*)(스위스 La Gruyère 지방산(産)).
GRV 〔우편〕Grove. **gr.wt.** *gross weight*.
gryph·on [grífən] 명 = griffin[1].
grys·bok [gráisbɑ̀k, gréis-/gráisbɔ̀k] 명 (동물) 그리복(남아프리카산(産) 갈색 영양). (또는 **grysbuck**)
GS *General Secretary*; *general service(s)* [*sessions*]; (군사) *General Staff*; *German silver*(양은); *giant slalom*; *government service*; *ground speed*; (컴퓨터) *group separator* (그룹 분리 문자).
gs. *grandson*; (英) *guineas*. **G.S., g.s.** *General Secretary*[*Staff*]; *general service*; *ground speed*.
GSA, G.S.A. *General Services Administration* (행정 관리청); *Girl Scouts of America*. **G.S.C.** *General Staff Corps*(참모 막료단). **GSE** 〔항공〕*ground-support equipment*(지상 지원 장비).
G-7 [dʒíːsévn] 명 = Group of Seven. (또는 **G7**)
GSI *ground speed indicator*. **GSL** (美) *Guaranteed Student Loan* (대학생 학비 원조 대부금). **GSM** *general sales mangage* (영업부장); *Global Standard* [*System*] *for Mobile Communications*(범(汎) 유럽 이동 통신 규격(시스템)).
GSO, G.S.O. *General Staff Officer*(참모본부 장교, 일반 막료). **GSP** *Generalized System of (Tariff) Preferences* (일반 특혜 관세 제도); *Government Selling Price* (정부 공매가); *gross social product*.
G spòt 명 (美속어) 성감대(性感帶). (또는 **G-spòt**)
〔<*Gr*äfenberg *spot*; 독일 태생 미국의 의사 Ernst Gräfenberg (1881–1957)〕
GSR *galvanic skin response*[*reflex*](전기 피부 반응[반사]). **GSS** *geostationary satellite*; *global surveillance system*. **GST** *goods and services tax*(물품세); *Greenwich Sidereal Time*. **GSTDN** *ground space tracking and data network*(우주 추적 데이터 통신망 지상국).
G-string [dʒíːstrìŋ] 명 1 (음악) G선(線)(바이올린의 최저음의 현(絃)). 2 (북미 인디언의) 하체 가리개; (스트립 댄서의) 국부 가리개, 버트플라이.
G-suit [dʒíːsùːt/-sjùːt] 명 (때로 g-) (항공) 내(耐)가속도[중력]복(anti-G suit). 〔<*g*ravity *suit*〕
GSV (우주) *guided space vehicle*. **GSW** *Gross Salaried-man Welfare*. **GT** *gigaton(s)*; *grand total* [*touring car*]; *Gran Turismo*(스포츠 카의 일종). **gt.** *gilt*; *great*; (라틴) *gutta*(=a drop). **g.t.** *gilt top*(책의) 천금(天金); *gross tonnage* [*ton(s)*].
G.T. *gross ton*. **Gt. Br(it).** *Great Britain*.
g.t.c., G.T.C. *good till canceled*[*or countermanded*](취소시까지 유효). **gtd.** *guaranteed*. **G-10** *Group of 10*. **G-3** *Group of 3*.
GTI [dʒíːtíːái] 명 (승용차가) 고속 주행 장치를 갖춘. 〔<*g*rand *t*ourer [gran *t*urismo] *i*njection〕
GTO *Gran Turismo Omologato*. 〔<It〕 **GTP** *guanosine triphosphate*(구아노신 삼인산). **Gtr.** *Greater*. **gtt.** 〔라틴〕 *guttae*(처방전에서) 점적약(點

G₂ phase [dʒí:tú:-] 图 〔생물〕 G₂기(期)(세포 (분열) 주기 중 S기(DNA 합성기)의 다음, M기(분열기)의 앞. 〔<G is gap의 생략형〕

GU genitourinary; 〔우편〕 Guam. **gu.** Guinea; gules. **Gu., GU., g.u.** genitourinary.

gua·c(h)a·mo·le [gwɑ̀:kəmóuli] 图[U] 〔멕시코 요리〕 과카몰리(아보카도를 으깬 것에 토마토·양파·향신료 따위를 넣은 소스·샐러드). 「독새(남미산(産)).

gua·cha·ro [gwá:tʃəròu] 图 (~s) 〔조류〕 기름쏙

gua·co [gwá:kou] 图 (图 ~s) 덩굴국화(열대 아메리카산(産)); 그 잎(뱀독의 해독제).

Gua·dal·ca·nal [gwà:dəlkənǽl] 图 과달카날 섬(태평양 중서부, 솔로몬 제도 남부의 최대의 섬).

guai·a·col [gwáiəkòul, -kɔ̀:l/-kɔ̀l] 图[U] 〔약학〕 과이어콜(거담제·국소 마취재용).

guai·a·cum [gwáiəkəm] 图 유창목(癒瘡木)(서인도 제도산(産) 나무); [U] 그 수지(류머티즘·통풍(痛風) 치료약). (또는 **guaiocum**)

Guam [gwɑ:m] 图 괌(서태평양 Mariana 제도 최대의 섬; 미국령). **Gua·ma·ni·an** [gwɑ:méiniən] 图图

gua·na [gwá:nə] 图 = iguana.

gua·na·co [gwənɑ́:kou, gwɑ:-] 图 (图 ~(s)) (남미산(産)) 야생 야마. 「〔학〕 과네시딘(혈압 강하제).

guan·eth·i·dine [gwɑnéθidìn/gwɑ:n-] 图 〔약

Guang·dong [gwɑ̀:ŋdɔ́ŋ] 图 광둥(廣東)(중국 남동부의 성). (또는 **Kwangtung**)

Guang·zhou [gwɑ̀:ŋdʒóu] 图 광저우(廣州)(중국 광둥성의 성도; 영어로 Canton). (또는 **Kwangchow**)

guan·i·dine [gwǽnədì:n, -dìn, gwɑ́:n-] 图[U] 〔화학〕 구아니딘(사람의 오줌에 함유되어 있으며, 플라스틱·인공 수지·화약 제조용).

gua·nine [gwá:ni:n] 图[U] 〔생화학〕 구아닌(핵산을 구성하고 있는 퓨린 염기의 하나; 기호 G).

gua·no [gwá:nou] 图 (图 ~s) 구아노, 조분석(鳥糞石)(페루 서해안의 섬에 있는 해조의 똥이 되어 건조화되어 생긴 천연 비료); [U][C] 인공 비료·어비(魚肥) 따위.
— 图타 …에 (비료로) 구아노를 주다. 〔<Sp〕

gua·no·sine [gwá:nəsì:n, -sìn] 图[U] 〔생화학〕 구아노신(리보 핵산을 구성하는 ribonucleoside의 하나).

guánosine monophósphate 图 〔생화학〕 구아노신 일인산(一燐酸)(GMP).

guánosine triphósphate 图 〔생화학〕 = GTP.

Guan·tá·na·mo Báy [gwɑ:ntá:nəmòu-] 图 관타나모 만(쿠바 남동부의 만; 미해군 기지가 있음).

guá·nyl·ate cýclase [gwá:nəlèit-] 图 〔생화학〕 구아닐산 고리화효소(GTP에서 고리 모양 GMP를 합성하는 효소).

gua·nyl·ic ácid [gwɑ:nílik-] 图 〔생화학〕 구아닐산(구아닌 리보뉴클레오티드, 구아노신 일인산).

guar. guaranteed; guarantor; guaranty.

gua·ra·na [gwà:rənɑ́:, -́-ˈ] 图 과라나(브라질산(産) 덩굴 식물의 일종); [U] 그것으로 만든 음료.

Gua·ra·ni [gwà:rɑ:ní:] 图 (图 ~(e)s) **1** (남미 중부에 살았던) 과라니족(族)(의 사람); [U] 과라니어(語). 또는 **Guaraní 2** (g-) (图 ~s) 과라니(파라과이의 화폐 단위; 100 centimos; 기호 G).

‡**guar·an·tee** [gæ̀rəntí:] 图 (图 ~s [-z]) **1** [U][C] (품질·사물의 손해·위험 따위에 대한 / …하는 / …라고 하는) 보증(for, on/against/to do/that 節); 상품의 보증(서), 애프터서비스. ¶ a written [or letter of] ~ 보증서 / ~ of delivery [quality] 인도[품질] 보증 // a twelve months' ~ with [or on] a computer 컴퓨터에 대한 12개월간의 보증. **2 a)** 담보 (물건), 저당(security). ¶ put up one's house as a ~ 가옥을 담보로 넣다. **b)** (영화·TV 따위의) 출연료, 개런티. **3** (…의) 보증 [보장]이 되는 것(of). ¶ 확실한 조짐. ¶ Wealth is no ~ of happiness. 부(富)가 행복을 보장해 주지는 않는다. **4** 보증인, 인수인(guarantor). **5** 〔법률〕 피보증인(圈 guarantor). **6** 〔구어〕 (책임 없는) 약속.
be [or **stand, go**] **guarantee for** …의 보증인이 되어 있다.
「(附)이다.
come with a guarantee 보증이 따르다, 보증부
give [or **offer, provide**] **a guarantee against** …에 대해 보증하다. 「*of* …의 보증 아래.
on a guarantee of; under ((美)) **the**) **guarantee**
— 图 (~s [-z]; ~d) 图 **1** …의 (확실성을) 보증하다(⇒WARRANT 유의어); 상품 따위의 보증을 하다, 애프터서비스를 하다; …의 보증인이 되다. ¶ a computer for two years 컴퓨터를 2년간 보증하다 // a person's payment 남의 변제를 보증하다 // (~+ 图 + to do) ~ a watch to keep perfect time 시계가 절대로 정확하다는 것을 보증하다 // (~+ 图 + (to be) 補) He ~d the jewel (to be) genuine. 그는 그 보석이 진짜임을 보증했다 // (~+ that 節) ~ that the contract shall be carried out 계약의 이행을 보증하다. **2** …에게 〔지위·권리 따위〕를 보장[보증]하다, …이 확실히 손에 들어오도록 하다(to). ¶ (~+ 图 + 图) (~+ 图 + 前+ 图) ~ a person a position: ~ a position to a person 남에게 어떤 지위를 보장하다. **3** (사물·성질 따위가) …의 보장[보증]이 되다. ¶ Diligence ~s success. 근면하면 반드시 성공한다. **4** 〔남〕에게 (손해·위험 따위에 대하여) 보상[보장]하다(against, from). ¶ ~ a person *against* [or *from*] loss 남을 손해를 보지 않도록 보장하다. **5** …을 약속[확약]하다, 떠맡다; (기필코) …하다(to do, that 節). ¶ I ~ that I'll be there. 나는 반드시 그곳에 가겠다 // I will ~ to prove the report. 그 보고에 잘못이 없다는 것을 확약한다. — 图 (…을) 보증하다(*against*).

guaranteed (ánnual) íncome 图 (연간) 최저 보장 소득, 부(負)의 소득세((美)) negative income tax).

guaranteed ánnual wáge 图 연간 보장 임금.

guaranteed bónd 图 보증부 채권, 보증채.

guarantee fúnd 图 보증 기금.

guar·an·tor [gǽrəntɔ̀:r, -tər] 图 보증하는 사람 〔단체〕; 〔법률〕 보증인, 담보인, 인수인. 圈 guarantee

*__**guar·an·ty**__* [gǽrənti] 图 **1** (채무 이행·품질 따위의) 보증, **2** 〔법률〕 보증, 보증 계약; 보증서; 보증 행위; 담보(물), 저당, **4** (법에 의한) 권리 보장[보증].
— 图타 = guarantee.

‡**guard** [gɑ:rd] 图타 (~s [-z]) **1** …을 지키다, 보호하다(*against, from*); 망보다, 경비하다. ⇒DEFEND 유의어 ¶ The dog ~ed his sleeping master. 그 개는 잠든 주인을 지켰다 // (~+ 图 + 前+ 图) ~ a person *against* [or *from*] his enemy [a danger] 남을 적(敵)[위험]으로부터 지켜주다. **2** 〔사람·동물〕을 감시하다, 감시하에 두다; (비밀)을 지키다. ¶ ~ a prisoner 죄수를 감시하다. **3** 〔감정 따위〕를 억제하다; (말 따위)를 삼가다, …에 주의하다. ¶ ~ one's temper 노여움을 억누르다 / ~ one's tongue 입을 조심하다. **4** (기계 따위)에 안전 장치(방호물)를 달다. **5** 〔스포츠〕 상대 공격을 방해(수비)하다; 〔서양장기〕 (자기 말)을 지키다. — 图 〔문어〕 **1** (…을) 조심[경계]하다(*against*); (…하도록+ 图 + to do) ~ *against* fires 화재가 일어나지 않도록 조심하다. **2** 보호하다, 지키다; 망[파수]보다, 감시하다 **3** 〔펜싱〕 방어 자세를 취하다.
— 图 ~s [-z] **1 a)** 보호자; 경호원, 호위(護衛)(자); 망[파수]보는 사람, 감시인; 수위. ¶ secret services ~s 사복 요인 경호. ¶ on ~ / call out the ~ 호위를 부르다. **b)** 〔군사〕 보초, 파수병, 위병, 호위병[때]. (포로 따위의) 호송병[때]. ¶ the advance [rear, flank] ~ 전후, 측위 / place a ~ at the door 입구에 보초를 세우다 / the changing of the ~ 위병의 근무 교대[교체]. **c)** (국왕 등의) 친위병[대], 근위병; (the G-s) 〔英〕 근위 연대. **d)** 〔해사〕 호위선정, 함, 호위대. **e)** (죄수·미치광이 등의) 감시인[원]; ((美)) (교도소의) 교도관(prison

~, (英) warder). f) (a ~) (집합적; 단·복수 양용) (치안·화재 따위에 대비하는) 방위대, 야경단, (군대의) 수비대. g) (아일) 경찰관: (the Red G-) (중국의) 홍위병. 2 ⓤ (종종 a ~) 감시, 파수, 경계, 조심; 경계[감시] 근무(*against*). ¶be kept under close ~ 엄중히 감시받다. 3 a) (방호물, 방호구(防護具); 위험 방지 장치, (칼·총 따위의) 안전 장치; (차의) 흙받이; 보호 수단(*against*). ¶a nose ~ 마스크/a shin ~ 정강이 싸개/insurance as a ~ against disasters 재해 보험. b) (시계·목걸이 따위의) 줄; 덧빗지; 고정대. 4 (英) (열차 따위의) 차장(美 conductor); (美) (화물열차의) 제동수(制動手), 열차의 문 개폐원. 5 ⓒⓤ (펜싱·권투·총검술) 방위[방어] 자세, 수세; (미식축구·농구) 가드; (크리켓) 가드(3주문(柱門) 방어의 배팅 자세). 6 (서양장기) 가드(가드놀이) 가드패. 7 ( ) (兵).
a guard of honor; an honor guard 의장병(儀仗兵).
at open guard (펜싱) 수비 자세에 빈틈이 있는.
come off guard (군사) 비번이 되다.
give [take] guard (크리켓) 타자를 삼주문 방어의 정위치에 세게 하다[정위치에서 배팅 자세를 취하다].
keep guard 파수 보다, 경계를 하다(*over, on*).
lower one's guard; let one's guard down (조심·경계해야 할 때에) 방심하다, 긴장을 풀다.
mount [or *stand*] *guard* (…의) 보초를 서다, 파수 보다.
off guard 비번으로, …보다(*over, on*).
off (*one's*) *guard* 방심하여, 경계를 게을리하여 (*against*). ¶throw [or put] a person *off* his ~ 남을 방심케 하다.
One's guard is up [*down*]. ① 경계 태세를 취하고 있다[있지 않다]. ② 감정[말]을 억제하고 있다[있지 않다].
on guard 당번으로(on duty).
on (*one's*) *guard* 조심[경계]하여(*against*). ¶Be *on your ~ against* pickpockets. 소매치기 요(要)주의.
raise one's guard (*against*) (공격에 대하여) 경계하라, 주의 깊게 준비하다.
relieve [or *change*] *guard* 보초 근무를 교대하다.
row the guard (도망병을 감시하기 위해) 합정 주위를 보트로 경계하다.
run the guard 보초의 눈을 속여 빠져나가다.
stand [or *lie*] *on* [or *upon*] *one's guard* 경계[조심]하다. …세를 무너뜨리다.
strike down a person's guard (펜싱) 남의 방어 자세...
the old guard ⇒OLD GUARD.
∠-less 형.
guard·ant [gá:rdnt] 형 (문장) (동물이) 몸은 옆으로, 얼굴은 정면을 향하고 있는.
guárd bànd 명 (무선) (혼신 방지용) 보호 주파수대.
guárd bòat 명 (항구 따위의) 순시선, 감시정[선].
guárd bòok 명 (英) 앨범, 스크랩북, 종이[서류]철.
guárd cèll 명 (식물) 공변(孔邊)[개폐] 세포.
guárd chàin 명 (시계·브로치 따위의) 사슬줄.
guárd commànder 명 (군사) 위병 사령(衛兵司令).
guárd dòg 명 방범견, 경비견(세퍼드 따위).
guárd dùty 명 (군사) 보초[경비, 경호] 근무.
guard·ed [gá:rdid] 형 1 조심성 있는, 신중한, 입이 무거운(*in*). ¶be ~ *in* one's speech 말조심하다. 2 방호[보호]된; 감시받는. **∼·ly** 부. **∼·ness** 명.
guard·ee [gá:rdí:] 명 (英구어) = guardsman 2.
guard·er [gá:rdər] 명 1 지키는 사람[것]; 수위, 파수꾼, 호위. 2 방비가 되는 것, 방어물.
guárd hàir 명 (동물의 솜털을 보호하는) 길고 거센 털; 그 털로 만든 외투.
guard·house [gá:rdháus, -háuz] 명 1 위병소, 경비실; 영창, 유치장.
guárdhouse láwyer 명 (속어) 1 (군사) (군법·각종 규칙에 대해 권위자라고 자칭하는) 남에게 우쭐감인 병사. 2 권위자인 체하며 함부로 지껄여대는 사람.
‡guard·i·an [gá:rdiən] 명 (복 ~s [-z]) 1 (문어)

보호자, 수호자; 관리인, 보관자; (또는 ∠[G∠] of the poor) (英) 구빈관. 2 (법률) 후견인(형 ward). ¶a natural ~ 당연직 후견인(미성년자의 부모 등). 3 (the G-) (프란체스코회의) 수도원장. 4 (The G-) 가디언(영국의 고급 일간지). — 형 보호[수호]하는.
guárdian ad lí·tem [-æd láitəm] 명 (법률) (법원이 임명한) 소송 후견인.
guárdian ángel 명 1 (개인·토지 등의) 수호 천사; 남의 행복(복리)을 돌보는 사람; 구제자, 보호자. 2 (the G–s) 청년 방범대, 자경단(自警團).
guard·i·an·ship [gá:rdiənʃip] 명 ⓤ 보호자의 임무(임), 후견인의 직무[역], 후견; 보호, 감독.
under the guardianship of …의 보호하에.
guard·rail [gá:rdrèil] 명 (도로의) 가드레일; 철제 방호책(栅); (계단 따위의) 난간(keeper); (철도의) 레일.
guárd ring 명 1 (명 보조)반지. 2 (기계 따위의) 보호링. …소; 영장, 유치장.
guard·room [gá:rdrù(:)m] 명 1 (군사) 사소, 위병소.
guárd shìp 명 (항구의) 초계함, 경비정, 감시정.
guards·man [gá:rdzmən] 명 1 (고어) 파수꾼, 감시원; 보초, 위병(sentry). 2 (英) 근위 연대(Guards)의 병사, 근위병. 3 (美) 주(州) 방위군(National Guard) 병사, 주 방위병.
guárd's vàn 명 (英) (철도) = caboose.
guárd tènt 명 위병 텐트(대기소).
Guar·ne·ri·us [gwa:rnéəriəs] 명 (복 ~·es) 과르네리우스 바이올린(이탈리아의 과르네리(Guarneri) 일족이 17–18세기에 제작한 것).
Guat. Guatemala. [족이 17–18세기에 제작한 것).
Gua·te·ma·la [gwàːtəmáːlə] 명 과테말라(중앙 아메리카 북부의 공화국); = ~ City. (도).
Guatemála City 명 과테말라시(Guatemala의 수
Gua·te·ma·lan [gwàːtəmáːlən] 형 과테말라(인)의; 과테말라인의. — 명 과테말라 국민(시민).
gua·va [gwáːvə] 명 (식물) 구아바, 반석류(열대·아열대 아메리카산(産)); 그 열매(젤리, 잼 따위를 만든다).
gua·ya·be·ra [gwàiəbéːrə] 명 구아이아베라(쿠바 남성이 즐겨 입는 smock 비슷한 셔츠·재킷).
gua·yu·le [gwaːjúːli] 명 1 과율(멕시코·텍사스산(産)의 고무질을 함유한 국화과(科)의 관목). 2 (또는 ∠ rubber) ⓤ 과율 고무.
gub·bins [gʌ́binz] 명 (명) (英) (단·복수 양용) 1 잡동사니, 시시한 것; 뭐라고 하는 것; 부속품 일습, 장치, 도구. 2 (구어) 바보(* 종종 자신에 대해서 말한다).
gub·bish [gʌ́biʃ] 명 (속어) (컴퓨터) 무의미한 것, 쓰레기 것 = *garbage* + *rubbish*.
gu·ber·na·to·ri·al [gjùːbərnətɔ́ːriəl] 형 (美) (주)지사의; 지방 장관(총독)의; 행정의에 관한).
Guc·ci [gúːtʃi] 명 (상표) 구치(이탈리아의 패션 메이커; 그 회사 제품인 가방·장신구·신발·의류 따위).
Gúcci gùlch[gáuntlet] 명 (속어) 원외 압력 단체, (로비스트들이 모이는) 미하원 세입 위원회실 복도.
guck [gʌk, guk] 명 (구어) 1 미끈미끈(질척)한 진흙, 연니(軟泥). 2 기분 나쁜 것, 싫은 것: 찌꺼기, 남은 것.
gudg·eon¹ [gʌ́dʒən] 명 1 (어류) 모샘치[유럽산(産)의 잉어과의 작은 민물고기). 2 (英속어) 잘 속는 사람, 명청이. 3 미끼, 유혹. —통 (英속어) …을 속이다, 속이다(cheat, dupe).
gudg·eon² 명 1 (기계) 굴대 곡지, 축두(軸頭). 2 (해사) (키의) 쇠받이; (석재(石材) 따위의) 단면을 접속하는 촉.
gúdgeon pìn 명 (英) = wrist pin. [핀.
guél·der ròse [géldər-] 명 (식물) 불두나무(snowball)(유럽산(産) 관상용 식물).
Guelph [gwelf] 명 1 겔프 [교황파(중세 이탈리아의 교황 용호자). 2 신(新)겔프당원(19세기 초 이탈리아의 비밀 결사). (또는 **Guelf**) **∠·ic** 형 **∠·ism** 명.
guer·don [gá:rdn] 명 (문어) 명 ⓤⓒ (고어·시) 포상, 보답, 보상, 보수. — 통 …에게 보답하다, 보수를 주다, …의 보답이 되다. **∼·er** 명.

Guern·sey [gə́:rnzi] 명 (복 ~s) **1 Isle of** ~ 건지섬(영국 해협에 있는 섬). **2** 건지종(種)의 젖소. **3** (g-) 건지 재킷(어린이·선원용 청색 털셔츠); (濠) (배번이 달린) 축구 선수용 저지 셔츠.
  get a guernsey (濠) 팀 선수로 뽑히다; (일반적으로) 인정받다, 성공하다.

*****gue(r)·ril·la** [gərílə] 명 **1** 게릴라병, 비정규병; (아군의) 별동대, 유격대원; (완곡적) 테러리스트. **2** [고어] 게릴라[유격]전. ─ 형 게릴라병의; 게릴라 전술을 쓰는. ¶a ~ band 비정규군, 게릴라 부대.

guerrílla gúidebook 명 게릴라(전) 교본; (구어) 비행기 여행자 안내서.
guerrílla théater 명 (반체제의) 길거리 연극.
guerrílla wárfare 명 게릴라전, 유격전.

‡**guess** [ges] 타 **~·es** [-iz] **~ed** [-t] **①** …을 억측하다, 어림짐작하다; …라고 추측[추정]하다(*that* 절, *wh*. 절); …을 (…로) 어림잡다(*to be, as, at*). ¶ (~+图+前+名) *a person's status from his appearance* 남의 신분을 풍채를 보고 추측하다 // (~+图+*to be*; ~+*that* 절) I ~ *him to be* [or *his age at*] *about* 40. =I ~ *that* he is about 40. 나는 그가 40세 정도라고 추측하다 // (~+*wh*. *to do*) I cannot ~ *what to* do next. 나는 다음에 무엇을 해야 할지 모르겠다 // (~+*wh*. 절) Can you ~ *who* that man is ? 저 사람이 누구인지 알겠느냐? ⇒ Who do you ~ *that man is*? 당신은 저 사람이 누구라고 생각하느냐?

[유의어] **guess** 잘은 모르지만 감히 추측되는 의견을 말하다; 그 결과는 옳을 경우도 있으나 틀릴 경우도 있다. **conjecture** 불충분한 증거로 추론하여 어떤 의견·판단에 도달하다. **surmise** conjecture보다 더 희박한 증거밖에 없을 경우에 직감이나 상상에 의거해서 추측하다.

2 …을 알아맞히다, 풀다. ¶ ~ *a riddle* 수수께끼를 맞다 / You have ~*ed* it. 당신이 맞혔습니다. **3** (美구어) …이라 생각하다; …이라고 믿다. ¶(~+*that* 절) I'll stay here. 여기에 묵기로 하겠다 / Will he come? ─ I ~ so[not]. 그는 올까? ─ 올[오지 않을] 거야. ─ 자 **①** 짐작[추측]하다, 어림짐작하다. 대개 전치사 (*at, about*)를 수반. ¶ You ~! 맞혀 보아라 // (~+前+名) ~ *at the answers* 답을 알아맞히다. **2** 잘 알아맞히다, 정확히 추측하다. ¶(~+*wh*. 절) You've ~*ed right*[*wrong*]! 바로 맞혔다[맞히지 못했다].
  Guess what. (구어) **①** (대화를 시작할 때) 있잖아, 이봐. **②** (놀랄 만한 일을 가르쳐 주며) 어떻게 생각해?, 알겠니? **③** 맞혀 봐! …이게[에 타게] 하다.
  keep a person guessing (美구어) (남)을 마음 졸이게 하다. ─ 명 추측, 추정, 억측, 어림짐작(*at, that* 절). ¶ a lucky [or *good*] ~ 딱 들어맞는 추측 / Give it a ~. 한 번 맞혀 봐 / My ~ is [or It is my ~] *that* …이 내 추측이다[나의 생각이다].
  anybody's [or *anyone's*] *guess* (구어) (결과 따위가) 예측할 수 없는[하기 어려운] 것; (추측할 수 있으나) 단정할 수 없는 것, 불확실한 것. ¶ Anybody's ~ is nobody's ~. 진실은 (어떻게 될지) 아무도 모른다.
  at a (*rough* [or *wild*]) *guess* 추측컨대, 어림잡아.
  by guess (*and by gosh* [or *god, God* (*frey*)]) (구어) 어림짐작으로, 무작정으로.
  have (*got*) [or *get*] *another guess* [or *think*] *coming* 착각[잘못 생각]하고 있다, 잘못되어 있다.
  miss one's guess 잘못 알아맞히다, 추측이 틀리다.
  take [or *have, make, give*] *a guess* 어림짐작하다(*at*), (…) 찬가지로 나도 모른다.
  Your guess is as good as mine. (구어) (너와 마찬가지로) 나도 모른다.
  ~·a·ble 형 **~·er** 명
guéss hítter 명 (야구) 짐작을 바라고 치는 타자.
guess-rope [-́ròup] 명 [해사] = guest-rope.
gues(s)·ti·mate (구어) 명 [géstəmət, -mèit] 어림짐작. ─ 타 [géstəmèit] (근거나 통계에 의거하지 않고) …을 추정하다, 어림짐작으로 견적하다. 〈*guess*+*estimate*〉

guess-warp [-́wɔ̀:rp] 명 [해사] = guest-rope.
guess-who [-hú:] 명 (구어) 누구, 아무개(* 이름을 말하지 않아도 자명한 혹은 밝히기는 피할 때).

*****guess·work** [géswə̀:rk] 명 Ⓤ 어림짐작, 어림짐작의 답[의견]. ¶ *by* ~ 어림짐작으로, 주먹구구로.

‡**guest** [gest] 명 **1** 손님, 객(客); (響) *host*; ~) 초대 손님. ⇨ VISITOR [유의어] ¶ a house ~ 집에서 묵어가는 손님 / an unexpected ~ 뜻밖의 손님 / I should like you to be my ~ tonight. 오늘밤은 저의 집에서 묵어 가십시오. **2** (공식 행사의) 내빈, 빈객. ¶ a state ~ 국빈 / a ~ *of distinction* 귀빈. **3** (식당·극장 따위의) (이용)객, (호텔·하숙 따위의) 손님, 숙박객[인]. ¶ a paying ~ (개인집의) 하숙인 / fellow ~s 합숙객 / a transient ~ (호텔의) 단기 투숙객. **4** (TV·무대 따위의) 특별 출연자, 게스트(~ *artist*). **5** (생물) 기생 동물(주로 곤충); 기생 식물. **6** (컴퓨터) (인터넷 따위 네트워크의) 미등록 이용자; 비회원. **7** (美속어) 죄수; (병원의) 환자; (사회 복지 시설 따위의) 피수용자.
  Be my guest. (구어) ① (간단한 청을 받고) 그러시오, 어서 하시오; 좋을 대로; 먼저 하시죠. ② 괜찮습니다, 천만의 말씀은(=You're welcome). ③ (식당 따위에서) 계산은 제가 하겠습니다.
  ─ 형 **1** 손님(용)의. **2** (한정용법) 초대[초빙]된. ¶ a speaker 초대 연설자 / a ~ *conductor* [*professor*] 객원 지휘자[교수] / a ~ *member* 객원 회원.
  ─ 타 …을 손님으로 대접하다. ─ 자 (구어) 손님이 되다; (라디오·TV 따위에) 게스트로 출연하다(*on*).
  ~·less 형 **~·ship** 명

guést bòok 명 (컴퓨터) (인터넷 사이트의) 방명록.
guést chàmber 명 = guest room. 〔면찬〕화어.
guest·ed·it [-édit] 타 자 (잡지 따위)를 객원 편집하다.
guest·house [gésthàus] 명 (복 *-hous·es* [-hàuziz]) **1** 영빈관; (손님용) 사랑채. **2** (수도원내 순례자를 위한) 접대소. **3** 고급 하숙집, 여관.
guést night 명 (英) (클럽·대학 따위에서) 비회원을 동반해도 되는 저녁 파티.
guést of hónor 명 (만찬·모임 따위의) 주빈; 내빈.
guést of the státe 명 (완곡적) 죄수(jailbird).
guést ròom 명 (호텔 따위의) 객실; (개인집의) 손님용 침실.
guest-rope [-́ròup] 명 (해사) **1** 손잡이 밧줄(뱃전을 따라 처늘은 밧줄). **2** 예인선의 안정 밧줄(예인되는 배가 좌우로 벗어나는 것을 막기 위한 둘째 밧줄).
guést stàr 명 (TV 프로 따위의) 특별 출연자.
guess-warp [-́wɔ̀:rp] 명 (해사) = guest-rope.
guést wòrker 명 = Gastarbeiter.

Gue·va·ra [gəváːrə] 명 **Ernesto** [**"Che"**] ~ 게바라(1928 ─ 67: 아르헨티나 태생의 쿠바 혁명가).
Gue·va·rist [gəváːrist] 명 게바라주의자. ─ 형 게바라의, 게바라주의(자)의.
guff [gʌf] 명 Ⓤ 실없는[터무니없는] 이야기, 허튼 소리, 난센스; 무례한 이야기; 불평.
guf·faw [gʌfɔ́ː, gə-] 명 (갑작스런) 너털웃음, (상스러운) 큰 웃음. ─ 자 껄껄 웃다, 실없이 웃다.
  ─ 타 실없이 크게 웃으며 말하다.
gug·gle [gʌ́gl] 명 자 = gurgle.
gug·let [gʌ́glit] 명 = goglet.
GUI [gúːi] (컴퓨터) 구이(컴퓨터의 그래픽 기능을 활용한 사용자 인터페이스). 〈*g*raphical *u*ser *i*nter~〉
gui. guitar, **Gui.** Guiana, (face).
Gui·an·a [giǽnə, -άːnə/gaiǽnə] 명 **1** 기아나(남미 동북부의 광대한 열대 지역). **2** (the G-s) 기아나 지역의 해안 지대. **G~·nan** 형 명
gui·chet [giːʃéi/-́] 명 (격자가 있는) 쪽문; 매표구, 개표구(ticket window). 〈F *wicket*〉

guid·a·ble [gáidəbl] 🔲 지도[안내]할 수 있는; 가르치기 쉬운.

‡**guid·ance** [gáidns] 🔲 **1** 안내, 지도, 지휘, 교시(敎示). **2** (교육 과정의 선택이나 취직 준비의) 학생 지도, 보도(補導); 〔심리〕 가이던스. ¶vocational ~ 직업 보도. **3** (a ~) 안내[지도]하는 것, 본(보기), 모범. **4** (우주선·미사일 따위의 비행 진로의) 유도.
for your guidance 참고로.
under a person's guidance 남의 안내[지도]로.

guidance counselor 🔲 〔美〕 (고교의) 진로 지도 교사; 생활 지도 카운슬러.

guidance radar 🔲 〔군사〕 미사일 유도 레이더.

guidance system 🔲 (컴퓨터에 의한 미사일 따위의) 유도 방식. ¶an automatic ~ 자동 유도 방식.

‡**guide** [gaid] 🔲 (~s [-z]; guid·ed; guid·ing) 🔲 **1** …에게 길 안내를 하다; …을 (…으로) 안내하다(to); …을 인도하여 (…을) 빠져나가게 하다(through). ¶G- yourself with a road map. 도로 지도의 안내를 받으시오 // (~+图+前+名) a person through the town 남에게 시내의 길 안내를 하다 / The lights in the harbor ~d the ship to port. 항구의 등불에 인도되어 배가 입항했다. // (~+图+副) The stars ~d us back. 우리는 별의 인도로 돌아왔다.

┌──────────────────────────────┐
│ 유의어 **guide** 줄곧 동행하여 안내하다. **conduct** 선도(先導)·호위·배행(陪行) 따위를 해서 어떤 곳으로 안내하다; 약간 의례적인 안내라는 암시가 있다. **direct** 길을 가리키만 주고 실제로 안내는 하지 않다. **lead** 손을 잡고 또는 앞장 서서 길을 가리키다. **show** 몸·말 몸짓으로 가리키거나 자신이 안내하다. │
└──────────────────────────────┘

2 (관광객 등을) 안내[가이드]하다. ¶~ sightseers 관광객을 안내하다. **3** (사람·동물·탈것 등을) (어떤 방향으로) 나아가게 하다[이끌다, 유도하다], (…에) 빠뜨리다(to, into, onto). ¶~ a person *into* error [temptation] 남을 잘못[유혹에] 빠뜨리다 / ~ the young men *onto* the right path 젊은이들을 바른길로 인도하다. **4** (수동형으로) (사상·감정 등을) …에 움직이다, 좌우[지배]하다. ¶be ~d by one's passion [feelings] 정열[감정]에 이끌리다. **5** 〔남〕에게 조언[권고]을 주다, 상담하다; (학습 따위에서) 지도[교도]하다(in); (남)에게 (…을) 가르치다(to). ¶~ the boys *in* their studies 아이들의 공부를 지도하다. **6** 〔남의 행동·일 따위〕를 감독[관리]하다; 생각대로 처리하다. **7** 〔국가 등〕을 지배[통치]하다; 〔국정〕을 잘 처리하다. ¶~ the affairs of state 국무(國務)를 처리하다. — 🔲 (길) 안내를 맡다.
— 🔲 (~s [-z]) **1** (관광객 등의) 안내인, 안내업자, 가이드; (스위스 등지의) 산악 가이드. ¶hire [or employ, engage] a ~ 가이드를 고용하다. **2** 지도자, 스승, 귀감(in). ¶one's ~ *in* religion [*through* life] 종교[인생]의 선도자. **3** (목록·색인 따위의) 표시, 서표(書標). **4** (…의) 안내서, 입문서, 편람; 여행 안내서(to). ¶a good ~ *to* English studies 영어 학습에 유용한 입문서 / a ~ *to* the Louvre 루브르 미술관 안내. **5 a)** 도로 표지, 도표; 지표, 표지(標識). **b)** (…의 / …의) 짐작거리의 지침, 지도 원리, 규준(to / in, through). ¶a ~ *to* living 생활 지침. **6** (G-) 〔英〕 Girl Guides의 단원(girl ~). **7** 〔군사〕 향도(嚮導); (~s) 정찰대; 향도함(艦); (the G-s) 인도군 국경 수비대. **8** (기계·기구 따위의) 유도 장치; (외용침의) 도자(導子); (미싱 따위의) 실꾸리개나 바늘꽂이의 실 구멍. **9** 〔심령〕 수호령(守護靈).

guide·board [gáidbɔ̀ːrd] 🔲 도로 표지판.
‡**guide·book** [gáidbùk] 🔲 가이드북, 편람; (특히) 여행[유람, 관광] 안내서(guide).
guide card 🔲 (검색용) 표제어 카드.
guid·ed [gáidid] 🔲 **1** 안내인을 동반한, 가이드가 딸린. **2** (비행체 따위에 의하여) 유도되는, 유도 장치가 있는. ¶a ~ beam [bomb] 유도 빔[폭탄].
guided democracy 🔲 교도(教導) 민주주의, 위부터의 민주주의.
guided missile 🔲 유도탄, 유도 미사일.
guide dog 맹도견(盲導犬)(Seeing Eye dog).
guided tour 🔲 안내인[가이드] 딸린 여행.
guided wave 🔲 〔물리〕 유도파; 피행도파(被傳導波).
guide·less [gáidlis] 🔲 안내인[지도자]이 없는; 지도[감독, 통솔]가 없는. ¶~ fancies 제멋대로의 공상.
guide·line [gáidlàin] 🔲 **1** (보통 ~s) (경제 정책 따위의) 지침, 유도 지표, 가이드라인(*on, for*). ¶~s *on* future policy 장래 정책의 지침. **2** (그림·필기 연습을 위한) 희미한 윤곽선, 밑줄; 괘선. **3** (암벽 등반·지하도 따위의) 안내[유도] 밧줄. **4** (무대 배경·막을 여닫는) 유도 밧줄.
guide number 〔사진〕 섬광(閃光) 촬영을 할 때 노출을 산출하는 수치(數値).
***guide·post** [gáidpòust] 🔲 **1** 도로 표지, 이정표. **2** 지침, 노선; 〔경제〕 (정부의) 정책 유도 목표.
guid·er [gáidər] 🔲 **1** 인도[안내]하는 것, 안내자, 지휘자. **2** (보통 G-) Girl Guides의 지도원.
guide rail (창·문의) 유도[가이드] 레일.
guide rope (크레인 따위의) 버팀 밧줄, 당김줄 (guy); (항공) (기구·비행선의) 유도 밧줄.
guide·way [gáidwèi] 🔲 〔기계〕 안내로, 미끄럼 홈.
guide word 🔲 = catchword **2**.
GUIDO [gáidou] 🔲 〔美〕 〔우주〕 우주선 유도 기술자. (또는 **Guido**) [<guidance officer]
gui·don [gáidən] 🔲 **1** (본래 기병대 등의) 삼각기, 창기(槍旗); 그 기수. **2** 부대기; 그 기수. [<F]
gui·gnol [giːnjóːl] 🔲 **1** 손가락 인형; 인형극. **2** = Punch-and-Judy show. [<F]
*****guild** [gild] 🔲 **1** (상호 부조·이익을 위한) 단체, 동업 [동직(同職)] 조합; (일반적으로) 조합, 협회. ¶a ~ for charity work 자선 사업 협회 / a ~ of bank clerks 은행원 조합. **2** 길드(중세 상인·수공업자 등의 동업 조합). **3** 〔식물〕 성장·영양 섭취법이 매우 비슷한 식물군 (기생 식물·착생 식물 따위). (또는 **gild**)
guil·der[1] [gildər] 🔲 길드 회원; 조합원, 회원.
guil·der[2] 길더. **1** 네덜란드의 은화 화폐 단위 (florin); 100 cents(약 Gld. f, fl.). **2** 네덜란드·오스트리아·독일의 옛 금화. (또는 **gilder, gulden**)
guild·hall [gildhɔ̀ːl] 🔲 **1** 〔英〕 (원래 길드 집회소였던) 회관, 읍사무소(town hall). **2** 〔역사〕 (중세의) 길드 집회소. **3** 〔英〕 (the G-) London 시 청사.
guild·ship [gildʃip] 🔲 **1** = guild **1, 2**. **2** 길드의 일원임, 그 신분[지위].
guilds·man [gildzmən] 🔲 길드 조합원; 길드 사회주의의 신봉자.
guild socialism 길드 사회주의(20세기에 영국에서 일어난 사회주의의 일파; 산업 국유화·노동자의 경영 참여 등을 주장). **guild socialist** 🔲
*****guile** [gail] 🔲🔲 엉큼한[음흉한] 꾀, 간지(奸智), 교활; 배반, 배신; (고어) 책략, 술책. ¶by ~ 음흉한 꾀를 써서.
guile·ful [gáilfəl] 🔲 교활한, 음흉한, 거짓의. ~·ly 🔲 ~·ness 🔲
guile·less [gáillis] 🔲 간계[악의]가 없는, 성실한, 정직한, 명랑한. ~·ly 🔲 ~·ness 🔲
Gui·lin [gwìːlín] 구이린(桂林)(중국 광시 좡족(廣西壯族) 자치구의 도시). (또는 **Kweilin, Kuei-lin**)
Guil·lain-Bar·ré syndrome [giːénbəréi-] 🔲 〔병리〕 길랭(「Guil·lain-Bar·ré」) 증후군(바이러스 감염 후에 일어나는 다발성 신경염). [<프랑스의 의사 Georges Guillain(1876-1961)과 Jean Alexandre Barré(1880년생)의 이름] 「조(鳥)(murre).
guil·le·mot [gíləmɑ̀t / -mɔ̀t] 🔲 바다오리류의 해
guil·loche [gilóuʃ / -lɔ́ʃ] 🔲 〔건축〕 (기둥·벽 따위의) 노끈을 꼰 모양의 무늬 (장식).
guil·lo·tine [gíləti̇̀ːn, giː-] 🔲 **1** 길로틴, 단두대;

guilt [gilt] (the ~) 길로틴형(刑), 참수형(斬首刑). **2** 《외과》 편도(선)(扁桃腺) 절제기. **3** 《종이·금속 따위의》 재단[절단]기. **4** 《보통 the ~》 《英》 《의회에서의 의안의》 토론 종결.
go to the guillotine 단두대에 오르다. 단두대에서 처해지다.
— 동타 [~-d] **1** 길로틴으로 …의 목을 자르다. **2** 《외과》 《편도선》을 절제하다. **3** 재단기로 …을 자르다. **4** 《英》 (guillotine 1 안)의 토론을 종결하고 통과를 서두르다. [＜제안자인 프랑스의 의사 J. I. Guillotin (1738-1814)]
‡**guilt** [gilt] 명 ① **1** 《도덕·형법상의》 죄가 있음, 유죄. ¶a partner in ~ 공범자／confess[deny] one's ~ 죄를 자백[부인]하다／charge a person with ~ 남을 고소하다. **2** 범죄 행위, 비행(非行). **3** 죄의식, 죄책감.
guilt by association 명 《법률》 연좌(連坐)(제). ¶the doctrine[principle] of ~ 연좌제.
guilt còmplex 명 《심리》 죄의식; 죄책감.
*‡**guilt·less** [gíltlis] 형 **1** (…의) 죄 없는, 결백무구한, 무죄의(*of*). ⇨INNOCENT 유의어 **2** 《보통 명사 뒤에서》 …을 해본 일 없는, 알지 못하는(*of*). ¶~ *of* English 영어를 모르는／*earth* ~ *of* the plow 쟁기질 한 적이 없는 땅. **b**) (…이) 없는[결여된](*of*). ¶a style ~ *of* any charm 아무런 매력도 없는 문체／be ~ *of* humor 유머가 없다. **~·ly** 튼 **~·ness** 명
guilt trìp 명 《속어》 죄의식[자책감]에 사로잡힌 상태.
lay a guilt trip on …에게 죄책감을 갖게 하다.
guilt-trip 동타
‡**guilt·y** [gílti] 형 (**guilt·i·er**; **guilt·i·est**) **1 a**) 《도덕·형법상의》 죄를 범한, 유죄의(*of*) 《대 innocent》. ¶the ~ party 범인／a ~ man 죄를 범한 남자／be found ~ (배심 재판에서) 유죄로 평결되다／be ~ *of* theft 절도죄를 범하다／declare[or pronounce] the prisoner ~ *of* murder 그 죄수에게 살인죄를 선고하다. **b**) 《과실 따위를》 범한, (…의) 결점이 있는(*of*, *about*). ¶be ~ *of* bad taste 악취미적인 짓을 하다. **2** 죄가 되는, 범죄적인; 비난할 만한. ¶a ~ *deed* 범죄 행위, 범행／a ~ *intent*[*or* mind] 범의(犯意). **3** (…에 대해) 죄의 가책을 느끼는; 양심의 가책을 느끼는; 죄의식에서 나오는(*about*). ¶a ~ *look*[*feeling*] 뒤가 켕기는 표정[기분]. **4** 《고어》 인식[의식]하고 있는, 알고 있는. **5** (…에 처할 만한) 죄의(*of*).
feel guilty 《마음이》 꺼림칙하다; 잘못했다고[미안하다고] 생각하다. ¶He *felt* ~ *(about)* telling a lie. 그는 거짓말을 한 것이 꺼림칙했다.
Guilty [Not guilty]. 《법률》 《배심원 평결에서》 유죄[무죄]이다.
plead guilty[not guilty] to 《법률》 …의 죄를 인정[하다／무죄를 주장하다].
— (the -ies) 죄악자. **guilt·i·ly** 튼 **guilt·i·ness** 명
guilty bìg 형 《美俗》 정신과 치료를 받고 있는(가책감).
guilty cònscience 명 죄책감. ¶ 필요한가.
guilty pàrty 명 (the ~) 《법률》 죄인, 가해자(측).
guilty plèa 명 《법률》 (피고인의) 유죄 (인정) 답변.
guimpe [gimp, gæmp] 명 **1** 김프, 깸프(목이 깊게 파인 드레스 밑에 받쳐 입는 장식이 달린 속옷). **2** (수녀가 착용하는) 목과 어깨를 가리는 천. **3** = gimp¹.
Guin. Guinea.
*‡**guin·ea** [gíni] 명 **1** 《英史》 **a**) 기니(21 shillings에 해당하는 영국의 옛 통화 단위). **b**) 기니 금화(1663-1813년에 Guinea에서 수입한 금으로 만들었던 영국 금화로 21 shillings에 해당). **2** = ~ fowl. **3** 《美俗》 《경멸적》 이탈리아 태생[계] 사람(Italian). **4** 《또는 guinney》 마구간의 잡일꾼.
Guin·ea [gíni] 명 **1** 기니(아프리카 서부부의 공화국; 수도 Conakry). **2** 기니(Gambia 강에서 Gabon 강 구에 이르는 아프리카 서부의 연안 지방). **3** *Gulf of ~* 기니 만(灣). **Guín·e·an** 형 명 기니 지방[주민](의); 기니 공화국(사람)(의).
Guin·ea-Bis·sau [-bisáu] 명 기니비사우(아프리카 서해안의 공화국; 수도 Bissau).
Guínea còrn 명 = durra.「(產).
guínea fòwl 명 《조류》 뿔닭(아프리카의 사막 초지산
guínea gràins 명 아프리카산(產) 생강과(產) 식물의 종자(grains of paradise)(건위제·수의약(獸醫藥)).
guínea gràss 명 볏과(科) 기장속(屬)의 일종(가축 사료용).
guínea hèn 명 《조류》 뿔닭의 암컷.
Guin·ea·man [gíniəmən] 명 **1** 《고어》 기니 무역선 [상인]. **2** = Guinean.
guínea pìg 명 **1** 기니피그(cavy). 《속칭》 모르모트(생물학 실험용 또는 애완용). **2** 《구어》 《비유적》 실험 재료, 실험 대상(이 되는 사람[것]). **3** 《英구어》 = figurehead 1. (또는 **guíneapig**) **4** 《美俗》 믿고자.
serve as a guinea pig 실험대[재료]가 되다.
Guínea wòrm 명 기니벌레(사람이나 동물의 피부 밑에 기생하는 선충(線蟲)의 일종).
Guin·ness [gínis] 명 **1** 기네스(영국의 양조 회사). **2** 그 회사 제품인 흑맥주(~'s stout).
Guinness Book of Récords 명 (the ~) 기네스북(Guinness PLC의 자회사 Guinness Superlatives Ltd.가 매년 발행하는 세계 기록집).
gui·pure [gipjúər] 명 **1** 기퓌르 레이스(무늬와 무늬를 직접 이은 레이스의 일종). **2** 기퓌르(견·면·레이온 따위를 천사에 감은 장식실).「《假装》한 사람.
gui·sard [gáizərd] 명 《스코》 가면을 쓴 사람, 가장
*****guise** [gaiz] 명 (pl. ~**s**, the ~) **1** 《보통 in a+형용사＋~》 외관, 외양, 모습, 겉보기. ⇨APPEARANCE 유의어 ¶an old principle in a new ~ 겉은 새로운 (것 같으나) 낡은 주의. **2** 겉치레, 가장, 변장. **3** 《英고어》 복장, 옷차림; 방식, ...풍; 여느 때의 말루[행동]. ¶in the ~ of a shepherd 양치기의 옷차림으로.
in the guise of …(사람)으로 가장[변장]하여(disguised as); 《일》을 가장하여.
under the guise of …《일》을 가장하여 …을 구실로.
— 동타 …에게 옷을 입히다, 차려 입게 하다; 《英고어》 가장시키다. — 자 《英고어》 가장[변장]하다.
guis·er [gáizər] 명 《스코》 (Halloween의) 가장[변장한 사람].
‡**gui·tar** [gitá:r] 명 《樂》 ~s [-z] 기타. — 동자 (~s [-z], -rr-) 기타를 치다. ~·**ist** 명 ~·**like** 형

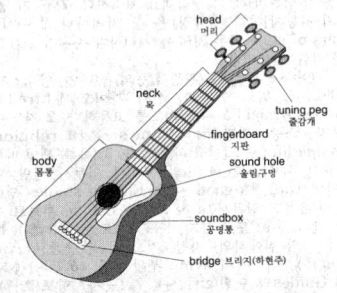

(guitar)

gui·tar·fish [gitá:rfiʃ] 명 《어류》 가래상어.
Gui·yang [gwì:já:ŋ] 명 구이양(貴陽)(중국 구이저우(貴州)성의 성도). (또는 **Kweiyang**)
Gui·zhou [gwì:dʒóu] 명 구이저우(貴州)(중국 남서부의 성). (또는 **Kweichow**)
gu·lag [gú:la:g] 명 《때로 G-》 **1** 굴라그(옛 소련의 정치범 강제 노동 수용소). **2** 그 제도, 교도소; 유치장; 수용소. **3** = G- Archipelago. [＜Russ]

Gúlag Archipélago 图 (the ~) 수용소 군도. [<러시아 작가 Solzhenitsyn의 동명의 소설 제목]
gúlag góods 图象 수용소(교도소) 제품. 「은 협곡.
gulch [gʌltʃ] 图 (급류가 흐르는 깊고 가파른) 작
gul·den [gú(:)ldn] 图 (옛 ~(s)) = guilder.
gules [gjuːlz] 图 (문장) 图 (옛 ~) 빨간(다홍)색(의).
‡**gulf** [gʌlf] 图 1 만; (the G-) 페르시아(아라비아)만 (제국) Persian[Arabian] G-); 멕시코 만(the G- of Mexico). ⇒BAY¹ 2 (문어) 깊은 구멍, 깊이 갈라진 틈; 심연, 심해(abyss). 3 (지위·직업·감정 따위의) 큰 차이 (격차), 현격(between).¶the great ~ between rich and poor 빈부의 큰 격차. 4 소용돌이; (소용돌이처럼) 빨아들이는 것. 5 (英속어) (우등 급제(pass degree)와 구별하여) 보통 급제; 보통 급제자 명부의 석차. —图 1 …을 삼키다, 빨아들이다. 2 (英속어) (대학생)을 보통 급제시키다. 「(복음서(Luke) 16:26).
a great gulf fixed 넘을 수 없는 경계(장벽)[누가
~·y 图 소용돌이가 많은.
Gúlf Coöperátion Còuncil 图 (the ~) 걸프 협력 회의(페르시아만 연안 6개국 협력 기구; 图 GCC).
Gúlf Státes 图象 (the ~) 1 (美) 멕시코만 연안 제주(州)(Florida, Alabama, Mississippi, Louisiana, Texas). 2 페르시아만 연안 제국(Persian ~)(바레인, 이란, 이라크, 쿠웨이트, 오만, 카타르, 사우디아라비아, 아랍에미리트의 8개국 산유국). 「system.
Gúlf Stréam 图 (the ~) 멕시코 만류(灣流).
Gúlf Stréam sýstem 图 (the ~) 멕시코 만류계 (系)(멕시코 만류와 플로리다 해류, 북대서양 해류로 이루어지는 대해류계).
Gúlf Wár 图 (the ~) 1 걸프 전쟁(이라크의 쿠웨이트 침략 후, 미국 주도의 다국적군과 이라크군 사이에 벌어진 전쟁(1991)). 2 =Iran-Iraq War.
Gúlf Wár sýndrome 图 (美) 걸프전 증후군(Gulf War 참전 군인들이 호소하는 각종 이상 증세).
gulf·weed [gʌ́lfwiːd] 图 (멕시코만산(産)) 모자반속 (屬)의 해초. 「(美속어) 매춘부.
*‡**gull**¹ [gʌl] 图 (조류) 갈매기(sea ~[mew]). 2 (美
gull² 图 (英속어) ~을 속이다; 속여 …을 시키다 (into doing); 속여 …에게서 빼앗다(out of). —图 (英속어) 잘 속는 사람, 얼간이; (폐어) 사기.
Gul·lah [gʌ́lə] 图 (옛 ~(s)) 1 걸러(미국 남부 연안 지역에 사는 흑인). 2 걸러 영어(아프리카어가 섞인 방
gul·ler·y [gʌ́ləri] 图 갈매기류의 집단 서식지. 「언).
gul·let [gʌ́lit] 图 1 식도(esophagus); 목구멍. 2 수로, 수도; 작은 협곡(gully); (굴착 작업에서 짐수레가 지나는) 예비 물길; (톱니와 톱니 사이의) 홈.
stick in one's *gullet* =stick in one's THROAT.
gul·li·ble [gʌ́ləbl] 图 속기 쉬운, 잘 속는, 바로 곧이 듣는. (또는 **gullable**) **-bíl·i·ty** 图 **-bly** 图
gull·ish [gʌ́liʃ] 图 어리석은, 바보스러운.
Gúl·li·ver's Trávels [gʌ́ləvərz-] 图 「걸리버 여행기」(영국 작가 Jonathan Swift의 풍자 소설(1726)).
gúll (týpe) wìng 图 (비행기의) 갈매기형(型) 날개.
gull-wing [‑wìŋ] 图 1 (자동차) (문이) 위쪽으로 열리는. 2 (비행기가) 갈매기형 날개인 모양의.
gúll-wing dóor 图 (자동차) 위쪽으로 열리는 문.
gul·ly¹ [gʌ́li] 图 1 (명상시는 물이 마른) 구곡(溝谷); (濠·뉴질) 물이 흐르는 작은 협곡(골짜기). 2 (英) 도랑, 측구(側溝)(gutter). (또는 **gulley**) 3 (크리켓) 타자의 후방 우측(point and slips 사이)의 수비 위치; 그 위치를 지키는 야수. 4 (노면 철도의) 도랑형 레일. 5 (볼링) =gutter 6. —图 …에 도랑을 만들다; (물의 작용으로) 도랑·작은 협곡)을 만들다. —图 침식되어 작은 협곡이 생기다.
gul·ly² 图 (스코) 나이프, 푸주용 큰 칼(butcher knife). (또는 **gulley**)
gúlly dràin 图 하수관(管). 「빠지는 구멍.
gúlly hòle 图 (도로 위에 쇠격자로 뚜껑을 한) 하수

gúlly tràp 图 gully hole의 방취판(防臭瓣).
gúlly wàsher 图 (구어) (갑작스런) 집중 호우.
gu·los·i·ty [gjuːlɑ́səti / -lɔ́s-] 图 (英고어) 지나친 식욕, 대식(gluttony); 탐욕.
*‡**gulp** [gʌlp] 图 1 (음식 따위를) 꿀꺽 삼키다, 걸신들린 듯이 먹다; (마실 것을) 벌컥벌컥 [꿀꺽꿀꺽] 마시다 (down).¶ ~ *down* (a glass of) water (한 잔의) 물을 벌컥벌컥 마시다. 2 (지식 따위를) 굶주린 듯이 받아들이다. (이야기 따위를) 곧이곧대로 듣다, 그대로 믿어버리다(*down*). 3 (눈물·감정 따위를) 삼키다, 억누르다. ¶ ~ *down* [or *back*] tears [a sob] 눈물[흐느낌]을 꾹 참다. —图 1 숨이 막히다, 목이 메다, 숨을 죽이다.¶ ~ at the surprising news 놀라운 소식에 숨을 죽이다. 2 꿀꺽[벌컥벌컥] 마시다(*at*, *on*). —图 1 꿀꺽[벌컥벌컥] 마시기; 그 마시는 소리; (감정 따위를) 꾹 참기. 2 한 번에 마시는 양, 한 모금.¶a ~ of milk 우유 한 모금. 3 (컴퓨터) 걸프(여러 바이트로 이루어지는 2진 숫자의 그룹).
at a [or *one*] *gulp; in one gulp* 한 입에, 단숨에.
with a gulp 꿀컥하고, 단숨에.
~·ing·ly 图 **~·y** 图
gulp·er [gʌ́lpər] 图 1 단숨에 마시는 사람. 2 (또는 **~ èel**) 큰 입을 가진 뱀장어처럼 생긴 심해어의 일종.
‡**gum**¹ [gʌm] 图 (옛 ~s [-z]) ① 1 고무, 고무질(質), 점착(粘性) 고무; 고무 비슷한 삼출물(수지, 아교 따위). 2 점성 물질(가을비의 침전물 따위). 3 (图象) 고무를 먹인 옷감. 4 탄성 고무(rubber). 5 눈곱. 6 (美구어) =chewing ~; ⓒ (英) =gumdrop. 7 (보통 ~s) (구어) 고무제 덧신, 고무 장화. 8 고무 풀, 아라비아풀(mucilage); (우표 뒷면의) 풀. 9 ⓒ =~ tree.
—图 (~s [-z]; *-mm-*) 图 1 …에 고무(질)을 바르다, 고무를 먹이다[로 굳히다]; …을 고무 모양[점착성]으로 하다(*down*, *together*, *up*)(*to*). 2 …의 움직임을 둔하게 하다; (속어) (일·계획 따위를) 방해하다(*up*). 3 (美속어), 기만하다. —图 1 고무(질)을 분비하다; (과실 나무가) 병적 수액을 분비하다. 2 고무 모양이 되다, 끈적거리다.
gum up (속어) (일·계획 따위)를 망치다, 틀어지게 하다.
~·less, **~·like** 图
gum² 图 (~s) 잇몸, 치은(齒齦).
beat [or *bat*, *slap*] *one's* [or *the*] *gums* (美속어에) 지껄여대다, 쓸데없이[장황하게] 지껄이다.
—图 (*-mm-*) 1 (방언) (음식물 따위를) 이가 없어서 잇몸으로 [를] 씹다. 2 (톱)의 날을 세우다.
gum³ 图 (종종 G-) (의살) * 다음 숙어로만 쓴다.
By [or *My*] *gum!* (가벼운 욕·맹세에 써서) 맹세코!, 분명히!, 정말로!, 이런! [<God의 완곡한 표현]
GUM [gum] 굼(Moscow에 있는 국영 백화점). [<Russ *Gosudarstevnri Universalni Magazin* (=State Universal Store)]
gúm ammóniac 图 암모니아 고무(거담제).
gúm árabic [acácia] 图 아라비아 고무.
gum·bah [gʌmbɑ́ː] 图 (美속어) (마피아 패들 간의) 친한 친구. [<It]
gum·ball [gʌ́mbɔːl] 图 1 (동그란) 추잉[풍선]검. 2 (美속어) (순찰차 따위의 지붕의) 회전등; (美속어) 정제(精製) 헤로인.
gum-beat·ing [‑biːtiŋ] 图 (美속어) 수다, 잡담; 거창한[엉터리] 이야기, 허풍선이. **-bèat·er** 图 (美속어)
gúm bénjamin [bénzoin] 图 (화학) 벤조인(benzoin). 「zoin) (수지).
gum·bo [gʌ́mbou] 图 (~s) 1 (식물) 오크라 (okra); 그 꼬투리. 2 ⓤⓒ (美) 검보 스튜(오크라와 닭고기 또는 생선이나 조개 따위로 만든 스튜). 3 ⓤ (美국 남부의) 찰흙(~ soil). 4 (종종 G-) ⓤ (美 Louisiana주의) 크리올 사람(Creoles)·흑인이 쓰는 프랑스어 방언. —图 오크라의(비슷한). (또는 **gombo**)
gum·boil [gʌ́mbɔil] 图 (병리) 치은 농양(膿瘍).

gum·boot [gʌ́mbùːt] 명 1 (~s) 고무신, 고무 장화(rubber boot). 2 (美俗) =gumshoe 1.
gum·bo·til [gʌ́mbətil] 명 [지질] (빙하로 운반된 토사가 완전 풍화되어 생긴) 점착성 점토.
gúm drágon 명 트래거캔스 고무(tragacanth).
gum·drop [gʌ́mdrɑ̀p/-drɔ̀p] 명 검드롭《英》gum)《딱딱하고 투명한 젤리 모양의 드롭스》.
gúm elástic 명 탄성 고무, 고무(rubber).
gum·foot [gʌ́mfùt] 명 (美俗) 경찰관, 사복 형사.
gum·ma [gʌ́mə] 명 (pl. ~s, ~·ta [-tə]) [병리] (제3기 매독의) 고무종(腫). ~·tous [-təs]
gummed [gʌmd] 명 고무 같은 물질[풀]을 바른, 고무를 먹인; 점착성의.
gum·mer¹ [gʌ́mər] 명 이빨 빠진 늙은 양(gummy). (美俗) (이가 빠진) 노인.
gum·mer² 명 (구어) (계획 등을) 망치는 사람, 얼간이.
gum·mif·er·ous [gʌmífərəs] 명 =gummy¹ 3.
gum·ming [gʌ́miŋ] 명 ① 1 고무를 분비함; [식물] (과수의) 병적 수액 분비. 2 (석판 인쇄 따위에서) 아라비아 고무 따위를 판에 바르기. 3 (역청 우라늄 원광(原鑛)).
gum·mite [gʌ́mait] 명 [광물] 구마이트(황(黃)갈색.
gum·mixed úp [gʌ́míkst-] 명 (美俗) 이상한, 어지러이 뒤섞인; 황폐한. (또는 **gummóxed úp**)
gum·mous [gʌ́məs] 명 고무 모양의; 고무(질)로 된. (또는 **gum·mose** [gʌ́mous])
gum·my¹ [gʌ́mi] 명 1 고무(질)의; 고무 모양의; 점착성의, 끈적끈적한. 2 고무 같은 물질을 바른, 진득진득한. 3 고무[고무질, 수지]를 분비하는. 4 (복사뼈·다리 따위가) 부은. 5 원활하지 않은, 교활한; 불쾌한. 6 (美俗) 매우 감상적인. — 명 (보통 -mies) (美俗) 끈적끈적한 것, 아교, 풀, 접착제; (대로상의) 만능 접착제 판매인.
-mi·ly 부 **-mi·ness** 명
gum·my² 명 이가 없는; 잇몸을 드러낸.¶a ~ smile 잇몸을 드러낸 미소. — 명 1 (濠) 이빨이 넓적한 상어, 별상어류(屬의 상어(~ shark). 2 (濠·뉴질) (늙어서) 이빨 빠진 양.
gumph¹ [gʌmp] 명 (방언) 얼간이, 멍청이. (또는 **gump²**) 명 (구어) =gumption.
Gump·ism [gʌ́mpizm] 명 (美) 검프주의(적 생활), 머리가 좀 모자라도 성실하게 사는 주의. 《<美국 영화 Forrest Gump의 동명 주인공 이름》
gúmp light 명 (美俗) (캠프용의) 램프, 랜턴.
gump·tion [gʌ́mpʃən] 명 ① (구어) 1 진취적 기상, 적극성; 임기응변의 재치; 용기, 담력. 2 처세술, 수완, 상식.¶dry ~ 상식, 생활의 지혜. 3 그림 물감의 조합법; 유화용 기름, 메길프(megilp). **~·less, -tious** 명
gúm résin 명 고무 수지(고무와 수지의 혼합물).
gum·shoe [gʌ́mʃùː] 명 1 (美俗) a) 탐정, (사복) 형사; 경찰관. (또는 **gúm shòeman, gumshoer**) b) 은밀한 행동, 암약. 2 (~s) 고무(신)의 오버슈즈; 고무창의 운동화(sneaker). — 자 (美俗) 1 탐정[형사] 노릇을 하다. 2 조용히 걷다; 남몰래 행동하다, 암중모색하다. **~·er** 명 은밀히 행동하는, 몰래 행해지는.
gúm trágacanth 명 =tragacanth.
gúm trèe 명 고무질을 분비하는 나무(eucalyptus, sweet gum 따위); =gumwood.
up a (gum) tree (英구어) 진퇴 양난[곤경]에 빠져.
gum·wood [gʌ́mwùd] 명 ① 고무나무 재목(유칼리재(材) 또는 sweet gum 따위).
‡**gun** [gʌn] 명 (pl. ~s [-z]) 1 화기(火器), 총, 총포, 포, 대포, 화포(cannon).¶mount [work] a ~ 대포를 설치[조작]하다 / fire [or shoot] a ~ 발포하다. 2 휴대용 화기, (소총·엽총 따위) 총기; 피스톨, (연발) 권총(revolver).¶a sporting [or hunting] ~ 엽총. 3 a) (화약 폭발 장치에 의하지 않는) 총, (총 비슷한) 기구, 장치; 뿜는[주입] 기구;〖TV〗=electron ~. (美俗) (마약 상용자가 쓰는) 주사기; (俗) 음경.¶an air ~ 공기총 / a spray ~ (도료·약품 따위의) 분무기 / a

cement ~ 시멘트 뿜는 기구. b) (경기의) 출발 신호용 피스톨. 4 (美구어) 정부[직업적] 살인자(hired killer); (권총으로 무장한) 폭한, 총잡이(gunman);《英》수렵대의 일원(a ~ hunter); 사수; (the G-s)《英해군속어》포술장(砲術長).¶a gangland ~ 암흑가의 살인청부업자. 5 예포, 축포, 조포(弔砲), 호포(號砲); (사물의) 작동시를 나타내는 신호; 스타트.¶a 21 ~ salute 21발의 예포 / the morning [evening] ~〖해사〗아침[저녁]의 호포. 6 (俗) (살담배용) 파이프; (俗어) 술집; (俗) 큰 파도용 서프보드; (엔진의) 절기판(節氣瓣) (throttle), 스로틀 레버(throttle lever). 7 (俗) 거물, 유력자, 보스; 도둑, 소매치기. 8 (濠·뉴질) 양털깎기의 달인[전문가].
a big [or *great*] *gun* (俗) 거물, 명사.
a son of a gun ⇒SON.
(as) sure as a gun 확실히, 틀림없이, 의심없이.
beat the gun =*jump the gun*. 「풍이 불다.
blow (great) guns (구어) (바람이) 사납게 불다, 강*bring up* [or *out*] *one's big guns* 자기에게 유리한 사람[이유]를 내세우다; 비장의 수를 쓰다.
carry [or *hold*] *(big) guns* 유력한 지위에 있다.
carry [or *have*] *the guns for* …할 능력이 있다.
give...the gun (俗) (엔진)을 시동시키다; (자동차·비행기 따위의) 속력을 올리다, 가속하다.
go great guns (진행형으로) (구어) (사람이) 척척 잘 해나가다; (일이) 대성공하다.
great guns! 맹렬한 기세로; 격심하게.
Great guns! 이크!, 큰일났군!, 어림없다!
guns before butter 국민 생활보다 군비 우선.
guns or butter 군사냐 민생이냐. 图 guns-and-butter
hold [or *have*] *a gun to* [or *at*] *a person's head* 남의 머리에 권총을 갖다대다; 남을 위협하여 강행케 하다.
in the gun (俗) 몹시 취해, 곤드레가 되어.
jump the gun ① (육상) 부정 출발[스타트]하다. ② (구어) 허가 없이 시작하다; 성급하게 행동하다.
spike a person's guns 남의 계획의 의표를 찌르다 [을 방해하다]; 남을 무력하게 하다.
stick to [or *stand by*] *one's guns* 자기의 입장을 고수하다, 자기 의견을 굽히지 않다; 한 치도 양보하지 않다. 「지.
till [or *until*] *the last gun is fired* 최후[마지막]까 *under the gun* (美俗) 총포로 경호되어, 엄중 감시 아래.
— 자 (~s [-z], -nn-) 명 1 (수동형으로) …을 총으로 쏘다, 사살하다(down); …에서 총사냥하다. 2 (구어) (항공기 타 따위)의 속력을 갑자기 올리다; [엔진]을 고속 회전시키다. 3 …에 총[포]을 장비하다. 4 (美俗) (컴퓨터 프로그램)을 정지시키다. — 자 1 총사냥하러 가다; 총으로 쏘다, 사살하다. 2 (美俗) 빠른 속도로 달리다(*away*, *through*).
gun down 총을 쏘아 쓰러뜨리다, 사살하다.
gun for ① …을 총사냥하러 가다. ② (진행형으로) (구어) …을 죽이려고[해치려고] 찾아다니다, (총을 들고) 추적하다. ③ (구어) [지위·상 따위]를 얻으려고 필사적으로 하다. ④ (美구어) [남]을 공격[비난]하다.
gun. gunnery. 「구가 좁은 급경사 슬로프.
gún bàrrel 명 포신, 총신; (스키) 양측면이 높고 출 **gun·boat** [gʌ́nbòut] 명 1 포함(砲艦). 2 (~s) (美俗) 큰 구두, 장화. 3 (美俗) 1갤런들이 빈 깡통.
gúnboat díplomacy 명 포함 외교, 무력 외교.
gún càmera 명 건 카메라, 사진총(항공기에 탑재된 무비 카메라; 사격의 명중 성과를 기록한다).
gún càrriage 명 (해군) 포가(砲架), 포술장(砲術長). 「규제법.
gún càrriage 명 포차(砲車), 포가(砲架).
gún contról 명 총포 규제.¶*G- C- Act* (美) 총포 **gún-control gróup** 명 (美) 총포 규제 촉진 단체.
gun·cot·ton [gʌ́nkɑ̀tn/-kɔ̀tn] 명 ① 면화약(綿火藥).

gún dèck 몡 (해군) (옛 군함에서) 포열(砲列) 갑판.
gún dòg 몡 사냥개(bird dog). (또는 **gúndòg**)
gun-down [gʌ́ndàun] 몡 충격; 충살, 사살.
gun-fight [gʌ́nfàit] 몡 ⑧ⓒ 충격전을 벌이다; 권총으로 결투하다. —— 몡 총격전; 권총에 의한 결투.
gun-fight·er [gʌ́nfàitər] 몡 총으로 싸우는 사람; (美구어) (미국 서부 개척 시대의) 총잡이, 무법자.
gun-fire [gʌ́nfàiər] 몡ⓤ 1 발포, 포화. 2 (군사) 화포 공격, 포격. 3 (조석으로) 호포(號砲)로 알리는 시각.
gun-flint [gʌ́nflìnt] 몡 (옛날 총의 발화용) 부싯돌.
gunge [gʌndʒ] (英구어) 몡 1 끈적끈적하게 진득진득한 것(goo). 2 (美속어) 싫은 놈. —— 타 (수동형으로) …을 진득진득한 것으로 메우다(막히게 하다)(up).
gun-gy [gʌ́ndʒi] 몡
gung-ho [gʌ́ŋhóu] 몡 1 (구어) 멸사봉공의; 열광한, 열광적인. 2 (속어) 세련되지 않은, 감정적인. —— 튀 (구어) 잘, 순조롭게. 〔Chin 工和 work together〕
gún harpóon 몡 포경포(捕鯨砲)로 쓰는 작살.
gun-house [gʌ́nhàus] 몡 (군함의) 포탑.
Gun-ite [gʌ́nait] 몡 (때로 g-) (상표) 거나이트(시멘트, 모래, 가루 슬랙(slag)을 물에 혼합한 것).
gunk [gʌŋk] (구어) 몡ⓤ 1 (불쾌감을 주는) 미끈미끈[질척질척]한 것, 걸쭉한 액체(gunge); 오물. 2 (속어) 화장품. 3 (속어) 사람, 놈. 4 (美속어) 시너.
gúnk hòle 몡 풍파의 걱정이 없는 투묘지(投錨地); (진흙·바위·해초 따위가 있는) 얕은 후미.
gún làp 몡 (레이스에서 총성으로 알리는) 마지막 바퀴.
gún làw 몡 총기 (소지) 단속법.
gun-lay·er [gʌ́nlèiər] 몡 (英해군) (대포의) 조준수 〔照準手〕.
gun-less [gʌ́nlis] 몡 총포를 갖지 않은.
gún lòbby 몡 (美) 총포 규제에 반대하는 압력 단체.
gun-lock [gʌ́nlàk/-lɔ̀k] 몡 (화기의) 방아쇠.
***gun·man** [gʌ́nmən] 몡 (복 -**men** [-mən, -mèn]) 1 (美) 총기 휴대자; 총기 휴대 경비원〔수위〕. 2 (고용된) 총잡이; 청부 살인자(killer); (무장) 테러 분자. 3 총(권총)의 (속소) 명수. 4 =gunsmith. **~-ship** 몡
gun-met·al [gʌ́nmètl] 몡ⓤ 1 (쇠줄·버클 따위에 쓰는) 암회색 금속의 총칙. 2 푸른 기 도는 자줏빛이 도는 암회색(〜 gray). 3 포금(砲金)(원래 대포 포신에 쓰던 청동의 일종). (또는 **gún mètal**) **gún-mèt·al** 몡
gún mòll 몡 (속어) 1 갱(마피아의) 정부(情婦); 여자 공범자. 2 (총기를 휴대한) 여성 범죄자(정부 살인자).
gun-nage [gʌ́nidʒ] 몡 (군함의) 비포수(備砲數).
gunned [gʌnd] 몡 (…의) 포를 장비한.
Gúnn effect 몡 (물리·전자) 건 효과(반도체에 임계 〔臨界〕 전압을 가하면 극초단파가 발생하는 현상). 〔발견자의 미국 물리학자 J. B. Gunn(1928-)〕
gun-nel¹ [gʌ́nl] (어류) (북대서양산〔産〕) 황줄베도라칫과의 총칭.
gun-nel² 몡 (해사) =gunwale.
***gun·ner** [gʌ́nər] 몡 1 포수(砲手), 사수; 조준수, 포전〔彈〕수; 〔해군〕 포술장(砲術長)(준사관); (英) 포병 대원. 2 총사냥꾼; 포경선의 작살을 쏘는 포수. 3 (美속어) 튀어보이려는 사람, 화려한 것을 하는 사람. **hug** [or **kiss, marry, be introduced to**] **the gunner's daughter** (英속어) (수병이) 대포에 묶여 매를 맞다. **~-ship** 몡 사격법.
gun-ner·y [gʌ́nəri] 몡ⓤ 1 포술; 사격법. 2 포격, 사격. 3 (집합적) 총포, 포(guns). 4 총포 제조.
gúnnery òfficer 몡 (美해군) 포병 장교.
gúnnery sèrgeant 몡 (美해병대) 하사관 계급의 하나(first sergeant 아래, staff sergeant 위).
gun-ning [gʌ́niŋ] 몡ⓤ 1 사격(법), 발포, 포격(gunnery). 2 총사냥(법)(shooting).
gun-ny [gʌ́ni] 몡 1 ⓤ 황마포(黃麻布), 거친 천. 2 =**gúnny clòth**. 3 =gunnysack. (또는 **gúnny-bàg**)
gun-ny·sack [gʌ́nisæ̀k] 몡 삼베 자루, 마대. (또는
gun-pa·per [gʌ́npèipər] 몡 (군사) 종이 화약.
gún pàtch 몡 라이플 발사시의 반동을 완화시키기

위한 어깨바대(셔츠나 상의에 붙인다). 〔용 참조〕
gún pit 몡 (육군) 요형 엄체(凹形掩體)(포·포병 엄호
gún plàtform 몡 포상(砲床), 포좌(砲座)
gun-play [gʌ́nplei] 몡ⓤ (美) (무장 범인과 경찰 사이의) 총격전, 총 싸움; 총솜씨.
gun-point [gʌ́npɔ̀int] 몡 총구, 총(권총)의 겨눔. **at gunpoint** 권총〔총〕을 들이대어, 권총〔총〕으로 협박하여〔당하여〕. 「검지.
gun-poke [gʌ́npòuk] 몡 (美속어) 권총을 지닌 범인
gun-port [gʌ́npɔ̀ːrt] 몡 (군함의) 포문; (비행기·토치카 따위의) 총안(銃眼).
***gun·pow·der** [gʌ́npàudər] 몡ⓤ 1 화약. ¶ smokeless [white] 〜 무연(백색) 화약. 2 = 〜 tea.
gúnpowder téa 몡 중국산 고급 녹차.
gún ròom 몡 1 (개인 집의) 총기(진열)실. 2 (英) (군함의) 하급 장교실. (또는 **gúnroom**)
gun-run·ning [gʌ́nrʌ̀niŋ] 몡ⓤ 총포(탄약 따위의) 밀수입. **-ner** 몡 총포(탄약) 밀수입 업자.
guns-and-but·ter [gʌ́nzənbʌ́tər] 몡 대포와 버터의, 군사·민생 양립의. 「다 군사 우선의.
guns-be·fore-but·ter [-bifɔ́ːrbʌ̀tər] 몡 민생보
gun-sel [gʌ́nsəl] 몡 (美속어) 1 순진한 젊은이. 2 배신자. 3 총(권총)을 지닌 범죄자; 청부 살인자(killer). 4 남색(男色) 상대가 되는 소년(catamite); 교활한(믿을 수 없는) 놈. 〔<Yid〕 「(전투용) 헬리콥터.
gun·ship [gʌ́nʃip] 몡 (美) (지상 근접 지원용) 무장
gun·shot [gʌ́nʃɑ̀t/-ʃɔ̀t] 몡 1 발사된 탄환(포탄). 2 ⓤ 사정, 착탄 거리. 3 발포, 사격, 포격. 「에. **within** [**out of, beyond**] **gunshot** 사정권 내〔밖〕 —— 몡 (한정용법) 탄환에 의한, 총격당한.
gun-shy [-ʃài] 몡 1 (사냥개·말이) 총소리를 무서워하는 (2 (일반적으로) (…을) 경계하는; (…에) 의심〔겁〕 많은(of). **~-ness** 몡
gun-sight [gʌ́nsait] 몡 (총의) 조준기(sight).
gun-site [gʌ́nsait] 몡 포격 진지.
gun-sling·er [gʌ́nsliŋər] 몡 1 (구어) =gunfighter; (美속어) 무기를 지닌 범죄자. 2 (속어) (정계·실업계의) 수완가. 3 (속어) 위험 부담이 큰 대형 투자(자산 운용)(가); 대형 투기꾼.
gun-sling·ing [gʌ́nsliŋiŋ] 몡 (구어) 총기를 휴대한; 투기(위험한 거래)를 하는. —— 몡 발포, 사격.
gun-smith [gʌ́nsmiθ] 몡 총포 대장장이, 총포공.
gun-stick [gʌ́nstik] 몡 꽂을대(총신(포신)) 소제용 길쭉한 막대기). 「(床).
gun-stock [gʌ́nstàk/-stɔ̀k] 몡 개머리판, 총상(銃
gun-ter [gʌ́ntər] 몡 1 (측량·항해용) 건터 비례자 (Gunter's scale). 2 (또는 〜 **rig**) (해사) 건터 의장(艤裝), 곡대기 삼각돛(마스트의 상반부가 상하로 이동하는). **according to Gunter** (美) 정확하게. 〔<영국의 수학자 Edmund Gunter(1581-1626)〕
Gún·ter's cháin [gʌ́ntərz-] 몡 (측량) 건터 측쇄 (測鎖)(100마디로 되어 있으며 전장 66피트).
gun-tot·ing [ˊtɔ̀utiŋ/-tɔ̀t-] 몡 (한정용법) (美구어) (범죄 행위를 목적으로) 총〔권총〕을 늘 휴대하는.
gun-wale [gʌ́nl] 몡 (해사) (대형 합선의) 현측(舷側) 의 위로; (보트 따위의) 현의 윗머리, 뱃전. (또는 **gunnel**) (**full**) **to the gunwales** 최대한으로. 「기울어져서. **gunwale down** [**or to**] 뱃전이 수면에 닿을 정도로 **gunwale under** 뱃전이 물 속에 잠겨서.
gun-yah [gʌ́njə] 몡 (濠) (원주민·미개지의) 오두막.
gup [gʌp] 몡 (英속어) 시시한 이야기, 허튼 소리; 스캔들, 추문, 고심. 〔<Hind〕
gup-pie¹ [gʌ́pi] 몡 (속어) 환경 문제에 관심을 가진 여피(yuppie). 〔<green yuppie〕 「〔<gay yuppie〕
gup-pie² 몡 (속어) 거피(동성애자의 여피(yuppie)).
gup·py [gʌ́pi] 몡 (어류) 구피(난태생〔卵胎生〕의 작은 열대산〔産〕 담수어로 관상용). 「〔신전〕(Sikh temple).
gur·dwa·ra [gəːrdwàːrə] 몡 (인도의) 시크교 사원

gurge [gəːrdʒ] 명 (옛 **gur‧ges** [gə́ːrdʒiːs]) 1 소용돌이(whirlpool). 2 (또는 **gorge**) (문장) 소용돌이 또는 몇 개의 동심원의 형태. ㅡ자 소용돌이치다.

gur‧gi‧ta‧tion [gəːrdʒətéiʃən] 명 ⓤ (물 따위의) 비등(沸騰); (물결의) 기복, 굽이침.

*****gur‧gle** [gə́ːrgl] 자 1 (물 따위가) 콸콸[졸졸] 흐르다(*from*). 2 콸콸[졸졸] 소리를 내다; (새나 사람이) 목구멍으로 꼴꼴꼴 소리를 내다(*with*). ㅡ타 목구멍을 울리는 소리로 말하다. ㅡ 명 ⓒ (a ~, the ~) 콸콸[졸졸, 꼴깍꼴깍]하기[는 소리].
-gling **-gling‧ly** 부

gur‧jun [gə́ːrdʒən] 명 (식물) 거전(동인도·필리핀 제도산(産)의 큰 나무); ⓤ 그 나무에서 채취한 수지(balsam)(의약 원료).

Gur‧kha [gə́ːrkə, gúər-] 명 (복 **~(s)**) 1 구르카 사람; (집합적) 구르카족(네팔에 사는 Hindu교를 신봉하는 전호적인 종족). 2 구르카 병(兵)(영국 및 인도군 소속의 네팔인 용병). [<Nepal의 주(州) 이름]

gur‧nard [gə́ːrnərd] 명 (복 **~(s)**) [어류] 극기류(棘鰭類)의 바닷물고기, 성대. (또는 **gurnet**).

gur‧ney [gə́ːrni] 명 1 바퀴가 달린 환자 수송용 들것[침대]. 2 양쪽을 캔버스로 덮은 우편물 발송용 2륜[4륜]차.

gur‧ry [gə́ːri/gʌ́ri] (미) 명 (통조림 공장 등의) 물고기[고래 따위] 찌꺼기; 어유(fish oil). ㅡ타 (물고기 찌꺼기 따위로) 더럽히다.

gu‧ru [gúːruː, -/gúru:] 명 1 (힌두교) 종교상의 스승, 도사(導師) 교부(敎父). 2 (종종 경멸적) (지적·정신적) 지도자, 스승, 조언자. 3 (구어) 권위자, 전문가, 베테랑. 4 guru가 입는 길고 헐렁한 옷. 5 정신과 의사; (美俗) 환각제 체험자를 돌보는 사람. 6 (美俗) (금융) 주식 브로커[분석가]; 금융 컨설턴트. **~‧ship** 명 [<Hind] [Gustave의 애칭].

Gus [gʌs] 명 거스(남자 이름; August, Augustus.

*****gush** [gʌʃ] 자타 1 (액체·말·소리 따위가) (…에서) 세차게 흘러나오다, 솟아[뿜어]나오다, 분출하다(*out, forth, up*) (*from, out of*); (눈물·피 따위) 줄줄[갑자기] 흘리다(*with*). ¶ (~+團) a hot spring ~*ing up* in a copious stream 콸콸 쏟아져 나오는 온천 // (~+閒+團) His eyes ~*ed (out) with* tears. 그의 눈에는 눈물이 평평 쏟아졌다. 2 (구어) (여자가) (감정적으로 야단스럽게) 지껄이다(*about, over*). ¶ (~+閒+圖) ~ *over* [*about*] one's baby 자기의 아기 이야기를 장황하게 늘어놓다. ㅡ타 1 (액체 따위)를 세차게 내뿜다, 분출시키다. 2 (말)을 감정적으로 내뱉다, 열정적으로 지껄여대다. 3 (여성이) (종종 My ~!) 이런, 어머나(My God!).

gush‧er [gʌ́ʃər] 명 1 분출하는 것. 2 (대규모) 분유정(噴油井). 3 과장하여[감정적으로] 지껄여대는 사람.

gush‧ing [gʌ́ʃiŋ] 형 1 세차게 흘러나오는, 뿜어나오는, 분출하는. 2 (경멸적) 감정을 과장하여 나타내는, 지나치게 감상적인. **~‧ly** 부 **~‧ness** 명

gush‧y [gʌ́ʃi] 형 =gushing.
gúsh‧i‧ly 부 **gúsh‧i‧ness** 명

gus‧set [gʌ́sit] 명 1 (재봉의 보강용) 삼각천, 섶, 무. 2 (토목) 거싯판(板), 이음판. 3 (갑옷의 이음매를 방어하는) 쇠사슬 옷 조각(판금 갑옷).

gus‧sy [gʌ́si] 타 (口) …을 화려하게 장식하다, 꾸미다(*up*). ㅡ자 나들이옷으로 성장(盛裝)하다(*up*). ¶ ~ *up* for the ball 무도회에 가려고 성장하다. (또는 **gussie**)

*****gust¹** [gʌst] 명 (a ~) 1 (갑자기) 휙 부는 바람, 돌풍, 질풍. ⇒ WIND¹ (유의어) ¶ a ~ of wind 휙 몰아치는 바람. 2 (물·연기 따위의) 갑작스러운 분출. (불·소리 따위의) 갑작스러운 발생 (*of*). ¶ a ~ *of* rain 소나기 / a ~ *of* fire 확 타오르는 불길. 3 (감정 따위의) 격발, 폭발(*of*). ¶ a ~ *of* laughter [*rage*] 폭소[격노]. ㅡ자 (바람이) 세차게 불다; (뿜어나오다; (불·소리 따위가) 갑자기 나다; (감정 따위가) 격발하다.

gust² 명 1 (고어·시) 좋아함, 기호; (폐어) 미각; 풍미(flavor). 2 기쁨, 즐거움, 만족(*for*). ¶ **have a gust for** [*or of*] …을 아주 좋아하다, 찬미하다. **~‧a‧ble** 형 즐길 수 있는; 미각으로 구별할 수 있는.

gus‧ta‧tion [gʌstéiʃən] 명 (문어) 맛보기; 미각.

gus‧ta‧tive [gʌ́stətiv] 형 =gustatory.

gus‧ta‧to‧ry [gʌ́stətɔ̀ːri/-təri] 형 맛의, 미각의. ¶ ~ **nerves** 미각 신경 / ~ **buds** (해부) (혓바닥의) 미뢰(味蕾). (또는 **gustatorial**) **‧to‧ri‧ly** 부

gus‧to [gʌ́stou] 명 (복 **~es**) ⓤ 1 (음식물 따위의) 맛을 즐기기; 마음에서 우러나는 즐거움[기쁨]. 2 (개인의) 기호, 취미, 애호. ¶ **have a ~ for learning** 학문을 애호하다. 3 (고어) (우아한) 예술적 풍격, 기품. **with gusto** ① 맛있게, 입맛을 다시며. ② 즐겁게, 활기차게.
~‧ish 형

gust‧y¹ [gʌ́sti] 형 1 (바람·비·폭풍우 따위가) 돌발성의, 갑자기 불어치는[내리는]; 비바람이 세찬, 모질게 개는. 2 (소리·웃음 따위가) 돌발[폭발]적인, (행동 따위가) 발작적인. ¶ ~ **laugh** [*or laughter*] 폭소. 3 기운찬, 발랄한; 열성된; 흥미[관심]이 큰. 4 (연설 따위가) 알맹이[내용]이 없는. **gúst‧i‧ly** 부 **gúst‧i‧ness** 명

gust‧y² 형 (스코) 맛[풍미]있는, 식욕을 돋우는.

gut [gʌt] 명 1 (종종 ~s) ⓒ 소화기관(주로 위와 장), 장(腸). ¶ **the small** [**large**] ~ 소(대)장/**the blind** ~ 맹장. 2 (~s) a) 내장, 창자, 뱃속(bowels, entrails); (종종 ~s) 배(腹). ¶ **a pain in the** ~s 복통. b) (구어) 중요한 부분, 핵심, 본질, 알맹이. ¶ **a speech with no** ~s 알맹이가 없는 연설. c) (구어) (기계 따위의) 내부, 장치, 가동 부분. 3 (~s) (구어) a) 용기, 뱃심, 기력, 근성; 체력, 스태미나, 인내력; 뻔뻔스러움, 염치. ¶ **a man of** ~s 배짱[근성] 있는 사람. b) ⓤ (구어) 직감, 본능, 감정. 4 장(腸); 장(腸)조직; **sheep's** ~ 양의 창자(소시지 껍질용). b) 장선(腸線)(바이올린 현, 라켓 줄, 외과용 봉합사용); 낚싯줄에 쓰는 야잠사(野蠶絲). 5 좁은 수로[해협]; 도랑; (산 속의) 좁은 통로, 산협(山峽); 골목길; (英) (Oxford, Cambridge 대학 보트 경주 코스의) 굴곡부. 6 (속어) ㅡ자 **course**. 7 (~s) (구어) (단 복수 양용) 먹보, 대식가. 8 (속어) 소시지.
bring *a person's* **guts** [or **heart**] **into** *his* **mouth** 남을 자백시키다.
bust [or **rupture**] **a gut** 최대한의 노력을 하다; (…하려고) 필사적이 되다(*to do, doing*).
fret *one's* **guts** 걱정하다, 조바심하다, 마음 졸이다.
hate *a person's* **guts** (구어) 남을 몹시 미워하다.
have *a person's* **guts for garters** (英구어) 남을 혼내주다.
¶ **I have** [근성(뱃장)이 없다.
have no guts ① 알맹이[내용]이 없다, 속이 비다. ②
have the guts to do …하는 용기[뱃장]가 있다.
run *a person* **through the guts** 남을 꿇려주다, 구박하다.
spew *one's* **guts** (*out*) (구어) 토하다; (속어) (범인이) 불다.
spill *one's* **guts** (*out*) (속어) 아는 것을 모조리 털어놓다.
split a gut (속어) ① 지독하게 노력하다. ② 대소(大)
work [or **slog, sweat**] *one's* **guts out** (英구어) 열심히[피땀 흘려] 일하다.
yell *one's* **guts out** (속어) 큰 소리로 외치다.
ㅡ타 (**-tt-**) 1 (죽은 동물)에서 내장을 꺼내다, 창자를 빼내다. 2 (집·도시 따위)의 남김없이 약탈하다; (책·논문 따위)의 요점[요소]를 발췌하다[빼버리다]; (구어) 속독하여 …의 대의를 파악하다. 3 (수동적으로) (화재로) (건물 따위)의 내부가 소실되다; 을 송두리째 파괴하다. ¶ **a house completely** ~*ted* **by fire** 화재로 몽땅 타버린 집. 4 (차)의 장(內裝)을 제거하다.
gut it out (美속어) 끝까지 참아내다.
ㅡ 명 (**or tough**) 형 1 (문제 따위가) 근본적인, 본질적인. ¶ **a** ~ **issue** 근본 문제. 2 (반응 따위가) 마음 속에서 우러나는, 본능적인, 직감적인. ¶ **a** ~ **reaction** 본능적 반응. 3 (구

어) (학과목이) 재미있는, 학점 따기가 쉬운.
GUT [gʌt] *grand unified* [*or unification*] *theory*.
gut·buck·et [gʌ́tbʌ̀kit] 図 1 (음악) 것버킷(2박자의 리듬과 즉흥적인 핫 재즈); 선정적인 재즈. 2 (속어) 선술집, 하급 도박지. 3 (속어) (교도소 독방의) 실내용 변기; 변소. 4 (美속어) 똥보; 비만. ▮소의 요리인.
gut-bur·glar [<꞊bə̀ːrglər] 図 (美속어) (벌채의 합숙소의) 식사 신호용 징[철제 트라이앵글].
gut cóurse 図 (美구어) 학점을 취득하기 쉬운 과목.
Gu·ten·berg [gúːtnbə̀ːrg] 図 **Johannes ∼** 구텐베르크(1400?-68; 독일의 인쇄업자; 활판 인쇄술 발명).
Gútenberg Bíble 図 (the ∼) 구텐베르크 성서(1456년 이전에 독일 Mainz에서 인쇄된 라틴어 역 성서).
gút fèeling 図 직감, 감, 제육감(第六感).
gut-fight·er [gʌ́tfàitər] 図 (美) 만만찮은 상대[적].
gut-ham·mer [<꞊hæ̀mər] 図 (美속어) (벌채 인부들의) 식사 신호용 징[철제 트라이앵글].
gut·less [gʌ́tlis] 図 (구어) 용기[배짱] 없는; 비겁한; 무기력한; 지구력이 없는; 알맹이가 없는. (또는 **guts·**) **∼·ly** 图 **∼·ness** 図 (**less**)
gut-rot [<꞊rɑ̀t/-rɔ̀t] 図 (英구어) =rotgut, 복통.
gut-scrap·er [<꞊skrèipər] 図 바이올린 연주자.
gut·ser [gʌ́tsər] 図 (濠·뉴질 구어) 낙하, 충돌; 실망, 실패. (또는 **gutzer**)
come [or *fetch*] *a gutser* 실패하다.
Gúts Frísbee [gʌ́ts-] 図 거츠 프리즈비(프리즈비를 상대가 받기 힘들게 서로 던지는 경기).
gut·so [gʌ́tsou] 図 (구어·경멸적) 동똥이.
guts·y [gʌ́tsi] 図 (구어) 1 대담한, 간 큰; 무적의; 힘찬, 원기 왕성한, 정력적인. ▮a ∼ sort 간 큰 녀석 / ∼ writing 힘있는 필치. 2 (록 따위가) 선정적인. 3 (英) 탐욕스러운. **gúts·i·ly** 图 **gúts·i·ness** 図
gut-ta[^1] [gʌ́tə] 図 (통 *-tae* [-tiː]) 1 물방울(drop); 물방울 모양의 것[생화학 ❀ gt.; 통 gtt.]. 2 (건축) (도리아식의) 물방울 모양 장식. (<L)
gut-ta[^2] 図 (화학) 구타(gutta-percha나 balata의 주성분 탄수화물).
gut-ta-per·cha [-pə́ːrtʃə] 図Ⓤ 구타페르카(말레이지방산(産) 야생 식물의 유액을 건조시킨 수지(樹脂)); 치과 충전재·전기 절연체·골프공 제조용).
gut·tate [gʌ́teit] 図 (생물) 물방울 모양의; 반점(斑點)[물방울 무늬]이 있는. (또는 **guttated**)
gut-ta·tion [gʌtéiʃən] 図 (식물) (나뭇잎·풀잎 따위의) 배수(排水) 현상(배출된 물방울이 잎에 맺히는 현상).
gut·ted [gʌ́tid] 図 (英속어) 극도로 지친; 매우 싫증난.
gut·té(e) [guːtéi] 図 (문장) (바탕에) 물방울 모양의 반점이 있는.
*gut·ter** [gʌ́tər] 図 1 (도로의) 도랑, 시궁창, 배수로; (일반적으로) 수로. 2 (지붕의) 홈통, 물받이. 3 (물·촛농 따위의) 흐른 자국, 홈. 4 (주로) 빈민가, 빈민굴(slums); 밑바닥 생활. ▮children of the ∼ 부랑아 / the language of the ∼ 하층 사회의 말, 비어(卑語). 5 (인쇄) =∼ **stick**; (책·잡지) 좌우 양 페이지 사이의 여백. 6 (볼링) 거터(레인 양쪽의 홈).
have one's mind in the gutter (속어) 음탕한[추잡한] 생각만하다(에 사로잡혀 있다).
in the gutter (美속어) 술 취하여; 영락하여.
rise from the gutter 비천한 신분에서 출세하다.
── 図 밑바닥 사회의, 비천한, 야비한.
── 图㉖ 1 (눈물 따위가) 자국을 내며 흐르다; (흐르는 물 따위가) 도랑을 만들다; (양초가) 흘러 내리다. 2 (램프·양초의 불꽃이) (바람을 맞아) 금방 꺼질 듯해지다, 작아지다. ── 图㉕ 1 ∼에 도랑을 내다[파다]; ∼에 흐르는 자국[수로]을 내다. 2 ∼에 홈을 달다; ∼을 끄다.
gutter out (촛불 따위가) 차츰 약해져 꺼지다; 꺼질 ∼·**like** 図 듯이 종말을 고하다.
gut-ter·bird [gʌ́tərbə̀ːrd] 図 (英) 참새; 천한 사람.
gut-ter·ing [gʌ́təriŋ] 図ⓊⒸ 1 도랑 내기, 홈통 달기. 2 홈통 재료. 3 (집합적) (건물의) 홈통 장치. 4 촛농.

gut-ter·man [gʌ́tərmən] 図 (값싼 물건을 파는) 길거리[노점] 상인.
gútter prèss 図 (the ∼) (집합적; 단·복수 양용) (경멸적) 선정적[저속한] 신문[잡지].
gútter religion 図 (경멸적) 시궁창바닥 종교(미국의 흑인 회교도가 유대교를 일컫는 말).
gut-ter-snipe [gʌ́tərsnàip] 図 1 (구어) (도시의) 최하층[밑바닥]의 사람; 거리의 부랑자; 불량배. 2 (美속어) 삐라, 전단. 3 (美속어) 무허가[불법] 증권 중개인.
 ∼·snip·ish 図 ....못된사람.
gútter stick 図 (인쇄) 조판된 페이지를 구분하는 나무.
gut-tif·er·ous [gʌtífərəs] 図 고무[수지]를 내는.
gut-ti·form [gʌ́təfɔ̀ːrm] 図 물방울 모양의.
gut-tle [gʌ́tl] 图 게걸스럽게 먹다[마시다]. **-tler** 図
gut-tur·al [gʌ́tərəl] 図 1 목구멍의, 인후의. 2 목구멍 소리의, 쉰[거친] 목소리의. 3 (음성) 후음의(喉音의).
 ── (음성) 후음(∼ **sound**) ([x, ʁ] 따위; 음성학에서는 velar가 보통). **∼·ism** 図Ⓤ 후음성(喉音性); 후음을 내는 법. **∗ál·i·ty** 図Ⓤ **∼·ly** 图 **∼·ness** 図
gut-tur·al·ize [gʌ́tərəlàiz] 图㉕㉖ 1 ∼을 목구멍으로 발음하다, 목구멍 소리로 말하다. 2 (음성) (소리)를 후음화[연구개음화]하다. ∼ **의** 목구멍 소리[신 소리]로 말하다. **∗i·zá·tion** 図 후음화.
gut·ty[^1] [gʌ́ti] 図 (아일 방언) 악동, 부랑아; 하층민.
gut·ty[^2] 図 1 용기[근성] 있는, 담력 있는. 2 본질적인; 근본적인. 3 (속어) (자동차가) 강력한 엔진을 가진. 4 (스코) 배가 나온. 5 (재즈 속어) 소박한, 원시적인.
guy[^1] [gai] 図 (∼**s** [-z]) 1 (구어) 사내, 놈, 녀석(fellow); (∼**s**) (美) (남녀 불문하고) 사람들, 패거리; (속어) (여성이) 남편·약혼자·애인을 가리켜) 그이, 집주인. ▮a nice [queer] ∼ 좋은[고약한] 놈 / Don't you ∼ see? 자네들 알았는가? 2 (종종 G-) (英) (G- Fawkes Day에 끌고 다니다가 밤에 태워버리는) G- Fawkes의 상(像)[인형]; 익살스런 인형. 3 (英) 기묘한 복장을 한 사람; 웃차림이 초라한[단정치 못한] 사람; 웃음거리가 되는 사람. 4 (英속어) 자취를 감추기, 도망.
do a guy (英속어) 자취를 감추다, 도망치다.
give the guy to a person (英속어) 남에게서 달아나다, 남을 따돌리다.
It couldn't happen to a nicer guy. (익살) 당장 천벌을 받는다. "∼로 만든다.
make a guy of a person in ∼으로 남을 웃음거리 사나이.
one of the guys (구어) 보통의 사나이.
── 图 1 ∼을 놀림감[웃음거리]으로 삼다, 놀리다, 희롱하다. 2 (英) (평판이 나쁜 사람 등)을 인형으로 만들어 조롱하다. ── 図
guy[^2] 図 버팀 밧줄, 당김줄. (또는 ∼ **rope**) ── 图 ∼을 버팀 밧줄로 유도하다; 당김줄로 고정시키다.
Guy·a·na [gaiǽnə, -áːnə] 図 가이아나(남미 북동 해안의 공화국; 수도 Georgetown).
Guy·a·nese [gàiəníːz] 図 (통 ∼) 가이아나인.
 ── 図 가이아나(인)의.
Gúy Fáwkes Dày [Níght] [⁴fɔ́ːks-] 図 (英) 가이 포크스제(祭)(1605년 국왕을 시해하려던 화약 음모 사건(Gunpowder Plot)의 주모자 중 한 사람인 Guy Fawkes의 체포 기념일; 11월 5일).
gúy Fríday 図 =man Friday.
guy·ot [giːóu] 図 (지질) (몽)(tablemount)(정상이 평탄한 바닷속의 산). (<스위스의 지질·지리학자 Arnold H. Guyot (1807-84)의 이름)
guz·zle [gʌ́zl] 图㉖ 1 (술)을 퍼마시다; ∼을 게걸스럽게 먹다(*away*, *down*). 2 (시간·돈 따위)를 술로 낭비하다(*away*). ▮∼ *away the days* 술로 지새다. 3 폭음 폭식하여 죽이다. ── 图 (美남부) 목구멍; 술잔치, 법석.
guz·zled [gʌ́zld] 図 1 (구어) 술 취한, 곤드레만드레인. 2 (속어) 붙잡히는, 체포되는.
guz·zler [gʌ́zlər] 図 대주가(大酒家); =gas-∼.

GVH diséase [dʒi:vi:éitʃ-] 圉 =graft-versus-host disease. 〔主〕이식편 반응.
GVH reáction 圉 〔의학〕 GVH 반응, 대숙주(對宿
GVT, Gvt. government; gravity-vacuum transportation. **GVW** gross vehicle (vehicular) weight (자동차(차량) 총중량). **GW** George Washington; gigawatt(s); gross weight; guided weapon.
gweep [gwi:p] 圉 (속어) 컴퓨터광(狂)(초보자).
gwine [gwain] 圉 (美남부) (비표준) go의 현재분사.
G-wom·an [dʒi:wûmən] 圉 FBI의 여성 수사관.
GWP (경제) gross world product(세계 총생산).
gybe [dʒaib] 圉圈 (해사) =jibe¹.
gyle [gail] 圉 1 발효 엿기름물; 1회분의 맥주 양조량. 2 발효조(醱酵槽), 양조통.
‡**gym** [dʒim] (구어) 圉 (圈 ~s [-z]) 1 =gymnasium¹; Ⓤ =gymnastics. 2 (그네·링·시소 따위의 체조 기구를 조합한 옥외의) 금속제 골조. ─ 圈 체조의; 체육의. ¶a ~ lesson 체조/a ~ teacher 체조 교사.
gym·kha·na [dʒimká:nə] 圉 (英) 1 마술 경기회; (스포츠카에 의한) 장애물 경주, 짐카나; 운전 기술 경연. 2 (일반적으로) 운동 종목(체조 연기·자동차 경주·파도타기 경기 따위). 3 (인도) 경기장. 〔＜Hind〕
gymn- [dʒimn] 圉 ⇒GYMNO-.
gym·na·si·arch [dʒimnéiziɑ̀:rk] 圉 (고대 그리스의) 체육장(공식 경기) 감독관; (美베어) (학교) 교장.
gym·na·si·ast¹ [dʒimnéiziæ̀st] 圉 =gymnast.
gym·na·si·ast² 圉 gymnasium의 학생.
‡**gym·na·si·um¹** [dʒimnéiziəm] 圉 (圈 ~s [-z], -si·a [-ziə]) 1 체육관, 실내 경기장. 2 (고대 그리스의) 단련장, 체육장.
gym·na·si·um² [dʒimná:ziəm, gim-] 圉 (종종 G-) 김나지움(유럽, 특히 독일의 대학 진학을 위한 중등 학교). 「조 교사; 체조 선수.
gym·nast [dʒimnæst, -nəst] 圉 체육(전문)가, 체
‡**gym·nas·tic** [dʒimnǽstik] 圈 1 체조(체육)의. ¶~ activity 체육 활동/~ apparatus 체조 용구. 2 정신 단련의, 지적 훈련의. ─ 圉 신체(지적) 훈련. **-ti·cal** 圈 **-ti·cal·ly** 圈
gym·nas·tics [dʒimnǽstiks] 圉圈 1 (복수취급) 체조, 운동; 기계 체조. ¶do ~ 체조를 하다. 2 (단수취급) (학과목으로서의) 체조과, 체육(physical education, PE), 체조 경기(＊ (구어) gym). 3 (복수취급) 지적 훈련; 묘기, 묘(妙). ¶mental ~ 두뇌 훈련.
gym·no- [dʒimnou, -nə] 圉 naked, exposed, bare의 뜻(＊ 모음 앞에서는 gymn-). ¶gymnosophy, gymnasium.
gym·nos·o·phist [dʒimnásəfist/-nɔ́s-] 圉 1 (고대 인도의) 나체 고행자. 2 나체주의자(nudist).
-phy 圈Ⓤ 나체 고행; 나체주의(nudism).
gym·no·sperm [dʒimnəspɔ̀:rm] 圉 (식물) 겉씨(나자(裸子)) 식물. 圈 angiosperm **-spér·mous** 圈
gym·no·tus [dʒimnóutəs] 圉 (圈 -ti [-tai]) 전기 뱀장어(남미산(産) 담수어).
gymp [gimp] 圉 =gimp¹.
gým shóes 圉 (고무 밑창) 운동화.
gým·slip [dʒímslìp] 圉 (英) 짐슬립(여학생용의 소매가 없고 벨트가 있는 무릎까지 오는 상의).
gým sùit 圉 체조복, 운동복.
gým tùnic 圉 (英) =gymslip.
GYN, gyn gynecological; gynecologist; gyne-
gyn- [dʒin, gain] 圉圈 ⇒GYNO-. 「cology.
gyn·ae·ce·um [dʒi:nəsí:əm, gàin-, dʒàin-] 圉 (圈 -ce·a [-siə]) 1 (식물) =gynoecium. 2 고대 그리스 로마 가옥의 여자용의 방, 규방.
gy·nae·co- [gáinikou, dʒin-] 圉圈 (英) ⇒GYNECO-.
gy·nae·coc·ra·cy [gàinikákrəsi, dʒin-, dʒàin-] 圉 =gynecocracy.
gy·nae·o- [gáiniou, dʒin-] 圉圈 =gyno-.
gy·nan·dro·morph [dʒinǽndrəmɔ̀:rf, gai-, dʒai-] 圉 (생물) 자웅(雌雄) 모자이크.
gy·nan·drous [dʒinǽndrəs, gai-, dʒai-] 圈 (식물) (난초의) 암수 꽃술 합체의, 암수 합착(合着)의.
gy·nar·chy [dʒínɑ:rki, gái-/dʒáinɑ:rki] 圉 여성 지배, 여권 정치, 여인 천하. **gy·nárch·ic** 圈
gy·nec- [gáinik, dʒái-, dʒí-] 圉圈 ⇒GYNECO.
gy·ne·cic [dʒinɛ́:sik, -nés-/gai-] 圈 여자의, 여성의.
gy·ne·ci·um [dʒiní:siəm] 圉 (圈 -ci·a [-siə]) = gynoecium.
gyn·e·co- [gáinikou, dʒin-] 圉圈 female의 뜻(＊ 모음 앞에서는 gynec-; gynaeco-, gynaec-는 변형) ⇒GYNO-). ¶gynecocracy, gynecology.
gyn·e·coc·ra·cy [dʒìnikákrəsi, gài-, dʒài-] 圉 Ⓤ =gynarchy.
gy·ne·co·crat [dʒiní:kəkræt, gai-, dʒai-] 圉 여성 정치론자(지지자), 여권론자. **-crát·ic** 圈
gyn·e·coid [dʒinikɔ́id/gái-] 圈 여자의; 여성적인, 여성다운. (또는 圈 **gynaecoid**)
gynecol. gynecological; gynecology.
gyn·e·co·log·ic [gàinikəládʒik, dʒìn-, dʒài-/-lɔ́dʒ-] 圈 부인과 의학의, 부인병의. (또는 **gynecological**). **-i·cal·ly** 圈
gy·ne·col·o·gy [gàinikálədʒi, dʒìn-, dʒài-/-kɔ́l-] 圉Ⓤ 〔의학〕 부인과의학(科), 부인병학(圈 GYN, gyn). **-gist** 圉 부인과 의사.
gyn·e·co·mas·ti·a [dʒìnikoumǽstiə/gài-] 圉 여성형 유방(남자의 유방 비대). (또는 **gynecomasty**)
gyn·e·cop·a·thy [dʒìnikápəθi/gàinikɔ́p-] 圉 부인병. **-co·path·ic** [-kəpǽθik] 圈
gy·ne·o- [dʒíniou, -niə] 圉圈 =gyno-.
gyn·e·pho·bi·a [dʒìnəfóubiə/gài-] 圉 여성 공포 (혐오)(증).
gy·ni·at·rics [gàiniǽtriks, dʒài-] 圉 부인병학.
gy·no- [gáinou, dʒái-, dʒí-] 圉圈 female, woman 의 뜻(＊ 모음 앞에서는 gyn-). ¶gynocracy, gynandromorph. 「ecocracy.
gy·noc·ra·cy [gainákrəsi, dʒai-, dʒi-] 圉 =gyn-
gy·noe·ci·um [dʒiní:siəm, gai-, dʒai-] 圉 (圈 -ci·a [-siə]) (식물) 암술군(群). (또는 **gynecium**)
gy·no·gen·e·sis [dʒàinədʒénəsis, dʒài-] 圉 (생물) 자성(雌性) 발생(생식).
gyn·o·phore [dʒínəfɔ̀:r, gáin-, dʒáin-] 圉 (식물) 암술(씨방) 자루. **-phór·ic** 圈
-gy·nous [dʒənəs, dʒáinəs, gái-] 圉圈 1 「암술(을 가진」의 뜻. 2 android**gynous**. 2 woman, female 의 뜻. ¶ polygynous, monogynous.
-gy·ny [dʒəni] 圉圈 -gynous로 끝나는 형용사에서 명사를 만든다. ¶androgyny, polygyny, monogyny.
gyp¹ [dʒip] (구어) 圉 (圈 -pp-) 団 …을 속이다, 사취치다; …을 속여서 빼앗다, 사취하다(out of). ─ 団 사기 〔협잡〕하다. ─ 圉 1 사기, 사취, 협잡; 사기(협잡)꾼 (swindler). 2 (또는 **gypsy**) (조련사·기수를 겸하는) 마주(馬主). 3 (속어) 미터를 꺾지 않은 채 달리는 택시 운전 기사. 4 (G-) (속어) 집시. 5 활력, 정력, 열의. (또는 **gip, jip**) 〔＜gypsy〕
gyp² 圉 (英구어) (대학의) 남자 사환.
gyp³ 圉 (英구어) 격통, 괴로움, 고문. (또는 **gip**) *give a person gyp* 남을 혼내주다, 벌하다, 몹시 꾸짖다; 남에게 고통을 주다.
gýp ártist 圉 (美속어) (교묘한) 사기꾼. 「박장.
gýp jòint 圉 (구어) 1 바가지 씌우는 가게. 2 사기 도
gyp·lure [dʒíplùər] 圉 (매미나방(gypsy moth)의 수컷을 잡는 때 쓰이는) 합성성(合成性) 유인 물질. 〔＜*gyps*y moth+*lure*〕
gyp·o [dʒípou] 圉 (圈 ~s) (속어) =gyppo.
gyp·per [dʒípər] 圉 (구어) 사기꾼, 협잡꾼.
gyp·po [dʒípou] 圉 (圈 ~s) (美속어) 1 일용(日傭)

노동, 날품팔이, 삯일. **2** 일용 노동자; 일용 노동자의 고용자. **—** [동][타] 속이다, 사취하다.

gyp-room [ˊrù(ː)m] [명] 《英속어》 (Cambridge, Durham 양 대학 기숙사의) 식료품실, 식기실(食器室).

gyps. gypsum.

gyp·se·ous [dʒípsiəs] [형] 석고(石膏)(질)의, 석고 비슷한.

gýp shèet [명] 《美속어》 커닝 페이퍼.

gyp·sif·er·ous [dʒipsífərəs] [형] 석고를 함유하는.

gyp·sog·ra·phy [dʒipsɑ́grəfi/-sɔ́g-] [명][U] 석고 조각(술).

gyp·soph·i·la [dʒipsɑ́fələ/-sɔ́f-] [명] 〔식물〕 안개꽃.

gyp·sous [dʒípsəs] [형] =gypseous.

gyp·sum [dʒípsəm] [명][U] 석고, 깁스.

gýpsum bòard [명] 석고 보드(plasterboard, wallboard).

***Gyp·sy** [dʒípsi] [명] **1** (종종 g-) 집시. **2** [U] 집시어 (Romany). **3** (g-) 집시 같은 사람, 피부색이 거무스름한 사람; 방랑벽이 있는 사람, 직업을 자주 바꾸는 사람. **4** (g-) 《美구어》 **a)** =g- cab. **b)** 자영 트럭 운송업자[운전 기사 등]. **5** (g-) =g- winch. **6** (g-) 《속어》 (뮤지컬의) 코러스걸, 댄서. **7** (g-) =gyp[1] 2.

— [형] **1** 집시의; 집시풍의, 방랑의. **2** (g-) 《美구어》 무소속으로[자격 없이] 일하는, 개인[무허가] 영업의.

— [동][자] **1** (종종 g-) 집시처럼 유랑하다, 집시풍의 생활을 하다; 피크닉하다. **2** 《속어》 위험한 내기를 하다. (또는 《英》 **Gipsy**)

~**·dom** [명] 집시 생활[세계]; 《집합적》 집시족. ~**·fied** [-fàid] [형] 집시풍의. ~**·hòod** [명] 집시 신세[상태]. ~**·ish** [형] 집시 같은. ~**·ìsm** [명] 집시 생활 양식; 집시 취미. ~**·lìke** [형] 〔<Egyptian; 16세기초 영국에 왔을 때, 이집트로부터 온 것이라 오해한 데서〕

gýpsy bònnet[hàt] [명] 집시 모자(턱 밑에서 끈으로 매는 챙이 넓은 여성·어린이용 모자).

gýpsy càb [명] 《美》 무면허[불법 영업] 택시(호출에 의해서만 영업할 수 있는데도 거리를 돌며 영업하는 택시).

Gýpsy Jóe [명] 《美속어》 집시 조(트럭 한 대로 조합에 가입하지 않고 싼 운임으로 영업하는 개인 운송업자).

gýpsy léave [명] 《구어》 무단 퇴거; 무전 취식.

gýpsy mòth [명] **1** 〔곤충〕 매미나방. **2** 《美속어》 당 강령을 외면하고 선거구 유권자에 영합하는 공화당 (하원) 의원.

gýpsy róse [명] 〔식물〕 체꽃(scabiosa).

gýpsy rúnthrough [명] 《구어》 (연극 따위의) 출연자 가족·친지 대상 비공개 공연.

gýpsy schòlar [명] 《美구어》 비(非)전임[시간] 강사.

gýpsy's wárning [명] (the ~) 불길한[수수께끼 같은] 경고; 무의미한 경고.

gýpsy tàble [명] 간편한 삼각식(三脚式) 원탁.

gýpsy ván[wágon, cáravan] [명] 집시들이 집으로 쓰는 일종의 포장 마차.

gýpsy wìnch [명] 〔해사〕 수동 소형 윈치.

gyp·sy·wort [dʒípsiwə̀ːrt] [명] 〔식물〕 유럽·서아시아의 쉽싸리의 일종(꿀풀과).

gy·ral [dʒáiərəl] [형] **1** =gyratory. **2** 〔해부〕 뇌회(腦回)의(참 gyrus). ~**·ly** [부] 선회하여.

gy·rase [dʒáiəreis, -reiz] [명] 《생화학》 자이라아제 (DNA의 이중 나선을 슈퍼코일화(化)하는 세균 효소).

gy·rate [동][자] [dʒáiəreit/ˊ-ˊ] 원주 모양[나선형]으로 회전하다, 선회하다. ⇨TURN [유의어] **—** [형] [dʒáiəreit/-rət] **1** (고리·나선 모양으로) 감은, 선회하는. **2** 〔동물〕 뇌회(腦回)를 가진. **-ra·tor** [명]

gy·ra·tion [dʒaiəréiʃən] [명][U][C] **1** 선회, 회전; 선회[회전] 운동. **2** (고둥류의) 소용돌이 (한 바퀴). **3** 〔해부〕 뇌회전 (양식). ~**·al** [형] 선회[회전]의.

gy·ra·to·ry [dʒáiərətɔ̀ːri/dʒairéitəri] [형] 선회 고리[나선]를 그리며 움직이는, 선회[회전] 운동을 하는.

gýratory crúsher [명] 〔기계〕 선동(旋動) 분쇄기.

gyre [dʒaiər] [명] 고리(ring, circle); 선회, 회전; 소용돌이(꼴). **—** [동] 선회[회전]하다[시키다].

gy·rec·to·my [dʒaiəréktəmi] [명] 〔외과〕 뇌회(腦回) 절제(술).

gy·rene [dʒáiəriːn, -ˊ] [명] 《속어》 미국 해병대원. 〔<*GI*+*marine*〕

gyr·fal·con [dʒə́ːrfɔ̀ːlkən, -fæ̀l-] [명] 〔조류〕 흰바다매(아이슬란드산(産)). (또는 **gerfalcon**)

gy·ro[1] [dʒáiərou] [명] ([복] ~**s**) 《英구어》 **1** =gyrocompass. **2** =gyroscope.

gy·ro[2] [dʒíərou, ʒíər-] [명] 〔요리〕 자이로(마늘로 양념한 쇠고기·어린 양고기로 만든 그리스식 샌드위치).

gy·ro- [dʒáiərou, -rə] [연결] ring, circle, spiral의 뜻 (* 모음 앞에서는 gyr-). ¶*gyro*scope, *gyro*compass.

gy·ro·com·pass [dʒáiəroukʌ̀mpəs] [명] 자이로 컴퍼스, 회전 나침반. (또는 **gyrostátic cómpass**)

gy·ro·cop·ter [dʒáiərəkɑ̀ptər/-kɔ̀p-] [명] 자이로콥터(autogiro)(1인승 회전익식 간이 헬리콥터).

gy·ro·dy·nam·ics [dʒàiəroudainǽmiks] [명] 회전 역학(回轉力學).

gy·ro·dyne [dʒáiəroudàin] [명] 〔항공〕 자이로다인 (헬리콥터와 오토자이로와의 중간형 항공기).

gy·ro·graph [dʒáiərəgræ̀f, -grɑ̀ːf] [명] (천체 따위의) 회전수 측정 장치.

gýro horízon [명] 〔항공〕 인공 수평의(水平儀)(artificial horizon).

gy·roi·dal [dʒaiərɔ́idl] [형] (결정면(結晶面)이) 나선형[소용돌이 모양] 배열의. ~**·ly** [부]

gy·ro·mag·net·ic [dʒàiərəmægnétik] [형] 〔물리〕 자기(磁氣) 회전의; (컴퍼스가) 자이로 자기 방식의.

gy·ro·pi·lot [dʒáiəroupàilət] [명] 〔항공〕 자동 조종 장치(automatic pilot).

gy·ro·plane [dʒáiərəplèin] [명] =autogiro.

gy·ro·scope [dʒáiərəskòup] [명] 자이로스코프, 회전의(回轉儀).

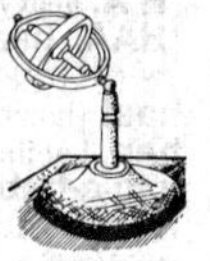
〔gyroscope〕

gy·ro·scop·ic [dʒàiərəskɑ́pik/-skɔ́p-] [형] 자이로스코프의, 회전의(儀)의, 회전 운동의. **-i·cal·ly** [부]

gy·rose [dʒáiərous/-rouz] [형] 파상(波狀)의 (선이 있는), 주름이 있는, 구불구불한.

gy·ro·sta·bi·liz·er [dʒàiəroustéibəlàizər] [명] 자이로 안정기(자이로스코프를 응용한 선박·항공기의 롤링 방지 장치). (또는 **(gyroscópic) stábilizer**)

gy·ro·stat [dʒáiərəstæ̀t] [명] 자이로스탯(회전 운동 실험용의 자이로스코프).

gy·ro·stat·ic [dʒàiərəstǽtik] [형] 자이로스탯의; 강체(剛體) 선회 운동론의. **-i·cal·ly** [부]

gy·ro·stat·ics [dʒàiərəstǽtiks] [명][복] 《단수취급》 〔역학〕 강체(剛體) 선회 운동론.

gy·ro·vague [dʒáiərouvèig] [명] (수도원을 전전하는, 품행이 나쁜) 방랑 수도사.

gy·rus [dʒáiərəs] [명] ([복] ***-ri*** [-rai]) 〔해부〕 (뇌의) 회(回), 회전(回轉)(홈으로 둘러싸인 대뇌 피질의 주름).

Gy Sgt, Gy. Sgt. 〔美해병대〕 *g*unner*y* *s*er*g*ean*t*.

gyt·tja [jíttʃɑː] [명] 〔지질〕 해니(骸泥)(부영양호(富營養湖) 바닥에 있는 활성 유기물층). 〔<Swed〕

gyve [dʒaiv] [명] **1** (보통 ~s) 《고어·시》 수갑, 족쇄. **2** 《美속어》 마리화나 (담배). **—** [동][타] 《고어·시》 …에게 수갑[족쇄]을 채우다; 속박하다.

Gz gigahertz. **GZ** *g*round *z*ero.

H

H, h [eitʃ] 圀 (圈 *H's, Hs; h's, hs*) 1 영어 알파벳의 여덟째 자. 2 H[h]가 나타내는 소리. 3 (활자 따위의) H[h]자; H자형(의 물건).
drop one's *h's* [or *aitches*] h음을 빼고 발음하다 (house는 'ouse [aus]로 발음하는 따위); Cockney English(런던 영어)의 특징).
h ㉮ (물리) =Planck('s) constant. **H** hard; (문법) head; (전기) henry(s); (속어) heroin; high; hydrant.
H ㉮ 1 (차례·연속된 것 중의) 여덟 번째(의 것). 2 (로마 숫자의) 200(⟨ Roman numerals). 3 (화학) hydrogen. 4 (생화학) histidin(e). 5 (물리) **a)** =enthalpy. **b)** 지구 자기의 수평 성분. **c)** ⇨ MAGNETIC INTENSITY. 6 (음악) 하(나음; 영어의 B음; 계명 창법의 시음에 해당하는 독일어명). 7 (英) 공포 영화(horror film; 현재는 X로 분류).
H¹ ㉮ protium, (또는 ¹H, Hª) **H²** ㉮ deuterium, (또는 ²H, Hᵇ) **H³** ㉮ tritium, (또는 ³H, Hᶜ) **h., H.** harbor; hard(ness); height; high; (야구) hit(s); horn; hundred; husband. **H.** (라틴) *hora*(=an hour) (처방전에서) (1시간).
‡**ha** [hɑː] ⓘ (놀람·기쁨·의심·질문·노여움·슬픔·저 저·뽐냄 따위를 나타내어) 허!, 어!, 하아~! 하하! — ⓘ 하(하는 웃음 소리). — 圄㉯ 하[허어]하고 말하다; 하하 웃다. (또는 **hah**)
Ha ㉮ hahnium. **HA** home automation(홈 오토메이션, 가정 생활 자동화). **ha.** hectare(s). **h.a.** (사격) high angle; (라틴) *hoc anno*(=in this year). **H.A.** *heavy artillery*; (천문) h-angle; *hour angle*. **HAA, haa** (생리) *hepatitis-associated antigen*(간염 (관련) 항원(抗原)). **H.A.A.** *heavy antiaircraft*.
haaf [hɑːf] ⓘ (Scotland 근해의) 심해 어장.
hab. habitat; habitation. **Hab.** Habakkuk.
hab·a-hab·a [hɑ́ːbəhɑ́ːbə] ⓘ (美軍속어) 빨리빨리.
Ha·bak·kuk [həbǽkək, hǽbəkʌk] ⓘ (성서) 하박국(기원전 7세기 히브리의 예언자); (구약 성서 중의) 하박국서. (또는 **Habacuc**)
ha·ba·ne·ra [hɑ̀ːbənέərə/hæ̀bə-] ⓘ 하바네라(쿠바의 두 박자 민속 무용 및 그 곡). (<Sp)
hab·dabs [hǽbdæbz] ⓘ복 (英구어) 초조, 신경과민.
give a person [*get*] *the screaming habdabs* 남을 몹시 초조하게 하다[몹시 애가 타다].
há·be·as cór·pus [héibiəs kɔ́ːrpəs] ⓘ (법률) 인신보호영장(불법 구금 방지를 목적으로 피구금자의 법정 출두를 명령하는 영장).¶a *writ of* ~ 법원 출두 영장. 「보호법.
Hábeas Córpus Àct ⓘ (the ~) (英역사) 인신
ha·ben·dum [həbéndəm] ⓘ (법률) (부동산 양도 증서의) 물권 표시 조항.
hab·er·dash·er [hǽbərdæ̀ʃər] ⓘⓊ 남자용 복식품(服飾品) 상인(가게); (英) 잡화·장신구 상인(가게).
hab·er·dash·er·y [hǽbərdæ̀ʃəri] ⓘⓊ 남성복류 (파는 상품); (가게) 잡화·장신구(점).
hab·er·geon [hǽbərdʒən] ⓘ (역사) (중세의) 짧은 쇠사슬 갑옷. (또는 **haubergeon**)
Ha·ber·mas [hɑ́ːbərmɑːs] ⓘ **Jürgen** ~ 하버마스(1929 - : 독일의 철학자·사회학자).
Há·ber pròcess [hɑ́ːbər-] ⓘ (화학) 하버법(암모니아 합성법). (<독일 화학자 Fritz Haber(1868 - 1934)의 이름).

hab·ile [hǽbil] ⓘ 유능한, 솜씨 좋은(skillful).
ha·bil·i·ment [həbíləmənt] ⓘ (보통 ~s) (특정 직업의)옷, 복장; (일반적으로) 복장, 평상복; (~s) (고어) 장구(裝具), 장식 의장.
in working habiliments 작업복을 입고 있는.
⁼**mén·tal, ~·ed**
ha·bil·i·tate [həbíləteit] 圄㉯ 1 (사회 복귀를 위해) (심신 장애자)를 훈련[교육]하다. 2 (美서부) (광산)에 운영 자금을 공급하다, 투자하다. 3 (드물게) …에게 옷을 입히다. 4 ㉲ (독일의 대학 교수 등의) 자격을 얻다.
-tá·tion   **-tà·tive** ⓘ
‡**hab·it** [hǽbit] ⓘ 1 ⓊⓇ (개인의) 버릇, 습관, 습성; 습관적 행위 ⓤCUSTOM (유의어); (약물·마약의) 상용(常用) 버릇, ¶a *lifelong* ~ 평생 계속되는 습관 / *the alcohol* ~; *the* ~ *of drinking* 음주벽(癖).

[USAGE] habit과 관사 —— (1) 일반적·추상적 의미에서는 관사를 붙이지 않는다: *H-* is (a) second nature. (2) 구체적 의미에서는 부정 관사를 붙이거나 복수형으로 쓰고, 특정화(特定化)된 경우에는 the를 붙인다: acquire a ~ / a man of bad ~s / break off the ~ of smoking. (3) habit에 수식어로서 형용사가 따를 경우에는 부정관사를 붙이고, 수식어가 명사(동명사)인 경우에는 the를 붙이는 것이 보통이다: a nasty ~ 지저분한 습관 / the opium ~ 아편 상용 버릇.

2 (사회적인) 풍습, 관습. ¶the ~ *of early marriage in this region* 이 지역의 조혼 관습. 3 Ⓤⓒ (성질, 마음씨; 체질, 자질, 기질 ¶ *a* ~ *of mind* [*body*] 성질[체질] / a *cheerful* [*good*] ~ 쾌활한[선량한] 성질 / a man of *healthy* [*corpulent*] ~ 건강체[비만성 체질]인 사람. 4 Ⓤⓒ (심리) (특정 상황에 대한) 반사적 반응. 5 Ⓤⓒ (생물) (동식물의) 습성. ¶a *twining* ~ 명굴지는 습성 / *animals of an arboreal* ~ 나무 위에 서식하는 동물. 6 (계급·신분·직업 따위의) 제복; 예복; 여성용 승마복. ¶a *monk's* ~ 수도복(修道服).
be in [or *have*] *the* [*or* **a**] *habit of doing* …하는 버릇이다. ¶She *is in the* ~ *of sitting* up late. 그녀는 밤 늦게까지 안 자는 버릇이 있다.
break a person [*oneself*] *of a habit* 남[자기]의 버릇을 고치다.
break off a habit 습관을 깨다.   ¶ 버릇을 고치다.
by [*or* **from** (**force of**), **out of**] *habit* 습관적으로, 늘 하던 버릇대로.
fall [or *get*] *into a bad habit* 나쁜 습관에 빠지다.
fall [or *get*] *into the habit of doing* …하는 버릇이 생기다.   「지다.
fall [or *get*] *out of a bad habit* 나쁜 습관이 없어
form [or *cultivate*] *a good habit* 좋은 습관을 붙이다.
give up a bad habit 나쁜 습관을 버리다.   「이다.
grow out of a habit 버릇이 없어지다.
kick a [or *the*] *habit* (구어) (음주·도박 따위의 나쁜) 습관을 버리다.
knock the habit (속어) 마약을 끊다.
make a habit of doing; make it a habit to do …하는 버릇[습관]을 들이다.   「habit.
pick up a bad habit =*fall* [or *get*] *into a bad*
take the habit 수도사[수녀]가 되다.
—— 圄㉯ 1 (보통 수동형으로) …에게 옷을 입히다. ¶be ~*ed in* ~을 입고 있다. 2 (고어) =inhabit.
hab·it·a·ble [hǽbitəbl] ⓘ 살 수 있는, 살기에 알맞

hab·i·tan·cy [hǽbitənsi] 명 U 살기, 거주; (집합적) 거주자; 인구(population).

hab·it·ant [hǽbitənt] 명 1 사는 사람, 거주자. 2 (캐나다·미국 Louisiana 주의) 프랑스계 이민, 그 자손.

hab·i·tat [hǽbitæt] 명 1 (생태) (생물을 둘러싼) 환경, 거주 환경; (동식물의) 서식지, 생육지, 산지; (표본 따위의) 채집지.¶a tropical ~ 열대 서식지. 2 거주지, 주소; 소재지, 장소. 3 (해저 실험용) 수중 거주실.

HABITAT 명 유엔 인간 거주 위원회(United Nations Commission on Human Settlements).

hábitat gròup 명 생태류(같은 생식 장소를 가진 동물[식물]); 생물 환경 모형(자연계의 동식물의 생태 환경을 재현한 박물관의 전시 모형).

__hab·i·ta·tion__ [hæ̀bitéiʃən] 명 1 거주지, 주소, 거처; 주택, 주택(residence). 2 U 거주, 살기. 3 (영) Primrose League의 지방 지부.
give [have] a local habitation (and a name) 신원을 확인하다[이 확인되다], 정체를 밝혀내다[가 밝혀지다]. —**al** 형

hab·it-form·ing [-fɔ̀ːrmiŋ] 형 (약 따위가) 습관[상습]성의. ¶~ drugs 습관성 마약.

__ha·bit·u·al__ [həbítʃuəl/-tju-] 형 1 습관적인, 버릇이 된. ¶a ~ smile 습관적인 미소. 2 상습적인, 일반인. ¶a ~ drunkard [smoker] 상습적 음주[흡연]자. 3 평소의, 여느 때와 같은. ¶take one's ~ seat 늘 앉던 자리에 앉다. 4 체질적인, 타고난. —명 상습범; 마약 상용자; ~·ly 부 ~·ness 명 [알코올 중독자.

habítual críminal 명 상습범, 습관적 범죄자.

ha·bit·u·ate [həbítʃuèit/-tju-] 타 1 …을 길들이다, 익숙하게 하다(to doing, to). 2 (구어) …에 자주 가다. —자 (행동 따위가) 습관이 되다.
be habituated to …에 익숙하다.
habituate oneself **to** …에 익숙해지다.
-àt·ing -á·tion 습관화, 익숙해짐; 순화.

hab·i·tude [hǽbitjùːd/-tjùːd] 명 1 (태도·사고 방식 따위의) 습관, 습성. 2 U 기질, 성질; 체질. ¶a healthy mental ~ 건전한 기질. -**tú·di·nal** 형

ha·bit·u·é [həbítʃuèi, -̀-́] 명 (음식점·극장 따위의) 단골 (손님), 고객; 마약 상용자. <F habituate>

hab·i·tus [hǽbitəs] 명 (복 ~) 습관, 버릇; (의학) (특히 병에 걸리기 쉬운) 체질. ¶fragile ~ 허약 체질.

Habs·burg [hǽpsbəːrɡ] 명 =Hapsburg.

ha·chure [hǽʃuər, -́-] 명 (보통 ~s) (지도의) 운음(暈滃) (토지의 기복을 나타내는 선), 바림(법); 선영(線影). —타 (지도에) 운음을 넣다. (또는 hatchure)

ha·ci·en·da [hɑ̀ːsiéndə/hǽsi-] 명 (중남미의) 대농장, 대목장; 토지, 소유지; 시골 공장, 광업소. <Sp>

__hack¹__ [hæk] 타 1 (도끼 따위로) 마구 자르다, 냅다 찍다, 난도질하다(away, off, up, down) (into). ⇒CUT 유의어 ¶(~+목+부) ~ off boughs 가지를 잘라내다. 2 (곡괭이 따위로) 흙을 파헤치다; (밭을 파헤쳐 씨를) 뿌리다(in); (돌의 표면을 두드려 거칠거칠하게 하다.¶(~+목+부) ~ in wheat 땅을 갈아 밀을 뿌리다. 3 (넘털 따위를 짧게 깎아 없애고) (갈기를) 내다(out); (정원수 따위를) 가지런히 깎다. 4 (문장 따위를) (이리저리 뜯어고쳐) 망치다(about); (예산 따위를) 삭감하다. ¶~ the budget severely 예산을 대폭 삭감하다. 5 (농구) (상대의) 팔을 치다. (영) (럭비) (상대의) 정강이를 차다. 6 (컴퓨터) (컴퓨터 시스템에) 침입하다, 해킹하다(into); (엉터리 프로그램을) 만들다, (프로그래밍에) 매달리다. 7 (미속어) (보통 부정문에서) …에 잘 대처하다, …을 잘해내다(out); 참다, 견디다(* 종종 it의 형태로 쓴다).¶He can't ~ all this commuting. 그는 이러한 통근은 도저히 참지 못한다. —자 1 난도질하다, 마구 자르다(at); 대폭 삭감하다(at). 2 연거푸 짧은 헛기침을 하다. 3 (영) (럭비) 상대방의 정강이를 차다. 4 (컴퓨터(프로그래밍)에 매달리다; 엉터리 프로그램을 만들다; 해킹하다(into). —명 1 (영) 호되게 비판하다, 깎아내리다.

hack apart (구어) 호되게 비판하다, 깎아내리다.
hack around (미구어) 빈둥거리며 시간을 보내다.
Hack, hack. 어이, 오랜만에 만나세.
hack it (out) (속어) 잘 해내다.
hack off 몹시 화나게 하다.
hack one's **way through** ① …을 잘라내고 나아가다. ② …을 대충 훑어보다.
hack out …을 잘라내다, …을 새겨 만들다(of, from).
hack...to bits [or pieces] ① …을 토막토막 자르다. ② (명성 따위)를 해치다.
hack up ① 난도질하다, 산산조각내다. ② (간단한) 프로그램을 쓰다; 프로그램에 수정을 가하다.
Happy hacking. 안녕.
How's hacking? 어이, 잘 지내?
—명 1 (a ~) 마구 자르기, 짧게 썰기; 자른[벤, 새긴] 자국, 깊은 상처; U (재목에 새기는) 소유자 표시. 2 자르는 도구. 3 짧은 헛기침. 4 (미) 시도, 해보기. 5 말을 우물거리기, 말더듬이. 6 (a ~) (농구) (상대방의 팔을 치기; (영) (럭비) 정강이를 차기. 7 (컴퓨터) 프로그램 (작성 기법); (다른 컴퓨터 시스템에의) 불법 침입, 해킹 (hacking). 8 (군사) (해군 장교의) 금족 처분.
take a hack at …을 한번 해보자.

hack² 명 1 (영) (승용마로) 세놓는 말; (미) 전세 마차. 2 (구어) 택시 (기사), 3 타는 말, 승용마. 4 지치고 늙은 말, 야윈 말. 5 (경멸적) (돈 때문에) 무엇이든 하는 사람, (문필가의) 조수, 삼류 작가.¶a political ~ 정상배(政商輩). 6 (구어) 고용마; 대춘부; 백인. 7 (구어) 신문 기자. —타 1 (말)을 (시간제로) 세주다. 2 (고어) (문인 등)을 조수로 고용하다. 3 …을 낡게 하다, 진부한 것으로 만들다. —자 1 (미) 낮은 속도로 말을 타고 가다(along). 2 (구어) 택시에 타다, 택시를 운전하다. 3 조수로서 부지런히 일하다. 4 세낸 말에 타다. 5 하청을 받아 문필업을 하다. —형 1 고용된; 심부름꾼의.¶a ~ attorney 고용 변호사. 2 써서 낡은, 진부한.

hack³ 명 (생선 따위를) 말리는 시렁, (벽돌의) 건조대; (마소의) 구유통; (훈련용의) 말 새끼용 먹이판.
be at hack (어린 매가) 먹이판에 돌아오도록 훈련받고 있다, 먹이판에 매어 놓고 있다.
—타 1 …을 건조대에 얹다, 구유통에 넣다; (매) 이판에서 먹도록 하다. —명 (용) 고삐.

hack·a·more [hǽkəmɔ̀ːr] 명 (미서부) (말 조련용) 굴레.
hack-and-slash [-ənslǽʃ] 형 (비디오·컴퓨터 게임 따위가) 전투·폭력 중심의.
háck attàck 명 (컴퓨터) 프로그램 작성열(熱).
hack·ber·ry [hǽkbèri] 명 (미국산(産)) 팽나무속 (屬)의 나무, 그 열매; U 그 목재.
hacked [hækt] 형 (속어) 머리가 명한; 분해하는.
hack·er [hǽkər] 명 1 도끼의 일종, 자르는 사람. 3 (컴퓨터) 컴퓨터광(狂); 엉터리 프로그래머; (다른 컴퓨터 시스템에의) 불법 침입자, 해커. 4 (속어) 택시 운전사, 5 쓸모없는[서투른] 사람.
hack·er·y¹ [hǽkəri] 명 1 (야유) 언론, 저널리즘; (집합적) 신문 잡지. 2 (컴퓨터) 남의 컴퓨터 시스템 불법 침입, 해킹.
hack·er·y² [hǽkəri] 명 (인도에서) 소달구지. U 밥법 침입, 해킹.
hack·ie [hǽki] 명 (미구어) 택시 기사.
hack·ing [hǽkiŋ] 명 1 (건축) 꺼칠꺼칠한 면 다듬기; (벽돌 따위를) 엇갈리게 쌓기. 2 컴퓨터 만지기[장난]; 해킹. —형 (마른 기침을) 밭게 하는. [침.
hácking còugh 명 밭은 마른 기침, 가래가 끓는 기
hácking jàcket [còat] 명 (영) 승마용 상의(上衣); 승마복 비슷한 스포츠복.
hácking pòcket 명 (영) (상의에) 비스듬히 단 덮개 있는 호주머니. <hacking jacket 에서>
hack·ish [hǽkiʃ] 형 (미속어) (컴퓨터) 독창적인, 여러 가지 고안을 짜냄.¶a ~ feature 독창적인 기능.
hack·le¹ [hǽkl] 명 1 (~s) (복수취급) (수탉 따위의) 목덜미 털. 2 (낚시) 수탉의 목깃털로 만든 제물낚

hack·le 시, 제물낚시의 깃털. **3** (아마·삼 따위를 훑는) 빗. **4** (英속어) 기운, 용기.
get a *person's* **hackles up; make** a *person's* **hackles rise** 남을 화나게 하다.
with one's **hackles up** 성이 나서, 싸울 자세를 하여.
── 타 〔제물낚시〕에 깃털을 달다; 〔삼 따위〕를 훑다. **-ler** 명 〔쪽타이 벤[깨진] 자리.
hack·le² 타 토막내다, 마구 자르다. ── 형 깔쭉깔쭉.
hack·ly [hǽkli] 형 까칠까칠한, 깔쭉깔쭉한.
hack·man [hǽkmən] 명 (美) 전세 마차의 마부; (택시) 기사.
Hack·man 명 Gene ~ 해크먼(1930- : 미국의 영화배우).
hack·ma·tack [hǽkmətæk] 명 아메리카낙엽송 (tamarack); U 그 재목.
hack·ney [hǽkni] 명 **1** (보통의) 타는 말, 승용마. **2** (H-) 해크니(영국의 말). **3** 전세 마차, 전세 자동차. **4** (페어) 허드렛일꾼. ── 형 **1** 세놓은, 고용된. **2** 남아빠진, 흔히 있는, 진부한. ── 타 **1** …을 혹사하다; …을 써서 낡게 하다. **2** …을 세주다. **-ism** 명
háckney còach [**càb, càrriage**] 명 전세 마차(자동차); 사륜(四輪) 마차.
hack·neyed [hǽknid] 형 써서 낡은, 남아빠진, 진부한. ¶ a ~ metaphor 진부한 비유.
hack'n'slash [hǽknslæʃ] 명 =hack-and-slash.
hack·saw [hǽksɔ̀ː] 명 (금속 절단용의) 활톱, 쇠톱. (hacksaw)
hack·work [hǽkwə̀ːrk] 명U (매문의) 재방한[판에 박힌] 듯한 작품.
háck writer 명 변변치 않은 작가, 삼류 작가[문인].
hac·tiv·ism [hǽktiv-izm] 명 (口) 〔컴퓨터〕 정치적 목적의 해킹. 〔<hacker+activism〕
‡**had** [hæd, 약 həd, əd, d] 동 have의 과거·과거분사. **1 a**) (과거) ⇨HAVE. **b**) (가정법 과거) ¶ I wish I ~ enough time. 시간이 충분하면 좋겠는데 / If I ~ a lot of money, I would build an orphanage. 돈이 많으면 고아원을 세우겠는데. **2** (과거분사) **a**) (완료형으로) ¶ I have ~ a real good time. 정말 즐겁게 지냈습니다. **b**) (수동형으로) Good meat could not be ~ at all during the food shortage. 식량난 시절에는 좋은 고기를 전혀 구할 수 없었다. ── 조 have의 과거. **1** (과거완료) ¶ The train ~ started when I got to the station. 내가 역에 도착했을 때는 기차가 이미 떠나버리고 없었다. **2** (가정법 과거완료) ¶ I wish I ~ never been born. 내가 태어나지 않았다면 좋았을 텐데 / If Cleopatra's nose ~ been a little shorter, the history of the world might have changed. 클레오파트라의 코가 조금만 더 낮았더라면 세계의 역사는 바뀌었을지도 모른다(←Pascal 작 *Pensées*).
had as good[or **well**] *do* …하는 것도 좋겠다, …로 해도 좋다.
had as lief do as ⇨LIEF. …는 편이 낫다.
had better[**best**] *do* ⇨BETTER¹, BEST.
had (**just**) **as soon** A (**as** B) ⇨SOON.
had like to have *done* 하마터면[거의] …할 뻔했다.
had rather[or **sooner**] *do* (**than**) 차라리 …하는 편이 낫다; …하고 싶다. ¶ He ~ *rather dance than eat*. 그는 밥보다도 춤을 좋아한다.

USAGE **had better, had best, had rather, would rather** ── (1) had better, had rather 에서의 had는 뒤에 오는 원형 부정사가 따른다: You ~ better go at once./I ~ rather stay here. (2) had better를 2인칭에 쓸 경우는 명령이나 협박의 뜻을 내포하는 일도 있으므로 정중한 권고에는 You might… 나 It would be better to… 와 같은 표현을 쓰는 편이 낫다. (3) had better의 부정형은 had better not…으로 되며 hadn't better…로는 하지 않는다. 다만 부정 의문문에서는 *Had I not better…?*라고 해도 좋고 *Hadn't I better…?*라고 해도 좋다. 또 had better는 본래 적극적으로 어떤 행동을 선택·권고하는 것이므로 부정형으로는 별로 사용되지 않는다. (4) had best는 had better를 강조한 것이다. (5) had rather, would rather는 두루 사용되지만 (英)에서는 대체로 1인칭에는 had rather, 2·3인칭에는 would rather를 사용한다. 그러나 구어에서는 had나 would는 양쪽이 어 'd로 되므로 이 구별의 의미는 없다: *I'd rather stay here*.

ha·dal [héidl] 형 〔해사〕 (수심 6,000미터 이상의) 초(超)심해의, 해구대(海溝帶)의. ¶ the ~ zone 초심해대.
Ha·das·sah [hədɑ́ːsə, haː-] 명 하다사(1912년 New York 시에 창설된 유대 여성 자선 단체).
had·dock [hǽdək] 명 (동 ~(**s**)) (북대서양산(産)) 대구속의 식용어.
hade [heid] 명 〔지질〕 언각(偃角)(단층면(斷層面)과 수직면을 이루는 각). ── 동자 수직면에서 기울다.
Ha·des [héidiːz] 명 **1** 〔그리스 신화〕 **a**) 하데스, 저승, 황천. **b**) 황천의 지배자. **2** 〔성서〕 죽음[망자]의 나라. **3** (종종 h-) U (구어) 지옥. **Ha·de·an** [héidiən] 형
hadj [hædʒ] 명 =haj(j).
hadj·i [hǽdʒi] 명 =hajji.
‡**hadn't** [hǽdnt] had not의 단축형.
Há·dri·an's Wáll [héidriənz-] 명 하드리아누스의 방벽(로마 황제 Hadrian(하드리아누스)이 2세기에 구축한 잉글랜드 북변의 방벽).
had·ron [hǽdrɑn/-rɔn] 명 〔물리〕 하드론(바리온과 중간자(中間子)를 포함하는 소립자(素粒子)의 한 족(族)).
hadst [hædst] 동 (고어) have의 제2인칭 단수 과거형. * 주어가 thou의 경우 사용한다.
hae [hei, hæ] 동타동자 (스코) =have.
haec·ce·i·ty [heksíːəti, hiːk-] 명UC 〔철학〕 「이것」이(thisness), 개별적임; 개별성, 개체 원리.
haem- [him, hem] 연결 =hem-. ⇨HEMO.
-hae·mi·a [híːmiə] 연결 =emia.
hae·mo- [híːmou, hém-, -mə] 연결 (* 모음 앞에서는 haem-) ⇨HEMO.
haf·fir [hǽfiər] 명 (아프리카 북부의) 인공(人工) 연못.
ha·fiz [hɑ́ːfiz] 명 (Koran) 을 모두 암기하고 있는 회교도(의 경칭); 교회 사원(mosque) 원장. 〔<Arab〕
haf·ni·a [hǽfniə] 명U 〔화학〕 하프니아(백색 결정(結晶)을 이룬 하프늄의 산화물).
haf·ni·um [hǽfniəm] 명U 〔화학〕 하프늄(기호 Hf).
haft [hæft/hɑːft] 명 (단도 따위의) 손잡이, 자루. ── 타 …에 손잡이[자루]를 달다.
hag¹ [hæg] 명 **1** 마귀 같은 할멈, 흉악한[추한] 노파; 마녀. **2** 여자 마법사. **3** 먹장어(hagfish). ── 동타 괴롭히다; 부추기다. ~-like 형
hag² [hæg, hɑːg] 명 (英방언) 늪, 소택지; 늪 속의 단단한 지면; 토탄(土炭)을 잘라낸 가장자리[면].
Hag. Haggai.
Ha·ga·nah [hɑ̀ːgɑːnɑ́ː] 명 (the ~) 하가나(팔레스타인의 유대인 지하 민병 조직; 1948년 이스라엘 국군으로 개편됨).
Ha·gar [héigɑːr] 명 〔성서〕 하갈(아브라함의 첩으로 이스마엘(Ishmael)의 어머니. ⇨창세기(Gen.) 16).
hag·ber·ry [hǽgbèri] 명 〔식물〕 =hackberry. 「물.
hag·born [hǽgbɔ̀ːrn] 형 여마법사[마녀]에게서 태어난.
Hág·e·man fàctor [hǽgəmən-, héig-] 명 〔생리〕 하게만 인자(因子), 제12인자대 응고 인자의 하나).
hag·fish [hǽgfìʃ] 명 (동 ~(**-es**)) 〔어류〕 먹장어.
Hag·ga·da(**h**) [həgɑ́ːdə] 명 (동 **~s, -ga·doth** [-gɑːdóːθ]) **1** 하가다(유대교 전승집 Talmud에서 율법 이외의 우화(寓話) 부분). **2** 유대교의 유월절(逾越節) 도 개편됨).

hag·gad·ic [həɡǽdik, -ɡáː-] 형 (H-) Haggada의, Haggada에 관한. (또는 **haggadical**)
Hag·ga·i [hǽɡiài/-ɡeiài] 명 (성서) 학개(기원전 6세기의 히브리 예언자); 학개서(구약 성서 중 하나).
***hag·gard** [hǽɡərd] 형 **1** (고뇌·피로 따위로) 수척한, 초췌한. ¶be ~ *from* sleeplessness 수면 부족으로 초췌해 있다. **2** 사나운, 앙칼진 얼굴을 한. **3** (매가) 야생의, 길들지 않은. ~**·ly** 부 ~**·ness** 명
hag·gis [hǽɡis] 명 (스코) 해기스(양·송아지의 내장을 오트밀 따위와 섞어 그 위장에 넣어서 삶은 요리).
hag·gish [hǽɡiʃ] 형 마귀 할멈[마녀]의[같은], 늙어서 보기 추한. ~**·ly** 부 ~**·ness** 명
hag·gle [hǽɡl] 동자 **1** (거래에서) 값을 깎으려고 조르다(*about, over*). ¶~ *over* prices 값을 깎다, 2 말다툼하다, 승강이하다(*about, over*). ¶They are *haggling over* the budget bill. 그들은 예산안을 둘러싸고 승강이하고 있다. **3** 힘차게 내리쳐 끊다[베다]. —타 **1** …을 난도질하다. **2** (고어) …을 승강이를 벌여 괴롭히다. —명 값을 깎기; 승강이, 입씨름. -**gler** 명
ha·gi·a [héidʒiə] 명 (그리스정교) 성체(聖祭品)(성체 미사용의 빵과 포도주). ─── racy.
hag·i·arch·y [hǽɡiàːrki, héidʒi-] 명 =hagiocracy.
hag·i·o- [hǽɡiou, -iə, héidʒi-] 연결 holy, saint의 뜻(* 모음 앞에서는 hagi-). ¶*hagi*archy; *hagio*scope, *hagio*graphy.
hag·i·oc·ra·cy [hæ̀ɡiákrəsi, hèidʒi-/hǽɡiòk-] 명 (U.C) 성인(聖人) 정치[지배, 정체].
Hag·i·og·ra·pha [hæ̀ɡiáɡrəfə, hèidʒi-/hǽɡióɡ-] 명 (the ~) (단수취급) 성문서[聖文書], 성문학(3부로 나뉘어진 구약 성서의 제3부; 율법서(the Law)와 예언서(the Prophets)를 제외한 전부).
hag·i·og·ra·pher [hæ̀ɡiáɡrəfər, hèidʒi-/hǽɡióɡ-] 명 Hagiographa의 저자; 성인전(聖人傳)의 저자. (또는 **hagiographist**)
hag·i·o·graph·ic [hæ̀ɡiəɡrǽfik, hèidʒi-] 형 성인 전의, 성인 연행록(言行錄)의. (또는 **hagiographical**)
hag·i·og·ra·phy [hæ̀ɡiáɡrəfi, hèidʒi-/hǽɡióɡ-] 명 (U.C) **1** 성인 열전(聖人列傳), 성인전 (연구). **2** 성인 숭배.
hag·i·ol·a·try [hæ̀ɡiálətri, hèidʒi-/hǽɡiól-] 명
hag·i·ol·o·gy [hæ̀ɡiálədʒi, hèidʒi-/hǽɡiól-] 명 (U.C) 성인(위인)전; 성인 열전; 성인(전) 문학[연구].
hag·i·o·scope [hǽɡiəskòup, héidʒi-] 명 (참배자주(主)제단을 볼 수 있도록 교회당의 벽에 낸) 제단 요배창(遙拜窓). **·scóp·ic** 형 [서슴에 시달리다.
hag·rid·den [hǽɡridn] 형 악몽에 가위 눌린, (무슨 공포 따위로) 괴롭히다. -**rid·er** 명
hag·ride [hǽɡràid] 타 (보통 수동형으로) (악몽·공포 따위로) 괴롭히다. -**rid·er** 명
hag·seed [hǽɡsìːd] 명 마녀의 자손.
***Hague** [heiɡ] 명 (The ~) 헤이그(네덜란드의 남서부의 도시; 국제 사법 재판소가 있다).
Hágue Cóurt 명 (the ~) 헤이그 재판소. **1** (1920년 국제 연맹의 부속 기관으로서 Hague에 설치된 Permanent Court of International Justice(국제 사법 재판소)의 통칭). **2** (2차 대전 후에 생긴 유엔의 International Court of Justice의 통칭).
Hágue Tribúnal 명 (the ~) 헤이그 국제 중재 재판소(공식 명칭은 Permanent Court of Arbitration).
hah [hɑː] 감[감탄] =ha.
ha-ha[1] [háː, ˊ] 감 (즐거움·비웃음 따위를 나타내어) 하하. —명 농담, 즐거운 일; 웃음 소리.
ha-ha[2] [ˊhɑ̀ː] 명 (정원·공원 따위의) 은장(隱墻), 경계벽(울타리)(sunk fence).
hahn·i·um [háːniəm] 명 (U) (화학) 하늄(원자 번호 105번의 인공 방사성 원소; ⑦ Ha).
Hai·da [háidə] 명 (~**s**) 하이다(캐나다·알래스카 해안의 섬에 사는 북미 인디언).

Hai·duk [háiduk] 명 **1** (역사) 하이둑(16세기 헝가리의 용병 계급 사람). **2** (터키의 지배에 반항한) Balkan 반도 슬라브인 거주 지역의 애국적인 산적.
Hai·fa [háifə] 명 하이파(이스라엘의 항구 도시).
haik [haik, heik] 명 (아라비아 사람이 머리와 몸에 두르는 흰색의) 사각형 천. (또는 **haick**)
***hail**[1] [heil] 타 (~**s** [-z]) ⓐ **1** …에게 인사하다; …을 환영하다; 환호하여 맞이하다. ¶The crowd ~*ed* him. 군중은 그를 환호하여 맞이했다. **2** (남)을 …이라고 부르며 인사하다(*as*); 칭찬하다(¶(~+目+(as) 補) They ~*ed* him (*as*) hero. 그들은 그를 영웅이라 부르며 환영했다. **3** …에게 소리지르다; …을 불러 세우다. ¶~ *a taxi* 택시를 잡다. ¶ㅡ자 **1** 큰 소리를 지르다; (해사) (배에 대해) 소리치다, 신호하다. **2** (부구어) (배가) (…에서) 출항하다; (익살) (…) 출신[태생]이다. **3** (瀷구어) 숙박하다(*up*).
***hail from** (사람이) …출신이다; (배가) …항에서 오다.
within hailing distance ⇒ HAILING DISTANCE.
—명 (UC) 인사; 환호, 환영; 큰 소리로 부름, 부르는 소리. ¶**within** [**out of**] **hail** (부르는) 소리가 들리는[들리지 않은 곳(*of*). —감 만세!; 반갑네! ¶**All** ~! *H*- to you! 만세!; 어서 와[반갑네!]. [자 헤어질 때의 인사).
***hail and farewell** (익살) 어서와 잘 가(* 만나자마자
***hail**[2] [heil] 명 (U) 싸락눈, 우박. **2** (a ~) (비유적) 우박 같이 쏟아지는 것, 비 (*of*) ¶a ~ *of* bullets 빗발치듯 퍼붓는 탄환. —자 (~**s** [-z]) ⓐ **1** (비인칭의 it를 주어로) 싸락눈[우박]이 오다[내리다]. ¶It ~*ed* all night. 밤새도록 싸락눈이 왔다. **2** 빗발치듯 퍼붓다(*down*)(*on*). —타 …을 빗발치듯 퍼붓다 (*on, upon*). ¶(~+目+前+名) He ~*ed* blows[curses] *on me*. 그는 내게 빗발치듯 주먹질[악담]을 했다.
Háil Colúmbia 명 **1** 미국 국가(법률가 Joseph Hopkinson(1770~1842) 작(1798)). **2** (때로 h- C-) (U) (美속어) 엄한 꾸지람; 야단 법석(hell의 완곡 어법).
hail·er [héilər] 명 환호하는 사람; 휴대용 확성기.
hail-fel·low [ˊféləu] 명 **háil féllow** 친밀한[허물없는 사이의] 사람, 다정한 벗. (는 **háil-féllow-wéll-mét** 의좋은; 붙임성 있는, 싹싹한.
háil·ing dìstance [héiliŋ-] 명 소리가[부르면] 들리는 거리; (비유적) 아주 가까운 거리, 손이 닿는 범위. **within hailing distance** (…의) 소리가 들리는 곳에; (비유적) (…의) 아주 가까이에(*of*). ¶Success is *within* ~. 성공이 바로 앞에 있다.
Háil Máry 명 **1** =Ave Maria. **2** (美속어) (미식구) 엔드존으로의 롱 패스. [-**stòned** 형
hail·stone [héilstòun] 명 (~**s**) 싸락눈[우박]알,
hail·storm [héilstɔ̀ːrm] 명 마구 퍼붓는 우박, 싸락눈[우박]을 동반한 폭풍.
Háil to the Chíef 명 (美) 대통령 찬가(대통령 등장시 연주함). [오는.
hail·y [héili] 형 싸락눈[우박]의, 싸락눈[우박]이 섞여
haim·ish [héimiʃ] 형 (美속어) 편안한, 아늑한. (또는 **heimish**) [상의 섬으로 성(省)).
Hai·nan [háːináːn] 명 하이난(海南)(중국 남지나 해
hain't [heint] (방언·고어) have [has] not의 단축형.
***hair** [hɛər] 명 (~**s** [-z]) ⓐ **1** ⓤ (집합적) 털, 체모; 머리카락, 머리털; (동물의) 털; ⓒ (~**s**, a ~) (한 가닥의) 털, **¶golden** [or fair] ~ 금발 / gray ~ 노년/ thick[thin] ~ 숱이 많은[적은] 머리 / long ~ 긴 머리 / brush one's ~ 머리를 빗질하다 / color [or dye, tint] ~ 머리를 염색하다 / have one's ~ cut 머리를 깎다 / wear one's ~ long [short] 머리가 길다[짧다].

> [USAGE] **hair**의 수(數) ── hair가 '두발 전부'를 의미할 경우에는 집합 명사로서 불변화 복수형(hair)을 사용하고 단수 취급하며, '(한 가닥의) 머리칼'을 말할 경우에는 보통 명사(가산 명사)로서 사용한다; curl one's ~ / He frowned to find *a* ~ in his dish.

2 ⓤ (식물) 털, 모용(毛茸)(잎·줄기 표면의 잔털). **3** (곤충·거미 따위의) 체모(體毛). **4** ⓤ (낙타·알파카의 털로 짠) 모직물. **5** (a ~) 극히 짧은 거리, 털끝만한 것[양, 정도]; (부정문에서) 조금도. ~않는. **6** 털처럼 생긴 것, 털 모양의 철사, 미동 용수철; (시계 따위의) 유사(遊絲). **7** (美속어) (컴퓨터) 복잡함, 어려움. **8** (속어) 사나이움, 용기, 억셈.
against the hair 짐승의 털을 거꾸로 쓰다듬어; 본의 아니게; 성미에 거슬리게.¶ It goes *against the ~* with me. 그건 내 성미에 맞지 않는다.
a [or *the*] *hair of the dog* (*that bit one*) ① 독을 푸는 독(미친 개에게 물린 상처의 해독제로는 그 개의 털이 좋다는 미신에서); 이열치열(以熱治熱). ② (익살) 해장술.
be not worth a hair 한 푼의 가치도 없다.
blow a *person's hair* (美속어) 남을 무섭게 하다, 오싹하게 하다.
both of a hair 엇비슷(하게).
by (*the turn of*) *a hair*; *by a hair's breadth* 겨우; 아슬아슬하게, 근소하게.
comb [or *rub, smooth*] *a person's hair for him* 남을 몹시 꾸짖다, 겁나게 하다.
curl a person's hair (속어) 남을 머리가 쭈뼛하게 하다.
do not care a hair 조금도 개의치 않다.
do (*up*) [or *dress*] *one's hair* 머리를 손질하(땋)다, 조발(調髮)하다, 머리를 완전히 지배하다.
get [or *have*] *a person by the short hairs* 남을 완전히 지배하다.
get gray hair ⇨GRAY HAIR.
get in [or *into*] *a person's hair* (속어) 남을 괴롭히다, 초조하게[안달나게] 하다.
give a person gray hair ⇨GRAY HAIR.
hang by a hair 위기에 직면하다, 위기일발의 상태에 있다.
harm a hair of a person's head (부정문·조건절에서) 남에게 위해를 주다; 남을 거칠게 대하다.
have a hair up one's ass [or *nose*] (속어) 몹시 화를 잘 내다.
have hair (속어) 용기(배짱)가 있다; (성적) 매력이 있다.
keep one's hair [or *shirt*] *on* (속어) 침착하다, 당황하지 않다.
keep [or *get, stay*] *out of a person's hair*; *keep a person out of one's hair* 남을 방해하지 않다, 남을 가까이하지 않다.
let [or *put*] *down one's* (*back*) *hair*; *let one's back hair down* ① 머리를 풀다. ② (속어) 느긋하게 쉬다; 속을 털어놓다, 터놓고 이야기하다. ③ 화내다.
lose one's hair ① 머리가 빠지다(벗어지다). ② (구어) 화를 내다.
make a person's hair stand (*up*) *on end*; *make a person's hair curl* =*curl a person's hair*.
not a hair out of place 몸가짐이 한 치의 빈틈도 없는.
not [or *never*] *turn a hair*; *without turning* [or *moving*] *a hair* (구어) ① 태연히, 꿈쩍도 않고. ② 조금도 피로한 기색이 없이.
out of a person's hair 남에게 폐를 끼치지 않고.
part a person's hair (구어) 남을 스치다, 남의 바로 곁을 지나다.
put hair(*s*) *on a person's chest* (구어) (독주·매운 것 따위가) 지독하다, 남의 원기[정력]를 북돋우다, 남을 사내답게 만들다.
put [or *turn*] *up one's hair*; *put one's hair up* 머리카락을 올려 묶다, 남을 화나게 하다.
smooth a person's hair the wrong way 남의 머리카락을 거꾸로 세게 쓰다, 남을 화나게 하다.
split hairs (경멸적) 세밀하게 구별하다; 사소한 일을 꼬치꼬치 따지다(*over*).
take hair off the dog (美속어) 경험을 쌓다(cowboy 용어에서)
tear [or *pull*] *one's hair* (*out*); *tear* [or *pull*] (*out*) *one's hair* (슬픔·분노로) 머리를 쥐어뜯다.
to (*the turn of*) *a hair* 털끝만큼도[한 치도] 틀림없이, 정확하게.

turn a hair (부정문에서 뜻으로) 흥분하다, 놀라다.
within a hair of (구어) 하마터면 …할 뻔한.

hair·ball [héərbɔ̀ːl] ⓝ 헤어볼(고양이 따위가 삼킨 털이 위(胃)에 들어가 뭉쳐진 덩이).
hair·breadth [héərbrèdθ] ⓝ 아주 좁은 간격[거리]; 근소한 차이.
by a hairbreadth 근소한[종이 한 장] 차이로; 가까스로.
to a hairbreadth 조금도 어김[틀림]없이.
within a hairbreadth 하마터면 (…할 뻔하여.
—ⓐ 털끝만큼의, 극히 좁은: 위기일발의.¶ a ~ *escape* 구사일생.
hair·brush [héərbrʌ̀ʃ] ⓝ 머리 빗는 솔[브러시].
háir cèll (생물) 유모(有毛) 세포.
hair·clip [héərklìp] ⓝ (英) 머리핀(美) bobby pin).
hair·cloth [héərklɔ̀(ː)θ-klὰθ] ⓝ 마미단(馬尾緞)(무명의 날실에 말총을 짜넣은 껄껄껄껄한 직물).
háir cùrler ⓝ (美구어) 오싹하게 하는 것[일].
hair·curl·ing [héərkə̀ːrliŋ] ⓐ 머리털이 곤두서는, 소름 끼치는.
hair·cut [héərkʌ̀t] ⓝ **1** (보통 a ~) 이발; (여성의) 머리 컷; ⓤ (남성의) 헤어스타일(* 여성은 hairdo). **2** (속어) (금융) 헤어컷(증권업자의 유동자산에 포함되는 유가증권의 가치 평가).
get [or *have*] *a haircut* ① 이발하다. ② (美속어) 여자에게 속다.
give a person a haircut (남의) 이발을 해주다.
hair·cut·ter [héərkʌ̀tər] ⓝ 이발사[이발기].
hair·cut·ting [héərkʌ̀tiŋ] ⓝⓤ 이발, 조발.
—ⓐ 이발의.
hair-dis·ad·van·taged [-dìsədvǽntidʒd] ⓐ 대머리의(bald).
hair·do [héərdùː] ⓝ (복 ~s) (여성의) 머리 모양, 헤어 스타일; 손질한 머리. (또는 **háir-dò**) ⓐ haircut 1
hair·dress·er [héərdrèsər] ⓝ **1** 미용사, (英) 이발사. **2** (~'s) 미장원.
hair·dress·ing [héərdrèsiŋ] ⓝⓤ 이발, 조발; 머리 치장; 이용[미용]업; 정발제(劑), 머리 화장품.
háir drìer[**drỳer**] ⓝ 헤어 드라이어.
hair-dye [héərdài] ⓝ 머리 염색약.
haired [héərd] ⓐ **1** 머리털이 있는. **2** (복합어로) 머리털이 …인.¶ *dark-~* 흑발의 /*gray-~* 백발의 /*long-~* 머리가 긴, 장발의 /*wavy-~* 웨이브가 진 머리의.
háir gràss ⓝ 줄기나 잎이 가는 풀(참억새풀 따위).
háir grìp ⓝ (英) 머리핀((美) bobby pin).
háir hygròmeter ⓝ 모발 습도계.
háir implànt ⓝ 인공 식모(植毛)(술).
hair·i·ness [héərinis/héər-] ⓝⓤ 털이 많음[덮임].
hair·lace [héərlèis] ⓝ (俗에) (여성용) 머리 끈.
hair·less [héərlis] ⓐ 털[머리털]이 없는, 대머리의(bald). ~**·ness** ⓝ
hair·like [héərlàik] ⓐ 털 같은, 매우 가느다란.
hair·line [héərlàin] ⓝ **1** (서화(書畵) 따위의) 털같은 선; (펜글씨 따위의) 가늘게 찾혀 오른긴 부분. **2** 아주 가는 밧줄[철삿]; 말총으로 만든 낚싯줄. **3** (앞이마의) 머리털이 난 언저리(선). **4** (직물의) 가는 줄무늬. **5** (인쇄) (활자의) 가는 선; (가는 선의) 활자체. **6** 근소한 차이(나). **7** (또는 ⌃) **cràck**[**fràcture**] 잔금, 잔틈;
to a hairline 정밀하게.   ㄴ(비유적) 균열.
—ⓐ (한정용법) 털같이 가는; (차이 따위가) 거의 없는; 정확한 것.¶ a ~ *victory* 신승(辛勝).
háir nèt ⓝ 머리에 쓰는 그물. (또는 **háirnèt**)
hair-oil [-ɔ̀il] ⓝⓤⓒ (英) 머릿기름.
hair·ol·o·gist [hèərάlədʒist/-ɔ́l-] ⓝ (美) 모발 (전문) 미용사, 모발 미용 컨설턴트.
háir pèncil ⓝ (서화용 따위의) 붓, (털로 된) 세필(細筆).
háir pìe ⓝ (美비어) 음문(陰門), 질(膣).
hair·piece [héərpìːs] ⓝ 가발, 다리, 헤어피스.
hair·pin [héərpìn] ⓝ **1** 머리핀, U자[U자]형 물건; U자형 급 커브길(~ *curve*). **2** (속어) 몸매가 날씬

한 사람. **3** (스키) 기문(旗門). **4** (美속어) 여성, 주부. *drop hairpins* [or *pins, beads*] (美속어) (대화중에) 자신이 호모임을 내비치다.
— 卧 (도로·진입로 따위가) U자형의.
— 卧자 (도로가) U자형으로 굽다.

háir·pin cúrve[túrn] U자형 커브길. (또는 (英))
háir pówder 卧 머리 분. [**háirpin bénd**]
hair-rais·er [ˊrèizər] 卧 (구어) 끔찍한 사건[이야기].
hair-rais·ing [ˊrèiziŋ] 卧 (구어) 머리털이 곤두서게 하는[주뼛해지는], 무시무시한, 소름 끼치는.
háir restórer 卧 털이 나게 하는 약, 발모제.
háir ríbbon 卧 머리(에 매는) 리본.
hairs·breadth [héərzbrèdθ] 卧卧 =hairbreadth. (또는 **háir's-bréadth**)
háir-sculp·ture [ˊskʌlptʃər] 卧 조발, 이용.
háir séal (동물) 강치, 바다표범; 그 모피 (제품).
háir shírt (고행자(苦行者)가 입는 마미단(馬尾緞) 셔츠. ⓑ **haircloth háir-shìrt** 卧
háir slìde (금속·대모갑(玳瑁甲) 따위로 만든) 머리집게; 머리 클립. 「는 공동」
háir spàce 卧 (인쇄) 글자 사이의 최소 간격(에 끼우
hair-split·ting (대머리 등의 탈모 및 이식(移植).
háir tríg·ger [ˊtrigər] 卧 민감한, 즉각 반응하는; 즉각의; 민첩한; 위태위태한, 일촉즉발의
háir twéezers 卧卧 족집게.
hair·wash [ʋéərwɑʃ] 卧 세발액(洗髮液).
hair·weav·ing [héərwì:viŋ] 卧 헤어위빙(대머리를 안 보이게 하려고 남은 머리에 가발을 꿰매 붙이기).
hair·worm [héərwə̀:rm] 卧 모양선충(毛樣線蟲) (동물의 장내(腸內) 따위에 기생).
hair·y [héəri] 卧 **1** 털이 많은, 털투성이의. **2** 털로 만든; 털 모양의. **3** 울퉁불퉁한, 험한. **4** (구어) 어려운, 감당할 수 없는; 위험한. **5** (美속어) 몹시 싫은; 버릇없는, 막돼먹은. **6** (구어) 케케묵은.
hairy at [or *about, in, around*] *the heel*(*s*) [or *fetlocks*] (속어) 버릇없는[막되게] 자란.
— 卧 털이 많은 사람[것]; (속어) 장발인 남자; (속어) (익살) 아주 용감한 사람.
háir·y·dìck [héəridìk] 卧 낙인이 없는 송아지.
háir·y-dóg stòry [-dɔ́:g-] 卧 =shaggy-dog story.   「투성이의.
háir·y-fáced [héərifèist] 卧 텁수룩한 얼굴의, 수염
háir·y-héeled [héərihì:ld] 卧 (속어) 버릇없이 자란, 버릇없는.
háiry vétch (식물) 헤어리 베치(콩과의 식물; 사
Hai·ti [héiti] 卧 아이티(서인도 제도에 있는 공화국; 수도 Port-au-Prince).
Hai·tian [héiʃən, -tiən] 卧 아이티 사람[말]의. — 卧 아이티 사람; ⓤ 아이티 말. (또는 **Haytian**)
Haïtian Créole 卧ⓤ (프랑스어에 서아프리카 말이 뒤섞인) 아이티 프랑스어.
haj(j) [hædʒ] 卧 (회교도의) 메카 참배(순례), 하즈. (또는 **hadj**) 〔<Arab〕
haj·ji [hædʒi] 卧 메카 순례(hajj)를 마친 회교도; 그 칭

호; 예루살렘 성묘(聖墓) 참배한 그리스·아르메니아인 기독교도. (또는 **hadji, haji**) 〔<Pers, Turk〕
hake[1] [heik] 卧 (卧 ~**s**) 대구과(類)의 물고기.
hake[2] 卧 (스코) 어슬렁어슬렁 걷다, 슬슬 거닐다.
— 卧 어슬렁어슬렁 걷는 사람.
hake[3] 卧 (벽돌·생선 따위의) 건조대(hack).
Ha·ken·kreuz [há:kənkrɔ̀its] 卧 **-kreu·ze** [-krɔ̀itsə]) 갈고리 십자, 역(逆) 만자형, 卍(swastika) (Nazis의 문장(紋章)). 〔<G hook cross〕
ha·kim [hɑ:kíːm] 卧 (회교국에서) 현자(賢者), 학자; 의사. (회교국에서) 지배자, 총독, 법관. 〔<Arab〕
Hak·ka [há:kə] 卧 (卧 ~**s**) **1** 하카(客家)족(한(漢)족의 일파). **2** 하카어(광동(廣東)의 방언). 〔<Chin〕
Hal [hæl] 卧 핼(남자 이름; Harold, Henry의 별칭).
Hal ⑦ (화학) halogen.
HAL [hæl] 卧 =HAL 9000.
hal- [hæl] (연결) HALO-.
Ha·laf·i·an [həlá:fiən] 卧 할라프 문화(기)의(기원전 5,000년 이상의 북부의 신석기 시대 문화). — 卧 할라프 문화기(期)의 사람.
Ha·la·khah [hɑːlɔ́xə/Heb hɑːlɑːxɑ́ː] 卧 **1** ⓤ 할라카(유대교 율법의 총칭). 卧 **~s, -la·khos** [-lɔ́xóus], **-la·khoth** [-lɑːxɔ́ːt]) 유대교 율법의 개개의 규칙. (또는 **Halakah, Halacha**(**h**))
hal·al [həlɑ́ːl] 卧ⓤ 이슬람 율법에 따라 도살된 동물의 고기(~ **meat**). — 卧자 이슬람 율법에 따라 (동물을) 식용으로 도살하다. (또는 **hallal**)
ha·la·la(**h**) [həlɑ́ːlə] 卧 (卧 ~**s**) 할랄라(사우디아라비아의 화폐 단위; 1/100 riyal). 〔<Arab〕
Hal·a·phone [hǽləfòun] 卧 (음악) 핼러폰, 전자 음향 (효과) 장치[악기].
〔<발명자 Peter Haller의 이름〕
ha·la·tion [heiléiʃən, hæ-/hə-] 卧ⓤ (사진) 헐레이션(광선에 의한 사진의 흐림).
hal·berd [hǽlbərd/hɔ́:l-] 卧 (역사) 미늘창(창과 도끼를 결합한 옛 무기). (또는 **halbert**)
hal·berd·ier [hǽlbərdìər] 卧 halberd를 지닌 병사(경비병 등).
hal·cy·on [hǽlsiən] 卧 **1** (그리스 신화) 할키온(동지(冬至)경에 [halberd] 바다에 둥지를 틀고 풍랑을 가라앉힌다고 전해지는 새. **2** (조류) 물총새(kingfisher). — 卧 (또는 **halcyon·ian**) **1** 물총새의. **2** 고요한, 평온한; 번영하는; 즐거운, 무사 태평한. ¶ *a ~ era* 태평 시대.
hálcyon dáys 卧 동지 전후의 날씨가 좋은 2주일 간; 평온한 시기, 평화로운 시대.
Hál·dane prínciple [hɔ́:ldein-] 卧 홀데인 원칙(국 공립의 연구기관은 관련 관청에서 독립해야 한다는 원칙). 〔<영국의 생리학자·유전학자 J. B. S. Haldane(1892-1964)의 이름〕
***hale**[1] [heil] 卧 (노인이) 기운찬, 튼튼한, 정정한.
hale and hearty (노인 등이) 원기왕성한; 노익장(老 ~·**ness** 卧 (益)壯)의.
hale[2] 卧卧 …을 세게 잡아당기다, 세게 잡아끌다; …을 질질 끌다, 끌어내다. — 卧 (…을) 끌어당기다 *at a rope* 로프를 끌어당기다.
half [hæf/hɑːf] 卧 (卧 **halves** [hævz/hɑːvz]) **1** ⓒⓤ 반, 2분의 1; 대략 절반; 반시간, 30분. ¶ *~ of the profits* 이익의 반/*two pounds and a ~* 2파운드 반 (*two and a ~ pounds*) / *the* [*or one*] *~ of an orange* 오렌지의 반쪽/*the first* [*latter*] *~ of the 21st century* 21세기 전(후)반/*the larger ~ of my fortune* 내 재산의 태반/*get up at ~ past six* 6시반에 일어나다/*H-* [or *The ~*] *of ten is five.* 10의 반은 5이다/*Two halves make a whole.* 반쪽이 두 개면 하나가 된다. **2** (한 쌍의) 한쪽(댄스 등의) 상대, 파트너. **3 a**)

[스포츠] 시합의 전[후]반; [야구] (한 회의) 초(初), 말(末).¶first ~ of the eighth inning 8회 초. **b)** [미식축구] 하프백(halfback). **c)** [골프] 동점. **4** (한 학년을 2기로 나눈) 학기, 학년.¶in the summer ~ 여름 학기에. **5** (소송 따위에서) 한쪽 당사자(side). **6** [英구어] 반 파인트(~ pint); 반 크라운(~ crown); 반 마일(경주). **7** [英학생 속어] 반공일, 반휴일. **8** [美구어] = ~ dollar. **9** [英구어] (버스·기차 따위의 어린이용) 반액 승차권, 반액 요금(의 어린이).
...and a half (구어) 특별한, 굉장한; 성가신.¶a job and a ~ 매우 큰[중대한, 어려운] 일/It was a game and a ~. 굉장한 시합이었다.
be not the half of (이야기 따위가) 아직 더 남아 있다, 여기서 그치는 것이 아니다.
by half ① 반을, 절반만. ② [반어적] 대단히, 매우.
by halves (보통 부정문에서) 불완전[어중간]하게; 불성실하게, 마지못해.¶Don't do things *by halves*. 일을 어중간하게 하지 마시오.
cry halves 절반 나누자[똑같이 나누자]고 요구하다.
go halves [or **half and half**] **with** *a person* **in** [or **on**] …의 비용[지불 따위]을 남과 분담하다.
in half [or **halves**]; **into halves** 반으로, 둘로, 이등분으로.¶cut an apple *in* ~ 사과를 둘로 자르다/He sawed the plank *into* two exact *halves*. 그는 판자를 톱질해서 정확하게 두 쪽으로 잘랐다(*「두 쪽으로 자르다[나누다]」라고 할 때 half를 사용하면 in과, halves를 사용하면 into를 전치사로 한다).
not by half 거의 …않는.
one's **better half**; *one's* **other half** (익살) 아내.
one's **worse half** (익살) 남편.
on halves (美) 반씩 나누어.
say half to *oneself* 누구에게라고 할 것 없이 중얼거리다, 혼잣말처럼 말하다.
the half of it (부정문·only의 뒤 등에서) 아주 일부; 일부분이 보다 중요한 것[사실]. 「에서) 거지.
the other half (거지의 입장에서) 부자, (부자의 입장)
too...by half 아주…, 대단히….¶be *too* clever *by* ~ 너무나 영리하다. 「나누어.
to the halves ① 절반까지, 어중간하게. ② (美) 반씩
— 國 **1** (한정용법) 반의, 2분의 1의.¶a ~ share 몫의 반/a ~ hour; ~ an hour 반 시간/one and a ~ hours 1시간 반(one hour and a ~)/I have ~ a mind to go. 가보고 싶은 생각이 든다/*H- a loaf is better than no bread*. (속담) 반덩이라도 없느니보다는 낫다. * 단수·복수는 일반적으로 다음에 오는 명사의 수와 일치한다.¶*H-* the orange was rotten./*H-* the oranges were rotten.

(USAGE)[1] **half a year, a half year** —— **(1)** (英)에서는 half a year, (美)에서는 a half year가 일반적으로 사용되나 (英)에서도 합성어의 한 단위가 될 경우에는 a half-year로 하며, 전에는 하이픈을 쓰지 않은 어형도 있었다. **(2)** "올해도 반은 갔다"처럼 특정한 해에 대해 말할 경우는 half the year가 보통이고, the half year라고는 하지 않는다. **(3)** half 다음에 오는 명사가 a+명사가 아닐 때는 half the amount 처럼 말하는 것이 보통이며, half of the amount는 특히 「(전체의) 부분」이라는 것을 강조하는 문어적 표현이다. 그러나 대명사의 경우는 half of them [it]처럼 of를 넣는다.

2 부분적인, 불완전한.¶~ knowledge 얼치기 지식. **3** 시간제의, 파트 타임의. **4** (형제·자매가) 한쪽 부모만이 같은, 의붓의.
be half the battle ⇒BATTLE.
half a mo[or **sec, jiffy, shake, tick, minute**] (구어) 아주 짧은 시간.¶I'll be there in ~ *a mo.* 곧 그곳에 갈게.   「즐거움의 대부분.
half the fun [or **pleasure**] **(of** (*doing*)) …(하)는
see with half an eye 눈 감고도 알다, 다 알다.

— 團 **1** 반만, 반쯤.¶a glass ~ full of whisky 위스키가 반쯤 들어 있는 컵/It is ~ past ten now. 지금 10시 반이다.

(USAGE)[2] 시간의 표현과 부정관사 —— 시간을 말할 때 It is *a* quarter past ten.과 같이 quarter에는 a를 붙이지만, It is ~ past ten.과 같이 half에는 a를 붙이지 않는다. quarter는 명사이지만 half는 half full의 용법처럼 부사로 생각되기 때문이다.

2 얼마간, 어느 정도로; 폐, 거의.¶~ dead 반죽음으로/He ~ wished he had not said so. 그는 그런 말을 하지 말걸 하는 생각도 들었다/*Well begun is ~ done*. (속담) 시작이 반. **3** 부분적으로, 불충분하게.¶~ cooked 설익은, 반숙의.
be half inclined to *do* …해볼까 하는[…해도 나쁘지 않다는] 생각이다.
half and half 반반으로.¶Let's share it ~ *and* ~.
half as much [or **many**] **again as; half again as much** [or **many**] **as** (…의) 1배 반.
half as much [or **many**] **(as)** (…의) 절반.
half the time (구어) 자주, 대개.
more than half 매우, 몹시.
not half ① (구어) 조금도 …아닌(not at all).¶*not* ~ bad 나쁘기는커녕 아주 좋다. ② (속어) 굉장히, 참으로.¶Do you like whiskey?—Oh, *not* ~! 위스키를 좋아합니까?—좋아하다뿐이겠습니까!
not half as [or **so, such**] **...as** …의 절반도 …아닌.¶The other bad days *can't* be ~ *as* bad *as* this. 오늘만큼 지독한 날은 있을 수 없다.
hálf a búck 國 (속어) =half dollar.
half-a-crown [ˈəkráun] 國 **1** =half crown. (옛날 영국의) 2실링 6펜스(의 금액)
hálf àdder 國 [컴퓨터] 반가산기(半加算器).
half-a-dol·lar [ˈədɑ́lər] 國 **1** =half dollar. **2** 반 크라운 백동화(half-a-crown, half crown).
half-a-doz·en [ˈədʌ́zn] 國國 =half-dozen.
half-and-half [ˈənhǽf] 國 **1** 반반의, 두 개(의 한 부분)으로 된. **2** 어중간한, 이도저도 아닌. **3** (美학생 속어) =bisexual. — 團 반반으로, 평등하게(equally). — 國 **1** 반의 혼합물. **2** (英) 혼합주. **3** (美) 우유와 크림의 혼합 음료. **4** 혼혈아.
half-assed [ˈæst] 國 (美비어) **1** 불완전한, 부족한 (deficient); 되는 대로의, 엉터리의.¶a ~ plan 엉터리 계획. **2** 무능한; 어리석은.¶~ teachers 무능한 교사들.
half-back [hǽːfbæk] 國 **1** [미식축구] 하프백, 중위(中衛)(의 위치·선수). **2** [축구·럭비] 중위의 선수. 國 fullback, quarterback
half-baked [ˈbéikt] 國 **1** 설구워진. **2** (계획 따위가) 불완전한, 불충분한.¶a ~ scheme 불완전한 계획. **3** 미숙한, 풋내기의.¶a ~ youth 풋내기 젊은이. **4** (구어) 상궤(常軌)를 벗어난; 제정신이 아닌. **5** (美속어) 술 취한.
hálf báth 國 (욕조가 없는) 욕실; ~에 취한.
hálf bìnding 國 [제본] (등과 모서리가 가죽으로 된) 반가죽 장정.
half-blind [ˈbláind] 國 (美속어) 술에 취한.
half-blood [ˈblʌ́d] 國 **1** 혼혈아; 잡종. **2** 이부(異父) [이복] 형제[자매](國) full blood. (또는 **hálf blòod**)
— 國 =half-blooded.
half-blood·ed [ˈblʌ́did] 國 혼혈의; 잡종의; 어머니 [아버지]가 다른. (또는 **hálf-blòod**)
half-blue [ˈblúː] 國 (Oxford, Cambridge 대학에서) 반청장(半靑章) 선수(주요 스포츠의 후보 선수 및 비주요 스포츠의 선수); 그 선수에게 주어지는 반청장.
hálf bóard 國 (호텔 따위의) 1박 2식제.
half-boiled [ˈbɔ́ild] 國 설익은, 반숙의.
hálf bòot 國 반장화.
hálf-bòund 國 반가죽 장정의.
hálf-bréadth plàn [ˈbrédθ-] 國 [조선] 반폭선도.

half-bred [´brèd] 형 1 혼혈(종)의; 잡종의. 2 버릇[예절] 없는. ― 명 잡종의 동물[(濠·뉴질) 양].

half-breed [´briːd] 명 (경멸적) 혼혈아, 백인과 북미 인디언과의 혼혈아; (동식물의) 잡종. ― 형 혼혈[잡종]의

hálf bròther 명 아버지[어머니]가 다른 형제.

hálf búck 명 《속어》 half dollar.

half-caf [´kæf] 명 《미국구어》 카페인이 조금 들어온 (regular와 decaf의 중간).

hálf cálf 명 《제본》 (송아지 가죽으로 된) 반가죽 장정.

half-care [´kɛər] 형 노인 출장 개호(介護)(노인을 격리시설에서 독립생활토록 하고 필요시 간호사가 돌보는 것).

half-caste [´kæst] 명 1 혼혈아; 백인과 인도인(회교도)과의 혼혈아. 2 신분[계급]이 다른 양친한테서 출생한 아이. ― 형 1 (백인과 인도인의) 혼혈의. 2 신분이 다른 양친 사이에 태어난.

hálf cóck 명 1 안정단(安全段)(총의 공이치기를 반쯤 올린 위치). 2 마음가짐이 불충분한 상태.
go off at half cock ① 공이치기를 충분히 올리지 않은 채 발사하다. ② 조급히 굴다, 잘 생각하지 않고 행동하다.
hálf-cóck [동](타) ―하다.

half-cocked [´kάkt/-kɔ́kt] 형 1 (총의) 공이치기를 반쯤 올린; 반안전 장치를 한. 2 《미국구어》 조급히 서둔, 준비가 불충분한. 3 《속어》 어리석은.
go off half-cocked =*go off at* HALF COCK.

half-cooked [´kúkt] 형 설익은; 《구어》 미숙한.

half-court [´kɔ́ːrt] 명 《스포츠》 (구기의) 하프코트.

half-cracked [´krækt] 형 《속어》 얼빠진.

hálf crówn 명 (영국의) 반 크라운 백동화(白銅貨)(2실링 6펜스에 해당; 1970년에 폐지). (또는 **hálf-crówn**)

half-day [´déi] 형 =half-holiday.

half-dead [´déd] 형 반죽음의.

hálf dèck 명 《해사》 반갑판. **hálf-dèck·er** 명

hálf dìme 명 (옛날 미국의) 5센트 은화.

hálf dòllar 명 (미국·캐나다의) 50센트 은화.

half-done [´dʌ́n] 형 1 설익은, 반숙의. 2 미완성의, 절반만 된, 불완전한.

half-doz·en [´dʌ́zn] 명형(한) 반 다스(6개)(의).

hálf dúplex [´通信] 반이중(半二重)(컴퓨터 통신 따위 양방향 전송 방식으로 송수신이 불가능한 것). **half-du·plex** [-djúːpleks/-djuː-] 형 《통신》 반(半)이중의. ¶ ~ *transmission* 반이중 전송.

hálf éagle 명 (옛날 미국의) 5달러 금화. [상록의.

half-ev·er·green [´évərgriːn] 형 (식물이) 반(半)

half-face [´féis] 형 측면(側面), 얼굴 옆모습(profile); (구어) 반우(좌)향. 명 옆모습을 그린, 반면의.

half-faced [´féist] 형 옆얼굴의[을 보인]; 세 방향이 닫히고 한 방향만 열린; 불완전한, 뚜렷치 않은.

hálf fráme 명 하프 사이즈의 사진(35mm판의 절반 크기).

half-frame [´fréim] 형 하프 사이즈 사진의.

hálf gàiner 명 《수영》 하프 게이너(전면으로 뛰어 회전해서 머리부터 입수(入水)하기).

half-glass·es [´glǽsiz] 명[복] 하프 글라스(안경의 하반부만 반원형 렌즈로 된 독서용 안경).

half-har·dy [´hάːrdi] 형 (식물이) 반내한성(半耐寒性)의, 서리에 맞지 않도록 해야 하는.

half-heart·ed [´hάːrtid] 형 《한정용법》 마음이 내키지 않는, 열성이 없는, 냉담한(*about*). 형 wholehearted. (또는 **hálf-héarted**) ~·ly 부 ~·ness 명

hálf hítch 명 (밧줄의) 한결삭(半結索), 한 [외쪽매듭.

half-hol·i·day [´hάlədèi/-hɔ́l-] 명 반공일, 반휴일.

hálf hóse 명 (무릎 아래까지 닿는 남성용) 긴 양말.

half-hour [´áuər] 명 1/2시간, 30분간. 2 (…시) 30분의 시점. ¶ *on the* ~ 매시 30분에. *on the half hour* (…시) 30분에; 30분마다의.

half-hour·ly [hǽːfáuərli] 형 =half-hour. 2 반시간마다의, 반시간마다 일어나는. ¶*a ~ interruption* 반시간마다의 중단. ― 부 반시간에[마다]. 「회중 시계.

hálf hùnter 명 (뚜껑에 지름의 반쯤 되는 유리를 낀)

half·ies [hǽfiz/hάː-] 명 《미국구어》 형 반, 절반; 반개. ― 부 반반의[으로], (둘이) 공동 부담의[으로], 추렴의[으로]. (또는 **halfsies, halv·(s)ies**)
do [or *make*] *it halfies* 각자 부담하다, 추렴하다.
go halfies 반반으로 하다, 반으로 나누다.

half-inch [´ìntʃ] 명 반인치, 1/2인치(1.27cm). ― 동(타) [-´] 《英속어》 ···을 훔치다.

half-in·te·ger [´ìntidʒər] 명 《수학》 반정수(半整數)(기수의 1/2). **-gral** 형

half-jail [´dʒéil] 명 알코올 중독자 수용소.

half-land·ing [´lændiŋ] 명 《英》 (계단의) 층계참.

hálf lèather 명 =half binding.

half-length [´léŋkθ] 명 절반 길이의 것; 반신상[초상화]; 상반신. ― 명 전장(全長)의 반의; 반신상[화]의; 상반신의.

half-life [´làif] 명[U]C 1 《물리》 (방사성 물질의) 반감기(半減期). 2 《생》 만족스럽지 못한 인생; 쇠퇴하기 전의 왕성한 시기. (또는 **hálf·life, hálf life**) ― 형 (초상화가) 실물 크기의 반의.

half-light [´làit] 명 박명(薄明), 어스름; 2분의 1의 밝기. ― 형 어슴푸레한.

half-line [´làin] 명 《기하》 반(半)직선(한 점에서 한쪽 방향으로 무한히 뻗은 직선); 《컴퓨터》 반개행(半改行).

half-lined [´làind] 형 절반을[부분적으로] 안감을 댄[뒤·안 따위를 바른].

hálf·ling [hǽːfliŋ/hάːf-] 명 1 《스코》 미성년, (성년 전의) 젊은이. 2 반 페니. ― 형 미성년의.

half-lit [´lìt] 형 《속어》 술에 취한.

half-long [´lɔ́ːŋ] 형

half-mast [´mǽst/-mάːst] 명[U] 1 마스트의 중간; 반기(半旗)의 위치(조의 또는 조난을 나타내는 게양 위치). ¶ ~ *high* 반기 위치로. 2 (비어) 불완전 발기(의 남근).
(at) half-mast ① (기가) 반기 위치에. ② (익살) (바지·양말 따위가) 흘러내려, (바지가) 너무 짧아. ― 동 반기의. ¶*a ~ position* 반기의 위치. ― 동(타) [기] 를 반기의 위치에 게양하다.

hálf mèasure 명 (종종 ~s) 임시 변통의 수단, 급할 때의 미봉책; 타협. ¶*by ~s* 임시 변통으로.

half-mil·er [´máilər] 명 반 마일 레이스[경주] 선수[주자].

half-mind·ed [´máindid] 형 마음이 내키지 않는.

half-moon [´múːn] 명 반달 형 full moon, new moon); 반달 모양의 것; (손톱의) 반달, 속손톱.

hálf mòrocco 명 《제본》 반 모로코 가죽 장정(裝幀).

hálf mòurning 명 반상복(半喪服)(을 입는 기간).

hálf nèlson 명 《레슬링》 하프 넬슨(한쪽 팔을 상대방의 등뒤로부터 겨드랑이 밑에 넣어 목덜미를 누른다).
get a half nelson on ···을 움켜잡고 못 움직이게 하다; ···을 완전히 제압[지배]하다. ¶ 간함.

half·ness [hǽːfnis/hάːf-] 명[U] 절반; 불완전, 어중

hálf nòte 명 《음악》 2분 음표; 《英》 minim.

half-off [´ɔ́ːf] 형 반값의, 50% 할인의(50% off). ¶~ *sale* 반액 세일.

half-one [´wʌ́n] 명 《골프》 하프원, 반수 감점(2홀마다 1스트로크씩의 핸디캡).

half-or·phan [´ɔ́ːrfən] 명 부모 중 한 쪽만 있는 아

half-pace [hǽːfpèis/hάːf-] 명 《건축》 (왕좌·제단의) 단상, 상단(上段); 층계참.

hálf páy 명 급료의 반액, 반봉급; 《英》 (육·해군 장교의 감액된) 휴직급(休職給), 퇴직급. **hálf-páy** 형

half·pence [héipəns] 명 halfpenny의 복수.

half·pen·ny [héipəni] 명 1 반 페니 동전. 2 (-nies) 《英구어》 잔돈, 푼돈, 소액; 소량. 3 (명 **-pence** [-pəns]) 반 페니의 가치(금액). ⇨ KICK.
get [or *receive*] *more kicks than halfpence*

not have two halfpennies to rub together 아주[몹시] 가난하다.
turn up again like a bad halfpenny 《구어》 볼일도 없는데 자꾸 또 잘 나타나다.
—圈 1 반 페니의. 2 싸구려의, 쓸모 없는. 3 《英구어》 (신문이) 선정적인. (또는 ha'penny, hapenny)

half·pen·ny·worth [héipəniwə̀ːrθ] 圐 반 페니 값어치의 물건[양]; 극소량.

hálf pínt 圐 1 반 파인트(1/4 쿼트). 2 《구어》 키가 작은 사람[여성], 꼬마. 3 《속어》 젊은이; 《美속어》 하찮은 사람(동물). **hálf-pínt** 圐

half-plane [´plèin] 圐 《수학》 반평면.
half-plate [´plèit] 圐 《사진》 하프 사이즈의 건판(乾板)[필름](16.5×10.8cm).
half-price [´prais] 圐[副] (입장료 따위가) 반액의[으로], 반값의[으로]. ¶go ~ 반액이 되다.
half-quar·tern [´kwɔ́ːrtərn] 圐 《英》 무게가 half-quartern(약 900g)인 빵 덩어리. 2 소형 요트.
half-rat·er [´réitər] 圐 (19세기말 영국의) 경주용 소형 요트.
half-read [´réd] 圐 얼치기로 읽은, 어설프게 아는.
hálf rést 圐 《음악》 2분 휴지(부).
half-round [´ráund] 圐 반원(형)의; 반원통(형)의.
—圐 (단면이) 반원형의 것, 반원통; 〖인쇄〗 (연판의) 환화(丸化)版; 〖건축〗 (건축물의 돌출부나 가장자리를 깎아서 만든) 반원 쇠시리.
half-roy·al [´rɔ́iəl] 圐 12×12인치 크기의 마분지.
hálf-screwed [´skrúːd] 圐 《속어》 거나한, 얼근히 취한.
half-seas óver [´sìːz-] 圐 1 항해가 반쯤 진행된; (일의) 중도의. 2 《속어》 취한.
half-share [´ʃɛ́ər] 圐 (이익 따위의) 절반의 몫; 주식 수입의 절반에 대한 권리.
half-shaved [´ʃéivd] 圐 《美속어》 (얼근히) 취한.
hálf shéll 圐 (접시 대신 쓰이는) 쌍각류(雙殼類) 조개 껍질의 한 쪽. ¶oysters on ~ 껍질에 담겨 있는 굴.
half-shift [´ʃíft] 圐 《음악》 (바이올린 연주 따위에서) 제2의 위치 변경.
half-shot [´ʃát] 圐 《골프》 하프샷(하프 스윙의 샷). —圐 《美속어》 1 =half-shaved. 2 거의 파괴된.
half-sies [hǽfsiːz/hɑ́ːf-] 圐[副] 《美구어》 =half-lies.
hálf sílk 圐 명주와 무명의 교직(交織).
hálf síster 圐 이부(異父)[이복] 자매.
hálf síze 圐 하프 사이즈《키가 작은 비만형 여성의 옷 사이즈》; 중간 크기》; 〖설계〗 2분의 1의 축척(縮尺).
hálf-size sédan 圐 중형차.
half-slip [´slíp] 圐 반(半)슬립, 짧은 페티코트.
hálf sóle [´sóul] 圐[돠] 《구두의》 앞창을 대다.
hálf sóvereign 圐 《영국의》 반 파운드 금화(10실링에 상당; 1917년에 폐지).
half-sprung [´sprʌ́ŋ] 圐 《속어》 =half-screwed.
half-staff [´stǽf] 圐 =half-mast.
hálf stèp 圐 1 《음악》 반음(semitone). 2 《美군사》 반보(半步).
hálf stóry 圐 〖건축〗 중이층(中二層).
hálf subtrácter 圐 《컴퓨터》 반(半)감산기.
hálf swíng 圐 《스포츠》 《야구 따위에서》 하프 스윙.
hálf térm 圐 《英》 《학기중의》 짧은 방학. —圐 학기 중간쯤의. 《또는 **hálf-térm**》
hálf tíde 圐 반조(半潮)《만조와 간조의 중간》.
half-tim·bered [´tímbərd] 圐 《건축》 (집·건물의) 목골조(木骨造)의. (또는 **hálf-tímber**)
half-time [´táim] 圐[副] 1 《英》 반나절 근무; 반일급(半日給). ¶work ~ 반나절 근무를 하다. 2 《스포츠》 중간 휴식. (또는 **hálf tíme**)
—圐 반나절 근무의; 《시합 따위의》 중간의.
half-tim·er [´táimər] 圐 1 반나절 근무자, 규정 시간의 절반만 일하는 사람. 2 《英》 반일제(半日制) 취학 아동《반나절은 취업이 허가된 아동》.

hálf tínt 圐 간색(間色); (수채화의) 흐릿한 채색.
hálf títle 圐 책의 본문 앞의 첫 페이지, 《거기에 인쇄된》 짧은 표제; 《중간 표지에 인쇄된》 장(章)의 표제, 소(小)표제.
half-tone [hǽːftòun/hɑ́ːf-] 圐 1 《그림·사진》 중간색; 반색조. 2 《사진제판》 망점(網點), 망판(網版); 망판 인쇄물. 3 《음악》 반음(semitone). —圐 중간색[반색조]의; 《사진제판》 망판의[으로 만든]; 《음악》 반음의.
half-track [´trǽk] 圐 후부(後部) 무한 궤도 장치; 반(半)무한 궤도 트럭[장갑차]. 《양》.
hálf tràp 圐 반곡관(半曲管)《S자 형태를 둘로 나눈 모양의 배수관》.
hálf-truth [´trúːθ] 圐[U|C] 《속이거나 비난을 피하기 위한》 일부만 진실인 말. **half-trúe** 圐
half-turn [´tə̀ːrn] 圐 반회전, 180도 회전.
hálf únder 圐 《속어》 반쯤 의식이 있는, 의식을 잃어가는; 거나하게 취한.
hálf-vál·ue làyer [´vǽljuː-] 圐 《물리》 반감층(半減層)《방사선이 물질을 통과할 때 그 강도가 반감하는 흡수 물질의 두께》.
hálf vòlley 圐 하프 발리《테니스·축구 따위에서 공이 지면에서 튀어오르는 순간에 치거나 차는 일》.
half-vol·ley [´vɑ̀li] 圐 (공을) 하프 발리로 치다[차다]. **~·er** 圐
‡**half·way** [hǽːfwèi/hɑ́ːf-] 圐 1 중도[중간 지점]에 [에서, 까지]. ¶be ~ through 중간까지 진행하다. 2 거의, 거진히, 이제 곧. ¶in a voice ~ to sleep 잠에 취한 음성으로. 3 《구어》 절반만, 조금이라도. ¶He'd win if he were ~ good. 웬만큼만 해도 그가 이길 텐데. 4 어느 정도; 타협하여.
go halfway with 도중까지 …와 동행하다.
meet a person halfway; go halfway to meet a person 남을 중간에서 만나다; 남을 도중까지 마중나가다; 서로 《의견이》 가까워지다, 타협하다 (on).
meet halfway 쌍방이 서로 다가가다[서다]; 타협하다.
meet trouble halfway ⇒ TROUBLE. 다.
—圐 1 중도의, 중간의. ¶a ~ point 중간 지점. 2 불충분[불완전]한, 어중간한. ¶~ measures 어중간한 조치.
—圐 =~ line.
hálfway hòuse 圐 1 《두 지역의》 중간에 있는 여인숙[상점]. 2 《중간》 타협(점, 안). 3 《만기 출소자·알코올 중독자·정신 장애자 등의》 갱생 시설《훈련소》.
hálfway líne 圐 《축구·럭비》 《경기장의》 중앙선, 하프 라인.
half-wit [´wìt] 圐 반편, 얼간이.
half-wit·ted [´wítid] 圐 모자라는, 얼빠진, 아둔한. **~·ly** 圐 어리석게, 바보같이. **~·ness** 圐
half-wool [´wúl] 圐 면모 교직(綿毛交織).
half-word [´wə̀ːrd] 圐 《컴퓨터》 하프워드, 반어(半語). 《화석계》 암흑기.
half-world [´wə̀ːrld] 圐 반구(半球)(hemisphere).
hal·fy [hǽfi/hɑ́ːfi] 圐 《美속어》 양다리 절단자.
hálf yéar 圐 반년: 《한 해의》 반기(半期)《1~6월 또는 7~12월》; 《학기제의》 한 학기.
half-year·ly [´jiərli] 圐[副] 반년마다(의).
hal·i·but [hǽləbət, hɑ́l-] 圐 《魚》(~(s)) 큰 넙치; 넙치류(類)와 비슷한 가자미.
hal·ide [hǽlaid, héil-] 圐[U] 《화학》 할로겐 화합물(化合物)(의). 《또는 **halid**》
hal·i·dom [hǽlədəm] 圐 《고어》 신성한 장소[물건]. ***by my halidom*** 맹세코, 분명. 《또는 **halidome**》
hal·i·eu·tic [hæ̀liːjúːtik] 圐 고기잡이의, 낚시질의. —圐 《단수취급》 낚시질하는 법, 고기 잡는 법; 어류[어업]에 관한 논문.
Hal·i·fax [hǽləfæ̀ks] 圐 핼리팩스. 1 캐나다 Nova Scotia 주의 항구 도시로 주도(州都). 2 영국의 주택 금융 공제 조합. 3 영국 공군의 4발(發) 폭격기.
Go to Halifax! 《구어》 젠장!; 제기랄! 뒈져버려!
hal·ite [hǽlait, héi-] 圐[U] 암염(岩塩)(rock salt).
hal·i·to·sis [hæ̀lətóusis] 圐[U] 입냄새.

hall [hɔːl] 명 (粵) ~s [-z] 1 (주택·건물의) 현관, 현관의 큰 방, 로비. ¶the front[back] ~ of a house 집의 앞[뒤] 현관. 2 (美·캐나다) (건물 내의) 복도, 통로. 3 (종종 H-) (공공의) 건물, (그 속의) 큰 방; (조합·협회 따위의) 사무소, 본부. ¶a city ~ 시청 / a public ~ 공회당. 4 (회합·오락·연회 따위에 쓰이는) 회관, 회당, 홀, 동행장; (종종 ~s) =music ~. ¶a concert ~ 음악당, 연주 회장 / a dance ~ 댄스홀. 5 (美) (종종 H-) (대학의) 교사(校舍), 강당, 집회장. ¶the Students' H- 학생 회관 / the Science H- 이학부(理學部) 교사(校舍). 6 (英) a) (대학의) 대식당; (대식당에서의) 회식. b) 학료(學寮); 학부(學部). 7 (the H-) (英) (대지주의) 저택. 8 (중세 왕후 귀족의) 대저택; (그 속의) 크고 넓은 방. ¶a banquet ~ 연회용 큰 방. 9 식품 잡화점(grocery). ─────── 석하다.
dine in hall (대학의) 대식당에서 회식하다.
hal·lah [háːlə, xáː-/Heb xaːláː] 명 (粵) ~s, -loth [-lɔ́ːt] (유대교) 할라(유대교에서 안식일에 먹는 흰 빵). 또는 challah) [<Heb]
háll bédroom 명 (美) 현관 옆방, 문간방(여관 등의 쓴 기도문; 축제일에 낭송). [<Heb praise]
Hal·lel [hɑːléil] 명 (유대교) 할렐(시편 113–118을 쓴 기도문; 축제일에 낭송). [<Heb praise]
hal·le·lu·jah [hæ̀ləlúːjə] 명 할렐루야, 야훼 하느님을 찬미하는. ─ 명 할렐루야, 알렐루야(하느님을 찬미하는 말); 할렐루야(성가(聖歌)). ─ 명 구세군(救世軍) 병사(兵士). 또는 halleluiah)
[<Heb praise ye Yahweh)
Hallelújah làss 명 (속어) 구세군 여사관.
Hal·ley [hǽli] 명 **Edmund[Edmond]** ~ 핼리 (1656–1742: 영국의 천문학자; 핼리 혜성의 궤도를 계산).
Hálley's cómet 명 (천문) 핼리 혜성.
hal·liard [hǽljərd] 명 =halyard. 명 민속무용.
hal·ling [háːliŋ, hǽl-] 명 할링(노르웨이의 활발한 민속무용).
hall·mark [hɔ́ːlmɑ̀ːrk] 명 1 (금은의 순도, 순분(純分)을 나타내는) 검증 각인(刻印). 2 (일반적으로) (품질) 증명, 보증, 보장; 특질, 특징. ─ 타 …에 검증 각인을 찍다; …을 보증하다. 또는 **háll-màrk**) ~-**er** 명
hal·lo [həlóu] 감 1 이봐, 어이(hello); 이런. 2 (사냥개에게) 쉿, 덤벼. 3 이봐[어이] 하는 소리; 사냥개를 부추기는 소리. ¶cry ~ 이봐 하고 소리치다. ─ 자 큰 소리로 부르다[외치다]; (사냥개를) 큰 소리로 부추기다. ¶*Don't ~ till you are out of the wood.* (속담) 충분히 안심할 수 있을 때까지는 좋다고 까불지 마라, 경솔히 기뻐하지 마라. ─ 타 1 …을 이봐 하고 부르다. 2 (개 따위를) 쉿 하고 부추기다. 3 …을 큰 소리로 외치다. ─ 명 (粵) **halloa, halloo, hallow**)
Háll of Fáme 1 (美) (the ~) 명예의 전당(New York University에 있음; 정식 명칭은 ~ *for Great Americans*). 2 (스포츠 등 각계의) 명예의 전당, 기념관. 3 (종종 h- of f-) 명예의 전당에 헌액된 사람들의 로자들; (특정 분야의) 위대한 인물들. 자.
Háll of Fámer 명 (때로 h- of f-) 명예의 전당 헌액자.
háll of résidence 명 (대학의) 기숙사(hall).
hal·low[1] [hǽlou] 타 1 (수동형으로) …을 신성하게 하다, 신성히 하다; 하느님에게 바치다. 2 신성한 것으로서 숭상하다. (생각 따위를) 미화[이상화]하다. ─ 명 (고어) 성인; 성직자. ¶*All Hallows* 모든 성인(聖人)의 축일. ~-**er** 명
hal·low[2] [həlóu] 감 타 자 =hallo.
hal·lowed [hǽloud, (기도) -louid] 형 1 신성화된, 신성한, 하느님에게 바쳐진. ¶*a ~ ground* 성지(聖地). 2 신성시되는, 신성한 것으로서 숭상되는. ¶*H- be thy name,* 아버지의 이름이 거룩하게 되옵소서(→마태 복음(Matt.) 6:9). ─-**ly** 부 ~-**ness** 명
‡**Hal·low·een** [hæ̀louíːn, -əwíːn] 명 만성절 전야의 축제, 핼로윈(10월 31일 밤). 옷 *trick or treat* (또는 **Hallowe'en**)
Hallowéen làdybug 명 (美) 핼로윈 무당벌레.

Hal·low·mas(s) [hǽloumǝs, -mæs] 명 (고어) 만성절, 제성인(諸聖人)의 축일(All Saints' Day) (11월 1일). (또는 **Allhállowmas**)
háll pòrter 명 (호텔 따위의) 짐꾼, 포터.
hálls of ívy 명 고등 교육 기관, 대학. 옷 **Ivy League**
háll stànd 명 홀 스탠드(거울·우산꽂이 따위가 달린 현관의 외투걸이). (또는 **hállstànd**)
Hall·statt [hɔ́ːlstæt, hɑ́ːl|ʃtat] 명 할슈타트(오스트리아 중부의 마을; 청동기·철기 문화의 유적지).
명 할슈타트기[초기] 문화의.
Hall·statt·an [hɔːlstǽtǝn, hɑːlʃtɑ́ːtn] 명 할슈타트 문화의. (또는 **Hallstattian, Hallstadtan**)
háll trèe 명 (나무처럼 생긴) 모자[외투]걸이.
hal·lu·cal [hǽlukǝl] 명 엄지발가락(hallux)의.
hal·lu·ci·nant [həlúːsǝnənt] 명 환각을 일으키는.
hal·lu·ci·nate [həlúːsǝneit] 타 …에게 환각을 일으키게 하다. ─ 자 환각을 일으키다. -**nà·tor** 명
hal·lu·ci·na·tion [həlùːsǝnéiʃən] 명 1 환각, 환상. ⇒**ILLUSION** 유의어 2 환각 증상[상태, 경험]. 3 환영(幻影); 근거없는[잘못된] 생각[인상], 착각; 망상. ~-**al, ~·ist** 명
hal·lu·ci·na·to·ry [həlúːsǝnətɔ̀ːri/-təri] 명 환각[환영]의, 환각적인. -**ri·ly** 부
hal·lu·ci·no·gen [həlúːsǝnǝdʒen/-dʒèn] 명 환각제.
hal·lu·ci·no·gen·ic [həlùːsǝnǝdʒénik] 명 환각성[제]의. ─ 명 환각 유발 물질. 환각증.
hal·lu·ci·no·sis [həlùːsǝnóusis] 명 (정신의학)
hal·lux [hǽlǝks] 명 (粵) -**lu·ces** [-ljusiːz] (해부·동물) (사람의) 엄지발가락; (육상 척추 동물의) 뒷발 엄지발가락; (새의) 뒷발가락, 제일지(第一指).
hall·way [hɔ́ːlwèi] 명 복도; 현관.
Hal·ly [hǽli] 명 핼리(여자 이름).
halm [hɔːm/hɑːm] 명 (英) =**haulm**.
hal·ma [hǽlmǝ] 명 (粵) (상표) 핼머(칸이 16×16칸 있는 판을 사용하는 체커 비슷한 게임). [<Gk *leap*]
HAL 9000 [-θáuzənd] 명 (Arthur C. Clark 원작, Stanley Kubrick 감독의 SF영화 *2001: Space Odyssey*(1968)에 나오는 인공 지능).
ha·lo [héilou] 명 (粵) ~(**e**)**s** 1 (성상(聖像)의 머리 위에 그려지는) 광륜(光輪), 후광(後光), 원광(圓光). 2 (이상화된 인물·사물을 둘러싸고 있는) 후광, 영광, 광휘(光輝), (특히·달 주위의) 무리, 운륜(暈輪). 4 (천문) 할로(은하계를 둘러싸고 있는 비열적(非熱的) 전파를 발하는 원형의 영역); (우주) 할로 궤도. 5 (해부) 유두륜(乳頭輪); 명(반) (녹내장의 눈의) 훈륜. 6 (광학) 할로(영상의 사진상 주위에 나타나는 고리). ─ 타 …을 광륜[후광, 무리]로 둘러싸다; …에게 영광을 안기다. ─ 자 (드물게) 광륜[무리]이 생기다.
HALO (군사·광학) *high-altitude large optics*(고고도(高高度) 대형 광학 장치).
hal·o- [hǽlou, -lə] (연결) *salt*의 뜻(* 모음 앞에서는 hal-). ¶*halogen*.
hal·o·bac·te·ri·a [hæ̀loubæktíəriə] 명 (粵) (단) -**ri·um** [-riəm]) 할로박테리아, 호염성(好鹽性) 세균. (또는 **halobacters**)
hal·o·bi·ont [hæ̀loubáiant] 명 (생물) 염생(鹽生) 생물(염분이 많은 환경에서 사는 생물). **-bi·ón·tic** 명
hálo blìght 명 훈고(暈枯)병(*Pseudomonas*속(屬)의 세균에 의한 매끼리, 팥 따위의 병).
hal·o·car·bon [hæ̀loukɑ́ːrbǝn] 명 (화학) 할로카본, 할로겐화(化) 탄화수소(halogenized hydrocarbon).
hal·o·cline [hǽləklàin] 명 (해사) 염분 약층(躍層)(염분 농도가 수직 방향으로 급변하는 해수층).
hálo effèct 명 (심리) 후광 효과(하나의 탁월한 특질 때문에 그 인물[상품] 전체의 가치를 과대 평가하는 효과).
hal·o·gen [hǽlǝdʒǝn/-dʒèn] 명 (화학) 할로겐, 조염(造鹽) 원소. **hal·o·gén·ic, ha·lóg·e·nous** 명

hal·o·gen·ate [hǽlədʒəneit] 图印 〔화학〕…을 할로겐으로 처리하다; …에 할로겐을 첨가하다.
-á·tion 图

hálo hàt 图 헤일로 해트(테가 얼굴을 감싸듯이 쓰는 여성용 모자).

hal·oid [hǽloid, héil-] 图 〔화학〕 할로겐의(과 비슷한). (또는 **halogenoid**) —— 图 할로겐염, 할로겐 유도체(誘導體) 할로겐 화합물(halide).

hal·o·meth·ane [hǽlouméθein] 图 〔화학〕 할로메탄(할로겐화 메틸, 브롬화 메틸 따위의 화합물).

hal·o·mor·phic [hǽləmɔ́ːrfik] 图 염류 토양(土壤)의. ~ **soil** 염류 토양. **-phism** 图

ha·lon [héilan/-lɔn] 图 할론(브롬을 포함한 불화탄소의 총칭; 소화(消火)제; 오존층 파괴 물질).

hal·o·per·i·dol [hǽloupérədɔ̀ːl/-dɔ̀l] 图 〔약학〕 할로페리돌(정신 분열증 따위의 치료제).

hal·o·phile [hǽləfàil] 图 호염균(好鹽菌).

hal·o·thane [hǽləθèin] 图 〔약학〕 할로테인(흡입식 전신 마취제). 〔<halogen+ethane〕

help [hæːlp] 〔美구어〕 사람 살려!!

‡**halt¹** [hɔːlt] 图재 서다, 멈추다, 정지하다, 휴지(休止)하다(at); 〔군사〕 주둔하다; (H-!) 〔명령형으로〕 그 자리에 섯!(경찰관이 차를 정지시킬 때나 행진 지휘자·보초병 등이 쓰는 말). ▷ STOP 유의어 ¶ Company, ~! 중대 제자리 섯! / He ~ed at the corner [on the road]. 그는 거리 모퉁이[노상]에서 걸음을 멈추었다. —— 图图 …을 정지시키다, 멈추게 하다 / A voice ~ed him in his steps. 목소리가 들려서 그는 걸음을 멈추었다. —— 图 1 〔보통 a ~〕 정지, 휴지, 중단. 2 〔英〕 〔역사〕 (驛舍)가 없는) 역; (전차·버스의) 정거장.
bring...to a halt …을 정지[중지, 중단]시키다.
call a halt (to...) (…)에게 정지를 명하다.
come to [or make] a halt 정지하다, 멈추다.
cry a halt (일 따위를) 중지시키다.
grind to a halt (차가) 끼익 소리내며 서다.

halt² 图재 1 주저하다, 망설이다, 머뭇거리며 말하다[걷다]. ¶ ~ **between two opinions** 두 가지 의견 사이에서 망설이다 / He ~s in his speech. 그는 더듬거리며 말한다. 2 (토론 따위의) 앞뒤가 맞지 않다. 3 (시의) 운율이 불완전하다. 4 〔고어〕 절뚝거리다. —— 图 〔고어〕 절뚝거리는; (복수형태] 다리가 부자유스러운 사람들. —— 图 절뚝거림, 다리가 부자유스러움.

hal·ter¹ [hɔ́ːltər] 图 1 (소·말 따위의) 고삐. 2 교수(絞首)용 밧줄; 교수(형). 3 홀터(목부분이 드러나는 여성용 드레스). 4 (…에) 고삐를 매다; …을 제지[방해]하다. 2 …을 교수형에 처하다(hang).
come to the halter 교수형을 받다.

hal·ter² 图 정지하는 사람; 정지시키는 사람.

hal·ter³ 图 1 (말·논리 따위에서) 앞뒤가 맞지 않는 사람. 2 다리가 부자유한 사람. —— 图재 …에 절뚝거리다.

hal·ter-break [-brèik] 图图 (망아지 따위)를 고삐에 길들이다.

hal·ter·neck [hɔ́ːltərnèk] 图图 홀터네크(의)(수영복·드레스가 끈 따위로 목 뒤에서 매어지게 되어 있다).

hált indicator 〔컴퓨터〕 정지 표지(標識).

halt·ing [hɔ́ːltiŋ] 图 1 절뚝거리는; 다리가 부자유한. 2 주저하는, 더듬거리는, 망설이는. 3 앞뒤가 안 맞는, 일관성이 없는; (운율 따위가) 불완전한.
~·ly 图 **~·ness** 图

hált sign 图 일시 정지 표지.

ha·lutz [Heb xaːlúːts] 图图 (**-lutz·im** [Heb xɑ̀ːluːtsíːm]) 할루츠, 개척 이민(이스라엘 국가의 기초를 세운 유대인). (또는 **chalutz**) 〔<Heb〕

hal·va(h) [hɑːlvɑ́ː] 图 할바(참깨 가루와 꿀로 만드는 터키의 과자). (또는 **halavah**) 〔<Yiddish〕

halve [hæv/hɑːv] 图图 1 …을 2등분하다, 반으로 만들다; …와 반씩 나누다(**with**). ¶ He ~d the winnings **with** me. 그는 나와 상금을 반씩 나누었다. 2 〔비용·가격·시간 따위를〕 반으로 줄이다, 반감(半減)하다. 3 〔재목〕을 서로 잇닿게(**together**). 4 〔골프〕 〔홀·라〕운드〕를 (상대와) 같은 타수(打數)〔동점〕로 끝내다 (**with**); 〔시합〕을 비기다. 「운드〕를 마치다.
halve a hole [round] with …와 같은 타수로 홀〔라 **halve a match** 비기다, 동점이 되다 (**with**).

halv·ers [hǽvərz, hɑ́ːv-] 图图 〔구어〕 = **halves**.
go halvers 〔구어〕 반분하다.

*‡**halves** [hævz/hɑːvz] 图 **half**의 복수형.
by halves ⇒ HALF.
go halves with a person **in [or on]** ⇒ HALF.

halv·ies [hǽviz/hɑ́ː-] 图图 〔구어〕 = **halfies**. (또는 **halvsies**)

hal·yard [hǽljərd] 图 마룻줄, 용총줄(돛·기(旗)를 올리고 내리는 밧줄). (또는 **halliard, haulyard**)

‡**ham¹** [hæm] 图 1 ⓤ (돼지의) 허벅다리(의 살); (돼지 허벅다리 살로 제조하는) 햄; (~**s**) 햄샌드위치. 2 (동물의) 오금; (종종 ~**s**) 허벅다리의 후부, 허벅다리와 궁둥이. 3 〔美속어〕 음식, 식사. 4 (바느질에서) 옷의 만곡부(灣曲部)에 대는 쿠션.
fall on one's hams 엉덩방아를 찧다.
ham and eggs 햄에그(햄에다 계란 프라이를 곁들인 것).
squat on one's hams 조그리고 앉다.

ham² 〔구어〕 图 1 〔영화·연극〕 과장된 연기를 하는 배우; 연기[연출]가 서투른 사람; 감상적 통속성; 젠 체하는[아니꼬운] 사람. 2 햄, 아마추어 무선가. 3 비전문가, 초심자. —— 图 〔한정용법〕 1 과잉 연기의, 서투른. ¶ a ~ **performance** 서투른 연기. 2 아마추어 무선가의. —— 图 (**-mm-**) 〔속어〕 과장된 연기를 하다(**up**).
ham (it [or the (whole) thing, part]) up 〔구어〕 과장된 연기를 하다; 허풍 떨다, 과장하다.

ham³ 图 〔역사〕 읍, 마을.

Ham [hæm] 图 〔성서〕 1 함(Noah의 차남. ← 창세기 (Gen.) 10:1). 2 (함의 자손으로 간주된) 가나안 사람; 이집트 사람 등.
son of Ham 비난 받는〔고발된〕 사람; 흑인.

ham·a·dry·ad [hǽmədráiəd, -æd] 图 (图 ~**s, -a·des** [-ədìːz]) 1 〔그리스·로마 신화〕 나무의 요정. 2 〔동물〕 인도 코브라. 3 〔동물〕 망토비비(狒狒).

ha·mal [həmɑ́ːl, -mɔ́ːl] 图 (동양의) 짐꾼; 가마꾼; (인도의) 하인. (또는 **hamma(u)l**) 〔<Arab〕

Ha·man [héimən/-mæn] 图 〔성서〕 하만(페르시아 왕 Ahasuerus의 재상으로 유대인 말살 음모가 발각되어 교수형을 받았다. ← 에스더(Esth.) 3-7).

ham-and-egg·er [ˈænégər] 图 〔구어〕 역경에서 헤어나지 못하는 권투 선수; 평범한 인간.

ham-and-egg·y [ˈænégi] 图 간이 식당.

Ha·mas [hɑːmɑ́ːs] 图 하마스(회교 원리주의를 신봉하는 팔레스타인인의 반(反) 이스라엘 과격 단체). 〔<Arab zeal〕

Ham·burg [hǽmbəːrg/G hɑ́mburk] 图 1 함부르크(독일 북부의 항구 도시). 2 함부르크종(種) 닭; 독일 원산의 검은 포도. 3 (h-) = **hamburger**.

‡**ham·burg·er** [hǽmbəːrgər] 图 1 햄버그 스테이크. 2 ⓤ (햄버그용의) 잘게 다진 쇠고기. 3 햄버그 샌드위치, 햄버거. (또는 **hamburg**) 4 〔美속어〕 부랑자. 5 〔美속어〕 (액면에 얹혀) 얼굴에 상처 투성이의 권투 선수. 6 〔美속어〕 (미장원에서 쓰는) 피부 영양제가 혼합된 진흙팩. 7 〔美속어〕 약한 경주견(競走犬). 8 [hǽmbùːrgər] 〔美〕 함부르크 시민.
make hamburger [or hash, mincemeat] out of 〔美속어〕 늘씬하게 두들겨 주다. 「가게.

hámburger héaven 图 〔美속어〕 간이 식당, 햄버거

Hámburg stèak 图 (종종 h-) = **hamburger** 1.

hame [heim] 图 1 (보통 ~**s**) 말의 멍에(마차용 말 가슴에 매는 것). 2 〔속어〕 싫은 것[하찮은 일].

ham·fat [hǽmfæt] 图 〔美속어〕 (배우가) 서투르게 연기하다; 바보짓을 하다. **~·ter** 图

ham-fist·ed [ˈfístid] 图 〔구어〕 = **ham-handed**.

ham-hand·ed [ˈhǽndid] 图 〔구어·경멸적〕 손이

hám hitter 〖(美속어)〗 〖야구〗 잘 치지 못하는 타자.
Ham·il·ton [hǽməltən] 〖명〗 **Alexander ～** 해밀턴 (1755-1804: 미국의 정치인; 초대 재무장관).
Ham·il·to·ni·an [hæməltóuniən] 〖형〗 해밀턴(Alexander Hamilton)의[주의적인]. ── 〖명〗 해밀턴 주의자[지지자]. **～·ism** 〖명〗 해밀턴 주의(강력한 중앙 집권 보호 관세 정책을 주장).
Ham·ite [hǽmait] 〖명〗 1 〖성서〗 함(Ham)의 자손(← 창세기(Gen.) 10:1). 2 함족(族)(아프리카 북부와 동부에 사는 흑인).
Ham·it·ic [hæmítik, hə-] 〖명〗 함의 자손의, 함족의; 함어(語)族의. ── 〖명〗U 함어(語)(고대 이집트어, 현대의 베르베르어(Berber)를 포함).
Ham·i·to-Se·mit·ic [hǽmətousəmítik] 〖명〗〖형〗 = Afro-asiatic. (또는 **Hamític-Sémitic**)
hám jòint 〖(美속어)〗 〖범죄자 대기소의〗 싸구려 식당; 당구장.
Haml. Hamlet.
ham·let [hǽmlit] 〖명〗 작은 마을, 부락, 촌락; 〖英〗 (자체 학교·교회가 없는) 작은 마을.
*****Ham·let** [hǽmlit] 〖명〗 햄릿(Shakespeare 작 4대 비극의 하나(1603년 초판(初版)); 그 주인공).
 Hamlet without the Prince (of Denmark) 주인공이 빠진 연극, 주역이 등장하지 않는 이야기[상황].
Ham·ma·da [həmáːdə] 〖명〗 (종종 h-) 〖지질〗 하마다(암석 사막). (또는 **hamada**)
ham·mal [həmáːl, -móːl] 〖명〗 = hamal.
ham·mam [həmáːm] 〖명〗 (이슬람 세계의) 공중 목욕탕.
‡**ham·mer** [hǽmər] 〖명〗 ── **s** [-z] 1 해머, 망치. ¶a steam ～ 증기 망치 /a pneumatic [or an air] ～ 압축 공기 해머 / a knight of the ～ 대장장이. 2 망치 비슷한 도구(실로폰의 발목, 벨의 공이). 3 〖총의〗 공이치기(cock). 4 (피아노의) 현을 치는 해머. 5 (육상 경기의) 해머. 6 (회의·재판·경매 진행용의) 나무망치, 의사봉. 7 〖해부〗 (중이(中耳)의) 추골(槌骨). 8 〖속어〗 (자동차의) 액셀러레이터. 9 〖구어〗 아마추어 무선가. 10 〖美속어〗 성적 매력이 있는 여자; 〖美속어〗 남근(penis). (**as**) **dead as a hammer** 〖구어〗 완전히 죽은. **be due for the hammer** 〖英〗 해고될 운명에 있다. **be on** *a person's* **hammer** 〖濠속어〗 남을 쫓아가다 [추적하다]. ¶ 경매에 부치다. **bring** [or **send**] *a thing* **to the hammer** 물건을 경매에 부치다. **come** [or **go, be**] **under the hammer** 경매되다. **drop the hammer** 〖속어〗 액셀러레이터를 밟다. **hammer down** 〖속어〗 전속력으로. **to the hammer** 경매에. ¶bring it *to the ～* 그것을 경매에 부치다. **up to the hammer** 〖속어〗 더할 나위 없는, 일류의. ── 〖동〗**～·s** [-z] 〖타〗 1 …을 망치로 두드리다. 박다(*in*(*into*)). ¶(～+목+뷔) ～ a nail *in* 못을 박다. 2 …에 못질하다(*down, up*); 못질하여 …을 만들다 (*together*). ¶(～+목+뷔) ～ a box *together* 못질하여 상자를 만들다. 3 (금속 따위를) 두드려 펴다, 두드려서 …으로 만들다. ¶(～+목+뷔) ～ a piece of tin thin 주석을 두드려 얇게 펴다. 4 (고심하여) 〖계획 따위〗를 안출하다, 생각해 내다(*out, together*). 5 …을 강타하다 (*out*)(*on*). ¶(～+목+뷔) ～ *out* a tune *on* the piano 피아노를 힘차게 치며 곡을 연주하다. 6 (힘을 다하여) 〖의견·의견의 차이 따위〗를 해결하다(*out*). 7 (되풀이하여) …을 역설하다; 〖사상 따위〗를 박아넣다[주입하다](*in*)(*into*). ¶(～+목+뷔+몀) ～ an idea *into* a person's head 남의 머리에 사상을 주입하다. 8 〖英〗 **a)** (거래소에서 망치를 세 번 쳐) (회원사)의 채무 불이행을 선언하다, 〖英〗 불이행 회원사]를 제명하다. **b)** (주식)의 값을 떨어뜨리다. ¶ …을 때리다, 때려 눕히다: (내기에서) …을 크게 이기다. 10 〖美구어〗 (시합에서) 압승하다, 일방적으로 이기다. ── 〖자〗 1 (망치 따위로) 두드리다[치다](*at, on*). ¶(～+前+몀) ～ *at*

the table 탁자를 탕탕 두드리다. 2 열심히 하다, 꾸준히 하다(*away*). 3 되풀이해서 말(강조)하다(*away*). 4 (맥이) 뛰다.
hammer (away) at (구어) ① …을 열심히 하다, 공부하다. ② …에게 되풀이해 이야기[강조]하다. ¶～ *away at* the same point 같은 점을 되풀이해서 강조하다. ③ …을 세차게 공격[심문]하다. ④ …을 두드리다[때리다].
hammer down ① 못질하다. ② 〖속어〗 액셀러레이를 단단히 밟다.
hammer home ① (못 따위)를 단단히 박다. ② (구어) …을 인식[이해]시키다. (사상 따위)를 주입하다.
hammer off [or **up**] (속어) 감속하다.
hammer out ① (금속 따위)를 두드려 펴서 모양을 만들다. ② (문제·곤경 따위)를 해결[타개]하다, 〖결해자〗 따위)를 해소하다; 〖계획 따위〗를 고심하여 세우다[입안하다]. ③ (악기)로 〖곡〗을 켜다(*on*). ④ …을 두드리다.
～·a·ble 〖형〗 **～·er** 〖명〗 **～·like** 〖형〗 〖강타하는〗.
hámmer and síckle 〖명〗 (the ～) 망치와 낫(노동자와 농민을 상징하는 옛 소련의 기).
hámmer and tóngs 〖부〗 (구어) (대장장이가 쇠를 두드리듯이) 맹렬[격렬]히, ¶quarrel ～ 격렬하게 싸우다. **go** [or **be**] **at it hammer and tongs** (구어) 맹렬히 하다; 격렬히 싸우다[입씨름하다].
hám·mer-and-tóngs 〖형〗
ham·mer·beam [hǽmərbìːm] 〖명〗 〖건축〗 (지붕 재목을 떠받치는) 수평 외팔보.
ham·mer·blow [hǽmərblòu] 〖명〗 (해머 따위로) 두드리기; 맹타. ¶ 에 치는 포장.
ham·mer·cloth [hǽmərklɔ̀(ː)θ/-klɔ̀θ] 〖명〗 마부석 마포.
hámmer drill 〖명〗 〖기계〗 해머 드릴(착암기).
ham·mered [hǽmərd] 〖형〗 (～·을 방법) 망치로 두드려서 만든, 주조[성형]한. ¶～ gold 두드려서 편 금, 금박.
ham·mer·er [hǽmərər] 〖명〗 해머[망치]로 두드리는 사람, 대장장이.
ham·mer·head [hǽmərhèd] 〖명〗 1 해머[망치]의 대가리. 2 〖어류〗 귀상어. 3 바보, 얼간이.
ham·mer·head·ed [hǽmərhèdid] 〖형〗 망치 모양의 머리를 한, 짱구머리의; 어리석은, 얼간이 같은.
ham·mer·ing [hǽməriŋ] 〖명〗U 1 해머로 두드리기, 망치질. 2 두드려 만드는 무늬. 〖주다[입다]. **give** [**take**] **a hammering** 압승[참패]하다; 타격을 ── 〖형〗 해머[망치]로 치는, 탕탕[세게] 치는 (듯한).
～·ly 〖부〗 주행성의.
hámmer làne 〖명〗 〖속어〗 (고속 도로의) 추월 차선, 고속 차선.
ham·mer·less [hǽmərlis] 〖형〗 해머[망치]가 없는; (총의) 공이치기[격철]가 밖에서 안 보이는.
ham·mer·lock [hǽmərlɑ̀k/-lɔ̀k] 〖명〗 〖레슬링〗 해머록(상대방의 한쪽 팔을 등 뒤로 비틀어 젖히는 기술).
ham·mer·man [hǽmərmæn, -mən] 〖명〗 대장장이, 망치질 직공; 해머 기계(착암기) 다루는 사람; 〖속어〗 권투 선수; 〖美속어〗 힘센 사람.
hámmer pònd 〖명〗 물레방아용 인공 연못.
ham·mer·smith [hǽmərsmìθ] 〖명〗 해머[망치]를 쓰는 직공, 대장장이; 해머 기계 작업 감독자.
Ham·mer·stein [hǽmərstàin] 〖명〗 **Oscar ～ II** 해머스타인(1895-1960: 미국의 뮤지컬 대본 작가).
ham·mer·stone [hǽmərstòun] 〖명〗 (선사 시대의) 돌망치.
ham·mer·tails [hǽmərtèilz] 〖명〗〖복〗 〖美속어〗 연미복.
hámmer thròw 〖명〗 (the ～) 〖스포츠〗 해머던지기.
ham·mer·toe [hǽmərtòu] 〖명〗 〖병리〗 (갈고리 모양으로 굽은) 기형적인 발가락, 추상족지(槌狀足指)(症).
hámmer wélding 〖명〗 단접(鍛接), 해머 용접.
Hám·ming còde [hǽmiŋ-] 〖명〗 〖컴퓨터〗 해밍 코드(에러를 검출하여 자동 수정하는 데 쓰이는 코드).
hámming dìstance 〖명〗 〖컴퓨터〗 해밍 거리.
*****ham·mock** [hǽmək] 〖명〗 해먹, 달아매는 그물 침대. ── 〖명〗〖타〗 해먹에 넣어 매달다; (TV) (인기 없는 프로를)

hammock chair

hámmock cháir 명 (즈크로 만든) 접의자.
Hám·mond órgan [hǽmənd-] 명 (상표) 해먼드 오르간(전기 오르간). [<발명자인 미국인 Laurens Hammond(1895-1973)의 이름]
Ham·mu·ra·bi [hæ̀murɑ́ːbi, hɑ̀ːm-] 명 함무라비 (기원전 18세기경의 바빌로니아 왕; 함무라비 법전 제정).
ham·my [hǽmi] 형 햄 냄새[맛]가 나는; (구어) 서투른[엉터리] 배우의[같은]; 과잉 연기의.
***ham·per¹** [hǽmpər] 타자 …을 훼방하다; …의 방해가 되다. ⇨PREVENT 유의어 ¶a mind ～ed by prejudice 편견이 화가 되고 있는 사람. 명 장애; (해사) (평소에 필요하나 유사시 방해가 되는) 삭구(索具).
ham·per² 명 (식품·의류 따위를 넣는 뚜껑 있는) 장바구니; (선물용 따위) 바구니에 넣은 식품; (美) 빨래 바구니. ¶a Christmas ～ 광주리에 넣은 크리스마스 선물. ── 타 바구니에 넣다; …에게 바구니에 넣은 식품을 선물하다.
Hamp·shire [hǽmp∫iər, -∫ər] 명 햄프셔. 1 영국 남부의 주. 2 (또는 ⌴ Dówn) 햄프셔종의 양[돼지].
Hamp·stead [hǽmpstid, -sted] 명 햄스테드(런던의 행정 구역; 문인·화가들의 고급 주택지).
Hámpton Cóurt (Pálace) 명 햄프턴 코트 궁전 (London 서부, Thames 강에 임한 궁전).
ham·shack·le [hǽm∫æ̀kl] 타 (英) (마소 따위) 의 머리를 앞발에 동여매다; 속박하다.
ham·ster [hǽmstər] 명 (동물) 햄스터(유럽·아시아산(産) 명주쥐의 일종; 실험용); (U) 햄스터 모피.
ham·string [hǽmstrìŋ] 명 (해부) (사람의) 슬건(膝腱), 오금의 힘줄; (네발 짐승의) 뒷다리 관절 뒤의 힘줄. 2 규제력, 단속. ── 타 (-**strung**, ⌴ ～**ed**) 1 힘줄을 잘라 …을 불구가 되게 하다; (일반적으로) …을 불구가 되게 하다. 2 (비유적) …을 못쓰게[무력하게] 만들다; …을 방해하다, 좌절시키다.
hámstring múscle 명 (해부) 슬와부근(膝窩部筋).
ham·u·lus [hǽmjuləs] 명 (복 **-li** [-lài]) (생물) 작은 갈고리 모양의 것, 갈고리 모양의 돌기(突起).
Han [hɑːn/hæn] 명 (중국의) 한(漢)나라; (the ～) = Han Shui; (집합적) 한족(漢族). 「대(臺) 달린 잔.
han·ap [hǽnəp] 명 (역사) (중세의) 굽이 높은 잔.
‡**hand** [hænd] 명 (복 ～**s** [-z]) 1 (사람의) 손. ¶the right[left] ～ 오른[왼]손 / rub one's ～s 두 손을 비비다.

thumb 엄지
forefinger 검지
middle finger 중지
ring finger 약지
little finger 소지
hand
wrist 손목

[hand]

2 (척추 동물의) 앞발; (붙는 기능이 있는) 뒷발; (매 따위의) 발; (게·새우 등의) 집게발.
3 (기능·모양이) 손과 비슷한 것; 손표, 손가락표(☞), 시계의 바늘. ¶the minute[second, hour] ～ 분[초, 시]침.
4 일손, 일꾼; (복합어로) 직공, 직공인; (배의) 승무원. ¶a factory ～ 공장 노동자 / take on ～ of 노동자를 고용하다 / be short of ～s 일손이 부족하다.
5 a) (보통 a ～, 의) 기량, 솜씨, 능력 (for, in, at). 솜씨 ¶for cakes 케이크 만드는 솜씨 / His ～ is out. 그는 솜씨가 서투르다. b) 기량[수완, 능력]이 있는 사람, 전문가. ¶a green [an old] ～ 미숙[노련]한 사람.
6 (종종 ～s) 소유, 관리·관할을 뜻하는) 손, 소유; 지배, 관리, 보호; 권력; 힘, 작용; 영향력; (교섭 따위의) 입장. ¶The property is no longer in my ～s. 그 재산은 이제 내 소유가 아니다[남의 손에 넘어갔다]. 7 (a ～ (원조의) 손길, 조력; 참가, 관여; 역할 (with, in, at). ¶give her a ～ at cooking 그녀가 요리하는 것을 돕다. 8 쪽, 편, 방면, 방향. ¶at one's right[left] ～ 오른[왼]쪽에, 오른[왼]편에서. 9 쓰는 솜씨, 필치, 서법, 서명. ¶in one's own ～ 자필로 / a running ～ 흘림체 / write a good ～ 글씨를 잘 쓰다. 10 (a ～) (구어) (big, good 과 합께) (칭찬·찬성의 뜻의) 손, 박수 갈채. ¶get a good ～ 박수 갈채를 받다. 11 (one's ～, a ～, the ～) (신의·약속의 표시로서의) 손; (결혼 등의) 서약, 확약, 다짐. 「의 폭(말의 키 따위를 재는 단위; 약 4인치). 12 손바닥의 폭(말의 키 따위를 재는 단위; 약 4인치). 13 (카드놀이) a) (가진) 패; 손패. ¶have a wretched ～ 패가 나쁘다. b) 패를 들고 있는 사람, 승부 참가자. ¶a first ～ 첫번째로 비드(bid)하는 사람 / a cool ～ 냉정한 경기자. c) 한 게임[판], 한 판의 승부. ¶play another ～ 한 판 더하다. 14 (테니스 따위의) 서브권(權); (시합의) 친다; (크리켓) 11명 팀의 일원; 득점; (야구) 수비력; (축구) 핸들링(반칙). 15 (바나나·담배잎 따위 손 모양을 한) 다발, 송이, 손. 16 (U) (돼지의) 어깨[살 다리] 살. 17 총자루(銃把)(사격할 때 잡는 총 개머리판의 가는 부분). 18 (직물 따위의) 감촉. ¶the smooth ～ of satin 공단의 부드러운 감촉. 19 (고어) 정보원; (정보의) 신뢰도.

a bird in the hand 수중에 있는 확실한 물건.
All hands on deck! 전원 갑판에 집합!
All hands to the pump(s)! ⇨PUMP¹.
a man of his hands 실무에 적극인 사람.
A person's left hand does not know what his right hand is doing. (구어) (어떤 조직·회사 따위에서) 각 부서가 하고 있는 일이 제각각이다.
at[or on] a person's right hand 남의 심복으로서, 오른팔이 되어.
at first hand 직접, 직통으로. ¶knowledge *at first* ～ 직접 얻은 지식.
at hand ① (종종 close, near와 함께) 손닿는 곳에, 가까이에. ¶The enemy was close *at* ～. 적은 바로 가까이에 있었다. ② 가까운 장래에. ③ 준비되어.
(at) second hand ① 간접으로, 전해 들어. ② 중고품으로. ¶buy a car *at second* ～ 중고차를 사다.
at the hand(s) of a person; at a person's hand(s) …의 손을 통해, …의 작용으로, …의 손에서[으로, 에 의해]. 「르다.
be a good[poor, bad] hand at …에 능하다[서투르다.
bear a hand ① …을 거들어주다 (*with*). ② …에 관계하다, 참가하다 (*in*). 「않다.
be not much of a hand at …에 그다지 뛰어나지 않다.
be on the mending hand 회복되고 있다.
bite the hand that feeds one ⇨BITE.
by[or with] a[or the] strong hand 완력으로.
by hand ① 손으로; 손수, 직접; 인편으로; 필사로. ¶made *by* ～ 손으로 만든 / a letter *by* ～ 자필로 쓴 편지. ② (모유가 아니라) 인공 영양으로.
by one's own fair hand 혼자서, 혼자 힘으로.
by the hands of …의 손을 거쳐, …의 힘으로, …을 통해. 「손에 넘어가다.
change hands (재산 따위의) 주인이 바뀌다, 남의
clap hands on …이 나쁜 짓을 하는 것을 발견하다.
come [or fall] into a person's hand 남의 손에 들어가다, 남에게 잡히다.
come the heavy hand (英) (남에게) 위압적[고압적]인 태도를 취하다 (*with*). 「되다.
come to hand 손에 들어오다, 입수하다; 닿다; 발견
cross a person's hand (속어) 남에게 돈을 슬쩍 집어주다.
declare one's hand ① (카드놀이) 패를 알리다. ② 의도[목적]를 알리다. 「거절하다.
decline [or refuse] a man's hand 남자의 구혼을
dirty one's hands =*soil one's hands*.
do a hand's turn ⇨HAND'S TURN.
do not lift a hand 손 하나 까딱하지 않다 (*to do*).
eat [or feed] out of a person's hand 남의 손에서 먹이를 받아 먹다; 남의 말대로 하다. 「하다].
force a person's hand 남에게 억지로 시키다[말하게
for one's own hand 자기의 이익을 위해.
from hand to hand 이 손에서 저 손으로, 차례차례

from hand to mouth 하루 벌어 하루 먹는 식으로, 하루살이 생활로. ¶live *from ~ to mouth* 그날 벌어 그날 먹고 살다.
get [or ***have, keep***] ***one's hands in*** (구어) (일 따위)에 익숙해지다; (연습하여) 솜씨를 늘리다.
get one's hands on (구어) ((나쁜 짓을 한) 사람)을 붙잡다(아 때리치우다); [필요한 물건]을 (어떻게 해서든) 손에 넣다.
get one's hands out 솜씨가 무디어지다.
get out of hand 과도해지다; 감당할 수 없게 되다.
get [or ***gain, have***] ***the upper hand of*** …보다 우세하다, …을 누르다[이기다]; …을 지배하다.
give a hand =*bear a hand*.
give a person one's hand on [or ***upon***] 남과 …을 약속[확약]하다; 남과 …의 계약을 하다.
give a person the glad hand (구어) 남을 (겉으로만) 대환영하다. 「다, …와 약혼하다.
give one's hand to (여자가) …의 청혼을 받아들이
go hand in hand 관련되다; 함께 가다.
go through a person's hands 남의 손에 내맡겨지다; (돈이) 남의 손을 빠져나가다. 「매수하다.
grease a person's hand 남에게 뇌물을 주다, 남을
hand and foot ① 손발을 다 함께, 완전히; 손발을 못쓰게. ¶They tied [or bound] him ~ *and foot*. 그들은 그의 손발을 묶었다. ② 충실하게, 부지런하게.
hand and [or ***in***] ***glove with a person*** ① 남과 아주 친밀하여. ② 남과 한통속이 되어, 공모하여.
hand in hand 손을 마주잡고, 제휴하여, 협력하여. ¶go ~ *in* ~ *with* …과 서로 협조하다.
hand on [or ***over***] ***heart*** 가슴에 손을 얹고, 마음 속으로, 성실하게.
hand over hand [or ***fist***] (밧줄을 타고 오를 때처럼) 손을 교대로 올려잡으면서; 신속히, 착실히. ¶lose money ~ *over fist* 자꾸자꾸 손해 보다.
hands down ① 노력하지 않고, 수월하게. ¶win ~s *down* 낙승하다. ② 문제없이, 명백히. 「*up*! ⑤.
Hands in the air [or ***on your heads***]. =*Hands*
Hands off! ① (게시) 손대지 마시오! ② 간섭하지
hands on 손을 움직여, 수동으로. 「시오!
Hands up! ① (항복 또는 무저항의 표시로) 손들어! ② (찬성이나 알았다는 표시로) 손을 드세요.
hand to hand [or ***fist***] 드잡이하여, 접근해서. ¶fight ~ *to* ~ 백병전을 벌이다.
have clean hands 결백하다.
have (***got***) ***a hand in*** (구어) …에 관여[참가]하다.
have one's hands free [***tied***] 손이 비어[묶여] 있다; 자유롭게 무엇이든 할 수 없다[없다].
have one's hands [or ***plate***] ***full*** 손이 비어 있지 않다, 아주 바쁘다.
have one's hands in …을 평소[늘] 연습하고 있다.
have only got one pair of hands (구어) 손이 나지[둘이가지] 많다.
heavy in [or ***on, upon***] ***hand*** ⇒HEAVY¹.
Here's my hand upon [or ***on***] ***it***. (협정 따위를 체결하고 악수하면서) 약속합니다.
hold a person's hand (남의) 손을 잡다; 남을 돕다; (남에게) 격려를 보내다.
hold hands (애정의 표시로) 손을 맞잡다.
hold one's hand 손 대기[간섭 따위]를 삼가다.
hold one's hands (기도 따위에서) 합장하다, 두 손을 마주 쥐다[모으다].
Hold up your hands! =*Hands up*! ①.
in a person's hand 남의 생각대로.
in good [or ***capable, efficient, safe***] ***hands*** (맡겨서) 안심할 수 있는, 잘 관리되는.
in hand ① 손에 쥐어. ¶a gentleman with a stick *in* ~ 단장을 손에 든 신사. ② 갖고 있는, 수중에 있는. ¶stock *in* ~ 보유 재고품. ③ (일이) 착수된, 진행

[고려]중에 있는. ¶a question *in* ~ 당면 문제. ④ 제어하여, 지배하의. ¶keep oneself well *in* ~ 잘 자제하다. ⑤ (급료가) 후불로.
in the hands of …의 수중에, …에게 맡겨저.
in the turn(***ing***) ***of a hand*** 홀연히, 갑자기.
join hands ① 두 손을 합치다[마주잡다]. ② 한패가 되다, 제휴하다. ③ 부부가 되다, 결혼하다.
keep one's hand in ① …에 관계하고 있다. ② 늘 …을 연습하다; …에 익숙해 있다.
keep one's hand on; keep a firm hand on …의 지배권을 쥐고 있다. 「하지 않다.
keep one's hands off …을 손대지 않다; …에 간섭
keep one's hands to oneself 손을 내밀지 않다, 아무것도 안 만지다.
kiss hands [or ***the hand***] ⇒KISS.
kiss one's hand to a person ⇒KISS.
know...like the palm [or ***back***] ***of one's hand*** …을 잘[자세히] 알다. 「게 상처를 입히다.
lay a hand on (보통 부정문에서) …을 손보다, …에
lay hands on [or ***upon***] ① …을 붙잡다, 손에 넣다. ② …에게 폭행을 가하다. ¶*lay* ~s *on* oneself 자살하다. ③ …에 손을 얹고[대어] 축복하다. ④ [찾고 있던 것]을 발견하다. 「도와주다.
lend [or ***give***] ***a person a*** (***helping***) ***hand*** 남을
lie on (***a person's***) ***hand***(***s***) 팔리지[쓰이지] 않고 있다; (시간이) 남아돌다.
lift a hand [or ***finger***] (보통 부정문에서) (…하려고) 노력하다, 좀 애쓰다 (*to* do).
lift [or ***raise***] ***one's hand against*** [or ***to***] (때리려고) …을 향해 손을 들어올리다; 공격하다, 위협하다.
lift (***up***) ***one's hand*** 손을 쳐들다; 맹세[기도]하다.
light on hand 다루기 쉬운.
Look, no hands. (아이가 두 손을 놓고 자전거 타기를 뽐내며) 봐, 손 놓았지! ; (구어) 어때 끝내주지.
lose a hand 지다, 패배하다. 「하다.
make a hand [or ***one's hands***] 이익을 얻다; 성공
not do a hand's turn (구어) 조금도 노력하지 않다.
off hand 준비 없이, 즉석에서. 「서.
off one's hands …의 손을 떠나, 책임[소임]이 끝나
oil a person's hand =*grease a person's hand*.
on all hands; on every [or ***either***] ***hand*** 모두가; 사방팔방으로[에서].
One's hands are tied. 옴짝달싹 못하다.
on hand ① 수중에, (마침) 가지고 있어. ¶cash *on* ~ 수중에 있는 현금. ② (구어) 남아 돌아서, 주체 못하여. ③ 가까이에, 눈앞에, 박두하여. ④ 출석하여.
on [or ***upon***] ***one's hands*** ① …의 책임이 되어; 주체하기 어려워. ② 거꾸로 서서.
on (***one's***) ***hands and knees*** 넙죽 엎드려.
on (***the***) ***one hand*** 한편으로는.
on the other hand 다른 한편으로는, 반면에.
out of a person's hands (일 따위가) 남의 관리[책임]를 떠나서.
out of hand ① 즉석에서; 깊이 생각하지 않고. ② 손[지배]에서 벗어나, 끝나서; 감당할 수 없어. ③ 손을 사용하여.
pass one's hand over …을 어루만지다. 「를 쓰다.
play a good hand 능란한 솜씨로 노름하다; 멋진 수
play into a person's hands; play into the hands of a person 남의 손아귀에 놀아나다, 상대방에게 유리하게 행동하다.
play one's own hand 사리사욕을 꾀하다.
put in hand 일을 시작하다.
put [or ***dip***] ***one's hand in one's pocket*** 돈을 쓰다. (자선 따위에) 돈을 내다.
put one's hands up 손을 들다; (英구어) 항복하다.
put [or ***set***] ***one's hand to*** ① …을 잡다. ② …에 착수하다, 종사하다. ③ (서류 따위)에 서명하다. ④

wring one's [or **the**] **hands** (불운한 운명 따위를) 한탄하다 (over).
— 🔲 1 …을 넘기다, 건네 주다, 수교(手交)하다; (편지 따위로) …을 보내다: 그에게 넘기다 (식사 때) [조미료 따위]를 집어 주다, 돌리다(back, (a)round) (to). ¶ (~+目+目+副) ~ him the pen back 그에게 펜을 돌려주다 / (~+目+前+名) ~ ed him the book to him. 나는 그 책을 그에게 넘겨 주었다. **2** …을 손을 잡고 도와주다, …의 손을 잡고 인도하다(down, in, out, up)(from, out of). ¶ (~+目+前+名) ~ a lady into [out of] a car 숙녀를 부축해 차에 태우다[차에서 내리게 하다]. **3** (해사) 돛을 말아 올리다, 접다.

hand (a)round …을 차례로 돌리다; 도르다, 나누어 주다. ¶ ~ round the coffee 커피를 돌리다.

hand down ① (남을 부축하여) 내려주다 (from). ② (종종 수동형으로) …을 전하다, (후세에) 남기다(to). ¶a quality ~ed down by heredity 유전으로 내려온 자질. ③ …을 공식 발표하다, 공표하다; [판결]을 언도하다.

hand in ① …을 손수 넘겨 주다, 수교하다. ② [서류 따위]를 제출하다 (to). ¶ ~ in a bid 입찰하다.

hand in one's **dinner pail** (속어) 죽다; 사직하다.

hand it out; hand out (the) punishment (구어) 벌하다, 심하게 꾸짖다.

hand it to a person (구어) (보통 have (got) to, must와 함께) 남을 칭찬하다; 남의 승리를 인정하다; 남에게 항복해 말하다.

hand off (럭비 따위에서) 손으로 상대편을 밀쳐내다. [미식축구] 자기 편 선수에게 공을 손으로 넘겨 주다.

hand on ① …을 손수 넘겨주다; (을 차례로) 돌리다, 회람하다. ② [정보 따위]를 (남에게) 알리다 (to). ③ …을 후세에 전하다.

hand out ① …을 내어 주다, 분배하다. ② (사람)이 (차 따위에서) 내리는 것을 도와주다. ③ (속어) 돈을 쓰다[내다]. ④ (벌·비판 따위를) 가하다.

hand over ① …을 넘기다, 인도(引渡)하다; (사업 등)을 넘겨 주다(양도하다)(to). ② [명령 따위]를 전달하다 (to). ③ (명령형으로) 돈 내놔!(강도가 하는 말).

hand up ① …을 (낮은 곳에서 높은 곳으로) 넘겨 주다, (…으로) 들고 올라가다. ② (美) [법률] (기소장)을 상급 법원에 제출하다; [요구·안 따위]를 (상사에게) 제출하다 (to).

— 🔲 **1** 손의; 손을 쓰는. **2** 손으로 만든, 수제(手製)의. **3** 손으로 가지고 가는; 손에 끼는. **4** 수동식의.

~-like

hánd ápple 🔲 (요리하지 않고 먹을 수 있는) 사과.

hánd áx(e) 🔲 손도끼.

*hand·bag [hǽndbæɡ] 🔲 (여성용) 핸드백; 여행용 작은 가방, 손가방. — 🔲 (英속어) (여성(정치인)이) …을 무자비하게 다루다, 공격하다.

hánd bàggage [(英) **lúggage**] 🔲 수화물(手貨物).

hand·bag·ging [hǽndbæɡiŋ] 🔲 공격적인, 격한

hand·ball [hǽndbɔ̀ːl] 🔲 **1** ① 벽에 공을 던져 뛰어 나오는 것을 상대방이 받게 하는 경기; ⓒ 그 공. **2** ① [스포츠] 핸드볼; ⓒ 그 공. **3** (축구) ① 핸들링.

hand·bar·row [hǽndbæ̀rou] 🔲 (들것식(式)) 운반 기구; (미는) 손수레(handcart).

hand·ba·sin [hǽndbèisn] 🔲 세면기(washbowl).

hand·bas·ket [hǽndbæ̀skit] 🔲 손바구니.

go to hell in a handbasket (美속어) 순식간에 쓸 모없게 되다, 급속히 악화[몰락]하다.

in a handbasket (美속어) 물론, 절대.

hand·bell [hǽndbèl] 🔲 (손으로 흔드는) 종, 요령.

hand·bill [hǽndbìl] 🔲 (광고용) 전단, 삐라.

*hand·book [hǽndbùk] 🔲 **1** 안내서, 입문서. **2** (어떤 문제에 관한) 참고서; 편람(便覽) 학술 논문집. ¶a

---

hand apple

(…하도록) 노력하다 (to do).

raise a hand =lift a hand.

ready to (one's) **hand** =under one's hand.

see a person's **hand** 남이 …에 한몫 하고 있음을 알다. 「힘을 보다.

see the hand [or **finger**] **of God in** …에서 신의

shake a person **by the hand; shake hands with** a person**; shake** a person's **hand** 남과 악수하다. 「의도[계획]를 알려 주다.

show [or **reveal**] one's **hand** 손안의 패를 보이다;

sit on one's **hands** ① 칭찬하려 하지 않다, 박수를 잘 치지 않다. ② 수수방관하다, 소극적이다.

soil one's **hands** (…에 관계하여) 손을 더럽히다; 인격을 손상하다 (with). 「지불하다.

stand a person's **hand** (구어) 남의 계산서[술값]를

stand on one's **hands** 거꾸로 서다, 물구나무 서다.

strengthen a person's **hands** 남의 용기를 북돋아 주다. 「맺다.

strike hands 손을 맞잡다, 협력을 약속하다; 계약을

take [or **have**] **a hand in** [or **at**] …에 참가[가담] 하다, 관여하다.

take a high hand 고압적 태도를 취하다(로 나오다).

take a person **by the hand** 남의 손을 잡다; 남을 보호해 주다.

take hands 서로 손을 움켜 잡다.

take [or **have**]…**in hand** ① [일 따위]를 떠맡다, 착수하다. ¶The work is to be taken in ~ shortly. 그 일은 곧 착수할 예정이다. ② [사물]을 처리하다. ③ [사람·사물]을 돌보다, 관리[억제]하다.

take matters into one's **own hand** 일을 직접 [독자적으로] 하다. ⇨LIFE.

take one's **life in** [or **into**] one's (**own**) **hands**

take the law into one's **own hands** (법률에 의하지 않고) 제멋대로 제재(制裁)를 가하다.

throw in one's **hand; throw one's hand in** ① 싸움을 그치다, 손들다. ② [카드놀이] 가진 패를 던지다.

throw up one's **hands** [or **arms**]**; throw** one's **hands up** 손들다, 내던지다, 단념하다.

tie [or **bind**] a person's **hands; have** a person's **hands tied** [or **bound**] 남의 손을 묶다; 남의 활동을 막다. 「누설하다.

tip one's **hand** (조급하게) 속셈을 드러내다, 계획을

to a person's **hand** 곧 가질[쓸] 수 있도록.

to hand ① 손 닿는 곳에, 가까이에. ② 수중에; (편지)를 받고, ¶Your letter is to ~. 편지 잘 받았다.

try one's **hand** (…을) 해보다, 시도하다 (at).

turn one's [or **a**] **hand** (보통 부정문에서) (…하려고) 도움의 손을 내밀다. 「성을 쏟다.

turn [or **set**] one's **hand to** …에 착수하다; …에 정

under a person's **hand(s)** 남의 보살핌[보호, 지배]을 받는.

under hand 비밀리에. 「을 받는.

underplay one's **hand** (능력 따위를 드러내지않고) **under the hand of** …의 서명(署名)하에.

wash one's **hands** ① (완곡적) 화장실에 가다. ② 손을 끊다, 관계를 끊다, 손을 떼다 (of). (←마태 복음 (Matt.) 27:24). ¶He washed his ~s of the business. 그는 그 일에서 손을 떼었다.

weaken the hands of …의 기세를 꺾다.

win the hand of …에게서 결혼 승락을 얻다.

with a heavy hand ⇨HEAVY[1].

with a high [or **bold**] **hand** 고압적으로; 멋대로.

with both hands ① 두 손으로(에). ② 전력을 다하여.

with clean hands 청렴하게, 결백하게.

with one hand [or **arm**] (**tied**) **behind** one's **back** (구어) 아주 간단히, 수월하게.

with (one's) **bare hands** (무기·도구 없이) 맨손으로.

with one's **hand on** one's **heart** 충심으로.

Milton ~ 밀턴 편람. **3** 여행 안내서. ¶a ~ of France 프랑스 여행 안내서. **4** 《美》 (경마 따위의) 내깃돈 장부.
hand·book·ing [hǽndbùkiŋ] 图 (경마에서) 마권업(馬券業)(bookmaking).
hand·bow [hǽndbòu] 图 (석궁과 구별하여) 손으로 「쏘는 활.
hand·brake [hǽndbrèik] 图 수동(手動) 브레이크.
hand·breadth [hǽndbrèdθ] 图 손의 폭(약 4인치). (또는 **hánd's-brèadth**).
H and C 《美속어》 헤로인·코카인 혼합물. [<*h*eroin *and* *c*ocaine]
h. and c., h. & c., H. & C. *h*ot *and* *c*old (water).
hánd cànter 图 〔馬術〕 느리게 달리기.
hand·car [hǽndkɑ̀ːr] 图 《美》 (철도의 선로 검사나 작업원 운반에 쓰이는) 수동차(手動車).
hand·car·ry [-kɛ́əri] 图(他) (안전을 위해) 손으로 들고 운반하다, 자신이 (직접) 운반하다. (또는 **hánd cárry**).
hánd-cárry bàggage 图 기내 휴대 수화물(carry-
hand·cart [hǽndkɑ̀ːrt] 图 (미는) 손수레. [on).
hand·carved [-kɑ́ːrvd] 图 손으로 판[새긴].
hand·clap [hǽndklæ̀p] 图 손뼉; 박수 갈채.
hand·clasp [hǽndklæ̀sp/-klɑ̀ːsp] 图 《美》 악수.
hand·craft [hǽndkræ̀ft/-krɑ̀ːft] 图 =handicraft. —图(他) [´-´] …을 손으로 만들다. **~ed**
hand·craft·man [hǽndkræ̀ftmən/-krɑ̀ːft-] 图 =handicraftsman. (또는 **hándcràftsman** 图)
hand·cuff [hǽndkʌ̀f] 图 (보통 ~s) 수갑. —图(他) …에게 수갑을 채우다; …을 구속하다; …을 방해하다.
hand·de·liv·er [´-diliv*ə*r] 图(他) (편지 따위)를 직접 건네다. 「퍼내는.
hand·dipped [´-dípt] 图 (아이스크림 따위) 국자로
hand·down [´-dàun] 图 =hand-me-down.
hánd drìll 图 손으로 돌리는 드릴, 핸드 드릴.
hand·ed [hǽndid] 图 **1** 손이 있는, 손이 달린. **2** (복합어로) …의 손을 가진, 《경멸적》 (a ~) 소랑, ~ 왼손잡이의. **3** (복합어로) …명이 하는. ¶short-~ 사람 수가 모자라는/a four-~ game 네 명이 하는 게임. **4** (문·나사 따위가) 한쪽으로만 도는. **~·ly** 图
hand·ed·ness [hǽndidnis] 图 **1** (주로 잘 쓰는) 한 쪽 팔을 쓰는 경향. **2** 편광면(偏光面)을 회전시키는 (물질의) 특성. **3** 대칭성(對稱性).
Han·del [hǽndl] 图 **George Frederic ~** 헨델 (1685-1759: 독일 태생의 영국 작곡가).
-hand·er [hǽndər] 連⎖ 「…손을 쓰는 자」의 뜻. ¶left-hander 왼손잡이.
hand·fast [hǽndfæ̀st/-fɑ̀ːst] (고어) 图 악수; (손을 맞잡고 하는) 서약, 약혼. —图 **1** 꽉 쥔, 단단히 잡고) 약속한, 약혼한. **2** 인색한. —图(他) (손으로) 꽉 잡다; (손을 맞잡고) …을 약속[약혼]시키다.
hand·fast·ing [hǽndfæ̀stiŋ/-fɑ̀ːst-] 图UC (고어) 약혼; (정식 교회 결혼 전의) 가결혼(假結婚).
hand·feed [´-fíːd] 图(他) (*-fed*) **1** (축산) (사육 동물에게) 일정한 간격으로 규정량의 사료를 주다. **2** (동물·사람에게) 손으로 먹이(음식)를 주다.
hand·fin·ished [´-fíniʃt] 图 손으로 마무리한.
hand·flag [hǽndflæ̀g] 图 (신호용) 수기(手旗).
‡**hand·ful** [hǽndfùl] 图 (~*s* [-z], **hands·ful** [hǽndzfùl]) **1** 한 움큼, 한 손 가득, 한 줌 (*of*). ¶a ~ of beans 한 움큼의 콩. **2** (경멸적) (a ~) 소량, 소수 (*of*). ¶a ~ of men 소수의 사람들. **3** (구어) 다루기 힘든[귀찮은] 일; 힘에 겨운 일. **4** (속어) 5, 5개; 5년 (금고) 형기.
hánd gàllop 图 (말의) 보통[느린] 구보(easy gallop).
hánd gèar 图 수동 연동기(手動連動機).
hánd glàss 图 **1** 손거울. **2** 독서 돋보기(擴大鏡). **2** (해상) 소형 모래 시계. **3** (원예) (모종 보호용) 유리 씌우개.
hánd grenàde 图 수류탄; 소화탄. 「상(溫床).
hand·grip [´-grìp] 图 **1** 손으로 잡기[쥐기]; 악수. **2** (칼·라켓·골프채 따위의) 자루, 손잡이. **3** (자전거 따위의) 핸들. ¶the ~ of a pot 냄비 손잡이. **3** (여행용) 대형 손가방. **4** (~s) 드잡이, 접근[백병]전.
be at handgrips with …와 드잡이하다, 접근전을
come to handgrips 드잡이하게 되다. 「별이다.
hand·gun [hǽndgʌ̀n] 图 《美》 권총, 피스톨.
hand-held [´-hèld] 图 **1** (카메라 따위) 손에 들고 찍는[사용하는]. **2** (컴퓨터 따위가) 손안에 드는 크기의. ¶a ~ computer 포켓용 컴퓨터. —图 (손에 들고 조작할 수 있는 정도의) 소형 기기(機器); 초소형 컴퓨터.
hand·hold [hǽndhòuld] 图 손으로 쥐기; 붙잡음.
get a handhold on …을 붙잡다. 「붙잡는 곳.
hánd hòle 图 [기계] 핸드 홀(기계나 장치의 수리를 위한 작업구(作業口)).
H & I, H and I (군사) *h*arassment *and* *i*nterdiction((야간의) 침입 저지를 위한 무차별 포격).
‡**hand·i·cap** [hǽndikæ̀p] 图 **1** [스포츠] 핸디캡(우세한 편에 주는 불리한 조건). **2** 핸디캡 붙은 경주(기). **3** (비유적) 불리한 조건, 악조건, 불이익, 장애. **4** UC (신체[정신] 장애.
be under a handicap 불리한 상황에 있다.
—图(他) (*-pp-*) **1** …에 핸디캡을 붙이다. **2** …을 불리한 입장에 두다 (*by, with*). ¶He was ~*ped* by his injured ankle. 그는 발목을 다쳐서 불리한 입장에 있었다. **3** 《美·캐나다》 (경마의) 승자를 예상하다; (특정의 경기자나 대회) 승패의 확률을 매기다. 「별(주의).
hand·i·cap·pism [hǽndikæ̀pizm] 图 장애자 차
hand·i·capped [hǽndikæ̀pt] 图 **1** 신체[정신]적 장애가 있는; (the ~) (집합적) 육신불구[정신] 장애자. ¶visually ~ 시각 장애의. **2** (경기에서) 핸디캡이 붙은. ¶a ~ player 핸디캡이 주어진 선수.
hand·i·cap·per [hǽndikæ̀pər] 图 **1** (경마 따위에서) 핸디캡을 붙이는[사정(査定)하는] 계원; 핸디캡이 있는[붙은] 사람; 핸디캡 경주의 출주마(出走馬); 경마 예상꾼.
hándicap règister 图 《美》 장애자 등록 명부.
hand·i·craft [hǽndikræ̀ft/-krɑ̀ːft] 图 **1** U 손재주, 익숙한 솜씨; Ⓒ 손작업; 수세공(手細工), 수예. **2** (집합적) 수예품, 수세공품. (또는 **handcraft**). **~·ship**
hand·i·crafts·man [hǽndikræ̀ftsmən] 图 (*pl.* *-men* [-mən]) 수예공인; 수공업자. **~·ship**
hand·i·cuff [hǽndikʌ̀f] 图 (고어) 손으로 치기; (~s) 서로 때리기, ¶come to ~*s* 서로 치고받다.
Hand·ie-Talk·ie [hǽnditɔ́ːki] 图 《상표》 핸디토키 (소형 휴대용 라디오 송수신기).
hand·i·ly [hǽndili] 图 솜씨 있게, 교묘하게, 능란하게; 알맞게, 편리하게; 간단하게. 「선수).
hand-in [´-ìn] 图 (배드민턴·스쿼시에서) 서브측(의
hand·i·ness [hǽndinis] 图U 능란[교묘]함, 솜씨 있음; 다루기 쉬움, 간편, 편리. 「한; 협력[제휴]하는.
hand-in-hand [´-ìnhǽnd] 图 손에 손을 잡은, 친밀
hand·i·work [hǽndiwə̀ːrk] 图 **1** U 손작업, 수세공. **2** U 일, 작업, 제작; 공작. **3** 수제품, 수공품; (한 개인의) 작품, 창작물. **4** U 소행, 짓. ¶This mess is my ~. 이 혼란은 내가 일으킨 짓이다.
hánd jòb 图 《속어》 수음(手淫).
‡**hand·ker·chief** [hǽŋkərtʃif, -tʃìːf] 图 (~*s*, *-chieves* [-tʃìːvz]) **1** 손수건. **2** 목도리, 스카프.
drop [or **throw, fling**] **the handkerchief to** ① (술래잡기 따위에서 술래가 자기를 쫓도록 하기 위해서) 손수건을 던지다. ② …에게 속마음을 넌지시 비치다.
hand·ker·chief-head [-hèd] 图 《美속어》 머리에 스카프[헤어피스]를 두르고 있는 흑인 남자; 백인에게 아첨하는 흑인. 「스.
hand·kis·sing [´-kìsiŋ] 图U 여성의 손에 하는 키
hand·knit [´-nít] 图 (*-ted*; *-ting*) …을 손으로 뜨다[짜다]. —图 (또는 **hánd-knítted**) 손으로 짠 (뜬), 손뜨기한.
hánd lánguage 图 (농아자의) 수화(手話)(법).
‡**han·dle** [hǽndl] 图 (~*s* [-z]) **1** 손잡이, 자루,

핸들. ¶a jug with a ~ 손잡이가 달린 단지 / turn a ~ 손잡이를 돌리다. **2** 이용해야 할 기회, 구실; 실마리, 단서 (for). ¶a ~ for gossip 가십거리. **3** (구어) 직함, 경칭; 이름. ¶an Englishman with a ~ to his name 직함이 있는 영국인. **4** (도박·경마 따위의) 내깃돈 총액. **5** (극장·경기장 따위의) 총수입. **6** (뉴질) 핸들(약 1파인트의 맥주). **7** (직물 따위의) 감촉, 손의 음경; (美속어) 유방. **9** (컴퓨터) 다룸, 다루기, 핸들. **10** (문제의) 취급 방법, 요령.
fly (right) off (at) the handle (구어) (갑자기) 화내다, 자제심을 잃다. ¶She flew off the ~ at the least provocation. 그녀는 걸핏하면 성을 냈다.
get[or have] a handle on (구어) …을 조작하다; …을 관리[지도]하다; …을 이해하다.
give a handle for …의 기회[구실]를 주다.
give[or *use*] *the long handle* (크리켓) 공을 자유로[계속해서] 치다. *⌊off (at) the handle.*
go[or *be*] *off the handle* (구어) ① 죽다. ② =*fly (up) to the handle* (美구어) 불끈 성내다.
— 图 (~s [-z]; ~d; -dling) ⓐ 1 …에 손을 대다; …을 손으로 쥐다[들어] 올리다. ¶Please do not ~ the exhibits. 전시품에 손을 대지 마시오. **2** (도구·재료 따위)를 쓰다, 사용하다; (손으로) 다루다. ¶This machine is hard to ~. 이 기계는 다루기 힘들다. **3** …을 통제하다, 지휘하다. ¶~ the traffic 교통 정리를 하다. **4** …을 처리하다, 취급하다(⇒TREAT 유의어); (문제 따위)를 논하다. ¶They ~d him roughly[kindly]. 그들은 그를 난폭히[친절히] 다루었다/They ~ a new theme. 그들은 새로운 테마를 논한다. **5** (우편물)을 취급하다; (상품)을 매매하다, 취급하다. ¶~ foreign goods 외국 상품을 매매[취급]하다. **6** (아무)를 훈련하다; (복싱·경마)를 맡다. **7** (권투) (선수의) 트레이너[세컨드] 일을 맡다. **8** (말)을 길들이다. **9** (축구·크리켓) (공)에 손을 대다. **10** (속어) (사냥) …을 조종하다. — ⓥ **1** (양태부사와 함께) (탈것따위가) …을 조종할 수 있다, (도구가) 다루기가 …하다. (~ +團) This car ~s well[easily]. 이 차는 운전하기 좋다[쉽다]. **2** (can't 와 함께)(美속어) 어떻게 대처하면 좋을지 모르다.

$\sim$·a·bíl·i·ty ~·a·ble, ~·less 图
han·dle·bar [hǽndlbɑ̀ːr] 图 (보통 ~s) **1** (자전거의) 핸들. **2** (구어) = ~ mustache.
hándlebar mústache 图 팔자(모양의 코밀) 수염.
han·dled [hǽndld] 图 **1** 손잡이[자루, 핸들]가 있는 [달린]. **2** (복합어로) 자루[손잡이]가 ~한, …된 자루의. ¶long-~ 자루가 긴.
hándle nàme (컴퓨터) 핸들명(名)(전자 게시판 등에 올리는 가명[별명]).
hánd lèns (손잡이가 달린) 확대경, 루페.
han·dler [hǽndlər] 图 **1** 손으로 만지는 사람; 다루는[취급하는] 사람; 사용[조작]하는 사람; 통제[지휘]하는 사람; 장사하는 사람. **2** (선수 등의) 홍보 담당 매니저; (권투) 트레이너, 세컨드. **3** (개·말 등의 전시회; 개[고양이] 전시회의 조련사, 구동기.
hand·less [hǽndlis] 图 손이 없는; 서투른 (*at*).
be handless at a task 일이 서투르다. ⌊자.
hánd létter (손으로 박(箔)을 찍기 위한) 놋쇠 글자.
hand-let·tered [-lètərd] 图 손으로 쓴. (략 기호).
hánd lèvel [측량] 핸드레벨(휴대용 수준(水準) 측
hánd lèver (자동차의) 수동(手動) 레버. ⌊깃줄.
hánd·line [hǽndlàin] 图 (낚싯대 없이 쓰는) 손 낚
han·dling [hǽndliŋ] 图Ⓤ **1** 손으로 만지기[잡기], 사용하기]. **2** 취급, 돌봄, 조종, 조작, 처리. **3** (자가·화물 등의) 수법, 솜씨. **4** (상품의 출하(出荷); 이동 [수송, 배달] 방법. **5** (축구) 핸들링(반칙). **6** (英) [법률] 장물 취급[거래]. **7** (會) (이동·수송·배달 따위의) 취급하기, 처리하기. ¶a 10 percent ~ charge 10%의 수수료. ⌊일람표.
hand·list [hǽndlìst] 图 (점검·대조용의) 간단한
hand·load [hǽndlóud] 图图 (탄약)을 손으로 재다.

hand·loom [hǽndlùːm] 图 베틀, 수직기. — *ed* 图
hánd lúggage 图 (英) 수화물((美) hand baggage).
hánd machine 图 수동식 기계.
hand-made [hǽndméid] 图 손으로 만든, 수제의.
hand·maid [hǽndmèid] 图 **1** 시녀, 잔심부름꾼. **2** 종속적[보완적]인 것. (또는 hándmàiden).
hand-me-down [-mídàun] 图 (美) (옷)의 기성품인, 기성복의; 값싼; 헌 옷, (퇴)물림의. — 图 **1** (~s) 기성복; 헌 옷, 물림 옷, 퇴물림((英) reach-me-down).
2 남의 재산.
hánd mill 맷돌; (커피 따위를 손으로 가는 도구.
hánd mirror 图 손거울.
hánd mòney 图 계약금, 보증금(earnest money).
hánd mòwer 图 수동식 풀 베는 기계[제초기].
hand-off [-ɔ́(ː)f, -ɔ́f] 图 핸드오프. **1** (럭비 따위에서) 손으로 상대를 떼밀고 진격. **2** (미식축구) 손으로 넘겨주는 패스; 손으로 패스한 공. **3** (항공) 어떤 항공기의 관제나 감시 임무가 한 관제 센터에서 다른 센터로 이관되는 것; 소유되는 기간. (또는 **hándòff**).
hánd of glóry 图 도둑 따위의 부적.
hánd of writ 图 (스코) 필적, 서체.
hánd òrgan 图 손으로 핸들을 돌리는 풍금(barrel organ).
hand·out [hǽndàut] 图 **1** (美속어) 거지에게 주는 음식[옷, 돈]; (~s) (정부의) 보조금. **2** (신문 기사용) 보도 자료(press release), 성명, 발표 (문서). **3** 광고, 전단; 상품 안내; (상품의) 샘플.
hand·o·ver [hǽndòuvər] 图 (재산·권한·책임 따위의) 이양, 양도. (또는 **hánd-òver**).
hand·pick [hǽndpík] 图 **1** …을 손으로 따다. **2** …을 엄선[정선]하다. **3** (美) …을 멋대로[마음대로], 제 손으로] 고르다.
hand·picked [hǽndpíkt] 图 (과일 따위)를 손으로 딴; 엄선한; 자기에게 유리하도록 고른, 제 손으로 고른. ¶a ~ candidate 제 손으로 고른 후보자.
hand·play [hǽndplèi] 图Ⓤ 주먹 다짐. ⌊지.
hand·post [hǽndpòust] 图 도표(道標), 길 안내 표
hand·press [hǽndprès] 图 수동 인쇄기.
hand·print [hǽndprìnt] 图 (손바닥으로 찍힌) 손도장, 장문(掌紋). — 图 …로 활자체를 쓰다.
hánd pròp (연극) 배우 자신이 무대에 지니고 나가는 도구(담뱃갑·시계 따위).
hánd pùmp 图 수동 펌프.
hánd pùppet 图 손으로 놀리는 꼭두각시.
hand·rail [hǽndrèil] 图 (계단 따위의) 난간.
hand·rub [hǽndrλb] 图图 …을 손으로 문지르다.
hand-run·ning [-rλniŋ] 图 연속해서, 잇따라.
hand·saw [hǽndsɔ́ː] 图 (한 손으로 켜는) 소형 톱.
know a hawk from a handsaw ⇒ HAWK[1].
hand's-breadth [hǽndzbrèdθ, -brèθ] 图 = handbreadth.
hánd scròll 두루마리.
hand·scrub [hǽndskr∧b] 图 손톱솔.
hands-down [hǽndzdàun] 图 **1** 쉬운, 용이한. ¶a ~ victory 낙승(樂勝). **2** 의문의 여지가 없는, 확실한. — 图 (또는 **hánds dówn**) 쉽게, 거뜬히.
han(d)·sel [hǽnsəl] 图 **1** (개업·입학 따위의) 축하 선물; (결혼식 날) 신랑이 신부에게 주는 선물; 세뱃돈. 새해 선물. **2** 신년 축하[새해] 선물. **3** 첫 경험, 첫 사용, 햇것; 시식(試食). — 图ⓚ (-*l*-, (英) -*ll*-) **1** …에게 축하 선물을 주다; (선물을 주고) …의 시작을 축하하다. **2** …의 첫 시도가 되다. ¶~ a person's new house 집 신축을 축하하다. **2** …을 처음으로 쓰다[경험하다].
hand·serv·ant [hǽndsə̀ːrvənt] 图 =handmaid.
hand·set [hǽndsèt] 图 (전화 따위의) 송수화기.

hand-set [ˊsét/ﾞﾞ] 图他 손으로 조판(組版)하다.
— 图 손으로 조판한.
hand·sew [hǽndsóu] 图他 …을 손으로 꿰매다.
-séwn 图 않아도 좋은.
hand(s)-free [hǽnd(z)frì:] 图 (기구가) 손을 쓰지
*****hand·shake** [hǽnd∫èik] 图 **1** 악수. **2** (또는 hánd·
shàking) (컴퓨터) 응답 확인 방식. — 图他 (…와) 악
수하다 (with). — 图 …을 악수하며 나아가다.
hand·shak·er [hǽnd∫èikər] 图 (일·야망 따위를
위해) 악수를 떠는 사람; 사람 만나기를 좋아하는 사람.
hand·shield [hǽnd∫ì:ld] 图 (용접공의) 핸드실드,
안면 보호 마스크.
hands-off [hǽndzɔ́:f/-ɔ́f] 图 **1** 불간섭(주의)의. ¶ a
～ policy 불간섭 정책. **2** (기계 따위가) 자동의.
‡**hand·some** [hǽnsəm] 图 (**-som·er, more ～;**
-som·est, most ～) **1 a**) 용모가 아름다운, 잘생긴,
미남의; 풍채가 좋은 (* 보통 남자에게 쓰며, 여자는
pretty, beautiful, lovely). ⇒BEAUTIFUL 유의어 ¶ a ～
boy 미소년 / H- is that [or as] ～ does, 〈속담〉 행위
가 훌륭한 사람이 아름답다, 외양보다 마음씨(=H- is
he who does handsomely.). **b**) (여성이) 야무진, 위
엄이 있는. ¶ a ～ woman 이목구비가 도렷한 여성. **2**
멋진, 훌륭한, 당당한; 보기 좋은, 잘 정돈된. ¶ a ～
building 멋진 건물 / a ～ room 잘 정돈된 방. **3** (금액·
수량 따위가) 상당한; 풍성한. ¶ receive a ～ fortune
from one's father 아버지로부터 많은 유산을 상속받
다. **4** (행위 따위가) 친절한; 관대한, 후한. ¶ a ～
tip [treatment] 후한 팁[대접] / It's ～ of you to say
so. 그렇게 말씀해 주시니 고맙습니다. **5** 솜씨 있는, 잘
하는. ¶ He made a ～ speech. 그의 연설은 훌륭했다.
6 (美방언) 적당한, 어울리는. ¶ a ～ pair 잘 어울리는
부부. 「낌없이 쓰다.
come down handsome 후하게 행동하다, 돈을 아
do a person handsome 남을 후하게 대접하다.
do the handsome thing by [or ***towards***] …을
우대하다.
high, wide, and handsome 순조롭게, 잘.
tall, dark, and handsome (남성이) 매력 있는.
— 图 (구어) 미남, 정부(情夫).
— 图 * 다음 숙어로만 쓴다.
do a person handsome 남을 후하게 대접하다.
～·ish 图 **～·ness** 图
hand·some·ly [hǽnsəmli] 튄 **1** 훌륭하게, 뛰어나
게; 패, 후하게. **2** (해사) 주의[조심]하여.
come down handsomely (구어) 돈을 선뜻 내다.
hands-on [hǽndzán/-ɔ́n] 图 **1** 실제로 참가하는,
실지의, 실천(위주)의. **2** (중역·관리직의) 직접 실무에
참가하는; 제일선에서 활약하는. **3** (전시물이) 직접 손
으로 만지는, (박물관 따위가) 전시품을 만지는 방식의,
실제 실험[시험]할 수 있는. **4** 수동의, 자동화되지 않은.
hand-sort [ˊsɔ́:rt] 图他 (우편물 등)을 손으로 선별
hand·speak [hǽndspì:k] 图 수화(手話). 「하다.
hand·spike [hǽndspàik] 图 지레 (감는 녹로(轆
轤)의) 심대. 「고 하는 재주넘기.
hand·spring [hǽndspriŋ] 图 (美) 손을 땅에 짚
hand·staff [hǽndstǽf/-stà:f] 图 도리깻장부.
hand·stamp [hǽndstǽmp] 图 고무인(印)(rubber
stamp); 우표 소인(消印)용 도장.
hand·stand [hǽndstǽnd] 图 (손짚고) 물구나무서
기. — 图邢 물구나무서기를 하다. 「이 가죽끈.
hand·strap [hǽndstrǽp] 图 (전동차 따위의) 손잡
hánd's túrn 图 약간의 일; 거들어 주기, 조력. 「다.
do a hand's turn (부정문에서) 최소한의 노력을 하
hand·tec·tor [hǽndtéktər] 图 소형 전자 금속 탐
지기(공항에서 흉기 탐지용).
hánd tíght 图 〈해사〉 (볼트 등을) 손으로 힘껏 죈.
hand-to-hand [ˊtəhǽnd] 图 **1** 육박한, 드잡이의;
접전(接戰)의. ¶ a ～ fighting 백병전. **2** 직접 건네주는.

hand-to-mouth [ˊtəmáuθ] 图 하루 벌어 하루 먹
는, 하루살이의, 불안정한; 앞일을 생각하지 않는. ¶ lead
a ～ existence 하루 벌어 하루 먹는 생활을 하다.
hánd tòol 图 수공구(手工具).
hand-tow·el [ˊtàuəl] 图 작은 타월.
hánd trùck 图 손수레. 「를 직접 전해 주다.
hand-walk [ˊwɔ́:k] 图他 (구어) (메모·서류 따위)
hand-wash [ˊwá∫/-wɔ́∫] 图他 손으로 씻다[세탁하
다], 손빨래하다. (또는 **hánd-láunder**) ～**·ing** 图
hand·weav·ing [hǽndwì:viŋ] 图 손으로 짜기,
그 직물. 「로 돌리는 핸들 바퀴.
hand·wheel [hǽndhwì:l] 图 (휠체어 따위의) 손으
hand·work [hǽndwɔ̀:rk] 图 **1** 손으로 하는 일, 수
세공, 수공예. ～**ed** [-t] 图 손으로 만든, 수세공의.
hánd wòrker 图 「(手織)의.
hand-wo·ven [hǽndwóuvən] 图 손으로 짠, 수직
hand-wring·ing [ˊriŋiŋ] 图 (고통·슬픔·절망 따
위로) 손을 부들부들 떨기; 지나친 관심[죄책감] 표현.
hand·write [hǽndràit] 图他 손으로 쓰다. — 图 **1**
=handwriting. **2** 서명.
‡**hand·writ·ing** [hǽndràitiŋ] 图 (～**s** [-z]) **1**
U] 손으로 쓴, 육필; (개인의) 필적, 서체(書體). ¶ recog-
nize a person's ～ 남의 필적을 분별하다. **2** C] 필사물
(筆寫物), 사본.
(**the**) ***handwriting*** [or ***writing***] ***on the wall*** (성
서) 임박한 재앙의 조짐(←다니엘서(Dan.) 5 : 5-28).
hand·writ·ten [hǽndrìtn] 图 손으로 쓴, 사본의.
hand·wrought [hǽndrɔ́:t] 图 (금속 제품 따위가)
수세공의, 수제(手製)의. (또는 **hándwórked**)
‡**hand·y** [hǽndi] 图 (**hand·i·er; hand·i·est**) **1** 곁
에 있는, 바로 쓸 수 있는 (to). ¶ keep a dictionary ～
사전을 손닿는 곳에 두다 / The bank is ～. 은행이 근처
에 있다. **2** 편리한, 다루기 쉬운; (배가) 조종하기 쉬운
(to). ¶ a ～ shelf 편리한 선반. **3** 능숙한, 솜씨 좋은
(at, about, with).
come in handy (여러 가지로) 편리하다; (…에) 도
움이 되다 (for). ¶ Korean-English dictionaries
come in ～. 한영 사전은 편리하다.
— 图 (구어) 아주 가까이의(nearby).
hand·y-an·dy [-ǽndi] 图 잡역부, 사환; 무엇에나
손대기를 좋아하는 사람.
hand·y·book [hǽndibùk] 图 =handbook.
hand·y-dan·dy [-dǽndi] 图U 알아맞히기(어느
손에 물건이 있는지를 알아맞히는 어린이 놀이). — 图
(구어) 편리한, 도움이 되는.
hand·y·man [hǽndimǽn] 图 **1** (아파트·사무실
등의) 잡역부, 사환; 쓸모 있는[편리한] 남자; 팔방미인.
2 수부(水夫).
hándy scánner 图 [컴퓨터] 휴대용 스캐너.
hándy términal 图 [컴퓨터] 휴대용 통신 단말기.
‡**hang** [hǽŋ] 图 (～**s** [-z]; *hung*) 他 **1** (물건)을 (…
에/…에/…위에) 매달다, 드리우다, 걸다 (on, to /
from / over). ¶ (～+图+ 前) ～ up a hat 모자를 걸다
// (～+图+ 前+图) ～ a sword at one's side 허리에
칼을 차다 / ～ a lamp from the ceiling [above the
table] 천장에[탁자 위에] 램프를 매달다 / ～ the
washing on a pole 세탁물을 빨랫대에 널다.
2 (～**ed, hung**) **a**) [남]을 (…죄로) 교수형에 처하다
(for); (재래용법으로) 목매 죽이다; (비유적) 엄벌에 처
하다. ¶ ～ oneself 목매어 죽다 / be ～**ed for murder**
살인죄로 교수형을 받다 / One may as well be ～**ed**
for a sheep as for a lamb. (속담) (도둑질로) 사형을
당할 바에는 새끼 양보다 어미 양을 훔치는 게 낫다. 이왕
하려면 철저히 하는 것이 좋다. **b**) [남]을 십자가에 매달
다, 책형에 처하다.
3 a) (벽지·족자 따위로) …을 장식하다 (with). ¶ (～+
图+ 前+图) ～ a room with pictures 그림을 걸어 방

hang

을 장식하다 / a window hung with curtains 커튼이 드리워진 창. b) (벽지 따위)를 바르다.
4 (보통 수동형으로) (그림 따위)를 전시하다, 진열하다. **5** …을 (어느 각도로) 달다[설치하다] (by, on), …에 자루를 달다, …을 자루에 끼우다[박아 넣다] (to); (스커트 따위의) 단을 조절하다. ¶ (~+圓+前+名) ~ an ax to its helve 도끼를 자루에 끼우다. **6** (문)을 (경첩에) 끼우다, 달다, (짝짝 따위를) 여닫을 수 있도록 달다. ¶ (~+圓+前+名) The door is hung on the side post by hinges. 그 문은 문설주에 경첩으로 달려 있다. **7** (조항 따위)를 (의안 따위에) 추가하다 (on). ¶ ~ a rider on a bill 법안에 부칙을 추가하다. **8** (생각 따위)를 (어떤 상황·관념 따위에) 의존시키다, 관계를 맺게 하다. **9** (구어) (책임·죄)를 덮어 씌우다, 전가하다 (on). ¶ The police hung the rap on him. 경찰은 그에게 혐의를 두었다. **10** (구어) (별명 따위)를 붙이다 (on). **11** (해사) (배 따위)를 붙들어매다, 계류하다. **12** (고개)를 떨구다, (혀)를 늘어뜨리다 (down). ¶ ~ one's head in shame 부끄러워서 고개를 떨구다. **13** …을 늦추다; (美) 결정을 보류시키다. ¶ (~+圓+副) ~ (up) one's determination 결심을 지연시키다. **14** (美) (배심원)의 평결을 불능케 하다. ¶ The jury were hung. 배심원들은 평결을 내리지 못했다. **15** (야구) (변화구를) 간파당하다. **16** (속어) (자동차·스키로) (좌·우)로 돌다, U턴하다. **17** (구어) (가벼운 욕설·강조) …를 저주하다. ¶ H- you! =Be ~ed! 에이 망할 것! / I'll be ~ed if he knows it. 그가 만약 그것을 알고 있다면 내 손에 장을 지지겠다 / I'll see you ~ed first! 절대로 그런 일은 없어! / Well, I'm ~ed! 이거 놀랐는걸!
— 瓱 **1** 걸리다, 매달리다, 드리워[늘어]지다 (above, down) (from, on); 기울다, 경사지다. ¶ (~+副) pictures ~ing above 머리 위에 걸려 있는 그림 // (~+前+名) a chandelier ~ing from the ceiling 천장에 드리워진 샹들리에 / Her hair hung down on [to] her shoulders. 그녀의 머리카락은 어깨에[까지] 늘어져 있었다 / (~+副) The leaves hung lifeless. 잎들이 생기 없이 늘어져 있었다.
2 (~ed, hung) 교수형을 받다 (for); 목 졸려 죽다, 교살되다. ¶ He ~ed for his crime. 그는 죄를 지어 교수형을 받았다.
3 (문짝 따위가) 경첩으로 달려 있다, 여닫히다 (by, on). ¶ The door ~s on its hinges. 문에 경첩이 달려 있다.
4 위에 덮여 있다, 뒤덮다; 돌출하다 (out, of); (걱정 등이) 마음을 내리누르다, 무거운 짐이 되다 (on, in); (위험 따위가) 박두하다 (on, over); (안개·연기 따위가) 자욱이 끼다. ¶ (~+前+名) the fear that ~s over the world 세계가 직면하고 있는 공포.
5 매달리다, 달라붙다, 달라붙어 떨어지지 않다 (by). ¶ (~+前+名) ~ about a person's neck 남의 목에 매달리다 / The children hung by their mother's side. 아이들은 어머니 곁에서 떨어지지 않았다.
6 어슬렁거리다, 배회하다; 꾸물거리다. ¶ (~+前+名) ~ about [or around] a park 공원을 어슬렁거리다 / (~+副) all day doing nothing 아무 일도 하지 않고 온종일 빈둥거리다. **7** …에 의하여 결정되다, …에 달려 있다, …나름이다 (on, upon). ¶ (~+前+名) a question on which life and death ~s 생사가 달려 있는 문제. **8** 결정짓지 못하다[않다], 망설이다 (between); (배심) 의견이 엇갈리다. ¶ Let this matter ~ until our next meeting. 이 안건은 다음 회의 때까지 보류하도록 합시다 // (~+前+名) ~ in doubt 의심하다 / He hung between speaking to him and keeping silent. 그는 그녀에게 말을 걸까 말까 하고 망설였다. **9** 주의를 기울이다, 가만히 지켜보다, 귀담아 듣다 (on). ¶ (~+前+名) ~ on her every word 그녀의 한 마디 한 마디를 귀담아 듣다. **10** (미술) (전람회 따위에) 출품되다, 전시되다. ¶ (~+前+名) His works ~ in the Metropolitan Museum of Art. 그의 작품은 메트로폴리탄 미술관에 진열되어 있다. **11** (야구) (커브 따위가): (크리켓·테니스 따위에서) (공이) 불규칙 바운드를 하다. **12** (말이) 방향을 바꾸다; (경마) (말이) 생각한 대로 달리지 않다. **13** (美속어) (컴퓨터가) 정체(停滯)하다, 움직이지 않게 되다.

be hung on (구어) …에 열중하고 있다.
be hung over (구어) 숙취(宿醉) 상태에 있다.
be [or get] hung up (美속어) ① 혼란되어 있다, 노이로제에 걸려 있다; 콤플렉스를 지니고 있다. ② 열중해[미쳐] 있다, 사로잡혀 있다 (on, about).
go hang ① 교수형에 처해지다. ② 무시하다; 간섭하지 않다. ③ (속어) (계획이) 실패하다. ④ (속어) (명령문에서) 죽어 버려라, 뒈져라.
hang about [or a(a)round] ① (남에게) 귀찮게 달라붙다. ② (명령문에서) 잠깐 (기다려)! ③ 남과 함께 시간을 보내다 (with). ④ ⇨瓱 6.
hang a few on; hang on a few (맥주 따위를) 가볍게 (몇 잔) 들이켜다.
hang a left [or **Louie, Lilly**] (속어) 좌회전하다.
hang a person from the tree (구어) 남에게 린치를 가하다.
hang a right [or **Ralph**] (속어) 우회전하다.
hang a U(-turn) [or (英)] **yooie**] (속어) U턴을 하다.
hang back 주저하다, 망설이다 (from); 남의 뒤에 어정어정 따라가다. ¶ He's ~ing back. 그는 (책임지기를) 망설이고 있다.
hang behind ① =hang back. ② 뒤에 처지다.
hang by a (single) hair [or **thread**] 풍전등화이다, 위기일발이다.
hang by the wall ① 걸어둔 채로 있다. ② 무용지물이 되다.
hang down 늘어지다; 늘어뜨리다; 전해지다.
hang fire ⇨ FIRE.
hang heavy ⇨ HEAVY¹. [② 남의 대역을 맡다.
hang in for a person (美속어) ① 남과 교대하다.
hang in the air [or **balance, wind**] (문제 따위가) 미해결 상태에 있다, (생각·승패 따위가) 어떻게 될지 모르다.
hang in (there) (美구어) 버티다, 견디다.
hang it (속어) 정색 주사를 놓다.
Hang it all! (구어) 제기랄!, 빌어먹을!
hang it easy (속어) =take it EASY.
hang it on (속어) (일 따위)를 꾸물대어 늦추다.
hang it up (구어) 그만두다, 체념하다, 사직하다.
hang loose ① (팽팽하던 것이) 축 처지다, 늘어지다. ② 느긋하게 지내다, 유유자적하다.
hang off ① …을 놓아주다; (벽지 따위가 벽에서) 떨어지다. ② =hang back.
hang on ① (…에) 매달리다, (…을) 꽉 잡다, 놓지 않다 (to). ¶ ~ on to a person's arm 남의 팔에 매달리다 / She will ~ on if you are rich. 당신이 부자면 그녀는 따라붙을 겁니다. ② 속행하다, 버티다, 참다. ¶ H- on to the end. 끝까지 버티다. ③ (병이) 낫지 않다. ④ 밀착하다. ¶ The lawsuit is still ~ing on. 소송 문제는 아직 미결이다. ⑤ (구어) (서서) 기다리다; 전화를 끊지 않고 기다리다. ¶ H- on a moment [or minute, second]. 잠깐 기다리세요. ⑥ (경기에서) 리드를 지켜 이기다. ⑦ …에 주의를 기울이다, …을 경청하다. ⑧ …에 좌우되다, 달려 있다.
hang one on (美속어) ① …을 때리다, 후려갈기다. ② 곤드레만드레 취하다.
hang on in (there) =hang in (there).
hang onto ① …에 매달리다, …을 붙잡고 늘어지다. ② …에 의지하다, …를 유지(지탱)하다. ④ …에 귀기울이다.
hang out ① (구어) (…에) 살다, 머물다 (at, in). ¶ Where do they ~ out? 그들은 어디에 살고 있지? ② (구어) 빈번히 방문[출입]하다; (공적인 장소에) 나

타나다; 슬슬 거닐다(*at, in*). ¶~ *out* in a bar 바에 뻔질나게 출입하다. ③ (구어) (…와) 어울리다, 사귀다, 가까이 지내다(*with*). ④ 몸을 내밀다. ⑤ (구어) (사람이) 견디다, 참다; (물건이) 지탱하다. ⑥ 침착하다. ⑦ (단시간) 기다리다. ⑧ (기 따위를) 집 밖에 널다; 집 밖에 내걸다; (세탁물 따위를) 밖에서 말리다. ¶장대(로프)에 걸다. ¶~ *out a flag* 기를 게양하다.
hang out for 끝까지 요구(주장)하다.
hang over ① …위에 덮여 있다, 튀어나오다, 돌출하다. ¶The cliff ~s *over the road*. 벼랑이 도로 위로 돌출해 있다. ② 미결(未決)인 채로 있다. ¶I let the final decision ~ *over* 최종 결정을 미루다. ③ 임박해 있다. ¶The examination is ~*ing over* me. 시험이 임박해 있다. ④ (절망·불안 따위가) …을 괴롭히다. ⑤ (美속어) (수동형으로) …을 숙취케 하다.
hang ten (or **five**) (美) (서핑) 파도타기 널의 가장자리에 양쪽(한쪽) 발가락을 모두 구부려 걸치다.
hang together ① 손잡다, 단결하다, 협력하다. ② (함께 매달리어) 함께 교수형 당하다. ③ 붙어있다, 덩어리지다. ④ 앞뒤가 들어맞다, 모순되지 않다. ¶His statement does not ~ *together*. 그의 말은 앞뒤가 맞지 않는다. 「(*on*).
hang tough (美속어) 결심을 바꾸지 않다, 고집부리
hang up (옷을) 걸다, 매달다(*on*). ② …을 지체시키다, 시간을 끌게 하다. ¶~ *up* a question in debate 문제의 토의를 뒤로 미루다/~ *up* the traffic 교통 체증을 일으키다. ③ (수동형으로) (…에) 정신을 빼앗기다; 구애되다(*on*). ④ (구어) (경기 따위에) 기록을 세우다. ⑤ 수화기를 놓다, 전화를 끊다(*on*). ⑥ (美속어) (보통 수동형으로) 꼼짝 못하게 하다. ⑦ (속어) 목매 자살하다. ⑧ (속어) 괴롭히다, 곤란하게 하다. ⑨ (컴퓨터 따위가) 서다. ⑩ (속어) 그만두다, 단념하다(*on*); (명령문으로) 그만둬!, 닥쳐!
hang up a bill 묵살하다.
hang upon …에 의지하다, …에 의해 결정되다.
hang up *one's hat* ⇨ HAT. 「함께 남다.
hang (up) with (속어) …와 어울리다, 사귀다. ¶How (are) they hanging? (속어·익살) 컨디션은 어때?(＊they는 testicles의 뜻).
I'll be hanged if... 결코 …아니다(⇨태 17).
let it all hang out; have it all hanging out (구어) ① 속을이 드러내다, 마음을 터놓다. ② 마음 편히 행동하다.
let things go hang 내버려 두다. 「히 행동하다.
— 图 1 (the ~) 매달린 모양, 늘어진 모양. ¶the ~ of an overcoat 외투의 처진 모양. 2 (구어) 다루는 법, 사용법; 요령, 방법. 3 (구어) (한 ~) (문제 따위의) 의미, 취지. 4 (진행의) 정체(停滯), 처짐, 느슨해짐. ¶the ~ of a stream 흐름의 정체. 5 (a ~) (보통 부정문에서) (구어) 조금(damn되지 완곡히). 6 (해사) (영풍·역류에 의한) 속력 저하. 7 (a ~) (濠·뉴질) 상당한 양, 대량(大量). ¶in a ~ of a hurry 지독하게 바쁘게.
do not care [or *give*] *a hang* 조금도 상관 없다.
get [or *have, see*] *the hang of*; *get into the hang of* …의 요령을 터득하다, …을 이해하다.
lose [or *get out of*] *the hang of* (구어) …의 요령을 잊다(모르게 되다).
∼·a·bíl·i·ty ⓝ **∼·a·ble** ⓐ
hang·ar [hǽŋər] ⓝ 1 오두막, 곳간; (항공기의) 격납고(格納庫). ¶a ~ *deck* (항공 모함의) 격납고 갑판. — 图他 격납고에 넣다. **∼·age** 격납. 〔F〕
hang·bird [hǽŋbə̀ːrd] ⓝ (美) 나뭇가지에 집을 매달아 짓는 새.
hang·dog [hǽŋdɔ̀g/-dɔ̀g] ⓝ 1 풀이 죽은, 처량한; 비열한; 비굴한; 비굴한, 살살 기는. ¶a ~ *look* 상스러운 표정. — 图 비열한 놈.
*****hang·er** [hǽŋər] ⓝ 1 옷걸이. 2 (옷 따위를 거는) 고리, 갈고리, 매다는 끈. 3 (몸에) 매달리는 부분(손잡이 끈의 고리 따위). 4 (17~18세기의 뱃사람이 쓰던 허리에 차는) 단검(短劍). 5 (英) 가파른 경사면에 있는 숲. 6 교수형 집행자(hangman). 7 매다는 사람, 거는 사람. ¶a *bell* ~ 종조사(釣鐘師). 8 매다는 광고, 포스터. 9 (활자 위치를 바꾸려는 식자의) S자 모양의 선; (아이들의 습자 따위의) 8자(字)형의 휘어 쓰기.
hang·er-on [-ǎn/-ɔ́n] ⓝ (閥 **hang·ers**-) (사람·일자리 따위에) 찰싹 달라붙는 사람; 부하, 추종자, 측근; 기식자, 식객; (美) 사모하는 사람.
Han·geul [hǽːŋgl] ⓝ 한글. (또는 **Hangul**)
hang·fire [hǽŋfàiər] ⓝ Ⓤ (폭약·로켓 연료 따위의) 지발(遲發).
hang·glide [-glàid] 图自 행글라이더로 날다.
háng glíder (美) 행글라이더(를 타는 사람).
háng glíding 图 행글라이딩.
*****hang·ing** [hǽŋiŋ] ⓝ 1 ⒰ⒸⒸ 교살, 교수형. ¶*death by* ~ 교수형. 2 (종종 ~s) 매달아 놓은 것; 거는 물건, 족자, 걸치는 천, 커튼. ¶*paper* ~s 벽지. 3 ⒰ 매달기, 매달린 상태, 매다는 법. 4 Ⓒ⒰ 내리막 경사(사면(斜面)). — ⓐ 1 매달 만한. ¶a ~ *crime* 죽을 죄. 2 걸린, 매달린. ¶a ~ *bridge*[*lamp*] 현수교(거는 등잔). 3 (건물 따위가) 높은 곳(가파른 경사면)에 있는. 4 임박한; 미결의. ¶a ~ *crisis* 임박한 위기. 5 고개를 떨군. 6 (총계가) 한쪽이 벽으로 막힌. **∼·ly** 团
hánging básket 图 매다는 꽃바구니. 「위원회.
hánging committee 图 (회화전(繪畫展) 등의) 심사
hánging cúrve 图 (야구) 행잉 커브(밋밋한 커브 볼).
Hánging Gárdens of Bábylon 图(閥) (the ~) 바빌론의 공중(空中) 정원(고대 바빌론에 세워진 계단 모양의 정원). ⇨ Seven Wonders of the World
hánging indéntion 图 (인쇄) 행잉 인덴션(단락 첫째 행의이머리만 내놓고 둘째 행부터 물려 조판하기).
hánging júdge 图 교수형 언도를 좋아하는 판사.
hánging páragraph 图 (인쇄) =hanging inden-
hánging tóilet 图 벽에 끼워 놓는 형의 변기. 「tion.
hánging trée 图 교수목(絞首木), 교수대.
hánging válley 图 (지질) 현곡(懸谷).
hánging wáll 图 1 (광업) 광맥, 광상(鑛床). 2 (지질) 단층면(fault plate)에서 위쪽에 덮인 암반.
hánging wárdrobe 图 (의복을 거는) 양복장.
hang-loose [-lúːs] ⓐ (구어) 긴장이 풀린, 마음 편한, 느긋한, 자유로운.
hang·man [hǽŋmən] ⓝ 교수형 집행인. 「듭.
hángman's knót [hǽltər] (美) 교수형 밧줄의 매
hang·nail [hǽŋnèil] ⓝ (손·발가락의) 거스러미.
hang-on [-ǎn/-ɔ́n] ⓝ (구어) 벽 따위에 매단 물건.
— 图 벽걸이 식의.
hang-out [-àut] ⓝ (美속어) (정보·비밀 따위의) 전면 공개, 폭로. — 图 ＊ 다음 숙어로만 쓴다.
go the hang-out road (美속어) 속속들이 드러내다.
hang·out [hǽŋàut] ⓝ (사람의) 잠자리, 집; 단골로 가는 곳; (범죄자 따위의) 연락처, 소굴, 은신처.
hang·over [hǽŋòuvər] ⓝ 1 잔존물(殘存物), 유물. 2 (美속어) 숙취; (약의) 부작용. 3 (비유적) 후유증, 여파(餘波).
have a hangover (어제 마신) 술이 덜 깨다.
∼·ish ⓐ 숙취 기미의.
Háng Séng índex [hǽŋ séŋ-] 图 (증권) 항생(恒生) 주가 지수(香港의 항생 은행이 발표하는 홍콩 증권 거래소의 주가 지수).
hang·tag [hǽŋtæ̀g] ⓝ (상품의) 품질 표시표; (기구 에 붙은) 사용 설명 표찰. (또는 **háng-tàg**)
hang·time [hǽŋtàim] ⓝ (美식축구) 행타임, 체공 시간(punt로 공이 공중에 떠 있는 시간의 길이).
Han·gul [hǽŋgl] ⓝ =Han-geul
hang-up [-ʌ̀p] ⓝ (구어) 1 집착; 심리적 장애, 콤플렉스. 2 (…에 대한) 고민, 걱정, 골칫거리(*about*).
Háng·zhou [hɑ́ːdʒóu] 图 항저우(杭州)(중국 저장 성(浙江省)의 항구 도시; 성도(省都)). (또는 **Hangchow**)

hank [hæŋk] 명 1 (실 따위의) 한 타래(coil)(털실은 540야드, 면사는 840야드). 2 (머리칼 따위의) 다발, 묶음. ¶a ~ of hair 한 다발의 머리털. 3 〖해사〗 범환(帆環) (종범(縱帆)으로 가장자리에 매단 나무 또는 금속 고리). 4 〖방언〗 억제력. 5 〖구어〗 =hank(e)y-pank(e)y 1, 2. *hank for hank* 〖해사〗 두 배가 나란히; 대등하게. *have* [*or get*] *a hank on* [*or over*] …에 대하여 *in a hank* 곤혹하여. ┌억제력을 갖다. ── 타 〖해사〗 〖돛〗을 범환으로 달다.

Hank 명 행크(남자 이름; Henry의 별칭).

han·ker [hǽŋkər] 자 (종종 진행형으로) 동경하다, 못내 그리워하다; 열망[갈망]하다 (*after, for, to do*). ⇨LONG 〖유의어〗 ¶~ *after money* 돈을 몹시 탐내다 / ~ *for affection* [*praise, sympathy*] 애정[칭찬, 동정]을 갈망하다 / We ~ *to know secrets*. 사람은 비밀을 알고 싶어하는 법이다. **~·er** 명

han·ker·ing [hǽŋkəriŋ] 명 (a ~) 동경, 갈망, 열망 (*after, for, to do*). ── 형 동경[갈망]하는. **~·ly** 부

han·k(e)y-pan·k(e)y [hǽŋkipǽŋki] 명 〖구어〗 1 속임수, 사기, 책략. 2 바람기, 불륜(不倫). 3 요술, 마술. 4 〖美〗 허튼 소리; 시시한 짓, 바보짓. *be up to some hanky-panky* 무엇인가 의심스러운 짓을 하다, 수상하게 굴다. *play hanky-panky with* …을 속이다.

Han·kou [hǽŋkáu] 명 한커우(漢口)(중국 후베이 성(湖北省)의 옛 도시; 현재 우한(Wuhan) 시의 일부). (또는 **Hánków**)

Hanks [hæŋks] 명 **Tom** ~ 행크스(1956- ; 미국의 영화 배우).

han·ky [hǽŋki] 명 〖구어〗 =handkerchief. (또는 **hankie, handky**)

han·ky-pank [-pæŋk] 명 (축제 따위의) 노상 게임 (다트 따위를 던져 상품을 딴다). ── 명 싸구려의, 속임수의. ┌〖언자 Samuel의 어머니〗

Han·nah [hǽnə] 명 〖성서〗 한나(유대의 예언자;

Han·ni·bal [hǽnəbəl] 명 한니발(247-183 B.C.; 카르타고(Carthage)의 장군). ┌〖남(南)정부〗

Ha·noi [hǽnɔi] 명 하노이(베트남의 수도). 베

Han·o·ver [hǽnouvər] 명 하노버. 1 독일 북서부의 옛 주; 현재 Lower Saxony 지방; 그 주도(독일어로 Hannover). (the House of ~) 영국의 하노버 왕가. 2 〖美〗 영국 하노버 왕가의. ── 명 Hanover 왕가 지지자.

Han·o·ve·ri·an [hǽnouvíəriən] 형 영국 하노버 (Hanover) 왕가의. ── 명 Hanover 왕가 지지자.

Hans [hænz/G hans] 명 1 한스(남자 이름). 2 독일인[네덜란드인]의 별명.

Han·sa [hǽnsə, -zə] 명 1 중세 유럽의 상인(商人) 조합. 2 상인 조합 가입금. 3 =Hanseatic League. 4 (또는 ~ **tówn, Hánsetòwn**) 한자 동맹 도시.

Han·sard [hǽnsərd/-sɑ:d] 명 영국 국회 의사록; 의회 의사록. [<최초의 발행자 Luke Hansard(1752-1829)의 이름]

Han·sard·ize [hǽnsərdàiz] 타 〖英구어〗 의사록을 인용하여 (국회 의원)의 모순을 논박하다.

Hánsa yéllow 명 한자 옐로우(콜 타르에서 얻어지는 선명한 황색 안료(顔料)).

Han·se·at·ic [hǽnsiǽtik] 형 한자 동맹(중세 때 북독일 각 도시). ── 명 한자 동맹 도시.

Hanseátic Léague 명 (the ~) 한자 동맹(중세 때 북독일 각 도시 및 이웃 나라 사이에서 상업·무역의 보호·촉진을 목적으로 체결된 동맹).

han·sel [hǽnsəl] 명 타 (*-l-*, 〖英〗 *-ll-*) =han(d)sel.

Hán·sen's disease [hǽnsənz-] 명 〖병리〗 한센병, 나병(leprosy). [<노르웨이의 의학자 G. H. Hansen(1841-1912)의 이름]

Hanse·town [hǽnstàun] 명 =Hansa 4.

Han Shui [hán wi:] 명 한수이(漢水)(중국 중부에서 발원하여 우한(武漢)에서 창장(長江)에 합류하는 강).

han·som [hǽnsəm] 명 핸섬 (마차)(말 한 필이 끄는 2인승 2륜 포장 마차). (또는 ~ **cáb**) [<발명자 J. A.

Hansom (1803-82)의 이름]

han't [heint] 〖英방언〗 have[has] not의 단축형.

Hants [hænts] 명 = Hampshire 1.

Ha·nuk·kah [hɑ́:nəkə] 명 〖유대교〗 하누카 (신전 정화제(祭), 성전 헌당 기념일). (또는 **Hanuka, Chanukah**)

hao [hau] 명 하우(베트남의 화폐 단위; 1/10 dong).

ha·o·le [háuli, -lei] 명 (하와이의) 비(非)폴리네시아인(non-Polynesian); 백인. ── 형 〖한정용법〗 비폴리네시아인의, 백인의. [<Hawaiian]

hap [hæp] 명 〖고어〗 1 〖드물게〗 행운, 우연. ¶It was my good[evil] ~ *to meet him*. 운 좋게[나쁘게] 그를 만났다. 2 우연히 일어난 일. ¶~s *and mishaps of life* 인생의 요행과 재난. ── 자 (*-pp-*) 1 〖고어〗 우연히 일어나다; 우연히 …하다 (*to do*): 〖*it* ~*s that* 종종 …하다(happen). 2 …을 우연히 만나다, 찾아내다(*on*).

ha·pa ha·o·le [hà:pə háuli, -lei] 명 하와이 원주민과의 혼혈의. ¶~ *music* 하파 하올레 음악(하와이 가사를 가진 하와이 음악). [<Hawaiian]

hap·ax le·go·me·non [hǽpæks ligámənàn] ⟨*pl.* **h-- na** [-nə]⟩ (공식 문서 따위에) 단 한번만 쓰이는 어구, 임시어. (또는 **hapax**) [<Gk]

hap·chance [hǽptʃæns/-tʃɑːns] 명 뜻밖의 사건 [상황]. ┌(또는 **hapenny**)

ha'·pen·ny [héipəni] 명 〖英구어〗 =halfpenny.

hap·haz·ard [hǽphǽzərd] 명 ① 우연, 우발. *at* [*or by*] *haphazard* 우연히, 되는 대로. ── 형 [ˊˋ] 우연의; 무계획의, 되는 대로의. ⇨ RANDOM ¶*a* ~ *collection* 되는 대로 수집한 것. *in a haphazard way* 닥치는 대로. ┌ **~·ly** 부 우연히, 무계획적으로, 아무렇게나. **~·ness** 명

hap·less [hǽplis] 형 불행한, 불운한(unlucky, unfortunate). **~·ly** 부 **~·ness** 명

hap·lo- [hǽplou, -lə] 〖연결〗 single, simple의 뜻(* 모음 앞에서는 hapl-). **haplology**

hap·lo·bi·ont [hǽpləbáiənt/-ɔnt] 명 〖식물〗 단상(單相) 생물. **-bi·ón·tic** 형

hap·log·ra·phy [hǽplágrəfi/-lɔ́g-] 명 ① 중자(重字) 탈락[생략](petition을 petion, convivial을 convivial이라고 틀리게 쓰는 따위). 형 **dittography**

hap·loid [hǽplɔid] 형 1 단일의, 단순한(single). 2 〖생물〗 〖염색체의〗 반수(半數)(성)의, 단상(單相)의 (는 **haploidic**). ── 명 〖생물〗 반수체(반수 염색체 생물 또는 세포). **-loi·dy** 명 〖생물〗 반수(성).

hap·lol·o·gy [hæplálədʒi/-lɔ́l-] 명 ① 〖음성〗 중음(重音) 탈락(하나의 낱말에서 같은 소리[음절]가 계속될 때 한쪽이 생략되는 일. *papa*가 *pa, probably*가 *probly*로 되는 따위). **hàp·lo·lóg·ic** 형

hap·lo·phase [hǽploufèiz, -lə-] 명 〖생물〗 단상(單相), 반수상(생물의 생활환(環)에서 일배체(一倍體)의 핵상(核相)을 가지는 세대).

hap·lo·sis [hæplóusis] 명 〖생물〗 염색체 감수(減數).

hap·ly [hǽpli] 부 〖고어〗 아마; 우연히(by chance).

hap'orth [héipərθ] 명 〖英구어〗 =halfpenny-worth. (또는 **ha'porth, ha'p'orth**)

‡**hap·pen** [hǽpən] 자 (*~s* [-z]) 자 1 (사건 따위가 우연히) 일어나다, 생기다. ⓑ take place ¶*Accidents will* ~. 〖속담〗 사고는 일어나게 마련이다.

> 〖유의어〗 **happen** 「일어나다」를 의미하는 가장 보통의 말. **occur** 특정한 일이 특정한 시기에 일어나다; happen보다 격식을 차린 말이지만 바꾸어 쓸 수 있는 경우가 많다.

2 몸에 닥쳐오다, …이 일어나다 (*to*). ¶(~+전+명)

anything should ~ *to* me 만일 내게 무슨 일이 생기거든/What has ~ed *to* your leg? 발이 왜 그래? **3** 우연히 …하다, 뜻밖에 …하다(이다).¶(~+*to* do) Do you ~ *to* know her? 혹시 그 여자를 알고 계십니까? / I ~ed *to* be sick. 공교롭게도 몸이 아팠다 / (~+*that*절) It (so) ~ed *that* she met him in the park. 그녀는 공원에서 우연히 그를 만났다. **4** (구어) (사람 등이 홀연히) 나타나다. ¶I did not find out the book; it just ~ed. 그 책은 내가 찾아낸 것이 아니라, 그저 나타난 것이다. **5** 《美구어》 우연히 오다[가다], 뜻밖에 오다(along)(by, in). ¶(~+*前*+*名*) He ~ed *at* the party. 그는 마침 그 파티에 있었다. **6** (속어) (일이) 잘 되어지다. ¶It's all ~ing. 만사 잘 되어가고 있다.

as it (so) happens 우연히, 때마침, 공교롭게도.¶*As it* ~*s*, he is not at home. 공교롭게도 그는 집에 없었다

happen along [by] 우연히 오다[지나치다]. 「보러 들렀다.

happen in [or *into*] 우연히[불쑥] 들르다. ¶My friend ~ed *in* to see me. 친구가 불쑥 나를

happen in with 《스코·英》…을 우연히 만나다.

happen (up)on [or *across*] 우연히 …을 만나다; …이 생각나다, 우연히 발견하다. ¶I ~ed *on* a key to solution. 우연히 해결책이 생각났다.

happen what may [or *will*]; *whatever may happen* 어떤 일이 …이다.

It can [or *will*] *happen to* …에게나 흔히 있는 일

It couldn't happen to a nicer guy. 《속어》 (불운한 일을 겪은 사람을 평해서) 자업자득이다.

It happens all the time. 항상 있는 일이니 (걱정

Never happen! 천만에!, 절대 안돼! 「마시오).

What's happening? ① 도대체 어떻게 되는 거야?; 무슨 일입니까? ② 별일 없지?, 야, 어때?

hap·pen·chance [hǽpənt∫æns/-t∫ɑːns] 명 우연한, 뜻밖에 =happenstance.

hap·pen·in' [hǽpniŋ] 형 대단히 좋은.

*‡**hap·pen·ing** [hǽpniŋ] 명 **1** (종종 ~s) 사건, 사고; 행사. ⇨EVENT 유의어 **2** 《속어》 해프닝(우발적이고 유희적인 행위나 행사); (연극 따위의) 즉흥적 연기. **3** (속어) (~s) 마약. **4** (복장·헤어스타일 따위의) 최신 유행의; 근사한, 인기 있는.

hap·pen·so [-sòu] 명 🅤《美방언》우연(한 사건).

hap·pen·stance [hǽpənstæns] 명 《美구어》 우연한 사건, 생각지도 않은 일. **-stán·tial** 형

hap·pi·fy [hǽpifài] 타 …을 행복하게 하다.

*‡**hap·pi·ly** [hǽpili] 부 **1** 행복하게, 즐겁게, 유쾌하게; 기꺼이, 만족하게. ¶They lived ~ ever after. 그들은 그 후로 행복하게 잘 살았단다(동화의 끝맺음 말). **2** 다행하게, 운 좋게, 요행히. ¶*H*- he did not die. 다행히도 그는 죽지 않았다. **3** 적절하게, 잘.¶go ~ together 잘 조화하다.

> 주의 **happily**의 용법 ——He did not die ~. (그는 행복하게 죽지는 않았다)에서 happily는 die를 수식하고 있다. 이 경우는 낱말 수식 부사이다. 한편, *H*- he did not die.에서는 Happily가 문장 전체를 수식하며, It was a *happy* event that he did not die.로 바꾸어 쓸 수 있다. 이와 같이 문장 수식 부사로서의 happily는 보통 문장의 첫머리에 오지만, He did not die, ~.처럼 happily 앞에서 단락을 지어 앞 글과 유리시켜 문장 수식 부사로 된다.

*‡**hap·pi·ness** [hǽpinis] 명🅤 **1** 행복, 만족; 기쁨. ¶ruin [seek] one's ~ 행복을 파괴하다[추구하다].

> 유의어 **happiness** 기쁘고 만족하기; 가장 일반적이고 뜻이 넓은 말. **felicity** 아주 기쁜 happiness; 격식을 차린 말. **beatitude** 더할 수 없는 felicity. **bliss** 얼마나 좋은지 황홀해하는 듯한 행복·기쁨.

2 행운, 운. **3** (표현 따위의) 적절, 교묘.

have the happiness to do 운 좋게도 …하다. ¶I had the ~ *to* meet her. 운 좋게도 그녀를 만났다.

I wish you happiness. (신부에게) 결혼을 축하해요.

*‡**hap·py** [hǽpi] 형 (*-pi·er; -pi·est*) **1** 행복한, 즐거운, 기쁜(*at, about, with, over*)(⇔ sad); …하여[하는 것이] 만족스러운, 기꺼이 …하는(*to do*). ⇨GLAD 유의어 ¶have a ~ time 행복하게 지내다 / *H- are those who are contented.* 만족하는 사람은 행복하다 // He was very ~ *about* his promotion [*at* the news, *over* his success]. 그는 승진하여[그 소식을 듣고, 성공하여] 아주 기뻤다 // I shall be ~ *to* see you. 당신을 기꺼이 만나겠습니다. **2** 즐거운, 경사스러운. ¶a ~ smile on her face 그녀의 얼굴에 떠오른 행복한 미소. **3** 행운의, 운 좋은(fortunate). ¶*H*- man! 운이 좋은 사나이구나! **4** (표현·생각 따위가) 적절한, 교묘한, 썩 잘된. ⇨FIT¹ 유의어 ¶a ~ suggestion 적절한 조언. **5** (관계 따위가) 우호적인, 사이가 좋은. **6** (인사말로) …축하합니다. ¶(A) *H*- New Year! 새해 복 많이 받으세요 / *H*- Birthday! 생일 축하합니다. **7** 《속어》 약간 취한; 비틀거리는. **8** (…이라고) 납득한, 확신한(*that*절). **9** 《속어》 (복합어로) …에 사로잡힌, 자꾸만[무턱대고] …하고 싶어하는. ¶sailor-~ girls 수병에게 반한 처녀들 / a trigger-~ gangster 함부로 총질하는 갱.

(as) happy as the day is long; (as) happy as a king [or *a lark, a clam, Larry, a cop in muck*]; *as happy as happy can be* 아주 행복한.

be happy at [or *in*] …을 잘하다. ¶He *is* ~ *at* repartee. 그는 재치있는 응답에 능하다.

Happy landings! 《구어·고어》 **1** (축배의 말로) 건배! **2** (이별의 말로) 안녕히 가십시오[계십시오]; 즐거운 여행이 되시기를. 「나다; 나도 기쁩니다.

I'm so happy for you. (성공한 사람 등에게) 축하합

many happy returns (of the day) (생일 따위의 인사말로) 축하합니다; 장수를 빕니다.

— 명 (속어) (-pies) 즐거움, 스릴, 쾌감.

háppy cábbage 명 《美속어》 돈.

háppy dispátch 명 《익살》 할복 (자살).

háppy dúst 명 《美속어》 코카인, 모르핀.

háppy énding 명 행복한 결말, 해피 엔딩.

háppy evént 명 《구어》 출산, 경사(慶事).

háppy fámily 명 **1** (사이좋은) 행복한 가족. **2** (*H- F*-) 같은 우리에서 사이좋게 지내는 동물들의 집단.

hap·py-go-luck·y [-góulʌ̀ki] 형 태평스러운, 낙천적인, 되어가는 대로 맡겨두는. ¶a ~ person 낙천주의자. — 부 (고어) 태평하게; 아무렇게나. **-lúck·i·ness** 명

háppy hóur 명 《美속어》서비스 타임(술집이나 음식점에서 무료 또는 싼 값의 염가 서비스를 하는 시간).

háppy húnting gròund 명 **1** (북미 인디언 전사(戰士)들이 생각하는) 천당, 극락. **2** (원하는 것을 입수할 수 있는) 절호의 (활동) 장소. **3** (the ~) (일반적으로) 천국. 「세상에 가다, 죽다.

go to the happy hunting ground(s) (익살) 저

hap·py-juice [-dʒúːs] 명 《美속어》 술.

háppy lánd 명 천국(heaven). 「중도.

háppy médium 명 (보통 the ~, a ~), 중용(中庸), *strike* [or *hit*] *the* [or *a*] *happy medium* 중용의 해결책을 찾아내다. 「저축된 돈.

háppy móney 명 《美속어》 개인적인 즐거움을 위해

háppy píll 명 《구어》 정신 안정제, 진정제.

háppy reléase 명 고통으로부터의 해방; 죽음.

háppy shíp 명 승무원이 사이좋게 일하는 배; 구성원이 사이좋게 지내는 집단.

háppy shóp 명 《美속어》 주점, 술집.

háppy tálk 명 (TV·라디오) 가벼운 화제를 중심으로 한 뉴스 프로. 「람, 오뚝이.

háppy wárrior 명 어떤 어려움에도 굴하지 않는 사

Haps·burg [hǽpsbə:rg] 圏 (the ~s) 합스부르크가(家)(옛 오스트리아 왕가(15세기-1918)로 유럽에서 가장 오래 된 왕가의 하나). (또는 **Habsburg**)
Hápsburg líp 圏 쑥 내민 아랫 입술.
hap·ten [hǽptən] 圏 〔면역〕 합텐, 부작소(附作素). (또는 **haptene**) **hep·tén·ic** 圏
hap·tic [hǽptik] 圏 촉각의, 촉각에 의한. ¶a ~ lens (안과) 공막[각막] 렌즈. (또는 **haptical**)
hap·tics [hǽptiks] 圏 (단수취급) 〔심리〕 촉각학.
hap·tom·e·ter [hæptάmətər/-tóm-] 圏 촉각계(計)(촉각의 예민도를 측정하는 장치).
hap·tot·ro·pism [hæptάtrəpizm, hæptoutróupizm] 圏 〔식물〕 접촉굴성(接觸屈性), 굴촉성[巴더스].
ha·ra·ki·ri [hà:rəkíri, hǽrə-] 圏 할복 (자살). ¶political ~ 정치적 자살 행위. (또는 **harikari**) 〈Jap〉
ha·ram [hærάm, hǽr-/hǽr-] 圏 =harem.
ha·rangue [həræŋ] 圏 (경멸적) (열렬한) 연설, 열변; (호언장담하는) 장광설(長廣舌); (장황한) 설교, 질책. ━━圄(0) ···을 향해 열렬한 연설을 하다; ···을 열변을 토하다. 冐 열변을 토하다. ~**·ful** 圏 **-ráng·u·er** 圏
Ha·rap·pa [hərǽpə] 圏 1 하라파(파키스탄 Punjab 주 남부의 마을; 기원전 2000년경 멸망된 인더스 문명의 도시 유적 발견). 2 하라파 문화. 「(種馬) 사육장.
har·as [hǽrəs, ærά:] 圏 (樂) ~ [-z] (고어) 종마
ha·rass [hǽrəs, hərǽs] 圏 1 ···을 괴롭히다; ···을 시달리게 하다; ···을 애먹이다(**with, by**). ⇒BOTHER
【유의어】 ¶ (~+固+前+名) ~ a person with questions 남을 질문 공세로 애먹이다 / be ~*ed by* anxiety [*with* debts] 근심[빚]에 시달리다. 2 침략하다, 약탈하다; (군사) [적(陣)을 (끊임없이) 공격하다[하여 괴롭히다]. ⇒ =harassment.
~**·a·ble** 圏 ~**·er** 圏 「린(**with**); 애타는.
ha·rassed [hǽrəst, hərǽst] 圏 (···에) 지친, 시달
ha·rass·ing [hǽrəsiŋ] 圏 괴롭히는, 성가시게 구는; 귀찮은, 귀찮게 붙어다니는. ~**·ly** 圏
ha·rass·ment [hǽrəsmənt] 圏 Ⓤ 괴롭히기, 희롱, 과로움을 당하기; Ⓒ 고민(거리). ¶*sexual* ~ 성적 괴롭힘.
Har·bin [hά:rbin] 圏 하얼빈(중국 헤이룽장성(黑龍江省)의 성도(省都)). (또는 **Haerhpin, Ha'erbin**)
har·bin·ger [hά:rbindʒər] 圏 1 선구자, (사건·변화 따위의) 전조(前兆), 예고. ¶The robin is the ~ of spring. 지빠귀는 봄이 옴을 알려준다. 3 (역사) (미리 숙사 따위의 준비하러) 선발대(先發隊). ━━ 圄(0) ···을 미리 알리다, [오는 것을] 예고하다.
‡**har·bor,** (英) **-bour** [hά:rbər] 圏ⒸⓊ (~s [-z]) 1 항구, 항만. ¶a ~ of refuge 피난항 / a natural ~ 천연항. 2 피난처, 은신처. ¶a ~ for criminals 범인 은신처. 3 (야생 동물의) 보금자리. 4 (군사) 비행선 격납고; (탱크·차량의) 차고. 5 (H-) 만(灣). ¶Pearl H- (하와이의) 진주만.
【유의어】 **harbor** 천연·인공의 항만. **haven** 천연의 harbor; 문어적인 말. **port** 정박·화물 양륙·보급·방호 따위의 설비와 배후의 도시를 포함한 큰 상항(商港).
give harbor to ···을 숨겨 주다[숨기다]; ···을 비호하다.
in harbor 입항하여, 정박중에. 「다.
━━ 圄 1 [범인 따위를] 숨기다, ···에게 거처를 주다. ¶~ refugees 망명자들을 숨겨 주다. 2 [생각·계획 따위를] 품다; [나쁜 마음을] 품다(*against*). ¶ (~+固+前+名) ~ suspicion [a grudge] *against* a person ···에 대해 의심[원한]을 품다. 3 [장소 따위가] [동물·기생충 따위의] 거처가 되다. 4 [배]를 항구에 피난[정박]시키다. 5 [사냥감]을 보금자리까지 추적하다.
━━ 圄 1 [배가] 항구에 정박[피난]하다. 2 [동물이] (기생충이) 살다 (*in*). 3 (전차·군대가) 피난하다, 숨다.
har·bor·age [hά:rbəridʒ] 圏 1 Ⓤ (배의) 피난, 정박. 2 Ⓤ 숨겨 주기, 보호. 3 Ⓒ⒰ 피난 장소; 정박
hárbor dùes 圏 (선박의) 입항세, 1 소, 항구.

har·bor·er [hά:rbərər] 圏 1 (어떤 생각·계획 따위를) 품고 있는 사람. 2 숨겨 주는 사람. 3 사슴을 뒤쫓는 사람, 사슴을 잠복처에 몰아넣어 지키는 사람.
har·bor·less [hά:rbərlis] 圏 항구[피난처]가 없는.
hárbor màster 圏 (항구를 관리하는) 항무관(港務
hárbor pòrpoise 圏 (동물) 쥐돌고래. 「官).
hárbor sèal 圏 (동물) 항박이바다표범.
har·bor·side [hά:rbərsàid] 圏 항구에 면한, 임항(臨港)의. ━━ 圏 항구에 면하여.
:**har·bour** [hά:rbər] 圏 (英) =harbor.
‡**hard** [hά:rd] 圏 (~·*er*; ~·*est*) 1 단단한, 굳은, 경질(硬質)의(↔ soft). ¶a ~ apple 과육(果肉)이 단단한 사과 / ~ porcelain 경질(硬質) 도자기.
【유의어】 **hard** 단단해서 전연 꿰뚫을[자를, 구부릴, 늘일 수가 없는. **firm** 재료의 조직이 조밀하여 가한 힘을 빼면 곧 원상으로 돌아가는 늘이기[구부리기, 자르기] 곤란한. **solid** 고형(固形)의; 알맹이가 꽉 차서 비어 있지 않은. **stiff** 뻣뻣하여 쉽게 구부러지지 않는. **rigid** 극도로 stiff 하여 구부리면 부러지는[부서지는]. **inflexible** 재료의 견고성, 조직의 조밀성과는 관계없이, 다만 구부러지지 않음을 의미하는 것.

2 (물건이) 단단하게 만들어진, 견고한, 튼튼한; (매듭 따위가) 단단한. ¶a ~ *knot* 단단히 맨 매듭.
3 (문제·일 따위가) 곤란한, 다루기 어려운 (*for*); (···하기에) 벅찬 (*to do*) (⇌easy). ¶a ~ language 어려운 언어 / ~ *of* access 접근하기 어려운 // He is ~ *to* please. =It is ~ *to* please him. 그는 성미가 까다롭다[비위 맞추기가 어렵다].

【유의어】 ² **hard** 간단히 또는 수월하게 할 수 없는: a ~ *lesson* 어려운 과목. **difficult** 장애를 뛰어넘기[제거 하기] 위해 지식·기술·용기 따위의 힘을 필요로 하는.

4 (생활 따위가) 참기 어려운, 고된, 괴로운. ¶a ~ *fate* [*or lot*] 불운 // The times are ~ *with* us. 우리들은 최근 들어 생활이 어렵다.
5 근면한, 열심인, 부지런한 (*at*). ¶a ~ *worker* 부지런히 일하는 사람.
6 (동작·운동 따위가) 강력한, 심한, 맹렬한. ¶~ *drinking* 폭음 / a ~ *blow* 강타 / *give* her a ~ *hug* 그녀를 꽉 껴안다. 7 (날씨·계절 따위가) 사나운, 혹한 한. ¶~ *frost* 심한 서리 / ~ *weather* 사나운 날씨 / ~ *rain* 호우. 8 (사람·태도·벌 등이) 엄한, 엄격한, 무정한, 냉혹한. ¶a ~ *sentence* 가혹한 판결 / a ~ *heart* 냉혹한 마음. 9 (방침·거래 따위가) 감정에 동하지 않는, 냉철한, 빈틈없는. ¶a ~ *bargain* 엄격한 거래. 10 (체격이) 다부진, 튼튼한, 건장한, 강건한. ¶a ~ *constitution* 억센 체격. 11 (사실·증거 따위가) 엄연한, 부정할 수 없는, 실제의. ¶~ *common sense* 현실적 상식[감각]. 12 (소리 따위가) 딱딱한, 금속음의; (색깔 따위가) 너무 두드러진, 지나치게 선명한; (문체 따위가) 딱딱한, 생경한; (사진·필름이) 명암 대조가 명확한. ¶a ~ *color* [*outline*] 너무 두드러진 색깔[윤곽] / a ~ *style* 딱딱한 문체. 13 (상업) (시세 따위가) 비싼, 강세의; (판매 수법이) 밀어대기 식의, 강압적인. 14 (상품 따위가) 내구성의, 수명이 긴. ¶~ *merchandise* 내구 상품. 15 (금융) (지폐에 대해) 주조의; (어음 따위에 대해) 현금의; (통화가) 태환(兌換)할 수 있는, 외국 화폐와 교환 가능한; (자금 수급이) 핍박하는, 고리금 상태의; (차관이) 조건이 엄격한. ¶~ *money* 주화, 경화(硬貨). 16 (음식이) 맛이 없는; 경작(粗惡)한. ¶~ *fare* [*or food*] 조식(粗食). 17 (美) (음료가) 알코올 성분이 많은, 독한 (⇔soft). 18 (물이) 광물질 염류(鹽類)를 많이 함유한, 경질의. 19 〔英·美·語〕 음울한, 구제 불능의; 평판이 나쁜. 〔英·美·語〕 인색한, 구두쇠의. 20 (재산이) 본질적인 가치를 가진; 귀금속의. 21 (한정용법) (약어·약 따위가) 중독(습관)성의. 22 (직물이) 보풀이 없는[적은]. 23 〔우주〕 (우주선의 착륙이) 경착륙(硬着陸)의. 24 〔군사〕

(참호가) 핵폭격에 견딜 만큼 견고한; (미사일이) 지하 발사용 사일로(silo)에서 발사될 수 있는. **25** 〖농업〗 밀 기울질(質)을 많이 함유한. **26** 〖음성〗 경음(硬音)의(c, g 가 [k], [g]로 발음되는 경우). **27** 〖물리〗 (X선이) 투과 (透過) 능력이 큰, 강한. **28** 〖전기〗 (자기화(磁氣化)) 상태가) 변하기 어려운, 안정된. **29** (마약 따위가) 정치적으로 극단적인. **30** (뉴스가) 딱딱한 (내용의). **31** (진공도가 따위가) 진공도(眞空度)가 높은.
a hard nut to crack 어려운 일, 난제; 만만치 않은 사람.
a hard row to hoe 힘드는 일.
as hard as brick [or *bone*] 매우 단단한[굳은].
(as) hard [or *tough*] *as nails* ⇒ NAIL.
at hard edge 진지하게, 필사적으로.
be hard on [or *upon*] ① …에게 엄격하다, 심하게 굴다. ② …에게 해를 끼치다, 나쁜 영향을 주다; …을 흠집내다.
hard and fast ① =hard-and-fast. ② 단단히 고정된; (배가) 좌초하여 전혀 움직이지 않는.
hard going ① (일이) 어려운. ② 난항.
hard in the mouth 귀가 hard-mouthed.
hard of hearing 귀가 어두운, 난청의. ¶the ~ of *hearing* 〖집합적〗 난청자.
hard up ① 돈에 몹시 궁한; (…이) 결핍된; (…을) 필요로 하는 (*for*). ¶*be* ~ *up for money* 돈에 몹시 궁하다. ② (속어) (성적으로) 굶주린; (마약・술에) 굶주린
have a hard time (of it) ⇒ HARD TIME.
have hard luck ⇒ HARD LUCK.
in hard condition 몸이 튼튼하여.
make hard work of …을 매우 힘겨워하다.
play hard to get (구어) (여자가 남자의 접근에 대해) 일부러 관심이 없는 체하다.
take a hard look (계획・낡은 것 따위를) 고치어 살펴보다 (*at*).
take (some [or *a few*]) *hard knocks* ⇒ KNOCKS.
the hard way (구어) (부사적) (혼자 힘으로) 고생해서, 꾸준히; (쓰라린) 경험을 통해.
too much like hard work 힘에 겨운, 부담이 너무
— 图 **1** 열심히; 힘껏, 애써서. ¶*work* ~ 열심히 일하다. **2** 세차게, 맹렬히. ¶*hit* ~ 강타하다 / *It rains* [*blows*] ~. 비[바람]이 심하게 내린다[분다]. **3** 지독하게, 가혹하게. **4** 단단하게, 굳게. ¶*boil an egg* ~ 달걀을 움직일 수 없게, 단단히 ¶*tie a knot* ~ 매듭을 단단히 매다. **6** 가까스로, 간신히. ¶*breathe* ~ 숨을 겨우 쉬다. **7** 가까이, 접근하여. ¶*follow* ~ *after* [or *behind, upon*] *a person* 남의 뒤를 바짝 따르다. **8** 과도하게. ¶*drink* ~ 폭음[과음]하다. **9** (해사) 힘껏, 최대한. 잔뜩. ¶*H-astarboard*[*aport, aweather*]! 키를 우현[좌현, 바람 불어 오는 쪽]으로 힘껏! **10** 극히 검소하게, 절약해서, *bear hard on* …을 몹시 괴롭히다, 큰 타격을 주다.
be hard at it …에 열중[전념]하다; 술에 빠지다.
be hard hit (…으로) 심한 손해를 입다 (*by*).
be hard put [or *pressed*] *(to it); be hard pushed* 곤경에 빠지다, 역경에 처하다.
be hard sick (美구어) 중병이다.
be hard up against it (美구어) 곤경에 처해 있다.
come hard 하기 어려워지다, 어려워지다.
die hard ① (습관・생각 따위가) 좀처럼 없어지지 않다. ② 끝까지 저항하다, 좀처럼 죽지 않다.
go hard with [or *for*] *a person* (일이) 남에게 고통을 주다, 남을 난처하게 하다.
hard and fast 단단히; 빈틈없이; 견고확고하게.
hard by …의 바로 가까이에, …에 아주 접근하여.
hard done by 화가 나서; 냉대를 당해, 부당한 취급을 받아.
hard going (美구어) 좀처럼 진보[진척하지 않다.
hard on [or *upon*] (나이가) 곧 …인, …의 바로 뒤인.
hard run (美) (돈에) 궁해, 결핍하여, 필요로 하는.
have it hard =*be hard up against it*.
hit the bottle hard (속어) 지독하게 술을 마시다[취하다].
Hold hard! 멈춰!, 기다려!
It comes hard to do …하는 것은 곤란하다.
It will [or *shall*] *go hard but…* 대단한 일이 없는 한…, 큰 장애가 없는 한….
look [or *gaze, stare*] *hard at* …을 지긋이 보다.
play hard (속어) 무턱대고 하다, 수단을 가리지 않고 라붙다.
run a person hard 곧 남의 뒤를 쫓다. 남을 바싹 따르다.
swear hard 악담을 하다.
take it hard 통감하다, 괴롭게 생각하다.
— 图 **1** (英) 상양륙장. **2** ⓤ (英속어) 중노동. **3** 곤란. **4** (비어) 발기(~-on). **5** (英속어) (the ~) =whisky.
hard-and-fast [ˊ-ənfǽst, -fáːst] 图 **1** (한정용법) (규칙 따위가) 아주 엄중한; 명확한, 엄밀한. ¶~ *rules* 엄격한 규칙. **2** (해사) (배가) 좌초하여 꼼짝하지 않는.
~·ness 图
hard·back [háːrdbæ̀k] 图图 =hardcover.
hard·bake [ˊbèik] 图 (英) 아몬드[편도(扁桃)]를 넣은 캔디.
hard·baked [ˊbéikt] 图 딱딱하게 구운; (英) 닳아 야박해진.
hard·ball [háːrdbɔ̀ːl] 图 **1** ⓤ 경식(硬式) 야구; ⓒ 야구의 경구(硬球). **2** (美속어) 엄격하고 적극적인 자세 [수단]; 책임을 수반하는 중요한 일.
play hardball ① (美속어) 강경 자세를 취하다. ② (英구어) 부정 수단을 쓰다.
— 图 엄한; 냉혹한; 도전적인. (또는 **hardballing**)
— 图图 (美속어) 강경 자세를 취하다.
hárd bàrgaining 图 거의 양보하지 않기.
hard-bit·ten [ˊbítn] 图 **1** 완강한, 다루기 힘든. **2** (군인 따위가) 백전노장의, 전투에 익숙해진. **3** (태도 따위가) 냉혹한. **4** =hard-boiled 2, 3.
hard·board [háːrdbɔ̀ːrd] 图 ⓤ 경질(硬質) 섬유판, 하드보드(목재를 가열・압축한 건축 재료).
hard-boil [ˊbɔ́il] 图圄 (달걀을) 완숙이 되게 삶다.
hard-boiled [ˊbɔ́ild] 图 **1** (달걀 따위를) 완숙으로 삶은(⇔ soft-boiled). **2** (구어) 무정한, 비정한; 냉철한; 완고한; (문학 작품 따위가) 비정한, 하드보일드의. ¶*Hemingway was a* ~ *writer.* 헤밍웨이는 하드보일드 작가이다. **3** (구어) 현실적인, 실제적인.
a hard-boiled egg ① 완숙으로 삶은 계란. ② (美속어) 비정하고 의지가 강한 사람.
~·ly **~·ness** 재즈의 한 스타일
hárd bóp 图 〖음악〗 하드 밥(공격적이며 격렬한 모던 **hard-bought** [háːrdbɔ́ːt] 图 노력하여 얻은[쟁취한].
hard·bound [háːrdbáund] 图 (책이) 딱딱한 표지로 제본된, 두꺼운 표지를 씌운. 图 paperback
hárd bréathing 图 정열적인 섹스.
hárd búbble 图 〖컴퓨터〗 하드 버블(컴퓨터 회로에서 스스로 기억을 분열시키는 신종의 자기(磁氣) 버블.
hárd cáse 图 **1** 까다로운[어려운] 사례[사건]; 난국, 곤경, 역경. **2** 회복할 가망이 없는 환자; 개전(改悛)의 정이 없는 죄인; 비정한 인물, 다루기 어려운 사람. **3** (濠) 재미있는 사람; 괴짜. **4** (속어) (12병들이의) 술 한 상자. (또는 **hárdcàse**)
hard-case [ˊkèis] 图 완고한, 완강한.
hárd cásh 图 경화(硬貨); (수표・어음 따위에 대하여) 현금.
hárd chéese 图 (英속어) 곤란한 상황, 역경. (또는 **hárd chéddar** [**línes**])
hárd cíder 图 독한 사과주. 图 sweet cider
hárd cóal 图 무연탄(anthracite).
hárd compònent 图 〖물리〗 (방사선의) 경질 성분.
hárd cópy 图 〖컴퓨터〗 하드 카피(컴퓨터 출력을 읽을 수 있도록 종이 등에 인쇄한 것; 그 문서 기록).
hárd córe 图 **1** (the ~) 〖집합적: 단・복수 양용〗 (종종 경멸적) (단체・운동 따위의) 중핵, 핵심, 중심 세력; 강경파, 비타협적 분자. **2** 쉽게 변하지 않는 부분, 항상

hard-core 남아 있는 부분; 중요 문제. 3 ⓤ [토목·건축] (자갈·벽돌 조각 따위로 다진) 지반, 노반(路盤). 4 치유[회복]가 많이 요하는 환자. 5 하드 코어 록(1980년대 중반에 나타난 빠른 템포에 공격적인 연주의 록 음악). 6 (속어) 노골적인 포르노물(~ pornography). (또는 **hárdcóre**).

hard-core [há:r] 중핵의, 중추의. 2 일목요연한. 3 (포르노 영화 따위에서) 성묘사가 노골적인(↔ soft-core). 4 (실업·빈곤 따위가) 만성적인, 장기적인; (약이) 중독[습관성]의; 치료 불능의. 5 (음악에) 하드 코어의. 6 (속어) 굉장한, 멋진.

hárd-córe fán 열렬한[광적인] 팬.
hárd-còre pórn (구어) 노골적인 포르노(물).
hárd cóurt 하드 코트(아스팔트나 콘크리트로 다진 테니스 코트). **hárd-còurt** 형.
hard-cov-er [há:rdkΛvər] 형 딱딱한 표지로 제본한 (책), 양장(洋裝)의. ¶ paperback ~ed 형.
hard-cured [-kjúərd] 형 =hard-dried.
hárd cúrrency 명 [경제] 경화(硬貨) 1 (국제적인 교환 가능 통화(달러 따위), 금, SDR(IMF 특별 인출권). 2 주조 화폐, 동전(coin).
hárd detérgent 명 경성 세제(硬性洗劑).
hárd dísk 명 [컴퓨터] 하드 디스크 (장치), 자기(磁氣) 디스크. ¶~ cartridge 하드 디스크 카트리지.
hárd dísk dríve 명 [컴퓨터] 하드 디스크 장치.
hárd dóck 명 (우주) 하드 도킹(기계적 조작에 의한 도킹[결합]). **hárd-dòck** 동자.
hárd dóer 명 (濠·뉴질 속어) 이상한[재미있는] 녀석.
hárd dóg 명 (속어) 공격용으로 훈련된 개.
hard-dried [-dráid] 형 (생선 따위) 말린.
hárd drínk 명 (위스키 따위) 독한 술.
hárd drínker 명 술이 센 사람, 술고래.
hárd drúg 명 (美속어) 습관성 약물(마약).
hard-earned [-ə́:rnd] 형 애써서(고생하여) 번(것).
hard-edge [-èdʒ] 명 (미술) 하드에지의(기하학적 도형과 선명한 색깔로 또렷이 그리는 추상화의 한 경향). **-èdg-er** 명.
hard-edged [-édʒd] 형 (구어) 1 또렷한, 선명한; 날카로운. 2 철저하게 현실을 묘사하는.
★hard-en [há:rdn] 타 (~s [-z]) 자 1 ...을 단단하게 하다, 굳히다, 경화시키다(up)(↔ soften). ¶~ iron by heat 열로 쇠를 단련하다. 2 무정[완고]하게 하다; (보통 수동형으로) 무감각하게 하다. ¶(~+目+前+名) He is ~ed against pity. 그는 동정할 줄을 모른다. 3 조장하다, 강하게 하다, 단련하다. ¶(~+目+前+名) She became ~ed in her distrust. 그녀의 불신감은 한층 더 깊어갔다. 4 강건하게 하다, 단련하다. ¶ one's body by cold baths 냉수욕으로 신체를 단련하다. 5 [물]을 경수(硬水)로 만들다. 6 (英방언) 대담하게[용기를 가지게] 하다. 7 [군사] [군사 시설]을 핵폭격에 대비하여 보강하다. 8 [음성] [자음자의 발음]을 경음화(硬音化)하다. — 자 1 단단해지다, 굳어지다, 굳어서 (...이) 되다 (into). 2 완고해지다, 무정[냉혹]해지다 (toward). 3 튼튼[강건]해지다. 4 (표정 따위가) 굳어지다, 긴장되다. 5 (상업) (물가·시세 따위가) 오르다; 안정되다. 6 (물이) 경수가 되다. ~**er** 명 튼튼해지는 사람.
harden off (묘목 따위를) 서서히 찬 기운에 쐬어 튼 *harden up* (해사) (바람을 받도록) 돛 밑줄을 조다.
hard-ened [-drnd] 형 1 단단해진, 굳어진다, 단련된. 2 완고한, 비정한; 엄격한. 3 확고한, 상습적인. ¶a ~ criminal 상습범. 4 [군사] (핵무기·기지가) 지하에 설치된, 강화(强化)된. ~**ness** 명.
hard-en-er [há:rdnər] 명 굳어지게 하는 사람[것]; 경화제; (사진) 경막제(硬膜劑); (쇠의) 담금질 직공.
hard-en-ing [há:rdniŋ] 명 1 ⓤ [시멘트·도자기류 따위의] 경화(硬化), (강철의) 담금질, 단련. 2 경화제[액]; (철 단련 때의) 담금질 생각재. 3 (의학) 경화(증) (sclerosis). ¶~ of the arteries 동맥 경화(증).
hard-eyed [-áid] 형 몹시 비판적인; 무자비한, 타

hard-face [féis] 명 ...에 경질(硬質) 금속을 입힘
hard-faced [féist] 형 낯두꺼운, 철면피의.
hárd fáct 명 확실한 정보; (the ~s) 엄연한 사실.
hard-fa·vored [féivərd] 형 =hard-featured.
hard-fea·tured [fi:tʃərd] 형 얼굴이 험상궂은, 무서운 얼굴을 한, 인상이 나쁜. ~**ness** 명.
hárd féelings 명복 악감정, 원한, 쓰라린 생각.
No hard feelings. (약)감정은 없소, 원한 따위는 없소, 나쁘게 생각하지 마시오.
hárd férn 명 [식물] 새깃아재비과(科)의 고사리.
hárd físh 명 건어(乾魚), 어포.
hard-fist-ed [-fístid] 형 1 인색한, 구두쇠의. 2 무정[냉혹]한; 탄압적인. 3 의지가 굳은, 완고한. 4 (몸이) 강건한, (손이) 억센. (또는 **hárdfìsted**) ~**ness** 명
hard-gloss [-glɑ̀s/-glɔ̀s] 형 표면이 딱딱하게 굳어서 광택이 나는. ¶~ paint 에나멜 페인트.
hárd góods 명복 내구재(耐久財)(durable goods). (또는 **hárdgòods**) **hárd-gòods** 형.
hard-grained [-gréind] 형 1 (목재가) 결이 치밀한 [단단한]. 2 (성격 등이) 모진, 완고한, 무정한, 매력없는.
hard-hack [há:rdhæk] 명 하드핵(북미산(産) 가시나뭇과(科)의 조팝나뭇과 관목).
hard-hand-ed [-hǽndid] 형 1 (노동을 해서) 손이 거칠어진[굳은, 억센]. 2 가혹한, 포악한, 압제적인. (또는 **hárdhànded**) ~**ness** 명.
hárd hát 명 1 (공사장 따위의) 안전모, 헬멧. 2 (美) 건설 (공사) 노동자; 보수적인 노동자. 3 (美구어) (완고한) 보수주의자, 반동분자. 4 (계릴라에 대하여) 제복을 입은 정규군. 5 (英) 중산모자. (또는 **hárdhàt**).
hard-hat [-hǽt] 명 (美구어) 1 건설 노동자의; 안전모를 쓸 필요가 있는. ¶They are ~ workers. 그들은 건설 노동자들이다. 2 완고한, 고집이 센; 보수 반동의. (또는 **hárdhàt**) 3 주의, 강경 정책.
hard-hat-ism [há:rdhǽtizm] 명 (美) 보수 반동.
hard-head[1] [-hèd] 명 1 실리적이고 빈틈없는 사람, 현실[실용]주의자. 2 완고한 사람, 벽창호. 3 대가리 부분이 단단한 물고기(송어 따위). 4 (美비어·경멸적) 흑인.
hárd-head[2] 명 스코틀랜드의 합금 은화.
hard-head-ed [há:rdhédid] 형 1 실리적인, 빈틈없는; 냉정한. 2 완고한, 고집스러운. (또는 **hárd-hèaded**) **-ly** 부 ~**ness** 명.
hárdhead spónge 명 경질(硬質) 해면(목욕 해면 등 탄성(彈性)이 강한 천연 섬유의 상업용 해면).
hard-heart-ed [-há:rtid] 형 비정한, 무자비한, 냉정한, 몰인정한. **-ly** 부. ~**ness** 명.
hard-hit [-hít] 형 1 (재해·불행 따위로) 심하게 타격을 받은; 불행에 짓눌린. 2 강하게 이끌리는.
hárd hítter 명 (구어) 중산모자(bowler hat).
hard-hit-ting [-hítiŋ] 형 1 세게 때린, 강타한. 2 (美구어) 활기 있는, 적극적인; 아주 효과적인, 타격을 줄 수 있는. ¶넓은 끝. (또는 **hardy**)
har-die [há:rdi] 명 (대장간에서 쇠를 자를 때 모루에 꽂는 날이 위로 향한 연장. (또는 **hardy**)
har-di-hood [há:rdihùd] 명 ⓤ 대담, 배짱; 뻔뻔스러움; 넉살 좋음, 후안무치; 힘, 활력; 불굴의 정신.
har-di-ly [há:rdili] 부 대담하게, 뻔뻔스럽게; 마음 든든하게; 고난에 견디어.
har-di-ness [há:rdinis] 명 ⓤ 1 강건, 건장, 강인, 내구력, 참을성. 2 담력(배짱)이 셈; 뻔뻔스러움.
Har-ding [há:rdiŋ] **Warren Gamaliel ~** 하딩 (1865-1923; 미국의 제29대 대통령(1921-23)).
hard-knock [-nák] 명 곤란투성이의, 고난 많은.
hard-knocked [-nákt] 형 단호한, 강력한.
hárd knócks 명복 (구어) 역경, 불운; 고난.
take (some [or a few]) hard knocks 지독한 일을 당하다, 혼이 나다.
the school of hard knocks 실사회(實社會).

hardly 주된 뜻은 「거의 …아니다(않다)」라는 준(準)부정적인 것으로, scarcely, rarely, seldom 따위와 거의 같다. 이 뜻으로 쓰일 때의 hardly의 위치는 아래의 USAGE¹을 참조할 것. 「애써서, 고생하여」의 뜻으로 쓸 때는 hard와 혼동하지 않도록 해야 한다.

‡**hard·ly** [háːrdli] *부* **1 a)** 《any, ever 따위의 정도를 나타내는 부사와 함께》 거의 …아니다[않다], 만족하게 …하지 않다. ¶He has ~ *any* sense of humor. 그는 유머 감각이 거의 없다/There is ~ *any* time left. 시간이 거의 남아 있지 않다/It ~ *ever* snows here. 이곳에는 눈이 거의 내리지 않는다. **b)** 《can, could와 함께》 도저히 …할 수 없다. ¶I could ~ endure the pain. 그 통증은 정말 참기 힘들었다. **c)** 《when, before와 함께》 …하자마자, …하자 곧. ¶She had ~ come home *when* [or *before*] she started to complain. 그녀는 집에 돌아오자마자 불평을 늘어놓기 시작했다.

USAGE¹ **(1)** 이 뜻으로서의 hardly는 often, seldom 따위와 마찬가지로 문중(文中)에 위치하는 것이 보통이다. 문두(文頭)에 오는 경우는 be동사·조동사의 도치가 생긴다(⇨**hardly…when**의 예문).
(2) be동사·조동사와 함께 있는 경우는 그 앞에 놓는다: Can you hear him?—I ~ can. 그가 말하는 것이 들립니까?—아니, 거의 안 들립니다.
(3) 부가의문문에는 긍정형을 취한다: You can ~ walk, can you? 거의 걸을 수 없군요.

유의어 **hardly, scarcely** 다같이 「거의 …아니다[않다]」의 뜻으로 맞바꾸어 쓸 수 있으나, 본래 hardly는 곤란함을, scarcely는 만족할 수 있는 정도에 이르지 못함을 의미하며 scarcely 쪽이 부정의 강도가 높다: He could ~ speak French. 그는 프랑스어를 말하기가 어려웠다 → 거의 말하지 못했다/He could *scarcely* speak French. 그는 프랑스어를 만족스럽게 말하지 못했다 → 거의 말하지 못했다. **barely** 「가까스로 …일[할] 뿐 그 이상은 아니다」: He could *barely* order his meal in French. 그는 가까스로 식사를 프랑스어로 주문할 수 있었다.

2 결코[전혀] …은 아니다; 《완곡적》 도저히 …라고는 할 수 없다. ¶men who are ~ contented 만족하고 있지는 않은 사람들/That is ~ true. 그것은 정말로 리가 없다/That's ~ the way to talk to a friend. 친구에게 그렇게 말하는 법은 없을 것이다/He is ~ more than a lad. 그는 아직 미성년자에 불과하다/This shirt is ~ big enough for you. 이 셔츠는 네게는 도저히 맞을 것 같지 않다.

USAGE² **hardly**와 부정——**(1)** hardly는 실질적으로는 부정의 부사이므로 다음의 예와 같이 이중 부정으로 사용하는 것은 표준 용법이 아니지만, 《구어》에서는 쓰이는 경우가 간혹 있다: We haven't gained ~ anything. 우리는 거의 아무 것도 얻지 못했다. **(2)** 「거의 …아니다[않다]」의 뜻을 나타낼 때 《美》에서는 강조형으로서 almost not[no]도 사용한다: I can ~ believe it. = 《美》 I can *not almost* believe it.

3 아마 …않다; 거의 …할 것 같지 않다. ¶He will ~ come now. 그는 이젠 올 것 같지 않다/The plan will ~ succeed. 그 계획은 성공할 가망이 거의 없다/Are you going to sing in the amateur show?—*Hardly!* 아마추어 쇼에서 노래를 부를거야?—설마.
4 《英》 비정[무정]하게, 가혹하게(harshly); 괴로운[고통스러운, 화나는] 심정으로. ¶treat a person ~ 남을 심하게 구박하다/Things went ~ with us. 상황은 우리에게 아주 불리했다/You have no idea how ~ he takes it. 그가 그것을 얼마나 고통스럽게 생각하고 있는지 너는 상상도 못할 일이다/You must not take it too ~. 그 일에 너무 신경을 써서는 안되네.
5 《드물게》 애써서, 고생하여, 어렵게, 가까스로(＊hard가 보통). ¶money ~ earned 고생해서 번 돈/Our victory was ~ won. 우리는 가까스로 승리했다.
6 힘껏, 세게. ¶pull ~ upwards 힘껏 끌어 올리다.
hardly any 거의 …없는(⇨1).
hardly at all 거의 …하지 않는(almost not).
hardly ever ⇨EVER.
hardly less 거의 같게.
hardly…when [or *before,* 《구어》 *than*] …하자마자, …하자 곧 (＊주절은 보통 과거 완료형을 쓴다). ¶He had ~ [*H*- had he] gone *when* [or *before*] they began to speak ill of him. 그가 가자마자 그들은 그를 욕하기 시작했다.
speak [*think*] *hardly of* …을 나쁘게 말하다[생각하다].

hárd lábor *명* 《형벌로 가해지는》 중노동.
hárd-laid [˗léid] *형* 단단히 꼰.
hárd lánding *명* **1** 《우주·항공》 《우주선 따위의》 경착륙(硬着陸). **2** 《경제》 《경제 확대기에서》 급격한 경기 하강. *참조.* soft landing **hárd-lánd** *동*
hárd léft (the ~) 《집합적; 단·복수 양용》 극좌(極左).
hárd légs *명* 《英》 《美속어》 사내, 녀석; 멋쟁이.
hárd léns *명* 하드 콘텍트렌즈.
hárd líne *명* **1** 강경 노선[방침]; 단호한 태도(⇔soft line). **2** 《英구어》 (~s) 불운, 불행; 괴로운 일.
Hard lines! 《감탄사적》 참 안됐다.
take [or *adopt*] *a hard line with* [or *on, over*] …에 강경 노선[단호한 태도]을 취하다, 강경책을 쓰다.
hard-line [˗láin] *형* 강경 노선의. ¶a ~ anticommunist 강경 반공주의자.「인물. (또는 hárdlíner)
hárd-lin·er [˗láinər] *명* 《구어》 강경론자, 강경파
hárd líquor *명* 《美》 독주, 증류주, 《스트레이트》 위스키.
hárd lúck *명* 곤경, 불운(《英》 hard lines).「다.
have hard luck 불운하다, 운이 나쁘다; 냉대(홀대)받다.
—*감* 억울하게 됐구나!, 운이 나빴던 거야!「연.
hárd-lúck stòry *명* 《구어》 신세타령, 고생담, 하소

‡**hárd·ly** *부* ⇨HARDLY〈위 box 참조〉.
hárd máss *명* 하드 매스(모조 보석용 경질 유리).
hárd móney *명* **1** 《美》 =hard currency; =tight money. **2** 《美》 소액 정치 헌금(법률 규제를 받는 개인의 연방 선거 후보자에 대한 헌금). **3** 《대학에 대한》 정부 보조금.
hárd-móney *명*
hard-mouthed [˗máuðd, -máuθt] *형* **1** 《말이》 재갈을 물리기 힘든. **2** 《사람이》 고집센, 완고한. **3** 입이 건. **4** 《사냥개가》 사냥감을 무는 버릇이 있는.
hárd néck *명* 《아일 구어》 대담, 무모; 뻔뻔스러움.
＊**hárd néss** *명* **1** 단단함, 굳음, 견고; 《광물·물·X선 따위의》 경도(硬度). **2** 곤란; 어려움; 난해. **3** 준엄, 가혹; 무자비, 무정. **4** 고집; 뻔뻔스러움.
hárd néws *명* 《저널리즘》 《정치·국제 문제 등에 관한》 딱딱한 뉴스; 중대 뉴스. **hárd-néws** *형*
hard-nose [˗nóuz] *명* 《美속어》 실무자, 수완가; 콧대 센 놈, 고집쟁이. (또는 **hárd·nòse**) — *형* 《속어》 완고한, 고집이 센.
hard-nosed [˗nóuzd] *형* 《구어》 **1** 콧대 센, 고집 센, 완고한. **2** 실무적인, 견실한. **3** 못생긴, 호박 같은.
hárd nút *명* 《구어》 다루기 힘든 사람[문제, 것].

a hard nut to crack 골치 아픈[다루기 힘든] 사람 [문제, 것].

hárd óff (속어) 둔감한 사람, (성적 흥미도 없이) 명한 녀석.　　　「어두운, 난청의.

hard-of-hear·ing [-əvhíəriŋ] 형 (완곡적) 귀가

hard-on [ɑ́n/-ɔ́n] 명 (속어) (남자 성기의) 발기. **get** [or **have**] **a hard-on** 발기하다, 서다.
have a hard-on for (美속어) ① ···이 마음에 쏙 들다, 아주 좋아지다. ② ···을 하고 싶어 안달이 나다. ③ ···을 몹시 싫어하다.

hárd pálate 〔해부〕 경구개(硬口蓋).

hard·pan [háːrdpæ̀n] 명 (美) 1 경질 지층(硬質地層); 암상(岩床), 저반(底盤); 단단한 미개간지. 2 기본, 근저, 핵심. 3 확고한 기반; 최저선[점].

hárd páste 명 경질 자기(硬質磁器).

hárd pórn 명 (구어) =hard-core porn.

hard-pressed [-prést] 형 (일에) 쫓기는, 바쁜; (시간·돈 따위의/···하는데) 몰리는, 쪼들리는 *(for/to do)*.

hárd réader 명 필치 해독 전문가. ─ 형 〔極右〕

hárd ríght (the ~) 〔집합적: 단·복수 양용〕 극우

hárd-road fréak [-ròud-] 명 (美속어) (마약 소지 따위로 체포된 경력이 있는) 떠돌이 젊은이.

hárd róck 하드 록(비트가 강한 본래의 록 음악).

hard-rock [-rɑ̀k/-rɔ̀k] 형 1 경암(硬岩)의(화성암이나 변성암 따위). ② (美 노동자가) 경암[암반에서의 작업 경험을 쌓은. 2 (美속어) 엄한, 꾀까다로운.

hárd rúbber 명 경질(硬質) 고무(유)황을 가한 고무).

hards [hɑ́ːrdz] 명 (复) 삼[아마(亞麻) 부스러기. ¶*flocks and* ~ (포장용) 섬유 부스러기. (또는 **hurds**)

hárd sáuce 명 (美) 하드 소스(버터·설탕·바닐라·럼 술 따위로 만든).　　　「(벤치, 분수 따위).

hárd·scape [háːrdskèip] 명 〔조경〕 인공적 요소

hárd scíence 명 자연 과학. 참고) soft science

hard·scrab·ble [háːrdskræ̀bl] 형 수고하는 데 비해 수익이 적은; 빈곤한. ─ 명 척박한 토지.

hard-sec·tored [-séktəd] 형 〔컴퓨터〕 하드섹터의(floppy disk의 섹터 구멍을 광학적으로 검출하여 섹터로 나누는 방식). 「종자.

hárd séed 명 〔식물〕 굳은 씨, 경실(硬實), 경피(硬皮)

hárd séll 명 (종종 the ~) 1 끈질긴 판매. 2 (어지 까운 판매(참) soft sell). 3 (구어) 좀처럼 넘어가지 않는 고객; 어려운 설득, 설득이 곤란한 일.

hard-sell [-sél] 형 강제적으로 팔다; 끈덕지게 선전하다. ─ 명 끈질긴[적극적인] 판매의; 강한, 강력한.

hard-set [-sét] 형 1 단단한, 단단히 고정된; 굳은. 2 곤경에 처한. 3 결심이 굳은; 완고한. 4 (알이) 어미의 품에 단단히 안긴. 5 (사람이) 공복의, 배고픈.

hard-shell [-ʃél] 형 1 껍질이 딱딱한. 2 전통적인 사고 방식을 고수하는; 비타협적인, 완고한; 원리주의의. (또는 **hárd-shèlled**) ─ 명 껍질이 두꺼운 조개(게)(~ clam[crab]).

‡hard·ship [háːrdʃip] 명 1 ① (종종 ~s) 고난, 고생, 고초, 곤란, 궁핍. ¶*bear* [or *endure*] ~s 고난을 견디다.

유의어 **hardship** 견딜 수 없을 정도로 심한 고생·노고·빈곤 따위. **difficulty** 해결·극복하는 데 기량(技倆)·끈기가 있어야 하는 곤란한 정세·경험·일 따위. **misfortune** 운이 나빠서 겪는 불행한 사태·사건. **adversity** 중대하고 장기간에 걸친 misfortune. **mischance, mishap** 별로 중대하지 않은 misfortune.

2 쓰라림, 고통(을 주는 것). ¶*Hunger is a* ~. 배고픔은 쓰라리다. 3 ① 압제, 학대. 　　　 「(긴급 대피용).

hárd shóulder 명 (英) (고속 도로의) 대피선, 갓길

hárd sóap 명 〔화학〕 경(硬)비누, 소다 비누.

hárd/sóft déal 명 〔출판〕 양장본(hardcover)·문고본(soft-cover) 동시 출판 계약.

hárd sólder 명 경랍(硬鑞)(1200°F 이상의 고온에서 녹는 땜납). 참고 soft solder

hard-spun [-spán] 형 (실이) 단단히 자은.

hárd·stand [háːrdstæ̀nd] 명 포장 주차장; (비행기의) 포장 주기장(駐機場). (또는 **hardstanding**)

hárd stéel 명 경강(硬鋼).

hárd stúff [háːrdstʌ́f] 명 ① (美속어) 중독성이 강한 마약(hard drug). (美구어) (the ~) 독한 술, 위스키.

hard-sur·face [-sə́ːrfis] 명 (美) 1 (도로 따위)를 포장하다. 2 =hard-face.

hárd swéaring 명 (완곡적) (태연한) 위증(僞證).

hard·tack [háːrdtæ̀k] 명 ① (선박·군용의) 딱딱한 비스킷, 건빵. 「제 분쟁 예상 지역.

hárd tárget 명 〔군사〕 (첩보 활동의) 중요 목표, 국

hard-tick·et [-tíkit] 명 1 지정 좌석권. 2 지정 좌석권 예매제의 공연. 3 (美속어) 어찌할 도리가 없는 녀석.

hárd tíme 명 1 어려움, 곤란; 어려운[싫은] 일. 2 (이성으로부터) 냉대를 당함, 딱지를 맞음. 3 (~s) 궁핍한 [어려운] 시기; 불경기. 4 (~s) (美속어) 향기, 복역 기간.
get [or ***have***] ***a hard time*** (*of it*) 되게 혼이 나다, 곤욕을 치르다.
give a person a hard time ① 남에게 누를 끼치다. ② 남을 놀리다, 희롱하다. ③ 남을 혼내다, 꾸짖다.

hárd tóp 명 (美속어) 완고한 사람.

hard·top [háːrdtɑ̀p/-tɔ̀p] 명 1 하드톱(창문 사이에 중간 기둥이 없는 승용차[모터보트]). 2 (美속어) 옥내 영화관.

hárd trúths 명 냉엄한 진실[현실].

hard-up [-ʌ́p] 형 (속어) 결핍한; (돈에) 쪼들리는 *(for)*; (남성이) 욕정에 사로잡힌. **~·ness** 명

‡hard·ware [háːrdwɛ̀ər] 명 ① 〔집합적〕 1 철물, 쇠붙이류. 2 〔군사〕 무기, 병기; (구어) 총기, 총포, 권총. 3 〔컴퓨터〕 하드웨어(컴퓨터의 기계 설비)(참) software). 4 (어학 연습실 따위의) 기재와 설비. 5 (구어) 로켓이나 미사일 따위의 본체(本體). 6 (美속어) 계급 기장(記章), 훈장, 귀금속 장신구. 7 (美속어) 위스키, 독한 술; 마약.

hárdware érror 명 〔컴퓨터〕 하드웨어 오류.

hárdware fáilure 명 〔컴퓨터〕 하드웨어 고장.

hard·ware·man [háːrdwɛ̀ərmən] 명 철물 제조

hárd wáter 명 경수(硬水).

hárd wáy (the ~) (부사적으로) 어렵게, 역경을 헤치고; 혼자 노력하여. ¶*lessons learned the* ~ 역경 [쓰라린 경험]을 통해서 터득한 교훈. 「위를 쌓다.
come up the hard way 꾸준히 노력해서 사회적 지

hard-wear·ing [háːrdwɛ́əriŋ] 형 (英) (옷·구두 따위가) 오래 가는, 질긴. (또는 **longwearing**)

hárd whéat 명 경질(硬質) 밀(빵 따위 제조용).

hard-wired [-wáiərd] 형 1 〔컴퓨터〕 하드웨어에 내장된; (단말기가) 회로 접속의. 2 (전기·전자 부품 따위가) 배선에 의해 접속되는. 3 (행동 양식이) 굳어진; 고유한.

hard-wir·ing [háːrdwáiəriŋ] 명 1 (전기·전자 부품의) 배선(配線). 2 〔컴퓨터〕 하드와이어링(컴퓨터 내의 전자 장치 사이를 배선 접속하는 것).

hard-won [-wʌ́n] 형 =hard-earned.

hard·wood [háːrdwùd] 명 ① 1 경재(硬材), 단단한 재목. 2 경목(硬木)(참나무·마호가니 따위). ─ 형 경재[경목]의. **hárd·wòod·ed** 형

hárd wórd 명 1 암호; 별명; 거절. 2 (~s) 어려운 이야기[말]; 심술궂은 말, 험담, 욕; 화난 어조. 3 (~s) (濠속어) (들어주기 어려운) 부탁; 청혼.
put the hard word on (濠·美속어) ···에게 (염치없이) 부탁하다, ···에게 돈을 요구하다, ···에게 구애[성적 요구]하다.

hard·worked [-wə́ːrkt] 형 혹사당하는, 지친; 케케묵은, 진부한. 「히 일하는.

***hard·work·ing** [háːrdwə́ːrkiŋ] 형 근면한, 부지런

‡har·dy[1] [háːrdi] 형 (**-di·er; -di·est**) 1 (사람·동물·체격 등이) 튼튼한, 건장한; 내구력이 강한. 2 (동식물이) 내한성(耐寒性)의. ¶*half* ~ 〔원예〕 반(半)내한성

의. **3** 체력을 필요로 하는. **4** 대담한, 용감한(⇔ timid). **5** (행동 따위가) 뻔뻔스러운; 무모한.¶a ~ assertion 폭언.

hár·dy² [~] 圈 =hardie.

Hár·dy [háːrdi] 圈 **Thomas ~** 하디(1840-1928: 영국의 소설가·시인). 「풀이되는 문제.

hárdy ánnual 圈 **1** 내한성의 1년생 식물. **2** 매년 이

Hár·dy-Wéin·berg láw [principle] [-wáinbəːrg-] 〔유전〕 하디 바인베르크의 법칙(교배가 자유로운 생물 집단에서 이주·돌연변이가 일어나지 않는 한 유전자가 나타나는 방식은 항상 일정하다는 법칙). (또는 Hárdy-Wéinberg distribútion)
〔< 영국 수학자 G. H. Hardy(1877-1947)와 독일 의사 W. Weinberg (1862-1937)의 이름〕

‡**hare** [hɛər] 圈 (〜(s)[-(z)]) **1** 산토끼(⇨ rabbit¹, buck¹, doe); 산토끼 모피. **2** (英속어) 무임 승차자. **3** (the H-) 〔천문〕 토끼자리. **4** 겁쟁이; 바보. **5** (英속어) 무모하고 실행하기 어려운 계획. **6** 화제; 의제.
(*as*) **mad as a (March) hare** ⇨ MAD.
(*as*) **timid as a hare** 매우 소심함. 「쫓다.
chase two hares at once 한번에 두 마리 토끼를
First catch your hare (, then cook him). (속담) 먼저 토끼를 잡아라(요리는 그 다음에); 먼저 현물부터 손에 넣어라(사실을 확인하라).
hold [or **run**] **with the hare and run** [or **hunt**] **with the hounds; run with hare and hounds** 이편 저편과 다 사이좋게 지내다, 양다리 걸치다.
make a hare of a person 남을 농락하다, 우롱하다.
put up the hare (英속어) 무엇인가 일을 시작하다.
raise a hare =start a hare ②.
start a hare ① (사냥에서) 토끼를 뛰어나오게 하다. ② 문제를 제기하다; (의논에서) 옆길로 빠지다, (이야기를 다른 데로 돌리기 위해) 다른 문제를 들고 나오다.
──圄 (英) 빨리 달리다(*off*).
∼·like 圈.

háre and hóunds 圈 (단수취급) 토끼몰이[사냥] 놀이(paper chase) (종이 조각을 뿌리며 도망치는 아이 (hare)를 다른 아이들(hounds)이 뒤쫓는다).

háre and tórtoise 圈 (the ~) (단수취급) 토끼와 거북의 경주.

hare·bell [hɛ́ərbèl] 圈 **1** 실잔대(종 모양의 청색 꽃이 핀다)(圈 bluebell). **2** =wood hyacinth

hare·brained [hɛ́ərbrèind] 圈 경망한, 들뜬; 맹한; 무모한. (또는 **háir-bràin(ed)**) ∼·ly 凰. ∼·ness 圈.

hare·foot [hɛ́ərfùt] 圈 (어떤 개 품종의) 산토끼 발모양의 발; 발이 빠른 사람. ─·ed 圈 발이 빠른.

hare·heart·ed [hɛ́ərháːrtid] 圈 겁 많은, 소심한.

Háre Krísh·na [hɛ́əri-, hɛ́əri-] 圈 하레 크리슈나교[교도](힌두교의 Krishna 신을 믿는 종파로 1966년 미국에서 창시). 〔Hind O God, Krishna〕

hare·lip [hɛ́ərlìp] 圈圈圈 언청이(cleft lip). ∼**ped** [-t] 圈 언청이의.

har·em [hɛ́ərəm] 圈 **1** 하렘, 규방(동양 특히 회교권의 여자방). **2** (집합적; 단·복수 양용) 하렘에 사는 여자들; (한 마리의 수컷을 따르는) 암짐승떼. **3** (회교) 하렘(이교도 금제(禁制)의 성전·성역). (또는 **haram, hareem**)

hárem pànts 圈圈 하렘 바지(발목 부근을 끈으로 묶게 되어 있는 헐렁한 여성용 바지).

hare's-foot [hɛ́ərzfùt] 圈 (∼s) 양토끼풀.

har·i·cot [hǽrəkòu] 圈 **1** (英) 강낭콩. **2** (또는 halicot) 감자·야채를 넣은 양고기 스튜.

Har·i·jan [hǽridʒən] 圈 (∼s) (종종 h-) 〔힌두교〕 하리잔, 태양신의 아들(인도의 불가촉 천민(不可觸賤民)(untouchable)에 대해 Gandhi가 쓴 명칭).

*hark [haːrk] 圈困 (명령형으로) 주의 깊게 듣다, 귀를 기울이다(*at, to*); (사냥개에 대하여) 자, 가라. ¶*H*— (*ye*)! 들어라! ─围 (고어) ⇨ hark. 〔사람·개 따위에〕를 불러서 되돌아오게 하다: (사냥개를) 앞서 보내다.
hark after …을 뒤쫓다.

hark at (英구어) (명령형으로) …(의 말)을 들어라.
Hark away [or **forward**]! (사냥개에게) 가라!
hark back ① (이야기·생각 따위가) 이전으로[과거로] 되돌아가다, (…을) 상기시키다(*to*). ② (사냥개가 놓친 냄새 자국을 찾아서) 되돌아오다.
hark forward 자, 가라 (사냥개에 대한 구령).

hark·en [háːrkən] 圈 =hearken.

harl¹ [haːrl] (스코) 图困 **1** (물건)을 (땅에) 질질 끌다. **2** (석회에 자갈 따위를 섞어서) 애벌칠하다. **3** (英) (고기)를 홀림낚시로 잡다. ─围 **1** 발을 질질 끌며 걷다. **2** (英) 홀림낚시를 하다. ─圈 **1** 발을 질질 끌기; **2** 애벌칠. **3** 소량; 깎아낸 부스러기. (또는 **harle**)

harl² [haːrl] 圈 **1** (삼 따위의) 섬유. (또는 **harle**) **2** 〔낚시〕 제물낚시(herl).

Har·lem [háːrləm] 圈 할렘(New York 시 Manhattan 구 동북부의 흑인 거주 지역). ─圈 (한정용법) 〔재즈〕 할렘 스타일의, 강렬한 스윙(swing) 스타일의.

Har·lem·ite [háːrləmàit] 圈 할렘 태생의 사람, 할렘 거주자.

Hárlem Renaissánce 圈 할렘 르네상스(1920년대에 New York의 Harlem에서 개화한 흑인 문학 및 흑인 음악 문화의 부흥).

har·le·quin [háːrləkwin, -kin] 圈 **1** (H-) 할리퀸(pantomime극에서 주역을 맡은 어릿광대; 보통 가면을 쓰고 화려한 얼굴 무늬 의상에 목검 또는 마술 지팡이를 든다). **2** 익살꾼. **3** 얼룩뱀(~ snake). **4** 얼룩 모양. ─圈 얼룩 무늬가 있는; 익살맞은. ─圈困 얼룩이 지게 하다. ∼**·ésque** 圈. ∼**·ism** 圈.

har·le·quin·ade [hàːrləkwinéid, -kin-] 圈 익살극, 무언극; 익살, 어릿광대짓(buffoonery) (harlequin 1)

hárlequin bùg 〔곤충〕 할리퀸 버그(날개에 적색·황색의 얼룩 무늬가 있는 노린재의 일종; 양배추의 해충).

Har·ley-Da·vid·son [háːrlidéividsən] 圈 (상표) 할리 데이비드슨(미국 Harley-Davidson사(社)의 대형 오토바이).

Hár·ley Strèet [háːrli-] 圈 (英) 할리가(街)(영국 London의 거리 이름; 의사의 마을로 유명); (집합적) 의사.

har·lot [háːrlət] 圈 (고어) 음란한 여자; 창녀, 매춘부. ─围 창녀 짓을 하다. ─圈 색골의, 외설스러운. ─困 (여성이) 매춘하다.

har·lot·ry [háːrlətri] 圈圈 매춘; (집합적) 창녀(harlot); 圈 속악(俗惡). 「않는 것, 무(無).

hár·lot's héllo [háːrləts-] 圈 (속어) 존재하지

‡**harm** [haːrm] 圈圈 해, 손해, 손상, 상해. ¶He did me bodily ∼. 그는 내 몸에 위해를 가했다. **2** 폐해, 지장. ¶There's no ∼ in trying. =It is no ∼ to try. 해보는 정도라면 무방하다.
come to harm 혼나다, 쓰라림을 겪다.
do...harm; do harm to …에게 해를 입히다.
do more harm than good 백해무익하다. ¶Smoking *does more* ∼ *than good*. 흡연은 백해무익하다.
Harm set, harm get; Harm watch, harm catch. (속담) 남 잡이가 제 잡이.
in harm's way 위험한 곳(상태)에.
No harm done. 이상 없음; 전원 무사함. 「사히.
out of harm's way [or **reach**] 안전한 장소에, 무사히. ─圈困 (∼*s* [-z]) …에게 해를 끼치다; …을 상하게 하다, 해치다; …에게 위해를 가하다. ⇨INJURE 유의어

HARM [haːrm] 圈 (美) (군사) 함(공대지(空對地)) 고속 대 레이더 미사일). 〔*h*igh-speed *a*nti-*r*adiation *m*issile〕

har·mat·tan [hàːrmətǽn/hɑːrmǽtn] 圈 (때로 H-) 하마탄(겨울철에 흔한 서부 아프리카의 건조한 열풍).

harm·er [háːrmər] 명 해를 끼치는 것[사람].

‡harm·ful [háːrmfəl] 형 (*more* ~; *most* ~) 해로운 (*to, for*); 위험한. ¶Smoking is ~ *to* your health. 흡연은 건강에 해롭다. ~ **ly** ~ **ness** 명 유해물, 유해 폐기물.

‡harm·less [háːrmlis] 형 (*more* ~; *most* ~) 1 해롭지 않은; 악의가 없는, 천진한. ¶a ~ joke 무해무득한 농담. 2 피해가 없는, 탈없는.
hold[or *save*] *harmless* 보호하다; (손해가 생겨도) 책임을 면제하다.
~ **ly** ~ **ness**

har·mon·ic [haːrmɑ́nik/-mɔ́n-] 형 1 (음악) a) 화성(和聲)의[적인]. b) 배음(倍音)의. 2 조화하는; 협화적인. 3 (수학) 조화의. ¶a ~ function 조화 함수. 4 (물리) 조화 진동의. (또는 **harmonical**) — 명 1 (음악) 배음. 2 (물리) 고조파(高調波). 3 (수학) 조화(調和).
-i·cal·ly 뜻 **-i·cal·ness** 명

har·mon·i·ca [haːrmɑ́nikə/-mɔ́n-] 명 1 하모니카(mouth organ). 2 타악기의 일종(금속판 따위를 길이 순으로 늘어놓고 두드려서 연주한다).

harmónic méan 명 (통계) 조화 평균.

harmónic mótion 명 (물리) 조화 운동.

har·mon·i·con [haːrmɑ́nikən/-mɔ́n-] 명 1 = harmonica 1. 2 =orchestrion.

harmónic progréssion 명 1 (수학) =harmonic series. 2 (음악) 화음 연결.

harmónic propórtion 명 (수학) 조화 비례.

har·mon·ics [haːrmɑ́niks/-mɔ́n-] 명 복 (음악) 1 (단수취급) 화성학. 2 배음(overtones). 3 (현악기 주법상의) 적음음(笛聲音), 하모닉스.

harmónic séries 명 (음악) 조화 수열[급수].

har·mo·ni·ous [haːrmóuniəs] 형 (*more* ~; *most* ~) 1 화목한, 사이 좋은; 정답은. ¶a ~ family 화목한 가정. 2 잘 조화된, 일치하는(*with*). 3 (음악) 화성의; 가락이 맞는, 협화적인. ~ **ly** 뜻 ~ **ness** 명

har·mo·nist [háːrmənist] 명 1 화성학자. 2 (복음서의) 공관(共觀) 연구가. 3 좋은 가락을 연주하는 사람. 4 조정자. **-nis·tic** 형 복음성학자의. (오른...

har·mo·ni·um [haːrmóuniəm] 명 하모늄(메달식...

har·mo·nize [háːrmənàiz] ((英) **-nise**) 타 1 ...을 (...과) 조화시키다, 화합[일치]시키다(*with*). ¶ (~ +目+前+名) ~ one's views *with* existing facts 현실과 자기 의견을 조화시키다. 2 (음악) ...에 화음을 붙이다. — 자 1) 조화하다, 잘 어울리다, (배색 따위가) 잘 맞다: 사이좋게 지내다: (소리가) 협화(協和)하다(*with*). 2 합창하다, 해조(諧調)로 되다.
-niz·a·ble 형 **-ni·zá·tion** 명 **-nìz·er** 명

har·mo·nom·e·ter [hàːrmənɑ́mətər/-nɔ́m-] 명 화음계(和音計).

‡har·mo·ny [háːrməni] 명 (복 **-nies** [-z]) U C 1 (감정·행동 따위의) 조화, 일치, 화합, 융화(*with, between*) (쌍 discord). 2 (모양·배색 따위의) 조화. 3 (음성, 음색) 화성실, 화성학. 4 듣기 좋은 소리, 음악. 5 공관서(共觀書)(4복음서 등의 유사점·차이점 등을 나타내도록 내용을 배열한 것). ¶a ~ *of the Gospels* 공관 복음서. 6 침착, 냉정.
in [*out of*] *harmony* (...와) 조화하여[되지 않아]; 협조하여[불화하여] (*with*).
harmony of the sphéres 명 (the ~) 천체의 음악(천체의 운행에 의해 생기는 인간에게는 안 들리는 미묘한 음악).

‡har·ness [háːrnis] 명 (복 ~**es** [-iz]) U C 1 (집합적·단수취급) (마차 말의) 마구(한 벌); 끄는 장비(한 벌). ¶a double ~ 쌍두 마차용 마구. 2 장치, 작업 설비; (전기) 하네스 (전선·케이블 따위를 배열하여 묶은 것); (낙하산의) 가죽 멜빵; (자동차·침대 등의) 안전 벨트; (유아의) 보행용 벨트. 3 (직업 따위에) 특유한 복장, 제복. 4 (일상적으로) 같은 일. 5 (고어) (사람·말의) 갑옷, 장비(armor).

die in harness 일 하다가 죽다, 죽을 때까지 일하다.
get [or *go*] *back into* [or *in*] *harness* 는 하는 일로 되돌아가다.
in double harness (구어) 결혼하여; 두 사람이 협력하여.
in harness ① (말이) 1 blinker 눈가리개 2 noseband 재갈 가죽끈 3 collar 어깨띠 4 girth 복대 5 trace 봇줄 6 reins 고삐 마구를 갖추고. ② 평 갈 가죽끈 3 collar 어깨띠 4 girth 복대 5 trace 봇줄 6 reins 고삐 여, 근무 중에. ③ 협력자로서 함께, 동료로서 손잡고 (*with*). 「직하여.
out of harness 직업이 없이, 취업을 하지 않고; 실 — 타 1 ...에 마구를 달다(*up*); ...을 (...에) 매다 (*to*). 2 (자연력)을 (제어하여) 활용[이용]하다, 동력화하다. ¶ ~ water power 수력을 이용하다. 4 (고어) ...에 갑옷을 입히다.
~ **er** 명 ~ **less, ~ like** 형

(harness 1)

hárness bùll 명 (속어) 정복 경찰관, 순경. (또는 **hárness còp**[**dìck**] **hár·ness·bùll** 명

hárness hòrse 명 마차용 말; 마차 경주용 말.

hárness ràce[**ràcing**] 명 하니스 레이스, 마차 경주(마구를 달고 2륜 마차를 끌게 하는 경마).

har·ness·ry [háːrnisri] 명 마구류; 마구상(商).

Har·old [hǽrəld] 명 해럴드(남자 이름; 애칭 Hal).
— 통 타 (또는 **Llóyd**) (英속어) = loid.

ha·roosh [hərúːʃ] 명 소동, 싸움.

‡harp [haːrp] 명 1 하프, 수금(竪琴). 2 하프 모양의 것; (구어) 하모니카. 3 (전기 스탠드의) 하프(전등 갓을 받치는 프레임). 4 16~17세기에 아일랜드에서 쓰인 영국 화폐. (또는 **harper**) 5 (the H~) (천문) 거문고자리(Lyra). (홍종 H~) (경멸적) 아일랜드계 사람.
— 자 1 하프를 타다. 하프와 같은 음을 내다. 2 (구어) (주로 지루한 일을) 되풀이해서 말하다[쓰다] (*on, upon*). — 타 1 ...을 하프로 연주하다; 하프를 타서 ...을 넋을 잃게 하다. 2 (고어) ...을 말

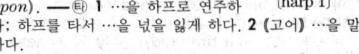
(harp 1)

harp on [or *upon*] *a* [or *one, the same*] *string* 같은 말을 되뇌고 되뇌고 하다.
~ **less, ~ like** 형 ~ **wise** 형

harp·er [háːrpər] 명 1 하프 연주자. 2 한 말을 자꾸 되뇌는 사람. 3 (페화) =harp 4.

Hárper & Rów 명 하퍼 앤드 로(미국의 출판사).

Hárper's Magazine [háːrpərz-] 명 하퍼즈지(誌)(미국의 대표적인 문예 평론지; 1850년 창간).

harp·ist [háːrpist] 명 하프 연주자(harper).

har·poon [haːrpúːn] 명 1 (고래 잡는) 작살. 2 (H~) (군사) 하푼(미해군의 대함(對艦) 미사일). 3 (美속어) (마약을) 피하 주사기. 4 (구어) 하모니카. — 타 ...에 작살을 박아 넣다, ...을 작살로 죽이다[잡다].
~ **er, ~ ing ~ like** 명

harpóon gùn 명 (고래 잡는) 작살포, 포경포.

harp-pol·ish·er [-pɑ̀liʃər/-pɔ̀l-] 명 (속어) 성직자, (특히) 사제; 신앙심이 깊은 사람.

hárp sèal 명 (동물) 하프바다표범.

harp·si·chord [háːrpsikɔ̀ːrd] 명 하프시코드(16~18세기의 전반 악기로 피아노의 전신). ~ **ist** 명

Har·py [háːrpi] 명 1 (그리스 신화) 하피(얼굴과 몸은 여자 모양이며 새의 날개와 발톱을 가진 추악하고 탐욕스런 괴물). 2 (h~) (남을 희생시키는) 흉악한 욕심쟁이. 3 (h~) 딱딱 [쨍쨍]거리는 여자. 4 (h~) =h~ eagle.

hárpy èagle 명 중남미산(産)의 큰 수리.

har·que·bus [háːrkwəbəs] 명 화승총(arquebus). (또는 **harquebuse, harquebuss**)
～-**ier** 명 화승총병(兵).
har·ri·dan [hǽrədn] 명 인정머리 없는[심술궂은] 노파, 추잡한 노파. [모르는]
har·ried [hǽrid] 명 몹시 곤란을 겪는, 어쩌할 바를
har·ri·er¹ [hǽriər] 명 **1** 약탈[침략]자. **2** 개구리매(과 (科)). **3** (H-) 《英軍史》 해리어(수직 이착륙 전투기).
har·ri·er² [hǽriər] 명 **1** 해리어(중간 크기의 하운드종 사냥개; 보통 토끼 사냥용). (～s) 해리어개 떼와 사냥꾼의 일단. **2** 단교(斷郊) 경주(cross-country race)의 주자.
Har·ri·et [hǽriət] 명 해리엇(여자 이름). (또는 **Harriette, Har·ri·et·ta** [hǽriétə]).
Har·ris·burg [hǽrisbəːrg] 명 해리스버그(미국 Pennsylvania 주 남동부의 도시; 주도(州都)).
Har·ri·son [hǽrəsn] 명 해리슨. **1 Benjamin ～** (1833–1901: 미국의 제23대 대통령). **2** 남자 이름.
Hárrison réd 명 선홍색; 선홍색의 그림물감.
Hár·ris pòll [hǽris-] 명 해리스 여론 조사(미국의 대표적 여론 조사의 하나). [《미국의 언론인·여론 조사가 Louis Harris (1921–)의 이름]
Hárris Twéed 명 《상표》 해리스 트위드(손으로 짠 혼색(混色) 모직물; 스코틀랜드 Harris 섬산(産)).
Har·rod's [hǽrədz] 명 해러즈 백화점(London에 있는 영국 최대의 백화점).
Har·ro·vi·an [həróuviən] 명 영국 Harrow교(校)의. —명 Harrow교 학생; 그 출신자.
*__har·row__¹ [hǽrou] 명 해로, 써레(말이나 트랙터로 끌면서 제초·밭갈이를 하는 농기구).
under the harrow (밭을) 해로[써레]로 갈아; 시달리고, 고생하여.
—(§§) **1** …을 해로로 고르다. ¶～ *the ground* 땅을 해로로 고르다. **2** (감정)을 상하게 하다; …을 괴롭히다. ¶～ *a person's feelings* 남의 감정을 상하게 하다. —㉑ (땅이) 써레질되다. ¶(～+目) *This ground ～s well*. 이 땅은 써레질이 잘 된다.
～-**er** 명 「**harry 2**. ～-**ment** 명
har·row² (§§) **1** (고어) …을 빼앗다, 강탈하다. **2** =
Harrow [hǽrou] 명 해로교(校)(～ School)(London에 있는 public school; 1571년 창립).
har·row·ing [hǽrouiŋ] 명 가슴이 찢어질 듯한, 비참한, 마음 아픈. ～-**ly** 명
har·rumph [hərʌ́mf] 명㉑ (일부러) 헛기침을 하다; 항의를 나타내다. —⃟ …을 무뚝뚝하게 나타내다. —명 헛기침(소리). (또는 **harrumph**)
*__har·ry__ [hǽri] (§§) **1** [남]을 고민하게 하다, 괴롭히다 (*for*). **2** (전쟁 따위로) [장소]를 황폐화시키다, 약탈하다; …을 되풀이해 공격[침략]하다. —㉑ **1** 침략하다; 공격하여 약탈하다. **2** 침략, 습격; 번거로움.
Har·ry [hǽri] 명 **1** 해리(남자 이름; Harold, Henry의 애칭). **2** 미천한 영국 젊은이, 런던 사람. **3** (Old ～) 악마, 악귀. **4** (美속어) 헤로인(Big ～). **5** (종종 h-) (속어) (-er(s)로 끝나는 형용사·명사 앞에 쓰여 강조·익살의 뜻을 나타내어) ¶～ *flakers* 녹초가 되어 / ～ *starkers* 발가벗고. [하다.
box Harry (구어) 끼니를 거르다; (아끼기 위해) 절식
by the Lord Harry 맹세코, 꼭.
Harry Freeman's[*or Frees*] (속어) ① 선물. ② (형용사적) 무료의, 공짜의.
Harry James (英속어) 코.
Harry Tate ① (형용사적으로) 칠칠치 못한, 도움이 안되는. ② 복잡복잡한 것. [을 망쳐 놓다.
play Old Harry with …을 뒤죽박죽으로 만들다; 「
‡**harsh** [hɑːrʃ] 명 (-*er*, ～-*est*) **1** (성격·태도·기후·조건 따위가) 엄격한, 가혹한, 무자비한(*to, toward, with*). ⇒SEVERE (유의어) ¶a ～ *look* 험상궂은 얼굴 / ～ *climate* 모진 기후 / *be* ～ *to* [*or with*] *a person* 남에 대해 엄하다. **2** 거친, 껄껄한, 조야한. ¶a ～

texture 꺼칠꺼칠한 직물. **3** (귀·눈 따위에) 거슬리는, 불쾌한(*to*). **4** (맛·냄새 따위가) 불쾌한; 쓴. **5** (색 따위가) 야한(*to*). ¶a *color* ～ *to the eye* 야하게 보이는 색채. **6** (장소·풍토 따위가) 척박한, 황량한. ¶a *land* 황량한 땅. —⃟ =harshly. ～-**ness** 명
harsh·en [háːrʃən] (§) harsh하게 하다[되다].
*__harsh·ly__ [háːrʃli] 명 **1** 엄격히, 엄하게. **2** 귀[눈]에 거슬리게, 야하게; (맛·냄새 따위가) 불쾌하게. **3** 조잡하게, 조야하게, 거칠게.
hársh tóke (美속어) **1** (마리화나 담배의) 얄팍한 한 대. **2** 불쾌한[재미없는] 사람[것, 일].
hars·let [háːrslit] 명 (방언) =haslet.
hart [hɑːrt] 명 (呺 ～ (**s**)) 수사슴; (5세 이상 된) 붉은 수사슴. ¶a ～ *of ten* 뿔이 열 갈래진 수사슴.
har·tal [haːrtáːl] 명 《인도》 (정치적 반대·항의를 나타내는) 동맹 휴업[철시], (영국 상품) 불매 동맹.
har·te·beest [háːrtəbìːst] 명 (呺 ～ (**s**)) 《동물》 하트비스트 (남아프리카산(産) 큰 영양).
Hart·ford [háːrtfərd] 명 하트포드(미국 Connecticut 주의 주도(州都)).
hart·tree [háːrtriː] 명 《물리》 하트리(핵물리학의 에너지 단위; 약 27.21 전자 볼트).
harts·horn [háːrtshɔ̀ːrn] 명 수사슴 뿔; ⓤ 녹각정 (鹿角精)(옛날 사슴 뿔에서 채취한 탄산암모늄).
hart's-tongue [háːrtstʌ̀ŋ] 명 골고사리(잎이 혹통 한 양치류의 일종). (또는 **hárts-tòngue**)
har·um-scar·um [hɛ́ərəmskɛ́ərəm / hɛ́ərəmskɛ́ərəm] 명 무분별한, 무모한, 경솔한. —⃟ 무모하게, 경솔하게. —명 ⓤ 무모한 행동; ⓒ 경솔한 사람. ～-**ness** 명
Ha·run al-Ra·shid [haːrúːn aːlraːʃíːd / hǽruːnælrǽʃiːd] 명 하룬 알 라시드(764?–809: 아바스 왕조의 제5대 칼리프(caliph); *Arabian Nights*에 위대한 지배자로 나옴). (또는 **Haróun-al-Raschíd**)
ha·rus·pex [həráspeks, hǽrəspèks] 명 (呺 **-pi·ces** [-pəsìːz]) (고대 로마의) 창자 점쟁이 중(제물로 바친 동물의 창자를 보고 점을 침).
Har·vard [háːrvərd] 명 하버드. **1 John ～** (1607–38: 미국의 목사; 하버드 대학에 광대한 토지와 장서를 기증). **2** 하버드 대학교(～ *University*) (Massachusetts 주 Cambridge에 있음; 1636년 창립).
‡**har·vest** [háːrvist] 명 **1** ⓒⓤ 수확기, 추수, 거두어들임. ¶*rice* ～ 벼 수확. **2** 수확기, 추수기; 초가을. ¶The *rice* ～ *will soon come.* 곧 벼베기 철이 된다. **3** 수확량; 수확물, 작물. ⇒CROP (유의어) ¶*an abundant* [*or an ample, a rich*] ～ 풍작 / *a bad* [*or poor, scanty*] ～ 흉작 / *gather* [*or reap*] *a* ～ 작물을 거두어들이다. **4** (a ～, the ～) 결과, 보수, 대가. ¶*reap the* ～ *of one's follies* [*efforts*] 바보짓[노력]의 대가를 받다.
make a long harvest for[*or about*] *a little corn* 적은 밑천으로 큰 이익을 얻다. [를 입고 오다.
owe a person a day in the harvest 남에게 은혜
—(§§) **1** …을 거두어들이다, 수확하다. ¶～ *wheat* 밀을 거두어들이다 / *He* ～*ed the fields*. 그는 논밭의 산출을 거두어들였다. **2** (노력·행위의 결과로) …을 얻다, (상 따위)를 타다. **3** (동물)을 사냥하다, 포획하다. **4** …을 절약하다. —㉑ 작물을 거두어들이다, 수확하다
～-**a·bíl·i·ty** 명 ～-**a·ble** 명 (*reap*).
hárvest bùg 명 가을진드기(chigger).
har·ves·ter [háːrvistər] 명 **1** 수확자[기(機)]; 수확 인부; 수확 농기구, 벌채 기계. **2** 《동물》 장남거미.
hárvest féstival 명 《英》 수확제(祭), 추수 감사제.
hárvest flỳ 명 가을매미의 일종(수확기에 욺).
hárvest hóme 명 수확물 반입; 수확 완료 (시기); 수확 축제[축가]. [에 대한 수확물 중량의 비).
hárvest index 명 《농업》 수확 지수(곡초의 전중량
har·vest·ing [háːrvistiŋ] 명 ⓤ 수확(하기).
har·vest·less [háːrvistlis] 명 수확[소출]이 없는,

har·vest·man [háːrvistmən] 명 1 (수확기에) 베어들이는 일꾼. 2 (동물) 장남거미.
hárvest mìte [tìck] 명 =harvest bug.
hárvest móon 명 추분(秋分) 무렵의 보름달, 중추 명월(仲秋明月).
hárvest móuse 명 들쥐(가장 작은 들쥐의 일종).
har·vest·ry [háːrvistri] 명U 수확(물).
har·vest·time [háːrvisttàim] 명U 수확기, 추수 때.
Har·vey [háːrvi] 명 1 **William** ~ (1578–1657; 영국의 의학자; 혈액 순환의 원리 발견). 2 남자 이름.
Har·vey·ize [háːrviàiz] 타 (야금) …을 하비법으로 처리하다; (조선) (경(硬) 강판)을 갑판(따위)에 입히다. [<미국 제강업자 A. Harvey(1824–93)의 이름]
Hárvey Wáll·bang·er [-wɔ́ːlbæŋər] 명 칵테일의 한 종류; 무모한 운전자. 「직설법 현재.
‡**has** [hæz, 약 həz, əz, z] 조 have의 3인칭·단수·
has-been [-bìn] 명 1 전성기가 지난(한물 간) 사람, 과거의 사람[물건], 시대에 뒤떨어진 사람[물건], 퇴물. 2 (~s) (美) 옛날. — 명 왕년의, 예전의. (또는 hásbèen)
ha·sen·pfef·fer [háːsənfèfər] 명U 하젠페퍼(마리네이드(marinade)에 절인 토끼 고기 스튜). [<G]
hash¹ [hæʃ] 명 1U 해시[잘게 썬] 요리. 2U 그러모음 것, 잡동사니; 혼합, 지리멸렬. 3 (구어) (묵은 작품·연구 따위의) 재탕, 개작(품). 4U (美구어) 음식, 식사. 5 (전기) 혼신(라디오나 TV의 잡음). 6 (컴퓨터) 메모리에 입력한 무의미한 정보.
flash the hash (美속어) 토하다; 위를 비우다.
make a (complete) hash of (구어) …을 망쳐놓다, 엉망으로 만들다.
settle [or fix] a person's hash (구어) 남을 굴복[침묵]시키다. — 타 1 (고기·야채 따위)를 잘게 썰다, 저미다(*up*). 2 (구어) …을 망쳐놓다, 엉망으로 만들다(*up*). 3 (구어) …을 철저히 토의[논의, 재검토]하다(*out*). 4 [옛 것 따위]를 재탕[재혼, 재이용]하다(*over*).
hash out (구어) …을 철저히 논의하다, 잘 논의하여 해결하다. 「[개작하다].
hash over (구어) …을 잘 의논[상의]하다; …을 재탕
hash up (속어) …을 상기해내다, 생각해내어 말하다.
hash² [hæʃ] 1 (속어) =hashish. 2 마리화나, 마약.
hásh and trásh 명 (美속어) 방송 잡음.
hásh bròwns 명복 (美) 해시 브라운스(감자를 잘게 썰어 기름에 튀긴 뒤 둥글게 버무린 요리). (또는 **hásh-bròwns, háshbròwns, hásh-brown(ed) potátoes**)
hásh cànnon 명 (美속어) 대마 흡연용 파이프.
hash-eesh [hǽʃiːʃ] 명 =hashish.
Hásh·e·mite Kíngdom of Jórdan [hǽʃəmàit-] 명 (the ~) 요르단 하시미테 왕국(Jordan의 공식 이름). 「리사(의 총수).
hash·er [hǽʃər] 명 (美속어) (간이 식당의) 급사; 조
hásh fòundry 명 (美속어) 1 =hash house. 2 떠돌이 노동자 사이에서의 무료 급식소[시설].
hash·head [hǽʃhèd] 명 (속어) 대마초[마리화나] 상용자.
hásh hòuse 명 (美속어) 간이 식당.
Ha·shi·mó·to's dìsèase [hɑ̀ːʃimóutouz-] 명 (병리) 하시모토병(만성 림프구성(球性) 갑상선염). [<일본의 외과의 Hakaru Hashimoto(橋本策(1881–1934)의 이름] 「로 만든 마약.
hash·ish [hǽʃiːʃ] 명U 해시시(인도 대마(cannabis)
hásh jòint 명 (美속어) 값싼 식당[하숙]. 「神仙功
hásh màrk 명 (구어) (군복에 다는) 연공 수장(年功
hásh òil 명 (화학) 해시 오일(마리화나, 대마의 유성 성분). (또는 **háshish òil**)
hásh pìpe 명 (美속어) hashish 흡연용 소형 파이프.
hásh sèssion 명 (美속어) 잡담, 두서 없는 의논.
hash-sling·er [-slìŋər] 명 (美속어) =hasher.

hásh tòtal 명 (컴퓨터) 해시 토탈(인사 기록부 종업원 번호의 합계 따위).
hash-up [-ʌ̀p] 명 (英속어) 급히 만든 식사; 개작, 재탕; 혼란, 뒤죽박죽.
has·let [hǽslit/héiz-] 명 (돼지·양 따위의) 내장 (요리). (는 **harslet**)
Has·mo·n(a)e·an [hæ̀zməníːən] 명 (the ~) 하스모가(家)(기원전 2–1세기에 유대를 지배·지도했던 일족). 명 하스모가의. (또는 **Asmon(a)ean**)
‡**has·n't** [hǽznt] has not의 단축형.
hasp [hæsp/hɑːsp] 명 (문·창 따위의) 걸쇠, 잠그는 고리; 실꾸리, 실타래; 북, 방추(紡錘). — 타 …을 고리로 잠그다, …에 걸쇠를 걸다. [hasp]
Ha(s)·sid [hɑ́ːsid, hǽs-] 명 (유대교) 하시드 1 하시디즘(Hasidism) 그룹의 일원. 2 고대 팔레스타인의 경건파 유대교도.
Ha(s)·si·dism [hɑ́ːsədìzm] 명 (유대교) 하시디즘 (Israel ben Eliezer에 의해 18세기 후반 폴란드의 유대교도 사이에 일어난 신비주의 경향의 신앙 부흥 운동). (또는 **Chas(s)idism**)
has·sle [hǽsl] 명 (美구어) 격투, 전투; 골치 아픈 것; 말다툼, 격론; 혼란. — 자 1 시비 걸다, 싸우다(*with*). 2 불편을 겪다(*with*). — 타 …을 볶다, 괴롭히다. (또는 **hassel**)
has·sock [hǽsək] 명 1 (기도할 때 쓰는) 무릎 방석; (발을 올려놓는) 쿠션. 2 (늪에 자라는) 갈대숲.
hast [hæst] 조[타] (고어) have의 2 인칭·단수·직설법 현재. * 주어가 thou일 때에 쓴다.
has·tate [hǽsteit] 형 (식물) (잎이) 창끝처럼 생긴. ¶ a ~ *leaf* 창끝 모양의 잎.
‡**haste** [heist] 명 1 급함, 신속, 급속. ¶*More ~, less speed.* (속담) 급할수록 천천히. 2 서두름, 허둥댐; 성급함, 경솔. ¶*H- makes waste.* (속담) 급히 먹는 밥이 체한다. 3 서두를 필요.
in haste 서둘러서; 성급하게. ¶*in hot [or great]* ~
in one's haste 서두른 나머지. 「몹시 급하게.
make haste 바삐 서두르다, 빨리 하다. ¶*Make ~ slowly.* (속담) 급할수록 천천히 해라[돌아가라].
with (all) haste 급히 서둘러서.
— 자 (美) 서두르다. — 타 …을 서두르게 하다.
haste away 급히 떠나다.
〜**·ful** 형 〜**·ful·ly** 부 〜**·less** 형 〜**·less·ness** 명
‡**has·ten** [héisn] 자 (~ [-z]) 재 서두르다, 급하게 가다, 서둘러 …하다 (*to do*). ¶(~＋젼＋閣) 급히 2층으로 올라가다 // (~＋*to do*) ~ *to deny the story* 급히 그 이야기를 부인하다 // (~＋閣＋名) *The policeman ~ed to the spot.* 경찰관은 현장으로 급히 갔다.

〔유의어〕 **hasten** 시간이 절박하거나 열성 따위 때문에 종종 고려나 준비가 부족한 상태로 서두르다. **hurry** hasten에 혼란·흥분의 뜻이 가미된 말. **speed** 단순히 대단한 속도를 뜻하는 말. **rush** 앞뒤 생각 없이 허겁지겁 서두르다, 돌진하다. **dash** 정신 없이 전속력으로 달리다.

— 타 …을 서두르게 하다, 재촉하다; …을 앞당기다. 촉진하다. ¶ ~ *one's departure* 출발을 앞당기다 // (~＋閣＋젼) *a child off to bed* 아이를 서둘러 잠자리에 들게 하다. **-·er** 명
‡**hast·i·ly** [héistili] 부 (*more* ~; *most* ~) 서둘러서; 허둥지둥(hurriedly); 성급하게, 경솔하게. 「마름.
hast·i·ness [héistinis] 명U 조급; 성급, 경솔; 서두
Has·tings [héistiŋz] 명 헤이스팅스. 1 **Warren** ~ (1732–1818: 영국의 정치가; 초대 인도 총독). 2 영국 East Sussex 주 남동부의 항구 도시·휴양지.
‡**hast·y** [héisti] 형 (*hast·i·er*; *hast·i·est*) 1 급한,

신속한(⇨QUICK 유의어); 다급한, 서두는.¶a ~ departure 황급한 출발. **2** 성급한, 경솔한, 조급한(*in doing, to do*).¶a ~ conclusion 성급한 결론.// *be too* ~ *in giving one's word* 너무 경솔하게 약속하다.

> 유의어 **hasty** 종종 깊이 헤아리지도 않고 성급한. **headlong** 앞뒤 가리지 않고 무모하다는 뜻의 강조어. **precipitate** 어떤 결정(에 따른 행동)이 마땅히 해야 할 심사 숙고가 결여된. **impetuous** 몹시 충동적인, 또는 성급한.

3 성마른, 화 잘내는.¶a ~ temper 성마른 기질. **4** 간단한; 잠깐 동안의.¶give a ~ glance 흘끗 보다.
hásty púdding 명 (英) (밀가루를 더운 물 또는 우유로 끓여서 만든) 즉석 푸딩; (美) 옥수수 죽.
‡**hat** [hæt] 명 **1** (테가 있는) 모자.¶a straw ~ 밀짚모자 / *put on* [*take off*] *one's* ~ 모자를 쓰다[벗다] / *have one's* ~ *on* 모자를 쓰고 있다. **2** (가톨릭) 추기경의 빨간 모자; (the ~, *one's* ~) 추기경의 지위. **3** (어떤 관직의 상징으로서의) 모자; (구어) (일반적으로) 지위, 직위, 일, 직업. **4** (美속어) 쓸모 없는[늙다리] 철도원. **5** (美속어) 여성, 연인, 아내; (英) (성적으로) 칠칠치 못한 여자. **6** (美속어) 뇌물 (수수), 부당이득. **7** (구어) 콘돔.
(as) black as a[or *one's*] *hat* 새까만[새까맣게].
at the drop of a hat (구어) 신호가 있으면; 즉시.
bad hat (英속어) 고약한 놈, 건달, 깡패.
bet one's hat (구어) 모든 것을 걸다, 절대로 틀림없다.
by this hat 맹세코.
for the [or *one's*] *hat* (속어) =*under one's hat*.
(Go) shit in your hat. 뒈져 버려, 썩 꺼져.
hang one's hat inside (구어) 편안히 지내다[쉬다], 안정[안주]하다.
hang one's hat on (구어) …에 의지하다.
Hang [or *Hold*] *on to your hats.* (구어) 놀라지 마시오; (운전자가 승객에게) 꼭 잡으세요.
hang up one's hat (*in a house*) ① 편히 쉬다. ② 오래 머무르다. ③ (일 따위를) 그만두다. ④ (결혼하여) 안정하다.
hat and cap (美속어) 임질.
hat in hand 모자를 손에 들고; 공손히, 급실거리며.
Hats off to…! …에게 탈모!
have a place to put one's hat 입장을 주장하다.
have one's hat in the ring =*throw one's hat in the ring*.
I'll eat my hat if… ⇨EAT.
knock…into a cocked hat ⇨COCKED HAT.
lift one's hat 모자를 약간 올리며 인사한다(*to*).
My hat! (英속어) 어머나! 어쩌나!
old hat (생각 따위가) 낡은, 케케묵은.
out of a [or *the*] *hat* 무작위로[되는 대로] 뽑아; 멋대로.
pass [or *take, send*] *around* [or (英) *round*] *the hat; pass the hat* (모자를 돌려서) 기부하다, 기부를 모으다.
pull off one's hat (인사하기 위해) 모자를 벗다.
put the tin hat on (구어) (익살) (계획 따위를) 망치다.
raise [*take off, touch*] *one's hat to a person* 모자를 올려[를 벗고, 에 손을 대고] 남에게 인사하다; …에게 경의를 표하다.
take one's hat off to …에게 손들다[굴복하다].
talk through one's hat (구어) 흰소리[허튼 소리, 엉뚱한 말]를 하다; 큰소리치다, 허풍떨다.
throw one's hat in the air 크게 기뻐하다.
throw [or *toss*] *one's hat in* [or *into*] *the ring* (시합 따위에) 출전하다[한다고 말하다]; (후보자로서) 출마를 선언하다.
tip one's hat to a person ① 모자를 조금 올려 남에게 인사하다[경의를 표하다]. ② 남의 의견에 귀를 기울이다.
under one's ~ 그것을 비밀로 하다.
under one's hat (구어) 비밀하게, 남몰래.¶*keep it*

wear many hats 일인 다역을 하다.
wear one's [or *a*]*…hat* (인사로) …의 역할을 하다, …로 활동하다.
wear two hats [or *an extra hat, more than one hat*] 일인 이역을 하다; 동시에 두 가지 일을 하다.
— 타 (*-tt-*) …에게 모자를 씌우다. — 자 모자를 제조하다, 모자를 공급하다.
〜**·less** 형 〜**·less·ness** 명 〜**·like** 형
hat·a·ble [héitəbl] 형 =hateable. 「장(喪章).
hát·band [hǽtbӕnd] 명 모자의 띠; 모자에 두른 상
hát·block [hǽtblɑ̀k/-blɔ̀k] 명 모자의 골.
hát·box [hǽtbɑ̀ks/-bɔ̀ks] 명 모자함(函), 모자 상자.
hát·brush [hǽtbrʌ̀ʃ] 명 (실크 해트용의) 모자 솔.
hát·case [hǽtkèis] 명 =hatbox.
‡**hatch¹** [hæt∫] 동 (〜*es* [-iz]; 〜*ed* [-t]) 타 1 (알·병아리)를 까다, (알)을 부화시키다(*out*). (알)을 품다.¶A hen 〜*es* chickens. 암탉은 병아리를 부화한다 / *Don't count your chickens before they are* 〜*ed.* (속담) 까기도 전에 병아리 셈부터 하지 말아라, 김칫국부터 마시지 말아라. **2** …을 생각해 내다; (모임 따위)를 계획[준비]하다; (음모 따위)를 꾸미다(*up*).¶〜 *a plot* 음모를 꾸미다. **3** (구어) (아이)를 낳다.
— 자 **1** (알 따위가) 깨다, 부화하다(*off, out*); 알을 품다.¶(〜+전) The eggs 〜*ed out*. 알이 부화했다. **2** (음모 따위가) 꾸며지다. 「끝낸, 완료한.
hatched, matched, and dispatched (완전히)
— 명 **1** (알) 부화. **2** 한 배의 (병아리), 한 배의 새끼.
hatches, catches and dispatches *(the* 〜) (익살) (신문의) 출생·약혼·결혼·사망란.
‡**hatch²** 명 (美) 〜*es* [-iz]) **1** (해상) (갑판의) 승강구, 창구(口), 해치; 해치의 뚜껑, 창구의 덮개. **2** (천장·마루 따위 위로 젖히는) 구멍문, 출입구. **3** (상하 2단으로 된 문의) 아래쪽 문, 쪽문. **4** 수문(水門)의 문짝; 통발의 뚜껑. **5** (항공) 해치(항공기·우주선의 출입문[기구]). **6** (해치백 자동차의) 짐칸. **7** 지하 저장소. **8** 해치와 비슷한 것.
batten down the [or *one's*] *hatches* ① (해사) (폭풍우에 대비하여) 해치를 닫다. ② 비상[위급] 사태
Down the hatch! (속어) 건배! 「에 대비하다.
under (*the*) *hatches* (英) ① 갑판 밑에; 비번으로. ② 감금되어. ③ 몰락하여; 죽어서. 「리다.
— 자 **1** 해치를 닫다. **2** (속어) 마시다, 다 마셔버
hatch³ 동 타 (조각·제도) 평행선의 음영[선영(線影)]을 넣다, 해칭을 하다; (건축) …에 교차된 평행선 무늬를 새겨 넣다. — 명 평행선의 음영(陰影), 명암; (건축) 교차된 평행선 무늬의 장식.
Hátch Act 명 (the 〜) (美) 해치법, 연방 공무원 정치활동 금지법(1939년·1940년에 제정된 2개 법률).
〈<美국 상원의원 Carl A. Hatch(1889 – 1963)의 이름〉
hátch·back [hǽtbӕ̀k] 명 (자동차의) 해치백의.
— 명 해치백(차체 뒤쪽에 위로 여는 문이 있는 자동차, 또는 그 부분). ⇨ liftback
hátch bòat 명 (美) 뚜껑 달린 활어조(活魚槽)가 있는 작은 어선; 상갑판의 대부분이 창구(艙口)로 된 배.
hát·check [hǽt∫èk] 형 (모자·의류 따위의) 휴대품일시 보관의(을 위한).¶a ~ *room* 휴대품 보관소.
hátch·el [hǽt∫əl] 명 (삼 따위를) 훑는 빗. — 동 타 (*-l-*, (英) *-ll-*) **1** (삼)을 빗으로 훑다. **2** …을 괴롭히다. 〜**·ler** 명
hátch·er [hǽt∫ər] 명 **1** 알을 까는 새[동물]; 알을 품는 닭; 부화기(incubator). **2** 안출자(案出者); 음모자.
hátch·er·y [hǽt∫əri] 명 (물고기·닭의) 부화장.
*‡**hátch·et** [hǽt∫it] 명 손도끼(통 ax); (아메리칸 인디언의) 전투용 도끼(tomahawk). 「다, 화해하다.
bury the hatchet [or *tomahawk*] 싸움을 그만두
take [or *dig*] *up the hatchet* 전쟁을 시작하다.
throw [or *fling, sling*] *the hatchet* (속어) 허풍을 치다.

throw [or **send**] **the helve after the hatchet** 손해에 손해를 거듭 보다.
—⑤⊕ 1 …을 도끼로 베다[죽이다]. 2 …을 단축[요약]하다; 삭제하다. 3 〔남〕을 중상(中傷)하다, 공격하다.
~**·like** 형

hátchet fáce 명 야위고 뾰족한 얼굴(을 한 사람).
hátch·et-faced [-fèist] 형 야위고 뾰족한 얼굴의.
hátchet jòb 명 1 중상(中傷), 모략, 혐담. 2 해고.
do a hatchet job on …을 험담하다, 깎아내리다.
hátchet màn 명 〔구어〕 1 살인 청부업자. 2 (정당 따위의 앞잡이가 되어) 비방기사를 쓰는 기자. 3 비평가(critic). 4 (기업 따위의) 해결사(liquidator), 악역을 맡은 사람. (또는 **hátchetmàn**)
hatch·et·ry [hǽt∫itri] 명 1 손도끼 사용법. 2 (예산 따위의) 삭감, 대규모 공작.
hátchet wòrk 명 =hatchet job.
hatch·et·work [hǽt∫itwə̀ːrk] 명 손도끼에 의한 상처 자국; =hatchet job.
hatch·ing [hǽt∫iŋ] 명 U 〔제도〕 해칭, 선영(線影); 음영; 선영을 그려 넣기.
hatch·ling [hǽt∫liŋ] 명 부화 유생(幼生)(알에서 갓 부화한 조류나 어류 따위의 유생).
hatch·ment [hǽt∫mənt] 명 〔英〕 〔문장〕 상중 문표(喪中紋標)(상중임을 알리기 위해 문상에 세운다).
hatch·way [hǽt∫wèi] 명 〔해사〕 (배의) 창구(艙口), 승강구(hatch).
hát dànce 해트 댄스, 모자춤(멕시코의 민속 무용).

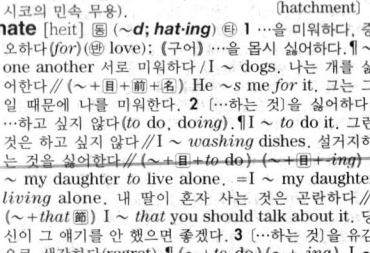

(hatchment)

‡**hate** [heit] ⊕ (**-d; hat·ing**) ⊕ 1 …을 미워하다, 증오하다(*for*) (반 love); 〔구어〕 …을 몹시 싫어하다. ¶ ~ one another 서로 미워하다 / I ~ dogs. 나는 개를 싫어한다 // (~+图+전+명) He ~s *me for* it. 그는 그 일 때문에 나를 미워한다. 2 〔…하는 것〕을 싫어하다: …하고 싶지 않다(*to do, doing*). ¶ I ~ *to* do it. 그런 것은 하고 싶지 않다 // I ~ *washing* dishes. 설거지하는 것을 싫어한다 // (~+目+*to* do) (~+目+*-ing*) I ~ my daughter *to* live alone. = I ~ my daughter *living* alone. 내 딸이 혼자 사는 것은 곤란하다 // (~+*that*) I ~ *that* you should talk about it. 자신이 그 얘기를 안 했으면 좋겠다. 3 〔…하는 것〕을 유감으로 생각하다(regret). ¶ (~+*to* do) (~+*-ing*) I ~ *to* trouble you. =I ~ *troubling* you. 폐를 끼쳐서 죄송합니다. —⑪ 증오하다, 몹시 싫어하다.
hate *a person like poison* 남을 아주 싫어하다.
hate *a person's guts* ⇨ GUT.
hate out 〔美〕 (미워하여) …을 내쫓다, 따돌리다.
somebody up there hates me 〔속어〕 운이 나쁘다, 재수가 없다.
the man *one* (**most**) **loves to hate** 증오[경멸, 비판] 대상이 되는 사람, 악역, 보기싫은 사람.
—명 1 Ⓤ 증오, 강한 혐오(*for, against, on, of doing*); ⓒ 증오의 대상, 몹시 싫은 사람〔것, 일〕. ⇨ HATRED 유의어 2 (제1차 세계 대전 중 독일군에서) 폭격. 3 Ⓤ 증오의 눈, (특정 인종·나라에 대해) 증오심을 일으키는.
hát·er 명 미워하는〔적의를 품은〕 사람.
hat(e)·a·ble [héitəbl] 형 미워할 만한, 싫은.
háte crìme 〔美〕 증오〔혐오〕 범죄(인종·신앙 따위의 편견에서 비롯된 증오심을 바탕으로 하는 범죄).
‡**hate·ful** [héitfəl] 형 1 미운, 가증스러운; 불쾌한, 꺼림칙한(*to*). 2 증오에 찬. ~**·ly** 튀 ~**·ness** 명
hate·less [héitlis] 형 미워하지 않는. ~**·ness** 명
háte màil [lètter] 명 (특정 개인에의) 협의〔중상〕 편지, 투서.
hate·mon·ger [héitmʌ̀ŋgər, -mɑ̀ŋ-] 명 남에게 증오·편견 따위를 품게 하는 사람, 선동가. ~**·ing** 명
háte rádio 명 하고 싶은 욕을 마음대로 하는 프로그램.
háte shèet 명 (특정 인종·국가·종교 따위에 대한) 편견과 증오를 주목적으로 하는 신문[간행물].
háte shòw 명 〔美〕 백인 우월·유색 인종 배척 차별을 조장하는 TV 프로.
háte spèech 명 〔美〕 (특정 인종·성·종교 따위에 대한) 편파〔경멸〕적 발언〔언어〕, 증오 연설.
háte-TV cìrcuit 〔美〕 hate show를 방영하는 TV 채널.
hat·ful [hǽtfùl] 명 모자 하나에 가득(한 양)(*of*). ¶ a ~ *of* peanuts 모자 하나에 가득한 땅콩. —형 모자 하나에 가득한. ~**·ly** 튀 ~**·ness** 명
hath [hæθ] ⑤도 〔고어〕 have의 3인칭·단수·직설법 현재.
hát hàir 명 모자테에 의해 눌린 머리.
Hath·a·way [hǽθəwèi] 명 Anne ~ 해서웨이 (1557–1623: Shakespeare의 아내).
hat-peg [-pèg] 명 모자걸이.
hat·pin [hǽtpìn] 명 여성 모자의 고정 핀, 해트핀.
hat·rack [hǽtræ̀k] 명 1 모자걸이. 2 (늙어) 여윈 가축.
hat·rail [hǽtrèil] 명 (벽에 붙인) 모자걸이.
‡**ha·tred** [héitrid] 명 (증오 a ~) (…에 대한) 증오, 미움, 혐오, 반감, 원한; 〔구어〕 몹시 싫어함(*of, for, to, toward(s)*). ¶ with ~ in one's eyes 증오에 불타는 눈빛으로 // a ~ *of* conventionality 인습에 대한 강한 반감 / ~ *against* [or *towards, to*] the enemy 적에 대한 증오감.

유의어 **hatred** 구체적으로 어떤 사람·사물을 겨냥한 증오. **hate** 추상적 관념으로서의 사랑(love)과 대립되는 것.

have [or **bear, hold, nurse**] **a hatred for** [or **of**] …을 미워하다, …에 대해 증오심을 품다.
in hatred of …을 증오하여.
hát size 모자의 사이즈.
short of hat size 〔속어〕 지혜〔머리〕가 모자라는, 어리석은.
hát stànd 명 〔英〕 모자걸이.
hat·ted [hǽtid] 형 〔英〕 모자를 쓴.
hat·ter¹ [hǽtər] 명 1 모자 장수, 모자 제조〔판매〕업자. 2 토끼의 모피(펠트 모(帽)의 재료).
(**as**) **mad as a hatter** 〔구어〕 아주 미쳐서; 몹시 화가 나서.
hat·ter² 명 〔濠구어〕 (외딴 곳에 사는) 키인, 괴짜; (광부·목부(牧夫) 따위) 미개간지에서 혼자 살고 있는 사람.
hát·ter's shákes [hǽtərz-] 명복 수은 중독(원래 모자 제조(hatting)에 수은제가 쓰인 데서).
Hat·ti [hǽti] 명 1 하티족(族)(의 사람)(Anatolia 중부에 살았던 고대 민족). 2 (고대의 비문(碑文)에서) 히타이트 민족. (또는 **Khatti**) ~**·an** 형명 **·tic** 형
hat·ting [hǽtiŋ] 명 Ⓤ 모자 제조(업); 모자 제조용 재료.
hát trèe 명 (현관에 놓인) 나무 모양의 모자걸이.
hát tríck 명 1 〔하키·축구〕 해트 트릭(한 사람이 한 시합에서 3점을 넣기). 2 〔크리켓〕 해트 트릭(투수가 타자 3명을 연속적으로 아웃시키기). 3 〔야구〕 사이클 히트. 4 (일반적으로) 3연승. 5 모자를 사용해 하는 요술; 교묘한 솜씨.
pull off a hat trick 해트 트릭을 기록하다[해내다].
hau·ber·geon [hɔ́:bərdʒən] 명 =habergeon.
hau·berk [hɔ́:bəːrk] 명 (옛날에 입었던) 쇠사슬 갑옷.
haugh [hɑːx, hɑːf] 명 〔스코·北英〕 (강변의) 기름진 저지(低地), 충적(沖積) 저지.
‡**haugh·ty** [hɔ́ːti] 형 (**-tier; -ti·est**) 1 건방진, 도도한, 거만(한). ⇨ PROUD 유의어 2 〔고어〕 품위 있는, 고귀한. **-ti·ly** 튀 **-ti·ness** 명
‡**haul** [hɔːl] ⊕ (~**s** [-z]) ⊕ 1 (세게) 잡아끌다, 잡아당기다, 끌어들이다(*in, out, up*). ⇨ DRAW 유의어 ¶ (~+目+젠) ~ *in* a net 그물을 끌어당기다 / ~ *up* an anchor 닻을 감아올리다 // (~+目+전+명) ~ *logs out of* the forest 통나무를 숲에서 끌어내다 // (~+목+전+명) (~+목+부+명) ~ *a* turtle (*up*) *on* the shore 바다거북을 해안으로 끌어올리다. 2 …을 운반하다, 차로 나르다. ¶ (~+目+전+명) ~ timber *to* a sawmill 재목을 제재소로 가지고 가다. 3 (법정 따위

haulabout — **havoc**

에) …을 끌어내다, 소환하다(off, up)(before, in, into); (구어) …을 체포하다, 연행하다(in).¶(~+图+前+名) ~ a person into court 남을 법정에 끌어내다. **4**〔기 따위를〕내리다(down). **5**〔해사〕〔배〕의 진로를 (바람 불어오는 쪽으로) 바꾸다(up). **6**〔생각·방침〕을 바꾸다.
— 图 **1** 잡아당기다(at, on, upon).¶(~+前+名) ~ at a rope 밧줄을 잡아당기다. **2**〔애써서〕당도하다(up) (at, to, into), **3** 차로 나르다, 운반하다(away). **4** 풍향이 바뀌다(around).〔방침 따위가〕방향 전환하다, 바뀌다(to).¶(~+圖)(~+前+名) The wind ~ed around to the east. 풍향이 동으로 바뀌었다. **5**〔해사〕〔배가〕침로를 바꾸다.¶(~+圖) ~ south (배가) 남쪽으로 나아가다. **6** 자신의 언행을 바꾸다.
haul a person over the coals 남을 몹시 꾸짖다.
haul a person up (구어) 남을 나무라다, 힐문하다.
haul around 〔해사〕(돛대의 활대를) 돌리다; (바람이) 시계 방향으로(오른쪽으로) 바뀌다.
haul [or *shag*] *ass* (속어) 서두르다; 급히 떠나다.
haul away 차[화차]로 …을 나르다, 운송하다.
haul down (구어) ① 〔야구〕달려가서 공을 잡다. ② 〔미식축구〕태클(tackle)하다. 〔항복하다.
haul down one's flag [or *colors*] 깃발을 내리다.
haul in (구어) …을 체포하다, 연행하다.
haul in with 〔해사〕…에 가까워지도록 배를 돌리다.
haul it (美속어) 도망가다.
haul off ① 〔해사〕뱃머리를 돌리다, 침로를 바꾸다. ② 물러나다; 떠나다. ③ (美구어) (때리려고) 팔을 뒤로 빼다, 태세를 갖추다.
haul off on (美구어) (사람)을 후려갈기다.
haul one's ashes (속어) 떠나다, 물러가다.
haul to[or *on*] *one's*[or *the*] *wind; haul one's wind* 이물을 더욱 바람 불어오는 쪽으로 돌리다.
haul up ① (사람이) 멈추어 서다. (차·배가) 정지하다. ② 〔해사〕뱃머리를 바람 불어오는 쪽으로 돌리다.
— 图 **1** (a ~) 세게 끌기, 끌어들이기, 잡아당기기. **2** 운반; 운반량; 운반 거리; 운반물, 화물. **3** (a ~) (한 그물의) 어획(량); 저인망 끌기; 저인망 어장.¶a good ~ of fish 풍어. **4** (구어) 취득, 획득; 잡은 것, 획득물, 장물. *a*[or *the*] *long haul* 비교적 긴 거리[시간]; (구어) 길고 지루한 일.¶over *the* long ~ 장기간에 걸쳐.
a[or *the*] *short haul* 비교적 짧은 거리[시간].
make [or *get*] *a good* [or *fine, big*] *haul* 고기를 많이 잡다; 큰 벌이를 하다.
haul·a·bout [hɔ́ːləbàut] 图 급탄선(給炭船).
haul·age [hɔ́ːlidʒ] 图U 끌기, 견인(牽引); 견인력(량); 운송 (작업); 운송업; 운임. 〔도(坑道).
haul·age·way [hɔ́ːlidʒwèi] 图 (채광) (운반용) 갱
haul·a·way [hɔ́ːləwèi] 图 자동차 운반용 대형 트럭.
haul·er [hɔ́ːlər] 图 **1** 끄는 사람, 짐마차 모는 사람, 운반자, **2** (英) (트럭) 운송 회사; 화물 트럭; 운반(坑內) 석탄 운반차 작업원. **3** (美) 초고속 자동차, (특히) 개조 자동차.
haul·ier [hɔ́ːljər] 图 (英) 갱내 석탄 운반차 작업원.
haulm [hɔːm] 图U (英) (집합적) (곡물류·콩류 따위의) 줄기; (지붕의 이엉·축사의 깔개 따위로 쓰이는) 짚.
haul·yard [hɔ́ːljərd] 图 =halyard.
haunch [hɔːntʃ, hɑːntʃ] 图 **1** (보통 ~es) 엉덩이, 둔부. **2** (식용 동물의) 허리와 다리 부분. **3** (건축) 홍예 허리.
squat[or *sit*] *on one's haunches* 웅크리고 앉다.
~ed, -less 图
háunch bòne 图 좌골(坐骨), 무명골(無名骨).
‡**haunt** [hɔːnt, hɑːnt] 囤 **1** 자주 가다, 무상 출입하다. **2** (종종 수동태로) (생각 따위가) …에게 끊임없이 붙어다니다, …을 괴롭히다.¶be ~ed by fear 두려움에 사로잡혀 있다. **3** (유령 따위가) …에 나오다, 출몰하다. **4** …과 늘 교제하다.¶~ bad people 나쁜 자들과 어울리다. — 囵 **1** 빈번하게 방문하다. **2** (유령

따위가) 출몰하다. **3** 늘 붙어 다니다, 떠나지 않다.
— 图 **1** (종종 ~s) 자주[즐겨] 가는 곳, 단골 장소; 행락지; (악인 따위가) 출몰하는 곳, 소굴.¶his usual ~ 그가 자주 가는 곳. **2** (美앵글) 유령. **3** (동물의) 서식[번식]지; (식물의 생육에) 아주 알맞은 환경.¶the favorite ~s of birds 새들이 좋아하는 서식처.
haunt·ed [hɔ́ːntid] 图 **1** 유령이 나오는.¶a ~ house 귀신 나오는 집. **2** (생각 따위에) 사로잡혀 있는.¶a ~ look 무엇인가에 사로잡힌[홀린] 듯한 모습. **3** 불안한, 시달린. **4** (복합어로) …가 가득 차 있는.¶a seal-island 바다표범이 떼지어 사는 섬. 〔귀신.
haunt·er [hɔ́ːntər] 图 자주 오는 사람, 단골: 유령.
haunt·ing [hɔ́ːntiŋ] 图 자주 마음에 떠오르는, 잊혀지지 않는; 불안하게 하는, 마음을 어지럽히는. — 图UC 빈번히 드나들기; (유령 따위의) 출몰. ~**·ly** 图
haus·frau [háusfràu] 图 (獨) ~**s,** ~**·en** [-ən] 주부, (가사·육아 따위) 주부로서의 일에만 흥미가 있는 여성.〔<G housewife〕
haut·boy [hóubɔi/óu-] 图 =oboe. ~**·ist** 图
haute [out] 图 고급의; (지위·신분 따위가) 높은. (또는 haut (모음 앞에서) out]) 〔<F〕
haute cou·ture [-kuːtúər] 图 (집합적) 오트 쿠튀르(파리에서 최신 유행의 숙녀복을 만들어 내는 고급 의상점; 그 디자이너); 고급 패션(high fashion). 〔<F〕
haute cui·sine [-kwizíːn] 图 고급 (프랑스) 요리. 〔<F〕
haute é·cole [-eikóul] 图 고등 마술(馬術).
hau·teur [houtə́ːr] 图UC 오만, 건방진 태도. 〔<F〕
haute vul·ga·ri·sa·tion [-vulgɑ̀ːrizɑːsjɔ́ːŋ] 图 난해한 것의 알기 쉬운 해설. 〔<F〕
haut goût [F o gu] 图 식욕을 자극하는 양념(후추·레몬 따위). 〔<F〕
haut monde [Fo mɔ́ːnd/F o mɔ́ːd] 图 상류 사회. (또는 **hàute-mónde**) 〔<F high society〕
Ha·van·a [həvǽnə] 图 **1** 아바나(쿠바 공화국의 수도). **2** 아바나 여송연(~ cigar). — 图 아바나의.
Havána brówn 图 아바나 브라운(아바나 여송연 색의 털이 짧은 영국산(産) 개량종 고양이).
‡**have** ⇒ HAVE. 〈p. 1284〉
Ha·vel [hávəl] 图 *Vaclav* ~ 하벨(1936– : 체코의 극작가·정치인; 대통령). 〔린) 햇볕 가리개.
have·lock [hǽvlɑk/-lɔk] 图 (모자의 뒤에 늘어뜨
ha·ven [héivən] 图 **1** (피난)항, 정박소. ⇒HARBOR 유의어 피난처, 안식처.¶a tax ~ 세금 피난처[천국]. — 图E (배)를 피난시키다. ~**·less** 图 ~**·ward** 图
have-not [-nɑ̀t/-nɔ̀t] 图 (the ~s) (구어) 무산자, 재산이 없는 사람; 빈곤국, 비핵국가. 图 have — 무산자의, 가진 것이 없는; (자원이) 빈곤한; 핵무기를 보유하지 않은.
‡**have·n't** [hǽvənt] have not의 단축형.
have-on [-ɔ̀n, -ɔ̀ːn/-ɔ̀n] 图 (美속어) 속임(수), 사기.
ha·ver [héivər] 囵 (英) 图刃 시시한 말을 지껄이다; (생각 따위가) 흔들리다. — 图 (보통 ~s) 시시한 잡담.
hav·er·sack [hǽvərsæk] 图 (군인·여행자 따위의) 식량 자루, 잡낭. 〔major (일등병 상사).
hav·il·dar [hǽvildɑːr] 图 (인도의) 하사관.¶a ~
hav·ing [hǽviŋ] 图 욕심 많은.¶a ~ nature 욕심 많은 성질(의 사람). — 图 **1** 소유, 소지; (~s) 소유물, 재산. **2** (~s) (단수취급) 예의범절, 행동거지.
*‡**hav·oc** [hǽvək] 图U **1** (자연력·폭동 따위에 의한) 대파괴, 참혹한 피해, 황폐. ⇒RUIN 유의어 **2** (구어) 대혼란. 〔을 교사(教唆)하다.
cry havoc 위험[파국 따위]을 경고하다; 난폭한 행동
make havoc of; play [or *work, create*] *havoc with* [or *among*]; *wreak havoc on* [or *in, with*] …을 파괴하다; …을 혼란시키다.
— 囤 (~**ked** [-t]; -**ock·ing**) 때려부수다, 엉망으로 〔만들다. 파괴하다.
-**ock·er** 图

have에는 크게 나누어 본동사 용법과 조동사 용법이 있다.
(1) 본동사로서는 상태 동사로서 「가지고 있다」라는 뜻과 동작 동사로서 「겪다」「취하다」「…하다」라는 뜻으로 대별된다. 상태 동사로서는 수동형·진행형·명령형 모두 원칙적으로 쓰지 못한다.
(2) 조동사로서는 동사의 과거분사와 결합하여 완료형을 만드는 용법만 있기 때문에 완료의 조동사라고 하며, (英) (美) 다같이 변칙 정형동사로 취급된다. 즉 의문문에서는 주어 앞에 오며 부정문에서는 do를 취하지 않기 때문에 변칙(變則)동사이고, 일반 동사와 같은 식의 정형(定形)이 있기 때문에 정형동사인 것이다.

‡**have** [hæv, 약 həv, əv, v] (* to 앞에서는 [hæf]로도 된다) 匣 (*had*, (약세형) *'d*; *hav·ing*; 3인칭·단수·현재형 *has*, (약세형) *'s*, (고어) *hath*; 고어체 2인칭·단수·현재형 *hast*, 과거형 *hadst*; 단축형 *'ve*(=have: I've), *'s*(=has: he's), *'d*(=had: we'd); 부정형 *haven't, hasn't, hadn't*; (구어) *have got*)

匣 I. **소유하다**

1 a) …을 가지고 있다, 소유하다; (…해야 할 필요가 있는) (사람·사물)이 있다(*to do*). ¶He *has* a large fortune. 그는 많은 재산을 소유하고 있다/I do not ~ any money. 나는 돈을 가지고 있지 않다∥ a letter *to* write 써야 할 편지가 있다/~ nothing *to do* 할 일이 아무것도 없다/She *has* every reason *to* say so. 그녀가 그렇게 말하는 데는 충분한 까닭이 있다/(~+ 몜+前+몜) She *has* a book *under* her arm. 그녀는 책을 한 권을 겨드랑이에 끼고 있다/He *hadn't* any money *on* [or *with*, *about*] him. 그는 가진 돈이 없었다.
b) …을 붙잡아 두다. ¶Now I ~ you. 자, 잡았다.

[유의어] **have** 「…을 가지다, 소유하다」라는 뜻의 가장 일반적이고 넓은 뜻의 말. **hold** have보다 「소유물을 마음대로 할 수 있다」의 뜻이 강하다. **own** 소유권을 강조하는 말. **possess** own과 뜻은 같으나 법률적으로 엄밀하게 쓰이는 말.

2 (친족 관계·고용 관계 따위를 나타내어) …이 있다; …을 데리고[거느리고] 있다; (개 따위를) (애완용으로) 키우다. ¶~ a large family 많은 가족을 거느리고 있다 / ~ a large staff of servants 많은 하인이 있다 / ~ a lot of friends 많은 친구가 있다 / She *has* three cousins. 그녀에게는 사촌이 셋 있다 / He *has* a kind boss. 그에게는 친절한 상사가 있다 / I want to ~ a dog. 개를 키우고 싶다.

3 (부분으로서) …을 갖추고 있다, 가지고 있다, …이 있다. ¶The room *has* three windows. 그 방에는 창이 세 개 있다 / The well *has* little water. 그 우물에는 물이 거의 없다 / The car *has* a self-starter. 그 자동차에는 자동 시동기가 있다 / How many days *have* June ~? =(英) How many days *has* June? 6월에는 며칠이 있습니까? ⇨ USAGE (2).

[주의]¹ **have**와 **there** 구문──The box *has* many toys in it. (그 상자에는 장난감이 많이 들어 있다)는 다음과 같이 말할 수도 있다: There are many toys in the box. =Many toys are in the box. 그러나 She *has* blue eyes. 와 같이 연속적으로 부수되어 있는 것에 대해서는 그렇게 바꿔 말할 수 없다.

4 (성질·속성으로서) …을 가지고 있다. ¶~ a habit of nail-biting 손톱을 깨무는 버릇이 있다 / She *has* blue eyes. 그녀는 눈이 파랗다 / He *has* a good memory. 그는 기억력이 매우 좋다 / She *has* an eye for paintings. 그녀는 그림에 대한 안목을 가지고 있다.

5 (감정·의혹·생각 따위) (…에 대해) 품다, 가지다 (*on, for, against*); (말이나 행동으로) …을 나타내다. ¶~ a good [half] mind to do that 그것을 할 마음이 내킨다 [썩 내키지 않는다] / She *had* a great deal of affection *for* those children. 그녀는 그 아이들에게 깊은 애정을 품고 있었다 / I ~ no doubt *of* his success. 나는 그의 성공을 믿어 의심치 않는다 / The boy *has* a liking *for* it. 그 소년은 그것을 좋아한다 / He *has* a grudge *against* her. 그는 그녀에게 원한을 품고 있다 / H– mercy on me. 저를 불쌍히 여겨 주십시오.

6 (~ the +추상명사형으로) (친절·용감 따위) 하게 (*to do*). ¶H– the goodness to pass the salt. 소금 좀 건네 주시겠습니까 / She *had* the impudence *to* refuse my invitation. 그녀는 건방지게 내 초대를 거절했다.

7 …을 알고 있다(know), (지식·기술)을 몸에 지니고 있다, 이해하다. ¶He *has* no mathematics. 그는 수학을 전혀 모른다 / He *has* very little of our language. 그는 우리 말을 거의 모른다 / He *had* no sports but tennis. 그는 스포츠라고는 테니스밖에 몰랐다 / Now I ~ you. 이제 당신 말을 이해할 수 있다.

8 (사람·동물이) (아이·새끼)를 낳다; (…와의 사이에서) (아이)를 얻다(*by*); (사람·사물이) (결과 따위)를 낳다 (* 가까운 미래에는 진행형을 쓰기도 한다). ¶~ two sons *by* that woman 그녀와의 사이에 두 아들을 두다 / She's *having* a baby in May. 그녀는 5월에 출산할 예정이다.

II. **겪다**

9 (병 따위)에 걸리다; (치료 따위)를 받다; (충격 따위)를 입다, (사고)를 만나다; (상황 따위)를 경험하다. ¶~ a headache [stomachache] 머리[배]가 아프다 / ~ a heart attack 심장 발작을 일으키다 / ~ an operation 수술을 받다 / ~ the wrong number 전화를 잘못 걸다 / ~ a shock 충격을 받다 / I *had* an accident. 사고를 만났다 / We *had* a lot of snow last year. 작년엔 눈이 많이 내렸다 / H– a good time. 즐겁게 보내세요 / I ~ [I've got] a cold now. 나는 지금 감기가 들었다 / I ~ colds every winter. 겨울만 되면 감기에 걸린다 (* 습관적인 경우에는 have got은 쓰지 않음) / A hard time was *had* by all. 모두 어려운 처지에 있었다 / We're *having* a lot of trouble with the car. 우리는 그 차 때문에 상당히 애를 먹고 있다 (* ~ a…time과 같은 정형 표현에 한해 수동형·진행형 가능).

10 (부정문에서) …을 허용하다(permit), 참다(bear). ¶I won't ~ it any more [or longer]. 나는 그것을 더 이상 참을 수 없다∥(~+몜+補) I can't ~ you idle. 네가 빈둥빈둥 노는 꼴은 볼 수 없다∥(~+몜+*ing*) I can't ~ you *smoking* at your age. 네 나이에 담배 피우는 걸 허용할 수 없다.

III. **취(取)하다**

11 …을 입수하다, 받다(receive) (*from*); (…의 대가로) 손에 넣다, 사다 (*for, at*); (can be had) 입수 가능하다. ¶~ information 정보를 얻다 / ~ a part in a plot 음모에 가담하다 / I *had* a letter this morning. 오늘 아침에 편지 한 통을 받았다 / He *has* a poor salary. 그는 박봉의 월급쟁이다 / You can ~ it at that price. 그 가격이면 그것을 살 수 있다.

12 (파티 따위)를 열다; (물건)을 놓다, 사용하다. ¶~ a party 파티를 열다 / ~ audio-visual aids for French lessons 프랑스어 수업에 시청각 교재를 사용하다.

13 …을 먹다, 마시다; (담배)를 피우다 (* 수동형·진행

형・명령형 모두 가능함).¶He *had* cake and coffee for dessert. 그는 디저트로 케이크를 먹고 커피를 마셨다/He is *having* breakfast now. 그는 지금 아침 식사중이다/*H–* a cigarette. 담배 한 대 피우시죠/Come and ~ tea with me! 자, 나와 차 한 잔 합시다.
14 [제의・사람 등]을 받아들이다; [관심]을 끌다.¶He wanted to marry her, but she wouldn't ~ him. 그는 그녀와 결혼하고 싶어했지만 그녀는 받아들이지 않았다.

IV. 하다
15 (보통「a+동작 명사」를 목적어로 취하여) …을 하다, 행하다(engage in)(*단일 동사보다 구어적이며 진행형으로 쓸 수 없음). ¶~ a bath 목욕하다/~ a chat 잡담하다/~ a dip 한 차례 미역감다/~ a dream 꿈을 꾸다/~ a drink 한 잔 마시다/~ a rest 잠깐 쉬다/~ a smoke 담배를 한 대 피우다/~ a try [or go] 한 번 해보다/~ a walk 산책하다.
16 (형용사・과거[현재] 분사・부사를 목적보어로 하여) …을 (…의 상태로) 해두다, 유지하다(keep). ¶(~+目+補) ~ the room clean and tidy 방을 깨끗이 정돈하다/You must ~ your eyes open. 너희들은 눈을 크게 뜨고 있어야 한다//(~+目+*done*) The problem *had* me stumped. 그 문제로 나는 난처해졌다//(~+目+-*ing*) I'd like to ~ you all *speaking* English well. 여러분이 모두 영어를 잘 말할 수 있게 되기를 바랍니다/I ~ my car *waiting* for me. 내 차를 대기시켜 놓았다/I'll not ~ you *prying* into my affairs. 내 일에 대해서 이래라저래라 하지 말게//(~+目+副) ~ a book *back* 책을 되돌려 받다/He *had* his hat *off*. 그는 모자를 벗었다/Let's ~ the car *out* for a drive. 차로 드라이브하러 나갑시다//(~+目+前+名) ~ a car *in* a ditch 차를 도랑에 처박다.
17 (it+that 節과 함께) …을 주장하다(assert), 말하다(tell).¶Rumor *has* it that they are going to get married. 소문으로는 그들이 결혼할 것 같다/She will ~ it that the conditions are unfair. 그녀는 조건이 불공평하다고 주장할 것이다(*will에 강세가 있으며 강한 주장을 나타낸다).

V. 시키다
18 (과거분사를 목적보어로 하여) **a)** (사역용법) …시키다, …하게 하다.¶(~+目+*done*) I'll ~ a new coat *made*. 외투를 새로 맞추겠다/I *had* a tooth *stopped*. 이빨을 때웠다/He *had* his photograph *taken*. 그는 사진을 찍었다. **b)** (피동적으로) …당하다. ¶(~+目+*done*) He *had* his left leg *broken*. 그는 왼쪽 다리가 부러졌다/I *had* my watch *stolen*. 나는 시계를 도둑맞았다.

주의² (1) 위 **a)** (사역용법)의 경우는 have와 get 중 어느 것을 써도 좋으나 (구어)에서는 get 쪽이 많다: She *had* [or *got*] her shoes *polished*. (2) **b)** (피동적으로)의 경우는 목적어가 신체의 일부일 때를 제외하고는 보통 get은 쓰지 않는다: I *had* [or *got*] my little finger *injured*.

19 (원형부정사를 목적보어로 하여) …시키다, …하게 하다; …당하다(⇒16).¶(~+目+*do*) I will ~ him *do* it. 그것은 그에게 시키겠다/I can't ~ you *do* that. 너에게 그것을 시킬 수는 없다/I will not ~ you *die* so young. 그런 젊은 나이로 너를 죽게 하고 싶지는 않다.
20 (명사를 목적보어로 하여) …으로 만들다, …이 되게 하다.¶I'll ~ him a good player before long. 머지않아 그를 훌륭한 선수로 만들어 놓겠다.

VI. 기타 용법
21 (구어) (경기・논쟁에서) …을 무찌르다, …에 대해 유리한 입장에 서다; [시합]에 이기다.¶I don't know where to ~ him. 어디를 찔러야 그를 해치울 수 있을지 모르겠다.
22 (구어) (보통 수동형으로) …을 속이다; …을 실망시키다; (뇌물로) …을 매수하다.¶The gambler *had* him. 도박사가 그를 속였다//(~+目+前+名) He has been *had over* the bargain. 그는 그 거래에서 속아 넘어갔다.　　　　　　　　[fuck의 완곡어).
23 (비어) [여자]와 자다[성교하다], [여자]를 알다(*
24 (구어) …에게 복수[앙갚음]하다.

[USAGE] (1) have의 수동형・진행형——「…을 가지고 있다」와 같이 상태를 나타낼 경우에는 보통 수동형・진행형이 있을 수 없으나, 같은 뜻이라 해도 동작・행위를 나타낼 때와 「속이다」의 뜻, 또는 have가 부사・전치사를 수반할 경우 수동형이나 진행형 모두 가능하다: There is none to be *had* at that price. 그 값으로는 아무것도 얻을 수 없다.
(2) have(「…을 가지고 있다」)의 의문문・부정문 ——(美)에서는 do를 쓰지만, (英)에서는 습관적・일반적인 내용을 말할 때는 do를 쓰되 개개의 사항에 관해서는 쓰지 않는 것이 보통이다: *Do* you ~ sugar in your tea? 홍차에는 설탕을 타십니까?(*습관적) /*H–* you sugar in your tea?(이때) 홍차에 설탕을 넣었습니까?(*개개의 사항) / The shop *hasn't* ice cream, because it *doesn't* ~ it. 그 가게에는 아이스크림이 없다. 왜냐하면 그 가게에서는 취급하지 않기 때문이다.
(3) have가 take, get, experience, receive의 뜻일 경우에는 의문문・부정문을 만드는 데 do를 쓴다: *Do* you ~ coffee for breakfast? 아침 식사 때 커피를 드십니까? / *Did* you ~ any difficulty in doing it? 그것을 하는 데 어려운 점이 있었습니까? / *Did* you ~ him wait? 당신은 그를 기다리게 했습니까?
(4) have의 숙어의 의문문・부정문에서는 do를 즐겨 쓴다. ⇒주의³ (2)

— 타 유복하다, 재산[돈]이 있다.¶There are some who ~ and some who ~ not. 재산이 있는 사람도 있고, 없는 사람도 있다.　　　　　　　　　　[圖 1).
All one *has* to *do* is …이 할 일이라곤 …뿐이다(⇒
be had up (구어) 고발당하다(⇒*have...up*).
be not having any (英) 인정[허가]하지 않다: (참가 따위를) 거절하다.¶He told me so, but I *wasn't having any*. 그는 그렇게 말했지만 나는 믿지 않았다.
can have...for the asking [*catching, etc*] 요청[잡기] 따위]만 하면 자기 것이 된다[그냥 준다).
had as good [or *well*] *do* …하는 것도 좋을 테지; …하는 편이 낫다.
had better [*best*] *do* ⇒BETTER¹, BEST.
had rather [or *sooner*] *do* (*than...*) ⇒HAD.
have...about (속어) …에 홀리다, 정신을 빼앗기다.
Have after! 뒤를 따르라!
have...against a *person* 남에게 [적대감 따위]를 품다.
have a go at it ⇒GO.
have and hold (법률) 보유하다
have a person *around* (l) (식사 따위에) 남을 집에 초대하다(*for*, *to*). (2) 남이 주위에 있다.
have a person *in* =*have...in* (l).
have at (문어) (l) 힘차게 착수[시도]하다. (2) …을 공격하다, …에 덤벼들다(attack). (3) (구어) (접씩) 먹다, 물다.　　　　　　　[따위가) 되다[없다).
have a thing [*nothing*] *on* (英구어) …에는 (약속
have a *thing* *to oneself* (물건)을 자기 것으로서 가지다. …만 지니다, 가지고 있다.
have a thing with [or *about*] *one* 물건을 몸[수중]
have back (l) …을 돌려 받다, 되찾다.¶Can I ~ it *back*? 그것 돌려 주실 수 없습니까? (2) (헤어졌던 배우자・애인・동료 등)을 다시 받아들이다.¶I am happy to ~ you *back* with us. 돌아와 주어서 기뻐요. (3) (환대하여 준 사람)을 답례로 초대하다. (4) (…에게) 앙갚음[복수]하다 (*at*).
have but [or *only*] *to do* …하기만 하면 되다.
have done with ⇒DO.

have down *a person*; ***have*** *a person* ***down*** ① 나는 매주 월요일에 쉰다. ② …을 흉내내다; 암기하다.
(아래층 사람에) (위층 사람을) 아래로 부르다. ② (시골 사람을) (도시 사람을) 부르다, (시골·별장 따위로) 초대하다.
have…(down) pat ⇒PAT.
have…going for *one* (구어) …이 (…에게) 유리하게 작용하다.
have had (구어) …에 진절머리가 나다. …은 이제 충분하다. ¶I ~ utterly *had* the school. 그 학교라면 지긋지긋하다.
have had it ① (英구어) 이제 끝장[한계]이다, 때가 늦었다. ¶His bicycle looks as though it's *had it*. 그의 자전거는 이미 수명이 다한 것 같다. ② (英구어) 살해되다. ¶He's *had it*. 그는 살해되었다. ③ (속어) 못쓰게 되다, 실패하다; 기회를 놓치다. ④ (美속어) 지겨워하다, 싫증나다(*with*). ¶I've *had it*! 진절 펬어!, 그만 해둬! ⑤ (美속어) 유행에 뒤지다; 한창때가 지나다. ⑥ (속어) (처녀가) 성경험이 있다.
have had (quite) enough of ⇒ENOUGH.
have…in ① [사람을] 불러오다; 부르다, 초대하다. ¶~ the doctor *in* 의사를 부르다. ② [물건을] 비축하고 있다; [물건을] 구입하다.
have it ① 말하다; (…라고) 말하다(*that*節); (will ~) 주장하다(⇒[타] 17). ② (부정문에서 will, would와 함께) 인정하다, 받아들이다. ¶I tried to excuse but he would not ~ *it*. 나는 변명하려고 했지만 그는 받아들이려고 하지 않았다. ③ 가져오다; 미리 정하다; [보어와 함께] 결과적으로 (좋은[나쁜]) 상태로 되다. ¶He has *had it* pretty tough since his wife died. 그는 아내가 죽은 후 몹시 고생했다. ④ (구어) 벌받다, 심한 꾸지람[공격]을 당하다; (美속어) 죽음의 일격을 받다. ¶I let him ~ *it*. 나는 그를 엄하게 꾸짖었다, 그에게 한방 먹여 주었다; (속어) 그를 때려 눕혔다[죽였다]. ⑤ (구어) (명안·해결책 따위를) 생각해 내다. ¶I (got) *it*! 알았다. ⑥ 알다, 정보를 얻다(*from*); (상대의 이야기 따위를) 듣다. ¶Let's ~ *it* from the beginning. 자아, 처음부터 듣기로 합시다. ⑦ 이기다, 우세하다. ¶The ayes *have it*. 찬성이 다수였다. ⑧ (어떤 방법으로) 일을 하다. ¶~ *it* one's own way 마음대로[알아서] 하다. ⑨ 재능[필요한 능력]이 있다, 할 수 있다. ⑩ (구어) 말할 수 없는 무엇(매력)이 있다.
have it all ① 모든 것을 한꺼번에 갖다. ② (美) 갖가지 일을 겪다.
have it (all) over (美구어) =have it on.
have it away (속어) ① 도망치다; 탈옥하다. ② 성교하다.
have it both ways 양다리 걸치다.
have it coming (to) *one* (구어) 당연한 응보(應報)가 있다.
have it for *a person* (속어) 남에게 반해[정신이 빠져] 있다; 남과 성교하다.
have it hard [or ***tough, bad, rough***] (美구어) (사람이) 힘든 생활을 하다, 참담한 꼴을 당하다.
have it in for *a person* 남에게 원한(악의)을 품다, 남에게 트집을 잡다.
have it in *one* ***to do*** (보통 부정문에서) 그럴 만한 [소질·역량]이 있다.
have it made (무슨 일이나) 잘 되어 가다.
have it off (속어) ① 도둑질[강도질]을 하다; (범인을) 수배하고 체포하다. ② (진행형으로) (…와) 성교하다(*with*); 사정하다.
have it on [or ***all over***] (美구어) …에 대해 우위에 있다, …보다 뛰어나다. ¶They ~ *it on* us. 그들은 우리보다 낫다.
have it [or ***the matter, the whole thing***] ***out*** (구어) 결판을 내다, 매듭짓다(*with*). 복붙하다.
have it out of *a person* (구어) 남을 벌주다, 남에게 복붙하다.
have it (so) easy [or ***soft, good***] (美구어) (사람이) 호사스런 생활을 하다, 편안하게 지내다.
have none of …을 용인치 않다; …을 상대하지 않다.
have nothing on ⇒NOTHING.
have…off ① …에는 쉬다. ¶I ~ every Monday *off*.

have on ① …을 입고[착용하고] 있다(wear). ¶She *had* a new dress *on*. =She had on a new dress. 그녀는 새 옷을 입고 있었다. ② …을 계획[준비, 예정, 진행]중이다. ¶What do you ~ *on* for Christmas? 크리스마스에는 무엇을 할 계획이냐? ③ (英구어) …을 곤란하게 만들다; 속이다, 놀리다. ¶Are you *having* me *on*? 나를 속이[놀리]겠다는 거냐? / I have been *had on*. 나는 속았다. ④ (美) 【…에게】 (약점 따위를) 쥐고 있다. ⑤ (전기 기구를) 켜놓고 있다.
have…on *a person* 남에게 [불리한 것·범죄 증거 따위를] 쥐고 있다.
have oneself (구어) …을 (크게) 즐기다, 손에 넣다.
have only to *do* =have but to do.
have…out ① …을 빼내다, 제거하다. ② …을 끝까지 계속하다. ¶Let the baby ~ its sleep *out*. 아기가 깰 때까지 자게 두어라. ③ (…와) …을 매듭짓다, 결판내다 (*with*).
have…over ① …을 손님으로 맞이하다, (집에) 초대하다. ② (싫은 일이) 끝나다(*with*). ¶We are happy to ~ our tests *over*. 우리는 시험이 끝나 후련하다.
have round =have…over.
have so [or ***too***] 틀림없이 …하다.
have something doing (구어) 계획[예정]이 있다.
have something on …의 약점을 잡고 있다.
have to do with ⇒DO¹.
have…to oneself 독점하다, 마음대로 하다.
have…up ① (수동형으로) (…의 이유[혐의]로) [남]을 불러내다; [남]을 기소하다; [남]의 책임을 묻다 (*for*). ② …을 자극하다; …을 손님으로 맞이하다.
have what it takes to *do* …하는 데 필요한 특성 [재능, 미모, 돈 따위]이 있다.
have…, will do (구어) …이 있으면 …하고 싶어한다 [할 수 있다]. ¶H- a car, *will* travel. 차가 있으면 여행하고 싶어한다.
Have with you. (구어) 함께 가겠소; 요청[도전]을 받아들이겠소.
have yet to *do* 아직 …하지 않았다.
Let me [or ***Let's***] ***have it!*** 자, 들어 봅시다, 말해 보시오. 자아, 빨리 이동합시다.
Let's be having you. (구어) 자아, 일을 시작합시다.
not have any (英구어) =be not having any.
to have and to hold 법적으로[영구히] 소유하는.
what have you (구어) 그밖의 (동류의) 것[사람].
won't have any (美) =be not having any.
You can't have it so. 그렇게는 안 된다.
You have (got) me there. ① 손 들었어, 네 말대로다. ② 모르겠어; (무엇을 (해야) 할지) 모르겠다.

── 조 (*변화형은 국와 같으나 과거분사는 없다.)
1 (to- 부정사와 함께) **a)** [명서문·의문문에서] …하지 않으면 안 되다(must). ¶(~+*to* do) I ~ *to* go now. 이제 가지 않으면 안 된다 / Sooner or later one *has to* choose. 조만간 선택하지 않으면 안 된다 / All she *had to* do was to sit and wait. 그녀가 할 일은 가만히 앉아서 기다리는 것뿐이었다 / He will ~ *to* leave tomorrow. 그는 내일 출발하지 않으면 안 된다 / Do I ~ *to* see him? 그를 만나야만 하는가? **b)** [부정문에서] …할 필요가 없다(need not). ¶(~+*to* do) You do not ~[or *n't to*] pay any attention to what he says. 그가 하는 말에는 전혀 신경을 쓸 필요가 없다 / He did not ~ *to* take it into consideration. 그는 그것을 고려할 필요가 없었다. **c)** [주로 be 동사 앞에서] …임에 틀림없다(*=be*) ~ got to be.) ¶He *has to* be joking. 그는 틀림없이 농담하고 있는 거야. **d)** (have only [or but] to do로) …하기만 하면 되다. ¶You ~ *only to* pay your debts. 당신은 빚을 갚기만 하면 된다 / He *had but to* repeat the words. 그는 그 말을 되풀이하기만 하면 되었다. **e)** (have yet to

do로) 아직 …하지 않다, 지금부터 …하기로 되어 있다. ¶I ~ yet to learn that he is a liar. 나는 그가 거짓 말쟁이라는 말은 아직 들은 적이 없다. f) (구어) (just have to do로) 무슨 일이 있어도 …하다, …하지 않고는 못 배기다. ¶I just ~ to do it right now. 나는 지금 바로 하지 않고는 못 배기겠다.

[주의]³ (1) have to와 must —— have to는 must 대신에 과거형·완료형·진행형 따위로 쓰이지만 간접 화법에서도 시제의 일치에 의한 과거형의 must 대신에 쓰이는 경우가 종종 있다: He said he must [or had to] finish it in a week. 그는 그것을 1주일에 끝마치지 않으면 안 된다고 말했다. **(2) have to의 의문문과 부정문** —— 의문문으로는 「do+주어+have to」와 「have+주어+to」의 두 형태가 있다. 부정문에서는 do not have to와 haven't to의 두 형태가 있지만, 전자가 일반적이다. **(3) have to와 have got to** —— 현재·과거 시제에 있어서, have to 대신에 have got to가 종종 쓰인다: I'd got to go. =I had to go. 나는 가야만 했다. **(4) have to와 생략** —— 부정사가 생략되는 것은 보통 다음부터이지만, 또는 생략되는 경우가 있다: Do you ~ to go? —I ~ to, and so ~ you. 가지 않으면 안 됩니까? —나는 가야 해, 그리고 자네도야.

2 (have+과거분사) (현재완료) **a)** (현시점에서의 동작의 완료) (보통 just와 함께) 막방금 …하였다. ¶He has just arrived. 그는 지금 막 도착했다/The clock has just struck four. 시계가 방금 4시를 쳤다. **b)** (현시점에서의 동작의 결과) …하였다, …하여 버렸다. ¶H– you finished your work yet? 이제 일을 끝냈습니까?/I ~ lost my knife. 나는 칼을 잃어버렸다/He has gone to America. 그는 미국에 가버렸다/I ~ caught (a) cold. 나는 감기에 걸리고 말았다/I ~ bought a watch. 나는 시계를 샀다. **c)** (현재까지의 경험) …한 적이 있다. ¶H– you ever been in [or to] Berlin? 당신은 베를린에 가본 적이 있습니까? ⇨ [주의]⁴ (3)/He has never read a book like that. 그는 그런 책을 읽어본 적이 없다/I ~ met him before. 나는 전에 그를 만난 적이 있다.

[주의]⁴ (1) 「have ever [never]+과거분사」 대신에 구어에서는 「ever [never]+과거형」으로 경험을 나타내는 경우가 흔히 있다: Did you ever go to London? 런던에 가본 적이 있습니까? (=H– you ever been to London?)/I never saw him. 나는 그를 만난 적이 없다(=I ~ never seen him.). **(2)** 긍정 평서문에서는 ever를 쓰지 않는다: I ~ read it before. 나는 전에 그것을 읽은 적이 있다. **(3) have (ever) been과 have (ever) gone** —— 「간 적이 있다」는 보통 have (ever) been으로 표현하지만, 특히 美에서는 have (ever) gone을 쓰는 경우도 있다. **(4)** 과거의 반복적인 동작과 현재완료 —— 현재완료가 과거의 반복적인 동작을 나타내기도 한다: Sometimes when I ~ been alone, I ~ remembered that folly. 이따금 혼자 있을 때 나는 그 어리석은 짓을 떠올리는 적이 있었다/Life has been pleasant; I liked it. 인생은 즐거웠고, 나는 그것을 좋아했다.

d) (현재까지의 계속) (종종 진행형으로) …해 왔다, 하고[해오고] 있다. ¶I ~ known him since I came here. 나는 여기 온 이래로 그와 알고 지냅니다/He has been sick these last three years. =It has been three years since he fell sick. 그는 병난 지 3년이 되다/I ~ been working for a long time. 나는 오랫동안 계속 일해 왔다. **e)** (시간·조건의 부사절에서 미래완료의 대용) ¶When I ~ finished (writing) this letter, I'll go with you. 이 편지를 다 쓰고 나면 함께 가겠습니다.

2 (had+과거분사) (과거완료) **a)** (과거의 그때까지의 완료·결과) …해[해 버리고] 있었다. ¶Before he got up, I had finished my breakfast. 그가 일어나기 전에 나는 아침 식사를 끝냈다/Scarcely had he stepped out of the room when he was arrested by a policeman. 그는 방에서 나가자마자 경찰관에게 체포되었다.
b) (과거의 그때까지의 경험) …한 적이 있었다. ¶As I had never seen him, I could not recognize him. 전에 만난 적이 없어서 그를 알아보지 못했다/He had never been to school. 그는 학교에 간 적이 없었다. **c)** (과거의 그때까지의 계속) …하고[해 오고] 있었다. ¶He had been ill for a week, when the doctor was sent for. 그가 병난 지 1주일이 지나서야 의사를 불렀다/We had lived in the house only a year, when it was destroyed by a typhoon. 우리가 그 집에 산 지 불과 1년 만에 태풍으로 집이 부서졌다. **d)** (대과거: 과거 이전의 과거) …했었다. ¶She was not surprised, because she had been told the fact. 그녀는 그 사실을 들었었기 때문에 놀라지 않았다. **e)** (시제의 일치에 의해) ¶He said that he had arrived the day before. 그는 그 전날에 도착했다고 말했다/She told me she had bought a new hat. 그녀는 새 모자를 샀다고 말했다. **f)** (가정법) (if, as if 따위의 부사절에서 과거의 가정을 나타내어) (만일) …했더라면, …이었다면. ¶If I had known you were here, I should have come at once. 당신이 여기에 있다는 것을 알았더라면 당장 왔을 텐데(* 여기서 Had I known…이라고 쓰는 것은 문어체)/She looked as if she had known him for years. 그녀는 마치 그를 몇 년 전부터 알고 있기나 한 듯이 보였다/I wish I had learned Chinese. 중국어를 배워 두었더라면 좋았을 것을. **g)** (가정법) (실현되지 않은 과거의 일을 나타내어) (expect, hope, intend, mean 등과 함께) (그때) …할 생각[의도 따위]이었는데 (이루지 못했다). ¶I had hoped to catch the 8:30 train. 8시 30분 열차를 타려고 했었는데.

3 (will [or shall] have+과거분사) (미래완료) **a)** (미래의 그때까지의 완료·결과) …해[해 버리고] 있을 것이다. ¶I shall ~ completed my task by the time you come back. 당신이 돌아올 때까지는 일을 끝마칠 것입니다/The snow will ~ disappeared before the end of March. 3월 말이 되기 전에 눈은 녹아 없어질 것이다.
b) (미래의 그때까지의 경험) …한 셈이 될 것이다. ¶I shall ~ read this book three times if I read it again. 이 책을 또 한 번 읽으면 세 번 읽은 셈이 된다. **c)** (미래의 그때까지의 계속) …하고 있는 셈이 될 것이다. ¶Next Monday he will ~ been staying in England for three years. 다음 월요일로 그는 영국에 3년 머문 셈이 된다.
4 ((to) have+과거분사) (완료부정사) **a)** (서술동사가 나타내는 때보다 먼저 있던 일을 말하는데) ¶He appears to ~ been rich. 그는 부자였던 것처럼 보인다. **b)** (과거·가정법 과거의 동사로, 실현되지 않은 과거의 일을 말하는데) ¶I was to ~ met him at three. 그와 3시에 만나기로 되어 있었는데/I should ~ liked to see him. 그를 만나고 싶었는데.
5 (having+과거분사) (완료분사·완료동명사: 서술동사가 나타내는 때까지의 완료·결과 따위를 나타내어) ¶The clock having struck ten, we shook hands and parted. 시계가 10시를 치자 우리는 악수를 하고 헤어졌다/He thought himself happy in having found a man who knew the world. 그는 세상 물정에 밝은 사람을 찾아낸 것을 다행으로 생각했다.

have been at [or **in**] …에 있었던[살았던] 적이 있다; …에 머문 일이 있다[출신이다]. ¶He's been at Oxford. 그는 옥스포드에 머문 일이 있다[출신이다].

ha·vu·rah [hɑːvúːrɑ:] 명 (복) ~s, -vu·roth, -rot [-vuːróːt]) 하부라(미국의 유대인 친목 단체; 특히 대학의 서클). [<Heb]
haw[1] [hɔː] 명 산사나무(hawthorn)의 열매.
haw[2] 명 (말·개 따위의 눈의) 순막(瞬膜); 순막의 염증.
haw[3] 에에(말이 막혔을 때의 소리). — 명 에에라고 하는 소리. — 자 에에라고 하며 우물거리다.
haw[4] 이러, 이랴!(말 따위를 왼편으로 돌릴 때 지르는 소리). — 타 왼편으로 돌리다[돌다].
*__Ha·wai·i__ [həwáiːi, -wáːjə] 명 1 하와이 (제도) (주도(州都) Honolulu). 2 하와이 섬(하와이 제도 중에서 제일 큰 섬). 3 (英속어) 50파운드 (지폐).
*__Ha·wai·ian__ [həwáiən, -wáːjən/həwáiiən] 형 하와이의; 하와이 사람[말]의; 하와이 제도의. — 명 하와이 사람; Ⓤ 하와이 말; (美속어) ~ ~ shine.
Hawáiian guitár 명 하와이언 기타; 우쿨렐레.
Hawáiian Íslands 명 (the ~) 하와이 제도.
Hawáiian shírt 명 하와이안 셔츠(반 소매의 낙한 무늬 있는 셔츠).
Hawáiian súnshine 명 (美속어) 하와이산(産) 마리화나.
Hawáii tíme 명 하와이 표준시(GMT보다 10시간 늦고 시간대는 Alaska time과 같음). (또는 __Háiii Stándard Time__)
haw·finch [hɔ́ːfintʃ] 명 콩새(유럽산(産) 명금의 일종).
haw-haw [-hɔ́ː] 명 깔깔웃음, 홍소(哄笑). — 명 깔 깔(웃는 소리)(ha-ha). — 자 깔깔(와하하) 웃다.
*__hawk__[1] [hɔːk] 명 1 매(falcon, buzzard, kite, harrier 등의 총칭). 2 남을 등쳐먹는 사람, 사기꾼. 3 (구) 명(名) 외야수. 4 매파(派) 사람, 강경론자, 주전론자 (主戰論者). 5 (美속어) LSD(중독자[판매인]). 6 (미장이의) 흙받이.
__as keen as a hawk__ 눈이 매우 빠른[예리한].
__know__ [or __tell__] __a hawk from a handsaw__ [or __hernshaw__] 상식이 있다, 판단력이 풍부하다.
__watch...like a hawk__ (구어) [사람·장소]를 엄중히 감시하다.
— 타 [사냥감]을 덮치다. — 자 매사냥을 하다, 매를 부리다; (매처럼) 덮치다(__at__); (매처럼) 날다.
<. __like__
hawk[2] 자타 1 ···을 소리치며 팔다, 행상하다(__about, around__). 2 ···을 선전하다; [소문 따위]를 퍼뜨리다, 퍼트리고 다니다(__about, around__). — 자 소리치며 팔다, 행상하다.
__hawk one's mutton__ (英속어) (여자가) 정부를 구하다.
hawk[3] 자 헛기침을 하다, (기침을 하여) 가래를 뱉다; (英속어) 침을 뱉다. — 타 기침을 하여 [가래]를 뱉다(__up__). — 명 헛기침; 칵 하고 뱉기.
Hawk [hɔːk] 명 (군사) 호크(미국제의 중단거리 대공 미사일). [<__H__oming __A__ll the __W__ay __K__iller]
háwk éagle 명 [조류] 뿔매(독수리와 매의 중간형).
hawk·er[1] [hɔ́ːkər] 명 매 부리는 사람.
hawk·er[2] 명 소리치며 파는 사람, 행상인.
háwk-èye [hɔ́ːkài] 명 1 예리한 눈(을 가진 사람). 2 (the H-) 미국 Iowa 주 태생의 사람[주민]. 3 (H-) (군사) 호크아이(미국의 조기경계 관제기(早期警戒管制機)).
hawk-eyed [-àid] 형 (매처럼) 눈이 날카로운; 빈틈없는.
hawk·ing 명 매사냥(falconry).
Haw·king 명 __Stephen W.__ ~ 호킹(1942- : 영국의 천체 물리학자).
hawk·ish [hɔ́ːkiʃ] 형 매 같은; 호전적인, 매파(派)인.
~**·ly** 부 ~**·ness** 명

— 명 [hæv] 1 (the ~, ~s) (구어) (부(富)·자원·핵을) 가진 사람[나라]; 유산자(有產者). ¶a struggle between the ~s and the ~nots 가진 자[나라]와 못 가진 자[나라]간의 투쟁. 2 (英속어) 사기, 속임수, 협잡. ¶It was an absolute ~. 그것은 완전한 협잡이었다.
hawk·ism [hɔ́ːkizm] 명 대외 강경 정책, 매파주의, 매파 정책.
háwk mòth 명 [곤충] 박각시나방.
hawk·nose [hɔ́ːknòuz] 명 매부리코. **-nosed** 형
háwks·bill (túrtle) [hɔ́ːksbil(-)] 명 [동물] 대모 (玳瑁)(바다거북의 일종; 등딱지로 대모갑을 만든다). (또는 **hawkbill**)
hawk's-eye [hɔ́ːksài] 명 1 [광물] 응안석(鷹眼石). 2 [조류] (유럽) 검은가슴물떼새.
hawk-shaw 명 (구어) 탐정, 형사.
hawk·weed [hɔ́ːkwìːd] 명 [식물] 조팝나물.
hawse [hɔːz] 명 [해사] (이물쪽의) 닻줄 구멍이 있는 부분; 닻줄 구멍; 정박할 때 닻과 닻까지의 수평 거리.
__to hawse__ 뱃머리 좌우 양쪽에 닻을 내리다.
hawse·자 (닻을 내린 배가) 세로로 몹시 흔들리다.
hawse-hole [hɔ́ːzhòul] 명 [해사] 닻줄 구멍.
haw·ser [hɔ́ːzər] 명 [해사] 굵은 밧줄; 닻줄.
háwser bènd 두 가닥의 굵은 밧줄을 연결하여 매는 방식의 하나. [처 끈.
haw·ser-laid [-lèid] 형 (굵은 밧줄이) 세 가닥을 합
*__haw·thorn__ [hɔ́ːθɔːrn] 명 [식물] 산사나무(장미과 (科) 식물); 서양산사나무. ~**·y** 형 [기(器器).
háwthorn chína 명 감청색 바탕에 매화를 그린 자
Haw·thorne [hɔ́ːθɔːrn] 명 __Nathaniel__ ~ 호손(1804-64: 미국의 소설가). **~·thorn·ésque** 형
Háwthorne efféct 명 [심리·경영] 호손 효과(자신들이 주목받고 있다는 자각에 의해 어떤 실험이나 연구에 참가하고 있는 사람들이 나타내는 업적의 향상). [<미국 Western Electric사 Hawthorne 공장의 이름]
*__hay__[1] [hei] 명 Ⓤ 1 건초: 꼴, 여물. ¶a mow of ~ 한 번에 베어놓은 건초 / __make__ ~ 건초를 만들다 / __Make__ ~ __while the sun shines__. (속담) 해가 나 있을 때 풀을 말려라, 호기를 놓치지 마라, 물실호기(勿失好機). 2 건초용 목초. 3 (美속어) 돈; (부정문에서) 푼돈. 4 (노력의) 결과, 성과; 보수. 5 (美속어) 마리화나. 6 (the ~) (구어) (특히 sex와 관련하여)침대; (속어) 잠, 수면.
__hit the hay__ (속어) 잠자리에 들다, 자다.
__look__ [or __search__] __for a needle in a bundle__ [or __bottle__] __of hay__ ⇒ NEEDLE.
__make hay of__ ① ···을 뒤죽박죽으로 만들다. ¶Do not make ~ of my things. 내 물건들을 휘저어 놓지 말아요. ② [머리카락 따위]를 헝클어뜨리다. ③ ···을 때려눕히다. ④ 헛되이 하다.
__not hay__ (속어) 상당한 금액(considerable sum).
__raise hay__ 분란[소동, 말썽]을 일으키다. [하다.
__roll__ [or __have a roll__] __in the hay__ (美속어) 성행위
— 타 1 ···을 건초로 만들다. 2 [말 따위]에게 건초를 먹이다. 3 ···에 (건초용) 목초를 심다[기르다]. — 자 건초
~·**ey** [héii] 형
hay[2] 명 S자형의 고리를 이루어 추는 컨트리 댄스; 그 춤의 고리. (또는 **hey**)
háy·bàg [héibæ̀g] 명 (美속어) 여자 부랑자; (속어) 풍뚱한[술에 취한] 노파; 못생긴 여자.
háy·bòx [héibɑ̀ks/-bɔ̀ks] 명 건초 상자(요리 따위를 뜸들이기 위해 쓰는 건초를 채운 상자).
háy·còck [héikɑ̀k/-kɔ̀k] 명 (원추형의) 작은 건초더
Hay·dn [háidn] 명 __Franz Joseph__ ~ 하이든(1732-1809: 오스트리아의 작곡가).
Ha·yek [háiek] 명 __Friedrich A. von__ ~ 하이에크 (1899-1992: 오스트리아 태생의 영국 경제학자; 노벨 경제학상 수상(1974)).
Hayes [heiz] 명 헤이즈. 1 __Helen__ ~ (1900-93: 미

국의 여배우). 2 Rutherford B. ~ (1822-93: 미국의 제19대 대통령(1877-81)).

háy fèver 〖병리〗 건초열, 고초열(枯草熱), 꽃가루병(꽃가루로 인해 생기는 알레르기성 질환).

hay·field [héifìːld] 〖명〗 목초지, 목초장(牧草場).

Háy·flick lìmit [héiflik-] 〖생물〗 헤이플릭 한계(세포의 분열 능력의 한계). [<미국의 미생물학자 Leonard Hayflick(1928-)의 이름]

hay·fork [héifɔːrk] 〖명〗 건초용 쇠스랑.

hay·head [héihèd] 〖속어〗 마리화나 상습자.

háy knìfe 〖명〗 건초용 나이프.

hay·lage [héilidʒ] 〖명〗 〖농업〗 헤일리지(사일로에 저장한 목초로 만드는 수분 40%-50%의 저(低)수분 사료).

hay·lift [héilìft] 〖명〗 건초 공수(큰 눈 따위로 고립된 지방가축을 위한 사료의 공수). [〖간〗위층.

hay·loft [héilɔ̀ːft/-lɔ̀ft] 〖명〗 (건초를 두는) 마구간[헛

hay·mak·er [héimèikər] 1 건초를 만드는 사람; 건초기, 2 《美구어》 녹아웃 펀치, 3 《美속어》 (연예인의) 장기(長技). **-màk·ing** 〖U〗 건초 만들기.

Hay·mar·ket [héimàːrkit] 〖명〗 (the ~) 영국 London의 West End의 번화가(극장가).

Háymarket Rìot (the ~) 헤이마켓 사건(1886년 5월 미국 Chicago의 헤이마켓 광장에서 8시간 노동을 주장하는 노동자와 경찰 간의 충돌 사건).

hay·mow [héimàu] 〖명〗 1 (헛간에 쌓아 둔) 건초더미; 2 (헛간의) 건초 두는 곳.

hay·rack [héiræ̀k] 〖명〗 1 건초시렁[대]; (건초를 나를 때 짐차에 다는) 건초틀; 건초틀이 붙은 짐차.

hay·rick [héirìk] 〖명〗 《英》 =haystack.

hay·ride [héiràid] 〖명〗 건초를 실은 마차를 타고 (밤에) 떠나는 피크닉.

no hayride (구어) (익살) 편치 않은; 즐겁지 못한.

hay·rig [héirìg] 〖명〗 =hayrack.

hay·seed [héisìːd] 〖명〗 1 (건초에서 떨어진) 풀의 씨. 2 〖U〗 건초 부스러기. 3 《美구어》 (교양이 없는) 시골뜨기, 2 시골의, 지방의.

hay·shak·er [héiʃèikər] 《美속어》 =hayseed 3.

hay·stack [héistæ̀k] 〖명〗 1 (원추형의 옥외) 큰 건초더미, 건초가리. 2 (물살이 센 하천의) 3각 물결.

look[or **search**] **for a needle in a haystack** ⇨ NEEDLE.

hay·ward [héiwɔ̀ːrd] 〖명〗 (가축의 침입을 막기 위하여) 울타리를 관리하는 공무원; (공유 가축떼의) 관리인.

hay·wire [héiwàiər] 〖명〗〖U〗 건초를 다발로 묶는 철사. ――〖형〗 1 임시 변통의, 임기응변의. 2 《구어》 혼란한, 뒤얽힌; 어쩔 도리가 없는, 감당할 수 없는. 3 《구어》 (기계 따위가) 고장난; 미친, 흥분한; 《美속어》 (마약으로) 이상해진. 《가》 고장나다. 3 《계》 의 같은.

go haywire ① (사람이) 미치다, 흥분하다. ② (기계 따위가) 고장나다.

Hay·worth [héiwə̀rθ] 〖명〗 Rita ~ 헤이워드(1918-87; 미국의 여배우).

ha·zan [háːzən] 〖명〗 (복 ~**s**) 하잔. 1 유대교단의 교회당 교직자. 2 (탈무드가 편찬된 시대의) 시나고그 관리임원. [<Heb]

*hazard** [hǽzərd] 〖명〗 1 위험; 모험; (…에의) 위험 요소, 위험한 것(**to**). ⇨DANGER 《유의어》 ¶ a life full of ~s 위험이 가득 찬 생활. 2 〖U〗 우연(의 일), 운; 뜻밖의 사건, 사고. 3 〖U〗 해저드(영국에서 행해지는 도박으로 두 개의 주사위를 사용한다). 4 (테니스) **a)** 코트 측벽(側壁)에 있는 구멍(여기에 넣으면 득점이 된다). **b)** 공을 받는 쪽의 코트(~ side). 5 《英》 (당구) 공을 쳐서 목표공을 맞힌 뒤 그 공이 포켓에 들어가도록 치는 법. ¶ a winning ~ 목표공을 포켓에 들어가도록 치기 / a losing ~ 친 공 자체가 목표공에 맞아서 포켓에 들어가버리기. 6 《골프》 해저드(벙커·연못·덤불 따위 코스 내의 장애물). 7 (아일) 전세 마차의 주차장. [〖고, 꼭,

at all hazards; at every hazard 만난을 무릅쓰고.

at [or **by**] **hazard** 운에 맡기고; 우연히.

at [or **to, with**] **the hazard of** …을 걸고, …의 위

beyond hazard 안전한. [험을 무릅쓰고.

in [or **at**] **hazard** 위험하게 되어. [고 해보다.

run the hazard 모험을 하다, (이판사판) 운에 맡기 ――〖동〗〖타〗 1 (추측·의견 따위)를 과감히 말해 보다, 어림짐작으로 대답하다. ¶ ~ an opinion 용기를 내어 의견을 말하다. 2 (생명·재산 따위)를 위태롭게 하다(걸다). ¶ ~ one's life 생명의 위험을 무릅쓰다. 3 (불행·형벌 등)의 위험을 무릅쓰고 하다.

~**·a·ble** 〖형〗 ~**·er** 〖명〗 ~**·less** 〖형〗

házard làbel 〖명〗 (가연성 기체·자연 발화물·독극물 등에 표시하는) 위험 표지 라벨.

haz·ard·ous [hǽzərdəs] 〖형〗 위험이 많은, 모험적인; 운에 맡긴. ~**·ly** 〖부〗 ~**·ness** 〖명〗

házardous wáste 〖명〗 유해(有害) 폐기물.

házard wárning dèvice 〖명〗 (자동차) 고장(위험) 경고 표시등. (또는 **házard lìghts**)

Haz·chem [hǽzkèm] 〖명〗 〖英〗 〖화학〗 위험 약품 취급 표시법. [<hazardous+chemical]

*haze¹** [heiz] 〖명〗〖U, C〗 1 아지랑이, 안개, 이내; 안개 모양의 것. ⇨FOG¹ 〖유의어〗 2 (종종 **a** ~) (정신 따위의) 몽롱, (시력 따위의) 흐릿함, (지식 따위의) 애매함. 3 희미한 것. 4 《美속어》 LSD.

in a haze 〖명〗〖몽롱〗하여, 오리무중으로.

――〖동〗〖자〗 흐릿해지다, 안개가 끼다(over). ――〖타〗 …을 **~·less** 〖형〗 [어렵풋하게[희미하게] 만들다.

haze² 〖타〗 1 (신입생 등)을 굴리다, 괴롭히다. 2 (해사) (선원)을 혹사하다. (미) (선원)에게 고된 일을 시키다.

*ha·zel** [héizəl] 〖명〗 1 개암나무; 개암. 2 〖U〗 개암색, 담갈색. 3 《美속어》 헤로인. ――〖형〗 개암의, 개암나무로 만든; 담갈색의.

ha·zel·nut [héizəlnʌ̀t] 〖명〗 개암 열매.

haz·er [héizər] 〖명〗 (신입생 등을) 괴롭히는 사람.

haz·ing [héiziŋ] 〖명〗 심한 훈련[기합]; (신입생·신참자에 대한) 은근 골리기, 신고식; (해사) (선원)의 혹사. ¶ fraternity ~ 동아리 가입 신고식.

Haz·litt [hǽzlit] 〖명〗 **William** ~ 해슬릿(1778-1830: 영국의 수필가·비평가).

*ha·zy** [héizi] 〖형〗 1 흐릿한, 아련한, 안개가 낀. ¶ a ~ sky 흐린 하늘. 2 (머리·생각 따위가) 흐리멍덩한, 몽롱한, 어렴풋한(about). ¶ a ~ idea [or notion] 막연한 생각 // He was ~ about how to answer. 그는 어떻게 대답해야 좋을지 몰랐다. 3 (거울 따위가 증기 따위로) 흐려진(with); (물 따위가) 탁한. 4 (고어) 거나하게 취한. **-zi·ly** 〖부〗 **-zi·ness** 〖명〗

Hb hemoglobin. **HB** 〖가〗 hard black(HB 연필). **h.b.** (축구·하키) halfback.

HB ántibody 〖명〗 (의학) HB 항체(HB 항원에 대한 항체). (또는 **H-bar**)

H-beam [éitʃbìːm] 〖명〗 (야금) H형 강(鋼), H형 빔.

H.B.M. His[Her] Britannic Majesty(영국 국왕(여왕) 폐하). **HBO** Home Box Office(미국의 케이블 TV 프로그램 공급 회사); [의학] hyperbaric oxygen therapy(고압 산소 요법).

H-bomb [éitʃbɑ̀m/-bɔ̀m] 〖명〗 수소 폭탄(hydrogen bomb). ――〖타〗 …을 수소 폭탄으로 공격하다.

HBP high blood pressure(고혈압). **HBS** Harvard Business School(하버드 대학 경영대학원). **H.C.** hard copy: Holy Communion; House of Commons(영국 하원); House of Correction. **hcap.** **hdcp.** handicap. **H.C.F., h.c.f.** highest common factor(최대 공약수). **HCFC** hydrochlorofluorocarbon(염화 불화 탄화 수소; CFC의 일종).

H chàin 〖명〗 =heavy chain.

h.c.l. high cost of living(물가고). **HCR** highway contract route. **Hd., hd, hd.** hand; head. **h.d.** heavy duty; (라틴) (처방전에서) hora decubitus(= at bedtime). **hdbk.** hand book. **HDC** hard disk controller(하드 디스크 제어 장치). **HDD** hard disk drive. **HDDT** high density digital tape(고밀도 디지털 테이프). **HDI** Human Development Index(인간 개발 지수(유엔 개발 계획(UNDP)이 매년 발표하는 평균 수명·교육 수준·1인당 GDP 등을 토대로 작성한 생활 수준 지표)). **hdkf.** handkerchief. **HDL** (의학) high-density lipoprotein(고비중 리포단백). **HDLC** (컴퓨터) high-level data link control(고수준 데이터 링크 제어). **hdqrs.** headquarters. **hds** heads; hundreds. **HDTV** high-definition television(고품격(고화질) 텔레비전). **HDV** high-definition video(고품격(고화질) 비디오). **hdw.** hardware. **hdwe.** hard-ware. **HDX** half duplex.

‡**he¹** [hiː, 약 iː] 때 〔인칭대명사, 3인칭·단수·남성·주격〕 (복) **they**; 소유격 **his**; 목적격 **him**; 소유대명사 **his**) 1 그는[가]. ¶Where is your brother?—He is at school. 동생은 어디 있니?—그 애는 학교에 있어.

(USAGE) him과 he ── (1) he가 다른 말과 복수 주어를 이루고 있을 경우 구어·속어에서는 him을 쓸 때가 있다: Him and his wife talked over it for a long time. (2) 앞선 명사구와 동격일 경우, he라야 할 것이 him으로 되는 경우가 있다: The taller one of the two, him whose face looked toward us, is my brother. (3) 동사 다음에는 목적격이 온다는 의식이 강하기 때문에 구어 내지 속어에서는 술부에서 he라야 할 것이 him으로 될 경우가 많다: That's him. / I am not him. / It can't be him. (* It's me.는 정식 용법으로서 확립되어 있다). (4) 접속사의 as나 than에서 but 따위의 유추에서 전치사처럼 느껴져, 구어에서는 그 다음에 목적격으로 할 경우가 흔하다: She is as tall as him. / She is taller than him. (5) 독립적 용법일 경우, 구어에서는 he 대신에 him을 쓸 경우가 있다: Who do you mean?—George.—Oh, him!

2 (everybody, somebody, nobody 따위 부정대명사와 person, reader 따위 남녀 공통어[통성 명사]를 받아) 그 사람은이다. 3 (…하는) 사람(= 누구든지)(anyone who). ¶He who sows little reaps little. 《속담》 애쓰는 바 적은 자는 얻는 바도 적다. 4 〔의인법〕 그것은, 그것이(* 여성 대용). ¶The river is long and rambles to the sea. 그 강은 길며 구불구불 흘러서 바다로 들어간다. 5 〔속어〕 =him. 6 (H−) 하느님(을 가리키는 대명사).

he who [or **that**] **does…** 누구든지 …하는 사람은. ── 명 (복) ~s, he's) 1 남성, 남자, 사내 아이. 2 수컷. ¶Is your cat a ~ or a she? 댁의 고양이는 수컷입니까, 암컷입니까? 3 [고어] 사람, 인물. ── 형 〔구어〕 (동물의 수컷이) 늠름한. ── 무 [음·조소를 나타낸다].

he² [hiː] 무 히히, 히히(종종 he! he!t라고 반복함 우스꽝스럽게).
he³ [hei] 명 헤브라이어 알파벳의 다섯째자. (또는 **heh**) [<Heb]
he⁴ 명 술래잡기 놀이(tag); (술래잡기의) 술래(it).
he- [hiː] 〔연결〕 he(남성·수컷)의 뜻. ¶he-cat, he-goat, he-cousin, he-god.
He ⑦ (화학) helium; **HE** high explosive(고성능 폭약); human engineering(인간 공학). **H.E.** His Eminence(예하(猊下)(추기경에 대한 존칭)); His[Her] Excellency.

‡**head** [hed] 명 (복) ~s [-z] 1 a) 머리, 두부(頭部) (목 위 부분을 가리킨다). ¶cover[bare] one's ~ 모자를 쓰다[벗다] / duck[hold up] one's ~ 목을 움츠리다[곧추세우다] / have a cold in the ~ 코감기에 걸려 있다 / put [or set] a prize on his ~ 그의 목에 현상금을 걸다 / Better be the ~ of an ass than the tail of a horse. 《속담》 닭의 벼슬은 될지언정 소의 꼬리는 되지 마라. b) 생명, 목숨, 목. ¶It cost him his ~. 그 때문에 그는 목숨을 잃었다.

2 두뇌, 지력, 지능; 이성, 분별; 지혜, 추리력, 이해력; 제정신, 침착. ¶a ~ and heart 이성과 감정 / a business ~ 상재(商才) / have a clear [or good] ~ 머리가 좋다 / have a dull [or bad] ~ 머리가 나쁘다 / beat… into a person's ~ …을 남의 머리 속에 집어넣다[주입하다] / It requires a steady ~. 그것을 하려면 차분함이 필요하다 / Two ~s are better than one. 《속담》 백짓장도 맞들면 낫다.

3 (the ~) (부·국 따위의) 장(長), 우두머리, 지배자, 지휘자; 교장; 총재, 회장(* be 동사의 보어일 경우 무관사). ¶the ~ of a section [division]; a section [division] ~ 과장[부장] / a university ~ 대학 총장 / a department ~ 학부장 / the ~ of a tribe [or clan] 족장, 추장 / the ~ of a party 당수.

4 권력·명예 따위가 따르는 지위, 지도적 지위, 수석, 상위, 상석. ¶take the ~ of the table 주빈석에 앉다.

5 〔성질·지위 따위를 나타내는 말과 함께〕 사람. ¶crowned ~s 왕좌에 있는 사람들 / wise ~s 현명한 사람들.

6 (복) ~ (수) (수적으로) 1명, 한 사람 등; 한 마리 [필]; (~s) 사람수, 마리수; 〔집합적〕 떼, 다수. ¶at 5,000 won a [or per] ~ 1인당 5,000원으로 / thirty ~ of cattle 소 30두 / a large ~ of (잡은 사냥감 따위가) 많은 / count ~s 사람수를 세다.

7 a) 끝, 선단(先端); (대열의) 선두, 앞장. b) (산의) 정상, 꼭대기; (낭떠러지 따위의) 끝, 갑(岬)(* 지금은 주로 지명에 쓰이고 있다: Diamond H−); (물건의) 상부, 상단; (도구·지팡이·못 따위의) 머리 부분, 머리 모양의 부분; 물건을 베는[치는] 부분, (골프채의) 헤드; (북의) 가죽면; (고름이 터질듯한) 종기의 꼭지. ¶the ~ of a hammer [nail] 해머[못] 대가리.

8 (つの) (수원(水)지); (호수에서) 강물이 흘러드는 장소; 낙차(落差); (물·증기의) 압력. ¶the ~ of a lake 호수의 물목(물이 흘러드는 쪽) / the ~ of the Mississippi 미시시피 강의 수원 / a ~ of steam 증기의 압력.

9 (페이지의) 윗부분; (글의) 앞머리, 서두; (문장이나 연설 따위의) 요점, (주요) 항목; (신문·잡지 따위의) 표제, 제목(headline). ¶the ~ of a page 페이지의 윗부분 / come [or fall] under the ~ of …의 항목에 들다.

10 (보통 ~s) 〔단수취급〕 (동전의) 표면, 겉면(⟷ tail) ; (두상(頭像)이 있는) 우표. ¶Heads I win, tails you win. 앞이 나오면 내가 이기고 뒤가 나오면 네가 이긴다.

11 (당장 폭발할 듯한) 위기, 극점(極點); 절정; 결론. ¶bring matters to a ~ 사태를 위기로 몰아넣다. 12 (나무의) 가지끝, (초목의) 머리, 이삭끝, (양배추의) 결구(結球); 두상화(頭狀花). ¶a cabbage with a ~ 결구한 양배추 / a clover ~ 클로버의 꽃 / in full ~ 이삭이 다 패어. 13 머리카락; 사슴뿔. ¶a deer of the first ~ 첫뿔이 돋은 사슴 / have a red ~ 머리카락이 빨갛다.

14 〔구어〕 (술·차의) 숙취의 두통. ¶have a morning ~ 숙취로 머리가 아프다. 15 〔구어〕 (자동차·열차 따위의) 전조등, 헤드라이트. 16 (자동차의) 엔진 뚜껑; 〔英〕 (자동차의) 지붕. 17 (액체를 따르었을 때의) 거품; 〔英〕 (우유의 표면에 뜨는) 크림. ¶the ~ on beer 맥주 거품. 18 〔해사〕 이물(bows); (이물에 있는) 하급 선원용 변소. 19 〔건축〕 주춧돌, 초석. 20 〔광산〕 갱도(heading). 21 〔음악〕 음표의 머리, 부두(符頭). 22 (the ~) 〔문법〕 주요어(headword). 23 〔속어〕 입(mouth). 24 〔美속어〕 마약 중독자, (마약에 의한) 도취감: (…)族, (…에) 열중한 사람. 25 〔사진〕 카메라 고정용 대(臺). 26 〔기계〕 (선반(旋盤)·드릴링 머신 따위의) 공구(工具) 끼우는 부분. 27 〔증류〕 초류(初溜)(맨처음 증류하여 생긴 알코올 함유물). 28 (안장의) 앞머리(pommel).

above a person's head; *above the head of a*

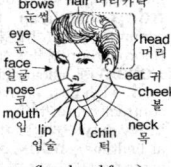
[head and face]

person =*over a person's head*.
against the head 〔럭비〕 상대편 볼의 스크럼으로
a head of hair 숱이 많은 머리(카락).
an old head on [or **upon**] **young shoulders** 젊은 나이답지 않게 현명한 사람.
at the head of …의 선두에; …의 상좌에; …의 수석
beat *a person's* **head off** 남을 여지없이 해치우다.
beat [or **bang, bash, run**] *one's* **head against a** (**brick**) **wall** [or **a post**] 〔구어〕 무리[불가능]한 일을 시도하다, 헛된 노력을 하다.
be in head (작물이) 고개를 내밀다.
bite [or (美) **eat**] *a person's* **head off** 〔구어〕 호되게 꾸짖다, 야단치다; 덤벼들다, 물고 늘어지다.
bother [or **trouble**] *one's* **head** 〔구어〕 괴로워하다, 걱정하다.
──를 인정하다, 항복하다.
bow *one's* **head** 머리[고개]를 숙이다, 절하다; 패배
bring...to a head ① …을 곪게 하다. ② …을 위기에 빠뜨리다, 막다른 골목으로 몰아넣다; 〔기회가〕 무르익다. ③ (불확실한 것 따위를) 명확하게 하다; …을 요약하다.
bury [or **hide**] *one's* **head in the sand** (*like an ostrich*) 사실을 외면하다, 위험이 다가옴을 직시하려 하지 않다.
──럴한 일격을 가하다.
bust *a person's* **head open** 〔구어〕 남의 머리에 강
by a head (경마에서) 간발의 차이로; 근소한 차이로. ¶win [lose] *by a* ～ 근소한 차로 이기다[지다].
by the head and ears; by head and shoulders 거칠게, 난폭하게, 억지로.
call down...on *a person's* **head** 〔저주·천벌 따위〕가 남에게 일어나도록 빌다.
can [or **could**] **do...** (**standing**) **on** *one's* **head** 〔구어〕 쉽게[가볍게] …할 수 있다.
can make neither head nor tail of; cannot make head or tail of …을 전혀 모르다, 이해하지 못하다.
carry *one's* **head high** =*hold one's head high*.
come [or **draw, gather, grow**] **to a head** ① (종기가) 곪아서 터질 듯하다. ② (기회가) 무르익다; (사태가) 위기에 빠지다; 전기(轉機)를 맞이하다, 정점에 이르다.
──다.
come under the head of …항목[부문]에 들어가다
come up heads (동전 던지기로 일을 결정할 때) 겉면이 나오다.
cop a head 〔속어〕 취하다, 약물을 복용하다.
crow *one's* **head off** 〔구어〕 자만하다.
do *one's* **head** [or **nut**] 매우 노하다.
──다.
do...on *one's* **head** 〔英속어〕 …을 쉽게[거뜬히] 하
(**down**) **by the head** 〔해사〕 이물을 물 속에 처박고, 〔속어〕 약간 취해서.
──주입시키다.
drive...into *a person's* **head** …을 남의 머리 속에
eat *a person's* **head off** 〔속어〕 남에게 불평하다; 남을 책망하다.
──〔게으름피우다.
eat *one's* **head off** 잔뜩 먹기만 하고 일은 하지 않다
enter [or **come into**] *one's* **head** 〔구어〕〔부정문·의문문에서〕생각이 미치다[떠오르다].
for *one's* **head** 필사적으로, 간신히.
from head to foot [or **heel, toe**] 머리 끝에서 발 끝까지, 전신으로; 완전히.
gather head (종기가) 곪다; (폭풍 따위가) 점점 거세어지다, 수량(水量)이 붇다; 속도를 더하다; 모병하다.
get a head 〔구어〕 숙취하다.
──잘 이해시키다.
get...into *a person's* (**thick**) **head** 남에게 …을
get it into *one's* **head** 술이 오르다, 취하다.
get it into *one's* **head** ① (…임을) 잘 이해하다 (*that* 節). ② =*take* (*it*) *into one's head*.
get it through *a person's* **head** …임을 (남에게) 이해시키다 (*that* 節).
get *one's* **head down** 〔속어〕 ① (책상에서의) 하던

일로 되돌아가다. ② (자기 위해) 눕다.
get [or **have**] *one's* **head examined** (반어적) 바보짓하다.
──다.
get *one's* **head screwed on** 언동에 허술함이 없
get [or **have**] *one's* **head together** (美속어) (일·생활 따위에서) 빈틈없이 하다; 냉정해지다.
get...out of *one's* **head** [or **mind**] …을 잊다, 생각하지 않다.
get over the head of …을 무시하다.
give a head (속어) (숙취로) 두통이 나게 하다.
give *a horse* [*person*] *its* [*his*] **head** (고삐를 늦추어) 말을 마음대로 걷게 [남을 마음대로 하게] 하다.
go off *one's* **head** 미치다, 머리가 이상해지다.
go out of *a person's* **head** 남에게서 잊혀지다.
go to *a person's* **head** ① 남의 머리를 돌게 하다. ② (술이) 사람을 취하게 하다. ③ 사람을 자만하게 하다.
hang *one's* **head** 부끄러워 고개를 숙이다.
hang over *a person's* **head** (걱정 따위가) 머리에서 떠나지 않다.
have a (**good**) **head on** *one's* **shoulders** ① 양식과 분별이 있다, 지혜(상식)가 있다. ② 실무에 밝다.
have a head for …의 재능이 있다, 잘하다.
have a head of steam 열의가 고조되다.
have a long head 선견지명이 있다, 머리가 좋다.
have an old head on young shoulders (나이에 비해) 경험[지식]이 풍부하다.
have a strong head (사람이) 술이 세다.
have [or **get**] **a swollen** [or (美) **swelled**] **head** (자만·득의로) 몹시 자만하다.
have *one's* **head in the clouds** 몽상에 빠져 있다.
have *one's* **head on straight** 건실한 생각을 가지고 있다.
have *one's* **head screwed on** (**right** [or **the right way, properly**]) ⇨SCREW.
have *one's* **head up** *one's* **ass** (속어) 멋대로 행동하다, 꼭 바보 같다[굴다].
head and ears 온몸으로; 완전히; 흠뻑 (빠져).
head and shoulders 머리와 어깨만큼, 단연 빼어나게 (*above*). ¶He stood ～ *and shoulders above them*. 그는 그들보다 훨씬 뛰어났다.
head down 고개[머리]를 숙이고.
head first [or **foremost**] 곤두박질로; 무턱대고.
head on 이물[차의 앞쪽]을 앞으로 하여; 정면으로, 똑바로. ¶Two cars collided ～ *on*. 두 차가 정면으로 충돌했다.
──깊이 빠져
head over ears; over head and ears 완전히 파묻혀,
head over heels; heels over head ① 거꾸로, 공중제비를 하여. ¶turn ～ *over heels* 재주넘기를 하다. ② 몽땅, 완전히 (*in*). ¶He fell ～ *over heels in love with her*. 그는 그녀에게 홀딱 반했다.
Head(s) or tail(s)? 앞이야 뒤야? * 동전을 던져 일을 결정할 때의 말.
Heads up! ① (구어) 조심해라!(Be careful!) ② (h-up) (변화나 새로운 조치가) 임박했음을 알리는 예고.
head to head 얼굴을 마주 대하여.
Head will [or **must**] **roll.** (구어) 몇 사람 목이 날아갈 거야; 감원이 있을 거야; 처벌받는[문책당하는] 사람이 있을 거야.
hide *one's* **head** 부끄러워 얼굴을 가리다.
hit [or **knock**] *one's* **head against a** (**brick**) **wall** =*beat one's head against a* (*brick*) *wall*.
hit the nail (**right**) **on the head** ⇨NAIL.
hold *one's* **head high** 머리를 높이 쳐들다; 거만한 태도를 취하다.
hold up *one's* **head; hold** *one's* **head up** ① 고개를 꼿꼿이 세우다. ② 힘을 내다, 의기를 잃지 않다; (비유적) 가슴을 펴고 걷다.
in *one's* **head** 머리 속에서, 상상으로; 암산으로.

***in over*[or *above*] *one's head* (美속어) 어쩔 수 없
keep** one's **head above ground 살아 있다.
keep** one's **head above water ① 익사하지 않고 있다. ② (비유어) 빚을 안 지고 살다, 분수껏 살다.
keep** one's **head down (구어) (고개를 낮추어) 위험[세간의 눈]을 피하다; 자중하다.
keep** one's **head (right) 침착하다.
knock** a person's **head off (속어) (will, shall과 함께) 남을 때려 눕히다.
knock heads 절하다.
knock...on the head (구어) ① …을 중지시키다, 뒤집어엎다. ② (드물게) …을 죽이다.
knock** persons' **heads together 사람들을 무리하게 화해[타협]시키다.
knock** something ***into the head ⇨ KNOCK.
lay** one's **head on the block =*put one's head on the block*. [*heads together*.
lay our*[*their, your*] *heads together =*put our
let** a person **have his head 남을 자유롭게 해주다, 마음내키는 대로 하게 하다.
lie on the head of …의 책임이다.
lift up** one's **head ① 나타나다; 두각을 나타내다. ② 기운을 차리다[되찾다]. ③ 긍지를 느끼다. ④ (산이) 우뚝 솟아 있다.
lose** one's **head ① 목이 잘리다. ② 흥분하다; 분별력을 잃다, 허둥대다. ③ (…에) 열중하다(*over*).
make** a person's **head spin [or ***go round, swim***] (구어) 머리를 혼란하게 하다, 어질어질하게 하다.
make head 나아가다, 전진하다. [*hand*.
make head against …에 맞서다, 대항하다.
***make**(*s*) *or* **tail**(*s*) (*out*) *of* (구어) (의문문·부정·조건문에서: can, could, be able to와 함께) (사물)을 이해하다.
make** (**the**) **heads roll 직권으로 해고[해임]하다.
nod** one's **head 고개를 끄덕이다; 찬성[승인, 인정]하다. [*off*.
nose** a person's **head off =*bite a person's head
not know whether[*or if*] *one is* (***standing***) *on* one's **head** *or* one's **heels*** (구어) 뭐가 뭔지 모르다, 혼란에 빠져 있다. [한.
odd [or ***queer***] *in the head*** (구어) 머리가 이상
off** one's **head (구어) ① 정신이 나가서; 미쳐서. ② 몹시 흥분하여. […이, 극도로.
off [or ***out of**] *the top of* one's **head*** 별 생각 없이.
one's head off (구어) 몹시, 지나치게.
on [or ***upon***] *one's* **head*** ① 물구나무서서. ¶stand on *one's* ~ 물구나무서다. =*on one's* (*own*) *head*.
on [or ***upon***] *one's* (***own***) **head*** ① 자기 책임하에. ¶*On your* (*own*) ~ *be it*. 당신 책임이다, 자업자득이다. ② (속어) 쉽게.
open** a person's **head (구어) 남에게 납득시키다, 남의 눈을 뜨게 하다.
open** one's **head (속어) 말하다, 이야기하다.
out of one's **head** [or ***mind***] ① (美) 미쳐서. ② (구어) 몹시 흥분해서. [잊어버려서.
out of** one's* (own***) **head*** ① 자기 머리[생각]로. ②
over** a person's **head; *over the head of* a person ① 남에게 이해되지 않는. ¶*He talked over the ~s of his audience.* 그의 이야기는 청중의 이해를 얻지 못했다. ② 남의 머리를 뛰어넘어, 남을 무시하고. ③ 남을 앞질러; 남의 우선권에 구애되지 않고.
over head and ears ⇨ EAR.
over** one's **head ① 자기 능력 이상의. ② (속어) 평소보다 훌륭히.
over the heads of …을 제쳐놓고[앞질러].
price on** one's **head 수배자 현상금.
put a head on (美속어) …에게 해대다.

put...into [or ***out of***] *a person's* **head*** 남에게 …을 생각나게[잊게] 하다.
put** one's **head down (英구어) 잠시 수면을 취하다.
put [or ***place, run***] *one's* **head into the lion's mouth*** 위험에 스스로 몸을 내맡기다, 호랑이 굴에 들어가다. [을 하다; 실패할 줄 알고 하다.
put [or ***lay***] *one's* **head on the block*** 위험한 짓
put our [*their, your*] ***heads together*** (구어) 이마를 맞대고 상의하다, 서로의 지혜를 내놓다.
raise [or ***rear***] *its* [or *one's*] (***ugly***) **head*** (질투 따위 나쁜 것이) 머리를 쳐들다, 나타나다.
right in the head 분별이 있어.
scratch** one's **head (곤란해서) 머리를 긁다, 곤혹(困惑)스러워 하다.
shake** one's **head 고개를 가로 젓다; 부정[거부]하다, 불만[의문]을 나타내다.
show** one's **head 나타나다.
shrink heads (구어) 정신 질환을 치료하다.
Shut your head! (속어) 입 다물어! [*off*.
snap** a person's **head off =*bite a person's head
soft in the head 머리가 모자라는.
standing on** one's **head 편안히; 쉽게.
stand[or ***turn***]*...on its head*** …을 혼란에 빠뜨리다, 전도(顚倒)시키다.
stand on** one's **head ① 물구나무 서다. ② (구어) 전력을 다하다, 모든 수단을 다 쓰다. [*head*.
suffer from a swollen head =*have a swollen
take** (*it*) *into* one's **head …을 믿게 되다; …할 생각이 들다, 결심하다.
take the head 앞장서다, 선도하다.
talk** a person's **head off 장황한 이야기로 남을 싫증나게 하다.
talk out of the top of** one's **head; *talk through a hole in* one's **head*** (구어) 생각없이 [함부로] 지껄이다, 당치않은 말을 하다.
the head and front (…의) 본질(*of*).
trouble** one's **head =*bother one's head*.
turn** a person's **head 남을 으쓱거리게[자만하게] 하다, 도취시키다.
turn away** one's **head 고개를 돌리다, 외면하다.
turn...on its head (일)을 거꾸로 하다; …을 정반대로 보다.
use** one's **head 머리를 쓰다[굴리다].
weak in the head (구어) 머리가 나쁜, 바보인.
wet the baby's head 탄생을 축하하며 건배하다.
where** one's **head is at …의 기분, 생각, 인생관.
with** one's **head in the air 빼기고, 으쓱해서.
— 혱 **1** 우두머리의, 장(長)의, 수위의, 수석의, 지도적인. ¶a ~ cook 주방장. **2** 앞에서 오는, 마주쳐 오는. ¶~ currents 역류 / a ~ tide 역조(逆潮). **3** (선박) 이물의. **4** 머리에 해당되는 부분에 있는. ¶a ~ wall (등산) 헤드 월, 골짜기 막바지. **5** 마약의[과 관계 있는].
— 통(他) **1** …의 첫머리에 있다, …의 첫머리에 놓다[싣다](*with*). ¶~ a chapter 장(章)의 첫머리에 있다 / Each page is ~*ed with* the writer's name. 각 페이지의 첫머리에 저자의 이름이 실려 있다. **2** …의 장이 되다; …의 선두에 서다; …을 지휘하다, 이끌다. ¶~ the cabinet 내각 수반이 되다. **3** …을 빛나가게 하다, 막다(*off*). **4** (배·차 따위)를 (…의 방향으로) 돌리다, 나아가게 하다(*for, toward*). **5** …을 머리로 치다; (축구 따위에서) …을 헤딩하다. ¶~ a ball 머리로 공을 받다, 헤딩하다. **6** …에 표제[제목]를 붙이다; (편지에) (날짜·주소 따위)를 기입하다. **7** (기록 따위)를 넘다. ¶~ all records 모든 기록을 깨뜨리다. **8** (강)의 수원을 돌아서 가다. **9** (못 따위)에 머리[대가리]를 달다. ¶~ a plant 초목의 머리·꼭대기 부분을 자르다(*down*). ¶~ a plant 초목의 꼭대기 부분을 자르다. — 자(自) **1** 나아가다, (…으로) 향하다(*off, along*)(*for*). ¶(~+된+멈) ~ *for* one's destination 목적지를 향해 나아가다 / ~ *for bank-*

ruptcy 파산(破産)으로 기울다// (~+圖) ~ south 남쪽을 향해 나아가다 / ~ along 전진하다. **2** (식물 따위가) 머리 부분을 가지다, 결구하다, (부스럼이) 곪다 (form a ~). **3** (강이) (…에서) 발원하다(in).
be héaded for …으로 향하다.
héad back ① =head off. ② 뒤로 돌아가다.
héad for ① …으로 향하다[하게 하다]. ② …할 운명이다. 「도망치다.
héad for the hills (구어) (종종 명령형으로) 빨리
héad into …에 부딪치다[충돌하다].
héad óff ① (진로·일의 진전 따위를) 가로막다, 저지하다; …의 방침을 어기다. ② …하는 것을 미리 막다.
héad óut ① (…으로) 향하다 (for). ② (구어) 출발하다; 전기를 맞다.
héad úp (미구어) ① (…을 향해) 나아가다 (to). ② (문제 따위가) (…에서) 발생하다 (in). ③ (하천 따위가) (…에서) 발원하다 (in). ④ …을 지휘[통괄]하다.
~-like (일 따위가) (…에게) 통괄되다 (in).
-head [hed] 접미 '…의 존재, …의 성질, …의 상태'의 뜻의 명사를 만든다. ¶Godhead.
‡**héad·ache** [hédèik] 명 UC **1** 두통. ¶have a bad[slight, splitting] ~ 머리가 몹시[약간, 터질 정도로] 아프다. **2** (미구어) (a ~) 골칫[걱정]거리, 짐이 되는 것. **3** (미속어) 아내. **4** (미속어) 술. **5** 쓸모가 없다.
be no more use than a (sick) headache 아무
héadache bànd (美속어) (장식용) 머리띠.
héadache depártment (속어) **1** 골칫거리(의 원인); 트집잡이. **2** 술집(headache house).
héadache màn (속어) 경찰관, 형사.
héad·ach·y [hédəki] 형 머리가 아픈; 두통을 일으키는(수반하는). ¶a ~ cold 두통이 따르는 감기.
héad·band [hédbænd] 명 **1** 머리띠(fillet). **2** [인쇄] (페이지 윗부분, 장(章) 첫머리에 인쇄한) 장식 무늬. **3** (제본) (책등의 책머리 위에 붙이는) 헤드밴드.
héad·bang·er [hédbæ̀ŋər] 명 **1** (속어) 정신이상자. **2** 과격한 정치 사상을 가진 사람. **3** (심리) 충동적으로 폭력을 휘두르는 사람. **4** 록 음악의 열광적인 팬.
héad·bang·ing [hédbæ̀ŋiŋ] 명 (속어) **1** 과격한 정치 사상, **2** 헤비 메탈에 맞추어 추는 격렬한 춤; (정신이상자의) 심하게 머리·몸을 흔드는 동작. ─ 형 (헤비 메탈에 맞추어) 머리를 격렬하게 흔드는; 광포한, 과격한. **héad·bàng** 명
héad·board [hédbɔ̀ːrd] 명 (침대의) 머리판.
héad·boom [‑bùːm] 명 =jib boom.
héad bóy (英) 수석 남학생. 「폭력배 해결사.
héad·bust·er [hédbʌ̀stər] 명 (속어) (빚 따위의)
héad bùtt (레슬링) 박치기.
héad·butt [‑bʌ̀t] 명&자 박치기를 하다. 「린 의자.
héad·chair [hédtʃɛ̀ər] 명 (이발소 따위의) 베개 달
héad·cheese [hédtʃìːz] 명 UC 헤드치즈((英) brawn) (송아지·돼지 머릿고기로 만드는 치즈 모양의 식품). 「번이나 베일 따위).
héad·cloth [hédklɔ̀ːθ/‑klɑ̀θ] 명 머리에 감는 천(터
héad còld 명 코감기. ¶have a ~; get ~ 코감기에 걸리다. 「저질 만화).
héad cómic 명 헤드 코믹(마리화나를 피우면서 읽는
héad cóunt 명 **1** 인원[머리]수 (세기), 인구. **2** (구어) 여론 조사; 국세[인구] 조사.
héad-count·er [‑kàuntər] 명 계표(計票)하는 사람; 국세[인구] 조사원; 여론 조사원.
héad cràsh 명 (전자) 헤드 크래시(자기(磁氣) 디스크 장치의 헤드가 매체와 접촉하여 파괴됨).
héad dìp (서핑) 서프보드 위에 웅크리고 몸을 앞으로 굽혀 파도 속에 머리를 처박는 기술.
héad dóctor 명 (속어) 정신과 의사.
héad·dress [héddrès] 명 **1** 머리쓰개, 헤어 스타일; 머리 땋는 방식, 헤어 스타일. **2** (부인의) 머리 장식.
héad drúg 명 (美속어) (습관성이 없는) 뇌에 영향을

héad·ed [hédid] 형 **1** 두부(頭部)가 있는; 표제가 붙은; (편지지가) 윗부분에 회사명·주소 따위가 인쇄되어 있는. **2** 머리 모양의[으로 된]; (양배추 따위가) 결구(結球)한. **3** (복합어로) 머리[머리카락]가 …모양의; 머리가 …인. ¶a cool-~ businessman 냉정한 실업가. 「(局).
héad ènd 명 헤드 엔드(유선 TV의 전파 (조정) 중계국
héad·er [hédər] 명 **1** 머리 부분[선단]을 잘라내는[붙이는] 사람[기계]; (곡식의 이삭 따위를) 베어들이는 기계. **2** 모관(母管), 통수관(通水管), 통기관; =~ tank. **3** (수영·곤두박이로) 머리부터 뛰어들기, 곤두박이로 떨어지기. ¶take a ~ into the river 강물에 머리부터 뛰어들다. **4** (건축) (쌓아올린 벽돌의) 소면(小面), 마구리 쌓기. **5** 두목, 수령, 지도자. **6** (축구) 헤딩슛[패스]. **7** (상품 진열대의) 상단에 붙은 표시. **8** (소나 양의) 변종(變種). **9** =heading 4. **10** (컴퓨터) 헤더(각 데이터의 머리에 붙은 표제 정보). 「(데이터).
héader informàtion 명 (컴퓨터) 개인 신상 정보
héader làbel 명 (컴퓨터) 헤더 라벨(파일(file) 또는 데이터 세트의 표제(標題) 라벨).
héader tànk 명 (수도 시설의) 압력 조정 탱크.
héad·fals·ie [‑fɔ́lsi] 명 (속어) 가발.
héad fàmily 명 본가(本家).
héad fást (해사) 이물을 붙잡아매는 밧줄.
héad·first [hédfə́ːrst] 부 **1** 곤두박질하여, 거꾸로. ¶fall ~ 곤두박질쳐 떨어지다. **2** 황급히; 무턱대고, 무모[경솔]하게.
héad·fore·most [hédfɔ̀ːrmòust/‑məst] 부 = headfirst.
héad gàte (운하) 최상류의 조절 수문; (수로 따위의) 취수구 문, 수문(floodgate).
héad·gear [hédɡìər] 명 **1** 머리 장식, 모자. **2** 머리 부분 마구(馬具) (굴레·재갈 따위). **3** (권투·미식축구) 헤드기어, 머리 가리개.
héad gírl 명 (英) 수석 여학생. > head boy
héad hóncho 명 (속어) 우두머리, 두목.
héad·hunt [hédhʌ̀nt] 명 U **1** (구어) (경영) 인재 [간부] 스카우트. **2** 사람 사냥. **3** (속어) 정적 타도 (공작). ─ 타 **1** (간부[인재])를 스카우트하다. **2** 사람 사냥하다. ─ 자 (간부)를 스카우트하다.
héad·hunt·er [hédhʌ̀ntər] 명 **1** (美구어) (경영) (간부의) 인재 스카우트 회사(담당자). **2** (美속어) (정적 따위의) 권력[지위]을 박탈하려는 사람. **3** (익살) 유명 인사와 함께 있는 것을 보이고 싶어하는 사람. **4** 사람 사냥하는 야만인; (美속어) 살인 청부업자. **5** (美구어) (미식축구) 난폭한 수비 선수; (야구) 타자 머리를 향해 투구하는 투수. (또는 **héad húnter**).
héad·hunt·ing [hédhʌ̀ntiŋ] 명 U (구어) (간부직) 인재 스카우트; 사람 사냥; (美속어) 정적 타도 공작.
héad-in-air [‑inɛ̀ər] 명 **1** 멍한, 꿈꾸는 듯한. **2** 잘 난 체하는, 속물적인(snobbish). 「구회.
héad-in báy [‑in‑] 명 (주차장의) 전진 진입형 주차
‡**héad·ing** [hédiŋ] 명 **1** 머리걸이부분; 머리 부분, 상부, 전면. **2** (장(章) 따위의) 표제, 제목. **3** (화제·논제 따위의) 항목, 단락; (연설 따위의) 연제. **4** (편지지의) 발신인의 주소와 날짜(letter head). **5** (광산 따위의) 수평갱도, 횡갱(橫坑). **6** (여행자·탈것의) 방향; (항공) 기수 (機首) 방위. **7** U C (축구) 헤딩. **8** U C (초목의) 순치기, 머리 자르기. **9** (건축) (벽돌의) 마구리를 밖으로 향하게 쌓기. **10** 통 뚜껑의 재료.
héad-in-the-sánd [‑inðəsæ̀nd] 형 진상을 인정하려 하지 않는, 현실 도피의.
héad·knock·er [hédnɑ̀kər/‑nɔ̀k‑] 명 강제로 말을 듣게 하는 사람, 강압적 조정자. **‑knock·ing** 명&형
héad·lamp [hédlæ̀mp] 명 =headlight.
héad·land [hédlənd] 명 **1** (해안·호반의) 돌출부; 갑(岬), 해각(海角). **2** (밭 가장자리의) 두렁.
héad·less [hédlis] 형 **1** 머리[목]이 없는[잘린]. **2** 지도자가 없는. **3** 우둔한, 어리석은. **~·ness** 명

head·light [hédlàit] 명 1 (자동차 따위의) 헤드라이트, 전조등. 2 (종종 ~s) [해사] (배 앞쪽대의) 백색등. 3 (광부 등이 이마에 다는) 전방 조명등. 4 (美속어) (~s) 유방(breasts).

head·line [hédlàin] 명 1 (신문·잡지 기사 따위의) 표제, 제목, (신문 제1면의) 큰 표제. 2 (~s) [방송] (뉴스프로 첫 앞머리의) 주요 뉴스. 3 페이지의 윗란(난외 제목·페이지 수 따위가 적혀 있다). 4 [해사] 돛을 활대에 동여매는 밧줄. (또는 head)
go into [or *make*] *headlines*; *hit* [or *make*, *reach*] *the headlines* 대대적으로 보도되다; 유명해지다, 평판을 얻다.
—타 1 [신문 기사 따위에] 표제를 붙이다(head). 2 (배우·작품 따위를) 대서특필하다, 대대적으로 선전하다. 3 …의 주연을 맡다. —자 주역이 되다, 주역을 맡아 가다. **héad-lined** 형

head·lin·er [hédlàinər] 명 1 (신문의) 표제를 붙이는 기자. 2 (속어) [연극] (포스터 따위에 이름이 특별히 크게 나는) 인기 배우, 스타, 주역 배우; 유명인. 3 (인쇄) 헤드라이너 사진 제판기.

héad línesman 명 [미식축구] 선심(線審).

head·load [⁴lòud] 명 머리에 이어 나르는 짐.
—타 [짐]을 머리에 이고 나르다.

head·lock [hédlàk/-lòk] 명 [레슬링] 헤드록.

‡**head·long** [hédlɔ:ŋ/-lɔŋ] 부 1 곤두박이로. ¶ *fall* ~ 곤두박질쳐 떨어지다. 2 급하게, 허둥지둥. 3 무분별하게, 무턱대고. —형 곤두박이의; 성급한, 무분별한, 저돌적인. ⇒HASTY [유의어] ~·**ness** 명 ~·**wise** 부

head·man 1 [hédmən, -mæn] 명 수령, 지도자; 추장. 2 [hédmæn] 현장 감독, 직공장.

héad màrgin 명 (서적·잡지 따위의) 페이지 상부의 여백.

*****head·mas·ter** [hédmǽstər/-máːs-] 명 (英) (초·중학교의) 교장; (남자 사립 학교의) 교장.
—타 교장으로 행동하다. ~·**ly** 형 ~·**ship** 명

head·mis·tress [hédmístris] 명 (英) (초·중학교의) 여교장; (여자 사립 학교의) 여교장.

héad mòney 명 인두세(人頭稅); 체포된 포로 또는 범인 등의 수효에 따라 주는 상금.

head·most [hédmòust] 형 맨 앞(선두)의(foremost).

head·note [hédnòut] 명 1 두주(頭註)(⇔footnote). [법률] 두서(頭書). 2 [음악] 두성(頭聲). [본사.

héad óffice 명 본점, 본사. ¶ *the* ~ *in London* 런던

héad of státe 명 (종종 H— of S—) 국가 원수(元首), 국가 주석. ¶ *a meeting of heads of state* 정상 회담.

head-on [⁴án/-ɔ́n] 형 정면의, 이마받이의. ¶ *a* ~ *collision* 정면 충돌. —부 정면으로, 정통으로. ¶ *walk* ~ *into* …와 정면으로 부딪치다.

héad-on párking 명 전면(前面) 주차 방식.

head·page [hédpèidʒ] 명 [인쇄] 헤드페이지(본문의 첫 페이지 또는 장(章) 따위가 시작되는 페이지).

head·phone [hédfòun] 명 (보통 *a pair of* ~s) 헤드폰, (머리에 쓰는) 수화기; (일반적으로) 이어폰.

head·piece [hédpìːs] 명 1 투구; 머리에 쓰는 것, 모자; (마구(馬具)의) 굴레. 2 두뇌, 지력(知力), 판단력; 지자(知者). 3 =headphone. 4 [인쇄] (책 페이지의 윗부분·장(章) 처음의) 꽃무늬; 두주(頭註).

head·pin [hédpìn] 명 [볼링] 헤드핀, 1번 핀.

head·quar·ter [hédkwɔ̀ːtər] 명·타 본부를 설치하다. —타 (수동형으로) (…에) 본부를 두다(*in*).

‡**head·quar·ters** [hédkwɔ̀ːtərz] 명(단·복수 양용) 1 본부, 본서(本署); (군대의) 사령부. ¶ *general* ~ 총사령부. 2 활동의 중심(지), 본거지; 본사, 본국. 3 (집합적) 본부원, 사령부원. [수뢰(水雷)용]

head·race [hédrèis] 명 (물방아의) 봇도랑.

head·rail [hédrèil] 명 1 (의자의 등, 침대 머리 따위의) 가로대. 2 [건축] 윗 문얼굴표시. 3 [당구 따위의] 헤드레일(게임의 개시점이 되는 당구대의 가장자리).

head·reach [hédrìːtʃ] [해사] 명·타 (배가 바람부는 쪽으로 방향 전환을 하여) [다른 배를] 떼어 놓다(앞지르다). —명 타성 항주(惰性航走) 거리(배가 방향 전환시 타력(惰力)으로 바람 부는 쪽으로 움직이는 거리).

héad régister 명 [음성] 두성 성역(頭聲聲域).

héad resístance 명 [항공] 전면(前面) 저항.

head·rest [hédrèst] 명 1 (치과·이발소 의자의) 의자의 머리 받침. 2 (또는 **héad restráint**) (추돌시 머리·목 부분을 보호하기 위한) 자동차 좌석의 머리 받침.

head·room [hédrùːm] 명 (출입문·탈것 따위의) 머리와 천장 사이의 거리(공간); (터널 따위의) 높이 (제한); [광산] 천반(天盤)의 높이.

héad·sail [hédsèil, hédsəl] 명 [해사] 뱃머리의 삼각돛, (일반적으로) 앞돛.

héad·scarf [hédskàːrf] 명 머리용 스카프.

héad séa [hédsíː] 명 마주쳐 오는 파도, 역랑(逆浪).

head·set [hédsèt] 명 =headphone.

head·shake [hédʃèik] 명 (불신·불찬성의 뜻으로) 머리를 가로젓기. —**shák·er** 명

head·ship [hédʃìp] 명 수령[지도자·교장]의 지위 [직, 임기]; 수장(首長)의 권위, 지상권(至上權).

héad shóp 명 (美속어) 마리화나 용품점.

héad shót 명 (美속어) 얼굴 사진.

head·shrink·er [hédʃrìŋkər] 명 1 정신과 의사. 2 자른 머리를 축소시켜 보존하는 야만족.

heads·man [hédzmən] 명 1 목 베는 사람, 망나니, 사형 집행인. (또는 **headman**) 2 포경선 지휘자. 3 (英) 갱내 석탄 운반원.

héad smút 명 [식물] 흑수병, 깜부깃병.

head·space [hédspèis] 명 (음료 제품의 밀봉 용기 내 상부의) 공간.

head·spring [hédsprìŋ] 명 1 (하천의) 근원, 수원. 2 원천, 기원. 3 [체조] 헤드스프링.

head·square [hédskwɛ̀ər] 명 (英) =headscarf.

head·stall [hédstɔ̀ːl] 명 (마구(馬具)의) 굴레 장식.

head·stand [hédstænd] 명 (머리를 대고) 물구나무서기, 물구나무서기. 형 handstand

héad stárt 명 (경기·사업 따위에서의) 유리한 스타트, 시발점에서의 우위, 순조로운 출발(*over*, *on*). ¶ *a* ~ *of 20 meters* 20m 앞에서의 스타트.

Héad Stárt Pròject 명 (the ~) (美) [교육] 헤드스타트 계획(취학 전 아동을 위한 정부 교육 사업). (또는 **Héadstàrt**)

héad státion 명 (濠) 큰 목장의 주(主)건물.

head·stock [hédstàk/-stòk] 명 (선반·회전부 따위의) 축받이.

head·stone [hédstòun] 명 묘석(墓石), (무덤의) 개석(蓋石); [건축] 초석, 귀돌.

héad stóre 명 (구어) =head shop.

head·stream [hédstrìːm] 명 원류(源流).

head·strong [hédstrɔ̀ŋ, -stràŋ] 형 완고한, 억지 쓰는, 고집불통의; 무모한, 분별없는. ⇒WILLFUL [유의어] ~·**ly** 부 ~·**ness** 명

heads-up [hédzλp] 형 (구어) 기민한, 빈틈없는. 명 경고, 주의.

héad táble 명 연설자(의장) 앞의 테이블; (연회 따위 [의) 상좌.

héad táx 명 (美) 인두세(人頭稅).

head·teach·er [hédtìːtʃər] 명 (英) 교장. (또는 **héad téacher**)

head-to-head [⁴təhéd] 형 직접 대결의, 1대1의; 접전(接戰)의, 호각(互角)의. 부 직접 대결; 접근전.

héad tóne 명 두성조(頭聲調), [백병전.

héad tríp 명 (속어) 명 1 자유로운 연상, 공상. 2 (과학적 근거가 없는) 심리 탐색(분석). 2 자기 중심적 행동. 3 (美) (환각제에 의한) 환각 체험, 도취감. —타 자유롭게 연상[사고]하다; 심리 탐색[분석]을 행하다.

head-up [hédλp] 형 (비행기·자동차 따위의 계기가) 시선을 내리지 않고 앞을 향한 채 읽을 수 있는.

— 명 (미속어) 좀 모자라는[주의력이 없는] 녀석[선수].
héadup displáy 명 (항공·자동차) 헤드업 디스플레이(주행 계기 등의 전방 표시[투영] 장치).
héad vóice 명 두성(頭聲), 가장 높은 목소리.
héad·wàit·er [hédwèitər] 명 급사장(給仕長).
héad·ward [hédwərd] 명 상류[수원] 쪽으로 나아가는. — 부 =headwards.
héad·wards [hédwərdz] 부 상류[수원] 쪽으로.
héad·wa·ters [hédwɔ̀:tərz] 명 상류, 원류.
héad·way [hédwèi] 명 ⓤ 1 (배의) 전진; 항진(航進) 속도. 2 (일 따위가) 진행됨, 진척(도). 3 (배·열차 따위의) 운행(운전) 간격. 4 (건축) (아치·문 따위의 위까지의) 공간 높이.
make[or *gain*] *headway* ① 전진하다, 진보하다, 진척되다(*in doing*). ② (책 따위를) (조금) 읽다, 읽기 시작하다(*with*).
héad·wind [hédwìnd] 명 (배·비행기의) 맞바람, 역풍.
héad·word [hédwə̀:rd] 명 표제어(entry); (문법) (주어(主要語).
héad·work [hédwə̀:rk] 명 1 ⓤ 정신[두뇌] 노동, 두뇌 작업; 지혜. 2 (아치 정상의) 요석(要石)의 장식. 3 ⓤ (축구) 헤딩. 4 (~s) (운하 따위의) 수량 조절 장치. **~·er**, **~·ing**
head·y [hédi] 형 1 성급한, 무모한; 고집 센. 2 (술 따위가) 취하게 하는. 3 흥분시키는, 자극적인; (…으로) 들뜬(*with*). 4 현명한, 분별 있는, 머리가 좋은.
héad·i·ly 부 **héad·i·ness** 명
*heal [hi:l] 동 (~s [-z]) 타 1 (병·상처 따위)를 고치다, 낫게 하다(*of*). ⇨ CURE 유의어 ¶ ~ *disease* [*a wound*] 병[상처]을 고치다 / (~+[目]+[前]+[名]) ~*ed of* one's *wound* 상처가 낫다. 2 (고민 따위)를 해소하다; (불화)를 화해시키다. ¶ ~ *a quarrel* 싸움을 가라앉히다 3 …을 정화하다, 깨끗이 하다. — 자 1 낫다, 치유되다(*up, over*). 2 치료되다. 3 (불화·분쟁 따위가) 해소되다(*over*).
heal a breach 화해시키다. 「해소되다.
heal up[or *over*] 상처가 아물다; 치료되다. 불화가
~·a·ble 형 「의 다년초).
heal-all [-ɔ̀:l] 명 만병 통치약; 약초, 꿀풀(꿀풀과
heal·er [hí:lər] 명 1 치료사, 의사; 약 2 (Christian Science의) 신앙 요법가. ⇨ CHRISTIAN SCIENCE. 3 (고민 따위)를 해소해 주는 사람[것].
heal·ing [hí:liŋ] 명 1 (병을) 고치는, 치료의. 2 차츰 치유되는. — 명 ⓤ 치료(법). **~·ly** 부
*health [helθ] 명 ⓤ 1 (심신의) 건강, 건전. ¶ *have* [*lose*] *one's* ~ 건강을 지니다[잃다] / *be good* [*bad*] *for one's* ~ 건강에 좋다[나쁘다] / *be restored to* ~ 완쾌되다 / *He is the picture of* ~. 그는 건강의 화신이다. 2 (심신의) 건강 상태, 컨디션. ¶ *have good* [*poor*] ~ 건강하다[하지 않다]. 3 위생, 건강법; 치유 [치료]력. ¶ the *public* ~ 공중 위생 / *the Ministry of H*— *and Welfare* 보건 복지부. 4 (국가·사회의) 번영, 안녕; 활력. ¶ *a serious menace to our economic* ~ 경제 번영에 대한 중대 위협. 5 (건강·행복 따위를 비는) 건배, 축배.
be out of health 건강이 시원치 않다. 「건배, 축배.
call a health 건배를 제의하다.
drink (*to*) *a person's health; drink* (*to*) *the health of a person* 남의 건강을 빌어 건배하다.
fall into ill health 건강을 해치다.
in bad [or *poor, ill*] *health* 건강이 좋지 않아.
in good health 건강하여.
not...for (*the good of*) *one's health* (구어) 좋아서[취미로], 하는 것은 아닌. ¶ *I didn't come here for* my ~. 내가 좋아서 여기 온 것은 아니다.
(*To*) *your* (*good*) *health*! 건강을 기원합니다! (축
~·ward 「배의 말).
héalth áid 명 가정 보건사(정식으로는 home health aid).
héalth cámp 명 (뉴질) 헬스 캠프(허약 아동용 캠프).
héalth·care [hélθkɛ̀ər] 명 보건 의료 (서비스), 건강 관리; 의료 보험. (또는 **héalth càre**) — 형 건강 관리의; 치료의, 의약품의. ¶ *a* ~ *center* 건강 관리 센터.
héalth cénter 명 (지방의) 의료 센터, 보건소.
héalth certíficate 명 건강 증명[진단]서.
héalth clúb 명 헬스 클럽.
health-con·scious [-kɑ̀nʃəs/-kɔ̀n-] 형 (자신의) 건강에 신경과민인, 건강을 항상 의식[걱정]하는.
héalth depártment 명 위생국.
héalth fárm 명 건강[체중 감량] 도장, 헬스 클럽.
héalth fóod 명 건강 식품(자연 식품 따위).
*health·ful [hélθfəl] 형 1 건강에 좋은, 유익한, 건전한. ¶ *a* ~ *diet* 건강에 좋은 식품. 2 건강한, 건장한.
⇨ HEALTHY 유의어 **~·ly** 부 **~·ness** 명
héalth-gív·ing [-gìviŋ] 형 (약·운동 등이) 건강을 증진시키는.
héalth házard 명 건강에 유해한 것, 유해 식품.
héalth insúrance 명 건강 보험.
héalth kícks 명복 건강 마니아열기].
health·less [hélθlis] 형 병약한; 건강에 나쁜.
héalth máintenance organizátion 명 (미) (회원제의) 종합적 건강 관리 기관(略 HMO).
héalth ófficer 명 위생관, 검역관.
héalth phýsics 명 (단수취급) 보건 물리학.
héalth proféssional 명 (의학) (총칭) 의료 종사자(의사, 간호사, 임상 검사 기사 따위).
héalth resórt 명 보양지(保養地), 요양지.
héalth sálts 명 건강염(鹽)(완하제(緩下劑)로 사용).
héalth science 명 보건학. ¶ *a graduate school of* ~ 보건 대학원.
héalth sérvice 명 건강 보험; 공공 의료 (시설).
héalth spà 명 건강[체중 감량] 요양소; 헬스 클럽.
héalth vísitor 명 (英) (환자·노인·신생아의 가정을) 방문하는 순회 보건원, 방문 간호사(주로 여성). 「해.
héalth·wìse [hélθwàiz] 부 (구어) 건강(유지)을 위
*health·y [hélθi] 형 (*health·i·er; health·i·est*) 1 (사람·심신·동식물이) 건강한, 건전한: (사회·경제 따위가) 건전한. ¶ *a* ~ *body* 건강체 / *a* ~ *mind* 건전한 정신. 2 건강해 보이는; 기운찬, 왕성한; (태도 따위가) 건전한. ¶ *a* ~ *appetite* 왕성한 식욕. 3 건강에 좋은 (healthful). ¶ ~ *climate* 건강에 좋은 기후.

유의어 **healthy** 신체나 정신에 병이나 이상한 점이 없이 활력이 넘치는; healthful의 뜻으로 쓰일 때도 많다. **healthful** 건강을 증진하는. **well** 병이 나지 않은; 반드시 활력에 찬 것을 뜻하지는 않는다. **sound** 건강하여 병·결함의 조짐이 전무한. **wholesome** 건강하고 생기가 차서 남에게 호감을 주는; 건강한, 또는 건강에 해롭지 않은. **salubrious** 기후·공기가 healthful한. **salutary** 건강, 그 밖에 사람의 행복에 도움이 되는. **sanitary** (전염병 예방 따위의) 공중 위생을 증진하는. **hygienic** 공중의 건강을 유지·증진하는 데 관한.

4 (구어) (수량·크기·정도 따위가) 상당한, 큰, 좋이 …의. ¶ *a* ~ 100*miles* 좋이 100마일. 5 현명한, 양식이 있는, 유능한. ¶ *a* ~ *respect for the rule* 양식 있는 규칙 존중. 6 (생물의 종이) 절멸의 위험이 없는.
héalth·i·ly 부 **héalth·i·ness** 명
Hea·ney [hí:ni] 명 *Seamus* [ʃéiməs] ~ 히니 (1939– : 아일랜드의 시인; 노벨 문학상 수상(1995)).
HEAO (우주) *High Energy Astrophysical Observatory*(고(高)에너지 천체 관측 위성).
*heap [hi:p] 명 (~*ed* [-t]) 타 1 …을 쌓아올리다(*up, on, together*); 쌓아올려서 만들다(*into*). ¶ (~+[目]+[副]) ~ *up stones* 돌을 쌓아 올리다 / *The dead people were* ~*ed together in the road*. 시체가 도로에 쌓아 올려졌다. 2 (돈·부 따위)를 축적하다(*up, together*).

¶ ~ *up* riches 부를 축적하다. **3** …을 대량으로 주다, 풍부하게 공급하다. **4** …에 수북이 쌓다[담다]. ¶ (~+[目]+[前]+[名]) ~ a bowl *with* potatoes 주발에 감자를 수북이 담다. **—** [자] 쌓이다, 퇴적하다, 산을 이루다(*up*).

a heaping spoonful 한 숟갈 수북이[듬뿍].

heap coals of fire on *a person's* ***head*** 남을 매우 부끄럽게 하다.

heap favors on *a person* 남에게 많은 은혜를 베풀다.

— [명] **1** 쌓아올린 것, 퇴적, 무더기, 더미. ⇨PILE [유의어] ¶ a ~ of stones 돌무더기 / a dump ~ 쓰레기더미. **2** (a ~, ~s) 《구어》 무리, 군집; 다수, 다량(*of*). ¶ ~*s* of people 수많은 사람들 / a ~ of money 많은 돈. **3** 《속어》 고물차; 오토바이; 비행기. **4** (~s) 《속어》 《부사적》 크게, 대단히, 매우. ¶ She is ~*s* better today. 그녀는 오늘 훨씬 좋아졌다. **5** 《구어》 《보통 fat, lazy 따위와 함께》 칠칠치 못한 여자.

a heap sight 《구어》 매우, 대단히.

(all) of a heap 《구어》 ① 깜짝 놀라서. ② 갑자기, 느닷없이.

in a heap ① 한 덩어리[무더기]가 되어. ② 웅크리고; 《美속어》 취해서.

in heaps 많이.

the top [bottom] of the heap 《구어》 승자[패자], 성공[실패]한 사람; (사회·단체의) 최상[하]층; 유리[불리]한 입장.

∠·er [명] **∠·y** [형]

heap·ing [híːpiŋ] [형] 《美·캐나다》 (숟가락 따위에) 수북한; (요리가) 수북하게 담긴; 《비유적》 증가하는.

‡hear [hiər] [동] (~**s** [-z]; ~**d** [həːrd]; ~**·ing**) [타] **1** …을 듣다, …이 들리다. ⇨LISTEN [유의어] ¶ ~ a loud voice 큰 소리가 들리다 // (~+[目]+*do*) I ~ him *speak*. 그가 얘기하는 것이 들린다(＊수동형에서 do는 to do로 된다: He is ~*d to* speak.) / You could have ~*d* a pin *drop*. 핀이 떨어지는 소리가 들릴 정도로 조용했다 // (~+[目]+-*ing*) I ~*d* him *groaning*. 그가 신음하는 소리를 들었다 // (~+[目]+*done*) Did you ~ your name *called*? 네 이름 부르는 소리를 들었니?

2 …을 (…에게서 / …에 관해) 얻어 듣다, 들어 알다, 전해 듣다(*from* / *about*, *of*). ¶ ~ the news *from* him 그에게서 그 소식을 듣다 // (~+*that* [節]) I ~ *that* business is picking up. 경기가 회복되고 있다고 한다. **3** …을 (주의해서) 듣다, 잘 듣다, 경청하다(listen to). ¶ I ~*d* his explanation. 그의 설명을 잘 들었다 // (~+[目]+[副]) He would not ~ me *through*. 그는 내 말을 끝까지 들으려 하지 않았다.

4 〔…의 연주·연설〕을 듣기 위해 출석하다, …을 청강하다. ¶ ~ a famous singer 유명한 가수의 노래를 듣다 / ~ a lecture 강의를 듣다. **5** (군주·재판관·위원회가) …을 심문[심리]하다; 〔피고·증인 등〕으로부터 증언을 청취하다. ¶ ~ a case 사건을 심리하다 / The committee ~*d* 3 witnesses. 위원회는 3명의 목격자로부터 이야기를 들었다. **6** 〔기도·소원 따위〕를 들어 주다; …을 받아들이다, 승낙하다. ¶ *H*– my prayer. 저의 소원을 들어 주십시오. **7** 〔컴퓨터〕 (음성 인식에 의해) 읽고 이해하다, 간파하다.

— [자] **1** (귀가) 들리다, 듣다. ¶ He can't ~ at all, poor fellow! 가엾게도 그는 귀가 아주 먹었어!

2 (…에 관해) 정보[소식]를 얻다(*of*, *about*); (…로부터) 편지를 받다(*from*). ¶ (~+[前]+[名]) I've never ~*d* *of* him since. 그 뒤로 그의 소식을 통 듣지 못했다 / I ~ *from* him now and then. 가끔 그에게서 편지가 온다.

> [USAGE] **hear**의 여러가지 용법 —— **(1)** hear him은 직접 그의 말을 듣다. **(2)** hear *of* him은 간접적으로 제3자로부터 그에 대해서 듣다. hear *about* him은 of보다도 더 자세히 그에 대해서 듣다(＊of와 about 같은 구별은 know, say, speak, talk 따위의 뒤에서도 볼 수 있다). **(3)** hear *from* him은 「그에게서 듣다」로서 뉴스원(源)을 나타내는데, 특히 「편지가 오다」의 뜻으로도 쓰인다.

3 《won't, wouldn't과 함께》 들어 주다, 동의하다, 승낙하다(*of*, 《美》 *to*). ¶ (~+[前]+[名]) He will not ~ *of* my going. 그는 내가 가는 것을 승낙하지 않을 것이다. **4** 《구어》 꾸중 듣다, 야단맞다(*from*); 칭찬받다(*about*, *of*). ¶ (~+[前]+[名]) If you don't obey him, you will ~ *from* him. 그의 말대로 하지 않았다가는 야단맞는다. **5** 〔컴퓨터〕 음성 인식을 할 수 있다. **6** 《감탄사적》 경청[근청]하다.

can't hear *one**self* ***think*** (주위가 시끄러워) 생각을 (차분히) 할 수가 없다.

(Do) you hear me? 《명령문을 강조하여》 알았어?

hear about ⇨[USAGE]

hear from ⇨[USAGE]

Hear! Hear! 《종종 반어적》 (회의 등에서) 찬성!, 근청!, 잘했어!

hear of ⇨[USAGE]

hear out ① …을 끝까지 듣다. ¶ *H*– me *out*. 내가 하는 말을 다 들어 봐라. ② 〔소리〕를 분간해 듣다.

hear say [or ***tell***]***; hear it said*** [or ***told***] 《구어》 (…을) 이야기[소문]로 듣다(*that* [節]).

hear the grass grow 매우 민감하다.

hear to 《美》 …에 동의하다; …에 귀를 기울이다.

I hear you [or ***ya***]***.; I hear what you are saying.*** 《美속어》 ① 《이해·동의를 나타내어》 알겠어요, 그렇군요. ② 《반어적》 그래서 어쨌다는 거야.

let's hear it for 《美구어》 …에 성원[박수]을 보내자.

like to hear *one**self* ***speak*** [or ***talk***] 지껄이는 것[잡담]을 좋아하다.

make *one**self* ***heard*** (큰 소리로 말하여) 자기의 목소리가 들리게 하다; 자기의 생각 따위를 들려 주다.

That ain't the way I heard it. 《속어》 나는 그렇게 안 들었어.

You hear?; Do you hear me? 《美구어》 《동의를 재촉하여》 알았지?

You heard the man. 《구어》 시키는 대로 해.

∠·a·ble [형] 들을 만한.

‡heard [həːrd] [동] hear의 과거·과거분사.

***hear·er** [híərər] [명] 듣는 사람, 청취자, 청중의 한 사람.

‡hear·ing [híəriŋ] [명] ([복] ~**s** [-z]) **1** [U][C] 청력(聽力), 청각; 듣기, 청취. ¶ lose one's ~ 귀를 먹다 / Her ~ is bad [*or* poor]. 그녀는 귀가 어둡다. **2** [U][C] 들어 줌, 경청; 듣게 하기, 발언 기회. **3** 청문회. ¶ a public ~ 공청회. **4** [U][C] (법정 따위의) 증언 청취, 심문(審問), 심문(尋問); (소송 따위의 기초적 증거의) 심리, 심의. ¶ a preliminary ~ 예심 / ~*s* of a bill 의안의 심의. **5** [U] 들리는 거리[범위].

beyond hearing 들리지 않는 곳에.

come up for hearing 심문받다; 심의에 오르다.

find [or ***have, gain, get***] ***a hearing*** 듣게 하다, 발언할 기회를 얻다.

give [or ***grant***] *a person* ***a fair hearing*** 남이 하는 말을 공평히 들어 주다.

go out of hearing 들리지 않는 곳으로 가다.

hard [***quick***] ***of hearing*** 귀가 어두운[밝은].

in *a person's* ***hearing*** 남에게 들리는 곳에서.

keep within hearing 들리는 곳에서 머물다.

out of [***within***] ***hearing*** 들리지 않는[들리는] 곳에.

~·less [형]

héaring àid [명] 보청기.

héaring(-éar) dòg [명] 청도견(聽導犬)(청각 장애자 유도견).

héaring exàminer [òfficer] [명] 《美》 심문관(행정법 판사(administrative-law judge)의 옛 이름).

hear·ing-im·paired [-impɛ̀ərd] [형] 난청의, 청각 장애의. **—** [명] (the ~) 《집합적·복수취급》 난청자, 청각 장애자.

héaring lòss [명] 난청, 청력 상실.

héaring tèst [명] 청력[청각] 검사(＊듣기 평가(시험)는 listening comprehension test).

h(e)ark·en [hάːrkən] [동] 《고어》 경청하다, 귀를 기울이다(*to*). ¶ (~+[前]+[名]) ~ *to* a distant sound 멀리서 나는 소리에 귀를 기울이다. **~·er** [명]

hear·say [híərsèi] 명 ⓤ **1** 풍문, 소문, 풍설, 전문 (傳聞). ¶This is mere ~. 이것은 단순한 풍문에 지나지 않는다. **2** 〔법률〕 ☞ evidence. ── 형 소문의, 풍문의. ¶a ~ report 풍문[소문]에 근거한 보고.
héarsay évidence 형 〔법률〕 전문(傳聞) 증거.
héarsay rùle 명 〔법률〕 전문(傳聞) 증거 배제 법칙(전문 증거에 대한 증거 능력 불인정).
hearse [hə:rs] 명 **1** 영구차, 장의차. **2** 〔고어〕 관(棺), 묘, 묘석. **3** 〔가톨릭〕 (성주간(聖週間)(Holy Week)에 쓰는) 삼각 촛대. ── 타 영구차로 운구하다; 매장하다. (비유적) 은폐하다. ◁-**like** 형 「관포(棺布)(pall).
hearse-cloth [hə́:rskl̀ɔ(:)θ, -klɑ̀θ] 명 관의(棺衣).
heart [hɑ:rt] 명
1 심장; 심실(心室); 심장병. ¶have a weak ~ 심장이 약하다 / a smoker's [or tobacco] ~ 지나친 흡연에 의한 심장병 / the right [left] ~ 우[좌]심실 / My ~ is beating fast. 심장의 고동이 빨라지고 있다[가슴이 두근거리고 있다].

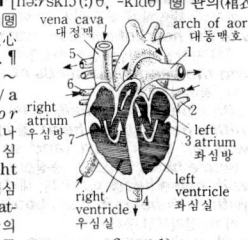

〔heart 1〕
1 left pulmonary artery 좌폐동맥
2 left pulmonary veins 좌폐정맥
3 mitral valve 승모판 4 aorta 대동맥
5 right pulmonary artery 우폐동맥
6 right pulmonary veins 우폐정맥
7 tricuspid valve 3첨판

2 흉부, 가슴. ¶She pressed her baby to her ~. 그녀는 아기를 가슴에 부둥켜안았다.

3 (지(知)·정(情)·의(意)의 넓은 뜻의) 마음, 감정; 혼; 기분; 심정; 마음 속, 심저(心底), 본심. ⇒ MIND 〔유의어〕 an evil ~ 사악한 마음 / a kind [or tender, warm] ~ 따뜻한 마음 / a hard [or stony] ~ 냉혹한 마음 / a generous ~ 활수[선선]한 마음 / the passionate ~ of a poet 시인의 격렬한 감정 / pure in ~ 마음이 순수한 / What the ~ thinks, the mouth speaks. (속담) 마음에 먹은 생각은 입으로 나온다.

4 ⓤ 애정, 동정(심), 인정; 연심(戀心), 연정. ¶a man of [without] ~ 정이 많은[무정한] 사람 / have (plenty of) ~ 인정미가 있다 / He finally won Susie's ~. 그는 마침내 수지의 사랑을 획득했다.

5 ⓤ (때로 a ~) 용기, 기력, 원기, 견인(堅忍); 열의, 열심. ¶die of broken ~ 낙담한 나머지 죽다 / crush a person's ~ 남의 기를 꺾다.

6 ⓤ 이지(intellect); 이해; 기억. ¶say English poems by ~ 영시(英詩)를 외어서 읊다. **7** (the ~) 중심(부), 복판, 중앙부; (국토의) 중앙, 내륙, 오지; 한가운데. ¶the ~ of Africa 아프리카의 오지 / the ~ of a city 도심 / in the ~ of the mountain 산 속에 / in the ~ of the coldest winter 더없이 추운 한겨울에. **8** (the ~) 핵심, 급소, 본질, 진의, 골자, 진수, 주요 부분. ¶the ~ of the matter 문제의 핵심, 본론 / touch the ~ of a subject 문제의 핵심을 건드리다. **9** (the ~) 〔식물〕 (식물의) 속, 고갱이, (나무의) 수(髓), 수심(樹心)(core). ¶the ~ of a cabbage 양배추 속[고갱이] / the ~ of oak 떡갈나무의 심재(心材). **10** 용기있는 자; 용자, 용사; (고결한) 사람. ¶My ~s! 용사들, (용기 있는) 여러분 / a brave ~ 용사. **11** 사랑하는 사람. (애정의 표현으로) 그대, 당신, 귀여운 사람. ¶ Dear [or Dearest] ~! 그대, 애, 내 사랑(아내·애인·자식 등에 대한 호칭).

12 심장 모양의 물건; 하트형의 보석[장식품]. **13** (카드놀이) 하트 (의 패); (~s) (단·복수 양용) 하트 패 한 벌 (suit); (~s) (단수취급) (카드놀이) 하트 빼기 (놀이). ¶Hearts is [or are] trump. 하트가 으뜸패이다. **14** (토양의) 비옥함; (수확의) 좋은 상태. **15** 〔제망〕 (밧줄의) 심(core)(중심이 되는 스트랜드 섬유). **16** 〔문장〕 하트, 심장(희생적 봉사의 상징). **17** 〔美속어〕 각성제의 정제(錠劑).

── 동체이다.

àct with óne héart and mìnd (두 사람이) 일심으로.
àfter one's **ówn héart** 마음에 드는[들어], 뜻대로 (의). ¶She is a girl quite *after* my *own* ~. 그녀는 완전히 내 마음에 드는 여성이다.
a héart of góld[óak, stóne] 상냥한[용맹심이 있는, 냉혹한] 마음(을 가진 사람).
at héart (종종 deep down ~) ① 마음에, 심중에. ¶have something *at* ~ 무엇인가를 마음에 품다; 마음 속에 생각하다. ② 내심으로는, 사실은.
at the bóttom of one's **héart** 내심으로는, 속으로는.
be of góod héart 원기가 있다, 비관하지 않다.
Bléss my héart! (기쁨·놀라움을 나타내어) 어머나!(* 주로 여성이). 「프게」; 남을 실망시키다.
bréak *a* person's **héart** 남을 비탄에 잠기게[몹시 슬]
bréak the héart of (일 따위의) 고비를 넘기다.
bríng *a* person's **héart ìnto** *his* **móuth** 남을 질「기하다.
by héart 외어서, 암기하여. ¶learn [*or* get] *by* ~ 암
cáuse a chánge of héart = have a change of heart. 「person's heart.
clóse [*or* **déar**] **to** one's **héart** = near (to) a
cóme hóme to one's **héart** 가슴에 와 닿다.
cróss one's **héart (and hope to die)** 가슴에 십자를 긋다; (것짓말이 아님을) 맹세하다.
crý one's **héart òut** ⇒ CRY.
cút a person **to the héart** ⇒ CUT.
dó a person's [*or* the] **héart góod** 남을 기쁘게 하다, 기운을 돋우다.
dówn in one's **héart** 마음 속에서(는).
éat one's **héart òut; éat òut** [*or* **devóur**] one's **héart** ① 비탄에 잠기다(*over*); 사모하여 애태우다 (*for*). ② (구어) (명령문으로) 샘나지, 부러워 죽겠지.
fìnd it in one's **héart to dó** …할 마음이 나다, …하고 싶다고 생각하다. * 주로 can, could 따위와 함께 부정·의문문에 쓰인다. ¶I cannot *find it in* my ~ *to* go with him. 그와 같이 갈 기분이 나지 않는다.
fíx one's **héart on** …에 마음을 쏟다.
fóllow one's **héart** 마음대로[기분 내키는 대로] 하다.
frésh héart (from [*or* **at])** = take heart.
from (the bóttom of) one's **héart; from the héart** 마음 속으로부터, 충심으로.
gáther héart 용기를 내다, 마음을 고쳐 먹다.
gét [*or* **gó**] **to the héart of** …의 핵심을 찌르다, 진상을 규명하다.
gíve one's **héart to** …을 연모하다, …에 마음을 빼앗기다. 「진정으로…하다.
gíve one's **whóle héart to** …에 전력을 기울이다.
gó to one's [*or* **the**] **héart** 마음에 찔리다.
hárden a person's **héart** 남의 마음을 냉혹하게[모질게] 만들다.
háve a chánge of héart (보통 좋은 방향으로) 의견[태도]을 바꾸다. 마음을 바꾸다; 개종(改宗)하다.
háve a héart (구어) (명령문에서) 상냥하게 하다; 동정하다, 이해하다(* 떼를 쓰거나 무리한 부탁을 할 때 쓰인다). ¶*Have a* ~ and let me go to the movies tonight. 제발 부탁인데 오늘밤 영화 보러 가게 해줘.
háve…at héart …을 염두에 두고 있다. 간절히 바라다; …에 열심이다, 을 최우선시키다.
háve nó [plénty of] héart 인정이 없다[많다].
háve one's **héart (déad) sèt agáinst** …에 절대 반대하다.
háve one's **héart ìn** …에 열중하고 있다, …에 흥미를 갖다. 「의기소침해 있다.
háve one's **héart in** one's **bóots** 실망[낙담]하다,
háve one's **héart in** one's **móuth** [*or* **thróat**] 몹

시 놀라다, 혼비백산[기절초풍]하다.
have one's **heart in the right place** 악의가 없다; 인정미가 있다.
have one's **heart (set) on** =set one's heart on.
have the[no] heart to do …할 용기가 있다[없다], 감히 …하다[…할 수가 없다]; 무턱대고 …하다[하지 않다].
Heart alive! (놀람·초조를 나타내어) 아이 깜짝이야!; 어럽쇼!
heart and hand 자진하여; 곧, 당장.
heart and soul ① 몸과 마음을 다하여, 열심히; 완전히. ② (사물의) 핵심, 중핵(of).
hearts and flowers (단·복수 양용) (구어) 감상적인 말[이야기], (영화 등의) 센티멘털한[눈물나는] 장면.
heart to heart 털어 놓고, 숨김없이.
heave one's **heart up** (구어) 몹시 메스거리다, 토하다.   「기름겨[메말라서].
in good[poor] heart ① 기운차게[없이]. ② (땅이)
in one's **heart (of hearts)** 남몰래, 마음 속으로.
keep (a good) heart 용기를 잃지 않다.   「(는).
lay one's **heart at** a person's **feet** 남에게 구혼하다.
lay…to heart =take…to heart.
let one's **heart go out to** …에게 마음을 보내다, …이 좋아지다.   「남의 걱정거리이다.
lie at a person's **heart** ① 남에게 사모를 받다. ②
lift (up) a person's **heart** 남에게 기운을 내게 하다.
lift (up) one's **heart** 기운을 내다, 희망을 갖다.
lose heart 낙담하다, 원기를 잃다.   「to.
lose one's **heart to** [or **over**] =give one's heart
move [or **stir, touch**] a person's **heart** 남의 마음을 움직이다.
My heart bleeds for you. (때로 반어적) 깊이 동정합니다, 그것 참 안됐군요.
near [or **nearest, next**] **(to)** a person's **heart** (남에게) 소중한, 친숙한.
One's heart goes out to …을 가엾게 생각하다.
One's heart leaps into one's **mouth.** 기절초풍하다.
One's heart sinks within one [or (구어) **into** one's **boots**]. 깜짝 놀라다; 낙담하다, 의기소침하다.
One's heart skips [or **misses**] **a beat.** =One's **heart stands still** [or **stops**]. (심장이 멎을 정도로) 놀라다, 흥분하다.
open one's **heart to; lay** one's **heart open to** …에게 마음[속]을 터놓다.
out of heart ① 기운없이, 맥없이. ② (땅이) 메말라.
out of heart with …이 불만스러워.
play one's **heart out** 끝까지[철저히] 해내다.
pluck up one's **heart** 용기를 내다, 기운을 내다.
pour out one's **heart** 마음 속[고민거리]을 털어놓다.
produce a change of heart =have a change of heart.
put heart into a person 남에게 용기를 북돋우다.
put one's **heart (and soul) into** …에 골몰[열중]하다.
ring in one's **heart** 기억에 남다.   「하다.
search one's **heart** (구어) 반성하다, 자기 비판을
search the heart 의중[마음]을 떠보다.
set one's **heart against; have** one's **heart set against** …에 절대 반대이다.   「버리다.
set [or **put**] one's **heart at rest** 안심하다, 근심을
set one's **heart on** [or **upon**] …을 열망[갈망]하다; …하기로 마음을 정하다(doing).
shut one's **heart** 마음을 닫다[움직이지 않다](to).
sick at heart 비탄에 잠기어; 마음 아파하여.
sing [**sob**] one's **heart out** 가슴이 터지도록 크게 노래 부르다[울부짖다].   「이다.
speak to the heart 마음에 호소하다, 마음을 움직
steal a person's **heart** 남의 애정을 불러일으키다.
take heart (from [or **at**]) (…으로) 용기[기운]를 내

take heart of grace 용기를 내어 …하다(to do).
take…to heart ① 마음에 깊이 새기다; 진지하게 생각하다. ② …에 몹시 신경을 쓰다; …을 슬퍼하다. ③ (남을) 사랑하다.
take…to one's **heart** …을 기꺼이 받아들이다, 환영하다; …와 가까워지다.
tear one's **heart out** =eat one's heart out.
throw one's **heart into** =put one's heart into.
to one's **heart's content** 마음껏, 실컷.
wear [or **have, pin**] one's **heart on** [or **upon**] one's **sleeve** ① 숨기지 않다, 생각한 것을 숨김없이 말하다; 솔직하게 행동하다. ② 이내 사랑에 빠진다.
win the heart of a person; **win** a person's **heart** 남의 사랑을 얻다, 마음을 사로잡다.
win the hearts and minds of …의 마음을 사로잡다, 전폭적 지지를 얻다.
with a heart and a half 기꺼이.
with a heavy [light] heart 침울[명랑]하게.
with all one's **heart (and soul); with** one's **whole heart** 충심으로; 열심히.
with half a heart 마지못해, 내키지 않은 채.
with one's **heart in** one's **boots** (구어) 낙담[실망]하여; 안절부절 못하여.
with one's **heart in** one's **mouth** 겁을 잔뜩 집어먹고; 조바심하여, 전전긍긍하여.   「한.
with one's **heart in the right place** 근본이 친절
You're all heart. (구어·비꼬아·익살) 너는 아주 친절한 사람이다.
You're breaking my heart. (구어·익살) (겉치레의 인사말로) 그것 참 안됐군요.
── ⓣⓘ ① (고어) 명심하다. ¶ ~ a warning 경고를 명심하다. 2 용기 내우다. 3 (벽 따위)에 거친 돌 따위를 채워 넣다. 4 (속에) 마음에 들다, 좋아지다, …을 사랑하다. ── ⓥⓘ (양상추·양배추 따위에) 결구(結球)의 심이 생기다(up).   「탄.

heart·ache [hάːrtèik] ⓝⓤ 심장통; 마음아픔, 비
héart attáck ⓝ (병리) 심장 발작[마비], 심근 경색.
héart·beat [hάːrtbìːt] ⓝ 1 (생리) (때로 a~) 심장의 고동; ⓤ 심장 박동. 2 생각, 정서. 3 생명의 중심, 활력의 근원; (the ~) 핵심, 중추부.
a heartbeat away from …에서 (심장의 고동이 들릴 정도로) 아주 가까이에.
in a heartbeat (속어) 곧장, 두말 없이.
héart blóck ⓝ (병리) 심장 블록(심장 박동의 부조(不調)). (또는 **Ádams-Stókes sỳndrome**)
héart-blood [-blλd] ⓝ =heart's blood.
héart·break [hάːrtbrèik] ⓝⓤ 비탄, 애끓는 마음, 단장의 슬픔; ⓒ 가슴이 찢어지게 하는 것.
héart·break·er [hάːrtbrèikər] ⓝ 1 남의 마음을 아프게 하는 사람[것]; 무정한 미인. 2 (여자의 이마나 뺨에 늘어뜨린) 애교 머리.
héart·break·ing [hάːrtbrèikiŋ] ⓐ 가슴이 찢어지듯한, 애끓는; 가슴 아프게 하는; (구어) 진력나는.
·ly ⓐⓓ
héartbreak láw ⓝ (남아공) 비탄의 법(백인과 유색 인종간의 결혼 금지법의 속칭).
héart·bro·ken [hάːrtbròukən] ⓐ 슬픔에 잠긴, 비탄에 젖은. **~·ly** ⓐⓓ **~·ness** ⓝ
héart·burn [hάːrtbə̀ːrn] ⓝⓤ 가슴앓이; 샘, 질투.
héart·burn·ing [hάːrtbə̀ːrniŋ] ⓝⓤ (샘·질투·시기로 인한) 짜증스러움; 불만, 불평.
héart càm ⓝ (기계) 하트 캠(등속(等速) 왕복 운동을 시키기 위한 심장 모양의 평면 캠.
héart chérry ⓝ 하트 체리(심장 모양을 한 버찌).
héart diséase ⓝ 심장병.
héart dònor ⓝ 심장 제공[기증]자.   「키는,
heart-eas·ing [-ìːziŋ] ⓐ 마음을 놓게 하는, 안심시

heart·ed
heart·ed [háːrtid] 웹 (복합어로) …한 마음을 가진, 마음이 …한. ¶hard-~ 몰인정한 / kind-~ 친절한 / cold-~ 냉담한. **~·ness**

heart·en [háːrtn] 웹 …에게 원기[용기]를 북돋우다, 나를 격려하다(up, on). — 재 기운이 나다(up).
~·er 웹 **~·ing** **·ing·ly** 閉

héart fáilure 웹 심부전(心不全); 심장 마비; 죽음.

heart·felt [háːrtfèlt] 웹 마음 깊이 느낀; (언동이) 마음으로부터의(earnest). ⇨HEARTY 유의어

heart-free [-fríː] 웹 사랑을 하고 있지 않은[모르는; 미련이 없는. 「**~·ly** 閉

heart·ful [háːrtfəl] 웹 마음으로부터의, 성심성의의.

héart gráft 웹 =heart transplant.

‡**hearth** [haːrθ] 웹 **1** 노(爐), 난로, 노상(爐床) (fireplace). **2** (가정 생활의 중심인) 노변; ⓤ 가정 (생활), 가족의 단란(화목); **~** and home 단락한 가정. **3** 〔야금〕 노상, 화상(火床); (숯을 피우기 위한) 화로. **4** (문화·문명의) 중심 지역, 창조의 중심. **~·less** 웹

heart-health·y [-héləθi] 웹 (식음·요리 따위가) 심장에 좋은, 저(低)지방의.

héarth mòney [tàx] 웹 〔역사〕 노세(爐稅)(17세기 영국 가정의 벽난로 하나하나에 부과된 세금.)

hearth·rug [háːrθrʌg] 웹 난로 앞에 까는 깔개.

hearth·side [háːrθsàid] 웹 노변(爐邊).

hearth·stone [háːrθstòun] 웹 **1** 노석(爐石)(벽난로의 바닥에 깐 돌). **2** 노변; 가정. **3** (노상(爐床)이나 계단 따위를 닦는) 가루 마석(磨石).

heart·i·ly [háːrtili] 閉 **1** 마음으로부터, 진심으로, 정중하게. ¶greet someone **~** 남에게 정중하게 인사하다. **2** 열심히, 열광적으로. **3** 배불리, 양껏. ¶eat and drink **~** 양껏 먹고 마시다. **4** 완전히, 철저하게. ¶be **~** sick of the news 그 뉴스에 아주 식상해 있다.

heart·ing [háːrtiŋ] 웹 (구조물의 중심부를 강화하는) 심벽(心壁); 심벽 재료.

heart·land [háːrtlænd] 웹 (the ~) (정치·경제·군사상의) 중심 지역, 핵심부; (나라·대륙 따위의) 중심부.

heart·less [háːrtlis] 웹 무정한, 차가운, 잔혹한; (고어) 원기[용기] 없는; 낙담한. **~·ly** 閉 **~·ness**

héart-lúng machíne [시áŋ-] 웹 인공 심폐(心肺).

heart·man [háːrtmən] 웹 심장 이식을 받은 사람. ⇨ heart doner.

héart mùrmur 웹 〔의학〕 심장 잡음(雜音).

heart·rend·ing [háːrtrèndiŋ] 웹 가슴이 터질 것 같은, 몹시 슬픈, 비통한. **~·ly** 閉

heart ròt 웹 (목재·사탕무 따위의) 심이 썩음, 심재(心材) 부패. — 명; 진심; 소중한 것.

héart's blóod 웹 (드물게) 심장의 혈액, 생피; 생명.

héart's desíre 웹 마음으로부터 바라는 것.

heart-search·ing [-sə̀ːrtʃiŋ] 웹ⓤⓒ (감정·양심 따위의) 음미, 자문(自問), 반성. — 자기 마음을 짚어보는, 반성[자문]하는, 자아 비판의.

hearts·ease [háːrtsìːz] 웹 **1** ⓤ 마음의 평화, 안심. **2** 팬지(pansy)(類), 꼬까오랑캐꽃. (또는 **héart's-**

heart-shaped [-ʃèipt] 웹 심장 모양의. 「**éase**)

héart shéll 웹 (앞쪽에서 보면 하트 모양으로 보이는 이매패(二枚貝)의 총칭; (특히) 새조갯과(科), **2** 1의 패각(貝殼).

heart·sick [háːrtsìk] 웹 슬픔에 잠긴, 비탄에 젖은; 상심한, 마음 아픈. **~·en·ing** 웹 **~·ness**

heart·some [háːrtsəm] 웹 (스코) 기분 좋게 하는; 기분 좋은, 쾌활한. **~·ly** 閉 **~·ness**

heart·sore [háːrtsɔ̀ːr] 웹 =heartsick.

héart stárter 웹 (濠속어) (하루 중) 처음 마시는 술.

heart·stir·ring [-stə̀ːriŋ] 웹 기운을 북돋우는, 고무하는.

heart·stop·per [-stàpər/-stɔ̀p-] 웹 심장이 멎을 듯한 끔찍한 것, 소름이 오싹 끼치는 사건.

heart·strick·en [-strìkən] 웹 슬픔을 이길 수 없는, 비탄에 잠긴. (또는 **heart-struck**) **~·ly** 閉

heart·strings [háːrtstrìŋz] 웹(복) 심금(心琴); 깊은 감정[애정].
tug [or *pull*] *at a person's* [or *the*] *heartstrings* 남의 심금을 울리다, 남을 깊이 감동시키다.

heart·throb [háːrtθràb/-θrɔ̀b] 웹 **1** 심장의 고동. **2** (~s) 〔구어〕 감상(적인 기분). **3** 〔구어〕 연인, 애인; (연예인 등) 동경의 대상, 우상(idol).

heart-to-heart [-təhá:rt] 웹 마음으로부터의, 성의 있는; 흥금을 터놓는, 솔직한. ¶have a **~** talk with her 그녀와 흥금을 터놓고 이야기하다. — 웹 〔구어〕 (특히 두 사람만의) 솔직한 이야기, 본심을 털어놓은 대화.

héart tránsplant 웹 〔의학〕 심장 이식.

héart vàlve 웹 심장 판막.

heart·warm·ing [háːrtwɔ̀ːrmiŋ] 웹 마음이 따스해지는, 친절한, 기쁜. **~·ly** 閉 **héart·wàrm·er**

heart-whole [-hòul] 웹 **1** 순진한, 사랑을 모르는. **2** 온 마음을 쏟는, 정성을 담은, 마음으로부터의. **3** 용감한, 꿈적도 않는. **~·ness** 웹 용기; 정직.

heart·wood [háːrtwùd] 웹ⓤ (목재의) 적목질(赤

heart·worm [háːrtwə̀ːrm] 웹 〔수의〕 심장사충(絲狀蟲)(개의 우심실 및 폐동맥에 기생하는 선충(線蟲)).

‡**heart·y** [háːrti] 웹 (**heart·i·er; heart·i·est**) **1** 마음으로부터의, 마음이 따스한, 애정 깊은, 친절한. ¶give a **~** welcome to …을 충심으로 환영하다.

유의어 **hearty** 진정을 강하게 표현하는; 정직함과 마음이 따스함을 암시. **heartfelt** 형식적·외면적이 아니라 진실로 깊이 느끼고 있는. **wholehearted** 온 마음을 다 쏟은. **sincere** 조금도 위선이 없는, 진심으로부터의.

2 열성적인, 열렬한. ¶a **~** Democrat 열렬한 민주당원. **3** 억제하지 않는, 넘쳐날 만큼의. **4** 격렬한, 온 힘을 다한. ¶a **~** dislike 강렬한 혐오. **5** 기운찬, 튼튼한, 건강한, 굳센. ¶a **~** laughter [or *laugh*] 마음 놓고 웃는 웃음. **6** (음식이) 풍부한, 많은; 영양가 있는; (식욕이) 왕성한. ¶take a **~** meal 배불리 먹다 / a **~** appetite 왕성한 식욕. **7** (英) (땅이) 기름진, 비옥한.

as hearty as a buck 대단히 강건한.

hale and hearty 늙었지만 원기 왕성한, 정정한.

— 웹 (복) **heart·ies** [-z] **1** 기운찬[용기 있는] 사람; 단짝, 친구, 동무(*특히 선원들에 대한 호칭으로 쓴다). ¶My **~**ies! 〔해사〕 여보게들!, 여러분! **2** 선원, 수부. **héart·i·ness** 웹 「부(木부).

‡**heat** [hiːt] 웹ⓤ **1 a)** 열, 뜨거움[뜨거운 상태]; (에너지로서의) 열. ¶the **~** of the sun [a stove] 난로의 열 / *radiate* **~** 열을 방사하다. **b)** (종종 a **~**) 더위, 더운 기운, 고온; (종종 the **~**) 더운 날씨[계절, 시기]. ¶the lingering **~** of summer (가을의) 늦더위 / *suffer from the* **~** 더위로 고생하다. **c)** (the **~**) (방 따위의) 난방; 난방비[기구]. **2** 열도, 온도; 〔물리〕 열. ¶the **~** of a human body 인간의 체온 / *moderate* **~** 적온(適溫). **3** (신체의) 열, 신열; (열에 의한) 홍조, 상기(*병의 열은 fever). **4** (=다위 따위의) 매운 맛, 얼얼한 자극. **5 a)** (종종 the **~**) 열렬, 격렬, 열기; 열정, 열심; 격노, 분격. ¶with great [some] **~** 열렬하게[제법 맹렬하게]. **b)** (the **~**) (의론·투쟁 따위의) 최고조, 맹렬함. ¶the **~** of an attack 공격의 맹렬함. **6** (美속어) 압력; 추격, 수사, 심문, 고문; (the **~**) 경찰. **7** (방어용) 무기, 권총; 총격, 폭동; 비난, 냉평. ¶*carry* [or *pack*] **~** 총기를 휴대하다. **8** (군중·청중의) 소동, 폭동; 비난, 냉평. **9** ⓒ (a **~**) 한 차례의 노력(동작, 활동); 단숨. **10** ⓒ 〔스포츠〕 (경기의) 1회[라운드]; 예선(조); 〔권투〕 라운드; 〔야구〕 회(inning). ¶a dead **~** 호각의 경기[시합], 대접전. **11** 〔동물〕 (포유 동물의 암컷의) 암내; 발정; 교미[발정]기 (breeding season). **12** 〔야금〕 (1회의) 가열 처리. **13** 〔美속어〕 (술에) 취함; 약에 의한 고양(高揚). **14** 〔심리〕 열감각. **15** 〔속어〕 〔야구〕 (불 같은) 강속구.

at a heat 단숨에.
at [or **in**, (英)] **on**] **heat** 암내를 내어, 발정하여.
generate [or **contribute**] **more heat than light** 사태를 (오히려) 악화시키다, 물의(반발)를 일으키다.
　　　　　　　　　　　　　「평을 털어놓다.
give *a person* **heat** (美俗) 남에게 따따기리다; 불
in the heat of …이 한창일 때에. ¶ *in the ~ of anger* 홧김에.
in the heat of the moment 발끈하여, 그만 흥분
put[or **turn**] **the heat on** (俗) ① 난방(기구)를 켜다. ② …에 강한 압박을 가하다, …의 행동에 눈을 부라리다; …을 엄하게 다루다[단속하다].
take (**the**[or **some**]) **heat** (구어) (…에 대해) 비난[질책, 처벌]을 받다(*for, about*).
take[or **turn**] **the heat off**; **take**[or **turn**] **off the heat** ① 난방(기구)를 끄다. ② (남에게) 압력을 가하는 것을 그만두다; (남을) 의심[책임]에서 벗어나게 하다.
　　　　　　　　　　　「…의 흥분[열기]을 식히다.
take the heat out of; **remove the heat from**
The heat is on [**off**]. (일 따위가) 본격화되고[느슨해지고] 있다; (경찰 등이) 엄하게 추궁하다[추궁하지 않는다].
turn on [or **give**] **the heat** (俗) ① 정력적으로 추구[노력]하다. ② 흥분하다; 정열을 불타오르게 하다. ③ (범인 따위의) 추적[수사]을 엄하게 하다: (…에게) 발포[사살]하다, 없애다. ④ 난방(기구)를 켜다.
turn the heat up on (구어) (…에의) 압력을 강화
without heat 열을 내지 않고, 적당히.
— 통 1 …을 뜨겁게 하다, 가열하다, 데우다(*up*). ¶ (~+됨+튀) ~ *up cold meat* 차가운 고기를 데우다 // (~+됨+前+웜) ~ *oneself with wine* [*by walking*] 포도주를 마셔서[걸어서] 몸을 훈훈하게 하다. 2 (수동형으로) …을 격하게 하다, 흥분시키다. ¶ (~+됨+前+웜) *be ~ed with argument* 토론으로 격해 있다. — 자 1 뜨거워지다, 따스해지다(*up*). 2 분격하다, 흥분하다.
　　　　　　　　　　　「기를 띠다.
***heat up* 점점 뜨거워지다**; 한층 엄하게 되다; 한층 활
⌒·a·ble, **⌒·ful**, **⌒·less**, **⌒·like** 형
HEAT [hit] 명 (군사) 히트, 대전차(對戰車) 고성능 유탄(榴彈). ⟨*high explosive anti-tank*⟩
héat ápoplexy 명 (병리) 일사병(sunstroke).
héat ártist 명 (俗) 연료용 알코올을 마시는 사람.
héat bàlance 명 (열역학) 열수지(熱收支), 열평형.
héat bàrrier 명 =thermal barrier.
heat-can [4kæn] 명 (美軍俗) 제트기.
héat capácity 명 (열역학) 열용량(熱容量)(어떤 물질의 온도를 1℃ 올리는 데 소요되는 열량).
héat cràmp 명 (병리) (고온으로 인한) 열(熱)경련.
héat déath 명 (물리) 열역학적 사(死)(entropy가 최대로 된 열평형 상태).
réd dèvil 명 아지랑이.
heat·ed [hítid] 형 1 뜨거워진, 데운; 격앙된, 흥분된; 성난. ¶ a ~ *discussion* 격론. 2 혼이 난, 응징[징계]을 당한 (俗) 취한. **⌒·ly** 부 **⌒·ness** 명
héat éngine 명 (열역학) 열기관(熱機關).
héat equátion 명 (열역학) 열전도(傳導) 방정식.
***heat·er** [hítər] 명 1 (보통 복합어로) 난방 장치(기구), 가열 장치; 난로, 스토브. ¶ *an oil*[*a gas*] ~ 석유[가스] 스토브. 2 (자동차의) 히터; (전자) 히터(진공관의 음극을 가열하는 전열선). 3 (복합어로) 가열 작업을 하는 사람. 4 (美俗) 권총(revolver); 권련, 시가. 5 (美俗) (야구) 속구, 스피드볼.
héater mèal 명 (美) 자동 가열 도시락(군인·운전사용 휴대식).
héat exchànge 명 (기계) 열 교환.
héat exchànger 명 열교환기, 방열기.
héat exhàustion 명 (병리) 열실사병.
　　　　　　　　　　　「광.
heat-flash [-flæʃ] 명 (핵폭발시와 같은) 고열의 섬

héat flúx 명 (물리) 열 유속(流速).
***heath** [hiːθ] 명 ⓤⓒ 1 히스(황야에 자생하는 석남과(科)의 상록관목). 2 (英) (히스 따위가 무성한) 황야, 황무지. ¶ *one's native heath* (태어난) 고향. 「무지.
⌒·less, **⌒·like** 형
Heath [hiːθ] 명 **Edward (Richard George)** ~ 히스(1916- : 영국의 정치가; 총리(1970-74)).
héath bèll 명 히스꽃(bell heather). 「(類).
heath·ber·ry [híːθbèri/-bəri] 명 (식물) 시로미류
héath·bird [híːθbəːrd] 명 (조류) =black grouse.
Heath·cliff [híːθklif] 명 히스클리프(E. Brontë작 *Wuthering Heights*의 주인공). 「(cock).
héath·cock [híːθkòk/-kɔ̀k] 명 멧닭의 수컷(black-
***hea·then** [híːðən] 명 (복 ~**s**) 1 (기독교도·유대교도·회교도 각자의 입장에서 본) 이교도; (성서의 입장에서 정하지 않는) 미개종자; (the ~) (집합적·복수취급) 이교도들, 이방인들. 2 신앙이 없는 사람, 무종교인. 3 (경멸적) 무례한 사람, 교양이 없는 사람; 미개인, 야만인; (집합적) 야만인.

⎡유의어⎤ **heathen** 미개·야만하며 우상 숭배의 단계에 머물러 있던. **pagan** 특히 기독교 출현 이전에 다신교를 믿고 있던; 경멸적인 의미는 없다. **infidel** 기독교도와 회교도 사이에서 서로를 낮춰 부르는 말.

— 형 1 이교(도)의; 신앙심이 없는, 무종교의. 2 교양이 없는, 야만적인. **⌒·hòod**, **⌒·ness**, **⌒·shìp** 명
hea·then·dom [híːðəndəm] 명 ⓤ 이교 신앙[풍습], 이단; ⓤⓒ (집합적) 이교의 땅[나라], 이교도.
hea·then·ish [híːðəniʃ] 형 이교도의; 야만적인.
⌒·ly 부 **⌒·ness** 명
hea·then·ism [híːðənìzəm] 명 ⓤ 1 이교도의 신앙[관습]; 이교 숭배, 이단 사교(邪敎). 2 우상 숭배. 3 무종교, 무신앙. 4 야만(스러운 행위·사상).
hea·then·ize [híːðənàiz] 타 …을 이교도로[적으로] 만들다; …을 야만스럽게 만들다. — 자 이교도가 되다, 우상 숭배하다; 야만스러워지다.
hea·then·ry [híːðənri] 명 ⓤ 이교도의 신앙[관습]; (집합적) 이교 숭배자, 이교국.
***heath·er** [héðər] 명 ⓤ 히스(heath의 작은 관목); 그슬린 적자색(赤紫色); ⓒ 히스가 무성한 황야.
set the heather on fire 소동을 일으키다.
take to the heather (스코) 산적이 되다.
héather àle 명 헤더 에일(옛날 히스 꽃을 향료로 쓴 스코틀랜드의 양조 맥주).
héath(er) gràss 명 유럽산(産) 볏과의 다년초.
héather mìxture 명 (英) 혼색직(混色織)(갖가지 색실로 짠 모직물; 트위드(tweed) 따위).
heath·er·y [héðəri] 형 히스의, 히스와 같은, 히스가 무성한. (도 **heathy**) **-er·i·ness** 명
héath-fowl [-fàul] 명 1 =black grouse. 2 =red grouse. (도 **héath-gàme**).
héath hèn 명 검은 멧닭의 암컷.
héath·land [híːθlənd] 명 (英) 히스가 무성한 황야.
Héath Róbinson [híːθ-] 명 (英) (익살) (기계·계획 따위가) 너무나 교묘해서 실용(실제)적이 못 되는. ⟨(英國의 만화가 W. Heath Robinson(1872-1944)의 이름)⟩
Héath·row (Áirport) [híːθrou-] 명 히스로 공항 (런던의 국제 공항; 통칭 London Airport).
heath·y [híːθi] 형 =heathery.
héat índex 명 1 체감 온도. 2 (기상) 열지수(熱指數).
***heat·ing** [híːtiŋ] 형 뜨겁게 하는, 데우는. ¶ a ~ apparatus[or *system*] 난방 장치[설비] / a ~ *drink* 몸이 훈훈해지는 음료. — 명 ⓤ 가열 (작용); (건물의) 난방 (장치). ¶ *steam* [*gas*] ~ 증기[가스] 난방.
héating cábinet 명 온장고(溫藏庫).
héating dégree-dày 명 난방 도일(度日)(표준 온(19℃)의 날; 연료 소비의 견적에 쓰인다).
héating èlement 명 발열체, 전열선.

héating expénses 명 난방비.
héating pàd 명 전기 담요, 전기 방석.
héat ìsland 명 열섬(대도시·공업 지대 따위 주변 지역보다 평균 온도가 높은 지역).
héat làmp 명 적외선등(infrared lamp), 태양등.
héat líghtning 명 (여름 밤 지평선 쪽에 보이는, 천둥소리를 수반하지 않는) 섬광, 마른 번개.
héat mérchant 명 끊임없이 불평을 하는 사람.
héat of condensátion 명 [물리] 응축열(凝縮熱).
héat of fúsion 명 [물리] 용해열(融解熱).
héat of solidificátion 명 [물리] 응고열(凝固熱).
héat of sublimátion 명 [물리] 승화열(昇華熱).
héat of vaporizátion 명 [물리] 기화열(氣化熱).
héat-pack·er [⁻pækər] 명 [美속어] 무장 범인.
héat pìpe 명 [전자] 열 파이프, 전열관(傳熱管).
héat pollùtion 명 열공해.
héat·proof [híːtprùːf] 형 내열(耐熱)의. ― 타 열성(熱性)이 되게 하다.
héat prostràtion 명 =heat exhaustion.
héat pùmp 명 열 펌프(열을 저온 물체에서 고온 물체로 옮기는 장치) (건물의 냉난방 장치).
héat ràsh 명 [병리] 땀띠(prickly heat).
héat ràte 명 [물리] 열소비율.
héat rày 명 [물리] 열선(熱線), 적외선.
héat réservoir 명 [열역학] 열원(熱源)(무제한의 열을 흡수 또는 방출할 수 있는 가상의 물체).
heat-re·sist·ant [⁻rizístənt] 형[통] =heatproof.
heat·ron·ic [híːtránik/-rɔ́n-] 형 유전체(誘電體) 가열의. [< *heat* + elect*ronic*]
héat sèeker 명 1 [군사] 열선[적외선] 추적 장치. 2 (또는 héat-seeking míssile) 열선[적외선] 추적 미사일.
héat shìeld 명 (우주선의) 열 차단재, 방열판.
héat sìnk 명 1 [열역학] 열 싱크, 열 흡수원(源)(열을 흡수하는 환경 또는 매체). 2 (또는 héatsink) [전자] 히트 싱크(전자 장치 따위의 온도 상승을 방지하기 위한 흡방열재(吸放熱材) 장치). 3 히트 싱크(우주선 따위의 열을 흡수하기 위한 표면의 피복(被覆)).
héat·spòt [híːtspɔ̀t/-spɔ̀t] 명 1 [해부] 온점(溫點) (피부에서 열을 느끼는 부분). 2 (열에 의해서 생긴) 수포(水泡), 여드름.
héat·stròke [híːtstròuk] 명Ⓤ 열사병, 일사병(sunstroke); 더위.
héat-trèat [⁻trìːt] 타 [금속 따위] 를 열처리하다.
héat tréatment 명 [야금] 열처리.
héat ùnit 명 =British thermal unit; 칼로리.
héat wàve 명 1 열파(熱波), 열기; 혹서기(酷暑期). 2 열선(熱線).
heaume [houm] 명 (중세의) 대형 투구(great helm).
‡**heave** [hiːv] 통 (~s [-z]; ~d, 〔해사〕 *hove* [houv]; *héav·ing*) 타 1 [무거운 것]을 들어올리다, 끌어올리다; 높이다(*up*). ¶ ~ LIFT 운의어 ¶ ~ an ax 도끼를 번쩍 들어올리다. 2 〔가슴 따위〕를 부풀리다, 융기시키다, 펴다. ¶ ~ one's chest [*or* bosom] 가슴을 부풀리다. 3 (바람 따위가) 〔바다·파도〕를 물결치게 하다. 4 〔한숨 따위〕를 내쉬다. 〔신음 소리 따위〕를 토하다, 게우다. ¶ ~ one's lunch 점심 먹은 것을 토하다. 5 〔해사〕 (밧)줄로 끌어올리다, 끌어당기다. ¶ 감아 올리다. 〔배 따위〕를 움직이다, 이동시키다. ¶ ~ an anchor 닻을 감아 올리다 // (~+国+젠) ~ a ship *aback* 배를 뒤로 이동시키다. 7 ⋯을 내던지다(*at*). 8 〔지질〕 〔지층 따위〕를 전위(轉位)시키다, 엇물리게 하다.
― 자 1 (율동적으로) 오르내리다, 기복하다, 굽이치다. ¶ The billows ~. 큰 파도가 굽이친다 / Her chest ~d with sobs. 흐느낌으로 그녀의 가슴이 들먹거렸다. 2 올라가다, 높아지다, 융기하다; 부풀다. ¶A hill ~s. 언덕이 솟아오른다. 3 토하다, 메스꺼워지다(*up*). 4 헐떡이다, 괴로워하다. 5 〔해사〕 (밧줄을) 끌다, 감다(*at, on*); (배가 어떤 방향으로) 움직이다. ¶ (~+젠+명) ~ *at* a rope 밧줄을 당기다 / The ship *hove out of* the harbor. 배가 항구 밖으로 나갔다. 6 (종축(縱軸)의 권녹로(捲轆轤) 따위를) 밀다(push).
heave and sèt (배·파도 따위가) 넘실거리다.
heave a sìgh 한숨을 쉬다.
heave (awáy) at [*or* **on**] 〔해사〕 밧줄을 세게 당기다[끌다].
heave dówn 〔해사〕 (배가) 기울다; 〔배〕를 (수리·청소하기 위해) 한쪽 뱃전으로 기울이다(careen).
Héave ho! [*or* **awáy**]! 〔해사〕 영차 닻 감아라!
heave ín (닻줄 따위를) 감아들이다, 당기다.
heave ín [*or* **intó**] **síght** [*or* **víew**] (배가) 보이기 시작하다; 나타나다.
heave one's górge 느글거리다, 메스껍다.
heave óut 〔해사〕 ① (축범(縮帆))을 풀다; 〔돛〕을 올리다; 〔기〕를 올리다. ② 〔그물 따위〕를 끌다.
heave shórt 〔해사〕 (닻줄)을 바짝 끌어당기다.
heave the léad 〔해사〕 측연(測鉛)을 던져 수심을 재다.
heave the lóg 측정기로 배의 속력을 재다.
heave tó ① (배가) 서다. ¶ The captain ordered the enemy vessel to ~ *to*. 선장은 적의 배에 정선(停船)을 명했다. ② (뱃머리를 바람 불어오는 쪽으로 돌려) (배)를 멈추다.
heave úp ① 끌어올리다. ② (구어) 토하다(~ one's HEART up). ③ 내버리다; 단념하다.
― 명 1 (종종 a ~) 올리기, 들어올리기; 던짐, 내던지기. 2 (the ~) 융기(隆起), 부풀음, 팽창; 〔물결의〕 기복(起伏), 굽이침. ¶the ~ *of* the sea 파도의 굽이침. 3 (the ~s) 메스꺼움, 구토. 4 [레슬링] 오른손을 상대의 오른 어깨에 돌려서 던지기. 5 〔지질〕 수평 경사 이동. 6 (~s) 〔단수취급〕 〔수의〕 (말의) 천식, 폐기종(肺氣腫). 7 (경찰관이 비바람을 피하기 위한) 피난소. ~·**less** 형.
heave-ho [⁻hóu] 감 〔해사〕 영차, 영차 닻 감아라 (Heave ho!). ― 명 (~s) 1 〔해사〕 닻 감을 때의 구호; 영차하고 들어올림. 2 (구어) (the old ~) (연인을) 버리기, (고용인 등을) 내쫓기, 해고.
gét [***gíve*** *a person*] ***the*** (***óld*) *héave-hó*** 해고당하다[해고되다]; 퇴짜를 받다[남을 퇴짜 놓다].
― 타 「영차 닻 감아라」하고 소리치다; 힘을 주어 (⋯을 들어) 올리다.
‡**heav·en** [hévən] 명 1 ⓤⒸ (보통 the ~s) 하늘, 천공. ¶ the eye of ~ 태양 / the starry ~s 별이 빛나는 하늘 / in the eastern ~s 동녘 하늘에. 2 ⓤ (종종 H-) 천국, 극락; 아주 행복한 장소[상태], 천국과 같은 곳. ¶ the ~ *of* ~s 제7천국(옛날에 하늘은 7층으로 이루어져 있고, 맨 위층에는 신과 천사가 산다고 했다) (the seventh ~); the kingdom of ~s 천국, 하늘 나라 / the Buddhist ~s 극락 / be in ~ 천국에 가 있다, 죽었다. 3 (보통 H-) ⓤ 신, 하느님, 천제(天帝)(God, Providence). ¶the will of H- 하늘의 뜻, 천명 / H- helps those who help themselves. (속담) 하늘은 스스로 돕는 자를 돕는다 / Heaven's vengeance is slow but sure. (속담) 천벌은 늦게라도 반드시 온다. 4 ⓤ (집합적) 신들, 천국의 주민; 천인(天人). ¶All ~ rejoice. 신들이 모두 기뻐한다. 5 (어떤 지방의) 하늘, 기후(climate). ¶The ~ *of* the Mediterranean Sea was bright. 지중해의 하늘은 맑았다.
(a) héaven on éarth 지상의 낙원.
áll this and héaven tòo (믿는 이는) 이 세상의 축복뿐 아니라 천국까지도, 눈앞의 이익뿐 아니라 더 큰 혜택도 있는.
be in the séventh héaven 무상(無上)의 행복 속에.
By Héaven(***s***)! ① 맹세코, 분명히. ② 큰일났다!, 저런!
càll héaven to wítness 하늘에 맹세하다.
for héaven's sàke ⇒SAKE.
Góod [*or* ***Gréat, Grácious***] ***Héavens!*** (놀람·동정을 나타내어) 큰일이군!, 저런!, 어머나! ¶ *Good ~s, what a dirty place!* 세상에, 참으로 더러운 곳이군.
gó to héaven 승천하다, 죽다.

heaven and earth ① 천지(天地), 우주, 만물. ② (감탄사적) 어머나!, 야단났네!(놀람·두려움을 표현).
Heaven be praised!; Thank Heaven! 고마워라.
Heaven forbid! 맙소사!, 당치도 않다!. 결단코 (···) 아니다!, ¶*H– forbid!* I never said that. 당치도 않아, 나는 절대로 그런 말을 하지 않았어.
Heaven knows ① (that절과 함께) 신에 맹세코, 맹세코 ···다. ② (wh-절과 함께) 신만이 안다, 아무도 모른다(God knows). ¶*H– knows where he is.* 그가 어디 있는지 아무도 모른다.
Heavens above! =*By heaven(s)!*
in heaven 하늘에 계신; 죽은. ¶*Our Father in* ~ 하늘에 계신 우리 아버지. 「제발; 도대체.
in heaven's name; in the name of heaven
move heaven and earth to *do* ···하기 위해 전력을 다하다.
stink[or ***smell***] ***to high heaven*** (구어) ① 지독한 냄새가 나다. ② 의심스럽다, 수상쩍다. 「져 내리다.
The heavens opened. (익살) 갑자기 폭우가 쏟아
to (***high***) ***heaven*** ① 하늘 끝까지. ② (값 따위가) 터무니없이; 지독하게. ③ (구어) 하늘에 맹세코, 반드시.
under heaven ① 이 세상에. ② 도대체, 대관절.
heav·en-born [-bə̀ːrn] 〈형〉 1 하늘에서 태어난; 신성하게 자라난. ¶*the* ~ *gods* 하늘에서 내려온 신들. 2 (종종 비꼬아) 천부의 재능을 가진.
héaven dùst 〈美속어〉 마약, 코카인.
heav·en-gift·ed [-gíftid] 〈형〉 선천적 재능을 지닌.
heav·en-kiss·ing [-kìsiŋ] 〈형〉 하늘에 닿을 듯한.
‡**heav·en·ly** [hévənli] 〈형〉 1 천국의 천국과 같은에 어울리는; 매우 즐거운, 기쁨이 가득한, 지복(至福)의. ¶*a* ~ *spot* 즐거운 곳. 2 하늘의, 천공(天空)의. 3 천국의, 천계(天界)의(↔earthly). ¶*our* ~ *Father* 하늘에 계신 우리 아버지. 4 거룩한, 신성한; 장엄한. **-li·ness**
héavenly blúe 〈美속어〉 =LSD; (환각제용의) 나팔꽃 씨.
héavenly bódies 〈天體〉천체(天體).
Héavenly Cíty 〈형〉 (the ~) =New Jerusalem.
Héavenly Gáte 〈형〉 톈안먼(天安門)(Tiananmen의 영어 이름). ⇨TIANANMEN
heav·en·ly-mind·ed [-máindid] 〈형〉 신앙심 깊은, 경건한; 신성한. **~ness** 「(Pollux의 두 별).
Héavenly Twíns 〈형〉〈복〉 (the ~) 쌍둥이별(Castor와
heav·en-sent [-sènt] 〈형〉 1 신의, 천부의, 신의(神意)에 의한. 2 시의(時宜)를 얻은, 알맞은. ¶*a* ~ *opportunity* 절호의 기회.
heav·en·ward [hévənwərd] 〈부〉 하늘을 향하여, 하늘 쪽으로, (또는 **heavenwards**) 〈형〉 하늘로 향한. ¶~ *prayer* 하늘을 향한 기도. **-ly** 〈부〉 **~ness** 〈명〉
héave òffering 〈형〉 (고대 이스라엘인의) 요제(搖祭).
heav·er [híːvər] 〈형〉 1 올리는 사람(물건); 짐꾼, 하역부. 2 (해사) (밧줄 따위를 꼬기 위한) 지렛대.
heav·ie [hévi] 〈형〉 (구어) 거물.
heav·i·er-than-air [héviərðənɛ́ər] 〈형〉 (항공) (항공기) 공기보다 비중이 무거운; 중(重)항공기의.
‡**heav·i·ly** [hévili] 〈부〉 (***more*** ~; ***most*** ~) 1 무겁게, 묵직하게; 답지하게. ¶*a* ~ *loaded freight car* 묵직하게 짐을 실은 화차. 2 육중하게, 무거운 듯이; 힘에 겨운 듯이. ¶*walk* ~ 무거운 걸음걸이로 걷다. 3 몹시, 심하게, 호되게. ¶*suffer* ~ 몹시 괴로워하다. 4 빽빽하게, 울창하게. ¶*be* ~ *made up* 짙은 화장을 하고 있다. 5 대량으로, 많이. ¶*discount* ~ 대폭 깎아 주다. 6 활기 없이, 무기력하게. 7 꾸물꾸물.
*****heav·i·ness** [hévinis] 〈명〉 ① 1 무거움, 무게. 2 무기력, 나른함, 지둔(遲鈍). 3 어색함, 서투름. 4 (정신적인) 괴로움, 부담. 5 낙담, 의기소침.
heav·ing [híːviŋ] 〈형〉 〈명〉 ① 올림, 들어올림; (해사) (닻) 따위의) 끌어올림; (선박의) 상하 동요; (지질) (지반의) 융기. 「저 던지는」 가는 밧줄.
héaving line 〈형〉 (해사) (굵은 밧줄을 건네기 위해 먼

Héav·i·side(-Kén·nel·ly) láyer [hévisàid-(kénəli)-] 〈형〉 (the ~) (통신) 헤비사이드층(장파를 반사하는 중층(中層)전리층(電離層))(E layer). [〈영국 물리학자 Oliver Heaviside (1850–1925)의 이름]
‡**heav·y**[1] [hévi] 〈형〉 (***heav·i·er; heav·i·est***) 1 무거운; 무게(중량)가 있는(↔light). ¶*a* ~ *load* 무거운 짐. 2 (···으로) 무거워진; (시·시간표 따위가) 꽉 찬; 임신한, 몸이 무거운, (특히) 출산이 임박한(*with*). ¶*air* ~ *with* *moisture* 습기찬 공기 / *be* ~ *with* *child* 임신하다, 몸이 무거워.

> 〈유의어〉 **heavy** 「무거운」의 의미의 가장 일반적인 말; 비유적으로는 「정신·기분·감각에 부담이 가는」. **weighty** 매우 무거운; 주로 「중대한」이라는 비유적 의미로 쓰이는 말.

3 대량의, 다액의; 비중이 큰; (구어) 대량 소비하는. ¶*a* ~ *user of power* 대량의 전력 소비자 / *a* ~ *drinker* [*smoker*] 술고래(골초).
4 답답한, 쓰라린, 슬픈, 근심에 잠긴; 격심한, 견디기 힘든, 괴로운; (···에) 엄한, 가혹한(*on*). ¶*a* ~ *fate* 가혹한 운명 / *a* ~ *responsibility* 중책 / ~ *taxes* 무거운 세금 / *a* ~ *sentence* 혹독한 판결 / *look* ~ 우울해 보이다 / *with a* ~ *heart* 슬픔에 잠겨 / *I've had a* ~ *day.* 오늘은 정말 힘든 하루였다.
5 깊은; 격렬한, 맹렬한; (비·바람 따위가) 강한; (교통 혼잡 따위가) 격심한. ¶~ *silence* 무거운 침묵 / *a* ~ *applause* 큰 박수 갈채 / *a* ~ *blow* 강타, 심한 타격 / ~ *rain*[*snow*] 호우(눈) / *a* ~ *sea* 풍랑이 심한 바다 / ~ *losses* 큰 손해 / *a* ~ *traffic* 격심한 교통 혼잡.
6 진지한, 중대한; (연극) 장중한, 침울한, 비극적인; 악역(役)의. ¶*a* ~ *part in a play* 연극의 악인역.
7 (날씨가) 음산한, 하늘이 찌푸린. ¶*a* ~ *day* 음산한 날씨 / *a* ~ *sky* 찌푸린 하늘. 8 (음식이) 소화가 잘 안 되는; 위에 부담이 되는; (빵 과자 따위가) 부풀지 않은, 설구워진; (술 따위가) 독한; (냄새가) 잘 가시지 않는. ¶~ *bread* 설구워진 빵 / ~ *food* 사이기 힘든 음식 / ~ *drinks* 독한 술. 9 (많이) 점토질의, 차진; 진창인; (길이) 걷기 어려운. ¶*a* ~ *road* 진창길 / ~ *soil* 점토질의 토양. 10 서투른; (동작이) 느린, 굼뜬, 무딘. ¶*a* ~ *fellow* 바보, 멍청이. 11 (문장 따위가) 경쾌한 맛이 없는; 단조로운, 따분한, 재미없는; (미술작이) 우아하지 못한, 너저분한. ¶*a* ~ *style* 답답한 문체 / *a* ~ *book* 따분한 책. 12 (음성이) 가락이 낮은, 울려 퍼지는, 중후한(sonorous); (모양이) 거칠거칠한; 대형의, 묵중한. 13 (군사) 중장비의; (화기가) 강력한. ¶*a* ~ *bomber* 중폭격기 / *a* ~ *gun* 중포. 14 (구어) (차가) (연료 따위를) 많이 소비하는; (사람이) ···을 잘 먹는(마시는)(*on*). 15 폭이 넓은; 굵은, 두꺼운; 올이 성긴. ¶~ *eyebrows* 굵은 눈썹. 16 대형의, 용량(출력, 생산력)이 큰. ¶*a* ~ *truck* 대형 트럭. 17 (화학·물리) 중(重)···, (동위 원소가) 통상보다 원자량이 많은. 18 〈美속어〉 멋진, 근사한. 19 깊은 맛이 있는, 신나는; 유행의. 19 (성행위 따위가) 격렬한, 농후한; (남녀가 찰싹 달라붙어 있을 정도로) 친밀한. 20 〈美속어〉 성적 매력이 있는, 도발적인. 21 〈美속어〉 (마약이) 습관성이 있는. 22 (구어) (경멸적) (사람이) 다루기 힘든, 골치아픈. 23 (구어) (···에) 깊이 빠진(개입한]; (···으로) 유명한(*into*, *in*). 24 〈美속어〉 위법의, 수인의; 협박하는 듯한. 25 (금융) 판매가 많은, 연조(軟調)의.
come the heavy hand (英) (남에게) 위압(고압)적인 태도를 취하다(*with*).
find···heavy going ⇨HEAVY GOING. 「적이다.
have a heavy hand 손재주가 무디다; 엄하다, 강압
heavy on [or ***in*] ***hand*** ① (말 따위가) 다루기 힘든. ② (사람이) 따분한; 읽이 무거운. 「들다.
make heavy weather of (일)을 스스로 어렵게 만
play [or ***come, do, act***] ***the heavy father*** (친)엄격히 행동하다, (아이 따위를) 엄하게 꾸짖다.

heavy

(속어) 잘난 체하며 자세히 충고하다.
with a heavy hand ① 서투르게. ② 엄하게, 고압적으로.
— 명 (복 **heav·ies** [-z]) **1** 두툼한 내의(복지(服地)). **2** (소설·연극의) 악역, 원수역. **3** 중기병(重騎兵); (the Heavies) (英) (근위) 용기병(龍騎兵). **4** (heavies) 중포(重砲); 중전차; 중폭격기. **5** (권투·레슬링 따위의) 헤비급 선수(heavyweight). **6** (속어) 불량배; (보디가드 등의) 덩치 큰 사람. **7** (파도 타기에서) 큰 파도. **8** (the heavies) 진지[딱딱]한 신문[기사]. **9** (스코) (도수가 높은) 쓴 맥주. **10** (구어) 거물, 중요 인물. **11** (heavies) (美속어) 습관성 마약.
come [or ***do***] ***the heavy*** (속어) 젠체하다, 거드름 피우다.
on the heavy (美속어) 범죄를 저지르고.
— 튀 **1** =heavily(* 복합어로 많이 쓰인다). ¶ ~ buying 대량 구매의. **2** (美속어) 매우, 아주. ¶ He's ~ into rock. 그는 록 음악에 심취해 있다.
hang [or ***lie, sit, weigh***] ***heavy on*** …을 무겁게 짓누르다; 괴롭히다. ¶ Time *hangs* [or *lies*] ~ *on* his hands. 그는 시간을 주체할 수 없다.
— 타(자) 악역을 하다. — 타 (속어) …을 위협하다.
heav·y² [híːvi] 형 (말이) 천식(폐기종)에 걸린.
heav·y-armed [hévià:rmd] 형 (군대가) 중장비의, 중무장한.
heavy artíllery 형 **1** (군사) 중포(重砲) (구경이 큰 포[곡사포]; (美) 구경 155mm이상); 중포대(重砲隊). **2** (속어) 결정적인 것[증거, 패, 이론, 사람 등]. ¶ 항목.
heavy béad 형 (美) 국액 지출에 따르는 국방 예산
heav·y-béard·ed [hévibìərdid] 형 짙은[시커먼] 수염을 기른, 수염이 텁수룩한.
heavy bómber 형 (군사) 중(重)폭격기.
heavy bréad [**dóugh**] 형 (속어) =heavy money.
heavy bréathing 형 **1** (구어) (흥분했을 때의) 거친 숨. **2** (구어) (소설·영화 따위의) 격렬한 섹스 묘사. **3** (문제의) 장황함; 과장. **heav·y-bréath·ing** 형
heav·y-bròwed [hévibràud] 형 상을 찌푸린.
heav·y-bùy·ing [hévibáiiŋ] 형 대량 구매의.
heav·y-càke [hévikèik] 형 (美속어) 난봉꾼; 색마.
héavy cháin 형 (생화학) (면역 글로불린의) 중쇄
heavy chémical 형 공업 약품. [(重鎭).
heavy créam 형 헤비 크림(유지(乳脂)를 다량 포함한 크림); (美속어) 동동한 여자.
héavy dáte 형 **1** (특별한 의미를 갖거나 섹스가 목적인) 데이트(의 상대). **2** 중요한 약속[계약].
heav·y-du·ty [hévidjú:ti/-djúː-] 형 **1** 튼튼한, 내구성이 강한. ¶ ~ machinery 튼튼한 기계류. **2** (구어) 아주 중요한, 강박감을 주는, 긴장시키는. **4** 관세가 높은. — 헤비듀티(자연으로의 회귀(回歸)를 지향하고, 자주(自主) 정신을 기초로 한 생활 방식).
héavy éarth 형 (화학) 산화바륨(baryta). [(식).
héavy élement 형 (화학) 중원소(重元素).
héavy equípment 형 중기(重機).
héavy fóot 형 (구어) 차를 마구 모는 사람, 스피드광.
heav·y-fòot·ed [hévifútid] 형 **1** (동작이) 무디고 느린; (표현 따위가) 어색한, 딱딱한. **2** (방언) 임신중인. **3** (자동차를) 맹렬한 속도로 모는.
héavy gàng 형 (경찰의 문초 따위에서의) 고문반.
héavy góing 형 진행이 곤란한[한 상태]; 성가신 것[일]; 이야기하기 거북한 사람.
find…heavy going (일을 하기 쉽지 않다고 생각하다; (남의 이야기 따위가 재미없다고 생각하다.
héavy gún 형 중포(重砲).
heav·y-hànd·ed [héviændid] 형 **1** 압제적인, 포악한, 가혹한, ¶ a ~ ruler 포악한 지배자. **2** 솜씨 없는, 서툰, 날렵하지 못한, 곤든. **3** (방언) (요리사가) 재료를 너무 많이 쓰는. **~·ly** 튀 **~·ness** 명
heav·y-héad·ed [héviédid] 형 **1** 상부[이삭]이 무거운. **2** 머리가 둔한, 어리석은. **3** 졸리는; 잠이 없는.
heav·y-héart·ed [hévihɑ́ːrtid] 형 슬픔에 잠긴,

우울한; 원기가 없는. **~·ly** 튀 **~·ness** 명
héavy hítter 형 유력자, 중진, 중요 인물; (야구) 강타자, 슬러거(slugger). **héav·y-hít·ter** 형
héavy hýdrogen 형 (화학) 중수소(重水素).
heavy índustry 형 중공업. 형 light industry
heav·y-làd·en [hévilèidn] 형 **1** 무거운 짐을 실은; 지친. **2** 압제받는; 걱정거리가 많은.
héavy mán 형 (美속어) (무장한) 범죄자(은행 강도 등)
héavy métal 형 **1** 중금속(비중 5이상). **2** 중포탄(重砲彈), 거포, 포(의) 강적(强敵). **3** (음악) 헤비메탈.
héav·y-mét·al 형 **héav·y-mét·al·ler, héav·y-mét·al·(l)ist** 명
héavy mób 형 (구어) 야만 집단; 폭력단, 살인 집단.
héavy móney [**jáck**] 형 (美속어) 큰 돈, 거금(巨金). (또는 **héavy súgar**).
héavy nécking 형 진한[농후한] 애무[네킹].
héavy nítrogen 형 중질소(重窒素).
héavy óil 형 중유(重油).
héavy óxygen 형 (화학) 중산소(重酸素).
héavy pétting 형 (성교는 하지 않는) 진한 애무.
héavy ráil 형 철도를 이용한, 본격 철도의.
héavy róck 형 헤비 록(고도의 테크닉을 사용하여 참신한 실험적인 시도가 많은 음악).
héavy scéne 형 (속어) 심각한(골치 아픈) 사태, 답답한[숨막히는] 분위기.
heav·y-sèt [héviìt] 형 체격이 좋은; 튼튼한.
héavy sóul 형 (美속어) 헤로인(heroin).
héavy spár 형 (광물) 중정석(重晶石)(barite).
heav·y-stìck·er [hévistìkər] 형 (美속어) (야구) 강타자.
héavy stúff 형 (속어) 중독성 환각제.
héavy súgar 형 **1** (속어) =heavy money. **2** 부자임을 나타내는 증거(보석·고급차 따위).
héavy swéll 형 높게 이는 파도; (고어·구어) 풍채[태도]가 당당한 사람.
héavy tráffic 형 차량 혼수, 교통 혼잡; (트럭 따위).
héav·y-wàll [héviwɔ̀ːl] 형 (유리 제품 따위의) 두께
héavy wáter 형 (화학) 중수(重水). [가 두꺼운.
héavy-wáter reáctor 형 중수로(重水爐)(감속재로 중수 사용; (美) HWR). [난.
héavy wéather 형 사나운 날씨; (비유적) 장애, 고
heav·y·wèight [hévìwèit] 형 **1** 체중이 평균 이상인 사람[동물]. **2** (스포츠) 중량급(重量級), (권투·레슬링 따위의) 헤비급 선수. **3** (美구어) (정계·학계 따위의) 유력자, 중진 (기업의) 중요 인물, 실세; 대기업. **4** 중량급 작품, 대작(大作). — 형 **1** 헤비[중량]급의. **2** 체중이 무거운. **3** 평균 무게[두께]이상의. **4** 아주 유력한[영향력 있는], 중요한. **5** 보통이 아닌 기량[수완]을 가진.
Heb, Heb. Hebrew(s); Hebrides.
heb·do·mad [hébdəmæd] 형 **1** 7의 수; (한 무리의) 일곱인 것, 7일; 7일간, 1주(週)(week).
heb·dom·a·dal [hebdámədl/-dɔ́m-] 형 1주의, 7일마다의, 1주 1회의(weekly). ¶ a ~ journal 주간 잡지. — 명 주간 잡지(신문). **~·ly** 튀
He·be¹ [híːbi] 형 **1** (그리스 신화) 헤베(청춘과 봄의 여신). **2** (익살) (술집) 여급, 작부. (**Heeb, Heebie**)
Hebe² [hiːb] 형 (속어) (경멸적) 유태인(Jew). (또는
he·be· [híːbə] 연결 사춘기의 뜻. ¶ *hebe*philia.
He·bei [hʌ́ːbéi] 형 허베이(河北)(중국 동부의 성). (또는 **Hopeh, Hopei**)
he·be·phíl·i·a [hìːbəfíliə] 형 (정신의학) 청소년애 (10대 소년소녀를 성적 욕구의 대상으로 하는 성 기호).
he·be·phré·ni·a [hìːbəfríːnjə] 형 (정신의학) 파괴병(破瓜病), 사춘기 병.
heb·e·tate [hébətèit] 형 (동) …의 감수성[능력 등]을 (우)둔하게 하다. — 재 (우)둔해지다. — 형 (식물) (잎·까끄라기 따위의) 끝이 둥글고 보드라운.
-tá·tion 명 **-tà·tive** 형
he·bet·ic [hibétik] 형 (생리) 사춘기의[에 일어나는].

heb·e·tude [hébətjùːd/-tjùːd] 명 우둔; 무기력, 무감각. ¶moral ~ 도덕적 무감각. **-tú·di·nous** 형
Hebr. Hebrew(s).
He·bra·ic [hibréiik] 형 헤브라이 사람[말, 문화]의. (또는 **Hebraical, Hebrew**) **-i·cal·ly** 부
He·bra·ism [híːbreiìzm, -bri-] 명UC 1 헤브라이 문화[사상, 정신], 헤브라이 주의(Hellenism과 함께 유럽 문명의 2대 주류를 이룸). 2 유대교(Judaism). 3 헤브라이인의 풍습; (성서의) 헤브라이 어법[어풍(語風)].
He·bra·ist [híːbreiist, -bri-] 명 헤브라이 학자; 헤브라이어 학자; 헤브라이 정신[종교] 신봉자.
He·bra·is·tic [hìːbreiístik, -bri-] 형 헤브라이(어) 학자의; 헤브라이(어)의[인(풍)의]; =**Hebraic**. (또는 **Hebraistical**) **-ti·cal·ly** 부
He·bra·ize [híːbreiàiz, -bri-] 동타 (외국어 따위)를 헤브라이어로 하다. — 동자 헤브라이(어)풍으로 되다, 헤브라이어를 쓰다[로 표현하다]. (또는 **He·braicize**) **-i·zá·tion, -iz·er** 명
*****He·brew** [híːbruː] 명 1 헤브라이 사람, (고대) 이스라엘 사람; 유대인(Jew). 2 ⓤ 헤브라이어(현 이스라엘 공용어로 고대 헤브라이인 언어; 약 Heb.). 3 ⓤ (구어) 알아듣지 못할 말(약 Greek). ¶It's ~ to me. 나는 통 알아들을 수가 없다. 4 =**Hebrews**. — 형 헤브라이 사람[어]의; 유대인의(Jewish).
Hébrew Bíble 명 (the ~) =**Old Testament**.
Hébrew cálendar 명 (the ~) 유대력(曆).
He·brew·ism [híːbruːizm] 명 =**Hebraism**.
He·brews [híːbruːz] 명 (the ~) (단수취급) (신약 성서의) 히브리서(약 Heb.).
Hébrew Scríptures 명복 (the ~) =**Old Testament**.
He·brew-wise [híːbruːwàiz] 부 헤브라이식으로; (글 쓰는 식이) 오른쪽에서 왼쪽으로.
Heb·ri·des [hébrədìːz] 명복 (the ~) 헤브리디스 제도(스코틀랜드 북서쪽에 있는 약 500개의 군도). **·dé·an, He·bríd·i·an** 형
He·bron [híːbrən] 명 헤브론(팔레스타인 자치구인 요르단 강 서안의 도시; 유대교와 회교의 성지).
Hec·a·te [hékəti] 명 (* Shakespeare에서는 [hékət]) 명 1 (그리스 신화) 헤카테(달·대지·하계(下界)를 지배하는 여신). 2 마녀. (또는 **Hekate**) **·táe·an, ·té·an** 형
hec·a·tomb [hékətòum, -tùːm] 명 1 큰 희생(원래는 고대 그리스·로마에서 신들에게 바친 소 100필). 2 (비유적) 대살육, 대학살. 3 다수, 다량.
heck[1] [hek] 명 1 (베틀의) 바디집; 횃(방적기의 실감개에 방적사를 걸쳐서 유도하는 장치). 2 (스코) (가축의) 꼴 시렁; (물고기 따위의 통과를 막는 하천의) 격자. **live at heck and manger** 안락하게 살다.
heck[2] 명ⓤ (종종 a~, the ~) (구어) (완곡적) 지옥. **a heck of a(n)** (구어) 대단한, 엄청난. ¶a ~ of a hole in the ground 대지에 뚫린 엄청난 구멍. **(just) for the heck of it** (속어) 이렇다 할 이유도 없이; 반농담으로. ¶~ 게 어쨌단 말이야? **What the heck?** (美구어) 도대체 무슨 소리야?, 그 —감 (곤혹·거절·혐오 따위를 나타내어) 제기랄, 젠장.
heck·le [hékl] 동타 1 ···을 못살게 하다, 괴롭히다. 2 (연설자)에게 질문 공세를 하다, 야유를 퍼붓다; 부당하게 간섭하다, 방해하다. 3 (삼 따위)를 훑다[빗다]. — 명 삼빗(hackle). **-ler** 명
hect- [hekt] 연결 ⇒HECTO-.
*****hec·tare** [héktɛər, -taːr] 명 헥타르(면적의 단위; 100아르, 10,000m²; 기 ha). (또는 **hektare**)
hec·tic [héktik] 형 1 (구어) 몹시 바쁜, 야단법석의; 광적인, 격앙된. ¶have a ~ day 몹시 분주한 하루를 보내다. 2 피로를 낳는, 소모성의; (병리) 소모열(消耗熱)의[에 걸린], 결핵성의. ¶~ flush 소모열에 의한 볼의 홍조. — 명ⓤ 소모열, 볼의 홍조; ⓒ 소모열 환자. **-ti·cal·ly, ~·ly** 부 **~·ness** 명
hec·to- [héktou, -tə] 연결 hundred의 뜻(* 모음 앞에서는 hect-). ¶**hecto**gram, **hecta**re. (또는 **hekto-**)
hec·to·cot·y·lus [hèktəkɑ́tələs/-kɔ́t-] 명 (복 **-y·li** [-əlài]) (동물) (오징어·문어 수컷의) 교접완(交接腕)
hectog. hectogram(s).
hec·to·gram, (영) -gramme [héktəgræm] 명 헥토그램(100g; 기 hg). (또는 **hektogram**)
hec·to·graph [héktəgræf, -gràːf] 명 젤라틴[한천(寒天)]판(版) 복사법; 젤라틴판 복사기. — 동타 ···을 젤라틴판으로 복사하다[찍다]. (또는 **hektograph**) **·gráph·ic, ·gráph·i·cal** 형 **·tóg·ra·phy** 명
hectol. hectoliter(s).
hec·to·li·ter, (영) -tre [héktəlìːtər] 명 헥토리터(용적 단위; 100리터; 기 hl). (또는 **hektoliter**)
hectom. hectometer(s).
hec·to·me·ter, (영) -tre [héktəmìːtər] 명 헥토미터(길이 단위; 100m; 기 hm). (또는 **hektometer**)
hec·to·pas·cal [héktəpæskæ̀l] 명 (물리) 헥토파스칼(기압 단위; millibar와 동일; 100파스칼; 기 hPa).
Hec·tor [héktər] 명 1 (그리스 신화) 헥토르(Homer의 *Iliad*에 나오는 Troy 전쟁의 영웅). 2 (h-) 허세부리는 사람, 약자를 괴롭히는 사람. — 동타 (h-) (약자 등)을 괴롭히다(bully); ···을 으르다[겁주다]; ···을 (겁주어) (···) 시키다 (*into*). — 동자 (h-) 허세부리다, 약자를 괴롭히다. **héc·tor·ing·ly** 부
Héctor's clóak 헥터의 외투.
take Hector's cloak 자기를 믿는 친구를 배반하다.
wear Hector's cloak 배반의 대가를 치르다.
Hec·u·ba [hékjubə] 명 (그리스 신화) 헤카베(Troy 왕 Priam의 아내; Hector의 어머니). (또는 **Hecabe**)
he'd [hiːd, 약 id] he had, he would의 단축형.
hed·dle [hédl] 명 (보통 ~s) 잉아(베틀의 날실을 끌어 올리도록 맨 굵은 줄).
‡**hedge** [hedʒ] 명 (복 **-es** [-iz]) 1 산울타리. ¶a dead ~ 마자울/a quick(set) ~ 산울타리/lay or pleach, plash] a ~ 산울타리를 만들다. 2 울타리, 담, 산울타리 구실을 하는 것; 장벽, 장애; (일반적으로) 경계 (선). ¶a ~ of convention[manner] 인습[예절]의 장벽. 3 (내기에서의) 양다리 걸치기; (상업) 헤지, 연계 매매, 보험 연계, 딴 상거래로 한쪽 손실을 막기; (손실에 대한) 방위책. ¶a ~ against inflation 인플레이션 대비책. 4 (책을 잡히지 않으려고는) 애매한[발뺌하는] 발언.
be [or **sit**] **on** (**both sides of**) **the hedge** 형세를 관망하다, 태도를 보류하다.
be on the right [**better, safer, wrong**] **side of the hedge** 바른[보다 좋은, 보다 안전한, 잘못된] 편에 서 있다.
come down on the wrong side of the hedge 결정[판단]을 잘못하다, 잘못을 저지르다.
hang [or **be hung**] **on** [or **in**] **the hedge** 뒤로 미루어지다, 보류되다; 무시당하다.
look as if one has been dragged through a hedge backwards (구어) (중노동·밤샘 따위를 한 후에) 추레한[초췌한] 모습을 하고 있다.
make a hedge 양다리 걸치다; 양쪽에 걸다.
not grow on every hedge 흔하지 않다.
take a sheet off a hedge 공공연히 훔치다.
take hedge 떠나다; 물러가다.
the only stick left in one's hedge 남아 있는 오직 한 가지 수단[방책, 의지].
— 동 (**hedg·es** [-iz]; **~d**; **hedg·ing**) 타 1 ···을 산울타리[담]로 둘러[에워싸다, 가르다] (*in*, *off*, *about*, *around*). ¶~ a garden 정원을 산울타리로 두르다. 2 ···에 장벽을 둘러치다, ···앞에 장애를 두다: (종종 수동형으로) ···을 (규정·책임 등) 제한[속박]하다 (*about*, *in*) (*with*). ¶ (~+图+짊) be ~d *about with* many conditions 많은 조건으로 제약되다. 3 ···을 지키다, 보호하다, 막다(*in*, *about*). 4 ···의 행동을 방해하다, ···을 방해하다. 5 (위험 따위)에 대한 방어에[대

비]책을 취하다 (*against*); [투기·사업 따위]를 양쪽에 걸어[연계매로] 손실을 막다(위험에 대비하다). ¶~ [*or cover*] *one's bets* 돈[자금]을 분산 투자하여 위험을 막다. **6** [질문]에 애매하게 대답하다, 회피하다. ── ⓥⓘ **1** 산울타리를 만들다, 울타리를 손질하다. **2** (손실을 막기 위해) 양쪽에 걸다, 양다리 걸치다; (위험 따위에 대한) 방어책[대책]을 취하다 (*against*); 위험을 경감하다. **3** 태도를 모호하게 해두다, 도망갈 구멍을 만들어 두다. **4** 울타리로 막다.　　　　「짝짝 못하게 하다.
hedge in ① …을 에워싸다. ② 칸막이하다. ③ …을 꼼짝
hedge off 울타리로 가리다[막다].
hedge out 울타리로 막다; 제외하다.
── ⓐ **1** 울타리(용)의. ¶a ~ *shrub* 울타리용 관목. **2**
　～·less ⓐ　　　　　　　　　「저급[저속]한, 상류의.
hedge-bar·ris·ter [-bǽrəstər] ⓝ (英) (매일 재판에 출석하는) 법정 변호사.
hédge bìll ⓝ (산울타리 손질용의) 자루가 긴 낫.
hédge fùnd ⓝ (美) 헤지 펀드 (고수익을 노려 투기적인 자금 운용을 하는 유한 책임의 투자 신탁 조합).
hédge gàrlic ⓝ [식물] 울타리겨자(십자화과 식물).
*__*hedge·hog__ [hédʒhàg, -hɔ̀:g-hɔ̀g] ⓝ **1** 고슴도치. **2** (美) [동물] 호저(豪猪). **3** (군사) 방색(防塞); 철조망 방어물; 콘크리트 방어 장벽. **4** (구어) 화를 잘 내고 심술궂은 사람. ~**·gy** ⓐ 고슴도치 같은; 심술궂은.
hedge·hop [hédʒhàp/-hɔ̀p] ⓥⓘ (농약 살포·저공 폭격 따위를 위해) 초저공 비행을 하다. ── ⓥⓣ [승객·화물 따위]을 저공으로 공수하다; 저공 비행중에 비행기를 급상승시켜 [장애물]을 피하다.
　～·per ⓝ [英軍속어] 파일럿, 공군 신병. ～·ping ⓝ
hédge pársley ⓝ [식물] 뱀도랏(파슬리 비슷한 미나릿과(科) 식물).　　　　　　「돌이) 목사(牧師).
hedge-priest [́prí:st] ⓝ (英·경멸적) 무식한 (떠
hedg·er [hédʒər] ⓝ 산울타리를 만드는[손질하는] 사람; 양쪽에 거는 사람, 양다리 걸치는 사람.　　「줄.
*__*hedge·row__ [hédʒròu] ⓝ (산울타리를 이룬) 관목의
hédge schòol ⓝ (옛날 아일랜드의) 노천 학교, 야외 학교, 빈민 학교.　　　　　　　　　　(dunnock).
hédge spàrrow [wàrbler] ⓝ 유럽바위종다리
hedg·y [hédʒi] ⓐ 산울타리 모양의; 산울타리가 많
He·djaz [hidʒǽz] ⓝ =Hejaz.
he·don·ic [hi:dánik/-dɔ́n-] ⓐ 쾌락의, 향락적인; 쾌락설[주의]의, **-i·cal·ly** ⓐⓓ.
hedónic cálculus ⓝ (공리주의 철학의) 쾌락 계산 (행위의 정당성을 쾌락을 가져오느냐의 여부로 결정).
he·don·ics [hi:dániks/-dɔ́n-] ⓝⓟⓛ (단수취급) (심리) 쾌락론; (윤리) 쾌락설.
he·don·ism [híːdənìzm] ⓝⓤ **1** 쾌락설, 쾌락주의. **2** 쾌락에 빠짐, 향락(생활).
he·don·ist [híːdənist] ⓝ 쾌락주의자. ── ⓐ (또는 **hèdonístic**) 향락[쾌락]주의(자)의, 향락[쾌락]적인.
　-ís·ti·cal·ly ⓐⓓ
-he·dral [hídrəl/héd-] (연결) '…개의 변[면]으로 된'의 뜻. ¶hexa*hedral*.
-he·dron [hídrən/héd-] (연결) '…개의 면을 가진 기하 도형, 또는 결정체'의 뜻. ¶hexa*hedron*.
hee·bie-jee·bies [híːbiʤíːbiz] ⓝⓟⓛ (보통 the ~) (속어) **1** 안달복달, 초조(하여 차분하지 못함), 불안감, 신경 과민(jitters). **2** (집합적·경멸적) 유대인.
　[< 미국 만화가 W. De Beck (1890-1942)이 연재 만화 *Barney Google* (1925) 속에서 사용한 조어(造語)]
*__*heed__ [híːd] ⓝ 주의, 조심, 유의.
give [*or pay*] *heed to*; *take heed of* …에 주의 [유념]하다. ¶Take ~ *of* what you do. 당신이 하는 일에 신경을 쓰시오.
── ⓥⓣ (~s [-z]) ⓣⓘ …에 조심하다, 주의하다, …을 마음에 새기다. ¶~ *a person's advice* 남의 충고를 존중하다 / ~ *what a person says* 남이 하는 말에 주의하다. ── ⓥⓘ 주의하다, 조심하다, 유의하다.

　～·er ⓝ　～·ly ⓐⓓ　～·ness ⓝ　　　　「(*of*).
*__*heed·ful__ [híːdfəl] ⓐ (…에) 주의 깊은, 조심성 많은
*__*heed·less__ [híːdlis] ⓐ (…에) 부주의한, (…을) 무관심 쓰는(*of*); 경솔한, 조심성 없는. ¶be ~ *of danger* 위험을 돌보지 않다.
　～·ly ⓐⓓ　～·ness ⓝ
hee·haw [híːhɔ̀:] ⓝ 당나귀의 울음 소리; 바보 웃음. ¶*make* ~ 바보 웃음을 웃다. ── ⓥⓘ (당나귀가) 울다; 바보같이 웃다.
‡**heel¹** [híːl] ⓝ (ⓟⓛ ~s [-z]) **1** (사람의) 발뒤꿈치(참 toe); (신발·양말의) 뒤축. ¶*sit down on the* ~s 웅크리다, 쭈그리다. **2** 뒤꿈치 모양의 물건; (골프채의) 힐. ¶*the* ~ *of Italy* 이탈리아의 동남부 /*the* ~ *of the hand* 손목의 바로 위. **3** (~s) 발 전체; (말 따위의) 뒷발, 뒷발굽. ¶*hang a hare by the* ~*s* 토끼를 거꾸로 매달다. **4** (물건의) 꼬리 부분; 후부. ¶a ~ *of cheese* 치즈의 부스러기 /*the* ~ *of a train* 열차의 뒷부분. **5** (회의·기간 따위의) 뒷부분, 말기. ¶*the* ~ *of a session* 회기의 끝 무렵. **6** (배의) 돛대·선미재(船尾材) 따위의 하단부. **7** (美속어) 비열한 인간, 상놈; (속어) 좀도둑. **8** (원예) 꺾꽂이용의 삽수(挿穗)나 덩이 줄기 따위의 기부(基部). **9** (속어) (범인 등의) 도망, 탈주. **10** [럭비] 힐(스크럼 때 공을 발뒤꿈치로 튀어 차기); 그 공).
at a person's heels; *at the heels of a person*
=*on the heels of a person*.
at heel 뒤따라서, 바로 뒤에서.
back on one's heels 크게 놀라서[당황하여].
bring a person to heel 남을 뒤따라 오게 하다; 복종시키다.　　　　　　　　　　　　　　　　「*the heels*.
clap a person by the heels =*lay a person by click one's heels* (경례 때) 구두의 양 뒤꿈치를 붙여 딱 소리를 내다.
come [*or keep*] *to heel* (개가) 주인의 바로 뒤를 따르다, 길이 잘 들어 있다; (규칙 따위를) 잘 따르다.
　복종하다.　　　　　　　　　　　　「다리다 못해 지치다.
cool [*or* (英) *kick*] *one's heels* 오래 기다리다; 기
dig [*or stick*] *one's heels* [*or feet, toes*] *in* (구어) 자기의 의견[입장]을 고집하다, 완강하게 버티다.
down at the heels; *down at* (*the*) *heel* 구두 뒤축이 닳은; (사람·차림 등이) 초라한, 칠칠치 못한.
drag one's heels [*or feet*] 발을 질질 끌며 걷다; (속어) 일부러 꾸물거리다.
get the heel [럭비] 스크럼에서 공을 획득하다.
have [*or get*] *the heels of* …을 앞지르다[이기다].
head over heels; *heels over head* ⇒ HEAD.
heel and toe 보통으로 걸어서.
heels foremost 시체가 되어, 죽어서. ¶*leave the house* ~s *foremost* 죽어서 집에서 들려나오다.
kick [*or throw, trip, strike*] *up a person's heels* 남을 쓰러뜨리다, 해치우다. ② (속어) 죽다.
kick up one's heels ① 뛰어다니다, 들떠서 떠들다.
lay [*or set*] *a person by the heels* ① 남을 잡아서 투옥하다. ② 남을 이기다, 격파하다, 무력하게 하다.
make a heel (발로) 차다.
on [*or upon*] *the heels of a person*; *on a person's heels* 남의 뒤를 따라서.
out at (*the*) *heels* =*down at the heels*.
raise [*or lift*] *the heel against* …을 (발로) 차다.
set [*or knock*] *a person* (*back*) *on his heels* 남을 당황하게 하다, 놀래게 하다.
show…a clean [*or fair*] *pair of heels*; *show one's heels to* (추격자·경쟁자)를 떼어놓다, 달아나다.
take to one's heels 도망치다, 달아나다.　　　　「다.
throw up a person's heels 남을 곤두박이치게 하다.
to heel ① 바로 뒤에. ¶*The dog followed the hunter to* ~. 개는 사냥꾼 바로 뒤를 따라갔다. ② 지배되어, 정복되어.
tread on the heels of …의 뒤를 바짝 따르다[따라오다]; 쇄도하다, (사건 따위가) 잇달아 일어나다.

turn [or ***spin, swing***] ***on*** [or ***upon***] ***one's heel(s)*** 휙 돌아서다, 발길을 돌리다; 화가 나서 가버리다.
turn up *one's* ***heels*** 죽다.
under heel 억압되어, 굴복하여.
under the heel of *a person*; ***under*** *a person's* ***heel*** 남에게 학대받아[지배당하여, 짓밟혀].
with one's heels foremost =*heels foremost*.
with the devil at *one's* ***heel*** 전속력으로.
— 图 (～s [-z]) 団 1 [구두 따위]에 뒤축을 달다. 2 (골프) [공]을 힐로 치다. 3 …의 바로 뒤를 따르다, 바싹 뒤쫓다. 4 [춤]을 뒤꿈치로 추다. 5 [싸움닭]에 철제 며느리발톱을 달다. 6 (보통 수동형으로) (美口語) [돈]을 주다. 7 (재귀용법으로) 무장하다, 돈을 가지게 하다. 8 (상자 등의) 비위를 맞추다. — 困 1 뒤꿈치로 춤추다[차다]. 2 (개가) 바로 뒤따라가다. ¶*Heel!* (개를 향하여) 따라와! 3 (美俗어) 탈옥하다, 탈주하다. [하다.
heel in (園에) …을 (정식(定植)하기 전에) 가식(假植)
heel out (럭비) 스크럼 때 (공)을 발꿈치로 밀어내다.
～**less** 휑 굽이 없는.

heel² 图困 (배가) 한쪽으로 기울다(*over*). ¶～ **to the right** 오른쪽으로 기울다. — 田 [배]를 한쪽으로 기울이다. — 图 (배의) 기울기, 경사.

heel-and-toe [≤əntóu] 형 (경보(競步))에서) 뒷발의 발끝이 땅에서 떨어지기 전에 앞발의 뒤꿈치를 땅에 대는 걸음걸이의. ¶a ～ walking race 경보(競步). — 图 경보식의 보행(步行). 2 (자동차 경주에서) 같은 발의 발끝과 발뒤꿈치를 사용해서 브레이크와 가속 장치를 조작하는.

heel-ball [híːlbɔ̀ːl] 图 1 발뒤꿈치의 아랫 부분. 2 밀랍과 기름 그을음으로 만든 구두약의 일종.

heel bàr 图 (백화점·역 따위의) 구두 수선 코너.

héel brèast 图 힐 브레스트(구두 뒤축의 턱).

heeled [híːld] 형 1 (복합어로) 뒤꿈치가 있는, 뒤꿈치가 …인; (싸움닭의) 발에 철제 며느리발톱을 단. 2 (구어) (종종 복합어로) 돈이 많은, 자산가인, 유복한; 군자금이 있는. ¶the best-～ family in town 읍내 제일의 부자. 3 (俗어) 권총을 가진, 무장한. 4 (俗어) 술에 취한; (俗어) 마약을 가지고 있는.

heel·er [híːlər] 图 1 뒤축을 대는 직공. 2 (美어) (정치꾼의) 부하, 추종자. 3 가축[짐승] 쫓는 개; (豪·뉴질) 목양견(牧羊犬). 4 (俗어) 견습[애송이] 기자.

heel·ing [híːliŋ] 图⋃ (해사) (배의) 경사.

héeling tànk 图 (해사) (쇄빙선(碎氷船)) 양쪽에 단 쇄빙용) 밸러스트 탱크(ballast tank).

heel-piece [híːlpìːs] 图 1 (구두의) 뒤축용 가죽; (양말의) 뒤꿈치받이. 2 말단(에 붙어 있는 것).

heel-plate [híːlplèit] 图 구두 뒤축의 쇠[징]. [둥.

heel-post [híːlpòust] 图 문설주; 말을 매어 두는 기

heel-tap [híːltæ̀p] 图 1 구두의 뒤축 가죽(lift). 2 (글라스에) 마시다 남은 술: 병 밑에 남은 술. 3 앙금.

He·fei [hə́ːféi] 图 허페이(合肥)(중국 안후이(安徽)성의 성도). (또는 Hofei)

Hef·ner [héfnər] 图 **Hugh Marston** ～ 헤프너(1926- : 미국의 출판인; *Playboy*지 창업주).

heft [heft] 图 1 (英방언) 중량, 무게. 2 (美구어) 중요성; 영향(력). 3 (the ～) (고어) 대부분; (주)요점. ¶the ～ of one's fortune 재산의 대부분. — 图田 1 …을 들어올리는 무게를 달다. 2 …을 들어올리다. — 困 무게가 …나가다. ～**er** 图

heft·y [héfti] 형 (구어) 1 (물건이) 크고 무거운, 중량이 있는. 2 크고 억센; 힘이 있는. 3 풍부한, 많은. — 图 매우, 몹시, 대단히. 图 크고 억센 사내.

héft·i·ly 凰 **héft·i·ness** 图

He·gel [héigəl] 图 **Georg Wilhelm Friedrich** ～ 헤겔(1770-1831: 독일의 철학자).

He·ge·li·an [heigéiliən, hidʒíː-/heigíː-] 형 헤겔 (철학)의. — 图 헤겔파의 철학자, 헤겔 철학 신봉자.
～**ism** 图⋃ 헤겔 철학[주의].

Hegélian dialéctic 图 헤겔 변증법.

heg·e·mon [hédʒəmàn/-mɔ̀n] 图 주도권[헤게모니]을 쥐고 있는 사람[국가], 패권국.

heg·e·mon·ic [hèdʒəmánik/hìɡimɔ́n-] 형 패권(주도권)을 잡은. (또는 **hegemonical**)

he·gem·o·nism [hidʒémənìzm, hédʒəmou-/higémə-] 图 헤게모니주의. **-nist** 图 **-nis·tic** 형

he·gem·o·ny [hidʒéməni, hédʒəmòu/higémə-] 图⋃© 1 (연맹 따위에서의) 주도권, 지배권, 패권, 헤게모니, 2 (정치상으로) 지도권[력]; 우위, 지배. 3 =hegemonism. 4 주도권을 쥐고 있는 국가[정부], 패권국.

He·gi·ra [hidʒáirə, hédʒərə/hédʒirə] 图 1 (the ～) 헤지라(기원 622년에 Muhammad가 Mecca에서 Medina로 도망간 일): 헤지라(이슬람) 기원(紀元). 2 (또는 **hejira**) (h-) 도피행, 도주; (집단의) 망명, 이주.

Hégira cálendar 图 (the ～) 이슬람(회교)력(曆), 헤지라력(1년을 354일, 12개월로 나눔).

he-goat [≤góut] 图 숫염소. ☞ she-goat

heh [ei, e] 国 (놀람·질문·경멸 따위를 나타내어) 엣, 히, 아.

H.E.H. *His*[*Her*] *Exalted Highness*. [허허, 쳇.

he-he [híːhíː] 图 (조소·바보 같은 웃음 따위를 나타내어) 히히, 흐흥, 킬킬, 킥킥. (또는 **hee-hee**)

HEIB [híːb] 图 히브(기업에서 소비자 문제를 전담하여 기업 활동에 반영시키는 가정학 전공의 전문직 여성). (<*Home Economists in Business*)

Hei·deg·ger [háidegər, -di-] 图 **Martin** ～ 하이데거(1889-1976: 독일의 실존주의 철학자).

Hei·del·berg [háidlbə̀ːrg] 图 하이델베르크(독일 서남부의 도시); Heidelberg 대학 소재지).

Héidelberg jáw 图 하이델베르크인(人)의 하악골(1907년 Heidelberg 근처에서 발견된 제2 간빙기(間氷期) 인간의 아래턱뼈). [jaw가 발견된 원시인).

Héidelberg màn 图 하이델베르크인(Heidelberg

Hei·di [háidi] 图 하이디. 1 Johanna Spyri의 동명 아동 소설(1880-81)의 주인공; 알프스 소녀. 2 여자 이름.

heif·er [héfər] 图 1 (새끼를 낳지 않은 3년생 이하의) 암소. ☞ ox 图표. 2 (俗어) (아름다운) 여자(아이). 3 (俗어) (경멸적) (살찐) 계집애.

Hei·fetz [háifits] 图 **Jascha** ～ 하이페츠(1901-87: 러시아 태생의 미국 바이올리니스트).

heigh [hei, hai] 国 (주의·놀람·기쁨·격려 따위를 나타내어) 어이, 야아, 여어.

heigh-ho [héihòu, hái-] 国 (낙담·따분함·피로 따위를 나타내어) 아아, 아이고, 맙소사! (격려·환희 따위를 나타내어) 쾌재, 잘한다.

‡**height** [hait] 图 1 높이; 고도, 해발(海拔), 표고 (標高); 높음; 상당한 높이. ¶the ～ of Mt. Halla 한라산의 높이 / the ～ above (the) sea level 해발 / at a ～ of 3000 feet 3천 피트의 높이로.

유의어 **height** 바닥·발 밑에서 정상까지의 거리, 또는 어떤 면으로부터 위에 있는 물건까지의 거리; 가장 보통이고 넓은 뜻의 말. **altitude, elevation** 서로 바꾸어 쓰는 경우가 많고, 다같이 보통 계기 또는 수학으로 측정되는 상당한 높이를 암시하지만, altitude는 지표 또는 해면으로부터의 높이, elevation은 지표상의 지점의 상당한 높이를 나타내는 데 쓰는 일이 많다. **stature** 사람이 섰을 때의 높이.

2 키, 신장(身長). 3 (종종 ～s) (단수취급) 높은 곳, 고지, 언덕. 4 (the ～) (문화·계절 따위의) 절정, 극치, 정점, 한창때. ¶the ～ of folly 다시없는 어리석음. 5 (the ～) (고어) 고귀, 높은 지위. 6 (～s) 상공. ¶hold the ～s above the sea 바다의 상공을 제압하다.

at its height; ***at*** [or ***in***] ***the height of*** …의 절정에서, 절정기에; 한창 …중에. [하다[내리다].

gain (*in*) [*lose*] ***height*** 상승[하강]하다; 고도를 ***in height*** 높이(키)는. ¶She is five feet *in* ～. 그녀는 키가 5피트이다.

*height·en [háitn] 타 1 …을 높이다, 높게 하다 (반 lower). 2 …을 증가시키다, 강화하다. ¶You are only ~ing my anxiety. 너는 내 걱정을 더하게 해줄 뿐이다. 3 (이야기·묘사 따위)를 과장하다, 강조하다. ¶Your story is too much ~ed. 네 이야기는 너무 과장이 심하다. —자 1 높아지다. 2 늘다, 증대하다. 3 (색·빛 따위가) 밝아지다, 강해지다. **~er**

héight·ism [háitizm] 명U 키 작은 사람에 대한 차별(멸시); (여성이) 키 큰 남자를 좋아하는 일[태도].

héight of lánd (美·캐나다) 분수계(分水界).

height-to-pa·per [⁀təpéipər] 명 (인쇄) 활자의 표준 높이(type height).

hei jen [héi dʒén] 명 (중국에서) 헤이런(黑人)(시골에서 불법으로 도시에 나와 일하는 젊은이). 〔<Chin〕

heil [hail] 명 《인사말》 만세!; 야, 여.¶H– Hitler! 히틀러 만세! 타 《…에게》 Heil하고 인사하다. 〔<G hail¹〕

Hei·long·jiang [héilɔ̀ːŋdʒáːŋ] 명 1 (the ~) 헤이룽장(黑龍江). (또는 **Hēilóng Jiāng**(省) 헤이룽장성(省) (중국 동북부의 성). (또는 **Héilung Chíang**).

Heim·dall [héimdɑːl] 명 (북유럽 신화) 헤임달(빛의 신; 신의 도시 아스가르드(Asgard)의 파수꾼).

heim·ish [héimiʃ] 형 =haimish.

Héim·lich manéuver [háimlik-] (의학) 하임리 응급법(목에 걸린 이물질(異物質)을 제거하는 응급조치). (또는 **Héimlich mèthod**) 〔<미국의 외과의사 Henry J. Heimlich(1920–)의 이름〕

Héimlich's sìgn (의학) 하임리 사인(목에 이물질이 걸렸음을 나타내는 엄지와 집게손가락으로 목을 잡는 행동). 〔독일의 시인·비평가〕

Hei·ne [háinə] 명 **Heinrich** ~ 1797–1856.

Hein·e·ken [háinəkin] 명 《상표》 하이네켄(네델란드산(產) 맥주; 그 회사). 「대전 중의 독일 군인.

hei·nie¹ [háini] 명 (때로 H–) 《경멸적》 독일인, 1차

hei·nie² [héini] 명 《속어》 궁둥이(buttocks).

hei·nous [héinəs] 형 극악(흉악)한, 가증스러운.¶a ~ offense 가증스러운 범죄. **~ly** 부 **~ness** 명

Heinz [háinz] 명 《상표》 하인츠(미국 식품회사 H.J. Heinz사 제의 통조림 등).

Héinz bòdies [háints-] 명복 《병리》 하인츠 소체(小體)(헤모글로빈의 산화 장애로 적혈구 내에 나타나는 구상(球狀)의 집합체). 〔<이것을 최초로 기록한 독일의 의사 Robert Heinz(1865–1924)의 이름〕

‡heir [ɛər] 명 (~s [-z]) 1 (유산 따위의) 상속인 (to); (법률) 법정 상속인.¶an ~ to a large fortune 막대한 재산의 상속인. 2 (신분·지위 따위의) 계승자, 후계자 (to). ¶the ~ to the crown 왕위 계승자. 3 (전통·특질 따위를) 이어받는 사람[사회], 후계자, 전승자 (to, of). 여 **heiress**
 fall heir to …의 상속인이 되다; …을 상속[계승]하다.
 Flesh is heir to many ills [or *shocks*]. 인간은 여러 가지 재앙을 이어받고 있다.
— 타 《방언》 …을 상속하다, 계승하다.
 ~less

héir appárent 명 (~s a-) 1 (왕위·칭호 등의)법정 추정 상속인. 2 (지위·소임의) 확실한 후계자.

héir at láw 명 (~ **heirs a-l-**) 법정 상속인.

heir·dom [ɛ́ərdəm] 명 =heirship.

*héir·ess [ɛ́əris] 명 여자 상속인; 여성 후계자.

héir in táil (법률) 한사(限嗣) 상속인.

héir·loom [ɛ́ərlùːm] 명 1 세습 재산, 조상 전래의 가재(家財), 가보; 가문의 전통. 2 (법률) 법정 상속 동산. —형 조상 전래의; 애장용의.

héir of the bòdy (법률) 직계 상속인.

héir presúmptive 명 (~s **p-**) 추정 상속인.

heir·ship [ɛ́ərʃip] 명U 상속인임; 상속권; 상속.

Hei·sen·berg [háizənbəːrɡ] 명 **Werner Karl** ~ 하이젠베르크(1901–76: 독일의 양자 역학 창시자).

Héisenberg efféct 명 하이젠베르크 효과.

Héisenberg uncértainty prínciple 명 《물리》 =uncertainty principle.

hei·shi [héiʃi] 명 헤이쉬(북미 인디언이 만든 원반 형의 조가비나 은구슬을 연결한 목걸이).

Héis·man (Tróphy) [háizmən-] 명 《美》 하이즈먼 상(賞)(매년 대학 풋볼 최우수 선수에게 수여).

heist [haist] 명 《美속어》 타 1 …을 강탈하다, 노상 강도질을 하다. 2 =hoist. — 명 강도, 노상 강도; 밤도둑질, 절도; 도둑질한 물건, 장물.

heist·er [háistər] 명 《美속어》 강도, 노상 강도; 술꾼; 공중[해상] 납치범.

hei·ti·ki [héitiːki] 명 《뉴질》 헤이티키(녹석(綠石)을 사람 모양으로 조각한 마오리족의 전통적인 목걸이).

He·jaz [hiːdʒǽz] 명 헤자즈(Mecca와 Medina가 있는 사우디아라비아 서부의 홍해 연안 지방).

He·ji·ra [hidʒáirə, hédʒərə/hédʒirə] 명 =Hegira.

Hek·a·te [hékəti] 명 =Hecate.

Hel [hel] 명 (북유럽 신화) 헬(저승의 여신); 저승, 황천.

HEL *high energy laser* (고출력(高出力) 레이저).

Hé·La cèll [héːlə-] (생물) 헬라 세포(자궁 경관 암종에서 뜯어낸 친암(親癌) 세포). (또는 **Héla [héla] cèll**)

held [held] ⑤ hold의 과거·과거분사.

hel·den·ten·or [héldəntènər, -teinɔ̀ːr] 명 헬덴테너(Wagner의 오페라를 부르기에 적합한 강력하고 낭랑한 목소리를 가진 테너 가수). 〔<G〕

Hel·en [hélən/-in] 명 1 (그리스 신화) 헬레네(스파르타 왕 Menelaus의 처; 그녀가 Troy의 왕자 Paris에 끌려감으로써 Trojan War가 일어났다). (또는 **Hélen of Troy**) 2 헬렌(여자 이름). 3 《美속어》 헤로인.

Hel·e·na [hélənə] 명 1 미국 Montana 주의 주도. 2 여자 이름.

he·li-¹ [híːli] 연결 ⇨HELIO-.

he·li-² [héli, híːli] 연결 helicopter의 뜻.¶*heli*cab, *heli*port.

he·li·a·cal [hiláiəkəl] 형 (천문) 태양의(solar); 태양에 가까운 《별 따위가》 태양과 동시에 출몰하는. (또는 **he·li·ac** [híːliæ̀k]) **~ly** 부

heliacal cýcle =solar cycle. 「리콥터.

hel·i·am·bu·lance [héliæ̀mbjuləns] 명 구급 헬

he·li·an·thus [hì:liǽnθəs] 명 해바라기(속(屬)).

hel·i·borne [hélibɔ̀ːrn] 명 헬리콥터로 수송된.

hel·i·cab [héləkæ̀b] 명 헬리콥터 택시. 〔<*helicopter*+ta*xicab*〕

hel·ic- [hélik, híːl-] 연결 ⇨HELICO-.

hel·i·cal [héləkəl] 형 나선(형, 상)의. **~ly** 부

hélical géar 명 헬리컬 톱니바퀴(원통 위의 톱니가 나선상으로 나 있는 톱니바퀴).

hel·i·ces [héləsìːz] 명 helix의 복수형.

he·lic·i·ty [helisəti] 명 1 《물리》 헬리시티(소립자의 스핀의 방향). 2 《화학》 나선 구조.

hel·i·cline [héləklàin] 명 나선형 경사로.

hel·i·co- [héləkou, -kə] 연결 spiral(나선형)의 뜻 (* 모음 앞에서는 helic-).¶*helico*graph, *helic*al.

hel·i·co·graph [héləkouɡræf, -ɡrɑ̀ːf] 명 헬리코그래프(나선을 그리기 위한 기기). 「량형.

hel·i·co·gyre [héləkoudʒàiər] 명 헬리콥터의 개

hel·i·coid [héləkɔ̀id] 명 나선상(형)의. — (기하) **-cói·dal, -cói·dal·ly**

Hel·i·con [héləkɑ̀n, -kən] 명 1 (그리스 신화) 헬리콘 산(아폴로(Apollo)와 뮤즈(Muses)가 살고 있었다는 그리스 남부의 산). 2 시적인 영감[시상(詩想)]의 원천. 3 (h-) 《음악》 헬리콘(구식의 저음(低音) 튜바).

Hel·i·co·ni·an [hèləkóuniən] 명 헬리콘 산의.
¶the ~ maids 헬리콘의 처녀들, 뮤즈의 신들.

‡hel·i·cop·ter [hélikɑ̀ptər–kɔ̀p–] 명 (~**s** [-z]) 1 헬리콥터. 2 (스키) 헬리콥터(공중 1회전). — 자 (또는 **helicopt**) 헬리콥터로 날다[나르다]. 「터.

hélicopter gùnship 명 (공격용) 중무장 헬리콥

hel·i·deck [hélidèk] 명 (항공) 헬리콥터 발착 덱.
hel·i·drome [hélidròum] 명 헬리콥터용 공항.
hel·i·home [hélihòum] 명 (美) 헬리홈(motor home식 헬리콥터).
hel·i·hop [hélihàp/-hòp] 동(名) 헬리콥터로 단거리 「를 이동(비행)하다.
hel·i·lift [hélilìft] 동(타) (군대)를 헬리콥터로 수송하다.
he·li·o [híːliòu] 명 (복 ~s) (구어) 1 =heliogram. 2 =heliograph. 3 =heliotrope.
he·li·o- [híːliou, -liə] 연결 sun의 뜻(* 모음 앞에서 heli-). ¶*heliocentric*, *heliogram*, *helianthus*.
he·li·o·cen·tric [hìːliouséntrik] 형 (천문) 태양의 중심으로부터 잰; 태양 중심의. ¶the ~ theory 태양 중심설. **-tri·cal·ly** 부 **-tri·cism**, **-cen·tric·i·ty** 명
He·li·o·chrome [híːliəkròum] 명 (종종 h-) (상표) 천연색 사진. **-chró·mic** 형 **-chró·my** 명
he·li·o·gram [híːliəgræ̀m] 명 일광 반사 통신(신호).
he·li·o·graph [híːliəgrӕ̀f/-grὰːf] 명 1 (태양 광선의 반사를 이용하는) 회광(回光)[일광 반사] 신호기. 2 (옛날의) 태양 촬영용 사진기. 3 (기상) (일조 시간을 기록하는) 일조계(日照計). 4 사진 제판. ― 동 (···에) 회광[일광 반사] 신호기로 통신하다.
he·li·og·ra·pher [hìːliágrəfər/-ɔ́g-] 명 helio- graph를 사용하는 사람.
he·li·o·graph·ic [hìːliəgrǽfik] 형 회광[일광 반사] 통신법의; (인쇄) 사진 제판술의. (또는 **heliograph·ical**) **-i·cal·ly** 부
he·li·og·ra·phy [hìːliágrəfi/-ɔ́g-] 명(U) 태양열 기술(記述); 회광[일광 반사] 통신법; (인쇄) 사진 제판술.
he·li·o·gra·vure [hìːliougrəvjúər] 명 그라비어 (판), 사진 요판술(凹版術)(photogravure).
he·li·o·la·try [hìːliáːlətri/-ɔ́l-] 명(U)(C) 태양 숭배. **-ter** **-trous** 형
he·li·o·lith·ic [hìːliəlíθik] 형 (문명 등이) 태양 숭배 와 거석(巨石)을 특징으로 하는. **-gist** 명
he·li·ol·o·gy [hìːliáːlədʒi/-ɔ́l-] 명 (천문) 태양 학.
he·li·om·e·ter [hìːliámətər/-ɔ́m-] 명 (천문) 태양의(太陽儀). **-o·mét·ric**, **-o·mét·ri·cal** 형 **-o·mét·ri·cal·ly** 부 **-try** 명 태양의에 의한 측정.
He·li·op·o·lis [hìːliáːpəlis/-ɔ́p-] 명 헬리오폴리스. 1 Nile강 삼각주 지대에 있던 옛 이집트의 도시. 2 태양 신전이 있던 옛 레바논의 도시(지금의 Baalbek).
He·li·os [híːliàs/-ɔ̀s] 명 1 (그리스 신화) 헬리오스 (태양의 신; 로마 신화에서는 Sol). (또는 **Hé·li·us** [-liəs]) 2 (h-) (물리) 광도(光度). 3 (미국 NASA가 발사 한 통신 방송용) 우주 비행체.
he·li·o·scope [híːliəskòup] 명 (천문) 태양 관측 망원경. **-scóp·ic** 형 **-ós·co·py** 명
he·li·o·sis [hìːlióusəs] 명(U)(C) (복 -ses [-siːz]) (의학) 일사병(sunstroke).
he·li·o·sphere [híːliəsfìər] 명 (천문) 태양권(圈) (태양풍의 영향이 미치는 범위). 「장치. **-stát·ic** 형
he·li·o·stat [híːliəstӕ̀t] 명 (천문) 태양(日光) 반사
he·li·o·tax·is [hìːlioutǽksis] 명 (생물) 주일성(主日性). 형 phototaxis **-tác·tic** 형 「요법.
he·li·o·ther·a·py [hìːliouθérəpi] 명(U) (의학) 일광(욕)
he·li·o·trope [híːliətròup, hél-] 명 1 (식물) 굴광 (屈光)[향일성] 식물. 2 헬리오트로프(지칫과(科)의 작은 관목); 그 꽃; 그 향수. 3 (광) 혈석(血石). 4 (측량) 일광 반사기.
he·li·o·trop·ic [hìːliətrápik, -tróu-/-trɔ́p-] 형 (식물) 굴광(향일)성의. **-i·cal·ly** 부
he·li·ot·ro·pism [hìːliátrəpìzm/-ɔ́t-] 명(U) (식 물) 굴광(향일)성, 해굽성.
he·li·o·type [híːliətàip] 명 헬리오타이프판(版)(사 진 제판의 일종). (또는 **heliotypy**) **-týp·ic** 형 **-týp·i·cal·ly** 부
he·li·o·ty·pog·ra·phy [hìːlioutaipáːgrəfi/-pɔ́g-] 명(U) 사진 조각판법.

hel·i·ox [híːliaks/-ɔks] 명(U) (잠수용의) 헬륨과 산소의 혼합 기체.
hel·i·pad [hélipæ̀d] 명 간이 헬리콥터 이착륙장.
hel·i·port [hélipɔ̀ːrt] 명 헬리콥터 이착륙장.
hel·i·ski·ing [héliskìːiŋ, híːli-] 명 헬리 스키(헬리 콥터로 높은 산에 올라가서 타는 스키). 「륙장.
hel·i·spot [hélispàt/-spɔ̀t] 명 (임시) 헬리콥터 이착
hel·i·stop [hélistàp/-stɔ̀p] 명 =heliport.
hel·i·tape [hélitèip] 명 helitele로 찍은 비디오 테 이프. 「메라.
hel·i·tel·e [hélitèli] 명 헬리콥터 부착용 TV(비디오 카
***he·li·um** [híːliəm] 명(U) (화학) 헬륨(기 He).
hélium flásh 명 (천문) 헬륨 플래시(고온이 된 적색 거성(巨星) 내부의 헬륨이 탄소와 융합할 때 생기는 해반 응의 폭주(暴走)). 「륨 동위 원소; 기 ⁴He).
he·li·um-4 [-fɔ́ːr] 명 (화학) 헬륨 4(질량수 4의 헬
hélium héad 명 (美속어) 바보, 얼간이.
hélium shákes 명(복) (의학) 고압성 신경 장애(증후 군)(high-pressure nervous syndrome).
hélium spèech 명 새된 목소리, 도널드 덕 보이스 (잠수병 예방을 위해 고압 공기 중에 혼합한 헬륨으로 인 해 잠수부의 목소리가 부자연스럽게 변질하는 현상).
he·li·um-3 [-θríː] 명 (화학) 헬륨 3(질량수 3의 헬 륨 동위 원소; 기 ³He).
he·lix [híːliks] 명 (복 **hel·i·ces** [héləsìːz], **~·es**) 1 나선; 나선형의(으로 감긴) 것(코일·시계 태엽 따위). 2 (건축) (기둥머리의) 소용돌이 장식. 3 (기하) 나선. 4 (해부) 귓바퀴. 5 (동물) H- 달팽이속(屬).
‡hell [hel] 명 1 (종종 H-) 지옥(명 heaven). 2 (C)(U) 생지옥, 지옥과 같은 상태(장소); 마굴(魔窟), 마계(魔 界); 도박판의 소굴. ¶The inflation after the war made our lives a ~. 전후의 인플레이션 때문에 우리 의 생활은 지옥이었다. 3 (C)(U) 고통과 비참한 상황을 초 래하는 것; 꾸지람, 야단. 4 (집합적) 악마, 악귀. 5 (the ~) 사자(死者)의 나라, 황천(黃泉), 저승. 6 (양복점의) 재단 부스러기 따위를 담는 통; (인쇄) =hellbox. 7 대혼란, 혼돈. 8 장단; 동담. 9 (감탄사적) (노여움·놀라움·반 정거림 따위를 나타내어) 제기랄, 흥, 저런, 허. ¶Oh ~! 제기랄!, 빌어먹을! 10 (the ~) (속어) (부사적) **a)** (놀라움·노여움 따위를 나타내어) 도대체, 대관절. ¶Where the ~ were you? 도대체 어디 있었니? **b)** (문두에서) (강조) 절대 ···않다, ···이라니 그럴 리 없다. ¶The ~ you say. 설마 그럴리가 있나.
a [or **the, one**] **hell of a(n)** (구어) (강조) ① 굉장 한, 대단한; 지독한, 굉장히 나쁜. ¶*a ~ of a speech* 대단한 연설 / *a ~ of a mess* 지독한 혼란; 엄청진장 / She is *a ~ of an attractive woman*. 그녀는 굉장 히 매력적인 여자다. ② (부사적) 매우, 대단히. ¶He has *a ~ of a lot* of money. 그는 돈이 대단히 많다.
(a) hell on earth 생지옥, (지상의) 지옥.
all (gone) to hell (구어) (계획 따위가) 차질이 나서, 아주 잡쳐서. 「이 일어나다.
(all) hell breaks [or **is let**] **loose** (구어) 큰 혼란
(all) hell let [or **broken**] **lose** (구어) 대혼란, 야단
(as) cold as hell [美구어] 굉장히 차가운(추운). 「법석.
as hell (구어) 대단히, 매우, 지독히.
be hell for (시간 따위에) 엄격하다, 꾀까다롭다; ···을 지독히 걱정하다. 「하다. ②···에게 까다롭다.
be hell on (구어) ① ···에게 몹시 엄하다, ···을 학대
between hell and high water (구어) 매우 어려 운 처지에 놓여, 곤궁하여.
by hell 절대(로). 「을 듣다.
catch [or **get**] **hell** (속어) 크게 혼나다, 심한 꾸중
cold day in hell [美구어] 결코 있을 수 없는 (상황적).
(come) hell or [or **and**] **high water** (구어) 어떤 어려움이 닥치도. 「몹시 두려워하게 하다.
frighten the hell out of *a person* (구어) (남)을
from hell (속어) 최악의, 최저의.

from hell to breakfast (속어) 철저하게, 심하게.
get the hell out of (속어) …에서 (급히) 떠나다.
give *a person* (***merry*** [or ***holy***]) ***hell***; ***make*** *a person's life hell* (구어) 남을 못배기게 하다, 혼내주다, 마구 닦아세우다.
Give 'em hell! (속어) 힘내라!, 본때를 보여 줘!
go through hell and high water (구어) 온갖 고난을 뚫고 나아가다.
go to hell ① (명령문에서) (구어) 뒈져버려, 꺼져; 닥쳐. ② 영락(零落)하다; 못 쓰게 되다.
hell and gone (되돌아갈[올] 수 없을 정도로) 먼 곳(에); 어쩔 수 없게 되어. 「소, 넓은 범위.
hell and half of Georgia (구어·방언) 넓적한 장
hell for …의 (반) 미쳐서.
hell for leather 맹렬한 기세(속도)로; 무턱대고.
hell knows that [or ***what***, *etc.*]… …은 신만이 안다, 맹세코 …이다, 확실히…. 「니었는 것.
hell of note (속어) 이상한[놀라운, 대담한] 것, 터무
hell on wheels (구어) 굉장하고 혹독한[고된] 것; 성가신 것[사람]; 적극적인 사람.
Hell's bells (and buckets of blood)! (美구어) (분노·놀라움 따위를 나타내어) 우라질!, 제기랄!
hell to pay (구어) 치러야 할 대가, 뒤탈; 아주 골치아픈 일; 심각한 문제; 대소동.
hell to split (美구어) 맹렬한 속력으로, 지체없이 않고.
I'll see *a person* ***in hell before*** [or ***first***]. 남을 위해서 할 정도라면 차라리 지옥에 가겠다, …따윈 결코 하지 않겠다.
in hell (속어) (강조) ① 도대체, 대관절. ② 몹시; 아주.
in hell's name ① (강조) 도대체. ② 제발.
(***just***) ***for the hell of it*** (구어) 시험삼아, 진담 반 농담 반으로; 별다른 목적 없이.
let hell loose 큰 혼란을 일으키다.
like hell (구어) ① 결사적으로, 맹렬하게. ② 절대로[전혀] …않다.¶He will pay.—*Like* ~ he will. 그는 지불할 거야.—아냐, 절대로 지불하지 않을 거야.
make one's life a hell 지옥 같은 생활을 하다.
merry hell 소동, 큰 소요; 심한 고통; 매우 귀찮은 것.
not have a chance [or ***hope***] ***in hell*** (구어) 전혀 가능성이 없다.
play (***merry***) ***hell with*** (속어) …에게 큰 손해를 입히다; …을 엉망으로 만들다, 잡쳐 놓다, 혼란시키다.
raise (***merry***) ***hell*** [or ***hell's delight***] (구어) ① (파티 따위에서) 야단법석을 떨다. ② (문제를 일으켜서) 큰 소동을 벌이다. 「*hell out of a person*.
scare the hell out of *a person* = *frighten the*
surely to hell (구어) 제발(꼭) (…이었으면 좋겠다).
than hell (구어) 굉장히; 몹시.¶*uglier than* ~ 몹시 추한.
the hell of it (속어) 지독한[견딜 수 없는] 것, 최악의
(***the***) ***hell out of*** (구어) (강조) 몹시, 사정없이, 꽝장히, 강렬하게.¶*knock* [or *beat, blast*] *the* ~ *out of him* 그를 사정없이 때려 눕히다.
the [or ***to***] ***hell with*** ① (구어) (거절·경멸·실망 따위를 나타내어) 어떻게 되든 상관없다, 진절머리나다. ② (명령형으로) …을 타도하라, 없애 버려라.
The hell you say. 설마!, 놀랬는걸. 「에까지나.
till [or ***until***] ***hell freezes over*** (구어) 영원히, 언
to hell (구어) ① (강조) 참으로, 진심으로; 철저하게. ② (hope, wish 를 강조하여) 꼭[제발] (…이면 좋겠다) (*that*절).
to hell (***and gone***) (구어) 엉망진창으로 (되어), 완전히 못 쓰게 되어; 극단적으로; 영원히.
what the hell (구어) 알게 뭐야, 아무려면 어때.
What [***Who, How***, *etc.*] ***the hell…?*** 도대체[대관절] 무슨[누가, 어떻게]…?¶*What the* ~ *are you laughing so much?* 도대체 무엇 때문에 그렇게 웃고 있니?
when hell freezes over (속어) 결코 …않다(never).
—동타 (속어) …을 호되게 혼내다.—자 1 (속어) 행패를 부리다, 술을 마시고 법석을 떨다(*around*). 2 (차 따위가) 굉장한 스피드로 달리다.
~-**like** 형 ~-**ward** 형부

‡**he'll** [hiːl, 약 iːl, hil, il] he will [shall]의 단축형.
hel·la·cious [heléiəs, hə-] 형 (속어) 1 굉장한, 깜짝 놀랄 만한. 2 지독한, 혹독한. (또는 **hellaceous**)
Hel·las [héləs] 헬라스(Greece의 고대 그리스어 이름).
Hel·la·di·an [heléidiən] 형
hell·bend·er [hélbèndər] 명 1 미국산(産) 도롱뇽. 2 (구어) 저돌적인 사람; (속어) 야단법석; 술고래.
hell·bent [hélbènt] 형 (구어) 1 (앞뒤 분별없이) (…할) 작정인; (…하려고) 막무가내인, 정신이 없는(*on, for, to do*). 2 맹렬한 속력으로 달리는, 마구 달리는. —부 (…으로, 무턱대고, 저돌적으로) 닥치는 대로, 정신없이.
hellbent for leather (구어) 맹렬한 기세로, 전속력
héll bòmb (때로 H- b-) 수소 폭탄. 「넣는 상자.
hell·box [hélbàks/-bɔ̀ks] 명 (인쇄) 못쓰는 활자
hell·broth [hélbrɔ̀(ː)θ, -bràθ] 명U 마술용 조제약. 「마녀, 마귀 할멈.
hell·cat [hélkæ̀t] 명 심술궂은 여자, 악독한 여자; **hell·div·er** [héldàivər] 명 (미국산) 논병아리.
hel·le·bore [héləbɔ̀ːr] 명 1 크리스마스로즈(유럽산)(産) 미나리아재빗과(科) 식물). 2 여로(백합과의 식물); U 그 뿌리를 말려 가루로 만든 살충제.
Hel·len [hélən] 명 〔그리스 신화〕 헬렌(Thessalia 왕; Deucalion과 Pyrrha의 아들로 그리스인의 선조).
Hel·lene [hélìːn] 명 그리스인(Greek).
Hel·len·ic [helénik, -líːn-] 형 1 그리스인의. 2 고대 그리스사(史)[어, 문화]의 (※ Hellenistic). —명 U (고대) 그리스어; 그리스어파(派)(Greek). **-i·cal·ly** 부
Hel·len·ism [hélənìzm] 명UC 1 고대 그리스 문화(사상, 정신, 양식). 2 헬레니즘, 그리스 문화주의(알렉산더 대왕 이후 로마 제국 성립까지의 사조; Hebraism과 함께 유럽 문명의 2대 사조를 이룸). 3 그리스어 특유의 표현[어법]; (언어·문화 따위의) 그리스화.
Hel·len·ist [hélənist] 명 그리스 문화(사상, 양식)를 따르던 사람; 그리스 문화[사상, 언어, 제도, 문학]의 연구자(숭배자); 그리스어를 사용했던 유대인.
Hel·len·is·tic [hèlənístik] 형 1 Hellenism (Hellenist]의(에 관한). 2 그리스인(어, 풍)을 모방한. 3 헬레니즘(문화)의. **-ti·cal**, **-ti·cal·ly** 부
Hel·len·ize [hélənàiz] 타자 (사상·언어·풍습 따위)를 그리스화(化)하다. —자 그리스풍(風)으로 되다. **-i·zá·tion** 명 그리스화. **-ìz·er** 명
hel·ler¹ [hélər] 명 (복 ~**s**) 1 옛날 독일에서 유통되던 화폐. 2 옛날 오스트리아의 동화(銅貨). 「파티.
hel·ler² [hélər] 명 난폭자; (美학생 속어) 떠들썩한
hell·er·y [héləri] 명 (캐나다 속어) 난폭한 행동; 장난.
Hel·les·pont [héləspɑ̀nt/-pɔ̀nt] 명 (the ~) 헬레스폰트(Dardanelles 해협의 옛 이름). →**pon·tine**
hell·fire [hélfàiər] 명UC 1 지옥의 불[형벌]. 2 (H-) (군사) 헬파이어(레이저 유도식 대전차(對戰車) 미사일). —감 우라질!, 알게 뭐야!, 집어치워!
hell-for-leath·er [-ˈfərléðər] 부 (구어) 전속력의, 맹렬한. —부 전속력으로, 맹렬히.
hell·gram·mite [hélgrəmàit] 명 (美) 뱀잠자리의 애벌레(낚시 미끼). 「장소; 지옥; 마굴.
hell·hole [hélhòul] 명 불쾌한[불결한, 악명 높은]
hell·hound [hélhàund] 명 지옥을 지키는 개; 악마와 같은 사람, 잔인한 사람. 「아, 골칫거리.
hell·ion [héljən] 명 (美구어) 난폭자, 무법자; 문제
hell·ish [héliʃ] 형 1 지옥의[과 같은]; (구어) 섬뜩한, 소름끼치는, 오싹한; 몹시 싫은, 지독한. 2 악마와 같은, 사악한. 3 어려운, 까다로운. —부 지긋지긋하게; (美구어) (강조) 아주, 굉장히. **~ly** 부 **~ness** 명
hell·kite [hélkàit] 명 극악무도한 사람, 냉혈한.

héll mòuth 명 지옥문. (또는 héllmòuth)

hel·lo [helóu, hə-, hélou] 감 ① 안녕하세요, 여보(세요), 이봐; (전화에서) 여보세요; 어머나, 저런. ¶ *H–, Fred!* 야 프레드, 안녕 / *H–, this is John speaking.* 여보세요, 존입니다.
Hello, hello, hello! 《美》 (익살) 어이!, 뭐라고!(＊ 경찰관이 무엇이 이상한 것을 발견했을 때의 말).
── 명 (복 ~s [-z]) hello라고 부르는 소리(인사). ¶ *She gave me a warm ~.* 그녀는 나에게 다정하게 인사하였다.
Say hello to …에게 안부 전해주시오(부탁합니다).
── 동 (~es [-z]) 자 hello라고 말하다, 「여보세요」하고 부르다. ¶ *I ~ed but had no answer.* 말을 걸었지만 응답이 없었다. ── 타 …에게 hello라고 말하다.
(또는 **hallo, 《英》 hullo**)

héllo gìrl 명 여자 전화 교환원.

hell-on-wheels [′ɑnhwí:lz] 명 (속어) 터무니없는 일[사건]; 지독한 상태; (늘) 문제[대소동]을 일으키는[딱딱거리는] 사람.

hell-rais·er [′rèizər] 명 (美속어) 말썽꾸러기; 방탕한 사람; 소란스러운 것. **héll-ràis·ing** 형명

héll's ángels (오토바이) 폭주족.

héll's bélls[tèeth] 감 이게 어찌된 일인가, 이럴 수가; (강조) 확실히, 단연코.

Héll's Kítchen 명 (New York의) 우범 지구.

hell·uv·a [héləvə] 형부 (hell of a의 발음 철자) ⇒ *a HELL of a(n)*. (또는 **hella**)

héll wèek 명 (美俗) 지옥 주간(美대학의 학생 동아리 가입 전에 신입생을 들볶는 1주간).

*****helm**¹ [helm] 명 1 (해사) 키의 손잡이), 타륜(舵輪), 조타 장치, 타기(舵機). ¶ *Down with the ~!* 이키 alee! 키 내려! / *Up with the ~!* = *H– aweather!* 키올려! / *Starboard the ~!* 키를 우현으로! 2 (the ~) 지배, 지도, 키; (지배[지도]적인 지위.
answer [or obey, respond to] the helm (배가) 키를 놀리는 대로 움직이다. 「권을 잡다(*of*).
be at the helm …의 키를 잡다(*of*). ② (…의) 실
ease the helm 키를 중앙 위치로 돌리다. 「다.
put the helm up [down] 키를 위(아래) 쪽으로 잡다.
shift the helm 급히 반대쪽으로 키를 돌린다.
take the helm of state affairs 정권을 잡다, 국정을 처리하다. 「조종)하다.
── 동 타 (배)의 키를 잡다; (비유적) …을 지휘[지도, ∼·less 형

helm² 명 1 (고어) 투구. 2 (英방언) **a)** (또는 ∼ clòud) 투구 모양의 구름. **b)** (또는 ∼ wìnd) 투구 바람(영국의 호수 지방 특유의 투구 구름을 동반하는 폭풍). ── 동 타 …에게 투구를 씌우다.

*****hel·met** [hélmit] 명 1 (소방·전투용 따위의) 헬멧(중세 기사의) 투구, 철모; (펜싱용) 면(面); (미식 축구의) 헬멧. 2 투구 모양의 것; [식물] 투구 모양의 돌기. 3 [문장] (도형의) 투구 모양. 4 (속어) 제복 경찰관.
∼·ed 형 헬멧을 쓴. ∼·like 형

hélmet lìner 명 헬멧 안쪽에 부드럽게 대는 안감; 파이버(철모 안에 쓰는 플라스틱 모자).

hel·minth [hélminθ] 명 (장내) 기생충. 「기생충병.
hel·min·thi·a·sis [hèlminθáiəsis] 명 U (병리)
hel·min·thic [helmínθik] 형 1 장내 기생충의. 2 회충약의, 구충의. ── 명 회충약, 구충제.

helms·man [hélmzmən] 명 키 잡는 사람, 조타수 (操舵手), 키잡이, 지도자. ∼·**ship** 명

hel·o [héloυ, hí:-] 명 (복 ∼s) (구어) 헬리콥터.

Hel·ot [hélət, hí:-] 명 1 헬롯(고대 스파르타의 농노 (農奴)). 2 (h-) 노예, 농노. ∼·**age** 명

hel·ot·ism [hélətìzəm, hí:l-] 명 U (고대 스파르타의) 농노 제도; 농노의 신분. (또는 **helotage**)

hel·ot·ry [hélətri, hí:l-] 명 U 1 노예[농노]의 신분; 노예[농노] 제도. 2 [집합적] 노예, 농노.

‡help [help] 동 (∼ed [-t]) 타 1 …을 돕다, 거들다 (*in, with*); (사람)가 …하는 것을 돕다, (사람)을 도와 …하게 하다((*to*) do); …에 쓸모가 있다. ¶ *~ one's mother at home* 집에서 어머니의 일을 돕다 / *Heaven ~s those who ~ themselves.* (속담) 하늘은 스스로 돕는 자를 돕는다 // (∼＋目＋副) *~ a person in* 남을 부축하여 안으로 들어가게 하다 / *~ a person down* 남을 부축하여 내려주다 / *~ a person down with a heavy box* 남이 무거운 상자를 내려놓는 것을 도와주다 / *~ a person off his coat* 남이 코트 벗는 것을 도와주다 // (∼＋(*to*) do) *Go and ~ (to) wash up.* 가서 빨래를 거들어라 // (∼＋目＋(*to*) do) *~ a person (to) stand on his own feet* 남이 자립할 수 있도록 원조하다(＊ help가 수동으로 쓰일 경우 to 부정사가 일반적: *She was ~ed to find it.*) // (∼＋目＋前＋名) *~ a person into his coat* 남에게 코트를 입혀주다 / *~ a person with [or in] his work* 남의 일을 도와주다.

[유의어] **help** 힘이 되어 주다; 목적 달성에 도움되는 것을 강조하는 말. **aid** 도움을 필요로 하는 약한 자에게 힘이 있는 자가 도와주다. **assist** 보조적·종속적인 도움을 주다.

2 …을 조장하다, 촉진하다, 진척시키다; …에 도움이 되다. ¶ *~ the development of the city* 그 도시의 발전을 촉진시키다 / *~ one's ruin* 파멸을 재촉하다.
3 …을 구하다, 구조[구제]하다; …을 (경제적으로) 원조하다. ¶ *~ a drowning boy* 물에 빠진 소년을 구하다.
4 (병)을 고치다; (고통·병 따위)를 누그러뜨리다, 덜다. ¶ *This medicine will ~ your cough.* 이 약을 먹으면 기침이 가라앉을 것이다.
5 (can, cannot과 함께) …을 피하다, 막다, 억누르다; 금하다; …을 삼가다. ¶ *I cannot ~ his bad manners.* 그의 버릇없는 행동은 어찌할 수가 없다 / *I cannot ~ it.* 어찌할 도리가 없다. 6 (남)에게 (음식)을 떠주다, 집어주다, 시중을 들다); (음식)을 차리다, 시중들다. ¶ *~ dishes* 요리를 나누다 // (∼＋目＋前＋名) *~ a person to a salad* 남에게 샐러드를 떠주다. 7 (점원·웨이트리스 등이) (손님)을 접대하다. (주문 따위)를 받다. (요리 따위)를 권하다(*to*). ¶ *May I ~ you?* 어서 오십시오; 무엇을 드릴까요[원하십니까]? 8 단조로움을 피하다, 변화를 주다.
── 자 1 돕다, 거들다(*with, in*); (…하여) 돕다(*by*).
2 도움[보탬]이 되다. ¶ *Nothing will ~ now.* 이제는 손을 쓸 수 없게 되었다 / *Every little bit ~s.* (속담) 아무리 하찮은 것이라도 다 쓸모가 있다. 3 음식을 차려 다담다, 내오다; 시중들다. ¶ *I carved and she ~ed.* 내가 (고기를) 썰고 그녀가 접시에 담았다.

cannot help a person(s) doing 남이 …하는 것은 어쩔 수 없다.
cannot help doing [or 《美구어》*but do*] …하지 않을 수 없다, 무심결에 …해버리다, …하는 것을 피할 수 없다. ¶ *I couldn't ~ admiring him.* 그에게 감탄하지 않을 수 없었다 / *I couldn't ~ but laugh.* 나는 웃지 않을 수 없었다.
God [or *Heaven*] *help you* [*him*, etc.]*!* ① 가엾어라 (어쩔 도리가 없다)! ② (반어적) 불쌍한 녀석!
help along [or *forward, on*] (사람)을 도와서 나아가게 하다; (일)을 촉진시키다.
help a person over 남을 도와서 넘어가게[헤어나게]하다. 「다.
help a person through 남을 도와서 …을 완성시키다.
help a person to 남을 도와서 …으로 이끌다[을 얻게 하다].
help a person up ① 남을 부축하여 일으키다, 도와서 오르게 하다; (좌절 상태에 있는 사람)을 격려하다. ② (구어) (수동형으로) 방해받다.
help on 타는[입는] 것을 거들어[돕다].
help oneself ① 자기 스스로 하다, 자조(自助)하다.

② (cannot과 함께) 스스로를 어떻게 하다.
*help one***self to** ① (음식물 따위)를 마음대로 집어먹다, 자유로이 먹다. ¶H— yourself to the wine. 술을 마음대로 드십시오. ② (구어) …을 마음대로 쓰다; …을 훔치다(착복하다).
help out ① …을 도와 완성시키다 (with). ¶~ her out with her picture 그녀가 그림을 완성하는 것을 거들다. ② (비용 따위)를 보태다. ③ (남)을 (어려움 따위에서) 구출하다. ¶~ a person out (of a ditch) 남을 (하수구에서) 구해내다.
it can't be helped 어쩔 수 없다.
more than one can help 필요 이상으로(의).
not if I can help it (구어) 그런 짓은 안 한다, 천만에.
so help me (구어) ① 맹세코, 정말로. ② 믿기지 않겠지만.
So help me God! (법률) (선서에서) 신에 맹세 —
圈 1 ⓤ 도움, 원조, 조력; 구조. ¶offer one's ~ 도움을 제의하다 /ask [or call] for ~ 구조를 청하다. 2 (a ~) 도움[소용]이 되는 것[사람], 유용한 것[사람]. ¶She was a great ~. 그녀는 큰 도움이 되었다. 3 (부정문에서) ⓤ 구제책, 치료법; 빠져나갈 길, 피하는 방법, 방지책 (for). ¶There is no ~ for it. 이젠 어쩔할 방도가 없다. 4 (英) (집안 일을 거들어주는 사람, 가정부, 하인; 피고용인, 일꾼, 종업원; (美) (집합적·복수취급) 종업원[근로자]들, 작업 인부들; 농장 노동자들. ¶The hired ~ are on strike. 종업원들이 파업 중이다. 5 (고어) (음식의) 한 사람 몫, 한그릇(helping). 6 (컴퓨터) 헬프[도움말] 키.
be of [beyond] help 힘이 되다[안 되다], 도움이 되다(안 되다) (to). ¶Can I be of any ~ to you? 뭐 좀 도와드릴까요?
by the help of …의 도움으로.
Help Wanted. (광고) 사람을 구함(구인 광고).
on the help (속어) (죄수가) 교도소 안의 작업에 사역당하여. ㅡㅡㅡㅡㅡㅡㅡㅡㅡㅡ 「방법이 없다.
There's no help for it but to do …하는 수밖에는
ㄴa·ble 圈 ㄴ려고 생각.
‡**help·er** [hélpər] 閒 (🕵 ~s [-z]) 1 도와[거들어]주는 사람[것], 조수; 협력자, 원조자, 지지자; 구조자; 위안자, 도움이 되는 것. 2 (가파른 비탈을 오를 때 연결하는) 보조 기관차.
hélper applicátion 閒 (컴퓨터) (인터넷 브라우저의 기능을 확장하는) 응용 소프트웨어.
hélper T cèll 閒 (면역) 헬퍼 T세포(B세포를 자극하여 이물질에 대한 항체 생산을 보조하는 T세포).
‡**help·ful** [hélpfəl] 圈 (*more* ~; *most* ~) 도움이 되는, 유용한 (to); (…에) 유익한, 편리한 (in).
~·**ly** 튀 ~·**ness** 閒
help·ing [hélpiŋ] 圈 1 ⓤ 도움이 되기, 원조, 거들기. 2 음식물을 그릇에 담기; (음식물) 한 그릇, 한 사람 몫. ¶a second ~ of salad 샐러드를 더 청하기. ㅡ圈 거드는, 도움되는; 구조의; 지지하는. ~·**ly** 튀
hélping hánd 閒 도움의 손길, 조력; 지지.
give [or lend, reach out] a helping hand to
…을 원조하다[도와주다].
hélping proféssion 閒 (사회 사업가 등) 남을 돕는 직업[일].
hélping vérb 閒 조동사.
‡**help·less** [hélplis] 圈 (*more* ~; *most* ~) 1 (환자·젖먹이 등이) 스스로 어떻게 할 수가 없는, 무력한. ¶a ~ invalid 몸을 자유로이 움직일 수 없는 환자. 2 도움이 없는, 의지할 곳 없는. 3 (…에/…하는 데) 무력한 (against, at / to do); (노력 따위가) 헛된, 쓸모없는. 4 (표정·태도 따위가) 곤혹스러운. 5 (속어) 술에 취한.
~·**ly** 튀 ~·**ness** 閒
help·line [hélplàin] 閒 상담 전화[전보 정보] 서비스.
help·mate [hélpmèit] 閒 1 원조자, 협력자. 2 (문어) 남편, 반려자.
help·meet [hélpmi:t] 閒 =helpmate.

hélp scrèens 閒(복) (컴퓨터) 원조(援助) 화면.
hélp-wánt·ed ád [-wàntid-/-wɔ̀nt-] 閒 구인 광고.
hélp-yóur·self [-júərsèlf, -jɔːr-/-jə-] 閒(形) (레스토랑 따위의) 셀프 서비스(의).
Hel·sin·ki [hélsiŋki, ---] 閒 헬싱키(핀란드의 수도).
Hélsinki Accórds 閒 (the ~) (정치) 헬싱키 협정(1975년 헬싱키에서 열린 전유럽 안보 협력 회의 (CSCE)에서 조인된 최종 선언 문서). (또는 **Helsinki Agreement [Final Act]**)
hel·ter-skel·ter [héltərskéltər] 튀 당황하여, 허둥지둥하여. ㅡ圈 1 (a ~) 허둥지둥함, 당황, 낭패; 대혼란. 2 (英) (유원지의) 나선식 미끄럼틀. ㅡ圈 허둥지둥하는, 당황한, 혼란한. ㅡ圈 (구어) 허둥지둥하여, 몹시 서두르다. ~·**i·ness** 閒
helve [helv] 閒 (도구·무기의) 자루.
put the ax in the helve ⇒AX¹.
throw [or **send**] **the helve after the hatchet**
⇒HATCHET.
Hel·ve·tia [helvíːʃə] 閒 1 헬베티아(로마 시대의 알프스 지방의 일부; 현재 스위스의 서북부). 2 스위스 (Switzerland)의 라틴 이름. **-tian** 閒(形) 헬베티아(스위스)(사람)의. 「Helvetian.
Hel·vet·ic [helvétik] 圈 스위스인의 신도. ㅡ圈 =
Hel·vet·i·i [helvéʃiài] 閒 헬베티아족.
*****hem¹** [hem] 圈 (*-mm-*) ㉠ 1 …의 가장자리를 감치다, 옷단을 대다. 2 …을 에워싸다, …을 포위하다; …을 (정신적으로) 꼼짝 못하게 하다, 속박하다(in, around, about). ¶(~+图+厚) be ~med in by terrorists 테러리스트에게 포위당하다. ㅡ㊀ 옷단을 대다.
hem out 쫓아 내다.
ㅡ圈 1 (천·옷의) 옷단, 가장자리, 헴(풀리지 않도록 감친 가두리). 2 (일반적으로) 가장자리, 변두리; 경계. 3 (건축) 이오니아식 기둥머리 장식에서 소용돌이의 가장 자리. 「부하다.
kiss the hem of a person's **garment** 남에게 아
hem² 閒 헴, 에헴(주위를 환기시키거나, 진실성을 의심할 경우 따위에 하는 가벼운 헛기침). ㉯ hem하는 헛기침 소리. ㅡ㉰ (*-mm-*) 1 hem하고 소리내다. 2 (입안에서) 중얼거리다.
hem [or **hum**] **and haw** [or **ha**] 더듬거리다: 말을 얼버무리다, 확답을 피하다.
hem- [him, hem] (연결) ⇒HEMO-. (또는 (英) **haem-**)
he·ma- [híːmə, hémə] (연결) blood의 뜻(* hemo- 의 변형). ¶*hema*cytometer, *hema*tinic. (또는 (英) **haema-**) 「hemacytometer.
he·ma·cy·tom·e·ter [hìːməsaitɑ́mətər] 閒 =
he·ma·dy·na·mom·e·ter [híːmədainəmɑ́mətər, hèmə-] 閒 혈압계.
he·ma·glu·ti·nate [híːməglúːtənèit, hèm-] ㉰ (적혈구를[가]) 응집시키다[하다]. **-glu·ti·ná·tion** 閒
he·ma·glu·ti·nin [híːməglúːtənin, hèm-] 閒 (면역) (적)혈구 응집소.
he·ma·gog(ue) [híːməgɔ̀(ː)g, -gɑ̀g, hémə-] 閒 출혈 촉진제; 월경 촉진제, 통경약(通經藥).
he·mal [híːməl] 圈 1 혈액의, 혈관의. 2 (동물) (척추동물의 기관이) 심장이나 큰 혈관과 같은 쪽에 있는; 배쪽의.
he·man [híːmæn] 閒 (구어) 남자다운 사나이. 「쪽의.
he·mat- [híːmət, hémət-] (연결) ⇒HEMATO-. (또는 (英) **haemat-**)
hem·a·tal [híːmətl, hém-] 圈 혈액의.
he·mat·ic [himǽtik] 圈 혈액의; 핏빛의; (약이) 혈액에 작용하는. ㅡ圈 보혈제, 정혈제(淨血劑).
he·ma·tin [híːmətin, hém-] 閒 (생화학) 헤마틴(헤모글로빈의 색소 성분). (또는 **hematine**)
he·ma·tin·ic [hìːmətínik, hèm-] 圈 조혈제. ㅡ 헤마틴의(에서 얻어지는). (또는 **haematinic**)
he·ma·tite [híːmətàit, hém-] 閒 (광물) 적철광

he·mat·o- [híːmətou, hém-, -tə] 〖연결〗 blood의 뜻(* 모음 앞에서는 hemat-). ¶*hematoma, hematic.* (또는 (英) **haemato-**)

he·ma·to·cele [híːmətousìːl, hém-] 〖병리〗 혈류(血瘤), 혈종.

he·mat·o·crit [hiːmǽtəkrit] 〖화〗 **1** 헤마토크릿(혈구를 혈장에서 분리하기 위한 원심 분리기). **2** (또는 **vàlue**) 헤마토크릿치(値)(원심 분리된 혈액 체적에 대한 혈구 체적의 비). 「물」 냉혈의.

he·ma·to·cry·al [hìːmətoukráiəl, hém-] 〖동〗

he·ma·tol·o·gy [hìːmətálədʒi, hém-/-tɔ́l-] 〖U〗 혈액학. **-to·lóg·ic, -to·lóg·i·cal** 〖형〗 **-gist** 〖명〗

he·ma·tol·y·sis [hìːmətáləsəs/hèm-] =hemolysis.

he·ma·to·ma [hìːmətóumə, hém-] 〖명〗 ~**s**, ~**ta** [-tə]) 〖병리〗 혈종(血腫). 「온혈의.

he·ma·to·ther·mal [hìːmətəθə́ːrməl] 〖형〗 〖동물〗

he·ma·tu·ri·a [hìːmətjúəriə, hém-] 〖명〗 〖U〗 〖병리〗 혈뇨증(血尿症). **-ric** 〖형〗

hem·bar [hémbɑːr] 〖명〗 〖농업〗 헴바(보리의 교배 품종).

heme [hiːm] 〖명〗 〖U〗 〖생화학〗 헴(혈색소의 색소 성분).

hem·i- [hémi] 〖연결〗 half의 뜻. ¶*hemi*cycle.

-he·mi·a [híːmiə] 〖연결〗 (p, t, k의 뒤에서) **-emia**의 변형. (또는 (英) **haemia**) 「신경통.

hem·i·al·gi·a [hèmiǽldʒiə, -dʒə] 〖명〗 〖병리〗 반신

hem·i·a·nop·si·a [hèmiənápsiə/-nɔ́p-] 〖명〗 〖U〗 (안과) 반맹(半盲)(증). (또는 **hemi(an)opia**)

hem·i·cel·lu·lose [hèmisélju̇lous] 〖명〗 헤미셀룰로오스(식물체 속의 고무상(狀) 다당류 탄수화물).

hem·i·cho·lin·i·um [hèmikoulíniəm] 〖명〗 〖생화〗 헤미콜리늄(부교감 신경 차단 물질).

hem·i·cy·cle [hémisàikl] 〖명〗 반원, 반원형(半圓形); 반원형의 건조물(방·투기장·좌석 따위).

hem·i·cy·clic [hèmisáiklik] 〖형〗 반원형의.

hem·i·dem·i·sem·i·qua·ver [hèmidèmisèmikwèivər] 〖명〗 〖(英)〗 〖음악〗 64분 음표.

hem·i·he·dral [hèmihíːdrəl] 〖형〗 (결정(結晶)이) 반면상(半面像)의, 반광면(半光面)의. ~**ly** 〖부〗

hem·i·hy·drate [hèmiháidreit] 〖명〗 〖화학〗 반수화물(半水化物). **-drat·ed** 〖형〗

hem·i·mor·phite [hèmimɔ́ːrfait] 〖명〗 이극광(異極鑛).

he·min [híːmin] 〖명〗 〖생화학〗 헤민(혈액 감정용).

Hem·ing·way [hémiŋwèi] 〖명〗 **Ernest (Miller)** ~ 헤밍웨이(1899-1961; 미국의 소설가; Nobel 문학상(1954)). **∼·ésque** 〖형〗

hem·i·par·a·site [hèmipǽrəsàit] 〖명〗 〖생물〗 반기생(半寄生) 생물. (또는 **semiparasite**) 〖동〗 holoparasite **-par·a·sit·ic** [-pæ̀rəsítik] 〖형〗 **-sit·ism** 〖명〗

hem·i·ple·gi·a [hèmiplíːdʒiə, -dʒə] 〖명〗 〖U〗 〖병리〗 반신불수. **-gic** 〖형〗 반신불수의 (사람).

He·mip·ter·a [himíptərə] 〖명〗 〖곤충〗 매미목(目).

he·mip·ter·ous [himíptərəs] 〖형〗 매미목의, 〖膜〗.

hem·i·ret·i·na [hèmirétənə] 〖명〗 〖해부〗 반망막(半網)

‡hem·i·sphere [hémisfìər] 〖명〗 〖명〗 ∼**s** [-z] **1** 반구체(半球體). **2** (지구·천체의) 반구; 반구 지도. **3** the Northern *H*- 북반구. **3** (지구의) 반구의 주민. **4** 〖해부〗 대뇌[소뇌] 반구(半球). **5** (활동·지식의) 범위, 영역.

hem·i·spher·ic [hèmisférik] 〖형〗 반구의; 반구형의. (또는 **hemispherical**) **-i·cal·ly** 〖부〗

hem·i·stich [hémistìk] 〖명〗 〖운율〗 **1** 반행(半行)(특히 caesura 로 이분된 행의 반). **2** (정규의 시행법(詩行)보다 짧은) 불완전행(行). **he·mís·ti·chal** 〖형〗

hem·i·zy·gote [hèmizáigout] 〖명〗 〖유전〗 단가(單價) (유전자 접합체, 헤미[반] 접합체. **∼ line** 반수선(線).

hem·line [hémlàin] 〖명〗 (드레스·스커트의) 공그른

hemlock [hémlàk/-lɔ̀k] 〖명〗 **1** 〖(英)〗 독미나리; 〖U〗 그것에서 채취한 독약. **2** = ~ spruce.

hémlock sprúce [fíːr] 〖명〗 미국 솔송나무; 그 목재.

hem·mer [hémər] 〖명〗 **1** 단을 감치는 사람[것]. **2** (재봉틀의) 단 박는 장치, 휘갑치는 장치.

he·mo- [híːmou, hém-, -mə] 〖연결〗 blood의 뜻(* 모음 앞에서는 hemat-). ¶*hemo*globin. (또는 **hema-, hemato-,** (英) **haemo-**)

he·mo·con·cen·tra·tion [hìːmɔkənsəntréiʃən, hèm-/-kɔ̀n-] 〖명〗 혈액 농축. 「포.

he·mo·cyte [híːməsàit, hém-] 〖명〗 혈구, 혈액 세

he·mo·cy·tom·e·ter [hìːmousaitámətər, hèm-] 〖명〗 〖의학〗 혈구 투석(透析)기.

he·mo·di·al·y·sis [hìːmoudaiǽləsis, hèm-] 〖명〗

he·mo·di·a·lyz·er [hìːmədáiəlàizər, hèm-] 〖명〗 〖의학〗 혈액 투석기(透析器), 인공 신장(artificial kidney).

he·mo·di·lu·tion [hìːmədilúːʃən, hèm-] 〖명〗 〖의학〗 혈액 희석(稀釋).

he·mo·fil·tra·tion [hìːməfiltréiʃən, hèm-] 〖명〗 〖의학〗 혈액 여과(법).

he·mo·glo·bin [híːməglóubin, hèm-] 〖U〗 〖생화학〗 헤모글로빈, 혈색소. **-bic, ∼·ous** 〖형〗

he·mo·glo·bin·op·a·thy [hìːməglòubənəpáθi, hèm-/-nɔ́p-] 〖명〗 〖의학〗 이상 혈색소[헤모글로빈]증.

he·mo·gram [híːməgræ̀m, hém-] 〖명〗 혈구도(圖).

he·moid [híːmɔid] 〖명〗 〖생리〗 피 모양의[같은], 혈액(性)의. 「중노동, 육체 노동.

he·mo·jo [híːmədʒòu] 〖명〗 〖속어〗 삼; 삼을 쓰는 일;

he·mol·y·sis [hiːmɑ́ləsis/-mɔ́l-] 〖명〗 〖U〗 〖면역〗 용혈(溶血)(현상, 반응). **he·mo·lyt·ic** [hìːməlítik] 〖형〗

hemolýtic anémia 〖병리〗 용혈성 빈혈.

he·mo·phile [híːməfàil, hém-] 〖명〗 **1** =hemophiliac. **2** 호혈성(好血性) 세균. 「혈우병(血友病).

he·mo·phil·i·a [hìːməfíliə, hèm-] 〖명〗 〖U〗 〖병리〗

he·mo·phil·i·ac [hìːməfíliæ̀k, hèm-] 〖명〗 혈우병 환자. ——〖명〗 혈우병의.

he·mo·phil·ic [hìːməfílik, hèm-] 〖형〗 **1** 혈우병에 걸린[특유한]. **2** (세균이) 호혈성(血性)의.

he·mo·pure [híːməpjùər, hém-] 〖명〗 〖병리〗 (소의 피에서 추출한) 대용[대체] 혈액.

he·mop·ty·sis [himɑ́ptəsis/-mɔ́p-] 〖명〗 〖명〗 **-ses** [-siːz] 〖병리〗 객혈(咯血).

hem·or·rhage [hémərìdʒ] 〖명〗 〖U〗 **1** 〖병리〗 출혈. ¶*cere·bral* ~ 뇌출혈. **2** (인재·재능·자산 따위의) 대량 유출, 대손실, 격감. ——〖자〗 (대량으로) 출혈하다; 자산 [두뇌]이 대량 유출되다; 큰 손실을 입다. ——〖타〗 〖돈 따위〗를 걷잡을 수 없이 쓰다. (또는 **haemorrhage**) **-rhag·ic** [-rǽdʒik] 〖형〗

hemorrhágic féver 〖병리〗 출혈열(황열 따위).

hem·or·rhoid [héməròid] 〖명〗 **1** (보통 ~s) 〖복수취급〗 〖병리〗 치질, 치핵. **2** 함께 있고 싶지 않은 녀석[놈]. **-rhoi·dal** [-rɔ́idl] 〖형〗 치질의; 직장(直腸)의.

he·mo·sta·sis [hìːməstéisəs/hèm-] 〖명〗 〖병리〗 지혈; 울혈. (또는 **hemostasia**)

he·mo·stat [híːməstæ̀t, hém-] 〖명〗 지혈 겸자(鉗子); 지혈제(劑). **-stat·ic** [-stǽtik] 〖형〗 지혈의(제)의.

‡hemp [hemp] 〖명〗 **1** 삼, 대마(大麻). **2** 삼의 섬유. **3** 인도 대마; 그 잎과 꽃에서 채취하는 마약. **4** 〖C〗 (the ~) 〖속어〗 교수(絞首)용 밧줄; 교수형. **∼·like** 〖형〗

hemp·en [hémpən] 〖형〗 삼의, 삼으로 만든, 삼과 같은.

hémp pàlm 〖명〗 종려(棕櫚)나무.

hémp sèed 〖명〗 〖명〗 삼씨.

hémpseed òil 〖명〗 삼씨 기름.

Hémp Státe 〖명〗 (the ~) 미국 Kentucky 주의 별칭.

hemp·y [hémpi] 〖형〗 〖스코〗 〖형〗 못된 짓[장난]을 잘하는; 악당의. ——〖명〗 무뢰한, (교수형감인) 악당.

hem·stitch [hémstìtʃ] 〖동〗 〖타〗 (천 따위에) 헴스티치 장식을 하다. ——〖명〗 헴스티치, 그 바느질법. **∼·er** 〖명〗

hen [hen] 〖명〗 (〖명〗 ∼**s** [-z]) **1** 암탉(〖반〗 **cock**(〖美〗 **rooster**);

(hemstitch)

Hen.

암평아리; (~s) (암·수 관계 없이) 닭. ¶*Hens* lay eggs. 닭은 알을 낳는다. **2** (일반적으로) 새의 암컷; (새우·게 따위의) 암컷. **3** 《구어》《경멸적》 여자, 말 많은[잔소리가 심한] (중년) 여자. **4** 소심한 사람, 겁쟁이.
A hen is on. 《美구어》 무엇인가 중대한 일이 일어나려 하고 [꾸며지고] 있다.
a hen on (착착) 진행중인 음모[밀계].
a hen on a hot griddle 《스코》 안절부절 못하는 사람, 침착하지 못한 사람.　　　　　　　　　　「이.
(as) busy as a hen with one chicken 정신없
(as) mad as a wet hen 《구어》 몹시 화가 나서.
(as) scarce [or *rare*] *as hen's teeth* 아주 드문.
like a hen with one chicken [or *chick*] 사소한 일에 안달복달하여, 법석을 떨어.
look as if [or *though*] *one has been feeding hens in the rain* 마치 비맞은 닭과 같다, 꾀죄죄한 차림을 하고 있다.　　　　　　　　「밑지는 장사를 하다.
sell one's hens on a rainy day 손해를 보고 팔다.
— 囫 암컷의; (모임 따위가) 여자만의(對 hen party).
⊷*like,* ⊷*nish*
Hen. Henry.　　　　　　　　　　　　「(또는 **Honan**).
He·nan [hə́nάːm] 囫 허난(河南)(중국 중동부의 성(省)).
hen-and-egg [´ənég] 囫 《한정용법》 닭이 먼저냐 달걀이 먼저냐(類)의. ¶~ **argument** [**problem**] 닭이 먼저냐 달걀이 먼저냐 하는 논쟁[문제].
hen·ap·ple [´æpl] 囫 《美속어》 알.
hen·bane [hénbèin] 囫 사리풀(유럽산(產) 독풀).
hén bàttery 囫 (산란기 암탉을 한 마리씩 넣는) 칸막이가 있는 큰 닭장.
hen-bird [hénbə̀ːrd] 囫 암새.
hen·bit [hénbìt] 囫 〖식물〗 광대나물(꿀풀과(科)).
*****hence** [hens] 凰 **1** 따라서, 이 때문에, 그러므로(* 주로 상용문·법률 문서·계약서 등에 쓰인다). ⇒THEREFORE 〖유의어〗 ¶*orthodox and ~ popular doctrines* 정통적이며 따라서 일반적인 설 / *He gave heed to our advice. ~ (came) his success.* 그는 우리의 충고에 귀를 기울였기 때문에 성공했다. **2** 지금부터, 향후. ¶*three years ~* 지금부터 3년 후에. **3** 《고어》 이 세상에서, 여기부터서, 이 세상에서. ¶*Hence!* 나가라! / *H-with it!* 그것을 가지고 썩 꺼져버려라! (* go, come 따위의 동사가 생략된 것이 많다). **4** 《고어》 이것이 근원이 되어서. — 囫 《美》 저 세상; 장래; 미래.
from hence 《고어》 ① 지금부터(는), ② 여기부터서.
go [or *depart, pass*] *hence* 세상을 뜨다, 죽다.
*****hence·forth** [hènsfɔ́ːrθ, ´-´] 凰 지금부터는, 이 제부터는(from now on). (또는 **hènceforward(s)**)
hench·man [héntʃmən] 囫 (**-men** [-mən]) **1** 신뢰할 수 있는 부하[심복]; 《경멸적》 (정계·암흑가 따위의 보스의) 추종자, 돌마니. **2** (나쁜 일을 함께 하는) 한 패, 공범자. **3** 《폐어》 몸종, 시동(侍童). ~**·ship**
hen-coop [hénkùːp] 囫 새장, (닭의) 어리.
hen·dec·a- [hendékə, ´-´] 〖연결〗 eleven의 뜻. ¶*hendecagon, hendecasyllable.*
hen·dec·a·gon [hendékəgàn/-gən] 囫 11각[변]형. **hen·de·cag·o·nal** [hèndəkǽgənəl] 囫 11각형의.
hen·dec·a·he·dron [hèndekəhíːdrən/hèndekəhéd-] 囫 (~**s**, **-dra** [-drə]) 11면체.
hen·dec·a·syl·lab·ic [hèndèkəsəlǽbik, hèndek-] [운율] =hendecasyllable. — 囫 11음절로 이루어지는.
hen·dec·a·syl·la·ble [hèndékəsìləbl, hèndekəsíl-] [운율] 11음절로 시행(詩行)[시].
hen·di·a·dys [hendáiədis] 囫〖 〖수사〗이사 일의 (二詞一意)(두 개의 명사 또는 형용사를 and로 연결하여 「형용사+명사」또는「부사+명사」의 뜻을 나타내는 것. 예: *death and honor*(=honorable death), *good and cold*(=very cold)).
Hé-Né láser [híːníː-] 囫 헬륨 네온 (가스) 레이저.

hepato-

hen·e·quen [hénəkin] 囫 **1** 헤네켄(용설란 비슷한 식물). **2** ⓤ 그것으로부터 채취한 섬유(밧줄·을이 굵은 직물의 재료). (또는 **henequin, heniquen**)
hén frúit 囫 〖속어·익살〗 달걀, 계란.
henge [hendʒ] 囫 〖고고〗 헨지, (stonehenge식의) 환상 열석(環狀列石) 유적.　　　　　　　　「(의 일종).
hén hàrrier 〖조류〗 잿빛개구리매(유럽산(產) 매
hén hàwk 닭 따위를 습격하는 큰 매.
hen-head·ed [´hédid] 囫 우둔한, 머리가 모자라는. (또는 **hén-bràined**)
hen-heart·ed [hénhάːrtid] 囫 소심한, 겁이 많은.
*****hen-house** [hénhàus] 囫 닭장, 계사(鷄舍).
Hen·ley [hénli] 囫 헨리. **1** =~ Regatta. **2** (또는 *~ shirt*) 목을 둥그렇게 판 니트 셔츠.
Hénley Regátta 헨리 국제 보트 레이스(영국의 Henley-on-Thames 시에서 매년 행해진다).
hen·na [hénə] 囫 **1** 헤나(아시아·이집트산(產) 관목); ⓤ 그 잎 (머리·손톱 염색용). **2** ⓤ 적황(赤黃)갈색. — 囫 적갈색의. — 囫恁 …을 헤너 염료로 염색하다.
hen·ner·y [hénəri] 囫 양계장, 닭장.
hén níght 囫 《구어》 여성들만의 모임 [파티].
hen·ny [héni] 囫 (수탉이) 암탉 같은 털을 가진; 암탉 같은. — 囫 암탉 같은 수탉.
hen·o·the·ism [hénouθìːizm] 囫ⓤ 단일신교(敎). **-the·ist** 囫 **-the·ís·tic** 囫　　　　　　　　　「party
hén párty 囫 《구어》 여성들만의 모임 [파티]. 對 **stag**
hen·peck [hénpèk] 囫怩 《남편》 닭을 쥐고 흔들다. — 囫 공처가; 남편을 쥐고 흔들기. ~·**er·y** 囫
hen·pecked [hénpèkt] 囫 엄처시하의, 아내에게 쥐여 사는. ¶*a ~ husband* 공처가.
hén pén 囫 《美속어》 (사립) 여학교.
hén-roost [´rùːst] 囫 새장: 닭장, 닭장의 홰.
hén rún 囫 (철망 따위로 둘러싼) 양계장.
hen·ry [hénri] 囫 〖전기〗 헨리(전자 유도 계수(電磁誘導係數)의 실용 단위; 略 H). [<미국의 물리학자 Joseph Henry(1797~1878)의 이름]
Hen·ry [hénri] 囫 헨리. **1** O. ~ (1862-1910: 미국의 작가; William Sidney Porter의 별명). **2** Patrick ~ (1736~99: 미국의 정치가). **3** 남자 이름(별칭 Hal, Hank, Henny).　　　　　　　　　　　　「든 흘려 쓴 글씨.
hén trácks [**scrátches**] 囫ⓤ 《美속어》 읽기 힘
hén-ver·sus·égg árgument [´vəːrsəséeg-] 囫 닭이 먼저냐 달걀이 먼저냐 하는 논쟁.
hen-wife [hénwàif] 囫 (**-wives** [-wàivz]) 《스코·고어》 닭 치는 여자.
hep¹ [hep] 囫 《속어》 내막을 잘 아는, 사정에 밝은, 앞선(hip)(*to*). ¶*be ~ to music* 음악통(通)이다.
hep² 囫 《구어》 간염(hepatitis).
hep³ [hep] 囫 =hip².　　　　　　　　　　　　　　「hut」
hep⁴ [hʌt, hʌp, hep] 囫 하나(행진 때의 구령). (또는
hep·a·rin [hépərin] 囫 〖생화학〗 헤파린(간장·폐에서 혈액의 응고를 막는 물질). ~·**ize** 囫恁 ~·**oid** 囫
hep·at- [hépət] 〖연결〗 ⇒HEPATO-　　　　　「절제(술).
hep·a·tec·to·my [hèpətéktəmi] 囫 〖외과〗 간장
he·pat·ic [hipǽtik] 囫 **1** 간장의. **2** 간장에 좋은[작용하는]. **3** 간장색의, 암갈색의. **4** 〖식물〗이끼류의. — 囫 **1** 간장약. **2** 〖식물〗이끼(liverwort).
he·pat·i·ca [hipǽtikə] 囫 〖식물〗 노루귀.
hepátic ártery 〖해부〗 간동맥.　　　　　　　　「반판).
hepátic dúct 〖해부〗 간관(肝管)(간장의 담즙을 운
hep·a·ti·tis [hèpətáitis] 囫 〖병리〗 간염(肝炎). ¶*get ~* 간염에 걸리다.
hepatítis Á 囫 〖병리〗 A형 [전염성] 간염.
hepatítis B 囫 〖병리〗 B형 [혈청] 간염.
hepatítis C 囫 〖병리〗 C형 간염.
hepatítis délta 囫 〖병리〗 델타 간염. 「(非) B 간염
hepatítis non-Á, non-B 囫 〖병리〗 비(非) A · 비
hep·a·to- [hépətou, hipǽtou, -tə] 〖연결〗 liver의 뜻

hep·a·to·bil·i·ar·y [hèpətoubílièri/-əri] 형 《의학》 간담즙성의.

hep·a·to·car·cin·o·gen [hèpətoukɑːrsínədʒən] 명 《의학》 간암 유발 물질.

hep·a·to·cel·lu·lar [hèpətousèljulər] 형 간세포

hep·a·to·cyte [hépətəsàit, hipǽt-] 명 간세포.

hep·a·to·ma [hèpətóumə] 명 (복 ~s, ~ta [-tə]) 《의학》 간암, 간종양.

hep·a·to·meg·a·ly [hèpətouméɡəli, hipǽtə-] 명 《의학》 간종(肝腫), 간비대.

hep·a·top·a·thy [hèpətɑ́pəθi/-tɔ́p-] 명 《의학》 간(肝)장애, 간장병. **-to·path·ic** [-təpæθik] 형 간장애성(肝障碍性)의

hep·a·to·tox·ic [hèpətoutɑ́ksik/-tɔ́k-] 형 간세포에 유독한, 간(肝)독성의. **-tox·ic·i·ty**

hep·a·to·tox·in [hèpətoutɑ́ksin/-tɔ́k-] 명 U 간장(肝臟) 독소.

Hep·burn [hépbə̀ːrn] 명 헵번. 1 Audrey ~ (1929-93: 벨기에 태생의 미국 여배우). 2 Katherine ~ (1909-2003: 미국 여배우).

hep·cat [hépkæ̀t] 명 《속어》 1 재즈 연주가, 재즈 애호가. 2 유행에 정통한 사람(hipster); 도시인.

He·phaes·tus [hiféstəs/-fíːs-] 명 《그리스 신화》 헤파이스토스(=불·대장일·수공예의 신). (또는 He·phais·tos [hiféistəs])

HEPnet *high-energy physics network*(고에너지 물리학 컴퓨터 네트워크).

Hep·ple·white [hépl*h*wàit/-wàit] 명 헤플화이트식의 (가구)(우미(優美)한 곡선이 특징). [<영국의 가구 설계가 George Hepplewhite(?-1786)의 이름]

hep·ster [hépstər] 명 《속어》 =hepcat.

hep·ta- [héptə] 《연결》 seven의 뜻(* 모음 앞에서는 hept-). ¶*hept*angular(7각형의).

hep·ta·chlor [héptəklɔ̀ːr] 명 헵타클로르(살충제).

hep·ta·chord [héptəkɔ̀ːrd] 명 《음악》 1 7음 음계. 2 7노의 음정. 3 (고대 그리스의) 칠현금.

hep·tad [héptæd] 명 1 7의 수, 7개의 조. 2 《화학》 7가(價) 원소[원자]. ——형 어진 (책).

hep·ta·glot [héptəglɑ̀t/-glɔ̀t] 형명 7개 국어로 쓴

hep·ta·gon [héptəgɑ̀n/-gən] 명 7각형, 7변형.

hep·tag·o·nal [heptǽgənl] 형 7각[변]형의.

hep·ta·he·dron [hèptəhíːdrən] 명 (복 ~s, -dra [-drə]) 7면체. **-dral, -dri·cal** 형

hep·tam·e·ter [heptǽmətər] 명 《운율》 7보격(步格)의 시구. **hèp·ta·mét·ri·cal** 형

hep·tarch [héptɑːrk] 명 《영국사》 7왕국의 왕.

hep·tar·chy [héptɑːrki] 명 1 7두 정치. 2 7국가군(群), 7왕국 연합. 3 (종종 H-) 《영국사》 (Anglo-Saxon 시대의) 7왕국. (종종 hep·tár·chal, hep·tár·chic, hep·tár·chi·cal ——chist

hep·ta·stich [héptəstik] 명 《운율》 7행시.

hep·ta·syl·la·ble [héptəsìləbl] 명 7음절의 말, 7음절 시행(詩行) **-syl·láb·ic** 형

Hep·ta·teuch [héptətjùːk/-tjùːk] 명 구약 성서의 처음 7서(書).

hep·tath·lon [heptǽθlən, -lɑn] 명 《육상》 7종 경기(올림픽 여자 육상 경기 종목). **-lete** 명

hep·tode [héptoud] 명 《전자》 7극 진공관.

‡**her** [həːr, hər, ər] 대 1 (she의 목적격) 그녀[여자]에게[를]. ¶He loves ~. 그는 그녀를 사랑하다/ Have you seen ~? 그녀를 보았느냐? 2 (she의 소유격) 그녀[그 여자]의. ¶~ admirer 그녀의 숭배자/England tried ~ best to do... 영국은 전력을 다해서 ···했다. 3 《구어》(be 동사의 보어로서, 또는 than이나 as의 뒤에서) =she. ¶That's ~. 그 사람이 그녀다/I can run faster than ~. 나는 그녀보다 빨리 달릴 수 있다. 4 (her and..., ...and her의 형태로 주어로서) 《구어》 =she. ¶H- and her husband were sitting by the fire. 그녀와 남편은 난로가에 앉아 있었다. 5 《고어·시》 (재귀대명사으로) =herself. ¶She flung ~ on her face. 그녀는 갑자기 앞으로 넘어졌다.

her [or **'er**] *indoors* 아내; 연인; 횡포한 여자.

her. *heraldic*; *heraldry*. [코카인.

He·ra [híərə] 명 《그리스 신화》 헤라(Zeus의 누이이며 동시에 아내; 여성·결혼의 수호신). (또는 **Here**)

Her·a·cles [hérəklìːz] 명 =Hercules (또는 **Herakles**) **-clé·an, ·klé·an** 형

Her·a·cli·te·an [hèrəklàitíən] 형 헤라클레이토스(철학)의. ——명 헤라클레이토스 철학 신봉자[창도자]. (또는 **Her·a·clit·ic** [hèrəklítik]) **~·ism** 명

Her·a·cli·tus [hèrəklàitəs] 명 헤라클레이토스 (540?-470? B.C.; 그리스의 철학자). (또는 **Heracleitus**)

‡**her·ald** [hérəld] 명 (복 ~s [-z]) 1 《역사》 (왕의) 사자(使者), 군사(軍使); 포고관(布告官), 전령관(傳令官); (중세의 무예(武藝) 시합의) 진행계. 2 선구자; (a ~) 예고, 전조(forerunner). 3 (종종 H-) 알리는 사람, 보도자(* 종종 신문명으로 쓰인다); 전달자. ¶*International H- Tribune* 인터내셔널 헤럴드 트리뷴(파리에서 발행되는 미국계 신문)/a ~ of truth 진실의 전달자. 4 《영》 문장관(紋章官), 전례관(典禮官). ——동타 1 ···을 알리다, 포고하다. 2 ···을 예고하다, 미리 알리다. **~·ist** 명 문장학(紋章學)[전례학]연구가.

he·ral·dic [herǽldik, hə-] 형 1 포고관의, 전령관의. 2 문장관의, 전례관의. 3 문장(紋章)의, 문장학(紋章學)의. **-di·cal·ly** 부

her·ald·ry [hérəldri] 명 U 1 문장학(紋章學), 계보 문장법(紋章法). 2 ⓒ 문장, 가문(家紋); 문장에 의한 상징. 3 전령관[전례관]의 직[임무, 지위]. 4 으리으리한 의식; 화려, 장관. 5 예고; 조짐, 전조.

Hèralds' Cóllege 명 (the ~) 《영》 계보 문장원(紋章院)(College of Arms). [임무]

her·ald·ship [hérəldʃip] 명 U herald의 직[지위,

*‡**herb** [həːrb/həːb] 명 1 풀, 초본(草木). 2 약용[식용, 향료] 식물, 약초, 풀. ¶Laurel leaves are ~. 월계수 잎은 약초이다. 3 풀잎. 4 (종종 the ~) 《미속어》 마리화나. (또는 **erb**) 5 U 《고어》 (집합적) 풀, 목초(牧草).

give the herbs (상대에게) (차의) 속도를 올리다.

talk to Herb and Al 《미속어》 마리화나를 피우고 술을 마시다.

Herb 명 허브(남자 이름; Herbert의 애칭).

her·bif·er·ous, ∠·less, ∠·like 형

her·ba·ceous [həːrbéiʃəs/həː-] 형 1 풀의, 초본의; 풀과 같은, 풀을 심은. ¶a ~ border 다년초 화단. 2 초질(草質)의(준 woody). 3 (꽃·꽃받침 따위가) 잎 모양의. ¶~ sepals 잎 모양의 꽃받침 조각. **~·ly** 부

herb·age [hə́ːrbidʒ/hə́ː-] 명 U 1 (집합적) 풀, 초본 식물. 2 풀의 수분이 많은 부분(잎이나 줄기 따위). 3 《영》 목초. 4 《법률》 (타인의 토지에서의) 목초권, 방목권(放牧權). **hér·baged** 형

herb·al [hə́ːrbəl/hə́ː-] 형 풀의, 초본의; 약초의. ¶~ remedies 약초[한방] 요법. ——명 1 식물지(植物誌), 초본서(草本書); 약용 식물지. 2 식물 표본.

herb·al·ist [hə́ːrbəlist/hə́ː-] 명 1 약초상(藥草商), 약초 채집자. 2 (옛날의) 초본학자(botanist). 3 =herb doctor. **-ism** 명 약초학.

hérbal médicine 명 약초학, 한(방)의학; 한약.

her·bar·i·um [həːrbɛ́əriəm/həː-] 명 (복 ~s, -i·a [-iə]) 1 식물 표본집. 2 식물 표본실[관]. **-i·al** 형

Her·bart [héərbɑːrt] 명 **Johann Friedrich** ~ 헤르바르트(1776-1841; 독일의 철학자·교육학자).

Her·bar·ti·an [həːrbɑ́ːrtiən] 형 헤르바르트(교육철학)의. ——명 헤르바르트 (교육 철학) 신봉자. **~·ism** 명 헤르바르트의 교육설. [圃], 약초원.

herb·a·ry [hə́ːrbəri/hə́ː-] 명 《고어》 초본원(草本

hérb bèer 명 약초 맥주(약초를 써서 양조한 알코올

없는 맥주).
hérb bènnet 圈 《식물》 뱀무.
hérb dòctor 圈 한의사, 약초의(醫).
Her·bert [hə́ːrbərt] 圈 허버트. **1** George ~(1593-1633; 영국의 성직자·시인). **2** 남자 이름(별칭 Bert, Herb).
herb·i·cide [hə́ːrbəsàid/hə́ː-] 圈 제초제. **-cíd·al** 圈
Hér·big-Háro òbject [hə́ːrbighá:rou-] 《천문》 허비그하로 천체(별이 형성되는 초기의 단계로 여겨지는 작은 성상체(星狀體)).
Her·biv·o·ra [həːrbívərə/həː-] 圈圈《동물》 초식류(草食類); (h-) 초식 동물. [carnivore
her·biv·ore [hə́ːrbəvɔ̀ːr/hə́ː-] 圈 초식 동물. 圐
her·biv·o·rous [həːrbívərəs/həː-] 圈 (동물이) 초식의. ⓟ carnivorous
her·bi·vor·i·ty [hə̀ːrbəvɔ́ːrəti] 圈 ~·ly 圐 -ry 圐
her·bol·o·gy [həːrbálədʒi/həːbɔ́l-] 圈 (특히 취미로서의) 약용 식물 연구[채집].
her·bo·rist [hə́ːrbərist/hə́ː-] 圈 =herbalist.
her·bo·rize [hə́ːrbəràiz/hə́ː-] 圐圈 식물을 채집하다, 식물을 연구하다(botanize). **-ri·zá·tion** 圈
hérb tèa[wàter] 圈 탕약, 약초탕.
hérb tobàcco 圈 약용 담배(기침 방지용).
herb·y [hə́ːrbi/hə́ːbi] 圈 **1** 풀이 많은, 풀로 뒤덮인. **2** 풀의, 초본의; 풀과 같은.
Her·cu·la·ne·um [hə̀ːrkjuléiniəm] 圈 헤르쿨라네움(이탈리아 Naples만 근처에 있던 고도; Vesuvius 화산 폭발로 Pompeii와 함께 매몰됨(A.D. 79)).
-ne·an, -la·nen·sian [-lənénʃən] 圈
her·cu·le·an [hə̀ːrkjuli:ən, həːrkjú:liən/hə̀ːkju·líːən] 圈 **1** 큰 힘이 드는; 대단히 곤란한. ¶a ~ task 대단히 어려운 일. **2** (종종 H-) 헤르쿨레스와 같은, 힘이 장사인, 초인적인, 거대한. ¶a man of ~ build 체격이 늠름한 남자. **3** (H-) 헤르쿨레스의.
***Her·cu·les** [hə́ːrkjuliːz] 圈 **1** 《그리스 신화》 헤르쿨레스(Zeus와 Alcmene 사이에 태어난 아들; 강력 무쌍한 영웅). ¶the twelve labors of ~ 헤르쿨레스에게 주어졌던 열두 가지의 어려운 일. (또는 **Heracles, Herakles**) **2** (h-) 초인적인 장사. **3** 《천문》 헤라클레스자리. **4** 《군사》 허큘리스(미공군의 수송기 C-130).
the Pillars of Hércules ① 지브롤터 해협 양안의 바위. ② 극한(極限). [도산(產)).
Hércules bèetle 圈 헤르쿨레스 풍뎅이(서인도 제
Hércules' chóice 圈 헤르쿨레스의 선택(스스로 고난을 선택하는 것). [두릅나무속(屬) 관목.
Her·cu·les-club [-klʌ̀b] 圈 초피나무속(屬) 나무;
Hércules pówder 圈 광산용 폭약.
Her·cyn·i·an [həːrsíniən] 圈《지질》헤르시니아 산지(山地)[조산(造山)] 운동의. [색 산화질 광물).
her·cy·nite [hə́ːrsənàit] 圈 《광물》 허시나이트(흑
***herd¹** [həːrd] 圈 《图》 ~**s** [-z] **1** 짐승의 떼, 가축의 무리(of). ⇒FLOCK¹ [유의어] ¶a ~ of cows [elephants] 소[코끼리]의 무리/~s and flocks 소떼와 양떼. **2** (경멸적) 사람의 무리, 군중. **3** (the ~) 《경멸적》 민중, 평민. ¶the common [or vulgar] ~ 하층민. **4** (a ~) 대량, 다수(of). ¶a ~ of used cars 수많은 중고차.
ride hérd on (가축 떼를) 말타고 감시하다: (일반적으로) …을 지키다, 감독하다.
— 圈 **1** 떼를 이루다; 떼짓다(flock), 모이다(together); 떼를 이루어 가다(with); (식물이) 군생하다. — ⑭ **1** …을 모으다. ¶~ cattle 소를 몰아서 모으다.
herd² 圈 (복합어로) 목동, 양치기(牧夫). ¶a cowherd 소 치는 사람 / a shepherd 양치기. — 圈 《가축》을 돌보다, 지키다. **2** (가축·사람을) 모으다(together); [사람의 집단]을 특정 방향으로 인도하다(into). **3** 《미속어》 (차·비행기 따위)를 운전[조종]하다. **4** (사람)을 …와 교제시키다.
herd-book [-bùk] 圈 (소·말·돼지의) 혈통서(書).

herd·er [hə́ːrdər] 圈 **1** 《미》 목부(牧夫), 목축업자, 목자(牧者). **2** (미속어) 교도관. [2[4]륜 마차).
her·dic [hə́ːrdik] 圈 허딕 마차(19세기말 미국의
hérd·ing dòg [hə́ːrdiŋ-] 圈 목양견(牧羊犬).
hérd instinct 圈《심리》군거(群居)[군집] 본능.
***herds·man** [hə́ːrdzmən] 圈《國》(-men [-mən]) **1** 목동, 가축을 돌보는 사람; 가축의 소유주, 목축업자. **2** (the H-) 《천문》 목자자리(Boötes). ~·**ship** 圈
hérd tèst(ing) 圈 《뉴질》 《축산》 소떼[젖소] 검사 (유지방(乳脂肪) 함유율의 조사). **hérd tèster** 圈
‡**here** [hiər] 圚 **1** 여기에(서); 이쪽에서(⇨ there). ¶H- is a book. 여기에 책이 있다/H- are gathered many curiosities. 여기에 많은 골동품이 모여 있다/I am a stranger ~. 이곳은 처음입니다. **2** 이 장소로, 여기로, 이쪽으로. ¶Bring the book ~. 책을 이쪽으로 가지고 오세요/H- he comes! 그 사람 저기 오는군!/H- comes the man! 그 녀석이 왔군!(* 명사의 경우와 대명사의 경우에서는 어순이 바뀐다.) **3** 이 점에서, 여기서; 이 때에, 지금. ¶H- he is wrong. 이 점에서 그는 틀렸다 / H- he stopped reading and looked up. 여기서 그는 읽기를 멈추고 쳐다보았다 / H- it's August, and summer's nearly over. 벌써 8월로 여름이 거의 끝나가고 있다. **4** (종종 뒤에 below와 함께) 이 세상에서, 현세에서. **5** (구어) (명사 뒤에서) 이, 여기에 있는. ¶this building ~ 여기 있는 이 건물.
here and now ① 현시점에서. ② 지금 당장, 즉시.
here and there ① 여기저기. ② 때때로.
here below 이승이 이 세상에서는. ⑭ in heaven
Here goes!; Here I [or **me**] **go!** (구어) (곤란·불쾌한 일을 시작할 때의 기운을 돋구는 소리) 자, 간다!, 자, 시작한다! [볼 테다.
Here goes nothing. (구어) (안 되겠지만) 한번 해
Here I am. ① 네 (여기 있습니다). ② 다녀왔습니다. ③ 자, 이제야 왔다.
Here is [or **are**]... ① (소개할 때) …입니다; …이 있습니다; 이것이 …입니다. ② (찾아냈을 때) 여기에 …이 있다. [곳이다.
Here is [or **Here's**] **where...** (구어) 이곳이 …한
Here it goes! =Here goes!
Here it is. ① 자, 여기 있습니다. ② 자, 이것을 주지.
Here's a health to...! =Here's to...! [아요.
Here's at you. (구어) 욥소, 그렇소, 그것으로 좋
here's hoping (구어) …이면 좋겠는데(I hope…).
Here's how [or **luck**]! (구어) 건배!
Here's looking (at you) [or **mud in your eye**]! (구어) 건배!
Here's luck to...! =Here's to...!
Here's something for you. 이것을 드리겠습니다.
Here's to...!; Here's...to a person! (구어) (건배할 때) …에게 행운이 있기를, …만세, …이 있으시기를. ¶Here's to a long and happy life! 장수와 행복을 위해서 건배!/Here's to you(or your health)! 당신의 건강을 위해서 건배!
here, there, and everywhere (구어) 여기저기 [도처]에서; 늘 돌아다니고.
Here today (and) gone tomorrow. (구어) 덧없다, 허무하다, 유위전변(有爲轉變).
Here we are. ① 자, 도착했어, 다 왔다. ② (찾던 것이) 여기 있습니다, 찾았다. ③ =Here you are.
Here we go! (구어) =Here we are.
Here we go (again)! (구어) 또 시작이군!. [립!
Here ye! 《법률》 (법정에서 판사가 입장할 때) 전원 기
Here you are [or **go**]. (구어) ① (물건을 건네줄 때) 자, 여기 있습니다. ② (상대방의 주의를 환기시킬 때) 자, 보세요, 생각해 보세요.
Here [or **There**] **you go (again)!** 또 그 소리[이야기]군! / 또 그 짓을 하는군!
Look [or **See**] **here!** (주의를 환기시켜) 이것 봐!, 여

봐!; 그런데 말이지, 저 말이야.
Look who's here! 〔구어〕 (사람을 가리키며) 자, ون
neither here nor there 대수롭지 않은; 예상에 빗
나간; 문제 밖의. ¶That's *neither ~ nor there*. 그런
것은 별 상관이 아니다(관계 없다).
──〔副〕 1 〔전치사와 함께〕 여기, 이 장소, 이 점. ¶in
~ 이 속에, 이 점에서/near ~ 이 근처에/up to ~ 여
기까지/Get out of ~! 나가!/How far is it
from ~ to the stadium? 여기서 스타디움까지는 얼마
나 됩니까? **2** 이 세상, 현세; 현재.
I'm out of here. 〔美구어〕 ¶here. 난 나가려는 참이다.
the here and now 현재, 현시점; 현세, 이 세상.
the here and the hereafter 현재와 미래.
up to here 〔구어〕 ① 배가 잔뜩 불러. ② (감동으로)
가슴이 벅차서. ③ (일 따위가) 지나치게 많아(*with*).
④ 참을 수 없게 되어, 진절머리 나서(*with*).
── 〔間〕 1 〔점호의 대답〕 네(Present!). ¶*H*–, sir [*or*
ma'am]! 네! **2** 〔주의를 끌거나 경고할 때〕 어이, 자,
이젠 그만. ¶*Here*! What are you eating? 어이, 무
얼 먹니?/*Here*! Stop that. 자, 그만. **3** 〔물건을 내
놓거나 줄 때〕 여기 있습니다(H– it is [you are]!).
He·re [híəri] 〔神〕=Hera.
here·a·bout(s) [híərəbàut(s)] 〔副〕 **1** 이 부근에(서),
이 근처에(서). ¶*somewhere* ~ 어딘가 이 부근에(서).
‡**here·af·ter** [hiəræftər/-áːf-] 〔副〕 **1** 지금부터는, 장
차, 이후〔차후〕에, 앞으로. ¶~ *referred to as* ROK 다음
부터는 ROK라고 약기(略記). **2** (서적·서류 따위에서)
차후에, 앞으로. ¶*It will be explained* ~. 그것은 차후
에 설명한다. **3** 내세에. ── 〔形〕 (the ~) 장래, 미
래; 내세. ── 〔名〕 〔고어〕 미래의, 후세의.
here-and-gone [híərəngɔ̀ːn, -gɑ̀n/-gɔ̀n] 〔形〕 순
식간에 사라지는, 아주 짧은 시간의.
here-and-now [híərənnàu] 〔形〕 즉결을 요하는.
here·at [hìəræt] 〔副〕 **1** 여기에 있어서, 차제에. **2** 〔고
어〕 이러므로, 이 때문에.
here·a·way(s) [híərəwèi(z)] 〔副〕 〔美방언〕 이 부근
에〔으로〕(hereabout)./ "이 방법으로; 이 결과.
*here·by [hìərbái] 〔副〕 〔문어〕 〔법률〕 이것에 의하여.
he·red·i·ta·ble [hərédətəbl] 〔形〕 =heritable.
-bil·i·ty, **-bly**
her·ed·it·a·ment [hèrədítəmənt] 〔名〕 〔법률〕 세습
재산, 상속 재산(특히 부동산).
he·red·i·tar·i·an [hərèdətɛ́əriən] 〔名〕 유전설론자,
유전주의자, 유전설 신봉자. ── 〔形〕 유전론의.
~·ism 유전주의.
*he·red·i·tar·y [hərédətèri/-təri] 〔形〕 **1** 유전(성)의,
유전하는. ¶~ *diseases* 유전성 질병. **2** (습관·신앙·학
위가) 선조 대대의, 대물림의. **3** 〔법률〕 상속권에 의한[있는]; 세습
의. ¶a ~ *estate* 세습〔상속〕 재산/a ~ *monarch* 세습
군주. **4** 〔수학〕 (위상(位相) 공간의) 유전적인.
-tar·i·ly [hirèdɪtɛ́ərəli] 〔副〕 **-tàr·i·ness** 〔名〕
he·red·i·tism [hərédətìzm] 〔名〕 〔生〕 유전설. **-tist** 〔名〕
he·red·i·ty [hərédəti] 〔名〕〔UC〕 **1** 〔생물〕 유전; 유전
형질(形質). **2** 상속, 계승; 전통. / 〔가족 유전성의.
he·red·o·fa·mil·i·al [hərèdoufəmíljəl, -liəl] 〔형〕
Her·e·ford [hə́rfərd, hérə-] 〔名〕 헤리퍼드종(種) 소
(영국종의 육우(肉牛)); 헤리퍼드 돼지(미국종).
── 헤리퍼드종의. 〔<원산지인 영국의 Hereford〕
here·from [hìərfrám/-frɔ́m] 〔副〕 〔고어〕 이제부터;
여기서부터; 이 점에서.
*here·in [hìərín] 〔副〕 **1** 이 속[장소]에[으로]; 이러한 까닭
〔이유〕으로, 이러한 사실〔사정〕에 의해서.
here·in·af·ter [hìərinǽftər/-áːf-] 〔副〕 (서류나 성
명서 따위에서) 이다음부터는, 이하. ¶in the way ~ *pre-
scribed* 다음에 지시한 방법으로. (또는 **hèreinbelów**)
here·in·be·fore [hìərinbifɔ́ːr] 〔副〕 (서류·성명서 따위
에서) 위에, 앞에, 상기(上記)에. (또는 **hèreinabóve**)

here·in·to [hìəríntuː] 〔副〕 **1** 이 속[장소]으로. **2** 이
것으로, 사건 속으로.
he·rem [xéirem, kér-] 〔名〕 가장 엄한 파문(破門) 또
는 추방. (또는 **cherem**) 〔<Heb〕
here·of [hìəráv/-ɔ́v] 〔副〕 이것의; 이것에 관하여.
here·on [hìərán/-ɔ́n] 〔副〕 =hereupon.
He·re·ro [hérɛ́rou] 〔名〕 (pl. ~s) 헤레로족(族)(아프
리카 남서부의 반투족); 〔U〕 헤레로 말.
he·res [híəriːz] 〔名〕 (pl. **he·re·des** [hiríːdiːz]) 〔법
률〕 상속인(heir). (또는 **haeres**)
‡**here's** [hìərz] here is의 단축형.
he·re·si·arch [həríːziɑ̀ːrk, -si-, hérə-] 〔名〕 이단
파[이교] 지도자(우두머리, 창시자).
he·re·si·mach [həríːzəmæ̀k, -sə-, hérə-] 〔名〕
이단(자)를 격렬하게 공격하는 사람.
he·re·si·ol·o·gy [hərìːziálədʒi/hèrìziɔ́l-] 〔名〕〔U〕
이단 연구; 〔C〕 이단에 관한 논문. **-gist** 〔名〕
*her·e·sy [hérəsi] 〔名〕〔UC〕 **1** (기독교에 대한) 이단,
이교; 이단 신앙[행동]. ¶*fall into* ~ 이단에 말려들다.
2 (기성의 학설·정설에 반대되는) 사론(邪論), 이설, 반
(反)론; 이설파(派). ¶*a* ~ *in politics* 정치상의 이설.
*her·e·tic [hérətik] 〔名〕 (기독교에 대한) 이단자, 이교
도; 이설 주창자. ── 〔形〕 [hərétik, hərét-] =heretical.
he·ret·i·cal [hərétikəl] 〔形〕 이단[이교]의; 이설의.
~·ly 〔副〕 ~·ness 〔名〕 **hèreuntó**)
here·to [hìərtúː] 〔副〕 여기까지; 이 일에 관해서. (또는
*here·to·fore [hìərtəfɔ́ːr] 〔副〕 이제까지, 지금까지;
이전에는, 본래는. ──〔形〕 〔고어〕 전의, 먼저의.
here·un·der [hìərʌ́ndər] 〔副〕 (문서 따위에서) 이 아
래에, 이하에; 하기(下記)에; 이것에 의하여.
here·un·to [hìərʌntúː] 〔副〕=hereto.
here·up·on [hìərəpán/-ɔ́n] 〔副〕 여기에 있어서; 이
것에 관해서; 이 직후에(잇따라서).
*here·with [hìərwíð, -wíθ] 〔副〕 **1** 이것과 함께, 이것
에 붙여서[결들여서]. **2** 이와 같이 하여, 이것에 의해
(hereby). **3** 이 기회에; 지금 곧.
her·i·ot [hériət] 〔名〕 〔英법률〕 (중세 때 영주에게 바쳤
던) 상속인 상납물(上納物), 차지(借地) 상속료.
her·i·ta·ble [hérɪtəbl] 〔形〕 **1** 〔법률〕 (재산이) 물려받
을 수 있는; (사람이) 상속할 수 있는. ¶~ *rights* 상속권. **2**
유전성의. ── 〔보통 ~s〕 상속할 수 있는 재산.
-bil·i·ty 〔名〕〔U〕 상속[유전] 가능성. **-bly** 〔副〕
*her·it·age [hérɪtidʒ] 〔名〕 **1** (보통 *a* ~, *the* ~) 상속
재산, 세습 재산. **2** (*a* ~, *the* ~) (과거의 유산적 전
통, 전승; 유산(遺産). ¶*the cultural* ~ 문화 유산.
⇨INHERITANCE 〔유의어〕 **3** (타고난) 지위, 천성; 운명, 숙
명. **4** 유전, 전래. 장래. ¶*a* ~ *of disease* 유전병. **5** 〔성서〕
신의 선민(選民); 이스라엘인; 기독교도[교회]; 가나안
의 땅. ── 〔形〕 전통적인 관습[제도]을 생각나게 하는.
Heritage Foundàtion 〔the ~〕 헤리티지 재단
(미국 보수파의 정책 연구 단체).
her·it·ance [hérɪtəns] 〔名〕 〔고어〕=inheritance.
her·it·i·za·tion [hèritaizéiʃən] 〔名〕 문화 유산의 상
업[산업]화. **hér·it·ize** 〔動〕
her·i·tor [hérɪtər] 〔名〕 상속인, 후계자. ~·**ship** 〔名〕
her·i·trix [hérɪtrɪks] 〔名〕 (*pl.* **-tri·ces** [ˈtráɪsɪz],
~·es) 여상속인; 여후계자. (또는 **heritress**)
Hér·ki·mer Jér·ki·mer [hə́ːrkəmər dʒə́ːrkə-
mər] 〔pl. *~rl*〕〔美속어〕 무지렁이, 바보; 미치광이.
herk·y-jerk·y [hə́ːrkidʒə́ːrki] 〔形〕 〔구어〕 급히 움직
이는, 불규칙하게 나가는, 발작적인.
herl [hə́ːrl] 〔名〕 새의 깃털(제물낚시용); 제물낚시.
*her·maph·ro·dite [həːrmǽfrədàit] 〔名〕 **1** 어지자
지, 남녀추니(양성 구유자(具有者)). **2** 〔동물〕 자웅 동체
(雌雄同體); 〔식물〕 자웅 동주(同株), 양성화(兩性花). **3**
두 가지 상반된 성질을 가진 사람[물건]; 두 가지 작업
목적을 선박. **4** 동성 연애자. **5** =brigantine. ── 〔形〕
양성 구유자의. **2** 자웅 동체의; 양성화의. **3** 두 가지 상

hermaphrodite brig 반된 성질을 가진. **-dit·ic** [-dítik], **-dít·i·cal** [-dítikəl] 형 **-dit·i·cal·ly** 부 **-dit·ish** [-dáitiʃ] 형

hermáphrodite bríg 형 (해사) =brigantine.

her·maph·ro·dit·ism [həːrmǽfrədaitizm] 명U 자웅 동체성[현상]. (또는 **hermáphrodism**)

her·ma·type [həː́rmətàip] 명 조초(造礁) 생물[산호]. **-typ·ic** [-típik] 형 조초성의.

her·me·neu·tic [həːrmənjúːtik/-njuː-] 형 해석학(解釋學)의; (특히) 성서 해석(학)의; 설명적인. (또는 **hermeneutical**) **-ti·cal·ly** 부

her·me·neu·tics [həːrmənjúːtiks/-njuː-] 명 (단수취급) (성서의) 논리적 해석법; 성서 해석학.

Her·mes [həː́rmiːz] 명 헤르메스. 1 (그리스 신화) 신들의 사자(使者); 상업·교역·도둑의 수호신. (=Mercury 1 2 (천문) 지구에 가장 가까이 접근했던 소혹성.

her·met·ic [həːrmétik] 형 1 밀폐[밀봉]한, 외부의 영향(력)에 좌우되지 않는; 두문불출의, 은둔의. ¶~ sealing 용접 밀봉/lead a ~ life 은둔 생활을 하다. 2 난해(심원)한, 불가사의한, 비밀의. 3 (종종 H-) 연금술의, 비술(秘術)의. ¶the ~ art 연금술. — 명 연금술사. (또는 **hermetical**) **-i·cal·ly** 부

her·met·i·cism [həːrmétəsìzm] 명 (때로 H-) 1 신비교리, 비전(秘傳), 비밀. 2 신비주의. 3 신비학, 연금술. (또는 **her·me·tism** [həː́rmətìzm] **-cist** 명)

Her·mi·o·ne [həːrmáiəniː] 명 (그리스 신화) 헤르미오네(Menelaus와 Helen의 딸).

‡**her·mit** [həː́rmit] 명 1 (종교적) 은둔자, 은수사(隱修士). ¶a ~ of St. Augustine 아우구스티누스 은수사회 수도사. 2 (일반적으로) 숨은 사람, 속세를 버린 사람; 선인(仙人). 3 (동물) 독거성(獨居性) 동물. 4 허미트(건포도·호도·향료 따위를 넣은 당밀 쿠키). 5 (페어) =beadsman. 6 (조류) 벌새의 일종(중남미산(產)). 7 ~ **·ish**, ~ **·like**, ~ **·ship** 명 〔~ crab.

her·mit·age [həː́rmitidʒ] 명 1 은자(隱者)의 집, 수도원; 은자 생활. 2 은신처, 외딴 집. 3 〔F ɛrmitɑːʒ〕 (H-) 에르미타주(프랑스산(產)) 포도주). 4 [ə̀ərmitáːʒ] (the H-) (러시아 상트페테르부르크의) 에르미타주 미술관.

hérmit cràb 명 (동물) 소라게(절지 동물). 「다운.

her·mit·ic [həːrmítik] 형 은자의, 은자적인. (또는 **hermitical**) **-i·cal·ly** 부 「생활을 하다.

her·mit·ize [həː́rmitàiz] 자 혼자서 살다, 은둔

Hérmit Kíngdom (the ~) 은자(隱者) 왕국(중국 이외에는 접촉을 끊었던 1637–1876년경의 조선).

her·mit·ry [həː́rmitri] 명 은자의 신분; 은둔 생활.

hérmit thrúsh (조류) 지빠귀의 일종(북미산(產)).

Her·mon [həː́rmən] 명 **Mount ~** 헤르몬산(山)(시리아·레바논 접경의 산; 높이 2,814m).

hern [həːrn] 명 (방언) =heron.

her·ni·a [həː́rniə] 명U (C) (복~s, -ni·ae [-niì:]) (병리) 헤르니아(rupture); 탈장(脫腸). **-al** 형

her·ni·ate [həː́rnièit] 자 헤르니아가 되다. **·á·tion** 명

her·ni·o- [həː́rniou, -niə] (연결) hernia의 뜻.

her·ni·o·plas·ty [həː́rniouplǽsti] 명 (외과) 헤르니아 성형술(成形術)(근치(根治) 수술).

her·ni·or·rha·phy [həːrniɔ́ːrəfi, -ɑ́ːr-] 명 (외과) 헤르니아 봉합(술). 「절제(술).

her·ni·ot·o·my [həːrniɑ́təmi] 명 (외과) 헤르니아

‡**he·ro** [híərou] 명 (복 ~**es** [-z]) 1 영웅, 용사; 영웅시되는 사람; 이상적 인물, 위인. ¶a war [national] ~ 전쟁[국민적] 영웅/*No man is a ~ to his valet.* (속담) 자기 하인에게 영웅으로 보이는 사람은 없다. 2 (소설·극·영화·사건 등의) (남자) 주인공, 중심 인물(⇔ heroine). 3 (그리스 신화) 신인(神人); (고대의) 불사신인 반신반인(半神半人). 4 (복 ~(e)s) (美속어) = ~ sandwich. 5 (美속어) ~ of the underworld) 거물. *make a hero of* …을 영웅화[영웅시]하다, 떠받들다. — 형 매우 훌륭한, 장한, 칭찬할 만한. ~·**like** 형

He·ro¹ [híərou] 명 1 (그리스 신화) 헤로(Aphrodite 에게 시중들던 여신관(女神官); 익사한 연인 Leander의 뒤를 따라 바다에 몸을 던졌다). 2 헤론(Heron)(1세기경 Alexandria의 수학자; Hero's formula로 유명).

He·ro² 명 (전자·군사) 히로(병기에 대한 전자파 방사 장해). (<**h**azards of **e**lectromagnetic **r**adiation to **o**rdinance)

Her·od [hérəd] 명 (성서) 헤롯(73?–4 B.C.)(유대의 왕; 어린 그리스도를 죽이려고 Bethlehem의 2세 이하의 모든 남자 아이를 학살— 마태복음(Matt.) 2).

He·ro·di·an [həróudiən, he-] 형 헤롯왕 가족[일파]의. — 명 헤롯왕 가족[일파]; 헤롯왕 지지자.

He·ro·di·as [həróudiəs, he-/-æs] 명 (성서) 헤로디아(Herod Antipas의 아내이며 Salome의 어머니).

He·rod·o·tus [hərɑ́dətəs, he-/-rɔ́d-] 명 헤로도토스(484?–425? B.C.; 그리스의 역사가; 「역사의 아버지」로 불림). **·té·an** 형

‡**he·ro·ic** [hiróuik] 형 (*more* ~; *most* ~) 1 영웅 [용자]의; 영웅다운, 영웅적인; 당당한, 훌륭한; 용감한. ¶a ~ deed 영웅적인 행위. 2 (문체·양식 따위가) 장대한, 웅대한, 과장된. 3 단호한, 모험적인, 최우의 수단으로 쓰는. ¶~ surgery 모험적인[극단적인] 치료. 4 (시·전설 따위의) 영웅을 다룬, 서사시(敍事詩)의; (고대의) 신인(神人)을 다룬; 과장된. 5 (미술) (상(像) 따위가) 실물보다 큰. ¶a ~ statue 실물보다 큰 상. 6 (효과가) 큰; 다량의. ¶a ~ drug 특효약.

on a heroic scale 실물보다 크게.

— 명 1 (보통 ~s) = ~ verse. 2 (~s) 과장된 말[감정, 행동]; 영웅적[용감한] 행위[행동], 용기.

he·ro·ic·i·ty [hìərouisíti], ~·**ness** 명

heróic áge (the ~) 영웅 시대, 신인(神人) 시대 (고대 그리스의 사시(史詩) 시대). 「~·**ness** 명

he·ro·i·cal [hiróuikəl] 형 =heroic. **-cal·ly** 부

heróic cóuplet 명 (운율) 영웅 2행 연구(聯句)(압운(押韻)된 약강 5 보격의 대구(對句) 시행).

heróic dráma[pláy] 명 (17세기 영국의) 영웅극.

he·ro·i·com·ic [hìrouikɑ́mik/-kɔ́m-] 형 영웅 희극적인, 웅대함과 해학이 섞인. (또는 **heroicomical**)

heróic póem[poétry] 명 (운율) 약강 5보격(五步格)으로 된 서사시체의 시). 2 영웅시(詩).

heróic vérse 명 1 (운율) 영웅시체(詩體), 사시격

her·o·in [hérouin] 명 (약학) 헤로인(진통제; 중독성 마약). **·ism** 명U 모르핀 중독.

héroin báby 명 헤로인 베이비(헤로인에 중독된 어머니로부터 미숙아로 태어난 헤로인 중독 유아).

‡**her·o·ine** [hérouin] 명 (복 ~s [-z]) 1 여장부, 여걸, 열녀(烈女). 2 여주인공, 히로인. 3 (신화 시대의) 반여신(demigoddess). 4 경모의 대상이 되는 여자.

‡**her·o·ism** [hérouìzm] 명 1 U 영웅적 자질[성격]; 용기, 용맹, 대담. 2 C 영웅적 행위, 용감한 행동.

he·ro·ize [híərouàiz, hér-] 타 …을 영웅[용맹스러운 사람]으로 다루다; …을 영웅으로 받들다. — 자 영웅[용맹스러운 사람]인 체하다. **·iz·á·tion** 명

‡**her·on** [hérən] 명 백로과(科)의 새; (특히) 왜가리.

her·on·ry [hérənri] 명 백로의 번식지.

héro sándwich 명 (美) 대형 샌드위치.

Héro's fórmula 명 헤론의 공식(3변의 길이만으로 3각형의 면적을 구하는 공식). 「적인 환영.

héro's wélcome 명 (영웅을 환영하는 듯한) 열광

héro wórship 명 영웅 숭배; (고대 그리스·로마인의) 신인 숭배; 지나친 영웅 예찬.

he·ro·wor·ship [-wə̀ːrʃip] 타자 1 …을 영웅으로서 숭배하다, 영웅시하다. 2 …에게 아첨하다, 알랑거리다. ~·**er**, (英) ~·**per** 명 영웅 숭배자.

her·pes [həː́rpiːz] 명U (병리) 포진(疱疹), 헤르페스; 헤르페스 바이러스(herpesvirus). ~ **facialis** [genitalis, labialis] 안면[음부, 입술] 포진.

hérpes sím·plex [-símpleks] 명 (병리) 단순 포진(감기나 열이 날 때 입술에 생기는 바이러스성 발진).

her·pes·vi·rus [həːrpiːzvàiərəs] 명 (복 ~·es) 헤르페스(포진) 바이러스.   〔(帶狀) 포진〕
hérpes zós·ter [-zɑ́stər/-zɔ́s-] 명 〔병리〕 대상
her·pet·ic [həːrpétik] 형 〔병리〕 헤르페스(포진)성의.
her·pe·tol·o·gy [hə̀ːrpətɑ́lədʒi/-tɔ́l-] 명 ⓤ 파충류학. **-to·log·ic** [-təlɑ́dʒik/-lɔ́dʒ-], **-to·lóg·i·cal** **-to·lóg·i·cal·ly** 부 **-gist** 명
her·pie [həːrpi] 명 〔美俗〕 포진 환자(보균자).
Herr [hεər] 명 (복 **Her·ren** [héərən]) 1 군, 씨, 선생. 2 독일 신사.   〔<G Mr., sir〕
Her·ren·volk [G héərənfɔlk] 명 지배 민족(나치의 독일(게르만) 민족 호칭).   〔<G master race〕
***her·ring** [héəriŋ] 명 (복 ~(**s**)) 청어; 그 살. ¶kippered [or red] ~ 훈제 청어.
  (*as*) *dead as a herring* 완전히 죽은(죽어서).
  (*as*) *thick as herrings* 매우 밀집하여.
  packed as close as herrings 빽빽이 찬.
  ~·like 형
her·ring·bone [héəriŋbòun] 명 1 오늬 무늬, 삼나뭇잎 같은 무늬, 헤링본. 2 〔건축〕 오늬 무늬 쌓기(벽기). 3 〈스키〉 다리를 벌리고 오르기. ─ 형 오늬 무늬의. ─ 타 1 오늬 무늬로 뜨다(자수하다); ─ 자 오늬 무늬로 짜다(쌓다). ─ 자 1 오늬 무늬를 만들다. 2 〈스키〉 다리를 벌리고 오르다.

(herringbone 1)

hérringbone bónd 〔벽돌의〕 오늬 무늬 쌓기.
hérringbone géar 헤링본 기어(톱니바퀴)(방향이 반대로 된 오늬 무늬 톱니바퀴를 같은 축에 끼운 것).
hérringbone stítch 헤링본 스티치, 오늬 무늬 박기(자수에 사용되는 오늬 무늬 바느질).
hérring gúll 명 〔조류〕 재갈매기.
hérring pònd 명 (the ~) 〔익살〕 대양, (특히) 북대   〔서양.
***hers** [həːrz] 대 (*she*의 소유대명사) 1 〔단·복수 양용〕 그녀의 것(소유물). ¶This computer is ~. 이 컴퓨터는 그녀의 것이다 / His hair is darker than ~. 그의 머리는 그녀보다 검다 / H~ are the yellow ones. 그녀의 것들은 노란색이다. 2 (a [this, that, etc.]+명+of ~) 그녀의. ¶a friend of ~ 그녀의 친구(* 불특정의 친구를 가리킨다). her friend은 특정한 친구).
***her·self** [hərsélf] 대 (복 *them·selves*) 1 〔재귀용법으로〕 그녀 자신을(에게). ¶She considers ~ lucky. 그녀는 자신이 운이 좋다고 생각한다. 2 〔강조〕 그녀 자신, 그녀 스스로. ¶She ~ painted the room. 그녀는 손수 방에 페인트 칠을 했다. 3 〔목적격의 her 대신에 쓰는 강조〕 그녀 자신을, 다른 사람이 아닌 그녀를. ¶I looked beside me then, and I saw ~. 나는 그때 옆을 둘러보다가 바로 그녀를 보았다. 4 〔구어〕 (be, become, come to의 뒤에서〕 본래(평소)의 그녀, 여느 때와 같은 그녀. ¶She is not ~. 여느 때의 그녀와 다르다 / She has come to ~. 그녀는 제정신으로 돌아왔다(* 이 경우에 herself는 her very self, her own sweet self 따위로 하기도 한다). 5 〔아일·스코〕 중요(유력)한 여성; 일가의 여주인, 마님. ¶Where's ~? 안주인은 어디 계시나.
Her·shey [həːrʃi] 명 〔상표〕 허시(미국의 초콜릿).
Hérshey bàr 1 〔美軍俗〕 (해외 근무 연수를 나타내는) 수장(袖章). 2 〔美俗·경멸적〕 흑인.
her·sto·ry [həːrstɔ̀ːri] 명 ⓤ 여성(여권주의자)의 관점에서 본 역사; 여성사.   〔표시 단위). 펀
hertz [həːrts] 명 (복 ~(**·es**)) 헤르츠(진동수의 국제
Hertz [həːrts, ha:rts] 명 **Heinrich Rudolph ~** 헤르츠(1857-94; 독일의 물리학자; 전자파의 발견자).
~·i·an 형 [또한 h-] 헤르츠(식)의, 헤르츠가 개발한.
hértz·i·an telégraphy [həːrtsiən-] 명 무선 전신(헤르츠파를 발생시켜 행한다).

Hértzian wáve 〔물리〕 헤르츠파, 전(자)파(電磁   〔波).
***he's** [hiːz, 약 iːz] he is, he has 의 단축형.
HES 〔美〕 *h*amlet *e*valuation *s*ystem(촌락 평가 시스템).
he/she [hiːʃíː] 대 그 또는 그녀(he or she), 그 사람(that one)(선행사의 성별이 확실치 않을 때 사용).
hes·i·fla·tion [hèzəfléiʃən] 명 〔경제〕 헤지플레이션(경기 침체 상태에서의 급격한 인플레이션).   참 stagflation   〔<hesitation+inflation〕
He·si·od [híːsiəd, hés-/-ɔd] 명 헤시오도스(기원전 8세기경의 그리스 시인).   **~·ic** [hìːsiɑ́dik] 형
hes·i·tan·cy [hézətənsi] 명 ⓤⓒ 머뭇거림, 주저, 망설임; 우유부단. (또는 **hesitance**)
hes·i·tant [hézətənt] 형 1 머뭇거리는, 주저하는, 주춤거리는; 내키지 않아 하는. ⇨ RELUCTANT 유의어 2 말을 더듬는, 우물거리는.   **~·ly** 부
***hes·i·tate** [hézətèit] 자 (**-tat·ed; -tat·ing**) 타 1 (…을/ ~하는 것을) 주저하다, 망설이다, 머뭇거리다, 우물쭈물하다(*about, over, at, in / to do*). ¶ (~+*to do*) I ~ to say, but... 말씀드리기 좀 곤란하지만… (*거북한 말을 할 때*) ∥ (~+젼+명) They ~ *about* taking such a dangerous step. 그들은 그와 같이 위험한 방법을 취하는 것을 주저하고 있다 / They ~*d at* nothing to gain their ends. 그들은 목적 달성을 위해서는 어떤 일도 주저하지 않았다.

〔유의어〕hesitate「주저하다」라는 뜻의 가장 일반적인 말; 원인은 여러 가지가 있을 수 있다. **waver** 일단 결심한 것이 흔들려서 주저하는; 의지가 약함을 암시. **falter** waver에 공포·긴장 따위를 나타내는 목소리의 떨림 따위 외적(外的)인 징후가 수반됨을 암시. **vacillate** 이것저것 생각이 바뀌어서 좀처럼 결정짓지 못하고 오랫동안 주저하다.

2 …에 대해 의문을 갖다, 유보적 태도를 취하다. 3 (잠깐) 쉬다, (도중에) 멈추다. 4 말을 더듬다, 머뭇거리다.   ─ 타 을 망설이며(조심스럽게) 진술하다, 넌지시 말하다.   **-tàt·er**, **-tà·tor** 명
hes·i·tat·ing [hézətèitiŋ] 형 주저하는, 머뭇거리는, 망설이는; 말을 더듬거리는.   **~·ly** 부
***hes·i·ta·tion** [hèzətéiʃən] 명 (복 ~**s** [-z]) ⓤ 1 주저, 우유부단, 망설임(*after some* [*much*] ~ 약간(한참) 망설임이다가 / *have* [or *feel*] *no* ~ *in saying that*… …이라고 말하기를 주저하지 않다. 2 말더듬기. 3 = ~ waltz.
without hesitation 주저없이, 망설이지 않고, 바로, 단호히.   〔따위의 발성〕.
hesitátion fòrm 〔언어〕 주저형(躊躇形)(er, ah
hesitátion wáltz 헤지테이션 왈츠(휴지(休止)와 글라이드(glide)로 이루어지는 스텝을 기본으로 하는 왈츠).
hes·i·ta·tive [hézətèitiv] 형 주저하는, 망설이는 기색이 있는; 딸을 더듬는.
Hes·per [héspər] 명 1 =Hesperus. 2 헤스퍼(여자)
Hes·pe·ri·a [hespíəriə] 명 헤스페리아, 저녁의 나라, 서쪽 나라(고대 그리스·로마의 시인이 각기 이탈리아·스페인을 지칭한 명칭).
Hes·pe·ri·an [hespíəriən] 형 1 헤스페리아의, 저녁의 나라의, 서쪽 나라의; 서방의. 2 Hesperides의. ─ 명 헤스페리아 사람, 서쪽 나라의 사람.
Hes·per·i·des [hespérədìːz] 명 ⓹ (the ~) 〔그리스 신화〕 헤스페리데스(Hera의 황금 사과밭을 지키는 네 여정(女精)들). 2 〔단수취급〕 (헤스페리데스가 지킨) 황금 사과의 낙원. 3 극락조(極樂鳥).
hes·per·i·din [hespérədin] 명 〔생화학〕 헤스페리딘(감귤류 껍질에 함유되어 있는 비타민 P의 하나).
hes·per·id·i·um [hèspərídiəm] 명 (복 **-i·a** [-iə])〔식물〕 밀감 모양의 과실, 감과(柑果). **i·date** [-pérədèit], **-íd·e·ous** 형   〔類)의 일종.
Hes·per·is [héspərəs] 명 (종종 h-) 〔식물〕 꽃무우
Hes·per·us [héspərəs] 명 개밥바라기, 태백성

(evening star), 금성. (또는 **Hesper**)
Hes·se 圈 1 [hésə] **Hermann ~** 헤세(1877-1962; 독일의 소설가·시인; Nobel 문학상(1946)). 2 [hes] 헤센(독일 중부의 주; 독일어명은 Hessen).
Hes·sian [héʃən/-siən] 圈 〔독일〕 헤센(Hesse) 주(사람)의 — 图 1 헤센 사람. 2 〔美〕 (미국 독립 전쟁 때 영국측이 고용했던) 독일인 용병. 3 돈이면 무엇이든 하는 사람; 무뢰한, 불량배. 4 Ⓤ (h-) 올이 굵은 삼베.
Héssian bóots 图복 헤센 부츠(앞쪽에 술이 달린 군용 장화; 19세기초 영국에서 유행했던).
Héssian flý 图 작은 파리의 일종(유충은 밀의 해충).
hest [hest] 图 〔고어〕 =behest.
Hes·ti·a [héstiə] 图 〔그리스 신화〕 헤스티아(화덕과 화덕불의 여신). ♢ Vesta
Hes·ton [héstən] 图 **Charlton ~** 헤스턴(1923- : 미국의 영화 배우).
het [het] 图 〔방언〕 heat의 과거·과거분사. — 图 흥 *het up* 〔구어〕 노해서, 분개하여; 흥분하여.
he·tae·ra [hitíərə] 图 (图 *-rae* [-riː]) (고대 그리스의) 첩, 고급 매춘부; 자신의 미모와 매력을 이용하는 여자. (또는 **hetaira**) **-ric** 图
he·tae·rism [hitíərizm] 图Ⓤ 내연 관계, 동서(同棲); 축첩(蓄妾); (원시·고대 사회의) 여성 공유 제도. (또는 **hetairism**) **-rist** 图 **het·ae·ris·tic** [hétərístik] 图
he·tai·ra [hitáiərə] 图 =hetaera. **-ric** 图
het·er·o [hétərōu] 图 1 (화학) 탄소 이외의 원자의. 2 〔구어〕 이성애(異性愛)의, 동성애가 아닌(heterosexual의 단축어). — 图 (图 *~s*) 〔구어〕 이성애자(者).
het·er·o- [hétərou, -rə] 〔연결〕 other, different의 뜻(* 모음 앞에서는 heter-). ¶ *heter*osexual.
het·er·o·ar·o·mat·ic [hétərouærəmǽtik] 图 〔화학〕 복소(複素) 고리 방향족(芳香族) 화합물.
het·er·o·at·om [hétəroʊǽtəm] 图 〔화학〕 헤테로 원자(방향족 탄화수소 중 탄소와 치환되는 원자).
het·er·o·cer·cal [hétəroʊsə́ːrkəl] 图 〔어류〕 꼬리 지느러미가 맞선꼴(대칭)이 아닌. **-cer·cál·i·ty** 图
het·er·o·chro·mat·ic [hétərəkroʊmǽtik] 图 1 2색 이상의, 다색의; 잡색 무늬의. 2 〔유전〕 이질(異質) 염색질의. **-chró·ma·tism** 图
het·er·o·chro·ma·tin [hétərəkroʊmətin] 图 〔유전〕 이질(異質) 염색질.
het·er·o·chrome [hétərəkroʊm] 图 =heterochromatic.
het·er·o·chro·mo·some [hétərəkroʊməsoʊm] 图 〔유전〕 이형(異形) 염색체, 성(性)염색체.
het·er·o·chro·mous [hétərəkroʊməs] 图 다색(多色)의, 여러 가지 색깔의.
het·er·o·clite [hétərəklàit] 图 1 이상의, 예외적인. 2 〔문법〕 (어미 변화가) 불규칙적인. (또는 **heteroclitic, heteroclitical**) — 图 1 보통과 다른[예외적인] 사람[것]. 2 〔문법〕 불규칙 변화를 하는 단어.
het·er·o·cy·clic [hètərəsáiklik, -sík-] 图 〔화학〕 복소(複素) 고리식의.
het·er·o·dox [hétərədàks/-dɔ̀ks] 图 (교양·학설 따위가) 이단의, 비정통적인; 이단설을 가진. **~·ly** 图
het·er·o·dox·y [hétərədàksi/-dɔ̀k-] 图Ⓤ 비정통, 이단; 비정통설 신봉; 이설(異說).
het·er·o·dyne [hétərədàin] 图 〔무선〕 Ⓤ 헤테로다인(수신파와 국부 발신파 사이에 맥놀이를 일으키는 검파 방법); © 헤테로다인(식) 수신기〔장치〕. — 图 图 (어떤 주파수에) 다른 주파수를 섞어서 헤테로다인 효과를 낳게 하다. — 图 헤테로다인 수신법의. 「혼직(混織)의.
het·er·o·fil [hétəroʊfil] 图 〔英〕 〔섬유〕 혼합 섬유의.
het·er·o·gam·ete [hètəroʊgǽmiːt, -əroʊgəmíːt] 图 이형(異形) 배우자. ♢ isogamete **-ga·met·ic** [-gəmétik] 图
het·er·og·a·mous [hètərágəməs/-rɔ́g-] 图 〔생물〕 이형 배우자를 가진[에 의해 생식하는](图 isoga-

mous); 〔식물〕 (2종의) 이성화(異性花)의[를 가진].
het·er·og·a·my [hètərágəmi/-rɔ́g-] 图Ⓤ 〔생물〕 이형 배우자에 의한 생식; 〔식물〕 이성화를 가지고 있음.
het·er·o·ge·ne·i·ty [hètəroʊdʒəníːəti] 图Ⓤ©　이종(異種), 이질(성); 이종 혼성; 이성분(異成分).
het·er·o·ge·ne·ous [hètərədʒíːniəs, -njəs] 图 이종의, 이질의; 이종(異種) 부분으로 이루어지는, 혼성의, 잡다한, 불균질의. **~·ly** 图 **~·ness** 图
heterogéneous nétwork 〔컴퓨터〕 이기종(異機種) 네트워크.
het·er·o·gen·e·sis [hètərədʒénəsis] 图Ⓤ 〔생물〕 (유성 생식과 무성 생식의) 세대 교번; 이형(異形) 돌연 발생, 자연 발생(론). (또는 **heterogeny**)
het·er·o·ge·net·ic [hètərouʒənétik] 图 세대 교번의; 자연(돌연) 발생의. (또는 **heterogenic**) **-i·cal·ly** 图　　　　　　　　　　　　「erostructure.
het·er·o·junc·tion [hètərədʒʌ́ŋkʃən] 图 =het-
het·er·o·kar·y·on [hètərəkǽriàn, -ən/-ɔ̀n] 图 (图 *-y·a* [-iə]) 〔생물〕 헤테로카리온, 이핵(異核) 공존체(유전적으로 다른 단일(單相)의 핵을 갖는 세포).
het·er·o·kar·y·o·sis [hètərəkæriṓusis] 图Ⓤ 〔생물〕 헤테로카리오시스, 이핵(異核).
het·er·o·lec·i·thal [hètərəlésəθəl] 图 〔발생〕 부등황란(不等黃卵)의, 부등황란(卵)의(물고기나 새의 알처럼 난황이 불균등한 분포를 하고 있는 경우).
het·er·ol·o·gy [hètəráləʒi/-rɔ́l-] 图 1 〔생물〕 비상동성(非相同性), 이종(異種)성(같아 보이지만 기원이 서로 다른 현상). 2 〔병리〕 이상(異常) 현상. **-gous** 图
het·er·om·er·ous [hètərámərəs/-rɔ́m-] 图 〔식물〕 이수(異數)의, 부등수화(不等數化)의.
het·er·o·mor·phic [hètərəmɔ́ːrfik] 图 〔생물〕 이형[변형]의, 〔곤충〕 완전 변태하는. (또는 **heteromorphous**) **-phism** 图, **·mòr·phy** 图
het·er·on·o·my [hètəránəmi/-rɔ́n-] 图Ⓤ 타율(성).
het·er·on·o·mous [hètəránəməs/-rɔ́n-] 图 타율적인; 〔생물〕 별개의 법칙에 따르는, (기관 따위가) 특수화한; 잡다한; 〔수학〕 비동차(非同次)의; 〔화학〕 균일하지 않은. **~·ly** 图
het·er·o·nu·cle·ar RNA [hètəroʊnjúːkliər/-njúː-] 〔생화학〕 이핵(異核) RNA[리보 핵산].
het·er·o·nym [hètərənim] 图 동철(同綴) 이음(異音)의 이의어(異義語), 철자는 같으나 음과 뜻이 다른 단어(예: tear [tiər](눈물)와 tear [tɛər](찢다)).
het·er·on·y·mous [hètəránəməs/-rɔ́n-] 图 1 동철 이음[이의어(異音異義語)]인. 2 (서로 관련된 것이) 다른, 각각 다른 이름을 가진. 3 〔광학〕 보이는 방향과 반대쪽에 출현하는. **~·ly** 图
het·er·o·path·ic [hètərəpǽθik] 图 1 〔의학〕 역증(逆症)〔대증(對症)〕 요법의(allopathic). 2 효과(작용)가 다른. **-óp·a·thy** 图
het·er·o·phil [hétərəfil] 图 〔면역〕 이호성(異好性)의(항체(항원)가 특정 상대의 항체(항원) 이외의 것에 친화성이 있는. (또는 **heterophilic**) 〔동물·해부〕 =neutrophil. (또는 **het·er·o·phile** [-fàil])
het·er·o·pho·bi·a [hètərəfóubiə] 图Ⓤ 이성(異性) 공포증(图의).
Het·er·op·ter·a [hètəráptərə/-rɔ́p-] 图 이시류(異翅類)(소금쟁이 따위). 「충) 이시류의.
het·er·op·ter·ous [hètəráptərəs/-rɔ́p-] 图 (이시**het·er·op·tics** [hètəráptiks, -rɔ́p-] 图 〔단수 취급〕 착시(錯視), 시각 이상. 「사랑.
het·er·o·sex [hètəroʊséks] 图Ⓤ 〔구어〕 이성간의
het·er·o·sex·ism [hètəroʊséksizm] 图 이성(異性)자의 동성애자에 대한 차별(편견). **-ist** 图
het·er·o·sex·u·al [hètəroʊsékʃuəl/-sju-] 图 〔생물〕 이성(異性)의, 자웅의; 이성애의 — 图 이성애자. 图 homosexual **~·ly** 图　　　　　「이성애; 양성적 특질.
het·er·o·sex·u·al·i·ty [hètərəsèkʃuǽləti] 图Ⓤ

het·er·o·sis [hètəróusis] 图 〔유전〕 잡종 강세(잡종이 근친 교배보다 강성한 현상).

het·er·o·sphere [hétərəsfìər] 图 〔기상〕 이질권 (異質圈)(해발 약 80km 이상의 대기의 상층부). 참 homosphere **·sphér·ic** 囲

het·er·os·po·ry [hètəráspəri/-rɔ́s-] 图 〔식물〕 이형 포자성(異形胞子性)(동일 식물이 큰 포자와 작은 포자를 형성하는 것). **-rous** 囲

het·er·o·struc·ture [hètərəstrʌ́ktʃər] 图 〔전자〕 헤테로 구조체(복합 반도체 장치).

het·er·o·tax·is [hètəroutǽksis] 图U 〔병리〕 내장 역위(逆位)(증); 〔지질〕 지층 변위(變位). (또는 **heterotaxia, heterotaxy**)

het·er·o·tel·ic [hètərətélik, -ti:l-] 囲 〔철학〕 (실체 따위가) 타목적 존재[발생]의, 외인(外因)의. **-ism** 图

het·er·o·to·pi·a [hètəroutóupiə] 图 〔병리〕 (기관 따위의 이상 위치로의) 전위(轉位); (조직의) 이소(異所) 형성, 이소성(異所性). (또는 **heterotopy**) **-tóp·ic, -ot·o·pous** [-átəpəs/-ɔ́t-] 囲

het·er·o·troph [hétərətràf, -trɔ̀uf/-trɔ̀f] 图 〔생물〕 타가(他家)〔종속, 유기〕영양 생물(포도당 따위의 이미 합성된 유기물을 필요로 하는 생물). **·tróph·ic** 囲

het·er·o·zy·gote [hètərəzáigout, -zig-] 图 〔유전〕 이형[헤테로] 접합체(2종의 다른 성질의 유전자를 가진 잡종). 참 homozygote

het·er·o·zy·gous [hètərəzáigəs] 囲 이형[헤테로] 접합체의, 잡종성의. (또는 **heterozygotic**) **-zy·gos·i·ty** [-rouzaigásəti] 图

het·man [hétmən] 图 (~**s**) 코사크인의 추장.

Het·ty [héti] 图 헤티(여자 이름; Hester 또는 Esther의 별칭). (또는 **Hettie**)

het-up [hétʌ́p] 囲 (美속어) 1 화난, 분개한; 당황한. 2 열렬한, 열광적인.

heu·ri·ge [hɔ́irigə] 图 호이리게(오스트리아의 그 해 산(産) 새 포도주). (또는 **heuriger**) [<G]

heu·ris·tic [hjuərístik] 囲 1 발견적[탐구]을 돕는(교수법이) 학생 스스로가 발견하게 하는, 발견법의. ¶a ~ method 발견법. 2 〔컴퓨터〕 발견적인, 귀납적인. — 图 (보통 ~**s**) 〔단수취급〕 발견법, 발견적 교수[학습]법. **-ti·cal·ly** 囲 〔경험적 접근.

heurístic appróach 〔컴퓨터〕 발견적 해결 방법.

heurístic prógram 〔컴퓨터〕 발견적 프로그램.

Héus·ler álloy [hjú:slər-] 图 호이슬러 합금(망간과 비(非)강자성 금속의 합금으로 현저한 강자성을 띰).

*hew [hju:] 囲 (~**ed**; ~**ed**, ~**n**) 囲 1 (도끼나 칼 따위로) …을 베다, 자르다(⇒CUT 유의어); (나무를) 잘라 넘어뜨리다(*down*). ¶ ~+圄+剛) ~ *down* a tree 나무를 잘라 넘어뜨리다/~ *off* a branch of a tree 나뭇가지를 잘라내다. 2 잘라서〔깎아서〕…을 만들다(*out*). ¶~ a passage 잘라서 통로를 열다∥ (~+圄+前+图) ~ *out* a career for oneself 혼자의 힘으로 인생을 개척하다∥ (~+圄+前+图) a statue ~*n out of*[or *from*] marble 대리석에 새긴 입상(立像). 3 …을 (…로부터) 잘라내다(*cut*)(*away, off, out*)(*of, from*). 4 〔계획 따위를〕고심해서 짜다(*out*). — 囲 1 (도끼 따위로) 자르다(*away*). 2 (美) 신봉하다, 따르다, 고집하다(*to*).

hew one's *way* 진로를 개척하다.

hew to …을 따르다, 준수[신봉]하다.

hew to pieces 토막내다.

·a·ble 囲

HEW (美) Department of *H*ealth, *E*ducation, and *W*elfare(보건 교육 복지부; 지금은 Department of Health and Human Services와 Department of Education으로 분할).

hew·er [hjú:ər] 图 (나무·돌을) 자르는 사람; 채탄부. *hewers of wood (and drawers of water)* (성서) 장작 패고 물 긷는 사람, 천한 일을 하는 사람, 하급 노동자(←여호수아서(書)(Josh.) 9:21).

Hew·lett-Pack·ard [hjú:litpǽkɑrd] 图 휴렛팩커드(사)(미국의 전자 회사; 영 HP).

hewn [hju:n] 囲 hew의 과거분사. — 囲 잘라 낸, 베어서 대충 모양을 다듬은; 대충 표면을 다듬은.

hex [heks] 图U (美) …을 홀리게 하는, …에게 마법을 걸다. — 圄 마법을 행하다(*on*). — 图 1 여자 마법사, 마녀(witch). 2 마력, 주문(呪文). ¶ put a [*or* the] ~ on … 에게 마법을 걸다 3 재수가 없는 것, 불길함(jinx).

hex. hexagon(al). [**·er**

hex·a- [héksə] 〔연결〕 six의 뜻(* 모음 앞에서는 hex-). ¶*hex*achord, *hex*agon.

hex·a·chlo·ro·phene [hèksəkló:rəfì:n] 图 헥사클로로펜(살균·소독약).

hex·a·chord [héksəkɔ̀:rd] 图 〔중세 음악〕 6음 음계.

hex·ad [héksæd] 图 6의 수; 6의 군(群), 6개조 조; 〔화학〕 6가 원소[원자, 기]. **hex·ád·ic** 图 6의 수의; 6가 원소[원자]의. **·ly** 囲

hex·a·dec·i·mal [hèksədésəməl] 图囲 16진법(의).

hex·a·gon [héksəgən, -gàn] 图 6각형, 6변형 (물체). ¶a regular ~ 정6각형. — 图 6각형의.

hex·ag·o·nal [heksǽgənl] 囲 6각형의; 단면(바닥면)이 6변형의. **~·ly** 囲

hex·a·gram [héksəgrǽm] 图 6각[선] 성형(成形)(⚹). **-gram·moid** [-grǽmɔid] 囲

hex·a·he·dron [hèksəhí:drən] 图 (복 ~**s**, **-dra** [-drə]) 6면체. **-dral** 囲

hex·am·e·ter [heksǽmətər] 〔운율〕 图囲 6보격(시)(의). **-tral, hèx·a·mét·ric, hèx·a·mét·ri·cal** 囲

hex·ane [héksein] 图 〔화학〕 헥산.

hex·an·gu·lar [heksǽŋgjulər] 囲 6각의. **~·ly** 囲

hex·a·pla [héksəplə] 图 (종종 H-) 6개 국어 대역 성서(특히 서기 3세기에 Origen이 편찬한 구약 성서). **·plar, ·plár·i·an, ·plár·ic** 囲

hex·a·ploid [héksəplɔ̀id] 〔생물〕 囲 (염색체의 수가) 6배성(倍性)의, 6배체(體)의. — 图 6배성, 6배체. **-ploi·dy** 图

hex·a·pod [héksəpàd/-pɔ̀d] 图 〔동물〕 곤충, 6각류(脚類). — 囲 6각의, 다리가 여섯인; 곤충의.

hex·ap·o·dous [heksǽpədəs] 囲

hex·a·po·dy [heksǽpədi] 图 〔운율〕 6보격(의 시행(詩行)). **hex·a·pod·ic** [hèksəpádik] 囲

hex·a·stich [héksəstik] 图 〔운율〕 6행련(行聯), 6행시(行詩). [[-kə])=hexastich.

hex·as·ti·chon [hèksəstikən/-kɔn] 图 (複-**cha**

hex·a·style [héksəstàil] 〔건축〕 图 (건물 정면이나 전후 양면에) 두리기둥이 여섯인, 6주(柱)식의. (또는 **hexastylar**) — 图 6주식 건물[주랑(柱廊)].

Hex·a·teuch [héksətjù:k/-tjù:k] 图 〔성서〕 (구약 성서 최초의) 6서. **~·al** 囲

hex·a·va·lent [hèksəvéilənt/heksǽvələnt] 囲 〔화학〕 6가(價)의. ¶ ~ chromium 6가 크롬.

hex·e·rei [hèksərái] 图 마법, 마술.

héx màrk 图 =hex sign.

hex·ode [héksoud] 图 〔전자〕 6극(진공)관(의).

hex·o·ki·nase [hèksəkáineis, -neiz] 图 〔생화학〕 헥소키나아제(육탄당(hexose)의 인산화 효소).

hex·one [héksoun] 图 〔화학〕 헥손(분자 중에 6개의 탄소 원자를 가진 유기 케톤의 총칭). — 〔학〕 헥소사민.

hex·os·a·mine [hèksǽsəmi:n/-sɔ́s-] 图 〔생화학〕 헥소사민.

hex·os·a·min·i·dase [hèksəsəmínədèis, -dèiz] 图 〔생화학〕 헥소사민 효소, 헥소사미니다아제.

hex·ose [héksous] 图 〔화학〕 헥소오스, 육탄당(六炭糖)(6개의 탄소 원자를 가진 단당류(單糖類)의 총칭).

héx sign 图 헥스 사인, 부적(일종의 마법 기호; 악령을 쫓기 위한 도형으로 단순한 장식으로도 쓰이다).

hex·yl [héksil] 图 〔화학〕 헥실기(基) 1개를 포함하는 〔지니는〕. — 图 헥실기(~ group). **hex·ýl·ic** 囲

héxyl gròup[ràdical] 图 〔화학〕 헥실기(基).

***hey** [hei] [감] 어이, 허, 여봐, 이봐요(＊즐거움·놀라움·당혹·주의를 끌기 위해 내는 소리). ¶*H*–, you! 어이, 너.
Hey for...! …잘한다[잘했어]!, …만세!
Hey presto! ① 《마술사의 기합 소리·감탄사》 야앗!, 이크! ② (h–) 《구어》 갑자기; 곧장.

hey·day[1] [héidèi] [명] (the ~, one's ~) (힘·번영·젊음 따위의) 전성기, 절정, 한창때. (또는 **heydey**)

hey·day[2] [héidei] [감] 《고어》 《기쁨·놀라움 따위를 나타내어》 여어!, 야아!, 아이구!, 이크!

Hez·bol·lah [hezbəlɑ́ː] [명] 헤즈볼라(레바논의 이슬람교 시아파의 과격파 조직). 〔<Arab Party of God〕

Hez·e·ki·ah [hèzəkáiə] [명] 〔성서〕 히스기야(기원전 8–7세기경의 유대의 국왕; ←열왕기 하(2 Kings) 18).

Hf [기] 〔화학〕 hafnium. **HF, hf** *h*igh *f*requency. **hf.** half. **HF. H.F.** 〔연필〕 *h*ard *f*irm; *h*eight *f*inding; *H*ispanic *f*emale; *H*ome *F*leet; *H*ome *F*orces. **hf.bd.** *h*al*f*-*b*oun*d*. **hfs** *h*yper*f*ine *s*tructure. **HFS** 〔컴퓨터〕 *h*ierarchical *f*ile *s*ystem(계층형 파일 시스템). **hg** hectogram(s); heliogram. **Hg** [기] 《라틴》 〔화학〕 *hydrargyrum*(=mercury). **H.G.** *H*igh *G*erman; *H*is[*H*er] *G*race; *H*oly *G*host; 《英》 *H*ome *G*uard; *H*orse *G*uards. **hgb, Hgb.** hemoglobin. **hGH, HGH** *h*uman *g*rowth *h*ormone(인간 성장 호르몬). **HGP** *H*uman *G*enome *P*roject(인간 게놈 프로젝트). **hgt.** height. **HGV** 《英》 *h*eavy *g*oods *v*ehicle(중량 적재물 차량). **hgwy, hgwy., hgy** highway. **HH** 〔연필〕 double hard. [참] BB[2] **H.H.** *H*is[*H*er] *H*ighness; *H*is *H*oliness(로마 교황의 존칭). **HHC** 〔컴퓨터〕 *h*and-*h*eld *c*omputer(초(超)소형 컴퓨터). **hhd.** hogshead(s). **HHG** *h*ouse*h*old *g*oods. **HHH** 〔연필〕 treble hard.

H-hour [éitʃàuər] [명] 〔군사〕 공격[작전] 개시 시각. [참] D-day 〔<*Hour*+*hour*〕

‡hi [hai] [감] 《구어》 《인사말》 안녕(하세요)(hello); 《英》 《주의를 끌거나 놀라움을 나타내어》 여어, 잠깐! ¶*H*–, Tom. 안녕, 톰 / *H*–, there! 야아, 안녕!

H.I. *H*awaiian *I*slands; *h*igh *i*ntensity; *h*uman *i*nterest; *h*umidity *i*ndex.

hi·a·tus [haiéitəs] [명] ([복] ~(·*es*)) **1** (일·활동 등의) 중단, 단절, 휴지(기). ¶a summer ~ 여름 휴가. **2** (기사 따위의) 탈락 (부분), 중단 (부분). ¶the ~ in the manuscript 원고의 탈락 부분. **3** 틈, 갈라진 금; 간격, 격차. **4** 〔음성〕 모음 접속(母音接續)(모음으로 끝나는 낱말과 모음으로 시작되는 낱말 사이의 중단). **5** 〔해부〕 (뼈 따위의) 열공(裂孔); 음문(陰門). **-tal** [형]

hiátus hérnia [명] 〔병리〕 열공(裂孔) 헤르니아. (또는 **hiátal hérnia**)

hi·ber·nac·u·lum [hàibərnǽkjuləm] [명] ([복] *-la* [-lə]) **1** (식물의 싹의) 월동용 보호 외피(外被); 식물의 동면 부분(싹·땅속줄기 따위). **2** (또는 **hibernacle**) (동물의) 동면[월동 생식] 장소; 인공 동면 장소.

hi·ber·nal [haibə́ːrnl] [형] 겨울의; 한랭한.

hi·ber·nant [háibərnənt] [형] 동면의, 피한(避寒)하는. ―[명] 동면 동물.

hi·ber·nate [háibərnèit] [동][자] **1** (동물이) 동면하다. **2** (사람이) 피한하다. **3** 틀어박히다; 활동하고 있지 않다. **-ná·tion, -nà·tor** [명]

Hi·ber·ni·a [haibə́ːrniə] [명] 《시》 Ireland의 라틴어 이름.

Hi·ber·ni·an [haibə́ːrniən] [형] 아일랜드(인)의 (Irish). ―[명] 아일랜드인(Irishman).

Hi·ber·ni·cism [haibə́ːrnəsizm] [명][U][C] **1** 아일랜드어 특유의 어법. **2** 아일랜드인 기질. **3** 어구의 모순 (Irish bull). (또는 **Hibernianism**)

Hi·ber·no- [haibə́ːrnou] [연결] 「아일랜드의」의 뜻.

Hi·ber·no-Eng·lish [-íŋgliʃ] [명][U][형] 아일랜드 영어(의)(Irish English).

Hi·ber·no-Sax·on [-sǽksn] [형] 아일랜드와 잉글랜드 양쪽의 특징을 가진; 〔미술〕 하이버노색슨 양식의.

hi·bis·cus [haibískəs, hi-] [명] 히비스커스(열대·온대산(産) 아욱과(科)의 무궁화·부용류(類); 하와이의 주화(州花)).

hic [hik] [감] 딸꾹(딸꾹질 소리).

HIC *h*ybrid *i*ntegrated *c*ircuit(혼성 집적 회로).

Hi-C [háisíː] [명] 《상표》 하이시(음료).

hic·cup [híkʌp, -kəp] [명][U] **1** 딸꾹질; (보통 ~s) 《단수취급》 딸꾹질의 발작. ¶get [*or* have] the ~*s* 딸꾹질이 나오다. **2** 《구어》 대수롭지 않은 지장[좌절]; (잠깐 동안의) 중단, 고장. **3** 〔증권〕 (시황의) 일시적 하락. ―[동] (*-p(p)-*) [자] 딸꾹질을 하다; 딸꾹질 같은 소리를 내다; 《英구어》 일시적인 쇠퇴[좌절]를 겪다. ―[타] …을 딸꾹질하면서 말하다. (또는 **hic·cough, hic·cup**) **~·y** [형]

hic ja·cet [hik dʒéiset] 여기에 잠들다(묘비명의 첫 글귀; [약] HJ); 묘비명(epitaph). 〔<L here lies〕

hick [hik] 《美구어·경멸적》 [명] **1** 소박[순진]한 사람; 시골뜨기, 촌놈. **2** =Puerto Rican. ―[형] 소박한, 시골의, 시골뜨기의(rustic).

hick·ey [híki] [명] **1** (이름이 분명치 않거나 이름을 잊어버린 것을 가리켜) 저것, 저 장치[기계, 도구]. **2** 파이프 구부리는 도구; (전기의) 코드. **3** 《美속어》 부스럼, 여드름. **4** 《美속어》 키스 자국[마크]. **5** 고객의 약속 불이행으로 인한 (브로커의) 손해. (또는 **hickie**)

hick·o·ry [híkəri] [명] **1** 히코리(북미 원산 호두과(科) 식물); 그 열매(~ nut). **2** [U] 히코리 재목; [C] 히코리 나무 지팡이[회초리]. **3** 《美》 빠른 걸음. **4** [U] 히코리(~ cloth)(작업복 제조용 면직물). **5** 《속어》 〔야구〕 배트. ―[형] **1** 히코리의, 히코리 재목으로 만든. **2** 우람하고 튼튼한, 견고한. **3** 종교에 무관심한, 신앙심이 깊지 못한.

***hid** [hid] [동] hide[1]의 과거·과거분사. ―[형] 숨겨진, 비밀의.

hi·dal·go [hidǽlgou] [명] ([복] ~*s*) (스페인의) 하급 귀족, 소귀족.

‡hid·den [hídn] [동] hide[1]의 과거분사. ―[형] 숨겨진, 숨은, 보이지 않는; 비밀의. ¶a ~ meaning 숨은 뜻 / a ~ door 비밀 출입구. **~·ly** [부] **~·ness** [명]

hídden agénda [명] (성명·정책 따위의) 숨은 의도.

hídden cálories [명][복] 숨은[보이지 않는] 칼로리(커피·홍차에 타는 밀크, 햄버거의 케첩, 샐러드의 마요네즈 따위).

hídden fíle [명] 〔컴퓨터〕 숨은[보이지 않는] 파일.

hídden húnger [명] 숨은 기아(영양 불균형으로 모르는 사이에 일어나는 영양 불량).

hídden máss [명] 〔천문〕 숨은 질량(質量).

hídden persuáder [명] 숨은 설득자(상업 광고업자).

hídden súrface [명] 〔컴퓨터〕 불가시면(不可視面).

hídden táx [명] 간접세(indirect tax).

‡hide[1] [haid] [동] (~*s* [-z]; ***hid***; ***hid·den, hid***) [타] **1** …을 숨기다(*away*) (*in, under*) ([반] reveal). ¶~ a person *in* the attic 남을 다락에 숨기다. **2** …을 덮어 가리다, 보이지 않게 하다. ¶Clouds *hid* the sun. 구름이 태양을 가렸다. **3** …을 비밀로 하다, 〔감정·정보 따위〕를 감추다[숨기다](*away*) (*from*). ¶~ one's intentions 의도를 드러내지 않다 // (~+[目]+[前]+[名]) ~ the fact *from* a person 남에게 사실을 숨기다.

> [유의어] **hide** 「숨기다」의 뜻의 가장 일반적인 말; 반드시 고의적인 행위를 뜻하지는 않는다. **conceal** 고의적으로 숨기다, 또는 비밀 따위를 밝히기를 거부하다. **secrete** 남이 알지 못하는 곳에 몰래 챙겨두다.

―[자] **1** 숨다; 숨어 있다, 잠복하다(*away, out, up*) (*from, behind, in*). ¶(~+[前]+[名]) ~ *behind* a door 문 뒤에 숨다. **2** (직권 따위를 믿고) 뻐기다[으스대다], 방패막이로 삼다.
hide away ① (범인 등이) 몸을 숨기다, 잠복하다. ② 〔물건〕을 숨기다, 감추다; 〔사람〕을 숨겨주다.
hide behind bushes 《속어》 도망쳐 숨다, 비겁하게 굴다.
hide one's ear 귀를 막다, 마음에 두지 않다.
hide oneself from …에게서 몸을 숨기다; …을 외면하다, 안 보는 척하다.

hide *one's* **face from** ① …에서 얼굴을 돌리다. ② …을 무시하다. 〔(부끄러워) 숨어 있다.
hide *one's* **head** (비난이 두려워) 입을 다물고 있다.
hide *one's* **light under a bushel** ⇨ LIGHT¹.
hide out (범인 등이) 숨다, 잠복하다.
hide up (범인 등이) 잠복하다; (범인·증거 따위)를 은 ── 몡 (英) (사냥꾼 등의) 숨는 장소; 은신처.
híd·a·bíl·i·ty 몡 **híd·a·ble** 혭 **híd·er** 몡

***hide²** 몡 **1** (큰 짐승 따위의) 가죽, 수피(獸皮), 피혁. ⇨ SKIN 유의어 **2** (구어) (사람의) 피부; 몸의 안전. **3** (濠구어) 뻔뻔스러움. **4** (속어) 경주마; (야구) 볼; (~s) (재즈) 드럼. 〔~하다.
── 톤 (구어) …을 몹시 때리다, 매질하다; 가죽을
have a thick hide (구어) 낯가죽이 두껍다, 무신경
hide nor [or **hair**]; **neither hide nor hair** (구어) (보통 부정문·의문문에서) (행방 불명된 사람·사물 (*in*)) 의 자취, 흔적. 〔의 자취, 흔적.
hide and hair 완전히, 모두.
risk *one's* **hide** 목숨을 걸다.
save *one's* (**own**) **hide** 벌[손실, 부상]을 면하다.
take it out of *a person's* **hide**; **tan the hide of** *a person* (속어) (빚을 갚지 않는 등의 대가로) 〔남〕을 혼내주다. 〔다.
tan [or **dress**] *a person's* **hide** 남을 채찍으로 때리 ── 톤 **1** (구어) …을 심하게 매질하다, 때리다. **2** …의 가죽을 벗기다. 〔에이커〕.

hide³ 몡 (英역사) 옛날의 토지 면적의 단위(보통 120
hide-and-seek [-ænsiːk] 몡 **1** 숨바꼭질. (美·캐나다) **hide-and-go-séek**) **2** (비유적) (남의 눈 을) 속이기, 피하기. 〔다 (*with*). ② 속이다, 피하다.
play (at) **hide-and-seek** (i) (…와) 숨바꼭질을 하 ── 톤 숨바꼭질하다; 서로 속이다.
hide·a·way [háidəwèi] 몡 (구어) 잠복 장소, 은신 장소; 사람 눈에 띄지 않는 작은 식당[오락장]. ── 혭 은신의; 사람 눈에 띄지 않는.
hídeaway béd 몡 소파 겸용 침대.
hide·bound [háidbàund] 혭 **1** 편협한, 도량이 좁은, 완고한; 인습적인. **2** (동물이) 여위어 피골이 상접하는. 〔식물〕 나무의 껍질이 굳은. **3** (병리) (가축이) 경피증(硬皮 ── ness 몡

***hid·e·ous** [hídiəs] 혭 **1** 소름끼치는, 섬뜩한, 무서운; 추악한. **2** 꺼림칙한, 패씸한, 가증스러운. **3** 겁나게 많은 [큰]. **4** ~ expense 막대한 경비. **4** (구어) 불유쾌한. ── **ós·i·ty** 몡 ── **ly** 톤 ── **ness** 몡
hide·out [háidàut] 몡 (구어) (범인 등이) 숨은 집, 잠복 장소, 아지트. (또는 **híde-òut**)
hid(**e**)**y-hole** [háidihòul] 몡 (英구어) =HIDEOUT.
hid·ing¹ [háidiŋ] 몡 ① **1** 감추기, 숨기. **2** (또는 a ~) **place**) 은신 장소, 은신처.
be [or *lie, stay*] *in* **hiding** 숨어 있다, 잠복하고 있다.
come out of **hiding** (숨은 곳에서) 나타나다.
go into **hiding** 숨다, 지하로 잠입하다.
in **hiding** 몸을 숨겨, 세상을 등져.
hid·ing² 몡 (구어) 매질, 후려갈기기. 〔없다.
be on a **hiding** *to nothing* 성공의 가능성은 전혀
give a person a good **hiding** 남을 호되게 때리다.
hid·ro·poi·e·sis [hìdroupɔiíːsis, hài-] 몡 발한 (發汗) 생성. ── **ét·ic** 혭
hi·dro·sis [hidróusis, hai-] 몡 ① **1** 발한(發汗); 발 한 과다(過多). **2** (병리) 발한(과다)증.
hi·drot·ic [hidrátik, hai-/-rɔ́t-] 혭 땀의, 땀나게 하는, 땀을 내는. ── 몡 발한제(劑).
hi·dy [háidi] 혭 =HOWDY.
hie [hai] 동 (~**d**; ~·**ing**, **hy·ing**) 진 서두르다 (*to*). ¶ ~ *with all speed* 전속력으로 서둘러 가다. ── 톤 (재귀용법으로) 서두르게 하다. ¶ He ~*d himself* home. 그는 귀가를 서둘렀다.
hi·er- [háiər] 연결 ⇨ HIERO-.
hi·er·arch [háiərɑːrk] 몡 교주, 고위 성직자; 제사 장(祭司長); 권력자. **-ár·chal** 혭

hi·er·ar·chi·cal [hàiərɑ́ːrkikəl] 혭 계급 제도[조 직]의; 성직 계급 제도[조직]의; 성직자[교회] 정치의. (또는 **hierarchic**) ~**·ly** 톤
hi·er·ar·chism [háiərɑːrkizm] 몡 ① 성직 계급 제 도(의 지지). **-chist** 몡
***hi·er·ar·chy** [háiərɑːrki] 몡 ① ⓒ **1 a**) 계급제 (도) [조직]; 계층제, 서열 (*of*). **b**) (집합적) 단·복수 양 용). 계급자, 권력자. **2** (생물) 분류 체계, 단계적 조직 (예를 들면 동물계에서는 phylum, class, order, family, genus, species). **3** 성직자[교회] 정치; 성직 지배권. **4** 성직 위계 제도, 교회 계급 제도. **5** 천사 의 계급(9계급: 몡 angel); (집합적) 천사들[군(群)].
híerarchy contròl 몡 (컴퓨터) 계층제(系) 제어.
híerarchy sýstem 몡 (컴퓨터) 계층적 시스템.
hi·er·at·ic [hàiərǽtik] 혭 **1** 성직(자)[사제]의, 성직 자다운. (또는 **hieratical**) **2** (서체(書體))가 신관(神官) 서체의. **3** 종교 미술 양식의, 성 (聖)미술의. **4** 감정을 억제한. ── 몡 ① (고대 이집트 의) 신관(神官) 서체[문자]. 몡 demotic. **-i·cal·ly** 톤
hi·er·o- [háiərou, -rə] 연결 『신성한, 성직자의 뜻 (* 모음 앞에서는 hier-). ¶ *hierology*, *hierarchy*.
hi·er·oc·ra·cy [hàiərɑ́krəsi/-rɔ́k-] 몡 ① ⓒ 종교 [교권, 성직자] 정치. **-o·crát·ic**, **-o·crát·i·cal** 혭
hi·er·o·dule [háiərədʒùːl/-dʒùː] 몡 (고대 그리스 신전의) 신전 노예, 신전 창녀. **-dú·lic** 혭
hi·er·o·glyph [háiərəglìf] 몡 히에로글리프, 상형 문 자, 그림 문자, 신성(神聖) 문자.
hi·er·o·glyph·ic [hàiərəglíf- ik] 혭 **1** (고대 이집트) 상형[그림] 문자의; 상형 문자로 쓴. ¶ a ~ character 상형 문자. **2** 상징적인; (익살) 판독하기 어려운. (또는 **hieroglyphical**) ── 몡 ① ⓒ **1** = hieroglyph. **2** (보통 ~s) 상형 문 자 표기법; 상형 문자로 쓴 글. **3** 비밀 문자. **4** (~s) (익 살) 판독하기 어려운 글[문서, 문자]. **-i·cal·ly** 톤 [hieroglyphic 2]
Hieroglýphic Híttite 몡 힛타이트어 상형 문자.
hi·er·o·glyph·ist [hàiərəglífist/hàiərəglíf-] 몡 상형 문자 연구가; 상형 문자를 쓰는 사람.
hi·er·o·gly·phol·o·gy [hàiərəglifálədʒi/-fɔ́l-] 몡 상형문자학[연구]. **-gist** 몡
hi·er·ol·o·gy [hàiərɑ́lədʒi/-rɔ́l-] 몡 ① (종교) (어떤 민족 전체의) 종교 문학; 종교상의 전승[지식]; = hagi- ology. **-o·lóg·ic**, **-o·lóg·i·cal** 혭 **-gist** 몡
hi·er·o·monk [háiərəmʌ̀ŋk] 몡 (그리스 정교) 수 도 사제(수도사로서 사제의 직위에 있는 사람).
hi·er·on [háiərɑn, háirən/háiərɔn] 몡 (몡 **-er·a** [-ərə]) (고대 그리스의) 신전, 성역.
hi·er·o·phant [háiərəfænt, haiér-/háiər-] 몡 (고대 그리스의) 신비 의식(神秘儀式)의 최고 사제; 신비 의식의 해설자; (일반적으로) 해설자, 대변자.
-phán·tic, **-phán·ti·cal·ly** 톤 〔는 hifalutin'〕
hi·fa·lu·tin [hàifəlúːtn/-tin] 혭 hifalutin, highfalutin. (또는 **hi·fa·lu·tin'**)
hi-fi [háifái] 몡 ① **1** = high fidelity. **2** 하이파이 장 치(의 라디오·오디오 따위); (속어) 스테레오. ── 혭 (재생 장치가) 하이파이의. ── 톤 하이파이 장치로 듣 다, 하이파이 레코드를 듣다.
hig·gle [hígl] 동(진) 흥정하다(*with*); (값을) 깎다; 행 상하다(peddle). ¶ ~ *with* a clerk for the price of … 의 값을 놓고 점원과 흥정하다.
hig·gle·dy-pig·gle·dy [hígldipígldi] 톤 난잡하 게, 엉망진창으로, 뒤죽박죽으로. ── 혭 난잡한, 엉망진 창의. ── 몡 난장판, 뒤죽박죽, 북새통. 〔람.
hig·gler [híglər] 몡 도붓장수, 행상인; 값을 깎는 사
Híggs bóson [hígz-] 몡 힉그스 입자 (전기 적으로 중성인 가설상의 입자). (또는 **Híggs pàrticle**)
[< 영국의 물리학자 Peter W. Higgs(1929–)의 이름]
‡**high** [hai] 혭 (~·**er**; ~·**est**) **1** 높은(* 이 뜻으로는

사람·동물에게는 쓰지 않는다)(참 tall 판 low).¶a ~ building [mountain, tree] 높은 건물[산, 나무]. **2** 《수사(數詞) 따위와 함께》 높이가 …인(* 키에 대해서는 보통 tall을 쓴다).¶waist-[sky-]~ 허리 높이의[까마득히 높은] / a building fifty meters [twenty stories] ~ 높이 50미터[20층]의 건물 / The tree is 60 feet ~. 그 나무는 높이가 60피트이다. **3** 높은 곳의, 높은 곳에 있는; 높은 곳으로(부터)의, 고공의; (위도가) 높은; 고지의, 오지(奧地)의.¶a ~ plateau 고원 / a ~ flight 고공 비행 / a ~ shelf 높은 선반.

[유의어] **high** 「높은」의 뜻의 가장 일반적인 말. **tall** 가늘고 길다란 형상에 쓰는 말; 동종의 것 중에서 평균 이상으로 높은 것을 암시. **lofty** 위엄을 느끼게 하는 대단히 높음을 암시하는 시적인 말. **towering** 다른 것과 비교해서 두드러지게 높이 솟은.

4 (가격·급료가) 높은; 비싼; 풍부한, 사치스러운.¶at a ~ price 비싼 값으로 / ~ feeding 미식(美食). **5** (신분·지위 등이) 고귀한, 고위의, 상류의; (정신이) 고상한, 고원(高遠)한; (지식·정도가) 높은, 뛰어난; (품질이) 빼어난, 고급인.¶a ~ official 고관 / a man of ~ birth [or family] 명문 태생의 사람 / ~ aims [ideals] 고상한 목적[이상] / of a ~ quality 썩 좋은 품질의. **6** (소리·목소리가) 높은, 날카로운.¶a ~ sound [voice] 높은 소리[목소리] / speak in a ~ key [or tone] 높은 목소리로 이야기하다. **7** (정도·척도 따위가) 높은, 고도의; 강한; 격렬한, 대단한.¶a ~ wind 강풍 / a ~ area 고압권 / ~ humidity 다습(多濕) / ~ steel 경강(硬鋼) / a ~ speed 고속도 / ~ opinion 높은[호의적] 평가. **8** 성난; (색깔이) 짙은, 빨간.¶~ words 과격한 말[격론] / a ~ complexion 상기된 얼굴[안색]. **9** 주된, 주요한; 중요한, 중대한.¶a ~ consequence of a deed 어떤 행위의 중대한 결과. **10** (사람·태도 등이) 오만스런, 거만한.¶a ~ look 거만한 표정 / a ~ manner 오만한 태도. **11** (한정용법·비교급 없음) (계절·시기 등이) 한창인, 무르익은.¶~ summer 한여름, 성하 / ~ time ⇨HIGH TIME. **12** (야금) (보통 복합어로) 고함량의.¶~-carbon steel 고탄소강(高炭素鋼), 경강(硬鋼). **13** (구어) 술에 취한, 얼근한; (마약에 취해) 황홀한, 몽롱한; (일반적으로) 밝고 쾌활한, 기분이 좋은; 열중하는, 매우 좋아하는 (on). **14** (시대가) 먼 옛날의. **15** (종교·사상이) 극단적인, 과격한.¶a ~ Tory 과격파 보수당원. **16** (육류가) 알맞게 삭은, 먹기에 알맞은. **17** (음악) (음이) 높은; 음조가 높은; (음성) 전설의 가장 위쪽이 높은.¶~ vowels 고모음(高母音)[(i], [u] 따위]. **18** (자동차) (기어가) 고속의. **19** (H-) 고교회파(高教會派)(High Church)의. **20** (야구) (공이 타자의 어깨보다 위) 위를 지나는. **21** (카드놀이) (짝패·수가) 상위의; 이기고 있는. **22** (해사) 노대 바람의, 전강풍(全強風)의.
(as) high as a kite [or the sky] (1) 아주 높이. (2) (구어) (술·약물 따위에) 취하여; 몹시 흥분하여.
be high in *a person's* **favor** 남에게 좋게 보이다, 남의 호감을 얻다.
have a high opinion of …을 높이[호의적으로] 평가하다.
high and dry (1) (배가) 물에 올려져. (2) 시류에서 밀려나, 고립되어; 곤경에 빠져. (3) 무사히, 아무 탈없이.
high and low 모든 계급의. — (특히 마음에 드는).
high on (1) (마약 따위에) 취한. (2) …에 열광한, …이 좋은.
high, wide, and handsome (1) 당당한[한데], 유유한, 멋진. (2) (구어) 강한 인상을 주는, 감동적인.
in high favor with …의 마음에 매우 들어.
in high leg 우쭐하여, 의기양양하여.
in high places ⇨HIGH PLACE.
in high terms 극구 칭찬하여.
of high antiquity 태고적의.
on the high horse ⇨HIGH HORSE.
take the high hand [or **a high tone**] (…에 대하여) 고압적으로 행동하다 (*with*).

the most High 신, 하느님(God).
You must be high. (미속어) 너 머리가 이상한 거 아니냐.
— 튀 (~**er**; ~**est**) **1** 높이, 높게, 위로.¶climb [or mount] ~ 높이 오르다. **2** (지위·평가 따위가) 높이, 고위(高位)로.¶Aim ~ and you will strike ~. 겨누는 곳이 높으면 맞는 곳도 높다. **3** (정도 따위가) 고도로; 세게, 격렬하게. **4** (값이) 높게, 고가로.¶bid ~ 높은 값을 매기다 / buy low and sell ~ 싸게 사서 비싸게 팔다. **5** 높은 음[목소리]으로.¶sing [speak] ~ 높은 음으로 노래하다[목소리로 이야기하다]. **6** 사치스럽게, 풍부하게.¶live ~ 호화롭게 살다. **7** (해사) 선수(船首)를 가급적 바람 불어오는 쪽을 향하여.
fly high (1) 높이 날다. (2) 야심을 갖다, 높은 자리를 얻으려 하다. (3) 의기 양양하다.
get high (미속어) …에 몰두하다 (*on*).
high and low 모든 곳에[에, 에서]; 모든 계층을[에].
high and mighty 건방지게, 거만하게.
live [or **eat**] ***high on*** [or **off**] ***the hog*** ⇨HOG.
play high 큰 도박을 하다.
ride high 잘 나가다, 높은 자리에 오르다.
run high (1) (바다가) 거칠어지다. (2) (감정 따위가) 격해지다, 흥분하다. (3) (값이) 상승하다, 등귀하다.
stand high 높은 위치를 차지하다. 「에누리 없이.
to put it no higher 사실대로(있는 그대로) 말하면.
— 圐 (뜽) ~**s** [-z] **1** 높은 곳; 하늘. **2** (종종 new ~) 최고 수준(기); (주식의) 이제까지의 최고 가격[값], 최고 기록. **3** Ⓤ (미) (자동차) 고속 기어(~ gear). shift from first to ~ 기어를 1단에서 최고속으로 바꾸다. **4** (미속어) ~ school[1]. **5** (카드놀이) 에이스, 최고의 으뜸패. **6** (기상) (그 날의) 최고 기온; 고기압(권). **7** (the H-) (영구어) (Oxford의) 큰 거리 (the H- Street). **8** =~ table. **9** (속어) (마약이나 술로) 정신이 몽롱한 상태, 황홀 상태; (일반적으로) 행복감. **10** (전자) (논리(論理) 회로에서) 논리상 1에 대응하는 전압(⇔low).
from (**on**) ***high*** 높은 곳에서; 천상신(으)로부터.
hold one's high (미속어) 취한 상태를 지속하다.
How is that for high? (미구어) 어때, 굉장하지(멋지지) 않은가? 「의 신들.
on high 높은 곳에; 하늘에.¶the powers *on* ~ 하늘
the highs and lows 고저(高低), 기복.
high áltar (the ~) (교회의) 주제단(主祭壇).
high·a·lu·mi·na [-´əlú:mənə] 옐 고(高)알루미나질(質)의.¶a ~ brick 고알루미나질 내화(耐火) 벽돌.
high análysis 뒁 (농업) (비료가) 식물이 필요 영양분의 20% 이상을 포함하는.¶~ mixed [or compound] fertilizer 고도(高度) 복합 비료.
high-and-good-bye [-´ɔŋgúdbài] 뒁 신뢰할 수
high and míghty 튀 거만하게, 건방지게, 불손한 태도로. — 뒁=high-and-mighty. — 뎽 (the ~) (집합적) 상류 계급 사람들; 실력자들; 오만한 사람들.
high-and-might·y [-´ənmáiti] 뒁 **1** (구어) 오만한, 건방진; 불손한. **2** (고어) 신분이 높은, 고위의. **-míght·i·ness**
high-an·gle [-´æŋgl] 뒁 고각도(高角度)(30도 이상)의.¶~ fire 고각 사격, 곡사.
high-angle gún 뎽 고각포, 곡사포.
High Árctic 뎽 (the ~) (캐나다의) 북극권 지역.
high atmosphéric prèssure 뎽 (기상) 고기압.
high·ball [háibɔ̀:l] 뎽 **1** 하이볼(위스키에 소다수 따위를 섞은 음료). **2** (열차에 대한) 진행 신호; 전속력으로 진행하는 신호. **3** (속어) 직선 코스; 정시 운행(급행) 열차. **4** (속어) (군사) 경례. — 뎽 (속어) (기관사)에게 진행 신호를 보내다; (열차)를 전속력으로 운전하다. — 뎽 (속어) (열차가) 전속력으로 운행하다.
high bár 뎽 (체조) 철봉. 「híghbéam]
high béam 뎽 (자동차의) 하이빔, 상향등. (또는
high·bind·er [háibàindər] 뎽 (미속어) **1** 자객,

암살자; 재미在(美) 중국인 암살[폭력] 단원. **2** 악한, 무뢰한; 사기꾼. **3** 부패[선동] 정치가. 「이 좋은.
high-blood·ed [-blʌ́did] 혈통이 순수한, 가문
high blóod prèssure 고혈압(略 HBP).
high blówer 거칠게 콧숨을 내뿜는 말.
high-blown [-blóun] 의기양양한, 오만한.
high·born [háibɔ̀ːrn] 상류 가문[명문] 태생의.
high·boy [háibɔ̀i] (美) 다리가 달린 장롱 ((英) tallboy). @ lowboy
high bráss @ **1** (집합적) 육·해군 고급 장교, 고급 공무원. **2** =yellow brass. 「안에서 자란; 고상한.
high-bred [háibrèd] @ 혈통[가문]이 좋은, 좋은 집
high·brow [háibràu] @ (구어) 지식인, 교양인, 인텔리; (종종 경멸적) 지식인인 체하는 사람. — @ (또는 híghbròwed) 지식인(취향)의; 지식인인 체하는. 고답적인. ~·**ish** @ ~·**ism** @ 「brow.
high·browed [háibràud] @ 이마가 넓은; =high-
High·brow·ville [háibrauvìl] @ (美속어) 미국 Boston 시의 별칭.
high cámp @ =camp² 2.
high-car·bon stéel [-kὰːrbən-] 고탄소강(鋼).
high card @ (카드놀이) 높은 패(ace나 그림패).
high·chair [háit⁀ʃɛ̀ər] @ (식사 때의 어린이용) 높은 의자, 유아용 의자.
High Church @ (the ~), 고(高)교회파(영국 국교회 내의 일파). @ (또는 **High-Chúrch**) 고교회파의.
High Chúrchman @ 고교회파 사람.
high círcles @ (단·복수 양용) 상류 사회.
high-class [ˈklǽs/-klάːs] @ 고급의, 상류의.
high cólor @ 혈색이 좋은[상기된] 얼굴.
high-col·ored [ˈkʌ́lərd] @ **1** (색이) 짙은; 불그스름한, 홍조를 띤. **2** 선명한, 생생하게 그려진. **3** 과장된.
high cómedy @ 하이 코미디(상류 사회를 다루고, 재치 있는 대화를 주로 하는 희극). **high comédian** @
high commánd @ (군의) 최고 사령부; 수뇌부.
high commíssion @ (종종 H- C-) (단·복수 양용) 고등 판무관 사무소.
high commíssioner @ (종종 H- C-) 고등 판무관(辦務官). **1** 영연방 회원국 사이에 교환하는 대사. **2** 국제 위원회 등의 장. **3** 속령·점령지 등의 행정 대표.
high cóncept @ 하이 컨셉트(간결한 내용 소개로 실제 작품을 보고 싶도록 만드는 영화(프로 따위)). 그같은 작품의 아이디어(소개문). **high-cón·cept** @
high-count [ˈkáunt] @ (직물이) 조밀하게 짜여진.
high cóuntry @ (고산 기슭의) 구릉[고지] 지대.
high-cóun·try @
High Cóurt @ (the ~) (美) 최고 재판소; (英) 고등 법원(~ of Justice).
High Cóurt of Párliament @ (the ~) (英) 영국 의회, 국회; (최고 법원으로서의) 상원.
high crime @ [美법률] 중(대한 범)죄(미국 헌법에 규정된 대통령·부통령 등의 탄핵 사유가 되는 범죄).
high dáy @ 교회의 축일; (일반적으로) 축제일.
high-def·i·ni·tion [-dèfəníʃən] @ 고품위(화질)의.
high-definition télevision @ (방송) 고화질[고해상도(高解像度), 고품위] 텔레비전(略 HDTV).
high-den·si·ty [-dénsəti] @ 고밀도의.
high-dénsity lipoprótein @ (생화학) 고밀도 리포 단백질(略 HDL). 「폴리에틸렌(略 HDPE).
high-dénsity polyéthylene @ (화학) 고밀도
high díving @ (수영) 하이 다이빙. 「highbrow.
high-domed [ˈdóumd] @ 이마가 넓은; =high-
High Dútch @ 고지(高地) 독일어(High German).
high énd @ (the ~) (상업) 고급(고가)품 (소매).
high-end [ˈénd] @ (구어) 고급의; (상품·상점이) 특수 고객 대상의, (고객)이 고급 지향의. @ low-end
high-en·er·gy [ˈénərdʒi] @ **1** (물리) 고(高)에너지를 가진; 고에너지 입자의. **2** (생화학) (가수(加水)분

해서에) 다량의 에너지를 내는. **3** 매우 정력적인.
high-énergy phýsics @ (단수취급) 고에너지 물리학, 소립자 물리학.
*__high·er__ [háiər] @ (high의 비교급) 한층 높은; (절대 비교급으로서) 고등의. 「준에 (있는).
*on a higher plane (생활 정도·사상이) 한층 높은 수
hígher ápsis @ (천문) 원일점(遠日點).
hígher cóurt @ 상급 법원.
hígher críticism @ 고등 비평(문학 작품, 특히 성서의 과학적 연구). @ lower criticism
hígher educátion @ 고등 교육, 대학 교육.
hígher láw @ 도덕률.
hígher léarning @ =higher education.
hígher mathemátics @ (단수취급) 고등 수학.
high·er-up [-ʌ́p] @ (보통 ~s) (美구어) 상사(上司), 상관, 막후에 있는 고관.
*__high·est__ [háiist] @ (high의 최상급) 가장 높은.
*at the highest 최고의 지위에; 기껏해야.
*in the highest (성서) 천상(天上)에; 최고로 아주.
híghest cómmon fáctor @ (the ~) 최대 공약 「수.
hígh explósive @ 고성능 폭약.
high-fa·lu·tin [hàifəlúːtn/-tín] @ (구어) 과장된, 호언장담의; 거만한, 건방진. — @ⓤ 호언장담. (또는 **hifalutin, highfalutin', highfaluting**)
hígh fárming @ 집약 농업. 「couture.
hígh fáshion @ 하이 패션(최신 첨단 유행); =haute
high-fed [ˈfed] @ 호강하며 자란.
hígh fíber @ 고섬유질 식품(건강 식품).
high-fi·ber [ˈfàibər] @ 고섬유질의, 식물 섬유의 함유량이 많은. 「높은 음의 재생(hi-fi).
hígh fidélity @ (전자) 하이파이, 충실도(忠實度)가
high-fi·del·i·ty [ˈfidéləti] @ (전자) 하이파이의, 충실도가 높은 음을 재생하는. 「레비전.
high-fidélity télevision @ 고선명도[고품위] 텔
hígh fínance @ 대형 융자; 거대하고 복잡한 금융 거래, 대형 금융 조작; 대형 금융 기관.
high-five [ˈfàiv] @ (구어) 하이 파이브, (손을 높이 들어 하는) 손뼉 마주치기 인사. @ low five — @ⓒ 손뼉을 마주치며 축하[인사]하다. — @ⓣ …와 손뼉을 마주치며 축하[인사]하다.
high-fli·er [ˈfàiər] @ **1** 높이 나는 사람[새, 것]. **2** 야심가, 포부가 큰 사람; 터무니없는 말[생각을 하는 사람]. **3** 우수한 인재, 수완가, 초(超)엘리트. **4** (중권) (오름세가 평균보다 빠른) 위험도가 높은 주식(株式) 종목. **5** (英역사) (18세기의) 극단적 Tory 당원; 고교회파 사람. **6** (속어) 고급 매춘부. (또는 **hígh-flíer**)
high-flown [ˈflóun] @ **1** 야심적인, 포부가 큰. **2** 과장된, 허풍을 치는.
high-fly·er [háifláiər] @ =highflier.
high-fly·ing [háifláiiŋ] @ **1** (새 따위가) 높이 나는. **2** =high-flown. **3** 값이 비싼. **4** 방종한 생활의. (또는 **hígh-flýing**)
hígh fréquency @ **1** (통신) 고주파; 단파(무선 통신용은 3-30메가헤르츠; 略 H.F., HF). **2** (발생 비율·출현 횟수 따위의) 높은 빈도. **high-fréquency** @
hígh frontíer @ (美군사) 우주 전선(지구 주위에 킬러 위성을 배치하여 적의 미사일을 파괴하려는 구상). **2** (H- F-) (속어) (SF에 나오는 인류가 진출 가능한) 대
hígh géar @ 고속 기어; 고속, 최고조. 「우주.
*in high gear 고속 기어로; 최고조로.
*move [or go] into high gear 기세[피치]가 오르다.
Hígh Gérman @ 고지(高地) 독일어; 표준 독일어.
hígh gráde @ 우수(한 것); 우수한 혈통의 소 따위.
high-grade [ˈgréid] @ 우수한, 훌륭한; 양질의; (광석이) 순도가 높은. — @ⓣ (양질의 광석)을 캐다; 광석을 훔치다. (美속어) 훔치다. — @ⓘ (美속어) 도둑, **grád·er** @
hígh gróund @ 유리한 입장, 우위; (군사) 전략상

유리한 고지[거점].

high-grown [´gróun] 형 1 (커피가) 고지에서 재배된, 고지산(產)의. 2 키가 큰 식물로 덮인. 3 키가 커진.

high-hand·ed [´hǽndid] 형 위압적인, 독단적인, 고압적인; 횡포한. **~·ly** **~·ness**

high-hat [´hǽt] 형 (-tt-) 타 (남)에게 잘난 체하다, 얼굴을 얕보다(snub). — 자 젠체하는, 건방지게 굴다(toward). — 형 1 젠체하는, 점잔빼는, 거만한. ¶get ~ 신사인 체하다. 2 멋진, 현대식의. — 명 1 실크해트(top hat). 2 잘난[신사인] 체하는 사람, 뽐내는 사람, 속물. 3 [음악] 하이해트 (심벌) (~ cymbal)(드럼 주자가 발로 조작하는 심벌).
wear a high-hat (속어) 젠체하다, 거드름 피우다.

high-heart·ed [´hɑ́ːrtid] 형 1 용기있는, 용감한. 2 고결한. 3 마음 편한, 느긋한. **~·ly** **~·ness**

high-heeled [´híːld] 형 굽 높은, 하이힐의.

high héels 하이힐(heels).

High Hóliday (the ~) (유대교의) 대제일(大祭日)(신년과 속죄일). (또는 **High Hóly Dày**)

high hórse 거만(한 태도), 거만한 말투.
come [or *get*] *(down) off* one's *high horse* 잘난 체하는 태도를 버리다; 화내는 것을 그만두다, 기분을 바꾸다.
get on [or *be on, mount, ride*] *one's high horse* 뽐내다, 거만하게 굴다; 노하다.
on the high horse 뽐내어, 젠체하여.

high húrdles (명복) (the ~) (단·복수 양용) (육상) 하이허들 경주, 고(高) 장애물 경주.

high íron [철도] 1 본선(main-line track). 2 급행.

high·jack [háidʒæk] 명타 =hijack.

high·jack·er [háidʒækər] 명 =hijacker.

high jínks (구어) (단·복수 양용) 떠들썩하게 놀기, 들떠서 놀기. (또는 hijinks)

high júmp (명) 1 (육상) 높이 뛰기. (또는 **high jumping**) 2 (영구어) 엄한[가혹한] 벌.
be for the high jump (구어) 호되게 야단맞을 것 같다; 교수형을 받을 것 같다.

high-júmp 자 높이뛰기를 하다. **high júmper**

high-key [´kíː] 형 (사진) (화면·피사체가) 밝고 고른. 형 **low-key**

high-keyed [´kíːd] 형 1 흥분하기[격하기] 쉬운, 긴장한; 신경 과민의. 2 (그림 따위가) 밝은 색의. 3 가락이 높은.

high kíck (명) (댄스) 하이킥(허공을 높이 차는 동작).

*****high·land** [háilənd] 명 1 UC (종종 ~s) 고지, 고원, 산악지. 2 (the H-s) 스코틀랜드 고지 지방(북부 및 서북부). — 형 1 고지(지방)의, 고지 지방 특유의. 2 (H-) 스코틀랜드 고지 지방(특유)의.

High·land·er [háiləndər] 명 1 고지인(高地人)(스코틀랜드 고지에 사는 켈트족). 2 (h-) 고지의 주민.

Highland flíng 스코틀랜드의 민속 무용.

high-lev·el [´lévəl] 형 1 (회의·대표단 따위의) 고위층의[으로 구성되는], 고관[간부]의. ¶ a ~ meeting 고위층 회담. 2 지위가 높은. ¶ ~ personnel (집합적) 고관. 3 (군사) 고(高)고도 수평 비행의. ¶ ~ bombing 고공(高空) 폭격.

high-level lánguage [컴퓨터] 고수준(高水準) 언어, 고급 언어.

high-level wáste 고(高)레벨 방사성 폐기물.

high lífe [háilaif] 명 1 (상류 사회의) 사치스러운 생활. 2 하이 라이프(서아프리카 기원의 댄스 음악).

*****high·light** [háilait] 명 1 (두드러진) 부분[장면], 볼거리, 하이라이트, 압권; 인기 품목; 중요한 사건. ¶TV ~s 텔레비전의 인기 프로그램/~s of a drama (필름) 연극(영화)의 하이라이트. 2 (보통 ~s) (사진·미술) 가장 밝은 부분. ¶ the ~s and shadows in a picture 그림[사진]의 명암부(明暗部). 3 (보통 ~s) 염색(탈색)한 머리의 밝은 부분. — 타 1 빛을 비추어 두드러지게 하다. 2 (화면의 일부)을 밝은 빛을 비추어 두드러지게 하다. 3 (머리)를 하이라이트 하다[일부를 탈색하거나 염색하거나 하다].

high·light·er [háilaitər] 명 하이라이터(이목구비를 뚜렷하게 하는 화장품) (얼굴에 입체감을 낸다); 형광펜.

high·lin·er [háilainər] 명 대형 어선(의 선장).

high líver (구어) 사치스럽게 사는 사람; 낭비가.

high líving 사치스러운 생활. **high-lív·ing** 형

high-load [´loud] 형 (유전) 고하중(高荷重)의(차대에서 장애를 일으킬 수 있는 열성 유전자가 많다).

high lónesome 흥에·방만으로 마시고 노래하며 법석을 떨기. ¶ get on a ~ 마시고 떠들다.

high-low [´lou] 명 1 (카드놀이) 하이로 포커(poker). 2 (´´) (또는 **híghlòw**) (보통 ~s) 편상화(編上靴).

*****high·ly** [háili] 부 (*more* ~; *most* ~) 1 매우, 아주, 고도로. ¶ a ~ successful play 아주 성공적인 연극 / a ~ educated woman 고등 교육을 받은 여자. 2 높이 평가하여, 격찬하여; 호의적으로. ¶ speak [think] ~ of …을 격찬[크게 존경]하다. 3 비싼 값으로, 비싸게. ¶ a ~ paid official 봉급을 많이 받는 공무원. 4 높은 지위에. ¶ be ~ descended 명문 출신이다.

high·ly-spe·cial·ized [-spéʃəlàizd] 형 고도로 전문화되어 있는. ¶ the ~ training 고도의 전문적 훈련.

high·ly-strung [-stráŋ] 형 =high-strung.

High Máss (종종 h- m-) (가톨릭) 정식[장엄] 미사. 형 **Low Mass**

high-met·tled [´métld] 형 성질이 괄괄한; 원기 왕성한.

high mílling 고체분(高體粉)(고운 밀가루를 만들기 위해 빻기와 체질을 반복하는 과정).

high-mind·ed [´máindid] 형 1 고상한, 고결한, 기품이 있는. ¶ a ~ man 고결한 사람. 2 (고어) 거만한, 오. **~·ly** **~·ness** 만한.

high-muck·a·muck [´mʌ̀kəmʌ́k, ´´-´] 형 (미속어) 높은 사람, 중요 인물, 요인(특히 거만[오만]한 사람을 지칭). (또는 **high-múcky** [múckie, mónkey, múckety]-múck)

high-necked [´nékt] 형 (의복의) 깃이 높은.

*****high·ness** [háinis] 명 1 U 높음, 높은 것; 고위, 고결; 고도, 고율; 고가(高價). ¶ the ~ of prices 물가고 / the ~ of aims [character] 뜻이 높음[인격의 고결함]. 2 (H-) 전하(왕·왕족에 대한 경칭). ¶ His [Her] Royal H- 전하[왕비 전하] / Your Imperial H- the Crown Prince 황태자 전하 (※ H-는 3인칭으로 쓸 때에는 His 나 Her를, 2인칭으로 쓸 때에는 Your를 붙인다).

high nóon (명) 1 정오. ¶ at ~ 정오에. 2 전성 시대, 절정기. ¶ at the ~ of …의 전성 시대에. 3 (구어) 위기.

high-nosed [´nouzd] 형 거만[오만]한, 콧대가 높은.

high-óc·cu·pan·cy vèhicle [-άkjupənsi-/-ɔ́k-] 명 (미) (버스·밴 따위의) 다인승 차량(약 HOV). ¶ a ~ lane 다인승 차량 전용 차선(diamond lane).

high-oc·tane [´άktein/-ɔ́k-] 형 1 (휘발유가) 고(高)옥탄가(價)의. 2 (주류가) 순도가 높은, 독한. 3 = high-powered.

high óctane stóck (명) (증권) 주가 급등 주.

high óld time (구어) =high time 2.

high-pass filter [전자] 고역 여파기(高域濾波器)[필터](일정한 주파수 이상만 통과시키는 장치).

high-per·for·mance [-pərfɔ́ːrməns] 형 고성능의.

high píllow (명) (미속어) 거물, 중요 인물.

high pítch (미속어) (노점의) 판매대.

high-pitched [´pítʃt] 형 1 (음악) 가락이 높은. 2 고결한, 고상(高遠)한; 고원한 목적[고결한 인격]. 3 (감정이) 격한, 열렬한; 팽팽한, 긴장도가 높은. 4 (지붕이) 물매가 싼, 가파른.

high pláce (명) 1 높은 지위, 중요 포스트; (~s) (조직의) 상층부. 2 (고대 셈족의) 예배소, 신전.
in high places (정부 따위의) 높은 지위의[에], 유력자 중의[에]. ¶ have friends *in* ~s 고관 친구가 있다.

high·pock·ets [háipάkits, -pɔ́k-] 명 (단수취

high point 图 =high spot.
high pólymer 图 〔화학〕 고분자 화합물, 고중합체 (高重合體)〔플라스티렌 따위〕.
high pólymer chémistry 图 고분자 화학.
high pósture 图 고자세.
high-pow·er [´páuər] 图 **1** (라이플이) 강력한, 고성능의. **2** =high-powered.
high-pow·ered [´páuərd] 图 **1** (사람이) 매우 정력적인, 힘이 센; 유력한, 권력이 있는, 영향력이 큰. **2** (엔진 따위가) 고성능의, 강력한; (광학 기기가) 고배율 (高倍率)의. **3** (일 따위가) 책임이 무거운; (책 따위가) 고도의 이해력을 요하는.
high préssure 图 **1** 〔기상〕 고기압. **2** 정력적 활동.
high-pres·sure [´préʃər] 图 **1** 고압(高壓)의. ¶ ~ steam 고압 증기. **2** (행위·사람이) 고압적인; 강요하는; 집요한. ¶ ~ salesmanship 강매. **3** 〔기상〕 고기압의. —图 (타) ⋯에게 강요(강제)하다(into); ⋯에게 강매하다. ¶ (~ + 图 + 젠 + 图) ~ a person into buying something 남에게 억지로 ⋯을 사게 하다.
high-préssure nérvous sýndrome 图 〔의학〕 고압성 신경 증후군(장애).
high-priced [´práist] 图 값이 비싼, 고가(高價)의.
high-príce lów-vólume strátegy 图 〔경영〕 고가 소량 판매 전략.
high príest 图 **1** 대사제(大司祭), 제사장. **2** (주의·운동의) 주창자, 영도자 (조직의) 제1인자. 「사장.
high príesthood 图 대사제의 신분; 〔집합적〕 제
high-prin·ci·pled [´prínsəpld] 图 고결한.
high prófile 图 고자세; 세간의 주목을 받는 것〔상태〕, 이목을 끄는 것; 명확한 입장〔태도〕. ⑪ low profile **keep a high profile** 고자세를 취하다.
high-pro·file [´próufail] 图 고자세의; 세간의 이목을 끄는, 눈에 띄는.
high-proof [´prú:f] 图 (술이) 알코올 도수가 높은.
high-rank·er [´ræŋkər] 图 고급 장교; 고관.
high-rank·ing [´ræŋkiŋ] 图 높은 계급의, 고위의.
high relíef 〔조각〕 높은 돋을새김.
High Renaissánce 图 (the ~) 전성기 르네상스 (이탈리아에서 15세기말부터 16세기초에 걸쳐 발전한 예술 양식).
high-rent [´rént] 图 멋진, 고급의. 「예술 양식].
high-res [´rés] 图 〔구어〕 아주 좋은, 만족스러운, 기분이 좋은. **hi-rès**) (‹ high-resolution).
high-res·o·lu·tion [´rèzəlú:ʃən] 图 〔전자〕 고해상도(高解像度)의, 선명도가 높은, 고화질(高畫質)의. ¶ ~ pho-tography [lens] 고해상 사진술(렌즈).
high-rid·ing [´ráidiŋ] 图 순조로운, 호조(好調)의.
high-rise [´ráiz] 图 **1** (건물 따위가) 고층의. ¶ a apartment house 고층 아파트. **2** (지역 따위가) 고층 건물이 밀집되어 있는. **3** 위치가 높은. **4** (자전거가) 핸들이 높은. —图 (또는 **high rise**) 고층 아파트, 고층 건물; 핸들이 높은 자전거. (또는 **híghrise, hí-rìse**)
high-ris·er [´ráizər] 图 **1** =high-rise. **2** 〔美〕 어린이용 자전거. **3** 싱글·더블 겸용 침대.
high-risk [´rísk] 图 위험성이 높은. ¶ ~ sex 에이즈 감염 위험성이 있는 성교섭.
high·road [háiròud] 图 **1** 〔英〕 공도(公道), 간선 도로, 대로, 큰 길(highway). **2** (보통 the ~) (⋯에 이르는) 확실한 길〔방법〕, 왕도(to). ¶ the ~ to fame 명성으로의 순탄한 길. **3** 정도(正道).
take the highroad (비유적) 대로〔정도〕를 가다.
high róller [´róulər] 图 〔美구어〕 낭비가, 방탕자; 큰 도박꾼; 방만한 재정의 회사〔정부 기관〕; 〔속어〕 고급 매춘부. (또는 **híghróller**)
high-roll·ing [´róuliŋ] 图 〔속어〕 (도박꾼이) 큰 돈을 거는; 씀씀이가 헤픈; 거금을 투자하는.
highs and lóws 图 (the ~) 고저(高低), 기복.
‡**high schóol¹** 图 (图 **h— —s**) **1** 〔美〕 하이 스쿨. **a)** (옛 8·4년제의) 4년제 중학교(9–12학년급). **b)** 고등 학교(6·3·3제 교육의 전반의 3년(7–9학년급)이 junior ~, 후반의 3년(10–12학년급)이 senior ~). **2** 〔英〕 (공립의) 중등 학교(grammar school). **hígh-schòol** 图
high schóol² 图 고등 마술(馬術).
high schóoler 图 〔美〕 high school¹의 학생.
high séa 图 **1** 높은 파도. **2** (보통 the ~s) 공해(公海) 외양(外洋); 〔법률〕 해사(海事) 재판소 관할 수역.
hígh-séa 图
high séason 图 (때로 the ~) (1년 중) 일〔손님〕이 가장 몰리는 시기; (행락의) 성수기. ⑪ low season
high shériff 图 (종종 H– S–) 〔英〕 주(州) 장관.
high sígn 〔구어〕 신호, 눈짓, 몸짓.
high socíety 图 상류 사회, 사교계.
high-souled [´sóuld] 图 고상한, 숭고한 정신의.
high-sound·ing [´sáundiŋ] 图 (말 따위가) 어마어마한, 야단스러운; (악기 따위가) 높은 소리로 울리는.
high-speed [´spí:d] 图 고속(도)의; 〔사진〕 고감도의. ¶ ~ film 고감도 필름.
high-speed bíllboard 图 고속 주행 광고탑〔차체에 스폰서 기업 광고를 부착한 경주용차〕.
high-speed stéel 图 〔야금〕 고속도강(高速度鋼) (고속 절삭(切削) 공구용). 「왕성, 명랑.
high spírit 图 진취적 기상, 기개(氣槪); (~s) 혈기
high-spir·it·ed [´spíritid] 图 기개가 있는, 혈기왕성한, 기운찬, 위세 좋은; (말이) 성미가 사나운.
~**·ly** 图 ~**·ness** 图
high spót 图 눈에 띄는 특색, 가장 중요한 부분, 볼거리; 인기 있는 것. (또는 **híghspòt**)
hit the high spots ① 요점만 언급하다, 긴요한 부분만 취급하다. ② (속어) 변화하고 놀러 다녀, (밤에) 돌아다니며 놀다〔마시다〕. ③ (속어) 간단히 해치우다.
high stákes 图(복) (도박 따위에 거는) 큰 돈; 중대한 이해 관계, 큰 이권. **hígh-stákes** 图 이판사판의.
high-step·per [´stépər] 图 **1** 발을 높이 들고 걷는 말. **2** 위세 당당한 사람, 당당하게 걷는 사람.
high-step·ping [´stépiŋ] 图 **1** 쾌락에 탐닉하는. **2** (말이) 발을 높이 들고 걷는; 허세부리는.
high-stick·ing [´stíkiŋ] 图 〔아이스하키〕 하이스틱킹(스틱의 날을 어깨보다 올리기의 반칙).
high stréet 图 **1** 〔英〕 (보통 H– S–) 큰길, 번화가 (〔美〕 Main Street)(* Oxford에서는 the High라고 한다). **2** (비유적) 일반 대중 시장, 일반 대중 대상의 상황. **hígh-strèet** 큰 거리에 있는; 일반 대중 대상의.
high-strung [´stráŋ] 图 신경 과민의, 감수성이 예민한; (기타가) 줄을 팽팽하게 한. (또는 **híghly-strúng**)
high stýle 图 (옷의) 최신 패션. **hígh-stýle** 图
hight¹ [hait] 图 **1** (고어) ⋯이라고 불리는; ⋯이라고 이름 붙여진. ¶ a maiden ~ Mary 메리라고 불리는 소녀. **2** (스코) 보증된, 약속받은. —图(타) (스코) 약속〔서약〕하다; (고어) 명령하다.
hight² 图 =height. 「등의 식탁; 주빈석.
high táble 图 〔英〕 (대학 식당에서) 학장·교수·내빈 *eat* [or *dine*] *at the high table* 호화로운 식사를 하다, 잔뜩 먹다.
high·tail [háitèil] 图 (자) 〔美구어〕 급히 도망치다; 바싹 붙어서 차를 뒤쫓다; 서두르다, 추적하다.
hightail it 급히 가다; 돌진하다; 황급히 도망하다.
high téa 图 〔英〕 하이 티(오후 4–5시경에 먹는 가벼운 저녁 식사; 보통 홍차와 샌드위치).
high-tech [´ték] 图 **1** =high technology. **2** 고부가 가치 산업〔상품〕. **3** 〔실내장식〕 하이테크 장식〔디자인〕(공업 기술·기계 제품 등을 적극적으로 구사한다). (또는 **hígh téch**) 图 고도〔첨단〕 기술의, 하이테크의; 하이테크 장식의. ¶ the ~ age 첨단 기술 시대 / ~ items 하이테크 제품. (또는 **hi-tech**)
high-téch críme 图 하이테크 범죄.

high-tech·er [´tèkər] 몡 첨단 기술 산업; 첨단 기술자.
hígh-téch èspionage 몡 하이테크 기술을 이용한 스파이 활동.
hígh-téch gìzmo 몡 최신 하이테크 장비[제품].
high technólogy 몡 첨단 (공업) 기술, 고도 과학 기술, 하이테크(컴퓨터 공학·유전 공학·나노 기술·전기 통신 공학 따위). **hígh-technólogy** 휑
hígh-tém·per·a·ture supercondúctor [-témpərətʃər-] 몡 고온 초전도(超傳導(電導))체.
hígh ténsile stéel 몡 〔금속〕 고장력강(高張力鋼).
high ténsion 몡 〔전기〕 고전압(high voltage)(1,000 볼트 이상의 전압; 약 H.T.). **hígh-ténsion** 휑
high-test [´tést] 휑 엄격한 시험을 통과하는, 고품질의; (휘발유가) 비등점(沸騰點)이 낮은.
high ticket 몡 (구어) 고액 상품 매출(달성). (또는 **bíg ticket**) **hígh-tícket** 휑
high tide 몡 만조; 한사리 때; (비유적) 최고조, 절정.
high time 몡 1 기회, 호기(好機), 적당한 때; 벌써 …했어야 할 때. ¶It is ~ (that) you went to bed. 이제 자야 할 시간이다. 2 (또는 **hígh óld tíme**) (구어) 즐거운 한때, 유쾌한 시간. ¶have a ~ 매우 즐거운 때를 보내다.
high-toned [´tóund] 휑 1 격조 높은, 고결한, 고상한, 위엄 있는; 허세를 부리는. 2 (美구어) 멋쟁이의, 멋을 부린, 유행의. 3 (美구어) 훌륭한, 뛰어난. 4 (고어) 가락이 높은. (또는 **hígh-tóne**, (속어) **hígh-tóny**)
high-top [-tὰp/-tɔ̀p] 몡 (의상) 하이탑(복사뼈까지 덮는 스니커즈). ── 휑 하이탑 형[디자인]의.
high touch 몡 인간적인 접촉, (정정인이 약수 따위로) 대중과 몸으로 부딪히기. **hígh-tóuch** 휑
high tréason 몡 대역죄(大逆罪), 국가 반역죄.
high·ty-tigh·ty [háititáiti] 휑몡 =hoity-toity.
high-up [´ʌ́p] 몡 고소(高所)의; (비유적) 지위·신분이) 높은, 상관의. ── 몡 (보통 ~s) 높은 양반; 상관, 상사. 「文」 〔교통〕 고속도로(高速度里).
hígh-ve·lóc·i·ty stár [´vəlάsəti-/-lɔ́s-] 몡 〔천문〕 고속도성.
high vóltage 몡 〔전기〕 (위험한) 고전압(高電壓).
high-volt·age [´vóultidʒ] 휑 1 고전압의. ¶a ~ generator 고전압 발전기. 2 (구어) 힘이 센, 정력적인.
hígh-vól·ume sèx [´vɔ́lju(ː)m-/-vɔ́l-] 몡 (美) 많은 이성과의 성접촉[성교].
high water 몡 1 =high tide. 2 (강·호수 따위의) 최고 수위(水位)(약 HW). 3 홍수. 「어도.
come hell and [or **or**] **high water** 무슨 일이 있
high-wa·ter [´wɔ́ːtər] 휑 (바지 따위가) 아주 짧은.
hígh-wáter màrk [**lìne**] 몡 최고 수위점, (해안의) 고조점(高潮點), 고수표(高水標); 최고점, 최고 수준, 절정.
‡**high·way** [háiwèi] 몡 (통 ~s [-z]) 1 (美·캐나다) 주요[간선] 도로, 공도(公道), 하이웨이; 큰길, 대로. 2 (수륙의) 교통로, 주요 루트[경로]. 3 〔컴퓨터〕 간선 통신망(bus). 4 (…에 이르는) 쉬운 길, 정도(正道)(to); (연구 등의) 주요 영역[분야], (사물의) 잘 알려져 있는 면, (이야기의) 본 줄거리(of). ¶~ **s of** literature 문학의 주요한 분야//a ~ to success 성공에의 길, 출세가도.

> 미국의 도로——expressway, freeway, thru [through] way 고속 도로; US highway 국도; state highway 주도(州道); interstate highway 주간 간선 도로; provincial highway 지방도; county trunk highway 군(郡) 주요도.

go on [or *take* (*to*)] *the highway* 노상 강도가 되다. 「〔모으기〕 위해) 여기저기를 돌아다니다.
go out into the highways and hedges (사람을
the highways and (*the*) *byways* 큰 길과 작은 길; 가장 중요한 것에서 사소한 것까지. 「〔公道〕.
the king's [or *queen's*] *highway* 천하의 공도
── 휑 〔한정용법〕 길거리에 출몰하는.
Híghway Códe 몡 (때로 the ~) (英) 교통 법규(집).

híghway cóntract ròute 몡 (美) (우편) 간선 청부 계약 루트(청부 계약의 한 배달인이 우체국이나 철도역 따위를 연결하는 간선(highway)의 우편 수송을 행하는 형태; 약 HCR).
highway hypnósis 몡 고속 도로 최면(고속 주행을 2시간 이상 계속했을 때 졸음이 오는 현상).
high·way·man [háiwèimən] 몡 노상 강도.
híghway patról 몡 (美) 〔고속〕 도로 순찰대.
híghway róbbery 몡 노상 강도짓; (구어) 공공연한 사취; 과도한 청구[값, 요금]. **híghway róbber** 몡
high wíre 몡 높이 친 (곡예용) 밧줄(tight rope); 위험이 도사리고 있는 상황, 긴장시키는 것.
walk a high wire 줄타기를 하다; 위험한 일을 하다.
high-wire [´wáiər] 휑 줄타기 같은, 위험한; 대담한.
hígh-wíre àct 몡 줄타기; 아슬아슬한 행동. 「한.
high-wrought [´rɔ́ːt] 휑 1 공이 든, 정교한. 2 몹시 흥분[흥분]한.
hígh yéllow 몡 (美속어) 피부색이 황갈색인 흑인 (mulatto); (성적 매력이 있는) 뮬라토 여자. (또는 **hígh yál·ler** [-jǽlər], **hígh-yél·low** 몡)
H.I.H. *His*[*Her*] *Imperial Highness*(전하[비(妃)전하).
hi·jack [háidʒæk] 동휑 1 (선박·항공기 따위를) 납치하다. 2 (수송 중인 물품 따위를 (…에서) 강탈하다 (*from*). 3 …에게(…하도록) 강요[강제]하다 (*into doing*). 4 (기업 따위를) 탈취하다. ── 몡 강탈하다; 탈취[납치]하다. 몡 하이잭[납치] (행위). (또는 **hígh-jàck**)
hi·jack·er [háidʒækər] 몡 (선박·항공기 따위의) 탈취범, 하이재커; 납치범; (수송 중인 물품 따위의) 강탈자. 또는 **highjacker**. 「**high jinks**.
hi-jinks [háidʒìŋks] 몡옝 (단·복수 양용)(구어) =
Hij·ra(**h**) [hídʒrə] 몡 (때로 h-) =Hegira.
‡**hike** [haik] 동 (~*d* [-t]; *hík·ing*) 좡 1 하이킹하다, (시골길을) 터벅터벅 걷다. 2 (셔츠 따위가) 당겨올라가다 (*up*). ¶My shirt ~*d up*. 셔츠가 당겨올라갔다. 3 (몡사) (요트가 기우는 것을 줄이기 위해) 바람 불어오는 쪽 뱃전 밖으로 몸을 내밀다. 4 (속어) 떠나다, 출발하다.
── 휑. …을 홱 움직이다[당기다, 끌어올리다], (가격)을 기습적으로 올리다(*up*). ¶ (~ + 몡 + 몡) ~ *up* the price of meat 고기값을 올리다.
── 몡 1 하이킹(hiking), 도보 여행. 2 (가격 따위의) 인상(*in*). ¶a ~ *in* prices[wages] 물가 상승[임금 인상].
go on [or *for*] *a hike* 하이킹 가다.
take a hike (속어) 가다, 사라지다; (명령형으로) 썩 꺼져, 저리 가. 「(어) 전선[전화선] 수리공.
hik·er [háikər] 몡 1 도보 여행자, 하이커. 2 (美속
hik·ing [háikiŋ] 몡ⓤ 하이킹, 도보 여행. ¶go ~ *in* [*or to*] the country 시골로 하이킹 가다.
HILAC [háilæk] 몡 〔원자·물리〕 중(重)이온 선형 가속기(線型加速器). (<*Heavy Ion Linear Accelerator*)
hi·lar·i·ous [hilɛ́əriəs, hai-/hiléər-] 휑 아주 재미있는, 웃음이 나게 하는; 들떠서 법석대는; 유쾌한, 즐거운. **~·ly** 휨 **~·ness** 몡 「희, 유쾌, 즐거움.
hi·lar·i·ty [hilǽrəti, hai-] 몡ⓤ 흥겹게 떠들기; 환
Hílary tèrm 몡 (英) 1 〔법률〕 (고등 법원의) 힐러리 개정기(開廷期)(1월 11일부터 부활절 전의 수요일까지). 2 (대학의) 봄 학기(1월 중순부터 부활절까지).
Híl·bert spàce [hílbərt-] 몡 〔수학〕 힐베르트 공간. (〈독일의 수학자 David Hilbert(1862-1943))
‡**hill** [hil] 몡 (통 ~*s* [-z]) 1 야산, 언덕; (~s) 구릉(丘陵)(지대)(knoll, mound와 mountain의 중간); (the ~s) (인도 북부의 고원 피서지.) ⇒MOUNTAIN. 2 (H-) (美) =Capitol H-. 3 쌓아올린 흙, 흙더미 (mound); (작물 따위의) 밑동에 북돋은 흙, 배토(培土); 배토한 작물[초목]. ¶a ~ *of* potatoes 한 두둑의 감자. 4 (도로의) 비탈, 사면(斜面); 비탈[고갯길]. ¶H- Ahead (게시) 전방에 비탈. 5 (속어) (투수의) 마운드. 6 (the H-) (英) 해로교(校)(Harrow School).

a hill of beans ⇒ BEAN.
(as) old as the hills 매우 오래된.
drive a person over the hill (사람의) 머리를 이상하게 하다: 애가 타게 하다. 「다; 탈영하다.
go over the hill ① 언덕을 넘다. ② (속어) 탈옥
over the hill ① 거의 성공해서, 위기를 벗어나서. ② (사람의) 한창때가 지나서, 전성기를 지나서, 내리막에. ③ 피곤해진; (美속어) (성적으로) 약해진.
take to [or *head for*] *the hills* (구어) 도망가다.
up hill and down dale; over hill and dale ① 산 넘고 골짜기 건너, 도처에. ② 철저하게, 끈기있게.
—⏷ 〔작물 따위의 둘레에〕 흙을 북돋우다; 북주다; ···을 높이 쌓다. —⏷ 1 언덕(작은 산)이 되다, 언덕처럼 되다. 2 (새 따위가) 언덕에 모여들다.
~·er ⏷ 배토기(培土器).

hill-and-dale [⏷əndéil] ⏷ (음반이) 홈에 높고 낮음이 있는. — ⏷ (탄광·광산 따위에서) 파헤쳐 울퉁불퉁해진 지면.

Hil·la·ry [híləri] ⏷ 힐러리. **1 Edmund P.** ~ (1919-): 뉴질랜드의 등산가; 1953년 Everest 최초 등정 성공). **2** ~ **Rodham Clinton**(1947- : 미국 Clinton 대통령의 부인).

hill-bil·ly [hílbili] ⏷ **1** (美구어) 남부 오지(산지)의 (거칠고 무식한) 사람, 산 사람; 촌뜨기. **2** (또는 ˜ mùsic) 힐빌리 뮤직, 컨트리 뮤직. **3** 남부 두메사람의; 힐빌리 뮤직의.

híll clìmb ⏷ 힐 클라임(자동차나 오토바이로 일정 거리의 오르막길을 달려 시간을 재는 스피드 경기). 「대.
híll cóuntry ⏷ 구릉 지대; (뉴질) 양 방목용 고원 지
híll fólk ⏷ 구릉 지방(산곡) 주민; 구릉 지대의 마귀.
hill-man [hílmən/-mæn] ⏷ 산지(山地) 태생의 사람, 산골 사람. (또는 **híll-man**)
híll mỳna(h) ⏷ 〔조류〕 구관조(九官鳥).
hil·lo [hílou, -´] ⏷⏷⏷ (고어) =hello. (또는 **hil·loa** [hílóu]) 「~·y ⏷
hill·ock [hílək] ⏷ 작은 언덕; 흙더미(mound).
Híll rát ⏷ (美속어) 연방 의회 직원.
Híll reáction ⏷ 〔생화학〕 힐반응(反應)(엽록체가 이산화탄소 이외의 물질을 광환원(光還元)시켜 O_2를 발생하는 반응). 〈영국의 화학자 Robin Hill의 이름〉
‡**hill·side** [hílsàid] ⏷ 언덕 비탈, 산허리.
hills·man [hílzmən/-mæn] ⏷ =hillman.
híll stàtion ⏷ 고원(高原) 피서지; (인도 관리·군인의) 여름 주재지(駐在地).
*‡**hill·top** [híltàp/-tɔ̀p] ⏷ 언덕(작은 산)의 꼭대기(정상). —⏷ (-*pp*-) 〔사냥〕 말을 타되 장애물을 뛰어넘지 않고 사냥 대열을 따라가다. (도보 또는 자동차로) 사냥 대열을 따라가다. ~·per ⏷ 「-wàlk·er ⏷
híll·wàlk·ing [hílwɔ̀ːkiŋ] ⏷ 구릉 지대의 산책.
hill·y [híli] ⏷ (**hill·i·er; -i·est**) **1** 언덕이 많은; 기복이 심한. **2** 언덕 같은; 약간 높은; 경사가 급한. **hill·i·ness** ⏷
Hi·lo [híːlou] ⏷ 힐로(Hawaii 섬 동부의 항구 도시).
*‡**hilt** [hilt] ⏷ (칼·무기의) 자루; (도구류의) 자루; (권총의) 손잡이 부분(haft).
(up) to the hilt ① 자루가 닿을 만큼, 깊숙이. ② 완전히 ···에 자루를 달다. 「전히, 철저하게.
⏷·**less** ⏷

Hil·ton [híltn] ⏷ **1 James** ~ 힐튼(1900-54: 영국의 소설가). **2** (또는 ~) 힐튼 호텔(~ Hotel).
hi·lum [háiləm] ⏷ (*pl.* -**la** [-lə]) **1** 〔식물〕 **a)** 종제(種臍), 배꼽(종자를 태좌(胎座)에 연락·주병(funicle) 역할 하는 자리). **b)** (전분립(澱粉粒)의 핵). **2** 〔해부〕 (혈관·신경 따위가 드나드는) 문.
‡**him** [him, 약 im] ⏷ **1** (he의 목적격) 그를, 그에게. ¶*To know* ~ *is to like* ~. 누구든 그를 알면 그를 좋아하게 된다/*You can rely upon* ~. 그는 믿을 수 있다. **2** (구어) =he(* be동사의 보어, 또한 종종 as, than 다음의 주어로도 사용된다). ¶*"That's* ~*," they said with one voice.* 「저 남자다」라고 모두 일제히 말했다/*She is far wiser than* ~. 그녀는 그보다 훨씬 슬기롭다. **3** (구어) (동명사의 의미상의 주어) =his. ¶*I cannot imagine* ~ *refusing my proposal.* 그가 나의 제의를 거절한다는 것은 상상할 수 없다. **4** (재귀법으로) =himself. ¶*He looked about* ~. 그는 주위를 둘러보았다(* 장소를 나타낼는 전치사 다음에만 himself 대신 쓰인다). **5** (구어) =he(* ···와 him, him and···의 형으로 주어로 쓰인다). ¶*H*~ *and his brothers were talking to each other.* 그와 동생들은 서로 이야기하고 있었다.

H.I.M. *His*[*Her*] *Imperial Majesty*(황제(황후) 폐하).
Him·a·lá·yan cédar [hìməléiən-, himáːljən-] ⏷ 히말라야 삼(杉)나무(deodar).
*‡**Him·a·la·yas** [hìməléiəz, himáːljəz] ⏷⏷ (the ~) 히말라야 산맥. (또는 **the Himalaya, Himaláya Móuntains**) **-yan** ⏷ 「성자 중의 하나).
Hi·ma·lia [himáːljə] ⏷ 〔천문〕 히말리아(목성의 위
him/her ⏷ he의 목적격.
‡**him·self** [himsélf, 약 im-] ⏷ (*pl.* **them·selves**) **1** (강조) 그 자신, 그 사람 스스로. ¶*Did he* ~ *say so?* 그 사람 자신이 그렇게 말했느냐?/*He made tea* ~. 그는 손수 차를 끓였다. **2** (재귀법으로) 그 자신을(에게). ¶*He hurt* ~. 그는 다쳤다/*He often talks to* ~ 그는 곧잘 혼잣말을 한다. **3** (독립구문) 그 자신이. ¶*H*~ *diligent, he did not understand his son's idleness.* 자기가 부지런하기 때문에 그는 아들이 게으른 것을 이해할 수 없었다. **4** (구어) =he(* 비교 구문 as···, as, than 다음에서 he 대신 쓰인다). ¶*His mother is as obstinate as* ~. 그의 어머니는 그처럼 고집이 세다. **5** 여느 때(평소)의 그; 정말 그; 제정신의 그. ¶*He is* ~ *again.* 그는 이제 제정신이 들었다. 그는 제정신의 그이다. **6** (아일·스코) 중요(유력)한 남성; 한 집안의 가장(家長), 아버지.

hin [hin] ⏷ 힌(고대 헤브라이의 액량(液量) 단위: 약 1.5갤런에 해당). 「**Mahayana** (<Skt)
Hi·na·ya·na [hìːnəjáːnə] ⏷ 소승(小乘) (불교). ⏷
hinc·ty [híŋkti] ⏷ (美속어) 우쭐대는; 속물의; 의심스러운. ⏷ 백인. (또는 **hinkty**)
*‡**hind¹** [haind] ⏷ 뒤쪽의, 후부의, 후방의(* 앞뒤처럼 짝을 이루는 때는 fore의 대어(對語)로 쓰이고 일반적으로는 hinder를 쓴다). ⇒BACK 〔유의어〕 ¶*the cat's legs* 고양이의 뒷다리/*the* ~ *wheels* 뒷바퀴. 「로.
on one's hind legs ① 뒷발로 서서, ② 결연한 태도
talk the hind leg(s) off a donkey ⇒DONKEY.
hind² ⏷ (~**s**) (3년 이상의 붉은 사슴의) 암컷.
hind³ ⏷ (스코) 머슴·농부, 농장 관리인; 시골뜨기.
Hind [haind] ⏷ 하인드(월면(月面) 제4사분면(四分面)의 크레이터; 직경 약 26km).
Hind. Hindi; Hindu; Hindustan(i).
hind·brain [háindbrèin] ⏷ 〔해부〕 후뇌(後腦).
hind·cast [háindkǽst/-kɑ̀ːst] ⏷⏷ (과거의 기상 데이터를 기초로) 일기를 예측(예보)하다. ⏷·**ing** ⏷
Hin·den·burg [híndənbə̀ːrg] ⏷ 힌덴부르크. **1 Paul von** ~ (1847-1934: 독일의 군인·정치가). **2** 대서양 횡단 항로에 취항했던 독일의 여객 비행선(1937년 미국 New Jersey주 Lakehurst에 착륙 중 불타 버림).
hínd énd ⏷ (美속어) 엉덩이(ass).
‡**hin·der¹** [híndər] ⏷ **1** [~ -**z**] ⏷ ···을 방해하다, 훼방놓다, 가로막다(*in*, *from doing*): ···을 지연시키다. ⇒PREVENT 〔유의어〕 ¶*Adverse winds* ~*ed the ship.* 맞바람으로 배가 늦어졌다/*She* ~*ed me in my study* [*work*]. 그녀가 내 공부(일)를 훼방놓았다/*The financial difficulty* ~*ed him from carrying out his plan.* 자금난 때문에 그는 계획을 실행할 수 없었다. ⏷ 장애가 되다, 방해하다.
~·**er** ⏷ 방해자; 장애물. ~·**ing·ly** ⏷
hind·er² [háindər] ⏷ 뒤의, 후부의, 후방의. —

(~s) 《美俗》 (사람의) 다리(leg).

hind·er·most [háindərmòust] 《형》 《고어》 =hindmost.

hind-fore·most [⸺fɔ́ːrmòust, -məst] 《부》 《美방언》 뒤(뒷부분)를 앞으로 하여, 역순(逆順)으로.

hind·gut [háindgʌ̀t] 《명》 《동물》 후장(後腸).

Hin·di [híndi] 《명》 《U》 힌디 말(인도 공용어 중의 하나); 힌디 말을 모국어로 하는 사람. —《형》 인도 북부의; 힌디 말의.

hind·most [háindmòust] 《형》 (hind¹의 최상급》 맨 뒤의, 최후방의; 제일 끝. *The devil* [or *Satan, Hell*] *take* [or *catch*] *the hindmost*. 《속담》 뒤진 자는 귀신이 잡아간다, 빠른 자가 장땡.

Hin·doo [híndu:] 《명》 《후 ~s》 《형》 《고어》 =Hindu. **~·ism** =Hinduism. **~·stá·ni** 《형》 =Hindustani.

hind·quar·ter [háindkwɔ̀ːrtər] 《명》 1 (수육(獸肉)의) 뒤쪽 4반부, 뒷다리와 엉덩이. 2 후부, 뒷부분.

*****hin·drance** [híndrəns] 《명》 1 《U》 방해, 장애, 훼방 (*to*). 《without ~ 지장 없이, 무사히》. 2 방해하는 사람[것], 장애물 (*to*). ⇨OBSTACLE 《유의어》

hind·sight [háindsàit] 《명》 1 《U》 《약칭》 나중에 생각나는 묘안(⇔ foresight). 2 《총의 가늠자. *knock* [or *kick*] *the hindsight out of* [or *off*] 《구어》 …을 완전히 파괴하다[해치우다]. *20/20 hindsight* 소 잃고 외양간 고치기. *with the wisdom* [or *benefit*] *of hindsight* 뒤늦게 깨달은 것이지만, 소 잃고 외양간 고치는 격이지만.

hind tit 《속어》 가장 작은 부분; 남은 것, 찌꺼기. *suck a person's hind tit* 《美속어》 남의 무리한 명령에도 따르다, 아첨하다. *suck* (*on*) *the hind tit* 불리한 일을 맡다, 보다.

*****Hin·du** [híndu:] 《명》 1 힌두 사람(유럽계 아리안족에 속하는 인도 사람). 2 힌두교도(⇨ Hinduism). 3 인도 사람. —《형》 힌두교(신자)의; 《고어》 인도의.

Hín·du-Ár·a·bic númerals [-ǽrəbik-] 《명》 =Arabic numerals.

Híndu cálendar 《명》 힌두력(曆)(힌두교의 태음력).

Hin·du·ism [híndu:ìzm] 《명》 《U》 힌두교.

Hin·du·ize [híndu:àiz] 《동》 힌두교화(化)하다; 힌두교의 영향을 미치다.   (Mountains).

Híndu Kúsh [-kúʃ] 《명》 (the ~) 힌두 쿠시 산맥(~

Hin·du·stan [hìndustǽn, -stɑ́ːn] 《명》 1 힌두스탄. 2 인도의 페르시아 이름[특히 데칸(Deccan) 고원의 북부를 가리킨다]. 2 (회교 지역의 파키스탄에 대해) 힌두 지역.

Hin·du·sta·ni [hìndustǽni, -stɑ́ːni] 《명》 《U》 힌두스탄 말(인도의 주요 공용어; ⇨ Hind.). —《형》 힌두스탄의; 힌두스탄 사람[말]의.

hind·ward [háindwərd] 《부·형》 뒤쪽으로[의].

hínd wíng 《곤충의》 뒷날개, 후시(後翅).

*****hinge** [hindʒ] 《명》 1 (문 따위의) 돌쩌귀, 경첩. 2 돌쩌귀 구실을 하는 것; 무릎 관절; 쌍각류(雙殼類)의 조개관자. 3 《비유》 사북, 요점, 중심점, 원리. 4 《제본》 보강재(책의 면지·표지의 철하는 부분을 보강하는 헝겊·가죽); (표지의) 홈; 힌지(한쪽 면에 접착제를 바른 파라핀 종이쪽). 5 《속어》 힐끗 보기. *get* [or *take*] *a hinge at* 《美속어》 …을 보다. *off the hinges* ① 돌쩌귀가 빠져서. ② (신체·정신 등이) 정상 상태가 아닌; (도덕·질서가) 문란하여. —《동》《자》 1 돌쩌귀로 움직이다. 2 (…에 따라) 결정되다 (*on, upon*). 《~+《전》+《명》) Everything ~s on his decision. 만사가 그의 결정에 달려 있다. —《타》 1 ~에 돌쩌귀를 달다. 2 …을 …에 의거하게 하다; …을 …에 의하여 결정하다. 《~+《목》+《전》+《명》) I will ~ the gift *on* your good behavior. 선물은 네가 얌전하게 구는 것을 조건으로 주는 것이다. 3 《유점》 힌지를 써서 붙이다. **~d, ~·less, ⸺·like** 《형》 **hínger** 《명》

hínge jòint 《해부》 =ginglymus.

hínge stràp 《명》 (나무를 이어맞추는) 쇠띠, 쇠테.

Hing·lish [híŋgliʃ] 《명》 《U》 인도(식) 영어(한디어와 영어의 혼합어). 〈*Hindi*+*English*〉

hin·ky [híŋki] 《형》 《美속어》 수상쩍은, 의심스러운.

hin·ny¹ [híni] 《명》 버새(수말과 암나귀 사이에 난 잡종). ⇨ mule¹

hin·ny² 《명》 《스코·北英》 (부르는 말로) =honey 3.

hin·ny³ 《명》 =whinny.

‡**hint** [hint] 《명》 1 (…에 관한) 암시, 힌트; 단서, 실마리 (*about, on, as to*). ¶a delicate [*or* gentle] ~ 어렴풋한 암시/a broad ~ 노골적인 암시. 2 (종종 ~s) (…에 관한/…을 위한) (간단한) 유의 사항, 주의; 지침 (*on*/*for*). ¶~*s on* traveling 여행의 요령/medical ~*s for* travelers 여행자의 의학상의 유의 사항. 3 미량한 징후, 낌새, 기색; (a ~) 미량(微量), 근소, 약간 (*of*). ¶seasoned with a ~ *of* vinegar 초를 조금 쳐서 맛을 낸. 4 《스코》 순간, 때. 5 《폐어》 호기(好機). *by hints* 넌지시.   「말하다. *give* [*or* *drop, let fall*] *a hint* 힌트를 주다, 넌지시 *take a* [*or the*] *hint* (암시를 받고) 알아채다. —《동》 …을 암시하다, 넌지시 알리다(*to*). ¶He ~*ed* (*to* me) nothing of his disapproval. 그는 찬성하지 않는다는 내색을 조금도 보이지 않았다.// 〈~+*that* 《절》) The doctor ~*ed* (*to* me) *that* my father was suffering from cancer. 의사는 아버지가 암에 걸려 있음을 암시했다. 《자》 넌지시 비치다, 암시하다, 귀띔하다; 빗대어 말하다 (*at*); 암시하다 (*of*). ¶ (~+《전》+《명》) ~ *at* impudence [carelessness] 뻔뻔스러움[부주의]함을 빗대어 말하다.

[유의어] **hint** 간접적으로 넌지시 알리다. **intimate** 눈치채지 않도록 hint하여 남의 행위에 영향을 끼치다. **insinuate** 보통 불쾌한 일을 넌지시 말하다. **imply** 말로 분명히 표현하지 않고 당연히 짐작할 수 있는 것으로 나타내다. **suggest** 연상에 의하여 어떤 일을 상기시키다.

⸺·er 《명》 **⸺·ing·ly** 《부》

hin·ter·land [híntərlænd] 《명》 1 (보통 the ~) (항구의) 배후 지역; 내륙 지방. 2 (종종 ~s) 오지, 벽지; 시골, 지방. 3 (해안 지대를 점유하는 국가의) 세력권.

hin·ter·ur·bi·a [hìntərəːrbiə] 《명》 도시 노동자가 사는 먼 교외.

‡**hip¹** [hip] 《명》 1 엉덩이, 둔부(臀部), 허리. 2 《해부》 고관절(股關節). 3 《건축》 (지붕의) 추녀 마루. 4 《동물》 (곤충의) 기절(基節). 5 (~s) 《속어》 실패, 비참한 종말. *be joined at the hip* 《美구어》 일심 동체이다, 매우 친밀하다.   「소침함. *down in the hips* (말 따위가) 허리뼈를 다친; 의기 *fall on one's hips* 엉덩방아를 찧다. *have* [*or get, catch, take*] *a person on* [*or* *upon*] *the hip* ① 《레슬링》 상대를 완전히 억누르다. ② 우위에 서다, 지배하다; 남의 급소를 누르다. *shoot from the hip* 《구어》 충동적인 언동을 하다, 생각없이 행동하다. *smite hip and thigh* 〔성서〕 (적을) 사정없이 해치우다, 크게 도륙하다(←사사기(Judg.) 15:8). —《타》 (옷이) 엉덩이에 닿는, 궁둥이를 덮는. —《동》 (-*pp*-) 1 허리를 빼게 하다, 고관절을 어긋나게 하다. 2 《건축》 (지붕)에 추녀마루를 달다.

hip² 《명》 《보통·수목의》 들장미의 열매, 들장미의 열매.

hip³ 《명》 만세(응원의 선창을 하는 소리). ¶*H~, ~,* hurrah [*or* hooray]! 헵히, 헵히! 해치워! 만세!   「하다.

hip⁴ 《명》 《U》 《고어》 우울. —《동》 (-*pp*-) …을 우울하게 하다.

hip⁵ 《형》 《美속어》 (~·*per; ~·pest*) 1 (최신 유행의 사상·스타일 따위에) 통달한, 정통한, 진보된. 2 세련된, 때를 벗은, 멋있는. 3 흥미있는, 마음이 쏠리는. 4 히피의. *get hip to* …에 통달하다, …을 잘 알고 있다.   「의. *hip to the jibe* 《속어》 (현실을) 꿰뚫고[잘 알고] 있는. —《명》 1 최근 사정에 밝음, 진보되어 있음. (또는

HIP

⌐**ness** 2 새 유행을 좇는 사람; 히피. ──㉠㉣ (**-pp-**) (종종 수동형으로) 사정[정보]에 통달하다; 알리다(*to*).
⌐**ly** ⌐**ness** [mediate *point*.
HIP Health Insurance Plan; (항공) higher inter-
híp báth 좌욕; 그 목욕통. [骨].
hip·bone [hípbòun] ㉤ (해부) 관골(髖骨), 좌골(座
hip bòot (보통 ~s) 낚시꾼·소방수의 허리까지 올라오는 고무 장화.
hip chick ㉤ (美속어) 최신 정보에 밝은 젊은 여성, (특히) 최신 음악·예술에 통달해 있는 젊은 미혼 여성.
HIPCs *H*eavily *I*ndebted *P*oor *C*ountries (중(重)채무 빈곤국).
hip dìsease ㉤ (병리) 고관절병(股關節病).
hip·dom [hípdəm] ㉤ = hippiedom.
hipe [haip] ㉤ (레슬링) 껴안아 올리면서 넘어뜨리기.
──㉠㉣ 껴안아 올려 넘어뜨리다.
híp flàsk (뒷주머니에 넣는) 휴대용 납작한 술병.
híp gée¹ ㉤ 신뢰할 수 있는 사람; 박식한 사람.
híp gée² ㉤ 효율적으로 운용된 돈, 충분히 쓸 만했던 돈.
hip·gout [-gàut] ㉤ 좌골 신경통.
hip-hop [-ʰáp/-hɔ̀p] ㉤ 1 (美구어) 힙합(1980년대 New York에서 유행하기 시작한 10대들의 거리 문화; 랩 음악·브레이크 댄스 등을 포함함). 2 ㉠ 음악(rap music). ── ㉤ 힙합의. ──㉠㉣ 힙합 음악에 맞춰 춤추다. ~**·per** 힙합 족(族); 랩 음악가. [음악.
hip hòuse ㉤ (美구어) 힙합과 전자음악을 결합한 팝
hip·hug·ger [híphʌ̀gər] ㉤ (바지의) 웨이스트 라인이 낮은. ── ㉤ (~s) 힙허거스(웨이스트 라인이 힙까지 내려온 바지·스커트).
híp jòint ㉤ (해부) 비구(髀臼) 관절, 고관절(股關節).
hip·length [híplèŋkθ] ㉤ (의복 따위가) 엉덩이까지 내려오는, 엉덩이를 덮는.
hi·po [háipou] ㉤ 출세 가도에 있는 사원(社員), 승진이 빠른 사람. (또는 **HY-poe**) [<*hi*gh+*po*tential]
hipp- [hip-] ㉠ ⇨HIPPO-.
hipped¹ [hipt] ㉤ 1 엉덩이가 있는; (복합어로) 엉덩이가 ···한. **làrge-~** 엉덩이가 큰. 2 (가죽이) 궁둥이를 다친. 3 (건축) (지붕이) 추녀마루가 있는.
hipped² ㉤ (美구어) 1 (···에) 사로잡힌, 열중한(*on*). ¶ *be ~ on playing the flute* 플루트를 부는 데 열중하고 있다. 2 정통한, 잘 알고 있는.
hipped³ ㉤ 1 (英) 우울해 하는; 우울증에 걸린. (또는 **hippish**) 2 짜증내는, 화난.
hip·per·dip·per [hípərdipər] ㉤ (속어) 최고의, 굉장한, 초(超)···. ── ㉤ (권투의) 미리 짜고 하는 시합.
HIPPI (컴퓨터) *h*igh *p*erformance *p*arallel *i*nter-face(고성능 병렬 인터페이스). [(馬)의 수의학.
hip·pi·at·rics [hìpiǽtriks] ㉤㉠ (단수취급) (말
hip·pie [hípi] ㉤ 히피(族)(1960년대 후반에 등장); 자유로운 복장을 하고 장발의 습성이 있음. (또는 **hippy**)
── ㉤ 히피의. ~**·hòod**, ~**·ism**, **-pi(e)·ness** ㉤
hip·pie·dom [hípidəm] ㉤ 히피 세계(집단, 족).
hip·pish [hípiʃ] ㉤ = hipped³ 1. [mus).
hip·po [hípou] ㉤ (~s) (구어) 하마(hippopota-
hip·po- [hípou, -pə] ㉠ horse의 뜻(* 모음 앞에서는 **hipp-**). ¶ *hippodrome*.
hip·po·cam·pus [hìpəkǽmpəs] ㉤ (㉤ **-pi** [-pai, -pi:]) 1 (그리스 신화) 히포캄포스, 해마(海馬)(머리는 말, 꼬리는 물고기인 괴물로서 바다의 수레를 끎). 2 해마(sea horse). 3 (해부) (뇌의) 해마융(海馬隆) 융기.
híp pòcket (바지의) 뒷(호)주머니.
hip-pock·et [´pàkit/-pɔ̀k-] ㉤ 소형의, 소규모의.
── ㉠㉣ ···을 뒷(호)주머니에 넣다.
hip·po·cras [hípəkræs] ㉤㉠ 향미료를 넣은 포도주(중세 유럽의 강장제였음).
Hip·poc·ra·tes [hipάkrəti:z/-pɔ́k-] ㉤ 히포크라테스(460?-377? B.C.; 그리스의 의학자).
Hip·po·crat·ic [hìpəkrǽtik], **Hip·po·crát·i·cal**

hire

Hippocrátic óath ㉤ (the ~) 히포크라테스 선서(Hippocrates가 작성했다는 의사의 윤리 강령).
Hip·po·crene [hípəkrì:n, hìpəkrí:ni] ㉤ 1 (그리스 신화) (Helicon산의) 뮤즈의 영천(靈泉). 2 ㉠ 시적(詩的) 영감. **-cré·ni·an** ㉤
hip·po·drome [hípədròum] ㉤ 1 (고대 그리스·로마의) 경마·전차 경주 따위를 하는 경기장. 2 마술(馬術) 연기장·연예장. **-dròm·ic** [-drάmik/-drɔ́m-] ㉤
hip·poed [hípoud] ㉤ (美속어) 속은, 매받당한.
hip·po·griff [hípəgrìf] ㉤ 히포그리프(말의 몸체에 독수리의 머리와 날개를 가진 괴물). (또는 **hippogryph**)
hip·pol·o·gy [hipάlədʒi/-pɔ́l-] ㉤ 마학(馬學).
hip·po·lóg·i·cal ㉤ **-gist** ㉤
Hip·pol·y·tus [hipάlitəs/-pɔ́l-] ㉤ (그리스 신화) 히폴리투스(Theseus의 아들; Poseidon에게 살해됨).
*****hip·po·pot·a·mus** [hìpəpάtəməs/-pɔ́t-] ㉤ (㉤ ~**-es** [-iz], **-mi** [-mai]) 하마.
-po·tá·mi·an, **-po·tám·ic** ㉤ [작적 축소).
hip·pus [hípəs] ㉤ (의학) 동공(瞳孔) 변동(동공의 발
-híp·pus [hípəs] ㉯ horse의 뜻. ¶ *eohippus*.
hip·py¹ [hípi] ㉤ 엉덩이(허리)가 큰(굵은).
hip·py² ㉤ = hippie. [으로 거부하는.
hip·py-dip·py [-dípi] ㉤ (속어) 인습을 비현실적
híp roof (건축) 너새 지붕. **híp-róofed** ㉤
hip-shoot·ing [´ʃùːtiŋ] ㉤ 충동적인, 발작적인; 마구잡이의, 무모한. ── ㉤ 성급한[충동적인] 행동[반응].
-shòot·er ㉤
hip·shot [hípʃàt/-ʃɔ̀t] ㉤ 1 고관절(股關節)이 어긋난, 허리 엉덩이가 처진; 절름발이의, 한쪽 다리가 부자유스러운. 3 어색한, 모양 없는.
hip·ster¹ [hípstər] ㉤ (속어) 1 최근의 것[유행]에 밝은 사람, 개화된 사람, 진보된 사람. 2 재즈광(狂). 3 (1950년대의) 기성 사회에 대해 강한 소외감을 품은 사람(히피·비트족(beatnik) 따위).
hip·ster² ㉤ 1 (英) = hiphugger. 2 (종종 ~s) 여성용 hiphugger형 거들. ── ㉤ = hiphugger.
hip·ster·ism [hípstərìzm] ㉤ 진보되어 있음; 진보된 사람의 생활 양식.
híp wràp ㉤ 스웨터 따위를 허리에 둘러 매는 스타일.
hir·a·ble [háiərəbl] ㉤ 고용할 수 있는; 임차(賃借)할 수 있는. ²**-bíl·i·ty**, **hire·a·bíl·i·ty** ㉤
Hi·ram [háiərəm] ㉤ (성서) 히람(기원전 10세기의 Tyre의 왕. ~ 열왕기(상)(1 Kings) 5).
hir·cine [hə́ːrsain, -sin] ㉤ (고어) 염소의; 염소 냄새의; (문어) 호색적인.
‡hire [haiər] ㉤ (~**s** [-z]; ~**d**; **hír·ing**) ㉠ 1 (남)을 (賃貸借법으로) (···로) 고용하다(*out*) (*as*).
⇨EMPLOY 유의어. ¶ ~ *a carpenter* 목수를 고용하다 / ~ *oneself as* a farm worker 농장 노동자로 고용되다.
2 (돈을) 주고 세내다, (요금을 내고) 빌리다(rent)(*from*). ¶ ~ *a truck*[*car*] 트럭[승용차]를 세내다.

| 유의어 **hire** 시간을 정하여 건물·탈 것 따위를 세내다; (美)에서는 rent를 많이 쓴다. **rent** 집·방·물품 따위를 임대하다, 또는 임대하다. **let** 토지·집을 임대하다. **lease** 사용료·기간 따위의 조건을 정식 계약서로 정하여 임대하다. **charter** 공공의 교통 기관을 운임을 붙여서 임차하다. |

3 ···을 (···에게/···의 금액에) 임대하다, 세놓다(*out*) (*to/for*). 4 (고어) (돈)을 꾸다. 5 돈을 주고 (일)을 시키다. ── ㉤ (···로서) 고용되다(*out, on*)(*as*).
스카우트하다.
hire and fíre 임시로 고용하고 즉시 해고하다.
hire a person awày from (다른 회사에서) 사람을
hire on (美) 일거리를 얻다, 고용되다(*as*). ¶ ~ *on as an extra* 임시 고용인 일자리를 얻다. [시간을 얻다.
hire one's time (고용주에게 돈을 지불하고) 사적인
hire out ① 임대하다. ¶ ~ *out motorboats* 모터보트를 세놓다. ② (하인이나 노동자로) 고용되다(*as*).

── 图 1 (사람의) 고용; (물건의) 임차, 임대. 2 세, 임대료, 사용료. 3 임금, 보수. 4 고용인, 신입 사원.
for [or *on*] *hire* 요금을 지불하면 쓸 수 있는; 임대의; 고용되어. ¶let out *on* ∼ 세놓다.
hire-and-drive [-əndráiv] 图 《英》 렌터카(《美》 rent-a-car). ── 图 《英》 임대(용)의.
híre càr 图 =rent-a-car.
hired [haiərd] 图 고용된; 임대의, 빌린.
híred gírl 图 고용된 여자, 하녀. (농가의) 잡역부.
híred gún 图 《속어》 살인 청부업자(hit man); 경호원; 난국 타개[사업 추진]를 위해 고용된 사람.
híred hánd [**mán**] 图 고용인; 머슴, 목장 노동자.
hire-ling [háiəriŋ] 图 고용인, (경멸적) 돈만 주면 일하는 사람; 앞잡이, 부하; 삯말(馬). 图 고용되어 일하는, 돈 때문에 일하는; 돈이면 마음대로 할 수 있는.
hire púrchase (**sýstem**) 图 《英》 분할 부금 구입(방식) (《美》 installment plan, 《英》 never-never)(略 h.p., H.P.). (또는 **híre-púrchase**) híre-púrchase
hír·er [háiərər] 图 고용주; 임차인(貸借人).
hi-res [-réz] 图 《구어》 1 〔전자〕 =high-resolution. 2 훌륭한; 상태가 좋은.
hir·ing [háiəriŋ] 图 고용 (계약(관계)); 임대차(賃貸借). ¶ ∼ of a ship 용선(傭船).
híring háll 《美》 (노동 조합이 운영하는) 직업 소개소.
hi-rise [-ráiz] 图 =high-rise.
hi-ris·er [-ráizər] 图 =high-riser.
hir·sute [há:rsu:t/hə́:sju:t] 图 털이 많은, 털투성이의; (동·식물) 긴 강모(剛毛)로 덮인; 털로 된(털質)의. ∼**·ness** 图 「는 hirsutulous」
hír·tel·lous [hə:rtéləs] 图 가는 강모로 뒤덮인. (또는 hirsutulous)
hir·u·din·e·an [hìrudíniən] 图 거머리(의).
hi-run·dine [hirándin, -dain] 图 제비의; 제비같은.
‡his [hiz, 약 iz] 图 1 (he의 소유격) 그의. ¶ ∼ house 그의 집/He ran ∼ fastest. 그는 힘껏 달렸다. 2 (he의 소유 대명사) 그의 것; 그의 가족. ¶The car is ∼. 그 자동차는 그의 것이다/She is a good friend of ∼. 그녀는 그의 좋은 친구다. 3 (古) =its.
His 〔생화학〕 histidin(e).
HIS *h*ospital *i*nformation *s*ervice.
his-and-her [-əndhə́:r] 图 《상품 따위가》 남녀(부부)용한 벌씩의. (또는 **hís-and-hérs, hís and[n'] hérs**)
his/her [hízə:r] 代 《美》 he/she의 소유격.
hisn [hizn] 代 《속어·방언》 그의 것(his)(* he에 대응하는 소유대명사). (또는 **his'n**)
his níbs 图图 《속어》 권력자, 귀하신 몸, 자기 고집대로 행동하는 사람. 「반도; 《시》 Spain.」
His·pa·ni·a [hispéiniə, -njə] 图 《라틴》 이베리아
His·pan·ic [hispǽnik] 图 1 스페인(과 포르투갈)의. 2 라틴 아메리카(계(系))의. ── 图 1 스페인 사람; 스페인어 사용자. 2 (또는 ∼ **Américan**) 《美》 스페인 사용 라틴 아메리카계 미국인. -**i·cal·ly** 副
His·pa·ni·o·la [hìspənjóulə] 图 히스파니올라 섬 (서인도 제도 중부의 섬; Haiti와 Dominica로 분리).
His·pa·no- [hispǽnou, -pá:-] 图 =Hispanic.
His·pa·no- [hispǽnou, -pá:-] '스페인, Spanish'의 뜻. ¶ ∼-American(라틴아메리카 스페인어권의).
his·pid [híspid] 图 (동·식물) 거칠고 빳빳한 털이 있는, 강모(剛毛)의. -**píd·i·ty** 图
***hiss** [his] 图图 1 (뱀·거위·증기 따위가) 슈웃 하는 소리를 내다. ¶The serpent [steam] ∼*es*. 뱀[증기]이 슈웃 하고 소리를 낸다. 2 (비난·경멸의 뜻으로) 쉿 하다 (*at*). ¶ (∼+前+名) They ∼*ed at* him when he said something against their leader. 그들은 그가 그들의 영도자를 비난하는 말을 하자 쉿쉿 하고 야유했다.
── 他 1 ···을 쉿 하고 욕하다[야유하다, 제지하다, 쫓다] (*away, down, off*). ¶ ∼ a speaker *down* 연사를 야유하여 입을 다물게 하다. 2 ···을 쉿쉿 소리를 내며 말하다.
hiss and boo 거세게 야유하다.

hiss away 쉿쉿 하여 쫓아버리다.
hiss down 쉿쉿 야유하여 꼼짝 못하게 하다[내쫓다].
hiss...off (*the stage*) ···을 쉿쉿 야유하여 (무대에서) 퇴장시키다.
── 图 1 쉿[슈웃] 하는 소리. 2 (음성) 치찰음(특히 [s], [z] 따위). 3 (전자) 히스(고음역의 잡음).
∼**·a·ble** 图 ∼**·er** 图
hiss·ing [hísiŋ] 图 쉿쉿 하는 소리(를 내기); (古어) 멸시, 경멸. ── 图 쉿쉿 하고 소리내는. ∼**·ly** 副
híssing sóund 图(音) =hiss 2.
hist [st, hist] 間 (古어) (주의·정숙을 촉구하는) 쉿!, 조용히! ── 自他 (주의를 주거나 조용히 하라고) ···에게 쉿! 하고 말하다; 쉬! 하고 소리치다[격려하다].
hist. histology; historian; historical; history.
hist- [hist] 連結 ⇨HISTO-.
his·tam·i·nase [histǽmənèis, -nèiz] 图 〔생화학〕 히스타미나아제(히스타민 분해 효소).
his·ta·mine [hístəmi:n, -min] 图U (생화학) 히스타민(자궁 수축·혈관 확장·혈압 강하 작용을 한다). -**mín·ic** 图
his·ti·din(e) [hístədin, -din] 图 (생화학) 히스티딘(결정성(結晶性)·수용성의 염기성 필수 아미노산).
his·ti·di·ne·mi·a [hìstədiní:miə] 图 (병리) 히스티딘 혈증(血症).
his·ti·o·cyte [hístiəsàit] 图 (해부) 조직구(球)(결합조직 속에서 식(食)작용을 하는 큰 세포). -**cýt·ic** 图
his·to- [hístou, -tə] 連結 'tissue의 뜻(* 모음 앞에서는 hist-). ¶*histology*, *hist*amine.
his·to·blast [hístəblæ̀st] 图 (생물) 조직 원(原)세포(특정의 조직을 형성하는 능력이 있는 세포).
his·to·chem·is·try [hìstəkéməstri] 图U 조직화학. -**chém·i·cal** 图 -**chém·i·cal·ly** 副
his·to·com·pat·i·bil·i·ty [hístəkəmpæ̀təbíləti] 图 조직 적합성(조직 상호간의 이식 적성). -**pát·i·ble** 图 「合 항원(抗原).
histocompatibílity àntigen 图 (면역) 조직 적
his·to·gram [hístəgræ̀m] 图 (통계) 도수(度數) 분포도, 막대 그래프.
his·to·in·com·pat·i·bil·i·ty [hístəinkəmpæ̀təbíləti] 图 (면역) 조직 부적합성.
his·to·log·i·cal [hìstəládʒikəl-lɔ́dʒ-] 图 조직학의. (또는 **histologic**) ∼**·ly** 副
his·tol·o·gy [histálədʒi/-tɔ́l-] 图U 조직학; (생물의) 조직 구조. -**gist** 图 조직학자.
his·tol·y·sis [histáləsis/-tɔ́l-] 图UC (생물) 조직 분해(융해)(장기 조직의 분해). **his·to·lýt·ic** 图
his·tone [hístoun] 图 (생화학) 히스톤(DNA와 결합하는 염기성 단백질의 일종).
his·to·phys·i·ol·o·gy [hìstəfìziálədʒi/-ɔ́l-] 图U 조직 생리학. -**o·lóg·i·cal** 图
‡his·to·ri·an [histɔ́:riən] 图 (樂 ∼**s** [-z]) 역사가, 역사학자; 연대(기)계 작가(chronicler).
his·to·ri·at·ed [histɔ́:rièitid] 图 (문단의 첫글자나 책장 가장자리를) 그림 무늬로 꾸민.
‡his·tor·ic [histɔ́:rik, -tár-/-tɔ́r-] 图 (*more* ∼; *most* ∼) 1 역사상 유명[중요]한. ¶a ∼ spot 사적(史蹟)/a ∼ castle [abbey] 유서 깊은 성(수도원). 2 (古어) =historical. 3 (문법) 사적(史的)의, 과거의.
‡his·tor·i·cal [histɔ́:rikəl, -tár-/-tɔ́r-] 图 1 역사(상)의, 역사에 관한[를 다루는]; 사학의. ¶a ∼ romance 역사 소설, 그 물건이, 역사에 바탕을 둔, 역사(史料)가 되는. ¶a ∼ evidence [event] 역사적 사실 [사건]. 3 (문법) 역사적 현재의. 4 (언어·경제학 따위의) 사적(史的) 분석의. 5 (드물게) =historic 1. ∼**·ly** 副 ∼**·ness** 图
historical cost 图 (회계) 취득 원가.
historical geography 图 역사 지리학.
historical geology 图 지사학(地史學).

histórical linguístics 图 〔단수취급〕 사적(史的) 〔역사〕 언어학(diachronic linguistics).
histórical matérialism 图 (Marx주의에서) 사(史的)의 유물론, 유물사관.
histórical méthod 图 사적(史的) (연구) 방법.
histórical nóvel 图 역사 소설.
históric(al) présent 图 (the ~) 〔문법〕 역사적 현재(과거의 사건을 생생하게 묘사하기 위한 현재 시제).
histórical schóol 图 〔경제·철학〕 역사학파; 〔법률〕 역사(법)학파.
histórical sociólogy 图 역사 사회학.
his·tor·i·cism [hístɔ̀rəsìzm, -tɑ̀r-/-tɔ̀r-] 图 (가치 판단 따위에서) 역사(중심)주의; (문화적·사회적 현상 따위의) 역사 결정론. **-cist** 图
his·to·ric·i·ty [hìstərísəti] 图 0 사실성(史實性), 역사적 확실성; 사적 전거(典據).
his·tor·i·cize [hístɔ̀rəsàiz, -tɑ̀r-/-tɔ̀r-] 图 图 사실(史實)로서 해석하다. — 图 역사화하다.
históric tímes (the ~) 유사(有史) 시대.
his·to·ried [hístərid] 图 역사가 있는, 유서 깊은.
his·to·ri·ette [hìstəriét] 图 소사(小史); 사화(史話); 짧은 이야기.
his·to·ri·og·ra·pher [hìstɔ̀:riágrəfər/-5g-] 图 역사가; 사료 편찬 위원. **~·ship** 图
his·to·ri·o·graph·ic [hìstɔ̀:riəgrǽfik] 图 사료 〔역사〕편찬의. (또는 **historiographical**) **-i·cal·ly** 图
his·to·ri·og·ra·phy [hìstɔ̀:riágrəfi/-5g-] 图 0 역사 문헌, 사서(史書); 〔집합적〕 사실(史實)의 기록; 사학 방법론, 수사(修史)(론), 사료 편찬; 정사(正史).
‡**his·to·ry** [hístəri] 图 (복 **-ries** [-z]) 1 U 역사, 사실(史實); C 사서(史書). ¶a ~ of Greece 그리스 역사/a student of ~ 역사 학도/Ancient [Medieval, Modern] H- 고대[중세, 근세]사/H- repeats itself. 〔속담〕역사는 되풀이된다. 2 (특정 민족·국가 등의 연대기, 편년사(編年史)); (학문·제도 따위의) 변천, (진화) 발달사. ¶a ~ of mathematics 수학 발달사. 3 (보통 a ~, one's ~) 경력, 내력, 연혁; 명력(病歷); 유래, 유서; 파란 많은 과거. ¶a personal ~ 이력(서)/a ship with a ~ 내력이 있는 배. 4 회기적인[중대한] 일[사건 따위]. 5 (보고식의) 이야기, 옛날 이야기. 6 U (자연계의) 체계적인 기록. ¶natural ~ 박물학. 7 전기(傳記), 사극. ¶ Shakespeare's histories 셰익스피어의 사극. 8 U 잊혀진[과거의] 인물[것], 이제는 중요하지 않은 것, 헤어진 [옛] 애인. 9 (금속 따위의) 이미 시행된 처리[가공].
become [or **go down in**] **history** 역사에 남다.
be history 이제는 중요하지 않다, 지나간[잊혀진] 일[인물]이다. ¶ It's ~ to me. 나와는 이제 상관없는 일이다/He's ~. 그는 한물간 사람이다.
have a history of ⋯의 전력이 있다; ⋯벽(癖)이 있다.
History will judge. 역사가 평가할 것이다, 평가는 역사의 몫이다.
make history 역사에 남을 중대한 일을 하다, 역사에 이름을 남기다.
pass into [or **in**] **history** 역사[과거의] 일이 되다.
past [or **ancient**] **history** 진부하게 된 사실; 옛 일.
the dustbin [or **dustheap**] **of history** (잊혀질) 과거사; 망각의 저쪽[에], 그대로다.
The rest is history. 〔구어〕나중 이야기는 알고 있는 데 남.
his·to·ry-mak·ing [-mèikiŋ] 图
his·to·sol [hístəsɔ̀:l, -sɑ̀l/-sɔ̀l] 图 〔지질〕 히스토솔, 유기질 토양.
his·to·tome [hístətòum] 图 =microtome.
his·tri·on [hístriàn/-triən] 图 배우(actor).
his·tri·on·ic [hìstriánik/-5n-] 图 1 배우의[와 같은]; (배우의) 연기의[와 같은]. 2 연극조의; 일부러 꾸민, 젠체하는. (또는 **histrionical**) — 图 1 배우, 연기자. 2 (~s) 〔단·복수 양용〕연극; 연출법; 연극조의 말[행동]. **-i·cal·ly** 图
histriónic personálity disórder 图 〔정신의학〕 연기성(演技性) 인격 장애(히스테리의 임상명).
his·tri·on·ics [hìstriániks/-5n-] 图 U 〔단·복수 양용〕 연극; 연기; 꾸민 듯한[연극 같은] 행동[말투].
his·tri·on·ism [hístriənìzm] 图 연극조의 언동.
‡**hit** [hit] 图 (~; **~·ting**) 图 1 (사람·물건 등)을 (⋯으로) 때리다, 치다(with); (몸의 일부)를 때리다(on, in, across); ⇒ BEAT 〔유의어〕 ¶ ~ a ball with a bat 배트로 공을 치다/~ a person on the head [in the face] 남의 머리[얼굴]를 때리다/~ a person a blow 남에게 한 방 먹이다.
2 (사람·물건·차 등이) ⋯에 부딪치다, 충돌하다; (물건)을 (⋯에) 부딪치다, 충돌시키다(against, on). ¶ get ~ by a truck 트럭에 받히다/~ one's head against the door 머리를 문에 부딪치다.
3 (탄환·화살 등이) 〔표적〕에 명중하다, (몸의 일부에) 맞다(in, on); ⋯에 써서 맞히다, (표적)에 명중시키다. ¶ ~ the target 과녁에 명중하다/I'm ~. 나 총 맞았어!
4 a) 〔야구〕 (안타 따위)를 때리다, (안타를 쳐) (⋯루)로 나가다; (타자) ⋯에게 몸에 맞는 공을 허용하다. ¶ ~ three consecutive homers 3연속 홈런을 치다. b) 〔크리켓〕(쳐서) 〔득점〕을 올리다. c) (방향을 나타내는 분사(구)와 함께) ⋯쪽 날리다. ¶ ~ a ball onto the green (골프에서) 공을 그린에 올려 놓다.
5 (종종 hard, badly와 함께) ⋯에 (물적〔정신적〕) 타격을 주다, 영향을 끼치다; (천재 따위가) 〔사람·장소〕를 엄습[공격]하다; (언동 따위)⋯을 괴롭히다, 감정을 상하게 하다; ⋯을 혹평하다, 신랄하게 비판[공격]하다. ¶ a town hard ~ by the floods 홍수로 큰 피해를 입은 도시 / ~ the bread-and-butter issues of inflation 일상 생활과 직결되는 인플레이션 문제를 공격하다.
6 a) (수량·수준·정도 따위에) 이르다, 도달하다. ¶ a new high[low] 최고[최저] 기록을 갱신하다/~ the top as a boxer 권투 챔피언이 되다. b) 〔구어〕 〔장소〕에 도착하다, 닿다; 〔길〕을 가다. ¶ When does she ~ town? 그녀는 시내에 언제 도착하지?
7 (우연히) 〔길·해답 따위〕를 발견하다; 〔답 따위〕를 제대로 〔옳게〕 알아내다(off); ⋯와 마주치다, 만나다. ¶ ~ the right path 바른 길로 나서다/He ~ a run of bad luck. 그는 계속되는 불운을 겪었다. 8 〔취향 따위〕에 딱 들어맞다. ¶ ~ a person's fancy 취향에 맞다/~ public taste 대중의 기호에 딱 들어맞다. 9 ⋯에게 (빛·취직 따위)를 부탁하다, 요구하다(up) (for); 〔구어〕 ⋯에게 (벌금·세금 따위)를 부과하다(with), ¶ (~ +图+前+图) He ~ his friend for 100 dollars. 그는 친구에게 100달러를 부탁했다. 10 (기사 등이) ⋯에 보도[실리다]; (상품 따위가) ⋯에 출시되다. ¶ ~ the front page 제1면에 실리다. 11 〔구어〕 (생각이) ⋯에게 문득 떠오르다. ¶ A good idea ~ him. 그에게 좋은 생각이 떠올랐다. 12 〔美구어〕 ⋯을 정확히 맞추다[표현하다(off). ¶ ~ a likeness in a portrait 실물 그대로 초상화를 그리다. 13 〔美속어〕 ⋯에게 (카드놀이) 패·음료수·요리 등을 나눠주다(with), 14 〔구어〕 (만지거나) 충격을 가해서) ⋯을 작동시키다. ¶ ~ the lights 불을 켜다. 15 〔美속어〕 (은행 따위)를 털다, ⋯을 강탈하다. 16 〔美구어〕 ⋯으로 떠나다, 출발하다. ¶ Let's ~ the town. 자, 시내로 가자. 17 〔美속어〕 ⋯을 죽이다 (* 마피아의 용어). 18 〔美속어〕 ⋯에게 마약을 주사하다; 〔술 따위〕에 빠지다. 19 (재비 따위에서) 맞히다. 20 〔참고 문헌 따위〕를 뒤져 보다; 〔컴퓨터〕 〔인터넷〕을 검색하다. ¶ ~ a couple of reference books 몇 권의 참고 문헌을 뒤지다. 21 〔美속어〕 (파티·수업 따위)에 불쑥 들르다.
— 图 1 치다, 쏘다, 겨누어 치다; 치고 덤비다(out) (at). ¶ (~+前+图) ~ at a mark 과녁을 (겨누어) 쏘다. 2 부딪치다, 충돌하다(against, on, upon), 3 (적이) 공격하다; (태풍 따위가) 엄습하다. 4 마주치다; 우연히 발견하다; 생각나다, 알아맞히다(on, upon). ¶ (~+前+图) ~ upon a good plan 좋은 계획이 생각나다. 5 (재비 따위에서) 당첨되다. 6 (경기에서) 득점

다; 〔야구〕 안타를 치다. **7** (내연 기관이) 점화되다. **8** (물고기가) 미끼를 물다. **9** 《美속어》 마약을 주사하다.

be hard hit 타격을 받다.

be hit by a pitch 〔야구〕 투구에 맞다.

go in and hit 경기[시합] 진행을 빨리하다[서두르다].

hit a likeness 흡사하게 하다. ⇨[타] 12.

hit and run ⇨HIT AND RUN.

hit *a person* ***below the belt*** 〔권투〕 벨트라인 아래를 치다(반칙 행위); 비겁한 행위를 하다.

hit *a person* ***for*** 남에게 …을 요구[부탁]하다. ⇨[타] 9.

hit *a person* ***for six*** 《英구어》 〔남〕을 (의론 따위에서) 찍소리 못하게 만들다.

hit *a person* ***in the eye*** 남의 눈을 때리다; 거절하다; 남의 눈을 끌다.

hit *a person* ***right*** 남의 마음에 들다.

hit *a person* ***(right) between the eyes*** 《구어》 강렬한 인상을 주다, 〔남〕을 크게 놀래다.

hit *a person* ***when*** *he* ***is down*** 〔권투〕 넘어진 상대방을 치다; 비겁한 행위를 하다.

hit *a person* ***where*** *he* ***lives*** 남을 심하게 모욕하다; 남의 아픈 곳을 찌르다.

hit *a person* ***where it hurts (most)*** 남의 (가장 큰) 약점을 찌르다; (여성이) (자신을 지키기 위해) 남자의 샅[급소]을 세게 치다.

hit *a person* ***with*** 남에게 〔안건〕을 내다, 제시하다.

hit at =*hit out at*.

hit back (남에게) 보복하다, 반박하다 (*at*); (…에) 항거하다(*against*); 〔남〕을 되받아치다, 반격하다.

hit bottom (경기 따위가) 밑바닥까지 내려가다; 최악의 상태가 되다.

hit for 《美속어》 …으로[…을 향해] 출발하다[떠나다].

hit for the cycle 〔야구〕 사이클 히트를 치다.

hit home ⇨HOME.

hit it ① 알아맞히다. ¶You've ～ *it*. 바로 맞혔다. ② 문제를 풀다. ③ 《美》 질주하다, 나아가다. ④ 《속어》 연주를 시작하다.

hit it big 《구어》 성공하다, 잘 되어가다.

hit it off badly 사이가 나쁘다 (*with*).

hit it off (well) ① 《구어》 사이좋게 지내다, 뜻이 맞다 (*with*). ¶He ～ *it off well with* the new roommate. 그는 새 룸메이트와 뜻이 맞았다. ② 《속어》 (모임 따위에) 받아들여지다, (지위에) 적합하다. ③ 《속어》 =*hit it big*.

hit [or ***strike***] ***it rich*** ① 노다지를 캐다, 풍부한 광맥[유정]을 발견하다. ② 횡재하다, 떼돈 벌다.

hit it up ① 서두르다, 급히 가다; 분발하다, 힘쓰다. ② 《속어》 악기를 타다; 연주하다.

hit off ① (요령있게) …을 표현하다; 흉내내다. ② …을 즉석에서 만들다. ③ …을 찾아내다, 발견하다. ¶～ *off* a trail at last 마침내 길을 찾아내다. ④ 조화되다, 적합하다. ⑤ (회의 따위를) …으로 시작하다(*with*).

hit on [or ***upon***] ① (…에) 부딪치다, 충돌하다; 명중하다. ② 우연히 발견하다; 〔묘안 따위〕가 생각나다, 떠오르다. ③ (내연 기관이) 연료에 점화하다. ④ 《美속어》 …에게 요구하다, 졸라대다; 〔여성〕에게 끈덕지게 구애하다. ⑤ 《美속어》 훔치다. ⑥ 〔남〕을 괴롭히다, 놀리고 업신여기다.

hit on all six; hit on all (four) cylinders 《美구어》 잘 달리다; 원활하게 진행하다, 잘 해내다.

hit on the nose 《속어》 알아맞히다.

hit or miss 되든 안 되든, 운에 맡기고.

hit out (주먹으로) 거세게 공격[반격]하다; 출발하다, 기세좋게 나아가다(*for*).

hit out at [or ***against***] …을 주먹으로 때리다; …을 비웃다, 혹평하다.

hit the air 방송되다.

hit the ball 《美속어》 급히 가다; 열심히 일하다.

hit the books 《구어》 열심히 공부하다.

hit the booze [or ***bottle, jug, pot***] 《속어》 폭음하다.

hit the bricks ⇨BRICK.

hit the ceiling 격노하다, 길길이 뛰다.

hit the fan (바람직하지 못한) 중대한 영향을 끼치다.

hit the ground running 《英》 새로운 사업을 시작하다.

hit the hay [or ***sack***] 《속어》 자다.

hit the headlines 대서특필되다, 널리 알려지다, 유명해지다.

hit the jackpot ⇨JACKPOT.

hit the papers 신문에 실리다[발표되다].

hit the pipe 《속어》 아편을 피우다.

hit the road [or ***trail***] 《속어》 출발하다, 길을 떠나다.

hit the spot 《구어》 만족시키다.

hit up 〔크리켓〕 득점하다; …을 재촉하다; 〔공 따위〕를 쳐 올리다.

hit up *a person* ***for*** 남에게 …을 부탁하다.

not [or ***never***] ***know*** [or ***wonder***] ***what hit*** *one* 《구어》 (뜻하지 않게) 살해당하다; 낭패를 보다.

—[명] **1** 부딪치기, 충돌; 타격, 격돌; 적중(타); 명중(탄). **2** 행운; (흥행 따위의) 히트, 성공; 인기인, 히트 작품[곡]. **3** (풍자·비난 따위의) 일격; 핵심[급소]을 찌르는 말[풍자]; 잘 맞아떨어진 추측. **4** 〔야구〕 히트, 안타. **5** 《美속어》 마약 1회분, 마리화나 한 대; 술 한잔; (약물 따위에) 취하기, 황홀, 도취. **6** 《美속어》 살인, 살해; 습격, 강탈. **7** (서양 주사위놀이에서) 상대의 말을 쫓아내고 이긴 게임; 이긴 게임. **8** 〔컴퓨터〕 적중(두 개의 데이터의 비교·조회가 바르게 행해짐).

make a great [or ***big***] ***hit*** 크게 히트하다, 큰 이익을 얻다.

make a hit ① 용케 알아맞히다, 성공하다. ② 《속어》 죽이다; 훔치다.

make [or ***score, be***] ***a hit with*** …에게 크게 호평받다; (투기 따위가) …에 적중하다.

∠·less, ∠·ta·ble [형]

hit-and-miss [∠ənmís] [형] 일관성이 없는; 되는 대로의. ¶in a ～ fashion 계획성 없이, 마구잡이로.

hít-and-míss wìndow [명] 〔건축〕 주마창(走馬窓).

hít and rún [명] **1** (자동차 따위의) 치고 달아나기, 뺑소니; (시합·전투 따위에서) 치고 빠져 나오기, 기습전. **2** 〔야구〕 히트앤드런, 치고 달리기.

hit-and-run [∠ənrʌ́n] [형] **1** 차로 사람을 치고 도망치는. ¶a ～ car [accident] 뺑소니차[사고]. **2** 〔야구〕 히트앤드런의. **3** 〔군사〕 전격적인, 재빠른. —[동][자] 〔야구〕 히트앤드런을 시도[감행]하다. **～·ner** [명]

hít-and-rún dríver [명] 뺑소니 운전사[자].

hít-and-rún pláy [명] 히트앤드런[치고 달리기] 작전.

hít bátsman [명] 〔야구〕 투구에 맞고 1루에 진출한 타자. (⦅약⦆ HBP).

hít by the pítch [명] 〔야구〕 몸에 맞는 볼, 사구(死球)

***hitch**[1] [hitʃ] [동][타] **1** 〔소·말〕을 매다, (수레 따위에) 연결하다(*up*) (*to*). ¶He ～*ed up* a horse *to* the wagon. 그는 말을 짐마차에 매었다. **2** …을 홱 끌어올리다(*up*); 홱 움직이다. ¶～ *up* one's trousers 바지를 추켜올리다 // (～+[目]+[前]+[名]) She ～*ed* her chair *to* the table. 그녀는 의자를 테이블로 끌어당겼다. **3** …을 (갈고리·밧줄 따위로) 걸다. **4** (작품 속에) …을 끌어넣다, 끼워넣다 (*into*). ¶(～+[目]+[前]+[名]) ～ an incident *into* one's book 책 속에 한 사건을 담다. **5** 《美속어》 《보통 수동형으로》 …을 결혼시키다. ¶be [*or* get] ～*ed* 결혼하다. —[자] **1** 걸리다; 얽히다 (*on*). ¶My sleeves ～*ed on* a nail. 소매가 못에 걸렸다. **2** 말을 수레에 매다(*up*). **3** 홱 움직이다. **4** 절름거리다 (*along*). **5** 《美속어》 결혼하다(*up*). **6** 사이좋게 해나가다, 타협이 되다, 협조[협력]하다.

hitch horses together 《고어》 사이좋게 해나가다.

hitch on 함께 해나가다.

hitch *one's* ***wagon to a star*** 대망을 품다.

hitch up ① 휙 끌어올리다. ② 〔말 따위〕를 수레에 매다. ③ 《속어》 결혼하다.

—[명] **1** (소·말 따위를) 매기. **2** 홱 당기기[움직이기]; (동작의) 급격한 정지. ¶He gave his trousers a ～. 그

는 바지를 걸어올렸다. **3** (계획 따위의) 연기, 중단, 장애, 걸림돌 (*in*): 절뚝거림. ¶a technical ~ (기기 고장에 의한) 일시 정지/a ~ *in* one's plan 계획상의 걸림. **4** 연결부; [해사] 결삭(結索), 옭아매기; 걸림: 얽힘. **5** [美구어] 병역 복무 기간; 복역 기간. **6** [채광] 소(小)단층(채굴 탄층의 두께보다 작은 낙차의 단층); 받침.
without a hitch 술술, 거침없이. [구멍.
hitch² 잉어과(科)의 작은 물고기.
hitch³ 困固 [구어] 히치하이크(하다)(hitchhike).
hitch a ride [or *lift*] 차에 편승하다, 히치하이크하다.
∠-er

Hitch·cock [hítʃkɑk/-kɔk] 困 Alfred (Joseph) ~ 히치콕(1899-1980: 영국 태생의 영화 감독; 서스펜스 영화의 거장). ∠·**cóck·ian** [은 의자).
Hítchcock cháir 困 히치콕 체어(팔걸이가 없는 작

‡**hitch·hike** [hítʃhàik] 困 [美구어] 困 (~*d* [-t]; -*hik·ing*) 困 히치하이크하다, 지나가는 차에 편승하다. — 困 히치하이크로 [여행 따위를] 하다. — 困 **1** 히치하이크, 자동차 편승 여행. **2** (라디오·TV의 인기 프로 직후에 넣는) 스폿 광고 방송. -*hik·ing*
hitch·hik·er [-hàikər] 困 **1** 자동차 편승 여행자, 무전 여행자. **2** =hitchhike 2.
hítchhiker's thúmb 困 자동차 편승 여행자의 엄지 손가락(세워서 가려는 방향을 가리킨다). [말뚝.
hítch·ing pòst [hítʃiŋ-] 困 (말·노새 따위를 매는
hitch·y [hítʃi] 困 휙 움직이는; [속어] 신경질적인; 안달복달하는. **hitch·i·ly** 困 **hitch·i·ness** 困
hi-tech [ték] 困 困 [구어] =high-tech.
hit·fest [hítfest] 困 [속어] [야구] 타격[난타]전.

***hith·er** [híðər] 困 이리로, 여기로(here). 困 thither
¶Come ~ 이리 오너라.
hither and thither [or *yon, yond*] 여기저기로[에].
— 困 이쪽의, 이쪽 방향의. [의.
on the hither side of …이쪽 편의; (나이가) …안쪽
hith·er·most [híðərmòust] 困 가장 가까운.
*‡**hith·er·to** [híðərtúː] 困 **1** 지금까지, 여태까지. ¶an island ~ unknown to the world 지금까지 세상에 알려지지 않았던 섬. **2** [고어] 여기까지. 困 지금까지의.
hith·er·ward(s) [híðərwərd(z)] 困 [고어] 이쪽(편)으로(hither).
Hit·ler [hítlər] 困 **1** Adolf ~ 히틀러(1889-1945: 나치스의 지도자; 독일의 총통(1934-45)). **2** (일반적으로)
Hit·le·ri·an [hitlíəriən] 困 [로] 독재자.
Hit·ler·ism [hítlərìzm] 困 困 히틀러주의(독일 국가 사회당의 정책)(Nazism).
Hit·ler·ite [hítləràit] 困 히틀러주의자; (~s) 독일 국가 사회당원(Nazis). — 困 히틀러(주의[정권])의, 독일 국가 사회당의.
Hítler's Wár 困 [英] 제2차 세계 대전의 별칭.
hít list 困 암살[공격] 대상자 명단; (사람·사물 등의) 정리 대상 리스트; (일반적으로) 대상자 명단 (*for*).
hít màn 困 [美속어] 청부 살인자, 암살자; 난폭한 선수; 궂은 일을 맡아 처리하는 부하. (또는 **hítman**)
hit-or-miss [∠ərmís] 困 경솔한, 계획성이 없는; 되는 대로의, 엉터리의.
hít paràde 困 (가요곡의) 히트 퍼레이드, 인기 순위 (표); [속어] 좋아하는 대상의 리스트.
hit-run [∠rÁn] 困 =hit-and-run 1, 3.
hit-skip [∠skíp] 困 [美] = hit-and-run 1.
hít sòng 困 히트송. [집단.
hít squàd[tèam] 困 (美) 암살단; 테러리스트
hit·ter [hítər] 困 **1** 치는 사람[것]; 타자(打者). **2** = hit man.
hít théory 困 [생물] 표적설(標的說), 충격설(세포의 특정 부위에 방사선이 통해 세포에 변화가 일어난다는 설).
hít·ting strèak [hítiŋ-] 困 [야구] 연속 안타.
Hit·tite [hítait] 困 **1** 히타이트인(人)(소아시아의 고대 민족); [성서] 헷 사람. **2** 困 히타이트 말(상형 문자를

사용). — 困 히타이트 사람[말]의.
Hit·tit·ol·o·gy [hitaitáləʤi/-tɔ́l-] 困 히타이트학.
hít wòman 困 (속어) 여자 살인자 청부업자.
HIV *h*uman *i*mmunodeficiency *v*irus(인체 면역 결핍 바이러스, AIDS 바이러스). ¶~ infectious disease HIV감염증, 에이즈(AIDS).

‡**hive** [haiv] 困 (~*s* [-z]) **1** 벌통, 벌집(beehive). **2** (단·복수 양용) (한 벌통에 사는) 꿀벌떼. **3** 벌통 비슷한 것. **4** 와글와글하는 군중. **5** 분주한 장소, 붐비는 장소. ¶a ~ of industry [activity] 산업[활동]의 중심지.
— 困 (~*s* [-z]; ~*d*; hív·ing) 困 **1** [꿀벌]을 벌통에 모으다[넣다]; [꿀]을 벌통에 저장하다. **2** (사람)을 모아서 머무르게 하다[비호하다]. **3** (장래에 대비하여) …을 축적하다, 따로 간직해 두다(*up*). — 困 (꿀벌이) 벌통에 들어가다; 벌통에서 살다; 떼지어 살다(*up*).
hive off ① (일부의 벌이 집단(分蜂)하다. ② (비유적) (단체가) 분리되어 딴 곳으로 옮기다. ② [英구어] 급히 사라지다, 떠나다. ③ (회사를 그만두고) 새 사업을 시작하다. ④ 하청 공장으로 돌리다. ⑤ [산업]을 민영화하다.
∠·**less**, ∠·**like** **hív·er** 困
híve bèe 困 꿀벌(honeybee).
hive-off [∠ɔ̀:f] 困 [英] [상업] =spin-off 1.
hives [haivz] 困 (단·복수 양용) [병리] 발진, 두드러기(urticaria); [英] 위막성(僞膜性) 후두염.
Hi·vite [háivait] 困 히비인(人)(이스라엘인에게 정복된 Canaan의 선주(先住) 고대 민족).
HIV-neg·a·tive [-négətiv] 困 HIV 음성(陰性)의.
HIV-pos·i·tive [-pázətiv/-pɔ́z-] 困 HIV 양성의.
hi·ya [háijə] 困 [美구어] 안녕, 야아(인사말). ¶H~, chum. What are you doing? 여, 친구. 뭘 하나? (또는 **hí ya**) 〈How are you?의 전화(轉化)〉
Hiz·bol·lah [hizbəlá:] 困 =Hezbollah.
hiz·zon·er [hízənər] 困 [美속어] 시장, 읍장, 촌장.
H.J.(S.) [라틴] *hic jacet* (*sepultus*) = here lies (buried)(여기 묻혀) 잠들다. **HK** Hong Kong; House of Keys. **HKJ** (국제 자동차 식별 기호) Hashemite Kingdom of Jordan. **hl, hL, hl.** hectoliter(s). **H.L.** (英) House of Lords(상원).
HLA (면역) *h*uman *l*eukocyte *a*ntigen(인체 백혈구 항원). **HLF** *H*eart and *L*ung *F*oundation.
H.L.L.V. *h*eavy-*l*ift *l*aunch *v*ehicle(대중량(大重量) 발사 로켓). **hlqn.** harlequin. **HLZ** *h*elicopter *l*anding *z*one.
h'm [hmm, m] 困 홈, 흐음. (또는 **hmm**)
hm hectometer(s). **HM, H.M.** hallmark; handmade; hazardous materials; headmaster; headmistress; *His* [*or* Her] *Majesty*(陛下). **HMA** (컴퓨터) *h*igh *m*emory *a*rea. **H.M.A.S.** *His* [*or* Her] *Majesty's Australian Ship*(오스트레일리아 군함).
H.M.B.S. *His* [*or* Her] *Majesty's British Ship*(영국 군함). **H.M.C.** *Headmasters' Conference*; *h*eroin, *m*orphine, *c*ocaine. **H.M.C.S.** *His* [*or* Her] *Majesty's Canadian Ship*(캐나다 군함). **HMD, hmd** *h*ead *m*ounted *d*isplay(헤드 마운트 표시 장치); *h*yaline *m*embrane *d*isease. **H.M.N.Z.S.** *His* [*or* Her] *Majesty's New Zealand Ship*(뉴질랜드 군함). **HMO** (美) *h*ealth *m*aintenance *o*rganization(건강 관리 의료 단체). **H.M.S.** *His* [*or* Her] *Majesty's Service*(관용(우편물에 인쇄하는 문구)); *His* [*or* Her] *Majesty's Ship*(영국 군함). **HMSO** (英) *H*er *M*ajesty's *S*tationery *O*ffice(정부 간행물 출판국). **HMW-HDPE** *h*igh-*m*olecular-*w*eight *h*igh-*d*ensity *p*oly*e*thylene(고분자량 고밀도 폴리에틸렌). **HN** *h*ead *n*urse. **HNC** (英) *H*igher *N*ational *C*ertificate(고등 2급 기술 검정 합격증). **HND** (英) *H*igher *N*ational *D*iploma(고등 1급 기술 검정 합격증). **hndbk., HNDBK** handbook.
HnRNA *h*eteronuclear *RNA*(불균질핵(核) RNA).

hny honey.

***ho¹** [hou] 〖감〗 (주의·기쁨·으스댐·놀람·냉소 따위를 나타내어) 허어!, 여어!, 흥!. ¶*H*—, there! 여어, 이것 봐!/What ~! 허어, 뭐라고!/Westward ~! 〖항해〗

ho² [hou] 〖감〗 정지, 서; (말에게) 워. [자아 서쪽으로.

ho³ [hɔː] 〖명〗 〖美俗〗 창녀, 매춘부(whore).

Ho 〖기〗 〖화학〗 holmium.

H.O. Head[Home] Office(본점, 본사).

ho·ac·tzin [houǽktsin, wάːk-] 〖명〗 =hoatzin.

hoa·gy [hóugi] 〖명〗 〖美동북부〗 =submarine[hero] sandwich. (또는 **hoagie**)

hoar [hɔːr] 〖형〗 (노인의 머리카락 따위가) 회색의, 회백색의; 백발의(hoary); 서리로 덮인; (방언) 케케묵은.
— 〖명〗U 서리; 백발(의 상태); 희게 보이는 것.

***hoard** [hɔːrd] 〖명〗 (재화·보물의) 비장(秘藏), 저장; 매점(買占); 매점물, 저장물; (지식 따위의) 축적, 보고. ¶*a* ~ *of gold* 쌓아둔 금. — 〖타〗 …을 (몰래) 저장하다(*up*); …을 매점하다; …을 가슴에 간직하다. — 〖자〗 저장하다; 매점하다. **~·er** 〖명〗 **~·ing·ly** 〖부〗 매점하여, 탐내어.

hoard·ing¹ [hɔ́ːrdiŋ] 〖명〗U 비장(秘藏), 저장, 퇴장(退藏); 축적; 매점; (~s) 저장물, 축적물, 저금.

hoard·ing² [ ] 〖명〗 (건축 공사장 둘레의 일시적인) 판자 울타리; 〖英〗 광고 게시판(〖美〗 billboard).

hóarding càpital 〖명〗 〖경제〗 퇴장(退藏) 자본.

hoar·frost [hɔ́ːrfrɔ̀ːst] 〖명〗U 〖氣〗 흰서리.

hóarfrost pòint 〖氣象〗 서릿점.

hoar·hound [hɔ́ːrhàund] 〖명〗 =horehound.

***hoarse** [hɔːrs] 〖형〗 목쉰, 목선 소리의. ¶*shout oneself* ~ 목이 쉬도록 소리치다. **2** 귀에 거슬리는; 소란스러운. **~·ly** 〖부〗 **~·ness** 〖명〗

hoars·en [hɔ́ːrsn] 〖타〗 (목소리를) 쉬게 하다; (사람을) 목쉬게 하다. — 〖자〗 (목소리가) 쉬다.

hoar·stone [hɔ́ːrstòun] 〖명〗 〖英〗 (태고로부터 있는) 경계석, (고대에 세워진) 기념석(비).

***hoar·y** [hɔ́ːri] 〖형〗 **1** 흰, 회색의; (늙어서) 백발의. ¶*a* ~ *hair* 백발. **2** 오래된, 고색창연하고 거룩한. **3** 진부한; 생기가 없는. **hóar·i·ly** 〖부〗 **hóar·i·ness** 〖명〗

hoar·y-eyed [-áid] 〖형〗 〖俗〗 술취한. [머리의]

hoar·y-head·ed [-hèdid] 〖형〗 (늙어서) 백발의, 흰

ho·at·zin [houǽtsin, wάːt-] 〖명〗 〖조류〗 호아친(남미산(産)의 뱀 먹는 새).

hoax [houks] 〖명〗 속이기, 짓궂은 장난; 날조, 조작.
play a hoax on … 〖남〗을 속이다, 골탕먹이다; …에게 짓궂은 장난을 치다; …을 속여서 (…하게) 하다(*into doing*).
~·er 〖명〗

hóax càll 〖명〗 장난 전화(거짓 화재 신고 따위).

hob¹ [hab/hɔb] 〖명〗 **1** 벽난로 안쪽의 시렁. **2** (쇠고리 던지기 놀이의) 표적 기둥; 표적 기둥을 세워 놓고 하는 놀이. **3** 〖기계〗 호브(톱니 내는 연장); 금속용의 압형.
on the hob 〖英俗〗 금주하여.
— 〖타〗 (-*bb*-) (…을) 호브로 자르다.
~·ber, **~·bing** 〖명〗

hob² 〖명〗 **1** 장난꾸러기 꼬마 요정(妖精)(hobgoblin, elf). **2** 〖美〗 시골뜨기. **3** 〖미〗 족제비의 수컷. **4** 〖구어〗 장난.
play hob with 〖구어〗 …에 장난을 치다, 해를 끼치다.
raise hob with 〖구어〗 …을 어지럽히다(망가뜨리다).
~·like 〖형〗

hob-and-nob [´-nɑ̀b/-nɔ̀b] 〖형〗 친한, 사이가 좋

hob·ba·de·hoy [hábədihɔ̀i] 〖명〗 〖고어〗 =hobbledehoy. (또는 **hobbadyhoy**)

Hobbes [hɑbz/hɔbz] 〖명〗 **Thomas ~** 홉스 (1588-1679: 영국의 철학자·사상가). **~·i·an** 〖형명〗

Hob·bism [hάbizm/hɔ́b-] 〖명〗 홉스의 철학(주권자의 의지에 절대 복종함으로써 공안이 유지된다는 주장).
-bist 〖명〗 **Hob·bís·ti·cal** 〖형〗

Hob·bit [hábit/hɔ́b-] 〖명〗 (때로 h—) 호빗(영국의 작가 J.R.R. Tolkien(1892-1973)의 *The Hobbit*에 나오는 소인족 사람). **~·ry** 〖명〗

***hob·ble** [hábl/hɔ́bl] 〖자자〗 절름거리다, 절름절름 걷다(*about, away, along*); (말씨가) 더듬거리다; (시의) 운율이 맞지 않다; (화살이 날면서) 흔들리다. — 〖타〗 …을 절름거리게 하다; (말) 의 두 다리를 묶어 걷지 못하도록 하다; …을 난처하게 하다, 방해하다.
— 〖명〗 절름거림; (말의) 다리를 묶는 줄〖밧줄〗, 족쇄; (드물게) 장애물; 〖고어〗 곤경, 난처함.
be in [or *get into*] *a nice hobble* 곤경에 빠져 꼼짝 못하다(되)다.
-bler 〖명〗 절름거리는 사람(짐승).

hob·ble·de·hoy [hábldihɔ̀i/hɔ́bldihɔ̀i] 〖명〗 풋내기; 약지 못한 청년; (구어) 촌스러운.

hóbble skìrt 〖명〗 호블 스커트(단이 아주 좁은 스커트).

‡**hob·by¹** [hábi/hɔ́bi] 〖명〗 (복 *-bies* [-z]) **1** 취미, 도락; 특기, 잡기, 십팔번. ⇨RECREATION 〖유의어〗 ¶*My* ~ *is growing roses.* 내 취미는 장미 재배이다. **2** =hobbyhorse. **3** (속어) 참고서(pony). **4** (고어) 작은 말.
make a hobby of … …을 취미로 삼다.
ride [or *mount*] *a* [or *one's*] *hobby* (*to death*) (싫증나도록) 제 재주만 부리다, 자기 자랑을 계속하다.
~·ist 〖명〗 취미에 열중하는 사람. **~·less** 〖형〗

hob·by² 〖명〗 〖조류〗 새호리기.

hóbby compùter 〖명〗 취미용 컴퓨터.

hob·by·horse [hábihɔ̀ːrs/hɔ́bi-] 〖명〗 **1** (막대 끝에 말머리가 달린) 목마; (회전 목마의) 목마, 흔들 목마 (rocking horse). **2** (모리스 댄스(morris dance)의 댄서가 쓰이는) 말의 상(像). **3** 가장 득의의 주제(長技).
ride a [or *one's*] *hobbyhorse* =*ride a* HOBBY.

hob·day [hábdei/hɔ́b-] 〖타〗 〖말의 호흡 장애〗를 (수술로) 치료하다. **~·ed** 〖형〗

hob·gob·lin [hábgàblin/hɔ́bgɔ̀b-] 〖명〗 도깨비 (bogy); 장난꾸러기 꼬마 요정; 개구쟁이.

hob·nail [hábnèil/hɔ́b-] 〖명〗 (구두의) 징; (천 따위의) 빽빽이 들어찬 작은 돌을 무늬(올); 〖고어〗 시골뜨기.

hob·nailed [hábnèild/hɔ́b-] 〖형〗 (구두에) 징을 박은. 징박은 구두를 신은; 시골뜨기의, 촌스러운.

hóbnail líver 〖병리〗 구두징간(肝)(간경변으로 표면이 울룩불룩한 간). (또는 **hóbnailed líver**)

hob·nob [hábnàb/hɔ́bnɔ̀b] 〖자〗 (-*bb*-) (종종 경멸적) (…와) 친하게 사귀다; 유쾌하게 담소하다 (*with*); (사이좋게) 술을 마시다. — 〖명〗 마음을 터놓은 이야기, 간담(懇談). — 〖부〗 멋대로; 무차별로. **~·ber** 〖명〗

ho·bo [hóubou] 〖명〗 (복 ~(*e*)*s*) 〖美〗 **1** 떠돌이, 부랑자. ⇨VAGABOND 〖유의어〗 떠돌이 노동자, 뜨내기 일꾼. (또는 **bo**) **2** (또는 ~ **bàg**) 어깨에 매는 긴 자루(떠돌이들이 흔히 메고 다님). **3** 부랑 생활을 하다. — 〖자〗 (~ *it*, ~ *one's way*로) 떠돌이[부랑] 생활을 하다.
~·dom 〖명〗 부랑자의 세계. **~·ètte** 〖명〗 여자 hobo. **~·ism** 〖명〗 부랑 생활.

ho·boe [hóubou] 〖명〗 =oboe. (또는 **hoboy**)

hóbo jùngle 〖美俗〗 실업가, 빈민가.

Hob·son-Jób·son [hábsndʒábsn/hɔ́bsndʒɔ́b-] 〖명〗 홉슨 좁슨 법칙(어떤 언어의 어구(語句)를 다른 언어에 도입할 때 그 음을 자기(自)체계의 말자 처리함).

Hób·son's chóice [hábsnz-/hɔ́b-] 〖명〗 선택권[발언권]이 없는 선택, 마음대로 고를 수 없는 선택.
[<손님에게 말의 선택을 허용하지 않은 영국의 마차 임대업자 Thomas Hobson(1544?-1631)]

Ho Chi Minh [hóu tʃìː mín] 〖명〗 **1** 호치민(胡志明)(1890?-1969: 북베트남의 혁명가·대통령(1945-69)). **2** (또는 ~ **City**) 호치민 시(옛 Saigon).

Hó Chì Mính Tráil 〖명〗 호치민 루트(통로) (베트남 전쟁시 북베트남의 남베트남행 게릴라·물자 보급로).

hock¹ [hak/hɔk] 〖명〗 **1** (네발 짐승의) 뒷다리 무릎, 뒷다리 복사뼈 관절. ⇨COW¹, DOG 그림. **2** 닭의 무릎; (돼지의) 다릿살; (속어) 발(foot). — 〖타〗 …의 무릎 힘줄을 자르다[잘라서 불구로 만들다].

hock² 몡 (종종 H-) ⓒⓤ (英) 라인 지방산(產) 백포도주; (일반적으로) 쌉쌀한 백포도주. [<G 독일 Hesse주의 마을의 이름]

hock³ 图 (구어) 图函 …을 저당잡히다(pawn). — 몡ⓤ 저당(잡힌 상태), 담보; 빚, 부채; 교도소.
in hock 저당잡혀; 빚을 져서; 투옥되어.
out of hock 저당에서 빼내어; 빚지지 않은.
∠·a·ble ∠·er [<Yid]

hock⁴ 图函 (美속어) …을 괴롭히다. (또는 hok)

hock·et [hákət/hɔ́k-] 몡 (음악) 호케트(중세의 다성(多聲) 음악에 쓰인 기법의 하나). (또는 ho·quet)

‡**hock·ey** [háki/hɔ́ki] 몡 1 ⓤ 하키(field ~). (美) 아이스하키(ice ~). 2 =~ stick. ~·ist 몡 하키 선수.

hóckey pùck 몡 하키용 퍽; (美속어) 햄버거.
hóckey skàte 몡 아이스하키용 스케이트화(靴).
hóckey stick 몡 하키용 스틱.

hock·le [hákl/hɔ́kl] 图函 1 (쓰고 있는 동안에 로프의 올이) 늘어져서 꼬이다. 2 (英속어) 기침을 하여 침 · 가래를 뱉다.

hock·shop [hákʃàp/hɔ́kʃɔ̀p] 몡 (美속어) 전당포.

hock·y [háki/hɔ́ki] 몡 (구어) 엉터리, 허풍; (비어) 정액(精液); 맛없는 음식; 똥. (또는 hockie)

hoc tap [hák tǽp, -tǽp/hɔ́k tǽp, -tɔ́p] 몡 (공산화 후의 강제적인) 정치 재교육[학습]. [<Vietnamese]

ho·cus [hóukəs] 图 (-s-, (英) -ss-) 1 …을 속이다, 속여넘기다. 2 …에게 마취제를 탄 음료를 먹여서 잠들게 하다; (음료)에 마취제를 타다(drug). — 몡 마취제가 든 술; 사기; 사기꾼.

ho·cus-po·cus [-póukəs] 몡ⓤ 1 (마술사 등의) 들에 마당한 말, 주문(呪文). 2 요술, 마술. 3 (속이기 위한) 터무니없는 말[행동]; 속임수. 4 (페어) ⓒ 마술사, 요술사. — 图 (-s-, (英) -ss-) (…을) 속이다, 속여넘기다; 요술을 부리다. [<옛날에 요술쟁이가 주문을 시작할 때 쓴 라틴어 비슷한 상투적 문구에서]

hod [had/hɔd] 몡 1 호드(회반죽·벽돌 등을 담아 어깨에 메고 나르는 자루가 긴 목제 도구); (美) 석탄통(coal scuttle). 2 (美속어) (택시 기사 사이에서) 흑인 승객.

ho·dad [hóudæd] 몡 (美속어) 해변에서 서퍼(surfer)인 체하는 사람, 파도타기가 서투른 사람; (스포츠) 자기는 못하면서 선수 주변에서 떠드는 사람; 아는 체하는 녀석.

hód càrrier 몡 hod 운반 인부(英 hodman); 벽돌공 조수.

hod·den [hádn/hɔ́dn] 몡ⓤⓒ (스코) (손으로 짠) 거친 나사천. (또는 hoddin)

hodge [hadʒ/hɔdʒ] 몡 (英) 농부; (농가의) 머슴.

hodge·podge [hádʒpàdʒ/hɔ́dʒpɔ̀dʒ] 몡 뒤범벅, 잡탕(jumble). — 图函 …을 뒤범벅으로 만들다.

Hódg·kin's disèase [hádʒkinz-] 몡 (병리) 호지킨병(악성 임파종). [<영국의 의사 Thomas Hodgkin(1798-1866)의 이름]

ho·di·er·nal [hòudiə́rnl] 몡 오늘의, 현재의.

hod·man [hádmən/hɔ́d-] 몡 (英) 1 =hod carrier. 2 기계적으로 일하는 사람; 조수, 막일꾼; 하청 문필업자, 3류 문사[작가].

hod·o·graph [hádəgræf, -grà:f/hɔ́dəgrà:f] 몡 (수학·역학) 호도그래프, 속도도(速度圖).

ho·dom·e·ter [hadámətər/hɔdɔ́m-] 몡 (자동차의) 주행 거리계(odometer). **-try** 몡

***hoe** [hou] 몡 괭이; (괭이 모양의) 제초 기구.
— 图 …을 괭이로 파다, 괭이질하다; (잡초를) 괭이로 제거하다. — 图 괭이를 사용하다[로 김매다].
a hard [or *long*] *row to hoe* ⇒ROW¹.
hoe in [or *into*] (濠·뉴질 구어) 정신없이 먹다[먹기 시작하다]; 열심히 일하다.
∠·like 몡 **hó·er** 몡 괭이를 쓰는 사람; 제초 기구.

hoe·cake [hóukèik] 몡ⓤⓒ (美남부) 옥수수 빵(원래 hoe 위에 얹어서 구웠다).

hoe·down [hóudàun] 몡 1 활발하고 소란스러운 춤, 스퀘어(포크) 댄스; 이에 맞춘 민요; 이 춤을 추는 무도회. 2 (美속어) 시끄러운 일[사건]; 활발한 의론.

Hoff·man [háfmən/hɔ́f-] 몡 **Dustin (Lee)** ~ 호프만(1937-; 미국의 영화 배우).

*****hog** [hɔːg, hag/hɔg] 몡 1 (英) (다 자란) 돼지; (英) (거세한) 수퇘지, 육용 돼지. ⇒PIG 류의어. 2 (구어) (돼지처럼) 이기적인 사람, 탐욕스러운 사람; 대식가(大食家); 지저분한 사람. 3 (英방언) 아직 털을 깎은 적이 없는 1년생 양; 그 양에서 깎아낸 털. 4 (美) (배 밑 청소용) 브러시, 비. 5 (제지용) 펄프 교반기(攪拌機). 6 (美속어) 대형 오토바이(특히 Harley-Davidson); 대형차(특히 Cadillac); (鐵道) 기관차, 기관사. 7 (美속어) 경찰관; 죄수. 8 (美속어) 1달러.
a hog in armor 좋은 옷을 입고도 맵시가 나지 않는 사람; 볼품 없는 사람. ~없는.
as independent as a hog on ice 위태위태한; 겁 없는.
behave like a hog 되는대로[멋대로] 행동하다.
bring one's hogs to the wrong market ⇒MARKET.
eat like a hog (돼지처럼) 게걸스럽게 먹다.
go (the) whole hog ⇒WHOLE HOG.
like [or *as*] *a hog on ice* (美구어) 위태로운[불안정한, 어색한] 자세로.
live [or *eat*] *high off* [or *on*] *the hog* (구어) 사치스럽게 살다, 풍족한 생활을 하다.
low [*high*] *on the hog* (구어) 검소하게[사치스럽게].
make a hog of oneself (구어) 걸신들린 듯이 먹다.
on the hog (구어) 1 돌아다녀. 2 고장나서. 3 자금이 떨어져서, 파산해서, 무일푼이어서.
— 图 (-gg-) 图 (美속어) (돼지같이) …을 게걸스럽게 먹다; 을 제멋대로 다 차지하다, 독차지하다. (돼지같이) (등)을 둥글게 하다[구부리다]. 3 (말의 갈기·사람의 수염)을 짧게 깎다. 4 (배 밑)을 비로 청소하다. 5 (목재)을 조각내다(shred). 6 (배) 의 전파 교친을 방해하다. 1 (난파선의 중앙부가) 돼지 등같이 구부러지다. 2 (구어) 무모하게[버릇없이] 행동하다; 걸신들린 듯 먹다. 3 (구어) 자동차를 달리다. 「곳에서 생활하다.
hog it ① 버릇없이 굴다. ② 깊이 잠들다. ③ 불결한
hog the road (차로) 도로의 중앙을 달리다.
hog the whole show 좌지우지하다, 독단적으로 처리하다.
∠·like 몡

ho·gan [hóugɔːn/-gən] 몡 1 호간(북아메리카 인디언 Navaho족의 오두막). 2 (여성의) 풍만한 앞가슴.

Hó·gan's brickyard [hóugənz-] 몡 (美속어) 야구용 공터, 정지(整地) 상태가 좋지 않은 그라운드.

HO gauge 몡 HO 게이지(모형 철도의 16.5mm 궤간(軌間)). [<half+O gauge]

hog·back [hɔ́ːgbæk, hág-/hɔ́g-] 몡 가파른 산등성이.

hóg chólera 몡 돼지 콜레라(swine fever).

hog·fish [hɔ́ːgfìʃ, hág-/hɔ́g-] 몡 (어류) 서인도 제도산(產) 식용 바닷물고기; (북미산(產)) 농어과(科)의 민물고기; 미국 남부산 달강어의 일종. 「솟아오른.

hogged [hɔːgd, hagd/hɔgd] 몡 (배·도로가) 중앙이

hog·ger [hɔ́ːgər, hág-/hɔ́g-] 몡 1 hog 하는 사람[것], 2 (증기 기관차의) 기관사.

hog·ger·y [hɔ́ːgəri, hág-/hɔ́g-] 몡 (英) 양돈장; (집합적) 돼지; ⓤ 돼지 같은 행동[성격].

hog·get [hágit/hɔ́g-] 몡 (英방언) (속어) =hog 4.

hog·gin [hɔ́ːgin, hág-/hɔ́g-] 몡ⓤⓒ (英) (도로 공사용) 모래 섞인 자갈.

hog·gish [hɔ́ːgiʃ, hág-/hɔ́g-] 몡 1 돼지 같은, 이기적인; 탐욕스러운; 불결한. **~·ly** 图 **~·ness** 몡

hog·head [hɔ́ːgèd, hág-/hɔ́g-] 몡 =hogger 2. (또는 **hóg·jòcky**) 몡

hóg héaven 몡 (속어) 극락, 천국, 낙원. ¶ in ~ 하

hog·leath·er [hɔ́ːɡlèðər, hɑ́ɡ-/hɔ́ɡ-] 명U 돼지 가죽.
hog·ling [hɔ́ːɡliŋ, hɑ́ɡ-/hɔ́ɡ-] 명 (폐어) 새끼 돼지 (piglet); (英방언) 새끼 양.
Hog·ma·nay [hɑ̀ɡmənéi/hɔ́ɡmənèi] 명U (때로 h-) (스코) 섣달 그믐날(New Year's Eve); 섣달 그믐날 아이들에게 주는 과자; 섣달 그믐날의 축하.
hog·mane [hɔ́ːɡmèin, hɑ́ɡ-/hɔ́ɡ-] 명 (말의) 짧게 자른 갈기. **-maned** 형 갈기를 짧게 자른.
hog-nosed [-nòuzd] 형 돼지코의. 「일종.
hóg·nose(d) snàke [ー] (북미산(産)) 독 없는 뱀의
hog·nut [hɔ́ːɡnʌ̀t, hɑ́ɡ-/hɔ́ɡ-] 명 땅콩, 낙화생.
hóg pèanut 명 (식물) 아메리카 새콩.
hog·pen [hɔ́ːɡpèn, hɑ́ɡ-/hɔ́ɡ-] 명 (美) 돼지우리.
hog's-back [hɔ́ːɡzbæ̀k, hɑ́ɡz-/hɔ́ɡz-] 명 =hogback.
hóg scòre 명 컬링(curling)의 호그 스코어[라인] 적(tee) 앞 7야드 지점에 그어진 선).
hogs·head [hɔ́ːɡzhèd, hɑ́ɡz-/hɔ́ɡz-] 명 1 (63-140갤런들이) 큰 통. 2 호그즈헤드(액량(液量)의 단위; 63 미국 갤런, 52.5 영국 갤런에 해당; 약 hhd).
hóg shèer 명 (해사) 갑판의 현호(舷弧).
hóg's lèg (美속어) (큰) 권총. (또는 hóglèg)
hog·tie [hɔ́ːɡtài, hɑ́ɡ-/hɔ́ɡ-] 타 (동물의 네 발)을 묶다; …의 자유를 빼앗다, …을 속박하다; 방해하다.
hog·wash [hɔ́ːɡwɑ̀ʃ, hɑ́ɡ-/hɔ́ɡwɔ̀ʃ] 명U 1 (돼지에게 먹이는) 찌꺼기, 돼지 프뤌(swill). 2 가치없는 것; 시시한 이야기; 졸작; 어이없는 것.
hog·weed [hɔ́ːɡwìːd, hɑ́ɡ-/hɔ́ɡ-] 명 돼지풀이나 여뀌 따위 잡초의 총칭.
hog·wild [ー́wáild] 형 (美구어) 몹시 흥분한. ¶ go [or run] ～ 큰 소동을 벌이다.
hog-wrestle [ーrèsl] 명 (美) 상스러운 춤.
Ho·hen·zol·lern [hóuənzɑ̀lərn/-zɔ̀l-] 명 1 호엔촐레른 가(家)(독일의 왕가; 11세기에 시작되어 1871-1918년 동안 독일 제국을 지배).
Hoh·hot [hòuhóut] 명 =Huhehaote.
ho-ho [hóuhóu] 감 (놀람·칭찬·경멸 따위를 나타내어) 허허, 오오, 야아; (웃음소리로) 호호, 하하. (또는 **ho-ho-ho**) — (美속어) 동등한 젊은 여자.
Ho·ho·kam [həhóukəm] 명 호호컴 문화(미국 Arizona 주에서 450년경부터 1450년경까지 이어진 인디언의 농경 문화). ～ 호호컴 문화의.
ho-hum [hóuhʌ́m, ←́-] 감 아아 (하품 소리)(* 「하품하다」는 yawn). — 형 흥미 없는, 평범한, 시시한. — 동a …에 진절머리내다. — b 시시한 것.
hoick [hɔik] 동타 1 (英구어) …을 홱 잡아당기다[들어올리다]. 2 (비행기)를 급각도로 상승시키다. — 자 (비행기가) 급상승하다. (또는 **hoik**)
hoicks [hɔiks] 감 (드물게) =yoicks.
hoi·den [hɔ́idn] 명 형 자 =hoyden. ～·ish 형
hoi pol·loi [hɔ́i pəlɔ́i] 명 (종종 the ～) (보통 경멸적) 민중, 서민, 일반 대중; (속어) 엘리트 계급. 2 (속어) 야단법석. [< Gk the many]
hoise [hɔiz] 타 (~d, hoist; hois·ing) (방언 고어) …을 들어올리다(hoist).
hói·sin sàuce [hɔ́isin-] 해선장(海鮮醬), 호이신 소스(간장·설탕·마늘로 만든 중국 요리용 조미료).
***hoist[1]** [hɔist] 동타 1 (기·돛 따위)를 끌어올리다, 게양하다. ⇒ LIFT 유의어 ¶ ～ sails 돛을 올리다. 2 …을 들어[높이] 올리다, 들어올려 나르다; (전쟁 따위가) 떨어 따위)를 올리다. 3 (구어) (술)을 들이켜다, (잔)을 들고 기세 좋게 마시다. 4 (속어) (건물)에 침입하다, …을 훔치다; (사람)을 협박하다.
***hoist by** [or **with**] *one's* **own petard** ⇒ PETARD.
***hoist down** 끌어내리다.
***hoist one** (구어) (맥주 따위)를 한 잔 들이켜다.
***hoist** *oneself* (**up**) …에서 일어서다 (from).

— 명 1 UC 끌어[감아]올리기; 게양. 2 감아올리는 장치; 기중기; (英) 화물 승강기. 3 (해사) (돛·깃발의) 세로 폭; 게양된 일련의 신호기. 4 (속어) 도둑질, 강탈.
～·er 명 (물건)을 사는 체하고 훔치는 사람. **～·ing** 명
hoist[2] 동 (고어) hoise의 과거·과거분사.
hoist·ed [hɔ́istid] 형 도둑맞은.
hóisting shèars [hɔ́istiŋ-] 명 =shear legs.
hóisting yàrd 명 (해사) (돛을 펴기 위해서) 끌어올리는 활대.
hoist·way [hɔ́istwèi] 명 (화물 따위를 올리고 내리는) 승강기, 승강기의 수직 통로. (또는 **hóisthòle**)
hoi·ty-toi·ty [hɔ́ititɔ́iti] 형 (구어·경멸적) 점잔빼는, 오만한; (美) 경망스러운, 들뜬. — 명U 오만, 거만; (구어) 들뜬[방정맞은] 행동. — 감 (드물게) 이런!, 이크!(경멸·놀람을 나타내는 소리).
hoke [houk] (美속어) 동타 날조하다, (속(俗)수로) 그럴 듯하게 꾸며내다(up). — 명 엉터리, 허튼 소리.
hoked-up [hóuktʌ́p] 형 허위의, 거짓의; 진부한.
hok·ey[1] [hóuki] 형 (속어) 속임수의, 날조한; 유난히 감상적인.
hok·ey[2] 명 (속어) 교도소.
ho·key-po·key [hóukipóuki] 명U 1 (구어) 요술; 속임수. 2 (길거리에서 파는) 싸구려 아이스크림; 가짜 상품. 3 (the ～) 호키포키(손에 손을 잡고 추는 간단한 원무(圓舞)). (또는 **hoky-poky**)
ho·kum [hóukəm] 명U 1 엉터리, 허튼 소리. 2 (극·영화 따위의) 인기를 노린(감상적인) 대목[요소].
hol [hɑl/hɔl] 명U (보통 ～s) (英구어) 방학(holiday).
hol- [houl, hɑl/hɔl] 연결 =HOLO-.
hol·an·dric [hɑlǽndrik, houl-/hɔl-] 형 (유전) 한응성(限雄性)의(수컷에만 나타나는 유전적 특질의).
HOLC, H.O.L.C. (美) *Home Owners' Loan Corporation*(주택 소유자 자금 대출 회사).
***hold[1]** [hould] 동 (～s [-z]; **held**) 타 1 손을 붙들다, 잡다, 쥐다; 껴안다(*by*). ¶ ～ a pen 펜을 잡다 / *laugh* ～*ing* one's sides 배를 잡고 웃다 //（～+목+전+명） ～ a sword *by* the hilt 칼의 손잡이를 쥐다 / ～ a cigar *between* the teeth 시가를 입에 물다.

유의어 **hold** 「집어서 들다」라는 뜻의 말. **grasp** 「쥐다」를 나타내는 일반적인 말. **grip** 꽉 쥐다; 여간해서는 놓지 않음을 강조. **clutch** 꽉 쥐다[잡다]; 자유롭게 지배함을 강조.

2 …을 소유하다, (자기 것으로) 가지다; (직책·지위)를 차지하다. ⇒ HAVE 유의어 ¶ ～ an important post 요 직을 차지하다 / ～ the mortgage 저당을 잡다.
3 (영토 따위)를 지배하다, 지키다, 방어하다(*against*); …을 점유[점령]하다; (전화)를 끊지 않고 기다리다. ¶ ～ a castle [fort] 성[요새]을 지키다[장악하다] // （～+목+전+명） ～ the trenches *against* the enemy 적으로부터 참호를 지키다 / *H*- the line, please. 끊지 말고 기다리세요.
4 (보어와 함께) (손·발·물건 따위)를 (어떤 위치·상태로) 유지하다, …을 (…으로) 해두다; (재귀용법으로) (어떤 태세)를 취하다; (…처럼) 있다(*as*). ¶ (～+목+보) ～ a dish level 접시를 수평으로 유지하다 / ～ one's head straight 머리를 똑바로 들고 있다 // (～+목+전+명) ～ one's head *on* one side 고개를 기울이고 있다 / He *held* himself in readiness. = He *held* himself ready. 그는 준비를 하고 기다리고 있었다.
5 (모임 따위)를 열다, 개최하다; (의식)을 거행하다; (수업 따위)를 진행하다; (크리스마스 따위)를 축하하다. ¶ ～ a meeting [conference] 집회[회의]를 개최하다 / ～ an auction sale 경매를 하다.
6 (물건 따위)를 떠받치다, 버티다, 지탱하다. ¶ The building is *held* by concrete underpinning. 그 건물은 콘크리트 토대로 지탱되어 있다. 7 (그릇 따위)을 담다, (방 따위가)를 수용하다; …을 포함[내포]하다;

배에 채우다. ¶ ~ a liter 1리터 들어간다 / The hall ~*s* two thousand people. 그 홀은 2,000명을 수용한다. **8** 〔생각 등〕을 지니다, 품다, 믿다. ¶ ~ strange ideas 이상한 생각을 품다 / ~ a grudge 원한을 품다 / ~ a point of view 어떤 견해를 지니다. **9** …을 (…이라고) 생각하다, 여기다, 평가하다; …을 판정하다, 간주하다 (*to be, that* [節]); 〔법률〕 (…라고) 판결하다. ¶ (~+*that* [節]) People once *held that* the world was flat. 옛날에는 지구가 평평하다고 생각했다 // (~+[目]+*to be* [補]) ~ an idea *to be* absurd 어떤 생각을 어리석다고 간주하다 // (~+[目]+[補]) ~ a person responsible for 남이 …에 책임이 있다고 생각하다 // (~+[目]+[前]+[名]) ~ a person *in* contempt 남을 경멸하다. **10** …을 억누르다, 억제하다 (*from*); 〔공격·진격 따위〕를 저지하다; 〔편지 따위〕를 그만두다; …을 보류하다; 《美》 …을 구류[유치]하다. ¶ ~ a prisoner 죄수를 구류하다 / ~ a horse 말을 매다 // (~+[目]+[前]+[名]) ~ a person *from* action [*or* acting] 남을 행동하지 못하게 하다. **11** 〔주의 따위〕를 끌다. ¶ The orator *held* the audience. 연사는 청중의 주의를 끌었다. **12** 〔사람〕을 붙들어매다, 구속하다 (*to*). ¶ (~+[目]+[前]+[名]) ~ a person *to* his word 남에게 약속을 지키게 하다. **13** 〔총 따위〕를 겨누다 (*on*). **14** 〔여행 따위〕를 계속하다; 〔연구 등〕을 수행하다. ¶ ~ an argument 토론을 계속하다. **15** 〔음악〕 〔장단〕을 한결같이 유지하다. **16** 〔컴퓨터〕 〔정보〕를 (기억 장치에) 보유하다. **17** 《명령형으로》 (레스토랑에서) …을 빼(고 주)다.

— [자] **1** 붙들고[쥐고] 있다, 꼭 붙어 있다 (*by, to*). ¶ ~ fast *by* a piece of rock 바위에 꼭 매달려 있다. **2** 지탱하다, 견디다. ¶ The rope *held*. 그 밧줄은 견디어냈다. **3** (성실하게) 지키다; 고집[고수]하다 (*to*). ¶ (~+[前]+[名]) ~ *to* one's purpose 목적을 고수하다. **4** (어떤 상태를) 유지하다; 계속 …하다; (날씨가) 계속되다. ¶ (~+[補]) ~ aloof 초연해 있다 / Please ~ still. 제발 조용히 하시오. **5** 효력이 있다; 적용할 수 있다; 진실[사실]이다. ¶ The rule does not ~ in this case. 그 규칙은 이 경우에는 적용되지 않는다. **6** 동의[찬성]하다; 인정하다; 편들다 (*with*). ¶ (~+[前]+[名]) He does not ~ *with* the new method. 그는 새로운 방법을 인정하지 않는다. **7** (토지 따위의) 소유권을 손에 넣다 (*by, from, in, of*). **8** 계속해서 나아가다, (진로를) 유지하다 (*to*). **9** 《종종 명령형으로》 …하기를 삼가다 (*from*); 기다리다; 전화를 끊지 않고 기다리다. **10** 《美속어》 (마약 따위를) (팔기 위해) 불법으로 소지하다. **11** (포유 동물의 암컷이) 임신하다.

hold against 〔공격 따위〕에 견디다.

hold** a person **against …의 일로 남을 비난[책망]하다, 남을 불리하게 하다.

hold** a person [thing] **cheap 남[무엇]을 깔보다.

hold back ① (…에) 참가하지[관계하지] 않다; 망설이다 (*from*). ② …을 말리다, 억제하다 (*from*). ¶ *H*– the children *back from* running into the street. 아이들이 도로에 뛰어들지 않도록 말리시오. ③ …을 말하지 않다, 숨기다. ④ 보유하다, 간직해 두다.

hold by ① 〔남의 말 등〕에 따르다. ② …을 고집하다, …에 집착하다. ¶ ~ *by* one's decision 자신의 결정을 지키다.

hold down ① …을 억누르다, 억제하다. ② 《美구어》 〔직업·일 따위〕를 보유[유지]하다, 계속하다. ③ 〔사람〕을 지배하다. ④ 〔먹은 것〕을 토하지 않고 위 속에 간직하다.

hold fast (교분 따위가) 굳게 유지되다.

hold firm (to) (…을) 꽉 잡고 놓지 않다[고수하다].

hold forth ① 《보통 경멸적》 열변을 토하다; 설교하다 (*about, on*). ② (…에서) 일하다 (*at*). ③ …을 내놓다, 제안하다.

hold good 효력이 있다.

hold hard ① (말을 세우기 위해) 고삐를 세게 잡아당기다. ② 《명령형으로》 기다려!, 허둥대지 마!

hold in (감정 따위를) 참다, 억제하다; 《재귀용법으로》 자제하다. ¶ ~ oneself *in* 자제하다.

hold (in) one's breath 숨을 죽이다.

Hold it [*or* ***everything***]*!* 《구어》 잠깐 (기다려)!; 가만히 있어!, 꼼짝 말고 그대로 있어!; 그만 둬!

hold it down 《구어》 조용히 하다, 소란을 안 피우다.

hold off ① (일이) 연기되다, 지연되다; …을 연기하다, 지체시키다. ¶ ~ *off* making decisions 결단을 늦추다. ② (비 따위가) 내리지 않다. ③ (사람을) 피하다 (*from*). ④ …을 가까이 못오게 하다. ¶ ~ a dog *off* 개를 가까이 못오게 하다. ⑤ 〔공격 따위〕를 막다.

hold on ① 계속하다, 지속하다. ② 《비유적》 견디다, 지탱하다. ③ 《명령문에서》 (전화를) 끊지 않고 두다[기다리다]; 그만두다. ¶ *H*– *on* a moment while I get him. 그를 찾는 동안 전화를 끊지 말고 기다리세요. ④ (접착제·핀 따위가) 〔물건〕을 들러붙게 하다.

hold oneself 가만히[잠자코] 있다, 움직이지 않다.

hold one's ground ⇨GROUND.

hold one's hand 조처를 보류하다; 용서하다.

hold one's head high 도도하게 굴다.

hold one's horses ⇨HORSE.

hold one's lips tight 입을 꾹 다물고 있다.

hold one's own 자기 지위[입장]를 고수하다, 꺾이지 않다.

hold one's peace ⇨PEACE.

hold one's sides with laughter 배를 잡고 웃다.

hold on to [*or* ***onto***] ① 〔사람 따위〕를 꽉 붙잡고 떨어지지 않다; 《구어》 〔재산 따위〕를 처분하지 않고 지키다, 팔아 넘기지 않다. ② 〔의견·입장 따위〕를 고수하다, 집착하다. ③ (끝까지) 계속 노래 부르다.

hold open 열어 놓다, 놓아주다.

hold out ① (재고·돈 따위가) 없어지지 않다, 지속되다. ② 버티다, 굴복하지 않다 (*against*); (대우 개선을 요구하며) 취업[계약 갱신]을 거부하다. ③ (…을) 끝까지 요구하다 (*for*). ④ 〔희망·가능성 따위〕를 주다, 제공하다; 〔손 따위〕를 벌리다[내밀다] (*to*); 〔기분 따위〕를 나타내다. ⑤ 〔지불 따위〕를 연기하다. ⑥ (…에서) …의 일부를 잡아두다 (*of*).

***hold out on** a person* 《구어》 ① 남에게 숨기다, 알리지 않다. ② 남의 요구를 거부하다, 남에게 원조[응답]를 거부하다.

hold over ① (사람이) 일정 기간 이상 재직하다, 유임되다; 〔사람〕을 재직[유임]시키다; 〔일〕을 연기하다. ¶ ~ the picnic *over* 소풍을 연기하다. ② 〔연극 따위〕를 (예정된 기간 이상으로) 연장 상연하다.

hold the bag 《구어》 (본의 아니게) 책임을 지다, 속다.

hold the line ⇨LINE.

hold the ring 분쟁을 방관하다, 강 건너 불 구경하듯 하다.

hold the road ⇨ROAD.

hold to …을 지키다, 고수하다; …에 집착하다.

hold together ① 함께 모여 떨어지지 않다; 결합[단결]되어 있다. ② …을 함께 두다, 결합[단결]시키다.

hold...under …을 통제[관리]하에 두다, 복종시키다.

hold up ① 정지하다, 서다. ② (사람이) 〔상태·지위 따위〕를 지속하다, 유지하다. ③ 견디다, 참다. ④ (규칙 따위가) 계속 유효하다, 들어맞다. ⑤ 용기를 내다. ⑥ (좋은 날씨가) 계속되다. ¶ How long will this fine weather ~ *up*? 이 좋은 날씨가 얼마나 계속될까? ⑦ 침착성을 잃지 않다. ⑧ 〔손 따위〕를 들어올리다, 쳐들다. ⑨ …을 지지[옹호]하다. ⑩ …을 보이다; (후보자로서) …을 공표하다, 제시하다 (*as*). ⑪ …에게 (조소 따위를) 받게 하다 (*to*). ¶ ~ a person *up to* ridicule 남을 웃음거리로 만들다. ⑫ …을 방해하다, 막다, 지연시키다. ¶ ~ the traffic *up* for an hour 교통을 한 시간 동안 지체시키다. ⑬ 《美구어》 〔사람·장소 따위〕를 습격하여 강탈하다[털다].

Hold up! 꼼짝 마! (＊강도가 총기 따위를 겨누고 소리치는 말).

hold water ⇨WATER.

hold with 《보통 부정문에서》 ① 〔일〕에 찬성[동의, 지지]하다. ② 〔일 따위〕를 허락하다, 시인하다.

Hold your tongue [or ***jaw, noise***]*!* 입닥치고[잠자코] 있어!
── 圀 (图) ~s [-z] 1 ⓤⓒ (붙)잡기, 쥠(grip). 2 ⓤ (인심 등의) 장악; 세력, 지배력, 위력 (*on, upon, over*); 파악, 이해 (*on, upon*). ¶Most of them didn't have any ~ of the matter. 그들 대부분이 그 문제를 전혀 이해하지 못했다.// have a strong ~ over one's children 자기 자식들을 완전히 장악하고 있다. 3 쥐는[붙잡는] 곳, 발 디딜 데[곳]. 4 그릇, 용기. 5 교도소, 감방; 은신처, 피난처; (고어) 성채, 요새. 6 ⓤ [법률] (소유권의) 보유. 7 圀 정지, 중지; 연기. 8 [음악] =fermata. 9 확보, 예약. 10 [금융] 주식의 장기 보유. 11 [레슬링] 홀드. 12 [로켓] 초읽기 중지, 발사 연기.
clap hold of ~ ¶CLAP.
get [or *catch, grab, have, seize*] *hold of* ① …을 잡다[쥐다]. ② (물건)을 손에 넣다, 발견하다; (도안 따위)를 찾아내다. ③ (말꼬리)를 잡다. ④ 파악하다, 이해하다. ⑤ (구어) (전화로) (남)과 연락을 취하다, 이야기하다.
get hold of oneself 침착하다, 제정신이 들다.
have a hold on [or *over*] …에 대해 지배력[권력]이 있다, …의 급소를 쥐고 있다.
in holds 서로 맞잡고, 드잡이하고.
keep one's hold on …을 꼭 붙들고 있다.
lay hold of [or *on*] ① …을 잡다[쥐다]. ② …을 손에 넣다. ③ (약점·기회)를 이용하다. ④ 파악[이해]하다.
leave hold of …을 놓아주다.
let go one's hold of …에서 (잡은) 손을 놓다.
lose one's hold of [or *on, over*] …을 놓치다.
on hold ① (전화를 끊지 않고) 기다려; (착륙을 기다려. ② 연기[보류]하여, 일시 중단하여. ¶put the plan *on* ~ 계획을 연기하다. ─ 행동하다.
take a (*firm*) *hold on oneself* 자제하다, 냉정하게 갖다.
take hold ① (…을) 잡다[쥐다] (*of*). ② 확립되다, 확고한 것이 되다, 정착되다. ③ (약이) 효력이 있다.
with no holds barred ① [레슬링] 홀드가 허용되어. ② 무제한으로, 마음대로.
hold² 圀 [해사] 선창; 화물실.
hold·all [hóuldɔ̀ːl] 圀 잡낭(雜囊), 잡동사니 주머니.
hold·back [hóuldbæk] 圀ⓤⓒ 억제(물), 저지; 방해; 지체; 움켜쥐고 있는 것[돈]; 보관물; (마차의) 멈춤기어[장치].
hóld bèam 圀 선창 내에 설치하는 선체 보강용 각재(角材).
hóld bùtton 圀 (전화 통화중의) 보류 버튼.
hóld·dòwn [hóulddàun] 圀 꺾쇠, 거멀쇠; 억제.
hold·en [hóuldən] 圀 (고어) hold¹의 과거분사.
Hol·den [hóuldən] 圀 **William** ~ 홀덴(1918–81) 미국의 영화배우.
‡**hold·er** [hóuldər] 圀 (图) ~s [-z] 1 (때로 복합어로) 그릇, 용기(容器); 받치는 물건. ¶a cigarette ~ 궐련 물부리/a pen ~ 펜대. 2 (때로 복합어로) 보유자, 소유주; 임차인(tenant); ¶a record ~ 기록 보유자/a lease ~ 차지인(借地人). 3 [법률] (유통 증권의) 소지인. (주의·교리 따위의) 신봉자, 지지자. 5 (진지 따위를) 수비하는 사람. 6 [기계] 홀더(용접봉에 전류를 통하는 기구). ─ 한 소지인.
a holder in due course [법률] (유통 증권의) 정당한 소지인.
hold·fast [hóuldfǽst/-fàːst] 圀 1 꼭 붙잡음. 2 [목공] 꺾쇠·혹 따위). 2 꼭 붙잡음. 3 [생물] 부착(附着)[흡착] 기관, 고착부(固着部).
hold·harm·less [~háːrmlis] 圀 1 면책(의)(계약의 한 쪽이 상대방의 계약상 손실 따위를 대신 떠맡는). 2 (美) (연방정부의 원조가 주(州) 정부(단체)의 일정액 이상의 부담을 무조건 떠맡는.
***hold·ing** [hóuldiŋ] 圀 1 ⓤ 보유, 소유(권). 2 (농사를 위한) 차지(借地), 소작지. 3 지주(持株); 자회사(子會社) (*圀 ~ company*). 4 (종종 ~s) 소유 재산(주식·채 권·부동산 따위); (~s) (도서관의) 장서. ¶have large ~s 많은 토지를 갖고 있다. 5 ⓤ [스포츠] 홀딩. 6 [법률] 판결, (법원의) 판단. 7 [항공] 공중 대기. ─ 圀 1 지연시키기 위한, 방해되는. 2 일시적 보존[보유]용의. 3 [항공] 착륙 대기(용)의. 4 (漆ⓤ) 돈많은, 유복한.
hólding còmpany 圀 [경제] 지주(持株)[모] 회사.
hólding fùrnace 圀 [야금] 보온로(保溫爐)(녹인 금속을 일정 온도로 유지하는 노).
hólding gròund 圀 [해사] (닻을 박는) 해저(海底).
hólding operàtion 圀 현상 유지책(策); 지연 전술.
hólding pàddock 圀 (가축, 털을 깎기 전의 양을 임시 수용하는) 울타리 친 작은 방목지.
hólding pàttern 圀 [항공] 착륙 대기 선회로(路); 정체 (상태), 중단.
hólding tànk 圀 (선박의) 오수조(汚水槽).
hold·man [hóuldmən] 圀 선창(船倉) 인부.
hóld mòde 圀 [컴퓨터] 대기 모드.
hold·out [hóuldàut] 圀 1 제공[제출]하기. 2 저항, 인내; 저항의 거점. 3 (구어) 타협[동의]을 거부하는 사람[조직, 집단]; (보다 나은 조건을 얻기 위해) 계약에 응하지 않고 있는 사람[선수]. 4 (그룹 활동이나 기획에 참가를 거부하는 사람. 5 제공된 것. 6 (美구어) [도박] (딜러가) 몰래 빼놓는 카드; 그 빼놓는 행위.
hold·o·ver [hóuldòuvər] 圀 1 이월(移越); 이월한 품목. 2 잔류자[물]; 재수생; (美) 낙제생, 유급자. 3 (영화·연극 따위의) 장기 상영[공연]. 4 구치소, 유치장. 5 (구어) 숙취(hangover). ─ [시 중단 시간.
hóld tìme 圀 (로켓·미사일 발사시의) 초(秒)잡기 일
hold·up [hóuldʌ̀p] 圀 1 (美구어) 열차[자동차] 강도, 노상 강도. 2 정지, 중지; 연기; 방해; 교통 체증. 3 (구어) 터무니없는 값의 요구; 터무니없는 고가품.
hóldup màn 圀 노상 강도(bandit).
‡**hole** [houl] 圀 (图) ~s [-z] 圀 1 구멍; 구덩이; (짐승의) 굴; 토굴 감옥, 독방. ¶dig a ~ in the ground 땅에 구멍을 파다/a ~ in an apple 사과의 벌레 먹은 구멍/the ~ of a badger 오소리 굴.

> 유의어 **hole** "구멍·움푹 파인 곳"을 뜻하는 가장 일 반적인 말. **hollow** 고체 내부의 텅 빈 곳, 또는 표면의 움푹한 곳. **cavity** = hollow; 격식을 차리는 말로 과학 용어로 쓰이는 경우가 많다. **excavation** 땅을 파서 만든 큰 구멍. **cave** 산허리 따위에 수평으로 판 구멍. **cavern** cave의 큰 것.

2 (벽·지붕 따위의) 터진 구멍; (의류의) 찢어진 곳; 상처 구멍; (신체의) 개구부(開口部). ¶a ~ in a garment 옷의 찢어진 곳. 3 (a ~) (구어) (경제적) 곤경, 궁지. 4 (구어) 결함, 결점. 5 (개천의) 웅덩이; (美) 작은 만, 후미(cove). ¶a swimming ~ 수영할 수 있는 웅덩이. 6 (보통 a ~) (구어) 누추한[더러운] 장소[거처, 마을]; 은신처. ¶a dirty ~ to live in 누추한 집. 7 [골프] a) (공을 쳐서 넣는) 구멍, 홀. b) (홀에 공을 넣는 데 필요한) 타수. c) 티(tee)에서 홀까지의 코스. 8 (비행기 따위를 급강하시키는) 에어 포켓. 9 (속어) 빈 자리; (스포츠) (수비의) 빈틈; (야구) 「타자 the ~」 3유간(三遊間). 10 [기계] 철사 뽑기 구멍. 11 [전자] [반도체의] 정공(正孔); [물리] (소립자의) 공공(空孔). 12 (속어) 입, 아가리; 벌어먹을 놈. 13 (비어) 질(膣); 성교; (성교 대상의) 여자; 입; 항문. 14 (美속어) 지하철; 지하(支線), 대피선.
a better hole for [or *'ole*] (*to go to*) (속어) 훨씬 좋은 안전한 상황[장소, 집, 일].
a hole in a person coat (인격 따위의) 결점, 흠. ¶pick [or *find, make*] *a ~ in a person's coat* 남의 흠을 들춰내다. ─ 「무기 없는 것.
a hole in the head (구어) 전혀 가망이 없는 것, 터무니없는 일.
a hole in the wall 벽의 구멍; 비좁은 집[가게].
blow a hole in …에 손해를 입히다; …을 파괴하다.
burn a hole in one's pocket (돈이) 곧 없어져 버

hole-and-corner 　　　　　　1340　　　　　　　　　　　　　　　　　　**holler**

리다, 곧 써서 없어지다.
every hole and corner 샅샅이, 구석구석까지.
have a hole in the [or *one's*] *head* 《美속어》 멍청하다, 머리가 이상하다.
in holes 〈구두 따위가〉 구멍이 나도록 닳아빠져서.
in (*no end of*) *a hole* 곤경에 빠져, 궁지에 몰려. ¶be [or find oneself] *in a* ∼ 곤경에 빠져 있다.
in the hole ① 빚을 지고, 적자가 나서; 궁핍하여. ② 〔야구〕 〈투수나 타자가〉 불리한 볼 카운트에 몰려. ③ 〔카드놀이〕 득점이 마이너스가 되어. ④ 감방〔독방〕에
like a rat in a hole 독안에 든 쥐처럼. 「넣어.
make a hole in ① …에 큰 구멍을 내다. ② …을 대량으로 써버리다〔크게 줄이다〕.
make a hole in the water 《속어》 투신 자살하다.
need [or *want*]…*like a hole in the* [or *one's*] *head*; *need* [or *want*]…*like* [or *as much as*] *one needs* [or *wants*] *a hole in the* [or *one's*] *head* 《속어》 …은 전혀 필요없다.
not know [or *can't tell*]…*from a hole in the ground* …을〔에 관해〕 전혀 모르다.
out of the hole 《구어》 〔카드놀이〕 마이너스 점수에서 벗어나; 적자를 벗어나, 빚이 없어져서; 〔스포츠〕 상대방을 따라붙어서.
pick [or *knock, punch*] *a hole* [or *holes*] *in* …의 결점을 지적하다, 흠을 찾다. 「폐하다.
plug the holes 겉을 꾸며 결점을 속이다, 결점을 호
shoot…*full of holes* …의 흠을 지적하다, …을 비
Shut your hole! 《속어》 입 닥쳐! 〔판〕비방하다.
—《图》 ① …에 구멍을 뚫다〔파다〕. ② 〔총알 따위가〕 …을 관통하다; 〔터널 따위〕를 뚫다. ③ …을 구멍에 몰아 넣다. ④ 〔골프·당구〕 〈공〉을 구멍에 쳐 넣다. ¶∼ the red 〈당구에서〉 빨간 공을 구멍에 넣다. —《困》 ① 구멍을 뚫다〔파다〕, 구멍에 들어가다. ② 〔기차가〕 대피선으로 들어가다. ③ 〔골프〕 공을 홀에 넣다.
hole in 《美구어》 =*hole up* ①.
hole out 〔골프〕 공을 쳐서 홀에 넣다.
hole up ① 〔동물이〕 동면하다. ② 《속어》 〔경찰의 감시 따위로부터〕 숨다, 몸을 숨기다 (*in*). ③ 《美속어》 은퇴하다. ④ …을 은닉하다; 〔수동형으로〕 잠복하고 있다.
∽**less** 〔한: 하찮은.
hole-and-cor·ner [[∠]əŋkɔ́:rnər] 〔困〕 비밀의, 남에게 알려지지 않는; 하찮은.
hóle cárd 〔图〕 1 〔카드놀이〕 맨 먼저 나누어준 엎어놓은 카드. 2 〔비유적〕 비책(秘策), 비법, 비장의 솜씨〔것〕; 최후 수단.
hole-high [[∠]hài] 〔困〕 〔골프〕 〈공이〉 홀〔핀〕 바로 옆에
hole-in-cor·ner [[∠]inkɔ́:rnər] 〔困〕 =hole-and-corner.
hóle in óne 〔图〕 〔골프〕 홀인원(한번 쳐서 공이 홀에
hole-in-the-wall [[∠]inðəwɔ̀:l] 〔困〕 《구어》 1 하찮은, 보잘것 없는; 옹색한. —〔图〕 1 벽의 구멍 같은 것, 옹색한 들어간 좁은 곳〔집, 방〕. 2 《구어》 현금 인출기(ATM).
hole-proof [hóulprù:f] 〔困〕 1 〈옷이〉 구멍이 나지 않게 잘 만들어진. 2 〔법률·문서 따위가〕 발뺌할〔얼버무릴〕 수 없는; 완벽한, 하자〔약점〕이 없는.
hóle sàw 〔图〕 원통톱.
hole·y [hóuli] 〔困〕 구멍이 뚫린, 구멍이 많은.
hol·i·but [hálibət/hɔ́l-] 〔图〕 《∼(s)》 =halibut.
-hol·ic [hɔ́:lik, hál-/hɔ́l-] 〔연결형〕 『…중독자』의 뜻. ¶alco*holic*, computer*holic*.
‡**hol·i·day** [hálədèi/hɔ́lədèi, -di] 〔图〕 《〔복〕 ∼s》 [-z] 1 공휴일, 법정 휴일. ¶a legal ∼ 《美》 법정 공휴일／a national ∼ 국경일 (＊ 미국의 ∼ 공휴일(은 bank ∼,

〔유의어〕 *holiday* 《美》에서는 어떤 사건 또는 사람을 기념하여 관습이나 법률로 정해진 날에 사용하고, 《英》에서는 주로 초·중등학교의 휴일을 말한다. *vacation* 《美》에서는 holiday 이외의 휴가, 《英》에서는 대학·법원 등의 휴일에 쓴다.

2 휴일, 휴업일. ¶have a ∼ every Saturday 토요일마다 쉬다. 3 《종종 ∼s》 《英》 휴가; 〔장기간의〕 휴가 기간 (《美》 vacation). ¶take a three-day ∼ 3일간의 휴가를 얻다／the Easter [summer] ∼s 부활절〔여름〕 휴가／go to a resort for the [or *one's*] ∼s 휴가로 휴양지에 가다. 4 〈종교적인〉 축일, 축제일(holy day). 5 《美해군 속어》 〈배의〉 페인트를 칠하는 만 부분; 중도에 그만둔 일.
be home for the holidays 휴가로 귀향해 있다.
make a holiday of it 휴업하여 축하하다. 「쉬다.
make holiday; take a holiday 휴무로 하다, 일을
on holiday; on one's holidays 휴가중이다. ¶be (away) *on* ∼ 휴가중이다.
—〔困〕 1 휴일의; 휴가의, 축제일의; 기쁜, 즐거운. ¶∼ behavior 여유있는〔한가로운〕 태도／a ∼ task 휴가중의 숙제／be in a ∼ mood 축제 기분이다. 2 축제일에 어울리는, 격식을 차린. ¶∼ clothes 나들이옷.
—〔图〕 《英》 휴일을 보내다 (*in*). 휴가를 갖다.
hóliday càmp 〔图〕 《英》 〔해변의〕 휴가촌(村), 행락지.
hóliday cèntre 〔图〕 《英》 =holiday camp.
hóliday chéer 〔图〕 《구어》 〔크리스마스·신년 따위에 마시는〕 축하 술.
hóliday Énglish 〔图〕 격식을 차린 딱딱한 영어.
hol·i·day·er [hálədèiər/hɔ́lədə-, -di-] 〔图〕 휴가를 즐기는 사람, 행락객.
hóliday héart sỳndrome 〔图〕 《구어》 휴일 심장 발작 증후군〔과음 따위로 인한 부정맥·심장 발작 등〕.
hóliday hòme 〔图〕 1 휴일 가정〔무의탁 아동 휴일 탁아소〕. 2 휴가용의 집〔별장〕.
hóliday literature 〔图〕 휴일의 가벼운 읽을거리.
hol·i·day·mak·er [háledèimèikər] 〔图〕 〔휴일의〕 행락객; 소란스러운 저질 행락〔유람〕객. **-màk·ing** 〔图〕 〔한〕, 휴일맞이.
hol·i·days [hálədèiz/hɔ́lədiz, -dèiz] 〔副〕 휴일에
hóliday víllage 〔图〕 휴가〔휴양〕촌, 현대적 행락지.
ho·lid·ic [halídik, houl-] 〔困〕 《생화 따위가》 화학적 성분이 모두 판명되어 있는.
ho·li·er-than-thou [hóuliərðəndáu] 〔图困〕 《구어》 잘난〔성인인〕 체하는 〔사람〕, 독선적인 〔사람〕.
ho·li·ly [hóuləli] 〔副〕 신앙이 독실하게; 신성하게.
***ho·li·ness** [hóulinis] 〔图〕 1 〔U〕 신성; 영적 순결, 청정(淸淨). 2 (H-) 성하(聖下)〔로마 교황의 존칭〕. ¶His [or Your] *H*- Pope Pius XII 비오 12세 교황 성하.
ho·lism [hóulizm] 〔图〕 1 〔철학〕 전체론〔전체는 부분의 기능의 총화가 아니라 각 부분을 결정하는 통일체라고 하는 이론〕. 2 〔심리〕 전체론〔사람의 마음을 하나의 통합된 단위로서 연구하는 체계〕. 3 〔의학〕 =holistic med-list 〔图〕 ｢icine.
ho·lis·tic [houlístik] 〔困〕 전체론의, 전체론적인; 〔의료〕 전인〔전일〕적인, 전체관적인. **-ti·cal·ly** 〔副〕
holístic médicine 〔图〕 전인(全人)〔적〕 의료, 전체관적 의료〔요가·마사지·명상·침술 따위 환자의 전체적 상
Holl. Holland. 「태를 진단·치료하기).
Hol·la [hálə, halá:/hɔ́lə] 〔图困感〕 =hallo.
‡**Hol·land** [hálənd/hɔ́l-] 〔图〕 1 네덜란드(공식 명칭 the Netherlands). 2 《때로 h-》 〔U〕〔C〕 네덜란드 천〔불투명 가공된 면포〔무명〕〕. 3 ∼s 〔〔복〕〕 =finish.
hól·lan·daise sáuce [hálendèiz-/hɔ́l-] 〔图〕〔U〕〔C〕 네덜란드 소스〔계란 노른자·레몬즙·버터·식초 따위를 넣어 만든 크림 모양의 생선·야채용 소스〕.
Hol·land·er [hálandər/hɔ́l-] 〔图〕 1 네덜란드 사람 (Dutchman). 2 네덜란드 배(Dutch ship). 3 〔네덜란드에서 발명된〕 종이 펄프 제조기.
Hólland fínish 〔图〕 무명의 불투명도·강도를 높이기 위해 기름·풀칠을 하는 끝마무리. (또는 Holland)
Hol·lands [hálendz/hɔ́l-] 〔图〕《단수취급》 네덜란드제 진(gin) 술. (또는 **Hólland gín**)
hol·ler[1] [hálər/hɔ́l-] 〔图困〕 1 《구어》 외치다 (*at*). 2 불평하다, 투덜거리다. 3 〔싸움에서〕 항복하다. 4 《美

holler 어) 정보 따위를 발설하다. ━타 (말)을 (…에게) 큰 소리로 하다(out)(at, to).¶~ encouragement 큰 소리로 용기를 북돋우다. ━명 1 (주의를 끌기 위한 또는 고통·놀람의) 외침. 2 불평. 3 (美) (흑인의) 노동요(謠).

hol·ler² 명 (방언) =hollow. 「孔) 카드.
Hól·ler·ith cárd [hálərìθ-/hól-] 펀치(천공(穿
Hóllerith códe (컴퓨터) 홀러리스 코드(알파벳과 숫자를 써서 정보를 펀치 카드에 쳐 넣는 기계).
hól·li·day módel [hálədèi-, -di-/hól-] (생화학) 홀리데이 모델(진균류(眞菌類)의 유전자 재조합 기구(機構)를 설명하는 모델).
hol·lo(a) [hálou, həlóu/hólou] 감명동 =hallo.
‡hol·low [hálou/hól-] 형 (~·er; ~·est) 1 속이 빈, 텅 빈, 공동(空洞)의.¶a ~ rock [tree] 속이 빈 바위[나무]. 2 (표면·눈 따위가) 우묵한, 움푹 들어간.¶a ~ surface 움푹 꺼진 표면/~ eyes [cheeks] 움푹 들어간 눈[볼]. 3 (소리 따위가) 공허한, 낮게 울리는, 힘 없는.¶a ~ laugh 공허한 웃음. 4 실속이 없는, 가치 없는; 성의가 없는, 거짓의.¶~ praises 빌림말인 칭찬. 5 공복의, 배고픈. 6 (英구어) 철저한, 전적(全的)인.
━명 (복) ~s [-z]) 1 구멍; 우묵한 곳, 움푹 파인 곳. ⇨HOLE (유의어) 2 분지; 골짜기. 3 (마음의) 공허. 4 (주조) 공동(空洞)(2개의 금속이 접합하는 곳, 또는 둔각으로 교차하는 곳에 생긴 우묵한 곳). 「예속되어.
in the hollow of a person's hand 남에게 완전히
━타동 …을 속이 비게 하다, 도려내다, 에다(out)(of). ¶~ a cave 굴을 파다//~ a boat out of a log 통나무속을 파내어 보트를 만들다. ━자 속이 비다; 움푹 들어가다, 공동화(空洞化)하다(out).
━부 1 속이 비게; 성의 없이, 거짓으로. 2 (구어) 완전히, 철저하게.
beat a person (all) **hollow** ⇨BEAT
~·ly 부 ~·ness 명
hol·lo·ware [hálouwɛ̀ər/hól-] 명 =holloware.
hóllow báck (제본) 홀로백(가죽·천·종이 따위로 표지를 만들어 도서의 알맹이와 등 부분 사이에 공간이 남기고 대어 붙임). **hól·low·báck**ed 형.
hól·low-éyed [-àid] 형 눈이 움푹 들어간. 「발).
hóllow fóot (의학) 요족(凹足)(발바닥이 우묵한
hól·low-fórge [-fɔ̀ːrdʒ] 명타 (관(管)·용기(容器))를 중공 단조(中空鍛造)하다. 「병).
hóllow héart (식물병리) (감자의) 공동병(空洞
hól·low-héart·ed [-háːrtid] 형 불성실한, 거짓의 (insincere). ~·ness 명
hol·low·i·za·tion [hàlouizéiʃən/hɔ̀lou-] 명U (산업 따위의) 공동화 (현상).
hóllow lég (종종 ~s) 끝이 없는 식욕, 아무리 먹어도 살찌지 않는 체질; (속어) 술고래.
have hollow legs (英) (익살) 식욕이 왕성하다, 아무리 먹어도[마셔도] 끄덕없다.
hóllow néwel 나선형 층계의 중심[엄지]기둥.
hóllow séa 거친 파도, 놀.
hóllow wáll =cavity wall.
hol·low·ware [hálouwɛ̀ər/hól-] 명U 속이 깊은 그릇(bowl, pan 따위). (또는 **holloware**)
hol·low-wire [-wàiər] 명 관상선(管狀線).
‡hol·ly [háli/hóli] 명 호랑가시나무, 그 붉은 열매가 달린 가지(크리스마스 장식용).「접시꽃.
hol·ly·hock [hálihàk/hólihòk]
Hól·ly-ROM [háliràm/hóliròm] 명 할리롬(Hollywood)의 히트 영화를 게임화한 CD-ROM.
[<*Hollywood*+CD-*ROM*).
‡Hól·ly·wood [háliwùd/hól-] 명 (holly)
1 할리우드(미국 Los Angeles시 교외에 있는 영화 산업의 중심지). 2 U 미국의 영화계[산업](할리우드(식) 영화. 3 (속어) 선글라스의 화려한 옷차림의 남녀.

go Hollywood (美속어) 이혼하다.
━형 할리우드식의, 할리우드적인; 할리우드 제작의; (속어) (사람이) 야한; 젠체하는; (복장 따위가) 화려한. ~·er, ~·ite 명
Hóllywood béd 명 할리우드 침대(발판 없는 금속 프레임의 매트리스 침대).
Hóllywood Bòwl 명 할리우드의 원형 극장.
Hol·ly·wood·i·an [háliwùdiən, -́-́-/hól-] 명 할리우드의 영화계에서 일하는 사람; 할리우드 태생. ━형 (할리우드) 영화 산업의[영화)계에서 일하는 사람들의[에게 어울리는]; 번지르르한; 할리우드 주민[출신]의.
Hol·ly·wood·ish [háliwùdiʃ/hól-] 형 할리우드 (풍)의; 할리우드 영화 산업의; 할리우드식의; 환상적이고 비현실적인.
Hóllywood kíss (美속어) 해고(kiss-off), 파면. (또는 **Hóllywood kíss-òff**) 「있는) 온수 샤워.
Hóllywood shòwer 명 (美해사 속어) (실컷 쓸 수
holm¹ [houm] 명 (英방언) 하천변 저지, 하천 부지; (강·호수 가운데에 있는) 작은 섬, 강 섬, 강에 있는 주 「(洲). (또는 **holme**)
holm² 명 =~ oak.
Holmes [houmz, hou/mz] 1 **Oliver Wendell ~** 홈스(1841-1935: 미국의 법률가; 연방 대법관). 2 ⇨ SHERLOCK ~. 3 명탐정. 4 (또는 h-) (美속어) 친구.
~·i·an 형 Sherlock Holmes를 연상시키는.
HOLMES [houmz] 영 (英) 범죄 수사용 대형 컴퓨터. (<*H*ome *O*ffice *L*arge *M*ajor *E*nquiry *S*ystem)
Hólmes líght 홈스 라이트, 구명용 불꽃(구명구에 부착되어 물과 접속하면 곧 발화하여 연기가 난다).
hol·mic [hóulmik] 형 (화학) 홀뮴의[을 함유한].
hol·mi·um [hóulmiəm] 명U (화학) 홀뮴(희토류 금속 원소의 하나; 기호 Ho).
hólm òak (식물) 사철가시나무의 일종.
hol·o- [hálou, hóul-, -lə/hól-] (연결) whole, entire의 뜻(*모음 앞에서는 hol-).¶*holocaust*.
Hol·o·caine [háloukèin, hóul-/hól-] 명 (상표) (약학) 홀로카인(국부 마취제).
hol·o·caust [háləkɔ̀ːst/hól-] 명 1 (특히 화재에 의한) 큰 참화, 대파괴, 전멸. 2 (종교) 전번제(全燔祭) (짐승을 통째로 구워 신전에 바치는 유대교의 제사). 3 (종종 the H-) (나치에 의한) 유대인 대학살. 4 (일반적으로) 대량 학살. **-cáus·tal**, **-cáus·tic** 형.
Hol·o·cene [háləsìːn/hól-] 형명 (지질) 충적세(冲積世)(Recent).
hol·o·crine [hálakrin, -kràin/hól-] 형 (생리) 전분비성(全分泌性)의. 「레이저 사진.
hol·o·gram [háləgràm/hól-] 명 (광학) 홀로그램.
hol·o·graph¹ [háləgræf/hóləgràːf] 명 자필 문서 [증서]; (전문(全文))자필. ━형 =holographic¹.
hol·o·graph² 타 홀로그램으로 촬영[기록]하다. ━명 =hologram. **ho·lóg·ra·pher** 명
hol·o·graph·ic¹ [hàləgrǽfik/hòləgrǽfik] 형 전문 자필의. (또는 **holographical**) **-i·cal·ly** 부
hol·o·graph·ic² 형 홀로그램의[으로 기록한]. (또는 **holographical**) **-i·cal·ly** 부
holográphic tráy 휴대용 홀로그램 TV 스크린 (경기장에서 무릎 위에 놓고 보는 관전 장비).
ho·log·ra·phy [həlágrəfi/hɔl-] 명U 홀로그래피, 레이저 사진술.
hol·o·gyn·ic [hàlədʒínik, -dʒái-, hòul-/hɔ̀l-] 형 (유전) 한자순(限雌性)의. 원 holandric
hol·o·he·dral [hàləhíːdrəl/hɔ̀l-] 형 (결정(結晶)이) 완전면(完全面)의, 완전면의. **-drism, -dry** 명
hol·o·me·tab·o·lous [hàloumitǽbələs/hɔ̀l-] 형 (곤충) 완전 변태의. **-lism** 명 완전 변태.
hol·on [hálən/hól-] 명 (철학) 홀론, 부분적 전체; (생태) 생물과 환경의 종합체(biotic whole).
hol·o·par·a·site [hàləpǽrəsàit/hɔ̀l-] 명 (생물)

전기생(寄生) 동식물.
hol·o·phote [hάləfòut/hɔ́l-] 명 (등대 따위의) 전광(全光) 반사 장치, 완전 조광경(照光鏡). ⇔**phó·tal**
hol·o·phrase [hάləfrèiz/hɔ́l-] 명 일어문(一語文) (한 단어로 구(句), 문(文)의 기능을 하는 것. 예: Go!).
ho·loph·ra·sis [həlάfrəsis/hɔlɔ́f-] 명 (복 **-ses** [-siːz]) ⓤⓒ 일어문화(一語文的) 표현; 어구·문장을 한 낱말로 나타내기, 포함성(包含性), 일어문성(性).
hol·o·phras·tic [hὰləfrǽstik/hɔ̀l-] 형 포함어(語)로 나타내는, 일어문적인.
hol·o·plank·ton [hὰlouplǽŋktən/hɔ̀l-] 명 종생(終生) 부유생물[플랑크톤]. **-plank·tón·ic** 형
hol·o·scope [hάləskòup/hɔ́l-] 명 〖광학〗 홀로코프(레이저 광선에 의한 입체 현미경).
hol·o·scop·ic [hὰləskάpik/hɔ̀ləskɔ́p-] 형 **1** 전체를 시야에 담은, 전체상(像)의, 전체 표현의, 입체 표현적의. **2** 〖광학〗 입체 현미경의.
hol·o·thu·ri·an [hὰləθjúəriən/hɔ̀ləθjúər-] 명 해삼류의 동물. — 형 해삼류의. (또는 **holothurioid**)
hol·o·type [hάlətàip, hóul-/hɔ́l-] 명 〖생물〗 정기준(正基準) 표본(種의 원형을 나타내는 표본). **-týp·ic** [-típ-] 형
holp [houlp] 통 《美방언·고어》 help의 과거.
hol·pen [hóulpən] 통 《고어》 help의 과거분사.
hols [hɔlz/hɔlz] 명 《英구어》 =holidays.
Hol·stein [hóulstain, -stiːn/hɔ́lstain] 명 홀스타인종 젖소(네덜란드 원산). (또는 ✲-**Fríesian**)
hol·ster [hóulstər] 명 (가죽) 권총집. — 통타 (권총 따위)를 가죽 권총집에 넣다.
holt[1] [hoult] 명 《고어·시》 잡목림; 잡목 산(山).
holt[2] 명 짐승의 굴(掘·); 수달의 굴.
ho·lus-bo·lus [hóuləsbóuləs] 부 《구어》 단숨에; 통째, 한 모금에.
✲**ho·ly** [hóuli] 형 (**-li·er; -li·est**) **1** 신성한, 성스러운; 신의, 신에게 바쳐진, 종교상의. **2** 경신(敬神)하는, 경건한, 성자 같은, 고결한. **3** 《속어》 지독한, 대단한. **4** 지순(至純)한, 청순한. **5** 신비한 힘을 가진; 두려운.

〖유의어〗 **holy** 직접 god에 유래하거나 또는 관계하기 때문에 종교성이 가장 깊이 존경받는 것에 쓰인다. **sacred** 종교상 또는 특별히 숭고한 목적에 바쳐졌기 때문에 침범하여 더럽혀서는 안 되는 것에 쓰인다. **divine** 신성(神性)·초자연성·초인간성을 가진 것에 쓰인다.

Hóly cats [or *cow, cripes, gee, Gumdrops, mackerel, Moses, smoke*(*s*), *snooks, socks, Swiss Cheese*]! 《속어》 〔놀람·감탄·당황 따위를 나타내어〕 에구머니, 어쩌면, 저런, 설마, 이거 참.
Hóly fuck [or *dog crap*, (*dog*) *shit*]! 《비어》 〔강한 놀람·분노를 나타내어〕 아이고, 저런, 빌어먹을.
Hóly God [or *Christ*]! 《속어》 =*Holy fuck*!
Hóly mol(*l*)*y*! 《속어》 아이, 그럴 수가!
hóly stínk 《구어》 불유쾌한 일[상황].
Hóly Toledo! 《美속어》 =*Holy cats*!
— 명 (복 **-lies**) 〔그〕 신성한 곳[것]; (the H-) 신.
the hóly of hólies 〖유대교의〗 지성소(至聖所); 그리스 정교회의 본전(本殿); 가장 신성한 곳.
Hóly Allíance 명 〖역사〗 신성 동맹(1815년에 러시아·오스트리아·프러시아 사이에 체결).
Hóly Bíble 명 (the ~) 성서, 성경.
hóly bréad 명 성찬삭[미사의] 빵.
Hóly Cíty 명 (the ~) 성도(聖都)(Jerusalem, Mecca, Benares 따위); 천국.
Hóly Commúnion 명 〖기독교〗 성찬식; 〖가톨릭〗 성체 성사(=**배령**拜領)). 「날 (9월 14일).
Hóly Cróss Dáy 명 (the ~) 성(聖) 십자가 찬양의
hóly dày 명 성일(聖日), (일요일 외의) 종교상의 축일.
hóly dày of obligátion 명 〖가톨릭〗 지켜야 할 성

일(聖日)〔축일〕. 「마리아·요셉.
Hóly Fámily 명 (the ~) 성가족(도圖)(아기 예수·
Hóly Fáther 명 (the ~) 〖가톨릭〗 교황(Pope의 존칭).
Hóly Ghóst 명 (the ~) =Holy Spirit.
Hóly Gráil 명 (the ~) 성배(聖杯)(그리스도가 최후의 만찬에서 썼다고 전해지는 술잔).
hóly héll 〔속어〕 격렬한 비난[질책].
Hóly Hóur 〖가톨릭〗 성시간(聖時間)(의 신심(信心)) (성체 앞에서의 명상·기도 시간).
Hóly Ínnocents' Dáy 명 (the ~) 무고한 아기 순교의 날(12월 28일; Herod 왕의 명령으로 Bethlehem의 사내아이들이 살해된 날).
Hóly Jóe 〔속어〕 명 독신가; 독신자(篤信者); 《美군사》 군목. — 명 〔한정용법〕 독신자인 체하는; 독실한.
Hóly Kóran 명 (the ~) 〔성〕 코란.
Hóly Lánd 명 (the ~) 성지, 팔레스타인(Palestine).
hóly láugh 명 《美》 영적으로 고양된 사람의 웃음.
Hóly Máry 〔아일〕 신심(信心) 깊은 사람(남자에게 쓰임).
Hóly Móther 명 성모 (마리아). (또는 쓰임).
Hóly Mýstery 명 (때로 h- m-) 〔그리스 정교〕 성체 예의(聖體禮儀), 정찬식(正餐式). 「名).
Hóly náme 명 (the ~) 〖가톨릭〗 (예수의) 성명(聖
hóly númber 명 신성 숫자, 성수(聖數)(7을 뜻함).
Hóly Óffice 명 (the ~) 〖가톨릭〗 검사(檢邪)[교리(敎理)] 성성(聖省)(신앙·도덕 문제를 다루는 교황청의
hóly óil 〖가톨릭〗 성유. 「기관).
Hóly Óne 명 (the ~) 신; (구세주로서의) 그리스도.
hóly órders 명 (종종 H- O-) (사교(司敎)[주교]·사제(司祭)[장로]·조제(助祭)[집사]의) 3종의 성직 품급(品級)[직제]; (성직) 서계식(敍階式); 성직.
hóly pláce 명 (유대 신전의) 성소(聖所)(지성소 주위의 방); (~s) 순례지, 성지(聖地).
Hóly Róller 명 〔경멸적〕 펜테코스트(Pentecost)파의 신자. **Hóly Rólleríṣm** 명 열광적 신앙.
Hóly Róman Émpire 명 (the ~) 신성 로마 제국.
Hóly Róod 명 (the ~) 성(聖)십자가(예수가 처형된 십자가); (h- r-) 십자가상(像).
Hóly Róod Dáy 명 성십자가 발견 축일(5월 3일)
Hóly Sáturday 명 성토요일(부활절 직전의 토요일).
Hóly Scrípture(**s**) 명 (the ~) 성서(the Bible).
Hóly Sée 명 (the ~) 〖가톨릭〗 (교황의) 성좌(聖座)(교황청). 「까지의 그리스도의 묘).
Hóly Sépulcher 명 (the ~) 성묘(聖墓)(부활할 때
hóly sóul 명 신앙이 깊은 사람[성인]의 영혼.
Hóly Spírit 명 (the ~) 성령(Holy Ghost).
ho·ly·stone [hóulistòun] 명 〖해사〗 (배 갑판 닦는) 마석(磨石). — 통타 〔갑판〕을 마석으로 닦다.
hóly sýnod 명 〖그리스 정교〗 성무회원(聖務會院)(자치 독립 교회의 최고 행정 기관).
hóly térror 《美속어》 아이; 못된 녀석[아이]; 열심인 사람. ¶*His son is a ~.* 그의 아들은 참 망나니다.
Hóly Thúrsday 명 〔예수 승천 축일(Ascension Day); 성목요일(부활절 직전의 목요일).
ho·ly·tide [hóulitàid] 명 《고어》 성절(聖節)(종교적 행사가 있는 때를 행하는) 시기).
Hóly Trínity 명 (the ~) 성 삼위일체. 「성전(jihad).
hóly wár 명 성전(聖戰); 종교 전쟁; (이슬람 교도의)
Hóly wáter 명 〖가톨릭〗 성수(聖水).
as the devil loves holy water 절대로 (…않는).
Hóly Wéek 명 성(聖)(수난주간(부활절 전의 1주간).
Hóly Wrít 명 (the ~) 성서(the Bible).
Hóly Yéar 명 〖가톨릭〗 (25년마다의) 성년(聖年).
Hom. Homer.
hom- [ham, houm/hɔm, houm] 연결 ⇨HOMO-.
✲**hóm·age** [hάmidʒ, ám-/hɔ́m-] 명ⓤ **1** 존경, 경의 (=>RESPECT 〖유의어〗). **2** 충성의 맹세, 군신(君臣)의 관계. **3** (신하로서 하는) 봉사 행위, 헌상물.
páy [or *do, render*] *hómage to* …에게 경의를

hom·bre¹ [ámbər/ʃm-] 명 (카드놀이) =omber.
hom·bre² [ámbrei/ʃm-] 명 스페인계 남자; 사나이, 녀석; 늠름한 사나이. [<Sp]
hom·burg [hámbərg/hóm-] 명 (종종 H-) 홈부르크(벨트제(製)의 테가 좁은 중절모.

‡**home** [houm] 명 (복 ~s [-z]) 1 ⓤⓒ (가족이 함께 사는) 집, 생가; 주거; 자택, 제집. ⇒HOUSE 유의어. ¶ an ancestral ~ 조상 때부터 내려오는 집 / leave ~ 집을 떠나다 / own [or possess] one's own ~ 자기 집을 가지다 / make one's ~ in the country 시골에 집을 가지다 / leave for ~ 집으로 돌아가다 / I'll stay (at) ~ on Monday. 월요일에는 집에 있을 작정이다. * (英) 용법으로는 at가 필요하며, (美)에서는 at를 생략하기도 한다.
2 가정; ⓤ 가정 생활; 가족(family). ¶ a sweet[joyless, well-ordered] ~ 즐거운[침울한, 엄격한] 가정 / build [or establish, make] a ~ 가정을 이루다[가지다] / Good manners can be taught in ~. 예의 범절은 가정에서 가르쳐진다.
3 ⓤ 고향, 향리; 본국, 고국; (英) (외지에서 볼 때) 영국 본토. ¶ one's old ~ 그리운 고향 / leave Australia for ~ 오스트레일리아를 떠나 본국으로 돌아가다.
4 (종종 복합어로) 시설, 수용소, 요양소; 숙박소; (구어) 정신 병원; 묘지. ¶ a nursing ~ 탁아소 / a ~ for the aged 양로원. 5 (the ~) (동식물의) 원산지, 서식지, 자생지; (사물·사상 따위의) 발상지, 본바닥, 본고장. ¶ the ~ of the penguins 펭귄의 서식지 / the ~ of cosmetics [jazz] 화장품의 본고장[재즈의 발상지]. 6 ⓤⓒ 안주(安住)할 곳, 안식처. ¶ a heavenly ~ 천국. 7 (스포츠) a) 본거지[홈 그라운드](에서의 시합[승리]). b) 결승점(goal). 8 (야구) 홈 베이스, 본루(~ base). 9 (탐험대 따위의) 기지, 본부. 10 (놀이에서) 진(陣), 진지. 11 (구어) 그릇, 용기. 12 (컴퓨터) 홈 (위치[커서의 출발점). 13 (美속어) =homeboy.
(**a**) **home** ((美) **away**) **from home** (구어) 가정과 같은 분위기가 있는 곳[클럽, 하숙집].
at home ① 집에 있어, 집에서. ② 국내에서. ¶ affairs at ~ and abroad 국내외 문제. ③ 면회[방문]를 받는, 기꺼이 (손님을) 만나는 (to). ¶ The patient is not at ~ to callers. 그 환자는 면회 사절이다. ④ 마음 편하게, 편히 (at ease). ¶ be [or feel] at ~ 마음 편하다 / Make yourself at ~, please. 아, 편히 하십시오. ⑤ 익숙하여, 정통하여 (on, in, with). ¶ be at ~ on Europe 유럽에 관해 잘 알고 있다. ⑥ 본거지에서. ¶ The game is at ~. 그 시합은 홈 그라운드에서 한다. 「(말 따위가) 아픈 곳을 찔러.
close to home; near home 가까운 곳에, 신변에;
find a home for …에 어울리는 장소를 발견하다.
from home 부재중으로; 집[본국]을 떠나. ¶ be away from ~ 외출중이다. 「본가[고향]로 돌아가다.
go home to mama (속어) (결혼 따위를 단념하고)
go to one's **last** [or **long**] **home** 영면(永眠)하다, 죽다. 「[그림].
make one's **home** 집을 짓다[꾸미다]; 거주하다. ⇒
near home (비유적) 절실한; 절실하게.
the home of lost causes 옥스퍼드 대학(좌절된 주의(主義)의 발상지; Matthew Arnold의 말에서).
Who's [or **What's**] **he** [or **she, it**] **when he's** [or **she's, it's**] **at home?** (구어·익살) (사람·사물의 이름을 되물어) 그 사람[그 여자, 그것]이라니 도대체 누구[무엇] 말인가?

─ 형 (한정용법) 1 (제)집의; (스포츠) 본거지의, 본고장의. ¶ ~ life 가정 생활 / a ~ game 홈 경기. 2 자기 나라의; 국내의; (英) 국산의; 국산의. ¶ ~ products 국산품 / ~ waters 근해 / ~ affairs 국내 무(內務). 3 중요한, 주요한. 4 급소를 찌르는, 적절한.

¶ a ~ question 급소를 찌르는 질문. 5 (경기) 결승의. 6 (야구) 본루의. 7 (기계의 부분의 위치가) 본래의, 최초의, 통상의.
─ [부] 1 집에 [으로], 고향에[으로], 본국[모국]에 [으로]; (자택·자기 나라에) 있어; 집에 있어((英) at ~). ¶ be ~ from abroad 해외에서 귀국해 있다 / He must be ~ by now. 그는 지금쯤은 이미 귀가해 있을 것이다. 2 푹, 쑥, 깊이 급소에, 효과적으로; 통렬하게, 절실히. ¶ drive a nail ~ 못을 단단히 박다 / drive the point ~ 그 점을 분명히 하다. 3 (해사) a) 바다에서 육지 방향으로. ¶ The wind blows ~. 바람이 육지 쪽으로 분다. b) 본래 자리에 (거두어). ¶ The anchor was ~. 닻은 올려져 있었다. c) 배(안)쪽으로. ¶ haul an anchor ~ 닻을 끌어 올리다. 4 (야구) 본루(에)로.
be home free (속어) (충분한 여유를 가지고) 잘될 것 같다; 단연 우세하다; 위험을 벗어나 있다.
be on one's [**or the**] **way home** 귀로에 있다.
bring home the bacon ⇒BACON.
bring [or **drive, press**]…**home to** a person 남에게 …을 똑똑히 자각시키다, 절실히 느끼게 하다.
bring [or **get**] oneself **home** (경제적으로) 다시 일어서다; (지위 따위를) 회복하다.
come home ① 가슴에 사무치다; 충분히 이해되다 (to). ② 귀향[귀국]하다. ③ (야구) 홈인하다. ④ (美속어) 현실로 되돌아오다.
drive…home. ⇒DRIVE.
fall [or **tumble**] **home** (해사) (뱃전이 상갑판 가까이에서) 안쪽으로 만곡(彎曲)하다.
get home ① 귀가하다. ② 목적을 달성하다; (구어) (결승점 따위에) 1착으로 들어오다. ③ 적중하다; (남의) 급소를 찌르다 (on).
get…home to …을 (사람)에게 이해시키다.
go home ① 집에 돌아가다, 귀향[귀국]하다. ② (속어) 죽다. ③ 급소를 찌르다; 깊이 마음에 사무치다. ④ 적중[명중]하다. ⑤ (명령형으로) 시끄러워, 닥쳐.
hit [or **strike**] **home** (말 따위가) 급소[요점]를 찌르다, 감명시키다. 「전한.
home and dry (英) 목적을 달성하여, 성공하여; 안
home and hosed (濠·뉴질) =home and dry.
home in one 단번[한번, 한발]에 맞추어; 크게 성공하여, 적중하여.
I'm home. (구어) (귀가시 인사말) 다녀 왔습니다.
press [or **push**] **home** (공격·비난 따위를) 철저하게 하다. ② 주장을 관철시키다.
see a person **home** 남을 집까지 바래다주다.
There's nobody home. (美구어) 아주 바보다.
write [or **shout**] **home about** (구어) …에 대해 특별히 내세워 언급하다; …을 자랑하다. ¶ something to write ~ about 특별히 내세울 만한 것.
You're home. (구어) (귀가한 사람에게) 어서 와라.
─ [동] 재 1 집[고향, 고국]으로 돌아오다; (동물이) 귀소(歸巢)하다. ¶ ~ to one's town 귀성(歸省)하다. 2 (미사일이 자동 유도 장치로) 표적을 향해 나아가다 (in on, on to, onto). 3 보금자리를 갖다, (특정한 장소에) 집[근거지]를 마련하다. ─ [타] 1 …을 집에 데려가다, 집으로 돌려 보내다. 2 …에게 집을 주다(house). 3 (미사일·비행기 따위)를 (자동 장치로 비행장·목표로) 향하게 하다, 유도하다. 4 (비둘기)에게 제집[보금자리]으로 되돌아가게 가르치다.
home in on; home on to [or **onto**] ① ⇒재 1. ② (TV 카메라가) (피사체)에 접근하다.
hóme address 명 자택 주소.
hóme advántage 명 (the ~) (경기 따위에서) 홈 (그라운드)의 이점. (또는 **hóme-field advántage**)
give oneself **the home advantage** 홈에서의 이점을 갖다.
hóme áid 명 (뉴질) =home help.
home-and-home [ˈəuhóum] 형 (경기 따위가) 홈 앤드 어웨이(방식)의. (또는 **hóme-and-awáy**)

hóme automátion 명 ⇨HA.
home-baked [⁴béikt] 형 (빵 따위가) 집에서 구운.
***hóme bánking** 명 홈 뱅킹(가정·사무실에서 컴퓨터·전화를 이용한 은행 거래).
hóme báse 명 1 (야구) 홈베이스, 본루(home plate); 본거지, 본사; 목표점, 결승점.
home-based [⁴bèist] 형 자택을 본거지[거점]로 하는. ¶ ~ business 가내사업. 「순찰 구역.
home-beat [⁴biːt] 명 (英) (경찰관의) 자택 부근의
home-bod·y [hóumbɑ̀di/-bɔ̀di] 명 (美) 잘 나다니지 않는 사람; 가정적인 사람. (통 hómebird)
home-born [⁴bɔ́ːrn] 형 본국[자국] 태생의; (자)국산의, 토박이의, 토착의. (또는 hóme·bórn)
home-bound [hóumbáund] 형 1 집으로 가는; 본국행의; 귀항의(愛) outward-bound). 2 [⁴⁴] 집에 틀어박혀 있는; (병으로) 외출할 수 없는.
Hóme Bóx Office 명 ⇨HBO.
home·boy [hóumbɔ̀i] 명 1 (美흑인 속어) 같은 고장 [마을] 사람, 동향인; 흑인. 2 (美속어) 친구, 동료; (깡패의) 패거리, 돌마니. 3 (경찰속어) 남자 동성애자, 호모, (동성애자의) 애인[상대]. (또는 hóme bòy)
home·bred [hóumbréd] 형 1 자기 집[나라]에서 자란; 국산의. 2 세상 모르는; 세련되지 않은.
home-brew [⁴brúː] 명 1 ⓤⓒ 자가 양조 음료[주류]; 자가 제품; 국산품; (속어) 그 고장 출신 선수. 2 토착 문화[종교 따위]. ~ed 형 자가(自作)의, 자가의.
home-build·er [hóumbìldər] 명 (美) 주택 건설 업자; 주택 건설 회사.
home·build·ing [hóumbìldiŋ] 명 주택 건설.
home-built [hóumbílt] 형 =homemade 1.
home-buy·er [hóumbàiər] 명 주택 구입자.
hóme cáre 명 자택 치료, 자택 요양. **hóme·càre** 형
hóme cènter 명 주택[건축] 자재점, 건재상.
home·com·ing [hóumkʌ̀miŋ] 명 1 ⓤ 귀향, 귀가, 귀국. 2 (미국 대학 따위의 연 1 회의) 동창회, 모교 방문 축제. ─ 형 (한정용법) 귀향의. **-còm·er** 명
hóme compúter 명 가정용[개인] 컴퓨터.
hóme contróller 명 주택 제어 기기(가정 생활을 자동화하는 컴퓨터 기기).
home-cooked [⁴kúkt] 형 가정에서 요리한, 손수로 만든. 「즐거운 일.
hóme cóoking 명 1 가정 요리. 2 (美속어) 즐거움.
Hóme Cóunties 명(複) (the ~) (英) London 주변의 여러 주(Hertfordshire, Essex, Kent, Surrey 등); London 교외 주택지. 「가옥한.
home-cured [⁴kjúərd] 형 (베이컨 따위가) 집에서
hóme delívery sèrvice 명 주문처[가정] 배달 서비스, (주문) 요리 배달. 「hóme-éc)
hóme éc 명 (구어) =home economics. (또는
hóme económics 명 (단수취급) 가정학(家政學) (domestic science); 가정과.
hóme económist 명 가정학자, 가정과(科) 교수.
hóme entertáinment 명 (TV·비디오·컴퓨터 따위) 가정용 오락 기구.
hóme fárm 명 (英) (옛날 지방 대지주(大地主)의) 자작 농장. (또는 hóme-fàrm)
home-felt [hóumfélt] 형 가슴에 사무치는.
hóme fíre 명 (英) 난로 불; (~s) 가정, 가정 생활. *keep the home fires burning* (전시에) 후방을 지키다; 가정 생활을 계속하다.
hóme fólks 명 고향 사람들, (특히) 가족, 친척.
hóme frée [hóumfríː] 형 (美) 성공이 확실한[하여], 낙승한[하여]; 고비를 넘긴[넘겨].
hóme fríes 명(複) 삶은 감자를 얇게 썰어서 버터[라드]로 볶은 것. (또는 hóme fríed potàtoes)
hóme frónt 명 (the ~) 국내 전선, 후방; (집합적) 후방의 국민. **hóme-frònt** 형 「여성.
home-girl [hóumgə̀ːrl] 명 homeboy에 상당하는

hóme gróund 명 1 홈 그라운드, 근거지, 본거지. 2 잘 아는 분야[제목].
home-grown [hóumgróun] 형 (야채·과일 따위가) 자국산의, 그 지방산의; 자가 생산의, 자기 집 뜰에서 난; (문학 작품 따위가) 지방색의, 지방색이 있는. ─ 명 (美속어) 자가 재배[국내산의] 마리화나.
hóme gúard 명 1 (the ~) (단·복수 양용) 지방 의용 대원; (H- G-) (英역사) 국방 시민군 병사. 2 (속어) 집에 틀어박혀 있는 사람; 일자리를 안 바꾸는 사람.
hóme héalth 명 가정 건강보건(보건).
hóme hélp 명 (英) 공인 가정부(환자·노인의 가정을 방문하는 시읍면 파견의 가정부).
hóme índustry 명 가내 공업; 국내 산업.
home·keep·er [hóumkìːpər] 명 집에 틀어박혀 있기를 좋아하는 사람.
home·keep·ing [hóumkìːpiŋ] 명 집안에 틀어박혀 있는, 집에 있는 편이 많은.
home·land [hóumlænd] 명 고국, 모국, 자기 나라 (native land); 특정 부족[민족] 거주[보호] 구역.
***home·less** 명 집 없는; 집을 제공하지 않는; (드물게) 의지할 곳 없는; (the ~) (집합적·복수취급) 노숙자, 무주택 부랑자. ~·ly 부 ~·ness 명
home·like [hóumlàik] 형 가정과 같은; 편안한, 마음 편한; 소박한, 검소한; 친건한. ~·ness 명
hóme lòan 명 주택 자금 융자.
‡**home·ly** 형 (-li·er; -li·est) 1 가정적인, 자기 집 같은. 2 검소한; 조야한, 세련되지 않은. ¶ ~ courtesy 형식에 치우치지 않은 예의. 3 흔한, 흔히 있는; 상투적의. 4 사이가 좋은, 아주 친한. ¶ be ~ with a person 남과 친하다. 5 (美) 못생긴, 보기 흉한. 6 집 안 일에 능숙한. **-li·ness** 명
‡**home·made** [hóumméid] 형 1 집에서 만든, 손으로 만든 (boughten). ¶ ~ bread 집에서 만든 빵. 2 국산의. 3 검소한.
homemade tòur 명 (가족끼리 계획을 세워 떠나는) 개별 가족 여행. (愛) package tour
home·mak·er [hóummèikər] 명 주부; 가정부.
home·mak·ing [hóummèikiŋ] 명(家政) ; 가정 관리; 가사. ─ 형 가정 관리에 관한, 가사의.
home·mind·er [hóummàindər] 명 (英) (부재중) 집 봐주는 사람((美) housesitter).
hóme míssion 명 국내 전도(傳道).
hóme míssionary 명 국내 전도사.
hóme móvie 명 자가(自家) 제작 영화.
ho·me·o- [hóumiou, -miə] 연결 「같은 종류의; 유사한(similar)」의 뜻. ¶ *homeo*static. (또는 **homoeo-, homoio-**)
ho·me·o·box [hóumioubɑ̀ks, -miə-/-bɔ́ks] 명 (생화학) 호메오박스(초파리의 호메오틱 선택 유전자들 (homeotic genes)에 공통적으로 존재하는 일군의 염기 배열).
hóme óffice 명 (보통 the ~) 1 본사, 본점(愛 branch office). 2 (H- O-) (英) 내무부.
ho·me·o·morph [hóumiəmɔ̀ːrf] 명 유질 동상 결정(類質同像結晶)(화학적 구조는 다르나 결정 양식이 비슷한 결정질 물질). 「(또는 **homoeopath**)
ho·me·o·path [hóumiəpæ̀θ] 명 =homeopathist.
ho·me·o·path·ic [hòumiəpǽθik] 형 1 동종(同種)[유사] 요법의[을 베푸는]. 2 기운[김]이 빠진, 묽어진. **-i·cal·ly** 부
ho·me·op·a·thist [hòumiɑ́pəθist/-ɔ́p-] 명 동종 [유사] 요법의(醫)[전문가]; 동종[유사] 요법 지지자.
ho·me·op·a·thy [hòumiɑ́pəθi/-ɔ́p-] 명 ⓤ (의학) 호메오파시, 동종(同種)[유사] 요법(건강체에 쓰면 치료 대상 질병과 비슷한 증상을 나타내는 약물을 환자에게 조금씩 주어 치료하는 방법). (愛) allopathy
ho·me·o·sta·sis [hòumioustéisis] 명 ⓤ (생리) 호메오스타시스, 항상성(恒常性)(생체 내의 균형을 유지하려는 경향). **-stát·ic** 형 **-stát·i·cal·ly** 부

ho·me·o·ther·a·py [hòumiəθérəpi] 图 〔병리〕 동종(同種)(유증(類症)) 요법(질병의 원인이 되는 것과 유사하지만 동일하지는 않은 작용질에 의한 치료법).

ho·me·o·therm [hóumiəθə̀ːrm] 图 〔생물〕 항온(恒溫) 동물, 온혈 동물. ‡**thérm·al**, ‡**thérm·ic** 휑

ho·me·ó·tic gène [hòumiátik-/-ɔ́t-] 图 〔생화학〕 호메오틱 선택 유전자, 호메오 유전자(초파리의 조직 형성에 관여하는 것으로 밝혀진 일군의 유전자).

homeótic mutátion 图 〔생화학〕 호메오 돌연 변이.

home·own·er [hóumðunər] 图 주택[자택(自宅)] 소유자. ‒**ship** 图 (주택 소유(권)).

hómeowner's pólicy 图 〔보험〕 주택 소유주 종합 보험 (증권).

*****hóme páge** 图 〔컴퓨터〕 (인터넷의) 홈페이지. ¶set up a ~ 홈페이지를 개설하다. (또는 **hómepàge**)

hóme péople 图 〔집합적〕 ⇒HOMEBOY

hóme pérm 图 자택에서 하는 파마. (또는 **hóme pérmanent**) **hóme-pérm** 图 **hóme-pérmed** 휑

hóme píece 图 《美속어》 같은 교도소 수감 친구.

home·place [hóumplèis] 图 출생지; 가정.

hóme pláte 图 (the ~) 1 〔야구〕 본루, 홈 플레이트 (home base). 2 《美美軍 속어》 (출격 전투기의) 기지 [비행장, 항공 모함]. 「데까지 가다.

get to home plate 《속어》 《섹스의》 최종 단계[갈

hóme pórt 图 (선박의) 모항; 소속항. **hóme-pórt** 图曰 …을 모항으로 하다(삼다). 「당.

hóme púrpose bénefit 图 〔뉴질〕 모자(母子) 수

*****hom·er** [hóumər] 图 《구어》 1 〔야구〕 =home run. 2 =homing pigeon. 3 《美속어》 (십대 사이에서) 성교. ‒图曰 〔야구〕 홈런을 치다.

Ho·mer [hóumər] 图 호머, 호메로스(기원 전 9세기경의 고대 그리스의 시인; 서사시 *Iliad*, *Odyssey*의 작자로 알려져 있다). ¶*Even ~ sometimes nods.* 《속담》 원숭이도 나무에서 떨어진다.

hóme ránge 图 〔생태〕 행동권(圈), 행동 범위(특정 동물이 평상 상태로 서식하는 지역).

Ho·mer·ic [houmérik] 휑 호머(Homer)(풍, 시대)의; 서사시풍의; 웅대한, 당당한. ‒**i·cal·ly** 图

Homéric láughter 图 (*Odyssey*에 나오는 신들의 웃음을 연상하게 하는) 큰 웃음, 홍소.

‡**home·room** [hóumrù(:)m] 图⒰⒞ 《美》 〔교육〕 홈룸, 조례; 학생(생활) 지도 조직; 홈룸 시간(참가 학생); 학급 자치회. (또는 **hóme ròom**)

hómeroom téacher 图 담임 선생(교사).

hóme rúle 图 지방 자치; (H- R-) 아일랜드의 자치.

hóme rúler 图 지방 자치론자; 아일랜드 자치론자.

‡**hóme rún** 图 〔야구〕 홈런, 본루타; 홈런에 의한 득점. ¶a base-loaded [game-ending] ~ 만루[끝내기] 홈런. 「택에서 교육하다. ~**er** 图

home·school [hóumskùːl] 图 (자신의 아이를) 자

hóme schóoling 图 〔교육〕 가정 학교, 자택 학습 [교육](교사 유자격자가 가정에서 학생을 교육하는 일).

hóme scréen 图 《美구어》 텔레비전.

Hóme Sécretary 图 (the ~) 《英》 내무 장관.

hóme sélling 图 (세일즈맨에 의한) 방문 판매.

*****home-shop·ping** [ʃápiŋ/-ʃɔ̀p-] 图 홈 쇼핑(인터넷·전화를 통한 쇼핑). **hóme-shòp·per** 图

‡**home·sick** [hóumsìk] 휑 고향을 몹시 그리워하는, (…을) 그리워하는 (*for*); 망향(회향)병의. ~**ness** 图

hóme sígnal 图 《美에 대한》 역 진입 허가 (신호).

home·site [hóumsàit] 图 집터, 택지; 집의 소재지.

home·sit·ter [hóumsìtər] 图 빈 집 관리인[업자].

*****home·spun** [hóumspʌ̀n] 휑 1 홈스펀의, 자택에서 손으로 짠, 수직(手織)의. ¶~ cloth 수직 나사(羅紗). 2 평범한, 소박한, 세련되지 않은. ‒图⒰ 홈스펀, 손으로 짠 나사, 홈스펀처럼 짠 거친 천.

hóme stánd 图 〔야구〕 홈 그라운드 시리즈.

home·stay [hóumstèi] 图 (방문객·유학생 따위의) 가정 체류, 민박. ¶have a ~ 민박하다.

*****home·stead** [hóumstèd] 图 1 집과 대지, 선조 대대로의 집; (부속 건물·토지·부근의 밭을 포함한) 농장 (farmstead). 2 《美·캐나다》 (이민에게 이양(移讓)되는) 자작 농장. 3 《美》 도시 정주(定住) 장려 정책에 의해 주어지는 주택. 4 《漢》 (목장주의) 주택. 5 《법률》 주택, 택지. ‒图曰 …에 이주하다, 정착[정주]하다. ‒图 이주하다, 정주[정착]하다; 자작 농장을 가지다.

Hómestead Àct 图 (the ~) 《美역사》 공유지 불하법, 자영 농지법(미국 서부의 공유지를 개척 입주자에게 불하토록 한 1862년의 연방법).

home·stead·er [hóumstèdər] 图 1 homestead의 소유자. 2 《美》 (Homestead Act에 의한) 이주자.

home·stead·ing [hóumstèdiŋ] 图 《美》 (도시의) 황폐화를 막기 위한 도시 정주(定住) 장려 (정책).

hómestead láw 图 (the ~) 《美》 1 (homestead를 강제 집행으로부터 보호하는) 가산 압류[공매] 면제법. 2 (=Homestead Act. 3 (homesteader에 대한) 부동산세 면제법. 「=homebody.

home·ster [hóumstər] 图 《英》 1 홈팀의 선수. 2

hóme stráight 图 =homestretch.

home·stretch [hóumstrétʃ] 图 1 (경주 따위의) 최후의 직선 코스, 홈스트레치(⇔ backstretch). 2 (일 따위의) 최종[마무리] 단계(국면, 총반, 막판.

hóme stúdy 图 1 자택 통신 학습. 2 《美》 (양부모로서의 적격성에 관한) 가정 조사. **hóme-stùd·y** 휑

hóme stýle [hóumstàil] 휑 《美》 자가제(自家製)의.

hóme téacher 图 《英》 재택 장애아 담당 교사.

hóme términal 图 〔컴퓨터〕 가정용 단말기.

hóme théater 图 안방 극장; 〔컴퓨터〕 홈 시어터 시스템(가정용 영사 시스템).

hóme thrúst 图 〔펜싱〕 급소 찌르기; (비유적) 약점을 찔리기.

hóme tíme 图 하교 시간.

home·town [hóumtáun] 图 자기가 태어난 도시, 고향; 주된 거주지. ‒휑 〔한정용법〕 현재 살고 있는 도시의; 고향 마을의.

hómetown decísion 图 〔권투〕 텃세 판정.

hóme tráde 图 국내 거래[무역].

hóme trúth 图 (때로 ~s) 명백한(부인할 수 없는) 사실[진실]; 가슴을 아프게 하는[알고 싶지 않은] 사실. 「대].

hóme únit 图 《美·漢》 (다가구 주택내의) 한 가구[세

hóme vídeo 图 홈[가정용] 비디오(기기, 테이프). (또는 **hómevideo**, **hóme-video**)

hóme vísitor 图 가정 방문 아동 복지 상담원.

hóme vóice 图 집안에서 보통 말하는 크기의 소리.

*****home·ward** [hóumwərd] 휑 집[본국]으로(향하여). (또는 **hómewards**) ‒图 집으로 향하는, 돌아가는 길의, 귀항(歸航)의.

home·ward-bound [hóumwərdbàund] 휑 귀로의, 본국행의, 귀항중의. 「borhood watch).

hóme wátch 图 마을 방범대, 자경대(neigh-

‡**home·work** [hóumwə̀ːrk] 图⒰ 1 숙제; (집에서 하는) 예습, 복습; 가정 학습. ⓐ classwork 2 내직(內職), 가정에서 하는 일. 3 (회의 따위를 위한) 사전 준비, 예비 조사. 4 《속어》 연인, 키스, 포옹.

do *one's* **homework** ① 숙제를 하다, 예습[복습]하다. ② 철저히 준비하다, 예비 조사하다.

home·work·er [hóumwə̀ːrkər] 图 1 자택에서 일하는 사람. 2 (가정부·요리사 등) 가사 노동자.

hom·ey [hóumi] 휑 가정과 같은(homelike); 마음 편한, 스스럼없는; 편안한, 즐거운. ‒图 1 《美속어》 (고향에서 갓 올라온 사람; 촌뜨기. 2 《美흑인 속어》 남부에서 북쪽 도시로 갓 온 사람; 친구, 동향 사람. 3 《뉴질》 영국인, 본국인; 영국에서 갓 온 이민. (또는 **homie, homy**) ~**ness**, **hóm·i·ness** 图

hom·i·ci·dal [hàməsáidl/hɔ̀m-] 휑 살인(범)의; 살인을 범하는 경향(버릇)이 있는. ‒**ly** 图

hom·i·cide [háməsàid/hɔ́m-] 图⒰⒞ 〔법률〕 살인 (행위); 살인범(murderer); 《美구어》 (경찰의) 강력계.

homicide 널리 「살인」을 의미하며, 죄를 구성하지 않는 것도 포함한다. **murder** 살의를 품고 하는 homicide, 모살(謀殺). **manslaughter** 사전에 살의가 없는 homicide, 고살(故殺).

hómicide squàd 명 (美) (경찰의) 살인 사건 수사의.
hom·ie [hóumi] 명 (美俗語) 1 =homey. 2 (집합적) 거리 불량배(* 남자는 homeboy, 여자는 homegirl).
hom·i·let·ic [hàmǝlétik/hòm-] 형 설교(학)의; 훈계하는. (또는 **homiletical**) **-i·cal·ly** 부
hom·i·let·ics [hàmǝlétiks/hòm-] 명 복 (단수급) 설교법, 설교술, 설교학.
ho·mil·iary [hǝmílièri/hɔmíliəri] 명 설교집.
hom·i·list [hámǝlist/hɔ́m-] 명 설교가, 설교사.
hom·i·ly [hámǝli/hɔ́m-] 명 (종교적인) 설교; (경멸적) 훈계, 장황한 꾸지람. 「(또는 **homini-**)
hom·in- [hámǝn/hɔ́m-] 연결 「사람, 인간」의 뜻.
hom·ing [hóumiŋ] 형 제집에 돌아오는; (새 따위가) 둥지로 돌아오는; (항공) (항공기·유도탄 따위가) 자동 장치로 목표로 향하는. ¶ ~ **instinct** 귀소 본능(歸巢本能). — 명 U 귀환, 회귀; (새의) 귀소 본능. 「장치.
hóming device 명 (미사일·비행기의) 자동 유도
hóming guidance 명 자동 유도(법).
hóming missile 명 자동 추적 미사일.
hóming pigeon 명 전서구(傳書鳩)(homer).
hóming torpèdo 명 감응(자동 추적) 어뢰.
hom·i·nid [hámǝnid/hɔ́m-] 명 (인류) (사람과 그 조상을 포함하는) 사람과(科)(Hominidae)의 일원(의); 원인(原人)(의); 인간(의). (또는 **hominian**)
hom·i·nine [hámǝnin/hɔ́m-] 형 인간과 흡사한; 인간의, 인간의 특징을 가진.
hom·i·ni·za·tion [hàmǝnizéiʃən/hɔ̀minai-] 명 인류 진화; (기계 따위의) 인간화.
hom·i·nize [hámǝnàiz/hɔ́m-] 타 1 (토지·환경을) 인간에게 친숙해지기 쉬운 것으로 바꾸다. 2 (인간의) 진화 과정을 추진하다.
hom·i·nized [hámǝnàizd/hɔ́m-] 형 진화해서 사람(인류)이 된, 인류 진화를 성취한.
hom·i·noid [hámǝnɔ̀id/hɔ́m-] 형 인간(인류)을 닮은, 사람과(科)의. — 명 유인(類人) 동물, 사람과에 속하는 동물(사람과 유인원(類)). 「옥수수(로 쑨).
hom·i·ny [hámǝni/hɔ́m-] 명 U (맷돌로) 탄
hóminy gríts 명 (美) (곱게) 탄 옥수수 가루(로 만
hom·ish [hóumiʃ] 형 =homey.
homme [ɔm/F ɔm] 명 (복 ~**s**) 사람; 남자. <F>
homme d'affaires [F ɔm dafɛːʀ] 명 (복 -**s** d-) 실업가, 비즈니스맨.
homme du monde [F ɔm dy mɔ̃:d] 명 (복 -**s** d- m-) 세상 물정에 밝은 사람, 닳고 닳은 사람; 상류층 사람. <F>
ho·mo [hóumou] 명 (복 ~**s**) (속어·경멸적) 동성애자, 호모. — 형 호모의. <*homo*sexual>
Ho·mo [hóumou] 명 (복 *Homi·nes* [hámǝniːz/hɔ́mi-]) 1 (동물) 사람과(科). 2 (종종 h-) (무관사·단수취급) 사람, 인간. <L>
ho·mo- [hóumou, -mǝ, hám-] 연결 same의 뜻 (* 모음 앞에서는 hom-). ¶ *homo*geneous.
ho·mo·cen·tric [hòumǝséntrik, hàm-] 형 1 같은 중심을 가진, 동심(同心)의. 2 동일점에서 발하는; 동일점에 모이는. (또는 **homocentrical**) **-tri·cal·ly** 부 **-cen·tríc·i·ty** 명
ho·mo·chro·mat·ic [hòumǝkroumǽtik, hàm-] 형 한 색광의, 단색의. (또는 **homochrome**)
ho·mo·chro·mous [hòumǝkróumǝs, hàm-] 형 (동·식물) 단색의, 한 색의, 일색의.
ho·mo·cy·clic [hòumǝsáiklik, hàm-] 형 (화학) 동소(同素) 고리식의. (또는 **isocyclic**)
ho·mo·dyne [hóumǝdàin, hám-] 형 (무선) 호모다인 수신법의(고주파 수신법의 하나).
ho·moe·o- [hóumiou, -miǝ] 연결 ⇨HOMEO-.
Hómo e·réc·tus [-irέktǝs] 명 1 직립 원인(直立猿人), 원인(猿人), 호모 에렉투스. 2 1의 화석.
ho·mo·e·rot·i·cism [hòumǝirátǝsizm, hàm-/-rɔ́t-] 명 동성애. (또는 **hòmoéroism**) **-rót·ic** 형
hómo fá·ber [-féibǝr, -fáː-] 명 도구를 만드는 사람, 공작(工作) 인간. <L>
ho·mo·ga·met·ic [hòumougǝmétik, hàm-] 형 (유전) 동형(同形) 배우자만을 생산하는, 호모가메트의.
ho·mog·a·mous [houmɔ́gǝmǝs/-mɔ́g-] 형 (식물) 동성화(同性花)가 생기는. 반 heterogamous
ho·mog·a·my [houmɔ́gǝmi/-mɔ́g-] 명 U (식물) 자웅동숙(雌雄同熟). 2 (생물) 동류 교배(同類交配).
ho·mo·ge·ne·i·ty [hòumǝdʒǝníǝti, hàm-/hɔ̀m-] 명 U 동종(同種); 동질(同質); 균등성.
ho·mo·ge·ne·ous [hòumǝdʒíːniǝs, -njǝs, hàm-/hɔ̀m-] 형 1 같은 종류의 것으로 된(반) heterogeneous); 동일 조직의; 동일성의. 2 (수학) 동차(同次)의. 3 (물리) 균질의. **-ly** 부 **-ness** 명
ho·mo·gen·e·sis [hòumǝdʒénǝsis, hàm-/hɔ̀m-] 명 U (생물) 순일(純一)(순계(純系)) 발생, 단순 발생.
-ge·nét·ic 형
ho·mog·e·nize [hǝmádʒǝnàiz] (* (英) **-nise**) 타 …을 균질(均質)로 하다, 균질화하다; …을 (구성·조직상) 통일하다. ¶ ~*d* milk 균질 우유 / ~ school systems 학교 제도를 통일하다. — 자 균질이 되다. **-ni·zá·tion, -nìz·er** 명
ho·mog·e·ny [hǝmádʒǝni, hou-] 명 (생물) (발생·구조의) 동상성(相同性), (역사적) 상동.
ho·mo·graft [hámǝgrǽft, -grɑ̀ːft] 명 (외과) 동종(同種) 이식체(같은 종류의 다른 개체에 이식하는 조직 또는 기관).
hom·o·graph [hámǝgrǽf/hɔ́mǝgrɑ̀ːf] 명 동형 이의어(異議語)(*mail*과 *mail*(갑옷) 따위).
hom·o·graph·ic [hòumǝgrǽfik/hɔ̀m-] 형 1 동형 이의어의. 2 일자 일음주의(一字一音主義)의.
ho·mog·ra·phy [hǝmágrǝfi/hɔmɔ́g-] 명 U 1 동자 일음주의 철자법. 2 동형 이의(同形異議)(임).
Hómo háb·i·lis [-hǽbǝlǝs] 명 (인류) 호모 하빌리스(최초로 도구를 만든 직립 원인(猿人)으로 믿어지는 약 170만년 전의 화석 인류). <L> 「=homologue.
ho·mo·log [hóumǝlɔ̀ːg, -làg, hám-/hɔ́mǝlɔ̀g] 명
ho·mol·o·gate [hǝmálǝgèit/hɔmɔ́l-] 타 …을 승인하다, 재가(裁可)하다; (자동차 경주에 출장하는 차)를 (등록하여) 적합한 차라는 인가를 받다. — 자 일치(합의)하다. **-gá·tion** 명
ho·mol·o·gize [hǝmálǝdʒàiz/hɔmɔ́l-] 타 …을 일치(상응)시키다, …의 상동(相同)(동족(同族)) 관계를 나타내다. — 자 상동하다, 동족화하다. **-giz·er** 명
ho·mol·o·gous [hǝmálǝgǝs/hɔmɔ́l-] 형 (구조·위치·성질 따위가) 일치(상응)하는; (생물) 상동(相同)의; (화학) 동족의; (면역) (면역 혈청과 그 재료인 세균과의 관계가) 동일원(一源)인; (수학) 위상 합동의.
homólogous chrómosomes 명 복 (생물) 상동 염색체.
hom·o·logue [hámǝlɔ̀ːg, -làg, hám-/hɔ́m-] 명 상응하는 것; (생물) 상동 기관; (화학) 동족체.
ho·mol·o·gy [hǝmálǝdʒi/hɔmɔ́l-] 명 UC 상응, 상당(相當); (생물) 상동; (화학) (화합물의) 동족 관계; (수학) 위상 합동(位相合同).
ho·mól·o·sine projéction [hǝmálǝsin-, -sàin-] 명 (지도) 호몰로신 투영 도법(圖法).
hómo lú·dens [-lúːdǝnz, -denz] 명 (인류) 유희(遊戱人), 호모 루덴스. <L>
ho·mo·mor·phic [hòumǝmɔ́ːrfik, hàm-/hɔ̀m-] 형 (수학) 준동형(準同形)의; (생물) 동형의.
ho·mo·mor·phism [hòumǝmɔ́ːrfizm, hàm-/

hɔm-] 图U 1 〔생물〕 이체(異體) 동형. 2 〔식물〕 동형 갖춘꽃[완전화]을 갖는 일. 3 〔동물〕 불완전 변태. 4 〔수학〕 준(準)동형. (또는 **homomorphy**) -**phous** 图
hom·o·nym [hámənim/hɔ́m-] 图 (보통 ~s) 1 동음 이의어(dear와 deer 등), 동철 이의어(lead [liːd]이 끌다와 lead [led] 납 등). 2 동명이인[이물(異物)]. 3 〔생물〕 동일명. -**ným·ic** 图 -**ným·i·ty** 图
ho·mon·y·mous [həmánəməs, hou-/hɔmɔ́n-] 图 1 동음 이의(어)의. 2 같은 이름의. 3 의미가 애매한. 4 〔안과〕 (복시(複視)나 반맹(半盲)에 관해서) 같은 쪽의.
ho·mon·y·my [həmánəmi, hou-/hɔmɔ́n-] 图U 동음[동형] 이의(임), 이물 동명; 동명이인임.
ho·mo·phile [hóuməfàil] 图图 =homosexual.
ho·mo·phobe [hóuməfòub] 图 동성애 혐오자, 동성애를 무서워하는 사람. 〔포증(恐症)〕. -**bic** 图
ho·mo·pho·bi·a [hòuməfóubiə] 图U 동성애 공포증[혐오증].
hom·o·phone [háməfòun, hóum-] 图 〔음성〕 동음이의어; 동음자(同音字)(cook의 c와 k 따위).
hom·o·phon·ic [hàməfánik, hòum-/hɔ̀m-/hɔ́m-] 图 1 〔음성〕 같은 음의, 같은 음을 가진. 2 〔음악〕 단성(單聲)[단선율(單旋律)]의. -**i·cal·ly** 图 ~图 동음의.
ho·moph·o·nous [həmáfənəs, hou-/hɔmɔ́f-] 图
ho·moph·o·ny [həmáfəni, hou-/hɔmɔ́f-] 图U 1 〔음성〕 동음(同音). 2 〔음악〕 단선율(單旋律), 호모포니.
ho·mo·plas·tic [hàməplǽstik, hòum-] 图 〔생물〕 성인 상동(成因相同)의; 동종 이식(同種移植)의. -**i·cal·ly** 图
ho·mop·la·sy [həmápləsi, hóuməplæ̀si, -pléi-] 图 〔생물〕 성인적 상동(成因相同), 유형(類型).
ho·mo·ploid [hóuməplɔ̀id, hám-] 图 〔유전〕 동배수성(同倍數性)의, 정(正)배수성의.
ho·mo·po·lar [hòuməpóulər, hàm-] 图 〔화학〕 동극(同極)의. 〔전기〕
homopólar génerator 图 〔전기〕 단극(單極) 발전기.
ho·mo·pol·y·nu·cle·o·tide [hòuməpəlinjúː- kliətàid, hàm-] 图 〔생화학〕 동종 뉴클레오티드 중합체(重合體).
ho·mo·pol·y·pep·tide [hòuməpəlipéptaid, hàm-] 图 〔생화학〕 동종 펩티드 중합체.
Ho·mop·ter·a [həmáptərə, hou-/hɔmɔ́p-] 图 동시아목(同翅亞目)매미·진딧물·매미층을 포함하는 곤충강(綱)의 한 목. -**an** 图 동시아목의 (곤충).
ho·mop·ter·ous [həmáptərəs, hou-/hɔmɔ́p-] 图 〔동물〕 동시아목(同翅亞目)의, 동시류(類)의.
hómo sàp 图 〔익살〕 인간; 얼간이.
Hómo sá·pi·ens [-séipiənz] 图 호모 사피엔스, 인류(man); 〔단·복수 양용〕 지능이 있는 생물로서의 인간. 〔< L **homō** man+**sapiens** wise〕
Hómo sápiens sápiens 〔인류〕 호모 사피엔스 사피엔스, 신인(新人) (후기 구석기 시대 이후 현대에 이르는 인류).
ho·mo·sce·das·tic [hòuməsidǽstik, hàm-, hɔ̀m-, hòum-] 图 〔통계〕 등분산적(等分散的)인.
ho·mo·sex [hóuməsèks] 图U =homosexuality.
ho·mo·sex·u·al [hòuməsékʃuəl] 图 동성애의(图 heterosexual). — 图 동성애자, 성도착 환자 (图 lesbian). ~·**ist** 图 =homosexual. ~·**ly** 图
ho·mo·sex·u·al·i·ty [hòuməsèkʃuǽləti] 图U 동성애, 동성 성욕 도착(증).
ho·mo·sphere [hóuməsfìər] 图 〔기상〕 (the ~) (대기의) 동질층(同質層) (지상 약 90km까지).
ho·mos·po·rous [həmáspərəs, hou-/hɔmɔ́s-] 图 〔식물〕 동형포자(同形胞子)의.
ho·mos·po·ry [həmáspəri, hou-/hɔmɔ́s-] 图 〔식물〕 동형포자 형성.
ho·mo·styled [hóuməstàild] 图 〔식물〕 동형 암술대의. -**stýl·ic** 图 -**stýl·ism** 图 -**stýl·ous** 图
ho·mo·tax·is [hòumətǽksis] 图 〔지질〕 유사 배열(類似配列) (화석·지층 따위가 형성된 시기는 다르지만 배열이 비슷한 것). (또는 **homotaxy**)

-**táx·i·al** 图 -**táx·i·al·ly** 图 -**táx·ic** 图
ho·mo·thal·lic [hòuməθǽlik, hàm-] 图 〔식물〕 자웅 동체의. -**lism** 图
ho·mo·thet·ic [hòuməθétik, hàm-] 图 〔기하〕 상사(相似)의, 상사 확대의. -**móth·e·ty** 图
ho·mot·o·py [həmátəpi, hou-/hɔmɔ́t-] 图 〔수학〕 호모토피, 동위(同位).
hom·o·type [hóumətàip, hám-] 图 〔생물〕 상동기관(相同器官) (homologue).
ho·mo·zy·gote [hòuməzáigout, hàm-] 图 〔생물〕 동형(동질) 접합체(接合體), 호모 접합체.
ho·mun·cle [houmʌ́ŋkl] 图 =homuncule.
ho·mun·cu·lar [houmʌ́ŋkjulər] 图 난쟁이 같은, 아주 작은.
ho·mun·cule [houmʌ́ŋkjuːl] 图 난쟁이(dwarf).
ho·mun·cu·lus [həmʌ́ŋkjuləs, hou-] 图 (图 -**li** [-lài]) 1 =homuncule. 2 극미인(極微人)(16-17세기의 의학 이론에서 정자 속에 있다고 믿었던 미소한 인체). 3 (연금술사에 의해 만들어졌다는) 인공 소인(小人). 4 (인간의) 태아. 5 (해부학 실습용의) 인체 모형.
hom·y [hóumi] 图 =homey.
hon [hʌn] 图 〔구어〕 귀여운[사랑스러운] 사람(honey).
hon. honor(able); honorary; (英) honorary.
Hon. Honduras; Honorable.
Ho·nan [hóunǽn] 图 1 =Henan. 2 (h-) 비단(~ [silk]).
Honble. Honorable.
hon·cho [hántʃou/hɔ́n-] 图 《美구어》 (~ ~s) 책임자, 리더, 보스; 우러러볼 만한 인물. — 图图 …의 책임자(보스)가 되다, …을 지휘하다. 〔< Jap 班長〕
Hon·du·ran [handʒúərən/hɔndʒúər-] 图 온두라스(사람)의. — 图 온두라스 사람. (또는 **Honduranean, Honduranian**)
Hon·du·ras [handʒúərəs/hɔndʒúər-] 图 1 온두라스 (중앙 아메리카 동북부의 공화국; 수도 Tegucigalpa). 2 =British ~.
hone¹ [houn] 图 (면도칼) 숫돌. — 图图 1 …을 숫돌로 갈다[마무르다]; (숫돌로 간 듯이) 예리하게 하다. 2 (비유적) (감각·기술 따위)을 예민하게 하다, 연마하다. ¶ ~ one's skill 기능을 연마하다.
hone² 图图 〔방언〕 동경[열망]하다; 〔고어〕 불평하다.
‡**hon·est** [ánist/ɔ́n-] 图 (**more** ~; **most** ~) 1 정직한, 거짓없는(**about, in**); 성실한, 솔직한, 숨김없는 (**with**); (…하는 데) 정직한(**in doing, to do**) (图 dishonest). 참다운 ¶ an ~ opinion 솔직한 의견 // be ~ in business 정직하게 장사하다 // It was ~ of you to tell me the truth. 진실을 솔직하게 잘 말해 주셨습니다. 2 정당한, 공정한; 정당하게 얻은. ¶ ~ dealings 공정한 거래 / ~ wealth 정당하게 모은 부. 3 진짜의, 섞인 것이 없는, 순수한(genuine). ¶ ~ weights 정미(正味) 중량 / ~ milk [butter] 순수 우유[버터] / ~ wool 순모(純毛). 4 존경할 만한, 평판이 좋은. ¶ an ~ name 영명(令名), 명성. 5 신용할 수 있는, 틀림없는. ¶ an ~ account 신용할 수 있는 회계. 6 소박한; 검소한, 간소한. 7 〔고어〕 정숙한. 8 (손아랫사람을 칭찬하여) 착한, 기특한.
(**as) honest as the day is long** 아주〔매우〕 정직한.
be honest with …에게 정직[솔직]하게 말하다; …와 올바르게 교제하다.
earn [or turn] an honest penny [or (美) dollar] 정당한 수단으로 조금씩 벌다.
honest to goodness [or God, Pete] 〔구어〕 정말로, 절대로, 맹세코.
make [or earn] an honest living 성실[착실]하게 일하여 생계를 꾸려가다〔생활비를 벌다〕.
make an honest woman of …와 WOMAN.
to be honest (with you) 정직[솔직]하게 말하면.
— 图 1 〔구어〕 (감탄사적) 참으로, 정말로, 틀림없이. 2 〔고어〕 정직하게 말해서. — 图 〔구어〕 신용할 수 있는

사람. ~·ness 圈
Hónest Ábe 圈 Abraham Lincoln의 애칭.
hónest bróker 圈 (구어) 공정한[중립적] 중재자.
hónest ín·jun [-ɪndʒən] 圈 (때로 h- I-) (구어) 정직하게 말하면, 정말로, 틀림없이; (감탄사적) 정말이야?, 거짓말 아니야? (또는 **hónest Índian**)
Hónest Jóe 圈 (구어) (an ~) 흔히 있는 고지식한 [착실한] 사람.
Hónest Jóhn 圈 (美) 1 (h- J-) (구어) 정직한 사람, 고지식한 사람. 2 어니스트 존(핵 탑재가 가능한 미군의 지대지(地對地) 미사일).
‡**hon·est·ly** [ánistli/ɔ́n-] 圈 (more ~; most ~) 1 정직하게; 공정히; 솔직히. ¶ ~ speaking 정직하게 말하면/get one's living ~ 착실하게 일하여 생계를 세우다. 2 (강조) 꼭, 반드시, 정말로.
come by...honestly (구어) (성격 따위)를 부모로부터 이어받다. ¶ 참, 이어받다.
—— 圈 (구어) (노여움·불신 따위를 나타내어) 거[허]
hon·est-to-good·ness [-təgúdnis] 圈 정말의, 사실의; 확실한; 진짜의. —— 圈 정말로, 진짜로; 확실히. (또는 **hónest-to-Gód**)
‡**hon·es·ty** [ánisti/ɔ́n-] 圈 1 ⓤ 정직, 성실, 솔직, 결백; 공정, 공평, 정당함. ¶ *A man of ~ 정직한 사람/H- is the best policy*. (속담) 정직은 최상의 방책. 2 (식물) 루나리아. 3 ⓤ (고어) 순결, 정절(貞節)(chastity).
in all honesty 정직하게[솔직히] 말해, 실은, 실인즉.

유의어 *honesty* 남을 속이거나 훔치거나 하지 않음. *honor honesty*의 뜻에 덧붙여, 지위·직업 따위에 요구되는 기준을 잘 분별하여 지키는 일. *integrity* 도덕적으로 고매한 성품을 지녀 외부의 나쁜 영향에 굴하지 않음. *probity* 이미 시련을 거쳐 증명된 *honesty, integrity*. *rectitude* 의식적으로 노력하여 도덕적으로 바른 길을 걸으며 나쁜 길을 거부함. *sincerity* 진리·진실을 굳게 지켜 속이지 않음.

‡**hon·ey** [hʌ́ni] 圈 (옝 ~s [-z]) 1 ⓤ 벌꿀, 꿀, 밀, 화밀(花蜜). 2 ⓤⓒ 꿀처럼 단 것; 기분 좋은 것, 달콤한 발림말; 감미로움. ¶ His words were ~ to my soul. 그의 말은 내 마음을 매우 즐겁게 했다. 3 (종종 H-) 귀여운 사람, 사랑하는 사람; 여보, 당신, 아가야 (darling) (부부·애인 사이 또는 아이에 대한 호칭). 4 (구어) 고급품, 사치품; 훌륭한 것[사람]. ¶ a ~ of a car 멋있는 차. 5 (美俗) 까다로운 사람; 난문(難問). 6 (속) (beer). 7 아주 상냥한.
(as) sweet as honey 꿀처럼 달콤한; 매우 유쾌한.
Where do we go for honey? (英구어) 다음에는 무엇을 할까? 「여운.
—— 圈 (*hón·i·er; hón·i·est*) 벌꿀의, 꿀과 같은; 단; 귀
—— 圈 (~s [-z]; ~ed, hon·ied; ~·ing) 1 (음식물)을 꿀로 달게 하다. 2 (구어) ~에게 알랑거리다 (up). —— 圈 달콤한 말을 하다, 알랑거리다 (up).
~·ful, ~·less, ~·like 圈
hóney bádger 圈 (동물) =ratel.
hóney bàg 圈 =honey stomach.   「선(平底船).
hóney bàrge 圈 (美해군) 쓰레기 운반용 대형 평저
hóney bèar 圈 킨카주(kinkajou); (동물) 나무늘보; 말레이곰.
hon·ey·bee [hʌ́nibìː] 圈 꿀벌. (또는 **hóney bèe**)
hóney bùcket 圈 (속어) 분뇨통, 거름통.
hon·ey·bunch [hʌ́nibʌ̀ntʃ] 圈 1 연인, 애인. 2 (또는 **hóneybùn**) (美구어) =honey 3.
hóney bùzzard 圈 (조류) (꿀벌 유층을 먹는) 벌매.
*****hon·ey·comb** [hʌ́nikòum] 圈 1 (꿀)벌집, 2 벌집 모양(6각형)의 것. 3 (요리용) 벌집의 일부. 4 (반추 동물의) 벌집위(胃)(reticulum). 5 (섬유) 벌집 무늬로 짜기; 허니콤 직조법(織造法). —— 圈 벌집(모양)의, 벌집 모양의. —— 圈 1 ~을 구멍투성이가 되게 하다, ~을 벌집모양으로 하다, ~에 6각형의 무늬를 달다. 2 (단계 따위)를 위태롭게 하다, (악폐 따위가) ~에 침범[침투]하

다. ¶ (~+圓+前+图) *The city was ~ed with vice.* 그 도시는 부정이 득실거렸다.
~**ed** 圈 [번째 위 내벽의 일부).
hóneycomb trípe 圈 벌집위(胃)(소·양 따위의 두
hon·ey·creep·er [hʌ́nikrìːpər] 圈 (조류) (열대·아열대 아메리카산(産)) 벌새, 꿀새.
hon·ey·dew [hʌ́nidʲùː] 圈 ⓤ 1 (식물의 잎에서 나는) 단물, 감로(甘露). 2 감로 담배(당밀로 달게 한 것). 3 = ~ melon. ~**ed** 圈
hóneydew mèlon 圈 감로 멜론.
hóney èater 圈 (오스트레일리아의) 꿀 먹는 새. (또는 **hóneyèater**)
hon·ey-eyed [hʌ́nid] 圈 1 (꿀처럼) 단, 달콤한; 발림말하는. ¶ ~ *words* 달콤한 말, 감언. 2 꿀을 가진, 꿀이 많은; 꿀로 달게 한. ¶ ~ *drinks* 꿀로 달게 한 음료. 3 (음성이) 아름다운. (또는 **honied**) ~·ly 圈, ~·ness 圈
hon·ey-flow [-flòu] 圈 화밀(花蜜)의 분비.
hon·ey·fo·gle [hʌ́nifòugl] 圈圉 (美속어) [남]~을 속이다; ~에게 알랑거리다. —— 圈 감언.
hóney gílding 圈 벌꿀 금피복법(金被覆法)(금박과 벌꿀의 혼합물을 도자기의 겉에 쓰우는 금박법).
hóney guìde 圈 (조류) 꿀안내새(동작·울음 소리로 벌집이 있는 곳을 알림).
hóney lócust 圈 (식물) (북미산(産)) 쥐엄나무의 일
hóney mesquíte 圈 가시가 있는 콩과(科)의 관목.
*****hon·ey·moon** [hʌ́nimùːn] 圈 1 신혼 여행; 밀월, 신혼의 첫달; 허니문. 2 행복한 시기; 협조 관계. 3 (속어) 헤로인 사용의 초기 단계. —— 圉 신혼 휴가를 보내다, (~에) 신혼 여행을 하다 (*in, at*). —— 圈 신혼 여행의.
hóneymoon brídge 圈 (카드놀이) 둘이 하는 각종 브리지.   「언의; 말뿐이.
hon·ey-mouthed [hʌ́nimáuðd] 圈 말 잘하는, 감
hóney mùshroom 圈 졸참나무버섯.   「물).
hóney plànt 圈 양봉 식물(꿀벌에 꿀을 제공하는 식
hóney pòt [hʌ́nipʌ̀t/-pɔ̀t] 圈 꿀단지; 매력 있는 사람[물건]; (비어) (여성의) 성기. (또는 **hóney pòt**)
hóney sàc 圈 =honey stomach.
hóney stòmach 圈 (꿀벌의 식도 안에 있는) 꿀주머니. (또는 **hóney sàc[bàg]**)
hon·ey·suck·er [hʌ́nisʌ̀kər] 圈 =honey eater.
hon·ey·suck·le [hʌ́nisʌ̀kl] 圈ⓤⓒ 인동덩굴; 인동과(科) 식물의 총칭.
hóney-swéet [-swíːt] 圈 꿀처럼 단.
hon·ey-tongued [-tʌ́ŋd] 圈 달콤하게 말 잘하는, 능변인, 변설에 능한.   「감].
hóney tráp [hʌ́nitræ̀p] 圈 (美구어) 미인계(美人
hóney tùbe 圈 밀관(蜜管)(진디류(類)의 복부에 있는 뿔 모양의 관).
hóney wàgon 圈 분뇨차; 야외용 이동식 화장실; (농장의) 거름 살포기; 맥주 배달 트럭.   「(산(産)).
hon·ey·wort [hʌ́niwə̀ːrt] 圈 지치속(屬)의 식물(유럽
hong [hʌŋ/hɔŋ] 圈 (중국에 있는 외국인) ~양행; 상관(商館), 이관(夷館); 창고. <*Chin hong* 행(行))
hón·gi [hʌ́pi/hʌ́piː] 圈 (뉴질) (마오리족들 간) 코를 맞대고 하는 인사.
*****Hóng Kóng** [hán kʌ̀ŋ/hɔ́ŋkɔ́ŋ] 圈 홍콩(중국 동남부의 특별 행정구; 1997년 영국 식민지에서 중국으로 귀속). (또는 **Hóngkòng, Hóng-Kòng**)
Hóng Kóng dóg 圈 (the ~) (속어) 설사(동남 아시아 방면의 여행자가 쓰는 용어).
Hóng Kóng dóllar 圈 홍콩 달러.
Hóng Kóng·er [hʌ́ŋkʌ̀ŋər/hɔ́ŋkɔ́ŋ-] 圈 홍콩 시민[사람]. (또는 **Hóng·kong·ite**)
Hóng Kóng flú 圈 홍콩 독감(Mao flu).
honk[1] [hʌŋk, hɔŋk/hɔŋk] 圈 기러기 울음소리(와 같은 것); (차의) 경적 소리; (속어) 토하기. —— 圉 (기러기가) 울다; 경적을 울리다 (*at*); (속어) 토하다. —— 圉 (美구어) (자동차의 경적)을 울리다.

honk² 圀 《美흑인 속어》《경멸적》=honkie.
honked [hɑŋkt, hɔːŋkt/hɔŋkt] 圀《속어》술에 취한; 안절부절 못하는, 들뜬.
honk·er [hǽŋkər, hɔ́ːŋ-/hɔ́ŋ-] 圀 1 (자동차의) 경적; 경적을 울리는 사람; (자동차 경주에서) 아주 빠른 차. 2 기러기(goose). 3《구어》괴짜. 4《美속어》(큰) 코; (보통 ~s)《美속어》유방. ── (~s)《英속어》= honked.
hon·kie [hǽŋki, hɔ́ːŋ-/hɔ́ŋ-] 圀圀《美속어》《경멸적》백인(白人)(의). (또는 **honk(e)y**)
honk·y-tonk [hǽŋkiɑŋk, hɔ́ːŋkitɔ̀ŋk/hɔ́ŋkitɔ̀ŋk] 圀《美구어》1 싸구려 술집[카바레, 댄스홀]; 매춘굴; 싸구려 환락가. 2 홍키 통크(음악), 래그타임 음악(ragtime music)(재즈 음악의 일종). ── 圀 (또는 **honky-tonky**) 싸구려 술집[카바레, 환락가](특유)의; 래그타임풍의.
‡**Hon·o·lu·lu** [hɑ̀nəlúːluː/hɔ̀n-] 圀 호놀룰루(미국 Hawaii 주의 주도(州都); Oahu 섬의 해항).
‡**hon·or**《英》**-our** [ɑ́nər/ɔ́n-] 圀 (⊕~**s** [-z]) 1 명예, 영예; 인망, 명성; 체면, 신용. ¶business [or commercial] ~ 상업상의 신용/attain [or gain] ~ 명예를 얻다/lose ~ 명예를 잃다/save one's ~ 면목을 세우다, 체면을 유지하다/Owing to my ~, what I say is true. 명예를 걸고[맹세코] 내 말은 진실이다. 2 (지위·가치·미덕에 대한) 경의, 존중. ⇨ RESPECT 유의어 ¶be held in ~ 존경받다/be received with ~ 예를 갖추어 영접받다. 3 (영)의, 자존심; 신의, 절조; (여성의) 정절, 순결. ⇨ HONESTY 유의어 ¶a man of ~ 신의를 중히 여기는 사람/a sense of ~ 도의심/prostitute womanly ~ 정절을 더럽히다. 4 (보통 an ~) 명예[광영]이 되는 것; 자랑(to). ¶an ~ to one's family 가문의 영광. 5 UC (지위·신분이 높은 사람 또는 단체·모임으로부터 주어지는) 광영[명예](의 표시), 특권. ¶I have the ~ of introducing today's speaker. 오늘 강연해 주실 분을 소개해 올리겠습니다// They had the ~ to perform the play before the king. 그들은 왕 앞에서 연극을 공연하는 영광을 입었다. 6 (보통 ~s) 영예를 나타내는 것, 훈장; 서훈(敍勳); 의례, 의식. ¶Birthday *Honours*《英》여왕[국왕] 탄생일의 서훈/the funeral [or last] ~s 장례식, 일체의 예우를 받다. 7 (~s) (대학의) 우등; (美) (대학의) 우등 과정(英) 학위). 8 (보통 H-) 각하, 귀하(시장·판사 등에 대한 경칭). ¶Your [or His] H- the Mayor 시장님. 9 (~s) (카드놀이) 끗수가 제일 높은 패(bridge에서는 ace, king, queen, jack, ten의 다섯 장; whist에서는 ace, king, queen, jack의 넉 장). 10 (경기) 우승; (골프) 오니(tee에서 먼저 칠 권리). ¶It is my ~. 내가 선번(先番)이군. 11 〔역사〕영지(領地)와 이것에 대한 영주권(領主權).
a code of honor 명예[체면]에 관한 불문율; 결투의 예법; 사교의 예법.
a debt of honor (도박빚 따위) 신용빚.
a field of honor 결투장, 전쟁터.
a maid of honor ⇨ MAID.
an affair of honor 결투; 결투에서 매듭을 지어야 할 일.
a point of honor 명예에 관계되는 일; (이행하지 않으면) 체면에 관계되는 일.
be on [or **upon**] *one's* **honor to** *do*; **be bound in honor to** *do* 명예를 걸고…해야 하다. ¶We are on our ~ not to deceive him. 우리들은 명예를 걸고[맹세코] 그를 속이지 않아야 한다.
do *a person* **the honor of doing** [or **to do**] …하여 남의 면목이 서게 하다. ¶Will you do me the ~ of dining with me? 저와 식사를 함께 하시지 않겠습니까?// ~가 되다.
do honor to ① …에게 경의를 표하다. ② …의 명예가 되다.
do the honors (파티 등에서) 주인 노릇을 하다(of).
for (the) honor (of) (상업) (…의) 신용으로; …의 예를 위해.

give *a person* **one's (word of) honor** 명예를 걸고 남에게 맹세하다.
have the honor (…하는) 영광을 갖다(to do, of doing).
honor bright (구어) 맹세코, 확실히.
Honors (are) even [or **easy**]. (승부·형세 따위가) 대등하다.
in honor 도의상.
in honor of …에게 경의를 표하여; …을 기념하여; …을 축하하여. ¶We held a farewell party *in ~ of* Mr. Smith. 우리는 스미스 씨의 송별회를 열었다.
on [or **upon**] **my honor** 맹세코, 명예를 걸고.
pledge *one's* **honor** 자신의 명예를 걸고 맹세하다.
pull an honor (구어) 큰 실수를 하다. / 약게 하다.
put *a person* **on his honor** 남에게 명예를 걸고서
to *a person's* **honor** 남의 명예[패]가 되어.
with honor 훌륭하게; 예로써. / 로 졸업하다.
with honors 우등으로. ¶graduate *with ~s* 우등으로
word of honor 명예를 건 맹세(의 말).
── 圀 (~**s** [-z]) 1 …을 매우 존경하다, 공경하다; 〔신 등〕을 숭배하다. ¶~ one's parents 양친을 공경하다. 2 …에게 영광[명예]을 주다, …의 명예가 되다; …에게 서훈(敍勳)하다(*with*). ¶The garden party was *~ed* by the princess. 그 가든 파티에 공주가 나오셨다./(~(=⊕+前+名)) ~ a person *with* a visit 경의를 표하려고 남을 방문하다/He was *~ed with* the degree of Ph.D. 그는 철학 박사 학위를 받았다. 3 …을 배알(拜謁)하다, 삼가 받다. ¶I ~ your invitation. 삼가 초대에 응하겠습니다. 4 (상업) 〔어음·수표 따위〕를 인수하여 (기일에) 지불하다. ¶~ a draft 어음을 인수하다. 5 (약속·계약 따위)를 지키다, 이행하다. 6 (공문서)를 유효로 인정해서 그 요구에 따르다. 7 (스퀘어 댄스에서) …에게 머리 숙여 절하다.
I'm honored. (구어) 영광입니다, 영광으로 생각합니다.
── 圀 명예의, 명예에 관계되는.
~**·er** 영예를 주는 사람. ~**·less** 圀 불명예스러운.
‡**hon·or·a·ble** [ɑ́nərəbl/ɔ́n-] 圀 (**more ~; most ~**) 1 존경할 만한, (의도, 행위 따위가) 바른; 훌륭한, 수치를 아는, 고결한. ¶~ men 훌륭한 사람들 / ~ conduct 훌륭한 행위/H- judges 존경하는 재판관님. 2 고귀한, 고위(高位)의; 명예[영광] 있는. ¶an ~ duty 명예직 / ~ burial 예를 다한 장의(葬儀). 3 명예[영광]를 가져오는. ¶~ peace 명예로운 평화. 4 (H-) (경칭) 각하(英) 백작에서 남작까지의 귀족의 자제들, 여관(女官), 고등 법원 판사, 스코틀랜드 고등 민사 법원 판사, 식민지 행정관; (美) 연방 및 주 의회 의원 또는 정부 고관의 경칭 (⇨ Hon.). ¶the Most H- ⇨ MOST HONORABLE / the Right H- ⇨ RIGHT HONORABLE /my H- friend (英) (호칭) 존경하는 동료 의원(하원 의원이 의사당에서 다른 의원을 부르는 말). ── 圀 1 Honorable의 경칭이 붙는 신분의 사람; (일반적으로) 고귀한 사람. 2 = ~ discharge.
-**bil·i·ty**, ~**·ness** 圀 -**a·bly** 圀 올바르게, 훌륭하게.
hónorable dischárge 圀 (군사) 무사고[명예] 제대; 무사고[명예] 제대 증명서(약 HD).
hónorable mémber 圀 《英》하원 의원(의회내에서 의원 사이에 쓰는 경칭).
hónorable méntion 圀 (전시회 따위의) 선외 가작(選外佳作); (경기의) 등외상(等外賞).
hon·or·and [ɑ́nərænd/ɔ́n-] 圀 명예의 수령자, 대학의 명예 수령자.
hon·o·rar·i·um [ɑ̀nərɛ́əriəm/ɔ̀n-] 圀 (⊕~**s**, -**i·a** [-iə]) (지적 직업에 대한) 보수, 사례(금).
hon·or·ar·y [ɑ́nərèri/ɔ́nərəri] 圀 1 명예상의, 명예직의; 무급(無給)의. ¶an ~ member [president] 명예 회원[회장]. 2 도의상의; 명예심에 의한. ¶~ obligations 도의상의 의무. 3 명예의 표시로 주어지는. ¶an ~ gift 명예를 기리는 기념품. ── 圀 명예직[학위](을 가진 사람). **hòn·or·ár·i·ly** 圀
hónorary cánon 圀 (고위 성직자의) 명예 참사 회

원, 명예 고문.
hon·or-bound [-báund] 혱 명예를 걸고 (…)할 의
hónor bòx 뎡 (美) (길거리의) 신문 자동 판매기.
hónor càmp 뎡 (자율 관리제로 운영되는) 모범수
hon·ored [ánərd/ɔ́n-] 혱 명예로운. ⁅수용소.
hon·or·ee [ànərí:/ɔ̀n-] 뎡 명예를 받는 사람, 수상자.
hon·or·er [ánərər/ɔ́n-] 뎡 명예를 주는 사람.
hónor guàrd (guard of honor).
hon·or·if·ic [ànərífik/ɔ̀n-] 혱 존경을 나타내는, 존칭적인, 경칭의. ¶a ~ title 존칭. (또는 **honorifical**) —뎡 경칭. **-i·cal·ly** 円.
ho·no·ris cau·sa [ɑnɔ́:ris kɔ́:zə/ɔnɔ́:ris kɔ́:ts] 円혱 명예를 위하여(한). ¶degrees conferred ~ 명예학위. (<L for the sake of honor)
hónor kílling (아랍 사회 관습인) (친족에 의한) 부정 여인 살해.
hónor ròll (초·중·고교의) 우등생 명부, 수상자 ⁅일람; 전몰 장병 명단.
hónors cóurse 뎡 (美) 우등 과정(독자적인 연구 끝에 논문과 시험을 거쳐 학위를 받는 대학 과정).
hónor society 뎡 (대학·고교의) 우등생[영예 학생] 단체; (대학의) 학생 성적 심사 사정회.
hónors of wár 円뎡 (the ~) (군사) 명예 항복(의 특전) (무기·군기를 든 채 퇴각하는 것을 허용하는 타워).
hónors stùdent 뎡 우등생.
hónor sỳstem 뎡 (시험의) 무감독 제도; (죄수가 감독자 없이 복역하기는 사용 관리 제도. **~·less** 혱
‡**hon·our** [ánər/ɔ́n-] 뎡동혱 (英) =honor. **-er** 뎡
hónour schòol 뎡 (Oxford 대학의) 우등 코스.
hónours degrèe 뎡 (英) (대학의) 우등 (졸업) 학위.
hónours lìst (the ~) (英) 서훈자(敍勳者) 명단 (여왕 탄생일과 1월 1일에 발표). ⁅(명예 간사).
hons. honors. Hon. Sec. *Honorary Secretary*
hooch¹ [huːtʃ] 뎡 (美속어) 1 ⒰ 주류(酒類); 밀주, 밀수입주. 2 =hoochinoo. (또는 **hootch**)
hooch² 뎡 (美军속어) (동남아시아의) 오두막집, 초가집; 병사(兵舍), 막사; 군인의 현지 여자와 살림을 차린 집(房). (또는 **hootch, hoochie**)
hóoch·fèst [huːtʃfèst] 뎡 (美속어) 술판, 술 마시는 파티, 연회. (또는 **hóotch fèst**)
hoo·chi·noo [húːtʃənùː] 뎡 (美 ~**s**) 후치누(알래스카 원주민의 독한 술(酒)). (또는 **hootchinoo**)
‡**hood¹** [hud] 뎡 (美 ~**s** [-z]) 1 두건, 두건 모양의 모자. ¶the ~ of an anorak 아노락의 두건 / a raincoat with a ~ 두건 달린 레인코트. 2 두건 모양의 물건: 꽃깃, 꽃받침; (매·말의) 머리 쓰우개; 굴뚝(전동) 갓; (타자기·카메라 렌즈·램프 따위의) 커버, 덮개. 3 (마차·유모차 따위의) 덮개; (화물 자동차의) 포장. 4 (美) (자동차 엔진의) 덮개, 보닛(英) bonnet). 5 (학위를 나타내는) 대학 예복의 등에 드리는 주름 장식. 6 (새의) 볏(crest). 7 (독사) (승강구의) 덮개, 뚜껑. 8 (코브라의) 우산 모양의 목. —동⒯ …에 두건을 달다; …을 두건[포장]으로 덮다[숨기다]. **~·less** 혱 **~·like** 혱
hood² [huːd] 뎡 (美속어) =hoodlum.
'hood [hud] (구어) =neighborhood. (또는 **hood**)
-hood [hud] 召미 1「신분·성질·상태·연령층」따위를 나타내는 명사 어미. ¶manhood, childhood. 2「단체·집단」따위의 집합적 의미를 나타내는 명사 어미. ¶priesthood, brotherhood. 3 형용사에서 성질·상태의 뜻의 추상 명사를 만든다. ¶falsehood, likelihood.
hoo·dang [húːdæŋ] 뎡 (美속어) (파티 등의) 즐거운 모임; (원래 헛간에서 개최되던) 친목회(barn dance). (또는 **houdang**)
hood·ed [húdid] 혱 1 두건을 쓴, 두건 모양의. ¶~ eyes 반쯤 내리깐 눈. 2 (동물) (새 따위가) 두건 모양의 깃털이 있는; 머리 부분의 새깔이 몸 색깔과 다른. 3 (식물) 고깔[두건] 모양의.
hóoded cráne 뎡 (조류) 흑두루미.
hóoded crów 뎡 (조류) 회색까마귀.

hóoded gùll 뎡 (조류) 붉은부리갈매기.
hóoded snáke 뎡 (조류) 나방(cobra). ⁅crow.
hood·ie (**cròw**) [húdi(-)] 뎡 (스코) =hooded
hood·lum [húː(ː)dləm] 뎡 불량배; 망나니; 깡패, 갱; (美) 범죄자. **~·ish** 혱 **~·ism** 뎡 불량성, 깡패 기질, 깡패 생활[세계]; 비행(非行).
hóod mòld(**ing**) (문·창문 상부의) 빗물막이 쇠
hoo·doo [húːduː] 뎡 (美 ~**s**) 1 ⒰ =voodoo. 2 재수가 나쁜 사람[물건]; 불길한 사람[물건]. 3 ⒰ 불운(不運). 4 (지질) (침식 작용으로 생긴 기괴한) 바위 기둥. —동⒯ …에게 불운을 가져다 주다; (美속어) 속이다.
hoo·doo·ism [húːduːizm] 뎡 부두교(voodoo)의 의식[신앙], 부두교의 주술의(呪術).
hood·wink [húdwiŋk] 동⒯ (남)을 기만하다, 속이다 …하게 하다(*into doing*); …을 아바위치다; [남]에게 눈가림을 하다. —뎡 눈을 가리는 것, 눈가림; 눈가리 ⁅개. **~·a·ble** 혱 **~·er** 뎡
hood·y [húː(ː)di] 혱 (美속어) 불량기가 있는.
hoo·er [húər] 뎡 (濠·뉴질 속어) 매음; 매춘부; (욕으로) 화냥년, 후레자식. (또는 **hua**)
hoo·ey [húːi] 뎡 (美속어) 1 바보 같으니(* 불찬성·불만의 소리). 2 바보 같은 짓; 쓸데없는 일[말].
‡**hoof** [huː(ː)f] 뎡 (美 ~**s, hooves** [huː(ː)vz]) 1 (소·말 따위의) 발굽. ⇒COW¹ 그림. 2 (굽을 가진 동물의) 발; (구어·익살) (사람의) 발. 3 (美 ~) (방언) 유제류 (有蹄類) 동물. ⁅털다. ⁅다[쓰.
beat [or *pad, be upon*] *the hoof* (英구어) 터덜
on the hoof (가축이) 살아 있다.
put one's hoof in (英구어) 곁에서 말참견하다.
see [or *recognize*] *a person's hoof in* (구어) …에서 남의 세력[간섭]의 흔적을 엿보다.
under the hoof 짓밟혀서.
—동⒯ (구어) 걷다; (가볍게) 춤추다, 사교춤을 추다. ⒤ 1 ~을 발굽으로 되다, 짓밟다. 2 (구어) …을 쫓아내다, 해고하다(*out*). 3 (구어) (종종 ~ it) 걷다.
hoof it ① (구어) 걷다; 도보 여행하다. ② (속어) 내빼다, 달아나다. ③ (구어) 춤추다, 댄서가 되다.
~·i·ness 뎡 **~·less** 혱 **~·like** 혱
hóof-and-móuth disèase ['ænmáuθ-] 뎡⒰ =foot-and-mouth disease.
hóof·bèat [húː(ː)fbìːt] 뎡⒰ 발굽 소리. ⁅에 걸린.
hóof·bòund [húː(ː)fbàund] 혱 (말이) 발굽 협착증
hóofed [húː(ː)ft] 혱 굽이 있는, 유제(有蹄)의.
hoof·er [húː(ː)fər] 뎡 (속어) (직업) 댄서, 탭댄서.
hóof·pàd [húː(ː)fpæd] 뎡 발굽싸개. ⁅보 여행가.
hóof-pìck [-pìk] 뎡 (굽 사이에 낀 것을 파내는) 편자
hóof·print [húː(ː)fprìnt] 뎡 발굽 자국. ⁅썩는 병.
hóof ròt (수의) 제부란증(蹄腐爛症) (양의 발굽이
hoo·ha [húːhàː] 뎡 (英구어) 공연한 소동, 흥분; (the ~'s) 안달복달, 오들오들 떨기; (속어) 시시한 소리, 🔡 와아(소동의 소리).
hoo·haw [húːhɔ̀ː] 뎡 (美속어) 유력자, 요인(要人).
‡**hook** [huk] 뎡 1 갈고리, 훅; (갈고리 모양의) 걸쇠 (옷 따위의) 훅[깎지 단추]; (전화의) 수화기 걸이. ¶a coat[hat] ~ 외투[모자]걸이 / a ceiling ~ 소방용 갈고리. 2 낚싯 바늘, 갈고리 바늘. ¶a ~ and line 줄이 달린 낚싯바늘. 3 사람의[손님]을 끌어당기는 것[요소]; 함정, 덫(trap). 4 인용 부호(' '); (음악) 음표의 꼬리. 5 (물건을 베가나 하는) 낫 모양의 도구, 낫. ¶a reaping ~ (곡식 베는) 낫. 6 갈고리 모양의 곳, 긴 모래톱, (갑의) 갈곡부. 7 (동식물의) 갈고리 모양의 돌기[기관]. 8 (골프) 좌곡구(左曲球)(⇔ slice); (야구) 커브; (농구) =~ shot; (권투) 혹. 9 (서평) 사도의 꼭대기. 10 (속어) (~s) 손, 손가락. 11 (속어) 마

hooka(h)

약, 헤로인; (마약 주사용) 바늘. **12** 《美속어》 글 첫머리의 매혹적인 문구. **13** 〔해사〕 갑판 보강 버팀목. **14** 《속어》 매춘부(hooker); 소매치기.
above one's **hook** 분에 넘친; 이해할 수 없는.
by hook or (by) crook 어떻게 해서든지, 무슨 수단을 써서라도; 이럭저럭.
get one's **hooks into** [or **on**] 《구어》 ① 〔남자〕의 마음을 끌다, 사로잡다. ② …을 손에 넣다, 지배하다.
get the hook 《속어》 〔마운드·무대 따위에서〕 끌어내려지다, 강판되다; 목잘리다, 해고되다.
give a person the hook 《美속어》 남을 해고하다.
go on the hook 《美속어》 〔얼마의〕 돈을 빌다(for).
hook, line, and sinker 《구어》 완전히, 아주.
off the hook 《속어》 곤란(의무)에서 해방되어; (수화기가) 제 자리에 안 놓여.
off the hooks ① 《英속어》 죽어, 뒈져. ② 《폐어》 미쳐서, 실성하여. ③ 잽싸게, 「로, 혼자 힘으로.
on one's **own hook** [or **bat**] 《구어》 자기의 책임으로
on the hook 《美속어》 ① (상황 따위에) 묶여; (…때문에) 곤란한 입장에 놓여(for). ② 기다려, 마음을 졸여.
ring off the hook 《구어》 (전화의) 벨이 계속 울리다.
take [or **sling**] one's **hook** 《속어》 =hook it. 「다.
throw the hooks 《속어》 거리에서 구걸[비럭질]하다
throw the hooks into a person 《속어》 해롭게 하다(조종하다).

── vt. (~ed [-t]) ⓣ 1 (갈고리에) …을 걸다, 끌어당기다; 채우다(up)(on, onto, over, round). ¶ ~ a log 통나무를 끌어당기다 / ~ a dress at the back 옷 뒤의 훅을 채우다 // (~+⺟+囿) ~ a piece of lumber up 재목을 끌어 올리다. **2** …을 낚싯바늘로 낚다. ¶ ~ a big trout 큰 송어를 낚다. **3** (비유적) (낚듯이) …을 걸다, (여자)(남자)를 낚다; (속어) …을 붙잡다. **4** (수동형으로) (악습·마약 따위에) 중독이 되다, 포로가 되다(on); 《구어》 …에 열중하다, 정신을 빼앗기다(on). **5** 《구어》 …을 훔치다, 날치기하다. **6** (갈고리 모양으로) …을 구부리다. ¶ ~ one's elbow 팔굽을 굽히다. **7** (소 따위가) …을 뿔로 받다, 뿔로 걸어 채다. **8** (코바늘로) (실로) 뜨다, 짜다. ¶ ~ loops of yarn 실코를 짜다 / ~ a rug 융단을 짜다. **9** 《스포츠》 a) (골프) (공)을 훅으로 치다. b) 〔야구〕 커브로 던지다. c) 《권투》 …에게 훅을 치다, 훅의 오른쪽[라이트]을 먹이다. d) 〔럭비〕 (스크럼에서) 〔볼〕을 뒤로 차내다. **10** 《美속어》 〔노동자〕를 매수하여 정보원으로 삼다. **11** 《구어》 …을 붙잡다, 찾아내다; (범인)을 체포하다; …에게 범칙 딱지를 떼다. **12** 《美속어》 …을 (단숨에) 마시다.

── vi. **1** 고리로 걸리다, 혹으로 채워지다(on, up). ¶ (~+⺟+囿) a dress that ~s up at the back 등에서 훅으로 채우는 옷. **2** 갈고리 모양으로 굽다. **3** (골프·야구) 공을 커브[훅]으로 던지다[치다]; (공이) 훅되다. **4** (권투) 훅을 넣다(at). **5** 《속어》 허둥지둥 떠나다. **6** 《英속어》 매춘하다.

hook [or **rook**] a person **into** 《美속어》 남을 억지로 …시키다, 속여서 …하게 하다.
hook a ride 《속어》 트럭 뒤에 몰래 타고 가다.
hook...(a)round [or **on, onto**] (팔·다리 따위)를 …에 걸다. 「(to); 이끌려다, 끌려가다.
hook down ① 훅을 채우다. ② 《속어》 (집어)던지듯 손에 넣다. ⓑ (말)을 (마차에) 매다(to).
hook in ① …을 갈고리로 끌어들이다; …을 어떻게든 손에 넣다.
hook it 《속어》 도망치다.
hook Jack 《美속어》 꾀부려 쉬다, 농땡이 부리다.
hook off ① 《뉴질 속어》 가다, 사라지다, 도망치다. ② 《英속어》 (차량 따위)를 떼다, 연결을 풀다.
hook on ① (갈고리로) …을 고정시키다(to). ② (남과) 팔을 끼다.
hook one's **fish** 표적으로 삼은 사람을 잘 낚다[설득하다].
hook onto ① [훅 따위에] 매달려 있다. ② 《美속어》 (생각 따위)를 이해하다.

hook up ① (의복 따위가) 훅으로 고정되다, …을 훅으로 채우다; (…와) 연결되다. ② [말 따위]을 (수레에) 매다(to). ③ 《기계》 를 조립해서 설치하다. ④ 〔기기(機器)〕를 (전원(電源) 따위에) 연결하다[접속시키다] (to). ⑤ 《방송》 중계하다.
hook up with ① …와 관계하다; …와 친해지다. ② …와 손을 꽉끼다; 손잡다, 재휴하다; …와 결혼하다. ③ …와 경쟁하다(다투다).
∠-less, ∠-like 囪

hook·a(h) [húkə] 囝 물담뱃대, 수연통(水煙筒)(water pipe).
hóok and bútt 囝 〔조선〕 갈고리형 끼워 잇기. (또는 **hóok scárf**)
hóok and éye 囝 (옷의) 훅 단추. **2** 문이나 창문을 열어놓은 채 고정해 두는 장치. **3** (문의) 암톨쩌귀.
hóok and ládder 囝 사다리 소방차, 사다리차.
hóok-and-ládder còmpany 囝 사다리차를 갖춘 소방대. (또는 **ládder còmpany**)
hóok-and-ládder trúck 囝 =ladder truck.
hóok bòlt 囝 〔기계〕 훅 볼트, 갈고리 볼트.
hóok chèck 囝 〔아이스하키〕 훅 체크(상대방의 puck을 스틱의 굽은 부분으로 눌러 빼앗기).
*hooked [hukt] ⓐ **1** 갈고리 모양의. ¶ a ~ nose 매부리코. **2** 갈고리가 달린; 코바늘로 짠. **3** 《속어》 마약 중독의; (…에) 미친, 푹 빠진(on). **4** 《속어》 기혼의.
be [or **get**] **hooked on** …에 맛들이다, 푹 빠지다;
hóok·ed·ness [-id-] 囝 〔마약·술〕에 중독되다.
hóoked rúg 囝 훅트러그(삼베 따위에 털실·천 조각으로 수놓듯 꿰어 만든 양탄자).
hóoked schwá 囝 〔음성〕 훅트슈와(미국식 발음의 모음 [ɚ]의 명칭).
hook·er[1] [húkər] 囝 《경멸적》 배; 〔해사〕 네덜란드의 쌍돛대 어선; 아일랜드·영국의 외대박이 어선; 《속어》 구식의(볼품 없는) 배.
hook·er[2] 囝 **1** 《구어》 도둑, 사기꾼, 소매치기; 매춘부. **2** 《속어》 큰 잔으로 술을 들이킴. **3** 《속어》 올가미, 덫, 함정, 방심할 수 없는 것. **4** 《럭비》 후커(공을 hook 囝 9 d)). **5** (H-) 《경멸적》 암만제(系) 메노(Menno) 파(派)의 신도(?) 《Amish》. **6** 〔美속어〕 마약 장사, 도박사.
Hóoker's gréen [húkərz-] 囝 후커스 그린. **1** 녹색에서 짙은 황록색까지의 색. **2** 녹색 안료.
Hóoke's láw [húks-] 囝 〔물리〕 훅의 법칙(탄성의 한도 안에서 고체에 가해지는 힘과 이에 의한 변형은 비례한다는 법칙). 〔<영국의 물리학자 R. Hooke(1635-1703)의 이름〕
hook·ey [húki] 囝 =hooky[2].
hook·nose [húknòuz] 囝 매부리코; 《美속어》 유대인. **hóok-nósed** ⓐ 매부리코의.
hóok páss 囝 〔미식축구〕 훅 패스(짧은 패스로 리시버가 갈고리모양(形) 코스로 달린다).
hóok pin 囝 갈고리 못.
hook·rate [húkrèit] 囝 〔어업〕 조획률(釣獲率).
hóok (shòt) 囝 〔농구〕 훅슛(공을 한 손으로 머리 위로 올려 손목의 스냅을 이용해서 던지는 방법).
hóok slíde 囝 〔야구〕 훅 슬라이드(터치를 피해 갈고리처럼 몸을 구부려 들어가는 슬라이딩).
hook·tend·er [húktèndər] 囝 (캐나다) 벌목 감독.
hook·up [húkʌ̀p] 囝 **1** 〔전자〕 (수신기 따위의) 배선(配線)·접속(도(圖)). **2** (부품·장치 따위의) 접속, 결합. **3** (방송국 간의) 중계, 네트워크. **4** 《구어》 결속, 결합; (정부·정당간의) 동맹, 연휴(연휴)로 관계.
hook·worm [húkwə̀ːrm] 囝 **1** 십이지장충, 구충(鉤蟲). **2** (또는 ∠ **disèase**) 囲 〔병리〕 십이지장충병.
~**·y** 囲 인사돌리개, 「기.
hóok wrènch [**spànner**] 囝 대가리가 갈고리 모양의 렌치.
hook·y[1] [húki] ⓐ 갈고리가 많은; 갈고리 모양의.
hook·y[2] 囝ⓊⒸ 《美》 (학교·직장을) 꾀부려 빼먹기.

play hooky (학교를) 빼먹다, 꾀부려 쉬다.
── 图 꾀부려 쉬다; 슬쩍 훔치다, 날치기하다. ── 图 매혹적[매력적]인. (또는 **hookey**)
hoo·li·gan [húːligən] 图 불량배, 건달, 깡패, 무뢰한; (~s) 홀리건(축구장에서 난동을 부리는 관중); (속어) 살인 청부업자. ── 图 무뢰한의.
~·**ism** 图 불량배 기질; 망나니 행동[생활]; 난폭.
hóoligan Nàvy 图 (the ~) (美해군) 연안 경비대.
hoo·li·van [húːlivæn] 图 훌리밴(축구 경기 때의 난동 관중(훌리건) 감시용 경찰 차량).
hoo·ly [húːli] 图 (스코) 주의 깊은; 온화한. ── 图 주의 깊게; 온화하게. (또는 **huly**)
hoon [huːn] 图 (濠속어) 뚜쟁이; (뉴질 구어) 불량배.
*****hoop**[1] [huː(ː)p] 图 1 (통 따위의) 테, 테두리, 2 테 모양의 것; 가락지. 3 홀라후프. (곡예용) 고리; 굴렁쇠. 4 (croquet의) 주문(柱門)(wicket). 5 (hoopskirt 의) 버팀살대(고래뼈·철사로 만들었다). 6 (농구) 링(바스켓), 골; (때로 ~s) 농구 (시합). ¶ play some ~s 농구를 하다. 7 (濠구어) (경마의) 기수(騎手). 8 = ~ **iron.**
a flat hoop [for **tire**] (美속어) 재미없는[따분한] 사람.
go [or *jump*, *be put*] *through the hoop(s)* (구어) 시련을 겪다, 고생하다.
jump through a hoop [or **hoops**] (구어) 어떤 명령에나 따르다, 시키는 대로 하다.
put a person through the hoop(s) (구어) 남에게 따끔한 맛을 보여 주다, 남을 단련시키다.
── 图 1 (통 따위)에 테를 두르다[감다]. 2 …을 둘러싸다. 3 (농구) 득점하다. ── 图 테와 같은 모양이 되다.
~ed, ~·less, ~·like 图
hoop[2] 图 图 (고어) = whoop. 「인 의자들의」
hóop bàck 图 (가구) 후프 백(등받이 위쪽이 아치형
hoop·ee [húː(ː)piː] 图 = whoopee.
hoop·er [húː(ː)pər] 图 테를 끼우는 사람; 통장이.
Hoop·e·rat·ing [húːpəreitiŋ] 图 (美) (라디오·TV 의) 시청률 전화 조사. (또는 **Hóoper ràting**) 〈미국의 통계학자 Claude E. Hooper(1898–1954)의 이름〉
hoop·er·doop·er [húː(ː)pərdùː(ː)pər] 图 (美속어) 주목할 만한[훌륭한] 사람[것]; 중요 인물, 요인(要人). ── 图 아주 즐거운, 유쾌해서 어쩔 줄 모르는; 근사한. (또는 **hóoper-dòoper**, **hóoperdò**, **hóoper-dò**)
hóop·ing còugh [húː(ː)piŋ-] 图 = whooping cough.
hóop ìron 图 쇠테.
hoop·la [húː(ː)plaː] 图 图 1 (명절 따위에 하는) 고리 던지기 놀이. 2 (美속어) 과대 선전. 3 (美·캐나다 구어) 열광, 대소동, 흥분. 4 (문제를 왜곡하기 위한) 연설, 문서. (또는 **whoopla**)
hoop·man [húː(ː)pmən] 图 (속어) 농구 선수.
hoo·poe [húː(ː)puː] 图 (조류) 후투티. (또는 **hoopoo**)
hoop·skirt [húː(ː)pskəːrt] 图 버팀살대를 넣은 스커트.
hóop snàke 图 후프뱀(미국 남부산(産) 독 없는 뱀의 일종).
hoop·ster [húː(ː)pstər] 图 1 (속어) 농구 선수. 2 홀라후프를 돌리는 사람. (또는 **hooper**)
hoop·stick [húː(ː)pstìk] 图 1 (나무통 따위를 묶는 데 쓰던) 히코리 따위의 어린 나무. 2 굴렁쇠 채.
hoo·rah [huráː] 图 = hurrah.
hoo·ray[1] [huréi] 图 图 图 = hurrah. (또는 **hoorah**)
hoo·ray[2] 图 (濠·뉴질) 안녕히 가세요[계세요]. 「ray[2].
hoo·roo [huruː] 图 (濠) = hooroos(e)·gow [húːsgau] 图 (美속어) 교도소; 옥외 공중 변소.
hoosh [huːʃ] 图 (속어) 진한 수프,

{hoopoe}
{hoopskirt}

잡탕 찌개.
Hoo·sier [húːʒər] 图 미국 Indiana 주 주민(출신자); (보통 h-) (속어) (세상 물정을 모르는) 시골뜨기.
Hóosier Stàte 图 (the ~) 미국 Indiana주의 별칭.
*****hoot**[1] [huːt] 图 1 (올빼미가) 부엉부엉 울다, 올빼미 같은 울음 소리를 내다. 2 (기적·경적 따위가) 뚜우뚜우 울리다. ── 图 1 …을 우우하며 야유하다 (off, down). ¶ ~ an actor 배우를 야유하다. 2 소리쳐 서[야유하여] …을 몰아내다[들어가게 하다] (away, out)(off). ¶ (~ + 目 + 副) ~ a person away [out] (…하여) 남을 쫓아내다[내쫓다]// (~ + 目 + 前 + 名) The audience ~ed the speaker off the platform. 청중들은 연사를 야유하여 연단에서 끌어내렸다. 3 (불찬성·불유쾌 따위의) 감정을 우우 소리치며 나타내다. 4 …을 기적[경적]으로 알리다(at).
hoot down (연사 따위를) 야유하여 물러가게 하다.
── 图 1 올빼미의 울음 소리, 부엉부엉; 올빼미 같은 울음 소리. 2 (불찬성·조소·노여움 따위의) 외침 소리, 야유 소리; (구어) 웃음(거리). ¶ ~s of scorn 경멸의 야유 소리. 3 (英구어) 참으로 재미있는 사람[것]. 4 (英) 기적[경적] 소리, 뿌웅, 빵빵; (공장의) 사이렌 소리. ¶ The ship gave two ~s. 배는 두 번 고동을 울렸다.
5 (a ~, two ~s) (구어) (부정문에서) 극소량, 조금(bit). 6 올빼미.   「도 개의치 않다.
not care [or *give*] *a hoot* [or *two hoots*] 조금
not matter [*worth*] *a hoot* [or *two hoots*] 한푼의 가치도 없다[없는], 문제조차 되지 않다[않는].
~·**ing·ly** 图
hoot[2] 图 (스코·北英) 흥, 쳇, 푸우(불만·혐오·안타까움 따위의 소리). (또는 **hoots**)
hoot[3] 图 (濠·뉴질 속어) 보수로 주는 돈; 돈(money).
hootch [huːtʃ] 图 = hooch[1].
hoot·chi·noo [húːtʃinùː] 图 = hoochinoo.
hootch·y-kootch·y [húːtʃikùːtʃi] 图 (美) = belly dance. (또는 **hóotchie-kóotchie[-cóotchie]**)
hoot·ed [húːtid] 图 (美속어) 몹시 취한.
hoot·en·an·ny [húːtənæni] 图 1 후트내니(포크송을 부르며 댄스를 추는 사교적인 집회나 연주회). 2 (구어·방언) 뭐라나 하는 것(* 기계 장치 따위의 정확한 명칭을 모르는 경우에 쓴다). 3 (속어) = hoot[1]. (또는 **hoot(a)nanny**)
hoot·er [húːtər] 图 1 야유; 야유하는 사람. 2 (英) 기적, 경적, (공장 따위의) 사이렌. 3 올빼미. 4 (부정문에서) 소량, 조금(bit). 5 (英속어·경멸적) (큰) 코; (~s) (美속어·비어) (여자의) 젖가슴. 6 (美속어) 담배인; 한 잔의 술.   「장 따위의) 심야 근무.
hóot òwl 图 (울음소리가 큰) 대형 올빼미; (광산·공
hoo·ty [húːti] 图 (美속어) 재미있는; 멋진, 굉장한.
hoove [huːv] 图 图 (수의) 고창병(鼓脹病)(가축의 위가 가스로 불러지는 병).
hoo·ver [húːvər] 图 (美) (상표) 진공 청소기; (속어) 먹보. ── 图 (…을) 전기 청소기로 청소하다; (속어) 닥치는 대로 삼키[먹]다.
Hoo·ver 图 1 **Herbert Clark** ~ (1874–1964): 미국의 제31대 대통령(1929–33). 2 **J(ohn) Edgar** ~ (1895–1972): 미국의 법률가·관료·FBI 국장(1924–72).   「원피스형 여성 작업복).
hóover àpron 图 후버 에이프런(허리를 묶도록 된
Hóover Dám 图 후버 댐(미국 Colorado 강 상류의 댐; 옛 이름은 Boulder Dam).
hoo·ver·er [húːvərər] 图 남회하는 어부.
Hóover moratórium 图 후버 모라토리엄(1931년 미국 대통령 Hoover가 제창한 공황 대책).
Hoo·ver·ville [húːvərvìl] 图 (美) (1930년대 초기 대공황 때의) 실업자 수용 주택 (지구).
*****hop**[1] [hɑp/hɔp] 图 (-pp-) 图 1 (새·짐승이 두 발을 모

아) 깡충 뛰다, 깡충깡충 뛰어가다; (사람이 한쪽 발로) 껑충 뛰다; 껑충 움직이다; (탈것에) 뛰어[껑충] 오르다(*in* (*into, on, onto*)); (탈것)에서 뛰어[껑충] 내리다(*out* (*off, out of*)). ⇒JUMP 유의어 ¶(~+圖) ~ *about* 뛰어 돌아다니다 // ~ *out of* bed 침대에서 가볍게 뛰어내리다 / ~ *on* a train 기차에 뛰어 오르다. **2** a) (비행기로) 날다; 짧은 여행을 하다(*across, up, down, over*)(*to*). ¶I'll ~ *down* to the city. 시내에 잠깐 다녀 오겠다. b) (구어) (비행기가) 이륙하다(*off, up*). **3** (구어) 여기저기 뛰어 다니다, 전전(轉轉)하다. **4** (구어) 춤 추다. **5** 공격적인 말을 퍼붓다. **6** 활동을 시작하다. **7** (야구) (공이) 바운드하다. **8** 다리를 절며 걷다. ── 圖 **1** …을 껑충 뛰어넘다. ¶~ a ditch 도랑을 껑충 뛰어넘다. **2** (구어) (탈것 따위)에 뛰어오르다[타다]. ¶~ a train 기차에 뛰어오르다라. **3** (구어) (비행기로) …을 횡단하다. **4** (속어) (남)을 (말로) 닦아세우다, 매도하다. **5** …담당을 하다, …을 맡아보다. **6** (공 따위)를 바운드시키다.
hop all over (속어) …을 야단치다.
hop a ride in a train (美속어) 기차에 무임승차하다.
hop in (구어) 자동차에 뛰어올라타라.
hop into ① …에 뛰어올라타다. ② (속어) [남]에게 덤벼들다; [일]에 착수하다.
hop it (속어) 홀쩍 떠나다, 달아나다. 「뺀다, 죽다.
hop off (비행기) 이륙하다. ② 떠나다. ③ (속어)
hop on (속어) [여자]와 섹스하다; = *hop all over*.
hop out (구어) 자동차에서 뛰어내리다.
hop the twig [or **stick**] (속어) ① 도망[줄행랑]치다, 야반도주하다. ② (英) 죽다, 뺀다.
hop the wag (속어) 꾀부려 쉬다, 땡땡이 치다.
hop to it (구어) (명령형으로) (급히) 일을 시작해라.
── 圕 **1** 깡충 뛰기, 앙감질, 짧은 도약. **2** (구어) (장거리 비행 중의) 한 항정(航程); (긴) 여행. ¶fly from Seoul to Amsterdam in two ~*s* 서울에서 암스테르담까지 두 항정으로 날다. **3** (구어) 댄스 (파티). **4** 공이 튐, 바운드. ¶catch a ball on the first ~ 원 바운드로 공을 잡다. **5** (美속어) (호텔의) 보이.
a **hop, skip, and (a) jump** ① (美) 근거리에, 가까운 곳에. ② =*hop, step, and jump*.
hop, step, and jump (육상) 세단뛰기(triple jump).
on the **hop** (英) ① 바쁘게[바쁜], 활동적으로[인]. ② (구어) 갑자기, 느닷없이. ¶catch a person *on the* ~ 남을 불시에 덮치다. ③ (속어) 도주하여.
~·**ping·ly** 圕
hop² [hap/hɔp] 圕 **1** (식물) 홉, **2** (~s) 건조시킨 홉 암꽃(맥주에 향기·쓴맛을 낸다). **3** ① (종종 ~s) (속어) 아편; 마약; 아편쟁이, 마약 중독자. **4** (속어) 흥분, 뒤죽박죽; 거짓말, 허튼 소리. **5** (종종 ~s) (구어) 활력, 원기.
(*as*) *mad* [or *fast, thick*] *as hops* ① (홉이 자라는 것처럼) 쑥쑥, 급속히, 무섭게. ② (구어) 아주 화가 난.
be full of hops (속어) ① 마약에 취해 있다. ② 허튼 소리를 하다; (상습적으로) 욕하다.
── 圕 (**-pp-**) 囨 …에 홉으로 쓴맛을 내다. ── 쟤 홉 열매를 따다, 홉을 재배하다.
hop up (美속어) ① …을 마약으로 흥분시키다. ② (엔진)의 출력을 높이다.
Hop [hɑp/hɔp] 圕 (속어) 경찰관.
HOP *high oxygen pressure*.
hóp báck 圕 홉 거르는 통.
hóp-bind [-bàind] 圕 홉 덩굴. (또는 **hóp-bine**)
hóp clóver 圕 콩과(科) 달구지풀속(屬)의 초본.
‡**hope** [houp] 圕 **1** ⓤⓒ 희망, 소망(*for*). ¶have ~ 희망을 갖다 / *give up* [*abandon*] ~ 절망[단념]하다 / *lose* ~ 실망하다 / *see* ~ 희망이 보이다 // *While there is life, there is* ~. (속담) 생명이 있는 한 희망이 있다. **2** ⓤⓒ (종종 ~s) 기대, 기망, 싹수, 가능성(*on, upon, of, that* 節). ¶have good ~s *that*… …을 크게 기대하고 있다 / *cherish the* ~ *that*… …이라는 기대를 품다 // *darken the* ~ *of cure* 치료 가능성을 흐리게 하다 / *have the* ~ *of* a great success 크게 성공할 분하다. **3** 희망을 거는[기대를 모으는] 것; 의지(가 되는) 것, 의지할 대상. ¶He is his parents' only ~. 그는 양친의 유일한 희망이다. **4** ⓤ (고어) 신뢰.
be past [or *beyond*] *all hope* 전혀 가망이 없다.
hold out hope …의 기대를 주다(*of, that* 節).
in hope(*s*) 희망을 품고; 기대하여(*of, that* 節).
in the hope (…할[일] 것을) 기대하여(*of, that* 節).
Not a hope!; (반어적) *Some hope*(*s*)!; *What a hope!* 절망적이야!, 전혀 가망 없다.
not have a hope [or *chance*] *in hell* (구어) (…의) 가망은 전혀 없다(*of*). 「하다.
raise a person's hopes 남에게 희망을 갖게
the [or *a*] (*great*) *white hope* (구어·비꼬아) 기대되는 사람[것, 일].
You've got a hope! (속어) 별로 가망이 없어!
── 囼 (~*d* [-t]; **hop·ing**) ⓐ …을 바라다, 원하다, 기대하다; …이라고 생각하다 (*to do, that* 節). ⇒EXPECT 유의어 (*I hope* 는 바람직한 일에 쓰이며, 바람직하지 않은 일에는 보통 I am afraid나 I fear를 쓴다.) ⇒AFRAID USAGE². ¶(~+*to do*) I ~ *to see* you later. 후에 뵙기를 바랍니다 / (~+(*that*)) I ~ (*that*) he hasn't been injured in the accident. 그 사고로 그가 다치지 않았으면 좋겠는데 / I ~ I (will) see her. 그녀를 만났으면 합니다. * (美)에서는 미래를 나타내는 절에 직설법 현재형의 동사를 쓰는 일이 종종 있다 // Will he succeed?—I ~ so (=I ~ he will succeed). 그는 성공할까요?—그렇게 되기를 바랍니다 / Will he fail?—I ~ not(=I ~ he will not fail). 그는 실패할까요?—그렇지 않기를 바래요. ── 쟤 **1** 희망을 가지다, 기대하다 (*for*), (~+圖+圕) ~ *for* success 성공의 희망을 품다 // I am still *hoping*. 나는 아직 희망을 버리지 않고 있다. **2** (고어) 믿다, 의지하다 (*rely*)(*in*).
hope against hope (가망이 없는데도) 혹시나 하는 희망을 버리지 않다, 헛기대를 하다, 요행을 바라다(←(성서) 로마서(Rom.) 4:18).
hope and pray …을 진심으로[절실히] 바라다.
hope for (*the*) *best* 낙관하다, 최후까지 희망을 잃지 않다.
hope much from …에 크게 희망을 걸다. 그렇지 않다.
hóp·er 圕 「미국 희극 배우.
Hope [houp] 圕 **Bob** ~ 호프(1903–: 영국 태생의)
HOPE *Health Opportunity for People Everywhere; Help Organize Peace Everywhere*.
hópe chést 圕 (美) 혼수품; 혼수 상자((英) bottom drawer).
hoped-for [hóuptfɔ̀:r] 圕 기대된, 대망의.
Hópe díamond 圕 호프 다이아몬드(세계의 인도산(産) 큰 다이아몬드).
‡**hope·ful** [hóupfəl] 圕 (**more** ~; **most** ~) **1** 희망에 찬; (…에 / …라고) 희망을 걸고 있는, 기대하고 있는 (*about, of / that* 節). ¶ words 희망에 찬 말 // I am ~ *of success* [or *succeeding*]. 나는 성공을 기대한다 / I feel ~ *about* the future. 나는 장래를 낙관하고 있다. **2** 전도 있는, 가망성이 큰. ¶a ~ prospect 유망한 전도 / The future does not seem very ~. 장래는 그다지 낙관할 수 없다. ── 圕 전도 유망한 사람; (~s) 우승을 노리는 선수[팀]. ¶a Presidential ~ 유망한 대통령 후보.
a young hopeful 장래가 촉망되는[(반어적) 앞날이]
~·**ness** 圕 「걱정되는] 젊은이.
hope·ful·ly [hóupfəli] 圕 **1** 희망을 갖고, 유망하게. **2** 원하건대, (일이) 잘 되면(it is hoped that…).
hópeful mónster 圕 (생물) 하찮은 돌연변이에 의해 출현한다는 가설적 생물 개체.
Ho·peh [hóupéi] 圕 =Hebei. (또는 **Hopei**)
‡**hope·less** [hóuplis] 圕 (**more** ~; **most** ~) **1** 희

hope·less·ly [hóuplisli] *부* 희망을 잃고, 절망적으로.
hop·fest [hápfèst/hɔ́p-] *명* 맥주 파티.
hop fiend *명* 마약 중독자.
hop fly *명* 홉에 생기는 진디.
hop garden [field] *명* =hopyard.
hop·head [háphèd/hɔ́p-] *명* 《美속어》 아편 중독자.
hop hòrnbeam *명* 《식물》 새우나무.
Ho·pi [hóupi] *명* (혱) ~(s) 호피족(미국 Arizona주 북부에 사는 Pueblo 인디언); 호피족 사람; Ⓤ 호피어 (語).
hóp kiln *명* 홉 건조장.
Hop·kins [hápkinz/hɔ́p-] *명* **Anthony ~** 홉킨스 (1937- : 영국 태생의 미국 영화 배우).
Hop·kins·i·an·ism [hɑpkínziənìzm/hɔp-] *명* 홉킨스 설(說)(미국의 신학자 Samuel Hopkins(1721-1803)에 의해 수정된 Calvinism).
hop·lite [háplait/hɔ́p-] *명* (고대 그리스의) 중장비 보병. ﹁ité·ic *형*﹂ , -gist *명*
hop·lol·o·gy [hɑpláləd͡ʒi/hɔplɔ́l-] *명* 무기학[연
Hóp·man Cúp [hápmən-/hɔ́p-] *명* (the ~) 호프만 컵(남녀 혼합팀에 의한 테니스 국가 대항전).
hop-off [´ɔ(ː)f] *명* (속어) 이륙(離陸).
hop-o'-my-thumb [hápəmaiθʌ́m/hɔ́pəmi-] *명* 난쟁이, 꼬마(dwarf).
hopped-up [háptʌ́p/hɔ́pt-] *형* 《美속어》 1 마약을 쓴, 마약으로 명해진[흥분한]; 흥분한, 열광적인; 활기찬. 2 (자동차·엔진 따위가) 마력을 강화한, 출력 초과의. 3 아름답게 꾸민.
hop·per[1] [hápər/hɔ́p-] *명* 1 깡충깡충 뛰는 사람[동물, 물건]. 2 뛰는 벌레(메뚜기 따위). 3 《濠》 캥거루. 4 《복합어로》 《구어》 끊임없이 이동하는 사람; 《속어》 춤추는 사람, 댄서. ¶ **a job~** 직업을 전전하는 사람. 5 (기계에 연료 따위를 넣는) 깔때기 (모양의 부분), 6 a) =~ barge. b) =~ car. 7 (속어) (호텔의) 보이. 8 (속어) (야구) 높이 튀기는 타구. 9 (사진) (석판용 잉크를 칠하는) 긴 털이 달린 부드러운 솔. 10 의원 입법 제안함; (the ~) (가공의) 제안함. 11 자동식 파종기.
in the hopper 《구어》 준비중에, 처리[진행]중에.
hop·per[2] *명* =hop-picker. ﹁는 거룻배.
hópper bàrge *명* 호퍼선(船)(쓰레기나 진흙을 나르
hópper càr *명* 《철도》 호퍼 차, 개저식(式) 광차.
hópper càsement [light] *명* 아래에 경첩이 달린 여닫이창. (또는 **hópper vènt [window]**)
hópper drèdge *명* 호퍼 준설기. ﹁는 환기용 창.
hópper fràme *명* 호퍼 창틀(창 위쪽의 안으로 열리
hop-pick·er [´pìkər] *명* 1 홉 따는 사람. (또는 **hóp picker**) 2 홉 따는 기계. ﹁pillow﹂
hop-pil·low [´pìlou] *명* 홉을 넣은 베개. (또는 **hóp**
hop·ping[1] [hápiŋ/hɔ́p-] *명* 1 (한발로) 깡충깡충 뛰는, 앙감질하는; 절름발이의. 2 활동적인, 매우 바쁜. 3 《복합어로》 여기저기 돌아다니는, 순례하는. ¶ **We went bar-~ last night.** 어젯밤에는 여러 술집을 돌며 술을 **hopping mad** (펄쩍 뛰도록) 몹시 성난. ﹁마셨다.
— *명* 1 뜀, 도약. 2 《복합어로》 여기저기 다니기, 순례. ¶ **bar-~** 바 순례.
hop·ping[2] *명* 홉 따기[채집]; 《맥주에》 홉을 넣기.
hóp·ping Jóhn [hápin-, -iŋ-/hɔ́p-] *명* (때로 h-j-) 《美남부》 하핑 존(베이컨이나 햄에 완두·쌀을 넣어 고추로 조미한 스튜; 설날 아침에 먹는다).
hop·ple [hápl/hɔ́pl] *명* (소·말의 두 다리)를 결박하다(hobble); …을 속박하다, 구속하다. — *명* (보통 ~s) (소·말의) 족쇄. **-pler** *명*
hóp·pock·et [´pákit/-pɔ̀k-] *명* 홉 자루(168파운드 들이). (또는 **hóp pòcket**)
hóp pòle *명* 홉 덩굴 받침대(기둥); 키다리.

---

hop·py[1] [hápi/hɔ́pi] *명* 홉 특유의 쓴맛·향기가 나는; 홉이 풍부한. — *명* (속어) 마약 중독자.
hop·py[2] *명* 뛰듯이 움직이는, 깡충 뛰는.
hop·sack(·ing) [hápsæk(iŋ)/hɔ́p-] *명*Ⓤ(C) (부대·의복용) 거친 면[모]직물; (홉을 담는 마대(麻袋).
hop·scotch [hápskàt͡ʃ/hɔ́pskɔ̀t͡ʃ] *명* 돌차기 놀이. — *자* (구어) 이리저리 뛰어다니다; 여기저기 두루 돌아다니다. — *타* (연속해서) 뛰어넘다.
hop·ster [hápstər/hɔ́p-] *명* (속어) 댄서; 아편쟁이.
hop·stick [´stik] *명* (美속어) 아편 끽연용 파이프.
hop-up [´ʌ̀p] *명* (구어) 각성제, 흥분제.
hop·vine [hápvàin/hɔ́p-] *명* 홉 덩굴; 홉 풀.
hop·yard [hápjɑ̀ːrd/hɔ́p-] *명* 홉 밭, 홉 재배원.
hor. horizon(tal); horology.
ho·ra [hɔ́ːrə] *명*Ⓤ(C) 호라(루마니아·이스라엘의 전통적인 민속 원무(圓舞)); 그 무용곡(曲).
Hor·ace [hɔ́ːrəs, hár-/hɔ́r-] *명* 1 호라티우스(65-8 B.C.: 로마의 시인·풍자 작가). 2 호러스(남자 이름).
ho·ral [hɔ́ːrəl] *명* (고어) 시간의, 시간과 관계 있는; 매시의, 1시간마다의(hourly).
ho·ra·ry [hɔ́ːrəri] *형* 1 시간(상)의; 시간을 나타내는. ¶ **the ~ circle** (각지의 시차를 나타내는) 시간환(環). 2 매시간(마다)의[하는]; 1시간 계속되는[것의].
Ho·ra·tian [hərɛ́iʃən, hɔː-] *형* 호라티우스(Horace)의[에 관한]; 호라티우스 작품(作風)의.
Horátian óde *명* (운율) 호라티우스 풍 오드(같은 운율 형식을 가진 몇 행의 스탠자(stanza)를 겹친 시형).
Ho·ra·ti·o [hərɛ́iʃiòu, hɔː-] *명* 1 =Horatius. 2 호레이쇼(남자 이름). (또는 **Horace**)
Horátio Álger *명* (美) 호레이쇼 앨저 풍(風)[류(流)]의, 자수 성가로 입신 출세한. 〔자수 성가하던 미국 아동 작가 Horatio Alger(1832-99)의 이름에서〕
Ho·ra·tius [hərɛ́iʃəs, hɔː-] *명* (로마 전설) 호라티우스(*Publius ~ Cocles*)(Tiber강 다리에서 Etruria인의 공격을 막아낸 로마 영웅).
horde [hɔːrd] *명* 1 유목민 집단, 유랑인 무리. 2 (종종 경멸적) (사람의) 떼, 무리, 패, 군중(*of*). ⇒CROWD 《유의어》 ¶ **a ~ of foreign tourists** 외국인 여행자의 무리. 3 (동물의) 떼. 4 대량, 다수(*of*). — *자* 떼를 짓다, 군락을 이루다.
Ho·reb [hɔ́ːreb] *명* (성서) 호렙, 하느님의 산(←출애굽기(Ex.) 3 : 1). 시내산(Mount Sinai).
hore·hound [hɔ́ːrhàund] *명*Ⓤ (유럽산(產)) 쓴 야생 박하; 그것에서 짜낸 쓴 즙(기침약); 박하 사탕. (또는 **hoarhound**)
ho·ri·zon [həráizn] *명* (혱) ~s [-z] 1 지평선, 수평선. ¶ **above [below] the ~** 지평선[수평선] 위[아래]/**beyond the ~** 수평선 너머로. 2 (천문) 지평(地平). 3 (보통 ~s) (사고·지식 따위의) 한계, 범위; 시야, 시계(視界)(*of*). ¶ **a mental ~** 식견(識見)/**His ~s are wide.** 그는 시야가 넓다. 4 앞길, 목표, 전도. 5 (지질) 층위(層位). 6 (고고) 분포역(分布域).
on [or over] the horizon Ⓤ 수평선상에, 아득히 먼 저쪽에. (비유적) 조짐이 보여, 일어나려 하여.
within the horizon 시계(視界)에.
horízon dìstance *명* (무선·TV) 수평선 거리 (송신 전파가 직접 미치는 지표(地表)상의 최장 거리).
ho·ri·zon·less [həráiznlis] *형* 지평선이 없는 것 같은; 끝이 없는; 절망적인(hopeless).
hor·i·zon·tal [hɔ̀ːrəzántl, hàr-/hɔ̀rizɔ́n-] *형* 1 수평의, 평면의. ¶ **a ~ position** 수평 위치. 2 수평면의, 수[지]평선상의, 수평선과 평행인, 가로의(가로·vertical). ¶ **a ~ line [plane]** 수평선[면]. 3 (기계가) 가로식(式)의, 옆으로 놓는; 수평으로 움직이는. 4 동종의, 대등한, 수평적의. 5 《美》 일률적인, 균일의. — *명* (the ~) 수평선[면]; 수평 위치[방향].
-zon·tál·i·ty *명* **-ly** *부* **-ness** *명* 수평 상태[위치].
horizóntal bár *명* (체조) 철봉; 철봉 경기.

horizóntal bómbing 명 (군사) 수평 폭격.
horizóntal dáncing 명 (속어) 성교. (또는 **horizóntal jógging [hóp]**)
horizóntal divéstiture 명 (경영) 수평 박탈, 수평적 기업 분할(유사 제품이나 경합적 성격이 강한 제품을 생산하는 사업 부문·자회사를 분리하기).
horizóntal integrátion [mérger] 명 (경영) 수평 통합(동일 업종 기업간의 통합).
horizóntal internátional specializátion 명 (경제) 수평적 국제 분업.
hor·i·zon·tal·ize [hɔ̀ːrəzɑ́ntəlàiz, hɑ̀r-/hɔ̀rizɔ́n-] 타 …을 수평으로 배열하다.
horizóntal mobílity 명 (사회) 수평(적) 이동.
horizóntal párallax 명 지평 시차(地平視差)(천체가 지평선상에 있을 때의 시차).
horizóntal príce-fíx·ing [-fíksiŋ] 명 (경제) 수평적 가격 유지.
horizóntal proliferátion 명 수평 핵확산(핵병기의 증가).
horizóntal publicátion 명 일반 잡지.
horizóntal rúdder 명 (해사) 수평타(舵); (항공) 승강타(昇降舵).
horizóntal stábilizer 명 (항공) 수평 안정판(英) tail plane. (또는 **horizóntal táil pláne**).
horizóntal tásting 명 (와인의) 수평적 시음(같은 해 숙성시킨 포도주를 라벨별로 시음하는 것).
horizóntal únion 명 직능별[수평적] 노동 조합.
hor·me [hɔ́ːrmi] 명 (심리) 호르메(목적을 향해서 생체(生體)를 행동으로 몰아가는 본원적인 힘). **-mic** 형
hór·mic théory 명 (심리) 호르메설(說)(모든 행동은 의식적이든 무의식적이든, 어떤 본원적인 힘(horme)에 의해 목적을 향해 이끌려 가게 된다는 설).
hor·mone [hɔ́ːrmoun] 명 (생화학) 호르몬. ¶a male [female] ~ 남[여]성 호르몬. **hor·mó·nal** 형 **hor·mó·nal·ly** 부 **~·like, hor·món·ic** 형
hormóne replácement thérapy 명 (의학) 호르몬 치환 요법(에스트로겐을 사용하여 여성의 폐경에 수반되는 증상을 예방·치료하는 요법; 영 HRT).
hor·mon·ize [hɔ́ːrmounàiz] 타 …을 호르몬으로 처리하다, (특히) 생화학적으로 거세하다.
hor·mo·nol·o·gy [hɔ̀ːrmənɑ́lədʒi/-nɔ́l-] 명 호르몬학, 내분비학(연구).
Hor·muz [hɔːrmúːz, hɔ́ːrmʌz] 명 1 (the ~) **Strait of** ~ 호르무즈 해협(페르시아만 입구의 해협). 2 호르무즈(페르시아만 연안의 고대 동방 무역의 중심 도시). (또는 **Ormuz**).
⁑horn [hɔːrn] 명 (복 ~s [-z]) 1 (소·양·염소 따위의) 뿔(⇒COW 그림); (사슴 따위의) 갈라진 뿔; (일각고래 따위의) 엄니(tusk). 2 (악마 따위의) 뿔. 3 (부엉이의) 귀; (달팽이의) 촉각; (곤충의) 촉각, 더듬이. 4 뿔로 만든 용기(容器), 뿔 제품; (물건을 만드는 재료로서의) 뿔. 5 뿔 모양의 것; 낫 끝; 초승달의 한쪽 끝; 사봉우리; 갑(岬)의 끝; 반도의 끝; 삼각주의 돌출한 부분; (해만(海灣)의) 후미, 지류(支流); (안장의) 앞머리. 6 뿔피리; (확성기 따위에 붙어 있는) 나팔, 호른; (음악) 호른; (속어) 트럼펫; 경적. ¶Save your ~. (게시) 경적 금지. 7 (힘·영광의 상징으로서의) 뿔. ¶*The Lord is the ~ of my salvation.* (성서) 주님은 나의 구원의 뿔이시오(←시편(Ps.) 18:2). 8 (the ~) (논리) 양도(兩刀)논법의 뿔. 9 (보통 ~s) (간부(姦婦)의 남편 머리에 돋는다는) 질투의 뿔. 10 (the ~) (美속어) 전화. 11 (지질) 빙식 첨봉(氷蝕尖峰). 12 (속어) 코; (the ~) (비어) 발기(의 남근). 13 (유다) 돌기 (부분).
(a)round the horn (야구) (더블 플레이어) 3루에서 2루-1루로[5-4-3으로].
blow [or toot] one's (own) horn ⇒BLOW.
come out at the little end of the horn (큰소리 쳐 놓고 공무니를 빼다(실패하다).
draw [or haul, pull] in one's horns 조심하다; (의견 표명 따위에서) 슬금슬금 움츠리다, 소극적이 되다, 수그러지다; (英) 지출을 억제하다. 「올리다.
drive on the horn (구어) 운전중 쓸데없이 경적을
get horns on one's head (남편이) 아내를 빼앗기다; (드물게) (아내가) 남편을 빼앗기다.
get on the horn (구어) 전화하다.
get [have] the horn 발기하다[해 있다].
lift up one's horn 야심을 품다, 의기양양해지다.
lock horns 싸우다; (…와) 의견이 갈리다 (with).
on the horns of a dilemma 진퇴양난에 빠져.
put a person to the horn 남을 법의 보호를 받을 수 없는 자[공권 상실자]라고 선언하다.
show one's horns ① 본성을 드러내다. ② 화가 나서 당장 싸울 듯한 기세가 되다.
take the bull by the horns ⇒BULL.
the gate of horn ⇒GATE OF HORN.
wear the horns (남f의 아내를 갖다.
— 타 1 …을 뿔로 받다. 2 (보통 수동형으로) …에 뿔이 나게 하다. 3 (아내가) (남편)에게 부정한 짓을 하다. 4 (조선) (늑재(肋材)·격벽)을 용골에 대해 알맞은 각도가 되도록 조립하다.
horn in (美구어) 끼어들다, 간섭하다 (on).
— 자 뿔의, 뿔로 만든, 각질의.
~·ish, ~·less, ~·less·ness ~·like
Horn [hɔːrn] 명 (the ~) 혼 갑(岬)(Cape Horn)(남미 최남단의 곶: 악천후로 유명).
hórn bág (漢) (성적 매력이 있는) 여성.
hórn·beam [hɔ́ːrnbìːm] 명 (북미산(産)) 서나무속(屬)의 식물; 그 목재.
hórn·bill [hɔ́ːrnbìl] 명 (조류) (열대산(産)) 코뿔새.
hórn·blende [hɔ́ːrnblènd] 명 (광물) 각섬석(角閃石). **-blén·dic** 형
hórnblende schíst 명 (광물) 각섬석 편암(片岩).
hórn·blow·ing [hɔ́ːrnblòuiŋ] 명 (美속어) 떠들썩한 선전, 대대적인 선전; 허풍.
hórn·book [hɔ́ːrnbùk] 명 1 글씨 판(알파벳·주기도문 따위를 써놓은 옛날의 어린이용 학습 도구). 2 입문서.
horned [hɔːrnd, (시) hɔ́ːrnid] 형 1 (복합어로) 뿔이 있는[난]. **long-~** 긴 뿔이 있는. 2 뿔 모양의 돌기나 장식이 있는. 3 뿔 모양의 한, 초승달 모양의. 4 (고어) 아내가 부정한 짓을 한. **~·ness**
hórned ádder [ásp] 명 =horned viper.
hórned lárk 명 (조류) 종다리의 일종. 「뱀.
hórned lízard 명 (미국 서부·멕시코 산(産)) 뿔도마
hórned móon 명 (the ~) (시) 초승달.
hórned ówl 명 (조류) (미국산(産)) 수리부엉이.
hórned póut 명 (어류) (미국 동부산(産)) 메기(hornpout).
hórned tóad 명 =horned lizard.
hórned víper 명 독이 있는 살무사의 일종.
horn·er [hɔ́ːrnər] 명 1 뿔 세공인; 뿔피리 부는 사람. 2 (속어) 아편쟁이, 마약 상용자; 술고래.
hor·net [hɔ́ːrnit] 명 1 (곤충) 말벌. 2 (비유적) 귀찮게 구는 사람, 심술쟁이; 악인; 맹공격.
(as) mad as a hornet (구어) 몹시 화나서, 격노하여.
hórnet's nèst 말벌집; (벌집을 쑤셔 놓은 듯한) 대소동; 성가신 상태[사람]; 많은 반대자(로부터의) 맹공격). (또는 **hórnets' nèst**)
bring [or raise] a hornet's nest about one's ears; stir up a nest of hornets ① 벌집을 건드리다. ② 많은 적을 만들다. ③ 매우 성가신 사태를 야기하다, 긁어 부스럼을 만들다. 「의 일종.
horn·fels [hɔ́ːrnfelz] 명 (광물) 혼펠스(접촉 변성암
hórn·fish [hɔ́ːrnfìʃ] 명 (어류) 동갈치의 일종, 실고기, 꽁치아재비. 「량).
hórn·ful [hɔ́ːrnfùl] 명 뿔잔으로 한 잔 가득함[한 분
horn·ist [hɔ́ːrnist] 명 호른 연주자.
hor·ni·to [hɔːrníːtou] 명 (복 ~s) (지질) 용암탑(흐르는 용암 위에 생기는 화덕 모양의 가스 분출구).

horn-mad [-mǽd] 형 **1** (소가) 뿔로 받을 듯이 성내고 있는; 격노한. **2** 호색(好色)의. ~**ness** 명

Hórn of África (the ~) 아프리카의 뿔(에티오피아·지부티·소말리아의 3국을 포함하는 지역의 속칭).

hórn of plénty (the ~) =CORNUCOPIA.

horn·pipe [hɔ́ːrnpàip] 명 (옛날 영국에서 쓰던) 나무 피리; 혼 파이프 무용(곡).

horn·pout [-pàut] 명 [어류] =horned pout.

horn-rimmed [-rímd] 형 (안경이) 대모갑[뿔]테의.

horn-rims [-rímz] 명복 뿔테 안경. [석(角石).

horn·stone [-nstòun] 명 혹규암(黑硅岩), 각

horn·swog·gle [hɔ́ːrnswɔ̀gl/-swɔ̀ɡl] 자타 (미속어) [금품]을 사취하다(swindle); …을 속이다.

horn·tail [-ntèil] 명 (곤충) 송곳벌(앞쪽에는 뿔 같은 산란관이 있다). [늑골의 하나.

hórn tímber 명 [해사] 혼 팀버(목조선의 선미(船尾))

horn·work [-nwə̀ːrk] 명U 뿔 세공; (속어) 뿔 세공품((축성) 각보(角堡).

horn·worm [hɔ́ːrnwə̀ːrm] 명 (곤충) 박각시벌레.

horn·wort [hɔ́ːrnwə̀ːrt] 명 (식물) 붕어마름.

horn·y [hɔ́ːrni] 형 **1** 뿔의, 뿔로 만든, 각질(角質)의, 뿔 같은 물질로 된. **2** 뿔처럼 단단한; 굳어진, 못이 생긴. ¶~ hands 거칠고 딱딱해진 손, 못이 박인 손. **3** (뿔 처럼) 반투명의. **4** (구어) 성적 매력이 있는, 섹시한; (속어) 성적으로 흥분한, 호색(好色)의, 발정한. ── 명 (英속어) 경찰관; (濠속어) 수소, 황소.

hórn·i·ly 부 **hórn·i·ness** 명 각질, 경질.

horn·y-hand·ed [-hǽndid] 형 막일로 손이 딱딱해진.

hor·ol. horology.

hor·o·loge [hɔ́ːrəlòudʒ, -làdʒ/hɔ́rəlɔ̀dʒ] 명 측시기(測時器), 시계(timepiece).

hor·o·log·ic [hɔ̀ːrəládʒik, hàr-/hɔ̀rəlɔ́dʒ-] 형 측시기의, 시계의; 시계학상의; 측시법상의. (또는 **horological**) **-i·cal·ly** 부

ho·rol·o·gist [hɔːrálədʒist, hə-/hɔrɔ́l-] 명 시계공(工)[상(商)]; 측시[시계]학자. (또는 **horologer**)

hor·o·lo·gi·um [hɔ̀ːrəlóudʒiəm, hàr-] 명 (복 **-gi·a** [-dʒiə]) **1** 시계탑. **2** (H-) 〔천문〕 시계자리.

ho·rol·o·gy [hɔːrálədʒi, hə-/hɔrɔ́l-] 명U 시계 제작법; 시계학; 측시법.

ho·rop·ter [hərɑ́ptər, hɔ-/-rɔ́p-] 명 (안과) 단시 궤적(單視軌跡). **hòr·op·tér·ic** 형

hor·o·scope [hɔ́ːrəskòup, hár-/hɔ́r-] 명 **1** (점성용) 천궁도(天宮圖), 12궁도; 운세. **2** 별점, 점성술.

cast a horoscope 천궁도를 만들어 별점을 치다.

── 자 12궁도를 만들다. ── 타 …의 천궁도를 만들다, …을 천궁도로 점치다.

hor·o·scop·ic [hɔ̀ːrəskápik, hàr-/hɔ̀rəskɔ́p-] 형 천궁도의; 별점의; 점성술의. **-i·cal** 형

ho·ros·co·py [hɔːrɑ́skəpi/hɔrɔ́s-] 명U 별점, 점성술; (탄생시의) 별자리, 별의 위치[배치]; 천궁도.

hór·o·scòp·er 명 점성가.

hor·o·tel·ic [hɔ̀ːrətélik] 형 (생물) (어떤 동식물군의) 표준 진화 속도의. **-tèl·y** 명

hor·ren·dous [hɔːréndəs/hɔr-] 형 (구어) 몹시 무서운, 끔찍스러운; 몹시 불쾌한; 당황한.

~**ly** 부 ~**ness** 명

hor·rent [hɔ́ːrənt, hár-/hɔ́r-] 형 (뻣뻣한 털처럼) 곤두선(bristling), 직립한.

‡**hor·ri·ble** [hɔ́ːrəbl, hár-] 형 (**more ~; most ~**) **1** 무서운, 끔찍한, 소름 끼치는, 몸서리쳐지는. ¶ a ~ sight 무서운 광경. **2** 지긋지긋하게 싫은, 몹시 불쾌한; 지독한. ── 명 지독히 싫은 것; (보통 ~s) 무서운 것[사람]; 멋지게 가장한 사람. ~**ness** 명

***hor·ri·bly** [hɔ́ːrəbli, hár-] 부 무섭게, 소름이 끼칠 만큼; (구어) 지독히, 몹시, 굉장히.

***hor·rid** [hɔ́ːrid, hár-] 형 **1** (눈으로 보아) 무서운; 진저리나는, 꺼림칙한, 싫은. ¶ a ~ spectacle 무시무시한 광경. **2** 아주 싫은, 미운, 지겨운(※ horrible보다 뜻이 약하다). ¶~ weather 지긋지긋한 날씨// *How ~ of you to smile!* 웃다니 당신 너무하군. **3** (고어) 거친, 우툴두툴한. ~**ly** 부 ~**ness** 명

hor·rif·ic [hɔːrífik, har-] 형 무서운, 소름이 끼치는, 지독한. **-i·cal·ly** 부

hor·ri·fi·ca·tion [hɔ̀ːrəfikéiʃən, hàr-] 명UC 무서워[하게 하기], 전율; 오싹하게 하는 것.

***hor·ri·fy** [hɔ́ːrəfài, hár-] 타 **1** …을 무서워하게 하다, 소름끼치게 하다. **2** (구어) …에게 큰 충격을 주다; (구어) …을 몹시 질리게 하다, 몹시 불쾌감을 느끼게 하다. ~**ing** 형 **-ing·ly** 부

hor·rip·i·late [hɔːrípəlèit, ha-] 자타 (추위·공포 따위로) 몸이 오싹하게 하다, 소름끼치게 하다.

hor·rip·i·la·tion [hɔ̀ːrəpəléiʃən, hàr-] 명 U 소름; 소름끼침, 소름끼치는 듯한 기분.

‡**hor·ror** [hɔ́ːrər, hár-] 명 (복 ~**s** [-z]) **1** U 공포, 소름이 끼침, 전율. ⇨FEAR 유의어 ¶ *a scene of* ~ 소름끼치는 광경. **2** UC 증오, 혐오 (of). **3** (a ~) 무서운 것, 지독한 것[사건], 못 견디게 싫은 사람[것]; (~s) (구어) 실로 지독한 것, 참사. ¶ *the* ~s *of war* 전쟁의 참사/*That hat is a* ~. 그 모자는 형편없는 물건이다. **4** (the ~s) 떨림의 발작; 병적인 떨림; (구어) 우울(blues); 등골이 오싹해지는 기분. **5** 공포 영화(~ film). **6** (속어) 마약에 의한 무서운 환각[망상].

have a horror of …을 몹시 싫어하다, 질색이다.

horror of horrors (익살) 흠칫흠칫; 주뼛주뼛.

in horror 오싹하여, 무서워서.

throw up one's *hands in horror* 두려움[충격]으로 망연자실하다.

── 형 공포를 느끼게 하는. ── 감 (당황·놀람·실망 따위를 나타내어) 어이쿠, 아뿔싸, 저런. [석.

hor·ror·ball [hɔ́ːrərbɔ̀ːl, hár-] 명 (속어) 싫은 것.

hórror còmic 명 공포[스릴러] 만화.

hórror fíction [nóvel] 명 공포[괴기] 소설.

hórror fílm [móvie] 명 공포[괴기] 영화.

hórror stòry 명 **1** (살육·초자연력을 다룬) 공포물 (소설·영화 따위). **2** (구어) 비참한 경험.

hor·ror-struck [-strʌ̀k] 형 공포에 질린, 소름이 끼친. (또는 **hórror-strìcken**)

hors [ɔːr/ɔːr] 전 F …의 밖[외부]의; (<F outside)

hors con·cours [F ɔːR kɔ̀kuːR] 형 **1** 무심사(無審査)의, 심사외(外)의; 심사와 작품의. **2** 비길 데 없는, 아주 훌륭한. 〔<F out of the competition〕

hors de com·bat [ɔ̀ːr də kɔmbá] 형부 전투력을 잃은[잃고]. 〔<F out of combat〕

hors d'oeu·vre [ɔ̀ːr dəːvr/F ɔːR dœːvR] 명 (복 *h- (-s)*) UC 오르 되브르, 전채(前菜); (비유적) 가외의 것, 곁들인[부차적인] 것. 〔<F outside of work〕

‡**horse** [hɔːrs] 명 (복 **hors·es** [-iz], ~) **1** 말; 성장한 수말; U 말고기. ¶*wild* ~s 야생마// *You may take a* ~ *to the water, but you cannot make him drink.* (속담) 스스로 하려는 생각이 없는 사람은 곁에서 어쩔 수가 없다. **2** 말(Equidae)과(科)의 동물(ass, donkey 따위). **3** 〔집합적·단수취급〕 기병(대). ¶ *a troop of* ~ 기병대/기병대 · 경기병(輕騎兵). **4** 말 모양의 물건: 〔체조〕 뜀틀(vaulting ~), 안마(鞍馬)((美) *side* ~). ¶ *a rocking* ~ (아이들의) 흔들 목마. **5** 〔역사〕 (형틀로 쓰던) 목마. **6** 톱질 모탕(sawing frame). **7** (복합어로) 〔물건을 거는〕 걸이, 옷걸이. ¶ *a towel* ~ 수건걸이. **8** (일상) 사람, 녀석. **9** (美속어) 자습서(crib). **10** U (속어) 마력(horsepower) 헤로인 (중독자). **11** (서양장기) 나이트 말(knight). **12** U 〔채광〕 중석(中石)(광맥 속에 있는 바위). **13** (교도소 내의 연락꾼) 편지·담배 따위를 날라주는 사람이기는 교도관. **14** 〔조선〕 구부러진 늑재(肋材)를 만들기 위한 틀; 〔해사〕 =jackstay. **15** (美속어) 근면한 학생. **16** (the ~s) 경마. **17** (속어) 말똥.

a horse of another [or ***a different***] ***color*** 전혀 별개의 것.
a willing horse 몸을 사리지 않고[불평을 하지 않고] 일하는 사람.
back [or ***bet on***] ***the wrong horse*** (구어) ① (경마에서) 질 말에 걸다. ② (잘못하여) 지고 있는 쪽을 지지하다; 판단을 잘못하다.
be [or ***get***] ***on*** *one's* [or ***a***] ***high horse*** 뽐내다, 거만하게 굴다, 대단한 체하다.
beat [or ***flog, mount on***] ***a dead horse*** 이미 끝난[쓸모없게 된] 일을 다시 문제삼다; 헛수고하다.
change horses in midstream [or ***the middle of a stream***] (계획·사람 따위를) 중도에 바꾸다.
eat like a horse 대식하다, 많이 먹다; 일을 잘하다.
enough to choke a horse (美俗어) (부사적) 방대하게; (명사적) 방대한 양.
from the horse's mouth (구어) 확실한 출처에서, 믿을 수 있는 정보통으로부터, 당사자로부터 직접.
get on *one's* ***horse*** (구어) 서두르다; 곧 시작하다 [떠나다].
hold *one's* ***horses*** (보통 명령문으로) 참다, 침착하다, 서두르지[초조해 하지] 않다.
horse and carriage 말 한 필이 끄는 마차.
horse and foot; horse, foot and dragoons ① 기병과 보병, 전군(全軍). ② (비유적) 전력을 기울여, 철저하게.
horse and horse (美구어) 대등하게, 피장파장으로.
I could eat a horse. 배가 몹시 고프다.
It is (***a case*** [or ***question***] ***of***) ***horses for courses.*** 사람에게는 장단점이 있는 법이다.
look a gift horse in the mouth (부정문에서) 선물의 흠을 찾다, 선물을 트집 잡다.
mount [or ***ride***] ***the high horse*** 뽐내다, 거만하게 행동하다.
off *one's* ***high horse*** (구어) 뽐내지 않는, 상냥한; 다시 친근해진, 화가 풀어진.
on a horse 말로, 말을 타고.
on horse of ten toes (익살) 도보로, 걸어서.
on the horse (美俗어) 헤로인에 취하여[중독되어].
pay for a dead horse 헛돈을 쓰다, 낭비하다.
play horse with ① …을 속이다, 가지고 놀다. ② …을 팔시하다, …에게 쌀쌀한 태도를 취하다.
play the horses 경마를 하다, 경마에 돈을 걸다.
play with the horse 말을 몰며 놀다.
put [or ***set***] ***the cart before the horse*** ⇨CART.
run before *one's* ***horse to market*** 아직 손에 들어오지 않은 이익을 기대하다, 김칫국부터 마시다.
spur a willing horse (놓아 두어도 잘 할 사람을) 공연히 다그치다, 쓸데없는 자극을 주다.
straight [or ***right***] ***from*** [or ***out of***] ***the horse's mouth*** =*from the horse's mouth*.
swap [or ***switch***] ***horses in midstream*** = *change horses in midstream*.
take horse 말을 타다.
take the horse (암말이) 교미하다, 새끼배다.
talk horse 경마 용어를 사용하다; 허풍을 떨다.
To horse! (구령·명령) 승마!
wild horses would [or ***could***] ***not get*** [or ***drag***] ***it from*** [or ***out of***] …에게서 정보를 알아내는 것은 도저히 무리다.
work like a horse 열심히[충실히] 일하다.
—— 통 (***hors·es*** [-iz], ~***d*** [-t]; ***hors·ing***) 탄 ① …에게 말을 주다, (마차)에 말을 매다, …을 말등에 싣다. ¶ ~ a carriage 마차에 말을 매다. **2** …을 짊어지다; …을 짊어지게 하다; …을 힘껏 끌다[운반하다]. **3** (매질하려고) …을 남의 등에 목마에 태우다; …을 채찍질하다 (flog). **4** (속어) (남)을 조롱하다, 놀려대다. **5** (남)을 혹사시키다; (신입생)을 괴롭히다. ¶ ~ a ship's crew 배의 승무원을 혹사시키다. **6** (속어) (무대에서) (배역)을 야단스럽게 연기하다. **7** (해사) (물이 스미지 않도록) (배)의 널빤지의 틈·이음매에 망치로 두들겨 가며 뱃밥을 메우다. **8** (속어) (암컷)과 교미하다, 성교하다. **9**

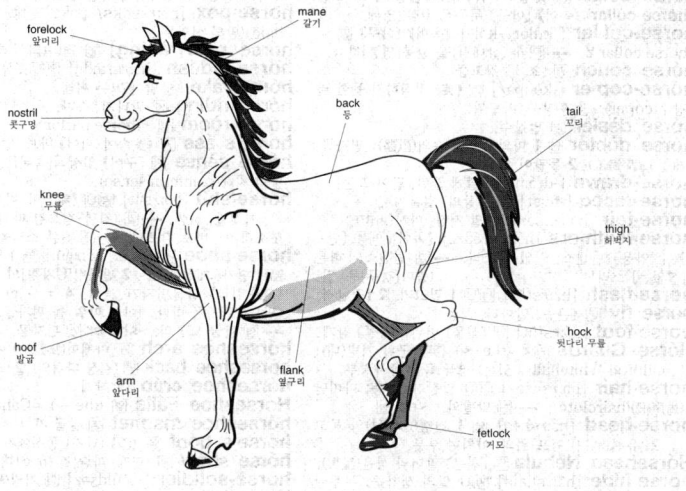

[horse]

(속어) 참고서로 공부하다. ― 재 1 말을 타다, 말타고 가다. 2 (암) 암말을 내고 있다. 3 (비어) 섹스에 빠지다(몰두하다). 4 법석 떨다(*about, around*).
hórse aròund (속어) 법석떨다, 희롱거리다.
― 圈 말에 관한; 말에 다는; 기마의. 2 (말과 같이) 강대한. 3 유난히 큰. 4 (美속어) 명한.
∠∙less, ∠∙like

hórse and búggy[cárriage] 말 한 필이 끄는 마차; (비유적) 구식, 낡은 것. 「다.
gò òut with hòrse and búggy 유행(시대)에 뒤지
horse-and-bug·gy [ˈ-ənbʌ́ɡi] 圈 (한정용법) (구어) (자동차 발명 이전의) 마차 시대의(와 같은); 구식의, 시대에 뒤진, 진부한.
‡**horse·back** [hɔ́ːrsbæ̀k] 圈 1 回 말 등. 2 (美) 깎아지른 낮은 산등성이.
a mán on hórseback (美) (군사) 독재자; (권위주의적인 군 출신의) 국민적 지도자.
on hórseback 말을 타고, 기마의.
― 圕 말을 타고. ¶*ríde ∼* 말을 타다. ― 圈 (美∙캐나다 구어) 말 등의; 성급한; 재빠른.
hórse bèan 圈 잠두, 누에콩(말 사료용).
hórse bíscuit 圈 농담, 실없는 소리, 넌센스; (익살)
hórse blòck 圈 (말에) 오를 때 발판, 승마대. 「말통.
hórse bòat 圈 말∙마차를 운반하는 나룻배; (美) 말로 움직이는 배. 「교회의 긴 의자.
hórse bòx 圈 (英) (철도의) 말 운반용 화차; (익살)
hórse·boy [hɔ́ːrsbɔ̀i] 圈 (英) 말구종.
hórse bráss 圈 (마구(馬具)로서의) 놋쇠 장식.
horse·break·er [hɔ́ːrsbrèikər] 圈 마조사(調馬師).
hórse brèaking 圈 말 길들이기, 조마.
horse·brier [hɔ́ːrsbràiər] 圈 백합과(科) 밀나무속 (屬)의 덩굴풀. 「차; 말 운반용 화차(트럭).
horse·car [hɔ́ːrskɑ̀ːr] 圈 (美) 말이 끄는 철도 마
hórse chéstnut 圈 마로니에; 그 열매.
horse·cloth [hɔ́ːrsklɔ̀ːθ/-klɔ̀θ] 圈 (보) -*cloths* [-klɔ̀ːðz/-klɔ̀ðz]) 말에 입히는 옷.
hórse còllar 圈 1 말의 목사리, 가슴걸이. 2 (또는 *hórse-còllar*) (속어) (야구) 무득점, 0점, 영패.
horse-col·lar [´kʌ̀lər/-kɔ̀l-] (속어) (야구) 圈 = *horse collar 2*. ― 圕 (상대팀을) 완봉(영봉)하다.
hórse cónch 圈 (조개) 왕고둥.
horse·cop·er [´kòupər] 圈 (英) 정직하지 못한 말 장수(*coper*); 말 홍정꾼, 마도위.
hórse déaler 圈 말장수.
hórse dóctor 圈 1 마의(馬醫), 수의(獸醫); 편자공, 제철공(蹄鐵工). 2 돌팔이 의사.
horse-drawn [´drɔ̀ːn] 圈 말에 끌린, 말이 끄는
horse-faced [´fèist] 圈 말상의, 얼굴이 긴.
hórse fáir 圈 말 시장, 마시(馬市).
horse·feath·ers [hɔ́ːrsfèðərz] (속어) 圈 (단∙복수 양용) 년센스, 실없는 소리. ― 個 년센스!, 허튼 [실없는] 소리! 「(승마∙경주용) 말.
hórse flésh [hɔ́ːrsflèʃ] 圈回 1 말고기. 2 (집합적)
hórse flý [hɔ́ːrsflài] 圈 (곤충) 말파리, 쇠등에.
hórse fòot [hɔ́ːrsfùt] 圈 (식물) 머위; (동물) 참게.
Hórse Guàrds 圈園 (the ∼) (英) 기병(기병대); (London의 Whitehall에 있는) 영국 육군 총사령부.
hórse·hair [hɔ́ːrshɛ̀ər] 圈回 말갈기, 말총; 마미단 (馬尾緞)(haircloth). ― 圈 말털의, 마모의.
hórse·head [hɔ́ːrshèd] 圈 1 전쟁잇과(科)의 물고기. 2 (유전(油田) 펌프 위의) 아치형 부분.
Hórsehead Nèbula 圈 (천문) 말머리 성운(星雲).
horse·hide [hɔ́ːrshàid] 圈 말의 생가죽; 무두질한 말가죽; (美속어) 야구공. ― 圈 말가죽(으로) 만든.
hórse·hòof [´huːf] 圈 (식물) 머위.
hórse látitudes 圈 (항해) 아열대 무풍대(無風帶)(북위 및 남위 각 30° 근처의 해상 위도대(緯度帶)).
horse·laugh [hɔ́ːrslæ̀f/-lɑ̀ːf] 圈回 (조소적인) 홍소(哄笑), 너털웃음. ― 圕재 홍소하다, 깔깔 웃다.
∼*∙er*
horse·leech [hɔ́ːrslìːtʃ] 圈 1 (동물) 말거머리, 탐욕스러운 사람. 3 (고어) 수의(獸醫). 「(식) 자동차.
hórse·less cárriage [hɔ́ːrslis-] 圈 (익살) (구
hórse lítter (말 두 필 사이에 메운) 말가마.
hórse máckerel (어류) 다랑어; 전갱이.
‡**horse·man** [hɔ́ːrsmən] 圈 (*-men* [-mən]) 1 기수(騎手); 승마자; 마술가(馬術家). 2 조마사, 말 조련사; 말 사육자. 3 기병.
horse·man·ship [hɔ́ːrsmənʃip] 圈 마술(馬術) 전문가로서의 기술(능력, 예법), 마술; 승마.
hórse maríne 圈 1 (옛날의) 기마(승마) 수병, 승선 기병, 2 얼토당토 않은(우스꽝한) 사람.
Tèll thàt to the hòrse marínes! ⇒MARINE.
hórse máster 圈 조마사(調馬師); 말(마차) 임대인.
horse·meat [hɔ́ːrsmiːt] 圈 말고기.
hórse·mint [hɔ́ːrsmìnt] 圈 (식물) 수레박하.
hórse múshroom 말불버섯(식용). 「질.
horse·nap·ping [hɔ́ːrsnæ̀piŋ] 圈 (경주마)도둑
hórse òpera [ópry] (美) (TV∙영화 따위의) 서부극(Western); (美속어) 서커스.
hórse párlor 圈 사설 마권 판매소.
hórse piáno 圈 (美속어) (기적 소리를 내는) 증기 피아노, 기적 오르간(※ 서커스에서 사용된다). 「총.
hórse pístol 圈 (옛날 말 탄 사람이 가진) 대형 권
horse·play [hɔ́ːrsplèi] 圈回 야단 법석, ∼*∙ful* 圈
horse·play·er [hɔ́ːrsplèiər] 圈 경마 도박 상습자.
horse·play·ing [hɔ́ːrsplèiiŋ] 圈 경마에 열중함.
hórse·pond [´pὰnd/-pɔ̀nd] 圈 말에게 물을 먹이거나 씻기는 연못.
hórse pòst (말을 매는) 말뚝; 말탄 파발꾼(便).
‡**horse·pow·er** [hɔ́ːrspàuər] 圈 1 마력(일률(率)의 단위; 個 hp, h.p., HP, H.P.). 2 말이 끄는 힘; 마력 이용 기계. 3 (구어) 달성[생산 능력; 재능; 힘, 활력.
horse·pow·er-hour [-àuər-] 圈 마력시(馬力時) (1마력의 힘으로 1시간에 하는 일의 양).
hórse·pox [hɔ́ːrspὰks/-pɔ̀ks] 圈 (수의) 마두(馬痘)(말의 천연두). 「(接戰), 격전.
‡**hórse ràce [ràcing]** 圈 경마(의 1레이스); 접전
horse·rad·ish [hɔ́ːrsræ̀diʃ] 圈回 (식물) 서양고추
hórse ráke 말이 끄는 써레. 「냉이.
hórse ríding 圈 말타기, 승마.
hórse ròom (美) = *horse parlor*.
hórse's áss 圈 (美속어∙비어) 바보, 얼간이.
hórse sénse 圈 (구어) 일상적(속된) 상식(지식), 생활의 지혜(common sense).
horse·shit [hɔ́ːrsʃìt] 圈回 (美속어∙비어) 실없는 소리, 거짓말, 허풍. ― 個 (경멸∙혐오감 따위를 나타내어) 헛소리, 바보 같으니, ― 圕 허튼 소리를 하다.
‡**horse·shoe** [hɔ́ːrsʃùː, hɔ́ːrʃʃùː] 圈 1 말굽, 마제(馬蹄); 편자, 제철(蹄鐵). 2 편자형(U자형)의 물건. 3 (∼s) (단수취급) 편자던지기 놀이. 4 =∼ *crab*. ― 圕 (말)에 편자를 박다; (아치 따위)를 편자로 하다.
― 圈 말굽 모양의. -*shò·er* 圈 편자공.
hórseshoe árch 圈 (건축) 마제형(馬蹄形) 아치.
hórseshoe báck (걸상 따위의) 활 모양의 등받이.
hórseshoe cráb 圈 참게.
Hórseshoe Fálls 圈 (the ∼) = *Canadian Falls*.
hórseshoe mágnet 圈 말굽 자석.
hórse's hóof 圈 (襟) (남자) 동성애자.
hórse shòw 圈 (연례) 마술(馬術) 쇼(대회).
horse-sol·dier [ˈsòuldʒər] 圈 기병(騎兵).
horse·tail [hɔ́ːrstèil] 圈 1 말꼬리. 2 (식물) 속새. 3 뒤로 땋아 늘인 머리(pony tail). 4 (역사) 터키 군기 (軍旗).
hórse tràde [tràding] 圈 빈틈없는 흥정(거래); (가격∙역할 분담 따위의) 흥정, 협상; 말의 교환(매매).

horse-trade [´trèid] 图㉿ 빈틈없는 흥정[거래]을 하다; 말 매매를 하다.

hórse tràder 图 말의 매매[교환]자, 마도위; 흥정을 잘하는 사람, 빈틈없는 사나이. [`hòrse`)

hòrse váult 图 (the ~) 〖체조〗 뜀틀. (또는 **váulting**

horse-weed [hɔ́ːrswìːd] 图 〖식물〗 망초.

horse·whip [hɔ́ːrshwìp] 图 말채찍. —图㉿ (**-pp-**) …을 말채찍으로 때리다. ~**per** 图

horse·wom·an [hɔ́ːrswùmən] 图 여기수, 여자 승마자, 승마에 능한 여자. ~**shìp** 图

hórse wòrk 图〖英구어〗힘만 들고 재미없는 일.

hors·ey [hɔ́ːrsi] 图=horsy.

hors·ing [hɔ́ːrsìŋ] 图Ⓤ 승마 공급자; 〖인쇄〗 단독 교정. —图 (암말이) 암내난, 발정한.

hor. som. 〖라틴〗 hora somni(=at bedtime)(취침 전에) 취침시에).

horst [hɔːrst] 图 〖지질〗 지루(地壘), 호르스트.

hors·y [hɔ́ːrsi] 图 **1** 말의, 말과 같은. **2** 말(경마)을 좋아하는. **3** 경마인(기수)다운. **4** 〖구어〗 엄청나게 큰; 둔중하고 볼품 없는. (또는 **horsey**)

hórs·i·ly 图 **hórs·i·ness** 图

hort. horticultural; horticulture.

hor·ta·tion [hɔːrtéiʃən] 图Ⓤ 권고, 장려.

hor·ta·tive [hɔ́ːrtətiv] 图 충고의, 권고적인; 장려 [격려]의. —图 〖문법〗 권장법. ~**ly** 图

hor·ta·to·ry [hɔ́ːrtətɔ̀ːri/-təri] 图=hortative.

-ri·ly 图 〖예학[술]의. ~**ly** 图

hor·ti·cul·tur·al [hɔ̀ːrtəkʌ́ltʃərəl] 图 원예의; 원예학의.

hor·ti·cul·ture [hɔ́ːrtəkʌ̀ltʃər] 图Ⓤ 원예; 원예학.

²cúl·tur·ist 图 원예가. 〖술〗.

hor·ti·sculp·ture [hɔ̀ːrtiskʌ́lptʃər] 图㉿ (사물의 형태)를 꽃으로 조형(造形)하다.

hor·tus sic·cus [hɔ́ːrtəs síkəs] 图 **1** 식물 표본 집(herbarium). **2** 무미건조한 사실의 집합. 〖<L〗

hor. un. spatio 〖라틴〗 horae unius spatio (=at the end of one hour)(처벌전에서) 한 시간 후에).

Ho·rus [hɔ́ːrəs] 图 〖이집트 신화〗 호루스(매의 머리)

Hos. 〖성서〗 Hosea. [모습을 한 태양신).

ho·san·na [houzǽnə] 图 호산나(하느님·그리스도를 찬양하는 소리 ←마태 복음(Matt.) 21:9). —图 호산나 하고 부르짖는 소리. —图㉿ …을 (열광적으로) 찬미하다. 〖비용〗. 图 HO gauge

HÓ scàle 图 HO 축척(縮尺)(모형에 쓰이는 1대 96의

hose [houz] 图 (~**s**) **1** 〖복수취급〗 긴 양말, 스타킹 (stocking).〖a pair of ~ 긴 양말 한 컬레. **2** 〖복수의 급〗 (몸에 착 달라붙는 남성용) 긴[반] 바지; 타이츠. **3** 〖美 hos·es〗 [-iz] ⓊⒸ (수도용) 호스.〖a rubber ~ 고무 호스/a fire ~ 소방 호스. **4** 〖英방언〗 (곡식알의) 껍질, 깍지. **5** 〖인쇄〗 인쇄기의 호스. **6** 〖골프〗=hosel.

give something a hose …을 씻다, 물청소하다.

—图㉿ **1** …에 호스로 물을 뿌리다〖끼얹다〗(**down**, **out**). **2** 〖속어〗 (호스 따위로) 때리다. **3** 〖속어〗 …을 속이다, 속여 빼앗다; …을 죽이다, 해치우다(**down**). **4** 〖美속어〗·비어〗 여자와 성교하다.

Ho·se·a [houzíːə/-ziːə] 图 〖성서〗 호세아(기원전 8세기의 히브리 예언자). **2** 〖구약 성서의〗 호세아서(書).

hóse càrt 图 〖소방용〗 호스 운반차. [〖<Heb〗

hose·cock [hóuzkàk/-kɔ̀k] 图 (정원용 호스 따위의) 살수전(撒水栓). (또는 **sillcock**)

Ho·sein [huséin] 图 =HUSAIN.

ho·sel [hóuzəl] 图 〖골프〗 호젤(아이언 클럽 헤드 부분의 샤프트(shaft)를 끼우는 구멍). (또는 **hosel**)

hose·man [hóuzmən] 图 호스를 사용하는 사람. (소방대의) 호스 담당 소방관.

hóse mònster 图 〖美속어〗 섹스를 좋아하는 여자; 색정광(色情狂).

hose·pipe [hóuzpàip] 图 호스. 〖색정광(色情狂)〗.

ho·ser [hóuzər] 图 **1** =hoseman. **2** 〖美속어〗 친구; (때로) 놈, 녀석; 캐나다 속어〗 (북부의 소박하고 튼튼한) 캐나다인. **3** 사기꾼; 몸가짐이 헤픈 여자.

hóse rèel 图 호스 감는 바퀴.

hose-tops [´tàps/-tɔ̀ps] 图图 〖스코〗 (발 부분이) 없는) 긴 양말. (또는 **hóse tòp**)

Ho·sha·na(h) Rab·bah [houʃáːnə ráːbə] 图 유대교의 이동 성전(移動聖殿) 축제(Sukkoth)의 제7일.

ho·sier [hóuʒər/-ziə] 图 양말·메리야스류의 제조 [판매]업자; 양품점.

ho·sier·y [hóuʒəri/-ziəri] 图Ⓤ 〖집합적〗 메리야스류; (남자용) 양품류; 메리야스 가게.

hos·ing [hóuziŋ] 图 〖속어〗 속기, 이용당하기; 결정

hosp. hospital. [적 타격, 대패(大敗).

hos·pice [háspis/hɔ́s-] 图 **1** 〖종교 단체가 경영하는 순례자나 들의 숙박소, 휴게소. **2** 무료 숙박소(말기 환자 진료·수용 시설. **3** 학생·청소년 근로자 숙박소.

*__**hos·pi·ta·ble**__ [háspitəbl, -´--/hɔ́s-] 图 **1** 대접이 좋은, 환대하는(**to**, **toward**).〖a ~ reception 환대. **2** 기쁘게 받아들이는, 개방적인(**to**).〖a person ~ **to** new ideas 신사상을 받아들이는 사람. **3** (기후·환경 이) …에 적당한. ~**ness** 图 **-bly** 图

‡**hos·pi·tal** [háspitl/hɔ́s-] 图 (图 ~**s** [-z]) **1** 병원.〖an eye ~ 안과 병원/a field ~ 야전 병원. **2** 동물 병원. **3** (美) 자선 시설, 수용소; 양로원; 양육원. **4** (英) 공립 학교(* 고유 명사로만 쓰인다). **5** (시계 따위의) 수리점.〖a clock ~ 시계 수리점.

be in (**the**) **hospital** 입원해 있다.

be out of (**the**) **hospital** 퇴원해 있다.

go to [or **enter**] (**the**) **hospital** 입원하다(* 입원·퇴원의 경우 (英)에서는 보통~ the 생략).

leave (**the**) **hospital** 퇴원하다.

play hospitals 〖속어〗 병원놀이를 하다.

walk the hospitals (의학도가) 병원에서 실습하다.

hóspital áddict 图 〖美속어〗 병원을 전전하는 환

hóspital bèd 图 〖치료용[병원] 침대. [자.

Hos·pi·tal·er [háspitələr/hɔ́s-] 图 **1** (**h-**) 병원 자원 봉사자, 자선 종교 단체원; (London의 병원 부속 교회의) 목사. **2** 호스피틀 기사단원(⇒ KNIGHTS HOSPITALERS). (또는 **Hospitaller**)

hóspital féver 图 병원 티푸스(위생 환경이 좋지 않은 병원에서 감염).

hóspital gángrene 图 〖병리〗 병원 괴저(壞疽)(불결한 병원에서 발생하는 전염성 질환).

hos·pi·tal·ism [háspitəlìzm/hɔ́s-] 图Ⓤ **1** (시설·제도·치료 등) 환자에게 악영향을 주는 병원의 제도 [상태]. **2** 1 이 환자에게 끼치는 정신적 악영향. **3** 시설병 (고아원 어린이 등이 걸리기 쉬운 심신 장애).

hos·pi·ta·li·tis [hàspitəláitis] 图 (장기 입원자의) 병원병(病院病).

‡**hos·pi·tal·i·ty** [hàspətǽləti/hɔ́s-] 图 (图 **-ties** [-z]) ⓊⒸ **1** 환대, 후한 대접; 친절(하게 대하기), **2** give ~ **to** a person 남을 극진히 환대하다 / Afford me the ~ of your columns. 귀지에 실어주십시오(투고가의 말). **2** 음식 식사 제공 숙박. **3** (새로운 사상 따위의) 수용[이해]력(**to**).〖extend a wide ~ **to** Western thought 서구 사상을 널리 받아들이다. —图 (호텔·TV 스튜디오 등에서) (방 따위가) 접대용의.

hospitality industry 图 서비스업, 접객산업(호텔업, 식당업 따위).

hospitality list 图 손님[초대객] 명부.

hospitality suite [**ròom**] 图 (기업에 의해 호텔 따위에 마련되는) 접대용 특별실[스위트룸].

hos·pi·tal·i·za·tion [hàspitəlizéiʃən/hɔ̀spitəlai-] 图Ⓤ 입원; 입원 기간; 图 = ~ insurance.

hospitalizátion insúrance 图 입원(비) 보험. 병원 비용 보험. [(흔히으로) 입원(시키기).

hos·pi·tal·ize [háspitəlàiz/hɔ́s-] 图㉿ (종종 수동 형으로) 입원시키다.

hóspital jòb 图 (英) (흔히 업자에게 맡기는) 간단한 집 수리[수선]; (질질 끄는) 불필요한 일.

hos·pi·tal·man [háspitlmən/hɔ́s-] 图 《美해군》 위생병.
hóspital núrse 图 (병원) 간호사.
hóspital órderly 图 《군사》 위생병, 간호병.
Hóspital Sáturday 图 병원 기부금 모금 토요일 (거리나 직장에서 행한다). ⓐ Hospital Sunday
hóspital shíp 图 《전쟁중의》 병원선(船).
Hóspital Súnday 图 병원 기부금 모금 일요일 (교회에서 행한다). ⓐ Hospital Saturday
hóspital tráin 图 《군사》 병원 열차.
hos·pi·tel [hàspitél/hɔ̀s-] 图 호스피텔(호텔 형식의 병원). [<hospital+hotel]
hos·pi·ti·um [haspíʃiəm/hɔs-] 图 =hospice.
hos·po·dar [háspədɑ̀ːr/hɔ́s-] 图 《터키 지배하의 Moldavia 등의》 대공(大公), 군주.
hoss [hɔ(ː)s, hɑs] 图 **1** 《방언·속어》 말(horse). **2** 《부르는 말로》 야.
‡**host**[1] [houst] 图 **1** 《종종 무관사로》 《손님을 접대하는》 주인(노릇, 역), 주최자 (ⓐ guest). ¶act as ~ 주인 노릇을 하다. **2** 《여관 따위의》 주인. **3** 《생물》 《기생 동·식물의》 숙주(宿主), 피(被)기생 동·식물(ⓐ parasite). **4** 《TV·라디오의》 호스트, 사회자. **5** 《집회·경기 따위의》 후원자; 개최지. **6** 《외과》 수용자(受容者), 피이식체(이식을 받는 사람). **7** 《지질》 모(母)광석[암석] (광석 외부의 오래된 광물[암석]). **8** 《유전》 수용 세포(~ cell). **9** 《컴퓨터》 =~ computer. **10** 《형용사적》 주최자측의, 접대자측의.
count [or *reckon*] *without one's host* ① 카운터에 묻지 않고 마음대로 계산하다; 제멋대로 판단하다. ② 중대한 점을 빠뜨리다.   [ⓐ 《개최》하다.
play host to …의 개최 장소[수용처]가 되다, …을 주 —图 **1** 《대회 따위를》 주최[개최]하다; 《TV 프로 따위의》 사회를 보다. ¶~ a TV show TV쇼의 사회를 보다 / Athens will ~ the next Olympics. 다음 올림픽 개최국은 아테네이다. **2** 《손님을》 접대하다[묵게]하다. **3** 《구어》 음식값을 안내고 도망치다.
ⓐ 접대하다, 주인 역할을 하다 (*to*); 《폐어》 투숙하다. **~·less** 图 **~·ship** 图
‡**host**[2] 图 **1** 큰 무리, 떼; 다수 (*of*). ¶a ~ *of* cars 수많은 차들 / ~*s of* troubles 수많은 어려움. **2** 《시·고어》 군(軍), 군세(軍勢) 《집합적》 전사; 해와 달과 별. 『사. *a host in oneself* 일기 당천(一騎當千)[일당백]의 사람. *the heavenly host*; *the host(s) of heavens* ① 성군(星群), 일월성신. ② 천사군(天使群), 천사군단. *the Lord* [or *God*] *of Hosts* 《성서》 만군의 여호와. —图 무리 짓다; 집결하다.   [ⓐ 성체.
host[3] 图 (the ~, 종종 the H-) 《교회》 성찬식의 빵.
*****hos·tage** [hástidʒ/hɔ́s-] 图 **1** 인질(人質); ⓐ*be held in* ~ 인질로 잡히다. **2** 《드물게》 저당, 담보물.
give hostage[*a hostage*] *to fortune* [or *time, history*] 운명[시간, 역사]에 미래의 성공을 맡기다; 장래 난처해질 일을 감히 행하다.
take [or *hold, keep*] *a person hostage* 남을 인 **~·ship** 图   [질로 잡다.
hos·tage-tak·ing [-tèikiŋ] 图ⓤ 인질극[잡기].
hóst compùter 图 《컴퓨터》 호스트 컴퓨터(컴퓨터 망의 주(主) 컴퓨터)(main computer).   [국.
hóst cóuntry 图 (the ~) 《국제적 행사의》 주최[개
‡**hos·tel** [hástl/hɔ́s-] 图 (ⓑ ~*s* [-z]) **1** 호스텔 (youth ~). **2** 《영》 기숙사. **3** 《노인·신체 장애 자 등의》 요양소, 복지 후생 시설. —图 (~*s* [-z], *-l-*, 《영》 *-ll-*) 《영》 호스텔에 숙박하면서 여행하다; 《영》 숙박하다.
hos·tel·er [hástələr/hɔ́s-] 图 **1** 호스텔 숙박[경영]자. **2** 《영》 기숙사생. (또는 《영》 **hosteller**)
hos·tel·ing [hóstəliŋ] 图ⓤ 호스텔 숙박.
hos·tel·ry [hástəlri/hɔ́s-] 图 《영》 《유스》 호스텔 간이 숙박소; 《고어》 여관, 여인숙.

hóstel schòol 图 호스텔 학교(캐나다의 인디언 및 에스키모 등 학생을 위한 기숙 학교).
‡**host·ess** [hóustis] 图 (ⓑ ~*es* [-iz]) **1** 안주인(역), 여주인(역)(ⓐ host). **2** 《호텔·레스토랑 따위의》 여지배인; 《댄스 홀 따위의》 호스티스, 댄서; 《교통 기관의》 여객 서비스계(스튜어디스, 안내원 등). **3** 《여관·술집 따위의》 여주인; 마담. **4** 《라디오·TV 프로의》 여성 사회자.
—图 (~*es* [-iz]; ~*ed* [t]) ⓐ 안주인의 노릇을 하다. (여성이) 《손님》을 접대하다; (여성이) 사회보다. —图 호스티스로서 접대하다.   [『…을 부르다.
bang the hostess 《속어》 《비행기 승객이》 여승무원 *the hostess with the mostest* 《미구어》 최고로 **~·ship** 图   [접대에 능숙한 파티 안주인.
hóstess gòwn 图 《가정에 손님이 있을 때 입는》 실내복.   [《가정(가족)》.
hóst fámily 图 《외국인 방문객을 받아들이는》 민박 **host·ie** [hóusti] 图 《속어》 =air hostess.
‡**hos·tile** [hástl, -tail/hɔ́stail] 图 (*more* ~; *most* ~) **1** 적의, 적군[국]의. ¶a ~ army[nation] 적군[국]. **2** 적의가 있는, 적대하는, 반대하는 (*to*). ¶~ criticism 적의가 있는 비평, 비난. / He is ~ *to* the proposal. 그는 그 제안에 반대하고 있다. **3** 비우호적인, 냉랭한; 받아들이지 않는 (*to*). **4** 《환경이》 적합하지 않은 (*to*).

[유의어] **hostile** 적의를 지닌[나타내는], 적대 행동으로 나오는. **unfriendly** 적극적인 적의·적대 행위는 없으나 우호적·협력적이 아닌. **inimical** 대립적 또는 유해한 경향·영향을 지닌.

go hostile 《濠·뉴질》 노하다, 화를 내다.
—图 **1** 적대적인 사람; 유해한 것. **2** 《군사》 적, 적병, **~·ly** 图   [적기, 적함(敵艦).
hóstile bíd 图 《경영》 적대적 매수 《가격》 제의.
hóstile tákeòver [búyout] 图 《경영》 적대적[비우호적] 매수(대상 기업의 반대를 무시하는 일방적 매수).
ⓐ friendly buyout
hóstile wítness 图 《법률》 적의를 가진 증인(증인 신청을 한 쪽에서 고의로 부당한 증언을 하는 증인).
hos·til·i·ty [hastíləti/hɔs-] 图 (ⓑ *-ties* [-z]) **1** ⓤ 적의, 적개심. **2** 적대 행위, 반항; 《사고방식 따위의》 대립, 반대. **3** (*-ties*) 전투, 전쟁 《상태》, 교전. ¶*open* [*suspend*] *hostilities* 개전[정전]하다 / *during hostilities* 전쟁중에.   [내다].
have [*show*] *hostility to* …에게 적의를 품다[나타
hos·tler [háslər/ɔ́s-] 图 《여관의》 마부; 《기차·버스 따위의》 정비공. **~·ship** 图
hóst nàtion 图 **1** =host country. **2** 《군사》 미군 주둔국. ¶~ *support* 미군 주둔국의 주둔비 지원.
hóst plànt 图 기주(寄主) 식물, 숙주(宿主) 식물.
host-spe·cif·ic [-spisífik] 图 특정 숙주에만 기생하는, 숙주 특이(特異)의.
‡**hot** [hat/hɔt] 图 (~*·ter*; ~*·test*) **1** 뜨거운, 더운(ⓐ cold). ¶~ *water* 탕, 열탕 / a cup of ~ *tea*; a ~ cup *of tea* 뜨거운 차 한 잔 / boilingly ~ 펄펄 끓듯이 더운, 찌는 듯이 더운 / *Strike while the iron is ~.* 《속담》 쇠는 뜨거울 때 두드려라, 쇠뿔도 단김에 빼랬다.
2 《몸이》 화끈화끈한, 열이 나는.
3 《음식이》 뜨끈뜨끈한, 갓 만든, 따끈따끈한. ¶I *like my food* ~. 나는 따끈한 음식이 좋다.
4 《뉴스 따위가》 새로운, 최신의, 방금 들어온[발표된] 《출판물이》 막 발간된[된]; 《구어》 《지폐·채권 따위가》 갓 발행된. ¶~ *news from the front* 최신 전황 소식.
5 《음식이》 매운, 톡쏘는. ¶*This dish is too ~ to eat.* 이 음식은 너무 매워 먹을 수 없다.
6 a) 《감정 따위가》 격렬한, 뜨거워지기 쉬운, 화를 잘 내는. ¶a ~ *temper* 격하기 쉬운 기질. **b)** 열이 오른, 화

난, 흥분한.¶~ anger 격분/~ words 격분한 말/in ~ blood 격분하여/get ~ over an argument 논의로 흥분하다. **7** (구어) (선수 등이) 뛰어난, 훌륭한, 우수한; (팀이) 승산이 있는, 유망한; (…에) 능한 (*at, in*); (…에) 정통한(*on*).¶a ~ pilot 명 조종사/be ~ in math 수학에 능하다. **8** (상품 따위가) 잘 나가는[팔리는], 인기있는.¶ ~ items 인기 상품. **9** 호색의, 욕정에 불타는, (동물이) 발정한; 성적 매력이 있는, 섹시한.¶You look ~ tonight. 오늘밤 당신은 아주 섹시해. **10** 열렬한, 열광적인, 열심인, 열중하는(*for, on*).¶a ~ patriot 열렬한 애국자/be ~ on playing baseball 야구 경기에 미쳐 있다. **11** (정도가) 격렬한, 과격한; 긴급한.¶a ~ battle 치열한 전투/in ~ haste 급히 서둘러. **12** (볼의 구질·위세가) 센, 맹렬한, 다루기 힘든; (배·자동차 따위가) 빠른, 고속의. **13** (색·냄새 따위가) 강렬한, 새롭고 강한, 선명한, 자극적인.¶a ~ color 자극적인 강한 색. **14** (재즈 음악 따위가) 열광시키는, 흥분시키는, 신나는(쯤 *cool*); 감미롭지 않은(쯤 *sweet*).¶ ~ jazz 핫 재즈. **15** (속어) (표적·목표물에) 아슬아슬하게 접근한, 거의 따라잡은; (퀴즈 따위를) 거의 맞춘, 가까운. **16** (고압) 전류가 흐르고 있는, (고압 따위로) 방사능을 띤, 방사성의.¶a ~ wire 고압선/~ dusts 방사능 낙진. **17** (속어) 갓 훔친, 불법적으로 얻은, (훔친 물건이 막 나서) 처분하기 위험한; 경찰에 쫓기고 있는; 밀수품의.¶~ goods 갓 훔친 물건. **18** (속어) 어처구니[어이]없는, 믿기지 않는. **19** (속어) 아주 운이 좋은. **20** (일 따위에) 몹시 신이 난; 흥청거리는, 즐거운.¶a ~ town 흥청거리는 마을/have a ~ time 즐겁게 지내다. **21** (자금이) 대량으로 단기간 움직이는. **22** (구어) (정보 따위가) 최근의. **23** (제철) 열간(熱間)의, 고온의. **24** (美속어) 술에 취한.

(*all*) *hot and bothered* ⇒ BOTHER.
be hot on the trail [or *heels*] *of* …을 맹렬히 뒤쫓다, …에 바짝 다가가다.
blow hot and cold ⇒ BLOW¹.
get hot (속어) ① 뜨거워지다, 흥분하다, 열중하다. ② (퀴즈의 답·사냥의 목표물에) 접근하다. ③ (속어) (도박 따위에서) 운이 돌아오다; 바빠지다.
get into hot water (구어) 곤경하다.
get [or *catch*] *it hot* (*and strong*) 혼나다, 몹시 야단맞다.
give it a person hot (*and strong*) 남을 호되게 꾸짖다.
go (*all*) *hot and cold; go hot and cold* (*all over*) (충격 따위로) 흥분하거나 오싹하다.
hot and cold ① (샤워 따위가) 뜨거운 물과 찬물이 나오는. ② (구어) 좋아지거나 나빠지는[나빠져], 일정하지 않은[않아].
hot and heavy [or *strong*] 맹렬한[하게], 열정적인[으로], 전광석화의[처럼].
hot and hot (음식·요리가) 갓 만들어진, 따끈따끈한.
hot as a three-dollar pistol 열광해 있는.
hot to go [or *trot*] (속어) (성욕·소유욕 따위가) 안달이 나, 좀이 쑤셔(*for*)
hot under the collar 잔뜩 화가 나서, 흥분하여.
hot with (英구어) 설탕을 넣은 (술).
in hot water 곤경에 처해서.
make it hot [or *a place, things,* etc.] (*too*) *hot for* [or *to hold*] *a person* (구어) 남이 붙어 있을 수 없게 하다.
not so [or *too*] *hot* 별로 쓸모가 없는, 그저 그런.
the pace is too hot 페이스[속도]가 너무 빠르다, 따라잡을 수 없다: 위태로워지다, 발등에 불이 붙다(*for*)
too hot (*to handle*) 다루기가 아주 어려운, 손을 대면… 「면 대치는.
— *目* **1** 덥게, 뜨겁게(*hotly*); 열심히; 심하게; 노하게.¶The sun shone ~ on the head. 태양이 머리 위에서 뜨겁게 내리쬐고 있었다. **2** 뜨거울 때에; 아주 최근에. **3** (제철) 열간(熱間)으로.
—*타* (英구어) (…을) 데우다, 따뜻해지다, 뜨거워지다; 격해지다(*up*); 위험한 상태이다.
hot it up (구어) 아주 재미있게 지내다.
hot up (구어) ① 격화되다[시키다]; 활기를 띠다[띠게 하다]; 자극하다. ② (엔진 따위의) 출력을 높이다, 가속하다.
— *명* **1** (*the ~s*) (美속어) 강한 성욕, 성적 매력; 강한 욕구(*for*); 편애. **2** (속어) (*a ~*) 식사. **3** 훔친 물건. **4** (濃) 더운 날씨, 무더위.
have [or *get*] *the hots* (속어) ① 성욕이 끓어오르다. ② (…을) 하지 못해 안달이다(*for*).
~*ly 부* ~*ness 명* ~*tish 형* 「소개소」
HOTAC (英) *Hotel Accommodation*(런던의 호텔
hót áir 명 **1** 뜨거운 공기, 난방용 스팀. **2** (구어) (경멸적) 실없는 이야기; 허풍, 공(空)수표.¶His plans are all ~. 그의 계획은 모두 허풍이다.
full of hot air 틀린, 잘못된; 허풍의.
hot-air [-ɛər] 형 **1** 뜨거운 공기의, 열기(熱氣)의. **2** 허 *hót-air ballóon* 명 열기구(氣球).└풍선이의, 실없는.
hót-áir èngine 명 (기계) 열기 기관(熱氣機關).
hot and high 형 (항공) 항공기의 이륙 활주 거리를 길게 하는. 「사로잡힌.
hot-assed [-ǽst] 형 (美속어) (주로 여성이) 욕정에
hót átom 명 (물리) 반도(反跳) 원자, 핫 아톰(핵반응 때 생기는 고(高)에너지의 원자).
hót báby 명 (美속어) 섹시하고 정열적인 여자.
hót béd 명 (美속어) 핫 베드(양한 압력(熱間壓延)한 재료를 냉각시키기 위한 레일 또는 바퀴가 있는 장소).
hot-bed [hɑ́tbèd/hɔ́t-] 명 **1** 온상. **2** (범죄·악습 따위의) 온상, 소굴.¶a ~ of crime 범죄의 온상. **3** (속어) (교대 취침하는) 공용 침대. — *目타* (-*dd-*) (속어) 교대로 취침하다.
hótbed sàsh 명 세로로 밀이 있는 창문 새시.
hót blàst 명 (야금) (용광로에 불어 넣는) 열풍(熱風).
hot-blood [hɑ́tblʌ̀d/hɔ́t-] 명 **1** 서러브렛 종(種)의 말. **2** 다혈질의 사람[선수].
hot-blood-ed [-blʌ́did] 형 **1** 격하기 쉬운, 열혈(熱血)의, 저돌적인. **2** 열렬한; 끗끗한. **3** (가축이) 혈통이 좋은, 순종의. **4** (말이) 서러브렛종의, 아랍종의. ~*ness* 명
hot-box [hɑ́tbɑ̀ks/hɔ́tbɔ̀ks] 명 (기관차·화차 따위의) 과열된 굴대통. (또는 *hót bòx*)
hot-brained [-brèind] 형 (고어) =hotheaded
hót-búlb èngine [-bʌ́lb-] 명 핫 벌브 엔진, 세미디젤 기관(엔진)(실린더 압축실의 일부를 빨갛게 달구어 가스를 폭발시키는 내연 기관).
hót búttered rúm 명 핫 버터드 럼(럼·뜨거운 물·설탕에 버터 덩어리를 띄워 마시는 음료).
hót bùtton 명 (구어) **1** 핵심 쟁점, 주요 문제, 사회적 관심사. **2** (선택을 좌우하는) 결정적 요인, 방아쇠; 매력적인 슬로건; 매력적인 투자 대상, 팔릴 만한 상품.
hot-button [-bʌ̀tn] 형 (구어) **1** 결정적인, 중대한.¶a ~ issue 중요 쟁점. **2** 자극적인; 감정적인; 반론을 불러일으키는.
hót càke 명 핫케이크(*griddle cake*).
sell [or *go*] (*off*) *like hot cakes* 불티나게 팔리다.
hót cáthode 명 (전기) 열음극(熱陰極).
hót céll 명 방사성 물질 처리용 차폐실(遮蔽室).
hot-cha [hɑ́tʃɑ̀, -tʃə] 명 (속어) 핫 재즈. — *감* (익살) 좋아, 잘했어, 바로 그거야. — *형* (성적(性的)으로) 매력적인. (또는 *hótcha-chá*)
hót chàir 명 (美속어) (사형용) 전기 의자.
hót chàt 명 (컴퓨터) (인터넷 상의) 성적(性的)인 메시지, 포르노 화상; 그 서비스.
Hotch-kiss [hɑ́tʃkis/hɔ́tʃ-] 명 *Benjamin B.* ~ 호치키스(1826-85) 미국의 발명가; 기관총·탄창식 라이플 및 소위 '호치키스'라는 *stapler*를 발명).

hotch·pot [hátʃpɑt/hótʃpɔt] 명 ① (법률) 재산 병합(倂合)[합산](특히 유언이 없는 경우에 유산의 균등 상속을 위해 모든 재산을 합치는 일).

hotch·potch [hátʃpɑtʃ/hótʃpɔtʃ] 명 1 ① 도치포치 (고기와 야채의 진한 수프나 스튜). 2 (英) 뒤범벅, 잡동사니(美) hodgepodge. 3 (법률) =hotchpot.

hót cóckles 명 (단수취급) 눈을 가리고 자기를 때린 사람을 알아맞히는 어린이 놀이.

hót cóld-wòrking 명 열냉간(熱冷間) 가공. 「구).

hót còmb 명 핫 콤(전열식(電熱式) 머리 빗[손질용 기

hot-comb [<k>ʌm] 타 (머리를) 핫 콤으로 손질하다.

hót córner 명 (속어) (야구) 3루.

hót cròss bún 명 십자가가 그려진 과자빵(사순절 (Lent)에 먹는다). (또는 (英) **cróss bún**)

hót dèck 명 벌채 후에 곧 제재소로 운반될 통나무 더 「미.

hót díggety dóg 감 =hot dog. (또는 **hót dig·gity**) 「용된 아연으로 도금하기).

hót-díp còating [<dip-] 명 용융 도금(溶融鍍金)(용

hot-dipped [<dipt] 형 용융 도금된.

hót dòg 명 1 =frankfurter. 2 핫도그. 3 (美속어) 묘기를 할 수 있는 선수; 젠체하는 사람. (또는 **hót-dòg**) 4 수완가. —감 (美속어) 깜짝이야!, 멋지다!, 잘한다! (기쁨·흥분을 나타내는 탄성).

hot-dog [<dɔ:g/-dɔg] (美속어) 형 1 핫도그의. ¶ a ～ stand 핫도그 판매대. 2 묘기를 보이는; 젠체하는. ¶ ～ skiing 묘기[곡예] 스키. 3 멋진, 훌륭한. —자 (-gg-) 1 (스포츠에서) 묘기를 보이다. 2 뽐내다, 젠체하다.

hot·dog·ger [hátdɔːgər/hót-] 명 묘기 부리는 선수; (美학생 속어) 허풍선이; 장래가 유망한 사람.

hot·dog·ging [hátdɔːgiŋ/hótdɔgiŋ] 명 (속어) 과시적인 동작(스키·서핑 따위의) 묘기.

hót dóllar 명 핫 달러, 투기성 단기 달러 자금.

hot-draw [<drɔː] 타(자) (-drew; -drawn) (제철) (철사·관 따위를) 고온에서 뽑아내다.

***ho·tel** [houtél] 명 (복수 ～s [-z]) 1 호텔, 여관. ¶ run a ～ 호텔을 경영하다/put up at a ～ 호텔에 묵다. 2 (프랑스) 저택, 관저, 공관. 3 (H-) (美) 통신에서 H자를 나타내는 데 쓰이는 말.

His [or *Her*] *Majesty's hotel* (익살) 교도소, 감옥. —타(자) (-ll-) (美～ it) 호텔에 묵다.

～**dom** 명 호텔계[업계]. 「경질 자기(硬質磁器).

hotél chína 명 호텔 차이나(고온에서 구운 미국제

hô·tel de vílle [*F* otɛl də vil] 명 (英) *hô·tels d-v-*) 시청. (<F mansion of the city)

hô·tel-Díeu [*F* otɛl djø] 명 (*hô·tels-*) (중세의) 병원; (시립) 병원. (<F holy god) (<F

ho·tel·ier [òutəljéi/hɔtɛljei] 명 =hotelkeeper.

ho·tel·ing [hóutəliŋ] 명 호텔식 근무(제)(사무실·자리 따위를 형편에 따라 옮겨 근무하는 것).

ho·tel·keep·er [houtélkìːpər] 명 호텔 경영자[지배인, 소유주], 호텔 직원.

ho·tel·keep·ing [-kìːpiŋ] 명 호텔 경영(업).

ho·tel·man [houtélmən, -mæn] 명 (복) -**men** [-mən, -mèn] =hotelkeeper.

Hôtel Ma·ti·gnon [*F* otɛl matiɲɔ̃] 명 마티뇽 저(邸)(Paris 시내의 총리 관저); 프랑스 총리. (<F

hotél pàge 명 (英) 호텔의 사환[급사, 안내계](美) bellhop).

hotél ràck 명 (새끼양·양·송아지의) 갈비.

hot-eyed [<àid] 형 혈안이 된, 흥분한.

hót fávorite 명 (英口) 인기마, 우승 후보마.

hót flásh (英) **flúsh** 명 (생리) (폐경기의) 일과성 (一過性) (전신) 열감(熱感), 피부의 홍조(紅潮).

hot·foot [hátfùt/hót-] 명 (美 ～s) 1 (美) 남의 구두창에 성냥을 끼워놓고 불이 나게 하는 장난. (또는 **hót fóot**) 2 모욕, 날카로운 비난; 자극. 3 (속어) 걸기; (보석중) 도망치는 사람; (약속을 안지키고) 내빼는 사람. —부 급히 서둘러. —자 급히 서둘러 가다. 서두르다. —타 1 (종종 ～ it) 급히 서둘러 가다. 2 (남의) 구두창에 성냥을 끼워놓고 불이 나게 하는 장난을 치다; 자극하다, 박차를 가하다.

***hotfoot it* (**...**)**으로**) 황급히 가다(*to*).

hot-gos·pel·er [<gàspələr/-gɔ̀s-] 명 복음 전도 설교가; 신앙 부흥 운동가. 「성격이 불 같은 사람.

hót·head [háthèd/hót-] 명 성급한 사람,

hót·head·ed [háthèdid/hót-] 형 1 성급한, 덤비는. 2 격하기 쉬운, 잘 흥분하는. ～**·ly** 부 ～**·ness** 명

hót·house [háthàus/hót-] 명 1 온실; 온상. 2 (자기의) 건조실. 3 (범죄·악습 따위의) 온상. 4 (폐어) 유곽. —형 온실에서 자란; 과보호의; 유약한. —타 (어린이에게) 조기 영재교육을 시키다.

hóthouse effèct 명 =greenhouse effect.

hóthouse làmb 명 가을 또는 초겨울에 태어난 새끼양(우리 안에서 특별한 사료로 사육된다).

hóthouse plànt 명 온실에서 자란 식물[사람].

hot·hous·ing [háthàuziŋ/hót-] 명 ① 온실 재배; (집중 교육에 의한) 유아의 조기 능력 개발.

hót íssue 명 (美) (증권) 인기 신주(新株).

hót ítem 명 (美속어) =hot number.

hót kèy 명 핫 키(프로그램을 순간적으로 바꾸는 키). (또는 **hótkèy**)

hót láb [labóratory] 명 방사능 연구[실험]실.

hót líght 명 (TV) 핫 라이트(TV 프로그램 제작 때 쓰는 강한 조명).

hót líne 명 1 (국가 수뇌 간의) 긴급 직통 통신[전화]선, 핫 라인. 2 (기업 컨설팅·정보 제공 따위의) 직통 전화 (번호). 3 (캐나다) (전화를 이용한) 시청자 참가 프로. 4 전화 신상 상담 서비스. (또는 **hótline**)

hot-lin·er [hátlàinər/hót-] 명 1 긴급 신상 상담 전화 담당자[상담원]. 2 (또는 **hót-liner**) (캐나다) (전화에 의한) 시청자 참가 프로의 사회자.

hót·list [hátlìst/hót-] 명 (컴퓨터) (인터넷의) 핫리스트(자주 이용되는 데이터를 수납한 컴퓨터·네트워크 시스템 일람표).

***hot·ly** [hátli/hót-] 부 1 뜨겁게, 덥게. 2 격렬하게; 열심히. 3 (음식이) 얼얼하게. 4 욕정에 불타.

hót mámma 명 (속어) 아주 섹시한 여자.

hót métal 명 (인쇄) 핫 메탈, 주조 활자(주조기로 만들어내는 활자 및 조판 재료). (또는 **hót týpe**)

hót móney 명 1 (경제) 핫머니(국제 금융 시장의 투기성 단기 자금). 2 부정한[훔친] 돈.

hót móon·er [-múːnər] 명 달의 열·화산 활동의 존재를 믿는 과학자.

hót númber 명 (美속어) 1 아주 섹시한 남자[여자]. 2 최신 인기 상품. 3 자극적인 곡. (또는 **hót item**)

hót núts 명 (속어) (남자의) 성욕; 사타구니가 뜨거워진 사람. 「륙(항공)기).

HOTOL *horizontal takeoff and landing* (수직 이착

hót óne 명 (속어) 몹시 변한[독특한] 것[사람]; 아주 웃기는 농담; 아주 멋있는 것.

hót páck 명 1 온습포. 2 고온 통조림법(～ **method**).

hot·pad [hátpǽd] 명 =potholder.

hót pànts 명 1 핫팬츠, 짧은 여성용 팬츠. 2 [U] (속어) 욕정, 정욕; 욕정에 사로잡힌 남자, 성욕이 강한 여자. (또는 **hótpants**)

hót párticle 명 (물리) 고방사능 입자(원자로의 사고 따위로 대기중에 방출되는 높은 방사능을 지닌 미립자).

hót pépper 명 고추. 「(전기 보온기.

hót pláte 명 요리용 철판; 전기 곤로; 히터; (요리용)

hót póo 명 (美속어) 확실한 최신 정보, 최신 유행어. (또는 **hót póop**) **hót-póo** 명 「끓인 요리, 감자 스튜.

hót pòt 명 (英) 양고기[쇠고기]에 감자나 야채를 넣어

hót potáto 명 1 (英) (뜨거운) 구운 감자. 2 (구어) (누구도 손을 대지 않으려는) 곤란[불쾌, 위험]한 문제, 난제, 난국. 3 (구어) 급히 제거하는 것.

drop...like a hot potato (구어) (번거로운 사람·

hot-press [´près] 图 가열 프레스(종이에 광을 내지나 기름을 짜는 기계); 가열 압축기[압착기]. ─图타 …을 가열 압착하다; …의 광택을 내다. **~er** 图

hót préssing 图 고온 압축.

hót próperty (구어) (후원자·출자자 입장에서 본) 유망한[가치 있는] 것[사람]. 「적(권).

hót pursúit 图 (적·범인에 대한) 긴급[열경(越境)] 추

hót róck 图 1 (지질) 열암(熱岩), 고온 암체(岩體). 2 (~s) (美속어) 남자의 성적 욕망, 욕정. (또는 **hót núts**) 3 (美속어) 유능한 사람, 수재.

hót ród 图 (美속어) 1 개조 자동차(고속을 내기 위해 엔진을 바꾼 자동차). 2 =hot rodder.

hot-rod [´rɑ́d/´rɔ́d] 图 (美속어) 개조 자동차를 운전하다; 자동차를 (고속으로) 몰다. ─타 (자동차)를 고속으로 운전하다; (차·엔진)을 고속이 나도록 개조하다. **hót·ród·ding** 图

hót ród·der [-rɑ́dər/-rɔ́dər] 图 (美속어) 개조 자동차를 타는 틴 에이저, 폭주족. 「온」 압연하다.

hot-roll [´róul] 图타 (제철) (금속)을 열간(熱間)(에

hót róller 图 (美속어) 도난차. 「온의 톱).

hót sáw 图 (기계) 열절톱(금속 재료를 절단하는 고

hót séat 图 (the ~) (美속어) 1 (사형 집행용의) 전기 의자(electric chair). 2 어려운[곤란한] 처지, 궁지. 3 (법정의) 증인석. 4 (비행기의 사출식) 탈출 좌석. *on* [or *in*] *the hot seat* (구어) 곤경에 빠져.

hót shít 图 해냈어, 좋았어.

hót shóe 图 1 (사진) 핫 슈(카메라 본체의 플래시 연결부). 2 (속어) 뛰어난 카레이서.

hot-short [´ʃɔ́ːrt] 图 (금속어) 열에 약한. **~ness**

hot-shot [´ʃɑ́t/´ʃɔ́t] 图 (美구어) 1 적극적이고 유능한, 수완가의. 2 화려한 기량을 보이는. 3 쉬지 않고 움직이는, 직행의, 급행의. (또는 **hót-shòt**) ─图 (또는 **hót shòt**) 1 적극적이고 유능한 사람, 수완가; 유능한 (스포츠) 선수; 거물. 2 (비행기·열차 따위의) 직통 급행편. 3 소방관. 4 최신 정보, 뉴스 속보(news flash). 5 (사형용) 전기 의자; 치명적인 마약 주사. 6 백열탄약(彈) 사격. (또는 **hot shot, hot flash**)

hót spót 图 1 (구어) (정치적·군사적) 분쟁[위험] 지대. 2 (美구어) 나이트 클럽; 환락가. 3 (구어) 곤경, 궁지. 4 산불 빈발 지대. 5 (美구어) (네거·프린트에서의) 과다 노출 부분. 6 (엔진·노(爐)·진공관 따위의) 과열점. 7 생태계 파괴 지역, 환경 오염 지역. 8 (지질) 핫 스폿(고온 물질이 상승하는 지각 부분; 바다의 화산도 따위). 9 (생리) 병에 걸리기[감염되기] 쉬운 부위; (유전) 유전자의 돌연변이 취약 부분.

hot-spot [hátspɑ̀t/hɔ́tspɔ̀t] 图타 (-tt-) (산불)을 빈

*****hót spríng** 图 온천. 「발(頻發) 지역에서 막다.

hot-spur [hátspəːr/hɔ́t-] 图 성미 급한 사람, 무모한 사람, 참을성 없는 사람. **~red** 图

hót squát 图 (the ~) (美속어) 전기 의자.

hót-stove léague [´stóuv-] 图 (美) 시즌이 아닐 때 한담을 하러 모여드는 스포츠 애호가들.

hót stúff (구어) [무관사로] 1 우수한[유능한, 주목할 만한] 사람, 천재; 전문가; 정력가, 정열가. 2 대단한[화제의, 주목할 만한] 것(사물, 신제품). 3 성적 매력이 있는[섹시한] 여자; 호색가; 포르노 책[사진, 영화]. 4 장물, 수상한 물건. 5 (아주 뜨거운) 음식물. ─图 대단한, 굉장한. 1 뜨거우나 조심해. 2 잘 했어, 멋지다. 3 이 색골아. **hót-stúff** 图타 (美속어) 훔치다.

hót swítch 图 (라디오·TV) 방송중에 중계 지점을 다른 장소로 재빨리 바꾸기.

hót·sy [hátsi/hɔ́t-] 图 (美속어) (쇼·공연 따위가) 성공적인, 잘나가는. 「완벽한.

hót·sy-tót·sy [´tɑ́tsi/´tɔ́tsi] 图 (美속어) 완전한,

hot-tem·pered [´témpərd] 图 성급한, 불뚱이의.

Hot·ten·tot [hátǹtàt/hɔ́tntɔ̀t] 图 1 (남아프리카의) 호텐토트 사람. 2 ⓤ 호텐토트 말(코이산(Khoisan) 의 여러 언어 중 하나). 3 (비유적) 미개인, 야만인. ─图 호텐토트 사람[말]의. **-tót·ic** 图 (<D)

hót tícket 图 (구어) 인기있는 사람[것], 인기인, 스타.

hót tíe [háti/hɔ́ti] 图 (英·濠) 탕파(湯婆).

hót tíme 图 (英구어) 재미있는 시간. 「**hotty**).

hót típ 图 (구어) (증권·경마 따위에 관한) 확실한[믿을만한] 정보; 최신의 비밀 정보.

hót tóddy 图 위스키에 레몬·설탕·온수를 섞은 음료.

hót tráy 图 (조리용) 전기 보온기(保溫器).

hót túb 图 (대중탕의) 온수 욕조.

hót wár 图 열전(熱戰), 본격적 전쟁. 图 cold war

hót wáter 图 1 열탕(熱湯), 온수. 2 (구어) 고생, 어려움; 곤경. ¶ *get into ~* 곤경에 빠지다. (*with*) *in hot water* 난처[곤란]하여; (…과) 거북하게 되어

hót-wá·ter bàg[**bòttle**] [´wɔ́ːtər-] 图 열탕 주머니, 탕파.

hót-wáter héating 图 온수 난방.

hót wáter pollútion 图 (원자력 발전소의 폐수 따위에 의한) 열 오염(thermal[heat] pollution).

hót-wáter tréatment 图 온탕 처리(종자(種子)를 온탕에 담궈 살균하는 방법).

hót wéll 图 1 =hot spring. 2 온수통, 열탕 저장통.

hót wíre 图 전기 코드; (구어) (최신) 뉴스.

hot-wire [´wáiər] 图타 (속어) 1 (점화 장치를 쇼트시켜서) 자동차 따위의 엔진을 걸다. 2 부정으로 조작(操作)하다. ─图 (전기·공학) 열선(熱線)의, (전기 기구가) 열선 이용의.

hou·dah [háudə] 图 =howdah.

Hou·di·ni [huːdíːni] 图 1 **Harry** ~ 후디니(1874-1926; 헝가리 태생의 미국의 마술사). 2 (일반적으로) 교묘한 탈출; 탈출[묶인 포승 풀기] 재주가 뛰어난 사람.

hough [hʌk/hɔk] 图타 (스코) =hock¹.

‡hound [haund] 图 (복 ~s [-z]) 1 (종종 복합어로) 사냥개; (일반적으로) 개. 2 (구어) 비열한 사나이, 상종못할 녀석. 3 (취미 따위의) 열중하는 사람, 팬. ¶ *a movie ~* 영화광. 4 (종이 뿌리기 술래잡기(hare and hounds)에서) 쫓는 사람, 술래. 5 =dogfish. 6 (美속어) (대학의) 신입생. 7 (the H–) (美속어) Grey **-** *a hound of law* 포졸(捕卒). 「hound의 버스. *follow* (*the*) *hounds; ride to hounds* 사냥개를 앞세워 말을 타고 사냥하다. 「(犬). *the hound of hell* (그리스 신화) 지옥문의 번견 ─图타 1 …을 사냥개로 사냥하다. 2 …을 맹렬히 추적하다(*down*); …을…에 쫓아내다(*out*) (*of*, *from*), 끈덕지게 괴롭히다. ¶ (~+图+前+名) *~ a person to death* 남을 괴롭혀 죽이다. 3 …을 부추기다, 선동하다; …을 부추겨 (…하게) 하다(*to do*); …을 부추겨 (…에게) 덤벼들게 하다(*at*). ¶ (~+图+前+名) *~ a dog at a fox* 개를 부추겨 여우를 쫓게 하다. 4 (美속어) (남자가) **~·er** 图 **~·ish**, **~·like** 图 …와 성교하다.

hóund dòg 图 1 (美남부 방언) 사냥개. 2 (美속어) 여자 꽁무니를 쫓아다니는 남자, 탕아, 색골. 3 (H– D–) (美구어) 하운드 도그(제트 추진식 공대지(空對地) 미사일).

hóund·fish [háundfìʃ] 图 (복 ~**es**) =dogfish.

hound's-tóngue [háundztʌ̀ŋ] 图 큰 유리풀의 일종(푸른 꽃이 피고 개의 혀 모양을 한 잎이 달린다).

hóund's tóoth 图 하운드 투스(개 엄니 모양의 격자 무늬). (또는 **hóund's-tooth chéck**) *clean as a hound's tooth* 오점[결점] 하나 없는, 완벽한.

hóund's-tòoth 图

‡hour [auər] 图 (복 ~s [-z]) 1 한 시간. ¶ *half an ~* 반 시간/*a quarter of an ~* 15분/*an ~'s reading* 한 시간의 독서 / *for ~s at a time* 계속해서 몇 시간 동안 / *waste a full ~* 꼬박 한 시간을 허비하다. 2 시각, 때, 시; (the ~) 정각(正刻), 정시. ¶ *at the ~ of nine* 9시에 / *at an early* [*late*] *~* 이른[늦은] 시각에, 이르게[늦게] / *What is the ~?* 몇 시입니까? / *The ~ is 3:30.* 3시 반입니다 / *The bus leaves at half past the ~.* 버스는 매시 30분 출발한다.

USAGE 24시간제 표시법——군대나 교통 기관에서는 24시간제를 채택해 hours로 시각을 표시한다. a.m., p.m.은 함께 쓰지 않는다. 예: *16(:)00* 16시, 오후 4시(* sixteen hundred [(구어) nothing] (hours)로 읽는다) / *leave at 0500 hours* (오전) 5시 출발(* o [ou] five hundred (hours)로 읽는다) / *arrive in Rome at 20:30 hours* local time 현지 시간 20시 30분 로마 착(* twenty (hundred) thirty로 읽는다).

3 (종종 ~s) 짧은 (한정된 특별한) 시간[시기], 때, 무렵, 시대; (one's (last) ~) 임종, 죽을 때; (one's ~) 중요한 때[순간]. ¶the rush ~s (출퇴근 시간의) 러시아워 / in the ~ of danger 위급할 때에 / the ~ of death 임종 / Her (last) ~ has come [or struck]. 그녀가 죽을 때가 왔다 / He spent his boyhood's ~s in Switzerland. 그는 소년 시절을 스위스에서 보냈다.
4 (the ~) 현재, 현대, 지금. ¶ the man [question] of the ~ 시대의 인물[시사 문제].
5 (~s) 작업[영업] 시간. ¶business ~s 영업 시간 / office ~s 근무 시간 / consultation ~s 진료 시간.
6 (~s) (통상적인) 기상[취침] 시간. **7** (~s) (가톨릭) 시과(時課)(하루에 몇 차례 정해진 시각에 하는 기도); 성무일과(聖務日課), 시과에 쓰는 기도서(the book of ~s). **8** …시간의 노정(路程)[거리]. ¶ It is three ~s from here to the town. 여기서 그 읍까지는 3시간 거리이다. **9 a)** (수업의) 한 시간. ¶ The ~ lasts 45 minutes. 수업 시간은 45분이다. **b)** (대학 따위의) 주당 단위 시간. ¶an eight-~ course 일주 8시간의 과정. **10** (천문) 시(時), 15도(경도의 단위). **11** (라디오·TV) 프로그램, 시간. **12** (the H-s) (그리스 신화) 호라이(계절의 여신들)(the Horae).

after hours 정규 일과 시간 후에. 「를 가리지 않고.
at all hours *(of the day and night)* 언제나, 때
at the eleventh hour ⇨ ELEVENTH.
at the top [bottom] of the hour 매정시[매시 30분, (…시) 반]에.
by the hour ① 시간제로, 한 시간에 얼마로. ¶hire a person *by the ~* 남을 시간제로 고용하다. ② 몇 시간이고 (계속하여). ③ (美) 시간마다, 각일각(刻一刻).
count the hours (즐거운 일까지의) 남은 시간을 헤아리다; 즐겁게 기다리다.
(every hour) on the half hour 매시 30분에.
(every hour) on the hour (매)정시에.
(for) hour after hour 매시간; 몇 시간이고.
for hours together 몇 시간이나 계속하여. 「매시간.
from one hour to the next [or *another*] 매시각
hour by hour 한시간마다, 시시각각(each hour).
improve each [or *the*] *shining hour* 시간을 최대한 활용하다.
in a good [or *happy*] *hour* 운좋게, 때맞추어, 때마침.
in an evil [or *ill*] *hour* 나쁜[좋지 않은] 때에, 운나쁘게, 공교롭게.
in the wee [or *early, small*] *hours* 한밤중에(새벽 1~3시경).「나다.
keep early [or *good*] *hours* 일찍 자고 일찍 일어
keep late [or *bad*] *hours* 늦게 자고 늦게 일어나다.
keep regular hours 규칙적인 생활을 하다; 일찍 자고 일찍 일어나다.
of the hour 목하의, 바로 지금의; 나, 일찍 일찍 일어나다.
on the hour 시간을 꼭 맞추어; …시 정각에.
out of hours (근무) 시간 외에.
postpone [or *put off*] *the evil hour* [or *day*] (악살) 싫은 일을 나중으로 미루다. 「거리다.
take one's hour (아일 구어) …을 천천히 하다, 꾸물
till [or *until, to*] *all hours* 언제까지나; 아주 늦게까지, 밤 12시까지.
to an [or *the*] *hour* ① (날짜만 아니라) 시간까지. ② 시간을 정확하게, 틀림없이 그 시간에.
24 [or *twenty-four*] *hours a day* 언제나.

—⑧ 한 시간의.
⌁less ⑧ 시간이 없는; 초시간적인. 「이루는 각도).
hóur ángle ⑧ (천문) 시각(時角)(자오선과 천체가
hóur círcle ⑧ (천문) 시권(時圈)(天球의 양극을 지나는 12개의 큰 원).
hóur-glàss [áuərglæ̀s/-glὰ:s] ⑧ 모래[수은] 시계.
——⑧ (한정용법) 모래 시계 모양의, 허리가 가는. ¶a woman of an ~ figure 허리가 가는 여성.
hóurglàss wòrm ⑧ (기계) 장구형 윔(맞물리는 웜 톱니바퀴의 원주를 따라 요면(凹面)을 이루는 웜).
hóur hànd ⑧ (the ~) (시계의) 시침, 단침(短針).
hou·ri [húəri, háuəri/húəri] ⑧ 1 (H-) 천녀(天女) (이슬람교의 天國에서 신앙이 두터운 교도에게 주어지는 아름다운 처녀). **2** 요염한 미녀.
hour-long [áuərlɔ̀:ŋ/-lɔ̀ŋ] ⑧ 한 시간의, 한 시간 계속되는, 한 시간에 걸친. (또는 **hóur-lòng**)
***hour·ly** [áuərli] ⑧ 1 한 시간마다의, 매시간의. ¶an ~ wage 시간급. **2** 한 시간의. **3** 빈번한, 끊임없는. ¶live in ~ fear of death 끊임없이 죽음의 공포에 떨며 지내다. ——⑧ 1 한 시간마다. **2** 빈번하게, 부단히.
hour-plate [⁓plèit] ⑧ (시계의) 문자판.
‡**house** ⑧ [haus] ⑧ *hous·es* [háuziz] **1** 집, 가옥, 주택, 주거. ¶a large ~ 큰 집 / a two-storied ~ 2층집 / rent a ~ to live in 살 집을 빌리다 / have a ~ of one's own 내 집이 있다.

(유의어) **house** 주거로서의 집. **home** 가족의 보금자리, 따뜻한 가족적 분위기를 나타낸다. (美)에서는 house와 동의어로도 쓰인다. **dwelling** 특히 주거용 건물임을 강조하는 말; 주로 시 또는 법률 용어. **residence** 형식을 차린 말로, 당당한 저택을 암시.

2 (the ~) (단수취급) 가정, 가족, 가구[세대]. ¶the whole ~ 온 가족 / Meals are always late in our ~. 우리집에서는 언제나 식사 시간이 늦다 / An Englishman's ~ is his castle. (속담) 영국인의 집은 그의 성이다(사생활 침범을 허용치 않는다).
3 家(家), 때로 the ~) (왕실·귀족의) 기계, 혈통. ¶the H- of Windsor 윈저가 / the Imperial [Royal] H- 황실[왕실].
4 (복합어로) (특정 목적을 위한) 건물; 물건의 저장소; (동물의) 우리, 굴, 둥지. ¶a carriage ~ (마차 따위의) 차고(車庫) / a customs ~ 세관 / a store ~ 창고 / a boarding ~ 하숙 / a hen ~ 닭장.
5 (the ~) 의회; (the H-) (美) 하원; (집합적) 의원(議員); (의회의) 의사당; (회의의) 정족수. ¶the Upper [Lower] H- 상[하]원 / be in the H- 하원 의원이다.
6 극장, 연예장; 흥행; (집합적) 관중, 청중, 구경꾼. ¶an opera ~ 오페라 극장 / a full ~ 만원 / the first ~ 제1회 흥행, 첫 흥행 / There was a good ~ to the show. 그 쇼는 성황이었다 / Is there a doctor in the ~? 손님 중에 의사 계십니까? **7** (대학·교회 따위의) 평의원회, 고문단; 집회소, 회관; (집합적) 토론자. **8** 여관; 술집; 도박장; (…에서) 매음굴. ¶a public ~ 술집. **9** (종종 H-) (복합어로) 상점, …점(店), 상회, 회사; (the H-) (英구어) 런던 증권 거래소. ¶a publishing ~ 출판사 / a commercial ~ 상점. **10** (英) (대학의) 학료(college); (the H-) Oxford 대학의 Christ Church 학료. **11** 기숙사; (집합적) 기숙사생. **12** (the H-) (英구어) (Poor Law에 의한) 빈민 구호소(workhouse). **13** (거주용의) 교단 건물, 수도원; 교단; 수도회; 교회당, 사원, 회당. ¶a ~ of prayer 예배당. **14** (천문) 궁(宮) (宮). **15** ~ = music. **16** (달팽이 따위의) 껍질(shell). **17** (英) (병사 사이의 노름에서) 종이와 연필로 하는 카드놀이(lotto, bingo의 일종). **18** (해사) 갑판실. **19** (美속어) 교도소의 독방. **20** (속어) (타인에 대한) 관심, 흥미, 호의, 격려; 실망.
a house of call ① (배달인이 주문을 받으러 다니는) 단골집, 배달처. ② 여인숙, 선술집.
a house of cards ⇨ HOUSE OF CARDS.

a house of God ⇨ HOUSE OF GOD.
(as) safe as houses [or **a house**] 아주 안전한[하게].
be in possession of the House (英) (의회에서) 발언권을 가지다.
bow down in the House of Rimmon ⇨ RIMMON.
bring down [or **carry**] **the house; bring the house down** (구어) 관중으로부터 박수 갈채를 받다.
clean house ① 집을 청소하다. ② 숙청하다. (조직의) 부패[비능률]를 일소하다.
dress the house ① 무료 입장자로 극장을 만원이 되게 하다. ② (손님이 실제보다 많아 보이도록) 좌석의 배열을 바꾸거나 그 사이를 떼어놓다.
enter the House 하원 의원이 되다.
(from) house to house 집집마다. 「을 베풀다.
give a person **a lot of house** 남에게 극진한 친절
house and home (강조) 가정, 가정의 즐거움. ¶eat him out of ~ and home 그를 망치다, 그를 재정적으로 쪼들리게 하다.
keep a good house ① 호화롭게 지내다, 부족한 것 없이 지내다. ② 손님을 환대하다.
keep [or **make**] **a House** (英) (하원에서) 정족수를 유지하다.
keep house 일가를 이루다, 살림을 차리다[꾸려 나가다].
keep house with …와 같은 집에 살다.
keep [or **have**] **open house** (집을 개방해서) 내객은 누구든지 환대하다.
keep (**to**) **the** [or **one's**] **house** 두문불출하다.
like a house on fire [or **afire**] ⇨ FIRE. 「이 쩌.
like the side of a house (구어) (여성이) 몹시 살
make [**keep**] **a House** (의회에서) 정족수에 달하다[를 유지하다].
move house 이사하다; 집을 나가 독립하다.
on the house 공짜로, 사업주[회사, 가게] 부담으로.
play (**at**) **house**(**s**) 소꿉장난하다. 「house.
pull down the house (속어) = bring down the
round [or **around**] **the houses** (정보 따위를 찾아) 여기저기를 돌아다녀; (속어) 전신으로.
set [or **put**] **one's house in order** ① 집안을 정돈하다; 질서를 회복하다. ② 신변을 정리하다; 자신의 결점을 고치다.
set the house on fire 관객을 크게 즐겁게 하다.
set up house 한 가정을 꾸미다; (부부로서) 함께 살다(*together*). 「을 큰 혼란에 빠뜨리다.
throw the house out of (the) window 모든 것
turn a person **out of house and home** 남을 (집세 따위를 안냈다고) 집에서 쫓아내다.

── 타 [hauz] (*hous·es* [-iz]; *~d; hous·ing*) 타 1 …에게 집을 주다. 2 …을 집에 넣다, 유숙시키다, 영접하다, 수용하다. ¶ ~ a lot of workers 많은 노동자들에게 주택을 주다 / This hall will ~ us all. 이 공회당이면 우리 모두가 들어갈 수 있을 것이다. 2 (집안에) …을 넣어 두다, 저장하다 (*in*). ¶ (~ + 目 + 前 + 客) ~ one's spare books *in* an attic 불필요한 책을 다락방에 넣어두다. 3 (노동·공부 따위의) 장소를 제공하다. 4 …을 지붕으로 덮다, 비바람을 맞지 않게 하다 ; …을 안전한 곳에 두다. 5 (해사) …을 안전한 곳에 넣어두다. 6 (건축) (구멍·하리 따위에) …을 꼭 박아[끼워] 넣다. ── 자 1 피난하다, 안전한 곳에 들어가다. 2 살다, 살림살이를 하다.
be housed up (美) (병으로) 집안에 틀어 박히다[갇히다].
house around (속어) 헤매다; 방황하다.
── 형 1 집의, 집을 위한, 집에 알맞은. 2 (상품이 제조자 명이) 판매점 상표를 붙인. 3 자가제(自家製)의.

hóuse àd 형 (출판) 자사(自社) 광고(자사의 출판물에 자사의 출판물을 광고하는 것).
hóuse àgency 형 (특정 광고 대리점 전속의) 제작 하청 자(子)회사. (또는 **ín-house àgency**)
hóuse àgent 형 (英) 복덕방, 가옥 중개인, 부동산
hóuse àpe 형 (美속어) 유아(幼兒). 「업자.
hóuse arrést 형 자택[병원] 감금, 연금(軟禁).

house·boat [háusbòut] 형 (거주할 수 있는) 지붕 있는 배, 집배; (美) (숙박시설이 된) 요트. ── 동자 집배에서 살다[로 유람하다]. **~·er**
house·bod·y [háusbàdi/-bɔ̀di] 형 = homebody.
house·bote [háusbòut] 형 (법률) 가옥 수리재(修理材) (재취권).
house·bound [háusbàund] 형 (거친 날씨·병 따위로) 집 밖에 나가지 못하는, 집안에 들어박히는.
house·boy [háusbɔ̀i] 형 = houseman 1.
hóuse brànd 형 판매자 브랜드, 자사(自社) 브랜드.
house·break [háusbrèik] 타 (*-broke, -bro·ken*) 타 1 (가택 침입) 강도질을 하다. 2 가옥을 털다. ── 타 (또는 (英) **hóuse-tràin**) (美) (개·고양이 따위)를 집에 길들이다, 대소변 가리는 것을 가르치다; 얌전하게 만들다. ── 형 (가택 침입) 강도질.
house·break·er [háusbrèikər] 형 1 (가택 침입) 강도(burglar). 2 (英) 낡은 집 철거업자.
house·break·ing [háusbrèikiŋ] 형 U 1 낮 도둑질, 가택 침입 (강도질). 2 (英) 낡은 집 헐기.
house·bro·ken [háusbròukən] 형 1 (개·고양이 따위가) 집안에서 살도록 길들여진; (아이가) 대소변을 가리는. 2 사회적으로 받아들여지는.
house·bug [háusbʌ̀g] 형 빈대.   「업자.
house·build·er [háusbìldər] 형 목수, 건축 청부
hóuse càll 형 (의사의) 왕진; (외판원의) 가정 방문.
hóuse càr 형 (철도) (임원용) 유개(有蓋) 화차.
hóuse chúrch 형 1 (전통적인 교회에서 독립한) 카리스마파의 교회. 2 (교회 활동의 일환으로서의) 가정 집회.
house·clean [háuskli:n] 타 (집을) 대청소하다; (회사·관청 따위가) 잉여 인원을 정리하다, 조직[인사]을 쇄신하다, 숙청하다. **~·er**
house·clean·ing [háuskli:niŋ] 형 1 청소, 대청소. 2 (美구어) (조직·인사 따위의) 쇄신, 숙청.
house·coat [háuskòut] 형 (여성용) 실내복.
hóuse cóunsel 형 (법인체의) 전속 변호사.
house·craft [háuskræft/-krà:ft] 형 U (英) 살림솜씨; 가정과, 가정학.
hóuse cricket 형 집귀뚜라미.   「지된.
housed [hauzd] 형 집안에 갇힌; (속어) 외출이 금
hóuse dèaler 형 (美속어) 자택 마약 밀매인.
hóuse detéctive 형 (호텔·백화점 등의) 경비원.
hóuse dìnner 형 (클럽·학교 따위의) 특별 만찬회, 연회.   「(호텔 등의) 입주[전속] 의사.
hóuse dóctor 형 (병원에서 숙식하는) 입주 의사;
hóuse dòg 형 집에서 기르는 개, 집 지키는 개.
house·dress [háusdrès] 형 가정복, 집에서 입는 옷.
hóused strìng 형 (목공) (계단의) 디딤판이나 수직 널의 끝을 장부구멍으로 받는 계단 옆판.
hóuse dùty 형 가옥세(재산세 건물분의 옛 이름).
hóuse fàmine 형 주택난. 「사 등의) 관리자, 사감.
house·fa·ther [háusfà:ðər] 형 가장(家長); (기숙
hóuse flàg 형 (해사) (배의 소속 회사를 나타내는) 사기(社旗), 선주기(船主旗).
hóuse flànnel 형 (마루 청소용) 거친 플란넬 걸레.
house·fly [háusflài] 형 집파리. (또는 **hóuse flý**)
house·front [háusfrʌ̀nt] 형 집의 정면(전면).
house·ful [háusful] 형 집안 가득. ¶a ~ of guests 집안에 가득 찬 손님.
hóuse fúrnishings 형 复 가정용품(카펫·의자 등).
hóuse gìrl 형 = housemaid.
hóuse gròup 형 가정 예배 모임(가정에서 정기적으로 예배·성서 연구 등을 하는 기독교도 모임).
house·guest [háusgèst] 형 (가정의) 묵을[자고 갈] 손님. (또는 **hóuse guést**)
‡**house·hold** [háushòuld] 형 (복 **~s** [-z]) 1 (집합적; 단·복수 양용) 가족(고용인도 포함하여) 온집안 사람, 가구[세대]. 2 (고어) 집안 일, 가사. ¶ manage one's ~ 가사를 관리하다. 3 (신앙·주의 상의) 동지. 4

(the H–) (英) 왕실. —형 1 가정의, 가족의, 가구의;
가사(家事)의. ¶ ~ affairs 가사/~ expenses 가계비. 2
일상적인, 보통의. 3 왕실의.
hóusehold accóunts 명 가계부(家計簿).
hóusehold ammónia 명 가정용 희석 암모니아.
hóusehold árts 명(복) (단수취급) 가정(家政)(학)(요리·재봉·육아 따위).
Hóusehold Brigáde 명 (the ~) (英) 근위 여단.
Hóusehold Cávalry 명 (the ~) (英) 근위(近衛)
기병대, 의장(儀仗) 기병대.
hóusehold efféects [góods] 명(복) 가재(家財)
hóuse·hold·er [háushòuldər] 명 1 주택 보유자.
2 세대주, 호주, 가구주; 가장. ~**ship** 명
hóusehold góds 명(복) 1 (고대 로마의) 집의 수호신, 터주. 2 (비유적) 가보; 생활 필수품.
hóusehold mánager 명 가정 관리자, 주부.
hóusehold náme 명 잘 알려진[친근한] 사람[이름].
hóusehold shópping 명 가정용품·식품 구매.
hóusehold stúff 명 (고어) 가재 도구, 세간.
hóusehold tróops 명 친위대; (the H– T–) (영국의) 근위대.
hóusehold wórd 명 잘 알려져 있는 말[표현, 속담, 이름].
hóuse húnting 명 셋집 구하기, 살 집 물색.
house·hus·band [háushʌzbənd] 명 (美) 가정
일을 돌보는 남편; 가사를 맡은 남편.
hóuse jóurnal 명 (기업의) 사보(社報).
house·keep [háuskì:p] 자 (-**kept**) 세대를 이루다; 살림살이를 하다, 집안일을 꾸려나가다.
*****hóuse·keep·er** [háuskìːpər] 명 (복 ~**s** [-z]) 1
가정부, 우두머리 하녀; (호텔의) 청소 주임(여성). 2 가옥[사무실] 관리인. 3 주부(housewife). —**like** 형
*****hóuse·keep·ing** [háuskìːpiŋ] 명U 1 가정(家政),
가계. 2 살림살이, 가사. 3 사무소의 관리, 회사의 경영.
4 (구어) 가계비(~ money). 5 (컴퓨터) 하우스키핑(프로그램을 적절히 실행하기 위해 해야 하는 시스템 운용).
— 형 (한정용법) 가정의, 살림살이의; (별장 따위가)
가구·부엌이 딸린.
set up housekeeping 가정을 갖다; 살림을 꾸리다.
hou·sel [háuzəl] (고어) 명 성체; 성체 배수. —타
(-*l*-, (英) -*ll*-) 성체를 주다.
hóuse lárry 명 (美속어) 와서 물건은 사지 않고 값만 물어보는[눈요기만 하는] 손님.   「屬)의 일종.
house·leek [háuslìːk] 명 돌나물과(科) 바위솔속(
house·less [háuslis] 형 집이 없는, 잘 곳 없는.
house·lights [háuslàits] 명(복) 극장내 객석의 조명.
hóuse mágazine 명 =house journal.
house·maid [háusmèid] 명 가정부, 하녀.
hóusemaid's knée 명 (병리) 슬개골 활액낭염(膝
蓋骨滑液囊炎)(무릎의 급만성 피하 염증).
house·man [háusmən] 명 (복 -**men** [-mən]) 1
(가정·호텔의) 고용인, 심부름꾼. 2 (英) (병원의) 수련의. 3 도박장 관리인. 4 =house detective. ~**ship** 명
hóuse mánager 명 극장 지배인.   「원(元) 마크.
hóuse márk 명 (제품에 표시되는) 회사 마크, 제조
hóuse mártin 명 (조류) 흰털발제비.
house·mas·ter [háusmæstər/-mὰː-] 명 (남자
학교 기숙사의) 사감; (드물게) 가장. ~**ship** 명
hóuse mátch 명 (英) (public school 등의) 학교
(學寮) 대항 시합.   「사람.
house·mate [háusmèit] 명 동거인, 한 집에 사는
house·mind·er [háusmàindər] 명 (美) (주인
부재중) 집을 봐주는 사람(housesitter).
house·mis·tress [háusmìstris] 명 여주인; 여사감.
house·moth·er [háusmʌ̀ðər] 명 (기숙사 따위의)
여(女)사감, 보모(matron). ~**ly** 형
hóuse móuse 명 서양생쥐.
hóuse músic 명 하우스 뮤직(신시사이저를 이용한
댄스 음악의 일종).

hóuse nígger 명 (美속어·경멸적) (가사를 돌보는)
hóuse númber 명 가옥 번호.   「흑인 하인.
hóuse of cárds 명 (카드로 조립한 집처럼) 불안정
한 건물[구조·계획 따위]. 「(등의) 하원(下院).
Hóuse of Cómmons 명 (the ~) (英국·캐나다
hóuse of corréction 명 감화원, 교정원(矯正院).
Hóuse of Cóuncilors 명 (the ~) (일본 등의) 참
의원(參議院)(상원에 해당).
hóuse of deténtion 명 유치장, 미결감, 구치소.
hóuse of Gód 명 예배를 보는 건물, 교회.
hóuse of íll repúte [fáme] 명 매춘굴, 유곽.
Hóuse of Lórds 명 (the ~) (英) 상원(上院).
hóuse of prostitútion 명 매춘업소(brothel).
hóuse of réfuge 명 난민[빈민] 수용소.
Hóuse of Represéntatives 명 (the ~) (미국·
오스트레일리아 등의) 하원, (일본의) 중의원(衆議院).
hóuse of stúdy 명 성직자 연수소.
hóuse of tólerance 명 공창가(公娼街). 「계 통신.
hóuse órgan 명 =house journal; (동업자간의) 업
house·par·ent [háuspèərənt/-pὲər-] 명 1 관리
인(합숙소·유스호스텔 따위를 관리하는 부부 중의 한 사
람). 2 여자 사감, 남자 사감.
hóuse párlormaid 명 잔심부름하는 계집애, 하
녀. (또는 **hóuse-párlormaid**)
hóuse párty 명 (별장 따위에서 여러 날 계속되는)
초대 파티; 그 초대객. (또는 **hóusepàrty**)
house·per·son [háuspə̀ːrsn] 명 (가정에서) 가사
를 담당하는 사람.   「내선 전화.
hóuse·phone [háusfòun] 명 (호텔이나 아파트의)
hóuse physícian 명 =house doctor.
hóuse pláce 명 (英방언) (농가의) 거실.
house·plant [háusplæ̀nt/-plὰːnt] 명 (실내용의)
분재 화초.   「가난한.
house-poor [²púər] 명 집 마련에 돈이 너무 들어
house-proud [²práud] 형 집[살림살이]를 자랑하는.
house-rais·ing [²rèiziŋ] 명(U) (이웃사람들이 모여
서 하는) 상량(上樑)(식).
house-rent [²rènt] 명(U) 집세.
house·room [háusrù(ː)m] 명(U) 1 집안의 물건
두는 장소[공간]; 집의 수용 능력. 2 숙박, 숙소. ¶give
a person ~ 남을 묵게 하다.
hóuse séat 명 (극장의) 특별(초대)석.
hóuse séwer 명 [토목] 가옥 사설 하수(관).
house·sit [háussìt] 자 (-**sat**; ~**ting**) (주인의 장기
부재중 그 집에 살며) 집을 지키다 (*for*). (또는 **hóuse-sit**)
hóuse sítter, **hóuse-sítter** 명
hóuse slípper 명 실내용 슬리퍼(뒤축과 굽이 없다).
Hóuses of Párliament 명 (the ~) (英) 국회의
사당, 상하 양원(兩院).
hóuse spárrow 명 (유럽산) 참새.
hóuse stéward 명 (큰 저택 등의) 청지기, 집사.
hóuse stýle 명 (각 출판사·인쇄소가 독자적으로 정
하는) 용자 용어[기호·용어]법 (규칙); (회사의) 통일 로고.
hóuse súrgeon 명 (병원의) 입주 외과 의사.
house-to-house [²təháus] 형 집집마다의, 호별
의(door-to-door). ¶ ~ *selling* 호별 방문 판매.
*****house·top** [háustὰp/-tɔ̀p] 명 지붕, 지붕 꼭대기.
from the housetops [*or rooftops*] 공공연히, 널
hóuse tráiler 명 이동주택용 트레일러.   「리.
house-train [²trèin] 자타 (英) =housebreak.
Hóuse Un-Américan Actívities Commíttee
명 (the ~) 미국 하원 비미(非美) 활동 조사 위원회
(1940–50년대의 "빨갱이 사냥"으로 유명; 1969년 국내
치안 위원회(Internal Security Committee)로 개칭;
약 **HUAC**).
house·wares [háuswɛ̀ərz] 명(복) 가정용품.
house·warm·ing [háuswɔ̀ːrmiŋ] 명(U) 집들이.
*****house·wife** 명 1 [háuswàif] (복 -**wives** [-wàivz],

주부; (the ~) 가정. [참] homemaker. ¶a practical ~ 살림 잘하는 아내. **2** [hʌ́zif] ([복] ***~s, -wives*** [hʌ́zivz]) 《英》 반짇고리, 재봉 도구 상자. —[동] 《드물게》 살림 따위를 잘 꾸려가다.
house·wife·ly [háuswàifli] [형] 주부의, 주부다운; 주부답게 알뜰한.
house·wif·er·y [háuswàifəri/-wìf-] [명][U] 주부의 역할, 살림살이, 가사(housekeeping).
hóusewife tìme [명] 《美속어》 (방송의) 주부 시간.
hóuse wìne [명] 하우스 와인(레스토랑 자가 생산의 싼 포도주).
hóuse wìring [명] 〔전기〕 옥내 배선.
***house·work** [háuswə̀:rk] [명][U] 가사, 가사 노동.
house·wreck·er [háusrèkər] [명] 가옥 철거업자.
hóuse wrèn [명] 〔조류〕 집굴뚝새.
house·y-house·y [háusiháusi] [명][U] 《英구어》 lotto 비슷한 카드 놀이의 일종.
***hous·ing**[1] [háuziŋ] [명] **1** [U] 주택; 주택 건설[공급]; 《집합적·단수취급》 집. **2** 덮개; 보호하는 것; 피난처. **3** [U] 집에 들이기, 숙박시키기. **4** 〔건축〕 (재목 한 끝을 통째로 집어넣는) 통끼움; (조각품 따위를 넣는) 벽감. **5** 〔기계〕 기계의 어떤 부분을 받치는 틀. **6** 〔해사〕 돛대 밑.
hous·ing[2] [명] 마의(馬衣); (~s) 말장식.
hóusing allòwance [명] 주택 수당.
hóusing associàtion [명] 《英》 주택(건축, 구입) 조합.
hóusing bènefit [명] 《英》 (실업자·저소득자에 대한) 주택 수당.
hóusing devèlopment [명] 《美》 (민간 업자에 의해 개발된) 주택 단지. (또는 《英》 **hóusing estàte**)
hóusing pròject [명] 《美》 주택 계획; (저소득자·고령자용) 공영 주택 단지.
hóusing schème [명] 《英》 (지방 자치 단체의) 주택 건설[공급] 계획; 그 계획으로 건립된 주택.
hóusing stàrt [명] **1** 주택 건축 착공. **2** (~s) (일정 기간내의) 주택 착공 건수(중요한 경제 지표의 하나).
Hous·ton [hjú:stən] [명] 휴스턴(미국 Texas 주 동남부의 도시; NASA 존슨 우주 센터 소재지).
Hou·yhn·hnm [hu:ínəm/húihnəm] [명] 후이넘(Swift작 *Gulliver's Travels*에 등장하는 이성을 갖춘 말(馬)).
HOV *h*igh-*o*ccupancy *v*ehicle(다인승 차량).
hove [houv] [동] heave의 과거·과거분사.
hov·el [hʌ́vəl, hάv-/hɔ́v-] [명] **1** 광, 곳간. **2** 《경멸적》 오두막. **3** 벽감(壁龕). **4** 막사. —[동][타] (**-l-**, 《英》 **-ll-**) **1** 낡은 집에 숙박시키다; 헛간에 넣다. **2** 〔굴뚝 따위〕를 오두막집같이 짓다.
hov·el·er [hʌ́vələr, hάv-/hɔ́v-] [명] (면허 없는) 수로(水路) 안내인, 연안 뱃사공; 연안 뱃사공의 작은 배.
‡**hov·er** [hʌ́vər, hάv-/hɔ́v-] [동] (~s [-z]) [자] **1** (새·곤충·헬리콥터 따위가) 공중을 날다, 한 곳을 선회하다, 빙빙 맴돌다(*about, over*). ⇨FLY[1] [유의어] ¶ (~+[前]+[名]) Clouds of smoke *~ed over* the building. 연기가 구름처럼 빌딩의 상공에 맴돌고 있었다. **2** 서성거리다, (근처를) 배회하다, 감돌다 (*about, near*). ¶ (~+[前]+[名]) He *~ed about* the park. 그는 공원을 서성거리고 있었다 // (~+[副]) The shark was still *~ing about*. 상어는 여전히 근처를 맴돌고 있었다. **3** 주저하다; 방황하다 (*on, between*). ¶ (~+[前]+[名]) He *~ed between* life and death. 그는 생사의 갈림길을 헤매고 있었다. —[타] **1** (어미새가) 〔병아리〕를 품에 품다. **2** (새가 공중에 떠 있도록) 〔날개〕를 퍼드덕거리다. —[명] 공중에 떠돎; 배회, 망설임.
~·**er** [명] ~·**ing·ly** [부]
hov·er·barge [hʌ́vərbὰ:rdʒ/hɔ́v-] [명] 《英》 호버바지(에어쿠션식 짐배).
hov·er·bed [hʌ́vərbèd/hɔ́v-] [명] 호버 침대(에어쿠션을 이용한 화상·피부병 환자용 침대).
hov·er·craft [hʌ́vərkræ̀ft/hɔ́vəkrὰ:ft] [명] (종종 H-) 《상표》 호버크라프트(고압 공기를 밑으로 분사하여 기체(機體)를 떠올려 달리게 하는 탈것).
hov·er·fer·ry [hʌ́vərfèri/hɔ́v-] [명] 호버크라프트 연락선.
hov·er·ing [hʌ́vəriŋ, hάv-/hɔ́v-] [형] 방황하는, 주저하는 듯한. —[명] 호버링(헬리콥터가 공중에 정지해 있는 상태).
hóvering cèiling [명] 〔항공〕 호버링 한계(헬리콥터의 상승 한계로서, 상승률이 0이 되는 고도).
hóvering véssel [명] 배회 선박(밀수 및 불법적인 조업을 목적으로 영해선 부근을 항행하는 선박).
hov·er·plane [hʌ́vərplèin/hɔ́v-] [명] 《英》 =helicopter.
hov·er·port [hʌ́vərpɔ̀:rt/hɔ́v-] [명] 호버크라프트 발착장.
ho·ver·trail·er [hʌ́vərtrèilər/hɔ́v-] [명] 호버트레일러(습지대 등에서 무거운 화물을 운반하는 에어쿠션식 트레일러).
hov·er·train [hʌ́vərtrèin/hɔ́v-] [명] 호버트레인, 공기 부상(浮上)[부주(浮走)] 열차(공기압으로 차체를 띄워 리니어 모터로 추진시키는 고속 열차).
HOV láne [명] (고속도로 따위의) 다인승 차량 전용 차선. ⇨HOV
‡**how**[1] ⇨HOW. ⟨p. 1368⟩
how[2] [hau] [감] 《익살》 야, 여봐(아메리카 인디언 말을 흉내낸 인사말).
how. howitzer. **How.** *How*ard's United States Supreme Court Reports(미국 대법원 보고).
How·ard [háuərd] [명] 하워드(남자 이름).
how·be·it [haubí:it] 《고어》 [부] 그렇기는 하지만. —[접] …이지만. 〔<*how*+*be*+*it*: however it may be〕
how·dah [háudə] [명] 코끼리 가마(코끼리[낙타] 등에 설치한 지붕 있는 다인승 가마). (또는 **houdah**)
how·die [*h*áudi, *h*óudi] [명] 《스코·北英》 《속어》 산파(midwife). (또는 **howdy**)
how-do-you-do [ˊdəjədú:] [명] 《구어》 인사; (a ~) 곤란한 일, 어려운 처지. ¶Here's a pretty ~. 이거 야단났는데. (또는 **how-de-do, how-d'ye-do** [ˊdidú:i])
how·dy [háudi] [감] 《구어》 여어, 안녕(인사말). (또는 **hídy**) —[동][자] (…에게) 안녕 하고 인사하다. (또는 ˊ**-dó**) 〔how do you do의 단축형〕
howe [hau] [명] 《스코·北英》 **1** 구멍. **2** 선창. **3** 움푹한 곳, 작은 골짜기. **4** 한겨울, 밤중. —[형] 우묵한, 깊은.
how·e'er [hauέər] [부][접] 《문어》 =however.
how·el [háuəl] [명] 뚜껑을 끼우는 통널 안쪽의 홈.
‡**how·ev·er** ⇨HOWEVER. ⟨p. 1370⟩
howf(f) [hauf, houf] 《스코》 [명] 주거; 단골 은신처, 늘 놀러 가는 곳. —[동][자] 살다, 거주하다; 늘 가는 곳을 찾아가다.
how·go·zit [haugóuzət] [형][명] 〔항공〕 연료의 잔량을 표시하는 (장치).
how·itz·er [háuitsər] [명] 〔군사〕 유탄포(榴彈砲)(곡사포의 일종). 〔<D〕
‡**howl** [haul] [동] (~s [-z]) [자] **1** (개·늑대 따위가) 멀리서 짖다, 소리를 길게 뽑으며 짖다(*at*). ¶wolves *~ing* eerily 섬뜩하게 짖어대는 늑대들.

[유의어] **howl** 소리를 길게 뽑으며 짖다. **bark** 멍멍 짖다. **yelp** 날카롭게 짖어대다. **whine** 애처롭게 울다.

2 울부짖다, 노하여 고함치다; 왁자그르르 웃다(*with, in*). ¶~ *with* pain 아파서 울부짖다 / ~ *with* laughter 와 하고 웃다. **3** (바람이) 윙윙 소리를 내다. **4** 《구어》 마시고 떠들다. —[타] **1** …을 소리쳐 말하다, 성내어 말하다(*out*)(*at*). ¶~ one's curses 저주의 말을 퍼붓다. **2** …을 호령해서 침묵시키다[내쫓다](*down, off*).
howl down [or ***out, away***] 호통쳐서 입다물게 하다.
—[명] ([복] **~s** [-z]) **1** (개가) 길게 짖는 소리, 외침 소리; (바람의) 윙윙 울리는 소리. **2** (경멸적인) 소리 높은 웃음소리. ¶a ~ of laughter 높은 웃음 소리. **3** 바보스러운 짓, 농담. **4** 불평; 반대, 이의. **5** 〔무선〕 (수신기의 파장을 맞출 때의) 잡음.
howl·er [háulər] [명] **1** 짖는 짐승, 소리지르는 사람; (장례식에 고용된) 곡하는 남자. **2** 짖는 원숭이(중·남미산). (또는 ˊ **mònkey**) **3** (시험 답안 따위의) 포복절도할 오답; 큰 실패. ¶come a ~ 크게 실패하다. **4** 《구어》 (요란한 소리를 내는) 경보음. **5** 〔서핑〕 큰 파도.

주로 문두(文頭)에 와서 의문문을 만드는 의문부사로 쓰이나, 다음과 같은 용법상의 특징이 있다.
(1) 같은 의문부사인 when, where 따위와는 달리 관계사로서의 용법은 드물다 (⇒国[주의]).
(2) 단독으로 동사를 수식할 수도 있고 how long, how fast같이 형용사나 부사를 수식할 수도 있어 표현 영역이 넓다.
(3) what과 마찬가지로 감탄문을 만든다(⇒国 7).

‡**how¹** [hau] 图 **1** 〔방법·절차·수단〕어떻게, 어떻게 하여, 어떤 식으로; 어떤 수단으로. ¶ H- are you going? 어떻게[무엇을 타고] 가지요?/H- do you go to school?—I go by bus. 어떻게 학교에 갑니까?—버스로 갑니다/H- do you spend your holidays?—I spend them in the mountains. 휴가는 어떤 식으로 보내십니까?—산에서 보냅니다/H- did it happen? 그것은 어떻게 하여 일어났느냐?/H- did you come to know her? 어떻게 해서 그녀와 알게 되었습니까?
2 〔수량·정도〕얼마만큼, 어느 정도, 어떻게; 얼마에. ¶ H- do you like this hat? 이 모자는 어떻습니까?/H- is the dollar today? 오늘의 달러 시세는 어떻습니까?/H- damaged is the car? 차는 어느 정도나 망가졌느냐?/H- far is it from here to the station? 여기서 역까지는 얼마나 멉니까?/H- long did it take you to collect those coins? 그 주화들을 수집하는 데에 얼마나 오래 걸렸습니까?/H- often did you see him? 그 사람을 얼마나 자주 만났느냐?/H- much did it cost you? 비용이 얼마나 들었느냐?(* how much 대신에 what을 쓰는 것은 구어적).
3 〔상태〕어떤 식으로, 어떤 상태로; 〔형상〕어떤 모양으로(* 날씨·건강·감정 따위의 일시적 상태를 묻는 의문부사이나 보어로 쓰인다). ¶ How's the weather today? 오늘 날씨는 어떻습니까?/H- is your toothache? 치통은 어떻 áre you (feeling)?—Fine, thanks [or thank you]. H- are yóu? (기분은) 어떠십니까?—좋습니다. 당신은요?/H- (are) you doing? =H- have you been? =How's by you? (구어) 별고 없으신지요?, 그간 안녕하신지요?/H- is [or are] your family? 집안은 두루 안녕하십니까?/H- do you feel today? (환자에게) 기분이 어떠십니까?/H- goes it with you? 경기는 어떻습니까?/H- do things stand now? 지금의 정세는 어떠한가?/H- do I look in this dress? 내가 이 드레스를 입으니 어떠냐?/H- do you like your coffee? 커피는 어떤 식으로 드십니까?—뜨거운 것이 좋습니다.
4 〔이유〕무슨 이유로, 왜. ¶ H- is it that you are always behind time? 자네가 늘 지각하는 것은 무슨 이유인가?/H- comes it that you are here? 네가 여기 와 있다니 어찌된 일이냐?/H- did you come to sell your house? 왜 집을 팔게 되었느냐?/H- can you talk such nonsense? 어떻게 그런 바보 같은 소리를 할 수 있느냐?
5 〔의도〕어떤 뜻으로, 어쩔 셈으로. ¶ H- do you mean that? 무슨 뜻이죠?, 어쩔 셈이죠?/H- do you say so? 무슨 뜻으로 그렇게 말하는가?/H- is one to interpret his action? 그의 행동을 어떻게 해석해야 할까?
6 〔상대의 의견·설명을 구하여〕어찌하여, 어떻게, 어떠한지(* 생략 구문이 많다). ¶ H- then? 이건 어찌된 일이야?; 그렇다면 어째서?/H- do you mean? 무슨 뜻이냐?/H- would it be to send a wire? 전보를 치면 어떨까?/If they don't have vanilla, ~ about chocolate? 바닐라가 없으면 초콜릿은 어떻습니까?/H- about singing a few songs for us? 노래를 몇 곡 불러주시지 않겠습니까?/H- about a drink? 한잔 어떻습니까?
7 〔감탄〕참으로, 정말. **a)** 〔형용사·부사를 강조하여〕¶ H- seldom I go there! 정말 그곳에는 좀처럼 가지 않는다/H- fast he runs! 정말 그는 빨리 뛰는구나!/H- cold it is! 정말 춥다!/H- foolish of you to say so! 그런 소리 하다니 너는 정말 바보야!/H- nice [interesting, queer]! 정말 멋지다[재미있다, 이상하다]!/H- poor are they that have not patience! (속담) 참지 못하는 자는 불쌍하다. **b)** 〔형용사·부사를 수반하지 않고 문장 전체를 강조하여〕¶ H- it rains! 정말 비가 억수로 쏟아지는구나!/H- I envy you! 나는 네가 정말 부럽다/H- I wish to go to Paris! 아, 파리에 가고 싶다!/H- do you like that! 그걸 꽤 좋아하는군!/H- is that for queer! 참 묘하지 않은가?!
8 〔호칭〕어떤 이름으로. ¶ H- is he called? 뭐라고 그를 부르지?, 이름이 뭐지?/H- does one address the president? 대통령을 부를 때는 뭐라고 하지?
all you know how (속어) 당신의 힘이 자라는 대로.
And how! (구어) ① 그렇고 말고, 확실히. ¶ Am I happy? And ~! 내가 행복하냐고? 그렇고 말고!/Did we win the game?—And ~! 우리가 시합에 이겼단 말야?—물론이지! ② 〔문미에 쓰여〕무척, 대단히. ¶ This book is selling well and ~. 이 책은 날개돋친듯이 팔리고 있다.
any (old) how; all any how (구어) 부주의하게.
Here's how! (건배시의 말) 건강을 위하여!
How? (美구어) 〔상대의 말을 알아 듣지 못해 되물을 때〕뭐라고요?, 다시 말씀해 주시오(〔英〕 What?).
How about...? ① 〔제안·권유〕…하면 어떻겠나?, …하지 않겠습니까?(⇒国 6). ② 〔상대의 의견·설명을 구하여〕…에 대해 어떻게 보십니까?, …은 어떠했습니까? ¶ H- about the picnic? 피크닉은 어떠했습니까? ③ 〔의뢰〕…을 (빌려) 주시겠습니까? ④ 〔비난〕…은 어떠했는지요. ¶ H- about your manner? 행실을 바로 하시오.
How about that [or *it*]? (앞의 말을 받아) (그래도) 괜찮습니까?, (그렇게 되면) 어쩌지요?
How about that! 〔놀람·축복·칭찬을 나타내어〕바로 그거야!, 정말 멋지다, 아주 잘 했어!
how and about (속어) …에 관하여(about).
How are [or *How's*] *things (with you)?* = *How are you?*
How are you? ① 안녕하십니까?(* 이 인사말에 대한 대답은 Fine, thank you, and (how are you?) ② 처음 뵙겠습니다.
How can [or *could*]...? 어떻게 …할 수 있어?
How can you! (구어) 그럴 수가!
How come...? (구어) 어찌하여, 왜?(* How come? 처럼 단독으로 쓰이기도 한다). ¶ H- come you never visit us anymore? 앞으로는 우리를 찾지 않겠다니, 어쩐 일이니?/H- come it happened? 어째서 그런 일이 일어났느냐?
How comes it that...? 어째서 …인가?(⇒国 4)
How do you do? 안녕하세요?; 처음 뵙겠습니다(초대면의 인사). * How do?; How d'ye do [háudidù:]? 라고도 한다. 〔수가 있을 거니〕
How do you do it? 〔놀람을 나타내어〕어떻게 그럴 수가 있어요?
How do you know? (구어) ① 어떻게 알았지? ② (you에 강세를 두어) 어떻게 그런 말을 할 수가 있니?
How do you like...? …은 마음에 드십니까?

How do you like that! (구어) =*How about that!*
How ever [or ***in the world, on earth, the devil, the deuce,*** etc.]***...?*** 도대체 어째서 …한가?(☞ however).¶*H– ever* did you get here? 도대체 여기를 어떻게 왔지?
How far(...)? 얼마만큼, 어느 정도.¶*H– far* is it from here to the station? 여기서 역까지 얼마나 됩니까?
How goes...? (구어) …은 어떻습니까?, …은 잘 돼갑니까?¶*H– goes* the investigation? 조사는 잘 돼갑니까?
How goes it (with you)? (구어) 어떻게 지내나?, 경기는 어떤가?
How (have) you been? (구어) 건강하지?; 별일 없었지?
How is it going? 어떠십니까?
How is it that...? 어째서 …인가?(하는가?)(☞ 图 4)
How much? ① (값이) 얼마입니까? ② (속어) (상대 방 말의 반복을 바랄 때) 뭐라고(What)?
How now? ① 그건 또 어떻게 된 셈이야? ② (고어) 야아.
How's about...? (속어) =*How about...?*
How say you? 당신의 생각은 어떤가?
How's by you?; How's (it) with you?; How's it going? (구어) 건강하지?, 어떻게 지내?, 별일 없지? ⸢*How are things?*
How's everything [or ***every little thing***]***?*** =
How so? 그건 또 어째서 그렇지, 왜?¶You haven't any desire to go? *H– so?* 전혀 가고 싶지 않다니? 왜 그러나?
How's that? ① (美구어) 그것은 어떤 까닭인가? ② (美구어) 그렇게 하면 어찌 되는 거지?, 그것에 대해 어떻게 생각합니까? ③ (크리켓) 아웃인가 아닌가?(* 심판에게 묻는 말)
How's that (again)? (구어) 뭐라구요?, 한 번 더 말씀해 주세요.
How's that for...? (구어) (형용사·명사와 함께) 그 야말로 …아닌가?; …은 변명의 여지가 없는 게 아닌가?¶*How's that for* impudent[or impudence]? 그거야말로 건방진 게 아닌가?
How's tricks [or (英) ***things***]***?*** (구어) 상태는 어떤가?
How then? ⇨图 6. ⸢떤가?
How will you have it? (구어) 어때, 한잔 안 할래?
How would you like it? 마음에 드십니까?
How ya living? (속어) 별일 없지?, 건강하지?

How you is [or ***be, was***]***?*** (구어·익살) =*How No how!* (美속어) 천만에!, 안돼! ⸢*are you?*
— 图 1 …하는 방법[정도, 상태, 이유].¶He couldn't figure out ~ to solve the problem. 그는 그 문제를 푸는 방법을 몰랐다 / This is ~ it happened. 일의 발단은 이러했다 / I don't know ~ he used to live. 나는 그가 전에 어떻게 살았는지 모른다 / Your success in life will depend ~ well you do your work. 인생의 성공은 얼마나 훌륭히 자기의 일을 해내느냐에 달려 있다 / *H–* I married him I don't exactly know. 내가 어떻게 그 사람과 결혼했는지 정확히 모르겠다 / You'll never know ~ fine a song that is. 그것이 얼마나 훌륭한 노래인지 너는 결코 모를 것이다.
2 …하는 방법[상태, 방식]에 대하여.¶I don't care ~ you leave your desk when you go. 밖에 나갈 때 네 사무실 위를 어떻게 해놓고 나가든 내가 알 바 아니다 / Be careful ~ you act[talk]. 행동[입놀림]을 조심해라.
3 …하는 어떤 방법[방식]으로도.¶You can travel ~ you please. 어떤 식이든 원하는 대로 여행해도 좋다 / Solve the problem ~ you can. 어떻게든 풀 수 있는 방법으로 문제를 풀어라.

> 주의 how를 관계부사로 볼 수도 있다. 그러나 how 를 관계부사로 하고 선행사 the way의 뒤에서 이어서 *the way how* he solved the problem처럼 쓰는 일은 현대 영어에서는 드물며, That is *how* he solved the problem, 또는 That is *the way* he solved the problem.으로 쓰는 것이 보통이다.

as how (속어) …라는 것을(that).¶I'm not saying *as* ~ you may not know a fair bit about this furniture business. 댁이 이 가구 사업을 잘 모를 것 이라고 제가 말씀드리는 것은 아닙니다.
no matter how ⇨ MATTER. ⸢[since].
seeing how... (속어) …이기 때문에(because,
That's how it is with.... …이란 그런 것이다.
This is [That's] how it is. 다음에 말씀드리는[이미 말씀드린] 것이 그 이유입니다.
— 图 1 (일이 이루어지는 방법·방식에 관한) 「어떻게」라는 질문.¶a child's unending whys and ~s 어린이가 끊임없이 묻는 「왜」와 「어떻게」라는 질문. 2 (the ~) 방식, 방법.¶the ~ of it 그것을 하는 방식 / consider all the ~s and wherefores 온갖 방법과 이유를 생각하다. 3 (통신에서) H자를 나타내는 낱말.

howl·et [háulit] 图 (英방언) 올빼미(새끼).
howl·ing [háuliŋ] 图 1 (멀리서) 짖는, 울부짖는.¶a ~ wolf 울부짖는 늑대. 2 쓸쓸한, 황량한.¶a ~ wilderness 쓸쓸한 황야. 3 (구어) 엄청난, 극단적인, 터무니없는.¶a ~ success 대성공. 4 (구어) 곤드레만드레 취한. — 图 (구어) 터무니없이, 몹시. **~·ly** 图
hówling mònkey [háulər] =howler 2.
how·so·ev·er [hàusouévər] 图 아무리 …해도, 아무리 …이라도(however). * how... soever로도 쓴다.
how-to [⸗túː] 图 (美구어) 길잡이의; 실용(實用) 안내의.¶a ~ book 실용 서적. (또는 **⸗-dó-it**) — 图 (실용적인) 입문서. **~·er** 图
how·tow·die [hautáudi] 图 삶은 닭고기에 달걀·시금치를 곁들인 스코틀랜드 요리.
hoy¹ [hɔi] 图 (항해) (대형) 거룻배; 외대박이 범선.
hoy² 图 호오이, 어이(주의를 끌거나 가축을 몰 때 내는 소리); (해사) (위쪽을 향해) 어이. 图 외치는 소리.
hoy³ 图他 (濠구어) 던지다. ⸢(waxplant).
hoy·a [hɔ́iə] 图 새박덩굴과(科)의 덩굴풀의 일종
hoy·den [hɔ́idn] 图 말괄량이(tomboy). — 图 말괄량이의. — 图自 말괄량이 짓을 하다. (또는 **hoiden**)
~·ish 图 **~·ish·ness**, **~·ism** 图
Hoyle [hɔil] 图 1 **Edmond ~** 호일(1672-1769; 영국의 카드 게임 권위자). 2 (때로 h–) 카드놀이 지도서, 실내 놀이책. — 图 (h–) 올바른, 정확한.
according to Hoyle 규칙대로, 공정하게.
H.P. *h*igh *p*ower; *h*igh *p*ressure; *h*igh *p*riest; (英) *h*ire-*p*urchase; (종종 h.p.) *h*orse*p*ower; (英) *H*ouse(s) of *P*arliament. **hPa** *h*ecto*pa*scal. **HPA** *h*igh-*p*ower *a*mplifier. **HPD** (의학) *h*ematoporphyrin *d*erivative(헤마토포르피린 유도체). **HPH**, **hph** *h*orse*p*ower-*h*our. (또는 **hp-hr**) **HPPE** (화학) *h*igh-*p*ressure *p*oly*e*thylene(고압밀 폴리에틸렌). **HPS** *h*igh-*p*ressure *s*team. **HPT** *h*igh-*p*ressure *t*est. **HPTE** *h*igh-*p*recision *t*racking *e*xperiment (고정밀도 추적 실험). **HPU** *h*ydraulic *p*ower *u*nit (수력발전 장치). **HPV** *H*uman *P*apilloma *V*irus(인간 유두종 바이러스); *h*uman-*p*owered *v*ehicle.
H.Q. *h*ead*q*uarters. **HR** *h*uman *r*elations(인간 관계); *h*ome*r*oom. **hr.** *h*our(s). **Hr.** (독일) *H*err.
H.R. *H*ouse of *R*epresentatives; *h*ome *r*ule; *h*ome *r*un. **HRA** *H*ealth [*H*uman] *R*esources *A*dministration. **HRC** *H*uman *R*ights *C*ommission. **hrd.** *h*ar*d*. **H.R.E.** *H*oly *R*oman *E*mperor [*E*mpire]. **H. Rept.** *H*ouse *rep*ort(하원 보고).
H. Res. *H*ouse *res*olution(하원 결의).

however는 (1) 「아무리 …해도」라는 뜻의 관계부사 용법과 (2) 「그렇지만」이라는 뜻의 접속사 용법으로 주로 쓰인다. (1)은 양보의 부사절을 이끄는 점에서 -ever로 끝나는 일련의 낱말(whoever, whatever, whenever)과 공통점을 갖고 있다. (2)의 경우는 but처럼 쓰이나 but보다는 뜻이 약하며, 부사로 취급되기도 한다.

‡**how·ev·er** [hauévər] 〈부〉 **1** 〈양보절을 이끌어〉 **a)** 〈정도〉 아무리 …해도, 아무리 …일지라도(* 「however + 형용사·부사 + 주어 + may + 동사」의 형식으로 양보의 의미를 나타낸다. (구어)에서는 보통 may는 쓰지 않는다. ¶*H–* late you are [*or* may be], be sure to phone me. 아무리 늦더라도 꼭 전화해라 / Children will watch anything, ~ ordinary it may be. 아무리 평범한 것이라도 어린이들은 눈여겨보는 법이다 / *H–* hard I (may) try, I still can't do it. 아무리 열심히 해봐도 아직도 그것을 할 수가 없다 / Every driver, ~ skillful (he is [*or* may be]), must pass a test. 운전하는 사람은 아무리 솜씨가 좋아도 시험에 합격하지 않으면 안된다 (* 양보절이 문장 가운데 삽입될 수도 있다, 주어와 be동사가 생략될 수도 있다) / He'll protest against any interference, ~ slight. 그는 아무리 사소한 간섭일지라도 항의할 것이다 / *H–* great the pitfalls (are), we must do our best to succeed. 위험이 아무리 클지라도 우리는 성공을 위해 전력을 다하지 않으면 안된다 (* however가 수식하는 형용사가 be동사의 보어이고, 그 주어가 추상적인 명사(구)일 경우, be동사가 생략될 수 있다) / *H–* great a setback she suffered, she never gave up. 그녀는 아무리 큰 좌절을 겪을지라도 그녀는 결코 포기하지 않았다 / *H–* much you spend, I will reimburse you. 아무리 많이 쓸지라도 내가 갚아 주겠소. **b)** 〈방법〉 어떤 방법[식]으로 …해도, 아무리 …해도, ¶*H–* you do it, the effect will be the same. 어떻게 해도 결과는 마찬가지일 것이다 / *H–* we (may) go, we must get there by six. 어떤 방법으로 가든 우리는 6시까지는 그곳에 도착하지 않으면 안된다 (* however가 동사를 직접 수식한다. **a) b)** 두 경우 모두 (구어)에서는 no matter how를 더 많이 쓴다).
2 (구어) (의문사) 도대체 어떻게 해서 (* how의 강조형으로, 정식으로는 however의 두 단어로 쓰인다). ¶*H–* did you manage that? 도대체 어떻게 해서 그것을 해낼 수 있었습니까?
3 〈접속사적〉 어떻게라도; 어떤 식으로. ¶*H–* you make your living is where your talent lies. 어떤 식으로 생계를 꾸려 나가느냐 하는 것은 당신의 수완에 달려 있다.
— 〈접〉 **1** 그렇지만, 그러나, …이라 해도 (* but보다는 뜻이 약하고 딱딱한 표현이다. 또한 but은 문두(文頭)에서만 쓰이지만, however는 문두·문중·문미(文尾) 어디에 오며 쉼표(,)로 구분된다. ¶She disappointed me. *H–*, as a mother I shall not give up hope. 그 애는 나를 실망시켰지만, 어머니로서 나는 희망을 버리지 않을 것이다 / He was mistaken, ~. 그렇지만 그는 틀렸다 / Those arrows, ~, were not very common in Northern Europe. 그렇지만 그런 화살은 북유럽에서는 별로 흔치 않았다 / We have not yet won; ~, we shall keep trying. 우리가 아직 이기지는 못했지만, 계속 노력하자.
2 (…하는) 어떠한 방식[방법]으로라도. ¶Arrange your hours ~ you please. 네가 좋을 대로 시간을 쓰도록 해라 / You can do it ~ you like. 네가 좋을 대로 그것을 해도 된다.

Hr fáctor [éitʃɑ́ːr-] 〈명〉 〈생화학〉 Hr 인자(Rh 마이너스의 혈액 중에 있는 응집원).
H.R.H. *His*[*Her*] *Royal Highness*(전하). **HRI** *height-range indicator*. **H.R.I.P.** (라틴) *hic requiescit in pace*(여기에 고이 잠들다). **hrs.** *hours*. **HRSI** 〈우주〉 *high-temperature reusable surface insulation*(고온용 내열 타일). **h.s.** (라틴) *hoc sensu* (이 뜻으로); (처방전에서) *hora somni*(취침할 때에). **H.S.** *High School*; 〈英〉 *Home Secretary*. **HSDA** 〈컴퓨터〉 *high-speed data acquisition*. **H.S.H.** *His*[*Her*] *Serene Highness*(각하). **HSI** 〈항공〉 *horizontal situation indicator*(평면 상황 표시기).
Hsia [ʃjɑː] 〈명〉 〈중국역사〉 하(夏)(황제 우(禹)가 세웠다는, 은(殷) 왕조 이전 전설상의 왕조). (또는 **Xia**)
hsien [ʃjan] 〈명〉 (중국 ~s) **1** 선(仙), 선인; 선술. **2** =
Hsin-hua [ʃínhwɑ́ː] 〈명〉 =Xinhua. **xian**. [<Chin]
H.S.M. *His*[*Her*] *Serene Majesty*. **HSP** 〈컴퓨터〉 *high-speed printer*. **HST** *Hawaii Standard Time* (또는 **H.S.T., h.s.t.**); *hypersonic transport*(극초음속 수송기).
H-steel [éitʃíːl] 〈명〉 H강(鋼)(특정 화학 성분에 구애받지 않고 경도(硬度)의 요구에 따라 만들어진 강철).
H-stretch·er [-strétʃər] 〈명〉 〈가구〉 H형 가로대.
HSYNC 〈전자〉 *horizontal synchronization signal* ((TV의) 수평 동기(水平同期) 신호). **HT** 〈스포츠〉 *halftime*; *halftone*; *Hawaii time*. **ht.** *heat*; *height*. **h.t.** (라틴) *hoc tempore*(이 시간(에)). **H.T.** *high-tension*(고압). **HTC** *heat transfer coefficient*. **HTGR** *high temperature gas-cooled reactor*(고온 가스 냉각 원자로).
HTLV 〈명〉 〈병리〉 인간 T세포 백혈병 바이러스. [<human T-cell lymphotropic [leukemia] virus]
HTML, html 〈컴퓨터〉 *hypertext markup language* (인터넷의 하이퍼텍스트를 표현하기 위한 언어). **HTR** (원자력) *high temperature reactor*(고온 원자로). **htr.** *heater*. **Hts.** *Heights*(지명으로 쓰여 「…언덕」, 「…대(臺)」). **HTTP, http** 〈컴퓨터〉 *hypertext transport*[*or transfer*] *protocol*(인터넷의 하이퍼텍스트 통신 규칙). **HTU** *heat transfer unit*. **HUAC** (美) *House Un-American Activities Committee* ((하원의) 비미(非美) 활동 조사 위원회)).
Huang Ti [hwɑ́ːŋ díː] 황제(黃帝)(중국의 전설상의 초대 황제). (또는 **Huáng Dí**)
hua-pan-go [wɑpɑ́ːŋgou, -pǽŋ-] 〈명〉 (폭 ~**s**) 와팡고(빠르고 율동적인 멕시코의 댄스). [<Sp]
hua·ra·che [wərɑ́ːtʃi] 〈명〉 (멕시코의) 굽이 낮고 위를 가죽끈으로 엮은 샌들.
hub[1](hʌb) 〈명〉 **1** (수레바퀴 따위의) 바퀴통(nave). **2** (상업·권위 따위의) 중심, 중추(中樞). ¶a ~ of industry 산업의 중심. **3** (고리 던지기 따위의) 표적, 표적 기둥(hob). **4** (the H–) 미국 Boston 시의 별칭. **5** 〔전기〕 허브(접속 잭을 꽂는 구멍). **6** 〔음향〕 허브(녹음 테이프의 릴이나 카세트를 감는 심(心)). **7** 〔컴퓨터〕 허브 (LAN의 복수 워크스테이션 집선 장치).
from hub to tire 완전히.
the hub of the universe ① 우주의 중심; 세계의 중심 도시. ② (the H– of the U–) Boston 시.
up to the hub 깊이 빠져서, 바퀴가 바퀴통까지 진흙에 박혀.
— 〈동〉 중심적인.
— 〈동타〉 (*-bb-*) 〔제철〕 (금속판에) 천공기로 압형(押型)
hub[2] (구어) 남편(husband). [하다.
hub-and-spoke [-ənspóuk] 〈명〉〈항〉 (항공

노선의) 대도시 터미널 집중 방식(의). (또는 húb and spókes)
hub·ba-hub·ba [hábəhábə] 갑 《속어》 (기쁨·시인(是認) 등을 나타내어) 좋다, 멋지다; 빨리빨리(* 2차 세계 대전중 미군 병사들이 애용). ─명 급히, 즉시. ─명 어처구니없는 행위, 대소동. (또는 **hába-hába**)
Húbbard squásh [hábərd-] 명 허버드 호박(서양 호박의 한 품종).
hub·ble [hábl] 명 1 (얼음 위나 도로의) 작은 둔덕, 돌출. 2 《스코·북英》 a) 퇴적(堆積). b) 소동.
Hub·ble [hábl] 명 1 Edwin Powell ~ 허블 (1889-1953: 미국의 천문학자). 2 =Hubble('s) Space Telescope.
hub·ble-bub·ble [-bÀbl] 명 1 일종의 수연통(水煙筒). 2 부글부글 거품나는 소리. 3 재잘재잘 지껄이는 소리. 4 떠들썩함, 대소동.
Húb·ble('s) cónstant 명 《천문》 허블 정수(定數) (우주의 후퇴 속도가 거리에 비례해서 증가하는 비율).
Húbble('s) láw 명 《천문》 허블의 법칙(우주의 후퇴 속도는 거리에 비례한다).
Húbble('s) Spáce Tèlescope 명 (the ~) 허블 우주 망원경(지구 궤도를 도는 미국 NASA의 천체 관측 망원경). (또는 **Húbble tèlescope**)
hub·bly [hábli] 형 요철(∪∩)의; 울퉁불퉁한.
hub·bub [hábÀb] 명 1 시끌시끌한 소음, 소란스러운 소리. ⇨NOISE 《유의어》 2 소동, 소란. 3 허버브(주사위와 쟁반을 사용하여 하는 인디언의 게임). [**baboo**]
hub·bu·boo [hábəbù:] 명 =hubbub. (또는 **hub-hub·by**)
hub·by [hábi] 명 《구어》 남편(husband).
hub·cap [hábkæp] 명 (자동차의) 휠 캡.
Hu·bei [hù:béi] 명 후베이(湖北)(중국 중부의 성(省)). (또는 **Hupeh, Hupei**)
Hu·bert [hjú:bərt] 명 휴버트(남자 이름).
hu·bris [hjú:bris/hjú-] 명(U) 오만, 자만; (그리스 비극에서) 신(神)들에 대한 불손, 도전. (또는 **hybris**)
hu·bris·tic [hjubrístik] 형 오만한, 자만심이 강한. (또는 **hubrístical**) **-ti·cal·ly** 부
huck [hÀk] 명 =huckaback. [「무명천」]
huck·a·back [hákəbæk] 명(U) 허커백 천(타월용)
huck·er·y [hákəri] 명 (무뉘질 구어) 추한.
huck·le [hákl] 명 엉덩이, 허리, 넓적다리.
huck·le-backed [háklbækt] 형 곱사등이의.
huck·le·ber·ry [háklbèri] 명 1 (북미산(産)) 월귤나무 비슷한 관목; 그 열매. 2 《미구어》 적은 양(소량). ¶ a ~ or two 극소량, 아주 적은 양.
a huckleberry to a [*or one's*] *persimmon* 《미구어》 전혀 비교가 되지 않는 것.
be a [*or come*] *huckleberry over* [*or above*] *a person's persimmon* 재능 따위가 남을 훨씬 앞서다.
be a person's huckleberry 남의 연인[친구]이다, 남에게 어울리는 사람이다. 「하다.
─명 허클베리로 만든. ─타 허클베리를 채집
~**ing** 명 허클베리 채집.
Húckleberry Fínn [-fín] 명 허클베리 핀(Mark Twain의 소설 *The Adventures of Huckleberry Finn*의 주인공).
huck·le·bone [háklbòun] 명 〔해부〕 무명뼈, 좌골 (坐骨)(hipbone); 거골(距骨)(anklebone).
huck·ster [hákstər] 명 1 (야채 따위의) 행상인, 소리치며 파는 장사꾼, 도부 장수; 《속어》 강매하는 사람. 2 돈이면 무엇이든지 하는 사람, 장사치. 3 《美구어》 광고업자, 선전자, 《방송의》 커머셜 제작자, 카피라이터. ─(타) 1 …을 소리치며 팔다, 행상하다. 2 …의 값을 깎다(over); 품질을 떨어뜨리다. ─자 …을 깎다. ~**·ish** 형 ~**·ism** 명 ~**·ize** 타
huck·ster·y [hákstəri] 명(U) 도부치기, 행상.
HUD, H.U.D. [hÀd] 《美》 Department of *H*ousing and *U*rban *D*evelopment(주택 도시 개발부).

* **hud·dle** [hÀdl] 자 1 《수동형으로》 …을 아무렇게나 쌓아 올리다, 마구 끌어 모으다, 마구 쑤셔넣다(*up*, *together*)(*into*). ¶ (~+명+전+명) ~ papers *into* a box 서류를 상자에 쑤셔넣다 // (~+명+부) ~ed *together* in a flock 한데 모여 무리가 되다. 2 《재귀용법으로》 〔몸〕을 둥글게 웅크리다(*up*). ¶ (~+명+부) lie ~d *up* in bed 웅크리고 자다. 3 《英》 …을 급히[아무렇게나] 해치우다(*up*, *over*); 급히 만들어 내다. ¶ ~ *up* one's work 일을 아무렇게나 하다. 4 《옷》을 급히 입다(*on*). ¶ ~ *on* one's clothes 옷을 아무렇게나 급히 입다. 5 숨기다, 남의 눈에 띄지 않게 하다. ─자 1 때짓다, 밀집하다, 모이다(*together*, *up*). 2 《미식축구》 스크럼선의 후방에 집합하다. 3 움츠리다, 몸을 웅크리다 (*up*). 4 《구어》 비밀히 의논하다, 상의[회담]하다(*together*). 5 《카드놀이》 (브리지에서) 너무 오래 생각하다.
huddle on 급히 입다, 걸치다. 「리다, 웅크리다.
huddle oneself up; be huddled up 몸을 곱송그 ─명 1 (a ~) 군집, 혼잡, 붐빔. ¶ A ~ of booths grew to a town. 잡다한 판잣집들이 마을을 이뤘다. 2 잡다한 집단, 군중. 3 《미식축구》 (공격팀의 작전을 위한 팀 전체의) 스크럼선 후방의 집합, 작전 회의. 4 비밀회의, 의논, 상의. ¶ ~ be in a ~ 의논중이다.
(all) in a huddle 혼잡하게, 어지럽게.
go into a huddle 밀담을 하다(*with*).
huddle upon huddle 한 덩어리가 되어.
-dler 명 **-dling·ly** 부
Hu·di·bras [hjú:dəbræs] 명 휴디브라스(Samuel Butler의 동명의 풍자시 주인공; 위선과 이기주의로 뭉쳐진 완고한 보안관).
Hu·di·bras·tic [hjù:dəbrǽstik/hjù-] 형 1 휴디브라스의[와 비슷한], 2 우스꽝스럽고 풍자적인. ─명 휴디브라스풍의 대구(對句). **-ti·cal·ly** 부
Hud·son [hÀdsn] 명 허드슨. 1 Henry ~ (?-1611?: 영국의 항해가·탐험가; 허드슨 강[만]을 발견). 2 Rock ~ (1925-85: 미국의 배우). 3 (the ~) 허드슨 강(미국 New York주 동부의 강).
Húdson Báy 허드슨 만(캐나다 동북부의 만).
Húdson Ínstitute 허드슨 연구소(미국의 미래 예측·분석 싱크 탱크; Indiana주 소재).
Húdson séal 명 모조 바다표범 가죽.
* **hue**[1] [hju:/hju:] 명 (~**s** [-z]) 1 《문어》 색(주로 중간색); 〔미술〕 색상(色相). ⇨COLOR 《유의어》 ¶ all the ~s of a rainbow 무지개의 온갖 색[7색]. 2 (같은 계통의) 색의 명암[농담]; 색조(色調)(tone). ¶ a subdued ~ 안정된[부드러운] 색조 / dark in ~ 색조가 어두운. 3 (의견 따위의) 특색, 특성, 경향. 4 《폐어》 외형, 겉모양.
put a different hue on matters 사태의 양상을 달리하다. ─(타) …에 색을 칠하다. ─자 색이 되다. 「바꾸다.
~**·less** 형 무색의; 창백한.
hue[2] 명 (추적할 때의) 고함 소리. (*다음 숙어로)
a hue and cry ① 《경멸적》 (…에 대한) 항의[비난]의 소리[고함](*against*, *about*); 대소동. ② 《법률》 규환추적(叫喚追跡)(옛날에 영장 없이 피의를 쫓고 고함을 지르면 범인을 체포할 수 있었던 방법); 죄인 포박 보고서. ③ 야단법석, 시끄러운 비난.
hued [hju:d/hjú:d] 형 《복합어로》 …색조의, 빛깔이 …인. ¶ golden-~ 금색의 / many-~ 다채로운.
hu·el·ga [wélga:] 명 (a ~) 파업. 《<Sp》 [(deer).
hue·mul [weimú:l] 명 《동물》 안데스 사슴(Andean
Hu·ey [hjú:i/hjúi] 명 《美》 휴이(남자 이름; Hugh의 애칭). 2 《美속어》 《군사》 휴이형 헬리콥터(UH-1).
huey 《美속어》 * 다음 숙어에만 쓴다.
hang a huey 왼쪽으로 돌다[꺾다].
huff [hÀf] 명 1 (a ~) 발끈 화냄, 분개. 2 한 번 불기, 한줄기 바람. 3 《서양 장기》 벌로 말을 잡기.
in a huff 불끈하여. 「내다.
take (*the*) *huff; get* [*or go*] *into a huff* 불끈 성 ─(타) 1 …을 화나게 하다. ¶ He was much ~ed.

그는 몹시 화가 나 있었다. **2** 호되게 꾸짖다, 으르대다. ¶~ a waiter 웨이터를 야단치다 / ~ a person into silence 남에게 고함을 질러 말을 못하게 하다. **3** 〔서양 장기〕 (상대의 말)을 잡다. ¶~ a piece 말을 잡다. **4** 〔美속어〕 (본드 따위)를 흡입하다. ─ ⓘ **1** 화내다, 성 개하다. **2** 입김을 내뿜다, 크게 숨쉬다. **3** 위협하듯 〔큰 소리로〕 뿜내다, 거들먹거리다.
huff and puff ① 숨을 헐떡이며 견디다. ② 소란피우다. ③ 갈피를 못 잡게 되다, 혼란하다.
huff a person *to* ***pieces*** 속이 빤히 보이는 공갈; 허세.
huffing and puffing 속이 빤히 보이는 공갈; 허세.
Huff-Duff [hʌ́fdʌ̀f] ⓝ 〔속어〕 고주파 대(對)잠수함 탐지기, 허프더프 탐지기. 〔=는 사람.
huff·er [hʌ́fər] ⓝ 〔속어〕 본드(시너 따위)를 흡입하
huff·ing [hʌ́fiŋ] ⓝ 〔美속어〕 본드(시너 따위) 흡입.
huff·ish [hʌ́fiʃ] ⓐ 시무룩하게, 성난(sulky); 화를 잘 내는; 거만한. **~·ly** ⓟ **~·ness** ⓝ
huff·y [hʌ́fi] ⓐ 〔경멸적〕 성 잘내는, 화를 내고 있는; 거만한. **húff·i·ly** ⓟ **húff·i·ness** ⓝ
‡**hug** [hʌg] ⓝ (**~s** [-z]; **-gg-**) ⓣ **1** (애정을 가지고) …을 꼭 껴안다, 축복해주다; 축하하다; (곰이) …을 앞발로 짓누르다. ¶ (~+图+前+名) A bear ~*ged* the hunter *to* death. 곰이 앞발로 사냥꾼을 짓눌러 죽였다.

〔유의어〕 **hug** 사랑하는 사람이나 물건을 힘껏 껴안다. **embrace** 반드시 hug와 같이 애정이 담긴 것은 아니고 의례적일 경우가 많다. **cherish** 마음속에 소중하게 생각하다.

2 〔신념 따위〕에 집착하다, 〔생각〕을 품다. ¶~ a belief 신념을 품다. **3** …에 접근해서 나아가다. ¶The car ~*ged* the curb. 차가 길의 연석(緣石)을 바싹 따라 달렸다. **4** …의 곁에서 떨어지지 않다; (몸에) 딱 달라붙다. **5** 〔재귀용법으로〕 …을 기뻐하다 (*on, for*). ─ ⓘ 서로 껴안다, 매달리다; 바싹 달라붙어 눕다.
hug** one's* ***chains 속박을 달게 받다.
hug oneself (*with pleasure* [*or* ***delight***]) *on* [*or* ***for, over***] …을 기뻐하다.
hug the porcelain god [*or* ***goddess***]; ***hug the throne*** 〔속어〕 토하다, 변기에 달라붙어 구역질하다.
hug the road (차가) 매끄럽게 노상을 달리다.
hug to *one's* ***bosom*** 마음에 품다.
─ ⓝ (~s) **1** (a ~) 포옹. **2** (레슬링의) 껴 안기. **⌐·ger** ⓝ **⌐·ging·ly** ⓟ
‡**huge** [hju:dʒ/hju:dʒ] ⓐ (**hug·er; hug·est**) **1** 거대한, 막대한. ¶a ~ tanker 거대한[대형] 유조선.

〔유의어〕 **huge** 모양·용적 따위가 지극히 큰. **vast** 넓이·범위 따위가 큰. **enormous** 모양·정도 따위가 보통의 한도나 표준 이상으로 큰. **immense** 보통의 방법으로는 헤아릴 수 없을 만큼 큰. **tremendous** 두려움을 줄 만큼 큰. **gigantic, colossal** 엄청나게 huge한.

2 〔구어〕 엄청난, 대단한. ¶a ~ success 대성공. **3** 무한한. **⌐·ly** ⓟ **⌐·ness** ⓝ
huge·ous [hjúːdʒəs/hjúː-] ⓐ =huge. **⌐·ly** ⓟ
hug·ga·ble [hʌ́gəbl] ⓐ 껴안고 싶은(cuddlesome).
hug·ger-mug·ger [hʌ́gərmʌ̀gər] ⓝ **1** 〔속어〕 혼란, 무질서. **2** 비밀, 내밀. ***in*** ~ 은밀하게, 남몰래. ─ⓐ **1** 비밀의. **2** 혼란한, 난잡한. ─ⓟ **1** 은밀하게, 혼란하게, 난잡하게. **2** 숨기다, 덮어두다. **3** 비밀로 하다. ─ⓘ **1** 남몰래 하다, 은밀히 상담하다. **2** 아무렇게나 하다; 어수선하게 하다.
hug·ger-mug·ger·y [-ri] ⓝ **1** 〔속어〕 협잡, 부정. **2** =hugger-mugger.
hug·ger·y [hʌ́gəri] ⓝ⑥ 〔英〕 (변호사의) 사건[수입 쟁탈] (운동); 법정 변호사와 사무 변호사의 유착.
Hugh [hjuː/hjuː] ⓝ 휴(남자 이름). (또는 Huw)

Hughes [hjuːz/hjuːz] ⓝ 휴즈. **1** Howard ~ (1905–76: 미국의 실업가·영화 제작자·비행가). **2** Ted ~ (1930–99: 영국의 시인; 계관 시인(1984– 99)). **3** 미국 Hughes Helicopter사제 헬리콥터.
hugh·ie [hjúːi] ⓘ 〔美속어〕 토하다, 게우다.
Hugh·ie [hjúːi/hjúːi] ⓝ **1** 휴이(남자 이름; Hugh의 별칭). **2** (또는 **Huey**) 〔美·뉴질 구어〕 일기(비·바람 따위)의 신. ¶**Send her down, ~!** 비를 내리게 하소서!
hug-me-tight [-mìːtàit] ⓝ 허그미타이트(몸에 꼭 끼는 여성용 편물 상의; 보통 소매 없는 것).
Hu·go [hjúːgou/hjúː-] ⓝ **1** Victor ~ 위고(1802–85: 프랑스의 소설가·시인·극작가). **2** (~s) 〔美〕 = ~ Award. **Hù·go·ésque** ⓐ
Húgo Awárd ⓝ 휴고상(賞)(미국의 SF 문학상). (<미국의 SF 작가 Hugo Gernsback(1884–1967))
Hu·gue·not [hjúːgənɑ̀t/hjúːgənɔ̀t] ⓝ 〔역사〕 위그노(의)(16–17세기경의 프랑스 신교도). 위그노 교회 의). **⌐·nót·ic** ⓐ **⌐·ism** ⓝ
huh [hʌ, hə] ⓘ **1** 흥!, 그래?, 뭐라고?(*놀람·경멸·의문 따위를 나타내는 소리). **2** 〔美〕 (문미에 쓰여) 그렇지?, 안 그래?(*부가의문 대용). ¶Great day, ~? 날씨 한 번 좋지? ─ ⓣ 〔렌즈 따위〕를 호호하고 불다(김이 서리게 하다). (또는 **hurr**)
Hu·he·hào·te [húːhèihóut] ⓝ 후흐호트(呼和浩特)(중국 내몽고 자치구의 중심 도시). (또는 **Hohhot**)
hu·i [húːi] ⓝ **1** 〔뉴질〕 마오리족의 집회. **2** 〔하와이·濠·뉴질〕 집회, 회합, 조합. **3** 제휴, 공동.
Hui [hwiː] ⓝ 후이(回)(족)(중국 북서부 거주 소수 민족으로 회교도). (또는 **Huizu**)
Hui·zin·ga [háizìŋə] ⓝ Johan ~ 호이징가 (1872–1945: 네덜란드의 역사가).
Huk [huːk] ⓝ (the ~s) 후크단(團)(제2차 세계대전 중 필리핀의 항일 게릴라 조직; 1969년 공산당의 신인 민군(NPA)으로 재건). (또는 **Hukbalahap**)
hu·la [húːlə] ⓝ 훌라춤[음악](하와이 등 폴리네시아의 민속 무용[음악]). ─ ⓘ 훌라춤을 추다. (<Hawaiian)
hu·la-hoop [húːləhùːp] ⓝ 〔상표〕 훌라후프. ─ⓘ 훌라후프를 돌리다.
hu·la-hu·la [-húːlə] ⓝ =hula.
húla skìrt ⓝ (긴 풀로 엮어 만든) 훌라 춤용 스커트.
hulk [hʌlk] ⓝ **1** 노후선, 페선(의 선체); (~s) (옛날의) 감옥선. **2** 〔경멸적〕 커서 다루기 힘든 배. **3** 몸집이 육중한 사람, 부피가 큰 물건. **4** (탈것·건물의) 잔해. ─ ⓘ **1** 〔美〕 느릿느릿 나타나다(*up*). **2** 부피가 커지다. **3** 〔英방언〕 어슬렁어슬렁 걸어다니다. ─ ⓣ 〔선원〕에게 감옥선 살이를 명하다; 페선에 묶게 하다.
hulk·ing [hʌ́lkiŋ] ⓐ 〔구어〕 너무 커서 처리하기 곤란한, 보기 흉한, 부피가 큰(bulky). (또는 **húlky**)
hulk·y [hʌ́lki] ⓐ =hulking.
*****hull**[1] [hʌl] ⓝ **1** (곡물·과일·종자의) 겉껍질, 외피 (husk). **2** (콩의) 꼬투리; (딸기 따위의) 꼭지. **3** 덮개, 커버; (~s) 옷. ─ ⓣ …의 껍질을 벗기다. **⌐·er** ⓝ
hull[2] ⓝ **1** 선체(船體); (비행정의) 동체, (비행선의) 선체; (탱크의) 차체. **2** 빈 탄약통; 탄약통.
hull down ① (해사) (배가) 뱃대만 보일 정도로 멀리. ② (탱크가) 포탑만 보이며, 「이, 수평선 위에 나타나다.
hull up [*or* ***out***] 〔해사〕 (배가) 선체가 보일 만큼 가까 ─ ⓣ (어뢰 따위로) …의 선체를 관통하다. ─ⓘ (동력·돛대 없이) 표류하다.
⌐·less ⓐ 〔소음, 큰 소동.
hul·la·ba·loo [hʌ́ləbəlùː/⌐-⌐-] ⓝ 〔구어〕 (a ~)
húll bàlance ⓝ 〔해사〕 (범선의) 선체 균형.
húlled bárley [hʌ́ld-] ⓝ 겉보리.
húll efficiency ⓝ 〔조선〕 선체 효율(유효 마력(馬力)과 추진 마력의 비율; 추진기 설계에 사용).
hul·li·gan [hʌ́ləgən] ⓝ 〔美속어〕 외국인.
hull·ing [hʌ́liŋ] ⓝ (선체 구성의) 뼈대와 외곽재.
hul·lo [həlóu] ⓘⓝⓣⓘ 〔英〕 =hello.

hul·loa [hʌlóu, ⌐-] [감] 《英》 =hello.

‡**hum**¹ [hʌm] [동] (~**s** [-z]; **-mm-**) [자] **1** (벌 등이) 윙윙거리다; (기계 등이) 붕붕거리며 잡음을 내다. ¶The radio set often ~*s*. 그 라디오는 잡음이 자주 난다. **2** 콧노래를 부르다, 흥얼거리다. ¶She is ~*ming* in a low tone. 그녀는 낮은 소리로 흥얼거리고 있다. **3** (청중 등이) 왁자지껄하다, 술렁거리다; (주저·당혹·불만 따위를 나타내어) 흥 하고 말하다, 더듬거리다. **4** 《구어》 (사업 따위가) (…으로) 경기가 좋다, 활기띠다(*with*). ¶ (~+[前]+[名]) The room ~*s with* many cheering sounds. 그 방은 즐거운 소리로 가득 차 있다. **5** 《英속어》 악취가 나다. **—** [타] …을 콧노래로 부르다; 콧소리로 …이라고 말하다. (입속으로) 우물우물 말하다(《美》hem); 〔남〕을 콧노래로 (…)시키다(*to*). ¶~ an old song 옛 노래를 흥얼거리다 // (~+[目]+[副]) ~ *forth* one's satisfaction 콧소리로 만족감을 표시하다. 「번창하다.

hum along (자동차 따위가) 쌩 질주하다; (일 따위가)

hum and haw [or ***ha(h)***] 말을 더듬다; 망설이다.

make things hum 《구어》 활기를 불어넣다. 「다.

hum…to slip 콧노래[조용한 노래]로 (아이를) 잠재우

— [명] ([복] ~**s** [-z]) **1** 윙윙[와글와글] 하는 소리; (주저·당혹을 나타내어) 흐음 하는 소리. ¶the busy ~ of a spinning wheel 회전하는 바퀴의 요란한 소리/a ~ of voices 와글와글하는 소리. **2** 콧노래로 하는 멜로디. **3** (사람의) 활동, 활약. **4** 《英속어》 싫은 냄새, 악취.

hums and haws [or ***ha's***] 우물거림, 흐음흐음 하기; 주저주저함.

— [감] 흐음 (주저·당혹·놀람·의문 따위를 나타낸다).

húm·ma·ble [형]

hum² [명][U][C] 《구어》 사기, 협잡(humbug). **—** [동][타] 사기치다. **—** [자] 《濠속어》 조르다, 등치다. **⌐·mer** [명]

‡**hu·man** [*h*jú:mən, jú:-/hjú:] [형] **1** 인간의, 사람의, 인류의; 사람에 관한; 사람이 갖고 있는; 사람으로 이루어진. ¶a ~ voice 사람의 목소리/the ~ body 인체/~ affairs 인간사(人間事). **2** 인간다운, 동정적인, 인정(미)있는. ¶a warmly ~ understanding 따뜻한 인간다운 이해. **3** (신·짐승·기계 등과 구별하여) 인간적인, (결점 따위가) 사람에게 흔히 있는. ¶*To err is* ~, *to forgive divine*. ⇨ERR. **4** 인간성의[에 관한]. **—** [명] (보통 ~s) 《구어》 사람, 인간; (the ~) 인류.

~·like [형] **~·ness** [명]

húman béing [명] 사람, 인간; (~s) 《총칭적》 인간.

húman càpital [명] 〔경제〕 인적(人的) 자본.

húman cháin [명] 인간 사슬(반핵 평화운동 그룹의 시위의 한 형태); (물건을 전달하는) 사람의 열.

húman chímney [명] 《속어》 골초, 줄담배 피는 사람(chain smoker).

húman chorriónic gonadotrópin [명] 〔생화학〕 =chorionic gonadotropin([약] hCG, HCG).

húman clóning [명] 인간 복제(複製).

húman disáster [명] 인재(人災), 인위적 참사.

húman dócument [명] 인간 기록; 인생 기록.

‡**hu·mane** [*h*ju:méin/hju:-] [형] (***more*** ~; ***most*** ~) **1** 인정이 있는, 자비심 깊은, 인도적인. ¶a ~ attitude 인정 많은 태도. **2** 고통을 주지 않는, 무통(無痛)의. **3** 고상한, 우아한. **4** 교양적인, 인문학적인.

~·ly [부] 자비롭게, 인도적으로. **~·ness** [명]

húman ecólogy [명] 사회 생태학; 인간[인류] 생태학.

húmane kíller [명] (동물의) 무통 도살기.

húmane kílling [명] 안락사(euthanasia).

húmane léarning [명] 고전 문학; (또는 **húmane educátion**) 인격 교육.

húman engineéring [명] 인간 공학(ergonomics); (기업 등의) 인사 관리. (또는 **húman-fáctors engineéring**)

húman equátion [명] 편견, 편향.

humáne socíety [명] (종종 H- S-) 동물 애호 협회; (H- S-) 《英》 투신 자살자 구조회.

húmane stúdies [명][복] =human science.

húman fígure [명] 〔기독교〕 (the ~) =Human One.

húman génome [명] 인간 유전체, 인간 게놈.

Húman Génome Pròject [명] 휴먼 게놈 프로젝트, 인간 유전체 규명 계획([약] HGP).

húman geógraphy [명] 인문 지리학.

húman grówth hòrmone [명] 〔생화학〕 인간 성장 호르몬(somatotropin)([약] HGH). 「인간학.

hu·man·ics [*h*ju:mǽniks/hju:-] [명][복] 《단수취급》

húman immunodefíciency vìrus [명] 인간 면역 결핍 바이러스(AIDS virus)([약] HIV).

húman ínterest [명] (보도·기사에서) 독자의 흥미를 돋우는 것[사건], 인정 미담, 인간적 흥미.

hu·man-in·ter·est [-íntərəst] [형] 독자의 흥미[동정]를 불러일으키는. ¶~ stories 사회면 기사; 인정 미담.

***hu·man·ism** [*h*jú:mənìzm/hjú:-] [명][U] **1** 인도주의; 인본[인간]주의, 인간 지상주의, 휴머니즘. **2** 《드물게》 인간성. **3** (때로 H-) 인간성 연구, 인문학; (르네상스기의) 고전 문학 연구. **4** (종종 H-) (르네상스기의) 인문(人文)주의. **5** 〔철학〕 인본주의; 〔윤리〕 인도주의. **6** 인도교(人道敎).

***hu·man·ist** [*h*jú:mənist/hjú:-] [명] **1** 인도주의자, 휴머니스트(humanitarian). **2** 인간성 연구자. **3** (때로 H-) (르네상스기의) 인문주의자; 고전 문학 연구가. **—** [형] **1** 인간성 연구의; 인본주의적인. **2** =humanitarian 1. **3** 인문주의적인; 인문학의, 고전학적인.

hu·man·is·tic [*h*jù:mənístik/hjù:-] [형] =humanist; =humanitarian. **-ti·cal·ly** [부] 「학.

humanístic psychólogy [명] 〔심리〕 인간성 심리

hu·man·i·tar·i·an [*h*ju:mæ̀nətέəriən/hju:-] [형] **1** 박애의, 인도주의의; 인간[인류]에 관한. ¶~ aid 인도(주의)적 원조/a ~ crisis 인류의 위기. **2** 〔신학〕 그리스도 인간설의. **—** [명] 인도주의자, 박애주의자, 휴머니스트; 그리스도 인간론자.

hu·man·i·tar·i·an·ism [*h*ju:mæ̀nətέəriənìzm/hju:-] [명][U] **1** 인도주의, 박애(주의), 휴머니즘. **2** 〔신학〕 그리스도 인간설[론]. **-ist** [명]

‡**hu·man·i·ty** [*h*ju:mǽnəti/hju:-] [명] ([복] ***-ties*** [-z]) [U] **1** 《집합적; 단·복수 양용》 인간, 인류; 인류 사회. ¶benefit all ~ 전인류에게 이익을 주다. **2** 인간성, 인간임, 인간다움, 휴머니티; (보통 -ties) 인간의 속성. ¶crimes against ~ 비인도적 범죄/contrary to ~ 인간성에 반대되는. **3** 인간애, 자애, 자비, 친절; (-ties) 인도적 행위, 자선 행위. ¶treat prisoners with ~ 포로를 인간적으로 다루다. **4** (the -ties) 인문학, 인문 과학; (그리스·라틴의) 고전(어)문학.

out of humanity 자비심에서.

hu·man·ize [*h*jú:mənàiz/hjú:-] [동][타] **1** …을 인간화하다, …에게 인간의 성질을 부여하다. ¶~ gods 신들을 인격화하다. **2** …을 인정미 있게[자비롭게] 하다; …을 교화하다; …을 부드럽게 하다. **3** …을 인체에서 만들어진 것과 같은 성질로 만들다. ¶~ cow's milk 우유를 모유화하다. **—** [자] 인간다워지다, 다정해지다; 인륜을 가르치다; 인간화 되다. **-i·zá·tion, -ìz·er** [명]

hu·man·kind [*h*jú:mənkàind/hjù:mənkáind] [명] [U] 《집합적; 단·복수 양용》 인류, 인간(mankind).

húman léukocyte àntigen [명] 〔면역〕 사람 백혈구 항원, 사람의 조직 적합성 항원(개인의 세포 식별에 이용; [약] HLA). 「법.

Húman Lífe Stàtute [명] (the ~) 《美》 인명 존중

hu·man·ly [*h*jú:mənli/hjú:-] [부] 인간적으로, 인간답게; 인력(人力)으로, 인지(人知)로; 인간에 의해; 인간적 견지[판단]에서. ¶~ possible 인력으로 할 수 있는.

húman náture [명] 인성(人性), 인간성.

hu·man·oid [*h*jú:mənɔ̀id/hjú:-] [형] (모습·행동 따위가) 인간에 가까운. **—** [명] 사람에 가까운 생물; 원인(原人); 로봇; (SF 소설에서) 인간을 닮은 우주인. 「도.

Húman Óne [명] 〔기독교〕 인자(人子), 예수 그리스

húman poténtial [명] 인간의 잠재 능력.

húman poténtials mòvement 명 (美) 인간 잠재 능력 회복[개발] 운동(집단 요법적인 수양 운동).
húman pówer 명 인적 자원(종래의 manpower 대신에 쓰이는 남녀 포괄 용어).
hu·man-pow·ered [-páuərd] 형 인력의[에 의한].
húman ráce 명 (the ~) 인류(mankind).
húman relátions 명복 〔단수취급〕 인간 관계, 대인 관계; 인간 관계론.
húman resóurces 명 〔경영〕 1 (회사·조직의) 인적 자원, 인재, 종업원; (회사에 대한) 종업원의 공헌. 2 인사[노무] 관리 부문, 인사부[과](~ department).
húman resóurces devèlopment 명 〔경영〕 인적 자원 개발, 종업원 연수(얟 HRD).
húman resóurces mànagement 명 〔경영〕 인적 자원 관리, 인사 노무 관리(personnel management)(얟 HRM).
húman ríghts 명복 〔단수취급〕 (기본적) 인권.
Húman Ríghts Dày 명 (the ~) (유엔) 인권의 날 (12월 10일).
húman scíence 명 인간[인문] 과학(인류학·언어·학·문학 등의 총칭).
húman sérvices 명 복지 사업[시설].
húman shíeld 명 (인질 등을 이용한) 인간 방패.
húman végetable 명 식물 인간.
hú·man-wave swéep [-wèiv-] 명 인해 전술.
hu·mate [hjúːmeit/hjúː-] 명 〔화학〕 흄산염[에스테르].
‡**hum·ble** [hʌ́mbl, ʌ́m-/hʌ́m-] 형 (**-bler**; **-blest**) 1 겸손한, 교만하지 않은, 겸허한(about). ¶a ~ heart 교만하지 않은 마음 / a ~ request 겸손한 요구 / He is very ~ in his manner. 그는 태도가 아주 겸허하다.

〔유의어〕 **humble** 좋은 의미로는 교만한 점이 없는, 나쁜 의미로는 비굴할 정도로 지나치게 자신을 비하하는. **modest** 자만·뻐김이 없이 겸손한. **lowly** 좋은 의미의 humble과 뜻이 같지만 문어적인 말. **meek** 성품이 온순한; 나쁜 뜻으로는 자존심이 없는.

2 (자신을 비하하여) 하찮은, 보잘것없는. ¶in my ~ opinion 우견(愚見)으로는. 3 (지위·능력 따위가) 천한, 낮은, 열등한; 초라한, 얼마 안 되는. ¶a ~ dwelling 보잘것없는 집 / ~ income 보잘것없는 수입. 4 겸허한 마음에서의, 얌전한. 5 낮은 (위치에 있는)(low); *in a humble measure* 부족하나마. ¶*your humble servant* 경구(敬具)(옛날 편지의 끝맺음말); (익살) 소생, 우생(愚生).
— 타자 (~**s** [-z]; ~**d**; **-bling**) 1 (자신의) 〔품위·자존심 따위를〕 낮추다, 꺾다; 〔남〕을 겸허하게 하다, …을 비하하다. 2 〔힘·의지 따위〕를 꺾다.
humble oneself 겸허하게 굴다, 비하하다.
~**·ness**, **-bler** **-bling·ly** 부
hum·ble·bee [hʌ́mblbiː] 명 (英) =bumblebee.
húmble píe 명 굴욕, 수치; (폐어) 사슴[돼지] 내장
eat humble pie 굴욕을 참다; 백배 사죄하다. (파).
húmble plànt 명 함수초(含羞草).
*‡**hum·bly** [hʌ́mbli] 부 1 겸손하게, 비하해서. 2 초라하게, 천한 신분으로.
Hum·boldt [hʌ́mboult] 명 홈볼트. 1 Alexander von ~ (1769–1859: 독일의 자연과학자·탐험가). 2 Wilhelm von ~ (1767–1835: 독일의 철학자·정치가, 1의 형).
Húmboldt Cúrrent 명 (the ~) 홈볼트 해류.
hum·bug [hʌ́mbʌ̀g] 명 1 (경멸적) UC 협잡, 속임수, 사기; 허풍, 엉터리. 2 협잡꾼, 사기꾼, 허풍선이. 3 UC 무의미, 넌센스, 실없는 소리. 4 (英) 박하사탕.
— 타 (~**gg**-) 타 〔남〕을 속이다; 〔남〕을 속여서 …시키다(*into*); 〔남〕을 속여서 빼앗다(*out of*). ¶a ~ person *into* selling his house 남을 속여서 집을 팔게 하다 / ~ a person *out of* his money 남을 속여서 돈을 빼앗다. — 자 사기치다, 협잡하다, 허튼 소리 하다 (*about*). — 감 바보같이!, 헛소리 마(nonsense)!

~·**ger** 사기꾼, 허풍선이.
hum·bug·ger·y [hʌ́mbʌ̀gəri] 명U 협잡, 사기.
hum·ding·er [hʌ́mdíŋər] 명 (구어) 훌륭한[멋있는] (사람[물건], 고급의 (것), 걸출한[이례적인] (것).
húm·ding·ing 형 (속어) 제1급의.
hum·drum [hʌ́mdrʌ̀m] 형 평범한, 단조로운, 지루한. ¶a ~ task 지루한 일. — 명 UC 단조로움, 평범, 지루함; 지루한 것, 따분한 사람. ~·**ness**
Hume [hjuːm/hjuːm] 명 **David** ~ 흄(1711–76: 스코틀랜드의 철학자·역사가). **Húm·ean**, **-ian**
hu·mec·tant [hjuːméktənt/hjúː-] 형 (화장품 따위의) 습윤제(濕潤劑). — 명 습기를 주는; 습윤성 물질의.
hu·mer·al [hjúːmərəl/hjúː-] 형 어깨의; 〔해부·동물〕 상완골(上腕骨)의. — 명 ~ veil. 는 예복.
húmeral véil 명 〔가톨릭〕 (사제 등의) 어깨에 걸치는 예복.
hu·mer·us [hjúːmərəs/hjúː-] 명 (복 **-mer·i** [-mərài]) 〔해부·동물〕 상완(골), 상박골(上膊骨).
hu·mic [hjúːmik/hjúː-] 형 〔화학〕 부식질(腐植質)의, 부식질에서 얻어진.
hu·mi·cole [hjúːmikoul] 명 〔식물〕 부식토 식물(부식질의 토양에 나는 식물). **hu·míc·o·lous**
*‡**hu·mid** [hjúːmid/hjúː-] 형 습기찬, 습한, (고온) 다습한. ⇒DAMP 〔유의어〕 ~·**ly** 부 ~·**ness**
hu·mid·i·fi·er [hjuːmídəfàiər/hjúː-] 명 습하게 하는 것; 가습[급습]기; (담배 공장 따위의) 온도 조절계.
hu·mid·i·fy [hjuːmídəfài/hjúː-] 타자 …을 축축하게 하다, 축이다. **-fi·cá·tion**
hu·mid·i·stat [hjuːmídəstæt/hjúː-] 명 항습기(恒濕器), 습도 자동 조절기. (또는 **humidostat**)
*‡**hu·mid·i·ty** [hjuːmídəti/hjúː-] 명 UC 1 습기, 습도. 2 상대 습도(relative ~)(가 높은 불쾌한 상태).
hu·mi·dor [hjúːmədɔːr] 명 (적당한 습도를 갖게 하는) 저장 상자[실]; 가습 장치.
hu·mi·fi·cá·tion [hjùːməfikéiʃən/hjùː-] 명 부식토(腐植土) 형성. **·mi·fý** 명
*‡**hu·mil·i·ate** [hjuːmílieit/hjúː-] 타 〔남〕에게 창피를 주다, 〔남〕의 자존심을 상하게 하다, 〔남〕에게 굴욕을 갖게 하다. ¶~ *oneself* 체면을 잃다, 창피당하다 / be ~*d by defeat* 패배로 체면을 잃다[창피당하다]. **-à·tive** 형 **-à·tor** 명 **-i·a·to·ry** 형
hu·mil·i·at·ing [hjuːmílieitiŋ/hjúː-] 형 치욕적인, 굴욕적인. ¶a ~ defeat 치욕적 패배. ~·**ly** 부
*‡**hu·mil·i·á·tion** [hjuːmíliéiʃən/hjúː-] 명 UC 치욕을 안겨주기, 모욕; 창피 당하기; 굴욕, 수치.
hu·mi·lis [hjúːməlis/hjúː-] 명 〔기상〕 (뭉게 구름이) 편평한, 편평운(扁平雲)의.
*‡**hu·mil·i·ty** [hjuːmíləti/hjúː-] 명 1 U 겸손, 비하. ~ 는 비하하여. 2 (-ties) 겸허한 행동.
hu·mint, **HUMINT** [hjúːmint/hjúː-] 명 스파이에 의한 첩보[정보 수집] 활동; 그 정보. (참) elint, sigint (<*hum*an+*int*elligence)
Hum·ism [hjúːmizm/hjúː-] 명 흄(Hume)주의[철학설] (D. Hume의 사상; 인식론적 회의주의).
hu·mi·ture [hjúːmitʃər/hjúː-] 명 습온도 불쾌 지수; 체감 습도. (<*hum*idity+temper*ature*)
hum·ma·ble [hʌ́məbl] 형 (곡이) 쉽게 흥얼거릴 수 있는; 가락이 아름다운. **·bíl·i·ty**
hum·mel [hʌ́məl] 형 (스코) (소·사슴 따위가) 뿔이 없는; (보리 따위가) 까끄라기가 없는.
hum·mer [hʌ́mər] 명 1 붕붕 소리를 내는 것; 콧노래 부르는 사람. 2 =hummingbird. 3 (구어) = humdinger. 4 (속어) 불법[오인] 체포[고소]. 5 〔야구〕 속구. 6 (속어) 공짜 (물건). — (속어) 무료[공짜]의; 굉장한. (신형 다목적 차량).
Húm·mer (상표) 〔美육군〕 허머(기동성이 뛰어난 신형 다목적 차량).
*‡**hum·ming** [hʌ́miŋ] 형 1 윙윙하는, 콧노래를 부르는. 2 (구어) (상거래 따위가) 활발한; 기운찬, 굳센, 강렬한, 재빠른. ¶a ~ knock on the head 머리 위에 가

hum·ming·bird [hʌ́miŋbə̀ːrd] 명 (미국산(産)) 벌새.
húmming tòp 명 윙윙 소리내는 팽이. 「리」.
hummm... [hʌmː, mmː] 감 응, 봉(모티·파리의 소
hum·mock [hʌ́mək] 명 1 언덕, 작은 산. 2 (빙원
(氷原) 위의) 얼음 언덕. 3 (부근의 늪지보다 높은) 수림
지대. ~·y 형 언덕(얼음산)이 같은(이 많은).
hum·mus [húməs] 명 (중동요리) 후머스(이집트콩
을 삶아 양념한 음식; 빵을 찍어 먹는다).
hum·my [hʌ́mi] 형대 명 (멋도 모르고) 기쁜
[기쁘게], 혼자 좋아하는[좋아서].
hu·mon·gous [hjuːmʌ́ŋɡəs/hjuː-] 형 (美속어) 거
대한, 엄청나게 큰; 터무니없는. (또는 **humungous**)
‡**hu·mor**, (英) -**mour** [hjúːmər/hjúː-] 명 (복) ~s
[-z] 1 ⓤ 유머, 해학, 익살(⇒JOKE 유의어); 유머를
이해하는[표현하는] 능력; (일반적으로) 유머가 있는 문
장[이야기]. ¶dry ~ 정색을 하고 부리는 익살/He has
a sense of ~. 그는 유머 감각이 있다. 2 ⓤⓒ 기질, 성
미. ¶sanguine ~ 낙천적 기질/a man of pessimistic
~ 비관적 기질을 지닌 사람/Every man has [or in]
his ~. (속담) 사람의 마음은 각양각색. 3 ⓤⓒ (보통
단수형) 마음, 기분(⇒MOOD 유의어); 변덕, 일시적인
기분(caprice). ¶When the ~ takes you, … 마음이
내키면. 4 (~s) 기행(奇行), 변덕스런 행동. 5 (옛날 생
리학에서) 체액. ¶the cardinal ~s 4 체액(blood,
phlegm, choler, melancholy). 6 (생물) (동·식물의
체내에 있는) 액, 체액; (생리) (호르몬 따위) 분비물. 7
(병리) 몸의 병적 상태에 의한 만성 피부병.
in a bad [or **an ill, a foul**] **humor** 기분이 나빠서.
in a good humor 기분이 좋아서.
in no humor for …을 할 마음이 안 나서.
in the humor for …을 할 마음이 내켜서.
out of humor 불쾌해서, 성이 나서. ¶My father is
a little out of ~. 아버지는 기분이 좀 언짢으시다.
please a person's humor 비위를 맞추다.
—타 (~s [-z]) 1 (남)의 비위를 맞추다, (남)에게
장단을 맞추다. 2 ~ a person's opinion 남의 의견에 장
단을 맞추다. 2 (도구·역할 따위)를 억지로 하지 않고
잘 다루다(소화하다); 적응하다. ¶~ one's part 자신의
~·**ful** 형 　　　　　　　　　　　 「역을 잘 해내다.
hu·mor·al [hjúːmərəl/hjúː-] 형 (생리) 체액성의,
체액에서 일어나는. ~·**ism** 명 체액 병리학. ~·**ist** 명
hu·mored [hjúːmərd/hjúː-] 형 (복합어로) …기분
의, 기분이 …한. ¶good-[ill-]~ 기분이 좋은[나쁜].
~·**ly** 부
hu·mor·esque [hjùːmərésk/hjùː-] 명 (음악) 유
머레스크(유머러스하고 경쾌한 기악 소곡). ~·**ly** 부
hu·mor·ist [hjúːmərist/hjúː-] 명 1 유머가 있는 사
람, 유머를 잘 이해하는 사람; 익살꾼. 2 유머 작가(배
-ís·tic, -is·ti·cal 형 　　　　　　　　　　　 「우].
hu·mor·less [hjúːmərlis/hjúː-] 형 유머[재미]가
없는, 익살 부릴 줄 모르는; 유머를 이해하는[표현하는]
능력이 없는. ~·**ly** 부 ~·**ness** 명
hu·mor·ol·o·gy [hjùːmərɑ́lədʒi/hjùːmərɔ́l-] 명
유머학(언어학·심리학·인류학 따위의 입장에서 유머를
연구하는 학문).
‡**hu·mor·ous**[1] [hjúːmərəs/hjúː-] 형 (*more* ~;
most ~) 1 유머러스한, 유머가 넘치는; 유머를 아는
[이해하는]; 해학적인, 익살맞은. ¶a ~ writer 유머 작
가. 2 (고어) 변덕스런, 기분이 잘 변하는.

유의어 **humorous** 남의 웃음을 유발하는; 따뜻한 마
음·공감 따위를 표시. **witty** 모순을 꿰뚫어 보는 날카
로운 기지를 재기 발랄한 말로 (때로는 차갑고 찌르는
듯하게) 재미있게 표현하는. **facetious** 서투른 농담
을 하고 본인 혼자서만 좋아하고 있음을 암시.
waggish 장난기가 있고 농담을 즐기는.

~·**ly** 부 ~·**ness** 명

hu·mor·ous[2] 형 1 (고어) 젖은(wet). 2 (옛날 생리
학에서) 체액의.
hu·mor·some [hjúːmərsəm/hjúː-] 형 변덕스러
운; 사람을 즐겁게 하는; 성마른. ~·**ness** 명
hu·mour [hjúːmər/hjúː-] 명타 동타 (英) =humor.
hu·mous [hjúːməs/hjúː-] 형 부식토(humus)의;
(땅이) 부식질의, 유기질을 많이 함유한.
‡**hump** [hʌmp] 명 1 (등에 생긴) 혹, (낙타 따위의 육
봉(肉峯)). ¶a ~ on the back 등의 육봉. 2 언덕; 야산
(도로의) 둔턱; (철도) 험프(차량 분리를 위해 조차장(操
車場)에 만들어 놓은 경사지). 3 (the ~) (英구어) 우울,
울화, 신경질. 4 (美) (the ~) (넘어야 할) 산맥, 돌출부;
(the H–) 히말라야 산맥(제2차 대전중 연합군 공군이 사
용한 암호). 5 (the ~) (구어) 위기, 난관. 6 (생리) (뇌
따위의) 융기성의 곡선. 7 (구어) 노력, 분투. 8 (속
어) 쓸모 없는 사람, 쓰레기. 9 (美속어) 성교, (성교 상
대로서의) 여자.
***bust** (one's) **hump** (美속어) 필사적으로 버티다; 맹
렬히 일하다.
***get a hump on** (美구어) 서두르다(hurry).
***get the hump** 기분이 언짢아지다, 신경질을 내다.
***give a* **person** *the* **hump** 남을 약오르게 하다, 실망
시키다. 　　　　　　　　　　　　　　 「급히 행동하다.
***hit the hump** (교도소·군대에서) 탈주를 기도하다;
***live on** one's **hump** 자급자족하다, 자활하다.
***on the hump** 활동하여.
***over the hump** [or **hill**] 위기를 넘어, (병 따위)의 고
비를 넘겨; (행기·복무 기간 따위)의 반을 넘겨.
—동자 1 (등)을 둥글게 하다, 구부리다(up). ¶The
cat ~ed (up) its back. 고양이가 등을 둥글게 구부렸
다. 2 (철도) (차량)을 험프로 구분하다. 3 (재귀용법
으로) (美구어) 크게 애쓰다, 분투하다, 서두르다. ¶~
oneself 노력하다. 4 낙담시키다, 실망시키다. 5 (濠속
어) …을 짊어지다, 등이나 어깨에 메다(shoulder), 운
반하다. 6 (美속어) …와 성교하다. —자 1 둥글게 되
다; 둥근 언덕을 이루다. 2 (美구어) 노력하다; 서둘다.
3 최고 속도로 나아가다. (속어) (애써서) 나아가다. 4
(美속어) (…와) 성교하다(with).
***hump along** [or **it**] (속어) 서두르다, 급히 가다.
***hump and bump** (美속어) (열심히 노력하여) (사업
따위)를 한 걸음 한 걸음 추진하다.
***hump** (one's) **swag** [or **the**]) **bluey** [or **swag, drum**]
(濠속어) (떠돌이 따위가) 일상용품(보따리)을 짊어지
고 방랑하다.
~·er 명 **~·less, ~·like** 형
hump·back [hʌ́mpbæ̀k] 명 1 곱사등(이), 곱추. 2
(동물) 혹등고래(~ whale). 3 =humpback salmon.
hump·backed [hʌ́mpbæ̀kt] 형 곱추의, 곱사등의.
húmpback sálmon 명 (어류) 곱사 송어, 곱사 연
어(북태평양산 연어의 일종). 　　　　　　　 「bridge].
húmp brìdge 명 홍예 다리. (또는 **húmpback(ed)**
humped [hʌmpt] 형 혹이 있는, 등을 둥글게 한.
húmped cáttle 명 (가축화된) 혹소, 인도소.
humph [hʌmf, hm, mmm, mmm] 감 흥흥, 흥
(불신·불만·경멸 따위의 콧소리). —명자 흥하다.
Hum·phrey [hʌ́mfri] 명 **Hubert H(oratio)** ~
험프리(1911–78; 미국의 정치가·부통령).
hump·ty [hʌ́mpti] 명 (英) 낮은 안락 의자.
Hump·ty Dump·ty [hʌ́mptidʌ́mpti] 명 1 험프
티 덤프티(영국의 전래 동요(nursery rhyme, (美)
Mother Goose rhyme)에 나오는 주인공; 담벼락에서
떨어져 깨어버린 달걀의 의인화). 2 (때로 h– d–) 땅딸
보, 넘어지면 일어나지 못하는 사람; 한 번 부서지면 원
래의 상태로 되지 않는 사람; (속어) (낙선이 뻔한 후
보자. 3 말의 뜻을 마음대로 바꾸는 인물(Lewis Caroll
의 *Through the Looking-Glass*에 등장).
hump·y[1] [hʌ́mpi] 형 혹이 많은; 혹과 같은.
hum·py[2] 명 (濠) (원주민의) 오두막집. 　　「등이 둥근.
húm tòne [**nòte**] 명 험톤(진동하는 종 전체에서 나
오는, strike tone보다 1옥타브 낮은 음).

Hu·mu·lin [hjúːmjulin/hjúː-] 명 〔상표〕〔약학〕후물린(유전자를 재결합시켜 생산한 인슐린).
hu·mu·lon [hjúːmjulɔ̀n/hjúːmjulɔ̀n] 명 〔화학〕후물론(홉 열매(hop)의 쓴 맛 성분).
hu·mus [hjúːməs/hjúː-] 명 ⓤ 부식(腐植)(질); 부식토(土), 부엽토(腐葉土). ~·**like** 형
Hun [hʌn] 명 **1** 〔역사〕훈족(族), 흉노(匈奴)(4-5세기에 유럽에 침입했던 중앙 아시아의 유목민). **2** (종종 h-) 야만인; 문명의 파괴자. **3** 〔경멸적〕(제1·2차 대전중의) 독일군[사람]. ~·**like** 형
Hun. Hungarian; Hungary.
Hu·nan [húːnáːn] 명 후난(湖南)(중국 중남부의 성).
***hunch** [hʌntʃ] 명타 **1** 〔등 따위〕를 활처럼 구부리다(*up*). ¶She ~*ed* herself on a mat. 그녀는 매트 위에서 등을 둥글게 구부렸다 // (~+圉+圃) Don't ~ (*up*) your back so. 그렇게 등을 구부리지 마라. **2** …을 밀다, 찌르다. **3** …의 예감을 갖다. ── 짠 불쑥 튀어나오다, 몸을 내밀다; 몸을 굽히다, 웅크리다.
── 명 **1** 혹. **2** 덩어리, (빵 따위의) 두꺼운 조각. **3** 《美구어》예감, 육감, 직감 (感). ¶I have a ~ that he won't come. 그는 오지 않으리라는 생각이 든다. **4** 밀기, 찌르기. 〔요행수를 노리다.
play a [or **one's**] **hunch** (구어) 직관적으로 행동하다.
hunch·back [hʌ́ntʃbæ̀k] 명 꼽추, 곱사등(이).
hunch·backed [hʌ́ntʃbæ̀kt] 명 꼽추의, 곱사등의.
hunch·y [hʌ́ntʃi] 명 혹이 있는(humped).
hund. hundred.
‡**hun·dred** [hʌ́ndrəd] 명 (복 ~**s** [-(z)]) **1** (a ~, the ~) 100(H., h., hund.), 100의 기호(로마 숫자로 C); 100개(사람, 세), 100그램[파운드]. ¶a [*or* one] ~ 100 / six ~ 600 / three ~ (and) sixty-five 365(*《美》and는 생략할 때가 많다)/the seventeen ~*s* 1700년대/some[or about a] ~ 약 100 / under a ~ 100이하/live to a ~ and five 105세까지 살다/six in the ~ 100분의 6. **2** 〔《美구어》100달러, 《英구어》100 파운드; 〔경기〕100야드 경주. ¶lend a person a ~ 남에게 100달러를 빌려주다. **3** (~s) 불특정 다수, 수백. ¶~s of students 수백명이나 되는 학생들/Examples were quoted in ~s. 예(例)가 몇 백이 될 만큼 열거되어 있었다. **4** 〔英역사〕촌락(county의 council하위; 미국 식민지 시대의) 郡區. **5** (the ~s) 100대(代)(100-109, 100-199: 100-999). **6** (또는 ~'**s pláce**) 〔수학〕(혼수(混數)에서) 소수점 3위; (정수(整數))에서 100자리.
a hundred to one ① 〔긍정적〕거의 절대적으로, 십중팔구. ¶It's a ~ *to* one he will win the election. 그는 틀림없이 선거에 이길 것이다. ② 〔부정적〕100에 하나의, 거의 가망이 없는.
by the hundred 100단위로.
by (**the**) **hundred**(**s**) 몇백이나, 많이.
great [or **long**] **hundred** 120.
hundreds and thousands ① 셀 수 없는, 무수. ¶~ *and thousands* of birds 무수한 새들. ② (과자 따위의 장식에 쓰이는) 굵은 설탕.
hundreds of thousands of 수십만의, 무수한.
in their hundreds [or **thousands, etc**] 수백[수천]이나.
like a hundred of bricks ⇒ BRICK. 〔이, 대략으로.
── 명 **1** 100(개, 사람)의. ¶two ~ people 200명/the ~ and first person 101번째의 사람. **2** 〔서술〕(a ~) 100살(세)의. ¶live to be a ~ (years old) 백살까지 살다. **3** (a ~) 〔불특정〕다수의, 많은. ¶a ~ times 100번[번]이나, 몇 번이나 / I have a ~ things to do. 나에겐 할 일이 많다.
a hundred and one 다수의.
a [or **one**] **hundred percent** (구어) 100퍼센트로, 완전히[한]; (부정적) 완전히 회복되지 않은.
hundred proof 《美속어》① 최고의, 완전(純正)의. ② (반어적) 최악[최저]의.
not a hundred miles away from; within a *hundred miles of* …에서 그다지 멀지 않은 곳에, …에서 아주 가까이.
hun·dred-and-eight·y-de·gree [-əndèitidigríː] 형 180도의[로]; 완전히[히]; 정반대의[로]. 〔또는 **180-degree**〕
Húndred Dáys 명복 **1** 〔프랑스 역사〕(Napoleon의) 백일 천하(1815년 3월 20일-6월 28일; 엘바섬 탈출로부터 Waterloo 패전 후의 퇴위까지). **2** 〔美역사〕백일 의회(1933년 3월 9-6월 16일, Roosevelt 대통령의 New Deal 법안 가결). **3** (美) 백일의 밀월 기간(새 대통령 취임 후 100일간 반대당·언론 등의 협조 기간).
Húndred Flówers (**móvement**) 명 백화제방(百花齊放) 운동(1957년 중국의 마오 쩌둥(毛澤東)이 편 체제 비판의 자유화 정책).
hun·dred·fold [hʌ́ndrədfòuld] 형명부 100배의; 100개[명]로 이루어지는. ──100배로.
hun·dred·per·cent [-pərsént] 형부 100퍼센트의[로], 완전히[하게], 전면적인[으로]. ~·**ism**
hun·dred·per·cent·er [-pərséntər] 명 과격한 애국자[국수주의자]; 극단론자, 《속어》돈을 벌기 위해서라면 무엇이든지 하는 사업가; 아주 좋은 녀석[아가씨].
hun·dred-proof [-prúːf] 형 **1** (위스키가) 알코올 농도 50%의. **2** 《美속어》최고급의, 최상의; 순수한, 진짜의; (반어적) 최악[최저]의. 〔리의 숫자).
húndred(**'**)**s dígit** 명 (아라비아 숫자의) 100의 자
húndred's pláce 명 =hundred 5.
***hun·dredth** [hʌ́ndrədθ, -drətθ] 명 100번째의; 100분의 1의. ── 명 100번째(의 사람, 것); 100분의 1; 〔수학〕소수점 이하 두 자리.
hun·dred·weight [hʌ́ndrədwèit] 명 (복 ~(**s**)) 헌드레드 웨이트(중량의 단위; 《美》100파운드, 《英》112 파운드, 《略》cwt).
Húndred Yéars' Wár (the ~) 〔역사〕백년 전쟁(1337-1453의 영불(英佛)간의 전쟁).
‡**hung** [hʌŋ] 동 hang의 과거·과거분사.
── 형 **1** 결론이 나지 않는, 의견이 갈린; (사태가) 해결되지 않은; (의회가) 절대 다수당이 없는. **2** (구어) 짜증나는, 불쾌한, (으로) 괴로워하는, 고민하는(*about*). **3** 〔속어〕페니스가 큰(well-~). **4** 《美속어》〔컴퓨터〕움직이지 않게 된. **5** 《美속어》피곤한, 녹초가 된; 숙취인. **6** (속어) 반한.
hung like a bull [or **horse**] 《속어》남근(男根)이 큰. 〔게.
hung over (구어) 숙취로 걱정되는[되어]; 비참하게 된.
hung up (구어) ① 결심이 서지 않은. ② 꼼짝 못 하게 된. ③ 시대에 뒤떨어진, 구식의. ④ 〔연구〕(주가) 협공당한. 〔② …에 열중한, 빠진.
hung up on [or **about**] 《속어》① …에 구애되는.
Hung. Hungarian; Hungary.
Hun·gar·i·an [hʌŋgɛ́əriən] 명 헝가리(사람, 말)의.
── 명 헝가리 사람; ⓤ 헝가리어(Magyar).
Hungárian gráss 명 〔식물〕조(foxtail millet).
Hungárian rísing 명 헝가리 동란(1956년 10월 부다페스트에서 발생한 반소·자유화 운동).
Hun·ga·ry [hʌ́ŋgəri] 명 헝가리(중부 유럽의 공화국; 헝가리어명은 Magyarorszag; 수도 Budapest).
húng béef 명 헝비프(매달아서 말린 쇠고기).
‡**hun·ger** [hʌ́ŋgər] 명 **1** ⓤⓒ 굶주림, 기아; 공복, 시장기; 기근. ¶feel[or suffer] ~ 시장기를 느끼다/die of ~ 굶어 죽다/satisfy one's ~ with …으로 배를 채우다/H- is the best sauce. 〔속어〕시장이 반찬이다. **2** (a ~) (…에 대한) 열망, 갈망 (*for, after*). ¶a ~ *for* fame [learning, knowledge] 명예[지식]욕.
(**strictly**) **from hunger** 최저의, 싸구려의; 불쾌한; 경멸받을 만한.
── 동 (~**s** [-z]) 짠 **1** 굶주리다, 배가 고프다, 허기지다. **2** 열망하다 (*for, after*). ¶~ *for* kindness 친절을 간절히 바라다. ── 탄 〔남〕을 굶주리게 하다; 〔남〕을 굶

주리게 하여 …시키다 (*into, out of*). ¶ (~+目+前+
名) ~ soldiers *into* surrender 병사들을 굶주리게 하
여 항복시키다.
~·ing·ly 튀 ~·less 형

húnger cùre 명 단식 요법(療法), 절식(絶食) 요법.
hun·ger·ly [hʌ́ŋgərli] 형 (고어) 배고픈 듯한.
húnger màrch 명 (英) 기아 행진(실업자의 데모 행진).   **húnger màrcher** 명
húnger pàin 〔의학〕 공복통(空腹痛).
húnger strìke 명 단식 스트라이크, 단식 투쟁.
hun·ger-strike [-stràik] 자 (**-struck**) 단식 투쟁을 하다. **húnger stríker** 명
húng júry 명 (美) (배심원의 의견 불일치에 의한) 평결 불성립, 불일치.
hung·over [hʌ́ŋòuvər] 형 (구어) 숙취인; 비참한.
húng párliament 명 절대 다수당이 없는 의회.
hun·gry [hʌ́ŋgri] 형 (**-gri·er ; -gri·est**) 1 배고픈, 굶주린, 시장한; 허기진; 공복을 느끼게 하는. ¶a ~
look 허기진 듯한 얼굴 / feel ~ 시장기를 느끼다.

> 〔유의어〕 **hungry** 갖가지 정도의 「배고픔」의 뜻의 가장 일반적인 말. **famished** 배고픔에 시달린; hungry를 과장하는 말로 쓰인다. **starved** 장기간의 식량 또는 영양 부족으로 쇠약해지거나 죽은. **starving** starved의 상태에 빠져가는; starved, starving은 다같이 hungry를 과장하는 말로도 쓰인다. **ravenous**, **ravening** 몹시 굶어 게걸스럽게 먹다. ravening은 먹이에 맹렬하게 달려드는 맹수를 암시하는 뜻이 담겨 있다. **voracious** 배고픔의 정도에 관계없이 많이 먹는. **gluttonous** 극히 voracious해서 물리도록 먹어야 성이 차는.

2 갈망하는, 열망하는 (*for, after*) ; (구어) 야심만만한, 돈벌이에 급급한. ¶be ~ *for* knowledge 지식욕에 불타고 있다. 3 (땅이) 메마른, 불모의. ¶~ land 메마른 땅. 4 식량[양식]이 모자라는, 기근의. 5 (드물게) (신선한 공기 따위가) 식욕을 돋우는.
as hungry as a hunter [or *hawk*] 몹시 시장한.
go hungry 굶주리다; 배고프다.
── (the -gries) (구어) 공복. ¶get the *hungries* 속이 비다.
-gri·ly 튀 **-gri·ness** 명
húngry wòrk 명 허기지는 일.
hung-up [-ʌ́p] 형 (속어) 신경 쇠약의, 정서가 불안정한; 걱정하는, 염려스러운.
hunh [hʌŋ] 감 (생각할 때·부가의문 강조사(强調詞)로).
hunk¹ [hʌŋk] 명 1 (구어) 빵·고기 따위의 큰 덩어리, 두툼한 조각. 2 (美속어) (익살) 굉장한 사람; 멋진 [섹시한] 남자; (섹스 상대로서의) 남자(여자), 정부.
a hunk of a man (美속어) 늠름한[헌걸찬] 사나이.
a hunk of change (美속어) 얼마 안 되는 돈.
a hunk of cheese (美속어) 꼴불견의[보기 싫은] 놈.
get hunk with …에게 대갚음하다.
hunk² 명 (어린이 놀이에서) 자기 진영, 홈, 골.
on hunk 안심할 수 있는 곳에.
hunk³ 형 =hunky¹².
hun·ker [hʌ́ŋkər] 자타 쪼그리다(*down*).
hunker down (구어) ① 숨다, 몸을 숨기다, 잠복하다. ② 하고야 마음먹다, 단단히 벼르다; 단호한 태도
── 명 (스코) 쪼그리고 앉아서, 엉덩이. (~s) 엉덩이.
on one's hunkers 쭈그리고 앉아서.
Hun·ker [hʌ́ŋkər] 명 (美) (1840년대 New York주 민주당내의) 보수파 당원; (h-) 보수적인 사람, 구식을 고집하는 사람(fogy).
hun·kie [hʌ́ŋki] 명 =hunky².
hunks [hʌŋks] 명복 (단·복수 양용) 심술쟁이; 구두쇠.
hunk·y¹ [hʌ́ŋki] 형 1 더할 나위 없는, 맞을 데 없는. 2 (또는 **hunk**) 피장파장의, 막상막하의.
hunk·y² 명 (때로 H-) (美) (경멸적) 외국에서 온 미숙련 노동자(특히 헝가리 사람). (또는 **hunkie**)
hunk·y-chunk [-tʃʌ́ŋk] 명 (美속어) (특히 유럽 중

부 출신의) 건장한 노동자.
hunk·y-do·ry [-dɔ́:ri] 형 (美속어) 더할 나위 없는.
Hun·nish [hʌ́niʃ] 형 훈족(Huns)의[과 같은] ; (때로 h-) 파괴적의, 야만적의.   ~·ly 튀 ~·ness 명
‡**hunt** [hʌnt] 타자 1 …을 사냥하다, 수렵하다, (특히 여우 사냥을 하다(* (英) 짐승에게만 쓰고 새사냥에는 shoot, (美) 양쪽에 다 쓴다). ¶~ bears 곰사냥을 하다 / ~ big game 큰 짐승을 사냥하다 / ~ ivory (상아를 얻기 위해) 코끼리를 사냥하다. 2 〔사냥감이 있는 곳을〕 몰이하여 돌아다니다, 몰이하다. ¶~ the woods 사냥을 하며 숲을 돌아다니다. 3 (말·개 따위)를 사냥에 쓰다. ¶~ *a pack of one's hounds* 한 떼의 사냥개를 사냥에 쓰다. 4 〔범인·진상 등〕을 추적하다[뒤쫓다](*down*); …을 몰아내다(*from, out of*); …을 내쫓다(*away, out*). ¶ (~+目+副) ~ *down* a thief 도둑을 뒤쫓아 잡다 // the neighbor's cat *away* 이웃집 고양이를 내쫓다 // (~+目+前+名) He was ~*ed from*[or *out of*] the village. 그는 마을에서 쫓겨났다. 5 …을 찾다, 구하다, 뒤지다(*out, up*), (특정한 장소)를 구석구석 뒤지고 다니다. ¶~ *a job* 일자리를 찾다 // (~+目+副) ~ *out* a person's address 남의 주소를 찾아내다 // He ~*ed* the house *for* the book. 그는 그 책을 찾아내려고 집안을 샅샅이 뒤졌다. 6 〔전기·기계〕 난조(亂調)를 일으키다. ── 자 1 사냥을 하다 (*over*). ¶Wolves ~ in packs. 늑대는 떼를 지어 사냥한다. 2 찾다, 구하다 (*for, after*). ¶ (~+前+名) ~ *for* a lost book 잃어버린 책을 찾다 / ~ high and low *for* …을 찾아 곳곳 뒤지다. 3 (기구·기계가) 불규칙하게 움직이다.
hunt down 몰아넣다, 뒤쫓다; 박해하다.
hunt out 찾아내다; (사냥감)을 몰아내다.
hunt through …의 속을 (샅샅이) 뒤지다(*for*).
hunt up 1 사냥 몰이하다. 2 찾다, 수색하다; 찾아내다; (서류·자료 따위)를 뒤지다, 조사하다(*in*).
── 명 1 사냥, 수렵. ¶have a good ~ 사냥감을 많이 잡다. 2 (the ~, the H-) 추적, 탐색 대. ¶a treasure ~ 보물 찾기 / find after a long ~ 오랜 탐색 끝에 마침내 발견하다 / The ~ is up. 추적이 시작되었다. 수렵회, 사냥터, 수렵 지구. 5 〔전기·기계〕 난조, 헌팅. 6 전조 명종법(轉調 鳴鐘法).
have [or *be on*] *a hunt for* …을 찾다; …을 사냥하다.
in [*out of*] *the hunt* (英구어) 경주에 참가한[하지 않은].   ~·a·ble ~·ed·ly 튀 (없음); 찬스가 있는[없는].
húnt and péck 독닥독닥 치는 서툰 타자법.
hunt·a·way [hʌ́ntəwèi] 명 (濠·뉴질) 양치기 개.
── 형 양을 지키도록 훈련된.
húnt báll (英) 사냥꾼들의 사냥복 차림 무도회.
húnt bòard[tàble] (英) 바퀴 달린 반원형 와인 테이블; (美) 높이가 높은 사이드 보드 탁자(사냥 전후의 식사용).
húnt bòx =hunting box.   〔의 간단한 식사용).
húnt bùtton (사냥) 사냥복의 단추(수렵회의 마크가 새겨져 있다).   〔가〕 겁에 질린, 초췌한.
hunt·ed [hʌ́ntid] 형 1 쫓긴, 추적된. 2 (표정 따위
‡**hunt·er** [hʌ́ntər] 명 (옘 ~s [-z]) 1 사냥꾼, 엽사 (獵師); (~s) 수렵민. 2 탐색하는 사람, 찾아다니는 사람 (*for, after*). ¶an autograph ~ 싸인 수집가 / a fortune ~ 재산 때문에 결혼하는 사람 / a *after glory* 명예욕이 강한 사람. 3 사냥말, 사냥말, 먹이를 찾는 동물; (딴 동물을 잡아 먹는) 동물. ¶A Cat is a skillful ~. 고양이는 쥐를 잘 잡는다. 4 (英) (사냥꾼이 쓰는) 양면에 뚜껑이 달린 회중 시계. 5 (the H-) 〔천문〕 오리온자리. 6 ~ green. ~·ship 명
hunt·er-gath·er·er [-gǽðərər] 명 〔인류〕 수렵·채집[채집·수렵]인(생활자).
húnter gréen 황록색. (또는 **húnter's gréen**)
hunt·er-kill·er [-kílər] 명 〔군사〕 대(對) 잠수함 공격기.   〔킬러 위성.
húnter-killer sàtellite 명 위성 파괴(공격) 위성,

Húnt·er-Rús·sel sỳndrome [hʌ́ntərrʌ́sl-] 헌터 러셀 증후군(유기 수은(有機水銀) 중독).

húnter's móon (the ~) 사냥달(harvest moon (추추의 만월) 다음 달의 만월).

húnter's pínk (사냥꾼 웃옷에 쓰이는) 선홍색.

húnter tríals 사냥꾼 자격 실기 시험.

‡**húnt·ing** [hʌ́ntiŋ] 圏U 1 수렵, 사냥; 《英》(특히) 여우 사냥(fox ~); 《美》총으로 하는 사냥. 2 추구, 탐구; 수색, 찾기. ¶ ~ house ~ 셋집 찾기. 3 〔전기·기계〕 헌팅, 난조. ─ 다(Good luck!).

Good hunting! 《英구어》잘 하십시오, 행운을 빕니 **huntin', shootin' (and) fishin'** 사냥과 사격과 낚시; 유한 계급(상류층) 오락(* 상류층이 g음을 생각하는 ── 사냥(용)의 사냥하는; 사냥을 좋아하는. 나데).

húnting bòx[lòdge] 圏 《英》 사냥꾼 오두막집.

húnting càp 圏 사냥 모자. 「껑.

húnting càse 圏 사냥용 회중 시계(hunter)의 겉뚜

húnting cát[léopard] 圏 =cheetah.

húnting chàir 圏 앞뒤로 움직이는 발판이 달린 의자.

húnting cròp 圏 수렵용 채찍.

húnting dòg 圏 사냥개.

Húnting Dógs 圏 (the ~) 〔천문〕사냥개자리(Canis

húnting fíeld 圏 사냥터. [Venatici).

húnting gróund 圏 사냥터; (바라는 것을) 찾는 장소, 뒤질 만한 곳 (for). ¶ a happy ~ for second-hand books 헌책 뒤지기에 좋은 장소.

húnting hòrn 圏 사냥용 나팔; 〔음악〕 사냥 호른.

húnting knífe 圏 사냥용 나이프, 사냥칼.

húnting lòdge 圏 =hunting box.

húnting pínk 圏 여우 사냥꾼이 입는 붉은 상의, 그 복지(服地); 여우 사냥꾼.

húnting stámp 圏 《美》사냥 허가증. 「(saber).

húnting swórd 圏 (17-18세기의) 짧막한 사브르

Húnt·ing·ton's choréa[disèase] [hʌ́ntiŋ-tənz-] 圏 〔병리〕 헌팅턴 무도병(유전성 중추신경 질환). (<미국의 신경병학자 George Huntington(1850-

húnting wátch 圏 =hunter 4. [1916)〕

hunt·ress [hʌ́ntris] 圏 1 여성 수렵가, 여자 엽사. 2 사냥용 암말(암캐). 3 (the H-) 〔로마 신화〕사냥의 여신(Diana).

hunts·man [hʌ́ntsmən] 圏 사냥꾼, 수렵가; (사냥 중 사냥개를 돌보는) 사냥개 담당자. **~·ship** 圏

hunt's-up [hʌ́ntsʌ́p] 圏 1 (사냥 때의) 기상 나팔. 2 격려의 노래. 3 크리스마스 송가대의 아침 소리.

húnt the slípper 슬리퍼 찾기(어린이 놀이).

húnt the thímble 圏 《英》 골무 찾기(어린이 놀이).

hun·yak [hʌ́njɑ̀ːk, hú(ː)n-, -yæ̀k] 圏 《美》 《동구 등에서의》이민 (노동자)(hunky); 백성, 시골 사람. (또는 **húnyock, hónyo(c)k**)

hup [hʌp] 圏 1 이랴!(말을 재촉하거나 오른쪽으로 돌게 할 때 지르는 소리). 2 앉아! (개를 앉게 할 때의 명령). 3 =hut². ── 団 (-**pp**-) 1 《美방언》 《말》을 오른쪽으로 돌리다. ─ 寻 (개가) 앉다.

hur·dies [hə́ːrdiz] 圏寻 〔스코〕 궁둥이 (buttocks).

*ɡ**hur·dle** [hə́ːrdl] 圏 1 〔육상·경마〕 장애물, 허들; (the ~s) 〔단수취급〕 =~ race. 2 장애, 곤란한 문제. 3 《英》 (작은 가지로 엮은) 이동식 울타리, 바자. 4 《英》 옛날 죄인을 형장으로 이송하던 썰매 모양의 운반구. *jump* [or *clear*] *the hurdle* 장애물을 뛰어넘다. ─ (美) 결합하다.

the high [*low*] *hurdles* 고[저]장애물 경주.

── 団 1 〔허들〕을 뛰어넘다. 2 〔장애물〕을 돌파하다, 극복하다. 3 … 에 바자를 둘러치다(off). ── 寻 허들 을 뛰어넘다, 허들 경주를 하다. 「는 사람.

húr·dler [hə́ːrdlər] 圏 1 장애물 경주 선수; 바자를 엮

húrdle ràce 圏 장애물 경주, 허들 경주 (hards).

hurds [həːrdz] 圏寻 아마 부스러기, 털 부스러기.

hur·dy-gur·dy [hə́ːrdiɡə̀ːrdi] 圏 손돌림 풍금 (bar-

rel organ); 허디거디(손잡이를 돌려 현(弦)을 타는 악기). **-dist, ~·ist** 圏

‡**hurl** [həːrl] 圏 (~**s** [-z]) 団 1 … 을 (… 에게) 세게 던지다(*away*)(*at*). ── 寻의 ¶ (~+圏+前+名) ~ *a spear at a wild animal* 야수에게 창을 던지다. 2 《재귀용법으로》 (… 에) 부딪치다, 덤벼들다 (*against, at, on*); 《구어》 (… 에게) 끈덕지게 접근하다 (*at*). ¶ ~ *oneself against* one's *enemy* 적에게 덤벼들다. 3 … 을 뒤엎어 얶다, 내팽개치다. ¶ (~+圏+圏) ~ *down tyranny* 전제정치를 쓰러뜨리다. 4 《욕 따위》를 (… 에게) 퍼붓다, 음 쏘아붙이다 (*at*). ¶ (~+圏+前+名) ~ *reproaches at a person* 남에게 욕을 퍼붓다. 5 〔스코〕 〔차, 마차〕를 몰다. 6 〔야구〕 〔시합, … 회〕에 등판하다, 던지다. ── 寻 1 내던지다, 사출하다. 2 돌진하다. 3 〔야구〕 (투수가) 투구하다. 4 〔구기〕 헐링 (hurling)을 하다. 5 (구어) 토하다. ── 圏 1 세게 던지기; 투척; 소용돌이치며 흐르는 급류, 밀려오는 노도. 2 (헐링의) 스틱. 3 〔스코〕 돌 따위의 낙하, 낙석.

húrl·bat [hə́ːrlbæ̀t] 圏 〔역사〕 타구봉 (打쟀棒).

hurl·er [hə́ːrlər] 圏 1 던지는 사람; 〔야구〕 투수 (pitcher). 2 《英》 헐링 (hurling) 선수.

hurl·ey [hə́ːrli] 圏 (pl. ~**s, hurl·ies**) 《英》 1 = hurling 2. 2 헐링용 공 [스틱 (~ stick)]. 3 〔구어〕 곤봉.

hurl·ing [hə́ːrliŋ] 圏U 1 (세게) 던지기. 2 헐링. a) 아일랜드식 하키. b) 영국 콘월 (Cornwall) 지방의 축구 비슷한 구기. 「2, 3.

hurl·y [hə́ːrli] 圏 1 =~-**burly**. 2 《英》 =hurley

hurl·y-burl·y [-bə̀ːrli] 圏 (圏) 야단법석, 대소동, 혼란. ─ 圏 몹시 혼잡한, 몹시 시끄러운.

Hu·ron [hjúərən/hjú̀ə-] 圏 1 **Lake** ~ 휴런호(湖) (미국과 캐나다 사이에 있는 5대호의 하나). 2 휴런족 (휴런호의 서쪽에 사는 아메리카 인디언의 일족).

hurr [həːr] 圏 =huh.

‡**hur·rah** [hərɑ́ː, -rɔ́ː/húrɑ́ː] 圏 만세, 후라. ¶ *H- for the King!* 국왕 만세! ── 圏 환호의 소리, 만세 소리; 소동; 논쟁; 허세, 과시; 제전, 축제. ── 寻의 만세를 부르다; 환호 [성원] 하다. ── 団 … 을 환성을 울리며 응원 하다 [맞이하다]. (또는 **hurray, hooray, hoorah**)

last [or *final*] *hurrah* 최후의 명예 [업적].

hurráh's nést 圏 혼란, 뒤죽박죽.

*ɡ**hur·ri·cane** [hə́ːrəkèin/hʌ́rikən, -kèin] 圏 1 〔기상〕 (서인도 제도 또는 열대 대서양의) 대폭풍, 태풍, 허리케인 (# cyclone, typhoon). 2 허리케인과 같은, (특히 감정의) 격발. ¶ *a ~ of applause* 우뢰 같은 박수갈채. 3 (때로 H-) 허리케인(미국 New Orleans 특유의 칵테일). 4 (H-) 허리케인 (2차 세계 대전 때의 영국 전투기).

húrricane bìrd 圏 =frigate bird. 「〔갑판〕.

húrricane dèck 圏 (하천 여객선의) 최상갑판(最上

húr·ri·cane-fórce wínd [-fɔ̀ːrs-] 圏 허리케인 급 (級)의 바람(초속 32.7m 이상의 최강풍).

húrricane glòbe 남포의 등피(lamp chimney).

húrricane hòuse 《해사》 갑판실.

húrricane hùnter 허리케인 관측기 (機) (승무원).

húrricane làmp[làntern] 圏 (등피 달린) 강풍용 남포(storm lantern). 〔기상〕 폭풍 경

húrricane wàrning[wàtch] 〔주의보〕.

hur·ri·coon [hə̀ːrəkúːn] 圏 허리케인 관용구 기구.

‡**hur·ried** [hə́ːrid, hʌ́r-/hʌ́r-] 圏 1 (사람이) 서두르 는, 쫓기는, 황급히 구는. 2 (식사 따위가) 매우 서두르 는, 허둥대는, (일 따위가) 급히 날린. ¶ *write a few ~ lines* 몇 줄 갈겨 쓰다. **~·ly** 圏 **~·ness** 圏

hur·roosh [hʌrúːʃ] 圏 《英구어》 (차 따위로) 질주하다. (또는 **hooroosh**)

‡**hur·ry** [hə́ːri, hʌ́ri] 圏 (-**ries** [-z]; -**ried**) 寻의 서두르다, 황급히 굴다 [하다] (*up*); (…에) 서둘러 가다 (*to*). ⇒ HASTEN 圏의 ¶ *Don't* ~. 서두르지 마라 / ~ *to the bus stop* 버스 정류장에 서둘러 가다 // (~+圏) *Patches of clouds hurried by*. 조각 구름이 빠르게

흘러갔다 // (~+*to do*) (~+前+名) ~ *to* catch a bus; ~ *for* a bus 버스를 타려고 서두르다. ─他 1 …을 서두르게 하다, 재촉하다(*up, off, on*); (남)에게 서둘러 …시키다; 급(…에) 서둘러 나르다[움직이다], 급파하다 (*to*). ¶ ~ dinner 식사를 서두르다 // (~+目+副) ~ one's work *up*; ~ *up* one's work 일을 서두르다 / ~ *off* [*on*] one's hat 급히 모자를 벗다 [쓰다] // (~+目+前+名) It's no use ~*ing* him *to* the hospital. 그를 서둘러 병원으로 데려가도 소용없다. 2 …을 빠르게 하다. ¶ ~ the development of understanding 이해 증진을 촉진시키다.
hurry along [or *on*] 서두르다, 급히 가다.
hurry a person out 남을 급히 내보내다.
hurry back 급히 되돌아오다; 곧 다시 오다.
hurry in 급히 들어가다.
hurry into [*out of*] …에 급히 들어가다[에서 급히 나오다].
hurry off [or *away*] 서둘러[급히] 떠나다[떠나게 하다].
hurry on with …을 서둘러 하다.
hurry over …을 급히 끝마치다.
hurry through 서둘러 …을 마치다.
hurry up ① (명령형으로) 서두르다; 서두르게 하다. ¶ *H*– *up*, or we'll be late. 서두르지 않으면 늦어요. ② (구어) (열차 따위의) 속도를 높이다. ③ (…에게) 쑥 다가오다(*to*).
hurry up wait (일을) 서둘러 한 뒤 오래 기다리다[기다리는 꼴이 되다], 급한 줄 알았는데 기다리게 하다.
─名 (優 -ries [-z]) 1 ⒰ 서두름, 급함, 매우 급함. ¶Everything was ~ and bustle[or confusion]. 모든 것이 야단법석이었다. 2 ⒰ (부정문·의문문에서) 서두를 이유[필요]. ¶There's no ~. 서두를 필요는 없다. 3 대소동. ¶ ~ and confusion 야단 법석. ¶ ~ (타악기의) 연타(連打), (현악기의) 진음곡(震音曲), 트레몰
get a hurry on (구어) 서두르다.   ᴸ로.
in a hurry ① 급히, 어서, 서둘러(*for*). ¶start *in a* ~ 급히 출발하다 / I'm not *in a* ~ *for* it. 나는 별로 그것을 서두르고 있지는 않다 / I'm *in a* ~ *to* start. 나는 빨리 출발해야 한다, 급히 출발하고 싶다. ② 서두른 나머지. ¶ *In a* ~ I left there without saying good-by to them. 서두른 나머지 나는 그들에게 작별 인사도 못하고 그곳을 떠났다. ③ (부정문에서) 쉽게, 용이하게. ¶You won't find a better job *in a* ~. 너는 그보다 좋은 일자리는 쉽게 찾지 못할 것이다. ④ (부정문에서) 기꺼이, 자진하여.
in no [or *not in any*] *hurry* ① (…을 서두르지 않고 (*for, to do*). ¶be *in no* ~ *for* marriage 결혼을 서두르지 않다. ② (…할) 마음이 없는 (*to do*).
There is no hurry about [or *for*] …을 서두를 필요가 없다.   ┌두르는가?
What's the hurry? (구어) 서두르지 마!, 왜 그리 서 ~*ing* 형名 ~*ing·ly* 부
húrry càll 名 비상 호출[소집].
hur·ry-scur·ry [-skə́ːri/-skári] (구어) 名⒰ 황급, 허겁지겁; 혼란, 소동. ─부 황급히, 허둥지둥; 혼란하여. ─형 황급한, 허둥지둥하는, 혼란한. ─自자 허둥지둥하다. (또는 **húrry-skúrry**)
hur·ry-up [-Àp] (구어) 급한, 서둘러야 하는. ¶a ~ meal[phone call] 급히 먹는 식사[급한 전화].
─自 1 서두르라는 명령, 박차. 2 (속어) 순찰차.
on the hurry-up (英경찰 속어) 전속력으로.
hurst [həːrst] 名 숲; 숲이 있는 언덕; 사구(砂丘), 모래톱. (또는 **hyrst**)
‡**hurt** [həːrt] 동 (~) 他 1 (신체를) 다치게 하다. ⇨ INJURE 유의어. ¶be seriously [or badly, heavily] ~ 중상을 입다 / I ~ my hands when I fell. 나는 넘어졌을 때 손을 다쳤다. 2 …을 아프게 하다. ¶The wound still ~s him. 그 상처가 아직도 그에게 고통을 주고 있다. 3 (물건)에 손상을 주다, 손실을 입히다; (일)을 방해하다, 망치다. ¶ ~ a bag by rough use 거칠게 사용해서 가방을 상하게 하다. 4 (명성·감정 따위)를 상하게 하다, 해치다. ¶ ~ a person's reputation[pride] 남의 명성[자부심]을 상하게 하다. 5 (구어) (it을 주어로 한 부정문·의문문에서) (…에게) 곤란을 겪게 하다, 난처하게 하다. ¶ It won't ~ her to fail the exam. 시험에 실패해도 그녀는 곤란하지 않을 것이다. ─自 1 아프다. ¶My finger still ~*s*. 손가락이 아직도 아프다. 2 상처[고통, 해]를 주다. ¶My new shoes ~. 구두가 새 것이라 발이 아프다. 3 (구어) (it을 주어로 한 부정문·의문문에서) (…)하면 곤란하게 하다. 4 (구어) (진행형으로) (…의) 필요에 쫓기다, (…을) 몹시 탐내다(*for*).
cry [or *holler*] *before one is hurt* (구어) 까닭없이 두려워하다[트집잡다].
feel hurt 불쾌하게 여기다, 감정이 상하다.
hurt oneself; get hurt 다치다.
It hurts. (구어) 아프다.
It doesn't hurt what [or *how*, etc.] ... (구어) 무엇이[아무리] …해도 태연하다.
It won't [or *wouldn't, doesn't*] *hurt a person to do* …해도 남에게는 괜찮다, 문제가 되지 않다.
─名 1 (a ~) 상처, 부상. ¶a bad ~ 심한 상처 / a ~ from a blow 타박상. 2 ⒰ (…에 대한) 손해, 해; 고통, 고뇌(*to*); 타격.
do hurt to …을 해치다, 손상시키다.
─형 1 다친; (…으로) (육체적·정신적) 상처를 입은 (*at, by*). 2 (美구어) (상품 따위가) 파손된, 흠이 간; 망쳐진. ⌐·a·ble   ┘팔리지 않고 남은.
hurt·er[1] [hə́ːrtər] 名 상처[고통]를 주는 사람[것].
hurt·er[2] 名 보호[강화]하는 것[부품], 완충[기]물; 차축 끄트머리의 비녀장.
hurt·ful [hə́ːrtfəl] 형 상처를 입히는, 감정을 상하게 하는; (…에) 유해한(*to*). ~·ly 부 ~·ness 名
hurt·ing [hə́ːrtiŋ] 형 (美구어) 비참한; 아주 곤궁한; (…에) 굶주린[갈망하는]. ¶ ~ 상처 입히기.   ┌통.
húrting dánce 名 (속어) (인간 관계에서 생기는) 비
hur·tle [hə́ːrtl] 동自 1 (…에) 부딪치다, 충돌하다 (*against*). 2 (돌·화살 따위가) 소리를 내며 나아가다, 돌진하다 (*down, through*). ¶A large rock came *hurtling* down the hill. 큰 바위가 언덕에서 소리를 내며 떨어졌다. 3 맞부딪쳐 소리를 내다. ─他 1 …을 세게 던지다, 발사하다. 2 (자동차 따위)를 고속 질주하다. 3 …을 부딪치다, 충돌시키다. ─名⒰ 부딪치기, 부딪치는 소리; 충돌; 돌진.
hurt·less [hə́ːrtlis] 형 1 상처를 입지 않은, 다치지 않은. 2 해를 안끼치는, 무해한. ~·ly 부 ~·ness 名
hur·tling [hə́ːrtliŋ] 형 부딪치는, 질주하는. ~·ly 부
HUS (병리) *h*emolytic *u*remic *s*yndrome(용혈성 요독증(溶血性尿毒症) 증후군).
Hu·sain [husáin, -séin] 名 후사인(629?-680: Muhammad의 손자로 이슬람의 정통파 칼리프(calif)
husb. *husb*andry.   ⌐임을 주장).
‡**hus·band** [házbənd] 名 (復 -s [-z]) 1 남편. ¶ ~ and wife 부부 / a devoted[henpecked] ~ 애공[처]가. 2 (고어) (남의 재산의) 관리인. 3 절약가, 검약가 (economist). 4 (美구어) 뚱뚱이, 정부(情夫).
a good [*bad*] *husband* 검약가[낭비가].
husband's tea (익살) 밍밍하고 식은 차.
─他 1 절약하다, (아껴[소중히]) 쓰다; …을 관리하다. 2 (고어) (여자)에게 남편을 얻어 주다; …의 남편이 되다, (여자)와 결혼하다. 3 (고어) …을 경작하다, 재배하다. 4 (주의 따위)를 받아들이다, 지지하다.
~·er 名 ~·less 형 ~·like, ~·ly 형 남편다운.
hus·band·age [házbəndidʒ] 名⒰ (해사) 선박 관리료.   ┌(…)에 손발이 안맞는 수비.
húsband-and-wífe defénse 名 (美속어) (배 **hus·band·hood** [házbəndhùd] 名⒰ 남편임, 남편의 신분. (또는 **húsbandship**)
hus·band·man [házbəndmən] 名 (농업의) 전문

가: (고어) 농부. ¶a dairy ~ 낙농가.
hus·band·ry [hʌ́zbəndri] 명 ① 1 농업(낙농·양계 따위를 포함); 경작. 2 절약, 검약. 3 가정(家政), 가계 꾸려나가기. ¶good ~ 잘 꾸려나가는 살림살이. 4 농학, 축산학. 5 (자연 따위의) 관리, 보호.

‡**hush** [hʌʃ] 감 (~·es [-iz]; ~ed [-t]) 타 조용히 하다, 조용하게 하다, 입다물다(up). — 자 1 …을 조용하게 하다, 입다물게 하다. ¶~ a clamorous crowd 시끄러운 군중을 조용해지게 하다 // (~+목+전+명) ~ a baby to sleep 젖먹이를 울음을 그치게 해서 재우다. 2 …을 입막음하다, 억누르다, 은폐하다[얼머무리다] (up). ¶(~+목+부) ~ up an affair 사건을 쉬쉬해버리다. 3 …을 달래다, 가라앉히다. ¶~ a person's grief 남의 슬픔을 가라앉혔다. 4 (속어) [사람]을 죽이다.
hush up ① 입을 다물다, 침묵하다; 조용하게 하다. ② (부정 따위)를 흐지부지 해버리다, 쉬쉬하며 처리 [수습]하다. ③ (속어) [사람]을 죽이다, 없애다.
— 감 [ʃː, hʌʃ] 쉿!, 조용히!
— 명 ① 1 (종종 a, the ~) 조용함, 정숙, 침묵. ¶in the ~ of night 밤의 고요 속에. 2 (부정 사건 따위의) 은폐, 묵살. 3 (음성) (또는 hushing sound) 쉬하는 소리, 치찰음(齒擦音)[ʃ, ʒ].
— 형 1 (고어) 조용한. 2 (또는 hushing) 치찰음의.
~·ful 형 ~·ful·ly 부

hush·a·by [hʌ́ʃəbài] 감 (명령형으로) 조용히 잘 자라; ¶H~, baby. 잘 자라, 자장자장. — 명 자장가.
[<hush+-a-(연결사)+bye <bye-bye: 동계어 lulla-
húsh bòat [**shìp**] 명 =Q-boat.
hushed [hʌʃt] 형 1 고요한, 잠잠한, 조용해진.
⇒CALM 유의어 ¶in a ~ voice 소리를 죽이고. 2 비밀의.
hush-hush [<ˊˋ] 형 (구어) 은밀한, 극비의. ¶a ~ policy 비밀주의. — 명 은밀함, 남몰래. — 명 ① (종종 a ~) 극비, 금기(禁忌); 검열. — 타 …을 비밀로 하다, 쉬쉬하다.
Hu Shi(h) [huː ʃíː] 명 후셔(胡適)(1891-1962: 중국의 사상가·외교관).
húsh kit 명 (항공) (제트 엔진의) 소음(消音)장치.
húsh mòney 명 (구어) 입막음 돈, 무마비.
húsh pùppy 명 1 (美남부) 옥수수 가루로 만든 빵. 2 (H~ Puppies) (상표) 허시 퍼피(가볍고 부드러운 구두). 3 (또는 **húsh-pùppy**) 남부의, 시골의.
hush-up [<ʌ́p] 명 (구어) (사건 따위의) 무마, 은밀한 처리[수습].

*__husk__ [hʌsk] 명 (종종 ~s) 1 껍질, 깍지, 외피, 꼬투리; (美) 옥수수의 껍질. 2 쓸데없는 바깥쪽 부분, 무가치한 것. 3 버팀목. 4 (美속어) 녁석, 놈. — 타 1 …의 껍질을 벗기다[까다]. 2 …을 쉰 목소리로 말하다[노래하다]. — 자 목소리가 쉬다. ~·like 형
husk·er [hʌ́skər] 명 껍질[깍지]을 벗기는 사람; 탈곡기; husking bee의 참가자.
husk·ing [hʌ́skiŋ] 명 ① (옥수수) 껍질 벗기기; = ~
húsking bèe 명 (美) 옥수수 껍질 벗기기 모임(으로 여는 연회).
húsk tomàto 명 (식물) 꽈리.
*__husk·y__[hʌ́ski] 형 1 (美구어) 늠름한, 튼튼한, 건장한, 사나이다운. 2 쉰 목소리의; 허스키(목소리)인, 허스키한. ¶a ~ voice 쉰 목소리. 3 껍질과 같은, 껍질로 덮인, 껍질이 많은; 내용이 없는. — 명 (美구어) 건장한 사람. **húsk·i·ly** 부 **húsk·i·ness** 명
husk·y² 명 (때로 H~) 1 에스키모 개(Eskimo dog). 2 (캐나다) 에스키모 사람; ① 에스키모 말. — 형 (때로 H~) (캐나다) 에스키모의.
Hus(s) [hʌs] 명 John ~ 후스(1369?-1415): 체코의 종교 개혁자·순교자). ~·**ism** 명
hus·sar [huzáːr] 명 (경기병)(輕騎兵).
Hus·sein [huséin] 명 후세인. 1 ~ I(1935-99: 요르단의 국왕). 2 Saddam ~ (1937- : 이라크의 군인·정치가: 대통령(1979-)). [wife).
hus·sif [hʌ́səf, -zəf] 명 (속어) 반짇고리(house-

Huss·ite [hʌ́sait] 명 Huss(주의) 신봉자. — 형 후스의, 후스파의. -**it·ism**
hus·sy [hʌ́si, hʌ́zi] 명 1 말괄량이. 2 닳고닳은[굴러먹은] 여자. 3 (방언) 반짇고리.
hus·tings [hʌ́stiŋz] 명 (단·복수 양용) 1 (英역사) (1872년 이전에 후보자 지명과 그 정견 연설이 행해졌던) 국회의원 후보자 임시 연단. 2 (英) 선거 때의 연단[장소]: 선거 유세[연설]; 선거 수속. 4 (단수취급) (또는 ~ court) 법원, 재판소.
on [***or at***] ***the hustings*** 선거 운동중에.

*__hus·tle__ [hʌ́sl] 타자 1 [남]을 재촉하다, 서두르게 하다; [남]에게 무리하게 …시키다: [일]을 재촉하여 …시키다(into (doing)). ¶(~+목+전+명) ~ a person into a decision 남을 다그쳐서 결심하다. 2 …을 난폭하게 밀다, 밀어 제치다(into, out of). ¶~ unwelcome visitors out of one's house 달갑지 않은 방문객들을 집밖으로 밀어내다. 3 (美구어) (일 따위)를 척척 해내다(through, up) (토론 따위)를 서둘러 (결론으로) 이끌어 가다(to). ¶(~+목+부) ~ something up …을 서둘러 완성시키다[끝내게 하다]. 4 (속어) …을 억지로 손에 넣다[떠맡기다]: 강매하다. 5 (속어) 승산이 희박한 도박판으로 끌어들이다, 도박의 봉으로 만들다. 6 (창부가) [손님]을 유인하다. — 자 1 급히[척척] 하다. 2 밀면서 나아가다, 난폭하게 밀다, 밀어 제치다 (against, through). ¶(~+전+명) ~ against a person 남을 떠밀다 / He ~ed through the street. 그는 거리의 사람들을 밀어 제치며 나아갔다. 3 (구어) (장사 따위에서) 기운차게[정력적으로] 하다. 4 (美속어) (a) 부정한 수단으로 돈을 얻다. b) (매춘부가) 손님을 끌다. c) 구걸하다(for). 5 허슬춤을 추다. 「서 해치우시오.
hustle up (구어) 서둘다. ¶H~ it *up*! 자, 기운을 내
hustle up ① 1 밀치락달치락. 2 (구어) (정력적인) 활동 원기; 강매. 3 (a ~) 소동, 법석. ¶~ and bustle of city 도시의 혼잡. 4 (美속어) (벌이가 되는) 일거리, 장사; 사기, 사기 도박. 5 (종종 H~) 허슬춤(디스코 음악에 맞추는 격렬한 댄스의 일종).
get a hustle on (구어) 서둘다[힘내서] 하다.
hus·tle-bus·tle [-bʌ́sl] 명 야단법석: 흥청거림.
hus·tler [hʌ́slər] 명 1 난폭하게 미는 사람. 2 (美구어) (기업·사업 따위의) 적극적[정력적]인 활동가, 민완가(敏腕家). 3 (속어) 사기꾼: 직업적인 노름꾼, 당구 도박사; 마약 밀매인; 도둑, 소매치기. 4 (美속어) 매춘부, 창녀; (美속어) 이동식의 푸시맨. 5 (美) (美) 로켓의 추진 엔진. 6 (뉴질) 써레. 「매춘 행위를 하는.
hus·tling [hʌ́sliŋ] 형 활동적인; 부정 이득을 보는.

‡**hut¹** [hʌt] 명 1 오두막, 임시 가옥. 2 (교도소의) 독방. 4 (화차의) 차장차(車掌車). 5 (대학의) 친선 회관. — 타 오두막[임시 막사]에 묵다[묵게 하다], 오두막에 살다[살게 하다]. ~·**like** 형
hut² 명 하나(행진 때 발 맞추는 구령). ¶Hut-Two-Three-Four 하나-둘-셋-넷. (또는 **hup**)
HUT homes using television(TV를 시청중인 세대수; 시청률 조사용어).
hutch [hʌtʃ] 명 1 (작은 짐승을 넣는) 우리, 우릿간. ¶a rabbit ~ 토끼장. 2 (경멸적) 오두막, 오막살이. 3 (곡식 저장용) 상자, 궤짝; 간이 찬장 (빵집의) 반죽통. 4 (채광) 허치, 세광조(洗鑛槽); (소형) 광차(鑛車), 탄차. — 타 (채광) 허치에서 (광석을) 씻다; (고어) …을 상자에 저장하다.
hutch·ie [hʌ́tʃi] 명 (濠) 간이 천막용 시트.
hút circle 명 (고고) 환상 열석(環狀列石).
hu·ti·a [huːtíːə] 명 아프리카대무쥐(식용이 되는 호저류의 설치동물; 서인도 제도산). (또는 **jutia**)
hut·ment [hʌ́tmənt] 명 ① 1 (집합적) (군대의) 숙영지, 막사 촌. 2 임시 막사 숙영; 오두막에 묵기.
hüt·te [hútə/G hýtə] 명 (독일) 뷔테, 산막(山幕).
hut·ting [hʌ́tiŋ] 명 ① (군대의) 막사 건축 자재.
Hu·tu [húːtuː] 명 후투족(族)(아프리카의 르완다·브룬

hutzpa(h) 디에 사는 농경민); ⓤ 후투어(Bantu어의 하나).
hutz·pa(h) [hútspə] 몡 《속어》 =chutzpah(h).
Hux·ley [háksli] 몡 헉슬리. **1 Aldous (Leonard)** ~ (1894–1963: 영국의 소설가·비평가). **2 Zulian (Sorrel)** ~ (1887–1975: 영국의 생물학자; 초대 UNESCO 사무총장; 1의 형). **Hux·lei·an, -ley·an** [háksliən] 형.
Hu Yao·bang [húːjáubáːŋ] 몡 후야오방(胡耀邦) (1915–89: 중국의 정치인; 공산당 총서기(1980–87)).
Húygens èyepiece [háigənz-, hɔ́i-] 몡 〖광학〗 호이겐스 접안경. [<네덜란드의 수학자·천문학자·물리학자 Christian Huygens(1629–95))
Húygens prìnciple 몡 〖광학·물리〗 호이겐스의 원리(파(波)의 진행 방향을 그림으로 구하는 방법).
huz·za(h) [həzáː] 감동몡 《英고어》 =hurrah.
huz·zy [házi] 몡 =hussy.
h.v., H.V. *high velocity; high voltage; home video.* **hvy** *heavy.* **H.W.** *high water; high way; hot water,* **h/w** *husband and wife.*
Hwang Hai [hwáːŋ hái] 몡 (the ~) 황해(黃海)(영어로 Yellow Sea). (또는 **Húang Hái**)
Hwang Ho [hwáːŋ hóu] 몡 (the ~) 황하(黃河)(영어로 Yellow River). (또는 **Húang Hé**)
H.W.M. *high-water mark*(고수표(水標)). **HWR** *heavy water reactor*(중수로). **HWS** *Hurricane Warning System.* **hwy.** *highway.*
hwyl [hwíl, húːi] 몡형ⓤ 《英》 《웨일스 사람의》 열성.
Hy. *Henry.* 〔(의), 열변(의).
*****hy·a·cinth** [háiəsinθ] 몡 **1** 히아신스; 히아신스꽃 〖구근〗. **2** ⓤ 히아신스색, 푸른 보라색. **3** ⓤⓒ 《광물》 히아신스석(石)(오렌지색을 띤 zircon의 일종); 히아신스(자수정은 이 사파이어로 추정되나 고대인의 보석).
hy·a·cin·thine [hàiəsínθin/-θain] 형 **1** 히아신스의[와 같은]; 히아신스석(石)의[과 같은]. **2** 히아신스로 장식한. **3** 푸른 보라색의.
Hy·a·cin·thus [hàiəsínθəs] 몡 《그리스 신화》 히아킨토스(Apollo가 사랑한 미소년; Apollo가 던진 원반에 맞아 죽었는데 그의 피에서 히아신스가 피었다).
Hy·a·des [háiədìːz] 몡복 **1** 《천문》 히아데스 성단 (星團)(황소자리 중의 V자형을 만드는 별무리). **2** 《그리스 신화》 히아데스의 요정(妖精)들(Atlas의 일곱 딸들).
hy·ae·na [haiíːnə] 몡 =hyena.
hy·al- [háiəl] 연결 ⇒HYALO-.
hy·a·line [háiəliːn, -lin] 몡 **1** 유리와 같은(투명한) 것; (시) 투명한 다(하늘, 호수 (또는 **hyalin**) ⓤ 《생화학》 히알린(투명한 각질(角質)). — 형 **1** 유리와 같은, 투명한. **2** 유리의, **3** 비결정질의(非結晶質)의. 〔연골.
hýaline càrtilage 몡 《해부》 히알린 연골, 유리질.
hýaline mémbrane disèase 몡 《병리》 (신생아의) 히알린막[유리막증(症)](호흡 곤란을 수반하는 폐질환 ⓓ HMD).
hy·a·lin·i·za·tion [hàiəlnizéiʃən/-naiz-] 몡 《병리》 히알린화(化), 유리질화. 〔(opal의 일종).
hy·a·lite [háiəlàit] 몡ⓤⓒ 《광물》 옥적석(玉滴石).
hy·a·lo- [haiǽlou, -lə] 연결 glass의 뜻(* 모음 앞에서는 hyal-). *hyaloid, hyaloplasm*(투명질).
hy·a·loid [háiəlɔ̀id] 형 =~ membrane. — 형 유리질의, 유리 같은, 투명한.
hýaloid mémbrane 몡 《해부》 초자체막(硝子體膜)(눈의 초자액을 둘러싼 투명하고 거의 균질한 얇은 막).
hy·al·o·mere [haiǽləmìər] 몡 《해부》 《혈소판 주위의》 투명질, 초자질. 〔(重上長石).
hy·al·o·phane [haiǽləfèin] 몡 《광물》 중토장석
hy·a·lu·rón·ic ácid [hàiəlurʌ́nik-/-rɔ́n-] 몡 《생화학》 히알루론산(동물 조직 속의 산성 다당류).
hy·a·lu·ron·i·dase [hàiəlurʌ́nidèis/-rɔ́n-] 몡 《생화학》 히알루론산 분해 효소, 히알루로니다제.
HY àntigen 몡 《면역》 HY 항원(抗原)(Y염색체 유전자에 의해 암호화되는 항원).
hyb. *hybrid.*

*****hy·brid** [háibrid] 몡 **1** 《동식물의》 교배종, 잡종; 혼혈아, 뛰기; 《다른 문화적 배경을 가진》 혼성 문화의 사람(이민의 자녀 등). **2** 혼성물; 다른 기계 부품을 쓴 기계. **3** 《언어》 혼성어(다른 언어의 요소를 결합한 합성어. 예: hydroplane(그리스어계(系) hydro+라틴어계 plane)). **4** =~ computer. **5** =~ car. — 형 **1** 잡종의; 혼혈의. **2** 혼성(혼종)의. **3** 《물리》 《전자파가》 전장(電場)·자장(磁場)의 전반(傳搬) 방향 성분이 제로가 아닌. **4** 《전자》 하이브리드의, 혼성의. **5** 《자동차가》 하이브리드(가솔린·휘발유 병용)의.
hýbrid áircraft 몡 《항공》 하이브리드 항공기(비행선·기구 같은 경향공기와 비행기·헬리콥터 파워의 장점을 갖춘 복합 항공기). 〔《公的》 법안.
hýbrid bíll 몡 《의회에서》 사적인 관심이 섞인 《공의》
hýbrid càr 몡 하이브리드(휘발유·전기 병용) 승용차.
hýbrid chíp 몡 《전자》 하이브리드 칩, 합성 집적 회로. (또는 **hýbrid íntegrated círcuit**)
hýbrid compúter 몡 하이브리드(복합형) 컴퓨터 (analogue와 digital 양쪽의 하드웨어를 갖는 컴퓨터).
hýbrid córn 몡 교배종 옥수수.
hýbrid íntegrated círcuit 몡 =hybrid chip.
hy·brid·ism [háibridìzm] 몡 《생물》 교잡(교배)종임, 잡종성; 그 현상. (또는 **hybridity**) **2** 교배, 혼성.
hy·brid·ist [háibridist] 몡 잡종 육성자, 교배하는 사람. (또는 **hybridizer**)
hy·brid·ize [háibridàiz] (*《英》-ise*) 동탸 …을 교배하다, …의 잡종을 만들다. ¶~ plants 식물을 교배시키다. — 자 잡종이 생기다, 잡종 번식하다; 《언어》 혼성어를 만들다. **-iz·a·ble** 형 **-i·zá·tion, -i·zer** 명.
hýbrid mánager 몡 《경영》 복합형 경영관리자(사무직·기술직 양측의 기량과 경험을 지닌 경영자).
hy·brid·o·ma [hàibridóumə] 몡 《생물》 하이브리도마, 융합 세포(암세포와 항체(抗體)를 산출하는 림프구를 융합시켜 만든 잡종 세포).
hýbrid perpétual (róse) 몡 하이브리드 퍼페추얼(장미의 교배 품종의 하나).
hýbrid téa (róse) 몡 하이브리드 티, 사철장미(tea rose와 hybrid perpetual의 교배종).
hýbrid véhicle 몡 =하이브리드(휘발유·전기 병용) 자동차. 〔마이신, 혼합 마이신.
hy·bri·my·cin [hàibrimáisən] 몡 《약학》 하이브리
hy·bris [háibris] 몡 =hubris. **hy·brís·tic** 형
hy·can·thone [haikǽnθoun] 몡 《화학》 히칸톤(박태리아·포유동물 세포에 돌연변이를 일으키는 화학 물질).
hyd. *hydraulics; hydrostatics.*
hy·da·tid [háidətid] 몡 《병리》 포충낭(胞蟲囊)(촌충의 유충이 사람·동물의 체내에서 만든다). **2** 《촌충의》 포충. — 형 **1** 포충낭의; 포충의. **2** 포충낭이 생긴.
Hýde Párk [háid-] 몡 하이드 파크. **1** London에 있는 공원. **2** New York 주 동남부의 마을(Franklin D. Roosevelt의 묘지가 있다).
Hy·der·a·bad [háidərəbæ̀d, -bàːd] 몡 하이데라바드(인도 Andhra Pradesh 주 서부의 주도(州都)).
hydr- [haidr] 연결 ⇒HYDRO-.
hy·dra [háidrə] 몡 (동 ~s, *-drae* [-driː]) **1** 《종종 H-》 《그리스 신화》 히드라(Hercules가 죽인 머리가 아홉인 큰 뱀; 머리를 자르면 새로 두 개의 머리가 생기는 괴물). **2** 《동물》 히드라(원시적인 강장(腔腸) 동물). **3** 뿌리 깊은 해독, 근절하기 어려운 재해. **4** (인도양·태평양에서 식하는 유독한 바다뱀; (H-) 《천문》 바다뱀자리. [<GK〕 〔함유하지 않은 산(酸).
hy·drac·id [haidrǽsid] 몡 《화학》 수소산(산소를
hy·dra-head·ed [-hédid] 형 **1** 머리가 여럿, 갈래에 걸친, 《회사가》 지사[출장소]를 많이 가진. **2** 근절하기 어려운, 많은 문제(곤란, 장애)가 있는.
hy·dran·gea [haidréindʒə, -dʒiə] 몡 수국(水菊).

hy·drant [háidrənt] 명 1 (공공용의) 소화전(栓); 급수[수도]전(栓). 2 소화전 놀이(소화전에 빈 콜라 깡통 따위를 올려놓고 틀어 멀리 날리기를 겨룬다).

hy·drar·gy·rism [haidrάːrdʒərìzm] 명 〔병리〕 수은 중독. (또는 **hy·drar·gyr·i·a** [hàidrɑːrdʒíriə])

hy·drar·gy·rum [haidrάːrdʒərəm] 명 〔화학〕 수은(mercury)(기호 Hg).

hy·drar·thro·sis [hàidrɑːrθróusis] 명 (복 -ses [-siːz]) 〔병리〕 관절 수종(水腫).

hy·dra·sort·er [hàidrəsɔ́ːrtər] 명 하이드러소터 (액상 폐기물에서 고형물을 분별·채집하는 장치).

hy·drate [háidreit] 명U⃝C⃝ 〔화학〕 1 수화물(水化物), 함수(含水) 화합물. 2 =hydroxide. ── 동 수화(水化)시키다[하다]. **-drat·a·ble** 형 **hy·drá·tion** 명 수화 (작용).

hy·drat·ed [háidreitid] 형 수화된, 함수의. 〔용〕.

hydrátion nùmber 〔화학〕 수화수(數)(어떤 농도의 수용액에서 이온이 결합할 수 있는 물 분자의 수).

hy·dra·tor [háidreitər] 명 1 수화(水化)하는 것. 2 (식물 냉장고의) 보습실(保濕室).

hydraul. hydraulics.

hy·drau·lic [haidrɔ́ːlik] 형 1 수력으로 움직이는, 수력의; 수압(水)의; 유압(油壓)(식)의. ¶ **a ～ engine** 수력 기관. 2 수력학의. 3 물 속에서 경화(硬化)되는. ¶ **～ lime** 수경(水硬) 석회. 4 유체(流體)의, 유체에 관한. ¶ **～** 수압(水壓) 응용 기계.
-li·cal·ly 부 **hỳ·drau·líc·i·ty** 명

hydráulic accúmulator 명 〔기계〕 1 (수력 기계의) 기체 완충 장치. 2 수압[수력] 축압기.

hydráulic bráke 명 〔기계〕 수압[유압] 브레이크.

hydráulic cemént 명 수경(水硬)(성) 시멘트.

hydráulic enginéering 명 수력공학, 수공학의.

hydráulic flúid 명 작동유(液), 유압유(油). 〔공무〕.

hy·drau·li·cian [hàidrɔːlíʃən] 명 수리(水理)학자, 수력 기사.

hydráulic líft 명 〔기계〕 수압[유압] 승강기.

hydráulic míning 명 수력 채광.

hydráulic mótor 명 수력 전동기, 유압 모터.

hydráulic pówer 명 수력. ¶**a ～ plant** 수력 발전소.

hydráulic préss 명 〔기계〕 수압[유압] 프레스.

hydráulic rám 명 수력 펌프, 자동 양수기.

hy·drau·lics [haidrɔ́ːliks] 명 (단수취급) 수력학; (토목) (공기 역학에 대해) 수리학(水理學).

hydráulic sýstem 명 (항공) 유압 장치[계통].

hy·dra·zide [háidrəzàid/-zid] 명 〔화학·약학〕 하이드라지드(결핵 치료약). 〔라진(환원제·로켓 연료용).

hy·dra·zine [háidrəzìːn, -zin] 명 〔화학〕 히드라진.

hy·dric [háidrik] 형 1 〔화학〕 수소의, 수소를 함유한. 2 습기[수분]가 많은 환경의에 적합한. 〔dric.

-hy·dric [háidrik] 연결 '수소의'의 뜻. ¶hexa**hy·dride** [háidraid] 명U⃝C⃝ 〔화학〕 수소화물.

hy·dril·la [haidrílə] 명 〔식물〕 하이드릴라, 검정말.

hy·di·od·ic [hàidiɑ́dik/-ɔ́d-] 형 〔화학〕 요오드화 수소산의, 요오드화 수소산에서 유도된.

hydriódic ácid 명 〔화학〕 요오드화 수소산(요오드화 수소(HI)의 수용액).

hy·dro [háidrou] 명 (복 ~s) 1 〔영구어〕 수치료원(水治療院)(hydropathic); =spa. 2 〔캐나다〕 U⃝ 수력전기; (~s) 수력 발전소. 3 〔구어〕 =hydroairplane.
── 〔구어〕 물의, 수력 발전의.

hy·dro- [háidou, -drə] 연결 (* 모음 앞에서는 hydr-) 1 water의 뜻. 2 hy**dro**gen, hy**dro**plane. 2 hydrogen의 뜻. ¶*hydro*carbon.

hy·dro·a [haidróuə] 명 〔병리〕 수포증(水疱症).

hy·dro·air·plane [hàidrouέərplèin] 명 수상 비행기(hydroplane).

hy·dro·bi·ol·o·gy [hàidroubaiάlədʒi/-ɔ́l-] 명 수생(水生) 생물학, (특히) 담수(淡水)(湖沼(湖沼)) 생물학.
-o·lóg·ic, -o·lóg·i·cal 형 **-o·lóg·i·cal·ly** 부 **-gist** 명

hy·dro·bi·plane [hàidroubáipléin] 명 복엽(複葉) 수상 비행기. 〔용〕 어뢰.

hy·dro·bomb [háidroubὰm/-bɔ̀m] 명 비행[투하] 어뢰.

hy·dro·bro·mic [hàidroubróumik] 형 〔화학〕 브롬화 수소의. ¶ **～ acid** 브롬화 수소산.

hy·dro·car·bon [hàidroukάːrbən] 명U⃝ 〔화학〕 탄화 수소. **-car·bo·ná·ceous** 형 〔囊水腫〕.

hy·dro·cele [háidrəsìːl] 명U⃝ 〔병리〕 음낭 수종(陰囊水腫).

hy·dro·ce·phal·ic [hàidrousəfélik] 형 〔병리〕 뇌수종(腦水腫)의. ── 명 뇌수종 환자.

hy·dro·ceph·a·lus [hàidrəséfələs] 명U⃝ 〔병리〕 뇌수종. **-loid, -lous** 형 〔鹽化〕 수소의.

hy·dro·chlo·ric [hàidrouklɔ́ːrik] 형 〔화학〕 염화 수소산의.

hydrochlóric ácid 명 염산, 염화 수소산.

hy·dro·chlo·ride [hàidrouklɔ́ːraid] 명 〔화학〕 염화 수소산염, 염산염(鹽酸鹽).

hy·dro·chlo·ro·thi·a·zide [hàidrəklɔ̀ːrəθáiəzàid] 명 〔약학〕 히드로클로로티아지드(이뇨제·혈압 강하제).

hy·dro·cor·ti·sone [hàidroukɔ́ːrtəzòun] 명 〔생화학〕 하이드로코티존(부신(副腎) 피질 호르몬).

hy·dro·crack [háidroukræ̀k] 동타 〔화학〕 …을 수소화(水素化) 분해하다. ¶ **-er** 명 수소화 분해 장치.

hy·dro·crack·ing [háidroukrækiŋ] 명 〔화학〕 수소화 분해법(고압 수소를 이용하여 중질(重質) 석유에서 경질(輕質) 석유를 제조하는 방법). 〔안화 수소의〕.

hy·dro·cy·an·ic [hàidrousaiǽnik] 형 〔화학〕 시

hydrocyánic ácid 명 시안화 수소산, 청산(靑酸).

hy·dro·dy·nam·ic [hàidroudainǽmik] 형 유체(流體) 운동의; 유체 속의 힘에 관한; 유체 역학의. (또는 **hydrodynamical**) **-i·cal·ly** 부

hy·dro·dy·nam·ics [hàidroudainǽmiks] 명 (단수취급) 유체 역학; =hydrokinetics.

*****hy·dro·e·lec·tric** [hàidrouiléktrik] 형 수력 전기 [발전]의. ¶**a ～ power plant** 수력 발전소. **-tri·cal·ly** 부

hy·dro·e·lec·tric·i·ty [hàidrouilèktrísiti] 명U⃝ 수력 전기. 〔심 탈수기〕.

hy·dro·ex·trac·tor [hàidrouikstrǽktər] 명 원심 탈수기.

hy·dro·flu·or·ic [hàidrəflúərik, -flǽrik/-flúː-ɔ́rik] 형 〔화학〕 플루오르화 수소의.

hydrofluóric ácid 명 플루오르화 수소산.

hy·dro·foil [háidrəfɔ̀il] 명 수중 날개, 수중익(水中翼); 수중익선(船)(~ craft). ¶**by ～** 수중익선을 타고.

hy·dro·form·ing [háidrəfɔ̀ːrmiŋ] 명 히드로포밍(석유에서 고옥탄가(價) 가솔린을 만드는 조작의 하나).

hy·dro·frac·tur·ing [hàidroufrǽktʃəriŋ] 명 수압 파괴(법)(석유나 가스를 함유하는 암석의 침투율을 높이거나 지각 응력(地殼應力)을 측정하기 위해 쓰이다. ── 동타 …에 수압 파괴법을 쓰다.

hy·dro·gas·i·fi·ca·tion [hàidrougæ̀səfikéiʃən] 명U⃝ 수소첨가 가스화법(석탄에서 메탄을 제조하는 방법). **-fi·er** 명 고온 고압 수소 처리 장치.

hy·dro·gel [háidroudʒèl] 명 〔화학〕 히드로겔(물을 매체로 하는).

hýdrogel shèet 명 히드로겔 시트(인공 장기(臟器)의 일종).

〔중 제일 가벼운 기체; 기호 H〕.

***hy·dro·gen** [háidrədʒən] 명U⃝C⃝ 〔화학〕 수소(원소중 제일 가벼운 기체; 기호 H).

hy·drog·e·nase [haidrάdʒənèis/-drɔ́dʒ-] 명 〔생화학〕 히드로게나아제, 수소화 효소.

hy·dro·gen·ate [háidrədʒənèit, haidrάdʒ-] 동타 〔화학〕 …을 수소와 화합시키다, 수소로 처리하다, (특히 불포화 유기 화합물)의 분자에 수소를 첨가하다. (또는 **hydrogenize**) **-á·tion** 명

hýdrogen bómb 명 수소 폭탄(H-bomb).

hýdrogen bónd 명 〔화학〕 수소 결합. 〔합 반응〕.

hýdrogen búrning 명 〔천문〕 수소 연소, 수소 용

hýdrogen chlóride 명 〔화학〕 염화 수소.

hýdrogen coróna 명 〔천문〕 수소 코로나(혜성의 대기 바깥쪽에 있는 거대한 수소 가스의 구름).

hýdrogen cýanide 囹 시안화 수소(유독한 기체; 수용액은 청산(hydrocyanic acid)).
hýdrogen íon 囹 〔화학〕 수소 이온.
hý·dro·gen·ize [háidrədʒənàiz, haidrádʒ-] 国圀 1 수소와 화합시키다, 수소 처리하다(hydrogenate). 2 **-i·zá·tion** 囹 「수소 폭탄으로 파괴하다.
hy·drog·e·nous [haidrádʒənəs/-dróʤ-] 囹 수 소의[에 관한]; 함(含)수소의, 수소를 함유한.
hýdrogen peróxide[dióxide] 囹 〔화학〕 과산화 수소(표백제·소독제·산화제).
hýdrogen súlfate 囹 〔화학〕 황산 수소염.
hýdrogen súlfide 囹 〔화학〕 황화(黃化) 수소.
hýdrogen wárhead 囹 수소 핵탄두.
hy·dro·ge·ol·o·gy [hàidroudʒiálədʒi/-ól-] 囹 수문(水文)[수리(水理)] 지질학. (또는 **geohydrology**) **-o·lóg·ic** 囹 **-gist** 囹
hy·dro·graph [háidrougræf/-gràːf] 囹 수위(水位)[유량(流量)] 기록계; 수위도; 〔전기〕 유량도.
hy·drog·ra·phy [haidrágrəfi/-drɔ́g-] 囹圀 (해양·호소·하천 따위의) 수계(水界) 지리학; 수로, 수위. **-pher** 囹 **·dro·gráph·ic** 囹 **·dro·gráph·i·cal·ly** 甲
hy·droid [háidrɔid] 囹 히드로충류(蟲類)의[와 같은], 폴립 모양의. — 囹 히드로충류.
hy·dro·ki·net·ic [hàidroukinétik, -kai-] 囹 유체(流體) 운동의; 유체 동역학의. (또는 **hydrokinetical**) **-i·cal·ly** 甲
hy·dro·ki·net·ics [hàidroukinétiks, -kai-] 囹圀 (단수취급) 유체 동역학. ⓢ hydrostatics
hy·dro·lab [háidroulæ̀b] 囹 〔항해〕 (수일간 체류가 가능한) 해중[수중] 실험실[조사정(艇)].
hy·dro·log·ic [hàidrəládʒik/-lɔ́dʒ-] 囹 수리학의, 수문학의. (또는 **hydrological**) **-i·cal·ly** 甲
hy·drol·o·gy [haidrálədʒi/-drɔ́l-] 囹圀 수리학(水理學), 수문학(水文學)(지표(地表) 및 지하의 물의 상태·유래·분포·이동 따위를 연구하는 학문). **-gist** 囹
hy·drol·y·sis [haidráləsis/-drɔ́l-] 囹圀ⓒ (혥 **-ses** [-siːz]) 〔화학〕 가수(加水) 분해.
hy·dro·lyt·ic [hàidrəlítik] 囹 〔화학〕 가수 분해의, 가수 분해를 일으키는.
hy·dro·lyze [háidrəlàiz] 囹 〔화학〕 (···을) 가수 분해하다. **-lýz·a·ble** 囹 **-ly·zá·tion**, **-lýz·er** 囹
hy·dro·mag·net·ics [hàidroumæɡnétiks] 囹圀 (단수취급) 자기(磁氣) 유체 역학. **-ic** 囹
hy·dro·man·cy [háidrəmæ̀nsi] 囹 물점, 수점(水占) **-màn·cer** 囹 **·mán·tic** 囹
hy·dro·ma·ni·a [hàidrəméiniə] 囹 〔병리〕 몹시 물을 마시고 싶어하기; 〔병리〕 수갈증(水渴症).
hy·dro·me·chan·ics [hàidroumәkǽniks] 囹圀 (단수취급) 유체 역학. **-i·cal** 囹
hy·dro·me·du·sa [hàidroumədjúːsə, -zə/-djúː-] 囹 (혥 **-sae** [-siː]) 히드로해파리(히드로충류(蟲類) 중 자유 유영성(遊泳性)의 해파리형). **-san** 囹
hy·dro·mel [háidrəmèl] 囹 벌꿀물(발효시켜서 벌꿀술(mead)을 만든다).
hy·dro·me·te·or [hàidrəmíːtiər, -tiɔ̀ːr] 囹 〔기상〕 대기 수상(水象)(비·싸라기눈·우박·안개·구름 따위).
hy·dro·me·te·or·ol·o·gy [hàidrəmìːtiərálədʒi/-rɔ́l-] 囹圀 수문(水文) 기상학. **-or·o·lóg·i·cal** 囹 **-gist** 囹 「비중계, 부칭(浮秤)」
hy·drom·e·ter [haidrámətər/-drɔ́m-] 囹 액체
hy·dro·met·ric [hàidrəmétrik] 囹 액체 비중계[부칭]의; 액체 비중계로 측정한. (또는 **hydrometrical**) **-ri·cal·ly** 甲 「비중 측정(법); 유량(流量) 측정.
hy·drom·e·try [haidrámətri/-drɔ́m-] 囹圀 액체
hy·dro·mon·o·plane [hàidroumánəplèin/-mɔ́n-] 囹 단엽(單葉) 수상 비행기.
hy·dro·mor·phic [hàidrəmɔ́ːrfik] 囹 과습(過濕) 생성 토양의[에 관한], 습윤토(濕潤土)적인.

hy·dro·naut [háidrənɔ̀ːt, -nàt] 囹 〔美군사〕 잠수함[심해정(深海艇)] 승무원.
hy·dro·nau·tics [hàidrənɔ́ːtiks] 囹圀 (단수취급) 해양 개발 공학. 「리) 수신증(水腎症).
hy·dro·ne·phro·sis [hàidrənəfróusis] 囹 〔병
hy·dron·ic [haidránik/-drɔ́n-] 囹 〔건축·기계〕 온수[증기]의. **—** 囹 (~s) (단수취급) 순환수식 냉난방 시스템. **-i·cal·ly** 甲
hy·dro·ni·tro·gen [hàidrənáitrədʒən] 囹 〔화학〕 질화수소의 총칭, 수소와 질소만을 함유하는 화합물.
HYDROPAC [háidrəpæ̀k] 囹 하이드로팩(태평양에서의 항해 위험 긴급 정보; 미 해군 수로국에서 발표). (<*hydro-*+*Pac*ific)
hy·dro·path·ic [hàidrəpǽθik] 囹 수치료법(水治療法)의. **—** 囹 (英) 수치료원. **-i·cal·ly** 甲
hy·drop·a·thy [haidrápəθi/-drɔ́p-] 囹圀 (온천·광천을 이용하는) 수(水)치료법(hydrotherapy). **-thist** 囹 수치료법 의사. 「石」(오팔의 일종).
hy·dro·phane [háidrəfèin] 囹 투단백석(透蛋石)
hy·dro·phil·ic [hàidrəfílik] 囹 〔화학〕 친수성(親水性)의. **—** 囹 소프트 콘택트렌즈. **-phi·líc·i·ty** 囹
hy·droph·i·lous [haidráfələs/-drɔ́f-] 囹 〔식물〕 수매(水媒)(수분(授粉))의; 수생 식물의. **-i·ly** 甲
hy·dro·phobe [háidrəfòub] 囹 1 〔병리〕 공수(恐水)[광견(狂大)]병자. 2 (화학) 소수(疎水) 물질.
hy·dro·pho·bi·a [hàidrəfóubiə] 囹圀 〔병리〕 공수병, 광견병; 물에 대한 병적인 공포.
hy·dro·pho·bic [hàidrəfóubik] 囹 1 공수병의, 광견병의. 2 병적으로 물을 겁내는. 3 〔화학〕 소수성(疎水性)의. **-pho·bíc·i·ty** 囹
hy·dro·phone [háidrəfòun] 囹 1 누수(漏水) 탐지기. 2 수중 청음기. 3 〔의학〕 청류기(聽流器)(물을 매로로 음을 확대하는 청진기). 「수기(水氣器).
hy·dro·phore [háidrəfɔ̀ːr] 囹 (호수·바닷물의) 취
hy·dro·phyte [háidrəfàit] 囹 수생 식물, 수초(水草)(aquatic plant). **-phýt·ic** 囹
hy·drop·ic [haidrápik/-drɔ́p-] 囹 수종(水腫)의, 수종 모양의(dropsical). (또는 **hydropical**)
hy·dro·plane [háidrouplèin] 囹 1 고속 모터보트, 쾌속정. 2 수중익선(水中翼船). 3 (잠수함의) 수평타(舵). 4 (비행기의) 수상 활주 장치. 5 〔英고어〕 수상 비행기. **—** 囹 1 물 위를 달리다[활주하다]. 2 고속 모터보트 [수중익선]를 타(고 여행하)다. 3 (또는 **aquaplane**) (美) (차바퀴가 물기 있는 길에서) 미끄러짐 현상을 일으키다. **~·er** 囹 수중익선 조종자[경주자].
hy·dro·plan·ing [háidrouplèiniŋ] 囹圀 하이드로 플레이닝(젖은 길에서 달리는 차가 미끄러지는 현상).
hy·dro·pneu·mat·ic [hàidrənjumǽtik/-njuː-] 囹 물과 공기의 작용에 의한, 수공(水空)의.
hy·dro·pneu·ma·ti·za·tion [hàidrənjùːmətizéiʃən/-njùːmətai-] 囹圀 (수력 터빈을 설치할 때의) 수압·기압 병용.
hy·dro·pon·ics [hàidrəpániks/-pɔ́n-] 囹圀 (단수취급) 수경법, 수중 재배법. **-ic** 囹 **-i·cal·ly** 甲
hy·dro·po·nist [haidrápənist/-drɔ́p-] 囹 수경법(水耕法) 전문가; 수경 농가. (또는 **hydropónicist**)
hy·dro·pow·er [háidroupàuər] 囹圀 수력 전기.
hy·drops [háidraps/-drɔps] 囹 〔병리〕 수종병(水腫病). (또는 **hydropsy**) **hy·dróp·tic** 囹
hy·dro·psy·cho·ther·a·py [hàidrousàikouθérəpi] 囹 〔정신의학〕 목욕 요법, 물 치료(법).
hy·dro·qui·none [hàidroukwinóun] 囹圀 하이드로퀴논(사진 현상약). (또는 **hydroquinol**)
hy·dro·rhi·za [hàidrəráizə] 囹 (혥 **-zae** [-ziː]) 히드로근(根)(히드로폴립의 뿌리형 족반(足盤)). **-zal** 囹
hy·dro·scope [háidrəskòup] 囹 1 수중 안경[투시경]. 2 물시계. **·scóp·ic** [hàidrəskápik/-skɔ́p-] 囹
hy·dro·ski [-skìː] 囹 〔항공〕 하이드로스키(수상(水

上) 비행기의 수중익(水中翼)).

hy·dro·skim·mer [háidrouskimər] 图 (美) 수상 활주선(滑走船), 에어 쿠션선(船)(hovercraft).

hy·dro·sol [háidrəsɔ̀:l/-sɔ̀l] 图 (화학) 하이드로졸(물을 분산매(分散媒)로 하는 콜로이드). **-sól·ic** 图

hy·dro·some [háidrəsòum] 图 (동물) 히드로폴립의 군체(群體).

hy·dro·space [háidrəspèis] 图 回 수면(해면)하의

hy·dro·sphere [háidrəsfìər] 图 (the ~) 수권(水圈), 수계(지구 표면 및 대기 속의 물).

hy·dro·stat [háidrəstæ̀t] 图 **1** 누수(漏水) 탐지(경보) 장치. **2** (보일러 따위의) 폭발 방지 장치.

hydrostat. hydrostatics.

hy·dro·stat·ic [hàidrəstǽtik] 图 유체 정역학(流體靜力學)의. (또는 **hydrostatical**) **-i·cal·ly** 图

hydrostátic bálance (물리) 정수(靜水) 저울 (비중을 알기 위해 물 속의 물질의 무게를 재는 저울).

hydrostátic préss 图 (기계) 수압 프레스, 수압기.

hy·dro·stat·ics [hàidrəstǽtiks] 图 回 (단수취급) 유체 정역학(靜力學), 정수(靜水) 역학. ⓗ hydrokinetics 「화물(水荷物化).

hy·dro·sul·fide [hàidrəsʌ́lfaid] 图 (화학) 수황

hy·dro·sul·fite [hàidrəsʌ́lfait] 图 (화학) 하이드로설파이트(아(亞)디티온산 나트륨염의 총칭).

hy·dro·tax·is [hàidrətǽksis] 图回 (생물) 주수성(走水性). **-tác·tic** 图

hy·dro·ther·a·peu·tics [hàidrouθèrəpjú:tiks] 图 回 (단수취급) 수(水)치료학. **-tic** 图

hy·dro·ther·a·py [hàidrouθérəpi] 图 (의학) 수치료법; 수치료학(water cure). **-pist** 图

hy·dro·ther·mal [hàidrouθə́:rməl] 图 (지질) 열수(熱水)(작용)의[에 의한]. **~·ly** 图

hydrothérmal vént 图 (해양) 열수(熱水) 분출공.

hy·dro·tho·rax [hàidrouθɔ́:ræks] 图回 (병리) 흉수(胸水)(증)(흉막강(胸膜腔)에 장액(漿液)이 괴는 병).

hy·dro·treat [háidrətri:t] 图囬 …을 수소화 처리하다. (불포화 유기 화합물)에 수소를 첨가하여 불순물을 제거하다. **~·er** 图 「물질(식물).

hy·dro·trope [háidrətròup] 图回 향수성(向水性)

hy·dro·trop·ic [hàidrətrápik/-trɔ́p-] 图 굴수성(屈水性)의. (또는 **hydrotropical**) **-i·cal·ly** 图

hy·drot·ro·pism [haidrátrəpìzm/-drɔ́t-] 图回 (식물) 향수성(向水性), 굴수성, 굴습성. ¶ positive [negative] ~ 향수(向水)[배수(背水)]성.

hy·drous [háidrəs] 图 물을 함유하는; (화학) 함수의.

hy·dro·vane [háidrəvèin] 图 (수상 비행기의) 수중익(날개). 「산화물(水酸化物).

hy·drox·ide [haidráksaid/-drɔ́k-] 图 (화학) 수

hy·droxy- [haidráksi/-drɔ́k-] 回 hydroxyl의 뜻. ¶ *hydroxyketone*(수산기(水酸基)를 함유한 케톤).

hy·drox·yl [haidráksəl/-drɔ́k-] 图回图 (화학) 수산기(水酸基)의.

hy·drox·y·u·re·a [haidrὰksijuəríːə/-drɔ̀k-] 图 (약학) 히드록시 요소(尿素); 수산화 요소(백혈병 치료제).

Hy·dro·zo·a [hàidrəzóuə] 图回 (동물) 히드로충류(蟲類).

hy·dro·zo·an [hàidrəzóuən] 图 히드로충강(綱)의. ── 图 히드로충강의 동물, 히드로충류(類).

hy·e·na [haií:nə] 图 (동물) 하이에나; (비유적) 욕심꾸러기; 잔인한 사람. (또는 **hyaena**)

laugh like a hyena 기분 나쁜 웃음을 짓다.

-nic, -nine [-nain, -nin] 图

hy·e·tal [háiət̬l] 图 비의, 강우의; 강우 지대의.

hy·et·o- [haiétou, -tə] 回 rain의 뜻(* 모음 앞에서는 hyet-). ¶ *hyeto*graph.

hy·e·to·graph [haiétəgræ̀f, -grà:f/háiitə-] 图 우량(雨量)(분포); 자기(自記) 우량계.

hy·e·tog·ra·phy [hàiətágrəfi/-tɔ́g-] 图回 (기상) 우량학(雨量學), 강수학(降水學), 우량도법.

-to·gráph·ic **-to·gráph·i·cal·ly** 图

hy·e·tol·o·gy [hàiətálədʒi/-tɔ́l-] 图回 우학(雨學), 강수 현상론. **-gist** 图

hy·e·tom·e·ter [hàiətámətər/-tɔ́m-] 图 =rain gauge. 「합성 수지).

Hy·fil [háifil] 图 (상표) 하이필(탄소 섬유로 강화한

Hy·g(i)e·ia [haidʒí:ə] 图 (그리스 신화) 히게이아 (건강의 여신). 「의, 위생의.

Hy·g(i)e·ian [haidʒí:ən] 图 히게이아의; (h-) 건강

Hy·g(i)e·ist [háidʒi:ist] 图 =hygienist.

*****hy·giene** [háidʒi:n] 图回 **1** 위생학; 위생법, 건강법; 위생, 청결. ¶ public ~ 공중 위생(학) / environmental ~ 환경 위생(학). **2** (속어) (컴퓨터) (바이러스에 대한) 예방 조치, 대항 수단.

hy·gi·en·ic [hàidʒiénik/haidʒí:n-] 图 **1** 위생적인, 건강에 좋은, 위생학상의. **2** ⇒HEALTHY 유의어. **2** 위생(위생)에 관한. (또는 **hygienical**) **-i·cal·ly** 图

hy·gi·en·ics [hàidʒiéniks/haidʒí:n-] 图回 (단수취급) 위생학, 위생 관리, 건강법.

hy·gien·ist [haidʒí:nist/háidʒi:n-] 图 위생 학자; (美) 보건(위생) 기사. (또는 **hyg(i)eist**)

hy·gric [háigrik] 图 습기(의에 관한], 습성(濕性)의.

hy·gris·tor [haigrístər] 图 (전자) 습도 측정 소자(素子)(습도에 따라 회로의 전기 저항이 변한다).

hy·gro- [háigrou, -grə] 回 wet, moist, moisture의 뜻. ¶ *hygro*meter.

hy·gro·ex·pan·siv·i·ty [hàigrəèkspænsívəti] 图 습건성(濕健性)(습도에 의한 물체의 팽창성).

hy·gro·gram [háigrəgræ̀m] 图 습도 자기(自記) 기록(자기 습도계의 기록). 「습도계.

hy·gro·graph [háigrəgræ̀f/-grà:f] 图 자기(自記)

hy·grol·o·gy [haigrálədʒi/-grɔ́l-] 图回 습도학.

hy·gro·ma [haigróumə] 图 (롞 ~s, ~ta [-tə])
(병리) 히그로마(림프관의 양성 종양). 「계.

hy·grom·e·ter [haigrámətər/-grɔ́m-] 图 습도계.

hy·gro·met·ric [hàigrəmétrik] 图 습도계의, 습도측정의. **-ri·cal·ly** 图 「측정(법).

hy·grom·e·try [haigrámətri/-grɔ́m-] 图回 습도

hy·gro·phyte [háigrəfàit] 图 습생 식물(습지에 번식하는 식물). **-phýt·ic** 图 「습기(검湿器).

hy·gro·scope [háigrəskòup] 图 간이 습도계, 검

hy·gro·scop·ic [hàigrəskápik/-skɔ́p-] 图 간이 습도계의; 흡습성(吸濕性)의. **-i·cal·ly** 图

hy·gro·stat [háigrəstæ̀t] 图 =humidistat.

hy·gro·ther·mal [hàigrəθə́:rməl] 图 습도와 온도의[에 관한].

hy·gro·ther·mo·graph [hàigrəθə́:rməgræ̀f/ -grà:f] 图 온습도 기록계, 자기(自記) 온습계.

Hy·gro·ton [háigrətən/-tɔn] 图 (약학) (상표) 히그로톤(이뇨강압제) 클로르탈리돈(chlorthalidone)의 상품명).

hy·ing [háiiŋ] 图 hie의 현재분사형.

hyl- [hail] 回 ⇒HYLO-.

hy·la [háilə] 图 청개구리(tree toad).

hy·lic [háilik] 图 물질의, 물질적인; 형이하학적. ¶ ~ influences 물질적 영향. **hy·lí·cism** 图

hy·lo- [háilou, -lə] 回 wood, matter의 뜻(* 모음 앞에서는 hyl-). ¶ *hylo*phagous(나무를 먹는), *hylo*zoism. 「als science).

hy·lol·o·gy [hailálədʒi/-lɔ́l-] 图 소재학(materi-

hy·lo·mor·phic [hàiləmɔ́:rfik] 图 (철학) 질료형상(質料形相)(론)의, 영육(靈肉)의.

hy·lo·mor·phism [hàiləmɔ́:rfizm] 图 (철학) (아리스토텔레스 철학에서) 질료(質料) 형상론. **-phist** 图

hy·lo·the·ism [háiləθí(:)izm] 图回 물시신론(物是神論)(물질과 신을 동일시하는 생각).

-ist 图 **-the·ís·tic, -the·ís·ti·cal** 图

hy·lo·trop·ic [hàilətrápik, -tróup-/-trɔ́p-] 图 (물·화) (물질이) 호변(互變)의(액체에서 기체로 변화하

는 따위, 조성(組成)은 불변이고 상(相)만 변하는 현상).
hy·lo·zo·ic [hàilouzóuik] [형] 〔철학〕 물활론의.
hy·lo·zo·ism [hàiləzóuizm] [명][U] 〔철학〕 물활론(物活論)(모든 물질에는 생명과 영혼이 있다는 설).
-ist [명] **-zo·ís·tic** [형] **-zo·ís·ti·cal·ly** [부] 「[형]
hy·men [háimən/-men] [명] 〔해부〕 처녀막. **~·al**
Hy·men [háimən/-men] [명] 〔그리스 신화〕 휘멘(혼인의 신); (h–) 《고어》 [U] 혼인; [C] 결혼 축가[축시].
hy·me·ne·al [hàiməníːəl/-me-] [형] 혼인의, 결혼의. **—** [명] 《시》 결혼 축가; (~s) 결혼(식). **~·ly** [부]
hy·me·ni·um [haimíːniəm] [명] ([복] ***-ni·a*** [-niə]) 〔식물〕 자실층(子實層)(균류(菌類)의 포자(胞子)를 만드는 부분의 총칭). **-ni·al** [형]
hy·me·no- [háimənou, -nə] [연결] membrane의 뜻 (* 모음 앞에서는 hymen-). ¶ *hymeno*pteron.
Hy·me·nop·ter·a [hàimənáptərə/-nɔ́p-] [명] 〔곤충〕 막시목(膜翅目), 벌목(目). **-an, -ter·ous** [형]
hy·me·nop·ter·on [hàimənáptərən/-nɔ́p-] [명] ([복] ***-ter·a*** [-tərə]) 막시류(膜翅類)의 곤충 「막 절개.
hy·men·ot·o·my [hàimənátəmi/-nɔ́t-] [명] (처녀)
‡hymn [him] [명] ([복] ***~s*** [-z]) 찬송가, 성가; (일반적으로) 찬가. **—** [동][타] 〔신〕을 칭송[찬미]하다; …을 (…에게) 찬(송)가로 기리다 (*to*). **—** [자] 찬(송)가를 부르다.
~·er [hímnər] [명] **hým·nic, ∠·less, ∠·like** [형]
hym·nal [hímnl] [명] 찬송가[성가]집. **—** [형] 찬(미)가
hym·na·ry [hímnəri] [명] =hymnal. └의, 성가의.
hýmn bòok [명] 찬가집(集)(hymnal).
hym·nist [hímnist] [명] 찬송가 작자.
hym·no·dist [hímnədist] [명] =hymnist.
hym·no·dy [hímnədi] [명][U] 찬송가 부르기[작곡]; 찬송가학; 《집합적》 찬미가, 찬송가, 성가.
hym·nog·ra·phy [himnágrəfi/-nɔ́g-] [명] **1** 찬송가[찬미가, 성가] 해설과 서지(書誌). **2** =hymnody.
-pher [명] 찬송가 작자[연구가].
hym·nol·o·gy [himnálədʒi/-nɔ́l-] [명][U] **1** 찬송가[성가]학. **2** 찬송가[성가] 작사[작곡]. **3** 《집합적》 찬송가, 성가. **-gist** [명] **-no·lóg·ic, -i·cal** [형] **-i·cal·ly** [부]
hy·oid [háiɔid] 〔해부·동물〕 [명][형] 설골(舌骨)(의).
hýoid bóne [명] 〔해부〕 설골(舌骨)(tongue bone).
hy·os·cine [háiəsiːn] [명][U] =scopolamine.
hy·os·cy·a·mine [hàiəsáiəmiːn, -min] [명][U] 〔약학〕 히오시아민(진정제·동공(瞳孔) 확대제).
hyp [hip] [명][U] 《고어》 =hypochondria. (또는 **hip**)
hyp. hypotenuse; hypothesis; hypothetical.
hyp- [hip, haip] [연결] ⇨HYPO-.
hyp·a·byss·al [hìpəbísəl, hàip-] [형] 〔지질〕 반심성(半深性)의. 「지붕이 없는.
hy·pae·thral [hipíːθrəl, hai-] [형] (고대 건축에서)
hyp·al·ge·si·a [hìpældʒíːziə, -siə] [명] 〔병리〕 통각(痛覺) 감퇴증. (또는 **hy·pal·gia** [hipǽldʒə]) **-sic** [형]
hy·pal·la·ge [hipǽlədʒi/hai-] [명][U] 〔수사〕 환치(換置)(법)(The door hit me in the face.를 My face hit the door.로 하는 따위).
hy·pan·thi·um [hipǽnθiəm, hai-] [명] ([복] ***-thi·a*** [-θiə]) [명] 〔식물〕 (완두·자소 따위의) 꽃턱통(꽃턱이 비대하여 통모양으로 된 것). **-thi·al** [형]
hype¹ [haip] 《美구어》 [명] **1** 과대[과장] 선전, 떠들썩한 판촉 활동; 과장 보도; 선동. ¶ ~ and hoopla 과대 선전. **2** 속임(수), 사기; 거짓, 허위. **—** [동][타] (***hyped*** [haipt], ***hyp·ing***) **1** 과대 선전하다; 과장 보도하다. **2** 마구 부추기다, 선동하다; 경기를 북돋우다(*up*). **3** …을 겉만 번지르르하게 하다; (종종 의문스런 방법으로) 늘리다. **4** 기만하다, 속이다. **hý·ping** [명]
hype² 《美속어》 [명] **1** 피하 주사(기, 침). **2** 마약 주사; 마약 중독[상용]자; 마약 장수. [참] hypodermic
blow a hype 《美속어》 몹시 흥분하다, 소란 피우다.
on the hype 《美속어》 마약 주사에 중독되어.
— [동][타] 《수동형으로》 (마약 주사 따위를 맞아) 흥분하다, 기운이 솟다(*up*). **—** [형] 아주 멋진.
hýpe àrtist [명] 《속어》 =hyper². 「가짜의; 흥분한.
hyped-up [háiptʌ́p] [형] 《속어》 꾸며낸 티가 나는,
hy·per¹ [háipər] 《구어》 [형] **1** 흥분하기 쉬운; 몹시 흥분[긴장]한. **2** 열광적인, 광신적인. **3** (…에) 병적으로 민감한(*about*). ¶ be ~ *about* noise pollution 소음 공해에 병적으로 민감하다. **4** 멋있는, 최고의.
— [명] 잘 흥분[긴장]하는 사람; 매우 활동적인 사람.
throw a hyper 몹시 흥분하다[화내다]. 「사람.
hy·per² [명] 《속어》 홍보[선전] 담당자; 과대 선전하는
hy·per- [háipər] [접두] **1** excessive의 뜻. ¶ *hyper*bole. **2** unusual의 뜻. ¶ *hyper*inflation. **3** greatly exceeding norms의 뜻. ¶ *hyper*velocity. **4** more than three dimensions(3차원 이상의)의 뜻. ¶ *hyper*space **5** 〔컴퓨터〕 in nonsequential manner(비순차적으로 연결된)의 뜻. ¶ *hyper*text.
hy·per·ac·id [hàipərǽsid] [형] 〔병리〕 위산 과다의.
-a·cid·i·ty [-əsídəti] [명][U] 위산 과다(증).
hy·per·ac·tive [hàipərǽktiv] [형][명] 극도로 활동적인[민감한] (사람). **-ac·tiv·i·ty** [-ræktívəti] [명] 활동 과다, 활동 항진(亢進) (상태).
hy·per·ad·e·no·sis [hàipərædənóusis] [명] 〔병리〕 선(腺)비대증, 임파선 이상(異常) 비대.
hy·per·aes·the·sia [hàipərəsθíːʒə, -ʒiə/-riːs-] [명] 〔병리〕 =hyperesthesia. 「게 공격적인.
hy·per·ag·gres·sive [hàipərəgrésiv] [형] 지나치
hy·per·al·i·men·ta·tion [hàipərælǝmentéiʃən] [명] 과(過)영양; 정맥 영양 공급.
hy·per·anx·ious [hàipərǽŋkʃəs] [형] 몹시 걱정하는.
hy·per·bar·ic [hàipərbǽrik] [형] 〔의학〕 **1** (척수 마취액이 체액보다) 고비중의. **2** (치료법이) 고압(산소)에 의한. **-i·cal·ly** [부]
hyperbáric chámber [명] 고압 산소실.
hyperbáric óxygen thérapy [명] 고압 산소 요법(일산화 탄소 중독, 뇌졸중 따위에 쓴다).
hy·per·ba·ton [haipə́ːrbətàn/-tɔ̀n] [명][U][C] ([복] ***~s, -ba·ta*** [-bətə]) 〔수사〕 전치(轉置)(법)(강조 용법). **hỳ·per·bát·ic** [형] **hỳ·per·bát·i·cal·ly** [부]
hy·per·bo·la [haipə́ːrbələ] [명] ([복] ***~s, -lae*** [-liː]) 〔기하〕 쌍곡선. 「(법); 과장 표현[어구].
hy·per·bo·le [haipə́ːrbəli] [명][U][C] 〔수사〕 과장
hy·per·bol·ic [hàipərbálik/-bɔ́l-] [형] **1** 과장된, 과대(誇大)한. **2** 〔기하〕 쌍곡선의. ¶ ~ logarithm 쌍곡선 대수(對數). (또는 **hyperbolical**) **-i·cal·ly** [부]
hyperbólic geómetry [명] 〔기하〕 쌍곡 기하학(비(非)유클리드 기하학의 한 부문). 「항법.
hyperbólic navigátion [명] 〔항해·항공〕 쌍곡선
hy·per·bo·lism [haipə́ːrbəlìzm] [명][U] 〔수사〕 과장법(사용). **-list** [명]
hy·per·bo·lize [haipə́ːrbəlàiz] (* 《英》 **-lise**) [동][자] 〔수사〕 과장법을 사용하다; (일반적으로) 과장하다. **—** [타] 〔수사〕 …을 과장법으로 표현하다.
hy·per·bo·loid [haipə́ːrbəlɔ̀id] [명] 〔기하〕 쌍곡면.

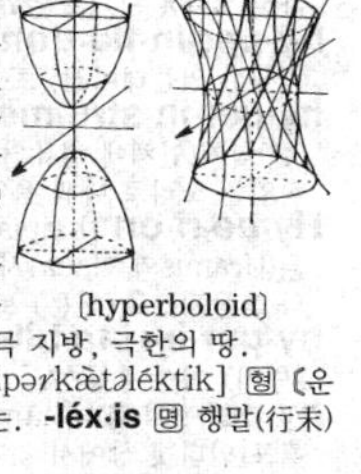

(hyperboloid)

Hy·per·bo·re·an [hàipərbɔ́ːriən/-ɔ́riən] [명] **1** 〔그리스 신화〕 휴페르보레오스 사람(극북(極北)의 상춘(常春)의 나라에 사는 사람들). **2** (종종 h–) 북국 사람, 극북인(極北人).
— [형] **1** 휴페르보레오스 사람의. **2** (종종 h–) 북쪽 끝의, 극북의; 극한의. ¶ ~ regions 북극 지방, 극한의 땅.
hy·per·cat·a·lec·tic [hàipərkætəléktik] [형] 〔운율〕 행 끝에 여분의 음절이 있는. **-léx·is** [명] 행말(行末) 음절 과잉.
hy·per·charge [háipərtʃɑ̀ːrdʒ] [명] 〔물리〕 하이퍼차지, 초전하(超電荷). **—** [동][타] …에 지나치게 채워넣다

[부과하다].
hy·per·chlor·hy·dri·a [hàipərklɔːrháidriə] 圀 〔병리〕 과염산(過鹽酸)증, 위산 과다증.
hy·per·cho·les·ter·ol·e·mi·a [hàipərkəlès-tərəlíːmiə] 圀 〔병리〕 콜레스테롤 과잉(高)콜레스테롤] 혈중.(또는 **hỳpercholesterémia**)
hy·per·cho·li·a [hàipərkóuliə] 圀 〔병리〕 담즙(분비) 과다증. 「의식 과잉의.
hy·per·con·scious [hàipərkánʃəs/-kɔ́n-] 圀
hy·per·cor·rect [hàipərkərékt] 圀 1 대수롭지 않은 일에 까다로운, 지나치게 꼼꼼한. 2 과잉 교정의.
~·ly 凰 ~·ness 圀
hy·per·cor·rec·tion [hàipərkərékʃən] 圀Ⓤ 〔언어〕 과잉 교정(쓸데없는 교정으로 과오를 범하는 현상).
hy·per·crit·ic [hàipərkrítik] 圀 혹평가. ─圀 = hypercritical.
hy·per·crit·i·cal [hàipərkrítikl] 圀 혹평하는, 지나치게 비판하는, 헐뜯는. ~·ly 凰
hy·per·crit·i·cize [hàipərkrítəsàiz] 匝 혹평하다; 몹시 헐뜯다. -**cism** 圀Ⓤ 혹평.
hy·per·dac·tyl·i·a [hàipərdæktíliə] 圀 다지증(多指症). (또는 **hỳperdáctylism**)
hy·per·di·a·lect·ism [hàipərdàiəléktizm] 圀 〔언어〕 과도(過度) 방언 사용. 「전 활동, 운동].
hy·per·drive [háipərdráiv] 圀 초대형 캠페인[선
hy·per·du·li·a [hàipərdjúliə] 圀 〔가톨릭〕 하이퍼둘리어, 성모 마리아 특별 숭배. -**dú·lic**, -**dú·li·cal** 圀
hy·per·em·e·sis [hàipərémisis] 圀 〔의학〕 오조(惡阻), (특히 임신 6~8주간의 심한) 입덧.
hy·per·e·mi·a [hàipəríːmiə] 圀 〔병리〕 충혈(充血). (또는 **hyperaemia**) -**mic** 圀
hy·per·es·the·sia [hàipəresθíːʒə, -ʒiə/-riːs-] 圀Ⓤ 〔병리〕 감각[지각] 과민(증). -**thét·ic** 圀
hy·per·ex·cit·a·ble [hàipəriksáitəbl] 圀 지나치게 격하기[흥분하기] 쉬운. -**cit·a·bíl·i·ty** 圀
hy·per·ex·ten·sion [hàipəriksténʃən] 圀 〔생리〕 과신전(過伸展), 선전 과도(치료를 위해 손발 따위를 과도하게 뻗게 하기). -**ténd** 匝 「의, 미소체.
hy·per·fine [háipərfáin] 圀 〔물리〕 초미세(超微細)
hyperfine structure 〔물리〕 초미세 구조(스펙트럼성의 미세 구조에서 나타나는 보다 미세한 분기(分岐)).
hy·per·fó·cal dístance [hàipərfóukəl-] 〔사진〕 과(過)초점 거리, 가장 가까운 결상(結像) 거리.
hy·per·form [háipərfɔ́ːrm] 圀 〔언어〕 과도 정정(訂正) 형태[어법]. 「능 항진.
hy·per·func·tion [hàipərfʌ́ŋkʃən] 圀 〔병리〕 기
hy·per·ga·lac·ti·a [hàipərɡəlǽktiə] 圀 〔병리〕 유즙(乳汁) 분비 과다(증). (또는 **hỳpergàlactósia**)
hy·per·gly·c(a)e·mi·a [hàipərɡlaisíːmiə] 圀 〔병리〕 고(과)혈당(증). -**ɡly·cé·mic** 圀
hy·per·gol [háipərɡɔ̀ːl/-ɡɔ̀l-] 圀 자동 점화성[연소성] 로켓 추진제(劑). -**gól·ic** 圀 -**gól·i·cal·ly** 凰
hy·per·hi·dro·sis [hàipərhidróusis] 圀 〔병리〕 다한(多汗)(증), (또는 **hyperidrosis**)
hy·per·in·fla·tion [hàipərinfléiʃən] 圀 〔경제〕 극심한 인플레이션, 초(超)인플레이션. ~·**àry** 圀
hy·per·in·stru·ment [hàipərínstrəmənt] 圀 초(超)악기(인체에 컴퓨터와 연결된 센서를 부착해 몸의 움직임을 소리로 바꿔 음악을 연주하는 것 따위).
Hy·pe·ri·on [haipíəriən] 圀 〔그리스 신화〕 1 히페리온(Uranus와 Gaea 사이에 태어난 거인; 종종 Apollo와 혼동됨). 2〔천문〕 토성의 제7위성.
hy·per·ir·ri·ta·bil·i·ty [hàipəriratəbíləti] 圀Ⓤ 〔병리〕 이상 흥분성.
hy·per·jump [háipərdʒʌ̀mp] 圀 〔컴퓨터〕 하이퍼 점프(인터넷 상에서 갖가지 중계 지점을 거치지 않고 필요한 데이터에 직접 접속하는 것).
hy·per·ki·ne·sia [hàipərkiníːʒə, -ʒiə] 圀Ⓤ 〔병리〕 운동 과잉[항진](증), 다동(多動), 증동(增動). (또는 **hyperkinesis**) -**nét·ic** 圀
hy·per·link [háipərlìŋk] 圀 〔컴퓨터〕 하이퍼링크(데이터 파일을 서로 연결시키는 것).
hy·per·li·pe·mi·a [hàipərlipíːmiə] 圀Ⓤ 〔병리〕 고지혈(高脂血)(증). (또는 **hỳperlipidémia**)
hy·per·lip·o·pro·tein·e·mi·a [hàipərlìpə-próutiəníːmiə, -làipə-] 圀 〔병리〕 고(高)리포 단백혈(증). 「증 조병(躁病).
hy·per·ma·ni·a [hàipərméiniə] 圀 〔정신의학〕 중
hy·per·mar·ket [háipərmàːrkit] 圀 〔교외의〕 대형 슈퍼마켓, 하이퍼마켓(《美》 superstore).
hy·per·me·dia [hàipərmíːdiə] 圀 〔컴퓨터〕 하이퍼미디어(문자·동화상·음성 등 복수의 미디어를 유기적으로 결합시킨 미디어 환경).
hy·per·me·ter [haipɔ́ːrmətər] 圀 〔운율〕 음절 과잉 시구(규정수보다도 여분의 음절이 있는 시구·시행).
hy·per·met·ric [hàipərmétrik] 圀 〔운율〕 음절이 보통보다 많은, 음절 과잉의. (또는 **hypermetrical**)
hy·per·me·tro·pi·a [hàipərmitróupiə] 圀 〔안과〕 원시(遠視). -**tróp·ic**, -**tróp·i·cal** 圀
hy·per·mne·sia [hàipərmníːʒə, -ʒiə] 圀 〔심리〕 기억 증진(증), 기억 이상(異常) 항진증. -**sic** 圀
Hy·perm·nes·tra [hàipərmnéstrə] 圀 〔그리스 신화〕 휴페름네스트라(Danaus왕의 50명의 딸 중 첫날밤 남편을 죽이라는 아버지의 명령을 거역한 유일한 딸).
hy·per·on [háipəràn/-ɔ̀n] 圀Ⓤ 〔물리〕 하이페론, 중핵자(重核子).
hy·per·o·nym [hàipəróunim] 圀 〔언어·논리〕 상위어(上位語)(table, chair 따위에 대해 furniture 따위).
hy·per·ope [háipəròup] 圀 원시(遠視)인 사람.
hy·per·o·pi·a [hàipəróupiə] 圀 〔안과〕 =hypermetropia. -**óp·ic** 圀 「후각(嗅覺) 과민(증). -**mic** 圀
hy·per·os·mi·a [hàipərázmiə/-ɔ́z-] 圀 〔병리〕
hy·per·pha·gia [hàipərféidʒiə] 圀 〔병리〕 식욕 이상 항진(증), 과식(過食)(증). -**gic** 圀
hy·per·pla·sia [hàipərpléiʒə, -ʒiə, -ziə] 圀Ⓤ 〔병리·생물〕 과형성(過形成), 증생(增生), 과생(過生).
hy·per·plu·ral·ism [hàipərplúərlizm] 圀 초(超)다원론[주의](정보화에 따른 사회의 다원성 가속화 현상).
hy·per·re·al·ism [hàipərríːəlizm] 圀 〔미술〕 하이퍼[초(超)]리얼리즘. -**ist** 圀 「잠망경.
hy·per·scope [háipərskòup] 圀 〔군사〕 참호용
hy·per·sen·si·tive [hàipərsénsətiv] 圀 1 (…에) 과민한, 신경질적인(to, about). ¶be ~ to criticism 비평에 너무 민감하다. 2〔병리〕 과민증의. 3(사진) 초감도의.
~·**ness**, -**sen·si·tív·i·ty** 圀 과민(성), 과민증.
hy·per·sex·u·al [hàipərsékʃuəl] 圀 성욕 과도[항진(증)의, 성관심[행동]이 과도한. -**sex·u·ál·i·ty** 圀
hy·per·son·ic [hàipərsánik/-sɔ́n-] 圀 극(極)초 음속의(음속의 5배 이상). -**i·cal·ly** 凰
hy·per·son·ics [hàipərsániks/-sɔ́n-] 圀⒱ 〔단수취급〕 Ⓤ 〔항공〕 극초음속학. 「기(의 HST).
hypersónic tránsport 圀 〔항공〕 극초음속 수송
hy·per·space [háipərspèis] 圀 〔수학〕 초공간(超空間), 4차원 (이상의) 공간. 1〔수학〕 고차원 유클리드 공간. 2 공상 과학 소설(SF)에서 광속보다 빠른 이동·정보 전달이 가능한 공간. -**spá·tial** 圀
hy·per·sphere [háipərsfìər, -̀-́] 圀 〔수학〕 초구(超球)(3차원의 구(球)를 4차원 이상의 고차원으로 확장한 것). -**sphér·i·cal** 圀 「〔병리〕=latah.
hý·per·startle sýndrome [háipərstàːrtl-] 圀
hy·per·sthene [hàipərsθíːn] 圀 〔광물〕 자소 휘석(紫蘇輝石)(화성암(火成岩) 속에서 볼 수 있다).
hy·per·ten·sion [hàipərténʃən] 圀Ⓤ 1 과도한 긴장. 2〔병리〕 고혈압(증); 긴장 항진(증).
hy·per·ten·sive [hàipərténsiv] 圀 고혈압의[을

일으키는]. ― 형 고혈압 환자.

hy·per·text [háipərtèkst] 명 〔컴퓨터〕 하이퍼텍스트(정보란을 마음대로 만들거나 연결시키고 정보를 검색할 수 있게 비순차적으로 기억된 데이터의 텍스트).

hy·per·thy·roid [hàipərθáiərɔid] 형 1 〔병리〕 갑상선(甲狀腺) 기능 항진(증)의. 2 이상 흥분의, 극도로 격한. **-thy·rói·dal**, **~·less** 형

hy·per·thy·roid·ism [hàipərθáiərɔidìzm] 명 [U] 〔병리〕 갑상선 기능 항진(증). 「[항진], 고혈압.

hy·per·to·nia [hàipərtóuniə] 명 〔병리〕 긴장 과도

hy·per·ton·ic [hàipərtánik/-tɔ́n-] 형 (반 hypotonic) 1 〔생리〕 긴장 항진(과도)의, 고혈압의. 2 〔음화〕 고장(高張)[고(高)삼투압]의. 3 (일반적으로) 격조 높은, 우세한. **-to·níc·i·ty** 명

hy·per·tro·phy [haipə:rtrəfi] 명 [U] 비대; 영양 과다; (기관·조직의) 이상 비대(발달). ― 타 (비정상으로) 비대시키다[하다]. **hỳ·per·tróph·ic** 형

hy·per·ve·loc·i·ty [hàipərvəlásəti/-lɔ́s-] 명 〔물리〕 초고속도(우주선·핵입자(核粒子) 따위의 초속 약 3,000m 이상의 속도).

hy·per·ven·ti·late [hàipərvéntəlèit] 자타 호흡 항진하다, 과환기(過換氣)하다. ― (환자)에게 호흡 항진시키다. **-vèn·ti·lá·tion** 명 〔의학〕 환기[호흡] 항진(亢進); 과환기 증후군.

hy·pe·stick [háipstik] 형 (속어) 피하 주사기[침].

hy·pe·thral [hipí:θrəl, hai-] 형 =hypaethral.

hy·pha [háifə] 명 (복 -phae [-fi:]) 〔식물〕 균사(菌絲). **-phal** 형

‡**hy·phen** [háifən] 명 (복 ~s [-z]) 1 하이픈, 연자(連字) 부호(-). 2 〔건축〕 연결 부분(두 주요 건물 사이를 잇는 건물). ― 타동 =hyphenate.

> 주의 하이픈의 주요한 용법 ― (1) 복합어를 만든다. ¶father-in-law(장인, 시아버지): up-to-date(최신의). (2) 연속한 모음이 따로따로 발음되는 것을 나타낸다. ¶co(-)operate, pre(-)eminent. 단, 최근에는 하이픈을 없애는 경향이 있다. 또 분음(分音) 기호 (diaeresis)를 쓰는 경우도 있다. ¶coördinate, naïve. (3) 동철 이의어(同綴異義語)를 구별한다. ¶recover [rikʌ́vər] (회복하다)와 re-cover [ri:kʌ́vər] (다시 덮다), recreate [rékrièit] (휴양하다)와 re-create [rì:kriéit] (개조하다). (4) 숫자중 정수(整數) 21에서 99까지의 분수에 있어서. ¶twenty-one, one-third. * 분수에서는 최근에는 하이픈을 쓰지 않는 경향이 있다. (5) 음절이 나뉘는 곳을 나타낸다: civ-i-li-za-tion. * 음절의 갈라지는 곳은 (·)이나 작은 공백으로 나타내기도 한다. ⇒SYLLABICATION

hy·phen·ate [háifənèit] 타동 …을 하이픈으로 잇다[나누다]; …을 하이픈을 넣어 쓰다. ― 형 =hyphenated. ― 명 (미국어) 1 =hyphenated American. 2 겸업자(producer-director(제작자 겸 감독)처럼 hyphen으로 연결). **-á·tion** 명

hy·phen·at·ed [háifənèitid] 형 하이픈이 붙은; 외국계의; 혼혈의. ¶a ~ word 하이픈으로 연결된 말.

hýphenated Américan 명 (종종 H~) 외국계[귀화] 미국인, 애국심이 약한 귀화 미국인(Korean-American처럼 hyphen을 붙여 쓰는 데서).

hy·phen·ize [háifənàiz] (* (英) **-ise**) 타동 = hyphenate. **-i·zá·tion** 명

hyp·na·gog·ic [hipnəgádʒik/-gɔ́dʒ-] 형 꾸벅꾸벅 조는; 졸게 하는, 최면의. (또는 **hypnogogic**)

hyp·no- [hípnou, -nə] 〔연결〕 sleep, hypnosis의 뜻 (* 모음 앞에서는 hypn-). ¶*hypn*ology, *hypn*otherapy.

hyp·no·dra·ma [hípnədrɑ̀ːmə] 명 〔정신의학〕 최면극[연기(최면자에 의한 심리극)].

hyp·no·gen·e·sis [hìpnədʒénəsis] 명 [U] 〔의학〕 최면. **-ge·nét·ic** **-gén·ic** 형 **-ge·nét·i·cal·ly** 부

hyp·noi·dal [hipnɔ́idl] 형 〔심리〕 수면[최면](상태)의. (또는 **hypnoid**)

hyp·nol·o·gy [hipnálədʒi/-nɔ́l-] 명 [U] 수면학, 최면학. **-no·lóg·ic**, **-no·lóg·i·cal** 형 **-gist** 명 「(법).

hyp·no·p(a)e·di·a [hìpnəpí:diə] 명 [U] 수면 학습

hyp·no·pom·pic [hìpnəpámpik/-pɔ́m-] 형 〔심리〕 잠이 깰 무렵의, (각성(覺醒) 전의) 반수 반성(半睡半醒)의. 「(잠의 신). (또는 **Hypnus**)

Hýp·nos [hípnɑs/-nɔs] 명 〔그리스 신화〕 히프노스

hyp·no·sis [hipnóusis] 명 [U][C] (복 **-ses** [-si:z]) 최면 상태; 최면술. ¶under ~ 최면(술)에 걸려.

hyp·no·ther·a·py [hìpnouθérəpi] 명 [U] 최면 요법. **-pist** 명 최면 요법사.

hyp·not·ic [hipnátik/-nɔ́t-] 형 1 최면술의, 최면 상태의. 2 최면술에 걸리기 쉬운[걸린]. 3 잠이 오게 하는. ― 명 1 수면약; 최면약; 진정제. 2 최면술에 걸리기 쉬운[걸린] 사람. **-i·cal·ly** 부 「의 암시 (요법).

hypnótic suggéstion 명 최면 암시(최면하에서의

hyp·no·tism [hípnətìzm] 명 [U] 최면(수면)학; 최면술; 최면 상태; 매력. **-tist** 명 **-tís·tic** 형

hyp·no·ti·za·tion [hìpnətizéiʃən/-tai-] 명 [U] 최면 걸기; 최면 상태.

hyp·no·tize [hípnətàiz] (* (英) **-tise**) 타동 1 …에게 최면을 걸다. 2 …을 매료하다. 3 …을 (움직이지 못할 정도로) 놀라게 하다, 무력하게 하다. ― 자동 최면을 걸다. **-tiz·a·bíl·i·ty** 명 **-tiz·a·ble** 형 **-tiz·er** 명

hy·po[1] [háipou] 명 [U] 티오 황산 나트륨(사진 현상 정착액). (*<*hypo*sulfite of soda* (오용(誤用))

hy·po[2] (美구어) 1 =hypodermic. 2 마약 중독[상용]자. 3 자극, 촉진. ― 타동 …에게 피하 주사를 놓다; …을 자극하다, 촉진하다. 「ac.

hy·po[3] 명 (고어) =hypochondria; hypochondri-

hy·po- [háipou, -pə] 〔연결〕 (* 모음 앞에서는 hyp-) 1 under, beneath, below의 뜻. ¶*hypo*dermic, *hyp*ethral. 2 less than의 뜻. ¶*hypo*taxis. 3 〔화학〕 차아(次亞)의 뜻. ¶*hypo*phosphite.

hy·po·a·cid·i·ty [hàipouəsídəti] 명 [U] 〔병리〕 (위액 따위의) 저산(低酸)(증), 산과소(증). **-ác·id** 형

hy·po·a·de·ni·a [hàipouədí:niə] 명 〔병리〕 선(腺)분비 감약증(減弱症).

hy·po·al·i·men·ta·tion [hàipouæ̀ləmentéiʃən] 명 [U] 〔병리〕 영양 부족, 영양 결핍증.

hy·po·al·ler·gen·ic [hàipouæ̀lərdʒénik] 형 (화장품이) 저(低)자극성의. ¶~ cosmetics 저자극성 화장품.

hy·po·blast [háipəblæ̀st] 명 [U] 〔발생〕 내배엽(內胚葉); 배반열(胚盤葉) 하층. **-blás·tic** 형 「밑 난방.

hy·po·caust [háipəkɔ̀ːst] 명 (고대 로마의) 방바닥

hy·po·cen·ter [háipəsèntər] 명 (핵 폭발이나 지진의) 폭심(爆心)(지) 2 (지질) (지진의) 진원(focus). **-cén·tral** 형

hy·po·chlor·hy·dri·a [hàipouklɔ́ːrháidriə] 명 〔병리〕 저(低)염산(증), 위산 감소증.

hy·po·chlo·rite [hàipouklɔ́ːrait] 명 〔화학〕 하이포아(亞)염소산염(塩). 「〔화학〕 하이포아염소산.

hy·po·chlór·ous ácid [hàipouklɔ́ːrəs-]

hy·po·chon·dri·a [hàipəkándriə/-kɔ́n-] 명 [U] 1 〔정신의학〕 하이포콘드리아, 건강 염려증. (또는 **hypochondriasis**) 2 근심병. 3 hypochondrium의 복수형. [<Gk]

hy·po·chon·dri·ac [hàipəkándriæ̀k/-kɔ́n-] 형 1 〔병리〕 하이포콘드리아(의)에 걸린; 몹시 풀이 죽은; 하이포콘드리아에 의해 일어나는. (또는 **hỳpochondríacal**) 2 〔해부〕 계륵부(季肋部)(hypochondrium)의. ― 명 1 하이포콘드리아 환자. 2 자기 건강에 대하여 지나치게 신경을 쓰는[말하는] 사람.

hy·po·chon·dri·um [hàipəkándriəm/-kɔ́n-] 명 (복 **-dri·a** [-driə]) 〔해부·동물〕 계륵부(季肋部)(왼쪽[오른쪽] 늑골 아래에서 상복부에 해당하는 곳).

hy・po・chro・mi・a [hàipəkróumiə] 명U 〔병리〕 1 혈색소 감소증(적혈구 속의 혈색소 결핍 상태). 2 〔조직·세포내의〕 색소 감소. **-mic** 형 「빈혈.
hypochrómic anémia 명 〔병리〕 혈색소 감소성
hy・poc・o・rism [haipákərizm, hip-/haipɔ́k-] 명U 애칭(으로 부르기); (어른이) 어린이 말을 흉내내기.
hy・po・co・ris・tic [hàipəkərístik, hìp-] 형 애칭의, 친밀감을 나타내는.¶a ～ name 애칭.
hy・po・cot・yl [hàipəkátl/-kɔ́tl-] 명 〔식물〕 배축(胚軸). **-cót・y・lous** 형
*__hy・poc・ri・sy__ [hipákrəsi/-pɔ́k-] 명UC 위선, 위선적 행위; (위선의) 탈을 쓰기, … 인 체함.
*__hyp・o・crite__ [hípəkrìt] 명 위선(자)의. ── 명 위선자, 거짓 태도를 취하는 사람.
  play the hypocrite 거짓[위선적인] 태도를 취하다.
  -crit・i・cal 형 **-crit・i・cal・ly** 부
hyp・o・crize [hípəkràiz] (* (英) -crise) 자 가면을 쓰다, 위선적 태도를 취하다.
hy・po・derm [hàipədə́ːrm] 명 =hypodermis. (또는 hypoderma). **-dér・mal** 형
hy・po・der・mic [hàipədə́ːrmik] 형 1 〔의학〕 피하에 주입하는, 피하 주사의.¶～ injection 피하 주사. 2 피하의, 피하 조직의. 3 원기를 북돋우는, 자극하는.
── 명 1 피하 주사(액). 2 피하 주사기. **-mi・cal・ly** 부
hypodérmic néedle 명 피하 주사 바늘.
hypodérmic syrínge 명 피하 주사기. 〔劑〕
hypodérmic táblet 명 〔의학〕 피하 주사용 정제(錠
hy・po・der・mis [hàipədə́ːrmis] 명U 1 〔동물〕 하피, 진피(眞皮). 〔해부〕 피하 조직. 2 〔식물〕 하피.
hy・po・dy・nam・i・a [hàipoudainǽmiə, -néim-] 명U 〔병리〕 활력 감퇴, 탈력(脫力), 쇠약. **-ic** 형
hy・po・func・tion [hàipoufʌ́ŋk∫ən] 명U 〔병리〕 (선(腺) 따위의) 기능 저하, 기능 부전.
hy・po・g(a)e・al [hàipədʒíːəl] 형 지하[지중]의; 〔식물〕 지하성(性)의.¶～ cotyledon 지하 자엽(子葉).
hy・po・gas・tric [hàipəgǽstrik] 형 〔해부〕 하복부의[에 있는], 위(胃) 아래의.
hy・po・gas・tri・um [hàipəgǽstriəm] 명 (複 **-tri・a** [-triə]) 〔해부〕 하복부.
hy・po・gene [háipədʒìːn] 명 〔지질〕 (바위가) 심성(深成)의.¶～ rocks 심성암. **-gén・ic** 형
hy・po・gen・e・sis [hàipədʒénəsis] 명U 〔병리〕 태아의 기관(器官)·기능의 발육 부전. **-ge・nét・ic** 형
hy・po・ge・um [hàipədʒíːəm] 명 (複 **-ge・a** [-dʒíːə])
1 〔고대건축〕 건축의 지하 부분, 지하실. 2 지하 매장실; 지하 무덤.
hy・po・gly・c(a)e・mi・a [hàipouglaisíːmiə] 명U 〔병리〕 저혈당(低血糖)(증).
hy・po・hi・dro・sis [hàipouhidróusis, -hai-] 명U 〔병리〕 발한(發汗) 감소증.
hý・poid géar [háipoid-] 명 하이포이드 톱니바퀴.
hy・po・ki・ne・si・a [hàipoukiníːʒə, -kai-] 명U 〔병리〕 운동 기능 감퇴증, 운동 저하증.
  (또는 hypokinesis) **-nét・ic** 형
hy・po・lim・ni・on [hàipoulímniàn/-niən] 명 (複 **-ni・a** [-niə]) (호수의) 심수층(深水層)(수온 약층(水溫躍層)(thermocline) 이하의 호수층).
hy・po・men・or・rhe・a [hàipəmènəríːə] 명U 〔병리〕 월경 과소(증), 과소 월경.
hy・po・nym [háipənim] 명 〔언어·논리〕 하위어(下位語)(furniture에 대해 table 또는 chair 따위의 말).
hy・pón・y・mous 형
hy・po・pho・ni・a [hàipəfóuniə] 명U 〔병리〕 발성 부전, 발어(發語) 장애.
hy・po・phos・phate [hàipəfásfeit/-fɔ́s-] 명U 〔화학〕 하이포인산염(燐酸塩).
hy・po・phos・phite [hàipəfásfait/-fɔ́s-] 명U 〔화학〕 하이포아인산염(亞燐酸塩).

hy・po・phos・phór・ic ácid [hàipoufasfɔ́ːrik-/-fɔsfɔ́rik-] 명 〔화학〕 하이포인산.
hy・po・phós・phor・ous ácid [hàipoufásfərəs-/-fɔ́s-] 명 〔화학〕 하이포아인산(환원제).
hy・poph・y・sec・to・my [haipàfəséktəmi/-pɔ̀f-] 명U 〔외과〕 뇌하수체 절제(술).
hy・poph・y・sis [haipáfəsis/-pɔ́f-] 명 (複 **-ses** [-sìːz]) 〔해부〕 뇌하수체(腦下垂體)(pituitary gland).
hy・pop・n(o)e・a [hàipápniə/-pɔ́p-] 명U 〔병리〕 감소 호흡, 호흡 저하.
hy・po・prax・i・a [hàipəprǽksiə] 명U 〔병리〕 행동 감퇴증, 행동 부전.
Hy・po・spray [háipousprèi] 명 (때로 h～) (상표) 〔의학〕 하이포스프레이, 피하 분사식(바늘을 쓰지 않고 약액을 미립자 상태로 분사하여 피부에 침투시킨다).
hy・pos・ta・sis [haipástəsis/-pɔ́s-] 명 (複 **-ses** [-sìːz]) 1 〔철학〕 실체, 실재, 본질(적 원리); 위격(位格). 2 〔신학〕 삼위일체의 (어느) 하나, 삼위일체의 각 위격. 3 〔의학〕 a) 침하 울혈(沈血鬱), b) 혈액 침강(沈降). 4 〔언어〕 실체화(實體化)(단어(의 일부) 따위를 인용형태로 명사 취급하는 것).
hy・po・stat・ic [hàipəstǽtik] 형 1 본질의, 실체의, 근본의. 2 〔신학〕 삼위 일체의 하나의. 3 〔의학〕 강하[침하성의. 4 〔유전〕 열위(劣位)의, 하위의.
  (또는 **hypostatical**) **-i・cal・ly** 부
hypostátic únion 명 〔신학〕 (그리스도의) 위격적(位格的) 결합(신성(神性)과 인성(人性)의 합체).
hy・pos・ta・tize [haipástətàiz/-pɔ́s-] (* (英) -tise) 타 〔개념 따위를〕 실체화하다[본질로 생각하다]; 구체화하다. **-ti・zá・tion** 명
hy・po・style [háipəstàil] 명 〔건축〕 다주식(多柱式)의, 다주 구조의. ── 명 다주식 건축[건조물].
hy・po・sul・fite [hàipousʌ́lfait] 명 〔화학〕 1 하이포아황산(塩). (또는 **hydrosulfite**) 2 티오 황산 나트륨(sodium thiosulfate)(사진 정착제). (또는 (英) hyposulphite)
hy・po・sul・fur・ous [hàipousʌ́lfərəs, -sʌlfjúə-] 명 〔화학〕 하이포아황산의. (또는 (英) **hyposulphurous**) 「원제·표백제).
hyposúlfurous ácid 명 〔화학〕 하이포아황산(환
hy・po・tax・is [hàipətǽksis] 명U 〔문법〕 종속 (관계), 종위; 종속 구문. **-tác・tic** 형
hy・po・ten・sion [hàipəténʃən] 명U 〔병리〕 저혈압(증); 저압·안압(眼壓) 따위의 저하(증).
hy・po・ten・sive [hàipəténsiv] 〔병리〕 형 저혈압의; 혈압 저하성의. ── 명 저혈압인 사람; 혈압 강하제.
hy・pot・e・nuse [haipátənjùːs/-pɔ́tənjùːz] 명 〔기하〕 (직각 삼각형의) 사변(斜邊)(약 hyp.).
hypoth. hypothetic; hypothetical.
hy・po・thal・a・mus [hàipouθǽləməs] 명 (複 **-mi** [-mài]) 〔해부〕 시상 하부(視床下部). **-tha・lám・ic** 형
hy・poth・ec [haipáθik/-pɔ́θ-] 명U 〔법률〕 저당권, 담보권.¶a ～ debenture 부동산 (저당) 채권.
  the whole hypothec (스코구어) 전재산, 전사업.
hy・poth・e・cate [haipáθikèit/-pɔ́θ-] 타 1 … 을 저당[담보]으로 넣다; …의 담보 계약을 하다. 2 … 라고 가정하다. **-cá・tion, -cà・tor** 명 「hypothesize.
hy・po・the・ci・um [hàipəθíːʃiəm, -siəm] 명 (複 **-ci・a** [-∫iə]) 〔식물〕 자실 하층(子實下層)(균류의 자실층(hymenium) 아래에 있는 균사층). **-ci・al** 형
hy・poth・e・nar [haipáθənɑ̀ːr, -nər, haipəθíːnər] 명 〔해부〕 소지구(小指球)(새끼손가락 밑동의 볼록한 부분). ── 형 소지구의.
hy・poth・e・nuse [haipáθənjùːs/-pɔ́θənjùːz] 명 =hypotenuse.
hy・po・ther・mal [hàipəθə́ːrməl] 형 1 미지근한, 미온의. 2 (체온이) 상온 이하의, 저온의. 3 〔지질〕 (광상(鑛床)이) 심열수 광상성(深熱水鑛床性)의.

hy·po·ther·mi·a [hàipəθə́ːrmiə] 명⓾ 〔병리〕 저(低)체온(증); 〔의학〕 체온 저하(법). **-mic** 형

***hy·poth·e·sis** [haipɔ́θəsis/-pɔ́θ-] 명 (복 **-ses** [-sìːz]) 1 가설(假說). ¶ a working ~ 작업 가설(이론·실험 따위의 기초가 되는 길잡이로서의 가설). 2 (논의 따위의) 전제, 가정. ¶ Let's start with this ~. 이 전제로 시작합시다. 3 (가언(假言) 명제의) 전건(前件). 4 추측, (단순한) 가정. **-sist** 명

hy·poth·e·size [haipɔ́θəsàiz/-pɔ́θ-] 동⓶ 가설을 세우다(*about, on*). ── 탄 …라는 가설을 세우다, …로 가정하다. (또는 **hypothecate**) **-siz·er** 명

hy·po·thet·i·cal [hàipəθétikəl] 형 1 가설의, 가설에 근거한. ¶ ~ reasoning 가설적 추리. 2 가설을 좋아하는, 가설만을 내세우는. 3 〔논리〕 가정의, 가언적(假言的)인. ¶ ~ syllogism 가언적 삼단 논법. 4 관념으로서만 존재하는. ── 명 가정에 기초한 상황[사실]. (또는 **hypothetic**) **-i·cal·ly** 부

hypothétical impérative 명 〔윤리〕 (칸트 철학에서) 가언(假言) 명령.

hy·po·thy·roid [hàipəθáirɔid] 형 〔병리〕 갑상선 기능 부전(증)의. **~ism** 명

hy·po·to·ni·a [hàipətóuniə] 명⓾ 〔병리〕 긴장 감퇴[저하], 저압(低壓): 저혈압.

hy·po·ton·ic [hàipətɔ́nik/-tɔ́n-] 형 1 〔생리〕 (근육의) 저장(低張)의, 2 〔물·화〕 열장(劣張)의(2종의 용액 중 삼투압(滲透壓)이 낮은 쪽의). ¶ ~ solution 열장액. **-to·níc·i·ty**

hy·pot·ro·phy [haipátrəfi, hi-/-pɔ́t-] 명 1 〔병리〕 발육 부전. 2 〔생리〕 (세포[조직]의) 활력 저하. 3 〔식물〕 경하성(傾下性)(가지·잎의 아래쪽이 위쪽보다 더 많이 성장하는 것).

hy·po·ty·po·sis [hàipətaipóusis] 명 〔수사〕 박진법(迫眞法)(사물이나 정경 따위가 독자에게 생생한 사실감을 느끼게 하는 묘사).

hy·po·vo·lé·mic shóck [hàipouvəliːmik-] 혈액량 감소성 쇼크(과다 출혈 및 탈수 따위로 순환 혈액량의 저하에 의해 발생합니다).

hy·pox·e·mi·a [hàipəksíːmiə/-pɔk-] 명⓾ 〔병리〕 저산소혈(低酸素血)(증), 혈중 산소 감소. **-mic** 형

hy·pox·i·a [haipáksiə/-pɔ́k-] 명 =HYPOXEMIA. **-póx·ic** 형

hy·po·zeux·is [hàipəzúːksis] 명 〔수사〕 이어절(二語節) 병렬(법)(하나의 주어와 하나의 술어로 된 절(clause)을 몇 개 병렬시키는 것; 예를 들면 "I came, I saw, I conquered." 따위).

hyp·si- [hípsi] 〖연결〗 ⇨HYPSO-.

hyp·so- [hípsou, -sə] 〖연결〗 height, altitude의 뜻(* 모음 앞에서는 hyps-). ¶ *hypso*meter.

hyp·sog·ra·phy [hipsɔ́grəfi/-sɔ́g-] 명⓾ 1 힙소그래픽, 측고법(測高法)(지형의 측량 및 지도 작성을 다루는 지리학의 한 부문). 2 〔집합적〕 측고 지도, 지형도. **hýp·so·gráph·ic, hýp·so·gráph·i·cal** 형

hyp·som·e·ter [hipsámətər/-sɔ́m-] 명 (3각법을 쓰는) 측고기(測高器). **-so·mét·ric **-so·mét·ri·cal·ly** 부 **-try** [-tri] 명⓾ 고도 측정(술).

hy·rax [háiəræks] 명 (복 ~·**es, -ra·ces** [-rəsìːz]) 바위너구리(서남 아시아·아프리카산(產)).

hyrst [həːrst] 명 =HURST.

hys. hysteria.

hy·son [háisn] 명⓾ 희춘차(熙春茶)(중국산 녹차).

hýson skìn 명 hyson을 만들 때 체로 걸러낸 제품

hý spý [hái-] 명 숨바꼭질의 일종. [질 잎.

hys·sop [hísəp] 명 1 히솝 풀(향기있는 꿀풀과의 식물). 2 〔성서〕 히솝, 우슬초(그 가지로 부정(不淨)을 없애는 의식에 썼다).

hys·ter- [hístər] 〖연결〗 ⇨HYSTERO-.

hys·ter·ec·to·mize [histəréktəmàiz] 동탄 〔외과〕 자궁 절제를 하다.

hys·ter·ec·to·my [hìstəréktəmi] 명⓾ⓒ 〔의학〕 자궁 절제(술).

hys·ter·e·sis [hìstəríːsis] 명⓾ 〔물리〕 (자기(磁氣)·전기 따위의) 이력(履歷) 현상, 히스테리시스. ¶ ~ curve 이력 곡선. **-si·al, -ét·ic** 형 **-ét·i·cal·ly** 부

hysterésis lòop 명 〔물리〕 히스테리시스 루프, 이력(履歷) 곡선(히스테리시스를 나타내는 물질에 특유한 폐곡선(閉曲線)).

hysterésis lòss 명 〔물리〕 히스테리시스 손실, 이력(履歷) 손실(이력 현상을 나타내는 물질에 있어서 열로 손실되는 에너지의 손실).

hys·te·ri·a [histériə, -tíər-/-tíər-] 명⓾ 〔정신의학〕 (여성의) 히스테리; (일시적인) 병적 흥분 (상태), 광란 (상태), 집단 흐스테리 (현상).

hys·ter·ic [histérik] 명 1 히스테리 환자, 히스테리에 걸리기 쉬운 사람. 2 감정 변화가 심한 사람. ── 형 =hysterical.

***hys·ter·i·cal** [histérikəl] 형 1 히스테리의[에 걸린]. ¶ a ~ fit 히스테리의 발작. 2 히스테리를 일으키는. 3 병적으로 흥분한, 광란(상태)의, 이성을 잃은. ¶ ~ laughter 히스테리성 웃음. 4 〔구어〕 몹시 웃기는, 뱃살이 뒤틀릴 정도로 우스운. **~·ly** 부

hystérical féver 명 히스테리열 발열.

hys·ter·ics [histériks] 명⓾ 〔단·복수 양용〕 히스테리(의 발작); 〔구어〕 광란, 갑작스럽게 울기[웃기].
go [or *fall*] *into hysterics*; *take* [or *have, get*] *hysterics* 히스테리를 일으키다.

hys·ter·o- [hístərou, -rə] 〖연결〗 "자궁"의 뜻(* 모음 앞에서는 hyster-). ¶ *hystero*tomy, *hyster*ectomy.

hys·ter·o·cat·a·lep·sy [hìstərəkǽtəlèpsi] 명⓾ 〔정신의학〕 히스테리 강경증(强硬症)(자주적 운동을 하지 않고 처음 놓인 자세로 그대로 유지하는 상증).

hys·ter·o·gen·ic [hìstərədʒénik] 형 〔의학〕 히스테리를 일으키는[일으키기 쉬운].

hys·ter·oid [hístərɔid] 형 히스테리 비슷한. (또는 **hysteroidal**)   「자궁학.

hys·ter·ol·o·gy [hìstəráləd3i/-ɔ́l-] 명⓾ 〔의학〕

hys·ter·on pròt·er·on [hístərɔ̀n prátərən/-ɔ́n prɔ́tərɔn] 명 1 〔논리〕 도역(倒逆) 논법(증명되어야 할 명제(命題)를 전제로 결론을 내리는 허위의 논법). 2 〔수사〕 도치법(예: born and bred→bred and born).
[<Gk latter (put in place of) former] 「(내시)경.

hys·ter·o·scope [hístərəskòup] 명 〔의학〕 자궁

hys·ter·ot·o·my [hìstərátəmi/-ɔ́t-] 명⓾ⓒ 〔의학〕 자궁 절개(술); 제왕 절개(술).

hyte [hait] 형 〔스코〕 〔고어〕 제정신이 아닌.

hy·ther·graph [háiθərgræf, -gràːf] 명 하이서그래프(온도와 습도 또는 온도와 강수량과의 관계를 나타내는 기호도).

hy·zone [háizoun] 명⓾ 〔화학〕 3원자 수소(H_3).
[<*hy*drogen+o*zone*]

Hz, Hz. hertz. **hz.** haze. **hzy.** hazy.

I

I, i [ai] 명 (복 *I's, Is; i's, is*) **1** 영어 알파벳의 아홉째 자. ¶*I* for Isaac Isaac의 I(국제 전화 통화 용어). **2** I(i)자(字). **3** I(i)자형의 물건. ¶an *I*-rail I자형 레일. **4** I(i)가 나타내는 소리([i] b*i*g, [ai] n*i*ce, [iː] sk*i*).
dot the [or **one's**] **i's and cross the** [or **one's**] **t's** 세세한 점에 주의를 기울이다; 자세히 설명하다.

‡**I** [ai] 때 (《인칭 대명사, 1인칭·단수·주격》) (복 *we*; 소유격 *my*; 목적격 *me*; 소유대명사 *mine*) 나는, 내가. ¶*I* think, therefore *I* am. 나는 생각한다, 고로 나는 존재한다／It's *I*. 나다(* (구어)에서는 It's me.가 보통). — 명 (복 *I's*) **1** 나(라는 말); (1인칭 소설에서의) 나, 화자(話者). ¶the *I* in *The Great Gatsby*「위대한 개츠비」중의「나」／He uses too many *I's* in his speech. 그는 연설에 I를 너무 많이 쓴다. **2** (the ~) [철학] 자아(自我)(ego). ¶the *I* that thinks 사고하는 자아.

I interstate(* 주간(州間) 고속도로의 번호 표시에 쓰인다). ¶*I*-95 95번 주간(州間) 고속도로.

I ㉠ **1** (차례·연속된 것 중의) 아홉번째(의 것). **2** 로마 숫자의. **3** [화학] =iodine. **4** [생화학] =isoleucine. **5** [전기] =current. **6** [논리] =particular affirmative (특수[특칭] 긍정 판단). **7** [치과] =incisor. **8** [물리] =isospin. **9** [美] [교육] =incomplete(단위 부족).

i [ai] 명 [수학] 허수 단위(虛數單位)(imaginary unit).

i. imperator; incisor; interest; intransitive; island; isle(s). **I.** Independent; Island(s); Isle(s). **Ia.** Iowa. **i.a.** *in absentia*. **I.A.** Indian Army.

-i·a [iə, jə] 접미 다음 뜻을 나타내는 명사 어미. **1** 병명. ¶malar*ia*. **2** 동·식물명의 분류상의 복수형. ¶Rept*ilia*, fuchs*ia*, zinn*ia*. **3** [화학] 알칼로이드 이름. **4** 국명. ¶It*alia*, Ind*ia*, Roman*ia*. **5** 그리스·로마 시대의 축제 이름. ¶Luperc*alia*. **6** 라틴어계 또는 라틴어화(化)한 말의. **a**) 복수 명사. ¶bacter*ia*, paraphernal*ia*. **b**) 집합 명사. ¶insign*ia*, milit*ia*.

IAA International Advertising Association(국제 광고 협회). **I.A.A.F.** International Amateur Athletic Federation(국제 아마추어 육상 경기 연맹). **IAB** Internet Architecture Board. **IABA** International Amateur Boxing Association. **IAC** International Apprentices Competition(국제 기능 올림픽). **IACC** International Anticorruption Conference(세계 부패 방지 회의).

I·a·coc·ca [àiəkóukə] 명 Lee ~ 아이아코카 (1924- : 미국의 실업가; 전 Chrysler 자동차 회장).

IACP (美) International Association of Chiefs of Police. **I.A.D.A.** International Atomic Development Authority. **IADB** Inter-American Development *Bank*(미주 개발 은행). **IAEA** International Atomic Energy Agency(국제 원자력 기구). **IAESTE** International Association for the Exchange of Students for the Technical Experience(국제 학생 기술 연수 협회).

I·a·go [iáːgou] 명 이아고(Shakespeare 작 *Othello*에 나오는 음흉하고 사악한 남자).

-i·al [iəl, jəl] 접미 ⇒-AL¹.

IAMAW International Association of Machinists and Aerospace Workers.

i·amb [áiæmb] 명 [운율] (고전 시의) 단장격(短長格)(~∨), (영시의) 약강격(弱强格)(×´).

i·am·bic [aiǽmbik] 형 **1** [운율] 단장격의, 약강격의. ¶~ pentameter 약강 5보격. **2** 단장격 풍자시의. — 명 **1** (운율) **a**) =iamb. **b**) (보통 ~s) 단장격[약강격]의 시. **2** (그리스의) 단장격의 풍자시. ┌iamb.

i·am·bus [aiǽmbəs] 명 (복 *-bi* [-bai], ~*es*) =

I·an [iːən, -ɑːn, ái-/iən] 명 이안(남자 이름).

-i·an [iən, jən] 접미 ⇒-AN.

IANA Internet Assigned Numbers Authority.

-i·a·na [iǽnə, iáːnə, iéinə/iɑ́ːnə] 접미 ⇒-ANA.

IAP international *airport*. **IAPF** Inter-American Peacekeeping Force. **IAPH** International Association of Ports and Harbors(국제 항만 협회).

iar·o·vize [jáːrəvàiz] 타 =jarovize.

IARU International Amateur Radio Union. **IAS** [항공] indicated *airspeed*(지시 대기(對氣) 속도).

-i·a·sis [áiəsis] 접미「…성(性) 질환(병)」의 뜻(* 그리스어에서 차용한 말에서 볼 수 있다). ¶psor*iasis*, hypochondr*iasis*. ┌제 항공 운송 협회).

IATA International Air Transport Association(국

-i·at·rics [iǽtriks] 연결「치료, 진료」의 뜻. ¶ped*iatrics*. ┌의 뜻.

i·at·ro- [aiǽtrou, -trə, i-] 연결「의사; 의료[치료]」

i·at·ro·gen·e·sis [aiǽtroudʒénəsis] 명 [의학] 의원성(醫原性), 의원증(症)(의사의 진료에 의해 생기는 다른 장애나 합병증).

i·at·ro·gen·ic [aiǽtrədʒénik] 형 의원성의, (의사) 진료로 인하여 생기는, 의사에게 원인이 있는. ¶~ disease 의원병(醫原病).

i·at·ro·phys·ics [aiǽtrəfíziks] 명 물리 요법.

i·a·try [aiətri, iǽtri] 연결「치료, 의료」의 뜻. ¶psychi*atry*.

IAU, I.A.U. International Association of Universities(국제 대학 협회); International Astronomical Union(국제 천문학 연합). **IAUP** International Association of University Presidents(세계 대학 총장 회의). **ib.** ibidem. **IBA** (英) Independent Broadcasting Authority(독립 방송 협회); International Bauxite Association(국제 보크사이트 협회). **IBC** International Broadcasting Center(국제 방송 센터). **IBE** International Bureau of *Education*(국제 교육국; UNESCO 소속).

I-beam [ːbíːm] 명 I 빔[형강(形鋼)](단면이 I 자형).

I·be·ri·a [aibíəriə] 명 **1** 이베리아 반도. **2** Caucasus 산맥 남쪽의 옛 지방 이름(지금의 그루지아에 해당).

I·be·ri·an [aibíəriən] 형 **1** 이베리아 반도의; 이베리아 사람[말]의. **2** (Caucasus 산맥 지방의) 고대 이베리아 (사람)의. — 명 **1** 고대 이베리아 반도의 주민; Ⓤ 그 언어. **2** 이베리아 반도의 주민.

Ibérian Peninsula 명 (the ~) 이베리아 반도.

I·be·ro- [aibírou] 연결 Iberia, Iberian 의 뜻. ¶*Ibero*-American(이베리아·라틴 아메리카의).

Ibéro-Américan Sùmmit 명 이베로·아메리카 정상 회담(스페인·포르투갈과 양국 식민지였던 중남미 19개국의 연례 정상 회담; 1991년 발족).

i·bex [áibeks] 명 (복 ~*es*), *ib·i·ces* [íbəsìːz, áib-]) 아이벡스(산악 지대에 사는 뿔이 큰 염소).

IBF international *banking facilities* (국제 금융 특별 계정); International Boxing Federation (국제 권투 연맹). **IBI** International Bank for *Investment*(국제 투자 은행); ⓤ International Business Incubator

*** ibid.** [íbid] ibidem. ┌(국제 창업 보육 기구).

i·bi·dem [íbədəm, ibái-, ibí-] 부 같은 장소에; 같은

책[장, 절]에(약 ib., ibid.). [<L in the same place]
i·bil·i·ty [əbíləti] 접미 ⇨-ABILITY.
i·bis [áibis] 명 (복 ~(·es)) 1 따오기류(類)의 새(온대·열대산(產)). 2 (또는 **wóod** ~) 북박미산(產) 황새의 일종.
-i·ble [əbl] 접미 ⇨-ABLE.
IBM intercontinental ballistic missile(대륙간 탄도탄); International Business Machines Corporation (미국의 컴퓨터 제조 회사).
IBM-com·pat·i·ble [áibi:èmkəmpǽtəbl] 명형 [컴퓨터] IBM 호환 기종(의).
ibn [ibn] 전 (종종 I-) …의 아들(son of)(아라비아 사람의 이름에서 볼 수 있다). ¶ ~ Saud 사우드의 아들.
iBook [áibúk] 명 《상표》 [컴퓨터] 아이북(Apple Computer사(製)의 노트북 컴퓨터).
IBRD, I.B.R.D. International Bank for Reconstruction and Development(속칭 World Bank).
Ib·sen [íbsn] 명 **Henrik** ~ 입센 (1828-1906: 노르웨이의 극작가·시인; *En dukkehjem*(인형의 집)의 저자). ~·**esque, Ib·sé·ni·an** 형 입센적인. ~·**ite** 명형
Ib·sen·ism [íbsənìzm] 명U 1 입센주의(가정·사회의 인습적 편견의 타파를 주장한다). 2 입센적 수법(사건의 전개 속에서 새로운 문제를 제기하고 그 해결을 암시하는 작풍(作風)). -**ist** 명
i·bu·pro·fen [àibju:próufen, aibjú:proufən] 명 [약학] 이부프로펜(만성 관절 류머티즘 따위의 치료에 쓰이는 비(非)스테로이드성 소염 진통제).
IBY International Biological Year. **IC** immediate constituent; [전자] integrated circuit(집적 회로).
i/c in charge; [군사] in command. **I.C.** [라틴] *Iesus Christus*(=Jesus Christ).
-ic [ik] 접미 1 명사[어간]에 붙어 「…의; …적(인)(풍(風)의); …을 함유하는」의 뜻을 갖는 형용사를 만든다. ⇨-ICAL. ¶poet*ic*, quixot*ic*. 2 명사 어미로의 전용(轉用). ¶class*ic*, mag*ic*. 3 science[art] of의 뜻을 갖는 명사를 만든다. ¶arithmet*ic*, mus*ic*. 4 -y로 끝나는 동사에 붙어 형용사를 만든다. ¶specif*ic*, terrif*ic*.
ICA (英) Institute of Contemporary Arts(현대 예술협회); International Coffee[Commodity] Agreement(국제 커피[상품] 협정); International Communications Agency; (美) International Cooperation Administration(국제 협력국). **ICAAAA** Intercollegiate Association of Amateur Athletes of America(전미(全美) 대학 스포츠 연맹). **ICAC** International Cotton Advisory Committee(국제 면화 자문 위원회). **ICAE** International Council for Adult Education(국제 성인 교육 협의회).
-i·cal [ikəl] 접미 -ic라 근뜻(형용사를)「…의; …적(的)의, …성[풍]의; …을 함유하는」의 뜻의 형용사로 만든다. ¶rhetor*ical*, mus*ical*, com*ical*, econom*ical*, hyster*ical*. ✽ -ic와 -ical에서 뜻이 다른 경우가 있다. ¶ an econom*ic* crisis 경제 위기 / an econom*ical* person 검약가. 「사로 만든다.
-i·cal·ly [ikəli] 접미 -ic, -ical로 끝나는 형용사를 부
ICANN (美) Internet Corporation of Assigned Names and Numbers(인터넷 주소 관리 기구).
ICAO International Civil Aviation Organization.
I·car·i·an [ikɛ́əriən, ai-] 형 1 이카루스(Icarus)의[와 같은]. 2 앞뒤 헤아리지 않는, 모험적인.
Ic·a·rus [íkərəs, áí-] 명 1 [그리스 신화] 이카루스 (Daedalus의 아들; 밀랍으로 붙인 날개로 Crete 섬을 탈출했으나 너무 높이 날다 태양열에 밀랍이 녹아서 바다에 떨어진다). 2 [천문] 이카루스.
ICBL International Campaign to Ban Landmines(국제 지뢰 금지 운동; 1997년 노벨 평화상 수상).
ICBM intercontinental ballistic missile(대륙간 탄도탄). 참 IRBM **I.C.B.P.** International Council for Bird Preservation(국제 조류 보호 회의). **ICC, I.C.C.** International Chamber of Commerce;

International Control Commission(국제 휴전 감시위원회); International Criminal Court(국제 형사 재판소); (美) Interstate Commerce Commission.
ICCE International Council for Computers in Education(국제 컴퓨터 교육 협의회). **ICD** interactive compact disc(대화형 컴팩트 디스크).
‡**ice** [ais] 명 (복 *ic·es* [-iz]) U 1 얼음. ¶a piece of ~ 얼음 한 조각 / sailing ~ 유빙(流氷). 2 (на) 따위의) 얼어 붙은 얼음, 빙판; 빙하; (I-) (북극 지방의) 빙원(氷原). ¶go in a sleigh over the ~ 얼음 위를 썰매로 가다. 3 얼음 비슷한 것. 4 C (美) Comp 과자, 셔벗; (英) 아이스크림. 5 (과자에 입히는) 당의(糖衣). 6 냉담함, 쌀쌀한 태도; (the ~) 냉랭한 분위기. 7 (美속어) 다이아몬드; 보석. 8 (美속어) 암표상이 극장 관계자에게 주는 사례; (업자의) 뇌물. 9 (美속어) 코카인(결정체). 「정체).
(as) cold as ice ⇨COLD.
Bite the ice! 뒈져 버려!
break [or *crack*] *the ice* ① (문제 해결 따위의) 실마리를 찾다, 돌파구를 열다. ② 이야기를 꺼내다; 서먹서먹한 침묵을 깨다.
chop one's own ice (美구어) 자기 이익만을 챙기다.
cut no [or *not much*] *ice* (*with*) (美구어) (…에) 효과[영향]이 없다.
get [or *find*] *one's ice legs* 얼음을 지칠 수 있게 되다.
have one's brains on ice (속어) 냉정을 잃지 않다.
on ice ① 빙상의, 스케이트를 타는. ② 얼음으로 식혀서(얼려서); 냉장고에 넣어서. ③ (구어) 대기하여, 장래에 대비하여; 보류[동결]하여. ③ (美속어) 독방에 갇혀서; 남과의 접촉이 끊어져. ④ (美속어) 승리[성공]가 확실하여. ⑤ (구어) 최고로, 극도로.
on thin ice 살얼음을 밟고; 위험한 상태로. ¶skate [or *tread*] *on thin* ~ 위험을 무릅쓰다.
—명 (*ic·es* [-iz]; ~*d* [-t]; *ic·ing*) 태 1 …을 얼음으로 덮다(*over*, *up*). ¶(~+图+圊) ~ *up* fish 생선을 얼음에 채우다. 2 …을 얼리다, 냉장하다. 3 (과자에) 당의를 입히다. 4 (美속어) …을 죽이다. 5 …을 따돌리다(*out*). —재 얼다, 얼어 붙다(*over*, *up*).
ice it 이제 됐다, 충분하다, 그만두어라.
ice out 녹다; 무시하다, 따돌리다. 「결정짓다.
ice the cake (美속어) 승리를 확고히 하다, 성공을
—명 (한정용법) 1 얼음의, 얼음으로 만든. ¶an ~ sculpture 얼음 조각(彫刻). 2 얼음을 넣어 두기 위한. 3 빙상(氷上)의, 얼음 위에서 하는. 4 (속어) 멋있는, 근사한. ~·**less,** ~·**like** 형 「한(cool).
ICE Inter City Express(독일의) 고속 전철); internal-combustion engine; international cultural exchange(국제 문화 교류). **Ice.** Iceland(ic).
-ice [is] 접미 state, quality의 뜻. ¶not*ice*, coward*ice*, just*ice*, nov*ice*. 「(홍적세(洪積世)의) 빙하기.
íce áge 명 (지질) 얼음 시대; (the I- A-)
íce áx(e) 명 (등산용) 얼음 깨는 도끼, 피켈.
íce bàg 명 얼음 주머니, 빙낭(ice pack).
*‡**íce·berg** [áisbə:rg] 명 1 빙산; (구어) 겨울 일부분. 2 (구어) 냉담[냉정]한 사람; (속어) 불감증의 여성. 3 (濠) 겨울철 수영[파도타기]을 즐기는 사람; 찬물 샤워를 하는 사람.
the tip of the iceberg 빙산의 일각.
íceberg léttuce 명 아이스버그 레터스(상추의 일종).
íce-blínk 명 (the ~) (빙원(氷原)의 반사로 인해 지평선 부근의 하늘에 보이는) 반영광(反映光), 빙영(氷映), 빙광. 참 snowblink (또는 **blink**).
íce-blúe [ʌblú:] 명형 담청색(의).
íce·boàt [áisbòut] 명 빙상 요트; 쇄빙선(icebreaker); 냉동 어선. ~·**er,** ~·**ing** 명
íce·bòund [áisbàund] 형 (배 따위가) 얼음에 갇힌; (항구 따위가) 얼어붙은, 얼음이 얼린 ᆯ어붙은.
íce·bòx [áisbàks/-bɔ̀ks] 명 1 아이스박스; (일반적으로) 냉장고; (냉장고의) 냉동실[제빙 상자]. 2 (해사) (배의) 냉장실. 3 (속어) (교도소의) 독방.

ice·break·er [áisbrèikər] 图 1 쇄빙선(碎氷船); 얼음 깨는 기구, 쇄빙기. 2 (모임·대화 따위에서) 실마리를 여는 것, 계기를 만드는 것; 말문을 여는 것. 3 (美) 식사 시의 기본 요금.

ice·break·ing [áisbrèikiŋ] 图 1 얼음을 깨는. 2 실마리[말문]를 여는, 계기를 만드는. —— 쇄빙; 실마리 [말문] 열기.

ice·cap [áiskæp] 图 (산꼭대기 따위의) 만년설.

ice chèst 图 =icebox 1.

ice clìmbing 图 빙벽 등반. **ice clìmber** 图

ice-cold [ᐟkóuld] 图 얼음처럼 차가운; 냉담한.

‡**íce crèam** 图 아이스크림.

íce-cream chàir [ᐞkriːm-] 图 (길가의 카페 따위에서 쓰는) 팔걸이가 없는 둥글고 작은 의자.

íce-cream còne 图 (아이스크림을 담는) 원추형 웨이퍼(wafer), 아이스크림 콘.

íce-cream frèezer 图 아이스크림 제조기.

íce-cream mán (美속어) 마약 밀매자.

íce-cream sóda 图 아이스크림이 든 소다수.

íce crùsher 图 (가정용) 얼음 깨는 기구.

íce crýstals 图愚 (기상) 빙정(氷晶); 세빙(ice neeᐧ dles).

íce cùbe 图 (소형) 각빙(角氷).

iced [aist] 图 1 얼음으로 덮인. 2 얼음으로 차게 한. ¶ ~ water 얼음으로 차게 한 물 / ~ coffee[tea] 아이스 커피[티]. 3 (과자 따위가) 당의(糖衣)로 덮인.

íce dàncing [dànce] 图 아이스 댄싱(남녀 한 쌍이 벌이는 피겨 스케이팅 경기 종목).

íced lólly 图 (英) (막대가 달린) 아이스캔디.

ice-fall [áisfɔ̀ːl] 图 빙하의 붕락(崩落) 지점; 빙폭(氷瀑)(빙하의 폭포 모양의 낙하부); 얼어 붙은 폭포.

íce field 图 (극지방의) 빙원(氷原); 빙원 비슷한 큰 부빙(浮氷).

ice-fish [áisfìʃ] 图愚 얼음 낚시하다.
~·er·man 图 얼음 낚시꾼. ~·ing 图

íce flòe 图 평평한 큰 부빙(浮氷).

íce fòg 图 (기상) 빙무(氷霧)(frozen fog).

íce fòot 图 극지(極地) 해안을 따라 얼어 붙어 있는 좁은 얼음 띠.

ice-free [ᐟfríː] 图 (강·항구 따위가) 얼지 않는. ¶ an ~ port 부동항.

íce hòckey 图 아이스하키.

ice·house [áishàus] 图 제빙실(製氷室), 얼음 창고.

ice·kha·na [áiskɑ̀ːnə] 图 빙상 자동차 경기.
[< *ice* + *gymkhana*]

Icel., Icel Iceland; Icelandic.

*****Ice·land** [áislənd] 图 아이슬란드(북대서양의 공화국; 수도 Reykjavik).

Ice·land·er [áislændər, -ləndər] 图 아이슬란드 사람.

Ice·lan·dic [aislǽndik] 图 아이슬란드의; 아이슬란드 사람[말]의. —— 图 아이슬란드 말.

Iceland móss 图 아이슬란드 이끼(식용·약용).

Iceland póppy 图 시베리아 양귀비.

Iceland spár 图 (광물) 빙주석(氷洲石)(순수 투명한 방해석(方解石)).

ice-locked [ᐟlɑ̀kt/-lɔ̀kt] 图 =icebound.

íce lólly [lóllypop] 图 =iced lolly.

ICEM *I*ntergovernmental *C*ommittee for *E*uropean *M*igration(유럽 이주 정부간 위원회).

íce machìne 图 제빙기(製氷機).

íce màiden 图 침착[냉정]한 여자, 쌀쌀[오만]한 여자.

ice-man [áismæn, -mən] 图 1 얼음 장수, 제빙업자; 얼음 배달인. 2 빙상 여행에 익숙한 사람. 3 (I-) 아이스맨, 빙하 인간(1991년 Alps에서 발견된 5200년전 인간의 미라). 4 (美속어) 보석 도둑; 냉정[냉철]한 사람[연기자]; 살인 청부업자.

íce mílk 图 (우유·버터·설탕으로 만든) 빙과.

íce nèedles 图 (기상) 세빙(細氷)(맑게 갠 추운 날에 대기중에 생기는 바늘 모양의 작은 얼음 결정체).

IC èngine 내연 기관(*i*nternal-*c*ombustion engine).

ice-out [ᐟàut] 图 해빙(解氷). 愚 ice-up.

íce páck 图 1 =ice bag. 2 =pack ice. 3 (의학) (cold shock 요법용의) 얼음을 채운 욕조(浴槽).

íce pàil 图 아이스 페일(포도주병 따위를 차게 하는 얼음통).

íce pèllets 图愚 (기상) 우박, 싸라기눈. [sleet).

íce pìck 图 얼음 깨는 송곳, 아이스 픽.

íce pìllar 图 (빙하에 있는) 얼음 기둥.

íce plànt 图 솔잎국화의 일종.

íce pòint 图 (물리) 어는점, 빙점.

íce pùdding 图 일종의 얼음 과자.

ice·quake [áiskwèik] 图 빙진(氷震)(빙산·빙하가 붕괴될 때 일어나는 진동). [(sleet).

íce ràin 图 우빙(雨氷)(glaze)을 만드는 비; 진눈깨비

íce rìnk 图 (실내) 스케이트장, 아이스 링크.

íce rùn 图 1 (해빙기에) 강의 얼음이 급속히 깨지기. 2 터보건(toboggan)용 빙판 활주로(滑走路).

íce sàiling 图 빙상 요트 레이스. [地)의 풍경.

ice·scape [áiskèip] 图 얼음 경치, 설경, 극지(極

ice-scoured [ᐟskàuərd] 图 (빙하의 전진에 의해) 깎여 나간) 빙식(氷蝕) 지형의, 빙식의.

íce shèet 图 대빙원(大氷原), 빙상(氷床)(극지 따위에 덮여 있는 두꺼운 얼음층). [려 나온 부분).

íce shèlf 图 빙붕(氷棚)(ice sheet의 끝이 바다로 밀

íce shòw 图 빙상 쇼, 아이스 쇼.

íce skàte 图 스케이트화(구두].

ice-skate [ᐟskèit] 图(지) 스케이트를 타다.

íce skàting 图 빙상 스케이팅.

íce stàtion 图 (남·북극의) 극지 관측소.

íce stòrm 图 우빙성(雨氷性) 폭풍우.

íce tòngs 图 얼음 집게.

ice-tray [ᐟtrèi] 图 (냉장고용) 제빙 접시[그릇].

ice-up [ᐟʌp] 图 결빙; (항공) 기체의 착빙(着氷).

íce wàgon 图 (美속어) 1 얼음 마차. [한말.

íce wàter 图 얼음 녹은 물; (美) (냉장고에서) 차게

íce wòol 图 윤이 나도록 손질한 양털(편물용).

íce yàcht 图 =iceboat.

IC4A [àisiːfɔ́ːréi] =ICAAAA. **ICFTU** *I*nternational *C*onfederation of *F*ree *T*rade *U*nions(국제 자유 노동 조합 연합).

I Ching [iː dʒíŋ, -tʃíŋ] 图 1 역경(易經) (중국 5경의 하나). 2 (i c-) (역경에 의한) 점; 팔괘(八卦).

ichn- 연결 ⇨ICHNO-.

ichn- [ikn] 연결 ⇨ICHNO-.

ich·neu·mon [iknjúːmən/-njúː-] 图 1 (동물) 이집트산(産) 몽구스의 일종. 2 (곤충) = ~ fly.

ichnéumon flý [wásp] 图 (곤충) 맵벌류의 총칭.

ich·no- [íknou, -nə] 연결 '발자국, 자국, 흔적'의 뜻(* 모음 앞에서는 ichn-). ¶ *ichno*lite, *ichno*logy.

ich·nog·ra·phy [iknɑ́grəfi/-ɔ́g-] 图愚 평면도(법). **-no·gráph·ic, -no·gráph·i·cal** 图

ich·no·lite [íknəlàit] 图 족적 화석(足跡化石).

ich·nol·o·gy [iknɑ́lədʒi/-nɔ́l-] 图愚 생흔학(生痕學), 족적 화석학. **-no·lóg·i·cal** [-nəlɑ́dʒikəl/-lɔ́dʒ-] 图

i·chor [áikɔːr, -kər] 图愚 1 (그리스 신화) 이코르 (신들의 혈관 속에 흐르고 있다고 생각된 영액(靈液)). 2 (병리) 농장(膿漿). ~·ous 图 농장의.

ich·tham·mol [ikθǽmɔːl, -mɑl] 图 (약학) 이크타몰(주로 피부 질환에 진통제 또는 소독제로 쓴다).

ich·thy- [íkθi] 연결 ⇨ICHTHYO-.

ich·thy·ic [íkθiik] 图 물고기의, 어류의.

ich·thy·o- [íkθiou, -θiə] 연결 'fish의 뜻(* 모음 앞에서는 ichthy-). ¶ *ichthy*ology, *ichthy*ic.

ich·thy·og·ra·phy [ìkθiɑ́grəfi/-ɔ́g-] 图愚 어류지(魚類誌), 어류 기재학, 어류학.
-pher 图 **-o·gráph·ic** [-əgrǽfik] 图

ich·thy·oid [íkθiɔ̀id] 图 물고기 같은(fishlike).
—— 图 어형동물; 척추 동물.

Ich·thy·ol [íkθiɔ̀ːl, -ɑ̀l/-ɔ̀l] 图 (상표) 이히티올(피부병 외용약). [-litik] 图

ich·thy·o·lite [íkθiəlàit] 图 물고기의 화석. **-lit·ic**

ich·thy·ol·o·gy [ìkθiálədʒi/-ɔ́l-] 명U 어류학. **-o·lóg·ic, -o·lóg·i·cal** 형 **-o·lóg·i·cal·ly** 부 **-gist** 명
ich·thy·oph·a·gist [ìkθiáfədʒist/-ɔ́f-] 명 물고기를 상식(常食)하는 사람. 「기를 늘 먹는.
ich·thy·oph·a·gous [ìkθiáfəgəs/-ɔ́f-] 형 물고
ich·thy·o·saur [ίkθiəsɔ̀ːr] 명 〔고생물〕 어룡(魚龍) (쥐라기(紀)에 번성했던 물고기 모양의 대형 파충류).
ich·thy·o·saur·us [ìkθiəsɔ́ːrəs] 명 =ichthyosaur.
ich·thy·o·sis [ìkθióusis] 명 〔병리〕 어린선(魚鱗癬).
I.C.I., ICI (英) Imperial Chemical Industries(영국 최대의 화공업체).
-i·cian [íʃən] 접미 -ic로 끝나는 명사에「…전문가, …가(家)」의 뜻을 갖는 명사를 만든다. ¶ musician, technician.
*i·ci·cle** [áisikl] 명 1 고드름. 2 고드름 비슷한 것. 3 냉담한 사람, 감정이 둔한 사람. **-cled** 형
i·ci·ly [áisəli] 부 얼음같이, 차게; 냉담하게.
i·ci·ness [áisinis] 명U 얼음과 같은 차가움; 냉담함.
ic·ing [áisiŋ] 명U 1 (과자 따위의) 당의(糖衣). 2 〔기상·항공〕 착빙(着氷).
put the icing on the cake = ICE *the cake*.
ícing sùgar 명 (英) 가루 설탕. 「소).
ICJ International Court of Justice(국제 사법 재판
ick·y [íki] 형 불쾌한, 싫은, 역겨운; (재즈 따위가) 지나치게 감상적인; (시대에) 뒤진. (또는 **íck·ie**)
ICM Increased Capability Missile. **ICN** (라틴) *in Christi nomine*(=in Christ's name). **ICO** International Coffee Organization; Islamic Conference Organization(회교 국가 회의 기구).
i·con [áikɑn/-kɔn] 명 1 상(像), 초상화; 〔그리스 정교〕 성화(聖畫), 성상(聖像); 우상. (또는 **eikon, ikon**) 2 〔논리〕 유사(類似) 기호(실물과 비슷한 모양의 기호). 3 우상시(視)되는 사람. 4 상징(symbol). 5 〔컴퓨터〕 아
i·con- [aikán] 연결 ⇒ICONO-. 「이콘.
i·con·ic [aikánik/-kɔ́n-] 형 1 상(像)의, 초상화의; 성상(화)의. 2 〔미술〕 (조각 따위가) 인습적인, 전통적 형식에 따른. **-i·cal·ly** 부 **i·co·nic·i·ty** [àikənísəti] 명
icónic dócument 〔컴퓨터〕 화상(畫像) 자료.
icónic mémory 〔심리〕 영상적 기억, 자극이 사라진 후에 남는 시각적 인상.
i·co·ni·tis [àikənáitəs] 명 〔컴퓨터〕 아이콘症(群).
i·co·nize [áikənàiz] 타 …을 우상화[우상시]하다, 무비판적으로 존경하다, 숭배하다.
i·con·o- [aikɑ́nou, -nə/-kɔ́n-] 연결 image, likeness의 뜻(* 모음 앞에서는 icon-). ¶ iconology; iconic. 「[우상] 파괴(주의); 인습 타파.
i·con·o·clasm [aikɑ́nəklæ̀zm/-kɔ́n-] 명U
i·con·o·clast [aikɑ́nəklæ̀st/-kɔ́n-] 명 성상(聖像) 파괴(주의)자; (보통 I-) (8–9세기 그리스 정교회의) 성상 숭배 반대(론)자; 인습 타파론자.
-clás·tic 형 **-clás·ti·cal·ly** 부 「(聖像) 숭배자.
i·con·o·dule [aikɑ́nədjùːl/-kɔ́nədjùːl] 명 성상
i·co·nog·ra·phy [àikənɑ́grəfi/-kɔnɔ́g-] 명U 도상(圖像)(체계), 도해(圖解); 도상학; (인물·풍경 따위를 포함한) 초상화(집). **i·cón·o·gràph** 명 **-pher** 명 도상 (圖像)학자; 성상(聖像) 연구가. **i·còn·o·gráph·ic** 형
i·co·nol·a·ter [àikənɑ́lətər/-kɔnɔ́l-] 명 우상 숭배자.
i·co·nol·a·try [àikənɑ́lətri/-kɔnɔ́l-] 명U 우상 숭배.
i·co·nol·o·gy [àikənɑ́lədʒi/-kɔnɔ́l-] 명U 도상 (해석)학; 성상학. **i·còn·o·lóg·i·cal** 형 **-gist** 명
i·co·nom·e·ter [àikənɑ́mətər/-kɔnɔ́m-] 명 〔측량〕 아이코노미터(거리 측정용 투시 렌즈).
i·con·o·scope [aikɑ́nəskòup/-kɔ́n-] 명 〔TV〕 아이코노스코프(텔레비전 송상용(送像用) 진공관).
i·co·sa- [aikóusə, -kɑ́sə/áikəsə] 연결「20」의 뜻 (* 모음 앞에서는 icos-), ¶ *icosa*hedron. (또는 **icosi-**)
i·co·sa·he·dron [aikòusəhíːdrən] 명 (복 **~s, -dra** [-drə]) 20면체(面體).

ICPO, I.C.P.O. International Criminal Police Organization(국제 형사 경찰 기구; 통칭 Interpol).
ICPTD International Committee for Prevention and Treatment of Depression(우울증 예방과 치료를 위한 국제 위원회). **ICRC** International Committee of the Red Cross(국제 적십자 위원회). **ICRP** International Committee for Radioactivity Prevention(국제 방사선 방호(防護) 위원회). **I.C.S.** International Correspondence School(국제 통신 학교).
-ics [iks] 접미 1 art, science의 뜻. ¶ economics, linguistics. 2 activities, practice의 뜻. ¶ gymnastics. 3 qualities, operations의 뜻. ¶ mechanics.
ICSH 〔생화학〕 interstitial-cell stimulating hormone(간(間) 세포 자극 호르몬). **ICSID** International Council of Societies of Industrial Design(국제 공업 디자인 단체 협의회). **ICSSW** International Congress of School of Social Work(국제 사회 사업 교육 회의). **ICSU** International Council of Scientific Unions(국제 학술 연합). **ICSW** International Conference of Social Welfare(국제 사회 복지 회의). **ICT** inclusive conducted *tour*(일체 비용이 포함된 안내원 딸린 단체 여행). **I.C.T.** *intercoast transport*(해로 운송).
ic·ter·ic [iktérik] 형 〔병리〕 황달의[에 걸린].
ic·ter·us [íktərəs] 명U 〔병리〕 황달(jaundice).
ic·tus [íktəs] 명 (복 **~·es**) 1 (운율에서) 강음(强音)(arsis, thesis). 2 〔병리〕 발작, 급발(急發) 증상.
ICU intensive care *unit*; interface control *unit*(인터페이스 제어 장치); International Christian University (국제 기독교 대학).
ICU sýndrome 명 〔의학〕 중환자실 증후군(중환자실 환자에게 발생하는 정신적 불안증).
*i·cy** [áisi] 형 (**i·ci·er; i·ci·est**) 1 얼음으로 된, 얼음으로 뒤덮인, 얼음이 많은. ¶ an ~ zone 빙설(氷雪) 지대. 2 빙상 모양의. 3 (얼음처럼) 차가운. ¶ an ~ wind 살을 에는 듯한 찬 바람/It's ~ cold today. 오늘은 몹시 춥다. 4 미끄러지는. 5 (태도 따위가) 쌀쌀한, 냉담한. ¶ with an ~ smile on one's lips 입가에 차가운 미소를
ICY International Communications Year. 를 띠고.
ícy póle 명 (濠) =iced lolly.
id¹ [id] 명 (the ~) 〔정신분석〕 이드(본능적 충동의 근
id² 〔생물〕 특수 원형질, 유전 기질(基質). 「원).
*I'd** [aid] I would, I should, I had의 단축형.
ID, I.D. 명 1 =identification card; identification code. ¶ a picture ~ 사진 붙은 신분증. 2 (TV·라디오) 방송국명을 알리기 위한 중단. — 타 …의 신원(신분)을 확인하다. (<*identification*)
ID Idaho; industrial *design*(공업 디자인); *inside diameter*(내경(內徑)); institutional *delivery* system; intradermal. **id.** idem. **Id.** Idaho. **ID.** (이라크의) dinar(s). **I.D.** *identification*; *identity*; *independent distributor*; (군사) *Infantry Division* (보병 사단); (英) *Intelligence Department*.
-id¹ [id] 접미 1「…의 자식(자손, 후예)」의 뜻의 명사를 만든다. ¶ Nereid. 2 〔천문〕 (별자리·천체명에 붙여서) …부류, 별종을 표시. ¶ Leonid, Perseid. 3 (왕조의 시조명(始祖名)에 붙여서)「왕조의 사람」. ¶ Abbasid. 4 서사시의 제목 말미에 붙인다. ¶ Aeneid.
-id² 접미 동물 분류학상 같은 종류에 속하는 것을 나타내는 명사·형용사를 만든다. ¶ arachnid.
-id³ 접미 〔의학〕「…진(疹)」의 뜻. ¶ tuberculid(결핵진). 「…상태의」의 뜻. ¶ humid.
I·da [áidə] 명 1 Mount ~ 이다 산(터키 서부, 고대 Troy 남동부의 산 또는 Zeus신의 탄생지로 전해지는 Crete섬 최고봉의 옛 이름). 2 아이다(여자 이름).
IDA International Development Association(국제 개발 협회; 속칭 Second World Bank(제2 세계 은행). 略 IBRD. **Ida.** Idaho.

-i·dae [ədìː] [접미] (동물 분류상) family의 뜻의 명사를 만든다. ¶Fel*idae*(고양이과(科))

***I·da·ho** [áidəhòu] [명] 아이다호(미국 서부의 주; 주도(州都) Boise; [약] Id., Ida.). **~·an** [-ən] [형][명]

'Id al-Ad·ha [íd ælɑːdhɑ́ː] [명] 이드 알라드하(희생절; 이슬람 2대절(節)의 하나).

'Id al-Fitr [íd ælfítr] [명] 이드 알피트르(단식 후 축제; 이슬람 2대절(節)의 하나).

IDB (英) *I*n *D*addy's *B*usiness(아버지의 사업을 이어받음, 아버지 회사에 취직함). **I.D.B., IDB** 《남아공》 *i*llicit *d*iamond *b*uying[*b*uyer] (불법 다이아몬드 구입[구입자]); *I*ndustrial *D*evelopment *B*oard(공업 개발 이사회; UNIDO의 집행 기관); *I*nter-American *D*evelopment *B*ank(미주 개발 은행); *I*slamic *D*evelopment *B*ank(이슬람 개발 은행).

ÍD bràcelet [명] =identification bracelet.

IDC *i*ndustrial *d*evelopment *c*ertificate.

ÍD càrd [명] =identification [identity] card.

ÍD còde [명] 〔컴퓨터〕 (시스템 접속용) 암호(password).

IDDD *i*nternational *d*irect *d*istance *d*ialing(국제 직접 다이얼 통화, 국제 자동 전화).

id·dy [ídi] [명] 《英속어》 유대인.

-ide [aid, id] [접미] 「화합물, …화물(化物)」의 뜻의 명사를 만든다. ¶chlor*ide*, ox*ide*.

‡i·de·a [aidíːə, -díə] [명] ([복] **~s**[-z]) **1** [C][U] (일반적인) 관념; 사상(⇨THOUGHT [유의어]). ¶an abstract ~ 추상 개념 / the ~*s* of good and evil 선악의 관념 / a fixed ~ 고정 관념 / the realm of ~*s* 관념의 세계 / Western ~*s* 서양 사상. **2** 생각, 사고 방식; 착상, 고안, 아이디어 (*for*). ¶an original ~ 독창적 아이디어 / a man of ~*s* 착상이 풍부한 사람 / a man of narrow ~*s* 사고 방식이 편협한 사람 / without any ~ of …은 조금도 생각하지 않고 / That's an excellent ~. = What a good ~! 그것 참 명안이다. **3** 인식, 지식, 이해; 가늠 (*of, about, as to*). ¶I have no [*or* I don't have the foggiest] ~ (*as to*) what we should do. 어떻게 하면 좋을지 전혀 모르겠다. **4** 의견, 견해, 신념 (*of, about, on, that*[節]). ¶his ~*s on* raising children 그의 육아관. **5** 계획, 의도, 의향(*of* do*ing*); 취지. ¶the ~ *of becoming* a painter 화가가 되려는 계획 / I haven't the least ~ *of taking* a walk this morning. 오늘 아침에는 산책할 마음이 조금도 없다. **6** (막연한) 느낌, 인상, 직관(直觀), 예감(*of, that*[節]). ¶I have an ~ somehow *that* he will be late. 나는 어쩐지 그가 늦게 오리라는 느낌이 든다. **7** 억측; 상상, 공상. **8** 〔철학〕 개념; 이념; (플라톤 철학의) 이데아; (칸트 철학의) 이데, 순수 이성 개념; 〔심리〕 관념, 표상(表象). **9** 〔음악〕 악구(樂句), 악상(樂想), 주제.

at the bare idea of …을 생각만 해도. 「해지다.

buck one's idea up 보다 주의 깊게 하다; 보다 진지

force one's ideas on …에게 자기 의견을 강요하다.

form an idea of …을 머리속에 그리다.

get ideas into one's head 공상[망상]을 품다.

get the idea ① 이해하다. ② (…으로) 잘못 생각해 버리다(*that*[節]). 「*person's head*.

give a person ideas =*put ideas in* [or *into*] *a*

Good idea! 《구어》 좋은 생각이야! ¶*Good* ~! Let's do it. 좋아요! 그렇게 합시다. 「견해를 갖다.

have one's own ideas about …에 관해 독자적인

have some [little, no] idea of …을 대강은 알다 [거의 모르다, 전혀 모르다].

I have no idea. 전혀 모르겠다; 알게 뭐야!

put ideas in* [or *into*] *a person's head 남에게 헛된 망상을 품게 하다.

That's an idea. 《구어》 좋은 생각이야.

That's the idea. 《구어》 좋아, 그거야.

The (very) idea!; The idea of it!; The idea of such a thing!; What an idea! 원, 설마!, 그건 말도 안돼!

What's the (big) idea? 어떻게 된 거야?; 도대체 어쩔 셈이야?; 왜 그런 짓을 하지?

you've no idea 《구어》 《부사적》 그건 …야, 틀림없어.

~·less [형]

i·de·aed [aidíːəd/-díəd] [형] 착상이 풍부한; 《복합어로》 (…한) 생각을 가진. ¶one-~ 편협한. (또는 **idea'd**)

idéa fáctory [명] 연구소; 정책 입안 부서.

‡i·de·al [aidíːəl/-díəl] [명] ([복] **~s**[-z]) **1** 이상, (완성도·우수성의) 최고 수준, 극치. **2** (모범으로 삼을 만한) 이상적인 인물[것], 전형. **3** 궁극의 목적, 노력 목표. ¶set an ~ 이상을 세우다. **4** 관념적인 것, 상상적인 것, 공상. **—** [형] **1** 이상적인; 최상의, 완벽한, 더할 나위 없는 (*for*). ¶~ beauty 이상적인 아름다움 / an ~ couple 딱 어울리는 한 쌍 / an ~ world 이상향. **2** 관념적인, 머리속에서만의; 가공의(visionary)([참] real). ¶an ~ society, Utopia 가공의 사회, 유토피아. **3** 〔철학〕 (플라톤 철학에서) 이데아(Idea)의; 이상 상태의, 이념적인; 관념론적인. **~·ly** [부] **~·ness** [명]

***i·de·al·ism** [aidíːəlìzm, -díəl-/-díəl-] [명][U] **1** 이상주의; 이상화(된 것, 경향). **2** 〔예술〕 이상주의; 〔문학〕 이상[관념]주의([참] realism). **3** 〔철학〕 **a**) 관념론; 유심론([참] materialism). **b**) 이상주의([참] realism).

i·de·al·ist [aidíːəlist/-díəl-] [명] **1** 이상가; 몽상가; 이상주의자([참] realist). **2** 관념론자, 유심론자.

i·de·al·is·tic [aidìːəlístik/-dìəl-] [형] **1** 이상[몽상]가의; 이상주의(자)의. **2** 관념론(자)의, 유심론(자)의. (또는 **idealistical**) **-ti·cal·ly** [부]

i·de·al·i·ty [àidiǽləti] [명] **1** [U] 이상적임; (보통 -ties) 이상적인 것, 관념적으로만 존재하는 것. **2** [U] 상상력, 창조력. **3** [U] 〔철학〕 관념성.

i·de·al·ize [aidíːəlàiz/-díəl-] (* (英) **-ise**) [동][타] …을 이상화하다, 이상적인[완전한] 것으로 묘사하다. **—** [자] (사람이) 이상주의적[관념론적]이다.

i·dè·al·i·zá·tion [명] 이상화. **-iz·er** [명]

idéalized ímage [명] 〔심리〕 이상화 이미지(개인이 지니고 있는 완벽성의 기준).

idéal týpe [명] 이념형, 이상형.

idéa màn [명] 아이디어맨, 창의[착상]가.

i·de·a·mon·ger [aidíːəmʌ̀ŋgər/-díə-] [명] 《구어》 아이디어를 파는 사람.

i·de·ate [동] [áidièit, aidíːeit] [타] …을 관념화하다; 표상(表象)하다. **—** [자] 관념을 구성하다, 생각하다. **—** [명] [áidièit, aidíːət] 〔철학〕 관념에 대응하는 실제, 관념적 대상. **-á·tion** [명] 관념화, 관념 작용. **-á·tion·al** [형]

i·dée fixe [iːdéi fíːks] [명] ([복] **-s -s**) 고정 관념. 〔<F fixed idea〕

idée reçue [iːdéi rəsjú] [명] ([복] **-s -s**) 일반 관념, 통념. 〔<F received idea〕

i·dem [áidem, ídem] [대][형][부] **1** 같은 저자(著者)(의, 에서). **2** 같은 말[서적](의), 앞서 말한 것과 같음[같은] ([약] id.). 〔<L same〕

i·dem·po·tent [aidémpətənt, áidəmpòutnt] 〔수학〕 [형] 멱등(冪等)의. **—** [명] 멱등원(元). 「〔<L〕

ídem quód [-kwɑ́d/-kwɔ́d] [부] …와 같음([약] i.q.).

i·den·tic [aidéntik, id-] [형] **1** =identical. **2** 〔외교〕 (타국에 대한 두 나라(이상)의 정책 따위가) 동조적인, 동일한, (문서가) 동문의. ¶an ~ note 동문 통첩.

‡i·den·ti·cal [aidéntikəl, id-] [형] **1** (2개의 사물이) 똑같은; (…와) 꼭 일치하는(*with, to*). ¶~ opinions 똑같은 의견 // The contents of these books are ~. 이 책들의 내용은 같다. **2** (보통 the ~) 똑같은, 동일한, 바로 그. ⇨SAME [유의어] ¶the ~ person 동일인, 본인. **3** 〔철학·논리·수학〕 동일의. ¶the ~ conception 동일 개념. **~·ly** [부] **~·ness** [명]

idéntical equátion [명] 〔수학〕 항등식.

idéntical proposítion [명] 〔논리〕 동일 명제.

idéntical twín [명] 일란성 쌍둥이(의 한쪽).

i·den·ti·fi·a·ble [aidéntəfàiəbl, id-] [형] 동일함을

증명할 수 있는; 신원을 확인할 수 있는. ¹**bíl·i·ty**
＊i·den·ti·fi·ca·tion [aidèntəfikéiʃən, id-] 명 1 ⓤ 동일시하는[되는] 것; 동일한 것[사람]이라는 확인, 검증, 감정. ¶the ~ of the signature of the contract *with* his 계약서의 서명이 그의 것인지 여부의 감정/ the ~ of a drowned body 익사체의 신원 확인. 2 ⓤ ⓒ 신분 증명(서)(⇔ I.D.); ⓒ 같은 사람[물건]이라는 증명물. ¶Do you have any ~? 뭔가 신분을 증명할 것을 가지고 계십니까? 3 ⓤ 〖정신분석〗 동일시, 동일화; 일체감; 공명(共鳴).
identification brácelet 명 명찰이 붙은 팔찌.
identificátion búrst 명 〖컴퓨터〗식별 표지 (신호), 기록 밀도 표지.
identificátion cárd 명 신분증(ID card).
identificátion dísc 명 〖英〗=identification tag.
identificátion divísion 명 〖컴퓨터〗 표제[식별]부.
identificátion paráde 명 경찰에서 목격자에게 보이기 위해 용의자 등을 줄 세워 놓는 일(line-up).
identificátion pláte 명 (자동차의) 등록 번호판.
identificátion tág 명 〖군사〗 인식표.
i·den·ti·fi·er [aidéntəfàiər] 명 증명하는 사람[것], 감정인(鑑定人); 〖컴퓨터〗 식별자(識別子); 식별명.
idéntifier gáp 명 〖컴퓨터〗 식별자 간격.
＊i·den·ti·fy [aidéntəfài, id-] 타 (*-fies* [-z]) ㉠ 1 (동일물·본인이라고) 확인하다, …이라고 인정하다 (*as, by*); 감정[식별]하다; …의 신원을 확인하다 // (~+목+*as* 보) He *identified* the cap *as* that of his son. 그는 그 모자가 아들의 것이라고 확인했다. 2 …을 동일시하다, 동일하게 취급하다(*with*). ¶ (~+목+*전*+*명*) ~ one's interests *with* those of another 자기 이익과 타인의 이익을 동일시하다. 3 〖재귀용법·수동형으로〗 (이익·감정·주의·행동 따위에) …을 (…와) 같게 하다; (…와) 제휴[관계]시키다; (…에) 공감[동정]하게 하다 (*with*). 4 …의 검증[감정] 수단이 되다, …의 정체를 보이다. ¶The teeth *identified* the skull. 그 이(齒)로써 두개골의 신원이 확인되었다. ─ ㉡ 1 동일시[동일화]하다; 일체감을 갖다, 공감하다 (*with*).
become [or *be*] *identified with*; *identify oneself with* …와 행동[사상]을 같이 하다; …와 제휴[관계]하다; …에 찬동[공감]하다.
i·den·ti·kit [aidéntəkit, id-] 형 (종종 I-) 이미 들어진, 판에 박은 듯한. ¶a ~ *picture* 몽타주 사진. ─ 명 몽타주 사진(Identi-Kit).
I·den·ti·Kit [aidéntəkit, id-] 명 1 〈상표〉 몽타주 사진 합성 장치; (몽타주 사진을 만들기 위한) 얼굴 각 부분의 그림 세트. 2 (또는 **identikit**) 몽타주 사진.
＊i·den·ti·ty [aidéntəti, id-] 명 ⓤ 1 ⓤ (…와) 동일함, 일체성, (…와의) 동일성(*with*); ⓒ 일치점(⇔ difference). ¶a *sense of* ~ 일체감 / a *case of* mistaken ~ 사람을 착각한 경우. 2 ⓤ (다른 것이 아니라) 본인 [그 물건]임; ⓤⓒ 신원, 정체; ⓒ ~ *card* [*certificate*]. 3 ⓤ 개성, 독자성; 고유성, 주체성; (작가·예술가 등의) 작품, 예풍(藝風). ¶a *corporate* ~ (회사·대학 등의) 독자성, 사풍(社風), 학풍. 4 〖濠구어〗 잘 알려져 있는 사람, 명사. 5 〖수학〗 항등식. ─ 밝히다.
admit [or *disclose*] *one's identity* (자기) 신원을 밝히다.
establish [or *prove*] *a person's identity* 남의 신원임[아무것 본인임]을 확인하다.
idéntity cárd 명 =identification card.
idéntity crísis 명 (사춘기 때의) 자기 인식의 위기, 노이로제; 주체성 (상실) 위기, 자존의 혼란.
idéntity dísc 명 〖군사〗 =identification tag.
idéntity élement 명 〖컴퓨터〗 일치 소자(素子).
idéntity fórmula 명 항등식(恒等式).
idéntity fúnction 명 〖수학〗 항등 함수.
idéntity mátrix 명 〖수학〗 단위 행렬(行列).
idéntity paráde 명 =identification parade.

idéntity théft 명 신분 위장 절도(남의 신용 카드, 컴퓨터 ID 따위를 훔쳐 물건을 구입하는 것).
id·e·o- [áidiou, -diə, id-] 〖연결〗 idea의 뜻. ¶ *ideology*.
id·e·o·gram [ídiəgræm, áid-] 명 표의(表意) 문자. ⇔ phonogram 「gram.
id·e·o·graph [ídiəgræf, -grà:f, áid-] 명 =ideo-
id·e·o·graph·ic [ìdiəgræfik, àid-] 형 표의 문자의. (또는 **ideographical**) **-i·cal·ly** 부
id·e·og·ra·phy [ìdiágrəfi, àid-/-ɔ́g-] 명ⓤ 표의 문자의 사용, 표의 문자법.
i·de·o·log·ic [àidiəládʒik, ìd-/-lɔ́dʒ-] 형 관념적인, 사색[공상]적인. (또는 **ideological**) **-i·cal·ly** 부
i·de·ol·o·gist [àidiálədʒist, ìd-/-ɔ́l-] 명 1 이데올로기 연구가[논자]; 특정의 이데올로기 제창[추진]자. 2 관념 론자; 공론가, 공상가.
i·de·ol·o·gize [àidiálədʒàiz, ìd-/-ɔ́l-] 타 (*英*) **-gise**) …을 관념적으로[이데올로기로] 분석[표현] 하다; …에 (특수한) 이데올로기를 불어넣다; …을 이데올로기에 따르게 하다.
i·de·o·logue [áidiəlɔ̀(:)g, -làg, íd-] 명 =ideologist.
＊i·de·ol·o·gy [àidiálədʒi, ìd-/-ɔ́l-] 명 1 이데올로기, 관념[의식] 형태. 2 ⓤ 〖철학〗 관념학론. 3 ⓤ 공론 구축, 공상하기, 공리공론. **-gism** 명 교조주의.
i·de·o·mo·tor [àidiəmóutər, ìd-] 형 〖심리〗 관념 운동하는, 관념 운동(성)의. **-tion** 명
ides [aidz] 명 〈단·복수 양용〉 (고대 로마 달력) (3월·5월·7월·10월의) 15일, (그 밖의 달의) 13일.
ides of March (*the* ~) (Julius Caesar의 암살일로 예언된) 3월 15일. ¶Beware *the* I- *of March.* 3월 15일을 경계하라(흉사의 경고로 쓰인다). 「[is]
id est [íd ést] 즉, 바꾸어 말하면 (略 i. e.). 〔<L that
id·i·o- [ídiou, ídiə] 〖연결〗 '특유한, 독자적인'의 뜻. ¶ *idiosyncrasy.* 「명 〖생물〗 개별 적응.
id·i·o·ad·ap·ta·tion [ìdiouædəptéiʃən, ìdiə-]
id·i·oc·ra·sy [ìdiákrəsi/-ɔ́k-] 명 =idiosyncrasy.
id·i·o·cy [ídiəsi] 명ⓤ 중증(重症)의 정신 박약; 바보 같은 행위(foolish act).
id·i·o·glos·si·a [ìdiəglásiə/-glɔ́s-] 명ⓤ 소아 특수 조어(造語); 〖병리〗 구어 부전(構語不全)(유아처럼 뜻이 통하지 않는 소리를 내는 상태). 「부전(증)의.
id·i·o·glot·tic [ìdiəglátik/-glɔ́t-] 형 〖병리〗 구어
id·i·o·graph·ic [ìdiəgræfik] 형 〖심리〗 개성 기술적(記述的)인; 개별[특수] 예(例)의.
id·i·o·la·li·a [ìdioléiliə] 명 =idioglossia.
id·i·o·lect [ídiəlèkt] 명 〖언어〗 개인 방언, 개인어.
＊id·i·om [ídiəm] 명 (複 ~*s* [-z]) 1 (어떤 언어 특유의) 관용어법[어구], 숙어, 성구. 2 (지역적·계층적인) 방언, 사투리; (어떤 국민·민족의 특유의) 언어. ¶the English ~ 영국인의 언어(영어). 3 (어떤 예술가·작가·민족·시대 등에 특유한) 표현 형식, 작풍(作風), 어법. ¶the ~ of Bach [*Chaucer*] 바흐[초서]의 작풍.
＊id·i·o·mat·ic [ìdiəmǽtik] 형 1 (언어) 특유의, 꼭 그 나라 말다운; 관용어법, 관용 어법을 사용한. ¶ *purely* ~ English 정말로 영어다운 영어. 2 (예술가 등에) 독특한, 독특한 작품의. ¶in one's ~ *fashion* 독특한 방법으로. (또는 **idiomatical**) **-i·cal·ly** 부
idiom Néutral 명 국제 보조어의 일종. 「어법 연구.
id·i·o·mol·o·gy [ìdiəmálədʒi/-mɔ́l-] 명ⓤ 관용
id·i·o·mor·phic [ìdiəmɔ́ːrfik] 형 (암석이) 자형(自形)의; 고유의 모양을 갖는. **-phi·cal·ly** 부
id·i·op·a·thy [ìdiápəθi/-ɔ́p-] 명ⓤⓒ 〖병리〗 특발증. 특발성 질환. **-o·path·ic** [-əpǽθik] 형
id·i·o·plasm [ídiəplæ̀zm] 명 〖생물〗 유전질. 또는 trophoplasm **-plás·mic**, **-plas·mát·ic** 형
id·i·o·syn·cra·sy, -sy [ìdiəsíŋkrəsi, -sín-] 명 (複 1 (개인의) 특질, 특이성, 특징, 개성, 성벽. 2 (개인의) 특유의 표현법. 3 〖의학〗 특이 체질(⇔ allergy). **-syn·crat·ic** [-siŋkrǽtik] ⁺**syn·crát·i·cal·ly** 부

id·i·ot [ídiət] 몡 **1** 천치, 바보, 멍청이. ¶You ~! 이 멍청아! **2** 〔고어〕 〔심리〕 (지능 지수 25 이하의) 백치; 중
ídiot bòard 몡 =idiot card. ᄂ증 정신 박약자.
ídiot bòx 몡 (the ~) 〔속어〕 바보 상자, 텔레비전.
ídiot càrd 몡 TV 출연자에게 대사 따위를 써서 알려주는 판지나 두루마리.
ídiot chànnel 몡 〔英속어〕 민간 TV 방송.
ídiot gírl 몡 TV 출연자에게 idiot card를 들고 보여주는 방송국 여직원.
*‍**id·i·ot·ic** [ìdiátik/-ɔ́t-] 몡 백치의[같은], 아주 바보스러운; 정신 박약의. (또는 **idiotical**) **-i·cal·ly** 튀
id·i·ot·ism [ídiətìzm] 몡ⓊⒸ **1** 어리석은 짓[행동]; 〔고어〕 정신 박약 상태. **2** 〔폐어〕 관용 어법, 이디엄.
id·i·ot·ize [ídiətàiz] 톼 …을 바보로 만들다.
ídiot líght 몡 (자동차 계기반의) 경고등.
ídiot òil 〔美속어〕 알코올, 술.
ídiot píll 〔美속어〕 바르비탈계 정제(錠劑).
id·i·ot-proof [-prùːf] 몡 〔美속어〕 (기기 따위가) 누구든 쉽게 다룰 수 있는. ¶~ **camera** 전자동 카메라.
id·i·o·trop·ic [ìdiətrápik/-trɔ́p-] 몡 〔정신의학〕 내성형의, 내향형의.
ídiot savánt 몡 (옥 -(s) -s) 특정 분야에 뛰어난 재능을 가진 정신 장애자, 백치 천재, 전문가 바보. [<F]
ídiot shèet 몡 =idiot card.
ídiot's lántern 몡 〔英속어〕 =idiot box.
ídiot týpe 몡 자동 식자용(植字用) 컴퓨터 입력 테이프.
id·i·o·type [ídiətàip] 몡 〔면역〕 유전형, 인자형(因子型). **-typ·ic** [-típik] 몡 **-týp·i·cal·ly** 튀
-id·i·um [ídiəm] 〔접미〕 (생물학·화학 용어에 쓰이는) 지소사(指小辭). ¶anther*idium*.
IDL *international date line*(국제 날짜 변경선).
*‍**i·dle** [áidl] 몡 (~*r*; ~*st*) **1** 일하지 않는, 일이 없는, 아무것도 안하는, 놀고 있는. ¶~ **laborers** 실업자들 / **be** [**stand**] ~ 멍하니 있다(우두커니 서 있다).

〔유의어〕 **idle** 일을 하지 않고 빈둥거리고 있는; 반드시 나쁜 뜻은 아니다. **lazy** 성격적·습관적으로 일하기 싫어하는; 보통 나쁜 뜻. **indolent** 천성적으로 몸을 움직이는 것을 귀찮아 하는. **slothful** 해야 할 것을 알면서도 일하기 싫어하는.

2 한가한, 비어 있는. ¶~ **hours** 한가한 (시간), 여가. **3** (물건·장소 따위가) 사용되지 않고 있는, (기계·설비 따위가) 쉬고 있는, 유휴중인. **4** 게으른, 나태한, 빈둥거리는(lazy). ¶an ~ **fellow** 게으름뱅이 / **acquire** ~ **habits** 게으른 버릇이 들다. **5** 쓸데없는, 가치 없는, 무익한. ¶an ~ **talk** 잡담 / It is ~ **to say that**… …이라고 말해도 소용이 없다. **6** 이유[근거]가 없는. ¶~ **fears** 이유 없는 두려움 / ~ **rumors** 근거 없는 소문 / an ~ **theorizing** 억지, 강변(强辯). **7** 〔컴퓨터〕 (장치·기기가) 작동하고 있지 않는, 정지된. **8** 〔야구〕 시합[경기]이 없는.
have one's hands idle 손이 비어 있다.
lie idle (돈 따위가) 사용되지 않고 있다, 놀고 있다.
run idle (기계가) 헛돌다.
── 튀 (~*s* [-z]; ~*d*; *í·dling*) 좌 **1** 게으름 피우다, 빈둥빈둥 지내다[놀다](*about*, *around*). ⇒LOITER
〔유의어〕 **2** 어정어정 걷다. **3** (기계가) 헛돌다. ── 탄 **1** 〔시간〕을 허비하다, 빈둥빈둥 보내다(*away*). ¶(~+ 목+튀) ~ *away* **one's time** 시간을 헛되이 보내다. **2** 〔남〕을 빈둥거리게 하다. **3** 〔기계〕를 헛돌게 하다.
── 몡 유휴[정지] 상태, (기계 따위의) 공회전, 무부하(無負荷) 운전.
i·dly [áidli] 튀
ídle brèad 몡 무위 도식. ¶eat ~ 무위 도식하다.
ídle càpital 〔경영〕 유휴 자본.
ídle còst 〔경영〕 유휴비, 무효 원가(생산 설비·노동력 따위가 충분히 이용되지 않기 때문에 발생하는 원가).
ídle facílities 유휴 시설. ᄂ는 **ídler gèar**
ídle gèar 〔기계〕 유동(遊動) 기어, 중간 기어. (또
*‍**i·dle·ness** [áidlnis] 몡Ⓤ **1** 나태, 무위; 빈둥거

림. ¶*I~ is the root* [*mother*] *of all vice.* 〔속담〕 나태는 백악(百惡)의 근원. **2** 무익, 쓸데없음. ᄂ **pùlley**
ídle púlley 〔기계〕 유동 도르래[바퀴]. (또는 **ídler**
i·dler [áidlər] 몡 **1** 게으름뱅이, 빈둥거리는 사람. **2** 〔기계〕 idle gear[pulley, wheel]. **3** 〔철도〕 빈차. **4** 〔해사〕 당직 외의 선원. ᄂ람들.
ídle rích (the ~) 〔집합적·복수취급〕 유한 계급 사
i·dlesse [áidlis, aidlés] 몡 〔문어〕 =idleness.
ídle whèel 〔기계〕 중간 기어, 유동 기어; =idle pulley. (또는 **ídler whèel**)
IDLS *International Digital Leased-Line Service* (국제 디지털 전용 회선). **IDN** 〔라틴〕 *in Dei nomine* (=in the name of God)(신의 이름으로).
I·do [íːdou] 몡Ⓤ 이도어(語)(에스페란토어를 간략화한 국제어). ~·**ism**, ~·**ist** 몡 ~·**ís·tic** 몡
IDO *International Disarmament Organization*(국제 군축 기구).
*‍**i·dol** [áidl] 몡 (옥 ~*s* [-z]) **1** 우상(偶像), 신상(神像). ¶~ **worship** 우상 숭배. **2** 〔성서〕 이교신(異敎神)(상), 사신(邪神). **3** (맹목적으로) 숭배[우상시]되는 사람[것]; 숭배물, 아이돌; 본보기, 모범. ¶an ~ **of society** 사교계에서 인기있는 사람 / **a popular** [**fallen**] ~ 민중에게 숭배받는[권위가 실추된, 인기가 떨어진] 사람. **4** 환영(幻影), 허상, 환상; 공상의 산물. **5** 〔논리〕 잘못된 인식, 편견, 그릇된 견해(啥 idolum).
make an idol of …을 숭배하다.
i·dol·a·ter [aidɔ́lətər/-dɔ́l-] 몡 우상 숭배자; (일반적으로) 숭배자, 심취자(devotee). ᄂ**triz·er**
i·dol·a·trize [aidɔ́lətràiz/-dɔ́l-] 톼 =idolize.
i·dol·a·trous [aidɔ́lətrəs/-dɔ́l-] 몡 우상 숭배의; 사신(邪神) 숭배의; (맹목적으로) 숭배[심취]하는, 맹신하는. ~·**ly** 튀 ~·**ness** 몡 〔목적 신앙[숭배], 맹신.
*‍**i·dol·a·try** [aidɔ́lətri/-dɔ́l-] 몡ⓊⒸ 우상 숭배; 맹
i·dol·ise [áidəlàiz] 톼 〔英〕 =idolize. ᄂ〔심취〕.
i·dol·ism [áidəlìzm] 몡Ⓤ 우상 숭배; 맹목적 숭배
i·dol·ize [áidəlàiz] 톼 (⋆ 〔英〕 **-ise**) 타 …을 맹목적으로 숭배하다, 우상화[우상시]하다, 심취하다. ── 좌 우상을 숭배하다. **i·zá·tion**, **-iz·er** 몡
i·do·lum [aidóuləm/id-] 몡 (옥 *-la* [-lə]) **1** (-la) 〔논리〕 (F. Bacon의) 선입적 오견(誤見), 우상, 이돌라. **2** 이상(理想), 심상(心象). **3** 환영(幻影)(eidolon).
IDP 〔컴퓨터〕 *integrated data processing*(집중 데이터 처리); *International Driving Permit*(국제 운전 면허). **IDR** *International Depository Receipt*(국제 예탁 증권). **IDTV** *Improved Definition Television* (화면 개선 텔레비전). **IDU** *International Democrat Union*(국제 보수 정당 연합).
I·dun [íːðun, íːduːn/-dun] 몡 =Ithun(n).
i·dyl(l) [áidl/ídil, áidil] 몡 목가, 전원시 (영웅 등을 읊어 가락이 있는) 서정 시; 전원시적인 풍경[생활], 일.
i·dyl·lic [aidílik] 몡 목가(풍)의, 전원시(풍)의. **-li·cal·ly** 튀
i·dyl·(l)ist [áidəlist] 몡 전원 시인, 전원시 작가.
i·dyl·(l)ize [áidəlàiz] 톼 목가[전원시]풍으로 하다.
IE, I.E. *Indo-European*; *industrial engineer*(ing).
*‍**i.e.** 〔라틴〕 *id est*(=that is) (즉, 바꿔 말하면).
-ie [i] 〔접미〕 **1** small, little라는 뜻의 명사를 만든다. ¶dogg*ie*. **2** -y의 옛 철자. ¶beaut*ie*, fanc*ie*.
IEA *International Education Association*(국제 교육 협회), *International Energy Agency*(국제 에너지 기구). **IEC** *International Electrotechnical Commission*(국제 전기 표준 회의). **IEE** 〔英〕 *Institution of Electrical Engineers*(전기 기술자 협회). **IEEE** 〔美〕 *Institute of Electrical and Electronics Engineers*(전기·전자 학회). **IELTS** 〔英〕 *International English Language Testing System*(국제 영어 시험; 영국·캐나다·오스트레일리아·뉴질랜드 등의 대학 수능 영어 시험). **IEN** *Internet Experiment Notes*.

종속 접속사 if에는 (1)「만약 …이면」의 뜻으로 가정·조건의 부사절을 이끄는 용법과, (2)「…인지 어떤지(whether)」의 뜻으로 명사절을 이끄는 용법이 있다.
(1)의 용법은 다시 직설법과 가정법으로 나뉘며, 가정법은 if절과 주절의 동사형에 특별한 주의를 요한다.
(2)의 명사절을 이끄는 if는 뜻이 whether와 대체로 같지만, whether 대신에 쓸 수 없는 경우가 있다. (a) 뒤에 부정사가 이어질 때(예: I don't know *whether* to accept or refuse.), (b) 주어절로 쓰일 때(예: *Whether* it was true is still an open question.)가 그것이다.

‡if [if] 접 I. 부사절로

1 《조건·가정》 만약(만일) …이면, 만약 …한다면, …이라면. **a)** 《현재》 ¶ Sing *if* you want to. 노래하고 싶으면 해라 / *If* you run all the way, you'll get there in time. 줄곧 달려 가면 시간 내에 당도할 것이다 / *if* it is [or be] possible 만약 할 수 있다면, 가능하다면 / *If* you are [or be] honest, I will employ you. 네가 정직하다면 채용하겠다 (* be를 쓰는 것은 문어). **b)** 《미래》 ¶ *If* you ever come to town, come to see me. 시내에 나오는 일이 있으면 찾아오게나 / *If* he does it, he will be punished. 그가 그런 짓을 하면 처벌을 받을 것이다.

(USAGE)¹ **(1)** if절에는 보통 미래를 나타내는 will, would를 쓰지 않으나, 주어(동작주)의 의지·습관 또는 상대에게 정중하게 부탁할 경우 쓰인다: *If* he'll listen to me, I'll give him some advice. 그가 내 말을 들을려고 한다면 조언을 하겠다 / I should be grateful *if* you *would* reply soon. 곧 회답해 주시길 빕니다. **(2)** if절이 주절의 동작의 결과를 나타내는 경우 will을 쓰기도 한다: I will go *if* it *will* be of any help to you. 도움이 된다면 가겠습니다.

c) 《과거》 ¶ *If* he went there, he must know it. 그가 그곳에 갔다면 틀림없이 알 것이다 / *If* he had fair warning, he has nothing to complain of. 사전에 주의받은 바 있었다면 불평할 것이 없다 / *If* he was on the plane, John probably saw the top of the mountain. 존이 그 비행기에 타고 있었다면 아마 그 산의 정상을 보았을 것이다. **d)** 《현재의 사실에 반대되는 가정》 * if절의 동사는 be 동사일 때 인칭에 관계없이 were, 기타 동사일 때 과거형을 쓰는 것이 보통이다. 주절에는 보통 should, would, could, might 따위 조동사의 과거형이 쓰인다. ¶ *If* I knew his address, I'd give it to you. 그의 주소를 안다면 두 말 없이 가르쳐 주지(모르기 때문에 못 가르쳐 준다) / *If* I had the money, you should have it. 내게 그 돈이 있다면 너에게 줄 텐데 / I think I should not be quite the man I am *if* I had not read them. 만일 그것들을 읽지 않았더라면 지금의 나와는 다른 인간이 되어 있을 것이라고 생각한다. **e)** 《과거의 사실에 반대되는 가정》 * if절의 동사는 과거완료형, 주절에는 should, would 따위 조동사의 과거형 + 완료형을 쓴다. ¶ *If* I had been one minute late, I should have missed the train. 1분만 더 늦었더라면 기차를 놓쳤을 것이다 / *If* you had taken my advice, you would be happy today. 나의 충고를 들었더라면 너는 지금쯤 행복하게 지낼 텐데 / I think I should not be quite the man I am *if* I had not read them. 만일 그것들을 읽지 않았더라면 지금의 나와는 다른 인간이 되어 있을 것이라고 생각한다. **f)** 《현재 또는 미래에 대한 강한 의혹》 * if절에는 인칭에 관계없이 should가 쓰이며, 때로는 were to를 쓰기도 한다. ¶ *If* it should rain, he will [or would] not start. 만일 비가 온다면 그는 출발하지 않을 것이다 / What will [or would] happen, *if* our house should take fire? 만약 집에 불이 난다면 어떻게 될까? / *If* this were to happen, the prospects for democracy would be diminished. 만약 이러한 일이 일어난다고 하면, 민주주의에 대한 기대는 사라져 버릴 것이다 (* were to를 사용하면 should를 사용한 경우보다도 실현성에 대한 의심이 강조된다). **g)** 《실현성이 없는 순전한 가정》 * if절에는 인칭에 관계없이 were to가 쓰인다. ¶ *If* the sun were to vanish, all life would die. 태양이 소멸하면 모든 생물은 죽을 것이다 / *If* he were to go to such a place, he wouldn't be able to return alive. 만일 그가 그런 곳에 가게라도 된다면 살아 돌아올 수는 없을 것이다. **h)** 《귀결을 필연적으로 이끄는 조건을 나타내어》 ¶ *If* you boil potatoes, they get soft. 감자는 삶으면 부드러워진다.

(USAGE)² **(1)** if의 생략——문어에서 주어와 (조)동사를 전도하여 if를 쓰지 않는 경우가 있다: *Had I the money*, you should have it. (참 d)) / *Had I been three minutes late*, I should have missed the train. (참 e)) **(2)** if와 when——어떤 상태가 일어나는 것이 불확실할 때에 if를 쓰며, 확실히 일어난다고 생각될 때에는 when을 쓴다: *If* it rains tomorrow, I shall not come. / *When* spring comes, it becomes warm. (* 또한 상태의 확실성에 대해서 판단하기가 어려운 경우에는, if and when, when and if처럼 함께 쓰는 경우가 있다: *If and when* he comes, I'll tell him. 만약 그가 온다면 그에게 말하겠다).

(유의어) **if** 가능성 유무에 관계없이, 조건·가정을 나타내는 가장 일반적인 단어. **suppose, supposing** 모두 if 대신에 사용되어 가정을 나타낸다; suppose쪽이 구어적. **provided, providing** 어떤 일이 성립되기 위한 조건을 나타낸다.

2 《양보》 **a)** 《보통 even ~》 비록 …일지라도, …이라고 할지라도(even though). ¶ I'll go out even *if* it rains. 비가 오더라도 외출하겠다 / Even *if* they should find out, they won't do anything about it. 설사 그들이 알아낸다고 할지라도 그것을 어쩌지는 않을 것이다 / *If* he lived to be a thousand, he would never write a line worth reading. 설령 그가 천 년을 산다고 하더라도, 읽을 만한 값어치가 있는 글은 단 한 줄도 쓰는 일이 없을 것이다. **b)** 《삽입적으로 쓰여》 …이지만, …이긴 하지만. ¶ an enthusiastic *if* small audience 소수이기는 하지만 열광적인 청중 / It is possible *if* not probable that there will be a war between them. 두 나라 사이에 전쟁이 일어날 가능성이 설사 높지는 않을지라도 있기는 있다 / The existing order, *if* ever so slightly, must be altered. 지금의 체제는 비록 조금일지라도 변경하지 않으면 안 된다.

3 《인과 관계》 …인 때는 (언제나), …하면(when, whenever). ¶ *If* I want him, I ring. 그에게 와주기를 바랄 때에는 벨을 울립니다 / *If* she called, the dog hastened to her. 그녀가 부르기만 하면 개는 달려왔다.

II. 명사절로

4 《간접의문을 이끌어》 …인지 어떤지(whether). ¶ I do not much care *if* people agree with me. 남이 나에게 동의해 줄런지 아닌지는 별로 신경쓰지 않는다 / He asked *if* I knew Spanish. 그는 나에게 스페인어를 아느냐고 물었다(∗ 이 경우에는 가정법의 동사를 쓰는 경우가 있다: The boy glanced at his mother to see *if she were* watching him. 자기를 살피고 있는지 확인하기 위해 소년은 어머니를 힐끗 보았다).

USAGE[3] **whether**와 **if**──(1) ask, doubt, know, learn, see, tell, try, wonder 따위에 계속해서 목적절을 이끌 때는 whether의 대용으로도 if를 쓸 경우도 있다. (2) if는 구어체 및 격식을 차리지 않는 문체에서 whether 대신에 쓰이는 경향이 있으며, or와 상관적으로 쓰이기도 한다: He did not know *if* it was false *or* not. 그는 그것이 가짜인지 어떤지를 알지 못했다. (3) 조건절을 이끄는 if와 혼동될 염려가 있을 때, 목적절이 문두(文頭)에 나올 때, 또는 주절·보어절·동격절을 이끄는 때는 보통 whether를 쓴다.

Ⅲ. 독립절로
5 (소망·놀라움·노여움 따위를 나타내어) …이라면 좋을 텐데; …이라니 얼마나 ∼한; 만약에 해봐라. ¶ *If only* Dad could see me now! 지금의 나를 아버지께서 보실 수 있다면 좋을 텐데! / *If* I hadn't been such a fool! 그런 바보짓은 하지 않았더라면 좋았을 것을! / *If* somebody will come here and sit with him! 누군가가 이곳에 와서 그와 함께 있어 주면 좋겠는데 / *If* you ever speak to me like that again! 또 그따위 소리를 한다면 그냥 두지 않겠다.
as if 마치 …인 것처럼. ¶ The child talks *as if* he were a grown-up. 그 애는 마치 어른처럼 말한다.

USAGE[4] **as if**와 **as though**──(1) 원래 as if는 가정에, as though는 비교에 중점을 두지만, 현재는 구별없이 쓰이며, as if 쪽이 빈도가 높다. (2) as if와 as though의 뒤에는 보통 가정법 과거형·과거완료형을 쓰지만, 최근에는 특히 it seems[looks] 다음에, 직설법 현재형·현재완료형을 쓰는 일도 적지 않다: He looks *as if* he were [had been] ill. / It looks [seems] *as if* he *is* [*has been*] ill (∗ 가정법은 시제 일치의 법칙에 지배받지 않으므로, 위의 예에서 He looks가 He looked로 되어도 후속하는 He were는 그대로 두어도 되며, had been으로 하면 '그 때까지 앓고 있었던 것 같은,'의 뜻이 된다). (3) as if [though] 다음의 주어·술어 동사를 생략하기도 한다: He moved his lips *as if to* speak. 그는 마치 무언가 말을 하려는 것처럼 입술을 움직였다 / He ran *as if for* life. 그는 필사적으로 달렸다.

even if ⇨EVEN.

if a cent [**an inch, a pound, a day, one**, *etc*.] 1센트[1인치, 1파운드, 하루, 1개 따위]라도 있다면; 확실히, 충분히, 넉넉히, 적어도. ¶ He is eighty, *if a day*. 그는 적어도 여든 살은 된다.
(**if and**) **only if** 만약, 그리고; 그 경우에 한해(주로 수학에서 쓰임; ® iff.). 「는. ® USAGE[2] (2)
if and [or] **when; when and if** 만약 …할 때에
if any 가령 있다 할지라도, 얼마라도 있다면. ¶ There are very few, *if any*, mistakes. 오류가 있다고 해도 아주 적다.
if anything 어느 편인가 하면, 글쎄. ¶ He is, *if anything*, worse today. 글쎄, 그의 병이 오늘은 악화된
if anywhere 어디냐 하면, 어쨌든.   「게 틀림없다.
if at all; if ever 적어도 …한다면; …한다고 하더라도 [해도].   「의….
…if ever there was one 진짜의[틀림없이]…, 정말
if I may ask 이렇게 여쭈어 실례가 될는지 모르지만
if it were not [**had not been**] **for; if not for** 만일 … 이 없다[없었다]면. ¶ *If it were not for* water, no living things could survive. 물이 없다면 생물은 살아 남을 수가 없을 것이다.
if I were you, … (충고) 나 같으면 …하겠다, …하는게 좋겠다. ¶ *If I were you*, I'd get rid of that old car. 저 구닥다리 차는 처분하는게 어때요?
if necessary [or **need be**] 필요하면.
if not 만일 …이 아니라면; …이 아니라 하더라도. ¶ A good book, *if not* the best, is worth reading. 가장 좋은 책은 아니라 해도 좋은 책이면 읽을 가치가 있다.
if(…)only …하기만 하면 (좋으련만) (⇨ONLY); 비록 …
if possible 될 수 있으면, 가능하다면. 「일지라도.
…, if that [or **then**] 고작, 기껏해야. ¶ I was hardly more than six, *if that*. 나는 기껏해야 여섯 살 밖에 되지 않았었다.
if you must 꼭 그래야 한다면 (좋아).
if you please [or **would**] ① (동의) 원하면, 하고 싶으면. ② (요청) 괜찮다면, 폐가 안 된다면. ¶ Can I take you to the station? ─*If you please*. 제가 역까지 모셔다 드리지요 ─그러세요.
only…if …할 경우에 한해, …하지 않는 한 …않는.
what if ⇨WHAT.
──圏 1 가정; 의심, 불확실(한 일). ¶ The future is full of *ifs*. 미래에는 알 수 없는 일들이 가득하다. **2** 조건, 필요[규정] 조건. ¶ There are too many *ifs* in his agreement. 그의 계약에는 조건이 너무 많다.
ifs and [or **or**] **buts; ifs, ands, or buts** (구어) 구실, 변명; 자격, 요건.

IEP Individualized Educational Program(개인 교육 프로그램). **IEPG** Internet Engineering and Planning Group.
-i·er [iər, jər] 접미 직업을 나타내는 명사를 만든다 (∗ -eer의 변형). ¶ collier, brigadier, gondolier.
IETF Internet Engineering Task Force(국제 인터넷
‡**if** ⇨IF. ⟨p. 1397⟩ 「기술 위원회).
IF, i.f. interferon; (무선) intermediate frequency (중간); International (Sports) Federation(국제 경기 연맹). **IFA** (의학) immunofluorescence assay(면역 형광법에 의한 혈액 검사). **IFAC** International Federation of Automatic Control(국제 자동 제어 연맹). **IFAD** International Fund for Agricultural Development((유엔) 국제 농업 개발 기금). **IFALP** International Federation of Air Line Pilots Associations(국제 항공기 조종사 협회). **IFAP** International Federation of Agricultural Producers(국제 농산물 생산자 연맹).
if-bet [ə́bèt] 圏 (경마) 한정 이월 승마 투표(한 레이스에서 이긴 환불금 일부를 다음 레이스에 이월시키는 방법).
IFC International Finance Corporation(국제 금
if-case [4kèis] 圏 가정의 상황. 「융 공사).
if-clause [4klɔ́ːz] 圏 (문법) 조건절(if로 이끄는 절).
IFCTU International Federation of Christian Trade Unions(국제 기독교 노조 연맹). **IFF** (군사) identification, friend or foe(피아(彼我) 식별 장치).
if·fy [ífi] 圏 (구어) 조건부의; 모호한, 의심스러운; 위험한. **íf·fi·ness** 圏
IFIAS International Federation of Institutes for Advanced Studies(국제 첨단 연구소 연합). **IFIP** International Federation for Information Processing(국제 정보 처리 연합). **IFJ** International Federation of Journalists(국제 기자 연맹). **IFO** (항공) identifiable flying object(확인 비행 물체). ® UFO
Ⅰ formàtion 圏 (미식축구) 아이 자(字) 공격 대형.
IFR instrument flight rules(계기 비행 규칙). **IFRB** International Frequency Registration Board(국제 주파수 등록 위원회). **IFRC** International Future Research Conference(국제 미래학 회의). **I.F.S.** installable file system; Irish Free State. **IFTA**

I.F.T.U. *International Federation of Travel Agencies.*
I.F.T.U. *International Federation of Trade Unions*(국제 노동 조합 연합). **IFUW** *International Federation of University Women*(국제 대학 여성 협회). **IFV** *infantry fighting vehicle*(보병 전투 차량).

-i·fy [əfài] 접미 ⇨-FY.

ig [ig] 타 무지한(ignorant). —자 =igg.

Ig *immunoglobulin*(면역(免疫) 글로불린). **I.G.** *Indo-Germanic*; *Inspector General*(감찰 위원장). **IGA** *International Grains Arrangement*(국제 곡물 협정). **IGC** *International Geographical Congress*((IGU 의) 국제 지리학 회의).

Í generátion 명 =Internet generation.

IGF *insulin-like growth factor*(인슐린 양(樣) 성장

igg [ig] 타자 《美속어》 무시하다.

ig·gle [íɡl] 타자 《美속어》 꼬드기다, 부추기다, 교사하다.

Ig·les·i·as [iɡréisi(ː)əs] 명 Julio ~ 이글레시아스 [(1944- : 스페인의 팝 가수).

ig·loo [íɡluː] 명 이글루(빙설(氷雪)로 만든 에스키모인의 반구형 집). (또는 **iglu**) [<Eskimo *iglu* house]

ígloo spáce 명 《美》《군사》 복토식 (돔형) 탄약고.

ign. *ignites*; *ignition*; (라틴) *ignotus*(=unknown) (모르는, 불명의).

Ig·na·tius [iɡnéiʃəs, -ʃiəs] 명 이그나티우스. **1** *Saint* ~ (*Theophorus*) 성(聖) ~ (40?- 107?: Antioch의 주교, 사도 교부(敎父)). **2** *Saint of Loyola* 로욜라의 성 이그나티우스(1491-1556: 스페인의 성직자, 예수회의 창시자).

ig·ne·ous [íɡniəs] 형 불의[같은](fiery); 《지질》 화성(火成)의. ¶ ~ **rock** 화성암.

ig·nes·cent [iɡnésnt] 형 (돌 따위가 치면) 불꽃이 이는. —명 발화물(質).

ígnis fát·u·us [íɡnis fǽtʃuəs] 명 (복 **íg·nes fát·u·i** [íɡniːz fǽtʃuài]) **1** 도깨비불, 귀화(鬼火) (friar's lantern). **2** 사람을 현혹시키는 것; 환상, 헛기대. [<L foolish fire]

ig·nit·a·ble [iɡnáitəbl] 형 불붙기 쉬운, 발화[인화]하기 쉬운. (또는 **ignitible**) **-bíl·i·ty** 명 가연성(可燃性).

ig·nite [iɡnáit] 타자 **1** …에 불을 붙이다, 점화하다. ⇨KINDLE 유의어 ¶ ~ **paper** 종이에 불을 붙이다. **2** (화학) …에 고열을 가하다; …을 태우다. **3** …을 흥분시키다. —자 불붙다, 발화하다. **-nít·er** 명 점화자[장치].

ig·ni·tion [iɡníʃən] 명 **1** 점화, 발화; (내연 기관의) 점화; ⓒ 점화 장치. ¶ an ~ **plug** 점화 플러그. **start the ignition** (자동차의) 시동을 걸다; (로켓 따위를) 점화하다.

ignítion cóil 명 (자동차의) 점화 코일.
ignítion kèy 명 엔진 시동용 키[열쇠].
ignítion póint 명 《화학》 =autoignition point.
ignítion sỳstem 명 (내연 기관의) 점화 장치.

ig·ni·tron [iɡnáitrɑn, iɡnitrɔ̀n/iɡnáitrɔn] 명 《전자》 이그나이트론(단극수은 정류기의 일종).

ig·no·ble [iɡnóubl] 형 **1** 품위가 없는, 천한(base), 비열[야비]한(반 noble). ⇨MEAN² 유의어 **2** (물건 따위가) 유는(下等)의, 조악한. **3** 태생이 비천한, 신분이 낮은. **-no·bíl·i·ty**, **~·ness** 명

ig·no·min·i·ous [ìɡnəmíniəs] 형 불명예스러운, 면목이 없는, 창피한; 경멸할 만한, 천한, 비열한. ¶ ~ **language** 천한 말씨. **~·ly** 부 **~·ness** 명

ig·no·min·y [íɡnəmìni, iɡnǽməni] 명 **1** ⓤ 치욕, 불명예, 면목없음. ⇨DISGRACE 유의어 **2** 불명예[창피]스러운 행위.

ig·no·ra·mus [ìɡnəréiməs, -rǽm-] 명 무식한 사 [람, 무학자.

‡ig·no·rance [íɡnərəns] 명 ⓤ 무지, 무학, 무교육; (사물·사실을) 알지 못함, 낯섦 *(of)*. ¶ **plead** ~ 몰랐다고 변명하다 / **I~ is bliss.** (속담) 모르는 게 약. **be in (complete, blind) ignorance of** …을 (전혀) 모르고 있다.
out of [or from, through] ignorance 무지해서. ¶ **make a mistake out of** ~ 무지해서 실수하다.

‡ig·no·rant [íɡnərənt] 형 (**more ~**; **most ~**) **1** 무식[무지]한, 무학[무교육]의, (사물의) 지식[경험]이 없는. ¶ an ~ **man** 무학자.

유의어 **ignorant** 전반적으로 또는 어떤 특정한 일에 대해서 지식이 없는. **illiterate** 읽고 쓰지 못하는. **uneducated** 교사로부터 배운 일이 없는. **unlettered** 겨우 읽고 쓸 수만 있을 뿐인; ignorant, illiterate의 뜻으로도 쓴다.

2 (서술용법) (어떤 문제·사실에 대해) 잘 모르는, 어두운, 깨닫지[의식하지] 못한 *(of, about, on, that절)*. ¶ **be ~ of** **the world** 세상을 모르다 // **I was entirely ~ that he was present.** 나는 그가 출석했다는 것을 전혀 몰랐다. **3** (행위 따위가) 무지에서 일어나는, 바보스러운, 유치한. **~·ly** 부 **~·ness** 명

ígnorant strípe 명 《美軍속어》 연공 수장(袖章).

ig·no·ra·ti·o e·len·chi [iɡnəréiʃiou iléŋkai] 명 《논리》 논점 일탈(逸脫)의 오류. [<L]

‡ig·nore [iɡnɔ́ːr] 타 (**~s** [-z]; **~d**; **-nor·ing**) **1** 무시하다, 못 본 체하다, 돌보지 않다, 묵살하다. ⇨NEGLECT 유의어 ¶ ~ **another's remarks** 남의 의견을 무시하다. **2** 《법률》 (대배심(大陪審)이) …을 기각하다. **-nór·a·ble** 형 **-nór·er** 명

ig·no·tum per ig·no·ti·us [iɡnóutəm pəːr iɡnóuʃiəs] 명 모르는 것을 더욱 모르는 말로 설명하려고 함. [<L]

IGO *Intergovernmental Organization*(정부간 국제

Ig·o·rot [ìɡəróut, íːɡ-] 명 (복 **~(s)**) 이고로트족(필리핀 제도의 Luzon섬 북부에 사는 말레이 인종의 한 부족); ⓤ 이고로트어(語).

I·graine [iɡréin] 명 이그레인(Arthur 왕의 어머니).

IGT *Institute of Gas Technology*(가스 기술 협회); (전자) *insulated gate transistor*. **IGU** *International Geographical Union*(국제 지리학회 연합).

i·gua·na [iɡwáːnə] 명 이구아나(열대 아메리카산(産)의 초식성 큰 도마뱀).

i·gua·nid [iɡwáːnid] 명 이구아나과(科) 동물. —형 이구아나과(동물)의.

i·guan·o·don [iɡwáːnədɑ̀n/-dɔ̀n] 명 《고생물》 이구아노돈, 금룡(禽龍)(중생대 백악기 파충류의 일종). [iguana]

I·guas·sú [ìːɡwəsúː] 명 (the ~) 이과수 강(브라질 남부의 강). (또는 **Iguaçu**)

I·guas·sú Fálls [´--´] 명 (the ~) 이과수 폭포(브라질과 아르헨티나 국경에 있는 폭포).

IGY, I.G.Y. *International Geophysical Year*(국제 지구 관측년). **IH** *Indo-Hittite*. **IHB** *International Hydrographic Bureau*(수로국). **IHD** *International Hydrological Decade*(국제 수문학 10년 계획). **IHL** *International Hockey League*. **ihp, I.H.P.** *indicated horsepower*. ¶ 입는 흰 두건.

ih·ram [iːrɑ́ːm] 명 이람(이슬람교도가 메카 순례 때

IHS *Jesus*(* 본래 그리스어 ΙΗΣΟΥΣ(=Jesus) 중 처음의 3글자 ΙΗΣ을 도안화한 것); (라틴) *Iesus Hominum Salvator*(=Jesus, the Savior of Mankind) (구세주 그리스도). **IHVE** *Institution of Heating and Ventilation Engineers*. **IHVH** 기 =YHWH. **IIA** 《美》 *Information Industry Association*(정보 산업 협회). **IIC** *International Institute of Communications*. **iid** 《통계》 *independent identically distributed*. **IIE** 《美》 *Institute of International Education*(국제 교

육 협회). **IIF** Institute of International Finance(국제 금융 협회). **IISI** International Iron and Steel Institute(국제 철강 협회). **IISS** (英) International Institute for Strategic Studies(국제 전략 문제 연구소). **IJF** International Judo Federation(국제 유도 연맹).
ike [aik] 명 (속어) =ICONOSCOPE.
Ike [aik] 명 아이크. 1 남자 이름(Issac의 애칭). 2 (美) Dwight D. Eisenhower 대통령의 애칭.
Ike jàcket 명 =Eisenhower jacket.
i-key [áiki] 명 (속어) 유대인 남자.
i-kon [áikan/-kɔn] 명 =icon.
Il ⓝ (화학) illinium. **IL** Illinois; Ilyushin(러시아의 항공기 이름). **I²L** [ái skwɛ́ər él] integrated injection logic.
il- [il] 접두 ⇨IN-¹, IN-².
-il [il, əl] 접미 ⇨-ILE.
ILA International Law Association. **ILAA** International Legal Aid Association.
Il Du·ce [il dúːtʃei, -tʃi] 명 일두체(이탈리아 파시스트 당수 Mussolini의 칭호). [<It the leader)
i·le- [íli] 연결 ⇨ILEO-.
-ile [əl, il, ail/ail] 접미 「…할 수 있는; …에 적합한; …와 관계있는 (것)」의 뜻의 형용사·명사를 만든다(* -il은 그 변형). ¶agile, docile, missile, textile.
il·e·a [ília] 명 ileum의 복수형.
il·e·ac¹ [íliæk] 형 (해부) 회장(回腸)(ileum)의.
il·e·ac² 형 (병리) 장폐색(성)의.
il·e·al [íliəl] 형 =ileac².
il·e·i·tis [íliáitis] 명(U) (병리) 회장염.
il·e·o- [íliou, ília] 연결 ileum(회장)의 뜻(* 모음 앞에서는 ile-). ¶ileocecal. 「의, 회장과 맹장의.
il·e·o·ce·cal [íliousíːkəl] 형 (해부) 회맹부(回盲部)
il·e·um [ília] 명 (복) -e·a [-iə]) (해부) 회장.
il·e·us [íliəs] 명(U) (병리) 장폐색증(腸閉塞症).
i·lex [áileks] 명 1 털가시나무(holm oak); 감탕나무속 (屬)의 교목; 서양감탕나무(holly).
il·i·a [ília] 명 ilium의 복수형.
Il·i·a [ília] 명 (로마 신화) 일리아(로마를 건설한 쌍둥이 Romulus와 Remus의 어머니).
il·i·ac [íliæk] 형 (해부) 장골(腸骨)의.
Il·i·ad [íliəd] 명 1 (the-) 일리아드(Homer 작(作)으로 전해지는 Troy 전쟁을 읊은 장편 서사시)(☞ Odyssey). 2 (i-) Iliad풍의 장편 서사시, 긴 이야기. 3 (i-) 계속되는 불행[고난]. **-ad·ic** [-ǽdik] 형
il·i·o- [íliou, ília] 연결 ilium(장골)의 뜻.
-il·i·ty [íləti] 접미 -ile, -il로 끝나는 형용사에 붙어서 추상명사를 만든다. ¶ability, civility.
il·i·um [íliəm] 명 (복) **-i·a** [-iə]) (해부) 장골(腸骨).
ilk¹ [ilk] 명 (스코·고어) 가족; 동류, 동류의 동족.
of that ilk ① (스코) 이름이 같은 지역의. ¶MacDonald of that ~ 맥도널드(지방)의 맥도널드가(家). ② 동종의, 동류의.
— 형 같은, 동일한(same).
ilk² (스코) 대명 각각, 각자. — 형 각각의, 각자의; 모든.
‡**ill** [il] 형 (**worse; worst**) 1 병든, 건강이 나쁜(of, with); 편찮은, 언짢은. ¶He is ~ with heart disease. 그는 심장이 나쁘다.

(USAGE) (英)에서는 이 뜻으로는 *ill* health를 제외하고는 서술용법으로만 쓰며, 한정용법으로는 *sick*을 쓴다. (美)에서는 *sick*과 같은 뜻으로 쓰이나 *ill*이 형식적이며, 보다 중병이라는 느낌을 준다. (英)에서 *sick*을 서술용법으로 사용하면 "구역질이 나는"의 뜻이 된다.

2 나쁜, 사악한, 부도덕한. ⇨BAD (유의어) ¶an ~ deed 못된 짓/an ~ habit 악습/I- *weeds grow apace*. (속담) 잡초는 으레 무성하다. 3 불길한, 불행[불운]한. ¶~ fortune [or luck] 불운/an ~ omen 흉조/as ~ luck would have it 불운하게도/I- *news runs apace*. (속담) 나쁜 소식은 빨리 퍼진다. 4 악의가 있는, 적의를 품은, 심술궂은, 불친절한; 잔인한. ¶an ~ tongue 독설/~ treatment of minorities 소수 민족에 대한 홀대. 5 싫은, 불쾌한, 구역질 나는((美) sick). 6 서투른; 보잘것없는, 불충분한; 결점이 있는. ¶~ management 서투른 관리/~ manners 예의가 없음/with an ~ grace 마지 못해, 할 수 없이//be ~ at contriving 고안이 서투르다. 7 다루기 힘든, 까다로운. ¶be ~ to please 까다롭다. 8 (美속어) (혐의가 있어서) **be** [or **feel**] **ill at ease** ~ EASE. 「체포된.
be ill in bed 병으로 누워 있다.
be taken [or **become, fall**] **ill** 병들다, 병에 걸리다.
do *a person* **an ill turn** 남에게 앙갚음[보복]을 하다.
make *a person* **ill** (남)을 안절부절 못하게[불안하게] 하다.
meet with ill success 실패로 끝나다. 「하다.
take...in ill part …을 나쁘게 해석하다.
That is so ill. (美속어) 몸서리쳐진다, 구역질난다.
— 명 (복) **~s** [-z]) 1 ⓤ 악(evil), 죄악. ¶do ~ 못된 짓을 하다. 2 악평, 험구(of). 3 ⓤ 해악. 4 불행.
5 (~s) 불운, 불행, 재난, 귀찮음. ¶social ~s 사회악/experience all the ~s of life 인생의 온갖 고초를 겪
for good or ill 좋든 나쁘든. 「다.
— 부 (**worse; worst**) 1 나쁘게, 서투르게, 부정하게, 사악하게. ¶behave ~ 행실이 나쁘다/I- *got*, ~ *spent*. (속담) 부정한 재물은 오래가지 못한다. 2 불친절하게, 적의를 품고, 잔혹하게. 3 형편이 나쁘게, 운나쁘게, 불행하게. ¶This affair goes ~. 이 일은 잘 안되어 간다. 4 불완전하게, 불충분하게. ¶be ~ equipped 설비가 불완전하다. 5 겨우, 거의 …이 아닌. ¶cut ~ 베어지지 않다/I can ~ afford to buy a car. 차를 살 형편이 안된다.
be ill off 곤궁하다, 형편이 어렵다.
ill become …에게 어울리지 않다, …답지 않다.
it goes ill with... 정황[형편]이 …에게 불리하다[좋지 않다]. 「담을 하다.
speak ill of *a person* 남을 나쁘게 말하다, 남의 험
take...ill …을 나쁘게 여기다; …에 화를 내다.
treat *a person* **ill** 남에게 가혹하게 굴다.
use *a person* **ill** 남을 혹사[학대]하다.
‡**I'll** [ail] I will, I shall의 단축형. 「nois.
Ill. illumination; illustrated; illustration. **Ill.** Illi-
ill-ad·vised [-ədváizd] 형 무분별한, 지각없는, 경솔한. **-vis·ed·ly** [-váizidli] 부
ill-af·fect·ed [-əféktid] 형 (고어) 호의[호감]를 갖고 있지 않은, 불평을 품고 있는.
ill-as·sort·ed [-əsɔ́ːrtid] 형 =ill-sorted.
ill-at-ease [-ətíːz] 형 불편[불안]한(uneasy).
il·la·tion [iléiʃən] 명(U) 추론, 추단(inference), 결론.
il·la·tive [ílətiv/iléit-] 형 추론의, 추리의, 추정의, 추론에 의한. ¶an ~ word such as "therefore" therefore와 같은 추론적인 낱말. — 명 추론을 이끄는 말(therefore, as a consequence 따위). **~·ly** 부
íllative conjúnction 명 추론 접속사.
il·laud·a·ble [ilɔ́ːdəbl] 형 칭찬할 가치가 없는, 칭찬할 수 없는.
ill-be·haved [-bihéivd] 형 버릇없는, 행실이 나쁜.
ill-be·ing [-bíːiŋ] 명(U) (건강 따위가) 나쁜 상태; 불행, 곤궁. ⇔ well-being
íll blóod 명 =bad blood.
ill-bod·ing [-bóudiŋ] 형 불길한, 재수 없는.
ill-bred [-bréd] 형 버릇없이 자란, 예절을 모르는, 교양 없는; (말·개 따위가) 순종이 아닌, 잡종의.
íll brèeding 명 버릇없이 자람, 무례함.
ill-con·ceived [-kənsíːvd] 형 (계획 따위의) 발상 [구상]이 좋지 않은.
ill-con·di·tioned [-kəndíʃənd] 형 1 성질이 못된, 악성의; 심술궂은; 기분이 좋지 않은. 2 몸[건강]이 좋지 않은. **~·ness** 명

ill-con·sid·ered [´kənsídərd] 깊이 생각하지 않은; 무분별한, 현명하지 못한; 부적당한.

ill-de·fined [´difáind] 분명치 않은, 불명확한.

ill-dis·posed [´dispóuzd] 1 박정한, 냉담한, 비우호적인, 적의를 품은(to, toward); (…할) 마음이 없는(to do). 2 성질이 못된, 심술궂은.

‡**il·le·gal** [ilí:gəl] 불법[위법]의, 비합법적인. ¶an ~ act 불법 행위. — = alien.
 -le·gal·i·ty [`li:gǽləti] ~·ly

illégal abórtion 불법 낙태(죄).

illégal álien[ímmigrant] 불법 체류[입국]자.

illégal cháracter 〔컴퓨터〕 위법[불법] 문자.

illégal cópy 〔컴퓨터〕 불법[위법] 복제.

il·le·gal·ize [ilí:gəlàiz] (* (英) -ise) …을 비합법화하다, 불법[위법]으로 규정하다. -i·zá·tion

illégal procédure 〔미식축구〕 일리걸 프로시저 (공격측 라인맨의 반칙에 과해지는 페널티).

il·leg·i·ble [iléʤəbl] 판독하기[읽기] 어려운; 불명료한. ¶an ~ handwriting 판독할 수 없는 필적.
 -bíl·i·ty, **~·ness** **-bly** 부도덕한.

il·le·git [ilíʤit] (구어) 불법[위법]의; 무절조한.

il·le·git·i·ma·cy [ilìʤítəməsi] 1 불법, 위법, 비합법. 2 비논리성, 불합리. 3 사생(私生), 서출(庶出).

***il·le·git·i·mate** [ilìʤítəmət] 1 위법의, 비합법의. 2 사생의, 서출의(bastard). ¶an ~ child 사생아. 3 규칙 위반의, 변칙의; (어구 따위가) 어법(語法)에 안 맞는. 4 〔논리〕 비논리적인, 불합리한. 5 〔생물〕 (수정 따위가) 변칙적인. — [ilìʤítəmèit] 사생아, 서자. — 동타 [ilìʤítəmèit] …을 불법화하다; 불합리하다하다; …을 사생아로 선고하다. ~·ly ~·ness

il·le·git·i·ma·tion [ilìʤítəméiʃən] U 위법이라고 인정[선고]함; 사생아 인정[선고].

il·le·git·i·ma·tize [ilìʤítəmətàiz] 타 …을 위법[불법]으로 단정하다; 사생[사생아]로 선언하다.

il·le·git·i·mize [ilìʤítəmaiz] 타 =illegitimatize.

ill-e·quipped [´ikwípt] 장비가 빈약한[불충분한].

íll fáme[repúte] 악평, 악명. ¶a house of ~ 매춘굴.   소문이 나쁜.

ill-famed [´féimd] 평판이 좋지 않은; (도덕상)

ill-fat·ed [´féitid] 불운한, 불행한, 팔자 사나운; 불행을 초래하는. ¶an ~ day 운수 사나운 날, 액일(厄日).

ill-fa·vored [´féivərd] 1 (외관·얼굴이) 추한, 못생긴. 2 불쾌한, 기분 나쁜(offensive). ¶~ remarks 불쾌한 언사. ~·ly ~·ness

íll féeling 반감, 적의, 나쁜 감정.

ill-fit·ted [´fítid] 딱 들어맞지 않는; 적합하지 않은.

ill-found·ed [´fáundid] 근거가 박약한, 정당한 이유가 없는.

ill-got·ten [´gɑ́tn/-gɔ́t-] 〔한정용법〕 부정한 수단으로 얻은. ¶~ gains 부정 이득. * 서술용법으로는 Ill got, ill spent. (부정한 돈은 오래가지 못한다)의 경우처럼 ill got가 쓰인다.   매우 불쾌하여.

íll húmor 기분이 좋지 않음, 불쾌. ¶in a very ~

ill-hu·mored [´hjúːmərd] 기분이 좋지 않은, 불쾌한. ~·ly ~·ness

il·lib·er·al [ilíbərəl] 1 도량이 좁은, 편협한. 2 교양이 없는, 저속한. 3 인색한(stingy). ~·ism 반자유주의. ~·ly ~·ness
 -al·i·ty

***il·lic·it** [ilísit] 위법의, 불법의; 금제(禁制)의, (사회 일반에) 인정되지 않은; 무면허의. ¶~ possession of firearms 총기 불법 소지/~ sale [liquor] 밀매[밀조] 주. ~·ly ~·ness

il·lim·it·a·ble [ilímitəbl] 한[끝]이 없는, 측량할 수 없는, 광대한. ~·bíl·i·ty, ~·ness -bly

ill-in·formed [´infɔ́ːrmd] (…을) 잘 알지 못하는, (…에 대한) 정확한 정보를 갖지 못한, 정보에 어두운 (of, about, in).

il·lin·i·um [ilíniəm] 〔화학〕 일리늄(* 지금은 promethium이라 한다).

***Il·li·nois** [ìlənɔ́i, -nɔ́iz] 1 일리노이(미국 중서부의 주; 주도(州都) Springfield; 약 Ill.). 2 (the ~) 일리노이 인디언. — an [-ən, -zn] Illinois주의 (사람). (또는 Illinoian, Il·li·nois·i·an [ìlinɔ́iziən])

Illinóis gréen 〔美속어〕 마리화나의 일종.

il·liq·uid [ilíkwid] 〔자산의〕 비유동성의, 현금이 아닌; (급히) 현금화하기 힘든; (기업·조직이) 유동 자산이 부족한.

illit. illiterate.

il·lit·er·a·cy [ilítərəsi] 1 읽고 쓰지 못함, 문맹, 무학; 무교양(ば literacy). ¶an ~ rate 문맹률/ cultural ~ 문화적 무교양. 2 C (무식해서) 틀리게 말하기[쓰기], 오자(誤字).

***il·lit·er·ate** [ilítərət] 문맹의, 무학의(⇒IGNO- RANT 유의어); (언어·문학에) 교양이 없는; 교양 없음이 드러나는; (어떤 분야에) 소양이 없는(ば literate), 문맹의; ¶an ~ magazine 저속한 잡지. — 문맹자, 무학자; 교양이 없는 사람. ~·ly ~·ness

ill-judged [´ʤʌ́ʤd] 무분별한, 판단을 잘못한.

ill-look·ing [´lúkiŋ] 〔드물게〕 (얼굴이) 못생긴 (ugly), 보기 싫은; 인상이 나쁜(sinister).

ill-man·nered [´mǽnərd] 버릇없는, 무례한 (uncivil). ⇒RUDE 유의어. ~·ly ~·ness

ill-matched [´mǽʧt] 맞지[어울리지] 않는. ¶an ~ couple 어울리지 않는 한 쌍. (또는 **ill-máted**)

íll náture 고약한[심술궂은] 성질.

***ill-na·tured** [´néiʧərd] 심술궂은, 성미가 비뚤어진, 근성이 고약한. ~·ly ~·ness

‡**ill·ness** [ílnis] 병, 질병, 건강치 못함; 기분이 좋지 않음, 불쾌. ¶bodily ~ 육체적 질환/a minor [or severe] ~ 중병/feign [or pretend] ~ 꾀병을 부리다/have a long ~ 오래 앓고 있다/die of (an) ~ 병으로 죽다.

> 유의어 **illness** 건강하지 못한[원기가 없는] 상태; (英)에서는 「병」이라는 뜻의 일반적인 말; (美)에서는 약간 형식적인 말로 비교적 중병. **sickness** (美)에서는 「병」이라는 뜻의 일반적인 말; (英)에서는 「병」이외에 보통 「구역질」을 뜻한다. **disease** 「병」을 나타내는 일반적인 말로, 건강 상태가 손상된다. 보통 원인을 규명할 수 있는 특정한 병명이 붙는 병. **disorder** disease보다 경하며 「몸의 상태가 좋지 않음」을 뜻한다. **ailment** 가벼운, 또는 만성의 disorder. **malady** 원인이 분명치 않은, 또는 심한 disorder.

il·log·ic [ilɑ́ʤik/ilɔ́ʤ-] 불합리(성), 부조리, 비논리성.

il·log·i·cal [ilɑ́ʤikəl/ilɔ́ʤ-] 비논리적인, 불합리한. ~·ly ~·ness

il·log·i·cal·i·ty [ilɑ́ʤikǽləti/ilɔ́ʤ-] 비논리성, 불합리; C 비논리적인[불합리한] 일[것].

ill-o·mened [´óumənd/-mend] 불길한, 재수 없는, 불운한(unlucky).

ill-piece [´píːs] 〔美속어〕 매력 없는 동성애 상대.

ill-pre·pared [´pripɛ́ərd] 준비가 불충분한; 충분한 훈련을 받지 않은.

ill-sort·ed [´sɔ́ːrtid] 어울리지 않는, 조화가 안

ill-spent [´spént] 잘못 쓴, 낭비된(wasted).

ill-starred [´stɑ́ːrd] 팔자가 사나운, 액운을 타고난; 불운한, 불행한(unlucky).   는: 부적당한.

ill-suit·ed [´súːtid/-sjúːt-] 맞지[어울리지] 않

íll témper 성미가 좋지 않음; 성급함; 심술궂음.

ill-tem·pered [´témpərd] 성미가 까다로운, 화를 잘 내는, 성깔이 있는, 심술궂은. ~·ly ~·ness

ill-timed [´táimd] 때[타이밍]가 좋지 않은, 시기를 놓친.   ~·ment

ill-treat [´tríːt] 타 …을 학대하다; 냉대[혹사]하다.

íll túrn 가혹한 처사; 심술궂음; (사태의) 악화.

il·lum [ilúːm] 〔美속어〕 조명탄.

il·lume [ilúːm] 图画 (고어·시) =illuminate.
il·lu·mi·na·ble [ilúːmənəbl] 图 비출[조명할] 수 있는; 계몽[계발(啓發)]할 수 있는. **-bíl·i·ty** 图
il·lu·mi·nance [ilúːmənəns] 图 =illumination 3.
il·lu·mi·nant [ilúːmənənt] 图 발광체[물], 광원(光源). — 图 빛을 내는, 비추는, 조명하는.
‡**il·lu·mi·nate** 图 [ilúːmənèit] (**-nat·ed; -nat·ing**) 图 **1** [물건·장소]를 밝게 비추다, 조명하다, 밝게 하다. ¶~ a room 방에 등불을 켜다. **2** (英) …에 전등 장식[조명 장식]을 하다, …을 등불로 장식하다. **3** [문제]를 설명[해명]하다, 분명하게 하다. ¶~ the subject with examples 주제를 예를 들어 명확히 하다. **4** …을 계몽[교화]하다, 계발하다. ¶Faith ~d him. 신앙이 그의 마음을 교화했다. **5** (비유적) …을 빛나게 하다, …의 명성을 높이다, …에 빛을 더하다. ¶A beautiful smile ~d her face. 아름다운 미소로 그녀의 얼굴은 빛났다. **6** [사본·글자·페이지 따위]를 (금·은·색채로) 꾸미다. **7** (전파·마이크로파 따위)를 …에 방사하다. — 图 **1** (축하 따위로) 조명 장식을 하다. **2** 밝아지다.
— 图 [ilúːmənət, -nèit] (고어) 비추어진.
— 图 [ilúːmənət, -nèit] (고어) 에지를 터득한[터득했다고 자칭하는] 사람.
il·lu·mi·nat·ed [ilúːmənèitid] 图 **1** 비추어진; 전등 장식을 단; 계몽된; (사본 따위) 채식(彩飾)된. ¶an ~ car 꽃전차/an ~ manuscript 채색(彩色) 사본, 금박 사본. **2** (美속어) 술취한(drunk).
il·lu·mi·na·ti [ilùːmənáːti, -éitai] 图图 (**-to** [-tou]) **1** 식자(識者); (자칭) 천인(天人). **2** (I-) 광명파 (계시를 받았다고 자칭하는 각종 비밀 결사·신비 교파).
il·lu·mi·nat·ing [ilúːmənèitiŋ] 图 **1** 비추는, 밝게 하는, 조명하는. ¶~ oil 등유. **2** 해명하는, 계발하는, 계몽적인. ¶an ~ lecture 계몽적인 강의. **~·ly** 副
illuminating projéctile 图 (군사) 조명탄.
‡**il·lu·mi·na·tion** [ilùːmənéiʃən] 图 (图 ~**s** [-z]) U] **1** 밝게 하기, 조명, 투광(投光).¶stage ~ 무대 소명 /a source of ~ 광원(光源). **2** (英) (~s) 일루미네이션, 전등 장식; (일루미네이션으로 장식한) 축제. **3** (광학) 조도(照度)(lux로 나타낸다). **4** 계몽, 계발, 교화(敎化); 해명, 설명. **5** ⓒ (사본 따위의) 채식(彩飾).
il·lu·mi·na·tive [ilúːmənèitiv, -nət-] 图 비추는, 밝게 하는; 계발하는, 계몽적인; 채식(彩飾)의.
il·lu·mi·na·tor [ilúːmənèitər] 图 **1** 계몽가, 교화자. **2** 조명 담당(자), 조명기(器). **3** 사본 채식사(彩飾師).
il·lu·mine [ilúːmin] 图图 =illuminate.
il·lu·mi·nism [ilúːmənìzm] 图 광명회(illuminati)의 교의(敎義)[주의]. **-nist** 图
il·lu·mi·nom·e·ter [ilùːmənámətər/-nɔ́m-] 图 조도계(照度計).
illus. illustrated; illustration.
ill-us·age [-júsidʒ, -júːz-] 图 ① 학대, 혹사; 악용.
ill-use [-júːz] 图 …을 학대하다, 혹사하다(maltreat); 악용[남용]하다. — 图 [-júːs] ① =ill-usage.
‡**il·lu·sion** [ilúːʒən] 图 (图 ~**s** [-z])UC] **1** 환각(幻覺), 환영(幻影)(hallucination); 환상. ¶a sweet ~ (달)콤한 환상 /A mirage is an ~. 신기루는 환영이다.

[유의어] **illusion** 아주 진실같이 보이는[생각되는] 것; 반드시 나쁜 뜻은 아님. **delusion** 정신의 동요·속이기 쉬움·진위를 식별하기 어려운 따위로, 사실이 아닌데 사실처럼 보이는[생각되는] 것. **hallucination** 정신 착란·감각 이상으로 실존하지 않는데도 보이오나 들리거나 하는 것.

2 잘못 생각함, 오해; (심리) 착각.¶an optical ~ 착시(錯視). **3** =illusionism 2. **4** 투명한 비단 망사. **5** (폐어) 망상, 미상(迷想)(delusion).
be under an illusion 착각[잘못 생각]하고 있다.
give an illusion of …이라고 착각하게 하다.
have no illusions on [or **about**] …에 대해 잘못 \생각하지 않다, 냉철하게 다루다.
~ed 图

il·lu·sion·ar·y [ilúːʒənèri/-ʒənəri] 图 환각의, 환영(幻影)의; 착각의, 망상의. (또는 **illusional**)
il·lu·sion·ism [ilúːʒənìzm] 图U] **1** (철학) 환상설(幻想說), 미망(迷妄)설(이 세상은 환영(幻影)에 불과하다고 하는 설). **2** (미술) 환각법(幻覺法). **-is·tic** 图
il·lu·sion·ist [ilúːʒənist] 图 환상가, 망상에 빠지는 사람; 요술쟁이, 기술사(奇術師); 환각법을 쓰는 예술가; 환상설 신봉자.
il·lu·sive [ilúːsiv] 图 =illusory. **~·ly** 副 **~·ness** 图
*il·lu·so·ry [ilúːsəri, -zə-] 图 **1** 착각[환상]을 일으키게 하는, 혹각시키는, 속이는. **2** 실체(實體)가 없는, 가공의. **-ri·ly** 副 **-ri·ness** 图
illust. illustrated; illustration; illustrator.
‡**il·lus·trate** [íləstrèit, ilʌ́streit] 图 (**-trat·ed; -trat·ing**) 图 **1** (책 따위)에 도해[삽화]를 넣다(*with*). **2** (예를 들어) …을 설명하다, 예증[예시]하다(*with, by*). (~+图+前+名) ~ something *by* a familiar example …을 흔한 예로 설명하다//(~+*wh.* 節) This ~s how… 이것은 …이라는 사정[사연]을 예증하고 있다.
— 图 실례를 들어 설명하다[밝히다]. **-tràt·a·ble** 图
il·lus·trat·ed [íləstrèitid] 图 삽화[사진, 도해]가 들어 있는 그림[이] 들어 있는 것. ¶an ~ article 도해가 들어 있는 기사.
— 图 (英) 사진·삽화가 풍부하게 실린 잡지[신문].
‡**il·lus·tra·tion** [ìləstréiʃən] 图 (图 ~**s** [-z]) **1** 삽화, 도해; (설명하기 위한) 실례, 예도(例圖). ⇒EXAMPLE [유의어] **2** ① 설명, 해설, 예증. 로서.
by way of illustration; as an illustration 실례로서.
give an illustration of …을 실연(實演)하다, 실지로 보여주다.
in illustration of …의 예증(例證)으로서.
~·al 图
*il·lus·tra·tive [ilʌ́strətiv, íləstrèitiv] 图 설명적인, 실례(實例)가 되는, 예증하는, …을 분명히 하는(*of*). **an ~ example** 실감에 넘쳐나는 실례. **~·ly** 副
*il·lus·tra·tor** [íləstrèitər, ilʌ́streit-] 图 삽화가; 설명[도해]자; 설명[예증]이 되는 것.
*il·lus·tri·ous** [ilʌ́striəs] 图 **1** (사람이) 걸출한, 저명한, 유명한. ⇒FAMOUS [유의어] ¶an ~ leader 걸출한 지도자. **2** (행위·업적 따위가) 빛나는, 눈부신, 화려한. ¶~ deeds 빛나는 업적. **~·ly** 副 **~·ness** 图
il·lu·vi·al [ilúːviəl, -vjəl] 图 집적(集積)의; 집적물의.
il·lu·vi·ate [ilúːvièit] 图 집적(集積)하다.
-á·tion 图 (토양 구성 물질의) 집적.
ill will 图 적의, 혐오감, 원한. ⇒MALICE [유의어]
ill wind 图 불행, 재난; 남의 불행으로 얻는 이득.
ill-wish·er [-wíʃər] 图 남의 불행을 바라는 사람.
il·ly [íli] 副 =ill.
il·ly-whack·er [íliwǽkər] 图 (濠속어) 프로 사기꾼. (또는 **illy-wàcker**) 【제 노동 기구】.
ILO, I.L.O. International Labor Organization
I·lo·ty·cin [àiloutáisin] 图 (상표) =erythromycin.
ILS (항공) instrument landing system(계기 착륙 장치). **ILTF** International Lawn Tennis Federation (국제 테니스 연맹). **I.L.W.U.** International Longshoremen's and Warehousemen's Union(국제 항만·창고 노동자 조합).
I·lyu·shin [iljúːʃin] 图 일류신. **1** Sergei Vladimirovich ~ (1894–1977: 러시아의 항공기 디자이너). **2** 러시아의 군용기·민항기(略 **IL**).
ILZSG International Lead and Zinc Study Group(국제 납·아연 연구회).
‡**I'm** [aim] I am의 단축형.
IM *impulse modulation*; (수영) *individual medley* (개인 혼영). **I.M.** *Isle of Man*(맨 섬); (또는 **i.m.**).
im- [im] 접두 ⇒IN-¹,². 【*intramuscular*.
‡**im·age** [ímidʒ] 图 (图 **-ag·es** [-iz]) **1** 상(像); 초상화; 조상(彫像), 성상(聖像); 우상(idol). ¶an ~ in stone; a stone ~ 석상/an ~ of Virgin Mary 성모

마리아상. **2** (눈·거울 따위에 비치는) 상, (영화·TV 따위의) 영상, 화상(畫像). ¶a real [virtual] ~ 실상[허상]. **3** 심상(心像), 표상(表象); 개념, 관념; 이미지, 인상; (집미) 심상. ¶our ~s of America 미국에 대한 우리들의 이미지. **4** 모습, 모양, 외형. ¶God created men in his own ~. 하느님이 자기 형상대로 사람을 창조했다(←창세기 1:27). **5** (the ~) 꼭 닮은 사람, 흡사한 것. **6** 상징, 표상. **7** 전형(type); 화신, 권화(權化). ¶an ~ of devotion 신앙의 화신. **8** (말·문장·그림에 의한) 묘사, (아름다운(적)) 표현. **9** (수사) 비유적인 표현, 직유(直喩)(simile), 은유(隱喩)(metaphor). ¶speak in ~s 비유적인 표현을 써서 말하다. **10** (컴퓨터) 이미지(파일의 데이터를 완전히 복사하여 다른 기억매체에 저장한 것).

be the (spitting) image of …을 꼭 닮다.
──(타) (**-ag·es** [-iz]; **~d**; **-ag·ing**) **1** …을 마음에 그리다, 상상하다(to). ¶~ a thing to oneself 사물을 마음에 그려보다. **2** …의 상(像)을 만들다, (그림 따위로) 표현하다. ¶a national hero ~d in bronze 국가적 영웅의 청동상. **3** …을 (말·문장으로) 생생하게 묘사하다. ¶(~+目+前+名) The hero is finely ~d in the poem. 그 시 속에는 영웅의 모습이 생생하게 묘사되어 있다. **4** …의 상을 비추다; (거울에) 비추다(in, on); (스크린 따위에) 영사하다(on). ¶(~+目+前+名) ~ a film on a screen 필름을 화면에 비추다.
~·a·ble (형) **ím·ag·er** (명)

ímage àdvertising (명) (기업의) 이미지 광고.
ímage anàlysis (명) (컴퓨터) 화상 해석.
ím·age-build·er [-bìldər] (명) (광고) (선전 따위로) 이미지를 형성하는 사람(것).
ím·age-buíld·ing [-bìldiŋ] (명) ⓤ 이미지 조성.
ímage convérter (명) (전자) 이미지 변환기.
ímage convérter tùbe (명) = image tube.
ímage disséctor (명) (전자) 해상관(解像管)(TV 카메라용 진공관의 일종).
ímage enhàncement (명) 이미지 제고; 화상(畫像)의 질을 높이기.
ímage inténsifier (명) (전자) 광(光)증폭기.
ím·age-mak·er [-mèikər] (명) 광고(선전)하는 사람; (상품·회사 따위의) 이미지를 만드는 사람.
ím·age-mak·ing [-mèikiŋ] (명) 이미지 형성(의). ¶the ~ industry(광고 선전업 따위) 이미지 창조업.
ímage órthicon (명) (TV) 활상관(撮像管)의 일종.
ímage pròcessing (명) (컴퓨터) 화상(畫像) 처리(문자나 숫자가 아니라 화상을 처리입력, 기록, 변환, 계측, 인식, 전송 따위)한다). **ímage-pròcessing** (형)
ímage pròcessor (명) (컴퓨터) 화상 처리 장치.
ím·age-rec·og·ní·tion compùter [-rèkəgníʃən-] (명) (컴퓨터) 도형 인식 컴퓨터.
im·ag·er·y [ímidʒəri] (명) ⓤⓒ **1** 마음에 상을 그리기; (집합적) 심상(心像), 형상. **2** 초상, 화상, 조상. **3** 비유적인 묘사; (집합적) 수사적인 표현. ¶His poetry is rich in ~. 그의 시는 비유적 표현이 풍부하다.
ímagery rehèarsal (명) 이미지 훈련(운동 선수가 자신이 최고 성적을 올렸을 때의 폼을 머리속에 그리며 최상의 컨디션을 만드는 트레이닝법).
ímage tùbe (명) 이미지 관(管)(감광면에 들어오는 상을 형광 스크린에 재생하는 전자관).
im·ag·i·na·ble [imǽdʒənəbl] (형) 상상할 수 있는, 생각할 수 있는(conceivable) (강조하기 위하여 명사의 앞이나, 형용사의 최상급, 또는 all, every, no 다음에 쓰인다). ¶every method ~ 생각할 수 있는 모든 방법/the greatest difficulty ~ 상상도 못할 정도의 큰 곤란. **~·ness** (명) **-bly** (부)
i·ma·gi·nal **1** [imǽdʒənl] (형) 상상(력)의; 심상의. **2** [iméigənl, imɑ́:-] (곤충) 성충(成蟲)(imago)(모양)의.
***im·ag·i·nar·y** [imǽdʒənèri/-nəri] (형) **1** 상상의, 가공의, 공상의, 가상의. ¶an ~ enemy 가상의 적 / an

~ person 가공의 인물. **2** (수학) 허(虛)의, 허수의(⇔ real). ¶an ~ root 허근. **3** (수학) 허수의.
-nar·i·ly (부) **-nar·i·ness** (명)
imáginary áxis (명) (수학) 허수 축, 허축(虛軸).
imáginary númber (명) (수학) 허수.
imáginary párt (명) (수학) 허수 부분, 허부(虛部).
imáginary únit (명) (수학) 허수 단위(허수 i).
*im·ag·i·na·tion [imæ̀dʒənéiʃən] (명) **~s** [-z] ⓤⓒ **1** 상상 (작용); 상상력, 창작력; 기지(機知)의 풍부함. ¶a rich ~ 풍부한 상상력 / creative ~ (심리) 창조적 상상 / I can see in ~ that… 나는 …을 상상할 수가 있다. **2** (종종 one's ~) 마음, 생각; 상상한 일(것), 상상의 산물, 심상(心像), 공상. ¶A ghost is an ~. 유령이란 상상의 산물이다.

beyond imagination 상상할 수 없는, 상상을 넘어선.
give full play to *one's* **imagination** 상상력을 마음껏 발휘하다.
I leave it to your imagination. 상상에 맡깁니다 (* 대답하기 난처한 질문에 대하여 하는 상투적인 말).
in *one's* **imagination** 머릿속에서(으로).
Just imagination!; It's your imagination. 지나친 생각이야!, 기분 탓이지.
not have enough imagination to come in from [or **out of**] **the rain** (구어) 정말 바보야, 명청하다.
Your pains are pure imagination. 아프다고 생각하니까 아프지.
~·al (형)

(유의어) **imagination** 본 일이 있어 알고는 있으나 눈앞에는 없는 것, 또는 실존하지 않는 것을 실존하는 것처럼 마음에 그리는 일. **fancy** 비현실적인, 있을 수 없는 것을 제멋대로(선뜻선뜻) 마음속에서 만들어내거나 표현하는 일. **fantasy** 예술 작품 등에서 현실의 제약에서 벗어나 자유 분방하게 전개된 fancy. **vision** 초자연적·천재적인 능력으로 현실적으로는 보이지 않는 (이상적인) 것을 보이는 것처럼 마음속에 그리는 일.

*im·ag·i·na·tive [imǽdʒənətiv, -nèit-/-nət-] (형) **1** 상상의, 상상력이 만들어낸; 공상(적)인, 가공의. ¶~ products 상상의 소산 / the ~ powers 상상력. **2** 상상하기 좋아하는; 상상력이 풍부한. ¶an ~ poet 상상력이 풍부한 시인. **~·ly** (부) **~·ness** (명)
*im·ag·ine [imǽdʒin] (타) (**~s** [-z]; **~d**; **-in·ing**) **1** …을 상상하다, 마음에 그리다; 가정하다(to do, *doing*, *as*, *to be*). ¶(~+*that*) At first sight I could easily ~ that she would become a good actress. 나는 첫눈에 그녀가 훌륭한 여배우가 되리라는 것을 쉽게 상상할 수 있었다 // (~+*-ing*) Can you ~ their *doing* such a thing? 당신은 그들이 그런 일을 하는 것을 상상할 수 있겠습니까? // (~+目+*to be*) (명) I~ yourself *to be* in his place. 그의 입장이 되어 보아라. **2** …이라고 여기다, …같은 느낌이 들다(*that*(절)). ¶I ~ I have met her before. 전에 뵌 것 같은 생각이 드는데요. **3** …을 추정(추측, 짐작)하다(*wh*(절)). ¶(~+*wh*(절)) I can't ~ *what* you mean. 무슨 말을 하는 건지 나로서는 전혀 짐작이 가지 않는다. **4** …라고 생각하다. ¶(~+(*that*)(절)) I ~ (*that*) he will come without fail. 그는 꼭 오리라고 생각한다. **5** (고어) 꾀하다, 꾸미다. ──(자) (명) 상상하다; 짐작하다.
Can you imagine! (구어) 진짜야!, 정말이야!
Just imagine (it, that)! 자, 생각 좀 해봐요!, 생각만 해도 대단하네!, (반어적) 어떻게 그럴 수가 있어!
You are imagining things. 상상이 지나쳐; 기분 탓이야.
i·mág·in·er (명)
im·ag·i·neer [imæ̀dʒəníər] (명) 아이디어맨, 기획자.
im·ag·i·neer·ing [imæ̀dʒəníəriŋ] (명) 아이디어의 구체(실용)화. [<*imagine*+eng*ineering*]
im·ag·ing [ímədʒiŋ] (명) 화상화 (심리) 이미지화

imaging radar 1404 **immaculate**

(化); 〔의학〕 화상(畫像) 진찰; (~s) 공상, 몽상.

imaging ràdar 〔군사〕 영상 레이더(목표물의 형태를 포착(捕捉)하는 레이더).

im·ag·in·ings [ímædʒiniŋz] 图複 상상한 것, 상상.

im·ag·ism [ímədʒizm] 图⓾ (종종 I-) 〔문학〕 사상(寫像)주의, 이미지즘(1912년경 낭만주의에 대한 자유시(詩) 운동). **-ist** 图 **-ís·tic** 图, **-ís·ti·cal·ly** 副.

i·ma·go [iméigou] 图 (复 **~es, -gi·nes** [-gəniːz]) **1** (곤충의) 성충(成蟲); (동물의) 성체(成體). **2** 〔정신분석〕 모습, 영상(影像)(유아기의 사랑의 대상이 이상화된 것).

imágo Déi [-déi] 图 〔신학〕 하느님을 닮은 인간의 모습, 하느님과 닮은 모습, 하느님의 형상.

i·mam [imáːm] 图 (종종 I-) 〔회교〕 이맘. **1** 예배를 이끄는 식승(式僧), 아맘(도사(導師)). **2** 회교 율법학자(대가); 회교 사회 지도자. **3** 회교 교주의 칭호. (또는 **imaum**) **4** 시아(Shi'ah)파 최고 지도자. **~·ate** [-eit] 图⓾ imam의 직(관)(管圖). **~·ship** 图.

im·bal·ance [imbǽləns] 图⓾ **1** (무역·인구 따위의) 불균형, 불안정.¶the trade ~ 무역 불균형. **2** (의학) 근육·내분비선의) 불균형 상태. **-anced** [-t] 图.

im·balm [imbáːm] 图砲 (페어) =embalm.

im·be·cile [ímbəsil, -səl/-siːl, -sàil] 图 정신 박약자, 저능한 사람, 바보; 〔심리〕 치우(痴愚)(idiot와 moron의 중간). — 图 정신 박약의, 저능한, 어리석은.¶an ~ conduct 어리석은 짓. **-ly** 副.

im·be·cíl·ic [ìmbəsílik] 图 저능자의; 바보스러운.

im·be·cil·i·ty [ìmbəsíləti] 图⓾ 정신 박약, 저능; ⓒ 어리석은 말[짓]; 허약; 무능.

im·bed [imbéd] 图砲 (**-dd-**) =embed.

im·bibe [imbáib] 图砲 **1** (술·차 따위)를 마시다. **2** (물·빛·열 따위)를 빨아들이다, 흡수[흡입]하다.¶ Plants ~s moisture from the soil. 식물은 토양으로부터 수분을 흡수한다. **3** (지식 따위)를 흡수하다, 받아들이다, 동화하다.¶~ new ideas 신사상을 흡수하다.¶ 마시다, 빨아들이다, 흡수하다. **-bíb·er** 图.

im·bi·bi·tion [ìmbəbíʃən] 图⓾ 흡수, 흡입; 〔물화〕 흡수 팽윤(吸水膨潤). **-al** 图.

im·bit·ter [imbítər] 图砲 =embitter. **~·er, ~·ment**

im·bod·i·ment [imbádimənt] 图 =embodiment.

im·bod·y [imbádi] 图 =embody.

im·bos·om [imbú(ː)zəm] 图砲 =embosom.

im·bow·er [imbáuər] 图 =embower.

im·brex [ímbreks, -briks] 图 (고대 로마의) 수키와 (convex tile).

im·bri·cate 图 [ímbrikət, -kèit] 비늘[기와] 모양의, 비늘[기와] 모양으로 겹쳐진; 비늘 무늬의. (또는 **ímbricated**) — 图砲 [ímbrəkèit] 图 비늘[기와] 모양으로 늘어놓다[겹치게] 하다. — 图 비늘[기와] 모양으로 늘어서다[겹치다]. **-ly** 副. **-cà·tive** 图.

im·bri·ca·tion [ìmbrəkéiʃən] 图⓾ⓒ 비늘[기와]처럼 겹쳐짐; 비늘 모양; 비늘 무늬.

im·bro·glio [imbróuljou] 图 (复 ~s) **1** (사건 따위의) 뒤얽힘, 분규, 난국.¶fall into a hopeless ~ 절망적인 난국에 빠지다. **2** (연극 따위의) 복잡한 줄거리. **3** 복잡하게 얽힌 오해, 복잡한 엇갈림. **4** 난잡하게 쌓아 놓은 것. (또는 **embroglio**)

im·brue [imbrúː] 图砲 (피로) [손·칼 따위]를 더럽히다, 물들이다; …에게 (사상·감정 등을) 불어넣다 (*with, in*).¶~ one's hands *with* [or in] blood 손을 피로 물들이다; 살인을 범하다. (또는 **embrue**)

im·brute [imbrúːt] 图砲 을 야수처럼 되게 하다, 잔인하게 만들다. — 图 야수처럼[잔인하게] 되다. (또는 **embrute**) **~·ment** 图.

im·bue [imbjúː] 图砲 **1** (사상·감정 등)을 …에게 불어넣다, 고취하다 (*with*). ¶~ one's mind *with* ambition for success 남에게 공명심을 주입시키다. **2** (습기·염료 따위)를 …에 스며들게 하다; …을 물들이다, 더럽히다 (*with*).¶clothes ~*d with* black 검정으로

물들이 옷. (또는 **embue**) **~·ment** 图.

IMC 〔항공〕 *i*nstrument *m*eteorological conditions(계기비행(이 필요한) 기상 상태); *I*nternational *M*aterial [*M*onetary] *C*onference(국제 원료[금융] 회의). **IMCO** *I*nter-*G*overnmental *M*aritime *C*onsultative *O*rganization ((UN) 정부간 해사 협의 기구; IMO의 구칭). **IMD** *I*nternational *I*nstitute for *M*anagement *D*evelopment(국제 경영 개발원). **imdtly** *imm*e*d*ia*t*e*ly*. **IMEC** *I*nternational *M*ovements for *E*nvironment *C*onservation(국제 환경 보존 운동). **IMechE** (英) *I*nstitution of *Mech*anical *E*ngineers. **IMF, I.M.F.** *I*nternational *M*onetary *F*und(국제 통화 기금). **IMHO** 〔전자메일〕 *i*n *m*y *h*umble *o*pinion.

im·ide [ímaid, ímid] 图 〔화학〕 이미드. [<amide 의 전화(轉化)] **i·míd·ic** 图. 〔화〕

i·mine [ímiːn, ímin] 图 〔화학〕 이민. [<amine의 전

im·i·no [ímənòu] 图 〔화학〕 이미노기(基)를 함유한.

im·i·pra·mine [imíprəmiːn] 图 〔약학〕 이미프라민 (항울제(抗鬱劑)).

IMIS *i*ntegrated *m*anagement *i*nformation *s*ystem (집중 경영 정보 시스템); (美) *i*ntegrated *m*otorist *i*nformation *s*ystem(종합 운전자 정보 시스템). **imit.** *imit*ation; *imit*ative.

im·i·ta·ble [ímətəbl] 图 모방할[흉내낼] 수 있는. **-bíl·i·ty** 图.

‡**im·i·tate** [ímətèit] 图砲 (**-tat·ed; -tat·ing**) **1** …을 본받다, 따라 하다.¶~ a person's good conduct 남의 선행을 본받다. **2** (남의 언동·태도·풍채 따위)를 흉내내다, 모방하다; …을 익살맞게 흉내내다, 만화(漫畵)화하다.¶Parrots ~ human speech. 앵무새는 사람의 말을 흉내낸다. **3** …을 모사(模寫)[모조, 위조]하다.¶~ the picture of Picasso 피카소의 그림을 모사하다. **4** …을 기괴하되, 1 제하다; (생물) (눈 등이) (환경 따위)를 닮다. **-tàt·ed -tà·tor** 图.

┌ 유의어 ┐ **imitate** 어떤 것을 본보기로 삼아 따라 하다. **copy** 가능한 한 충실히 모방·모사·재생하다. **mimic** 말씨·몸짓 따위를 그대로 흉내내다. **mock** 비웃어줄 의도로 즉석에서 mimic하다. **ape** 충실하게 흉내내다; 종종 서투러서 웃음거리가 되는 것을 암시.

‡**im·i·ta·tion** [ìmətéiʃən] 图 (复 ~**s** [-z]) **1** ⓒ 모조품, 위조품, 가짜(*from*). ¶an ~ *from* the original pattern 원형으로부터의 모조품/Beware of ~*s*. 가짜[모조품] 주의(광고 따위의 문구). **2** ⓾ 모방, 흉내, 모의(模擬), 모사, 모조 (*of*). 3 (물건·사람 등에 대한) 흉내(내기), **4** 〔음악〕 모방 (작법)(어떤 음형(音形)을 다른 음부(音部)에서 반복하는 일). **5** (생물) 의태(擬態). **give** [or **do**] **an imitation of** …을 흉내내다.

in imitation of …을 흉내내어[본떠서].

— 图 **1** 모조[인조]의.¶~ leather 인조 가죽. **2** (보석) 인조 보석의. **-al** 图.

imitátion dóublet (유리로 만든) 모조 보석.

imitátion mílk 대용(代用) 우유.

im·i·ta·tive [ímətèitiv/-tətiv] 图 **1** 모방의, 모사의 (*of*). **2** 흉내내기 좋아하는, 흉내를 잘 내는.¶~ monkeys 흉내내기 좋아하는 원숭이. **3** 모방적인, 모사적인, 독창적이 아닌.¶~ poetry 모방시. **4** 모조의, 위조의.¶articles of ~ jewelry 모조 보석류. **5** 의성(擬聲)의.¶~ music [words] 의성 음악[어]. **6** (생물) 의태의. **-ly** 副. **-ness** 图. [態(擬態)의]

ímitative árts 图 (the ~) 모방 예술. [장].

IMM *I*nternational *M*onetary *M*arket(국제 통화 시

im·mac·u·la·cy [imǽkjuləsi] 图⓾ 청정(淸淨), 결백, 결점이 없음.

*****im·mac·u·late** [imǽkjulət] 图 **1** (셔츠·시트 따위가) 티 하나 없이 깨끗한, 더러워지지 않은, 청결한. **2** (도덕으로) 더럽혀지지 않은, 순결한.¶lead an ~ life 청

렴한 생활을 하다. **3** 약점[결점]이 없는; (문장 따위가) 오류 없는. ¶an ～ book 오류가 하나도 없는 책. **4** 《생물》 반점[얼룩 무늬]이 없는, 단색의. ～·ly 부 ～·ness 명

Immáculate Concéption 명 (the ～) 《가톨릭》 (성모 마리아의) 무원죄 잉태; 《가톨릭》 무원죄의 성모 마리아 축제일(12월 8일).

im·ma·nence [íməənəns] 명[U] 내재(內在), 내재성.

im·ma·nen·cy [ímənənsi] 명[U] =immanence; 《신학》 내재론.

im·ma·nent [íminənt] 형 **1** 내재하는, 내재적인 (in). **2** 《철학》 (정신 작용이) 주체의 마음속에서만 일어나는, 주관적인. **3** 《신학》 (하느님이) 우주와 그 모든 것에 내재하는. ～·ism 명 ～·ist 명 ～·ly 부

Im·man·u·el [imǽnjuəl] 명 임마누엘. **1** 《성서》 우리와 함께 계시는 하느님(God with us) (이사야 예언의 Messiah). — 이사야(書)(Isa.) 7:14). **2** 남자 이름.

im·ma·te·ri·al [ìmətíəriəl] 형 **1** 중요치 않은, 하찮은. **2** 관계[관련]가 없는, 무관(계)한. **3** 비물질적인, 무형의; 정신적[영적]인. ～·ly 부 ～·ness 명

im·ma·te·ri·al·ism [ìmətíəriəlìzm] 명[U] 비물질론, 비유물론, 유심론. **-ist** 명

im·ma·te·ri·al·i·ty [ìmətìəriǽləti] 명[U][C] **1** 비(非)물질성(인 것), 무형힘[인 것]. **2** 비중요성.

im·ma·te·ri·al·ize [ìmətíəriəlàiz] (* 《英》 -ise) 타 …을 비물질적인 것으로 하다, …의 실체를 없애다.

*im·ma·ture** [ìmətʃúər, -tjúər/-tjúə] 형 **1** 미숙한, 미성숙의; 미성의; (정신적으로) 미발달의, 유치한. **2** (지리) 유년기의. **3** 《고어》 철 이른. — 명 미숙자, 미성년; 발육중의 동물. ～·ly 부 ～·ness 명

im·ma·tu·ri·ty [ìmətʃúərəti, -tjúər-/-tjúər-] 명 [U] 미숙 (상태), 미성숙; 미완성.

*im·meas·ur·a·ble** [iméʒərəbl] 형 잴[헤아릴] 수 없는, 끝없는, 무한한. **-bíl·i·ty**, ～·ness 명 **-bly** 부

im·me·di·a·cy [imí:diəsi] 명 **1** 직접(성); 즉시성, 긴박, 긴급성. **2** 《철학》 직접성, 무매개성(無媒介性).

‡**im·me·di·ate** [imí:diət] 형 **1** (시간적으로) 곧 일어나는, 즉석의, 즉시[즉각]의; 가까운, 머지 않은. ¶an ～ reply 즉답 /in the ～ future 아주 가까운 장래에 / take an ～ action 즉시 실행하다 / have [or produce] an ～ effect 즉효가 있다. **2** (공간적으로) 직접의, 직접 접해 있는, 바로 이웃의. ¶the ～ neighborhood 바로 이웃. **3** (관계가) 직접적인, 직접 관련이 있는. ⇨ DIRECT
유의어 ¶an ～ cause 직접적인 원인 / the ～ family 육친. **4** 당면, 지금[현재]의. ¶～ concerns 당면한 관심사 / an ～ plan 당면한 계획. **5** 직관(直觀)의. ～·ness 명

immédiate annúity 명 《보험》 즉시 연금.

immédiate cónstituent 명 《문법》 직접 구성 요소(문장을 차례로 두 개의 하위 구분으로 나누어 나갈 때의 그 한쪽, 예컨대 He is a boy.의 he와 is a boy; is a boy의 is와 a boy).

‡**im·me·di·ate·ly** [imí:diətli] 부 **1** 곧, 즉시, 당장에. ⇨ INSTANTLY 유의어 ¶ The figure disappeared ～. 그 사람의 모습은 곧 사라졌다. **2** 직접(적으로). **3** 바로 접하여, 밀착하여. — 접 …하자마자(as soon as).

주의 《英》《美》 모두 immediately after가 정식 용법으로 되어 있다: I'll tell him ～ after he arrives. 그 사람이 오면 곧 말하겠다.

im·med·i·ca·ble [imédikəbl] 형 (질병 따위가) 낫지 않는, 불치의(incurable). ～·ness 명 **-bly** 부

im·mem·o·ra·ble [imémərəbl] 형 기억할 가치가 없는; =immemorial.

*im·me·mo·ri·al** [ìmemɔ́:riəl] 형 (기억[기록]에 남아 있지 않을 만큼) 먼 옛날의, 태고의.
from [or **since**] **time immemorial** 태곳적[아주 먼 옛날]부터.
～·ly 부

‡**im·mense** [iméns] 형 (**more** ～; **most** ～) **1** 광대한, 거대한, (수·양)이 막대한. ⇨ HUGE 유의어 ¶ ～ territory 광대한 영토 / an ～ sum of money 막대한 돈. **2** 헤아릴 수 없는, 끝없는. ¶～ variety 헤아릴 수 없는 다양성. **3** 《구어》 우수한, 굉장한, 훌륭한. ¶an ～ guy [job] 대단한 친구[일]. ～·ly 부 ～·ness 명

im·men·si·ty [iménsəti] 명[U] 광대(함), 무한; [U] 무한한 공간[넓이]; 막대한 것.

im·merge [imə́:rdʒ] 자 (물 따위에) 뛰어들다, 뛰어들 듯이 사라지다. — 타 《고어》 =immerse.

*im·merse** [imə́:rs] 타 **1** (액체에) …을 담그다 (⇨ DIP 유의어); 가라앉히다 (in). ¶～ one's hand in water 손을 물에 푹 담그다. **2** (수동형·재귀용법으로) …에 몰두[열중]케 하다 (in); …을 끌어넣다, 빠지게 하다 (in). **3** …에게 침례(浸禮)를 베풀다. **4** 파묻다.
be immersed in; immerse oneself in ① [일·쾌락 따위에] 깊이 빠지다, 몰두하다. ② (곤경·비탄 따위)에 빠져 있다, …에서 헤어나지 못하다.
-mérs·i·ble 형 내수성(耐水性)의. 「은, 담그어진.

im·mersed [imə́:rst] 형 (액체에) 집어 넣은, 처넣

im·mer·sion [imə́:rʒən/-ʃən] 명[U] **1** 잠금, 담금; 투입. **2** 《교회》 (주수(注水)세례와 구별해서 전신을 물에 잠그는) 침례, ¶baptize a person by ～ 남에게 침례를 행하다. **3** 전심(專心), 열중, 몰두 (in). ¶～ in study [business] 연구[일]에의 전념. **4** 《천문》 잠입(潛入)(천체가 다른 천체의 배후에 숨는 현상). **5** 《교육》 (종종 total ～) 몰입법, 집중 교육(학습중인 언어를 사용하여 생활하면서 그 언어를 배우는 교습법). ～·ism 명 《기독교》 침례주의. 「[학습] 과정.

immérsion cóurse 명 (외국어 따위의) 집중 훈련

immérsion fóot 명 《병리》 침족병(浸足病).

immérsion héater [cóil] 명 수중 히터(전선에 연결한 쇠막대[코일]를 액체 속에 넣는 전열 온수 장치).

immérsion léns [objéctive] 명 《광학》 액침(液浸)대물렌즈.

im·mesh [imé∫] 타자 =enmesh.

im·me·thod·i·cal [ìməθɔ́dikəl/-θɔ́d-] 형 질서가 없는, 불규칙한, 난잡한. ～·ly 부

*im·mi·grant** [ímigrənt] 명 **1** (외국으로부터의) 이주민, 이민. ¶～s from Europe 유럽에서 온 이민. **2** 외래 동물, 귀화 식물. **3** 《英》 (거주 10년 미만의) 외국인. — 형 이주의에 관한; 이민자의; 이주해 오는, 이주하는. ¶～ birds 철새. 웹 emigrant

*im·mi·grate** [íməgrèit] 자 이주해 오다, 와서 살다 (from/to, into). ⇨ MIGRATE 유의어 ¶～ into the country 그 나라에 이주하다. — 타 …을 이주시키다. ¶～ cheap labor 값싼 노동자를 이주시키다. 웹 emigrate **-grà·tor** 명

*im·mi·gra·tion** [ìməgréiʃən] 명[U][C] **1** (외국으로부터의) 이주(하기), 이민 (웹 emigration). **2** (집합적) 이민단(immigrants); (일정 기간 내의) 이민 수(數). **3** (또는 ～ contról) (공항 따위에서의) 출입국 관리(管理), 입국 심사. ～·al 형

Immigrátion and Naturalizátion Sèrvice 명 《美》 이민·귀화국 (약 INS).

immigrátion authórities 명 (the ～) (단수 취급) 출입국 관리 당국.

immigrátion óffice 명 출입국 관리 사무소.

immigrátion ófficer 명 출입국 관리관.

im·mi·gra·to·ry [íməgrətɔ̀:ri/-grèitəri] 형 이주해온, 이민의.

im·mi·nence [ímənəns] 명[U] **1** 절박, 급박. (또는 **ímminency**) **2** 절박[급박한 사태[위험].

*im·mi·nent** [ímənənt] 형 **1** (위험·사태 따위가) 당장에라도 닥칠 듯한, 임박한, 절박한, 일촉즉발의. ¶in ～ danger 임박한 위험에 처하여.

유의어 **imminent** 위험·불행 따위가 곧 일어날 듯한. **impending** imminent보다 '절박'의 뜻이 약함.

2 《고어》 앞으로 튀어나온. ～·ly 부 ～·ness 명

im·min·gle [imíŋgl] 타자 섞다, 혼합하다, 뒤섞이다.

im・mis・ci・ble [imísəbl] 형 (액체 따위가) 혼합할 수 없는, 혼합되지 않는 (*with*). **-bíl・i・ty** 명 **-bly** 부

im・mis・er・a・tion [imizəréiʃən] 명 점점 더 비참해짐[비참하게 함]. (또는 **immiserization**)

im・mit・i・ga・ble [imítigəbl] 형 완화할[누그러뜨릴] 수 없는, 달랠 수 없는. **-bíl・i・ty** 명 **-bly** 부

im・mit・tance [imítəns] 명 〔전기〕이미턴스(임피던스와 어드미턴스). 〔<*impedance*+*admittance*〕

im・mix [imíks] 타 …을 섞다, 혼합하다.
~・ture [-tʃər] 명|U 혼합, 섞기; 말려들기, 연루(*in*).

im・mo・bile [imóubəl, -bil/-bail] 형 **1** 움직일 수 없는, 움직이기 어려운; 부동의, 정지된. **2** (구어) 타고 갈 차가 없는, 발이 묶인. **-bíl・i・ty** 명 부동[고정] (상태).

im・mo・bi・lism [imóubəlìzm] 명 (정치・기업 등에서의) 현상 유지 정책, 극단적 보수주의.

im・mo・bi・lize [imóubəlàiz] 타 (* (영) -**lise**) 동태 **1** …을 움직이지 않게 하다, 고정시키다. **2** (화폐)의 유통을 정지시키다; 〔유동 자본〕을 고정 자본화하다. **3** (군대・함대 따위)의 이동[동원]을 불가능하게 하다. **4** 〔의학〕 (깁스 따위로) 고정하다. **-i・za・tion** 명 〔eration.

im・mod・er・a・cy [imádərəsi/imɔ́d-] 명 =immod-
im・mod・er・ate [imádərət/imɔ́d-] 형 중용을 잃은, 절도가 없는; 과도한, 지나친, 터무니없는, 극단적인. ⇒EXCESSIVE〔유의어〕¶~ demands 터무니없는[당치 않은] 요구. **~・ly** 부 **~・ness** 명

im・mod・er・a・tion [imàdəréiʃən/imɔ̀d-] 명|U 무절제; 터무니없음; 과도, 지나침.

im・mod・est [imádist/imɔ́d-] 형 **1** (언행・복장 따위가) 조심성 없는, 천박한, 볼품없는. **2** (주제 따위가) 염치[버릇]없는, 뻔뻔스러운. **~・ly** 부 **-es・ty** 명

im・mo・late [íməlèit] 동타 **1** …을 희생시키다; (문어) …을 제물로서 죽이다, 제물로 바치다 (*to*). **-lá・tion** 명 희생[제물](으로 바치기). **-là・tor** 명

***im・mor・al** [imɔ́(ː)rəl, imár-] 형 **1** (사람・행동 따위가) 부도덕한, 불륜의, 품행이 좋지 않은, 음란한, ¶an ~ man 부도덕한 사람/an ~ society 타락한 사회. **2** (문서・기록・그림 따위가) 풍기를 해치는[문란케 하는], 음란한. **~・ly** 부

im・mor・al・ism [imɔ́rəlìzm, imár-] 명 〔철학〕 배덕주의(기성의 도덕에 무관심한 태도를 취하거나 대립하는 일). **-ist** 명

im・mor・al・i・ty [ìmərǽləti, ìmɔː-] 명 **1** U 부도덕(성), 악덕; 품행이 나쁨; 음란, 외설. **2** 부도덕한 행실, 악덕 행위.

im・mor・al・ize [imɔ́(ː)rəlàiz, imár-] 동타 부도덕하게 하다, 풍기를 문란하게 하다.

‡**im・mor・tal** [imɔ́ːrtl] 형 **1** 죽지 않는, 불사의(↔ mortal). **2** 불후의, 불멸의, 영원한. ¶enjoy ~ fame 불후의 명성을 누리다. **3** 신(神)의. ─ 명 (복 ~s [-z]) **1** 죽지 않는 사람; 불후의 명성을 가진 사람. **2** (I-s) (고대 그리스・로마 신화의) 신(神)들. the (I-s) 프랑스 학사원의 40인의 회원. **~・ly** 부

***im・mor・tal・i・ty** [ìmɔːrtǽləti] 명|U **1** 불사, 불후(성), 영원(성); 영원한 생명[존재]. ¶the ~ of the soul 영혼의 불멸. **2** 불후의 명성.

win one's **immortality** 불후의 명성을 얻다.

im・mor・tal・ize [imɔ́ːrtəlàiz] 동타 …을 불멸[불후]하게 하다; …에게 불후의 명성을 주다, …을 영속시키다. **-ta・li・za・tion** 명 불멸[불후]화.

im・mor・tal・iz・er [imɔ́ːrtəlàizər] 명 불멸[불후]하게 하는 사람[것], 영원성을 주는 사람[것].

Immórtal Mémory 불후의 인물(영국의 시인 Robert Burns를 가리킴).

im・mor・telle [ìmɔːrtél] 명 시들지 않는 꽃, 건조화(乾燥花)(말라도 모양이나 색깔이 변하지 않는 밀짚꽃 따위).

im・mo・tile [imóutl/-tail] 형 움직일 수 없는, 자동력이 없는. **-mo・til・i・ty** [-móutíləti] 명

***im・mov・a・ble** [imúːvəbl] 형 **1** 움직일 수 없는, 부동의, 고정된(fixed). ¶an ~ foundation 굳건한 토대. **2** 감정에 좌우되지 않는, 냉정한. **3** (의견 따위가) 흔들림이 없는, 확고한. ¶have one's mind ~ 마음[생각]이 흔들리지 않다. **4** (기념일 따위가) 매년 같은 날에 있는. **5** 〔법률〕 (재산 따위가) 부동(不動)의(↔ movable). ¶~ property 부동산. ─ 명 **1** 움직일 수 없는[움직이지 않는] 물건[것]. **2** (또는 **immoveable**) (~s) 〔법률〕부동산. **-bíl・i・ty**, **~・ness** 명 **-bly** 부

immóvable féast 명 고정 축(제)일.

immun. immunity; immunization; immunology.

im・mune [imjúːn] 형 **1** 면역(성)의(*from*, *to*, (드물게) *against*). ¶make a person ~ *from* [or *to*, *against*] smallpox 남을 천연두로부터 면역이 되게 하다. **2** (과세・방해・공격으로부터) 면제된 (*from*, *against*), (…에) 영향을 받지 않는 (*to*). ¶His high position renders him ~ *from* criticism. 그는 지위가 높아서 비판받지 않는다. **3** 면역체를 포함한. **4** 〔컴퓨터〕(바이러스에) 면역이 된, 안전한(*to*). ─ 명 면역이 있는 사람[동물].

immúne bódy =antibody. 〔물〕; 면역의.
immúne cómplex 〔의학〕 면역 복합체(항체(抗體)와 항원(抗原)의 결합체). 〔합체 병.
immúne-cómplex diséase 〔의학〕 면역 복
immúne respónse [reáction] 면역 반응.
immúne sérum 〔의학〕 면역 혈청, 항(抗)혈청.
immúne survéillance 명 〔의학〕 =immunological surveillance.

immúne sýstem 명 (the ~) 〔해부〕 (병균 따위를 억제・파괴하는) 면역 시스템[체계].

***im・mu・ni・ty** [imjúːnəti] 명 **1** U 면역, 면역성 (*from*, *to*, *against*). ¶active ~ 자동[활동] 면역. **2** U (과세・의무 따위의) 면제, 면세 (*from*). ¶~ *from* taxation [military service] 면세[병역 면제]. **3** (보통 -ties) (교회의 세속적 의무로부터의) 면제 (*from*). **4** (美)〔벌률〕소추(訴追)의 면책[면제]. **5** 특권.

immúnity báth 명 〔법률〕면책 특권(증인에게 부여하는 장래의 소추 면책 특권).

immúnity resístant 명 면역 저항력.

im・mu・ni・za・tion [ìmjunizéiʃən, ìmjuː-/-nai-] 명|U 면역시킴, 면역되게 함; 면제.

im・mu・nize [ímjunàiz] 타 (* (영) -**nise**) 동태 **1** (종두 따위로서) (사람・동물)을 면역시키다, …에게 면역성을 주다 (*against*). ¶~ a person *against* smallpox 천연두에 대해서 남을 면역시키다. **2** 〔법률〕(증인)에게 형사 책임을 면제해 주다.

im・mu・no- [ímjunou-, -nə-, imjúː-] 〔연결〕 immune, immunity의 뜻, ¶*immuno*cytochemistry.

im・mu・no・ad・sor・bent [ìmjunouædsɔ́ːrbənt] 명 =immunosorbent. (또는 **immunoadsorbant**)

im・mu・no・as・say [ìmjunouæséi/-əséi] 명 면역학적 검정(법). **-a・ble** 형

im・mu・no・bi・ol・o・gy [ìmjunoubaiálədʒi/-ɔ́l-] 명 면역 생물학. **-o・lóg・ic**, **-o・lóg・i・cal** 형 **-gist** 명

im・mu・no・chem・is・try [ìmjunoukémistri] 명 면역 화학. **-chem・i・cal** 형 **-i・cal・ly** 부 **-ist** 명

im・mu・no・com・pe・tence [ìmjunoukámpətəns/-kɔ́m-] 명|U 면역성, 면역 (생성) 능력. **-tent** 형

im・mu・no・com・pro・mised [ìmjunoukámprəmàizd] 형 면역 시스템이 손상[약화]된, 면역력이 약화된, 면역 무방비(상태)의.

im・mu・no・cyte [imjúːnəsàit] 명 면역 세포.

im・mu・no・cy・to・chem・is・try [ìmjunousàitoukémistri] 명 면역 세포 화학. **-i・cal** 형 **-i・cal・ly** 부

im・mu・no・de・fi・cien・cy [ìmjunoudifíʃənsi] 명 〔의학〕 면역 결핍, 면역 부전(不全). **-cient** 형

im・mu・no・de・fí・cient sýndrome [ìmjunoudifíʃənt-] 명 〔병리〕 면역 결핍 증후군.

im・mu・no・de・pres・sion [ìmjunoudipréʃən] 명 〔면역〕 면역 억제.

im·mu·no·di·ag·no·sis [ìmjunoudàiəgnóusis] 명 〔의학〕 면역학적 진단(법), 면역 진단.

im·mu·no·e·lec·tro·pho·re·sis [ìmjunouìlěktroufərí:sis] 명 면역 전기 영동법(泳動法). **-rét·ic** 형

im·mu·no·fluo·res·cence [ìmjunoufluərésns] 명 면역 형광법, 면역 형광 검사(법).

im·mu·no·gen [imjúːnədʒən, -dʒèn] 명 〔의학〕 면역원(原). **-ses** [-siːz] 명 면역 발생, 면역 생산.

im·mu·no·gen·e·sis [ìmjunoudʒénəsis] 명

im·mu·no·ge·net·ics [ìmjunoudʒənétiks] 명 (단수취급) 면역 유전학.

im·mu·no·gen·ic [ìmjunoudʒénik] 형 면역을 생기게 하는, 면역성의. **-i·cal·ly** 부 **-ge·nic·i·ty** 명

im·mu·no·glob·u·lin [ìmjunouglǽbjulin/-glɔ́b-] 명 면역 글로불린(항체를 가진 혈청의 작은 조각; 약 Ig).

im·mu·no·he·ma·tol·o·gy [ìmjunouhìːmətáləd ʒi/-tɔ́l-] 명 〔의학〕 면역 혈액학.
-to·lóg·ic, -to·lóg·i·cal 형

im·mu·no·log·ic [ìmjunəládʒik/-lɔ́dʒ-] 형 면역학(상)의. (또는 **immunological**) 「감시 (기구).

immunological surveíllance 〔의학〕 면역

im·mu·nol·o·gy [ìmjunáləd ʒi/-nɔ́l-] 명 ① 면역학. **-gist** 명

im·mu·no·pa·thol·o·gy [ìmjunoupəθǽləd ʒi/-θɔ́l-] 명 면역 병리학. **-gist** 명

im·mu·no·pre·cip·i·ta·tion [ìmjunouprisìpətéiʃən] 〔학〕 면역 단백. 「증(沈降).

im·mu·no·pro·tein [ìmjunouprɔ́utin] 명 〔생화〕 면역 단백.

im·mu·no·re·ac·tion [ìmjunourìǽkʃən] 명 〔병리〕 면역 반응. **-tive** 형 **-rè·ac·tív·i·ty** 명

im·mu·no·reg·u·la·tion [ìmjunourègjuléiʃən] 〔의학〕 면역 조정. 「흡착제.

im·mu·no·sorb·ent [ìmjunousɔ́ːrbənt] 명 면역

im·mu·no·sup·pres·sion [ìmjunousəpréʃən] 명 〔병리〕 (X선·약물 등에 의한) 면역 억제.

im·mu·no·sup·pres·sive [ìmjunousəprésiv] 〔약학〕 형 면역 억제(성)의. (또는 **ìmmunorepréssive**) ── 명 면역 억제약. (또는 **immunosuppressor**) 면역 억제약. (또는 **ìmmunosuppréssant**)

im·mu·no·sur·veíl·lance [ìmjunousərvéiləns] 명 =immunological surveillance.

im·mu·no·ther·a·py [ìmjunouθérəpi] 명 〔의학〕 면역학 치료법, 면역 요법. **-thèr·a·péu·tic** 형

im·mu·no·tox·in [ìmjunoutáksin/-tɔ́k-] 명 항독소(抗毒素)(antitoxin).

im·mure [imjúər] 타동 ⋯을 (⋯에) 가두다; ⋯을 (어떤 범위에) 한정[제한]하다(*in*); ⋯을 감금[투옥]하다. ***immure oneself* (*up*)** 틀어박히다, 두문불출하다.
~·ment 명

im·mu·si·cal [imjúːzikəl] 형 =unmusical. **~·ly** 부

im·mu·ta·ble [imjúːtəbl] 형 결코 변치 않는, 바꿀 수 없는, 불변의. **-bíl·i·ty, ~·ness** 명 **-bly** 부

immy immediately. **IMO** International Maritime Organization(국제 해사 기구); International Mathematical Olympiad(국제 수학 올림피아드).

i-Mode [áimóud] 명 아이 모드(휴대폰과 인터넷을 연결시킨 일본 NTT의 무선 이동 인터넷 서비스).

Im·o·gen [ímədʒən, -dʒən] 명 이모젠(Shakespeare 작 *Cymbeline*의 여주인공, 貞操의 귀감).

*__imp__ [imp] 명 1 꼬마 도깨비, 악마의 새끼[자손]. 2 장난꾸러기, 개구쟁이, 악동. 3 〔고어〕 어린 가지, 곁가지. ── 타동 〔사냥〕 (깃을 보충하여) 〔매의 날개〕를 강하게 하다; 보강[보수]하다; 〔드물게〕 ⋯에 덧붙이다(*out*).

Imp, imp indeterminate *m*ass *p*article(불확정 질량 입자). **IMP** International Match Point; *i*nterplanetary *m*onitoring *p*latform(행성간 조사 위성).
imp. *i*mperative; *i*mperfect; *i*mperial; *i*mpersonal; *i*mportant; *i*mport(ed); *i*mporter; *i*mproved.

Imp. 〔라틴〕 *Imperator*(황제); *Imperatrix*(황후).

*__im·pact__ [ímpækt] 명 ① 1 (⋯와의) 충돌 (collision), 격돌 (*on, into, against*). 2 (an ~, the ~) (비유적) (⋯에의) 충격, 충격력; 영향, 효과 (*on, upon*). ¶the ~ of the new linguistics *on* English teaching 새로운 언어학이 영어 교육에 미치는 영향. 3 꽉 누름[끼움]. 「영향을 주다.
***make* [*or have*] *an impact on* [*or upon*]** ⋯에
── [impǽkt] 타동 끼워넣다, 밀어넣다; (⋯에) 꽉 채우다 (*into, in*); ⋯에 충돌하다; (美) ⋯에 영향[충격]을 주다. ── 자동 (⋯와) 격돌하다, 세차게 부딪치다 (*on, upon, against*); (⋯에) (강한) 영향을 주다 (*on, upon*).

ímpact adhésive 명 감압식 접착 테이프.

ímpact áid 명 (美) (공무원의 자녀가 통학하는 학구(學區)에 지불되는) 정부 보조금. 「착(膠着) 지역.

ímpact área 명 (폭탄이나 미사일의) 작렬 지역, 탄

ímpact cráter 명 (운석(隕石)의 충돌에 의한) 충돌 화구.

im·pact·ed [impǽktid] 형 1 꽉 눌린[끼인], 빈틈없이 다져 넣은. 2 〔치과〕 (영구치가) 젖니 때문에 밖으로 나오지 못하는. 3 붐비는, 초만원의, 인구 과밀의; (美) 인구 증가로 공공 설비 증설이 부득이하게 된.

im·pact·er [impǽktər] 명 1 충격을 주는 사람, 충격 장치. 2 =impact wrench. (또는 **impactor**)

im·pact·ful [impǽktfəl, -́-́] 형 영향력이 강한, 인상이 강렬한. ¶an ~ film 강하게 기억에 남는 영화.

ímpact fúse 명 〔군사〕 (폭탄 따위의) 착발 신관(着發信管). 「치아 매복.

im·pac·tion [impǽkʃən] 명 채워[끼워]넣기; 〔치과〕

im·pac·tive [impǽktiv] 형 1 충돌[충격]의, 의한. 2 감동적인, 감명을 주는. 「조건이 없는 외화 차관].

ímpact lóan 명 〔금융〕 임팩트 론(자금 사용에 부대

ímpact prínter 명 〔인쇄〕 임팩트 프린터(기계적 충격을 이용한 프린터). **ímpact prínting**

ímpact státement 명 (환경 따위에의) 영향 평가.

ímpact stréngth 명 (소재의) 충격 강도.

ímpact tést 명 (구조물·재료 따위의) 충격 시험.

ímpact wrénch 명 〔기계〕 임팩트 렌치(전기나 압축 공기로 작동하는 렌치).

*__im·pair__ [impέər] 타동 (힘·가치·질·양 따위)를 보다 악화[약화]시키다; (건강 따위)를 해치다, 손상시키다. ⇒ INJURE 〔유의어〕 ~ one's health 건강을 해치다. ── 자동 악화되다; 줄다. ── 명 〔고어〕 손상, 감손; 〔병리〕 장애, 결함.
~·a·ble 형 **~·er, ~·ment** 명

im·paired [impέərd] 형 1 약화[악화]된, 건강이 나빠진; 충분히 기능[역할]을 못하는. 2 (복합어로) ⋯에 장애가 있는. ¶hearing-~ 청각 장애가 있는. 3 〔속어〕 술취한. ── **a** ~ **driver** 음주 운전자.

im·pa·la [impǽlə, -páːlə] 명 (복수 ~(s)) 〔동물〕 임팔라(아프리카산(産) 영양(羚羊)의 일종).

im·pale [impéil] 타동 1 ⋯을 푹 찌르다, 꿰(뚫)다; ⋯을 (핀 따위로) 고정시키다 (*on, upon, with*). 2 〔역사〕 ⋯을 찔러 죽이는 형벌에 처하다. 3 ⋯을 꼼짝 못하게 하다, 무력하게 하다. 4 ⋯ 을 둘러싸다. (또는 **empale**) 5 〔문장〕 (2개의 문장을) 합문(合紋)하다.
go impale oneself (명령형으로) 〔속어〕 뒈져 버려, 죽든 살든 마음대로 해.
~·ment, -pál·er 명 「됨.

im·pal·pa·ble [impǽlpəbl] 형 1 손으로 만져서 알 수 없는. 2 쉽게 이해할 수 없는, 미묘한. 3 (분말이) 미세한; 무형의. **-bíl·i·ty** 명 **-bly** 부

im·pal·u·dism [impǽljudizm] 명 ① 소택증(沼澤症); 말라리아성 악액질(惡液質)(paludism).

im·pa·na·tion [impənéiʃən] 명 〔신학〕 양체(兩體) 공존. **-nà·tor** 명 〔신학〕 양체 공존설 신봉자.

im·pan·el [impǽnl] 타동 (**-l-**, (英) **-ll-**) 〔법률〕 (후보 등) 을 배심(陪審) 명부에 올리다; 을 리스트에 올리다; 〔배심원〕을 배심 명부에서 뽑다. **~·ment** 명

im·par·a·dise [impǽrədàis] 타동 (남)을 낙원에 들여보내다; 극락에 간 듯한 기분을 갖게 하다; ⋯을 낙

원으로 만들다.

im·par·i·ty [impǽrəti] 명(U|C) 부동(不同), 부등(不 「등), 차이.

im·park [impáːrk] 타동 1 (동물)을 (수렵원(園)에 따위 안에) 가두어 넣다, 가두다. 2 (토지)를 둘러싸서 공원[유원지]으로 만들다. **-par·ká·tion** 명

im·parl [impáːrl] 자동 〖법률〗 정의(定義) 교섭을 하다. **-párl·ance** 명

*__im·part__ [impáːrt] 타동 1 (정보·비밀 따위)를 알리다, 말[연락]하다(to). ¶ (~+목+전+명) ~ good[bad] news to a person 남에게 좋은[나쁜] 소식(흉보)을 전하다. 2 …을 주다, 부여하다 (to). ¶ (~+목+전+명) ~ comfort to …에게 위안을 주다. ── 자동 나누어 주다, 수여하다.
~·a·ble 형 **-par·tá·tion, ~·er, ~·ment** 명

*__im·par·tial__ [impáːrʃəl] 형 한쪽으로 치우치지 않은, 편견 없는, 공정한: 공평한, 공명 정대한(in). ⇨ FAIR
[유의어] **~·ti·ál·i·ty** 명 **~·ly** 부 **~·ness** 명

im·part·i·ble [impáːrtəbl] 형 (부동산 따위가) 분할할 수 없는, 불가분의. ¶ an ~ estate 불가분의 토지. / ~ relation 불가분의 관계. **~·bíl·i·ty** 명 **-bly** 부

im·pass·a·ble [impǽsəbl/-páːs-] 형 1 (길·하천 따위가) 지나갈[뚫고 나갈] 수 없는, 통행[통과]할 수 없는 (to). 2 (곤란 따위가) 극복될 수 없는.
-bíl·i·ty, ~·ness 명 **-bly** 부

im·passe [ímpæs, -´ /æmpáːs] 명(C) (보통 an ~) 궁지, 난국; 막다름, 막다른 골목. ¶ reach [or come to] an ~ 벽에 부딪치다, 정돈 상태에 빠지다. 〈F〉

im·pas·si·ble [impǽsəbl] 형 1 고통을 느끼지 않는, 무감각한. 2 해를 입지 않는, 상처받지 않는. 3 감동하지 않는, 무감동[무신경]의; 무표정한, 태연한.
-bíl·i·ty, ~·ness 명 **-bly** 부

im·pas·sion [impǽʃən] 타동 …을 열정적으로 만들다; …을 깊이 감동시키다, 흥분시키다.

im·pas·sion·ate [impǽʃənət] 형 =impassioned. **~·ly** 부

im·pas·sioned [impǽʃənd] 형 열정적인, 열렬한 (ardent); 감동적인, 흥분시키는; 힘을 북돋우는. ¶ an ~ argument 열띤 토론. **~·ly** 부 **~·ness** 명

im·pas·sive [impǽsiv] 형 1 무감동, 무감정의; 냉정한, 침착한(calm). 2 고통을 느끼지 않는, 무감각한.
~·ly 부 **~·ness, ¡pas·sív·i·ty** 명

im·paste [impéist] 타동 1 …에 풀칠을 하다, …을 풀로 굳히다. 2 …을 풀 모양으로 하다. 3 …에 (그림 물감)를 두껍게 칠하다.

im·pas·to [impǽstou, -páːs-] 명(U) 그림 물감을 두껍게 칠하는 화법; 두껍게 칠한 그림 물감.

*__im·pa·tience__ [impéiʃəns] 명 1 성마름, 성급함, 안달(with, at); (고통·압박 따위를) 참을[용서할] 수 없음(of). ¶ ~ of lying 거짓말하는 것을 참을 수 없음. 2 (…하고 싶어서) 조바심하기(to do); (구제·변화 따위를) 애타게 기다림, 가슴 졸임, 안달복달함(for). ¶ exhibit much ~ 상당히 초조해하다.
out of impatience 더 이상 기다릴[참을] 수 없어.
restrain one's impatience 꾹 참다.
with impatience 애타게, 초조하게.

im·pa·tiens [impéiʃiənz, -ʃənz] 명 (복 ~) 봉선화속(屬)의 초본.

*__im·pa·tient__ [impéiʃənt] 형 (*more* ~; *most* ~) 1 (고통·곤란·불행 따위를) 참지[견디지] 못하는, 초조해하는, 조바심하는 (*about, at, of, with*). ¶ Don't be ~ with the child. 아이에게 화내지 마라. ¶ Don't be ~ about a thing like that. 그런 일로 조바심하지 마라. 2 성마른, 성급한, 조급한. ¶ an ~ action 성급한 행동. 3 (조바심이 나서) 가만히 있지 못하는, 안달하는 (*for*); 몹시 …하고 싶어하는 (*to do*). ¶ be ~ to start 출발하고 싶어 못 견디다.
be impatient for …을 초조하게 기다리다.
be impatient of …을 견디지[참지] 못하다. ¶ *be* ~ of oppression [poverty] 억압[가난]을 참지 못하다.

~·ness 명
*__im·pa·tient·ly__ [impéiʃəntli] 부 참지[견디지] 못해 만큼[못하여], 초조하게, 조바심하며; 성급하게.

im·pa·vid [impǽvid] 형 (고어) 두려워하지 않는, 겁이 없는, 대담한. **~·ly** 부

im·pawn [impɔ́ːn] 타동 (고어) …을 저당잡히다, 담보로 내놓다 ; (비유적) 서약하다.

im·pay·a·ble [impéiəbl] 형 돈으로는 살 수 없는 (invaluable); (속어) 아주 훌륭한; 우스꽝스러운.

*__im·peach__ [impiːtʃ] 타동 1 (부패 공무원)을 탄핵하다 (*for*). ¶ ~ the president *for* the scandal 그 스캔들로 대통령을 탄핵하다. 2 〖법률〗 …의 진실 여부를 따지다, …에 이의를 제기하다. ¶ ~ a witness 증인의 신빙성을 문제삼다, 증인의 자격에 이의를 제기하다. 3 …을 (국가에 대한 범죄 등으로) 고발[고소]하다 (*of, with*). ¶ (~+목+전+명) ~ a person *of* [or *with*] a crime 남을 범죄 혐의로 고소하다. 4 …을 의심하다, 문제삼다. ¶ ~ a person's motives [character] 남의 동기[인격]를 의심하다. 5 …을 비난[질책]하다 (*of, with*). ⇨ CHARGE
[유의어] ¶ (~+목+전+명) ~ a person *with* an error 남의 과실을 나무라다. **~·er** 명

im·peach·a·ble [impíːtʃəbl] 형 탄핵할 만한; 고소할 수 있는, 비난[문책]해서 마땅한. **-bíl·i·ty** 명

im·peach·ment [impíːtʃmənt] 명(U|C) 1 고소, 고발; (고위 공직자에 대한) 탄핵. 2 비난, 규탄.

impéachment cóurt 탄핵 재판소.

im·pearl [impə́ːrl] 타동 …을 진주처럼[같은 구슬로] 만들다; (문어) …을 진주(같은 것)으로 장식하다.

im·pec·ca·ble [impékəbl] 형 1 결점[흠]이 없는, 나무랄 데 없는. ¶ ~ manners 나무랄 데 없는 예절. 2 죄(過)를 저지르지 않는. ── 명 (드물게) 나무랄 데 없는 사람. **-bíl·i·ty** 명 **-bly** 부

im·pec·cant [impékənt] 형 죄가 없는, 결백한, 잘못이 없는. **-cance, -can·cy** 명

im·pe·cu·ni·ous [impikjúːniəs] 형 (종종 경멸적) (항상) 돈이 없는, 무일푼의: 가난한. ⇨ POOR [유의어]
-cù·ni·ós·i·ty 명 **~·ly** 부 **~·ness** 명

im·ped·ance [impíːdns] 명(U) 1 〖전기〗 임피던스 (교류 회로의 전기 저항: 단위 ohm: 기 Z). 2 장애(물), 방해물.

impédance mátching 명 〖전기〗 임피던스 정합

__im·pede__ [impíːd] 타동 (-ped·ed; -ped·ing*) …을 방해하다, 훼방놓다, 지연시키다. ⇨ PREVENT [유의어]
-péd·er, -pèd·i·bíl·i·ty 명 **-péd·i·ble -pé·di·ent** 형 **-péd·ing·ly** 부

*__im·ped·i·ment__ [impédəmənt] 명 1 방해, 장애, 지장, 훼방; 방해[장애]물 (*to*). ⇨ OBSTACLE [유의어]
¶ throw [or put] ~s in the way of a project 계획의 진행을 방해하다 // an ~ to progress 진보의 장애. 2 신체적 장애, (특히) 언어 장애, 말더듬이. ¶ have an ~ in one's speech 말을 더듬는다. 3 (보통 ~s) (드물게) =impedimenta. 4 〖법률〗 (혈연 관계·연령 차이로 인한) 결혼 장애; 혼인 제한. ¶ a minor ~ 미성년자 혼인 제한. **-mén·tal, -mén·ta·ry** 형 거추장스러운.

im·ped·i·men·ta [impèdəméntə] 명(복) (L -*tum* [-təm]) 1 거추장스러운 것, 방해물, (여행 때의) 주체스러운 짐[수화물]. 2 (군사) 보급, 병참. 「스러운.

im·ped·i·tive [impédətiv] 형 방해가 되는, 거추장

__im·pel__ [impél] 타동 (-ll-*) 1 (행위·행동 따위로) 강요하다, 다그치다 (*to, in, into*); 억지로 …시키다 (*to do*). ¶ I felt ~*led to* go. 나는 가야 한다고 생각했다. 2 …을 (앞으로) 밀어내다, 밀고 나아가다, 추진하다 (*to, toward*). ¶ an ~*ling* force 추진력.

im·pel·lent [impélənt] 형 밀어내는, 추진하는; 강요하는, 몰아대는. ── 명 a ~ cause (행동·운동)을 일으키게 하는 원인 / an ~ power 추진력. ── 명 추진하는 것; 추진력.

im·pel·ler [impélər] 명 추진하는 사람[것]; 〖기계〗 (펌프·선풍기 따위의) 날개 바퀴.

im·pend [impénd] 〖자〗 **1** (위험 따위가) 임박[절박]하다. ¶Death ~s. 죽음이 임박했다. **2** (고어) (…위에) 드리워지다, 걸리다, 매달리다 (*over*).

im·pend·ent [impéndənt] 〖형〗 =impending. **-ence, -en·cy** 〖형〗 (한 상태).

*__im·pend·ing__ [impéndiŋ] 〖형〗 **1** 임박한, 박두한. ⇨ IMMINENT 〖유의어〗¶an ~ storm 곧 닥칠 듯한 폭풍우 / their ~ marriage 눈앞에 닥친 그들의 결혼. **2** (드물게) 머리 위에 걸린; (고어) (바위 따위가) 돌출한.

im·pen·e·tra·bil·i·ty [impènətrəbíləti, ìmpen-] 〖U〗 **1** 꿰뚫을[들어갈] 수 없음. **2** 이해할 수 없음, 불가해. **3** 무감각, 둔감. **4** 〖물리〗 불가입성(不可入性).

im·pen·e·tra·ble [impénətrəbl] 〖형〗 **1** (물건·장소 따위가) 꿰뚫을 수 있는, 뚫고 들어갈 수 없는 (*to, by*). ¶~ forests 지나갈 수 없는 숲 / the kind of steel ~ *by* a bullet 탄알이 관통되지 않는 강철. **2** 광선이 통하지 않는, 전망이 막힌. ¶~ darkness 암흑. **3** 이해할 수 없는, 불가해한. **4** (사상 따위가) 둔감한, 완고한 (*to, by*). ¶men ~ *to* new ideas 새로운 사상을 받아들이지 않는 사람들. **5** 〖물리〗 불가입성(不可入性)의. ~·ness -·bly 〖부〗 [전혀] 들어가다, 침투하다.

im·pen·e·trate [impénətrèit] 〖동〗타〗…에 깊이[완

im·pen·i·tent [impénətənt] 〖형〗 뉘우치지 않는, 회개하지 않는; 고집센, 완고한. ¶an ~ sinner 개전의 정이 없는 죄인. ── 〖명〗 회개하지 않는 사람, 완고한 사람. **-tence, -ten·cy** 〖명〗 **-·ly** 〖부〗 **~·ness**

imper. imperative.

im·per·a·ti·val [impèrətáivəl] 〖형〗 〖문법〗 명령법의, 명령법에 관한.

*__im·per·a·tive__ [impérətiv] 〖형〗 **1** (행동·사정 따위가) 피할 수 없는, 부득이한, 필수적인; 긴급한, 중요한. ¶an ~ element[duty] 필수 요소[피할 수 없는 의무] / It is ~ that you should rest for a week. 당신은 1주일 동안 절대 안정이 필요합니다. **2** 명령적인; 명령하는; 단호한, 권위 있는, 강제적인. ¶an ~ tone of voice 명령투. **3** 〖문법〗 명령법의(⑄ indicative, subjunctive). ── 〖명〗 **1** 명령, 요청. **2** 의무, 책무; 피할 수 없는 것; 긴급한 과제. ¶the ~s of the Korean Peninsula situation 긴박한 한반도 사태. **3** 따라야 할 원칙, 규칙, 규범. ¶the first ~ 첫째 원칙. **4** 〖U〗 〖문법〗 명령법; 〖C〗 명령형 동사; 명령형[문]. **-·ly** 〖부〗 **~·ness**

impérative móod 〖(the ~)〗 〖문법〗 명령법.

impérative séntence 〖명〗 〖컴퓨터〗 무조건 완결문.

impérative státement 〖명〗 〖컴퓨터〗 무조건 명령.

im·pe·ra·tor [impərá:tər, -tɔ:r, -réitər] 〖명〗 **1** 전제 군주. **2** (로마 시대의) 황제의 칭호); 대장군, 최고 사령관, 개선 장군. **~·ship** 〖명〗 [<L]

im·per·a·to·ri·al [impèrətɔ́:riəl] 〖형〗 황제[대장군]의, 황제[대장군]에 어울리는. **-·ly**

im·per·cep·ti·ble [impərséptəbl] 〖형〗 **1** (변화·차이 따위가) 극히 적은, 미세한. ¶~ shades of meaning 거의 느끼지 못할 만한 의미의 차이. **2** (아주 작아서 [적어서]) 눈에 보이지 않는, 지각(감지)할 수 없는. **-cèp·ti·bíl·i·ty, ~·ness -·bly** 〖부〗 [력 결여.

im·per·cep·tion [impərsépʃən] 〖명〗 무지각, 지각

im·per·cep·tive [impərséptiv] 〖형〗 지각력이 없는, 느끼지 못하는. **~·ness, -cep·tív·i·ty** 〖명〗

im·per·ci·pi·ent [impərsípiənt] 〖형〗 =imperceptive.

im·per·ence [impərəns] 〖명〗 (英) =impudence.

imperf. imperfect; imperforate(d).

‡**im·per·fect** [impə́:rfikt] 〖형〗 (*more* ~; *most* ~) **1** (도덕·인격적으로) 결함이 있는, 결점을 가진. ¶A human being is an ~ creature. 인간은 결점이 많은 동물이다. **2** (지식·기능 따위가) 불완전한, 불충분한. ¶~ vision [knowledge] 불완전한 시력[불충분한 지식]. **3** 〖식물〗 (꽃이) 불완전한, 자웅 이화(雌雄異化)의; 불완전 균류의. **4** 〖문법〗 미완료의, 반(半)과거의. **5** 〖법률〗 법적인 효력이 없는, 불완전한. ¶~ obligation 불완전 의무. **6** 〖음악〗 음을 내린. ── 〖명〗 〖문법〗 미완료 시제, 반(半)과거; 그 동사. **-·ly** 〖부〗 **~·ness**

impérfect cádence 〖명〗 〖음악〗 불완전 종지(終止).

impérfect competítion 〖명〗 〖경제〗 불완전 경쟁.

impérfect flówer 〖명〗 안갖춘꽃, 자웅 이화.

impérfect fúngus 〖명〗 불완전 균(菌).

im·per·fect·i·ble 〖형〗 완전하게 할 수 없는, 완성할 수 없는. **-fèct·i·bíl·i·ty** 〖명〗

*__im·per·fec·tion__ [impərfékʃən] 〖명〗 **1** 결점, 단점, 결함(*in*). ¶a law full of ~s 결점 투성이의 법률. **2** 〖U〗 불완전 (상태), 불충분(*in*).

im·per·fec·tive [impərféktiv] 〖문법〗 〖형〗 (러시아어 등의) 미완료상(相)[형]의. ── 〖명〗 미완료상[형](~ aspect); 미완료상[형]의 동사.

impérfect márket 〖명〗 〖경제〗 불완전 경쟁 시장.

impérfect stàge 〖명〗 〖균류〗 불완전기[단계, 세대].

impérfect tènse 〖(the ~)〗 〖문법〗 미완료 시제.

im·per·fo·rate [impə́:rfərət, -fərèit] 〖형〗 **1** 구멍이 없는, 무공(無孔)의. **2** (우표에) 절취선이 없는. ── 절취선이 없는 우표. **-rá·tion** 〖명〗 [rate 1.

im·per·fo·rat·ed [impə́:rfərèitid] 〖형〗 =imperfo-

‡**im·pe·ri·al**[1] [impíəriəl] 〖형〗 **1** 제국의; (英) 英 제국의; (I-) 신성 로마 제국의. ¶the I- Parliament 영국 의회. **2** 황제[황후]의; 황실의. ¶an ~ decree [or edict] 칙령, 조칙(詔勅) / an ~ household 황실 / the I- Palace 황궁 / His[Her] I- Majesty 황제[황후] 폐하. **3** 제위(帝位)의, 제권(帝權)의, 지상권의, 최고 권위의. **4** (*more ~, most* ~) 장엄한, 위엄 있는, 위풍 당당한. **5** 권세를 휘두르는, 거만한, 오만한. ¶~ pride 오만한 자존심. **6** 아주 훌륭한, 화려한, 웅대한. ¶~ banquets 장대한 연회. **7** (상품·두수의, 특급[상질]의. ¶~ tea 질이 아주 좋은 차. **8** (종종 I-) (도량형의) 영국 법정 표준의. ── 〖명〗 **-s** [-z] **1** (종이의) 임페리얼 판(判) ((美) 23×31인치, (英) 22×30인치). ¶~ octavo [quarto] 임페리얼 8절판[4절판]. **2** (합승) 마차의 지붕; (마차 지붕에 싣고 운반하는) 여행용 가방. **3** (I-) (신성 로마 제국) 황제파의 사람(군인). **4** 황제, 황후. **5** (무역품의) 특대품, 상등품. **~·ly** 〖부〗 **~·ness**

im·pe·ri·al[2] 〖명〗 황제[나폴레옹 3세] 수염.

im·pe·ri·al[3] 〖명〗 제정 러시아의 금화.

impérial cíty 〖(the I- C-)〗 제도(帝都)(고대 로마 시 등), 독립 도시.

impérial éagle 〖명〗 〖조류〗 흰죽지수리.

impérial gállon 〖명〗 영국 갤런(4,546 리터; 미국 갤런의 약 1.2배; ⒜ imp. gal.).

im·pe·ri·al·ism [impíəriəlìzm] 〖U〗 **1** 제국주의, 영토 확장[침략]주의. ¶cultural ~ 문화 제국[침략]주의. **2** 제정(帝政)(적 정부 형태). **3** 영(英) 제국주의.

im·pe·ri·al·ist [impíəriəlist] 〖명〗 **1** (종종 경멸적) 제국주의자. **2** (독일의) 황제 지지자; (I-) 신성 로마 제국 황제파. **3** 영(英) 제국주의자. ── 〖형〗 제국주의(자)의; 황제 지지(자)의. **-ís·tic** **-ís·ti·cal·ly** 〖부〗

im·pe·ri·al·ize [impíəriəlàiz] 〖동〗타〗 (국가·국정을) 제정화(帝政化)하다, 제국주의화 하다; …을 제국 영토로 지배하에 두다; …에 위엄을 주다. **-i·zá·tion** 〖명〗

impérial jáde 〖명〗 임페리얼 제이드(보석이 되는 투명한 경옥). [(獨).

impérial preference 〖명〗 (英) 영연방내 특혜 관세

impérial présidency 〖명〗 (美) 제왕적 대통령(직).

impérial président 〖명〗

im·per·il [impéril] 〖동〗타〗 (**-l-**, (英) **-ll-**) …을 위험에 빠뜨리다, 위태롭게 하다. **~·ment** 〖명〗

*__im·pe·ri·ous__ [impíəriəs] 〖형〗 **1** 오만한, 도도한, 거

imperishable / **implant**

im·per·ish·a·ble [impériʃəbl] 형 불멸의, 불후의, 영원한. ¶ ~ fame 불후의 명성. — 명 불멸[불후]의 것. **-bíl·i·ty**, **~·ness** 명 **-bly** 부

im·pe·ri·um [impíəriəm] 명 (복 **-ri·a** [-riə], **~s**) ⓊⒸ 1 절대적 통치권, 주권. 2 〖법률〗 (국가의) 절대권; 법 집행권; (로마법) 명령(권). 3 지배[통치] 지역; 영토, 제국. 4 초(超)대국. [<L command]

imperium in im·pe·ri·o [-in impíəriòu] 명 국가[제국] 내의 국가[정부], 정부 내의 정부. [<L]

im·per·ma·nent [impə́ːrmənənt] 형 영구적이 아닌, 영속하지 않는; 일시적인, 덧없는.
-nence, **-nen·cy** 명 비영속성. **~·ly** 부

im·per·me·a·ble [impə́ːrmiəbl] 형 1 (길 따위가) 관통할 수 없는; (물 따위가) 스며들지 않는. 2 (화학) 〖지질〗 (물의) 불침투성(不浸透性)의, 불투과성의(by, to). **-bíl·i·ty** ⓊⒸ 불투과성. **~·ness** 명 **-bly** 부

im·per·mis·si·ble [impərmísəbl] 형 용서[용인, 허가]될 수 없는. **-mis·si·bíl·i·ty** 명 **-bly** 부

impers. impersonal.

im·per·script·i·ble [impəːrskríptəbl] 형 전거(典據)가 없는, 출전(出典)의 뒷받침이 없는.

***im·per·son·al** [impə́ːrsənl] 형 1 개인적이 아닌, 개인에 관계 없는, 일반적인. ¶an ~ attitude 공평한 태도. 2 인격을 가지지 않는, 비인간적인, 인간의 감정이 없는. 3 〖문법〗 (동사·대명사가) 비인칭의. ¶~ it 비인칭의 it. — 명 〖문법〗 비인칭 동사[대명사]. **~·ly** 부

impérsonal fórces 명 인간 외적인 힘.

im·per·son·al·ism [impə́ːrsənəlìzm] 명 비인격주의(개인이나 집단에 비인격적[비개인적] 관계를 유지하고자 하는 실천 운동).

im·per·son·al·i·ty [impə̀ːrsənǽləti] 명 1 인간적인 특성의 결여; 비인격성, 비인간 닝. 2 비인격적인 것[존재]. 3 냉정함, 냉담함. 4 특정 개인을 초월한 성질, 비(非)인성.

im·per·son·al·ize [impə́ːrsənəlàiz] (*(英) **-ise**) 타 …을 비(非)인격적으로 하다. **-i·zá·tion** 명

impérsonal prónoun 명 비인칭 대명사(* 예컨대 It snows.의 it는 impersonal pronoun, snows는 impersonal verb).

impérsonal vérb 명 비인칭 동사.

im·per·son·ate [ⓈⒼ [impə́ːrsənèit] 타 1 …인 체하다, …의 흉내내다; (남)의 이름[직함 따위]을 사칭하다. 2 (고어) …을 의인화(擬人化)하다, 인격화하다, 체현(體現)[구현]하다. 3 (무대에서) …의 역을 하다, …으로 분장하다. ¶~ Hamlet on the stage 연극에서 햄릿 역을 맡아 연기하다. — 형 [impə́ːrsənət, -nèit] 인격화된, 체현된. **-á·tion** 명ⓊⒸ 흉내; 인격화.

im·per·son·a·tor [impə́ːrsənèitər] 명 남으로 가장한 사람, 남의 흉내를 내는 사람; (작품 속의 어떤 역을 하는) 배우.

***im·per·ti·nence** [impə́ːrtənəns] 명 1 Ⓤ 건방짐, 주제넘음, 무례, 오만; Ⓒ 버릇없는 행위[말]. 2 Ⓤ 부적당, 불합리, 엉뚱함; Ⓒ 엉뚱한 행위[말]. 3 무례한 사람. (또는 **impertinency**)

have the impertinence to do 무례하게도 …하다.

***im·per·ti·nent** [impə́ːrtənənt] 형 1 건방진, 주제넘은, 뻔뻔스러운, 무례한, 버릇없는(rude)(to). ¶an ~ remark 건방진 말 / ~ questions about another's private affairs 남의 사생활에 관한 무례한 질문.

〖유의어〗 **impertinent** 자기 분수를 넘어 남의 일에 참견하는, 또는 예의·경의 따위가 결여되어 무례한. **impudent** 뻔뻔스럽게 염치없이 무례한. **insolent** 남을 깔보고 모욕적인 언동을 하는. **cheeky** = impudent, insolent, 구어적인 말. **saucy** 경솔하고 다소 존경하는 태도가 없는; 비난의 뜻은 별로 강하지 않다.

2 관계없는, 엉뚱한(to). ¶~ study 관계없는 연구. 3 (폐어) 시시한; (고어) 적절하지 않은(to).
be impertinent enough to do 건방지게도 …하다.
~·ly 부 **~·ness** 명

im·per·turb·a·ble [impərtə́ːrbəbl] 형 쉽게 동요하지 않는, 냉정한, 침착한. ¶with ~ composure 차분하게. **-turb·a·bíl·i·ty** 명 **~·ness** 명 **-bly** 부

im·per·tur·ba·tion [impə̀ːrtərbéiʃən] 명Ⓤ 침착, 냉정, 차분함, 평정(平靜).

im·per·vi·ous [impə́ːrviəs] 형 1 (물·공기 따위가) 통하지 않는, 불침투성의; 통과할 수 없는 (to). ¶fabric ~ to moisture 습기가 스며들지 않는 직물. 2 상하지 않는, 손상되지 않는(to). 3 (…에) 영향을 받지 않는, (…을) 느끼지 않는, 무감각한, 둔감한(to). (또는 **impervi·able**) **~·ly** 부 **~·ness** 명

im·pe·ti·go [impətáigou] 명Ⓤ 〖병리〗 농가진(膿痂疹). **-tig·i·nous** [-títidʒənəs] 형 농가진성(性)의.

im·pe·trate [ímpətrèit] 타 …을 탄원[기원]하여 얻다; …을 탄원하다, 간청하다(ask for).
-trá·tion **-trá·tive** 형 **-trá·tor** **-tra·tò·ry** 형

im·pet·u·os·i·ty [impètʃuásəti/-tʃuɔ́s-] 명Ⓤ 열렬, 성급; 격렬; Ⓒ 격렬[성급]한 동작[행동], 충동.

***im·pet·u·ous** [impétʃuəs] 형 1 성급한, 충동적인, 격한. ⇒HASTY 〖유의어〗¶an ~ decision 성급한 결정. 2 (바람·속도 따위가) 사나운, 격렬한, 맹렬한. ¶with ~ speed 무서운 속도로. **~·ly** 부 **~·ness** 명

***im·pe·tus** [ímpətəs] 명 1 Ⓤ Ⓒ (물건을 움직이는) 힘, 기동력(起動力); 기세, 탄력; 자극, 충동. ⇒STIMULUS 〖유의어〗 2 Ⓤ 〖역학〗 충량(momentum). [다.]
give [or **lend**] **(an) impetus to** …을 자극[촉진]하

impf. imperfect. **imp. gal.** imperial gallon.

im·pi [ímpi] 명 (복 **~s**) (남아프리카) (Zulu족의) 전사단(戰士團), 연대(聯隊).

im·pi·e·ty [impáiəti] 명 1 Ⓤ 신앙심이 없음, 경건치 못한. 2 Ⓤ 불경, 불효, 불순종. ¶filial ~ 불효. 3 Ⓒ 경건치 못한 행위[말].

im·pig·no·rate [impígnərèit] ⓈⒼ 타 담보로 내놓다, 저당잡히다. **-rá·tion** 명

im·pinge [impíndʒ] 자 1 (빛·파도 따위가) 부딪치다, 때리다, 충돌하다(on, upon, against). 2 (…을) 범하다; (권리 따위를) 침해하다(on, upon). ¶~ on the human rights 인권을 침해하다. 3 영향을 미치다, 작용하다(on, upon). ¶~ upon the imagination 상상력을 촉발하다. **~·ment**, **-píng·ent** 명

impíngement attáck (야금) 충격 부식(腐食).

im·ping·er [impíndʒər] 명 집진(集塵) 장치.

im·pi·ous [ímpiəs, impáiəs] 형 1 신을 공경하지 않는, 믿음이 없는, 불경스러운. ¶~ remarks 불경스러운 언사. 2 불손한, 무례한. **~·ly** 부 **~·ness** 명

imp·ish [ímpiʃ] 형 작은 요괴의[같은], 장난꾸러기의, 개구쟁이의(mischievous). **~·ly** 부 **~·ness** 명

im·plac·a·ble [implǽkəbl, -pléik-] 형 1 달랠[누그러뜨릴] 수 없는, 화해하기 어려운, 앙심 깊은. 2 용서 없는, 무자비한. **-bíl·i·ty**, **~·ness** 명 **-bly** 부

im·pla·cen·tal [implə̀séntl] 〖동물〗형 태반이 없는, 무태반의. — 명 무태반의 포유 동물. (또는 **implacentate**)

im·plant [통 [implǽnt/-plάːnt] 타 1 (마음에) …을 심다, 깊이 새기다, 불어넣다(in, into). ¶~ sound principles in a person's mind 남에게 건전한 원리원칙을 갖게 하다. 2 …을 꽂아넣다[박다], 끼워넣다, 심다; (장기·피부 등)을 이식하다(in). ¶~ artificial teeth in the jaw 턱 안에 의치를 끼워넣다. 3 (드물게) …을 심다(in). ¶~ the seeds 씨를 심다. 4 (수동형) (수정란)을 자궁벽에 착상(着床)시키다. 자 (수정란이) 자궁벽에 착상하다. — 명 [∠~] 〖의학〗 1 신체에 이식된 조직; (피부·장기 따위의) 이식. 2 (라듐 따위의) 방사성 물질을 넣은 체내 삽입용 작은 관. 3 의치 틀; 의치.

~·a·ble [형] 이식[주입]할 수 있는.
implántable púmp [명] 〔의학〕 매립식 펌프(체내에 삽입하여 인슐린 따위를 주입하는 장치).
im·plan·ta·tion [ìmplæntéiʃən/-plɑːn-] [명][U][C] 1 심어넣기, 이식; 가르침, 주입, 고취. 2 〔의학〕 (종양 세포의) 새로운 곳으로의 전이(轉移); 착상(着床); (고형 약품의) 피하 주입. 「[것], 고취자.
im·plant·er [implǽntər, -plɑ́ːnt-] [명] 심는 사람
im·plau·si·ble [implɔ́ːzəbl] [형] 받아들이기 어려운, 믿기지 않는, 그럴 듯하지[정말 같지] 않은.
-bíl·i·ty, ~·ness [명] **-bly** [부]
im·plead [implíːd] [동][타] 1 …을 고발하다, 고소하다. 2 《드물게》 〔사람 등〕을 비난하다, 책망하다.
~·a·ble [형] **~·er** [명] 〔법률〕 제3당사자 절차.
‡**im·ple·ment** [명] [ímpləmənt] 1 (종종 ~s) 《복합어로》 연장, 도구, 기구; 용구; (~s) 용구[도구] 한 벌. ¶agricultural [*or* farm] ~*s* 농기구 / surgical ~*s* 외과 기구 / ~*s* of war 병기 / writing ~*s* 필기 도구.

[유의어] **implement** 「도구」를 나타내는 가장 넓은 뜻의 말. **tool** 직공이 손에 들고 쓰는 연장. **instrument** 정교·정확을 요하는 도구·기계[기구]. **utensil** 가사용 도구. **appliance** 손을 다소 쓰면서 기계력·전력으로 움직이는 특정한 목적을 위한 도구.

2 (~s) (가구·부엌용품 따위) 비품, 장신구, 세간. ¶household ~*s* 가재 도구, 세간. 3 수단, 방법; 대리인, 앞잡이(agent). 4 《스코》 〔법률〕 이행(履行).
── [동][타] [ímpləmènt, -mənt] 1 〔약속 따위〕를 이행하다, 수행하다(carry out). ¶~ a contract 계약을 이행하다. 2 〔요구·조건·부족 따위〕를 충족시키다. ¶~ necessary conditions 필요한 여러 조건을 충족시키다. 3 …에 도구[수단]를 제공하다. **-mènt·a·ble** [형] **-men·tá·tion, -mènt·er, -mèn·tor** [명]
im·ple·men·tal [ìmpləméntl] [형] 도구[기구]의, 수단이 되는, 도움이 되는. 「전(充塡), 충만.
im·ple·tion [implíːʃən] [명][U] 《고어》 가득 채우기, 충
im·pli·cate [동][타] [ímplikèit] 1 《종종 수동형으로》 (일·사건 따위에) …을 관계[연루]시키다, 말려들게 하다 (*in, with*). ¶ be ~*d in* a crime 범죄에 연루되다. 2 〔의미〕를 포함하다, 내포[함축]하다. ⇨INVOLVE [유의어] ¶ 'Christianity' ~*s* 'God'. 「기독교」라는 말은 「하느님」이란 말을 함축한다. 3 밀접하게 결부시키다; (결과적으로) 영향을 주다. 4 《고어》 …을 엉키게 하다, 싸잡다.
── [명] [ímplikit] 포함[암시]된 것, 관계[연관] 있는 것.
***im·pli·ca·tion** [ìmplikéiʃən] [명] 1 [U][C] 함축, 포함; 암시(*that*[節]); 〔논리〕 함의(含意). 2 [U] 연루, 연좌, 말려들기 (*in*); (보통 ~s) 밀접한 관계; 영향, (예상된) 결과 (*for*). 3 [U] 뒤엉키게 함, 얽힘, 분규.
by* (*way of*) *implication 넌지시, 언외(言外)에, 함
~·al [형] 「축적으로.
im·pli·ca·tive [ímpləkèitiv, implíkə-] [형] 포함[함축]하는, (언외에) 숨은 뜻이 있는; 말려들게 하는.
~·ly [부] **~·ness** [명]
im·pli·ca·to·ry [ímplikətɔ̀ːri/-kèitəri] [형] 《英》 = implicative. 「(含意).
im·pli·ca·ture [ímplikətʃər] [명] 〔철학·언어〕 함의
***im·plic·it** [implísit] [형] 1 (동의 따위가) 함축[암시]적인, 언외에 담은. [반] explicit ¶an ~ consent [promise] 언외의 승낙[약속] / an ~ threat 은근한 협박. 2 (신념 따위가) 무조건의, 절대적인, 맹목적인. ¶~ trust 절대적인 신뢰 / give ~ obedience to …에 맹종하다. 3 사실상 포함된, 내재(內在)하는 (*in*). ¶ the blessing ~ *in* all heaven's chastenings 온갖 하늘의 시련 속에 잠재해 있는 신의 은총. 4 〔수학〕 음(陰)의, 음함수(陰函數) 표시의. **~·ly** [부] **~·ness, -i·ty** [명]
implícit deflátor [명] 〔경제〕 음복적(陰伏的) 디플레이터(사후적으로 명목치를 실질치로 나누어 얻은 수정(修正) 인자).
implícit differentiátion [명] 〔수학〕 음함수(陰函數) 미분법.
implícit fúnction [명] 〔수학〕 음함수(陰函數). 「理).
implícit fúnction thèorem [명] 음함수 정리(定
im·plied [impláid] [형] 1 넌지시 암시되는, 은연중의, 언외에 담긴. ¶~ agreement 암묵적인 동의. 2 〔법률〕 묵시적인, 정황으로 추정되는, 간접적인. 3 〔문학〕 상정상(想定上)의. **-plí·ed·ly** [impláiidli] [부] 「동의.
implíed consént [명] 암묵적 동의; 〔법률〕 묵시적
implíed pówers [명] 《美》 묵시적 권한(헌법 규정은 없으나 의회가 행사할 수 있는 권한).
implíed wárranty [명] 묵시적 보증.
im·plode [implóud] [동][자] 1 (진공관 따위가) 안쪽으로 파열하다, 내파(內破)하다; (천체가) 급격히 축소하다 ([참] explode). 2 《비유적》 내부 붕괴하다; 대폭 축소되다. 3 (문화 따위가) 한 점에 집중하다, 통합되다. ── [타] 내파시키다; 〔음성〕 〔폐쇄음〕을 나오는 경과음(off-glide) 없이 발음하다.
‡**im·plore** [implɔ́ːr] [동] (**~s** [-z]; **~*d*; *-plor·ing***) [타] …을[에게] 애원[탄원]하다, 간청하다(*for, to* do, *that*[節]). ⇨BEG [유의어] ¶~ forgiveness [aid] 용서[도움]를 청하다 // (~+[目]+[前]+[名]) *I–* God *for* mercy. 신께 자비를 구하라 // (~+[目]+*to* do) ~ a person *to* do 남에게 …해 달라고 부탁하다. ── [자] 간청하다, 애원하다(*for*). ¶ (~+[前]+[名]) ~ *for* one's life 살려 달라고 애원하다 // (~+[前]+[名]+*to* do) ~ *of* a person *to* spare one's life 남에게 살려 달라고 애원하다.
-plór·a·ble [형] **-plo·rá·tion** [명] **-plór·a·tò·ry** [형] 탄원하는. **-plór·er** [명] 탄원자.
im·plor·ing [implɔ́ːriŋ] [형] 탄원[애원]하는. ¶an ~ glance 애원하는 눈초리. **~·ly** [부] **~·ness** [명]
im·plo·sion [implóuʒən] [명][U][C] 1 안쪽으로의 파열, (전구·진공관의) 내파(內破)([참] explosion). 2 〔음성〕 내파, (폐쇄음의) 들어가는 경과음(on-glide). 3 《비유적》 (급격한) 내부 붕괴; 축소, 압축; (문화 따위의) 집중[통합](화). 4 = ~ therapy.
implósion thérapy [명] 〔정신의학〕 내파(요법) (공포증의 체험 요법 중 하나). 「병기.
implósion wéapon [명] 〔군사〕 폭축형(爆縮型) 핵
im·plo·sive [implóusiv] 〔음성〕 [형] (폐쇄음이) 나오는 경과음(off-glide)이 없는, 내파의. ── [명] 내파음.
im·plu·vi·um [implúːviəm] [명] ([복] ***-vi·a*** [-viə]) (고대 로마 건축의) 낙수받이.
‡**im·ply** [implái] [동][타] (***-plies*** [-z]) 1 (질문·침묵 따위가) …의 뜻을 내포하다, 함축하다 (*that*[節]). ¶Wealth *implies* responsibility. 부에는 반드시 책임이 따른다. 2 (말·명칭이) …을 뜻하다. ¶What does the word ~? 그 말은 어떤 뜻입니까? 3 (언외에) …을 넌지시 비치다, 나타내다 (*in, by*); 〔…임〕을 암시하다. ⇨HINT [유의어] 「써 주는 숙제. 〔<*imposition*〕
im·po [ímpou] [명] ([복] **~s**) 《英구어》 (학생에게) 벌로
im·pol·der [impóuldər] [동][타] …을 매립(埋立)하다.
im·pol·i·cy [impɑ́ləsi/-pɔ́l-] [명] 현명치 못한 정책, 졸책(拙策); [C] 현명치 못한[무분별한] 행위.
***im·po·lite** [ìmpəláit] [형] 버릇없는, 무례한; (…에) 실례가 되는(*to*). ⇨RUDE [유의어] ¶an ~ reply 무뚝뚝한 대답. **~·ly** [부] **~·ness** [명]
im·pol·i·tic [impɑ́lətik/-pɔ́l-] [형] 지각 없는, 어리석은, 분별 없는, 졸렬한. **~·ly** [부] **~·ness** [명]
im·pon·der·a·bil·i·a [impɑ̀ndərəbíliə, -bíljə/-pɔ̀n-] [명][복] 측정[짐작, 평가]할 수 없는 것.
im·pon·der·a·ble [impɑ́ndərəbl/-pɔ́n-] [형] 1 저울질할 수 없는, 무게가 없는; 매우 가벼운. 2 (영향·효과 따위가) 평가 불가능한. ── [명] (~s) 명확히 평가할 수 없는 것(여론·감정·효과 따위); 불가량물(不可量物) (열·빛·전기 따위). **-bíl·i·ty, ~·ness** [명] **-bly** [부]
im·po·nent [impóunənt] [명] (의무 따위를) 떠맡기는[부과하는] 사람.

‡im·port [동] [impɔ́ːrt] [타] **1** …을 수입하다, 들여오다 (*from*). [반] export ¶ ~*ed* articles [*or* goods] 수입품 // ~ raw materials and export manufactured goods 원료를 수입하고 공산품을 수출하다 // (~+[目]+[前]+[名]) ~ coffee *from* Brazil 브라질로부터 커피를 수입하다. **2** 《비유적》 〔생각·관습 따위〕를 가지고 들어오다, 끌어들이다(*into*, *to*). ¶ (~+[目]+[前]+[名]) ~ one's feeling *into* discussion 토론에 감정을 개입시키다. **3** (말·행동 따위가) …을 뜻하다, 나타내다, …의 뜻을 내포하다[함축하다](*that* [節]). ¶ Honor ~*s* justice. 명예는 정의를 뜻한다 // (~+*that* [節]) His words ~*ed that* he wanted to quit the job. 그의 말은 사직하고 싶다는 뜻이었다. **4** 《고어》 (…하는 것은) (…에게) 중요하다, (중대한) 관계가 있다(*to* do). **—** [자] 중요하다, 중대한 관계가 있다. ¶ It does not ~ much. 그것은 그다지 중요하지 않다.

— [명] [ˊ-] [U] **1** [C] (~s) 수입품; 수입액. **2** 수입; 수입업. ¶ the ~ of foreign cars 외제차의 수입. **3** (종종 the ~) (함축된) 의미, 취지(⇨MEANING [유의어]). ¶ the ~ of an event 사건의 의미. **4** (상대적인) 중요(성). ¶ a matter of great ~ 매우 중요한 일. **5** 《캐나다 속어》 외국인 선수.

im·pòrt·a·bíl·i·ty [명][U] 수입 가능(성). **~·a·ble** [형]

‡im·por·tance [impɔ́ːrtəns] [명][U] **1** (종종 an ~) 중요성, 중대성(*to*, *for*). ¶ a matter of great [no] ~ *for* the city's future 그 도시의 장래를 위해 매우 중요한[중요하지 않은] 일.

> [유의어] **importance** 「중요성」이라는 뜻의 가장 일반적인 말. **consequence** 있을 수 있는 결과를 생각하고서의 중요성. **weight** 관계있는 다른 일과 비교하고 나서의 상대적인 중요성. **significance** 반드시 표면에 드러나지는 않으나 특별한 뜻이 담긴 중요성.

2 중요한 지위[입장], 유력, 무게, 관록. ¶ a man of ~ 중요[유력] 인사 / That person lacks ~. 저 사람은 관록이 없다. **3** 《경멸적》 거만(한 태도), 거드름.

attach [or ***give***] ***importance to*** …을 중시하다.

be conscious of [or ***have a good idea of, know***] *one's* ***own importance*** 자부하다, 젠체하다, 우쭐하다.

be of importance [***no importance***] 중요하다[하지 않다].

make much importance of …을 크게 중요시[존중]하다.

with an air of importance 젠체하고, 거드름 부리며.

‡im·por·tant [impɔ́ːrtənt] [형] (***more*** ~; ***most*** ~) **1** 중요한, 중대한, 긴요한, 긴급한(*to*, *for*). ¶ His cooperation is very ~ *to* me [*for* the plan]. 그의 협력은 나에게는[그 계획에는] 대단히 중요하다. **2** 고려할 만한, 주목해야 할. ¶ an ~ exception [example] 간과할 수 없는 예외[주목할 만한 사례]. **3** 두드러진, 탁월한, 현저한. ¶ an ~ part 돋보이는 부분. **4** (사람·지위 따위가) 꽤 유력한, 권위 있는, 관록 있는, 높은, 저명한. ¶ a very ~ person 중요 인물([약] VIP). **5** 거드름 피우는, 뽐내는, 거만한. ¶ one's ~ manner 거만한 태도 / look ~ 잘난 체하다.

assume an important air 젠체하다.

(*what is*) *more important* 보다 중요한 것.

~·ly [부]

im·por·ta·tion [ìmpɔːrtéiʃən] [명][U] 수입; [C] 수입품, 외래품. [반] exportation

ímport bìll [명] 수입 어음.

ímport declaràtion [명] 수입 신고.

ímport dùty [명] 수입 관세.

impórted cábbageworm [명] (배추) 흰나비 유충.

im·port·ee [ìmpɔːrtíː] [명] (국외로부터의) 초청 인물.

im·port·er [impɔ́ːrtər] [명] 수입업자[상사].

ímport gòods [명][복] 수입품.

ímport lìcense [명] 수입 허가(서).

ímport quòta [명] 수입 할당[쿼터].

ímport restrìction [명] 수입 제한.

ímport sùrcharge [명] 수입 과징금.

ímport tàriff [명] 수입 관세.

im·por·tu·na·cy [impɔ́ːrtʃunəsi] [명] 끈덕짐, 끈질김.

im·por·tu·nate [impɔ́ːrtʃunət] [형] **1** 《경멸적》 (요구 따위가) 끈질긴, 끈덕진, 집요한(*in*); (…을) 성가시게 졸라대는(*for*); 골치아픈, 귀찮은. **2** (일이) 급박한, 화급을 다투는. **~·ly** [부] **~·ness** [명]

im·por·tune [ìmpɔːrtjúːn, impɔ́ːrtʃən] [동][타] …에게 성가시게 조르다, 끈질기게 부탁하다(*for*, *with*, *to* do). ⇨BEG [유의어] ¶ ~ one's parents *for* money 부모에게 돈을 달라고 조르다 // He ~*d* me *to* give him more money. 그는 돈을 더 달라고 성가시게 졸라댔다. **—** [자] 집요하게 조르다; (매춘부가) 손님을 유혹하다. **—** [형] =importunate. **~·ly** [부] **-tún·er** [명]

im·por·tu·ni·ty [ìmpɔːrtjúːnəti/-tjúː-] [명] **1** [U] 집요함. **2** (-ties) 집요한[성가신] 요구.

‡im·pose [impóuz] [동] (***-pos·es*** [-iz]; ~***d***; ***-pos·ing***) [타] **1** 〔세금·형벌·의무 따위〕를 지우다. ¶ (~+[目]+[前]+[名]) ~ taxes *on* [or *upon*] a person's property 남의 재산에 과세하다. **2** 〔의견 따위〕를 (남에게) 강요하다(*on*, *upon*); 《재귀용법으로》 (남의 일에) 주제넘게 나서다(*on*, *upon*) ¶ (~+[目]+[前]+[名]) ~ oneself (*upon* others) 주제넘게 나서다 / ~ one's opinion [personal preference] *on* [or *upon*] others 자신의 의견[개인적 기호]을 남에게 강요하다. **3** 〔불량품〕을 속여 팔다(*on*, *upon*). **4** 〔종교〕 (견신례 등에서) …에게 안수하다. **5** 〔인쇄〕 〔활판〕을 정판하다. **6** 《고어》 …을 놓다, 얹다. **—** [자] **1** 탄복하게 하다, 위압하다(*on*, *upon*). **2** (남의 선의 따위를) 이용하다, 틈타다(*on*, *upon*). **3** 교묘히 속이다, 기만하다(*on*, *upon*).

impose on [or ***upon***] ① 주제넘게 나서다. ② …을 틈타다, 이용하다; 속이다. ¶ Don't ~ *upon* his kindness. 그가 친절하다고 기어올라서는 안 된다. ③ …을 위압하다.

-pós·a·ble [형] **-pós·er** [명]

***im·pos·ing** [impóuziŋ] [형] 인상적인, 남의 눈을 끄는, 당당한. ¶ an ~ air [building] 당당한 풍채[건물]. **~·ly** [부] **~·ness** [명]

impósing stòne [**tàble**] [명] 〔인쇄〕 조판대.

im·po·si·tion [ìmpəzíʃən] [명] **1** [U] (부담·의무 따위를) 지우기, 과하기, 부과(*of*, *on*, *upon*). ¶ the ~ *of* a 10% sales tax 10%의 판매세 부과. **2** 부과물, 세금, 부담; 의무, 형(벌); 《英》 (학교에서 벌로 과하는) 숙제([참] impot). **3** 기만, 사기. **4** (권위 따위에 의한) 강요; (사람이 호인임을) 이용하기(*on*, *upon*). **5** 〔교회〕 안수(按手). **6** 〔인쇄〕 정판.

imposítion of hánds [명] 〔교회〕 안수, 안수례.

im·pos·si·bi·lism [impásibilìzəm/-pɔ́s-] [명] 사회 개혁 불가능론. **-list** [형][명]

***im·pos·si·bil·i·ty** [impɑ̀səbíləti, ìmpɑs-/-pɔ̀s-] [명] **1** [U] 불가능(성). **2** [C] 불가능한 일.

‡im·pos·si·ble [impásəbl/-pɔ́s-] [형] (***more*** ~; ***most*** ~) **1** (실행) 불가능한, …할 수 없는(*of*, *to* do). ¶ an ~ task [plan] 도저히 할 수 없는 일[실현성 없는 계획] // be ~ *of* fulfilment [definition] 달성[정의]할 수 없다 // It's ~ *to* call a meeting tomorrow. 내일 모임을 연다는 것은 무리다. **2** 있을[일어날] 수 없는; 믿을 수 없는(*that* [節]). ¶ an ~ story [event] 있을 수 없는 이야기[사건] / an ~ rumor 믿을 수 없는 소문. **3** 꼼짝 못하는, 어쩔 수 없는; 견딜 수 없는, 몹시 싫은. ¶ an ~ situation 도저히 참을 수 없는 상태 / an ~ neighbor [dress] 아주 싫은 이웃[괴상한 복장].

It's impossible. 그럴 리 없어, 믿을 수 없어.

You're impossible. 벽창호 같으니!, 어쩔 수 없는 녀석이군.

— [명] (the ~) (단수취급) 불가능한[하다고 생각되는] 일[것]. ¶ make the ~ possible 불가능한 일을 해내다. **~·ness** [명]

impóssible árt 명 개념 예술(conceptual art).
im·pos·si·bly [impásəbli/-pɔ́s-] 图 있을 수 없을 정도로, 불가능하게; 몹시, 극단적으로. ¶~ foolish 몹시 어리석은.
not impossibly 어쩌면, 경우에 따라서는.
im·post[1] [impoust] 명 부과금, 세금; 관세; (경마) 핸디캡으로 말에게 지우는 짐. ──동태 (수입 품목별로) …의 관세를 결정하다. 「彎曲部)의 기점(起點)).
im·post[2] 명 (건축) 홍에 받침대(아치의 내만곡부(內
ímpost blóck 명 (건축) 부주식(副柱頭).
im·pos·tor [impástər/-pɔ́s-] 명 사기꾼, 협잡꾼; 남의 이름을 사칭하는 사람. (또는 **imposter**)
im·pos·tume [impástʃu:m, -tju:m] 명 1 (고어) 종기, 농양(膿瘍). 2 (비유적) 타락, 부패. (또는 **im·pos·thume** [-θu:m])
im·pos·ture [impástʃər/-pɔ́s-] 명 UC (특히 신분을 사칭하는) 사기, 협잡. **-trous, -tur·ous** 형
im·po·sure [impóuʒər] 명 (드물게) =imposition.
im·pot [impət] 명 (英학생 속어) 벌로써 시키는 과제. (<*imposition*)
im·po·tence [impətəns] 명 UC 1 (남성의) 발기 부전(不全), 성적 무능력, 교접 불능, 음위(陰萎). (또는 **impotency**) 2 무력, 무능; 무기력; 허약.
***im·po·tent** [impətənt] 형 1 무력한, 무능력한, 할 수 없는 (*to do, in doing*). ¶~ feeling 무력감 // be ~ *to do* …할 수 없다. 2 (질·산출력 따위가) 허약한(weak), 노쇠한. ¶in an ~ rage 화낼 힘도 없어서. 3 (성적 능력이 없는, 성교(발기) 불능의. ──명 허약자, 무능한 사람; 성교 불능자. **~·ly** 부 **~·ness** 명
im·pound [impáund] 동태 1 (가축 따위)를 우리 안에 가두다, 우리에 넣다. ¶catch and ~ buffaloes 들소를 잡아 우리에 가두다. 2 (물 따위)를 괴게 하다, 담수(湛水)하다. ¶water ~ed in a reservoir 저수지에 괸 물. 3 …을 유폐하다, 감금하다. ¶~ rebels 반란자들을 감금하다. 4 …을 빼앗다. 5 (증권·서류 따위) 를 압수(몰수)하다. ¶~ various sorts of weapons 각종 흉기를 압수하다. ──명 [ˊ-] 1 관개용 저수지. 2 압수품, 압수된 돈, 몰수 자산. **~·a·ble** 형 **~·er** 명
im·pound·ment [impáundmənt] 명 1 가두기; 구금; 압수, 몰수. 2 저수(貯水); 인공호(湖); 저수량. (또는 **im·pound·age** [impáundidʒ])
***im·pov·er·ish** [impávəriʃ/-pɔ́v-] 동태 1 …을 가난하게 하다, 피폐시키다. ¶a family ~ed by misfortune 불운 때문에 몰락한 집안. 2 (질·산출력 따위)를 빈약하게 하다, 저하시키다. (토질 따위)를 메마르게 하다; (힘)을 허약하게 하다. ¶~ed blood 빈혈. 3 …의 흥미를 빼앗다, …을 따분하게 만들다.
~·er 명 **~·ment** 명 빈곤하게 하기; 허약, 불모.
im·pov·er·ished [impávəriʃt/-pɔ́v-] 형 가난해진(»POOR (유의어)); (토지 따위가) 메마른; 허약해진; 동식물의 종류(수)가 적은; (실험에서) 외부 자극이 적은. ¶~ rural areas 빈곤에 허덕이는 농촌 지역.
impóverished fúel 명 (물리) 열화(劣化) 핵연료.
im·póv·er·ish·ing théory [impávəriʃiŋ-/-pɔ́v-] 명 (the ~) (Karl Marx의) 궁핍화 이론.
im·pow·er [impáuər] 동태 (폐어) =empower.
impr. improved; improvement.
im·prac·ti·ca·bil·i·ty [imprèktikəbíləti] 명 UC 다루기 불가능(한 것), 사용 불능, 쓸 수 없는 것; (드물게) 다루기 어려움, 고집.
***im·prac·ti·ca·ble** [imprǽktikəbl] 형 1 실행할 수 없는, 실행 불가능한. ¶an ~ plan 실행 불가능한 계획. 2 (길 따위가) 통행할 수 없는. ¶an ~ road 통행할 수 없는 길. 3 (드물게) (사람 따위가) 다루기 어려운, 고집 센. **~·ness** 명 **-bly** 부
***im·prac·ti·cal** [imprǽktikəl] 형 실제(실용)적이 아닌; 비현실(비실용)적인, 실행 불가능한. 참 unprac-**-cál·i·ty** 명 **~·ly** 부 **~·ness** 명 ⌐tical

im·pre·cate [ímprikèit] 동태 1 (…에게) (재앙 따위가 있기)를 빌다(*on, upon*). ¶~ curses [evil] *upon* a person 남을 저주하다(남에게 재앙이 내리도록 빌다). 2 (드물게) …에게 저주를 보내다, …을 저주하다. ¶~ the weather 날씨를 저주하다. **-cá·tion** 명 방자(하기); C 저주. **-cà·tor** 명 **-ca·tò·ri·ly** 부 **-ca·to·ry** 형
im·pre·cise [imprisáis] 형 부정확(불명확)한, 애매한. **~·ly** 부 **~·ness** 명
im·pre·ci·sion [imprisíʒən] 명 U 부정확(성), 불명확(성); 불모; 결핍; 견고.
im·preg [impreg] 명 합성 수지를 먹인 베니어판(습기에 강하고 튼튼하다).
im·preg·na·bil·i·ty [imprègnəbíləti] 명 UC 난공 불락.
im·preg·na·ble[1] [imprégnəbl] 형 1 난공 불락의, 견고한. ⇒INVINCIBLE (유의어) ¶an ~ fort 난공 불락의 요새. 2 (신념·생각 따위가) 흔들리지 않는, 확고한. ¶an ~ belief 굳은 신념. **~·ness** 명 **-bly** 부
im·preg·na·ble[2] [imprégnəbl] 형 수정(受精) 가능한, 수태 가능한. (또는 **impregnatable**)
im·preg·nant [imprégnənt] 형 (직물·종이·나무 따위에) 침투시키는, 함침제(含浸劑).
im·preg·nate 동태 [imprégneit, ˊ-] 1 …을 임신(수태)시키다; (생물) …을 수정(受精)시키다. ¶be ~*d* 임신하다. 2 …을 스며들게 하다, 담그다 (*with*). ¶~ a handkerchief *with* perfume 손수건에 향수를 배게 하다. 3 …을 충만(포화)시키다 (*with*). ¶Sea water is ~*d with* salt. 바닷물은 염분을 많이 함유하고 있다. 4 (사상·감정 따위)를 (마음)에 심다, 주입하다 (*with*). ¶~ a person's mind *with* new ideas 남에게 새로운 사상을 주입하다; 스며들다, 충만하게 하다(*with*); 물들이다, 감염시키다 (*with*). **-ná·tion** 명
im·preg·na·tor [imprégneitər] 명 주입기(注入 ┌機).
-to·ry [-nətɔ̀:ri] 형
im·pre·sa [impréizə] 명 (pl. ~**s**, ~**se** [-zei]) (방패에 그려진) 도안, 문장(紋章); 모토; 금언(숲言). (또는 **im·prese** [impríːz]) ⟨It⟩
im·pre·sa·ri·o [imprəsáːriòu, -séə-] 명 (pl. ~**s**) 1 (오페라·음악회 따위의) 흥행주, 주최자; (가극단 따위의) 단장. 2 (일반적으로) 감독, 지휘자; 프로듀서. ⟨It⟩
im·pre·scrip·ti·ble [impriskríptəbl] 형 (법률) 시효의 제약을 받지 않는, 법령으로 움직일 수 없는, 절대적인. **-scrip·ti·bíl·i·ty** 명 **-bly** 부
‡**im·press**[1] [imprés] 동태 (~·**es** [-iz]; ~**ed** [-t]) 1 …을 깊이 감동시키다, …에 감명을 주다, …의 마음을 흔들다 (*by, with*). ¶The speech ~*ed* the audience. 그 연설은 청중에게 깊은 감명을 주었다. 2 …에게 인상을 주다(*as*); …을 (사람·마음·기억)에 새기다, 명심하게 하다 (*on, upon*). ¶~ a person favorably (unfavorably) 사람에게 좋은(나쁜) 인상을 주다 (~ + 目 + 前 + 名) ~ a thing *on* (or *upon*) one's mind (memory) …을 마음(기억)에 깊이 새기다. 3 …의 특징을 부여하다 (*on, upon*); 특징짓다 (*with*). ¶He ~*ed* the work *with* his optimism. 그 작품에는 그의 낙천적인 특징이 나타나 있었다. 4 (도장 따위)를 찍다 (*on, upon*); …에 (마크·무늬 따위)를 눌러 찍다, 새기다 (*with*); …을 (물건에) 눌러서 자국을 내다 (*into*). 5 (전기) …에 전압을 가하다. ──재 (사람·언동 따위가) 좋은 인상을 주다, 관심을 끌다.
be favorably [*unfavorably*] *impressed* 좋은(나쁜) 인상을 받다.   「(감명)을 받다.
be impressed by [or *with*] …에 감동하다, 깊은
impress a kiss upon …에 키스하다.
impress a motion upon …에 운동을 일으키다.
──명 [ˊ-] ~**·es** [-iz] UC 1 날인, 각인; 흔적. 2 인상, 감명; 영향 (*upon*). 3 특징, 효과. ¶a poem bearing the ~ of genius 천재의 특징을 보인 시.
im·press[2] 동태 [-ˊ] 1 (남)을 (특히 해군에) 강제 징병하다 (*into*). 2 (돈·재산 따위)를 징발(징용)하다. 3 (논쟁 따위에) …을 인용하다. ──명 [ˊ-] 강제 징

impressibility   1414   **improve**

im·press·i·bil·i·ty [imprèsəbíləti] 명 감동성.
집 ; 징발. 「키기 쉬움, 민감함, 감수성.
im·press·i·ble [imprésəbl] 형 느끼기 쉬운, 감수성이 강한(impressionable). ~·**ness** 명 -**bly** 부
‡**im·pres·sion** [impréʃən] 명 (~**s** [-z]) 1 ⓤⓒ (…에 대한) 인상(*on*); 감명, 감동.¶an agreeable ~ 호감 / visual ~s 시각적인 인상 / First ~s are hard to forget. 첫인상은 잘 잊혀지지 않는다. 2 ⓤ 영향, 효과, 결과(*on*, *upon*).¶the ~ of environment *on* an animal 환경이 동물에 미치는 영향. 3 (막연한) 느낌, 기분, 생각(*of*, *that* 절).¶My ~ is *that* he is a good man. 그가 좋은 사람이라는 느낌이 든다. 4 (눌러서 생긴) 자국, 흔적, 모양, 표.¶leave an ~ of one's foot 발자국을 남기다. 5 [인쇄] (원판의) 인쇄(刷); 1회의 인쇄 부수.¶a clear [bad] ~ 선명한 [나쁜] 인쇄 / the second ~ of the first edition 초판의 제2쇄. 6 (치과) (의치의) 틀. 7 ⓤⓒ 도장을 찍기, 날인, 찍은 자국, 각인(*on*, *in*). 8 (연예인의 명사 언행) 흉내(내기) (impersonation), 성대 모사(*of*). 9 (지질) 인상(印象) (화석) (식물의 잎모양 따위가 바위에 새겨져 있는 것).
be under the impression that… …하다고 생각하고 있다. 「내다.
do [or *give*] *an impression of* (사람)의 흉내를 내다.
have an impression that… …라는 생각이 든다.
make [*leave*] *an impression on* …에게 인상을 주다 [남기다].
with a deep impression 깊이 감명하여 [을 받고].
~·**al** ~·**al·ly** 부 -·**less** 형
***im·pres·sion·a·ble** [impréʃənəbl] 형 느끼기 쉬운, 감수성에 예민한. -**bil·i·ty**, ~·**ness** **-bly** 부
im·pres·sion·ism [impréʃənìzm] 명 ⓤ 1 (종종 I-) (미술) 인상주의; (문학) 인상주의; (음악) 인상주의. 2 인상주의적 표현.
im·pres·sion·ist [impréʃəniot] 명 1 (종종 I-) 인상주의자, 인상파 예술가. 2 흉내쟁이(mimic), 흉내 전문 연예인. — 형 (종종 I-) (미술) 인상주의(파)의.
im·pres·sion·is·tic [imprèʃənístik] 형 인상주의적인, 인상파의 (예술가)의; 막연한. -**ti·cal·ly** 부
Impréssionist School 명 ⓤ 인상파.
‡**im·pres·sive** [imprésiv] 형 (*more* ~; *most* ~) 1 강한 인상을 주는; 감명 깊은, 감동적인. ⇒MOVING 유의어 ¶an ~ scene 감동적인 장면. 2 장엄한, 당당한 (*for*).
That's impressive! 굉장하다!, 멋있다!
~·**ly** 부 ~·**ness** 「발발; 징병.
im·press·ment [imprésmənt] 명 ⓤ 강제 징용,
im·pres·sure [impréʃər] 명 (고어) =impression.
im·prest¹ [imprest] 명 (영) (군인·수병 징모시 국고에서 주는) 선불금, 전도금. 「과거분사.
im·prest² [imprest] 형 (고어) impress¹·²의 과거·
im·pri·ma·tur [ímprimá:tər, -méi-, -prai-] 명 1 (가톨릭 교회에 의한 신앙·도덕 관련 서적의) 출판 허가. 2 (종종 익살) 허가, 인가, 승인(approval), 면허.
im·pri·ma·tu·ra [impri:mətú:rə] 명 (그림) (캔버스나 패널에의) 밑칠. 「로.
im·pri·mis [impráimis, -prí:-] 부 맨 처음에, 최초
*****im·print** [imprint] 명 1 흔적, 형적, 자국.¶the ~ of a foot in the sand 모래 위의 발자국. 2 인상, 모습, (…의) 빛 (*on*, *upon*).¶the ~ of anxiety *on* her face 그녀의 얼굴에 나타난 불안한 빛. 3 (책의) 판권(版權)란[페이지]. 4 (넓은 의미로) 출판사.¶Random House and its ~, Times Book 랜덤 하우스 출판사와 그 계열 출판사인 타임스 북. — [-´] 타 1 인상을 주다; 영향을 끼치다. — 자 1 …을 강하게 인상지우다, 명심[감명]시키다 (*on*, *upon*, *in*).¶(~+目+前+名) He ~ed her smile *upon* his memory. 그는 그녀의 미소를 기억에 새겨 두었다. 2 (도장 따위를) 찍다; (…에) 자국을 내다 (*on*, *upon*).¶(~+目+前+名) a
mark *on* a surface 표면에 자국을 내다 / ~ a receipt *with* a seal 영수증에 도장을 찍다. 3 (수동형으로) (동물·심리) 각인(刻印)하다, 마음에 새기다 (*on*, *onto*, *to*, ~·**er** 명 「*into*).
im·print·ing [imprintiŋ] 명 (동물·심리) 각인.
‡**im·pris·on** [imprízn] 타 (~**s** [-z]) 1 …을 투옥하다, 수감하다(*for*). 2 …을 가두다, 감금하다(*in*).
-·**a·ble** 형 -·**er** 명
im·pris·on·ment [imprízn mənt] 명 ⓤ 투옥, 감치; 금고 [징역] 형; 감금.¶life ~ 종신형.
im·prob·a·ble [imprábəbl / -prɔ́b-] 형 있을 [일어날] 성싶지 않은 ; 사실 같지 않은.¶an ~ event 일어날 성싶지 않은 사건. -**bil·i·ty**, ~·**ness**
im·prob·a·bly [imprábəbli / -prɔ́b-] 부 있음직하지 않게, 참말 같지 않게.¶not ~ 혹시, 경우에 따라서.
im·pro·bi·ty [impróubəti, -práb-] 명 ⓤ 도의심의 결여, 절조 없음 ; (문어) 정직하지 않음, 불성실.
im·promp·tu [imprámptju: / -prɔ́mptju:] 형 1 준비 없는, 즉석의 ; 즉흥적인.¶an ~ address [verse] 즉석 연설[즉흥시]. 2 서둘러서 만든 ; 임시 변통의.¶an ~ dinner 있는 재료로 만든 식사. — 부 준비 없이, 즉석에서, 즉흥적으로. — 명 즉석 연설, 즉흥 연주; 즉흥시 [곡]. — 자 =improvise.
improp. improper; improperly.
*****im·prop·er** [imprápər / -prɔ́p-] 형 1 그릇된, 틀린, 타당하지 않은, 부당한.¶an ~ opinion 그릇된 의견 / ~ diagnosis 오진(誤診). 2 온당치 않은, 버릇없는, 상스러운 ; 부도덕한, 음탕한.¶an ~ book [word] 외설스러운 책 [말]. 3 부적당한, 맞지 [어울리지] 않는 (unfit) (*to*).¶an ~ dress 어울리지 않는 복장 // festivities ~ *to* the occasion 그런 경우에 맞지 않는 축제 노릇.

> 유의어 **improper** '부적절한'을 뜻하는 일반적인 말; 특히 관습적으로 인정된 도덕적인 규범에 합당치 않은. **indecent** 예의 범절에 도덕에 몹시 어긋나는; 비난의 뜻이 강한 말. **unbecoming** 어떤 사람의 지위·신분·직업상 어울리지 않는. **unseemly** 어떤 특정의 경우에 어울리지 않는.

4 변칙적인, 비정상의; 불규칙한. ~·**ly** 부 ~·**ness**
impróper fráction 명 (수학) 가분수(假分數).
impróper íntegral 명 (수학) 이상(異常)[가성(假性), 특이] 적분. 「란한 유혹.
impróper suggéstion 명 (여성에 대한) 추잡[음
im·pro·pri·ate [impróupriət, -prièit] 형 (교회 재산·십일조 따위가) 평신도 손으로 넘어간. — 타 [impróuprièit] (교회·수도원의 재산·수입)을 평신도 소유로 옮기다. -**á·tion** 명
im·pro·pri·a·tor [impróupriètər] 명 교회 재산 [소득]을 소유 [보관]하는 평신도. ⑨ appropriator
im·pro·pri·e·ty [ìmprəpráiəti] 명 ⓤⓒ 1 사실 [규칙, 도리]에 맞지 않음, 잘못, 틀림, 부정확. 2 부적당, 어울리지 않음. 3 버릇없음, 무례, 야비. 4 그릇된 표현 [언어], 오용(誤用). -**tion**
im·prov [imprάv / -rɔv] 명 (구어) =improvisa·
im·prov·a·ble [imprú:vəbl] 형 1 개량 [개선]할 수 있는. 2 이용할 수 있는 ; 경작할 수 있는 [에 적합한]. -**bíl·i·ty**, ~·**ness** **-bly** 부
‡**im·prove** [imprú:v] 타 (~**s** [-z]; ~**d**; *-prov·ing*) 1 ...을 개량 [개선] 하다, 향상 [발달] 시키다, 더욱 좋게 하다, 증진하다 (*in*).¶ ~ a machine [method] 기계를 개량 [방법을 개선] 하다 / ~ one's health 건강을 증진시키다 // (~+目+前+名) ~ a pony *into* a racehorse 망아지를 경주용 말로 키우다.

> 유의어 **improve** 결함·부족 상태를 바로잡아 개선한다. **better** 반드시 나쁘다고는 할 수 없는 것을 더욱 만족스럽게 하다. **ameliorate** 참을 수 없을 만큼 열악한 상태를 개선하다.

improvement 2 〔土地・不動産〕의 가치를 높이다. 3 …을 이용[활용]하다. ¶~ one's leisure time by studying 여가를 이용하여 공부하다. — ⓐ 좋아지다, 호전되다; 개량[개선]되다, 진보하다(in). ¶~ in accuracy 정확성이 향상
improve an acquaintance 면식을 얻다.
improve away [or *off*] (개량하여) …을 없애다; 개량하려다가 〔좋은 것을〕 잃다.
improve on [or *upon*] ① …보다 낫다, …을 능가하다. ② …을 개량하다.
improve oneself in …이 늘다. ¶~ *oneself in English* 영어가 늘다[향상되다].
improve the occasion 기회를 이용하다.
— 형 * 다음 숙어로만 쓴다.
on the improve 개량중인, 개선되어 가고 있는.

‡**im‧prove‧ment** [imprúːvmənt] 명 1 ⓤⓒ 개량, 개선; 진보, 향상(in). ¶the ~ of transportation system 수송망의 개량 / make ~s 개량하다 // an ~ in living standards 생활 수준의 향상 / ~ in health 건강의 증진. 2 개량점, 개선점; 《美·뉴질》 개량 공사(in); (…보다) 진보[향상]된 것(on, over). ¶It is a distinct ~ on [or upon, over] its predecessors. 그것은 이전의 것에 비하면 뚜렷한 진보이다. 3 ⓤ 〔토지·시간 등의〕 이용, 활용.

im‧prov‧er [imprúːvər] 명 1 개량하는 것, 개량[개선]자. 2 식품 첨가물(특히 보존용). 3 《英》 (무임금 또는 저임금으로 기술을 익히는) 도제, 견습공.

im‧prov‧i‧dent [imprάvədənt/-prɔ́v-] 형 1 선견지명이 없는, 부주의한. 2 앞일을 생각하지 않는, 절약심이 없는. **-dence** 명 **~‧ly** 부

im‧prov‧ing [imprúːviŋ] 형 개선[호전]되는; (도덕적·지적으로) 교화하는, 유익한. **~‧ly** 부

im‧prov‧i‧sa‧tion [imprὰvəzéiʃən, imprə‑/ìmprəvai‑] 명 ⓤ 즉석에서 하기; ⓒ 즉석에서 만든 것 (즉흥시·즉흥곡 따위). **~‧al** 형 즉석의, 즉흥적인.

im‧prov‧i‧sa‧tor [imprάvəzèitər, imprəv‑/imprɔ́v‑] 명 즉흥 시인[작곡가, 연주자].

im‧prov‧i‧sa‧to‧re [imprɑ̀vəzətɔ́ːri/-rei] 명 《It》 **-ri** [-ri] = improvisator. 〈It〉

im‧prov‧i‧sa‧to‧ri‧al [imprɑ̀vəzətɔ́ːriəl/-prɔ̀v‑] 형 = improvisatory. **~‧ly** 부

im‧prov‧i‧sa‧to‧ry [imprəváizətɔ̀ːri, -víːzə‑/-təri] 형 〔곡 따위가〕 즉석의, 즉흥의, 즉흥적인.

im‧prov‧i‧sa‧trice [imprὰvəzətríːtʃi/-tʃei] 명 **-ci** [-tʃi] improvisatore의 여성형. 〈It〉

*im‧pro‧vise** [imprəvάiz] 타자 1 〔시·곡 따위〕를 즉석에서 짓다[연주하다, 노래하다]; 〔연설 따위〕를 즉석에서 하다. 2 〔식사·좌석 따위〕를 임시 변통으로 만들다. — ⓐ 즉석에서 만들다. 즉흥 연주를 하다.
-vìs‧er, **-vì‧sor** 명 즉흥 시인[연주가].

im‧pro‧vised [imprəvὰizd] 형 즉흥[즉석]의, 임시변통의. **-vis‧ed‧ly** [-váizidli] 부

*im‧pru‧dence** [imprúːdns] 명 1 ⓤ 경솔, 무분별, 무례. 2 경솔[무례]한 언행, (또는 **imprudency**)
have the imprudence to do 경솔하게도 …하다.

*im‧pru‧dent** [imprúːdnt] 형 경솔한, 사려가 없는, 무분별한, 무모한, 신중치 못한. ¶an ~ deed 경솔한 행위 // She was ~ to go out at midnight. 그녀는 분별없이 한밤중에 외출했다. **~‧ly** 부 **~‧ness** 명

impt. important. **importer.**

*im‧pu‧dence** [ímpjudns] 명 1 ⓤ 뻔뻔스러움, 염치없음, 무례, 건방짐. 2 ⓤⓒ 뻔뻔스러운 태도[행위], 건방진 말. 3 ⓤ (메어) 교양이 없음, (또는 **impudency**)
have the impudence to do 뻔뻔스럽게도 …하다.
None of your impudence! 건방진 수작 마라.
Such impudence! 정말 뻔뻔스럽구나.
with cool impudence 뻔뻔스럽게도 태연히.

*im‧pu‧dent** [impjudnt] 형 1 뻔뻔스러운, 염치없는, 무례한, 건방진. ⇒IMPERTINENT 유의어 ¶an ~ behav-ior [visitor] 염치없는 행동[손님]. 2 (메어) 교양 없는, 창피한 줄 모르는. ~‧ly 부 ~‧ness 명

im‧pu‧dic‧i‧ty [impjudísəti] 명 ⓤ 교양이 없음, 무례, 상스러움(immodesty); ⓒ 추행.

im‧pugn [impjúːn] 타 (비행이나 토론 따위로) …을 비난[공격]하다; …에 이의를 제기하다; 논박하다. **~‧a‧bil‧i‧ty** 명 **~‧a‧ble** 형 **~‧er**, **~‧ment** 명

im‧pu‧is‧sance [impjúːəsəns, impjúɪsəns] 명 ⓤ 무능, 무기력, 허약. 「무기력한, 허약한.

im‧pu‧is‧sant [impjúːəsənt] 형 무능한(impotent),

‡**im‧pulse** [ímpʌls] 명 (~‧es [-iz]) 1 추진력; (물리적인) 충격, 자극(to, to do). 2 ⓤⓒ (…하고 싶은) 충동, 욕구(to do); 마음의 자극, 일시적인 감정. ¶a man of ~ 충동적인 사람. 3 〔물리〕 충격량(衝擊量); 역적(力積); 〔전기〕 충격, 임펄스. 4 〔생리〕 충동.
feel [or *be seized with*] *an impulse to do* …하고 싶은 충동을 느끼다.
from the impulse of one's conscience 자기 양심에 자극되어.
give an impulse to …에 자극을 주다; …을 촉진하다. 「적으로 행동하다.
on [or *by*] *impulse* 충동(적)으로. ¶act on ~ 충동
on [or *under*] *the impulse of the moment* 그 순간의 충동으로. 「다.
— 형 충동적인; 충동 구매의. — 타 …에 충격을 주

im‧pulse-buy [-bài] 타 …을 충동 구매하다.
impulse bùyer 명 충동 구매자.
impulse bùying 명 충동 구매. 「장치.
impulse còunter 명 〔컴퓨터〕 약진형(躍進形) 계수
impulse kill 명 〔군사〕 충격 파괴(단파 레이저에 의한 미사일 파괴).
impulse páss 명 임펄스 패스(브레이크댄스에서 두 사람이 양손을 마주 잡고 흔드는 율동적인 동작).
impulse púrchase 명 =impulse buying.
impulse túrbine 명 충격 터빈(고압 증기의 힘으로 터빈의 날개를 회전시키는 것).
im‧pul‧sion [impʌ́lʃən] 명 1 ⓤ 추진, 강제. 2 추진[원동]력. 3 (…하고 싶은) 충동, 자극(to do).
give an impulsion to …을 고무하다, 촉진하다.
im‧pul‧sive [impʌ́lsiv] 형 1 감정에 끌린, 충동적인. ¶an ~ remark 일시적 감정에서 나온 말. 2 〔힘이〕 추진적인, 추진력이 있는. ¶~ forces 추진력. 3 자극적인, 고무하는. 4 〔물리〕 순간적(瞬間的)의, 격력(擊力)의. ~‧ly 부 ~‧ness 명, **-pul‧siv‧i‧ty** 명
impúlsive bùyer 명 =impulse buyer.
impúlsive bùying 명 =impulse buying.
*im‧pu‧ni‧ty** [impjúːnəti] 명 ⓤ 형[벌, 해, 손실]을 받지 않음, 무사: (형사 책임의) 면제, (형사) 면책.
with impunity 벌을 받지 않고, 무사히.
*im‧pure** [impjúər] 형 1 불결한, 더러운. ¶~ water 더러운 물. 2 불순한, 혼합물이 있는 (빛깔·소리·형식 따위가) 뒤섞인. ¶~ metal 불순물이 섞인 금속. 3 순결하지 않은, 추잡스러운, 음란한(obscene); (말 따위가) 순수하지 않은. ¶~ intention 불순한 목적 / an ~ book 외설서[책]. ~‧ly 부 ~‧ness 명
*im‧pu‧ri‧ty** [impjúərəti] 명 1 ⓤ 불결; 불순; 부도덕, 음란. 2 (종종 -ties) 불순물; 부정[부도덕]한 것[행위]; 혼합물; 〔전자〕 (반도체 속의) 불순물.
im‧put‧a‧ble [impjúːtəbl] 형 (책임 따위를) 지울[전가할] 수 있는(to). **-bil‧i‧ty** 명, ~‧ness 명 **-bly** 부
im‧pu‧ta‧tion [ìmpjutéiʃən] 명 1 ⓤ (과실·죄 따위를 남에게) 돌리기, 씌우기, 전가(on). 2 (과실·죄 따위의) 문책, 비난, 오명. 3 〔신학〕 (개신교의 의인론(義認論)에서) 귀여(歸與). 「방식.
imputátion sýstem 명 《英》 〔경제〕 (과세) 귀속
im‧pu‧ta‧tive [impjúːtətiv] 형 (책임 따위가) 돌려진, 지워진; 전가된. ~‧ly 부 ~‧ness 명
*im‧pute** [impjúːt] 타자 1 〔명예롭지 못한 것〕을 (…

에게) 돌리다, 지우다, …의 탓으로 하다(to). ▷ATTRIBUTE 유의어 ¶ (~+目+前+名) ~ a guilt to a person 남에게 죄를 씌우다 / ~ one's failure to laziness 실패를 게으른 탓으로 돌리다 / Don't ~ me with it. 그 일로 나를 책망하지 마라. **2** 〔법률〕 〔죄〕를 지우다, 고소[고발]하다. **3** 〔신학〕 〔신이 그리스도의 의(義)를 (인간에게) 귀여(歸與)시키다 (to). **4** 〔경제〕 〔가치〕를 (생산자 등에) 귀속시키다 (to). **-put·ed**, **-put·ed** *a.* 귀속된, (책임) 전가한. **-put·ed·ly** *ad.* **-put·er** *n.* 비난자.

im·pu·tres·ci·ble [impju:trésəbl] *a.* 부패하지 [잘 썩지] 않는. **-très·ci·bíl·i·ty** *n.*

impv. imperative. **IMR** infant mortality rate; Institute of Medical Research. **IMS** 〔컴퓨터〕 information management system; International Magnetic System; inventory management simulator(재고 관리 시뮬레이터). **IMSM** Institute of Marketing and Sales Management. **IMT** International Military Tribunal. **IMT-2000** International Mobile Telecommunication 2000(첨단 이동 통신 단말기 시스템); 문자·음성·문자 데이터·영상 등 통합 서비스 체계). **IMU** 〔우주〕 inertial measurement unit(관성 측정 장치); International Mathematical Union.

Im·u·ran [imjurǽn] *n.* 〔약학〕 〔상표〕 이무란(면역 억제제 azathioprine의 상품명).

‡**in** ⇒IN. ⟨p. 1417⟩

In ② 〔화학〕 indium. **IN** (우편) Indiana; 〔컴퓨터〕 information network(미국 IBM사의 고도(高度) VAN 서비스). **in.** inch(es); inlet; interest.

in-[1] [in] 〔접두〕 not의 뜻 (*1 앞에서는 im-; r말에서는 ir-). ¶ *illiterate*, *imbecile*, *immaterial*, *impossible*, *inattention*, *inconvenient*, *insignificant*, *irresponsible*.

in-[2] 〔접두〕 in, into, within, on, toward의 뜻 (*1 앞에서는 il-; b, m, p 앞에서는 im- l l 앞에서는 ir-). ¶ *illuminate*, *imbed*, *infer*, *induct*. ③ em-, en-.

in-[3] 〔연결〕 「…안의, …동안의」라는 뜻의 형용사를 만든다. ¶ *in-city*(시내의), *in-flight*.

in-[4] 〔연결〕 「유행의, 근사한 것 아는」이라는 뜻의 명사를 만든다. ¶ *in-thing* (근사한 것), *in-word*(유행어).

-in[1] 〔접미〕 ⇒-INE.

-in[2] 〔연결〕 **1**「항의 집회, 히피족 모임, 취미를 위한 모임」의 뜻의 명사를 만든다. ¶ *sit-in*, *love-in*. **2** 「…에 들어감」의 뜻의 명사를 만든다. ¶ *break-in*. **3**「…에 속하는」의 뜻의 형용사 및 그 파생명사를 만든다. ¶ *coffin*.

INA (英) Institution of Naval Architects(조선(造船) 학회); *Iraqi News Agency*(이라크 통신사).

-i·na [í:nə] 〔접미〕 여성의 이름·칭호·직업 따위를 만든다. ¶ *Christina*, *czarina*, *ballerina*.

in ab·sen·tia [in æbsénʃə, -ʃiə, -tiə] 결석하여, 부재중에. 〔< L in (one's) absence〕

*****in·ac·ces·si·ble** [ìnəksésəbl/-æk-] *a.* **1** 접근[도달]하기 어려운, 쉽게 얻을 수 없는 (to). ¶ an ~ peak 접근하기 어려운 봉우리 / a person ~ to any feeling of beauty 미적 감각과는 동떨어진 사람. **2** (사람이) 까다로워서 상대하기 (감정 따위를) 받아들이기가 어려운 (to). **-cès·si·bíl·i·ty**, **~·ness** *n.* **-bly** *ad.*

in·ac·cu·ra·cy [inǽkjurəsi] *n.* (*pl.* *-cies*) Ⓤ 부정확; Ⓒ (종종 *-ies*) 틀림, 잘못.

in·ac·cu·rate [inǽkjurət] *a.* 부정확한, 정밀하지 못한; 틀린, 잘못된. **~·ly** *ad.* **~·ness** *n.*

in·ac·tion [inǽkʃən] *n.* Ⓤ 활동하지 않음, 무활동; 휴식, 휴지(休止); 무위, 나태.

in·ac·ti·vate [inǽktəvèit] *vt.* **1** 〔부대·기구 따위〕를 해산하다; …을 활발치 못하게 하다. **2** 〔의학〕 〔혈청 따위〕를 불활성화하다. **²vá·tion** *n.* Ⓤ 불활성화.

***in·ac·tive** [inǽktiv] *a.* **1** 활동하지 않는, 활발치 못한, (시황이) 한산한; 움직이지 않는. ¶ an ~ mine 폐광 / an ~ market 한산한 시황. **2** 나태한, 게으른; 피동적인. ¶ lead an ~ life 나태한 생활을 하다.

〔유의어〕 **inactive** 움직이지 않는, 움직이기를 싫어하는, 움직임을 멈춘. **inert** 천성이 움직이기를 싫어하는. **sluggish** 움직임이 느리고 활발치 못한. **torpid** 동면중인 동물처럼 일시적으로 몸의 활동이 정지된. **dormant** 현재는 잠든 것처럼 움직이지 않지만 언젠가 활동을 시작할지도 모르는.

3 〔군사〕 현역이 아닌, 퇴역의. **4** 〔물리〕 비선광성(非旋光性)의; 〔화학〕 불활성의; 방사능이 없는; 〔컴퓨터〕 비활동의, 휴지의. **5** 〔병리〕 (증상이) 정지 상태의, 휴지(休止)의; 〔의학〕 (혈청 따위가) 불활성인.

~·ly *ad.* **~·ness**, ²**ac·tív·i·ty** *n.*

ináctive fíle *n.* 〔컴퓨터〕 휴지중인 파일.

ináctive státion *n.* 〔컴퓨터〕 비활동 단말(端末).

ináctive volcáno *n.* 휴화산.

in·a·dapt·a·ble [ìnədǽptəbl] *a.* 적응[순응]할 수 없는. **-dàpt·a·bíl·i·ty** *n.*

in·ad·e·qua·cy [inǽdikwəsi] *n.* **1** Ⓤ 부적당, 불완전. **2** (*pl.* *-cies*) 부적당한[불완전한] 점. (또는 **inadequateness**)

‡**in·ad·e·quate** [inǽdikwət] *a.* (*more* ~; *most* ~) 부적당한, 불충분한 (*for*, *to*, *to do*); …에 적격이 아닌; 무력한 (*to*, *for*). ¶ ~ equipment [nutrition] 불충분한 설비[영양] / He was ~ to the situation. 그 사태에 대처하는 데에 그는 적당치 않았다. — *n.* 사회적 부적격자. **~·ly** *ad.* **~·ness** *n.*

in·ad·mis·si·ble [ìnədmísəbl] *a.* **1** 허용할 수 없는; ② 인(認)[시(視)]하기 어려운. **2** 〔법률〕 재판에서 인정되지 않는, 증거 능력이 없는. **-mìs·si·bíl·i·ty** *n.* **-bly** *ad.*

in·ad·ver·tence [ìnədvə́:rtns] *n.* Ⓤ 부주의(negligence); Ⓒ 소홀, 실수. ¶ Mistakes proceed from ~. 잘못은 부주의에서 생긴다. (또는 **inadvertency**)

in·ad·ver·tent [ìnədvə́:rtnt] *a.* **1** 부주의한, 소홀한, 경솔한. **2** (언동 따위가) 무심코 한, 우연한. ¶ an ~ remark 무심코 한 말. **~·ly** *ad.*

in·ad·vis·a·ble [ìnədváizəbl] *a.* 권할 수 없는; 상책이 아닌; 현명치 못한. **-vìs·a·bíl·i·ty**, **~·ness** *n.* **-bly** *ad.*

-i·nae [áini:] 〔접미〕 〔동물〕 「아과(亞科)(subfamily)」의 뜻. ¶ *Caninae*(개 아과). 〔< L〕

in ae·ter·num [in i:tə́:rnəm] *ad.* 영원히, 영구히.

in·a·li·en·a·ble [inéiljənəbl] *a.* 양도[이양]할 수 없는, 박탈할 수 없는. **-bíl·i·ty**, **~·ness** *n.* **-bly** *ad.*

inálienable ríghts 〔법복〕 (단수취급) 이양할 수 없는 권리(생명·자유·행복 추구권; 미국 독립 선언문의 구절).

in·al·ter·a·ble [inɔ́:ltərəbl] *a.* 바꿀 수 없는; 불변의(unchangeable). **~·ly** *ad.* **~·ness** *n.* **-bly** *ad.*

in·am·o·ra·ta [inæ̀mərá:tə, inæ̀m-] *n.* (여자) 애인, (특히) 정부(情婦). 〔< It〕

in·am·o·ra·to [inæ̀mərá:tou, inæ̀m-] *n.* (*pl.* ~**s**) (남자) 애인, (특히) 정부(情夫). 〔< It〕

in-and-in [-ənín] *a.* 〔생〕 동계 교배(同系交配)의[로], 같은 들통 내에서 되풀이된[되어]. ¶ ~ breeding 동종 교배(同種交配).

in-and-out [-ənáut] *a.* **1** 들락날락하는, 보였다 안 보였다 하는, 꼬불꼬불한. **2** 〔경영〕 단기 매매의, 3 (경마자가) 잘했다가 못했다가 하는. — *n.* (경마의) 폐쇄 장애물; (비어) 성교.

ín-and-óut bónd *n.* 〔석공〕 돌쭉날쭉 쌓기(돌·벽돌을 마구리와 긴 면이 번갈아 밖으로 나오도록 쌓기).

in-and-out·er [-ənáutər] *n.* (직장 따위를) 들락락하는 사람; (美속어) 기복이 심한 선수[연예인].

(1) 전치사와 부사로 다같이 널리 쓰이는 소위 전치사적 부사(prepositional adverb)의 하나이다.
(2) 전치사로서는 장소에서 at과의 차이, 시간에서 at 및 on과의 차이가 중요하다. ⇨AT USAGE¹, USAGE²
(3) into와의 차이에 있어서는, in은 장소를 규정하고 into는 방향을 나타내는 것을 원칙으로 했지만, 점차 전자가 후자에 가까워지는 경향이 있다.

‡**in** [in, 약 ən] 젠 **1** (장소) **a)** (위치·존재) …의 안에서(에), 의; …에(서), …에 있어서, …에 ⇨AT USAGE¹ ¶ *in* the house 집 안에 / *in* the refrigerator 냉장고 속에 / *in* heaven 천국에 / *in* the universe 온 우주에(서) / *in* the east 동쪽에 / *in* the distance 먼 곳에 / live *in* this area 이 지역에 살다 / swim *in* the sea 바다에서 헤엄치다 / rest *in* shade 나무 그늘에서 쉬다 / I read that *in* today's paper. 나는 그것을 오늘 신문에서 읽었다.
b) (구어) (운동·방향) …(의 방향)으로; …의 속으로 (into). ¶ go *in* a house 집 안으로 들어가다 / dip a pen *in* ink 펜을 잉크에 담그다 / throw a letter *in* the fire 편지를 불 속에 던지다 / *in* all directions: *in* every direction 사방팔방으로 / Put these books *in* your suitcase. 이 책들을 너의 여행 가방에 넣어라.
2 (제한·관련) **a)** (분야·한정) …에 대하여, …에 관하여, …의 점에서는, …은. ¶ six feet *in* height 높이 6피트 / eager *in* one's studies 공부에 열심인 / He is wanting *in* courage. 그는 용기가 없다 / skilled *in* diplomacy 외교 수완이 있는 / learned *in* the law 법률에 밝은 / rich *in* natural resources 천연 자원이 풍부한 / *in* this sense of the word 그 낱말의 이런 의미에서 / The library is rich *in* manuscripts. 그 도서관에는 사본이 많다 / It is all right *in* theory, but it won't work *in* practice. 이론적으로는 문제가 없지만 실제로는 그렇지 않을 것이다.
b) (능력의 범위) …(의 범위)에, …에는. ¶ *in* my experience 내 경험으로는 / *in* one's sight 시계(視界)안에 / It is not *in* my power to help you. 내 힘으로는 당신을 도와줄 수 없다.
c) (정도) …만큼. ¶ *in* the main 대부분은, 대체로 / *in* profusion 풍부히, 숱하게 / *in* abundance 풍부히, 유복하게 / not *in* the least 조금도 …아니다 / I agree with you *in* part. 나는 어느 정도는 찬성이다 / Chain stores buy goods *in* huge quantities. 연쇄점은 상품을 대량으로 사들인다 / His plan was successful *in* some measure. 그의 계획은 어느 정도 성공했다.
d) (비율·부류) …중에서. ¶ nine *in* ten 십중팔구 / not one *in* a hundred 백 중에 하나도 없는 / the latest thing *in* telephones 최신형 전화기 / the richest man *in* the town 이 도시에서 첫째 가는 부자 / give a person a reduction of 10 cents *in* the dollar 1달러당 10센트를 할인해 주다.
3 (착용·포장) …을 입고, 달고, 쓰고, 신고; …으로 싸서. ¶ *in* uniform 제복을 입고 / a woman *in* white 흰 옷을 입은 여자 / a man *in* a wig 가발을 쓴 사나이 / dressed *in* black 상복을 입고 / be *in* silk 비단 옷을 입고 있다 / a horse *in* blinders 눈가리개를 한 말 / wrap this *in* [or *with*] paper 이것을 종이로 포장하라.
4 (환경·상태) **a)** (환경) …의 속에(서). ¶ *in* bonds 속박 되어 / *in* hot water 난처하여 / *in* prison 수감되어 / *in* school 재학중에 / *in* the sun [dark] 밝은 [어두운] 데서 / *in* the circumstances 이런 사정으로 / walk *in* the rain 빗속을 걷다 / He is *in* bed with a cold. 그는 감기로 누워 있다 / There was a note of surprise *in* her voice. 그녀의 목소리에는 놀란 기미가 있었다.
b) (상태) …의 상태에서, …하여, …이 되어. ¶ a cow *in* milk 젖이 나는 소 / *in* alarm 놀라서 / *in* drink 취하여 / *in* a blaze 확 타올라 / *in* good health 매우 건강

하여 / *in* debt 빚을 지고 / *in* tears 눈물을 흘리며 / *in* cash 현금으로 / be *in* love 사랑을 하고 있다 / He died *in* poverty. 그는 가난하게 살다가 죽었다 / We are *in* need of more potatoes. 우리는 감자가 더 많이 필요하다 / Many who came *in* despair went away *in* hope. 절망하고 왔던 많은 사람이 희망을 안고 돌아갔다.
c) (형상·양태) …을 이루어, …으로 되어. ¶ *in* a dreary sound 음울한 소리로 / *in* pairs 둘씩, 둘이 한 쌍을 이루어 / *in* twos and threes 두세 사람씩, 삼삼오오 / *in* a circle 원을 이루어 / break *in* pieces 산산조각이 나다 / cut an apple *in* [or *into*] two 사과를 두 쪽으로 자르다 / march *in* a line 일렬로 행진하다 / The rain fell *in* torrents. 비는 억수같이 내렸다.
5 (종사·참가·소속) …에 종사참가, 소속)하여, …을 하고 있을 때에, …에, …하여. ¶ *in* search of truth 진리를 찾아서 / be *in* business 사업을 하고 있다 / be employed *in* a company 회사에 근무하고 있다 / deal *in* flour [politics] 밀가루 장사[정치]를 하다 / make mistakes *in* one's work 일하다가 실수를 하다 / Did you see any elephants *in* your journey through India? 인도를 여행할 때 코끼리를 보았습니까? / They were drowned *in* crossing the river. 그들은 강을 건너다가 익사했다.
6 (시간) **a)** (특정 시간·기간) …에, …의 사이에, …동안에. ⇨AT USAGE² ¶ *in* the daytime 낮에 / *in* the 50th year of the century 금세기 50년에 / *in* the nineties (19)90년대에 / *in* the days of …의 시대에 / *in* (the) future 금후, 장차 / *in* the past 과거에 / awake *in* the night 밤중에 잠을 깨다 / He is *in* the thirties. 그는 30대다 / It happens once *in* a lifetime. 그런 일은 일생에 한 번은 일어난다 / He gulped down his supper as though he had not smelled food *in* months. 그는 몇 달 동안 음식 구경을 못한 사람처럼 저녁을 게걸스럽게 먹었다.
b) (소요 시간·기한·경과·과정) …안에; …후에, …있으면; …의 과정에. ¶ *in* a moment 순식간에, 당장 / the hottest day *in* 40 years 40년만에 가장 더운 날 / I'll be back *in* an hour. 1시간 후에 돌아오겠다 / The task was done *in* ten minutes. 일은 10분 만에 끝났다 / Come again *in* a day or two. 하루 이틀 지나서 또 오시오 / China is now *in* the transition to the market economy. 중국은 현재 시장 경제로 이행중이다.
7 (방법·수단) **a)** (방법·양식) …으로, …을 가지고. ¶ *in* this way 이 방법으로 / *in* F major 바장조로 / *in* English 영어로 / *in* singles 하나하나씩 / a novel written *in* dialogue 대화체 소설 / beg *in* piteous terms 처량한 목소리로 구걸하다 / Give me the answer *in* a formula [figures]. 답은 식[숫자]으로 제출하시오.
b) (수단·재료) …으로, …에. ¶ a statue *in* bronze 청동상 / a portrait *in* crayons 크레용으로 그린 초상화 / a long coat *in* green velvet 녹색 우단으로 만든 긴 코트 / done *in* wood 나무로 만든 / He sketched it *in* ink, not *in* pencil. 그는 그것을 연필이 아니라 펜으로 스케치했다.
8 a) (대상) …에 대하여, …을. ¶ believe *in* God 신의 존재를 믿다 / participate *in* a plot 음모에 가담하다 / succeed *in* life 출세하다 / delight *in* music 음악을 즐기다 / trust *in* one's friends 친구를 믿다.
b) (목적) …을 위하여. ¶ *in* answer [or *reply*] to …에

대답하여/*in* token of …의 표시로서/*in* defense of one's theory 자기의 이론을 변호하여/fight *in* one's own defense 자기 방어를 위해 싸우다/speak *in* honor of the event 그 행사를 축하하여 강연을 하다/speak only *in* jest 순전히 농담조로 말하다/They threw stones at his windows *in* revenge. 그들은 앙갚음으로 그의 창문에 돌을 던졌다.
c) 《이유·원인》 …으로, …하여, …때문에(because of). ¶cry out *in* alarm 놀라서 고함을 지르다/rejoice *in* one's success 성공을 기뻐하다/They lost themselves *in* the fog. 그들은 안개 속에서 길을 잃었다.
9 《내재(內在)》 … 안에 (belonging to). ¶as far as *in* me lies 내 힘이 미치는 한(은)/He has it *in* him to do heroic deeds. 그에게는 영웅적인 행위를 할 소질이 있다/She has no pity *in* her. 그녀는 연민의 정이 없다/Nothing is evil *in* itself. 그 자체로서 악한 것은 하나도 없다.
10 《동격》 …이라고 하는. ¶We have a good leader *in* Adams. 우리에게는 아담스라는 훌륭한 지도자가 있다/You made a mistake *in* asking him. 그에게 부탁한 것은 당신의 잘못이다.
11 《조건》 …의 경우에는. ¶*In* case of rain, the athletic meeting will be postponed. 비가 오면 운동회는 연기될 것이다. ⇨CASE.
as in …의 경우(에서)와 같이.
be in it (up to the [or ***one's***] ***neck)*** 《구어》 ① (몹시) 난처하다. ② (깊이) 빠져 있다; 관계[종사]하고 있다. ¶ They had a good time, but I *was* not *in it*. 그들은 재미있게 지냈지만 나는 거기에 끼지 않았다.
be not in it 《구어》 ① 승산이 없다, 중요시되지 않다. ¶After the first few minutes of the race he *was not in it*. 경기가 시작된 몇분 후에 그는 우승권 밖으로 밀려났다. ② (…에는) 못 당하다, 훨씬 못하다 (*with*). ¶Her competitors *are not in it with* her. 경쟁 상대들은 그녀의 적수가 못 된다.
have it in one to do …할 능력[역량]이 있다.
in all 모두 (합)해서.
in as much as =inasmuch as.
in between ⇨BETWEEN. ***in itself*** ⇨ITSELF.
in so far as ⇨FAR.
in so much that …할 정도까지.
in that 《문어》 …이라는 점에서; …이므로(since).
nothing [or ***not much, little***] ***in it*** (경마에서) 말의 우열을 가리기 어려운; (대단한) 차이가 없는.
What's in it for me? 그게 내게 무슨 이익이 된다는 거야?, 그게 나와 무슨 상관이지?
— [부] **1** 《운동·방향》 속으로, 안으로. ¶walk *in* 걸어 들어가다/I was called *in*. 나는 불려 들어갔다/Let's *in*. 들어가자(＊시 따위에서 조동사 다음이나 단독으로 쓰여 동사의 구실을 한다; go, enter, get 등이 생략됨).
2 《위치》 집에서(at home); 내부에, 안에. ¶from *in* 《명사적》 안[내부]으로부터/He is *in*. 그는 집에 있다. **3** (정치가가) 현직에 있어서(in office); (정당이) 정권을 잡아(in power). ¶The Liberals were *in*. 자유당이 정권을 잡고 있었다. **4** (경기자 등이) 순번이 되어, 공격하는 차례에; 점수를 빼앗겨. **5** 〔야구〕 (야수가 정위치보다) 전진하여; 〔테니스〕 라인 안에서. ¶The third baseman played *in*, expecting a bunt. 3루수는 번트에 대비하여 전진 수비를 했다. **6** (불이) 타서, (빛이) 비쳐서, 점등되어. ¶keep the fire *in* 불을 피워 두다. **7** (탈것 따위가) 도착하여; (계절이) 찾아와서; (수확물을) 거두어들여. ¶The 7:30 train is *in*. 7시 30분 열차가 도착했다/Summer is *in*. 여름이 왔다. **8** (과일 따위가) 한창으로, 한물로, 유행하여. ¶Cherries are *in*. 버찌가 한창이다/Those skirts are *in* now. 지금 저런 스커트가 유행이다. **9** (운 따위가) 돌아와, 좋아서; 친하여, (남의) 마음에 들어. ⇨*be* (*well*) *in with*. ¶His luck was *in*. 그의 운이 틔었다. **10** (조수가) 밀려와, 만조가 되어; (배가) 입항하여. **11** 더하여, 포함하여; (기사 따위가) 실려서. **12** (서류 따위가) 처리중에, 미결로. **13** 《구어》 이익을 남겨.
all in 지칠대로 지쳐, 녹초가 되어.
be in at …에 가담[출석]하다.
be in for 어쩔 수 없이 받도록[맞서도록, 말려들도록] 되어 있다. ¶*be in for* an unpleasant time 어쩔 수 없이 불쾌한 시간을 보내야 하다[보내도록 되어 있다].
be in for it 딱한 처지에 빠져 있다, 꼼짝 못할 계제에 처해 있다; 죄를 면할 수 없다; 《속어》 임신중이다.
be [or ***get***] ***in on*** 《구어》 …에 참가하다, 관계하다; 〔비밀·내막 따위〕를 알고 있다.
be [or ***come, get, keep***] ***(well) in with*** ① …과 사이가 좋다[친해지다]. ¶He will *get in with* her. 그는 그녀와 친해질 것이다/He *is well in with* his boss. 그는 자신의 상사와 잘 지내고 있다. ② 〔해사〕 …에 접근하고 있다.
breed in and in ⇨BREED.
do in 《속어》 죽이다, 해치우다, 파멸시키다; 《구어》 녹초가 되게 하다; 《속어》 속이다.
have (got) it in for *a person* ⇨HAVE.
in and in 동종(同種) 교배로.
in and out ① 나타났다 사라졌다, 보일락말락, 들락날락. ② 완전히, 철저하게, 구석구석.
in here [***there***] (안쪽을 가리켜) 여기[저기]에.
in with... 《명령형으로》 들어가라, 넣어라. ¶*In with* you! 들어가라!
well in 불편없이(well off).
— [형] 《한정용법》 **1** 안의, 내부의. ¶an *in* patient 입원 환자. **2** 들어오는. ¶an *in* boat 들어오는 보트/an *in* door 안쪽으로 열리는 문. **3** 정권을 잡고 있는; (후보가) 당선된. ¶the *in* party 여당. **4** 공격하는 (편의). ¶the *in* side (크리켓 따위의) 공격측. **5** 《구어》 진보한; 유행의, 최신의. ¶*in* shoes 유행하는 구두/the *in* crowd 유행의 첨단을 걷는 사람. **6** 《구어》 (농담 따위가) 친구[동료] 사이에만 통하는. ¶an *in* joke 동료 사이에만 통하는 농담. **7** 한창인; (조수가) 만조의; (운 따위가) 찾아온, 순조로운.
— [명] **1** (~s) 유력자, 실세; (the ~s) 집권당, 여당(與黨)([참] outs). **2** (보통 ~s) (크리켓 따위의) 공격측. **3** 《구어》 연줄, 연고, 후원자(pull), 배경. ¶He had an *in* with the police. 그는 경찰에 연줄이 닿았다. **4** 〔야구〕 인커브, 인슈트(inshoot); 〔테니스〕 인(친 볼이 코트 안에 들어가는 것). **5** 《美구어》 입장권; 진입 수단[방법].
be on the in 《美구어》 내부 정보[연줄]를 갖고 있다, 실세에 속하다.
ins and outs ① 구석구석, 방방곡곡(nooks); 굽이굽이. ② 곡절, 자초지종(details). ③ 여당과 야당. [참] [명] 1.
— [동][타] (-nn-) 《방언》 **1** …을 모으다, 거두어들이다. ¶*in* the hay before it rains 비가 오기 전에 건초를 거두어들이다. **2** …을 에워싸다, 동봉하다(enclose).

in·ane [inéin] [형] **1** 얼빠진, 어리석은. ¶an ~ look [smile] 얼빠진 표정[웃음]. **2** 공허한, 텅 빈. **—** [명] (the ~) 공허; 무한한 공간. **~·ly** [부] **~·ness** [명]
***in·an·i·mate** [inǽnəmət] [형] **1** 생명이 없는, 죽은; 무생물의. ⇨DEAD [유의어] ¶the ~ world 무생물계. **2** 활기[생기]없는, 지루한. **3** 〔문법〕 (성이) 무생(無生)의. **~·ly** [부] **~·ness, -má·tion** [명]
inánimate nàture [명] 비(非)동물계.
in·a·ni·tion [ìnəníʃən] [명][U] **1** 영양 실조; 기아; 〔병리〕 기아성 쇠약. **2** 공허; (사회적·도덕적) 무기력.
in·an·i·ty [inǽnəti] [명] **1** [U] 우둔, 어리석음. **2** (-ties) 어리석은[무의미한] 행동[말]. **3** [U] 공허, 비어 있음.
in·ap·par·ent [ìnəpǽrənt, -péər-] [형] 명백[뚜렷]하지 않은; 〔의학〕 불현성(不顯性)의. **~·ly** [부]
in·ap·peas·a·ble [ìnəpíːzəbl] [형] 달랠 길[진정시킬 수] 없는. ¶~ sorrow 달랠 길 없는 슬픔.

in·ap·pel·la·ble [ìnəpélǝbl] 형 항소(抗訴)할 수 없는.
in·ap·pe·tence [inǽpətəns] 명ⓤ 식욕 부진[결핍]. (또는 **inappetency**) **-tent** 형
in·ap·pli·ca·ble [inǽplikəbl] 형 적용[응용]할 수 없는, 들어맞지 않는, 부적당한, 관계없는(to).
-bíl·i·ty, **~·ness** 명 **-bly** 부
in·ap·po·site [inǽpəzit] 형 부적절한, 꼭 들어맞지 않는, 영동한(to, for). **-ly** 부 **~·ness** 명
in·ap·pre·ci·a·ble [ìnəprí:ʃiəbl/-ʒə-] 형 감지할 수 없는[없을 정도의]; 미미한; 보잘것없는. **-bly** 부
in·ap·pre·ci·a·tion [ìnəprì:ʃiéiʃən] 명 부당한 평가, 인식 부족, 몰이해.
in·ap·pre·ci·a·tive [ìnəprí:ʃiətiv, -ʃièitiv] 형 정당하게 평가하지 못하는, 감식력이 없는, 몰이해한(of). **~·ly** 부 **~·ness** 명
in·ap·pre·hen·si·ble [ìnæprihénsəbl] 형 이해[파악]할 수 없는, 불가해한(of). **-bly** 부
in·ap·pre·hen·sion [ìnæprihénʃən] 명ⓤ 몰이해, 불가해.
in·ap·pre·hen·sive [ìnæprihénsiv] 형 1 신경 쓰지 않는, 걱정하지 않는, 두려워하지 않는(of). ¶ be ~ of peril 위험을 두려워하지 않다. 2 이해력이 없는, 이해하지 못하는. **~·ly** 부 **~·ness** 명
in·ap·proach·a·ble [ìnəpróutʃəbl] 형 접근할 수 없는; 무뚝뚝하게 구는; 비길 데 없는, 무적의.
-proach·a·bíl·i·ty 명 **-bly** 부
in·ap·pro·pri·ate [ìnəpróupriət] 형 부적당한, 들어맞지[어울리지] 않는, 타당하지 않은(for, to, to do). ¶ an ~ example 부적절한 예. **-ly** 부 **~·ness** 명
in·apt [inǽpt] 형 1 적합하지 않은, 부적당한(for). 2 적성에 맞지 않는; 솜씨 없는, 서투른, (…할) 능력이 없는(at, in). **~·ly** 부 **~·ness** 명
in·apt·i·tude [inǽptətjù:d/-tjù:d] 명ⓤ 1 부적합, 부적당; 적성에 맞지 않음, 소질 없음(for). 2 서투름.
in·arch [ìná:rtʃ] 동타 〔원예〕 〔가지·싹〕을 이어 접붙이다.
in·ar·gu·a·ble [ìná:rgjuəbl] 형 논의할 여지가 없는, 명백한. **-bly** 부
in·arm [ìná:rm] 동타 (詩) …을 껴안다, 품에 안다.
in·ar·tic·u·late [ìnɑ:rtíkjulət] 형 1 음성[발음]이 분명하지 않은, 알아들을 수 없는. ¶ an ~ speech 알아들을 수 없는 연설. 2 (흥분·분노 따위로) 똑똑히 말을 못하는, 말이 나오지 않는. ¶ be ~ with anger 화가 나서 말이 나오지 않다. 3 말이 서투른, 말주변이 없는. 4 표현되지 않은. 5 〔해부·동물〕 관절이 없는. —— 명 〔동물〕 무관절류의 동물. **~·ly** 부 **~·ness** 명
in articulo mortis [in ɑ:rtíkjulou mɔ́:rtis] 죽음에 임박하여, 임종에. 〔< L at the point of death〕
in·ar·ti·fi·cial [ìnɑ:rtəfíʃəl] 형 1 인공을 가하지 않은, 자연적인; 소박한; 꾸밈없는. 2 비예술적인; 솜씨 없는. **~·ly** 부 **~·ness** 명
in·ar·ti·fi·ci·al·i·ty [ìnɑ:rtəfiʃiǽləti] 명ⓤ 인공을 가하지 않음; 간소; 비예술성.
in·ar·tis·tic [ìnɑ:rtístik] 형 비예술적인; 예술적 교양(취미)이 없는, 무취미적인; 예술의 원칙을 따르지 않는. (또는 **inartistical**) **-ti·cal·ly** 부
INAS 〔항공〕 integrated navigation/attack system (통합형 항법/공격 시스템).
in·as·much as [ìnəzmʌ́tʃ-] 접 1 …때문에, …가 닭에(seeing that, since). 2 (드물게) …하는 한에는 (insofar as); …의[할] 정도까지(to the extent that).
in·at·ten·tion [ìnətenʃən] 명ⓤ 부주의, 태만, 무관심, 소홀; 무뚝뚝함(to).
with inattention 부주의하게, 아무렇게나.
in·at·ten·tive [ìnəténtiv] 형 부주의한, 소홀히 하는, 태만한; 무뚝뚝한. **~·ly** 부 **~·ness** 명
in·au·di·ble [ìnɔ́:dəbl] 형 알아들을 수 없는, 들리지 않는. **-bíl·i·ty**, **~·ness** 명 **-bly** 부

*****in·au·gu·ral** [ìnɔ́:gjurəl] 형 취임(식)의; 개회의, 개시의. ¶ an ~ address 취임 연설 / an ~ ceremony 취임식. —— 명 (美) (대통령 등의) 취임 연설; (교수의) 취임 공개 강의; 취임식. 〔도회.〕
Ináugural Báll 명 (美) 대통령 취임 축하[기념] 무
*****in·au·gu·rate** [ìnɔ́:gjurèit] 동타 1 (정식으로) …을 개시하다, 발족시키다, 새로이 열다. ⇒ BEGIN 〔유의어〕 ¶ ~ reform 개혁을 시작하다. 2 …의 취임식을 올리다; …을 취임시키다(as). ¶ ~ a president 대통령(총장)의 취임식을 거행하다 // (~+目+as 補) be ~d as professor 교수로 취임하다. 3 …의 개관(개통, 낙성, 개회)식을 거행하다. ¶ ~ a statue[new library] 동상의 제막식[새 도서관의 낙성식]을 거행하다. **-rà·tor** 명 개시자; 서임자(敍任者).
*****in·au·gu·ra·tion** [ìnɔ̀:gjuréiʃən] 명 1 ⓤ (새 시대·사업 따위의) 개시. 2 ⓤⒸ (대통령 등의) 취임(식). 3 (회)개업, 개통식, (공공 건물의) 개관[낙성]식.
inaugurátion cèremony 명 =inauguration 2.
Inaugurátion Dày 명 (the ~) (美) 대통령 취임식 날(4년마다 이듬해의 1월 20일).
in·aus·pi·cious [ìnɔ:spíʃəs] 형 1 상서롭지 못한, 불길한. 2 불운한, 불행한. **~·ly** 부 **~·ness** 명
in·au·then·tic [ìnɔ:θéntik] 형 확실치 않은, 진짜가 아닌. **-ti·cal·ly** 부 **-then·tíc·i·ty** 명
in-basket [-bæ̀skit] 명 =in-box.
inbd. inboard. (inward nature).
in·be·ing [ínbì:iŋ] 명ⓤ 내재(内在); 내적(内的) 본질
in-be·tween [-bitwí:n] 명 중간적인 사람[것]; 중개자[물]. (또는 **in-betweener**) —— 형 중간의. —— 부 중간의. **~·ness** 명
in·board [ínbɔ̀:rd] 형 〔항공·해사〕 1 배[비행기] 안의; 배[비행기]의 중심에 가까운. 2 (엔진이) 선체[기체](機體) 안에 있는, (모터보트의) 모터가 배 안에 있는. —— 부 배 안[기내](機內)에; 배[비행기]의 중심 가까이에. —— 명 (선내)선(船內)모터 (구 내장 모터보트).
in·board-out·board [-áutbɔ̀:rd] 명형 (보트의 엔진이) 내외기식(內外機式)의 (배)(선내에 설치된 엔진으로 선미의 프로펠러를 움직이는 방식).
ínboard prófile 명 〔조선〕 선내 측면도.
ín-bond shóp [-bɑ̀nd-/-bɔ̀nd-] 명 (카리브 해역의 영어로) 면세점. 〔병리·생물〕 선천성의.
*****in·born** [ìnbɔ́:rn] 형 (능력 따위가) 타고난, 선천적인.
in·bound [ìnbáund] 형 1 (美) 본국으로 돌아가는 (↔outbound); 시내로 향하는. 2 (선로·역이) 도착하는, 들어오는. ¶ an ~ track 도착선.
in·bounds [ìnbáundz] 형 코트(경기장) 안에 있는; (농구) (패스 따위가) 코트 밖에서 코트 안쪽으로의.
ínbounds line 명 〔미식축구〕 인바운즈 라인(필드를 세로로 3등분하는 두 파선(破線)의 하나).
in-box [-bɑ̀ks] 명 미결 서류함, 서류받이.
in·breathe [ìnbrí:ð, -́] 동타 1 …을 들이마시다. 2 …을 불어넣다, 고무하다.
in·bred [ìnbréd] 형 1 타고난, 선천적인, 유전의 (inborn, hereditary). 2 동계(同系)〔근친〕 교배의.
in·breed [ìnbrí:d, -́] 동 (-bred) 타 1 〔동물 따위〕를 동계〔근친〕 교배시키다. 2 〔드물게〕 …을 안에 생기게 하다. —— 재 동계(同系) 교배하다, 근친 교배하다.
in·breed·ing [ínbrì:diŋ] 명ⓤ 〔생물〕 동계〔근친〕 교배.
in·built [ínbilt] 형 =built-in. 〔교배.〕
in·burst [ínbə̀:rst] 명 〔드물게〕 돌입, 침입.
in·by(e) [ìnbái] (英방언) 전 …의 속에(서), …의 내부에. —— 부 가운데[내측]의, 가운데[안]에 있는.
inc. inclosure; included; including; inclusive; income; increase; incumbent. *****Inc., inc.** [iŋk] incorporated. **I.N.C.** (라틴) in nomine Christi (=in the name of Christ) (그리스도의 이름으로).
In·ca [íŋkə] 명 1 잉카 사람, 잉카족의 1인; (the ~s) 잉카족. 2 (the ~) 잉카 국왕; 잉카 왕족〔귀족〕. 3 ⓤ 잉

카어(語). **In·ca·ic** [iŋkéiik] 형 **-can** 형명
In·ca·bloc [íŋkəblàk/-blɔ̀k] 형 《상표》 잉카블록 (충격 방지 장치를 갖춘 손목 시계).
Inca dóve 명 잉카 비둘기(중미(中美)산).
in·cage [inkéidʒ] 타 = encage.
Incáic Émpire 명 (the ~) 잉카 제국(12-16세기 Peru에 있던 Inca족의 제국; 1532년 멸망).
in·cal·cu·la·ble [inkǽlkjuləbl] 형 헤아릴 수 없는, 무한한, 막대한; 예측할 수 없는; 기대하기 어려운, 확실치 않은. **-bíl·i·ty**, **~·ness** 명 **-bly** 부
in·ca·les·cent [inkəlésnt] 형 온도가 올라가는, 열이 오르는; 열의가 강해지는. **-cence** 명
in cámera 부 비공개로, 남몰래, 은밀히; 《법률》 판사의 사실(私室)에서. 〖<L〗
in·can·desce [ìnkəndés/-kæn-] 자 백열(白熱)하다.
in·can·des·cence [ìnkəndésns/-kæn-] 명 ⓤ 고온 발광(發光), 백열광; 〖열의 따위에〗 불타는 것. (또는 incandescency)
in·can·des·cent [ìnkəndésnt/-kæn-] 형 백열의, 백열광을 내는; 빛나는, 밝은; 열심인, 열렬한.
incandéscent lámp 명 백열등[전구]. 〖~·ly 부〗
incandéscent líght 명 백열광(白熱光), 백열등의 빛.
in·cant [inkǽnt] 타 주문을 외다. **~·er** 명
in·can·ta·tion [ìnkæntéiʃən] 명 ⓤⓒ 1 주문(呪文). 2 마술을 부리기. 3 마법, 마술. 4 (빈약한 내용을 숨기려고) 중언부언하는 말. 5 (~s) 상투적인[틀에 박힌] 말. **~·al** **-tor** **in·cán·ta·tò·ry** [-tɔ̀ːri] 형 끝말.
in·cap [ínkæp] 명 《군대속어》 = incapacitant.
‡**in·ca·pa·ble** [inkéipəbl] 형 1 능력이 없는, 무능한; ...을 할 수 없는(of, of doing). ¶ an ~ person 무능한 사람 // be ~ of learning foreign languages 외국어를 배울 능력이 없다. 2 (법률적으로) (...의) 자격이 없는(of, of doing). ¶ be ~ of being elected 피선거권이 없다.

[유의어] **incapable** 선천적으로[본래] 능력이 없는. **unable** 특정한 때에 특정한 일을 하지 못하는. **incompetent** 특정한 일에 필요한 능력이 없는. **insufficient** 정력·능력을 유효하게 쓰지 못하는.

drunk and incapable 곤드레만드레 취한.
— 명 무능력자; 지능에 결함이 있는 사람.
-bíl·i·ty, **~·ness** 명 **-bly** 부
in·ca·pa·cious [ìnkəpéiʃəs] 형 1 〖드물게〗 지적 능력이 없는, 저능의. 2 좁은, 부피가 작은; 제한된.
in·ca·pac·i·tant [ìnkəpǽsətənt] 명 《군사》 활동 불능화 [무력화]제(劑)(최루 가스 따위).
in·ca·pac·i·tate [ìnkəpǽsəteit] 타 1 ...에게 (...을) 무능력하게 하다, ...할 수 없게 하다, 부적당[부적격]하게 하다(for, from doing). ¶ ~ a person for work 남을 일할 수 없게 하다. 2 《법률》 ...으로부터 (...할) 자격을 빼앗다(from); ...을 실격시키다.
be incapacitated from ...의 자격을 잃다. ¶ *be ~d from voting* 선거권을 잃다.
-pàc·i·tá·tion 능력 상실; 자격 박탈; 실격. **-tà·tor**
in·ca·pac·i·tat·ed [ìnkəpǽsəteitid] 형 무능력하게 된; (완곡적) (너무 바빠서) 옴짝달싹 못하는.
in·ca·pac·i·ty [ìnkəpǽsəti] 명 ⓤ 1 무능(력), 무력; (...하는 것이) 불가능한 것; (...하기에) 부적당, 부적격(for doing, to do). ¶ ~ for studying mathematics 수학 학습 불능 // ~ to outline a theory 학설의 개요를 설명할 수 없음. 2 〖법률〗 자격 박탈, 무자격; 무능력, 실격. 〖~sulate. **-lá·tion** 명〗
in·cap·su·late [inkǽpsəlèit/-sju-] 타 = encapsulate.
in·car [ínkɑ̀ːr] 형 (자동)차 안의, 차내(車內)의.
in·car·cer·ate [inkɑ́ːrsərèit] 타 ...을 투옥[구금, 감금]하다, 유폐하다. — [inkɑ́ːrsərət, -rèit] 형 투옥[감금]된. **-a·tive** 형 **-a·tor** 명
in·car·cer·a·tion [inkɑ̀ːrsəréiʃən] 명 ⓤ 1 투옥, 감금, 유폐; (강제) 수용. 2 《병리》 감돈(嵌頓)(증).
in·car·di·nate [inkɑ́ːrdənèit] 타 명 ...을 교황청의 추기경(cardinal)에 임명하다; 〖성직자를〗 특정 교회의 사제로 임명하다; 타 교구에 입적시키다. **-ná·tion** 명
in·car·na·dine [inkɑ́ːrnədàin, -din, -diːn] 형 살색의, 분홍색의; 진홍색의, 핏빛의. — 명 ⓤ 살색(피 같은) 진홍색. — 타 ...을 살색[진홍색]으로 하다, 붉게 물들이다.
in·car·nate [inkɑ́ːrnət, -neit] 형 1 (명사 뒤에 쓰여) a) 육신을 갖춘, 사람의 모습을 한; 화신(化身)의. ¶ a devil ~; an ~ fiend 악마의 화신. b) 구체화한, 구현된. ¶ happiness ~ 행복의 권화. 2 살색의, 진홍색의.
— 타 [inkɑ́ːrneit] (보통 수동형으로) 1 ...에게 육체를 주다(embody). 2 ...을 구체화하다, 실현시키다. 3 (...의) 화신이 되다(as, in).
in·car·na·tion [ìnkɑːrnéiʃən] 명 ⓤⓒ 1 (성질·관념 따위의) 구체화, 실현; 권화, 화신, ...의 덩어리(of). ¶ an ~ of the Sun God 태양신의 화신/ He is the ~ of honesty. 그는 정직 바로 그 자체이다. 2 (신이) 인간의 모습, 육체를 가진 존재[모습]로 되기; 육화한 것. 3 (the I-) 〖신학〗 (신이) 사람의 모습으로 나타남. ¶ the ~ of God in Christ 하느님이 그리스도로 화신하여 나타남. 4 전세(前世). ¶ a former ~ 전세(의 모습). 5 〖의학〗 육아(肉芽)(발생). **~·al** 형
in·case [inkéis] 타 = encase. **~·ment** 명
in·cau·tion [inkɔ́ːʃən] 명 ⓤ 부주의(carelessness); 경솔; 무분별, 무모. ¶ a piece of ~ 경솔한 행위.
in·cau·tious [inkɔ́ːʃəs] 형 부주의한; 경솔[무모]한. **-·ly** 부 **~·ness** 명 〖국제 마약 통제 위원회〗.
INCB *International Narcotic Control Board*(UN)
in·cen·di·a·rism [inséndiərìzm] 명 ⓤ 1 방화(放火)(arson); (폭동 따위의) 선동, 교사(教唆).
in ocn·ul·ar·y [inséndièri/-diəri] 형 1 불을 내는, 불붙이는 데 쓰는[알맞은]. ¶ an ~ bomb [or shell] 소이탄 / an ~ fire 방화(범)의. 2 ...에 불을 붙이는, 불타게 하는; 선동적인. 3 불지르기 좋아하는. 4 열정적인.— 명 1 방화범. 2 (군사) 소이탄. 3 선동자, 교사자.
in·cen·dive [inséndiv] 형 = incendiary 1.
*in·cense[1] [ínsens] 명 ⓤ 1 향(香); 향료. ¶ burn [or offer] ~ 향을 피우다. 2 향내, 향연(香煙); 방향, 향기. 3 경의, 찬사; 아첨, 아부. — 타 ...에 향을 피우다; ...에 분향하다. — 자 향을 피우다; 분향하다.
in·cense[2] [inséns] 타 ...을 (...으로) 몹시 화나게 하다, 격분시키다(enrage)(at, about, by, with).
be incensed against [or *at*, *by*, *with*] ...에 분개하다. **~·ment** 명
íncense bòat 명 주형 향합(舟形香盒).
íncense bùrner 명 향로(censer).
íncense cèdar 명 미국 서북부산 큰 교목; 그 재목.
íncense trèe 명 향료목(薰香木).
in·cen·so·ry [insensɔ́ːri/-səri] 명 매다는 향로.
in·cen·ter [ínsentər] 명 〖기하〗 내심(內心).
in·cen·ti·vate [inséntəvèit] 타 ...에게 (...을 하) 도록 자극[동기, 흥미]을 주다(*to do/by*).
*in·cen·tive [inséntiv] 명 ⓤⓒ 1 (...에의 / ...할) 자극, 유인(誘因). ⇒ STIMULUS [유의어] ¶ I gave him an ~ to[or to do] the work. 그를 자극하여 일을 하게 하였다. 2 (생산성 제고 따위에 대한) 보로금. — 형 자극(유발)적인, 장려의. ¶ an ~ speech 자극적[도발적]인 연설. (給), 특별 수당.
incéntive páy[**bónus**] 명 포상[장려]금, 장려금.
incéntive sýstem 명 장려 제도, 인센티브제(制).
incéntive tóur 명 포상 (장려) 여행.
incéntive wàge 명 (~s) 능률급; (생산) 장려 임금.
incéntive zóning 명 재개발 구역 지정.
in·cen·tiv·ize [inséntəvàiz] 타 명 ...을 장려하다.
in·cept [insépt] 자 타 1 (英) (Cambridge 대학에서) 석사[박사] 학위를 받다. 2 직을 맡다. — 타 1 〖생물〗

in·cep·tion [insépʃən] 명 U 1 (the ~) 시작, 개시, 발단. 2 (英) (대학의) 학위 취득; 학위 수여식.
at the (very) inception of …의 시초에, 처음에.
in·cép·tor 명

in·cep·ti·sol [inséptəsò(ː)l, -sàl] 명 인셉티솔(충위(層位) 분화가 약간 발달한 토양).

in·cep·tive [inséptiv] 형 1 처음의, 개시의, 발단의. 2 〔문법〕 (동작의) 시작을 뜻하는, 기동(起動)(상(相))의. ¶an ~ aspect 기동상. ─ 명 〔문법〕 기동사(그리스어·라틴어의 기동 동사. ─ 명 〔문법〕 기동상; 기동 동사. **~·ly** 부

in·cer·ti·tude [insə́ːrtətjùːd/-tjùːd] 명 U (지위·상태·심리 따위의) 불확실, 불안정; 의혹, 의심. (<L)

‡**in·ces·sant** [insésnt] 형 (좋지 않은 일이) 그칠 새 없는, 부단한. ⇨ CONTINUAL 〔유의어〕 ¶an ~ rainfall 끊임없이 내리는 비. **-san·cy**, **~·ness** 명

***in·ces·sant·ly** [insésntli] 부 그칠 새[간단] 없이, 계속적으로.

in·cest [insest] 명 U 근친 상간(相姦)(죄), 근친 혼인(죄).

in·ces·tu·ous [inséstʃuəs] 형 1 근친 상간의[죄를 범하는]. ¶an ~ marriage 근친혼. 2 (관계가) 배타적인, 폐쇄적인. **~·ly** 부 **~·ness** 명

‡**inch**[1] [intʃ] 명 (복 ~*es* [-iz]) 1 인치(길이의 단위; 1/12 피트, 2.54cm; 약 in., 기호). ¶six feet two ~*es* 6피트 2인치 /a square [cubic] ~ 1평방[입방]인치. 2 (an ~) 얼마 안되는 길이[수량, 정도], 조금(bit). ¶win by an ~ 근소한 차로 이기다 / *Give him an ~ and he'll take an ell* (or a yard, (英) *a mile*). 〔속담〕 한 치를 주면 한 자를 바란다; 봉을 빌려주니 안방까지 달란다. 3 〔기상〕 인치(압력[기압]의 단위; 수은주 1인치의 압력). 4 (~*es*) 키, 신장. ¶a boy of her ~*es* 그녀와 키가 같은 소년.
an inch of cold iron [or *steel*] 단도로 한 번 찌르기.
by inches ① 조금씩, 서서히. ② (종종 miss, escape 따위와 함께 쓰여) 간신히, 아슬아슬하게. ¶escape death *by* ~*es* 가까스로 죽음을 면하다. ③ 꼼꼼히.
every inch =EVERY. ¶면밀히, 정성껏.
inch by inch =*by inches* ①, ③.
not…an inch 조금도 …않는. ¶do *not* yield[budge, give] *an* ~ 한 치도 양보하지 않다.
to an inch 조금(한 치)도 틀림없이.
within an inch of doing 거의 …할 뻔한. ¶죽도록.
within an inch of one's life 죽기 직전까지, 거의
─ 타 (~*es* [-iz], ~*ed* [-t]) 조금씩 움직이다[움직이게 하다](forward). ¶(~+⺜+囹) ~ one's way forward 조금씩 나아가다.

inch[2] 명 〔스코·아일〕 섬, (육지에 가까운) 작은 섬.

inched [intʃt] 형 인치 눈금이 있는; (수사와 함께 복합어로) …인치의. ¶a 2-~ book 2인치짜리 책.

inch·er [intʃər] 명 (수사와 함께 복합어로) 길이(직경) …인치의 것. ¶a fourteen-~ 14인치 포(砲).

ínch màst 명 〔조선〕 인치 마스트(마스트용 각재).

ínch·meal [intʃmìːl] 부 조금씩, 서서히. ¶die ─ 서서히 죽어가다. *by inchmeal* = inchmeal.

in·cho·ate [inkóuət/-kóueit] 형 1 방금 시작된, 미발달의; 미완성의; 조직화되지 않은. 2 〔법률〕 (권익 따위가) 미확정의, 미발효의. ─ 자 [inkóueit] 시작되다. **~·ly** 부 **~·ness** 명 ¶기원(origin).

in·cho·a·tion [ìnkouéiʃən] 명 U 개시, 시작; 발단.

in·cho·a·tive [inkóuətiv] 형 1 〔문법〕 (동사가) 기동(起動)의(inceptive). 2 〔고어〕 개시의, 초보의. ─ 명 〔문법〕 기동 동사(inceptive verb).

ínch of mércury 명 수은주 인치(대기압의 측정 단위; 33,864 밀리바; 약 in.Hg). 〔영 약 in-lb〕

ínch-pound [-páund] 명 인치파운드(1/12 foot-

ínch tàpe 명 인치 줄자(inched tape).

ínch·worm [intʃwə̀ːrm] 명 자벌레.

in·ci·dence [insədəns] 명 1 (the ~, an ~) (사건·질병 따위의) 발생, 출현; 발생 범위[비율]; 영향 범위. ¶the ~ of typhoid fever 장티푸스의 이환율(罹患率). 2 U C 〔광학·물리〕 투사(각), 입사(각); 〔수학〕 결합; 〔항공〕 영각(迎角)(주익(主翼)과 동체 기준선이 이루는 각도). ¶an angle of ~ 투사각, 입사각. 3 U C 〔경제〕 (세금 따위의) 미치는 범위, 부담 범위; 귀착.

íncidence màtrix 명 〔컴퓨터〕 접속 행렬.

‡**in·ci·dent** [ínsidənt] 명 1 사건, 일어난 일; 우발(부수) 사건. ⇨ EVENT 〔유의어〕 ¶a surprising [an unexpected] ~ 놀라운[뜻밖의] 사건. 2 (시·소설·극 따위의) 삽화(episode). 3 (전쟁·폭동 따위의) 사건, 사변, 분쟁, 무력 충돌. ¶a religious ~ 종교 분쟁. 4 부수적인 첫[일]; (부대의) 권리[의무].
a daily incident 일상사.
without incident 무사히.
─ 형 1 일어나기 쉬운, 흔히 있는; 부수하는(to).
¶evils ~ *to* human society 인간 사회에 흔한 악습. 2 투사(입사)하는(on, upon). ¶rays of light ~ *upon* a mirror 거울에 투사되는 광선. 3 〔법률〕 부대[부수]하는(to). **~·less** 형

*in·ci·den·tal [ìnsədéntl] 형 1 부수하여 일어나는; 수반하기 쉬운, 흔히 있는(to); …에 뒤따라 일어나는 (on, upon). ¶discomforts ~ *to* travel 여행에 따르게 마련인 불편. 2 우연의, 우발적인; 부수(이차)적인. ⇨ ACCIDENTAL 〔유의어〕 ¶ ~ images 잔상(殘像) / ~ events 부수적 사건 / an ~ remark 무심코 나온 말. 3 주요하지 않은, 임시의. ¶ ~ expenses 잡비.
incidental on [or *upon*] …에 부수하는.
─ 명 (~s) 부수적[우발적]인 사건[일]; (~s) 잡비, 임시비. **~·ist**, **-den·tál·i·ty**, **~·ness** 명

*in·ci·den·tal·ly [ìnsədéntli] 부 1 우연히, 우발적으로, 수반하여; 부수적으로. 3 〔구어〕 〔문장 수식〕 그런데, 덧붙여 말하자면, 말이 난 김에 말인데.

incidental músic 명 (극·영화 따위의) 반주[부수] 음악. ¶ ~ to the play 연극의 반주 음악.

in·cin·der·jell [insíndərdʒèl] 명 〔군사〕 발염(發炎) 젤리(napalm과 혼합한 젤리 상태의 가솔린으로 소이탄, 화염 방사기용).

in·cin·er·ate [insínərèit] 타 자 …을 태워서 재로 만들다, 태워 없애다(cremate). ─ 명 타서 재가 되다. **-á·tion** 명 〔爐〕 화장장(crematory).

in·cin·er·a·tor [insínərèitər] 명 (쓰레기) 소각로

in·cip·i·en·cy [insípiənsi] 명 U 시초, 발단; 병(病) 따위의) 초기(단계[상태]). (또는 **incipience**)

in·cip·i·ent [insípiənt] 형 처음의, 초기의, 시작의, 발단의. ¶an ~ cold 감기 초기. **~·ly** 부

in·cip·it [insəpit] 명 처음(중세의 사본 따위에서 새로운 장(章)·절(節)의 시작을 나타내는 말). (<L)

in·cir·cle [ìnsə́ːrkl] 명 〔기하〕 내접원(內接圓).

in·cise [insáiz] 타 1 …에 칼집을 내다, (몇 부분으로) 절개하다(in, into); 〔표면에〕 (표·무늬·숫자 등을) 새기다(with, on). ¶ ~ an inscription on a monument 기념비에 비문을 새기다. 〔의학〕 절개(切開)하다. **-cí·sal** 명

in·cised [insáizd] 형 1 벤. ¶the ~ gums 칼자국을 낸 고무나무. 2 조각한. ¶an ~ pattern 새긴 무늬. 3 〔의학〕 예리하게 벤. ¶an ~ wound 예리하게 벤 상처. 4 〔식물〕 (잎이) 결각상(缺刻狀)의.

in·ci·sion [insíʒən] 명 U C 1 베기; 벤 자국, 짼 자리, 새긴 자국; 새김. 2 〔의학〕 (외과의) 절개. 3 〔식물〕 (잎의) 결각(缺刻狀).

in·ci·sive [insáisiv] 형 1 (목소리 따위가) 카랑카랑한, 새된; (풍자 따위가) 날카로운, 통렬한, 신랄한. ¶an ~ voice 날카로운 목소리. 2 (머리 따위가) 날카로운, 예리한. ¶an ~ mind 예리한 두뇌. 3 자르는 데 쓰는; 앞니의. ¶the ~ teeth 앞니. **~·ly** 부 **~·ness** 명

in·ci·sor [insáizər] 명 〔치과〕 앞니.

in·ci·so·ry [insáizəri] 형 (앞니처럼) 자르는데 알맞

in·ci·sure [insáiʒər] 명 〔해부〕 벤 상처, 절흔(切痕)
in·cit·ant [insáitənt] 형 자극하는; 흥분시키는
　　── 명 자극물, 흥분제.
***in·cite** [insáit] 동타 1 (…하도록) (남)을 격려하다, 자극하다; (남)을 선동하여 …하게 하다(to, to do). ¶She ~d her son to (make) greater efforts. 그녀는 아들을 격려하여 한층 더 노력하게 했다. 2 (분노 따위)를 (…에게[의 마음에]/…사이에) 불러일으키다(in, among). **-cít·a·ble** 형 **-ci·tá·tion** 명 자극(물), 선동; 유발. **-cít·er** 명
in·cite·ment [insáitmənt] 명〔U〕C〕 1 고무, 격려, 자극. ⇨STIMULUS 〔유의어〕 2 자극물, 유인(誘因), 동기(motive)(to, to do). ¶ 선동적 행동.
in·ci·vil·i·ty [ìnsəvíləti] 명〔U〕 버릇없음, 무례; ⓒ 무례한 행동.
in·ci·vism [ínsəvìzm] 명〔U〕 공민 정신이 없음; 애국심의 결여.
incl. incline: inclosure; including; inclusive.
in·clasp [inklǽsp/-klɑ́ːsp] 동타 =enclasp.
in·clear·ing [ínklìəriŋ] 명〔U〕〔英〕〔집합적〕 (은행의) 교환 수취(受取) 어음; 어음 교환액. **·cléar·er** 명
in·clem·en·cy [inklémənsi] 명〔U〕 1 (날씨가) 나쁨, 혹독함, 혹한(* 더위에는 안 쓴다). 2 (정신적으로) 냉혹함, 쌀쌀함.
in·clem·ent [inklémənt] 형 1 (날씨가) 험악한, 폭풍우의; 혹심한, 매서운; 추운. ¶~ weather 악천후. 2 (성질이) 혹독한, 무자비한. **~·ly** 부 **~·ness** 명
in·clin·a·ble [inkláinəbl] 형 1 (…의) 경향이 있는(to); (…)하고 싶어하는(to do). ¶a man somewhat ~ to insomnia 약간 불면증 기미가 있는 사람/be ~ to overeat oneself 과식하는 경향이 있다. 2 (…에) 호의적인, 유리한(to). 3 (장치 따위가) 기울일 수 있는.
‡in·cli·na·tion [ìnklənéiʃən] 명 (樂 ~s [-z]) 〔U〕〔C〕 1 (an ~, one's ~) (정신적인) 경향, 성향(to, toward); (…)버릇, 벽벽(性癖)(for doing, to do). ¶a man of political ~ 정치적 성향이 있는 사람/ have an ~ toward conservatism 보수적 경향이 있다/an ~ to steal [or for stealing] 도벽(盜癖)

〔유의어〕 **inclination** 어떤 사물이나 행동을 선택할 기분이 되어 있음. **leaning** 종교·사상·직업 따위에서 어떤 방향으로 분명하게 마음이 기울기. **bent** 선천적으로 어떤 것을 좋아하는 경향. **propensity** 선천적으로 어떤 것에 크게 마음이 끌려 자제할 수 없는 경향. **proclivity** 습관적인 타성에서 어떤 일을 하지 않고는 배기는 경향.

2 (종종 ~s) (…에 대한) 애호, 좋아함(to, toward, for); (…하고 싶은) 기분, 의향, 마음(to do); 기호[애호]물. ¶follow one's ~s 하고 싶은대로 하다 // He showed no ~ to be helpful. 그는 돕는 시늉조차 하지 않았다.
3 (an ~, the ~) 체질, 성질; (기계 따위의) 성질 (to, to do). ¶an ~ to corpulence 비만 체질. 4 (an ~, the ~) **a)** 기울기; 경사(도); 비탈; 경사면, 사면(斜面). ¶an ~ of 45 degrees 45도의 경사/the ~ of a roof 지붕의 경사. **b)** (고개를) 숙임, 끄덕임. ¶an ~ of the head 고개의 끄덕임. 5 〔수학〕 경사각, 경각(傾角). 6 〔천문〕 (혹성의) 궤도 경사각.
against one's inclination 본의 아니게.
have an inclination toward doing …을 좋아하다, …에 빠져있다.
in·cli·na·to·ry [inkláinətɔ̀ːri/-təri] 형 경사의, 경사져 있는. **-ri·ly** 부
‡in·cline [inkláin] (~s [-z]; ~d; -clin·ing) 동타 1 마음이 기울다[내키다](to, toward, for); …하고 싶은 생각이 들다(to do). ¶(~+前+名) ~ to democracy 민주주의로 마음이 기울다 // (~+to do) I ~ to believe that… 나는 …이라고 믿고 싶다. 2 (체질·기질

적으로) (…)하는 경향[성향]이 있다, (…)의 체질이다; (…)에 가깝다(to, toward). ¶ (~+前+名) ~ to leanness 여위는 체질이다. 3 기울다, 비스듬히 되다 (to, toward). ¶ ~ to one side 한쪽으로 기울다. 4 (…에) 몸을 내밀다(over); 몸을 구부리다, 상체를 굽히다. ¶ ~ toward the speaker to hear more clearly 좀더 잘 들으려고 말하는 사람 쪽으로 몸을 기울이다.
── 타 1 〔마음〕을 돌리다, 기울이다(toward, to); …의 마음이 들게 하다(to do). ¶ (~+目+to do) ~ a person's mind to do …하도록 남의 마음이 쏠리게 하다/His attitude ~d me to help him. 그의 태도로 그를 돕고 싶은 마음이 생겼다. 2 …을 기울이다, 경사시키다. 3 〔머리〕를 숙이다. 〔몸〕을 구부리다, 굽히다. ¶ ~ one's head 머리를 숙이다, 절을 하다.
incline one's ear 경청하다(to) 〔 〕을 향하다.
incline one's steps to[or toward(s)] …으로 발길을
── 명 [ínklain, -´] 1 경사(면), 사면(斜面) 2 비탈. 〔철도〕 (경사도가 45도에 가까운) 케이블 철도.
‡in·clined [inkláind] 형 1 …할 생각이 있는, …의 경향이 있는(to, toward, for, to do). ¶I feel ~ for a walk 산책을 하고 싶다. 2 기운, 경사진. 3 〔수학〕 경사을 이루는.
be [or feel] inclined to do …하고 싶어지다; …의 경향이 있다. ¶I am ~ to fall asleep soon after study. 공부만 끝나면 곧 잠이 든다.
inclíned pláne 명 사면(斜面). 2 =incline 2.
inclíned ráilway 명 =incline 2.
in·clin·ing [inkláiniŋ] 명 1 마음의 쏠림, 경향, 성향. 2 〔고어〕 지지자, 신봉자; 자기편.
in·cli·nom·e·ter [ìnklənɑ́mətər/-nɔ́m-] 명 (배·비행기의) 경사계; 〔측량〕 경사계(傾斜計).
in·clip [inklíp] 동타 (**-pp-**) 〔고어〕 둘러싸다.
***in·close** [inklóuz] 동타 =enclose. **-clós·er** 명
in·clo·sure [inklóuʒər] 명 =enclosure.
‡in·clude [inklúːd] 동타 (~s [-z]; -clud·ed; -clud·ing) 1 …을 포함하다, 포괄하다, 함유하다(in) (⇨CONTAIN 〔유의어〕). ¶The package ~s a book of instructions. 그 꾸러미에는 설명서가 들어 있다. 2 (부류·범주에) 포함시키다, 계산에 넣다(in, among, with)(⇔exclude). ¶ (~+目+前+名) He ~s me among his enemies. 그는 나를 적의 한 사람으로 보고 있다. 3 에워[둘러]싸다(enclose); 가두다.
all charges included 일체의 요금을 포함하여.
include out 《구어》 …을 제외하다.
postage included 우송료 포함(하여).
-clúd·a·ble, -clúd·i·ble 형
in·clud·ed [inklúːdid] 형 포함된, 함유된; 포함하여. **~·ness** 명 〔식물〕 화관(꽃부리)에 둘러싸인.
in·clud·ing [inklúːdiŋ] 전 …을 포함하여, …도 합쳐서. ¶ excluding [Fifty were present, ~ the teacher. 선생님도 포함하여 50명 출석했다.
***in·clu·sion** [inklúːʒən] 명 1 〔U〕 포함, 함유; 계산에 넣음, 함유되는 것; 〔생물〕 세포 함유물; 〔광물〕 함유물. 3 〔U〕〔논리·수학〕 함유 (관계).
in·clu·sion·ar·y [inklúːʒəneri/-dʒənəri] 형 (주택[지역] 개발 계획이) 중간 소득층 대상의.
inclúsion bódy 명 〔병리〕 봉입체(封入體).
inclúsion cómplex 명 〔화학〕 포접(包接)[삽입] 화합물.
inclúsion máp 명 〔수학〕 포함 사상(寫像). 〔합물.
***in·clu·sive** [inklúːsiv] 형 1 (…을) 포함한, 계산에 넣은(of); (숫자·요일 뒤에 쓰여) 시작부터 끝까지 모두 (⇔exclusive). ¶from three to nine (both) ~ 3에서 9도 포함하여) 3에서 9까지 모두 // The price is ten dollars, ~ of tax. 값은 세금 포함 10달러이다. 2 다른 것을 포함한, 포괄적인. ¶an ~ list of members 전체 회원 명단. **~·ly** 부 **~·ness** 명 〔言〕 판단.
inclúsive disjúnction 명 〔논리〕 포함적 선언[함접].
inclúsive fítness 명 〔생물〕 포괄 적응도.

inclúsive lánguage 〖(언어)〗 남녀 포괄 용어 (he/she, they 따위와 man을 humankind로, chairman을 chairperson으로 말하는 따위).

inclúsive ór 〖(논리)〗 =inclusive disjunction.

inclúsive térm 〖〗 식비 및 기타 비용 일체를 포함한 숙박료.

in·co·er·ci·ble [ìnkouə́:rsəbl] 〖〗 강제[억제]할 수 없는, 억누를 수 있는. ─**ly** 〖〗 ─**ness** 〖〗 =incognita.

in·cog [inkág/-kɔ́g] 〖〗〖〗〖(구어)〗 =incognita.

in·cog·i·ta·ble [inkádʒətəbl/-kɔ́dʒ-] 〖〗〖(드물게)〗 믿을 수 없는, 생각[상상]할 수 없는. ─**bíl·i·ty**

in·cog·i·tant [inkádʒətənt/-kɔ́dʒ-] 〖〗 사려[분별]없는(inconsiderate); 사고 능력이 없는. ─**ly** 〖〗

in·cog·ni·ta [ìnkɑgní:tə, inkágnə-/ìnkɔgní:-] 〖〗〖〗〖〗 incognito의 여성형.

in·cog·ni·to [ìnkɑgní:tou, inkágnə-/ìnkɔgní:-] 〖〗 (명사 뒤에 쓰여) 가명의; 미행(微行)의. ¶a king ~ 미행 국왕. ─〖〗 익명으로, 가명으로; 미행으로. ¶travel ~ 신분을 감추고 여행하다. ─〖〗 (복 ~s) 익명(자), 변명(자); 미행(자).

drop one's *incognito* 신분을 밝히다.

in·cog·ni·za·ble [inkágnəzəbl/-kɔ́g-] 〖〗 인식 [식별, 지각]할 수 없는(*of*).

in·cog·ni·zant [inkágnəzənt/-kɔ́g-] 〖〗 인식하지 못하는, 눈치채지 못하는(*of*). ─**zance**

in·co·her·ence [ìnkouhíərəns, -héər-/-híər-] 〖〗 1 ⓤ 조리가 닿지 않음, 앞뒤가 맞지 않음, 지리멸렬, 모순. 2 앞뒤가 맞지[조리가 닿지] 않는 이야기[생각], 모순점. 3 ⓤ [물리] (파동의) 비간섭성. (또는 **incoherency**)

in·co·her·ent [ìnkouhíərənt, -héər-/-híər-] 〖〗 1 조리가 닿지 않는, 지리멸렬의, 모순된. ¶an ~ reply 횡설수설하는 대답. 2 결합[응집]하지 않는; 결착[점착]력이 없는. 3 서로 용납되지 않는, 이질적인; 불일치의. ─**ly** 〖〗 ─**ness** 〖〗 〖4〗[물리] 비간섭성의.

in·co·he·sive [ìnkouhí:siv] 〖〗 들러붙지 않는, 점착성이 없는; 결합력이 없는, 분열 경향이 있는.

in·com·bus·ti·ble [ìnkəmbʌ́stəbl] 〖〗 타지 않는, 불연성의. ─〖〗 불연성 물질.
─**bùs·ti·bíl·i·ty**, ─**ness** 〖〗 ─**bly** 〖〗

‡**in·come** [ínkʌm] 〖〗 (복) ─**s** [-z] ⓤⓒ 1 (정기적인) 수입, 소득. ¶an annual ~ 연수(年收) / gross [net] ~ 총[순]소득, 총[실]수입. 2 〖(고어)〗 들어옴, 도래.

an earned [*unearned*] *income* 근로[불로] 소득.

live beyond [*within*] *one's income* 수입 이상의 〜**less** 〖〗 [이내의] 생활을 하다.

íncome accóunt 〖〗 수익[이익] 계정; 손익 계정.

íncome bónd 〖〗 수익 사채(社債)(이율이 확정되지 않고, 기업의 수익에 따라 지급되는 사채).

íncome dispárity [gáp] 〖〗 소득 격차[불균형].

íncome distribútion 〖〗 소득 분배.

íncome fúnd 〖〗 인컴 펀드(수익 배당을 목적으로 한 〖사회〗 소득 계층. (투자 신탁).

íncome gróup 〖〗 〖(美)〗 생활[생계] 보조비.

íncome máintenance 〖〗 〖(美)〗 생활[생계] 보조비.

in·com·er [ínkʌmər] 〖〗 들어오는 사람; 〖(英)〗 이주민; 침입자(intruder); 신입자, 후임자; 후계자.

íncomes pólicy 〖〗 (인플레 억제를 위한) 소득 정책.

íncome státement 〖〗 손익 계산서.

íncome suppórt 〖〗 〖(英)〗 생계 보조.

íncome táx 〖〗 소득세.

íncome táx retúrn 〖〗 소득세 신고.

in·com·ing [ínkʌmiŋ] 〖〗 1 들어오는. ¶the ~ tide 밀물. 2 후임의, 후계의. ¶the ~ president 후임 총장. 3 (이익 따위가) 생기는. ¶~ profits 수익. 4 〖(英)〗 이주해 오는. 5 〖(美)〗 신입(新入)의, 갓 시작된. ¶〖〗 들어옴, 도래(*of*). 2 (~s) 수입, 소득. ¶~s and outgoings 수입과 지출.

íncoming líne 〖〗 〖(전기)〗 옥내 도입선.

íncoming máil 〖〗 〖(美軍속어)〗 적군의 포화.

in·com·men·su·ra·ble [ìnkəménsərəbl] 〖〗 같은 척도[기준]로 비교할 수 없는; 비교가 안 되는, 어림도 없는(*with*); 〖(수학)〗 약분할 수 없는. ─〖〗 (같은 척도로는) 비교가 안 되는 것; 〖(수학)〗 약분할 수 없는 수[양].
─**mèn·su·ra·bíl·i·ty**, ─**ness** 〖〗 ─**bly** 〖〗

in·com·men·su·rate [ìnkəménsərət/-fər-] 〖〗 1 (너무 적어) 어울리지 않는, 분에 맞지 않는, 알맞지 않은(*with, to*). ¶income ~ *to* our wants 우리의 필요를 충족시키기에는 부족한 수입. 2 =incommensu─**ly** 〖〗 ─**ness** 〖〗 [rable.

in·com·mode [ìnkəmóud] 〖〗〖〗 〖(익살)〗 …에게 불편을 느끼게 하다, 폐를 끼치다; …을 난처하게 하다.

in·com·mo·di·ous [ìnkəmóudiəs] 〖〗 〖(익살)〗 비좁고 옹색한; 불편한; 불쾌한. ─**ly** 〖〗 ─**ness** 〖〗

in·com·mod·i·ty [ìnkəmádəti/-mɔ́d-] 〖〗〖ⓒ〗 〖(익살)〗 비좁고 불편한 곳; 불편한 점, 마땅치 않은 점; ⓤ 불편, 마땅치 않음, 불쾌(discomfort).

in·com·mu·ni·ca·ble [ìnkəmjú:nikəbl] 〖〗 1 전할 수 없는, 말로 표현할 수 없는. ¶an ~ grief 말할 수 없는 슬픔. 2 말수가 적은, 입이 무거운. 3 연락이 없는, 고립된. 4 (왕권 따위가) 나눠 가질 수 없는.
─**mù·ni·ca·bíl·i·ty**, ─**ness** 〖〗 ─**bly** 〖〗

in·com·mu·ni·ca·do [ìnkəmjù:niká:dou] 〖〗〖〗 (죄수가) 외부와의 연락이 끊긴[끊기], 독방에 갇힌[간혀]. ¶*hold prisoners* ~ 포로들을 감금하다. (또는 **incomunicado**) 〖<Sp〗

in·com·mu·ni·ca·tive [ìnkəmjú:nikətiv, -nikèit-] 〖〗 말수가 적은, 입이 무거운; 사교적이 아닌 (reserved). ─**ly** 〖〗 ─**ness** 〖〗

in·com·mut·a·ble [ìnkəmjú:təbl] 〖〗 바꿀 수 없는, 교환할 수 없는; 변경할 수 없는, 불변의.
─**mùt·a·bíl·i·ty**, ─**ness** 〖〗 ─**bly** 〖〗

in·com·mu·ta·tion [ìnkəmjutéiʃən] 〖〗 〖(美)〗 (도시에서 교외로) 역방향 통근(reverse commuting).

in·com·pact [ìnkəmpǽkt] 〖〗 치밀하지 않은, 산만한, 꽉 짜이지 않은(loose). ─**ly** 〖〗 ─**ness** 〖〗

in·com·pa·ny [4kʌ̀mpəni] 〖〗 사내(社內)의, 기업 내의; 회사[기업] 안에서의.

in·com·pa·ra·ble [ìnkámpərəbl/-kɔ́m-] 〖〗 유례없는, 비길 바 없는; (…와) 비교가 되지 않는(*with, to*).
─**bíl·i·ty**, ─**ness** 〖〗 ─**bly** 〖〗

in·com·pat·i·bil·i·ty [ìnkəmpæ̀təbíləti] 〖〗ⓤ 양립하기 어려움, 불일치, 부조화; 상반, 대립; ⓒ 상반된 점; (접목(接木)의) 불친화성; (수정(受精)의) 불화합성; 〖(컴퓨터)〗 호환성이 없음; 〖(약학)〗 배합 금기.

***in·com·pat·i·ble** [ìnkəmpǽtəbl] 〖〗 1 모순된, 양립하지 않는(*with*). 2 (사람의 성질·사고 방식 따위가) 상반된, 맞지[일치하지] 않는; 공존할 수 없는, 함께 일할 수 있는. 3 〖(논리)〗 (두 개 이상의 명제가) 양립할 수 없는. 4 (관직·지위 따위가) 겸(직)할 수 없는. 5 〖(약학)〗 (약이) 배합 금기의; 〖(의학)〗 (혈액이) 부적합한; 〖(컴퓨터)〗 호환성이 없는. ─〖〗 (~s) 양립할 수 없는 사람[것]. 3 (~s) 〖(논리)〗 양립할 수 없는 명제. ─**ness** 〖〗 ─**bly** 〖〗

incompátible cólor [sýstem] 〖〗 〖(TV)〗 비(非)양립식(보통 흑백 텔레비전에는 영사되지 않는 컬러 텔레비전 방식); ⊙ compatible color [system]

in·com·pe·tence [inkámpətəns/-kɔ́m-] 〖〗ⓤ 1 무능, 부적격. 2 〖(법률)〗 무능력, 무자격. 3 〖(병리)〗 (기능) 부전(증). (또는 **imcompetency**)

*__**in·com·pe·tent** [inkámpətənt/-kɔ́m-] 〖〗 무능한, 부적격의, 무능력의(*for, to do, for*[*at*] *doing*); 〖(법률)〗 무자격한, 무능력한. ⇨INCAPABLE 〖(유의어)〗 ¶an ~ witness 자격 없는 증인/be ~ to teach [*or for teaching*] French 프랑스어를 가르칠 능력이 없다. ─〖〗 무능력자, 부적격자; 〖(법률)〗 무자격자, 금치산자. ─**ly** 〖〗

incompl. incomplete.

in·com·plete [ìnkəmplíːt] 형 1 불완전한, 불충분한, 미완성의, 불비(不備)의. ¶~ knowledge 불충분한 지식. 2 〔식물〕 (꽃이) 불완전한; 〔곤충〕 (변태가) 불완전한. 3 〔미식축구〕 (패스가) 실패한. 4 〔문법〕 불완전한. ¶an ~ transitive[intransitive] verb 불완전 타[자]동사. ── 명 1 〔美〕 〔교육〕 불완전 이수(履修). 2 〔도서관〕 불완전본(2권 이상 출판될 예정인 책이 아직 완간되지 않은 것). ~·ly 부, ~·ness 명, -plé·tion 명

incompléte dóminance 〔생〕 불완전 우성(優性).

incompléte frácture 〔의〕 불완전 골절(骨折).

incompléte metamórphosis 〔생〕 〔곤충〕 불완전 변태.

in·com·pli·ant [ìnkəmpláiənt] 형 고집이 센, 순종하지 않는, 따르지[고분고분하지] 않는, 승낙하지 않는. -ance, -an·cy 명 ~·ly 부

***in·com·pre·hen·si·ble** [ìnkɑmprihénsəbl, ìnkɑm-/ìnkɔm-] 형 1 이해할 수 없는, 불가해한(to). ¶the ~ mysteries of life 불가해한 생명의 신비. 2 〔고어〕 무한한. -hèn·si·bíl·i·ty, ~·ness 명 -bly 부

in·com·pre·hen·sion [ìnkɑmprihénʃən, ìnkɑm-/ìnkɔm-] 명 몰이해, 이해력이 없음.

in·com·pre·hen·sive [ìnkɑmprihénsiv, ìnkɑm-/ìnkɔm-] 형 1 포괄적이 아닌; 포용력이 없는. 2 이해력이 부족한, 이해가 더딘. ~·ly 부 ~·ness 명

in·com·press·i·ble [ìnkəmprésəbl] 형 압축[압착]할 수 없는. -préss·i·bíl·i·ty 명 -bly 부

in·com·put·a·ble [ìnkəmpjúːtəbl] 형 계산[산정]할 수 없는, 셀 수 없는(incalculable). -bly 부

in·co·mu·ni·ca·do [ìnkəmjùːnikáːdou] 형[부] = incommunicado.

***in·con·ceiv·a·ble** [ìnkənsíːvəbl] 형 생각할 수 없는, 상상도 못할; 믿을 수 없는; 놀랄 만한. -cèiv·a·bíl·i·ty, ~·ness 명 -bly 부

in·con·cin·ni·ty [ìnkənsínəti] 명 볼일부, 부조화.

in·con·clu·sive [ìnkənklúːsiv] 형 확정[결정]적이 아닌; 결론이 나지 않는. ~·ly 부 ~·ness 명

in·con·den·sa·ble [ìnkəndénsəbl] 형 응축[농축]할 수 없는. (또는 **incondensible**) -bíl·i·ty 명

in·con·dite [inkándət, -dait/-kɔ́n-] 형 (문학 작품 따위가) 구성이 서투른; 조잡한, 세련되지 않은.

in·con·du·cive [ìnkəndjúːsiv/-djúː-] 형 도움[이익]이 되지 않는, 해로운.

in·con·form·i·ty [ìnkənfɔ́ːrməti] 명 1 불복종, 비협조; 불일치(to, with). 2 국교(國敎) 반대.

in·con·gru·ent [inkáŋgruənt, ìnkəngrúː-/inkɔ́ŋ-] 형 일치[부합], 조화하지 않는, 부적당한(incon- -ence -ly 부 [gruous).

in·con·gru·i·ty [ìnkəngrúːəti, -kəŋ-/-kɔŋ-] 명 U 부적당, 부조화, 불일치; C 적당[조화]하지 않은 것[일], 불일치점.

in·con·gru·ous [inkáŋgruəs/-kɔ́ŋ-] 형 1 일치하지 않는, 부조화[부조리]의; 일관성이 없는, 모순된(with, to). ¶an ~ plot 앞뒤가 맞지 않는 줄거리. 2 (언행이) 부적당한, 어울리지 않는.

~·ly 부 ~·ness 명

in·con·nu [ìnkənjúː, ìŋ-/-njúː] 명 〔어류〕 송어의 일종(아메리카·아시아산(產)).

in·con·sci·ent [inkánʃənt/-kɔ́n-] 형 =unconscious. ~·ly 부

in·con·sec·u·tive [ìnkənsékjutiv] 형 연속하지 않는, 끊어지는, 앞뒤가 맞지 않는. ~·ly 부 ~·ness 명

in·con·se·quence [inkánsikwèns/ìnkɔ́nsikwəns] 명 U 1 일관성이 없음, 비논리성; 불합리, 모순. 2 부적절함, 영동함; 보잘것없음.

in·con·se·quent [inkánsikwènt/ìnkɔ́nsikwənt] 형 1 일관성이 없는, 비논리적인; 불합리한, 모순된. 2 영동한, 핵심을 벗어난; 조화하지 않는. 3 보잘것없는. ~·ly 부 ~·ness 명

in·con·se·quen·ti·a [ìnkənsikwénʃiə, -ʃə, ìnkàn-] 명 대수롭지 않은 일, 사소한 일, 지엽 말단.

in·con·se·quen·tial [ìnkənsikwénʃəl, ìnkàn-/ìnkɔ̀n-] 형 1 중요하지 않은, 보잘것없는. 2 조리에 닿지 않는, 비논리적인. 3 영동한. -quèn·ti·ál·i·ty 명 -ly 부 ~·ness 명

in·con·sid·er·a·ble [ìnkənsídərəbl] 형 1 근소한, 미미한. ¶a not ~ amount of money 꽤 많은 금액. 2 별것 아닌, 사소한. ~·ness 명 -bly 부

in·con·sid·er·ate [ìnkənsídərət] 형 1 (남의 감정·권리 따위에 대해) 배려가 없는, 인정미[이해심]이 없는(of). 2 지각없는, 경솔한. ~·ly 부 ~·ness 명

in·con·sid·er·a·tion [ìnkənsìdəréiʃən] 명 U 몰인정; 지각없음, 무분별, 경솔.

***in·con·sist·en·cy** [ìnkənsístənsi] 명 U 불일치, 부조화, 모순; 정견(定見)이 없음; C 모순된 사물[언행]. (또는 **inconsistence**)

***in·con·sist·ent** [ìnkənsístənt] 형 1 (둘 이상의 것이 서로) 일치[조화]되지 않는, 상반되는(with); (하나의 것이 내부적으로) 모순되는; 이치에 맞지 않는. ¶~ decor 잘 조화되지 않는 장식/an ~ story 앞뒤가 맞지 않는 이야기. 2 (…의 점에서) 일관성이 없는, 절조 없는(in); ~ behavior 지조 없는 행동. 3 〔수학〕 (방정식이) 불능인. ~·ly 부

in·con·sol·a·ble [ìnkənsóuləbl] 형 위로할 길 없는[없을 만큼의], 슬픔에 잠긴(disconsolate)(for); 낙 -sòl·a·bíl·i·ty, ~·ness 명 -bly 부 [담한.

in·con·so·nant [inkánsənənt/-kɔ́n-] 형 조화되지 않는, 불일치의(to, with). -nance 명 -ly 부

in·con·spic·u·ous [ìnkənspíkjuəs] 형 눈에 띄지 않는, 주의를 끌지 않는. ~·ly 부 ~·ness 명

in·con·stant [inkánstənt/-kɔ́n-] 형 1 마음이 변하기 쉬운, 변덕스러운. 2 (성질 따위가) 일정하지 않은, 변하기 쉬운. -stan·cy 명 ~·ly 부

in·con·sum·a·ble [ìnkənsúːməbl/-sjúːm-] 형 태워 없앨 수 없는; 다 써버릴 수 없는, 다 소비할 수 없는, (기계 따위가) 내구성(耐久性)의. -bly 부

in·con·test·a·ble [ìnkəntéstəbl] 형 논란의 여지가 없는(indisputable); 의심할 바 없는, 명백한. -tèst·a·bíl·i·ty, ~·ness 명 -bly 부

incontéstable cláuse 〔생명[건강]보험 증서의〕 불가쟁(不可爭) 약관[조항].

in·con·ti·nence [inkántənəns/-kɔ́nti-] 명 U 1 자제할 수 없음, 억누를 수 없음. 2 〔병리〕 (대소변의) 실금(失禁). 3 〔드물게〕 음란. (또는 **incontinency**)

in·con·ti·nent[1] [inkántənənt/-kɔ́nti-] 형 1 자제[억제]할 수 없는, (비밀 따위를) 지키지 못하는(of). 2 〔병리〕 (대소변) 실금의. 3 음란한. ~·ly 부 [nently]

in·con·ti·nent[2] 부 〔고어〕 즉시, 곧. (또는 **inconti-**

in·con·trol·la·ble [ìnkəntróuləbl] 형 억제[제어]할 수 없는(uncontrollable). -bly 부

in·con·tro·vert·i·ble [ìnkɑntrəvə́ːrtəbl, ìnkàn-/ìnkɔ̀n-] 형 논쟁[논박]의 여지가 없는, 부정할 수 없는; 의심할 수 없는, 명백한. ¶absolute and ~ truth 명백한 절대적 진리. -vèrt·i·bíl·i·ty, ~·ness 명 -bly 부

‡**in·con·ven·ience** [ìnkənvíːnjəns] 명 -ienc·es [-iz] 1 U 불편, 부자유, 형편이 나쁨; 불쾌, 폐(to). ¶without the least ~ 조금도 불편 없이/ It is no ~ to me. 조금도 폐가 되지 않습니다. 2 불편한 것, 부자유한 일. (또는 **inconveniency**)

at inconvenience to oneself 불편한 것을 참고,

at great inconvenience (…에게는) 아주 불편하지만(to); 불편을 꾹 참고.

cause inconvenience to a person; put a person to inconvenience 남에게 폐를 끼치다. ¶if it puts you to no ~ 폐가 되지 않으신다면.

suffer much inconvenience 몹시 불편을 느끼다.

── 타 (-ienc·es [-iz]; ~d [-t]; -ienc·ing) …에

게 불편을 느끼게 하다, 폐를 끼치다.¶I hope I am not *inconveniencing* you. 폐가 되지 않기를 바랍니다.
in·con·ven·ienced [ìnkənvíːnjənst] 형 《완곡적》 지체(肢體) 부자유의.
‡**in·con·ven·ient** [ìnkənvíːnjənt] 형 (**more ~; most ~**) 불편한, 형편이 나쁜, 폐가 되는(*to, for*); (… 하는 것이) 귀찮은(*to do, that 절*).¶an ~ house 살기 불편한 집 / an ~ time *for* a visit 남을 방문하기에 적합하지 않은 시간 // If (it is) not ~ *to* you, I would like to call on you this evening. 폐가 되지 않는다면 오늘 저녁 찾아뵙고 싶습니다. **~·ly** 부 **~·ness** 명
in·con·vert·i·bil·i·ty [ìnkənvə̀ːrtəbíləti] 명U (지폐의) 태환(兌換) 불능; (일반적으로) 교환[교체] 불능.
in·con·vert·i·ble [ìnkənvə́ːrtəbl] 형 (지폐가) 태환할 수 없는, 불환(不換)의; (일반적으로) 교환할 수 없는, 바꾸지 못하는. **~·ness** 명 **-bly** 부
in·con·vin·ci·ble [ìnkənvínsəbl] 형 납득시킬 수 없는, 고집 불통인. **-vin·ci·bíl·i·ty** 명 **-bly** 부
in·co·or·di·nate [ìnkouɔ́ːrdənət] 형 동격[동위, 동등]이 아닌; 조정되지 않은. (또는 **inco-órdinate**)
in·co·or·di·na·tion [ìnkouɔ̀ːrdənéiʃən] 명U 동격이 아님, 부동등; 〔병리〕 근육 협조(운동) 불능.
incor. incorporated (또는 **incorp.**); incorrect.
in·cor·po·ra·ble [inkɔ́ːrpərəbl] 형 합병[합체, 합동, 편입]할 수 있는.
‡**in·cor·po·rate**[1] 동 [inkɔ́ːrpəreit] (**-rat·ed; -rat·ing**) 타 1 …을 법인 조직으로 만들다. 《美》 …을 주식[유한] 회사로 하다. 2 …을 (구성 부분으로서 속에) 집어넣다, 편입하다(*in, into*); 합병하다(*with*).¶a book which ~s the newest information 최신 자료를 삽입한 책 (~+目+前+名) / a firm ~d *with* another 다른 회사와 합병한 회사 / Your suggestion will be ~d *in* the plan. 당신의 제안은 계획에 반영될 것입니다. 3 …을 포함하다, 함유하다. 4 …을 가입시키다, 일원으로 만들다.(~+目+(*as*) 補) be ~d (*as*) a member of a society 모임의 일원이 되다. 5 …을 혼합하다, 섞다(*with*). 6 〔생각 따위〕를 구체화하다, …에 형체를 주다.(~+目+前+名) ~ one's thoughts *in* an article 논설에서 자기의 생각을 밝히다. 7 〔컴퓨터〕 〔기억장치에〕 짜 넣다.
— 자 1 (일체가 되도록) 결합하다(unite), 합병하다, 섞이다(*with*).¶(~+前+名) The company ~d *with* another. 그 회사는 다른 회사와 합병했다. 2 (단체 등이) 법인[회사]으로 되다.
become incorporated with …와 합병하다.
— 형 [inkɔ́ːrpərət] 1 법인(조직)의; 《美》 회사(조직)의. 2 일체가 된, 합병된; 혼합한. 3 〈고어〉 구체화된.
in·cor·po·rate[2] [inkɔ́ːrpərət] 형 《드물게》 구체화되지 않은, 무형의; 영적(靈的)인(incorporeal).
*‡**in·cor·po·rat·ed** [inkɔ́ːrpəreitid] 형 1 법인 조직의; 《美》 (회사)가 유한 책임의(《美》 limited).¶an ~ company 《美》 주식[유한] 회사 (* 회사명과 함께 쓰이는 경우는 Inc.,《英》 Ltd.,)로 줄여 회사명 뒤에 붙인다. 2 합병된, 합체된, 편입된.¶an ~ city 합병해서 생긴 시(市). **~·ness** 명
incórporated bár 〔법률〕 =integrated bar.
in·cor·po·ra·tion [inkɔ̀ːrpəréiʃən] 명 1 합동, 결합, 편입(*into*); 혼입(*into*). 2 〔법률〕 법인격 부여, 법인 설립(《美》회사) 설립; ⓒ 법인 조직, 《美》 회사. 3 〔문법〕 포함(抱合)(목적어를 정동사에 포함시키는 것).
in·cor·po·ra·tive [inkɔ́ːrpəreitiv, -pərət-] 형 1 합체하는, 결합적인. 2 〔문법〕 포함적(抱合的)인.
in·cor·po·ra·tor [inkɔ́ːrpəreitər] 명 1 법인 설정자; 《美》 회사 설립자. 2 법인[단체, 《美》회사]의 일원. 3 결합자, 합동자, 합병자. 「적으로는, 사실상. 〈L〉
in córpore [in kɔ́ːrpəri] 〖副〗 몸소, 자신이; 실질
in·cor·po·re·al [ìnkɔːrpɔ́ːriəl] 형 1 무형의, 실체

가 없는, 비물질적인; 영적인. 2 〔법률〕 무체(無體)의, 무형의.¶~ property 무형 재산(저작권·특허권·독점 판매권 따위). **-po·re·ál·i·ty** 명 **-·ly** 부
in·cor·po·re·i·ty [ìnkɔːrpəríːəti] 명 1 〔U〕 실체가 없음, 무형성, 비물질성; ⓒ 무형물(권리·특성 따위).
incorr. incorrect.
‡**in·cor·rect** [ìnkərékt] 형 (**more ~; most ~**) 1 부정확한, 틀린, 옳지 않은.¶an ~ statement [calculation] 틀린 진술[계산]. 2 온당치 않은, 버릇없는(improper).¶~ behavior 버릇없는 짓. 3 (책 따위가) 틀린 데가 많은. **-·ly** 부 **~·ness** 명
in·cor·ri·gi·ble [inkɔ́ːridʒəbl/-kɔ́r-] 형 1 구제하기 길 없는, 교정이 안 통하는.¶an ~ delinquent 구제 불능의 범죄자. 2 제멋대로 구는; 다루기 힘든.¶an ~ child 다루기 힘든 아이. 3 뿌리 깊은, 완강한.¶an ~ liar 어쩔 수 없는 거짓말쟁이. — 명 구제할 길 없는 사 **-bíl·i·ty, ~·ness** 명 **-bly** 부 「람.
in·cor·rupt [ìnkərʌ́pt] 형 1 타락하지 않은, 건전한; 결백한. 2 매수할 수 없는, 뇌물이 안 통하는, 청렴한. 3 (원문이) 잘못되나 고칠 곳이 없는, 올바른; (언어가) 순수한. 4 《폐어》 부패하지 않은. (또는 **incorrupted**) **-·ly** 부 **~·ness** 명
in·cor·rupt·i·ble [ìnkərʌ́ptəbl] 형 1 부패하지 않는, 부식[용해, 분해]되지 않는; 불후(不朽)의, 불멸의. 2 타락하지 않는, 매수할 수 없는, 청렴결백한. **-rúpt·i·bíl·i·ty, ~·ness** 명 **-bly** 부
in·cor·rup·tion [ìnkərʌ́pʃən] 명U 타락하지 않음, 청렴결백; 《고어》 부패[부식]되지 않음(상태).
in·co·terms [inkətə̀ːrmz] 명 〔상업〕 인코텀스(국제 상업 회의소(ICC)가 제정한 무역 조건의 해석에 관한 국제 규칙). (<*international commercial terms*)
in·coun·try [ˊkʌ̀ntri] 형 국내의, 국내에서 행해지는.¶the ~ war 내전.
incr. increase(d); increasing; increment(al).
in·cras·sate [inkrǽseit] 타 〔약학〕 〔액체〕를 농축하다; 〔폐어〕 …을 진하게 하다. — 자 〔폐어〕 진해지다. — 형 [inkrǽsət, -seit] (또는 **incrassated**) 〔식물·곤충〕 비후(肥厚)해진, 살찐(thickened).
-cras·sá·tion 명 **-sa·tive** 형
in·creas·a·ble [inkríːsəbl] 형 증대[증가]할 수 있는.
‡**in·crease** [inkríːs] (**-creas·es** [-iz]; **~d** [-t]; **-creas·ing**) 타 1 (크기·수·양 따위)를 늘리다, 증대[증가]시키다, 확대하다(↔decrease). ¶~ taxes 증세하다 / ~ a person's salary 급료를 인상하다. 2 〔질·정도 따위〕를 강화하다, 증진시키다.¶~ one's efforts 한층 더 노력하다.

> **유의어** **increase** 수량·범위·정도 따위를 (차츰) 늘리다; 가장 일반적인 말. **augment** 이미 꽤 큰 수량·형태·정도·범위 따위를 더욱 크게 하다; 격식을 차리는 말. **enlarge** 형태·범위·정도 따위를 넓혀서 크게 하다. **multiply** 번식 또는 같은 일을 되풀이하여 수를 「급속히」 증가시키다.

— 자 1 (크기·수·양이) 늘다, 증대[증진]하다, 커지다, 강해지다(*in*) (↔decrease).¶(~+前+名) ~ *in* popularity[power] 인기가 높아지다[힘이 늘다] / ~ *in* price 값이 오르다 / ~ *in* knowledge through study 공부를 하여 지식이 늘다. 2 번식하다.¶Her family ~d. 그녀의 가족이 늘었다. 3 (시) (달이) 차다, 커지다(wax).
— 명 [ˊ-] **-creas·es** [-iz]) 〔U〕ⓒ 1 증가; 증식; 증진, 증강; 확대.¶an ~ *in* population 인구의 증가. 2 ⓒ 증가량[액]. 3 이익(profit), 이자. 4 〈고어〉 생산물, 작물. 5 〔폐어〕 번식; 자손.
on the increase 차츰 증가[증대]하여, 점증하여.
in·creas·ed·ly [-sidli] 부
in·creas·er [inkríːsər] 명 증가시키는 사람[것].
in·creas·ing [inkríːsiŋ] 형 점점 느는, 증가[증대]하는.¶~ traffic 점점 늘어나는 교통량.

the law of increasing returns 〔경제〕 수확 체증 (遞增)의 법칙.

*in·creas·ing·ly [inkríːsiŋli] *부* 점점 더, 더욱더.

in·cre·ate [ìnkriéit, ìnkríːət] *형* 창조되지 않은; 창조되지 않고 존재하는, 본래적으로 존재하는. ~**·ly** *부*

‡**in·cred·i·ble** [inkrédəbl] *형* (**more** ~; **most** ~) 1 거짓말 같은, 터무니없는, 놀라운. ¶an ~ price 엄청난 값. 2 (…에게) 믿을 수 없는, 신용할 수 없는(*to*). -**bíl·i·ty**, ~**·ness** *명*

in·cred·i·bly [inkrédəbli] *부* 믿을 수 없을 만큼, 매우, 터무니없이; 《문장 수식》 믿기지 않을 정도이나.

in·cre·du·li·ty [ìnkrədjúːləti/-djúː-] *명* 쉽게 믿지 않음, 의심 많음, 불신.

***in·cred·u·lous** [inkrédʒuləs/-dju-] *형* 1 쉽사리 믿지 않는, 의심 많은, 회의적인(*of*, *about, at*). 2 의심하는 듯한, 의심스러운 듯한. ¶an ~ stare 의심스러운 듯한 눈초리. ~**·ly** *부* ~**·ness** *명*

in·cre·ment [ínkrəmənt, íŋ-] *명* 1 Ⓤ 증가, 증대, 증식; Ⓒ 증가물(량, 액); Ⓤ 〔수학〕 증분(增分). ¶a weekly ~ of 25 dollars in salary 주급 25달러 증액. 2 Ⓤ 이익, 이윤. ¶unearned ~ 〔경제〕 (땅값 따위의) 자연 증가. 3 〔컴퓨터〕 인크레멘트(일정량·일정수의 증분).

in·cre·men·tal [ìnkrəméntl] *형* 증가의; (수학) 증분의. ~**·ly** *부* 〔컴퓨터일러,

increméntal compiler *명* 〔컴퓨터〕 증분(增分)

in·cre·men·tal·ism [ìnkrəméntəlìzm] *명* (사회적·정치적) 점진주의(gradualism). -**ist** *명*

increméntal plótter *명* 〔컴퓨터〕 증분(增分) 플로터(데이터를 1 increment씩 처리하는 작도(作圖) 장치).

increméntal recórder *명* 〔컴퓨터〕 증분(增分) 리코더(정보를 1열마다 처리하는 자기 테이프 기록 장치).

increméntal repetítion *명* 〔운율〕 점층(漸增) 반복(민요(popular ballads)의 반복(후렴)구(refrain)를 부분적으로 변화를 주어 반복하는 일).

in·cres·cent [inkrésnt] *형* (달이) 점점 만월이 되는, 상현(上弦)의; (일반적으로) 증대하는, 늘어나는. ¶an ~ moon 상현달. -**cence** *명*

in·cre·tion [inkríːʃən] *명*Ⓤ Ⓒ 〔생리〕 내분비물(호르몬 따위); 내분비(작용). ~**·àr·y**, **ín·cre·tò·ry** *형*

in·crim·i·nate [inkrímənèit] *타* 1 …에게 죄를 씌우다; …을 유죄로 만들다; …을 (…에) 고소(고발)하다(*to*). 2 …을 (사건 따위에) 연루시키다; (증거·증언 등으로) …이 유죄임을 나타내다. 3 …의 탓으로 하다(*as*). -**ná·tion**, -**nà·tor** *명* -**na·to·ry** [-kətɔ̀ːri] *형*

in·croach [inkróutʃ] *자타* =encroach.

in·cross [ínkrɔ̀(ː)s, -krɑ̀s] *명* 〔유전〕 동계(同系) 〔동종(同種)〕 교배에 의한 개체〔잡종〕; *타* 동종 교배〔잡종〕의.

in·cross·bred [ínkrɔ́(ː)sbrèd, -krɑ́s-] *형* 〔유전 in-group 1.

in·crowd [ínkràud] *명* =in-group 1.

in·crust [inkrʌ́st] *타* 1 …을 외피〔껍데기〕로 덮다. 2 (보석 따위로) …의 표면을 장식하다. — *자* 외피〔껍데기〕를 형성하다. (또는 encrust) ~**·ant** *형*

in·crus·ta·tion [ìnkrʌstéiʃən] *명* Ⓤ 1 외피로 덮음〔덮임〕. 2 외피, 외각(外殼); 〔의학〕 딱지. 3 Ⓤ Ⓒ 겉치장; 상감 (세공). 4 《비유적》 덮어씌워진〔곡 달라붙은〕 것; 퇴적물〔층〕. (또는 **encrustation**)

in·crust·ment [inkrʌ́stmənt] *명* Ⓤ 외피 형성; 외피층. (또는 **encrustment**)

in·cu·bate [ínkjubèit, íŋ-] *타* 1 (알)을 품다, 까다. 2 〔세균〕을 배양하다; (미숙아)를 보육기로 키우다. 3 (계획)을 생각해내다. — *자* 1 알을 품다, 동우리에 들다, (알이) 깨다; 인공 부화〔배양〕되다. 2 (생각이) 구체화되다. 3 〔의학〕 (병·세균의) 잠복하다. — *명* 배양 표본. -**bà·tive** *형*

in·cu·ba·tion [ìnkjubéiʃən, ìŋ-] *명* Ⓤ Ⓒ 1 알을 품음; 부화(孵化); 배양. ¶artificial ~ 인공 부화. 2 숙고, 계획, 고안; (벤처 기업) 창업 지원·육성. 3 〔병리〕 잠복기(~ period). ~**·al**, -**ba·to·ry** [-bətɔ̀ːri/-bèitəri] *형*

incubátion pátch *명* 포란반(抱卵斑)(포란중인 새의 복부에 나타나는 혈관이 많고 깃털이 없는 부분).

incubátion périod *명* 〔동물〕 부란(孵卵) 기간; 〔병리〕 잠복기(간).

in·cu·ba·tor [ínkjubèitər, íŋ-] *명* 1 부화기; 미숙아 보육기; 세균 배양기. 2 부화〔배양, 보육〕하는 사람; 계획을 꾸미는 사람; 〔경영〕 (벤처 기업) 창업 지원·육성 회사〔기구〕.

íncubator facílity *명* (벤처 기업 창업을 위한) 지

in·cu·bus [ínkjubəs, íŋ-] *명* (복 ~**·bi** [-bài], ~**·es**) 1 (잠자는 여인을 범한다는) 악몽. 2 부담이 되는 사람〔것〕, (빚·시험 따위) 마음을 짓누르는 것.

in·cu·des [inkjúːdiːz] *명* incus의 복수형.

in·cul·cate [inkʌ́lkeit, ínkʌlkèit] *타* 1 〔지식·미덕·사상 따위를〕 (…에게) 되풀이하여 가르치다, 알아듣도록 가르치다(*in, into, on, upon*). ¶~ virtue *in* the young 젊은이들에게 덕을 가르치다. 2 〔남〕에게 (지식·미덕·사상 등을) 심어주다(*with*). ¶~ a person *with* the love of his neighbors 남에게 이웃 사랑을 가르치다. 〔[-kətɔ̀ːri]

in·cul·cá·tion -**ca·tive** *형* -**ca·tor** *명* -**ca·to·ry** *형*

in·cul·pa·ble [inkʌ́lpəbl] *형* 나무랄 데 없는, 죄없는, 결백한. -**bíl·i·ty**, ~**·ness** *명* -**bly** *부*

in·cul·pate [inkʌ́lpeit, ínkʌlpèit] *타* 1 …에게 죄를 씌우다; …을 나무라다, 비난하다. 2 …을 연루시키다. -**cul·pá·tion** *명* -**pa·to·ry** *형* 연루시키는; 비난하는.

in·cult [inkʌ́lt] *형* 세련되지 못한, 거친, 상스러운; 〔고어〕 경작되지 않은, 미개간된.

in·cum·ben·cy [inkʌ́mbənsi] *명* 1 Ⓤ Ⓒ (공직·교수 등의) 현직(의 지위), 재임〔재직〕 기간: 성직자의 사위〔재직 기간〕. 2 의무, 책무. 3 기대지, 의지하기.

in·cum·bent [inkʌ́mbənt] *형* 1 현직의, 재직중의. ¶the ~ president〔governor〕 《미》 현직 대통령〔주지사〕. 2 의무가 있는(*on, upon*). ¶a duty ~ *upon* the youth 청년의 책무/It is ~ *on* you to do it. 그것을 하는 것은 당신의 책임이다. 3 (압석이) 다른 지층 위에 겹쳐져 있는. 4 의지하는, 기대는(*on, upon*). — *명* 재직자, 현직자; 《미》 현직 의원; 《영》 성직자, (담당 교회가 있는) 목사. ~**·ly** *부*

in·cum·ber [inkʌ́mbər] *타* =encumber.

in·cum·brance [inkʌ́mbrəns] *명* =encumbrance. 〔ula)의 책.

in·cu·na·ble [inkjúːnəbl] *명* 초기 간행본(incunab-

in·cu·nab·u·la [ìnkjunǽbjulə, ìŋkju-] *명*복 (단 -**lum** [-ləm]) 1 (1501년 이전에 인쇄된) 초기 활자 간행본, 고판본(出版本). 2 초기, 요람기. -**lar** *형*

‡**in·cur** [inkə́ːr] *타* (~s [-z]; -**rr**-) 〔좋지 않은 결과〕에 빠지다, 부딪치다; (위험 따위)를 자초하는〔빚〕을 지다. ¶~ large losses 큰 손실을 입다 / ~ a person's hatred 남의 미움을 사다. -**ra·ble** *형*

in·cur·a·ble [inkjúərəbl] *형* 불치의, 교정〔치료〕할 수 없는; 구제 불능의. — *명* 불치의 환자; 구제하기 어려운 사람. -**bíl·i·ty**, ~**·ness** *명* -**bly** *부*

in·cu·ri·os·i·ty [ìnkjuriásəti/-ɔ́s-] *명* Ⓤ 무관심, 호기심 없음.

in·cu·ri·ous [inkjúəriəs] *형* 1 호기심이 없는, 알고 싶어하지 않는, 무관심한(*about*). 2 재미없는, 신기할 것 없는. * 보통 not ~의 형으로 쓰인다. ¶a not ~ story 꽤 흥미있는 이야기. 3 부주의한. ~**·ly** *부* ~**·ness** *명*

in·cur·rence [inkə́ːrəns/-kʌ́r-] *명* Ⓤ (손해 따위)를 당함, 입음; (책임을) 짐.

in·cur·rent [inkə́ːrənt/-kʌ́r-] *형* (물이) 흘러드는.

in·cur·sion [inkə́ːrʒən/-ʃən] *명* Ⓒ Ⓤ 1 침입, 침략, 습격; 《비유적》 (남의 영역 따위에 대한) 침해, 잠식(*into, on, upon*). 2 흘러들기, 유입(*into*). 3 (시간·

자유를) 구속하는 것(on).
make incursions into …에 침입[습격]하다.
in·cur·sive [inkə́:rsiv] 형 1 침입하는, 침략하는, 습격하는. 2 유입하는.
in·cur·vate 형 [ínkə:rvèit, inkə́:rvət] 안으로 굽은. — 타 [inkə:rvèit, -´-] …을 안쪽으로 구부리다, 만곡(彎曲)시키다. **-vá·tion, in·cúr·va·ture** 명
in·curve 타 [inkə́:rv] 타 …을 안쪽으로 굽게 하다. — 자 안쪽으로 굽다. — 명 [´-] [야구] 인커브, 내곡구(內曲球). 형 outcurve
in·curved [inkə́:rvd] 형 안으로 굽은.
in·cus [íŋkəs] 명 (옛 *in·cu·des* [inkjúːdiːz]) [해부] 침골(砧骨)(귀청 속의 있는 세 청골(聽骨) 중의 하나).
-cu·date [´kjudèit], **-cu·dal** [´kjudl]
in·cuse [inkjúːz, -kjúːs] 형 (화폐 따위가) 각인(刻印)이 찍힌. — 명 (화폐 따위의) 각인, 돋을 무늬. — 타 (화폐 따위)에 각인을 찍다.
Ind [ind] 명 1 〔문어〕 =India¹. 2 〔폐어〕 =Indies.
IND 〔약칭〕 *investigational new drug*(치험(治驗) [치료 시험] 신약). **ind.** independence; independent; index; indicated; indicative; indigo; indirect; industrial; industry. **Ind.** India(n) (또는 **Ind**); Indiana; Indies; industrial; industry. **I.N.D.** (라틴) *in nómine Deī* (=in the name of God)(하느님의 이름으로).
Ind- [ind] 〔연결〕 ⇒INDO-. 〔그들과의〕 회의, 협의.
in·da·ba [indáːbə] 명 (남아프리카 원주민의, 또는)
in·da·gate [índəgèit] 타 (고어) …을 조사하다, 연구하다. **-gá·tion -gà·tive -gà·tor**
in·da·mine [índəmìːn, -min] 명 ⓤ [화학] 인다민 (염기성(鹽基性) 유기 화합물; 청·녹색의 염료 원료).
Ind. E., Ind E *Industrial Engineer*.
*****in·debt·ed** [indétid] 형 1 빚이 있는(*to, for*). 2 도움을 많이 받고 있는, 은혜를 입은(*to, for*).
be indebted to a person for ① 〔남〕에게 …의 빚을 지다. ¶*be* ~ *to* him *for* $200 그에게 200달러 빚지다. ② …한 것은 〔남〕의 덕택이다. ¶*I am* ~ *to you for* my escape. 네 덕분에 도망칠 수 있었다.
I should be greatly indebted if you would... …해 주신다면 대단히 감사하겠습니다.
in·debt·ed·ness [indétidnis] 명 1 ⓤ 부채, 빚; ⓒ 부채액. 2 ⓤ 은혜, 신세.
in·de·cen·cy [indíːsnsi] 명 1 ⓤ 버릇없음, 염치없음, 예의를 모름; 꼴사나움. 2 ⓤ 상스러움, 음탕, 외설. 3 ⓒ 점잖지 못한[음란한] 언동; (완곡적) 변태.
in·de·cent [indíːsnt] 형 1 상스러운; 추잡한, 음탕한. ⇒IMPROPER 〔유의어〕 2 예절을 모르는; 꼴사나운. 3 (사회 통념상) 바람직하지 않은. 4 〔구어〕 부적당한; 〈질·양 따위가〉 부당한. **~·ly** 부 (죄).
indécent assáult (강간을 제외한) 강제 추행
indécent expósure 명 [법률] 공연(公然) 음란죄 (성기 노출 따위).
in·de·cid·u·ous [ìndisídʒuəs] 형 [식물] 잎이 떨어지지 않는. 비낙엽성의; 상록의. ¶~ *trees* 상록수.
in·de·ci·pher·a·ble [ìndisáifərəbl] 형 〈암호 따위가〉 판독하기 힘든, 판독 불가능한, 읽어도 뜻을 알 수 없는. **-ci·pher·a·bíl·i·ty, ~·ness** 명 **-bly** 부
in·de·ci·sion [ìndisíʒən] 명 ⓤ 결단력이 없음, 우유부단.
in·de·ci·sive [ìndisáisiv] 형 1 우유부단한, 결단력이 없는(*about*). ¶an ~ character 우유부단한 성격. 2 (결정적) 결정적이 아닌, 막연한, 결말이 안 난. 3 (윤곽 따위가) 희미한, 흐릿한. **~·ly** 부 **~·ness** 명
indecl. indeclinable.
in·de·clin·a·ble [ìndikláinəbl] 형 [문법] 어미 변화[격변화]를 하지 않는, 변화하지 않는. — 명 [문법] 불변화어. **~·ness** 명 **-bly** 부
in·de·com·pos·a·ble [ìndiːkəmpóuzəbl] 형 분

해[분석]할 수 없는. **~·ness** 명 **-bly** 부
in·dec·o·rous [indékərəs, ìndikɔ́ːrəs] 형 버릇없는, 무례한, 꼴사나운, 부적당한. **~·ly** 부 **~·ness** 명
in·de·co·rum [ìndikɔ́ːrəm] 명 ⓤ 버릇없음, 꼴사나움, 부적당; ⓒ 무례한(버릇없는) 언동, 꼴사나운 것.
‡**in·deed** [indíːd] 부 1 (문장 전체 또는 앞말의 강조) 실로, 참으로, 정말로. ¶*I—*, the prime minister resigned today. 정말로 총리가 오늘 사임했다/He was ~ a remarkable man. 그는 참 뛰어난 사람이었다/Thank you very much ~. 정말로 고맙습니다/Very cold, ~. 참, 되게 춥다. 2 (질문에 대한 대답을 강조) 물론, 정말로, 말할 것도 없이. ¶Yes, ~. 예, 그렇고말고요/No, ~. 아뇨, 아니고말고요. 3 (이미 말한 일을 확인·확충하여) (보기와는 달리) 실은, 사실은(in reality); 실은 오히려. ¶He did not object to our proposal, I—, he gave several reasons for supporting it. 그는 우리의 제안에 반대하지 않았다. 오히려 그것을 지지할 몇 가지 이유를 제시했다. 4 (양보) 그래 참, 과연, 참(* 종종 but로 시작되는 문장 뒤에 온다). ¶He might ~ be correct, 그래 참, 그가 옳은지도 몰라/*I—* he is old, *but* he is still strong. 과연 그는 나이는 많으나 아직 건장하다. (truly).
Indeed, indeed. (구어) 참으로, 정말로(Really and — 감 (놀람·의심·빈정거림) 그래요, 설마, 저런, 아니 저런. ¶*I—*? 정말 (그런가요)?/Who is that lady over there? — Who is she, ~! 저기에 계신 부인은 누구신가요? — (동감) 정말 누구일까요!; (빈정거림) 누구일까라니!/He spoke about you. — Oh, ~! 그가 당신 얘기를 하던걸 — 아, 그랬군!/*I—*, did he say so? 그래, 그가 정말 그런 소리를 했어?
indef. indefinite.
in·de·fat·i·ga·bil·i·ty [ìndifætigəbíləti] 명 ⓤ 지칠줄 모르는, 불요불굴의, 끈기 있는.
in·de·fat·i·ga·ble [ìndifǽtigəbl] 형 지칠 줄 모르는, 불요불굴의, 끈기 있는. **~·ness** 명 **-bly** 부
in·de·fea·si·ble [ìndifíːzəbl] 형 취소[무효화, 파기]할 수 없는; 몰수할 수 없는.
-fèa·si·bíl·i·ty, ~·ness 명 **-bly** 부
in·de·fect·i·ble [ìndiféktəbl] 형 1 썩지[손상되지] 않는, 실패하는 일이 없는. 2 결점이 없는, 흠없는, 완전한. **-fèct·i·bíl·i·ty** 명 **-bly** 부 [완전한].
in·de·fec·tive [ìndiféktiv] 형 (드물게) 결함 없는.
in·de·fen·si·ble [ìndifénsəbl] 형 1 변호[변명]의 여지가 없는. 2 (공격 따위를) 막을[방어할] 수 없는. 3 (비판·부인 따위를) 당하지 않을 수 없는.
-fèn·si·bíl·i·ty, ~·ness 명 **-bly** 부
in·de·fin·a·ble [ìndifáinəbl] 형 정의를 내릴 수 없는, 한정(설명)하기 어려운, 막연한. — 명 정의(설명)할 수 없는 것. **~·ness, -de·fìn·a·bíl·i·ty** 명 **-bly** 부
*****in·def·i·nite** [indéfənit] 형 (*more* ~; *most* ~) 1 (수·양·크기·기간 따위가) 정해져 있지 않은, 한계가 없는, 부정(不定)의(⟺ definite). ¶an ~ term of imprisonment 무기 징역/an ~ number 부정수(不定數). 2 명료하지 않은, 명확[분명]하지 않은, 막연한. 3 [문법] 부정의. 4 [식물] (수술의 수가) 부정수의.
~·ness, ˌni·tion 명
‡**indéfinite árticle** 명 (the ~) [문법] 부정 관사(영어에서는 a와 an). 형 definite article
indéfinite íntegral 명 [수학] 부정 적분(不定積分).
*****in·def·i·nite·ly** [indéfnitli] 부 무(기)한으로; 불명확하게, 막연히.
indéfinite prónoun 명 [문법] 부정 대명사. ¶질.
indéfinite rélative cláuse 명 [문법] 부정 관계절
indéfinite rélative prónoun 명 [문법] 부정 관계 대명사
indéfinite ténse 명 [문법] 부정 시제.
in·de·his·cent [ìndihísnt] 형 [식물] (과피가 익어서도) 열개(裂開)하지 않는. ¶an ~ *fruit* 폐과(閉果).
-cence 명 ⓤ 비열개성(非裂開性).
in·de·lib·er·ate [ìndilíbərət] 형 미리 계획되지 않

in·del·i·ble [indélǝbl] 형 (잉크·얼룩 따위가) 지울[제거할] 수 없는; 잊을 수 없는; 지워지지 않는 얼룩을 남기는. -**bi·li·ty**, ~·**ness** 명 -**bly** 부

in·del·i·ca·cy [indélikǝsi] 명 1 ① 야비, 상스러움, 예절없음; 외설. 2 ⓒ 야비한[버릇없는, 상스러운, 외설적인] 행위.

in·del·i·cate [indélikǝt] 형 1 조잡한; 거친, 예절 없는(rude). 2 천한, 야비한; 음탕한. ¶ ~ language 상스러운 말씨. ~·**ly** 부 ~·**ness** 명

in·dem·ni·fi·ca·tion [indèmnǝfikéiʃǝn] 명 1 ① 보장, 보증; 면책; 배상. 2 배상금[물]. ¶ pay an ~ 배상금을 지불하다. :**dem·nif·i·ca·to·ry** 형

in·dem·ni·fy [indémnǝfài] 타 (-**fied**) 1 (손해에 대하여) ···에게 보장하다, ···을 보호하다(from, against); ~ a person against[or from] loss 손해가 없도록 남에게 보장하다. 2 ···에게 (손해·비용 따위를) 변상하다, 배상하다(for). ¶ ~ a person for damage 남에게 손해를 배상하다. 3 처벌하지 않을 것을 보증하다, 법적으로 면책하다(for); ~ a person for an action 남의 행위를 면책하다. -**fi·er** 명

in·dem·ni·tee [indèmnǝtí:] 명 〖美〗 배상을 받는 사람[회사]; 피보장자. 〔람[회사]; 보장자.

in·dem·ni·tor [indémnǝtǝr] 명 〖美〗 배상하는 사

in·dem·ni·ty [indémnǝti] 명 〖법률〗 1 ① 손해 배상의 보증, 보장; (발생된 손해에 대한) 변상, 보상, 배상; (보험) 손해 보상. ¶ double ~ 배액 (倍額) 보상/war ~ 승전국에 대한 배상. 2 배상금, 보상[변상]금. 3 ① (형벌의) 면제, 면책, 특사(特赦).
¶ **claim indemnity for** ···에 대한 배상을 요구하다.

in·de·mon·stra·ble [indimάnstrǝbl, indémǝn- | indimɔ́n-] 형 증명할 수 없는; 증명이 불필요한, 자명 -**mòn·stra·bíl·i·ty**, ~·**ness** 명 -**bly** 부

in·dene [indi:n] 명 〖화학〗 인딘(무 색 택색 상태의 탄화수소; 콜·타르 합성에 쓰이는.

*****in·dent**[1] 타 (~·**ed**) 1 (해안선)에 들쭉날쭉 굽어들다. ¶ The coastline is ~ed by the sea. 바다가 들쭉날쭉한 해안선을 이루고 있다. 2 (절의 첫 행)을 한 자 들여쓰다(쓰다). ¶ ~ the first line of a paragraph 절의 첫 행을 한 자 들여서 쓰다. 3 ···을 톱니 모양을 내다, ···을 톱니처럼 만들다. 4 (종이 한 장에 정·부(正副) 2통으로 작성한 계약서 따위)를 톱니 모양으로 절취선을 따라 찢다; (계약서 따위)를 정부 2통으로 작성하다. 5 ···을 기한부 계약으로 고용하다. ¶ an ~ed servant 기한부 고용인. 6 〖英〗〖상업〗 〖남〗에게 (···을) 주문하다(for). ¶ ~ a person for goods 남에게 물품을 주문하다. 1 톱니처럼 되다[쓰다]. 2 〖英〗 정부 2통의 주문서(청구서)를 작성하다. 3 〖남〗에게/···을) 주문하다(on/for); (군사) (물자를) 징발하다 (for). 4 (페어) 계약하다.
— 명 [∠, ∠∠] 1 톱니꼴(의 새긴 자국); (해안선의) 만입(灣入). 2 한 자 들여서 쓰기[짜기]. 3 〖英〗 (상업) (물품의) 주문(서)(for). 4 (절취선을 따라 찢는) 복사 계약서. 5 〖英〗 징발. ~·**er, in·dén·tor** 명

in·dent[2] 타자 [indént] 1 ···을 들어가게 하다, ···을 옴폭 패게 하다. 2 (각인·자국 따위)를 찍다, 눌러 찍다.
— 명 [∠, ∠∠] 1 옴폭 들어감, 옴폭한 곳(dent).

in·den·ta·tion [indèntéiʃǝn] 명 1 톱니 모양, 새김눈(notch); (해안선 따위의) 굴곡, 만입; 옴폭한 곳. 2 ① (행의 첫머리를) 들여 쓰기.
¶ ⓒ 톱니꼴로 만들기. 3 (행의 첫머리를 안으로 들여 쓰기.

in·dent·ed [indéntid] 형 1 톱니 모양으로 된, 들쭉날쭉한. 2 연한[기한부] 도제(徒弟)로 들어간.

indénted móld 〖건축〗 맞물림 쇠시리.

in·den·tion [indénʃǝn] 명 1 ① 톱니꼴로 만들기; ⓒ 톱니꼴의 자국; 오목한 곳, 들어가 있음. 2 ① 〖인쇄〗 (행의 첫머리를 안으로 들여 쓰기; ⓒ 글자를 들여 쓴 (짠) 공간(공백).

in·den·ture [indéntʃǝr] 명 1 (절취선이 있는) 두 장 연속된 계약서; (정·부 두통의) 계약서, 증서, 주문서, 동의서; 채무 계약 증서, 신탁 증서. 2 (보통 ~s) 연한부(기한부) 고용 계약서, (도제(徒弟)살이 따위의) 연한부 계약서. 3 (드물게) ① 톱니 자국을 내기; ⓒ 톱니 국; 굴곡, 들쭉날쭉함. 「이를 끝내다.
¶ **be out of**[or **take up**] *one's indentures* 도제살이
— 타 1 ···을 계약서로 약정하다; 도제살이로 들이다. ~·**ship** 명 2 (고어) = indent[2].

indéntured sérvant 〖美역사〗 연한(年限) 계약 노동자(주로 17-18세기에 도미했던 외국인 노동자).

in·dé·pen·dan·tiste [F ɛdepɑ̃dɑ̃tist] 명 (캐나다의) 퀘벡주 고용 독립 운동 지지자.

:**in·de·pen·dence** [indipéndǝns] 명 ① 1 독립, 자립, 자주; 독립심(of, from) 형 dependence. ¶ declare one's ~ 독립을 선언하다. (또는 **independency**) 2 (드물게) 자립할 만한 수입.
the Declaration of Independence (미국의) 독립 선언(1776년 7월 4일).

In·de·pen·dence [indipéndǝns] 명 인디펜던스(미국 미주리 주 서부의 도시; 서부 개척의 출발 거점).

Indepéndence Dày 명 〖美〗 독립 기념일(7월 4일; the Fourth of July라고도 한다).

Indepéndence Háll 명 〖美〗 독립 기념관(Philadelphia에 있으며, 독립 선언을 서명한 곳).

in·de·pen·den·cy [indipéndǝnsi] 명 1 ① = independence 1. 2 독립국, 자주국. 3 (I-) 〖교회〗 독립 교회제(주의)(형 congregationalism).

:**in·de·pen·dent** [indipéndǝnt] 형 (**more** ~; **most** ~) 1 (나라·조직이) 독립한, 자치적인(of). ¶ an ~ country 독립국. 2 (사람·정신이) 자주성이 있는, 자율[자립]적인; 자유의. ¶ an ~ mind 자주 정신(의 소유자)/an ~ leader 독자적 사상을 가진 시도자 / a man of ~ judgment 자주적인 판단을 내리는 사람. 3 (의견·행위가) 독자적인, 남에게 의존하지 않는; 영향을 받지 않는, 별개의. ¶ conduct an ~ investigation 독자적인 조사를 하다 / Two effects are ~ of each other. 두 결과는 서로 관계가 없다. 4 남의 신세를 지지 않는, 제 힘으로 살아가는(of); 자활하는; 일을 안 해도 살아갈 만한. ¶ be economically ~ 경제적으로 자립하다. 5 (투표 때) 당파에 좌우되지 않는; 〖정치〗 무소속의. ¶ an ~ candidate 무소속 입후보자. 6 〖美〗 (TV) 3대 네트워크에 가맹하지 않은, 독립의. 7 (체인점이 아닌) 자영(自營)의, 개인 경영의; 민영의, 사립의. 8 (I-) 〖교회〗 독립 교회파의; 〖英〗 조합 교회파의(형 Congregational). 9 〖수학·통계〗 (양·함수가) 독립인. 10 〖문법〗 (절이) 독립의.
be independent of ···에서 독립하다. ¶ *be* ~ *of* one's parents 부모의 신세를 지지 않다.
independent [or **independently**] **of** ···와는 관계없이, ···와는 별도로.
— 명 1 독립한 사람, 독립적인 것. 2 당파에 좌우되지 않는 사람[유권자]; 〖정치〗 무소속 의원. 3 자영 소기업, 자영점(店). 4 〖영화〗 독립 프로덕션 (제작의 영화). 5 (I-) 〖교회〗 독립 교회파 신도; 〖英〗 조합 교회파 신도. 6 (the I-) 인디펜던트(영국의 일간 신문).

independent adóption 명 〖美〗 공적인 알선 기관을 통하지 않은 입양(入養).

independent assórtment 명 〖유전〗 독립 배열. ¶ the law of ~ 독립 유전의 법칙.

independent áudit 명 〖회계〗 독립 감사(監査)(공인 회계사에 의한 회계 감사).

Independent Bróadcasting Authòrity 명 (the ~) 〖英〗 독립 방송 공사(민간 방송의 운영·감독·관리 기구; 1972년 설립. 약 IBA).

independent cláuse 명 〖문법〗 =main clause.

independent cóunsel 명 〖美〗 특별 검사(special prosecutor).

independent float 〖(컴퓨터)〗 독자 여유(餘裕), 자유 여유. 〖(주의(자)의, 독립론(자)의).
in·de·pend·ent·ist [indipéndəntist] 〖명〗 독립
in·de·pen·den·tis·ta [Sp independentísta] 〖명〗 (스페인) (중남미의) 독립 운동가, 독립 운동 지지자.
***in·de·pend·ent·ly** [indipéndəntli] 〖부〗 독립하여, 자주적으로, 독립적으로, 따로(of).
independently of ⇨ INDEPENDENT.
independent méans 〖명〗 일하지 않고〖놀고〗 지낼 수 있는 재산. ¶be of ~ 놀고 지낼 재산이 있다.
independent schóol 〖명〗 〖英·濠〗 〖교육〗 독립(사립) 학교.
independent suspénsion 〖명〗 독립 현가(懸架) (자동차의 각 바퀴가 독립적으로 프레임에 장착되어 있는 형식).
Independent Télevision 〖英〗 독립 TV(민간 TV 채널: 〖약〗 ITV).
Independent Télevision Commíssion (the ~) 〖英〗 독립 TV위원회(민간 TV 방송의 인가·감독 기구; 〖약〗 ITC). 「*dependent variable*
independent váriable 〖명〗 〖수학〗 독립 변수. 〖약〗
in-depth [dépθ] 〖형〗 **1** 면밀한, 상세한, 완전한; 심층의. ¶an ~ analysis[report] of the issue 쟁점에 관한 철저한 분석〖심층 보도〗. **2** 균형이 잡힌; 완성도가 높은.
***in·de·scrib·a·ble** [ìndiskráibəbl] 〖형〗 명확히 표현할 수 없는, 막연한; 필설로 다할 수 없는, 형언할 수 없는. ¶~ horror 말로 다할 수 없는 공포. 〖명〗 **1** 분명히 말로 표현할 수 없는 것. **2** (~s) 〖고어〗 바지. **-scrib·a·bíl·i·ty**, ~**ness** 〖명〗 **-bly** 〖부〗
in·de·struct·i·ble [ìndistrʌ́ktəbl] 〖형〗 파괴할 수 없는, 불멸의. **-strúct·i·bíl·i·ty**, ~**ness** 〖명〗 **-bly** 〖부〗
in·de·ter·mi·na·ble [ìnditə́ːrmənəbl] 〖형〗 확정 [확인]할 수 없는; 해결[결정]할 수 없는. ¶~ disputes 결론이 나지 않는 토론. ~**ness** 〖명〗 **-bly** 〖부〗
in·de·ter·mi·na·cy [ìnditə́ːrmənəsi] 〖명〗 불확정 (성), 부정(不定). 「원리
indetérminacy prínciple 〖명〗 〖역학〗 불확정성
in·de·ter·mi·nate [ìnditə́ːrmənət] 〖형〗 **1** 불명확한, 뚜렷하지 않은, 막연한; 불확정의. ¶an ~ debate 애매모호한 토론. **2** 결말이 나지 않은, 미해결의. ¶an ~ problem 미해결 문제. **3** 〖식물〗 (화서(花序)가) 무한의. ¶~ inflorescence 무한 화서. **4** 〖수학〗 부정의. ¶~ forms 부정형. **5** 〖음성〗 명확한 음을 가지지 않은. ¶an ~ vowel 애매한 모음(schwa)(ago, system 따위의 [ə]). **6** 〖법률〗 부정기형(不定期刑)의. 〖수학〗 미정원(未定元). ~**·ly** 〖부〗 ~**·ness** 〖명〗 「할(卵割).
indetérminate cléavage 〖명〗 〖발생〗 비결정적 난
indetérminate séntence 〖명〗 〖법률〗 부정기형(刑).
in·de·ter·mi·na·tion [ìnditə̀ːrmənéiʃən] 〖명〗〖U〗 불확정, 불명확, 미결; 결단력이 없음, 우유 부단.
in·de·ter·min·ism [ìnditə́ːrmənìzm] 〖명〗〖U〗 〖철학〗 비결정론(非決定論), 자유 의지론.
-ist 〖명〗 **-ter·min·is·tic** 〖형〗
in·de·vout [ìndivául] 〖형〗 경건하지 않은, 신앙심이 없는; 불성실한. ~**·ly** 〖부〗
‡**in·dex** [índeks] 〖명〗 (복 ~**es** [-iz], **-di·ces** [-dəsìːz]) **1** (복 ~es) 찾아보기, 색인; 목록. ¶a library ~ 도서 목록/a card ~ 카드식 색인(索引). **2** 표시[지시]하는 것, 표시; 지표(指標). ¶The fertility of the land is an ~ of the country's wealth. 국토의 비옥도는 국부(國富)의 한 지표가 된다. **3** (계기 따위의) 지침(指針), 눈금, 바늘. **4** = finger. **5** (시계의) 인덱스(☞) (fist, hand, ~ mark). **6** (복 **-di·ces**) **a)** 〖수학〗 지수(指數), (대수(對數)의) 지표. **b)** …율(率), 지수; (통계 따위의) =~ number. ¶the ~ of prices 물가 지수. **7** 〖광학〗 굴절률. **8** (the I-) 〖가톨릭〗 금서 목록(禁書目錄; 보통 I-) (정치·도덕상의) 금서 목록. **9** 〖시계〗 완급 시기(整時器). **10** 〖컴퓨터〗 인덱스(검색을 위한 색인 정보). **11** 〖속어〗 얼굴.
— 〖타〗〖타〗 **1** (책)에 색인을 달다; (어구 따위를) 색인에 싣다. **2** …을 표시[지시]하다, 가리키다. **3** (책)을 금서 목록에 넣다. **4** 〖경제〗 (임금·급부금 따위를) 생계비 지수(따위)에 연동시키다, 지수 연동화하다.
~**·a·ble**, ~**·less**
índex addréssing 〖명〗 〖컴퓨터〗 색인 주소 지정.
ìn·dex·a·tion [ìndekséiʃən] 〖명〗〖U〗 〖경제〗 인덱세이션, 물가 연동제(連動制)[슬라이드제](임금·금리 따위를 생계비 변동에 연계시켜 자동 조정하는 것).
índex cárd 〖명〗 색인(索引) 카드.
índex cáse 〖명〗 〖의학〗 지침 증례(指針症例)(어떤 질병의 최초의 증례). 「형의 중대 범죄.
índex críme 〖명〗 〖美〗 FBI가 매년 공개하는 7개 유
in·dexed [índekst] 〖형〗 〖경제〗 물가 연동제의, 물가 슬라이드 방식의. (또는 〖英〗 **índex-línked**)
índexed séarch 〖명〗 〖컴퓨터〗 색인 검색.
índexed seqüéntial fíle 〖명〗 〖컴퓨터〗 색인 순차
índex éntry 〖명〗〖컴퓨터〗 색인 등록. 「적 파일.
ín·dex·er [índeksər] 〖명〗 색인 작성자.
índex érror 〖명〗 〖측량〗 (기구의) 눈금 오차.
Index Ex·pur·ga·to·ri·us [índeks ikspə̀ːrɡətɔ́ːriəs] 〖명〗 〖가톨릭〗 삭제 장·절 목록(삭제판만 열람이 허용되었던 서적의 목록). 〖< L *expurgatory index*〗
índex fígure 〖명〗 〖통계〗 지수(指數); 〖경제〗 물가 지
índex fínger 〖명〗 집게손가락. 「수.
índex fóssil 〖명〗 〖지질·고생물〗 표준 화석.
índex fúnd 〖명〗 지표채(指標債)(주요 주식 지표에 올라 있는 유가 증권을 다수 보유한 mutual fund나 사적 (私的) 연금 기금 따위).
índex héad 〖명〗 〖기계〗 분할대(원체를 등각격으로 분할하는 데 씀). 「준(層地).
índex horízon 〖명〗 〖지질〗 시준 지층(示準地層), 층
ín·dex·i·cal [índeksikəl] 〖형〗 색인(索引)에 관한, 색인의 성질을 가진. — 〖명〗 〖논리·언어〗 인덱시컬, 문맥의 존 지시어(I, you, here, now 따위와 같이 그 지시 대상이 문맥에 의해 결정되는 것). ~**·ly** 〖부〗
in·dex·ing [índeksiŋ] 〖명〗 〖경제〗 =indexation.
índexing sérvice 〖명〗 색인 작성 서비스.
Index Li·bro·rum Pro·hib·i·to·rum [índeks laibróːrəm prouhìbətɔ́ːrəm] 〖명〗 〖가톨릭〗 금서 목록.
〖< L *index of prohibited books*〗
ín·dex-link [-lìŋk] 〖타〗 〖英〗 (임금 따위를) 물가와 연동시키다. **-línked** [-lìŋkt] 〖형〗
índex márk 〖명〗 =index 5.
índex númber 〖명〗 =index figure.
Index of Indústrial Prodúction 〖명〗 〖英〗 주요 산업 생산 지수. 「지표.
índex of léading índicators 〖명〗 〖경제〗 선행
índex of refráction 〖명〗 〖광학〗 굴절률(refractive index). (또는 **index**) 「씀).
índex pláte 〖명〗 〖기계〗 분할판(원에 눈금을 매기는 데
índex sét 〖명〗 〖수학〗 첨수(添數) 집합; 〖컴퓨터〗 색인
índex tèrm 〖명〗 〖컴퓨터〗 색인 용어. 「집합.
‡**In·di·an[1]** [índiən] 〖명〗 **1** 인도(印度)(아시아 남부 인도 반도의 공화국; 수도 New Delhi). **2** 인도 반도.
In·di·an[2] 〖통신〗 i자를 나타내는 용어. 「종).
India chíntz[cótton] 〖명〗 인도 사라사(면직물의 일
India ínk 〖명〗 (때로 i- i-) 먹; 먹물(Chinese ink).
In·di·a·man [índiəmən] 〖명〗 〖역사〗 (옛날 동인도 회사 소유의) 인도 무역선.
‡**In·di·an** [índiən] 〖명〗 (복 ~**s** [-z]) **1 a)** 인도인; 〖U〗 인도어(語). **b)** 동인도(제도) 주민(East ~). **2 a)** (아메리칸) 인디언(American ~); 〖U〗 그 언어. **b)** (중남미의) 인디오(계. **3** (美) 미국 거주 유럽인(특히 영국인). **4** (the ~) 〖천문〗 인디언 자리(Indus). — 〖형〗 **1** 인도의; 인도인(어)의; 인도제(製)의. ¶~ philosophy 인도 철학. **2** (아메리칸) 인디언(어)의. ¶an ~ path 인디언이 만든 길. **3** 옥수수(가루)로 만든. ¶an ~ dumpling

옥수수 경단. ~·ness 圏 인도적 특질; 인디언다움.
*In·di·an·a [ìndiǽnə] 圏 인디애나(미국 중서부의 주; 주도(州都) Indianapolis; 약 Ind.).
Indiána bállot 〔美정치〕 후보자 이름이 정당별 난에 기재되어 있는 투표 용지. (또는 párty-còlumn bállot) 诊 Massachusetts ballot
Índian ágency 圏 〔美〕 인디언 보호 사무소.
Índian ágent 圏 〔美〕 인디언 보호관[관리관].
Indiana Jónes 圏 인디애나 존스(G. Lucas 감독의 모험 영화 시리즈에 나오는 주인공 이름).
Índian álmond 圏 말레이 원산의 열대 교목(가로수용).
In·di·an·an [ìndiǽnən] 圏 인디애나(Indiana) 주(州)의. — 圏 Indiana 주 사람. (또는 Indiánian)
In·di·an·ap·o·lis [ìndiənǽpəlis] 圏 인디애나폴리스(미국 Indiana 주의 주도).
Indianápolis 500 圏 (the ~) 인디애나폴리스 500 자동차 경주(매년 5월말 Indianapolis에서 열리는 500 마일 자동차 경주). (또는 Indy 500)
Índian béan 圏 =catalpa.
Índian bíson 圏 =gaur.
Índian bréad 圏 1 옥수수 빵(corn bread). 2 복령(tuckahoe).
Índian chólera 圏 인도 콜레라(진성 콜레라).
Índian clúb 圏 (병 모양의) 체조용 곤봉.
Índian cóbra 圏 인도 코브라(spectacled cobra).
Índian córn 圏 옥수수 〔英〕 maize; 〔美〕 corn).
Índian cóuntry 圏 〔美〕 인디언 거주지.
Índian créss 圏 〔식물〕 한련, 금련화(金蓮花).
Índian cúrrant 圏 인동과의 관목(coralberry).
Índian Désert 圏 (the ~) 인도 사막.
Índian élephant 圏 인도 코끼리.
Índian Émpire 圏 (the ~) 인도 제국(영령(英領) 인도 및 영국의 간접 지배하에 있던 토후국의 총칭; 1947년 붕괴되어 인도와 파키스탄으로 나뉘어졌다).
Índian fíg 圏 금오모자(부채선인장의 일종).
Índian fíle 圏 일렬 종대.
Índian gíft 圏 〔美구어〕 대가〔답례〕를 바라고 하는 선물.
Índian gíver 圏 〔美구어〕 선물을 되돌려받으려고 하는 사람; 답례〔대가〕를 바라고 선물하는 사람.
Índian gíving 圏
Índian háy 圏 〔美속어〕 마리화나.
Índian hémp 圏 인도 대마(大麻); 마리화나.
In·di·an·i·an [ìndiǽniən] 圏圏 =Indianan.
Índian ínk 圏 〔英〕 =India ink.
In·di·an·ism [índiənìzm] 圏 아메리칸 인디언(문화) 부흥 운동〔정책〕; 인디언 문화〔특질〕; 인디언 언어 특유의 어법〔어구〕. -ist 圏
In·di·an·ize [índiənàiz] (* 〔英〕 -ise) 타자 아메리칸 인디언〔인도인〕식으로 만들다; 인디언〔인도인〕화시키다. -i·zá·tion 圏
Índian lícorice 圏 콩과의 관목(뿌리는 감초 대용).
Índian lótus 圏 연꽃.
Índian mahógany 圏 〔식물〕 =toon.
Índian mállow 圏 어저귀(아욱과의 1년생 들풀).
Índian méal 圏 〔英〕 옥수수 가루(corn meal).
Índian míllet 圏 =durra.
Índian móund 圏 〔美〕 인디언들이 만든 흙무덤.
Índian Mútiny 圏 (the ~) 인도 폭동, 세포이 반란(1857-59) (Sepoy Rebellion).
Índian Nátional Cóngress 圏 (the ~) 인도 국민 회의.
Índian óak 圏 〔식물〕 티크(teak).
Índian Ócean 圏 (the ~) 인도양.
Índian pángolin 圏 〔동물〕 인도 천산갑(穿山甲).
Índian pípe 圏 〔식물〕 수정난풀.
Índian púdding 圏 옥수수 가루·우유·설탕·버터로 만든 푸딩.
Índian réd 圏 인도적(赤)(특히 페르시아에서만 나는 황색상의 흙; 안료 및 연마제용).
Índian reservátion 圏 〔美〕 (정부 지정) 인디언 거주지.
Índian ríce 圏 〔식물〕 줄(풀).

Índian róbin 圏 〔조류〕 인도 딱새.
Índian Rúnner 圏 집오리의 일종.
Índian shót 圏 칸나속(屬)의 식물.
Índian síde 圏 말타는 쪽의 반대쪽(wrong side).
Índian sígn 圏 〔美〕 (the ~) (상대의 힘을 빼는) 저주, 주술, (상대에게 불행을 안겨주는) 신비한 힘.
put [or *have*] *the Indian sign on* a person 남을 꼼짝 못하게[무력하게] 만들다, 압도하다.
Índian sílk 圏 =India silk.
Índian súmmer 圏 (늦가을·초겨울의) 따뜻한 날씨; (비유적) 만년(晩年)의 회춘기.
Índian Térritory 圏 (the ~) 인디언 특별 보호구(인디언 보호를 위한 준주(準州); 현 Oklahoma 주의 동부 지방).
Índian tobácco 圏 로벨리아(북미산(産) 숫담대과 (科) 약초).
Índian túrnip 圏 〔식물〕 천남성속(屬)의 풀(뿌리).
Índian Wárs 圏複 (the ~) 〔美역사〕 인디언 전쟁(원주민 인디언과 백인 이민자 사이에 계속된 전쟁).
Índian wéed 圏 (the ~) 담배(tobacco). 〔식〕
Índian wólf 圏 인도 늑대(Himalaya 산맥 이남에서 식).
In·di·an-wres·tle [-rèsl] 圏자 팔씨름하다. — 타(상대와) 팔씨름으로 겨루다. -tler 圏
Índian wréstling 圏 팔씨름(arm wrestling).
Índia pàper 圏 인도지(紙)(얇은 고급 인쇄 용지).
Índia prínt 圏 인도 사라사(인도 무늬의 면직물).
Índia rúbber 圏 탄성 고무; 고무 지우개[덧신].
Índia sílk 圏 인도 명주(부드럽고 얇은 명주).
Índia whéat 圏 타타르 메밀, 메밀.
In·dic [índik] 圏 인도(사람)의; 〔언어〕 인도어(계)의. — 圏Ⓤ 〔언어〕 인도어족(語族).
indic. indicated; indicating; indicative; indicator.
in·di·cant [índikənt] 圏 1 지시물. 2 〔의학〕 (적절한 치료법을 암시하는) 지시 징후.
‡in·di·cate [índikèit] 타 (-cat·ed; -cat·ing) 타 1 …의 징후[조짐]가 되다, …을 나타내다, 예시[암시]하다 (*that*절). ¶Thunder ~s *that* a storm is near. 천둥은 폭풍이 다가옴을 나타낸다. 2 …을 가리키다; 〔장소·방향〕을 지시[지적]하다. ¶ ~ the way 길을 가리키다// (~+*wh.*절) A map ~s *where* the earthquake occurred. 지도는 지진 발생지를 표시한다. 3 …을 표시하다, 보여주다(show). ¶The speedometer ~s the speed of a car. 속도계는 자동차의 속도를 나타낸다. 4 (몸짓 따위로) …을 암시하다; (의견 따위)를 (간단히) 말하다(*that*절). ¶ ~ one's intention 의도를 알리다. 5 (수동형으로) 〔의학〕 (병의 징후가) (특별한 요법)의 필요를 나타내다, (병이) …의 징후를 나타내다; (일반적으로) …을 필요로 하다. — 자 (자동차·운전자가) 방향 지시기로 신호를 보내다. -cat·a·ble 圏
in·di·cat·ed [índikèitid] 圏 계기에 표시된; 〔英空어〕 바람직한. ¶ ~ airspeed 계기상의 대기 속도.
índicated hórsepower 圏 지시 마력(馬力).
*in·di·ca·tion [ìndikéiʃən] 圏 1 Ⓤ 지시(하는[되는] 것); 암시; 지적. ¶give him some ~ of what to do 그에게 해야 할 것을 지시하다. 2 ⓊⒸ (종종 ~s) (…의) 표시, (필요하다고) 표시하는[되는] 것 (*of*); (…이라는) 기미, 증거 (*that*절, *as to*); 〔의학〕 증상. ¶There are clear ~s *that* the economy is in a recession. 경제가 일시적 불황에 빠져 있다는 명백한 징후들이 있다. 3 ⓒ (계기의) 시도(示度), 표시 도수.
give indication of …의 징후를 나타내다.
*in·dic·a·tive [indíkətiv] 圏 1 (…을) 나타내는, 암시하는 (*of, that*절). ¶His answer was ~ *of* his disapproval. 그의 대답은 불찬성의 뜻을 나타낸 것이었다. 2 〔문법〕 직설법의 (鯵 subjunctive, imperative). ¶the ~ mood 직설법. — 圏 〔문법〕 직설법; 직설법 동사. ~·ly 凰
*in·di·ca·tor [índikèitər] 圏 1 지시하는 사람[물건], 지시자; 지시기. ¶a train ~ (역의) 열차 시간표. 2 표시기, 지시

계기(計器); (길 따위의) 표지, 손가락(화살)표; (자동차의) 방향 지시기. **3** 〖화학〗 반응 지시약(리트머스 시약(試藥) 따위). **4** 압력 지시기, 지침. **5** (일반적으로) 척도(尺度), 표준, 지표; 〖경제〗 경제 지표. **6** (또는 **~ cies**) 〖생태〗 지표종(指標種)(특정 지역의 환경 조건을 나타내는 동·식물). **in·díc·a·tò·ry** 형

in·di·ces [índəsìːz] 명 index의 복수형.

in·di·ci·a [indíʃiə] 명(복) (단 ~ci·um [-ʃiəm]) **1** (요금 별납 우편물의) 증인(證印). **2** (종종 -cium) 표지(標識); 징후. 「나타내는(of). **2** 색인(索引)의.

in·di·cial [indíʃəl] 형 **1** (…의) 징후의, (…의)

indícial equátion 명 〖수학〗 결정 방정식.

in·di·ci·um [indíʃiəm] 명 indicia의 단수형.

in·dict [indáit] 타 **1** 〖법률〗 (혐의(자)로) …을 기소하다, 고발하다(as); (대배심(大陪審)이 정식으로) …을 (…혐의로) 기소하다 (for, on). ⇒CHARGE 유의어 ¶The suspect was ~ed for murder[or as a murderer]. 용의자는 살인죄로 기소되었다. **2** [사람]을 비난[규탄]하다. ~**er, -díc·tor** 명 기소자.

in·dict·a·ble [indáitəbl] 형 기소되어야 할, 고소할 만한; 고소[고발] 대상의. ¶an ~ offense 기소 범죄; -**bíl·i·ty** 명 ~**bly** 부. 「중죄.

in·dict·ee [ìndaitíː] 명 〖법률〗 피소자, 피고.

*****in·dict·ment** [indáitmənt] 명(U) **1** 기소, 고소, 고발; © 〖법률〗 기소장(起訴狀). ¶be under ~ for treason 반역죄로 기소되다 / bring in an ~ against a person 남을 기소하다. **2** 비난, 징벌, 제재, 공격.

in·die [índi] 명 〖미구어〗 **1** 독립 기업, 자영업(자). **2** (영화·레코드 회사 따위) 독립 프로덕션(의 작품, 영화).
— 형 (기업·사람 등이) 독립의. [<*ind*ependent+-*ie*]

índie prodúction 명 독립 프로덕션(작품).

*****In·dies** [índiz] 명(복) (the ~) **1** (단수취급) 인도·인도차이나·동인도 제도의 옛 총칭. **2** 동인도 제도(the East ~). **3** 서인도 제도(the West ~).

‡**in·dif·fer·ence** [indífərəns] 명 **1** (…에의/…에 관한) 무관심, 태연, 냉담(*to, toward / as to, about*). ¶an age of ~ to religion 종교에 무관심한 시대 / ~ to[or *toward*] the sufferings of others 남의 고통에 대한 무관심. **2** (…에게) 하찮음, 중요하지 않음, 아무래도 괜찮은 것. **3** 무관심, 균등, 공정; 불편(不偏), 공평, 중립. **4** 평범, 보통, 좋지도 나쁘지도 않음; 비슷비슷함. (또는 〖고어〗 **indifferency**)

a matter of indifference 대수롭지 않은[어찌되든 상관 없는] 일. ¶It is *a matter of* ~ to him. 그것은 그에게는 사소한 일이다. 「…을 모르는 체하다.

show indifference to …에게 관심을 보이지 않다.

with indifference 무관심[냉담]하게.

indífference cùrve 명 〖경제〗 무차별 곡선.

‡**in·dif·fer·ent** [indífərənt] 형 (*more* ~; *most* ~) **1** (…에/…에 관해) 무관심한, 흥미를 느끼지 않는; 냉담한, 무감동한(*to, toward / about, as to*). ¶be ~ to politics[dress] 정치[옷차림]에 무관심하다. **2** 차별하지 않는, 치우치지 않는, 공평한, 중립의. ¶an ~ decision[judge] 공평한 판결[재판관] / remain ~ in a dispute 논쟁에서 중립을 지키다.

유의어 **indifferent** 좋고 싫은 감정이 없는. **unconcerned** 둔감·이기심 따위 때문에 걱정·염려 따위를 품는 것이 당연한데도 무관심한, 태연한. **detached** 선입관이나 개인적인 이해 관계가 없어서 초연한. **disinterested** 자기 이익을 도모할 의도가 전혀 없어서 공평하고 공정한; uninterested의 뜻으로 쓰이기도 하나, **uninterested** 전혀 관심·흥미가 없는.

3 좋지도 나쁘지도 않은, 평범한, 보통의. ¶an ~ success 그런대로의 성공 / an ~ article[performance] 흔히 있는 물건[평범한 연기]. **4** (…에게) 중요하지 않은, 아무래도 좋은, 관계 없는(*to*). ¶Dangers are ~ *to* us. 우리는 위험 따위는 안중에도 없다. **5** (관습·기호·의무적

이 아닌. **6** 〖화학·전기〗 중성의, 무(無)작용의. **7** 〖생물〗 (세포·조직이) 분화되지 않은, 미분화의.
— 명 (정치·종교 따위에) 무관심한 사람, 중립적 입장의 사람. — 부 〖고어〗 특별히 좋지도 나쁘지도 않게.

in·dif·fer·ent·ism [indífərəntìzm] 명(U) **1** 〖종교·도덕·정치적〗 무관심주의. **2** 무관심설, 자유재량론. **3** 〖종교〗 신앙 무차별론. **4** 〖철학〗 동일설론(同一說). -**ist** 명

*****in·dif·fer·ent·ly** [indífərəntli] 부 **1** 무관심하게, 냉담하게. **2** 차별 없이, 평등하게. **3** 보통으로, 그저 그렇게. **4** (종종 very ~) 서투르게, 시원치 않게.

in·di·gen [índidʒən] 명 **1** (동식물의) 토(착)종, 원산[자생]종. **2** 원주민, 토착민. (또는 **indigene**)

in·di·gence [índidʒəns] 명(U) 가난, 빈곤, 궁핍.

in·di·gene [índidʒìːn] 명 =indigen.

in·dig·en·ist [indídʒənist] 명 현지(인) 우선주의자, 현지인 채용론자. -**ism** 명

in·dig·e·nize [indídʒənàiz] (*~* 〖영〗 -**nise**) 타 **1** …을 토착화(土着化)하다. **2** [정부·기업 따위를] 현지화하다, …에 현지인을 우선 채용하다. **3** [관습·사고 방식 따위]를 현지화하다, 현지 풍습에 적응시키다.
-**ni·zá·tion** 명 현지 (기업) 우선, 현지인 우선 채용.

in·dig·e·nous [indídʒənəs] 형 **1** 토착의, (어떤 땅·국토에) 고유한(*to*); (제품이) 국산의; (동·식물의) 어느 지역 원산의, 자생종의, 토종의. ¶an ~ religion 토착 종교 / animals ~ *to* Africa 아프리카 고유의 동물. **2** 타고난, 생득적인(innate); (…의) 고유한(*to*). ¶feelings[behavior] ~ *to* human beings 인간 고유의 감정[행동]. ~**ly** 부 ~**ness** 명

in·di·gent [índidʒənt] 형 가난해서 생필품에도 궁색한, 빈곤한. ⇒POOR 유의어 **2** 〖고어〗 필요한 것이 부족한, (…의) 없는(*of*). — 명 가난한 사람. -**ly** 부

in·di·gest·ed [ìndidʒéstid, -dai-] 형 **1** 〖드물게〗 혼란된, 질서가 없는, 뒤죽박죽인. **2** (계획 따위가) 충분히 고려되지 않은. **3** 소화가 안 되는.

*****in·di·gest·i·ble** [ìndidʒéstəbl, -dai-] 형 **1** 소화 불량의, 소화가 안 되는. **2** 이해하기 힘든, (학설 따위가) 받아들이기 어려운; (태도 따위가) 참을 수 없는.
-**gèst·i·bíl·i·ty, ~·ness** 명 -**bly** 부

*****in·di·ges·tion** [ìndidʒéstʃən, -dai-] 명(U) **1** 소화불량(dyspepsia); 위약(胃弱); (소화 불량에 의한) 위통. ¶chronic ~ 만성 소화 불량 / acid ~ 위산 과다증. **2** (비유적) 지적(知的) 소화 불능, 이해 부족; 생경(生硬).

in·di·ges·tive [ìndidʒéstiv, -dai-] 형 소화 불량의, 소화가 안 되는(dyspeptic). ~**ly** 부

in·dign [indáin] 형 〖고어〗 가치 없는, 하찮은; (벌·수난 따위가) 부당한; (폐어) 창피한. ~**ly** 부

*****in·dig·nant** [indígnənt] 형 (…에) 분개한, 분노한 (*at, about, over, on*); (사람에게) 화가 난(*with, against*); (…때문에) 화가 난(*for*). ~**ly** 부

‡**in·dig·na·tion** [ìndignéiʃən] 명(U) (악·부정 따위에 대한) 분개, 분노, 비분, 의분(*at, about, on, over*); (사람에 대한) 화남(*with, against*). ⇒ANGER 유의어 ¶righteous ~ *at* a treason 반역에 대한 의분.

in [or *with*] *indignation* 분개하여.

indignátion mèeting 명 항의 집회, 궐기 대회.

*****in·dig·ni·ty** [indígnəti] 명 **1** 모욕, 경멸, 무례; © 모욕적인 행위[말]. ¶suffer an ~ 모욕을 받다.

*****in·di·go** [índigòu] 명 (*~(e)s*) **1** 인디고(암청색의 물감); (진한) 남색. **2** =~ plant. **3** =indigotin.
— 형 남색의.

índigo blúe 명 **1** 남색. **2** =indigotin.

in·di·go-blue [-blúː] 형 남색의.

índigo búnting 명 피리새의 일종(북미 중미산(産)). (또는 **índigo bírd[fínch]**) 「(系)의.

in·di·goid [índidʒòid] 형 =~ dye. — 명 인디고 계

índigoid dýe 명 인디고이드 염료(인디고 비슷한 분자 구조를 가진 무리의 검은 염료).

índigo plánt 명 인도 쪽(콩과(科)의 열대산(産) 관목).

in·di·got·ic [ìndigátik/-gɔ́t-] 형 남색의(indigo), 남색 비슷한.

in·dig·o·tin [indígətin, ìndigóutn] 명 인디고틴(indigo)(천연람(天然藍)의 한 성분).

índigo whíte 명 (때로 I- W-) 〔화학〕 백람(白藍)(indigo를 환원하여 얻는 흰 가루).

‡**in·di·rect** [ìndərékt, -dai-] 형 *(more ~; most ~)* 1 (길 따위가) 곧지 않은; 멀리 돌아가는. ¶an ~ course in sailing 우회 항로. 2 간접적인, 2차적인. ¶an ~ advantage [effect] 간접적인 이익[영향]. 3 (표현·수속 따위가) 직접적이 아닌, 우회적인, 에두르는. ¶make an ~ allusion 넌지시 비치다. 4 정직하지 않은, 마음이 바르지 못한. ¶a shady, ~ fellow 수상쩍고 부정직한 사람. 5 〔문법〕 간접 화법의, 간접적인. 6 (권리·유산 따위가) 직계가 아닌, 방계(傍系)의. ¶~ descent 방계 (혈통). ~·**ness** 명

índirect aggréssion 명 간접 침략, 비군사적 공격.

índirect cóst 명 간접비.

índirect díscourse 명 〔문법〕 간접 화법. 형 direct discourse

índirect évidence 명 간접[정황] 증거(circumstantial evidence).

índirect fíre 명 (무선 등에 의한) 간접 (조준) 사격.

índirect frée kíck 명 〔축구〕 간접 프리킥.

in·di·rec·tion [ìndirékʃən, -dai-] 명ⓤⓒ 1 간접적인 행동[조치]. 2 우회(도)로; 우회적인 방법. 3 부정, 사기. 4 방향[목적]의 결여, 무정견, 무목적.
by indirection 에둘러서.

índirect lábor 명 간접 노동(사무·관리 따위).

índirect líghting 명 간접 조명.

***in·di·rect·ly** [ìndəréktli, -dai-] 부 간접적으로; 에둘러서, 넌지시; 부차적으로.

índirect narrátion 명 〔문법〕 =indirect discourse.

índirect óbject 명 〔문법〕 간접 목적어.

índirect orátion 명 〔문법〕 =indirect discourse

índirect pássive 명 〔문법〕 긴접 수동태(능동태의 간접 목적어나 전치사의 목적어를 주어로 하는 수동태).

índirect prímary 명 〔미정치〕 간접 예비 선거(당해 회에서 대통령 후보 등을 지명하는 대의원을 선출하기 위한 예비 선거).

índirect próof 명 〔논리〕 간접 증명(어떤 명제의 부정(否定)이 이미 확립된 명제나 전제와 양립하지 않음을 보여줌으로써 원래의 명제를 증명하는 일).

índirect quéstion 명 〔문법〕 간접 의문.

índirect redúction 명 〔논리〕 간접 환원법.

índirect spéech 명 =indirect discourse.

índirect táx 명 간접세.

índirect taxátion 명 간접 과세(課稅).

in·dis·cern·i·ble [ìndisə́ːrnəbl, -záːrn-] 형 분간하기 어려운; 식별[감지]할 수 없는; 눈에 띄지 않는.
— 명 분간하기 어려운(인)물건; 눈에 띄지 않는 것.
-cèrn·i·bíl·i·ty, ~·ness 명 **-bly** 부

in·dis·cerp·ti·ble [ìndisə́ːrptəbl] 형 분해[해체]할 수 없는, 나눌 수 없는.

in·dis·ci·pline [indísəplin] 명ⓤ 훈련[자제심] 결여; 규율이 없음, 무질서; ⓒ 무질서[무절제]한 행동.
-plin·a·ble, -plined 형 수 없는.

in·dis·cov·er·a·ble [ìndiskʌ́vərəbl] 형 발견할

***in·dis·creet** [ìndiskríːt] 형 무분별한, 지각[철]없는, 경솔한(*about*). ~·**ly** 부 ~·**ness** 명

in·dis·crete [ìndiskríːt, -⁀-] 형 (부분으로) 갈라져 있지 않은, 연속적인; 밀착한, 조밀한.

***in·dis·cre·tion** [ìndiskréʃən] 명 1 ⓤ 무분별, 지각없음, 경솔. 2 무분별한 행위, 경솔한[버릇없는] 언동; 불의(不義). ¶~s of youth 젊었을 때의 무분별한 행위/commit an ~ 불의를 저지르다.
have the indiscretion to do 무분별[경솔]하게도 … 하다.
~·**ar·y** 형

in·dis·crim·i·nate [ìndiskrímənət] 형 1 (선택 따위가) 분별없는, 마구잡이의, 기분 내키는 대로의, 가리지 않는(*in* (*doing*)). ⇒MISCELLANEOUS 〔유의어〕 ¶~ reading 남독/be ~ *in* one's date 누구든 가리지 않고 데이트한다. 2 무차별의; 무계획적인. ¶~ blows 난타/~ bombing 무차별 폭격. 3 혼잡한, 난잡한.
~·**ly** 부 ~·**ness** 명

in·dis·crim·i·nat·ing [ìndiskrímənèitiŋ] 형 무차별의, 가리지 않는. ~·**ly** 부

in·dis·crim·i·na·tion [ìndiskrìmənéiʃən] 명ⓤ 무차별; 식별력이 없음, 무분별. 형 별의.

in·dis·crim·i·na·tive [ìndiskrímənèitiv] 형 무차

in·dis·cuss·i·ble [ìndiskʌ́səbl] 형 토론의 대상으로서 적당치 않은, 논의 대상이 아닌; 협상[교섭]의 여지가 없는. (또는 **indiscussable**)

‡**in·dis·pen·sa·ble** [ìndispénsəbl] 형 1 절대로 빼놓을 수 없는, 없어서는 안 되는, 필수의, 긴요한(*to, for*). ⇒NECESSARY 〔유의어〕 ¶things ~ *to* life 생활 필수품 // This dictionary is ~ *for* students. 이 사전은 학생들에게 꼭 필요한 것이다. 2 (법률 의무 따위가) 피할 수 없는, 소홀히 할 수 없는. ─ 명 1 없어서는 안 되는 사람[것]. 2 (~s) 〔고어〕 바지.
-pèn·sa·bíl·i·ty, ~·ness 명 **-bly** 부 반드시.

in·dis·pose [ìndispóuz] 타 1 〔남〕에게 …할 마음을 잃게 하다(*to do*); 싫증나게 하다(*for, toward*); …을 단념하게 하다(*from*). ¶His fatigue ~*d* him *from* speaking. 그는 피곤해서 말할 기분이 나지 않았다. 2 …을 부적당하게 하다, …할 수 없게 하다(*for, to do*). 3 〔고어〕 …을 (가벼운) 병에 걸리게 하다.

in·dis·posed [ìndispóuzd] 형 1 (일시적으로) 가벼운 병에 걸린, 편찮은(about). ¶be ~ *with* a cold 감기로 몸이 좋지 않다. 2 마음이 내키지 않는(*for*); (…할) 기분이 안 나는(*to do*). ⇒RELUCTANT 〔유의어〕 ¶He seems ~ *to do* the work. 그는 그 일에 마음이 내키지 않는 것 같다. **-pós·ed·ness** 명

in·dis·po·si·tion [ìndispəzíʃən] 명ⓤⓒ 1 편찮음, 가벼운 병; 마음이 내키지 않음, 언짢음, 싫증(*for, to, toward, to do*). 2 부적당, 맞지 않음.

in·dis·put·a·ble [ìndispjúːtəbl, indíspjut-] 형 논의[의문]의 여지가 없는, 다툴[부정할] 수 없는, 명백한. **-pùt·a·bíl·i·ty, ~·ness** 명 **-bly** 부

in·dis·sol·u·ble [ìndisáljubl/-sɔ́l-] 형 1 분해[용해]할 수 없는; 파괴할 수 없는. 2 굳은, 흔들리지 않는; (관계·인연 따위가) 확고한, 불변의, 영속적인.
-sòl·u·bíl·i·ty, ~·ness 명 **-bly** 부

in·dis·tinct [ìndistíŋkt] 형 분간[식별]할 수 없는, 뚜렷하지 않은; (구분·윤곽 따위가) 희미한; (소리·인상 따위가) 불명료한. 형 distinct ~·**ly** 부 ~·**ness** 명

in·dis·tinc·tion [ìndistíŋkʃən] 명ⓤ 무차별; 불명료, 동일함.

in·dis·tinc·tive [ìndistíŋktiv] 형 특색이 없는, 눈에 잘 띄지 않는; 구별할 수 없는. ~·**ly** 부 ~·**ness** 명

in·dis·tin·guish·a·ble [ìndistíŋgwiʃəbl] 형 구별[식별]할 수 없는, 분간할 수 없는(*from*); 알아볼 수 없는. **-bíl·i·ty, ~·ness** 명 **-bly** 부 수 없는.

in·dis·trib·ut·a·ble [ìndistríbjutəbl] 형 분배할

in·dite [indáit] 타 〔연설문·시 등〕을 짓다; (익살) (편지)를 쓰다; (고어) 시적[문학적]으로 표현하다.
~·ment, -dít·er 명

in·di·um [índiəm] 명ⓤ 〔화학〕 인듐(희(稀)금속 원소; 기호 In).

índium ántimonide 명 〔화학〕 안티몬화(化) 인듐(반도체의 성질을 가진 금속간 화합물).

indiv., individ. individual.

in·di·vert·i·ble [ìndivə́ːrtəbl, -dai-] 형 (방향·주의)돌릴 수 없는; 다른 데로 돌릴 수 없는, 딴 데로.

‡**in·di·vid·u·al** [ìndəvídʒuəl] 형 *(more ~; most ~)* 1 개개의, 단일의, 개별적인. ¶each ~ person 각 개인 / ~ questions or answers 개개의 질문이나 대답. 2 특정인의, 개인의, 개인적인. ¶~ difference 개

인차/~ tastes 개인적 취미. **3** 개인(전)용의, 일인용의. **4** 독특한, 개성적인, 독자적인.¶his ~ style of writing 그의 독특한 문체. **5** 〔심리〕 개인 연구의〔에 속하는〕; 〔논리〕 개체의(個體的).
— 图 (옷 ~s [-z]) **1** (사회・가족에 대한) 개인; (독립된) 개체; 구성원.¶~ and society 개인과 사회. **2** (구어) 〔형용사와 함께〕 사람, 인간.¶a rather odd ~ 좀 별난 사람. **3** 〔윤리・철학〕 개체, 단일체. **4** (한 단위로서의) 개, 군(群). **5** 〔생물〕 개체(略 colony).
*in·di·vid·u·al·ism [índəvídʒuəlìzm] 图 ⓤ **1** 개인주의; 자립주의; (완곡적) 이기주의. **2** 개성(의 발휘); 개인적 특질[특성], 독자성. **3** 〔철학〕 개체[개인]주의.
*in·di·vid·u·al·ist [índəvídʒuəlist] 图 개인[개성]적인 사람, 독불장군; 개인[이기]주의자. — 图 개인 이기주의의. **-vid·u·al·ís·tic** 图 **-vid·u·al·ís·ti·cal·ly** 图
*in·di·vid·u·al·i·ty [ìndəvìdʒuǽləti] 图 **1** ⓤ (pl. an ~) 개성, 특성, 인격. ⇨ CHARACTER 〔유의어〕 **2** (-ties) 개인적 특징[특성]. **3** ⓒ 개성적인 사람, 독자적인 개성을 가진 것. **4** ⓤ 개성적임; 명백한 개체로서의 존재; ⓒ 개체. **5** ⓤⓒ (공중의 이익에 대하여) 개인의 이익, 사익.
in·di·vid·u·al·ize [índəvídʒuəlàiz] 图 (* (英) -ise) 图 ① **1** …을 개성적으로 하다, …에 개성[특성]을 주다, …을 뚜렷하게 하다. **2** …을 개별적으로 말하다[나타내다], 고찰하다], 개별화하다. **-vìd·u·al·i·zá·tion, -iz·er** 图
*in·di·vid·u·al·ly [índəvídʒuəli] 图 **1** 개성적으로, 독자적 방법으로. **2** 개별적으로, 따로따로(separately). ¶~ wrapped 하나씩 따로 포장된 / The delegates were introduced ~. 사절단은 한 사람씩 소개되었다. **3** 개인적으로, 개인으로서.¶I-, I like him. 나 개인으로서는 그를 좋아한다.
indivídual médley 〔수영〕 개인 혼영.
indivídual psychólogy 图 개인 심리학.
indivídual retirement accóunt 图 (美) 개인 퇴직금 적립 계정(근로자가 퇴직시까지 적립하는 면세의 재형 저축 제도; 略 IRA).
indivídual retirement plán 图 (美) 개별 (적립) 퇴직금 계산 방식(已)연금 대상자가 비과세로 퇴직 때까지 적립할 수 있는 일종의 재형 저축).
in·di·vid·u·ate [ìndəvídʒuèit] 图图 **1** …을 개체[개별]화하다; 개성화하다, 특징지우다. **-a·tor** 图
in·di·vid·u·a·tion [ìndəvìdʒuéiʃən] 图 ⓤ **1** 개체화; 개성 형성; 개성화. **2** 개별적 존재, 개성(individuality). **3** 〔철학〕 개체화.
in·di·vis·i·ble [ìndəvízəbl] 图 **1** 분할[세분]할 수 없는, 불가분의. **2** 〔수학〕 나누어 떨어지지 않는. — 图 분할할 수 없는 것; 극미 분자(極微分子); 극소량. **-vìs·i·bíl·i·ty, ~·ness** 图 **-bly** 图
indn. indication.
In·do- [índou, -də] 〔연결〕 「인디고(indigo)의, 남색(藍色)의」의 뜻(* 모음 앞에서는 ind-).
In·do- [índou, -də] 〔연결〕 「인도(사람)의」의 뜻 (* 모음 앞에서는 ind-).¶ *Indo*-British: *Indic*.
In·do-Ar·yan [-ɛ́əriən] 图图 인도아리아어(의); 인도아리아어(語)(의).
In·do·chi·na [índoutʃáinə] 图 **1** 인도차이나. 아시아 동남부, Bengal만과 동지나해 사이에 있는 반도. **2** 옛 프랑스령 인도차이나(현재의 베트남・라오스・캄보디아를 포함하는 지역). (또는 **Índo-Chína**)
Índo-Chína Wár 인도차이나 전쟁(1946~54; 옛 프랑스령 인도차이나 반도의 민족 독립 전쟁).
In·do-Chi·nese [índoutʃàiníːz] 图 **1** 인도차이나의, 인도차이나 사람[말]의. **2** 시노티베트 어족(語族) (Sino-Tibetan). — 图 (옷 ~) **1** 인도차이나 사람. **2** ⓤ 인도차이나어. (또는 **Indochinése**)
in·doc·ile [ìndɑ́səl/-dóusail] 图 가르치기 어려운, 고분고분하지 않은, 다루기 힘든. **ìn·do·cíl·i·ty** 图
in·doc·tri·nate [ìndɑ́ktrənèit/-dɔk-] 图 (경멸적) …에게 가르치다, 교수하다; …을 불어넣다 〔주의 따위〕를 주입하다, 세뇌(洗腦)시키다(*with, in, into*). ¶~ a person *in* a principle [*with* an idea] 남에게 어떤 주의를 가르치다〔사상을 심어주다〕. **-nà·tor** 图
in·doc·tri·na·tion [ìndɑ̀ktrənéiʃən/-dɔ̀k-] 图 ⓤ 교화, 계발; (사상 따위를) 주입하기, 세뇌시키기; 고취.
In·do-Eu·ro·pe·an [-jùərəpíːən/-jùər-] 图图ⓤ 인도유럽 어족(語族)(의)(略 IE, I.E.).
~·**ist** 图 인도유럽어 학자.
In·do-Ger·man·ic [-dʒəːrmǽnik] 图图 =Indo-European.
In·do-Hit·tite [-hítait] 图图 인도히타이트 어족(의).
In·do-I·ra·ni·an [-iréiniən] 图图 인도이란어(인도유럽 어족 중의 하나); 인도이란어를 쓰는 사람[민족]. — 图 인도이란어(파)에 속하는.
in·dole [índoul] 图ⓤ 〔화학〕 인돌(저온도에서 녹는 무색 결정; 香료・시약용).
in·dole·a·cé·tic ácid [índouləsíːtik-] 图 〔생화학〕 인돌 아세트산(식물 생장 호르몬의 하나; 略 IAA).
in·do·lence [índələns] 图ⓤ 나태, 게으름; 〔병리〕 무통(無痛), 무통성(性).
*in·do·lent [índələnt] 图 **1** 게으른, 나태한, 빈둥거리는. ⇨ IDLE 〔유의어〕 **2** 〔병리〕 무통성의; (병의) 진행[치유]이 느린. — 图 게으른 사람. **-ly** 图
In·dol·o·gy [indɑ́lədʒi/-dɔ́l-] 图 인도(印度) 연구, 인도학(學). **in·do·lóg·i·cal** 图 **-gist** 图
in·do·meth·a·cin [ìndoumeθəsin] 图 〔약학〕 인도메타신(관절염이나 통풍 치료에 쓴다).
*in·dom·i·ta·ble [indɑ́mitəbl/-dɔ́m-] 图 불굴의, 굴복하지 않는, 꿋꿋한. ⇨ INVINCIBLE 〔유의어〕
-**bíl·i·ty, ~·ness** 图 **-bly** 图
*In·do·ne·sia [ìndəníːʒə, -ʃə, -dou-/-zìə] 图 **1** 인도네시아(동남아시아의 공화국; 수도 Jakarta). **2** 말레이 군도, 동인도 제도(East Indies).
-**sian** 图图 인도네시아 사람[말](의).
*in·door [índɔːr] 图 **1** 집 안의, 옥내의, 실내(용)의(옷 outdoor).¶an ~ dress 실내복 /an ~ set (영화의) 옥내 세트. **2** 실내에 있기를 좋아하는. **3** (英) 구빈원(救貧
índoor báseball 실내 소프트 볼. 〔院〕내의.
ín·door-óut·door [-áutdɔ̀ːr] 图 실내외 양용의.
índoor plúmbing (美구어) 옥내 화장실.
*in·doors [índɔ́ːrz] 图 옥내에[로, 에].¶keep [or stay] ~ 외출하지 않다 / play ~ 옥내에서 놀다.
her indoors (英속어) 아내, 마누라.
índoor sóccer 图 실내 축구.
In·do-Pa·cif·ic [-pəsífik-] 图 인도・태평양(해역)
***en·dorse** [indɔ́ːrs] 图 =endorse.
In·dra [índrə] 图 〔힌두교〕 인드라, 인타라(因陀羅) (천둥과 비를 다스리는 신). 〔<Skt〕
in·draft [índræft/-drɑ̀ːft] 图 끌어들임, 흡입; (공기・물의) 유입, 내류(內流). (또는 (英) **indraught**)
in·drawn [índrɔ̀ːn] 图 (숨 따위를) 빨아들인, 들이마신; 내성적인(introspective), 암인, 소극적인.
in·dri [índri] 图 인드리(Madagascar산(産) 원숭이).
in·du·bi·ta·ble [indjúːbətəbl/-djúː-] 图 의심 없는, 의문의 여지가 없는; 확실한(certain), 명백한.
-**bíl·i·ty, ~·ness** 图 **-bly** 图
induc. induction.
in·duce [indjúːs/-djúːs] 图(-duc·es* [-iz]; ~d [-t]; *-duc·ing*) **1** (남)을 꾀다, 권유하다; 권유[설득]하여 …하게 하다(*to, to do*).¶(~+图+*to do*) ~ a person to go 남을 설득하여 가게 하다.

> 〔유의어〕 **induce** 최종적으로 상대가 스스로 어떤 행동을 취하도록 넌지시 유도한다. **persuade** 의견 따위를 나누어 상대의 이성・감정에 호소하고, 어떤 행동을 취하게 하다. **prevail** 강하게 반대하는 상대를 설득하여 어떤 행동을 취하게 하다.

2 …을 일으키다, 야기시키다, 유발하다(bring about)

(in). ¶an illness ~d by overwork 과로로 인한 병. 3 〔물리〕〔전기·자기〕를 유도(誘導)하다(in). ¶an ~d current 유도 전류. 4 〔논리〕 …을 귀납(歸納)하다, (귀납적으로) …을 추론하다 (= deduce). 5 〔의학〕〔출산 진통〕을 유발하다; (구어) (약의 힘으로) 출산시키다. ¶an ~d abortion 인공 유산. 「도 항력(誘導抗力).
in·dúced drág [indjúːst-/-djúːst-] 〔항공〕 유
indúced radioactívity 〔물리〕 인공 방사능 (artificial radioactivity). 「topology).
indúced topólogy 〔수학〕 유도 위상(relative
*in·duce·ment [indjúːsmənt/-djúːs-] 명 1 ⓤ 권유, 유발, 유도(誘導). 2 유도[권유]하는 것(to); 유인(誘因), 자극; 동기(to do); (…에) (~s) 뇌물. ★STIMULUS 유의어. ¶many ~s to do something 어떤 일을 하는 여러 가지 동기 / Reward is an ~ to toil. 보수가 있기에 수고도 한다. 3 〔법률〕 〔소송법에서의〕 예비(적) 진술: 〔계약법에서의〕 유인; 〔형법에서의〕 동기.
on any inducement 어떤 권유가 있어도.
in·duc·er [indjúːsər/-djúː-] 명 권유자, 유도자; 〔생화학〕 유도 물질.
in·duc·i·ble [indjúːsəbl/-djúːs-] 형 1 권유[유도, 유발]될 수 있는. 2 귀납할 수 있는. -bíl·i·ty 명
in·duct [indʌ́kt] 타 1 …을 (안으로) 들이다, 안내하다(into). ¶~ a person into a seat 남을 자리로 안내하다. 2 …에게 (지식 따위를) 가르치다, 전수(傳授)하다(to, into). ¶(~+몸+젠+명) ~ a person into the secret of success 남에게 성공의 비결을 전수하다. 3 …을 임명하다, 취임시키다(to, into, as), ¶(~+몸+젠+명) be ~ed into the office of mayor 시장에 취임하다 // (~+몸+as 보) He was ~ed as chairman. 그는 의장에 취임하였다. 4 입회[가입]시키다(into). 5 (美) …을 병역에 복무시키다.
in·duct·ance [indʌ́ktəns] 명ⓤⓒ 〔전기〕 1 인덕턴스, 〔유도〕계수. 2 유도자(誘導子)(inductor).
in·duc·tee [indʌktíː] 명 1 임회[취임]자: (美) (선발 징병제에 의한) 징집병.
in·duc·tile [indʌ́ktəl/-tail] 형 잡아늘일 수 없는, 연성(延性)[유연성]이 없는. in·duc·til·i·ty 명
*in·duc·tion [indʌ́kʃən] 명 1 일으킴, 야기, 유발; (…로의) 유도, 도입(into). 2 〔의학〕 of the hypnotic state 최면 상태를 일으키는 것. 2 안내; (비결 따위의) 전수, 초보자를 가르침(into). 3 ⓤ 〔전기〕 유도, 감응. ¶self ~ 자기 유도 / electromagnetic ~ 전자기(電磁氣)유도. 4 ⓤⓒ 〔논리〕 귀납(법); 귀납된 결론; 〔수학〕 귀납법(↔ deduction). 5 (성직·공직의) 취임(식), 입회[입단](식)(into); (美) 모병, 징집; 입대함. 6 ⓤ (증거·사실 등의) 제시, 제출. 7 (英) (초기 연극의) 서막, 서언(序言). 8 〔의학〕 (약에 의한) 진통[출산] 유발: (발생) (태양(胎生)] 세포의 분화 유도. ~·less 형
indúction cóil 〔전기〕 유도 코일, 감응 코일.
indúction cómpass 명 〔항공〕 자기(磁氣) 유도 컴퍼스. (또는 indúctor cómpass)
indúction cóurse 명 (회사 등의) 신입 사원 연수.
indúction fúrnace 명 〔야금〕 유도로(爐)(전자 유도 작용을 이용한 전기로).
indúction hárdening 명 〔야금〕 고주파 경화(硬
indúction héating 명 〔전기〕 유도 가열.
indúction mótor 명 〔전기〕 유도 전동기.
indúction périod 명 〔화학〕 유도기(期).
in·duc·tive [indʌ́ktiv] 형 1 〔전기·자기〕 유도(감응)의. ¶an ~ machine 전기[자기] 유도로 움직이는 기계. 2 〔논리〕 귀납(법)의, 귀납적인. ¶~ inference [or reasoning] 귀납적 추리. 3 〔생태〕 (조직에) 반응[변화]을 일으키는. ~·ly 부 ~·ness 명
indúctive cóupling 명 〔전기〕 유도 결합.
indúctive rádio 명 〔통신〕 유도 무선.
in·duc·tom·e·ter [indʌktámətər/-tɔ́m-] 명 〔전기〕 유도 계수기[인덕턴스의](計).

in·duc·tor [indʌ́ktər] 명 1 〔전기〕 유도 회로, 유도자(誘導子); 〔화학〕 감응 물질, 유도질(質). 2 (관직·성직) 수여자, 임명자.
in·due [indjúː/-djúː] 타 =endue.
‡in·dulge [indʌ́ldʒ] 타 (-dúlg·es [-iz]; ~d; -dúlg·ing) 때 1 (욕망·쾌락 따위에) 빠지다, 탐닉하다(in, in doing). ¶(~+젠+명) ~ in luxurious pleasure 사치스러운 쾌락에 빠지다. 2 (술을) 과음하다. ¶He ~s too much. 그는 술을 과음한다. 3 (…에) 종사하다(in). — 타 1 (욕망·희망을 만족시키다. ¶~ one's desires 욕망을 채우다. 2 (어린이 등을) 제멋대로 하게 하다, 응석받다(with). ¶~ a child 아이를 응석받이로 키우다. 3 (재귀용법으로) …에 빠지게 하다, …에 몰두시키다(in). ¶(~+몸+젠+명) He ~s himself in drug. 그는 마약에 중독되어 있다. 4 (남을) 즐겁게[기쁘게] 하다; …에게 베풀다, 주다(with). 5 (상업) 지불[계약 이행]의 유예를 허용하다.
indulge oneself in …에 빠지다.
-dúlg·er 명 -dúlg·ing·ly 부
*in·dul·gence [indʌ́ldʒəns] 명ⓤ 1 빠짐, 탐닉(in). ¶constant ~ in drinking 연중[끊임없이] 술에 빠져 있는 것. 2 ⓒ 빠지기, 탐닉하기. 3 응석 받아주기; 제멋대로 (하게) 하기, 방종(to, toward); 관용, 관대(in). ¶treat a person with ~ 남을 관대히 대하다. 4 은혜, 사면. 5 〔가톨릭〕 면죄, 속죄(贖罪); ⓒ 면죄부(免罪符). 6 (때로 I-) 〔英국사〕 신교(信教)의 자유. 7 〔상업〕 지불 유예.
the Declaration of Indulgence [英국사〕 신교 자유의 선언(Charles 2세 및 James 2세가 비(非)국교도에게 어느 정도의 종교적 자유를 허락한 선언).
in·dul·genced [indʌ́ldʒənst] 형 〔가톨릭〕 (행위·일 따위가) 면죄받은.
in·dul·gen·cy [indʌ́ldʒənsi] 명 =indulgence.
*in·dul·gent [indʌ́ldʒənt] 형 멋대로 하게 하는; 관대한, 순한, 너그럽게 봐주는(to, toward, of, with). ¶an ~ parent 아이의 응석을 받아주는 부모 / He is ~ toward others. 그는 남에게 관대하다. ~·ly 부
in·dult [indʌ́lt] 명 〔가톨릭〕 (교황이 특정인에게 특정 기간 동안 주는) 은전(恩典), 특전, 특권.
in·du·men·tum [indjuméntəm/-dju-] 명 (복 -ta [-tə], ~s) 〔생물〕 모상(毛狀) 표피(식물이나 곤충 표면의 털, 새의 깃털 따위).
in·du·rate [indjuréit/-djuər-] 타 1 …을 굳히다, 경화(硬化)시키다. 2 …을 무감각하게 하다, 무정[완고]하게 하다. 3 (…에) 익숙하게 하다(inure). — 자 1 굳어지다, 튼튼해지다. 2 무감각[완고]해지다.
— 형 [indjurət, indjúː-/índjuə-] 1 굳은, 경화한(callous). 2 무감각한, 무정한, 완고한; 익숙해진.
in·du·ra·tion [indjuréiʃən/-dju-] 명ⓤ 1 경화, 경화된 상태. 2 무정, 비정(非情), 완고. 3 〔지질〕 (암석의) 경화. 4 〔병리〕 (조직의) 경화, 경결(硬結).
in·du·ra·tive [indjuréitiv/-dju-] 형 경화성의, 완
In·dus[1] [índəs] 명 (the ~) 인더스 강(인도 서북부의 indus[2] [índəs] 명 〔천문〕 인디언자리(the Indian). 「강).
indus. industrial; industry.   「civilization.
Índus civilizátion 명 (the ~) =Indus valley
in·du·si·um [indjúːziəm, -ʒi-/-djúːzi-] 명 (복 -si·a [-ziə]) 1 〔식물〕 포막(胞膜). 2 〔해부·곤충〕 피막(被膜); (포피)층[層]; 양막(amnion). -si·al 형
in·dus·tri·al [indʌ́striəl] 형 1 산업[공업]의[에 관한]; 실업의, 공업용의. ¶an ~ exhibition 산업 박람회 / ~ knowhow 산업 기술 / ~ waste (pollution) 산업 폐기물 (오염). 2 산업[공업]이 발달한, 산업[공업]화한. ¶an ~ nation 공업국. 3 산업[공업]에 종사하고 있는; 산업[공업] 노동자의. ¶the ~ classes 근로자 계급 / ~ welfare 산업 복지 / ~ training 직업 훈련. — 명 1 산업 근로자, 공원(工員). 2 생산 회사, 생산업자; 기업가.

3 공업[산업] 제품, 공산품. ¶diamonds classed as ~s 공업 제품으로 분류되는 다이아몬드. 4 (~s) 공업[산업]주(株)[사채(社債)]. ~·ly 튀 ~·ness 명
in·dus·tri·al accident 명 산업 재해, 산재(産災).
indústrial áction 명 (英) (노동자의) 쟁의 행위.
indústrial álcohol 명 공업용 알코올.
indústrial archaeólogy 명 산업 고고학(산업 혁명 초기를 연구하는 학문).
indústrial árts 명복 (단수취급) 공예; (학과목으로) 서외) 공작.
indústrial bánk 명 (美) (근로자·소비자를 위한) 중소 금융 회사, 신용 금고; (英) 중소 할부 금융 회사.
indústrial cómplex 명 공업 단지, 공단(工團).
indústrial cóuncil 명 (英) 산업별 노사협의회.
indústrial demócracy 명 산업 민주제[주의].
indústrial desígn 명 공업 디자인.
 indústrial desígner 명 공업 디자이너.
indústrial devélopment certíficate 명 (英) 산업 개발 증서(환경부가 발행함; 약 IDC).
indústrial dischárge 명 산업 폐기물.
indústrial diséase 명 직업[산업]병.
indústrial dispúte 명 노동 쟁의.
indústrial dístrict =industrial park.
indústrial ecónomy 명 선진 공업 경제[국가].
indústrial éffluent 명 공장 폐수.
indústrial engineéring 명 산업[생산관리] 공학.
indústrial éspionage 명 산업 스파이 (활동).
indústrial estáte 명 (英) =industrial park.
indústrial facílities 명복 산업 설비.
indústrial geógraphy 명 산업 지리학(산업의 입지 및 산업 발전에 영향을 끼치는 지리적 요소를 연구한다).
indústrial hás-been 명 사양화하는 공업국.
indústrial insúrance 명 =industrial life insurance. 「업)주의.
in·dus·tri·al·ism [indʌ́striəlìzm] 명 산업(공
in·dus·tri·al·ist [indʌ́striəlist] 명 산업주의자; 자본가; 경영자, 실업가; 공업가, 생산업자. ─ 형 산업[공업]주의의[적인].
in·dus·tri·al·ize [indʌ́striəlàiz] ((英) -ise-) 공업[산업]화하다, 공업[산업]을 발달시키다; 산업주의화하다. ·i·zá·tion 명
indústrial lífe insúrance 명 노동자 생명 보험.
indústrial lógic 명 기업 논리(기업의 탐욕성).
indústrial médicine 명 산업 의료, 직업병 의학.
indústrial mélanism 명 (생태) 공업 흑화(黑化) [암화(暗化)] (공업 오염 물질로 인해 나방 따위에서 나타나는 흑색 변이의 증가).
indústrial microbiólogy 명 응용 미생물학.
indústrial párk 명 (美·캐나다) 공업 단지.
indústrial pólicy 명 산업 정책.
indústrial pollútion 명 산업 공해.
indústrial próduct 명 공산품(工産品).
indústrial prodúction 명 공업 생산.
indústrial próperty 명 공업 소유권.
indústrial psychólogy 명 산업 심리학.
indústrial relátions 명복 노사 관계; 노무 관리.
indústrial revolútion 명 산업 혁명; (the I- R-) (18세기 중엽의 영국의) 산업 혁명.
indústrial róbot 명 산업용 로봇.
indústrial schóol 명 실업 학교; (美) (비행 청소년의) 직업 훈련소.
indústrial shów 명 (배우에 의한) 상품 광고 쇼.
indústrial sociólogy 명 산업 사회학. 「ing
indústrial spý 명 산업 스파이. indústrial spý-
industrial-stóre 명 =company store. 「능의.
industrial-strength [-stréŋkθ] 형 강력한, 고성
indústrial tóurism 명 (英) 산업 관광.
indústrial tribúnal 명 (英) 노동 심판소. 「union
indústrial únion 명 산업별 노동 조합. 형 craft

indústrial únionism 명 산업별 노동 조합주의.
indústrial únionist 명 산업별 노동 조합원.
indústrial wáste 명 산업 폐기물.
in·dus·tri·o- [indʌ́striou, -triə] 연결 「공업, 산업」의 뜻. ¶industrio-economic(산업 경제의).
*in·dus·tri·ous [indʌ́striəs] 형 (more ~; most ~) 열심히 하는, 부지런한; 열심인(in, about)(⇒DILIGENT 유의어); (폐어) 숙련된. ~·ly 튀 ~·ness 명
*in·dus·try [índəstri] 명 (복 -tries [-z]) ① 1 산업; 제조업, 공업. ¶the textile [chemical] ~ 섬유[화학] 공업/a growth ~ 성장 산업/key industries 기간 산업/an energy-intensive ~ 에너지 다(多)소비형 산업/a high-tech ~ 첨단 산업/~-academic cooperation 산학(産學)협동/the ~ for domestic demand 내수(內需) 산업. 2 ⓒ (산업 각 부문의) …업(業), 사업, 실업. ¶the tourist ~ 관광 사업/the broadcasting ~ 방송 사업. 3 (집합적) (회사 따위의) 경영자; 회사측; 산업계, 업계. ¶friction between labor and ~ 노사 간의 마찰/both sides of ~ 노사 쌍방. 4 조직적 노동, 근로; 근면, 부지런함. ¶Poverty is a stranger to ~. (속담) 부지런히 일하면 가난이 없다. 5 (…에 관한) 연구, 저술. 6 (고고) 유물군(群).
índustry associátion 명 업계 단체, 협회.
in·dus·try·wide [índəstriwàid] 형 산업 전체의 [에 영향을 미치는]. ─ 튀 산업 전체에(서). 「명.
Índus válley civilizátion 명 (the ~) 인더스 문
in·dwell [indwél] 동 (-dwelt) 태 …에 살다; (정신·영혼 따위가) …의 안에 깃들다, 내재(內在)하다. ─ 짜 (…에) 살다 (in); (정신 따위가) 깃들다, 내재(內在)하다 (in). ín·dwèll·er 명 ~·ing 명
índwelling cátheter 명 유치 도뇨관(방광내에 설치하는 도뇨관).
in·dy [índi] 명 (속어) =indie.
In·dy [índi] 명 (美구어) 1 =Indianapolis. 2 (the ~) = 500.
Índy 500 명 (美구어) =Indianapolis 500.
-ine[1] [i:n, ain, in] 접미 「…의, …에 속하는[관한]; …성질이 있는; …로 이루어진; …같은」이라는 뜻의 형용사를 만든다. ¶divine, feminine, Alpine.
-ine[2] 접미 다음과 같은 명사를 만든다. 1 추상 명사. ¶discipline, medicine, routine. 2 염기성 물질의 이름. ¶bromine, aniline, caffeine. 3 상품명. ¶Vaseline. 4 파생 물질명. ¶brilliantine, dentine, nectarine. 5 여성 명사. ¶heroine, Clementine.
in·earth [inə́ːrθ] 동 (고어·시) 묻다, 매장하다.
in·e·bri·ant [iníːbriənt] 형 취하게 하는. ─ 명 취하게 하는 것(술·아편 따위).
in·e·bri·ate 동 타 [iníːbrièit] (익살) …을 취[도]하게 하다. ¶be ~d by success 성공에 도취하다.
─ 명 [iníːbriət] 술꾼; 술버릇 나쁜 사람.
─ 형 [iníːbriət] 술취한. -àt·ed -á·tion
in·e·bri·e·ty [ìnəbráiəti/ìni:-] 명 ⓤ 명정, 술취함.
in·ed·i·ble [inédəbl] 형 먹을 수 없는; 식용에 적합치 않은. -bíl·i·ty -bly 튀 「본.
in·ed·i·ta [inédətə] 명복 미발표 문학 작품, 미간행
in·ed·it·ed [inéditid] 형 아직 간행되지 않은; 미편집(未編輯)의; 편집상 변경[추가] 없이 간행된.
in·ed·u·ca·ble [inédʒukəbl] 형 (정신 장애 등으로 인하여) 교육할 수 없는. -bíl·i·ty -bly 튀
in·ed·u·ca·tion [inèdʒukéiʃən] 명 무학, 무교육.
in·ef·fa·ble [inéfəbl] 형 1 형언할 수 없는, 말로 표현할 수 없는(inexpressible). ¶~ joy[sorrow] 무어라 말할 수 없는 기쁨[슬픔]. 2 말해서는 안 되는, 함부로 입에 담지 못할. -bíl·i·ty, ~·ness -bly 튀
in·ef·face·a·ble [ìniféisəbl] 형 지울 수 없는, 씻어낼 수 없는. -fáce·a·bíl·i·ty -bly 튀
in·ef·fec·tive [ìniféktiv] 형 1 효과가 없는, 무익한. ¶~ efforts 헛된 노력. 2 무능[무력]한, 쓸모가 없는. 3 (작품 등이) 예술성이 없는. ~·ly 튀 ~·ness 명

in·ef·fec·tu·al [ìnifékt∫uəl] 형 1 효과적이 아닌; 무익한, 헛된, 보람없는. ⇨USELESS [유의어] 2 무능한, 무력한. **-fèc·tu·ál·i·ty** 명 **～·ly** 부 **～·ness** 명

in·ef·fi·ca·cious [ìnefikéi∫əs] 형 (치료·약 등이) 효험[효과]이 없는, 듣지 않는. **～·ly** 부 **～·ness, -cac·i·ty** [-kǽsəti] 명 「효과.

in·ef·fi·ca·cy [inéfikəsi] 명 무효력, 무효능, 무효과; 무능력. 2 ⓒ 비능률적인 점, 효과가 없는 것.

in·ef·fi·cien·cy [ìnifí∫ənsi] 명 1 ⓤ 비능률, 무효과; 무능력. 2 ⓒ 비능률적인 점, 효과가 없는 것.

in·ef·fi·cient [ìnifí∫ənt] 형 효과적이 아닌; 무능한, 미숙한. — 명 무능력한 사람. **～·ly** 부

in·e·gal·i·tar·i·an [ìnigælitέəriən] 형 평등주의가 아닌; 반(反)평등주의의; 불평등[불공평]적.

in·e·las·tic [ìnilǽstik] 형 1 탄력성[신축성]이 없는; 융통성[적응력]이 없는. 2 (경제) 비(非)탄력적인. ¶ ～ demand 탄력적 수요. **-las·tíc·i·ty** 명

inelástic collísion [역학] 비탄성(非彈性)충돌. ⓓ elastic collision

inelástic scáttering [역학] 비탄성 산란(散亂).

in·el·e·gance [inéligəns] 명ⓤ 우아하지 않음, 운치[아취(雅趣)]가 없음; 천함, 거칠고 촌스러움; ⓒ 운치 없는 행위[말], 문체. 「gance.

in·el·e·gan·cy [inéligənsi] 명 (고어) =**ine**l**e-**

in·el·e·gant [inéligənt] 형 우아하지 않은, 운치가 없는, 세련되지 않은; 천한, 촌스러운. **～·ly** 부

in·el·i·gi·ble [inélidʒəbl] 형 (…에 뽑히기에) 부적당한, 부적의; (법률상) 자격이 없는 (for/to do). ¶ an ～ suitor (남편감으로) 부적당한 청혼자 / ～ for a prize 상을 받기에 부적격인. — 명 (구혼자·팀메이트 따위로서) 부적격자. **-bíl·i·ty, ～·ness** 명 **-bly** 부

in·el·o·quent [inélokwənt] 형 능변이 아닌, 눌변의, 말솜씨가 없는. **-quence** 명 **～·ly** 부

in·e·luc·ta·ble [ìnilʌ́ktəbl] 형 면할[피할] 길 없는, 불가피의, 불가항력의. **-lùc·ta·bíl·i·ty** 명 **-bly** 부

in·e·lud·i·ble [ìnilúːdəbl] 형 불가피한, 모면할 수 없는. **-bly** 부

in·e·nar·ra·ble [ìninǽrəbl] 형 말로 다 할 수 없는, 형언[묘사]할 수 없는. **-bly** 부

in·ept [inépt] 형 1 (…의) 기량[능력]이 없는, 서투른 (in, at). ¶ be ～ at golf 골프가 서투르다. 2 적합치 않은, 적성이 아닌. **～·ly** 부 **～·ness** 명

in·ept·i·tude [inéptətjùːd/-tjùːd] 명 1 ⓤ 부적당, 부적절; 어리석음. 2 어울받은[부적당한] 언행[유머].

in·eq·ua·ble [inékwəbl, iník-] 형 균등하지 않은, 고르지 못한, 불평등한.

*****in·e·qual·i·ty** [ìnikwάləti/-kwɔ́l-] 명 1 ⓤⓒ 같지 않음, 불균등, 불균형; 불평등, 편차. ¶ educational ～ 교육을 받을 기회의 불평등 /～ of size 크기가 고르지 않음. 2 ⓤ (개인간의) 능력차. ¶～ of intellect, talents, and physical stamina 지능, 재능, 체력면에서의 개인차. 3 ⓤⓒ (표면의) 울퉁불퉁함, 고저, 기복. ¶ inequalities of a surface 표면의 울퉁불퉁함. 4 ⓤⓒ (기후·기분 따위의) 변동, 불안정. 5 ⓤ (천문) 균차(均差). 6 ⓤⓒ (수학) 부등(식).

in·e·qui·lat·er·al [ìniːkwəlǽtərəl] 형 부등변의. ¶ an ～ triangle 부등변 삼각형.

in·eq·ui·ta·ble [inékwətəbl] 형 불공평한, 불공정한. ¶～ taxation 불공평 과세. **～·ness** 명 **-bly** 부

in·eq·ui·ty [inékwəti] 명 1 ⓤ 불공평, 불공정. 2 ⓒ 불공평[불공정]한 사례[조치].

in·e·rad·i·ca·ble [ìnirǽdikəbl] 형 근절할 수 없는, 뿌리 깊은. **-bíl·i·ty, ～·ness** 명 **-bly** 부

in·e·ras·a·ble [ìniréisəbl/-réizəbl] 형 지울 수 없는. **～·ness** 명 「는.

in·er·ra·ble [inérəbl, ináːr-] 형 전혀 오류가 없는, 틀릴 리 없는. **-bíl·i·ty, ～·ness** 명 **-bly** 부

in·er·ran·cy [inérənsi, ináːr-] 명 1 오류[잘못, 과오]없음, 무류성(無謬性). 2 성서 무류설.

in·er·rant [inérənt] 형 잘못[틀림]이 없는. **～·ly** 부

in·er·rat·ic [ìnirǽtik] 형 상례를 벗어나지 않는, 헤매지 않는; (항성 따위가) 부동(不動)의 궤도를 따라 움직이는. ¶ an ～ star 항성(恒星).

*****in·ert** [ináːrt] 형 1 자력으로 행동[운동]할 수 없는, 자동력이 없는, 타성적인. 2 둔한, 활발하지 못한. ⇨INACTIVE [유의어] 3 (화학·약학) 불활성의, 부동(不動)의. — 명 둔한 사람; 불활성 물질. **～·ly** 부 **～·ness** 명

in·ert·ance [ináːrtns] 명 (음향) 음향 관성(慣性).

inért gás 명 (화학) 불활성 기체 (helium 따위).

in·er·tia [ináːr∫ə] 명 1 활발치 못함, 완만, 지둔(遲鈍). 2 (물리) 관성(慣性), 타성. ¶ the force of ～ 관성력 / the law of ～ 관성의 법칙. 3 (의학) 무력(증).

inértia effèct 명 (경제) 관성 효과(어떤 상품의 습관화된 소비가 소득 변화 후에도 지속되는 현상).

inértia góvernor 명 (기계) 관성 조속기(調速機).

in·er·tial [ináːr∫əl] 형 활발하지 못한; 타력(惰力)의, 관성의. ¶～ orbit (우주) 관성 궤도. **～·ly** 부

inértial fórce 명 (물리) 관성력(慣性力).

inértial guídance 명 (항공) 관성 유도.

inértial máss 명 (물리) 관성 질량. 「행).

inértial navigátion 명 (항공) 관성 항법(航法)(비

inértial navigátion sỳstem 명 (항공) 관성 항법 장치(약 INS). 「장치의 가대(架臺).

inértial plátform 명 (우주) 관성 플랫폼(관성 유도

inértial (réference) fráme 명 (물리) =**inertial system**.

inértial spáce 명 (우주) 관성 공간(외관상의 상대 속도가 변하지 않는 항성을 기준으로 하는 표준 좌표계).

inértial sýstem 명 (물리) 관성(좌표)계, 타성계(惰性系), (또는 **inértial reference fràme**)

inértial úpper stáge 명 셔틀 상단 로켓(지구 궤도의 우주선을 좀더 먼 궤도로 운반하는 2단계 꼬체 변로 로켓(약 IUS).

inértia rèel 명 (英) 관성 릴(자동차의 seat belt 자동 조절 장치). 「식 시트벨트.

inértia-reel (séat) bèlt 명 (자동차의) 자동 조절

inértia sélling 명 (英) 떠맡기기식 판매, 강매.

inértia stárter 명 (기계) 관성 시동기.

*****in·es·cap·a·ble** [ìnəskéipəbl] 형 달아날 수 없는; 모면할 수 없는, 불가피한. **～·ness** 명 **-bly** 부

in ésse [in ési] 부 실재하여, 실존하여. ⓓ **in posse** <L In existence>

in·es·sen·tial [ìnisén∫əl] 형 1 본질적이 아닌, 긴요하지 않은, 없어도 되는 (to). 2 실질이 없는, 무형의. — 명 (종종 ～s) 본질적이 아닌 것; 실체가 없는 것. **-sèn·ti·ál·i·ty** 명

*****in·es·ti·ma·ble** [inéstəmbl] 형 1 헤아릴 수 없는, 측정[계산]할 수 없을 정도의. ¶ the ～ number of stars 무수한 별. 2 더없이 귀중한. ¶ a thing of ～ value 더할 수 없이 귀중한 것. **-bíl·i·ty, ～·ness** 명 **-bly** 부

INET [áinet] 명 인터넷의 약칭; 인터넷 협회 (Internet Society) 정례 국제 회의; Internet을 향해 전자 우편을 보낼 때 상대의 주소 앞에 붙이는 문자열.

in·e·va·si·ble [ìnivéizəbl, -sə-] 형 피할 수 없는, 반드시 일어나는, 확실한.

‡in·ev·i·ta·ble [inévətəbl] 형 1 피할 수 없는, 면할 수 있는; (논리적으로) 당연한, 필연적인 (to do, that 節). ¶ an ～ result 필연적인[당연한] 결과 / one's ～ fate 피할 수 없는 운명. 2 (the ～, one's ～) (한정용법) 언제나의, 예(例)의. ¶ his ～ cigar 그가 트레이드마크인 여송연[시가]. 3 (묘사·이야기의 줄거리 따위가) 탄탄한; 납득이 가는. — 명 (the ～) 피할[면할] 수 없는 것, 필연의 운명. **-bíl·i·ty, ～·ness** 명

inévitable áccident 명 (법률) 불가항력의 사고, 불가피한 사고.

inévitable hóur 명 (the ～) 임종(의 순간). 「으로.

*****in·ev·i·ta·bly** [inévətəbli] 부 불가피하게, 필연적

in·ex·act [ìnigzǽkt] 형 부정확한; 정밀하지 않은. ~·ly 튀 ~·ness 명 「정확: 정밀치 않음.
in·ex·act·i·tude [ìnigzǽktjùːd/-tjùːd] 명 U 부
in·ex·cit·a·ble [ìniksáitəbl] 형 냉정한, 흥분하지 않는; 자극에 움직이지 않는, 자극을 느끼지 않는.
in·ex·cus·a·ble [ìnikskjúːzəbl] 형 변명할 도리가 없는; 용서할 수 없는. **-cùs·a·bíl·i·ty**, ~·ness 명 **-bly** 튀 「할 수 없는, 수행 불가능한.
in·ex·e·cut·a·ble [ìnéksəkjùːtəbl] 형 실행[시행]
in·ex·e·cu·tion [ìnèksəkjúːʃən] 명 U (계약 따위의) 불이행, 수행하지 않음; (법률의) 불시행, (법원 명령·유언의) 불집행. 「름, 테마; 활발치 못함.
in·ex·er·tion [ìnigzə́ːrʃən] 명 U 노력 부족; 게으
*__in·ex·haust·i·ble__ [ìnigzɔ́ːstəbl] 형 1 다 쓸 수 없는, 무진장한, 없어지지 않는. 2 지칠 줄 모르는, 끈기 있 **-hàust·i·bíl·i·ty**, ~·ness 명 **-bly** 튀 「는.
in·ex·haus·tive [ìnigzɔ́ːstiv] 형 1 (고어) =inexhaustible. 2 철저[완전]하지 못한. ~·ly 튀
in·ex·ist·ent [ìnigzístənt] 형 존재[실재, 생존]하지 않는. **-ence** 명
*__in·ex·o·ra·ble__ [ìnéksərəbl] 형 1 간청을 받아들이지 않는, 냉혹한, 용서[가차]없는. 2 변경할 수 없는, 굽힐[움직일] 수 없는. **-bíl·i·ty**, ~·ness 명 **-bly** 튀
in·ex·pec·tant [ìnikspéktənt] 형 기대[예기], 예상하지 않은.
in·ex·pe·di·ence [ìnikspíːdiəns] 명 U 불편; 상책(上策)이 아님, 부적당. (또는 **inexpediency**)
in·ex·pe·di·ent [ìnikspíːdiənt] 형 불편한; 합당치 않은, 부적당한, 상책이 아닌. ~·ly 튀
*__in·ex·pen·sive__ [ìnikspénsiv] 형 값싼, 비용이 안 드는. ⇒CHEAP 유의어. ~·ly 튀 ~·ness 명
in·ex·pe·ri·ence [ìnikspíəriəns] 명 U 무경험, 미숙, 서투름; 세상 물정에 어두움.
*__in·ex·pe·ri·enced__ [ìnikspíəriənst] 형 경험이 없는, 미숙한(in, at); 세상 물정에 어두운.
in·ex·pert [ìnékspəːrt, ìnikspə́ːrt] 형 미숙한, 서투른. ─ 명 미숙련자. ~·ly 튀 ~·ness 명
in·ex·pi·a·ble [ìnékspiəbl] 형 1 속죄할 수 없는, 죄 많은. ¶an ~ crime 속죄할 수 없는 죄. 2 (분노 따위가) 달랠 수 없는; 집착하는. ~·ness 명 **-bly** 튀
in·ex·pi·ate [ìnékspièit] 형 (죄 따위가) 속죄하지 못한, 보상되지 않은.
in·ex·plain·a·ble [ìnikspléinəbl] 형 설명하기 힘든.
*__in·ex·pli·ca·ble__ [ìnéksplikəbl, ìniksplík-] 형 설명[해석]이 안되는, 불가해[불가사의]한. **-bíl·i·ty**, ~·ness 명 **-bly** 튀 불가해하게.
in·ex·plic·it [ìniksplísit] 형 분명하지 않은, 애매한. ~·ly 튀 ~·ness 명 「불발성의.
in·ex·plo·sive [ìniksplóusiv] 형 폭발하지 않는.
in·ex·press·i·ble [ìniksprésəbl] 형 표현할 수 없는, 이루 말할 수 없는, 형언키 어려운. ─ 명 표현할 수 없는 것; (~s) (구어·고어) 바지. **-prèss·i·bíl·i·ty**, ~·ness 명 **-bly** 튀
in·ex·pres·sive [ìniksprésiv] 형 무표정한, 감정을 드러내지 않는; 말이 없는; (고어) =inexpressible. ~·ly 튀 ~·ness 명
in·ex·pug·na·ble [ìnikspʌ́gnəbl] 형 정복할 수 없는, 난공불락의; (주장 등이) 논파할 수 없는; (신념 따위가) 확고한; (증오 따위를) 떨쳐버릴 수 없는. **-pùg·na·bíl·i·ty**, ~·ness 명 **-bly** 튀
in·ex·pung·i·ble [ìnikspʌ́ndʒəbl] 형 (냄새·기억 따위를) 없앨[지워]버릴 수 없는, 잊을 수 없는. (또는 **inexpungeable**) **-pùng·i·bíl·i·ty**
in·ex·ten·si·ble [ìniksténsəbl] 형 넓힐 수 없는, 늘릴[확장할] 수 없는. **-tèn·si·bíl·i·ty** 「(大).
in·ex·ten·sion [ìniksténʃən] 명 U 불확대(不擴
in ex·ten·so [in ikstǽnsou] 튀 상세하게, 생략하지 않고, 완전하게. 〔L at full length〕

in·ex·tin·guish·a·ble [ìnikstíŋgwiʃəbl] 형 (불이) 끌 수 없는; (감정이) 억제할 수 없는. **-bly** 튀
in·ex·tir·pa·ble [ìnikstə́ːrpəbl] 형 뿌리 뽑을 수 없는, 근절하기 어려운. ~·ness 명
in ex·tre·mis [in ikstríːmis] 튀 궁극에는; 죽음에 임하여, 임종에. 〔L in the last〕
in·ex·tri·ca·ble [ìnékstrikəbl] 형 1 빠져나올[탈출할] 수 없는. ¶an ~ maze 빠져나올 수 없는 미로. 2 (매듭이) 풀리지 않는. 3 해결할 수 없는; 얽히고 설킨.
INF intermediate-range nuclear forces(중거리 핵전력). **inf.** infantry; inferior; infield(er); infinitive; infinity; infirmary; influence; information; infra; (라틴) *infunde*(=infuse)(처방전에서) 주입하시오.
in f. (라틴) *in fine*(=in the end)(결국).
in·fall [ínfɔ̀ːl] 명 1 침입, 침략. 2 하류(점). 3 (물리) 유입; (운석 따위의) 낙하.
in·fal·li·bi·lism [ìnfǽləbəlìzm] 명 U (가톨릭) (특히 교황의) 무류가류설(不可謬說); 불과오설(不過謬說).
*__in·fal·li·ble__ [ìnfǽləbl] 형 1 (판단·언행 따위가) 잘못이 전혀 없는, 절대 틀림없는[옳은]. ¶a ~ memory 확실한 기억 / *No man is ~.* (속담) 사람은 누구나 실수한다. 2 (효능 따위가) 확실한, 틀림없이 듣는. ¶an ~ watch 정확한 시계 / an ~ remedy 약효가 확실한 약. 3 반드시 일어나는, 피할 수 없는. 4 (가톨릭) (교황이) 절대 무류(無謬)의. ─ 명 절대로 잘못이 없는 사람, 절대 확실한 것. **-bíl·i·ty**, ~·ness 명 **-bly** 튀
*__in·fa·mous__ [ìnfəməs] 형 1 악명 높은, 평판이 나쁜 (for). 2 수치스러운, 불명예의, 파렴치한. ¶an ~ conduct 수치스러운 행위, (의사 등의) 부정 행위. 3 (법률) (파렴치죄로) 공민권을 박탈당한; 불명예스러운. ¶an ~ crime 파렴치죄. 4 (구어) (질이) 아주 나쁜, 형편 없는. ¶~ coffee 맛이 형편 없는 커피. ~·ly 튀 ~·ness 명
*__in·fa·my__ [ìnfəmi] 명 1 오명, 오명, 악평; 불명예. 2 =DISGRACE 유의어. 2 (종종 -ies) 파렴치한 행위, 추행, 비행(非行). 3 U (법률) (파렴치죄에 의한) 공민권 박탈, 명예의 실추[박탈].
*__in·fan·cy__ [ìnfənsi] 명 UC 1 어릴 때, 유년 시대. ¶a happy ~ 즐거웠던 어린 시절. 2 초기 (단계), 요람기; (지질) 유년기. 3 (집합적) 유아(幼兒). 4 (법률) 미성년. *in (one's) infancy* 어렸을 때; 초기[요람기]에.
*__in·fant__ [ìnfənt] 명 1 갓난 아기, 유아, 젖먹이; (7세 미만의) 아동, 소아. 2 초기[미발달] 단계에 있는 것. ¶the ~ of the human culture 요람기의 인류 문화. 3 (법률) 미성년자. 4 (비유적) 초심자, 초학자. 5 (~s) 동물의 새끼. 6 (~s) (영) ~ school. ─ 형 1 유아의; 어린, 유년(기)의. ¶~ years 어린 시절, 유년기. 2 초기의, 요람기의. ¶an ~ industry 초기 산업. 3 소아용의. 4 (법률) 미성년의. **~·like**
in·fan·ta [ìnfǽntə] 명 (스페인·포르투갈의) 왕녀, 공주; infante의 아내. 〔Sp, Port〕
in·fan·te [ìnfǽntei/-ti] 명 (스페인·포르투갈의) 세자 이외의) 왕자.
in·fant·hood [ìnfənthùd] 명 =infancy.
in·fan·ti·cide [ìnfǽntəsàid] 명 U 1 유아(영아) 살해. 2 유아[영아] 살해범. **-cíd·al** 형
in·fan·tile [ìnfəntàil, -tə̀l] 형 1 (경멸적) 어린애 같은, 유치한. ⇒CHILDLIKE 유의어. ¶~ conduct 유치한 행동. 2 유아의, 어린애의. ¶~ diseases 소아병. 3 초기[요람기]의, 미발달의; 초보의. **-tíl·i·ty** 명
infantile autism 명 (심리) 소아기 자폐증.
infantile paralysis =poliomyelitis.
infantile prodigy 명 천재 아동, 신동(神童). (또는 **infant[child] prodigy**)
infantile scurvy (병리) 유아 괴혈병.
in·fan·ti·lism [ìnfǽntəlìzm, -tail-/ìnfǽnti-] 명 U (심리) 발육 부전(부全), 유치증(幼稚症)(체구·지능의 발육 부전 증상); C 어린애 같은 언동.

in·fan·til·ize [ínfəntəlàiz, -tail-] 타 초기 발달 단계에 머물게 하다; 어린아이 취급하다. **-i·zá·tion** 명
in·fan·tine [ínfəntàin, -tin] 형 =infantile.
ínfant mortálity 명 유아 사망률. (또는 **ínfantile mortálity**)
ínfant pródigy 명 =infantile prodigy.
***in·fan·try** [ínfəntri] 명U (집합적; 단·복수 양용) 보병, 보병과; 보병(연)대. ¶ 명 보병의. ~ an ~ division 보병 사단.
in·fan·try·man [ínfəntrimən] 명 (개개의) 보병.
ínfant(s') school 명 (英) 유아 학교; 유치원.
in·farct [infá:rkt, -´-] 명 〖병리〗 경색(梗塞)(증), 경색부(部). — **ed** 형 경색의
in·farc·tion [infá:rkʃən] 명U 〖병리〗 경색; 경색 형성.
in·fat·u·ate 타 [infǽtʃuèit/-tju-] 1 …을 멍하게 하다, …의 판단력을 잃게[흐리게] 하다. 2 (가장된 애정 따위로) …을 홀리다, 열중[도취]시키다(with).
be infatuated with …에 열중하다[혹하다]. ¶be ~d with gambling 도박에 홀딱 빠져 있다.
— 형 [-ət, -èit] =infatuated. — 명 [-ət, -èit] 열중하고 있는[혹한] 사람.
-à·tor
in·fat·u·at·ed [infǽtʃuèitid/-tju-] 형 (사랑 따위에) 열중한, 홀딱 빠진. **-ly** 부 혹하여.
in·fat·u·a·tion [infǽtʃuéiʃən/-tju-] 명 1 U 열중(하게 함); 심취 (for, with). ¶~ with speed 스피드광(狂). 2 열중[심취]케 하는 것[사람].
in·fau·na [ínfɔ̀:nə] 명 (복 ~s, -nae [-ni:]) 내생(內生)동물(뻘·바닥 흙속 서식 동물). **-nal** 형
INFCE International Nuclear Fuel Cycle Evaluation(국제 핵연료 사이클 평가).
in·fea·si·ble [infí:zəbl] 형 실행 불가능한, 실행할 수 없는. **~·ness**, **-bíl·i·ty** 명
‡**in·fect** [infékt] 타 1 (인체·상처 따위를) (병균으로) 더럽히다, (공기·물 따위를) 오염시키다 (with). ¶ ~ a wound 상처에 병균이 침입하다 ∥ (~+目+前+名) water ~ed with cholera 콜레라균에 오염된 물. 2 …에게 (…을) 감염[전염]시키다 (with). ¶ ~ a person with flu 남에게 독감을 옮기다. 3 …을 타락시키다, 악에 물들게 하다; …에게 (위험 사상 등을) 불어넣다 (with), ¶ (~+目+前+名) ~ a person with a radical idea 남에게 과격한 사상을 불어넣다. 4 (남)에게 영향을 주다, 감화하다. ¶His speech ~ed the audience. 그의 연설은 청중을 감화했다. 5 (법률)에 법망을 띠게 하다, 범죄에 관여시키다. 6 (컴퓨터) (바이러스 따위가) (메모리 등에) 침입하다, 메모리[데이터]를 오염시키다. — 자 감염되다, 병균으로 오염되다.
be infected with …에 감염되다, 물들다.
— 형 〈고어〉 감염된.
~·ant 명 **~·er, -fec·tor** 명
in·fect·ed [inféktid] 형 감염[전염]된, 오염된.
in·fec·tee [infekti:] 명 (질병) 감염자.
‡**in·fec·tion** [infékʃən] 명 (복 ~s [-z]) U 1 (병 따위의) 전염, 감염. 2 ⓒ 전염병. 3 (나쁜 습성 따위의) 들기; 악영향, (나쁜) 감화; ⓒ 악풍(惡風). 4 〖문법〗 모음이 후속하는 모음에 동화되기(umlaut). 5 〖국제법〗 적성(敵性) 감염.
‡**in·fec·tious** [infékʃəs] 형 1 (병이) 전염성의; 전염병을 일으키는. ¶an ~ disease 전염병/an ~ hospital 전염병 (전문) 병원. 2 악영향을 주는, 옮기[퍼지게] 쉬운. ¶an ~ yawn 옮기 쉬운 하품. 3 (국제법) 적성(敵性) 상태에 있는. **~·ly** 부 **~·ness** 명
inféctious hepatítis 명 =hepatitis A.
inféctious mononucleósis 명 〖병리〗 전염성 단핵증(單核症), 전염성 단핵 백혈구 증가증.
in·fec·tive [inféktiv] 형 =infectious. **~·ness**, **in·fec·tív·i·ty** 명U 전염성
in·fe·cund [infí:kənd, -fék-] 형 열매를 맺지 않는; 불임(不姙)의; 불모의(barren). **in·fe·cún·di·ty** 명

in·fe·lic·i·tous [ìnfəlísətəs] 형 1 불행[불운]한. 2 (문체 등이) 부적절[부적당]한. **-ly** 부 **~·ness** 명
in·fe·lic·i·ty [ìnfəlísəti] 명U 불행, 불운; Uⓒ (행위·표현 따위의) 부적절, 부적절[한 것(표현)].
in·felt [ínfelt] 형 〈고어〉 마음 속 깊이 느낀, 깊은 감명을 받은, 마음으로부터의(heartfelt).
***in·fer** [infə́:r] 타 (**-rr-**) 1 …을 추론하다, 추측하다 (from, that 節); (결론 따위를) (전거에서) 추정하다 (from); …을 생각[짐작]하다. ¶ (~+目+前+名) an unknown fact from a known fact 기지의 사실에서 미지의 사실을 추측하다. 2 …을 의미[암시]하다; (구어) (사람이) 넌지시 말하다[보여주다], 암시하다. ¶ Silence ~s consent. 침묵은 동의를 뜻한다. — 자 결론을 도출하다, 추론[추정, 짐작]하다. **~·rer** 명
in·fer·a·ble [infə́:rəbl] 형 추론[짐작]할 수 있는 (from), (는 **infer(r)ible**) **-bly** 부
***in·fer·ence** [ínfərəns] 명 1 U 추리, 추론, 추측. ¶speak from ~ 추측해서 말하다. 2 추론의 결론[결과]. ¶make [or draw] rash ~s 성급한 결론을 내리다 / That is a mere ~. 그것은 추측에 불과하다. 3 U (논리) 추리. ¶deductive [inductive] ~ 연역(演繹)[귀납] 추리, 4 U 함축 (단의 의미), 암시.
by inference 추론하여, 미뤄 생각한 결과.
draw [or *make*] *an inference from* …으로부터 결론을 끌어내다.
ínference réader 명 〔증권〕 투자 예측 전문가.
in·fer·en·cing [ínfərənsiŋ] 명 〔언어〕 추론.
in·fer·en·tial [ìnfərénʃəl] 형 추리의, 추론에 의한; 추리 [추론]의. **-ly** 부
inferéntial statístics 명 통계적 추측.
‡**in·fe·ri·or** [infíəriər] 형 1 (위치·지위가) 아래인; (…보다) 낮은, 하급의, 하위의(to). ② superior ¶the ~ classes 하층 계급/an ~ officer 하급 장교/an ~ stratum (기층) 하위 사층. 2 (…보다) 떨어지다, 열등한; 조악한, 품질이 나쁜, 2급[2류]의(to/in). ¶an ~ product 조제품(粗製品)/be ~ in quality 품질이 나쁘다. 3 (천문) 궤도가 지구와 태양 사이의(to). 4 〖식물〗 (꽃받침·씨방이) 다른 기관(器官)의 밑에 있는, 하생(下生)의. 5 〖해부·동물〗 아래의, 하위의, 열등한. 6 〔인쇄〕 밑에 붙는(H₂O의 ₂ 따위).
be inferior to …보다 못하다[열등하다]. ¶This novel of his is ~ to the previous one. 그의 이번 소설은 먼저 것만 못하다.
— 명 1 (보통 one's ~) (지위 따위가) 낮은 사람; 하급자, 손아랫 사람. 2 열등한 사람[것]. 3 〔인쇄〕 밑에 붙는 문자[숫자, 기호].
~·ly 부
inférior conjúnction 명 〔천문〕 내합(內合).
inférior cóurt 명 〔법률〕 하급 법원.
inférior góods 명 〔경제〕 하급재, 열등재.
‡**in·fe·ri·or·i·ty** [infìəriɔ́:rəti, -ár-/-ɔ́r-] 명 (…보다/…의 점에서) 떨어짐[못함], 하위, 하등, 열등 (to/in). ② superiority ¶a sense of ~ 열등감. 2 조악(粗惡).
inferiórity cómplex 명 〔정신분석〕 열등(감) 콤플렉스; 열등 의식(about); ② superiority complex
inférior plánet 명 〔천문〕 내행성(지구와 태양 사이에 있는 수성·금성).
***in·fer·nal** [infə́:rnl] 형 1 지옥의; (그리스 신화) 황천 나라의. ¶ ~ fires 지옥불, 업화(業火)/the ~ regions 지옥/an ~ spirit 지옥의 악귀. 2 (한정용법) (구어) 지독한, 지긋지긋한, 아주 못된, 3 악마 같은, 극악무도한. ¶ ~ wickedness 악마 같은 사악함.
in·fer·nál·i·ty 명 **~·ly** 부
inférnal machíne 명 위장 폭파 장치, 시한 폭탄.
in·fer·no [infə́:rnou] 명 (복 ~**s**) 1 지옥(같은 곳); 고통[고뇌]의 장소; 대화재, 큰불. 2 (The I~) 지옥편 (Dante작 The Divine Comedy의 제1부). (<It hell)
in·fe·ro- [ínfərou, -rə] 연결 below, lying beneath

in·fer·tile [infə́ːrtl/-tail] 형 (토지가) 비옥하지 않은, 메마른, 불모의(barren); (동·식물이) 번식력[생식력]이 없는; (달걀이) 무수정(無受精)의. ¶ an ~ egg 무정란. **in·fer·til·i·ty** 명 ~·ly 부 ~·ness 명

***in·fest** [infést] 타 1 (해충·강도 등이) …에 만연하다; (수동형으로) (장소 따위가) …으로 들끓다, 횡행하다(haunt)(with). ¶ shark~ed waters 상어가 우글거리는 수역. 2 (고어) …을 괴롭히다, 난처하게 하다. **be infested with** …이 들끓다, 횡행하다. ¶ The warehouse was ~ed with rats. 창고는 쥐가 들끓고 있었다. **~·er** 명

in·fes·tant [inféstənt] 명 꾀어드는 것[생물], 기생동물(옴충 나방·기생충 따위).

in·fes·ta·tion [ìnfestéiʃən] 명 U 떼지어 해를 끼침, 들끓음, 횡행; 내습; (기생충 따위의) 체내 침입.

in·feu·da·tion [ìnfjuːdéiʃən] 명 U 〔英법률〕 영지 수여; (the ~) 속인(layman)에의 10분의 1세(稅) 징수권 양여(的 the ~ of tithes).

in·fi·del [ínfədl, -dèl] 명 1 (경멸적) 신앙심이 없는 사람, 무신론자. 2 (특정 종교의 입장에서 본) 이교도, 이단자; 비(非)기독교도. ⇔ HEATHEN 〔유의어〕 ─ 형 1 (또는 **in·fi·del·ic** [ìnfidélik]) 신앙심이 없는, 종교를 믿지 않는. 2 특정 신앙을 받아들이지 않는, 이교도의(heathen); 비기독교도의.

in·fi·del·i·ty [ìnfədéləti] 명 U C 1 믿음이 없음(to); (특히 기독교를) 믿지 않음, 무신앙. 2 부정(不貞), 간통(to). 3 배신(행위); 불성실(disloyalty)(to).

in·field [ínfìːld] 명 1 〔야구·크리켓〕 내야(壘) outfield; (집합적; 단·복수 양용) 내야수. 2 농가 주위의 밭, 경작지. ─**er** 명 내야수. ↔ outfielder

ínfield flý 명 〔야구〕 인필드 플라이, 내야 플라이.

ínfield hít 명 〔야구〕 내야 안타.

ínfield óut 명 〔야구〕 내야 땅볼 아웃.

ínfield síngle 명 〔야구〕 내야 안타.

in·fields·man [ínfìːldzmən] 명 〔크리켓〕 내야수.

in·fight·er [ínfàitər] 명 (권투) 접근전에 능한 선수. **ín·fight** 명

in·fight·ing [ínfàitiŋ] 명 U 1 (권투) 접근전, 인파이팅. 2 내부 항쟁, 내분, 파벌 싸움; 난전, 난투.

in·fill [ínfìl] 명(E) (빈 곳)을 막다, 메우다, 채우다. ─ 명 1 공간을 메우는 것[재료]. 2 U (도시계획에 있어서) 충전(充塡) 방식, 공터 메우기[이용] 방식. ─ 형 (도시계획의) 충전 방식의. (또는 **in-fill**)

in·fill·ing [ínfìliŋ] 명 공간 메우는 짓[물건], 충전 재료; U (도시 계획상의) 공터 메우기.

in·fil·ter [ìnfíltər] 명 걸러 넣다, 체질하여 넣다.

in·fil·trate [ínfiltreit/-´´-] 명(E) 1 …에 스며들다, …에 침투[침윤]하다; (액체 따위를) (…에) 스며들게 하다, 침투(침윤)시키다 (into, through). ¶ ~ water into[or through] cotton = ~ cotton with water 솜에 물이 배어들게 하다. 2 (군사) (적지 등에) 잠입[침투]하다[시키다] (into). ─ 자 (…에) 스며들다, 침투[잠입]하다 (through, into); (군사) 잠입하다 (into). ─ 명 1 스며드는[침입하는] 것. 2 (병리) 침윤물; 침윤 병소(病巢). **in·fil·tra·tive** [-trèitiv] 형 **-tra·tor** 명

in·fil·tra·tion [ìnfiltréiʃən] 명 U 침입, 침투, 침윤; (군사) 잠입, 침투. 2 스며드는 것, 침윤물.

infiltration capacity[ràte] 명 〔토양의〕 흡수(吸水) 속도, 침투능(浸透能). 〔수집관(管)〕

infiltrátion gàllery 명 배수암거(排水暗渠), 지하수

in·fil·trom·e·ter [ìnfiltrəmétər/-tróm-] 명 U 흡수(吸水) 속도계.

infin. infinitive.

in fíne [in fáine] 최후에, 끝에. 〈L〉

***in·fi·nite** [ínfənət] 형 1 헤아릴[셀] 수 없는, 무한한; 무수한; 무진장의; 막대한, 완전한, 끝없는(反 finite). ¶ ~ gratitude 무한한 감사 / ~ sums of money 막대한 금액 / ~ stockpile of oil 막대한 석유 저장량 / ~ space 무한한 공간. 2 (수학) 무한의. ¶ an ~ quantity 무한대. 3 〔문법〕 비(非)한정의, 부정(不定)의. ¶ an ~ verb 부정형(不定形) 동사(부정사·동명사·분사 따위의 동사)(密 finite verb). ─ 명 1 (the ~) 무한한 것. 2 C U 〔수학〕 무한(대). 3 (the ~) 무한한 공간[시간]. 4 (the I-) 조물주, 신(神).

***an infinite of** 무한한, 막대한. ¶ an ~ of possibilities 무한한 가능성.
~·ness 명

ínfinite báffle 명 〔오디오〕 무한 배플[확성기용 음향

Infinite Béing 명 (the ~) 조물주, 신. (반사 장치).

ínfinite décimal 명 〔수학〕 무한 소수.

ínfinite íntegral 명 〔수학〕 = improper integral.

ínfinite lóop 명 〔컴퓨터〕 무한 루프(프로그램 중 재귀적 방법으로 종료시킬 수 없는 루프).

***in·fi·nite·ly** [ínfənətli] 부 무한히, 무수히; 크게.

ínfinite próduct 명 〔수학〕 무한 숭적(乘積), 무한

ínfinite séries 명 〔수학〕 무한 급수. 〔적(積).

in·fin·i·tes·i·mal [ìnfinətésəməl] 형 무한소(無限小)의, 지극히 작은, 극소의. ¶ to an ~ degree 최소한도까지. ─ 명 1 미량; 〔수학〕 무한소. **-tès·i·mál·i·ty** 명 **~·ly** 부 **~·ness** 명

infinitésimal cálculus 명 〔수학〕 미적분학.

in·fin·i·ti·val [ìnfinətáivəl] 형 〔문법〕 부정사의.

***in·fin·i·tive** [infínətiv] 명 (복 ~s [-z]) U C 〔문법〕 부정사(인칭·수 따위에 한정되지 않는 동사 변화형의 하나. Let me go. / I want to go, to go; 본 사전에서는 to가 붙은 것을 to-부정사, to가 붙지 않은 것을 원형부정사(bare infinitive)로 표기). ─ 형 부정사의; 부정사를 포함하는. ¶ an ~ construction [clause] 부정사 구문[절(節)]. **~·ly** 부

infínitive màker 명 〔문법〕 (부정사에 부가되는) 지시어(to make known of to).

in·fin·i·tude [infínətjùːd/-tjùːd] 명 1 U 무한, 무궁. ¶ the ~ of the universe 우주의 광대 무변. 2 (an ~) 무한의 수[양, 범위, 너비].

***an infinitude of** 무수한….

in·fin·i·ty [infínəti] 명 U C 1 무한(성), 무궁. 2 무한한 것; 무한의 공간[시간, 수량]. 3 〔수학〕 무한대(기호 ∞); 〔물리〕 무한원(遠); 〔사진〕 무한원, 무한대, 인프.

for an infinity 끊임 없이, 장시간.

to infinity 무한히. 〔송신기.

─ 형 초고감도의, 고성능의. ¶ an ~ transmitter 고성

infínity búg 명 (전화기 부착용) 고성능 도청기.

infínity microphone 명 고성능 마이크.

in·firm [infə́ːrm] 형 1 (몸이) 약한, 허약한; (고령으로) 쇠약해진, 노쇠한. ⇔ WEAK 〔유의어〕 ¶ an ~ constitution 허약 체질. 2 (의지·성격이) 약한, 우유부단한. ¶ be ~ of purpose 의지가 약하다. 3 견고하지 못한. 4 〔법률〕 (논거 따위가) 박약한; (재산권이) 효력이 없는, 쓸모 없는. **~·ly** 부 **~·ness** 명

in·fir·mar·i·an [ìnfərméəriən] 명 간호인, 간병인.

in·fir·ma·ry [infə́ːrməri] 명 진료소, 병원; (수도원·학교 따위의) 양호실, 의무실; 약국.

in·fir·ma·to·ry [infə́ːrmətɔ̀ːri/-təri] 형 〔논거 따위를〕 약하게[무효로] 만드는 (of).

***in·fir·mi·ty** [infə́ːrməti] 명 1 U 허약, 쇠약; 우유부단. 2 (종종 -ies) 병, 질환; (도덕적·성격적) 약점, 결함.

in·fix 명 [infíks, ´-] 타 1 단단히 끼워 넣다; 박아[밀어] 넣다 (in). 2 (눈을 …에) 붙박다. ¶ ~ a habit 습관을 붙게 하다. 3 …을 (마음에) 새기다, 명심하게 하다 (in). 4 〔문법〕 (삽입사(挿入辭)로서) …을 어간 중에 삽입하다. ─ 명 〔문법〕 (어떤 말이) 삽입사를 가지다.

infl. influence(d). 〔 [´--] 〔문법〕 삽입사.

in·fla·ces·sion [ìnfləséʃən] 명 〔경제〕 인플레세션(인플레이션을 억제하지 못해 생기는 경기 후퇴).
〈 < inflation + recession 〉

in fla·gran·te de·lic·to [in fləgrǽnti dilíktou] 부 현행범으로. 〈L in blazing crime〉

in·flame [infléim] 타자 (~s [-z]; ~d; -flam·ing) 타 1 …에 불을 붙이다(⇒KINDLE 유의어); (불길 따위가) …을 밝게 하다, 붉게 물들이다. 2 (말 따위가) …의 감정을 자극하다, 흥분시키다, …을 화나게 하다. ¶be ~d with rage 격분해 있다/Hitler's speech ~d Germans. 히틀러의 연설은 독일인들을 흥분시켰다. 3 (격정·욕망 따위)를 불태우다, 부채질하다. 4 (노여움 따위로) (얼굴 등)을 빨개지게[빨갛게] 하다(with). ¶a face ~d with passion 격정으로 빨개진 얼굴. 5 (몸의 조직 따위)에 열이 오르게 하다, 염증을 일으키다(with). ¶ ~ one's eyes with crying 울어서 눈이 빨개지다. — 자 1 타오르다, 불이 붙다. 2 빨갛게[밝게] 되다. 3 (감정이) 격해지다, 흥분하다. 4 부어오르다, 염증을 일으키다. (또는 enflame)
-flam·ed·ness, -flám·er 명 -flám·ing·ly 부

***in·flam·ma·ble** [inflǽməbl] 형 1 불붙기 쉬운, 잘 타는, 가연성의(⇌). ~ gas 가연성 가스. 2 (성질이) 흥분하기[격하기] 쉬운, 일촉즉발의. 2 인화[가연]성 물질. -bíl·i·ty, ~·ness -bly 부

in·flam·ma·tion [infləméiʃən] 명 1 점화(點火), 인화, 발화; 연소. 2 UC (감정 등의) 불타오름, 격노; 흥분. 3 UC [병리] 염증. ¶ ~ of the lungs 폐렴.

in·flam·ma·to·ry [inflǽmətɔ̀ːri/-təri] 형 1 격앙[흥분]시키는; 선동적인. ¶ ~ speeches 선동적인 연설. 2 [병리] 염증을 일으키는, 염증성의. -tó·ri·ly 부

inflammatory bowel disease 명 염증성 장질환(腸疾患)(ulcerative colitis)(약 IBD).

in·flat·a·ble [infléitəbl] 형 부풀릴 수 있는, 팽창성의; 사용 전에 부풀려야 하는, 부풀리도록 만들어진. — 명 부풀릴 수 있는 것(고무 보트·풍선 따위).

***in·flate** [infléit] 타자 1 (공기·가스 따위로) …을 부풀리다, 팽창시키다(with). ⇒EXPAND 유의어. ¶ ~ a balloon 기구를 부풀리다. 2 …을 우쭐하게 하다, 자만하게 하다(with). ¶(~ + 目 + 前 + 名) be ~d with pride 의기양양해지다. 3 [경제] (통화)를 부당하게 올리다, (통화)를 팽창시키다; …에 인플레이션을 야기하다(↔ deflate). 4 (말)을 과장하다. — 자 1 부풀다, 팽창하다. 2 (급격히) 늘다, 증가하다; [경제]에서 인플레이션이 일어나다. ~ inflated. -flát·er, -flá·tor 명

in·flat·ed [infléitid] 형 1 (공기·가스로) 부푼, 팽창한. 2 (사람이) 우쭐해진. 3 (문체 따위가) 과장된, 야단스러운(bombastic). 4 (물가가) 등귀한, 폭등한; (통화 따위가) 남발된. ~·ly 부 ~·ness 명

inflated figures 명 부풀린[분식된] 수치.

‡in·fla·tion [infléiʃən] 명 UC 1 [경제] 인플레이션, 통화 팽창; (물가·주가의) 등귀, 폭등(↔ deflation); (구어) 물가 상승률. ¶cause vicious ~ 악성 인플레이션을 초래하다. 2 부풀림[기], 팽창. 3 자만심, 우쭐함; 과장, 허풍. 4 [천문] (우주의) 초(超)[급(急)]팽창(hyperexpansion)(big bang에 의한 우주 생성의 전단계).

in·fla·tion·ar·y [infléiʃənèri/-ʃənəri] 형 인플레이션의; 인플레이션[통화 팽창]을 유발하는.

inflationary gáp 명 [경제] 인플레이션 갭(총수요와 총지출)이 총공급[순국민생산]을 상회했을 때의 그 차).

inflátionary spíral 명 [경제] 악성 인플레이션.

inflátionary úniverse 명 [천문] 인플레이션 우주. ⇒INFLATION 4.

inflátion hédge 명 [경제] 인플레이션 헤지(인플레이션 대비[방어]책, 인플레이션 hedge)

in·fla·tion·ism [infléiʃənìzm] 명 UC 인플레이션 정책; 통화 팽창론. **-ist** 명

inflátion méthod 명 [화학] 인플레이션 법(압출 성형기를 이용한 포장 재료용 합성 수지 필름 제조법).

in·fla·tion-proof [-prùːf] 형 타 (투자·저축 따위)를 (물가 연동제에 의해) 인플레이션으로부터 방어하다. — 명 인플레이션 방어 수단으로서의.

in·flect [inflékt] 타자 1 …을 (안쪽으로) 구부리다, 굴곡시키다. 2 (음성)의 음조를 바꾸다, …에 억양을 붙이다. 3 [문법] …의 어미를 변화시키다, 굴절[활용]시키다. ¶ ~ a noun 명사를 어미변화시키다. 4 [음악] [음]을 반음 높이다[낮추다]. 5 [식물] (잎 따위)를 안쪽으로 구부리다. — 자 [문법] 어형 변화하다, 굴절[활용]하다. **-fléc·tor** 명 굴절하는 사람[것].

in·flect·ed [infléktid] 형 1 (어형이) 굴절한, (어미가) 변화한. 2 (동·식물) =inflexed 1. ~·ness 명

***in·flec·tion**, (영) **-flex·ion** [inflékʃən] 명 1 U 굴곡, 만곡(灣曲), 각(角). 2 U 소리[음조]의 변화, 억양. ¶an ~ of irony 빈정대는 억양. 3 U [문법] 어미변화, 굴절; C 변화[굴절]형; 굴절 어미의 conjugation, declension). (또는 **flection**) 4 [수학] 변곡(變曲). ~·less 형 굴곡[굴절]이 없는.

in·flec·tion·al [infléknl] 형 1 굴절하는, 굴곡하는. 2 [문법] 억양이 있는; 어형 변화의를 나타내는; (언어가) 굴절을 특징으로 하는. ¶an ~ language 굴절어[어미]. ~·ly 부 [曲](반전(反轉))점.

infléction póint 명 [수학] 변곡점; [공학] 반곡(反曲)

in·flec·tive [infléktiv] 형 1 굴곡하는, 굴곡성의; 억양이 있는. 2 [문법] 굴절하는, 어형 변화하는.

in·flexed [inflékst] 형 1 (동·식물) (잎 따위가) 내곡(內曲)한, 안쪽으로 굽은. 2 굽은, 굴곡된, 만곡된.

in·flex·i·ble [infléksəbl] 형 1 구부러지지 않는, 경직된. ⇒HARD 유의어. ¶an ~ wire 쉽게 구부러지지 않는 철사. 2 융통성 없는, 완고한, 단호한; 동요하지 않는, 불요불굴의(to). ¶ ~ courage 불굴의 용기 // ~ to threats 협박에도 굴하지 않는. 3 (규칙 따위가) 불변의, 변경할 수 없는. **-bíl·i·ty**, ~·ness 명 **-bly** 부

in·flex·ion [infléks̬ən] 명 (영) =inflection.

‡in·flict [inflíkt] 타 1 (남에게) (타격·고통 등을) 가하다, 주다(on, upon). ¶ (~ + 目 + 前 + 名) a blow[an injury] on[upon] a person 아무에게 일격 [위해]을 가하다. 2 [형벌 따위]를 과하다, (부담 따위)를 지우다, 끼얹다(on, upon). ¶ (~ + 目 + 前 + 名) ~ punishment[loss] on a person 남에게 벌을 주다[손해를 입히다]. 3 (싫은 것)을 짊어지우다, 끼치게 하다(on, upon). ¶ (~ + 目 + 前 + 名) ~ one's views on [or upon] others 자기의 의견을 남에게 강요하다. 4 (사람)을 괴롭히다, 성가시게 굴다.

be inflicted with [or **by**] …로 괴로움을 당하다.

inflict oneself **on** [or **upon**] …에게 폐를 끼치다. ~·a·ble 형 ~·er, **-flic·tor** 명 …의 신세를 지다.

in·flic·tion [inflíkʃən] 명 1 U (고통 따위)를 가하기, (벌 따위)를 과하기(on); the ~ of punishment 벌주기, 처벌. 2 (가해진[과해진]) 고통, 성가심, 고난; 형벌. ¶ ~s from God 천벌.

in·flic·tive [inflíktiv] 형 고통[타격·벌 따위]을 주는; 고통의, 형벌의.

in-flight [-flàit] 형 기내(機內)의, 비행중의. ¶ ~ refueling 공중 급유 / ~ meals[sales, service] 기내 식사[판매, 서비스]. (또는 **inflight**)

in·flo·res·cence [inflɔːrésns, -flɔː-/-flə-] 명 UC 1 개화(開花). 2 [식물] 꽃차례, 꽃차례. ¶ definite [indefinite] ~ 유한[무한] 꽃차례. **b)** (집합적) 꽃. **c)** (하나하나의) 꽃. **d)** 화방(花房). **-cent** 형 [물량].

in·flow [ínflòu] 명 UC 유입(流入)(influx); C 유입량. ⇒INFLUENCE.

‡in·flu·ence [ínfluəns] 명 **-enc·es** [-iz] 1 U C 영향(력); 감화(력); (…을 좌우하는) 힘, 작용, 효과(on, upon). ¶liberating / the ~ of the moon on the tides 조수의 간만에 미치는 달의 힘 / the ~ curative of a drug 약의 치료 효과. 2 U 세력, 권력, 위세; 신망; 설득력(over, with), [부당한 압력 / a person[or man] of ~ 세력[세도]가, 실력자 / use one's ~ with the boss 보스와의 연줄을 이용하다. 3 (an ~) (…에 대하여) 영향을 주는 사람[것]; 유력자 (for, on, upon). ¶a beneficial ~ 좋은 영향을 주는 것. 4 U [전기] 정전 유도(靜電誘導), 감응(感應). 5 U [점성] (별의) 신비로운 힘, 감응력. 6 U [시]

(인간의) 영묘한 힘.
have [or **exercise**] **influence on** [or **upon**] *a person* 남에게 영향력이 있다. 「세력이 있다.
have influence over [or **with**] …을 좌우하다,
have…under *one's* **influence** …을 지배하에 두다; …에 대하여 영향력을 가지다.
through the influence of *a person*; **through** *a person's* **influence** 남의 힘으로, 덕택으로.
under the influence ① (…의) 영향을 받아 (*of*). ② (구어) 〔법률〕 (술에) 취하여. ¶ be arrested for driving *under the* ~ 음주 운전으로 체포되다.
use [or **exercise**] *one's* **influence in** *a person's* **behalf** 남을 위해 노력하다.
— 🔳 (-*enc·es* [-iz]; ~*d* [-t]; -*enc·ing*) 1 …에 영향[감화]을 주다, 좌우하다, 움직이다. ⇨ AFFECT¹ (유의어) 2 (어떤 행위를 하도록) …을 촉구하다, 몰아치다 (*to do*). 3 (미구어) (음료)에 알코올을 타 「다.
~·**a·ble** -**enc·er**
influence búying 📖 (관료) 매수 공작, 중회 행위.
influence péddler 📖 (정부내 연줄 따위를 이용하는) 이권 브로커; (관료 등) 독직자(濟職者); (대가를 노리고) 제3자를 지원하는 사람.
influence péddling 📖 (관료 등의) 지위 남용; 독직, 수회; (대가를 노린) 안면 팔기.
in·flu·ent [ínfluənt] 📖 1 지류(支流). 2 〔생태〕 영향종, 우월종(種). 3 〔토목〕 유입수(流入水).
*****in·flu·en·tial** [ìnfluénʃəl] 📖 1 영향[감화]력이 큰; 힘있는, 유력한, 얼굴이 통하는; 동기가 되는. 2 〔서술용법〕 영향(력)을 미치는, 중대한 영향을 하는 (*in*). — 📖 큰 영향력을 가진 사람, 실세, 유력자. ~·**ly** 🔳
‡**in·flu·en·za** [ìnfluénzə] 📖 Ⓤ 1 〔병리〕 인플루엔자, 유행성 감기[독감] (flu). 2 〔수의〕 (말·돼지 따위의) 유행성 열병. 3 (사상적·경제적) 유행, **-zal**, **-like** 📖.
in·flump [inflʌ́mp] 📖 〔경제〕 =slumpflation. [< *infl*ation+s*lump*]
in·flux [ínflʌks] 📖 1 Ⓤ 흘러듦, 유입(의) efflux). 2 (an ~) (잇따라) 들어오기, 쇄도. ¶ an ~ of customers 몰려드는 고객. 3 (강의) 유입점, 합류점; 하구.
in·fo [ínfou] 📖 (~*s*) (구어) =information.
in·fo- [ínfou] 연결 information의 뜻. ¶ *info*-age.
in·fo-age [-èidʒ] 📖 (구어) =information age. (또는 àge)
in·fo·bahn [-bàːn] 📖 =information superhighway. [< *info*rmation+auto*bahn*]
in·fo·bit [ínfoubìt] 📖 〔컴퓨터〕 인포비트(데이터 베이스에 짜넣기 위한 요건을 충족시키는 정보 항목).
in·fo·bot [ínfoubàt, -bət] 📖 정보 로봇. [< *info*+*robot*]
in·fo·com·mu·ni·ca·tions [-kəmjùːnəkéiʃənz] 📖 정보 통신.
info ecónomy 📖 (인터넷·정보 기술 중심의) 정보 (산업) 경제.
in·fo·freak [ínfoufrìːk] 📖 정보광(狂), 정보 수집광.
in·fo·glut [ínfouglʌt] 📖 정보 (공급) 과잉[과다].
in·fo·junk·ie [ínfoudʒʌ̀ŋki] 📖 =infofreak.
in·fold¹ [infóuld] 🔳 =enfold. ~·**er**, ~·**ment**
in·fold² 🔳 =invaginate.
in·fo·mer·cial [ìnfəmə́ːrʃəl] 📖 =infommercial.
in·fo·pre·neur [ìnfouprənə́ːr, -núər] 📖 정보 산업 기업가(起業家). **in·fò·pre·néur·i·al** 📖 정보 통신(기기)의. [< *info*+entre*preneur*]
in-form [ínfɔːrm] 📖 (영) (운동선수가) 몸 상태가[컨디션이] 좋은, 호조의.
‡**in·form¹** [infɔ́ːrm] 🔳 (~*s* [-z]) 🔳 1 …에게 알리다, 통지하다 (*of, about, on*). ¶ (~+🔳+前+名) (~+🔳+*that* 節) I ~ed him *of* her success. =I ~ed him *that* she had been successful. 나는 그에게 그녀의 성공을 알렸다 // (~+🔳+*wh.* 節) The let-
ter ~*ed* me *when* the man was coming. 나는 그 편지로 그가 언제 도착하는지 알았다 // (~+🔳+*wh. to do*) Please ~ me *what* to do next. 다음은 무엇을 해야 하는지 알려 주십시오.

〔유의어〕 **inform** 어떤 상황의 이해에 필요한 사실·사건을 알려 주는 가장 일반적인 말. **acquaint** 남에게 어떤 경험을 시키거나 정보를 주어 미지의 사실이 아니도록 만들다. **notify** 남이 필요로 하는 정보를 정식으로 통지하여 알리다. **advise** 남에게 중요한 정보를 알려 주다; 상업 용어로서 notify의 뜻으로도 쓰인다.

2 〔재귀용법으로〕 (…에 관한) 지식을 갖다, 숙지하다, 정통하다 (*of*). ¶ (~+🔳+前+名) He ~*ed* himself *of* all necessary procedures. 그는 필요한 절차를 모두 알고 있었다. **3** 〔작품 따위를〕 특징짓다, (특징·성격이) …에 충만하다 (*with*). ¶ a poem ~*ed with* human love 인간애로 충만한 시. **4** (감정·활기 따위를) …에 불어넣다, 채우다 (*with*). ¶ (~+🔳+前+名) ~ *a person* with new life 남에게 새로운 활기를 불어넣다. **5** (드물게) 〔정신·성격〕을 형성하다. — 🔳 1 정보·지식을 제공하다; 계발하다. **2** 밀고하다, 고발하다 (*on, upon, against*). ¶ (~+前+名) You must not ~ *against* him. 그를 고발해서는 안된다.
be informed that… …을 통지받다.
be (well) informed of 〔사정 따위〕에 정통하다, 소식통이다. 📖 well-informed
I beg to inform you that… …에 관해 알려 드립니 「다.
~·**a·ble** 📖 -**ing·ly** 🔳
in·form² 📖 (페어) 형태가 없는, 무정형(無定形)의.
‡**in·for·mal** [infɔ́ːrməl] 📖 (*more* ~; *most* ~) 1 비공식의, 정식이 아닌, 약식의. ¶ an ~ visit [meeting] 비공식 방문[회담] / ~ proceedings 약식 절차. 2 형식 [격식]을 차리지 않는, 터놓은; (의복) 평상복의. ¶ an ~ dress 평상복. **3** (언어 따위가) 구어(회화)(체)의 (colloquial). ¶ (정장을 하지 않는 편한) 댄스 파티. ~·**ly** 🔳 비공식[약식]으로.
infórmal Énglish 📖 구어[회화]체 영어.
*****in·for·mal·i·ty** [ìnfɔːrmǽləti] 📖 Ⓤ 1 비공식, 약식; 격식을 차리지 않음. **2** 약식 행위[절차, 조치].
infórmal vóte 📖 (濠·뉴질) 무효 투표 (용지).
*****in·for·mant** [infɔ́ːrmənt] 📖 1 통고자, 통보자. 2 정보 제공자; 밀고자. **2** (언어) 자료 제공자.
in for·ma pau·pe·ris [in fɔ́ːrmə pɔ́ːpəris] 📖 〔법률〕 (소송 비용 따위를 면제받는) 빈민 자격으로 [의], 법률 구조로[의]. [< L] 「보 과학.
in·for·mat·ics [ìnfərmǽtiks] 📖 〔단수취급〕 정
‡**in·for·ma·tion** [ìnfərméiʃən] 📖 (~*s* [-z]) Ⓤ 1 정보, 자료, 지식, 통신, 소식 (*on, about, as to*); (…이라는) 보고, 보도 (*that* 節). ¶ give [receive] ~ 정보를 주다[받다] / pick up useful ~ 유익한 정보를 얻다 / ask for ~ 문의[조회]하다 / for your ~ 참고로, 참고 하시도록 (약 FYI).

〔유의어〕 **information** 내용의 학문적 수준이나 획득의 방법 따위에 상관없이, 통틀어 「알아낸 사실」. **knowledge** 연구·관찰 따위로 얻은 체계적인 information. **learning** 장기적으로 면밀한 연구로 얻어진 knowledge; 언어·문학·역사·철학의 인문계 학문에 관하여 쓰는 일이 많다. **science** 엄밀히 체계가 선 이론적인 learning; 관찰·수집하는 사실에서 일반적 법칙을 추론하여 실험 따위로 그 정확성을 검증하는 과학. **scholarship** 전문 분야에서 탁월한 learning. **erudition** 대단히 심오한 learning. **lore** 진귀한 분야에 관한 knowledge.

2 (연구·조사 따위로 얻은) 지식, 학식, 식견, 견문. ¶ a man of wide [or vast] ~ 박식한 사람 / a mine of ~ 지식의 보고. **3** (지식·정보의) 전달, 통지; 밀고. ¶ the ~ of knowledge 지식의 전달. **4** 〔법률〕 약식 기소

(장); 고소(장), 고발(장)(⦗참⦘ indictment). 5 《무관사·단수형》 (역·호텔 따위의) 안내, 안내소[원], 안내[접수]계. 6 〔컴퓨터〕 데이터; 정보. 7 《형용사적》 정보의; 안내의. ¶an ~ girl 안내양.
informátion àge [명] 정보화 시대(info-age).
informátion àgency [명] =information bureau.
informátion àgent [명] 〔컴퓨터〕 =intelligence agent.
in·for·ma·tion·al [ìnfərméiʃənl] [형] 정보의; 지식을 주는; 탐문의, 밀고의.
informátional pícketing [명] 《美》 (노동자들의 요구·불만 따위를 일반에게 알리려는) 선전성 피켓 시위.
informátion anxíety [명] 정보 불안(정보의 홍수 속에서 오히려 정보가 부족하다고 느끼는 일; ⦗약⦘ IA).
informátion árchitect [명] 〔컴퓨터〕 시스템 설계사[구축자].
informátion àrt [명] 정보 예술(communication이나 정보 전달을 다루는 예술).
informátion bàrrier [명] 〔컴퓨터〕 정보 보호 장치(firewall).
informátion bùreau [명] 정보부[국].
informátion demócracy [명] 정보 민주주의.
informátion dèsk [bòoth] [명] 안내소, 접수계.
informátion explòsion [명] 정보 폭발[급증].
informátion gàp [명] (국가 간의) 정보 격차.
informátion hìghway [명] =information superhighway.
informátion ìndustry [명] 정보 산업.
informátion infrastrúcture [명] 정보 기반 (시설), 정보 인프라(초고속 정보 통신망을 위한 기반).
in·for·ma·tion·ize [ìnfərméiʃənàiz] (*《英》-ise) [동][타] …을 정보화하다. ¶~*d* society 정보화 사회.
informátion nètwork [명] 정보망.
informátion òffice [명] (역 따위의) 안내소, 안내계.
informátion òfficer [명] 공보관, 공보 장교. 「과다.
informátion òverload [명] 〔심리〕 과정보, 정보
informátion pollùtion [명] 정보 공해, 정보의 범람.
informátion pròcessing [명] 정보[데이터] 처리.
informátion províder [명] 정보 제공자(데이터 베이스에 정보를 제공하는 사람·조직; ⦗약⦘ IP).
informátion quèstion [명] =WH-question.
informátion rèdlining [명] 정보 제공 차별.
informátion retrìeval [명] 정보 검색(⦗약⦘ IR).
informátion revolútion [명] 정보 혁명.
informátion scìence [명] 정보 과학.
informátion socìety [명] 〔사회〕 정보(화) 사회.
informátion superhíghway [명] (종종 I- S-) 정보 고속도로, (NII 구상에 따른) 초고속 정보 통신망; (the ~) 《美구어》 인터넷.
informátion sỳstem [명] 정보 (처리) 시스템.
informátion technòlogy [명] 정보 기술(컴퓨터와 원거리 통신 기술을 이용한 데이터의 수집·처리·기억·전달 기술; ⦗약⦘ IT).
informátion thèory [명] (the ~) 정보 이론(컴퓨터로 데이터의 수집·분류·축적·검색 등을 하기 위한 수학적 이론).
informátion thèorist [명]
informátion wàr [wàrfare] [명] 정보전. 1 선전·첩보전. 2 =cyberwar.
***in·form·a·tive** [infɔ́:rmətiv] [형] 정보[지식]를 주는; 유익한. (또는 **informatory**) **~·ly** [부] **~·ness** [명]
in·for·ma·to·ry [infɔ́:rmətɔ̀:ri] [형] =informative.
in·formed [infɔ́:rmd] [형] (…에 관해) 유식한, 견문이 넓은; (…에) 밝은[정통한](*about, of, on, as to, in*). ¶an ~ man 견문이 넓은 사람, 박식한 사람/be well-[ill-]~ *about* [or *on*] …에 관해 잘 알다[잘 모르다].
keep oneself informed as to [or ***about, of***] …에 정통하다, …을 잘 알다.
in·form·ed·ly [-fɔ́:rmidli] [부]
infórmed consént [명] 〔의학〕 충분한 설명[고지(告知)]에 입각한 (수술 환자 등의) 동의[승낙].
infórmed sóurces [명][복] 〔저널리즘〕 소식통, 정보통. (또는 **infórmed obsérvers**)
in·form·er [infɔ́:rmər] [명] =informant.
in·for·mer·cial [ìnfərmə́:rʃəl] [명] 인포머셜, 정보광고(뉴스·정보를 집어넣은 광고). (또는 **infomercial**) 〔<*infor*mation+com*mercial*〕
in·form·ing [infɔ́:rmiŋ] [형] 지식[정보]을 주는; 유익한, 교육적인.
infórming gùn [명] 탐색 통지포(砲)(정선 명령).
in·for·tu·nate [infɔ́:rtʃənət] [형] 불행을 야기하는, 불길한. **~·ly** [부] **~·ness** [명]
in·for·tune [infɔ́:rtʃən] [명] 〔점성〕 흉성(凶星), 불운의 상(相); (특히) 화성, 토성.
In·fo·seek [ínfousì:k] [명] 〔컴퓨터〕 인포시크(키워드에 의한 인터넷 검색 엔진).
in·fo·tain·ment [ìnfətéinmənt] [명] 정보 오락; 인포테인먼트, 오락성 보도 프로[기사](오락성에 치중한 보도 프로[기사]나 다큐멘터리). 〔<*info-*+enter*tainment*〕
in·fo·tech [ínfətèk] 《구어》 [명] =information technology. **—**[형] 정보 기술의. (또는 **ínfo-tèch**)
ínfotech ecónomy [명] 정보 기술 경제.
in·fo·war [ínfouwɔ̀:r] [명] =information war.
in·fra [ínfrə] [부] (책·논문 속에서 참조할 곳을 나타내어) 아래에, 아래쪽에; 뒤에(⦗약⦘ inf.)(⦗참⦘ supra). ¶See ~ p. 50. 50페이지 이하를 보라. 〔<L〕
in·fra- [ínfrə] [접두] 《보통 형용사에 붙여》 below, beneath의 뜻. ¶*infra*costal. 「아래[밑]의.
in·fra·cos·tal [ìnfrəkástl/-kɔ́s-] [형] 〔해부〕 늑골
in·fract [infrǽkt] [동][타] 〔법률·권리·서약 따위〕를 위반하다, 어기다, 깨다. **-frác·tor** [명]
in·frac·tion [infrǽkʃən] [명] **1** [U] (법률 따위의) 위반, 위배, 침해; [C] 위반 행위, 반칙. ¶the ~ of the rules 규칙 위반. **2** [U] 〔병리〕 불완전 골절.
ínfra díg [-díg] [형] =infra dignitatem.
ínfra dig·ni·tá·tem [-dìgnətéitəm] [형] 《구어》 위엄을 손상하는, 품위를 떨어뜨리는. 〔<L〕
in·fra·hu·man [ìnfrəhjú:mən/-hjú:-] [형] 인간 이하의; 인간보다 하위의, 유인원의.
in·fra·lap·sar·i·an [ìnfrəlæpsέəriən] 〔신학〕 [명] (칼뱅파의) 타죄 이후론자(墮罪以後論者), 후정론자(後定論者). **—**[형] 타죄 이후론의, 후정론자의. **~·ìsm** [명]
in·fra·mar·gin·al [ìnfrəmá:rdʒinl] [형] 가장자리[한계] 아래의, 외연(外緣)의.
in·fran·gi·ble [infrǽndʒəbl] [형] **1** 파괴할 수 없는, 깨지지 않는; 분리할 수 없는. **2** 범[위반]해서는 안 되는. **-bíl·i·ty, ~·ness** [명] **-bly** [부]
in·fra·red [ìnfrəréd] 〔물리〕 [명][U] 적외선. **—**[형] 적외선의; 적외선에 민감한. ¶an ~ film [lamp, photography] 적외선 필름[램프, 사진술]. (또는 **ìnfra-réd**)
infraréd astrónomy [명] 적외선 천문학.
infraréd detéctor [명] 〔전자〕 적외선 탐지[검출]기.
infraréd gúidance mìssile [명] =heat seeker.
ínfrared pórt [명] 〔컴퓨터〕 적외선 포트(적외선을 이용해 데이터를 주고 받는 포트).
infraréd radiátion [명] 적외선 방사(放射).
ínfrared ráys [명][복] 적외선; (스펙트럼의) 적외부.
infraréd spectrómeter [명] 적외선 분광계(分光計).
in·fra·son·ic [ìnfrəsánik/-sɔ́n-] [형] 〔물리〕 음파가 가청(可聽) 이하의, 초저주파(음)의. (또는 **ìnfra-sónic**)
in·fra·son·ics [ìnfrəsániks/-sɔ́n-] [명][복] 《단수취급》 가청하(可聽下) 음파[주파]학, 초저주파학.
in·fra·sound [ínfrəsàund] [명] 가청하(可聽下) 음향, 초저주파 불가청음(不可聽音).
in·fra·spe·cif·ic [ìnfrəspisífik] [형] 종내(種內)의, 종 이하의(변종, 아종(亞種) 등 종의 하위 단위에 쓴다).
in·fra·struc·ture [ínfrəstrʌ̀ktʃər] [명][U][C] **1** (조직·제도 따위의) 하부 조직[구조], 토대, 인프라. **2** 사회[경제] 기반 시설(교통·통신망, 수도, 전기 따위 시설)(social overhead capital). **3** 〔군사〕 기간 군사 시설

(요새·기지·통신·수송망 따위). ²**strúc·tur·al** 〖형〗

in·fre·quen·cy [infríːkwənsi] 〖명〗 좀처럼 없는 일, 희유(稀有). (또는 **infrequence**)

in·fre·quent [infríːkwənt] 〖형〗 **1** 아주 드문, 희귀한, 이따금 있는. **2** 부정기(不定期)의.

in·fre·quent·ly [infríːkwəntli] 〖부〗 드물게, 가끔, 거의 …않다(seldom). ¶not ~ 왕왕, 때때로.

in·fres·sion [infréʃən] 〖명〗 〖경제〗 인플레이션 하의 불황; 물가 앙등에 의한 소득의 감소. (<*in*flation+de*pression*)

*__in·fringe__ [infríndʒ] 〖동타〗 (법률·협정 따위)를 어기다, 범하다, …을 위반하다; (권리)를 침해하다. ¶~ a law 법을 어기다/~ a copyright[contract] 저작권을 침해하다[계약]을 어기다. ── 〖자〗 (…을) 침해하다 (*on, upon*). ⇨TRESPASS 유의어 ¶~ *on* a person's privacy 남의 사생활을 침해하다. **-fríng·er** 〖명〗

in·fringe·ment [infríndʒmənt] 〖명〗〖U〗 (법률·협정 따위의) 위반; (판권·특허권 따위의) 침해.

in·fruc·tu·ous [infrʌ́ktʃuəs] 〖형〗 열매를 맺지 않는; 불모의; 무익한. **~·ly** 〖부〗

in·fu·la [ínfjulə] 〖명〗 (복 **-lae** [-liː]) 주교관(主教冠) 뒤에 늘어져 있는 끈. (옛날 주로 영국·프랑스의 주교가 입었던 의식용의 소매 없는 겉옷.

in·fun·dib·u·lum [infʌndíbjuləm] 〖명〗 (복 **-la** [-lə]) **1** 〖해부〗 누두(漏斗)[깔때기[나팔꽃] 모양을 한 부분). **2** 〖동물〗 누두상(狀) 기관. **-lar, -làte**

*__in·fu·ri·ate__ [infjúərièit] 〖동타〗 …을 격분[격앙]시키다, 노발대발하게 하다, 격노하게 하다.

__be infuriated at__ …에 노발대발하다.

── [infjúəriət] 〖형〗 (드물게) 격분한, 격앙된.

~·ly 〖부〗, 격앙시키는. **~·ly** 〖부〗

in·fu·ri·at·ing [infjúərièitiŋ] 〖형〗 격분[분개]하게 하다.

*__in·fuse__ [infjúːz] 〖동타〗 **1** (신념·용기 등)을 불어넣다; 철저히 가르치다 (*into*); 고취하다 (*with*). ¶ (~+⟦목⟧+⟦전⟧+⟦명⟧) ~ new hope *into* a person=~ a person *with* new hope 남의 마음에 새로운 희망을 불어넣다. **2** (약초·차 따위)를 달이다, 우려내다. **3** (액체)를 붓다, 주입하다 (*into*). ¶ (~+⟦목⟧+⟦전⟧+⟦명⟧) ~ *some* liquid *into* a vessel 용기에 액체를 붓다. ── 〖자〗 (차 따위가) 우러나다. **-fús·er** 〖명〗

in·fu·si·ble¹ [infjúːzəbl] 〖형〗 녹지 않는, 불용해성의; (특히 광물이) 용융하지 않는, 불용융성(不溶融性) 의. **-bíl·i·ty, ~·ness** 〖명〗

in·fu·si·ble² 〖형〗 주입[고취]할 수 있는; 가르칠 수 있는.

in·fu·sion [infjúːʒən] 〖명〗 **1** 〖U〗 주입; 불어넣기, 고취 (*into*), **2** 〖C〗〖U〗 〖의학〗 (정맥에의) 주입, 점적(點滴); 주입액. **3** 〖C〗 주입물, 혼합물(mixture). **4** 달임, 우려냄; 〖C〗 달여낸 즙[액체]; 침제(浸劑). 〖입설〗 **-ist**

in·fu·sion·ism [infjúːʒənìzəm] 〖명〗 〖신학〗 영혼 주입설.

in·fu·sive [infjúːsiv] 〖형〗 주입력[교화력]이 있는, 고취[고무]하는. ¶an ~ force 영향[교화]력.

In·fu·so·ri·a [ìnfjuzɔ́ːriə, -sɔ́ːr-] 〖명복〗 〖동물〗 적충류(滴蟲類)(원생 동물의 일종). (<L)

in·fu·so·ri·al [ìnfjuzɔ́ːriəl, -sɔ́ːr-] 〖형〗 적충(滴蟲)의, 적충을 품고 있는[으로 이루어진]. ¶~ earth 적충토.

in·fu·so·ri·an [ìnfjuzɔ́ːriən, -sɔ́ːr-] 〖명〗 적충(滴蟲) (적충류 원생동물의 총칭). ── 〖형〗 =infusorial.

-ing¹ [iŋ] 〖접미〗 동사에서 동명사를 만든다. **a)** 동작을 나타낸다. ¶hunting. **b)** 직업을 나타낸다. ¶banking. **c)** 동작의 결과·산출물·재료를 나타낸다. ¶painting, clothing. **d)** (목적·용도를 나타내는) 형용사적 용법. ¶ a sleeping car.

-ing² 〖접미〗 동사에서 현재분사·분사형 형용사를 만든다. **a)** 진행형·서술용법. ¶He is writing a letter. / He went hunting. **b)** 한정용법. ¶singing birds. **c)** 부사 용법. ¶boiling hot.

-ing³ 〖접미〗 동사 이외의 품사에 붙여 「…의 자손인, …에 관계가 있는, …으로 이루어지는」 따위의 뜻의 명사를 만든다. ¶atheling, offing, shirting.

in·gath·er [ingǽðər, -´-] 〖동타〗 (수확물 따위)를 거둬들이다; 모으다. ── 〖자〗 모이다, 집합하다. **~·er** 〖명〗

in·gath·er·ing [ingǽðəriŋ] 〖명〗〖U〗〖C〗 **1** (농산물의) 거둬들임, 수확. **2** (사람 등의) 집합, 회합.

Inge [indʒ] 〖명〗 **William Motter** ~ 인지(1913-73 : 미국의 극작가; 대표작 *Picnic*(1953), *Bus Stop*(1955))

in·gem·i·nate [indʒémənèit] 〖동타〗 〖문어〗 …을 되풀이[반복]하다. **-ná·tion** 〖명〗

in·gen·er·ate¹ [indʒénərət] 〖형〗 독립하여 존재하는; 자생(自生)의, 자존(自存)의.

in·gen·er·ate² [indʒénərèit] 〖동타〗 …을 생기게 하다, 발생시키다. ── [indʒénərət] 〖형〗 타고난, 천성의 (innate). **~·ly** 〖부〗 **-á·tion** 〖명〗

*__in·gen·ious__ [indʒíːnjəs] 〖형〗 (*more* ~; *most* ~) **1** (장치·착상 따위가) 정교한, 교묘한, 독창적인. ¶an ~ machine [idea] 정교한 기계[독창적인 생각]. **2** 영리한, 발명의 재능이 풍부한; 솜씨[재치]있는 (*at*).

~·ly 〖부〗 **~·ness** 〖명〗

in·gé·nue [ǽnʒənjùː/ǽnʒeinjùː] 〖명〗 천진난만한 〖연극〗 처녀(의 역), 그런 역 전문의 여배우. (또는 **ingenue**) 〈F〉

*__in·ge·nu·i·ty__ [ìndʒənjúːəti/-njúː-] 〖명〗 **1** 〖U〗 발명의 재간, 창의 (에 (훌륭한) 솜씨, 정교, 교묘. ¶ a device of great ~ 아주 정교한 장치. **2** (-ties) 정교[교묘]한 장치[발명품].

*__in·gen·u·ous__ [indʒénjuəs] 〖형〗 (종종 경멸적) **1** 솔직한, 기탄없는; 진지한, 숨김없는. **2** 천진난만한, 순진한. ¶an ~ smile 천진한 웃음. **~·ly** 〖부〗 **~·ness** 〖명〗

in·gest [indʒést] 〖동타〗 **1** (음식·약 따위)를 섭취[복용]하다; (정보 따위)를 수집하다; (사상·경험)을 받아들이다. **2** (항공) (이물(異物) 따위)를 제트 엔진으로 빨아들이다. **~·i·ble** 〖형〗 **-gés·tion** 〖명〗 **-gés·tive** 〖형〗

in·ges·ta [indʒéstə] 〖명복〗 (섭취한) 영양물.

in·ges·tant [indʒéstənt] 〖명〗 섭취물(특히 allergy 반응과 관계있는 것).

ing-form [íŋfɔ̀ːrm] 〖명〗 〖문법〗 (동사의) ~ing형.

in·gle [íŋgl] 〖명〗 〖영방언〗 난롯불; 벽난로.

in·gle·nook [íŋglnùk] 〖명〗 〖영〗 난롯가, 노변(爐邊).

in·gle·side [íŋglsàid] 〖명〗 =inglenook.

in·glo·ri·ous [inglɔ́ːriəs] 〖형〗 **1** 수치스러운, 면목 없는, 불명예스러운(⇔ glorious). **2** 〖고어〗 이름 없는; 무명의. **~·ly** 〖부〗 **~·ness** 〖명〗

in-goal [²-gòul] 〖명〗 〖럭비〗 인골(골라인과 데드볼 라인 사이의 트라이 가능 지역).

In Gód Wè Trúst 우리는 하느님을 믿는다. **1** 미국 화폐에 새겨진 표어. **2** 미국 Florida 주의 표어.

in·go·ing [íngòuiŋ] 〖형〗 **1** 들어오는, 취임의(⇔ outgoing). ¶an ~ ship 입항선. **2** 철저한, 통찰력이 풍부한; 예리한. ¶an ~ writer [question] 통찰력 있는 작가[예리한 질문]. ── 〖명〗 들어옴.

in·got [íŋgət] 〖명〗 〖야금〗 잉곳, 주괴(鑄塊); 주형(型). ── 〖타〗 〖지금(地金)〗을 주괴로 만들다.

íngot íron 〖명〗 주괴철.

in·graft [ingrǽft/-gráːft] 〖동타〗 =engraft.

in·grain [ingréin] 〖동타〗 **1** …에 염료를 배어들게 하다; (실 따위를) 짜기 전에 염색하다. **2** (습관·성질 따위)를 깊이 심어 주다 (*in*). (또는 **engrain**) ── 〖형〗 [²-] =ingrained. ── 〖명〗 [²-] (복) 짜기 전에 염색한 실[융단, 모직물]; 타고난 성질[성격].

in·grained [ingréind, ²-] 〖형〗 **1** 깊이 배어든, 뿌리 깊은, 철저한; 타고난, 상습적인. ¶an ~ liar 상습적인 거짓말쟁이. **2** 실에 물들인; 물든. (또는 **engrained**)

in·grain·ed·ly [²-²-] 〖부〗 **-gráin·ed·ness** 〖명〗

in·grate [ingreit/-´-] 〖명〗 은혜를 모르는[배은망덕한] 사람. ── 〖형〗 〖고어〗 은혜를 모르는, 배은망덕한. **~·ly** 〖부〗

in·gra·ti·ate [ingréiʃièit] 〖동타〗 〖재귀용법으로〗 (…에게) 알랑거리다, (…의) 비위를 맞추다 (*with*).

in·gra·ti·ate *oneself* **with** *a person* 남의 비위를 맞추다.
:á·tion 명.
in·gra·ti·at·ing [ingréiʃièitiŋ] 형 1 애교[매력]있는, 싹싹한. 2 환심을 사려고 하는, 아첨하는. **~·ly** 부
in·gra·ti·a·to·ry [ingréiʃiətɔ̀:ri/-təri] 형 비위를 맞추는, 환심을 사려고 하는, 빌붙는.
‡**in·grat·i·tude** [ingrǽtətjùːd/-tjùːd] 명U 은혜를 모름, 배은망덕(*to, toward*).
in·gra·ves·cence [ingrəvésns] 명U (병리) (병의) 악화, 항진(亢進). **in·gra·vés·cent** 형
***in·gre·di·ent** [ingríːdiənt] 명 1 (혼합물의) 성분, 요소; (요리의) 재료. ¶ the main ~s in the cake 케이크의 주재료. 2 요인, 구성 요소[분자]. ⇨ELEMENT 유의어 ¶ an important ~ in a character 성격을 형성하는 중요한 요소.
ingrédients lábeling (식품) 성분표. ¶ 요소.
in·gress [íngres] 명 1 U 들어섬[감]; 입장(반 egress). 2 U 입장권(權), 입장의 자유. 3 (…에) 들어가는 수단, 입구(*to*). 4 (천문) =immersion 4.
— 동 (美) (…에) 들어가다.
in·gres·sion [ingréʃən] 명U 들어가기, 진입. 2 (생물) 이입(移入), 내식(內殖).
in·gres·sive [ingrésiv] 형 1 들어가는, 진입하는. 2 (문법) 기동(起動)의. ¶ the ~ aspect 기동상(相). 3 (음성) 흡기음(吸氣音)의. — 명 (음성) 흡기음.
~·ly 부 **~·ness** 명
In·grid [íŋgrid] 잉그리드(여자 이름).
in-group [<ínɡrùːp] 명 (종종 경멸적) 1 배타적 소집단, 파벌. 2 (사회) 우리들 집단(we-group), 내집단(內集團)(反) outgroup (또는 íngròup)
in·grow·ing [íngròuiŋ] 형 1 (발톱 따위가) 살 속으로 파고드는. 2 안에서 자라는, 안쪽으로 성장하는.
in·grown [íngròun] 형 1 (발톱이) 살 속으로 파고든. 2 안에서[안쪽으로] 자란. 3 내향적인; 자의식 과잉
in·growth [íngròuθ] 명U C 내부 성장(물); …의
in·gui·nal [íŋgwənl] 형 (해부·냉리) 서혜(鼠蹊)(부)의. **~·ly** 부 서혜부 근처에.
ínguinal hérnia 명 (병리) 서혜 헤르니아.
in·gui·no- [íŋgwənou-, -nə] 연결 inguinal의 뜻(* 모음 앞에서는 inguin-).
in·gulf [ingʎlf] 동타 =engulf.
in·gur·gi·tate [ingə́ːrdʒətèit] 동타 1 …을 벌떡벌떡 마시다, 게걸스럽게 먹다. 2 (홍수·소용돌이 따위가) (집·나무 따위를) 삼키다, 휘감아들이다. — 자 탐식[폭식]하다, 폭음하다. **·tá·tion** 명
In·gush [ingúʃ] 명 1 동 (~, ~·es) 인구시인(人)(러시아 코카서스 지방의 Sunni파 회교도). 2 인구시어(語).
INH [商標] (약학) isoniazid의 상품명.
*‡**in·hab·it** [inhǽbit] 동타 1 …에 살다, 거주하다. (동물이) 서식하다. ⇨LIVE¹ 유의어 ¶ Only artists ~ the region. 그 지역에는 예술가들만이 살고 있다. 2 (…내적) …에 존재하다, 깃들다; …에 정통하다. — 자 (고어) 살다. (또는 **inhábitate**) **·i·tá·tion** 명
in·hab·it·a·ble [inhǽbitəbl] 형 살기에 알맞은.
¶ an ~ area 거주 (가능) 지역. **·bíl·i·ty** 명
in·hab·it·an·cy [inhǽbətənsi] 명U 1 살기, (일정 기간의) 거주. 2 거주지, 주소; (회사 따위의) 본사[사업소] 주소지. (또는 **inhabitance**)
‡**in·hab·it·ant** [inhǽbətənt] 명 살고 있는 사람, 주민, 거주자; 서식 동물. ¶ an ~ of a village 마을의 주민. — (고어) 살고 있는, 거주하는.
in·hab·it·ed [inhǽbitid] 형 사람이 살고 있는. ¶ be densely ~ 인구 밀도가 높다. **~·ness** 명
in·hab·it·er [inhǽbitər] 명 (고어) =inhabitant.
in·hal·ant [inhéilənt] 명 1 흡입제(劑)[약]; 흡입구(器). 흡입 인자(因子)에 의해 allergy 증상을 일으키는 것). 형 빨아들이는, 흡입용의.
in·ha·la·tion [ìnhəléiʃən] 명 1 U 흡입, 흡입법. ¶ the ~ of oxygen 산소 흡입. 2 흡입제[약]. **~·al** 형

inhalátion thèrapy 명 (병리) (산소) 흡입 요법.
inhalátion thèrapist 명
in·ha·la·tor [ínhəlèitər] 명 (인공 호흡용) 흡입기.
*‡**in·hale** 동 [inhéil] 타 1 …을 (깊이) 들이마시다, 흡입하다. 2 게걸스럽게 먹다, 꿀꺽 삼키다. — 자 숨을 들이쉬다; 담배 연기를 깊이 들이마시다. (反) exhale
— 명 [-́] U 들이마시기, 흡입.
in·hal·er [inhéilər] 명 1 흡입기; 인공 호흡기. 2 공기 청정기. 3 흡입자. 4 (재광) 방진(防塵) 마스크.
in·har·mon·ic [ìnhɑːrmánik/-mɔ́n-] 형 (음(音)이) 비(非)화성적인, 불협화의.
in·har·mo·ni·ous [ìnhɑːrmóuniəs] 형 1 (음이) 조화되지 않는, 가락이 맞지 않는. 2 불화의, 서로 싸우는. **~·ly** 부 **~·ness** 명 「불협화; 불화, 알력.
in·har·mo·ny [inhɑ́ːrməni] 명 (소리의) 부조화.
in·haul [ínhɔ̀ːl] 명 (해사) 당김줄(돛·따위를 끌어당기는 데 쓰는 밧줄). (또는 **inhauler**)
inher. inheritance.
in·here [inhíər] 자 (성질·속성·권리 따위가) 본래 갖추어져 있다, (…에) 고유한 것으로서 있다, 본래 부여[포함]되어 있다 (*in*).
in·her·ence [inhíərəns, -hér-] 명U 1 (성질·권리 따위가) 본래 갖추어져 있음, 고유성, 타고남. 2 (철학) (속성의) 내속(內屬).
in·her·en·cy [inhíərənsi, -hér-] 명 =inherence. 2 고유의 성질, 본래의 속성.
‡**in·her·ent** [inhíərənt, -hér-] 형 1 타고난, 고유의, 본래부터 있는, 선천적인 (*in*). ⇨ESSENTIAL 유의어 ¶ an ~ right of man 인간 고유의 권리. 2 끼워 넣어진, 삽입된. **~·ly** 부
‡**in·her·it** [inhérit] 동타 1 (재산·권리 따위를) 상속하다, 물려받다 (*from*). ¶ (+目+前+名) I've ~ed 100,000 dollars *from* my uncle. 나는 숙부에게 유산 10만 달러를 상속받았다. 2 (성질·체질 따위를) 유전으로 이어받다 (*from*). ¶ (+目+前+名) ~ a strong constitution *from* one's mother 어머니로부터 튼튼한 체질을 물려받다. 3 (남)의 뒤를 잇다. 4 (사무 따위를) 인계[물려]받다 (*from*). — 자 상속하다, (성질·속성·권리 따위를) (…로부터) 이어받다 (*from*).
in·her·it·a·ble [inhéritəbl] 형 1 상속 가능한, 세습적인; 유전되는. ¶ ~ qualities 유전성질. 2 상속권[자격]이 있는. **-bíl·i·ty, ~·ness** 명 **-bly** 부
‡**in·her·it·ance** [inhérətəns] 명 (~·*anc·es* [-iz]) 1 (an ~) 상속; 계승; 계승물; 유물. ¶ a quarrel over an ~ 유산 싸움. 2 (부모로부터 물려받는) 유전적 성질[체질]; U 유전. 3 U 상속, 계승; 상속권. 4 U (신·자연으로부터 받은) 혜택; 전통.

유의어 **inheritance** 부모로부터 자식에게 직접 상속되는 재산·권리나 유전되는 체질·성격; **heritage**의 뜻으로 쓰이는 경우도 있다. **heritage** 품위 있는 문어로서, 개인 또는 사회가 후세에게 전하는 모든 것.

by inheritance 상속받아. ¶ receive property *by* ~ 재산을 상속받다.
come into an inheritance 유산을 상속받다.
inhéritance tàx (美법률) 상속세.
in·her·it·ed [inhéritid] 형 상속된, 승계된; 유전의. ¶ an ~ character 유전 형질.
inhérited érror 명 (컴퓨터) 전승(傳承)[넘김] 오류.
in·her·i·tor [inhéritər] 명 (재산) 상속인, 계승자; 후계자(heir).
in·her·i·trix [inhérətriks] 명 (※ **-tri·ces** [-́trəisìːz]) (법률) 여성 (유산) 상속인, 여성 후계자. (또는 **inheritress**)
in·he·sion [inhíːʒən] 명 =inherence.
in. Hg (기상) inch of mercury(수은주 인치).
*‡**in·hib·it** [inhíbit] 동타 1 …을 금하다, 못하게 막다 (*from* (*doing*)). ⇨FORBID 유의어 ¶ (~+目+前+名)

~ a person *from smoking* and *drinking* 남에게 술과 담배를 금하다. **2** 〔감정·욕망 따위〕를 (스스로) 억제하다, 억누르다. ¶ ~ one's impulse to cry out 크게 소리치고 싶은 충동을 억제하다. **3** 〔英〕 〔성직자의 직무·교권(敎權)〕을 정지시키다. **4** 〔화학·생리〕 …의 화학 반응[생리 작용]을 억제하다. ~·a·ble 형

in·hib·it·ed [inhíbitid] 형 (사람·성격이) 지나치게 억제된, 자유로이 행동[표현]하지 못하는; 내성적인. ¶an ~ person 내성적인 사람. ~·ly 부

in·hib·it·er [inhíbitər] 명 =inhibitor.

***in·hi·bi·tion** [ìnhəbíʃən] 명UC **1** 금지, 금제(禁制); 억제; 방지. ¶laugh without ~ 거리낌없이 웃다. **2** 〔심리〕 (다른 심리 작용에 의한) 억제, 억압. **3** 〔생리〕 (기관·세포의) 활동 억제. **4** 〔교회〕 (성직자의) 성무(聖務) 집행 금지 명령. **5** 〔화학〕 (화학 반응 진행의) 억제.

in·hib·i·tive [inhíbitiv] 형 =inhibitory.

in·hib·i·tor [inhíbitər] 명 **1** 억제자, 억제물. **2** 〔화학〕 방지제(劑), 억제제. (또는 **inhibiter**) 「는.

in·hib·i·to·ry [inhíbətɔ̀ːri/-təri] 형 억제[금지]하는.

in·hold·ing [ínhòuldiŋ] 명 〔美〕 (국립 공원 내의) 사유지. **ín·hòld·er** 명

in-home [-hòum] 형 〔스포츠〕 인홈(lacrosse에서 상대방 골에 가장 가까운 선수; 그 위치). ── 형 재택(在宅)의이 가능한, 가정 내의, 집에 있는.

in·ho·mo·ge·ne·i·ty [inhòumədʒəníːəti, -hɑ̀m-/-hɔ̀m-] 명 **1** 이종(異種), 이질(異質), 불균등성. **2** 이종물, 이질물, (등질물(等質物) 속의) 이질 부분.

in·ho·mo·ge·ne·ous [ìnhoumədʒíːniəs] 형 동종[동질, 균질]이 아닌.

***in·hos·pi·ta·ble** [inháspitəbl, ˌ--ˊ--/inhóspit-] 형 **1** 대접[대우]이 나쁜, 무뚝뚝한, 불친절한(⇔ hospitable). ¶an ~ woman 매정한 여자. **2** (토지가) 비바람을 막을 데도 없는, 살기에 부적당한, 황량한; (기후가) 혹독한. ~·ness 명 **-bly** 부

ín-hospital inféction 명 병원내 감염.

in·hos·pi·tal·i·ty [ìnhɑspətǽləti/ìnhɔs-] 명UC 무뚝뚝함, 불친절; 냉대.

in-house [-háus] 형 조직내의; 기업내의, 사내(社內)의. ¶ ~ research 사내 조사. ── 부 〔口〕 조직내에서, 사내에서.

ín-house ágency 명 (광고) 제작 하청 자회사.

ín-house dátabase 명 〔컴퓨터〕 사내 데이터 베이스. 「업자.

ín-house supplíer 명 사내용(社內用)을 위한 업

***in·hu·man** [inhjúːmən/-hjúː-] 형 무정한, 무자비한, 냉혹한, 잔인한; 비인간적인, 인간이 아닌; (모습이) 인간같지 않은; 초인적인. ~·ly 부 ~·ness 명

in·hu·mane [ìnhjuːméin/-hjuː-] 형 비인도적인, 몰인정한, 무정한, 잔인한. ~·ly 부

in·hu·man·i·ty [ìnhjuːmǽnəti/-hjuː-] 명 **1** 몰인정, 무정, 무자비, 잔인성. **2** (종종 -ties) 몰인정한 처사, 비인도적 행위, 잔학 행위.

in·hume [inhjúːm/-hjúː-] 타 〔시체 따위〕를 묻다, 매장[토장]하다. **-hu·má·tion**, **-húm·er** 명

INI 〔라틴〕 *in nomine Iesu*(=in the name of Jesus) (예수의 이름으로).

in·im·i·cal [inímikəl] 형 **1** (…에) 해로운, 불리한 (to). ¶an additive ~ *to* growth 성장에 해로운 식품 첨가물. **2** (…에) 적대하는, 반목하는, 사이가 나쁜 (to). ⇨HOSTILE 유의어 ¶mutually ~ doctrines 서로 용납되지 않는 교리. (또는 **inimicable**)
-**cál·i·ty** 명 ~·ly 부 ~·ness 명

in·im·i·ta·ble [inímətəbl] 형 흉내낼 수 없는, 비길 데 없는, 독특한. -**bíl·i·ty**, ~·ness 명 **-bly** 부

in·iq·ui·tous [iníkwətəs] 형 부정한, 불법의; 사악한, 무도한. ~·ly 부 ~·ness 명

***in·iq·ui·ty** [iníkwəti] 명 **1** U 부정, 불법; 사악. ¶a den of ~ 악의 소굴. **2** C 부정 행위; 죄악.

INIS *International Nuclear Information System* (국제 원자력 정보 시스템).

in·isle [ináil] 형타 〔고어〕 =enisle.

init. initial.

***in·i·tial** [iníʃəl] 형 **1** 처음의, 발단의, 초기의(⇔ final). ¶the ~ expenditure 창업비 / the ~ stage 초기 단계 / ~ move 선행[1차적] 조치 / ~ impression 첫 인상. **2** (음·문자의) 어두(語頭)에 있는, 첫머리의; 머리글자의. ¶an ~ letter 첫[머리] 글자 / an ~ signature 머리글자만의 서명.
── 명 **~s** [-z] **1** 머리글자, 첫 자; (책 따위) 장(章) 첫머리의 장식 글자; (보통 ~s) (성명·명칭의) 머리글자. **2** 〔생물〕 시원(始原) 세포.
── 타 (**~s** [-z]; **-l-**, 〔英〕 **-ll-**) …에 머리글자를 쓰다[수놓다]; …에 머리글자로 가조인(假調印)하다.
~·**er** 명 ~·**ly** 부

initial còde 명 =zip code.

inítial condítion 명 〔수학〕 초기 조건.

in·i·tial·ism [iníʃəlìzm] 명 두문자어(頭文字語) (NATO [néitou]처럼 한 단어로 발음하는 것); 두문자 약어(FBI [éfbìːái]처럼 단어로 발음하지 않는 것). 준 abbreviation, acronym 2.

in·i·tial·ize [iníʃəlàiz] 타 〔컴퓨터〕 (카운터 따위)를 초기 값에 맞춰 놓다; 초기 상태로 되돌려 놓다; (디스크)를 장착하다. **in·i·tial·i·zá·tion** 명

inítial públic óffering 명 〔증권〕 공개 공모(公募) (약어 IPO).

inítial rhýme 명 =beginning rhyme.

inítial síde 명 〔기하〕 시선(始線).

inítial stabílity 명 〔배〕 초기 복원력[복원성].

inítial stréss 명 〔물리〕 초기 응력(應力).

Inítial Téaching Álphabet 명 (the ~) (종종 i-t-a-) 44글자의 초등 교육용 표음(表音) 알파벳 (약어 ITA).

inítial wórd 명 =initialism. (i.t.a.).

***in·i·ti·ate** 타 [iníʃièit] **1** 〔사업·계획 따위〕를 시작하다, 개시[창시]하다, …에 착수하다. ⇨BEGIN 유의어 ¶ ~ a new method 새로운 방법을 창안하다. **2** (남)에게 초보[원리]를 가르치다, (…에) 입문시키다; (남)에게 비법[비결]을 전수하다 (*in*, *into*). ¶ (~+목+전+명) ~ a person *in* the rudiments of a trade 남에게 장사의 기본을 가르치다. **3** (남)을 (…에) 입회[가입, 입당]시키다(admit)하다 (*in*, *into*). ¶ (~+목+전+명) ~ a person *into* a club 남을 클럽에 가입시키다. **4** 〔정치〕 (국민 발의권에 의해) 〔법령 따위〕를 제안하다, 발의하다.
── 형 [iníʃiət, -ʃièit] **1** 개시[착수]된, 창시된; 초기[창시기]의. **2** 초보 지도를 받은; 비결을 전수받은. **3** 가입을 승인받은, 신입의.
── 명 [iníʃiət, -ʃièit] **1** 새로 가입한 사람, 입문자, 입회자. **2** 비법을 전수받은 사람.

***in·i·ti·a·tion** [ìniʃiéiʃən] 명UC **1** 창시, 착수, 창업. **2** 기초 지도; 비법 전수. **3** (정식) 가입, 입문, 입회[입사, 입당] (*into*); C 입회식, 입사[입당]식. 「식.

initiátion céremony 명 입회[입사, 입당]식; 창업

initiátion fáctor 명 〔생화학〕 개시 인자(開始因子) (단백질 합성 개시에 관여하는 단백질 인자; 약어 IF).

***in·i·tia·tive** [iníʃiətiv, -ʃət-] 명 **~s** [-z] U **1** (보통 the ~) 제1보, 발단; 개시, 창시, 발기; 선도, 선수(先手); 솔선; (the ~) 이니셔티브, 주도권; (the ~) 〔군사〕 선제(先制). **2** 창의, 진취적인 마음, 독창력, 기업심. ¶a man of great [or marked] ~ 대단히 독창적인 사람, 기상이 매우 진취적인 사람 / have [lack] ~ 독창성이 있다[없다]. **3** 스스로의 책임있는 결정[결단]. **4** (the ~) (정치) (법률의 제정 등에 관한) 의안 제출권; 국민[주민] 발의. 「다].

have [lose] the initiative 주도[발의]권을 쥐다[잃
on one's own initiative 솔선하여. ¶act *on one's own* ~ 자발적으로[자진하여] 행동하다.
on the initiative of a person 남의 선도[주도]로; 남의 주창으로.

in·i·ti·a·tor [iníʃièitər] 圏 1 개시자, 창시자; 발기인; 주창[선도]자; 전수자. 2 (점화용의) 불; 기폭제[제]. 3 〔화학〕 (중합(重合)) 개시제. 4 〔병리〕 반응 유발 물질, 촉매.

in·i·ti·a·to·ry [iníʃiətɔ̀:ri/-təri] 圏 1 처음의, 초보의, 발단의. 2 입회의, 입문의, 입당의. **-tó·ri·ly** 및

in·i·ti·o [iníʃiòu] 圏 최초에, 첫머리에, 모두(冒頭)에 (약 init.). 圏 ab initio (<L beginning)

*in·ject** [indʒékt] 图(타) 1 (액체 따위)를 (…에) 주입하다, 주사하다 (into, with). ¶ (~+목+젼+명) ~ medicine into a vein = ~ a vein with medicine 약을 정맥에 주사하다. 2 〔새로운 것·다른 것〕을 도입하다, 넣다 (into), 〔의견 등〕을 (대화 따위에) 삽입하다; 〔활기 따위〕를 (…에) 불어 넣다 (into). ¶ (~+목+젼+명) ~ a remark into a person's talk 남의 이야기에 말참견하다(끼어들다). 4 〔우주〕 〔우주선·인공위성 따위〕를 (궤도에) 올려놓다 (into). 「사).

inject. 〔라틴〕 *injectio*(=injection)((처방전에서)) 주

in·ject·a·ble [indʒéktəbl] 圏 (의약품이) 주사할 수 있는. — 圏 주사할 수 있는 약.

in·jec·tant [indʒéktənt] 圏 경피(經皮) 물질(벌레에 쏘인 독 따위, 특히 allergy 반응을 일으키는 것).

*in·jec·tion** [indʒékʃən] 圏 1 ⓤⓒ 주입, 주사; (자금 등의) 투입(*into*). ¶ a hypodermic ~ 피하 주사// give [get] an ~ of cocaine 코카인 주사를 놓다[맞다]. 2 주입물; 주사액[약]; 관장액. 3 ⓤⓒ 〔우주〕 **a)** (또는 **insertion**) 투입(인공위성을 궤도에 올려놓는 일). **b)** (또는 ~ **pòint**) 궤도에 오르는 시간[장소]. 4 〔기계〕 (연료·공기 따위의) 분사. 5 〔병리〕 충혈. 「出成形).

injéction mòlding 圏 (플라스틱의) 사출 성형(射

in·jec·tor [indʒéktər] 圏 1 주사 놓는 사람; 주사기, 주수기(注水器). 2 분사식 급수기; 연료 분사 장치.

injéctor ràzor 圏 (날을 갈아 끼우는 안전 면도기.

in-joke [⌐dʒòuk] 圏 동료간의(특정 집단내에서만 통하는) 농담.

in·ju·di·cious [indʒudíʃəs] 圏 지각[분별]없는; 시기가 나쁜. (또는 **injudicial**) ~**·ly** 및 ~**·ness** 圏

In·jun [indʒən] 圏 〔구어·美방언〕 아메리칸 인디언(American Indian)(의). (또는 **Injin**)
get up one's Injun 〔속어〕 화내다. 「숨다.
play Injun 〔美속어〕 인디언 놀이를 하다; 도망치다.

in·junct [indʒʌ́ŋkt] 图(타) 〔구어〕 …을 금지하다.

*in·junc·tion** [indʒʌ́ŋkʃən] 圏 1 〔법률〕 (법원의) 금지[강제] 명령; 이행 명령(*against*). 2 명령, 지령; 권고, 지시(*upon, to do, that*젼). ¶ give [or deliver] strict ~*s* 엄명을 내리다.

in·junc·tive [indʒʌ́ŋktiv] 圏 1 명령적인; 금지의; 권고[훈제]의. 2 〔법률〕 중지[금지] 명령의. ~**·ly** 및

‡**in·jure** [indʒər] 图(타) (~s [-z]; ~d; -jur·ing) 1 …에게 상처를 입히다, …을 다치게 하다; …에 해를 주다. ¶ get [be] ~d 다치다, 부상을 입다 / ~ one's hand 손을 다치다. 2 〔감정·명예 따위〕를 손상시키다, 해치다. ¶ ~ a person's reputation [feelings] 남의 명예를 손상시키다[감정을 상하게 하다]. 3 〔사람〕을 부당하게 취급하다; 〔사람〕을 화나게 하다. ¶ think ~ oneself ~*d* 학대받는다고 생각하다.

유의어 **injure** 「상처입히다, 손상시키다」라는 뜻의 가장 일반적인 말; 반드시 고의(故意)라고는 할 수 없다. **hurt** 육체적 또는 정신적으로 상처를 입히다; 종종 injure와 바꿔 쓸 수 있다. **wound** 외부에서 공격·타격을 가하여 hurt하다; 적의를 암시. **harm** injure하여 고통·손해를 주다. **damage** 가치·매력·효과 따위를 손상시키다. **impair** damage와 같은 뜻, 또는 서서

히 damage하다. **mar** 불구·불완전한 것으로 만들다. **spoil** impair시켜 이윽고 완전히 파멸시키다.

-jur·a·ble — **-jur·ant, -jur·er**

*in·jured** [indʒərd] 圏 1 상처입은, 부상한; 손해를 입은; (the ~) 《명사적》 다친 사람, 부상자. ¶ ~ *legs* 다친 두 다리, 2 감정[기분]이 상한, 화가 난. ¶ an ~ look 화가 난 표정 / an ~ *voice* 볼멘 소리.
injured innocence 부당하게 누명[죄]을 뒤집어 쓴 사람의 화난 태도.
— 圏 (the ~) 《집합적·복수취급》 부상자, 피해자. ¶ the dead and (the) ~ 사상자.

in·ju·ri·a [indʒúəriə] 圏 **-ae** [-ì:, -ài]) 〔법률〕 권리 침해, 위법 행위. (<L injury)

*in·ju·ri·ous** [indʒúəriəs] 圏 1 (…에) 해로운, 유해한 (*to*). ¶ be ~ *to* the health 건강에 해롭다. 2 바상을 입힌; (말이) 무례한, 모욕적인. ¶ ~ language 무례한 언사. 3 부당한, 불법의, 부정한. ~**·ly** 및 ~**·ness** 圏

‡**in·ju·ry** [indʒəri] 圏 (**-ries** [-z]) 1 ⓤⓒ 부상, 상해; 〔물질적〕 손해, 손상, 피해 (*to*). ¶ a cold ~ 한해(寒害) / an ~ *to* the head 머리의 상처 / suffer [or get, receive] an ~ 다치다, 손해를 입다. 2 (감정·명예 따위를) 해치기, 중상, 모욕, 명예 훼손 (*to*); ⓤ 부정, 부당한 취급(*to*). ¶ an ~ *to* a person's character 남의 인격 손상, 중상. 3 〔법률〕 ⓤ 권리 침해; ⓒ 침해 행위.
add insult to injury ⇒INSULT.
be an injury to …에 해가 되다; …을 다치게 하다.
do a person an injury; do an injury to a person 남을 다치게 하다; 남에게 손해를 입히다.
inflict injury on …에게 상처를 입히다.

injury bènefit 〔英〕 산재(産災) 보험금.

injury tìme 圏 〔축구·럭비 따위의〕 부상 연장 시간 (부상 치료 등으로 인해 소비된 시간만큼의 연장시간)

‡**in·jus·tice** [indʒʌ́stis] 圏 (**-tic·es** [-iz]) 1 ⓤ 부정; 불법; 불공평; 권리 침해. 2 부정[불법] 행위, 부당한 조치; 비행(非行).
do a person an injustice; do an injustice to a person 남을 부당하게 다루다; 남의 진가를 인정하지 않다; 남을 오해하다.

‡**ink**[1] [iŋk] 圏(ⓤⓒ) 1 잉크. ¶ printing ~ 인쇄용 잉크 / invisible [or sympathetic] ~ 은현(隱顯) 잉크 / China [or Chinese, India, Indian] ~ 먹 / write in ~ 잉크로 쓰다 (pen과 ~ pen으로 쓰다. 2 (오징어 따위의) 먹물. 3 〔美속어〕 커피; 싸구려 적포도주.
(as) black as ink 새까만.   「(赤)포도주.
sling ink ⇒SLING.
— 图(타) (~*ed* [-t]) 1 (펜 따위)에 잉크를 묻히다[넣다]; …을 잉크로 더럽히다[칠하다], (활자 따위)에 잉크를 바르다. 2 잉크로 쓰다; 〔美속어〕 (계약서 따위)에 서명하다.   「잉크를 칠하다.
ink in (밑그림 따위)에 먹을 칠하다; 〔인쇄판 따위〕에
ink out (오자)를 잉크로 지우다.
ink over (연필로 그린 것) 위에 먹[잉크]으로 덧그리다.
ink up (인쇄기)에 잉크를 넣다.
~·like 圏

ink[2] 圏 (~*s*) (침수되기 쉬운) 낮은 목초지.

In·ka·tha [iŋkáːtə] 圏 잉카타(남아프리카 공화국의 Zulu족의 정치 조직).

ink bàg 圏 (오징어·낙지의) 먹물 주머니, 고낭.

ink bàll 圏 〔인쇄〕 (활자판에 잉크를 바를 때 쓰던) 잉크 방망이, 탐폰. (또는 **ínking bàll**)

ink·ber·ry [íŋkbèri, -bəri] 圏 1 감람나무속(屬)의 상록 관목의 일종; 그 열매. 2 =pokeweed.

ink·blot [íŋkblɑ̀t/-blɔ̀t] 圏 (심리 테스트용) 잉크 얼룩(모양).

inkblot tèst 圏 잉크 얼룩 테스트(심리 테스트용).

ink·bot·tle [⌐bɑ̀tl/-bɔ̀tl] 圏 잉크병. (또는 **ink bòttle**)

ink-cap [⌐kæp] 圏 갈색 먹물버섯의 일종.

inked [iŋkt] 형 《속어》 곤드레만드레 취한.
ink·er [íŋkər] 명 《통신》 인자기(印字機); 〔인쇄〕 잉크 롤러.
ink·face [íŋkfèis] 명 《美속어》 《경멸적》 흑인, 검둥.
ink·fish [íŋkfì] 명 오징어(cuttlefish).
ínk fòuntain 잉크통(인쇄기에서 인쇄 잉크를 저장하고 롤러에 공급해 주는 장치). 〔의〕 잉크 집.
ink·hold·er [íŋkhòuldər] 명 잉크 그릇; 만년필 속.
ink·horn [íŋkhɔ̀:rn] 명 뿔로 만든 잉크 스탠드(통).
ínkhorn tèrm [lànguage] 학자연하는 말, 현학적인 용어.
in-kind [<kàind] 형 현물 지급의; 같은 종류의 물건에 의한, (받는 것과) 같은 종류의.
ink·ing [íŋkiŋ] 명 《제도》 먹통; 〔통신〕 현자(現字). ¶an ~ stand 잉크대(臺), 스탬프대.
ínking báll 명 =ink ball.
ínking táble [sláb] 명 =ink table.
ink-jet [-dʒèt] 명 잉크젯 방식의(잉크를 종이 위에 고속으로 내뿜는 것). ¶an ~ printer 잉크젯 프린터.
ínk-jèt prínting 명 잉크젯식 인쇄(고속 인쇄 방식의 하나). (또는 **ínk jèt**)
in·kle [íŋkl] 명 (가장자리에 대는) 린네르 테이프; (린네르 테이프를 만드는) 가는 아마사(亞麻絲).
ink·ling [íŋkliŋ] 명ⓤ (종종 an ~) (부정문·의문문에서) (…을) 어렴풋이 알아차리기[느끼기](of, as to, that 등); 암시, 넌지시 비춤.
get [or **have**] **an inkling of** …을 어렴풋이 알다.
give a person **an inkling of** 남에게 …을 넌지시 비치다.
ink·pad [íŋkpæd] 명 스탬프대(臺), 인주.
ínk páinting 명 수묵화(水墨畫).
ink·pot [íŋkpât/-pɔ̀t] 명 《英》 =inkwell.
ínk sàc 명 =ink bag.
ínk sláb 〔인쇄〕 명 =ink table.
ink·sling·er [íŋkslìŋər] 명 《속어》 《경멸적》 작가, 기자, 필경자; 아무렇게나 써 내는 사람, 삼류 작가.
ink·stand [íŋkstænd] 명 잉크스탠드.
ink·stick [íŋkstìk] 명 《美속어》 만년필.
ink·stone [íŋkstòun] 명 1 벼루. 2 =copperas.
ínk táble 〔인쇄〕 명 잉크를 개는 탁자.
ink·well [íŋkwèl] 명 잉크병, 잉크통(《英》 inkpot).
ink·writ·er [íŋkràitər] 명 〔전신〕 인자기(印字機).
ink·y [íŋki] 형 1 잉크 같은; 새까만. ¶~ shadows 새까만 그림자. 2 잉크가 묻은[로 얼룩진]. ¶~ fingers 잉크투성이의 손가락. 3 잉크로 쓴. 4 잉크의, 잉크를 함유한. 5 《속어》 술취한. —명 (또는 **inkie**) 《구어》 백열 전등. **ínky càp** 명 =ink-cap. **ínk·i·ness** 명.
ink·y-dink [-dìŋk] 명 《美속어》 《경멸적》 아주 새까만 흑인; (무대의) 백열 전등. (또는 **inky, dinky inky**)
in·lace [inléis] 동타 =enlace.
*_**in·laid**_ [ínlèid, -<] 형 inlay의 과거·과거분사.
—〔물건의 표면에〕 박아 넣은, 아로새겨진 (in, into); 상감(象嵌)의, 상감 세공을 한 (with). ¶ivory ~ with gold 금으로 상감해 넣은 상아(象牙).
*_**in·land**_ [ínlənd] 형 1 내륙의, 바다(국경)에서 먼, 오지의. ¶~ climate 내륙의 기후. 2 《英》 국내의, 본토의, 자국의. ¶~ trade 국내 교역/~ mail 국내 우편/《美》 domestic mail). 국내에서 발행되어 국내에서 지불되는. —부 [ínlænd, -lənd] 내륙으로, 오지로; 본토로, 국내로. ¶go ~ 오지로 가다. —명 [ínlænd, -lənd] 내륙, 오지; 본토, 국내. **~·er** 명.
ínland bíll 명 내국 환어음.
ínland íce 명 《그린란드의》 내륙빙.
ínland révenue 명 국내세 수입(《美》 internal revenue): (the I- R-) 《영국·뉴질랜드의》 내국세청(廳)
ínland séa 명 〔해양〕 내해(內海).

ínland wáters 명복 (the ~) 내수(하천·호수 따위의 국내 수역 및 영해 측정 기선(基線)의 육지쪽 수역.
in·laut [ínlàut] 명 〔언어〕 1 (복 -lau·te [-làutə], ~s) (낱말의) 중간 위치. 2 어중음(語中音), 중간음.
in·law [-lɔ̀:] 명 (보통 ~s) 《구어》 친척, 인척. —명 《복합어로》 인척관계의(에 있는). ¶a father-~ 시아버지 [장인]. **~·ship** 명 인척 관계.
in·law [인·<] 동타 〔법률〕 〔법익을 박탈당한 사람을] 복권시키다, 사권(私權) 복귀시키다.
in·law·ry [ínlɔ̀:ri] 명 〔법률〕 사권(私權) 복귀.
in·lay [동타 [인·<, <·] (-laid) 1 〔물건〕을 박아 넣기 세공으로 장식하다, …에 (…으로) 상감하다 (with). 2 (장식을 위해) 〔값진 재료〕를 (…에) 박아넣다 (in, into); (페이지·컷 따위)를 삽입하다. ¶~ gems in a ring 반지에 보석을 박아넣다. 3 〔원예〕 〔접붙이는 눈〕을 대목(臺木)에 끼우다. —명 [<·] 1 ⓤ 상감 세공; 상감 재료; 상감 무늬. 2 〔치과〕 인레이(충치 부분의 봉박기); 〔원예〕 눈 접붙이기. **~·er** 명 상감하는 사람.
ínlay gráft 〔원예〕 눈 접붙이기.
in-lb inch-pound.
*_**in·let**_ [ínlet, -lìt] 1 후미, 작은 만(灣); (섬과 섬 사이의) 소해협, 내해. 2 입구(for). 3 삽입물, 상감물.
—동타 [ínlét, -<] (~; ~·ting) …을 박아 넣다, 삽입하다.
in·li·er [ínlàiər] 명 〔지질〕 내좌층(內座層); 내층.
in li·mi·ne [in límani] 명 문간(入口)에서; 최초[처음]에서 (in lim.). 〔<L on the threshold〕
in-line [<láin, <·] 형 1 《컴퓨터》 인라인의, 그때마다 즉시 처리하는. =on-line. 2 (내연기관의) 실린더가 직렬인; (장치·부품 따위가) 직렬[직선]으로 장치된. (또는 **inline**)
ín-line éngine 〔기계〕 직렬형 기관.
ín-line skátes 명복 인라인 스케이트(롤러가 직렬인 롤러 스케이트).
ín-line skáter 명 **ín-line skáting** 명.
in loc. cit. 《라틴》 in loco citato(=in the place cited)(앞에서 인용한 곳에).
in ló·co pa·rén·tis [in lóukou pəréntis] 부 양친 대신에, 부모의 입장이 되어. 〔<L〕 〔깊이〕.
in·ly [ínli] 부 《시》 내심으로; 친하게, 마음으로부터.
in·ly·ing [ínlàiiŋ] 형 안쪽(내부)에 있는.
in·mar·riage [ínmæ̀ridʒ] 명ⓤ 동족 결혼.
In·mar·sat, INMARSAT [inmɑ́:rsæt] 명ⓒ 《우주통신》 국제 항해 위성 기구, 인마르샛. 〔<International Marine Satellite Organization〕
*_**in·mate**_ [ínmèit] 명 입원한 사람, 입소자, 수용자; 수형자(受刑者); 수감자; 《고어》 동거인, 기숙자.
in me·di·as res [in míːdiəs ríːz] 《라틴》 사건의 중심 〔도중〕에(서). 〔<L in or into the middle of things〕
in me·di·o [in míːdiòu] 부 중간에. 〔<L〕
in me·mo·ri·am [in meməʊríəm] 전 (비문 따위에서) …의 기념으로, …을 애도하여. 명 묘비명, 추도문. 〔<L〕
in·mesh [inméʃ] 동타 =enmesh.
in·mi·grant [<màigrənt] 명 《국내의 다른 지역에서》 이주해 온. ¶~ workers 이입(移入) 노동자. —명 《국내의 다른 지역에서》 이주해 온 사람[동물].
in·mi·grate [<màigreit] 동자 《국내의 다른 지역에서》 이주해 오다. **-mi·grá·tion** 명.
in·most [ínmòust] 형 1 (the ~) 가장 깊은, 가장 안쪽의. 2 (one's ~) 마음 속 깊은 곳의.
*_**inn**_ [in] 명 (복 ~s [-z]) 1 여인숙, 여관. ¶a country ~ 시골 여관. 2 《英》 술집, 주막. 3 호텔. —동타 《고어》 여관에 묵다[숙박시키다]. **~·less** 형.
INN 《美》 Independent Network News(독립 TV국).
in·nards [ínərz] 명복 《구어》 내장, 위, 창자 (익살); (물건의) 내부, 내부 기구(구조).
*_**in·nate**_ [inéit, -<] 형 1 타고난(inborn), 천부적인, 선천적인(펀 acquired). ¶one's ~ musical talent 타고난 음악적 재능. 2 《무생물에 대하여》 고유의, 본질적.

인. **3** 〖철학〗 본유(本有)의[적인]. **~·ly** 閉 **~·ness** 阁
‡**ín·ner** [ínər] 阁 **1** 안의, 내부[안쪽]의(⇔ outer) 〖유의어〗INSIDE. 깊숙한 곳의.¶an ~ pocket 안주머니. **2** 친밀한.¶the ~ circle of one's friends 친구들 중에서도 특히 친한 친구들. **3** 정신적인, 내면적인.¶the ~ life 정신 생활. **4** 숨은, 이면의; 비밀의, 사적인. ── 阁 과녁의 내권(內圈)(bull's-eye 외측의 붉은 원 부분)(red); 그 명중탄[화살]. **7** 명중탄[화살].
ínner bár 阁 (the ~) 〖英〗 칙선(勅選) 변호인단.
ínner cábinet 阁 〖英〗 각내(閣內) 실력자 그룹, 소내각; 비공식 자문 위원회.
ínner círcle 阁 권력자의 측근(側近) 그룹; 실세 집단.
ínner cíty 阁 도심지(都心地); 〖美〗 대도시의 빈민가 (slum, ghetto). **ínner-cít·y** 阁
ín·ner-di·rect·ed [-diréktid] 阁 〖사회〗 내부 지향의, 자기 기준에 따르는, 비순응형(型)의.
-di·réc·tion 阁
ínner ear 阁 내이(內耳)(internal ear).
ínner fórm 阁 〖인쇄〗 =inside form.
ínner Líght 阁 〖퀘이커 교에서〗 내적인 빛(각자의 마음속에 있는 그리스도의 빛).
ínner mán [wóman] 阁 (the ~) 마음, 영혼; 〖익살〗 위, 식욕.¶refresh [or warm] the ~ 배를 채우다.
ínner míssion 阁 (교회의) 내국(內國) 전도[사회 사업].
ínner Mongólia 阁 내몽고. 참 Mongolia [업].
*ín·ner·most [ínərmòust] 阁 가장 깊숙한, 가장 안쪽의(inmost). ── 阁 가장 깊은 곳, 최심부. **~·ly** 閉
ínner plánet 阁 지구형(型) 행성(수성, 금성, 지구, 화성).
ínner próduct 阁 〖수학〗 내적(內積), 스칼라적(sca-lar product).
ínner quántum nùmber 阁 〖물리〗 내양자수(內量子數(j, j)).
ínner resérve 阁 〖경제〗 내부 유보금, 비밀 적립금.
ínner sánctum 阁 〖구어〗 아무에게도 방해[간섭]받지 않는 장소; 사실(私室), 서재.
ín·ner·sole [ínərsòul] 阁 =insole.
ínner spáce 阁 **1** 〖해양〗 바다 밑 세계. **2** 〖심리〗 잠재 의식의 영역, (의식 영역 밖의) 정신 세계. **3** 대기권 (참 outer space).
ínner spéech fòrm 阁 〖언어〗 내부 언어 형식, 내어(內語). (또는 **ínner linguístic [lánguage] fórm**)
ín·ner·spring [ínərspriŋ] 阁 〖한정용법〗 〖美〗 나선 용수철[스프링]이 든.
ínns [of Court] 의 하나.
Ínner Témple 阁 (the ~) 〖英〗 4법조 학원(the Inns of Court)의 하나.
ínner túbe 阁 (타이어의) 튜브.
ín·ner·vate [ínə́ːrveit, ínərvèit] 图 〖신경·기관〗 신경을 분포하다; …에 신경을 분포[발달]시키다.
ín·ner·vá·tion [ìnərvéiʃən] 阁 **1** 신경을 자극하기, 신경 감응. **2** 〖해부〗 신경 분포. **~·al** 阁
in·nerve [inzə́ːrv] 图 …에 활기를 불어넣다, 고무하다.
Ínner Wórd =Inner Light.
in·ness [ínis] 阁 〖구어〗 유행에 어울림, 첨단적임.
ínn·hold·er [ínhòuldər] 阁 =innkeeper.
ín·nie [íni] 阁 〖구어〗 특별한 배타적 집단의 일원, 상류 내집단(ingroup)의 회원.
*ín·ning [íniŋ] 阁 **1** 〖야구〗 이닝, 회(回).¶the top [bottom] (half) of the fifth ~ 5회 초[말]/ go into extra ~s 연장전에 들어가다 / score a run in the first [second] half of the ninth ~ 9회 초[말]에 1점 얻다. **2** (~s) 〖단·복수 양용〗 〖크리켓〗 공격회, (타자의) 타격 차례. **3** (~s) 〖단·복수 양용〗 (개인·정당의) 활약의 기회; 〖英〗 〖정권 담당〗 기간, 전임기. ¶Now our party will have its ~s. 이번에는 우리 당이 정권을 잡을 차례다. **4** 매립(지), 간척지. **5** (작물의) 수확.
have a good [or long] ínnings ① 대량 득점하다. ② 오랫동안 해운을 즐기다, (경제적으로) 혜택받다; 장수하다; 오래 재직하다.
*inn·keep·er [ínkìːpər] 阁 여인숙 주인.

‡**in·no·cence** [ínəsəns] 阁 **1** 순결, 청정; 정절 (chastity). **2** 무죄, 결백.¶prove [maintain] one's ~ 무죄를 입증[주장]하다. **3** 순진, 천진난만, 타없음.¶in all ~ 아주 순진하게. **4** 무지, 무분별. **5** 무해, 무독. **6** C 순진한 사람, 호인. **7** C 〖식물〗 (북미산(産)) 꽃무늬과의 삼백초. **8** C 〖식물〗 (꿀풀과의) 콜린시아 풀라.
in·no·cen·cy [ínəsənsi] 阁 =innocence 1-5.
‡**ín·no·cent** [ínəsənt] 阁 (more ~ly; most ~) **1** 결백한, 청순한(pure).¶an ~ girl 청순한 소녀. **2** 〖법률상〗 죄없는, 결백한(of) (참 guilty).

〖유의어〗 **innocent** 죄를 저지르지 않았다는 뜻 외에 나쁜 일을 저지를 가능성을 가지고 있지 않음을 암시하는 말. **blameless** 도덕적으로 비난받거나 책임을 져야 할 점이 없는. **guiltless** 구체적인 범죄형에 관하여 그 죄를 저지르지 않았음을 뜻하는 말.

3 악의가 없는.¶an ~ lie [mischief] 악의없는 거짓말[장난]. **4** 해가 없는.¶an ~ drug [or medicine] 무해한 약. **5** 〖구어〗 …이 없는(devoid) (of).¶a face ~ of cosmetics 화장기가 없는 얼굴. **6** 무심한, 천진난만한; 호인의.¶~ children 천진난만한 아이들.
── 阁 **1** 결백한 사람; 천진난만한 아이; 죄없는 사람. **2** 바보, 얼간이; 신참; 〖美흑인 속어〗 (흑인민권 운동을 지지하는) 진보파 백인. **3** (~s) 〖식물〗 =innocence 7.
the massacre of the innocents ① 〖英속어〗 (시 일이 없어) 의안을 폐기하기. ② (the M– of the I–) 〖성서〗 (헤롯왕의) 유아 대학살.
*ín·no·cent·ly [ínəsəntli] 閉 천진난만하게.
ínnocent pássage 阁 〖국제법〗 (선박의) 무해(무 해) 통항. 「Day.
ínnocents' Dáy 阁 (the ~) =Holy Innocents'
in·noc·u·ous [inákjuəs/inɔ́k-] 阁 **1** 해(害)가 독이 없는. **2** 악의가 없는. **3** (작품 등이) 재미없는.
in·no·cu·i·ty [ìnəkjúːəti] 阁 **~·ly** 閉 **~·ness** 阁
in·nom·i·nate [inámənət/inɔ́m-] 阁 이름 없는, 무명의; 익명의.
innóminate ártery 阁 〖해부〗 무명 동맥.
innóminate bóne 阁 〖해부〗 무명골, 과골(髁骨).
innóminate véin 阁 〖해부〗 무명 정맥.
in·no·vate [ínəvèit] 图 쇄신[혁신]하다, 새로운 국면을 열다 (in, on, upon). ── 타 (새로운 사물을) 받아들이다, 도입하다.
*in·no·va·tion [ìnəvéiʃən] 阁 **1** U 혁신, 쇄신, 기술 혁신. **2** 새 기술, 신제도. **~·al** 阁 **~·ness** 阁
in·no·va·tive [ínəvèitiv] 阁 혁신적인. **~·ly** 閉
in·no·va·tor [ínəvèitər] 阁 개혁자, 혁신자.
in·no·va·to·ry [ínəvèitɔ̀ːri] 阁 =innovative.
in·nox·ious [inákʃəs/inɔ́k-] 阁 무해한, 독이 없는.
~·ly 閉 **~·ness** 阁
Inns·bruck [ínzbruk] 阁 인스브루크(오스트리아 서부, Inn 강변의 휴양 도시).
ínn sìgn 阁 〖英〗 술집(pub) 간판. 「학 협회.
Ínns of Cóurt 阁 (the ~) 〖英〗 법학 회관: 4법
in nú·bi·bus [in njúːbəbəs/-njúː-] 구름 속의; 막연한. [<L in the clouds]
in·nu·en·do [ìnjuéndou] 阁 **1** (pl. ~(e)s) **1** (경멸적) 풍자, 빗대어 빈정거리기, 암시. **2** 〖법률〗 주석적 어구; (명예훼손 소송 등에서의) 진의(眞意) 설명. ── 〖법률〗 즉(namely). ── 图 빗대어 빈정거리다, 넌지시 비추다, 암시하다.
In·nu·it [ínjuːit/ínjuː-] 阁 =Inuit.
‡**in·nu·mer·a·ble** [injúːmərəbl/injúː-] 阁 무수한, 헤아릴 수 없는; 아주 많은, 엄청난. 참 numerous (또는 **innumerous**) **-bíl·i·ty, ~·ness** 阁 **-bly** 閉
in·nu·mer·ate [injúːmərət/injúː-] 阁 〖英〗 〖수학과〗 을 모르는[이해 못하는]. ── 阁 (종종 the ~) 〖집합적〗 복수취급 수학을 모르는 사람. **-a·cy** 阁 「merable.
in·nu·mer·ous [injúːmərəs/injúː-] 阁 =innu-

in·nu·tri·tion [ìnnju:tríʃən/ìnju:-] 명U 영양 불량, 영양 결핍. **-tious**
inn·yard [ínjɑ̀:rd] 명 여관의 (안)뜰.
in·ob·serv·ance [ìnəbzə́:rvəns] 명U 부주의, 태만; (관습·법규 따위의) 무시, 위반.
in·ob·serv·ant [ìnəbzə́:rvənt] 명 부주의한, 태만한; (법규 등을) 지키지 않는, 무시하는 (of). **~·ly** 부
in·ob·tru·sive [ìnəbtrú:siv] 명 삼가는, 겸손한 (unobtrusive). 「없음, 무직.
in·oc·cu·pa·tion [ìnɑ̀kjupéiʃən/-ɔ̀k-] 명 직업이
in·oc·u·la [inákjulə/-ɔ́k-] 명 inoculum의 복수형.
in·oc·u·la·ble [inákjuləbl/-ɔ́k-] 명 (병원균을) 심을 수 있는, 접종(接種) 가능한. **-bíl·i·ty**
in·oc·u·lant [inákjulənt/-ɔ́k-] 명 =inoculum.
in·oc·u·late [inákjulèit/-ɔ́k-] 타 1 〔병원균·항원 따위〕를 (…에) 예방 접종하다 (into, on, with); 〔질병의〕 접종 처치를 하다 (for, against). ¶ (~+목+전+명) ~ a person with a virus =~ a virus on[or into] a person 남에게 바이러스를 예방 접종하다. 2 〔미생물〕을 (배양기(基)〔액(液)〕에) 심다 (into, on, with). 3 〔사상 따위〕를 심다, 불어넣다, 물들이게 하다 (with). ¶ (~+목+전+명) ~ a person with new ideas 남에게 새로운 사상을 심어주다. 4 …에 눈접하다, 접목하다(engraft). ─ 자 접종하다. **-là·tor**
in·oc·u·la·tion [inɑ̀kjuléiʃən/-ɔ̀k-] 명UC 1 (예방) 접종, 종두 (for, against), ¶ preventive ~ for [or against] cholera 콜레라 예방 주사/have typhoid ~s 장티푸스 예방 접종을 받다. 2 〔사상 따위의〕 주입, 감화. 3 〔식물〕 접목, 눈접. 4 〔농업〕 토양 개량.
in·oc·u·la·tive [inákjulèitiv, -lət-/-ɔ́k-] 명 접종의, 종두의. **-la·tív·i·ty**
in·oc·u·lum [inákjuləm/-ɔ́k-] 명 (복 **-la** [-lə]) 접종 재료, 접종원(原)(세균·포자(胞子)·바이러스 따위).
in·o·dor·ous [inóudərəs] 명 냄새(향기)가 없는, 무취의. **~·ly** 부 **~·ness** 명
in·of·fen·sive [ìnəfénsiv] 명 해롭지 않은; 거슬리지 않는, 싫지 않은; 악의 없는. **~·ly** 부 **~·ness**
in·of·fi·cious [ìnəfíʃəs] 명 1 〔법률〕 도덕적 의무에 어긋나는, 의무를 무시한. 2 맡은 일〔직무〕이 없는. 3 쓸모 없는; 무효의. **-fi·ci·ós·i·ty**, **~·ness**
inofficious will [téstament] 명 〔법률〕 반(反)도의적 유언.
in·op·er·a·ble [inápərəbl/-ɔ́p-] 명 1 실행[실시]할 수 없는. 2 〔의학〕 (종양 따위가) 수술 불가능한. ¶an ~ cancer 수술 불가능한 암.
in·op·er·a·tive [inápərətiv, -ápərèit-/-ɔ́pərət-] 명 1 효험[효력]이 없는; (법률 따위가) 무효의. 2 〔기계 따위가〕 정상으로 움직이지 않는, 조업[가동]하지 않는. **~·ness**
in·op·por·tune [inàpərtjú:n/-ɔ̀pətjú:n] 명 계절이 나쁜, 공교롭게 때(형편)가 좋지 않은, 부적당한, 시기를 놓친. ¶an ~ visit [or call] 시기가 좋지 않을 때의 방문. **~·ly** 부, **-tú·ni·ty** 명
in·or·di·na·cy [inɔ́:rdənəsi] 명 1 U 도에 넘침, 터무니없음; C 과도한 행위. 2 무질서, 혼란; 무절제.
in·or·di·nate [inɔ́:rdənət] 명 1 터무니없는, 과도한. ⇒EXCESSIVE 유의어 ¶~ demands 터무니없는 요구. 2 무질서한, 혼란된. 3 무절제한, 멋대로의. 4 불규칙적인. **~·ly** 부 **~·ness**
inorg. inorganic. 「칙한. **~·ly** 부 **~·ness**
*****in·or·gan·ic** [ìnɔ:rɡǽnik] 명 1 생물로서의 구조〔조직〕을 갖지 않은, 무생물의. ¶the ~ world 무생물계. 2 〔정치·사회〕 조직·체제가 없는. 3 〔화학〕 무기(無機)의, 무기물의(⇔ organic). ¶a ~ matter 무기물/an ~ compound 무기 화합물. 4 본질과는 관계 없는, 우유적(偶有的)인. 5 〔음성·문자 따위〕 어원으로서의 아닌, 우발적인. **-i·cal·ly** 부
inorgánic chémistry 명 무기(無機) 화학.
in·or·gan·i·za·tion [inɔ̀:rɡənizéiʃən/-naiz-]

명 무조직, 무체제.
in·or·nate [ìnɔ:rnéit] 명 꾸밈이 없는; 간소한. 「수한.
in·os·cu·late [ináskjulèit/-ɔ́s-] 자타 1 (혈관 따위가) 접합하다. 2 〔섬유 따위가〕 서로 얽히다. 3 (밀접하게) 합체(合體)하다; 섞이다(blend). ─ 타 1 〔혈관 따위〕를 접합시키다. 2 〔섬유 따위〕를 서로 얽히게[꼬이게] 하다. 3 …을 합체시키다; …을 섞다. **-lá·tion** 명
in·o·sín·ic ácid [ìnəsínik-, àin-] 〔생화학〕 이노신산(酸).
in·o·si·tol [inóusətɔ̀:l, ain-/-tɔ̀l] 명U 〔생화학〕 이노시톨(동물 따위의 발육에 필요한 비타민 B 복합체).
in·o·trop·ic [ìnətrápik, àin-/-trɔ́p-] 명 〔생리〕 근(筋)수축성의, 변력(變力)(성)의.
in·ox·i·diz·a·ble [ìnɑ̀ksədàizəbl/-ɔ̀k-] 명 〔화학〕 산화하지 않는, 산화작용을 받지 않는.
INP index number of prices(물가 지수): International News Photo.
in·paint [ínpèint] 타 〔그림〕을 복원하다.
in·pa·tient [ínpèiʃənt] 명 입원 환자. ⇔ outpatient
in per·pe·tu·um [in pərpétʃuəm] 〔L〕 영구히. 〔L in perpetuity〕
in-person [´-pə́:rsn] 명 본인이 직접 출연하는, 실황〔라이브〕의; 직접의. ¶an ~ performance 실연(實演)
in pet·to [in pétou] 〔It〕 1 남몰래, 은근히. 2 (교황의) 의중(意中)에. 3 축소하여, 소형으로. 〔It〕
in·phase [ínfèiz] 명 〔물리·전기〕 (복수의 전파가) 동위상(同位相)의. (또는 **ín-phàse**)
ínphase compónent 명 〔전기〕 동위상분(分).
in pláce 명 (美) (상대당에 잠입한) 스파이.
in-plant [´plǽnt/-plɑ́:nt] 명 공장내에서 행해지는 〔일어나는〕.
INPO Institute of Nuclear Power Operations(원자력 발전 운영 협회).
in pos·se [in pɑ́si/-pɔ́si] 명U 잠재적인[으로], 잠재하는[하여]. ⇔ in esse 〔L in possibility〕
in·pour [inpɔ́:r] 자 흘러들다, 쏟아지다. ─ 명 유입, 주입. **~·ing**
in-print [´-prínt] 명 인쇄〔증쇄〕된[되어 있는]. 「의
in-proc·ess [´-práses/-próu-] 명 제조 과정〔단계〕
in pro·pri·a per·so·na [in próupriə pərsóunə] 부 〔법률〕 자신이, 본인 스스로. 〔L〕
*****in·put** [ínput] 명 1 투입(량). 2 공급 전력(電力), 입력 에너지; 〔컴퓨터〕 입력(데이터) (to(의) output). 3 (때로 ~s) 공업생산에 필요한 자원. 4 〔정보·의견의〕 제공〔투입〕. 5 (스코) 기부(contribution). ─ 타 (~, (때로) **~·ted**; **~·ting**) 〔컴퓨터〕 (데이터)를 입력하다 〔into〕.
ínput àrea 명 〔컴퓨터〕 입력 영역.
ínput bùffer 명 〔컴퓨터〕 입력 버퍼.
ínput device 명 〔컴퓨터〕 입력 장치.
ínput mòde 명 〔컴퓨터〕 입력 형식.
in·put/out·put [ínput áutpùt] 명 〔컴퓨터〕 입출력(의) (略 I/O). ¶~ area 입출력 영역/~ bus 입출력 버스/~ channel 입출력 채널.
ínput-óutput anàlysis 명 〔경제〕 투입·산출 분석, 산업 연관 분석.
in·quest [ínkwest] 명 1 (배심(陪審) 앞에서 하는) 사문(査問). 2 〔법률〕 검시(檢屍)(coroner's ~); 그 답신(서). 3 (집합적; 단·복수 양용) 심문 위원, 배심; 검시 배심; 그 결정, 판결. 5 (구어) 조사; (시합·선거 따위의) 사후 검토.
hold an inquest on [or **into**, **over**] …의 심문을 실시하다, 검시를 실시하다.
in·qui·et [ìnkwáiət] (고어) 조용하지 않은, 불안한. ─ 타 (口) …의 평화를 깨뜨리다. …을 불안하게 하다(disquiet). **~·ly** 부 **~·ness** 명
in·qui·e·tude [inkwáiətjù:d/-tjù:d] 명 1 불안, 마음의 동요(uneasiness). 2 (~s) 불안한 생각, 걱정.
in·qui·line [ínkwəlàin, -lin] 명 〔동물〕 (다른 동물의 둥지·굴·몸에 사는) 공생(共生) 동물. ─ 명 공생 동

inquire 1450 **inscribe**

물의. **-lin·i·ty** 명 **-li·nous** [˗láinəs] 형

‡**in·quire** [inkwáiər] 자 〔~s [-z]; ~d; -quir·ing〕 ⑫ ~을 묻다, 알아보다 (of, from, wh. to do). ⇨ASK 유의어 ¶~ the way to …으로 가는 길을 묻다// (~+前+名) ~ one's way of [or from] a policeman 경찰관에게 길을 묻다 // (~+前+名+節) ~ of one's friend what one should do 친구에게 어찌하면 좋을지 물어보다 //(~+wh. to do) He ~d how to handle it. 그는 그것을 어떻게 다루는지 물었다. ── 타 1 (…에게 / …에 관해) 질문을 하다, 묻다 (of / about, after, concerning, on).¶(~+前+名) I ~d of him about the result of the game. 그에게 경기의 결과를 물었다. 2 (일을) 조사하다 (into).¶(~+前+名) ~ into a murder case 살인 사건을 조사하다. (또는 enquire)

inquire after …의 안부[건강]을 묻다; 병문안을 하다.
inquire for ① (가게의 물건 등에 대하여 문의하다. ② …에게 면회를 청하다. ③ =inquire after.
Inquire within. (英) (게시) 자세한 것은 안으로(들어와 물어 주십시오).

-quír·a·ble 형 「탐구자.
*in·quir·er [inkwáiərər] 명 심문자; 조사하는 사람.
in·quir·ing [inkwáiəriŋ] 형 1 지식(사실, 정보)을 구하는, 탐구적인, 연구적인.¶an ~ mind 탐구적 정신. 2 파고들기 좋아하는, 호기심 많은. 3 미심쩍어(수상쩍어)하는 듯한. ~**·ly** 부

‡**in·quir·y** [inkwáiəri, ínkwəri] 명 (복 -quir·ies [-z]; C|U) 1 질문, 문의, 조회 (about, for); (-ies) (복수har句) 안내소, 문의처. 2 (사건 따위의) 조사, 취조, 심리 (into). ⇨EXAMINATION 유의어 ¶a court of ~ (군사 관계의) 사문(査問) 회의/a writ of ~ 조사 명령서/The committee held [or made] an official ~ into the matter. 위원회는 그 문제를 공식적으로 조사했다. 3 (사실·지식 등의) 연구, 탐구. 4 〔컴퓨터〕 조회 확인. (또는 enquiry)

make inquiries ① (…에 관해) 질문하다, 문의하다 (about). ② (…에 관해) 조사하다, 심문하다 (into).
on inquiry 조사한 결과; 물어 보니.

inquiry ágency 명 (英) 흥신소, 사립 탐정사.
inquiry ágent 명 (英) 사립 탐정.
inquiry óffice 명 (英) (호텔·역 등의) 접수처, 안내소(美) information desk.) (會) 응답 시스템.
inquiry respónse sýstem 명 [컴퓨터] 조회(照會) 시스템.
inquiry státion 명 [컴퓨터] 문의[조회]용 단말(기).

*in·qui·si·tion [ìnkwəzíʃən, iŋ-] 명(U|C) 1 공적(公的)(공식적) 조사; (배심의) 심문. 2 엄중한(장시간의) 심문; 조사(연구, 탐구)하는 일. 3 결정(판결) 문서. 4 (the I-) (가톨릭) (13–19세기 유럽의) 종교 재판(소), 이단(異端) 심문(소). ~**·al** 형 ~**·ist** 명

*in·quis·i·tive [inkwízətiv] 형 1 연구를 좋아하는, 탐구적인, 알고 싶어하는 (about, after, as to).¶be ~ about [or after, as to] everything 무엇이든지 알고 싶어하다. 2 캐묻기 좋아하는, 꼬치꼬치 캐묻는 (호기심 많은.¶a ~ fellow 캐묻기[조사, 연구]를 좋아하는 사람, 호기심이 강한 사람. ~**·ly** 부 ~**·ness** 명

in·quis·i·tor [inkwízətər] 명 (경멸적) 1 조사(문초)하는 사람, (관직으로서의) 심문관, 조사관; 호기심이 강한 심문자. 2 (종종 I-) (가톨릭) 종교 재판관, 이단 심문관. the Grand I- 종교 재판관장, 이단 심문소장.

in·quis·i·to·ri·al [inkwìzətɔ́ːriəl] 형 1 심문관의, 종교 재판관(소)의. 2 공식 조사권을 가진, 심문할 자격이 있는. 3 캐묻기 좋아하는. ~**·ly** 부 ~**·ness** 명

in·quis·i·tress [inkwízətris] 명 여성 inquisitor.
in·quor·ate [inkwɔ́ːreit] 형 (英) 정족수(定足數) 미달(의[로] 성립되지 않는].

in·ra·di·us [inréidiəs] 명 (복 -di·i [-diài], ~·es) [기하] (3각형의) 내접원(內接圓)의 반지름.
in re [in ríː, -réi] (법률) …에 관하여, …건(件)에 관해서는, …의 소건(訴件)에서. 〔<L in the matter of〕

in-res·i·dence [-rézədəns] 형 (보통 복합어로) (본업을 가진 채로 대학·연구소 따위에) 체재하면서 가르치는.¶a writer-[physician-]~ at a university 대학에 재직하는 [교수적] 작가(의사).

INREU 〔항공〕 international *noise reference unit*(국제 소음 측정 단위). **I.N.R.I.** 〔라틴〕 *Iesus Nazarenus, Rex Indaeorum*(=Jesus of Nazareth, King of Jews)(유대인의 왕 나사렛 예수). **INRO** *International Natural Rubber Organization*((UN) 국제 천연 고무 기구).

in·road [ínroud] 명 (종종 ~s) 1 (영토 따위에 대한) 침입, 침략. 2 (비유적) (생활 따위에 대한) 침해, 잠식; (새 영역 따위로의) 진출, 진입 (in, into, on, upon).

make an inroad [or *inroads*] *into* [or *on*] ① …에 영향을 미치기 시작하다. ② …을 침해하다, 잠식하다. ③ …에 과감히 덤벼들다: …의 고비를 넘다.
── 타 침해[잠식]하다; 진출[진입]하다; 침입[침략]하다.

in·rush [ínrʌʃ] 명 난입, 쇄도, 침입, 유입 (of).¶the spring ~ of tourists 봄철 관광객의 쇄도. ~**·ing** 명

INS (美) *Immigration and Naturalization Service* (연방 이민국); *inertial navigation system*(관성 항법 장치); (일본) *Information Network System* (고도 정보 통신 시스템). **ins.** *inches*, (美) *inscribed*; *inside*; *inspected*; *inspector*; *insular*; *insulated*; *insulation*; *insulator*; *insurance*.

in·sal·i·vate [insǽləvèit] 타 (음식)에 침을 섞다. **-vá·tion** 명

in·sa·lu·bri·ous [ìnsəlúːbriəs] 형 (기후·환경 따위가) 몸[건강]에 나쁜[해로운].

~**·ly** 부 **-bri·ty** [-brəti] 명 「전지 못한.

in·sal·u·tar·y [insǽljətèri/-təri] 형 불건전한, 건전
ins and óuts 명 1 (도로·하천 따위의) 굴곡, 꼬불꼬불. 2 (the ~) 틱집배명 사정, 상세: 특색, 특질 (of).¶learn the ~ of the tax law 세법을 속속들이 알다.

‡**in·sane** [inséin] 형 (**-san·er, more ~; -san·est, most ~**) 1 정신 이상의, 미친. ⇨MAD 유의어 2 광인(의)의; 정신 이상자 특유의.¶an ~ asylum [or hospital] 정신 병원. 3 미치광이 같은, 비상식적인.¶an ~ attempt 엉뚱한 시도. ── 명 (the ~) (복수취급) 정신 이상자. ~**·ly** 부 ~**·ness** 명

in·san·i·tar·y [insǽnətèri/-təri] 형 불결한, 비위생적인, 건강에 좋지 않은. **-tàr·i·ness** 명

in·san·i·ta·tion [insæ̀nətéiʃən] 명 위생 설비(규칙)이 없음; 불결한(건강에 좋지 않은) 상태.

*in·san·i·ty [insǽnəti] 명 1 U|C 정신 이상(착란), 광기(狂氣). ⇨ of grandeur 과대 망상(광). 2 C 〔법률〕 정신 이상. 3 미친 짓, 어리석은 짓.

in·sa·ti·a·ble [inséiʃəbl] 형 (익살) 만족할 줄 모르는, 매우 탐욕스러운; 지칠[싫증날] 줄 모르는 (for, of).¶an ~ desire for wealth 부(富)에 대한 한없는 욕망.

-bíl·i·ty, ~**·ness** 명 **-bly** 부

in·sa·ti·ate [inséiʃiət] 형 =insatiable. ── 명 채울 수 없는 욕망. ~**·ly** 부 ~**·ness**, **in·sa·ti·e·ty** [ìnsətáiəti, ìnséiʃəti] 명의] 본질.

in·scape [ínskèip] 명 (인간의) 내면적 본질, (사물의) 본질.

*in·scribe [inskráib] 타 1 〔문자·기호 따위〕를 (비석·종이 따위에) 기입하다, 새기다 (in, into, on, upon); 〔비석 따위〕에 적다, 새기다 (with).¶(~+目+前+名) ~ the monument with the poet's name 기념비에 시인의 이름을 새기다. 2 (이름 따위를) 적어(책)을 헌정[증정]하다 (to, for).¶(~+目+前+名) ~ a book to a person 남에게 책을 증정하다. 3 …을 (마음 속에) 새기다 (on, in).¶(~+目+前+名) The scene is deeply ~d in her memory. 그 광경은 그녀의 기억에 깊이 새겨져 있다. 4 (명부 따위에) (이름)을 기입[등록]하다; (英) 〔주주명〕을 등록하다. 5 〔기하〕 (원·다각형 따위)를 내접(內接)시키

다.¶an ~d circle 내접원(圓).
-scríb·a·ble ―scríb·a·ble·ness 몡
in·scribed stóck [inskráibd-] 몡 《英》 기명[등록] 공채[주식].
in·scrib·er [inskráibər] 몡 1 (비석 따위에) 새기는 사람. 2 헌정인(獻呈人).
‡in·scrip·tion [inskrípʃən] 몡 (~s [-z]) 1 ⓤ (어구 따위를) 새김, 명각(銘刻)(하기). 2 명(銘), 비명; 비문(碑文); (화폐 따위의) 명각(자); (책 따위의) 제자(題字), 서명; 헌정사. 4 《약학》 (처방전의) 처방란. 5 (이름의) 기입. 6 《英》 (공채·주식의) 기명, 등록; (~s) 기명[등록] 공채[주식]. ~·al, ~·less
in·scrip·tive [inskríptiv] 몡 명(銘)의, 각명(刻銘)의, 비명(碑銘)[비문(碑文)]의. ~·ly 閉
in·scru·ta·ble [inskrúːtəbl] 몡 1 헤아릴 수 없는, 불가해한, 수수께끼 같은; 신비[심원]한. ⇒ MYSTERIOUS 유의어 ¶the ~ decrees of Providence 헤아릴 수 없는 신의 뜻/an ~ smile 수수께끼 같은 미소. 2 (용안으로) 꿰뚫어볼 수 없는. -bíl·i·ty, ~·ness 몡 -bly 閉
in·sculp [inskʌ́lp] 톕 《고어》 새기다, 조각하다.
in·seam [ínsìːm] 몡 (바지의) 가랑이에서 단까지의 솔기; (구두·장갑 따위의) 안쪽 솔기.
‡in·sect [ínsekt] 몡 1 곤충; 벌레. 2 (벌레 같은) 하찮은 인간. ― 몡 1 곤충의[같은], 곤충용의. ¶an ~ bite 벌레 물린 데/an ~ cabinet 곤충 표본상자/an ~ net 포충망(捕蟲網). 2 천한. in·séc·tan, ~·like 몡
in·sec·tar·i·um [ìnsektɛ́əriəm] 몡 (졉 ~s, -tar·i·a [-tɛ́əriə]) 곤충 사육장[실], 곤충(생태)관.
in·sec·ti·cide [inséktəsàid] 몡 살충제(제). -cíd·al 몡
in·sec·ti·fuge [inséktəfjùːdʒ] 몡 구충제.
in·sec·tile [inséktəl/-tail] 몡 곤충의, 곤충 같은.
in·sec·ti·val [ìnsektáivəl] 몡 곤충다운, 곤충의.
in·sec·ti·vore [inséktəvɔ̀ːr] 몡 식충(食蟲) 동물
in·sec·tiv·o·rous [ìnsektívərəs] 몡 (동·식물이) 벌레를 먹는, 식충성의. -ger
in·sec·tol·o·gy [ìnsektálədʒi/-tɔ́l-] 몡ⓤ 곤충학.
ínsect pówder 몡 제충(살충)분(粉).
ínsect wáx 《화학》 백랍, 충랍(Chinese wax).
in·se·cure [ìnsikjúər] 몡 1 자신이 없는, 겁이 많은, 2 불안한, 걱정스러운, 확신할[믿을 수 없는(about, with), ¶an ~ promise 믿을 수 없는 약속. 3 (토대 따위가) 튼튼하지 못한: (지위 따위가) 불안정한. ⇒ UNCERTAIN 유의어. ~·ly 閉 ~·ness 몡
in·se·cu·ri·ty [ìnsikjúərəti] 몡 1 ⓤ 불안(감), 확신[자신]이 없음. ¶a feeling of ~ 불안감. 2 ⓤ 불확실; 위험, 불안정. 3 (종종 -ies) 불안전[불확실]한 것.
in·sem·i·nate [insémənèit] 톕 1 (씨)를 뿌리다 [심다]. 2 …에 수정[임신]시키다. 3 (사상 따위)를 심어 주다[철저히 가르치다] (in, with).
in·sem·i·na·tion [insèmənéiʃən] 몡ⓤ 1 씨뿌리기, 파종. 2 《생물》 (인공) 수정, 매정(媒精). ¶artificial ~ 인공 수정. 「따위의) 인공 수정자」
in·sem·i·na·tor [insémənèitər] 몡 《수의》 (가축
in·sen·sate [ínsenseit, -sət] 몡 1 감각[지각]이 없는; 생명이 없는. 2 감정이 없는, 무정한, 비정한; (…에 대한) 3 분별이 없는[이해력, 판단력이 없는], 어리석은. ~·ly 閉 ~·ness 몡
*in·sen·si·bil·i·ty [insènsəbíləti] 몡ⓤ 1 (종종 an ~) 무감각, 둔감 (to), (…에 대한) 인사 불성; 마비. 2 무신경; 무정, 냉담 (to). ¶~ to pain 통증을 느끼지 못함.
*in·sen·si·ble [insénsəbl] 몡 1 느끼지 못하는, 무감각한 (of, to). ¶be ~ to pain [shame] 고통[부끄러움]을 느끼지 못하다. 2 의식 불명의[인사 불성]의, 감각이 마비된 (from); ¶a hand ~ from cold 추위로 곱은 손/fall ~ 인사 불성이 되다. 3 무관심한 (to), 냉담한, 무정한; 무신경의, 둔감한; 제대로 평가하지 못하는 (of, to, how節). ¶be ~ of one's danger 위험을 깨닫지 못하다. 4 (알아볼 수 없을 만큼) 미미한, 사소한. ¶by ~ degrees 아주 서서히[조금씩].
5 (…에 대하여) 감수성이 둔한, 둔감한; 무감동[무관심]한. ~·ness 몡 -bly 閉
in·sen·si·tive [insénsətiv] 몡 1 무신경한, 냉담한 (to); 감수성이 둔한, 무감각한. ¶an ~ person 냉담한 사람. 2 (육체적으로) 무감각한, 둔감한 (to). ¶~ to cold 추위를 느끼지 않는. 3 (물질이 외력(外力) 따위에) 반응하지 않는, 영향을 받지 않는 (to). ¶~ to light 감광(感光)하지 않는. ~·ly 閉 ~·ness, -tív·i·ty 몡
in·sen·ti·ent [insénʃiənt, -ʃənt] 몡 감각[지각, 감정, 의식]이 없는; 생명이 없는. -ence, -en·cy 몡
insep. inseparable.
*in·sep·a·ra·ble [insépərəbl] 몡 분리할[나눌] 수 없는, 불가분의; 떨어질 수 없는 (from). ― 몡 (~s) 분리할 수 없는 것; 떨어질 수 없는 사람[친구], 동료[. -bíl·i·ty, ~·ness 몡 -bly 閉 「있지 않은.
in·sep·a·rate [insépərət] 몡 (…로부터) 나뉘어져
‡in·sert [insə́ːrt] 톕 1 (물건)을 (…에) 삽입하다, 끼워[집어] 넣다; (어구 따위)를 (…에) 써넣다 (in, into, between). ¶(~+圓+前+名) a coin into the slot (동전) 구멍에 동전을 넣다 / ~ a word between two words 두 단어 사이에 한 단어를 삽입하다. 2 …을 (신문 따위에) 게재하다 (in). ¶(~+圓+前+名) an ad in a magazine 잡지에 광고를 싣다. ― 몡 (근육의) 붙어 있다. 몡 [-] 삽입물: (서적·잡지에 별쇄(別刷)로 끼워 넣는 페이지, (신문 따위의) 삽입 광고[전단]; (영화 따위의) 삽입 자막(cut-in); 〔컴퓨터〕 끼우기, 끼움. ~·a·ble 몡 ~·er
in·sert·ed [insə́ːrtid] 몡 1 삽입된; 써넣은. 2 《해부》 (인대·근육의 끝부분이) 뼈에 붙어 있는. 3 《식물》 (꽃의 한 부분이 다른 부분에) 착생(着生)해 있는.
*in·ser·tion [insə́ːrʃən] 몡 1 ⓤ 삽입, 끼워 넣기 (in, into). ¶the ~ of a coin in a vending machine 자판기에 동전을 넣기. 2 삽입물; 써넣은 글, 삽입(구); (신문·잡지 따위의) 끼워 넣는 광고[전단]. 3 ⓤⓒ 〔동·식물〕(기관 일부의) 착생(着生)(점). 4 ⓤⓒ (레이스나 자수 따위의) 꿰매어 넣은 천. 5 〔우주〕(우주(선)을) 어떤 궤도에 들어가기[올려놓기]. ~·al
insértion élement 〔유전〕 삽입 인자.
in·serv·ice [-sə́ːrvis, ˌ́--] 몡 근무중의, 현직(중)의; 재직중에 행해지는. ¶~ training 현직 연수[교육].
in·ses·so·ri·al [ìnsesɔ́ːriəl] 몡 (새의 다리가) 나무에 앉기 알맞은; (새가) 습관적으로 나무에 앉는.
in·set 몡 [ínsèt] 1 삽입물, 끼워 넣는 페이지. 2 (지도·사진 따위의 구석에 넣은) 작은 지도, 삽입한 그림. 3 삽입, 끼워 넣기. 4 유입(influx). ― 톕 [-ˊ] (~; ~·ting) …을 끼워 넣다, 삽입하다. ~·ter
ín·set, INSET 몡 〔교육〕 (공립 학교 교원의) 현직 연수. (< in-service training)
ínset inítial 〔인쇄〕 장식[삽입] 머리글자.
in·sev·er·a·ble [insévərəbl] 몡 분리할 수 없는, 불가분의. ¶an ~ alliance 긴밀한 동맹. -bly 閉
in·shal·lah [inʃáːlɑː, -ʃǽlə] 閉 알라 신의 뜻대로. [<Arab if Allah wills (it)] 「sheath 閉)
in·sheathe [inʃíːð] 톕 =ensheathe. (또는 in-
in·shoot [ínʃùːt] 몡 《야구》 인슈트. outshoot
in·shore [ínʃɔ́ːr] 몡 해안에 가까운, 연안의 (⇔ offshore). ¶~ patrol 연안 경비(대) / ~ fishing 연안 어업. ― 閉 해안(가까이)에서, 근해[연안]에서; 해안을 향하여.
inshore of …보다 해안에 가까이; …와 해안 사이에.
in·shrine [inʃráin] 톕 《고어》 =enshrine.
ín sìde 몡 《배드민턴·스쿼시》 인사이드(서비스권을 갖고 있는 선수(쪽)).
‡in·side [ìnsáid, ́--] 몡 1 …의 안쪽에, …의 내부에 (⇔ outside). ¶a box 상자 안쪽 / look ~ the office 사무실 안을 들여다보다. 2 《구어》 …이내의. ¶~ the speed limit 제한 속도 내로.
― 閉 1 내부에, 안쪽에[으로]. 2 옥내에(서). ¶go[play]

~ 실내에 들어가다[에서 놀다]. **3** 마음 속에[은]; 본래. **4** (英) (2층 버스의) 1층에. **5** (속어) 투옥되어.

inside of (구어) ① (美) …안(내)에. ② (시간·거리 따위가) …이내에, …되기 전에. ¶~ *of* 5 minutes 5분 이내에.

— 형 **1** 안쪽(내면)의, 내부에 있는. ¶an ~ seat 안쪽 자리. **2** 옥내(용)의, 옥내에서 일하는[행해지는]. **3** 내막의, 비밀의; 내막을 잘 아는. ¶~ information [informant] 내부 정보[고발자]. **4** 《야구》 (투구가) 타자쪽을 파고드는; 《축구·하키》 안쪽의, 센터 근처의. **5** (濠) 해안에 가까운. ¶an ~ country 연안 지역.

> 유의어 **inside** 어떤 것의 안쪽, 어떤 일의 한계·범위 안에 있는. **inner** 어떤 것보다도 더 중심적으로 가까운. **inward** 방향이 안으로 향한. **internal** 주로 추상적으로 외부에 대하여 내부에 있음을 뜻하는 말. **interior** 어떤 것의 (표면에 대하여) 내부의.

— 명 (栩 ~s [-z]) (보통 the ~) **1** 안쪽, 내부, 내면. ¶the ~ of a house 집의 내부 / the ~ of the hand 손바닥 / from (the) ~ 안으로부터. **2** (인도의) 건물에 가까운 부분, 안쪽. = ~ lane. **3** (종종 ~s) (구어) 몸의 내부; (특히) 배, 위장; 내심, 흉중의 생각. **4** UC (구어) (권력 따위를 가진) 내부 집단; 내부 사정을 잘 아는 위치(에 있는 사람); (속어) (사업 따위의) 내막. **5** (버스의) 창가 자리; (2층 버스의) 1층(downstairs); (역마차 등의 차내석의 승객).

a man on the inside 내부의 세력가[실력자, 소식통].
inside and out 안팎으로; 완전히, 모두, 다.
inside out ① 뒤집어서, 뒤엎어서. ¶turn a coat ~ *out* 코트를 뒤집다. ② 크게 혼란하여; (속어) 술에 취하여. ③ (구어) 전적으로, 완전히, 모조리.
on the inside ① 내부 사정에 정통하여, 내막을 잘 알고. ② 마음속으로는.
the inside of a week (英구어) 주중(週中)(월~금요일).

ínside addréss 명 (business letter 안에 쓰는) 수신인 주소 성명.
ínside báll 명 인사이드 야구(교묘한 작전이나 고도의 기교를 특징으로 하는 야구).
ínside bóok 명 (내막 따위의) 폭로물[서적].
ínside cáliper 명 내경(內徑)[내측] 캘리퍼스.
ínside cóver 명 (책의) 표지 뒷면.
ínside fórm 명 《인쇄》 뒤판(앞뒷면을 같은 판으로 인쇄할 때의 뒷 판면(版面)).
ínside jób 명 **1** (구어) 내부(자) 범행, 내부 사람과 공모한 범죄. ¶The robbery was an ~. 그 도난 사건은 내부 사람의 짓이었다. **2** 내근 (작업).
ínside láne 명 (도로의) 주행(차)선; 《육상》 (트랙의) 안쪽 코스, 인코스.
ínside léft 명 《축구·하키》 인사이드 레프트.
ínside lóop 명 《항공》 안쪽으로 도는 공중 회전.
ínside mán 명 **1** (美속어) (강도 따위의) 일당, 한 패; 잠입 스파이. **2** 내근(종업)원.
in·sid·er [insáidər] 명 **1** 내부 사람, 회원, 부원; 체제 내의 사람(⇔ outsider). **2** (기업의) 중역, 대주주; 《증권》 해당 증권 발행 회사 중역, 증권업자. **3** (구어) 내막을 잘 아는 사람, 내정(情報)통. **4** (구어) 유리한 지위에 있는 사람, 특별 우대자.
insíder déaling 명 (英) =insider trading.
insíder tráding 명 《증권》 내부자 거래(내부 정보를 이용한 위법 거래). **insíder tráder** 명.
ínside skínny 명 (美속어) 기밀 정보; 내막.
ínside stóry 명 (비화(秘話), 내막[흑막] (이야기).
ínside stráight 명 《카드놀이》 인사이드 스트레이트.
draw to an inside straight 거의 가능성이 없는 일에 덤비다.
in·side-the-Belt·way [-ðəbéltwei] 형 (美) 워싱턴 수도권의, 중앙의. ¶an ~ power politician 그 실세 정치인. ⇒ BELTWAY

ínside-(the-)párk hóme rún 명 《야구》 장내(場內) 홈런, 러닝 호머. (또는 **ínside-párk hómer**)
ínside tráck 명 **1** (경기장 따위의) 안쪽 주로(走路), 인코스. **2** (비유적) 유리한 지위[입장]; 상위, 우위.
have [or *be on, get*] *the inside track* 주로(走路)의 안쪽을 달리다; 유리한 위치를 차지하다.
in·sid·i·ous [insídiəs] 형 **1** 남을 함정에 빠뜨리려는, 남을 속이는[배신하는], 교활한, 음흉한. ¶an ~ plot 간계 / an ~ enemy 방심할 수 없는 적. **2** (병 따위가) 모르는 사이에 진행되는, 잠행성의. ¶an ~ disease 잠행성 질병. **~·ly** 부. **~·ness** 명.

***in·sight** [ínsàit] 명 UC 견식, 식견, 안식, 통찰력 (*into*). ¶a man of keen ~ 통찰력이 예리한 사람.
have [or *gain, get*] *an insight into* …을 꿰뚫어 보다, 통찰하다; …에 관한 식견을 지니다.
in·sight·ful [ínsàitfəl] 형 통찰력[직관력]이 있는, 식견이 있는. **~·ly** 부. **~·ness** 명. **insightia** 명.
in·sig·ne [insígni] 명 **1** insignia의 단수형. **2** =
in·sig·ni·a [insígniə] 명 (栩 ~(s)) (단·복수 양용) 기장(badge), 훈장; (직업 등의) 표지, 표시. ¶an ~ of mourning (喪章) / the ~ of an order 훈장.
in·sig·nif·i·cance [ìnsignífikəns] 명 U 무의미, 사소, 미미함; 보잘것없음 (쓸모 없는 신분).
in·sig·nif·i·can·cy [ìnsignífikənsi] 명 **1** = insignificance. **2** C 보잘것없는[쓸모 없는] 사람[것].
*‡**in·sig·nif·i·cant** [ìnsignífikənt] 형 (*more* ~; *most* ~) **1** 중요하지 않은, 보잘것없는, 시시한. ¶an ~ error [person] 대수롭지 않은 잘못[하찮은 사람]. **2** (금액 따위가) 얼마 안 되는, 약간의. ¶an ~ sum 얼마 안 되는 금액. **3** 의미가 없는, 무의미한. — 명 의미가 없는 말[것]; 이름도 없는[시시한] 사람. **~·ly** 부.
in·sin·cere [ìnsinsíər] 형 성의가 없는, 불성실한; 거짓의, 위선의. **~·ly** 부.
in·sin·cer·i·ty [ìnsinsérəti] 명 **1** U 불성실, 위선. **2** (~·ties) 불성실한 행위.
*‡**in·sin·u·ate** [insínjuèit] 타 **1** …을 넌지시(돌려서) 말하다, 암시하다, 빗대어 말하다(*to, that* 절). ⇨ HINT 유의어 ¶He ~s (*to* me) *that* you are a liar. 그는 (나에게) 네가 거짓말쟁이라고 넌지시 비추고 있다. **2** (교묘하게(서서히)) (사상 따위를) 심어(주)다, 주입하다(*into*). ¶(~+目+前+名) ~ doubt *into* a person 남의 마음에 의심을 심어주다. **3** (재귀용법으로) (서서히) …에 들어가다, …에게 (교묘히) 환심을 사다(*into*). ¶(~+目+前+名) He ~*d* himself *into* good society. 그는 교묘히 상류 사회에 끼어들었다. — 자 넌지시 비추다; 빗대어[에둘러] 말하다.
insinuate oneself into a person's favor 교묘히 남의 환심을 사다.
-a·tor 명 **-a·to·ry** 형
in·sin·u·at·ing [insínjuèitiŋ] 형 **1** (의심 따위를) 넌지시 일으키는; 암시하는, 돌려서[빗대어] 말하는. **2** 교묘히 환심을 사는, 아첨하는. ¶an ~ flattery 교묘한 아첨. **~·ly** 부.
in·sin·u·a·tion [insìnjuéiʃən] 명 **1** 빗대어[넌지시] 말하기, 암시. **2** (사상 따위를 남의 마음에) 교묘히 불어넣기. **3** 남의 환심을 사기, 아부 (*into*).
by insinuation 넌지시, 아부하여.
in·sin·u·a·tive [insínjuèitiv] 형 빗대어 말하는, 암시적인; 교묘히 환심을 사는, 아첨하는. **~·ly** 부.
in·si·nu·en·do [insìnjuéndou] 명 (栩 ~(s)) (구어) 빗댐; 빈정거림. (< *insi*nuate + in*nuendo*)
in·sip·id [insípid] 형 **1** 재미없는, 무미건조한, 활기 없는, 지루한. ¶an ~ lecture 지루한 강의. **2** 맛[풍미] 이 없는, 선도(鮮度)가 떨어지는, 김빠진.
in·si·pid·i·ty 명. **~·ly** 부. **~·ness** 명.
in·si·pi·ence [insípiəns] 명 UC (고어) 무지, 우둔.
-ent 형 **-ent·ly** 부.
*‡**in·sist** [insíst] 자 **1** (강하게) 요구하다, 강요하다; 조르다, 억지를 쓰다 (*on, upon, on doing, that* 절).

¶ ~ on obedience 복종을 강요하다 / ~ on working late 밤늦게까지 공부하겠다고 우기다 / I ~ (on it) that you shall go there. 네가 거기에 꼭 가 줘야겠다. **2** (자신을 가지고) 주장[단언]하다; 역설하다 (*on, upon, that*慣). ¶ ~ *on the justice of a claim* 요구의 정당성을 강력히 주장하다 // He ~s (on it) that his brother is innocent. 그는 자기 형이 무죄라고 주장한다. ~**·er** 몡 ~**·ing·ly** 閈

*in·sist·ence [insístəns] 몡U **1** (강한) 주장, 단언; 강조, 역설(*on, upon*). ¶the teacher's ~ *on* strict discipline 엄하게 교육해야 한다는 그 교사의 주장. **2** 강요, 무리한 요구; 집요(함). (또는 **insistance**)
at a person's insistence 남에게 강요당해[떠밀려]
with insistence 강경하게, 집요하게 [서].
in·sist·en·cy [insístənsi] 몡 =insistence.

*in·sist·ent [insístənt] 閈 **1** 강요하는, 주장하는 (*on, upon, about*); 고집하는, 꼭 (…)하려는(*on doing*); (요구 따위가) 끈덕진, 집요한. ¶an ~ demand 집요한 요구 // He was ~ *on* paying the bill. 그는 자기가 돈을 내겠다고 고집했다. **2** (빛깔·소리 따위가) 두드러진, 주의를 끄는, 강렬한; (통신 따위가) 긴급한.
— 몡 검덕진[집요한] 사람. ~**·ly** 閈 [에. <L]

in si·tu [in sáitju:/-tju:] 몡 제자리에, 본래의 장소
in·snare [insnέər] 뙤 (고어) =ensnare.
~**·ment, -snár·er** 몡 [하기.
in·soak [ínsòuk] 몡U (물이) 스며들기; (물을) 흡수
in·so·bri·e·ty [ìnsəbráiəti, ìnsou-] 몡U 무절제; 무음, 폭주(暴酒).
in·so·cia·ble [insóuʃəbl] 閈 (드물게) =unsociable. -**bíl·i·ty** 몡 -**bly** 閈 [ble.
in·so·far [insəfά:r, -sou-] 閈 (문어) …의 범위에서는, …하는 한에 있어서는 (*as, that* 慣) (*(英) in so far). ¶*I-as* I know, he lives in London. 내가 아는 바로는 그는 런던에 살고 있다.

in·sol. insoluble.
in·so·late [ínsoulèit] 뙤 (건조·소독 따위를 위하여) 햇볕에 쬐기; (치료를 위한) 일광욕. **2** (병리) 일사병(sunstroke). **3** (기상) 일사(日射)(지표면에 도달하는 태양의 방사 에너지); 일사율(日射率). [< incoming solar radiation] [innersole]
in·sole [ínsòul] 몡 (구두의) 안창; 깔개 가죽. (또는
*in·so·lence [ínsələns] 몡 **1** U 오만, 거만, 건방짐, 무례. **2** 오만[거만, 무례]한 언행.
*in·so·lent [ínsələnt] 閈 (윗사람·동급자에 대해) 오만[거만]한, 건방진, 무례한(*to*). ⇒ IMPERTINENT 유의어
— 몡 거만[무례]한 사람. ~**·ly** 閈 ~**·ness** 몡
in·sol·u·bil·ize [insάljubəlàiz/-sɔ́l-] 뙤 …을 녹지 않게[불용성화] 하다. -**bi·li·zá·tion** 몡
*in·sol·u·ble [insάljubl/-sɔ́l-] 閈 **1** 녹지 않는, 불용성의. ¶be ~ *in* water 물에 녹지 않다. **2** 해결[해명, 해석]할 수 없는, 불가해한. ¶an ~ event 해결할 수 없는 사건. — 몡 **1** 불용성 물질. **2** 해결[해석] 불가능한 사항[문제]. -**bíl·i·ty** 몡 ~**·ness** 몡 -**bly** 閈
in·solv·a·ble [insάlvəbl/-sɔ́l-] 閈 **1** 해결[설명]할 수 없는. **2** 녹지 않는(insoluble). -**bíl·i·ty** 몡 -**bly** 閈
in·sol·ven·cy [insάlvənsi/-sɔ́l-] 몡 (법률) 지불 불능(상태); 파산. [회사 임금 보장 규정.
insólvency provísion (英) 파산[지불 불능]
in·sol·vent [insάlvənt/-sɔ́l-] 閈 **1** 지급 불능의, 채무를 갚을 수 없는; (회사가) 파산한; 파산[파산자 (구제)]에 관한. ¶ ~ laws 파산법. **2** (자산 따위가) 부채를 갚기에 부족한. — 몡 지급 불능자, 파산자.
in·som·ni·a [insάmniə/-sɔ́m-] 몡U (특히 만성적인) 불면, 불면증. -**ni·ous** 閈
in·som·ni·ac [insάmniǽk/-sɔ́m-] 몡 불면증 환자; 철야 하는 사람[학생], 밤일 하는 사람. — 閈 불면(증)의[에 걸린]; 불면증 특유의[을 초래하는].

in·som·no·lence [insάmnələns/-sɔ́m-] 몡 잠을 못 이루기, 불면; 불면증. (또는 **insomnolency**)
-**lent** 閈 -**lent·ly** 閈
in·so·much [ìnsəmʎt, -sou-] 閈 **1** …할 정도로 지, …할 만큼(to such a degree) (*that, as*). ¶The snow fell in a heavy storm, ~ *that* all the traffic was interrupted. 심한 폭설로 교통이 끊겨버렸을 정도였다. **2** (문어) …이므로, …이니까 (*as*).
in·son·i·fy [insάnəfài/-sɔ́n-] 뙤 (광학) (특히 hologram 작성을 위해) (피사체(被寫體))에 높은 주파수의 음파를 쏘다. [음, 무사 태평. <F]
in·sou·ci·ance [insú:siəns] 몡U 무관심; 걱정 없
in·sou·ci·ant [insú:siənt] 閈 무관심한, 부주의한; 걱정 없는, 무사태평한(carefree). ~**·ly** 閈 [<F]
in·soul [insóul] 뙤 =ensoul.
insp. inspected; inspection; inspector.
in·span [inspǽn] 뙤 (*-nn-*) 뙤 (남아공) (소·말)을 수레에 매다; (비유적) (사람)을 다그쳐서 협력하게 하다; …을 이용하다. — 몡 소(말)를 수레에 매다.
‡**in·spect** [inspékt] 뙤 **1** …을 세심하게 조사하다, 점검[검사]하다 (*for*). ¶ ~ a used car *for* defects 결함이 없는지 중고차를 세밀히 살펴보다. **2** …을 시찰[감사, 검열]하다; (군사) 사열하다. ¶ ~ troops 군대를 사열하다. ~**·a·bíl·i·ty** 몡 ~**·a·ble** 閈 ~**·ing·ly** 閈

‡**in·spec·tion** [inspékʃən] 몡 (몡 ~s [-z]) UC **1** (면밀[세심]한) 조사, 검사, 점검, 검열; 시찰(의) 열람. ⇒EXAMINATION 유의어 ¶a close ~ 엄밀한 검사 / undergo a medical ~ 건강 진단[신체 검사]을 받다 / I- free [declined]. (게시) 열람 자유[사절]. **2** (공식적인) 시찰, (군대의) 사열. ¶the consul's ~ 영사의 시찰 / pass ~ 검사에 합격하다. **3** 검열관의 감독 구역.
make an inspection of …을 검사[점검, 시찰]하다.
on the first inspection 일단 조사한 바로는.
~**·al** 閈 [령] 앞에총.
inspéction árms 몡 (군사) 검사총(銃) 자세; (구
inspéction càr 몡 (철도) 궤도 검사차.
inspéction tòur 몡 시찰[사찰] 여행.
in·spec·tive [inspéktiv] 閈 **1** 주의 깊은. **2** 시찰[검열, 점검]하는; 시찰[검열, 점검]의에 관한].
‡**in·spec·tor** [inspéktər] 몡 (몡 ~s [-z]) **1** 조사[검사, 점검]하는 사람. **2** 사열[검열, 검사, 감사, 조사]관; 감독; (英) 장학관. ¶an ~ of sanitation 위생 검사관 / a school ~ 장학관. **3** 선거 관리 위원. **4** 경감(police ~).
-**to·ral, -to·ri·al** [tɔ̀:riəl] 閈 ~**·ship** 몡
in·spec·tor·ate [inspéktərət] 몡U **1** 검찰관[사열관, 검사관]의 직[관할 구역]. **2** (집합적; 단·복수 양용) 검열관[사열관, 감찰관]단; 시찰단.
inspéctor géneral 몡 (몡 ~s g-) (군사) 감찰관[감](監察官[監])(약 IG, I.G.); (美) 장비 점검 사관(士官). [형. (또는 **inspectrix**)
in·spec·tress [inspéktrəs] 몡 inspector의 여성
in·sphere [insfíər] 뙤 =ensphere.
*in·spir·a·ble [inspáiərəbl] 閈 **1** 영감을 받을수 있는. **2** (공기 따위가) 들이마시기에 알맞은.
‡**in·spi·ra·tion** [ìnspəréiʃən] 몡 (몡 ~s [-z]) **1** U 영감, 창조적 자극, 인스피레이션; C (종류 의식) 퍼뜩 떠오르는(영감에 의한, 멋진) 생각[착상]. ¶He wrote it with ~. 그는 영감이 떠올라 그것을 썼다. **2** C 영감[자극]을 주는 사람[것](*to, for*). ¶The captain was an ~ *to* his men. 선장은 있는 것만으로 선원들에게 격려가 되었다. **3** (신학) (예언자 등이 받는) 신령의 인도, (성서의 저자가 받는) 신령의 감화. **2** moral ~ 도덕적 영감 / verbal ~ 어구 영감. **4** 자극, 고무, 격려, 감동, 감격. **5** (여론 조작 따위를 위한) 지도층의 암시, 시사. **6** 숨을 들이마시기, 흡입(吸入)(반 expiration).
get [or *derive, draw*] *inspiration from* …으로부터 영감을 얻다.
have an inspiration 명안[좋은 생각]이 떠오르다.

under the inspiration of …에 고무되어, 자극받아; …에 감동하여, 감화되어.

in·spi·ra·tion·al [ìnspəréiʃənl] 형 1 영감을 주는, 고무[격려]하는.¶an ~ speech 격려사. 2 영감을 받은 (inspired). 3 영감의. ~**·ly** 부

in·spi·ra·tion·ism [ìnspəréiʃənìzm] 명 ⓤ 〔신학〕 영감설(靈感說)[론]. **-ist** 명 영감론자.

in·spi·ra·tor [ínspərèitər] 명 1 활기를 주는 사람. 2 흡입기; 〔기계〕 (증기 기관의) 주입기.

in·spir·a·to·ry [inspáiərətɔ̀ːri/-təri] 형 흡기(吸氣)의, 흡기[흡입]의(보조)용의.

‡**in·spire** [inspáiər] 동 (~**s** [-z]; ~**d**; -**spir·ing**) 타 1 …을 분발하게 하다. 고무[격려]하다.¶This success ~d us. 이 성공으로 우리는 힘을 얻었다. 2 (남)에게 (감정·사상 따위)를 일어나게 하다, 품게 하다 (*with*); (감정·사상 따위)를 (남에게) 불어넣다, 주입하다(infuse), 고취하다(*in, into*).¶(~+目+前+名) His behavior ~d them *with* distrust [distrust *in* them]. 그의 태도를 보고 그들은 불신감을 품게 되었다. 3 (감화력·감정·사상 따위가) …을 고무[자극]하여 (…할 마음이 내키게 하다 (*to, to do*). 4 기운나게 하다, 생기[활기]를 주다.¶His appetite was ~d by the variety of food. 여러 가지 음식으로 보니 그는 식욕이 났다. 5 …에 영감을 주다; (영감에 의해서) …을 이끌다.¶a meeting ~d by God 신의 영감[인도하심]을 받은 집회. 6 …을 부추기다; (소문 따위)를 퍼뜨리다; …을 시사하다. 7 (공기·가스 따위)를 들이마시다(inhale). ─ 자 1 고무하다; 영감을 주다. 2 숨(공기)을 들이마시다(與 expire). **in·spír·a·tive** 형 -**spír·er** 명

in·spired [inspáiərd] 형 1 영감(계시)을 받은; 영감에 의한.¶an ~ poet 영감을 받은 시인. 2 (기사·보도 따위가) 관련 당국의 뜻을 받든(반영한).¶an ~ article 어용 기사. 3 들이마신(inhaled). 4 영감을 받은 듯이 훌륭한, (추측 따위가) 직관적이지만 정확한.¶an ~ performance 훌륭한 연기. ~**·ly** 부

in·spir·ing [inspáiriŋ] 형 기운나게 하는, 고무하는, 활기띠게 하는; 영감을 불러 일으키는. ~**·ly** 부

in·spir·it [inspírit] 타 …에 생기[활기]띠게 하다; …을 격려하여 (…)시키다(*to, to do*). (또는 **enspirit**) ~**·er, ~·ment** 명

in·spir·it·ing [inspíritiŋ] 형 기운나게 하는, 활기띠게 하는. ~**·ly** 부

in·spis·sate [고어] 동 [inspíseit] (가열 또는 증발에 의해) 진하게 하다(진해지다). ─ 형 [inspísət] (또는 **inspissated**) 농후한, 진한. **in·spis·sá·tion** **-sa·tor** 명 (가열에 의한) 혈액 응고 장치.

inst. instant; instantaneous; institute; institution(al); instruction; instructor; instrument(al). **Inst.** Institute; Institution.

in·sta·bil·i·ty [ìnstəbíləti] 명 1 불안정(한 성질[상태]). 2 (an ~) (마음의) 불안정, 변덕; 우유 부단.¶emotional ~ 정서 불안정. 3 〔물리〕 불안정성[상태].

instability line 명 〔기상〕 불안정선(線).

in·sta·ble [instéibl] 형 불안정한; 변덕스러운.

‡**in·stall** [instɔ́ːl] 타 (~**s** [-z]) 1 (장치 따위)를 설치하다(달다), 비치하다; 〔컴퓨터〕 (하드웨어·소프트웨어 따위)를 장치하다, 깔다, 인스톨하다.¶have a telephone ~ed 전화를 가설하다. 2 (남)을 임명하다, 취임시키다(*as, in*).¶(~+目+前+名) ~ a person *in* an office 남을 어떤 직위에 임명하다. 3 (수동형·재귀 용법으로) (어떤 장소에) 자리잡다, 정착하다; 착석하다; 지위를 차지하다(*in, at*).¶~ oneself [or be ~ed] *in* a seat 자리에 앉다. (또는 **instal**) ~**·er** 명

in·stal·lant [instɔ́ːlənt] 명 임명자, 서임자(敍任者).

*in·stal·la·tion [ìnstəléiʃən] 명 1 (기계·기구 따위의) 설치, 가설; 〔컴퓨터〕 설치, 장치; ⓒ (종종 ~s) 설비[가설]된 것; 설치된 기계[기구] 일습.¶a wireless ~ 무선 설비/water ~s 수리 시설. 2 ⓤ 임명[임관

(式), 취임(式). 3 〔군사〕 군사 시설(기지·야영 진지 따위).

installátion àrt 명 설치[장치] 미술[예술].   [위].
installátion design 명 〔컴퓨터〕 실장(實裝) 설계.
installátion tìme 명 〔컴퓨터〕 설치 시간.

in·stall·ment¹ [instɔ́ːlmənt] 명 1 (월부·차금 따위의 1회의) 분할 불입금, 할부금(割賦金); 분할 불입, 할부, 월부(*on*).¶the next ~ on the vacuum cleaner 진공 청소기의 다음 회 할부금. 2 (시리즈물·전집 따위의) 1회분; 분책.

by [or *in*] ***installments*** 분할 지불로, 할부[월부]로; 여러 회로 나뉘어.¶*pay in* monthly ~*s* 월부로 지불 ***on installment*** 할부로.   [하다.

─ 타 할부 지불의, 할부의. (또는 〔英〕 **instalment**)

in·stall·ment² 명 =installation.

instállment búying 명 할부[월부] 구입.
instállment crédit 명 할부 신용 (판매).
instállment dèbt 명 할부금 미불[미청산](총)액.
instállment plàn 명 (the ~) 〔美〕 할부제(制), 분할 지불 방식, 월부((英) hire purchase system).

on the installment plan 할부[월부]로.

instállment sàle [sèlling] 명 할부[월부] 판매.

In·sta·mat·ic [ìnstəmǽtik] 명 〔상표〕 인스터매틱 (아마추어용 소형 고정 초점 카메라).

‡**in·stance** [ínstəns] 명 (**-stanc·es** [-iz]) 1 경우, 사실(case); 단계.¶fresh ~*s* of oppression 새로운 탄압 사실/*in* this ~ 이 경우. 2 예, 실례, 예증. ⇒EXAMPLE 〔類義〕¶an ~ of carelessness 부주의의 실례/give [or cite] a few ~*s* 몇가지 예를 들다. 3 요구, 간청, 의뢰; 주장; 권고, 제의, 시사. 4 〔법률〕 소송 (절차); 심급(審級). 5 〔고어〕 긴급; 탄원.

at the instance of a person; at a person's instance 〔문어〕 남의 요청[간청, 권고, 의뢰]에 의해.

for instance 예를 들면(for example)

give a person a for instance 〔美구어〕 남에게 일례를 들다, 예시(例示)하다.

in the first instance 우선 첫째로; 〔법률〕 제1심에서.
in the last instance 최후에; 〔법률〕 최종심에서.

─ 타 (**-stanc·es** [-iz]; ~**d** [-t]; -**stanc·ing**) 1 …을 예로 들다. 2 …을 예증하다(exemplify). ─ 자 예를 들다.   [박, 급박, 긴급. 2 즉각성.

in·stan·cy [ínstənsi] 명 ⓤ ⓒ (드물게) 1 강요; 절

‡**in·stant** [ínstənt] 명 1 (…의) 순간, 순시, 즉시. 2 잠깐, 찰나, 일순간. ⇒MOMENT 〔類義〕 3 ⓤ 〔구어〕 인스턴트 식품[음료], 즉석 인스턴트 커피(~ coffee). 4 (~*s*) 〔美구어〕 즉석 복권.

at an instant 동시에(at the same time).
for an instant 잠깐 동안, 일순간.
in an instant 곧, 당장, 즉시.
in the instant of doing …할 순간에; 〔바로.
on [or *upon*] ***the instant*** 그 순간에, 즉석에서, 곧
the instant (that) 〔접속사적〕 …하자마자.¶*The* ~ *(that)* he saw the policeman, he ran away. 그는 경관을 보자마자 도망쳤다.   [장; 그 자리에서.

this [or *that*] ***instant*** 〔부사적〕 지금 곧, 그 즉시, 당 ─ 형 1 즉시의, 즉각적인.¶~ relief 긴급 구조; (약 위의) 즉효./~ death 즉사 /an ~ response 즉답. 2 긴박한, 긴급의.¶~ need 절박한 필요. 3 (드물게) 이 달의(*생략형 inst.로 날짜 뒤에 쓴다)(形 proximo, ultimo); 〔상〕 이달 현재의, 이 달 10일.¶the 10th *inst.* 이 달 10일. 4 즉석의, 인스턴트(요리용)의. 5 준비 완료의.

─ 부 〔시〕 즉시, 당장에.

in·stan·ta·né [F ɛ̃stãtane] 명 1 스냅, 속성 사진. 2 단편(短篇)(sketch). 〔<F instant〕

***in·stan·ta·ne·ous** [ìnstəntéiniəs] 형 1 즉석의, 즉시의; 순간적의, 눈깜짝할 사이의.¶~ wind speed 순간 풍속/an ~ decision 즉결 /an ~ photograph 즉석[속성] 사진. 2 동시에 일어나는, 동시의.

in·stan·ta·ne·i·ty [ìnstæntəníːəti, ìnstənte-]

~·ly 부 **~·ness** 명

instantáneous héater 명 순간 온수기.
(또는 **instantáneous wáter hèater**)

instantáneous sóund prèssure 명 〔물리〕 (순간) 음압(音壓).

instantáneous stòrage 명 〔컴퓨터〕 즉시 기억 장치.

ínstant bòok 명 인스턴트 북, 즉석본(리프린트·정부 보고서 따위처럼 편집이 거의 필요치 않은 책).

ínstant cámera 명 즉석 카메라(촬영 직후에 카메라 내에서 인화되는 것; Polaroid 따위).

in·stan·ter [instǽntər] 부 〔고어〕 = instantly.

in·stan·tial [instǽnʃəl] 형 구체적 예의, 예가 되는.

in·stan·ti·ate [instǽnʃièit] 형타 …을 구체적 예를 들어 나타내다, 예시하다. **-á·tion** 명 **-à·tive** 형

ínstant·ize [ínstəntàiz] 타 인스턴트(식품)화 하다.

ínstant kárma 명 〔속어〕 환각제.

ínstant lóttery 명 〔美〕 즉석 복권[복표].

‡**in·stant·ly** [ínstəntli] 부 1 즉시, 곧장, 당장(에), 즉각. ¶ be ~ killed 즉사하다.

> 유의어 **instantly** 조금의 지체도 없이 동시에. **immediately** instantly와 같은 뜻일 때도 있으나 보통은 약간 뒤짐을 암시. **directly, presently** immediately보다 더 늦어짐을 암시; 둘 다 예스러운 말.

2 절실히, 절박하여; 〔고어〕 오로지, 한결같이.
— 접 〔英〕 …하자마자. ¶ I recognized her ~ I saw her. 나는 그녀를 보자마자 곧 알아보았다.

ínstant méssaging 명 〔컴퓨터〕 즉석 교신.

ínstant nóodle 명 인스턴트 국수; 라면.

in·stan·to·graph [instǽntəgræf/-grà:f] 명 스냅 사진.

in·stant·on [ínstæntɑ̀n/-tɔ̀n] 명 〔물리〕 인스탠턴

ínstant photógraphy 명 속성[즉석] 사진(술).

ínstant réplay 명 〔TV〕 (슬로 모션으로 보여주는) 비디오 즉시 재생, 슬로 비디오((英) action replay); 〔구어〕 즉석[직후의] 재현[반복].

ínstant Zén 명 〔美속어〕 환각제(LSD).

in·star[1] [ínstɑːr] 명 〔동물〕 영(齡)(절지(節肢) 동물 유충의 탈피와 탈피 사이의 기간).

in·star[2] [-´] 타 (-rr-) …에 별을 아로새기다, 별을 촘촘히 박은 것처럼 장식하다. (또는 **enstar**)

in-state [´stéit] 타 〔美〕 주내(州内)의.

in·state [instéit] 타 (남을) (직위·지위에) 앉히다, 임명하다(in, to). **~·ment** 명

in státu quo [in stéitju: kwóu, -stǽtju:-] 부형 현상 유지로[의], 과거 그대로(의). <L>

in·stau·ra·tion [ìnstɔːréiʃən] 명 〔드물게〕 회복, 부흥; (폐어) 창립, 설립. **-rà·tor** 명

‡**in·stead** [instéd] 부 대신에[으로]; 그보다는, 그런게 아니라. ¶ What was there ~? 그것 말고 무엇이 있었죠?/ Give me it ~. 대신 그것을 주시오.
instead of …대신에; …이 아니라, …하지 않고 (doing). ¶ He gave me a check ~ of cash. 그는 나에게 현금 대신에 수표를 주었다.

in·step [ínstèp] 명 1 발등. 2 (구두·양말 따위의) 발등 부분. 3 (말·소 따위의) 뒷다리의 정강이 부분. 4 발등 모양의 것.

in·sti·gate [ínstəgèit] 타 1 (남을) (…하도록) 부추기다, 교사[충동]하다(to do). ¶ (~+图+前+图 to do) ~ workers to go on strike 노동자들을 부추겨서 파업을 하게 하다. 2 (…에게) (어떤 일을) 선동하다, 유발시키다 (to), ¶ ~ a quarrel [plot] 싸움[음모]을 선동하다. 3 〔조사·소송 따위〕를 시작하다, 착수하다.
-gant 명 **-gàt·ing·ly** 부 **-gà·tive** 형 **-gà·tor** 명

in·sti·ga·tion [ìnstəgéiʃən] 명 U C 부추김, 교사, 선동(incitement); 자극, 유인.
at [or by] the instigation of a person; **at [or by]** a person's **instigation** 남에게 사주되어, 남의 선동으로.

in·still [instíl] 타 1 (사상·감정 따위)를 (…에게) 서서히 불어넣다, 주입하다(into, in); …에게 (…을) 서서히 가르치다(with). ¶ ~ consideration for aged people 경로심을 가르치다 // (~+图+前+图) ~ courtesy in a child; ~ a child with courtesy 아이에게 예의를 가르치다. 2 …을 (…에) 한 방울씩 떨어뜨리다, 적하(滴下)하다(into). (또는 〔英〕 **instil**)
~·er, **~·ment** 명

in·stil·la·tion [ìnstəléiʃən] 명 1 U C (사상·주의 따위를) 서서히 가르침[주입시킴]. 2 U 적하(滴下)(물), 점적(點滴)(물); U 〔의학〕 점적 주입(법), 점안(點眼)(법).

in·stil·la·tor [ínstəlèitər] 명 〔의학〕 점적기(點滴器).

‡**in·stinct** [ínstiŋkt] 명 U C 1 〔심리〕 본능, 타고난 행동 경향; (…하려고 하는) 자연적 충동[성향](to do). ¶ the ~ of self-preservation 자기 보존의 본능/ maternal[homing] ~ 모성[귀소] 본능. 2 (…에 대한) 타고난 재능, 소질, 천성(for); 직관(력), 감. ¶ an ~ for making money 돈 버는 재능.
act on instinct 본능에 따라[본능대로] 행동하다.
by [or from] instinct 본능적으로.
have an instinct for …의 재능이 있다. …을 타고 나다.
— 형 〔-´〕 〔서술용법〕 (생기·정열 따위로) 가득찬, 발랄한, 약동하는(with). ¶ a picture ~ with life 생명이 약동하는 그림.
~·less 형

*‡**in·stinc·tive** [instíŋktiv] 형 1 본능의[에 관한]; 본능적인, 천성의; 직관적(直觀的)인. ¶ ~ behavior 본능적 행동/ an ~ taste for art 타고난 예술 취미. 2 본능[천성, 직관]에서 나오는. **-ly** 부

in·stinc·tu·al [instíŋktʃuəl] 형 = instinctive. **~·ly** 부

‡**in·sti·tute** [ínstətjùːt/-tjùːt] 타 (**-tut·ed**; **-tut·ing**) 1 (규칙·관례·제도 따위)를 마련하다, 제정하다; (협회 따위)를 설립하다(establish). ¶ ~ a rule 규칙을 마련하다 / ~ an association 협회를 만들다. 2 〔조사·소송 따위〕를 시작하다, 일으키다. ¶ ~ an inquiry 조사를 시작하다 / ~ a suit 소송을 제기하다. 3 실행에 옮기다, 실시하다. ¶ ~ laws 법률을 시행하다. 4 (남을 (관직·성직 따위에) 임명하다, 앉히다(into, to); …에게 성직[관직]을 수여하다. ¶ (~+图+前+图) ~ a person into a benefice 남을 성직에 임명하다.
— 명 1 (종종 I-) (학술·예술·교육 등에 관한) 협회, 학회, 연구소; (공공 복지·기업체 등의) (협)회; 그 건물[회관]. ¶ an art ~ 미술 협회. 2 〔교육〕 (특히 이공계의) 대학; 〔美〕 (교원 등을 위한) 연수회, 단기 강습. ¶ an ~ of technology 공과[공업]대학/ an adult ~ 성인 강좌. 3 **a**) (~s) (초보자 대상의) 법학 교과서, 〔법학〕 개설서, 법률 원론. **b**) (또는 **Institutes of Justínian**) (Corpus Juris Civilis 4부 중의 1부를 형성하는) 로마법 시론(試論). 4 제정[설립]된 것, 창립, 설립, 제정. 5 (확립된) 원리, 원칙; 규칙; 관행, 관례, 관습; 조직. 〔협회(의) ID〕.
Institute of Diréctors 명 (the ~) 〔英〕 관리자 협회.

in·sti·tut·er [ínstətjùːtər/-tjùː-] 명 = instituter.

‡**in·sti·tu·tion** [ìnstətjúːʃən/-tjùː-] 명 (複 **~s** [-z]) 1 U 설립, 창립; 제정; 개시. ¶ the ~ of laws 법률의 제정 / the ~ of a school 학교의 설립. 2 (사회적인) 제도, 관례, 관습; 법령, 규정. ¶ the ~ of marriage 결혼 제도. 3 기구, 조직; 학회, 협회, 시설(양로원·고아원 따위); 공공 기관[단체]; 그 건물[회관]. ¶ ~(會), …단(團). ¶ a literary ~ 문예 협회/ a public ~ 공공 기관/ an academic [a charitable] ~ 학술[자선] 단체. 4 상사(商社), 회사; = institutional investor. 5 〔구어〕 잘 알려진 것[사람], 명물. ¶ the ~s of the city 도시의 명물. 6 〔교회〕 **a**) (그리스도에 의한) 성찬(Eucharist)의 창시. **b**) 의식의 제정. **b**) 성직의 임명(叙任).

*‡**in·sti·tu·tion·al** [ìnstətjúːʃənl/-tjúː-] 형 1 제도(상)의, 규정의; 관례적인, 습관상의. 2 회(會)의, 학회 [협회, 공공기관]의; 회관의. 3 규격화된, 획일적인. ¶ ~

food 규격화된 식품. **4** 〖경제〗 기관(투자)의. **5** 사회〖자선, 교육〗 사업적인. ¶an ~ society 사회[자선] 사업 협회. **6** (美) (광고가) 매출 증가보다 기업 이미지 개선을 위한. **7** 대량 소비자층을 위한, 영업용인. ~·ly 부
institútional ádvertising [ád] 명 기업 광고.
institútional delívery sỳstem 명 〖경제〗 기관 투자가용 대체(對替) 결제 제도(약 ID). 〖투자.〗
institútional invéstment 명 〖경제〗 기관(機關)
institútional invéstor 명 〖경제〗 기관 투자가(대규모 증권 투자를 하는 보험 회사·은행·투자 신탁 등).
in·sti·tu·tion·al·ism [ìnstətjúːʃənəlìzm/-tjuː-] 명 U **1** (공공[자선] 단체 등의) 조직, 제도. **2** (종교 등의) 제도 존중(주의). **3** 〖경제〗 제도파 경제학, 제도학파 (경제 현상을 사회 제도의 일부로 보는 입장). **-ist** 명
in·sti·tu·tion·al·ize [ìnstətjúːʃənəlàiz / -tjuː-] (* (英) **-ise**) 타 **1** …을 제도화하다; 규정하다. **2** …을 공공 단체(협회)로 하다. **3** (구어) …을 공공 시설(정신 병원 등)에 수용하다; 수용소 생활에 익숙하게 하다.
-tù·tion·al·i·zá·tion 명
institútional revolútion 명 문화 혁명(cultural revolution). **institútional revolútionary** 명
in·sti·tu·tion·ar·y [ìnstətjúːʃənèri/-tjúːʃənəri] 명 **1** 학회[협회, 단체]의. **2** 제도의; 규정의. **3** 창시의, 제정의. **4** (교회) 성찬식 제도의; 성직 수여의.
in·sti·tu·tive [ínstətjùːtiv/-tjùː-] 형 제정(制定)의[설립, 개시]에 이바지하는[을 위한]; 관습적인; (법에 의해) 설립된. ¶an ~ meeting 설립 창립 회의. ~·ly 부
in·sti·tu·tor [ínstətjùːtər/-tjùː-] 명 **1** 제정자; 설립자; 창시자, 창설자, 조직자. **2** (美감독교회의) 성직 임명자. (또는 **instituter**)
instn. institution. **instns.** instructions. 〖는〗.
in-store [ˊstɔ̀ːr] 명 (백화점 따위의) 점내의[내에 있는]
Inst. P. (英) Institute of Physics. **instr.** instruction(s); instructor; instrument(al); instruments.
in·stroke [ìnstróuk] 명 **1** 안쪽으로 향해 치기, 박아 넣기. **2** (피스톤의) 내향 행정(內向行程).
‡**in·struct** [ìnstrʌ́kt] 타 **1** (남)을 가르치다, 교육하다; (학과 따위를) 가르치다(in). → TEACH 유의어 ¶~ the young 젊은이를 가르치다 / (~+目+前+名) ~ a person in English 남에게 영어를 가르치다. **2** (남)에게 명령(…에 관해) 지시하다(on, about); (…하도록) 명령하다(to do, wh. 節 등). → ORDER 유의어 ¶The doctor ~ed me to diet. 의사는 나에게 식이 요법을 지시했다. **3** …에게 정보를 주다, 알리다 (of, that 節, wh. 節 등). ¶~ her of his arrival 그녀에게 그의 도착을 알리다 / ~ him what to do 그에게 어떻게 하면 좋을지 알려주다 / I ~ed him that he had passed the examination. 나는 그에게 시험에 합격한 것을 알려주었다. **4** (법률)(변호사)에게 사실 따위를 알리다; (판사가)(배심원)에게 (…하도록) 촉구하다(to do), (…이라고) 설명하다(that 節); (변호사)를 고용하다. **5** (컴퓨터) …에게 명령하다.
be instructed in …을 잘 알다, …에 밝다.
~·i·ble 형
in·struct·ed [ìnstrʌ́ktid] 형 교육을 받은, 교양이 있는; 지시[훈령] 받은. ~·ness 명
‡**in·struc·tion** [ìnstrʌ́kʃən] 명 (복 ~s [-z]) **1** U 가르치는 것, 교수; (…의) 교육(in). ¶give [receive] ~ in French 프랑스어를 가르치다[배우다] / he was under his ~ 그의 가르침을 받다. **2** (배운) 지식; 교훈. ¶a woman of fine ~ 교육을 잘 받은 여성. **3** C (보통 ~s) 지시, 지령, 명령; (사용) ~ (book) 사용법, 지시, that 節). ¶give ~s to wait 기다리도록 지시하다 / Please follow the ~s when you use it. 설명서대로 사용하시오. **4** C (컴퓨터) 명령(어)(in). **5** (~s) (법률) (변호인에 대한 사건의) 설명, 의뢰(장); (美) (배심에 대한) 촉구, 설명.
instrúction addréss 명 (컴퓨터) 명령어 주소.

in·struc·tion·al [ìnstrʌ́kʃənl] 형 교육(상)의; 교육적인. ¶~ methods [films] 교육 방법[영화].
instrúctional télevision 명 (美) (교실용) 교육 유선 TV프로 (약 ITV).
instrúction cỳcle 명 (컴퓨터) 명령 사이클.
instrúction fétch 명 (컴퓨터) 명령어 추출.
instrúction tìme 명 (컴퓨터) 명령 (처리) 시간.
‡**in·struc·tive** [ìnstrʌ́ktiv] 형 (more ~; most ~) 교육적인, 교훈적인; 지식을 주는; 도움이 되는, 유익한. ¶an ~ experience 유익한 경험 / an ~ book (교육상) 도움이 되는[유익한] 책. ~·ly 부 ~·ness 명
‡**in·struc·tor** [ìnstrʌ́ktər] 명 (복 ~s [-z]) **1** 교사, 교관, 강사, 지도자, 가르치는 사람(in). ¶an ~ in mathematics 수학 강사. **2** (美) (대학의) 전임 강사 ((英) lecturer). **in·struc·tó·ri·al** [-tɔ́ːriəl] 형 ~·**shìp** 명 강사 신분[직].
in·struc·tress [ìnstrʌ́ktris] 명 instructor의 여
‡**in·stru·ment** [ínstrəmənt] 명 **1** (정밀) 기구, 기계, 도구. ⇨IMPLEMENT 유의어 ¶medical ~s 의료 기기 / optical (drawing) ~s 광학 기계[제도용구]. **2** 악기 (計器). ¶land a plane by ~s 계기 비행으로 비행기를 착륙시키다. **3** 악기(musical ~). ¶percussion ~s 타악기 / wind ~s 관악기. **4** (정부 등의) 기관(agency). ¶an ~ of government 정부 기관. **5** 법률 문서(증서, 계약서, 약속 어음 등). ¶an ~ of surrender 항복 문서. **6** (…의) 수단, 방법(for); (남의) 앞잡이, 괴뢰, 도구. ¶the ~ of a person's crime 남의 범죄의 앞잡이. **7** (전화의) 수화기. ¶scoop up the ~ 수화기를 들다. **8** 외적 요인. ── 타 **2** (종종·운항 따위가) 계기에 의한. ── 동 타 **1** (측량·기록 따위를 위해) …에 기구[기계(器械)]를 설치하다. **2** (곡)을 기악용으로 편곡하다.
-mènt·ed 형 장비를 갖춘.
*__in·stru·men·tal__ [ìnstrəméntl] 형 **1** 수단[도구]이 되는, 도움이 되는(w, in (doing)). ¶be ~ in obtaining a job for a friend 친구의 취직에 도움을 주다. **2** 기구[기계, 계기]의에 의한. ¶~ navigation 계기 비행 / ~ drawing 용기화(用器畫). **3** 악기로 연주되는, 기악의; 악기용으로 작곡된(opp. vocal). ¶~ music 기악. **4** (문법) 조격(助格)의. **5** (심리) (학습에 있어) 보상을 조건으로 삼는, 시행 착오를 통해 올바른 조건을 부여하는. ── 명 **1** (문법) 조격어, 조격, (또는 ~ cáse) **2** 기악(곡).
instruméntal condítioning 명 (심리) 도구적 조건 부여(상벌에 의해 행동을 변화시키는 과정).
instruméntal góods 명 생산재(producer goods).
in·stru·men·tal·ism [ìnstrəméntlìzm] 명 U (철학) 도구주의 (미국의 철학자·교육가 John Dewey (1859~1952)의 학설; 인간의 지성은 그 목적·이상에도 달하기 위한 도구라는 설).
in·stru·men·tal·ist [ìnstrəméntlist] 명 **1** 기악가 (= vocalist). **2** 도구주의자. ── 형 도구주의의.
in·stru·men·tal·i·ty [ìnstrəmentǽləti] 명 U **1** 도움이 되기; 도움; 중개, 알선. **2** C 도움이 되는 물건 [사람]; 수단.
by [or **through**] **the instrumentality of** …을 수단으로 하여, …의 도움으로.
instruméntal léarning 명 (심리·교육) 도구적 학습 (법) (도구적 조건 부여에 의한 학습법).
in·stru·men·tal·ly [ìnstrəméntli] 부 **1** 방법 [방편]을 써서; 방편[간접]으로. **2** 악기를 써서.
instruméntal phonétics 명 (음성) 기계 음성학.
in·stru·men·ta·tion [ìnstrəmentéiʃən] 명 U **1** (음악) (관현악을 위한) 기악 편성(법); (관현악) 편곡법. **2** 기기[기구]의 사용; 계기에 의한 계측[관찰, 관리]. **3** 기기 (器機) 공학; (집합적) 한 벌의 기기; (특정 목적의) 기계 [기구]류. **4** = instrumentality.
ínstrument básher 명 (英속어) 기계[계기]계(係).
ínstrument bòard 명 (항공기 따위의) 계기판.
ínstrument flýing [flíght] 명 (항공) 계기 비행.

ínstrument lánding 圀 〔항공〕 계기 착륙.

ínstrument lánding sýstem 圀 〔항공〕 (항공기의) 계기 착륙 장치(略 ILS).

in·stru·men·tol·o·gy [ìnstrəməntálədʒi/-tɔ́l-] 圀 계측기학(計測器學). **-gist** 圀 계측기 학자.

ínstrument pánel 圀 =instrument board.

ínstrument státion 圀 〔측량〕 측점(測點), 3각점.

in·sub·or·di·nate [ìnsəbɔ́ːrdənət] 圀 1 순종[복종]하지 않는, 반항하는 (to). 2 낮지 않은, 종속적이 아닌. — 圀 순종하지 않는 사람, 반항자. **~·ly** 튑 **-ór·di·ná·tion** 圀

in·sub·stan·tial [ìnsəbstǽnʃəl] 圀 1 가공[상상]의; 비현실적인. 2 실질[내용]이 없는; 견고하지 못한, 약한. **-stàn·ti·ál·i·ty** 圀 **~·ly** 튑

in·suf·fer·a·ble [insʌ́fərəbl] 圀 견딜 수 없는, 참을 수 있는. **~·ness** 圀 **-bly** 튑

in·suf·fi·cien·cy [ìnsəfíʃənsi] 圀 1 ⓤ 부족, 불충분; 부적당.¶ ~ of supplies 공급[식량] 부족. 2 (종종 **-cies**) 불충분분[부족, 부적당]한 점; 결점. 3 ⓤ 〔의학〕 (기관의) 기능부전(不全). (또는 **insufficience**)

‡**in·suf·fi·cient** [ìnsəfíʃənt] 圀 불충분한, 부족한 (for, of, in); …에 부적합[당]한; (사람이) 부족한, 능력이 없는 (to, for). ⇨ INCAPABLE 〔유의어〕¶ ~ evidence 불충분한 증거. **~·ly** 튑

in·suf·flate [insʌ́fleit, ìnsəfléit] 圀튄 1 〔공기·약품 따위를〕 (폐·코 따위에) 불어넣다 (into, onto); …에 (소독제 따위를) 뿌리다 (with). 2 〔공기·약 따위를〕 (몸속에) 불어넣다, 통기(通氣)하다 (into). 3 〔세례받는 사람·성수(聖水)〕에 입김을 불다. **-flá·tion** 圀

in·suf·fla·tor [insʌ́fleitər] 圀 취입기(吹入器); 뿜어 넣는 기구 (분말 살포제 의한) 지문 현출기(現出器).

in·su·la [ínsjələ-/-sju-] 圀 (복 **-lae** [-liː]) 1 〔해부〕섬. **a)** (Reil) 섬(대뇌 피질). **b)** (췌장의) 랑게르한스(Langer-hans) 섬. 2 〔고대 로마의〕 집단 주택. 〔<L insula〕

in·su·lant [ínsələnt] 圀 절연체(絕緣體)[재료].

*****in·su·lar** [ínsələr, -sjə-/-sju-] 圀 1 섬의; 섬나라의; 섬사람의; 섬 모양의, 섬을 이루는. 2 섬에 사는[있는]. 3 (섬처럼) 고립된. 4 섬나라 근성의, 편협한. ¶ ~ prejudices 섬나라적 편견. 5 〔병리〕 섬 모양의; 〔해부〕 섬의(略 insula). 6 (동·식물이) 섬지역에 서식하는, 서식지가 한정된. — 圀 섬사람(islander). **~·ism** 圀ⓤ 섬나라 근성. **~·ly** 튑

*****in·su·lar·i·ty** [ìnsəlǽrəti/-sju-] 圀 ⓤ 섬(나라)임, 도서성(島嶼性); 고립; =insularism.

in·su·lar·ize [ínsələràiz/-sju-] 圀튄 섬화(化)하다; 섬으로 나타내다.

in·su·late [ínsəlèit/-sju-] 圀튄 1 (비)전도체로 싸다; …을 (…으로/…로부터) 절연[단열, 방음]하다 (with/from, against). ¶~ a wire with a rubber tube 전선을 고무 피복으로 절연하다. 2 …을 고립시키다; (…으로부터) 격리하다 (from). ¶~ a patient 환자를 격리하다. 3 〔고어〕 (육지)를 섬으로 만들다.

in·su·lat·ed [ínsəlèitid/-sju-] 圀 1 격리[고립]된[시킨]; 〔전기·물리〕 절연된. ¶ an ~ wire[life] 절연 전선[고독한 생활].

ín·su·lat·ing bòard [ínsəlèitiŋ-/-sju-] 圀 〔건축〕 단열판(斷熱板). (또는 **insulátion bòard**)

ínsulating òil 圀 〔전기〕 절연유(油).

ínsulating tàpe 圀 (英) =friction tape.

ínsulating várnish 圀 〔전기〕 절연 도료(塗料).

in·su·la·tion [ìnsəléiʃən/-sju-] 圀 1 절연체, 단열[방음] 재료; ⓤ (집 따위의) 절연재로 시공하기. 2 절연, 단열, 방음; 고립, 격리 (from, against).

insulátion resístance 圀 〔전기〕 절연 저항.

in·su·la·tive [ínsəlèitiv/-sju-] 圀 절연(용)의; 방호용의. ¶ in ~ packing 보호용 포장을 하여.

in·su·la·tor [ínsəlèitər/-sju-] 圀 1 〔전기〕 절연체[물]; 애자(碍子); 단열[방음]재. 2 격리하는 사람[것].

in·su·lin [ínsəlin/-sju-] 圀 ⓤ 〔생화학〕 인슐린. 2 〔약학〕 인슐린제(劑). 「〔의학〕 인슐린 혼수(昏睡).

ín·su·lin-co·ma thérapy [-kòumə-] 圀

ín·su·lin-de·pen·dent di·a·be·tes mel·li·tus [-dipéndənt-] 圀 〔병리〕 인슐린 의존성 당뇨병.

ín·su·lin·ize [ínsəlinàiz/-sju-] 圀튄 인슐린으로 치료하다; …에 인슐린 요법을 쓰다. **-li·ná·tion** 圀

ín·su·lin-like grówth fáctor [-làik-] 圀 〔생화학〕 인슐린 양(樣) 성장 인자.

in·su·li·no·ma [ìnsələnóumə/-sju-] 圀 (복 **~s, ~·ta** [-tə]) 〔병리〕 기능성 췌도(膵島) 종양.

ínsulin púmp 圀 인슐린 펌프(인슐린 주입 장치).

ínsulin shòck[reáction] 圀 〔병리〕 인슐린 쇼크 (인슐린 과다 투여에 의한 저혈당증).

ínsulin-shòck thèrapy 圀 인슐린 쇼크 요법.

in·su·lo·ma [ìnsəlóumə/-sju-] 圀 =insulinoma.

‡**in·sult** [insʌ́lt] 圀튄 1 …을 모욕하다, …에게 창피주다, …에게 무례하게 대하다. ¶~ a man by calling him a simpleton 바보라고 불러 남을 모욕하다. 2 〔몸 등〕에 해를 주다. 3 〔고어〕 …을 공격하다. — 圀 〔고어〕 (…에게) 거드름피우다, 뽐내다 (on, upon, over).

〔유의어〕 **insult** 남의 자존심을 몹시 건드려서 굴욕감을 느끼게 하다. **affront** 고의로 남의 감정을 해치거나 예의를 무시하여 크게 화나게 하다. **offend** 고의 또는 무의식적으로 남의 감정을 해치거나 불쾌하게 하다. **outrage** 남의 자존심을 건드려 참을 수 없을 만큼 offend시키다.

— 圀 [⸲-] 1 ⓤⓒ 모욕, 무례, 모욕적 언동(to). ¶ a personal ~ 인신공격/suffer an ~ 모욕을 받다/put up with[or swallow] an ~ 모욕을 참다. 2 〔의학〕 상해, 외상(外傷); 발작; 상해 원인. 3 〔고어〕 공격, 습격.

add insult to injury 혼내주고 모욕까지 하다; 엎친 데 덮치기로 곤욕을 치르게 하다.

~·a·ble 圀 **-er** 圀

in·sul·ta·tion [ìnsʌltéiʃən] 圀 〔고어〕 =insult.

in·sult·ing [insʌ́ltiŋ] 圀 모욕적인, 무례한. **~·ly** 튑

in·su·per·a·ble [insúːpərəbl-/-sjúː-] 圀 이겨내기[극복하기] 어려운. **-bíl·i·ty, ~·ness** 圀 **-bly** 튑

in·sup·port·a·ble [ìnsəpɔ́ːrtəbl] 圀 1 견딜 수 없는, 참을 수 없는. 2 옳다고 인정할 수 없는; 지지할 수 없는. **-pòrt·a·bíl·i·ty, ~·ness** 圀 **-bly** 튑

in·sup·press·i·ble [ìnsəprésəbl] 圀 누를 수 없는, 억제[억압]할 수 없는. **-bly** 튑

in·sur·a·ble [inʃúərəbl] 圀 보험에 들 수 있는, 보험의 대상이 되는. **-bíl·i·ty** 圀

insúrable ínterest 圀 〔보험〕 피보험 이익.

insúrable válue 圀 〔보험〕 보험가액(價額).

‡**in·sur·ance** [inʃúərəns] 圀 (복 **-anc·es** [-iz]) 1 보험(略 assurance); 보험업, 보험 계약. ¶ accident [automobile, fire, life] ~ 상해[자동차, 화재, 생명] 보험/~ for life 종신 보험. 2 보험금; 보험료; ⓒ 보험 증권(~ policy). 3 (종종 an ~) 보호 수단 (against); 보증. ¶ an ~ against fire 화재 방지 수단.

carry [or have] insurance 보험에 들다. 「다.

take out insurance on [or upon] …을 보험에 들다.

— 圀 1 (한정용법) 보험의. ¶ an ~ appraiser 보험 사정인(査定人)/an ~ company [or firm] 보험 회사/an ~ carrier 보험업자/~ rate 보험 요율. 2 〔스포츠〕 승리가 확실해지는, 승리를 굳히는.

insúrance àgent 圀 보험 대리인(인).

insúrance bínder 圀 (美) (화재보험의) 가계약서.

insúrance bròker 圀 보험 중개인, 보험 브로커.

insúrance certíficate 圀 〔보험〕 보험증(권)[계약증].

insúrance clàuses 圀 보험 약관(約款).

insúrance pòlicy 圀 보험 증권(증서).

in·sur·ance-poor [-pùər] 圀 보험료 지불에 쫓겨 생활이 어려운.

insúrance prèmium 〘명〙 보험료.
insúrance rùn 〘야구〙 승리를 굳히는 점수, 굳히
insúrance sálesman 〘명〙 (보험 회사의) 생활 설계
insúrance stámp 〘명〙 〘英〙 보험 인지(印紙). 「사.
insúrance únderwriter 〘명〙 보험업자.
in·sur·ant [inʃúərənt] 〘명〙 피보험자, 보험 계약자.
***in·sure** [inʃúər] 〘타〙 (**~s** [-z]; **~d; -sur·ing**) **1**
(사람·보험 회사가) (사람·재산 등)에 (…에 대비하여 / …금액의) 보험을 계약하다, 보험을 들다[인수하다]
(*against, from, for*); …을 (보험 회사와) 보험 계약을 하다(*with*). ¶ (~+图+前+名) ~ oneself [or one's life] *for* $100,000 10만 달러의 생명 보험에 들다 / ~ one's property *against* fire 재산을 화재 보험에 넣다 / An insurance company ~*d* his house *against* fire. 보험 회사가 그의 집에 대해 화재 보험 계약을 했다. **2** (남)을 (위험에서) 지키다, 안전하게 하다. ¶ (~+图+前+名) Care ~*s* us *against* errors. 주의는 우리를 실수로부터 지켜준다. **3** …을 보증하다, 확실하게 하다, 책임지다. ── 〘자〙 보험에 가입하다 (*against, with*); (…의) 예방을 하다(*against*); 보험 증권을 발행[취득]하다.

in·sured [inʃúərd] 〘형〙 보험에 가입한. ── 〘명〙 (the ~) (단·복수 양용) 피보험자, 보험 계약자. 「인.
in·sur·er [inʃúərər] 〘명〙 보험 회사, 보험업자; 보증
in·sur·gence [insə́ːrdʒəns] 〘명〙〘U C〙 폭동 (행위), 반란, 모반(insurrection).
in·sur·gen·cy [insə́ːrdʒənsi] 〘명〙〘U C〙 **1** 폭동[반란] 상태; = insurgence. **2** 〘국제법〙 반란.
in·sur·gent [insə́ːrdʒənt] 〘명〙 (종종 ~s) 폭도, 모반자; 〘美〙 〘정치〙 (정당 내의) 반대 분자. ── 〘형〙 반란의, 폭동[모반]을 일으킨, 반항적인; 〘시〙 (파도 따위가) 밀
insúring cláuse 〘명〙 보험 조항. 「려오는.
in·sur·mount·a·ble [ìnsərmáuntəbl] 〘형〙 넘을 수 없는; (곤란 따위가) 빠져 나올 수 없는, 극복할 수 없 -**mòunt·a·bíl·i·ty** 〘명〙, **~·ness** 〘명〙, **-bly** 〘부〙 [는.
***in·sur·rec·tion** [ìnsərékʃən] 〘명〙〘U C〙 반란, 폭동, 모반; 반항, 반역. ⇒ REVOLUTION 〘유의어〙
raise [or **rise in**] **insurrection** 모반[반란]을 일으 **~·al** 〘형〙, **~·al·ly** 〘부〙, **~·ism** 〘명〙, **~·ist** 〘명〙 「키다.
in·sur·rec·tion·ar·y [ìnsərékʃənèri / -ʃənəri] 〘형〙 폭동의, 반란의, 반항의; 폭동을 좋아하는, 반란을 일삼는. ── 〘명〙 폭도, 반란 가담자, 반도(叛徒).
in·sur·rec·tion·ize [ìnsərékʃənàiz] 〘타〙 …에 폭동을 일으키다; …을 선동하여 폭동[반란]을 일으키게 하다, 폭동으로 몰고 가다.
in·sus·cep·ti·ble [ìnsəséptəbl] 〘형〙 (감정 따위가) …에 움직이지[영향받지] 않는; (육체적으로) 받아들이지 않는, 무감각한 (*of, to*). ¶ ~ *to* infection 감염되지 않는 / ~ *to* mercy 자비심이 없는 / an illness ~ *of* treatment 치료가 듣지 않는 병.
-**cèp·ti·bíl·i·ty** 〘명〙, **-bly** 〘부〙
in·swept [ìnswépt] 〘형〙 (비행기 날개·자동차의 날 (車體) 따위가) 끝이 가느다란.
in·sy [ínzi] 〘명〙 〘美구어〙 움폭 들어 간 배꼽. 〘참〙 outsy
int. intelligence; intercept; interest; interim; interior; interjection; internal; international; interpreter; intersection; interval; interview; intransitive.
in·tact [intǽkt] 〘형〙 〘서술용법〙 **1** 손상되지 않은, 고스란히 그대로 있는, 완전한(⇒COMPLETE 〘유의어〙). 손대지 않은. ¶ remain ~ 손상되지 않은 채 있다 / keep [or leave] a thing ~ 물건에 손을 대지 않은 채 두다. **2** 변하지 않은; 원래대로의; 영향을 받지 않은. ¶ keep our friendship ~ 우리의 우정을 변함없이 간직하다. **3** (몸이) 건전[완전]한; 상처 없는; 처녀의.
~·ly 〘부〙, **~·ness** 〘명〙 「된.
in·ta·gli·at·ed [intǽliètid, -táːl-] 〘형〙 음각(陰刻)
in·ta·glio [intǽljou, -táːl-] 〘명〙 (~**s**) **1** 음각

(彫刻), 오목하게 새김(⇔relievo). ¶ engraved [or carved] in ~ 음각으로. **2** 〘U C〙 음각 무늬. **3** 음각 세공물 (보석·인장 따위). **4** 요판(凹版) 인쇄물; 〘U〙 요판 인쇄 (술). ── 〘타〙 음각하다, 오목하게 새기다. 〔< It〕
***in·take** [íntèik] 〘명〙 **1** (an ~, the ~) (물·공기 따위의) 끌어[빨아]들이는 곳, 흡입구(⇔outlet); (광산의) 통풍 구멍. **2** 〘U C〙 끌어들임, 흡입; 흡입[섭취]량[물]. ¶ an ~ of oxygen 산소 흡입. **3** (관(管)·양말 따위의) 잘록한 부분. **4** 수입, 매상고. **5** 채용 인원; 〘英〙 신병. **6** 〘기계〙 입력(input).
íntake mánifold 〘명〙 〘자동차·기계〙 흡기(吸氣)[흡입] 매니폴드(다기통 내연 기관에서 기화 연료가 실린더 흡기 밸브로 흘러 들어가는 관의 집합체).
íntake válve 〘명〙 〘자동차·기계〙 흡기[흡입] 밸브.
***in·tan·gi·ble** [intǽndʒəbl] 〘형〙 **1** 만질 수 없는, 실체가 없는, 무형의. ¶ an ~ cultural treasure [or property] 무형 문화재. **2** 막연한, 불명료한. ── 〘명〙 만질 수 없는 것; (~s) 무형 자산, (상거래상의) 신용.
-**bíl·i·ty** 〘명〙, **~·ness** 〘명〙, **-bly** 〘부〙
intángible ásset 〘명〙 무형 자산(저작권·특허권 등).
in·tar·sia [intáːrsiə] 〘명〙 (르네상스기(期)의) 상감 세공[기술]. -**si·ate** 〘형〙 -**sist** 〘명〙 상감 세공장(匠). 〔< It〕
int. comb. internal combustion.
in·te·ger [íntidʒər] 〘명〙 **1** 〘수학〙 정수(整數), 완전수 (whole number)(⇔ fraction). **2** 완전한 것, 완전체.
ínteger vítae [íntidʒər váiti:, -víːtai] 〘명〙 (생활 태도가) 흠결한, 결백한. 〔< L blameless in life〕
in·te·gra·ble [íntigrəbl] 〘형〙 〘수학〙 적분(積分)할 수 있는. -**bíl·i·ty** 〘명〙
***in·te·gral** [íntigrəl, intég-] 〘형〙 **1** (전체의 일부로서) 필수의, 절대 필요한, 긴요한. ¶ the ~ parts of the human body 인체를 구성하는 부분. **2** 일체화된, 통합된; 완전한, 빠진 것이 없는. **3** 〘수학〙 정수(의) 적분의. ── 〘명〙 **1** 전체, 완전한 총체. **2** 〘수학〙 적분. ¶ a definite [an indefinite] ~정[부정]적분.
-**grál·i·ty** 〘명〙 완전, 불가결(성). **~·ly** 〘부〙
íntegral cálculus 〘명〙 〘수학〙 적분학.
íntegral cóver 〘명〙 〘제책〙 본문과 같은 종이를 사용한 표지; 또그 책(팸플릿 등).
íntegral cúrve 〘명〙 〘수학〙 (상미분(常微分) 방정식의) 적분 곡선, 해곡선(解曲線).
íntegral domáin 〘명〙 〘수학〙 정역(整域).
íntegral equátion 〘명〙 〘수학〙 적분 방정식.
íntegral fúnction 〘명〙 〘英〙 〘수학〙 정함수(整函數).
ín·te·gral·ism [íntigrəlìzm] 〘명〙 인테그럴리즘(종교적 확신에 기초한 정치나 사회활동을 한다는 신념).
íntegral tést 〘명〙 〘수학〙 적분(에 의한) 판정법.
in·te·grand [íntəgrænd] 〘명〙 〘수학〙 피적분함수.
in·te·grant [íntigrənt] 〘형〙 통일체[완전체]를 구성하고 있는, 구성 요소의, 성분의; (요소로서) 불가결한, 필수의. ── 〘명〙 통일체의 구성 부분, 요소, 성분.
***in·te·grate** [íntigrèit] 〘타〙 **1** (부분·요소)를 전체로 합치다, 통합하다, 통일하다(*into, with*); 완전하게 하다, 완성하다; (부분·요소)가 (전체)를 구성하다. ¶ ~ oneself 자신을 완성하다 / ~ one's experiences 경험을 통합하다 / ~ an empire 제국을 통일하다. **2** (풍속·온도계 따위가) …의 합계[평균치]를 나타낸다. **3** 〘수학〙 …을 적분하다. **4** (이인종(異人種))을 융합하다, (이인종)에 대한 차별을 없애다; 〘美〙 (학교·상점·공원 등)에서 인종(등)에 의한 차별을 철폐하다(⇔ segregate). ── 〘자〙 (학교 등)에 인종 차별을 철폐하다; 통합되다, 융합하다(*with, into*). ── [íntigrət] 〘형〙 통합된, 완성된; 완전한.
in·te·grat·ed [íntigrèitid] 〘형〙 **1** (학교 등)이 인종 차별을 하지 않는(⇔ segregated). **2** (조화있는 통일체를 구성하도록) 통합된, 조직화된; (회사 따위가) 일관 생산의. **3** 〘심리〙 (인격이) 원만한, 통합된.

íntegrated bár [명] 〔법률〕《美》 강제 가입제[통합] 변호사회.
íntegrated báttlefield [명] 〔군사〕 종합[통합] 전장(戰場)(화생방 무기와 재래식 무기가 사용되는 전투 형태의 전장). 「(약 IC).
íntegrated círcuit [명] 〔전자〕 집적 회로(集積回路)
íntegrated círcuitry [명] 집적 회로 (부품).
íntegrated dáta pròcessing [명] 〔컴퓨터〕 집중 데이터 처리(약 IDP).
íntegrated fíre contròl [명] 〔군사〕 통합 사격 통제.
íntegrated injéction lògic [명] 〔컴퓨터〕 집적(集積) 주입 논리(반도체 메모리나 마이크로 프로세서의 집적 회로 논리의 한 형식; 약 IIL, I^2L). 「합 계기 장치.
íntegrated ínstrument sỳstem [명] 〔항공〕 종
íntegrated óptics [명] 〔물리〕 광집적(光集積) 회로.
íntegrated pést mànagement [명] 〔농업〕 병충해 집중 관리, 종합 방제(약 IPM).
íntegrated schòol [명] **1** (학생에 대해) 인종 차별을 하지 않는 학교. **2** 《뉴질》 통합 학교. 「수(因數).
íntegrating fàctor [명] 〔수학〕 적분 인자, 적분 인
íntegrating mèter [명] 〔공학〕 적산(積算) 계기.
íntegrating sphère [명] 〔광학〕 적분구(積分球).
íntegrating wàttmeter [명] 〔전기〕 적산 전력계.
***in·te·gra·tion** [ìntəgréiʃən] [명][U] **1** 통합, 합병, 집대성; 완성. **2** 주위 환경과 조화된 행동; 조정. **3** 〔심리〕 (인격의) 통합, 융화. **4** (섭취 음식의) 동화(同化). **5** 〔수학〕 적분(법)(참 differentiation). **6** 《美》 인종 차별 철폐, 인종 통합 (정책)(반 segregation). **7** 〔전자〕 집적(화). **~·al** [형]
integrátion by párts [명] 〔수학〕 부분 적분법.
in·te·gra·tion·ist [ìntəgréiʃənist] [명] 인종 차별 폐지론자. **—**[형] 인종 차별 폐지론의.
in·te·gra·tive [íntəgrèitiv, -grə-] [형] **1** 통합하는, 완전하게 하는. **2** 인종[종교적] 차별 폐지를 주창하는.
íntegrative bárgaining [명] 통합 교섭.
íntegrative médicine [명] 통합 의료(동·서양 의료의 통합). 참 alternative medicine
in·te·gra·tor [íntəgrèitər] [명] **1** 완성[통합]자[물]. **2** 〔수학〕 적분기(積分器), 적산기(積算器), 적산계(計); 〔컴퓨터〕 적분 회로망.
***in·teg·ri·ty** [intégrəti] [명][U] **1** 성실, 정직, 고결. ⇨ HONESTY [유의어] ¶a man of ~ 성실[고결]한 사람. **2** 완전(한 상태), 무결, 온전함, 통일성; 보전(保全). ¶territorial ~ 영토 보전/preserve the ~ of …을 완전한 상태로 유지하다, …의 통일성을 보전하다.
in·te·gro·dif·fer·en·tial [ìntəgroudìfərénʃəl, intèg-] [형] 〔수학〕 미적분(微積分)의.
in·teg·u·ment [intégjumənt] [명] **1** (동·식물의) 피부, 외피, 껍질. **2** 덮개(covering). **-mén·ta·ry** [형]
In·tel [íntel] [명] 인텔(사(社)) (~ Corp.) (미국의 반도체·마이크로 프로세서 제조 회사).
‡**in·tel·lect** [íntəlèkt] [명] **1** [U] (고도의) 지성, 지력(知力); 지능, 사유력(思惟力); 이지, 예지. ¶a man of ~ 이지적인 사람/train the ~ 지능을 계발하다. **2** 《구어》 지적인 사람; (the ~(s)) 《집합적·복수취급》 식자(識者)(들), 지식인(들). ¶the ~ of the country 그 나라의 지식인들. **3** (보통 ~s) 《방언》 분별, 이성.
in·tel·lec·tion [ìntəlékʃən] [명] **1** [U] 사고, 사유(思惟)(작용), 이해. **2** [C] (사유·사고의 결과인) 관념; 개념.
in·tel·lec·tive [ìntəléktiv] [형] **1** 지성이 있는, 지적(知的)인, 총명한. **2** 지력의, 지성의. **~·ly** [부]
‡**in·tel·lec·tu·al** [ìntəléktʃuəl] [형] (*more* ~; *most* ~) **1** 지성[지력]의[을 필요로 하는], 지적(知的)인, 지력을 작용시키는. ¶~ powers [*or* faculties] 지능. **2** 지적인 것에 대한. ¶~ tastes 지적인 취미. **3** (고도의) 지성[지력]을 가진. ⇨CLEVER [유의어] ¶an ~ person 지식인. **—**[명] 《종종 경멸적》 지식인, 인텔리; (종종 the ~s) 지식[인텔리] 계급. **~·ness** [명]
intelléctual clàss [명] (the ~) 지식층, 지식인 계급.
intelléctual crìme [명] 지능 범죄.
in·tel·lec·tu·al·ism [ìntəléktʃuəlìzm] [명][U] **1** 지성을 작용시키기, 지적 작업. **2** 지성 존중[편중], 지성주의. **3** 〔철학〕 주지(主知)주의, 이지주의. **-ist** [명] 주지[이지]주의자. 「지력, 지성, 지능.
in·tel·lec·tu·al·i·ty [ìntəlèktʃuǽləti] [명][U] 지적임;
in·tel·lec·tu·al·ize [ìntəléktʃuəlàiz] [동][타] …의 합리성을 추구하다; …을 지적[논리적]으로 생각하다[행하다, 처리하다, 분석하다]. **—**[자] 이지적으로 말하다[쓰다]; 사색하다. **-lèc·tu·al·i·zá·tion, -ìz·er** [명]
intelléctual júnkfood [명] 쓸모 없는 정보.
***in·tel·lec·tu·al·ly** [ìntəléktʃuəli] [부] 지적으로, 이지적으로; 지성에 관해서는.
intelléctual próperty [명] 〔법률〕 지적 재산; 지적 소유권[재산권](~ right).
‡**in·tel·li·gence** [intélədʒəns] [명][U] **1** 지능, 지력, 이지; 이해력, 사고력; 〔심리〕 지능. ¶artificial ~ 인공지능/be below [above] average in ~ 지능이 보통 이하[이상]이다. **2** 지성이 번뜩임, 지혜, 예지, 총명. ¶farseeing ~ 선견지명. **3** (종종 I–) 지적인 존재, 영(靈)(spirit). ¶the Supreme *I*– 신. **4** 정보, 첩보; 소식; 보도, 통신; 《단·복수 양용》 정보[첩보] 기관(참 secret service). ¶military ~ 군 정보국[기관]. **5** 〔컴퓨터〕 지능(인식·추리·학습 따위의 능력).
have the intelligence to do 머리를 써서 …하다.
intélligence ágency [명] (군사 정보를 수집하는) 정보부, 정보국, 첩보부. (또는 **intélligence búreau [depártment, óffice]**)
intélligence àgent [명] **1** 정보 기관원, 첩보원, 스파이. **2** 〔컴퓨터〕 (인터넷의) 자동 정보 검색 소프트웨어.
intélligence commùnity [명] (the ~) 《집합적; 단·복수 양용》 정보 기관 (관계자).
intélligence òfficer [명] 정보 장교, 정보 사관.
intélligence quòtient [명] 지능 지수(약 IQ, I.Q.).
in·tel·li·genc·er [intélədʒənsər] [명] **1** 정보 제공[전달]자; 신문. **2** 《고어》 내통자, 스파이.
intélligence sàtellite [명] 첩보[스파이] 위성.
intélligence sèrvice [명] =intelligence agency.
intélligence tèst [명] 〔심리〕 지능 검사.
‡**in·tel·li·gent** [intélədʒənt] [형] (*more* ~; *most* ~) **1** 지능이 높은, 머리가 좋은, 총명한. **2** (언행이) 이해가 빠름을 보여주는, 영리한, 재치있는. ⇨CLEVER [유의어] ¶an ~ satire 재치있는 풍자. **3** 지성[이해력]을 가진. ¶~ beings in outer space 외계의 지적(知的) 생물. **4** 〔컴퓨터〕 (단말기 등이) 자체 정보 처리 능력을 갖춘; (기계가) 식별[판단] 능력이 있는; (사무실 등이) 컴퓨터 시스템으로 자동 제어되는, 정보화된.
intélligent buílding [명] 정보화 빌딩(smart building)(컴퓨터 시스템으로 자동 제어되는 건물).
intélligent cárd [명] 스마트 카드(smart card)(집적 회로를 내장시킨 신형 크레디트 카드).
in·tel·li·gen·tial [intèlədʒénʃəl] [형] **1** 지성의, 이해력의[이 있는]. **2** 정보를 주는, 통보하는.
intélligent knówledge-bàsed sýstem [명] 〔컴퓨터〕 지능 지식 베이스 시스템, 엑스퍼트[전문가] 시스템(약 IKBS).
***in·tel·li·gent·ly** [intélədʒəntli] [부] 총명하게.
intélligent machìne [명] 컴퓨터의 애칭.
intélligent róbot [명] 지능 로봇.
in·tel·li·gen·tsi·a [intèlədʒéntsiə, -gén-] [명] (the ~) 《집합적; 단·복수 양용》 인텔리, 지식 계급; (일반적으로) 지식인, 문화인. 〔<Russ〕 「능] 단말기.
intélligent términal [명] 〔컴퓨터〕 인텔리전트[지
***in·tel·li·gi·ble** [intélədʒəbl] [형] **1** 이해할 수 있는, 알기 쉬운, 명료한(*to*). ¶plain and ~ 단순 명쾌한. **2** 〔철학〕 지성만으로 알 수 있는, 지성적인(참 sensible). **—**[명] 〔철학〕 지성[이해]의 대상물.

~·ness, -bíl·i·ty 명 -bly 부
in·tel·lo·crat [intéləkræt] 명 정보 기관원[관리].
[<*intell*igence+*o*+*bureau*crat]
In·tel·post [intelpòust] 명 (종종 i-) 인텔포스트, 국제 전자 우편. [<*Int*ernational *El*ectronic *Post*]
In·tel·sat [íntelsæt, ´-`] 명[U]C 인텔샛, 국제 전기 통신 위성 기구; 인텔샛 통신위성, (또는 **INTELSAT**) [<*Int*ernational *Tel*ecommunications *Sat*ellite Organization]
in·tem·per·ance [intémpərəns] 명[U] 1 폭음, 폭식. 2 방종; 무절제, 과도. 3 과격(한 언행), 난폭(행위).
in·tem·per·ate [intémpərit] 형 1 술타령만 하는, 폭음의; 무절제한, 과도한. 2 과격한, 난폭한. ¶an ~ language 폭언. 3 (날씨가) 온화하지 않은, 혹독한.
~·ly 부 ~·ness 명
‡**in·tend** [inténd] 타 (~s [-z]) 타 1 ⋯할 작정이다, ⋯하려고 생각하다(purpose); ⋯을 의도하다, 기도하다 (*to do, doing, that* 절). ¶What do you ~ *doing* [*to do*] next? 다음엔 어떻게 할 작정이지? // We ~ *that* the work shall be finished immediately. 우리는 그 일을 당장 끝낼 작정이다.

> 유의어 **intend** 구체적으로 어떤 일을 달성하고자 한다. **mean** 목적 달성의 결심이 intend보다 막연함을 암시. **design** 신중히 생각하고 계획하여 intend한다; 흔히 은밀한 의도를 암시. **propose** 의도를 명확히 공언하다, 또한 자기에게 다짐하다.

2 ⋯을 예정하다, ⋯에게 ⋯시킬 작정이다 (*to do, that* 절). ¶I ~ him *to* help me with my homework. = I ~ *that* he help me with my homework. 그에게 숙제를 도와달라고 할 작정이다. 3 (말·진술 따위가) ⋯을 뜻하다, ⋯할 셈으로 말하다, ⋯을 표현할 셈으로 그리다(*by*). ¶ (~+[목]+[전]+[명]) What does he ~ *by* those words? 그가 그런 말을 한 것은 무슨 속셈일까? / Is this portrait ~*ed* for me? 이 초상화가 나를 그린 건가요? 4 (수동형으로) ⋯을 (어떤 목적으로) 돌리려 하다, 예정하다 (*for, as, to be*). ¶ (~+[목]+[전]+[명]) a program primarily ~*ed for* entertainment 주로 오락을 목적으로 한 프로그램 // (~+[목]+*as* [보]) This is not ~*ed* as a joke. 이것은 농담이 아니다 // (~+[목]+*to be*) The building was ~*ed to* be a library. 그 건물은 도서관으로 쓸 예정이었다. 5 [고어] [시선·마음 따위] (⋯에게) 돌리다 (*to, toward*). ⋯ 타 1 의도하다; 계획이 있다. ¶ ~ otherwise 달리 생각하고 있다. 2 [폐어] (어떤) 방침을 취하다; (어떤) 방향으로 가다. ⋯**er** 명 계획[입안]자. ⋯ 타, 나아가다.

in·tend·ance [inténdəns] 명 1 (프랑스 등의) 행정청, 관리청; [집합적] 그 직원. 2 [U] (행정) 관리, 감독.
in·tend·an·cy [inténdənsi] 명 1 intendant의 직위[지위, 신분]. 2 [집합적] 감독관, 관리자. 3 intendant의 관할구, 지방 행정구.
in·tend·ant [inténdənt] 명 관리관, 감독관(superintendent); (중남미 국가들의) 지방 장관(지사, 시장 따위).
*****in·tend·ed** [inténdid] 형 1 의도된, 고의의. ¶produce the ~ effect 의도했던 효과를 나타내다. 2 미래 [장래]의, 약혼자의. ¶my ~ wife 나의 미래의 아내.
⋯ 명 (one's ~) [구어] 약혼자(여: fiancée, 남: ~·ly 부 ~·ness 명 [fiancé].
in·tend·ing [inténdiŋ] 형 (직업 따위를) 장차 가지 미래에 되고자하는. ¶an ~ surgeon 외과의(사) 지망자.
in·tend·ment [inténdmənt] 명 [법률] 진의(眞義), 법적 의의(意義), 진의 해석.
in·ten·er·ate [inténərèit] 타 (드물게) (신체 조직·섬유 따위를) 부드럽게 하다, 연화(軟化)시키다; [마음]을 누그러뜨리다.
intens, Intens [문법] intensifier. **intens.** intensified; intensifier; intensive.
‡**in·tense** [inténs] 형 (**-tens·er; -tens·est**) 1 강렬한, 극도의, 굉장한; (색 따위가) 매우 짙은; (날씨 따위가) 혹독한. ¶an ~ poison[light] 맹독[강렬한 빛] / ~ cold [heat] 혹한[혹서]. 2 (감정 따위가) 격렬한, 열렬한; 격하기 쉬운; (감정이) 열심인, 열중하는. ¶ ~ love 열렬한 사랑 / an ~ person 열정가, 격하기 쉬운 사람 / I wish a short and ~ life. 굵고 짧은 인생을 살고 싶다. 3 [사진] (명암의) 대비가 강한. ⋯**ness** 명
*****in·tense·ly** [inténsli] 부 강렬하게, 격하게; 열정적으로, 열심히.
in·ten·si·fi·ca·tion [intènsəfikéiʃən] 명[U]C 강화, 격화, 증대; [사진] 증도(增度), 보력(補力)(법).
in·ten·si·fi·er [inténsəfàiər] 명 1 강화[증대]하는 사람[것]. 2 (기계) 수압 증가기, 증압기. 3 [사진]의 보력액(補力液), 증도(增度)액. 4 [문법] 강조어(強調語). (유전) 강조 유전자.
*****in·ten·si·fy** [inténsəfài] 타 1 ⋯을 강하게 하다, 심하게 하다; ⋯을 증대하다, ⋯의 도를 더하다. 2 (사진) (음화)의 명암도를 늘리다. ⋯ 자 한층 강해[격렬해]지다, 증대하다.
in·ten·sion [inténʃən] 명[U] 1 강화, 증대, 2 (강렬) 함, 강도, 격함. 3 (정신적) 긴장, 집중; 결의. 4 [논리] 내포(內包)(↔extension). 5 [경영·농업] 집약적 경영.
~·al 형 ~·al·ly 부
in·ten·si·tom·e·ter [intènsətámətər] 명 X선 강도 측정 장치, 선량계(線量計).
‡**in·ten·si·ty** [inténsəti] 명[U] 1 강렬함, 격렬함. 2 [U]C (성질·감정·기후 따위의) 격렬함, 극단; 긴장. ¶an ~ of cold 극도의 추위, 혹한 / lessen the ~ of one's exertion 마음의 긴장을 풀다. 3 [물리] (빛·열·음·색·진동 따위의) 세기, 크기; (사진) 명암도. ¶sound ~ 소리의 강도 / seismic ~ (지진의) 진도(震度).
with (great) intensity (아주) 열심히.
intensity modulation 명 (전기) (수신 신호 진폭에 의한) 휘도(輝度) 변주
‡**in·ten·sive** [inténsiv] 형 1 강한; 격렬한, 맹렬한. 2 강화하는, 고도화하는. 3 집중적인, 철저한. ¶ ~ fire from machine guns 기관총의 집중 사격 / ~ training 집중 훈련. 4 (종종 복합어로) (경영·농업) (⋯의)집약적(集約的)인, 다량의 (⋯을) 필요로 하는 (↔ extensive). ¶ ~ agriculture 집약 농업 / energy- [labor-] industries 에너지[노동] 집약적 산업. 5 (의학) (접종법이) 점증적인(접종 재료의 강도를 점점 늘리기); 강력한. 6 [문법] 강의(強意)의, 강조의, 강세의. ¶an ~ adverb 강조 부사 / an ~ plural 강조 복수(heavens, snows 따위). 7 [논리] 내포적인. ⋯ 명 강하게 하는 것; [문법] 강조어, 강의(強意) 요소(itself 등의 -self 따위).
⋯·ly 부 ⋯·ness 명
intensive cáre 명 (의학) 집중(강화) 치료.
intensive cáre únit 명 (의학) 집중 치료실[병동], 중환자실(약 ICU).
intensive prónoun 명 [문법] 강의 대명사(I do it myself의 myself 따위). ⋯ 요.
in·ten·si·vism [inténsivìzm] 명 (가축의) 집중 사
in·ten·si·vist [inténsivist] 명 중환자 전문 치료사.
‡**in·tent** [intént] 명 1 [U] 의도된 것, 목적, 계획. ¶the original ~ of the committee 위원회의 당초 목적. 2 [U] 의향, 의도; (⋯하려는) 의지(*to do*). ⇒ INTENTION ¶ ~ criminal ~ 범의(犯意) / murderous ~ 살의. 3 [U] [법률] (특정한 목적을 향해 행동하려는) 의사, 작의(作意), 고의. ¶ ~ on revenge 복수심. 4 [U]C (함축하고 있는) 의미, 취지.
by intent 의도적으로, (비난 따위를) 각오하고.
to [or **for**] **all intents** (**and purposes**) 사실상, 실제로는; 모든 점에서.
with good [**malicious**] **intent** 선의[악의]로.
with intent to *do* ⋯할 목적으로.
⋯ 형 1 (마음·눈 따위가) 확고하게 향해진, (⋯에) 집중되어 있는; 열심인(*on, upon*). ¶an ~ gaze 응시 /

an ~ person 열심히 하는 사람. 2 《서술용법》 (사람이 …에) 전념하는, 몰두하는, 빠져 있는 (on, upon, on doing). ⇨EAGER 유의어 ¶He is ~ on gambling [his studies]. 그는 도박에 빠져[연구에 몰두하고] 있다. 3 (어떤 목적 달성에) 결심하고 있는 (on). ¶ ~ on revenge 복수하려고 마음먹고 있는. ~·ness 명

‡in·ten·tion [inténʃən] 명 (복 ~s [-z]) 1 ⓤⓒ 의향, 목적, 의도, 계획 (of doing, to do, that 節); 〔법률〕 고의(故意). ¶He has no ~ of coming [or to come]. 그는 올 의향이 없다 / Good acts are better than good ~s. 선행은 선의보다 낫다.

유의어 intention 「의도」라는 뜻의 일반적인 말. intent intention보다 명확하며 또한 신중히 고려한 의도를 암시하는 말. purpose 어떤 일을 이루려는 굳은 결심을 나타내는 말.

2 (~s) 마음가짐, 태도; 《구어》 결혼할 의사. ¶her ~s toward [or with regard to] him 그와 결혼하고자 하는 그녀의 의사. 3 〔논리〕 개념, 관념. ¶the first ~ 제 1차 개념(사물의 직접적인 인식에서 얻어지는 개념). 4 〔의학〕 치유 경과, 유합(癒合). ¶healing by first [second] ~ 1차[2차] 치유. 5 의미, 취지. ¶the ~ of his words 그의 말의 뜻. 6 《고어》 전념, 몰두.
by intention 고의로.
carry out one's original intention 초지를 관철하다.
have no intention of doing [or *to do*] …할 의사가 전혀 없다.
with all the best intentions 그 호의에도 불구하고.
without intention 무심코, 우연히.
with the intention of doing …할 작정으로.
¶study medicine *with the ~ of practicing* 개업 ~·less 의가 되려고 의학 공부를 하다.

*in·ten·tion·al [inténʃənl] 형 고의적인, 의식적인; 계획적인, 의도적인 (⇨DELIBERATE 유의어); 〔철학〕 표상적인, 지향적인 ⑧ accidental. -áli·ty 명 ~·ly 분
inténtional báse on bálls 〔야구〕 고의[경원] 사구(四球). (또는 **inténtional páss [wálk]**)
inténtional fóul ¶〔농구〕 고의 파울.
in·ten·tioned [inténʃənd] 형 어떤 의도를 가진, 《종종 복합어로》 …할 작정의. ¶a well-~ action [person] 호의적인 행위[선의를 가진 사람].
inténtion móvement 명〔행동〕 지향(志向) 운동 〔행동〕. 의도 행동.
inténtion trémor 명 〔의학〕 기도 진전(企圖振顫) (수의(隨意) 운동을 할 때 나타나는 사지·손가락의 떨림).

*in·tent·ly [inténtli] 분 열심히.
in·ter [intər] 동 (-rr-) (시체를) 매장하다, 묻다.
inter. intermediate; interrogation; interrogative.
in·ter- [intər] 접두 between, among, mutually, during, together, within의 뜻. ¶*inter*continental; *inter*national.

in·ter·a·bang [intérəbæŋ] 명 =interrobang.
in·ter·ac·a·dem·ic [intərækədémik] 형 학교[대학]간의; 학교[대학]에 공통인. -i·cal·ly 분
in·ter·act[1] [intərékt] 동자 서로 작용하다[영향을 주다].
in·ter·act[2] [-⌒] 명 = entr'acte. 〔미치다〕(with).
in·ter·ac·tant [intəræktənt] 명 서로 영향을 미치는 사람[것].
in·ter·ac·tion [intəræk ʃən] 명 1 ⓤⓒ (…사이의·…와의) 상호 작용[영향], 대화, 접촉 (between / with). 2 〔물리〕 상호 작용. 3 〔컴퓨터〕 대화. ~·al 형
in·ter·ac·tion·ism [intəræk ʃənìzm] 명 〔철학〕 상호 영향론[작용설]. -ist 명 형
in·ter·ac·tive [intəræktiv] 형 1 서로 작용하는. 2 〔컴퓨터〕 대화형[식]의, 쌍방향의. ― 명 =~ media. ~·ly 분
interactive fiction 명 〔컴퓨터〕 쌍방향[대화식] 소설(추리물 따위의 비디오 게임 소프트웨어).

interáctive média 명〔쌍방향〕 미디어〔매체〕(Internet 따위).
interáctive TV 명 대화형 텔레비전.
interáctive vídeo 명 〔컴퓨터〕 대화형 비디오 표시(컴퓨터와 비디오 표시 장치를 결합한 것으로 시청자의 선택에 따라 영상 정보를 화면에 표시된다).
in·ter·ac·tiv·i·ty [intəræktivəti] 명 〔컴퓨터〕 쌍방향 참가, 대화식 이용.
in·ter·a·gen·cy [intəréidʒənsi] 명 중간적[중개] (정부) 기관. ― 형 관계 부처간의, 관계 부처 합동의; 기관간의. ¶~ study 정부 관계 기관의 합동 연구.
in·ter a·li·a [intər éiliə] 분 그 중에서도, 무엇보다도. 〔<L among other things〕
in·ter a·li·os [intər éiliòus] 분 (사람에 대하여) 그 중에서도, 유난히. 〔<L among other persons〕
in·ter-Al·lied [-əláid, -ǽlaid] 형 (특히 제1차 세계 대전의) 연합국간의. (또는 **in·ter-allíed**)
in·ter-A·mer·i·can [-əmérikən] 형 미 대륙[미주 (美洲)] 국가간의. ¶~ Conferences 미주 회의.
in·ter·ar·tic·u·lar [intərɑːrtíkjulər] 형 관절간의.
in·ter·a·tom·ic [intərətámik/-tɔ́m-] 형 원자간의.
in·ter·au·thor·i·ty [intərɔːθɔ́ːrəti, -ɑ́r-] 형 관계 당국간의.
in·ter·bank [intərbǽŋk] 형 은행간의.
ínterbank márket 명 〔금융〕 인터뱅크 시장(은행간 단기 자금 시장). 「입하하다」
in·ter·bed [intərbéd] 동타 …을 층 사이에 넣다[삽입하다].
in·ter·blend [intərblénd] 동 (~·ed, -blent) (…을) 혼합하다, 섞다; 섞이다 (with).
ínterblock gáp 명 〔컴퓨터〕 블록 간격, 블록간 갭.
in·ter·bor·ough [intərbə̀ːrou, -bʌ̀r-] 형 자치 도시간의; 2개 이상의 자치 도시간에 관한. ― 명 자치 도시간의 교통 기관.
in·ter·brain [intərbréin] 명 간뇌(間腦).
in·ter·breed [intərbríːd] 동 (-bred) (동·식물을) 이종(異種) 교배시키다[하다] (crossbreed); 동계(同系)[근친] 교배시키다[하다].
in·ter·ca·lar·y [intɑ́ːrkəlèri/-ləri] 형 1 삽입된. ¶an ~ dividend 임시 중간 배당. 2 윤(閏)의. ¶an ~ year 윤년(leap year). -làr·i·ly 분
in·ter·ca·late [intɑ́ːrkəlèit] 동타 1 …을 삽입하다, 사이에 끼우다. 2 달력에 〈윤달·윤일〉을 넣다. ― 자 (연속되는 것 속에) 끼어들어가다, 삽입되다 (in, into). -là·tive 형
in·ter·ca·la·tion [intəːrkəléiʃən] 명 1 ⓤ 윤달[윤일]을 두기; 삽입. 2 삽입물. 「화합물.
intercalátion cómpound 명 〔화학〕 층간(層間)
intercárdinal póint 명 4우점(四隅點)(동·서·남·북 기본 방위의 중간 방위).
in·ter·cede [intərsíːd] 동자 1 사이에 들어 중재[조정]하다; (곤경에 빠진 사람을 위해) (…을) 주선하다, 탄원하다 (with, for). ¶~ with the President for a pardon 대통령에게 사면을 탄원하다. 2 (로마 역사) (호민관이) 거부권을 행사하다. -céd·er 명
in·ter·cel·lu·lar [intərséljulər] 형 〔생물〕 세포간의, 세포 사이에 있는.
in·ter·cen·sal [intərsénsəl] 형 국세 조사와 국세
*in·ter·cept [intərsépt] 동타 1 …을 도중에서 빼앗다, 가로막다, 가로챈다. 2 〈빛·열·통로 따위를〉 차단하다; 〈도주 따위를〉 저지하다; 〈효과 따위를〉 방해하다. ¶ ~ a passage 통로를 차단하다 / ~ a view 전망을 가로막다. 3 〈무전 따위를〉 엿듣다; 〔방송 따위를〕 수신[모니터]하다. 4 〔수학〕 (면·선분을) 두 점[선]으로 자르다[구분하다]. 5 〔군사〕 〈적기·미사일 따위를〉 요격하다. 6 〔스포츠〕 〈공격측의 공〉을 가로채다.
― 명 1 가로채기, 차단, 방해; 도청, 수신; 〔군사〕 요격. 2 〔수학〕 절편(截片).
in·ter·cept·er [intərséptər] 명 =interceptor.

in·ter·cep·tion [ìntərsépʃən] 명UC 1 가로채기, 저지, 차단; 방해. 2 (무전의) 도청, 수신; 엿들은 신호. 3 《군사》 요격, 저지. **-cép·tive** 형

in·ter·cep·tor [ìntərséptər] 명 1 가로채는 사람 [것]; 방해자, 장해물. 2 《군사》 요격기; 요격 미사일.

in·ter·ces·sion [ìntərséʃən] 명UC 1 (…와의/ …에의) 중재, 중개, 알선 (with / to). 2 (곤경에 처한 사람을 위한) 탄원, 주선 (to, for). ¶ make an ~ to a person for one's friend 친구를 위해 남에게 잘 말해 주다. 3 《종교》 (신에 대한) 간구. ¶ the ~ of Christ 그리스도의 간구(← 히브리서(Heb.) 7 : 25). 4 《로마 역사》 (호민관 등의) 거부권 행사.
*through a person's **intercession*** 남의 주선으로.
~·al 형

in·ter·ces·sor [ìntərsésər, ´-`-] 명 중재인, 조정[알선]자(mediator). 　　　　　　　　［알선(인)의.

in·ter·ces·so·ri·al [ìntərsisɔ́:riəl] 형 중재(인)의,

in·ter·ces·so·ry [ìntərsésəri] 형 중재의, 알선의. ¶ an ~ prayer 중재[중보(仲保)]의 기도.

***in·ter·change** 명 [íntərtʃèindʒ] (~d; -chang·ing) 타 [ìntərtʃéindʒ] 1 …을 교환하다, 바꾸다; …을 주고 받다 (with). ⇨ EXCHANGE 유의어 ¶ ~ presents 선물을 교환하다 / ~ opinions freely 자유로이 의견을 주고받다 // ~ letters with him 그와 편지를 주고 받다. 2 (두 개의 것)을 교체시키다, 뒤바꾸다; …을 번갈아 일어나게 하다 (with). ¶ ~ seats 자리를 뒤바꾸다 / ~ work and rest 일과 휴식의 시간을 번갈아 두다 // Sad moments were ~d with hours of merriment. 슬픔과 기쁨의 순간이 교차했다. ― 자 1 번갈아들다, 교차하다. 2 번갈아 일어나다.
― 명 [´-`-] 1 UC 교환, 주고받기; 교체; 번갈아 일어나기. ¶ an ~ of information 정보의 교환 / an ~ of work with rest 일과 휴식의 교체. 2 《미》 (고속 도로의) 입체 교차로, 인터체인지. 3 (버스와 철도 따위 다른 교통 기관 간의) 중계 지점, 환승역. **-cháng·er** U

in·ter·change·a·ble [ìntərtʃéindʒəbl] 형 서로 바꿀 수 있는; 교환[교체]할 수 있는 (with).
-chànge·a·bíl·i·ty, **~·ness** 명 **-bly** 부

in·ter·church [ìntərtʃə́:rtʃ] 형 여러 종파 간의, 각 교파 공통의.

in·ter·cit·y [ìntərsíti] 형 대도시 간의, (교통 따위가) 도시와 도시를 연결하는. ¶ ~ traffic 도시간 교통.
― 명 《영》 도시간 고속 열차. (또는 《영》 **inter-city**)

InterCity tràin [ìntər-] 《영》 = intercity.

in·ter·class [ìntərklǽs/-klá:s] 형 (경기 등이) 클래스 대항의; 계급 간의.

in·ter·coast·al [ìntərkóustl] 형 두 해안 간의, 해안선 간의; 몇 개의 연안에 걸친. 　　[collegiate.

in·ter·col·le·ni·al [ìntərkəlóuniəl] 형 =inter-

in·ter·col·lege [ìntərkálidʒ/-kɔ́lidʒ] 형 =inter-

in·ter·col·le·gi·ate [ìntərkəlí:dʒiit] 형 대학 간의, 대학 대항의; 대학 연합의. ¶ an ~ athletics 대학 대항 육상 경기. ― 명 (~s) 대학 대항 경기 대회.

in·ter·co·lo·ni·al [ìntərkəlóuniəl] 형 (한 나라의) 식민지 간의, 식민지 상호의. ~·ly 부

in·ter·co·lum·nar [ìntərkəlʌ́mnər] 형 《건축》 기둥 사이의. (또는 **intercolumnal**)

in·ter·co·lum·ni·a·tion [ìntərkəlʌ̀mniéiʃən] 명U 《건축》 기둥 사이; 기둥 간격 배정, 주축(柱軸)과 주축 사이의 거리.

in·ter·com [íntərkɑ̀m/-kɔ̀m] 명 (the ~) 《구어》 = intercommunication system.

in·ter·com·mon [ìntərkámən/-kɔ́m-] 자 《영 법률》 상호 입회(入會)하다(인접한 상대방의 토지에서 로의 가축을 방목하는 일 따위). **~·age**, **~·er** 명

in·ter·com·mu·ni·cate [ìntərkəmjú:nəkèit] 자 1 (사람이) 서로 통신[왕래, 교제]하다, 정보 등을 서로 교환하다. 2 (방 등이) 서로 통하다 (with). ― 타 [전갈·정보 등]을 교환하다.

-mù·ni·ca·bíl·i·ty **-ca·ble** 형 **-cà·tor** 명

in·ter·com·mu·ni·ca·tion [ìntərkəmjù:nə-kéiʃən] 명U 상호 교통[왕래], 교제, 연락; 교통로.
-ca·tive 형

intercommunicátion sỳstem 명 (한 시설물 내의) 내부 통화[상호 통신] 장치, 인터폰, 인터폰.

in·ter·com·mun·ion [ìntərkəmjúnjən] 명U 1 상호간의 왕래[교제], 친교. 2 《교회》 여러 교파 교도 간의 성찬식.

in·ter·com·mu·ni·ty [ìntərkəmjú:nəti] 명U 공유, 공용; 공동 참가; 공통성. ― 형 공동체[공동 사회, 지역 사회] 간의, 공동체 공통의. ¶ ~ projects (몇 개 지역 사회를 대상으로 한) 지역 종합 계획.

in·ter·com·put·er [ìntərkəmpjú:tər] 형 (네트워크로 연결된) 컴퓨터 간의. (또는 **inter-compúter**)

in·ter·con·cep·tion·al [ìntərkənsépʃənl] 형 임신기(와 임신기) 사이의[에 일어나는].

in·ter·con·fes·sion·al [ìntərkənféʃənl] 형 《교회》 여러 종파 간의[종파(교파) 간의.

in·ter·con·nect [ìntərkənékt] 타자 …을 서로 연결[연락]하다; (여러 대의 전화)를 한 회선에 연결하다. 자 서로 연결되다. ― (사설 통신 장비가) 공중 전화망과 연결된. **-néc·tion**, **-néc·tor** 명

in·ter·con·nect·ed [ìntərkənéktid] 형 상호 연락[연결]된, 상관된. ~·**ness** 명

in·ter·con·ti·nen·tal [ìntərkɑ̀ntinéntl/-kɔ̀n-] 형 1 대륙 간의, 대륙을 잇는. ¶ an ~ trade 대륙 간 무역. 2 대륙 간을 비행[왕래]하는, 대륙에서 대륙으로 넘어가는. ¶ ~ airplanes 대륙 간 운항 비행기.

intercontinéntal ballístic míssile 명 《군사》 대륙 간 탄도탄[미사일](略 ICBM.

in·ter·con·vert [ìntərkənvə́:rt] 타자 상호 전환하다; 호환(互換)하다. ~·**i·ble** 형 **-con·vér·sion** 명

in·ter·cool·er [ìntərkù:lər] 명 인터쿨러, 중간 냉

in·ter·cool·ing [ìntərkù:liŋ] 명 중간 냉각; 각기.

in·ter·cos·tal [ìntərkástl/-kɔ́stl] 형 1 《해부》 늑간(肋間)의, 늑골 사이의(늑골 사이에 있는)에서 일어나[는]. ¶ ~ muscles 늑간근(筋). 2 《조선》 늑재간(肋材間)의. ― 명 늑간근; 늑간부(部). ~·ly 부

***in·ter·course** [íntərkɔ̀:rs] 명U 1 (…간의) 교제, 교류, 친교 (with); (국가 간의) 통상, 거래 (between). ¶ a man of social ~ 사교가 / have commercial ~ with …와 통상 관계를 갖다. 2 사상[감정]의 교환; 인간과 사람과의 영적 교통, 영교(靈交). ¶ a devout ~ with God 신과의 경건한 영교(靈交). 3 (완곡적) 성교, 섹스. ¶ sexual ~ 성교 / illicit ~ 간통.

in·ter·crop 《농업》 [íntərkràp/-krɔ̀p] (-pp-) (농작물을) 사이짓기하다, 간작(間作)하다. ― 명 [´-`-] 간작(작)물. (또는 **interplant**)

in·ter·cross [ìntərkrɔ́(:)s, -krǽs] 타 1 (선·도로 따위)를 교차시키다. 2 =interbreed. ― 자 서로 엇갈리다, 교차하다. ― 명 [´-`-] 교잡[이화(異化)] 수정.

in·ter·cru·ral [ìntərkrú:ərəl] 형 하지(下肢)(가랑이) 사이의.

in·ter·crys·tal·line [ìntərkrístəlin, -làin, -lì:n] 《결정》 결정 간의, 결정 사이에 있는[생기는].

in·ter·cul·tur·al [ìntərkʌ́ltʃərəl] 형 이(異)문화 간의, 문화 간에 일어나는. ~·ly 부

in·ter·cur·rent [ìntərkə́:rənt, -kʌ́r-] 형 1 중간의[에 생기는]. 2 《의학》 병발하는, 개입[간헐]성의. ¶ ~ disease 병발증. **-rence** 명 ~·ly 부

in·ter·cut 《영화·TV》 [ìntərkʌ́t] (~; ~·ting) 타 (화면에) (대조적인 샷[장면])를 삽입하다. ― 명 인터컷하다. ― 명 [´-`-] 인터컷(샷을 급히 바꾸거나 다른 방식의 샷을 갑자기 넣어 만드는 장면[필름]).

in·ter·date [ìntərdéit] 자 《미》 종파[인종]가 다른 사람과 데이트하다.

in·ter·de·nom·i·na·tion·al [ìntərdinɑ̀mənéiʃənl/-nɔ̀m-] [형] 여러 종파[교파] 간의, 여러 종파 공통의, 초(超)교파의. **~·ism** [명]

in·ter·den·tal [ìntərdéntl] [형] 치간(齒間)의; 〔음성〕 혀끝이 윗니와 아랫니 사이에 있는. ¶ ~ consonants 치간(齒間) 자음(θ, ð 따위). **—** [명] 〔음성〕 치간음. **~·ly** [부]

in·ter·de·part·men·tal [ìntərdipɑ̀ːrtméntl] [형] 부서 간의; 각 부[국] 간의; (특히 교육 기관 등에서) 학부[학과] 간의, 두 학부 이상 공통의. 「지]하다.

in·ter·de·pend [ìntərdipénd] [통][자] 서로 의존[의

in·ter·de·pend·ence [ìntərdipéndəns] [명] 상호 의존(성). (또는 **interdependency**)

in·ter·de·pend·ent [ìntərdipéndənt] [형] 서로 의존[의지]하는, 상호 의존적인. **~·ly** [부]

in·ter·dict [명] [íntərdìkt] **1** (법원·행정관의 약식) 명령, 금지 (명령), 금제(禁制), 제지. **2** 〔가톨릭〕 성무 금지[정지]. **3** 〔로마법률〕 (소유권 다툼에 관한) 집정관의 명령. **—** [통][타] [ˋ-ˊ] **1** (…하는 것을) 금지하다 (*from* do*ing*), …을 (남에게) 금하다(*to*). **2** 〔교회〕 …의 성직[성무(聖務)]을 정지시키다. **3** 〔군사〕 (연속 폭격[포격]으로) 〔적〕의 진격을 저지하다, 〔적의 보급선·통신망 따위〕를 파괴하다. **-díc·tor** [명]

in·ter·dic·tion [ìntərdíkʃən] [명][U][C] **1** 금지, 금제, 금령(禁令). **2** =interdict 2. **3** 〔민법〕 금치산 선고. **4** 통상 금지. **5** 〔군사〕 (포격 등에 의한) 적의 진격 저지.

in·ter·dic·tive [ìntərdíktiv] [형] =interdictory.

ínterdict lìst [명] 《캐나다》 알코올 판매 금지 고객 명단[리스트]. (또는 **Índian lìst**)

in·ter·dic·to·ry [ìntərdíktəri] [형] 금제[금지]의.

in·ter·dig·it·al [ìntərdídʒitl] [형] 〔해부〕 손가락[발가락] 사이의.

in·ter·dig·i·tate [ìntərdídʒitèit] [통][타] 〔손가락〕을 깍지끼다, …을 깍지끼듯 하다. **-dìg·i·tá·tion** [명]

in·ter·dis·ci·pli·nar·y [ìntərdísəplənèri/-nəri] [형] (학문·연구·사업 따위가) 여러 분야에 관계가 있는, 학제(學際)[업제(業際)]적인. **-nár·i·an, -nár·i·ty** [명]

in·ter·dit [*F* ɛ̃tɛʀdi] [형] 금지된, 금제(禁制)의. 〔<F〕

‡**in·ter·est** [íntərəst, -tərèst] [명] **1** [U][C] 《단수형으로》 흥미, 관심, 호기심 (*in*). ¶places of ~ 명소/a question of great ~ 매우 흥미있는 문제/arouse the ~ of the audience 청중의 흥미를 불러일으키다/show much [a deep] ~ *in* …에 큰[깊은] 관심을 나타내다/take not much [no, little] ~ *in* …에 별로[전혀, 거의] 관심을 갖지 않다. **2** [U][C] 관심[흥미]을 불러일으키는 것, 관심사 (*to, for*); 흥취, 취미. ¶a man with varied ~*s* 취미가 다양한 사람/My greatest ~ is (in) music. 내가 가장 큰 관심을 갖는 것[나의 가장 큰 취미]은 음악이다. **3** [U] 《수식어와 함께 쓰여》 중요성, 중대성, 긴요. ¶a matter of primary [not much] ~ 가장 중요한 [그다지 중요하지 않은] 일. **4** (기업 등의) 소유권, 권리; 이권, 주(株)(*in*). ¶own [*or* have] an ~ *in* a firm 어떤 회사의 주식을 가지고 있다[에 출자하고 있다]/have vested ~*s in* …에 기득권을 갖다. **5** (종종 ~s) 이해 (관계); 이익, 사리사욕(私利私慾), 사정(私情). ¶the public ~*s* 공중의 이익, 공익/in the common ~ 공동의 이익을 위하여/look after [know] one's own ~ 사리를 도모하다[에 이악하다]/It is in [*or* to] your own ~ to keep silence. 입을 다물고 있는 것이 네 신상에 이롭다. **6** [U] 〔금융〕 **a)** 이자, 이식; 《비유적》 덤. ¶ simple [compound] ~ 단리[복리]/daily [annual] ~ 일변(日邊)[연리]/~ on ~ 이자의 이자/live on the ~ 이자로 생활하다. **b)** 이율. ¶long-term, low-~ loans 장기 저리 대출/high [low] ~ 고리[저리]/at 3 percent ~ 3부 이자로. **7** [U] 세력, 지배력, 영향력, 연줄(*with*). ¶gain a controlling ~ 지배권을 장악하다/establish an ~ in a group 집단 내에서 세력을 구축하다. **8** (때로 ~s) 《집합적·복수취급》 이해 관계자, 동업자; …측; 재벌, 대기업. ¶the shipping ~ 해운업자/the landed ~ 지주측/the banking ~*s* 금융계, 재계. **9** 《美》 =~ group.

a matter of interest 흥미[관심]를 끄는 것, 관심사; 중대사. 「利) [저리(低利)]로.

at interest 이자를 붙여서. ¶*at* high [low] ~ 고리(高

be of interest to; have (an) interest for …에게는 흥미가 있다. 「에게는 흥미가 없다.

be of no interest to; have no interest for …

buy [sell] an interest in …의 주식을 사다[팔다].

declare an [or *one's*] ***interest*** (탐탁하지 않은) 일에 관여했음을 자인하다.

feel [lose] (an) interest in …에 흥미를 갖다[잃다].

have [or ***take***] ***an interest in*** …와 이해 관계가 있다; …에 흥미[관심]를 갖다.

have a person's interest at heart 남에게 마음 쓰다, 남을 원조하다.

have interest with …에 세력[영향력]이 있다.

in the interest(s) of …을 위하여. ¶*in the* ~ *of* accuracy 정확을 기하기 위해.

make interest with a person 남에게 압력을 가하다, 얼굴[안면]을 팔다, 세력을 이용하다.

pay a person back with interest 당한 것 이상으로 남에게 되받아치다, 덤을 붙여서 보복하다.

through interest with …와의 연줄로.

use one's interest with …에 진력하다.

with interest ① 흥미를 갖고. ② 이자를 붙여서. ¶ return an insult *with* ~ 모욕을 되로 받고 말로 갚다.

— [통][타] **1** 〔남〕의 주의[관심]를 끌다, 〔남〕에게 흥미[호기심]를 갖게 하다, 관심을 갖게 하다(*in, in* do*ing*). ¶a book that ~*ed* her greatly 그녀의 흥미를 크게 불러일으킨 책 // (~+[目]+[前]+[名]) ~ boys *in* science 소년들에게 과학에 대한 흥미를 갖게 하다.
2 …을 (…에) 관계[관여]시키다, 참가시키다(*in*). ¶ (~+[目]+[前]+[名]) Every member is ~*ed in* this regulation. 회원은 모두 이 규칙의 적용을 받는다.

be interested in …에 관심[흥미]이 있다.

be interested to do …하고 싶다[싶은 생각이 들다]. ¶He *was* ~*ed to* know the reason. 그는 그 이유를 알고 싶어했다.

> [USAGE] **be interested in**과 **be interested to do**——전자는 습관적 동작으로서 쓰여서 「성질상 또는 습관적으로 으레 그런 일[것]에 흥미·관심을 갖고 있다」라는 뜻. 후자는 앞으로 행해지려는 구체적인 행위에 쓰이며 'be inclined to *do*'의 뜻에 가깝다. 그리고 후자는 전자만큼 빈번하게 쓰이지 않는다.

interest oneself in ① …에 관여[관계]하다. ¶~ *oneself in* an enterprise 어떤 기획에 관여하다. ② …에 흥미[관심]를 갖다.

‡**in·ter·est·ed** [íntərəstid, -tərèst-] [형] (***more*** ~; ***most*** ~) **1** 흥미를 가진, 호기심이 생긴(*in, to* do); 흥미[재미]있어 하는(*to* do, *that*[節]). ¶~ spectators 호기심이 동한 관객/an ~ look 흥미있어 하는 표정. **2** (이해) 관계가 있는, 관여한, 당해의(*in*). ¶~ parties 〔법률〕 이해 당사자들/Those ~ should apply immediately. 희망자는 즉시 신청하시오. **3** 타산적인, 이해 관계에 좌우된, 사심이 있는(*in*). ¶~ marriage 정략[타산]적인 결혼/from ~ motives 불순한 동기로. **~·ly** [부] **~·ness** [명]

in·ter·est-free [-fríː] [형] 무이자의.

ínterest gròup [명] 《집합적; 단·복수 양용》 〔사회〕 이익 공동체; 이익[압력] 단체.

‡**in·ter·est·ing** [íntərəstiŋ, -tərèst-] [형] (***more*** ~; ***most*** ~) 주의[관심]를 끄는, 흥미로운, 재미있는 (*to, for*). ⇨AMUSING [유의어] ¶an ~ article [book] 흥미로운 기사[재미있는 책]/His story was very ~ *to* me. 그의 이야기는 흥미진진했다.

be in an interesting condition [or ***situation***]

interest rate 1464 **interior**

(고어) 임신하다.
~·ly 부 ~·ness 명
ínterest ràte 명 이자율, 금리(金利).
ín·ter·est-rate óption [-rèit-] 명 (美) 〔금융〕 금리 옵션(금융 파생 상품 거래의 일종).
ínterest-rate swáp 명 〔금융〕 금리 스와프(동일 통화의 고정 금리 채무와 변동 금리 채무 간에서 금리 부문만 교환하는 것).
ínterests sèction 명 〔외교〕 이익 대표부.¶the U.S. ~ in Havana 아바나 주재 미국 이익 대표부.
in·ter·eth·nic [ìntəréθnik] 형 이민족(異民族)[인종]간의.
in·ter·face [íntərfèis] 명 1 (…사이의) 경계면; 중간면. 2 (서로 다른 학문·사상 따위의) 공통 영역 (*between*).¶the ~ *between* chemistry and physics 화학과 물리학의 공통 문제. 3 (사람·장비·시스템 따위 간의) 공동 경계선[상호 연결]. 4 서로 다른 요소들을 조화·연결시키는 것. 5 상호 접촉[연결], 커뮤니케이션. 6 〔컴퓨터〕 인터페이스. a) 컴퓨터의 각 장치[프로그램] 사이의 정보 전달 장치. b) 컴퓨터와 인간을 연결해주는 장치(디스플레이, 키보드 등).
—타 1 …을 (…에) 잇다[연결시키다](*with*); (서로 다른 것을) 조화[결합] 작동하게 하다.¶~ several departments *with* an information service from overseas 몇 개 부서를 해외 정보 네트워크 서비스에 연결하다. 2 …에 결합 수단을 제공하다. —자 (서로 다른 것의) 작동이 결합[연계]하다; 조화하다(*with*).
ínterface verificátion 명 〔로켓〕 인터페이스 검사(로켓 발사시 관련 기기(機器)의 작동 여부 검사).
in·ter·fa·cial [ìntərféi∫əl] 형 접촉[중간]면의, 공유 영역의; 〔결정〕 두 면(面)간의[사이의].
interfácial ténsion 명 〔물·화〕 계면(界面) 장력.
in·ter·fac·ing [íntərfèisiŋ] 명 (옷의) 심(천).
in·ter·faith [ìntərféiθ] 형 이교(異敎) 단체[교도] 사이의; 종파를 초월한.¶~ marriage 이교도 사이의 결혼.
in·ter·fen·es·tra·tion [ìntərfènəstréi∫ən] 명 1 (두 창문의) 창간(窗間). 2 벽에 창문 내기[구멍 뚫기].
‡in·ter·fere [ìntərfíər] 자 (~s [-z]; ~d; -fer·ing) 1 방해하다, 지장을 주다, 저촉하다; 해치다 (*with*). ¶You may go if nothing ~s. 지장이 없으면 가도 된다.// (~+前+名) ~ *with* health 건강을 해치다 / ~ *with* cultural development 문화 발전을 저해하다. 2 (쓸데없이) 참견하다, 간섭하다(meddle) (*with, in*).¶(~+前+名) ~ *in* another's life 남의 생활에 간섭하다. 3 (이해·주장 따위가) 충돌하다, 상충하다.¶Their interests ~*d*. 그들의 이해가 상충되었다. 4 사이에 끼어들다, 중재[조정]하다(mediate)(*in*). ¶He ~*d* and separated the two. 그는 사이에 끼어들 어 둘을 떼어놓았다. 5 (말이) 보행중에 발과 발을 맞부 딪치다. 6 (美) 〔구기〕 (반칙으로) 상대측 선수를 방해하다, (야구에서) 주루[수비, 타격] 방해를 하다. 7 (美) 〔동일 명명품의〕 우선권을 다투다. 8 〔물리〕 (빛·음·전파 등이) 간섭하다; 〔무선〕 (라디오·TV가) 혼신(混信)하다.
interfére with ① (허락 없이) 〔남의 물건 따위〕에 손 대다, 만지작거리다. ② (英) …에게 성희롱[성폭행]하다, …을 욕보이다.
-fér·er 명
*in·ter·fer·ence [ìntərfíərəns] 명 Ü[C] 1 방해, 지장, 장애; 간섭; 충돌(*with, in*). 2 〔물리〕 (빛·음·전파의) 간섭; 〔무선〕 혼신(混信). 3 〔구기〕 (반칙적인) 방해. 4 (2개 국어 사용시 모국어의) 간섭; 〔심리〕 (기억의) 방해. 5 〔특허권의〕 저촉, 우선권 심사. 6 〔성희롱·성폭행〕.
run interference for (구어) ① (동료·상사 등을) 위해 (특히 앞질러서) 귀찮은[시간이 걸리는] 일을 하주다; …의 선도자 노릇을 하다. ② 〔미식축구〕 (볼 캐리 어)를 따라 달리며 적의 태클을 저지하다.
interférence dràg 명 〔항공〕 간섭 항력(抗力).
interférence mícroscope 명 간섭 현미경(빛의 간섭을 이용한 현미경).

in·ter·fe·ren·tial [ìntərfərén∫əl] 형 (빛 따위의) 간섭의.
in·ter·fer·ing [ìntərfíəriŋ] 명 Ü 간섭하기. —형 1 방해하는; 간섭[참견]하는, 남의 일에 잘 나서는.¶an ~ old lady 쓸데없이 참견하는 노파. 2 〔물리〕 간섭하는. 3 〔무선〕 혼신(混信)의[되는]. ~·ly 부
in·ter·fer·om·e·ter [ìntərfərámətər/-róm-] 명 〔광학〕 간섭계(빛의 간섭으로 스펙트럼선의 파장 따위를 재는 장치).¶a stellar ~ 항성 간섭계.
in·ter·fer·om·e·try [ìntərfərámətri/-róm-] 명 〔광학〕 간섭 측정; 간섭계에 의한 측정; 간섭계 사용[구성]법. **-fer·o·met·ric** [-fìərəmétrik] 형 **-fèr·o·mét·ri·cal·ly** 부
in·ter·fer·on [ìntərfíərɑn/-rɔn] 명 Ü 〔생물〕 인터페론(항(抗)바이러스 및 종양 세포 증식 억제 인자).
in·ter·fer·tile [ìntərfə́:rtil/-tail] 형 〔동·식물〕 이계(異系) 교배할 수 있는. **-fer·tíl·i·ty** 명
in·ter·file [ìntərfáil] 타 〔서류·카드 따위〕를 (항목별로) 철하여 정리하다, 합쳐서 철하다. (~pany).
in·ter·firm [ìntərfə́:rm] 형 회사 간의(intercom-
in·ter·flow [ìntərflóu] 자 합류하다; 서로 흐르들다; 혼합하다. —명 [´-`] 합류, 혼류(混流); 혼합.
in·ter·flu·ent [ìntərflú:ənt] 형 합류하는, 서로 뒤 섞여 흐르는; 혼합하는. **-ence** 명
in·ter·fold [ìntərfóuld] 타 …을 접어[끼워] 넣다.
in·ter·fra·ter·nal [ìntərfrətə́:rnl] 형 형제간의.
in·ter·fuse [ìntərfjú:z] 타 1 …을 스며들게 하다, 침투시키다. 2 서로 섞이게 하다, 혼합하다. —자 스며들다; 서로 섞이다, 혼합하다. **-fú·sion** 명
in·ter·ga·lac·tic [ìntərgəlǽktik] 형 〔천문〕 은하와 은하 사이의, 은하계 (우주)간(間)의.
in·ter·gen·er·a·tion·al [ìntərdʒènəréi∫ənl] 형 세대 간의.¶~ conflicts 세대 간 분쟁. 「(氷期)(의).
in·ter·gla·cial [ìntərgléi∫əl] 형 〔지질〕 간빙기(間
in·ter·gov·ern·men·tal [ìntərgʌ̀vərnméntl] 형 정부 간의.¶an ~ agreement 정부 간 협정.
in·ter·gra·da·tion [ìntərgrədéi∫ən, -grə-] 명 1 (서서히 다른 종(種)·단계로 옮겨가는) 변이, 변천. 2 〔생물〕 점진 진화(漸進進化). ~·al 형
in·ter·grade [ìntərgréid] 명 중간 단계, 중간층. —자 [`-´] (진화 따위에 의해) 서서히 다른 종[단계]으로 변해가다. —형 〔민족〕 간의.
in·ter·group [ìntərgrú:p] 형 〔사회〕 집단 간의; 인종 간의.
in·ter·growth [ìntərgróuθ] 명 합생(合生), 군생(群生), 잡생(雜生)(서로 이웃하거나 섞여서 생장하는 일).
*in·ter·im [íntərəm] 명 1 (the ~) 사이, 잠시. (또는 ~ **périod**) 2 가(假)협정[결정], 잠정 조치. 3 (the I-) 〔역사〕 (종교 개혁 당시 독일에서 개신 교도와 가톨릭 교도 사이에 맺었던) 잠정 협약.
in the interim 그 사이에; 당분간.
—형 잠시의, 일시적인, 임시의: 중간의.¶~ job 임시 직업 / an ~ report 중간 보고.
—부 〔드물게〕 그 사이에, 그 동안에.
ínterim dívidend 명 〔보험·금융〕 (결산과 결산 사이에 지급하는) 중간 (이익) 배당, 가배당.
ínterim góvernment 명 임시 정부, 잠정 정권.
Ínterim Stándard Átmosphere 명 잠정 표준 대기(고도 50~80km 상공의 대기). 「험.
ínterim státement 명 중간 결산 보고. 「
in·ter·in·sur·ance [ìntərin∫úərəns] 명 협동 보
‡in·te·ri·or [intíəriər] 형 1 내부의[에 있는], 중심에 가까운 쪽의, 안쪽의(↔ exterior). ⇨ INSIDE 〔유의어〕 ¶the ~ rooms of a house 집안의 안쪽 방/an ~ view 내부의 광경 /~ repairs 내부 수리. 2 실내의, 옥내의. 3 오지의, 해안(국경)에서 먼, 내륙의, 4 국내의 (® foreign).¶~ trade 국내 무역. 5 내심의; 비밀의; 사적인.¶an ~ life of man 인간의 내면 생활.
—명 (® ~s [-z]) 1 (the ~) 내부, 안쪽. 2 〔건축〕

건조물의 내부, 실내, 옥내. **3** 실내 사진, 실내도(圖); (영화·극의) 옥내 장면[배경]. **4** (the ~) 내륙, 오지. ¶the Alaskan ~ 알래스카의 오지. **5** (the ~) 내정(內 政), 내무. ¶the Department of the I- 〖美〗 내무부. **6** (the ~) 내심, 본심, 본성. ~·ly 〖부〗

intérior ángle 〖명〗 〖수학〗 내각. 〖반〗 exterior angle
intérior ballístics 〖명〗 〖단수취급〗 포내(砲內) 탄도
intérior decorátion 〖명〗 실내 장식 (재료). 〖학.
intérior décorator 〖명〗 **1** =interior designer. **2** 실내 도장(塗裝)도배장이.
intérior desígn 〖명〗 실내 장식[설계]. 「décorator)
intérior desígner 〖명〗 실내 장식가. (또는 **intérior**
in·te·ri·or·ism [intíəriərìzm] 〖명〗〖철학〗 내관(內 觀)주의. **-ist** 〖명〗〖형〗 「임, 내재(성); 본성.
in·te·ri·or·i·ty [intìəriɔ́:rəti, -άr-] 〖명〗〖U〗 내적(內的)
in·te·ri·or·ize [intíəriəràiz] 〖타〗 내면화하다, (특히) 내면의 마음·정신의 일부로 하다. **-i·zá·tion** 〖명〗
intérior líneman 〖명〗 〖미식축구〗 인테리어 라인맨(공격측 라인을 제외한 안쪽의 5명 중 하나).
intérior mónologue 〖명〗 〖문학·영화〗 (등장 인물의) 내적 독백(獨白). 「planet).
intérior plánet 〖명〗 〖천문〗 내행성(內行星)(inferior
intérior spring máttress 〖명〗 〖美〗 스프링을 넣은 매트리스. (또는 **intérior-sprùng máttress**)
interj. interjection. 「하는. **-cence** 〖명〗
in·ter·ja·cent [ìntərdʒéisnt] 〖형〗 사이에 있는, 개재
in·ter·ject [ìntərdʒékt] 〖타〗 (말 따위를) 불쑥 끼워 넣다; (말)참견을 하다; …에게 말을 던지다. ── 〖자〗 불쑥 말참견하다. **-jéc·tor** 〖명〗
*****in·ter·jec·tion** [ìntərdʒékʃən] 〖명〗 (통 ~s [-z]) **1** 〖U〗〖C〗 별안간 끼워 넣기, **2** 〖U〗〖C〗 삽입하는 말[외침], 탄성. **3** 〖문법〗 감탄사(약 int., interj.).
in·ter·jec·tion·al [ìntərdʒékʃənl] 〖형〗 감탄사의, 감탄사적인, 고함 소리의; 삽입적인. ~·ly 〖부〗
in·ter·jec·tion·al·ize [ìntərdʒékʃənəlàiz] 〖타〗 감탄사화하다. 「별안간 끼워 넣은.
in·ter·jec·to·ry [ìntərdʒéktəri] 〖형〗 감탄사적인;
in·ter·ki·ne·sis [ìntərkiní:sis, -kai-] 〖명〗 〖생물〗 =interphase. **-nét·ic** 〖형〗 「엮어 맞추다.
in·ter·knit [ìntərnít] 〖동〗〖타〗 (~, **-tt-**) 서로 짜맞추다,
in·ter·knot [ìntərnάt/-nɔ́t] 〖동〗〖타〗 (**-tt-**) 서로 매듭 짓다, 짜맞추다. 「연구실 간의, 여러 연구실에 걸친.
in·ter·lab·o·ra·to·ry [ìntərlǽbərətɔ̀:ri/-tɔ̀ri] 〖형〗
in·ter·lace [ìntərléis] 〖동〗 섞어 짜다, 합쳐 꼬이다; 얽히다, 교착(交錯)하다. ¶*interlacing* boughs 뒤얽힌 가지. ── 〖타〗 …을 섞어 짜다, 합쳐 꼬다; 얽히게 하다; …에 (…을) 점재(點在)시키다(*with*). ¶(~+뫼+前+명) ~ flowers *with* sprigs 잔가지 속에 꽃을 배합해 꽂다. ── 〖TV〗 〖주사선〗 …을 비월주사(飛越走査) 방식으로 하다. ── 〖부〗 [ˌ-ˊ-] **1** (여러 가지 실·무늬를) 섞어 짜기; 바탕색과 다른 실로 짠 무늬. **2** 〖TV〗 =interlaced scanning. 「리는.
in·ter·laced [ìntərléist] 〖형〗 〖문장〗 어긋매껸, 엇갈
interláced scánning 〖명〗 〖TV〗 비월 주사(飛越走查) 방식. 「scanning.
in·ter·lac·ing [ìntərléisiŋ] 〖명〗 〖TV〗 =interlaced
interlácing arcáde 〖명〗 (홍예가 서로 교차하는 것처럼 배열된) 교차 아케이드.
in·ter·lam·i·nate [ìntərlǽməneit] 〖동〗〖타〗 …을 얇은 조각 사이에 끼워넣다, 층 사이에 삽입하다; 박편으로 번갈아 포개다. **-lam·i·ná·tion** 〖명〗
in·ter·lan·guage [ìntərlǽŋgwidʒ] 〖명〗 **1** 국제어. **2** 중간 언어. ── 〖형〗 두 언어 간의[에 관한].
in·ter·lard [ìntərlάrd] 〖동〗〖타〗 **1** (문장·이야기 변화를 주기 위해) …을 섞다, 삽입하다(*with*); (물건이)…에 뒤섞이다. ¶~ one's speech *with* foreign words 외국어를 섞어 가며 이야기하다. **2** 〖폐〗 (살코기에) 라드[비계]를 넣다. **-lar·dá·tion, ~·ment** 〖명〗

in·ter·lay [ìntərléi] 〖동〗〖타〗 (**-laid** [-léid]) **1** …의 사이에 (끼워)넣다[놓다]. **2** (안에 집어넣어) …에 변화를 주다, 장식하다, 꾸미다(*with*). ── 〖인쇄〗 중간 (인쇄 상태) 점검.
in·ter·lay·er [ìntərléiər] 〖명〗 (두 켜[층] 사이의) 중간층. ── 〖동〗〖타〗 [ˌ-ˊ-] 켜 사이에 넣다[삽입하다].
in·ter·leaf [ìntərlí:f] 〖명〗 (통 **-leaves** [-li:vz]) **1** (장(章)을 바꾸거나 독자가 메모를 하기 위해 책에 끼우거나 철해 넣은) 간지(間紙), (삽입)백지. **2** =slipsheet.
── 〖동〗〖타〗 =interleave.
in·ter·leave [ìntərlí:v] 〖동〗〖타〗 **1** (책 따위)에 (메모용) 백지를 끼워 넣다(*with*). **2** 〖인쇄〗 =slipsheet. **3** 〖컴퓨터〗 인터리브[상호 배치]하다. ── 〖컴퓨터〗 인터리브, 상호 배치(하드 디스크의 섹터 조정, 주기억 장치의 복수 부분화로 데이터 검색을 효율화하는 것).
in·ter·leu·kin [ìntərlú:kin] 〖명〗 〖의학〗 인터로이킨 (인체의 면역 시스템 제어 기능을 가진 저분자량 화합물[단백질]; 1에서 6까지 있다; 〖약〗 IL).
in·ter·lí·brar·y lóan [ìntərláibrèri-/-brəri-] 〖명〗 도서관 상호 대부 (제도); 그 서적.
in·ter·line[1] [ìntərláin] 〖동〗〖타〗 **1** (책 따위)의 행간(行間)에 글씨를 써넣다[인쇄하다]. ¶~ a draft 초고의 행간에 써 넣다. **2** (번역·정정 따위)를 행간에 적어 넣다. ¶~ a translation *in* a text 교과서의 행간에 번역을 써넣다. ── 〖인쇄〗 행간에 써넣기[인쇄]를 하다.
in·ter·line[2] 〖동〗〖타〗 (의류 따위)에 심을 넣다. ¶~ a coat 저고리에 심을 넣다. **-lin·er** 〖명〗
in·ter·line[3] 〖동〗 (화물을) (중계지에서) 바꿔 싣고 수송하다. ── 〖타〗 둘 이상의 노선에 걸치는; (화물 수송이) 중계지에서 바꿔 싣는; (사람·화물이) 갈아 타고 가는.
in·ter·lin·e·al [ìntərlíniəl] 〖형〗 =interlinear.
~·ly 〖부〗
in·ter·lin·e·ar [ìntərlíniər] 〖형〗 **1** (책의) 행간(行間)의; 행간에 써넣은[인쇄한]. ¶an ~ note 행간의 주석. **2** 원문과 번역을 한 줄 걸러 쓴[인쇄한]. ¶the ~ Bible 행간 번역 성서. ── 〖명〗 행간 번역서. 「line[1].
in·ter·lin·e·ate [ìntərlíniə̀t, -ìeit] 〖동〗〖타〗 =inter-
in·ter·lin·e·a·tion [ìntərlìniéiʃən] 〖명〗〖U〗〖C〗 행간에 써넣기; 행간에 써넣은 어구.
in·ter·lin·er [ìntərláinər] 〖명〗 타 항공사 노선으로 바꿔 타는 승객, 통과 여객.
In·ter·lin·gua [ìntərlíŋgwə] 〖명〗〖U〗 =interlanguage; (I-) 인터링궈(과학자용 인공 국제어).
in·ter·lin·gual [ìntərlíŋgwəl] 〖형〗 언어 간의, 두 가지 이상의 언어에 관계되는.
in·ter·lin·ing [ìntərláiniŋ] 〖명〗〖U〗 의류의 심(心); 심감.
in·ter·link 〖동〗〖타〗 (…과) 잇다, 연결하다(*with*). ── 〖명〗 [ˌ-ˊ-] 연결 고리. ~·age 〖명〗
in·ter·lock [ìntərlάk/-lɔ́k] 〖동〗〖자〗 **1** 서로 깍지끼이다, 서로 겹치다[포개지다]. ¶~ing branches 서로 겹친 가지. **2** (기계 따위가) 서로 맞물리다, 연동하다. ¶an ~ing device 연동 장치/The gear ~s well. 기어가 잘 맞물린다. **3** 〖철도〗 (신호기 등이) 연동 장치로 움직이다. ¶an ~ing signal 연동식 신호. **4** 〖컴퓨터〗 인터로크하다. ── 〖타〗 …을 짜맞춘다, 겹치게 하다. ¶one's ~ed hands 깍지낀 손. **2** …을 맞물리게 하다, 연동시키다. **3** 〖철도〗 …을 연동 장치로 하다. **4** 〖영화〗 (카메라·녹음 장치 등을) 연동 장치로 움직이다. ── 〖명〗 [ˌ-ˊ-] **1** 겹쳐지기, 맞물린 상태. **2** 연동 장치. **3** 〖영화〗 (영상과 음성을 일치시키는) 동조(同調) 장치. **4** 〖컴퓨터〗 인터로크(진행중인 동작이 끝날 때까지 다음 동작을 개시하지 못하게 하는 (장치)).
── 〖형〗 (직물의) 양면 짜기인.
in·ter·lóck·ing diréctorate [ìntərlάkiŋ-/-lɔ́k-] 〖명〗 〖경영〗 겸임 이사회(제).
in·ter·lo·cu·tion [ìntərləkjú:ʃən] 〖명〗〖U〗〖C〗 〖문어〗 대화, 문답(dialogue); 대담, 회담, 담화.
in·ter·loc·u·tor [ìntərlάkjutər/-lɔ́k-] 〖명〗 **1** (문

어) 대화자, 대담자, 회화자; 질문자. ¶one's ~ 이야기 상대. **2** (美) minstrel show의 사회자(열의 중앙에 서서 end men과 이야기를 주고받는다).

in·ter·loc·u·to·ry [ìntərlάkjutɔ̀:ri/-lɔ́kjutəri] ⓐ **1** 대화의, 대화적인, 문답체(식)의. ¶~ instruction 문답[대화]식 교수[지도]. **2** 대화 속에 끼워 넣은. ¶~ observations 대화 속에 끼워 넣은 의견. **3** (【법률】) 중간(판결)의, 가(假)… (⑩ final). ¶an ~ judgment 중간 판결. **-ri·ly** ⓐ

in·ter·loc·u·tress [ìntərlάkjutris/-lɔ́k-] ⓐ interlocutor의 여성형.
(또는 **interlocutrice, interlocutrix**)

in·ter·lope [ìntərlóup] ⓥ ⓘ **1** 무허가 영업을 하다. **2** 남의 일에 간섭하다[권리를 침해하다]. **-lóp·er** ⓐ

*__in·ter·lude__ [íntərlù:d] ⓐ **1** 사이, 틈; 중간에 생긴 일; 삽화, 에피소드. **2** 막간. (도덕극 따위의) 막간 희극; (일반적으로) 막간의 여흥[촌극]. **3** (Tudor 왕조 시대의) 소극(笑劇), 희극. **4** [음악] 간주곡. **-lú·di·al** ⓐ

in·ter·lu·nar [ìntərlú:nər] ⓐ (그믐달과 초승달 사이의) 달이 보이지 않는 기간의, 달 없는 기간의. 「거래.

in·ter·mar·ket [ìntərmάːrkit] ⓐ [증권] 시장 간

in·ter·mar·riage [ìntərmǽridʒ] ⓐ ⓤ **1** 다른 민족[인종, 종교, 계급]간의 혼인. **2** 내혼(內婚)(관습・법률에 의한 특정 집단 내의 결혼). **3** 혈족[근친, 동족] 결혼.

in·ter·mar·ry [ìntərmǽri] ⓥ ⓘ **1** 다른 종족[인종, 계급, 종교] 사이에 결혼하다; (…와) 인척 관계가 되다 (with). **2** (…의) 혈족[근친] 결혼을 하다 (with).

in·ter·max·il·lar·y [ìntərmǽksəlèri/-ləri] ⓐ [해부] 상악골(上顎骨)(maxillary) 사이에 있는.

in·ter·med·dle [ìntərmédl] ⓥ ⓘ (…에) 간섭하다, 참견하다 (in, with). **-dler** ⓐ

in·ter·me·di·a[1] [ìntərmí:diə] ⓐ ⓤ 인터미디어(다양한 매체를 동시에 이용한 복합 예술).

in·ter·me·di·a[2] ⓐ intermedium의 복수형.

in·ter·me·di·a·cy [ìntərmí:diəsi] ⓐ 중간(성); 중개, 중재. ¶by the ~ of a friend 친구의 중개로.

in·ter·me·di·ar·y [ìntərmí:dièri/-diəri] ⓐ **1** 중간의[에 있는], 중계의. ¶an ~ post office 중계 우체국. **2** 중개의, 매개의. ¶~ business 중개업 / an ~ power 중재국. — ⓝ **1** 중개자, 매개자[물](go-between); 중재자(mediator) (between, for). ¶an ~ for A and B A와 B의 중개자. **2** 매개, 수단. **3** 중간 단계, 중개체. ¶… 에 의해서, 손을 거쳐.
through [or *by*] *the intermediary of* …의 수단

*__in·ter·me·di·ate__ [ìntərmí:diət] ⓐ 중간의, 중간에 있는 (*between*); 중급의; (자동차) 중형의. ¶an ~ examination (英) 중간 시험 / ~ colors 중간색 / a being ~ between ape and man 원숭이와 인간과의 중간 생물. — ⓝ **1** 중간물, 중간에 있는 것(중간 형태・중간 계급 따위). **2** (화학) 중간 생성물[화합물]. **3** 매개물; 중재인. **4** (美) 중형차. **5** (英) (대학의) 중간 시험.
— ⓥ ⓘ [ìntərmí:dièit] 중간[사이]에 끼다: (…사이를) 중재하다, 중개하다 (*between*).
~·ly ⓐ **~·ness, -à·tor** ⓐ **-a·to·ry** [-ətɔ̀:ri] ⓐ

in·ter·me·di·ate-act·ing [-ǽktiŋ] ⓐ [약학] (中) 정도[시간] 작용형의. 「[vector boson.

intermédiate bóson ⓐ [물리] =intermediate
intermédiate fréquency ⓐ [무선] 중간 주파수
intermédiate góods ⓐ [경제] 생산재. 「(@ if).
in·ter·me·di·ate·hóst ⓐ (기생충의) 중간 숙주(宿主).
in·ter·me·di·ate-lév·el [-lévəl] ⓐ 중간 수준의.
¶~ waste 중간 수준 (방사성) 폐기물.
intermédiate rànge ballístic míssile ⓐ (군사) 중거리 유도탄[미사일](@ IRBM).
intermédiate rànge núclear fórces ⓐ (군사) 중거리 핵 전력(@ INF).
intermédiate schóol ⓐ 중등 학교. **1** (美) 중학교(junior high school); 초등 학교 4~6학년 과정의 학

교. **2** (英) 12~14세의 학생을 수용하는 학교.
intermédiate stóck ⓐ =interstock. 「역.
intermédiate stórage ⓐ (컴퓨터) 중간 기억 영
intermédiate technólogy ⓐ 중간 기술(간단한 기술을 최첨단 기술과 결부시키는 과학 기술).
intermédiate-válue thèorem ⓐ (수학) 중간치(値)의 정리. 「(벡터 보손.
intermédiate véctor bòson ⓐ (물리) 매개적
intermédiate véssel ⓐ 화경색(貨客船)(여객선과 화물선의 혼합형). 「매개, 중간; 중재, 조정.

in·ter·me·di·a·tion [ìntərmì:diéiʃən] ⓐ ⓤ 개재,
in·ter·me·di·um [ìntərmí:diəm] ⓐ (⑨ ~s, -di·a [-diə]) 중개물, 매개물.

in·ter·ment [intə́ːrmənt] ⓐ ⓤ ⓒ 매장(埋葬)(burial).
in·ter·mesh [ìntərméʃ] ⓥ ⓘ (기계) (톱니바퀴가) 잘 맞물리다. — ⓐ 금속 화합물.

in·ter·me·tál·lic cómpound [ìntərmətǽlik-] ⓐ

in·ter·mez·zo [ìntərmétsou, -médzou] ⓐ (⑩ ~s, -mez·zi [-métsi, -médzi:]) **1** (극・오페라 따위의) 막간의 여흥[촌극]. **2** (음악) (소나타・심포니・가극 따위의) 간주곡. **3** 간주곡의 독립된 기악곡.

*__in·ter·mi·na·ble__ [intə́ːrmənəbl] ⓐ **1** 영구히 계속되는, 그칠 줄 모르는. ¶an ~ job 끝이 없는 일. **2** 긴, 지루한. ¶an ~ talk 지루한 이야기. **3** 한(끝)없는, 무한한. ¶an ~ desert 끝없는 사막. — ⓐ (the I-) 무한의 존재, 신(God). **-bíl·i·ty, -·ness -·bly** ⓐ

__in·ter·min·gle__ [ìntərmíŋgl] ⓥ (-gled; -gling*) ⓥ 섞이다, 뒤섞이다 (*with*). ¶ (~+目+前+名) They soon ~*d* with the crowd. 그들은 곧 군중 속에 섞였다. — ⓥ ⓔ …을 (…와) 섞다 (*with*). ¶ (~+目+前+名) ~ A with B A와 B를 섞다. **~·ment** ⓐ

*__in·ter·mis·sion__ [ìntərmíʃən] ⓐ **1** ⓤ ⓒ 중절, 휴지(休止), 중지. **2** (美) (극장의) 휴게 시간, 막간((英) interval); (수업 사이의) 쉬는 시간((英) break). ¶ during ~ 막간[휴게중]에. **3** (발작성 병의 발작 사이의) 진정기, 휴지기, 간헐기.
without intermission 끊임없이, 계속해서.
~·less ⓐ

in·ter·mis·sive [ìntərmísiv] ⓐ =intermittent.
in·ter·mit [ìntərmít] ⓥ (*-tt-*) ⓥ …을 일시 중지하다, 중단하다(suspend). ¶~ one's efforts 노력을 중단하다. — ⓥ ⓘ 단속(斷續)하다; 일시 멎다, 중단되다; (맥박이) 결체(結滯)하다. ¶His fever ~*s*. 그의 열은 간헐적으로 오르내린다. **-·ting·ly** ⓐ

in·ter·mit·tent [ìntərmítnt] ⓐ 때때로 끊기는, 단속하는; (열・호흡 따위가) 간헐성의, 주기적인; 때때로 일어나는. ¶a rainfall 소나기 / an ~ pulse 때때로 끊기는 맥박, 부정맥(不整脈) / an ~ spring 간헐천(泉). **-tence, -ten·cy** ⓐ **~·ly** ⓐ 단속[간헐]적으로.
intermíttent cúrrent ⓐ [전기] 단속(斷續) 전류.
intermíttent féver ⓐ [병리] 간헐열(間歇熱).
in·ter·mit·ter [ìntərmítər] ⓐ **1** 중단하는 사람. **2** (카메라・영사기의) 간헐 기구. (또는 **intermittor**)
in·ter·mix [ìntərmíks] ⓥ 섞다[섞이다], 혼합하다.
¶ smiles ~*ed with* tears 눈물 어린 미소 // Oil and water do not ~. 물과 기름은 섞이지 않는다.
~·a·ble ⓐ **~·ed·ly** [-sidli, -st-] ⓐ

in·ter·mix·ture [ìntərmíkstʃər] ⓐ **1** ⓤ 섞기, 섞이기, 혼합, 혼효(混淆). **2** 혼합물(mixture); 혼입물.
in·ter·mod·al [ìntərmóudəl] ⓐ (교통) 협동[복합] 일관 수송의(두 종류 이상의 운송 수단을 이용하는 수송의). (또는 **multimodal**) **~·ism** ⓐ

in·ter·mod·u·la·tion [ìntərmὰdʒəléiʃən/-mɔ̀d-] ⓐ (주파수의) 상호 변조.
in·ter·mo·lec·u·lar [ìntərməlékjulər] ⓐ 분자 간의, 분자 사이에 일어나는. **~·ly** ⓐ

in·ter·mon·tane [intərmántein/-món-] 형 산간의. ¶an ~ hamlet 산간 촌락. (또는 **intermountain**)

in·ter·mun·dane [intərmʌ́ndein, -mʌndéin] 형 두 세계[천체] 사이에 있는; 천체 간의[에서 생기는]. ¶~ space 천체 간의 공간.

in·ter·mu·ral [intərmjúərəl] 형 1 학교 간(대학)의, 도시 간(대학)의. ¶an ~ athletics 학교[도시] 대항 운동 시합. 2 (성)벽과 (성)벽 사이의.

in·tern[1] 동태 [intə́ːrn] 구금(억류, 강제 수용)하다 (*in*), (중립국이) (포로·교전국 선박 따위)를 억류하다; (위험 인물 등)을 강제 수용[격리]하다. —명 [´-] 피억류자(internee).

in·tern[2] [íntəːrn] 명 1 (병원의) 인턴, 수련의(의 extern). 2 (美) (교육) =student teacher. 3 (회사 등의) 인턴(수습) 사원. (또는 **interne**) —동자 intern으로 근무하다, 병원에서 수련하다.

in·tern[3] [intə́ːrn] 형 (古語) 내부의(internal).

‡**in·ter·nal** [intə́ːrnl] 형 1 안의, 내부의(에 있는); 체내의; (기기 따위의) 내장(內裝)의(↔ external). ↔ INSIDE 유의어 ¶~ structure 내부 구조/~ organs 내장. 2 (약학) 경구(經口)의, 내복(內服)(용)의. ¶for ~ use (약 따위가) 내복용의. 3 내재적인, 본질적인. ¶~ evidence 내적 증거. 4 국내의, 내국의, 내정의(↔ foreign). ¶the ~ politics of a nation 일국의 내정 / ~ debts [*or* loans] 내국 채 / ~ wars 내란 / ~ revenue 내국세 수입. 5 내면적인, 정신적인; 주관적인. ¶~ peace 정신적 평화. 6 (시험관·응시 학생이) 시험 실시 학교 출신의; (시험이) 학내에서 출제·채점하는.
—명 1 (~s) 내장, 창자. 2 (사람·사물의) 내면적 특질, 본질. 3 (완곡적) 질(자궁) 검진.

in·ter·nál·i·ty 명 내재(성). **~·ness**

intérnal affáirs 명 국내(내부) 문제, 내무(內務).

intérnal ángle 명 =interior angle.

intérnal áudit 명 (회계) 내부(자체) 감사. [耳道].

intérnal áuditory meátus 명 (해부) 내이도(內

intérnal cáche 명 (컴퓨터) 내부 캐시(primary

intérnal clóck 명 =biological clock. [cache).

intérnal combústion 명 내부 연소.

internal-combústion 형 내연식의; 내연 기관의.

intérnal-combústion éngine 명 내연 기관.

intérnal convérsion 명 (물리) 내부 전환.

intérnal éar 명 내이(內耳). [형].

intérnal éxile 명 (반체제 인사 따위의) 국내 유배(유

intérnal fónt 명 (컴퓨터) 내부 자형(字形), 내장 폰트.

intérnal géar 명 (기계) (톱니가 안쪽에 새겨진) 내접 기어. (또는 **ánnular géar**)

in·ter·nal·i·za·tion [intə̀ːrnəlizéiʃən/-láiz-] 명 1 (심리) 내면화(內面化). 2 (증권) 증권 거래소의 입회장이 아닌 증권 회사에서의 주식 매매; 금지 행위.

in·ter·nal·ize [intə́ːrnəlàiz] (* (英) **-ise**) 동태 1 (어느 집단의 문화적 가치·습속 따위)를 (학습이나 사회적 적응에 의해) 자신의 일부로 만들다, 내면화[내재화]하다; …을 억압하다. 2 …을 주관화하다.

in·ter·nal·ly [intə́ːrnəli] 부 1 내부에. 2 내면적(정신적)으로. 3 국내에; 부내에.

intérnal médicine 명 내과(內科) (의학).

intérnal pollútion 명 (약품·식품 속의 유해 물질로 인한) 체내 오염.

intérnal ráte of retúrn 명 내부 수익률(약 IRR).

intérnal resístance 명 (전기) 내부 저항.

intérnal respirátion 명 (생물·생리) 내호흡(內呼吸)(체내에서의 혈액과 세포, 세포상호간의 가스 교환).

intérnal révenue 명 (美) (관세 외의) 내국세 수입.

Intérnal Révenue Sérvice 명 (the ~) (단·복수 양용) (美) 국세청(약 IRS).

intérnal secrétion 명 (생리) 내분비(물).

intérnal stórage 명 (컴퓨터) 내부 기억 장치.

intérnal stréss 명 내부 응력(應力).

intérnal wáters 명복 (국제법) 내수(內水)(면).

internat. international.

‡**in·ter·na·tion·al** [intərnǽʃənl] 형 (*more* ~; *most* ~) 1 국가 간의, 국제적인; 국제 관계의. ¶an ~ conference [game] 국제 회의(경기) / an ~ language [treaty] 국제어(조약) / ~ call 국제 전화 / ~ trade 국제 무역. 2 (조직 따위가) 국제적으로 회원을 가진; (사람·기업이) 국제적으로 활동(활약)하는. ¶an ~ organization 국제 기구 / ~ staff (기업의) 해외 근무 스태프. 3 국가 테두리를 벗어난, 국제상의. ¶an ~ reputation 국제적 명성 / an ~ official record 세계 공인 기록. 4 (I-) 국제 신호의.

go international (기구·관광 따위가) 국제화하다.
—명 —s [-z] 1 (the I-) 인터내셔널, 국제 노동자 동맹(국제적인 사회주의 노동자 조직). ¶the First I- 제1 인터내셔널(Karl Marx를 중심으로 London에서 결성; 1864-76) / the Second I- 제2 인터내셔널 (Paris에서 결성; 1889-1914) / the Third I- 제3 인터내셔널(Comintern)(Moscow에서 결성; 1919-34) / the Fourth I- 제4 인터내셔널(Trotsky를 중심으로 1936년 소수 급진파가 결성). 2 (the I-) = Internationale. 3 국제 경기 출장자. 4 두 나라 (이상)에 관계하는 인물(기업, 조직).

-na·tion·ál·i·ty 명 국제성. **~·ly** 부

internátional affáirs 명 국제 문제.

Internátional Ágencies 명복 (유엔의) 국제 전문 기구(FAO, ILO, UNESCO 따위).

internátional áirspace 명 국제 공역(空域).

Internátional Áir Tránsport Associátion 명 (the ~) =IATA.

Internátional Ámateur Athlétic Federátion 명 (the ~) 국제 육상 경기 연맹(약 IAAF).

Internátional Appréntices Competítion 명 국제 직업 훈련 경기 대회, 국제 기능 올림픽(약 IAC).

Internátional Associátion of Líons Clúbs 명 (the ~) 라이온스 클럽 국제 협회.

Internátional Atómic Énergy Ágency 명 (the ~) 국제 원자력 기구(본부 Vienna; 약 IAEA).

internátional atómic tíme 명 (물리) 국제 원자시(약 IAT).

internátional baccalàureate 명 국제 바카로레아(대학 입학 국제 자격 제도; 약 IB).

internátional bálance of páyments 명 (경제) 국제 수지(收支).

Internátional Bánk for Reconstrúction and Devélopment 명 (the ~) 국제 부흥 개발 은행(본부 Washington, D.C.; 약 IBRD: the World Bank의 공식명).

Internátional Búsiness Machínes 명 =IBM.

internátional cándle 명 국제 표준 촉광(광도의 단위).

Internátional Céntre for Advánced Téchnical and Vocátional Tráining 명 (유엔) 국제 선진 기술 직업 훈련 센터(ILO 산하 기구; 본부 Turin).

Internátional Céntre for Séttlement of Invéstment Dispúte 명 국제 투자 분쟁 조정 센터(약 ICSID).

Internátional Certíficate of Vaccinátion 명 (국제) 예방접종 증명서.

Internátional Chámber of Cómmerce 명 (the ~) 국제 상업 회의소(본부 Paris; 약 ICC).

Internátional Cívil Aviátion Organizátion 명 (the ~) 국제 민간 항공 기구(본부 Montreal; 약 ICAO).

internátional cívil sérvant 명 국제 공무원(유엔을 위시한 국제 기구 사무국 직원의 총칭).

Internátional Códe 명 (the ~) (해상에서 선박이 기(旗)를 이용해서 보내는) 국제 신호.

Internátional Commíttee of the Réd Cróss 圈 (the ~) 적십자 국제 위원회(본부 Geneva; Nobel 평화상(1917, 44, 63) 略 ICRC).

Internátional Communicátion Ágency 圈 (the ~) (美) 국제 교류처(USIA의 후신) 略 ICA).

Internátional Confederátion of Frée Tráde Únions 圈 (the ~) 국제 자유 노동조합 연합(略 ICFTU).

internátional cópyright 圈 국제 저작권.

Internátional Cóuncil of Wómen 圈 (the ~) 국제 여성 연합(1888년 설립; 본부 Paris; 略 ICW).

Internátional Cóurt of Jústice 圈 (the ~) 국제 사법 재판소(The Hague 소재; 略 ICJ).

Internátional Cóvenants for Húman Ríghts 圈 (the ~) (유엔) 국제 인권 협약(경제적·사회적·문화적 권리, 시민적·정치적 권리, 자유권 등 3개 조약으로 구성; 1966년 채택).

Internátional Críminal Políce Organizátion 圈 (the ~) =Interpol.

internátional dáte líne 圈 (the ~) (국제) 날짜 변경선(date line) (略 IDL).

Internátional Devélopment Associátion 圈 (the ~) 국제 개발 협회(통칭 제2 세계 은행; 본부 Washington, D.C.; 略 IDA).

internátional dríving pèrmit [lícense] 圈 국제 자동차 운전 면허증(略 IDP).

In·ter·na·tio·nale [F ɛtɛrnasjɔnal] 圈 (the ~) 인터내셔널의 노래(공산주의자·노동자 혁명가). [<F]

Internátional Énergy Ágency 圈 (the ~) 국제 에너지 기구(본부 Paris; 略 IEA).

internátional exchánge 圈 국제환(換), 외국환.

Internátional Federátion of Informátion Prócessing 圈 (the ~) 국제 정보 처리 연맹.

Internátional Federátion of Trável Ágencies 圈 (the ~) 국제 여행업자 연맹(略 IFTA).

Internátional Fínance Corporátion 圈 (the ~) 국제 금융 공사(개발 도상국을 위한 UN의 금융 기관; 본부 Washington, D.C.; 略 IFC).

Internátional Fúnd for Agricúltural Devélopment 圈 국제 농업 개발 기금(개도국 농업 개발 지원; 본부 Rome; 略 IFAD).

Internátional Héràld Tríbune 圈 (The ~) 인터내셔널 헤럴드 트리뷴(Paris에서 발행되는 미국계 신문).

Internátional Íce Patról 圈 국제 유빙(流氷) 감시대(매년 결빙 기간에 미국 북대서양 연안에 설치).

Internátional Ínstitute for Stratégic Stúdies 圈 (the ~) (英) 국제 전략 연구소(1958년에 설립; London 소재; 略 IISS).

in·ter·na·tion·al·ism [ìntərnǽʃənəlìzm] 圈 ⓤ 1 국제주의, 국제 협조주의(略 nationalism). 2 국제적 성격, 국제성. 3 (I-) 국제 공산(사회)주의.

in·ter·na·tion·al·ist [ìntərnǽʃənəlist] 圈 1 국제(세계)주의자, 국제 협조론자. 2 국제 법학자. 3 (I-) 국제 공산주의자. 4 국제 경기 출전 선수. —圈 국제주의(자)의. **-nà·tion·al·ís·tic** 圈

in·ter·na·tion·al·ize [ìntərnǽʃənəlàiz] (* (英) -**ise**) 图回 …을 (규모나 성질에 있어서) 국제화하다, 국제적으로 하다; [영토 따위]를 국제 관리하에 두다. — ⓐ 국제적이 되다. **-nà·tion·al·i·zá·tion** 圈

Internátional Lábor Organizátion 圈 (the ~) 국제 노동 기구(본부 Geneva; 略 ILO).

internátional láw 圈 국제법.

internátional liquídity 圈 (경제) 국제유동성, 외

Internátional Máritime Organizátion 圈 (the ~) 국제 해사(海事) 기구(UN의 전문 기구; 본부 London; 略 IMO).

Internátional Mílitary Tribúnal 圈 (the ~) 국제 군사 재판(略 IMT).

Internátional Mónetary Fúnd 圈 (the ~) 국

제 통화 기금(본부 Washington, D.C.; 略 IMF).

internátional móney órder 圈 국제(송금)환(換).

internátional Mórse códe 圈 국제 모스 부호 (continental code), 「리(海里)(1,852km).

internátional náutical míle 圈 (해사) 국제 해

Internátional Olýmpic Commíttee 圈 (the ~) 국제 올림픽 위원회(본부 Lausanne; 略 IOC).

Internátional Órange 圈 (해사) 국제 오렌지색 (항해·해난 구조에 쓰이는 밝은 오렌지색).

Internátional Organizátion for Stándardizátion 圈 (the ~) 국제 표준화 기구(略 ISO).

Internátional Organizátion of Consúmers Únions 圈 (the ~) 국제 소비자 연맹기구(본부 The Hague; 略 IOCU). (또는 **Consúmers Internátional**)

Internátional Organizátion of Emplóyers 圈 (the ~) 국제 경영자 단체,연합(본부 Geneva).

Internátional Phonétic Álphabet 圈 (the ~) 국제 음표 문자, 국제 음성 기호(略 IPA).

Internátional Phonétic Associátion 圈 (the ~) 국제 음성학 협회(略 IPA).

Internátional Préss Ínstitute 圈 국제 신문 편집인 협회(본부 London; 略 IPI).

internátional prívate láw 圈 (법률) 국제 사법.

internátional rádio sílence 圈 국제 무선 통신 휴지 기간(해상에서 매시간 두 번째 조난 신호를 수신하기 위하여 3분간 통신을 휴지함).

Internátional Réd Cróss 圈 (the ~) 국제 적십자(ICRC, 적십자사 연맹, 각국 적십자사의 총칭; Nobel 평화상(1917, 44, 63) 略 IRC).

internátional relátions 圈⑧ 국제 관계; (단수 취급) 국제 관계론, 국제 정치학.

Internátional Relátions Commíttee 圈 (美) (하원의) 국제 관계 위원회.

internátional replý cóupon 圈 (우편) 국제 반신(返信) 우표권(略 IRC).

internátional resérve 圈 (경제) 국제 준비(금).

Internátional Séa-bed Authórity 圈 (the ~) (유엔) 국제 해저 기구(심해저 개발 협력 기구).

Internátional Spáce Státion 圈 (the ~) 국제 우주 정거장(略 ISS). ⇨ ALPHA.

internátional stándard átmosphere 圈 (기상·항공) 국제 표준 대기(大氣)(略 ISA).

Internátional Stándard Bóok Númber 圈 국제 표준 도서 번호(略 ISBN).

Internátional Stándard Sérial Númber 圈 국제 표준 간행물 일련 번호(略 ISSN). 「계(系)(略 SI).

Internátional Sýstem of Únits 圈 국제 단위

Internátional Telecommunicátions Sátellite Consórtium 圈 (the ~) 국제 전기 통신 위성 기구(略 INTELSAT).

Internátional Telecommunicátion Únion 圈 (the ~) (유엔) 국제 전기 통신 연합(略 ITU).

internátional télegram 圈 국제 전보.

internátional tráde 圈 국제 무역 [통상].

Internátional Tráde Commíssion 圈 (the ~) (美) 국제 무역 위원회(略 ITC).

internátional únit 圈 (약학) 국제 단위(略 IU).

Internátional Válue Ádded Nétwork 圈 국제 부가 가치 통신망.

Internátional Vocátional Tráining Competítion 圈 국제 기능 올림픽(사무국 Madrid).

internátional vólt 圈 (전기) 국제 볼트(1.00034볼트가 1국제 볼트). 「역.

internátional wáters 圈⑧ 공해(公海), 국제 수

Internátional Whál ing Commíssion 圈 (the ~) 국제 포경(捕鯨) 위원회. 「맥 협정(略 IWA).

Internátional Whéat Agréement 圈 국제 소

in·terne [íntəːrn] 圈 =intern².

in·ter·ne·cine [ìntərníːsiːn, -sain, -nés-/-sain] 형 1 서로 죽이는, 너죽고 나죽고 식의. ¶an ~ fight 둘 다 목숨을 건 결투. 2 살인적인, 사상자가 많은, 피비린내 나는. ¶~ war 대살육전.

in·tern·ee [ìntərníː] 명 피역류자, 피수용자.

in·ter·neg·a·tive [ìntərnégətiv] 명 [사진] 중간 음화(陰畫).

‡**ln·ter·net** [íntərnèt] 명 1 (the ~) 인터넷(전세계의 컴퓨터를 전화선·전용 회선으로 접속하는 거대한 통신망; e-mail, WWW 따위 새 기술 활용). 2 (i-) [컴퓨터] (여러 지역 통신망(LAN)으로 구성된) 광역 통신망.

Internet áddress 명 [컴퓨터] 인터넷 주소.

Internet cafè 명 인터넷 카페(cybercafè).

Internet Explòrer 명 [상표] [컴퓨터] 인터넷 익스플로러(미국 Microsoft사의 웹 브라우저).

Internet generàtion 명 (the ~) 인터넷 세대.

Internet prótocol 명 [컴퓨터] 인터넷 통신 규약(약 IP).

Internet Sérvice Provìder 명 [컴퓨터] 인터넷 접속 서비스업자, 인터넷 통신 회사(약 ISP).

Internet socìety 명 (the ~) 인터넷 협회(인터넷 관련 기술의 개발·표준화와 인터넷 보급·육성을 위한 국제 기구; 약 ISOC).

Internet TV 명 [컴퓨터] 인터넷 TV(컴퓨터 대신 TV로 인터넷에 접속·검색하는 시스템).

in·tern·ist [intəːrnist] 명 내과 의사(cf. surgeon); 일반 개업의.

in·tern·ment [intəːrnmənt] 명 (포로 등의) 억류, 유치, 수용.

intérnment càmp 명 (전시의) 포로[적국인] 수용소; 정치범 수용소.

in·ter·node [íntərnòud] 명 [식물] (줄기 따위의) 마디와 마디 사이의 부분; [해부] (주로 손가락·발가락의) 관절 사이의 부분. **in·ter·nód·al** 형

in·ter nos [íntər nóus] 우리끼리의[이 자리만의] 이야기이지만, 비밀이지만. [< L between ourselves]

in·tern·ship [íntərnʃìp] 명 [U] 1 인턴의 지위, 수련의 (醫) 신분. 2 인턴 연수 기간, (일반적으로) 직업 연수[훈련] 계획. 3 견습생[연수생]의 신분.

in·ter·nu·cle·ar [ìntərnjúːkliər] 형 [해부] 신경 세포군(群)간의; [생물] 세포핵 간의.

in·ter·nun·cial [ìntərnánʃəl] 형 [해부] (신경 세포가) 개재된, 각 기관을 연락하는.

in·ter·nun·ci·o [ìntərnánʃioù, -si-] 명 (복 ~s) 1 (가톨릭) 로마 교황청 공사(nuncio의 아랫자리). 2 사절, 중재자.

in·ter·o·ce·an·ic [ìntəroùʃiǽnik] 형 대양을 연결하는, 양 대양간의. ¶an ~ canal 양 대양을 잇는 운하.

in·ter·cep·tor [ìntəroùséptər] 명 [생리] (체내 자극에 감응하는) 내수용기(內受容器). **-tive** 형

in·ter·of·fice [ìntərɔ́ːfis, -áfis] 형 (회사·협회 따위의) 각 부서[부처] 간의, 회사내의.

in·ter·op·er·a·ble [ìntəráp(ə)rəbl/-ɔ́p-] 형 공동 운전 가능한, 상호 사용 가능한, 상호 운용성이 있는. **-òp·er·a·bíl·i·ty** 명 **-bly** 부 **-òp·er·a·tion** 명

in·ter·os·cu·late [ìntəráskjulèit/-ɔ́s-] 자타 1 서로 침투하다[섞이다], 스며들다; (혈관 따위가) 접합하다. 2 연락하다. **-ós·cu·lant** 형 **-òs·cu·lá·tion** 명

in·ter·page [ìntərpéidʒ] 타 [번역문 따위를] 페이지 사이에 끼워 넣다.

in·ter·pan·dem·ic [ìntərpændémik] 형 (질병의) 대유행 기간의.

in·ter·par·lia·men·ta·ry [ə-pɑːrləméntəri] 형 (각국) 의회 사이의.

Inter-Parliamentary Únion 명 (the ~) 국제 의원 연맹(1889년 발족; 본부 Geneva; 약 IPU).

inter pár·tes [-pɑ́ːrtiːz] [법률] (증서 따위가) 양자 간에 작성된; (소송 따위가) 양자에만 관계하는.

in·ter·par·ty [ìntərpɑ́ːrti] 형 정당 간의.

in·ter·pel·lant [ìntərpélənt] 형 (의회에서의) (대표) 질의자(interpellator). — 형 질의하는.

in·ter·pel·late [ìntərpéleit, intə́ːrpəlèit/intə́ː-pelèit] 타 (의회에서) 종종 소관 의사 일정 방해를 위해) [장관]에게 질의하다, 설명을 요구하다. **-pel·là·tor** 명

in·ter·pel·la·tion [ìntərpəléiʃən, intə̀ːr-/intə̀ː-pel-, -pəl-] 명 [U,C] (의회에서의 장관에 대한) 질의, 설명 요구. ¶address an ~ 질문 연설을 하다.

in·ter·pen·e·trate [ìntərpénətrèit] 자 스며들다, 침투하다, 관통하다; 서로 침투[관통]하다. **-tra·ble, -trant** 형 **-pèn·e·trá·tion -trà·tive** 명

in·ter·per·son·al [ìntərpə́ːrsənəl] 형 사람과 사람 사이의; 대인 관계의. **~·ly** 부

interpérsonal thèory [심리] 대인 관계설.

in·ter·phase [íntərfèiz] 명 [생물] (세포의) 분열 간기(間期)(interkinesis).

in·ter·phone [íntərfòun] 명 구내[기내, 선내] 통화 장치, 인터폰. [<상표명]

in·ter·plane [íntərplèin] 형 1 비행기 사이[상호간]의. 2 복엽기(複葉機)의 날개 사이의.

in·ter·plan·e·tar·y [ìntərplǽnətèri/-təri] 형 [천문] 행성 간의(에 일어나는); 행성과 태양 간의, 태양계의; 행성 간 여행의. ¶~ space 행성 간 공간.

interplánetary mónitoring plátform 명 혹성 간 공간 관측 위성.

interplánetary próbe 명 혹성 간 공간 탐색기

in·ter·plant [ìntərplǽnt/-plɑ́ːnt] [농업] = intercrop. — [÷-´] = intercrop.

in·ter·play [íntərplèi] 명 [U,C] 상호 작용[영향]; 교차(of, between). — 자 [÷-´] 상호 작용하다[영향을 미치다].

in·ter·plead [ìntərplíːd] 자 (~·ed, -pled) ㉠ [법률] 경합 권리자 확인 절차를 밟다[소송을 제기하다]. — 타 …을 경합 권리 확인을 위해 법정에 소환하다.

in·ter·plead·er [ìntərplíːdər] 명 [U] [법률] 경합 권리자 확인 절차[소송]; [C] 경합 권리자 확인 소송자.

In·ter·pol [íntərpòul/-pɔ̀l] 명 (단·복수 취급) 국제 형사 경찰 기구, 인터폴(본부 France의 Lyon; 약 ICPO). [<*Inter*national *Criminal Pol*ice Organization]

in·ter·po·lar [ìntərpóulər] 형 남북 양극을 잇는, 남북 양극 간에 있는. ¶an ~ flight 극간 비행.

in·ter·po·late [intə́ːrpəlèit] 타자 1 [책·문서]를 개찬하다, …의 가필(加筆)하다; 변조하다. 2 [어구 따위]를 써넣다, 끼워 넣다(*in, into*). 3 [수학] (중간항)을 급수(級數)에 삽입하다. ㉠ 삽입하다, 가필하다. **-la·ble -làt·er -là·tive -là·tive·ly -là·tor -la·to·ry** [-lətɔ̀ːri/-lətəri] 형

in·ter·po·la·tion [intə̀ːrpəléiʃən] 명 1 [U] 가필, 써넣기; 개찬(改竄). 2 가필된 문구. 3 [U] [수학] (중간 항의) 삽입, 보간법(補間法).

in·ter·pole [íntərpòul] 명 [전기] 보극(補極).

in·ter·pol·y·mer [ìntərpáləmər/-pɔ́l-] 명 [화학] =copolymer.

in·ter·pop·u·la·tion·al [ìntərpàpjuléiʃənl/-pɔ̀p-] 형 다른 인종[민족, 문화] 사이의, 다른 집단 사이에 일어나는.

in·ter·pos·al [ìntərpóuzl] 명 =interposition.

*****in·ter·pose** [ìntərpóuz] 타 1 …을 사이에 놓다, 끼우다(*in, between, among*); [장애물]을 도중에 놓다. ¶~ oneself 가로막다 / ~ an anecdote 일화를 끼워 넣다 // ~ a fence *between* two houses 두 집 사이에 담장을 치다. 2 (이의·반대 따위)를 제기하다, 간섭하다(*in, into*); (거부권 따위)를 제기하다. ¶~ an objection 이의를 제기하다 / ~ one's authority 권한을 이용하여 간섭하다. — 자 1 사이에 끼다, 개입하다(*between*); 중재하다, 조정하다(*in, between*). ¶(~+前+名) ~ *in* a dispute 다툼을 중재하다 / ~ *between* combatants 싸우는 사람들 사이에 끼어 중재하다. 2 참

견을 하다, 이의를 제기하다; 간섭하다(*in*, *between*). -pós·a·ble -pós·al, -pós·er 명 -pós·ing·ly 부

in·ter·po·si·tion [ìntərpəzíʃən] 명 1 ⓤ 사이에 두기(있기), 삽입; 개입, 중재, 간섭. 2 사이에 놓은 것, 삽입물, 개재물. 3 ⓤ (美) 주권(州權) 우위설(각 주가 연방 정부의 조치에 반대할 수 있다는 설). ─동(중권) 거래에 제2 브로커를 쓰다.

‡**in·ter·pret** [intə́ːrprit] 동타 1 …의 뜻을 풀다, …을 해명(설명)하다, ¶~ a difficult passage in a book 책의 난해한 대목을 해석하다. 2 …을 (…의 뜻으로) 해석하다, 판단하다(*as*, *to do*). ¶(~+目+*as* 補)~ his silence *as* a refusal 그의 침묵을 거절의 뜻으로 해석하다. 3 (극·음악 따위)를 (자기의 해석으로) 연출[연주]하다. 4 (외국어)를 통역하다. 5 (컴퓨터) (프로그램)을 해석·실행하다, 기계 언어로 번역하다; (카드에 천공(穿孔)된 패턴)을 해석 인쇄하다. 6 (항공) 사진에서 (정보)를 알아내다. ─자 통역하다; 설명하다, 해석하다.

in·ter·pret·a·ble [intə́ːrpritəbl] 형 뜻을 풀이할 수 있는; (…로) 해석할 수 있는(*as*); 통역할 수 있는. -bíl·i·ty, ~·ness 명 -bly 부

in·ter·pret·ant [intə́ːrpritənt] 명 해석항(項)(어떤 기호의 의미로 해석되는 다른 기호).

‡**in·ter·pre·ta·tion** [intə̀ːrprətéiʃən] 명 (복 ~s [-z]) ⓤⓒ 1 해석, 해설; (타인의 행동에 대한) 해석, 이해; 판단. ¶~ of a dream[treaty] 해몽[조약에 대한 해석]/put a wrong ~ on a passage 구절을 잘못 해석하다. 2 (정보 처리에서) 해독, 판정; (특히 군사용 항공사진의) 분석[판독]법. 3 (극·음악 따위의) 해석; (자기 해석을 바탕으로 하는) 연기, 연출, 연주. 4 통역.
make an interpretation of; *put an interpretation on* …의 의미를 이해[갈파]하다.
~·al 형·계약서 사용 용어 해설 조항.

interpretátion cláuse 명 (법률) 해석 조항(법률 용어 해설 조항).

in·ter·pre·ta·tive [intə́ːrprətèitiv/-tətiv] 형 1 해석(상)의, 해설의. 2 설명에 도움이 되는, 해설적인 (explanatory). ¶an ~ *article* 해설 기사. 3 통역의, 통역에 의하여 생기는. ¶an ~ *distortion* of *language* 통역 과정에서 말이 왜곡되는 일. ~·ly 부 ~·ness 명

intérpretative dánce 명 창작 무용[댄스](현대 무용의 하나). (또는 **intérpretive dánce**)

‡**in·ter·pret·er** [intə́ːrpritər] 명 1 해석자, 해설자. 2 통역(자). 3 (컴퓨터) 해석[번역] 프로그램; 천공(穿孔) 해석기, (카드의) 번역기. ~·ship 명

in·ter·pre·tive [intə́ːrprətiv] 형 =interpretative. ~·ly 부

intérpretive cénter 명 (사적지·관광 명소 따위의) 자료관.

intérpretive semántics 명 (단수취급) (언어) 해석 의미론. [2, 3]의 여성형.

in·ter·pret·ress [intə́ːrpritris] 명 interpreter(1, 2)의 여성형.

in·ter·pro·vin·cial [ìntərprəvínʃəl] 형 주(州) 사이의, 주 사이에 존재하는.

in·ter·pulse [íntərpʌ̀ls] 명 (천문) 중간 펄스(맥동성(脈動星)에서 생기는 2차적 펄스).

in·ter·ra·cial [ìntərréiʃəl] 형 다른 인종 간의, 각 인종 간의; 각 인종을 혼합한. ¶an ~ *marriage* 다른 인종 간의 결혼. (또는 **interrace**) ~·ism 명 ~·ly 부

in·ter·ra·di·al [ìntərréidiəl] 형 (극피동물 따위의) 사촉부(射觸部) 사이의. ~·ly 부

In·ter-Rail [-rèil] 동자 인터레일 패스로 여행하다.

Ínter-Ráil páss 명 인터레일 패스(유럽 각국 철도를 일정 기간 무제한 탈 수 있는 승차권; 영국에서 판매).

in·ter·reg·num [ìntərrégnəm] 명 (복 ~s, -na [-nə]) 1 (국왕·원수 등의) 궐위(闕位) 기간; (英) 경질에 따른) 정치의 공백 기간; (美) 새 대통령 선출에서 취임 사이 기간. 3 (일반적으로) (연속성의) 단절[공백](기간), 단절[공백].

in·ter·re·late [ìntərriléit] 동타 …을 서로 관계시키다. ─자 (…와) 상호 관계를 갖다(*with*).

in·ter·re·lat·ed [ìntərriléitid] 형 (…와) 서로 (밀접한) 관계가 있는(*with*). ~·ly 부 ~·ness 명

in·ter·re·la·tion [ìntərriléiʃən] 명 ⓤⓒ (…와의 /…사이의) 상호[상관]관계(*with*/*between*).

in·ter·re·la·tion·ship [ìntərriléiʃənʃip] 명 ⓤ 상호 관계가 있음.

in·ter·re·li·gious [ìntərrilídʒəs] 형 이(異)종교 간의.

in·ter·rex [íntərrèks] 명 (복 **-re·ges** [-rídʒìːz]) 군주[원수] 부재 기간의 집정자; 섭정.

in·ter·ro·bang [intérəbæ̀ŋ] 명 의문 부호와 감탄 부호를 합친 구두점, 감탄 수사 의문부(?). (또는 **inter·interrog**)

interrog. interrogation: interrogative. (abang)

in·ter·ro·gate [intérəgèit] 동타 1 (남)에게 질문하다, 캐묻다; …에서 정보를 얻다. 2 (남)을 심문[신문]하다. ⇨ASK (유의어) ¶~ a witness [suspect] 증인을 심문하다[용의자를 취조하다]. 3 (컴퓨터·응답기 따위에) 응답 지령 신호를 보내다. ─자 질문하다; 심문하다.
-ga·ble -tèr·ro·gá·tee 명 피심문자. -gàt·ing·ly 부 -ter·ro·gee [-tərəgíː] 명 =interrogatee.

‡**in·ter·ro·ga·tion** [intèrəgéiʃən] 명 ⓤⓒ 1 질문, 질의; 심문 (받기). 2 의문 부호(?). 3 (통신) (멀리에 의한) 호출 신호. ~·al 형
note [or *mark*, *point*] *of interrogation* =~
mark[*point*]. ¶a(?)(question mark).

‡**interrogátion márk [pòint]** 명 (문법) 의문 부호.

‡**in·ter·rog·a·tive** [ìntərɑ́gətiv/-rɔ́g-] 형 1 의문의 [을 나타내는], 묻고 싶은 듯한, 미심쩍어 하는. ¶an ~ *look* 미심쩍은 표정. 2 (문법) 의문(을 나타내는). ¶an ~ *particle* 의문사. ─ 명 (문법) 의문사, (특히) 의문 대명사; 의문문; 의문 부호. ~·ly 부

interrógative ádjective 명 (문법) 의문 형용사.
interrógative ádverb 명 (문법) 의문 부사.
interrógative prónoun 명 (문법) 의문 대명사.
interrógative séntence 명 (문법) 의문문.

in·ter·ro·ga·tor [íntərɑ̀gətər] 명 1 심문자, 심문자. 2 (무선) 호출[질문]기(機)(송신부)(응답기에 질문 신호를 보내는 무선 송신기).

in·ter·rog·a·to·ry [ìntərɑ́gətɔ̀ːri/-rɔ́gətəri] 형 의문의, 질문(심문)의, 의문을 나타내는. ¶in an ~ *tone* of *voice* 심문조로. ─ 명 질문, 심문; (법률) (피고·증인에 대한) 심문[질문]서. -ri·ly 부

in ter·ro·rem [in terɔ́rrem] (L) 경고로써(by way of warning). (< L *in terror*)

in terrórem cláuse 명 (법률) (유언장 중의) 협박적 조항(이의 제기자 상속 자격 상실 취지의 조항).

‡**in·ter·rupt** [ìntərʌ́pt] 동타 1 (흐름·진행·교통 따위)를 (…으로) 훼방놓다, 방해하다, 차단하다, 불통되게 하다; (경치·전망 따위)를 가로막다(*with*, *by*). ¶~ an *electric current* 전류를 끊다/~ the *view* from(視界)를 가로막다/Traffic was ~ed *by* the heavy snow. 폭설로 교통이 두절되었다. 2 (일 따위)를 중단하다, 중도에 그만두다. ¶~ *college* to serve in the army 군복무를 위해 대학을 휴학하다. 3 (남의 이야기 따위)를 (…으로) 방해하다, 훼방놓다, (이야기)를 중단시키다 (*with*). ¶~ a *conversation* 대화를 중단시키다/~ a *person* 남의 이야기를 방해하다. ─ 자 중단하다, (말참견으로) 방해하다; 말허리를 꺾다. ¶Please don't ~. 방해 좀 하지 마라! ¶~ [─] (컴퓨터) 개입 중단(새 프로그램을 위해 진행중인 프로그램을 중단하는 일). 2 차단, 중단; 단절; 격차. ~·i·ble, -rúp·tive 형

‡**in·ter·rupt·ed** [ìntərʌ́ptid] 형 중단된, 방해받은, 차단당한; 단속적인. ~·ly 부 ~·ness 명

interrupted cúrrent 명 (전기) 단속(斷續) 전류.

interrupted scréw 명 (기계) 나선이 단속적으로 있는 나사못.

in·ter·rupt·er [ìntərʌ́ptər] 명 가로막는 사람(것), 방해자; (전기) (전류) 단속기; (무기 따위의) 안전 장치.

‡**in·ter·rup·tion** [ìntərʌ́pʃən] 명 (복 ~s [-z]) ⓤ

in·ter·rup·tive [ìntəráptiv] 방해하는, 훼방놓는; 중단[중지]하는.

in·ter·rup·tor [ìntəráptər] 명 =interrupter.

in·ter·scap·u·lar [ìntərskǽpjulər] 명 〔해부·동물〕 견갑골 사이의.

in·ter·scho·las·tic [ìntərskəlǽstik] 명 (특히 중등 학교의) 학교 간의, 학교 대항의. ¶an ~ athletics 학교 대항 운동 경기.

in·ter·school [ìntərskúːl] =interscholastic.

in·ter se [íntər síː] 〔L〕 1 그들 사이에서만, 비밀로. 2 〔축산〕 동일 육종 사이에. [<L between themselves]

***in·ter·sect** [ìntərsékt] 동타 …을 가로지르다; …와 교차하다. ¶The highway ~s the city. 고속 도로가 그 도시를 가로지르고 있다. ― 자 (선·면 따위가) 서로 만나다, 교차하다(at). [intersecting]

in·ter·sec·tant [ìntərséktənt] 명 교차[횡단]하는.

***in·ter·sec·tion** [ìntərsékʃən] 명 1 교차점, 네거리; ⓤ 교차, 횡단. 2 〔수학〕 교점(交點), 교선.

in·ter·sec·tion·al[1] [ìntərsékʃənl] 명 횡단의; 교차하는, 교차점의. [지구(地區) 대항 경기]

in·ter·sec·tion·al[2] 명 각 부[지역]간의. ¶~ games

in·ter·sen·so·ry [ìntərsénsəri] 명 둘 이상의 감각 기능을 동시에 사용하는. [간의]

in·ter·serv·ice [ìntərsə́ːrvis] 명 (육·해·공) 3군

in·ter·ses·sion [ìntərséʃən] 명 학기와 학기 사이.

in·ter·sex [íntərsèks] 명 〔생물〕 간성(間性) (개체); (옷차림·헤어 스타일 따위의) 남녀 공통, 유니섹스 (unisex).

in·ter·sex·u·al [ìntərsékʃuəl/-sjuəl] 명 양성 간의, 이성(異性)간의; 〔생물〕 간성의. ¶~ love 이성애. ~·ism, ~·sex·u·ál·i·ty 명 ~·ly 부

in·ter·space [íntərspèis] ⓤ 1 (물건 사이의) 빈 곳, 공간, 빈틈. 2 (시간적인) 사이, 동안, 중간. 3 행성(행성) 사이의 공간. ― [⨪⨪] 1 …의 사이에 빈 곳[틈]을 두다. 2 …의 빈 곳[틈]을 채우다[차지하다].
-**spá·tial** 명 -**spá·tial·ly** 부

in·ter·spe·cies [ìntərspíːʃiːz] 명 =interspecific.

in·ter·spe·cif·ic [ìntərspisifik] 명 〔생물〕 종간 (種間)의, (잡종 따위) 두 종(種) 사이에서 생기는.

in·ter·sperse [ìntərspə́ːrs] 타 1 …을 (…사이에) 흩뿌리다, 산재(散在)시키다(in, between, among). ¶~ flowers among shrubs 관목들 사이사이에 꽃을 심다. 2 (수동형으로) (산재시킨 것으로) …에 변화를 주다, …을 장식하다(with). ¶~ a book with pictures 책 군데군데에 그림을 넣다.
-**spér·sal** 명 -**spers·ed·ly** [-spə́ːrsidli] 부

in·ter·sper·sion [ìntərspə́ːrʒən/-ʃən] 명 ⓤ 흩뿌리기, 살포; 산재, 점재(點在).

in·ter·sta·di·al [ìntərstéidiəl] 명 =interglacial.

***in·ter·state** [íntərstèit] 명 《美》 각 주간(州間)의, 주 연대의. 반 intrastate ― 명 [⨪⨪] =~ highway.

Interstate Cómmerce Commìssion 명 (the ~) 《美》 주간(州間) 통상 위원회(약 ICC).

interstate híghway 명 《美》 주간(州間) (간선) 고속 도로, ~ system 주간 (간선) 도로망.

in·ter·stel·lar [ìntərstélər] 명 별과 별 사이의, 성간(星間)의. ¶~ matter 성간 물질.

in·ter·stice [intə́ːrstis] 명 (~s) 간극, 빈틈, 째진 [찢어진] 틈, 공간(in, between). -**sticed** [-stist] 명

in·ter·sti·tial [ìntərstíʃəl] 명 1 빈틈의, 째진[갈라진] 틈의, 빈틈을 이루는. 2 〔해부〕 세포 간의, 세포 조직 사이에 있는. 3 〔결정〕 격자 간(格子間)의, 침입형의. ¶an ~ atom 격자 간 원자. (또는 **interstitial**) ~·ly 부

in·ter·sti·tial-céll-stim·u·làt·ing hòrmone [-sélstimjəlèitiŋ-] 명 〔생화학〕 간질(間質)세포 자극 호르몬(약 ICSH).

interstítial cómpound 명 〔화학〕 침입형(侵入型) 화합물. [목(木)本]

in·ter·stock [íntərstàk/-stɔ̀k] 명 〔원예〕 중간 대

in·ter·strat·i·fy [ìntərstrǽtəfài] 자타 다른 지층 사이에 개재하다, 중간 지층을 이루다. ― 타 (수동형으로) …을 다른 지층 사이에 끼우다; 번갈아 층을 배열하다.

in·ter·sub·jec·tive [ìntərsəbdʒéktiv] 명 〔철학〕 상호 주체적인, 공동[집합] 주관적인.

in·ter·term [íntərtə̀ːrm] 명 =intersession.

in·ter·tex·tu·al·i·ty [ìntərtèkstʃuǽləti] 명 〔문학〕 작품 상호간의 관련성. -**téx·tu·al** 명 텍스트 상호 간의.

in·ter·tex·ture [ìntərtékstʃər] 명 ⓤ 섞어서 짜기; 교직(交織); ⓒ 섞어 짠 것, 교직.

in·ter·tid·al [ìntərtáidl] 명 만조(滿潮)와 간조(干潮) 사이의, 조간(潮間)의; (생물이) 조간대(帶)의 해안에서 서식하는. ¶~ marsh 조간대 소택지. ~·ly 부

in·ter·trib·al [ìntərtráibəl] 명 (다른) 종족 간의[에 생기는]. ¶~ warfare 종족 간의 전쟁.

in·ter·tri·go [ìntərtráigou] 명 (~**s**) 〔의학〕 간찰진(間擦疹)(피부가 서로 스쳐서 생기는 염증).

in·ter·trop·i·cal [ìntərtrápikəl/-trɔ́p-] 명 〔지리〕 남북 양 회귀선 간의[에 생기는], 열대 지방의.

in·ter·twine [ìntərtwáin] 동타 …을 서로 얽히게 [꼬이게] 하다, 짜넣다. ― 자 (…와) 얽히다, 엉클어지다(with). -**ment**, -**twín·ing·ly** 부

in·ter·twist [ìntərtwíst] 타 …을 서로 꼬이게[얽히게] 하다. ― 자 서로 얽히다[꼬이다]. ― 명 [⨪⨪] 얽히기, 꼬임. ~·ing·ly 부 서로 꼬여져.

In·ter·type [íntərtàip] 명 《상표》 인터타이프(자동 식자기).

in·ter·u·ni·ver·si·ty [ìntərjùːnəvə́ːrsəti] 명 대학 사이의, 대학 대항의.

in·ter·ur·ban [ìntərə́ːrbən] 명 도시 간의.
― 명 《美》 도시 간 연결 교통 기관(철도, 버스 따위).

‡in·ter·val [íntərvəl] 명 (~**s** [-z]) 1 (시간적) 간격, 사이, 〔휴지(休止) 기간(between)). ¶after ten minutes' ~ =after an ~ of ten minutes 10분 지난 뒤/ ~s between attacks 공격이 끊긴 사이. 2 (공간적) 간격, 거리; (정도·질·양의) 차(差), 차이. ¶an ~ of ten feet between columns 기둥 사이 10피트의 간격. 3 《英》 (연극·연주의) 막간, 휴식 시간(《美》 intermission). 4 〔음악〕 음정(音程). ¶a harmonic ~ 화성적 음정 / a melodic ~ 선율적 음정. 5 〔군사〕 (distance에 대하여) 간격. 6 〔수학〕 구간(區間). 7 《美·캐나다》
at intervals ① 이따금. ② 군데군데. ¶intervale.
at intervals of …간격으로. ¶at ~s of two hours [ten meters] 2시간(10미터) 간격으로.
at long [short] intervals 간혹(자주).
at regular [odd] intervals 일정 기간을 두고[부정기적으로].
in the interval 그 사이에.
without interval 끊임없이, 간단없이.
-**val·(l)ic** [-vǽlik] 명

in·ter·vale [íntərvèil] 명 《美·캐나다》 (강가의[산으로 둘러싸인]) 저지대. (또는 **interval**)

ínterval sìgnal 명 (라디오) (프로그램 사이에 내는) 송신 계속 신호. [을 되풀이하는 연습 방법)

ínterval tràining 명 인터벌 트레이닝(운동에 강약

in·ter·var·si·ty [ìntərvɑ́ːrsəti] 명 《英》 =inter-university. [짜다, 짜맞추다, 교차시키다.

in·ter·vein [ìntərvéin] 동타 (혈관처럼) 얽어

‡in·ter·vene [ìntərvíːn] 자 (~**s** [-z]; -**ven·ing**) 1 (…의) 사이에[가운데] 들다[있다], 일어나다, 나타나다(between). ¶The years that ~ between then and now 그 당시부터 지금까지의 세월. 2 (뜻밖의 일 따위가) 사이에 끼어들다, 지장을 주다(in). ¶Something usually ~d in my study. 으레 무슨 일이 생겨서 공부를 방해했다. 3 (우세 다음으로 또는 힘으

로) 개입하다, 간섭하다; 중재[조정]하다 (*in, against*). ¶(~+젠+명) ~ *in* the affairs of another country 남의 나라 일에 간섭하다 / ~ *in* a dispute 분쟁을 중재하다. **4** 〖경제〗 (특히 통화 안정을 위해) 시장에 개입하다. **5** 〖법률〗 (제3자가) 소송에 참가하다.

if nothing intervenes 지장이 없으면, ¶I will start tomorrow *if nothing* ~*s*. 지장이 없으면 내일 출발하겠습니다.

-ven·er, -ve·nor 명 중재[조정]자; (소송) 참가인.
in·ter·ven·ient [ìntərvíːnjənt] 형 **1** 사이에 끼어드는, 사이에 일어나는. **2** 중재하는, 간섭하는. **3** 우연히 일어나는, 부수적인; 외부로부터의. ── 명 사이에 끼어드는 사람; 중재자.
in·ter·ven·ing [ìntərvíːniŋ] 형 =INTERVENIENT.
intervéning séquence 명 ⇒INTRON. 〔변수〕
interváring váriable 명 〔수학·심리〕 중개(仲介)
***in·ter·ven·tion** [ìntərvénʃən] 명 ⓤⓒ **1** 사이에 끼어들기, 개재. **2** (…의) 중재, 조정(*in*). **3** (다른 나라 내정에 대한) 간섭; (완곡적) 침략. ¶*armed* ~ 무력 간섭. **4** 〖경제〗 환(換)평형 조작[개입]; 시장 개입; 상품 담, 매석(買惜). **5** 〖법률〗 소송 참가. **6** 〖교육〗 부모에 의한 자녀 교육. ~·**al**, ~·**ar·y** [-nèri/-nəri] 형
in·ter·ven·tion·ism [ìntərvénʃənìzm] 명 (타국 내정·자국 경제에 대한) 간섭주의[정책]. **-ist** 명
in·ter·ver·te·bral [ìntərvə́ːrtibrəl] 형 〔해부〕 추간(椎間)의. ¶~ *disk* 추간 연골, 추간판(板). ~·**ly** 부
‡**in·ter·view** [íntərvjùː] 명 (복 ~*s* [-z]) **1** (신문·잡지 기자의) 인터뷰, 취재 방문, 기자 회견. ¶give an ~ *to* the papers 신문 기자 회견을 허락하다. **2** 회견 [인터뷰] 기사, 방문기, 회견기. **3** (공식적인) 회견, 면담, 회담. **3** (입학·취업 때의) 면접 (시험); (의사의) 진찰 (*for, with*). ¶a job ~ =an ~ *for* a job 취직 면접. **4** =INTERVIEWEE.
ask for an interview with …와의 회견을 요청하다.
have [or *hold, do*] *an interview with; give an interview to* …와 회견하다.
── 타 (~*s* [-z]) 타 …와 회담[면담, 면접]하다; (기자가 취재를 위하여) …와 회견하다; …을 탐문 수사하다. ── 자 (…의) 면접을 받다 (*with*); 면접하다. ¶~ *with* the president for a job 사장과 취직 면접을 하다. ~·**a·ble** 형 「면접을 받는 사람.
in·ter·view·ee [ìntərvjuːíː] 명 피회견인.
in·ter·view·er [íntərvjùːər] 명 **1** 회견하는 사람, 회견 기자; 면접관. **2** (현관문의) 내다보는 구멍.
ínterview ròom 명 (경찰서·교도소의) 면회실.
In·ter·vi·sion [íntərvìʒən] 명 인터비전(동유럽 여러 나라 TV 방송국간의 프로그램 교환 조직 방송국).
in·ter vi·vos [íntər váivous, -víːv-] 형 부 〔법률〕 생존자 사이의[에]; (증여·신탁이) 당사자 생존 중 효력이 있는. 〔<L *among living persons*〕
in·ter·vo·cal·ic [ìntərvoukǽlik] 형 〔음성〕 (자음이) 모음 사이의[에 있는]. **-al·ly** 부
in·ter·volve [ìntərválv/-vɔ́lv] 타 한데 감다, 서로 얽히게 하다[얽다]. **-vo·lú·tion** 명
in·ter·war [íntərwɔ́ːr] 형 양(兩) 대전 사이의.
in·ter·weave [ìntərwíːv] 타 (**-wove, ~d; -wo·ven, -wove, ~d; weav·ing**) **1** (실·밧줄·가지·뿌리 따위)를 합쳐서 엮다, 섞어 짜넣다[뒤섞다]. **2** (…에/…속에) (섞어 짠 것처럼) …을 혼합하다 (*with/in*). ¶(~+目+전+명) ~ joy *with* sorrow 환희와 비애를 섞어 짜다, 합쳐 엮어지다; (이문화(異文化) 따위가) 뒤섞이다.
── 자 〔-´-〕 섞어짜다, 혼합; (이문화 따위가) 뒤섞이다.
~·ment, -wéav·er 명 **-wéav·ing·ly** 부
in·ter·wind [ìntərwáind] 타 (**-wound,** (드물게) **~*ed***) 감아넣다, 한데 얽다[감다].
in·ter·work [ìntərwə́ːrk] 타 (**~*ed, wrought*** [-rɔ́ːt]) …을 섞어 짜다, 합쳐 엮다. ── 자 서로에게

영향을 미치다, 서로에게[상호] 작용하다.
in·ter·zon·al [ìntərzóunl] 형 (복수의) 구역 간의 [에서] 일어나는. (또는 **interzone**) 「고 죽기.
in·tes·ta·cy [intéstəsi] 명 ⓤ 유언(장)을 남기지 않
in·tes·tate [intésteit, -tət] 형 **1** 유언(장)을 남기지 않고 죽은, 유언(장)을 남기지 않은. **2** (재산이) 유언에 따라 처분되지 않은, 처분에 대한 유언이 없는. ¶~ *succession* 유언 처분과 관계가 없는 법정 상속. ── 명 유언을 남기지 않고 죽은 사람.
in·tes·ti·nal [intéstənl] 형 장(腸)의; 장에 있는[에서 일어나는], 장을 침범하는. ¶~ *infection* 장내 감염/~ *catarrh* 장염, 장카타르. ~·**ly** 부
intéstinal amebíasis 명 〔병리〕 아메바성 대장염.
intéstinal flóra 명 〔의학〕 장내 세균총(叢).
intéstinal flú 명 장관(腸管) 감기(설사 또는 구토 등 복부 증상을 수반하는 유행성 감기).
intéstinal fórtitude 명 용기와 인내, 결단력, 담력.
*in·tes·tine [intéstin] 명 **1** (~*s*) 〔단수취급〕 장(腸)(전체). **2** 소장(*small* ~). **3** 대장(*large* ~). ── 형 내부의; (보통 바람직하지 않은 일에 써서) 국내의. ¶~ *strife* 내분/an ~ *war* 내전.
in-the-know [ìnðənóu] 형 (사정 따위를) 잘 아는, 정통한. 「*in thíng*」
in-thing [-θiŋ] 명 가장 현대적인[유행하는] 것. (또는
in·thral(l) [inθrɔ́ːl] 타 (-**ll**-) =ENTHRALL.
in·throne [inθróun] 타 =ENTHRONE.
in·ti·fa·da [ìntifáːdə] 명 (the ~) 인티파다(팔레스타인인들의 반(反)이스라엘 투쟁); 〔일반적으로〕 시민 저항 운동[투쟁]. (또는 **intifadah**) 〔<Arab〕
*in·ti·ma·cy [íntəməsi] 명 ⓤⓒ **1** (…와) 밀접한 관계를 갖기; 친밀, 친분, 친교(*with*). ¶*form an* ~ *with* …와 친해지다. **2** (사물에 관한) 자세한 지식, 잘 알고 있음(*with*). ¶*one's* ~ *with* the history of the Middle Ages 중세사에 관한 해박한 지식. **3** 친밀함의 표현; 친해질 수 있는 분위기; ⓒ 은밀한 곳. **4** (완곡적) (…와의) 깊은 관계, 육체 관계(*with*); (종종 -cies) 애정 행위[표현](애무·포옹·키스 따위).
be on terms of intimacy with …와 친한 사이이다.
‡**in·ti·mate¹** [íntəmət] 형 (**more ~; most ~**) **1** 친밀한, 친한, 사이가 좋은(*with*); 친한 사람들의 ⇒FAMILIAR 유의어. ¶an ~ *connection with* her 그녀와 친밀한 관계[사이]/an ~ *gathering* 친한 사람들의 모임. **2** 개인적인, 사적인, 은밀한. ¶*one's* ~ *affairs* 사사로운 일. **3** (지식 따위에) 정통한, 잘 알고 있는; 상세한. ¶an ~ *knowledge of* …에 관한 상세한 지식. **4** (남녀가) 불의의 관계에 있는; 정을 통하고 있는(*with*). ¶*be* ~ *with* a woman 어떤 여자와 깊은 관계에 있다. **5** 본질적인, 근본적인. ¶the ~ *structure of an organism* 유기체의 본질적 구조. **6** 내심의, 마음속의 (*inmost*). ¶an ~ *impulse* 내심의 충동.
be on intimate terms with …와 친한 사이이다.
── 명 (종종 one's ~) (막역한) 친구, 친한 동료.
~·**ness** 명
in·ti·mate² [íntəmèit] 타 **1** (…에게) …을 넌지시 비추다, 암시하다, 은연중에 말하다(*to*). ¶~ *a plan to* him 그에게 계획을 넌지시 알리다. ⇒HINT 유의어 **2** (고어) 공식적으로(…을) 알리다, 선언하다, 공표하다(*that* 절). **-màt·er** 명
*in·ti·mate·ly [íntəmətli] 부 친하게, 친밀하게; 상세하게; 깊이, 마음속으로부터.
in·ti·ma·tion [ìntəméiʃən] 명 ⓤⓒ **1** 암시, 시사, 넌지시 비춤(*of, that* 절). **2** (드물게) 발표, 공시, 통고.
in·tim·i·date [intímədèit] 타 **1** …을 두려워하게 [겁먹게] 하다. **2** …을 협박[위협]하다, (위협하여) …하게 하다 (*into doing*); (위협하여) …못하게 하다 (*from doing*). ⇒THREATEN 유의어. ¶~ *a person into silence* [*doing something*] 남을 위협하여 입을 다물게 하다[어떤 일을 하게 하다] / ~ *workers from forming*

into

in이 전치사와 부사로 다 같이 쓰이는 전치사적 부사인 데 비해 into는 순수한 전치사라고 할 수 있다. 또한 같은 장소를 나타내는 전치사 용법에 있어서도 in이 정지 상태와 운동 방향 양쪽에 다 쓰이는 데 비해 into는 운동 방향만을 나타낸다.

‡**in・to** [자음 앞에서 íntə, 모음 앞에서 íntu, íntu:] 웹 1 《내부로의 운동・방향》 **a)** 《장소》 …의 안[속]에[으로], …에, …으로. ¶jump ~ a stream 강으로 뛰어들다/ go [or come] ~ a house 집으로 들어가다/ put a cake ~ an oven 케이크를 오븐에 넣다/ The train chugged ~ the station. 기차는 칙칙폭폭 소리를 내면서 역으로 들어왔다. **b)** 《시간・공간》 …의 안[속]으로, …까지. ¶a line of men far ~ the distance 저 멀리까지 줄지어 서 있는 사람들/ last ~ the night 밤이 이슥할 때까지 계속되다/ sleep well ~ the morning 아침까지 푹 자다. **c)** 《방향》 …의 방향에[으로], …에, …으로. ¶look ~ the sun 태양쪽을 보다/ go ~ town 도회지로 가다/ look ~ the kitchen 부엌을 들여다보다/ veer ~ the wind 바람이 불어오는 쪽으로 방향을 바꾸다/ This corridor opens ~ the hall. 이 복도는 홀로 통한다. **d)** 《진출・참여》 …에, …으로. ¶go ~ banking [business] 은행[실업]계에 투신[진출]하다/ be received ~ the church 교인이 되다/ be voted ~ membership 투표에 의해 회원으로 가입하다/ marry ~ a rich family 부잣집으로 출가하다. **e)** 《비유적》 《어떤 상태》로, 속으로. ¶run ~ debt 빚을 지다/ enter ~ a three-year contract 3년 계약을 맺다.

2 《충돌・접촉》 부딪혀서(against). ¶back ~ a parked car 후진하다가 주차되어 있는 차를 들이받다/ The bus ran ~ a truck. 버스가 트럭을 들이받았다/ The car crashed ~ the wall. 자동차가 벽을 들이받고 박살이 났다.

3 《추이・변화・결과》 …으로 (되어[바뀌어]), …에. ¶go ~ shock 충격을 받다/ get ~ a temper 화를 내다/ burst ~ tears[laughter] 왈칵 울음[와 하고 웃음]을 떠뜨리다/ break ~ song 갑자기 노래를 부르다/ come ~ general use 널리 쓰이게 되다/ lapse ~ disrepair 황폐해지다/ translate ~ another language 다른 언어로 번역하다/ turn water ~ ice 물을 얼리다/ enter ~ a bitter argument 격론이 되다/ divide the chapter ~ five sections 장(章)을 다섯 절(節)로 나누다/ twist one's mouth ~ a bitter smile 입을 실룩거리며 쓴웃음을 짓다.

4 《수》 …을 나누어. ¶2 ~ 20 equals [or is, goes] 10. 20 나누기 2는 10/ What do you get if you divide 6 ~ 672? 672를 6으로 나누면 얼마인가?

be into ① 《구어》 《일시적으로》 …에 열중[몰두]하다, 관심을 갖다, 빠지다; …에 정통하다. ¶be ~ religion [jazz] 종교[재즈]에 푹 빠져 있다. ② …에 간섭[개입]하다. ¶be ~ other people's business 남의 일에 간섭하다. ③ 《속어》 …에 빚을 지다. ¶They are ~ us for $50,000. 그들은 우리에게 5만 달러의 빚을 지고 있다. ④ 《비어》 《여자》와 성관계를 갖다.

— 웹 《수학》 안으로의《집합 A에서 집합 B로의 사상(寫像) 또는 함수에 관해서 말한다》.

— a union 종업원을 협박하여 노조를 못만들게 하다.
-da・tor 웹 **-da・to・ry** [-dətɔ̀ːri/-dətəri] 웹
in・tim・i・da・tion [intìmədéiʃən] 웹 ⓤ 위협, 협박. ¶surrender to ~ 협박에 굴하다.
In・ti・mism [íntəmìzm] 웹 앵티미슴. **1** 《때로 i-》 Bonnard와 Vuillard로 대표되는 20세기 초엽의 프랑스 화풍. **2** 《i-》 가정 생활이나 실내 정경 등을 그려 친근감을 주는 회화 양식.
in・ti・mist [íntəmist] 웹 《때로 I-》 《미술・문학 따위》 앵티미슴의. — 웹 앵티미슴의 화가[작가].
in・tim・i・ty [intíməti] 웹 ⓤ 《고어》 친밀(한 사이); 은밀(intimacy). ¶in ~ 은밀히.
in・tinc・tion [intíŋkʃən] 웹 ⓤ 《교회》 《성찬식에서》 축성(祝聖)된 빵을 축성한 포도주에 적시기.
in・ti・tle [intáitl] 타 =entitle.
in・tit・ule [intítjuːl/-tjuːl] 타 《보통 수동형으로》 《영》 《법령 따위》를 …이라 칭하다(entitle). **-u・lá・tion** 웹
intl., int'l, intnl. international.
‡**in・to** ⇒INTO. <p. 1473>
in・toed [íntòud] 웹 발가락이 안쪽으로 굽은.
*__in・tol・er・a・ble__ [intálərəbl/-tɔ́l-] 웹 **1** 참을 수 없는, 견딜 수 없는. ¶~ pain [heat] 참을 수 없는 통증 [더위]. **2** 《구어》 아니꼬운, 화가 나는; 지나친, 과도한 《수량이》 엄청난. **-bil・i・ty, -ness** 웹 **-bly** 부
in・tol・er・ance [intálərəns/-tɔ́l-] 웹 ⓤ **1** 불관용 (不寬容), 도량이 좁음, 편협, 완고함; 《종교적으로》 이설 (異說)을 받아들이지 않기. **2** 《…에》 견딜[참을] 수 없음, 굴욕 《of, to》. ¶~ of light [heat] 빛[열]에 대한 약성(弱性). **3** 《음식물・약에 대한》 과민성, 알레르기《to》.
in・tol・er・ant [intálərənt/-tɔ́l-] 웹 **1** 너그럽지 못한, 편협한, 완고한, 이설을 받아들이지 않는; 《…을》 용납하지 않는, 견딜[참을] 수 없는 《of》. — 웹 도량이 좁은[편협한] 사람, 완고한 사람. **~・ly** 부
in・tomb [intúːm] 타 =entomb. **~・ment** 웹
in・to・nate [íntouneit, -tə-] 타 =intone.

‡**in・to・na・tion** [ìntounéiʃən, -tə-] 웹 《웹 ~s [-z]》 **1** ⓤⓒ 억양, 어조, 음조(音調), 인토네이션. ¶a rising [falling] ~ 상승[하강]조/ speak with a foreign ~ 외국어의 억양으로 말하다. **2** ⓤ 《음악》 발성법, 조음(調音). **3** 《소리에 억양을 붙이기, 억양 붙이는 법. **4** 그레고리 성가의 첫머리; ⓤ 그 영창(詠唱). **~・al** 웹
intonátion pàttern 《음성》 억양[음조]형(型).
in・tone [intóun] 웹탄 **1** …을 특정 음조로 말하다[발화(發話)하다], 억양을 붙여 말하다[이야기하다]; …의 억양을 붙이다. **2** 《성가 등》을 영창하다; …의 첫구절을 노래하다, …을 선창(先唱)하다. — 재 《단조로운 음조로》 읊다, 영창하다; 노래하다. **-tón・er** 웹 「고임.
in・tor・sion [intɔ́ːrʃən] 웹 ⓤ 《식물 줄기 등의》 뒤틀림
in tó・to [in tóutou] 부 전부, 모조리, 완전히; 전체적으로(totally). ¶reject the bill ~ 법안을 전면 거부하다. 《<L on the whole》
In・tou・rist [intúərist] 웹 인투어리스트 《러시아의 외국 관광국(局)》.
in・town [íntàun, -´] 웹 도심지[시내 지역]에 있는. ¶an ~ motel 도심지 모텔.
in・town・er [íntàunər] 웹 도심지 주민.「취한.
in・toxed [intákst/-tɔ́kst] 웹 《미 속어》 마리화나에
in・tox・i・cant [intáksikənt/-tɔ́ks-] 웹 취하게 하는. — 웹 《술・마약 등을》 취하게 하는 것; 마취제; 술.
*__in・tox・i・cate__ 타 [intáksikèit/-tɔks-] **1** …을 《…으로》 취하게 하다(with). **2** …을 《술 등으로》 도취[흥분]시키다, 열광케 하다(with, by). ¶《~+월+전+엥》 be ~d with success 성공에 도취되다. **3** 《병리》 …을 중독시키다. — 재. 웹 [-səkət, -səkèit] 《고어》 =intoxicated. **-ca・ble** 웹 **-cà・tor** 웹
in・tox・i・cat・ed [intáksikèitid/-tɔ́ks-] 웹 **1** 취한; 《술・마약 따위에》 중독된. **2** 《기쁨으로》 흥분한, 들떠있는. **~・ly** 부
in・tox・i・cat・ing [intáksikèitiŋ/-tɔ́ks-] 웹 취하게 하는; 열광케 하는; 들뜨게 하는. **~・ly** 부
in・tox・i・ca・tion [intàksikéiʃən/-tɔ̀ks-] 웹 ⓤ **1**

취하기; 명정(酩酊); 취하게 하기. **2** 도취, 열광, 흥분. **3** 〔병리〕 중독.

in·tox·im·e·ter [intɑksímətər/-tɔks-] 图 음주 〔측정기〔검사기〕.

intr. intransitive; introduce(d); introducing; introduction; introductory.

in·tra- [íntrə] 연결 within의 뜻(＊주로 학술 용어로 쓰인다). 图 intro- ¶*intra*mural.

in·tra·ab·dom·i·nal [-æbdɑ́mənl/-dɔ́m-] 图 〔해부〕복강(腹腔)내의. **~·ly** 튀

in·tra·ar·te·ri·al [íntrɑːrtìːəriəl] 图 〔해부〕동맥 내의, 동맥을 통한. ¶an ~ injection 동맥 주사. **~·ly** 튀

in·tra·cit·y [íntrəsìti, ⌐⌐⌐⌐] 图 시내의; (대도시의) 〔과밀 지역의; (구 시내의) 중심부의.

in·trac·ta·ble [intrǽktəbl] 图 **1** (경멸적) (사람·성질이) 순박하지 않은, 고분고분하지 않은, 다루기 어려운, 고집센, ⇨WILLFUL 유의어 ¶an ~ delinquent 다루기 어려운 불량배. **2** (금속 따위가) 처리(가공)하기 힘든; (병이) 잘 낫지 않는, 고치기 어려운. —图 고집센(완고한) 사람, 고집쟁이. **-bíl·i·ty, ~·ness** 图 **-bly** 튀

in·tra·cu·ta·ne·ous [íntrəkjuːtéiniəs] 图 ＝intradermal. **~·ly** 튀 〔루 내의.

in·tra·day [íntrədèi] 图 하루 동안에 일어나는, 하

in·tra·der·mal [íntrədə́ːrməl] 图 〔해부〕 피부 내의; 피부층 사이의(약 ID, i.d.). (또는 **intradermic**). **~·ly, -mi·cal·ly** 튀 〔검사.

intradérmal tèst 图 〔병리〕 피내(皮內) 테스트〔반응

in·tra·dos [íntreidɑs, -dous/-dɔs] 图 (복 ~(·es)) 〔건축〕 (아치 따위의) 안쪽 만곡면, 내호면(內弧面). ⇔ARCH 그림 〔에 있는.

in·tra·ga·lac·tic [íntrəgəlǽktik] 图 은하(계) 내의

in·tra·gen·ic [íntrədʒénik] 图 (유전) 유전자 내의

in·tra·gov·ern·men·tal [íntrəgʌ̀vərnméntl] 图 정부 내부의. ¶~ disputes 정부 내(부처 간) 분규.

in·train [ìntréin] 图타 도착 열차.

in·tra·mo·lec·u·lar [íntrəməlékjulər] 图 분자 내의(에서 일어나는). **~·ly** 튀

in·tra·mun·dane [íntrəmʌ́ndein] 图 물질계에 있는(에서 일어나는); 현세의.

in·tra·mu·ral [íntrəmjúərəl] 图 **1** 대학 내의, 교내의. ¶~ sports 교내(학내) 스포츠. **2** 성벽 내의, 도시 내의, 구역 내의; 건물 내의, 교회 내의. ¶~ burial 교회 내 매장. **3** 조직 내의, 사내의, 부서 간의. **4** 〔해부〕 (기관·세포 따위의) 벽(壁) 내의. **~·ly** 튀

in·tra mu·ros [íntrə mjúəros] 〔라〕 (도시 따위의) 성 벽 내에서; 대학의 구내에서. (＜L within the walls)

in·tra·mus·cu·lar [íntrəmʌ́skjulər] 图 〔해부〕 (주사 등의) 근육 내의(약 IM, i.m.). **~·ly** 튀 〔국내의.

in·tra·na·tion·al [íntrənǽʃənl] 图 한 나라 안의,

in·tra·net [íntrənet] 图 〔컴퓨터〕 구내 인터넷 통신망 (인터넷의 네트워크 기술을 사용하여 구축한 구내 통신망). 〔＜Internet〕

intrans. intransitive.

in·tran·si·gent [intrǽnsədʒənt] 图 (경멸적) 타협하지 않는, 비타협적인, 완고한; (생각하는 게) 극단적인. —图 (정치적 입장 따위로) 비타협적인 사람. **-gence, -gen·cy** 图 비타협(적 태도). **~·ly** 튀

in·tran·si·tive [intrǽnsətiv] 〔문법〕 자동(사)의; (형용사·명사가) 자동적인. 图 transitive —图 자 **~·ness** 图 〔동사.

intránsitive vérb 图 〔문법〕 자동사(약 v.i.).

in·trant [íntrənt] 图 가입자(entrant), 신입 회원.

in·tra·oc·u·lar [íntrəɑ́kjələr/-ɔ́k-] 图 눈알의, 안구(眼球) 내의. ¶~ lens 안구 내 렌즈.

intraócular préssure [tènsion] 图 〔병리〕 안 내압(眼內壓), 안압. 〔내의.

in·tra·of·fice [íntrəɔ́ːfəs, -ɔ́ːfis] 图 기업 내의, 부서

in·tra·op·er·a·tive [ìntrəɑ́pərətiv, -rèi-/-ɔ́p-] 图 (외과) 수술시의. 〔당내 파벌.

in·tra·par·ty [íntrəpɑ́ːrti] 图 당내의. ¶~ factions

in·tra·per·son·al [íntrəpə́ːrsənl] 图 개인의 마음 속에 생기는, 개인 내의.

in·tra·pop·u·la·tion [íntrəpɑ̀pjuléiʃən/-pɔ̀p-] 图 주민(사람들) 사이의, 주민 간의 생기는.

in·tra·pre·neur [íntrəprənə́ːr, -njúər] 图 (경영) 사내 창업가(대기업 내에서 기업가 정신을 발휘하여 신제품 개발·신규 사업을 이끄는 인재). **~·i·al** 图

in·tra·pre·neur·ship [íntrəprənə́ːrʃìp] 图 (경영) 사내 창업 제도; (부서별) 독립 채산 제도.

in·tra·re·gion·al [íntrərídʒənl] 图 지역 내의, 역내(域內)의. ¶~ trade 역내 무역.

in·tra·sénd·er cónflict [íntrəséndər-] 图 (조직 내부의) 의견 대립. 〔interstate

in·tra·state [íntrəstéit] 图 〔美〕 주내(州內)의 〔子宮

in·tra·u·ter·ine [íntrəjúːtərin, -təràin] 图 〔해부〕 자궁 내의; 태아기(胎兒期)의에 일어나는. 〔용(약 IUD).

intraúterine device 图 자궁 내 피임 기구, 피임

in·tra·vas·cu·lar [íntrəvǽskjulər] 图 〔동물〕 혈관 내의. **~·ly** 튀 〔내의(에 관련된).

in·tra·ve·hic·u·lar [íntrəvihíkjələr] 图 우주선

in·tra·ve·nous [ìntrəvíːnəs] 图 〔병리〕 정맥내의; 정맥 주사의. ¶an ~ injection 정맥 주사. —图 정맥 내 적하(點滴), 수혈; 정맥 주사. **~·ly** 튀

intravénous dríp 图 〔병리〕 정맥 내 점적(IV).

intravénous féeding 图 정맥 내 점적 영양 공급.

in·tray [íntrèi] 图 미결 서류함. 图 out-tray

in·tra·zon·al [íntrəzóunl] 图 **1** (지질) 간대(間帶)의. **2** 지역(지대(地帯)) 내의.

in·treat [intríːt] 图타 (고어) ＝entreat.

in·trench [intréntʃ] 图 ＝entrench.

in·trench·ing tòol [intréntʃiŋ-] 图 (군대의) 휴대용 삽. (또는 **entrénching tòol**)

in·trep·id [intrépid] 图 두려움을 모르는, 용기있는, 대담 대담 무쌍한. ¶an ~ attitude 대담 무쌍한 태도 / ~ courage 용맹. **in·tre·pid·i·ty** 图 **~·ly** 튀 **~·ness** 图

Int. Rev. In*ternal Rev*enue.

in·tri·ca·cy [íntrikəsi] 图 **1** Ⓤ 복잡함, 착잡함. **2** (-cies) 복잡한 사항(행위).

***in·tri·cate** [íntrikət] 图 **1** 뒤얽힌, 얽히고 설킨. ¶an ~ knot[path] 엉클어진 매듭[꼬불꼬불한 길]. **2** (재·일·줄거리 따위가) 복잡한, 난해한. ⇨COMPLEX 유의어 ¶an ~ plot 복잡한 줄거리. —图타 (고어) ⋯을 복잡하게 하다, 뒤섞이게 하다. **~·ly** 튀 **~·ness** 图

in·tri·gant [íntrigənt] 图 음모가, 책사(策士); 간통자. (또는 **intriguant**) 〔＜F〕

in·tri·gante [intrìgɑ́ːnt, -gǽnt] 图 intrigant의 여성형. (또는 **intriguante**) 〔＜F〕

***in·trigue** [intríːg] 图타 **1** ⋯의 호기심을 자극하다, 흥미를 돋우다. ¶a parade that ~s the villagers 마을 사람들의 흥미를 불러일으키는 행렬. **2** ⋯을 당혹케 하다, 어찌할 바를 모르게 하다. ¶He was ~d by the event. 그는 그 사건으로 인해 당혹했다. **3** 마음을 끌어 ⋯하게 하다; (재귀용법으로) (음모를 꾸며) ⋯을 손에 넣다(*into*). ¶(~+目+前+图) ~ one's way *into* another's notice 교묘히 남의 주의를 끌다 / ~ oneself *into* a high position 술책을 부려 높은 지위에 오르다. —图 **1** (⋯에 대해) 음모를 꾸미다, 술책을 부리다(*against*). **2** (⋯와) 간통하다, 불의의 관계를 맺다(*with*). —图 [⌐⌐, ⌐⌐] **1** Ⓤ 음모, 계략; Ⓒ 음모 사건. ¶a political ~ 정치적 음모. **2** 불의, 간통(*with*). **3** Ⓒ (소설·연극의) 복잡한 줄거리. **-trí·guer** 图

in·tri·guing [intríːgiŋ] 图 음모를 꾸미는; 흥미[호기심]를 돋우는. ¶an ~ item of news 흥미를 끄는 뉴스 / an ~ young woman 매혹적인 젊은 여성. **~·ly** 튀

***in·trin·sic** [intrínsik, -zik] 图 **1** (⋯에) 본질적인, 고유의, 본래 갖추고 있는(*to*, *in*). 图 extrinsic. ⇨ESSENTIAL 유의어 ¶the ~ value of a gold coin 금화의 본질적[소재적] 가치. **2** 〔해부〕 (신경·근육 따위의)

내재(內在)(성)의. 3 〔전자〕 진성(眞性)의. (또는 **intrinsical**) **-si·cal·ly** 倁
intrínsic fáctor 阁 〔생화학〕 내인자(內因子), 내인성(內因性) 요인.
intrínsic semicondúctor 阁 〔물리〕 진성 반도체.
in·tro [íntrou] 阁 (图~s) 1 =introduction. 2 〔재즈·댄스 음악 따위의〕 서주(序奏), 인트로. ──⑤ 他 …을 소개하다.
in·tro- [íntrou, -trə] '…안, 안으로'의 뜻. 참 intra-. ¶*intro*spect, *intro*vert. 〔introductory.
intro(d). introduce(d); introducing; introduction;
‡**in·tro·duce** [ìntrədjú:s/-djú:s] ⑤他 (**-duc·es** [-iz]; ~**d** [-t]; **-duc·ing**) 1 〔남〕을 소개하다; 서로 알고 지내게 하다, 인사시키다, 대면시키다(*to*). ¶(~+目+前+名) ~ a girl friend *to* one's family 여자 친구를 가족에게 소개하다/Let me ~ my mother (*to* you). 저의 어머니를 소개합니다.

유의어 **introduce** 「소개하다」라는 뜻의 일반적인 말. **present** introduce보다 격식을 차린 말로서, (신분·지위 등이 높은 사람에게) 어느 정도 예의를 갖추어서 소개하는 것을 암시.

2 〔상품 따위〕를 (세상에) 널리 알리다; 〔젊은 여성 등〕을 (사교계에) 내보내다(*to*). ¶(~+目+前+名) an advertising campaign to ~ a new product *to* the public 신제품을 일반에게 알리기 위한 광고 캠페인/~ one's daughter *to* society 딸을 사교계에 내보내다. 3 〔생각·유행 따위〕를 창안하다, 시작하다 (*in*); 〔문물〕을 전하다, (…에) 도입〔소개〕하다(*into*, *to*). ¶~ a new concept *in* architectural design 건축 설계에 새로운 개념을 도입하다/~ a new fashion *in* hats 모자의 새로운 유행형을 발표하다// (~+目+前+名) Tobacco was ~*d into* Europe from America. 담배는 아메리카에서 유럽으로 전해졌다. 4 …에게 초보를 가르치다, 처음으로 경험시키다, 처음 접촉하게 하다(*to*). ¶(~+目+前+名) ~ a person *to* chess 남에게 체스를 가르치다. 5 …을 안내하다. ¶ (~+目+前+名) ~ a person *into* a drawing room 남을 응접실로 안내하다. 6 〔화제 등〕을 꺼내다(*into*); 〔법안〕을 제출하다(*to*, *into*, *in*, *at*, *before*); 〔법률 등〕을 시행하다. ¶ ~ a topic of conversation 화제를 꺼내다/~ a bill *into* Congress 법안을 의회에 제출하다. 7 …을 삽입하다, 끼워 넣다(*into*). ¶ ~ a needle *into* the vein 혈관에 침을 삽입하다. 8 〔학설 등〕을 발표하다. ¶ ~ a theory of geological evolution 지질학적 진화의 학설을 제창하다. 9 …을 (…으로) 시작하다(*with*, *by*); …에 서문을 달다, 서론을 말하다. ¶He ~*d* his speech *with* a joke. 그는 농담으로 연설을 시작했다. 10 〔문법〕 …을 이끌다. ¶A relative pronoun usually ~*s* an adjective clause. 관계 대명사는 보통 형용사절을 이끈다.
introduce oneself 자기 소개를 하다, 이름을 대다.
-dúc·er 阁 **-dúc·i·ble** 阁
introdúcer's fée 阁 수수료; 뇌물.
‡**in·tro·duc·tion** [ìntrədʌ́kʃən] 阁 (图~s [-z]) 1 ① 도입, 수입, 전래(傳來)(*to*, *into*). ¶foreign words of recent ~ 최근 도입된 외래어// the ~ of Christianity *into* Korea 기독교의 한국 전래. 2 도입물, 전래물, (특히 동·식물의) 외래〔이입〕종(種); 채용〔제출, 제창〕된 것. 3 ⓤⓒ (종종 ~s) 소개, 피로〔披露〕(*to*). ¶a letter of ~ 소개장// make an ~ to …에게 소개하다. 4 서론, 서문, 머리말(*to*). ⇨ PREFACE 유의어 5 〔음악〕 서곡, 전주곡(prelude). 6 개론, 입문서, 안내서(*to*). ¶an ~ *to* English literature 영문학 입문서〔개론〕. 7 ⓤ 끼워 넣기, 삽입(*into*).
in·tro·duc·tive [ìntrədʌ́ktiv] 阁 =introductory.
***in·tro·duc·to·ry** [ìntrədʌ́ktəri] 阁 소개하는; 서문의, 서론의; 입문적인. ¶an ~ chapter 서론/~

remarks 머리말. **-ri·ly** 倁 **-ri·ness** 阁
in·tro·gres·sant [ìntrəgrésənt] 阁 〔유전〕 유전자 이입으로 만들어진 개체. ──阁 =introgressive.
in·tro·gres·sion [ìntrəgréʃən] 阁 〔유전〕 유전질 침투, 이입(移入)〔도입〕 교잡. 「이입〔침투〕의.
in·tro·gres·sive [ìntrəgrésiv] 阁 〔유전〕 유전질
in·tro·it [íntrouit, -trɔit] 阁 1 〔가톨릭〕 (미사가 시작될 때 부르는) 입당송(入堂頌). 2 〔영국 국교회〕 성찬식 전에 부르는 노래.
in·tro·ject [ìntrədʒékt] ⑤他 〔정신분석〕 〔타인의 행동 양식·생각〕을 무의식적으로 자기 것으로 받아들이다.
in·tro·jec·tion [ìntrədʒékʃən] 阁 〔정신분석〕 받아들이기, 섭취(타인의 속성을 자신의 것으로 동화시키는 정신 작용).
in·tro·mis·sion [ìntrəmíʃən] 阁ⓤ 1 삽입. 2 입장〔가입〕(허가). **-mis·si·bíl·i·ty** 阁 **-mís·si·ble** 阁 **-mís·sive** 阁
in·tro·mit [ìntrəmít] ⑤他 (**-tt-**) 〔드물게〕 …을 삽입하다, 들어오게 하다, 들이다. **~·tent** 阁 **~·ter** 阁
in·tron [íntran/-trɔn] 阁 〔유전〕 인트론, 개재(介在) 배열. 「자극제.
in·tro·pin [íntrəpin] 阁 〔상표〕 인토로핀(심장 활동
in·trorse [intrɔ́:rs] 阁 〔식물〕 내향(內向)의. 참 extrorse ¶an ~ anther 내향 꽃밥.
in·tro·spect [ìntrəspékt] ⑤紙 내성(內省)하다, 내관(內觀)〔반성〕하다. ──他 …을 자기반성하다, 내성〔내관〕하다. ¶ ~ one's true feelings 자기의 참된 감정을 내성하다. **~·a·ble**, **~·i·ble** 阁 **-spéc·tor** 阁
in·tro·spec·tion [ìntrəspékʃən] 阁 1 ⓤ 내성(內省), 내관, 자기 성찰. 2 내성적 성질〔경향〕. **~·al** 倁
in·tro·spec·tion·ism [ìntrəspékʃənìzm] 阁 〔심리〕 내관〔내성〕주의. **-ist** 阁阁
in·tro·spec·tive [ìntrəspéktiv] 阁 내성〔내관〕의, 내성〔내관〕적인. **~·ly** 倁 **~·ness** 阁
in·tro·ver·si·ble [ìntrəvə́:rsəbl] 阁 1 내성적인, 내향적인. 2 안으로 집어넣을 수 있는.
in·tro·ver·sion [ìntrəvə́:rdʒən, -ʃən] 阁ⓤ 1 내성, 내향. 2 〔의학〕 (기관 따위의) 내향, 내곡(內曲), 내전(內轉). 3 〔심리〕 내향성. 참 extroversion
in·tro·ver·sive [ìntrəvə́:rsiv] 阁 1 〔심리〕 내향〔내성〕적인. 2 〔의학〕 (기관 따위가) 내전성의. **~·ly** 倁
in·tro·vert [íntrəvə̀:rt] 阁 1 〔구어〕 암맨〔적극성이 없는〕 사람. 2 〔심리〕 내향성〔내성적〕인 사람 참 ambivert, extrovert). 3 〔동물〕 함입문(陷入吻)(달팽이의 뿔 따위). 4 〔심리〕 (또는 introvertish) 〔심리〕 내향적인, 내향성의. ──⑤他 〔-́-́〕 1 〔마음·생각 따위〕를 안으로 향하게 하다. 2 〔동물〕 〔기관〕을 안으로 집어넣다, 함입시키다.
in·tro·ver·tive [ìntrəvə́:rtiv] 阁 =introversive.
‡**in·trude** [intrú:d] ⑤ (~**s** [-z]; **-trud·ed**; **-trud·ing**) 他 1 …을 억지로 밀어넣다, 들이밀다 (*into*). ¶ (~+目+前+名) ~ one's presence *into* a conference 회의에 억지로 끼어들다. 2 〔의견 따위〕를 억지로 밀어넣으며, 강요하다 (*on*, *upon*). ¶ (~+目+前+名) ~ one's views *upon* others 남에게 자기의 견해를 밀어붙이다. 3 〔재귀용법으로〕 …에 끼어들다, 개입하다 (*on*, *upon*). ¶Don't ~ *yourself on* her privacy. 그녀의 사생활에 끼어들지 마시오. 4 〔지질〕 (주위의 암반에) 관입(貫入)시키다. ──紙 1 (허가 없이) 밀고 들어가다, 침입하다 (*on*, *upon*, *in*, *into*). ⇨ TRESPASS 유의어 ¶I hope I'm not intruding. 제가 방해되지 않는지요// (~+前+名) ~ *upon* his privacy 그의 사생활을 침해하다/~ *into* another's company 다른 패에 끼어들다. 2 주제넘게 나서다, 참견하다 (*on*, *upon*). ¶ (~+前+名) ~ *upon* another's privacy 남의 사생활에 간섭하다. 3 〔지질〕 관입하다. **-trúd·ing·ly** 倁
***in·trud·er** [intrú:dər] 阁 1 침입자, 난입자; 주제 넘게 나서는 사람, 훼방꾼. 2 〔군사〕 (야간) 습격〔침투〕기;

그 조종사.
*in·tru·sion [intrúːʒən] 명UC 1 침입, 밀고 들어가기, 방해, 주제넘게 나서기(on, upon). 2 (의견 따위의) 강요, 강제. 3 〖법률〗 불법 침입[점유]; 토지 불법 점유, 횡령. 4 〖지질〗 관입(貫入)(암). ~·al
in·tru·sive [intrúːsiv] 형 1 침입하는, 밀고 들어오는; 주제넘게 나서는, 방해가 되는; 강요하는. ¶ an ~ person 주제넘게 나서는 사람 / ~ memories of a lost love 지워지지 않는 실연의 추억. 2 〖지질〗 관입의. ¶ an ~ rock 관입암. 3 〖음성〗 개입적인, 끼어드는.
~·ly 부 ~·ness 명
in·trust [intrʌ́st] 타 = entrust.
in·tu·bate [íntjubeit/-tju-] 타자 〖의학〗 (후두(喉頭) 따위)에 관을 끼워 넣다; 삽관(揷管) 치료[처치]하다.
-bá·tion 명 삽관(법). [~·a·ble 형
in·tu·it [intjúːit, ´--´] 타 직관으로 알다. 직관하다.
*in·tu·i·tion [intjuíʃən/-tju-] 명 1 U 직관(력), 직관적 통찰(력), 직각(直覺). 2 UC 〖철학〗 직관, 직각; 직관에 의해 얻은 진리, 직관적 지식. ~·less 형
in·tu·i·tion·al [intjuíʃənəl/-tju-] 형 직관의, 직각의; 직관적. ~·ly 부 직관에 의한.
in·tu·i·tion·al·ism [intjuíʃənəlizm/-tju-] 명 = intuitionism. -ist 명
in·tu·i·tion·ism [intjuíʃənizm/-tju-] 명U 〖윤리·철학〗 직각설(直覺說), 직관주의. -ist 명형
in·tu·i·tive [intjúːətiv/-tjúː-] 형 직관[직각]의; 직관[직각]에 의한, 직관에 의해 얻어진; 직관력이 있는. ¶ ~ faculty 직관력 / ~ knowledge 직관적인 지식. ~·ly 부 ~·ness 명
in·tu·i·tiv·ism [intjúːətivizm/-tjúː-] 명U 1 〖윤리〗 직관주의. 2 직관[직각]력; 명찰(明察). -ist 명형
in·tu·mesce [intjumés/-tju-] 자 (열 따위로) 부풀어오르다, 팽창하다; 거품이 일다, 비등하다.
in·tu·mes·cence [intjumésns/-tju-] 명 1 U 팽창, 부어오르기. 2 ⓒ 종기(swelling). (또는 intumescency) -cent 형
in·tus·sus·cept [intəssəsépt] 타재 〖병리〗 (창자의 일부 따위)를 다른 창자 속에 감입(嵌入)시키다; 장(腸)중첩[중적(重積)]이 되다. — 자 〖병리〗 감입(嵌入)하다, 장(腸)중첩[중적(重積)]이 되다. -cép·tive 형
in·tus·sus·cep·tion [intəssəsépʃən] 명U 1 (사상 등의) 흡수, 섭취. 2 〖생물〗 (식물 세포막의) 삽입 (생장). 3 〖병리〗 장적(腸積)(증(症)), (특히) 장중적(腸重積).
INTV (美) Association of Independent Television Stations (독립 텔레비전 방송국 연맹).
in·twine [intwáin] 타 = entwine.
in·twist [intwíst] 타 = entwist.
in·ty [ínti] 명 (英속어) (학교의) 쉬는 시간.
In·u·it [ínjuːit/ínjuː-] 명 (복 ~(s)) 이누잇(캐나다·그린란드의 에스키모); U 이누잇어(語).
in·u·lin [ínjulin] 명U 〖화학〗 이눌린(달리아·돼지감자 등 국화과 식물의 구근·지하경에 함유된 다당류).
in·unc·tion [inʌ́ŋkʃən] 명U 1 기름을 바르기, 도유(塗油). 2 〖의학〗 (고약 따위를) 바르고 문지르기, 도찰(塗擦) 요법. 3 도찰제; 연고.
in·un·dant [inʌ́ndənt] 형 1 넘치는, 넘쳐흐르는. 2 (힘·수 따위가) 압도적인.
in·un·date [ínəndeit, -nʌn-] 타 1 (물로) (토지)를 잠기게 하다, (토지)에 범람하다(with). 2 (비유적) (홍수처럼) …을 넘치게 하다, …에 밀어닥치다, …을 범람시키다(with). ¶ (~ + 目 + 前 + 名) ~ a community with counterfeit money 사회에 위조지폐를 범람시키다.
-dà·tor 명 in·un·da·to·ry [inʌ́ndətɔ̀ːri] 형
in·un·da·tion [ìnəndéiʃən] 명UC 범람, 침수; 홍수(⇒ FLOOD 유의어); (비유적) 쇄도, 충만.
I·nu·pik [ínúːpik] 명 = Inuit.

in·ur·bane [ìnəːrbéin] 형 세련되지 않은, 촌스러운; 품위 없는. ~·ly 부 ~·ness, -bán·i·ty 명
in·ure [injúər/injúə] 타 (수동형·재귀용법으로) …을 (…하도록) 단련하다(to do); (어려움 따위에) 익숙하게 하다(to). ¶ a person ~d to heat 더위에 익숙한 사람. — 자 소용되다, 효과가 있다; (법률적으로) 효력을 발생하다, 적용되다(to). ¶ (~+前+名) ~ to the benefit of the consumers 소비자의 이익이 되다. (또는 enure) -ured·ness [-júəridnis], ~·ment 명
in·urn [inə́ːrn] 타 〖화장한 뼈〗를 유골 단지에 넣다; [시체]를 매장하다. ~·ment 명
in u·ter·o [in júːtəroʊ] 형부 자궁내의[에서], 태어나기 전의[전에]. ¶ a child ~ 태아 / ~ surgery 자궁내 수술(자궁내의 태아 수술).
in·u·tile [injúːtəl/-tail] 형 무익한, 무용의. ~·ly 부
in·u·til·i·ty [ìnjuːtíləti] 명U 무익, 무용; ⓒ 쓸모 없는 사람, 무용지물, 무익한 것[사람].
in·ut·ter·a·ble [inʌ́tərəbl] 형 = unutterable.
inv. (라틴) invenit(= he [she] invented it); invented; invention; inventor(y); invoice.
in va·cu·o [in vǽkjoʊ] 형부 진공 속에(서); 고립[절연]하여, 사실과 관계 없이. [< L in a vacuum]
‡in·vade [invéid] 타 (~s [-z]; -vad·ed; -vad·ing) 타 1 (군대가) …에 침입[침략, 쳐들어가]다; …을 침략하다. ⇒ TRESPASS 유의어 2 (병이) …을 침범하다; (공포 따위)를 엄습하다. 3 …에 몰려들다, 쇄도하다; (비유적) …을 점령하다. ¶ Locusts ~d the fields. 메뚜기떼가 밭을 습격했다. 4 (권리 등)을 침해하다, …에 간섭하다. 5 (소리·냄새 따위가) …에 가득하다, 퍼지다. — 자 침입하다, 침략하다; 쇄도하다; 침해하다.
-vád·a·ble 형
‡in·vad·er [invéidər] 명 (복 ~s [-z]) 침입자, 침략자; (타국으로부터의) 이주자, 유입자.
in·vag·i·nate [invǽdʒəneit] 타 1 (칼 따위)를 칼집에 넣다, 끼워 넣다. 2 (관(管)·기관(器官) 따위의 일부분)을 안으로 집어 넣다; 함입(陷入)시키다. — 자 (관·장 따위에) 들어가다, 함입하다. — [invǽdʒənət, -nèit] 칼집에 넣은[든]. -ná·tion 명
‡in·va·lid[1] [ínvəlid/-liːd, -lid] 명 (복 ~s [-z]) 병약자, 환자; 상이 군인, 상병병(傷病兵). ¶ a war ~ 상이 군인. — 형 병약한, 병든; 환자용의. ¶ his ~ sister 앓아 누워 있는 그의 누이 (동생).
— 타 [´--, ´--´] (~s [-z]) 타 1 …을 병들게[병약하게] 하다. 2 (수동형으로) …을 환자[상이 군인]로 다루다; (英) 상이 군인으로 송환[제대]시키다(off). — 자 1 병약해지다, 병들다. 2 상이 군인이 되다. 2 환자 취급을 받다, 상이 군인으로서 제대되다.
be invalided home 상이 군인으로서 송환되다.
be invalided out of the army 상이 군인으로서 제대되다.
in·val·id[2] [invǽlid] 형 (방법 따위가) 타당하지 않은, 실효성이 없는, 무가치한; 근거가 약한, 설득력이 없는; (법률적으로) 무효인. ~·ly 부 ~·ness 명
in·val·i·date [invǽlədeit] 타 …을 무용지물로 만들다, 무력하게 하다; …을 (법률적으로) 무효로 하다, 실효시키다. -dà·tor 명
in·val·i·da·tion [invæ̀lədéiʃən] 명UC 무효로 하기, 실효(失效)(상태); 무가치, 무효. [자, 휠체어.
invalid cháir 하체 부자유자용 (접는식) 이동 의
in·va·lid·ism [ínvəlidìzm] 명U 1 장기간에 걸친 병약, 허약, 병든 몸. 2 (일정 기간·일정 인구 내에서의) 병약자의 비율.
in·va·lid·i·ty[1] [ìnvəlídəti] 명U 무효; 무가치, 무력, 허약. 2 수당(급부).
in·va·lid·i·ty[2] = invalidism.
invalídity bénefit 명UC (英) (국민 보험에 의한) 질병 수당.
*in·val·u·a·ble [invǽljuəbl] 형 값을 매길 수 없을 정도의; (…에) 매우 귀중한(to). 동 valuable
~·ness 명 -bly 부

in·van·dra·re [invà:ndrɑ:rə] 웹 (목 ~) 스웨덴에서 일하는 외국인 노동자. [<Scan)

In·var [inváːr] 웹 (상표) 불변강(不變鋼), 인바(정밀 과학 기기에 쓰인다). [<*invar*iable]

in·var·i·a·ble [invέəriəbl] 웹 1 바꿀 수 없는, 불변의, 일정한. 2 (수학) 상수의, 상수(常數)의. — 웹 불변인 것; 일정한 것; (수학) 정수, 상수(constant).
⁻**bíl·i·ty**, **~·ness** 웹 「없이, 언제나 똑같이.
‡**in·var·i·a·bly** [invέəriəbli] 웹 일정 불변하게; 변함
in·var·i·ant [invέəriənt] 웹 불변의, 항상 변하지 않는, 한결같은. — 웹 (수학) 불변량; 불변식(式).
-ance 웹

*‡**in·va·sion** [invéiʒən] 웹U©ⓒ 1 (무력에 의한) (…에의) 침입, 침략, 침공(*of*). 2 쇄도: (질병·재해 따위의) 내습. 3 (권리 등의) 침해(*of*). 4 (의학) (병원균 따위의) 침입; (암세포의) 전이(轉移). —ⓥ(습격)하다.
make an invasion upon …에 침입하다, …을 침략
invasion of privacy 프라이버시(사생활) 침해.

in·va·sive [invéisiv] 웹 1 침입하는, 침략적인; 침해하는. ¶ an ~ war 침략 전쟁. 2 (질병 따위가) 건강한 조직을 해치는. 3 주제 넘은, 주제넘게 나서는.

in·va·sive·ness [invéisivnis] 웹 침입(침략)성; (의학) 침입력, 침습성(侵襲性)(세균·암세포 따위가 체내에 침입, 번식[전이]하는 성질).

in·vec·tive [invéktiv] 웹ⓤ (맹렬한) 비난, 공격; ©ⓒ 악담, 욕설, 독설. —웹 악담[욕]하는, 비난하는.
~·ly 웹 **~·ness** 웹

in·veigh [invéi] 웹ⓐ 맹렬히 비난하다[욕하다], 독설을 퍼붓다(*against*). **~·er** 웹

in·vei·gle [invíːgl, -véi-] 웹 (감언 따위로) (남)을 교묘히 꾀어들이다[끌어들이다](*into*); 속이다, 부추겨 (…)시키다(*into doing*); (거짓말·감언 따위로) (남)으로부터 (물건)을 사취하다(*from*, *out of*). (~+目+前+名) ~ a person *into playing* cards 남을 카드놀이에 꾀어들이다 / be ~*d* in the affair 사건에 감쪽같이 말려 들어가다 / ~ a person *out of* money ~ money out of a person 남을 속여서 돈을 빼앗다. **~·ment** 웹ⓤ **-gler** 웹

in·ve·nit [invéːnit, -víː-] (발명자·고안자의 이름에 덧붙여) …작[발명, 고안]((의) inv). [<L]

‡**in·vent** [invént] 웹 1 …을 발명하다, 창안(創案)하다, 고안하다. ¶ ~ the telegraph 전신기를 발명하다.

> (유의어) **invent** 연구·노력의 결과 또는 상상력을 구사하여 새롭고 유용한 것을 만들어내다; 처음으로 만들어 내는 것을 강조. **devise** 종종 invent와 같은 뜻으로 쓰이지만 머리를 써서 연구하는 것을 강조하는 말. **contrive** 계획·고안의 교묘함을 강조하며, 좋은 결과에나 나쁜 결과에나 쓰인다.

2 …을 상상력을 써서 만들다, 창작하다. 3 (경멸적) …을 날조[조작]하다, 꾸며내다. ¶ ~ an excuse 구실을 꾸며대다. 4 (속어) …을 (…으로부터) 훔치다(*from*).
invent the wheel (美속어) 알고 있는 것을 새삼스럽게 다시 하다, 새삼 처음부터 다시 하다.
~·a·ble, **~·i·ble** 웹

in·vent·er [invéntər] 웹 =inventor.

‡**in·ven·tion** [invénʃən] 웹 (목 ~**s** [-z]) 1 ⓤ 발명, 창안, 고안; (예술적) 창작, 창조. ¶ *Necessity* is *the mother of ~*. (속담) 필요는 발명의 어머니. 2 발명품, 고안물. ¶ *exhibit a new ~* 신발명품을 전시하다. 3 ⓒ 발명의 재능; 창작력. 4 ⓒ 꾸민 얘기, 날조(물), 허구(虛構), 지어낸 이야기. ¶ *That is pure ~*. 그것은 완전히 날조된 것이다. 5 (음악) 인벤션(대위법에 의한 단일 주제의 곡). 6 웹 (고어) 발견. **~·al**, **~·less** 웹

Invéntion of the Cróss 웹 (the ~) 성(聖)십자가 발견 기념일(5월 3일).

*‡**in·ven·tive** [invéntiv] 웹 발명의, 발명의 재능이 있는, 창의성이 풍부한, 재주있는. ¶ ~ powers 발명[창작] 능력. **~·ly** 웹 **~·ness** 웹 「창안자.

‡**in·ven·tor** [invéntər] 웹 (목 ~**s** [-z]) 발명자[가],
in·ven·to·ri·al [invəntɔ́ːriəl] 웹 재산[재고품] 목록의, 재고 정리표의. **~·ly** 웹

in·ven·to·ry [ínvəntɔ̀ːri/-təri] 웹 (상품·재산·가재 따위의) (재고) 목록, 일람표, 재고품 목록. ⇒LIST [유의어] 2 목록에 있는 물품, 재고품. 3 ⓤ (연도 마다의) 재고 조사, 재고 정리(stocktaking); 재고품 그 자체, 4 목록(명세표) 작성. 5 (카운슬링용의) 인물 조사 기록.
***take* [or *make*] (*an*) *inventory of* …의 일람표[목록]를 만들다; (비유적) …을 상세히 조사하다.
— 웹 (재산·상품 따위의) 목록을 만들다, (재산·재고품 따위를) 목록에 기입하다; …의 재고 정리를 하다; 요약하다. ¶ ~ (재산·재고품 따위) 목록상 …의 가치가 있다(*at*). ¶ *stock* that *inventories at* two million dollars 200만 달러 상당의 재고품.
-ri·a·ble 웹

ínventory adjústment 웹 재고 조정.
ínventory contról 웹 재고 관리.
ínventory cýcle 웹 재고 투자 순환.
ínventory fináncè 웹 (경제) 재고 금융.
ínventory túrnover 웹 재고 (재산) 회전율(연간 매상고를 재고량으로 나눈 비율).

in·ven·tress [invéntris] 웹 inventor의 여성형.
in·ve·rac·i·ty [ìnvərǽsəti] 웹 1 ⓤ 불성실, 진실되지 않음. 2 (의도적인) 허위, 거짓말.

In·ver·néss (càpe) [ìnvərnés, ⌐⌐] 웹 (종종 i-) (때로는 붙였다 할 수 있는) 케이프가 달린 외투. (또는 **Invernéss cóat[clòak]**)

in·verse [invə́ːrs, ⌐⌐] 웹 1 (위치·순서 따위가) 반대의, 역(逆)의. ¶ an ~ position 반대 입장/in ~ relation to …와 반대의 관계로. 2 (수학) 역의, 역수의.
— 웹 1 (the ~) 반대, 역; 반대인 것. ¶ *Good* is the ~ *of* evil. 선은 악의 반대이다. 2 (수학) = ~ function; 역원(逆元). —웹 [-⌐] …을 거꾸로 하다, 반대로 하다. **~·ly** 웹

ínverse féedback 웹 =negative feedback.
ínverse fúnction 웹 (수학) 역함수(逆函數).
ínverse ímage 웹 (수학) 원상(原像). 「비례.
ínverse propórtion [rátio] 웹 (수학) 역비례.
in inverse proportion [or *ratio*] *to* …에 반비례하여. 「법칙.

ínverse squáre láw 웹 (물리·광학) 역(逆)제곱
*‡**in·ver·sion** [invə́ːrʒən, -ʃən / -ʃən] 웹 1 ⓤⓒ 1 거꾸로 하기, 역(逆), 반대; 전도(轉倒), 전환, 도치(倒置). 2 (문법·수사) 어순 전도(법), 도치(법); (논리) 역환법(易換法). 3 (음악) 자리바꿈, 전회(轉回); (음성) 반전(反轉). 4 (화학) 전화(轉化). 5 (생물) 역위(逆位). 6 (성욕) 도착(倒錯); 동성애. 7 (의학) 내반(內反); [해부] 역위(逆位). 8 (수학) 전도, 전위, 반전. 9 (기상) (기온의) 역전. 10 (컴퓨터) 반전(구성 비트의 0을 1로, 1을 0으로 하는 일). 「층.

invérsion lȁyer 웹 (기상) (대기권의) (온도) 역전
in·ver·sive [invə́ːrsiv] 웹 전도(轉倒)[역전]되는, 역의, 반대의.

*‡**in·vert** [invə́ːrt] 웹 1 …을 거꾸로 하다, 뒤집다, 엎어 놓다. ¶ ~ a glass 컵을 엎어 놓다. 2 (위치·방향·순서 따위)를 거꾸로 하다, 앞뒤를 바꾸다. 3 (성질·효과 따위)를 거꾸로 하다, 반대로 하다, 뒤바꾸다. 4 (음악) (음정 중의 어떤 음)을 자리 바꿈하다. 5 (화학) …을 전화(轉化)시키다. 6 (음성) (혀)를 상반전(上反轉)하다. — ⓐ 반전(反轉)하다.
— 웹 [⌐-] (화학) 전화(轉化)한.
— 웹 [⌐-] 1 거꾸로 된 것; (정신의학) 성(性)대상 도착, 동성애자(homosexual). 2 (건축) 역(逆)아치. 3 거꾸로 인쇄된 우표. 4 (화학) 전화(轉化).

in·vert·ase [invə́ːrteis, -teiz] 웹ⓤⓒ (생물) 전화

(転化) 효소, 자당(蔗糖) 분해 효소. (또는 **invertin**)
in·ver·te·brate [invə́ːrtəbrət, -brèit] 형 1 〔동물〕 척추가 없는, 무척추 동물의. 2 줏대가 없는, 기골이 허약한, 우유 부단한. — 명 1 무척추 동물. 2 줏대없는 사람.
-bra·cy, ～·ness 명
in·vert·ed [invə́ːrtid] 형 1 거꾸로 된, 전도된; 역의, 반대의. 2 (음성) 반전의. ¶an ～ consonant 반전자음(혀끝을 위로 말아 발성하는 r음 따위). 3 성 도착의, 동성애의(homosexual).
invérted árch 명 〔건축〕 역(逆)아치.
invérted cómma 명 (英) 인용부(호)(').
invérted pýramid 명 역(逆) 피라미드; 역피라미드 형 기사(신문 기사 따위의 중요 내용부터 써 내려간 것).
invérted snób 명 (경멸적) 낮은 신분으로 위장해 자신의 상류 계급을 경멸하는 사람, 위선적 속물(俗物).
in·vert·er [invə́ːrtər] 명 1 (전기) (직류를 교류로 바꾸는) 인버터, 변환기(器). 2 (컴퓨터) =NOT circuit.
in·vert·i·ble [invə́ːrtəbl] 형 1 역(逆)으로[거꾸로] 되는. 2 (음악) 전회(轉回)의
ínvert sóap 명 〔화학〕 양이온 세제.
ínvert súgar 명 전화당(轉化糖).
‡**in·vest** [invést] 타 1 …에 투자하다; (돈)을 쓰다, 지출(운용)하다(in, on); (비유적) 〔시간·노력 등〕을 들이다(in). ¶～ed capital 투하 자본 // (～+目+前+名) ～ one's money in stocks 증권에 투자하다 / ～ a lot of time in helping retarded children 지진아를 돕는 데 많은 시간을 쓰다. 2 〔남〕에게 입히다, 걸치게 하다(in, with); (드물게) …을 입다, 착용하다. ¶ (～+目+前+名) ～ a baby in [or with] his [or her] dress 아기에게 옷을 입히다. 3 …에 (어떤 성질·능력 등을) 띠게 하다(with). ¶ (～+目+前+名) ～ a story with humor 이야기에 익살을 섞다. 4 〔남〕에게 (권력·지위·훈장 등)을 수여하다(with). ¶ be ～ed with the Medal of Honor 명예 훈장을 받다 // (～+目+前+名) ～ the President with the power of veto 대통령에게 거부권을 주다. 5 (권한 등)을 (…에게) 주다, (관리 등)을 맡기다(in). ¶ ～ the management of a factory in a person 남에게 공장 관리를 맡기다. 6 …을 덮다, 싸다, 둘러싸다(with); (군사) 〔도시·항구 따위〕를 포위하다. — 자 투자하다, 출자하다(in); 돈을 쓰다(in).
invest in (구어) (일상) …에 돈을 쓰다, …을 사다. ¶ ～ in a new car (큰 맘먹고) 새 차를 사다.
invest. investigation; investment.
in·vest·a·ble [invéstəbl] 형 투자 가능한. — 명 투자 대상으로서 적합한 것, 투자 대상품(물).
in·vest·i·ble [invéstəbl] 형 =investable.
in·ves·ti·ga·ble [invéstəgəbl] 형 조사할 수 있는, 연구할 수 있는.
‡**in·ves·ti·gate** [invéstəgèit] 타 (-gat·ed; -gat·ing) 타 1 …을 (조직적으로) 조사(연구)하다, 탐사(탐색)하다. 2 (사건·범죄)를 (원인·동기·범인을 알기 위하여) 자세히 조사하다, 수사하다. ¶The Police are investigating the murder. 경찰은 그 살인 사건을 수사중이다. — 자 연구[조사]하다, 탐사하다; 음미하다.
‡**in·ves·ti·ga·tion** [invèstəgéiʃən] 명 (複 ～s [-z]) 1 U C 조사, 연구, 구명(究明), 심사(記査, into). ⇒EXAMINATION (유의어). 2 조사(調査); 조사 보고, 연구 논문.
make investigation(s) into …을 조사하다.
on [or **upon**] **(further) investigation** (더) 조사 [연구]해 보면[보니].
under investigation 조사중(의).
～·al 형
in·ves·ti·ga·tive [invéstəgèitiv] 형 조사의, 연구의; 조사연구(에 종사)하는; 연구적인; (언론·보도 따위가) 부정(독직 따위)을 철저히 파헤치는.
invéstigative jóurnalism 명 =investigative reporting.

invéstigative néw drúg 명 치험용(治驗用) 신약 (약 IND).
invéstigative repórting 명 (신문·방송 따위의) (부정·스캔들에 대한) 독자적 조사[추적] 보도.
*‡**in·ves·ti·ga·tor** [invéstəgèitər] 명 (사건·진상 따위의) 조사원(관), 연구자, 수사관. ¶a private ～ 사립 탐정. **-to·ry** 형 =investigative.
in·ves·ti·tive [invéstətiv] 형 1 투자의. ¶an ～ act 투자 행위. 2 서임(敍任)[임명, 수여]의.
in·ves·ti·ture [invéstətʃər, -tʃùər] 명 1 UC (英) (칭호·지위·훈장 등의) 수여(식), 임명(식). 2 U 차려 입히기[입힌 상태]; 의복, 옷차림. 3 U 성질·능력 등의 부여(된 상태). 4 U (드물게) 포위.
‡**in·vest·ment** [invéstmənt] 명 1 UC 투자, 출자; C 투자의 대상; 투자물, 출자금(in). ¶a good ～ against old age 노령에 대비한 유리한 투자. 2 (군사) 포위. 3 U 싸기, 입히기; (고어) 의복. 4 (생물) 외피, 피부, 껍질. 5 U (관직) 임명, 작위 수여(investiture).
make an investment in …에 투자하다.
invéstment advíser 명 (美) 투자 고문. 「업.
invéstment advísory sérvices 명 투자 자문
invéstment ànalyst 명 증권 분석가, 투자 분석 전문가(증권사의 주가 예상 전문가).
invéstment bànk 명 〔금융〕 (유가 증권) 투자 은행, 투자 증권 회사((英) merchant bank).
invéstment bànker 명 증권 인수업자.
invéstment càsting 명 〔야금〕 인베스트먼트[매물] 주조(법).
invéstment còmpany 명 투자 (신탁) 회사, 회사형 투자 신탁.
invéstment fùnd 명 투자 신탁 재산; 투자(신탁)
invéstment gràde 명 투자 적격(투자 대상으로서 신용도가 높은 채권).
invéstment retùrns 명 〔증권〕 투자 수익.
invéstment trùst 명 =investment company.
*‡**in·ves·tor** [invéstər] 명 1 투자가, 출자자(者), speculator). 2 (권리 따위의) 수여자; (관직 따위의) 서임자. 3 포위한 사람.
invéstor relátions 명 (단수취급) 대(對)투자가 홍보(활동), 투자가 PR(약 IR).
in·vet·er·a·cy [invétərəsi] 명 U 1 (습성 따위의) 뿌리 깊음, 검질김; 숙원(宿怨). 2 만성, 고질(痼疾).
in·vet·er·ate [invétərət] 형 (종종 경멸적) (감정·습관 따위가) 뿌리 깊은; 굳어버린, 상습적인; (병이) 고질적인, 만성의. ¶an ～ prejudice [disease] 뿌리 깊은 편견[고질병]. ～·ly 부 ～·ness 명
in·vi·a·ble [inváiəbl] 형 1 (생물) (생물체가 유전적 결함으로) 생존 불가능한. 2 (회사 등이) 살아남을 수 없는, 경영 유지가 불가능한. ¶ an ～ company 구제 불능의 회사. **-bíl·i·ty** 명
in·vid·i·ous [invídiəs] 형 1 비위에 거슬리는, (비평·비교가) 불공평하여) 불쾌한; 질투심[원한]을 일으키는. 2 몹시 차별적인, 괘씸한. ～·ly 부 ～·ness 명
in·vig·i·late [invídʒəlèit] 자 1 (英) (학생의) 시험 감독을 하다. 2 (고어) 망을 보다, 경계하다. — 타 …을 감독하다. **-la·tion, -la·tor** 명
in·vig·or·ant [invígərənt] 명 강장제(強壯劑)(tonic).
in·vig·or·ate [invígərèit] 타 …을 기운나게 하다, 활기띠게 하다; (기분)을 상쾌하게 하다; …을 고무격려하다. **-á·tion** 명 **-à·tive** 형 **-à·tive·ly** 부
in·vig·or·at·ing [invígərèitiŋ] 형 기운나게 하는, 기분을 상쾌하게 하는, 격려의, ～·ly 부
in·vig·or·a·tor [invígərèitər] 명 기운나게 하는 사람[것], 격려자, 자극물, 강장제.
*‡**in·vin·ci·ble** [invínsəbl] 형 1 무적의, 불패의, 정복당하지 않는. 2 (정신 따위가) 불굴의; (곤경·장애 따위가) 극복하기 어려운; (논쟁 따위가) 이겨내기가 어려운 (insuperable). ¶ ～ difficulties 극복할[어쩔] 수 없는

난관. — 형 무적인 사람.

[유의어] **invincible** 패배할 것 같지 않은. **unconquerable** 정복하려는 자에 대하여 완강하게 저항하는. **impregnable** 모든 공격을 격퇴할 수 있을 만큼 강한[방비가 완전한]. **indomitable** 반대·곤란에 절대로 굴복하지 않는 정신력이 있는. **invulnerable** 상처를 입힐 수 없는, 꿰뚫을 수 없는.

-**bíl·i·ty**, ~**ness** 명 -**bly** 부
Invíncible Armáda 명 (the ~) =Armada 1.
invíncible ígnorance 명 불가항력적인[스스로는 어쩔 수 없는] 무지.
in·vi·o·la·ble [inváiələbl] 형 불가침의; 신성한, 범접할 수 없는; (맹세 따위가) 어길 수 없는.
-**bíl·i·ty**, ~**ness** 명 -**bly** 부
in·vi·o·la·cy [inváiələsi] 명U 침범당하지 않고 있음, (법률 등이) 지켜지고 있음, 준법(遵法).
in·vi·o·late [inváiəlit, -lèit] 형 침범되지 않은, 신성한; (약속·법률 등이) 잘 지켜지고 있는; (장소가) 훼뜨러지지[더럽혀지지] 않은. ~**ly** 부 ~**ness** 명
in·vis·cid [invísid] 형 (유체(流體)가) 점성(粘性)이 없는.
‡**in·vis·i·ble** [invízəbl] 형 1 (more ~; most ~) 눈에 보이지 않는, 눈에 띄지 않는(to). // ~ to the naked eye 육안으로는 보이지 않는. 2 모습을 나타내지 않는, 숨은. 3 (통계·목록 따위에) 명시되어 있지 않은. — 명 1 눈에 띄지 않는 것[존재]. 2 (the ~) 눈에 보이지 않는 세계, 영계(靈界); (the I-) 신(God). 3 (경제) (~s) 무역외 수지[거래]. -**bíl·i·ty**, ~**ness** 명 -**bly** 부
invísible bálance 명 (경제) 무역외 수지.
invísible cáp 명 (the ~) (이것을 쓰면 모습이 보이지 않는다는) 요술 모자.
invísible éxports 명 (경제) 무형 수출품, 무역외 리.
invísible éxports and ímports 명 (경제) 무역외 수지(收支).
invísible gláss 명 무반사 유리, 불가시(不可視) 유리.
invísible góvernment 명 (美) 보이지 않는 정부 (CIA의 별칭). 「구별하기 힘든) 암록색(暗綠色).
invísible gréen 명 (때로 an ~) (얼핏 검은 색과
invísible hánd 명 (경제) 보이지 않는 손(각자의 이익을 추구하는 경제 행위가 결국은 사회 전체의 최대 이익을 가져오는 요인이 된다는 Adam Smith의 사상).
invísible ínk 명 은현(隱顯) 잉크(secret ink).
invísible ménding 명 (남이 알아차리지 못할 만큼) 잘 기운 짜깁기.
invísible supplý 명 (상업) 시장의 재고품(아직 시장에 출하되지 않은 농가 보유 농산물).
invísible tráde 명 무역외 거래, 보이지 않는 무역 (자본 이동·관광·서비스 등 상품 거래 이외의 무역).
‡**in·vi·ta·tion** [ìnvətéiʃən] 명 (褒 ~**s** [-z]) 1 UC (…에의) 초대, 초청(to); 안내. ¶ an ~ ticket 초대권 / admission by ~ only 입장은 초대 손님에 한함. 2 초대장, 안내장. ¶ send out ~s to a wedding 결혼식 초대장을 보내다. 3 CU (…에의/…하라는) 찜, 유인, 유혹(to / to do); (…하라는) 제안, 권장, 권유(to do).
accept [*decline*] *an invitation to* …에 오라는 초대에 응하다[를 거절하다]. 「의해.
at [or *on*] *the invitation of* …의 초대로, …의
Do you want an engraved invitation? 정중하게 초대해야만 되겠니? (비싸게 굴지 말고 가벼운 기분 — 형 =invitational. 「으로 와라.
in·vi·ta·tion·al [ìnvətéiʃənl] 형 초청(초대)된 사람[팀]만 참가하는; 의뢰받은. — 명 초대 경기; 초대 작가전(展). 「의, 유혹하는. 「명 초사(招詞).
in·vi·ta·to·ry [inváitətɔ̀ːri/-təri] 형 초대의; 권유
‡**in·vite** [inváit] 타 (-**vit·ed**; -**vit·ing**) 1 (남을) 초대하다(along, over, round); 안내하다

(in) (to, into). ¶ Thank you for inviting me. 초대해 주셔서 감사합니다 // (~+몸+前+명) ~ a person to one's house 남을 집으로 초대하다 / ~ a friend to dinner 친구를 식사에 초대하다 / (~+몸+to do) We ~d her to go on a picnic with us. 우리와 함께 피크닉 가자고 그녀를 초대했다 // (~+몸+剾) ~ a person in 집으로 들어가자고 말하다. 2 (남)에게 (정중히) 부탁하다[요구하다]; …을 요청하다(to do); (남)에게 (마실 것 따위를) 권하다(to, for). ¶ ~ an opinion 의견을 구하다 // (~+몸+to do) ~ a person to sing 남에게 노래를 부탁하다. 3 (사태·위험 따위를) 초래하다, 가져오다, 야기하다. ¶ ~ accidents by speeding 속도 위반으로 사고를 부르다. 4 …을 매혹하는, 유혹하는; (남의 마음을) 끌어 …하게 하다(to do). ¶ (~+몸+to do) The cool water of the lake ~d us to swim. 호숫물이 시원해서 우리는 수영하고 싶어졌다. — 재 초대하다, 초청하다; 매혹하다, 끌다, 유혹하다.
be invited out 초대받아 나가다. 「답례로 초대하다.
invite...back ① (남)을 집으로 되대하다. ② (남)을 — 명 [`--] (구어) 초대(장), 안내(장).
-**vít·er**, -**ví·tor** 명 초대자.
in·vi·tee [ìnvaití:, -vai-] 명 초대된 자, 초청객.
in·vit·ing [inváitiŋ] 형 1 초대하는, 권유하는. 2 남의 눈을 끄는, 마음을 설레게 하는, 매력[유혹]적인; 멋있는, 느낌[인상]이 좋은. — 명 (고어) =invitation. ~**ly** 부 ~**ness** 명
in vítro [in ví:trou] 부형 (생물) 시험관 내에서 (의). ¶ an ~ baby 시험관 아기. <L in glass>
in vítro fertilizátion 명 (생물) 체외 수정(略 IVF).
in vívo [in víːvou] 부형 (생물) 생체 (조건) 내에서.
in·vo·cate [ínvəkèit] 타 (고) =invoke. <L
in·vo·ca·tive [inváktətiv] -**cà·tor** 명
in·vo·ca·tion [ìnvəkéiʃən] 명UC 1 (신에의) 기도, 기원(祈願)(to); (의식을 시작할 때 외우는) 기도문. 2 (시신(詩神) Muse에게 영감을 구하는) 기도. 3 (일반적인 도움을 위한) 탄원, 청원; (법에) 호소하기; (법의) 발동, 실시. 4 (악마를 불러내는) 주문(呪文).
~**al**, **in·voc·a·to·ry** [inváktətɔ̀ːri] 형
*****in·voice** [ínvɔis] 명 (상업) 1 송장(送狀), 인보이스. 2 송장 기재(記載) 상품[화물]. — 타 …의 송장을 작성하다; …을 송장에 기입하다. — 재 송장을 작성하다.
ínvoice bóok 명 구입 대장; 송장 대장.
*****in·voke** [invóuk] 타 1 (신의 가호)를 빌다, 기원하다, (신의 이름)을 부르다. ¶ ~ God's blessing 신의 축복을 빌다. 2 (자비, 원조 등)을 간청하다, 구하다(on, upon). 3 (법 등)을 발동[실시]하다; (법의 힘 따위)에 호소하다. ¶ ~ legal proceedings 법적 수단에 호소하다 / ~ the law 법을 발동하다 / ~ one's rights to veto 거부권을 행사하다. 4 (혼 따위)를 (남으로부터) 끌어내다; (악마 따위)를 주문을 외어 불러내다(from).
-**vó·ca·ble** 형 -**vók·er** 명
in·vo·lu·cre [ínvəlùːkər] 명 1 (식물) 총포(總苞). 2 (해부) 피포(被包), 피막. 「=involucre. <L
in·vo·lu·crum [ìnvəlúːkrəm] 명 (褒 -**cra** [-krə])
*****in·vol·un·tar·y** [inváləntèri/-vóləntəri] 형 1 본의 아닌, 마음 내키지 않는; 실수의. 2 무심결의, 무의식의; 본능적인. ¶ ~ movement of fear 공포에 대한 무의식적인 동작. 3 (생리) 불수의(不隨意)의, 무의식의. -**tàr·i·ly** 부 -**tàr·i·ness** 명 「(사죄).
invóluntary mánslaughter 명 (법률) 과실치사
invóluntary múscle 명 (해부) 불수의근(不隨意筋).
in·vo·lute [ínvəlùːt] 형 1 복잡한, 뒤얽힌. 2 (식물) 안으로 말린, 내선(內旋)의. 3 (동물) (조개껍질이) 소용돌이 모양의. — 명 [`--] (기하) 신개선(伸開線), 인벌류트 곡선. 재 evolute — 재 (`--, `--`) 내선하다; 본래의 크기[모양, 상태]로 되돌아가다. ~**ly** 부
in·vo·lut·ed [ínvəlùːtid, `---] 형 1 =involute. 2 (생리) 본래의 모양[크기, 상태]으로 되돌아간. ~**ly** 부

involution

in·vo·lu·tion [invəlúːʃən] 명(UC) 1 복잡함, 복잡한 것, 얽혀 있음[있는 것], 혼란. 2 말아[감아] 넣기, 안쪽으로 말리기[말린 것]; [식물] 내선(內旋)(부). 3 [생물] 퇴화; [생리] 위축; (노령에 의한) 육체 활동의 쇠퇴, (특히 성기능의) 감퇴; [병리] (출산 후의 자궁 따위의) 퇴축(退縮). 4 [문법] 복잡 구문(주어와 술부 사이에 삽입구를 포함하는 구문). 5 [수학] 대합(對合); 거듭제곱.
~·ary
in·vo·lu·tion·al [invəlúːʃənl] 형 [정신의학] 퇴행기[갱년기]의; 갱년기 우울증의. —명 퇴행기[갱년기] 우울증 환자.

‡**in·volve** [inválv/-vɔ́lv] 타(E) ~s [-z]; ~d; -volv·ing) 1 (필연적으로) …을 포함하다; …을 필요로 하다; (부수적으로) (…하는 것)을 수반하다(doing); …을 의미하다. ⇨CONTAIN [유의어] ¶Surrender does not always ~ submission. 항복은 반드시 복종을 뜻하지는 않는다 // (~+-ing) This job ~ my traveling abroad. 이 일을 하게 되면 나는 해외 출장을 가야 한다. 2 (사건·범죄·곤란 따위에) [남]을 끌어들이다, 연루(連累)시키다(in); (수동형으로) (싸움 따위와 / …와) 관여하다[관계를 맺다](in / with). ¶(~+图+前+图) ~ a person in a quarrel 남을 싸움에 끌어들이다.

> [유의어] **involve** 복잡하고 성가신 일에 깊이 관계시키다. **entangle** 복잡하게 얽힌 속으로 끌어들여 옴짝 달싹 못하게 하다. **implicate** 좋지 않은[불명예스러운] 일에 끌어넣다.

3 (수동형·재귀용법으로) [남]을 (…에) 열중[몰두]시키다, [남]의 마음을 사로잡다; 성적 관계를 갖다(in, with). ¶He ~d himself with her. 그는 그녀에게 푹 빠졌다. 4 …을 싸다, 덮다, 감싸다. ¶Smog ~d all the city. 스모그가 온 도시를 뒤덮었다. 5 …을 돌돌 감다, (뱀이) [또아리]를 틀다. 6 [수학] (수)를 거듭제곱하다.
be [or **become, get**] **involved in** …에 휘말리다, 연루되다; …으로 꼼짝 못하다; …에 몰두하다. ¶**be ~d in debt** 빚 때문에 옴짝달싹 못하다.
be involved in doubt 의혹에 싸여 있다.
get involved with …에 휘감기다; …와 (깊은) 관계를 갖다. ¶**get ~d with** a woman 여자와 깊은 관계를 갖다.
in·vólv·er 명

*in·volved** [inválvd/-vɔ́lvd] 형 1 복잡한, 뒤얽힌. ⇨COMPLEX [유의어] ¶an ~ style 복잡한 문체. 2 (재정이) 곤란한, 또렷하지 않은. 3 혼란한, 뒤엉켜 있는. 4 (명사 뒤에서) (사건·범죄 따위에) 연루되어, 말려들어, 관계를 맺고 있는; (정치·예술 운동 따위에) 열심인, 참여하는. 5 (이성과) 밀접한 관계에 있는(with). ~·ly 부

*in·volve·ment** [inválvmənt/-vɔ́lv-] 명UC 1 (…에) 말려듦, 휘말림; 연루; 참여, 관여, 관계를 맺음(in, with). 2 말썽, 분쟁; 곤혹, (재정적) 곤란. 3 포함; 몰두, 열중. 4 (구어) 남녀의 친밀한 관계.

invt., invty. inventory.
in·vul·ner·a·ble [inválnərəbl] 형 1 상처를 입힐 수 없는, 불사신의; (비난·공격 따위에 대해) 까딱 하지 않는, 난공불락의. ⇨INVINCIBLE [유의어] 2 (주장 따위를) 무찌를[깨트릴] 수 없는, 논파[반박]할 수 없는.
-**bíl·i·ty** 명, ~**·ness** 명 **-bly** 부

in·wall [inwɔ́ːl] 타(E) 벽을 둘러치다, 벽으로 두르다. ¶~ a city 도시에 성벽을 두르다. [∠] 내벽.

‡**in·ward** [ínwərd] 부 1 안으로, 내부로; 안쪽에. ¶a ship bound ~ (외국에서) 돌아오는 배 // **bend** a thing ~ 물건을 안쪽으로 구부리다. 2 마음 속으로, 속으로. —형 1 내부의, 안[속]의; 안쪽에 있는, 내부가 되는(↔outward). ⇨INSIDE [유의어] ¶the ~ parts [or organs] 내장[내부 기관]. 2 내부로의, 안쪽으로 향하여진[향해진]; 자국(自國)으로의; [상업] 수입의. ¶an ~ curve [voyage] 안으로 굽은 곡선[귀항(歸航)]. 3 내륙의, 오지(奧地)의. ¶~ Asia 아시아의 내륙 지방. 4 본질적인, 타고난; 마음[정신]의; 개인적인; 비밀의. ¶~

iodometry

struggles [peace] 마음의 갈등[평정]. 5 내성적인; (목소리를) 낮춘, (목소리가) 분명치 않은. —명 1 내부, 안쪽; 내심(內心); 정신. 2 [ínərdz] (~s) 배, 창자. 3 (~s) (영) 수입품[세].
Ínward Líght 명 =Inner Light.

*in·ward·ly** [ínwərdli] 부 1 내부에[에서], 안쪽에[에서]. ¶bleed ~ 내출혈하다. 2 남몰래; 마음속으로, 내심으로는. ¶I~, he disliked her. 내심으로는 그는 그 여자가 마음에 들지 않았다. 3 낮은 목소리로. ¶speak ~ 낮은 목소리로 말하다. 4 안쪽[중심]으로, …을 향하여.
in·ward·ness [ínwərdnis] 명UC 1 내부[안]에 있음. 2 내적[내성적]임; 정신적임, 영성(靈性). 3 본질, 고유성. 4 본의(本意), 참뜻. 5 친밀; 정의.
in·wards [ínwərdz] 부 (영) =inward.
in·weave [inwíːv] 타(E) (-wove, ~d; -wo·ven, -wove, ~d) …에 (…을) 짜넣다, 섞어 짜다, 합쳐 짜다(with). (또는 enweave)
in·wind [inwáind] 타(E) =enwind.
in·works [ínwəːrks] 명 (영) 공장 내의.
in·wrap [inrǽp] 타(E) =enwrap.
in·wreathe [inríːð] 타(E) =enwreathe.
in·wrought [inrɔ́ːt] 형 1 (…으로) (무늬를) 짜 넣은, 상감(象嵌)한(with); (무늬 따위가) (…에) 수놓은[짜 넣어진](in, on). ¶an ~ design 짜 넣은 의장(意匠). 2 (…와) 잘 섞인, 잘 혼합된(with). (또는 enwrought)
in-your-face [ínjərféis] 형 [美구어] 도발적인, 도전적인, 강압적인; 방약무인한, 불손한. ¶take an ~ attitude 도발적 태도를 취하다.
I·o [áiou, íːou] 명 1 [그리스 신화] 이오(Zeus의 사랑을 받았으나 Hera에 의해 흰 암소가 된 소녀). 2 [천문] 목성(木星)의 한 위성.
Io 〖화학〗 ionium. **IO** information [intelligence] officer; input / output; issuing office. **Io.** Iowa. **I/O** inboard-outboard; [컴퓨터] input / output(입출력). **I.O., IO** indirect object.
I/O bús [컴퓨터] 입출력 버스(컴퓨터와 입출력 기기를 접속시키기 위한 외부 공통 모선(母線)).
IOC [군사] initial operational capacity [or capability](초동 작전 능력); [컴퓨터] input / output controller(입출력 제어 장치); International Olympic Committee. **IOCS** [컴퓨터] input / output control system(입출력 제어 시스템). **IOCU** International Organization of Consumers' Unions.
i·od- [aióud, áiə] 연결 ⇨IODO-.
i·o·date [áiədèit] 타(E) [화학] 요오드산염.
—타(E) (또는 **iodinate**) =iodize. **·dá·tion** 명
i·od·ic [aiádik/-ɔ́d-] 형 [화학] 요오드의.
iódic ácid 명 [화학] 요오드산.
i·o·dide [áiədàid, -did] 명 [화학] 요오드화물.
i·o·dine [áiədàin/-diːn], [화학] [áiədìːn] 명 1 U [화학] 요오드, 옥도(沃度), 옥소(沃素)(기호 I). 2 [구어] 요오드팅크(tincture of ~). (또는 **i·o·din** [áiədin])
iodine deficiency disòrder 명 [병리] 요오드 결핍증(중추 신경 조직에 영향을 준다).
iodine nùmber [vàlue] 명 [화학] 요오드가(價).
iodine 131 명 [화학] 요오드 131(방사성 동위 원소).
í·o·dine-xè·non dáting [-zìːnan-, -zè-/-nɔn-] 명 [지질] 요오드-크세논 연대 측정(법).
i·o·dism [áiədìzm] 명UC [병리] 요오드 중독(증).
i·o·dize [áiədàiz] 타(E) …을 요오드로 처리하다, …에 요오드를 함유시키다.
i·o·do- [aióudou, -də, áiə] 연결 iodine의 뜻(* 모음 앞에서는 iod-). ¶*iodoform, *iodic*.
i·o·do·form [aióudəfɔ̀ːrm, -ád-/-ɔ́d-] 명 U [화학] 요오드포름(방부제·화농 방지제).
i·o·dom·e·try [àiədámətri/-dɔ́m-] 명 [화학] 요오드 환원 적정(滴定). -**do·met·ric** [-dəmétrik] 형 -**do·mét·ri·cal·ly** 부

i·o·do·phor [aióudəfɔ̀:r] 图 〔약학〕 요오드포(방부제·소독제용).

i·o·dous [aióudəs, -ád-/-ɔ́d-] 图 요오드의; 요오드 같은[에 관한].

IOE *I*nternational *O*rganization of *E*mployers (국제 경영자 단체 연맹).

Iof·fé bár [jɑfí:-/jɔ-] 图 〔물리〕 요페 봉(棒)(핵 융합 장치에 쓰이는 봉).

I. of M. the *I*sle *of* *M*an. **I. of W.** the *I*sle *of* *W*ight. **IOGT** *I*nternational *O*rganization *of* *G*ood *T*emplars. **IOJ** *I*nternational *O*rganization *of* *J*ournalists(국제 저널리스트 기구). **IOM** *I*nternational *O*rganization *of* *M*igration(국제 이주(移住) 기구). **I.O.M., I.o.M.** *I*sle *o*f *M*an.

i·on [áiən, -ɑn] 图 이온. ¶ a positive ~ 양(陽)이온(cation) / a negative ~ 음(陰)이온(anion).

Ion. *Ion*ic.

-ion [jən, ən] 접미 과정·상태·동작 따위를 나타내는 명사를 만든다. ¶ complex*ion*, correct*ion*, fus*ion*, leg*ion*, opin*ion*, un*ion*.

íon chàmber 图 〔물리〕 =ionization chamber.

íon èngine 图 〔우주〕 이온 엔진(美) ion jet)(가속 대전(帶電)입자를 분사시켜 추진력을 얻는 반동 엔진).

Io·nes·co [jənéskou, iə-] 图 **Eugène** ~ 이오네스코(1912-94: 루마니아 태생의 프랑스 극작가; 반연극(anti-theâtre)의 선구자).

íon étching 图 〔물리〕 이온 에칭(가속된 이온을 물체의 표면에 충돌시켜 가공하는 일).

íon exchánge 图 〔물·화〕 이온 교환.

íon exchànger 图 「환 수지.

íon-ex·chànge résin [-ikstʃèindʒ-] 图 이온 교환 수지.

íon gènerator 图 이온 발생기.

I·o·ni·a [aióuniə] 图 이오니아(소아시아 서해안 및 인접한 제도를 포함하는 고대 그리스의 식민지).

I·o·ni·an [aióuniən] 图 이오니아 지방[사람]의. — 图 1 이오니아인. 2 〔철학〕 이오니아 학파의 철학자.

Iónian Séa 图 (the ~) 이오니아해(海)(이탈리아 남부와 시실리 섬 동부 및 그리스에 둘러싸인 해역).

i·on·ic [aiánik/-ɔ́n-] 图 이온의. ¶ ~ conduction 이온 전도. **i·on·íc·i·ty** 图 이온성(性).

I·on·ic [aiánik/-ɔ́n-] 图 1 〔건축〕 이오니아식의(⇔ Corinthian, Doric). ⇒CAPITAL²그림 ¶ ~ architecture 이오니아식 건축. 2 〔운율〕 이오니아 운각(韻脚)의. ¶ the ~ foot 이오니아 운각. 3 이오니아(사람)의. — 图 1 〔운율〕 이오니아 운각(을 갖는 시[시행]). ¶ the greater ~ 장장단단격(長長短短格) / the lesser [or smaller] ~ 단장장장격. 2 (i-) ⓤ 〔언색〕 이오닉체 활자. 3 ⓤ 이오니아어(語)(아티카(Attica)나 에게 제도(the Aegean Islands) 등에서 쓰인 고대 그리스의 방언).

iónic bónd 图 〔화학〕 이온 결합.

iónic mobílity 图 〔화학〕 이온 이동도(度).

Iónic órder 图 (the ~) 〔건축〕 이오니아식.

iónic propúlsion 图 〔우주〕 =ion propulsion.

íon implantàtion 图 〔전자〕 이온 주입(법).

íon implànter 图 이온 주입기.

i·o·ni·um [aióuniəm] 图ⓤ 〔화학〕 이오늄(토륨의 방사성 동위원소; ㉠ Io). 「전리(電離).

i·on·i·za·tion [àiənizéiʃən/-naiz-] 图ⓤ 이온화,

ionizátion chàmber 图 〔물리〕 전리(電離) 상자 (방사선 강도 측정 장치).

i·on·ize [áiənàiz] (* 〔英〕 **-ise**) 图 이온화하다, 전리하다. **-iz·a·ble** 图 **-iz·er** 이온화[전리] 장치.

íonizing radiátion 图 〔물리〕 전리 방사선.

íon jèt 图 〔美〕 =ion engine. 「투과담체(透過擔體).

i·on·o·phore [aiánəfɔ̀:r/-ɔ́n-] 图 〔생화학〕 이온

i·on·o·sonde [aiánəsànd/-ɔ́nəsɔ̀nd] 图 〔전자〕 전리층 존데(이온층 높이를 측정·기록하는 장치).

i·on·o·sphere [aiánəsfìər/-ɔ́n-] 图 (the ~) 전리층(성층권의 상부). 「리]층의. **-i·cal·ly** 图

i·on·o·spher·ic [aiànəsférik/-ɔ̀n-] 图 이온[전

ionosphéric wáve 图 전리층파(波).

íon propúlsion 图 〔우주〕 이온 추진(대전(帶電) 입자의 분사에 의한 우주선 추진 방식).

íon rócket 图 〔우주〕 =ion engine.

I.O.O.F. *I*ndependent *O*rder of *O*dd *F*ellows.

IOP 〔컴퓨터〕 *i*nput/*o*utput *p*rocessor(입출력 처리기).

I/O port 〔컴퓨터〕 입출력 포트[회로]. 「기).

-i·or¹ [iər] 접미 라틴계 형용사의 비교급을 만든다. ¶ infer*ior*, sen*ior*, super*ior*.

-i·or² [iər, jər] 접미 「…하는 사람, 의 뜻의 명사를 만든다. ¶ pav*io*(u)r, sav*io*(u)r, warr*ior*.

i·o·ta [aióutə] 图 1 이오타(그리스 알파벳의 아홉째 자(I, ι)의 명칭; 영어의 I, i에 해당). 2 (부정문에서) 조금, 미량(微量). ¶ There is not one ~ of evidence. 증거라고 할 만한 것이 전혀 없다.

i·o·ta·cism [aióutəsìzm] 图 1 이오타화(化)(현대 그리스어에서 모음이나 이중 모음을 이오타음(영어의 [i:] 음)으로 발음하기). 2 이오타나 이오타음을 많이 쓰기.

IOU, I.O.U. [àiòujú:/ㅗㅗㅗ] 图 (~'(s) 약식 차용증서(예: IOU $50). [<I owe you의 발음 철자]

-i·our [iər, jər] 접미 ⇒-IOR².

-i·ous [iəs, jəs] 접미 「…하는 기질의, …가 많은, …의 특성을 가진」의 뜻의 형용사를 만든다. ⑤ -ous ¶ anx*ious*, od*ious*.

I.O.W., I.o.W. *I*sle *o*f *W*ight.

****I·o·wa** [áiəwə, -wèi] 图 아이오와(미국 중부의 주; 주도(州都) Des Moines; ㉠ Ia., Io.).

-wan [-wən] 图图 Iowa 주(州)의 (사람).

IP *i*nformation *p*rovider (정보 공급자); 〔야구〕 *i*nnings *p*itched; 〔인터넷〕 *I*nternet *P*rotocol. **IPA, I.P.A.** *I*nternational *P*honetic *A*lphabet; *I*nternational *P*honetic [*P*ress] *A*ssociation(국제 음성학[신문] 협회); 〔美〕 *I*nternational *P*riority *A*irmail *S*ervice(국제 우선 항공 우편); *i*so*p*ropyl *a*lcohol.

IP áddress [númber] 图 〔인터넷〕 IP주소(기계가 인식하는 23비트의 어드레스 정보[주소]).

IPC 〔컴퓨터〕 *i*ndustrial *p*rocess *c*ontrol(산업 정보 처리 제어); *I*nternational *P*atent *C*lassification(국제 특허 분류). **IPE** *I*nternational *P*etroleum *E*xchange(국제 석유 거래소).

ip·e·cac [ípikæ̀k] 图 1 (남미산(産)) 꼭두서니과(科)의 식물. 2 ⓤ 토근(吐根)(위의 뿌리로서, 토제(吐劑)·하제(下劑)로 쓰인다); 토근제. (또는 **ipecacuanha**)

i.p.h. *i*mpressions[*i*nches] *p*er *h*our.

Iph·i·ge·ni·a [ìfidʒənáiə, -ní:ə/-náiə] 图 〔그리스 신화〕 이피게니아(아가멤논(Agamemnon)의 딸).

IPI *I*nternational *P*ress *I*nstitute(국제 신문 편집인 협회). **IPL** 〔컴퓨터〕 *i*nitial *p*rogram *l*oader [*l*oading] (초기 프로그램 적재기[적재]). **IPM** *I*nstitute of *P*ersonnel *M*anagement. **i.p.m., ipm** *i*nches *p*er *m*inute. **IPO(s)** 〔증권〕 *i*nitial *p*ublic *o*ffering(s)(주식 공모; 기업 공개).

IP pácket 图 〔인터넷〕 IP 패킷(데이터 전송 단위).

IPPF *I*nternational *P*lanned *P*arenthood *F*ederation(국제 가족 계획 연맹). **IPPNW** *I*nternational *P*hysicians *for the P*revention *of N*uclear *W*ar(핵전 방지 국제 의사 기구; 노벨 평화상(1985년)). **ipr, i.p.r.** *i*nches *p*er *r*evolution. **IPR** *i*nternational *p*roperty *r*ights. **ips, i.p.s., IPS** *i*nches *p*er *s*econd(초당 …인치; 테이프 리코더의 스피드 표시).

IPSE [ípsi] 图 〔컴퓨터〕 입시(대규모의 시스템 개발을 지원하는 통합화 소프트웨어 환경). (또는 **ipse**)

[<*i*ntegrated *p*roject *s*upport *e*nvironment]

ip·se dix·it [ípsi díksit] 图 독단, 독단적인 말[언사]. [<L *he himself said it*]

ip·si·lat·er·al [ìpsəlǽtərəl] 图 (둘 이상의 종창(腫瘍) 따위가) 몸의 같은 쪽에 난, 동측(同側)(성)의.

ip·sis·si·ma ver·ba [ipsísəmə vɜ́:rbə] 图⑧ (어떤 사람이 말한) 바로 그 말. [<L *the very words*]

ip·so fac·to [ípsou fǽktou] [부] 바로 그 사실에 의하여, 사실상. 〔<L by the fact itself〕
ip·so ju·re [ípsou dʒúəri] [부] 법률 그 자체에 의하여. 〔<L by the law itself〕
IPTC *I*nternational *P*ress *T*elecommunications *C*ommittee(국제 신문 통신 위원회). **IPU** *I*nter-*P*arliamentary *U*nion(국제 의원 연맹). **IPY** *I*nternational *P*olar *Y*ear(국제 극년(極年)). **IQ, I.Q.** *i*mproved *q*uality(품질 향상); 〔심리〕 *i*ntelligence *q*uotient(지능 지수). **i.q.** 《라틴》 *idem quod*(=the same as)(…와 같은[같게]). **IQSY** 〔천문〕 *I*nternational *Q*uiet *S*un *Y*ear. **Ir** [기] 〔화학〕 iridium. **IR** 〔경영〕 *i*nvestor *r*elation(투자가를 위한 홍보[설명회]). **Ir.** Ireland; Irish. **I.R.** 〔컴퓨터〕 *i*nformation *r*etrieval(정보 검색); infrared; *I*nland [*or I*nternal] *R*evenue(내국세 수입); *i*ntelligence *r*atio.
ir- [i] [접두] ⇨IN-¹, IN-².
I·ra [áiərə] [명] 아이러(남자 이름).
I.R.A., IRA 《美》 *i*ndividual *r*etirement *a*ccount ((비과세의) 개인 연금[퇴직금] 적금 (계좌)); *I*rish *R*epublican *A*rmy(아일랜드 공화국군; 북아일랜드의 반영(反英) 지하 군사 조직).
i·ra·de [irɑ́:di] [명] 터키 황제[회교 통치자]의 칙령(勅令).
I·rak [irǽk, irɑ́:k] [명] =Iraq. **Ira·ki** [명][형] =Iraqi.
I·ran [irǽn, ai-, -rɑ́:n] [명] 이란(아시아 서남부의 나라; 옛 이름 Persia(1935년까지); 수도 Teheran).
I·ra·ni [irǽni, irɑ́:-] [명][형] =Iranian.
I·ra·ni·an [iréiniən, irɑ́:-, airéi-] [형] 이란의; 이란인[어]의. **—**[명] **1** [U] 이란[페르시아]어(계). **2** 이란인, 페르시아인. 「88).
Irán-Iráq Wár [명] (the ~) 이란·이라크 전쟁(1980–
I·raq [irǽk, irɑ́:k] [명] 이라크(Tigris강과 Euphrates강 유역의 공화국; 수도 Baghdad). (또는 **Irak**)
I·ra·qi [irǽki, irɑ́:ki] [명] 이라크 사람; [U] 이라크어(語). **—**[형] 이라크의; 이라크인[어]의. (또는 **Iraki**) 「위성).
IRAS *I*nfra*r*ed *A*stronomical *S*atellite(적외선 천문
i·ras·ci·ble [irǽsəbl, air-] [형] 성마른, 화를 잘 내는. **-bìl·i·ty, ~·ness** [명] **-bly** [부] 「명
i·rate [airéit, ´-] [형] 화난, 격노한. **~·ly** [부] **~·ness**
IRB *i*ndustrial *r*evenue *b*ond. **IRBM, I.R.B.M.** *i*ntermediate *r*ange *b*allistic *m*issile(중거리 탄도탄). [참] ICBM **IRC** 《美》 *I*nternal *R*evenue *C*ode(국세법); *I*nternational *R*ed *C*ross(국제 적십자사); *i*nternational *r*eply *c*oupon(국제 답신 우표권).
IRDA 〔컴퓨터〕 *I*nfra*r*ed *D*ata *A*ssociation(적외선 통신 협회; 적외선에 의한 데이터 교환의 표준화 단체).
ire [aiər] [명][U] 《시》 화, 분노. **—**[동][타] …에게 화내다.
Ire. Ireland. ⌊**~·less** [형]
ire·ful [áiərfəl] [형] 《시》 화난, 격노한; 성마른, 화를 잘 내는. **~·ly** [부] **~·ness** [명]
‡Ire·land [áiərlənd] [명] **1** 아일랜드 섬(영국 서부의 섬). **2** 아일랜드 공화국(1937년 영국으로부터 독립; 수도 Dublin).
I·re·ne [명] **1** [airí:ni] 〔그리스 신화〕 이레네(평화의 여신). **2** [airí:n, -ni] (또는 **Irena**) 아이린(여자 이름).
i·ren·ic [airénik, -rí:n-] [형] (종교적 분쟁에 관하여) 평화적인, 협조적인; 평화주의의. (또는 **irenical**)
-i·cal·ly [부] 「평화 (중재) 제안.
i·re·ni·con [airénikɑ̀n/-kɔ̀n] [명] ([복] **-ca** [-kə])
i·ren·ics [airéniks, -rí:n-] [명][복] 《단수취급》 평화 신학(전체 기독교도·교회·교파간 협조를 제창하는 신학).
i·ren·ol·o·gy [àirənɑ́lədʒi/-nɔ́l-] [명] 평화학.
IRFB *I*nternational *R*ugby *F*ootball *B*oard(국제 럭비 위원회; 통칭 IB). **Ir. Gael.** *Ir*ish *Gael*ic. 「자.
Ir gène [áiɑ́:r-] [명] 〔면역〕 Ir 유전자, 면역 응답 유전
ir·ghiz·ite [íərgəzàit] [명] 〔지질〕 이르기스석(石).
I·ri·an [íəriɑ̀:n] [명] 이리안 섬(New Guinea 섬의 별칭).
i·rid [áiərid] [명] 붓꽃(과(科) 식물의 총칭).
ir·id- [írəd, áiər-] [연결] ⇨IRIDO-. 「(科)의.
i·ri·da·ceous [ìrədéiʃəs, àiəri-] [형] 붓꽃(iris)과
ir·i·des [írədi:z, áiər-] [명] iris의 복수형.
ir·i·des·cence [ìrədésns] [명][U] 무지개 색깔, 진주색, 훈색(暈色); 눈부심, 찬란함.
ir·i·des·cent [ìrədésnt] [형] 각도에 따라 색깔이 달리 보이는, 무지개색의, 진주색의, 훈색의. **—**[명] 무지개 빛깔의 천[재료, 물질]. **~·ly** [부] 「는].
i·rid·ic [irídik, airíd-] [형] 〔화학〕 이리듐의[을 함유하
i·rid·i·um [irídiəm, air-] [명][U] 〔화학〕 이리듐(백금과 비슷한 금속 원소의 하나; [기] Ir).
ir·i·dize [írədàiz, áiər-] [동][타] …에 이리듐을 씌우다; 무지개색[훈색]으로 하다. **-di·zá·tion** [명]
ir·i·do- [írədou, -də, áiərə-] [연결] iris (of the eye); rainbow; iridium의 뜻(＊ 모음 앞에서는 irid-). ¶ *irido*tomy(홍채(虹彩) 절제(술)), *irid*osmine.
ir·i·dol·o·gy [ìrədɑ́lədʒi, àiər-/-dɔ́l-] [명] 〔안과〕 홍채(虹彩) 진단법[학]. **-gist** [명]
ir·i·dos·mine [ìrədɑ́zmin, -dɑ́s-, àiər-/-dɔ́z-] [명][U] 이리도스민(천연 이리듐·오스뮴 따위의 합금). (또는 **iridosmium**)
***i·ris** [áiəris] [명] ([복] **~·es, ir·i·des**) **1** 〔해부〕 (안구의) 홍채. **2** 〔식물〕 붓꽃과(科)의 식물; 그 꽃. **3** 무지개; 무지개 모양의 물건, 무지개색 아치; [U] 무지개색. **4** =~ diaphragm. **—**[동] 〔영화·TV〕 (화면을) 조리개식으로 펴다[닫다](*in, out*). **írised** [-t] [형]
I·ris¹ [áiəris] [명] **1** 〔그리스 신화〕 이리스(무지개의 여신; 신들의 심부름꾼). **2** 아이리스(여자 이름). 〔<Gk〕
I·ris² [áiris, áirəs/áiəris] [명] 적외선 경보 시스템. 〔<*i*nfra*r*ed *i*ntruder *s*ystem〕 「리개.
íris dìaphragm [명] 〔광학·사진〕 (카메라 따위의) 조
‡I·rish [áiəriʃ] [형] 아일랜드의, 아일랜드인[어]의; 아일랜드풍의. **—**[명] **1** (the ~) 《집합적》 아일랜드인[국민]; 아일랜드군(軍). **2** [U] 아일랜드어. **3** =~ English. **4** (one's ~) 《美구어》 짜증, 분통.
get one's Irish up 분통을 터뜨리다.
have the luck of the Irish 굉장히 운이 좋다.
with one's Irish up 화가 나서.
Írish ápricot [ápple] [명] 《익살》 감자.
Írish brídge [명] 《英》 아일랜드식 다리(도로를 가로지르는 돌로 쌓은 하수구).
Írish búll [명] 우스운 모순, 앞뒤가 맞지 않는 이야기("이 편지를 받지 못하면 돌려 주시오."라고 하는 따위).
Írish cóffee [명] 아이리시 커피(뜨거운 커피에 위스키를 타서 향미를 내고 생크림을 띄운 것).
Írish confétti [명] (폭동 따위에서) 던지는 돌[벽돌] 조
Írish dáisy [명] 민들레(dandelion). ⌊각.
Írish Énglish [명] 아일랜드 (사투리) 영어.
I·rish·er [áiəriʃər] [명] 《구어》 =Irishman.
Írish Frée Stàte [명] 아일랜드 자유국(아일랜드 공화국의 옛 이름; [약] IFS).
Írish Gáelic [명] 게일어(語) (아일랜드의 공용어).
Írish grápe [명] 《익살》 감자(Irish potato).
I·rish·ism [áiəriʃìzm] [명] **1** [U][C] 아일랜드 어법, 아일랜드 사투리; 아일랜드풍[풍습, 기질]. **2** =Irish bull. (또는 **Iricism**)
I·rish·ize [áiəriʃàiz] (＊ 《英》 **-ise**) [동][타] (때로 i-) …을 아일랜드풍으로 하다, 아일랜드화하다.
Írish Máfia [명] 《美속어》 아이리시 마피아(아일랜드계 이민을 중심으로 한 결속력이 강한 집단).
I·rish·man [áiəriʃmən] [명] 아일랜드인 남자; (일반적으로) 아일랜드인.
Írish móss [명] 식용 해초(海草)의 일종; 그것을 건조 표백한 것(제리·블라망주(blancmange)의 재료).
Írish potáto [명] 감자.
Írish Renáissance [명] (the ~) 아일랜드 문예부흥(19세기 후반 Yeats, Synge 등의 문예 운동).
Írish Repúblic [명] (the ~) =Ireland 2.

i·ro·nize¹ [áiərənàiz] [동] (…을) 빗대어 말[행동]하다; (매사를) 삐딱하게 다루다.

i·ron·ize² [áiərnàiz] [동][타] (영양으로서) …에 철분을 섞다.

i·ron-jawed [-dʒɔ̀ːd] [형] **1** 무쇠같이 단단한 턱을 가진. ¶an ~ boxer 무쇠턱의 복서. **2** 단호한, 의연[결연]한.

íron Lády [명] (the ~) 철의 여인(영국의 Margaret Thatcher 전 수상의 별명). (또는 **Iron Maiden**)

íron láw of wáges [명] 〔경제〕 임금 철칙(임금은 최저 생활 유지선에서 머무는 경향이 있다는 학설).

íron lúng [명] 철폐(鐵肺)(철제 호흡 보조기).

íron lùnger [명] 《美속어》 220–250마력의 자동차 엔진.

íron máiden [명] **1** 철의 처녀, 아이언 메이든(중세의 고문 도구). **2** 냉철[비정]한 여인; =Iron Lady.

íron mán [명] **1** 뛰어나게 힘이 센 사람[선수], 「철인」. **2** 3종[철인] 경기(triathlon) 선수; (야구의) 철완(鐵腕) 투수. **3** 《구어》 =robot. **4** 《美속어》 1 달러 지폐[은화]; 《英·濠》 1파운드 지폐. **5** 제철공; 보선계(保線係).

íron mán's ràce [명] =triathlon.

i·ron·mas·ter [áiərnmæ̀stər/-mɑ̀ːs-] [명] 《英》 제철업자; 철공소 주인.

íron míke [명] 《속어》 **1** =automatic pilot. **2** 〔야구〕 피칭 머신. **3** 〔해사〕 자이로 컴퍼스.

íron mòld [명] (천 따위에 묻은) 쇠녹, 얼룩.

i·ron-mold [-mòuld] [동][타] …을 쇠녹으로 더럽히다. —[자] 쇠녹으로 더러워지다.

i·ron·mon·ger [áiərnmʌ̀ŋgər] [명] 《英》 철물상(인).

i·ron·mon·ger·y [áiərnmʌ̀ŋgəri] [명] 《英》 [U] 철기류, 철물(hardware); [C] 철물점; 《속어》 총기(銃器).

i·ron-on [-ɑ̀n, -ɔ̀ːn] [형] 아이론의 열과 압력으로 붙여지는. —[명] 아이론으로 붙여지는 것(문양, 도안 따위).

íron óre [명] 철광석.

íron óxide [명] 〔화학〕 산화철.

íron póny [명] 《美속어》 모터사이클.

i·ron-pump·er [-pʌ̀mpər] [명] 《구어》 역도 선수(weightlifter). **íron-pùmp·ing** [형][명]

íron pýrites [명] 〔광물〕 황철광; 백철광.

íron rátion [명] (종종 ~s) (군대용의) 비상 휴대 식량.

íron ríce bòwl [명] 쇠밥통, 철반완(鐵飯碗)(평생이 보장되는 일자리). 〔<Chin〕

íron rúle [명] 냉혹한 정치, 철권 통치; 철칙.

íron sànd [명] 사철(砂鐵).

i·ron·side [áiərnsàid] [명] **1** 용감무쌍한 사람. **2** (보통 I–s) 《단수취급》 영국의 장군 Oliver Cromwell의 별명; 《복수취급》 그가 지휘했던 철기병대(鐵騎兵隊). **3** (~s) 《보통 단수취급》 철갑선.

i·ron·smith [áiərnsmìθ] [명] 철공소 직공, 대장장이 (blacksmith).

íron spónge [명] 〔야금〕 =sponge iron.

i·ron·stone [áiərnstòun] [명][U] 철광석, 철광.

íron súlfate [명] 〔화학〕 황산철.

íron sùpplement [명] 철분 강장제.

íron tríangle [명] 철의 삼각형[지대]. **1** 《美》 정부 정책에 큰 영향을 주는 연방 정부 기관·연방 의회 위원회·로비스트(기업·민간 단체 대표) 연합체. **2** 〔군사〕 3각의 전략 요충; (the I– T–) 한국전 때 격전지였던 철원·금화·평강을 잇는 3각 전략 요충.

i·ron·ware [áiərnwɛ̀ər] [명][U] 철기, 철제품, 철물 (hardware).

i·ron·weed [áiərnwìːd] [명] **1** =knapweed. **2** 국화과 몇몇 식물의 총칭.

i·ron·wood [áiərnwùd] [명][U][C] 경질재(硬質材)(의 나무)(미국산(產) 서나무(hornbeam) 따위).

i·ron·work [áiərnwə̀ːrk] [명][U] **1** 철 제품, 철 세공(細工). **2** (구조물의) 철제 부분[부품]. **3** (~s) (단·복수 양용) 철공소, 제철소. **~·ing** [명] 철 제품 제작(법).

i·ron·work·er [áiərnwə̀ːrkər] [명] **1** 제철소[철공소] 공원. **2** 철골 조립공.

‡i·ro·ny¹ [áiərəni, áiərni] [명] ([복] ***-nies*** [-z]) **1** [U] 반어(反語), 빈정댐, 비꼼, 풍자; 〔수사〕 반어법; 반어적 표현[발언]. ¶malicious [scathing] ~ 악의에 찬 [통렬한] 풍자.

> [유의어] **irony** 실제로 표현된 뜻과 의도한 진짜 뜻이 반대이며, 격렬하고 익살·비꼼의 효과를 가진 것. **sarcasm** 남에게 상처를 입히는 격렬하고 조소적이며 경멸적인 의도를 가지는 것. **satire** 문학 작품 따위에서 악덕·어리석은 행동, 또는 관습·제도 따위의 불합리성을 폭로, 적발해서 비판하는 것.

2 예상에 반하는 결말, 얄궂은 사태[결과], 기이한 만남. ¶life's *ironies* 인생의 아이러니. **3** =Socratic ~. **4** [U] 극적인 아이러니(dramatic ~).

as irony would have it 공교롭게도, 얄궂게도.

the irony of fate [or ***circumstances***] 운명의 장난, 기이한 인연.

i·ron·y² [áiərni] [형] 철제의, 철을 함유한; 무쇠 같은.

Ir·o·quoi·an [ìrəkwɔ́iən] [형] 이러쿼이인(人)[족, 어]의. —[명] 이러쿼이인[족]; [U] 이러쿼이어(語).

Ir·o·quois [írəkwɔ̀i, -kwɔ̀iz] [명] ([복] ~) 이러쿼이인[족](New York 주 중부에 살았던 아메리카 인디언의 5부족 연합). —[형] 이러쿼이인[족, 어]의.

IRP *I*slamic *R*epublican *P*arty((이란의) 이슬람 공화당).

ir·ra·di·ance [iréidiəns] [명][U] **1** 빛을 냄, 발광(發光); 광휘(光輝); 《비유적》 (지적·영적) 빛, 광채. **2** 〔물리〕 방사 조도(放射照度). (또는 **irradiancy**)

ir·ra·di·ant [iréidiənt] [형] 빛나는, 휘황찬란한.

ir·ra·di·ate [동] [iréidièit] [타] **1** …에 빛을 던지다, …을 비추다. **2** 〔일 따위〕를 분명히 알게 하다, 〔문제 따위〕를 밝히다. **3** (지적(知的)·정신적으로) …을 계발(啓發)하다; (…으로) 〔얼굴 따위〕를 밝게 하다, 생기를 주다(*with*, *by*). ¶a face *~d by* [or *with*] a smile 미소로 빛나는 얼굴. **4** 〔친절 따위〕를 베풀다, 〔애교 따위〕를 부리다. **5** 〔빛 따위〕를 방사하다; 〔방사선〕을 쬐어 치료하다; 〔식품〕에 방사선[자외선]을 쬐다. —[자] 《고어》 빛나다, 번쩍거리다, 밝아지다. —[형] [iréidiət/-dièit] 빛나는. **-àt·ing·ly** [부] **-à·tive** [형] **-à·tor** [명]

ir·ra·di·at·ed [iréidièitid] [형] **1** (빛·방사선 따위에) 쬐인, 조사(照射)된. **2** 〔문장〕 (방사상의) 빛에 둘러싸인.

ir·ra·di·a·tion [irèidiéiʃən] [명][U] **1** 조사(照射)하기[되기], 발광(發光). **2** (지적·정신적) 계발, 광명. **3** 광선, 열선(熱線); 복사, 조사. **4** 〔광학〕 광삼(光滲)(발광체를 어두운 곳에서 보면 실제보다 크게 보이는 현상). **5** 방사선[뢴트겐] 치료[조사(照射)]; 방사선 노출[피폭(被曝)]. **6** 〔물리〕 =irradiance 2.

ir·rad·i·ca·ble [irǽdikəbl] [형] 근절할 수 없는, 완전히 제거할 수 없는, 뿌리 깊은. **-bly** [부]

***ir·ra·tion·al** [irǽʃənl] [형] **1** 이성(理性)을 잃은; 분별이 없는; 도리를 모르는; (동물 따위가) 이성이 없는([반] rational). ¶an ~ fellow 도리를 모르는[분별이 없는] 녀석/an ~ animal 이성이 없는 동물. **2** 이치에 어긋나는, 불합리한; 어리석은. ¶an ~ fear 당찮은 공포.

> [유의어] **irrational** 보통 이성의 힘을 잃고 바보스러운. **unreasonable** 이성(理性)으로 옳다고 인정할 수 없고 부당한.

3 〔수학〕 무리(함)수의. **4** 〔시학〕 (그리스·라틴어의 운율이) 변칙격(變則格)의; 파격의. —[명] **1** 불합리한 것[일]. **2** 〔수학〕 =~ number. **~·ly** [부] **~·ness** [명]

ir·ra·tion·al·ism [irǽʃənəlizm] [명][U] (사상·행동 따위의) 무분별, 불합리; 〔철학〕 비합리[비이성] 주의. **-ist** [형][명] **-ís·tic** [형]

ir·ra·tion·al·i·ty [iræ̀ʃənǽləti] [명] **1** [U] 이성이 없는 것; 불합리(성), 부조리(성), 무분별(성). **2** (-ties) 불합리한 언동[생각].

ir·ra·tion·al·ize [irǽʃənəlàiz] [동][타] **1** …의 이성을 잃게 하다, 불합리하게[이치에 닿지 않게] 하다. **2** 〔수학〕 …을 무리수로 하다.

irrátional númber [명] 〔수학〕 무리수.

ir·re·al [iríː(ː)əl] [형] 진실이 아닌. **ìr·re·ál·i·ty** [명]

Irish Repúblican Ármy 명 (the ~) 아일랜드 공화국군(약 IRA, I.R.A.).

I·rish·ry [áiəriʃri] 명 **1** (집합적) 아일랜드인(人). **2** (통) ~에 있는 바다).

Irish Séa 명 (the ~) 아일랜드해(海)(Ireland와 England 사이에 있는 바다).

Irish sétter 명 아이리시 세터(적갈색 사냥개).

Irish stéw 명 아이리시 스튜(양고기 또는 쇠고기를 감자·양파 따위와 함께 삶은 진한 스튜).

Irish térrier 명 아이리시 테리어(중형의 털이 억센 한 색의 씨줄로 짠 신사복·외투용 직물).

Irish tóothache 명 (英속어) 임신. [적갈색 개].

Irish twéed 명 아이리시 트위드(옅은 색의 날줄과 진한 색의 씨줄로 짠 신사복·외투용 직물).

Irish whiskey 명 (보리로 만드는) 위스키.

Irish wólfhound 명 아이리시 울프하운드(아일랜드 산(產)의 큰 사냥개; 늑대 사냥에 쓰였다). [성.

I·rish·wom·an [áiəriʃwùmən] 명 아일랜드(계) 여

iris-in [-ìn] 명 (영화·TV) 아이리스인(화면이 중앙으로부터 주변으로 둥글게 퍼져나가게 하는 촬영 기법).

iris-out [-àut] 명 (영화·TV) 아이리스아웃(화면이 중앙을 향해 좁혀지게 하는 촬영 기법).

íris shútter 명 (카메라의) 조리개 셔터.

i·ri·tis [aiəráitis] 명[U] (안과) 홍채염(虹彩炎).

irk [əːrk] 타 (보통 it를 주어로) ···을 지치게[지루하게] 하다, 진저리나게 하다; ···을 괴롭히다, 짜증나게 하다. ¶It ~ed him to wait in line. 그는 줄을 서서 기다리는 데 짜증이 났다. — 명 지치게[싫증나게] 하는 것, 초조함[안달나게] 하는 원인.

irk·some [ə́ːrksəm] 형 지루한; 진저리나는; (남에게) 귀찮은, 번거로운(on, upon). ➪TEDIOUS 유의어 ¶an ~ task 지루한[귀찮은] 일. ~·ly 甲 ~·ness 명

Ir·kutsk [iərkúːtsk, ər-] 명 이르쿠츠크(러시아 동부 시베리아의 남부, Baikal호 서쪽의 도시).

IRL (국제 자동차 식별 기호) Republic of Ireland.

IRLS infrared linescan(적외선 라인스캔 장치).

Ir·ma [ə́ːrmə] 명 어마(여자 이름; Erma의 별칭).

IRN Independent Radio News(독립 방송공사 라디오 뉴스). **IRNA** Islamic Republic News Agency(이슬람 공화국 통신; 이란의 국영 통신사). **IRO, I.R.O.** (英) Inland Revenue Office(국세국); International Refugee Organization((UN) 국제 난민 구제 기관).

‡**i·ron** [áiərn] (통 ~s [-z]) 명 **1** U 철(화) Fe). ¶cast [pig] ~ 주철[선철] / Strike while the ~ is hot. (속담) 쇠는 달았을 때 쳐라, 좋은 기회를 놓치지 마라. **2** U (쇠처럼) 강한 것, 단단한 것. ¶a man of ~ 의지가 강한 사람 / a will of ~ 굳은 의지. **3** (복합어로) 철제 기구, 철기(鐵器). **4** 다리미, 인두. **5** (골프) 헤드가 금속제인 골프채, 아이언. **6** 소인(燒印), 낙인. **7** 대팻날. **8** (속어) 권총. **9** (포경용(捕鯨用)) 작살. **10** U (의학) 철분: 철분제재(製劑). **11** (~s) 수갑, 쇠고랑, 족쇄(足鎖)(fetters). **12** (철제) 하지 교정기(下肢矯正器). **13** (軍속어) 폭탄, 포탄. **14** (고어) 검(劍). **15** (美구어) 타이어의 체인. **16** (속어) (종종 집합적) 오토바이, 자전거, 자동차.

(as) hard as iron 무쇠처럼 단단한; 엄격한, 냉혹한.
in irons ① (항해) (돛단배가) 좌우 어느 쪽으로도 방향을 돌릴 수 없어. ② 족쇄[수갑]이 채워져; (비유적) 강한 힘으로 되어.
~ns in the fire 착수하고 있는 일[사업]; 계획.
muscles of iron 무쇠같이 단단한 근육. [되다.
pump iron (구어) 바벨을 들어 올리다, 역도 선수가
rule...with a rod of iron ➪ROD.
The iron entered into his soul. (성서) (붙잡힌 몸으로) (그는) 대단한 고난을 맛보았다(←시편(Ps.) 105 : 18. 그 히브리어 원전(His person entered into the iron.)의 오역이다).

— 형 (한정용법) **1** 철의, 철제의. ¶an ~ bar 철봉. **2** 쇠 같은, (쇠처럼) 강한[단단한]; 강건한. ¶an ~ will 굳

은 의지. **3** 엄한, 냉혹한. ¶an ~ heart 냉혹한 마음. **4** 단단히 맨, 꽉 쥔. ¶an ~ grip 꽉 쥐기. **5** 쇠빛깔의.

— 동 (~s [-z]) 타 **1** ···을 다리미질하다. ¶~ a shirt 셔츠를 다림질하다. **2** ···에 쇠를 붙이다, 씌우다, 박다. **3** ···에게 족쇄[수갑]를 채우다. — 자 (사람이) 다림질하다; (천 따위가) 다림질되다.

iron off (속어) 지불하다(pay).

iron out (구어) ① ···을 다림질하다; 다림질하여 ···의 주름을 펴다; (롤러로) (길)을 고르다. ② ···을 원활하게 하다; (장애물을) 없애다; ···을 화해시키다. ¶~ out difficulties 곤란을 없애다. ③ (속어) 사살하다.

iron up (美속어) 타이어에 체인을 감다.

~·less, ~·like 형

Íron Áge 명 (the ~) **1** (고고) 철기 시대(⇨ Bronze Age, Stone Age). **2** (i- a-) (그리스 신화) 철(鐵)시대 (golden age, silver age, bronze age에 이어지는 시대, 즉 현대; 인류의 최후이며 최악의 시대). **3** (i- a-) (일반적으로) 철제의, 악덕의 시대, 말세(末世).

íron·bark [áiərnbɑ̀ːrk] 명 호주산 유칼립투스(~ tree)의 총칭; 그 목재.

íron bómb 명 (군사) (유도 장치가 없는) 맹목 폭탄.

íron·bound [áiərnbáund] 형 **1** 쇠를 감은, 쇠를 댄; 수갑을 채운. **2** (해안 등이) 바위가 많은, 절벽의. **3** 구부러지지 않는, 단단한; 엄한; (날씨가) 거친.

íron cemént 명 (화학) 철 시멘트(철 가루와 염화암모늄의 혼합물). [marck의 별칭).

Íron Cháncellor 명 (the ~) 철혈 재상(宰相)(Bis-

íron·clad [áiərnklǽd] 형 **1** (군함 따위가) 철갑의; 장갑(裝甲)의. **2** (계약·협정 따위가) 대단히 엄한, 어길 수 없는; 빈틈 없는, 완벽한. ¶an ~ alibi 완벽한 알리바이. **3** (식물이) 척박한 환경을 견디는. — 명 **1** (19세기의) 철갑[장갑]함. **2** 엄격한[도의심이 강한] 사람.

Íron Cróss 명 **1** (독일의) 철십자 훈장(1813년부터 2차대전까지). **2** (i- c-) (체조) (링의) 십자 현수(懸垂).

íron cúrtain 명 (the ~; 종종 the I- C-) 철의 장막 (서유럽과 옛 소련권의 이념적인 장벽; 1946년 Winston Churchill이 처음으로 사용). ⓑ bamboo curtain

i·ron-de·fi·cien·cy anémia [-difíʃənsi-] 명 (의학) 철 결핍성 빈혈.

Íron Dúke 명 **1** (the ~) 철의 공작(영국의 장군 Wellington공작의 별칭). **2** (예전의) 노급(駑級) 전함.

íron físt 명 =iron hand.

i·ron·fist·ed [áiərnfístid] 형 **1** 무자비한(ruthless), 무정한, 냉혹한. **2** 인색한(stingy).

i·ron-found·er [-fàundər] 명 주철(鑄鐵) 제조업자, 주철 주인. **íron fóundry** 명 주철소[공장].

íron gàng 명 =chain gang.

íron gráy 명 (때로 an ~) 철회색. (또는 **íron gréy**) **íron-gráy** 형

íron hánd 명 엄격[가혹]한 통제[지배], 압제. [하다. **rule with an iron hand** 철권(鐵拳) 통치하다, 독재

i·ron-hand·ed [áiərnhǽndid] 형 가혹한, 냉혹한; 엄한; 압제적인. ~·ly 甲 ~·ness 명

íron hát 명 **1** (지질) =gossan. **2** (중세의) 쇠투구; 안전모. [잔혹한.

i·ron-heart·ed [-hɑ́ːrtid] 형 (구어) 무정한[박정]한; **íron hórse** 명 (고어) 기관차; (美속어) 탱크; 낡은 트

íron hóuse 명 (美속어) 감옥, 감방.

‡**i·ron·ic** [airάnik/-rɔ́n-] 형 **1** 반어(反語)의[적인], 비꼬는; 풍자적인. ¶an ~ compliment 비꼬아서 하는 아침의 말 / an ~ novel 풍자 소설. **2** 비꼬아 말하는, 빈정대기 좋아하는. ¶an ~ man 빈정대는 사람. (또는 **ironical**) **-i·cal·ly** 甲 **-i·cal·ness** 명

i·ron·ing [áiərniŋ] 명 U **1** 다리미질. **2** 다리미질한 [할] 옷가지.

íroning bóard[tàble] 명 다리미(질)판.

i·ro·nist [áiərənist] 명 빈정거리기 좋아하는 사람, (특히) 풍자 작가.

ir·re·al·ism [irí(:)əlìzm] 圐 이리얼리즘(리얼리즘과 무관한 입장에서 쓴 소설의 작품).

ir·re·al·iz·a·ble [irì:əláizəbl/iríəl-] 囿 실현[달성]할 수 없는.

ir·re·claim·a·ble [iriklĕiməbl] 囿 1 되돌이킬[회복할] 수 없는; 교화[교정]할 수 없는. 2 매립[개간]할 수 없는. **-claim·a·bíl·i·ty, ~·ness** 圐 **-bly** 凰

ir·rec·og·niz·a·ble [irékəgnàizəbl] 囿 인정되지 않는, 인식할 수 없는, 분간할 수 없는(unrecognizable).

ir·rec·on·cil·a·ble [irékənsàiləbl] 囿 1 화해[융화]할 수 없는, 타협할 수 없는. 2 (…와) 조화되지 않는, 양립하지 않는, 모순되는(with). —— 圐 1 화해[타협]할 수 없는 사람, 완고한 사람. 2 (종종 ~s) 타협[화해] 불가능한 것[일]. **-cil·a·bíl·i·ty, ~·ness** 圐 **-bly** 凰

ir·re·cov·er·a·ble [irikʌ́vərəbl] 囿 1 되돌릴 수 없는, (대출금 따위가) 회수될 가망이 없는. 2 돌이킬 수 없는, 불치(不治)의, 회복[복구]될 수 없는, 교정[수정]할 수 없는. **~·ness** 圐 **-bly** 凰

ir·re·cu·sa·ble [irikjú:zəbl] 囿 거절[거부]할 수 없는.

irred. irredeemable.

ir·re·deem·a·ble [iridí:məbl] 囿 1 되살 수 없는; (국채 따위가) 상환불의. 2 (지폐 따위가) 태환(兌換)할 수 없는. 3 (사람이) 구제[교화] 불능의. 4 불치의; 돌이킬 수 없는, 가망이 없는. —— 圐 무상환 공채(~ bond). **-dèem·a·bíl·i·ty, ~·ness** 圐 **-bly** 凰

ir·re·den·ta [iridéntə] 圐 미수복지(문화적·민족적으로는 같으나 타국의 지배하에 있는 지역). [It]

ir·re·den·tist [iridéntist] 圐 1 (I-) 이탈리아 민족 통일당원. 2 민족 통일론[영토 회복]주의자. 3 미수복지 회복주의(당)의, 민족 통일주의 지지의. **-tism** 圐

ir·re·duc·i·ble [iridjúːsəbl/-djúːs-] 囿 1 줄일 수 없는, 감소[삭감]할 수 없는.¶the ~ minimum 최소한. 2 (…으로) 환원할 수 없는, 돌이킬 수 없는 (to). 3 (외과) 정상 회복 불능의. 4 (수학) 기약(旣約)의. **-dùc·i·bíl·i·ty, ~·ness** 圐 **-bly** 凰

ir·re·flex·ive [irifléksiv] 囿 반사하지 않는, 비(非)반사성의. **~·ness, -fléx·iv·i·ty** 圐

ir·re·form·a·ble [irifɔ́ːrməbl] 囿 1 교정(矯正)할 수 없는, 고칠[손 쓸] 수 없는. 2 (이론·판단이) 개선의 여지가 없을 정도로 훌륭한, 결정적인.¶an ~ doctrine 결정적인 학설. **-bíl·i·ty** 圐

ir·re·fra·ga·ble [iréfrəgəbl] 囿 1 논박할 수 없는, 논쟁의 여지가 없는; 부정할 수 없는. 2 어길 수 없는, 깨뜨릴 수 없는. **-bíl·i·ty, ~·ness** 圐 **-bly** 凰

ir·re·fran·gi·ble [irifrǽndʒəbl] 囿 1 (법률 등이) 범할[어길] 수 없는. 2 (광선 따위가) 굴절하지 않는. **-fràn·gi·bíl·i·ty, ~·ness** 圐 **-bly** 凰

ir·ref·u·ta·ble [iréfjutəbl, ìrifjúːt-] 囿 반박[논파]할 수 없는. **-bly** 凰 **-bíl·i·ty** 圐

irreg. irregular(ly).

ir·re·gard·less [irigáːrdlis] 囿凰 (속어) (익살) =regardless.

*__ir·reg·u·lar__ [irégjulər] 囿 (*more* ~; *most* ~) 1 (모양·배치 등이) 가지런하지 않은, 고르지 않은; 울퉁불퉁[들쭉날쭉]한.¶an ~ coastline 들쭉날쭉한 해안선. 2 불규칙한, 흐트러진, 변칙적인.¶an ~ liner 부정기선(船) // He is ~ *in* his attendance at school. 그는 학교 출석이 불규칙한.

┌─────────────────────────────────────┐
│ 유의어 **irregular** 정해진 방식·규칙·법칙에 따르지 않는. **abnormal** 정상·보통의 상태에서 벗어나기 때문에 기이한. **exceptional** 예외적이어서 드문, 또는 보통보다 뛰어난. **anomalous** 그 물건의 종류·환경 따위의 예상되는 상태에서 벗어난. **unnatural** 자연의 이치에 어긋나는; 도덕적인 비난을 암시하는 일이 많은 말. │
└─────────────────────────────────────┘

3 (절차 따위가) 반칙[불법]의, 정식이 아닌; (법률상) 무효의.¶an ~ physician 무면허 의사. 4 (행동·생활 따위가) 난잡한, 방탕한, 부도덕한.¶lead an ~ life 난잡한 생활을 하다. 5 (식물) 부정형(不整形)의. 6 (문법)

불규칙 변화의.¶an ~ verb 불규칙 동사. 7 (군사) 비정규(非正規)의.¶~ troops 비정규군. 8 (제품이) 규격에서 벗어난; 흠[결점]이 있는. 9 (생리) 생리[변]가 불순한[불규칙한]. 10 (주식 시장 등이) 등락이 일정하지 못한. —— 圐 (폭 ~s [-z]) 1 불규칙한 사람[것]. 2 (~s) (상업) 규격외[흠있는] 상품, 등외품. 3 (보통 ~s) (군사) 비정규군(兵)(게릴라 등). **~·ly** 凰

irrégular gálaxy 圐 (천문) 불규칙형 은하(특정한 형태를 갖지 않고 비교적 질량이 작은 은하).

*__ir·reg·u·lar·i·ty__ [irègjulǽrəti] 圐 1 UC 고르지[가지런하지] 않음; 변칙, 불규칙(성). 2 변칙적인 것; 반칙, 불법[행위]; (종종 -ies) 행실이 좋지 않음. 3 UC 울퉁불퉁[한 상태]. 4 UC (문법) 불규칙 변화. 5 U (美) 변비; 생리 불순.

irrégular váriable 圐 (천문) 불규칙형 변광성(變光星).

ir·rel·a·tive [irélətiv] 囿 연결[관계]가 없는(to); 부적절한, 엉뚱한(irrelevant). **~·ly** 凰 **~·ness** 圐

ir·rel·e·vance [irélə vəns] 圐 U 부적절, 엉뚱함, 무관계; 무관함. 2 엉뚱한 말[진술, 행위]. 3 U 현실성이 없음, 시대에 뒤짐. (또는 **irrelevancy**)

ir·rel·e·vant [irélə vənt] 囿 1 엉뚱한, 부적절한; (…과) 관계가 없는. 2 (법률) (증거 따위가) 아무런 관련성이 없는. 3 현실성이 없는, 시대에 뒤진. **~·ly** 凰

ir·re·liev·a·ble [irilíːvəbl] 囿 구제하기 어려운, 살리기 어려운 (고통 따위가) 경감되지[덜해지지] 않는.

ir·re·li·gion [irilídʒən] 圐U 1 반(反)종교. 2 무종교; 무신앙. **~·ist** 圐 반종교가, 무종교자.

ir·re·li·gious [irilídʒəs] 囿 1 무종교의. 2 반종교적인; 불경한. **-lig·i·ós·i·ty** 圐 **~·ly** 凰 **~·ness** 圐

ir·re·me·di·a·ble [irimíːdiəbl] 囿 치료할 수 없는, 불치의; (악폐·오류 따위가) 고칠 수 없는, 교정(矯正)할 수 없는; 돌이킬 수 없는. **~·ness -bly** 凰

ir·re·mis·si·ble [irimísəbl] 囿 1 (죄 따위가) 용서할 수 없는. 2 (의무 따위가) 면하기 어려운; 면제[경감]할 수 없는. **-mìs·si·bíl·i·ty, ~·ness** 圐 **-bly** 凰

ir·re·mov·a·ble [irimúːvəbl] 囿 이동[제거]할 수 없는; 면직시킬 수 없는, 종신직의. **-mòv·a·bíl·i·ty, ~·ness** 圐 **-bly** 凰

ir·rep·a·ra·ble [irépərəbl] 囿 고칠[수리할] 수 없는, 치료할 수 없는; 회복[수복]할 수 없는; 보상할 수 없는. **-bíl·i·ty, ~·ness** 圐 **-bly** 凰

ir·re·pat·ri·a·ble [iripéitriəbl] 囿 (정치적인 이유로) 본국으로 송환할 수 없는 사람.

ir·re·peal·a·ble [iripíːləbl] 囿 (법률 따위를) 폐지[폐기]할 수 없는, 취소[철회]할 수 없는. **-pèal·a·bíl·i·ty, ~·ness** 圐 **-bly** 凰

ir·re·place·a·ble [iripléisəbl] 囿 (다른 것과) 대체[교환]할 수 없는, 벌충할 수 없는; 둘도 없는, 다시 없는. **-plàce·a·bíl·i·ty, ~·ness** 圐 **-bly** 凰

ir·re·press·i·ble [iriprésəbl] 囿 (감정·행위 따위가) 억제[감당]할 수 없는; 억누를 수 없는; 참기 어려운. **-prèss·i·bíl·i·ty, ~·ness** 圐 **-bly** 凰

ir·re·proach·a·ble [iripróutʃəbl] 囿 (사람·행위 등이) 나무랄 데 없는, 결점[잘못]이 없는, 말할 나위 없는. **-pròach·a·bíl·i·ty, ~·ness** 圐 **-bly** 凰

ir·re·pro·duc·i·ble [irì:prədjúːsəbl/-djúː-] 囿 재생[복사, 재현] 불가능한. **-dùc·i·bíl·i·ty** 圐

*__ir·re·sist·i·ble__ [irizístəbl] 囿 1 저항할 수 없는, 이겨낼 수 없는, 압도적인, 싫든 좋든 하게 되는; (감정 따위를) 억누를 수 없는.¶an ~ force 불가항력. 2 사람을 매료하는; 아주 귀여운.¶her ~ smile 그녀의 고혹적인 미소. —— 圐 저항할 수 없는[압도적인] 사람[것]; 매력적인 사람[것]. **-sìst·i·bíl·i·ty, ~·ness** 圐 **-bly** 凰

*__ir·res·o·lute__ [irézəluːt] 囿 결단력이 없는, 우유부단한; 의지 박약한, 우물쭈물하는. **~·ly** 凰 **~·ness** 圐

ir·res·o·lu·tion [irèzəlúːʃən] 圐U 결단력이 없음, 우유부단.

ir·re·solv·a·ble [irizálvəbl/-zɔ́lv-] 형 풀리지 않는, 해결되지 않는; 분해[용해, 분석]되지 않는.
-sòlv·a·bíl·i·ty, ~·ness 명

ir·re·spec·tive [irispéktiv] 형 …을 돌아보지 않는, …에 개의치 않는. (* 다음 숙어로)
irrespective of …에 관계[상관]없이.¶~ *of age and sex* 남녀노소를 불문하고/*I~ of my wishes*, *I should go*. 싫든 좋든 나는 가야만 한다. **~·ly** 부

ir·res·pi·ra·ble [iréspərəbl, ìrispáiərəbl] 형 (공기·가스 따위가) 호흡할 수 없는, 호흡에 적당치 않은.

*__ir·re·spon·si·ble__ [irispánsəbl/-spɔ́n-] 형 1 (…에) 책임을 지지 않는, 책임이 없는; 책임 능력이 없는, 책임을 물을 수 없는 (*for*). 2 무책임한; 적당히 하는,¶an ~ *conduct* 무책임한 행위. — 명 책임(감)이 없는 사람. **-spòn·si·bíl·i·ty, ~·ness** 명 **-bly** 부

ir·re·spon·sive [irispánsiv/-spɔ́n-] 형 (…의) 반응[반향]이 없는 (*to*). **~·ness** 명

ir·re·ten·tive [irìténtiv] 형 (정신적으로) 지구력이 없는, 유지하지 못하는. **-tion, ~·ness** 명

ir·re·trace·a·ble [irìtréisəbl] 형 되돌릴 수 없는, 되돌아갈 수 없는; 흔적을 더듬을 수 없는, 생각해 낼 수 없는. **-bly** 부

ir·re·triev·a·ble [irìtríːvəbl] 형 되돌릴[회복할] 수 없는; 원상태로 돌릴 수 없는, 회복시킬 수 없는. **-triev·a·bíl·i·ty, ~·ness** 명 **-bly** 부

ir·rev·er·ence [irévərəns] 명 1 U 불경(不敬), 불손. 2 불손[무례]한 행위[말]. 3 U 면목없음, 불명예.

ir·rev·er·ent [irévərənt] 형 불손한, 무례한; 빈정대는.¶an ~ *reply* 무례한 대답. **~·ly** 부

ir·re·vers·i·ble [irìvə́ːrsəbl] 형 1 취소[폐지, 변경]할 수 없는, 2 뒤집을 수 없는, 거꾸로 할 수 없는. **-vèrs·i·bíl·i·ty, ~·ness** 명 **-bly** 부

ir·rev·o·ca·ble [irévəkəbl] 형 돌이킬 수 없는; 변경[취소, 번복]할 수 없는, 최종적인.¶~ *past* 돌이킬 수 없는 과거. **-bíl·i·ty, ~·ness** 명 **-bly** 부

IRRI *International Rice Research Institute*(국제 쌀 연구소).

irrig. *irrigation*.

ir·ri·ga·ble [írigəbl] 형 관개(灌漑)할[물을 댈] 수 있는. **-bly** 부

*__ir·ri·gate__ [írəgèit] 타 1 (토지)를 관개(灌漑)하다, …에 물을 대다[끌어들이다]. 2 〖의학〗 (상처)를 관주(灌注)하다, 씻다. 3 …을 적시다, 축축하게 하다. 4 생명을 주다, 비옥하게 하다. — 자 1 관개하다; 세정(洗淨)하다. 2 (속어) 술마시다.

*__ir·ri·ga·tion__ [ìrəgéiʃən] 명 U 1 관개, 관수, 물 대기; 농업 토목 공학. 2 〖의학〗 관주[세정(洗淨)](법). — 명 관개용의.¶an ~ *ditch*[*or canal*] 용수로. **-al** 형

ir·ri·ga·tive [írəgèitiv] 형 관개의, 관개용의.

ir·ri·ga·tor [írəgèitər] 명 1 관개 경작자, 관개 시설, 관개용 차(車), 살수기. 2 〖의학〗 관주[세척]기, 세정기.

ir·ri·ta·bil·i·ty [ìrətəbíləti] 명 U 1 성마름, 화를 잘 냄, 성급 민급함; 민감. 2 〖생물·생리〗 (자극에 대한) 반응[감응]성, 피(被)자극성, 흥분성.

*__ir·ri·ta·ble__ [írətəbl] 형 1 성마른, 화를 잘 내는, 성급한, 짜증내는. 2 민감한, 흥분하기 쉬운. 3 〖생물·생리〗 (자극에) 감응하기[흥분하기] 쉬운, 예민한, 자극 반응성의. 4 〖병리〗 염증을 일으키기 쉬운, 감응성의. **~·ness** 명 〖腸〗증후군(← IBS).

írritable bówel sỳndrome 명 〖병리〗 과민성 장 공통[가볍게] 사도 교단.

írritable héart 명 〖병리〗 심장 신경증, 과민 심장.

ir·ri·tan·cy[1] [írətənsi] 명 U 짜증, 화남, 홍분.

ir·ri·tan·cy[2] 명 〖법률〗 무효(로 하기), 취소; 〔스코법률〕= irritant clause.

ir·ri·tant[1] [írətənt] 형 자극하는, 흥분시키는; (약 따위가) 자극성의, 얼얼[따끔따끔]한, 염증을 일으키는.
— 명 1 자극물; (마음의) 자극제. 2 〖생리·병리〗 자극원

ir·ri·tant[2] [írətnt] 형 〖법률〗 무효로 하는. [〔原〕약].

írritant cláuse 명 〔스코법률〕 무효 조항(문서가 무

효가 되는 경우를 규정한 조항).

‡**ir·ri·tate**[1] [írətèit] 타 (*-tat·ed; -tat·ing*) 타 1 …을 짜증나게 하다, 약올리다; (수동형으로) (사람에 대해/사물에 대해) 화나게[분통 터지게] 하다 (*against*, *by*, *with* / *at*).¶*I was ~d by her* [*at her manner*]. 나는 그녀 때문에 [그녀의 태도에) 화가 나 있었다.

〔유의어〕 *irritate* 가볍게 일시적으로 짜증나게 하는 것부터 분노를 폭발하게 하는 것까지를 뜻하는 넓은 뜻의 말. *exasperate* 자제심을 잃을 정도로 *irritate* 하다. *provoke* 언행으로 갑자스러운 분노를 유발하다. *aggravate* 위의 세 말 대신 쓰이는 구어(口語). *nettle* 따끔따끔 찌르듯이 자극을 주며 *irritate* 하다.

2 〔생리·생물〕 (생체)를 자극하다, 흥분시키다. 3 〔병리〕 …에 염증을 일으키게 하다, …을 얼얼하게[따끔거리게] 하다, 과민하게 하다. — 자 초조(안달)의 원인이 되다, 화의 근원이 되다; 애가 타다, 짜증이 나다.

ir·ri·tate[2] [írətèit] 타 〖법률〗 …을 무효로 하다, 폐기하다.

ir·ri·tat·ed [írətèitid] 형 1 안달[짜증]이 난, 화난. 2 (몸의 일부가) 염증을 일으킨, 얼얼[따끔따끔]한.

ir·ri·tat·ing [írətèitiŋ] 형 1 짜증[화]나게 하는, 약올리는, 귀찮은. 2 (몸의 일부를) 자극하는, (피부 따위를) 따끔거리게 하는; 염증을 일으키는. **~·ly** 부

*__ir·ri·ta·tion__ [ìrətéiʃən] 명 1 화나게 하기, 짜증나게 하기. 2 U 화냄, 초조. 3 U 〔생리·병리〕 자극, 흥분, 과민증, 염증. 4 화나게 하는 것; 자극물.

ir·ri·ta·tive [írətèitiv] 형 1 화나게 하는, 자극하는, 약올리는. 2 〔병리〕 자극성의, 자극에 의해 일어나는, 염증에 의한; 〔생물〕 자극을 주는.

ir·rupt [iráp t] 자 1 쨉입[난입, 돌입]하다(*into*); (집단으로) 거칠[난폭한] 행동을 하다, 거친 감정을 나타내다. 2 〔생물〕 (동물이) 급증[격증]하다.

ir·rup·tion [irápʃən] 명 U C 1 난입, 돌입; 침입. 2 〔생태〕 (동물 개체수의) 급증, 격증.

ir·rup·tive [iráptiv] 형 1 난입[돌입, 침입]하는. 2 (동물이) 수가 급증하는. 3 〔암석〕 관입(貫入)하는. **~·ly** 부

IRS, I.R.S. (美) *Internal Revenue Service*(국세청).

IRSG *International Rubber Study Group* ((UN) 국제 고무 연구회). **I.R.T.** *Interborough Rapid Transit* (New York 시 지하철 노선의 하나).

ir·tron [ə́ːrtràn/-trɔ̀n] 명 〔천문〕 (은하계 중심의) 적외선(방사) 원천.

Ir·vine [ə́ːrvin] 명 어빈(남자 이름). (또는 **Irvin**)

Ir·ving [ə́ːrviŋ] 명 어빙. 1 (또는 **Ervin, Erwin, Irvin(e), Irwin**) 남자 이름. 2 *Washington* ~ (1783–1859): 미국의 작가·역사가).

Ir·ving·ite [ə́ːrviŋàit] 명 (종종 경멸적) 어빙파 신도, 공동[가볍게] 사도 교단; 어빙파의 사람.

‡**is** [강 iz, 약 z, s] (* 약형의 발음으로 모음 또는 [z, 3] 이외의 유성 자음 다음에서는 [z], [s, ʃ] 이외의 무성 자음 다음에는 [s]로 된다) (*was; been; being*) *be*의 3인칭 단수 직설법 현재형. ⇒BE.

as is (구어) 있는 그대로, 현상(태)대로; 무보증으로.

is. island(s); isle(s). **Is.** *Isaiah*; *island*; *isle*. **I.S., IS** 〔유전〕 *insertion sequence*(삽입 배열); *Intermediate School*; *Irish Society*.

is- [ais] [접두] ⇒ISO-.

ISA *international standard atmosphere*; *International Student Association*; *International Sugar Agreement*(국제 설탕 협정). **Isa.** *Isaiah*.

I·saac [áizək] 명 1 〔성서〕 이삭(Abraham과 Sarah의 아들; Jacob의 아버지. ←창세기(Gen.) 21:3). 2 아이작(남자 이름).

Is·a·bel [ízəbèl] 명 이사벨(여자 이름). (또는 **Isabelle**)

is·a·bel·la [ìzəbélə] 명 (때로 I-) 명 회황[담황]색, 밀짚색. — 형 (또는 **isabelline**) 회황[담황]색의.

Is·a·bel·la [ìzəbélə] 명 이사벨라(여자 이름).

is·a·cous·tic [àisəkúːstik, -kóu-] 형 (두 음이) 같은 음향의, 등(等) 음향의.

Is·a·do·ra [ìzədɔ́ːrə] 명 이사도라(여자 이름).

i·sa·go·ge [àisəgóudʒi, ←-←] 명 (어떤 학문으로의) 안내, 입문, 서설.

i·sa·gog·ic [àisəgɑ́dʒik/-gɔ́dʒ-] 형 (특히 성서 주해의) 입문의, 개론의, 서설적인. ── 명 =isagogics. **-i·cal·ly** 부

i·sa·gog·ics [àisəgɑ́dʒiks/-gɔ́dʒ-] 명복 (단수취급) 1 서론적 연구. 2 성서 서론. (또는 **isagoge**)

I·sa·iah [aizéiə/-záiə] 〔성서〕 1 이사야(기원전 8세기의 히브리의 예언자). 2 (구약 성서 중의) 이사야서(書)(약 Is(a)). **-ian**, **-ián·ic**

is·al·lo·bar [aisǽləbɑ̀ːr] 명〔기상〕 기압 동변화선(等變化線)(일기도상에서 일정 시간내의 기압 변화가 같은 점을 이은 선). 「화선(等變化線).

is·al·lo·therm [aisǽləθə̀ːrm] 명〔기상〕 기온 동변

ISAM 〔컴퓨터〕 *Indexed Sequential Access Method*(색인 순차 접속 방식).

is·a·nom·al [àisənɑ́məl/-nɔ́m-] 명〔기상〕 등편차선(等偏差線). **-a·lous** 형

ISAR (군사) *inverse synthetic aperture radar*(역합성(逆合成) 개구(開口) 레이더). 「화합물.

i·sa·tin [áisətin] 명U 〔화학〕 이사틴(의 결정(結晶)).

-i·sa·tion [izéiʃən/aiz-] 접미 (英) ⇨ **-ization**.

IS áuditor 정보 처리 시스템 감사 기술자. (<*information system auditor*)

ISB (한국) *Insurance Supervisory Board*(증권 감독원). **ISBA** *International Seabed Authority*(국제 해저 기구). **ISBN** *International Standard Book Number*(국제 표준 도서 번호). **ISC** *International Space Congress*; *International Student Conference*; (美) *interstate commerce*(주간(州間) 통상).

Is·car·i·ot [iskǽriət] 명 1 이스카리옷, 가룟(예수를 배반한 Judas의 성(姓)). 2 (일반적으로) 배반자. **-ot·ic** [-ɑ́tik], **-ót·i·cal** 형 **~ism** 명

is·che·mi·a [iskíːmiə] 명〔병리〕 (혈관의 수축에 의한) 국소 빈혈. (또는 **ischaemia**) **-mic** 형

is·chi·ad·ic [iskiǽdik] 형 =ischial.

is·chi·al [ískiəl] 형〔해부〕 좌골(座骨)(신경)의.

is·chi·at·ic [ìskiǽtik] 형 =ischial. 〔좌골.

is·chi·um [ískiəm] 명 (복 **-chi·a** [-kiə]) 〔해부〕

ISCM *International Society for Contemporary Music*(국제 현대 음악 협회). **ISD** *international subscriber dialing*(국제 전화 가입자 다이얼 통화). **ISDN** *integrated services digital network*(종합 정보 통신망).

-ise[1] [aiz] 접미 ⇨ -IZE.

-ise[2] 접미 물체의 성질·조건·기능을 나타내는 명사 어미. ¶ *merchandise*, *franchise*.

is·en·trop·ic [àisəntrɑ́pik/-trɔ́p-] 형 〔열역학〕 등(等)엔트로피선(線)의, 일정 엔트로피를 가진.

I·seult [isúːlt] 명 (아서왕 전설에서) 이즐테(아일랜드 왕 Anguish의 딸로, Tristram의 애인). ⇨ **Tristram**

Is·fa·han [ìsfəhɑ́ːn] 명 이스파한(이란 중부의 도시; 옛 페르시아의 수도).

-ish[1] [iʃ] 접미 다음 뜻의 형용사 어미. 1 명사에 붙어서 a) 『…의, …에 속하는』. ¶ *Danish*, *English*. b) 『…의 성질을 가지는』, 『…와 같은』. ¶ *babyish*. c) 『…의 경향이 있는』. ¶ *bookish*. 2 형용사에 붙어서 『…의 기미가 있는』. ¶ *oldish*, *reddish*. 3 (구어) (나이·시간 따위가) 『대략 …쯤』인. ¶ *twentyish*.

-ish[2] 접미 동사 어미. ¶ *finish*, *punish*.

Ish·ma·el [íʃmiəl, -meiəl] 명 1 〔성서〕 이스마엘 (Abraham과 Hagar의 아들. ←창세기(Gen.) 16:11). 2 따돌림받는 자, 세상의 미움을 받는 자, 사회의 적(敵); 떠돌이. 3 아랍인(Arab).

Ish·ma·el·ite [íʃmiəlàit, -meiəl-] 명 1 Ishmael의 자손. 2 =Ishmael 2. **-it·ish** 형

Ish·tar [íʃtɑːr] 명 이슈타르(바빌로니아와 앗시리아의 사랑·전쟁·풍요의 여신). ⓑ **Astarte**

Íshtar Tér·ra [térə] 〔천문〕 이시타르 육지(금성의 북반구에 있는 고원 지대). 「*Steel Institute*.

ISI *International Statistical Institute*; *Iron and*

i·sin·glass [áizinglæ̀s, áiziŋ-/-glɑ̀ːs] 명 1 (물고기의 부레로 만드는 젤라틴 모양의) 부레 풀. 2 운모(雲母)(mica).

I·sis [áisis] 명 〔이집트 신화〕 이시스(고대 이집트의 풍요의 여신; Osiris의 아내). [Isis]

isl., Isl. *island*: *isle*.

Is·lam [islɑ́m, iz-, ísləm, íz-, ízlɑːm] 명U 1 회교, 이슬람교, 2 〔집합적〕 회교도, 3 회교 문화; 회교국(圖).

Is·lam·a·bad [islɑ́ːməbɑ̀ːd] 명 이슬라마바드(파키스탄의 수도).

Islam fundaméntalism 명 이슬람 원리(근본)주의.

Is·lam·ic [islɑ́mik, -lɑ́ːm-, iz-] 형 회교(도)의; 회교 문화의, 회교국의.

Islámic cálendar 명 회교[이슬람]력(曆)(Muslim calendar)(12개월 354일로 구성).

Islámic Devélopment Bànk 명 이슬람 개발 은행(회교국들의 경제 개발 지원; 본부 Jidda; 略 IDB).

Islámic éra 명 이슬람 기원(紀元)(Muslim era).

Islámic Jihád 명 이슬람 성전(聖戰)기구(이슬람 시아파(派)의 과격 테러 활동 조직).

Is·lam·ics [islɑ́miks, -lɑ́ːm-, iz-] 명복 (단수취급) 이슬람교 연구; 회교학.

Is·lam·ism [islɑ́mizm, iz-, ísləmìzm] 명 회교(이슬람교) (신앙); 이슬람 문화. **-ist** 명

Is·lam·ite [islɑ́mait, iz-, ísləmàit] 명 회교도.

Is·lam·it·ic [ìsləmítik, ìz-] 형 이슬람교 신앙의(에 관한); 이슬람(교)적인.

Is·lam·ize [ísləmàiz, iz-, islɑ́ːmaiz] 〔※ (英) **-ise**) 회교화(化)하다, 회교로 개종하다(시키다). 이슬람교를 믿다(믿게 하다). **-i·zá·tion**, **-iz·er** 명

is·land [áilənd] 명 (복 **~s** [-z]) 1 섬. 2 (고립 또는 격리되어) 섬 비슷한 것, 고립된 것. ¶ a cultural ~ 문화의 고도. 3 고립된 언덕. 4 (가로상의) 안전 지대 (street ~, safety ~). 5 〔철도〕 (양쪽에 선로가 있는) 플랫폼. 6 〔해군〕 (항공 모함의) 아일랜드(艦橋·사령탑·마스트 따위가 집중되어 있는 우현 중앙부). 7 (美) 대초원내의 삼림 지대. 8 〔해부〕 섬(주위와 이질인 세포군). 9 고립 (민족) 집단. 10 지문선(指紋線)의 사이. 11 〔언어〕 언어 섬. 12 (the ~s) 〔뉴질〕 남태평양의 섬들. 13 (신문 등의) 돌출 광고. 14 〔형용사적〕 섬의, 섬나라의. 「(칭).

the Island of Saints 성인도(聖人島)(아일랜드의 별

the Island of the Sun 〔그리스 신화〕 태양의 섬 (Sicily 섬).

the Islands of the Blessed 〔그리스 신화〕 극락도 (極樂島)(영웅이나 착한 사람의 영혼이 사후에 산다는 세계의 서쪽 끝에 있는 가상의 섬).

── 동타 1 …을 섬으로 만들다, 섬처럼 만들다. 2 …을 섬에 두다; …에 점재(點在)시키다. 3 …을 고립시키다. **~·ish**, **~·less**, **~·like** 형 「격리하다.

ísland árc 〔지학〕 호상(弧狀) 열도(일본 열도 따위).

ísland cóuntry 명 섬나라, 도서국(島嶼國).

is·land·er [áiləndər] 명 섬사람, 섬의 (원)주민; 섬나라 국민. 「여행하다.

is·land-hop [-hɑ̀p] 동자 (**-pp-**) 섬과 섬을(섬따라)

ísland·man [áiləndmən] 명 =islander.

ísland plátform 〔철도〕 =island 5.

ísland úniverse 명 〔천문〕 섬 우주(external galaxy)(은하계 밖의 성운(星雲)).

‡**isle** [ail] 图 (图 ~**s** [-z]) 섬; 작은 섬(양 I, Is.)(*
(문어) 이외에는 고유명사의 일부로 쓰인다). ¶ the *I-
of Man* 맨 섬. ── (~**d**; **isl·ing**) 国 1 …을 작은 섬
으로[처럼] 만들다. 2 …을 작은 섬에 두다; …을 격리하
다. ── 围 작은 섬에 살다.　　　　　　「격리된 것[점].
***is·let** [áilit] 图 작은 섬; 작은 섬 모양의[비슷한] 것;
isls. islands.　　　　　　　　　　　　　　「이론.
ism [izm] 图 (구어) (경멸적) 주의(주장), 설, 학설,
-ism [izm] 接頭 다음 뜻의 추상 명사를 만든다. 1 「행
위, 상태」. ¶ critic*ism*, terror*ism*, barbar*ism*. 2 「특
유의 행동·특질」. ¶ patriot*ism*. 3 「학설·주의, …으로
의 경주(傾注)」. ¶ atom*ism*, social*ism*, Darwin*ism*,
national*ism*. 4 「특성」. ¶ Gallic*ism*. 5 「이상(異
常)」. ¶ alcohol*ism*.
Is·ma·el [ísmiəl, -meiəl] 图 〔성서〕 = Ishmael 1.
Is·ma·il·i·a [ìsmeiəlíːə, -maiəl-/ìzmail-] 图 이스
마일리아(이집트 Suez 운하 중간 지점에 있는 도시).
Is·ma·íl·i·an [ìsmeitlíən/ìzmaːíːliən] 图 〔회교〕
이스마일파의 신도. (또는 **Is·ma·íl·i** [ìsmeiíli])
ism·ize [izmàiz] 图 (美) …을 주의화하다.
-i·zá·tion 图 **·i·zá·tion·ism** 图 주의화주의[풍조].
‡**isn't** [íznt] is not의 단축형.
i·so [áisou] 图 1 (美속어) (교도소의) 독방. 2 〔TV속
어〕 = isolated camera. 〔< isolation〕
ISO [áièsóu] 图 1 (경영) 스톡 옵션 제도. 〔< incen-
tive stock option (plan)〕 국제 표준화 기구; 이소
(이 기구가 정한 사진 필름의 노광(露光) 지수). 〔< Inter-
national Organization for Standardization〕
I.S.O. (英) Companion of the *I*mperial *S*ervice
*O*rder(문관 훈공장(章)); *I*nternational *S*ugar *O*r-
ganization(국제 설탕 기구; 본부 London).
i·so- [áisou, -sə] 連結 1 equal의 뜻. 2 〔화학〕 「이
소…, …이성체(異性體)의 뜻(* 모음 앞에서는 is-). 图
aniso-. ¶ *iso*tope.
i·so·ag·glu·ti·na·tion [àisouəglùːtinéiʃən] 图 U
〔의학〕 (수혈에 따른) 동종(同種) 응집(반응).
i·so·ám·yl ácetate [àisouǽmil-] 图 〔화학〕 아
세트산 이소아밀(무색의 인화성 액체; 조미료·향료용).
isoámyl gròup 图 〔화학〕 이소아밀기(基). (또는
isoámyl ràdical)　　　　　　　「핵(同重核), 동중체(體).
i·so·bar [áisəbɑːr] 图 〔기상〕 등압선; 〔물·화〕 동중
i·so·bar·ic [àisəbǽrik] 图 〔기상〕 등압선의, 등압
을 나타내는; 〔물·화〕 동중체[체]의.
i·so·bath [áisəbæθ] 图 (해저·지층의) 등심선(等深
線). ── 图 등심선의, 깊이가 같은. ‑**báth·ic** 图
i·so·bu·tane [àisəbjúːtein] 图 〔화학〕 이소부탄(인
화성 무색 기체; 연료·냉동제에 씀).
i·so·bu·tyl·ene [àisəbjúːtəliːn] 图 〔화학〕 이소부
틸렌(주로 부틸 고무 제조용). (또는 **isobutene**)
i·so·bú·tyl nítrite [àisəbjúːtil-] 图 〔화학〕 질산
이소부틸.　　　　　　　　　　　「선(等頻度線). ‑**chás·mic** 图
i·so·chasm [áisəkæzm] 图 〔기상〕 오로라 등빈도
i·so·cheim [áisəkàim] 图 〔기상〕 (지도상의) 동계
(冬季) 등온선, 등한선(等寒線).
i·so·chro·mat·ic [àisəkrəmǽtik] 图 〔광학〕 같은
색깔의, 등색(等色)의; 〔물리〕 일정한 주파수의; 〔사진〕
정색성(整色性)의(orthochromatic).
i·soch·ro·nal [aisɑ́krənl/-sɔ́k-] 图 동시(等時)
(성)의; (운동·진동 따위가) 등시성의.　　　　　　「성.
i·soch·ro·nism [aisɑ́krənìzm/-sɔ́k-] 图 등시
i·soch·ro·nous [aisɑ́krənəs] 图 = isochronal.
i·so·cli·nal [àisəklàinl] 图 1 (지질) 등경사(等傾
斜)의. 2 등복각선(等伏角線)의.
i·so·cline [áisəklàin] 图 〔지질〕 등사 습곡(等斜褶曲).
i·so·clin·ic [àisəklínik] 图 = isoclinal.　　「角線).
isoclínic líne 图 등복각선(等伏角線), 등경각선(等傾
i·soc·ra·cy [aisɑ́krəsi/-sɔ́k-] 图 U C 만민 동권
(等權) 정치[주의], 권력 평등주의. **i·so·crát·ic** 图

i·so·cy·a·nate [àisəsáiənèit] 图 〔화학〕 이소시안
산염, 이소시안산 에스테르(플라스틱·접착제용).
i·so·di·a·met·ric [ìsədàiəmétrik] 图 1 등직경(等
直徑)의; 등축(等軸)의. 2 〔세포 따위가〕 등경(等徑)의.
3 (결정체가) 6방정계(六方晶系)의.
i·so·dose [áisədòus] 图 등선량(等線量)의, 같은 강
도의 방사선을 받고 있는 지점[지대]의.
i·so·dy·nam·ic [àisoudainǽmik] 图 1 등강도(等
強度)의. 2 등자력선(等磁力線)의. ── 图 등자력선(~
line), 등전(等電)의. = **isodynamical**
i·so·e·lec·tric [àisouiléktrik] 图 전기적으로 같은.
i·so·en·zyme [àisouénzaim] 图 〔생화학〕 = iso-
zyme. ‑**èn·zy·mát·ic**, ‑**en·zý·mic** 图
i·so·gam·ete [àisougǽmiːt, -gəmíːt] 图 〔생물〕
동형(同形) 배우자. 图 **heterogamete**
i·sog·a·mous [aisɑ́gəməs/-sɔ́g-] 图 〔생물〕 동형
배우자의[에 의한]. 图 **heterogamous**
i·sog·a·my [aisɑ́gəmi/-sɔ́g-] 图 〔생물〕 동형 배우
(配偶), 동형 배우자 생식. 图 (형)의, 동종동계(同系)의.
i·so·gen·ic [àisədʒénik] 图 〔생물〕 동질 유전자의.
i·sog·e·nous [aisɑ́dʒənəs/-sɔ́dʒ-] 图 〔생물〕 동
기원(同起源)의, 같은 기원의; =isogenic. ‑**e·ny** 图
i·so·gloss [áisəglɔ̀s, -glɑ̀s/-lɔ̀s] 图 〔언어〕 등어
선(等語線)(언어적 특징이 다른 두 지방을 분리하는 상상
의 선). ‑**glóss·al** 图
i·so·glu·cose [àisəglúːkous] 图 이소글루코오스
(전분질의 곡물에서 얻는 설탕 대용품).
i·so·go·nal líne [aisɑ́gənl-/-sɔ́g-] 图 등편각선
(等偏角線), 등방위각선. (또는 **isogonal**, **i·so·gone**
[áisəgòun], **isogónic líne**)
i·so·gon·ic [àisəgɑ́nik/-gɔ́n-] 图 등각(等角)의; 등
편각(等偏角)(선)의; 〔생물〕 등생장(等生長)의. ── 图
등편각선(~ line);　　　　　　　　　　　　　「量線). ~**·al** 图
i·so·hy·et [àisəháiət] 图 〔기상〕 등우량선(等降水
i·so·la·ble [áisələbl, ìsə-] 图 분리[유리(遊離), 고
립]시킬 수 있는. (또는 **isólatable**)
‡**i·so·late** [áisəlèit, ìsə-] 他 (-*lat·ed*; -*lat·ing*) 1
…을 (…로부터) 격리시키다, 떼어놓다, 분리시키다; 고
립시키다 (*from*). ¶ be ~*d from* civilization 문명으로
부터 격리되다. 2 〔병리〕 〔전염병 환자 등〕을 격리하다.
3 〔화학〕 …을 유리(遊離)시키다; 〔세균〕 …을 분리하다.
4 〔전기〕 …을 절연하다.　　　　　　　　　　　　「끊다.
isolate oneself from all society 일체의 교제를
── 图 [áisəlèt, -lèit, -is-] 1 (연구 목적을 위해) 고립
[분리]된 것[사람, 집단]: 〔생물〕 격리 집단. 2 〔심리〕 고
── 图 [áisələt, -lèit, ìs-] = isolated.　　　「립자.
***i·so·lat·ed** [áisəlèitid, ìsə-] 图 1 고립된, 외딴.
¶ an ~ house 외딴 집. 2 유례없는, 유일한; 점재(點
在)하는, 산발적인, 단발적인. 3 〔병리〕 격리된; 〔화학〕
유리된; 〔전기〕 절연된; 〔수학〕 고립된. ~**·ly** 图
ísolated cámera 图 부분 촬영용 카메라(스포츠 중
계 등에서 일정 부분만을 촬영하는 즉시 재사용 카메라).
ísolated exámple 图 예외(exception). ¶ *It's no
~.* 그것은 예외가 아니다.
í·so·lat·ing lànguage [áisəlèitiŋ-] 图 고립어(중
국어 따위). 图 agglutinative language(교착어(膠着
語)), inflectional language(굴절어)
‡**i·so·la·tion** [àisəléiʃən, ìsə-] 图 U C 1 고립, 고
독; (격리. 2 〔병리〕 격리 (*from*). 3 〔화학〕 유
리, 단리(單離). 4 〔전기〕 절연. 5 〔세균〕 분리. 6 〔동물〕
(지리적 또는 교배상의) 격리 (사육).
in isolation 고립[분리]하여. ¶ live *in* complete ~
침거하다.　　　　　　　　　　　　　　　「응실(防音室).
isolátion bòoth 图 (TV 스튜디오 안에 설치된) 방
isolátion hóspital 图 격리 병원.
i·so·la·tion·ism [àisəléiʃənìzm, ìsə-] 图 U (종
종 경멸적) (정치·경제상의) 고립주의, 불간섭주의.
i·so·la·tion·ist [àisəléiʃənist, ìsə-] 图 (정치·경

제의의) 고립[불간섭]주의자. ― 혱 고립주의(자)의, 고립주의적인.
isolátion wàrd 몡 격리 병동.
i·so·la·tive [áisəlèitiv, -lətiv] 혱 1 〔언어〕 (음 변화가) 고립적으로 생기는, 독립[고립]성의. ¶a ~ change 고립적 변화. 2 고립의, 독립의, 격리적인, 유리된.
i·so·la·to [àisəléitou] 몡 (복 ~es) (같은 시대·사회로부터 정신적으로) 고립[단절]되어 있는 사람. (＜It)
i·so·la·tor [áisəlèitər, ìsə-] 몡 격리[분리]하는 사람[것]; 진동[소음] 방지 장치; 〔전기〕 절연체(insulator).
I·so·lette [àisəlét] 몡 《상표》 미숙아 보육기.
i·so·leu·cine [àisəlú:si:n] 몡 〔생화학〕 이소류신
isoln. isolation.
i·so·mer [áisəmər] 몡 〔단백질 내의 아미노산; 〔Ile〕
〔물리〕 이성핵(核), 핵 이성체.
～**·ic** [ɔ̀merik] 혱 **-i·cal·ly** 튀.
i·som·er·ism [aisámərìzm/-sɔ́m-] 몡 〔화학〕 이성(異性); 〔물리〕 핵 이성.
i·som·er·ize [aisámərdiz/-sɔ́m-] 젖탸 〔화학〕 이성화(異性化)하다, 이성체로 변하다[바꾸다]. **i·zá·tion** 몡
i·som·er·ous [aisámərəs/-sɔ́m-] 혱 같은 수의 부분을 가진; 〔식물〕 (꽃의 각 부분이) 같은 수의.
i·so·met·ric [àisəmétrik] 혱 1 크기[부피, 각, 용적, 길이]가 같은. 2 〔결정〕 등축(等軸)의. 3 〔운율〕 동등한 운율을 가진, 운각(韻脚)이 규칙적인. ― 몡 1 (~s) =～ exercise. 2 =～ drawing. 3 〔물리〕 등적(等積) 곡선. (또는 **isometrical**) **-ri·cal·ly** 튀
isométric dráwing 몡 등각(等角) 투영 화법.
isométric éxercise 몡 등척(等尺) 운동(isometrics)(벽·책상 등 움직이지 않는 것을 세게 밀거나 당기는 근육 강화 운동).
isométric líne 몡 1 〔물리〕 등용(等容)[등적] 곡선. 2 등치선(等置線).
i·so·met·rics [àisəmétriks] 몡 (단수취급) = isometric exercise.
i·som·e·try [aisámətri/-sɔ́m-] 몡 1 같은 크기[부피], 같은 양[치수]; 〔지리〕 등거리법; (해발(海拔)의) 등고(高). 2 〔수학〕 등장(等長) 변환. 3 〔생물〕 등(等)(상대) 생장(生長).
i·so·morph [áisəmɔ̀ːrf] 몡 〔화학·결정〕 (이종(異種) 동형체[물]〔同形體〕〔物〕; 동형[이질동상(異質同像)]의 물체.
i·so·mor·phic [àisəmɔ́ːrfik] 혱 (이종) 동형의, 동일 구조의; =isomorphous. **-phi·cal·ly** 튀
i·so·mor·phism [àisəmɔ́ːrfizm] 몡 〔생물〕 (이종) 동형; 등표현형(等表現型), 〔화학·결정〕 이질 동상 (同像), 「이질 동상의.
i·so·mor·phous [àisəmɔ́ːrfəs] 혱 〔화학·결정〕
i·so·ni·a·zid [àisənáiəzid] 몡Ⓤ 〔약학〕 이소니아지드, 이소니코틴산 히드라지드(항결핵제).
i·so·nic·o·tín·ic ácid [àisənikətínik-] 몡 〔화학〕 이소니코틴산(주로 항결핵제를 만드는 데 쓰인다).
isonicotínic ácid hý·dra·zìde [-háidrəzàid] 몡 〔약학〕 =isoniazid.
i·son·o·my [aisánəmi/-sɔ́n-] 몡 1 (법적인) 정치적 권리의 평등; 시민권의 평등성, 시민 동권(同權).
i·so·nom·ic [àisənámik], **-mous** 혱 「옥탄.
i·so·oc·tane [àisəɑ́ktein/-ɔ́k-] 몡Ⓤ 〔화학〕 이소
i·so·phone [áisəfòun] 몡 〔언어〕 등음선(等音線)(동일 음이 사용되는 지역을 나타내는 등어선(等語線)).
i·so·phote [áisəfòut] 몡 〔광학〕 등광선(等光線)(광원(光源)으로부터 같은 강도의 빛을 받는 지점을 지도 위에서 연결시킨 선).
i·so·pi·es·tic [àisoupaiéstik] 혱 등(等)수증기압의;
등압(等壓)의. ― 몡 등압선(isobar). **-ti·cal·ly** 튀
i·so·pleth [áisəplèθ] 몡 〔기상·지리〕 등치선(等値線).
i·so·pod [áisəpɑ̀d/-pɔ̀d] 몡 〔동물〕 (갑각류 중의) 등각류(等脚類). ― 혱 등각류의. 「원료.
i·so·prene [áisəprìːn] 몡Ⓤ 이소프렌(합성고무의

i·so·prin·o·sine [àisəprínəsìːn, -sin] 몡 〔약학〕 이소프리노신(실험·연구용 항바이러스제).
i·so·pró·pyl álcohol [àisəpróupil-] 몡Ⓤ 이소프로필 알코올(알굴용 따위).
i·so·pyc·nic [àisəpíknik] 혱 1 같은 농도[밀도]의. 2 밀도차를 이용한 분리 기술의; 에 의한. (또는 **iso·pycnal**)
i·sos·ce·les [aisásəlìːz/-sɔ́s-] 혱 이등변의, 등각
isósceles tríangle 몡 이등변 삼각형. 「(等脚)의.
i·so·seis·mal [àisəsáizməl, -sáis-] 〔지진〕 〔등진도선(等震度線)(의). (또는 **isoseismic**) 「핀.
i·so·spin [áisəspìn/áizə-] 몡 〔물리〕 하전(荷電) 스
i·sos·ta·sy [aisástəsi/-sɔ́s-] 몡 〔지질〕 아이소스타시, 지각 균형; (힘의) 평형 (상태).
i·so·stat·ic [àisəstǽtik] 혱 지각 균형(설)의; 평형 (상태)의. **-i·cal·ly** 튀
i·so·there [áisəθìər] 몡 〔기상〕 등하온선(等夏溫線), 등서선(等暑線). **i·soth·er·al** [aisɑ́θərəl] 혱
i·so·therm [áisəθə̀ːrm] 몡 〔기상·물리〕 등온선(等溫線).
i·so·ther·mal [àisəθə́ːrməl] 혱 등온(선)의.
― 몡 〔기상〕 등온선. (또는 **isothermic**) ～**·ly** 튀
isothérmal prócess 몡 〔열역학〕 등온 과정(等溫 過程)(온도의 변화없이 진행되는 과정).
isothérmal région 몡 성층권(stratosphere).
i·so·tone [áisətòun] 몡 〔물리〕 동(同)중성자핵[체], 아이소톤.
i·so·ton·ic [àisətánik/-tɔ́n-] 혱 1 〔물·화〕 등장(等張)의, 등삼투압의. 2 〔생리〕 (용액·근육이) 등장의, 균등 긴장(緊張)의. 3 〔음악〕 같은 가락의, 등음(等音)의.
isotónic drínk 몡 아이소토닉 음료(미네랄 함유 스포츠 드링크).
i·so·to·nic·i·ty [àisətounísəti] 몡Ⓤ 등장(等張).
i·so·tope [áisətòup] 몡 〔화학〕 아이소토프, 동위 원소, 동위체. **-top·ic** [-tápik] 혱 **·top·i·cal·ly** 튀
isotópic spín 〔물리〕 =isospin.
i·so·tron [áisətràn/-trɔ̀n] 몡 〔물리〕 아이소트론 (동위 원소 전자(電磁) 분리기).
i·so·trop·ic [àisətrápik, -tróup/-trɔ́p-] 혱 〔물리〕 등방성(等方性)의; 〔동물〕 (알 따위가) 등방성의.
i·sot·ro·pous [aisátrəpəs/-sɔ́t-] =
i·sot·ro·py [aisátrəpi/-sɔ́t-] 몡 〔물리〕 등방성 (等方性)(⇔ aeolotropy); 〔동물〕 등방성.
i·so·type [áisətàip] 몡 1 아이소타이프(그래프에서 단위로 쓰는 그림·기호 등). 2 아이소타이프를 사용한 그래프[도표]. 3 〔생물〕 (분류학의) 중복 기준 표본.
i·so·typ·ic [àisətípik] 혱 1 아이소타이프의. 2 〔결정〕 동일 구조형의. (또는 **isotypical**)
i·so·zyme [áisəzàim] 몡 〔생화학〕 동질 효소(동일 촉매(觸媒) 반응을 하는 이구조(異構造)의 효소).
Isp [isp] 몡 (로켓의) 추진력. (＜*i*mpulse *s*pecific)
ISP Internet Service Provider(인터넷 서비스 제공
***i*·spin** [áispìn] 〔물리〕 =isospin. 「처).
Í spý 몡 숨바꼭질(hide-and-seek).
Isr. Israel(i).
*****Is·ra·el** [ízriəl, -reiəl] 몡 1 이스라엘 공화국(1948년 5월 독립한 유대인 국가; 수도 Jerusalem). 2 〔성서〕 이스라엘(Jacob의 별칭. ←창세기(Gen.) 32 : 28). 3 〔집합적·복수취급〕 이스라엘 사람(Jacob의 자손), 유대인(the Jews), 헤브라이 사람(the Hebrews). 4 〔고대 헤브라이 사람의〕 이스라엘 왕국(왕국이 분열되었을 때의 북왕조의 국명; 수도 Samaria). 5 신의 선민(選民)(the elect); 기독교도.
Is·rae·li [izréili] 혱 몡 (복 ~(**s**)) (현대의) 이스라엘인.
― 혱 (현대의) 이스라엘(사람)의.
Is·ra·el·ite [ízriəlàit, -reiəl-] 몡 1 야곱(Jacob)의 자손, 고대 헤브라이 사람; 이스라엘 왕국의 국민; 유대인. 2 신의 선민. ― 혱 고대 이스라엘[헤브라이](사람)

ISRD *International Society for Rehabilitation of the Disabled*(국제 장애자 갱생 협회). **ISS** *International Space Station*(국제 우주 정거장). **iss.** *issue*.
ISSA *International Social Security Association*(국제 사회보장 협회). **ISSN** *International Standard Serial Number*(국제 표준 간행물 일련 번호).

is·su·a·ble [íʃuəbl] 형 1 (통화·채권 따위가) 발행할 수 있는. 2 (이익·이자 따위가) 생기는, 얻어지는. 3 [법률] (소송 따위의) 쟁점이 될 수 있는. **-bly** 분

is·su·ance [íʃuəns] 명U 배급, 지급, 급여; 발행, 발포(發布); 방출(放出).

is·su·ant [íʃuənt] 형 1 [문장] (짐승이) 상반신만 그려진; (태양에서) 광선을 방사하고 있는. 2 (드물게) (…로부터) 나오는[나타나는].

‡**is·sue** [íʃuː] 명 (~**s** [-z]) 1 UC 공포, 발행, 발간; (어음 따위의) 발행. ¶ the ~ of a newspaper [stamps] 신문[우표]의 발행. 2 발행[발포]된 것; 출판물, 발행물, (한 회의) 발행 부수; (출판물의) 제 … 쇄[刷][판, 호]. ¶ the May[latest] ~ of a magazine 잡지의 5월[최신]호/the daily ~ of a newspaper 신문의 일일 발행 부수. 3 출구, 배출구; 강어귀. ¶ a river whose source and ~ are unknown 발원지도 강어귀도 알려지지 않은 강. 4 UC 밖으로 나오기[내기], 방출, 유출; (an ~) 유출물, 방출물. ¶ an ~ of blood from the nose 코피. 5 (긴급한) 문제(점); 쟁점(爭點), 말썽거리; (the ~) (문제의) 핵심; 논란, 논쟁. ¶ evade [or duck] the ~ 그 문제의 핵심에 손대는 것을 피하다. 6 (an ~) 결과, 결말, 소산(所產). ⇒ EFFECT 유의어 ¶ bring a case to an ~ 사건을 결말짓다. 7 UC 지급[배급]; (집합적) 지급품, 관급품(官給品). 8 U [법률] (집합적; 단·복수 양용) 자녀, 자손. ¶ die without ~ 자녀를 두지 않고 죽다. 9 [법률] (토지 따위에서 나오는) 이득, 수익. 10 [의학] (혈액·고름 따위의) 배출; (피·고름이 나오는) 궤양, 베인 상처.

abide the issue 결말을 기다리다, 결과에 따르다.
at issue ① 계쟁(係爭)중인, 문제가 되고 있는. ¶ the question *at* ~ 논쟁중인 문제. ② (…와) 불화하여 (*with*). ¶ be *at* ~ *with* a person 남과 의견이 맞지 않다. ⌐공시키다.
bring [or *put*]*...to a successful issue* …을 성
face the issue 사실을 사실로 인정하고 대처하다.
force the issue 억지로 결말[결론]을 짓다.
have an issue with …와 문제가 있다, 불화(不和) ⌐하다.
have no issue 자식[소생]이 없다.
in the (*last*) *issue* 결국에, 요컨대.
join (*the*) *issue* ① [법률] 쌍방이 쟁점에 동의하여 재결(裁決)을 구하다. ② = *take issue*.
make an issue (*out*) *of* ① …을 문제로 삼다. ② (사소한 일에) 말썽을 부리다.
raise a new issue 새로운 쟁점을 제기하다.
stand on the issue(*s*) 문제에 대해 단호한 입장을 취하다.
take issue (…와) 대립하다, 의견이 맞지 않다(*with*); 논쟁하다(*with* / *on*, *about*).
the (*whole*) *issue* (구어) 모두, 전부.
— 통 (~**s** [-z]; ~*d*, -*su·ing*) 재 1 나오다, 발하다 (*from*, *out of*); 흘러나오다; 나타나다(*forth*, *out*) (*from*). ¶ (~+[전]+[명]) smoke *issuing from* chimneys 굴뚝에서 나오는 연기 // (~+[부]) The students ~*d out* into the campus. 학생들이 교정으로 쏟아져 나왔다. 2 유래하다, 생기다 (*from*). 3 (고어) (…의) 결과가 되다 (*in*). ¶ (~+[전]+[명]) The attempt ~*d in* failure. 그 시도는 실패로 끝났다. 4 [법률] (…에게서) 출생하다, (…의) 자손이다 (*from*). 5 [법률] (토지 따위에서) (이익이) 나오다[생기다] (*from*). 6 (통화가) 발행되다; (책 따위가) 출판되다; (영장 따위가) 발부되다.
— 타 1 (선언·명령 따위)를 내다, 발하다; …을 공포하
다. ¶ (~+[목]+[전]+[명]) ~ **an order** *to* **soldiers** 병사들에게 명령을 내리다. 2 …을 출판[발행]하다; (어음)을 발행하다. ¶ ~ a book [an invitation] 책을 출판하다 [초대장을 보내다]. 3 [군사] …을 지급[배급]하다. ¶ (~+[목]+[전]+[명]) ~ **ammunition** *to* **troops** 군대에 탄약을 지급하다. 4 (피·고름 따위)를 내다, 방출하다.
5 (야구) (4구)로 출루시키다. ⌐는.
~*less* 자녀[자손]가 없는; 결과가 없는; 쟁점이 없
íssue of fáct [법률] 사실상의 쟁점(사실 유무의).
íssue of láw [법률] 법률(적용)상의 문제. ⌐면.
íssue pár [금융] 액면(額面).
íssue príce 명 [증권] 발행 가격.
is·su·er [íʃuər] 명 발행자; (어음 따위의) 발행인.
ís·su·ing bànk [íʃuiŋ-] 명 [상업] 신용장 개설 은행.
íssuing hóuse 명 (英) 증권 인수업자, 증권 발행 상
IST *insulin shock therapy*(인슐린 쇼크 요법). ⌐사.
-ist [ist] 접미 「…하는 사람」의 뜻의 명사를 만든다. 1 -*ize*로 끝나는 동사의 동작주. ¶ apolog*ist*. 2 -*ism*으로 끝나는 명사에서 「…주의자」, 「social*ist*. 3 「특수한 일을 하는 사람」, 「…가(家)」. ¶ violin*ist*.

ista·na [istáːnɑː] 명 (말레이시아의) 왕궁.
Is·tan·bul [ìstænbúl, -tɑːn-] 명 이스탄불(터키 서북부의 도시; 옛 이름 Constantinople).
í.státion [íː-] 명 (美) (CD전문점의) CD 시청실.
Isth., isth. *isthmus*.
isth·mi [ísmai] 명 *isthmus*의 복수형.
isth·mi·an [ísmiən] 형 1 지협(地峽)의. 2 (I-) 파나마(Panama) 지협의; 코린트(Corinth) 지협의. — 명 지협의 주민; (특히) 파나마 지협의 주민. **-mic** 형
Ísthmian Canál 명 (the ~) 파나마 운하.
Ísthmian Games 명 (the ~) 코린트 지협 경기대회(옛날 코린트 지협에서 2년마다 벌어진 고대 그리스 4대 경기 대회의 하나).
***isth·mus** [ísməs/ísm-, ísθ-] 명 (복) ~*es*, **-mi** [-mai]) 1 지협(the I-) 수에즈 지협, 파나마 지협. 2 [해부·동물] 협부(峽部). **ísth·moid** 형
-is·tic [istik] 접미 -*ist*, -*ism*으로 끝나는 명사에서 형용사를 만든다. ¶ de*istic*, pur*istic*, art*istic*.
-is·ti·cal [ístikəl] 접미 -*istic*과 -*al*의 결합형.
-is·tics [ístiks] 접미 -*ist*와 -*ics*의 결합형. ¶ linguistics.
is·tle [ístli] 명U 이스틀리(열대 아메리카산 agave, yucca 속의 섬유). (또는 **ixtle**)
ISV *International Scientific Vocabulary*(국제 과학
it[1] ⇒ IT. 〈p. 1491〉 ⌐용어[어휘]).
it[2] [it] 명 (英구어) 이탈리아산(產) 베르무트. 〈< *I*talian *v*ermouth〉
IT *information technology*(정보 기술); *information and telecommunication*(정보 통신). **it.** *item*. **It.** *Italian*; *Italy*. **I.T.** *immunity test*; *inclusive tour* (포괄 여행); *income tax*; *Indian Territory*. **ITA** (英) *Independent Television Authority*; [로켓] *integrated test article*(종합 시험 항목); *International Tin Agreement*(국제 주석 협정). **ITA, i.t.a., ita** *Initial Teaching Alphabet*(유아용 알파벳).
i·tai-i·tai [íːtaiíːtai] 명 [병리] 이타이이타이 병(만성 카드뮴 중독으로 인한 뼈 질환). (또는 ~ **diséase**) 〈<*Jap*〉
ital. *italicized*; *italic*(*s*). **Ital.** *Italian*; *Italic*; *Italy*.
I·tal- [itǽl, ai-] 연결 ⇒ Italo-. ⌐이름.
I·ta·lia [*It* itáːlja:] 명 이탈리아(Italy의 이탈리아어
‡**I·tal·ian** [itǽljən] 형 이탈리아의; 이탈리아인(人)[어]의. — 명 (~**s** [-z]) 이탈리아인; U 이탈리아어.
I·tal·ian·ate [itǽljənèit, -nət] 형 이탈리아화(化)한; (건축 따위가) 이탈리아풍[식]의. (또는 **Italianesque**) — 통 [itǽljənèit] = Italianize.
~*ly* 분 **-á·tion** 명
Itálian clóver 명 유럽산 1년생 클로버.

대명사 it에는 크게 나누어 다음 세 가지 용법이 있다.
(1) 이미 나온 사물을 가리키는 기본적인 용법.
(2) 날씨·시간·거리 따위를 가리키는 비인칭 주어로서의 용법.
(3) 형식 주어·목적어로서 뒤에 오는 사실상의 주어·목적어를 대표하는 용법.
(1)의 경우 「그것」의 번역은 보통 생략되거나 「이것」 또는 「저것」으로 대체되기도 하며(⇒ USAGE (2)). (3)의 용법에서는 강조구문이 되는 경우가 많다.

‡**it** [it] ᡣ 《3인칭 단수 중성의 주격·목적격 인칭대명사; 소유격 **its**》 《목 주격 **they**, 소유격 **their**, 목적격 **them**, 소유대명사 **theirs**》 **1** 그것은[이]; 그것을[에]. **a)** 《이미 나온 명사·어구 따위를 가리킨다》 ¶I made a pretty doll and gave *it* to her. 나는 예쁜 인형을 만들어 그녀에게 주었다 / Beauty is everywhere and *it* is a source of joy. 아름다움은 도처에 있고, 그것은 기쁨의 원천이 된다 / What is this [that]?—*It* is a kennel. 이것[저것]은 무엇입니까?——개집입니다 / Is he angry?—Does he look *it*? 그는 화가 나 있니?——그렇게 보이니? / Many students repeat the same mistakes again and again. *It's* a terrible shame. 많은 학생이 거듭 같은 잘못을 저지르고 있다. (이건) 정말 유감스러운 일이다. **b)** 《성별을 따지지 않는 유아·동물, 성별 불명의 것을 가리킨다》 ¶She had a baby. *It* was a girl. 그녀는 아기를 낳았다. 딸이었다 / The baby took *its* toy. 갓난아기는 장난감을 집었다 / The cat licked *its* paws. 고양이는 발을 핥았다.

USAGE (1) 사물을 실제로 눈 앞에 놓고 문답할 때, What is this[that]?에 대해 *It* is....로 대답하는 것이 보통이지만, This[That] is....의 형으로도 대답할 수 있다. (2) 위의 예문들에서 보듯이 it을 번역하지 않는 것이 우리말로서 자연스러운 경우가 많다. 또 번역하는 경우에도 「그것」이 아니라 지적되는 것과의 위치 관계에 따라 「저것」 또는 「이것」이 적절할 수도 있다. (3) 실제로 물건을 가리키며 「그것이 내 펜이라」고 할 때는 지시대명사 that을 쓴다: That's [or That is] my pen. (4) it은 완전히 같은 것을, one은 동일 종류의 것을 가리킨다. ⇒ ONE ᡣ USAGE

2 《문제가 되고 있거나 또는 심중에 있는 사람·물건·사정·행위 따위를 가리킨다》 ¶*It* can't be helped. 어찌할 도리가 없다 / What can we do about *it*? 어떻게 안 될까? / There *it* is! 일이 여기에 이르렀다! / *It's* my turn. (이제는) 내 차례다 / *It* is all over with him. 그는 이제 틀렸다 / *It's* all the same with me. 내게는 어느 편이건 마찬가지다 / Who is *it*?——*It's* me. 누구야?——나야.

3 《비인칭 동사의 주어로서, 날씨·시간·온도·명암·거리·그밖의 사정 따위를 막연히 나타낸다》 ¶*It* rained hard all day long. 하루 종일 비가 억수로 왔다 / *It* is fine[cold] this morning. 오늘 아침은 날씨가 좋다[춥다] / *It* will snow this afternoon. 오후에는 눈이 올 것이다 / *It* is three o'clock. 3시이다 / *It* is spring. 봄이다 / *It* is getting cold. 추워진다 / *It* is growing light. 밝아졌다 / How long does *it* take from here to the station? 여기서 역까지는 얼마나 걸립니까? / *It* is two kilometers to the station. 역까지 2킬로미터입니다 / *It* was thus in the Bible that.... 성서에 …이라고 씌어 있다 / How goes *it* with you? 어떻게 지내십니까? / *It* is very hot in here in summer. 이곳은 여름에 몹시 덥다.

4 《형식 주어·목적어로서 문장의 처음 또는 가운데에 두어, 뒤에 오는 사실상의 주어·목적어를 받는다》 **a)** 《부정사(구)를 받아서》 ¶*It* is good to see you. 너를 만나서 정말 기쁘다 / *It* is very kind of you to invite me. 초대해 주셔서 매우 감사합니다 / I make *it* a rule never to watch television on Sunday. 일요일에는 TV를 전혀 보지 않는다.
b) 《동명사(구)를 받아서》 ¶*It* is no use shouting. 소리를 질러도 소용없다 / What is *it* like being a famous person? 유명인이 되면 어떤 기분일까? / *It is no use crying over spilt milk.* 《속담》 엎질러진 물이다.
c) 《절(節)을 받아서》《it appears [chances, follows, happens, occurs, seems] that절》 ¶*It* is true that the pen is mightier than the sword. 과연 문(文)은 무(武)보다 강하다 / *It* (so) happened that I was with him. 나는 우연히 그와 함께 있었던 것입니다 / *It* is quite natural that he should be angry. 그가 화내는 것은 당연하다 / *It* may be that he has known the truth since that time. 그는 그때 이후 진상을 알고 있었는지도 모른다 / *It* seems that my remark has hurt his feelings. 내 말이 그의 감정을 상하게 한 것 같다 / *It* is a question whether he will succeed or not. 그가 성공할지 어떨지는 의문이다 / *It* is not clear which is better. 어느 것이 좋은지 분명치 않다 / *It* was uncertain why she drowned herself. 그녀가 어째서 물에 빠져 죽으려고 했는지 확실치 않았다 / *It* doesn't matter to me where you go. 네가 어디로 가건 나는 아무 상관이 없다 / I think *it* possible that he will be here again. 그는 이곳에 다시 올 수 있을 것으로 생각한다.
d) 《구(句)를 받아서》 ¶*It* is a problem, this contest of a will. 유언에 대해 이런 식으로 논의하는 것은 문제다 / If you find *it* in the room, bring me the new stapler. 방에서 발견하거든 그 새 스테이플러를 가지고 오너라.
e) 《내용·문장을 받아서》 ¶I did not know *it* at the time, but she saved my son's life. 당시엔 몰랐는데, 그녀가 내 아들의 목숨을 구해 주셨더군 / *It* never should have happened. She went out and left the baby unattended. 세상에 이럴 수가 있나. 그녀가 아기를 내버려두고 외출을 하다니.

5 《*It* is [was] X that [which, who, whom, when, etc.]의 구문에서 X 부분을 강조》 ¶*It's* you that [or who] are to blame. 야단맞은 사람은 너다 / What is *it* that I have mentioned? 내가 무슨 말을 했었지? / *It* was your brother that we spoke of. 우리가 이야기한 것은 네 형에 대한 것이었어 / *It* was Mr. Martin whom I saw here yesterday. 어제 여기서 만난 사람은 마틴씨였다 / *It* is doubt which turns good into bad. 좋은 일을 나쁜 일로 바꾸는 것은 의심이다 / *It* will be tomorrow that the schedule will be announced. 스케줄은 내일 발표될 것이다 / *It* is in America that he has lived for ten years. 그가 지금까지 10년간 살고 있는 곳은 미국이다 / *It* is four o'clock when school is over. 수업이 끝나는 것은 4시다 / *It's* dark green that we've painted the kitchen. 우리는 부엌을 짙은 초록색으로 칠했다.

6 《어떤 명사가 동사로 사용될 때 그 목적어가 된다》 ¶bus *it* 버스로 가다 / foot [or leg] *it* 걸어서 가다 / hotel *it* 호텔에 묵다 / lord [queen] *it* 주인[여왕] 행세를 하다, 으스대다 / king *it* over a person 남에게 왕처럼 굴다.

7 《의미 없이 주어·목적어가 된다》 **a)** 《주어》 ¶He is, as *it* were, a grown-up baby. 그는 말하자면 다 큰 애다.
b) 《동사의 목적어》 ¶cut *it* 《구어》 도망가다 / give *it*

hot 혼내 주다/have it out with a person 남과 끝까지 토론하다/put it on (구어) 터무니없는 값을 부르다; 허풍떨다; 점잔빼다/take it out of a person 남에게 화풀이 하다/Brave it out! 용감하게 해내라!/Confound it! 젠장맞을/Deuce take it! 제기랄!, 빌어먹을!/Fight it out! 끝까지 싸워라!/Go it while you have time. 시간이 있을 때 실컷 해라/He has done it. 그는 실수를 했다/Hook it! 도망쳐라!/I can't make it. 약속할 수 없다, 시간을 지킬 수 없다/You will catch it for that. 그런 짓하면 혼날 줄 알아라.
c) [전치사의 목적어] ¶run for it 도망치다/Depend upon it, he will succeed in the examination. 걱정 없어, 그라면 시험에 붙을 거야/He is beyond [or past] it long. 그가 정상적인 생활을 하지 못한지 오래 된다/I had a good time of it yesterday. 어제는 즐겁게 지냈다 [OF USAGE]/I'm feeling rather off it today. 오늘은 기분이 별로 좋지 않다/Now then, get to it, 자, 일을 시작하세요/Oh, the pity of it! 아아, 가엾어라!
be at it ① 싸우고[장난치고] 있다. ¶They are at it again. 그들은 또 싸움질이다. ② (일 따위에) 전념하다. ¶He never gives himself any rest; he's always at it. 그는 조금도 쉬지 않고 언제나 열심히 일한다. ③ 술에 빠지다.
be with it (속어) ① 정신차리고 있다, 조심성이 많다. ¶She tried, but just was not with it. 그녀는 애썼지만 어딘지 주의가 부족했다. ② (재즈 따위를) 알고 있다, 보는 눈이[듣는 귀가] 있다. (최신 유행에) 따르다.
full of it (구어) 함부로, 되는대로 (지껄여).
get with it (속어) 척척 해내다, 열심히 하다, 전력을 다하다. ¶He was warned to get with it or resign. 그는 열심히 하든가 아니면 사표를 쓰라는 경고를 받았다. [책임]이 아니다.
It is not for a person to do …하는 것은 …의 소임 **It isn't worth it.** (구어) 그럴 가치도 없어; 그럴 필 **It is said that...** …이라고 한다. [요 없어.
It may be that... …일지도 모른다.
It's you. (구어) 네게 꼭 맞는다[어울린다].
That's it. ⇒THAT.
This is it. (구어) ① 올 것이 왔다, 바로 이거야. ② 지금이 중요한 때이다, 이것이 핵심이다. ③ 틀림없어, 그게 바로 이유[원인]이야.
——(명) 1 (술래잡기의) 술래(tagger). 2 (구어) 극치, 완전, 이상(理想); 절품(絶品), (바로) 그것[그사람] 중요 인물; 요점; 바람직한[필요한] 수완[능력]. ¶As a doctor he was it. 의사로서 그는 정말 제일이었다. 3 (구어) 성적 매력; 성교; (성교·성기를 가리켜) 그것. ¶She has really it. 그녀는 진짜 끝내 준다/make it with her 그녀와 동침[성교]하다. 4 (속어) 중요한 순간. 5 남녀[암수]를 가릴수 없는[가리지 않는].

Itálian éarth (명) 시에나(sienna)색, 적갈색. [루탄.
Itálian fóotball (명) (美속어) (수제의 폭탄), 수
Itálian gréyhound (명) 이탈리아종 그레이하운드.
Itálian hánd (명) 1 이탈리아식 서체(書體). 2 (구어) (보통 one's [or the] fine ~) 교묘함, 교활한 수법.
I·tal·ian·ism [itǽljənizm] (명)UC 1 이탈리아식[풍]; 이탈리아 말투[사투리]. 2 이탈리아인 기질, 이탈리아 혼(魂). 3 친(親)이탈리아주의. **-ist** (명)
I·tal·ian·ize [itǽljənàiz] (* (英) **-ise**)(타)(자) 이탈리아화하다[식으로 되다]. ──…을 이탈리아화시키다, 이탈리아 식으로하다. **·i·zá·tion**, **-iz·er** (명)
Itálian míllet (명) =foxtail millet.
Itálian sándwich (명) (美구어) 이탈리안 샌드위치 (속에 각종 재료를 듬뿍 넣은 대형 샌드위치).
(또는 **héro sándwich**)
Itálian sónnet (명) =Petrarchan sonnet. [무트.
Itálian vermóuth (명) (단맛이 나는 이탈리안 베르
Itálian wárehouse (명) (英) 이탈리아 (특산) 식료품점(마카로니·올리브유 등을 판다).
Itálian wárehouseman (명) 이탈리아산 식료품 상인.
i·tal·ic [itǽlik, ait-] (형) 1 (인쇄) 이탈리아식의, 사체(斜體)의. ¶~ type 이탤릭체. 2 (I-) 이탈리아의, (특히) 고대 이탈리아(민족)의. 3 (I-) (언어) 이탈릭 어파의.
──(명) 1 (~s) (종종 단수취급) (인쇄) 이탤릭체 문자, 사체(斜體)문자((명) roman). ¶in ~s 이탤릭체로. 2 (I-) U (언어) 이탤릭 어파[어계].
I·tal·i·cism [itǽləsizm] (명) =Italianism.
i·tal·i·cize [itǽləsàiz] (* (英) **-cise**)(타)(자) 1 …을 이탤릭체로 인쇄하다. 2 (이탤릭체를 표시하고) …에 밑줄을 긋다. ──(자) 이탤릭체 활자를 쓰다. **·ci·zá·tion** (명)
itálic týpe (인쇄) 이탤릭체(體).
I·ta·lo- [itǽlou, -lə, ait-, ítəl-] (연결) 「이탈리아(계 [사람])의」의 뜻. ¶Italophile. (또는 **Ital-**)
I·tal·o·phile [itǽləfàil, ítəl-] (명) 이탈리아 숭배자, 친(親)이탈리아파. ── (또는 **I·tal·o·phil** [-fìl]) (형) 이탈리아를 좋아하는, 친(親)이탈리아어(파).
‡**It·a·ly** [ítəli] (명) 이탈리아(유럽 남부의 공화국; 수도 Rome). [Corporation ⇒ITT.
IT & T International Telephone and Telegraph
ITAR [ítɑ:r] (명) (러시아) 이타르, 러시아 정보·정보 통신사(러시아의 국영 통신사; TASS의 후신).
ITAR-Tass [-tɑ́s, -tǽs] (명) (러시아) 이타르 타스 통신사(TAR의 대외 뉴스 배급 크레디트).

I.T.C. (英) Independent Television Commission; International Tin Council((UN) 국제 주석 이사회); International Trade Charter[Commission](국제무역 헌장[위원회]); International Traders Club; investment tax credit(투자 세액 공제).
*itch [itʃ] (명) 1 (보통 the ~, an ~) 가려움, 근질거림. 2 (the ~) (보통 단수형으로) (병리) 옴, 개선(疥癬). ¶have [or suffer from] the ~ 옴에 걸리다. 3 (보통 the ~, an ~, one's ~) (비유적) (…하고 싶어) 몸이 근질근질한 [참을 수 없는] 욕망, 갈망 (for, after/to do); 욕정, 바람기. ¶have an ~ to escape 도망치고 싶어 못 견디다 // the [or one's] ~ to go abroad 외국에 가고 싶어 못 견디는 기분.
get [or have] an itch 가렵다, 근질근질하다; 흥분하다. [하다.
have an itch for …이 탐나서 못 견디다. ¶Mosquito bites ~. 모기에 물린 데가 가렵다. 2 (…이) 탐이 나서 못 견디다 (for, after); (…하고 싶어서) 좀이 쑤시다 (to do). ¶I ~ed to do so. 그렇게 하고 싶어서 좀이 쑤셨다. ──(타) 1 …에게 가려움증을 느끼게 하다. 2 (구어) (가려운 곳을) 긁다. 3 …을 짜증나게[성가시게] 하다.
be itching for …하고 싶어[…이 탐나서] 못 견디다.
one's fingers itch for [or to do] …하고 싶어 손이 근질거리다.
itch·ing [ítʃiŋ] (명)UC (종종 an ~) 가려움, 근질근질한 질환; (…에 대한) 열망, 갈망 (for). [수 없다.
have an itching for …이 탐나서[하고 싶어] 견딜 ── 가렵게, 근질근질하게; 하고 싶어[탐나서] 못 견디다.
have an itching palm 돈[뇌물] 욕심이 많다.
have itching ears [eyes] 몹시 듣고[보고] 싶어하다.
itch míte (명) 옴벌레, 개선충(疥癬蟲).
itch·y [ítʃi] (형) 1 가려운; 옴이 오른. 2 (하고 싶어 나서) 좀이 쑤시는, 갈망하는.
have an itchy palm =have an ITCHING palm.
have itchy feet (구어) 안절부절못하다; 외출[여행] 따위를 좋아하다[못해 안절부절못하다].
itch·i·ly (부) **itch·i·ness** (명)
ítchy fíngers (구어) 도벽(盜癖)이 있는 손.
it'd [ítəd] (구어) it would, it had의 단축형.
-ite[1] [ait] (접미) 다음과 같은 뜻의 명사를 만든다. 「…의 주민, …의 신봉자, …에 속한 사람」. ¶Israelite.

laborite. 2 광물·화석 따위의 명칭. ¶anthracite, ammonite. 3 폭발물이나 새 합성물의 명칭. ¶dynamite, vulcanite. 4 염류(鹽類)을 나타낸다. ¶sulfite. 5 몸의 일부를 나타낸다. ¶somite.

-ite² [ət, ait] 접미 형용사·동사·명사를 만든다. ¶composite, expedite, favorite, opposite.

‡**i·tem** 영 [áitəm] (—**s** [-z]) 1 (제가기 독립된) 항목, 조항; (상품·제품 등의) 품목, 종목, 세목(detail). ¶a fast-selling ~ 잘 팔리는 상품 / fifty ~s on the list 목록에 있는 50개 항목[품목] / ~s in a bill 계산서 내역. 2 (신문·방송 따위의 짧은) 기사[뉴스](의 한 항목). ¶local ~s 지방 기사 / an interesting ~ of news 재미있는 신문 기사. 3 (연극·영화 등의) 상연물. ¶a new ~ on Broadway 브로드웨이에서 상연되는 새 연극[영화]. 4 《속어》 이야기[소문]거리. 5 《컴퓨터》 데이터 항목.
item by item 한 항목씩, 품목별로.
— 부 [áitem] (리스트 따위로 항목을 소개할 때) 그리고 또, 마찬가지로(likewise).
— 타 [áitem] 《고어》 1 항목별로 기입하다. 2 …을 적어두다.

i·tem·ize [áitəmàiz] 타 《美》 …을 조목조목 쓰다, 항목별로 나누다. **-i·zá·tion, -iz·er** 영

ítem véto 영 《美》 (의결 법안에 대한 대통령·주지사의) 부분[개별 항목] 거부권(line-item veto).

item·wise [áitəmwàiz] 부 품목별[항목]별로.

it·er [ítər, áit-] 영 1 《해부》 통로, 도관(導管). 2 = eyre.

ITER International Thermonuclear Experimental Reactor(국제 열핵융합 실험로).

it·er·ance [ítərəns] 영 = iteration. (또는 **íterancy**)

it·er·ant [ítərənt] 형 되풀이하는, 반복하는.

it·er·ate [ítərèit] 타 ⓥ 1 …을 되풀이하여 말하다. ⇨ REPEAT 유의어 2 …을 되풀이하여 하다, 반복하다. ¶ (언어의 규칙이나 수학의 공식의) 반복 적용되다.

íterated íntegral 영 《수학》 반복[누차(累次)] 적분.

it·er·a·tion [ìtəréiʃən] 영 1 (같은 말의) 되풀이, 반복. 2 《수학》 반복(법). 3 《컴퓨터》 (프로그램 중의 명령의) 반복.

it·er·a·tive [ítərèitiv, -rət-/-rət-, -rèit-] 형 1 되풀이하는, 반복하는. 2 《문법》 (동사가) 반복(상(相))의 (frequentative). 3 《수학·컴퓨터》 (공식·조작법 따위가) 반복(적용)의, 되풀이의. — 《문법》 반복상(相). ~**·ly** 부 ~**·ness** 영

-i·tes [áiti:z] 접미 -itis의 복수형.

ITF International Tennis Federation(국제 테니스 연맹); International Trade Fair(국제 무역 박람회); International Trade Federation(국제 운수 노조 연맹).

ít gírl 영 《美속어》 매력적인[섹시한] 여자, (~ 뱅).

Ith·a·ca [íθəkə] 영 이타카(그리스 서부 해안 앞바다 이오니아 해의 한 섬; Ulysses의 고향). **-can** 형

I·thu·ri·el's spéar [iθjúəriəlz-] 영 진위를 가리는 확실한 기준. 〔Milton작 *Paradise Lost*에 나오는 천사 Ithuriel의 거짓을 폭로할 창〕

i·th·y·phal·lic [ìθəfǽlik] 형 1 Bacchus신의 축제 때 들고 다닌 남근상(phallus)의. 2 외설의; (그림 등에서) 음경(陰莖)을 발기시킨. 3 《운율》 Bacchus 축제 행렬 때 기도·찬가에 쓴 운율의. — 영 1 ithyphallic 운율로 쓴 시, Bacchus 찬가. 2 외설시.

-it·ic [ítik] 접미 -ite¹과 -ic의 결합형. -ite, -ic 등으로 끝나는 명사의 어간에 붙여 형용사를 만든다. ¶Semitic.

itin. itinerary.

i·tin·er·an·cy [aitínərənsi, itín-] 영 1 UC 순력(巡歷), 편력, 순회. 2 (판사·설교자 등) 순회자의 단체. 3 (감리교의) 순회 목사 제도. (또는 **itinerancy**)

*****i·tin·er·ant** [aitínərənt, itín-] 형 1 순회[편력]하는, 떠돌아다니는; 전전하는. ¶an ~ trader [theatrical troupe] 행상인[유랑 극단]. 2 지방 순회의, 이동식의. ¶an ~ judge [library] 순회 판사[이동 도서관]. — 영

뜨내기[떠돌이] 노동자, 순회 설교사[판사]; 행상인; 순회 공연 배우; 편력[순회]자. ~**·ly** 부

itínerant eléctron mágnetism 영 《물리》 편력 전자 자성(遍歷電子磁性).

itínerant jústice 영 《美》 순회 재판; 순회 판사.

i·tin·er·ar·y [aitínərèri, itín-/-nərəri] 영 1 여정(旅程), 여로; 여행 계획, (특히) 방문지 리스트, 여행 일정. 2 여행 일기, 여행기. 3 여행 안내서. — 형 여행[여정]의. 2 순회[편력]하는.

i·tin·er·ate [aitínərèit, itín-] ⓥ 1 순회[편력]하다. 2 순회 설교[재판]을 하다. — 형 =itinerant. **-á·tion** 영

-i·tion [íʃən] 접미 「동작, 상태」를 나타내는 명사를 만든다. ¶expedition, extradition, audition.

-i·tious [íʃəs] 접미 -ition으로 끝나는 명사로부터 「…의 성질을 가진」을 뜻하는 형용사를 만든다. ¶nutritious, seditious.

-i·tis [áitis] 접미 다음의 뜻의 명사 어미. 1 《의학》「…염(炎), …증(症)」. ¶bronchitis, gastritis, neuritis. 2 《구어》「…광, …열」. ¶telephonitis.

-i·tive [itiv, ət-] 접미 형용사·명사 어미. ¶definitive, fugitive, infinitive.

it'll [ítl] it will, it shall의 단축형.

ITN 《英》 Independent Television News(독립 방송 공사 텔레비전 뉴스). **ITO, I.T.O.** International Trade Organization(UN) 국제 무역 기구).

-i·tol [ətɔ́:l, ətòul, ətàl/-itɔ̀l] 접미 《화학》 1수산기군(木酸基群)(one hydroxyl group) 이상을 함유하는 알코올의 이름에 쓴다. ¶mannitol.

-i·tous [ətəs, it-] 접미 -ity로 끝나는 명사에 대응하는 형용사를 만든다. ¶calamitous.

‡**its** [its] 대 (it의 소유격) 1 (명사 앞에 쓰여, 형용사적으로) 그것의, 저것의(솔 it's). ¶The book has lost ~ cover. 그 책의 커버가 없어졌다. 2 (드물게) (단·복수 양용) 그것의 것.

it's [its] it is, it has의 단축형.

ITS international temperature scale(국제 온도 눈금).

‡**it·self** [itsélf] 대 (복수 ***them·selves*** [ðəmsélvz]) 1 (강조용법) (그것) 자신[자체], 바로 그것. ¶She is kindness ~. 그녀는 매우 친절하다. 2 (재귀용법) 그 자신[자체]을. ¶ History repeats ~. 역사는 되풀이된다. 3 (보어로서) 그것의 본래[평소]의 상태. ¶ Our dog doesn't seem ~ today. 우리 개는 오늘 컨디션이 좋지 않은 것 같다.

by itself 그것만으로, (다른 것과) 떨어져서; 저절로, 자동적으로. ¶a door that works *by* ~ 자동 개폐문.
for itself 단독으로, 혼자 힘으로. ¶The affair speaks *for* ~. 그것은 자명(自明)한 일이다.
in and of itself 그것 자체는.
in itself 본래, 본질적으로. ¶Diamond is hard *in* ~. 다이아몬드는 본디 단단한 것이다.
of itself 자연히, 저절로. ¶The tree fell *of* ~. 나무는 저절로 넘어졌다.

it-shay [-ʃéi] 영 《美속어》 싫은[역겨운] 놈.

it·sy-bit·sy [ítsibítsi] 형 =itty-bitty.

ITT insulin tolerance test; 《美》 International Telephone and Telegraph Corporation(국제 전신 전화 회사). **ITTF** International Table Tennis Federation(국제 탁구 연맹).

it·ty-bit·ty [ítibíti] 형 1 《구어》 조그마한, 작은. 2 세세한 부분으로 이뤄진; 하찮은. (또는 **itsy-witsy**)

ITU Intensive Therapy Unit; International Telecommunication Union(국제 전기 통신 연합). **ITV** 《英》 Independent Television(독립 텔레비전 망); industrial[instructional] television(공업용[교육] 텔레비전).

-i·ty [əti] 접미 「상태, 성질」 따위를 나타내는 추상 명사를 만든다. ¶jollity, chastity.

i-type semicondúctor [áitàip-] 웹 =intrinsic semiconductor.
IU *immunizing unit*(면역 단위); (또는 **I.U., iu**) *international unit*(s)((비타민의) 국제 단위). **IUBMB** International Union of Biochemistry and Molecular Biology(국제 생화학 분자 생물학 연합; 1991년 IUB를 개칭하여 발족). **IUCD** *intrauterine contraceptive device*(피임 링). **IUCN** *International Union for Conservation of Nature and Natural Resources*(국제 자연 보호 연맹). **IUCW** *International Union for Child Welfare*(국제 아동 복지 연합). **IUD** *intrauterine death*; *intrauterine device*(자궁내 피임 기구). **IUGG** *International Union of Geodesy and Geophysics*(국제 측지학(測地學)·지구 물리학 연합). **IULA** *International Union of Local Authorities*(국제 지방 자치체 연합).
-i·um [iəm, jəm] 접미 **1** 라틴어계 명사에 붙인다. ¶med*ium*, prem*ium*. **2** 금속 원소 이름에 붙인다. ¶irid*ium*, sod*ium*.
IUOTO *International Union of Official Travel Organizations*(관설(官設) 관광 기관 국제 연맹). **IUPAC** International Union of Pure and Applied Chemistry(국제 순수·응용화학 연합). **IUS** *inertial upper stage*; *International Union of Students*(국제 학생 연맹).
IV [áivi:] 웹 (웹 ~('s) (전해질·약제 등의) 점적(點滴) 장치, ¶an ~ bottle 점적용 병. [<*intra venous*]
IV *intravenous drip* [*injection*]; *intravenously*(ly). **i.v.** *increased value*(증가 가액(增加價額)); *initial velocity*; *invoice value*(송장(送狀) 가격). **I.V.** *initial velocity*(초속도(初速度)). **IVA** (로켓) *intravehicular activity*(우주선내 활동).
I·van [áivən/*Russ* ivan] 웹 이반. **1** 남자 이름. **2** (속어) 러시아 사람, (특히) 러시아 병사.
Ivan IV 웹 이반 4세(1530-84: 러시아 제국의 초대 황제; 일명 이반 뇌제(雷帝)(Ivan the Terrible)).
I·van·hoe [áivənhòu/-həu] 웹 아이반호(Water Scott의 소설; 그 주인공 이름).
I·van I·va·no·vi(t)ch [áivən ivá:nəvit∫] 웹 이반 이바노비치(선량하지만 게으른 전형적인 러시아인).
Ivan the Gréat 웹 =Ivan Ⅲ.
Ivan Ⅲ 웹 이반 3세(1440-1505: 모스크바 대공(大公); 일명 이반 대제(Ivan the Great)).
IVB *invalidity benefit*.
‡**I've** [aiv] I have의 단축형.
-ive [iv] 접미 「…의 성질[기능]을 가진, …의 경향이 있는」의 뜻의 형용사를 만든다. ¶nat*ive*, substant*ive*, creat*ive*, destruct*ive*. 「구충약.
i·ver·mec·tin [àivərméktin] 웹 기생 선충·진드기
Ives [áivz] 웹 **Charles Edward** ~ 아이브즈 (1874-1954: 미국의 작곡가).
IVF *in vitro fertilization*(체외 수정).
i·vied [áivid] 웹 담쟁이덩굴(ivy)로 덮인.
I·vo·ri·an [áivɔ́:riən] 웹 코트디부아르(Ivory Coast)의[에 관한]. — 웹 코트디부아르 (공화국) 국민[주민].
i·vo·ried [áivərid] 웹 (고아) 상아로 만든; 상아 같은.
‡**i·vo·ry** [áivəri] 웹 (웹 **-ries** [-z]) **1** Ⓤ 상아, (하마·해마 따위의) 엄니. ¶imitation [fossil] ~ 모조[화석] 상아. **2** (-ries) 상아 제품; (속어) 주사위(dice); 당구공; 피아노의 건반. **3** (속어) 이(teeth). **4** Ⓤ 상아빛.
hunt ivory 코끼리 사냥을 하다.
show one's ivories (속어) 이를 드러내 보이다.
tickle the ivories (익살) 피아노를 치다.
— 웹 상아로 만든; 상아빛의[같은]; 상아빛의. ¶an ~ skin 상아빛 피부.
~*-like* 웹
ívory-billed wóodpecker [-bíld-] 웹 흰부리 딱따구리.

ívory bláck 웹 아이보리 블랙(상아를 태워서 만든 흑색 안료). 「름.
ívory Cóast 웹 코트디부아르(Côte d'Ivoire)의 옛 이
i·vo·ry-dome [-dóum] 웹 (美속어) **1** 바보, 얼간이. **2** 지식인, 전문가; (경멸적) 인텔리인 체하는 사람.
ívory gáte 웹 (그리스 신화) (잠의 집의) 상아문(이 문에서 허망한 꿈이 나온다고 한다). 웹 *gate of horn*
ívory gùll 웹 상아갈매기(북극권의 흰 작은 갈매기).
ívory-hunt·er [-hÀntər] 웹 (美속어) (야구의) 신인 스카우트.
ívory nùt 웹 상아야자의 열매.
ívory pàlm 웹 상아야자(열대 아메리카산(産)). (또는 ívory-nùt pàlm)
ívory pàper 웹 (화가용) 광택나는 고급지.
ívory ráider 웹 (속어) **1** 탤런트 스카우트. **2** (산업계의) 우수 재학생 스카우트(전문가). 「치는 사람.
i·vo·ry-thump·er [-θÀmpər] 웹 (美속어) 피아노
ívory tówer 웹 상아탑(현실을 떠난 장소·상태; 특히 대학); 세속을 초월한 태도. ¶*live in an ~* 상아탑에 틀어 박혀 살다, 속세를 떠나 살다.
ívory-tówer 웹 **ívory-tówerist, ívory-tówerite**
i·vo·ry-tow·ered [-táuərd] 웹 **1** 상아탑 속에 틀어 박힌, 속세와의 인연을 끊은. **2** 고립된, 인가에서 멀리 떨어진. (또는 **ivory-tówerish**)
i·vo·ry-tow·er·ism [-táuərìzm] 웹 Ⓤ 현실 도피(탈속(脫俗))주의, 비현실적 태도.
ívory type [áivəritàip] 웹 (사진) 아이보리 타입 (천연색 효과를 내는 옛 사진 인화법).
ívory white 웹 상아색, 유백색. **ivory-white** 웹
i·vo·ry·wood [áivəriwùd] 웹 오스트레일리아산 상아빛 목재(조각, 세공용).
IVR *interactive voice response*; *International Vehicle Registration*. **IVS** *International Voluntary Services*(국제 자원 봉사단).
*‡**i·vy** [áivi] 웹 **1** Ⓤ匸 담쟁이덩굴. **2** (the Ivies) =*Ivy League*; *Ivy Leaguer*. — 웹 *Ivy League*[*Leaguer*]의. — 웹印 …을 담쟁이 덩굴로 덮다. ~*-like* 웹
í·vy [áivi] 웹 아이비(여자 이름).
i·vy·ber·ry [áivibèri/-bəri] 웹 (식물) 아이비베리 (미국 동북부의 동백류속 식물).
ívy cóttage 웹 (속어) 옥외 변소.
ívy Léague (美) (the ~) 아이비 리그(미국 동북부의 명문 대학 그룹; Yale, Harvard, Princeton, Columbia, Dartmouth, Cornell, Pennsylvania, Brown 의 8개 대학); 이 대학들의 경기 연맹. — 웹 아이비 리그(식)의, 동북부 명문 대학(출신)의. ¶an ~ *suit* [*education*] 아이비 리그식 복장[교육].
ívy Léague cùt 웹 머리를 짧게 깎기.
ívy Léaguer 웹 *Ivy League* 학생[출신].
ívy víne 웹 **1** 미국산 포도의 일종. **2** 아메리카 담쟁이.
i.w. *index word*; *inside width*(내경(內徑)); *isotopic weight*(동위 원자량). **I.W.** (英) *the Isle of Wight*(와이트 섬). **IWA** *International Whaling* [*Wheat*] *Agreement*(국제 포경(捕鯨)[소맥(小麥)] 협정).
I-Way [áiwéi] 웹 (美구어) 고속 정보 통신망. [<*information superhighway*]
IWC *International Whaling Commission*; *International Wheat Council*((UN) 국제 소맥 이사회).
I.W.E.S. *Institution of Water Engineers and Scientists*.
Í.W. Hárper 웹 (상표) (미국 I.W. Harper 양조 회사의) 버번 위스키.
í·wis [íwis] 웹 (페어) 확실히, 틀림없이. (또는 **ywis**)
IWS, I.W.S. *International Wool Secretariat*(국제 양모(羊毛) 사무국). **IWSG** *International Wool Study Group*((UN) 국제 양모 연구회). **I.W.T.D.** (英) *Inland Water Transport Department*(국내 수운(水運) 관리국). **I.W.W., IWW** *Industrial Workers*

of the World(세계 산업 노동자 조합). **IWY** International Women's Year(국제 여성의 해; 1975년).
I.X., IX (그리스) *Iesous Christos*(=Jesus Christ).
-ix [iks] 접미 -or로 끝나는 남성 명사에 붙여서 여성 명사를 만든다. ¶executr*ix*. 「물」.
ix·i·a [íksiə] 명 익시아(남아프리카 원산의 붓꽃과 식
ix·i·o·lite [íksiəlàit] 명 (광물) 익시올라이트, 익시온석(石)(pegmatite 속에 있는 회흑색 광물).
Ix·i·on [iksáiən] 명 (그리스 신화) 익시온(Hera를 범하려다 Zeus의 노여움을 사서 Ixion's wheel에 묶임).
Ix·i·on's whèel [iksáiənz-] 명 (그리스 신화) 신벌(神罰)을 받은 Ixion이 묶인 (영원히 회전하는) 불의 수레바퀴.
ix·tle [íkstli] 명 =istle.
I·yar [ijɑ́ːr, íːjɑːr] 명 이야르(유대력의 8월: 그레고리 오력의 4-5월에 해당). (또는 **Iyyar**)
IYAS International Years of the Active Sun(태양 활동기 국제 관측년). **IYC** International Year of the Child(국제 아동의 해; 1979년). **IYDP** International Year of Disabled Persons (국제 장애자의 해; 1981년). **IYQS** International Years of the Quiet Sun (태양 극소기 국제 관측년; 1964-65년). **IYRU** International Yacht Racing Union(국제 요트 경기 연맹).

iz·ard [ízərd] 명 (피레네 산맥의) 영양(chamois).
-i·za·tion [izéiʃən/aiz-] (* (英) **-isation**) 접미 -ize로 끝나는 동사로부터 명사를 만든다. ⇨-IZE. ¶civi*lization*, real*ization*.
-ize [aiz] (* (英) **-ise**) 접미 다음과 같은 뜻을 나타내는 동사를 만든다. 1 (자동사) **a)** 「…의 행동·정책 따위에 따르다」. ¶theor*ize*, tyrann*ize*. **b)** 「…화하다, …이 되다」. ¶crystall*ize*, democrat*ize*. 2 (타동사) **a)** 「…으로 하다, …화시키다」. ¶civil*ize*, legal*ize*, real*ize*. **b)** 「…으로 취급[처리]하다」. ¶oxid*ize*, mesmer*ize*. [<Gk]
Iz·mir [ízmiər] 명 이즈미르(터키 서부의 항구; 옛이름 Smyrna).
Iz·ves·ti·a [izvéstiə] 명 이즈베스티야(신문)(옛 소련의 정부 기관지; 1991년 독립지로 전환).
[<Russ news]
iz·zard [ízərd] 명 (고어·英방언) Z자.
from A to izzard 처음부터 끝까지, 모조리.
iz·zat [ízət] 명ⓤ 체면(honor); 명성. [<Hind]
iz·zat·so [izǽtsou] 감 (美속어) (반항·불신을 나타내어) 뭐라구, 아 그래? [Is that so?]
Iz·zy [ízi] 명 1 이지(사람 이름: Isador(e), Isadora, Isidro, Israel의 애칭). 2 (속어) 유대인.

J

J, j [dʒei] [명] ([복] ***J's, Js; j's, js***) **1** 영어 알파벳의 열 번째 자. ¶*J* for Jack Jack의 J(국제 전화 통화 용어). **2** J[j]가 나타내는 소리. **3** J자 형의 물건(볼트·열쇠 따위). **4** 《美속어》 마리화나 담배(joint, jay smoke).

j [기] **1** 〔수학〕 좌표의 y축상의 단위 벡터. **2** 〔공학〕 허수 단위 $\sqrt{-1}$. **J** [기] **1** (순서·연속된 것의) 10번째(의 것). ＊단 I가 생략될 때는 9번째(의 것). **2** (때로 j) (중세 로마 숫자의) I. [참] Roman numerals **J** Jewish; (또는 j) 〔물리〕 joule(s). **J.** Jack; James; January; Journal; Judge; Justice.

ja [jɑː] [부] 예, 네, 그렇습니다. 〔<G yes〕

JA 《국제 자동차 식별 기호》 Jamaica; (일본 항공기 기체 기호) Japan. **Ja.** James; January; Japan(ese). **J.A., JA** *j*oint *a*ccount; *J*udge *A*dvocate. **JAA** *J*apan *A*sia *A*irways(일본 아시아 항공).

já·al gòat [dʒéiəl-, jɑ́ːəl-] [명] 얄 산양(에티오피아·이집트의 산악 지역에 서식).

jaap [jɑːp] [명] 《남아공》 멍텅구리, 촌놈.

jab [dʒæb] [동] (***-bb-***) [타] **1** …을 (날카로운 것 따위로) 콱[푹] 찌르다(*with*), …을 (…에) 찌르다(*into*). ¶~ one's neck *with* a knife; ~ a knife *into* one's neck 칼로 목을 찌르다. **2** 〔권투〕 〔상대〕에게 잽을 먹이다; …을 날쌔게 치다. **—**[자] **1** (…을) 푹[콱] 찌르다(*at*, *into*). **2** 〔권투〕 (…에게) 잽을 날리다[먹이다](away (*at*).
jab a vein 《美속어》 마약 주사를 놓다.
jab out (날카로운 것으로) 도려내다.
—[명] **1** (날쌔게) 찌르기, 겹찌르기. **2** 〔권투〕 잽. **3** 《구어》 (피하) 주사; 예방 접종. **4** 갑작스런 통증, 따끔한 것.
take a jab at *a person* 남에게 잽을 먹이다; 남을 모욕하다.

jab·ber¹ [dʒǽbər] [동] 《경멸적》 (분명치 않게) 지껄이다; (원숭이 따위가) 깩깩 소리지르다(*at*). **—**[명][U] (종종 a ~) (불명료한) 재잘거림, 수다; (원숭이 따위의) 깩깩거리는 소리. **~·er** [명] **~·ing·ly** [부]

jab·ber² [명] 《美속어》 (피하) 주사기; 마약 중독자.

jab·ber·wock·y [dʒǽbərwɑ̀ki/-wɔ̀ki] [명][U] 알아들을 수 없는 말[이야기, 글]. **—**[형] 전혀 알아들을 수 없는. (또는 **jabberwock**)

jab-off [ˊɔ̀ːf, -ɑ̀f/-ɔ̀f] [명] 《美속어》 마약 피하 주사.

ja·bo·ney [dʒəbóuni] [명] 《美속어》 새로 온 외국인; (힘이 센) 악당, 경호원. (또는 **jiboney, jibone**)

jab·o·ran·di [dʒæ̀bərǽndi] [명] 남아메리카산(産) 운향과(科) 식물; [U] 그 잎을 말린 것(이뇨·발한제).

ja·bot [ʒæbóu, dʒæ-] [명] 자보(옷의 깃에서 가슴으로 늘어지는 주름 장식). 〔<F〕

J.A.C. *J*unior *A*ssociation of *C*ommerce.

ja·cal [həkɑ́ːl, hɑː-] [명] ([복] ***-ca·les*** [-kɑ́ːleis, -leiz], **~s**) 《美》 하칼(멕시코·미국 남서부의 흙벽 초가집).

jac·a·ran·da [dʒæ̀kərǽndə] [명] 능소화과(科) 자카란다속(屬)의 나무(열대 아메리카산(産)); [U] 그 목재.

Ja·car·ta [dʒəkɑ́ːrtə] [명] =Jakarta.

ja·cinth [dʒéisinθ, dʒǽs-] [명] **1** 〔광물〕 히아신스석(石)(hyacinth). **2** [U] 적황색(赤黃色). 〔<F〕

ja·cinthe [dʒéisənθ, dʒǽs-] [명] 불그스름한 등황색.

***jack¹** [dʒæk] [명] **1** 〔기계〕 잭, 밀어 올리는 기계. ¶a hydraulic ~ 수압(水壓) 잭. **2** 〔카드놀이〕 잭(knave). ¶the ~ of spades 스페이드의 잭. **3** (고기 굽는) 꼬치 돌리는 기구. **4** (시계의) 종 치는 인형. **5** (~s) 〔유희〕 =jackstone. **6** (때로 J–) 《구어》 사나이, 녀석; (J–) 《부르는 말로》 여보시오, 형씨(guy). ¶*All work and no play makes J– a dull boy.* 《속담》 공부만 하고 놀지 않으면 아이는 바보가 된다 / *Every J– has his Jill.* 《속담》 짚신도 제 짝이 있다. **7** (론 볼링의) 표적을 나타내는 작은 공. **8** 국적기(國籍旗), 선수기(船首旗). **9** 〔해사〕 윗돛대(topgallant mast)의 꼭대기에 가로지른 철제 가로장(~ crosstree). **10** 〔해사〕 쌍돛대의 종범식(縱帆式) 어선. **11 a)** =jackass. **b)** =~ rabbit. **c)** (일반적으로) 동물의 수컷. **12** 〔전기〕 잭, 플러그 구멍([참] plug). **13** (J–) 선원; 하인; 노동자; (때로 J–) 《英속어》 경찰관, 탐정. **14** 나무꾼; 벌채 인부(lumberjack). **15** 《속어》 돈; 《英속어》 5파운드 (지폐). **16** (하프시코드의) 잭. **17** [U] 《美》 사과 브랜디(applejack). **18** 《美》 =jacklight. **19** 노점 상인, 행상인. **20** 곤봉. **21** 〔사냥〕 황조롱이. **22** 《속어》 전혀[아무것도] 없음, 영(零). ¶know ~ about …에 대해 전혀 모르다.
a piece of Jack 《美속어》 상당한 돈.
before one could [or ***can***] ***say Jack Robinson*** ⇨JACK ROBINSON.
every man Jack (of them [or ***you, us***]***); every Jack one*** 너나 없이 모두, 어중이떠중이 다. ＊every man의 강조 표현.
I'm all right, Jack. 《美구어》 난 괜찮다(다른 사람은 모르지만).
not worth jack 아무[전혀] 가치 없는.
on one's Jack (Jones) 《속어》 혼자 힘으로.
—[동] (***-ed*** [-t]) [타] **1** …을 잭으로 들어올리다(*up*). **2** 《구어》 《종종 수동형으로》 〔가격·속력 따위〕를 올리다, 끌어올리다(*up*); …의 수준을 높이다(*up*). **3** 《구어》 〔사기〕를 진작[고무]시키다(*up*). **4** 《美》 (모닥불을 써서) 〔사냥감〕을 모으다[잡다]. **5** 《속어》 자동차를 털다, 자동차 운전자에게서 금품을 빼앗다. ¶get ~*ed* 자동차에서 금품을 털리다. **—**[자] 《美》 (모닥불을 써서) 물고기를 잡다, 사냥하다.
be jacked up 《美구어》 피곤해서 녹초가 되다.
jack *a person* ***around*** 《美속어》 남을 놀리다, 괴롭히다, 곯리다.
jack around 《美속어》 시간을 허비하다, 쓸데없는 짓을 하다; 《美속어》 참견하다(*with*).
jack in 《英속어》 〔계획 따위〕를 그만두다, 포기하다.
jack off 《美비어》 자위 행위를 하다(masturbate); 《英속어》 가버리다; 도망치다.
jack out 《美속어》 총을 뽑다, (보란 듯이) 총을 만지작거리다.
jack up ① …을 잭으로 들어올리다. ② 〔가격·임금·속력 따위〕를 올리다, 끌어올리다. ③ 〔태만 따위〕를 비난하다, 꾸짖다; …을 독려하다. ④ 《美속어》 〔사람〕을 늘씬하게 패다. ⑤ (경찰이) 몸을 수색하다; 심문하다. ⑥ 금품을 강탈하다. ⑦ 준비를 충분히 하다; …을 정리[정비]하다.

jack² [명] 인도빵나무(Polynesia산(産)); 그 열매.

jack³ [명] **1** (중세 보병의) 소매 없는 가죽 상의. **2** 《고어》 가죽제의 술 담는 그릇, 조끼(jug).

Jack¹ [dʒæk] [명] 잭(남자 이름; Jacob, James, John의 별칭).

Jack² [명] 《濠속어》 =kookaburra.

jack- [연결] **1** male, fellow의 뜻. ¶*jack*ass, *jack*anapes. **2** strong, large의 뜻. ¶*jack*knife, *jack*boot.

jack-a-dan·dy [ˊədǽndi] [명] ([복] ***-dies***) 멋쟁이.

jack·al [dʒǽkəl] [명] **1** 재칼(갯과(科)의 동물). **2** 앞잡이; 악당, 사기꾼. **—**[동][자] (***-(l)l-***) 남의 앞잡이 노릇을 하다(*for*).

jack-a-lan·tern [ˊəlæ̀ntərn] [명] =jack-o'-lantern.

jack·a·napes [dʒǽkənèips] [명] **1** 건방진 놈, 눈꼴

사나운 녀석. **2** 개구쟁이, 장난꾸러기. **3** (고어) 원숭이.
Jáck and Jíll 총각과 처녀, 젊은 남녀. (또는 **Jáck and Gíll**) [<영국의 전래 동요에서 산에 물을 푸러 가는 소년과 소녀 이름]
jack·a·roo [dʒǽkərùː] 명 (雄 ~s) (濠)=jackeroo. ━자 (濠구어) 견습으로 일하다. [이.
jack·ass [dʒǽkæ̀s] 명 수당나귀; (구어) 바보, 얼간
jack·boot [dʒǽkbùːt] 명 **1** (무릎 위까지 오는) 장화. **2** 강압적 행위, 강제 (수단); 강압적[잔혹한] 인물.
under the jackboot (군부 따위의) 강압적 지배하에
━타 (남)을 위협하여 복종시키다. [(서).
~ed [쉬.
jáckboot táctics 강압[강제] 수단; 협박 전
Jack Daniel's 명 (상표) 잭 다니엘스(미국 Tennessee 주 최고급 위스키).
jack·daw [dʒǽkdɔ̀ː] 명 갈가마귀; 수다쟁이.
jack·deuce [dʒǽkdjùːs] 명형 (美속어) 기울어 (진), 비스듬히(askew). [는 *~-úp*)
jacked [dʒækt] 형 (속어) 마약에 취한; 흥분한(또
jack·e·roo [dʒækərúː] 명 (雄 ~s) (濠) (목양장(牧羊場)의) 신출내기다.
jack·er·up·per [dʒǽkərʌ̀pər] 명 (美속어) 높이는[들어올리는] 사람, (특히) 값을 올리는 사람.
‡**jack·et** [dʒǽkit] 명 **1** 짧은 웃옷, 재킷, 점퍼. ¶ *a sport(s) ~* 운동복. **2** 몸의 윗부분에 걸치는 것. ¶ *a life ~* 구명 재킷. **3** (책의) 커버, 재킷(book[*or* dust] ~, (dust) wrapper); (음반의) 표지 책의 표지; 재킷. **4** (음반의) 커버, 재킷(英) sleeve). **5** (일반적으로) 덮개, 싸우개; (포신을 덮는) 피통(被筒), (탄환의) 금속 외피, (기관총 따위의 과열 방지용) 재킷, 냉각통; (보일러 따위의) 보복물. **5** (동물의) 모피. **6** (가죽의) 껍질. ¶ *potatoes boiled in their ~s* 껍질째 삶은 감자. **7** (美) (공문서를 넣은) 봉함지 않은 봉투. **8** (美속어) =yellow ~ 3; (美속어) (죄수의) 개인 기록[파일]; (美軍속어) 복무 기록.
dust a person's jacket (구어) 남을 때리다.
pull a person's jacket (구어) 남을 체포하다.
━타 **1** …에 재킷을 입히다; …을 피복(被覆)하다. [(책) 에 커버[재킷]을 씌우다. **2** (구어) (남)을 때리다.
~ed, *~·less*, *~·like* 형 [被冠] 인공 치관).
jácket crówn (치과) 피복관(被覆冠), 외피관(外
Jáck Fróst 명 (비유적) 동장군; 서리, 혹한. ¶ *when ~ comes* 추워지면. [(機); 공기 드릴.
jack·ham·mer [-hæ̀mər] 명 휴대용 착암기(鑿岩
Jack·ie [dʒǽki] 명 재키. **1** 여자 이름(Jacqueline 의 별칭). **2** 남자 이름(Jack의 별칭). (또는 **Jacky**)
jack-in-a-box [⁴índəbàks/-bɔ̀ks] 명 (雄 ~*es*, *jacks-*) 연잎오동과(科)의 열대 식물. **2** =jack-in-the-box.
jack-in-of·fice [ínʒ·fis/-ɔ́f-] 명 (雄 *jacks-*) (종종 *J-*) 거만한[건방진] 하급 공무원.
jack-in-the-box [⁴índəbàks/-bɔ̀ks] 명 (雄 ~*es*, *jacks-*) (종종 *J-*) **1** 깜짝[도깨비] 상자. **2** 아래 위로 약동하는 것[사람]; 차동(差動) 장치. **3** (美) (동물) 소래기.
jack-in-the-green [⁴índəgrìːn] 명 (雄 ~*s*, *jacks-*) (보통 *J-*) 5월제(May Day) 놀이에서 푸른 잎으로 덮인 광주리 속에 들어 있는 사내 아이.
jack-in-the-pul·pit [⁴índəpúlpit] 명 (雄 ~*s*, *jacks-*) (식물) 천남성류(類)(북아메리카산(産) 식물).
jáck jób (비어) 부당 취급; 용두질.
Jáck Kétch [-kétʃ] 명 (英속어) 교수형 집행인.
jack·knife [dʒǽknàif] 명 (雄 *-knives* [-nàivz]) **1** 잭나이프, 대형 접(摺)칼. **2** (또는 *~ díve*) (수영) 잭나이프(새우처럼 구부리는 형의 다이빙). ━타자 …을 잭나이프처럼 베다[하다]; …을 (잭나이프처럼) 구부리다.
jáck ládder (해사) =Jacob's ladder 2.
jack·leg [dʒǽklèg] 명 (美구어) 형 **1** 미숙한, 풋내기의; (의사·변호사 등이) 비양심적인, 파렴치한. ¶ *a ~ electrician* 엉터리 전기공. **2** 임시 변통의. ━명 미숙한 사

람, 풋내기; 파렴치한 사람.
jack·light [dʒǽklàit] 명 (야간 수렵[어로]용) 모닥불, 횃불. ━자타 횃불로 고기를 잡다. *~·er* 명 jacklight를 써서 낚시[어로]를 하는 사람, 야간 사슴 밀렵자.
jack-of-all-trades [²əvɔ́ːltrèidz] 명 (雄 *jacks-*) (종종 *J-*) 팔방 미인, 만물 박사. ¶ *Jack of all trades, (and) masters of none.* (속담) 백 가지 재주는 무재주와 같다. [바보; (경멸적) 이부 녀.
jack-off [⁴ːf] 명 (美비어) 용두질하는 녀석; 멍청이,
jack-o'-lan·tern [⁴əlæ̀ntərn] 명 **1** (美) 호박등 (Halloween 축제 따위에서 호박으로 만든다). **2** 도깨불.
jáck pláne 명 건목 대패, 막대패. [불.
jack·pot [dʒǽkpàt/-pɔ̀t] 명 **1** (카드놀이) 계속 태우는 돈. **2** (구어) (예기치 않은) 대히트; 대성공. **3** (퀴즈 따위의) 적립 상금; 최고 상금; (속어) 큰 돈. **4** (야구) 만루 홈런. (또는 *jáck pòt*)
hit the [*or a*] *jackpot* 적립된 상금[판돈]을 타다[따다]; (구어) (…으로) 대성공하다, 한밑천 잡다, 노다지를 캐다(*with*); 히트를 치다.
jack·pud·ding [-púdiŋ] 명 (때로 *J-*) 어릿광대.
jáck rábbit 명 (다리와 귀가 긴 북미산(産)) 산토끼.
jack·rab·bit [dʒǽkræ̀bit] 자 (산토끼가 뛰어나가듯) 급히 발진하는. ━형 급히 발진하는.
jáck-rabbit stárt (구어) (자동차의) 급발진.
Jáck Róbinson 명 * 다음 숙어로만 쓴다.
before you [*or one*] *can* [*or could*] *say Jack Robinson* (구어) 눈깜짝할 사이에; 급하게.
jack·roll·er [dʒǽkròulər] 명 (美속어) 취객[늙은이]을 터는 도둑.
jack·screw [dʒǽkskrùː] 명 나사식 잭.
jáck shít 명 (美비어) **1** 아무 가치[쓸모]도 없는 것 [놈], 무(無), 난센스. **2** (부정어와 함께) 전혀 (…않다).
jack·sie [dʒǽksi] 명 (英속어) 궁둥이, 동구멍. (또는 **jacksy**) [ː] 럽·아시아산(産)) 작은 도요.
jack·snipe [dʒǽksnàip] 명 (雄 ~(**s**)) (조류) (유
Jack·son [dʒǽksn] 명 잭슨. **1** Andrew ~ (1767-1845: 미국의 제 7 대 대통령(1829-37)). **2** Jesse ~ (1941-: 미국의 목사; 흑인 민권 운동 지도자). **3** Mahalia ~ (1911-72: 미국의 흑인 여가수). **4** Michael (Joe) ~ (1958-: 미국의 흑인 팝가수).
Jack·so·ni·an [dʒæksóuniən] 형 A. Jackson(시대)의. ━명 A. Jackson 지지자[신봉자].
jáck stáff 명 (해사) 뱃머리의 깃대.
jáck stánd (잭으로 올려진 차를 받치는) 받침대.
jack·stay [dʒǽkstèi] 명 (해사) **1** 잭스테이(돛대의 활대·개프(gaff)·붐(boom)을 달아 있는 쇠막대). **2** 돛의 오르내림을 원활하게 하는 고리.
jack·stone [dʒǽkstòun] 명 (~**s**) (단수취급) 공기놀이; (공기놀이의) 공깃돌[놈·금속제].
jack·straw [dʒǽkstrɔ̀ː] 명 **1** 지푸라기 인형. **2** 하찮은 사람. **3** (~**s**) (단수취급) 잭스트로(英) spillikin)(짚·나뭇조각·뼛조각 따위를 뒤섞어 쌓고 다른 것이 움직이지 않게 하나씩 빼내는 놀이); (그 놀이에 쓰는) 짚·나뭇조각·뼛조각.
jack·tar [⁴táːr] 명 (구어) 수병, 선원. (또는 **Jáck Tár**)
Jáck the lád (英속어) (노동자 계급의) 거들먹대는 사람; 불량배, 악당. (또는 **Jáck-the-lád**)
Jáck the Rípper (英역사) 토막살인자 잭(1888년 London에서 최소한 5명의 매춘부를 죽인 살인범).
jáck tòwel 명 회전식 타월(roller towel).
jack-up [⁴ʌ̀p] 명 증가, 인상. **2** 밀어 올리는 장치. **3** 해상 승강형 해저 유전 굴착 장치.
*****Ja·cob** [dʒéikəb] 명 **1** (성서) 야곱(Isaac의 차남; Israel 민족의 조상.—장세기(Gen.) 25:24-34). **2** 제 이름(남자 이름). (또는 **Jakob**)
Jac·o·be·an [dʒæ̀kəbíːən] 형 영국 왕 James 1 세(1603-25)(시대)의 (사람, 특히 문인·정치가 등).
Ja·co·bi·an [dʒəkóubiən] 명 (수학) 함수식[야코비

행렬식. [<독일 수학자 K. Jacobi(1804–51)의 이름]

Jac·o·bin [dʒǽkəbin] 명 **1** [역사] (프랑스 혁명 시의) 자코뱅 당원. **2** 과격한 정치가[혁명가]. **3** (프랑스의) 도미니크회 수사(修士). **4** (j-) 집비둘기의 일종.
-bín·ic, -bín·i·cal -bín·i·cal·ly 형 [과격파의]
Jac·o·bin·ism [dʒǽkəbinizm] 명 ⓤ 자코뱅주의;
Jac·o·bite [dʒǽkəbàit] 명 (英역사) **1** (1688년 망명한) James 2세 지지자. **2** =Jacobin 3.
~·ly -bit·ish -bit·ish·ly 부

Jácob's ládder 명 **1** (성서) 야곱이 꿈에 본 하늘까지 닿는 사닥다리(←창세기(Gen.) 28:12). **2** [해사] 줄사닥다리(디딤판이 나무나 철제인 것).
Já·cob·son's órgan [dʒéikəbsnz-] 명 [해부·동물] 야콥손 기관(器官)(척추 동물의 비강(鼻腔)의 일부가 좌우로 부풀어 생긴 한 쌍의 주머니 모양의 후각 기관). [덴마크의 해부학자 L. L. Jacobson(1783–1843)의 이름]
Jácob's stáff 명 (측량기 따위의) 받침대; 고도[거리] 측정기.
jac·o·net [dʒǽkənət] 명 얇고 보드라운 흰 무명.
(염색한) 한 면에 윤을 낸 무명.
Jác·quard lóom [dʒǽkɑːrd-, dʒəkɑ́ːrd-] 명 자카드식 직조기(織造機). [<발명자인 프랑스인 J. M. Jacquard(1757–1834)의 이름]
Jac·que·line [dʒǽkəlin/dʒækliːn] 명 재클린(여자 이름; 애칭은 Jacky). (또는 **Jacquelyn**)
Jac·que·rie [ʒɑːkəríː] 명 자크리의 반란(1358년 북부 프랑스의 농민 반란); (j-) 농민 반란; 농민 계급.
jac·ta alea est [jǽktɑː ɑ́:liə-əst] 주사위는 던져졌다. [<L The die is cast.] ⇒DIE².
jac·ta·tion [dʒæktéiʃən] 명 ⓤⓒ **1** 자랑, 허풍떨기. **2** (병의) 요동[열병 따위로] 괴로워 몸부림치기.
jac·ti·ta·tion [dʒæktətéiʃən] 명 ⓤⓒ **1** [법률] 사칭(詐稱). ¶ ~ of marriage 결혼 사칭. **2** 허풍선이.
Ja·cuz·zi [dʒəkúːzi] 명 (상표) 거품 목욕탕. ¶ ~ bath 거품 목욕.
jac·u·late [dʒǽkjəlèit] 타 (창 따위를) 던지다.
jade¹ [dʒeid] 명 **1** ⓤ 비취, 옥(玉)(jadeite); ⓒ 비취 제품(경옥·연옥을 포함). **2** ⓤ 비취색.
jade² 명 **1** 야윈[노쇠한] 말. **2** (경멸적) 닳고닳은[굴러먹은] 여자. 타자 지치게 하다. 지치다. **~·ly** 부 **~·ness** 명
jad·ed [dʒéidid] 형 **1** 지쳐 빠진. **2** 지겨운, 넌더리나는. **3** (여자가) 닳고닳은, 굴러먹은. **~·ly** 부 **~·ness** 명
jáde gréen 명 =jade¹ 2. [nephrite]
jade·ite [dʒéidait] 명 경옥(硬玉) 《jade¹.
jae·ger [jéigər] 명 **1** 도둑갈매기. **2** 사냥꾼; 저격병.
(또는 **jager, jäger, yager**) [<G hunter]
Jaf·fa [dʒǽfə] 명 **1** 야파(이스라엘 서부의 항구; 현재는 Tel Aviv의 일부). **2** 자파(~ orange)(이스라엘산(産)의 알이 크고 껍질이 두꺼운 오렌지).
jag¹ [dʒæg] 명 **1** (바위 따위의) 뾰족한 모서리; [톱날 모양의] 깔쭉깔쭉함; (옷자락의) 너덜너덜함, 넝마 조각.
— 타 (**-gg-**) …을 깔쭉깔쭉하게 만들다; …을 들쭉날쭉하게 찢다. **2** …에 찔리다.
jag² 명 **1** (방언) (소량의) 짐. ¶ a ~ of wheat 밀 한 짐. **2** (술에) 취하기, (일시적인) 도취(감); (美속어) 취객. **3** (구어) 주연(酒宴), (요란한) 술판치.
be on a jag; have a jag on …에 취해 있다.
— 타자 (속어) 마약을 맞다[주사하다].
Jag [dʒæg] 명 (구어) 재규어차(車)(Jaguar).
J.A.G. Judge Advocate General.
ja·ger [jéigər] 명 =jaeger 2.
jä·ger [jéigər] 명 =jaeger 2.
jag·ged¹ [dʒǽgid] 형 깔쭉깔쭉한, 톱날 같은. ¶ ~ rocks 뾰족뾰족한 바위. **~·ly** 부 **~·ness** 명
jag·ged² [dʒǽgd] 형 (속어) 술취한; (마약에 취해) 비틀거리는.
jag·ger·y [dʒǽgəri] 명 ⓤ (인도의 야자나무 수액(樹液)에서 뽑는) 정제하지 않은 설탕.
jag·gy [dʒǽgi] 형 =jagged¹.

jág hòuse 명 (美속어) 남성 동성 연애자들을 위한 매춘굴. [술고래.
jag·ster [dʒǽgstər] 명 (美속어) 떠드는 주정뱅이.
jag·uar [dʒǽgwɑːr, -gjuɑ̀ːr/-gjuə] 명 재규어. **1** 아메리카표범. **2** (J-) (상표) 영국제 고급 승용차.
Jah·ve(h) [jɑ́ːve/-vei] 명 =Yahweh(h).
Jah·we(h) [jɑ́ːwe/-wei] 명 =Yahwe(h).
jai a·lai [hái əlài, hài əlái] 명 ⓤ (스포츠) 하이알라이(squash 비슷한 실내 경기). [<Sp]
jai-by-jai [dʒáibaidʒái] 명 (美속어) (물건의 대적 크기를 나타내는 몸짓과 함께) (폭이) 이만하고 (길이는) 이만한.

‡**jail** [dʒeil] 명 (★ (英) **gaol**) (복 ~s [-z]) 교도소, 감옥; (美) 구치소; ⓤ 감금, 투옥, 구치. ¶ detention ~ 구치소/police ~ 경찰서 유치장[보호실].
break (out of) jail 탈옥하다.
get out of jail 출옥하다.
in jail 수감되어.
— 타 …을 교도소에 가두다, 수감하다(imprison).
— 자 교도소에 들어가다.
~·able, ~·less, ~·like 형
jail·bait [dʒéilbèit] 명 (속어) 승낙 연령 이하의 소녀 (성관계를 가질 경우 그 상대가 강간죄로 처벌받게 되는 나이 어린 소녀); (범죄를 무릅쓸 만큼) 성적 매력이 있는 소녀.
jail·bird [dʒéilbə̀ːrd] 명 (구어) 죄수; 전과자; 상습범.
jail·break [dʒéilbrèik] 명 탈옥. **~er** 명 탈옥수.
jáil cáptain 명 교도소장.
jáil delívery 명 **1** 강제 탈옥; (美) 집단 탈옥. **2** (英법률) (순회 재판에 의한) 미결수 석방[심리].
jail·er [dʒéilər] 명 간수, 교도관. (또는 **jailor**)
jáil féver 명 발진 티푸스(옛날에는 감옥에서 흔히 발생했다).
jail·house [dʒéilhàus] 명 교도소.
jáilhouse láwyer 명 **1** 교도소 출입 변호사. **2** 법률에 밝은 재소자(在所者).
Jain [dʒain] 명 자이나교도. — 형 자이나교(도)의.
(또는 **Jaina, Jainist**)
Jain·ism [dʒáinizm] 명 ⓤ 자이나교(기원전 6세기 인도에서 일어난 불교와 유사한 종교).
Ja·kar·ta [dʒəkɑ́ːrtə] 명 자카르타(인도네시아의 수도). (또는 **Djakarta, Jacarta**)
jake¹ [dʒeik] 명 (美속어) 형 나무랄 데 없는, 괜찮은. ¶ Is everything ~ with you? 모든 일이 잘 돼 가니? — 명 **1** 믿을만한[믿을 만한] 인물. **2** (남자) 화장실; (보통 남자) 얼간이, 바보.
jake² 명 (美속어) (미국의 금주 시대에) 생강으로 만든 위스키 대용 밀조주. **2** (또는 ~ lèg, ~-leg parálysis) 제이크 마비(메틸 알코올로 만든 술을 마심으로써 일어난 마비(증)).
jake³ 명 (美구어·경멸적) 투박한 촌사람; 팔푼이.
jake·leg [dʒéiklèg] 명 (美속어) 만취, 명정(酩酊).
jakes [dʒeiks] 명 (단·복수 양용) (방언) **1** 옥외 변소(outhouse). **2** 변기. **3** (英방언) 똥, 오물.
JAL Japan Air Lines(일본 항공).
jal·ap [dʒǽləp] 명 ⓤ (식물) 할라파(멕시코 원산의 덩굴 식물); 그 뿌리(하제(下劑)용).
ja·lop·(p)y [dʒəlɑ́pi/-lɔ́pi] 명 (구어) 고물[구식] 자동차[비행기].
jal·ou·sie [dʒǽləsìː/ʒǽluːziː] 명 미늘 발, 판자발 (Venetian blind), 덧문. [<F]

‡**jam¹** [dʒæm] 명 (~s [-z]; **-mm-**) 타 **1** …을 (잔뜩) 밀어 넣다, 쑤셔 넣다, 끼어들어가게 하다; (장소 따위)를 메우다(up)(with, by). ¶ Crowds ~med the door. 군중이 문간을 꽉 메웠다 //(~+图+图) The road was ~med up with cars. 도로는 차가 밀려 옴짝달싹 수가 없었다. **2** (손가락 따위)를 끼우다, 눌러 찌그러뜨리다(in, between). ¶ get ~med 눌려서 찌그러지다 //(~+图+图+图) ~ a finger in a machine 기

계에 손가락이 끼이다. **3** (난폭하게) …을 밀다, 찌르다, 찔러 넣다(*on*)(*into*). ¶(~+몀+前+名) ~ a fist *into* a person's chest 주먹으로 남의 가슴을 내지르다 //(~+몀+副) He ~*med* his hat *on*. 그는 모자를 푹 눌러 썼다. **4** [기계 따위를] (일부가 걸려서) 움직이지 않게 하다, 고장나게 하다; [브레이크 따위를] 꽉 밟다(*on*). **5** [무선] 주파수가 비슷한 전파를 보내어, [방송·신호]를 방해하다. **6** 밀어붙이다(*in, on*); [법안 따위]를 억지로 통과시키다(*through*). ¶(~+몀+前+名) ~ one's political opinions *onto* the students 학생들에게 자기의 정치적 의견을 주입시키다. **7** (구어) …을 괴롭히다, 곤란하게 만들다, 궁지에 빠뜨리다. **8** [농구] [볼]을 바스켓에 꽂아넣다. **9** (구어) [재즈곡]을 즉흥적으로 연주하다. **10** (美속어) [모임 따위]에서 슬쩍 빠져 나오다. (수업 따위)를 빼먹다.
— 자 **1** [기계 따위가 걸려서] 움직이지 않게 되다(*up*). **2** [도로 따위가] 막히다; [좁은 곳에서] 밀고 당기고 하다, 꽉 들어차다, 억지로 끼어들다(*into, in*). ¶(~+前+名) The crowd ~*med into* the room. 많은 사람들이 방에 꽉 들어찼다. **3** [재즈] 즉흥적으로 연주하다. **4** 덩크 슛을 하다. [표현] **1**.
be jámmed with …으로 붐비다, …으로 꽉차다. ⇨
jám it (美속어) 재빠르게 움직이다; 급히 돌아가다.
jám on ① [모자·양말 따위]를 급히 쓰다[걸치다], 신다, 차다. ② [브레이크·페달 따위]를 꽉 밟다. ¶~ *on* the brakes (힘껏) 급브레이크를 밟다, 급제동을 걸다.
jam togéther [차 따위]를 급히[날림으로] 조립하다.
jam úp (구어) 혼잡하게 하다, 밀집시키다. ⇨몀형 **1**
Quit jámming me. (구어) 쓸데없이 참견 마라.
— 몀 (몀 ~**s** [-z]) **1** 혼잡, 꽉 들어참, 서로 밀고 당김, 잡답(雜踏). ¶a traffic ~ 교통 체증[정체]. **2** [기계의] 고장, 정지; 잼; 전파 방해; [컴퓨터] 잼. **3** (美구어) 곤란, 궁지. ⇨PREDICAMENT [유의어] **4** = ~ session. **5** (속어) 파티. **6** (美속어) 훔치기 쉬운 작은 물건(시계·반지 따위); 코카인. **6** (속어) 이성애(異性愛)(동성애자의 용어). **7** [농구] 덩크 슛(slam dunk).
bréak [or kíck] óut the jáms (속어) 기분 내키는 대로 굴다[행동하다, 연주하다].
gét intó [óut of] a jám 궁지에 빠지다[를 벗어나다]
ín a jám 궁지에 몰려, 곤경에 빠져.
púmp úp the jám 신나게 하다.
— 몀 완전히, 전부, 몽땅.
jám fúll (구어) 꽉 들어차.
***jam²** (몀 ~**s** [-z]) ⓤ (종류는 ⓒ) **1** 잼. ¶straw-berry ~ 딸기잼. **2** (英속어) 기분 좋은[편안한] 일[것]. **3** (구어) 레코드, (카세트) 테이프. **4** (속어) (여자의) 음부, 질(vagina); 성교 (상대).
a bít of jám ① (英구어) 즐거운[쉬운] 것[일]. ② (속어) 귀여운 여자 아이.
(Dó) you wánt jám on it [or bóth sídes]? (英구어) 그밖에 무엇이 더 필요하니?
jám on ít (구어) (최고의) 행운; 가외의 바람[소망].
jám tomórrow (구어) (늘 약속만으로 끝나는) 내일 [장래]의 즐거움[기대].
móney for jám ⇒MONEY.
réal jám 아주 즐거운 일; 진수성찬.
— 타 (*-mm-*) …에 잼을 바르다; [과일]을 잼으로 스like 형 └만들다.
Jam. Jamaica; James. **JAMA** Journal of the American Medical Association (미국 의사협회(AMA) 기관지).
Ja·mai·ca [dʒəméikə] 자메이카(서인도 제도 중의 섬; 영방 내의 독립국; 수도 Kingston).
Ja·mai·can [dʒəméikən] 형 자메이카(사람)의.
Jamáica (rúm) 몀 자메이카 럼주(酒).
ja·mais vu [F ʒamε vy] (심리) 미상(未嘗視) (실제로 잘 알고 있으면서도 처음 경험하는 듯이 느끼는 기억 착오). 명 déjà vu [<F never seen]
jám áuction [pítch] 명 (英속어) (가게 안에서의) 호객 행위: 싸구려(가짜)를 파는 가게.
jam·ba·lay·a [dʒʌmbəláiə] 몀 ⓤ **1** 잠발라이아 (Creole 요리; 쌀·새우·굴·게 따위의 스튜). **2** 뒤범벅.
jamb(e) [dʒæm] 몀 **1** [건축] (입구·창·벽로 양편의) 설주, 옆기둥. ¶a ~ post (문)설주. **2** =greave.
jam·beau [dʒæmbou] 몀 (몀 ~**x**) **1** =greave. (또는 **jam·bart** [dʒǽmbɑːrt], **jamber**) **2** 빨판상어과(科) 분홍쥐치류(類)의 일종.
jam·bled [dʒǽmbld] 형 (술에) 취한.
jam·bo·ree [dʒæmbərí] 몀 **1** (구어) 유쾌한 잔치, 떠들썩한 놀이판. **2** Boy Scouts대회, 잼버리(명 camp-oree). **3** (정당·스포츠 단체 등의) 대회, 대집회.
James [dʒeimz] 몀 **1** (성서) 사도 야고보(Zebedee의 아들; 사도 John의 형제). (또는 **< the Gréater**) **2** (성서) 야고보(그리스도의 제자); 신약 야고보서의 필자). **3** (성서) 사도 야고보(Alphaeus의 아들) (또는 **< the Léss**). **4** 제임스. **a)** Henry ~ (1843 – 1916: 미국 태생의 영국 작가). **b)** William ~ (1842 – 1910: 미국의 심리학자·철학자·프래그머티즘 창시자).
Jámes Bónd 몀 제임스 본드 (I. Fleming의 소설의 주인공인 영국 첩보원; 코드명(名)은 007(double o seven)); (美속어) 2007년 만기 채권.
jam·jar [dʒǽmdʒɑːr] 몀 잼 병[단지].
jammed [dʒæmd] 형 (美구어) 술 취한; 궁지에 몰린; (美속어) 체포된(~ up).
jam·mer [dʒǽmər] 몀 **1** 방해물[자]; 방해 전파 (발신기); (군사) 방해(항공기). **2** roller derby에서 상대팀 선수보다 한 바퀴 이상 앞질러 득점하는 선수. **3** (美속어) jam session에 나가는 사람. [mas.]
jam·mies [dʒǽmiz] 몀 (어린이) 파자마(**paja-
jam·ming** [dʒǽmiŋ] 몀 (통신) 방해 전파; (군사) (레이더 추적 따위에 대한) 전파 교란 (수단). — 형 (속어) 훌륭한, 멋있는, 근사한.
jam·my [dʒǽmi] 형 **1** 끈적거리는(sticky). **2** (英) 기분 좋은, 유쾌한; (시험이) 쉬운; 운이 좋은. — 몀 (구어) (최고의) 재수 좋게, 운좋게. 「내, 놈.
ja·moke [dʒəmóuk] 몀 (美속어) (한잔의) 커피; 사
jam-pack [-pǽk] 타 (美구어) …을 꽉 채우다. …을 가득 채우다. — **ed** [-t] 형 빽빽이 들어찬.
jams [dʒæmz] 몀ᴾᴸ (구어) =pajamas; 파자마 같은 수영 팬츠. **2** (the ~) (속어) =jimjams.
jám séssion 몀 잼 세션(즉흥 재즈 연주회),
jam-up [-ʌp] 몀 (美속어) 일류의, 멋있는. — 몀 혼잡; 정체.
***Jan.** January. **JANA, Jana** *Jamahiriya News Agency*(리비아 국영 통신사). 「로인; 마리화나.
jane [dʒein] 몀 (美속어) **1** 여자; 여자용 화장실. **2** 해
Jane [dʒein] 몀 제인(여자 이름).
Jáne Crów 몀 (美속어) 여성 차별.
Jáne Dóe [-dóu] 몀 (법률) 제인 도우(소송에서 본명이 알려지지 않은 여성에 쓰이는 가명). 몀 John Doe.
Jáne Q. Públic [Cítizen] 몀 (美속어) 평균적 일반 여성, 보통의 여자.
Jane's [dʒeinz] 몀 제인 연감(영국 Jane's 출판사 발행의 세계 각국의 군사력에 관한 연감). [work.
JANET [dʒǽnət] (컴퓨터) *Joint Academic Net-*
jan·gle [dʒǽŋgl] 자타 **1** 땡그랑땡그랑. **2** 말다툼하다. — 타 **1** 을 땡그랑땡그랑 울리다. **2** (신경)을 산란하게 하다. ¶~ the nerves 신경을 곤두서게 하다.
— 몀 **1** 음조가 맞지 않는 소리, 땡땡 울리는 소음. **2** 싸움, 말다툼. **-gled** 형 혼란한. **-gler** **-gly** 형 소란한, 귀에 거슬리는.
Jang·lish [dʒǽŋgliʃ] 몀 =Japlish.
jan·is·sar·y [dʒǽnəsèri/-səri] 몀 (때로 J-) **1** 터키왕의 근위 보병; (일반적으로) 터키 병사. **2** 친위대의 일원; 측근 보좌관, 가신(家臣). (또는 **janizary**)

jan·i·tor [dʒǽnətər] 명 (학교·빌딩 따위의) 문지기, 수위; 잡역부; 관리인. ─⑧재 janitor로서 일하다.
-tó·ri·al 형 **~ship** 명

jan·i·tress [dʒǽnitris] 명 janitor의 여성형.

Jan·sen [dʒǽnsn] 명 **Cornelis Otto ~** 얀센 (1585-1638): 네덜란드의 신학자.
~ism 명 얀센주의. **~ist** 명 얀센파 사람.

‡**Jan·u·a·ry** [dʒǽnjuèri/-əri] 명 1월, 정월(略 Jan., Ja.). [<L month of Janus(야누스의 달)]

Ja·nus [dʒéinəs] 명 《로마 신화》 야누스(머리 앞뒤에 얼굴이 있는 문·출입구의 수호신); 〖천문〗 야누스(토성의 위성 중 하나).

Ja·nus-faced [-fèist] 형 **1** (Janus와 같이) 얼굴이 둘 있는. **2** 두 마음을 가진, 사람을 속이는.

Jánus wòrd 정반대의 뜻을 가진 낱말(예: sanction(동사인 경우「허가하다」, 명사인 경우「제재」) 따위).

Jap [dʒæp] 명 《경멸적》 =Japanese; (j-) 《美속어》 기습. **pull a jap** 《美속어》 기습하다.

JAP [dʒæp] 명 《속어·경멸적》 콧대 높은 유대인 아가씨(도련님). [<Jewish American Princess[Prince]]

Jap., Jap Japan(ese).

ja·pan [dʒəpǽn] 명 옻칠, 칠(漆)(lacquer); 칠기.
─ 형 옻칠한, 칠기의. ¶a ~ table 옻칠한 테이블. ─(**-nn-**) 타 …에 옻칠을 하다, 검은 윤이 나게 하다. **~ner** 명 옻칠장이. 〔<Jpn.〕

‡**Ja·pan** [dʒəpǽn] 명 일본(수도 Tokyo; 略 Jap., J.).

Japán Áirlines 명 일본 항공(略 JAL).

Ja·pan-bash·ing [-bǽʃiŋ] 명 일본 때리기(배격)(미일(美日) 무역 마찰로 인한 미국의 강경한 태도). (또는 **Jáp-bàshing**) **Japán básher** 명

japán bláck 흑칠(黑漆). 「흑조(黑潮).

Japán Cúrrent [Stréam] 명 (the ~) 일본 해류.

*****Jap·a·nese** [dʒæpəníːz, -níːs] 형 일본의; 일본인의. ¶a ~ garden 일본식 정원. ─ 명 (復~) **1** 일본인. ¶the ~ 일본인 전체/a ~ 한 사람의 일본인/many ~ 많은 일본인. **2** U 일본어.

Jap·a·nese-A·mer·i·can [-əmérikən] 형 **1** 일본·미국(간)의, 일·미(日·美)의. **2** 일본계 미국인의.
─ 명 일본계 미국인.

Jápanese ápricot 명 〖식물〗 매화(나무).
Jápanese béetle 명 알풍뎅이.
Jápanese cédar 명 삼나무. 「매).
Jápanese chérry 명 〖식물〗 (일본의) 벚나무 (열
Jápanése encephalítis 명 〖병리〗 일본 뇌염.
Jápanese ísinglass 명 한천(寒天), 우무.
Jápanese ívy 명 〖식물〗 담쟁이덩굴.
Jápanese lántern 명 =Chinese lantern.
Jápanese médlar 명 〖식물〗 비파 나무 (열매).
Jápanese níghtingale 명 〖조류〗 휘파람새.
Jápanése persímmon 명 감; 감나무.
Jápanese prínt 명 일본의 목판화(특히 풍속화).
Jápanese quínce 명 〖식물〗 모과.
Jápanese ríver féver 털진드기병(일본·동인도의 풍토병).
Jápanese róse 명 도(道)도의 풍토병); 찔레나무.
Jápanese sílk 명 (일본산(産)) 생사(生絲).

Jap·a·nesque [dʒæpənésk] 형 일본식(풍)의.

Japán Ínc. 명 《구어》 일본 주식 회사(일본의 관민(官民) 일체의 경제 활동).

Ja·pan·ism [dʒəpǽnizm] 명 U **1** 일본 심취(애호). **2** 일본의 기풍, 일본인 기질. (또는 **Japonism**)

Jap·a·nize [dʒǽpənàiz] 图태 …을 일본화하다, 일본식으로 하다. ¶a ~d American 일본화한 미국인.
-ni·zá·tion 명

Ja·pan·o- [dʒəpǽnou, -nə] 연결 Japan의 뜻. ¶the *Japano*-Russian War(노일 전쟁).

Jap·a·nol·o·gy [dʒæpənálədʒi/-nɔ́l-] 명 U 일본학, 일본 연구. **-gist** 명 일본 연구가, 일본통.

Jap·a·no·phile [dʒəpǽnəfàil] 명 친일파 사람(의), 일본을 좋아하는 사람(의).

Japán wáre 명 칠기(류).
Japán wáx [tállow] 명 목랍(木蠟).

jape [dʒeip] 图재 농담하다. ─ 타 …을 놀리다, 조롱하다. ─ 명 농담; 조롱; 장난. **jáp·er** 명 **jáp·ing·ly** 부

jap·er·y [dʒéipəri] 명 U 농담; 야바위; 장난.

Ja·pheth [dʒéifiθ] 명 〖성서〗 야벳(Noah의 세째 아들, ~창세기(Gen.) 5:32).

Ja·phet·ic [dʒəfétik, dʒei-] 형 야벳(Japheth)의; 〔언어〕 야벳족(系)의, 인도·유럽어족의. ─ 명 야벳말, 인도·유럽어. 〔*Japanese+English*〕

Jap·lish [dʒǽpliʃ] 명 U 《경멸적》 일본식 영어. [<

Japn., Japn Japan(ese).

ja·po·nai·se·rie [dʒæpənèizərí, -néːzəri] 명 일본적 (예술) 양식; 일본식 예술 작품. 〔<F〕

Ja·pon·ic [dʒəpánik/-pɔ́n-] 형 =Japanese.

ja·pon·i·ca [dʒəpánikə/-pɔ́n-] 명 〖식물〗 **1** 동백나무(camellia). **2** =Japanese quince.

Jap·o·nism [dʒǽpənizm] 명 =Japanism.

*****jar**[^1] [dʒɑːr] 명 **~s** [-z] **1** (아가리가 넓은) 병, 단지. ¶a honey ~ 꿀단지. **2** 한 병[단지]의 양; 《英구어》 (맥주의) 한 컵[잔]. ¶a ~ of pickles 피클 한 단지[병]. ─ 타 …을 [과실 따위]를 병[단지]에 보존하다.

*****jar**[^2] 명 (**-rr-**) 재 **1** (삐걱삐걱·끼익끼익) 소리내다, 불쾌한 소리를 내다. ¶The brakes *~red*. 브레이크가 끼익 하는 소리를 냈다 / (~+圃+名) The nail *~red against* the window. 못이 창문에 긁혀 찍 하고 소리를 냈다. **2** (사람의 귀·신경 등에) 불쾌감을 주다(on, upon). **3** 덜컥덜컥 흔들리다; 진동하다, 요동하다. ¶The window *~red*. 창문이 덜컹덜컹 소리를 냈다. **4** (의견 따위가) 삐걱거리다, 맞지 않다; 말다툼하다(with). ¶ (~+圃+名) Your ideas ~ *with* mine. 네 생각은 내 생각과 맞지 않는다. ─ 타 **1** …을 (삐걱삐걱) 소리내다, …의 귀에 거슬리는 소리를 내게 하다. **2** …을 (덜컹덜컹) 진동시키다. **3** …에게 불쾌감을 주다(충격 따위로) …을 깜짝 놀라게 하다. ¶The news *~red* them. 그 소식을 듣고 그들은 가슴이 덜컥했다.
─ 명 **1** 삐걱거리는 소리, 불쾌한 소리, 잡음. **2** 불쾌한 진동, 충격. ¶I felt a ~ to my spine. 등뼈에 충격을 느꼈다. **3** (정신에의) 거슬림, 충격. ¶The bad news was a ~ to me. 그 나쁜 소식에 나는 흠칫했다. **4** (의견 따위의) 충돌, 불화, 다툼. ¶a family ~ 가정 불화. *be at (a) jar* 사이가 나쁘다. 「부부 싸움.

~·less 형

jar[^3] 명 《고어》 (문 따위의) 회전. (* 다음 숙어로)
on the [or a] jar (문이) 조금 열려있(ajar).

jar. jargon.
「분(대). 〔<F〕

jar·di·niere [dʒɑ̀ːrdəníər/ʒɑ̀ːdiníɛ́ː] 명 장식용 화

jar·ful [dʒɑ́ːrfùl] 명 병[단지] 가득(한 양).

jar·gon[^1] [dʒɑ́ːrgən, -gɑn] 명 U C 《종종 경멸적》 (특수한 직업·집단의 사람이 쓰는) 특수 용어, 전문어; 변말, 곁말, 은어. ¶journalistic [medical] ~ 언론[의학]계 용어. **2** U 뜻을 알 수 없는 말, 허튼소리. ¶talk ~ 무슨 소린지 알 수 없는 말을 하다. **3** U 조잡한 혼합어; 사투리. **4** U (새의) 지저귐. ─ 图재 알아들을 수 없는 말을[로] 지껄이다; (새가) 지저귀다.
~·al 형 **~·éer, ~·ist** 명 **~·ís·tic, ~·y** 형

jar·gon[^2] [dʒɑ́ːrgən, -gɔn] 명 U 〖광물〗 자곤(지르콘(zircon)의 일종). (또는 **jargoon**)

jar·go·naut [dʒɑ́ːrgənɔ̀ːt] 명 《익살》 전문 용어를 필요 이상 많이 쓰는 사람. 〔<*jargon+argonaut*〕

jar·go·nelle [dʒɑ̀ːrgənél] 명 올배의 한 품종.

jar·go·nize [dʒɑ́ːrgənàiz] 图재 (* 英 **-ise**) 图재 알아들을 수 없는 말로 이야기하다[쓰다]. ─ 타 **1** …을 알아들을 수 없는 말로 나타내다. **2** …을 전문어[은어]로 바꿔 말하다.

jar·head [dʒɑ́ːrhèd] 명 《美속어》 **1** 《경멸적》 해병대원. **2** 노새(mule). **3** 《경멸적》 흑인 남자. **4** 바보, 팔푼이.

jarl [jɑːrl] 图 《역사》 (스칸디나비아의) 수령, 족장(族長).
jar·o·vize [jɑ́ːrəvàiz] ((※英) **-vise**) 图民 =vernalize. (또는 **iarovize, yarovize**)
jar·ring [dʒɑ́ːriŋ] 图 1 삐걱거림. 2 진동, 충격. 3 충돌, 알력, 불화; 부조화. ━ 웹 1 삐걱거리는, 끼익 끼익 하는, 귀에 거슬리는. 2 조화되지 않은, 불화의, 알력의. **〜·ly** 閏
jar·v(e)y [dʒɑ́ːrvi] 图 (아일) 1 경(輕) 2륜 마차의 마부. 2 전세 마차의 마부; 전세 마차. (또는 **jarvie**)
Jar·vik-7 [dʒɑ́ːrviksévən] 图 (상표) 《의학》 자빅 7 형 인공 심장. 〔<미국인 의사 R. K. Jarvik(1946-)의 이름〕
Jas. 〈성서〉 =James(야고보).
ja·sey [dʒéizi] 图 《英구어》 (털실로 만든) 가발(wig).
jas·min(e) [dʒǽzmin, dʒǽs-] 图 1 재스민. 2 Ⓤ 재스민 향수; 향기; 엷은 녹황색. (또는 **jessamine**)
-mined, 〜·like 图
jásmine téa 图 재스민차(茶).
Ja·son [dʒéisn] 图 1 〈그리스 신화〉 이아손(동방의 만지(蠻地) Colchis로 가서 금빛 양털(Golden Fleece) 을 획득한 영웅)(❀ Argonaut). 2 제이슨(남자 이름).
Jason's quest 불가능에 가까운 어려운 일.
jas·per[1] [dʒǽspər] 图 〈광물〉 벽옥(碧玉), 재스퍼.
jas·per[2] 图 《美속어》 사내, 녀석, 놈(fellow, guy).
Jas·pers [jɑ́ːspərs] 图 **Karl 〜** 야스퍼스(1883-1969; 독일의 철학자; 실존 철학 창시자의 한 사람).
Ja·ta·ka [dʒɑ́ːtəkə] 图 《불교》 자타카(闍陀伽), 본생경(本生經), 강생경(降生經)(석가의 전생(前生) 이야기를 모은 것). 〔<Skt〕
ja·to, JATO [dʒéitou] 图Ⓤ匚 (尚 **〜s**) 〈항공〉 분사식 이륙(〜 unit의 보조에 의한 이륙); 이륙 보조 로켓. 〔<*jet-assisted-take-off*〕
játo ùnit 图 〈항공〉 이륙 보조 로켓[분사 추진 장치].
jaun·dice [dʒɔ́ːndis, dʒɑ́ːn-] 图 1 〈병리〉 황달 (icterus). 2 (질투나 시기 따위에 의한) 비뚤어짐, 편견. ━ 国 1 (사람)을 황달에 걸리게 하다. 2 (사람)에게 편견을 갖게 하다; ⋯을 비뚤어지게 하다.
jaun·diced [dʒɔ́ːndist, dʒɑ́ːn-] 웹 1 황달에 걸린; 황색의. 2 (질투 따위로) 비뚤어진, 편견을 가진.
take a jaundiced view of ⋯에 대해서 비뚤어진 견해를 가지다.
jaunt [dʒɔːnt, dʒɑːnt] 国勁 (기분 전환을 위해) 소풍 [들놀이] 가다. ━ 图 소풍, 들놀이. ⇨ TRIP 유의어
jáunt·ing càr [dʒɔ́ːntiŋ-, dʒɑ́ːnt-] 图 (아일랜드 의) 경쾌한 4인승 2륜 마차. (또는 **jáunty càr**)
jaun·ty [dʒɔ́ːnti, dʒɑ́ːn-] 웹 1 명랑한, 쾌활한. (with 〜) step 경쾌한 걸음걸이로. 2 멋부리는, 말쑥한, 멋진. ¶**a 〜** hat 멋진 모자. **-ti·ly** 閏 **-ti·ness** 图
Jav. Java; Javanese.
***Ja·va** [dʒɑ́ːvə] 图 1 자바 섬(인도네시아 공화국의 중심 섬). 2 자바나무(産) 커피; 〔j-〕 자바 나무. 3 [dʒǽvə] Ⓤ (보통 j-) 《구어》 (일반적으로) 커피. ¶two cups of 〜 커피 두 잔. 4 《상표》 《컴퓨터》 자바(인터넷 프로그래밍 언어; 미국의 Sun Microsystems사 개발).
Jáva màn 图 자바 원인(原人), 피테칸트로푸스 에렉투스(1891년 Java 섬에서 발견된 화석 인류).
Ja·van [dʒɑ́ːvən, dʒǽvən] 图 자바의. ━ 图 (복 〜) 자바(토)인(Javanese). 〔람[말]의〕.
Jav·a·nese [dʒævəníːz, dʒɑ̀ː-] 图閏 자바 섬 사
Jáva spárrow [fínch] 图 〈조류〉 문조(文鳥).
***jave·lin** [dʒǽvəlin] 图 1 던지는 창; Ⓤ (the 〜) 《경기》 투창. (또는 **〜 thròw**) 2 《군사》 (폭격기 따위의) 종렬 비행. ━ 国 ⋯을 창으로 찌르다, 묘 창으로 찌르다.
Ja·vél(le) wàter [ʒəvél-] 图 〈화학〉 자벨수(水).
‡jaw[1] [dʒɔː] 图 (복 **〜s** [-z]) 1 턱⟨❀ chin⟩. ¶ the upper [lower] 〜 위[아래] 턱. 2 (〜s) 입 부분[턱; 이 따위를 포함]. 3 (〜s) 턱 모양의 것; (골짜기 따위의) 좁은 입구; 위기 일발; (바이스 따위의) 끼우는 부분. ¶ the 〜s of a vise 바이스의 턱. 4 《속어》 수다; 무례한 말

투; 잔소리, 욕. 「크게 벌리다.
a person's jaw drops (a mile) 《구어》 놀라서 입을
blow jaw 《美속어》 마리화나를 피우다.
get jaws tight 《속어》 입다물다, 화내다.
give a person a jaw 야단치다, 길게 잔소리하다.
hold [or *stop*] *one's jaw* 말을 그만하다, 입을 다물 다(shut up). ¶*Hold your* 〜! 입 닥쳐!
into [or *out of*] *the jaws of death* 사지(死地)에 빠 져서[사지를 벗어나].
set [or *fix*] *one's jaw* 이를 악물다, 단단히 결심하다.
━ 国 《속어》 1 지껄이다, 수다떨다(jabber). 2 꾸짖 다, 잔소리하다(on, away)(at, about). ━ 国 《속어》 ⋯을 꾸짖다, ⋯에게 잔소리하다.
jaw a person down 《속어》 지껄여서 남을 이기다.
〜·less, 〜·like 웹
jaw[2] [스·北英] 图 큰 파도, 높은 파도(billow). ━ 国 (액체가 파도처럼) 밀려오다, 내뿜다. ━ 国 〔액체〕를 붓다, (물이) 튀어오르게 하다.
ja·wan [dʒəwɑ́n] 图 인도군 《軍》 병사. (⇨Hind)
jaw·bone [dʒɔ́ːbòun] 图 1 턱뼈, 악골(❀ maxilla, mandible); (특히) 하악골. 2 《속어》 (재정상의) 신용; 대부, 융자. 3 《구어》 설득 공작, 강력한 압력[요청].
on jawbone 《구어》 신용으로; 할부[분할 지불]로.
━ 国匚 《美속어》 ⋯에 강력히 권고하다; ⋯을 설득하다, 꾸짖다. ━ 国 기나긴 설교를 하다(*about*); 대부 하다. ━ 国 신용으로. ¶*buy* 〜 신용으로 매입하다.
jaw·bon·ing [dʒɔ́ːbòuniŋ] 图Ⓤ 《美속어》 강압적인 설득; 강력한 구두 압력[요청].
jaw·break·er [dʒɔ́ːbrèikər] 图 《구어》 1 발음하기 어려운 말. 2 크고 딱딱한 캔디[풍선껌]. 3 (또는 **jáw crùsher**) 광석 파쇄기. 「어려운.
jaw·break·ing [dʒɔ́ːbrèikiŋ] 웹 《구어》 발음하기
jawed [dʒɔːd] 웹 턱이 있는; (복합어로) ⋯한 턱의 [을 가진]. ¶*square*〜 턱이 모난.
jaw·jaw [dʒɔ́ːdʒɔ́ː] 图 《英속어》 Ⓤ 긴 논의[토론]. ━ 国 길게 이야기하다.
jaw·line [⊥làin] 图 턱의 윤곽[선].
***jay** [dʒei] 图 1 어치(류의 새). 2 잘 지껄이는[수다 스러운] 사람. 3 《구어》 잘 속는 사람, 바보, 얼간이; 《속 어》 마리화나 담배. ━ 웹 촌티 나는, 값싼, 쓸모없는.
jay·bird [dʒéibə̀ːrd] 图 〈조류〉 어치(jay).
(as) naked as a jaybird 《구어》 벌거벗고, 실오라 기 하나 안 걸치고.
Jay·cee [dʒéisíː] 图 《美구어》 청년 상공 회의소 (Junior Chamber of Commerce) 회원.
jay·gee [dʒéidʒíː] 图 《美軍》 중위(lieutenant junior grade); 《속어》 대리인.
jay·hawk [dʒéihɔ̀ːk] 国匚 《美속어》 (습격해서) 약탈 하다, 가져가다. ━ 国 《美속어》 =Jayhawker 2.
Jay·hawk·er [⊥ər] 图 《美속어》 1 Kansas 주 주민의 별명. 2 (때로 j-) 약탈자(남북 전쟁 당시 Kansas, Missouri 등지에서 약탈을 자행한 게릴라대
jáy smòke 《美속어》 마리화나 담배.
jay·vee [dʒéivíː] 图 《美구어》 대학[고교] 운동부의 2 군 팀(junior varsity); (보통 〜s) 그 선수.
jay·walk [dʒéiwɔ̀ːk] 国 《美구어》 교통 규칙[신호] 을 무시하고 도로를 횡단하다, 도로를 무단 횡단하다.
〜·er 图 도로 무단 횡단자. **〜·ing** 图
‡jazz [dʒæz] 图 1 재즈 곡(曲). 2 재즈 춤. 3 《美속 어》 활발, 활기; 흥분, 열광, 광란. 4 《속어》 과장, 허 튼 소리, 허풍. 5 《속어》 성교; 여성 성기.
and all that jazz 《속어》 《명사를 열거하여》 ⋯따위, 등등. ¶I played baseball, tennis, golf, *and all that* 〜. 나는 야구, 테니스, 골프 따위를 즐겼다.
━ 웹 《속어》 재즈(식)의, 식의; 시끄러운. ¶a 〜 dance [song] 재즈 춤[노래].
━ 国匚 1 ⋯을 재즈식으로 연주[편곡]하다(*up*). 2 《美속어》 ⋯의 활기를 돋우다, 흥분시키다; ⋯을 마구 칭찬

하다; …의 속도를 높이다, 가속하다(*up*). **—** [자] **1** 재즈에 맞추어 춤추다. **2** 재즈를 연주하다. **3** 《美속어》 흥분하다, 떠들다, 신바람이 나다.
jazz it 《속어》 (열광적으로) 재즈를 연주하다.
jazz up 《구어》 ① 활기를 돋우다; …을 흥분[열광]시키다. ② 다채롭게 하다, 치장하다; 매력적이 되게 하다, 섹시해 보이게 하다.
∠·er [명]

Jázz Àge [명] (the ~) 《美》 재즈 시대(1920년대).
jázz bànd [명] 재즈 악단.
jazz·bo [dʒǽzbou] [명] ([복] **~s**) 《美속어》 세련되고 잘난 사람; 《경멸적》 흑인 남자[병사].
jazzed [dʒæzd] [형] 《美속어》 활기찬, 재미있는.
jazzed-up [∠ʌ́p] [형] 다채롭게[화려하게] 한; 활기가 넘치는; (술·마약에) 취한.
Jaz·zer·cise [dʒǽzərsàiz] [명][U] (때로 j-) 《美》 재즈 체조(재즈 음악에 맞추어 추는 격렬한 미용 체조의 일종). 〔<*jazz*+exer*cise*〕
jázz lòft [명] 《美》 (전위(前衛)) 재즈 연주용 빌딩 상층의 플로어.
jazz·man [dʒǽzmæ̀n] [명] 재즈 연주자.
jaz·zo·thèque [dʒǽzətèk] [명] 재즈 생연주와 레코드 음악이 있는 나이트 클럽. 〔<*jazz*+disco*thèque*〕
jázz òxford [명] =jazz shoe.
jazz-rock [∠ràk/-rɔ̀k] [명][U] 재즈록(재즈와 록을 결합한 음악).
jázz shòe [명] 재즈 슈즈(재즈를 출 때 신는 굽이 낮은 남자용 구두; 또는 그와 비슷한 캐주얼 슈즈).
jázz sìnger [명] 재즈 가수, 재즈 싱어.
jazz·wo·man [dʒǽzwùmən] [명] 여성 재즈 연주자.
jazz·y [dʒǽzi] [형] 《美속어》 재즈적인[풍의]; 광란적인, 활발한; 화려한, 다채로운.
jázz·i·ly [부] **jázz·i·ness** [명]
JC *j*unior *c*ollege. **J.C.** *J*esus *C*hrist; *J*ulius *C*aesar; 《라틴》 *juris consultus*(=jurisconsult); *J*uvenile *C*ourt. **JCAE** 《美》 *J*oint *C*ommittee on *A*tomic *E*nergy ((상하 양원의) 원자력 합동 위원회). **J.C.B.** 《라틴》 *Juris Canonici Baccalaureus* (=Bachelor of Canon Law); 《라틴》 *Juris Civilis Baccalaureus* (=Bachelor of Civil Law). **J.C.C.** *J*unior *C*hamber of *C*ommerce(청년 (상공) 회의소). **J.C.D.** 《라틴》 *Juris Canonici Doctor*(=Doctor of Canon Law)(교회법 박사); 《라틴》 *Juris Civilis Doctor*(=Doctor of Civil Law)(민법학 박사). **JCI** *J*unior *C*hamber *I*nternational(국제 청년 회의소). **JCL** 〔컴퓨터〕 *j*ob *c*ontrol *l*anguage(job 제어 언어). **J.C.S., JCS** 《美》 *J*oint *C*hiefs of *S*taff(합동 참모 본부). **jct., jctn.** junction.
J-curve [dʒéikə:rv] [명] 〔경제〕 J커브(환율 변동의 효과를 나타내는 J형 그래프).
jd joined.
JD [dʒèidí:] 《美속어》 [동][자] 비행(非行)을 저지르다, 불량 행위를 하다. **—** [명] 비행(非行) 소년[소녀]. 〔<*j*uvenile *d*elinquency[*d*elinquent]〕
JD 《美구어》 *J*ustice *D*epartment; *j*uvenile *d*elinquency[*d*elinquent]. **J.D.** 《라틴》 *Juris Doctor* 《라틴》 *Jurum Doctor*(=Doctor of Laws). **JDL, J.D.L.** *J*ewish *D*efense *L*eague(유대인 방위 연맹). **JDS** *j*ob *d*ata *s*heet. **Je.** June.
‡jeal·ous [dʒéləs] [형] (***more*** **~**; ***most*** **~**) **1** 질투심 많은; (…을) 강샘하는, 시기하는(*of*); (…을) 선망하는(*of*); 질투심에서 나온. ¶a ~ husband 투기심 많은 남편/He is ~ because I got the prize. 내가 상을 탔기 때문에 그는 시기하고 있다. **2** (잃지[빼앗기지] 않으려고) 조심하는, 경계하는(*of*); 방심하지 않는, 주도한. ¶keep a ~ eye on; keep a ~ watch over …을 방심하지 않고 경계하다. **3** 〔성서〕 불신앙이나 다른 신을 믿는 것을 허용치 않는. ¶*I the Lord the God is a jealous God.* 나 여호와 너의 하느님은 질투하는 하느님이니라(←출애굽기(Ex.) 20:3-5).
be jealous of ① …을 시기[질투]하다. ② …을 소중히 지키다.
~·ly [부] **~·ness** [명]

‡jeal·ous·y [dʒéləsi] [명] ([복] ***-ous·ies*** [-z]) **1** [U][C] 질투, 시기, 샘, 투기; 시기하는 언동(*of, over, for, to, toward*). ¶kill a person out of ~ 질투로 사람을 죽이다. **2** [U] 빈틈없는 경계[배려](*of doing*).
in a fit of jealousy 시기[질투]한 나머지.
‡jean [dʒi:n] [명] **1** [U] (종종 ~s) 《단수취급》 진, (올이 가늘고 질긴) 능직(綾織) 무명. **2** (~s) 진으로 만든 의류(청바지 따위), 진바지. **3** (~s) 《美속어》 (일반적으로) 바지. **~ed** [형] 진(바지)를 입은.
Jeanne d'Arc [*F* ʒɑ̃n daʀk] [명] 잔 다르크(Joan of Arc의 프랑스 이름).
jeans·wear [dʒí:nzwὲər] [명] 진웨어(진으로 만든 캐주얼 웨어).
jea·sly [dʒí:zli] [형] 《美속어》 보잘것없는, 시시한. (또는 **jeasely**)
Jed·da [dʒédə] [명] 제다. ⇨JIDDA.
jed·gar [dʒédgər] [명] 《美속어》 역(逆) 스파이 프로그램(자기의 단말기(端末機)에 있는 데이터가 남에게 읽혀지고 있음을 알리는 프로그램). 〔<J. Edgar Hoover〕
jee [dʒi:] [감] =gee².
jee·gee [dʒí:dʒì:] [명] 《美속어》 헤로인.
jeep [dʒi:p] [명] 지프; (J-) 《상표》 지프; (일반적으로) 자동차; 소형 정찰기; 신병(新兵). **—** [동] 지프로 가다[나르다]. **—** [형] 《美속어》 지프로 나를 수 있는, 소형의.
jéep càrrier [명] 〔美해군〕 (대잠수함) 소형 호위 항공모함.
jee·pers [dʒí:pərz] [감] =gee².
jeep·ney [dʒí:pni] [명] 지프니(지프를 개조한 필리핀의 소형 합승 버스). 〔<*jeep*+jit*ney*〕
***jeer¹** [dʒiər] [동][자] 조소하다, 야유하다, 비아냥거리다, 비웃다(*at*). ¶(~+[前]+[名]) ~ *at* a person's idea 남의 생각을 비웃다. **—** [타] …을 조소하다, 야유하다, 조롱하다, 놀리다(*out*). ¶Don't ~ the losing team. 지고 있는 팀을 야유하지 마라 // (~+[目]+[副]) They ~*ed* me *out*. 그들은 나를 우습게 보고 방에서 내쫓았다. **—** [명] 조롱, 비아냥거림, 조소, 야유.
∠·er [명] **∠·ing·ly** [부] 조롱조로, 깔보고.
jeer² [명] 〔해사〕 (종종 ~s) 아래쪽 활대를 오르내리게 하는 도르래 장치.
jee·ter [dʒí:tər] [명] 《美속어》 버릇없고 느려빠진 남자; 《美육군 속어》 중위, 소위.
jeez [dʒi:z] [감] (때로 J-) 《속어》 이런, 어머나, 빌어먹을!
Jeff [dʒef] [명] 제프(남자 이름; Jeffrey의 별칭); (때로 j-) 《美속어》 백인(白人); 따분한 놈; 촌놈. **—** [동] (j-) 《속어》 [타] 속이다, 설득하다, 유혹하다. **—** [자] (때로 j-) 백인같이 행동[에게 아첨]하다.
Jef·fer·son [dʒéfərsn] [명] **Thomas ~** 제퍼슨(1743-1826: 미국의 제3대 대통령(1801-09)).
Jéfferson Cíty [명] 제퍼슨 시티(미국 Missouri주의 주도(州都)).
Jef·fer·so·ni·an [dʒèfərsóuniən] [형] 제퍼슨적인[식의], 민주주의적인. **—** [명] 제퍼슨 숭배자[지지자].
je·had [dʒihá:d] [명] =jihad.
Je·hosh·a·phat [dʒihǽʃəfæ̀t, -hás-/-hɔ́ʃ-] [명] 〔성서〕 여호사밧(기원전 9세기의 유다 왕. ←열왕기(상) (1 Kings) 22:41-50).
***Je·ho·vah** [dʒihóuvə] [명] 여호와(구약 성서의 신의 이름 Yahweh를 잘못 읽은 호칭). **-vist** [명] =Yahwist.
Jehóvah's Wítness(es) [명] 여호와의 증인.
Je·hu [dʒí:hju:/-hju:] [명] **1** 〔성서〕 예후(기원전 9세기의 이스라엘 왕, 난폭한 전차(戰車) 운전자. ←열왕기(하) (2 Kings) 9). **2** (j-) 《구어·익살》 난폭하게 모는 운전사[마부], (특히) 스피드광(狂) 운전자.
drive like Jehu 차를 난폭하게 운전하다.
je·june [dʒidʒú:n] [형] **1** (영양이) 결핍된, 빈약한; (토지가) 메마른, 불모의. **2** (글이) 무미건조한, 재미없는. **3** 경험이 부족한, 미숙한. **4** 어린애 같은, 유치한.
~·ly [부] **~·ness** [명]
je·ju·nec·to·my [dʒidʒu:néktəmi] [명][U][C] 〔외과〕 공장(空腸) 절제(술).
je·ju·ni·ty [dʒidʒú:nəti] [명][U] 빈약함; 무미건조.
je·ju·num [dʒidʒú:nəm] [명] ([복] ***-na*** [-nə]) 〔해부〕

공장(空腸). **-nal** 형

Jé·kyll and Hýde [dʒékəl-, dʒíːkəl-] (a ~) 이중 인격자. **Jé·kyll-(and-)Hýde** 형 [< R. L. Stevenson의 소설 *The Strange Case of Dr. Jekyll and Mr. Hyde*(1886)의 주인공 이름]

jel [dʒel] 명 《美속어》 바보, 얼간이; 괴상한 녀석.
jell [dʒel] 동타 1 젤리로 되다. 2 (방침·생각 따위가) 굳어지다. ¶Our plans haven't ~*ed* yet. 우리의 계획은 아직 확정되지 않았다. —타 1 …을 젤리 모양으로 굳히다. 2 (구어) (방침 따위)를 굳히다; [거래·계약]을 맺다. —명 U (美구어) 젤리. [~**ness** 명
jel·lied [dʒélid] 형 젤리 모양으로 된, 젤리를 바른.
jéllied gásoline [화학] =napalm.
jel·li·fy [dʒéləfài] 타자 젤리로 만들다[되다]. 젤리 모양으로 하다[되다]. **-fi·cá·tion** 명
Jell-O [dʒélou] 명 젤오(미국 General Food 사 제의 과즙 젤리 과자). (또는 **jello**)

nail Jell-O to a tree (속어) 불가능한 것[일]을 하다.

‡**jel·ly** [dʒéli] 명 (*pl.* **-lies** [-z]) 1 UC 젤리, 한천, 우무; UC 젤리(과자, 요리). 2 UC 젤리 모양의 것. 《美》 잼(jam). 3 우유부단, 갈팡질팡. 4 (속어) = gelignite. 5 (속어) 수월한 일. 6 (속어) 젤리 피임약. 7 (속어) 귀여운 여자; (비어) 여성 성기; 성교.

beat a person to [*or into*] *jelly* 남을 호되게[떡이 되게] 때려주다.
feel like (*a*) *jelly* (무서움 따위로) (손발이) 떨리다.
—타 (**-lies** [-z]) 젤리(모양)으로 만들다[되다].
~*like* 형 [2 《美속어》 암페타민 정제.
jel·ly-ba·by [-bèibi] 명 1 (아기 모양의) 젤리 과자.
jélly bàg 명 젤리 여과 주머니.
jel·ly·bean [dʒélibìːn] 명 1 젤리빈(콩 모양의 젤리 과자). 2 (속어) 무기력하고 꼴보기 싫은 놈; (야구 따위의) 미숙자; 암페타민(amphetamine) 정제.
jélly bèlly 명 《美속어》 배불뚝이; (속어) 겁쟁이.
jélly bòmb 명 젤리 모양의 가솔린 소이탄.
jélly dòughnut 명 (속에 젤리나 잼을 넣은) 젤리 도 [넛.
*jel·ly·fish [dʒélifiʃ] 명 (복 ~*es*) 1 해파리. 2 (구어) 의지가 박약한 사람.
jélly ròll 명 1 젤리 롤(英 Swiss roll)(젤리가 든 카스텔라 롤). 2 (美) 금융 파생 상품. 3 (美속어) 연인, 애인, 정부(lover); 난봉꾼. 4 (비어) 여성 성기; 성교.
jélly shòes [sàndals] 명 젤리 슈즈(고무나 폴리에틸렌으로 만든 여성용 여름 신발·샌들).
jem·a·dar [dʒémədɑ̀ːr] 명 (인도) 관리, 경찰관; 장교(중위급); 급사장, 십장. [<Hind] [무장화.
je·mi·mas [dʒəmáiməz] 명복 (英구어) 목이 긴 고
jem·my [dʒémi] 명 1 =jimmy¹. 2 (속어) 오버, 외투. 3 (요리의) 구운 양의 머리. —타자 =jimmy¹.
Jéna glàss 명 예나 유리(독일의 예나에서 만든 붕소와 아연 따위를 함유하는 이화학·광학용 유리).
je ne sais quoi [F ʒə nə sɛ kwa] (호감이 가는) 그 무엇, 형언하기 어려운 것[일], 설명하기 곤란한 것[일]. [<F I don't know what]
Jen·ghis Khan [dʒéŋgis káːn, dʒén-] 명 = Genghis Khan. (또는 **Jénghiz Khán**)
Jen·ner [dʒénər] 명 **Edward** ~ 제너(1749-1823; 영국의 의사; 종두법의 발견자).
jen·net [dʒénit] 명 (스페인 종) 조랑말; 암탕나귀.
jen·net·ing [dʒénitiŋ] 명 제빗 종의 조생종 사과.
jen·ny [dʒéni] 명 1 방적기(spinning). 2 이동식 기중기. 3 (짐승의) 암컷; 암탕나귀(~ *ass*)(환 jackass). 4 (또는 **jennie**) 암컷의 훈련용 비행기.
jénny wrèn (어린이말) 굴뚝새.
Jen·sen·ism [dʒénsənìzm] 명 젠센 이론(지능 지수는 주로 유전에 의해 결정된다는 설)[<미국의 교육 심리학자 Arthur R. Jensen(1923-)의 이름]
jeop·ard [dʒépərd] 동타 =jeopardize.
jeop·ard·ize [dʒépərdàiz] (* (英) **-ise**) 동타 《생

명·재산 따위》를 위험에 빠뜨리다. [~**ness** 명
jeop·ard·ous [dʒépərdəs] 형 위험한. ~**ly** 부
jeop·ard·y [dʒépərdi] 명 U 1 (위해·손실 따위의) 위험, 위난. 2 (법률) (형사 피고인이 유죄가 될) 위험성.
in jeopardy 위험에 빠져. ¶put[*or* place] him *in* ~ 그를 위험에 빠뜨리다.
—동타 =jeopardize.
Jeph·thah [dʒéfθə] 명 (성서) 입다(이스라엘의 사사(士師)). ←사사기(Judg.) 11,12].
Jer. (성서) Jeremiah; Jeremy; Jerome; Jersey; Jerusalem. [시아산(産)).
jer·bo·a [dʒərbóuə/dʒə-] 명 날쥐(북아프리카·아
je·reed [dʒəríːd] 명 (아라비아·페르시아 등지에서 말을 타고 던지는 경기용 투창; 마상(馬上) 투창 경기.
jer·e·mi·ad [dʒèrəmáiəd, -æd] 명 비탄, 한탄, 우는 소리, 하소연.
Jer·e·mi·ah [dʒèrəmáiə] 명 1 예레미야(기원전 7 세기의 이스라엘의 예언자). 2 (구약 성서의) 예레미야서. 3 (a ~) (종종 j-) 비관론자, 불길한 예언을 하는 사람. 4 제러마이어(남자 이름).
Jer·e·mi·as [dʒèrəmáiəs] 명 =Jeremiah.
Jer·i·cho [dʒérikòu] 명 1 여리고(요르단강 서안의 팔레스타인의 옛 도시). 2 U 은둔지, 외진 곳.
Go to Jericho! (속어) 꺼져 버려! 저리 가!. 뒈져라!
je·rid [dʒiríːd] 명 =jereed.

‡**jerk**¹ [dʒəːrk] 명 1 급격한 동작, 갑자기 힘껏 당기기[찌르기, 비틀기]. ¶give a rope a ~ 밧줄을 홱 잡아당기다. 2 (근육의) 경련, 쥐; (the ~s) (흥분에 의한 안면·수족 등의) 경련. 3 (美속어) 멍청이, 얼간이; 순진한 사람, 세상 물정에 어두운 사람, 멍청이, 바보. 4 (역도) 용상(聳上), 저크. 5 (~s) (英구어) =physical ~s. 6 (~s) (美속어) (의학) 무도병(chorea). 7 (철도의) 단거리 지선(支線) (택시의) 단거리 주행. 8 소다수 매장의 점원
in a jerk 곧, 즉시, 곧바로. [(soda ~).
put a jerk in it (구어) 시원스럽게 행동하다.
with a jerk 홱 (하고). ¶pull the fish *with a* ~ 물고기를 홱 당기다.
—동 (~*ed* [-t]) 타 1 (급격히) …을 홱 움직이다[당기다, 밀다, 찌르다, 비틀다, 던지다. ¶(~+목+*前*+*名*) He ~*ed* the carpet *from* under my feet. 그는 내 발 밑의 융단을 홱 잡아당겼다. 2 (내던지듯이) …을 불쑥 말하다(*out*). ¶(~+목+*副*) He ~*ed out* words. 그는 느닷없이 말을 했다. 3 (美구어) (소다수 판매대에서) (소다수·아이스크림 따위)를 만들어내다. —자 1 (갑자기) 홱 움직이다: 덜컹거리며 움직이다[나아가다] (*along*); 실룩실룩 움직이다, 쥐나다. ¶(~+*副*) The train ~*ed along*. 열차는 덜컹거리며 나아갔다. 2 내뱉 듯이 말하다. 3 (美구어) (소다수 판매장의) 판매원으로 일하다.
jerk a person over 남을 부당하게 대우[취급]하다.
jerk a person's chain 남을 못살게 굴다[괴롭히다].
jerk around (美속어) 빈둥빈둥하다.
jerk (*oneself*) *off* 《美속어》 자위 행위를 하다: 빈둥거리다; 실수하다.
jerk out (이야기)를 갑자기 뚜렷뚜렷 말하다.
jerk the cat 토하다, 게우다.
~·**er** 명 ~·**ing·ly** 부
jerk² 동타 (쇠고기 따위)를 얇고 길쭉하게 썰어 말리다. —명 U 육포(肉脯), 말린 쇠고기.
jerk·er [dʒə́ːrkər] 명 1 jerk¹하는 사람. 2 (속어) 취객; (美속어) 코카인 탐닉자.
jer·kin [dʒə́ːrkin] 명 1 (16-17세기에 남자가 입었던) 가죽 조끼, 저킨. 2 (속어) 조끼.
jer·kin·head [dʒə́ːrkinhèd] 명 (건축) 반박공(상부를 일부 쳐낸 듯한 꼴의 지붕). (또는 **shréadhèad**)
jerk-off [dʒə́ːrkɔ̀(ː)f] 명 자위, 빈둥거림; (美속어) 자위 행위를 하는 사람. —형 자위용의; 시시한.
jerk·wa·ter [dʒə́ːrkwɔ̀ːtər, -wɑ̀t-] 명 (美구어) 지선(支線) 열차; 벽촌, 시골. —형 벽촌의, 궁벽한; 지선

jerky 의: 작은, 보잘것없는, 하찮은. ¶ a ~ town 조그만 읍.
jerk·y¹ [dʒə́ːrki] 형 1 획 움직이는, 덜컹덜컹 움직이는. 2 경련하는. ¶ a ~ movement 경련하는 동작. 3 (속어)어리석은. **jérk·i·ly** 부 **jérk·i·ness** 명
jerk·y² 명ⓤ (미) 육포, 말린 고기.
Jer·o·bo·am [dʒèrəbóuəm] 명 1 〈성서〉 여로보암(이스라엘의 초대 왕. ←열왕기(상)(1 Kings) 11). 2 (j-) 대형 포도주병.
jer·ry¹ [dʒéri] 명 (영) 실내용 변기, 요강.
jer·ry² 명 (속어)〈건축〉 날림으로 지은; 엉성한, 뗌질식의. —명 1 (美속어) 육체 노동자. 2 소형 권총.
jer·ry³ 명 (속어) 잘 아는. (* 다음 숙어로)
  be [or *get*] *jerry* (…을) 잘 알고 있다(*on, onto, to*).
Jer·ry [dʒéri] 명 (英구어·경멸적) 독일 사람[병사].
jer·ry-build [-bìld] 타 (-*built*) 1 …을 날림으로 짓다. 2 〈안(案)〉 따위를 아무렇게나 만들어내다. **-er** 명 날림 공사 전문 목수. **-ing** 명 날림 공사 (건물).
jer·ry-built [-bìlt] 형 〈경멸적〉 날림으로 지은, 급히 만든; 〈안(案)·조직 따위〉가 아무렇게나 만들어낸.
jérry cán 명 석유통. (또는 **jérricàn, jérrycàn**)
jer·ry·man·der [dʒèrimǽndər] 명타 (英) =ger-rymander.
jérry shòp 명 (英) 싸구려 술집.
jer·sey [dʒə́ːrzi] 명 1 (선원·운동가 등이 입는 몸에 꼭 맞는) 스웨터, 셔츠. 2 〔털실로 뜬〕 여자용 스웨터. 3 ⓤ 저지(모직 양복감). (또는 ～ **clòth**) 4 (J-) 저지종(種) 젖소.
Jer·sey [dʒə́ːrzi] 명 1 저지종(種) 젖소. 2 〔구어〕 = New Jersey. **～an** 명
Jérsey ców 명 저지종(種) 젖소.
Jérsey grèen 명 (美속어) 마리화나의 일종.
*Je·ru·sa·lem [dʒərúːsələm, -zə-] 명 예루살렘(이스라엘의 수도; 고대 팔레스타인(Palestine)의 수도).
Jerúsalem ártichoke 명 〔식물〕 돼지감자.
Jerúsalem cróss 명 예루살렘 십자가(네 가지 끝에 가로 막대가 있는 십자가).
Jerúsalem póny 명 (익살) 당나귀(donkey).
JES Japan Engineering Standard(일본 기술 표준 규격). **Jes.** Jesus.
Jes·per·sen [jéspərsn, dʒés-] 명 (**Jens**) **Otto** (**Harry**) ～ 예스페르센(1860-1943: 덴마크의 언어·영어학자).
jess [dʒes] 명 (보통 ～es) (사냥용 매의 발에 매는) 젓갖. —타 (매)에게 젓갖을 매다.
jes·sa·min(e) [dʒésəmin] 명 =jasmine.
Jes·se [dʒési] 명 1 〈성서〉 이새(다윗의 아버지. ←사무엘(상) 1 Sam.) 16). 2 제시(남자 이름). 3 (때로 j-) (美속어) 몹시 꾸짖음[때림].
  give a person jesse (美구어) 남을 꾸짖다.
Jésse trèe 명 〈성서〉 이새의 나무(이새에서 예수까지의 계보를 나타낸 나뭇가지 모양의 그림 또는 조각).
Jésse wìndow 명 Jesse tree를 새긴 유리창.
‡jest [dʒest] 명 1 (익살) 농담, 익살, 우스갯소리. ⇨ JOKE 〔유의어〕 ¶ speak half in ～, half in earnest 농담 반 진담 반으로 말하다. 2 ⓤⓒ 조롱, 야유; 희롱. 3 (a ～) 조롱거리, 웃음거리.
  a dry jest 진지한 표정으로 하는 농담.
  be a standing jest 늘 웃음거리가 되다.
  break [or *drop*] *a jest* 농담하다, 익살부리다.
  make a jest of …을 조롱하다, 웃음거리로 삼다.
  —자 1 농담하다, 장난으로 말하다, 익살부리다 (*about*). 2 놀리다 (*with*); 조롱하다, 우롱하다 (*with, at*). ¶ (～+前+명) ～ *at a person* 남을 조롱[야유]하다 / *Don't ～ with him*. 그를 놀리지[희롱하지] 마라. —타 …을 비웃다, 야유하다; 조롱하다.
  ～·ful 형
jest·book [dʒéstbùk] 명 소화집(笑話集), 만담책.
jest·er [dʒéstər] 명 1 농담하는 사람. 2 (중세 귀족·왕 등이 거느리던) 어릿광대.

jest·ing [dʒéstiŋ] 형 1 농담의, 농담을 좋아하는. 2 시시한, 하찮은. ¶ *It is no ～ matter*. 농담이 아니다. —명 ⓤ 익살, 희롱, 장난. **～·ly** 부
Je·su [dʒíːzuː, -suː/-zjuː] 명 〔시〕 =Jesus.
Jes·u·it [dʒéʒuit, -zju-/-zju-] 명 1 〈가톨릭〉 예수[제수이트]회 수사(修士). 2 (j-) 음모자, 궤변가.
Jes·u·it·ic [dʒèʒuítik, -zju-/-zju-] 명 1 예수[제수이트]회(수사)의[같은]. 2 (종종 j-) 음흉한, 교활한. (또는 **Jesuitical**) **-i·cal·ly** 부
Jes·u·it·ism [dʒéʒuitizm, -zju-/-zju-] 명 1 (가톨릭) 예수[제수이트]회의 교리[주의]. 2 (종종 j-) =jesuitry.
jes·u·it·ry [dʒéʒuitri] 명 (종종 J-) ⓤ 〈경멸적〉 궤변, 음흉, 교활. 속임수.
Jésuit's bárk 명 기나피(cinchona)(키니네를 채취한다).
‡Je·sus [dʒíːzəs] 명 예수(4 B.C.?-A.D. 29?: 기독교의 창시자; 구세주의 뜻)(Jesus Christ, Jesus of Nazareth라고도 한다). ¶ *the Society of ～* (가톨릭의) 예수회.
  beat [or *kick, knock*] *the Jesus out of a person* (美속어) 남을 몹시 때리다.
  I trust Jesus (문장 끝에서) 절대로.
  Jesus (*Christ*)*!; Holy Jesus!* (놀라움·불신·초조 따위를 나타내어) 이런, 우라질!, 제기랄!
  Jesus wept! (비어) 세상에 이럴 수가(노여움·슬픔 등의 발성).
  —명 빌어먹을!, 어머나!
Jésus Chríst 명 =Jesus.
Jésus frèak 명 (美) 열광적인 기독교 신자.
Jésus Mòvement [**revolùtion**] 명 (the ～) (美) 젊은이의 열광적인 무교회파 기독교 운동.
Jésus Péople 명복 (美) Jesus Movement 참가자.
jet¹ [dʒet] 명 1 (액체·가스 따위의) 분출, 분사, 사출; 분출[분사]물. ¶ *shoot a ～ of water from a squirt* 물총에서 물을 사출하다. 2 분출구, 노즐, 물꼭지. ¶ *a gas ～* 가스등(燈)의 화구(火口). 3 =～ plane. 4 =～ engine. 5 =～ stream.
  —자 (-*tt*-) 타 …을 분출[분사]하다(*out*). —자 1 분출하다, 뿜어나오다(*out*). 2 분사 추진으로 움직이다[나아가다]; (속어) 급속히 움직이다[나아가다](*up*). 3 제트기로 여행하다 (*to*). ¶ ～ *in*[*around*] 제트기로 도착하다[돌아다니다] / (～+前+명) *He ～ted to the Bahama Islands*. 그는 제트기를 타고 바하마 제도로 갔다.
  jet up (美속어) 시원스럽게[날쌔게] 일하다.
  —명 1 제트기의, 제트기에 의한. ¶ *a ～ trip* 제트기 여행. 2 분출[분사]하는; 분사 추진의.
  ⸗ting·ly 부
jet² 명ⓤ 1 〈광물〉 흑옥(黑玉)(탄(炭)), 패갈탄(貝褐炭). 2 흑옥색, 칠흑. 명 1 흑옥(제)의. ¶ ～ beads 흑옥제(製) 구슬. 2 흑옥색의, 칠흑의.
JET [dʒet] Joint European Torus(EU 9개국이 공동 개발한 Tokamak형 핵융합 실험 장치).
jet·a·bout [dʒétəbàut] 명 (사업·유람에) 제트기를 이용하는 (사람).
jét àge 명 제트기 시대 (의).
jét áirliner 명 정기 제트 여객기.
jét áirplane 명 =jet plane.
jét bélt 명 인간 제트, 제트 벨트(사람의 벨트에 분사 장치를 달고 7-8m 높이에서 단거리를 비행한다).
jet-black [⌐blǽk] 형 (머리 따위가) 새까만, 칠흑의.
jét bòat 명 제트 보트(모터 보트). (또는 **jétbòat**)
jet-borne [⌐bɔ̀ːrn] 형 제트기로 운반되는.
jét éngine [**mótor**] 명 제트 엔진, 분사 추진 엔진.
jét fatìgue [**exhàustion**] 명 =jet lag.
jét fíghter 명 제트 전투기.
Jet-foil [dʒétfɔ̀il] 명 (종종 j-) (상표) 제트포일 (제트 엔진 장착의 고속수중익선(水中翼船)).
jét gún [**injéctor**] 명 분사식 주사기.
jet-hop [⌐hɑ̀p/-hɔ̀p] 자 (-*pp*-) 제트기로 여행하다.
jét làg 명 시차증(時差症)(제트기 여행시 시차에 의한

jet·lin·er [dʒétlàinər] 명 제트 여객기.
jet-on [dʒétn] 명 (프랑스의) 전화용 동전. 〔<F〕
jet-pack [dʒétpæ̀k] 명 (우주 비행사나 우주 유영시 등에 지는) 분사 추진식 생명 유지 장치; 개인용 분사 추진기.
‡**jét pláne** 명 제트기.
jét-port [dʒétpɔ̀ːrt] 명 제트기용 공항.
jét pówer 명 제트 동력.
jét-pro·pelled [-prəpéld] 형 제트 추진식의; 아주 빠른.
jét propúlsion (비행기·선박의) 제트 추진.
Jét Propúlsion Làboratory 명 (the ~) 제트 추진 연구소(미국 NASA 산하 기구; California 주 소재).
JETRO [dʒétrou] *Japan External Trade Organization* (일본 무역 진흥회).
jet·sam [dʒétsəm] 명 ① 〖해사〗 투하(投荷)(조난 때 바다에 버린 짐); 표류물; 2 버려진 물건, 쓰레기. 3 〖집합적〗 부랑자(flotsam). (또는 **jetsom**)
jét sét 명 (the ~) 제트족(族), 유한 상류 계급.
jét-set·ter [-sètər] 명 (구어) 제트족의 한 사람.
jet-ski [´skiː] 명 제트스키(쾌속 수상 바이크). — 자 제트스키를 하다. **~·er** 명 〖배기류(排氣流)〗.
jét stréam 명 〖기상〗 제트 기류; 〖항공〗 로켓 엔진의 분출기류.
jét sýndrome 명 시차증, 제트기 증후군(jet lag).
jet·ti·son [dʒétəsn, -zn] 명 ① 〖보험〗 =jetsam (비유적) 포기. — 타 (배에서) 〔짐〕을 내던지다; 〔무익한 것〕을 버리다.
jet·ton [dʒétn] 명 (카드놀이 따위에서 득점을 세는 데 쓰이는 금속·상아 따위의) 산가지(counter), 칩.
jét trável 명 제트기 여행.
jet·ty¹ [dʒéti] 명 ① 둑, 방파제. 2 부두, 선창, 잔교(棧橋)(wharf, pier); 〔잔교 보호용〕 목조 구축물, 물막이. 3 〔건축〕 〔건물의〕 달아낸 부분. — 자 돌출하다, 튀어나오다(out).
jet·ty² 형 흑옥(질)의; 흑옥색의, 새까만.
jét wásh 명 〖항공〗 제트 워시(제트 엔진 후미에 생기는 기류).
Jet·way [dʒétwèi] 명 (종종 j-) (상표) 제트웨이(여객기와 공항 건물을 잇는 승강용 통로).
jeu [F ʒøː] 명 (pl. ~**x**) 1 놀이, 유희(diversion); 경기, 내기. 2 연주; 연기. 〔<F play〕
jeu de mots [F ʒø də mo] 명 (pl. **jeux d- m-**) 익살, 재담(pun). 〔<F play of words〕
jeu d'es·prit [F ʒø despri] 명 (pl. **jeux d-**) 경구 (警句), 재담(witticism). 〔<F play of wit〕
jeu·nesse do·rée [F ʒœnɛs dɔre] 명 (the ~) 멋있고 돈 많은 젊은 신사, 귀공자. 〔<F gilded youth〕
‡**Jew** [dʒuː] 명 (형 ~**s** [-z]) ① 〖종종 경멸적〗 유대인; 유대교도(~**ess**). 2 〖종종 j-〗 〖경멸적〗 욕심 많은 사람; 수전노; 고리 대금업자; 행상인.
(*as*) *rich as a Jew* 큰 부자인.
go to the Jews 고리 대금업자에게서 돈을 꾸다.
worth a Jew's eye 매우 가치있는.
— 형 〖경멸적〗 유대인의, 유대인 같은(Jewish).
— 타 (j-) (미구어·경멸적) 값을 깎다; …을 속이다.
jew down (미구어) …의 값을 깎다.
jew. *jewelry*.
Jew-bait·ing [´bèitiŋ] 명 U (조직적) 유대인 박해(를 하는); 적극적 반유대주의(의). **-bàit·er** 명
Jew·boy [dʒúːbɔ̀i] 명 〖종종 j-〗 〖경멸적〗 (나이에 관계 없는) 유대인 남자.
‡**jew·el** [dʒúːəl] 명 (형 ~**s** [-z]) 1 (연마한) 보석, 보옥(gem); (보통 ~s) 보석을 박은 장신구, 액세서리.

〔유의어〕 **jewel** 보통 귀금속에 gem을 곁들인 장신구; gem을 의미하기도 한다. **gem** precious stone을 커트하여 연마한 것; 진주도 포함한다. **precious stone** 가공하지 않은 자연 그대로의 보석.

2 (시계 따위의 베어링에 쓰이는 천연·인조) 보석. ¶*a watch (set) with 17 ~s* 17석의 시계. 3 소중한 사람 〔것〕; 지보(至寶), 드문 사람〔물건〕. ¶*a ~ of a boy* 소중한 소년. 4 보석 비슷한 것〔별, 이슬 따위〕.
the [or *a*] *jewel in the* [or *one's*] *crown* 눈부신 것〔사람〕, 가장 좋은 것.
— 타 (~**s** [-z]; -*l*-, (英) -*ll*-) …을 보석으로 장식하다, …에 보석을 박다; (시계에) (보석)을 넣다(*with*) (* 보통 과거분사로 쓴다). ¶*The sky ~ed with stars* 별이 촘촘하게 박은 하늘.
jéwel bóx[**càse**] 명 보석 상자.
jew·eled [dʒúːəld] 형 보석으로 장식한, 보석을 박은. ¶*a ~ crown* 보석을 박은 왕관.
***jew·el·er**, (英) -**el·ler** [dʒúːələr] 명 보석상, 귀금속상; 보석 세공인; 정밀 기기 제작〔수리〕 전문가.
‡**jew·el·ry**, (英) **jew·el·lery** [dʒúːəlri] 명 ① 〖집합적〗 보석류(·); 〔귀금속제〕 장신구류. 2 보석〔귀금속〕 세공(술). 〔일종(touch-me-not).〕
jew·el·weed [dʒúːəlwìːd] 명 (북미산(産)) 봉선화의.
Jew·ess [dʒúːis] 명 〖종종 경멸적〗 유대인 여자.
jew·fish [dʒúːfìʃ] 명 (대서양 열대 지방산(産)) 농어과(科)의 큰 물고기.
Jéw for Jésus 명 유대인 기독교도(유대인에게 그리스도의 복음을 전도하는 유대인 교단의 일원).
***Jew·ish** [dʒúːiʃ] 형 ① 유대인의〔특유의〕, 유대다운; 유대교의. 2 (구어) 이디시어(語)의. 3 〖경멸적〗 인색한, 탐욕스러운. — 명 U (구어) 이디시어 (語)(Yiddish). **-ly** 부 **-ness** 명
Jéwish cálendar 명 (the ~) 유대력(曆)(천지 창조의 해로서 3761 B.C.를 유대 기원으로 기산(起算)).
Jéwish Chrístian 명 유대인 기독교도, 예수의 복음을 전하는 유대인(Jew for Jesus).
Jéwish congregátions 명 유대 교회파. 「JAP
Jéwish príncess 명 〖경멸적〗 유대인 아가씨.
Jew·ry [dʒúːri] 명 ① 〖집합적〗 유대인, 유대 민족. ¶*American* ~ 미국의 유대인. 2 유대인 거리〔사회〕. 3 U 유대교, 유대 문화. 4 (고어) =Judea.
Jew's-ear [dʒúːzlər] 명 〖식물〗 목이(木耳)버섯.
Jéw's hárp 명 〖음악〗 구금(口琴) (입에 물고 손가락으로 타는 원시적 금속 현악기). (또는 **Jéws' hárp**)
Jez·e·bel [dʒézəbel/-bəl] 명 ① 〖성서〗 이세벨(이스라엘 왕 Ahab의 아내; 횡대(稀代)의 독부. ← 열왕기(상) (1 Kings) 16:31). 2 (경멸적) 악녀, 간부, 특히 얇고둘〔굴러먹은〕 여자. ¶*a painted ~* 화장을 짙게 한 악녀.
JFK, J.F.K. *John Fitzgerald Kennedy.* **jg, j.g.** (美해군) *junior grade*(하급). 〔shek.
Jiang Jie·shi [dʒiǽŋ dʒiéʃi:] 명 =Chiang Kai-
Jiang Qing [dʒiɑ̀ːŋ tʃíŋ] 명 장칭(江靑)(1913-91: 마오쩌둥(毛澤東)의 부인; 사인방(四人幇)의 중심 인물). (또는 **Chiang Ch'ing**)
Jiang·su [dʒiɑ̀ːŋsúː] 명 장쑤(江蘇)(중국 동부의 성 (省)). (또는 **Chiangsu, Kiangsu**) 〔(省).
Jiang·xi [dʒiɑ̀ːŋʃíː] 명 장시(江西)(중국 남동부의 성
Jiang Ze·min [dʒiɑ̀ːŋ dzə́mín] 명 장쩌민(江澤民)(1926-: 중국의 국가 주석(1993-)). 〔**sail**
jib¹ [dʒib] 명 〖해사〗 지브, 뱃머리의 삼각형 돛. (또는 *slide one's jib* (美속어) 이성을 잃다; 함부로 지껄이다.
the cut of a person's jib (구어) 옷차림, 풍채, 복장.
— 자 (*-bb-*) (돛·활대 따위를) 한쪽 뱃전에서 다른 쪽 뱃전으로 돌리다; (돛이) 빙그르르 돌다.
jib² 자타 (*-bb-*) (영) =jibe¹.
jib³ 자 (*-bb-*) (영) 1 (말 따위가 뒷걸음질치며) 앞으로 나아가기를 싫어하다, 갑자기 멈춰 서다. 2 움찔하다, 주저하다, 뒷걸음질치다(*at, on*). ¶~ *at the stiff climb* 가파른 오르막에서 움찔하다. — 타 앞으로 나아가려고 하지 않는 말〔동물〕.
jib⁴ 명 〖기계〗 지브(기중기의 돌출된 팔 모양의 것).

jib·a·goo [dʒibəgùː] 명 《미속어·경멸적》 깜둥이.
jib·ber [dʒibər] 명 갑자기 멈춰 서는 버릇이 있는(뒷걸음질치는) 말; 망설이는 사람.
jíb bóom 명 《해사》 지브 붐, 제2 사장(斜檣). 통 bowsprit (또는 **jíbbòom**)
jíb cràne 명 《기계》 지브 크레인(기중기).
jíb dòor 명 《건축》 벽면에 눈에 띄지 않게 만든 문.
jibe[1] 자 1 《순풍을 받아 배가 달릴 때》 세로돛이나 활대가 반대쪽 뱃전으로 방향을 바꾸다. 2 《세로돛의 방향이 바뀌도록》 배의 방향을 바꾸다. — 타 《세로돛의 방향이 바뀌기. (또는 gibe, gybe, jib(b))
jibe[2] 자타 = gibe.
jibe[3] 자 《미구어》 (…와) 일치하다(agree); 조화되다 [with].
Jid·da [dʒídə] 지다(홍해 연안에 있는 사우디아라비아의 도시). (또는 **Jedda, Juddah**)
jiff [dʒif] 명 《속어》 = jiffy.
jif·fy [dʒífi] 명 《구어》 (a ~) 잠깐 동안, 순간(moment, instant). (* 다음 숙어로)
in a jíffy 곧, 즉시.
Wait (half) [or Just] a jíffy. 잠깐만.
Jíffy bàg 명 지피 백(여행용 소형 가죽 가방).
jig[1] [dʒig] 명 1 《기계》 지그(절삭 공구를 정해진 위치로 유도하는 장치). 2 《낚시》 추(錘)가 달린 낚시바늘; 가짜 미끼. 3 《광산》 선광기, 체(jigger); 《도자기》 녹로 (轆轤). — 타 …을 지그로 세공하다.
jig[2] 명 1 지그(속도가 빠르고 변화가 많은 춤); 지그 춤곡. 2 《속어》 댄스 파티. 2 《속어》 농담, 장난; 사기(꾼). 3 《미속어》 《경멸적》 흑인, 검둥이.
in jíg tíme 서둘러, 대강으로; 급히.
on the jíg 《英구어》 안절부절, 불안하여.
The jig is úp. 《속어》 다 틀렸다, 끝장 다 봤다.
— 동 (-gg-) 타 1 (지그 템포로) …을 춤추다, 노래하다, 연주하다. 2 …을 급격히 위아래[앞뒤로] 움직이다: (비어) …와 성교하다(up and down, about, around). ¶ (~+目+圖) He ~ed his thumb up and down. 그는 엄지손가락을 위아래로 흔들었다. — 자 1 지그를 추다; 뛰어다니다. 2 급격히 위아래[앞뒤로] 움직이다. 3 《비어》 (…와) 성교하다.
jig·a·boo [dʒígəbùː] 명 (복 ~s) 《미속어·경멸적》 흑인. (또는 **jiggabo, zigabo**)
jig·a·ma·ree [dʒìgəmáːriː] 명 《미속어》 새로운 고안물, 묘한 물건. (또는 **jig·a·lo·rum** [dʒìgəlɔ́ːrəm])
jig·ger[1] [dʒígər] 명 1 지그(jig)를 조작하는 사람. 2 《해사》 옛날 식의 슬루프형 어선; 보조돛; = jiggermast; 《낚시》 추가 달린 낚시바늘. 3 《구어》 《덜커덩커덩 흔들리는》 기계 장치, 그 뭐라는 것(정확한 명칭을 모를 때 쓰는 말); 작은 부품. 4 《도자기》 녹로(轆轤). 5 《골프》 지거(4번 아이언과 5번 아이언의 중간 클럽). 6 《美》 작은 컵(2분의 1 온스들이); 《칵테일용》 지거; 《美》 《술》 한 잔, 한 모금. 7 《통신》 진동 변성기(變成器). 8 《광산》 선광기(選鑛機). 9 《당구》 큐걸이. 10 지거마스트(jiggermast)의. — 동타 《도자기》 《도기》를 기계 위에 올려놓고 만들다; 아래위로 움직이게 하다.
jig·ger[2] 명 지그(jig²)를 추는[노래하는] 사람.
jig·ger[3] 명 모래벼룩(chigoe); 진드기(chigger).
jig·ger[4] 타 《속어》 …을 방해하다; 못쓰게 만들다; 부정 조작하다, 손대어 바꿔놓다.
jig·gered [dʒígərd] 형 《구어》 1 damned의 완곡한 대용어. ¶ I'll be ~ if I know. 내가 알고 있다니 당치도 않다. 2 술에 취한; 몹시 지친.
jig·ger·man [dʒígərmən] 명 녹로(轆轤)를 돌리는 사람; 《미속어》 망꾼, 파수.
jig·ger·mast [dʒígərmæ̀st] 명 《해사》 지거마스트(돛대가 4개 있는 배의 맨 끝 돛대).
jig·ger·y-pok·er·y [dʒígəripóukəri] 명 ⓤ 《英구어》 속임수, 사기. 2 《기계 따위의》 교묘한 조작.
jig·gle [dʒígl] 동 위아래[앞뒤], 좌우로 빨리 움직이다; 가볍게 흔들다[흔들리다]; 《여성이 가슴 따위를》 흔들다; 《속어》 《남자가》 자위하다. — 명 1 흔들림; 흔듦. 2 (TV 프로 따위에서) 여성의 육체를 볼거리로 내세우는 것, 여배우가 도발적 몸놀림을 하는 장면[프로].
jig·gly [dʒígli] 형 흔들리는, 불안정한; 《미속어》 (TV 따위에서) 여성이 도발적인 몸놀림을 하는, 섹시한.
jig·saw [dʒígsɔ̀ː] 명 1 실톱, 쇠톱. (또는 **jíg sàw**) ~ a puzzle. — 동타 …을 실톱으로 자르다. — 형 실톱으로 만든.
jígsaw pùzzle 명 조각 그림 (짜맞추기(장난감)); 곤란한 상황. (또는 **pícture pùzzle**)
ji·had [dʒiháːd] 명 《이교도에 대한 회교도의》 성전(聖戰); (주의 따위를 위한) 헌신적 운동. (또는 **jehad**)
Ji·lin [dʒíːlín] 명 지린(吉林)(중국 동북부의 성(省)). (또는 **Chilin, Kirin**)
jill [dʒil] 명 《때로 J-》 《구어》 소녀, 여자 아이; 애인.
jil·lion [dʒíljən] 명 막대한[방대한] 수. — 형 방대한 (수(양)의. (또는 **gillion, skillion, zillion**)
jilt [dʒilt] 타 《특히 여자가》 《애인》을 버리다, 차버리다. — 명 바람둥이 여자. ~·**er** 명.
Jim [dʒim] 명 짐(남자 이름: James의 별칭).
Jím Cró·w [-króu] 명 《종종 j- c-》 《구어》 1 《경멸적》(Negro). 2 ⓤ 흑인 격리[차별 대우] (정책). 3 (j- c-) 철봉[레일]을 구부리는 장치. — 형 흑인 격리 [차별]의, 흑인 전용의. ¶ a ~ bus 흑인 전용 버스. — 타 《보통 j- c-》 《흑인》을 격리하다, 차별하다.
[〈흑인 민요의 'Jump, Jimcrow'라는 후렴에서]
Jím Crów·ism [-króuìzm] 명 《종종 j- c-》 ⓤ 《미속어》《인종》 차별주의, 흑인 격리 정책.
jim-dan·dy [dʒímdǽndi] 명 《미구어》 (사람·물건이) 굉장한, 멋진. — 명 굉장한[멋진] 사람[것].
jim·i·ny [dʒíməni] 감 《구어》 《놀람·가벼운 저주를 나타내어》 아이고!, 정말! (또는 **jimminy**)
By jíminy.; Jíminy Chrístmas. 아이고, 저런.
jim·jams [dʒímdʒæ̀mz] 명(복) (the ~) 《속어》 알코올 중독증; 《익살》 안절부절 못함, 불안.
jim·my[1] [dʒími] 명 《밤도둑이 쓰는》 작은 쇠지레. — 타 《문·창 따위》를 작은 쇠지레로 억지로 열다. (또는 **jemmy**)
jim·my[2] 명 《濠속어》 (외국에서 온) 이민, 이주민.
Jímmy Wóod·ser [-wúdsər] 명 《濠구어》 혼자서 술 마시는 사람; 혼자 마시는 술, 독작.
jimp [dʒimp] 형 《스코·英방언》 1 날씬한, 우아한; 마른; 잘 정돈된. 2 모자라는, 거의 …없는, 이. (또는 **gimp**) ~·**ly** 부. ~·**ness** 명.
jím·son wèed [dʒímsn-] 명 《때로 J-》 흰꽃독말풀.
Jin·ghis Khan [dʒíŋgis káːn, dʒíŋgis-] = Genghis Khan.
***jin·gle** [dʒíŋgl] 자타 1 딸랑딸랑 소리나다, 짤랑짤랑 울리다; 딸랑딸랑 울리게 하다(흔들리다). 2 《시나 말이 운(韻)을 밟아》 듣기 좋게 울리다. — 타 …을 딸랑딸랑 울리다. — 명 1 (a ~, the ~) 딸랑딸랑 울리는 소리[것]. 2 《음조가 좋은》 같은 음의 반복; 《운을 밟아》 듣기 좋게 울리는 시나 말. 3 《아일·濠》 말 한 필이 끄는 2륜 포장 마차. 4 《미속어》 전화 걸기. 5 《英·濠속어》 돈. -**gler** 명. -**gling·ly, -gly** 부.
jíngle bèll 명 썰매의 방울; 선박 기관실의 방향 신호종; (상점 문에 달린) 손님이 왔음을 알리는 종.
jin·gled [dʒíŋgld] 형 《속어》 술취한; 얼큰한.
jin·go [dʒíŋgou] 명 (복 ~es) 《경멸적》 강경 외교론자, 주전론자, 맹목적[호전적] 애국자(chauvinist).
by (the living) Jíngo 《구어》 《확신·강조·놀라움 따위를 나타내어》 맹세코, 틀림없이, 이럴 수가(jingo는 Jesus의 완곡한 대용어).
— 형 강경 외교론자의, 맹목적 애국자의; 주전론자[적]인. — 자타 호전적 애국주의를 주창하다.
~·**ish** 형.
jin·go·ism [dʒíŋgouìzm] 명 ⓤ 강경 외교론[정책],

jink [dʒiŋk] 재(英구어) **1** (추격자 등으로부터) 날쌔게 몸을 비키다[비키기]. **2** 대공 포화를 피해서 비행하다[하기]. 맹목적 애국주의. **-ist** 명 **-ís·tic** 형 **-ís·ti·cal·ly** 부

jinks [dʒiŋks] 명복 흥청대며 놀기. ¶**high** ~ 야단법석, 소란한 놀이.

jinn [dʒin] 명 (~(s)) (회교 신화) 정령(精靈)(천사보다 하위에 있는 영). (또는 **jinnee, jinni**)

JINS [dʒinz] 명 (美) 감독을 요하는 미성년자[비행 청소년]. [<Juvenile(s) In Need of Supervision]

jint. joint.

jinx [dʒiŋks] 명 (보통 a ~, the ~) (美구어) 징크스, 재수없는 것; 불길한 것; 불운(on). [서 벗어나다.

break the jinx 징크스를 깨다. (경기의) 연패의 늪에

put a jinx on a person 남에게 불운을 가져오다.

—— 타 ⋯에게 불행을 가져오다. 트집을 잡다.

ji·pi·ja·pa [híːpiːháːpɑː] (식물) 파나마풀; (그 잎으로 만든) 파나마 모자. [<Sp]

jir·ga(h) [dʒɜːrgə] 명 (아프가니스탄의) 족장(族長)

JIS Japanese Industrial Standard(일본 공업 규격).

jism [dʒizm] 명 (美) 생기, 원기, 활력; (비어) 정액. (또는 **chism, gism, jizz**)

jis·som [dʒisəm] 명 (비어) =jism.

jit·ney [dʒítni] 명 **1** (요금이 싼) 소형 버스. **2** (美어) 5센트 백동전. **3** 고물차; 저급품[물]. —— 형 소형의; 싸구려의; 5센트의. —— 타 소형 버스로 운반하다. 소형 버스에 타다.

jit·ter [dʒítər] 명 (구어) **1** (the ~s) (단·복수 양용) 신경 과민, 안절부절 못하는 기분. **2** (전자) 지터(전기 신호 불규칙으로 생기는 순간적 파형(波形) 난조).

have the jitters 안절부절 못하다.

—— 자 신경질적으로 행동하다, 안절부절 못하다, 불안해 하다. ~·**ing·ly** 부 신경질적으로.

jit·ter·bug [dʒítərbʌ̀g] 명 **1** (the ~) (1920년대의) 광적인 춤, 지르박. **2** 지르박 춤을 추는 사람; 재즈광(狂), 스윙광. **3** (英) 몹시 신경질적인 사람. —— 자 (**-gg-**) 스윙광처럼 춤추다, 지르박을 추다. ~·**ger** 명

jit·ter·y [dʒítəri] 형 (美어) 신경 과민인, 침착성을 잃은, 안절부절 못하는, 염려하는. **-ter·i·ness** 명

jive [dʒaiv] 명 U **1** (美어) 허튼 소리, 터무니없는 말. **2** (재즈계어)·마약 상용자 등의 은어, (난해한) 전문어, 최신 유행어. (또는 `~ **tàlk**) **3** 광적인 재즈, 스윙(음악). **4** (美어) 무례한 응답; 마리화나 (담배).

blow jive (美어) 대마초를 피우다.

pull jive (美어) 술을 마시다, 한 잔하다.

—— 자 광적인 재즈(스윙)를 연주하다; 광적인 재즈에 맞추어 춤추다. —— 타 (美어) (남)에게 터무니없는 말을 하다. (美어) (남에게) 업신여기는 말을 하다. [겁게 보내다.

jive and juke (美학생어) 한바탕 신나게 놀다, 즐

—— 형 (美어) 불성실한.

jív·er 명 **jív·(e)y** 형

jive·stick [dʒáivstìk] 명 (美어) 대마초 담배.

JJ. judges; justices. **JKT** job knowledge test. **Jl.** July. **Jn.** Junction; June; Junior. **Jno.** John. **Jnr, Jnr.** (英) Junior. **jnt.** joint.

jo¹ [dʒou] 명 (스코) 애인(sweetheart).

jo² 명 (美어) =coffee.

jo³ 명 (美어) 삽.

Jo [dʒou] 명 조. **1** 여자 이름(Josephine의 별칭). **2** 남자 이름(Joseph의 별칭).

JO job; Jordan; (프랑스) *journal officiel*(관보).

Jo. Joel; John; Joseph; Josephine.

Jo·ab [dʒóuæb] 명 (성서) 요압(David 왕의 조카로 군의 지휘자. ← 사무엘(하) (2 Sam.) 18 : 2).

joad [dʒoud] 명 (美) 이주(移住) 노동자.

joan·ie [dʒóuni] 명 (美어) 시대에 뒤진, 낡은.

Jóan of Árc 잔다르크(1412?– 31: 프랑스의 애국 소녀; 프랑스 이름은 Jeanne d'Arc).

‡job¹ [dʒɑb/dʒɔb] 명 (~**s** [-z]) **1** 일, 작업; 삯일, 품팔이일; 청부[도급]일. ¶ **a bad[good]** ~ 벌이가 신통치 않은[좋은] 일 / **odd** ~**s** 잔일, 잡일. **2** 직분, 의무, 책임. ¶ **a** ~ **as a director** 이사 직분. **3** 직업, 일자리, 지위; 작업장, 현장. ⇨POSITION (유의어) ¶ **get[or find] a** ~ **as a secretary** 비서직을 얻다. **4** (英) 일, 사건, 일어난 일; 어려운 일, 문제. ¶ **a bad** ~ 난처한 사태 / **It's a** ~ **for him to bring up his children.** 그가 아이들을 키우는 것은 힘겨운 일이다. **5** (단수 형) 힘든 일, 산물, 제품, 만들어진 것. **6** (英) 부당 이득 행위, 독직. **7** (속어) 도둑질, 강도, 범죄 행위. **8** (속어) (두드러진) 물건[사람]; 상대하기 벅찬(냉소적인) 사람. **9** (美어) 망가진 것; 때려부수기. **10** (컴퓨터) 작업(컴퓨터가 처리하는 일의 단위). **11** (속어) 무책임한 말, 허풍. **12** (구어) 수술, (특히) 성형 외과 수술. **13** (구어) 자동차, 비행기; (익살) 미인. **14** (속어) 용변.

a job of work 중요한[곤란한, 어려운, 보람있는] 일.

(and) a good job[or thing] too 잘했어, 훌륭해.

by the job 청부로; 작업 단위(의 계약)으로.

do a job ① 범죄[강도]를 저지르다. ② 용변을 보다.

do a job on ① ⋯을 때려부수다; ⋯을 혼내주다. ¶ **The collision did a** ~ **on his car.** 그 충돌로 그의 차는 엉망이 되었다. ② ⋯을 (감언이설 따위로) 속이다.

do a person's job for him; do the job for a person ① 남을 대신하여 일을 하다. ② 남을 파멸시키다[해치우다]; 죽이다.

do a very [or **bloody, jolly**] **good job** (구어) (⋯을) 잘 해내다(*at, on, in, of*).   [**do a job** ②.

do the job ① 목적을 달성하다, 일이 잘 되다. ② =

fall [or **lie down on the job** 게으름 피우다, 우물쭈물 일하다; 일을 제대로 하다.   [다.

fit for the job 쓸모 있는, 아주 적합하다.

give⋯up as a bad job (구어) ⋯을 단념[포기]하다

Good [or **Nice**] **job!** 잘했어; (비꼬아) 형편없구먼.

have a [or **the**] **devil of job** *doing* =**have a hard** [or **tough**] **job.**   [다.

have a hard [or **tough**] **job** (구어) 수고하다, 애쓰

it is a (real) job to *do* [or *doing*] (구어) ⋯하는 것은 아주 힘겨운 일이다. ⇨ **job 4.**

it is more than one's job is worth [or *one's job's worth*] **to** *do* ⋯하면 해고된다.

jobs for the boys (구어·경멸적) (파벌·학벌 조직에 끼리끼리 나누어 갖는) 좋은 일자리, 연줄에 의한 지위의 분배.   [요한 것(사람).

just the job (구어) 안성맞춤의 것(사람); 당연히 필

lie [or **lay**] **down on the job** (구어) 쉬엄쉬엄 일하

lose one's **job** 실직하다.   [다, 농땡이 부리다.

make a (good[or **fine, clean, excellent,** etc.**]) job of it** 잘 해내다, 철저하게 하다.

make the best of a bad job (구어) 역경에 처해

off the job 일을 쉬고.   [서 최선을 다하다.

on the job ① 근무중(에); 일에 몰두하여. ② (美어) 방심하지 않고(alert), 경계하여.

out of a job 실직해서. ¶ **be out of a** ~ 실직중이다.

pay a person by the job 일의 실적에 따라 지급하다.

pull a job =**do a job** ①. ¶ **pull a bank** ~ 은행을 털다.

That job's jobbed. (속어) 그 일은 끝났다.

(That's) just the job (구어) (그건) (⋯에) 안성맞춤인 것[사람](이다)(*for*).

—— 자 (~**s** [-z]; **-bb-**) 타 **1** 삯(품팔이)일을 하다, 잔일을 하다. **2** (공물·주식의) 중개를 하다. **3** (英) (공직을 이용하여) 사복을 채우다. —— 타 **1** (주식)을 매매하다; 중개하다, 도매상을 하다. **2** ⋯에게 (일·계약)을 도급으로 주다(*out*)(to)(*to*). ¶ **He** ~**bed** (*out*) **the work to a number of building contractors.** 그는 그 공사를 몇 명의 건축 도급업자에게 도급으로 맡겼다. **3** (英) (공직을 이용하여) (일)을 부정하게 추진하다; ⋯을 (⋯지위에) 앉히다(*into*). ¶ (~ + 목 + 전 + 명) **He** ~**bed his nephew** *into* **a good post.** 그

는 직권을 이용해서 조카를 좋은 지위에 앉혔다. **4** (속어) …을 속이다, 사기쳐서 빼앗다(*out of*). ¶ (~+圄+前+名) He was ~*bed out of* his money. 그는 사기에 걸려 돈을 털렸다. **5** …을 추방하다, 내쫓다. **6** (말·마차 따위)을 세우다[내다].
job backwards 때늦은 궁리를 하다; (주식 수입 따위를) 나중에 가서 이리저리 계산해 보다.
job off (물건을) 매우 싸게 팔아치우다.
—圄 **1** 삯[품팔이]일의, 도급 맡은. **2** (뭉뚱그려 대량으로) 매매[취급]되는. **3** 직업의, 업무[일]의, 거래의.
job² 圄 (*-bb-*) **1** =jab. **2** (澤) 세게 치다.
job pop (美俗) [마약]을 피해 주사하다.
Job [dʒoub] 圄 **1** 〔성서〕(구약 성서의) 욥기(the Book of ~). **2** 〔성서〕 욥(히브리의 족장으로 고난을 이겨낸 전형적인 인물). **3** 남자 이름.
(as) patient as Job 참을성이 아주 많은.
(as) poor as Job [or *Job's turkey*] 몹시 가난한.
try the patience of Job 아무리 참을성 있는 사람도 화내게 하다. ¶ It would *try the patience of* ~. 그것은 대단한 인내심을 필요로 할 것이다.
jób àction 圄 (美) (노동 조합의) 쟁의 행위; 태업.
jób anàlysis 圄 (작업의 순서·재료·기계·기구·작업원의 적성 따위를 결정하는) 작업 분석.
job·a·thon [dʒábəθàn/dʒɔ́bəθɔ̀n] 圄 (美) 자본톤 (장시간에 걸친 TV 구직(求職)·구인(求人) 프로).
 [< job + marathon]
jo·ba·tion [dʒoubéiʃən] 圄 (英口) 지루한 잔소리.
jób bànk 圄 (美) 인재 은행(공공 기관의 직업 소개소).
job·ber [dʒábər/dʒɔ́b-] 圄 **1** 중매인, 도매상인. **2** 염가품 취급 상인. **3** 삯[품팔이]일을 하는 사람. **4** (英) (공직을 이용해) 사복을 채우는 사람, 부패 관리. **5** (英) (거래소의) 장내(場內) 주식 중개인. **6** 가축 중매인. **7** (구어) 흔히 있는 것[장치]. ┌얼간이, 바보.
job·ber·nowl [dʒábərnòul/dʒɔ́b-] 圄 (英口)
job·ber·y [dʒábəri/dʒɔ́b-] 圄Ⓤ (英) (공직을 이용한) 부정 행위[수단], 독직; 이권을 탐하기.
job·bing [dʒábiŋ/dʒɔ́b-] 圄 임시 일을 하는; 잡일을 하는. ¶ a ~ gardener 삯일 고용 정원사.
job·cen·tre [dʒábsèntər] 圄 (英) =job bank.
jób classificàtion 圄 직종 구분[분류](적성·기술·경험·교육에 따른 종업원의 분류). ┌어(ⓒ JCL).
jób contról lànguage 圄 (컴퓨터) 작업 제어 언
Jób Còrps 圄 (美) 직업 공단(公團)(OEO(Office of Economic Opportunity)가 주관하는 기술 교육 기관).
jób cósting 圄 =job-order costing.
jób creàtion 圄 (실업 해소를 위한) 일자리 만들기.
jób description 圄 직무 내용 설명서[분석 기록].
jób displàcement 圄 (일자리의) 배치 전환.
jo·ber [dʒóubər] 圄 * 다음 숙어로만 쓴다.
(as) jober as a sudge 아주 진지하게.
jób evaluàtion 圄 직무 평가. 「공개 취업 설명회.
jób fèstival[fàir] 圄 (대학에 회사가 개최하는)
job·hold·er [dʒábhòuldər/dʒɔ́b-] 圄 **1** (美口) 공무원. **2** 일정한 직업이 있는 사람.
job-hop [-hɑ̀p/-hɔ̀p] 圄㉭ (*-pp-*) 직업을 자주 바꾸다.
~·**per** 圄 직업을 자주 바꾸는 사람. ┌다.
job-hunt [-hʌ̀nt] ㉭㉮ 일자리를 찾다, 구직 운동을 하~·**er** 圄 ~·**ing** 圄 구직.
jób ìnterview 圄 취업 면접 (시험).
job·less [dʒáblis/dʒɔ́b-] 圄 실업[실직]의, 일이 없는; 실직자의[를 위한]. ¶ ~ insurance 실업 보험.
—圄 (the ~) (집합적) 실직자들. ~·**ness** 圄
jóbless clàims 圄㉭ (美) 주(州) 실업 보험 수급 신청 건수.
jóbless ràte 圄 실업률(unemployment rate).
jób lòt 圄 **1** (중개인이 취급하는 대량의 물건). **2** (대량으로 구입·판매하는) 염가 판매품, 하등품.
in job lots ① 도매로. ② 대량으로, 도급으로.

jób màrket 圄 구인 총수(總數); 인력 시장.
job·mas·ter [dʒábmæ̀stər/dʒɔ́bmà:s-] 圄 (英) 말[마차] 임대업자.
jób name 圄 (컴퓨터) 작업명.
jób òrder 圄 작업 지시서.
jób-order cósting 圄 개별 원가 계산.
jób prìnter 圄 (명함 따위) 잡물 전문 인쇄업자.
jób satisfàction 圄 일[업무]에서 얻는 만족감.
Jób's còmforter 圄 욥의 위안자, 달갑지 않은 동정자(위로하는 척하지만 실은 남을 더욱 비뚤어지게 하는 사람. ←Job(Job) 16:2); 부스럼, 종기(boil).
jób security 圄 고용 안정[보장].
jób-sèek·er [dʒábsìːkər] 圄 구직자.
jób-shàr·ing [-ʃɛ̀(ə)riŋ] 圄 (노동) 분담 노동(하나의 정규 고정 업무를 두 사람이 나눠 하는 취업 형태).
jób-sheet [-ʃìːt] 圄 작업[업무] 일지. (또는 **jób shèet**)
jób shòp 圄 (단기 계약에 의한) 기술자 제공 기관, 생산 공정의 특수 기능 제공 업소; 직업 소개소; 주문 생산 업자.
jobs·worth [dʒábzwəːrθ/dʒɔ́bz-] 圄 (英俗) (규칙 제일주의의) 융통성 없는 (하급) 관리[직원].
jób tìcket 圄 작업 전표[지시표].
jób wòrk 圄 잡물 인쇄; 삯[품팔이]일, 도급일.
Joc *joint operations center*. **joc.** *jocose; jocular*.
Jo·cas·ta [dʒoukǽstə] 圄 (그리스 신화) 이오카스테(Laius 왕의 아내; 자기 아들인 줄 모르고 Oedipus와 결혼했다가 나중에 자살했다).
jock¹ [dʒɑk/dʒɔk] 圄 **1** (구어) =jockey 1, 3, 5. **2** =jockstrap. **3** (美俗) …광(狂)(팬). ¶ a computer ~ 컴퓨터광.
jock² 圄 (비어) 음경.
Jock 圄 **1** 스코틀랜드 병사. **2** (스코아일) 시골뜨기; 소년.
jock·ette [dʒɑkét/dʒɔk-] 圄 (美) 여성 (경마) 기수.
***jock·ey** [dʒɑ́ki/dʒɔ́ki] 圄 **1** (직업적) 경마 기수. **2** (구어) (탈것의) 운전사, 운전 담당자, 조종사, (기계의) 조작자. **3** 디스크 자키(disc ~); 비디오 자키(video ~). **4** (英) 젊은이, 소년, 녀석; (俗) 개구쟁이, 장난꾸러기. **5** (美俗) (대학의) 힘만 센 운동 선수. **6** (俗) 마약.
—㉭㉮ **1** (말)에 기수로서 타다. **2** (구어) …을 조종하다, 움직이다. **3** …을 능숙하게 조작해서 움직이다[가져오다, 하다]. **4** …을 속여서 …시키다(*away*)(*into doing*); 속여먹다, 사취하다(*out of*). ¶ (~+圄+前+名) He ~ed me *into doing* that. 그는 나를 속여서 그것을 하게 했다 / He ~ed me *out of* my property. 그는 내 재산을 사취했다. —㉮ **1** 기수 노릇을 하다. **2** 교묘하게 움직여 우위를 꾀하다(*for*). **3** 속이다, 비열한 짓을 하다, 사기를 치다. ┌움직이다.
jockey around (좋은 위치를 차지하려고) 요리조리
jockey for position 유리한 입장에서 서려고 획책하다. ¶ The runners ~ed *for position*. 경주자들은 상대를 제치고 유리한 위치를 차지하려고 했다.
~·**dom** 圄 ~·**ish** 圄 ~·**like** 圄 ~·**ship** 圄
jóckey càp 圄 기수 모자. ┌석).
jóckey clùb 圄 경마 클럽; 경마 클럽원의 자리[좌
jóck ìtch 圄 (음부·살에 생기는) 완선(頑癬).
jock·o [dʒɑ́kou/dʒɔ́k-] 圄 (pl. ~**s**) 침팬지; 원숭이.
jock·strap [dʒɑ́kstræ̀p/dʒɔ́k-] 圄 **1** (남자 선수의) 국부 보호대. **2** (대학의) 체육부 학생; (俗) 운동 선수.
jo·cose [dʒoukóus] 圄 우스팡스러운, 익살맞은, 웃기는; 까부는. ~·**ly** 圄 ~·**ness** 圄
jo·cos·i·ty [dʒoukɑ́səti/-kɔ́s-] 圄Ⓤ **1** 농담, 익살. **2** (-ties) 익살말[우스꽝스러운] 언동.
joc·u·lar [dʒɑ́kjulər/dʒɔ́k-] 圄 우스꽝스러운, 익살맞은, 웃기는. ~·**ly** 圄
joc·u·lar·i·ty [dʒɑ̀kjulǽrəti/dʒɔ̀k-] 圄Ⓤ 우스꽝스러움, 익살맞음; Ⓒ 익살스러운 말투[짓].

joc·und [dʒákənd, dʒóuk-/dʒɔ́k-] 웹 명랑한, 유쾌한. ⇨GAY 유의어 ~·ly 된
jo·cun·di·ty [dʒoukʌ́ndəti] 웹 ⓤ 명랑함, 쾌활함(gaiety), 유쾌함; ⓒ 명랑한 언행, 쾌활한 행동거지.
jodh·purs [dʒádpərz/dʒɔ́d-] 웹 승마용 바지; 승마화.
Jo·dy [dʒóudi] 웹 1 조디(여자 이름(Judith의 애칭); 남자 이름. 2 (j-) 《美속어》 군대 안 간 남자; 군대 간 남자의 애인(부인)과 놀아나는 남자. (또는 **Jodie**)
joe[1] [dʒou] 웹 《스코》=jo[1].
joe[2] 웹 《속어》=coffee.
Joe [dʒou] 웹 1 (종종 j-) 《美속어》 사내, 놈; 평균적인 남자, 보통 남자(사람). 2 여보게, 형씨(이름을 모르는 사람을 부르는 말). 3 《美속어》 미국인, 미국 병사. 4 조(남자 이름; Joseph의 별칭).
Not for Joe! 《英구어》 결코 ···아냐!, 죽어도 싫다!
── 웹 《속어》 일반적인, 보통의.
Jóe Blóggs 웹 《英속어》 범인(凡人), 평범한 사람.
Jóe Blów 웹 《美·濠속어》 평균적[보통] 시민, 보통 사람[남자]. 2 《美속어》 음악가, 연주가; 허풍선이.
Jóe Cítizen 웹 =John Q. Public.
Jóe Cóllege 웹 《구어·경멸적》 (특히 1930년대의) 전형적인 미국의 남자 대학생.
Jóe Dó(a)kes [-dóuks] 웹 《구어》 1 평균적 남자 시민, 보통 남자. 2 아무개(so-and-so).
Jo·el [dʒóuəl] 웹 1 《성서》 요엘(히브리의 예언자). 2 (구약 성서의) 요엘. 3 **Billy** ~ 조엘(1949-: 미국의 팝 가수). ────「익살, 농담(stale joke).
Jóe Míller 웹 소화집(笑話集)(jestbook); (케케묵은)
Jóe Públic 웹 일반 대중, 평민.
joe-pýe wèed [ˊ-pái-] 웹 등골나물. 「(동자).
Jóe Síx-pàck 웹 《美속어》 보통의 미국인(남자, 노
jo·ey[1] [dʒóui] 웹 《濠》 동물의 (새끼), 어린애; 유아(幼兒). 「(원래는 4페니 동전).
jo·ey[2] 웹 《英속어》 3페니 동전(threepenny piece)
*jog[1] [dʒɑɡ/dʒɔɡ] 웹 (-gg-) ⓣ 1 ···을 흔들다; ···을 홱 잡아당기다[밀다]. ¶ ~ *a horse* 말을 힘껏 끌다. 2 (주의를 끌려고) ···을 살짝 찌르다[밀다]. ¶ ~ *a person's elbow* 남의 팔꿈치를 살짝 찌르다. 3 (기억)을 되살아나게 하다, 일깨우다. ────ⓘ 1 덜커덕[홱] 움직이다. 2 (말 따위에) 흔들리며 가다; 터벅터벅 걸어가다; 조깅하다. ¶ (~ +圃) (~ +젵+홝) *They ~ged down to town on horseback.* 그들은 흔들거리는 말잔등에 타고 읍내로 갔다. 3 천천히 진행되다, 슬슬[단조로이, 그럭저럭] 해나가다(*on, along*). ¶ *Let's be ~ging.* 슬슬 가볼까. ── 웹 1 (보통 a ~) (팔꿈치 따위로) 살짝 찌르기[밀기]; 가벼운 자극, 기억을 일깨우주는 것; 가볍게 흔들기. 2 느릿한 걸음걸이; (말)의 서행(徐行).
jog[2] 웹 《美》 1 (선·면의) 울퉁불퉁함, 들쭉날쭉함, 돌출부, 칼금; 〔연극〕 (실내를 나타내는) 기억자 모양의 두 벽면. 2 갑작스런 방향 전환. ────ⓘ (-gg-) 갑자기 방향을 바꾸다, (길 따위가) 갑자기 굽이치다.
jog·a·thon [dʒágəθàn/dʒɔ́gəθɔ̀n] 웹 조깅 마라톤, 장거리 조깅. 〈*jogging*+*marathon*〉
jog·ger [dʒágər/dʒɔ́g-] 웹 조깅하는 사람.
jog·ging [dʒágiŋ/dʒɔ́g-] 웹 ⓤ 조깅(가벼운 구보가 섞인 건강법으로서의 운동).
jógging pànts 웹 조깅용 바지, 트레이닝 바지.
jógging shòes 웹 조깅 슈즈, 쿠션 운동화.
jógging sùit 웹 조깅 수트, 조깅복.
jog·gle[1] [dʒáɡl/dʒɔ́gl] ⓣ (가볍게) ···을 흔들다, 흔들리게 하다. ────ⓘ 덜컥덜컥 움직이다, (가볍게) 흔들리다. ── 웹 (가벼운) 요동, 진동.
jog·gle[2] 웹 ···을 장부로 잇다, 장부이음; 맞물리게 하다. ────ⓣⓘ 맞물려서 잇다; 장부.
jóg·gling bòard [dʒáɡliŋ-/dʒɔ́g-] 웹 도약대, 스프링보드. 《美속어》=seesaw. 《美속어》 그네.
jóg tròt 웹 1 (말 따위의) 서행(徐行), 터벅터벅 걷기.

2 틀에 박힌 단조로운 방법[살림], 아주 평범한 방식.
at a jog trot 아주 평범하게.
Jo·han·nes·burg [dʒouhǽnisbəːrɡ] 웹 요하네스버그(남아공의 도시; 금·다이아몬드 산지).
Jo·han·nine [dʒouhǽnin/-nain] 웹 《성서》 사도 요한(John)의, 요한 복음의.
Jo·han·nis·berg·er [dʒouhǽnəsbə̀ːrɡər] 웹 ⓤ 독일 요하니스베르그산(産)의 백포도주.
*John [dʒan/dʒɔn] 웹 1 《성서》 사도 요한(~ *the Apostle*). 2 《성서》 (요한 저작의) 요한 복음, 요한 1[2, 3]서. 3 《성서》 =~ *the Baptist*. 4 (종종 j-) 《속어》 정부(情夫), 매춘부의 손님; (여자의) 보호자, 기둥서방; 피해자, 봉. 5 (종종 j-) 《속어》 양심적[일반] 시민; 경찰관; 남자, 녀석. 6 (j-) 《속어》 남자용 화장실; (종종 j-) ~ *Thomas*. 7 《속어·경멸적》 ~ *Chinaman*. 8 존. **a) Elton** ~(1947-: 영국의 록 가수·작곡가). **b)** 남자 이름(애칭 **Johnny, Johnnie, Jack**).
Jóhn B 웹 《美속어》 (차양이 넓은) 모자. 〔<제조회사 John B. Stetson의 이름〕
Jóhn Bárleycorn 웹 《비유적》 (맥주·위스키 따위의) 맥아주성(麥芽酒性) 음료.
Jóhn Bírcher 웹 =Bircher.
Jóhn Bírch Society 웹 (the ~) 존 버치 협회 (1958년 창설된 미국의 반공 극우 단체; ⓑ J.B.S.).
Jóhn Búll 웹 1 영국; 〔집합적〕 영국인. 2 전형적인 영국인(cf. Uncle Sam). **Jóhn Búllish**
Jóhn Búll·ism [-búlizm] 웹 ⓤ 영국인 기질.
Jóhn Chínaman 웹 《경멸적》 전형적인 중국인.
Jóhn Cítizen 웹 보통[일반] 시민(신문 용어).
Jóhn Dóe 웹 1 〔법률〕 (소송에서 이름이 밝혀지지 않은 남자 당사자의) 가상적 이름; 가상적인 원고 이름. ⇨ RICHARD ROE. 2 《美》 평균적[일반] 시민, 보통 사람; 어떤 사람[남자]. ── 웹 성명 미상자(男)의.
Jóhn Dó·ry [-dɔ́ːri] 웹 달고기과(科)의 납작한 물고기의 총칭.
Jóhn F. Kénnedy Internátional Áirport 웹 케네디 국제 공항(미국 New York 소재).
Jóhn F. Kénnedy Spáce Cènter 웹 케네디 우주 센터(미국 Florida 주 Cape Canaveral 소재).
Jóhn Hán·cock [-hǽnkak/-kɔk] 웹 《美구어》 자필 서명(自筆署名), 서명. 〔<미국 독립 선언 중 John Hancock의 서명이 대담하고 읽기 쉬웠던 데서〕
Jóhn Hénry 웹 《美구어》 1 =John Hancock. 2 (미국 민화에 나오는) 흑인 초인(超人).
Jóhn Hóp 웹 《濠속어》 경찰관, 순경.
John·i·an [dʒóuniən] 웹 《英》 (Cambridge 대학의) St. John's College 재학생[졸업생].
joh·nin [dʒóunin] 웹 《수의》 요닌(나병 간균(桿菌) 배양액에서 채취한 멸균액). ────「〔Law〕
Jóhn Láw 웹 《美속어》 경찰, 경찰관. (또는 **Jóhnny**
Jóhnnie Wálker 웹 《상표》 조니 워커(영국 John Walker & Sons 제의 스카치 위스키). 〔<창업자 애칭〕
John·ny [dʒáni/dʒɔ́ni] 웹 1 (때로 j-) 사나이, 녀석; 특히 멋쟁이 남자. 《濠속어》 경찰관; 《속어》 변소. 2 (때로 j-) 《속어》 (입원 환자용) 깃이 없는 짧은 가운, 콘돔. 3 자니(남자 이름; John의 애칭). (또는 **Johnnie**)
john·ny·cake 웹 옥수수빵의 일종. 《濠》 얇게 구운 밀가루 빵. ⓤⓒ 《美》
Jóhnny Canúck 웹 캐나다(인); 전형적인 캐나다인.
jóhnny còllar 웹 (종종 J-) 조니 칼라(블라우스 따위의 조금 세운 칼라).
Jóhn·ny-come-late·ly [-kʌmléitli] 웹 (웹 *-lies, Jóhn·nies-*) 《종종 경멸적》 풋내기; 신입자; (유행 따위에) 뒤진 사람; 벼락부자. ── 웹 신참의, 풋내기의; 최신의. (또는 **Johnnie-come-lately**)
Jóhn·ny-jump-up [-dʒʌ́mpʌ̀p] 웹 《美》 《구어》 야생 삼색제비꽃(wild pansy).
Jóhnny Óne-Nòte 웹 《구어》 하나밖에 모르는 [생

각하지 않는) 사람, 생각이[시야가] 좁은[단선적인] 인물.

John·ny-on-the-spot [-ɑnðəspɑ́t/-ɔnðəspɔ́t] [명] 사태에 즉각 대처할 수 있는 사람, 즉각 일해 주는 사람; 《美구어》 휴대용 변기. —[형] 즉석의.

Jóhnny Ráw [명] 《속어》 신참자, 신병(greenhorn).

Jóhnny Réb [-réb] [명] 《美구어》 (남북 전쟁 당시의) 남군 병사; 《속어》 남부 백인(Rebel).

Jóhnny Tróts [명] 《美속어》 설사(diarrhea).

Jóhn o'Gróat's (Hòuse) [-əgróuts(-)] [명] 존·오·그로츠 (하우스)(Britain 섬 최북단의 땅).

from Land's End to John o'Groat's 영국의 끝에서 끝까지, 영국 내.

Jóhn Pául [명] 1 ~ I 요한 바오로 1세(1912–78: 제 263대 로마 교황). 2 ~ II 요한 바오로 2세(1920–: 제 264대 로마 교황).

Jóhn Q́. Públic [명] 《美》 전형적 미국 시민. (또는 **John Q. Citizen**)

Jóhn Ráw [명] 《속어》 =Johnny Raw.

Jóhn Róscoe [명] 《속어》 총(gun).

Jóhns Hópkins Univérsity [명] 존즈 홉킨스 대학(미국 Maryland 주 Baltimore에 있는 사립 대학; 1876년 창립).

John·son[1] [dʒɑ́nsn/dʒɔ́n-] [명] 《속어》 1 방랑자, 유랑자. 2 엉덩이, 볼기; 《美비어》 남근(penis); 물건(thing). 3 (매춘부의) 기둥서방, 끄나불.

John·son[2] [명] 존슨. **1 Andrew** ~(1808–75: 미국의 제17대 대통령). **2 Ben** ~ (1961–: 자메이카 태생의 캐나다 육상 선수). **3 Lyndon Baines** ~(1908–73: 미국의 제36대 대통령). **4 Samuel** ~(1709–84: 영국의 사전 편찬가·비평가).

John·son·ese [dʒɑ̀nsəníːz/dʒɔ̀n-] [명][U] Samuel. Johnson식 (장중한) 문체; 어려운 말이 많은 과장된 문체. —[형] S. Johnson식[류]의.

John·so·ni·an [dʒɑnsóuniən/dʒɔn-] [형] (문체 따위가) S. Johnson(식)의; 장중한. —[명] S. Johnson 숭배자[연구자].

Jóhnson Spáce Cènter [명] (the ~) 존슨 우주 기지[센터](미국 Texas 주 Houston 소재).

Jóhn the Báptist [명] 〔성서〕 세례 요한.

Jóhn Thómas [명] 《속어》 =penis.

joie de vi·vre [*F* ʒwa də viːvʀ] [명] 삶의 기쁨. 〔<F joy of living〕

‡**join** [dʒɔin] [동] (~s [-z]) [타] 1 …을 (…에/…으로) 결합하다, 접합(接合)하다, 연결하다, 붙이다, 잇다(*together, up*)((*on*)*to* / *by, with*). ¶ (~+[目]+[前]+[名]) ~ end *to* end 끝과 끝을 이어 매다 // (~+[目]+[副]) ~ two things *together* 두 개의 것을 하나로 합치다.

> [유의어] **join** 직접 맞닿도록 결합하다. **combine** 공통의 목적을 갖고 결합하다; 원래의 요소가 식별될 수 없도록 결합하다. **connect** 각기 독립된 것을 도구·재료 따위로 잇다. **link** 단단히 connect하다. **unite** combine하여 새로운 통일체를 만들다. **associate** 대등·우호적인 관계로 결부시키다.

2 (강·길 따위가) …와 합류하다. ¶The Ohio ~*s* the Mississippi. 오하이오 강은 미시시피 강에 합류한다. 3 …을 합치다, 하나가 되게 하다(unite). ¶~ forces 힘을 합치다. 4 …에 가입하다, 참가하다, 입회하다(*in, for*); 함께 …하다[가다]. ¶~ a club 클럽에 입회하다 // (~+[目]+[前]+[名]) Will you ~ us *for* [or *in*] a game? 함께 게임을 하시지 않겠습니까? 5 〔군대〕에 입대하다. ¶~ the Navy 해군에 들어가다. 6 〔남〕을 결합시키다, 맺어주다(*in*). ¶ (~+[目]+[前]+[名]) ~ two persons *in* marriage 두 사람을 결혼시키다. 7 〔부서 등〕에 취임[귀임]하다, 돌아가다. ¶~ one's regiment (소속된) 연대로 돌아가다; …의 장소에 도착하다[돌아가다]. 8 〔전투〕를 벌이다. 9 …와[에] 인접하다(adjoin). ¶His yard ~*s* mine. 그의 집 뜰은 우리집 뜰과 인접해 있다. 10 〔기하〕 〔두 점〕을 (…으로) 잇다(*by*); …의 사이에 선을 긋다. ¶~ two points *by* a line 두 점을 선으로 잇다.

—[자] 1 합하다, 연결하다, 결합하다. ¶The two roads ~ here [at this point]. 두 도로는 여기서[이 지점에서] 합친다. 2 합체(合體)[합동]하다, 동맹하다(*up, in*)(*with*). ¶ (~+[前]+[名]) ~ *with* the enemy 적과 손을 잡다. 3 가입하다, 참가하다, (남과) 함께 하다(*in*)(*in, with*). ¶ (~+[前]+[名]) May I ~ *in* your conversation? 이야기하는 데 끼어도 되겠습니까? 4 인접하다, 맞닿아 있다(*at, along*). ¶ (~+[前]+[名]) Our land ~*s along* the brook. 우리 땅은 개울에 접해 있다. 5 《英》 (지원) 입대하다(*up*). 6 교전하다(*with*).

join battle with …와 싸움[교전]을 시작하다.

join company with …와 어울리다.

join duty (휴가·파업 후에) 직장에 복귀하다.

join forces with …와 협력하다.

join hands with …와 제휴하다[손잡다].

join issue with …와 논쟁을 시작하다.

join on (차량 따위를) 연결하다.

join out 《서커스 속어》 입단하다.

join out the odds 《속어》 매춘 알선업을 하다.

join the colors 입대하다.

join the (great) majority 죽다.

join up 동맹[제휴]하다(*with*); 응모하다, 입대하다.

—[명] ([복] ~s [-z]) 1 접합, 결합, 합류, 합체. 2 접합점[면, 선], 합류 지점, 이음매(joint). 3 〔수학〕 합집합.

∠·a·ble [형]

join·der [dʒɔ́indər] [명][U][C] 1 접합, 결합, 합동. 2 〔법률〕 **a)** 공동 소송. **b)** (소송 당사자의) 병합(倂合), 공동. **c)** 소송의 수리; (쟁점의) 합일, 결정.

join·er [dʒɔ́inər] [명] 1 결합자[물]. 2 소목장이, 가구 목수. 3 《美구어》 여러 단체에 즐겨 가입하는 사람; 안면이 넓은 사람.

join·er·y [dʒɔ́inəri] [명][U] 1 소목일, 가구 제조업; 목공업. 2 소목 세공품, 가구류.

‡**joint** [dʒɔint] [명] 1 접합 부분, 이음매, 접합한 곳; 접합(juncture). 2 〔기계〕 조인트, 이음쇠. 3 〔식물〕 (가지·잎이) 붙어 있는 부분, 마디. 4 〔해부·동물〕 관절(부). ¶an elbow ~ 팔꿈치의 관절. 5 (푸줏간에서 마디를 따라 자른) 큰 고깃덩이. ¶a ~ of beef (마디를 따라 자른) 큰 쇠고기 덩어리. 6 〔지질〕 바위의 갈라진 금, 절리(節理). 7 《美속어》 사람이 모이는 곳, 건물, 집; (서커스 따위의) 매점; 《복합어로》 …가게[집]. ¶a hamburger ~ 햄버거 가게. 8 《美속어》 (불결·저속한) 싸구려 음식점, 무허가 술집, 카바레, 도박장. 9 《속어》 (the ~) 감방, 빵간(prison, jail). 10 《속어》 마리화나 (담배); 궐련. 11 《속어》 총(gun); 《비어》 =penis.

blow the joint 《美속어》 (급하게) 도망치다.

case the joint 《속어》 도둑질하기 전에 미리 점검[조사]하다. 「다.

eat [or ***live***] ***high on the joint*** 사치한 생활을 하

out of joint ① 관절이 빠진[빠져]. ② 혼란된[하여], 흐트러진[져]. ¶The times are *out of* ~. 세태[시대]가 혼란하다. ③ (…와) 어울리지 않는[않게](*with*).

pull one's joint 《비어》 용두질하다; 《속어》 우는 소리를 하다, 불평을 하다.

put a person's nose out of joint ⇨NOSE.

—[형] 1 공동의, 공통의, 공유의, 연대의. ¶~ property 공유 재산 / ~ efforts 일치된 노력, 협력 / ~ responsibility 공동 책임. 2 〔수학〕 둘 이상의 변수를 갖는. 3 양원 합동의. 4 〔군사〕 통합의. 5 〔사회〕 복합적인, 합동의.

during their joint lives 〔법률〕 두 사람이 함께 생존해 있는 동안.

—[동][타] 1 (이음매에서) …을 접합하다. 2 …을 이음매[관절]에서 나누다. 3 …에 회반죽을 바르다, 줄눈을 바르다. —[자] 접합하다, 달라붙다.

jóint accóunt [명] 공동 예금 계좌.

jóint áction [명] 〔법률〕 공동 소송.

jóint áuthor [명] 공저자(共著者)(의 한 사람).

Jóint Chíefs of Stáff 몡(봉) (the ~) (美) (육해공군) 합동 참모 본부(略 JCS).
jóint commíttee 몡 (美) (상·하원의) 양원 합동 위원회.
jóint communiqué [´-´] 몡 공동 성명.
jóint cómpany 몡 합작(합판) 회사.
jóint cónference 몡 (美) (상·하) 양원 협의회.
jóint convéntion 몡 (美) (양원) 공동 회의.
jóint cústody 몡 (이혼(별거) 부부에 의한) 자녀 연대 보호 의무.
jóint declarátion 몡 공동 선언.
joint·ed [dʒɔ́intid] 몡 이음매(관절)가 있는; (복합어로) 이음(접합)이 …한. ¶well-~ 잘 이어진/a ~ fish-~·ly 몡 ~·ness 몡 ing rod 조립식 낚싯대.
jóint énterprise 몡 =joint venture 1.
joint·er [dʒɔ́intər] 몡 1 접합하는 사람(것); 접합기(器), 접속기. 2 (목공) (판자의 접합면을 다듬는) 긴 대패, (석공의) 줄흙 흙손. 3 (농업) 삼각 보습.
jóint fáctory 몡 (美국어) 합자의 (답배) 파는 가게.
jóint flóat 몡 (경제) (통화의) 공동 변동 환율제.
Jóint Fórce 몡 (美군사) 통합군(육군·해군·해병대·공군 중 두 개 이상의 주요 부대로 구성).
jóint ill 몡 (망아지 따위의) 관절염.
jóint·ing rúle [dʒɔ́intiŋ-] 몡 (석공) 접자.
joint·less [dʒɔ́intlis] 몡 이음매가 없는, 관절이 없는.
***joint·ly** [dʒɔ́intli] 몡 연대하여, 공동으로, 함께.
jóint resolútion 몡 (美) (양원의) 공동 결의.
joint·ress [dʒɔ́intris] 몡 (법률) 과부 급여(jointure)를 받은 여자. 「종합 신고(서).
jóint retúrn 몡 (美) (부부의 수입을 합산한) 소득세
jóint séssion [méeting] 몡 (美) (의회 상·하원의) 양원 합동 회의.
Joint-STARS [´-stɑ́ːrz] 몡 (군사) 통합 감시 목표 공격 레이더 시스템. (<*Joint-S*urveillance *T*arget *A*ttack *R*adar *S*ystem)
jóint stóck 몡 (경제) 주식 조직; 공동 자본.
jóint-stock cómpany 몡 (英) 주식 회사; (美)
jóint stóol 몡 조립식 의자. 「합자 회사.
join·ture [dʒɔ́intʃər] 몡 (법률) 미망인 급여(미망인이 평생 쓸 수 있는 재산·연금 등). ─ 彤 (아내에게) 미망인 급여를 설정하다. **-tured**, **~·less** 몡
jóint vénture 몡 1 합작 투자 (사업); 합작 기업. 2 합동 시공.
joint-ven·ture [-véntʃər] 彤 (구어) 합작 사업에 참가하다, 합작 사업을 설립하다. **-tur·er** 몡
joist [dʒɔist] 몡 (건축) (마루의) 장선, 들보. ─ 彤 장선을 대다. **~ed** 몡 장선을 댄. **~·less** 몡

‡**joke** [dʒouk] 몡 1 농담, 재담, 우스갯 소리, 익살; (못된) 장난. ¶a good ~ 멋진 재담/put on his mother's skirt as a ~ 장난 삼아 어머니의 스커트를 입다.

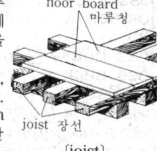
joist 장선

┌─[유의어]─────────────────┐
│ **joke** 남을 웃기기 위한 말·행동. **jest** 가벼운 │
│ 비꼼·비웃음이 담긴 말. **humor** joke보다 문어적; │
│ 보통 비웃음이 함축된 말을 재미있게 표현해서 남에게 │
│ 공감하는 미소를 띄게 하는 일; 마음의 아늑함을 나타 │
│ 낸다. **wit** 시청자를 웃기기 위해서 대본에 있는 대사 │
│ 따위를 임기응변으로 표현해서 사람들을 즐겁게 하는 │
│ 일; 지성의 날카로움을 나타낸다. **gag** 연극에서 관객 │
│ 을 웃기기 위해 짜여진 우스꽝스러운 대사나 사건. │
└─────────────────────────┘

2 웃기는 짓일; 웃음거리; 우스꽝스러운 사람; (구어) 아무짝에도 쓸모없는 사람. ¶His son is the ~ of the town. 그의 아들은 온 동네의 웃음거리이다. **3** 농담거리, 하찮은 일; 매우 쉬운 일. ¶It's no ~. 웃을 일이 아니야 / The test was just a ~ for us. 시험은 그야말로 누워서 떡먹기였다. 「몰을 장난.
a practical joke (실제 행동도 따르는) 짓궂은 장난.

***be* [*or* go] beyond a joke** 웃을 일이 아니다, 중대
for a joke 농담삼아(하다). 「한 일이다.
have a joke with *a person* 남과 농담을 주고받다.
in joke 농담으로. 「하다.
***make* [*or* tell, (구어) crack, cut] a joke** 농담을
***make a joke about* [*or* of]** …에 대해서 재미있게 이야기하다; …을 웃어넘기다.
play a joke on *a person* 남을 놀리다, 조롱하다.
see a joke 재담을 알아듣다.
take a joke 농담을 웃어 넘기다, 놀림을 당해도 화내지 않다. 「흘려버리다.
take a matter as a joke 어떤 일을 농담으로 듣고
The joke is on... 그 농담(장난)은 …을 겨냥한 것이다; (구어)(놀리려던 쪽)이 오히려 놀림감(웃음거리)이 되다.
─ 彤 (~d [-t]; **jók·ing**) 자 (…와/…에 대해) 농담하다, 우스갯 소리를 하다, 익살을 떨다(*with*, *about*). ¶Our teacher often ~s *with* us. 선생님은 우리들과 자주 농담을 하신다.
─ 타 **1** …을 (…의 일로) 조롱하다, 놀리다(*about*, *on*); …을 농담으로 하다(*away*). ¶(~+몡+前+명) He ~d me *on* my accent. 그는 내 발음을 놀려댔다 // (~+몡+閈) The question was ~d *away* between them. 그 문제는 그들 사이에서는 농담으로 처리되었다. **2** (만담으로 돈을) 모으다(얻다).
***(all) joking apart* [*or* aside]; apart from joking** 농담은 그만두고, 「담이겠지.
You have (got) to* [*or* must] *be joking. 설마, 농담이겠지. ~·**less** 몡
jóke·book [dʒóukbùk] 몡 조크집, 익살(재담)집.
*****jok·er** [dʒóukər] 몡 **1** 농담하는 사람, 재담꾼, 익살꾼; 장난꾼. **2** (카드놀이) 조커. **3** (美) 위장 조항(법안·조약 따위의 효력을 약화시키기 위해 눈에 띄지 않게 넣어 두는 조항). **4** 계략, 속임수. **5** (사태를 바꾸어 놓는) 사건(요인, 장애). **6** (구어·경멸적) 사나이, 녀석; 잘난 체하는 녀석; (속어) 바보.
***a* [*or the*] joker in the pack [or deck]** 어떻게 행동할지 예측할 수 없는 사람.
joke·smith [dʒóuksmìθ] 몡 (구어) 유머(개그) 작가.
joke·ster [dʒóukstər] 몡 농담을 (잘)하는(좋아하는) 사람, 못된 장난을 하는 사람.
jok·(e)y [dʒóuki] 몡 농담을 좋아하는; 경박한.
jok·ing·ly [dʒóukiŋli] 閈 농담으로, 우스갯 소리로.
jo·lie laide [F ʒɔlí:léd] 몡 (pl. **~s -s**) 미인은 아니나 매력(애교)있는 처녀, 애교 있는 여성. (<F)
Jo·liot-Cu·rie [F ʒɔljokyrí] 몡 졸리오 퀴리. **1 Irène** ~ (1897-1956 : 프랑스의 핵물리학자; Pierre Curie와 Marie Curie의 딸: Nobel 화학상(1935)). **2 (Jean) Frédéric** ~ (1900-58 : 프랑스의 핵물리학자; 1의 남편: Nobel 화학상(1935)).
jol·li·er [dʒɑ́liər/dʒɔ́l-] 몡 남이 기뻐할 말을 하는 사람, 추어주는 사람, 놀리는 사람.
jol·li·fi·ca·tion [dʒɑ̀ləfikéiʃən/dʒɔ̀l-] 몡U 명랑(하게 하기(되기)); (美) 환락, 흥청대며 놀기.
jol·li·fy [dʒɑ́ləfài/dʒɔ́l-] 彤 (구어) 명랑하게 하다(되다); (술마시며) 기분 좋게(즐겁게) 하다(흥청대다).
jol·li·ty [dʒɑ́ləti/dʒɔ́l-] 몡U 명랑, 즐거움; (-ties) 유쾌한 모임, 홍청대기; (英) 연회.
‡**jol·ly** [dʒɑ́li/dʒɔ́li] 몡 (-li·er; -li·est) **1** 명랑한; 기분이 좋은. **2** =GAY 몡의어 ¶a ~ party 즐거운 모임. **2** (英구어) 즐거운, 기분 좋은, 유쾌한. ¶~ weather 좋은 날씨. **3** (英구어) 큰; 대단한, 굉장한. ¶a ~ number of people 대단한 군중/a ~ fool 대단한 바보. **4** (英속어) 한 잔 마신, 들뜬, 거나하게 취한. ¶the ~ god 주신(酒神)(Bacchus).
─ 彤 (-lies [-z]) 타 (구어) **1** (남) 을 기쁘게 하다, 치켜세우다 (*up*, *along*)(*into*). **2** (남) 을 조롱하다, 놀리다. ─ 자 남을 치켜세우다, 아첨하다; 놀리다.

—圓 (복 -lies [-z]) 1 (英) 유쾌하게 하기, 추켜세우기. 2 (英구어) ⓤⓒ 잔치 소동. 3 (英속어) 영국 해병대. 4 (보통 -lies) (구어) (규칙 따위를 어겼을 때 등의) 쾌감, 스릴. 5 =~ boat. 6 (英속어) 마리화나 담배.
chuck a jolly (속어) 놀리다, 집적거리다.
get one's **jollies** (속어) 매우 즐기다, 유쾌하게 하다.
—圓 (형용사·부사 앞에서) (英구어) 대단히, 매우, 몹시. ¶It was ~ generous of them. 그들은 아주 인심이 좋았다.
jolly d [or **D**] (속어) 대단히 좋은; 매우 친절한.
jolly good 아주 멋있겠, 훌륭하게.
jolly well ① 확실히, 틀림없이, 꼭. ② (문미에 쓰여) 나무랄 데 없이, 더할 나위 없이.
~·li·ly 및 ~·li·ness 및
jólly bòat 圓 (해사) (선박에 딸린) 소형 보트.
jólly góod féllow 圓 정말 유쾌한 녀석[놈].
Jólly Róg·er [-rɑ́dʒər/-rɔ́dʒ-] 圓 (the ~) 해적기(旗). ≒ black flag
*jolt [dʒoult] 동타 1 …을 거칠게[덜컹거리며] 흔들다, 덜컹거리게 하다. (~+目+前+名) The bus ~ed its passengers *over* the rough road. 버스는 울퉁불퉁한 길을 덜컹거리며 승객을 태우고 갔다. 2 …을 (빼내기 위해) 세게 치다; …에 충격을 주다; (기억 따위를) 갑자기 되살리다; 갑자기 …시키다(*into*); (정신적으로) …에 동요를 일으키다. ¶ (~+目+補) ~ the nail free 못을 꽝꽝 쳐서 빼내다 / (~+目+前+名) The event ~ed them *into* action. 그 사건으로 그들은 갑자기 행동을 개시했다. —자 덜컹덜컹 흔들리다; 흔들리면서 나아가다(*along*). ¶ (~+前+名) The car ~ed *along*. 자동차는 덜컹덜컹 흔들리면서 나아갔다.
—圓 1 (보통 a ~) 급격한 충격[동요]. 2 감정적인 동요; 충격을 주는 것. ¶The news gave us all a ~. 그 뉴스는 우리에게 큰 충격을 주었다. 3 예기치 않은 갑작스러운 거부[패배]. 4 (美속어) 금고형의 선고, 수감. 5 (기분 전환 따위를 위한) (술) 한 모금, (담배) 한 모금; (술의) 도수. ¶ a ~ of whisky 위스키 한 모금 (권투) 강타. 7 (속어) 마약 주사 (1회분).
~·er 圓 동요가 심한 것. ~·ing·ly 튀 ~·less 圓
jolt·er·head [dʒóultərhèd] 圓 바보, 명청이, 얼간이.
jolt·y [dʒóulti] 圓 심하게 흔들리는, 덜커덕거리는.
Jon. (성서) Jonah; Jonathan.
Jo·nah [dʒóunə] 圓 1 (성서) 요나(히브리의 예언자). 2 (성서) (구약 성서의) 요나. 3 불행을 가져오는 사람, 불길한 사람. 조나(남자 이름).
Jo·nas [dʒóunəs] 圓 =Jonah.
Jon·a·than¹ [dʒɑ́nəθən/dʒɔ́n-] 圓 1 (성서) 요나단(Saul 왕의 아들로 David의 친구) — 사무엘(상)(1 Sam.) 18-20). 2 (고어) 미국인, (특히) New England 주민(Brother ~). 3 조나단(남자 이름).
Jon·a·than² 圓 (미국산(產)) 홍옥(사과의 일종).
Jones [dʒounz] 圓 1 (the ~es) 보통(평범한) 가정. 2 (the ~es) 이웃 사람, 세상 사람: 사회적 지위[생활 수준]가 비슷한 사람들. 3 (때로 j-) (속어) 헤로인 중독, 헤로인; 강한 흥미[관심], 열중; =penis. 4 존즈. a) **Daniel** ~ (1881-1967: 영국의 음성학자). b) **LeRoi** ~ (1934- : 미국의 소설가·극작가). c) 남자 이름.
keep up with the Joneses (구어) (경제·사회적으로) 이웃(사람)에게 지지 않으려 허세를 부리다; 최신 유행을 쫓다. 「시인」「<F
jon·gleur [dʒɑ́ŋglər] 圓 (중세 프랑스의) 음유(吟遊)
jon·quil [dʒɑ́ŋkwil, dʒɔ́n-] 圓 노랑수선화; 연노랑 (1637: 영국의 시인·극작가).
Jon·son [dʒɑ́nsn/dʒɔ́n-] 圓 **Ben** ~ 존슨(1573?-
jor·dan [dʒɔ́ːrdn] 圓 (英방언) 침실용 변기, 요강.
Jor·dan [dʒɔ́ːrdn] 圓 1 요르단(정식 이름 Hashemite Kingdom of ~ (요르단 하시미테 왕국); 아시아 서남부의 왕국; 수도 Amman). 2 (the ~) 요단 강. 3 조던. a) **Michael (Jeffrey)** ~ (1963- : 미국의 프로 농구 선수). b) 남자 이름.
Jórdan álmond 圓 스페인 원산의 아몬드.
Jor·da·ni·an [dʒɔːrdéiniən] 圓 요르단의. — 圓 요르단인(人).
jo·rum [dʒɔ́ːrəm] 圓 크고 둥근 유리 그릇; 큰 유리 그릇 가득(한 양); 다량(의…)(*of*). ¶a ~ of punch 펀치 한 그릇.
Jos. Joseph; Josephine; Josiah. 「신 이름).
*Jo·seph [dʒóuzəf, -səf/-zif] 圓 1 (성서) 요셉(히브리 족장 Jacob의 아들). —창세기(Gen.) 30:22-24). 2 (성서) 요셉(성모 마리아의 남편. —마태 복음(Matt.) 1:16-25). 3 (j-) 품행이 단정한 남자. 4 (j-) (여자 승마용) 케이프가 달린 긴 웃옷. 5 조지프(남자 이름).
Jo·se·phine [dʒóuzəfìːn, -sə-/-zi-] 圓 조세핀. 1 Napoleon 1세의 첫 왕비(1763-1814). 2 여자 이름 (애칭 Jo, Josie).
Jóseph of Àr·i·ma·thǽ·a [-ærəməθíːə] 圓 (성서) 아리마태아 요셉(그리스도의 유해를 자기 무덤에 안치했다. —마태 복음(Matt.) 27 : 57).
Jo·seph·son [dʒóuzəfsən/-zif-] 圓 **Brian David** ~ 조지프슨(1940- : 영국의 물리학자; Nobel 물리학상(1973)).
Jósephson efféct 圓 (전자) 조지프슨 효과(두 개의 초전도체가 절연막으로 격리되어 있을 때 양자 사이에 전위차(電位差)가 없어도 전류가 흐르는 현상).
Jósephson júnction 圓 (전기) 조지프슨 접합 (조지프슨 효과를 가져오는 초전도체의 접합).
Jósephson júnction devìce 圓 (전자) 조지프슨 접합 소자(素子).
josh [dʒɑʃ/dʒɔʃ] 동타 (美구어) (악의 없이) 희롱하다, 놀리다. — 자 조롱, 농담.
~·er 圓 ~·ing 圓 ~·ing·ly 튀
Josh. (성서) Joshua(여호수아).
Josh·u·a [dʒɑ́ʃuə, -ʃwə/dʒɔ́ʃ-] 圓 1 (성서) 여호수아(모세(Moses)의 뒤를 이은 이스라엘의 지도자. —출애굽기(Exod.) 17:9; 신명기(Deut.) 31:14). 2 (구약 성서의) 여호수아(약 Josh.). 3 조수아(남자 이름).
Jóshua trèe 圓 (식물) 미국 남서부 사막 지대의 유카(yucca)의 일종.
Jo·si·ah [dʒousáiə] 圓 1 (성서) 요시야(기원전 7세기경의 유대 왕. —열왕기(하)(2 Kings) 22, 23). 2 조사이아(남자 이름). 「의 별칭)
Jo·sie [dʒóuzi, -si] 圓 조지(여자 이름); Josephine
jos·kin [dʒɑ́skin/dʒɔ́s-] 圓 (英속어) 시골뜨기.
joss [dʒɑs/dʒɔs] 圓 (중국인이 숭배하는) 우상, 신상.
jos·ser [dʒɑ́sər/dʒɔ́s-] 圓 (英속어) 놈, 녀석; (특히) 얼간이.
jóss hòuse 圓 (중국의) 절, 사원; 묘(廟), 사당.
jóss stìck 圓 (중국의 절에서 피우는) 선향(線香).
*jos·tle [dʒɑ́sl/dʒɔ́sl] 동타 1 …을 (난폭하게) 떠밀다, 찌르다, …에 부딪치다; …을 밀어제치다, 밀어 나아가다(*away*) (*from, out of*). ¶ (~+目+副) He ~d me *away*. 그는 나를 밀어제쳤다 // (~+目+前+名) He ~d his way *out of* the bus. 그는 남을 밀어제치며 버스에서 내렸다. 2 …와 겨루다. 3 (속어) (남)에게 소매치기하다. — 자 1 찌르다, 밀다, 부딪치다; 서로 밀치락달락하다; 밀어 젖히고 나아가다(*against, through, with*). ¶ (~+前+名) I ~d *through* the crowd. 나는 군중을 밀어제치고 나아갔다. 2 (…와…을) 다투다, 겨루다(*with*/*for*). 3 (속어) 소매치기하다. **jostle with** a *person* **for** a *thing* 물건을 얻으려고 남과 다투다. 「잡.
— 圓 ⓤⓒ (=**justle**) 서로 밀치기, 서로 찌르기, 혼 **-tler** 圓 jostle하는 사람; (美속어) 소매치기.
*jot [dʒɑt/dʒɔt] 동타 (**-tt-**) …을 간단히 적다, 적어 두다, 메모하다(*down*). ¶ ~ *down* one's passport number 여권 번호를 적어 두다.
— 圓 (a ~) (보통 부정문에서) 약간, 극소량, 아주 조금. ¶She doesn't care a ~ for him. 그녀는 그에게

ㄴ-ter 메모하는 사람; 메모장. **ㄴ-ting** 〔美C〕 메모.
JOTB 〔美〕 just off the boat ((이민이) 막 하선한, (사람이) 막 새 고장에 온).
Jo·tun [jóutun] 〔명〕 〔북유럽 신화〕 거인, 요툰(자연 파괴력의 상징). (또는 **Jo·tunn, Jö·tunn** [jɔ́ːtun])
Jo·tun(n)·heim [jóːtunhèim] 〔명〕 〔북유럽 신화〕 (인간계(Midgard)의 동방에 있었다는) 거인국.
jou·al [ʒuǽl] 〔명U〕 캐나다프랑스어(의 사투리).
joule [dʒuːl, dʒaul] 〔명〕 〔물리〕 줄(에너지의 절대 단위; 에르그(erg)의 10⁷ 배; 〔기호〕 J, j). 〔<영국의 물리학자 J. P. Joule(1818–89)의 이름〕
Jóule's láw 〔물리〕 줄의 법칙.
jounce [dʒauns] 〔타〕 위아래로 심하게[덜커덕] 흔들다 [흔들리다]. —〔명〕 진동, 동요.
jour. journal(ist); journey(man).
‡**jour·nal** [dʒə́ːrnl] 〔명〕 (復 ~s [-z]) 1 신문, 일간 신문. 2 잡지, 정기 간행물. ¶ a monthly ~ 월간 잡지. 3 일기, 일지. ¶ keep a ~ during one's trip 여행중에 일기를 쓰다. 4 (J-s) 영국 국회 의사록. 5 〔부기〕 분개장(分介帳). 6 〔해사〕 항해 일지(logbook). 7 〔기계〕 저널(회전축(軸)의 목 부분).
jóurnal bòx 〔명〕 〔기계〕 저널 박스(차축의 베어링이 들어 있는 상자).
jour·nal·ese [dʒə̀ːrnəliːz, -liːs] 〔명U〕 (진부한 문체·어법 따위의) 신문 (기자) 용어. —〔형〕 (문체·용어 따위가) 신문투의.
‡**jour·nal·ism** [dʒə́ːrnəlìzm] 〔명U〕 1 저널리즘, 신문 잡지(편집[경영])업. 2 〔집합적〕 신문 잡지계(界), 언론계. 3 (대학의) 신문·방송[언론]학과. 4 신문 잡지 문장, 신문 잡지조 표현; 대중 취향의 기사. 5 = journalese.
‡**jour·nal·ist** [dʒə́ːrnəlist] 〔명〕 1 저널리스트, 신문[잡지] 기자[기고가], 언론인, 신문인. 2 대중 영합적 문필가[작가]. 3 일기[일지] 쓰는 사람.
*****jour·nal·is·tic** [dʒə̀ːrnəlístik] 〔형〕 신문[잡지]의, 신문[잡지]적인; 신문[잡지] 기자(기질)의. **-ti·cal·ly** 〔부〕
jour·nal·ize [dʒə́ːrnəlàiz] (* 〔英〕 **-ise**) 〔타〕 1 …을 일기[일지, 의사록]에 기입하다. 〔부기〕 …을 분개장에 기입하다. 2 …을 신문[잡지]에 보도하다. —〔자〕 1 일기[의사록]를 쓰다. 2 신문[잡지]계에 들어가다.
-i·zá·tion, -iz·er 〔명〕
‡**jour·ney** [dʒə́ːrni] 〔명〕 (復 ~s [-z]) 1 (장거리 육상) 여행(爲 voyage). ¶ a TRIP 〔유의어〕 ¶ a ~ on foot [by rail] 도보[기차] 여행/I wish you a good ~. 잘 다녀오세요. 2 여정(旅程), 행정(行程)의 소요 시간. ¶ Edinburgh is about five hours' ~ from London. 에든버러는 런던에서 약 5시간 길[여정]이다. 3 (…의) 길, …의 여로; (…에로의) 진전; 진출; 탐구(to, into). ¶ a ~ to success 성공에의 길/a ~ of life 인생의 여로, 인생 행로.
break one's **journey** 여행을 중단하다; 도중 하차하다.
go [or **start, set out**] **on a journey** 여행을 떠나다.
go on one's **last journey** 죽음의 길을 떠나다.
make [or **take, undertake**] **a journey** 여행하다.
on a journey 여행중에, 여행길에.
one's journey's end 여로의 끝, 목적지; (비유적) —〔자타〕 여행하다. 〔부〕 〔지방·나라〕를 여행하다 **~er** 〔명〕
jour·ney·man [dʒə́ːrnimən] 〔명〕 1 (수습 기간을 끝낸) 직공, 제구실을 하는 직공, 숙련 노동자(爲 apprentice). 2 (비유적) 단순한 고용인. 3 〔고어〕 일용 노동자.
jour·ney·work [dʒə́ːrniwə̀ːrk] 〔명U〕 (직공의) 삯팔이 일, 잡일; 하찮은 일, 뒤치다꺼리 일. 〔ist.
Jour·no [dʒə́ːrnou] 〔명〕 (復 ~s) 〔속어〕 = journal-
joust [dʒaust, dʒuːst, dʒʌst] 〔명〕 마상(馬上) 창시합 (~s) 마상 창시합 대회(tournament). —〔자〕 말다툼 창시합을 하다; 겨루다, 싸우다. (또는 **just**) **ㄴ-er** 〔명〕

Jove [dʒouv] 〔명〕 1 〔로마 신화〕 = Jupiter. 2 (시) 목성(木星)(Jupiter).
By Jove! 〔강조·놀람·찬성 따위를 나타내어〕 맹세코!, 반드시!; 천만에!, 어림없지!
jo·vi·al [dʒóuviəl] 〔형〕 1 유쾌한, 명랑한, 즐거운. ⇒ GAY 〔유의어〕 2 (J–) 유쾌한. **~ly** 〔부〕 **~ness** 〔명〕
jo·vi·al·i·ty [dʒòuviǽləti] 〔명U〕 유쾌, 명랑, 기분 좋음. 2 (-ties) 유쾌[명랑]한 언행.
Jo·vi·an [dʒóuviən] 〔형〕 1 Jove 신의[같은]; 위풍 당당한. 2 목성(Jupiter)의. **~ly** 〔부〕
jow [dʒau, dʒʌu] 〔명〕 〔스코〕 종소리, 방울 소리. —〔동〕 1 (종·방울)을 울리다. 2 (특히 머리를 때리다, 치다. —〔자〕 좌우로 흔들리다; (종이) 울리다.
jowl¹ [dʒaul, dʒoul] 〔명〕 (종종 ~s) (단수취급) 턱, (특히) 아래턱(爲 jaw); 볼(cheek); (돼지의) 볼살.
bat [or **beat, bump, flap**] one's **jowls** 허튼[시시한] 소리를 떠벌이다.
cheek by jowl (with) ⇒ CHEEK.
ㄴ-y 2중턱의, 군턱의.
jowl² [dʒaul] 〔명〕 1 (동물의) 처진 목살. 2 물고기의 머리 부분.
‡**joy** [dʒɔi] 〔명UC〕 (復 ~**s** [-z]) 1 〔U〕 기쁨, 즐거움, 환희(의 표정[표현]). ⇒ PLEASURE 〔유의어〕 ¶ the ~s and sorrows of life 삶의 애환[고락]. 2 (…에게) 기쁨[만족]의 씨[원인], 기쁘게 해주는 것[사람](to). ¶ A thing of beauty is a ~ forever. 아름다운 것은 영원한 기쁨이다. —Keats) 3 〔구어〕 (부정·의문문에서) 결과, 성과, 만족; 행운. ¶ don't get any ~ 잘 안되다. 4 기쁨의 축
Any joy? 〔英구어〕 잘 되었어? 〔제.
for [or **with**] **joy** 기뻐서. ¶ cry for ~ 기뻐서 울다.
full of the joys of spring 매우 기뻐하고 있는].
in joy and (in) sorrow 기쁠 때나 슬플 때나.
in one's **joy** 기쁜 나머지.
no joy 〔英구어〕 불운(no luck), 실패.
to one's **great joy** 대단히 기쁘게도.
wish a person **joy of** [or **in**] 남의 …을 축하하다, 남에게 아무쪼록 즐겁게 …을 보내기를 바라다. ¶ I wish you ~ of your success. 성공을 축하합니다.
—〔동〕 〔문어〕 기뻐하다(at, in). ¶ (~+〔前〕+〔名〕) He ~ed in my good luck. 나는 그 행운을 기뻐해 주었다. —〔타〕 〔고어〕 기쁘게 하다(in). 〔락.
joy·ance [dʒɔ́iəns] 〔명〕 〔고어·시〕 기쁨, 즐거움; 오
joy·bells [ʤɔ́ibèlz] 〔명復〕 〔英〕 (축제·경사를 알리는) 교회[경축]의 종.
jóy bòx 〔명〕 〔美속어〕 피아노(piano). 〔젊은 남자〕.
jóy bòy 〔명〕 〔속어〕 미동(美童)(동성 연애자 상대역의
Joyce [dʒɔis] 〔명〕 조이스. 1 **James** ~ (1882–1941) 아일랜드의 소설가). 2 사람 이름.
jóy dùst 〔명〕 〔美속어〕 가루 코카인. 〔인.
jóy flàkes 〔명復〕 〔단수취급〕 〔美속어〕 가루 마약, 코카
*****joy·ful** [dʒɔ́ifəl] 〔형〕 (**more ~; most ~**) 1 (…으로) 기쁨에 넘쳐는, 기쁜(at, in); (언행이) 기쁜 듯한, 즐거워 보이는. ⇒ GLAD¹ 〔유의어〕 2 (일 따위가) 즐거운, 기쁜; (…을) 즐겁게[기쁘게] 해주는(to).
be joyful of ~을 기뻐하다.
o [or **oh**] **be joyful** 〔속어〕 술, 알코올 음료.
~ness 〔명〕 〔위가〕 행복하게.
*****joy·ful·ly** [dʒɔ́ifəli] 〔부〕 기뻐서, 기쁨에 차서; (결말 따
jóy·house [dʒɔ́ihàus] 〔명〕 〔美속어〕 매춘굴.
jóy jùice 〔명〕 〔美속어〕 알코올 음료, 술.
jóy knòb 〔명〕 〔美속어〕 (hot rod의) 핸들, (비유적) 조종간(桿); 〔美속어〕 음경(penis).
joy·less [dʒɔ́ilis] 〔형〕 기쁨[즐거움]이 없는; 슬픈, 적적한; 쓸쓸한, 시시한. **~ly** 〔부〕 **~ness** 〔명〕
*****joy·ous** [dʒɔ́iəs] 〔형〕 =joyful. **~ness** 〔명〕
*****joy·ous·ly** [dʒɔ́iəsli] 〔부〕 즐겁게, 유쾌하게, 기쁘게.
jóy·pop [dʒɔ́ipὰp/-pɔ̀p] 〔동자〕 (**-pp-**) 〔속어〕 (중독이 안 될 정도로) 가끔 마약을 쓰다, 마약을 피하 주사하다. **~per** 〔명〕

joy powder 图 《美俗語》 가루약, 헤로인, 코카인, 모르핀.

joy·ride [dʒɔ́iràid] 图 1 《美俗語》 (남의[훔친] 차 위로 재미삼아 하는) 난폭 운전, 폭주. 2 (결과·경비 따위를 생각지 않는) 무모한 놀이[행동]. 3 《俗》 주연, 술판, 파티. 4 《俗》 (마약에 의한) 도취, 흥분; 황천행. (또는 jóy ride)
take a person on a joy ride 《俗》 남을 해치우다.
──*-rode*) (*-rid·den*) 〔俗俚〕 재미삼아 (난폭) 운전하다; 《美俗語》 종종 마약을 쓰다.
-rid·er, -rid·ing

joy smòke 图 《美俗語》 마리화나 담배.

joy·stick [dʒɔ́istik] 图 1 《口語》 《항공》 (비행기의) 조종간(杆)(control stick). 2 《口語》 (컴퓨터 등의) 수동(手動) 제어 장치. 3 《비어》 음경(陰莖). 4 《口語》 마약용 파이프; 《美俗語》 마리화나 담배. (또는 jóy stick)

jóy wàter 图 《美俗語》 (독한) 술, 알코올.

JP *jet pilot; jet-propelled; jet propulsion.* **J.P., j.p.** *justice of the peace*(치안 판사).

J pàrticle 图 =J/psi particle.

JPEG 图 《컴퓨터》 제이페그(ISO와 ITU-TSS에 의한 국제 기관, 또는 그 기관에서 제정한 정지화상 데이터 압축 방식; 보통 1/10~1/30의 압축률을 쓴다). [<*J*oint *P*hotographic *E*xperts *G*roup]

JPG *Job Performance Guide*(직무 수행 기준). **JPL** *Jet Propulsion Laboratory.* **Jpn.** *Japan(ese).*

J/psí pàrticle 图 《물리》 제이 프사이 입자(전자 질량의 약 6,000배의 질량을 가지며 수명이 긴 불안정한 소립자).

Jr., jr. *Junior*(…2세). **JR** *Japan(ese) Railways*(일본 철도 (회사)). **JRC** *Joint Research Council; Junior Red Cross*(청소년 적십자단). **JSA** *job safety analysis; Joint Security Area*(공동 경비 구역). **JSC** *Johnson Space Center*(존슨 우주 센터); *Joint Staff Council*(합동 참모 회의).

J-school [dʒéiskùːl] 图 《美俗語》 언론 대학원(journalism school).

J.S.D. 〔라틴〕 *Jurum Scientiae Doctor*(=*Doctor of Juristic Science*) 법학 박사).

J smòke 图 (때로 j- s-) 《美俗語》 마리화나 담배.

JSP 《컴퓨터》 *J*osephson *s*ignal *p*rocessor(조지프슨 신호 처리 장치). **JST** *Japan standard time.* **jt.** *joint.* **Ju.** *June.*

ju·ba [dʒúːbə] 图 주바 춤(미국 남부 농장 흑인 노동자의 춤).

Ju·bal [dʒúːbəl] 图 유발(카인(Cain)의 자손으로 악기 발명자라고 한다). ←창세기(Gen.) 4:21.

Judg. 〔성서〕 *Judges.*

ju·bi·lance [dʒúːbələns] 图 ⓤ 환희, 환호. (또는 **jubilancy**) 「을 지르는, ~**·ly** 副

ju·bi·lant [dʒúːbələnt] 图 환희에 넘친[취한]; 환성

ju·bi·late [dʒúːbəlèit] 图 1 환성을 지르며 기뻐하다, 환호하다. 2 기념제를 축하하다. **-la·to·ry** 形

Ju·bi·la·te [dʒùːbəléitiː, jùːbəláːtei] 图 1 유빌라테(성서의 시편 제100편; 영국 국교회에서 찬송가로 사용). 2 부활절 다음의 제3일요일. (또는 ~ *Súnday*) 3 (j-) 환희의 노래, 개가.

ju·bi·la·tion [dʒùːbəléiʃən] 图 1 ⓤ 환희, 환호 (exultation). 2 (보통 ~s) 기쁨의 축전(祝典), 축하.

***ju·bi·lee** [dʒúːbəlìː, ˌ--'] 图 1 (25년·50년·60년·75년 따위의) 기념제; 축제, 축전. ¶the silver ~ 25년제/ the golden ~ 50년제 /the diamond ~ 60년(75)년제. 2 50년제(祭). (가톨릭) (보통 25년마다 행하는) 성년(聖年), 대사(大赦)의 해. 3 〔유대 역사〕 요벨의 해, 50년절(節)(고대 히브리 사람이 이집트에서 탈출하여 Canaan의 땅으로 들어간 해부터 50년마다 행한 성년). 4 ⓤ 기쁨, 환희(jubilation); ⓒ (미래의 기쁨을 노래하는) 흑인 민요. (또는 **Jubile**)

jud. *judge; judgment; judicial; judiciary.* **Jud.** *Judaism.* 〔성서〕 *Judges; Judith.*

Ju·dae·a [dʒuːdíːə/-díə] =Judea.
Ju·dae·an [dʒuːdíːən/-díən] 图 =Judean.
Ju·d(a)e·o- [dʒuːdéiou, -diː-] 〔연결〕 *Judaic; Judaism*의 뜻. ¶~-*Christian* 유대교와 기독교의.

Ju·dah [dʒúːdə] 图 1 유다(Jacob과 Leah의 넷째 아들).←창세기(Gen.) 29:35); 유다족(유다의 자손이). 2 유다 왕국(팔레스타인 남부의 고대 유대 국가; 수도 Jerusalem). 3 주다(남자 이름).

Ju·da·ic [dʒuːdéiik] 图 유대인[민족, 문화]의; 유대교의. (또는 **Judaical**) **-i·cal·ly** 副 「문헌.

Ju·da·i·ca [dʒuːdéiikə] 图《집》 유대 (교)의 문물, 유대

Ju·da·ism [dʒúːdiìzm, -də-/-dei-] 图 ⓤ 1 유대교; 유대교 신앙. 2 ⓤ 유대 정신[주의]; ⓤⓒ 유대식. 3 〔집합적〕 유대교도(들).

Ju·da·ist [dʒúːdiist/-dei-] 图 유대교도; 유대주의(신봉)자. **-ís·tic** 形 **-ís·ti·cal·ly** 副

Ju·da·ize [dʒúːdiàiz/-dei-] 图 (*-ised*) 图 유대인식으로 되다[하다]; 유대적 풍습[신앙]을 채용하다[채용케 하다]; 유대교화하다. **-i·zá·tion, -iz·er** 图

Ju·das [dʒúːdəs] 图 1 유다(12사도 중의 한 사람. 돈 때문에 그리스도를 배반했다)←마태 복음(Matt.) 26:47~50). 2 (경멸적) 배반자, 배신자. 3 =Jude 1. 4 (j-) (또는 ~ *hòle*, ~ *window*) (문의) 엿보는 구멍.
play (the) Judas 배반[배신]하다.
~ (사냥에서) 후림 짐승[새]으로 쓰는.
~-*like* 形

Ju·das-col·ored [-kʌ̀lərd] 形 머리털이 붉은, 붉은 머리털의. [<배반자 Judas의 머리가 붉었다는 전설]

Júdas kìss 图《성서》 유다의 키스(←마태 복음(Matt.) 26:48); (비유적) 겉치레만의 호의, 배반 행위.

Júdas trèe 图 서양다목(Judas가 목을 매 자살했다는 나무).

jud·der [dʒʌ́dər] 图⾃《英》 소리를 내며 흔들리다, 삐걱거리다. ── 图 1 (기계 따위의) 이상 진동, 삐걱거림. 2 〔음악〕 (소프라노의) 급격한 음조의 변화.

Jude [dʒuːd] 图 1 《성서》 *Saint ~* 성(聖) 유다(그리스도의 12제자 중 한 사람; Judas와는 다른 사람이다.←누가 복음(Luke) 6:16). 2 (신약 성서의) 유다서(書). 3 주드(남자 이름).

Ju·de·a [dʒuːdíːə/-díə] 图 유대(고대 팔레스타인 남부의 로마 영토). (또는 **Judaea**)

Ju·de·an [dʒuːdíːən/-díən] 图 유대(Judea)의; 유대인[민족]의.── 图 유대인(Jew). (또는 **Judaean**)

Ju·den·het·ze [júːdənhètsə] 图 (조직적인) 유대인 박해. [<G *Jew-baiting*]

‡**judge** [dʒʌdʒ] 图 (⽥ *judg·es* [-iz]) 1 재판관, 판사; (the ~) 재판관 직책. ¶a *preliminary* [*or an examining*] ~ 예심 판사 /a *side* ~ 배석 판사 /the *presiding* ~ 재판장. 2 (경기·토론 따위의) 심판, 심사원, 판정자. ¶the ~*s of a beauty contest* 미인 대회 심사위원.

> [類義語] judge 판결·판정의 권한이 있는 사람; 지식·경험·공정한 판단력이 풍부함을 암시. referee, umpire 둘 다 조정자로의 의견이 일치하지 않을 때 최종 판결을 내리는 사람; 스포츠 용어로서는 규칙에 따라 시합을 진행시키는 임원을 뜻하며, 어느 것을 쓰느냐는 각 스포츠의 관용에 따른다.

3 감정가, 감식가; 품평가; 명론가. ¶I'm no ~ of *whisky*[*poetry*]. 나는 위스키[시]의 좋고 나쁨을 모른다. 4 (종종 J-) 〔유대 역사〕 사사(士師), 심판자. 5 (J-) (인간의 심판자로서의) (J-s) 〔성서〕 사사기(士師記). *(as) grave* [*or sober*] *as a judge* 자못 엄숙한, 진지한 체하는; 조금도 웃지 않은. 「다. 서투르다.
be a good [*no*] *judge of* …의 감정(鑑定)이 능숙하
be the judge ① 〔잘못된 따위를〕 가리다, 판단하다. ¶You *be the* ~. 마음대로 하시오. ② (자기의) 의견을

judge advocate

강요하다. ¶Don't *be* the ~. 이래라저래라 강요하지 마시오. ¶판단한다.
I'll [or Let me] *be the judge of that*. 그건 내가 —됨 (*júdg·es* [-iz] ; ~*d*; *júdg·ing*) 国 1 …을 재판 [심판]하다; …에게 판결을 내리다. ¶God will ~ all men. 하느님은 모든 사람을 심판하실 것이오 // (~+圉+圄) The court ~*d* him guilty. 법정은 그에게 유죄를 선고했다. 2 …을 심리하다(try). ¶The court is *judging* the case. 법정은 그 소송을 심리하고 있다. 3 …을 (…으로) 판단하다, 평가하다(*by*, *from*, *on*); …을 비판하다, 비난하다. ¶Don't ~ others too harshly. 남을 너무 호되게 비판해서는 안 된다 // (~+圉+前+圄) You must not ~ a man *by* his income. 남을 수입의 다과에 따라 판단해서는 안 된다. 4 …을 심사하다, 심판하다, 감정하다. ¶~ a beauty contest 미인 선발 대회에서 심사하다. 5 …을 (…이라고) 판단하다, 생각하다; 추측하다(*to be*, *that*, *wh*,節). ¶(~+圉+前+圄) I ~ him (*to be*) an honorable man. 나는 그가 훌륭한 분이라고 생각한다. 6 〔성서〕 (사사(士師)로서) …을 통치하다. — 国 1 재판하다; 판결을 내리다; 심판(心事)하다(*at*). ¶~ *at* a beauty contest 미인 선발 대회에서 심사하다 / *J*~ *not*, *that ye be not* ~*d*. 비판을 받지 아니하려거든 비판하지 마라(←마태 복음(Matt.) 7:1) // (~+前+圄) I cannot ~ *between* the two things. 둘 중 어느 것을 취해야 할지 나로서는 판단이 서지 않는다. 2 (…으로 / …에 대해) 판단을 내리다, 판정하다(*by*, *from / of*). ¶(~+前+圄) Don't ~ *of* a man *by* his appearances. 외관만으로 남을 판단해서는 안 된다.

as far as one *can judge* …의 판단[생각]으로는.
judging from [or *by*]; *to judge by* …으로 판단하건대 [미루어 보아]. ¶*Judging from* what I hear, he is a man of high birth. 내가 들은 바에 의하면 그는 집안이 좋은 것 같다. ~**·ly** 凮
~**·a·ble**, ~**·less**, ~**·like júdg·er júdg·ing**

júdge ádvocate 囿 〔군사〕 법무관; (군법회의의) 검찰관(똠 JA).

júdge ádvocate géneral 囿 (囿 *j- ádvocates g-*, *j- a- génerals*) (英) 법무 장관, 법무감(똠 JAG).
judge-made [-mèid] 圄 〔법률〕 재판관이 판단한, 판례에 의거한. ¶*the* ~ *law* 판례법.
Judg·es [dʒʌdʒiz] 囿 (the ~) 〔단수취급〕 〔구약성서의〕 사사기(士師記)(똠 Jud., Judg.).
judge·ship [dʒʌdʒʃip] 囿 凮 재판관의 직무[직권, 지위, 임기, 권한].
júdges' rúles 囿凮 〔英법률〕 재판관의 규칙[판단 기준] (경찰의 구류중 피의자 처리에 대한 규칙).
judg·mat·ic [dʒʌdʒmǽtik] 圄 〔구어〕 사려 분별이 있는, 현명한. (또는 **judgmátical**) **-i·cal·ly** 凮

‡**judg·ment**, (英) **judge-** [dʒʌdʒmənt] 囿 1 凮 재판, 심판. ¶~ *by default*; *default* ~ 결석 재판. 2 凮凳 〔법률〕 판결; (판결 결과 확정된) 채무; 凮 (채무) 판결 문서. ¶a ~ *of acquittal* [*conviction*] 무죄[유죄] 판결 / The ~ *was against* [*in favor of*] him. 판결은 그에게 불리[유리]했다. 3 凮凳 (…의) 판단, 감정, 평가(*of*, *on*); (경기 따위의) 심판, 심사; 凮 판단력, 비판력, 사려 분별, 양식. ¶a man of good [sound, poor] ~ 뛰어난 [올바른, 서투른] 판단력의 소유자 / *Where's your* ~? 당신, 머리가 어떻게 된 게 아닙니까? 4 凮 (…에 대한) 의견, 견해(*on*, *about*); 비판, 비난. ¶*form an independent* ~ 독자적인 의견을 가지다. 5 ((the) *J-*) 〔성서〕 최후의 심판(the Last *J-*). 6 (a ~) (…에의 /…에 대한) 신벌(神罰), 천벌(*against*, *on/for*). ¶It is a ~ *on* you *for* getting up late. 그건 네가 늦잠 잔 죄야.

against one's *better judgment* 본의 아니게, 마지못해. ¶심판.
a judgment of Solomon 솔로몬의 재판, 현명한 *give* [or *deliver*, *make*, *pass*] (*a*) *judgment*

on [or *upon*] …에 판결을 내리다; …을 비판[평가, 판단]하다, …에 관한 의견[생각]을 말하다. ¶을 내리다.
have the good judgment 현명하[양식있는] 판단 *in a* person's *judgment*; *in the judgment of a* person 남의 판단[양식]으로는.
on one's *own judgment* 독단적으로.
sit in judgment on [or *upon*, *over*] ① …을 재판하다. ② …을 비판하다.
the Day Of Judgment ⇒JUDGMENT DAY.

judg·men·tal [dʒʌdʒméntl] 囿 재판(상)의, 판결(상)의; 판단(상)의; 비판적인, 주관적 판단의.
júdgment cáll 囿 1 〔스포츠〕 심판의 판정. 2 의문의 여지가 있는 (주관적) 판정[결정]; 개인적 의견[해석].
júdgment créditor 囿 〔법률〕 판결 확정 채권자.
Júdgment Dáy 囿 (the ~) (말세의) 최후의 심판일(doomsday)(똠 Last Judgment). 2 (j- d-) 〔법률〕 (재판의) 판결일.
júdgment débt 囿 〔법률〕 판결 확정 채무.
júdgment débtor 囿 〔법률〕 판결 확정 채무자.
júdgment séat 囿 1 (종종 *J- s-*) 최후의 심판일의 심판의 자리. 2 판사석; 법정, 법원(tribunal).
júdgment súmmons 囿 (英) 〔법률〕 (판결 채무 불이행에 대한) 소환장. ¶심판할 수 있는.
ju·di·ca·ble [dʒúːdikəbl] 圄 재판[심판]할 수 있는.
ju·di·care [dʒúːdikɛər] 囿 (美) (저소득층 대상의) 법률 구조.
ju·di·ca·tive [dʒúːdikèitiv/-kə-] 圄 〔권한이〕 있는, 판단[판정]할 능력이 있는.
ju·di·ca·tor [dʒúːdikèitər] 囿 재판[심판]하는 사람, 법관(judge). **-ca·to·ri·al** [-kətɔ́ːriəl] 圄
ju·di·ca·to·ry [dʒúːdikətɔ̀ːri/-təri] 圄 재판(상)의, 사법의. — 囿 1 법원, 법정. 2 凮 사법 행정[조직].
ju·di·ca·ture [dʒúːdikèitʃər, -kətʃùər] 囿 凮 1 凮 재판, 사법(권); 사법 행정. 2 凮 재판관의 직권; 재판권이 미치는 범위. 3 凮 사법 조직[제도]; 〔집합적〕 〔단·복수 양용〕 재판관; (the ~) 사법 당국[기관]. 4 법원. ¶*the Supreme Court of J-* in England 영국 대법원.

*‡**ju·di·cial** [dʒuːdíʃəl] 圄 1 사법의, 재판의; 재판관의; 재판에 의한, 법원 명령[허가]에 의한; 결정력이 있는. ¶~ *power*; 사법권 / a ~ *precedent* 판례. 2 법관다운[같은]. ¶*with* ~ *gravity* 법관다운 위엄으로. 3 비판적인; 판단력이 있는; 식별력이 있는; 공정한, 공평한. ¶~ *mind* 공정한 마음. 4 신벌(神罰)[천벌]의. ~**·ly** 凮 사법상; 재판에 의하여; 공정하게. ~**·ness** 囿
judícial bránch 囿 사법부(司法府).
judícial múrder 囿 법의 살인(부당한 사형 선고).
judícial políce 囿 사법 경찰.
judícial procéedings 囿凳 사법(소송) 절차. (또는 **judícial prócess**) (권), 사법권(권).
judícial revíew 囿 (美) (사법부의) 합헌(合憲) 심사.
judícial separátion 囿 〔법률〕 (결혼 해소(解消)에 이르지 않은) 재판상[법적] 별거(legal separation).
Judícial Yúan 囿 (the ~) (타이완의) 사법원(司法院)(최고 사법 기관). ¶Legislative Yuan
ju·di·ci·ar·y [dʒuːdíʃièri, -ʃəri/-ʃiəri] 圄 사법의; 판결의; 법원[법관]의. ¶~ *proceedings* 사법 절차. — 囿 1 (the ~) 사법부; 사법권. 2 (한 나라의) 사법 제도[조직]. 3 〔집합적〕 〔단·복수 양용〕 재판관.
ju·di·cious [dʒuːdíʃəs] 圄 분별력[양식]이 있는, 사려 깊은, 현명한. ~**·ly** 凮 ~**·ness** 囿
Ju·dith [dʒúːdiθ] 囿 1 유디트(Assyria의 장수를 죽이고 동포를 구출한 유대의 여걸). 2 유디트서(書)〔구약성서 외경(外經)〕. 3 주디스(여자 이름).
ju·do [dʒúːdou] 囿 (일본) 유도(柔道). ¶유도복. ~**·ist**, ~**·ka** [-kàː] 囿 유도 선수. ~**·gi** [-gìː] 囿
Ju·dy [dʒúːdi] 囿 1 주디. a) 인형극 *Punch and* ~ 에서 Punch의 아내. b) 여자 이름; Judith의 애칭. 2 (j-) 〔英속어〕 여자, 처녀.

‡**jug**[1] [dʒʌg] 囿 (圄 ~*s* [-z]) 1 (英) (주둥이가 넓은)

jug 주전자, 단지((美) pitcher); (美) (도자기로 만든 목이 갸름한) 물주전자. (jugful) (구어) 맥주[술] 한 잔; (속어) (술이 든) 술병, 맥주 조끼. 3 ⓤ (the ~) (속어) 교도소, 감옥; (美속어) (~s) (여성의) 젖(breasts).
— 国 (~s [-z]; -gg-) 国 1 …을 물주전자[단지]에 넣다. 2 (고기 따위를) 단지에 넣어서 고다. 3 ⓤ …을 교도소에 넣다(imprison). 4 (맥주 따위를) 마시다(up). — 재 (美속어) 많은 술을 마시다(up).

jug² 짹짹(특히 nightingale의 울음 소리). — 재 (-gg-) 짹짹 울다. 〔~ bone〕

ju·gal [dʒúːgəl] 형 광대뼈의. — 명 광대뼈. (또는 **ju·gate** [dʒúːgeit, -gət] 형 〔식물〕 대생엽(對生葉)〔소엽)이 있는; (美) 대생으로 된. (특히 정·부통령 후보의) 두 얼굴이 그려진 배지.

júg bànd 명 (주전자·냄비 따위의) 잡동사니 악대.

júg-eared [-ièrd] 형 (주전자 손잡이처럼) 돌출한 귀가 달린.

Ju·gend·stil [júːgəntʃtìːl] 명 (때로 j-) 〔미술〕 유젠트 양식. 〔<G Jugend(youth) + Stil(style)〕

JUGFET [dʒʌ́gfèt] 명 〔전자〕 접합 게이트 전계(電界) 효과 트랜지스터. 〔<junction-gate-field-effect transistor〕

jug·ful [dʒʌ́gfùl] 명 주전자[조끼] 하나 가득(한 분량).
by a jugful (부정문에서) 크게, 대단히, 단연.

jugged [dʒʌ́gd] (속어) 형 (흔히 ~ up) 술취한; 교도소에 갇힌.

jug·ger [dʒʌ́gər] 명 (美속어) 술고래, 술꾼.

Jug·ger·naut [dʒʌ́gərnɔ̀ːt, -nàːt] 명 1 (인도 신화) 크리슈나 신(神)(Krishna)(비슈누(Vishnu) 신의 제8화신(化身)). 2 (종종 j-) (희생을 무릅쓰는) 맹목적 미신(풍습). 3 (j-) (전쟁 따위의) 엄청난 파괴력, 불가항력. 4 (j-) (英구어) (경멸적) 대형 트럭.

jug·gins [dʒʌ́ginz] 명 (英구어) 잘 속는 사람, 얼간이, 바보, (사기의) 봉.

***jug·gle** [dʒʌ́gl] 형 타 1 (구슬·날붙이 따위)로 마술을 부리다, …에 요술을 쓰다(into). ¶ ~ three apples and an orange 사과 3개와 오렌지 하나로 마술을 부리다 // (~+目+前+名) ~ a sheet of paper into a walking stick 요술을 부려 한 장의 종이를 지팡이로 바꾸다. 2 떨어뜨릴 뻔하다가 잡다; (야구) (볼)을 저글하다. 3 …을 속이다, 속이려고 조작하다. ¶ ~ the accounts [facts] 장부[사실]를 조작하다. 4 …을 속이다, 속여서 …으로부터 빼앗다(out of). ¶ (~+目+前+名) ~ a person out of his money 남을 속여서 돈을 빼앗다.
— 재 1 마술을 부리다, 요술을 쓰다(with). ¶ (~+前+名) ~ with three knives 칼 3개를 가지고 요술을 부리다. 2 기만하다, 사기하다(with). ¶ (~+前+名) ~ with words 말로 속이다.
juggle around …의 위치[차례]를 (요리조리) 바꾸다.
— 명 ⓤⓒ 1 마술, 요술. 2 속이기, 사기.
-gling·ly 부

jug·gler [dʒʌ́glər] 명 마술사, 곡예사; 사기꾼, 협잡꾼; (美속어) (마약) 밀매자. ¶ a ~ with words 궤변가.

jug·gler·y [dʒʌ́gləri] 명 ⓤⓒ 요술, 마술; 곡예; 사기.

júg hàndle 명 병 손잡이; (~s) 크게 큰 귀.

jug·head·ed [dʒʌ́ghèdid] 형 일방적인, 편파적인.

jug·head [dʒʌ́ghèd] 명 (美속어) 노새(mule); 얼간이, 바보; 술고래.

Júg·lar cỳcle [dʒʌ́glər-] 명 (경제) 쥐글라 사이클(순환)(평균 9-10년 주기의 경기 파동). (또는 **májor cỳcle**) 〔<프랑스 경제학자 Clement Juglar의 이름〕

Ju·go·slav [júːgouslàːv] 명 형 = Yugoslav. (또는 **Júgo·Slàv**) **-slàv·ic** 형 〔 -an 형〕

Ju·go·sla·vi·a [jùːgouslàːviə] 명 = Yugoslavia.

jug·u·lar [dʒʌ́gjulər, dʒúːg-/dʒʌ́g-] 형 1 〔해부〕 경부(頸部)의, 인후(咽喉)부의; 경정맥(頸靜脈)의. 2 물고기가 목에 배지느러미가 있는. — 명 1 경정맥(~ vein). 2 상대방의 최대 약점, 급소(急所).
go for the jugular (논쟁에서) 급소를 찌르다.

júgular vèin 명 경정맥; 급소, 최대의 약점.

ju·gu·late [dʒúːgjulèit/dʒʌ́g-] 타 1 〔병리〕 (강력한 약·거친 치료로) 병의 진행을 무리하게 억제하다. 2 …의 목을 따서 죽이다. **ˈgu·lá·tion** 명

‡juice [dʒuːs] 명 (*juic·es* [-iz]) 1 ⓤⓒ (과일·야채·고기 따위의) 즙, 주스, 액. ¶ a glass of grape ~ 포도 주스 한 잔. 2 ⓤⓒ (동물체의) 액, (종종 ~s) 체액(體液). ¶ digestive ~ 소화액 / gastric ~(s) 위액. 3 ⓤ (精), 정수, 본질; (美구어) 힘, 활력, 원기. ¶ the ~ of life 생명력. 4 ⓤ (美속어) **a)** 전기, 전류. **b)** (동력원으로서의) 가솔린, 연료유, 석유. **c)** 에너지. **d)** (종종 the ~) 술, (특히) 위스키; (속어) 마약. **e)** 고리(高利)(대금); (도박·협박·수회 따위로 챙긴) 돈. 5 (美속어) 정액, 질에서 나오는 분비액. 6 유력한 지위, 힘; (정치적인) 영향력, 직권, 연줄. 7 ⓤ (美속어) 즐거움, 만족, 자극; ⓒ 소문, 흥미있는 이야기, 추문.
on the juice 술을 많이 마시고.
step [or *tread*] *on the juice* (차의) 속력을 내다.
stew in one's own juice ⇒ STEW.
— 타 (*juic·es* [-iz]; ~d [-t]; *juic·ing*) (구어) …에서 즙을 짜내다; (美속어) (소)에서 젖을 짜다.
— 재 (美속어) 술을 폭음하다.

juice back (美속어) (술)을 마시다, 다 마셔버리다.

juice up (美) ① …을 가속(加速)하다(accelerate). ② …을 기운나게 하다.
— 재 (美속어) 술에 취하다.
~·less 형 즙이 없는, 마른.

juiced [dʒuːst] 형 즙이 있는; (美속어) 술취한. (또는 **~-úp**)

juiced up (美속어) 술취한. 〔 업자.

júice dèaler 명 (美속어) (암흑가의 불법) 고리 대금

júice frèak 명 (美속어) 술고래, 대주가.

juice·head [dʒúːshèd] 명 (美속어) 알코올 중독자, 술고래. (또는 **júice·hèad**)

júice hòuse 명 (美속어) 혼성주 술집. 〔스탠드.

juice·joint [-dʒɔ̀int] 명 (美속어) 알코올을 파는

júice lòan 명 (美속어) 고리 대금업자의 대부금; 고리채(高利債).

júice màn 명 (美속어) 고리 대금업자; 빚 독촉꾼.

juic·er [dʒúːsər] 명 1 주서(과즙 짜는 기구). 2 무대의 전기(조명) 담당. 3 (美속어) 술고래.

júice ràcket 명 (美속어) 고리 대금업.

***juic·y** [dʒúːsi] 형 1 (과일 따위가) 즙[액, 수분]이 많은. 2 (이야기·일살 따위가) 그럴 듯한, 재미있는, 흥미진진한; (사람의) 활기찬, 생기있는; (색채가) 짙은. 3 (구어) (날씨가) 습한; (길이) 질퍽질퍽한. 4 (구어) 벌이가 되는, 수지 맞는. 5 (구어) (사람이) 호색적인; (말·그림 따위가) 외설적인; (여성이) 매력적인, 육감적인.
júic·i·ly 부 **júic·i·ness** 명

Júil·li·ard Schóol [dʒúːliàːrd-, -ljàːrd-] 명 줄리아드 (음악) 학교(뉴욕 시에 있는 음악 학교).

ju·ju [dʒúːdʒuː] 명 1 (서아프리카 원주민의) 마귀 쫓는 상(像); 주물(呪物); 부적. 2 (주물(呪物)·부적이 지니는) 마력(魔力). 3 금기(禁忌), 타부.

ju·jube [dʒúːdʒuːb] 명 1 대추(나무). 2 대추 젤리.

júju mùsic 명 〔음악〕 주주 음악(아프리카의 리듬과 최신 일렉트릭 사운드를 융합시킨 새로운 팝뮤직).

juke¹ [dʒuːk] 재 (축구 따위에서) 페인팅으로 (상대를) 속이다, 따돌리다. — 명 페인트(feint), 속임수 플레이.

juke² (美속어) = jukebox; ~ house; ~ joint.
— 재 (美속어) (보통 이성과 함께) ~ joint 따위를 다니며 저녁을 보내다. (또는 **jook**)

jive and juke 아주 즐겁고, 유쾌하게 보내다.

juking and jiving (속어) 경박하고 무책임한 (행위).

juke·box [dʒúːkbàks/-bɔ̀ks] 명 주크 박스, 자동 전축(동전 투입식 음반 연주 장치). 【집】: 매춘굴.

júke hòuse 명 (美남부) (길가의) 싸구려 여인숙[술집].

júke jòint 명 (美속어) (jukebox가 있는) 간이 식당 (춤도 출 수 있다). (또는 **jóok jòint**)

Jukes [dʒúːks] 명복 주크가(家)(미국 New York 주에 실존했던 한 집안에 붙여진 가상적인 명칭; 빈곤·범죄·질병 따위 악질 유전(遺傳)의 전형으로 인용된다). 참 Kallikaks

*Jul. Jules; Julian; July.

ju·lep [dʒúːlip] 명ⓤⓒ 1 (약을 먹기 쉽게 하기 위한) 감미(甘味) 음료. 2 줄렙(위스키나 브랜디에 설탕이나 박하 따위를 넣은 청량 음료).

Jul·ia [dʒúːljə] 명 줄리아(여자 이름; Juliet의 별칭).

Jul·ian[1] [dʒúːljən] 명 1 율리아누스(331-363; 로마황제; 그리스도교도를 탄압했다). 2 줄리언(남자 이름; Julius의 별칭).

Jul·ian[2] 형 1 Julius Caesar의(같은). 2 율리우스력의.

Ju·li·an·a [dʒùːliǽnə] 명 줄리아나(여자 이름).

Júlian cálendar 명 율리우스력(Julius Caesar가 기원전 46년에 제정한 구태양력). 참 Gregorian calendar

Ju·lie [dʒúːli] 명 줄리(여자 이름; Julia의 별칭).

ju·li·enne [dʒùːlién] 형 (야채 따위를) 잘게 썬; 가늘게 자른. —명 (잘게 썬 야채의) 묽은 수프. 〔F〕

Ju·liet [dʒúːliət] 명 줄리엣. 1 Shakespeare 작의 비극 *Romeo and* ～의 여주인공. 2 여자 이름(Julia의 별칭).

Júliet càp 명 줄리엣 모자(진주나 보석 따위로 장식한 반(半)정장 또는 결혼식의 신부 의상용).

Jul·ius [dʒúːljəs] 명 줄리어스(남자 이름).

Július Cáesar 명 ⇨CAESAR.

‡**Ju·ly** [dʒuːlái] 명 (*pl.* -**lies** [-z], ～**s** [-z]) ⓤ 7월(약 Jul., Jl., Jy.).

ju·mar [dʒúːmɑːr] 명 〔등산〕 유마르(자일에 장착하여 쓰는 자기 몸을 끌어올리는 기구). —동자 유마르를 써서 오르다.

jum·bal [dʒʌ́mbəl] 명 둥글납작한 과자[쿠키].

*jum·ble** [dʒʌ́mbl] 동타 1 〔서류·옷 따위〕를 마구 뒤섞다(*up, together*). ¶ ～ *up* things in a box 상자 속의 물건을 마구 뒤섞다. 2 〔머리·생각 따위〕를 혼란시키다(*up, together*). —동자 뒤범벅[뒤죽박죽]이 되다; 밀치락달치락하다(움직이다). —명 1 (a ～) 뒤범벅, 잡동사니; 혼란 (상태); 동의, ⇨ CONFUSION 【유의어】 2 ⓤ (英) 잡화, 싸구려 시장의 상품. 3 =jumbal.

～**ment, -bler** 명 **-bling·ly** 부

jum·bled [dʒʌ́mbld] 형 뒤죽박죽이 된, 어수선한.

júmble sàle (英) (자선시 등의) 잡화 염가 판매.

júmble shòp 명 (英) 잡화점.

jum·bly [dʒʌ́mbli] 형 뒤범벅이 된, 뒤죽박죽의.

jum·bo [dʒʌ́mbou] 명 (*pl.* ～**s**) 1 (구어) 크기만 하고 꼴사나운 사람[동물, 물건]. 2 (英) 크게 성공한 사람. 3 =jet. 4 이동 굴착기. 5 (英속어) (덩치가 큰) 바보; 엉덩이. —형 거대한, 엄청나게 큰.

jum·bo·ize [dʒʌ́mbouàiz] 동타 〔탱커 따위〕를 대형화하다.

júmbo jét (àircraft) 점보 [초대형] 여객기(보통 Boeing 747기를 지칭).

júmbo shrímp 명 〔동물〕 대하(大蝦).

jum·buck [dʒʌ́mbʌk] 명 (濠속어) 양(sheep).

‡**jump** [dʒʌmp] 동 (～ed [-t]) 자 1 뛰다, 뛰어오르다, 도약하다; (…에서) 뛰어나오다(*from, out of*), (…으로) 뛰어들다(여가)(*into*); 갑자기 [재빨리] 일어서다. ¶ (～+부) ～ *about* 날뛰며 돌아다니다 // ～ *down*[*up*] 뛰어내리다[오르다] // (～+전+명) ～ *for*[or *in*] joy 기뻐 날뛰다 / ～ *on a moving bus* 움직이는 버스에 뛰어오르다 / ～ *out of* bed 잠자리에서 뛰쳐나오다 / ～ *over* a puddle 웅덩이를 뛰어넘다.

【유의어】 **jump**「도약하다」라는 뜻의 가장 일반적인 말; 도약의 방향은 어느 쪽이든 좋다. **leap** jump와 같은 뜻이나 특히 jump해서 위치가 이동하는 것을 강조하는 일이 많다. **hop** (한쪽 발 따위로) 짧게 도약하다. **bound** 튀듯이 높이 뛰다. **skip** 경쾌한 도약으로 이동하다. **spring** 갑자기 뛰어오르다. **vault** 양손 또는 장대 같은 연장을 써서 뛰어넘다.

2 장애물을 뛰어넘다, 갑자기 뛰어서 이동하다(*from / to*). ¶ (～+전+명) The conversation ～*ed from* one topic *to* another. 이야기는 한 화제에서 다른 화제로 갑자기 옮아갔다.

3 (사람·마음이) (…으로) 움찔[덜컥, 오싹]하다(*at, for, with, to*); (흥기·충치 따위가) 욱신거리다. ¶ (～+전+명) My heart ～*ed at* the news. 그 소식을 듣고 가슴이 덜컥했다.

4 (물가 따위가) 급등[폭등]하다; (수량 따위가) 급증하다; 급히 출세[승진]하다, 특진하다. ¶ ～ *from* clerk *to* general manager in a year 1년 사이에 점원에서 총지배인으로 특진하다 / (～+부) The price of green vegetables ～*ed up* this month. 이달에는 채소 값이 급등했다.

5 (결론 따위를) 서두르다, 비약하다(*to, at*); 갑자기 (…으로) 바뀌다(*to*); 급히 (…을) 하기 시작하다(*into*); (논쟁 따위에) 끼어들다(*in*). ¶ (～+전+명) ～ *to* [or *at*] conclusions 성급하게 결론을 내리다 / ～ *into* the political fray 돌연 정치 논쟁을 시작하다.

6 (…와) 일치하다, 부합하다(*with*). ¶ (～+전+명) Your statement doesn't ～ *with* the facts. 너의 진술은 사실과 맞지 않는다. 7 (기회·거래 따위에) 기꺼이 응하다, 뛰어들다(*at*); (…에) 따라 급히 행동하다, 곧 하다(*to*); (변화 따위가) 급히 느껴지다(*to*).
8 (영화의 화면이) 건너뛰다(타자기 따위가) 뛰어넘다, (글자를) 빠뜨리다. 9 〔서양장기〕 상대방의 말을 뛰어넘어 잡다. 10 (속어) 큰 소란을 떨다, 웅성거리다, (파티 따위가) 활기를 띠다(*with*); (재즈가) 강렬하게 연주되다. 11 (행사·공격 따위가) 시작되다, 개시되다(*off*). 12 (야구) (깻끗이) 선취점을 올리다. 13 (비행기에서) 낙하산으로 뛰어내리다. 14 (레코드 바늘이) (홈을) 벗어나다. 15 (컴퓨터의 프로그램이) 건너뛰다. 16 (신문·잡지 기사가) 다음 페이지로 계속되다.

—동타 1 …을 뛰어넘다. ¶ ～ a stream[fence] 개울[울타리]을 뛰어넘다. 2 …을 뛰어넘게 하다; 뛰어오르게 하다(*across, over*). ¶ (～+목+전+명) ～ a horse *across* a ditch [*over* a fence] 말에게 개천[울타리]을 뛰어넘게 하다. 3 (도중의 것)을 건너뛰다, 빼먹다.
4 (상황·때 등)을 앞서다, 앞지르다; (신호 따위)보다 빨리 나가다(움직이다). 5 (열차 따위가) (선로)에서 탈선하다. ¶ The train ～*ed* the track. 기차가 탈선했다. 6 (중간 단계)를 뛰어넘어 승진[진급]하다[시키다](*from, to*); (주제·책의 일부분)을 뛰어넘다 ¶ (신문) 기사나 페이지]를 넘겨서 계속시키다, 다른 페이지로 이어 나가다. ¶ ～ three chapters 3장을 뛰어넘고 읽다. 7 (물가 따위)를 급상승시키다; 폭등시키다; (급료 따위)를 단숨에 올리다. ¶ The store ～*ed* the prices. 그 상점은 물건 값을 갑자기 올렸다. 8 (사냥감)을 날아오르게 하다; (사람이나 신경)을 놀라게 하다. 9 〔서양장기〕 (상대방의 말)을 뛰어넘어 잡다; (브리지) …에 필요 이상으로 많은 점수를 매기다. 10 …에 덤벼들다; (美속어) …을 불시에 덮치다(*on*). 11 (美속어) …을 타다, …에서 도망치다, 삼십육계를 놓다. ¶ The bank robbers ～*ed* town. 은행 강도들은 시내에서 줄행랑쳤다.
12 (남의 채굴권 등)을 불법으로 빼앗다[횡령하다]; (남)을 속이다, 속여서 …하게 하다(*into doing*). 13 (美) 〔열차·버스·비행기 등〕에 뛰어 타다; 〔열차〕에 무임 승차하다. 14 (속어) (남자)…와 성교하다. 15 = jump-start. 16 (과거분사형으로) 〔감자 따위〕를 프라이팬에서 흔들어 튀기다.

Go (and) jump in the lake[or ***river, sea, ocean***]. (구어)(명령문으로) 방해 안 되게 꺼져.
jump abòard[or ***on bòard***] 단체[활동]에 가담하다.
jump a clàim 남의 광산·땅 따위를 가로채다.
jump ahèad 앞으로 패스하면서 앞으로 나아가다.
jump (all) òver a person (구어) 남을 (일방적으로) 호되게 매도하다, 남을 격렬하게 비난하다. 「하다.
jump a person's ***bònes*** (구어) (속어) …와 성교
jump a quèstion on …에 질문을 던지다.
jump asìde 뛰어 비키다.
jump àt ① …에 덤벼들다. ② (초대·거래 등)에 기꺼이 응하다. ③ …으로 움찔[오싹]하다. ④ …을 서둘다.
jump dòwn a person's ***throat*** ⇒ THROAT.
jump ìn (깊이 생각하지 않고) 즉각[자진해서] 행동하다; 대화에 끼어들다.
jump into one's ***clothes*** 급하게 옷을 입다.
jump in [or ***into***] ***with bòth feet*** (구어) (활동·일 따위에) 열심히 참가하다, 기세 좋게 착수하다.
jump òff ① (경기·공격 따위가) 시작되다; 출발하다. ② …에서 떨어지다. ③ (경마) 결승 레이스를 하다.
jump off[or ***in at***] ***the dèep énd*** (구어) 무턱대고 일을 시작하다; 이유 없이 화가 난 투로 말하다.
jump on[or ***upòn***] ①…을 비난[꾸짖]다. ② …을 ...
jump one's ***bàil*** ⇒ BAIL¹. 「비난하다, 꾸짖다.
jump one's ***bìll*** 계산하지 않고 가버리다, 무전 취식하다.
jump out of one's ***skin*** ⇒ SKIN. 「다, 도망하다.
jump over a brὸomstick ⇒ BROOMSTICK.
jump over the mòon (물가 따위가) 폭등하다, 천정부지로 오르다. 「(만료 전에) 배를 떠나다.
jump ship (해사) (선원들이) 배에서 탈주하다, (계약
jump smòoth (美속어) 얌전해지다, 점잖아지다, 마음을 틀어놓다.
jump the gùn ⇒ GUN.
jump the hùrdle (속어) 결혼하다.
jump the lást hùrdle 죽다.
jump the quèue ⇒ QUEUE.
jump the tràck[or ***ráils***] (차량이) 탈선하다; (구어) 정신이 산만해지다.
Jùmp to ít! (구어) 서둘러!, 빨리 해!
jump to one's ***fèet*** 벌떡 일어서다, 펄쩍 뛰다.
jump to the éyes (사실 따위가) 곧 눈에 띄다, 눈에 들어오다.
jump úp ① 뛰어오르다; 벌떡 일어서다. ② 급등[급중]하다; (구어) 활기를 불어넣다. ③ 축제 따위에 참가하다.

— 圐 1 뛰기, 도약, 점프; 도약 경기; 도약 거리, 도약 장애물. ¶the long[or broad] ~ 멀리뛰기/the (running) high ~ (도움닫기) 높이뛰기/the pole ~ 장대 높이뛰기/a race course with ~s (경마의) 장애물 경주로(路). 2 (물가·온도 따위의) 급상승, 급등; 급증 (in). ¶a ~ in the price of gold 금값의 급등. 3 (구어) 짧은[서둘러 하는] 여행; (급단 따위의) 지방 순회 (공연), 한 번의 이동. 4 (비행기로부터의) 낙하산 강하. 5 (논리·화제 따위의) 비약, 일전(逸轉) (to); 단계, 등급 (광맥의) 단층; (美) 급진성, 행동, 힘 ¶a ~ in the logic 논리의 비약. 6 (the ~) (속어) 시작, 최초. 7 (흥분·공포 따위로 인한) 발작적인 경련, 흠칫하기; (the ~s) 초조, 걱정; (알코올 중독증 따위의) 신경의 흥분. 8 기사가 다른 페이지로 계속되는 부분. 9 (서양장기) (뛰어넘어) 상대방의 말을 잡기; (속어) 강도. 10 (美구어) = ~ start. 11 (美구어) 투신 자살. 12 (美속어) (십대의) 집 거리) 난투, 패싸움; 스윙, 약동적 리듬의 재즈; 스윙 댄스; 파티; (英속어) 성교. 13 (컴퓨터) 건너뜀. 14 (수학) (함수의) 비약.

all of a jùmp 흠칫흠칫하며, 겁을 먹고.
(at a) fúll jùmp 전속력으로.
at a jùmp 단번에, 갑자기; 즉시, 당장.
be for[or ***on***] ***the (hígh) júmp*** (英구어) (어린이 등이) 벌받으려 하고 있다; 군법 회의에 회부되려

하고 있다.
from the júmp 처음부터.
get[or ***have***] ***the*** [or ***a***] ***júmp on*** …에 한발 앞서다, …을 앞지르다. 「을 깜짝 놀라게 하다.
give a person ***a júmp*** [or ***the júmps***] (구어) (…)
have the jùmps 깜짝 놀라다.
one jùmp ahéad of (상대보다) 한 발 앞서.
on the júmp (구어) 바쁘게 뛰어다녀; 경황 없이; 재빨리, 갑자기; 흠칫흠칫.
put a person ***òver the bìg jùmp*** 남을 죽이다.
stay a jùmp ahèad of …보다 한 걸음 앞에 나가 있다, …보다 한 발 앞서 있다.
take a rùnning jùmp (구어) (명령형으로) (방해가되니) 저리로 가라.
take the jùmp úp the líne (美속어) (서커스 등이) 순회 공연을 하다, 다음 도시로 이동하다.

— 圐 (재즈) 스윙 음악의; 급템포의; 낙하산 부대의.
~·**a·ble** 圐 ~·**ing·ly** 凰

júmp àrea 圐 (군사) 낙하산 부대의 착륙지.
júmp bàll 圐 (농구) 점프 볼.
júmp bèlt 圐 = jet belt. 「점수.
júmp bìd 圐 (카드놀이) (브리지의) 불필요하게 높은
júmp càble 圐 (~s) = jumper cable.
júmp cùt 圐 (영화) (장면의 일부분을 삭제하여) 화면을 건너뛰기. **júmp-cùt** 圐재
júmped-úp [dʒʌmptʌp] 圐 (英구어) 신흥의, 최근에 나타난; 벼락 출세의; 졸부(猝富)의; 급히 꾸며낸.
*****júmp·er**¹ [dʒʌ́mpər] 圐 1 뛰는[도약하는] 사람[동물, 벌레, 것]. 2 (농구) 점프 선수; 장애물 경기용 말. 3 천공기(穿孔機), 착암기. 4 썰매의 일종. 5 (시계의 역회전을 방지하는) 폴. 6 (J-) 웨일즈의 감리교도. 6 (해사) (돛의) 지삭(支索). 7 (농구) = jump shot. 8 (컴퓨터) 점퍼(2열로 배열된 가는 핀 모양의 전극을 잇는 도체; 점퍼를 바꿈으로써 회로를 변경할 수 있음).
*****júmp·er**² 圐 1 점퍼, (노동자·선원 등이 입는) 낙낙한 웃옷. 2 (여자·어린이용의) 소매 없는 원피스, 점퍼 스커트. 3 (英) pullover식 스웨터. 4 (~s) (어린이의) 바지가 달린 놀이옷(rompers). 「부스터(booster) 케이블.
júmper càble (~s) (美) (자동차 배터리 충전용)
júmp hèad 圐 (신문·잡지 따위의) 다른 페이지로 계속된 기사의 표제. 「shot).
júmp hòok 圐 (농구) 점프 훅(점프하면서 하는 hook
júmp·ing [dʒʌ́mpɪŋ] 圐凰 도약. — 圐 도약하는, 뛰는; 소란스러운, 활기 있는.
júmping bèan[sèed] 圐 (멕시코산(産)) 등대풀의 씨(나방이 기생하기 때문에 춤추듯이 움직인다).
júmping géne 圐 = transposon.
júmping jàck 圐 1 (실로 조종하는) 꼭두각시 인형. 2 점핑 잭, 거수 도약 운동(준비 운동의 하나). 3 (길다란 튜브 모양의) 놀이기구. 4 (구어) = yes-man.
júmp·ing-òff plàce[pòint] [-ɔ́ːf-/-ɔ́f-] 圐 1 외딴 곳; 세계의 끝; 한계. 2 (사업·계획 등의) 출발점[집결지]. (plane). 3 = **júmp-jèt**.
júmp jèt 圐 (英구어) 수직 이착륙 제트기(VTOL jet
júmp jòckey 圐 (英) (경마) 장애물 경주 기수.
júmp-lèad [-líːd] 圐 = jumper cable.
júmp lìne 圐 기사의 후속 페이지를 알리는 지시(행).
júmp·mas·ter [dʒʌ́mpmæ̀stər/-màːs-] 圐 낙하산 부대 지휘관.
júmp-òff [-ɔ́ːf/-ɔ́f] 圐 1 공격[경주] 개시 (지점). 2 (마술(馬術) 경기에서 동점일 때의) 우승 결정전. 3 (항공) 수직 이륙. 4 (구어) 급경사 강하; 뛰어내리는 장소.
júmp ròpe (美) 줄넘기(英 skipping); 줄넘기 줄(英 skipping rope). 「의 가동(可動) 좌석.
júmp sèat 圐 (자동차 따위의) 접는 식 좌석; (마차
júmp shòt 圐 (농구) 점프 숏[슛].
jump-start [-stɑ̀ːrt] 圐闼 1 (배터리가 나가가나 한 자동차)를 밀어서[다른 차의 배터리에 연결해서] 시

jump street

동시키다[엔진을 걸다]. **2** 활성화하다, 재생시키다.
── **國 1** (자동차를 밀어서 [다른 차의 배터리와 연결시켜] 시동 걸기. **2** (구어) (정체된 경제 따위의) 활성화; 활력소, 활성제.
júmp strèet 圀 (美俗어) 시작, 출발. ¶ from ~ 처음부터.
jump-suit [dʒʌ́mpsùːt/-sjùːt] 圀 낙하산 강하용 복장; 그것과 비슷한 여성복.

*****jump·y** [dʒʌ́mpi] 圀 **1** 뛰는, 뛰어오르는. **2** (공포·흥분 따위로) 흠칫하는; 신경질적인, 흥분하기 쉬운. **3** 신경에 거슬리는. **4** (이야기 따위가) 변화무쌍한, 갑자기 바뀌는(옮겨가는). **júmp·i·ly** 冨 **júmp·i·ness** 圀
jun. junior. **Jun.** June; Junior: Junius. **Junc., junc.** Junction.
jun·co [dʒʌ́ŋkou] 圀 (複 ~s) 검은방울새의 일종(북미산).
***junc·tion** [dʒʌ́ŋkʃən] 圀 **1** ① 결합, 접합, 연결; 합체, 연합, 합동. **2** (철도의) 접속점, 갈아타는 역, 연락역. ¶ a ~ station 연락역, 접속역. **3** (전자) (반도체 부위의) 접합(부); (전기) = ~ box. **4** 접합점, 교차점, (강 따위의) 합류점. **5** ① (문법) 연접(連接)(Jespersen의 용어로 the red rose처럼 1차어와 2차어의 결합으로 이루어지는 어군). ⇒ NEXUS. **~·al** 圀.
júnction bòx 圀 (전기) (케이블 보호용의) 접속 상자.
júnction transístor 圀 (전자) 접합 트랜지스터.
***junc·ture** [dʒʌ́ŋktʃər] 圀 **1** ① (중대한) 시기, 경우; ⓒ 위기(crisis), 중대한 형세, 절박한 고비. **2** ① 접합, 연접, 연결; ⓒ 접합점[선], 이음매, 접합물. **3** ①ⓒ (언어) 연접.
at this juncture 이 중차대한 시기에; 이 기회에.

‡**June** [dʒuːn] 圀 **1** ① 6월(약 Je., Ju., Jun.). **2** 준 (여자 이름). ── 圀 (美俗어) 다급하거나 돌아다니다 (around); 침착성이 없다, 초봄의 우울증에 걸려 있다.
Júne bèetle [bùg] 圀 풍뎅이류(미국산)(**=**).
Júne·ber·ry [dʒúːnbèri, -bəri] 圀 (식물) 채진목류의 나무; 그 열매. (산다고 한다).
Júne brìde 圀 6월의 신부(6월에 결혼하면 행복하게 산다고 한다).
JUNET [dʒúːnèt] 圀 (컴퓨터) 주네트, 제이유네트 (일본의 대학·연구 기관을 연결하는 네트워크).
《**<** *Japanese UNIX Network*》
Jung [juŋ] 圀 **Carl Gustav ~** 융(1875-1961: 스위스의 심리학자·정신의학자). **~·ian** 圀圀
Jung·frau [júpfràu] 圀 (the ~) 융프라우(알프스 산맥 중의 고봉; 4,158m). 《G》
‡**jun·gle** [dʒʌ́ŋgl] 圀 (複 ~s [-z]) **1** (the ~) (열대 지방의) 정글, 총림(叢林)[밀림] (지대), 열대 우림(rain forest). **2** 혼란, 착잡 모양의 것; 뒤범벅, 잡동사니. ¶ an industrial ~ 공업 밀집 지역. **3** 미로(迷路); 수수께끼, 퀴즈. **4** 비정한 경쟁 사회, 냉혹한 생존 경쟁의 장. **5** (美俗어) 부랑자 캠프[숙박소]; 실업자 집합소.
the law of the jungle 정글의 법칙, 약육 강식.
── 圀 밀림에서 살다. (俗어) 부랑자 소굴에서 야숙하다 (up). **2** (재즈·음 등이) 원시적인 울림이 있다.
júngle bùnny 圀 (美俗어·경멸적) 흑인; (濠俗어)
júngle càt 圀 인도의 살쾡이. ¶ 피부가 검은 원주민.
jun·gled [dʒʌ́ŋgld] 圀 밀림이 우거진; (美俗어) (jungle juice로) 취한. 〔할질).
júngle féver 圀 (병리) 정글열(熱)(열대 지방의 악성
júngle fówl 圀 멧닭(동인도산의 꿩 모양의 닭).
jun·gle-gym [dʒʌ́ŋgldʒìm] 圀 (상표) 정글짐(철골로 만든 놀이 시설).
júngle jùice 圀 **1** (俗어) (집에서 빚은 저질의) 독주, 밀주. **2** (濠俗어) 등유(kerosene).
júngle làw 圀 (the ~) 정글의 법칙, 약육 강식.
júngle mòuth 圀 (俗어) 열대 지방인의 입냄새.
júngle ròt 圀 (俗어) 열대의 피부병.
júngle tèlegraph 圀 **=**bush telegraph.
jun·gli [dʒʌ́ŋgli] 圀 인도의 밀림에서 사는 사람.
── 圀 **1** 밀림에서 사는; (인도) 야만, 무례한.
jun·gly [dʒʌ́ŋgli] 圀 **1 =** junglie. **2** (구어) 밀림의.

‡**jun·ior** [dʒúːnjər] 圀 **1** (**more** ~; **most** ~) 나이 어린, 손아래의(to); 연소자의, 연소자로 구성된. ¶ a ~ division 소년[청년]부.

〔참고〕 특히 두 형제 중의 동생, 성명(full name)이 같은 부자(父子) 간의 아들, 또는 성이 같은 학생 중 연소자를 가리키며, 종종 Jr., jr., Jun., jun.으로 줄여 쓰고, 성명 다음에 놓는다: James Dawson, J~, Dawson 다음의 콤마는 생략하는 일이 많다. 圀 **senior**

2 (…보다) 후배[후진]의; 하급의, 하위의(to). ¶ ~ officers 하급 장교 /a ~ partner (조합·회사의) 하급 사원. **3** (美) (4년제 대학·고교에서) 3학년생의; (3년제에서) 2학년생의; (2년제에서) 1학년생의. **4** (기일이) (…보다) 뒤에 오는, 늦은(to); (법률) (채권 따위가) 후순위의. **5** (보통보다) 소형의, 소규모의. **6** (소아 따위가) 연소자 취향의; (옷 사이즈가) 젊은 여성 취향의. **7** (英) 7-11세 학동의.
── 圀 (複 ~s [-z]) **1** (보통 one's ~) 연소자, 손아랫사람. ¶ He is my ~ by six years. = He is six years my ~. 그는 나보다 여섯 살 손아래이다. **2** (보통 one's ~) 하위자, 후진자. **3** (美) (4년제 대학·고교에서) 3학년생; (3년제에서) 2학년생; (2년제에서) 1학년생. 圀 freshman, sophomore, senior). **4** (美) (종종 ~) 주니어 사이즈(마른 여성·젊은 여성용의 옷 사이즈); 소녀, 젊은 여자. **5** (때로 J~) (구어) 아들. ¶ J~ is improving in his understanding of numbers. 아들은 숫자에 대한 이해가 깊어가고 있다. **6** (美) 초등 학생. **7** (종종 J~) (속어) (호칭) 젊은이, 애송이, 풋내기. **8** (英) (법률) 하급 법정 변호사.
Júnior Achíevement 圀 (美) 청소년 육성회(고교생 대상의 전국 조직; 장사 경험을 쌓게 함; 略 JA).
júnior chámber of cómmerce 청년 회의소
júnior cóllege 圀 (美) 전문 대학.
júnior combinátion ròom (3학년용의) 학생 사교실[휴게실]. (또는 **júnior cómmon ròom**)
júnior féatherweight 圀 (권투) 주니어 페더급 (선수)(한계 체중 55.34kg). 「(한계 체중 48.99kg).
júnior flýweight 圀 (권투) 주니어 플라이급 (선수)
júnior hígh (schòol) 圀 (美) 하급 고등 학교 (7~9학년; 한국의 중학교에 해당).
jun·ior·i·ty [dʒuːnjɔ́rəti, -jár-/-niɔ́r-] 圀 ① **1** 손아래[후배, 하급]임. **2** 후진, 하위, 하급. 圀 **seniority**
Júnior Léague 圀 (the ~) (美) 여자 청년 연맹(젊은 상류층 부인들로 결성된 사회 복지 사업 단체).
júnior líghtweight 圀 (권투) 주니어 라이트급 (선수)(한계 체중 58.967kg).
júnior míddleweight 圀 (권투) 주니어 미들급 (선수)(한계 체중 69.853kg).
júnior míss 圀 (美구어) **1** (10대의) 소녀. **2** 주니어 사이즈의 옷을 입는 소녀, 어린 처녀, 아가씨.
júnior schòol 圀 (英) (7-11세 아동이 다니는) 초등 학교. 圀 **primary school**
júnior secúrity 圀 (증권) 후순위 증권.
júnior vársity 圀 (美) (대학·고교 운동 팀의) 보결 선수팀, 2군팀. 圀 **jayvee**.
júnior wélterweight 圀 (권투) 주니어 웰터급 (선수)(한계 체중 63.503kg).
ju·ni·per [dʒúːnəpər] 圀 **1** 노간주 나무. **2** (성서) 로뎀 나무(← 열왕기(상) 19:4).
***junk[1]** [dʒʌŋk] 圀 **1** (집합적) 못 쓰는 물건, 폐물; 고철, 오래된 신문, 넝마; (구어) 부스러기, 잡동사니 (trash). **2** 쓸데없는 소리(nonsense). **3** 낡은 밧줄. **4** (속어) (痲약) 마약, 특히 식용으로 쓰는 (속어) 절인 딱딱한 고기. **5** 말향(抹香) 고래의 두부(頭部) 조직(경뇌유(鯨腦油)를 얻는다). **6** (속어) (야구) = ~-ball. **7** (英) 큰 덩어리, 두꺼운 토막(chunk). ── 圀 **1** (구어) (폐물로서) … 을 버리다. **2** 두껍게 자르다. ── 圀 싸구려의, 불필요한; ~ bond의.

junk² [명] 〔역사〕 정크(바닥이 평평한 중국의 돛배).

junk³ [명] 《구어》 마약, (특히) 헤로인.
on the junk 《美속어》 마약 중독으로.
—[동][타] 〔경기자·경주마 따위〕에 흥분제[마약]를 놓다.

júnk àrt [명] 폐품 이용 조형 미술, 폐품 조각(彫刻).
júnk àrtist [명]

junk·ball [-bɔ̀:l] [명] 《속어》 〔야구〕 변칙 투구법에 의한 변화구. **—**[형] 변칙(투구)의.

júnk bònd [명] 〔금융〕 정크채(債)[본드], 등급 외 채권(수익률은 높지만 채무 불이행의 위험이 높은 채권·주식).

júnk càll [명] 구매[헌금] 권유 전화.

júnk DNÁ [명] 〔유전〕 정크 DNA(유전자로서의 기능이 없는 DNA).

júnked [dʒʌŋkt] [형] (종종 ~ up) 《美속어》 마약[헤로인]에 취한.

jun·ker [dʒʌ́ŋkər] [명] 《美속어》 **1** 낡은 자동차, 망가진 기계. **2** 아편쟁이, 마약 상용자; 마약 밀매자.

Jun·ker [júŋkər] [명] **1** 〔역사〕 융커(동프러시아의 권위적·군국주의적인 토지 귀족). **2** (독일의) 청년 귀족; 편협하고 권위주의적인 독일 관리[군인]. **~·dom** [명] 융커 계급[사회]. **~·ìsm** [명] 〔<G〕

júnker màn [명] 《美속어》 대마초 흡연자.

jun·ket [dʒʌ́ŋkit] [명] **1** (달콤한) 응유(凝乳) 제품. **2** 《美》 관비 여행, (공무원 등의) 시찰을 빙자한 유람 여행. ⇨TRIP [유의어] **3** 향연(饗宴), 연회(feast, banquet); 유람 여행, 피크닉. **—**[동][자] **1** 《美》 관비 여행을 하다, (이름뿐인) 시찰 여행을 가다. **2** 피크닉 가다; 흥청거리며 놀다. **—**[타] …에게 (유람 등으로) 향연을 베풀다.

jun·ke·teer [dʒʌ̀ŋkitíər] [명] **1** 흥청대며 노는 사람. **2** 《美》 관비 여행자. (또는 **junketer**)

jun·ket·ing [dʒʌ́ŋkitiŋ/-kət-] [명] 향연, 환락.

júnk fàx [명] (쓰레기가 되어버리는 무용지물의) 선전 광고 팩스 통신물, 쓰레기 광고(물). [참] junk mail

júnk fòod [명] 정크 푸드(칼로리는 높지만 영양가가 낮은 감자칩·팝콘 따위 스낵 식품); 인스턴트[즉석] 식품; 시시한[아무 쓸모 없는] 것.

júnk fòod jóurnalism [명] (뉴스 가치를 도외시한) 흥미 위주 보도.

júnk gùn [명] =Saturday night special.

júnk hèap [명] 《속어》 **1** 털털이 자동차. **2** =junkyard.

junk·ie [dʒʌ́ŋki] [명] 《구어》 **1** 마약[헤로인] 상용자[밀매자]. **2** 심취자; 열광적인 팬. ¶a baseball ~ 야구광. **3** =junkman¹. (또는 **junky**)

júnk jèwelry [명] 싸구려 모조 보석 장신구.

júnk màil [명] (광고 선전물 따위) 잡동사니 우편물.

júnk màiler [명] junk mail 발송 회사.

junk·man [dʒʌ́ŋkmæ̀n] [명] **1** 《美》 고물상, 폐품 수집업자. **2** junk²의 선원.

júnk scìence [명] 《美속어》 (법정에 제출되는 이른바) 과학적인 데이터[증거].

júnk scùlpture [명] =junk art.

júnk shóp [명] 고물상, 낡은 선구점(船具店); 중고품 가게[잡화점].

junk·y [dʒʌ́ŋki] [형] 잡동사니의, 폐품의[같은]; 질이 나쁜. **—**[명] =junkie.

junk·yard [dʒʌ́ŋkjɑ̀:rd] [명] (고철·폐지·폐차 따위) 고물 집적소, 폐품 처리장.

Ju·no [dʒú:nou] [명] **1** 〔로마 신화〕 유노(Jupiter의 아내; 결혼과 여성의 여신). **2** ([복] **~s**) 기품 있고 의젓한 여성. **3** 〔천문〕 주노(제3 소행성). **4** 주노(여자 이름).

Ju·no·esque [dʒù:nouésk] [형] (여성이) 당당하고 기품있는; 풍만한.

Junr., junr. junior.

jun·ta [húntə/dʒʌ́n-] [명] **1** 《단·복수 양용》 《종종 경멸적》 (쿠데타 직후 정권을 장악하는) 군사 정부, 혁명 평의회. **2** (스페인·남미 등지의) 의회, 행정 기관. **3** 평의회(council). **4** =junto. 〔<Sp〕

jun·to [dʒʌ́ntou] [명] ([복] **~s**) (정치상의) 비밀 결사, 음모단(cabal); 도당, 파벌; (문예) 동인(同人).

*__Ju·pi·ter__ [dʒú:pətər] [명] **1** 〔로마 신화〕 주피터(모든 신의 왕으로 천계(天界)의 최고신; Jove라고도 불리며, 그리스 신화의 Zeus에 해당). **2** 〔천문〕 목성.
By Jupiter! 《고어》 =*By* JOVE!

Júpiter effèct [명] 목성 효과(행성 직렬(planetary line-up)로 인해 태양계에 미치는 나쁜 영향).

jur. juridical.

ju·ra [dʒúərə] [명] jus의 복수형.

Ju·ra [dʒúərə] [명] **1** (the ~) 쥐라 산맥(=~ Mountains; 프랑스와 스위스 사이에 있다). **2** =Jurassic.

ju·ral [dʒúərəl] [형] **1** 법률[사법](상)의, 법률에 관한. **2** 권리 및 의무에 관한. **~·ly** [부] 〔<F〕

ju·rant [dʒúərənt] [형] 선서하는. **—**[명] 선서하는 사람.

Ju·ras·sic [dʒuəræ̀sik] 〔지질〕 [형] 쥐라기(紀)의; (암석이) 쥐라계(系)의. ¶the ~ Period [System] 쥐라기[계]. **—**[명] (the ~) 쥐라기[계](중생대 중기로 약 2억 1300만-1억 4400만년 전; 공룡의 전성 시대).

ju·rat [dʒúəræt] [명] **1** 〔법률〕 (선서 공술서의) 끝맺음말. **2** 《英》 (Cinque Ports의) 시정(市政) 참사관; (Channel Islands의) 종신 치안 판사.

ju·ra·to·ry [dʒúərətɔ̀:ri/-təri] [형] 〔법률〕 선서의, 선서에서 말한.

Jur. D. 《라틴》 *Juris Doctor*(=Doctor of Law).

ju·rid·ic [dʒuərídik] [형] =juridical.

ju·rid·i·cal [dʒuərídikəl] [형] 사법[재판]상의; 법률(상)의; 판사직의, 재판관 직무의. ¶a ~ person 법인. **~·ly** [부]

jurídical dàys [명][복] 재판[개정(開廷)]일.

ju·ried [dʒúərid] [형] 심사를 거친, 입선작(入選作)의.

ju·ri·met·rics [dʒùərimétriks] [명][복] 《단수취급》 계량 법학(사회 과학의 과학적 분석법을 도입한 법학).
-met·ri·cian, -mét·ri·cist [명]

ju·ris·con·sult [dʒùəriskənsʌ́lt, -kánsʌlt/dʒúəriskənsʌ̀lt] [명] **1** 법률 고문. **2** 법학자, (특히) 민법[국제법] 전문가(ⓐ JC).

jurisd. jurisdiction.

*__ju·ris·dic·tion__ [dʒùərisdíkʃən] [명][U] **1** 사법권, 재판권. ¶~ over foreigners 외국인에 대한 재판권. **2** 권력(authority); 지배[관할](권) (*over*). **3** 사법권이 미치는 범위; [C] (사법) 관할 지역; (행정) 관할체.
have [or ***exercise***] ***jurisdiction over*** …을 관할[지배]하다.
~·al [형] **~·al·ly** [부]

jurisdíction dispúte [명] 관할권 분쟁.

Jú·ris Dóctor [dʒúəris-] [명] 법학 박사(Doctor of Law).

jurisp. jurisprudence.

ju·ris·pru·dence [dʒùərisprú:dns] [명][U] **1** 법학, 법리학. **2** 법조직, 법형태, 법체계. **3** 법의 한 분야. ¶medical ~ 법의학. **4** 법원의 일련의 판결; 판결 기록.

ju·ris·pru·dent [dʒùərisprú:dnt] [형] 법률[법리]에 정통한, 법률 전공의. **—**[명] 법률[법리]학자.

ju·ris·pru·den·tial [dʒùərispru:dénʃəl] [형] 법학상의, 법리학상의. **—**[명] 법률에 밝은 사람. **~·ly** [부]

ju·rist [dʒúərist] [명] **1** 법(리)학자, 《英》 법학생. **2** 법률에 정통한 사람; 법률 문제 저술가. **3** 《美》 변호사; 재판관; 법률 전문가.

ju·ris·tic [dʒuərístik] [형] 법(리)학자의; 법(리)학의; 법률(상)의(legal). (또는 **juristical**) **-ti·cal·ly** [부]

jurístic áct [명] (사인(私人)의) 법률 행위.

jurístic pérson [명] 〔법률〕 법인(artificial person).

ju·ror [dʒúərər/-rə] [명] **1** 배심원(jury의 한 사람). **2** 선서자. **3** (콩쿠르·품평회 따위의) 심사원.

*__ju·ry¹__ [dʒúəri] [명] 《집합적; 단·복수 양용》 **1** 배심원(전원); 배심. ¶a common[special] ~ 보통[특별] 배심 / a trial by ~ 배심 재판([참] GRAND JURY, PETTY JURY). **2** (콩쿠르 등의) 심사원단, 심사 위원회. ¶the ~ of art 미술 심사원단. **3** 자문을 위촉받은 사람들.
be [or ***serve, sit***] ***on a jury*** 배심원이다[이 되다].
The jury is (***still***) ***out.*** 평결은 아직 나오지 않고 있다; (…에 대해) 아직 결론[판정]이 나오지 않고 있다 (*on*).
—[동][타] …을 심의[심사]하다.

ju·ry² [형] 〔해사〕 응급의, 임시의, 일시적인.

júry bòx [명] (법정의) 배심원석.

júry dùty [명] 배심원으로서의 의무.

ju·ry·man [dʒúərimən] [명] 배심원(juror).

júry màst [명] 〔해사〕 응급[임시] 돛대.

ju·ry-pack·ing [´pækiŋ] 〖美〗 배심원 매수.
júry pròcess 〖법률〗 배심원 소환 영장.
ju·ry-rig [-rìg] 〖타〗(**-gg-**) 임시로 급히 짜맞추다.
-rigged 〖해사〗 응급 장비의.
júry ròom 〖법〗 배심원실: 배심원 대기실.
júry sỳstem 〖법〗 배심 제도.
ju·ry·wom·an [dʒúəriwùmən] 〖명〗 여자 배심원.
jus [dʒʌs] 〖명〗 (≪ **ju·ra** [dʒúərə]) 〖U〗〖C〗 (법적) 권리; 법(칙); (추상적) 법. 〔<L law, right〕
Jus., jus. justice.
jus ad rem [dʒʌ́s æd rém] 〖명〗 대물권(對物權).
jus ca·non·i·cum [dʒʌ́s kənǽnikəm/-nón-] 〖명〗 교회법. 〔<L canon law〕 「법. 〔<L civil law〕
jus ci·vi·le [dʒʌ́s siváili, -víː-] 〖명〗〖로마법〗 시민
jus cri·mi·na·le [dʒʌ́s kriminǽli] 〖명〗 형법.
jus di·vi·num [dʒʌ́s diváinəm] 〖명〗 신법(神法); 신권(神權). 〔<L divine law〕
jus gen·ti·um [dʒʌ́s dʒéntʃiəm] 〖명〗〖로마법〗 만민법(萬民法); 국제법. 〔<L law of the nations〕
jus na·tu·ra·le [dʒʌ́s nætʃuréili:, -tju:-] 〖명〗〖로마법〗 자연법. 〔<L natural law〕
Ju·so [júːsòu] 〖명〗 (독일 사회 민주당의) 젊은 좌파 당원. 〔<G Jungsozialisten〕
jus san·gui·nis [dʒʌ́s sæŋgwənis] 〖명〗〖법률〗 (출생아의) 혈통주의. 〔<L right of blood〕
jus·sive [dʒʌ́siv] 〖문법〗 〖명〗 지시형[구문]의; (온건한) 명령을 나타내는. ─ 〖명〗 (온건한) 명령법[구문, 어].
jus so·li [dʒʌ́s sóulai, -li] 〖명〗〖법률〗 출생지주의. 〔<L right of soil [land]〕
‡**just**¹ [dʒʌst] 〖형〗 (**more ~, ~er; most ~, ~est**)
1 (사람·행위·판단 따위가) (…에 대해) 올바른, 공정한, 공평한(*to*); (the ~) 《복수취급》 공정한 사람들. ⇨ FAIR 〖유의어〗 ¶ **a ~ decision** [ruler] 공정한 판결[지배자] / **God is ~.** 신은 옳다. **2** (의견·의혹·분노 따위가) 지당한, 충분한 근거가 있는. ¶ **~ anger** 당연한 분노 / **a ~ opinion** 충분히 근거가 있는 의견. **3** (보수·가격·요구 따위가) 당연한, 정당한; 적절한, 합법적인. ¶ **the ~ title to the throne** 왕좌에 앉을 정당한 권리. **4** (성서) (신에 대하여 사람이) 의로운. **5** (계량·보고 따위가) 정확한, 실제 그대로의. ¶ **a ~ picture of the scandal** 실재 그대로의 추문 묘사.
be just to [or **of**] *one's promise* 약속을 지키다.
Isn't it just! 〖英구어〗 전적으로 그렇다; 〔반어적〕 전혀 그 반대다.
the sleep of the just 안면(安眠), 숙면.
─ 〖부〗 **1** (완료형·과거형과 함께; be 동사의 뒤, 일반 동사의 앞에서) 지금 막, 방금; 직전에. ¶ **I've ~ come here.** 나는 방금 여기에 도착했습니다.

〖주의〗 보통 **just**는 현재완료형과, **just now**는 과거형과 함께 쓰이지만, 특히 구어에서는 **just**가 종종 과거형과 함께 쓰이기도 한다: **We ~ finished supper.**

2 틀림없이, 바로, 꼭, 정말로; 엄밀히, 정확히. ¶ **It is ~ half past two.** 정각 2시 반이다 / **That's ~ the trouble.** 그것이 바로 문제이다 / **This is ~ what I mean.** 이것이 바로 내가 말하고자 하는 바이다. **3** 《종종 only와 함께》 겨우, 간신히, 가까스로. ¶ **The ball (only) ~ missed him.** 그는 하마터면 공에 맞을 뻔 했다. **4** (구어) **a)** 단지, 다만, 그저 …뿐인. ¶ **We ~ wanted a smoke.** 우리는 그저 담배를 피우고 싶었을 뿐입니다 / **He is ~ an ordinary man.** 그는 지극히 평범한 사나이에 불과하다. **b)** (부정문 뒤에서) 부분 부정) 단지 …하고만 있을 뿐 아니라. ¶ **I don't ~ love her.** 그녀를 단지 사랑하고만 있는 게 아니다; 그녀에게 푹 빠져 있다. **5 a)** 〖英구어〗 (강조) 실제로, 아주, 정말로. ¶ **That's ~ wonderful.** 그건 정말 좋은 일이다 / **Why, that sounds ~ great, doesn't it?** ─ **J- so.** 야! 그건 아주 굉장한 것 같은데, 안 그래? ─ 정말 그래.

b) 〖英구어〗 (부정문 앞에서; 전면 부정) 도저히 …하지 않아(할 수 없어). ¶ **I ~ can't wait.** 도저히 기다릴 수 없다. **6** 〖의문사를 강조; 초조감을 나타내〗 도대체. ¶ **J- why do you go there?** 도대체 왜 그곳에 가는 거냐? **6** 〖명령문에서〗 **a)** (완곡적) 괜찮으니 …하세요(* **please**보다 더 친밀하고 허물없는 사이라는 뜻이 있고, 종종 **will you?**가 덧붙여진다). ¶ **J- have a look at this.** ─ **J- have a look at this, will you?** 글쎄 이걸 좀 보라니까. **b)** (감정이 담긴 용법) (* 때때로 **only**가 선행한다.) ¶ **(Only) J- listen to her.** 그녀가 하는 말을 좀 들어봐 / **J- imagine.** 상상 좀 해보게나 / **J- drink it.** 군소리 말고 마셔. **7** (may, might, could의 뒤에서) 약간은, 조금은. ¶ **It might ~ help.** 조금은 도움이 될 것입니다. **8** (can, could의 뒤에서) 쉽게. ¶ **You can ~ see her as an actress.** 그녀가 배우임을 곧 알 수 있을 겁니다. **9** (구어) (부정의문문의 반어이) 대단히, 몹시, 과연. ¶ **Isn't ~ it!** 과연 대단하군!
just about (구어) ① (수사·형용사·과거분사 앞에서) 거의, 그런 대로, 간신히. ② (강조: 명사·동사·형용사 앞에서) 틀림없이, 확실히.
Just a minute [or ***moment, second***]. ① 잠깐만 (기다리시오). ② (언동을 막을 때) 잠깐! 「나.
just any (부정문에서) 닥치는 대로, 어느 누구나[것이
just as ~ 꼭 …처럼. ¶ **It's ~ as I thought.** 나도 그렇게 생각하고 있었다.
just as it is 있는 그대로, 그대로 꼭.
just as well ① 오히려 다행스러운. ② (may, might와 함께) …해도[하는 편이] 좋다.
just as you please 좋으실 대로.
just come up (구어) 아직 경험이 없는, 미숙한.
just in case 만일을 위해서,
just like that ① 간단히. ② 갑자기, 아무 예고[설명] 없이. ③ 〖美구어〗 (남의 말을 받아) 말한 그대로이다.
just now ⇒ NOW 〖부〗 2.
just on 〖英〗 (수량·시간에 대해) 거의, 대체로. ¶ **~ on fifty years ago** 거의 50년 전에.
just so ① 바로 그대로. ② 깔금히 치워져. ③ 신중하게. ④ 〖접속사적〗 …이면, …조건으로.
just the same ⇒ SAME.
just yet ⇒ YET. 「이다.
That's just it [***the point***]. 바로 그것[그 점]이 문제
just² 〖명〗〖자〗 =JOUST. 〔<mr(?)〕
just. justice. **Just.** Justinian.
just-folks [´fóuks] 〖형〗 소탈한, 잘난 체하지 않는.
‡**jus·tice** [dʒʌ́stis] 〖명〗 (~·**es** [-iz]) ① **1** 정의, 공명, 공명 정대; 공평. ¶ **a man of ~** 정의의 사나이 / **a sense of ~** 정의감. **2** 정당; 지당, 타당; 정당성, 합법 [유효]성; 조리, 이치. ¶ **the ~ of a claim** 요구의 정당성. **3** (당연한) 상별, 응보(應報); 처벌. **4** 사법, 재판; 소송 절차. ¶ **a court of ~** 법원 / **the Minister of J-** 법무 장관 / **the Department of J-**; **the J- Department** 〖美〗 법무부. **5** ⓒ 법관, 재판관, 판사; (**J-**) 〖美〗 대법원 판사; 치안 판사. ¶ **a chief ~** 법원[재판]장 / **the Chief J-** of **the U.S. Supreme Court** 미국 대법원장. **6** (**J-**) 정의의 여신.
bring a person to justice 남을 재판에 회부하다; 법에 따라 처벌하다.
deny a person justice 남을 공평[정당]하게 다루지 않다.
do a person [thing] justice; do justice to a person [thing] 남을 정당[공평]하게 다루다; 남[어떤 것]을 올바로 평가하다. ¶ **To do her ~, she is a good-natured woman.** 공정하게 말해서 그녀는 마음씨 고운 여자이다.
do justice to …을 충분히 먹다. ¶ **We did full ~ to the good meal.** 우리는 그 훌륭한 식사를 실컷 먹었다.
do oneself justice; do justice to oneself 자기의 역량을 충분히 발휘하다.
in justice to a person; to do a person justice

남을 공정하게 평하면. *obstruct justice* 사법(절차)를 방해하다, 재판을 방해하다. 「당한 법[재판] 절차. *the course of justice* 법의 정의를 실현하는 길; 정 *with justice* 공정하게, 정당하게. ~**less**, ~**like** 형 ~**ship** 명 판사의 직[지위].

jústice of the péace 명 〔법률〕 치안 판사(경범 재판, 선서 확인 따위를 행하는 지방 판사): 약 JP).

jústice('s) cóurt 명 치안 재판소[법원].

jústice's wárrant 명 〔법률〕 치안 판사의 영장. 참 bench warrant

jus·ti·ci·a·ble [dʒʌstíʃiəbl] 형 〔법률〕 재판에 회부되어야 할, 재판할 수 있는. **-bíl·i·ty** 명

jus·ti·ci·ar [dʒʌstíʃiər/-ɑː] 명 〔영국사〕 (Norman 왕조, Plantagenet 왕조의) 사법장관; 최고 법원장. ~**ship** 명 =justiciar.

jus·ti·ci·ar·y [dʒʌstíʃièri/-əri] 명 사법(상)의.

jus·ti·fi·a·ble [dʒʌstəfáiəbl, ˌ--´--] 형 (법적·도덕적으로) 정당화되는, 옳다고 증명할 수 있는; (옳다고) 옹호할 수 있는. ¶ ~ homicide 정당 방위에 의한 살인. **-bíl·i·ty** 명 ~**ness** 명 **-bly** 부

*jus·ti·fi·ca·tion [dʒʌstəfikéiʃən] 명U 1 정당화(하는[되는] 것): 정당하다는 증거[사실]; (…에 대한) 옹호, 변호, 변명, 명분(*for*). ¶the ~ of the accused 피고를 위한 변호 /the ~ *for* military buildup 군비 증강의 명분. 2 〔신학〕 의롭다고 하기(신이 인간을 심판하여 무죄로 인정하거나, 또는 죄를 사하기). 3 〔인쇄〕 (행의) 정돈, 정판(整版). 4 〔컴퓨터〕 조정(調整).

in justification of [or *for*] …을 옹호하여; 정당화하기 위하여.

justification by faith 명 〔신학〕 신앙 의인(義認) (신앙에 의해 의롭다고 여겨지기). 「ry.

jus·ti·fi·ca·tive [dʒʌstəfikèitiv] 형 =justifica-

jus·tif·i·ca·to·ry [dʒʌstífikətɔ̀ːri/dʒʌstifikèitəri] 형 정당함을 뒷받침하는, 변명에 서는.

jus·ti·fi·er [dʒʌstəfàiər] 명 1 정당화하는 사람[것]; 옹호자. 2 〔인쇄〕 공목, 인테르; 정판공.

*jus·ti·fy [dʒʌstəfài] 타 (-*fies* [-z]) 🛈 1 **a)** (행위·주장·진술 등을) 옳다고 하다, …을 정당화하다, …의 정당함을 증명하다; …을 옳다고 변명[변호]하다; …을 해명하다; …을 뒷받침하는 이유[근거]가 되다. ¶*The end justifies the means.* (속담) 목적은 수단을 정당화한다 // (~+目+*前*+*名*) Nothing can ~ him *in* refusing it. 그가 그것을 거절했다는 것은 아무래도 변명의 여지가 없다. **b)** (재귀용법으로) 자기 변호하다; 자기의 행위를 정당화하다. 2 〔신학〕 (신이) …을 죄가 없다고 하다; …을 용서[무죄로]하다. 3 〔법률〕 (증상 따위)에 대해 충분한 증거를 제시하다; 보증인이 될 수 있음을 입증하다. 4 〔인쇄〕 …의 행의 길이를 가지런히 하다. 5 〔컴퓨터〕 …을 조정(調整)하다. —— 쟈 1 〔법률〕 충분한 이유[구실]를 제시하다; 보증인 자격을 얻다. 2 〔인쇄〕 행의 길이가 가지런해지다, 행이 바르게 정판되다.

be justified in doing …하는 것은 당연하다. 「(fit).

justify bail 〔법률〕 (선서에 의해) 보석 보증인의 자격이 있음을 증명하다.

justify oneself 자기의 결백을 주장하다; 자기의 행위를 옳다고 하다. 〔주장〕하다. ~**ing·ly** 부 …을 변명[옹호]하다.

Jus·tin [dʒʌ́stin] 명 저스틴(남자 이름). **Justine**)

Jus·ti·na [dʒʌstíːnə] 명 저스티나(여자 이름). (또는 **Justinian Códe** (the ~) 유스티니아누스 법전 (로마법 대전). 〈 Justinian I의 이름〉

Jus·tin·i·an I [dʒʌstíniən] 명 유스티니아누스 I 세(483-565: Byzantine 제국 황제).

just-in-time [ʤʌ́stintáim] 명 〔경영〕 저스트 인 타임 방식, 적기 납입 방식. —— 명 1 〔경영〕 저스트 인 타임 방식의. 2 계약제의, 임시직의. ¶ ~ *employees* 임시 사원.

júst intonátion 명 〔음악〕 순정 조율(純正調律).

jus·ti·ti·a om·ni·bus [dʒʌstíʃiə ámnəbəs/-ɔ́m-]

명 만인을 위한 공평(미국 District of Columbia의 표어). 〈L justice for all〉

jus·tle [dʒʌ́sl] 자타 =jostle.

*just·ly [dʒʌ́stli] 부 1 공정하게, 공평하게; 정당하게. ¶Deal ~ with the prisoners. 죄수들을 공정하게 다루어라. 2 정확히. ¶express one's ideas ~ 자기의 견을 정확하게 표현하다. 3 당연하게. ¶You can ~ say so. 그렇게 말하는 것도 당연하다. 「당성. 2 정확.

just·ness [dʒʌ́stnis] 명 1 공정, 정의; 정당; 타

jut [dʒʌt] 자 (-*tt*-) (…으로/…위로) 돌출하다[시키다], 튀어나오다(*out, forth*) (*into*/*over*). —— 명 돌출물, 돌출부, 튀어나온 것, 돌기. **-ting·ly** 부

jute [dʒuːt] 명U 1 황마(黃麻); 그 섬유. 2 주트(옷·삭구(索具) 따위의 재료). ~**like** 형

Jute [dʒuːt] 명 (英역사)(-人); (the ~s) 주트족(5세기에 잉글랜드에 침입한 게르만족의 한 부족). **Jút·ish** 형

Jút·land [dʒʌ́tlənd] 명 유틀란트 반도(덴마크의 대륙부를 포함하는 반도). ~**er** 명 ~**ish** 형

jut·ty [dʒʌ́ti] 명 (건물의) 돌출부, 돌제(突堤)(pier). —— 자 돌출하다[시키다].

Ju·tur·na [dʒuːtə́ːrnə] 명 〔로마 신화〕 샘·우물의 요정(Jupiter의 사랑을 받았다).

juv. juvenile. 「춘; 회춘.

ju·ve·nes·cence [dʒùːvənésns] 명U 젊음; 청

ju·ve·nes·cent [dʒùːvənésnt] 형 청소년기에 이른, 젊어지는; 젊은; 회춘하는.

*ju·ve·nile [dʒúːvənəl/-nàil] 형 1 나이 어린, 소년 소녀의; 청소년을 위한; 청소년다운. ¶a ~ performance 아동극 / ~ literature 아동 문학. 2 어린, 연소한; 발육기의. ➪YOUNG 유의어 ¶ ~ days 어린 시절. 3 청소년 특유의; 어린애 같은, 유치한. ¶ ~ behavior 어린애 같은 행동. 4 (지질) (기체·물 따위가) 지표로 처음 나온, 초생(初生)의. —— 명 1 소년, 소녀, 어린이. 2 〔연극〕 어린이 역, 아역; 어린이 배우. 3 아동용 도서. 4 배내털이 남은 새: 2년생 경주마(競走馬). ~**ly** 부 ~**ness** 명

juvenile corréctive institútion 명 소년원

juvenile cóurt 명 소년 법원(보통 18세 미만의).

juvenile delínquency 명 소년 범죄[비행].

juvenile delínquent 명 비행(非行) 청소년.

juvenile diabétes 명 〔병리〕 소년기 당뇨병.

juvenile hórmone 명 〔생물〕 알라타체[유약] 호르몬.

juvenile láw 명 〔법률〕 소년법. 「선도 경찰관.

juvenile ófficer 명 청소년 보도관(補導官), 청소년

ju·ve·nile-ón·set diabétes [-ánset-/-ɔ́nset-] 명 〔의학〕 청년형 (발생) 당뇨병(20세 이하의 경중).

ju·ve·nil·i·a [dʒùːvəníliə, -niljə] 명복 젊은 시절의 작품집; 연소자 취향의 문학[예술 작품].

ju·ve·nil·i·ty [dʒùːvənílətí] 명 1 ⑪ 연소함, 유년; 젊음; (태도·사상·행위의) 유치함. 2 (-ties) 어린이다운 언행[성향]. 3 〔집합적〕 청소년.

ju·ve·noc·ra·cy [dʒùːvənákrəsi/-nɔ́k-] 명U 젊은 세대에 의한 정치, 청년 정치(땐 gerontocracy): ⓒ 청년 정치가 지배하고 있는 나라[사회].

ju·vie [dʒúːvi] 명 〔美속어〕 청소년 범죄자: 소년[감화]원; 청소년 담당 경찰관. (또는 **juvey**)

jux·ta- [dʒʌ́kstə] 연결 beside, near, close, by의 뜻. ¶*juxtapositon*.

jux·ta·pose [dʒʌ̀kstəpóuz, ˌ--´--] 타 (비교·대조 위해) …을 나란히 놓다(put side by side).

jux·ta·po·si·tion [dʒʌ̀kstəpəzíʃən] 명UC 병렬 (並列), 병치(倂置); 병기(倂記). ~**al** 형

JV, J.V., j.v. joint venture; junior varsity.

JWB, J.W.B. Jewish Welfare Board. **jwlr.** jeweler. **J.X.** (라틴) *Jesus Christus*(=Jesus Christ).

Jy. July.

Jyl·land [júːlæn] 명 윌란 반도(Jutland의 덴마크어 이름).

K

K, k [kei] 圏 (복 **K's, Ks; k's, ks**) 1 영어 알파벳의 열한째 자. ¶ *K for King* King의 K(무선 통화 용어). 2 K[k]가 나타내는 소리. 3 K[k]자 형(의 물건). 4 (로마 숫자) 250.

K [kei] 圏 〈속어〉 1 1,000; 1천(달러, 파운드)(⑧ G). ¶ *The salary offered is $ 30K.* 제시된 급료는 3만 달러다. 2 (복 *Ks*) (마약의) 1kg(kilo-의 생략형).

K kindergarten(⑧ K-12); 〈서양장기〉 king; King's; kitchen; Köchel listing.

K ㉮ 1 11번째(의 것); (l를 계산하지 않을 경우는) 10번째(의 것). 2 〈화학〉 =kalium. 3 〈컴퓨터〉 1,024(=2^{10}); =kilobyte. 4 〈야구〉 삼진(strike-out(s)). 5 〈물리〉 =kaon. 6 〈생화〉 =lysine. 7 〈천문〉 =solar constant. 8 〈美군사〉 급유기(tanker). **K** 〈생태〉 carrying capacity(환경수용력). ⑧ K selection

k. 〈전기〉 capacity; karat; keel; kilogram(s); kina; 〈서양장기〉 king; kip; knight; knit; knot(s); kopeck; kosher; krone; kyat. **K.** kip's; 〈음악〉 Kirkpatrick; Knight. **KA** *K*orean *A*rmy(대한민국 육군). **KAAA** *K*orea *A*mateur *A*thletic *A*ssociation (대한 체육회).

Kaa·ba [káːəbə] 圏 (the ~) 카바 신전(Mecca에 있는 사각형 건물로 회교도들이 가장 신성시하는 신전). (또는 **Kaʻabah, Kaʻba, Kaʻbah**)

kab [kæb] 圏 =cab².

kab·a·la [kǽbələ/kəbáː-] 圏 =cabala. 「**kabbala**」

ka·bob [kəbáb/-bɔ́b] 圏 (보통 ~**s**) 〈요리〉 카보브(양념한 채소와 고기의 꼬치 구이). (또는 **cabob, kebab**)

ka·boom [kəbúːm] ❔ 우르르 꽝(폭음 · 천둥 소리 · 큰북 소리 등을 나타낸다).

ka·bu·ki [kəbúːki] 圏 가부키(歌舞伎)(일본의 전통 가무극). 〈Jap〉

Ka·bul [káːbul/kəbúl] 圏 카불(아프가니스탄의 수도). 「바일어(語).

Ka·byle [kəbáil] 圏 (북아프리카의) 카바일족; ⓤ 카

ka·chi·na [kətʃíːnə] 圏 1 카치나(북미 인디언 Hopi 족의 조상신; 비와 함께 온다고 함). 2 =~ **doll**.

kachína dòll 圏 카치나 인형(Hopi족이 북미산 잎앙버들 뿌리로 깎아 만드는 것).

Kad·dish [káːdiʃ] 圏 (복 -**di·shim** [kɑːdíʃim]) 〈유대교〉 카디시. 1 예배가 끝날 무렵에 부르는 송영(誦詠). 2 (근친상을 당한 사람이 11개월 동안) 매일 교회 예배에서 드리는 아람어(Aramaic) 기도.

ka·di [káːdi, kéi-] 圏 =cadi. 「자력 위원회).

KAEC *K*orea *A*tomic *E*nergy *C*ommission(한국 원

kaf·fee klatsch [káːfi klàːtʃ, -klǽtʃ, kɔ́ː-] 圏 《美》=coffee klatch. 〈G〉

Kaf·(f)ir [kǽfər] 圏 (~, ~**s**) 1 카프르인(남아프리카의 반투(Bantu) 어족(語族) 중 한 부족). 2 ⓤ 카프르어. 3 〈경멸적〉 남아프리카의 토인. 4 (k-) =~ **corn**. 5 (~**s**) 〈英〉 남아프리카 광산의 주(株). 6 (k-) 〈경멸적〉 〈회교〉 이교도(infidel).

Káf·(f)ir còrn 圏 수수의 일종. 「는 두건).

kaf·fi·yeh [kəfíːə] 圏 카피에(아라비아인의 남성이 쓰

Kaf·ka [káːfkə, kǽfkə] 圏 Franz ~ 카프카(1883-1924: 체코의 유대인 작가). **~·esque** 카프카의 (작품 같은); 카프카적인, 부조리하고 악몽 같은.

kaf·tan [kǽftən] 圏 =caftan.

KAI *K*orea *A*erospace *I*ndustries(한국 우주 항공 산업). 「업).

kai·ak [káiæk] 圏 =kayak.

kail [keil] 圏 =kale.

kail·yard [kéiljàːrd] 圏 〈스코〉 =kaleyard.

kai·nite [káinait, kéi-] 圏ⓤ 카이나이트(칼리염류(鹽類)의 원료). (또는 **kai·nit** [káinit])

*****kai·ser** [káizər] 圏 1 (K-; the ~) 카이저(독일 황제 · 오스트리아 황제의 칭호). 2 황제; 독재자. **~·dom** 圏 kaiser의 지위; kaiser의 통치 지역. **~·ship** 圏 kaiser의 지위(대권).

kai·ser·in [káizərin] 圏 kaiser의 처, 황후.

kai·ser·ism [káizərizm] 圏 (kaiser식의) 독재 지배. -**ist** 圏 -**ís·tic** 圏

KAIST *K*orea *A*dvanced *I*nstitute of *S*cience & *T*echnology(한국 과학 기술원).

ka·ka [káːkɑː] 圏 〈New Zealand산(產)〉 앵무새의 일종.

kak·is·toc·ra·cy [kæ̀kəstákrəsi/-tɔ́k-] 圏 ⓤ 극악인(極惡人) 정치, 악덕 정치.

kak·o·to·pi·a [kæ̀kətóupiə] 圏 절망향(絶望鄕)(추악한 곳. ⑧ utopia 「칭)).

KAL *K*orea *A*ir *L*ines(대한 항공(Korean Air의 구

ka·la-a·zar [kɑ̀ːlɑːəzáːr] 圏 〈병리〉 칼라아자르 (아시아 열대 지방의 말라리아성 전염병).

Ka·la·ha·ri [kɑ̀ːləháːri, kæ̀lə-] 圏 (the ~) 칼라하리(아프리카 남서부의 사막 지대; Bushman이 거주).

Ka·lash·ni·kov [kəlǽʃnikɔ̀ːf, -lɑ́ːʃ/-káʃ] 圏 칼라슈니코프(러시아의 경기관총; AK-47의 통칭). 「〈개발자 M. T. Kalashnikov(1919-)의 이름〉

kale [keil] 圏ⓤ 1 케일(무결구성(無結球性) 양배추의 일종). 2 〈스코〉 양배추; 야채; 양배추 수프. 3 〈美속어〉 현금, 돈. (또는 **kail**)

ka·lei·do·scope [kəláidəskòup] 圏 만화경(萬華鏡); 끊임없이 변화하는 것[상황, 장면, 사건].

ka·lei·do·scop·ic [kəlàidəskápik/-skɔ́p-] 圏 만화경의[같은]; 변화무쌍한; 매우 복잡한. (또는 **kaleidoscopical**) -**i·cal·ly** 부

kal·ends [kǽləndz] 圏(복) =calends.

kale·yard [kéiljɑ̀ːrd] 圏 〈스코〉 채소밭, 양배추밭. (또는 **kailyard**)

káleyard schòol 圏 (the ~) 채원파(菜園派)(스코틀랜드 농민 생활을 묘사하는 단체로 19세기말의 작가들).

ka·li [kéili, kéi-] 圏 통통마디속(屬)의 식물(saltwort).

Ka·li·man·tan [kɑ̀ːlimɑ́ːntɑːn] 圏 칼리만탄(Borneo 섬의 인도네시아어명(語名); 세계 제3의 큰 섬).

ka·liph [kéilif, kǽl-] 圏 =caliph. 「〈K〉.

ka·li·um [kéiliəm] 圏 〈화학〉 칼륨(potassium) ㉮

kal·li·din [kǽlədin] 圏 〈생화〉 칼리딘(혈장 중의 키닌의 일종인 kallikrein을 작용시켜 얻는 펩티드의 일종).

Kal·li·kaks [kǽləkæ̀ks] 圏(복) (the ~) 《美》 캘리카가(家)(질병자 · 범죄자 속출로 인해 악질 유전의 전형으로 꼽힌, 미국에 실제했던 집안에 붙인 가공적 명칭).

kal·li·krein [kǽləkrèin] 圏 〈생화〉 칼리크레인(췌장 등에서 단백질 분해 효소의 일종). 「〈產〉 석남과의

kal·mi·a [kǽlmiə] 圏 칼미아(북미산(產) 석남과의

ka·long [káːlɔːŋ/-lɔŋ] 圏 (말레이 지방의) 큰박쥐.

kal·pa [kʌ́lpə/kéi-] 圏 〈인도교〉 겁(劫), 오랜 시간, 칼파(劫波)(우주의 생성과 멸망 사이의 아주 긴 시간)(day of Brahma). 〈Skt〉

kal·so·mine [kǽlsəmain, -min] 圏⦿ =calci-

Ka·ma [káːmə] 圏 1 〈인도 신화〉 카마(사랑과 색욕의 신). 2 (k-) ⓤ 색욕, 색정(色情). 〈Skt〉 「mine.

ka·ma·ai·na [kɑ̀ːməáinə] 圏 카마아이나(하와이 토

ka·ma·graph [káːməgræf, -gràːf] 명 카머그래프(인쇄식 원화(原畫) 복제기 또는 복제한 그림). 「복제법.
ka·ma·gra·phy [kəmáːgrəfi] 명 카머그래프 원화
Ká·ma·sū·tra [káːməsùːtrə] 명 (the ~) 카마수트라(인도의 힌두교 성전(性典)). 참 Kama (또는 Káma Sútra) [<Skt]
Kam·chat·ka [kæmtʃáːtkə, -tʃǽt-] 명 (the ~) 캄차카
kame [keim] 명 (지질) 케임(빙하에 의해 운반된 모래와 자갈의 언덕).
ka·mi·ka·ze [kàːmikáːzi] 명 가미가제(神風)(2차 대전 때 일본 공군의 자살 특공대원, 그 전투기). — 형 가미가제식의; 무모한, 자살적인. [<Jap]
Kam·pa·la [kɑːmpáːlɑː, kæm-] 명 캄팔라(우간다의 수도).
kam·pong [káːmpɔːŋ, -pɒŋ/kæmpɔ́ŋ] 명 (말레이 어린이의) 소부락, 작은 공동 사회.
kamp·tu·li·con [kæmptjuːlíkən/-tjúːlikɔn] 명 U 고무 양탄자.
Kam·pu·che·a [kæmputʃíːə] 명 캄푸치아(Cambodia의 별칭).
Kan. Kansas. [bodia의 별칭).
Ka·nak·a [kənǽkə, -náːkə] 명 카나카인(人) (하와이 및 남태평양 여러 섬의 원주민).
ka·na·my·cin [kænəmáisn, -sin] 명 (약학) 카나마이신(그람 음성균에 유효한 항생 물질).
Kan·chen·jun·ga [kàːntʃəndʒúŋgə] 히말라야 산맥 동부에 있는 세계 제3의 고봉; 8,598m).
Kan·din·sky [kændínski] 명 Wassily [Vasily] ~ 칸딘스키(1866-1944: 러시아 태생의 화가). (또는 Kandinski) 「공기 드릴.
kan·ga[1] [kǽŋgə] 명 (濠) (구어) 캥거루; (속어) 돈;
kan·ga[2] [káːŋgəː, -gɑː] 명 (동아프리카) 여성이 몸에 두르는 화려한 무늬의 면포. (또는 khanga)
***kan·ga·roo** [kæ̀ŋgərúː] 명 (종 ~s) 1 캥거루. 2 (英) 오스트레일리아인(人). 2 =~ closure. 4 (보통 ~s) (증권) (특히 광산·토지·담배 등의) 오스트레일리아 주(株). — 통 자 (보통 go ~ing) 캥거루 사냥을 하다; (구어) (차 따위가) 덜컹하고 출발하다. — 통 타 (구어) (차 따위가) 덜컹하고 출발시키다; (속어) …을 (부정 중으로) 유죄로 만들다. **~·er** 명 **~·like** 형
kangaroo acácia 명 〔식물〕 바늘아카시아.
kangaroo càre 캥거루식 미숙아 돌보기(보육기 속의 미숙아를 육친이 캥거루처럼 매일 수시간씩 안고 돌보는 방식). (또는 **kangarooing**)
kángaroo clósure (英) (the ~) 캥거루식 토론 종결(위원장이 인정한 수정안만을 채택하고 다른 것은 제외해 버리는 방법). 「재판, 집단 구타.
kángaroo cóurt[clúb] 명 인민 재판, 사형(私刑)
kangaroo dòg 캥거루 사냥용 대형 사냥개.
kangaroo pòcket 캥거루 포켓(옷의 앞면 중앙에 다는 대형 포켓).
kangaroo rát 명 캥거루쥐(미국 서부와 멕시코산(産)).
kangaroo thòrn 명 =kangaroo acacia.
Kans. Kansas. 「sas주 사람.
Kan·san [kǽnzən] 명 Kansas 주의. — 명 Kan-
***Kan·sas** [kǽnzəs] 명 캔사스. 1 미국 중부의 주(주도 Topeka; 略 Kans., Kan.). 2 (the ~) Kansas 강.
Kánsas Cíty 명 캔자스시티. 1 미국 Missouri주 서부 Kansas강과 Missouri강의 합류점에 있는 도시. 2 미국 Kansas 주 동부부의 도시로 1과 인접.
Kant [kænt/G kant] 명 **Immanuel** ~ 칸트(1724-1804: 독일의 철학자).
Kant·i·an [kǽntiən] 형 칸트의, 칸트 철학의. — 명 칸트 학파의 사람; 칸트 철학 신봉자.
Kant·i·an·ism [kǽntiənìzm] 명 U 칸트 철학.
Kant·ism [kǽntizm] 명 =Kantianism. **-ist** 명
Kao·hsiung [gàujúŋ] 명 가오슝(高雄)(대만의 항구 도시). (또는 Gaoxiong)
ka·o·li·ang [kàuliǽŋ] 명 고량(高粱)(주로 중국·만주산(産)의 수수의 일종); 고량주. [<Chin] 「line)
ka·o·lin [kéiəlin] 명 U 고령토, 백토(白土). (또는 **kao·**
ka·on [kéiɑn/-ɔn] 명 (물리) K중간자, K입자.
Ka·pell·meis·ter [kəpélmàistər, kə-] 명 (독 ~) (성가대·오케스트러·악단의) 지휘자, 악장(樂長). [<G]
ka·pok [kéipɑk/-pɔk] 명 U 케이폭(판야나무의 열매를 쌈 솜; 베개속·방음 장치 등에 사용).
kápok trèe 판야나무.
kap·pa [kǽpə] 명 카파(그리스어 알파벳의 열째 자 (K, κ)의 명칭; 영어의 K, k에 해당).
ka·put(t) [kɑːpút] 명 《서술용법》(구어) 1 끝장이 난, 죽은; 아주 결딴난. 2 고장이 난, 쓸모가 없는. ¶The TV went ~. TV가 고장났다. 3 구식의; 유행[시대]에 뒤진. [<G]
kar·a·bi·ner [kɑ̀ːrəbíːnər] 명 =carabiner.
Ka·ra·chi [kəráːtʃi] 명 카라치(파키스탄의 옛 수도).
Ka·ra·jan [kǽrəjən] 명 **Herbert von** ~ 카라얀 (1908-89: 오스트리아의 지휘자).
Ka·ra·kó·ram Ránge [kɑ̀ːrəkɔ́ːrəm-, kæ̀r-] 명 (the ~) 카라코람 산맥(인도 서북부의 산맥).
Ka·ra·ko·rum [kɑ̀ːrəkɔ́ːrəm] 명 카라코룸(몽고 중부의 도시, 13세기에 번영했던 몽고 제국의 수도).
Kar·a·kul [kǽrəkəl] 명 (때로 k-) 카라쿨양(새끼 때 털이 검으나 자라면 갈색으로 변함). 2 U 카라쿨 새끼양의 검은 모피(진귀하다). (또는 **caracul**)
kar·at [kǽrət] 명 (美) 캐럿(英) carat)(순금 함유도를 나타내는 단위; 순금은 24 karats; ⓟ k., kt.).
ka·ra·te [kəráːti] 명 가라테, 당수(唐手). [<Jap]
Ka·ren [kərén] 형명 카렌(의)(미얀마의 소수 민족). U 카렌어(의).
kar·ma [káːrmə] 명 1 U (힌두교·불교) 카르마, 갈마(羯磨), 업보, 인연; 숙명. 2 (구어) (그 사람·장소에서 직감적으로 느껴지는) 특징적인 기운[분위기].
Kár·man cànnula[càtheter] [káːrmən-] 명 카먼 배관(排管)(진공 흡입법에 의한 임신 중절 기구). [<미국의 고안자 Harvey Karman의 이름] 「적인.
kar·mic [káːrmik] 형 갈마(羯磨)의, 업보의; 숙명
ka·ross [kərɑ́s/-rɔ́s] 명 (남아프리카 원주민의 입는) 소매 없는 모피 외투.
kar·roo [kəruː] 명 (종 **~s**) 1 (남아프리카의) 붉은 흙으로 된 건조성 고원(高原). 2 (the K-) 카루 고원(남아프리카 공화국의 남부). 「대지(臺地). **-ic** 형
karst [kɑːrst] 명 (지질) 카르스트 지형(침식된 석회암
kar·sy [káːrzi] 명 《英속어》 변소.
kart [kɑːrt] 명 어린이용 놀이차; 고카트(go-~).
-ing 명 고카트 경주.
kar·tell [kɑːrtél] 명 =cartel.
kar·y·o- [kǽriou, -riə] 연결 〔생물〕 nucleus of a cell의 뜻. (또는 **caryo-**) 「합.
kar·y·o·tin [kǽriətin] 명 U karyotin. (또는 **caryo-**)
kar·y·og·a·my [kæ̀riɑ́gəmi/-ɔ́g-] 명 〔생물〕 핵융
kar·y·o·gram [kǽriəgræ̀m] 명 (유전) =karyotype; (특히) 염색체도(圖).
kar·y·o·ki·ne·sis [kæ̀rioukinísis, -kai-] 명 U 〔생물〕 =mitosis; 핵 활동(세포 분열 때 핵세포 내에서 일어나는 일련의 변화). **-net·ic** [-nétik] 형
kar·y·ol·o·gy [kæ̀riɑ́lədʒi/-ɔ́l-] 명 〔생물〕 (세포) 핵학(核學).
kar·y·ol·y·sis [kæ̀riɑ́ləsəs/-ɔ́l-] 명 U 〔생물〕 핵융해(融解)(붕괴). 「해질(核質).
kar·y·o·plasm [kǽriəplæ̀zm] 명 〔생물〕 (세포) 핵질.
kar·y·o·tin [kǽriəutin] 명 〔생물〕 핵질, 염색체.
kar·y·o·type [kǽriətàip] 명 (유전) 핵형(核型)(각 생물의 염색체의 수와 형태). — 통 타 핵형을 결정하다 [조사하다]. **-týp·ic, -týp·i·cal** 형
kar·y·o·typ·ing [kǽriətàipiŋ] 명 염색체 분석.
kar·z(e)y [káːrzi] 명 =karsy.
Kas·bah [kǽzbə, kɑ́ːz-] 명 카즈바(북아프리카의

Algiers 등에 있는 아랍인의 거주지).
Kásch·in-Beck disèase [kǽʃinbèk-] 〖의〗 캐신벡병(음료수 중의 유기산에 의한 전신성 골관절증).
ka·sha [káːʃə/káʃə] 〖명〗 카샤(메밀[밀]가루를 사용한 동구 요리).
ka·sher [káːʃər] 〖형〗〖동〗〖타〗 =kosher.
kash·mir [kǽʃmiər/-ʃ-] 〖명〗 =cashmere.
Kash·mir [kǽʃmiər/-ʃ-] 〖명〗 카시미르. 1 인도와 파키스탄의 접경 지역. (또는 **Cashmere**) 2 인도 서북부의 주(州)(공식 명칭은 Jammu and Kashmir).
Kash·mir·i [kæʃmíəri] 〖명〗 (복 **~s**) 〖U〗 카슈미르어 (語); 카슈미르인(人). (또는 **Cashmiri, Kashmirian**) ~**·an** 〖형〗 카슈미르(인)의.
Káshmir rúg 카슈미르 양탄자.
kat·a·bat·ic [kætəbǽtik] 〖형〗 〖기상〗 (바람·기류가) 하강하는, 하강 기류에 의한. ⓢ anabatic
ka·tab·o·lism [kətǽbəlìzm] 〖명〗 =catabolism.
ka·tal [kətáːl] 〖명〗 효소 촉매 활성의 국제 단위(약 kat).
kat·a·ther·mom·e·ter [kætəθərmάmitər/-móm-] 〖명〗 공랭(空冷) 온도계. 「rine의 애칭.
Kate [keit] 〖명〗 케이트(여자 이름; Katherine, Cathe-
Kath·er·ine [kǽθərin] 〖명〗 캐서린(여자 이름). (또는 **Katharine, Kathryn, Kathrynne**)
kath·ode [kǽθoud] 〖명〗 =cathode.
Kath·y [kǽθi] 〖명〗 캐시(여자 이름; Katherine의 애칭).
Ka·tie [kéiti] 〖명〗 케이티(여자 이름; Katherine의 애칭).
kat·i·on [kǽtàiən] 〖명〗 =cation.
Kat·man·du [kὰːtmɑːndúː/kǽtmæn-] 〖명〗 카트만두(Nepal의 수도). (또는 **Kathmandu**)
KATUSA, Ka·tu·sa [kətúːsə] 〖명〗 카투사(미국군에 파견 근무하는 한국 군인). [< *K*orean *A*ugmentation to the *U.S. A*rmy]
ka·ty·did [kéitidid] 〖명〗 미국산(産) 여치의 일종.
katz·en·jam·mer [kǽtsəndʒæ̀mər] 〖명〗 《미구어》 (불평·항의 따위의) 대소동; 불안, 걱정; 고통, 괴로움; 우울한 기분, 짜증; 숙취(에 의한 두통).
Ka·u·ai [kὰːuάːi, káuai/kaːwάːi] 〖명〗 카우아이(하와이 주 Oahu섬 북서부의 화산도).
kau·ri [káuri] 〖명〗 (뉴질랜드산(産)의) 카우리소나무(~ pine); 〖U〗 그 수지[재목]. (또는 **kaurie, kaury**)
Kaut·sky [káutski] 〖명〗 **Karl Johann ~** 카우츠키 (1854-1938; 독일의 마르크스주의 경제학자).
ka·va [kάːvə] 〖명〗 카바(폴리네시아산(産)의 식물); U (그 뿌리로 빚은) 카바주(酒). (또는 **káva·káva, káva-káva**) ~**·ic** [kəvéiik] 〖형〗 「비인.
ka·vass [kəvάs] 〖명〗 (터키의) 무장 경찰관; 영사관 경
kay [kei] 〖명〗 1 (알파벳의) K. 2 (또는 **kayo**) 《미속어》 (복싱의) 녹아웃, 케이오.
Kay [kei] 〖명〗 케이. 1 (아서왕 전설) 원탁의 기사의 한 사람. 2 여자의 이름(Katharine, Katherine의 애칭).
kay·ak [káiæk] 〖명〗 카약(에스키모인의 수렵용 작은 가죽배); 카약 비슷한 배. ━〖자〗 카약을 타고 가다. (또는 **kaiak, kya(c)k**)
~**·er**, ~**·ing**
kay·o [kéióu] 《미속어》 〖권투〗 [kayak]
━〖타〗 …을 케이오시키다; …을 못쓰게 만들다. ━〖명〗 (복 **~s**) 케이오, 녹아웃. [< *k*nock *o*ut의 머리글자 발음]
Ka·zak(h) [kəzǽk] 〖명〗 카자흐 사람, 카자흐족(터키계 민족); 〖U〗 카자흐어(語). 〖형〗 카자흐(사람[어])의.
Ka·zakh·stan [kὰːzəkstάːn] 〖명〗 카자흐 공화국(중앙아시아의 공화국으로 CIS 회원국; 수도 Akmola; 옛 수도는 Almaty[Alma-Ata]).
Ka·zan [kəzǽn] 〖명〗 **Elia ~** 카잔(1909-2003; 터키 태생의 미국 영화 감독·무대 연출가·소설가).
ka·zoo[1] [kəzúː] 〖명〗 (복 **~s**) 카주 피리(장난감 피리).
tootle one's own kazoo 허풍을 떨다.

ka·zoo[2] 《미속어》 궁둥이, 똥구멍; 변소.
out the kazoo 《미속어》 지천으로 (많이).
up the kazoo 《미속어》 극도로, 지나치게, 한도껏.
KB 〖컴퓨터〗 kilobyte(s); 〖서양장기〗 *k*ing's *b*ishop.
K.B. *K*ing's *B*ench; *K*night *B*achelor.
K-band [kéibænd] 〖명〗 K주파수대(10.9-36.0 KHz의 무선 주파수대역; 경찰 무선·위성 통신 등에 사용).
KBC *K*orea *B*oxing *C*ommission(한국 권투 위원회). **K.B.E.** *K*night *C*ommander of (the Order of) the *B*ritish *E*mpire(대영 제국 제2급 훈위(動位) 보유자). **KBL** *K*orean *B*asketball *L*eague(한국 프로 농구 연맹). **KBO** *K*orea *B*aseball *O*rganization(한국 야구 위원회). **KBP** 〖서양장기〗 *k*ing's *b*ishop's *p*awn. **KBS** *K*orean *B*roadcasting *S*ystem(한국 방송 공사). **kc** *k*ilo*c*ycle; (또는 **kc/s**) *k*ilo*c*ycles per *s*econd. **K.C.** *K*ansas *C*ity; *K*ing's *C*ounsel; *K*night *C*ommander; *K*nights of *C*olumbus. **kcal** *k*ilo*cal*orie. **K.C.B.** *K*night *C*ommander of (the Order of) *B*ath(바스 상급 훈작사(動爵士)). **KCCI** *K*orea *C*hamber of *C*ommerce and *I*ndustry(대한 상공 회의소). **KCIA** *K*orean *C*entral *I*ntelligence *A*gency(한국 중앙 정보부; 국가 정보원(NIS)의 옛 이름). **KCNA** *K*orean *C*entral *N*ews *A*gency(북한의 조선 중앙 통신). **KCTU** *K*orean *C*onfederation of *T*rade *U*nions(전국 민주 노동 조합 총연맹). **kd** killed. **KD** *K*ingdom of *D*enmark; 〖권투〗 knocked *d*own; 〖상업〗 (또는 **kd.**) *k*nocked-*d*own(반제품의, 조립식의); *K*uwait *d*inar. **KDI** *K*orea *D*evelopment *I*nstitute(한국 개발 연구원). **KE** 〖과〗 *K*orean *A*ir(대한 항공의 국제 항공 코드).
ke·a [kéiə, kíːə] 〖조류〗 케아앵무(뉴질랜드산(産)).
Kea·ton [kíːtn] 〖명〗 키튼. 1 **Buster ~** (1895-1966; 미국 무성 영화 시대의 희극 배우). 2 **Diane ~** (1949- ; 미국의 여배우).
「시인.
Keats [kiːts] 〖명〗 **John ~** 키츠(1795-1821; 영국의
ke·bab [kəbάb/-bǽb] 〖명〗 =kabob.
keb·lah [kéblə] 〖명〗 =kibla(h).
keck [kek] 〖자〗 《영》 1 (…에) 웩하다, 욕지기[구역질]나다 (*at*). 2 (…을) 혐오하다, 혐오하는 감정을 나타내다 (*at*).
ked·dah [kédə] 〖명〗 =kheda.
kedge [kedʒ] 〖항해〗 〖동〗〖타〗 〖배〗를 (던져 놓는 작은 닻의) 줄을 당겨 움직이다. ━〖자〗 (배가) 작은 닻을 사용하여 움직이다. ━〖명〗 (또는 **~ ánchor**) (배를 움직이는 데 쓰는) 작은 닻. 〖잘·콩·향신료 따위를 쓴 인도 요리〗.
ked·ger·ee [kédʒəriː] 〖명〗 케저리(쌀·생선·달
KEDO *K*orean Peninsula *E*nergy *D*evelopment *O*rganization(케도; 한반도 에너지 개발 기구).
ke·ef [kiéf/kiːf] 〖명〗 =kef 2.
keek [kiːk] 〖스코·北英〗 〖동〗〖자〗 들여다보다; 훔쳐보다. ━〖명〗 들여다보기(peep), 훔쳐보기; 《영》 관습 침해, 산업 스파이. *take a ~ of* …을 들여다보다.
***keel**[1] [kiːl] 〖명〗 1 (배·비행선 등의) 용골(龍骨). ¶ *a false ~* 부(副)용골. 2 《시》 배. 3 용골 비슷한 것; 〖식물〗 (꽃의) 용골판; 〖동물〗 (새의) 용골 돌기. 4 (the K-) 〖천문〗 용골자리(Carina).
lay (down) a keel 용골을 놓다, 선박을 기공하다.
on an even keel ① (배가) 수평의[으로], 흘수(吃水)가 균일한[하게]. ② 〖비유적〗 (사태가) 안정되어; (사람이) 침착하여.
━〖동〗 1 〖배〗를 뒤집다(*over, up*). ¶(~+圄+튕) A blast of wind *~ed over* the yacht. 돌풍이 요트를 뒤집었다. 2 〖남〗을 넘어뜨리다, 졸도[기절]시키다(*over*). ━〖자〗 (배가) 뒤집히다, 전복하다(*over, up*). 2 졸도하다(*over*).
~**·less**
keel[2] [kiːl] 〖영방언〗 1 (석탄 운반용) 평저선(平底船). 2 킬(석탄의 중량 단위; 21.5 톤에 해당).
keel·age [kíːlidʒ] 〖명〗〖U〗 (배의) 입항세, 정박세.
keel·blocks [kíːlblὰks/-blɔ̀ks] 〖명〗〖복〗 용골대(臺).

keel·boat [kíːlbòut] 명 (美) 용골선(龍骨船) (Mississippi강 따위에서 쓰였던 조잡하게 만든 화물선).

Kéel·er pólygraph [kíːlər-] 명복 킬러식 거짓말 탐지기(lie detector). 〔<고안자인 미국의 범죄학자 L. Keeler (1903-1949)의 이름〕

keel·haul [kíːlhɔ̀ːl] 타 **1** 〔해사〕〔선원〕에게 잠수해서 용골 밑을 지나가게 하다(옛날의 형벌). **2** …을 호되게 꾸짖다. (또는 **keelhale**)

kéel line 〔해사〕 킬선(線)、 수미선(首尾線)(배의 중심선). 「 (또는 **kelson**)

keel·son [kélsən, kíːl-] 명 〔조선〕 내용골(內龍骨).

‡keen¹ [kiːn] 형 **1** (날 따위가) 날카로운, 예리한(a ~ blunt). ⇨SHARP 유의어 ¶a ~ edge of a razor 예리한 면도날. **2** (바람·추위 따위가) 매서운, 살을 에는 듯한; 통렬한, 신랄한; (냄새 따위가) 코를 찌르는. ¶a ~ slap 손바닥으로 호되게 때리기 / ~ sarcasm 신랄한 풍자 / a ~ scent 코를 찌르는 냄새. **3** (감각·지력 따위가) 날카로운, 예민한; (…에) 민감한 (of). ¶~ hearing 예민한 청력(聽力) / ~ reasoning 명민한 추리 / a ~ face 영리하게 생긴 얼굴 / The dog is ~ of scent. 개는 후각이 예민하다. **4** (경쟁·기질이) 격렬한, 드센. ¶~ competition 격렬한 경쟁 / ~ ambition 강한 야심. **5** 열심이는; …을 갈망하고 있는 (about, on, for, that 절); (英) …하고 싶어하는 (to do); (…에) 열중하는, (…을) 아주 좋아하는 (on). ⇨EAGER 유의어 ¶He is ~ about money. 그는 돈에 미쳐 있다 / He is not very ~ on music. 그는 음악을 별로 좋아하지 않는다 / He is ~ on promotion [or being promoted]. 그는 승진을 몹시 바라고 있다 / He is ~ to go to Paris. 그는 파리에 무척 가고 싶어한다. **6** (속어) 훌륭한(wonderful), 멋진; 대단한; 바람직한. **7** (英) (값이) 경쟁 때문에 품질에 비해 싼.

as keen as a razor 아주 예리한; 아주 영리한.

(as) keen as mustard (구어) 매우 열심인; 열망하는.

~·ness 명

keen² (아일) 명 (장례식 따위에서 망인을 애도하는) 곡, 통곡(lament); 비가(悲歌), 애가(哀歌). ── 동자 (망인을 애도하여) 곡하다, 슬퍼하며 울다. **~·er** 명

keen-edged [-édʒd] 형 날이 날카로운; 예리한.

keen-eyed [-áid] 형 눈이 날카로운.

‡keen·ly [kíːnli] 부 **1** 날카롭게, 통렬하게; 예민하게; 열심히. **2** (英) 치열하게 싸게. 「 는 (for).

keen-set [-sét] 형 배고픈; 갈망하는, 학수고대하는.

‡keep [kiːp] (**kept** [kept]) 타 **1** (어떤 동작·상태)를 유지하다, 계속하다 (…을 계속 보필(保佛)시키다); 〔길 따위〕를 계속 가다. ¶~ guard 파수 보다 / ~ step 계속 걷다 / ~ hold of …을 잡고 놓지 않다, 쥐고 있다 / ~ silence 가만히(잠자코) 있다 / She kept the center of the road. 그녀는 길 한복판을 계속 걸어갔다. **2** 〔사람·사물〕을 (어떤 상태로) 유지하다, (…)하여 두다; 계속 …하게 하다 (in, on). ¶(~+目+補) ~ an edge sharp 날을 날카롭게 갈아두다 / (~+目+補) ~ oneself well 건강을 유지하다 // ~ one's children in 아이들을 밖에 내보내지 않다 / (~+目+前+名) ~ a cat in a house 고양이를 집 안에만 있게 하다 / ~ oneself in good health 좋은 건강 상태를 유지하다 // (~+目+done) K- the window shut. 창문을 닫아두세요 / (~+目+-ing) ~ the light burning 계속 불을 켜두다.

3 〔물건〕을 자기 것으로 하다, 보유하다, 가지다; (…에) (장기간) 간직하다, 놓아두다 (in, on); …을 (…을 위해서) 남겨 두다, …을 떼어 놓다 (out) (for). ¶You may ~ it. 그것을 가져도 좋아, 너한테 주지 / You may ~ this book for a week. 이 책을 1주일간 네게 빌려 주겠다 // (~+目+前+名) K- the good wine for company. 그 좋은 와인은 손님용으로 따로 두어라.

유의어 **keep** 어떤 물건을 계속 가지다, 어떤 상태를 유지하다; 가장 일반적인 말. **retain** keep보다 딱딱 한 말; 빼앗으려는 힘에 대항하여 keep하다. **reserve** 장차 쓰기 위해 간직하다; 어떤 이유로 해서 잠시 보류하다. **withhold** 주기[내놓기]를 보류하다.

4 〔사람〕을 가두다, 구류하다, 감금하다 (in); 붙들다. ¶I won't ~ you long. 오래 기다리게 하지는 않겠습니다, 오래 걸리지는 않습니다 // (~+目+前+名) ~ a person in custody 남을 구류하다.

5 〔상품 따위〕를 비치해 두다; …을 팔다〔취급하다〕. ¶Does that store ~ canned goods? 그 가게에서는 통조림을 팔고 있습니까?

6 (가족)을 먹여 살리다, 부양하다; 〔가축 따위〕를 기르다, 사육하다 (in); 〔남〕을 고용하다(on); 〔차 따위〕를 유지하다(up); 〔숙박자〕를 머물게 하다; 〔정부(情婦)〕를 두다; …와 교제하다 (with). ¶~ a cook [maid] (on) 요리사〔가정부〕를 두다 / I can't ~ myself yet. 나는 아직 자립하지 못하고 있다. **7** …을 (마음에) 명기하다. ¶~ something in mind …을 기억해 두다. **8** (남에게) 〔어떤 일〕을 알리지 않다, 숨기다; …을 허락하지 않다, 시키지 않다; …을 방해하다, 제지하다 (from). ¶~ one's counsel 자기의 생각을 남에게 털어놓지 않다 / ~ one's temper 화를 억누르다 // (~+目+前+名) ~ the sad news from one's parents 슬픈 소식을 부모에게 알리지 않다 / The heavy rain kept us from going out. 폭우 때문에 우리는 외출할 수 없었다. **9** 〔일기·장부 따위〕를 적다, 기입하다, 기장(記帳)하다, (규칙적으로) 기록하다. ¶~ a diary [books, records] 일기〔장부, 기록〕를 적다. **10** 〔법률·규칙 따위〕를 지키다, …에 따르다; 〔약속·비밀 따위〕를 지키다, 이행하다. ¶~ a promise [or one's word] 약속을 지키다. **11** 〔축제·의식 등〕을 거행하다, …을 축하하다, 제사 지내다. ¶~ Christmas 크리스마스를 축하하다 / We ~ January the first as a holiday. 우리는 1월 1일을 공휴일로 삼고 있다. **12** 〔상점·학교 등〕을 경영하다, 관리하다. ¶~ a school [hotel] 학교〔호텔〕를 경영하다 / ~ house 집안 살림을 꾸려나간다. **13** …을 지키다, 보호하다 (from, against). ¶~ one's ground 자기 입장〔진지, 주장〕을 지키다, 한 걸음도 물러서지 않다 / God ~ you! 신의 가호가 있기를! / (~ +目+前+名) ~ a town against the enemy 적의 공격으로부터 도시를 지키다 / ~ one's son from illness 아들이 병에 걸리지 않게 하다. **14** …을 돌보다, 손질하다. ¶a garden be ~ 손질하다 / This room is always well kept. 이 방은 언제나 잘 정리되어 있다. **15** 〔집회·법정·장 따위〕를 열다, 개최하다. ¶~ an assembly 집회를 열다. (어떤 곳) 에 머무르다, 틀어박히다. ¶~ one's bed (병으로) 자리에 누워 있다. **17** (음악) 〔박자·가락〕을 맞추다. ¶~ the rhythm 리듬을 맞추다. **18** 〔신문 따위〕를 완전히 장악하다. ¶a kept press 어용 신문.

── 자 **1** (보어와 함께) (어떤 상태)를 유지하다, …인 채로 있다: (동작을) 계속하다, 줄곧 …하다 (on doing). ¶(~+補) ~ quiet 조용히 하고 있다 / ~ indifferent 속 냉담하다 / Weather ~s fine. 좋은 날씨가 계속되고 있다 / (~+-ing) How are you ~ing? 요즘 어떠세요? / (~+前+名) The wind kept to the east all day. 바람은 온종일 동쪽으로 불었다 // (~ +-ing) The fire kept burning all night. 불은 밤새도록 계속 타고 있었다.

USAGE **keep ...ing**와 **keep on ...ing**
...ing는 상태를 나타내는 동사에 써서 동작의 계속을 뜻하고, keep on ...ing는 동작을 나타내는 동사에 써서 동작의 계속·반복을 나타내는 데 쓴다: It kept raining for a week. / He kept on reading the magazine. 다만 keep ...ing가 동작을 나타내는 동사에 사용되면 (그 동안) …을 계속하다, 를 뜻하고, keep on ...ing는 「여지껏 …하고 있다」를 뜻하는 데 주의하라: He kept smoking all the time. / He kept on smoking after the doctor told him to stop.

2 (…에) 머무르다, 틀어박히다 (*in, to*). ¶ (~+劚) (~+前+名) ~ *indoors* [or *at home*] 집 안에 틀어박혀 있다 / ~ *out of* the way (방해가 되지 않도록) 떨어져 있다 / ~ *to* one's bed (병으로) 자리에 누워 있다 / I'll ~ *in* the house if it rains. 비가 오면 집에 있겠다. **3** (음식 따위가) 오래가다, 보존이 가능하다. ¶ This food will ~ for a long time. 이 식품은 오래간다. **4** 뒤로 미룰 수 있다, 기다릴 수 있다. ¶ The news will ~. 그 이야기는 나중에 해도 된다. **5** (…을) 삼가다, 하지 않다 (*from* (*doing*)). ¶ (~+前+名) ~ *from drinking* 술을 삼가다 / They could not ~ *from laughing*. 그들은 웃지 않을 수 없었다. **6** (비밀 따위가) 지켜지다, 새지 않다. ¶ I knew the secret would ~ if I told nobody. 나만 입다물고 있으면 비밀은 지켜질 것으로 알고 있었다. **7** (구어) 열리고 있다; 수업이 있다. ¶ School ~s till four o'clock. 수업은 4시까지 있다. **8** (英구어) 살다, 거주하다; 숙박하다; 체류하다.

keep about [or ***around***] 가까운 곳에 두다.
keep after ① 꾸짖다, 비난하다; (…따위를) 끈덕지게 말하다 (*to do*). ¶ ~ *after* the pupils *to* write neatly 학생들에게 글씨를 깨끗이 쓰라고 늘 잔소리하다. ② (사람·동물) 을 쫓아가다, 뒤쫓다.
keep ahead 남보다 앞서 있다; 앞서 가다 (*of*).
keep a person ***up to the collar*** 남을 열심히 공부하게 하다.
keep at ① 꾸준히 노력하다, 열심히 하다. ¶ *K- at* it! 꾸준히 노력하라!, 힘내라!. ② =*keep after*. ③ =*keep on at*.
keep away ① 가까이 가지 않다, 피하다 (*from*). ¶ ~ *away from* liquor 술을 삼가다. ② …을 접근시키지 않다 (*from*). ¶ ~ a child *away from* fire 아이를 불 옆에 가지 못하게 하다.
keep back ① (일부를) 간직해 [떼어] 두다. ② (남을) 제지하다; (재해 따위를) 방지하다, 막다 (*from*). ¶ The police *kept* the crowd *back*. 경찰은 군중을 제지했다. ③ (일 따위를) 지연시키다. ④ (비밀·감정 등을) 숨기다 (*from*). ⑤ (남의 진보[발전]를) 방해하다. ⑥ (돈을) (급료에서) 공제하다 (*from*). ⑦ =*keep away*. ⑧ 보류해 두다 (*withhold*).
keep bad [or ***late***] ***hours*** 밤늦도록 자지 않고 있다.
keep down ① (반란 따위를) 진압하다. ② (감정·경비·임금·인구 등을) 억제하다, …을 참다. ③ (잡초·해충 따위를) 자라지 않게 하다. ④ (남의 향상을 방해하다; (사람·국가 따위를) 억압하다. ⑤ (들키지 않게) 몸을 낮추다. ⑥ (바람에) 자다, 잠잠해지다.
keep from …을 삼가다 (*doing*); …에서 멀리하다.
keep going ① (일 따위를) 계속하다; 바쁘게 일하다. ② (남을) 재정적으로 원조하다.
keep … going (구어) …의 목숨을 지탱하게 하다; …에게 계속 활동하게 하다. ¶ 일할 수 있게 하다.
keep good [or ***early, regular***] ***hours*** 일찍 자고 일찍 일어나다.
keep in ① (감정 따위를) 억누르다. ¶ ~ a secret *in* 비밀을 가슴 속에 묻어 두다. ② 남을 가두다; (벌로서 방과후에) (학생을) 교실에 남아 있게 하다. ③ (구어) (불·난로를) 계속 때다. ④ 틀어박히다. ⑤ (불이) 타고 있다.
Keep in there! 힘내라!, 그래 그렇게 하면 돼!
keep in with (구어) …와 사이좋게 지내다, 우호를 유지하다.
keep it up 계속하다, 계속해 나가다. ¶ 유지하다.
keep off ① …을 접근시키지 않다, …의 출입을 금하다; …을 피하다. ¶ *K- off* the grass. (게시) 잔디밭에 들어가지 마시오. ② (술·담배 따위)를 삼가다. ③ 가까이 가지 않다, 떨어져 있다. ④ (눈·비 따위가) 내리지 않다.
keep on ① …을 몸에 걸치고 있다, 착용하고 있다. ② …을 고용해 두다. ⇨劚 6. ③ 계속해서 …하다 (*doing*). ⇨劚 1. ¶ ~ *on reading* all day long 하루 종일 책을 읽다. ④ 전진하다. ⑤ 붙어 있다, 떨어지지 않다. ¶ The buttons of this coat never ~ *on*. 이 상의의 단추는 제대로 붙어 있은 적이 없다.

keep on about …을 귀찮게 졸라대다; …에 대해 수다떨다.
keep on at …에 대해 / …하도록) (남)에게 딱딱거리다, 귀찮게 잔소리하다 (*about / to do*).
keep (*oneself*) ***to*** *oneself* (구어) 남과 어울리지 않다, 혼자 지내다.
keep one's ***end up*** ⇨ END.
keep one's ***way*** 계속 나아가다 [전진하다].
keep out ① …을 안에 들이지 않다, 따돌리다; …을 밖에 내쫓다. ② 권외에 머무르다, 참가하지 않다. ¶ *K-out*. (게시) 출입 금지. ③ 따로 두다.
keep out of …을 멀리하다, 피하다; 간섭하지 않다.
Keep out of this! (美구어) 참견하지 마, 쓸데없는 짓을 하지 마.
Keep the [or ***your***] ***change.*** 잔돈[거스름돈]은 그만 두시오 [가지시오].
keep to ① (약속·계획 등을) 지키다; …에서 떨어지지 않다. ⇨劚 1. ② …에 틀어박혀 있다. ⇨劚 2.
keep together 한데 모아두다 [모이다]; (사람이) 단결하다; (물건이) 달라붙어 있다; 서로 협조하다.
keep … to *oneself* ① …을 독점[점유]하다. ② …을 비밀로 하다, 남에게 알리지 않다. ¶ ~ a secret *to oneself* 비밀을 남에게 알리지 않다.
keep (***to the***) ***left*** [***right***] 좌측[우측] 통행하다.
keep under ① …을 복종시키다. ② (감정 등을) 억누르다. ③ …의 상태에 두다.
keep up ① …을 계속하다, 유지하다. ② (신용·가격 따위를) 유지하다. ¶ They are very anxious to ~ *up* the reputation of the firm. 그들은 회사의 평판을 유지하려고 노심초사하고 있다. ③ (세기·빠르기 따위에서) 서로 지지 않다; (시대의 추세·유행에) 뒤지지 않다 (*with*). ¶ He walked so fast that his wife could not ~ *up with* him. 그가 너무 빨리 걸었기 때문에 그의 아내는 따라갈 수가 없었다. ④ (…의) 정보에 정통해 있다 (*on, with*). ¶ ~ *up on* international relations 국제관계에 관한 정보에 밝다.
keep with ① …을 따라가다; …와 교제하다. ② (구어 따위)를 계속적으로 하다.
Where (***have***) ***you been keeping yourself?*** (美구어) 오래 못 보았는데, 어디에 갔다 왔어요?
You can keep a thing [or person]. (구어) …에는 관심[흥미]이 없다, …은 좋아하지 않다.

── 图 ① 음식; 의식(衣食); 생활비; 생계. **2** (가축) 사료의 비축. **3** ⓒ 성 중심부의 탑(donjon); 성, 요새; 교도소, 감옥. **4** (고어) 관리[보존, 유지] (자). **5** (~s) (단수취급) 구슬치기 놀이의 일종. **6** (미식축구) =~ play.
be in good [or ***high***] ***keep*** 잘 보존되어 있다.
earn one's ***keep*** 생활비를 벌다.
for keeps (구어) ① (게임 따위에) 따면 돌려주지 않기로 하고. ② 영원히; 완전히. ¶ Is this mine *for ~s?* 이것을 제게 주시는 것입니까? ③ 진정[진담]으로.
-a·ble [-əbl] *a.* **-a·bil·i·ty**.

‡**keep·er** [kíːpər] *n.* **1** 지키는 사람, 보호자; 양육자; (복합어로) 파수꾼, 감시원; 간수; 사냥터지기(gamekeeper); (미치광이의) 보호자. ¶ a lighthouse ~ 등대지기. **2** (복합어로) 관리인: 경영자; 가게 주인; 소유자; 사육자. **3** (크리켓) =wicketkeeper; (축구) =goalkeeper; (미식축구) =keep play; (시간) 기록 담당원. **4** 묶어두는 것; 죔쇠, 걸쇠, 빗장 (latch); 빗장 구멍; 덫 반지. **5** 보존이 가능한 과실 [채소]. **6** (英) (귀중한 물건·공공물 등의) 관리인[보관자]; (the K-) (관직명으로) (왕실의) 보관관(保管官), 관리관. **7** 잡아도 법에 걸리지 않을 만큼 자란 물고기.
a good [***bad***] ***keeper*** (야채·과일 따위가) 오래 보존되는 [되지 않는] 것.
the Keeper of the Crown Jewels [***Privy Purse***] (英) 왕실 보기(寶器) 보관관 [출납 장관].

keep-fit [-fít] ⓐ 건강 체조의, 건강 유지의. ¶a ~ class 건강 체조 교실. ── ⓝⓤ (또는 **keep fit**) (건강을 위한 여성 취향의) 운동, 체조.

‡**keep·ing** [kíːpiŋ] ⓝⓤ 1 (…와의) 일치, 조화 (with). 2 보존; 저장; 보관, 관리; 보유, 유지. ¶have the ~ of …을 맡아두다 (I will leave it to your ~. 너에게 그것을 맡기겠다 / Finding is ~. (속담) 주운 사람이 임자. 3 양육, 부양; 사육; 사료, 음식물. 4 (복합어로) (의식·관습의) 준수; 축하, 경의를 거행하기. ¶The ~ of Thanksgiving Day is an old American custom. 추수 감사절을 지키는 것은 미국의 오랜 관습이다.

in keeping with …와 일치(조화)하여, 어울려. ¶The curtain is *in* ~ *with* the room. 그 커튼은 방에 잘 어울린다.

out of keeping with …와 일치(조화)하지 않고.

kéeping ròom (고어) 거실(sitting room).

keep-lock [-làk/-lɔ̀k] ⓝ (속어) (수감자의) 독방 감금 (징벌).

kéep plày ⓝ [미식축구] 쿼터백이 공을 패스하는 척하면서 그대로 가지고 달리는 플레이.

***keep·sake** [kíːpsèik] ⓝ 1 유품(memento), 기념품. ¶accept a ring as a ~ 유품으로 반지를 받다. 2 (19세기 초에 유행한) 증정용 장식책(도서).

kees·hond [kéishànd/-hɔ̀nd] ⓝ **-hon·den** [-dən] (네덜란드산(産) 삽살개).

kees·ter [kíːstər] ⓝ (美속어) =keister.

kef [keif, kef] ⓝ 1 (중동) (마약 따위에 의한) 황홀경, 도취 상태. 2 (또는 **keef**) 흡연용 마약; 마리화나.

kef·fi·yeh [kəfíːə] ⓝ =kaffiyeh.

keg [keg] ⓝ 1 (5~10갤런들이의) 작은 나무통. 2 못의 중량 단위(100파운드에 해당). 3 (英) (또는 ⊥ **bèer**) 작은 나무통에 든 생맥주.

Ké·gel èxercise [kéigəl-] ⓝ 케겔 체조(실금(失禁) 억제 등을 위해 치골미골근(恥骨尾骨筋)을 수축시켜 그 강화를 꾀하는 운동).

kegged [kegd] ⓐ (美속어) 몹시 취한.

keg·ger [kégər] ⓝ (美속어) =keg party; (종종 ~s) 한 통의 맥주.

keg·ler [kéglər] ⓝ (속어) 볼링 경기자(bowler).

keg·ling [kégliŋ] ⓝⓤ (美구어) 볼링(bowling).

kég pàrty ⓝ (구어) 맥주 파티.

keis·ter [kíːstər] ⓝ (美속어) 궁둥이; 가방; 슈트케이스; 금고.

Keith [kiːθ] ⓝ 키스(남자 이름).

Kel·ler [kélər] ⓝ **Helen (Adams)** ~ 켈러(1880-1968: 농·맹아의 삼중고를 극복한 미국의 여류 저술가·교육자).

Kéller plàn [mèthod] ⓝ (교육) (대학의) 개성화 교수법, PSI(Personalized System of Instruction). [<미국의 심리학자 Fred S. Keller의 이름]

Kél·logg-Bri·ánd Páct [kélɑːgbriáːnd-] ⓝ (the ~) 켈로그브리앙 조약(1928년 전쟁의 불법화와 국제 분쟁의 평화적 해결을 다짐한 조약). (또는 **Kéllogg Péace Pàct**) [<미국과 프랑스 정치가 F. B. Kellogg (1856-1937)와 A. Briand(1862-1932)의 이름]

ke·loid [kíːlɔid] ⓝ [병리] 켈로이드(화상 따위의 상처가 아문 후에 생기는 종양). **ke·lói·dal** ⓐ

kelp [kelp] ⓝ 켈프(다시마 따위의 큰 갈조(褐藻)); 켈프회(灰)(요오드 따위의 원료). ── ⓥ (태워서) 켈프회를 만들다.

kel·pie [kélpi] ⓝ (스코 전설) 물귀신(말처럼 생겼고 사람을 익사시킨다 함). (또는 **kelpy**)

kel·son [kélsən] ⓝ (조선) =keelson.

kelt [kelt] ⓝ 1 산란 직후의 살빠진 연어. 2 (美속어) 백인, 피부색이 백인 같은 흑인.

Kelt [kelt] ⓝ =Celt.

kel·ter [kéltər] ⓝ (英방언) =kilter.

Kel·vin [kélvin] ⓝ 켈빈. 1 **William T.** ~ (1824-1907: 영국의 물리학자). 2 (k-) 온도의 SI 기본 단위(물의 3중점(三重點) 온도의 1/273.16; 절대 온도; 기호 K). ── ⓐ (물리) 켈빈(절대) 온도 눈금의 (~ scale)의.

Kélvin scàle ⓝ (물리) 켈빈(절대) 온도 눈금.

Ke·mal A·ta·türk [kəmάːl ǽtətɜ̀ːrk] ⓝ 케말 아타튀르크(1881-1938: 터키의 장군; 초대 대통령).

kemp [kemp] ⓝⓤ 질이 나쁜 양털 부스러기.

Kem·pis [kémpis] ⓝ **Thomas à** ~ 켐피스(1379?-1471: 독일의 성직자·신비사상가).

kempt [kempt] ⓐ (집 따위가) 아담한; (머리털 따위를) 산뜻하게 빗은, (모양이) 가지런한.

*__**ken**__*[1] [ken] ⓝⓤ 이해, 지식; 지력(知力)의 범위, 인식의 범위; 시야, 시계(視界).

beyond [or *out of, not within, outside*] *a person's **ken*** 남이 이해할 수 없는, 시야 밖의.

within [or *in*] *a person's **ken*** 남의 시야 안에, 이해할 수 있는.

── ⓥ (**-nn-**; ~**t**) ⓣ 1 (스코) 알다, 이해하다; 와 교제하다다. 2 (고어) …을 보다(인정하다).
── ⓘ (英방언) (…에 관한) 지식을 가지다, 알다, 이해하다.

ken[2] ⓝ (속어) (도둑 따위의) 소굴, 은신처.
Ken Kentucky.   [형적인 미국인.
Kén dòll (美) 1 켄 인형(미국 남자아이 인형). 2 전
Ken·nan [kénən] ⓝ **George F.** ~ 케넌(1904- : 미국의 외교관·역사가).

Ken·ne·dy [kénədi] ⓝ 케네디. 1 **John F(itzgerald)** ~ (1917-63: 미국의 제35대 대통령(1961-63)). 2 **Robert F(rancis)** ~ (1925-68: 미국의 정치가, 법무장관·상원의원; 1의 동생).

⊥**-ésque** ⓐ 케네디풍의.

Kénnedy Cénter (the ~ for the Performing Arts) (美) 케네디 (공연 예술) 센터(Washington, D.C. 소재 문화 전당).

Kénnedy Internátional Áirport ⓝ =John F. Kennedy International Airport.

Kénnedy Róund ⓝ (the ~) 케네디 라운드(미국이 GATT를 무대로 벌인 관세의 일괄 인하 교섭; 케네디 대통령이 제창). [nedy Space Center.

Kénnedy Spáce Cènter ⓝ =John F. Kennedy
*__**ken·nel**__*[1] [kénl] ⓝ 1 개집(doghouse). 2 (여우 따위의) 굴, 숨는 장소. ¶go to ~ 굴 속에 숨다, 피난하다. 3 (종종 ~s) 개 사육장, 사냥개 집결소, 개 우리; 애견 위탁소. 4 (사냥개 따위의) 떼(pack). 5 오두막집, 판잣집.
── ⓥ (**-l-**, (英) **-ll-**) ⓣ (개)를 개집에 넣다, 개집에서 기르다. ⓘ (개가) 개집에서 자다(살다); (사람)이 숙박하다(lodge), 살다.

ken·nel[2] ⓝ 하수도, 도랑, 시궁창(gutter).
kénnel club ⓝ 애견 클럽; 개 사육자 협회.
Ken·neth [kéniθ] ⓝ 케네스(남자 이름).
ken·ning [kéniŋ] ⓝ (스코) ⓝⓤ 1 (완곡) 대칭법(boat 대신 또는 부가어로서 wave traveler를 쓰는 따위의 시적 표현; 고대 영시에 많다). 2 인식, 이해.

Kén·ny mèthod [trèatment] [kéni-] ⓝ (의학) 케니요법(오스트레일리아의 간호사 Elizabeth Kenny(1886-1952)가 시작한 소아마비 치료법).

ke·no [kíːnou] ⓝⓤ 키노(lotto 비슷한 도박의 일종).

ke·no·sis [kinóusis] ⓝⓤ (신학) (예수의 성육신으로 고난에 섰으시는) 자기 비하(自己卑下) (Phil.) 2:7.   [고진공 정류기.

ken·o·tron [kénətràn/-trɔ̀n] ⓝ (전기) 고전압용
Ken·sing·ton [kénziŋtən] ⓝ 영국 London 서부의 옛 자치구(Kensington Gardens와 고급 상점·주택, 외국 공관 등이 많다).

ken·speck·le [kénspèkl] ⓐ (스코·北英) 눈에 띄는, 금방 알 수 있는. (또는 **kenspeckled**)

Kent [kent] ⓝ 켄트(영국 잉글랜드 남동부의 주; 주도 Maidstone). ⊥**·ish** ⓐ Kent 주(사람)의.

Kent bugle 명 =key bugle.
Kent·ish fíre [kéntiʃ-] 명 (英) 그칠 줄 모르는 박수 갈채; 요란한 비난(반대).
Kent·ish·man [kéntiʃmən] 명 Kent 사람, Kent 출신자.
Kéntish rág 명 켄트석(石)(Kent 지방산의 단단한 석회암; 건축재).
kent·ledge [kéntlidʒ] 명 U (선박) 밸러스트(바닥 짐용의 선철).
Ken·tuck·i·an [kəntʌkiən/ken-] 형 Kentucky 주의, Kentucky 주 주민의. — 명 Kentucky 주의 주민.
*** Ken·tuck·y** [kəntʌki/ken-] 명 켄터키(미국 중동부의 주; 주도 Frankfort; 약 Ky., Ken.).
Kentúcky blúegrass 명 (Mississippi 강 유역산(產)의) 왕포아풀(목초용).
Kentúcky Dérby 명 켄터키 경마(미국 Kentucky 주 Louisville에서 매년 개최되는 세 살짜리 말의 경마).
Kentúcky óyster 명 (속어) (식용의) 돼지 곱창.
Ken·ya [kénjə, kíːn-] 명 1 케냐(아프리카 동부의 공화국; 수도 Nairobi. 2 Mount ~ 케냐산(케냐 중앙부의 화산). **-yan** 형 Kenya인(의); Kenya의.
Ken·ya·pith·e·cus [kènjəpíθikəs] 명 케냐 원인(原人), 케냐피테쿠스(1962-67년에 발견).
Ké·ogh plàn [kíːou-] 명 자영업자 퇴직 연금 제도. [<미국 국회의원 E. J. Keogh(1907-89)의 이름]
kep·i [ké(i)pi] 명 케피모(帽)(위가 납작한 프랑스 육군 모자).
Kep·ler [képlər] 명 **Johannes ~** 케플러(1571-1630; 독일의 천문학자). **~·i·an** [kepli(ə)riən] 형
Kép·ler's láws 명 (천문) 케플러의 법칙.

[kepi]

‡**kept** [kept] 명 keep의 과거·과거분사. — 형 1 (주의·사상의) 경제적 조종에게 좌우되는. ¶a ~ press 어용 신문. 2 (정부(情婦) 등이) 묶여(잡혀)있는. ¶~ woman 정부, 첩. 3 (종종 복합어로) (토지·건물 등이) 잘 유지(손질)된. ¶ill-[well-]~ houses 보존이 잘 된(안된) 집들. 4 (남자가) 호모인[의 관계에 있는].
ke·ram·ic [kəræmik] 형 = ceramic.
ke·ram·ics [kəræmiks] 명 = ceramics.
ker·at- [kérət] (연결) ⇒KERATO.
ker·a·tec·to·my [kèrətéktəmi] 명 (의학) 각막 절제(술).
ker·a·tin [kérətin] 명 (동물) 케라틴, 각질(角質), 각소(角素). **-ti·nous** [kərǽtənəs] 형
ker·a·ti·tis [kèrətáitis] 명 (병리) 각막염.
ker·a·to- [kérətou, -tə] (연결) (*모음 앞에서는 kerat-) 1 horn, hornlike의 뜻. ¶keratogenous. 2 cornea의 뜻. ¶keratoplasty. [keratose]
ker·a·tode [kérətòud] 명 각질, 각질 섬유. (또는 **ker·a·tog·e·nous** [kèrətádʒənəs/-tódʒ-] 형 뿔 [각질(角質)]이 생기는.
ker·a·to·plas·ty [kérətouplæ̀sti] 명 (의학) 각막 형성(이식)술. **-plás·tic** 형 [keratode]
ker·a·tose [kérətòus] 형 각질(角質)의. (또는
ker·a·to·sis [kèrətóusis] 명 (pl. **-ses** [-siːz]) (의학) (피부의) 각화증(角化症); 각질 증식.
ker·a·tot·o·my [kèrətátəmi/-tɔ́t-] 명 (의학) 각막 절개술.
kerb [kəːrb] 명 동 타 (英) =curb.
kérb cràwler 명 (英) (여자를 유혹하기 위해) 도로변을 운전하는 남자. **kérb-cràwl** 동 자
kérb drìll 명 (英) (도로 횡단시의) 좌우 살펴보기.
kérb·stone [kə́ːrbstòun] 명 (英) =curbstone.
kérb wéight 명 (자동차의) 전비(全備) 중량.
ker·chief [kə́ːrtʃif] 명 (여성의) 머릿수건, 스카프; 목도리(neckerchief); 손수건. **~ed** [-t] 형
kerf [kə́ːrf] 명 (도끼·톱 따위에 의한) 자른 자국; 벤 질한 자국, 잘린 곳. — 동 타 (목재에) 자른 자국을 내다.
ker·floo·ey [kərflúːi] 부 (구어) *다음 숙어로만 쓴다.

go kerflooey (갑자기) 서다, 고장나다; 장단이 틀리다.
ker·flop [kərflɑ́p/-flɔ́p] 부 (구어) 털썩, 쿵 하고.
ker·fuf·fle [kərfʌ́fl] 명 U (英구어) (…을 둘러싼) 소동, 법석(about). (또는 **carfuffle, kurfuffle**)
fuss and kerfuffle 요란 법석.
ker·ma [kə́ːrmə] 명 (물리) 케르마(간접 전리 입자의 선량(線量) 측정에 쓰는 양).
ker·mes [kə́ːrmiz] 명 1 U 케르메스(연지벌레의 암컷을 말려서 만든 적색 염료). 2 (연지벌레가 사는) 떡갈나무의 일종. 3 암연지벌레.
ker·mis [kə́ːrmis] 명 (네덜란드 등의) 큰 장(축제); 바자, 자선시(慈善市). (또는 **kermess, kirmess**)
kern¹ [kə́ːrn] 명 (인쇄) (활자의) 돌출부(몸통으로부터 튀어나온 자면의 일부). — 동 타 (활자)를 돌출시키다. ¶a ~ed letter 돌출 활자. (또는 **kerne**)
kern² [kə́ːrn] 명 (고어) 고대 아일랜드의 경무장 보병인; (아일) 병사; 아일랜드인의 농부. (또는 **kerne**)
*** ker·nel** [kə́ːrnl] 명 1 (과일의) 인(仁), 핵(核). 2 (보리 따위의) 낱알. 3 (the ~) (사물의) 중심부, 핵심, 중핵, 요점. 4 (문법) 핵문(核文). 5 (물리) 핵; (컴퓨터) 커늘(OS의 중추부). — 동 타 (**-l-**, (英) **-ll-**) (핵처럼) …을 둘러싸다.
~ed 형 인(핵)이 있는. **~·less, ~·like, ~·ly** 형
kérnel séntence 명 = kernel 4.
ker·o¹ [kérou] 명 (~**s**) 케로(고대 잉카 사람이 만든 컵 모양의 다색 채문 토기).
ker·o² [kérou] 명 (濠) = kerosene.
*** ker·o·sene** [kérəsìːn, `-´] 명 U (美) 등유(燈油) (英) paraffin (oil)). (또는 **kerosine**)
Ker·ou·ac [kérʊæ̀k] 명 **Jack ~** 케루악(1922-69; 미국의 소설가).
ker·plunk [kərplʌ́ŋk] 부 텀벙, 쿵.
go kerplunk (속어) 실수를 하다; 못쓰게 되다.
Ker·ry [kéri] 명 케리. 1 (종종 k-) 케리종의 젖소(아일랜드의 Kerry 원산). 2 남자 이름.
Kérry blúe (térrier) 명 케리블루테리어견(犬)(아일랜드산(產)). [물) 커지(천) 옷.
ker·sey [kə́ːrzi] 명 U 커지천(바탕이 거친 능직 모
ker·sey·mere [kə́ːrzimìər] 명 U 커시미어(양질의 양털로 촘촘하게 짠 능직의 직물; 주로 신사복용).
[<*kersey*+*cashmere*]
ke·ryg·ma [kirígmə] 명 (英 ~·ta [-tə]) (성서) 선교, 케리그마(← 마태복음(Matt.) 12 : 41, 고린도전서 (1 Cor.) 1 : 21). **-mat·ic** [kèrigmǽtik] 형
kes·trel [késtrəl] 명 (조류) 황조롱이.
ket·a·mine [kíːtəmìːn, -min] 명 (약학) 케타민(비(非)바르비탈계 전신 마취약).
ketch [ketʃ] 명 케치(쌍돛대의 연안 무역선).
*** ketch·up** [kétʃəp, kǽtʃ-] 명 U 케첩. ¶tomato ~ 토마토 케첩. (또는 **catchup, catsup**)
ke·to [kíːtou] 형 ketone의[에 관한, 을 함유한].
ke·tone [kíːtoun] 명 (화학) 케톤.
ke·ton·ic [kitánik/-tɔ́n-] 형
kétone gròup[rádical] 명 (화학) 케톤기(基).
‡**ket·tle** [kétl] 명 (英 ~**s** [-z]) 1 솥, 가마; 주전자; 물 끓이는 그릇(teakettle). 2 (the ~) 주전자(솥)의 물; 한 주전자(분). 3 (속어) 회중 시계. 4 = kettledrum.
another [or a (very) different] kettle of fish 전혀 다른 사람[것], 별개 문제. [태(mess).
a (pretty [or fine) kettle of fish 혼란, 엉망인 상
keep the kettle boiling
= *keep the POT boiling*.
put the kettle on 주전자에 불을 붙이다.
ket·tle·drum [kétldrʌ̀m] 명 1 케틀드럼(당 timpani). 2 (구어) (19세기에 유행한) 오후의 다과회.

[kettledrum 1]

~-mer 명 케틀드럼 연주자.
ket·tle-hold·er [-hòuldər] 명 주전자를 잡는 행주.
keV, kev 약 kiloelectron volt. 〔한 돌기물[말뚝)〕.
kev·el [kévəl] 명 배의 밧줄을 잡아매는 튼튼
Kev·in [kévin] 명 케빈(남자 이름: Kenneth의 별칭).
Kev·lar [kévlɑːr] 명 〔상표〕 케블러(강도가 높은 아라미드 섬유: 방탄복용).
Kéw Gárdens [kjúː-] 명복 《종종 단수취급》 큐 왕립 식물원(공식명 the Royal Botanic Gardens).
〔<Kew is London 서부 교외의 주택 지구〕
Kew·pie [kjúːpi] 명 〔상표〕 큐피 (인형).
*__key__¹ [kiː] 명 (복 ~s [-z]) 1 열쇠(용 lock). ¶ a master ~ 결쇠, 마스터 키/a ~ to a door 어떤 문의 열쇠/turn a ~ in …에 자물쇠를 잠그다. 2 (a ~, the ~) (획득·해결 따위의) 수단, 단서(clue)(to, for, of); (성공 따위의) 비결(to, for); (암호 따위를 해독하는) 열쇠; (국면·문제 따위의) 해결 집, 참고서(to); (사전·지도 따위의) 기호 해설, 약어 일람; 입문서, 안내서; (외국어 서적의) 번역본. ¶ the ~ to success 성공의 비결. 3 (어떤 지역으로 들어가기 위한) 요소, 요지, 관문(to); 중요 인물, 열쇠를 쥔 사람. ¶ the ~ to the Mediterranean 지중해의 관문/You are the ~ to the whole thing. 만사가 네 두 어깨에 달려 있다. 4 (기계 장치의) 핀, 볼트, 코터(cotter). 5 나사돌리개, 드라이버, 스패너(wrench). 6 (전신기의) 전건(電鍵), 키; (컴퓨터·타자기의) 키; (음악) (피아노 등의) 키, 건(鍵). ¶ a natural [chromatic] ~ (피아노의) 흰[검은]건. 7 (음악) 주조음(主調音), (장단의) 가락, (한 악곡의) 조. ¶ the major [minor] ~ 장[단]조/a symphony in the ~ of C minor 다 단조 교향곡/related ~s 근접조(近接調)/He sings off ~. 그는 이상한 가락으로 노래한다. 8 (목소리의) 어조(tone, pitch). ¶ speak in a high [low] ~ 높은[낮은] 어조로 말하다. 9 (그림의) 색조; 〔사진〕 (명암의) 기조(基調); (사상·감정 등의) 경향, 특징. ¶ paint in a low ~ 차분한 색채로 그리다/all in the same ~ 단조롭게, 똑같은 투로. 10 〔전기〕 회로 개폐기, (전화 회로 개폐용의) 전건(電鍵). 11 〔생물〕 (동물의) 검색표(檢索表). 12 〔식물〕 시과(翅果), 익과(翼果)(samara). 13 〔석공〕 외(根) 사이로 비어져 나온 회삼물, 판자면의 꺼칠꺼칠함. 14 〔광고〕 식별 부호, 분류 기호. 15 〔농구〕 = keyhole 2. 16 (the ~s) 〔기독교의〕 교황권; 천국의 열쇠(←마태 복음(Matt.) 16 : 19).
all in the same key 단조롭게, 감정을 놓지 않고.
get [or have] the key of the street (익살) (밤에) 내쫓기다. ┌하다(. …의 열쇠를 쥐다.
have [or hold] the key to [or of] …을 좌우하다
in [out of] key with …와 조화되어[되지 않고],
lay [or put] the key under the door 살림[가게]
on key 바른 음조로, 가락이 맞아. └을 걷어치우다.
(the) power of the keys 교황권.
under lock and key 자물쇠를 채워.
— 형 1 중요한, 중대한; 주된, 기본적인; (산업 따위의) 기간(基幹)의. ¶ a ~ color 기조색/the ~ Swiss bank 스위스를 대표하는 은행. 2 불가결한(to). ¶ Learning the language is ~ to understanding the culture. 문화를 이해하자면 언어의 습득은 불가결하다.
— 탄 1 (연행 따위를) (분위기 따위에) 맞추다(to, into, to do). ¶ (~ +옮+젊+명) ~ one's speech to the occasion 그 자리의 분위기에 맞추어서 말하다. 2 (그림에) 어떤 색조로 〔그림〕을 그리다, (특정한 색조로) 통일하다(to). 3 〔음악〕 (악기)를 조정하다, …의 음조를 올리다(up, down). ¶ (~ +옮+위) She ~ed the piano *down*. 그녀는 피아노의 음조를 낮추었다. 4 …에 자물쇠를 채우다, …을 자물쇠로 잠그다, …을 쐐기로 고정시키다(in, on, to). 5 〔농구〕 (아치 따위) 에 사북돌을 넣다. 6 (광고의 반응을 알기 위해) (광고 속) 에 부호를 넣다. 7 〔컴퓨터〕 (데이터)를 (컴퓨터에) 입력하다 (in, into). — 탄 1 열쇠를 채우다[사용하다]; 2 (미식

축구) 상대의 움직임[위치]을 지켜보다(on). 3 =*key* (in) *on* …에 초점을 조이다. └board.
key up ① [악기]의 음조를 높이다. ② …을 북돋우다 (*for*, *to*, *to do*); (수동형·재귀용법으로) 긴장시키다. ¶ He was extremely ~*ed up*. 그는 극도로 긴장했다. ③ (요구 따위)를 강화하다.
key² 명 모래톱, 암초(岩礁), 산초(cay).
kéy accóunt 명 (회사 등의) 주요 거래처[고객].
‡__key·board__ [kíːbɔ̀ːrd] 명 1 (피아노 따위의) 건반, (컴퓨터 따위의) 자판, 키보드; (~s) 건반 악기. 2 (호텔 따위의) 객실 열쇠 보관판. — 탄 1 키를 두드려서 (정보)를 입력하다. 2 …을 식자기로 조판하다; (전산) 사식하다. -**er**, -**ist** 건반 악기 주자(奏者).
kéy búgle 명 유건(有鍵) 나팔. ┌는 부분.
kéy·but·ton [kíːbʌ̀tn] 명 키버튼(키의 손가락이 닿는
kéy cárd 명 키 카드(전자식으로 자물쇠를 열거나 기계 등을 조작하는 자기(磁氣) 카드).
kéy cáse 명 열쇠 주머니. ┌모를 가진 아이.
kéy chíld 명 (아파트 열쇠를 갖고 다니는) 맞벌이 부
kéy clúb 명 회원제 나이트클럽[바].
kéy cúrrency 명 〔경제〕 기축(基軸) 통화, 국제 통화 (달러·마르크 따위 국제 경제에 널리 쓰이는 통화).
kéy dísk 명 〔컴퓨터〕 키 디스크(불법 복사 방지 등을 위해 프로그램을 실행하기 전에 삽입하는 특별한 디스크).
keyed [kiːd] 형 1 (음악) (관악기가) 키가 있는; …조(調)로 조절된(*to*). 2 〔기계〕 키가 있는, 키로 멈추게 하는. 3 〔건축〕 (아치에 사북돌이) 있는. 4 (…에) 긴장한, 흥분한, 안절부절 못하는(*up*)(*about*); (속어) (술·마약에) 취한.
keyed up 긴장[흥분]한, 불안한, 조마조마한(*about*); (美속어) (술·마약에) 취한. ¶ ~ (*up*) to the point of 취한. └키(sort key).
kéy fíeld 명 〔컴퓨터〕 키 필드, 정렬(整列) 키, 소트
kéy frúit 명 (翅果), 익과(翼果)(samara).
key·hole [kíːhòul] 명 1 열쇠 구멍. ¶ listen at a ~ 열쇠 구멍으로 엿듣다. 2 〔농구〕 프리스로[자유투] 지역. — 형 은밀한. ¶ ~ gossip(은밀한 가십).
kéyhole jóurnalism 명 내막 추적 보도.
kéyhole sáw 명 (구멍 따위를 뚫는) 둥근 톱.
kéyhole súrgery 명 =Band-Aid surgery.
kéy índustry 명 기간 산업(철강업 등).
key·less [kíːlis] 형 1 열쇠가 (필요) 없는; (악기가) 건(鍵)이 없는; (英) (시계가) 용두(龍頭)로 감는. 2 〔英〕
kéy líght 명 〔사진·영화〕 (피사체를 비추는) 주광선(主
Kéy líme píe 명 (종종 k-) 키라임파이(미국 Florida 주 남부의 명물 요리).
key·line [kíːlain] 명 〔인쇄〕 〔광고〕 (교정쇄·삽화 따위의 복사물을 사용한) 인쇄 광고의 레이아웃.
kéy·man [kíːmæ̀n] 명 중심 인물, 요인.
kéy máp 명 윤각 지도, 개념도(概念圖).
kéy móney 명 〔英〕 (세입자가 열쇠를 받을 때 지불하는) 보증금, 권리금; 뇌물. ┌는 최종 판국의 첫 수.
kéy·move [kíːmùːv] 명 〔서양장기〕 승부를 결정짓
Keynes [keinz] 명 **John Maynard ~** 케인스 (1883-1946: 영국의 경제학자).
Keynes·i·an [kéinziən] 형 케인스(경제학)의[에 관한], 케인스 학설의. — 명 케인스학파 경제학자.
*__key·note__ [kíːnòut] 명 1 〔음악〕 주음(主音)(tonic). 2 (정책 방침 따위의) 기조, 기본 방침; (연설 따위의) 요지, 주안점, 요지. ¶ the ~ of one's oration 연설의 골자/give the ~ to …의 기본 방침을 정하다. — 탄 1 (정당 따위의) 기본 방침을 발표하다; (연설 따위에서) …을 강조하다. 2 〔음악〕 …의 주음을 정하다. — 잔 기본 방침을 발표하다, 기조 연설을 하다. -**nòt·er** = ~ speaker. 〔음악〕…의 기조 연설을.
kéynote áddress [**spéech**] 명 (정당 대회 따위의)
kéynote spéaker 명 기조 연설자.
key·pad [kíːpæd] 명 〔컴퓨터〕 키패드. 1 키보드에

key pal [(구어) 서로 e-mail을 교환하는 친구.

kéy pàttern 뇌문(雷紋), 만자(卍字) 무늬(fret).

kéy pèrson 기간 요원, 필수 요원.

kéy·phone [kíːfòun] (英) 버튼식 전화기.

key·punch [kíːpʌ̀ntʃ] (컴퓨터) (카드 따위의) 천공기(穿孔機). (또는 **kéy pùnch**) ── ⓣ …에 천공기로 구멍을 뚫다.
~**·er** 키펀처(key punch를 조작하는 사람).

kéy rìng (많은 열쇠를 꿰어 두는) 열쇠 고리.

kéy sèat [(기계) 키 홈(쐐기전(栓)이 들어맞게 판 홈).

key·set [kíːsèt] (타자기·컴퓨터 따위의) 키보드.

kéy sìgnature [(음악) 조표(調表)(악곡의 첫머리에 붙이는 #, ♭). b) = time signature

key·smith [kíːsmìθ] 열쇠 제조인; 열쇠 복제공.

kéy státion (방송국의) 본국(本局).

key·stone [kíːstòun] (a ~, the ~) 1 [건축] (아치의) 쐐기돌, 종석(宗石). ¹ ARCH 그림. 2 (조직의) 중추, 중심; (학설 따위의) 근본 원리. 3 (또는 ⌒ sàck) (속어) [야구] 2루.

Kéystone Stàte (the ~) 미국 Pennsylvania 주의 별칭(독립 당시 13개 주의 중앙에 위치했던 데서).

key·stroke [kíːstròuk] 키 스트로크(컴퓨터·타자기 따위의 키를 한 번 누르기). ── ⓣ 키를 치다.

kéy vìsual [(광고) TV 광고에서 가장 중요한 포인트가 되는 한 화면.

key·way [kíːwèi] (기계) 키 홈(key seat); 열쇠 구멍; (콘크리트를 쏟아 붓는 공사에서의) 접합 홈.

Kéy Wést 키웨스트(미국 Florida 주 남쪽 해안에 위치한 미국 최남단의 섬: 그 섬의 항구 도시·해군 기지).

key·word [kíːwə̀rd] 핵심어(核心語)(문제의 해결·의미 해석에서 열쇠가 되는 말); 중요어, 표제어; (컴퓨터) 키워드, 예약어(reserved word).

key·word-in-con·text [-inkántekst/-kɔ́n-] 표제어가 문맥 속에 놓인 형식으로 배열된 (색인 따위). ⒮ KWIC

KFDA *K*orea *F*ood and *D*rug *A*dministration(한국 식품 의약청). **KFX** *K*orean *F*oreign *Ex*change(한국 정부 보유 외환). **kg** *k*ilo*g*ram. **kg.** *k*e*g*(s): *k*ilo*g*ram(s). **K.G.** *K*night of the Order of the *G*arter(가터 훈작사). **KGB** (러시아) *K*omitet *G*osudarstvennoi *B*ezopasnosti(=Commission for State Security)(옛 소련의 국가 보안 위원회).

Kha·ba·rovsk [kəbɑ́ːrəfsk] 하바로프스크(러시아 시베리아 동부의 행정·경제·군사의 중심 도시).

khad·dar [kɑ́ːdər] (인도산(產)의) 손으로 짠 무명.

***khak·i** [kǽki, kɑ́ːki/kɑ́ːki] ⓟ ; ⓤ (군복용의) 카키색 면직물; (종종 ~s) 카키색 제복[군복].
go into khaki 육군에 입대하다.
── 카키색의; 카키색 유니폼을 입은. 「선거.

kháki eléction 전쟁 기분에 편승하여 실시하는

kha·lif [kəlíːf, kéilif] =caliph. (또는 **khalifa**)

khal·i·fate [kǽləfèit, -fət] =caliphate.

kham·sin [kæmsíːn, kǽmsin] 캠신 열풍(3월 중순경 사하라 사막에서 이집트로 불어오는 뜨거운 바람).

khan¹ [kɑːn, kæn] 칸(중세의 몽고·타타르의 황제 칭호; 현재의 중앙 아시아 지방의 통치자·고관의 칭호).

khan² 대상(隊商) 숙박소(caravansary).

khan·ate [kɑ́ːneit, kǽn-] 칸(khan)이 지배하는 지역(국민); ⓤ 칸의 지위(권력).

khan·ga [kɑ́ːŋgə, -gɑː] =kanga².

khan·sa·mah [kɑːnsəmɑ̀ː] (인도) (영국인 가정의) 인도인 집사(butler).

Khar·toum [kɑːrtúːm] 하르툼(수단의 수도; 백나일·청나일의 두 강이 합류하는 곳). (또는 **Khartum**)

khed·a [kéda] (인도에서 쓰는) 코끼리를 잡아두는 우리. (또는 **keddah, khedah**)

khe·dive [kədíːv] (1867-1914년에 터키가 준) 이집트 총독(태수의 칭호).

khi [kai] =chi.

khid·mat·gar [kidmətgɑ́ːr] (인도에서 영국인 가정의) 남자 급사, 보이. (또는 **khidmutgar**)

Khir·bet Qum·ran [kíərbet kúmrɑːn] 쿰란 동굴 유적(오로딘 서부의 사해 북안 근처의 유적; 사해 문서(Dead Sea Scrolls)가 발견된 곳).

Khmer [kəméər] ⓟ 1 (the ~(s)) 크메르족[인](의)(캄보디아의 주요 민족). 2 ⓤ 크메르어(의).

Khmér Róuge (the ~) 붉은 크메르, 크메르 루주(캄보디아의 공산계 혁명 세력).

Kho·mei·ni [xouméini, xu-] **Ayatollah Ruhollah ~** 호메이니(1900-89: 이란 이슬람 공화국의 최고 지도자).

Khru·shchev [krúːtʃef, -tʃɔ́f] **Nikita S.** ~ 흐루시초프(1894-1971: 옛 소련의 정치인; 공산당 제1서기·수상(1958-64)). ~**·ian** ~**·ism** ~**·ite**

khud [kʌd] (인도) 산허리의 급경사; 협곡.

Khu·fu [kúːfuː] 쿠푸(2613?-2494? B.C.: 이집트 제4왕조의 왕; Giza 지방에 최대의 피라미드를 건설).

khur·ta [kɔ́ːrtə] =kurta.

khy·ber [káibər] (종종 K-) (英속어) 엉덩이(arse).

Khý·ber Páss [káibər-] (the ~) 1 카이버 고개(파키스탄과 아프가니스탄을 잇는 Peshawar 서쪽의 주요 산길). 2 (英속어) 엉덩이(arse).

kHz, KHz. *k*ilo*h*ert*z*.

ki [kiː] 비결, 수단, 방법(key). 「사자.

Ki. (성서) *Ki*ngs. **KIA** (美육군) *k*illed *i*n *a*ction(전

ki·a o·ra [kíə ɔ́ːrə] ⓟ (뉴질) 건강하시기를. (<Maori 족의 인사말) 「따위를 달아올리거나 빼는.

kib·ble¹ [kibl] (英) 키블(광산에서 광석이나 폐석

kib·ble² ⓣ (곡식 등을) 굵게 타다. ── ⓟ ⓤ (굵게 탄) 곡식. ¶ ~*s and bits* 코카인 가루.

kib·butz [kibúː(ː)ts] ⓟ (**-but·zim** [-butsíːm]) 키부츠(이스라엘의 집단 농장). ~**·nik** (<Heb)

kibe [kaib] (의학) (특히 발뒤꿈치의) 튼 곳, 동상.
follow [or *tread*] *on the kibes of* …의 뒤를 밟다, 뒤따르다.
gall [or *tread on*] *a person's kibes* 남의 감정을 해치다, 아픈 곳을 건드리다.

kib·itz [kíbits] (구어) ⓘ 카드놀이를 하는 사람의 어깨 너머로 그 패를 엿보다; (카드놀이를 하는 사람에게) 쓸데없는 참견을 하다, 옆에서 훈수하다; 중뿔나게 끼어들다. ── ⓟ 훈수, (쓸데없는) 참견, 끼어들기. ~**·er** (구어) (카드놀이를 구경하면서) 참견하는 사람; 쓸데없이 참견하는 사람. (<Yiddish)

kib·la(h) [kíblə] (회교도가 기도할 때 향하는) 메카(Mecca)의 방향; Mecca 망배(望拜). (또는 **keblah**)

ki·bosh [káibɑʃ/-bɔʃ] (구어) 허튼 소리; (the ~) 최후, 파국. (또는 **kybosh**) (*다음 숙어로)
put the kibosh on …에 결정타를 먹이다, 끝장을 내다; …을 저지하다.

‡**kick** [kik] ⓘ (~*ed* [-t]) ⓣ 1 (발로) …을 차다(*on, in*); 걷어차서 …을 …시키다(*into, out of*). ¶ ~ *a ball* 공을 차다 // (~ + 目 + 前 + 名) ~ *a person out of a house* 남을 차서 집 밖으로 내쫓다 / ~ *a person to death* 남을 차서 죽이다 / *She ~ed me in the shin.* 그녀는 나의 정강이를 찼다 / (~ + 目 + 補) *He ~ed off his shoes.* 그는 발을 차듯하여 구두를 벗었다. 2 (경주에서) (자동차나 말)의 속도를 갑자기 올리다(내리다)(*up, down*)(*into*). ¶ (~ + 目 + 前 + 名) *I ~ed the car into top gear.* 나는 최고속 기어를 넣어 자동차의 속도를 올렸다. 3 (럭비·축구) (골)에 공을 차넣다. ¶ ~ *a goal* 골에 공을 차넣다. 4 (총 따위가) 반동으로 …에 부딪치다. ¶ *The rifle ~ed my shoulder.* 소총이 발사의 반동으로 어깨에 부딪쳤다. 5 (카드놀이) (속어) …보다 많이 걸다. 6 (美방언) (구론 따위를) 퇴짜놓

kick-ass

다, 거부하다, 차다. **7** 〔美俗〕 〔악습〕을 버리다, 〔마약〕을 끊다.
— 卧 **1** (…을) 차다, 걷어차다(*out, away*)(*at*). ¶ (~+嗰+図) ~ *at a dog* 개를 차다. **2** (말 따위가) 차는 버릇이 있다. ¶This horse ~s when men approach him. 이 말은 사람이 다가가면 차는 버릇이 있다. **3** 〔구어〕 (…에) 대해, 항의하다, 반대하다 (*against, at*); (…의 일로) 투덜거리다, 불평하다 (*about*). ¶ (~+嗰+図) ~ *at a rule* 규칙에 반대하다 / ~ *against restrictions* 구속에 반항하다 / ~ *about low grades* 나쁜 점수에 대해 불평하다. **4** (발사된 총 따위가) 반동하다. **5** 〔럭비·축구〕 볼을 차넣어 득점하다; 〔크리켓〕 (공이) 튀어오르다(*up*). **6** 〔진행형으로〕 원기왕성하다.

be kicking it 〔美俗〕 바쁘다, 뭔가 하고 있다.
kick against the pricks [or ***goad***] ⇒PRICK.
kick and main 공격적으로 행동하다.
kick and scream 〔구어〕 싫다고 반항하다[발버둥치다].
kick *a person* ***in the teeth*** [or ***pants***] 〔구어〕 남에게 모진 짓을 하다; 남을 가차없이 비난하다, 낙담시키다.
kick *a person* ***upstairs*** 〔익살〕 〔이름뿐인 높은 자리에〕 남을 앉히다.
kick *a person* ***when*** [or ***while***] *he* ***is down*** 쓰러진 사람을 차다, 저항 못하는 사람을 공격하다.
kick around [or ***about***] 〔구어〕 ① 남을 학대[혹사]하다; 〔사람〕을 이용하다. ② 〔제안·계획〕을 숙고[토의]하다. ③ 집이나 직업을 자주 옮기다. ④ 〔진행형으로〕 (사람·사상 등이) 살아 있다. ⑤ 게으르게 지내다, 여기저기 돌아다니다. ⑥ (물건 따위가) 방치되어 있다.
kick aside 내버리다, 팽개치다.
kick back ① 갑자기 되튀다; 반동[반격]하다. ② (훔친 물건·돈 따위를) 주인에게 돌려주다. ③ 〔美俗〕 (음성 거래에서) 리베이트[수고비]조로 주다. ④ (…에게) 대갚음하다(*at*).
kick cold (***turkey***) 〔美俗〕 갑자기 마약을 끊다.
kick down 〔사람·물건〕을 발로 차서 넘어뜨리다[부수다]; (오토매틱 자동차의) 스피드를 낮추다.
kick downstairs …을 차서 아래층으로 내쫓다; 〔남〕을 집에서 내쫓다; …을 강등[좌천]시키다.
kick in 〔속어〕 ① (할당된) 돈을 내다, 현금하다 〔돈을〕 결제하다. ② (기계 따위가) 시동하다, 움직이기 시작하다; (약발이) 나기 시작하다. ③ 죽다; 고장나다. ④ 말참견하다, 끼어 들다; 동조하다, 장단을 맞추다.
kick it [or ***the habit***] 마약을 끊다.
kick off ① 〔축구〕 시합을 시작하다, 킥오프하다. ② (신발)을 차서 벗다. ③ 〔구어〕 (…으로) 시작하다[되다], 막을 열다[막이 열리다]. ④ 떠나다, 출발하다. ⑤ 〔美俗〕 죽다, (기계 따위가) 고장 나다, 서다.
kick on 〔구어〕 〔스위치 등〕을 켜다; 작동하기 시작하다.
kick oneself 〔구어〕 자책하다, 자기에게 화를 내다.
kick out ① …을 발로 차서 내쫓다; 〔사람〕을 (…에서) 해고 [추방]하다 (*from, of*); 〔생각 따위〕를 몰아내다. ② 〔축구〕 공을 라인 밖으로 차내다.
kick over 〔구어〕 ① (내연 기관이) 점화되다. ② 돈을 내다, 기부하다.
kick over the traces ⇒TRACE².
kick the beam ⇒BEAM.
kick the bucket ⇒BUCKET.
kick the wind 〔속어〕 ⇒WIND.
kick up ① …을 높이 차다; (먼지 따위)를 일으키다. ② (소동)을 벌이다. ¶ ~ *up a row* [*or fuss*] *about a very trivial matter* 극히 사소한 일로 소란을 피우다. ③ (위·관절 따위가) 아프다; (기계 따위가) 상태가 나빠지다.
kick up *a person's* ***heels*** ⇒HEEL.
kick up a storm 〔美구어〕 소란을 피우다.
kick up *one's* ***heels*** ⇒HEEL.
to kick off with 〔구어〕 우선 첫째로, 먼저.
— 图 **1** 차기, 발길질, 걷어차기. ¶give a person a ~;

give a ~ at a person 남을 한 번 걷어차다. **2** 차는 힘; (말의) 차는 버릇; (헤엄칠 때 물을 차는 발의) 규칙적인 움직임; (경쟁에서) 최후의 안간힘. **3** ⓒⓊ (총 따위의) 반동, 되튀기, 반발력. **4** 〔구어〕 (…에 대한) 불평, 불만, 반항, 항의, 거부; 불평 원인, 거부 이유 (*against*). **5** (the ~) 〔구어〕 해고, (군대에서의) 추방. **6** 〔구어〕 활력, 원기, 정력; (엔진의) 힘; (위스키 따위의) 자극성; (마약의) 효능. **7** (보통 a ~, ~s) 〔구어〕 전율, 스릴 (thrill), 흥분; 〔속어〕 성적 쾌감, 오르가슴. ¶get a ~ *out of the journey* 여행에서 짜릿한 흥분을 맛보다. **8** 〔구어〕 (일시적인) 관심, 흥미, …열(熱); 재미있는(유쾌한) 녀석. ¶He is on a chess ~. 그는 체스에 미쳐 있다. **9** (~s) 〔속어〕 바지; (특히 바지의) 호주머니; 수첩. **10** 〔축구〕 공을 차기, 킥; 찬 공의 비거리; 공을 찰 차례, 차는 사람[기술]. **11** 〔英俗〕 6펜스. **12** 〔美俗〕 깜짝 놀랄 귀추[결말]. **13** (~s) 〔美俗〕 구두.

a kick in one's gallop 〔속어〕 변덕, 일시적인 기분.
a kick in the guts 〔속어〕 심한 타격[처사].
a kick in the pants [or ***teeth, ass***] 〔구어〕 노골적인 비난; 비참한 패배, 실망, 〔속어〕 자극, 고무.
get a kick [or *one's* ***kicks***] ***from*** [or ***out of, doing***] 〔구어〕 …으로 큰 쾌감[기쁨]을 얻다[맛보다].
get [or ***receive***] ***more kicks than halfpence*** 〔구어〕 칭찬을 듣기는커녕 도리어 경을 치다.
get the kick 〔구어〕 해고되다.
give *a person* ***a kick*** 〔구어〕 남을 흥분시키다, 남에게 쾌감을 주다[스릴을 느끼게 하다].
give *a person* ***the kick*** 〔구어〕 남을 해고하다.
have (***got***) ***a kick like a mule*** 〔구어〕 굉장한 효능이 있다. 자극[쾌감]을 얻다, 몹시 흥분하다.
(***just***) ***for a kick*** [or ***kicks***] 재미삼아서; 스릴[쾌감]을 맛보기 위해.
off a kick 〔구어〕 이제 열이 식어.
on a kick 〔구어〕 한창 열중하여.
~**·a·ble**, ~**·less**

kick-ass [kíkǽs] 웹 〔美俗〕 강렬한, 공격[적극]적인. — 명 힘, 원기. — 卧(③) 혼내다; 지배[압도]하다.

kick·back [kíkbæ̀k] 명 〔美구어〕 **1** (급격한) 반동; (예기치 않은) 반발, 반응; 대갚음. **2** (구어) 환불금, 리베이트; 뇌물, 입막음 돈; 정치 헌금. **3** (종업원 임금의) 일부를 가로채기; 삥땅. **4** (속어) (훔친 물건의) 반송.

kick·ball [kíkbɔ̀ːl] 명 〔야구 비슷한〕 공차기 놀이.

kick·board [kíkbɔ̀ːrd] 명 〔수영〕 킥보드(물차기 연습용의 널빤지).

kick·box·ing [kíkbàksiŋ/-bɔ̀ks-] 명 킥 복싱.
-**box·er** 명 **kick·box** 卧(③) 「로 바꾸는 장치.

kick·down [kíkdàun] 명 〔美구어〕 (오토 자동차의) 저속 기어

kick·er [kíkər] 명 **1** 차는 사람; 차는 버릇이 있는 말 (따위); 〔럭비·축구〕 키커, 볼을 차는 선수. **2** 〔구어〕 덮어놓고 반대하는 사람; (정당내의) 반주류, 탈당자. **3** 〔속어〕 (때로 the ~) (뜻밖의) 문제점, 불리한 점[상황]; 의외의 결말[전개]; (계약서 따위의) 부당 조항 부분. **4** (~s) 〔구어〕 (레저용의) 신발, 운동화. **5** 〔가드놀이〕 키커. **6** 〔우주〕 키커 로켓(~ *rocket*)(인공 위성을 궤도에 진입시키기 위한 보조 로켓). **7** 리볼버, 권총. **8** 〔선박〕 (선외(船外)에 부착하는) 소형보조기. **9** 〔크리켓〕 불규칙하게 튀어오른 공. **10** 〔속어〕 (혼합 음료 중의) 알코올 음료, (칵테일 따위의) 알코올 성분. **11** 〔인쇄·저널리즘〕 (주의를 끌기 위해서 표제 위에 붙인) 부제(副題). **12** 〔美俗〕 (이야기·익살 따위의) 신랄한 비평, 최후의 일격(punch line). **13** 〔美俗〕 여분의 것, 덤; 추가 요금[수수료]. **14** 〔속어〕 (바지의) 주머니. 「(용 로켓.

kicker rocket 명 키커 로켓(booster rocket의 보조

kick freak 명 〔美俗〕 중독되지 않은 마약 사용자.

kick·in' [kíkin] 명 〔美俗〕 최고의, 뛰어난. (또한 **kicken, kicking**)

kicking strap 명 (말이 차지 못하게 궁둥이에 채운) 가죽띠; (~s) 〔익살〕 (군용) 배낭의 가죽끈.

kicking team 명 〔미식축구〕 키킹팀(킥오프·펀트

필드골 등의 플레이 때에 출장하는 팀. (또는 spécial tèam, súicide squàd)
kick·off [kikɔ́ːf/-ɔ́f] 영 〔럭비·축구〕(시합 개시의) 킥오프; (미식축구) 킥오프; (구어) 개시, 시작.
for a kickoff (구어) 우선, 첫째로.
kick·out [kikáut] 영 〔축구〕 킥아웃(공을 장외로 차내는 일); (美속어) 불명에 제대; 해고.
kíck pàd 영 (美속어) 마약을 끊기 위한 곳[시설].
kíck párty 영 (美속어) LSD 파티.
kíck plèat 킥 플리트(걷기 편리하게 스커트에 잡은 주름).
kick·shaw [kíkʃɔː] 영 (경멸적) 풍들인 요리, 진미(珍味)(fancy dish); 시시한 것, 걸맛 번드르르한 것.
kick·sort·er [kíksɔ̀ːrtər] 영 〔전기〕 파고(波高) 분석기(전파의 진폭을 분류하는 장치).
kick·stand [kíkstænd] 영 (자전거·오토바이를 세워 놓을 때 사용하는) 뒷받침 장치.
kíck stárt 영 **1** (오토바이처럼) 발로 힘껏 밟는) 시동방식, **2** 발로 밟는 시동 페달.
kíck stárter 영 =kick start 2.
kick·stick [kíkstik] 영 (美속어) 마리화나 담배.
kick·tail [kíktèil] 영 (스케이트보드 뒤꽁의) 위로 휜 부분.
kíck tùrn 영 킥 턴. **1** 〔스키〕 일단 정지한 상태에서 행하는 180도 방향 전환. **2** 〔스케이트보드〕 앞바퀴를 좀 위로 올리고 행하는 방향 전환. ━ (구어) 법석, 소동.
kick·up [kíkʌp] 영 (댄스 파워에서 발의) 차울리기;
kick·worm [kíkwəːrm] 영 (브레이크 댄싱의) 킥웜(자벌레처럼 기면서 전진하는 춤).
kick·y [kíki] 영 (속어) 매우 즐거운, 가슴 설레이는; 활발한, 원기에 넘치는; (옷 따위가) 최신(유행)의.
‡**kid**¹ [kid] 영 (목 ~*s* [-z]) **1** (한 살 미만의) 새끼 염소; (일반적으로) 어린 짐승. **2** Ⓤ 새끼 염소의 가죽; 키드(무두질한 새끼 염소의 가죽); (~*s*) 키드 가죽 장갑[구두]. **3** Ⓤ 새끼 염소 고기. **4** (구어) 어린이; (속어) 젊은이, 풋내기. **5** (美속어) 폭격기의 부조종사.
a new kid on the block (속어) 신참(자), 새 얼굴.
(as) eager as a kid with a new toy 몹시 흥분하는.
make a kid of …을 어린애 취급하다. 「여.
━ 영 (-*dd*-) 困 (염소의) 새끼가 태어나다. ━ 타 (염소가) (새끼)를 낳다.
━ 영 **1** 키드 (가죽)으로 만든 것. **2** (구어) 손아래의.
~·dish **~·dish·ness** **~·like**
kid² (구어) 영 (-*dd*-) 困 …을 놀리다, 조롱하다; …을 속이다, 협잡하다. ━ 타 남을 속여먹다, 농담하다, 장난치다; 속임수를 쓰다.
I kid you not.; *I'm not kidding.* =*No kidding!* ①.
kidding aside 농담은 그만 두고, 진지한 이야기인데.
kid oneself 착각하다, 자만하다; 안이하게 생각하다; 자기를 속이다(정당화하다).
No kidding! (구어) ① 농담[거짓말] 아니야!, 정말이야!; (동의의 뜻으로) 정말 그래. ② (상대의 말에 대해) 농담 마!, 설마!, 그럴 리가! 「*kidding!* ②.
You're kidding!; *You must be kidding!* =*No*
kid³ (선원들의 식기용) 나무통; 작은 통.
Kidd [kid] 영 *William ~* 키드(1645?-1701; 스코틀랜드 출신 해적·항해가; 통칭 "Captain ~"). 「람.
kid·der [kídər] 영 (구어) 사기꾼; (남을) 놀리는 사
Kid·der·min·ster [kídərminstər] 영 키더민스터 융단. [<원산지인 영국의 도시 이름]
kid·die [kídi] 영 (구어) =kiddy. 「쿨 버스.
kíddie càr (유아용) 세발 자전거; (구어) 스
kíddie póp (mùsic) 영 (구어) 어린이(5-13세) 팝 음악.
kid·di·er [kídiər] 영 (英방언) (야채 따위의) 행상인(huckster).
kid·dle [kídl] 영 (물고기를 잡는) 통발(weir); (해변의) 정치망(定置網).
kid·do [kídou] 영 (목 ~(*e*)*s*) (구어) (부르는 말로) 이봐, 어이, 자네. [<*kid*¹+-*o*]

kid·dy [kídi] 영 새끼 염소; (구어) 어린이. (또는 **kiddie**)
kid·fla·tion [kìdfléiʃən] 영 (장난감·어린이 용품 따위) 어린이 관련 경비 상승. [<*kid*+*inflation*]
kid-glove(d) [-glʌ́v(d)] 영 (한정용법) 너무 섬세[고상]한; 매우 신중한, 미지근한; 거친 일을 하지 않는; (귤 따위의) 껍질이 쉽게 벗겨지는. ¶ a ~ method 미온적인 방법.
kíd glóves 영목 키드 가죽 장갑.
handle [or *treat*] *with kid gloves* (구어) …을 신중히[소중히] 다루다.
kíd léather 영 키드 가죽(장갑용 새끼 염소 가죽).
*****kid·nap** [kídnæp] 영)타 (-*p*(*p*)-) (어린이)를 유괴하다, 꾀어내다; (사람)을 납치하다. ━ 영Ⓤ 유괴.
~·(p)er 영 유괴자, 납치자[범].
kid·ney [kídni] 영 **1** 신장(腎臟); (소·양 따위의) 콩팥. ¶ grilled ~*s* 콩팥 구이. **2** 기질, 성질; 종류, 유형(type). ¶ a fellow of a right ~ 성질이 좋은 사람/a man of his ~ 그와 같은 기질의 사람.
kídney básin 영 〔의학〕 고름 따위를 받는 그릇.
kídney bèan 영 강낭콩; 붉은꽃잠두.
kid·ney-bust·er [-bʌ̀stər] 영 (美속어) 힘든 작업[운동]; 울퉁불퉁한 길; 좌석이 불편한 트럭; (탈것의) 앉아 있기 고약한 좌석.
kídney machìne 영 인공 신장.
kid·ney-pie [-pài] 영 소·양 따위의 콩팥(을 넣은) 파이; (濠속어) 입에 발린 말, 공치사, 눈속임.
kídney potàto 영 달걀 모양의 감자.   「의.
kid·ney-shaped [-ʃèipt] 영 신장형의, 강낭콩 모양
kídney stòne 〔광물〕 연옥(軟玉)(nephrite); 〔병리〕 신장 결석.   「것[사람], 놀림감.
ki·dol·o·gy [kidálədʒi/-dɔ́l-] 영 (英구어) 우스운
kíd pleàser 영 어린이 오락 영화.   「노(물).
kid·porn [kídpɔ̀ːrn] 영 (구어) 어린이 (출연) 포르
kid·skin [kídskin] 영Ⓤ 새끼 염소의 가죽; 키드 가죽. ━ 영 키드 가죽의.
kid·stakes [kídstèiks] 영목 (단·복수 양용) (濠구어) 속임수; (내기에 건) 적은 돈. (또는 **kidsteaks**)
kíd stùff **1** 치기(稚氣) 어린 짓; 어린애 장난. **2** (구어) 아주 쉬운 일, 식은 죽 먹기. (또는 **kid's[kíds']** **stùff**)   「오. [<*kid*+*adult*]
kid·ult [kidʌ́lt] 영영 〔TV〕 어린이·어른 공용 프로
kid·vid [kídvid] 영영 (구어) 어린이용 TV 프로[비디오]. [<*kid*+*video*]
kief [kiːf] 영 =kef.   「에 있는 항구 도시).
Kiel [kiːl] 영 킬(독일 북부 Kiel 운하의 발트해 끝쪽
kiel·ba·sa [kilbɑ́ːsə, kiːl-] 영 (목 ~*s*, *sy* [-siː]) 폴란드의 훈제(燻製) 소시지.
Kiel Canál (the ~) (북해와 발트해를 잇는) 킬 운하.
kier [kiər] 영 (표백·염색용의) 큰 가마솥, 표백 탱크.
Kier·ke·gaard [kíərkəgàːrd] 영 *Sören Aabye* ~ 키에르케고르(1813-55; 덴마크의 철학자·신학자).
Kier·ke·gaard·i·an [kìərkəgáːrdiən] 영 키에르케고르 철학[신학]의. ━ 영 키에르케고르 철학[신학]의 지지자. **~·ism** 영
kie·sel·guhr [kíːzəlgùər] 영Ⓤ 규조토(珪藻土).
Ki·ev [kíːef, -ev] 영 키에프(우크라이나의 수도).
kif [kif] 영 =kef.
KIF *K*orea *I*nstitute of *F*inance(한국 금융 연구원).
kife [kaif] 영타 (美속어) 속어에서 빼앗다; 훔치다.
Ki·ga·li [kigɑ́ːli] 영 키갈리(아프리카 르완다의 수도).
kike [kaik] 영 (美속어) (경멸적) 유대인(Jew).
kike·kil·ler [-kìlər] 영 (美속어) 곤봉, 경찰봉.
Ki·ku·yu [kikúːjuː] 영 (목 ~(*s*)) (케냐의) 키쿠유.
kil. kilometer(s).   「Ⓤ 키쿠유어.
kil·der·kin [kíldərkin] 영 **1** (16-18갤런들이) 중간 크기의 통(cask). **2** (英) 용량의 단위(18영(英)갤런).
Kil·i·man·ja·ro [kìləməndʒɑ́ːrou] 영 킬리만자로

(Tanzania 북부부에 있는 아프리카의 최고봉).
Kil·ken·ny cáts [kilkéni-] 圈 킬케니의 싸움 고양이(아일랜드 속담에 나오는 고양이가 두 마리로 끝장 볼 때까지 싸웠다고 한다; Kilkenny는 아일랜드의 소도시).
fight like Kilkenny cats 끝장을 볼 때까지 싸우다.
‡**kill**¹ [kil] 圈 (~**s** [-z]) 匣 **1** …을 죽이다, 살해하다, (동물)을 도살하다, 도살하여 고기를 얻다; (식물)을 말라죽게 하다(*off*); (수동형으로) (…으로) 죽다(*in*).¶~ *a person by poison* 남을 독살하다/*He was ~ed in an auto accident.* 그는 자동차 사고로 죽었다/*K- two birds with one stone.* 《속담》일석이조(一石二鳥).

> 〖유의어〗 **kill** 생명을 빼앗는다는 뜻의 가장 넓은 뜻의 말. **slay** 《문어적》폭력을 써서 죽이다. **murder** 불법적으로 살인하다. **assassinate** 정치상의 중요 인물을 암살하다. **slaughter**, **butcher** 동물을 도살하다, 무참하게 죽이다. **massacre** 대량 학살하다. **dispatch** (고통을 없애기 위해) 숨통을 끊다. **execute** 사형을 집행하다.

2 〔기회·희망 따위〕를 망치다, 꺾어놓다; 〔애정 따위〕를 소멸시키다; …을 억압하다, 〔바람·병 따위〕의 기세를 꺾다.¶*Her answer ~ed my hopes.* 그녀의 대답은 나의 희망을 꺾어 놓았다.
3 〔효과〕를 잃게〔약하게〕하다, 망쳐 놓다; 〔색·맛 따위〕를 중화시키다; 〔소리 따위〕를 지우다; 〔조명 따위〕를 끄다(turn off), 어둡게 하다.¶*The drum ~s the strings.* 북소리 때문에 현악기 소리가 죽는다.
4 a) 〔의안 따위〕를 부결하다, 깔아 뭉개다.¶~ *the bill* 법안을 부결하다. **b**) 《구어》〔기사 따위〕를 삭제하다; 〔컴퓨터〕 …을 〔파일에서〕 지우다; 〔우표 따위〕에 소인을 찍다.¶~ *the story* 기사를 삭제하다.
5 〔시간〕을 보내다; 〔세월〕을 허송하다.¶~ *time* 시간을 보내다 // (~ + 囲 + 前 + 名) ~ *five years on that study* 그 연구하느라 다섯을 허송세월하다.
6 (…으로) …을 뇌쇄하다, 압도하다; 《구어》〔남〕을 포복절도케 하다(*with*).¶(~ + 囲 + 前 + 名) ~ *a person with a glance* 한눈에 남의 간장을 녹이다. **7** …을 녹초가 되게 하다, 몹시 지치게〔약하게〕 하다; (고통·슬픔·근심 따위가) …의 죽음을 재촉하다.¶*The long walk ~ed me.* 나는 오래 걸어서 녹초가 되었다. **8** 《구어》 …을 몹시 괴롭히다; …에게 부담이 되다(hurt).¶*It won't ~ you to work harder.* 좀더 열심히 일해도 괜찮다. **9** 〔전기〕 〔회로〕를 끊다; 〔엔진 따위〕를 끄다. **10** 〔테니스〕 〔공〕을 스매싱하다; 〔축구〕〔공〕을 멈추다. **11** 《구어》 …을 다 써〔먹어, 마셔〕 버리다.
— 匣 **1** 살생하다, 살인하다.¶*Thou shalt not ~.* 살인하지 말지니라(←출애굽기(Exod.) 20:13). **2** 살해당하다; (식물이) 말라 죽다. **3** 남을 뇌쇄하다. **4** 지치게 하다. **5** 《동물이》도살되어 좋은〔많은〕고기가 생기다.
be dressed [or *got up*] *(fit) to kill* (남자를) 뇌쇄시키는 옷차림을 하고 있다.
kill a person with kindness 친절이 지나쳐 오히려 화를 입히다.
kill down …을 죽이다, 말라죽게 하다.
kill off …을 멸종시키다, 대량으로 죽이다; 〔계획 따위〕를 분쇄하여 망쳐놓다; 《구어》제거하다 (*doing*).
kill oneself 자살하다; 죽도록 (…하다)(*to do*).
kill or cure 죽기 아니면 살기로.¶*It is* (*a case of*) ~ *or cure.* 흥하느냐 망하느냐(판가름)이다.
kill to do …하고 싶어 못견디다.
That kills it. 이제 끝장이다〔종졌다〕.
to kill 《구어》 1 (때로 the ~) 죽이기; 사냥감 죽이기; 《속어》살인. **2** (보통 단수형으로)〔집합적〕사냥감. **3** 격추, 격침; 격파된 적기〔군함〕. **4** =~ *shot.*
be in at [or *on*] *the kill* 사냥감을 죽일 때 그 자리에 있다; (행동 따위가) 끝까지 지켜보다.
come [or *move* (*in*), *close in*, *go*] *for the kill* 숨통을 끊다, 다시는 말썽이 안 나게 하다.

~·a·ble 圈 「옴」.
kill² 圈 《美방언》수로(水路), 시내(creek)(* 지명에 많이 쓰임) =killdeer.
kill-and-rún wár [ˊənrʌ́n-] 圈 게릴라전.
kill·dee [kíldi] 圈 《美방언》 =killdeer.
kill·deer [kíldìər] 圈 북미산(產) 물떼새의 일종 (~ plover). 「off).
killed [kíld] 圈 《美속어》(술·마약에) 취한. (또는
*kill·er** [kílər] 圈 **1** 살인자, 도살자; 죽이는 것; (특히 상습적인) 살인마; 도축업자. **2** =~ whale. **3** (우표) 소인 장치; 소인; 《구어》매력적인 남자〔여자〕; (옷차림이) 멋있는 사람. **5** 《속어》경이적인〔강렬한 것; 멋있는 것; 결정타; 난사(難事). **6** 《美구어》배꼽 잡는 농담. —圈 **1** (날씨·질병 따위가) 심한, 살인적인, 치명적인.¶*a ~ cold* 독감. **2** 《속어》멋있는, 근사한; 위험한; 아주 어려운.¶*a ~ exam* 아주 어려운 시험.
killer ápp 圈 〔컴퓨터〕 최신 응용 소프트웨어. (또는 **killer application**)
kill·er·dill·er [-dìlər] 圈 =killer 5.
killer ínstinct 圈 투쟁〔살육〕 본능, (타고난) 공격〔흉포〕성; 투지, 공격 정신.
killer ráy wéapon 圈 《軍》살인 광선 병기.
killer sátellite 圈 =hunter-killer satellite.
killer T céll 圈 〔면역〕 킬러 (T) 세포(암세포 등 해로운 세포를 파괴하여 면역 기능을 하는 T세포).
killer technòlogy 圈 획기적 신기술.
killer wéed 圈 《美속어》 =angel dust; 마리화나.
killer whále 圈 〔동물〕 범고래. 「료(guarantee fee).
kill fèe 〔美〕 (미출판 원고에 지불하는) 고료, 보증
kil·lick [kílik] 圈 (선박용의) 작은 닻, 닻; 《구어》 《英해군의》 1등 수병. (또는 **killock**)
kil·li·fish [kílifìʃ] 圈 킬리피쉬(송사릿과(科) 물고기).
*kill·ing** [kíliŋ] 圈 **1** ⓤⓒ 살해, 도살. **2** ⓤ 〔집합적〕 사냥한 동물. **3** (때로 a ~) 《구어》 대성공, 큰 벌이.
make a killing in [or *on*] …으로 한밑천〔돈〕 잡다.
— 圈 **1** 죽이는, 고사(枯死)시키는.¶*~ frost* (식물을 얼어 죽게 하는) 된서리. **2** 지치게 하는, 몹시 힘든.¶*a ~ pace* 녹초가 되게 지치게 하는 속도. **3** 《英구어》(여자·옷차림 등이) 굉장히 아름다운, 뇌쇄시키는.¶*a ~ glance* 사람을 뇌쇄시키는 눈짓. **4** 《구어》 포복절도케 하는, 매우
~·ly 囵 우스꽝스럽게. ¶*a ~ story* 배꼽 잡는 이야기.
killing field 대량 학살 현장, 인간 도살장.
kill-joy [-dʒɔ̀i] 圈 흥〔판〕을 깨는 사람〔것〕.¶*What a ~!* 재는 참.
kil·lock [kílək] 圈 =killick.
kill·out [kílaut] 圈 《美속어》 기분이 좋아지는 것, 굉장한 것. 「사상자 비율, 살상자율.
kíll ràte[**ràtio**] 圈 (전쟁 독에서의 적군과 아군의)
kíll shòt 圈 (테니스·배드민턴 따위에서) 상대방이 쳐 넘길 수 없을 정도의 강타. 「심판이(일, 오락).
kill-time [ˊtàim] 圈 심심풀이의, 소일거리의, 심
kiln [kil, kiln] 圈 (벽돌 따위를 굽는) 가마, 노(爐).
— 圈囮 …을 가마〔노〕에서 굽다〔말리다〕.
kiln-dry [ˊdrài] 圈囮 …을 가마〔노〕에서 말리다.
Kíl·ner jär [kílnər-] 圈 (종종 k-) 《상표》 킬너즈(야채·과일 보존용 유리 그릇).
*ki·lo** [kíː(ː)lou] 圈 (~**s**) =kilogram, kilometer.
kil·o- [kílou, -lə] 〔연결〕 thousand의 뜻.¶*kiloliter, kilowatt.* 「어.
kil·o·am·pere [kíləæmpìər] 圈 〔전기〕 킬로암페
kil·o·bar [kíləbàːr] 圈 킬로바(압력의 단위; 1,000 bar; 略 kb). 「핵산 연쇄의 길이의 단위).
kil·o·base [kíləbèis] 圈 〔생물〕 킬로베이스(DNA 등
kil·o·baud [kíləbɔ̀ːd] 圈 킬로보드(통신 속도의 단위; 1,000 baud).
kil·o·bit [kíləbìt] 圈 〔컴퓨터〕 킬로비트(1,024 bits).
kil·o·buck [kíləbʌ̀k] 圈 《美속어》거금, 큰 돈.
kil·o·byte [kíləbàit] 圈 〔컴퓨터〕 킬로바이트(1,024 bytes; 대략 1,000 bytes).
kil·o·cal·o·rie [kíləkæ̀ləri] 圈 〔물리〕 킬로칼로리

(열량의 단위); 1,000칼로리; ⓥ kcal, Cal).
kil·o·cy·cle [kíləsàikl] ⓝ =kilohertz.
kíl·o·e·léc·tron vólt [kíləuiléktrɑn-/-trɔn-] ⓝ 〖물리〗 킬로 전자 볼트(ⓥ keV, kev).
kilog. kilogram(s).
‡**kíl·o·gram**, (英) **-gramme** [kíləgræm] ⓝ 킬로그램(1,000그램; ⓥ kg).
kílogram cálorie ⓝ =kilocalorie.
kíl·o·gram-me·ter, (英) **-gramme-me·tre** [-míːtər] ⓝ 〖물리〗 킬로그램미터(일의 단위. 1 킬로그램의 무게를 높이 1 미터 들어올리는 일량; ⓥ kg-m).
*kíl·o·hertz** [kíləhəːrts] ⓝ (ⓤ ~es) 킬로헤르츠(주파수의 단위; ⓥ kHz).
kíl·ohm [kíloum] ⓝ 〖전기〗 킬로옴.
*kíl·o·li·ter**, (英) **-tre** [kíləliːtər] ⓝ 킬로리터(1,000리터; ⓥ kl).
kilom. kilometer.
‡**kíl·o·me·ter**, (英) **-tre** [kilɑ́mətər, kíləmiː-] ⓝ 킬로미터(1,000미터; ⓥ km).
ki·lo·met·rage [kilɑ́mətridʒ/-lɔ́-] ⓝ (자동차·철도 등의 주행 거리로서의) 총킬로수(數).
kíl·o·mét·ric [kíləmétrik] ⓐ 킬로미터의. (또는 **kìlométrical**)
kíl·o·rad [kíləræd] ⓝ 〖물리〗 킬로래드(방사선의 흡수선량의 단위; 1,000 rads; ⓥ krad).
kilos. kilograms; kilometers.
kíl·o·stere [kíləstìər] ⓝ 킬로스티어(미터법의 체적 단위; 1,000입방미터).
kíl·o·ton [kílətɑ̀n] ⓝ 1 1,000톤, 킬로톤(ⓥ kt). 2 (원자 폭탄 따위의) TNT 1,000톤에 해당하는 폭파력.
kíl·o·volt [kíləvòult] ⓝ 〖전기〗 킬로볼트(전압의 단위; 1,000볼트; ⓥ kV, kv).
*kíl·o·watt** [kíləwɑ̀t/-wɔ̀t] ⓝ 〖전기〗 킬로와트(전력의 단위; 1,000와트; ⓥ kW, kw).
kíl·o·watt-hóur [-áuər] ⓝ 〖전기〗 킬로와트시(時)(에너지·전력량의 단위; ⓥ kWh, kwhr).
Kil·roy [kilrɔ́i] ⓝ 킬로이(가상 미국 군인); 여행을 많이 하는 사람.
kilt [kilt] ⓝ 킬트(스코틀랜드 남자가 입는 스커트); (the ~) 스코틀랜드 남자의 복장. ─ⓥ (스커트의 자락을) 접어올리다; 〔스커트〕에 주름을 잡다.
kilt·ed [kíltid] ⓐ 킬트를 입은; (세로) 주름을 잡은.
kil·ter [kíltər] ⓝ ⓤ (美구어) 양호한 상태(good condition). (* 다음 숙어로)
out of kilter 컨디션이 나빠서, 나쁜 상태에서.
kilt·ie [kílti] ⓝ 1 킬트를 입은 사람; 스코틀랜드 고지의 병사. (또는 **kilty**) 2 (플랩(flap)이 달린 여성용) 구두.
kilt·y [kílti] ⓝ =kiltie 1.
Kim [kim] ⓝ 1 남자(여자) 이름. 2 R. Kipling의 동명(同名) 소설의 주인공.
Kim·ber·ley [kímbərli] ⓝ 킴벌리(남아프리카 공화국의 광산 도시; 인도의 다이아몬드 산지).
kim·ber·lite [kímbərlàit] ⓝⓤ 〖암석〗 킴벌라이트(다이아몬드를 함유하는 운모 감람암).
kim·ble [kímbl] ⓥⓘ (호금을 얻으려고) 열심히 노력하다.
kim·chi [kímtʃi] ⓝ (한국의) 김치. (또는 **gimchi**)
ki·mo·no [kəmóunə, -ki-] ⓝ 기모노(着物)(일본의 전통 의상); (기모노 풍의) 여성용 가운(매춘부들의 싸구려 실내복을 암시). ¶a ~ *girl* 매춘부. 〈Jap〉
open (*up*) *one's kimono* 〈속어〉 속을 털어놓는다.
*kin** [kin] ⓝ ⓤ 1 〖집합적:복수취급〗 친척, 친족(relatives); 친척(혈족) 관계(kinship). 2 〖고어〗 혈통, 가문, 씨족, 일족. 3 〖고어〗 일가 사람(kinsman). 4 ⓤ

동질(同質), 동류, 동일 종족. ¶A diamond is of the same ~ as coal. 다이아몬드는 석탄과 동질이다.
count kin with 〈스코〉 …와 친척이다.
near of kin 근친(近親)인.
next of kin 가장 가까운 친척인.
of kin 친척의; 동류(동질)의(*to*). ¶The cat is *of* ~ *to* the tiger. 고양이는 호랑이와 같은 종족이다.
─ⓐ 〖서술용법〗 1 (…와) 친척의, 혈족의, 동족의(*to*). ¶He is ~ *to* me. 그는 내 친척이다. 2 (…와) 같은 종류의, 유사한 (*to*).
more kin than kind 친척이지만 애정이 없는(← Shakespeare작 *Hamlet* 1 : 2).
kin- [kin] 〖연결〗 ⇨KINE-.
-kin [kin] 〖접미〗 little의 뜻. ¶*firkin*, *lambkin*.
ki·na [kíːnə] ⓝ 키나(파푸아뉴기니의 화폐 단위).
ki·nase [káineis, kin-] ⓝⓤ 〖생화학〗 키나아제(인산화(燐酸化) 반응의 촉매가 되는 효소).
kin·chin [kíntʃin] ⓝ (英속어) 어린이(child), 꼬마. (또는 **kinchen, kinch**) 〈G〉 「인도 비단.
kin·cob [kíŋkəb/-kɔb] ⓝⓤ (금실·은실로 수놓은)
‡**kind**[1] [kaind] ⓐ 1 친절한, 마음씨 고운, 인정 많은, 다정한 (*to, of / to do*); (사람·사물)에 관대한 (*about*). ¶a ~ *mother* 다정한 어머니 / *be* ~ *about* a person's making mistakes 남의 잘못을 눈감아주다 / *Be* ~ *enough* [*or so* ~ *as*] *to* tell me the truth. 제발 사실대로 말씀해 주십시오 // It is very ~ *of you to* help me. 도와주셔서 감사합니다 (*to*). / *Be* ~ *to* old men. 노인에게 친절해라.

┌─유의어─────────────────────────────┐
│ **kind** 천성으로서 친절하고 동정적인 성격·성품을 말한다. **kindly** 친절한 성격이 밖으로 나타나는 것을 말한다. **kindhearted** 동정적인; 남에게 이용당하기 쉬운 성격을 암시하는 경우가 있다. │
└───────────────────────────────────┘

2 (날씨 따위가) 쾌적한, 온화한; 〖서술용법〗 (물건이) …에 좋은 (*to*). ¶a ~ *weather* 쾌적한 날씨 / *lotion* ~ *to the skin* 피부에 좋은 로션. 3 (동물) 다루기 쉬운, 순진한, 온순한, 다듬기 쉬운 (*for, in*). ¶a *horse* ~ *in harness* 온순하게 마구를 지는 말 / *be* ~ *for dressing* (돌이) 가공하기 쉽다. 4 〖한정용법〗 (편지 따위에서) 마음으로부터의. ¶*With* ~ (*est*) *regards*. 경구(敬具) (* 편지의 끝맺음말) / *Give my* ~ *regards to your parents*. 부모님에게 안부 전해 주세요.

‡**kind**[2] ⓝ (ⓤ ~**s** [-z]) **1 a**) 종류. ⇒SORT 유의어 ¶a ~ *of fish* 일종의 물고기 / a ~ *of gentleman* 그런대로의 신사(*of a kind*) / *all* ~*s of books*: *books of all* ~*s* 모든 종류의 책 / *a house of this* ~: *this* ~ *of house* 이런 종류의 집 / *these* ~(*s*) *of people*: *this* ~ *of people* 이러한 부류의 사람들 / *something of the* ~ (무엇인가) 그러한 것 / *She will do nothing of the* ~. 그녀는 결코 그런 짓을 하지 않을거야 / *What* ~ *of man is he?* 그는 어떤 사람입니까?

┌─USAGE[1]─ '형용사 + **kind of** + 명사'의 용법 ───────────┐
│ (1) *three kind of apples*, *three kinds of apples* 둘 다 옳은 용법이라고 생각해도 좋다. *a kind of apple*, *this kind of apple* 따위에, 있어서 kind of는 형용사적으로 생각되며, 또한 명사 kind는 원래 무변화 복수였던 따위의 이유에서 *three kind of apples*의 용법이 생겨난다. 또 kind를 명사로 생각하고 수(數)의 일치 원칙에 따라 *three kinds of apples*라고도 한다. 전자는 구어체, 후자는 문어체에 주로 쓰인다. 단, *many kinds of apples*(많은 종류), *these kind of apples*(한 종류)와 같은 대조적인 용법에 주의.
│ (2) *kind of*에 이어지는 명사는 단·복수 양쪽이 모두 가능: *three kind*(*s*) *of apple*, *three kind*(*s*) *of apples*. 전자는 문어체, 후자는 구어체의 용법으로 보이며, 현재는 후자의 형이 많다. │
└───────────────────────────────────┘

b) (동·식물의) 유(類)(class), 족(race), 종(species);

속(屬)(genus). ¶the human ~ 인류.

USAGE² 생물의 종·속을 나타내는 말이며, sort보다 엄밀한 뜻을 갖는다: Fruits of this kind soon go bad.(이러한 종류의 과일은 곧바로 상한다.) 또한 sort는 kind와 비교하여 경멸·비난의 뜻을 내포하기도 한다.

2 ⓤ 질(質), 성질, 본질, 특질. ¶I know her and her ~. 그녀가 어떤 사람인지 잘 안다. 3 (보통 한 ~) 특별한 성격·계급에 속하는) 특이한 사람[것]; (one's ~) 성질이 맞는 사람, 같은 부류의 사람. ¶She is my ~ of girl. 그녀는 내가 좋아하는 타입이다. 4 ⓤ (고어) 자연, 타고난 성질. ¶the laws of ~ 자연의 법칙. 5 ⓤ (고어) (그 사람 본래의) 방법, 방식. 6 (교회) (성찬식에 쓰이는 성체의) 종류(빵과 포도주). 7 ⓤ (현금에 대하여) 현품; 천연의 산물. 8 (속어) 다수, 다량. ¶that ~ of money 그렇게 많은 돈. 9 (문학) 양식, 장르.

after one's [or *its*] *kind* (고어) 그 본성에 따라서.
a kind of …와 같은, 일종의, 이른바 …; 막연한 …. ¶a ~ of artist 일종의 예술가 같은 사람/have a ~ of fear 무언가 무서움을 느끼다.
all kinds of (복수취급) 모든 종류의, 온갖; 많은, 다량의. ¶have *all* ~s of time 시간은 충분하다.
in a kind 다소, 얼마간, 어느 정도로; 말하자면.
in kind ① 본질적으로. ¶differ *in* ~ 본질적으로 다르다. ② (지불을) 물품으로. ¶payment *in* ~ 물납(物納). ③ (보복 따위) 같은 것의 것으로, 같은 방법으로. ¶retaliate *in* ~ 같은 방법으로 보복하다.
It takes all kinds (*to make a world*). 세상에는 별별 사람이 다 있다. 십인십색(十人十色).
kind of (구어) (부사적) 어느 정도, 얼마간, 약간; 상당히, 꽤; 말하자면, 어느 편이냐 하면. ¶look ~ of pale 좀 창백한 얼굴을 하고 있다.

USAGE³ (1) kind of는 구어에서는 동사나 형용사를 수식하는 부사구로 쓰이며, 특히 (美)에서는 이 용법이 많다: I *kind of* like it. (2) kind of가 전와(轉訛)해서 kind o', kinda, kinda 따위로 되는 수가 있다: She's *kinda* a soft on me. (그녀는 내게 다소 상냥하게 대해 준다.) (3) sort of에도 이 용법이 있다: It was *sort of* interesting.

nothing [or *not anything*] *of the kind* 결코 …이 아니다, …와는 전혀 다르다.
of a kind ① 같은 종류의. ¶*all of a* ~ 모두 같은 종류인. ② (경멸적) 이름뿐인, 엉터리인, 대단찮은. ¶coffee *of a* ~ 이름뿐인 맛없는 커피.
of the [or *that*] *kind* 그와 같은. ¶something *of the* ~ 그와 같은 것.
one of a kind 독특한 것[사람], 단 하나뿐인 것.
something of the kind 그저 그렇고 그런 것[일].

kind·a [káində] ⓟ (속어) =*kind of.*
‡**kin·der·gar·ten** [kíndərgɑ̀ːrtn] ⓝ 유치원. ~**·er** ⓝ [<G]
kin·der·gart·ner [kíndərgɑ̀ːrtnər] ⓝ 유치원 원아[생]; 유치원 교사[선생].
kind·heart·ed [káindhɑ́ːrtid] ⓐ 친절한, 마음씨 고운, 인정 많은. ⇨KIND¹ 유의어 ~**·ly** ⓐⓟ ~**·ness** ⓝ
‡**kin·dle¹** [kíndl] ⓥ (~**s** [-z], -**d** [-d]; -**dling**) ⓥⓣ (연료·가연물)에 불을 붙이다, …을 태우다, 점화하다; (불)을 지피다[태우다]. ¶~ a lamp 등불을 붙이다.

유의어 **kindle** 비교적 불이 잘 붙지 않는 것에 불을 붙여 서서히 태우다. **light** 조명·난방·흡연 따위의 목적으로 불을 붙임. **fire** 타기 쉬운 것에 불을 붙이다. **ignite** 갑자기 폭발적으로 발화시키다. **inflame** 문어적이며, 주로 비유적으로 감정에 불지르는 따위의 뜻으로 쓰인다.

2 (비유적) (감정·흥미 따위)를 부채질하다, 북돋우다,

선동하다. ¶~ *love* 애정을 불태우다 ∥ (~+囲+前+名) The policy ~d them to revolt. 그 정책이 그들의 폭동을 유발했다. 3 …을 밝게 하다, 빛내다. ¶Happiness ~d his eyes. 그의 눈은 행복으로 빛났다. — ⓥⓘ 1 (가연물이) 타기 시작하다, 타다. 2 (감정이) 격해지다, 흥분하다. 3 (얼굴·눈 따위가) (…으로) 빛나다, 반짝이다 (*with*); 화끈 달다(*up*). 4 (…에) 반응하다 (*to*).
kin·dle² [kíndl] ⓥⓣ (토끼 따위가) (새끼)를 낳다. — ⓥⓘ (토끼 따위의) 한 배 새끼.
kin·dler [kíndlər] ⓝ 불태우는[붙이는] 사람; 선동자; 불쏘시개.
kind·less [káindlis] ⓐ 불친절한, 이해심이 없는; (기후·풍토가) 쾌적하지 않은; (페어) 부자연스러운, 비인간적인. ~**·ly** ⓟ
kind·li·ly [káindlili] ⓟ 친절하게, 상냥하게.
*kind·li·ness** [káindlinis] ⓝ 1 ⓤ 친절, 온정. 2 친절한 행위. 3 ⓤ (기후 따위의) 온화.
kin·dling¹ [kíndliŋ] ⓝ 1 ⓤ 불쏘시개((美) ~s). 2 ⓤⓒ 점화; 흥분, 선동.
kin·dling² [kíndliŋ] ⓝ (토끼 따위의) 출산.
kindling point 발화점.
‡**kind·ly** [káindli] ⓐ (**-li·er; -li·est**) 1 친절한; 인정 많은, 마음씨 고운. ⇨KIND¹ 유의어 ¶a ~ person 친절한 사람. 2 (규칙·법률이) 관대한. 3 (기후 따위가) 온화한, 쾌적한(pleasant). ¶a ~ climate 온화한 기후. 4 (토지 따위가) …에 알맞은 (*for*). ¶The land is ~ *for* hops. 그 토지는 홉 재배에 알맞다. 5 (고어) 자연의, 천연의; 타고난; 토착의. ¶~ fruits 천연의 과일.
— ⓟ 1 친절하게, 다정하게, 상냥하게. ¶speak ~ *to* a person 남에게 상냥하게 말을 걸다 / be ~ welcome 진심으로 환영을 받다. 2 진심으로. ¶I thank you ~. 충심으로 감사드립니다. 3 쾌히, 기꺼이. ¶take (it) ~ 기꺼이 받아들이다, 선의로 해석하다. 4 (의문문에서는 동사 하나로 쓰며, 명령문에서는 글머리에 쓰여) 부디, 아무쪼록. ¶Would you ~ give me your phone number? 전화 번호를 가르쳐 주시겠습니까? 5 저절로, 무리없이.
look kindly on [or *upon*] …을 시인[지지]하다.
think kindly of …을 좋아하다.
take kindly to (부정문·의문문에서) …을 자연히 좋아하다, …을 기꺼이 받아들이다; …에 정들다.
‡**kind·ness** [káindnis] ⓝ (~**·es** [-iz]) ⓤ 1 친절; 상냥함, 인정이 많음, 다정함 (*to*). ¶~ *of* heart 마음씨 고움 / ~ *to* a stranger 낯선 사람에 대한 친절. 2 ⓒ 친절한 행위[태도]. ¶return a ~ 친절에 보답하다. 3 우정; (고어) 애정, 애정. ¶have a ~ *for* a person 남에게 호의를 갖다, 호감을 품다, 애정을 갖다.
do [or *show*] *a kindness to* a *person* 남에게 친절을 베풀다.
have the kindness to *do* ① 친절하게도 …하다. ② (명령문으로) 아무쪼록 …해주시오.
kill a person with [or *by*] *kindness* ⇨KILL.
kindness of Mr. ... ...씨의 후의로(* 편지를 전하는 사람의 이름을 겉봉에 쓰는 글귀).
out of kindness (이해 관계가 아니라) 친절심에서.
with kindness 친절히(도).
kind o' [káində] (속어) =*kind of.*
‡**kin·dred** [kíndrid] ⓝ 1 (집합적·복수취급) 친족, 친척인 사람들. 2 일족, 동족. 3 ⓤ 혈연, 혈족 관계. 4 ⓤ 유연(類緣), (질의) 유사, 근사, 동종, 동질. — ⓐ 1 (기원·성질·질 따위가) 근사한, 동류의, 동족의; 유사한; 혈족의, 동족의. ¶~ people 친족 / ~ languages 동족어 / ~ natures 유사한 성질. 2 (신앙·태도·의견 따위가) 일치하는, 마음이 맞는. [족] 관계. ~**·less** ⓐ ~**·ly** ⓟ ~**·ness** ⓝ ~**·ship** ⓝ 혈족[종]
kind·sa [káindzə] ⓟ (속어) =*kinds of.*
kine [kain] ⓝ (고어·방언·시) 암소(cows), 소.
kine¹ [kain] ⓝ (물리) 카인(속도의 단위)(1cm/sec).
kin·e³ [kíni] ⓝ =kinescope 1.

kine- [kíni] 〖연결〗 motion, action의 뜻(* 모음 앞에서는 kin-). ¶ *kine*scope; *kine*sthesia.

kin·e- [kíni] 〖연결〗 =**kine-**.

kin·e·ma [kínəmə] 〖명〗 〖英〗 =cinema.

kin·e·mat·ic [kìnəmǽtik, kàin-] 〖형〗 〖물리〗 운동학(상)의. (또는 **kinematical**) **-i·cal·ly** 〖부〗

kin·e·mat·ics [kìnəmǽtiks, kàin-] 〖명〗〖복〗 〖단수취급〗 〖물리〗 운동학; 〖기계 장치의〗 운동 전달 이론.

kin·e·mat·o·graph [kìnəmǽtəgræf/-grà:f] 〖명〗 〖英〗=cinematograph.

kin·e·scope [kínəskòup, káin-] 〖명〗 〖TV〗 〖명〗 **1** 키네스코프(필름 녹화용 브라운관); (K-) 그 상표명. **2** 키네스코프 녹화(프로그램의 필름 녹화). ── 〖타〗 …을 키네스코프로 녹화하다. ── 〖형〗 …의[에 관한].

ki·ne·sic [kiní:sik, -zik, kai-] 〖형〗 동작학(動作學)

ki·ne·sics [kiní:siks, -ziks, kai-] 〖명〗〖복〗〖단수취급〗 동작학(전달 수단으로서의 몸짓·표정 따위의 연구).

ki·ne·si·ol·o·gy [kiní:siάlədʒi/-ɔ́l-] 〖명〗〖U〗 운동과학, 운동 생리학; =kinesitherapy. 「운동법.

ki·ne·sis [kiní:sis, kai-] 〖명〗〖생리〗 무정위(無定位)

ki·ne·si·ther·a·py [kiní:siθérəpi, -zi-, kai-] 〖명〗 운동 요법. 「운동 감각.

kin·es·the·sia [kìnəsθí:ʒə, kàin-] 〖명〗〖U〗 근(筋) 감

kin·es·thet·ic [kìnəsθétik, kàin-] 〖형〗 근(운동) 감

ki·net- [kinét, kai-] ⇒KINETO-. 「각의.

ki·net·ic [kinétik, kai-] 〖형〗 **1** 〖물리〗 운동의, 운동에 의한〈⇔ static〉. **2** 〖생물〗 정력적으로 활약하는; 움직이는 미술(~ art)의. **-i·cal·ly** 〖부〗

kinétic àrt 움직이는 미술(동력·빛의 효과에 의한 동적(動的) 조형 미술). **kinétic àrtist** 동적 미술가

kinétic énergy 〖물리〗 운동 에너지.

kinétic fríction 〖물리〗 운동 마찰.

ki·net·i·cism [kinétəsìzm, kai-] 〖명〗 **1** 운동성, 운동 상태. **2** =kinetic art. **-cist** 〖명〗

ki·net·ics [kinétiks, kai-] 〖명〗〖복〗 〖단수취급〗 **1** 〖물리〗 동력학(dynamics)(〖반〗 statics); 동태(動態). **2** 〖화학〗 속도론; 반응 속도.

kinétic théory 〖물리〗 (기체 분자) 운동론(~ of gases); 열운동론(~ of heat). 「호르몬의 하나).

ki·ne·tin [káinətin] 〖명〗〖생화학〗 키네틴(식물 성장

ki·ne·to- [kiní:tə, kai-] 〖연결〗 motion의 뜻(* 모음 앞에서는 kinet-). ¶ *kineto*scope, *kineti*c.

ki·ne·to·chore [kiní:təkɔ̀:r, -nétə-] 〖명〗 〖생물〗 동원체(動原體). 「동 사진 촬영기.

ki·ne·to·graph [kiní:təgræf, -grà:f, -nétə-] 〖명〗 활

ki·ne·to·phone [kiní:təfòun, kai-] 〖명〗 (초기의) 발성 활동 사진기(영사기).

ki·ne·to·scope [kiní:təskòup, kai-] 〖명〗 (구멍으로 들여다보는 초기의 요지경식) 활동 사진 영사기.

kin·folk [kínfòuk] 〖명〗〖복〗〖집합적·복수취급〗 친척, 친족. (또는 **kinfolks, kinsfolk**)

‡**king** [kiŋ] 〖명〗 〖복〗 ~s [-z] **1** (종종 K-) 왕, 국왕, 임금, 군주, 제왕. ¶*K-* George V 조지 5세(영국왕)/the *K-* of England 영국왕/an uncrowned ~ 무관(無冠)의 제왕/crown [or make] a person ~ 왕을 왕으로 삼다/overthrow [or dethrone] a ~ 왕을 폐위시키다/Long live the *K-*! 국왕 폐하 만세! **2** (the K-) 천제(天帝), 하느님, 신(the K- of Kings); 유대의 왕(옛날에 동방의 여러 나라 왕이 쓴던 칭호). ¶the *K-* of Heaven 하늘에 계시는 하느님(그리스도)/the *K-* of Hades 악마의 왕. **3** (the ~) 왕에 비길 만한 것, 왕좌를 차지하는 것, 가장 우수한 것, (과일 따위의) 최상 품종. ¶the ~ of birds 백조(百鳥)의 왕(독수리)/the ~ of beasts 백수의 왕(사자)/the ~ of metals 금/the ~ of the forest 숲의 왕(큰 참나무)/the ~ of the jungle 밀림의 왕(호랑이)/the ~ of the day 태양/the *K-* of Terrors 죽음(←음긴이)(Job. 18:14)/the ~ of waters 강 중의 강(아마존강). **4** 거물, 대세력가, 최고 권력자. …왕. ¶an oil ~ 석유왕/a home-run ~ 홈런왕/the ~ of a village

마을의 대세력가. **5** 〖카드놀이〗 킹; 〖서양장기〗 (체스에서) 장군(영 k); 〖서양장기〗 (체커에서) 상대방의 궁에 들어가 왕이 된 말. ¶the ~ of diamonds 다이아몬드의 킹. **6** 〖곤충〗 (생식 능력이 있는) 흰개미의 수컷. **7** (원래) 통신에서 K자를 나타내는 데 썼던 낱말. **8** (구어) 킹사이즈의 엽궐련. **9** (the K-) 〖英〗 영국 국가('God save the King'). **10** 〖美속어〗 교도소장.

(as) happy as a king 굉장히 행복한.

to the [or a] *king's taste* ⇒TASTE.

── 〖타〗 …을 임금으로 삼다, …의 왕이 되다. ── 〖자〗 왕으로 군림하다, 왕으로서 통치[지배]하다.

king it 왕처럼 행동하다(*over*).

── 〖형〗 **1** (구어) =~-size. **2** (복합어로) 〈크기·중요성 따위가〉 최대의, 최상의.

∠-like 왕다운, 임금다운; 당당한.

King [kiŋ] 〖명〗 킹. **1 Martin Luther ~, Jr.** (1929-68; 미국의 목사·흑인운동 지도자; 노벨 평화상(1964)). **2 Stephen Edwin ~** (1947-; 미국의 추리 소설가).

King Árthur 아서왕(6세기 경의 전설적인 영국왕).

kíng at árms (종종 K-a-A-) =king-of-arms.

king·bird [kíŋbə̀:rd] 〖명〗 **1** 킹버드(북미산(産)) 타이란새의 일종). **2** 풍조(風鳥)의 일종(뉴기니산(産)).

king·bolt [kíŋbòult] 〖명〗 **1** 〖기계〗 킹볼트(마차의 앞바퀴를 차체에 고정시키는 굴대로, 앞바퀴의 방향 전환을 가능하게 한다). **2** 〖건축〗 중심 핀, 중심 볼트.

King Chárles's héad 〖비유〗 버릇처럼 하는 말, 고정 관념. 〔<Dickens작 *David Copperfield*에서〕

King Chárles spániel 흑갈색의 스패니얼 개. 〔<영국왕 찰스 2세의 애완용 개〕 「사).

king cóbra 〖동물〗 킹코브라(동남 아시아산(産) 독

kíng cráb 〖동물〗 투구게(horseshoe crab).

king·craft [kíŋkræft/-krà:ft] 〖명〗〖U〗 왕정, 왕의 통치술.

king·cup [kíŋkʌ̀p] 〖식물〗 **1** (꽃송이가 큰) 미나리아재비(buttercup). **2** 〖英〗 =marsh marigold.

‡**king·dom** [kíŋdəm] 〖명〗 ~**s** [-z] **1** 왕국, 왕령. ¶the ~ of Sweden 스웨덴 왕국/the United *K-* of Great Britain and Northern Ireland 연합 왕국(통칭 the U.K.). **2** (종종 K-) 신국(神國); 신의 통치, 신정(神政). ¶the ~ of Heaven 신의 나라, 천국. **3** 왕의 통치, 왕정; 왕권, 왕위. **4** (학문·예술 따위의) 범위, 분야, 영역; (사람·사물의) 지배[군림] 권역, 세력권. ¶the ~ of science 과학계/the ~ of poetry 시의 영역. **5** (박물학의) 계(界). ¶the animal [vegetable, mineral] ~ 동물[식물, 광물]계.

come into [or *to*] *one's kingdom* 권력을 잡다.

~·less 〖형〗

kíngdom cóme 〖명〗 (속어) 내세(來世), 저승; 천국; 죽음, 의식 불명; (구어) 끝없이 먼 곳[미래].

be gone to kingdom come (구어) 저승에 가 있다.

into kingdom come 정신을 잃을 때까지.

send [or *blow*] *a person to kingdom come* (폭탄 따위로) 사람을 죽이다.

until [or *till*] *kingdom come* 이 세상 다할 때까지, 언제까지나. 「come.」

〔<the Lord's Prayer(주기도문) 중의 구 Thy kingdom

king·fish [kíŋfíʃ] 〖명〗 (복 ~, ~**·es**)) **1** (각종 식용 물고기의) 대어(大魚). **2** (민어과(科)의 drumfish 비슷한) 식용어. **3** 붉은개복치(opah), 삼치류의 물고기(Spanish mackerel). **4** 〖美구어〗 거물, 거두.

king·fish·er [kíŋfíʃər] 〖명〗 물총새류의 새.

king-hit [-hít] 〖濠구어〗 〖명〗 (특히 부당한) K.O.펀치. ── 〖타〗 K.O.펀치를 먹이다.

King Jámes Vérsion [Bíble] 〖명〗 (the ~) (1611년 제임스 1세가 만들게 한) 흠정(欽定) 영역 성서(Authorized Version)(약 KJV).

King Kong [kíŋ kɔ́:ŋ, -káŋ] 〖명〗 **1** 킹콩(동명(同名)의 영화에 등장하는 거대한 고릴라); 거한(巨漢). **2** (k-

King Kong pill k-) 싸구려 독주(毒酒). 「제, 진정제.
Kíng Kóng píll 圏 《美俗》 바르비탈계(系)의 약
Kíng Léar 圏 리어왕(Shakespeare의 4대 비극 중의 하나; 그 주인공).
king·less [kíŋlis] 圏 국왕이 없는; 무정부 상태의.
~**·ness** 圏
king·let [kíŋlit] 圏 1 (경멸적) 소국(小國)의 왕. 2 상모솔새류의 작은 새.
king·ling [kíŋliŋ] 圏 작은 나라의 왕(petty king).
Kíng Lóg 圏 실권이 없는 왕(圏 King Stork).
〔<이솝 이야기>〕
*__king·ly__ [kíŋli] 圏 왕[임금]의, 왕위의; 왕[임금]에 어울리는, 왕다운(kinglike); 위엄 있는, 위풍당당한. ¶ a ~ crown 왕관 / ~ power 왕의 권력 / a ~ air 왕다운[당당한] 태도. — 뵈 왕답게; 위풍 당당하게. **-li·ness** 圏
king·mak·er [kíŋmèikər] 圏 1 (구어) (요직 인선을 좌지우지하는) 정계 실력자. 2 영국 왕위쟁탈전에서 Henry 6세와 Edward 4세를 옹립했던 Earl of Warwick).
kíng-of-árms [-∂nvá:rmz] 圏 (圏 **kings-**) (종종 K–O–A–) (영국의) 문장원(紋章院) 장관.
Kíng of Kíngs 圏 (기독교) 예수 그리스도; 하느님(God); 여호와; (k–o–K–) 왕중의 왕, 황제.
kíng of the hill [móuntain, (英) **cástle]** (英) 1 (the ~) 골목 대장 놀이(모래로 만든 성 따위에서 남을 밀어내고 독차지하는 어린이의 놀이). 2 (구어) 제일인자, 우두머리. 「로le 왕권).
kíng pénguin 圏 〔조류〕 킹 펭귄(황제 펭귄 다음으로
king·pin [kíŋpìn] 圏 1 〔볼링〕 킹핀(5번 핀 또는 headpin). 2 (구어) 주요 인물, 수령, 두목; (조직 따위의) 중심, 중추. 3 =kingbolt 1. — (구어) 가장 중요한, 제일의. 「post
kíng pòst [píece] 圏 〔건축〕 왕대공. 圏 queen
Kíngs [kiŋz]
(the ~) (단수취급) 〔성서〕 열왕기 상·하(1 ~, 2 ~).
kíng sàlmon 圏 왕 연어(북태평양에서 나는 대형 연어).
Kíng's Bénch
(the ~) 〔英법률〕 왕좌
부(王座部) (고등 법원의 한 부문). 圏 Queen's Bench
Kíng's Bírthday 圏 (the ~) (英) 국왕 탄신일(법정 경축일). 圏 Queen's Birthday
Kíng's Cóunsel 圏 (the ~) 〔英법률〕 왕실 고문 변호사(Lord Chancellor의 추천에 의해 국왕이 임명한 변호사).
Kíng's Énglish 圏 (the ~) 순정(純正) 영어; (영국의) 표준 영어. 圏 Queen's English
kíng's évidence 圏 〔英법률〕 공범자에게 불리한 증언을 하는 범죄인; 그 증언.
turn king's evidence 공범자에게 불리한 증언을 하다.
king's évil 圏 (the ~, 종종 the K- E-) 연주창 (scrofula), (<왕이 손을 대면 낫는다고 믿었던 데서〕
kíng's híghway 圏 (the ~) (英) 국도.
king·ship [kíŋʃìp] 圏 1 왕의 신분, 왕위, 왕좌, 왕권; 왕의 위엄. 2 왕의 지배, 왕정(王政). 3 왕다운 자질. 4 (K-) 왕을 가리키는 칭호(Majesty). ¶ His[*or* Your] *K*- 국왕 폐하. 「을 때의) 킹 쪽.
king·side [kiŋsáid] 圏 〔서양장기〕 킹 쪽(보다 출 놓았
king-size [-sàiz] 圏 (구어) 보통보다 큰[긴], 특대의; 다른 것보다 뛰어난. (또는 **king-sized**)
kíng snàke 圏 왕뱀(미국 남부산(産) 독 없는 큰 뱀.
kíng snìpe 圏 《美俗》 보선(保線)[선로 부설] 작업반의 책임자.
kíng's ránsom 圏 포로가 된 왕의 몸값; 막대한 돈.
Kíng's Regulátions 圏(圏) (英) 군복무 규칙.
Kíng's Schólar 圏 (英) 왕실 장학생[연구시].

[king post]

Kíng's spéech 圏 (the ~) (英) (의회 개회 때의) 국왕의 시정 (방침) 연설. * 여왕 재위 중에는 Queen's speech. 「수도·항구.
Kings·ton [kíŋztən/kíŋs-] 圏 킹스턴(자메이카의
Kíng Stórk 圏 폭군. 〔<이솝 이야기>〕
kíng's wéather 圏 (英구어) 쾌청한 날씨.
kíng trùss 圏 〔건축〕 왕대공 지붕틀(왕대공(king post)이 있는 가옥의 지붕).
Kíng Tút 圏 1 =Tutankhamen. 2 (브레이크댄스의) 고대 이집트 벽화의 인물처럼 손발을 움직이는 춤.
ki·nin [káinin, kín-] 圏 〔생화학〕 키닌(펩타이드의 일종; 식물의 세포 분열 자극·동물의 민무늬근 수축·혈압 강하 따위 작용을 한다).
kink [kiŋk] 圏 1 (실 따위의) 꼬임, 얽힘, 곱슬함 (curl). 2 근육 경련, 쥐(crick); (목·등 따위의) 통증. 3 변덕(whim); 외고집, (마음의) 비꼬임. 4 (제도·계획·기계 따위의) 결함, 결점, 불비(不備)(flaw). 5 (구어) 성적 이상, 변태. 6 (美) 묘안, 기발한 생각.
iron [*or* *work*] *out the kinks* (구어) 문제거리를 잘 처리하다. — 圏 비틀어지다, 뒤틀리다, 얽히다. — 타 …을 비틀리게 하다, 뒤틀다, 얽히게 하다.
kin·ka·jou [kíŋkədʒù:] 圏 킨카주(미국너구리 비슷한 중남미산(産) 야행성 동물). 「람; 흑인.
kink·o [kíŋkou] 圏 (圏 **~s**) (美俗) 변태적인 사
kink·y [kíŋki] 圏 1 (머리카락 따위가) 곱슬한, 뒤틀린; 꼬이기 쉬운. 2 (속어) 비뚤어진, 괴팍한, 변덕스러운, 이상한; 변태성의, 가학(加虐)[피학(被虐)] 성향이 있는. — 圏 1 《美俗》 도난품, (특히) 도난차. 2 (英속어) 성도착자, 변태; 동성애자.
kínk·i·ly 뵈 **kínk·i·ness** 圏
kínky bóot 圏 (여성용) 긴 검은 가죽 부츠.
kínk·y-head [-héd] 圏 (美속어) (경멸적) 흑인.
kin·less [kínlis] 圏 친척이 없는, 의지가지없는.
kin·ni·kin·nic(k) [kìnikəník] 圏 1 키니커닉(식물의 수피와 말린 잎의 혼합물; 담배를 섞거나 담배 대용으로 피웠다). 2 그 혼합물에 쓰이는 식물.
ki·no¹ [kí:nou] 圏 (圏 **~s**) (유럽에서) 영화관. (<G)
ki·no² 圏 키노(열대산 콩과(科) 식물); (또는 ∠ **gúm**) 圏 그 수지(樹脂).
kín seléction 圏 〔생물〕 혈연 선택(도태).
Kin·sey [kínzi] 圏 킨제이(1894–1956; 미국의 동물학자; Kinsey Reports로 유명).
Kínsey Repòrts 圏 킨제이 보고서(A. Kinsey가 발표한 인간의 성행동에 관한 연구 보고서).
kins·folk [kínzfòuk] 圏(圏) =kinfolk.
Kin·sha·sa [kínʃá:sə] 圏 킨샤사(자이르 공화국의 수도; 옛 이름 Léopoldville).
kin·ship [kínʃip] 圏Ⓤ 1 (…와의) 혈족 관계, 친척 관계(*with*). 2 (성질 따위의) 유사, 근사(affinity). 3 관계, 밀접한 관계.
feel kinship with …에 친근감을 느끼다.
*__kins·man__ [kínzmən] 圏 (圏 **-men** [-mən]) 1 (남자) 친척, 일가의 남자. 2 동족의 사람, 동족인 사람.
kins·wom·an [kínzwùmən] 圏 (여자) 친척, 일가되는 여자.
ki·osk [kí:ɑsk/-ɔsk] 圏 1 (역·광장 등에 있는) 신문 [담배, 음료, 식사 등] 매점; (英) 공중 전화 박스; (美) 광고탑; (濠) (공원 등의) 청량 음료점. 2 키오스크 (터키·이란 등의 일종의 정자).
Ki·o·wa [káiəwə, -wà:, -wèi] 圏 (圏 **~(s)**) 카이오와족(미국 남서부의 평원에서 살았던 인디언); Ⓤ 카이오와어(語). **-wan** 圏 「죽; 그 다말.
kip¹ [kip] 圏 1 (송아지·새끼양 따위) 어린 짐승의 가
kip² (英속어) 圏 잠자리(bed); 하숙, 여인숙; Ⓤ (종종 a ~) 잠, 잠자기. — 图 (**-pp-**) 잠자다(sleep).
kip³ 圏 킵(중량의 단위; 1,000파운드).
kip⁴ 圏 킵(라오스의 화폐 단위; 약 K).

kip[5] 명 (濠) 킵(two-up이라는 게임에서 동전을 튀겨 올리는 데 쓰는 나뭇조각).

Kip·ling [kíplin] 명 **(Joseph) Rudyard ~** 키플링(1865-1936; 영국의 소설가; 노벨 문학상(1907)).

kip·per [kípər] 명 1 산란기(직후)의 연어(송어)의 수컷. 2 소금에 절여 말린[훈제한] 청어. — 타 (연어 따위)를 소금에 절여 말리다; 훈제하다.

Kir·ghiz [kiərgíːz/kə́ːgiz] 명 (복 ~(·es)) 키르기스인 (중서부 아시아의 몽고계 종족); U 키르기스어(語).

Kir·ghi·zia [kiərgíːziə/kəːgíːziə] 명 =Kyrgyzstan.

Ki·ri·ba·ti [kìəribɑ́ːti, kìərəbǽs] 명 키리바시 공화국(태평양 중부의 섬나라; 수도 Tarawa).

kirk [kəːrk] 명 (스코·北英) 교회(church); (the K–) 스코틀랜드 교회the Church of Scotland).

kirk·man [káːrkmən] 명 (스코·北英) 스코틀랜드 교회의 신자; 성직자, 목사. 「(교회의) 교회 회의.

kirk sèssion 명 (스코틀랜드 장로교회와 다른 자유

Kír·li·an phótography [kíərliən-] 키를리언 사진(술)(전기장(電氣場)에 놓인 피사체가 방사하는 발광(發光)을 필름에 기록하는 방법).

kir·mess [káːrmis] 명 =kermis. 「[-vɑ̀ːsər]

kirsch [kiərʃ] 명 U 버찌술. 또는 **kirsch·was·ser**

kir·tle [káːrtl] 명 커틀(중세기에 여성이 입던 길고 나 낙한 가운); (고어) (남자용의) 짧은 상의.

Ki·shi·nev [kíʃənèf, -nèv] 명 키시뇨프(Moldova 의 수도).

kish·ke [kíʃkə] 명 (유대요리) 키쉬케(순대의 일종).

kis·met [kízmit, kis-/-met] 명 U (이슬람) 알라의 뜻; 운명, 숙명.

‡**kiss** [kis] 통 (~·es [-iz]; ~ed [-t]) 타 1 ···에게 입맞춤하다, 키스하다. ¶ ~ one's love 애인에게 키스 하다/(~+목+전+명) ~ a person good-by 남에게 이별 의 키스를 하다/(~+목+전+명) ~ a person on the cheek 남의 볼에 키스하다. 2 (바람·물결·손 따위 가) ···에 가볍게[살짝] 스치다. ¶ The wind ~ed the trees. 바람이 나무들을 스친다. 3 (당구공이) (다른 공) 에 닿다. — 자 1 입맞추다, 키스하다. 2 (물건이) 가볍 게 닿다; (두 당구공이) 닿다. 「한.

as easy as kissing one's hand 아주 용이[간단]

kiss and be friends 키스하고 화해하다.

kiss and tell (美구어) ① 비밀을 누설[폭로]하다. ② 신뢰를 저버리다. ③ 중대한 약속을 어기다.

kiss (a person's) ass (美비어) 아첨하다, 알랑거리다.

kiss away ···을 키스해서 없애다[씻어내다]. ¶ ~ away a person's tears 키스하여 남의 눈물을 씻어주다.

kiss... better [아이의 아픈 곳을] 키스하여 위로하다 [고치다].

kiss good-by(e) ① (···에게) 이별의 키스를 하다. ② (美구어) (물건·일에) (미련은 있지만) 단념하다.

kiss hands [or *the hand*] *of* (대신 등이 취임 의식으로서) (군주)의 손에 입맞추다. ③ 「나를 흡입하다.

kiss Mary [or *Mari, Maryjane*] (美구어) 마리화

Kiss my ass [or *foot, tail*]! (속어) (요구 따위를 거절하면서) 바보같은 소리 작작해!, 죽어버려!

kiss off ① 키스로 ···을 없애다[지우다]. ② (美속어) ···을 거절하다, 무시하다, 해고하다; ···을 단념하다, 피하다; 도망치다; ···을 죽이다. ③ (명령문에서) 참견 마!, 썩 꺼져!

kiss one's hand to a person 남에게 키스를 보내다.

kiss out (美속어) (암흑가에서) 속아서 자기 몫을 빼앗기다[못 받게 되다].

kiss the Book [or *Bible*] 성서에 입맞추고 선서하다.

kiss the cross [or *canvas, resin*] (속어) (복싱에서) KO[다운]당하다.

kiss the dust ⇒DUST. 「맛보다.

kiss the ground 납죽 엎드리다; 굴복하다, 굴욕을

kiss the porcelain god (美속어) 토하다, 게우다.

kiss the post (늦어서) 못 들어가게 되다, 쫓기나다.

kiss the rod ⇒ROD.

kiss up to (美구어) ···에 반하다; 애교를 떨다.

— 명 1 입맞춤, 키스. 2 (비유적) 가볍게 닿기. 3 (당구에서) 공과 공의 접촉. 4 당과(糖菓)의 일종.

blow [or *throw*] *a kiss to a person*; *blow a person a kiss* ···에게 (손시늉으로) 키스를 보내다.

give a person a kiss 남에게 입맞추다.

KISS [kis] (컴퓨터) Keep it short and simple.(간단 명료하게)(* 프로그램·통신문의 용어); Keep it simple, stupid.(이봐, 간단히 해).

kiss·a·ble [kísəbl] 형 키스하고 싶은 마음을 일으키는. ~**bíl·i·ty**, ~**·ness** 명 **-bly** 부

kiss-and-tell [⌐əntèl] 형 (회고록 따위가) 내막담의, 비밀을 폭로하는.

kiss-ass [⌐ǽs] (美비어) 명 아첨꾼. — 형 알랑방귀 뀌는, 비굴한. — 자 알랑방귀 뀌다.

kíss cùrl 명 (英) =spit curl.

kiss·er [kísər] 명 1 키스하는 사람; (속어) (남자끼리) 키스하는 놈, 호모. 2 (속어) 입, 입술; 얼굴.

kiss-in [⌐ìn] 명 키스인(항의의 표시로 집단 키스를 계속하기).

kiss·ing [kísin] 명 키스하기. — 형 키스할 정도의.

be on kissing terms with ···와는 키스할 정도로 친하다.

kíssing bùg 명 침노린재류의 흡혈(吸血) 곤충; 키스를 즐기는 사람; 키스하고 싶은 욕망.

kíssing cóusin 명 1 (만나면 키스할 정도의) 사촌; 먼[소원한] 친척. 2 친한 친구, 친지. 3 밀접한 관련이 있는 사람[것]; 아주 흡사한 사람[것].

kíss·ing-crust [-krʌ̀st] 명 (속어) (구울 때 다른 빵에 닿아서 생긴) 빵껍질의 연한 부분.

kíssing disèase 명 키스병, 전염성 단핵증(單核症).

Kis·sin·ger [kísəndʒər] 명 **Henry A. ~** 키신저 (1923– ; 미국의 정치학자·외교관; 노벨 평화상(1973)).

kíssing gàte 명 (英) (한 사람씩만 지나가게 되어 있는) V[U]자형 회전문.

kíssing kind 명 =kissing cousin.

kiss-in-the-ring [⌐inðəríŋ] 명 U (英) 키스놀이(젊은 남녀가 둥글게 서서, 그 주위를 달리는 술래가 이성(異 性)의 한 사람에게 닿거나 그 뒤에 손수건을 놓으면 그 사람이 술래를 쫓아가서 키스하는 놀이).

kiss-me-quick [⌐mìkwík] 명 1 (19세기 후반 유행했던) 뒤통수에 쓰는 작은 보닛(bonnet). 2 =spit curl. 3 야생의 3색(色) 오랑캐꽃(wild pansy).

kíss of déath 명 (the ~) 죽음의 키스; (언뜻 도움이 될 듯하나) 종국에 파멸[파국]을 가져오는 것.

kiss-off [⌐ɔ́ːf, -áf/-ɔ́f] 명 (the ~) (속어) 해고(dismissal); 연막 끊기, 절연; (당구) 접촉 키스.

kíss of lífe 명 (the ~) 입으로 하는 인공 호흡; 회복책; 활력소. 「평화[화해]의 키스.

kíss of péace 명 (the ~) (교회) (성찬 의식에서)

kis·so·gram [kísəgræ̀m] 명 키소그램, 키스가 따르는 전보[축사](젊은 여자 배달원이 수취인에게 키스를 해주는 전보 따위); 키소그램 배달원.

kiss·y [kísi] 명 (구어) 키스하고 싶어하는[지는], 키스로 사랑을 표현하는, 달콤한.

kíss·y·fàce [kísifèis] 명 (美구어) 명 키스, 포옹. — 형 자 ···에 키스하다, 키스하고 싶은. (또는 **kíssy-fàcey** [-pòo-]) 「국 과학 기술 연구소).

KIST Korea Institute of Science and Technology(한

Ki·swa·hi·li [kìːswɑːhíːli] 명 스와힐리(語).

*****kit**[1] [kit] 명 1 UC 도구 일습(한 벌), 용구 한 세트; (조립용 부품 따위의) 한 벌. ¶ a golfing ~ 골프 용구 한 세트. 2 도구 상자, 용구 상자(등). 3 U (英) (집합적·단수취급) 옷; (특히 어떤 목적을 위한) 장비, 복장. ¶ ski[flying] ~ 스키[비행]복. 5 (구어) 한 조(組), 일단. 6 (英) 나무통, 작은 통.

the whole kit and caboodle [or *boodle*] (美구

kit ... 어) 전부, 이것저것[너나없이] 모두.
──타 (**-tt-**) (英) …에게 장비[복장]를 갖추게 하다.
kit² 명 (17-18세기에 댄스 교사가 썼던) 작은 바이올린.
kit³ 명 새끼 고양이; 새끼 여우.
KITA *Korea International Trade Association*(한국 무역 협회).
kít bàg 명 (병사의) 배낭; 여행용 가죽 가방.
kit-cat [kǽt] 명 Kit-Cat Club 회원의 반신(半身) 초상화(~ *portrait*). (또는 **kít-kàt**)
Kít-Cat Clùb 명 키트캣 클럽(1703-1720년에 London에 있었던 Whig 당원의 클럽).
kit-chee-kit-chee-kit-chee [kitʃi:kitʃi:kitʃi:] 명 간질간질간질(간질일 때의 의성음).
‡**kitch·en** [kítʃən] 명 1 부엌, 취사장, 주방; (호텔 따위의) 조리부(調理部)(cuisine). 2 (속어) (오케스트라의) 타악기 부문.
kítchen càbinet 명 1 (美어) (대통령·주지사 등의) 사설 고문단(brain trust). 2 (부엌의) 붙박이 찬장.
kítchen drìnker 명 (美) 음주 주부.
kitch·en·er [kítʃənər] 명 1 (수도원의) 요리 당번; 요리인. 2 (英) 요리용 화덕.
kitch·en·et(te) [kìtʃənét] 명 (아파트 등의) 간이 취사장, 작은 부엌.
kítchen évening 명 (濠) = kitchen tea.
kítchen gàrden 명 (가정) 채원, 남새밭, 채소밭.
kítchen gàrdener 명 야채[과수] 재배가.
kítchen knife 명 식칼, 부엌칼.
kítchen-maid [kítʃənmèid] 명 식모, 부엌데기.
kítchen mídden 명 (고고) 패총(貝塚), 조개무지.
kítchen phýsic 명 (환자·군인용) 영양식.
kítchen police 명 (군사) (가벼운 벌로서의) 취사(반) 근무; (집합적) 취사병(略 K.P.).
kítchen ròll 명 부엌용 두루마리 휴지.
kítchen shòwer 명 (美) = kitchen tea.
kítchen sìnk 명 주방 싱크대.
everything [or *all*] *but* [or *except*] *the kitchen sink* (구어) 이것저것 모두; 생각할 수 있는 것 모두.
kitch·en-sink [-síŋk] 명 (英) 이것저것 모두를 적나라하게 그린, 극단적으로 사실주의적인 (그림·연극 등).
kitch·en-stuff [-stʌ̀f] 명Ⓤ 1 요리 재료(특히 야채 따위). 2 부엌 찌꺼기.
kítchen tèa (濠) (여자 친구들이 혼전 신부에게 부엌용품을 선물하는) 결혼 축하 파티.
kítchen tòwel 명 = kitchen roll.
kítchen ùnit 명 (英) 부엌 세트(개수대·찬장 따위).
kitch·en·ware [kítʃinwɛ̀ər] 명Ⓤ (집합적) 조리용구, 부엌 용품(세간).
Kitch·in cỳcle [kítʃin-] 명 (경제) 키친 순환, 재고(在庫) 순환(평균 40개월 주기의 경기 파동). [< 미국의 경제학자 Joseph Kitchin(1910-)의 이름]
‡**kite** [kait] 명 1 연. 2 솔개. 3 (~s) (항해) (미풍이 불 때 다는) 가벼운 돛(flying ~). 4 (상업) 융통 어음, 공(空)어음. 5 (英) 욕심꾸러기, 탐욕스러운 사람. 6 (英속어) 비행기. 7 (속어) 비밀 편지.   ┌동통하여.
(*as*) *high as a kite* (구어) (술·마약 따위에) 취하여, *blow a thing high as kite* (美속어) 폭로하여 …을 완전히 망치다.
fly [or *send up*] *a kite* ① 연을 날리다. ② 여론을 살피다. ③ 융통 어음을 발행하다.
Go fly a [or *one's*] *kite!* (美속어) 꺼져! 귀찮게 굴지 말고 저리 가!
──동 자 1 (구어) (솔개처럼) 빨리 날다, 재빨리 움직이다; (美) (가격이) 급등하다. 2 (상업) 융통 어음을 발행하다. ──타 (상업) …을 융통 어음으로서 발행하다.   ┌기구.
~-**like** 형
kíte ballóon 명 (관측(실험)용) 연 모양의 계류(繫留)
kit·ed [káitid] 형 (속어) (술·마약에) 취한.
kíte flýing 명 연 날리기; (英속어) 여론 탐색.
kite·mark [káitmɑ̀ːrk] 명 (종종 K-) (英) 영국 규격원 검사증(한국의 KS 마크에 해당).
ki·ten·ge [kiténge] 명 키텡게(동아프리카 해안 지방에서 남성이 허리에 두르는 줄무늬의 천).
kith [kiθ] 명Ⓤ 친구, 이웃, 친지; 친척.(* 다음 숙어로) *kith and kin* 친지와 친척, 일가 친척.
KITSAT-A [kítsætéi] 명 (한국이 1992년 발사한) 우리 별 1호의 국제 호칭.
kitsch [kitʃ] 명 (종종 K-) (예술·문학 따위의) 졸작, 저속한 작품[공예품].
~·**y** 형 천박한, 야한, 대중 취미의. [< G]
‡**kit·ten** [kítn] 명 (~**s** [-z]) 1 새끼 고양이; (토끼·족제비 따위 작은 짐승의) 새끼. 2 말괄량이.
(*as*) *harmless as a kitten* 아주 순진한.
(*as*) *weak as a kitten* (구어) (사람이) 힘이 없는, *cast a kitten* = *have kittens*.   ┌기력이 쇠퇴한.
give a person kittens (구어) 남을 놀라게[신경질나게, 흥분시키]다.
have kittens [or *a kitten*] (美속어) 몹시[갑자기] 화를 내다[무서워하다]; 몹시 놀라다(웃다).
──타 (고양이가) 새끼를 낳다; 야옹 떨다.
~-**like** 형
kit·ten·ish [kítniʃ] 형 고양이 새끼 같은, 재롱부리는; 말괄량이의. ~·**ly** 부 ~·**ness** 명
kit·ti·wake [kítiwèik] 명 (조류) 세가락갈매기.
kit·tle [kítl] 타 (스코) 동자 …을 손가락으로 간질이다; (아첨이나 강한 말로) …을 흥분시키다. ──형 간질거려하는, 침착성을 잃은; 다루기 힘든, 귀찮은(troublesome).
kíttle cáttle 명 (집합적) (다루기 어려운) 난폭한 무리; (美학어) 다루기 힘든 무리. (옹이(고양이의 애칭).
*kit·ty¹** [kíti] 명 새끼 고양이(kitten); (어린이말) 야옹.
kit·ty² 명 1 (카드놀이) (딴 돈에서 자리값·팁 따위로 떼어 놓는) 적립금, 판돈, 건 돈; (건 돈을 넣는) 항아리; 도르고 남은 패. 2 공동 출자금[적립금].
feed the kitty 판돈을 늘리다; 공동 출자하다, 돈을 추렴하다.
Kit·ty [kíti] 명 1 키티(여자 이름; Katherine의 애칭). 2 (美속어) 캐딜락 차(Cadillac car).
kit·ty-cor·ner(ed) [-kɔ̀ːrnər(d)] 형부 (美구어) = cater-cornered.
ki·va [kíːvə] 명 키바(북미 Pueblo Indian의 지하 예배장; 종교 의식·회의 등에 쓰인다).
Ki·wa·nis [kiwáːnis] 명 키와니스 클럽(1915년 Detroit에서 결성된 국제 민간 봉사 단체). -**ni·an** 형명 Kiwanis의 (회원).
ki·wi [kíːwi] 명 1 키위(뉴질랜드산(產)의 날개 없는 새). 2 = ~ *fruit*. 3 (英공군 속어) 지상 근무원. 4 (보통 K-) (구어) 뉴질랜드 사람[팀].
kíwi frùit [**bèrry**] 키위, 양다래(뉴질랜드산(產)).
K.J.V. *King James Version*.
K.K.K., KKK *Ku Klux Klan*. **KKt** (서양장기) *king's knight*. **KKtP** (서양장기) *king's knight's pawn*. **kl.** *kiloliter(s)*.
Klan [klæn] 명 Ku Klux Klan; 그 지부.
Klans·man [klǽnzmən] 명 (종종 k-) Ku Klux Klan 단원.
klatch [klɑːtʃ, klæt] 명 (구어) 한담 모임, 간담회. (또 **klatsch**) [< G *gossip*] [(K-) 그 상표명.
klax·on [klǽksən] 명 (자동차 등의) 클랙슨, 경적;
Klee·nex [klíːneks] 명ⓊⒸ (商 ~·(**es**)) (상표) 클리넥스(tissue paper의 일종).
Klein [klain] 명 클라인. 1 Calvin (Richard) ~ (1942- ; 미국의 의상 디자이너). 2 Lawrence R. ~ (1920- ; 미국의 계량 경제학자; 노벨 경제학상(1980)).
Kléin bòttle 명 (기하) 클라인 항아리. [독일의 수학자 Felix Klein(1849-1925)의 이름]

Klein·i·an [kláiniən] 형 클라인 학설의. [<오스트리아의 정신의학자 Melanie Klein(1882-1960)의 이름]
Klem·pe·rer [klémpərər] 명 Otto ~ 클렘페러 (1885-1973: 독일의 지휘자).
Kle·o·pa·tra [kli:əpǽtrə] 명 =Cleopatra.
klepht [kleft] 명 (그리스의) 산적, 게릴라.
kléph·tic 형
klep·to [kléptou] 명 (복 ~s) (美속어) 절도광(狂).
klep·to- [kléptə, -tou] 연결 theft의 뜻(* 모음 앞에서는 klept-). ¶ *klepto*mania.
klep·toc·ra·cy [kleptákrəsi/-tɔ́k-] 명 부정 축재 정치, 수탈[착취] 정치. **klép·to·cràt** 명
klep·to·ma·ni·a [klèptəméiniə] 명 ⓤ 〔심리〕 절도광(狂), 병적 도벽(盗癖). (또는 **cleptomania**)
klep·to·ma·ni·ac [klèptəméiniæk] 명 〔심리〕 병적 도벽자. ── 형 도벽이 있는. (또는 **cleptomaniac**)
klick [klik] 명 (속어) =kilometer. (는 **klik**)
klieg light [kli:g-] 클리그 등(영화 촬영용의 강력한 아크등).
Kline·fel·ter('s) syndrome [kláinfeltər(z)-] 명 〔의학〕 클라인펠터 증후군(남성의 성염색체 이상으로 인한 선천성 질환; 고환 발육 부전·불임 등이 따름).
[<미국의 의사 H. F. Klinefelter(1942-)의 이름]
Kline test [reàction] [kláin-] 명 〔의학〕 클라인 시험(매독 혈청의 침강 반응; 매독 검사법).
[<미국의 병리학자 B. S. Kline(1886-1968)의 이름]
klink [kliŋk] 명 (구어) 교도소, 유치장.
klip·spring·er [klípspriŋər] 명 클립스프링어(남아프리카산 영양(羚羊)). 「용어는 스키용 왁스).
klis·ter [klístər] 명 ⓤ 클리스터 왁스(축축한 눈의 활강
KLM *Koninklijke Luchtvaart Maatschappij*(= Royal Dutch Airlines)(네덜란드 항공).
Klon·dike [klándaik/klɔ́n-] 명 클론다이크. 1 캐나다 서북부에 걸친 지역(1897-98년의 gold rush로 유명). 2 (k-) ⓤ (카드놀이) 혼자 하는 게임의 일종.
klong [klɔːŋ, klɑŋ] 명 (태국의) 운하.
kloof [klu:f] 명 (남아프리카의) 깊은 협곡.
klop [klap/klɔp] 명 (美속어) 강타. (* 다음 숙어로)
klop in the chops 안면(顔面) 강타, 맹렬한 공격.
kludge [kluːdʒ] 명 (美속어) (컴퓨터) 클루지. 1 (약간의 결함이 있으나) 애용하는 컴퓨터. 2 너무 손질되어 못 쓰게 된 프로그램. 3 복잡하게 뒤얽힌 시스템[상황]. (또는 **kloodge, kluge**) ── 타 (컴퓨터의 프로그램 [회로])을 복원하다.
kludg·y [klúdʒi, kláːdʒi] 형 (속어) 복잡하게 뒤얽힌; 설계가 나쁜, 사용하기 불편한. 「때의 소리」
klunk [klʌŋk] 명 쿵!, 쾅!(머리를 가볍게 부딪쳤을
klutz [klʌts] 명 (美속어) 손재주가 없는 사람; 얼간이, 바보. **~·y** 형 「하다.
klux [klʌks] 타 (美속어) 때리다, 사형(私刑)을 가
Klys·tron [klístran, kláis-] 명 〔전자〕 클라이스트론, 속도 변조관(變調管)(극초단파의 발진(發振)·증폭용).
km kilometer(s). **km.** kilometer(s); kingdom.
KMAG [美군사] *Korean Military Advisory Group* (주한 군사 고문단).
K màrt 명 미국의 할인 연쇄 소매점.
kMc kilomegacycle(s).
Ḱ méson 명 〔물리〕 K 중간자. (또는 **Ḱ-méson**)
km/sec *kilometers per second.* **KMT** *Kuomintang*(국민당(대만의 정당)). **kn.** knot(s). *Knight*; krona; kronen.

*****knack** [næk] 명 1 (구어) (보통 a ~, the ~) (…의/…하는 점에서) 익숙한 솜씨, 기교, 요령, 비결 *(for, of, to/in)*. ¶ the ~ *for* making omelettes 오믈렛을 만드는 요령. 2 습관, 버릇 *(of doing)*. 3 (물건이 깨질 때 따위의) 날카로운 소리.
knack·er [nǽkər] 명 1 (英) 폐마(廢馬) 도살업자; 폐가[폐선] 매입 해체업자. 2 (~s) (英속어) 고환, 불알. ── 타 (英속어) 죽이다, 제거하다; (수동형으로) 기진맥진하게 하다. ── 자 (속어) 첫, 헛소리 하다. 「한.
knack·ered [nǽkərd] 형 (英속어) 죽은; 기진맥진
knáck·er's yárd [nǽkərz-] 명 (英) 폐마(廢馬) 도살장, 폐선(廢船) 해체장.
knack·er·y [nǽkəri] 명 (英) 폐마 도살장.
knack·wurst [náːkwəːrst/nɔ́kwəːst] 명 짧고 굵은 독일의 매운 소시지.
knack·y [nǽki] 형 (방언) 요령[비결]을 안; 교묘한.
knag [næg] 명 (나무의) 옹이, 마디(knot); (물건을 거는) 나무 못. 「(또는 **knagged**)
knag·gy [nǽgi] 형 옹이[마디]가 많은; 울퉁불퉁한.
knap[1] [næp] 명 (英방언) 언덕 꼭대기; 언덕, 야산.
knap[2] 명 (**-pp-**) 1 (英방언) (돌 따위)를 딱 꺾다(부수다); (…을) 딱 하고 꺾다; 덥석 물다. 2 (스코) 이야기하다, 지껄이다. ── 타 돌 깨기; 덥석 물기. **~·per** 돌 깨는 사람; 쇄석용(碎石用) 망치, 파쇄기(器).
*****knap·sack** [nǽpsæk] 명 배낭, 등에 지는 자루.
knap·weed [nǽpwiːd] 명 수레국화속(屬)의 식물.
knar [nɑːr] 명 (나무의) 옹이, 마디(knot). (또는 **knaur** [nɔːr]) **~·red, -·ry** 옹이[마디]가 많은.
*****knave** [neiv] 명 (복 ~s [-z]) 1 불량배, 건달, 악당, 파렴치한, 무뢰한. 2 (카드놀이) 잭. 3 (고어) 머슴; 신분이 낮은 남자; 사내아이.

> **유의어** **knave** 교활하며 남을 속이는 사람. **blackguard** 상습적으로 타락 행위를 하는 사람; gentleman의 반대로 쓴다. **rascal** 매우 부정직하며 멸시할 만한 사람. **rogue** 폭력·사기를 일삼고 세상 사람을 희생시키는 사람; rascal과 rogue는 뜻을 약하게 해서 단지 익살스럽게 쓸 때가 많다. **scoundrel** 가장 나쁜 blackguard이며 rogue. **villain** 철저히 나쁜 짓·범죄만 저지르는 타고난 악당.

knav·er·y [néivəri] 명 악한[불량배] 같은 행위; 못된 짓; ⓤ 속임수, 부정, 교활함 (trickery).
knav·ish [néiviʃ] 형 불량배[악당]의 같은, 악랄한, 부정한, 교활한; 심술궂은. **~·ly** 부 **~·ness** 명
*****knead** [niːd] 타 1 (가루·흙 따위)를 반죽하다, 이기다, 개다. 2 (빵·도자기 따위)를 빚어 만들다. 3 (어깨 따위)를 주무르다. 4 …을 혼합하다, 단접(鍛接)하다. 5 (인격)을 도야하다. **~·a·bíl·i·ty** 명 **~·a·ble** 형 **~·er** 반죽하는 사람[것]; 반죽기(器); 빵 장수.
knéad·ing tròugh [niːdiŋ-] 명 반죽통.
*****knee** [niː] 명 (복 ~s [-z]) 1 무릎, 무릎 마디, 무릎 관절. ⇨ FOOT 그림. ¶ *on one's hands and* ~s 네 발로 기어서 / *rise on the* ~s 무릎으로 서다 / *kneel upon one's* ~s 무릎을 꿇다. 2 (옷의) 무릎 부분. 3 무릎 관절 비슷한 것; 완목(腕木); (기계) 곡체(曲材), (공작 기계의) 무릎 모양의 지지대; (건축) 모서리 재료. 4 (the ~) 무릎 모양의 것. 「절에.
at one's mother's knees 어머니 슬하에서, 어린 시
bend [or *bow*] *the knee(s)* 무릎을 꿇고 예배하다; 간청하다, 복종하다 *(to, before)*.
bring [or *force*, *beat*] *a person to his* [or *her*] *knees* (남)을 굴복시키다.
cut (*a person*) *off at the knees* (美구어) (남을) 크게 망신을 주다, 찍소리 못하게 하다.
drop [or *fall on*, *get down on*, *go* (*down*) *on*] *one's knees* 무릎을 꿇다[꿇고 기도하다, 꿇고 빌다].
give [or *offer*] *a knee to* …에게 무릎을 베고 쉬게 하다; (권투 따위에서) …을 돌봐 주다.
gone at the knees (구어) (말이) 비실비실하여, 늙어[낡아]빠져서
knee to knee 무릎을 맞대고; 나란히.
on bended knee(s) 경의를 표하여, 공손하게.
one's knees knock (*together*) (무서워서) 무릎이 덜덜 떨리다.

knee action

on the knees of the gods 사람의 손[힘]이 미치지 못하는; (장래가) 미결정인, 확실치 않은.
put a person across one's knees 남을 무릎 위에 엎어놓고 (볼기를) 치다.
up to the [or *one's*] *knees* =*up to the* EARS.
— 틴 (~*d*) 1 …을 무릎으로 건드리다, …을 무릎으로 찌르다[치다]. 2 …에 곡좌(曲坐)를 대다, …을 곡좌로 떠받치다. 3 (바지)의 무릎을 볼록하게 하다.

knée àction 倒 앞바퀴 상하동(上下動) 장치(자동차 앞바퀴가 따로따로 상하 운동을 하는 장치).
knée bènd 倒 (손을 쓰지 않는) 무릎 굴신 운동.
knée brèeches 倒복 무릎까지 오는 반바지.
knée·cap [ní:kæp] 倒 1 (해부) 슬갤골, 종지뼈(patella). 2 무릎 받이, 무릎 싸우개. —틴타 (-*pp*-) (테러 분자 등이) …의 무릎을 쏘다. ~·**ping** 倒
kneécap áircraft 倒 (미속어) (군사) 국가 비상시 지휘기, 국가 비상시 공중 지휘소(핵전쟁 발발시 대통령·군수뇌부가 탑승 지휘하는 항공기; B747기를 개조). [<NEACP]
knee-deep [ˊdí:p] 倒 1 (깊이가) 무릎까지 오는. ¶ ~ *grass* 무릎까지 닿는 풀. 2 무릎까지 잠긴[빠진]. ¶ *stand* ~ *in water* 무릎 깊이의 물에 서 있다. 3 (비유적) 몰두한, 깊이 잠긴[빠진]; (곤경에) 빠진(*in*).
knee-high [ˊhái] 倒 (높이가) 무릎까지 오는.
knee-high to a grasshopper [or *duck, bumblebee, frog, mosquito, spit, splinter, toad*] (구어) (사람이) 아직 꼬마어린애이인.
—倒 (~*s*) 무릎 아래까지 오는 양말[스타킹, 부츠].
knee·hole [ní:hòul] 倒 (책상 따위의) 두 무릎을 넣는 공간.
knéehole dèsk 倒 양쪽에 층층 서랍이 달린 책상.
knée jèrk 倒 (의학) 슬개[무릎] 반사.
knee-jerk [ˊdʒə̀ːrk] 倒 저절로 반응하는, 판에 박은 듯한 반응을 보이는; (경멸적) 무조건 반대하는.
knée jòint 倒 무릎 관절[마디]; =*toggle joint*
kneel [ní:l] 타 (~*s* [-z]; *knelt, ~ed*) 무릎을 꿇다, 꿇어 앉다(*down*); 무릎을 굽히다. ¶ (~+쩐+명) ~ *at a person's feet* 남의 발치에 무릎을 꿇다.
kneel (*down*) *to* …에 무릎을 꿇다, …을 예배하다.
kneel up 무릎을 대고 일어서다. ¶ …에게 간청하다.
—倒 무릎을 꿇기; 무릎을 꿇은 자세.
knee-length [ní:léŋkθ] 倒 (한정용법) (부츠·스커트가) 무릎까지 오는. ¶ 倒 무릎까지 오는 옷[부츠].
kneel·er [ní:lər] 倒 무릎을 꿇는 사람[것]; 무릎에 까는 방석; 무릎에 대는 것.
knee·let [ní:lit] 倒 (보호용) 무릎받이.
kneel-in [ˊín] 倒 항의 예배 데모(흑인 인종 차별에 항의하여 백인 전용 교회로 몰려가서 예배보기).
knéel·ing bùs [ní:liŋ-] 倒 닐링 버스(차체가 보도 (步道) 높이까지 내려오는 노인·장애자용 버스).
knee·pad [ní:pæd] 倒 무릎 보호대.
knee·pan [ní:pæ̀n] 倒 (해부) 슬개골(*kneecap*).
knee·room [ní:rù(:)m] 倒 (자동차·비행기 따위의) 앞뒤 좌석 사이의 공간.
knee·sies [ní:ziz] 倒복 (구어) (탁자 밑 따위에서) 무릎을 맞대고 비비거나 어루만지며 희롱대기.
play kneesies 무릎을 맞대고 비비며[어루만지며] 희롱대다.
knee-slap·per [ˊslǽpər] 倒 (미) (무릎을 탁 칠 만큼) 기막힌 농담.
knee-socks [ˊsà:ks/-sɔ̀ks] 倒복 니속스(무릎 아래까지 오는 여자용 양말).
knees-up [ní:zʌ̀p] 倒 (영구어) 활기 넘치는 댄스 파티.
knée swèll 倒 (무릎으로 조작하는) 풍금의 중음기(增音器). 증음용 무릎판.
*****knell** [nel] 倒 1 (a ~, the ~) 종소리; 조종(弔鐘). 2 (죽음·실패 따위의) 불길한 징조, 흉조. 3 구슬픈 소리.
sound [or *toll, ring out*] *the knell of* …의 조종을 울리다; …의 소멸[폐지, 몰락]을 알리다.
—타 (종이) 조종처럼 울려 퍼지다; 불길하게 울리다. —타 (종을 울려) (흉사)를 알리다. [사람을] 모으다.
*****knelt** [nelt] 타 kneel의 과거·과거분사.
Knes·set(h) [knéset] 倒 (때로 k-) (the ~) 크네세트(이스라엘 국회).
*****knew** [nju:/nju:] 타 know의 과거.
*****Knick·er·bock·er** [níkərbɑ̀kər/-bɔ̀k-] 倒 1 New Amsterdam(현 New York 시)의 네덜란드계 이민; (네덜란드계의) 뉴욕 사람. 2 (k-s) =*knickers.* [<W. Irving(1783-1859)의 *History of New York* (1809) 의 필명 Diedrich Knickerbocker에서]
knick·ers [níkərz] 倒복 1 니커스(무릎 부분에서 매는 헐거운 스포츠(골프)용 반바지)(*knickerbockers*). 2 블루머 비슷한 여성용 속옷.
get [or *have*] *one's knickers in a twist* (영어) 당혹하다; 안달복달하다, 성내다.
have a person by the knickers (미속어) 남의 급소를 쥐다, 남을 완전히 지배하다.
—타 (영속어) (초조·경멸을 나타내어) 제기랄, 빌어먹을.
knick·knack [níknæ̀k] 倒 (작은) 장식품, 작은 장신구, 노리개; (장식용의) 골동품.
~·**er·y** (집합적) 작은 장식품, 골동품류.
*****knife** [naif] 倒 (복 *knives* [naivz]) 1 나이프, 작은 칼; 식칼(kitchen ~). ¶a clasp ~ 접는 나이프. 2 단검, 단도(dagger, sword). 3 (기계·도구의) 날. 4 (의사의) 수술용 칼, 메스; (the ~) 외과 수술.
a knife and fork (식사용의) 한 벌의 나이프와 포크; 식사. ¶*play a good* [or *capital*] ~ *and fork* 배불리 먹다.
a war to the knife 사투, 백병전.
before one can say knife (영) 순식간에.
cut like a knife (바람 따위가) 살을 에는 듯하다.
cut...with a knife [분위기]을 알아차리다.
get [or *have*] *one's* [or *a*] *knife into* …에 대해서 원한을 품다, …에 악의를 갖다; …을 혹독히 비판하다, 공격하다.
have a horror of the knife 수술을 아주 싫어하다.
like a (*hot*) *knife through butter* [or *margarine*] (영속어) 칼로 무 베듯이, 재빨리, 아주 간단하게. [로 드러내보이다.
The knives are out. (양자가) 서로 적의를 노골적으로
the night of the long knives (다수의 사람에 의한) 배신 행위가 이루어지는 밤.
twist [or *turn*] *the knife in the wound* 싫은 것을 생각나게 하다, 옛 상처를 건드리다.
under the knife ① (외과) 수술을 받고. ¶*go* [*be*] *under the* ~ 수술을 받다[받고 있다]. ② (계획 따위가) 대폭 삭감되어, 축소되어; 파멸을 향하여.
You could cut...with a knife. (구어) …이 매우 험악하다; (공기 따위가) 숨막힐 듯하다.
—타 (~*d* [-t]; *knífing*) 타 1 …을 나이프로 자르다, 잘라내다; …을 단도로 찌르다[찔러 죽이다]. 2 …을 손수로 치다; …을 나이프로 베듯이 나아가다. 3 (미어) …을 음흉한 수단으로 해치우려고 하다. 4 (그림 물감)을 나이프로 칠하다. —재 (나이프로 베듯이 나아가다(*through, across*). ¶ (~+쩐) *A hot sun* ~*s down through the haze.* 뜨거운 햇빛이 안개 사이로 내려 비친다.
knife a person in the back (비열하게) 남의 등을 찌르다; 남을 배반하다; 남을 중상(모략)하다.
~·**less,** ~·**like** 倒 **knífer** 倒
knife·board [náifbɔ̀ːrd] 倒 1 칼 가는 대(臺). 2 (영) (합승 마차 옥상의) 등을 맞대고 놓아두는 좌석.
knife-boy [ˊbɔ̀i] 倒 (영) 나이프 보이(식탁의 나이프를 닦는 일 따위를 하기 위해 고용된 소년).
knife èdge 倒 1 나이프의 날; 칼날 비슷한 것, 예리한 것. 2 (기계) (천칭 따위의 지점(支點)이 되는) 쐐기 모양의 날. 3 (등산) 가파른 산등성이.
on a knife edge (구어) (일 따위가) 예측불허의, 마

knife-edged [´ēdʒd] 형 날카로운 날이 있는; 날카로운.
knife grinder 명 칼 가는 사람[기구].
knife-hap·py [´hǽpi] 형 《美구어》 (외과 의사가) 수술하기를 좋아하는.
knife machine 명 1 나이프 연마기. 2 금속제 지렛대의 대(臺).
knife pleat 명 칼날 주름(칼날처럼 곱게 세운 주름).
knife-point [´pɔ̀int] 명 나이프의 끝.
  at knife-point 나이프로 위협을 받아.
knife rest 명 (식탁용의) 칼 놓는 대(臺). 「개폐기.
knife switch 명 〔전기〕 나이프 스위치(칼날 모양의).
‡knight [nait] 명 1 (중세의) 기사(騎士) (명문의 자제가 무술·예절 등의 훈련을 받으면서 page, squire를 거쳐 knight로 승격되는); (귀부인을 호위하는) 무사. 2 《英》 (16세기 이후) 나이트 작위(의 사람), 훈작사(勳爵士)(최하급의 비세습 귀족: Sir의 칭호가 허용된다). 3 (Knights라는 이름을 가진 정치·자선 단체의) 회원. 4 (고대 그리스·로마의) 기사 계급, (고대 그리스 아테네의) 제2계급의 시민. 5 (주의·목적 따위에 헌신하는) 의인(義人), 용사. 6 여성에 봉사하는 사람, 여성 보호자. 7 〔서양장기〕 나이트. 8 《익살》 (기물·도구의 이름과 함께 써서) ···하는 사람, (그 방면의) 선생, 전문가. ¶ a ~ *of the air* [*brush, needle, pen*] 비행가[화가; 재봉사, 문사(文士)]. 「기사; 구세주.
  a knight in shining armor 번쩍이는 갑옷을 입은
  a knight of the carpet (무훈 이외의 공적으로 knight를 수여받은) 훈작사.
  a knight of the road 《구어》 《익살》 노상 강도; 외판원, 세일즈맨; 떠돌이, 방랑자; 트럭 운전사.
  ── 동타 ···에게 나이트 작위를 수여하다. ¶be ~*ed* by the queen 여왕으로부터 나이트 작위를 수여받다.
  ~·less **~·like** 기사다운, 의협심이 있는.
Knight 명 나이트. 1 **Frank Hyneman ~** (1885-1972: 미국의 경제학자; 시카고 학파의 대표자). 2 **Phil ~** (1938- : 미국의 실업가; 스포츠 용품 메이커 Nike 사의 창업자).
knight·age [náitidʒ] 명 1 〔집합적〕 기사단, 훈작사단. 2 훈작사록(錄), 훈작사 명부. 「사.
knight báchelor 명 (複 **-s**) **-s**) 《英》 최하급 훈작
knight banneret 명 (複 **-s -s**) 배너렛 기사(baron의 아래, knight bachelor의 위).
knight commánder 명 (複 **-s -s**) 《英》 (Bath 훈위(動位) 등의) 제2계급 훈작사(略 K.C.).
knight-com·pan·ion [´kəmpǽnjən] 명 (複 **knight(s)-com·pan·ions**) 《英》 기사단 소속의 기사.
knight-er·rant [´érənt] 명 (複 **knights-**) (중세의) 무사 수행자, 편력 기사. (돈키호테 같은) 협객.
  ~·ry 명 U 기사 수업; 의협적인 행위; 돈키호테식 행동.
knight gránd cróss 명 (複 **knights g- c-**) 《英》 (Bath 훈위의) 최고 훈작사.
***knight·hood** [náithud] 명 U 1 기사[나이트]의 지위[작위]. 2 기사 작위, 기사의 신분. 3 기사다움, 기사도, 기사 기질. 4 (the ~) 〔집합적〕 기사단. 「원.
Knight Hóspitaler 명 Knights Hospitalers의 일
***knight·ly** [náitli] 형 기사의, 나이트[훈작사]의. 2 기사다운, 나이트다운; 용기 있는, 의협적인(chivalrous). 3 기사로 구성되는. ── 부 〔고어〕 기사답게. **-li·ness**
Knights Hóspitalers 명 복 〔단 ~〕 호스피털 기사단, 요한네 기사단[기사 수도회](십자군 원정 때 성지 순례자·상병자(傷病者)의 보호·원조를 목적으로 결성).
Knights of Colúmbus 명 복 〔단 ~〕 콜럼버스 기사회(미국 가톨릭 신도의 국제 우애 자선 협회).
Knights of the Róund Táble 명 복 (the ~) 원탁의 기사단(Arthur 왕의 부하 기사들).
knight('s) sérvice 명 U (토지 보유를 조건으로 하는) 기사의 봉직, 군무(軍務) (군무 조건부의 토지 보유. 2 (기사가 하는 것과 같은) 훌륭한 봉사.

Knights Témplars 명 복 (the ~) 1 템플러[성당] 기사단(12세기초 Jerusalem과 그 순례자 보호를 위해 결성). 2 나이트 템플러(1의 후예라고 자칭하는 미국 Freemason의 일파).
knish [kniʃ] 명 〔유대 요리〕 크니시(감자·육고기 따위를 얇은 밀가루 반죽으로 싸서 튀기거나 구운 것).
***knit** [nit] 동 (~, ~*ted*; ~*ting*) 타 1 (···을 /···으로) 짜다, 뜨다(*up*) (*into* / *out of*, *from*). ¶ (~ + 명 + 명) ~ *wool into* gloves 털실로 장갑을 짜다. 2 ···을 밀착시키다; ···을 결합시키다(*together*). ¶ (~ + 명 + 부) ~ bricks *together* 벽돌을 맞붙이다 / They were closely ~ by affection. 그들은 애정으로 굳게 맺어져 있었다. 3 〔눈살〕을 찌푸리다; 〔이마〕에 주름을 짓다. ¶~ the brow [*or* one's brows] 이맛살을 찌푸리다. 4 ···을 짜내다, 만들어내다. ¶~ a new plan 새 계획을 짜내다. 5 《과거분사로》 ···을 꼴라매다, 튼튼하게 하다. ¶a closely ~ argument 빈틈없는 정연한 논리/(복합어로) a well-~ frame 튼튼한 체격. ── 자 1 뜨개질을 하다. 2 밀착[유착]하다, 결합하다; (사람·가족 등이) 친밀해지다(*together*), ¶ The broken bone is ~*ting* fairly well. 부러진 뼈가 아주 잘 유착(癒着)했다. 3 (이마에) 주름이 지다.
knit up ① 〔편물의 풀어진 곳 따위〕를 감치다, 깁다. ② ···을 원상태로 하다. ¶ I think we can ~ *up* the friendship. 나는 우리가 우정을 회복할 수 있을 것으로 생각한다. ③ 〔논의 따위〕를 끝맺다, 결말짓다.
── 명 U C 1 뜨기, 짜기; 편물, 메리야스. 2 (이마 따위에) 주름지게 하기.
~·ta·ble **~·ted** 든, 짠, 편물의; 메리야스의.
~·ter 짜는 사람, 메리야스 편물[메리야스] 기계.
knit stitch (편물의) 겉뜨기.
knit·ting [nítiŋ] 명 U C 1 뜨개질. 2 편물(knitted work); 메리야스천. 3 접합, 결합.
  stick (close) to [*or* **tend to, get down, mind**] *one's knitting* 남의 일에 간섭하지 않다, 자기 일에 전념하다.
knitting machine 명 편물 기계, 메리야스 기계.
knitting néedle 명 뜨개 바늘.
knit·wear [nítwɛ̀ər] 명 니트웨어, 편물 의류.
***knives** [naivz] 명 knife의 복수형.
***knob** [nab/nɔb] 명 1 (문·서랍 따위의) 손잡이. (TV·라디오 따위의) 스위치. 2 (지팡이·북 따위의) 머리, 옹이, 혹; 여드름, 사마귀. 3 〔건축〕 부조(浮彫) 장식, (주두(柱頭)·깃대 따위의) 둥근 장식. 4 (속어) 머리. 5 《美》 둥근 언덕(산). 6 (설탕·석탄 따위의) 둥근 덩어리. 7 《英》 속어) 음경, 귀두. 8 (속어) (~s) 젖퉁이, 젖꼭지. 9 (구속어) 파업 분쇄.
  with (brass) knobs on 《구어》 ① 두드러지게, 특별히; (상대방의 말을 비꼬아 시인해서) 더군다나 (그렇다). ¶ (The) same to you, *with* (*brass*) ~*s on*. 네가 더하다, 그것도 두 배나. ② 꼭, 틀림없이, 기꺼이. ③ 재빨리. 「생기다.
── 동 (**-bb-**) 타 ···에 혹[손잡이]을 붙이다. ── 자 혹이
  ~·bed 혹이 있는, 혹 모양의; 자루가 있는.
knob·bing [nábiŋ/nɔ́b-] 명 (석재(石材)의) 초벌 다듬질.
knob·ble [nábl/nɔ́bl-] 명 작은 혹[마디]. 「듬질.
knob·bly [nábli/nɔ́b-] 형 =knobby.
knob·by [nábi/nɔ́bi] 형 1 혹이 많은, 사마귀가 많은, 울퉁불퉁한. 2 혹[마디] 모양의. 3 언덕[야산]이 많은.
  -bi·ness
knob·ker·rie [nábkèri/nɔ́b-] (남아프리카 원주민이 무기로 쓰는) 끝이 둥근 투봉(投棒).
knob·stick [nábstik/nɔ́b-] 명 1 끝에 혹이 있는 곤봉. 2 =knobkerrie. 3 《英》 파업 분쇄자, 비조합원.
***knock** [nak/nɔk] 동 (~*ed* [-t]) 자 1 치다, 때리다; (문 따위를) 두드리다, 노크하다(*at, on*). ¶ (~ + 전 + 명) ~ *at* [*or on*] the door 문을 두드리다 /~ *for* admittance 들여보내 달라고 문을 두드리다.

[USAGE] **knock at**와 **knock on** —— *knock at* a window, *knock on* the head처럼, at은 연속적인 동작, on은 위에서 아래로 향한 운동 또는 강한 동작을 나타내는 것이 원칙. 단, 문을 두드리는 경우 따위에는 양자를 다 쓰고 있다. (美)에서는 *knock on*이 정형으로 간주되며, knock가 명사로 쓰이는 경우에는 일반적으로 There is a *knock at* the door. 쪽이 바람직하다. *knock* the door라는 용법은 드물다.

2 (기계 따위가) 덜커덩덜커덩 소리를 내다, 노킹을 일으키다.¶This motor ~*s* badly. 이 모터는 몹시 덜커덩거린다. **3** (美구어) 심술궂게 비평하다, 헐뜯다, 흠을 들추어내다. **4** 부딪치다, 충돌하다; (우연히) 딱 마주치다 (*together, up, over*)(*against, into*). ¶ (~+[前]+[名]) ~ *together against* one another 서로 부딪치다/He ~*ed into*[or (*up*) *against*] a table. 그는 테이블에 부딪쳤다.

—— [타] **1** …을 치다, 두드리다, 때리다 (*on, in*). ¶ ~ the door 문을 두드리다 (⇨[USAGE]) ⇨BEAT [유의어] // (~+[目]+[前]+[名]) ~ a person *on* the head 남의 머리를 때리다. **2** …을 쳐서 …이 되게 하다, 쳐서 만들다 (*in*).¶~ him dead 그를 타살하다 // (~+[目]+[前]+[名]) ~ a hole *in* the wall 벽을 쳐서 구멍을 내다/~ something *to* pieces 물건을 산산조각이 나게 부수다 // (~+[目]+[補]) He ~*ed* the boy senseless. 그는 아이를 때려서 기절시켰다. **3** …을 부딪치다, 쳐서 맞히다 (*on, against*). ¶ (~+[目]+[前]+[名]) ~ one's head *against* the wall 머리를 벽에 부딪치다. **4** …을 두드려서 털다, 쳐서 떨어뜨리다 (*out of, off*). ¶ (~+[目]+[前]+[名]) ~ the ashes *out of* his pipe 파이프를 두드려서 재를 털어내다/~ the head *off* the statue 상(像)의 목을 쳐서 떨어뜨리다. **5** 〔감기 따위〕를 몰아내다, 퇴치하다(*out of*).¶a good way to ~ colds 감기를 낫게 하는 좋은 방법/I'll ~ such notions *out of* your head. 그 따위 생각을 네 머리에서 내몰아 주마. **6** (美구어) …을 헐뜯다, …의 흠을 들추어내다(criticize). **7** (英속어) …을 깜짝 놀라게 하다; …에 강한 인상을 주다.¶His cool impudence ~*ed* me completely. 그의 태연한 뻔뻔스러움에는 정말 말문이 막혔다. **8** (美속어) 빌리다, 빌려 주다; 주다. **9** (英속어) 죽이다. **10** (英비어) 〔여성〕을 범하다, 임신시키다. **11** (개가) 〔수렵조〕를 몰아내다. **12** (美속어) 체포하다.

have it knocked (美속어) 제압하다; 잘하다.

knock about [or ***around***] (구어) ① 방황하다, 헤매고 다니다. ¶I used to ~ *about* the vicinity. 나는 자주 그 주변을 배회하곤 했다. ② (정신적·육체적으로) 학대하다, 혹사하다; 〔가구 등〕을 거칠게 다루다; (폭풍우 등이) 〔배〕를 심하게 흔들다.¶He was badly ~*ed about*. 그는 심하게 괴로움을 당했다.

knock against …에 부딪치다; 우연히 만나다.

knock** a person* [or *'em*] ***dead ① 남을 때려 죽이다. ② 남을 감동시키다, 감탄케 하다.

knock** a person* ***down to size 남의 코를 납작하게 만들다, 분수를 알게끔 하다.

knock** a person* ***into the middle of next week ⇨WEEK. 「놀라게[경악케] 하다.

knock** a person* ***off his pins [or ***feet***] …을 몹시

knock at an open door 헛수고를 하다.

knock away ① 연거푸 치다. ② 쳐서 떨어뜨리다.

knock back ① …을 (세게) 물리치다. ② (英구어) 꿀꺽 마시다, 실컷 먹다. ③ (사람에게) 쇼크를 주다, 놀라게 하다.

knock boots with (美속어) …와 성교하다. 「하다.

knock…cold …을 때려서 기절시키다; 깜짝 놀라게

knock down ① …을 때려눕히다; (차 따위가) 〔남〕을 치다.¶A child was ~*ed down* by a car. 아이가 차에 치었다. ② 〔집 따위〕를 때려 부수다; (수송을 위해) 〔기계 따위〕를 해체[분해]하다; 〔전투기 따위〕를 격추하다; 〔새 따위〕를 쏘아서 떨어뜨리다. ③ 〔논의 따위〕를 뒤집어엎다; 논파하다, 패배시키다. ④ (경매에서) 〔낙찰된 것〕을 망치로 탕탕 쳐서 알리다; …을 낙찰하다. ⑤ …의 값을 깎다[내리다]. ⑥ (속어) 〔급료〕를 받다, 벌다. ⑦ 〔배 따위〕를 전복시키다, 기울어지게 하다. ⑧ (구어) (사회자가) 〔남〕을 (…로) 지명하다 (*for*).¶~ *down* a person *for* a song 노래하라고 남을 지명하다. ⑨ (차장·수금원이) 〔요금 등〕을 삥땅치다. ⑩ …을 비판하다; 경멸하다; 과소평가하다.

knocked out (美속어) (술·마약에) 취한; (속어) 지쳐 버린, 기진한; (속어) 압도되어, 감격하여.

knock for a loop [or ***goal***] ① 압도하다, 때려눕히다. ② 잽싸게 해치우다[처리하다]. ③ 어리둥절하게 만들다, 아연실색케 하다.

knock head 절을 하다.

knock heads 쌍방을 꾸짖다. 「게 깎아내리다.

knock home 〔못 따위〕를 단단히 때려 박다; 철저하

knock in ① …을 때려 넣다[박다].¶~ *in* a nail 못을 때려 박다. ② 〔야구〕 (안타를 쳐서) 〔주자〕를 홈인시키다.¶~ *in* two runs 두 주자를 홈인시키다.

knock in [or ***on***] ***the head*** ① (머리를) 때려 기절시키다[죽이다]. ② (계획 등을) 망치다, (못하게) 억누르다.

knock into ① …에 부딪치다. ② (구어) …와 우연히 만나다, 조우하다. ③ 〔못 따위〕를 박다. ④ 〔지식 따위〕를 억지로 주입시키다.

knock…into a cocked hat (속어) ① 〔계획 등〕을 망치다, 못쓰게 만들다. ② 〔부정·오류〕를 증명하다. ③ …보다 뛰어나다, 월등하게 우수하다. ④ …을 이기다, 굴복시키다.

knock…into one (방의 벽을 허물고) 하나로 만들다.

knock it back (술 등을) 꿀꺽 마시다, (음식 등을) 실컷 먹다.

Knock it off! (구어) 조용히 해!(Be quiet!), 시끄러워!; 그만 둬!, 뚝 그쳐! 「거두다.

knock it over the fence 홈런을 때리다; 대성공을

knock off ① …을 쳐서[두드려서] 떼다, 떨어버리다. ② (구어) 〔어떤 금액〕을 빼다, 공제하다(deduct). ③ (일 따위를) 중지하다.¶Let's ~ *off* for the day. 오늘 일은 이만 하자. ④ (구어) …을 급히 끝마치다[마무르다].¶~ a task *off* as fast as one can 일을 가급적 빨리 해치우다. ⑤ (美속어) …을 죽이다; 죽다. ⑥ (英속어) …을 훔치다, 강탈하다 (*from*); …에 강도질하러 들어가다. ⑦ (속어) 〔해사〕 (돛배의) 뱃머리가 맞바람을 받아 속력을 떨구다; …을 때려서[쳐서] 떨어뜨리다, 뿌리치다. ⑧ 〔크리켓〕 〔득점〕을 재빨리 올리다. ⑨ (구어) 〔상·점수 따위〕를 쉽게 획득하다. ⑩ 〔프로그램·디자인 따위〕를 도용하다, …의 모조품[복제품]을 만들다.¶~ *off* new software 새로운 소프트웨어를 불법 복사하다. ⑪ 〔사람〕을 목자르다, 휴직시키다. ⑫ (경찰 속어) 〔사람〕을 체포하다, 붙잡다, 〔장소〕를 수색하다. ⑬ (속어) 임신시키다, 아이를 배게 하다; 〔여성〕을 범하다, 낚다. ⑭ (美속어) 〔술〕을 퍼마시다, 〔음식〕을 먹어치우다. ⑮ (美속어) 〔어떤 속도〕에 도달하다.

knock off a piece (美속어) 섹스하다.

knock on ① (구어) 계속 일하다. ② (속어) (여성과) 섹스하다 (*with*). ③ 〔럭비〕 (공을) 녹온하다. ④ (구어) (진행형으로) (나이 따위가) 거의 …이 되다. ⑤ (英구어) (일에) 불쑥 나타나다.

knock…on ① (수동형으로) 〔연극〕 〔배우〕에게 무대에 나가라는 신호를 보내다. ② 〔물건〕을 늘리다. ③ …을 때려서[쳐서] 전진시키다; 밀고 나가다, 추진하다.

knock one over; knock over one (美구어) 술을 벌컥벌컥 들이키다.

knock oneself out (구어) ① 전력을 다하다; 녹초가 되다. ② 감격하다; 즐겁게 지내다.

knock…on the head …의 머리를 치다, 머리를 쳐서 기절시키다[죽이다]; 〔계획 따위〕를 망치다.

K

knock (on) wood (불길함을 떨치기 위해) 나무 막대기 등을 두드리며 주문을 외다.

knock out ① [파이프의 재 따위]를 털어내다, 털다. ② [권투] …을 녹아웃시키다. (강타·술 따위가) [남]을 실신시키다. ③ [야구] [투수]를 맹타하여 강판시키다. ④ [적·폭풍우 따위가] …을 쓸 수 없게 만들다, 망쳐놓다. ⑤ [英] (경매에서) 담합하여 …을 싸게 낙찰시키다. ⑥ [구어] [계획 따위]를 급히 생각하다[작성하다, 만들다]; [소설 따위]를 휘갈겨 쓰다; [곡]을 난폭하게 연주하다. ⑦ (재귀용법으로) …을 녹초가 되게 하다. ⑧ [구어] [수동형으로] [남]을 놀라게 하다, 쇼크를 주다.

knock...out of the box [야구] =knock out ③.
knock...out of time [권투] KO시키다.
knock over ① …을 때려눕히다, 부딪쳐 넘어뜨리다; …을 정신나가게 하다. ② …을 훔치다(steal), 강탈하다. ③ [구어] 놀라게 하다, 몹시 감동시키다. ④ 제거하다; 치우다, 처리하다. ⑤ …을 끝내다, 마무리짓다. ⑥ [급료]를 받다, 벌다. ⑦ [구어] [상대방]을 간단히 격파하다, 이기다. ⑧ [구어] [음식물]을 깨끗이 먹어치우다. ⑨ [속어] (경찰이) …을 급습하다, 체포하다.
knock some head together [美구어] 엄하게 꾸짖다, 혼쭐을 내다.
knock the bottom [or **stuffing**] **out of** …을 망가뜨리다, 뒤엎다. ② 무효로 하다. ③ 깜짝 놀라게 하다.
knock the breath out of *a person's body* 남을 빽소리 못 내게 놀라게 하다.
knock the end in [or **off**] 잡치다, 못쓰게 만들다.
knock (the) spots off [or **out of**] [구어] …보다 뛰어나게 우수하다; …을 압도적으로 능가하다.
knock through 칸막이[벽]를 없애다.
knock together ① 부딪치게 하다; 부딪치다. ② [식사·가구 등]을 부랴부랴 만들다, 조립하다. ③ [남들]을 급히 모으다. 「분쇄하다.
knock...to pieces ① 때려부수다. ② [논의 따위를]
knock under 굴복하다, 항복하다 (to).
knock up ① [팔 따위]를 쳐올리다. ¶~ *up* one's arm 팔을 불쑥 올리다. ② [美속어] …을 임신시키다. ③ [英구어] (문 따위를 두드려서) [남]을 깨우다, 억지로 일어나게 하다. ¶K- me up at seven. 7시에 깨워주세요. ④ [英구어] …을 녹초가 되게 하다; 지치게 하다. ⑤ …을 황급히 만들다. ⑥ [크리켓] [점수]를 얻다, 재빨리 득점하다. ⑦ 손상하다, 흠집을 내다. ⑧ …에게 상처를 입히다, 다치게 하다. ⑨ 불안하게 하다, 귀찮게 하다. ⑩ [구어] (선거전에서 가정을 방문하여) 표를 얻으려고 하다. 「히 만나다.
knock up against [or **with**] …에 부딪치다, 우연 ─ ⑪ 1 (문 등을) 두드리기, 노크(하는 소리). ¶a loud ~ at [or on] the door 문을 두드리는 큰 소리. 2 때리기; 타격, 구타. ¶give [get] a ~ on the head 머리를 때리다[얻어맞다]. 3 (구어) (경제적·정신적) 타격, 불운, 실패. 4 [구어] 혹평, 비난, 헐뜯기. 5 (내연 기관의) 녹킹; (고장난 기계 따위의) 덜컹거리는 소리. 6 [야구] 노크(수비 연습을 위한 타격). 7 [크리켓] 공격 차례[이닝]. 8 [英속어] (경매에서) 부당 담합 경매. 9 (~s 속어) 기쁨, 쾌감, 만족감. 10 (the ~) [英속어] 도난품, 약탈품. 11 (the ~) [美속어] (음식물 등의) 계산서. 12 [英비어] 성교(性交). 「인기를 잃다.
get the knock (구어) ① 해고되다. ② [배우 등이]
on the knock 부역(賦役)으로; ② 매출을 하여.
take the [or **a**] **knock** [속어] 정신[재정]적 타격을 └less 圈받다, 돈에 쪼들리다.

knock-a-bout [nákəbàut/nɔ́k-] 圈 ⓛ (美) 돛이 하나 있는 소형 요트. 2 (濠) 떠돌이 농장 노동자. 3 험하게 사용할 수 있는 것(작업복·모자 따위); (손쉽게 탈 수 있는) 4 [속어] 법석을 떠는 희극 (배우). ― 圈 1 막일 할 때 입는. 2 시끄러운, 거친; (연극 따위가) 법석을 떠는. 3 목표가 없는, 방황하는.

knock-back [-bæ̀k] 圈 (英속어) 가석방 신청의 기각; [英·濠·뉴질 구어] 거절, 퇴짜.

*****knock·down** [nǽkdàun/nɔ́k-] 圈 1 때려눕히는, 압도적인, 저항하기 어려운. 2 (가구 따위가) 조립식의; (기계 따위가) 현지 조립의, 녹다운 방식의. 3 (가격 따위가) 파격적인. (경매 따위에서) 최저 가격의. ─ 圈 1 해체할 수 있는[조립식의] 물품(가구 따위). 2 때려눕히기; 때려눕히는 것; 압도하는 것; [美속어] 최고급의 것. 3 (가격·수량의) 할인, 삭감, 폭락. 4 [속어] 독한 술[맥주]. 5 =knock-down-drag-out. 6 [상업] 현지 조립, 녹다운. 7 [美·濠구어] 소개, 안내; 초대. 8 (종업원이 가게 매출금에서) 훔친 돈.

knóckdown blów (육체적·정신적) 결정타.
knock-down-drag-out [-dàundrǽgàut] (美속어) 圈 가차없는, 철저한, 격렬한. ¶a ~ fight 격전, 격투. ─ 圈 격투, 격전; 격렬한 논쟁.
knóckdown éxport 圈 [경제] 녹다운 수출(부품을 수출하여 현지 조립 판매하는 방법).
knóckdown príce (경매의) 최저 한도 가격; (구어) 아주 싼 가격.
knocked-down [nǽktdàun/nɔ́kt-] 圈 [상업] 조립식인[의] (略 KD); 간소화한. ¶a ~ building 조립식 건물.
knocked-up [-ʌ́p] 圈 (美속어) 임신한; 술취한.
*****knock·er**[1] [nǽkər/nɔ́kə] 圈 1 두드리는 사람[것]. 2 노커(방문자가 잡고 두드리기 위해 현관에 장치한 쇠붙이). 3 [구어] 헐뜯는 사람, 독설가. 4 (~s) [속어] 유방. 5 (英) 호별 방문 외판원. 6 (속어) 녀석, 놈.
oil the knocker [속어] 문지기에게 팁을 주다.
on the knocker [속어] 호별 방문 판매로.
up to the knocker [속어] 완전히, 더할 나위 없이.
knock·er[2] 圈 [속어] 거물, 실력자. (또는 k'nocker) (< Yiddish)
knock·er-up [-ʌ̀p] 圈 (圈 **knock·ers-**) (英) 후보자의 호별 방문시에 따라다니는 선거 운동원.
knóck-for-knóck agréement 녹포녹 협정(충돌 사고에서 자사(自社)의 계약자에게는 자사가 지불한다는 자동차 보험업자 사이의 협정).
knock·ing [nǽkiŋ/nɔ́k-] 圈 1 문을 두드리기[두드리는 소리]; (발동기의) 노킹, 폭음. 「광고[선전].
knócking cópy 경쟁 상대의 제품을 중상하는
knócking shóp 圈 (英속어) =brothel.
knock-knee [˗níː] 圈 1 (다리의) 외반슬(外反膝), X자 다리; (~s) 안짱다리. 2 bowlee 「(약한).
-kneed [˗níːd] 圈 안짱다리의; 연약한; (근거가) 박
knock-knock [-nák/-nɔ́k] 圈 (美) (경찰의) 강제 침입권[수사권].
knóck-knóck jóke 圈 노크 노크 조크(knock, knock으로 시작하는 문답식 익살. 예: Knock, knock. ─Who's there?─May.─May who?─May I kiss you? 똑똑─누구세요─메이─어느 메이죠?─키스해도 돼?).
knock·off [nǽkɔ̀ːf, -àf/nɔ́kɔ̀f] 圈 1 (일 따위의) 중단 (시간); (구어) 마무리, 종업 (시간). 2 (기계 따위의) 급정지. (美) 녹오프(작동 상태가 좋지 않을 때의) 자동 정지 장치. 3 [美] 싸구려 불법 복제품, 디자인 복제의류; 모조품, 가짜, 해적판. 4 [속어] 도난품; 도둑질, 강도. ─ 圈 1 종업(終業)의; 급정지의. 2 가짜[모조]의. 3 떼고 붙일 수 있는. (또는 **knóck-òff**)
knock·on [˗àn/˗ɔ̀n] 圈 1 [미식축구] 볼이 한[손]에 맞고 상대 골쪽으로 가는 반칙. 2 [물리] 처내내기(원자핵에 고(高)에너지 입자가 충돌하여 일부 핵자가 핵 밖으로 튀어나감). ─ 圈 [물리] (소립자(素粒子) 따위가) 충격으로 방출되는.
knóck-ón efféct 圈 (英) 연쇄 반응, 도미노 효과.
*****knock·out** [nǽkaut/nɔ́k-] 圈 1 [권투] 케이오 (약 K.O., KO). 2 대타격, 맹렬한 타격. 3 [구어] (타의 추종을 불허할 정도로) 뛰어난 사람[것], 크게 성공한 사람[것]; (발군의) 미인. 4 [기계] 녹아웃(단조(鍛造) 따위에

knockout drops 명(복) 음료에 몰래 넣는 수면제.
knockout mouse 유전자가 결여된 실험용 쥐.
knock-over [-òuvər] 명 《美속어》 강탈, 강도질.
knock-up [nákʌp/nɔ́k-] 명 《英》 (테니스 따위의 시합 개시 전의) 가벼운 연습 (시간); 워밍업.
knock·wurst [nákwə:rst/nɔ́kwə:st] 명 =knackwurst.
knoll¹ [noul] 명 작고 둥근 언덕(hillock), 둔덕.
knoll² 명(동) 《고어》 =knell.
knop [nap/nɔp] 명 작은 손잡이; 둥근 장식; (건축) 꽃봉오리 장식.
knop·kie·rie [knápkiəri] 명 knobkerrie.
Knos·sos [nάsəs/nɔ́s-] 명 크노소스(크레타(Crete) 섬에 있는 미노스(Minoan) 문명의 중심지).

‡**knot**¹ [nat/nɔt] 명 **1** 매듭. ¶ make[or tie] a ~ 매듭을 만들다, 매다. **2** 장식 매듭, 매는 리본; (견장 따위의) 장식. **3** 소집단, 떼. ¶ a ~ of boys 일단의 소년. **4** (나무 따위의) 마디, 옹이; 《식물》 혹병. **5** (동물) (근육 따위의) 결절(結節), 혹. **6** 《항해》 노트(1시간에 1해리 (海里)의 속도); (넓은 뜻으로) 해리. **7** 곤란, 난국, 난제; 분규. **8** (사건 · 문제 따위의) 초점, 핵심; (연극 등의) 줄거리의 얽힘, 중요 대목, 고비. **9** (특히 부부의) 인연, 연분(bond). **10** 《英》(짐을 나를 때) 어깨나 머리에 대는 것. **11** (정신 집중 등을 할 때 양미간의) 주름. **12** 《수학》 결절점. **13** 《속어》 귀두(龜頭).

at the [or **a**] (**great**) **rate of knots** 《英구어》 눈 깜짝할 사이에.
cut the knot 어려운 일[난국]을 결연히 처리[수습]하다.
in knots 삼삼오오. ¶ gather in ~s 삼삼오오 모이다.
tie oneself (**up**) **in** [or **into**] **knots** 곤경[혼란]에 빠지다.
tie the (**marriage**) **knot** 《구어》 결혼하다; 결혼식을 집행하다.
— 타 (-tt-) **1** …에 매듭을 짓다; (…을) 결합시키다(together). ¶ (~ +目+副) ~ two together 두 개의 끈을 매다. **3** …에 마디[혹]가 생기게 하다. **3** …을 얽히게 하다(entangle). — 자 **1** 매듭이 지어지다. **2** 얽히다. ¶ This cord does not ~. 이 끈은 얽히지 않는다. **3** 장식[매듭]을 짓다. **4** 마디[혹]가 생기다. **5** (사람 등이) 모이다, 무리를 짓다.
～-less, ～-like ～-ter 형

knot² 명 《조류》 붉은어깨도요.
knot gàrden 명 노트 정원(공들여 장식한 정원).
knot·grass [nάtgræs/nɔ́tgrà:s] 명 마디풀.
knot·head [nάthèd/nɔ́t-] 명 《속어》 바보, 멍청이.
knot·hole [nάthòul/nɔ́t-] 명 (판자 따위의) 옹이 구멍.
knot·ted [nάtid/nɔ́t-] 형 **1** 매듭이 있는; 마디[옹이]가 있는, 옹이투성이의. **2** 뒤얽힌; 해결하기 어려운. **3** (시합이) 동점의, 타이의.
Get knotted! 《英속어》 시끄러워!, 집어치워!, 알게 뭐야!
knot·ting [nάtiŋ/nɔ́t-] 명(U)(C) **1** 맺는 매듭, 결절(結節); 매듭 장식, 레이스 뜨기. **2** (천에서) 실의 매듭을 제거하기. **3** (셀락 도료(塗料) 따위에) 밑칠을 하여 나무의 마디를 없애기.
knot·ty [nάti/nɔ́ti] 형 **1** 매듭이 있는, 마디[옹이]가 있는. **2** 뒤얽힌, 복잡한; 해결 곤란한. ¶ ~ problems 난문제. **-ti·ly** 부 **-ti·ness** 명
knótty pìne (가구용의) 마디가 많은 소나무 재목.
knot·work [nάtwə̀:rk/nɔ́t-] 명(U) 매듭[편물] 세공.
knout [naut] 명 (옛날 러시아에서 형구(刑具)로 썼던) 가죽 채찍; (the ~) 가죽 채찍으로 때리는 형벌.
— 타 …을 가죽 채찍으로 때리다.

‡**know** [nou] 동 (**knew**; ~**n**) 타 **1** …을 알고 있다, 알다; …을 이해하고 있다; …을 느끼고 있다. 자각하고 있다(*that* 節, *wh*. 節). ¶ ~ facts 사실을 알고 있다/How do you come to ~ it? 어떻게 그것을 알게 되었습니까? // (~ +目+ as 補) She is ~n as a pop singer. 그녀는 대중 가수로 알려져 있다/(~ +*wh*. 節) He *knew* what he was doing. 그는 자기 행동을 자각하고 있었다/I don't ~ *whether* he will come or not. 그가 올지 안 올지 모른다.

USAGE¹ **be known to**의 용법 ——Everybody ~s this book. 의 수동형은 This book *is* ~*n to* everybody. 로 생각해도 좋다. 아주 드물게는 This book *is* ~*n by* everybody. 라고도 하는데, 뜻은 거의 같다. 다만 전자가 「…에 알려져 있다」라는 상태를 나타내는 데 대하여 후자는 「…에게 인정되다」라는 동작에 중점이 있다고 할 수 있다. 아래의 문장에서 by 는 동작 주체가 아니라 수단을 나타내는 데 주의: A person is ~*n by* the company he keeps. 사귀는 친구를 보면 그 사람의 인품을 알 수 있다.

2 〔사람·사물〕을 …라고 생각하다, …라고 보고 있다. 확신하고 있다(*to be, that* 節). ¶ I ~ him *to be* honest. 그는 정직한 사람이라고 생각한다/We all ~ (*that*) she was a great actress. 그녀는 모두가 공인하는 대배우이다. **3** …과 아는 사이다, 면식이 있다, 사귀다, 알다. ¶ I have ~n him since I was a child. 어릴 때부터 그를 알고 있다// (~ +目+前+名) ~ a person *by* name [sight] 이름만은 알고 있다(안면은 있다). **4** (연구·연습 따위로) …을 알고 있다; …에 정통하다, 능하다; …을 기억하고, 기억하고 있다. ¶ ~ how to drive a car 차를 운전할 줄 안다/~ French very well 프랑스어가 유창하다/I ~ the poem *by* heart. 그 시를 암기하고 있다. **5** …을 분간하다, 식별하다, 구별할 수 있다(*from*); 〔사람·사물〕을 (…로서) 알다, 알 수 있다(*by, from, through*). ¶ I ~ good music when I hear it. 좋은 음악은 들으면 안다// (~ +目+前+名) You should ~ right *from* wrong. 옳고 그른 것의 구별쯤은 할 수 있어야지/A *tree is* ~*n by its fruit*. 《속담》 그 과실을 보면 나무를 알 수 있다; 자식을 보면 부모가 어떠지 알 수 있다. **6** (과거·완료 시제로) (…을) 경험으로[들어서, 보아서] 알고 있다(*to do*)(* see, hear 따위 지각 동사와 뜻이 가까워 종종 to를 생략한다); …을 경험[체험]하다, 겪다. ¶ ~ life 인생이 어떤 것인지 알고 있다/(~ +目+do) I have never ~n him break his word. 그가 약속을 어긴 적은 한번도 없다// She has ~n hardships. 그녀는 갖은 풍상을 겪었다. **7** 《고어》 …을 성적 (性的)으로 알다.

— 자 **1** 알다, 알고 있다(*of, about*). ¶ ~ for certain 확실히 알고 있다/(~ +前+名) He didn't ~ *about* it. 그는 그 일을 알지 못했다. **2** (진상 등을) 이해하다, 알다, (…에) 확신[확증]이 있다(*of, about*); 정통하다, 상세히 알고 있다(*about*).

USAGE² **know, know of, know about** —— know 는 「직접 알고 있다」, know of 는 「간접적으로[남에게서 듣고] …을 알고 있다」의 뜻. know about은 「…에 관해서 잘 알고 있다」의 뜻: I ~ of him, but I do not ~ him. 이름은 들어 알고 있으나 그가 어떤 사람인지 모른다/I ~ all *about* him. 그의 일이라면 무엇이든지 알고 있다. know about은 「…의 일에 관한 뜻의 차이는 I have *heard* (*of*) it. 의 경우에도 인정된다.

all one knows (**how**) ① (명사적) 할 수 있는 모든 것. ¶ I did *all I knew*. 나는 전력을 다했다. ② (부사적) 힘껏, 전력을 다해서.
and Heaven [or **God, no one, nobody**] **knows what** [or **who**] (**else**); **and I** [or **you**] **don't know what** [or **who**] (**else**) (열거한 뒤에 붙여) 그밖에 여러 가지[사람].
as far as I know 내가 알기에는; 틀림없이, 아마도.
as I know on 《美구어》 내가 아는 한[알기에는].

before one **knows where** one **is; before** one **knows it** 아차 하는 사이에. 순식간에. 「된다.
be not to know ① 알 도리가 없다. ② 알려지는 안
Don't I know it? (구어) (애석하지만) 그렇다; (그런 것은) 이미 알고 있어.
Don't I know you from somewhere? (구어) 어디서 뵀던가요? 「않아요; 정말.
don't you know (삽입구적으로) 아시다시피, 그렇지
Don't you know it! (구어) 네 말이 옳다, 전혀 이의 없다. 「② (美구어) 그래?, 그랬어?
do you [or **d'you**] **know** ① …처럼 되거야.
Do you want to know something? (구어) (주의를 끌기 위해) 내 말을 좀 들어봐, 이것 봐.
Everyone knows. 다 아는 이야기이다, 상식이다.
for all I know 잘은 모르지만, 아마도.
for all [or **anything, what**] one **knows** …이 알고 있다고는 생각하지만, 혹시 경우에 따라서는.
God [or **Heaven**] (**only** [or **alone**]) **knows.** 하느님만이 알고 있다, 아무도 모른다.
I don't know! (구어) (분노 등을 나타내어) 어떻게 된 일이냐! 「전혀 모르겠다.
I don't know, I'm sure. (구어) 어떻게 된 일인지
I don't know that... (구어) …이 아닐지도 모른다 (상대방의 말·의견에 가볍게 부인하는 뜻).
if anybody knows (삽입구로 쓰이어) 다름 아닌 …이. ¶ *If anybody ~s about it, she does.* 그걸 아는 사람이 있다면 다름 아닌 그녀이다.
if you must know (구어) (그렇게) 알고 싶다면 가르쳐 주겠지만. 「좋은 생각이 있어.
I know what. (구어) (있잖아) 그거 어떻게 하면 어떨까?
I want to know. (美구어) 저런, 이런, 정말이냐(놀라움의 표현). 「지.
I wouldn't know. (내가) 알게 뭐야, 내가 알 리가 없
know about …에 대하여 알고[듣고] 있다.
know all there is to know about …에 정통하다.
know a person **is alive** (부정문·의문문에서) 남의 존재를 깨닫다. 「도로 알고 있다.
know a person **to speak to** 만나면 말을 건넬 정
know...as well as I [or **you**] **do** …을 잘 알고 있다. 「정에 밝다.
know a thing or two (구어) 빈틈이 없다; 세상 물
know...backwards (and forwards) (구어) (사람·사물을) 아주 잘 알고 있다, 충분히 이해하고 있다.
know best 무엇을 할지 가장 잘 알고 있다.
know better (than...) (…이상으로) 더 분별이 있다, (…할 정도로) 어리석지 않다. 「있다.
know from (美구어) …에 관해서 알고 있다[지식이
know [or **know not**] **from nothing** (美속어) 전혀 아무것도 모른다.
know how 방법을 알다.
know...like a book …을 완전히[잘] 알고 있다.
know little [or **nothing**] **about...and care less** …에 관해서 모르기도 하지만 관심도 없다.
know shit about (美비어) (부정문에서) …을 전혀 모르다.
know what one **can do with; know where** one **can put** [or **stick, stuff**] (속어) (제안·요구·사람 등이) 아주 보잘것없다[시시하다]는 것을 알고 있다. 「다.
know what one **is about** (구어) 만사에 빈틈이 없
know what one **likes** (예술 작품 등에 대해) 자기 나름의 의견을 가지고 있다, 좋고 나쁘다는 판단이
know what's what 세상 일을 잘 알다. 「가능하다.
know where a person stands [or **is**] **with** (남이) …에 대해 어떤 입장을 가지고 있다.
know where it's at (속어) (유행 따위에) 정통하다.
know where one **stands** [or **is**] **with** (남이) 자기를 어떻게 생각하고 있는지 알다.
know which end is up (美구어) 빈틈이 없다, 주

의를 게을리하지 않다.
make...known; make known... …을 (…에게) 알리다, 발표하다; (남)을 (…에게) 소개하다 (to).
make oneself **known** (문어) 자기 소개를 하다; (…에게) 자기 이름을 대다 (to); 유명해지다.
more than you(**'ll ever**) **know** (구어) 매우, 아주. ¶ *I love her more than you ~.* 나는 그녀를 매우 사랑한다.
Not if I know it! (구어) 누가 그런 짓을 해!
not know any better 예의를 모르다.
not know...from Adam [or **a crow**] (구어) …을 보고도 누군지 분간을 못하다[전혀 모르다].
not know from nothing (美속어) 아무 것도 모르다, 깜깜하다. 「음을 모르다.
not know one is born (구어) (경멸적) 생활의 어려
not know [or **know not**] **what** [**where, how, why, when**] 무엇인지 모르는 것[곳, 방법, 이유, 때]. ¶ *She began to talk she knew not what.* 그녀는 뜻도 모르는 소리를 지껄이기 시작했다.

USAGE³ **know not**의 용법——이 형태는 옛 영어의 용법이 현재까지 유지되어 온 것으로서, 흠정역(欽定譯) 성서(1611년)에는 용례가 많다. 조동사 do의 발달로 I *do not know*의 형태가 확립되어 왔으나 I *know not*도 쓰이며, 예스럽고 우아한 효과를 표현하고 있다. 이 용법이 현재까지 남아 있는 이유로는 빈도가 높다는 것과 *know*와 *not*이 두운(頭韻)을 밟고 있다는 점을 들 수 있다. 비슷한 예로 care, doubt, mistake(예: if I *mistake not*) 따위가 있다. 또한 I believe[hope, imagine] not 따위의 not은 동사를 부정하는 것이 아니라 표현되어 있지 않은 동사의 목적절을 부정하고 있다: I don't think it will rain tomorrow.—I *hope not*.(=I hope it will not rain tomorrow.)(내일은 비가 오지 않겠지요—그렇게 되기를 바랍니다.)

not know where to put oneself [or **one's face**] (불안·당혹 따위로 인해) 몸 둘 바를 모르다, (있기에) 거북하다. 「좋을지 모르다.
not know which way to turn (구어) 어떻게 하면
not that I know of (구어) (앞의 말을 받아서) 내가 알기에는 그렇지 않다.
not want to know 무시하다, 관심[흥미]이 없다.
One never knows. = *You never know.*
That's all you know (about it). (구어) 너는 전혀 모르는군.
The Lord (only) knows. = *God (only) knows.*
There is no knowing... …을 알 도리가 없다.
What do you know (about that)? (美구어) 그것 놀랍는데, 설마.
What do you know (for sure)? (구어) 요즘 어때[어떻게] 지내냐. 「간답하지 않나.
What's (there) to know? (구어) (그런 것뿐이야)
Who knows? 누가 알아?, (뭐라고 말할 수 없지만) 어쩌면 그럴지도 모르지!, 경우에 따라서는.
Wouldn't you (**just**) **know it?** (구어) 생각해 봐라; 남의 속도 모르면서. 「해) 가르쳐 주지 않겠다.
Wouldn't you like to know? (상대의 질문에 대
You don't know where it's been. (구어) (어린이에게) 어디에 있던 물건인지 모르잖아(그러니 손대거나 입에 넣지 마라).
you know ① (글머리에서) 저, 있잖아(uh); 그런데 (by the way). ② (글 중간·끝에서) 에, 저; 알다시피; 어때, 말야. ¶ *He is such a bore, you ~.* 그녀석은 정말 넌더리가 난단 말이야.
You know what [or **something**]? (구어) (이야기 첫 머리에서) 저 있잖아, 내 이야기 들어봐.
You know what I'm sayin' [or **saying**]. (구어) = *You know what?*

knowable 1548 **knurl**

You must know that... ···으로 양해해 주시기 바랍니다; (그러면) 말씀드리지요.
You never know. (구어) (확답을 피할 때) 글쎄, 그럴지도 몰라, 뭐라고 할까.
── 圏 (the ~) (구어) 숙지(熟知), 정통(精通); 지식.
in the know 내막에 밝아, 사정을 잘 알아.
know·a·ble [nóuəbl] 圏 **1** 알 수 있는, 인식할 수 있는. **2** 붙임성 있는, 가까이하기 쉬운. ── 圏 (보통 ~s) 인식할 수 있는 것. **-bíl·i·ty,** **~·ness** 圏
know-all [-ɔ́ːl] 圏圏 (구어) =know-it-all.
know·er [nóuər] 圏 **1** 알고 있는 사람, 이해하고 있는 사람. **2** [철학] 인식아(我)[주체].
know-how [-hàu] 圏Ⓤ 실제적 지식; 기술 정보, 전문 기능, 노하우; 요령, 비결; 처세술; 능력. ¶business ~ 사업 노하우/the ~ of space travel 우주 여행 기술.
‡know·ing [nóuiŋ] 圏 **1** 알고 있는, 지식이 있는; (…에 대해) 정통[통]의, 아는 것이 많은 (about). **2** 빈틈없는, 기민한. **3** 아는 체하는. ¶a ~ look 아는 체하는 표정. **4** 의도적인, 고의의. **5** (구어) 멋진, 스마트한.
── 圏Ⓤ 지식, 이해, 인식.
there is no knowing 전혀 알 길이 없다.
~·ly 圕 아는 체하여; 알고서, 고의로. **~·ness** 圏
know-it-all [-ítɔːl] 圏 (구어) (경멸적) 아는 체하는 사람.
── 圏 박식한 체하는 사람.
‡knowl·edge [nálidʒ/nɔ́l-] 圏 **-edg·es** [-iz] Ⓤ **1** (집합적) 지식, 학식, 학문. ⇒INFORMATION 유의어
¶systematized ~ 체계적인 지식/practical ~ 실제적인 지식/every branch of ~ 지식[학문]의 모든 분야/K– is power. (속담) 아는 것이 힘이다. **2** (종종 a ~) 알고 있는 것; (특정 분야에 대한) 이해, 숙지, 정통(of); (the ~, one's ~) (…라는) 지식 (that 절). ¶I have a little ~ of French 프랑스어를 조금 하다/have a good ~ of London 런던을 잘 알고 있다. **3** 지식[판단, 식별](력)(of). ¶the ~ of life 인생에 대한 인식/~ of good and evil 선악의 분별. **4** 소식, 보도; 식견. ¶the fact of common ~ 주지의 사실. **5** (英속어) (London 택시 운전 기사들의) 도로 교통 지식 (시험). **6** (고어) (법률) 성교(性交).
come to a person's **knowledge; come to the knowledge of** a person 남에게 알려지다, 남이 알게 되다.
grow out of one's **knowledge** (아일) 건방지게[주제넘게] 행동하다. 「있다[전혀 모르다].
have some [no] knowledge of …을 다소 알고
out of all knowledge 상상을 초월하다.
to (the best of) a person's **knowledge (and belief)** …이 알고 있는 한에서는.
without the knowledge of a person; **without** a person's **knowledge** 남에게 알리지 않고.
── 圏 전문적 지식·정보를 요하는[에 관계되는], 넓히는].
~·less 圏 지식 없는, 무식한.
knowl·edge·a·ble [nálidʒəbl/nɔ́l-] 圏 (…에) 정통한(about); 지식이 있는, 박식한, 총명한; 교활한.
-bíl·i·ty, **~·ness** 圏
knówledge bàse 圏 (컴퓨터) 지식 베이스(필요한 모든 정보·자료를 체계적으로 정리 축적한 것).
knowl·edge-based [-béist] 圏 지식 기반의, 지식에 바탕을 둔.
knowl·edge-box [-bàks/-bɔ̀ks] 圏 (美구어) 지식 상자, 머리(head). 「과학의 공학(컴퓨터
knówledge enginéering 圏 지식 공학(컴퓨터
knówledge industry 圏 지식 산업(신문·출판·영화·음악 등 지적 요구를 충족시키는 산업).
knowl·edge-in·ten·sive [-inténsiv] 圏 지식 집약형의, 지식 집약적이. ¶~ industry 지식 집약 산업.
knówledge mànagement 圏 지식 경영.
knówledge mòdule 圏 (컴퓨터와 전화기를 이용한) 가정 학습 시스템.

‡known [noun] 圏 know의 과거분사.
── 圏 **1** (이름이) 알려진; 이미 알고 있는; 실증된; (수학) 기지(既知)의. ¶a ~ fact 주지의 사실.
2 알려진 것; (수학) 기지수(=~ quantity).
know-noth·ing [-nλθiŋ] 圏 **1** 무식한 사람, 무학자. **2** (철학) 불가지론자(不可知論者). **3** (K– N–) (美역사) 미국 불가지주의당(American Party) 당원(미국 태생이 아닌 사람의 관직 취임에 반대한 비밀 결사(1853–56)의 당원으로, 법정 심문을 받을 때 항상 "I know nothing."이라고 대답했다). ── 圏 무지한, 무식한; 가지론의; 정치 무외의. **~·ism** 圏Ⓤ 불가지론.
knówn quántity 圏 **1** (수학) 기지수[량]. **2** (비유적) 주지하는[기지의] 사람[것].
know-what [-ʰwλt, -ʰwɒ̀t] 圏 (구어) 목표[사정, 상황]를 앎, 목적 의식.
know-why [-ʰwài] 圏 (구어) 이유[동기]를 앎.
KNRC Korean National Red Cross(대한 적십자사).
Knt. Knight. **KNTO** Korea National Tourism Organization (한국 관광 공사).
knuck [nλk] 圏 (구어) **1** =knuckle. **2** (~s) (美속어) =brass knuckles.
***knuck·le** [nλkl] 圏 **1** 손가락 관절[마디], 손가락의 밑동 마디; (the ~s) 주먹의 손가락 관절부, 주먹. **2** (네발 짐승의) 무릎 관절; 무릎살. **3** (기계의) 암톨쩌귀, (연결된 것의) 팔꿈치 모양의 부분. **4** (~s) (단·복수 양용) =~-duster. **5** (쇠구물의) 구부러진 부분. **6** (의자의) 너클(팔걸이 양끝에 흠이 파진 부분). **7** (조선) 너클(고물의 능각(稜角)).
give a rap on the knuckles ⇨RAP¹
go the knuckle (濠속어) 세게 치다, 싸움질하다.
near [or close to] the knuckle (구어) ① (풍상) 아슬아슬한, 외설스러운. ② 상당히 중요한. ③ 남의 기분을 상하게 하는.
rap a person on [or over] the knuckles; rap a person's **knuckles** ⇨RAP¹
── 圏 **1** 손가락 마디로 치다[비비다]; 주먹으로 치다. **2** 주먹을 쥐다. **3** (구슬을 튀기기 위해서) 손가락 마디를 땅에 꼭 대다.
knuckle down ① 손가락 마디를 땅에 대고 돌을 튀길 자세를 취하다. ② 열심히 일하다, 일에 정성을 쏟다 (to). ¶~ down for an hour 1시간 동안 일에 정성을 쏟다.
③ 항복하다.
knuckle under 항복하다, 굴복하다 (to).
knúckle bàll 圏 (야구) 너클 볼. (또는 **knúckleb̀àll, knúckler**) 「을 잘 던지는 투수.
knuck·le-ball·er [nλklbɔ̀ːlər] 圏 (야구) 너클 볼
knuck·le·bone [nλklboun] 圏 **1** 손가락 관절부의 뼈. **2** (양 따위의) 한쪽 끝이 흑으로 된 지골[골](骨). **3** (~s) (단수취급) (양의 지골로 만든 구슬을 쓰는) 구슬 치기 놀이. 「(wrench); 주먹다짐.
knuck·le-bust·er [-bλstər] 圏 (美속어) 스패너
knuck·le-drag·ger [-drǽgər] 圏 (美속어) 거칠고 좀 모자라는 덩치 큰 남자; 고릴라.
knuck·le-dust·er [-dλstər] 圏 (격투할 때 손가락 관절에 끼는) 금속 조각(brass knuckles).
~ed [-id] 圏 (美속어) 난폭한, 어리석은. 「트
knúckle jòint 圏 손가락 관절; (기계) 너클조인
knuck·ler [nλklər] 圏 (야구) =knuckle ball.
knúckle sándwich 圏 (속어) (입[얼굴]에 한 방 먹이는) 주먹질.
knuck·le-walk [-wɔ̀ːk] 圏저 (고릴라 등이) 주먹 관절을 땅에 대고 걷다. 「의) 너클보.
knur [nəːr] 圏 (나무의) 마디, 옹이(knot); (공놀이용
knurl [nəːrl] 圏 작은 돌기, 옹이, 흑; 울퉁불퉁한 곳, (주화 가장자리 따위의) 깔쭉깔쭉한 데; (스코) 난쟁이, 땅딸보. ── 圏 …을 깔쭉깔쭉하게 하다. (또는 **nurl**)
~ed 圏 도톨도톨한; 마디[옹이, 흑]가 있는. **￢·y** 圏

knurl·ing [nə́ːrliŋ] 圖 (표면의) 도돌도돌함, 깔쭉깔
마디[옹이]가 있는[많은]. 「쭉함; 〔건축〕 구슬 장식.
knut [knʌt] 圖 (이상) 멋쟁이, 맵시꾼.
KO (美구어) 〔권투〕 图回 [kéiou] (~ed, ~'d; ~'ing)
 …을 케이오시키다(knock out). ── 圖 [kéiou, ´-] (图
 ~'s) 케이오, 녹아웃(knockout). (또는 K.O., k.o.)
KO 〔축구·럭비〕 kickoff.
ko·a [kóuə] 圖 〔식물〕 코아(하와이산(産)] 아카시아).
ko·a·la [kouáːlə] 圖 〔동물〕 코알라(오스트레일리아
 산(産)의 유대(有袋) 동물). 「폐 단위).
ko·bo [kóubou] 圖 (图 ~(s)) 코보(나이지리아의 화
ko·bold [kóubald, -bould/kɔ́bould] 圖 〔독일 전
 설〕 꼬마 도깨비[요정](brownie); 정령; 지신(地神).
KOC *K*orean *O*lympic *C*ommittee.
Köch·el listing [nùmber] [kə́ːrʃəl-/kɔ́ːkəl-] 圖
 〔음악〕 쾨헬 번호(Mozart의 작품을 Ludwig von
 Köchel(1800-77)이 연대순으로 매긴 번호; (图 K.).
Ko·dak [kóudæk] 圖 〔상표〕 코닥 필름[카메라](미국
 Eastman Kodak사 제품).
Ko·di·ak [kóudiæ̀k] 圖 1 코디액 섬(알래스카 반도
 근처의 섬). 2 =~ **bear**. 3 (美속어) 경찰관.
Kódiak bèar 圖 코디액 불곰(알래스카 Kodiak산
 (産); 지상 최대의 육식 동물).
KOed [keióud, ´-] 圖 〔권투〕 녹아웃된; (美속어)
 (술·마약에) 취해 버린. (또는 **KO'd**) 「기.
ko·el [kóuəl] 圖 〔조류〕 코엘(인도·오스트레일리아산(産)의 뻐꾸
Koest·ler [késtlər] 圖 **Arthur** ~ 케스틀러(1905-
 83; 헝가리 태생의 영국 작가).
KOFEX [kóufeks] 圖 한국 선물 거래소, 코펙스.
 〔<*K*orea *F*uture *Ex*change〕
Koh·i·noor [kóuənùər] 圖 1 코이누르(106캐럿의
 인도산(産)] 다이아몬드로, 영국 왕실 소장). 2 (종종 k-)
 고가의 대형 다이아몬드; (…중) 최고급품, 최상품 (*of*).
kohl [koul] 圖Ⓤ 콜 먹(회교국의 화장용 먹).
Kohl [koːl] 圖 **Helmut** ~ 콜(1930- ; 독일의 정치
 가; 서독 총리(1982-90), 통일 독일 총리(1990-98)).
kohl·ra·bi [koulráːbi, -ræ̀bi] 圖 콜라비(구경(球莖)
 이 비대한 샐러드용 야채).
Ko·jak [kóudʒæk] 圖 (美속어) 경찰관. 〔<미국 TV
 의 경찰 드라마 Kojak의 주인공 이름〕 「성 물질〕.
kó·jic ácid [kóudʒik-] 圖 (화학) 코지산(酸)(향균
ko·kan·ee [koukǽni] 圖 코카니송어(미국 서부산
ko·la [kóulə] 圖 =cola¹; = ~ **nut**. 「(産).
kóla nùt 圖 콜라(cola) 나무의 열매(cola nut).
kóla trèe 圖 콜라(cola) 나무. 「종; Ⓤ 그 모피.
ko·lin·sky [kəlínski] 圖 시베리아산(産) 밍크의 일
kol·ka·ta [kælkátə, kolkátə] 圖 콜카타(인도의 도
 시; 옛 Calcutt의 인도어 표기).
kol·khoz [kɑlkɔ́ːz/kɔl-] 圖 콜호스, 〔옛 소련의〕 집
 단 농장. (또는 **kolkhos**) **~·nik** 圖 콜호스의 구성원.
Köln [*G* kœln] 圖 쾰른(Cologne의 독일 철자).
Ko·mi [kóumi] 圖 (图 ~(s)) 코미 사람(러시아 북동
 지역의 우랄계 민족); Ⓤ 코미어(語).
ko·mi·tad·ji [kòumətáːdʒi, kàm-] 圖 코미타지(발
 칸 제국(諸國)의 게릴라병(兵)). 「혁명 위원회).
Ko·mi·teh [koumítei] 圖 코미테이(이란의 이슬람
Ko·mó·do drágon [kəmóudou-] 圖 코모도왕도
 마뱀(인도네시아 코모도 섬에 서식; 세계 최대의 도마뱀).
Kom·so·mol [kɑmsəmάl/kɔ̀msəmɔ́l] 圖 (옛 소
 련의) 공산주의 청년 동맹, 콤소몰; 그 단원.
ko·na [kóunə] 圖 코나(하와이의 겨울에 부는 남서풍).
Kon·drá·tieff wàve [cỳcle] [kəndráːtiěf-,
 -tjəf-] 圖 〔경제〕 콘드라티에프파(波)(자본주의 공
 업 경제의 50-60년 주기의 장기 경기 순환 파동설). 〔<러
 시아의 경제학자 N. D. Kondrat'ev (1892-1935)〕
Kon·glish [kɑ́ŋgliʃ/kɔ́ŋ-] 圖Ⓤ 한국식 영어.
 (*한국에서 만든 조어). 〔<*K*orean+*English*〕
Kong·zi [kɔ̀ːŋzíː] 圖 =Confucius.

ko·nim·e·ter [kounímətər] 圖 먼지 측정기.
ko·ni·ol·o·gy [kòuniάlədʒi/-ɔ́l-] 圖 진애학(塵埃
 學). (또는 **coniology**) 「업 합동의 그룹); 재벌.
Kon·zern [kɑntsέərn/kɔn-] 圖 〔독일〕 콘체른(기
koo·doo [kúːduː] 圖 =kudu.
kook [kuːk] 圖 (美속어) 괴짜, 별난 사람; 미치광이,
 광인; (서평의) 초심자. **~·ish** 「는물총새(오스트레일리아산(産)).
kook·a·bur·ra [kúkəbə̀ːrə, -bʌ̀rə] 圖 〔조류〕 웃
kook·y [kúːki] 圖 (美속어) 괴짜의, 멍청한; 미친.
 (또는 **kookie**) **kóok·i·ly** 圖 **kóok·i·ness** 圖
koo·lah [kúːlə] 圖 =koala. 「음료 분말).
Kool-Aid [kúːlèid] 圖 〔상표〕 쿨에이드(미국의 청량
Koo·ning [kúːniŋ] 圖 **Willem de ~** 쿠닝(1904-
 97; 네덜란드 태생의 미국 표현주의 화가).
kop [kɑp/kɔp] 圖 (남아공) 언덕, 작은 산(hill).
ko·peck [kóupek] 圖 코페카(러시아의 화폐 단위,
 ruble의 100분의 1); 코페이카 동전. (또는 **kopek,
 copeck**) 「(또는 **koppie**)
kop·je [kάpi/kɔ́pi] 圖 (남아공) 언덕, 야산(hillock).
Kor, Kor. *K*orean; *K*orea(n). 「약자).
KORAIL *K*orean *N*ational *Rail*road(한국 철도청).
Ko·ran [kərάːn, -rǽn/kɔ-] 圖 (the ~) 코란(교
 의 경전). (또는 **Qur'an**) **~·ic** 圖 〔<Arab recita-
※**Ko·re·a** [kəríːə/kəríə] 圖 한국, 조선. 「tion〕
 go to Korea (美구어) 난제를 정면 돌파하여, 맞닥뜨
 려 해결하다. 〔Eisenhower 전 미국 대통령의 1952
 년 대통령 선거 때 공약〕
Ko·re·a·gate [kəríːəgèit] 圖 (the ~) 코리아게이트
 (1977년 한국 정부 관계자의 대(對)미국 의회 로비 사건).
※**Ko·re·an** [kəríːən/kəríən] 圖 한국의; 한국인[어]
 의. ── 圖 한국인; Ⓤ 한국어. **~·ize** [-aiz] 图 한
 국화하다. 「사전; 한국지(誌).
Ko·re·a·na [kə̀riάːnə] 圖 한국 관계의 문헌; 한국
Koréan Áir 圖 대한 항공. 图 KAL, KE
Koréan azálea 圖 진달래.
Koréan gínseng 圖 한국 인삼.
Koréan láwn gràss 圖 금잔디.
Koréan mélon 圖 참외.
Ko·re·a·nol·o·gy [kəriːənάlədʒi/-nɔ́l-] 圖 한국
Koréan píne 圖 잣나무. 「학[연구].
Koréan vélvet gràss 圖 =Korean lawn grass.
Koréan Wár 圖 (the ~) 한국 전쟁, 6·25 동란.
Koréa Stráit 圖 (the ~) 대한 해협. 「(1950-53).
Ko·re·a·town [kəríːətàun] 圖 코리아타운(L.A. 등
 미국 도시의 한국인 거주지). 「구 비슷한 경기). 〔<D〕
korf·ball [kɔ́ːrfbɔ̀ːl] 圖 코프볼(남녀 6인이 하는 농
Kór·sa·koff's sýndrome [kɔ́ːrsəkɔ̀fs-] 圖
 〔정신의학〕 코르사코프 증후군, 건망 증후군. (또는
 Kórsakov's sýndrome [psychósis]) 〔<러시아의
 정신과 의사 Sergei Korsakoff(1854-1900)〕
Ko·ru·na [kɔ́ːrənəˋ, kάːr-] 圖 (图 **-*ny***, **~*s***,
 Ko·run) 코루나(체코·슬로바키아의 화폐 단위; 图 Kcs).
KOSDAQ, Kos·daq [kάzdæk, kɔ́ːz-] 圖 코스
 닥. 〔<*K*orea *S*ecurities *D*ealer's *A*utomated *Qu*o-
 tations (System)〕
ko·sher [kóuʃər] 圖 1 (유대교) (식품 따위가) 법에
 맞는, 정결한; (상점 따위가) 적법 식품을 파는. 2 (속
 어) 진짜의; 합법적인, 정당한. ── 图 적법[청정] 식품
 (점). ── 图 〔식품〕 식품을 법에 맞게 하다, 정결하게 요리
 하다. (또는 **kasher**) 〔<Heb proper〕
Ko·so·vo [kóːsəvòu] 圖 코소보(유고 연방 남동부
 고원 지대로 Servia의 자치주; 발칸 전쟁·1차 세계 대
 전의 격전지). **-var** 圖 「종합 주가지수).
KOSPI *K*orea *Co*mposite *S*tock *P*rice *I*ndex(한국
Ko·sy·gin [kɑsíːgin/kɔ-] 圖 **Aleksei Nikolaye-
 vich ~** 코사긴(1904-80; 옛 소련의 수상(1964-80)).

Ko·tex [kóutèks] 명 《상표》 코텍스(1회용 생리대).
ko·tow [kóutáu] 통쥐웡 =kowtow.
KOTRA *K*orea *T*rade-Investment *P*romotion *A*gency (대한 무역 투자 진흥 공사).
kot·wal [kóutwɑ:l] 명 《인도》 경찰서장; 도시 장관.
kot·wa·li [kóutwɑ:li] 명 《인도》 경찰서. (또는 **kot-walee**) 「**koumyss**」
kou·mis [kú:mis] 명 =kumiss. (또는 **koumiss,**
kour·bash [kúərbæʃ] 명통웡 =kurbash.
Kow·loon [kàulú:n] 명 주룽, 카오룽(九龍)(Hong Kong 섬 맞은편의 반도·도시; 홍콩 행정구의 일부).
kow·tow [káutáu, kóu-] 통뒝 (중국식으로) (…에게) 고두(叩頭)의 예를 올리다, 머리를 조아리다 (to); 아첨하다. —명 고두(의 예). (또는 **kotow**) 〔<Chin〕
KP 〔야웡장기〕 *k*ing's *p*awn; *k*itchen *p*olice.
K pàrticle 〔물리〕 =kaon.
kpc *k*ilo*p*arse*c*(s). **k.p.h., kph** *k*ilometers *p*er *h*our. **kr** 〔컴퓨터〕 *K*orea(인터넷 도메인 주소에서). **Kr** 〔캐〕 〔화학〕 *k*rypton. **KR** 〔야웡장기〕 *k*ing's *r*ook; (ISO코드) *R*epublic of *K*orea. **kr.** *k*reutzer; krona; króna; krone; kroner; kronor; krónur.
kraal [krɑ:l] 명 (목책으로 둘러친 남아프리카 원주민의) 마을, 부락; 그 오두막; (소·양 따위를 가두는) 울타리, 우리. —통 〔가축〕을 우리로 둘러싸다.
k·rad [kéiræd] 명 《~(s)》 〔물리〕 =kilorad.
kraft [kræft/krɑ:-] 명U 크라프트지(紙)(= ~ paper). ¶ ~ envelope 크라프트지 봉투. 「과의 독사).
krait [krait] 명 샷것뱀(인도·동남아시아산(產) 코브라
kra·ken [krá:kən] 명 (종종 K-) 크래켄(노르웨이 앞바다에 나타난다는 전설상의 바다 괴물).
K rátion 〔美육군〕 (1일분의) 휴대 식량.
kraut [kraut] 명 1 U =sauerkraut. 2 (종종 K-) 〔경멸적〕 독일 사람, 독일군.
Krébs cỳcle [krébz-] 명 〔생화학〕 크렙스 회로(세포 내 물질 대사의 회로).
KREEP [kri:p] 명 〔천문〕 크리프(달표면에서 채취한 황갈색 유리 모양의 광물). (또는 **kreep**)
Krem·lin [krémlin] 명 1 (the ~) 크렘린 궁전; 러시아 정부 (당국). 2 (k-) (러시아 도시의) 성채(城砦), 성곽(citadel).
Krem·lin·ol·o·gy [krèmlinɑ́lədʒi/-ɔ́l-] 명 (종종 k-) 러시아 (정책) 연구. **-o·lóg·i·cal** 형 **-gist** 명
kreut·zer [krɔ́itsər] 명 크로이처 동전(옛 독일·오스트리아의 화폐). (또는 **kreuzer**) 〔<G〕
krieg·spiel [krí:gspi:l] 명 (때로 K-) 전쟁 게임(장교의 전술 지도를 위해 고안한 반상(盤上) 작전 게임). 〔<G *war game*〕
kril(l) [kril] 명 《~》 크릴, (크릴) 떼; 크릴새우.
krim·mer [krímər] 명U 크리미아 지방산(產) 새끼 양의 모피.
kris [kri:s] 명 =creese. (또는 **kriss**) 「양의 모피.
Krish·na [kríʃnə] 명 1 〔힌두교〕 크리슈나신(神)(Vishnu의 제8화신(化身)); 크리슈나교도. 2 (the ~) 크리슈나 강(인도 남부).
~·ism 명U 크리슈나신 숭배.
Kriss Krín·gle [krís kríŋgl] 명 《美》 =Santa Claus. 〔<G〕 「(지식 표현 언어).
KRL 〔컴퓨터〕 *k*nowledge *r*epresentation *l*anguage
kro·mes·ki [kroumɛ́ski] 명 (베이컨 따위로 싸서 기름에 튀긴) 러시아식 크로켓. (또는 **kromesky**)
kro·na [króunə] 명 (복 ~**nor** [-nɔ:r]) 크로나(스웨덴의 화폐 단위; 웡 Kr., kr.); 크로나 은화(동전).
kró·na [króunə] 명 (복 ~**nur** [-nər]) 크로나(아이슬란드의 화폐 단위; 웡 Kr., kr.); 크로나 동전.
kro·ne[1] 명 (복 ~**ner** [-nər]) 크로네(덴마크·노르웨이의 화폐 단위; 웡 Kr., kr.); 크로네화(貨).
kro·ne[2] 명 (복 ~**nen** [-nən]) 크로네(옛 독일의 금화).
kroon [kru:n] 명 (복 ~**, ·ni**) 크룬(에스토니아의 화폐 단위; 웡 EEK).
KRP 〔야웡장기〕 *k*ing's *r*ook's *p*awn.

Kru [kru:] 명 《복 ~(**s**)》 크루족[사람](Liberia 해(海) 지방의 주민). (또는 **Kroo**)
Kru·ger·rand [krú:gərænd, -rà:nd] 명 (때로 k-) 크루거란드(남아프리카공화국의 1온스 금화).
krul·ler [králər] 명 =cruller. 「제조업 재벌).
Krupp [krʌp/G krup] 명 크루프(독일의 철강·무기
kryp·ton [krípta:n/-tɔn] 명U 〔화학〕 크립톤(불활성 기체 원소의 하나; 웡 Kr).
kry·tron [kráitrɑn/-trɔn] 명 크라이트론(핵무기의 기폭(起爆) 장치에 쓰이는 고속 전자 스위치).
KS 〔美우편〕 *K*ansas; 《英》 *K*ing's *S*cholar; *K*orean (*I*ndustrial) *S*tandards(한국 공업 규격). **KSC** *K*ennedy *S*pace *C*enter(케네디 우주 센터); 〔美군사〕 *K*orean *S*ervice *C*orps(한국인 지원단). **KSE** *K*orea *S*tock *E*xchange(한국 증권 거래소).
K selèction 명 〔생태〕 K 도태(생물 개체군(群)이 증식하여 환경 수용력(K)에 가까운 고밀도 상태에서 이뤄지는 자연 도태).
Kshat·ri·ya [kʃǽtriə] 명 크샤트리아(인도 caste 제도의 둘째 계급; 귀족·무사 계급). 「(전자 배치).
K-shell 〔웡〕 명 〔물리〕 K껍질(원자핵에 가장 가까운
KST *K*orean *S*tandard *T*ime(한국 표준 시간). **kt.** *k*arat(s); *k*ilo*t*on(s); 〔해사〕 *k*not. **Kt, Kt** 〔야웡장기〕 *k*night. **Kt.** *K*night. **KTA** *K*orean *T*raders *A*ssociation(한국 무역 협회). **KT&G** *K*orea *T*obacco *a*nd *G*inseng *C*orporation(한국 담배 인삼 공사).
KTW búllet 명 KTW탄(테플론 수지(樹脂) 피복탄).
K-12 [kéi (θru)twélv] 명 《美》 유치원부터 12학년(고교 3년)까지의 (학생), 유치원·초·중·고교의 (학생). 〔<*k*indergarten *through twelve*〕
K2 [kéitú:] 명 K2봉(峰)(인도 서북부의 카라코람 (Karakoram) 산맥에 있는 세계 제2의 고봉; 8,611m).
Ku 〔캐〕 〔화학〕 *k*urchatovium. **KU** 〔캐〕 *K*uwait *A*irways(쿠웨이트 항공사).
Kua·la Lum·pur [kwá:lə lumpúər/-lúmpuə] 명 콸라룸푸르(말레이시아의 수도).
Ku·blai Khan [kú:blai kán] 명 쿠블라이칸(1215-94: 원(元)나라 초대 황제; Genghis Khan의 손자).
Ku·brick [kjú:brik] 명 **Stanley ~** 큐브릭(1928-99: 미국의 영화 감독). 「은 독일식 팬케이크).
ku·chen [kú:xən] 명 (복 ~) 쿠헨(건포도 따위를 넣
ku·do [kjú:dou/kjú:-] 명 《복 ~**s** [-z]) 포상, 찬사, 칭찬.
ku·do·cast [kjú:doukæst/kjú:-] 명 〔美속어〕 시상식 쇼[프로](Academy Awards 따위의 시상식 중계).
ku·dos [kjú:douz, -dɑs/kjú:dɔs] 명웡 《단수취급》 (구어) 영광, 영예, 명예; 찬사, 칭찬.
ku·du [kú:du:] 명 《복 ~**s**》 (남아프리카산(產)의) 얼룩 영양(羚羊). (또는 **koodoo, koedoe**)
kud·zu [kúdzu:] 〔식물〕 칡. (또는 ⌐ **vine**)
Ku·fa [kú:fə] 명 쿠파(이라크의 고도(古都)).
Ku·fic [kjú:fik] 명 쿠파(Kufa)의; 쿠파 문자의.
—명 쿠파 문자. (또는 **Cufic**)
Ku·gel·blitz [kú:gəblìts] 명 (때로 k-) 구전(球電)(방전(放電) 현상으로 여겨지는 원인 불명의 번개).
Kuhn [ku:n] 명 **Thomas ~** 쿤(1922-96: 미국의 과학사가).
Kui·per Belt [káipər-] 명 (the ~) 〔천문〕 카이퍼대(帶)(태양계를 둘러싼 폭 1,440억 km의 먼지·얼음층). 〔<美 천문학자 Gerard P. Kuiper(1905-73)〕
Ku Klux [kjú:klʌks] 명 =~ Klan; 3K 단원.
Ku Klux·er [kjú:klʌksər] 명 (종종 k- K-) 3K단원.
Kú Klux Klán [-klǽn] 명 (the ~) 큐 클럭스단(團), 3K단(미국의 백인 우월주의 비밀 결사).
kuk·ri [kúkri] 명 쿠크리(네팔의 Gurkha 족이 쓰는 폭이 넓은 단도).
ku·lak [kulǽk, -lǽk] 명 (러시아의) 부농(富農).
Kul·tur [kultúər] 명 (때로 k-) U 1 (한 나라·한 시

대의) 문화; 정신 문화. **2** (나치 독일의) 고도로 조직화된 사회 기구; (경멸적) 독일 문화. 〖<G culture〗

Kul·tur·kampf [kultúərkɑ̀ːmpf] 图 (때로 k-) 문화 투쟁(Bismarck가 독일 가톨릭 교회의 교육·종교상의 특권을 제한하려고 한 데서 일어난 투쟁). 〖<G〗

ku·miss [kúːmis] 图⓾ 쿠미스(말이나 낙타의 젖으로 만든 술); 젖술. (또는 **koumis, koumiss, koumyss**)

küm·mel [kíməl/kúm-] 图⓾ 퀴멜술(발트해(海) 동쪽 해안 지방산(產)의 리큐어).

kum·quat [kʌ́mkwɑt/-kwɔt] 图 [식물] 금귤; 금귤의 열매.

ku·na [kúːnə] 图 (® **-ne** [-nə]) 쿠나(크로아티아의 화폐 단위).

KUNA *Kuwait News Agency*(쿠웨이트 통신사).

Kun·de·ra [kʌ́ndərə] 图 **Milan ~** 쿤데라(1929- : 프랑스로 귀화한 체코의 소설가).

Küng [kuŋ/G kýŋ] 图 **Hans ~** 큉(1928- : 스위스의 가톨릭 신학자).

kung fu [kàŋ fúː, kùŋ-] 图 쿵후(功夫)(중국의 권법). 〖<Chin〗

Kuo·min·tang [kwóumìntǽŋ] 图 (the ~) (대만의) 국민당(國民黨: Nationalist Party)(1911년 손문이 창립; ⓦ KMT).

kur·bash [kúərbæʃ] 图 가죽 채찍(터키·이집트 등의 옛날 형구(刑具)). —图⓽ …을 가죽 채찍으로 때리다. (또는 **kourbash**)

kur·cha·to·vi·um [kə̀ːrtʃətóuviəm] 图 〖화학〗 쿠르차토륨(인공 초(超)우라늄 원소; ⓘ Ku).

Kurd [kəːrd, kuərd/kəːd] 图 쿠르드인(人)(Kurdistan에 사는 회교도 유목민).

Kurd·ish [kə́ːrdiʃ, kúər-] 图 쿠르드인[어]의, 쿠르디스탄(사람)의. —图⓾ 쿠르드어(語).

Kur·di·stan [kə̀ːrdəstǽn/kə̀ːdistɑ́ːn] 图 쿠르디스탄(터키·이란·이라크에 걸친 산악·고원 지대).

Kú·ril(e) Íslands [kúəril-/kuríːl-] 图⓽ (the ~) 쿠릴 열도(치시마(千島) 열도).

Ku·ro·shi·o [kuróuʃiòu] 图 쿠로시오(黑潮), 일본 해류(Japan Current).

Kur·saal [kə́ːrzɑ̀l] 图 (® **-sa·le** [-zeilə]) (해안·온천장 따위의) 오락관; 유원지. 〖<G treatment hall〗

kur·ta [kə́ːrtə] 图 소매가 칼라가 없고 헐거우며 기장이 긴 인도의 셔츠. (또는 **khurta**)

ku·ru [kúəruː] 图 〖병리〗 쿠루병(뉴기니의 풍토병).

ku·rus [kurúʃ] 图 (® ~) 쿠루시(터키의 화폐 단위).

Kuw. *Kuwait*.

Ku·wait [kuwéit/kju-] 图 쿠웨이트(아라비아 동북부의 회교국; 그 수도).

Ku·wai·ti [kuwéiti] 图 쿠웨이트(인)의. —图 쿠웨이트 사람.

Kúz·nets cỳcle [kúznits-] 图 〖경제〗 쿠즈네츠사이클(15~22년 주기의 경기 파동). 〖<미국의 경제학자 Simon S. Kuznets(1901-85)〗

kV, kv *kilovolt*(s). **kVA, kva** *kilovolt-ampere*(s).

kvas(s) [kvɑːs] 图 크바스(러시아의 호밀 맥주).

kvell [kvel] 图⓴ [美속어] (신나게) 즐기다; 싱글벙글하다. 〖<Yid〗

kvetch [kvetʃ] 图 [美속어] 불평가, 트집을 잡다, 흠만 들춰내는 사람; 불평, 푸념. —图⓴ 불평을 하다, 흠을 들춰내다. **·er** 图. 〖<Yid〗

kW, kw *kilowatt*(s). **K.W.** *Knight of Windsor*.

kwa·cha [kwɑ́ːtʃə] 图 (® ~) 크와차(Zambia, Malawi의 화폐 단위; ⓘ K).

Kwang·chow [kwɑ̀ːŋtʃóu, kwǽŋ-] 图 =Guangzhou.

Kwang·tung [kwɑ̀ːŋtúŋ, kwǽŋ-] 图 =Guangdong.

kwan·za [kwɑ́ːnzə/kwǽn-] 图 (® ~(**s**)) 콴자(앙골라의 화폐 단위; ⓦ Kw).

Kwan·za(a) [kwɑ́ːnzə] 图 콴자(12월 26일에서 설날까지 1주일간 열리는 일부 미국 흑인의 문화제). 〖<Swahili *first fruit of the harvest*〗

kwa·shi·or·kor [kwɑ̀ːʃiɔ́ːrkɔːr] 图⓾ 〖병리〗 (아프리카의) 소아 영양 실조증.

Kwei·chow [kwéitʃáu, -tʃóu] 图 =Guizhou.
Kwei·lin [kwèilín] 图 =Guilin.
Kwei·yang [kwèijɑ́ːŋ, -jǽŋ] 图 =Guiyang.

kwe·la [kwéilə, kwélə] 图 크웰라(남아프리카의 반투(Bantu)족이 즐기는 일종의 비트 음악).

kWh, kwhr, K.W.H. *kilowatt-hour*(s).

KWIC [kwik] 图 〖컴퓨터〗 문맥어가 붙어 있는 키워드(표제어가 문맥 속에 포함된 채 배열된 색인).
〖<*keyword in context*〗

KWOC [kwɑk/kwɔk] 图 〖컴퓨터〗 문맥외(文脈外) 키워드(표제어가 문맥 속에 놓이게 배열된 색인).
〖<*keyword out of context*〗

Kwók's diséase [kwɑ́ks-] 图 〖병리〗 크왁병(글루타민산소다 다량 섭취로 인한 권태감·현기증 따위 증후군). 〖<미국의 의사 Robert Kwok씨〗

KY [美우편] *Kentucky*. **Ky.** *Kentucky*.

ky·ack [káiæk] 图 (美) 길마 양쪽에 매다는 주머니.
ky·a(c)k [káiæk] 图 =kayak.
ky·a·nite [káiənàit] 图 =cyanite.
ky·an·ize [káiənàiz] 图⓽ (* (英) **-ise**) 〖재목〗을 승홍(昇汞) 용액으로 방부하다.
kyat [kjɑːt, kiɑ́t] 图 차트(미얀마의 화폐 단위): 차트화(貨).
kyle [kail] 图 〖스코〗 좁은 해협, 물길.
ky·lin [kíːlín] 图 기린(麒麟)(중국 고대의 상상 속의 동물). 〖<Chin〗
ky·loe [káilou] 图 카일로 소(스코틀랜드 고지산(產)의 뿔이 긴 작은 소).
ky·mo·gram [káiməgræ̀m] 图 카이머그램(카이머그래프로 심장 따위의 동태를 촬영한 화상 기록).
ky·mo·graph [káiməgræ̀f/-grɑ̀ːf] 图 카이머그래프, 자동(波動)곡선 기록 장치(혈압·맥박 곡선 따위의 자동 기록 장치). (또는 **cymograph**)
·gráph·ic 图. **ky·móg·ra·phy** 图.
ky·oo·dle [kaiúːdl] 图⓴ 시끄럽게 짖어대다.
Kyo·to [kjóutou] 图 교토(京都)(일본의 옛 수도(794-1868)).
Kyóto Pròtocol 图 (the ~) 교토 의정서(온실 가스 배출량 규제 국제 협약; 1997년 UNFCCC(유엔 기후 변화 제한 조약) 회의에서 채택).
ky·pho·sis [kaifóusis] 图⓾ (® **-ses** [-siːz]) 〖병리〗 척추 후만증(後彎症).
Kyr·gyz·stan [klərgistǽn] 图 키르기스 공화국 (1991년 독립한 중앙아시아의 공화국; 수도 Bishkek).
Kyr·i·e e·le·i·son [kíəriei eléiəsòn/-sɔ̀n] 图 **1** [종교] 기리에, "주여, 우리를 불쌍히 여기소서"(그리스 정교회와 가톨릭 교회 등에서 미사에 쓰이는 기도문; 영국 교회에서는 십계(十戒)의 응창(應唱)으로도 쓰인다). **2** 〖음악〗 (미사곡 중의) 기리에, "긍휼을 바라는 찬송가".
(또는 **Kyrie**)
kyte [kait] 图 〖스코·北英〗 위(胃), 배.
ky·toon [kaitúːn] 图 〖기상〗 (관측용) 기류형 계류기구. (kite의 변형+ball*oon*) 〖<*軍*〗

K-Z sýndrome 图 〖정신의학〗 (강제) 수용소 증후군. 〖<G *Konzentrationslager* concentration camp〗

L

L, l [el] [명] ([복] ***L's, Ls; l's, ls***) **1** 영어 알파벳의 열두째 자. ¶*L* for London London의 L(국제 전화 통화 용어). **2** L[l]이 나타내는 소리. **3** L자형(의 물건); 〔기계〕 L자관; 〔건축〕 L자형 날개.

L¹ [el] [명] ([복] ***L's, Ls***) **1** 《구어》 고가 철도(elevated railroad). ¶an *L* train 고가 철도의 열차 / ride on the *L* 고가 철도를 타다. **2** 《美》 〔경제〕 통화 공급량, 유동성(liquidity)(통화 공급량 M_3에 기타의 유동 자산을 더한 것). **3** 《英》 운전 연습중인 사람(learner driver).

L² [명] ([복] ***L's, Ls***) =ell¹.

L lambert(s); language; large; Latin; left; lek; length; 《라틴》 *libra(e)*(=pound(s)); 〔항공〕 lift; liter(s); live; long(남성용 슈트와 코트의 롱 사이즈); (terrestrial) *l*ongitude; 〔연극〕 stage *l*eft.

L [기] **1** (차례·연속된 것 중의) 열두번째(의 것)(＊단 I 또는 J를 계산하지 않은 경우는 열한번째). **2** (로마 숫자의) 50([참] Roman numerals). ¶*CL* 150 / *XL* 40 / *LX* 60. **3** 〔전기〕 =inductance 1. **4** 〔물리〕 운동 퍼텐셜(kinetic potential). **5** 〔생화학〕 =leucine. **6** 《美》 〔TV 프로 등급〕 품위 없는 말투(coarse language).

l. land; large; latitude; law; leaf; league; left; length; ([복] ***ll.***) line; link; lira; liter; lumen. **L.** Lady; Lake; large; Latin; latitude; law; left; 《라틴》 *liber*(=book); Liberal; lira; 《라틴》 *locus*(=place); London; Lord; Low.

£ [기] 《라틴》 *libra(e)*(=pound(s)).

***la¹** [lɑː] [명] 〔음악〕 라(장음계의 여섯째 음); 가조(調).

la² [lɔː, lɑː] [감] 저런, 저봐, 어머나, 야(강조(強調)·놀람 따위의 소리).

La [기] 〔화학〕 lanthanum. **La.** 〔美우편〕 Louisiana.

LA *l*aboratory *a*utomation(실험실 자동화); *l*ight[*l*ow] *a*lcohol; Louisiana. **L.A.** *L*atin *A*merica; *L*aw *A*gent(법정 대리인); *L*egislative *A*ssembly(입법 의회); *L*egislative *A*ssistant; *L*ibrary *A*ssociation(도서관 협회); *L*iterate in *A*rts; *L*ocal *A*gent[*A*uthority]; *L*os *A*ngeles (또는 **LA**); *L*ow *A*ltitude.

laa·ger [lɑ́ːgər] [명] **1** 《남아공》 (차량 따위로 둘러싼) 야영소, 차진(車陣). **2** 〔군사〕 (장갑차로 둘러싸서 만든) 야영지; 방어 태세. ── [동] 《남아공》 [타] 〔차량〕을 차진으로 배치하다; 〔군사〕 〔병사〕를 차진에 야영시키다.
── [자] 차진을 치고 야영하다. (또는 **lager**)

‡lab¹ [læb] [명] 《구어》 =laboratory.

lab² [명] 저알콜 맥주. 〔<*l*ow-*a*lochol *b*eer〕

LAB 《英》 *Lab*our Party. **lab.** label; laboratory; labor(er). **Lab.** Labor(ite); Labrador.

La·ban [léibən] [명] **1** 레이번(남자 이름). **2** 〔성서〕 라반(Jacob의 수양 아버지. ←창세기(Gen.) 24:29).

lab·a·rum [lǽbərəm] [명] ([복] ***-ra*** [-rə]) **1** (종교적 행렬 등에서 들고 가는) 기(旗). **2** 로마 황제의 군기(軍旗); (특히) Constantine 대제(大帝)의 군기.

lab·e·fac·tion [læ̀bəfǽkʃən] [명][U] 동요(動搖); 쇠약; 쇠퇴, 몰락. (또는 **làbefactátion**)

‡la·bel [léibəl] [명] ([복] ***~s*** [-z]) **1** 벽보, 부전(附箋), 딱지, 꼬리표, 라벨, 레테르. ¶put *~s* on one's luggage 수화물에 짐표를 붙이다. **2** (레코드의) 라벨, (특정 라벨의) 레코드 회사; (의류 따위의) 상표, 브랜드; (고무풀을 칠한) 우표, 인지. **3** (사람·단체·운동 따위에 붙이는) 짧은 문구, 호칭, 표지(標識). **4** 형용 어구; (사전에서 뜻풀이 앞에 내세우는) 용법 표시 어구(《美구어》 따위). **5** 〔문장〕 장자(長子)의 신분을 나타낸 무늬. **6** 〔건축〕 (입구 따위에 있는) 낙수받이돌. **7** 〔물·화〕 표지화(標識化)에 사용되는 동위체(同位體). **8** 〔컴퓨터〕 이름표, 라벨(파일 식별용 문자군).
── [동][타] (*~s* [-z]; *-l-*, 《英》 *-ll-*) **1** …에 표[딱지, 라벨]를 붙이다; 《英》 …을 표[라벨]로 나타내다. ¶ ~ a bottle 병에 딱지를 붙이다 // ([~]+[目]+[前]+[名]) ~ a trunk *for* Seoul 트렁크에 서울행 딱지를 붙이다 // ([~]+[目]+[補]) ~ a bottle 'Danger' 병에 「위험」이라는 딱지를 붙이다. **2** (라벨을 붙여) …을 분류하다(classify), (…이라고) 부르다(*as*). ¶([~]+[目]+[補]) They ~ him a liar. 그들은 그를 거짓말쟁이라고 한다 // ([~]+[目]+*as* [補]) It is unjust to ~ him *as* a mere agitator. 그를 단순한 선동자라고 부르는 것은 부당하다. **3** (또는 **radiolabel**) 〔물·화〕 (동위원소 따위로) 〔원자〕를 치환(置換)하다.
~·ed [형] **~·er** [명]

lábel cònstant [명] 〔컴퓨터〕 레이블 상수(常數).

lábel idéntifier [명] 〔컴퓨터〕 레이블 식별자(識別子).

la·bel·lum [ləbéləm] [명] ([복] ***-la*** [-lə]) 순판(脣瓣). **1** 〔곤충〕 파리류의 입의 끝 부분. **2** 〔식물〕 난초과 식물의 꽃부리 중 가장 눈에 띄는 꽃잎. **-loid** [형]

lábel vàriable [명] 〔컴퓨터〕 레이블 변수(變數).

la·bi·a [léibiə] [명] labium의 복수형.

la·bi·al [léibiəl] [형] **1** 입술 모양의, 입술의. **2** 〔음성〕 순음(脣音)의. ¶a ~ sound 순음. **3** 〔음악〕 입술로 불어서 소리를 내는. ── [명] 〔음성〕 순음 ([p] [b] [m] [v] 따위). **-ál·i·ty** [명] 순음성(脣音性). **~·ly** [부] 순음으로.

la·bi·al·ism [léibiəlìzm] [명][U] 〔음성〕 순음화(化)하는[순음으로 발음하는] 경향; 순음적 발음.

la·bi·al·ize [léibiəlàiz] (＊《英》 **-ise**) [동][타] 〔음성〕 〔모음〕을 순음화하다, 순음으로 발음하다.
-i·zá·tion [명][U] 〔음성〕 순음화(化). **-ìzed** [형]

lábia ma·jó·ra [-mədʒɔ́ːrə] [명][복] 〔해부〕 대음순(大陰脣).

lábia mi·nó·ra [-minɔ́ːrə] [명][복] 〔해부〕 소음순(小陰脣).

la·bi·ate [léibiət, -bièit] [형] **1** 입술이 있는, 입술 모양의. **2** 〔식물〕 (꽃부리·꽃받침이) 입술 모양의. ── [명] 차조깃과(科)의 식물.

la·bile [léibil, -bail] [형] **1** 곧 변화하는; 유연한; 적응성이 있는. **2** 〔물·화〕 화학적 변화를 일으키기 쉬운; 불안정한. **-bíl·i·ty** [명]

la·bi·o- [léibiou, -biə] [연결] lip의 뜻. ¶*labio*dental.

la·bi·o·den·tal [lèibioudéntl] 〔음성〕 [형] 순치음(脣齒音)의. ── [명] 순치음([f] [v] 따위).

la·bi·um [léibiəm] [명] ([복] ***-bi·a*** [-biə]) **1** 〔해부〕 입술(lip); (-bia) 음순(陰脣). **2** 〔식물〕 (양순형(兩脣形) 꽃부리의) 하순판(下脣瓣). **3** 〔동물〕 (곤충의) 아랫 입술. [참] labrum 「둥이; 명치; 배.

la·bon·za [ləbɑ́nzə/-bɔ́n-] 《美속어》 [명] 엉덩이, 궁

‡la·bor, 《英》 **-bour** [léibər] [명] ([복] ***~s*** [-z]) **1** [U] 노동; 노력(努力); (이익을 얻기 위한) 생산 활동, 노력, 수고. ¶brain [physical] ~ 두뇌[육체] 노동 / hard ~ (형벌로서의) 중노동 / division of ~ 분업. **2** (구체적인 하나하나의) 일, 힘든 일. ¶a Herculean ~ 매우 힘드는 일. **3** 《집합적; 단·복수 양용》 (자본가에 대한) 노동자(계급)([반] capital); (경영자에 대한) 피고용자 측, 노동조합([반] management). ¶the rights of ~ 노동자(계급)의 권리 / cheap ~ 값싼 노동력 / ~ and management [capital] 노동자와 사용자[자본가], 노사(勞使)[노자(勞資)] / skilled ~ 숙련 노동자 / organized [*or* big]

labor agreement

~ 조직 노동자/the Department[Secretary] of L- (美) 노동부[노동부 장관]/the Ministry[Minister] of Labour (英) 노동부[노동 장관]. **4** (L-) 《英》=L- Party: =~ exchange. **5** (~s) 세상사, 속세의 일. ¶His ~s are over. 그는 (죽어서) 이 세상에서의 책무는 끝났다. **6** ⓤ 진통, 산고(~ pains): 출산, 분만; (a ~) 출산 소요 시간. ¶easy[hard] ~ 순산[난산]. **7** ⓤ [해사] (배의) 큰 동요. **8** (자동차 수리 중의) 기술료.
be in labor 해산[분만]중이다, 산고를 겪고 있다.
go into labor 산기(產氣)가 있다.
labor in vain; lost labor 헛수고.
― 형 **1** 노동의, 노동에 관한. ¶~ *reforms* 노동 개혁. **2** 《英》 (L-) 노동당(지지)의.
― 재 (~s [-z]) 困 **1** 열심히 일하다, 노동하다; 애쓰다, 몰두하다(*at, over, on*); (…을 얻으려고/…하려고) 노력하다(*for, after/to do*). ¶*labor at* a dictionary 사전을 편집하다 // (~+to do) He ~ed to complete the task. 그는 그 일을 완성하고자 노력했다. **2** 고생하다, 괴로워하다(*under*); 힘들여(애써) 나아가다. ¶(~+前+名) ~ *under* a delusion[mistake] 착각을 하고 있다[잘못을 저지르고 있다]. **3** [해사] 배가 몹시 흔들리다. 난항하다. ¶(~+前+名) The ship was ~*ing through* the heavy seas. 배는 험한 파도 속에서 난항을 계속하고 있었다. **4** 산고를 겪다, 진통을 일으키다. ¶(~+前+名) She is ~*ing with* child. 그녀는 진통을 겪고 있다.
― 태 **1** 자세하게 설명하다, 장황하게 논하다; …을 지루하게 하다. ¶~ the point 요점에 대해 장황하게 설명하다. **2** …에 부담을 지우다; (사람을 (…으로) 괴롭히다, 지치게 하다(*with*). ¶(~+目+前+名) I won't ~ you with the trifles. 사소한 일로 당신을 괴롭히고 싶지 않다. **3** (고어) [토지] 경작하다.
labor after [부 따위]를 얻으려고 애쓰다.
labor at a task 일[작업]을 열심히 하다.
labor for …을 위해 노력하다, 힘쓰다.
labor one's way 애써[어려움을 무릅쓰고] 나아가다.
labor under …으로 고생하다, …을 겪다. ¶~ *under* difficulties 곤경에 처해 고생하다.
~-less 형
lábor agrèement 명 (노사간의) 노동 협약.
‡**lab·o·ra·to·ry** [lǽbərətɔ̀ːri/ləbɔ́rətəri] 명 (복 *-ries* [-z]) **1** 실험실[소], 시험소, 연구실[소]; (약품 따위의) 제조소; (軍) 화약 공장. ¶a chemical [physical] ~ 화학[물리] 실험실[소]/a hygienic ~ 위생 시험소. **2** (수업으로서의) 실험, 실습 (시간); (어학) 실습실. ¶a language ~ 어학 실습실. **3** (경찰의) 과학 수사 연구소(*crime* ~). **4** 사진 현상소. ─ 형 실험실(용)의, 실험에 관한; 실습의. ¶~ *animals* 실험용 동물/~ *work* 실험 작업. **-tó·ri·al** 형
láboratory disèase 명 (의학) (실험 동물의) 실험용 질환, 실험병(病).
láboratory schòol 명 《美》(교육 방법의 실제 연구·훈련 따위를 위한 대학 부속의) 실험 학교.
lab·o·ra·to·ry-test·ed [-téstid] 형 독립 기관 시험의, 공정(公正) 시험소 시험[검사]의.
Lábor Bànk 명 노동 은행(노동 조합이 주주가 되어 경영).
lábor càmp 명 **1** 강제 노동 수용소. **2** (美) 계절 농업 노동자 숙박소.
lábor cóntent 명 (경제) (상품의 원가 중 원료 가치에 대하여) 가공[노동] 가치.
lábor còst 명 인건비, 노동 코스트.
Lábor Dày 명 (美) 노동절(9월의 첫째 월요일: May Day)
Lábor Depártment 명 (the ~) (美) 노동부(Department of Labor).
lábor dispùte 명 (~s) 노동 쟁의(~ Labor).
la·bored [léibərd] 형 **1** 애쓴, 공들인, 고심한 흔적이 보이는. ➾ ELABORATE (유의어) **2** (무리하게 애써서 때문에) 부자연스런, 어색한. ¶a ~ *dialogue* 어색한 대화/a ~ *style* 부자연스런 문체. **3** (동작 따위가)

드는, 괴로운; 느린, 둔중한. ~-**ly** 부 ~-**ness** 명
‡**la·bor·er** [léibərər] 명 (복 ~**s** [-z]) (육체) 노동자, 인부; 미숙련공, 숙련 노동자의 조수. ➾ WORKER (유의어) ¶a day ~ 일용(日傭) 노동자, 날품팔이꾼.
Lábor Exchànge 명 =labour exchange.
lábor fòrce 명 (보통 the ~) **1** 노동력, 노동(고용 가능) 인구. **2** (특정 회사의) 피고용인 수[집단].
la·bor·ing [léibəriŋ] 형 **1** 노동에 종사하는, 힘드는, 고된. ¶the ~ *class*(*es*) 노동 계급. **2** (배가) 몹시 흔들리는. **3** 산기가 있는, 분만중인.
take the laboring oar 가장 힘든 일을 맡다.
~-**ly** 부 애써서, 고생하여.
la·bor-in·ten·sive [-inténsiv] 형 노동 집약적인 [집약형의], 많은 노동력이 드는. 참 capital-intensive
‡**la·bo·ri·ous** [ləbɔ́ːriəs] 형 **1** 힘드는, 고된, 어려운. **2** 열심히 일하는, 근면한. **3** (경멸적) (문제 따위가) 부자연스런; (이야기 따위가) 장황한, 재미없는, 어색한.
~-**ly** 부 힘들여서. ~-**ness** 명
La·bor·ism [léibərìzm] 명 ⓤ 노동당의 강령[방침, 정책]; (l-) 노동(자) 존중(주의).
-ist 명 **-ís·tic** 형
La·bor·ite [léibəràit] 명 **1** (보통 -*bour*-) 영국 노동당 당원[지지자]. **2** (l-) 노동자의 권익을 추진하는 단체[의 회원].
lábor làw 명 (美) 노동법.
lábor lèaders 명 노동당[노동 조합] 간부.
la·bor-man·age·ment [-mǽnidʒmənt] 형 노사(勞使)의. ― 명 노사의. ¶~ *issues* 노사 문제[분쟁].
lábor màrket 명 (the ~) 노동 시장.
lábor mòvement 명 (the ~) 노동 운동, 노동 조합 운동; (집합적) 노동 조합(labor unions).
lábor of lóve 명 (보수없이) 자진해서[좋아서] 하는 일, 봉사 활동.
lábor organizàtion 명 노동 단체[기구].
lábor pàins 명 산고(產苦); 진통.
lábor pàrty 명 노동당. ➾ LABOUR PARTY.
lábor productívity 명 노동 생산성.
lábor relàtions 명 노사(勞使) 관계.
la·bor-sav·ing [-sèiviŋ] 형 (기계·방법 따위가) 손[수고]을 덜어주는, 노동 절약의.
lábor skàte 명 《美속어》 노조원, 노동 조합원.
la·bor·some [léibərsəm] 형 힘든; (배가) 흔들리기 쉬운. [사 프뉴플.
lábor spỳ 명 (노조 활동을 감시하는) 노동 스파이, 회
lábor tròuble 명 (종종 ~s) 노동 쟁의, 노사 분규.
lábor tùrnover 명 노동자 이동(그만둔 사람 대신 고용되는 신규 노동자의 수+비율).
lábor ùnion 명 (美) 노동 조합. 영 trade union
lábor wàrd 명 (병원의) 분만실.
‡**la·bour** [léibər] 명동자 (英) =labor.
lábour exchànge 명 (종종 L- E-) (英) 직업 안정국(employment exchange); (공립) 직업 소개소.
La·bour·ite [léibəràit] 명 (英) =Laborite.
Lábour Pàrty 명 (the ~) (英) 노동당(영국 2대 정당의 하나; 약 Lab.). 영 Conservative Party
Lábour vòte 명 (英) (the ~) 노동당의 표발.
Lab·ra·dor [lǽbrədɔ̀ːr] 명 래브라도 반도(캐나다 동부의 큰 반도).
lab·ra·dor·ite [lǽbrədɔ̀ːràit, ◌̀◌̀◌́◌̀] 명 ⓤ (광물) 조회장석(曹灰長石).
Lábrador retríever [dóg] 명 래브라도 리트리버 (캐나다 원산의 사냥개·경찰견·맹도견(盲導犬)).
la·bret [léibrit] 명 (일부 미개 민족이 아랫 입술에 구멍을 뚫어서 다는) 입술 장식(조가비·나뭇조각 등).
la·brum [léibrəm, lǽb-] 명 (복 -**bra** [-brə]) **1** 입술; 입술 모양의 것. **2** (동물) (절지(節肢) 동물의) 상순 (上脣), 윗입술; (조개의) 외순(外脣)(會) labium). **3** (해부) 상순, 관절순(關節脣).
LABS (軍) *low-altitude bombing system*(저공(低

la·bur·num [ləbə́ːrnəm] 명 노란등(콩과(科) 식물).

*lab·y·rinth [lǽbərinθ] 명 **1** 미로, 미궁(maze). ¶a ~ of corridors 미로같은 복도. **2** 복잡하게 뒤얽힌 것; 뒤얽힌 사건; 분규. ¶a ~ of streets[words] 미로같이 복잡한 거리[얽히고 설킨 말]. **3** (the L-) (그리스 신화) 라비린토스(Crete왕 Minos가 Minotaur를 감금하기 위해 Daedalus에게 만들게 한 미궁). **4** (해부) (내이 (耳)의) 미로.

lab·y·rin·thine [læ̀bərínθi(ː)n/-θain] 형 **1** 미로 의, 미궁의. **2** 미로[미궁] 같은; 뒤얽힌, 복잡한. (또는 **labyrinthian, labyrinthic**) **-thi·cal·ly** 부

lac¹ [læk] 명 **1** ① 랙(깍지진디(~ insect)가 나뭇가지에 분비하는 수지(樹脂) 모양의 물질. 니스·봉랍·적색 염료 따위의 원료); 랙 염료(染料). **2** 랙칠한 기구.

lac² 명 (인도) =lakh.

lac³ 명 lac operon(의).

LAC, L.A.C. (영) **l**eading **a**ircraftsman(공군 하사관). **lac.** lacquer; lactation. **LACA** Latin America Coffee Agreement(중남미 커피 협정).

La·can [F lakɑ̃] 명 **Jacques** ~ 라캉(1901-81: 프랑스의 정신 분석 학자; 구조주의 대가).

lac·co·lith [lǽkəliθ] 명 (지질) 라콜리스, 병반(餅盤) (떡 모양으로 된 화성 암괴(火成岩塊).

‡lace [leis] 명 (**lac·es** [-iz]) **1** (구두·코르셋 따위의) 끈, 졸라매는 끈. ¶shoe ~s 구두끈. **2** ① 레이스; (군복의) 몰, 장식끈. ¶gold [silver] ~ 금[은]몰 / a dress trimmed with ~ 가두리에 레이스를 단 드레스. **3** (음식물·홍차 따위에 타는) 소량의 술(브랜디 따위).
—동 (**lac·es** [-iz]; ~d [-t]; **lac·ing**) 타 **1** …을 레이스로 장식하다(*with*), …에 가선[가두리 장식]을 달다. **2** …을 끈으로 묶다[졸라매다](*up*)(*in*). **3** (구멍 따위에) (끈)을 꿰다(*up*)(*through*). ¶(~+㊀+匣+名) ~ a cord *through* a hole 구멍에 끈을 꿰다. **4** …을 짜맞추다, 섞어 짜다, 자수하다, 줄무늬로 짜다(*with*). **5** (커피 따위에) (술)을 타다, 가미하다(*with*). **6** (구어) 때리다, 매질하다(*with*). —㉔ **1** 끈으로 매어지다[매다] (*up*). ¶These boots ~. 이 구두는 끈을 매게 되어 있다. **2** 때리다, 공격하다, 헐뜯다(*into*).
lace a person's jacket [or coat] 남을 매질하다.
lace into a person 남을 야단치다, 비난하다, 공격하다, 때리다(*for*); 남을 깎아내리다, 헐뜯다.
lace one's waist in 허리를 끈으로 졸라매다.
lace up one's shoes 구두끈을 매다.
´-less, ´-like **lác·er** 명

lace-cur·tain [⁴kə̀ːrtn] 형 부자의, 중류 사회의; 허세를 부리는, 중류층 지향(志向)의.

laced [leist] 형 **1** (구두 따위)끈으로 매는. **2** 끈[레이스](장식)이 달린. **3** (음료 따위에) 소량의 술을 섞은.

Lac·e·dae·mon [læ̀sədíːmən] 명 라케다이몬(고대 스파르타(Sparta)의 별명). [Spartan.

Lac·e·dae·mo·ni·an [læ̀sədimóuniən] 형 명 =

láce glàss 명 레이스 무늬가 있는 유리 그릇.

láce pàper 명 레이스 무늬 종이, 레이스지.

láce pillow 명 (무릎 위에 놓는) 레이스 뜨개판.

lac·er·a·ble [lǽsərəbl] 형 찢을 수 있는, 잘 찢기는.

lac·er·ate 타 [lǽsərèit] **1** (난폭하게) …을 찢다, 잡아[갈기갈기] 찢다. **2** (감정 따위)를 상하게 하다; 괴롭히다. —형 [-rət] =lacerated.
-a·bíl·i·ty 명 **-a·ble, -a·tive** 형

lac·er·at·ed [lǽsərèitid] 형 **1** 찢어진, 찢긴, (갈기갈기) 잡아 찢긴. **2** (마음이) 상처 입은, 괴로운. **3** (생물) 깔쭉쭉한, 톱니 모양의.

lac·er·a·tion [læ̀səréiʃən] 명 **1** ① (잡아) 찢기, (감정 따위) 상처 입힘, 고뇌. **2** 찢어진 자국, 열상(裂傷); 찢긴 상처.

lac·er·til·i·an [læ̀sərtíliən, -ljən] 명 도마뱀의. —명 도마뱀류. (또는 **lacértian**)

la·cet [leisét] 명 (레이스 무늬를 넣은) 끈목.

lace-up [⁴ʌ̀p] 명 (구두) 끈으로 묶는, 편상화(編上靴)의. —명 (~s) 편상화, 부츠.

lace·wing [léiswiŋ] 명 (곤) 풀잠자리.

lace·work [léiswə̀ːrk] 명 ① 레이스 무늬; 레이스 모양으로 비치게 한 세공.

lach·es [lǽtʃiz, léitʃ-] 명 (단수취급) (법률) 나태, 태만(권리 행사를 게을리함); 지연.

Lach·e·sis [lǽkəsis, lǽkə-] 명 (그리스·로마 신화) 라케시스(운명의 3여신 중의 하나).

lachrym- [lǽkrəm] (연결) tear의 뜻; *lachrymatory.*

lach·ry·mal [lǽkrəməl] 형 **1** 눈물의; 눈물이 나게 하는. ¶~ glands 눈물샘, 누선(淚腺). **2** 금방 울 것 같은. **3** (해부) 눈물의. —명 **1** (~s) (해부) 눈물 샘, 누선. **2** =lachrymatory. (또는 **lácrimal**)

lach·ry·ma·tion [læ̀krəméiʃən] 명 ① 눈물을 흘림, 낙루(落淚). (또는 **láchrymal, lacrimation**)

lach·ry·ma·tor [lǽkrəmèitər] 명 최루 물질, 최루 가스(tear gas). (또는 **lacrimator, lacrymator**)

lach·ry·ma·to·ry [lǽkrəmətɔ̀ːri/-təri] 형 눈물의; 눈물을 분비하는, 눈물이 나게 하는. ¶~ gas 최루 가스. —명 눈물 단지(고대 로마 때 눈물을 받은 목이 가는 작은 병). (또는 **lacrimatory, lacrymatory**)

lach·ry·mose [lǽkrəmòus] 형 **1** 눈물이 많은, 눈물을 흘리는, 눈물이 많은. **2** 눈물나게 하는, 애절한. **~·ly** 부 **-mós·i·ty** 명

lac·ing [léisiŋ] 명 ①⑥ **1** 끈으로 매기; 레이스[몰]로 꾸미기; 섞어 짜기. **2** (구두·코르셋 따위의) 끈. **3** 몰(장식). **4** (종종 a ~) 음식물에 넣은 소량의 술; 활기[흥취]를 더해주는 것. **5** (꽃 또는 깃털의) 색무늬. **6** (a ~) (구어) 때리기, 매질, 벌.
give a person a thorough lacing 남을 철저히 때려 눕히다.

la·cin·i·ate [ləsínièit, -niət] 형 **1** 톱니 모양(의 가장자리)이 있는. **2** (동·식물) 길쭉하고 불규칙하게 째진, 톱니 모양으로 된. (또는 **laciniated**) **-á·tion** 명

lác insect 명 (곤충) 락깍지진디. 형 lac¹

‡lack [læk] 명 ① **1** 부족, 결핍, …이 없음 (*of*) (반 plenty, surplus). ¶a ~ *of* funds 자금 부족 / ~ *of* intelligence 지성의 결여 / ~ *of* confidence 불신임.

> 유의어 **lack** 바람직하거나 바람직한 양이 있거나 간에 필요한 것이 전혀 없거나 결여된 상태. **want** 결여된 것을 보충할 필요성을 나타내며, lack보다 적용 범위가 좁고 뜻이 강하다. **absence** 전혀 존재하지 않는, 그 자리에 없는 상태. **dearth** 충분하지 않고 비참한 상태. **scarcity** 보통때 같으면 충분히 있는 것의 부족, 수요에 비해 존재량이 근소함을 암시. **shortage** 필요를 충족시키지 못한 상태. **deficiency** 필요한 요소·특징이 충분히 존재하지 않아서 결함이 있는 상태.

2 결핍된[부족한] 것, 필요한 것. ¶supply the ~ 부족한[필요한] 물건을 보충하다 / Money is the chief ~. 무엇보다도 우선 돈이 부족하다.
for [or *by, from, through*] *lack of* …이 없기 때문에.
There is no lack of... …이 많다, 충분하다. ¶*There is no ~ of* food. 식량은 부족하지 않다.
with no lack of …이 가득하다.
—동 (~ed [-t]) 타 …이 없다, …이 결핍되다. …을 필요로 하다. ¶She ~s common sense. 그녀는 상식이 없다. —㉔ 결여되어 있다, 부족하다(*in*) (* 종종 현재분사형으로 쓴다). ¶(~+匣+名) She is ~*ing in* common sense. 그녀는 상식이 부족하다.
lack for (부정문에서) …이 없어 고생하다. ¶She did not ~ *for* love. 그녀는 사랑에 굶주리지 않았다.
lack of... …에는(…보다) …이 부족하다. ¶It ~s 500 won *of* being ten thousand won. 10,000원에서 500원이 모자란다.

lack·a·dai·si·cal [læ̀kədéizikəl] 형 수심에 찬 듯

lack·a·day [lǽkədèi] 감 《고어》 《비애·회한·놀람 따위를 나타내어》 = alack(alas). 《= alack
lack·er [lǽkər] 명(타) = lacquer.
lack·ey [lǽki] 명 1 《제복을 입은》 하인, 종복. 2 《경멸적》 아첨꾼, 추종자. ─ 타(자) …을 종복으로서[처럼] 섬기다; …에게 아첨하다. ─ (자) 《폐어》 종복으로서[처럼] 섬기다. (또는 **lacquey**)
*lack·ing [lǽkiŋ] 《서술용법》 1 부족하여, 결여되어(⇒ LACK 자). 2 《구어》《완곡적》 (지혜 따위가) 모자라 *be lacking in* …이 부족하다. ─ 는, 둔한. ─ 전 …이 없어서(wanting). ¶*L*— equipment, we couldn't continue climbing the mountain. 장비가 없어서 우리는 등산을 계속할 수 없었다.
lack-in-of·fice [⌐inɔ́(ː)fis, -áf-] 명 관직을 구하는 사람, 엽관 운동자.
lack·land [lǽklænd] 명 1 토지가 없는 사람, 영지(領地)를 잃은 사람. 2 (L-) 영국왕 John의 별명. ─ 형 토지를 갖지 않은, 영지를 잃은.
lack·lus·ter, 《영》 **-tre** [lǽklʌ̀stər] 형 광채[빛, 윤기]가 없는, 흐릿한; 활기 없는. ¶~ eyes 생기 없는 눈. ─ 명U 광채[빛, 윤기, 활기]가 없음.
lack·wit [lǽkwit] 명 멍청이, 얼간이. ─ 형 멍청이의, 얼간이의.
La·combe [ləkóum] 명 《축산》 라콤종의 돼지(개 나다산 베이컨용 원돼지).
La·co·ni·a [ləkóuniə] 명 라코니아《그리스 남부에 있었던 고대 왕국: 수도 Sparta》.
la·con·ic [ləkánik/-kɔ́n-] 형 《말이나 문체가》 짧으면서 의미심장한, 간결한; 《사람이》 말수가 적은. (또는 **laconical**) **-i·cal·ly** 부 [conism.
la·con·i·cism [ləkánəsìzm/-kɔ́n-] = **la**-
lac·o·nism [lǽkənìzm] 명 1 U 《말이나 표현의》 간결함, 간결한 표현[말투]. 2 간결한 말[문장].
lác óperon 명 《생화학》 락토스 오페론《락토스의 신진대사에 관여하는 유전자군(群)》.
*lac·quer [lǽkər] 명 1 래커 《도료》; 《한국·중국산(産)의》 옻칠. ¶ sprinkled ~ 점점 무늬의 옻칠 / gold ~ 금가루 무늬 옻칠. 2 《집합적》 칠기. (또는 **lacquer-ware**) 《매니큐어의》 에나멜; 《영》 헤어 스프레이. ─ 타 1 …에 래커[옻]를 칠하다. 2 …의 겉치레를 하다, 그럴싸하게 얼버무리다 (over). (또는 **lacker**) ~**·er** 명 옻칠장이. 《ware》 명 칠기 제조.
lac·quer·work [lǽkərwə̀ːrk] 명 칠기(lacquer-ware) 《매니큐어의》.
lac·quey [lǽki] 명 = lackey.
lac·ri·mal [lǽkrəməl] 형 = lachrymal.
lac·ri·ma·tion [læ̀krəméiʃən] 명 = lachrymation.
lac·ri·ma·tor [lǽkrəmèitər] 명 = lachrymator.
lac·ri·ma·to·ry [lǽkrəmətɔ̀ːri/-təri] 명 형 = lach-
lact- [lækt] 《연결형》 = LACTO-. 「rymatory.
lac·tar·i·an [læktɛ́əriən] 명 = lactovegetarian.
lac·ta·ry [lǽktəri] 형 《고어》 젖의; 젖 같은 액이 나는. [해 효소).
lac·tase [lǽkteis] 명U 《생화학》 락타아제 《젖당 분해 효소》.
lac·tate [lǽkteit] 명 《화학》 유산염(乳酸鹽). ─ 자(타) 젖이 나다, 젖을 분비하다; 젖을 주다[빨리다], 포유하다.
lac·ta·tion [læktéiʃən] 명U 1 젖의 분비; 젖의 분비기(期). 2 젖먹이기; 포유기(간). ~·al 형 ~·al·ly 부
lac·te·al [lǽktiəl] 형 1 젖의, 젖으로 된; 젖 같은 (milky); 포유시(哺乳時)의. 2 《해부》 유미(乳糜)를 나르는[넣는]. ─ 명 《또는 ~ vessel》《해부》 유미관(乳糜管). ~·ly 부 「(乳白色)의.
lácteal glánd 명 《해부》 젖샘.
lac·te·ous [lǽktiəs] 형 《고어》 젖의[같은]; 유백색
lac·tes·cent [læktésnt] 형 1 젖같이 되는, 유상화(乳狀化)하는; 젖 같은, 유백색의. 2 《식물·곤충》 유(상) 액을 분비하는. **-cence**, **-cen·cy** 명
lac·ti- [lǽkti] 《연결》 lacto-의 이형(異形). ¶ *lacti*ferous.
lac·tic [lǽktik] 형 젖의, 젖에서 얻은[얻는]; 젖산의. ¶ ~ acid 젖산.
láctic ácid bactéria 명(복) 《세균》 유산균, 젖산균.
lac·tif·er·ous [læktífərəs] 형 1 《식물》 젖을 내는[분비하는]. 2 유즙을 보내는.
lac·to- [lǽktou, -tə] 《연결》 milk의 뜻《* 모음 앞에서는 lact-》. ¶ *lacto*meter, *lacta*ry.
lac·to·ba·cil·lus [læ̀ktoubəsíləs] 명 (복 **-li** [-lai]) 《생화학》 젖산간균.
lac·to·fer·rin [læ̀ktəférin] 명 《생화학》 락토페린 《포유류의 젖단백질의 하나》.
lac·to·fla·vin [læ̀ktoufléivin] 명 《생화학》 = ribo-
lac·to·gen [lǽktədʒən, -dʒèn] 명 《생화학》 락토겐 《젖을 나게 하는 황체 자극 호르몬》.
lac·to·gen·ic [læ̀ktədʒénik] 형 최유(催乳)성의; 젖샘 자극의. 「계(比重計), 검유기(檢乳器).
lac·tom·e·ter [læktámətər/-tɔ́m-] 명 유즙 비중
lac·to-o·vo·veg·e·tar·i·an [⌐ouvouvèdʒətɛ́əriən] 명 《야채와 유제품·계란도 먹는》 유란(乳卵) 채식주의자. (또는 **làctovárian**)
lac·to·scope [lǽktəskòup] 명 검유기, 검유경(鏡).
lac·tose [lǽktous] 명U 《생화학》 락토오스, 유당 (乳糖).
lac·to·veg·e·tar·i·an [læ̀ktouvèdʒətɛ́əriən] 명 《야채와 유제품은 먹는》 채식주의자. (또는 **lactárian**)
la·cu·na [ləkjúːnə] 명 (복 **~s**, **-nae** [-niː]) 1 구멍, 오목한 곳, 소공(小孔). 2 《사본·원고 따위의》 탈락, 탈문(脫文), 공백. ¶ a ~ in a book 책의 누락 부분. 3 《해부》 골짜 중의) 골소강(骨小腔), 열공(裂孔), 소와(小窩); 《세포간의》 공극(空隙). 4 《식물》 《유(柔)조직의》 세포 간극, 기포(氣胞).
la·cu·nal [ləkjúːnl] 형 1 오목한 곳[소공(小孔)]의; 공극의; 탈락[탈문]의. 2 오목한 곳[공극, 탈락]이 있는.
la·cu·nar [ləkjúːnər] 명 (복 **~s**, **~·i·a** [ləkjuːnéː(ː)riə/-néəriə]) 《건축》 1 소란 반자. 2 소란 반자의 소란칸, 개판(蓋板). ─ 형 = lacunal.
la·cus·trine [ləkʌ́strin/-trein] 형 1 호수의; 호상에서 생활하는, 호수에 사는[생기는]. ¶ the ~ age 호상 생활 시대 / ~ plants 호변(湖邊) 식물. 2 《지질》 호저(湖底)의.
lac·y [léisi] 형 1 레이스(모양)의; 레이스로 만든. 2 《美속》 연약한; 동성애(자)의, 호모(homo)의. (또는 **lác·i·ly** 부 **lác·i·ness** 명 [lacey)
‡**lad** [læd] 명 (복 **~s** [-z]) 1 젊은이, 청년, 소년《* 《美》에서는 문어의》 lass). 2 《구어》《친밀감을 나타내는 호칭으로》 사나이, 녀석; (the ~s) 친구, 동료. ¶ My ~! 자네, 이 녀석! 3 《구어》 착실한 사나이, 재미있는 사나이; 《경멸적》 칠칠찮은 사나이. 4 연인, 애인. 5 《영》 마구간지기.
one of the lads [or *boys*] 《구어》 누구나와 어울리기 좋아하는 사나이, 동호인; 《속어》 보통 사람.
quite [or *a bit of*] *a lad* 《영구어》 대단한 녀석[친구].
lad. ladder.
La·da [láːdɑ̀ː] 명 《상표》 라다《러시아의 소형 승용차》. 《< Russ beloved (one)》
‡**lad·der** [lǽdər] 명 (복 **~s** [-z]) 1 사다리. ¶ a rope ~ 줄사다리 / an extension [or aerial] ~ 고가사다리 / put [or set] up a ~ 사다리를 세우다. 2 사다리 모양의 것. 3 《영》 《편물·양말의》 세로 올의 풀림

((美) run). **4** (비유적) (출세의) 수단, 연줄, 길, 방법. ¶the ~ *to* stardom 스타로 오르는 길. **5** (신분·지위 따위의) 계급, 위계, 지위. **6** (스포츠) =~ tournament.
begin from [or *start at*] *the bottom of the ladder* (인생의) 밑바닥부터 시작하다, 비천한 환경에서 입신출세하다.
get one's foot on the ladder 일을 시작[착수]하다.
get up [or *mount*] *the ladder* ① 사다리를 오르다. ② (속어) 교수형에 처해지다(be hanged).
kick down [or *away*] *the ladder* 출세에 도움을 준 친구[직업 따위]를 저버리다.
see through a ladder 뻔히 알고 있다.
the top (*rung*) *of the ladder* (구어) 최고 지위, 정상. ¶*on the top of the* ~ 정상에 올라.
──⑤㉠ (英) **1** (양말 따위가) 세로올이 풀리다((美) get a run). **2** 인기를 얻다. 출세하다. ──⑤㉠ **1** …을 사다리로 오르다. **2** …에 사다리를 세우다. **3** (英) (양말 따위)를 세로올이 풀리게 하다.
~-**like** ㉠
lad·der-back [-bæk] ㉠ 등받이에 가로장을 여러 개 댄 의자. (또는 ~ **cháir**)
ládder còmpany ㉠ (소방서의) 사다리반(班).
ládder drèdge ㉠ 버킷 드레지(준설기).
ládder of súccess ㉠ 출세의 계단, 출세 가도.
lad·der-proof [-prùːf] ㉠ (스타킹 따위가) 세로올이 풀리지 않는.
ládder stìtch ㉠ (자수에서) 십자수 놓기.
ládder tòurnament ㉠ (테니스·탁구 등의) 사다리식 토너먼트.
lad·er·tron [lǽdərtrɑn/-trɔn] ㉠ (물리) 래더트론(하전(荷電) 입자 가속 장치의 일종).
ládder trùck ㉠ (사람·구조용) 사다리 자동차.
lad·die [lǽdi] ㉠ (스코) **1** 젊은이, 소년(∈) lassie). **2** (호칭) 아가야, 도련님; (속어) 여보게, 자네.
lade [leid] ㉠ (**lád·ed**; **lád·en**, **lád·ed**; **lád·ing**) ㉠ **1** (배·차 따위)에 싣다(*with*)(∈ load보다 문어적); 짐을 싣다, (짐)을 …에 싣다(*on*, *in*). **2** (비유적) (수동형으로) (책임 따위를) …에게 지우다, …을 괴롭히다(*with*)(∈) laden). **3** (수동형으로) …을 채우다; …을 온통 뒤덮다(*with*)(∈) laden). **4** (국자 따위로) …을 퍼내다. ── ㉠ **1** 짐을 싣다. **2** 물을 푸다. **lád·er** ㉠
──㉠ **1** 짐을 싣다. **2** 물을 푸다. **lád·er** ㉠
***lad·en** [léidn] ㉠ lade의 과거분사.
── ㉠ **1** 짐을 실은; (…을) 가득 실은(*with*). ¶a ~ vessel 짐을 실은 배// a cart ~ *with* hay 건초를 실은 짐마차. **2** (책임·죄 따위의) 무거운 짐이 지워진; (…으로) 괴로워하는, 고민하는 (*with*). ¶~ *with* sorrow 슬픔으로 가득 찬. **3** (복합어로) ¶power-~ 권력(만)에 기반을 둔.
la-di-da [láːdiːdáː] (구어) ㉠ 체, 젠체하며[뽐내는 태도를 비웃는 말]. ──㉠ 뽐내는, 멋부리는. ¶a ~ pronunciation 뽐내는 발음(투). ──㉠ 뽐내는 사람, 멋부리는 사람. (또는 **ladeda**, **lahdidah**)
la·dies [léidiz] ㉠㉠ (단·복수 양용) =ladies' room.
ládies cháin ㉠ (종종 L- C-) 스퀘어 댄스의 일종.
Ládies' Dày ㉠ (종종 l- d-) 여성 우대일, 여성 특별 할인일.
ládies' gállery ㉠ (영국 하원의) 여자 방청석.
ládies' màn ㉠ 여자와의 교제를 좋아하는 사람; 여자에게 호감을 사려는 남자. (또는 **lády's màn**)
ládies' níght ㉠ (행사에서) 여성(우대)의 밤.
ládies' ròom ㉠ 여성용 화장실.
ládies' trèsses ㉠ =lady's-tresses.
la·dies·wear [léidizwὲər] ㉠ 여성복.
la·di·fy [léidifài] ㉠㉠ 귀부인으로 만들다; 귀부인으로 대우하다, Lady의 칭호로 부르다. (또는 **ladyfy**)
La·din [lədíːn] ㉠ **1** Ⓤ 라딘말(스위스의 일부 지역에서 쓰이는 레토로맨스어). **2** 라딘말을 쓰는 사람.
lad·ing [léidiŋ] ㉠ **1** 짐을 싣기, 적재, 선적. **2** 뱃짐, 선하(船荷), 화물. ¶a bill of ~ 선하 증권.
la·dle [léidl] ㉠ 국자; (야금) 쇳물목. ¶a soup ~ 수

프 국자. ──㉠㉠ …을 국자로 푸다, 뜨다, 퍼내다(*out*). ¶(~+㉠+㉠) ~ water *out* 물을 퍼내다.
ládle out 퍼내다, 떠내다; (구어) (차별 없이) 마구 나~-**fùl** ㉠ 한 국자(의 양). **lá·dler** ㉠ 누어 주다.
‡**la·dy** [léidi] ㉠ (㉠ **-dies** [-z]) **1** 귀부인, 숙녀(∈) gentleman). ¶I do not call her a ~. 저런 여자는 숙녀라고 할 수 없다 /She is a ~ by birth. 그녀는 좋은 집안에서 태어났다. **2 a)** 부인, 여자분, 숙녀(∗ 여성에 대한 정중한 대용어). ¶A cup of coffee for this ~, please. 이 부인에게 커피 한 잔 부탁합니다. **b)** (-dies) (부르는 말로) 숙녀[여성] 여러분. ¶*Ladies* and Gentlemen! (청중을 향해) 신사 숙녀 여러분! **3** 여자, 여성, 여인. ¶a cleaning ~ 세탁부. **4** (one's ~) 아내, 처. ¶my ~ 집사람, 아내 / the general's ~ 장군 부인. **5** (L-) (英) (경칭: 성(명) 앞에서) **a)** …(경(卿))부인(∗ Lord 및 Sir 칭호의 사람의 부인), 부인. ¶L- Churchill 처칠 부인. **b)** …양(earl 이상의 귀족의 딸). **6** (L-) (英) (관직명 앞에서) …부인(∗ 장관 이상급 고위 기관장). ¶*L- President* 수network의장 부인. **7** (my L-) (英) 사모님, 마님(∗ 5, 6에 대한 하인의 정중한 호칭). **8** 지배력을 가진 여성, 여주인; 여자 영주. ¶the first ~ (美) 대통령[주지사] 부인 / the ~ of a manor 여자 영주, 영주 부인. **9** (Our L-) 성모 마리아(Virgin Mary). **10** (중세 기사의) 애인; (일반적으로) 연인; 정부. ¶my young ~ (속어) 나의 연인. **11** (-dies) (단수취급) (英) 여자용 화장실.
an extra [or *a walking*] *lady* 단역 여배우.
Ladies first. (구어) 숙녀[여성] 우선(∗ 차례 따위에서 여성을 우대할 때 쓰이던 말).
till [or *when*] *the fat lady sings* (美구어) 최후에, 마지막으로[까지].
──㉠ …의, 여류 ….¶a ~ doctor [novelist] 여의사[여류 작가]. **2** 귀부인의[다운]. **3** (경멸적) 얌전의.
~-**ish** ㉠ ~-**ish·ly** ㉠ ~-**ish·ness** ㉠ ~-**less** ㉠
Lády àltar 성모 성당(Lady chapel)의 제단.
lády bèar (美속어) 여자 교통 경찰관.
la·dy-bee·tle [léidibìːtl] ㉠ =ladybug. (또는 **lády bèetle**)
la·dy·bird [léidibə̀ːrd] ㉠ **1** (곤충) =ladybug. **2** 애인, 연인. **3** (조류) 고방오리(pintail). **4** (美속어) 음란한 여자.
Lády Boúntiful ㉠ **1** 바운티풀 부인(G. Farquhar (1678-1707)작 *The Beaux' Stratagem*(1707)에 등장하는 돈 많고 자비로운 여인). **2** 여성 자선가.
la·dy·bug [léidibə̀g] ㉠ (곤충) 무당벌레. (또는 **ladybeetle**, **ladybird**) 「처럼 만드는 것).
lády chàir ㉠ 손가마(두 사람이 손을 마주 잡아 가마
Lády chápel ㉠ 성모 성당(대성당에 부속되어 있음).
Lády Dày ㉠ **1** 성모 마리아의 날(3월 25일; 수태고지(受胎告知) 기념일). **2** (英) 춘계 지불일.
lády fèrn ㉠ (식물) 참새발고사리.
la·dy·fin·ger [léidifìŋɡər] ㉠ **1** 손가락 모양의 길쭉한 카스텔라 비슷한 과자. **2** =lady's-finger.
la·dy·fy [léidifài] ㉠㉠ =ladify.
Lády H (美속어) 헤로인(heroin).
la·dy-help [-hélp] ㉠ (英) (가족 같은) 가정부.
la·dy·hood [léidihùd] ㉠Ⓤ **1** 귀부인[숙녀]임; lady의 신분. **2** (집합적) 귀부인[숙녀]들.
la·dy-in-wait·ing [-inwéitiŋ] ㉠ (㉠ **la·dies-**) 여왕[공주]의 시녀[여관(女官)]; (익살) 임부(姙婦).
la·dy-kill·er [-kìlər] ㉠ (구어) (경멸적) 호색가, 난봉꾼, 여자가 반하는 남자, 미남자.
la·dy·kin [léidikin] ㉠ 작은 귀부인, 꼬마 숙녀(little lady); (애칭으로) 아가씨.
la·dy·like [léidilàik] ㉠ **1** 귀부인다운, 기품 있는. **2** (남자가) 여자 같은, 간들거리는; 유약한. 「는 여성.
la·dy·love [léidilə̀v] ㉠ (여자) 연인, 애인, 사랑하
Lády Macbéth ㉠ 맥베스 부인(Shakespeare작 *Macbeth*의 여주인공); (비유적) 권력욕이 강한 여인.

Lády Máyoress 名 (英) (the ~) 시장 부인(특히 런던 시장 부인). 傘 Lord Mayor
Lády Múck 名 (구어) 잘난 체[젠체]하는 여성.
lády of éasy vírtue 名 행실이 불량한 여자.
lády of léisure 名 유한 마담[부인].
lády of pléasure 名 매춘부.
lády of the bédchamber 名 (英) (여왕·왕비의) 「궁녀, 여관(女官).
lády of the évening [níght] 名 매춘부.
lády of the hóuse 名 (the ~) 주부, 안주인.
Lády of the Láke 名 (the ~) 비비언(Vivien; 아서왕 전설에 나오는 여자 마법사). 「수 담당원.
lády paramount 名 (the ~) 양궁 경기의 여자 선
lády's companion 名 반짇고리, 여자 손가방.
la·dy's-fin·ger [-fiŋɡər] 名 콩과의 식물: 오크라 (okra).
la·dy·ship [léidiʃip] 名 1 (종종 L-) 영부인, 사모님, 마님, 아가씨(* Lady 칭호를 가진 여성에 대한 경칭; 보통 your, her 따위를 붙여서 쓴다). ¶ your ~ (부르는 말로) 부인, 아씨. 2 U 귀부인의 신분, 귀부인[숙녀]
lády's máid 名 (귀부인의) 시녀, 몸종. 「임.
lády's mán 名 =ladies' man.
la·dy·snow [léidisnòu] 名 (속어) 코카인.
la·dy's-slip·per [léidizslìpər] 名 개불알꽃속(屬).
la·dy's-smock [-smɔ̀k/-smɔ̀k] 名 꽃황새냉이.
la·dy's-thumb [-θʌ̀m] 名 (식물) 봄여뀌(논·습지에 나는 일년초). 「(산) 타래난초.
la·dy's-tress·es [-trèsiz] 名 (복 ~) (식물) 북미
La·er·tes [leiə́rtiːz] 名 (그리스 신화) 라에르테스(오디세우스(Odysseus)의 아버지).
La·e·trile [léiətril] 名 U (상표) 레이어트릴(살구나 복숭아의 씨에서 얻는 항암제(抗癌劑)).
laev·u·lose [lévjulòus] 名 (英) =levulose.
laff [læf, lɑːf] 名 (속어) 웃음거리.
Láf·fer cùrve [lǽfər-] 名 (경제) 래퍼 곡선(세수(稅收)와 세율과의 관계를 나타내는 그래프: 세율 인상은 세수를 증대시키나 일정률 이상이 되면 감소한다는 설). [<미국의 경제학자 Arthur B. Laffer의 이름]
LAFTA Latin American Free Trade Association(라틴 아메리카 자유 무역 연합).
*‡**lag**[1] [læg] 動 (-gg-) 自 1 처지다, 뒤떨어지다 (behind); 꾸물거리다, 느릿느릿 걷다. ⇨ LOITER 類義語 ¶ (~+前) ~ behind in an embarrassment 당황하여 뒤처지다. 2 (···의 ···의 첨면에서) 뒤지다, 낙후되다(behind / in). ¶ ~ behind Japan in production 생산면에서 일본에 뒤지다. 3 (흥미·관심 따위가) 줄다, 시들해지다. 4 (당구) (두 사람 사이의) 시간적 (time-lag). ¶ jet ~ 제트기[시차] 피로. 3 (전기·기계) (흐름·운동의) 지체(량). 4 (美) (당구) (차례를 정하기 위해) 공을 치다.
— 形 가장 뒤의, 마지막의. ¶ the ~ end 최후.
lag[2] 名 他 (英속어) (-gg-) ···을 체포하다, 투옥하다.
— 名 전과자; 복역 기간, 징역. ─ 他 상습범.
lag[3] 名 1 (보일러 따위의) 외피, 피복재(被覆材). 2 통의 널; 무늬판. ── 他 (-gg-) (단열을 위해) (보일러 따위에) 외피를 씌우다, 피복하다.
lag·an [lǽɡən] 名 U ⓒ (해상법) 부표 달린 투하물(난파시에 쉽게 인양할 수 있도록 부표를 달아 투하한 화물).
lág bòlt [scréw] 名 래그 나무못(대가리가 4각 또는 6각인 나무못).
Lag b'O·mer [láːɡ bóumər/lǽɡ-] 名 (유대교) (오메르의) 제33일절.
la·ger[1] [láːɡər] 名 U ⓒ 라거 맥주, 저장 맥주; 라거 맥주의 잔(병). (또는 ∼ béer) [<G]
la·ger[2] 名(동) (남아공) =laager.
láger lòut 名 (英) (경멸적) 틈만 나면 술집에 모여 드는 젊은이.

lag·gard [lǽɡərd] 名 1 느린 사람, 느림보, 낙후자. 2 (증권) 실기주(失機株); (경제 활동의) 늦은 분야, (경기의) 정체 분야. ── 形 (드물게) 느린, 굼뜬, 느릿느릿 한. ∼·ly 副 ∼·ness 名
lag·ger[1] [lǽɡər] 名 1 =laggard. 2 (경제) lagging indicator [or index].
lag·ger[2] 名 (속어) 죄수, (특히) 가출옥이 허락된 자.
lag·ging[1] [lǽɡiŋ] 名 꾸물거리기, 뒤떨어짐, 지연.
── 形 늦은, 느린, 꾸물거리는, 뒤떨어지는. ∼·ly 副
lag·ging[2] 名 U (보일러 따위의) 피복, 단열. 2 단열재, 보온재. 3 (건축) 흙막이 판.
lag·ging[3] 名 (속어) 징역 기간, 형기.
lágging indicator [index] 名 (경제) (경기 동향의) 지행(遲行) 지표. 傘 leading indicator
La Gio·con·da [làː dʒoukɔ́ːndɑː] 名 =Mona Lisa.
la·gniappe [lænjǽp, ⌄-] 名 1 (美방언) (손님에게 주는) 덤, 경품. 2 팁, 행하. (또는 lagnappe)
lág of the tíde 名 (조석(潮汐)의 조화 분석에서) 반조차(半潮差).
*‡**la·goon** [ləɡúːn] 名 1 개펄, 석호(潟湖). 2 초호(礁湖) (환초로 둘러싸인 얕은 바다). 3 (하수 처리용의) 저수지, 유수지(流水池). 4 (美·濠) (강·호수로 통하는) 연못. (또는 lagune) ∼·al 形
La·gos [láːɡous] 名 라고스(Nigeria의 옛 수도).
La·grán·gi·an pòint [ləɡréindʒiən-] 名 (천문) 칭동점(秤動點)(두 천체간의 인력과 원심력이 균형을 이루는 점).
lág scréw 名 =lag bolt.
la·gu·na [ləɡúːnə] 名 작은 호수, 못.
lah-di-dah [láːdidáː] 名 形 (구어) =la-di-da. (또는 láh-de-dáh)
LAIA Latin American Integration Association(중남미 통합 연합; 1981년 발족).
la·ic [léiik] 形 (성직자에 대하여) 속인의(lay), 세속의, 현세의(secular). (또는 laical) 名 속인, 평신도(layman). **-i·cal·ly** 副 세속적으로.
la·i·cism [léiəsìzm] 名 세속주의, 속인주의.
la·i·cize [léiəsàiz] 他 (英) -cise) 動 1 (성직자)를 환속시키다. 2 ···을 세속화시키다, 속인의 손에 맡기다[옮기다], 속인에게 개방하다. **-ci·zá·tion** 名
*‡**laid** [leid] 動 lay[1] 의 과거·과거분사. ── 形 (美속어) 1 (술·마약에) 취해 있는. 2 가로놓인, 눕혀진.
laid out (美속어) 잔뜩 취해 있는, 고주망태가 된.
laid to the bone (美속어) 고주망태가 된, 몹시 취해 있는; (의복이) 몸에 착 붙는; 알몸의.
laid-back [⌄bǽk] 形 (美속어) 한가로운, 느긋한; 무감동한, 냉담한; 술[마약]에 취한. (또는 láidbáck)
laid-off [-ɔ́ːf] 形 일시 해고된.
láid páper 名 평행상 무늬가 비쳐 보이는 종이.
*‡**lain** [lein] 動 lie[2] 의 과거분사.
laine [lein] 名 (美속어) 부적절한, 무능한. ── 名 고리타분한 사람; 무능한[쓸모 없는] 사람.
Laing [læŋ] 名 **Ronald David** ~ 랭(1927-89: 영국의 정신과 의사; 반(反)정신 의학의 대표적 제창자).
∼·ian 形 랭 정신요법의 (신봉자).
lair[1] [lɛər] 名 1 짐승의 굴[집, 잠자리]. 2 은신처; 피난처. 3 (英) 쉬는 곳, 잠자리(bed). 4 (스코) 매장지, 묘지. ── 動 1 自 짐승을 굴[집·잠자리]에 넣다. 2 ···의 집[보금자리]이 되다. ── 自 굴[집·잠자리]에 가다[들다]. (굴·보금자리에서) 쉬다[자다](rest).
lair[2] 名 (英방언) 진흙, 진창. ── 他 진창(수렁)에 빠지다[빠지게 하다].
lair[3] 名 (스코) (민간에 전해내려온) 전승, 가르침, 지식.
lair[4] 名 (濠속어) 화려하게 차려입은 남자. ── 動 自 멋을 부리다. (또는 lare) ∼·y 形
laird [lɛərd] 名 (스코) 지주(landowner); 영주.
lais·ser-al·ler [F lɛseale] 名 구속 없음, 방종. (또는 **laissez-aller**) [<F let go]
lais·sez faire [lèsei fɛ́ər, lèi-] 名 무간섭[자유 방임]주의. (또는 **làisser fáire**) [<F let (people) do]

lais·sez-faire [ˈˌféər] 圀 무간섭[자유 방임주의]의. (또는 **làisser-fáire**)

lais·sez-pas·ser [ˈˌpæséi] 圀 (여권 대신의) 통행(통과) 허가증, 입장권. (또는 **làisser-passér**) 〔<F〕

la·i·ty [léiəti] 圀 (the ~) (집합적·복수취급) 평신도 속인(層) priest); 문외한, 아마추어.

La·ius [léiəs·ˈlá·] 圀 [그리스 신화] 라이오스 (Thebes의 왕; 아들 Oedipus에 살해되었다).

LAK céll [lǽk] 圀 [의학] LAK 세포(암환자의 림프구를 모아 이것에 interleukin을 가해 만든 항암 세포). 〔<lymphokine-activated killer cell〕

‡**lake**¹ [leik] 圀 **1** 호수. ¶the Great L- 대양해 / the Great Lakes (미국의) 5대호 / the Lakes (英) 호수 지방(the L- District). **2** (공원 따위의) 못, 연못. **3** (the L-s) =L- District; (북미의) 5대호 지방. **Go (and) jump in the lake** ⇒JUMP.

lake² 圀ⓤ 레이크(수용성 안료(顔料)); 진홍색.

Láke Dístrict 圀 (the ~) (英) 호수 지역(England 서북부의 국립 공원). (또는 **Lake Còuntry**)

láke dwèller 圀 (선사 시대의) 호상(湖上) 생활자.
láke dwèlling 圀 (선사 시대의) 호상(湖上) 가옥.
lake·front [léikfrλnt] 圀 (보통 the ~) 호안(湖岸), 호반, 호반의 토지. 「Distric-

lake·land [léikland] 圀 **1** 호수 지방. **2** (L-) =Lake **lake·let** [léiklit] 圀 작은 호수.

Láke Pòets 圀複 (the ~) 호반 시인(Lake District에 거주했던 Wordsworth, Coleridge, Southey 등).

Láke schòol 圀 (the ~) 호반 시인파.
lake·shore [léikʃɔːr] 圀 (the ~) =lakefront.
lake·side [léiksàid] 圀 (the ~) 호반(의).

Láke Stàte 圀 (the ~) 미국 Michigan 주의 별칭.
láke tròut 圀 (미국 5 대호 산(産)) 송어의 일종.
lake·view [léikvjuː] 圀 (창에서) 호수가 보이는.
lakh [læk/lɑːk] 圀 (인도) 10만 (루피); 다수.

La·ko·da [ləkóudə] 圀ⓤ (윤이 나는 흑박색의) 물개 모피. 「발원하는.

lak·y¹ [léiki] 圀 호수의(같은); 호수가 많은; 호수에서
lak·y² 圀 (피가) 용혈(溶血)한; 진홍색의.
la-la [láːlàː] 圀 (美속어) 건방지지만 믿지 않은 녀석.
la·la·pa·loo·za [làːləpəlúːzə] 圀 =lollapalooza. (또는 **lallapaloozer**)

Lal·lan [lǽlən] 圀 (스코) 스코틀랜드 저지의.
Lal·lans [lǽlənz] 圀複 스코틀랜드 저지(低地)의 Lowlands); 그 지역의 주민; (단수취급) 그 지역 방언.
lal·la·tion [læléiʃən] 圀ⓤ (음성) r음을 l음으로 발음하기; r음 또는 l음을 부정확하게 발음하기.

lal·ly·gag [láːligæg, lǽl-/lǽl-] 圀 (美구어) 圁 (-**gg**-) **1** 게으름 피우다, 빈둥거리다. **2** (남 앞에서) 껴안고 애무하다. (또는 **lollygag**)

lam¹ [læm] (속어) 圁 (-**mm**-) ···을 치다, 때리다, 매질하다. — 囝 치다, 때리다(out); 흠뻑하다(into). **lam into** a person 남을 치다〔혼내주다〕.

lam² (속어) 圀 (the ~) 줄행랑치다, 도주(getaway). **on the lam** (법망을 피해) 도망〔도주, 잠복〕하여. **take it on the lam** 도망해서 살 살려라 하고 도망치다. — 圁 (-**mm**-) 쏜살같이 뛰다(도망치다). 「tations.

lam. laminated; lamination. **Lam.** 〔성서〕 Lamen-

la·ma¹ [láːmə] 圀 라마교의 승려(중), ¶ the Grand [or Dalai] L- 대(大)라마, 달라이 라마(라마교 교주).

la·ma² 圀 =llama.

La·ma·ism [láːməizm] 圀ⓤ 라마교(티벳·몽골 등지의 대승 불교). **-ist** 圀 라마교도. **-ís·tic** 圀

La Man·cha [lə máːntʃə, -mǽn-] 圀 라만차(스페인 중남부의 고원 지대; 소설 Don Quixote의 무대).

La·marck [ləmáːrk] 圀 ¶ **Jean Baptiste Pierre Antoine de Monet de** ~ 라마르크(1744-1829 프랑스의 생물학자; 진화론의 선구자).

La·marck·i·an [ləmáːrkiən] 圀 라마르크의, 라마르크설의. — 圀 라마르크설의 신봉자.

La·marck·ism [ləmáːrkizm] 圀ⓤ 라마르크의 진화설, 용불용설(用不用說). 「라마 사원.

la·ma·ser·y [láːməsèri/-səri] 圀 라마교의 승원.
La·máze mèthod [ləméiz-] 圀 (the ~) (의학) 라마즈법(정신 요법을 이용한 자연 무통 분만법). 〔프랑스의 의사 F. Lamaze(1890-1957)의 이름〕

‡**lamb** [læm] 圀 (~**s** [-z]) **1** 새끼양. ¶You may as well be hanged for a sheep as (for) a ~. (속담) 바늘 도둑도 소 도둑이나 마찬가지, 이왕 할 바에는 크게 하라. **2** ⓤ 새끼양의 고기(養 mutton); =lambskin. **3** (새끼양처럼) 순진한(착한) 아이, 온유한 사람. **4** 잘 속는 사람; 서투른 투기꾼. **5** (the L- (of God)) 하느님의 어린양, 예수 그리스도.
a fox [or *wolf*] *in lamb's skin* 양의 탈을 쓴 여우 [이리], 위선자. *in lamb* (양이) 새끼를 밴. *like* [or *as*] *a lamb (to the slaughter)* 어린 양처럼 순종하여; (눈 앞의 고난도 눈치채지 못하고) 천진 난만하게.
— 圁 (양이) 새끼를 낳다. — 囝 (수동형으로) (새끼 양이) 태어나다(to); 새끼 밴 양을 돌보다.

lamb down (濠속어) (돈을) 낭비하다, 다 써버리다. **⌒·hòod** 圀 「가·비평가; 필명 Elia)

Lamb 圀 ¶**Charles** ~ 램(1775-1834; 영국의 수필
lam·ba·da [læmbáːdə] 圀 람바다 춤(브라질에서 기원한 춤); 그 음악. 圁 람바다를 추다.

lam·bast(e) [læmbéist, -bǽst] 圁囝 (구어) ···을 세게 치다, 매질하다; ···을 엄하게 꾸짖다, 호되게 비난하다.

lamb·da [lǽmdə] 圀 **1** 람다(그리스어 알파벳의 열 번째 자(Λ, λ)의 명칭. 영어의 L, l에 해당). **2** (화학) 람다(부피의 단위; 10⁻³cm³, 10⁻¹liter). **3** 람다 입자. (또는 **λ pàrticle**) **4** [유전] 람다파지(대장균에 감염하는 박테리오파지의 일종).

lamb·da·cism [lǽmdəsìzm] 圀ⓤ (음성) **1** =lallation. **2** l자(음) 과다 사용.

Lámb dìp 圀 (물리) 램의 공명 진동 강하(共鳴振動降
lamb·doid [lǽmdɔid] 圀 람다(Λ) 형의, 산 모양의, 삼각형의; (해부) λ자 봉합의. (또는 **lambdóidal**)

lamb·dol·o·gy [læmdálədʒi/-dɔ́l-] 圀 람다파지 (lambda)의 연구. **-gist** 圀

lam·ben·cy [lǽmbənsi] 圀ⓤ **1** (불·빛의) 어른어른 빛남; (하늘·눈·얼굴이) 부드럽게 빛남; (기지 따위가) 경묘(輕妙)함. **2** 어른어른 흔들리는 것, 부드럽게 빛나는 것.

lam·bent [lǽmbənt] 圀 **1** (불길·빛 따위가) 어른어른 흔들리는, 가볍게 흔들리는; 깜빡깜빡하는. **2** (재치 따위가) 경묘한. **3** 부드럽게 빛나는. **~·ly** 圀

lam·bert [lǽmbərt] 圀 (물리) 람베르트(밝기의 cgs 단위). 〔독일의 수학자·물리학자 J. H. Lambert (1728-77)의 이름〕

Lám·beth Pálace [lǽmbəθ-, -beθ-] 圀 램버스 궁(London 남부 Lambeth 자치구에 있는 Canterbury 대주교의 공관).

lamb·ie [lǽmi] 圀 어린양; (美속어) 애인, 연인.
lamb·ie-pie [-pài] 圀 (美속어) 애인, 연인. (속어) 여성 성기.

lamb·ing [lǽmiŋ] 圀ⓤ (양의) 분만; (양의) 출산을 돌보기. 「아기.

lamb·kin [lǽmkin] 圀 새끼양; (애칭) 귀여운(작은)
lamb·like [lǽmlàik] 圀 새끼양 같은; 온순한, 유순한. 「도(Jesus Christ).

Lámb of Gòd 圀 (the ~) 하느님의 어린양, 구세
Lam·bor·ghi·ni [læmbɔːrgíːni] 圀 람보르기니(이탈리아의 슈퍼카 제조 회사); 그 회사의 고성능 스포츠카.

lam·bre·quin [lǽmbrikin, -bər-] 圀 **1** (중세의) 투구에 걸친 천〔두건〕. **2** (문·창문의 윗 부분, 또는 선반 따위에) 드리우는 드림 천, 드림 장식. **3** (문장) (방패

lamb's fry (프라이·튀김용의) 새끼양의 내장[고환].
lamb·skin [lǽmskìn] 명 새끼양의 모피; ① 새끼양의 무두질한 가죽; ②양피지(parchment).
lamb's-quar·ters [lǽmzkwɔ̀ːrtərz] 명복 《식물》 흰명아주(pigweed).
lamb's wool 명 새끼양의 털; 새끼양털 직물; 설탕·향료·구운 사과를 넣은 음료.
‡**lame**[1] [leim] 형 (**lam·er**; **lam·est**) 1 절름발이의; 불구의(*in, of*). 2 (등 따위가) 빼근한; 결리는. 3 (구어) (핑계·이야기 따위가) 빈약한, 불충분한, 서투른, 결함 있는; (가락·운율이) 고르지 않은; 조잡한, 시시한. ¶ a ～ story 서투른 이야기. 4 (美속어) 뒤진, 아무것도 모르는. 5 (美속어) 적성(適性)이 없는, 서투른.
be lame of [or *in*] *one's arm* 팔이 불구이다.
go [or *walk*] *lame* 절뚝거리다.
help a lame dog over a stile ⇨ DOG.
── 타 ～s [-z]; ～d; **lam·ing**) 1 …을 절름발이로 만들다, 불구로 만들다. 2 …을 불완전하게 하다. ── 자 절름거리다. ── 명 《없는 사람.
── 명 (美속어) 시대에 뒤진 사람, 고지식하고 융통성
～**ly** 절뚝거리게, 불완전하게. ～**ness** 명
lame[2] 명 갑옷 미늘(갑옷을 만드는 엷은 금속판금).
la·mé [læméi/lɑː-] 명 ① 라메, 금란(金襴)(금속실을 견사·모사 따위와 같이 짜넣은 직물). 〈F〉
lame·brain [léimbrèin] 명 (속어) 바보(같은), 얼간이(의). (또는 **láme-bràin**) ～**ed** 어리석은.
lamed [leimd] 형 (美속어) 어리석은, 미련한.
láme dúck 명 (구어) 1 (美) 재선 불출마·낙선으로 퇴임을 눈 앞에 둔 선거직 관리(대통령, 의원 등), 레임 덕; 곧 물러날 사람. 2 신체 장애자; 《종종 경멸적》 무능한 사람, 낙오자; 쓸모없는 사람[것], 불완전한 것. 3 (속어) 증권 투기에서 큰 돈을 날린 사람. 4 (英) 《상법》 채무 이행 불능자, 파산자; 경영 부진의 (대)기업.
lame-duck [-dʌ́k] 형 1 절름발이의; 쓸모없는, 불완전한. 2 (美속어) 퇴임을 얼마 안 남겨 놓은.
la·mel·li- [ləméli-] 명 연결 (모음 앞에서) lamelli-의 이형.
la·mel·la [ləmélə] 명 **-lae** [-liː], ～**s**) 1 (조직·세포 따위의) 엷은 판[막, 층], 박판, 박막. 2 《식물》 (버섯의) 주름(gill). 3 《건축》 라멜라(십자형으로 된 철근 콘크리트).
la·mel·lar [ləmélər] 형 1 엷은 판[막, 층]의[에 관한]; (버섯의) 주름의[에 관한]. 2 =lamellate. ～**ly** 부
la·mel·late [ləméleit, lǽməlèit] 형 1 엷은 판으로 된. 2 납작한(flat). 3 엷은 판 모양의.
(또는 **lamellated, lamellose**)
la·mel·li- [ləméli-] 연결 lamella의 뜻(*모음 앞에서는 lamell-). ¶*lamellate, lamelliform*.
la·mel·li·branch [ləméləbræ̀ŋk] 명 형 《동물》 (백합·굴·가리비 따위) 판새류(瓣鰓類)(의).
la·mel·li·form [ləméləfɔ̀ːrm] 형 엷은 판 모양의.
‡**la·ment** [ləmént] 동 타 …을 슬퍼하다, 비탄하다, 애도하다. ¶ ～ one's hard fate 자신의 불운을 한탄하다.
── 자 1 슬퍼하다, 애도하다(*for, over*). ¶ (～+ 전+명) ～ *for* [or *over*] *the death of a friend* 친구의 죽음을 애도하다. (영전에) 추도하다. 2 큰 소리로 울다; 불평을 말하다. ── 명 1 비탄, 슬픔(wail), 애도; 후회(*for*). 2 애도시, 비가(悲歌). ～**er** 명 ～**ing·ly** 부
***lam·en·ta·ble** [lǽməntəbl, ləmént-] 형 1 슬픈, 애처로운, 통탄할, 유감스러운. ¶ a ～ *event* 애처로운 사건. 2 (드물게) 비탄에 잠긴, 슬픈. 3 (구어) 서투른, 졸렬한, 빈약한. ～**ness** 명 **-bly** 부
*****lam·en·ta·tion** [læ̀məntéiʃən/-men-] 명 1 ① 비탄, 애도. 2 비탄의 소리, 비탄의 말; 비가(悲歌). 3 (L-s) (단수취급) 《성서》 예레미야 애가(略 Lam.).
la·ment·ed [ləméntid] 형 (죽은 사람에 대하여) 애도받는, 애석하게 여기는; 유감스러운, 한탄스러운.
the late lamented 고인; (특히) 망부(亡夫).

la·mi·a [léimiə] 명 (복 ～**s, -ae** [-iː]) 1 《그리스 신화》 라미아(하반신이 뱀의 모습을 한 흡혈 여자 괴물). 2 흡혈귀(vampire); 마녀(witch).
lam·i·na [lǽmənə] 명 (복 **-nae** [-niː], ～**s**) 1 얇은 판[조각, 층, 막], 박편, 박막. 2 《식물》 잎몸, 엽편(葉片). ～**ble** 형 박편으로 할 수 있는.
lam·i·nal [lǽmənl] 형 =laminar.
lam·i·nar [lǽmənər] 형 엷은 판[조각, 층]으로 된; 얇은 층을 이루는, 얇은 층 모양의. (또는 **laminary**)
láminar flów 명 《물리》 층류(層流)(층을 이루며 흐트러짐이 없는 흐름.
lam·i·nate [lǽmənèit] 타 1 …을 얇게 자르다, 찢다, 얇은 층으로 가르다. 2 《금속》 을 얇게 잡아늘이다. 박(箔)으로 만들다. 3 얇은 판[조각]을 포개어 (합판·플라스틱·유리 따위)를 만들다. 4 …에 얇은 판[막]을 씌우다. ── 자 얇게 갈라지다, 얇은 층[판]이 되다, 박이 되다.
── 형 [lǽmənət] (또는 **laminose, luminous**) 얇은 조각[층]으로 된.
── 명 [lǽmənət] 박판(薄板) 제품, 합판(合板) 제품.
-**nà·tor** 명
lam·i·nat·ed [lǽmənèitid] 형 박판[박편] 모양의; 얇은 판[박]으로 된, 박판이 겹쳐져서 된 《일종》.
láminated gláss 명 합판(合板) 유리(안전 유리의 일종).
láminated wóod 명 합판재, 적층재(積層材).
lam·i·na·tion [læ̀mənéiʃən] 명 1 ① 박판[박편]이 로 하기[되기]. 2 ①① 박판이 겹쳐져 있음; 박층 구조, 성층(成層). 3 박층, 박판, 박편.
lam·ing·ton [lǽmiŋtən] 명 (濠) 래밍턴(네모난 카스텔라에 초콜릿과 코코넛을 바른 과자).
Lám·mas (Dày) [lǽməs-] 명 (英) 수확제(8월 1일; 옛날 England에서 거행); 《카톨릭》 성베드로의 쇠사슬 기념일(8월 1일).
latter Lammas 결코 오지 않을 날.
lam·mer·gei·er [lǽmərgàiər] 명 《조류》 수염수리. (또는 **lammergeyer, lammergeir**)
‡**lamp** [læmp] 명 1 등, 램프; 전기 스탠드; 등불.¶ a spirit ～ 알코올 램프 / a fluorescent ～ 형광등 / turn on [off] a ～ 등불을 켜다[끄다]. 2 (마음·지혜 따위의) 빛, 광명, 지혜의 원천. ¶ the ～ *of hope* 희망의 빛. 3 (고어) 《비유적》 천체, 태양, 달, 별; 햇불. 4 (*one's* ～*s*) (속어) 눈. 《다, 지식의 진보에 기여하다.
pass [or *hand*] *on the lamp* 지식을 후대에 전하
smell of the lamp ① 밤 늦게까지 공부한 흔적이 나타나다. ②(작품 따위의) 고심한 흔적이 나타나다.
the lamp of heaven 천체; 태양, 달.
── 동 타 1 (고어) (등불로) …을 비추다. 2 (美속어) 을 보다. ── 자 1 (시) 빛나다, 반짝이다. 2 (美속어) 어슬렁거리다.
～**less** 형
lam·pas[1] [lǽmpəs/-pəz] 명 ① 《수의》 말의 구개종 (口蓋腫). (또는 **lampers**)
lam·pas[2] 명 ① 장식[무늬] 비단.
lamp·black [lǽmpblæ̀k] 명 ① 그을음, 검댕, 유연 (油煙)(인쇄용 잉크·흑색 안료의 원료).
lámp chímney 명 (램프의) 등피.
lám·per èel [lǽmpər-] 명 =lamprey.
lámp hòlder 명 (英) (전등의) 소켓.
lamp·light [lǽmplàit] 명 ① 램프[가로등]의 불빛, 등불, 등광.
lamp·light·er [lǽmplàitər] 명 1 (석유·가스 가로등의) 점등부(點燈夫). 2 점등 용구(불붙이는 막대기 따위).
like a lamplighter 재빨리, 서둘러. 《위》.
lam·poon [læmpúːn] 명 풍자문, 풍자시(satire).
── 동 타 …을 풍자문으로 비방하다, 호되게 풍자하다.
lam·poon·er [læmpúːnər] 명 풍자문[시]을 쓰는 사람, 풍자문[시] 작자, 풍자 작가. (또는 **lampoonist**)
lam·poon·er·y [læmpúːnəri] 명 ① 풍자문[시] 쓰기; 풍자; 풍자적 정신.

lamp·post [læmppòust] 명 (금속제의) 가로등 기둥. **between you, me and the lamppost** 우리끼리 이야기인데, 비밀이지만.
lam·prey [læmpri] 명 (魚 〜s) 칠성장어.
lamp·shade [læmpʃèid] 명 등[전등]의 갓.
lamp·stand [læmpstǽnd] 명 =lamppost. 램프[스탠드].
lamp·wick [læmpwìk] 명 등의 심지, 등심.
lam·ster [læmstər] 명 (속어) 도망자, 도주 범인. (또는 lam(m)ister)
LAN (컴퓨터) local area network(구내 정보 통신망; 지역내 통신망). 「이더 시스템.
lan·ac [lǽnæk] 명 (항공) (착륙시의) 항공기 유도 레 (<laminar air navigation and anticollision)
la·na·i [lɑːnáːi, lənái] 명 (하와이식) 베란다.
la·nate [léineit] 명 양털 모양의 (털로 덮인), 부드러운 털이 있는. (또는 **lanated, lanose**)
Lan·ca·shire [lǽŋkəʃìər, -ʃər] 명 랭커셔(잉글랜드 북서부의 주; 공업 지대). 「기와 감자의 스튜).
Láncashire hótpot 랭커셔풍의 스튜 요리(양고
Lan·cas·ter [lǽŋkəstər] 명 랭커스터. **1** (the House of 〜) 영국 왕가의 하나(1399-1461); 랭커스터 (왕)가의 사람. **2 Burt 〜** (1913-94; 미국의 영화 배우). **3** Lancashire 주의 옛 주도.
Lan·cas·tri·an [læŋkǽstriən] 명 **1** 랭커스터 (Lancaster) 왕가(출신)의; (장미 전쟁중에 랭커스터 왕가를 도운) 랭커스터 당의, 붉은 장미당의. **2** Lancaster [Lancashire](출신)의. ── 명 **1** 랭커스터 왕가의 사람; (장미 전쟁중에) 랭커스터 당의 사람, 붉은 장미 당원. **2** Lancaster [Lancashire]의 사람.
‡lance [læns/lɑːns] 명 (魚 **lanc·es** [-iz]) **1** 창; (물고기를 찌르는) 작살. **2** 창기병. **3** 창 모양의 것; = lancet 1; (기계) =oxygen 〜. **4** (L-) (美軍) (핵탄두 적재가능) 지대지 미사일.
break a lance for ⋯을 찬성[지지]하고 나서다.
break a lance with a person **for** ⋯을 놓고 남과 겨루다, 경쟁하다; 남과 ⋯을 두고 논쟁하다.
── 동 (**lanc·es** [-iz]; 〜**d** [-t]; **lanc·ing**) **1** (란셋으로) ⋯을 절개하다. **2** (⋯에) 창으로 찌르다.
〜-like 형 「(군사) 하사 대리(代理).
lánce còrporal 명 (美軍) (해병대의) 상병; (英
lance-fish [lǽnsfìʃ/lɑːns-] 명 양미리의 일종.
lance-jack [´dʒæk] 명 (속어) =lance corporal.
lance·let [lǽnslìt/lɑːns-] 명 활유어(蛞蝓魚) (amphioxus)(원색(原索) 동물).
Lan·ce·lot [lǽnsələt, lɑːn-/lɑːnslət] 명 (아서 전설) 원탁의 기사 중의 한 사람). (또는 **Launcelot**)
lan·ce·o·late [lǽnsiəlèit, -lət] 명 창끝 모양의; (잎 따위가) 끝이 뾰족한, 피침형(披針形)의. (또는 **lan·ce·o·lar** [lǽnsiələr], **lanceolated**)
lanc·er [lǽnsər/lɑːns-] 명 **1** 창기병(槍騎兵). **2** (the 〜s) (단수취급) 랜서스(quadrille) (4인조 스퀘어 댄스(곡)). **3** (L-) (美軍) 랜서(미국의 가변익(可變翼) 음속 전략 폭격기)).
lánce sèrgeant 명 (英軍) 초임 중사; 중사 근무.
lánce snàke 명 =fer-de-lance. 「하사.
lan·cet [lǽnsit/lɑːn-] 명 **1** 랜싯(외과 수술용 작은 칼). **2** =〜 arch; =〜 window.
〜-ed 형 뾰족한 창문이[홍예]가 있다.
〜-ed àrch 명 (건축) 뾰족한 아치[홍예].
láncet wíndow 명 (건축) 예첨창(銳尖窓)(상단이 뾰족한 창문).
lance·wood [lǽnswùd/lɑːns-] 명 열대 아메리카 산의 단단하고 탄력성이 풍부한 나무; ⑤ 그 목재.
lan·ci·form [lǽnsəfɔ̀ːrm/lɑːn-] 명 (창끝 모양으로) 뾰족한, 창 모양의, 첨예한.
lan·ci·nate [lǽnsənèit/lɑːn-] 타동 ⋯을 찌르다, 쑤시다, 꿰뚫다. ── 명 (통증이) 찌르는 듯한.

-na·tion 명⑤ 찌르기; 격통. 「화장품, 향수).
Lan·côme [læŋkoum] 명 (상표) 랑콤(프랑스의
Lancs, Lancs. Lancashire.
‡land [lænd] 명 (魚 〜**s** [-z]) **1** ⑤ (종종 the 〜) 뭍, 육지. ¶ **reach** 〜 육지에 닿다; 항해를 마치다 / **travel over** 〜 **and sea** 육지와 바다를 여행하다.
2 ⑤ (경작지로서의) 토지, 땅; 지면, 토양. ◇ FAMILY USAGE ¶ **arable** 〜 (가)경지 / **barren** 〜 불모지 / **cultivated** 〜 경작지 / **forest** 〜 삼림지.
3 a) 나라, 국토; 영토, 지역. ¶ **people from foreign** 〜**s** 외국인 / **one's native** 〜 모국 / **throughout the** 〜 전국에. **b)** (집합적; 단·복수 양용) (특정) 지역 사람, 국민. ¶ **The** 〜 **rose in rebellion.** 국민이 반란을 일으켰다. **4** ⑤ (법률) 부동산, 소유지; (〜s) 토지 재산. ¶ **a house with 100 acres of** 〜 100 에이커의 〜가 딸린 집 / **L**− **is a good investment.** 토지는 좋은 투자 대상이다. **5** ⑤ (경제) (생산의 요소로서의) 토지, (천연) 자원. **6** (the 〜) 전원, 시골. **7** ⑤ (종종 (the) 〜s) (종종 복수어로) 영역, 지역; 범위, 세계. ¶ **mountain** 〜**s** 산악 지방 / **the** 〜 **of dreams** 꿈나라. **8** (라이플총의 총신 내부나 맷돌 따위의) 홈과 홈 사이의 면. **9** (도랑으로 구획된) 경지[목초지]의 한 구획; (경지 따위의) 일부러 남긴) 미경작지의 섬; (남아공) 울을 친 경지. **10** ⑤ (감탄사적·완곡적) 신(神)(Lord). ¶ **The** 〜 **knows!** 하느님만이 안다 / **Good** 〜**s!** 저런!, 아이고! **11** (군사) **by land** 육로로. ⑫ **by sea** 「공동 주택.
clear the land (항해) 난바다로[원해(遠海)로] 나가다.
close with the land (해사) 육지에 다가가다.
for the land's sake; (for) land sake(s) (구어) 제발, 부탁이니.
get back to the land 시골[전원 생활]로 돌아가다.
go [or **work**] **on the land** 농부가 되다[이다].
lay [or **shut in**] **the land** (해사) 육지가 안 보이게 되다.
lie along [or **keep in with**] **the land** (해사) 육지를 따라 나아가다.
make (the) land (배가) 육지에 닿다; (선원이) 상륙하다 「하다(in).
my land(s) (美구어) 제발.
no man's land (a 〜) 임자없는 토지; (양군(兩軍) 사이의) 중간(위험) 지역; 잘 이해되지 않는 영역.
on land 지상에서, 육상에서. 「에서.
on land or at sea 육해상을 불문하고, 전세계 도처
see [or **find out, discover**] **how the land lies** [or **the lie of the land**]; **spy (out) the land** 사태(형세)가 어떠한지 살펴보다.
take a land tack; take one's **land tacks on board** 육로로 여행하다.
touch [or **reach**] **land** (바다에서) 뭍으로 피하다; (비유적) (튼튼한) 발판을 확보하다.
── 동 (〜**s** [-z]) 타동 **1** ⋯을 상륙시키다, 양륙하다; (비행기)를 착륙[착수]시키다. ¶ 〜 **a cargo** 짐을 양륙하다 / (〜+閏+前+名) 〜 **an airplane in an airport** 비행기를 공항에 착륙시키다. **2** (남)을 탈것에서 내리게 하다, 하차(하선)시키다. ¶ (〜+閏+前+名) **He was** 〜**ed on a lonely island.** 그는 외딴 섬에 내려졌다. **3** (구어) (남)을 어떤 상태에 빠뜨리다(in); (英) (수동형으로) (남)에게 (문제·부담 따위를) 지게 하다 (with). ¶ **be nicely** 〜**ed** (반어적) 곤경에 빠져 있다 / 〜 **a man with a coat that doesn't fit** 남에게 맞지 않는 상의를 입히다. **4** (타격 따위)를 가하다(in, on). ¶ (〜+閏+前+名) 〜 **a punch on a person's head** 남의 머리에 일격을 가하다. **5** (구어) ⋯을 잡다; (일자리)를 얻다; (약속)을 얻다; 획득하다. ¶ 〜 **a job [prize]** 일자리를 얻다[상을 타다]. **6** (물고기)를 낚아올리다, 끌어올리다. ¶ 〜 **a trout** 송어를 낚아 올리다. **7** (기수가) (말)을 결승점에[1등으로] 들어서게 하다.
── 자동 **1** (사람이) 상륙하다(**at, in, on**); (배·비행기 따위가) 육지[항구]에 닿다, 착륙[착수; 착함]하다; 도착하다 (**in, at**). ¶ (〜+前+名) **The boat** 〜**ed at the**

port. 배가 항구에 도착했다. **2** (탈것에서) 내리다, 하차 [하선]하다.¶(~+前+名) ~ *from* a train 기차에서 내리다. **3** 뛰어내리다, 떨어지다, 땅에 닿다(*at, in, on*).¶(~+前+名) He ~*ed on* the head. 그는 넘어져서 머리를 땅에 부딪쳤다. **4** (불쾌한 입장에) 빠지다, 처해지다, 어떤 상태로 되다(*up*).¶(~+前+名) ~ *in trouble* 곤란한 입장에 빠지다. **5** (말이) 결승점에 들어서다, 1등이 되다.
land a blow ① (타격을) 가하다(*in, on*). ② 변명을 입증하다, 바른 주장을 하다.
land on 착함(着艦)하다.
land on [or *all over*] *a person* (美구어) …을 꾸짖다, 비판하다, 비난하며, 욕하다.
land on one's feet; land like a cat ① 넘어지지 않고 서다. ② 난관을 타개하다.
land up ① (연못 따위)를 흙으로 메우다; (식물의 밑동)에 흙을 덮다[입히다]. ② (어떤 장소에) 도착하다; (…으로) 가버리다. ③ …하는 결과가 되다 (*doing*); …에 빠지다, …이 되다(*in*).
-like 〔지 관리소.
lánd àgency 图 (美) 토지 매매 소개소[업]; (英) 토
lánd àgent 图 (美) 부동산 중개업자, 공인 중개 사무소; (英) 토지 관리인.
lánd àrmy 图 (英) (1·2차 세계 대전시의) 여성 식량 공급 부대(Women's L-A-).
lánd àrt 图 [미술] 랜드 아트(지형이나 경관 자체를 소재로 한 예술)(earth art).

lan·dau [lǽndɔː, -dau] 图 **1** 랜도 마차(접을 수 있는 포장 달린 4륜 마차). **2** 랜도형 자동차. [<독일 Bavaria 지방의 도시 이름]

lan·dau·let(te) [lændɔːlét] 图 소형 랜도형 자동차.

(landau 1)

lánd bànk 图 토지 담보 대출 은행; 토지 개발 은행.
land-base [-béis] 图 (항공기·미사일 따위가) 지상 발진[발사]의; 지상 (기지) 소속의; 지상 설치의. (또는 **lánd-básed**).
lánd brèeze 图 뭍바람, 육연풍(육지에서 바다로 부는 바람). 图 sea breeze (또는 **lánd wìnd**).
lánd càrriage 图 육상 운반, 육송(陸送).
lánd còntract 图 토지 매매 계약.
lánd cràb 图 참게(번식할 때만 바다에 들어감).
L&D (금융) *loans and discounts*; (보험) *loss and*
lánd devèlopment 图 토지 개발. 〔*damage*.
*lánd·ed** [lǽndid] 图 **1** 토지를 소유한.¶a ~ *proprietor* 토지 소유자, 지주/the ~ *interest* 지주층. **2** 토지의, 소유지의.¶a ~ *property* [or *estate*] 토지 재산, 소유지, 부동산. **3** 양륙한, 상륙한. **4** (상업) 발송한, 출하(出荷)한. **5** (美) 궁지에 몰린. **6** (英구어) (형편이) 좋은, 잘 되어 가는; 운이 나쁜.
lánded ímmigrant 图 (캐나다) 영주 이민.
land·er [lǽndər] 图 **1** 상륙자; 양륙하는 사람. **2** (광산 입구에서) 원광을 받는 작업원. **3** (우주) (달·행성 따위에 내리는) 착륙선(landing vehicle).
lánd·fall [lǽndfɔːl] 图 **1** (선박에서) 육지를 처음 보기; 육지 접근. **2** 처음 본 육지, 육지 도착. **3** (비행기·우주선 따위의) 착륙, 상륙. **4** (산)사태(landslide). **5** (유산으로서) 뜻밖의 토지 취득.
make a good [*bad*] *landfall* (해사) 예측대로[과 달리] 육지를 발견하다. 〔의.
lánd·fast [lǽndfæst] 图 육지로 이어진, 연육(連陸)
land·fill [lǽndfil] 图UC **1** 매립식 쓰레기 처리; 매립 쓰레기. **2** 토지 매립지. ── 图 (쓰레기로) 매립하다; 매립지를 조성하다. ── 타 매립하여 (토지)를

조성하다; (쓰레기)를 매립에 쓰다.
lánd fòrce 图 (~s) 육군, 지상 부대.
land·form [lǽndfɔːrm] 图 (지질) 지세(地勢), 지형.
lánd frèeze 图 토지 동결(매매 금지 따위).
lánd gìrl 图 (英) (전시중에) 인원 부족을 보충하기 위해 고용되어 농업에 종사하는 젊은 여성.
land-grab [lǽndgræb] 图 토지 횡령[수탈].
land-grab·ber [-grǽbər] 图 토지 불법 점유자, 토지 횡령자.
lánd grànt 图 (美) 무상 불하 토지; 토지 무상 불하.
land·grave [lǽndgreiv] 图 (중세 독일에서 지방의 넓은 토지의 관할권을 가진) 백작; 백작 영주.
land·gra·vine [lǽndgrəviːn] 图 landgrave의 부인; landgrave의 지위를 가진 부인. 〔및 차지(借地)인.
land·hold·er [lǽndhòuldər] 图 토지 보유자[지주
land·hold·ing [lǽndhòuldiŋ] 图U 토지 보유[차용]. ── 图 토지 보유[차용]의.
land-hun·ger [-hʌ̀ŋɡər] 图UC 토지 획득열(熱), 영토 확장열. **-gry** 图 토지 소유욕이 강한.
‡**land·ing** [lǽndiŋ] 图 ~s [-z] **1** UC 상륙, 양륙; 착안(着岸); 착륙.¶a forced ~ 불시착/make a ~ 상륙[착륙]하다. **2** 상륙장, 양륙장, 착륙장(~ place). **3** (건축) 층계참. **4** (조선) 이음매.
Happy landings! (구어) 건배!; 행운을 빈다!(비행사들간의 용어).
lánding àngle 图 (항공) 착륙각(角).
lánding bèacon 图 (항공) 무선 착륙 표지.
lánding bèam 图 (항공) 착륙 유도 방향 지시 전파.
lánding càrd 图 (해사) 상륙 허가서[증명서].
lánding chàrges 图 화물 양륙비, 하역료.
lánding clèrk 图 (선박 회사의) 상륙 담당 직원.
lánding cràft 图 (美軍구어) 상륙용 주정(舟艇).
lánding drìll 图 (군사) 상륙 훈련.
lánding fìeld [**gròund**] 图 비행장.
lánding flàp 图 (항공) 착륙용 보조 날개.
lánding fòrce 图 적전(敵前) 상륙 부대, 해병대.
lánding gèar 图 (비행기의) 착륙[착수] 장치(바퀴나 플로트(float)).
lánding lìght 图 착륙등(燈).
lánding màt 图 랜딩 매트(비행기 이착륙장용 철골 그물 매트).
lánding mìne 图 지뢰.
lánding nèt 图 (낚시) 사내끼, 뜰채.
lánding pàrty 图 상륙 부대, 해병대.
lánding pàtent 图 토지 권리증. 〔계참.
lánding plàce 图 상륙장, 양륙장; 선창; (계단의) 층
lánding shìp 图 (美해군) 상륙용 주정.
lánding spèed 图 상륙 속도.
lánding stàge 图 (상륙·양륙용) 부잔교(浮棧橋).
lánding strìp 图 (가설) 활주로(airstrip).
lánding vèhicle 图 (우주)=lander 3.
lánd·ing-wait·er [-wèitər] 图=landwaiter.
land-job·ber [-dʒɑ̀bər/-dʒɔ̀bə] 图 토지 투기꾼[거간꾼]. **-jòb·bing** 图
‡**lánd·la·dy** [lǽndlèidi] 图 ~-**dies** [-z] **1** (여관·하숙집 등의) 여주인; 여자 집주인; 여자 지주, 지주 부인.
lánd làw 图 (보통 ~s) 토지 (소유)법.
lánd lèague 图 **1** 토지 동맹(3 법정 마일). **2** (L-L-) (아일랜드의) 소작인 동맹(1879-81).
lánd lègs 图복 (구어) (항해나 비행기 여행 후) 땅위를 걷는 능력.
länd·ler [léntlər] 图 (독 (~s)) 렌틀러(왈츠의 기원이 된 3박자의 느린 오스트리아 무용(곡)). 〔G〕
land·less [lǽndlis] 图 토지를 소유하지 않은, 토지 없는; 육지가 없는. ~**·ness** 图
land-line [lǽndlàin] 图 (美) 수송로; (통신) (전신의) 지상 통신선; (속어) 지도; 땅과 바다의 경계; 지평선.
land·locked [lǽndlàkt/-lɔ̀kt] 图 **1** 육지에 둘러싸인, 바다에 면하지 않은.¶a ~ *bay* 내해. **2** (물고기 따위가) 육봉(陸封)된, 민물에서 사는.

landlocked state 〖국제법〗 내륙국.
land·lop·er [lǽndlòupər] 〖명〗 〖스코〗 부랑자, 떠돌이; 모험가. (또는 **landlouper**)

★land·lord [lǽndlɔ̀ːrd] 〖명〗 (목 ~s [-z]) 1 지주; 집주인(〖영〗 landlady). 3 영주(領主). ~·ly ~·ry, ~·ship

land·lord·ism [lǽndlɔ̀ːrdìzm] 〖명〗U 1 지주 제도, 2 지주임; 지주의 특성, 지주 기질.

land·lub·ber [lǽndlʌ̀bər] 〖명〗 1 육상 생활자. 2 신출내기 선원. ~·ish, ~·ly, -bing

land·man [lǽndmən, -mæ̀n] 〖명〗 1 =landsman, 2 광업권 소개업자. 3 〖고어〗 시골 사람, 백성.

★land·mark [lǽndmɑ̀ːrk] 〖명〗 1 (항행의 길잡이가 되는 육지의) 안표(眼標), 육표(陸標). 2 (토지의) 경계 표지. 3 획기적인 사건[발전, 변화]; 역사적 건물[장소], 유적, 명소. ¶ ~s in history 역사상의 대사건. 〔陸塊〕

land·mass [lǽndmæ̀s] 〖명〗 광대한 토지, 대륙; 육괴

lánd méasure 〖명〗 1 〖측량〗 평방(平方) 계량법. 2 토지 측량 단위(acre, rod 따위).

lánd míne 〖명〗 1 〖군사〗 지뢰; (낙하산 달린) 공중 기뢰(aerial mine). 2 (비유적) 함정, 덫.

land·oc·ra·cy [lændɑ́krəsi/-ɔ́k-] 〖명〗UC 〖익살〗 지주 계급, 토지 소유자층. 〔사람.

land·o·crat [lǽndəkræ̀t] 〖명〗 〖익살〗 지주 계급의

Lánd of Bóndage 〖명〗 (the ~) 〖성서〗 속박의 땅(애급, 이집트). 〔Mexico 주의 별칭.

Lánd of Enchántment 〖명〗 (the ~) 미국 New

lánd òffice 〖명〗 〖美〗 공유지 관리국.

lánd-office búsiness 〖명〗 〖美구어〗 벌이가 좋은 장사, 급성장 사업; 단번에 처리하는 대량 거래[작업].

lánd of mílk and hóney (the ~) (때로 L— of M— and H—) 1 〖성서〗 젖과 꿀이 흐르는 땅(the Promised Land) (←출애굽기(Exod.) 3:8). 2 비옥하고 풍요로운 땅; 안락한 땅. 3 천혜의 것, 하늘의 선물.

lánd of Nód [-nɑd/-nɔd] 〖명〗 (the ~) 1 (L-) 놋의 땅(Cain이 살았던 고장 ←창세기(Gen.) 4:16). 2 (가공의) 잠의 나라; 수면.

Lánd of Óz 오즈의 나라; 상상[마법]의 나라.
(<L. Frank Baum작 *The Wonderful Wizard of Oz*)

Lánd of Prómise 〖명〗 (the ~) =Promised Land.
Lánd of the Léal (the ~) 〖스코〗 천국, 저승.
lánd of the líving (the ~) 〖성서〗 이 세상, 현세(現世) (←이사야서(Isa.) 53:8); 〖익살〗 사바 세계.

Lánd of the Mídnight Sún (the ~) 1 백야(白夜)의 나라(특히 노르웨이·스웨덴 등). 2 =Lapland.
Lánd of the Mórning Cálm 〖명〗 (the ~) 고요한 아침의 나라(한국). 〔라(일본).
Lánd of the Rísing Sún 〖명〗 (the ~) 해돋는 나
Lánd of the Róse 〖명〗 (the ~) 장미의 나라(영국).

★land·own·er [lǽndòunər] 〖명〗 토지 소유자, 지주; 〖美구어〗 시체, 무덤의 임자. ~·ship

land·own·ing [lǽndòuniŋ] 〖명〗U 토지 소유(의).
lánd pátent 〖명〗 (정부 발행의) 토지 권리증.
land·plane [lǽndplèin] 〖명〗 (수상 비행기에 대해) 육상(비행)기. 〔없는, 땅은 있으나 가난한
lánd-poor [´-pùər] 〖명〗 토지는 있으나 현금 수입이
lánd pówer 〖명〗 육군[지상] 병력; 대육군.
lánd ráil 〖명〗 〖조류〗 흰눈썹뜸부기(corn crake).
lánd refórm 〖명〗 토지[농지] 개혁.
Lánd Règistry 〖명〗 부동산[토지] 등기소.
Lánd Róver 〖명〗 〖상표〗 랜드로버(영국 Rover Group제의 지프 비슷한 견고한 다용도 4륜 구동차).
land·sail·ing [lǽndsèiliŋ] 〖명〗 돛이 달린 3륜차를 타고 모래 위를 달리기.
Land·sat [´-sæ̀t] 〖명〗 랜드셋 위성(미국 지구 자원 탐사 위성). 〖略〗 ERTS 〔<land+satellite〕

★land·scape [lǽndskèip] 〖명〗 1 풍경, 경치, 조망, 전망. ⇨VIEW 〖유의어〗 2 UC 풍경화(법), 산수화(법). 3

(전체적으로 본) 지형, 지표(地表). 4 분야, …계. 5 〖컴퓨터〗 가로 방향.

dot the landscape 곳곳[도처]에 산재하다.
—〖예〗〔인쇄〕(책·삽화 등이) 가로로 긴 (것).
—〖통〗 (~d [-t]; -scap·ing) 〖타〗 …의 풍경을 미화하다, 조경하다. 〖자〗 원예사 노릇을 하다.

lándscape árchitect 〖명〗 원예사, 조경사, 정원 설계사, 풍치 도시 계획 기사. 〔계획술; 조경[조원]학.
lándscape árchitecture 〖명〗 조경술, 풍치 도시 경관[조경] 공학자.
lándscape enginéer 〖명〗 경관[조경] 공학자.
lándscape gárdener 〖명〗 원예사, 정원사.
lándscape gárdening 〖명〗 정원술, 조원술.
lándscape márble 〖명〗 풍경 무늬 대리석.
lándscape páinter 〖명〗 풍경화가.
lándscape páinting 〖명〗 풍경화(법).
land·scap·er [lǽndskèipər] 〖명〗 정원사.
land·scap·ist [lǽndskèipist] 〖명〗 풍경화가.
Lánd's Énd 〖명〗 (the ~) 랜즈 엔드곶(岬)(영국 Cornwall 주 서남단의 갑(岬)). (또는 **Lánds Énd**)
land·serv·ice [´-sə̀ːrvis] 〖명〗 육군 복무; 육상 근무.
lánd shárk 〖명〗 1 (항구의) 부두 사기꾼. 2 〖구어〗 악덕 부동산업자, 부동산 사기꾼; =land-grabber.
land·sick [lǽndsìk] 〖명〗 〖해사〗 (배가) 해변에 너무 접근하여 기동이 자유롭지 못한; 육지를 동경하는.
land·side [lǽndsàid] 〖명〗 (공항의) 출국 게이트 안쪽 편, 일반인 출입 허용 구역. ↔ airside

★land·slide [lǽndslàid] 〖명〗 1 산사태, 사태; 무너져 내린 토사. 2 (선거의) 압도적 대승리; 대승리(~ victory). ¶ a Democratic ~ 민주당의 압승. —〖통〗 사태가 나다; (선거 따위에서) 압도적으로 승리하다.
land·slip [lǽndslìp] 〖명〗 〖英〗 =landslide 1.
lands·man [lǽndzmən] 〖명〗 1 동향 사람, 동포. 2 육상 생활자, 지상 근무자, 육지 사람. (또는 **landman**) 3 〖해사〗 첫 항해하는 선원; 신출내기[견습] 선원.
lánd stéward 〖명〗 토지 관리인.
Land·sturm [G lántʃturm] 〖명〗 (독일·스위스의 전시) 국민군 총동원[소집]; 국민군. 〔<G land storm〕
lánd subsídence 〖명〗 지반 침하(地盤沈下).
lánd survéying 〖명〗 토지 측량(술).
lánd survéyor 〖명〗 토지 측량사.
lánd swéll 〖명〗 (바닷가의) 파도의 넘실거림, 물결의 놀. (또는 **lánd-swéll**)
Land·tag [G lántta̲ːk] 〖명〗 1 (독일·오스트리아의) 주(州)의회. 2 (리히텐슈타인의) 국회. 〔<G〕
lánd táx 〖명〗 토지세.
land-to-land [´təlæ̀nd] 〖명〗 〖미사일〗 지대지(地對地)(ground-to-ground)의. 〔세관원.
land·wait·er [lǽndwèitər] 〖명〗 〖英〗 하역 담당
land·ward [lǽndwərd] 〖부〗 육지쪽으로[을 향하여], 내륙쪽으로. (또는 **landwards**) —〖명〗 육지를 향한, 육지에 면한; 육지쪽의.
land·wash [lǽndwɔ́ʃ/-wɔ̀ʃ] 〖명〗 고조선(高潮線)(바닷가의) 파도가 밀리는 곳. 〔비군(後備軍). 〔<G〕
Land·wehr [G lantveːr] 〖명〗 (독일·스위스 등의) 후
lánd wínd =land breeze.
lánd yácht 〖명〗 =sand yacht.

★lane¹ [lein] 〖명〗 (목 ~s [-z]) 1 (담·울타리 따위 사이의) 좁은 길, 골목길, 샛길; (사람 울타리 사이의) 통로(로~); (무관사로·거리 이름) …거리, …소로. ¶ a blind ~ 막다른 골목 / *It is a long ~ that has no turning.* 〖속담〗 구부러지지 않은 길은 없다; 쥐구멍에도 볕들 날 있다. 2 좁은 길, 통로; 차선. ¶ exclusive bus ~s 버스 전용 차선. 3 (배·비행기 따위의) 규정 항로(sea [air] ~). 4 〖스포츠〗 (육상·수영장의) 레인; 〖농구〗 자유투 레인. ¶ L— No.9 9번 레인. 5 〖볼링〗 레인(~ s) 볼링장. 〔나로.
in the fast lane ① 추월 차선에서. ② 먹느냐 먹히느냐의
in the straight lane 〖美속어〗 정상적인, 멀쩡한.

lane² 〖스코〗 =lone. ── 〖형〗 * 다음 숙어로만 쓴다.
by [or **on**] **one's lane** 단 혼자서, 외로이.
láne chànge [**chànging**] 〖자동차 등의〗 차선 변경.
láne ròute 〖미〗 대양 항로선.
lang [læŋ] 〖형〗〖부〗 〖스코〗 =long¹.
lang. language. 「long run」
láng·lauf [lɑ́:ŋlàuf] 〖독〗〖스키〗 장거리 경주.
lang·ley [lǽŋli] 〖명〗〖물리〗 랭글리(태양 복사 측정 단위; 1cm²당 1그램 칼로리). 〖<미국의 천문학자 Samuel P. Langley(1834–1906)의 이름〗
Lang·ley [lǽŋli] 〖명〗 랭글리(미국 Washington D.C. 교외의 소도시, CIA 본부 소재지); CIA (본부).
Láng·muir pròbe [lǽŋmjuər-] 〖명〗 〖물리〗 랭뮤어 탐침(探針)(플라스마의 온도·밀도를 측정하는 장치).
lan·gouste [lɑːŋgúːst] 〖명〗 〖동물〗 대하(大蝦)(태평양 암초에서 나는 새우의 일종). 〖(產)의 작은 종류.
lan·gous·tine [læŋgəstiːn] 〖명〗 〖동물〗 〖북대서양산 산 새우〗.
lang·syne [læŋzáin/-sáin] 〖스코〗 〖부〗 훨씬 전에, 옛날에. ── 〖명〗 〖U〗 지난날, 옛날. ⓐ **auld lang syne**
‡**lan·guage** [lǽŋgwidʒ] 〖명〗 〖복 -*guag*·es [-iz]〗 1 〖U〗 (일반적으로) 언어, 말. ¶ spoken [written] ~ 구어 [문어] / colloquial [literary] ~ 구어[문어] / long ~ (암호·부호에 대해) 보통의 말[언어]. 2 (개개의) 언어, 국어, …어. ¶ the English ~ 영어 / a foreign ~ 외국 어 / a dead [living] ~ 사어[현용어] / He speaks three ~*s*. 그는 3개 국어를 말한다.

〖유의어〗 **language** 언어라는 뜻의 일반적인 말; 국어의 뜻으로는 표준어를 암시. **tongue** 주로 구어, 특정한 민족·지역의 말. **speech** 구어; 어떤 언어의 (특히 개인적으로) 현재 사용되는 모습.

3 〖U〗 (울음 소리 따위에 의한 동물의) 말; (음성·문자를 쓰지 않은) 전달 수단. ¶ gesture ~ 몸짓 말 / Animals possess ~. 동물에도 나름대로의 말이 있다. 4 〖U〗 어법, 문체, 말씨, 표현법. ¶ bad ~ 욕된 천한 말씨 / strong ~ 격렬한 말, 욕 / fine ~ 미문체(美文體) / in one's own ~ 자기의 말로 / You watch your ~! 말 조심해! 5 (종 종 the ~) 학술어, 전문어, 술어. ¶ the ~ of the army [law] 군대[법률] 용어 / the ~ of art 미술 용어. 6 〖U〗 (구어) 욕, 독설. 7 〖U〗 어학, 언어학. 8 〖컴퓨터〗 언어.
in* one's *own language 독특한 말로 명쾌하게.
mind [or ***watch***] **one's *language*** 말을 조심하다.
speak a different language from a person 남과 생각하는 것이 다르다; 남과 공통점이 거의 없다.
speak [or ***talk***] **the *same language*** 남과 이야기 [말]이 통하다, 호흡이 맞다; 남과 생각[취미]이 같다.
use (**bad**) ***language to*** …을 욕하다.
lánguage àrts 〖명〗〖복〗 〖미〗 언어[국어] 과목(초·중학 교에서 가르치는 읽기·글짓기·말하기 등).
lánguage làb(**oratory**) 〖명〗 어학 실습실.
lánguage màster[**tèacher**] 〖명〗 어학 교사[강사].
lánguage òbject 〖명〗 〖컴퓨터〗 언어 대상(對象).
lánguage plànning 〖명〗 언어 정책[표준화 계획].
lánguage pròcessor 〖명〗 〖컴퓨터〗 언어 프로세서, 언어 번역 프로그램(language translator).
lánguage schòol 〖명〗 어학교, 언어학교, 어학원.
lánguage sìgn 〖명〗 언어 기호.
lánguage tèaching 〖명〗 어학[언어] 교육.
lánguage univèrsal 〖명〗 언어의 보편적 특성.
langue [lɑ̃ːg] 〖명〗 〖언어〗 랑그(공동 사회 구성원들에 의해 공유되는 추상적 언어 체계). 〖<F〗
langue d'oïl [F lɑ̃ːg dɔ(ː)ːí(ː)l] 오일어(중세 프랑스 북부에서 쓰였던 언어; 현재의 프랑스어).
*****lan·guid** [lǽŋgwid] 〖형〗 1 노곤한, 나른한, 기운 없는. ¶ feel ~ 기력이 모자라다, 노곤하다. 2 (움직임) 느린, 완만한; 무기력한, 박력이 없는. ¶ a ~ attempt 마음 내키지 않는 시도. 3 활기[힘] 없는, 지지부진한. 4 불경기의; (날씨 따위) 음울한.

be languid about …에 대하여 열의가 없다.
~·**ly** 〖부〗 ~·**ness** 〖명〗
*****lan·guish** [lǽŋgwiʃ] 〖동〗〖자〗 1 (사람이) 기력이 없어지다, 약해지다, 쇠하다, 수척해지다; (식물이) 시들다, 이울다. 2 활력을 잃다, 열의가 풀리다; (경기 따위가) 부진하다. ¶ Conversation ~*ed*. 대화가 시들해졌다. 3 (…으로 / …상태하에서) 괴로운 생활을 하다(*for, over / in, under*). ¶ ~ *in* poverty 가난에 시달리다. 4 (계획·의안 등이) 무시[유보]되다. 5 동경[갈망]하다(*for*); (…하고 싶어) 안달하다(*to do*). ¶ ~ *for* home 고향을 그리워하다 (~*+to do*) ~ *to* return 돌아가고 싶어 못견디다. 6 수심에 잠긴 체하다. ¶ (~*+*图*+*图) She ~*ed at* him. 그녀는 수심에 찬 표정으로 그를 보았다.
── 〖명〗 1 기운이 없는 상태; 쇠약(한 상태). 2 슬픈 듯한 표정[상태]. ~·**er** 〖명〗 번민하는 사람. ~·**ment** 〖명〗
lan·guish·ing [lǽŋgwiʃiŋ] 〖형〗 1 점점 쇠약해지는, 활기[박력]가 없는. 2 슬픈 듯한, 번민하는; 감상적인, 그리워하는. ¶ ~ *looks* 수심에 찬 듯한 표정. 3 꾸물거리는, 질질 끄는. ¶ a ~ *disease* 오래 끄는 병. ~·**ly** 〖부〗
lan·guor [lǽŋgər] 〖명〗 1 권태, 나른함; 쇠약, 피로. ¶ feel ~ 노곤함을 느끼다. 2 무기력, 침체. 3 (종종 ~*s*) 번민, 수심, 사랑의 고뇌; 울적(함). 4 (날씨 따위의) 음울(함). 5 약해지다, 쇠약해지다.
lan·guor·ous [lǽŋgərəs] 〖형〗 나른한, 께느른한, 기운 없는; 지루한; 울적한. ~·**ly** 〖부〗 ~·**ness** 〖명〗
lan·gur [lʌŋgúər] 〖명〗 랑구르(인도산 긴꼬리원숭이의 일종). (또는 **lungoor**) 〖<Hind〗
lan·i- [lǽni, léini] 〖연결〗 wool의 뜻(* 모음 앞에서는 lan-). ¶ *laniferous*, *lanolin*.
lan·iard [lǽnjərd] 〖명〗 =lanyard.
la·ni·ar·y [léinièri, lǽni-] 〖해부〗 〖형〗 (이가) 물건을 찢기에 알맞은. ── 〖명〗 송곳니.
la·nif·er·ous [lənífərəs] 〖형〗 양털이 있는; 양털 같은 털이 난. (또는 **la·nig·er·ous** [lənídʒərəs])
La Ni·ña [lɑːníːnjə] 〖명〗 라니냐 (현상) (페루 근해의 중부 태평양 적도 해역의 해면 온도가 1-2도 내려가는 현상; 기상 이변의 한 원인). ⓐ **El Niño** 〖<Sp the girl〗
lank [læŋk] 〖형〗 1 (경멸적) (머리털이) 곱슬하지 않은, 곧은. 2 여윈, 호리호리한, 홀쭉한. 3 (식물이) 가늘고 긴. ~·**ly** 〖부〗 ~·**ness** 〖명〗
lank·y [lǽŋki] 〖형〗 여윈 편인, 마르고 홀쭉한. ⇒ THIN
〖유의어〗 **lánk·i·ly** 〖부〗 **lánk·i·ness** 〖명〗
lan·ner [lǽnər] 〖명〗 송골매의 일종; (매사냥) 송골매의 암컷. ⓐ **lanneret**
lan·ner·et [lǽnərèt] 〖명〗 송골매의 수컷. ⓐ **lanner**
lan·o·lin [lǽnəlin] 〖명〗 〖U〗 라놀린, 양모지(羊毛脂) (wool fat); (또는 **lanoline** [-liːn]) **-làt·ed** 〖형〗
lan·sign [lǽnsain] 〖명〗 언어 기호 (어떤 사물을 가리키는 말·문자·음 따위). 〖<*lan*guage+*sign*〗
Lan·sing [lǽnsiŋ] 〖명〗 랜싱(미국 Michigan주의 주도).
lans·que·net [lǽnskənèt] 〖명〗 1 (16-17세기 독일의) 용병. 2 〖U〗 (faro 비슷한) 카드놀이의 일종.
lan·ta·na [læntǽnə/-téi-] 〖명〗 란타나, 용선화(龍船花)(노란꽃이 피는 열대 식물; 관상용).
*****lan·tern** [lǽntərn] 〖명〗 (복 ~*s* [-z]) 1 랜턴, 제등 (提燈), 각등(角燈), 등롱(燈籠); 초롱 (Chinese ~). ¶ a ~ *parade* [or *procession*] 제등 행렬 / *light* a ~ 초롱에 불을 켜다. 2 (등대의) 등화(燈火)실. 3 환등기 (magic ~). 4 〖건축〗 꼭대기탑; 채광창; 통풍 장치.
lan·tern·fish [lǽntərnfìʃ] 〖명〗 (복 ~, -es) 〖어류〗 샛비늘칫과의 물고기 (심해성의 발광어(發光魚)).

〖lantern 1〗

lántern flỳ 〖명〗 백납벌레(열대산(產) 곤충).
lántern jàw 〖명〗 툭 튀어나온 아랫턱; (~*s*) 말라서 홀쭉한 턱. 「마른.
lan·tern-jawed [-dʒɔ̀ːd] 〖형〗 턱이 홀쭉한, 얼굴이

lántern pìnion 图 1 (시계의) 작은 톱니바퀴. 2 〔기계〕 초롱 톱니바퀴.
lántern slìde 图 (환등용) 슬라이드, 양화판(陽畫板).
lántern whèel 图 = lantern pinion.
lan·tha·nide [lǽnθənàid, -nid] 图U 〔화학〕 란탄족 원소(란타늄에서 루테튬까지의 15개 희토류(稀土類) 원소들). (또는 **lanthanon**)
lánthanide sèries 图 〔화학〕 란탄 계열.
lan·tha·num [lǽnθənəm] 图U 〔화학〕 란탄(희토류 금속 원소; 기호 La; 원자 번호 57).
lant·horn [lǽnθɔːrn, -tərn] 图 〔英〕 = lantern.
Lán·tian mán [lǽntjæn-] 图 〔고고〕 란텐 원인(藍田原人)(중국 산시성(陝西省)에서 1964년에 발견된 홍적세(洪積世) 중기의 화석 인류). (또는 **Lán-t'ien mán**)
la·nu·gi·nose [ləɲjúːdʒənòus/-njúː-] 图 (부드러운) 솜털로 덮인; 솜털 같은. (또는 **lanuginous**)
la·nu·go [ləɲjúːgou] 图(徻 ~**s**) 솜털.
lan·yard [lǽnjərd] 图 1 〔해사〕 잡아매는 밧줄; (나이프 따위의) 맨끈; 〔美군사〕 (훈장·권총용) 맨끈. 2 군사〕 (대포 점화용) 당김줄. (또는 **laniard**)
Lan·zhou [lɑːndʒóu] 图 란저우(蘭州)(중국 간수(甘肅)성의 성도). (또는 **Lanchow**)
Lao [lau] 图(徻 ~**(s)**) 라오족(族), 라오스인; U 라오어(語)(라오스 공용어).
La·oc·o·ön [leiɑ́kouàn/-ɔ́kouɔn] 图 〔그리스 신화〕 라오콘(트로이에서 목마를 트로이 성내에 들여서는 안 된다고 경고한 Apollo 신전의 사제(司祭)). (또는 **Laocoon, Laokoön, Laokoon**)
La·od·i·ce·an [leiàdəsíːən/lèioudis^íən] 图图 〔종교·정치 등에〕 냉담한 (사람), 열의 없는 (사람).
La·om·e·don [leiɑ́midæn/-ɔ́midɔn] 图 〔그리스 신화〕 라오메돈(Troy의 창건자; Priam의 아버지).
La·os [lɑ́ːous, léiɑs/lauz] 图 라오스(인도차이나 반도 동북부의 공화국; 수도 비엔티안(Vientiane)).
La·o·tian [leióuʃən/lɑ́uʃən] 图 라오스(인)의; 라오스사람(말)의. — 图 라오스사람; U 라오스말.
Lao-tzu [láudzʌ́/-tsʌ́ː] 图 노자(老子)(604?–531 B.C.; 중국의 철학자; 도가(道家) 사상의 개조(開祖)). (또는 **Lao-tse, Laozi**)

‡**lap**¹ [læp] 图 1 무릎(앉은 자세로 허리에서 무릎까지의 부분). ¶ hold a baby on one's ~ 아기를 무릎에 앉히다. 2 (스커트의) 앞자락; (옷의) 늘어진 자락. 3 (the ~, one's ~) (비유적) 양육하는 장소, 안락한 장소, 쉴 곳; 책임, 보살핌, 보호, 관리, 4 산간의 분지, 산에 안긴 곳. ¶ the ~ of a valley 골짜기의 분지. 5 (경기장의) 한 바퀴, 일주; (수영의) 왕복, 랩; (여행 따위의) 한 행정; (행동·계획 따위의) 한 구획; 한 단계; (실의 한번 감기[감은 양]. ¶ on the last ~ 마지막 한 바퀴에. 6 겹쳐짐, 겹쳐진 부분; (강편(鋼片)의) 젖혀진 데. 7 싸기; 감기; 포개기. 8 (보석 따위의) 연마반. 9 랩(무명·양모 따위의 섬유질을 압착, 얇게 한 것).
a lap of honor 승리의 일주(승자가 관중의 박수갈채를 받으며 경기장을 한 바퀴 도는 것).
do one's laps 풀장을 왕복 수영하다.
drop [or *fall*] *in* [or *into*] *a person's lap* (행운 따위가)…에게 굴러들어가다.
drop [or *dump*]...*into* [or *in*] *a person's lap* 〔일·문제 따위〕를 …에게 맡기다.
enter [or *reach*] *the last lap* 마지막 한 바퀴에 들어서다; 최종 단계에 들어서다.
in Fortune's lap; in the lap of Fortune 운수가 좋아서, 행운을 타고.
in the lap of luxury 온갖 사치를 다하여, 호강스럽게.
in the lap of the gods 인력이 미치지 못하는, 불확실한.
make a lap 〔美속어〕 앉다(sit down).
— 图 (-pp-) 1 …에 입히다(in); …을 싸다; …을 옷을 두르게 하다(about, around); …을 접어 개다(up). ¶ (~+图+副) ~ a blanket around 몸에 담요 를 두르다 / ~ *up a letter* 편지를 접다 // (~+图+前+图) ~ *a bandage around the leg* 다리에 붕대를 감다. 2 …을 (부분적으로) 포개다, 겹치다, 미닫이달다(*on, over*), 접어달다. ¶ (~+图+前+图) ~ *a board over another* 판자를 다른 판자 위에 포개다. 3 (비유적) …을 에워싸다; …을 안다, 소중히 기르다. ¶ (~+图+前+图) *a house ~ped in woods* 숲에 둘러싸인 집 //(~+图+副) *Joy ~ped him over.* 그는 온통 기쁨에 싸였다. 4 (경기에서) …을 한 바퀴 (이상) 앞서다; 〔코스〕를 완주하다. 5 (건축) …을 미닫이달다. 6 (보석·유리 따위를) 자르다, 연마하다. 7 (목재 따위를) 거멀이음으로 잇다. 8 (면·양모 따위를) 압착해서 랩[겹침슬]을 만들다.
— 图 1 겹치다, 포개지다, 씌워지다(*over*); (어떤 범위 밖에) 미치다; 길어지다; 연장되다; 비어져 나오다. 2 싸이다, 입다; 둘러[에워]싸이다. 3 젖혀지다, 걷어지다. 4 (경기) 코스를 일주하다.
be lapped in luxury 호화스럽게 살다.
lap over …위에 겹치다; …에 덮이다.

lap² 图 (-pp-) 目 1 …을 할짝할짝 치다(씻다), …에 밀려오다. ¶The waves ~*ped the shore.* 파도가 물가를 철썩철썩 쳤다. 2 …을 핥다, …을 핥아먹다(*up, down*). ¶(~+图+副) The dog ~*ped up the milk.* 개가 우유를 다 핥아먹었다. 3 (아첨하는 말을) 기꺼이 듣다, …에 열심히 귀기울이다(*up*). — 图 1 (물결 따위가) 씻다, 찰싹찰싹 밀려오다(소리내다). ¶ (~+前+图) ~ *against the shore* (파도가) 물가를 씻다. 2 핥다, 혀로 할짝할짝 핥아먹다.
lap up [or *down*] ① (구어) (경멸적) (아첨하는 말 따위를) 열심히 듣다, 받아들이다. ② (음식물을) 먹다, 마시다. ③ …을 즐기다.
— 图 1 (the ~) 파도가 밀려옴, (물가를 치는) 잔물결 소리. ¶The quiet ~ *of the sea* 바다의 잔잔한 물결 소리. 2 할짝할짝(짭짭) 마시는(먹는) 소리; 핥기, 한번 할기(할는 양). 3 개의 유동식. 4 (속어) (알코올 농도가) 약한 음료. (일반적으로) 술 (위스키 따위의) 한 모금.
take [or *have*] *a lap of* …을 핥다.
lap·ar- [lǽpər] 〔연결〕 ⇒ LAPARO-. 「(벽(腹壁) 절개술.
lap·a·rec·to·my [lǽpəréktəmi] 图UC 〔외과〕 복
lap·a·ro- [lǽpərou, -rə] 〔연결〕 「복벽(腹壁)」의 뜻 (* 모음 앞에서는 lapar-). ¶*laparotomy, laparectomy.*
lap·a·ro·scope [lǽpərəskòup] 图 〔의학〕 복강경 (腹腔鏡).
lap·a·ros·co·py [lǽpəráskəpi/-rós-] 图 복강경 -**ro·scóp·ic** 图 **-ro·scóp·i·cal·ly** 图 **-pist** 图
lap·a·rot·o·my [lǽpərátəmi/-rɔ́t-] 图UC 〔외과〕 복벽 절개, 개복 수술, 측복(側腹) 절개술.
La Paz [lə pɑ́ːz/lɑː pǽz] 图 라파스(볼리비아의 수도의 하나; 정부 소재지).
láp bèlt 图 〔美〕 (차의) 허리에 차는 안전 벨트.
láp·board [lǽpbɔ̀ːrd] 图 무릎 판자(무릎 위에 얹어 놓고 테이블 대신에 쓰는 판자).
láp child 图 〔美(중)남부〕 아직 걷지 못하는 아이, 막 맹신자(盲信者). 「걷기 시작한 아이.
láp compùter 图 = laptop.
LAPD 〔美〕 *Los Angeles Police Department*(로스앤젤레스시 경찰청).
láp dànce [dǽncing] 图 랩 댄스(누드 댄서가 관객의 무릎에 앉아 추는 선정적인 춤). **láp-dànce** 图图
láp dissòlve 图 〔영화〕 랩 디졸브(사라지는 장면위에 다음 장면이 서서히 겹치는 2중 영사 기법).
láp dòg 图 애완용 작은 개, 무릎에 앉히는 작은 강아지; 남이 하라는 대로 하는 사람; 맹신자(盲信者).
la·pel [ləpél] 图 (~**s**) (양복 상의의) 접은 깃, 접힌 깃.
~**ed** 图 접은 깃이 접힌. 「크.
lapél mìke 图 옷깃에 꽂는 소형 마이
lap·ful [lǽpfùl] 图 무릎 가득, 앞치마 가득.

[lapel]

lap·held [læphèld] 형 〔컴퓨터〕 =laptop.
lap·i·cide [læpəsàid] 명 석공(石工), 비명(碑銘) 조각공.
lap·i·dar·i·an [læpədɛ́əriən] 형 =lapidary.
la·pid·a·rist [ləpídərist] 명 보석 전문가(감정가).
lap·i·dar·y [læpədèri/-dəri] 형 **1** 보석 세공인. (또는 **lapidist**) **2** ① 보석 세공술. **3** ① 보석에 관한 문헌. **4** 보석 전문가(감정가, 수집가). —— 명 (또는 **lapidarian**) **1** 보석 세공의. **2** 돌에 새긴, 비문의, 비명에 알맞은; 간결하고 장중한. ¶a ~ style 비문체.
lap·i·date [læpədèit] 형(타) …에 돌을 던지다, 돌로 …을 쳐죽이다. **·dá·tion** 명 투석, 돌팔매질.
la·pid·i·fy [ləpídəfài] (고어) …을 돌로 변하게 하다, 석화(石化)하다. — 자 돌로 변하게 하다(petrify).
làp·i·díf·ic, làp·i·díf·i·cal **·fi·cá·tion** 명
lap·i·dist [læpədist] 명 보석 세공인, 보석공.
la·pil·lus [ləpíləs] 명 (복 **-li** [-lai]) (지질) 화산력(礫).
lap·in [læpin] 명 토끼; ① 토끼 모피.
lap·is laz·u·li [læpis læzjuli/-læzjulài] 명 청금석(青金石), 유리(瑠璃); 유리색, 하늘색. 「(joint)
láp jòint 명 〔건축〕 겹쳐 잇기, 미늘달기. (또는 **lápped**
Lap·land [læplənd] 명 라플란드(스칸디나비아 반도 북부 및 Kola 반도를 포함함). ~**·er** 명 =Lapp **1**.
La Pla·ta [lə plɑ́tə] 명 **1** 라플라타(아르헨티나 동부의 항구 도시). **2** 라플라타 강.
La Pláta òtter 명 라플라타 수달(멸종 위기에 있음).
láp microphone 명 =lapel mike. 「망」
LAPN *local area private network*(구내 사설 통신)
láp òrgan 명 (美속어) 무릎에 얹는 오르간, 아코디언.
Lapp [læp] 명 **1** 라플란드 사람. (또는 **Laplander**) **2** (또는 **Lappish**) ① 라플란드 말. **Lap·po·ni·an** 형
lap-page [læpidʒ] 명 〔법률〕 권원 경합(權原競合).
lap·per [læpər] 명 **1** 핥는 사람; (속어) 대주가, 고주망태. **2** (속어) =lap dog.
lap·pet [læpit] 명 **1** (의복·모자 따위의) 늘어뜨린 부분, 늘어진 주름. **2** (새의) 육수(肉垂); 처진 살; 귓불. **3** (방직) 래핏직(자수 무늬를 짜기 위해 직기에 부착한 장치); 래핏직(織)의 장식용 천. —**·ed** 형
Lap·pish [læpiʃ] 명 ① 라플란드어(Lapp). —— 형 라플란드(사람)의.
láp pòol 명 랩 풀(왕복 연습용의 좁고 긴 풀).
láp ròbe 명 무릎 덮개(야외나 차내에서 쓴다).
laps·a·ble [læpsəbl] 형 **1** 타락하기[빠지기] 쉬운. **2** 변하기[흘러가 버리기] 쉬운. **3** 〔법률〕 (권리 따위가) 무효가 되는, 실효[소멸]될 가능성이 있는. (또는 **lapsible**)
***lapse** [læps] 명 (복 **laps·es** [-iz]) **1** 옆길로 벗어남; 일탈(逸脫), 도덕적 과실, 타락(*from, into*). ¶a ~ *into* crime 죄를 저지름 / a ~ *from* virtue; a moral ~ 타락. **2** 사소한 과실, (우연한) 실책. ¶a ~ of the pen 잘못 쓰기 / a ~ of memory 깜빡 잊음, 기억 착오. **3** (a ~) (시간의) 경과, 추이; 경과된 시간, (과거의) 한 기간, 공백, 중단; the rapid ~ of time 시간의 빠른 경과. **4** 〔법률〕 (권리의) 소멸, 상실, (유산·보험의) 실효. **5** (습관 따위의) 쇠퇴, 폐지. **6** (지위·수량 등의) 감소, 하락. **7** (강) ~ rate. 「남에 따라」.
after[*with*] *the lapse of time* 시간이 지난 뒤[지나]
a lapse of the tongue 실언(失言).
—— 재 (**laps·es** [-iz]), ~**d** [-t]; **laps·ing**) **1** 길에서 벗어나다, 타락[하락]하다(*from, into*). **2** 잘못을 범하다, 실수하다; (어떤 상태에) 빠지다(*into*). ¶(~ + 前 + 名) ~ *into* a bad habit 나쁜 습관에 빠지다. **3** (시간이) 경과하다(*away*). **4** 〔법률〕 (권리 따위가) 소멸하다, 무효가 되다, 쓰이지 않게 되다. ¶Rights may ~ if they are not made use of. 권리는 행사하지 않으면 소멸된다. **5** (습관 따위가) 없어지다, 쇠해지다. —— 명
láps·er 명 무효로 하다, 실효로 하다.
lapsed [læpst] 형 〔한정용법〕 **1** 지나간, 폐지된; (법률) 무효가 된, 실효된. **2** 타락한, 배교(背敎)의. ¶the ~ 배교자.

lápse ràte 명 (기상) (고도 상승에 따르는) 기온[기압]
lap-size [-sàiz] 형 랩사이즈의, 무릎에 올려놓을 정도 크기의. (또는 **láp-sìzed**)
lap·stone [læpstòun] 명 (제화점의) 무릎돌(무릎에 얹어놓고 가죽을 두드림).
lap·strake [læpstrèik] 형 (보트가) 판자를 미늘단, 판자의 끝을 겹친(clinker-built). —— 명 미늘단 판자로 된 보트. (또는 **lapstreak**)
láp stràp 명 =lap belt.
lap-streak [læpstrìk] 명 =lapstrake.
lap·sus [læpsəs] 명 (복 ~) 실수, 잘못, 착오.
lapsus ca·la·mi [-kæləmài] 잘못 쓰기 오기(誤記). 「(<L)
lapsus lin·guae [-língwi:] 실언, 잘못 말하기.
láp swimming 명 랩 풀에 왕복 수영. 「때).
láp tìme 명 랩 타임(왕복 경기의 도중 게시(揭: 中計
lap·top [læptàp/-tɔ̀p] 명 〔컴퓨터〕 랩톱(휴대용) 컴퓨터(~ computer). 명 (컴퓨터) 랩톱 컴퓨터의.
La·pu·ta [ləpjúːtə] 명 라퓨타 섬(Swift작 *Gulliver's Travels*에 묘사된 공중에 뜬 섬; 기상(奇想)·공상에 잠기는 철학자들이 살고 있다.
La·pu·tan [ləpjúːtən] 명 Laputa 섬의 (주민 같은); (비유적) 공상적인, 기상천외의, 엉뚱한. —— 명 Laputa 섬의 주민; (비유적) 공상가, 몽상가.
lap·wing [læpwìŋ] 명 댕기물떼새(pewit).
lar [lɑːr] 명 (고대 로마의) 라르신(lares)의 한 사람.
LAR (컴퓨터) *limit address register*.
LARA, La·ra [lɑ́ːrə] 라라, 공인 아시아 구제 기관. (<*Licensed Agency for Relief of Asia*)
la ra·za [*Sp* lɑ rɑ́ːðɑ] 명 (때로 L- R-) **1** (복수취급) 멕시코계 미국인. **2** (단수취급) 멕시코계 미국인의 문화.
lar·board [lɑ́ːrbərd, -bɔːrd] 명 형 (해사) 좌현(의) (*지금은 주로 port를 쓴다). 형 starboard
LARC (군사) *Low Altitude Ride Control*(저공비행 제어). 「nist)
lar·ce·ner [lɑ́ːrsənər] 명 절도 범인. (또는 **larce·**
lar·ce·nous [lɑ́ːrsənəs] 형 **1** 절도의; 절도나 다름없는. ¶a ~ act 절도 행위. **2** 절도를 범한. ~**·ly** 부
lar·ce·ny [lɑ́ːrsəni] 명 (복) ① 절도; ⓒ 절도죄(의 행위), 절도행위. ⇒THEFT 유의어 ¶grand[petty, petit] ~ 중(경)절도죄.
larch [lɑːrtʃ] 명 ⓒ 낙엽송 재목; ① 낙엽송 나무.
***lard** [lɑːrd] 명 **1** ① 라드, 돼지기름(돼지 비계로 만든 반(半)고체의 기름); (구어) (인체의) 여분의 지방. **2** (美속어) 경찰.
—— 형 **1** …에 라드를 바르다. **2** (맛을 좋게 하기 위해) 돼지고기·베이컨 따위를 끼워넣다. **3** (이야기·문장 따위)를 윤색[수식]하다. ¶(~+目+前+名) ~ one's conversation *with* quotations 대화를 인용으로 수식하다. **lard in** …을 끼워넣다, 정교하게 섞어 짜다.
~·like 형 라드질의.
lar·da·ceous [lɑːrdéiʃəs] 형 라드(모양, 질)의; 지방질의.
lard-ass [lɑ́ːrdǽs] 명 (美속어) **1** 얼간이, 멍청이. **2** 엉덩이가 굉장히 큰 사람. (또는 **lárd-àss**)
lard·buck·et [lɑ́ːrdbÀkit] 명 (美속어) 뚱보.
lard·er [lɑ́ːrdər] 명 ⓒ 고깃간; 식량[식품] 저장실; ① 저장 식품. 「먹다.
raid the larder (구어) 저장 식품을 훔쳐[무단으로]
lard·er·er [lɑ́ːrdərər] 명 (고어) 고깃간지기; 식품실 담당자. 「명 멍청한.
lard·head [lɑ́ːrdhèd] 명 (美속어) 멍청이, 얼간이.
lard·ing-nee·dle [lɑ́ːrdiŋniːdl] 명 (요리) 살코기에 베이컨을 끼워 넣는 기구. (또는 **lárding pìn**)
lárd òil 명 라드유(윤활유·등유로 사용).
lar·don [lɑ́ːrdn] 명 (살코기 따위에 끼워넣는) 베이컨[돼지고기] 조각. (또는 **lar·doon** [lɑːrdúːn])
lard·y [lɑ́ːrdi] 형 라드 모양의, 라드를 바른; 지방이

많은; 살찐, 뚱뚱한.
lárdy cáke 명 (英) 라드 과자(라드·건과로 만든다).
lar·dy-dar·dy [-dáːrdi] 형 (英俗語) 뽐내는, 젠체하는, 멋부리는; 여자처럼 간들거리는.
Lar·es [lɛ́əriːz, léir-] 명복 (단 Lar) (종종 l-) [로마신화] 라레스(가정·도로·해로의 수호신).
láres and penátes 명 가정의 수호신; (비유적) 가보, 가산(家産); 가정(home).

‡**large** [laːrdʒ] 형 (larg·er; larg·est) 1 (모습·용량·면적이) 큰, 커다란; (종종 완곡적) 몸집이 큰, 거구의, 뚱뚱한. ⇨BIG 유의어 ¶a ~ book 큰 책/a ~ house 큰 집.
2 (보통 집합 명사를 수식하여) (수·양이) 큰, 다수의, 다량의; 상당한. ¶a ~ population 대인구. 3 (규모·범위가) 큰, 광대한, 광범위한. ¶a ~ area 광대한 지역/~ powers 광범위한 권력/~ views 넓은 견식/a ~ manufacturer 대제조업자/on a ~ scale 대규모로. 4 (이야기 따위가) 과장된, 허풍의, 뽐내는. ¶a ~ talk 허풍. 5 (작품(作風) 따위가) 자유스러운, 호방한. 6 (고어) 관대한, 도량이 큰. 7 (해사) 순풍의. 8 (속어) (사람이) 힘이 있는, 인기가 있는; 주요한, 중요한. ¶a ~ role 주역(主役). 9 (페어) (말·행동 따위가) 상스러운, 저속한, 절도 없는.
a large sum [or *amount*] *of* 거액의.   [가 높은.
a large number of 다수의.   [신이.
(as) large [or *big*] *as life* 실제로, 정말로, 본인 자
be all very fine and large 과연 대단히 훌륭한[그럴듯한] 일이다.
be on the large side (비교적) 큰 편이다.
in large part 대부분, 주로.
large for (속어) …에 열중하여, …을 좋아[열망]하여.
large of limb; with large limbs 팔다리가 큰.
to a large extent 대단히, 매우.
— 부 * 다음 숙어로만 쓴다.
at large ① (be 동사와 함께) (범인 따위가) 자유로운, 잡히지 않은. ¶The kidnaper is still at ~. 유괴범은 아직 잡히지 않았다. ② 상세히, 충분히. ¶explain at ~ 자세히 설명하다. ③ 멋대로, 되는대로. ④ (명사 뒤에서) a) 전체로서, 일반적으로. ¶people at ~ 일반 민중. b) (美) 전주(全州)를 대표하는. ¶a representative at ~ 전주 선출 의원. c) 특정한 임무가 없는. ¶an ambassador at ~ 무임소 대사. ⑤ 미정의. ¶leave a matter at ~ 문제를 미결인 채로 두다.
in (the) large 대규모로; 넓은 견지에서; 일반적으로.
— 통 1 크게, 대대적으로. ¶write ~ 크게[큰 글씨로] 쓰다. 2 과대하게, 과장하여. ¶talk ~ 큰소리치다, 호언장담하다/go ~ 화려하게 행동하다. 3 (해사) 순풍을 *be living large* (美俗語) 아주 잘하고 있다.   [받고.
by and large ⇨BY.
lárge chárge 명 비싼[많은] 청구; (美俗語) 스릴(thrill); (美俗語) 중요 인물, 거물; (경멸적) 거드름피는 사람.
large-eyed [-áid] 형 =wideeyed.
large-hand·ed [-hǽndid] 형 손이 큰; 후한, 활수한, 도량이 큰; (폐어) 탐욕스러운.
large-heart·ed [-háːrtid] 형 도량이 큰, 너그러운, 관대한, 통이 큰; 인정 많은. **~·ness** 명
lárge intéstine 명 (the ~) 대장(大腸).
large·ish [láːrdʒiʃ] 형 =largish.

‡**large·ly** [láːrdʒli] 부 (more ~; most ~) 1 대부분, 주로. ¶I owe my success ~ to your help. 내가 성공할 수 있었던 것은 주로 당신이 도와준 덕택이다. 2 크게, 충분히. 3 대량으로; 대규모로. 4 손크게.
large-mind·ed [-máindid] 형 마음이 넓은, 도량이 큰, 관대한. **~·ly** 부
large·ness [láːrdʒnis] 명 U 1 큼, 많음, 넓음. 2 허풍, 과장. 3 마음[시야]이 넓음, 관대함.
lárge òne 명 (美俗語) 1년의 교도소 생활.
lárge-pá·per edítion [-péipər-] 명 호화판, 대판(大版) 특제본.
large-print [-príːnt] 형 큰 활자 조판[인쇄]의.

larg·er-than-life [láːrdʒərðənláif] 형 실물 크기보다 큰; 실제보다 과장된; 전설[영웅, 초인]적인, 비범 [위대]한.   [정, 전체상(全體像).
lárger trúth 명 (저널리즘) 전체적 진실, 종합적 실
large-scale [-skéil] 형 1 대규모의. ¶a ~ business [disaster] 대사업[대재해]. 2 (지도 따위가) 축척률이 큰 (대축척의).
lárge-scale integrátion 명 고밀도 집적(회로) (LSI).
large-souled [-sóuld] 형 =large-hearted.
lar·gess(e) [láːrdʒes, láːrdʒis] 명U 아낌없이 줌; UC (아낌없이 주어지는) 선물, 축의(祝儀). [<F]
large-stat·ured [-stǽtʃərd] 형 (삼림의) 관목(灌木)과 교목(喬木)으로 이루어진.
large-type [-táip] 형 (인쇄) =large-print.
lar·ghet·to [laːrgétou] (음악) 부형 라르게토로[의], 조금 느리게[느린]. — 명 (복 ~s) 조금 느리게, 라르게토; 라르게토의 악장. [<It] [**largeish**]
larg·ish [láːrdʒiʃ] 형 조금 큰[넓은], 큼직한. (또는
lar·go [láːrgou] (음악) 부형 라르고로[의], 아주 느리게[느린], 느리고 넓게[은]. — 명 (복 ~s) 당당하게 느린 템포, 라르고; 라르고의 악장. [<It]
lari [láːri] 명 라리(그루지아의 화폐 단위).
lar·i·at [lǽriət] 명 1 (말·소 따위를 잡는) 던지는 올가미(lasso). 2 (가축을 매어 두는) 맛줄. — 통타 …을 올가미 밧줄로 던져 잡다; …을 맛줄로 매어 두다.
la·rith·mics [lərīθmiks, -riθ-] 명 인구 집단학(인구의 양적인 면의 과학적 연구).

‡**lark**[1] [laːrk] 명 종달새(skylark). ¶*If the sky fall, we shall catch ~s.* (속담) 하늘이 무너지면 종달새를 잡을 수 있다; 부질없는 걱정을 할 필요가 없다.
(as) happy [or *gay*] *as a lark* 몹시 즐거운.
rise [or *be up, get up*] *with the lark* 아침 일찍 일어나다.
lark[2] (구어) 명 1 (a ~) 장난, 희롱; 농담; 떠들고 놀기. 2 (英) (시시한) 일, (바보같은) 짓.
for [or *on*] *a lark* 장난삼아, 농담으로.
have [or *take, go on*] *a lark* 즐겁게 놀다.
have a lark with …을 놀리다, …에게 장난치다.
up to one's lark 장난에 팔려.
What a lark! 정말 신난다, 거 참 재미있다.
— 통자 장난치다, 희롱하다, 떠들고 놀다(*about, around*). — 타 …을 희롱하다, 놀리다.
~·er 명 **~·i·ness** 명 **~·ing·ly** 부 **~·some** 형 들뜬, 장난의. **~·y** 형 장난치는; 농담을 좋아하는.
lark·ish [láːrkiʃ] 형 들뜬, 장난을 좋아하는.
~·ly 부 **~·ness** 명
lark·spur [láːrkspəːr] 명 참제비고깔속(屬)의 식물.
larn [laːrn] 통자타 (속어) (익살) =learn. — 타 (구어) …을 가르치다, 깨닫게 하다.
La Ro·che·fou·cauld [lɑ̀ rɔ̀ːʃuːkóu/-rɔ̀ʃ-] **François de** ~ 라로슈푸코(1613~80: 프랑스의 작가).
La·rousse [lərúːs] **Pierre Athanase** ~ 라루스(1817~75: 프랑스의 문법 학자, 사전 편찬가).
lar·ri·gan [lǽrigən] 명 (美·캐나다) 유피(油皮) 장화(벌목 인부와 사냥꾼 등이 신는다).
lar·ri·kin [lǽrikin] 명 (속어) (濠) 깡패, 건달, 무뢰한, 불량배. — 형 난폭한, 불량한. **~·ism** 명
lar·rup [lǽrəp] 통타 (구어·방언) …을 세게 때리다; 매질하다; 철저히 패배시키다, 패배당하다. — 명 꾸물꾸물 움직임. — 통 매질; 타격. **~·er** 명
lar·ry[1] [lǽri] (야금) 명 래리카(그로스로(爐)에 석탄을 실어다 꼭대기에 있는 바닥에 열리는 석탄차) (또는 ∼ cár)
lar·ry[2] 명 (종종 L-) (美俗語) 허름한 상품, 잡동사니. — 형 잡동사니의, 조악(粗惡)한.
Lar·ry [lǽri] 명 래리(남자 이름: Lawrence, Laurence, Laurance의 애칭).
***lar·va** [láːrvə] 명 (복 **-vae** [-viː]) (동물) 1 (곤충의) 유충, 애벌레. 2 (변태 동물의) 유생(幼生)(올챙이 따위).

lar·val [láːrvəl] 형 1 〖곤충·생물〗 유충[유생]의(같은). ¶a ~ organ 유생 기관(器官) / the ~ stage 유충[유생]기. 2 〖병리〗 (병이) 잠재성의, 가면성(假面性)의. (또는 **larvate**) 유충의, 어린.

lar·vi·cide [láːrvəsàid] 명 유충 제거제, 살유충제. ── 타 살유충제로 처리하다. **cíd·al** 형

la·ryng- [ləríŋg] 연결 ⇒LARYNGO-.

la·ryn·ge·al [ləríndʒiəl, lærindʒíːəl] 형 1 후두(喉頭)의. 2 〖음성〗 후두음의. ── 명 1 〖음성〗 후두음. 2 후두부(喉頭部)의. (또는 **laryngal**) **~·ly** 부 〔gotomy.

la·ryn·gec·to·my [lærəndʒéktəmi] 명 = laryn-

la·ryn·ges [ləríndʒiːz] larynx의 복수형.

lar·yn·gi·tis [læ̀rindʒáitis] 명 〖병리〗 후두염. **-gít·ic** 형 후두염의.

la·ryn·go- [ləríŋgou, -gə] 연결 larynx의 뜻(* 모음 앞에서는 laryng-).¶ *laryngo*tomy.

lar·yn·gol·o·gy [læ̀rəŋgálədʒi/-gɔ́l-] 명 ① 후두과학. **-gist** 명

la·ryn·go·phone [ləríŋgəfòun] 명 〔목에 대고 말하는〕 후두 송화기. 〔鏡(喉頭鏡).

la·ryn·go·scope [ləríŋgəskòup] 명 〖의학〗 후두

la·ryn·gos·co·py [læ̀riŋgáskəpi/-gɔ́s-] 명 ① (후두경에 의한) 후두 검사(법). 〔학〕 후두 절개(술).

lar·yn·got·o·my [læ̀riŋgátəmi/-gɔ́t-] 명 ①ⓒ 〔의

lar·ynx [læ̀riŋks] 명 (*pl.* **la·ryn·ges**, **~·es**) 〖해부·동물〗 후두; 발성 기관(voice box).

LAS *large astronomical satellite*; *League of Arab States*. **LASA** *large aperture seismic array*(지하 핵폭발 실험 탐지용 초(超)원거리 지진 탐지 장치).

la·sa·gna [ləzáːnjə, lɑː-/-zǽ-] 명 ① 〖요〗 **-gne** ① 라자냐(치즈·토마토 소스·다진 고기 따위를 넣은 이탈리아의 요리). (또는 **lasagne**) 〔It〕

La Sca·la [lɑː skáːlə] 명 스칼라 좌(座)(이탈리아의 Milan에 있는 오페라 하우스).

las·car [læ̀skər] 명 (외국 선박에서 일하는) 인도인 선원; (영국 육군의) 인도인 포병. (또는 **lashkar**)

las·civ·i·ous [ləsíviəs] 형 호색의, 음탕한; 색정을 돋우는, 선정[도발]적인. **~·ly** 부 **~·ness** 명

lase [leiz] 자 레이저 광선을 발하다; (결정(結晶)이) 레이저로 쓰이다. ── 타 …에 레이저 광선을 쬐다.

‡**la·ser** [léizər] 명 〖전자〗 레이저 (장치). 〔<*light amplification by stimulated emission of radiation*〕

láser bèam 명 레이저 광선.

láser bòmb 명 〖군사〗 레이저 유도[수소] 폭탄.

láser càne 명 〔맹인용〕 레이저 적외선 지팡이.

láser càrd 명 〖컴퓨터〗 레이저 광선에 의해 데이터를 기록·재생할 수 있는 카드.

láser dìsk [dísc] 명 〖컴퓨터·TV〗 레이저 디스크.

láser fùsion 명 〖물리〗 레이저 핵융합.

láser mèmory 명 〖컴퓨터〗 레이저 기억 장치.

láser prìnter 명 〖컴퓨터〗 레이저 프린터.

láser ràdar 명 〖물리〗 레이저 레이더.

láser rànger 명 레이저 거리 측정기.

láser rànging 명 레이저 거리 측정법.

láser rìfle 명 레이저 총(무기 또는 기구).

láser sùrgery 명 〖외과〗 레이저 수술.

‡**lash**[1] [læʃ] 명 (복 **~·es** [-iz]) 1 채찍, 챗열; 채찍 끈. 2 (종종 the ~) 채찍으로 때리는 형벌, 태형(笞刑). 3 (채찍으로 맞는 것 같은) 아픔, 고통; 통렬한 비난; 빈정댐. 4 (채찍 따위의) 한 번 휘두르기, 한 번 후려치기; (말·개 따위의) 꼬리를 침. 5 (파도·바람·비 따위의) 강렬한 충격. 6 (~es) 속눈썹. 7 〖방적〗 목실(날실을 들어 올리는 실 또는 철사 고리). 8 〖기계〗 래시, 틈.

have a lash (at) (구어) …을 시도하다. 〔고.

under the lash ① 체형을 받아. ② 통렬한 비난을 받

── 타 (~**es** [-iz]; ~**ed** [-t]) 1 (채찍 같은 것으로) …을 때리다(*with*). 2 (파도 따위가) …을 세차게 때리다. 3 (남)을 몰아세우다; …상태가 되다 (*into*).¶ (~+目+前+名) ~ *a person to* fury [*into* a frenzy of anger] 남을 격노[격분]시키다. 4 (매·손발·꼬리 따위)를 살짝[세차게] 흔들다[움직이다]. 5 (남)을 통렬히 비난하다; 마구 빈정대다(*with*).¶ (~+目+前+名) ~ *a person with* one's pen [tongue] 글[말]로 남을 통렬히 공격하다. 6 《영방언》 (돈)을 낭비하다. 7 《속어》 〔야구〕 (공)을 강타하다.

── 자 1 심하게 움직이다, 요동치다(*about*, *around*). 2 …한 상태가 되다(*into*). 3 (파도·바람·비 따위가) …을 세차게 때리다(*at*, *against*). 4 (구어) (사냥)을 비난하다(*at*, *into*). 5 돌진하다, (한꺼번에) 밀어닥치다; 세차게 내뿜다; (빛이) 갑자기 비치다.

lash back 반격하다, 되받아치다, 응수하다.

lash into …을 맹렬히 공격[비난]하다, 후려갈기다; (음식)에 덤비다.

lash out ① 매질하다, (채찍으로) 세게 치다; (손발·꼬리 따위)를 살짝 흔들다, 휘두르다(*at*, *against*). ② 비난이 분출다, 혹평하다, 욕설하다(*at*, *against*). ③ (말 따위가) 차다, 발길질하다(*at*). ④ 《영속어》 (돈을) 인심 좋게[함부로] 쓰다, (물건을) 아낌없이 쓰다 (*on*).

lash[2] 타 (밧줄·끈 따위로) …을 묶다, 매다(*down*, *together*)(*on*, *to*).¶ (~+目+前) ~ *a thing down* 물건을 단단히 동여매다 / ~ *things together* 한데 묶다 / (~+目+前+名) ~ *one thing to another* 어떤 물건을 다른 것에 동여매다.

LASH [læʃ] 명 래시선(船)(화물을 적재한 바지선을 싣는 화물선). 〔<*lighter aboard ship*〕

lash·er[1] [læ̀ʃər] 명 1 채찍질하는 사람; 비난하는 사람. 2 《영방언》 보(洑), 둑; 보 아래 고인 물.

lash·er[2] 명 1 밧줄로 묶는 것. 2 (밧줄 따위로) 묶는 사람.

lash·ing[1] [lǽʃiŋ] 명 1 ①ⓒ 매질, 채찍질; 통렬히 꾸짖음, 질책. 2 통렬한 비난[견책]. ── 형 (비·파도 따위가) 세차게 부딪치는; 맹렬한. **~·ly** 부

lash·ing[2] 명 ①ⓒ 동여매기, 묶기; 끈, 밧줄.

lash·ings [lǽʃiŋz] 명복 《영구어》 다량, 많음; (음식물의) 수북한 양(*of*).¶ ~ *of* chocolate 많은 초콜릿.

lash·less [lǽʃlis] 형 속눈썹이 없는.

lash-up [lǽʃʌ̀p] 명 1 (구어) 급한 경우의 임시 변통, 즉석 아이디어; 급조한 기구[조직]. 2 장비, 설비. 3 (구어) 〖군사〗 병사(兵舍), 텐트. 4 《속어》 팀, 일단, 부대. 5 《속어》 실패, 실수. ── 임시 변통의. (또는 **lásh-ùp**)

LASIK 〖의학〗 *laser in-situ Keratomileusis*(라식수술; 레이저 각막 회복 수술.

Las·ki [læ̀ski] 명 **Harold Joseph** ~ 래스키 (1893-1950: 영국의 정치학자).

Las Pal·mas [lɑːs páːlməs] 명 라스팔마스(스페인령 Canary 군도의 항구 도시).

L-as·par·a·gi·nase [èləspǽrədʒəneis] 명① 엘 아스파라기나아제(백혈병 치료에 쓰는 세균 효소).

lasque [læsk/lɑːsk] 명 〖광물〗 얇은 부정형(不整形)의 저급 다이아몬드.

‡**lass** [læs] 명 (복 **~·es** [-iz]) 1 소녀, 아가씨 (↔ lad). 2 (여자) 애인. 3 (스코) 하녀(maidservant).

Las·sa féver [læ̀sə-, lɑ̀ːsə-] 명 〖병리〗 라사열(熱) (사망률이 높은 바이러스성의 급성 열병).

las·sie [læ̀si] 명 (스코) 소녀, 아가씨(≒laddie); (여자) 애인(sweetheart). 〔른봉, 권태, 무기력.

las·si·tude [læ̀sətjùːd/-tjùːd] 명 ① 나른함, 께느

las·so [læ̀sou, læsúː] 명 (복 **~(e)s**) (던지는) 올가미 밧줄. ── 타 …을 올가미 밧줄로 잡다. **~·er** 명

‡**last**[1] [læst/lɑːst] 형 (*late*의 최상급의 하나. 또 *latest*) 1 (the ~) (시간·순서·공간적으로) 최후의, 마지막의, 맨끝의.¶the ~ line of the page 그 페이지의 마지막 행 / the ~ page but one [two]: the second [third] ~ page 끝에서 두번[세번]째 페이지 / the three ~ stanzas: the ~ three stanzas 마지막 3연(聯) (* 오늘날에는 후자가 보통) / He was the ~ (man) to

last

leave the room. 그가 마지막으로 그 방에서 나갔다.

〖유의어〗 **last** 연속되는 것의 마지막을 나타내는 가장 일반적인 말. **final** 순서의 마지막으로서 사물의 종결을 나타낸다; last와는 달리 구체적인 사물에 관해 쓰는 일은 없다. **terminal** 말단을 나타낸다. **ultimate** 진행·노력 등이 더 이상 나아갈 수 없는 한계의.

2 지난…, 바로 전의, 요전의, 앞선…¶「현재에서 가장 가까운 과거의 뜻」My ～ letter 지난번[전번]의 편지/these ～ few days 요즘[지난]며칠 동안/I was ill in bed, (the) ～ time she came here. 전번에 그녀가 여기 왔을 때 나는 앓아 누워 있었다.

〖USAGE〗「last+때를 나타내는 명사」의 용법—(1) 관사·전치사 없이 부사구로 쓰인다: She left for New York ～ night[month]. (2)「어제 …」의 경우「어제 저녁[밤], 어제 아침[오후]」의 경우 last evening[night]으로 쓰나「어제 아침[오후]」의 경우 last morning[afternoon]으로 쓰지 않고 yesterday morning[afternoon]으로 쓴다. (英)에서는 last evening 대신 yesterday evening을 쓰기도 한다. (3)「요일」의 경우 last Monday 처럼 쓰나「바로 전의」를 강조할 경우 on Monday last(week)로 쓴다. (4)「주(週), 달(月), 철(季節), 해(年)」의 경우 last week[month, summer, year]로 쓰나「세기(世紀)」의 경우 last century로 쓰지 않고 in [during] the last century로 쓴다. (5) last February is in February last 처럼 쓰기도 하는데 이는 격식을 차린 표현이다. 「어제」는 last day로 쓸 수 없으며 yesterday이다.

3 (the ～) 최근의; 최신의, 현재 유행하는.¶the ～ election 최근의 선거/his ～ book 그의 최근의 저서/the ～ news 최신 뉴스/the ～ thing in skirts 스커트의 최신 유행형[어울리지 않는](to do; (that)節, wh節). ¶That is the ～ thing one would expect. 그것은 사람이 가장 예상치 못할 일이다/He is the ～ person to deceive you. 그는 결코 당신을 속일 사람 같지는 않다. **5** (the ～, one's ～) a) 최후로 남은, 마지막의. ¶the ～ hope 최후의 희망/one's ～ dollar 마지막 남은 1달러. b) (인생의) 최후의, 임종의; 종말의. ¶the ～ day (최후의) 심판날(*어순(語順)에 주의)/in the ～ days of his life 그의 임종시에. c) 최종적인, 결정적인, 결론적인; 극단적인. ¶to the ～ detail 아주 자세하게. **6** (the ～) a) 최상의; 비상의. ¶of (the) ～ importance 극히 중요한/the ～ term of contempt 더없는 경멸의 말. b) 최하위의, 꼴찌의. ¶the ～ prize 꼴찌상/He is the ～ boy in the class. 그는 반에서 꼴찌다. **7** (강조) 개개(인)의, ¶Every ～ thing was the best of its kind. 어느 것을 보아도 최상품이었다.

draw one's **last breath** 마지막 숨을 거두다.
every last 개개의, 모두(every).
for the last time 마지막으로, 최후로, 이것을 끝으로.
if it's the last thing a person **does** 어떤 일이 있어도 〈…하고 싶다〉.「죽음에 임해서,
in one's **last moments** [or **hours**] 임종 순간에,
in the last place 최후로, 마지막으로.
last night early in the morning (美俗) 오늘 아침 일찍.「이도저도 못하여, 궁지에 빠져.
on [or **upon**] one's **last legs** ① 죽음에 이르러. ②
on one's **last pins** ⇒PIN. 「다, …을 완성하다.
put the last hand [or **touch**] **to** …을 마무리짓
take one's **last** [or **long**] **count** (美俗) 죽다.
take one's **last drink** (캐나다 속어) 익사하다.
the (**four**) **last things** [신학] 사종(四終)(죽음·심판·천국·지옥).「…에서 두번째의 ….
(**the**) **last...but one**; (**the**) **second last** 마지막
(**the**) **last thing** (**at night**) ① 밤 늦게. ② (구어)

to the last degree 극도로. 「자기 전에; 최후로.
to the last man 최후의 한 사람까지; 철저하게.
——『속』 (late의 최상급의 하나) **1** 최후에, 마지막에, 맨끝에(⓿ first).¶He laughs best who laughs ～. =He who laughs ～ laughs best. (속담) 최후에 웃는 자가 진짜 웃는 자이다, 미리 좋아하는 것은 금물.
2 전번에, 요전에, 최근(⓿ next).¶It's a long time since I saw him ～. 전번에 그를 만나고 나서 오래 되었다.

〖주의〗 종종 복합어의 제1요소로 쓰인다: *last*-born 마지막에 태어난/*last*-mentioned 마지막으로[요전에] 말한.

first and last 전부 통틀어, 모두.
last but not [or **by no means**] **least** 차례는 맨끝이지만 중요성은 어느 것에 뒤지지 않는, 끝으로 중요한 점을 말하겠지만.
last in, first out 후입선출(後入先出)의, 마지막에 채용된 사람이 먼저 해고된다.
last of all (강조) 최후에, 최후로.
—— 『명』 (the ～, one's ～) **1** 최후의 사람[것], 최근의 것.¶the night[month] before ～ 그저께[지지난 달]/the ～ in the row 열의 맨 끝 사람. **2** 최후, 종말, 마지막; 끝, 말기; 죽음, 임종.¶He is near his ～. 그의 임종이 가깝다. **3** (사람의) 마지막 날[모습, 말], 행동. **4** (월·주의) 마지막. **5** 전번 편지; 최근에 한 농담.¶I said it in my ～. 요전번 편지에서 그것을 말씀드렸습니다. **6** 최근에 태어난 자식, 막내둥이.
at last ① 드디어, 마침내, 끝내. ② (At ～!) 아이고!, 살았군!; 드디어!, 마침내!
at long last (끝의 끝) 간신히, 마침내.
at the last 최후에(는). 「～ 지지난 주.
…**before last** 지지난…, 전전….¶the week *before*
breathe [or **gasp, look**] one's **last** 숨을 거두다, 죽다(* last 뒤에 각 동족 목적어(breath, gasp, look)가 생략).
from first to last 처음부터 끝까지, 시종.
hear the last of …을 이제 화제로 삼지 않다; …와 절연하다.
leave...till last …을 제일 뒤로 하다. 「하다.
look one's **last of** …을 마지막으로 보다; …와 절연
see the last of ① …을 마치다, 해치우다. ② (남)을 해치다, 쫓아버리다; …의 최후를 지켜보다.
the last a person **heard** 남이 입수한 최신 정보로.
to [or **till**] **the last** 최후까지; 죽을 때까지.

‡**last²** 『동』 **1** (일정 기간) 계속하다, 지속(존속)하다.
⇨CONTINUE 〖유의어〗¶as long as the world ～s 이 세상이 존속하는 한/How long will this fine weather ～? 이 맑은 날씨는 언제까지 지속될까? **2** (손상되지 않고) 지탱되다, 견디다; (건강·힘 등이) 유지되다(out); (생명이) 지속되다; (사람이) 존속하다.¶while my health[strength] ～s 내 건강[체력]이 지속되는 한/This color ～s. 이 색은 변치 않는다. **3** (없어지지 않고) 오래 가다, 족하다(out).¶He really enjoyed himself while his money ～ed. 그는 돈이 떨어질 때까지 마음껏 놀았다. —— 『타』 **1** …을 충족시키다, …에 족하다, 충분하다.¶I have enough money to ～ me (for) a year. 나는 1년은 살아갈 수 있을 만큼의 돈을 갖고 있다. **2** …의 끝까지 지탱하다, …을 견뎌내다(out). —— 『명』 지구력, 내구력, 끈기. ～-er 『명』 지속하는

last³ 『명』 (나무·금속으로 만든) 구두골. 「것.
stick to one's **last** 자기의 직분[본분]을 지키다, 모르는 일에 쓸데없이 참견하지 않다; 자신있는 일만 하
—— 『동』 『타』 구두골에 맞추다. 「1,800kg」
¶1,800kg」

last⁴ 『명』 라스트(중량 단위로 보통 4,000 pounds;
last-a·cross [ǽəkrɔ́ːs] 『명』 (英) 가까이 오는 차[열차] 앞을 누가 맨 마지막에 건너가는지를 경쟁하는 놀이.

lást ágony 명 임종의 고통, 단말마(斷末魔).
lást cry (the ~) 최신 유행(물), 최근 풍조.
Lást Dáy (the ~, 종종 the l- d-) 최후의 심판일, 세상의 마지막 날(Day of Judgment).
lást dítch (the ~) 막다른 판(곳), 고빗사위, 궁지. ¶die in the ~ 최후 순간까지 안간힘을 다하다. **to the last ditch** 최후까지, 최후까지.
last-ditch [‑ditʃ] 형 진퇴유곡의, 막판에 몰린, 끝까지 버티는; 사력을 다한, 절체절명의. ¶~ resistance 최후의 저항. **~·er** 명 최후까지 버티는 사람.
Las·tex [lǽsteks] 명 (상표) 라스텍스(고무·면 혼합)
last-gasp [‑gæsp] 형 최후에 하는, 막판에 행해지는.
lást hurráh (美) 1 (정치가의) 마지막 선거전. 2 최후의 시도[노력]; 유종의 미 거두기. [<미국 작가 Edwin O'Connor의 소설 *The Last Hurrah*(1956)]
lást-ín, fírst-óut 명 후입 선출법(後入先出法)(略 LIFO). 1 (회계) 원자재를 기간 중 최후 구입 가격으로 기장하는 재고 조사·자산 평가법. 2 (컴퓨터) 최후에 입력한 항목을 최초로 검색하는 데이터 기억 검색법. 3 (경영) 인력 감축시 신입 사원부터 거슬러 올라가며 해고하는 방식. 반 first-in, first-out
‡**last·ing** [lǽstiŋ/láːst‑] 형 영속적인, 오래 지속[지탱]되는, 항구적인. ⇒ETERNAL [유의어] ¶a ~ peace 항구적 평화. ― 명 ① 영속, 내구(耐久), 항구 2 질긴 직물. ‑·**ly** 부 오래 지탱하여. ‑·**ness** 명
Lást Júdgment (the ~) (세계 종말 때의 그리스도에 의한) 최후의 심판(일). 반 Judgment Day
lást láugh 명 최후의 웃음[미소]; 최후의 승리.
lást lícks 명복 (美속어) (경기에서 지는 것이 확정적인 쪽의) 최후의 공격[기회]; (일반적으로) 최후의 찬스.
*lást·ly** [lǽstli/láːst‑] 부 (말을 끝낼 때) 마지막으로, 끝으로; 결국, 결론적으로.
lást mínute [móment] 명 최후의 순간, 막판.
last-min·ute [‑mínit] 형 최후 순간의, 마지막 판의; 시간 변동의. ¶~ shoppers 폐점 직전의 쇼핑객.
*lást náme** 명 성(姓). 반 first name ⇒CHRISTIAN
lást óffices (the ~) 장례식, 초상. [NAME
lást póst 1 (英군사) 소등 나팔. 2 장례식의 나팔
lást quárter (달의) 하현(下弦). [취주.
lást rítes (가톨릭) 종부 성사(終傳聖事), 병자(病者)
lást róundup (美서부) 죽음(death). [성사.
lást sléep (the ~) 죽음.
lást stráw (the ~) 참을 수 없게 되는 마지막[한도]. **That's the last straw!** (구어) 그건 너무 지나치다!, 뭔가 손을 써야겠다.
Lást Súpper (the ~) 1 (그리스도의) 최후의 만찬. 2 (그리스도의 수난과 죽음을 기념하는) 예배 집회, 성찬식. 3 최후의 만찬 광경을 그린 그림(da Vinci 작).
lást thíng 명 (the ~ 또는 (···의) 최신 유행(*in*). 2 (the L- T-s) 세계 종말을 고하는 사건들; (four ~s) (기독교) 사종(四終)(죽음·심판·천국·지옥). ― 부 (종종 the ~) (구어) 잠자리에 들기 전에, 끝으로.
lást wórd 명 1 (the ~) (의론 따위의) 마무리 발언; (···에 관한) 결정적 발언, 최종 결정권(*on*). ¶have the ~ *on* the matter 그 문제에 대한 결정권을 갖다. 2 (the ~s, one's ~) 유언, 임종의 말. 3 (the ~) 완벽[완전무결]한 것; 결정판. 4 (the ~) (구어) (···의) 최신형[식], 최신품(*in*).
famous last words ① (the ~) 임종 명언[언]. ② (익살) 그렇겠지요, 글쎄 어떨지.
have [or give, say] the [or one's] last word 결정적 발언을 하다; 마지막 진술을 하다.
Las Ve·gas [lɑs véigəs/læs‑] 명 라스베이거스 (미국 Nevada 주의 도시; 도박·관광지로 유명).
Las Végas line (美) (the ~) 미식 축구 도박에 거는 돈의 비율. [박 행사.
Las Végas night (자선 단체 등의) 합법적인 도
lat [lɑːt] 명 (복 **~s, la·ti** [láːtiː]) 라트(라트비아

(Latvia) 공화국의 통화·화폐 단위).
lat. lateral; latitude. **Lat.** Latin; Latvia(n).
la·ta(h) [láːtə] 명 (정신의학) 라타(놀라움·충격 따위로 발작을 일으켜 타인의 행동·말을 충동적으로 모방하는 행동 유형). (또는 **hyper-startle syndrome**)
Lat·a·ki·a [lætəkíːə] 명 1 라타키아(시리아 서북부, 지중해 연안의 항구 도시). 2 터키산 고급 담배.
*latch** [lætʃ] 명 1 (문·창·대문 따위의) 걸쇠, 빗장. 2 (또는 ∠ circuit) (전자) 래치 (회로)(어떤 입력에 대한 출력 상태를 다른 입력이 있을 때까지 유지하는 논리 회 **off the latch** 걸쇠를 벗기고. [로).
on the latch (자물쇠를 채우지 않고) 걸쇠만 걸고.
― 타 걸쇠를 걸다. ― 자 걸쇠가 걸리다.
latch on (구어) ① 붙잡다, 불잡히다; (물건이) 들러 붙다. ② (구어) 이해하다.
latch onto [or on to] ① ···을 붙잡다, 꼭 쥐다; ···을 입수하다, ···을 자기 것으로 하다. ② ···을 이해하다. ③ ···에 붙어 다니다; ···과 친하게 지내다.
latch·er·on [lǽtʃərɔ̀n] 명 치근치근 매달리
latch·et [lǽtʃit] 명 구두끈. [달라붙는] 사람.
latch·key [lǽtʃkìː] 명 걸쇠를 벗기는 열쇠(특히 현관문을 밖에서 여는 작은 것). ― 동 (문의) 걸쇠를 열다; (재귀용법으로) 현관의 열쇠를 열고 들어가다.
látchkey child [kìd] (맞벌이 부부의) 열쇠를 갖고 다니는 아이. (또는 **dóor-key child**)
latch·string [lǽtʃstrìŋ] 명 걸쇠의 끈(밖에서 걸쇠를 벗기도록 매달아 놓은 끈).
have one's latchstring out for ···을 따뜻이 맞이
‡**late** [leit] 형 (**lat·er, lat·ter; lat·est, last**) (* later, latest는 시간에, latter, last는 순서에 관해 쓴다) 1 (···의) 늦은; (정상보다) 지체된(*for, to*); (질세·지불 따위가) 밀린, 연체된(반 early). ¶The train is ten minutes ~. 열차는 10분 늦어지고 있다/be ~ *for* dinner 식사에 늦다.
[유의어] **late** 일반적인 말; 예정된 시각·시기에 늦은. **tardy** 동작의 완만·태만 따위로 늦은.
2 보통보다 늦은; 철늦은, 늦되는. ¶a ~ flower 늦게 피는 꽃. **3** 늦게까지 계속되는. ¶a ~ session 밤늦까지 계속되는 회합. **4** (···의) 늦은. ¶a ~ dinner 늦은 저녁 식사 / a ~ riser 늦잠꾸러기. **5** 요즘의, 최근의; (뉴스·패션 따위가) 최신의. ¶a ~ invention 최근의 발명품. **6** (the ~, one's ~) 앞서의, 전(前)···, 구(舊)··· (former, ex‑). ¶his ~ residence 그의 전 주소[그전 집] / the ~ Administration 전 내각. **7** (the ~) (최근) 돌아가신, 작고[별세]한, 고···. ⇒DEAD [유의어] ¶the ~ king 선왕(先王) / the ~ Dr. A 고(故) A박사. **8** (연령적으로) 늘그막의, 만년의. ¶a ~ marriage 만혼. **9** 후기[말기]의, 후반의. ¶~ spring 늦봄, 만춘 / the ~ Middle Ages 중세 후기 / in the ~ 1990's 1990년대 말[후반]에 (* 비급급 later 쪽이 기간의 한정면에서는 더
at a late hour 밤늦게. [욱 적절하다).
have a late night 밤늦게 자다. [간이 없다.
it's later than you think 생각하고 있는 것보다 시
keep late hours 늦게 자고 늦게 일어나다.
late for one's own funeral (구어) 항상 (시간에) 늦는, 결코 시간을 지키지 않는.
of late years 근년, 요 몇 해. [근, 기회를 놓쳐서.
(rather) late in the day (일)이 너무 늦어서, 뒤늦
the late period of one's life 늘그막, 만년.
― 부 (**lat·er; lat·est, last**) 1 (어떤 시각에) 늦게, 저각하여, ¶arrive ~ *for* the train 기차가 출발한 뒤 도착하다 / *Better* ~ *than never*. (속담) 늦어도 하지 않는 것보다는 낫다. **2** (종종 전치사구와 함께) (시각·시기가) 늦어서, 밤늦게, 말기에, 말경에. ¶go to bed ~ 늦게 잠자리에 들다 / succeed ~ *in* life 만성(晩成) 하다 / ~ *in* the afternoon 오후 늦게. **3** 늦게까지, 밤늦도록. ¶study [work] ~ 밤늦도록 공부[일]하다. **4**

《명사 뒤에서》이전에는, 최근까지 《…에》있어《of》. **5** 최근, 요사이. **6** 《美속어》《L-, L-s》안녕. ¶ *L-*! 또 만나, 안녕!
as late as 바로 …만큼 최근에. ¶ *I saw him as ~ as yesterday.* 바로 어제 그를 보았다.
early and late ⇒EARLY. *early or late* ⇒EARLY.
late in one's life 만년에.
late of 최근까지 …에 거주[근무, 소속]하고 있었던. ¶ *a man ~ of Seoul* 최근까지 서울에 있던 사람.
sit [or stay] up (till) late 밤늦도록 자지 않고 있다.
the [or one's] late lamented ① 최근에 죽은 《사람》. ② 이미 생존하지[존재하지] 않는 《사람·물건》.
— 圐 * 다음 숙어로만 쓴다.
of late 《부사적》 최근에, 최근. ⇒LATELY 〔유의어〕
till late (at night) 《밤》 늦게까지.
~·ness 圐 늦음, 지각.

láte bírd 圐 밤 늦도록 자지 않는 사람; 밤에 놀러 다니는 사람.
láte blíght 圐 《식물병리》 엽고병(葉枯病), 잎마름병.
láte blóomer 圐 만성형(晩成型)의 사람.
late-bloom·ing [-blúːmiŋ] 圐 늦게 피는; 늦되는, 늦게 번성하는, 만성형(晩成型)의.
late-break·ing [-bréikiŋ] 圐 《뉴스가》 방금 들어온.
late-com·er [léitkÀmər] 圐 **1** 늦게 오는 사람, 지각자. **2** 최근에 나타난 것; 신참자.
lat·ed [léitid] 圐 《고어·시》 =belated.
láte devéloper 발육[발달, 성장]이 느린 사람; =late bloomer.
láte efféct 圐 《물리》 지발(遲發) 효과.
la·teen [lætíːn/lə-] 圐 큰 삼각돛의[이 있는].
— 圐 큰 삼각돛; 큰 삼각돛 배.
la·teen-rigged [-rigd] 圐 큰 삼각돛을 갖춘.
láte fée 《英》《전보·우편 따위의》 시간외 특별 요금.
Láte Látin 圐 후기 라틴어. ⇒LATIN.
*late·ly** [léitli] 圐 **1** 요즈음, 요사이, 최근(에)(recently, of late). ¶ *I haven't seen him ~.* 요즘 그를 보지 못했다 / *It is only ~ that he has been well enough to go out.* 그가 외출할 수 있을 만큼 건강해진 것은 극히 최근이다. **2** =late 圐 4.

〔유의어〕 **lately** 의문문·부정문에 쓰이며, 긍정문에서는 종종 *only*를 동반한다. 또 과거·현재형과 함께 쓰는 일은 드물고, 보통 현재완료형에 쓰인다. **of late**=lately; 긍정문에도 쓰인다. **recently** 완료형 또는 과거형과 함께 쓰인다.

lately of =LATE *of*.
till lately 최근까지.
láte módel 圐 《자동차 따위의》 신형. **láte-mód·el lat·en** [léitn] 圐 늦게 하다[되다], 지각하다[시키다].
la·ten·cy [léitnsi] 圐 **1** 숨어 있음, 보이지 않음, 잠복, 잠재. **2** 《컴퓨터》 대기 시간, 호출 시간. **3** =latent period. **4** =~ period. 〔병리〕 =latent period.
látency pèriod 圐 **1** 《정신분석》 잠재기(潛在期). **2**
látency tìme 《컴퓨터》 대기 시간, 호출 시간.
late-night [-nàit] 圐 심야, 심야 영업의. ¶ *a ~ show* 《TV의》 심야 쇼 프로.
la·ten·si·fy [leitensəfài] 圐卧 《사진》 잠상(潛像)을 보력(補力)하다. **-fi·cá·tion** 圐 잠상 보력.
*la·tent** [léitnt] 圐 **1** 숨은, 잠재의, 보이지 않는. ¶ *~ ability [or talent]* 잠재 능력. **2** 《병리》 잠복의, 잠재의, 잠복성의. ¶ *the ~ period* 잠복기. **3** 《식물》 잠복의, 휴면(休眠)의. ¶ *a ~ bud* 잠복아(芽). **4** 《심리》 잠재성의.

〔유의어〕 **latent** 존재하는지 겉으로는 나타나지 않는. **potential** 현재는 미발달 상태에 있으나 장차 언젠가는 충분히 발달하여 나타날 가능성이 있는.

— 圐 범죄 현장의 지문. ~·ly 图
látent demánd 圐 《경제》 잠재 수요.
látent fúnction 圐 《사회》 잠재적 기능.

látent héat 圐 《물리》 잠열(潛熱), 숨은 열.
látent ímage 圐 《사진》 《현상하면 나타나는》 잠상(潛像).
látent léarning 圐 《심리》 잠재 학습.
látent pèriod 圐 《병리》 《병의》 잠복기; 《생리》 반응 시간. (또는 **látency pèriod**)
látent púrchasing pòwer 圐 《경제》 잠재 구매력.
látent róot 圐 《수학》 《행렬의》 고유값.
látent unemplóyment 圐 《경제》 잠재 실업.
late-on·set [-ánset/-ɔ́n-] 圐 《병리》 지발성(遲發性)의, 후발성의, 만년에 증상이 나타나는.
*lat·er** [léitər] 圐 《late의 비교급의 하나. 圐 latter》 보다 늦은[뒤의], 후의, 후기의. ¶ *in ~ life* 만년.
— 图 뒤에, 나중에, 후에. ¶ *three days ~* 3일 후에.
later on 나중에, 추후로.
not [or no] later than …까지는, …에는 (이미)
See you later. 《구어》《작별인사》 나중에 뵙겠습니다.
sooner or later ⇒SOON. 〔…다, 안녕.
*lat·er·al** [lætərəl] 圐 **1** 측면의, 좌우의, 바깥쪽의; 옆의, 옆으로의, 옆에서의. ¶ *~ movement* 횡(橫)운동. **2** 《가계가》 방계(傍系)의; 《해부》 바깥쪽의; 《식물》 측생(側生)의(圐 longitudinal). ¶ *a ~ branch* 《가계의》 방계. **3** 《음성》 측음의《숨을 혀의 양 옆으로 내어 발음하는》 측음(側音)의. ¶ *~ consonant* 측음([l] 따위). — 圐 **1** 측면, 측부; 측면에서 생기는 것, 옆부분에 있는 것; **2** 《식물》 측생아 (側生芽), 옆가지. **3** 《음성》 측음. **4** 《미식축구》 =~ pass. — 圐 《미식축구》 볼을 측면으로 패스하다《~ 으로 움직이다》. ~·ly 图
láteral búd 圐 《식물》 곁눈(axillary bud).
láteral cháin 圐 《화학》 =side chain.
lat·er·al·i·ty [lætəræləti] 圐 **1** 오른[왼]손잡이《한쪽 손을 다른 쪽 손보다 더 잘 쓰는 것》. **2** 《생리》 《신체 기능의》 좌우차(左右差)《좌우 한 쌍 기관의 좌우 기능 분화》. **3** 《음성》 측음성(側音性).
láteral líne 圐 《어류》 옆줄, 측선(側線).
láteral páss 圐 《미식축구》 래터럴[측면] 패스.
láteral thínking 圐 수평 사고《상식·기성 관념의 틀에 얽매이지 않는 사고 방식》. 圐 vertical thinking
Lat·er·an [lætərən] 圐 **1** 《the ~》 라테라노 대성당 《로마 주교로서의 교황의 성당》. **2** 《또는 ~ Pálace》 라테라노 궁전《원래는 교황의 궁전. 현재는 박물관》.
— 圐 라테라노 성당[궁전]의.
Láteran Cóuncil 圐 《the ~》 라테라노 공회의(公會議)《1123, 1139, 1179, 1215, 1512–17에 개최됨》.
Láteran Tréaty 圐 《the ~》 《역사》 라테라노 조약 《1929년 이탈리아와 로마 교황청이 맺은 조약; Vatican 시를 독립국, 이탈리아를 국가·Rome을 수도로 상호 인정》.
lat·er-day [-déi] 圐 =latter-day. 〔정〕.
lat·er·ite [lætərait] 圐①《지질》 라테라이트, 홍토(紅土). **-ít·ic** 圐 홍토질[상(狀)]의.
lat·er·i·za·tion [læ̀tərizéiʃən] 圐 《지질》 라테라이트화(化) 《작용》. **-íze** 圐
láte shów 《TV의》 심야 쇼[영화] 프로.
*lat·est** [léitist] 圐 《late의 최상급의 하나. 圐 last》 圐 **1** 최근의, 최신의. ¶ *his ~ book* 그의 최근의 책 / *the ~ fashions* 최신 유행. **2** 가장 늦은, 마지막의; 《고어·시》 최후의(last). ¶ *the ~ train* 막차. — 图 《the ~》 최근의 사정[뉴스], 최신의 물품[유행품, 디자인] (*in*).
at (the) latest 늦어도. ¶ *Be here by five at (the) ~.* 늦어도 5시까지는 이리 오시오.
That's the latest. 《구어》 《비난·비웃음 따위를 나타내어》 그래?, 놀랬는걸.
— 图 가장 늦게(last). 〔내어〕
láte wóod 圐 《식물》 추재(秋材)(summerwood).
la·tex [léiteks] 圐ⓊⓒⒸ 《圐 **lat·i·ces** [lætisiːz], *~·es*》 **1** 《고무·앵속 따위가 분비하는》 유액, 라텍스. **2** 《화학》 라텍스《합성 고무·플라스틱의 유탁액(乳濁液)》.
lath [læθ/laːθ] 圐 《圐 *~s* [læðz, -θs]》 **1** 욋가지, 외(桅); 《집합적》 외. **2** 욋가지 비슷한 것. **3** 마른 사람. ¶ *a lath painted to look like iron* 허세부리는 겁쟁이.

lathe

(as) thin as a lath 말라빠진.
— 탄 ⋯에 욋대를 붙이다, 욋가지를 엮다.
✓-like, ✓-y 욋가지[욋대] 같은.

lathe [leið] 명 선반(旋盤); (도공용) 녹로(轆轤); (배
— 탄 ⋯을 선반으로 깎다. └틀의) 바디(batten).

láthe dòg (선반의) 돌림쇠.

lath·er¹ [lǽðər/láːðə] 명(U) (종종 a ~) 1 비누[물]
거품. ⇨FOAM 유의어 ¶work up a ~ with a sponge
스펀지로 거품을 일으키다. 2 (말 따위의) 거품 같은 땀.
3 (구어) 동요, 흥분 (상태), 조바심.
(all) in a lather (구어) ① 땀에 흠뻑 젖어서. ② 흥분
하여, 초조하여, 벌벌 떨며.
work oneself (up) into a lather (美구어) ① 땀을
흘리며 열심히 일하다. ② 흥분하다.
— 탄 1 거품이 일다(up). 2 (말 따위가) 비지땀을 흘
리다, 땀투성이가 되다. — 타 1 ⋯에 비누 거품을 일으
키다. 2 (구어) ⋯을 때리다, 두들겨 패다. 3 ⋯을 흥분
~·er 시키다(up). └시키다(up).

lath·er² 욋가지를 엮는 사람.

lath·er·y [lǽðəri/láːð-] 형 1 거품투성이의. 2 거품
같은, 거품의. ┌실(遮光用語室).

láth·hòuse [lǽθhàus/láːθ-] 명 (원예) 차양 육묘

la·thi [láːti] 명 (인도) 쇠테를 씌운 곤봉(경찰관용 대
나무 곤봉). (또는 **lathee**) (<Hind)

lath·ing [lǽθiŋ/láːθ-] 명 1 욋가지 만들기, 욋대 엮
기. 2 (집합적) 욋가지(laths). (또는 **lathwork**)

lat·i·ces [lǽtəsiːz] 명 latex의 복수형. ┌(乳管)

la·tic·i·fer [leitísəfər] 명 (식물) 유(乳)세포, 유관

la·tic·if·er·ous [læ̀təsífərəs] 형 (식물) 유액(乳
液)을 내는[분비하는]; 유액을 함유한.

lat·i·fun·dism [læ̀təfʌ́ndizm] 명(U) 대토지(大土
地) 소유. **-dist** 명 (라틴 아메리카의) 대지주.

lat·i·fun·di·um [læ̀təfʌ́ndiəm] 명 (복 **-di·a**
[-diə]) (로마 역사) 대토지 소유 제도, 대농장.

lat·i·me·ri·a [læ̀təmíəriə] 명 (어류) 라티메리아(중
생대에 절멸한 것으로 알려졌으나, 1938년 아프리카 근
해에서 발견됨); 살아있는 화석의 하나).

‡**Lat·in** [lǽtən] 명 (복 **~s** [-z]) 1 (U) 라틴어(약
Lat.).¶Old ~ 고대 라틴어(600 B.C.—80 B.C.경까
지)/Classical ~ 고전 라틴어(80 B.C.—A.D. 180년경
까지)/Late ~ 후기 라틴어(고전시대 이후—A.D. 700
년경까지)/Medieval [or Middle] ~ 중세 라틴어(A.D.
700–1500년경까지)/Modern [or New, Neo-] ~ 근
대 라틴어(르네상스 이후 과학 용어로서 널리 쓰이고 있
다)/Low ~ 저(低) 라틴어(Late ~, Vulgar ~ 따위)
(⇨VULGAR LATIN) 2 라틴 아닌(고대 Latium의 주민);
고대 로마인. 3 라틴계의 사람, 라틴 민족의 사람; = ~
American. 4 가톨릭 교도.
— 형 1 라틴어의; 라틴계의, 라틴 민족의.¶the ~
races 라틴 민족(라틴어계 언어를 사용하는 여러 민족).
2 라틴[로마 가톨릭 교회]의. 3 고대 라티움(Latium)의,
라티움[라틴]의, 고대 로마인의.¶~ statesmen
고대 라티움[로마]의 정치가들. 4 라틴어의. 5 = ~American.
Látin álphabet 명 라틴 문자, 로마자.

*__Látin América__ 명 라틴 아메리카, 중남미 제국.

Látin Américan 명 라틴 아메리카인.

Lat·in-A·mer·i·can [-əmérikən] 형 라틴 아메리
카(인)의. — 명 =Latin American.

Lat·in·ate [lǽtəneit] 형 라틴어의, 라틴어에서 유래
한, 라틴어풍(風)의.

Látin Chúrch 명 (the ~) 라틴[로마 가톨릭] 교회.

Látin cróss 명 라틴 십자가(세로 막대의 아래쪽이
긴 보통의 십자가†; † 형).

La·tin·ic [lətínik] 형 (라틴어계의, 라틴, 민족, 의.

Lat·in·ism [lǽtənizm] 명(U) 라틴어법, 라틴어풍,
라틴적 특징[성격, 기질]. ┌구어.

Lat·in·ist [lǽtənist] 명 라틴어 학자; 라틴 문화 연

La·tin·i·ty [lətínəti] 명(U) 라틴어 사용(법), 라틴어
의 지식; 라틴어체[어법, 어풍].

Lat·in·ize [lǽtənàiz] (* (英) **-ise**) 탄 1 ⋯을 라
틴 민족풍으로 하다. 2 ⋯을 라틴화하다. 3 라틴어풍으로 하
다. 3 라틴어풍으로 하다; ⋯을 라틴어로 번역하다[고쳐
쓰다]. — 자 라틴 어구[어법]를 사용하다. (또는
latinize) **·i·zá·tion, -iz·er**

Látin lóver 명 라틴 정부(情夫)(여자를 잘 꼬시는 프
랑스·이탈리아·그리스 남자).

La·ti·no [lətíːnou] 명 (복 **~s**) (美) 라틴 아메리카
시민. 미국 내 라틴 아메리카계 주민의. (또는 **latino**)

La·ti·no-A·mer·i·can [-əmérikən] 명 =Latino.

Látin Quárter 명 (the ~) 라틴 거리(區)(Paris의
Seine 강 남쪽의 학생·예술가들이 많이 사는 지역).

Látin ríte 명 (the ~) (로마 가톨릭 교회에 속하는) 라
틴 양식의 전례(典禮). ┌과 록 음악의 혼합).

Látin róck 명 라틴 록(bossa nova 따위의 라틴 음악

Látin schóol 명 라틴어 학교(라틴어와 그리스어 교
육을 주목적으로 하는 중등 학교).

Látin squáre 명 (수학) 라틴 방진(方陣)(n종의 문
자·숫자를 n행ㆍn열로 각 1회씩 나타나도록 배열한 것;
통계 분석용). ┌조금 늦게, 느지막하게.

lat·ish [léitiʃ] 형 (구어) 조금 늦은, 느지막한. — 부

‡**lat·i·tude** [lǽtətjùːd/-tjùːd] 명 (복 **~s** [-z]) (U) 1
(종종 the ~) (지리) 위도(緯度), 위선(緯線), 씨줄(참
longitude).¶20 degrees 30 minutes north [south]
~ 북[남]위 20도 30분/in [or at] ~ 40° N 북위 40도
에. 2 (C) 어떤 위도의 장소[지방], ¶in cold [warm]
~s 한[온]대 지방에/high ~s 양극에 가까운 고위도
지방/low ~s (적도에 가까운) 저위도 지방. 3 (종종 a
~) (행동·사상·활동 따위의) 자유; 허용 범위. ¶be out
of a person's ~s 남의 한계에 넘치다. 4 (의미·적용
따위의) 범위, 한도. 5 (사진) (필름 따위의) 래티튜드,
관용도(寬容度)(적정 노출 범위). 6 (고어) 폭. 7 (천문)
황위(黃緯). ┌지 않게,

out of one's latitudes 자기 본분을 벗어나, 격에 맞

lat·i·tu·di·nal [læ̀tətjùːdənəl/-tjùː-] 형 (지리) 위
도의; 위도 방향의. — **ly** 부

lat·i·tu·di·nar·i·an [læ̀tətjùːdənéəriən/-tjùː-]
형 편협·사고 방식이 아닌; (종교적으로) 특정 교의
에 얽매이지 않는, 자유주의적인. — 명 1 관대한 사람,
자유주의자. 2 (종종 L-) (영국 국교회) 자유주의자.
-ism 명 (종교·신앙상의) 자유주의.

La·ti·um [léiʃiəm] 명 라티움(현재의 로마(Rome) 동
남쪽에 있었던 고대의 도시 국가).

lat·o·sol [lǽtəsɔ̀ːl, -sàl/-sɔ̀l] 명 라토졸(적황색의
열대 지방의 토양). ┌서만 드리는 최고 예배).

la·tri·a [lətráiə] 명 (가톨릭) 라트리아(하느님께 대해

la·trine [lətríːn] 명 (야영·병영 따위의) 임시 변소.

latríne láwyer 명 (美軍속어) 잔소리 많은 군인.

latríne líps 명(복) (단수취급) (美속어) 입정 더러운
녀석.

latríne rúmor 명 (속어) (변소에서 시작된) 헛소문.

latríne wíreless 명 (the ~) (속어) 변소에서의 소
문 주고받기[정보 교환].

-la·try [lətri] 연결 worship의 뜻. ¶bibliolatry,
idolatry, Mariolatry. ┌[milk]

lat·te [lɑ́ːtei, lǽtei] 명 (美속어) =cafe ~. (<It

lat·ten [lǽtn] 명(U) 래튼(놋쇠 비슷한 합금); 생철, 양
철; 얇은 금속판. (또는 **lattin**)

‡**lat·ter** [lǽtər] 형 (late의 비교급. 참 later) 1 (the
~) (양자 중) 뒤에 말한, 후자의; (the ~) (대명사적)
후자(반 former). ¶prefer the ~ to the former 전자
보다 후자를 선호하다/The ~ explanation is better.
뒤의 설명이 더 낫다. 2 (~, this [these] ~) 나중
의; 후반의, 끝에 가까운. ¶the ~ part of the week
주(週)의 후반/the ~ years of a person's life 만년
(晩年). 3 근래의, 근년의. ¶in these ~ days 근간에,

latter day ... 요사이. **4** (시) 종말의, 최후의. ¶ one's ~ end 최후, 죽음.
látter dáy 명 (the ~) =Last Day.
lat·ter-day [-dèi] 형 다음 대(代)의; 근대[현대]의.
Latter-day Sáint 명 말일 성도(末日聖徒), 모르몬교도(Mormon)의 자칭.
látter hálf 명 (the ~) 후반부.
lat·ter·ly [lǽtərli] 부 최근(에), 요즘; 후에, 후기에, 말기에, 만년에.
lat·ter·most [lǽtərmòust, -məst] 형 최후의; 최신의.
lat·ter-wit [-wit] 명 (美) 때늦은[사후의] 꾀 같은 생각.
*__lat·tice__ [lǽtis] 명 **1** 창살, 격자(格子). **2** 문격자[창]. **3** ① (집합적) 격자 세공. **4** 격자 비슷한 것; 격자형 문장(紋章); (물리) 결정 격자(結晶格子); (수학) 격자, 속(束). ── 타 …에 격자를 붙이다, …을 격자로 만들다; …을 격자(모양)으로 짜다. **~·like** 형
láttice béam 명 (건축) =lattice girder.
lat·ticed [lǽtist] 형 격자로 된; 격자 모양의.
láttice énergy 명 (물리) 격자 에너지.
láttice gírder[fráme] 명 (건축) 래티스(격자) 들보
láttice trúss 명 (건축) 래티스 트러스(격자형 뼈대).
láttice túbe 명 (물리) 격자관(管).
lat·tice·win·dow [lǽtiswìndou] 명 격자창. (또는 **láttice window**); (집합적) 격자창.
lat·tice·work [lǽtiswə̀:rk] 명 ① (집합적) 격자 만들기[세공]; =latticework.
lat·tic·ing [lǽtisiŋ] 명 =latticework.
Lat·vi·a [lǽtviə, lá:t-] 명 라트비아(발트해 연안의 공화국; 1991년 옛 소련으로부터 독립; 수도 Riga).
Lat·vi·an [lǽtviən, lá:t-] 형 라트비아(사람, 말)의. ── 명 라트비아 사람; ① 라트비아 말.
lau·an [lúːɑːn, lauá:n] 명 (식물) 나왕; ① 나왕 목재(필리핀 원산(原產)). [< Tagalog]
laud [lɔːd] 타 …을 기리다, 찬양하다, 찬미하다. ── 명 **1** ① 찬양, 찬미. **2** 찬가(讚歌), 찬미. **3** (~s) (단·복수 양용) (교회) (신을 찬미하는) 아침 기도[찬송], (교회 기도의) 찬과(讚課).
lau·da·tor [lɔ́ːdeitər], ~**·er** 찬미하는 사람.
laud·a·ble [lɔ́ːdəbl] 형 칭찬할 만한, 훌륭한, 기특한. **~·bíl·i·ty, ~·ness** 명 **·bly** 부
lau·da·num [lɔ́ːdənəm/-lɔ́d-] 명 (종종 L-) 아편팅크; (옛날의) 아편제(劑).
lau·da·tion [lɔːdéiʃən] 명 ① 찬양, 찬미.
lau·da·tor tem·po·ris ac·ti [L laudá:tɔːr témpəris ǽkti:] 과거의 찬양자. [<L]
laud·a·to·ry [lɔ́ːdətɔ̀ːri, -təri] 형 기리는, 찬미하는, 찬양의. (또는 **laudative**) **-to·ri·ly** 부
‡**laugh** [læf/lɑːf] 자 (~**ed** [-t]) ① **1** (소리내어) 웃다(at), ② (out) aloud 큰 소리로 웃다/He ~s best who ~s last. =He who ~s last ~s longest [or loudest]. (속담) 최후에 웃는 자가 가장 잘 웃는 자다.

┌─────────────────────────────────
│ (유의어) **laugh** 소리내어 웃다; 「웃다」를 나타내는 가장 일반적인 말. **smile** 소리를 내지 않고 얼굴에 웃음을 띠다; 보통 호의를 나타내지만 악의일 때도 있다. **chuckle** 혼자 즐거워하면서 킥킥 laugh하다. **grin** 이빨을 드러내놓고 크게 smile하다; 쾌활·순진함 따위를 나타낸다. **giggle** (소녀 등이) 약간 소리를 죽여서 킥킥 웃다. **sneer** 픽하고 냉담하게 smile하다; 경멸감을 나타낸다.
└─────────────────────────────────

2 재미있어하다, 우스워[즐거워]하다; 웃으면서 말하다. **3** (비유적) (자연 경관이) 화창한[명랑한] 기운을 띠다; (파도가) 무심하게 흥겨하다. **4** (구어) (진행형으로) 만족하고 있다, (전(다른) 사람)에 비해) 만족한 상황이다. ── 타 **1** 웃음으로 …을 나타내다; 웃으며 …하다. ¶ ~ one's consent [approbation, thanks] 웃으며 동의 [찬성, 감사]를 표시하다/ (~+图+匣) ~ out a loud applause 큰 소리로 웃으면서 갈채하다. **2** (남)을 웃어서 …하게 하다(into); (재귀용법으로) 웃어서 …이 되다(into); 웃어서 (남)에게 (…)을 버리게 하다(from, out of); (남)을 (비) 웃어서 (무대에서) 퇴장시키다(off) (of). ¶ (~+图+前+图) ~ oneself into convulsions 배꼽을 쥐고 웃다/ ~ a person out of his habit 그를 비웃어서 버릇을 버리게 하다/ ~ a child into a better humor 아이를 웃겨서 기분을 풀어주다/ (~+图+图) ~ oneself helpless 자지러지게 웃다/ ~ oneself hoarse 목이 쉬도록 웃다.

be laughing all the way to the bank 어렵지 않게 큰 돈을 손에 넣다.
burst out laughing 웃음을 터뜨리다.
Don't make me laugh! (구어) 웃기는 소리 하지 마!
good for a laugh (구어) 웃음을 나게 하는, 웃고 싶어지는.
Laugh and grow fat. (속담) 소문 만복래.
laugh a person **out of** ① (비웃어서) 남을 …에서 내쫓다. ② (웃기어 괴로움 따위를) 잊게 하다.
laugh a person **out of court** …을 웃어버려 문제 삼지 않다, 일소에 부치다.
laugh at ① …을 듣고[보고] 웃다. ¶ ~ at a story 이야기를 듣고 웃다. ② …을 조소하다, 비웃다. ¶ ~ at a person for his rustic manners 남의 촌스러운 태도를 비웃다. ③ (곤경·위험 따위를) 일소에 부치다, 무시하다, 콧방귀를 뀌다. ¶ ~ at misfortunes [threats] 불행[위협]에 동요하지 않다.
laugh away ① …을 일소에 부치다. ② …을 웃음으로 넘기다; 웃으며 (시간을) 보내다. ③ 계속 웃다.
laugh down …을 웃음으로 침묵[중지]시키다.
laugh in a person's **face** 남을 대놓고 비웃다.
laugh in [or **up**] one's **sleeve; laugh in** one's **beard** (속으로) 킥킥 웃다, 혼자 웃다.
laugh it up (美구어) 농담하고 계속 웃어대다.
laugh like a hyena 깔깔거리며 큰 소리로 웃다.
laugh off ① …을 일소에 부치다. ② …을 웃어넘기다, 웃음으로 얼버무리다. ③ (가수 따위를) 비웃어 퇴장시키다.
laugh oneself **to death** 숨이 넘어갈 정도로 웃다.
laugh one's **head off** 자지러지게 웃다, (남의 일에) 몹시 웃어대다.
laugh on [or **out of**] **the other** [or **wrong**] **side of the** [or **one's**] **face** [or **mouth**] (구어) 의기양양하게 웃던 사람이 갑자기 울상을 짓다[풀이 죽다].
laugh out 웃음을 터뜨리다, 깔깔 웃다.
laugh over …을 재미있어하고[읽고, 말하고] 웃다.
you have to [or **you've got to**] **laugh** (사물의) 밝은[좋은] 면을 보다.
You make me laugh! (구어) 웃기고 있네!, 정신 나갔군!
── 명 **1** (a ~) 웃음 (소리); 웃는 모습. ¶ ~ a merry ~ 즐겁게 웃다. **2** (a ~) (구어) 웃음거리, 웃기는 사람[것]. **3** 농담; (~s) 재미, 오락, 기분 전환.
a laugh and half (구어) 웃음거리, 웃기는 것.
burst [or **break**] **into a laugh** 웃음을 터뜨리다.
for laughs [or **a laugh**] 농담으로; 재미삼아.
give a (**loud**) **laugh** (크게) 웃음 소리를 내다.
have a good [or **hearty**] **laugh at** [or **about, over**] …을 듣고 크게 웃다.
have [or **get**] **the last laugh** (불리함을 극복하고) 최후의 승리를 얻다.
have [or **get**] **the laugh of** [or **on**] a person 남을 비웃다; 남을 되웃어주다; 앙갚음하다, 역습하다.
have the laugh on one's **side** (이번에는) 자기가 웃을 차례가 되다; 우위(優位)에 서다, 유리하게 되다.
join in the laugh (놀림을 받은 사람이) 여러 사람과 함께 웃다.
on the laugh 웃으며.
raise [or **get**] **a laugh** 남을 웃기다, 실소(失笑)하게 하다.
That's a laugh.; What a laugh! 재미있군, 웃기네.
laugh·a·ble [lǽfəbl/láːf-] 형 (경멸적) 웃기는, 우스운, 우스꽝스러운, 재미있는; 바보 같은. **~·ness** 명

-bly 웃습게; 바보스럽게.
laugh·er [lǽfər/láːfə] 몡 1 웃는 사람, 비웃는 사람. 2 《속어》 웃기는 일[말]. 3 《속어》 일방적 시합.
laugh-in [´-in] 몡 웃기는 프로; 큰 소리로 웃으며 하는 항의 집회[행동].
***laugh·ing** [lǽfiŋ/láːf-] 몡Ⓤ 웃기, 웃음. ¶hold one's ~ 웃음을 참다. ─몡 1 웃고 있는; 명랑한; 〖꽃·시냇물 따위가〗웃고 있는 듯한, 즐거운 듯한. 2 재미있는, 웃을 만한.
It's [or *That's*] *no* [or *not a*] *laughing matter.* (그것은) 웃을 일이 아니다.
~·ly 몡 비웃듯이; 웃으며.
láughing acádemy 몡 《속어》 정신 병원.
láughing gàs 몡 《화학》 =nitrous oxide.
láughing gúll 몡 《조류》 1 붉은부리갈매기. 2 웃는 갈매기(울음소리가 웃음소리 같은 북미산 갈매기).
láughing hyéna 몡 =spotted hyena.
láughing jáckass 몡 웃는 쿠카부라(kookaburra).
Láughing Philósopher 몡 (the ~) 웃는 철학자 (Democritus의 별명).
láughing sòup[wàter, jùice] 몡 《속어》 술, 샴페인. 「거리; 웃기는 일.
laugh·ing·stock [lǽfiŋstɑ̀k/láːfiŋstɔ̀k] 몡 웃음
láugh line 몡 1 (눈가의) 웃을 때의 주름. 2 웃기는 말.
laugh·mak·er [lǽfmèikər] 몡 《구어》 코미디언; 유머 작가; 희극 작가[탤런트].
‡**laugh·ter** [lǽftər/láːf-] 몡Ⓤ 1 웃음; 웃음 소리. ¶ roars [or peals] of ~ 큰 웃음/ *L- is the best medicine.* 《속담》 웃음이 최고의 명약이다. 2 희열감; 희열의 표시, 희열의 표정; 웃음거리, 조소의 대상. 4 《속어》 《일반적》 승리, 낙승.
be in fits of laughter 연방 웃어대다.
break (*out*) [or *burst*] *into laughter* 웃음을 터 *roar with laughter* 폭소하다. 「뜨리다.
~·less 몡
láugh tràck 몡 〖방송〗 관객의 웃음 소리를 담은 녹 「음 테이프(효과음용).
laun. launched.
launce [læns/lɑːns] 몡 =sand lance.
‡**launch**¹ [lɔːntʃ, lɑːntʃ] 몡 (*~·es* [-iz]; *~ed* [-t]) 팀 1 (보트)를 물에 띄우다; 〖새로 만든 배〗를 진수시키다. ¶ *a ~ing ceremony* 진수식. 2 〖남〗을 (…에) 내보내다, 〖남〗을 (…에) 진출시키다(*into*). ¶ (~+目+前+名) ~ *one's son into the world* 자식을 세상에 내보내다; 〖재취업법으로〗 입신출세하다; 〖신제품〗을 세상에 내놓다(*out, forth*). 3 〖기업·계획 따위〗에 착수하다. ¶ ~ *a scheme* [*an enterprise*] 계획[기업]에 착수하다(*out*). 4 〖어뢰·유도탄 따위〗를 발사하다, 쏘아 올리다; 〖비행기 따위〗를 발진시키다; 〖돌·창 따위〗를 던지다. 〖타격·공격〗을 퍼붓다(*at, against*). ¶ (~+目+前+名) ~ *threats* [*an invective*] *against* a person 남을 협박하다[남에게 독설을 퍼붓다]. 6 《美구어》 〖음식물〗을 토하다. 7 〖야구〗 〖공〗을 …에 던져 넣다.
── 邳 1 진수하다; 〖비행기 따위가 공중으로〗 날아 오르다(*out, forth*). 2 〖큰 바다·사업 따위에〗 나서다(*out, forth*) (*into*), 〖위세 좋게〗 시작하다(*into*). ¶ (~+前+名) ~ *into* politics 정계에 나서다 // (~+目) (~+前+名) ~ *out on a voyage* 항해에 나서다. 3 심하게 비난하다. 4 《美속어》 토하다, 게우다.
launch forth ① 시작하다; 나서다. ② (이야기 따위를) 지루하게 하다(*into*).
launch out ① =launch forth ①. ② (…을) 공격[비난]하다(*at*). ③ 《구어》 (…에) 돈을 마구 쓰다(*on*).
──몡 1 (배의) 진수; (미사일 따위의) 발사; (비행기의) 발진; 〖조선〗 진수식. 2 개업, (판매 따위의) 개시.
⌐·a·ble 몡
launch² 몡 함선의 대형 보트; 란치, 소형 증기선, 기정(汽艇).

láunch cómplex 몡 (인공 위성 따위의) 발사 시설.
launch·er [lɔ́ːntʃər, lɑ́ːntʃ-] 몡 (미사일·로켓 따위의) 발사 장치, 발사대; (위성 따위의) 발사 로켓.
launch·ing [lɔ́ːntʃiŋ, lɑ́ːntʃ-] 몡 1 (배의) 진수(식); (로켓·위성 따위의) 발사; (함재기 따위의) 발진. 2 착수, 개시; 개업; (간행물 따위의) 신규 발간. ──몡 발사
láunching pàd =launch pad. 「시키는, 기점.
láunching plàtform 몡 1 =launch pad. 2 = launching site.
láunching shòe 몡 (기체에 장치한 로켓탄) 발사대. (또는 **láunch shòe**)
láunching sìte 몡 (미사일·로켓 따위의) 발사 기지, 발사장.
láunching wàys 몡《단·복수 양용》〖조선〗 진수 「발사대.
láunch pàd 몡 〖항공·우주〗 1 (로켓 따위의) 발사대. 2 출발점; 도약대(跳躍臺). (또는 **láunchpàd**)
láunch véhicle 몡 (인공 위성·우주선의) 발사용 로 「는 window)
láunch wíndow 몡 (우주선·로켓의) 발사 가능 시 간대; 《구어》 (사업 등을 시작할) 호기, 적시(適時). (또
laun·der [lɔ́ːndər, lɑ́ːn-] 뎜터 1 …을 세탁하다; … 의 때를 빼다; …을 빨래하여 다림질하다. 2 …을 정화 (淨化)하다; 검열하다. 3 《美구어》 《부정 자금》의 출처를 그럴 듯하게 위장하다, 돈세탁하다; 《부정 거래 따위》를 합법적인 것처럼 꾸미다. ¶ ~ *money through bank accounts* 은행 계좌를 이용해 돈 세탁하다. ─邳 1 세탁하다. 2 잘 빨아지다, 세탁에 견디다. ¶ (~+團) *These socks ~ pretty well.* 이 양말은 잘 빨아진다.
⌐·a·bil·i·ty 몡 **~·a·ble** 몡 **~·er** 세탁소 주인.
laun·der·(e)tte [lɔ̀ːndərét, lɑ̀ːn-] 몡 빨래방, 셀프 서비스식 세탁소. 《<《英》 상표》 「(*money*)~.
laun·der·ing [lɔ́ːndəriŋ] 몡Ⓤ 세탁; 《구어》 돈세탁
laun·dress [lɔ́ːndris, lɑ́ːn-] 몡 세탁부(婦).
Laun·dro·mat [lɔ́ːndrəmæ̀t, lɑ́ːn-] 몡 1 《상표》 (동전을 넣는) 자동 세탁·건조기. 2 빨래방.
‡**laun·dry** [lɔ́ːndri, lɑ́ːn-] 몡 (㉠ *-dries* [-z]) 1 (the ~) 《집합적》 세탁물, 빨랫감. ¶ *do the ~* 세탁하다. 2 세탁실; 세탁소. 3 《부정 자금의》 출처를 위장하기 위한 장소, 돈 세탁 장소. 4 《美軍속어》 《비행 훈련생을 심사하는》 교관 회의.
láundry bàg 몡 세탁물[빨랫감] 자루.
láundry bàsket 몡 빨래 바구니.
láundry lìst 몡 1 세탁물 목록. 2 《美》 상세한 표.
laun·dry·man [lɔ́ːndrimən, lɑ́ːn-] 몡 세탁업자.
láundry ròom 몡 세탁실. 「laundress.
laun·dry·wom·an [lɔ́ːndriwùmən, lɑ́ːn-] 몡 =
lau·ra [láːvrə/Gk lávrɑ] 몡 (그리스 정교의) 수도원.
Lau·ra [lɔ́ːrə] 몡 로라(여자 이름).
Laur·a·sia [lɔːréiʒə] 몡 로라시아 대륙 (6천만 년 전의 북미·유럽·아시아가 한 덩어리를 이뤘던 옛 대륙).
***lau·re·ate** [lɔ́ːriət, lɑ́r-] 몡 1 (영예의 표시로서) 월계관을 쓴. 2 (명사 뒤에서) 영예있는; 저명한, 영광의; (시인이) 월계관을 받을 만한. ¶ *a poet* ~ 계관 시인. 3 월계수로 된. ¶ *a* ~ *crown* 월계관. ─몡 1 월계관을 쓴 사람; 수상자; 찬양자. ¶ *a Nobel* (*prize*) ~ 노벨상 수상자. 2 = poet ~. ─뎜타 [lɔ́ːriət] (영예의 표시로) …에게 월계관을 씌우다; …을 계관 시인에 임명하다. ~·**ship** 몡Ⓤ 계관 시인의 지위[임기].
lau·re·a·tion [lɔ̀ːriéiʃən, lɑ̀r-] 몡 계관 수여; 계관 시인의 임명; 《고어》 (대학의) 학위 수여.
‡**lau·rel** [lɔ́ːrəl, lɑ́r-/lɔ́r-] 몡 (~*s* [-z]) 1 〖식물〗 월계수; 월계수 비슷한 관목. 2 (~s) 《집합적》 (영예의 표시로서의) 월계수의 잎[가지]; 월계관. 3 《보통 ~s》《단·복수 양용》 영예, 영관(榮冠); 승리.
look to one's laurels 영예를 유지하도록 애쓰다.
rest [or *sit*] *on one's laurels* 이미 얻은 영예[승리]에 만족하다, 성공에 안주하다. 「〖명성〗을 얻다.
win [or *gain, reap*] *laurels* [or *the laurel*] 영예

—[동][타] (~s [-z]; -l-, (英) -ll-) 1 〔남〕에게 월계관을 씌우다. 2 〔남〕에게 영예를 안기다.

lau·reled, (英) -relled [lɔ́:rəld, lɑ́r-/lɔ́r-] [형] 월계관을 쓴, 영관(榮冠)을 얻은.

láurel fàmily [명] 〔식물〕 녹나무과(科).

láurel wàter [명] 로럴수(水), 계엽수(桂葉水)(진통제로 「쓰임).

Lau·ren [lɔ́:rən, lɑ́r-] [명] **Ralph** ~ 로렌(1939- : 미국의 패션 디자이너).

Lau·ren·tian [lɔ:rénʃən] [형] 1 (캐나다의) St. Lawrence강(江)의. 2 〔지질〕 로렌시아 암계(岩系)의.

Lauréntian Pláteau [명] 로렌시아 대지(臺地), 캐나다 순상지(楯狀地)(Canadian Shield). (또는 **Lauréntian Híghlands [Shíeld]**) 「Laurette)

Lau·ret·ta [ləréṭə/lɔ:-] [명] 로레타(여자 이름). (또는

láu·ric ácid [lɔ́:rik-, lɑ́r-] [명] 〔화학〕 라우르산(酸).

Lau·rie [lɔ́:ri] [명] 로리. 1 여자 이름(Laura의 애칭). 2 남자 이름(Lawrence의 애칭).

lau·rus·ti·nus [lɔ̀:rəstáinəs, lɑ̀r-/lɔ̀r-] [명] 〔식물〕 가막살나무(인동과의 상록 관목). (또는 **láurustine**)

Lau·sanne [louzǽn/F lozan] [명] 로잔(스위스 서부 레만 호반의 도시; IOC 본부 소재지).

laus De·o [lɔ́:s dí:ou/L láus déiou] 하느님을 찬미하라. 〔<L〕

LAV *l*ight *a*rmored *v*ehicle(경장갑차).

lav [læv] [명] (구어) 화장실(lavatory).

lav. lavatory(화장실).

***la·va**[1] [lɑ́:və, lǽvə] [명][U] 용암, 화산암; [C] 화산암층. ~·lìke [형]

la·va[2] [명] * 다음 숙어로만 쓴다.

in a lava (美속어) 화내어, 열받아, 땀 투성이가 되어.

láva bèd [명] 용암층(層).

la·va·bo [ləvéibou, -vɑ́:-] [명] ([복] ~(e)s) 〔교회〕 1 (종종 L-) 세수식(洗手式)(미사에서 봉헌 뒤에 사제가 손을 씻는 식). 2 (종종 L-) 세수 시편(詩篇)(←시편(Ps.) 26:6). 3 (세수식용) 세숫대야; 수건. 4 (중세 수도원의) 세면대; 세면기.

la·vage [ləvɑ́:ʒ, lǽvidʒ] [명][U][C] 씻기, 세척; 〔병리〕 (위·장 따위의) 세척. —[동][타] 〔위·장 따위〕를 세척하다.

la·va·la·va [lɑ̀:vəlɑ́:və] [명] 라발라바(Samoa 섬 및 남양제도 원주민이 사용하는 허리두르개).

lav·a·lier(e) [lǽvəlíər, lɑ̀:v-] [명] 1 보석이 박힌 펜던트. 2 소형 마이크. (또는 **lavallière**) 〔<F〕 「크.

lavalíer(e) mìcrophone [명] (목에 거는) 소형 마이

la·va·tion [leivéiʃən, lə-/læ-] [명][U] 씻기, 세정(洗淨); 세정수. ~·al [형]

***lav·a·to·ry** [lǽvətɔ̀:ri/-təri] [명] 세면소, 변소, 화장실; (수도 꼭지가 있는) 세면대; 수세식 변기; 욕조.

lávatory páper [명] 화장지(toilet paper).

lave[1] [leiv] [동][타] 1 …을 씻다; …을 담그다. 2 (물결이) 〔기슭 따위〕를 씻다. 3 (문어) …을 국자로 뜨다; …을 따르다, 붓다. ∼·ment [명][U][C] 씻기; 〔병리〕 관장

lave[2] [명] (스코) 나머지, 잔여. 「(灌腸).

***lav·en·der** [lǽvəndər] [명][U] 1 라벤더(유럽 원산의 꿀풀과(科)의 관목). 2 [U] 말린 라벤더의 꽃·잎·줄기(좀약·향료로 쓰임). 3 라벤더색(연한 자주색). 4 =∼ water. 「내다, 몹시 꾸짖다; 때려 눕히다.

lay** a person **out in lavender (美속어) 남을 혼쭐

lay** a thing **(up) in lavender ① (장래를 위해) 물건을 소중히 보관하다. ② (속어) 물건을 전당잡히다.

—[형] 라벤더(색)의. —[동][타] …에 라벤더(의 향기)를 묻히다; 〔의복 사이〕에 라벤더를 넣다. 「향제).

lávender bàg [명] (건조시킨) 라벤더를 넣은 봉지(방

lávender òil [명] 라벤더 기름(향료·약용).

lávender wàter [명] 라벤더 수(향수·화장수).

la·ver[1] [léivər] [명] 1 〔성서〕 (고대 유대의 사제가 손발과 제물을 씻었던) 대야. 2 〔교회〕 세례반; 세례수. 3 정신을 깨끗하게 해주는 것[힘].

la·ver[2] [명][U][C] 〔식물〕 김, 청태.

láver brèad [명] 래버브레드(김 따위를 말려서 만든 빵 비슷한 영국 남서부 지방의 식품).

lav·er·ock [lǽvərək, léivərək] [명] (스코) 〔조류〕 종다리. (또는 **lavrock**)

***lav·ish** [lǽviʃ] [형] 1 (…의 점에서/…을) 아낌없는, 활수한; 낭비하는, 헤픈(*in* do*ing*/*of*, *with*). ¶be ∼ *of* [or *with*, *in giving*] one's money 돈 씀씀이가 헤프다. 2 풍부한, 남아도는; 호화로운, 사치스러운. ¶∼ entertainment 호화로운 환대.

> [유의어] **lavish** 지나치게 관대히 또는 아낌없이 주는[쓰는]. **profuse** 넘칠 만큼 풍부한; lavish보다는 뜻이 약함. **prodigal** 장래의 고갈을 생각지 않고 무모하게 낭비하는. **extravagant** 과도히 소비하는.

—[동][타] …을 아낌없이 주다[사용하다]; …을 낭비하다 (*on*, *upon*). ¶∼ care 극진히 돌보다 // (∼+[目]+[前]+[名]) ∼ money *on* [or *upon*] the poor 가난한 사람에게 인심좋게 베풀다. ∼·er [명] 낭비가, 사치스러운 사람. ∼·ment, ∼·ness [명] 「돌아.

***lav·ish·ly** [lǽviʃli] [부] 아낌없이, 낭비적으로; 남아

La·voi·sier [F lavwazjə] [명] **Antoine Laurent** ∼ 라브아지에(1743-94: 프랑스의 화학자).

lav·vy [lǽvi] [명] (英속어) =lavatory.

‡**law**[1] [lɔ:] [명] ([복] ∼s [-z]) 1 [C][U] (the ∼) 법, 법률; (the ∼) (집합적) 법, 국법. ¶the spirit of the ∼ 법의 정신/the ∼ of the land 국법/the written [unwritten] ∼ 성문법[불문법]/the Roman ∼ 로마법/the ∼s of England 영국의 국법/break [*or* violate] the ∼ 법을 어기다/keep [*or* observe] the ∼ 법을 지키다/obey the ∼ 법을 따르다/We are equal before the ∼. 우리는 법 앞에 평등하다.

2 [C][U] (the ∼) (개개의) 법률, 법령, 법규; (특수한) 법 체계, …법. ¶the constitutional ∼ 헌법/the civil ∼ 민법/the commercial [*or* mercantile] ∼ 상법/the criminal ∼ 형법/the administrative ∼ 행정법/the international ∼ 국제법/the military ∼ 군법.

> [유의어] **law** 「법」이라는 뜻의 가장 일반적인 말; 국가의 권력자 또는 입법부가 제정하는 성문법과 관습에 의한 불문법이 있다. **act** 입법부가 제정하는 성문법. **rule** 질서·규율 유지를 위해 일반적으로 지켜지는 (보통 개인적 행동이나 절차에 관한) 규칙. **regulation** 어떤 조직의 통제·운영을 위해 권한을 갖고 제정한 규약. **statute** =act. **ordinance** 지방 공공 단체가 제정하는 조례(條例).

3 [U] (법의) 구속력, (법에 의한) 치안; (보어로) 합법, 적법. ¶maintain ∼ and order 치안질서를 유지하다/My word is ∼. 내 말에 절대 복종해야 한다/*Necessity has* [or *knows*] *no* ∼. (속담) 필요 앞에는 법이 없다. 4 (the ∼) (집합적; 단·복수 양용) 법의 집행자[기관], 경찰(관), 교도관. ¶the ∼ in uniform 제복 경찰관. 5 [U] 법(률)학; 법률 지식. ¶a Doctor of *Laws* 법학 박사([약] LL.D.)/study (the) ∼ 법학을 공부하다. 6 (the ∼) 법률을 다루는 직업, 변호사업; (the ∼) (집합적) 법조인[계]. ¶enter the ∼ 법조계에 들어서다/practice (the) ∼ 변호사 개업하다. 7 [U] 소송, 법정. ¶resort to ∼ 법에 호소하다. 8 [U] (일상 생활의) 규칙, 예의 범절, 관례; [C] (∼s) (개개의) 규정; 관습; (본능적·무의식적) 행동 법칙, 본능. ¶the moral ∼ 도덕률/the ∼s of honor 결투의 격식; 예의 범절. 9 [U] (과학·수학 따위의) 원리, 법칙; (언어·예술상의) 원칙; (스포츠의) 규정, 규칙; (자연·우주의) 법칙; [C] (개개의) 법칙. ¶the ∼ of gravity 중력의 법칙. 10 (종종 L-) (신의) 율법, 계율; (the L-) (종종 복음과 대비하여) 모세의 율법; 모세 5경(구약 성서의 최초의 5서). 11 [U] (신약 성서에서) 율법. 12 [U] (英) 〔스포츠〕 (사냥에서 짐승에게 도망칠 여유를 주는, 혹은 경주 따위에서 핸디캡으로서 주는) 선발(先發) 시간, 선진(先進) 거리; (일반적으

로) 유예. 「체의 결정에 따르는 것.
a law unto [or *to*] *itself* (옛것에 얽매이지 않고) 자
at [or *in*] *law* 법에 따라, 법률상(의).
be against the law 법을 위반이다.
be a law to [or *unto*] *oneself* (관습을 무시하고)
제 마음대로 하다.
be at law 소송[재판] 중이다. 「을 받다.
be bred to the law 변호사[법관]가 되기 위해 교육
be good [*bad*] *law* (판결 따위가) 적법[위법]이다.
be learned [or *versed*] *in the law* 법률에 정통
하다, 변호사업을 하다. 「속이다.
bend the law (속임) (위법이 되지 않을 만큼) 슬쩍
by [or *under*] *the law* 법률적으로, 법에 의해.
enforce the law 법을 집행하다.
follow [or *practice*] *the law* 법률을 업으로 삼다,
변호사업을 하다. 「종결 하다; …을 멎게 하다.
give the law to …을 절대적으로 지배하다, …을 복
go in for law 법률가[변호사]를 지망하다.
go to law against [or *with*] *a person*; *have* [or
take] *the law of* [or *on*] *a person* 남을 법에 고
소하다, …에 대해 법적 조치를 취하다. 「꾸짖다.
lay down the law ① 고압적으로 단정[명령]하다. ②
take the law into one's own hands 린치를 가하다.
the (*long*) *arm of the law* (익살) 경찰.
There is no law against …은 관계없다. 「하지
말라는 법은 없다. 「할 수는 없다.
There should be a law against …을 허락[허가]
─ 图 (구어) 고소[고발]하다; 법적 조치를 취하다.
⌑-like 图

law² 图 (방언) (놀라움을 나타내어) 아이쿠, 저런.
LAW League of American Writers(미국 작가 연맹);
light antitank weapon. **law.** lawyer.
law·a·bid·ing [´ɔbàidiŋ] 图 법을 지키는, 법에 따
르는, 준법의. **law-breaking** **~·ness** 图
láw àgent 图 (스코) =solicitor. 「치안 강화.
láw and órder 图 (단수취급) 법과 질서, 안녕 질서.
law-and-or·der [´ɔnɔ́ːrdər] 图 법과 질서를 지키
게 하는; 치안 강화의.
láw bìnding 图 법률서 장정(견고한 제본). 「집(集).
law·book [lɔ́ːbùk] 图 법률서, 법률 관계 서적; 판례
law-break·er [lɔ́ːbrèikər] 图 법률을 위반하는 사
람, 죄인; (구어) 법정 규격에 안 맞는 것.
law-break·ing [lɔ́ːbrèikiŋ] 图Ⓤ 법률 위반, 위법.
─ 图 법률 위반의, 위법의.
láw càlf 图 법률서 장정용 고급 송아지 가죽.
láw cènter 图 (美) (무료) 법률 상담소.
láw clèrk 图 법학생(法學生), 변호사·판사 등의 조수.
***láw còurt** 图 법정(court of law), 재판소. 「원.
Láw Cóurts 图 (the ~) (London의) 고등 법
láw dày 图 지급 기일(期日), 법정 개정일; (법률로 규
láw enfòrcement 图 법의 집행. 「정된) 영업일.
law-en·fòrce·ment [´enfɔ̀ːrsmənt/-in-] 图
láw-enforcement àgency [**authórity**] 图
법 집행 기관(경찰·검찰 등).
**Láw Enforcement Assístance Admin·
istrátion** 图 (the ~) (美) 법집행 지원국(법무부 산
하 연방 정부 기관). 「찰관·보안관 따위).
láw-enforcement òfficer 图 법 집행관(경
law-en·fòrc·er [´enfɔ̀ːrsər/-in-] 图 =law-
enforcement officer.
láw fírm 图 (美) 법률 회사, 합동 법률 법인[사무소].
láw Frènch 图 법률용 프랑스어(14세기부터 17세기
경까지 영국의 공용어로 사용된 Anglo-French).
‡**law·ful** [lɔ́ːfəl] 图 (*more* ~; *most* ~) 1 합법적인,
적법한. ¶a ~ act[claim] 합법적 행위[요구]. 2 법적으
로 자격이 있는; 법적으로 인정된[유효한], 법정(法定)의.
¶a ~ owner (법적 자격을 갖춘) 정당한 소유자/a ~
man 적법자(증인으로서 선서·증언을 할 자격이 있는 자).

유의어 **lawful** 법의 해석상 허용되는; 국가의 법률,
종교상의 율법 등 모든 law에 쓰이는 말. **legal** 법률
의 조문에 정해진, 법률의 조문에 어긋나지 않는; 성
문화된 법령에 대해서만 쓰이는 말. **legitimate** 법
률·관습·전통 따위에 의해 정당하다고 인정되는.
licit 방법·절차 따위가 법의 규정대로 엄밀히 일치
하는.

3 법률을 지키는[따르는], 준법의. ¶~ citizens 준법 시
민. 4 (결혼의) 법적으로 정당한, (자식이) 적출(嫡出)의.
~·ly 图 합법적으로. **~·ness** 图
láwful àge 图 (법률) 법정 연령, 성년.
láwful móney 图 법정 화폐, 화폐(法貨).
law·giv·er [lɔ́ːgìvər] 图 입법자, 법률 제정자.
law·giv·ing [lɔ́ːgìviŋ] 图Ⓤ 입법. ─ 图 입법의.
law·hand [´hænd] 图 (英) 법률 문서체, 고문서체
(고(古) 법률 문서에 사용했던 서체).
lawk [lɔːk] 图 (英속어) (놀라움을 나타내어) 저런, 야
단났군. (또는 **lawks**)
*law·less [lɔ́ːlis] 图 1 법률을 지키지 않는; 비합법적
인, 불법적인, 위법의. 2 법의 지배를 받지 않는, 무법
의. ¶~ passions 분방한 정열. 3 법률이 없는[행해지지
않는]. **~·ly** 图 **~·ness** 图
Láw Lòrd 图 (英) 법관 귀족[의원] (최고 법원인 상원
의 사법관으로 일대(一代) 귀족에 임명된 상원 의원).
law·mak·er [lɔ́ːmèikər] 图 입법자, 법률 제정; 입
법부 의원, 국회 의원.
law·mak·ing [lɔ́ːmèikiŋ] 图Ⓤ 입법. ─ 图 입법의.
law·man [lɔ́ːmæn] 图 =law-enforcement officer.
láw mérchant 图 (屬 ~**s m-**) (the ~) 상(商) 관습
법; 상법(commercial law).
‡**lawn**¹ [lɔːn] 图 (~**s** [-z]) 1 잔디, 잔디밭; 잔디
코트. 2 (美속어) 질이 나쁜 대마초. 3 (고어) =glade.
⌑-y 图 잔디의; 잔디로 덮인.
lawn² 图Ⓤ 1 론, 한랭사(寒冷紗)(아주 얇은 고급 면포
또는 아마포). 2 (비유적) 영국 국교회의 bishop의 직
[지위]. **⌑-y** 图 론 천으로 된.
láwn bòwling 图 (美) 잔디밭에서 하는 볼링.
láwn mòwer 图 1 잔디 깎는 기계. 2 (속어) (야구)
땅볼. 3 (美속어) 양(羊).
láwn pàrty 图 (美) 가든 파티, 원유회(園遊會).
láwn sàle 图 중고품을 자기집 뜰에서 파는 일.
láwn sànd 图 (英) (제초·제초제를 넣은) 잔디용 모래.
láwn sìeve 图 론으로 만든 체, 명주 체.
láwn slèeves 图(屬) (단·복수 양용) 1 (英) (주교
(bishop) 성직복의) 론 천으로 만든 소매. 2 (비유적)
주교의 자리[지위]. 3 주교(들).
láwn sprìnkler 图 론 스프링클러, 회전 살수기.
láwn tènnis 图 론 테니스; (美) (일반적으로) 정구.
láwn tràctor 图 트랙터식 잔디 깎는 기계.
láw of áction and reáction 图 (the ~) (물리)
작용 반작용의 법칙.
láw of áverage 图 (the ~) (통계) 평균의 법칙;
=law of large numbers; 세상 상사(常事).
láw of conservátion of énergy 图 (the ~)
(물리) 에너지 보존의 법칙.
láw of conservátion of máss 图 (the ~) (물
리) 질량 보존의 법칙.
láw of contradíction 图 (the ~) (논리) 모순의
(矛盾律), 모순의 원리. 「의 법칙.
láw of cósines 图 (the ~) (수학) 코사인(cosine)
láw of définite compositíon 图 (the ~) 1 (화
학) 정비례의 법칙. 2 (논리) 논리학의 법칙.
láw of diminishing márginal utílity 图
(the ~) (경제) 한계 효용 체감의 법칙.
láw of diminishing retúrns 图 (the ~) (경
제) 수확 체감의 법칙.
láw of dóminance 图 (the ~) (생물) 우열(優劣)의

law of effect 명 (the ~) 〔심리〕 효과의 법칙(학습에서 성공한[만족한] 행동은 강화되고 그 반대는 약화된다).
láw of Extradítion 명 (the ~) 〔법률〕 〔국제간의〕 도망 범죄자 인도법.
láw òffice 명 법률 사무소.
láw òfficer 명 **1** 법무관; (英) 법무 장관(차관). (또는 **law òfficer of the Crówn**) **2** (스코) 법무 장관.
láw of gravitátion 명 〔물리〕 만유 인력의 법칙.
láw of indepéndent assórtment 명 〔유전〕 (유전 인자) 독립의 법칙(Mendel의 유전 법칙의 하나).
láw of lárge númbers 명 (the ~) 〔수학〕 대수(大數)의 법칙(확률론의 정리(定理)).
láw of máss áction 명 (the ~) 〔화학〕 질량 작용의 법칙.
Láw of Móses 명 (the ~) 모세 5경(經), 모세의 율법(Mosaic Law).
láw of mótion 명 (the ~) 〔물리〕 (뉴턴의) 운동의 법칙.
láw of múltiple propórtions 명 (the ~) 〔화학〕 배수(倍數) 비례의 법칙.
láw of nátions 명 (the ~) **1** 국제법(international law). **2** (로마법에서) 만민법(萬民法).
láw of náture 명 (the ~) **1** 자연의 법칙. **2** 〔 〕의 법칙 (natural law).
láw of segregátion 명 (the ~) (유전인자) 분리의 법칙.
láw of sínes 명 (the ~) 〔수학〕 사인(sine)의 법칙.
láw of supply and demánd 명 (the ~) 수요 공급의 법칙.
láw of the júngle 명 (the ~) 정글의 법칙, 약육강식의 법칙.
Láw of the Médes and the Pérsians 명 (the ~) 바꾸기 어려운 제도[습관]. 〔열역학의 법칙.
láw of thermodynámics 명 (the ~) 〔물·화〕
Láw of the Séa Convéntion 명 (the ~) 국제 해양법 조약(정식 명칭은 the U.N. Convention on the Law of the Sea: 1982년 성립).
láw of univérsal gravitátion 명 (the ~) 〔물리〕 =law of gravitation.
láw of wár 명 〔전시(戰時) 법규〕; 전시 국제법.
Law·rence [lɔ́ːrəns, lάr-/lɔ́r-] 명 로렌스. **1** D(avid) H(erbert) (1885-1930): 영국의 소설가·시인. **2** T(homas) E(dward) (1888-1935): 영국의 아랍 독립 운동 지도자; 고고학자·군인.
law·ren·ci·um [lɔːrénsiəm, lɑ-/lɔ-] 명U 〔화학〕 로렌슘(인공 방사성 원소의 하나; 기호 Lr).
laws [lɔːz] 감 =law².
láw schòol 명 (美) 로 스쿨, 법과 대학원, 법학부.
láw shèep 명 (법률 서적 장정에 쓰는) 고급 양가죽.
Láw Socìety 명 (英) 사무 변호사회.
Láw·son critèrion [lɔ́ːsn-] 명 〔물리〕 로슨 조건 (핵 융합로에서 소요 에너지 이상의 에너지를 도출하는데 필요한 조건). 〈영국의 물리학자 J. D. Lawson〉
láw stàtioner 명 (英속어) 경찰서. 〔(1923-)의 이름〕
láw stàtioner 명 법률가용 서류상(商); (英) 법률 서류상 겸 대서인(代書人).
law·suit [lɔ́ːsùːt/-sjùːt] 명 소송. ¶ bring in [or enter] a ~ against … 에 대해 소송을 제기하다.
láw tèrm 명 법률 용어; 재판 개정(開廷) 기간.
‡**law·yer** [lɔ́ːjər, lɔ́iər] 명 (~s [-z]) **1** 법률가, (특히) 변호사(美) attorney), (종종 英) 사무 변호사 (solicitor). **2** 법학자; 법에 정통한 사람, 법률통. ¶ a good[poor, no] ~ 법에 정통한[어두운] 사람.

〔유의어〕 **lawyer** 「변호사」라는 뜻의 가장 일반적인 말. **barrister** (英), **counsel** 또는 **counselor** (美) 법정에서 의뢰인을 위해 소송 사건을 다루는 법정 변호사. **solicitor** (英), **attorney (at law)** (美) 의뢰인을 위해 법률 서류를 작성하거나 법정 변호사를 위해 소송 준비를 하는 서무 변호사; (美)에서는 attorney가 널리 lawyer의 뜻으로 쓰이는 일이 많다.

3 〔성서〕 율법 학자(모세 율법의 해석가). **4** 〔어류〕 = **consult a lawyer** 변호사와 상담하다. 〔burbot.
━타 변호사를 개업하다. ━타 〔사건·서류 따위〕를 변호사에 부탁하다[검토시키다].
~·like, ~·ly 형 〔법 실무.
law·yer·ing [lɔ́ːjəriŋ] 명 변호사[변호사의 직[지위]).
láwyer's bíll 명 (美속어) 법률가 활동 촉진법(안).
lax¹ [læks] 형 **1** (정신 따위가) 해이된, 조심성 없는, 단정치 못한; (…의 면에서 …에) 게으른, 태만한 (in/about); (사람·법규 따위가) 엄격하지 않은, 관대한(with). ¶ be ~ in one's conduct 품행이 단정치 못하다. **2** 〔생각 따위가〕 명확하지 않은, 모호한. **3** (줄 따위가) 느슨한, 느즈러진; (근육이) 풀린. ¶ a ~ cord 느슨해진 끈. **4** (병리) (장(腸)이) 이완된; 설사 기미가 있는. **5** 〔음성〕 〔발음이〕 느즈러진, 이완된. **6** 〔식물〕 산개 (散開)한. 드문드문 있는. ¶ ~ tense 〔음성〕 이완음 [모음]; (방언) 설사. ~·ly 부 ~·ness 명
lax² [lɑːks] 명 〔어류〕 (스웨덴·노르웨이산) 연어.
LAX [læks] ⓐ Los Angeles 국제 공항의 코드명.
lax·a·tion [læksέiʃən] 명U **1** 느슨함, 느슨하게 하기, 이완 (상태). **2** 변통(便通).
lax·a·tive [lǽksətiv] 형 완하제(緩下劑), 변비(완)제 약. ¶ take a ~ 변비약을 복용하다.
━명 **1** 〔병리〕 (약·음식이) 변통 효과가 있는. **2** (고어) 설사하는. ~·ly 부 ~·ness 명
lax·i·ty [lǽksəti] 명U C **1** 느슨함; 해이됨, 단정치 못함. **2** 모호함, 부정확; 부주의. **3** (장·근육의) 이완.
‡**lay¹** [lei] 동 (~s [-z]; laid) 타 **1** (물건을 …에) 놓다 (in, on, at); 〔몸·물건〕을 눕히다(down, along); (아이)를 잠재우다(down). ⇨PUT 〔유의어〕 ¶ (~+목+전+명) ~ a book on a desk 책을 책상 위에 놓다 / ~ a baby in a cradle 아기를 요람에 재우다. **2** (물건)을 정리하다, 쌓다, 〔토대·마루·벽돌 따위〕를 설계대로 설치하다, 세워 올리다; 〔도로·철도 따위〕를 부설하다; 〔가스·수도 따위〕를 끌어들이다. ¶ ~ a floor 마루를 깔다 / ~ the foundation of a house 집의 기초를 놓다 / ~ a pavement 도로 포장을 하다 / ~ a railway 철도를 부설하다.
3 …을 처서[던져, 불어] 넘어뜨리다(on, in). ¶ The storm laid the crops. 폭풍우로 농작물이 쓰러졌다. ¶ (~+목+보) (~+목+전+명) ~ a person low (in the dust) 남을 (땅바닥에) 쓰러뜨리다.
4 〔바람·파도 따위〕를 가라앉히다, 진정시키다; 〔노염·두려움·불안·의혹 따위〕를 없애다, 일소하다; 〔먼지 따위〕를 억누르다. ¶ ~ a person's anger[fears] 남의 노염[불안]을 진정시키다 / The rain laid the dust. 비로 먼지가 가라앉았다.
5 a) 〔신체의 일부〕를 (…에) 놓다, 대다 (to, on, upon). ¶ (~+목+전+명) Don't dare to ~ a finger on her. 그녀에게 손가락 하나라도 대서는 안 된다. **b)** 〔애정·희망·신뢰 따위〕를 (…에) 두다 (on, upon). ¶ (~+목+전+명) ~ trust upon a person 남에게 신뢰를 두다 / ~ one's hopes on …에 희망을 걸다 / ~ emphasis[or stress, weight] on …을 강조[중요시]하다. **c)** (수동형으로) 〔이야기〕의 (장면)을 (…에) 설정하다 (at, in). ¶ ~ a trap [an ambush] 덫을 놓다[복병을 매복시키다] // (~+목+전+명) He laid the scene of the story in the Far East. 그는 이야기의 장면을 극동에 설정했다.
6 〔식기 따위〕를 차리다; 〔식사 따위〕를 준비하다. ¶ ~ the table 밥상[식탁]을 차리다. **7** (새 따위가) 〔알〕을 낳다. ¶ ~ eggs 알을 낳다. **8** (내기에) …을 걸다 (on) (down). ¶ (~+목+전+명) I ~ five dollars on it. 그것에 5달러를 건다. **9** …을 덧칠하다[입히다], 〔그림물감〕을 캔버스에 칠하다 (on, over); …의 표면을 덮다, …에 깔다 (with); …을 깔다 (on). ¶ (~+목+전+명) ~ a floor with a carpet; ~ a carpet on a floor 마루에 융단을 깔다. **10 a)** (…에 대해) 〔권리 등〕

을 주장하다(*against, to*). ¶ (~+[目]+[前]+[名]) ~ claim *to* …의 권리[소유권]를 주장하다. **b**) (심의 따위를 위해) …을 (…에) 제시[제출]하다(*before*). ¶ ~ papers (장관 등이) 의회에 보고하다. **c**) (…에 대해) 〔고소〕를 제기하다(*against, to*). **d**) 〔손해액〕을 (…로) 산출하다. ¶ (~+[目]+[前]+[名]) The damage was *laid at* $10,000. 피해액은 1만 달러로 산출됐다. **e**) 〔죄·과실 따위〕를 (…에게) 씌우다 (*to, on*). ¶ ~ a mistake *to* her charge 잘못을 그녀 탓으로 돌리다. **11** 〔벌·명령·의무·무거운 짐·세금〕을 (…에게) 지우다, 부과하다; 〔비난〕을 (…에게) 퍼붓다; 〔매질·폭력〕을 (…에게) 가하다 (*on, upon*). ¶ ~ a whip *on* his buttocks 그의 볼기를 때리다. **12** (종속·위험 따위의 상태에) …을 두다, (상태로) 되게 하다 (*in, to, under*); …을 매장하다. ¶ (~+[目]+[補]) ~ a secret bare 비밀을 폭로하다 // (~+[目]+[前]+[名]) ~ a city *in* ashes 도시를 잿더미로 만들다/ ~ a person *under* obligation [necessity] 남에게 은혜를 입히다[필요에 직면케 하다]. **13** 《원예》 …의 취목(取木)을 하다, 휘묻이하다. **14** 〔실·새끼 따위〕를 꼬다(*up*). ¶ ~ a rope 새끼를 꼬다 // (~+[目]+[前]+[名]) ~ yarns *into* a rope 실을 꼬아 로프를 만들다. **15** 〔계획 따위〕를 세우다, 짜다; 〔음모〕를 꾸미다. ¶ ~ an escape plan 탈주 계획을 세우다. **16** 〔보풀 따위〕를 판판하게 재우다, 쓰다듬어 재우다. **17** 《군사》 〔포〕를 조준하다. **18** 《해사》 〔배〕를 어떤 위치로 향하게 하다; 육지가 보이지 않는 곳까지 오다. **19** 《美속어》 …와 성교하다. **20** 《英방언》 (의사가) 〔임산부〕를 분만하게 하다. **21** 《속어》 …을 유통시키다. **22** (개에게) 〔냄새〕를 따라가게 하다(*on*).

—[자] **1** 알을 낳다. ¶ ~ well 알을 잘 낳다. **2** (내기에) 걸다(*on*). **3** 전념하다, 전력을 기울이다 (*to*). **4** 매복하다 (*for*). **5** 《구어·방언》 계획하다, 꾀하다(*out, off*). ⇨*lay off*. **6** 《해사》 어떤 위치에 자리잡다, 항로를 정하다. ¶ ~ at anchor 닻을 내리고 정박하다. **7** 《드물게》 드러눕다(lie).

get** a person* ***laid 남과 성교하다, 자다.
lay…aboard 《해사》 (적선에) 승선하기 위해 배를 나란히 대다.
lay about [or ***around***] ① 누워서 뒹굴다(lie about). ② (…을) 휘두르다(*with*); 〔사람〕을 (…으로) 몹시 때리다[공격하다, 비난하다].
lay about (*one*) …을 전후좌우로 마구 치다; 필사적으로 분투하다.
lay a course ① (배가) 원하는 방향으로 항행하다. ② (일 따위를) 계획대로 추진하다.
lay a fire (섶을 쌓아) 불붙일 준비를 하다.
lay along 《항해》 어떤 방향으로 항로를 잡다.
lay an egg ⇨EGG.
lay an eye [or ***eyes***] ***on*** …을 주목하다, …에 눈이 가다.
lay an information against …을 고발[기소]하다.
lay…apart …을 따로 떼어 놓다; …을 구별하다.
lay** a person* ***asleep; lay** a person* ***to sleep [or ***rest***] 남을 잠재우다, 쉬게 하다; 매장하다.
lay aside ① …을 따로 떼어 놓다, 비축하다 (*for*). ② …을 (한동안) 중지하다. ③ 〔계획·습관 따위〕를 버리다.
lay at …에 덤벼들다, 덮치다.
lay…at [or ***to***] *a person's* ***door*** ⇨DOOR.
lay away ① …을 따로 떼어 놓다, 저축하다. ② …을 그만두다; …을 버리다. ③ (지불 완료 또는 배달될 때까지) 〔상품〕을 따로 챙겨 놓게 하다. ④ 《수동형으로》 …을 묻다, 매장하다.
lay back ① 《속어》 긴장을 풀다; 마음을 편안하게 갖다. ② (동물이 귀를) 뒤쪽으로 기울이다.
lay bare 드러내다, 밝히다, 폭로하다.
lay…before ① 〔문제 따위〕를 제출[제시]하다. ② (물건 따위에) …의 주의[주목]을 끌다.
lay by ① =*lay aside*. ② =*lay to*. ③ 〔작물〕을 수확하다, 수확을 위한 마무리 작업을 하다.
lay close 《해사》 (돛배가) 바람이 불어오는 쪽을 향해 항행하다.
lay down ① (쉬려고) 눕다; (벤치에서) 쉬다. ② …을 아래[땅]에 내려놓다. ¶ ~ oneself *down* 드러눕다. ③ 〔무기·목숨 따위〕를 버리다, 〔직위 따위〕를 사임하다. ¶ ~ *down* one's life for one's country 나라를 위해 목숨을 버리다. ④ …을 단언(斷言)하다; …을 규정하다. ¶ ~ *down* rules 규칙을 정하다. ⑤ 〔술·달걀 따위〕를 저장하다. ⑥ 〔작물·목초 따위〕를 심다; 〔땅〕에 심다 (*in, to, with, under*). ⑦ 부설하다, 〔기초〕를 세우다; 〔배〕를 건조하다. ⑧ 《美》 〔상품〕을 배달하다. ⑨ 〔포화 따위〕를 퍼붓다. ⑩ 《야구》 〔번트〕를 하다; 낮게 때리다. ⑪ 〔돈〕을 걸다[지불하다].
lay fast 구속[속박]하다, 감금하다.
lay for 《구어》 …을 매복하여 기다리다.
lay hands on ① …을 붙잡다; …을 덮치다. ② …을 목사[주교]로 임명하다.
lay [or ***put***] ***heads together*** 의논하다, 협의하다.
lay in ① …을 사들이다, 사재기하다, 저장하다(*for*). ② 《속어》 …을 게걸스럽게 먹다.
lay in for …을 신청하다, 손에 넣으려고 꾀하다.
lay into 《구어》 …을 때려눕히다; …을 습격[비난]하다.
lay it down that… …이라고 단언[단정]하다.
lay it on ① 듬뿍[진하게] 바르다. ② 《구어》 과장하다; 지나치게 칭찬하다. ③ 《속어》 터무니없는 값을 부르다, 바가지를 씌우다. ④ 《속어》 세게 때리다.
lay it on the line [or ***table***] 솔직히[까놓고] 말하다.
lay it on thick(***ly***) [or ***with a trowel***] =*lay it on* ②.
lay low ⇨LOW.
lay off ① (일시적으로) …을 해고하다, 일시 휴무시키다(*from*). ¶ ~ *off* workers 노동자를 일시 해고하다. ② 《美》 〔밭 따위〕를 구분하다. ③ 《구어》 …을 그만두다; 《美속어》 〔남〕을 괴롭히기[골탕먹이기]를 그만두다. ④ 《美구어》 (…하려고) 꾀하다, 기도하다 (*to* do). ⑤ 쉬다, 휴양하다. ⑥ 〔사람〕을 가만히 놓아 두다, 〔일〕을 화제로 삼지 않다. ⑦ 《美》 〔옷〕을 안입게 되다, 벗다. ⑧ 《럭비·축구》 〔볼〕을 패스하다, 중계하다. ⑨ …의 전화를 기다리게 하다. ⑩ (손해를 안보려고) 〔돈〕을 양쪽에 걸다. ⑪ 《해사》 배를 조금 떼어 정박시키다. ⑫ 〔땅〕을 휴경[전용]하여 (…을) 경작하다. ⑬ 덧칠하다. ⑭ (바람·사냥감의 움직임을 계산에 넣어) 겨냥하다.
lay on ① …을 칠하다. ② …을 타격하다; 타격 따위를 가하다. ③ 《英》 〔가스·수도·전기 따위〕를 끌어들이다, 놓다. ¶ ~ *on* gas [water] 가스[수도]를 끌어들이다. ④ 〔책임·세금 따위〕를 부과하다; 〔비싼 값 따위〕를 매기다. ⑤ 〔사냥개〕에 사냥감[냄새]을 쫓도록 하다. ⑥ 〔파티 따위〕를 열다, 계획하다; 〔식사·자동차 따위〕를 준비하다(*for, to*). ⑦ 〔사람〕을 고용하다.
lay one 《美속어》 방귀를 뀌다.
lay one on ① 《속어》 몹시 취하다. ② 《英구어》 …을 속이다, 웃음거리로 만들다; …을 때리다.
lay** one's* ***bones 묻히다, 죽다.
lay *one**self*** ***down to*** 《구어》 …에 정력을 쏟다.
lay *one**self*** ***open*** 〔비평·비난 따위〕를 받게 되다.
lay *one**self*** ***out*** 《구어》 전력을 다하다 (*for, to* do).
lay on the air 《美속어》 브레이크를 밟다.
lay…on the table ① 〔의안 심의 따위〕를 무기한 연기하다, 보류하다. ② 《英》 〔법안〕을 의사(議事)에 상정하다.
lay on to be 《英속어》 …인 척하다.
lay open 절개(切開)하다; 드러내다; 폭로하다.
lay out ① …을 펼치다; …을 (가지런히) 늘어놓다, 전시하다; …을 준비하다. ② 〔사체〕의 매장 준비를 하다; (입관을 위해) 〔시체〕를 매만지다. ③ 《구어》 〔돈〕을 (…에) 쓰다, 투자[기부]하다 (*for, on, in*). ④ 《속어》 …을 때려눕히다, 죽이다. ⑤ 《속어》 …을 꾸짖다. ⑥ 〔도시·정원 등〕을 설계하다, 〔토지〕를 구획하다; 〔계획〕을 입안하다. ⑦ 《美》 …을 꾀하다. ⑧ 〔신문·잡지〕를 레이아웃하다. ⑨ …을 상세히 설명하다(*for*). ⑩ 《美중남부》 〔학교 등〕을 무단 결석하다 (*from*).
lay out on 《해사》 〔노〕를 힘껏 젓다, 세게 젓다.
lay over ① 《美》 도중 하차하다; (비행기 따위가 도중

에) 일시 착륙하다. ② (구어) …을 연기하다, 다음으로 미루다. ③ …의 위를 덮다; 덧칠하다 (with). ④ …을 뒤집다; 역전시키다. ⑤ …을 능가하다, …보다 낫다.
lay siege to ① …을 포위(공격)하다. ② 끈질기게 조르다, 타이르다.
lay to ① [해사] (뱃머리를 바람 불어오는 쪽을 향해) 정선(停船)하다[시키다]. ② 맹렬히 공격하다; 세게 치다, 때리다. ③ …에 전력을 기울이다, 전념하다. ④ 계획하다, 꾀하다.
lay together ① …을 모으다. ② …을 비교하다, 아울러 생각하다.
lay…to heart …을 마음에 두다; …을 몹시 걱정하다.
lay…to rest [or **sleep**] …을 잠재우다, 쉬게 하다, 매장하다.
lay up ① …을 저축하다, 따로 간직하다; [문제 따위]를 보류하다. ② …을 쌓아올리다, 포개어 쌓다. ③ (수동형으로) (병 따위가) (사람)이 집에 틀어박히다 (with). ¶be laid up with a cold 감기가 들어 집 안에 틀어박혀 있다. ④ (수동형으로) [배]를 독에 집어 넣다; [차]를 차고에 집어 넣다. ⑤ (배사) (…으로) 진로를 잡다 (for). ⑥ [밭]의 이랑을 돋우다. ⑦ (폐어) (벽돌로) [건물]을 세우다. ⑧ [몸]을 쭉 뻗고 눕다.
lay…up against a person (美구어) …을 남의 책임이라고 말하다[나쁘게 생각하다].
lay up for oneself (곤란 등)을 자초하다.
lay upon a person for 남에게 …을 조르다.
let it lay (美속어) (명령문) 놔두다, 잇다, 마음에 두지 않다. — 명 (複) ~s [-z] 1 (the ~) 위치, 방향, 배치; 상태, 지형, 지세. 2 (밧줄·끈 따위의) 꼬는 법, 꼬임새. ¶a right ~ 오른쪽으로 꼬기. 3 이익의 배분몫. ¶a long[short] ~ 배당률이 나쁜[좋은] 분배. 4 (속어) 계획, 방침. 5 (속어) 장사일, 직업, (나쁜 짓의) 일. 6 (美구어) 가격, 값어치; 조건. 7 (美속어) (정사(情事) 상대로서의) 여자; 성행위. 8 (동물의) 보금자리; (새의) 산란한 상태.
‡**lay**² 동 lie²의 과거. [(産)할 가능한 있는.
lay³ 동 (한정용법) 1 (성직자에 대해) 신도의, 속인의, 평신도의; (교회) 잡역의, 책임있는 자리가 아닌. 2 비전문가의, 문외한의, 일반인의. 3 (폐어) 속세의; 물질적인. 4 (카드놀이) 으뜸패가 아닌, 보통 패의.
lay⁴ 1 노래로 불리어지는 짧은 서정시, 이야기체의 시. 2 (詩) 노래, 곡조(새의 지저귐 등).
lay⁵ 슬레이(직조기의 바디(reed), 북(shuttle)을 포함하는 부분) (또는 **sley**); 직조기의 작동 부분.
lay·a·bout [léiəbàut] 명 (英) 게으름뱅이, 부랑자.
láy ánalyst (학위 없는) 아마추어 정신 분석가.
lay·a·way [léiəwèi] 명 = ~ **plan**; ~ **plan**으로 구입한 상품.
láyaway plàn 명 상품 예약 할부제, 적립판매.
láy bròther 명 평수사(平修士), 조수사(助修士).
lay-by [´-bài] 명 1 (英) (고속 도로의) 일시 대피소[주차장]; (美) pull-off지; (운하의) 일시 정박소; (철도의) 대피선(待避線). 2 (美) 농작물의 사이 같이, 중갈이. 3 (濠) = layaway.
on the lay-by (濠속어) 분할 납부로, 할부로 (산).
láy clérk 명 =lay vicar.   [의 영성체(領聖體)].
láy commúnion 명 속인으로서 교회원임; 평신도
láy dàys 명 1 (상업) (용선 계약서상의) 정박(양륙, 정박) 기간. 2 [해사] (출항 예정) 초과 정박일(수).
láy déacon 명 평신도 집사(執事)[부제(副祭)].
lay·down [léidàun] 명 1 (책 따위의) 배포, 배본. 2 [브리지] 까놓아도 이길 것이 확실한 패. 3 (美속어) 확실한 것[일]. 4 (속어) 실패. 5 (英속어) 재구속(再拘束). 재구속자(者).
láydown dàte 명 (서적의) 판매 개시일. [해진.
layed [leid] 형 (美속어) 마약에 취한, 대마초로 황홀
‡**lay·er** [léiər] 명 (複) ~s [-z] 1 층(層), 겹진 쌓음, 칠하기[입히기]; 지층(地層); (사회의) 계층(階層)나 in alternate ~ 번갈아 층을 이루어 / the middle ~s of society 사회의 중간층. 2 (종교 복합어로) 놓는[쌓는, 까는, 칠하는] 사람; (계획 따위를) 세우는 사람; (군사)

[layer 5]

조준병. ¶a brick-~ 벽돌 쌓는 직공. 3 (경마) 돈 거는 사람; 도박꾼. 4 알 낳는 닭. 5 (원예) 휘묻이(한 식물). 6 새 끼줄 꼬는 기계. 7 (구어) 게으름뱅이. — 동 1 …을 층으로 놓다. 2 (원예) [식물]을 취목으로 번식시키다. — 재 1 휘묻이[취목]하다. 2 층을 이루다. 3 (농작물이) 비바람으로 쓰러지다. ~·**a·ble**, ~**ed**
lay·er·age [léiəridʒ] 명 (원예) 휘묻이, 취목(取木).
láyer cáke 명 크림·잼 따위를 사이에 끼운 케이크.
láyered defénse 명 (군사) 층상(層狀) 다층 방위, 복수 방위선 방위.
láyered lóok 명 (복식) 겹쳐 입기 스타일.
lay·er·ing [léiəriŋ] 명 1 (길이·형태가 다른 옷을) 겹쳐 입기. 2 [지도] (지형의) 단채색(段彩色) 표시법. 3 =layerage.
lay·er·stool [-stù:l] 명 (원예) 휘묻이용 어미나무.
lay·ette [leiét] 명 신생아 용품 일습(의류·침구 등).
láy fígure 명 1 인체 모형, 마네킹 인형. 2 시시한 사람; 개성이 없는 인물; (소설 따위의) 비현실적 인물.
lay·ing [léiiŋ] 명 1 놓기, 쌓기; (가스 따위의) 부설(敷設). 2 초벽(벽칠). 3 (실·새끼의) 꼬는 법. 4 [포술] 조준. 5 한 배에 까는 알; 산란(產卵).
láying ón of hánds 명 [기독교] 안수(按手), 안수례; 안수 치료.   [Law.
láy lórd 명 (영국 상원의) 비(非)법관 의원. [英
‡**lay·man** [léimən] 명 (複) -**men** [-mən]) 1 (성직자에 대한) 평신도. 2 비전문가, 문외한, 아마추어.
lay·off [léiɔ̀:f/léiɔ̀f] 명 1 (불경기로 인한) 일시[강제] 해고[휴직] (기간). 2 (운동 선수 등의) 활동 중지 기간; (美속어) 실업중인 일판 도박에서) 양쪽에 걸기; 활동 중지 (기간).
láyoff allówance 명 일시 해고 수당.   [돈.
láy of the lánd (the ~) 지형, 지세; (비유적으로) 사태, 상황, 형세. (또는 (英) **lie of the lánd**)
see [or **find out, discover**] **the lay of the land** 형세를 살피다[확인하다].
‡**lay·out** [léiàut] 명 1 UC 펼치기, 차리기. 2 UC (도시·공원·공장 따위의) 설계, 배치; (토지·도로의) 구획; (신문·광고·책 따위의) 지면 배정, 레이아웃. 3 (속어) 설비[용품(요리 따위), 4 (도구·기구 따위의) 한 벌. 5 (美) 도박 도구 (한 벌). 5 (美구어) (여러 설비를 갖춘) 저택, 시설. 6 (美) 형세, 정세, 사태. 7 (스포츠) 영·체조에서) 차렷, 체형. 8 [카드놀이] 놓은 패. 9 (美속어) 계획, 음모.   [(stopover).
lay·o·ver [léiòuvər] 명 (단시간의) 중단, 도중 하차
láy·per·son [léipə̀:rsn] 명 =layman, laywoman.
láy réader 명 1 (영국 국교회) 평신도 예배 봉사자. 2 (전문가가 아닌) 일반 독자.
láy réctor 명 (영국 국교회) 평신도 교회 관리자.
láy·shaft [léiʃæft/-ʃɑ̀:ft] 명 [기계] 부축(副軸).
láy sìster 명 평(平)수녀. ☞ lay brother
lay·stall [léistɔ̀:l] 명 (英) 쓰레기장; 쓰레기 더미.
lay-up [´ʌ̀p] 명 1 (농구) 레이업(바스켓 밑에서 한 손으로 하는 점프 숏). 2 쉼, 휴식, 휴양. 3 (선박의) 휴항 (休航). 4 (베니어의) 접판 작업. (또는 **láyùp**)
láy vícar 명 (영국 국교회) 대성당의 평신도 봉사자.
lay·wom·an [léiwùmən] 명 여신도; 보통 여자; 속세의 여자.   ~·**like** 형 <L
laz·ar [læzər, léiz-] 명 병[문둥병]에 걸린 거지.
laz·a·ret·to [læzərétou] 명 (複 ~**s**) 1 격리 병원; (특히) 나병원(癩病院). 2 검역소, 검역선. 3 (상 선 따위의) 식품 저장소. (또는 **lazaret(te)**)
lázar hóuse 명 =lazaretto 1.
Laz·a·rus [lǽzərəs] 명 1 (성서) 나사로. a) 예수에 의해 부활한 베다니 사람(←요한복음(John) 11:1). b)

예수의「부자와 거지」이야기에 나오는 문둥병에 걸린 거지(←누가복음(Luke) 16:19). **2** (종종 l-) 병든 거지.
laze [leiz] ⟨동⟩⟨자⟩ 게으름 피우다, 빈둥빈둥 놀고 지내다 (*about, around*). ─⟨타⟩ 〈시간〉을 허송하다(*away*).
─⟨명⟩ 빈둥거리는 시간, 한가롭게 쉬는 시간.
laz·u·li [lǽzuli/lǽzjulài] ⟨명⟩ = lapis ∼.
*__la·zy__ [léizi] ⟨형⟩ (__-zi·er; -zi·est__) **1** 게으른, 빈둥거리는, 나태한. ⇒IDLE 〈유의어〉¶a ∼ fellow 게으름뱅이. **2** 졸음이 오게 하는, 나른한. ¶a ∼ summer afternoon 나른한 여름철 오후. **3** 느릿느릿한, 느린, 굼뜬. ¶a ∼ stream 완만한 흐름. **4** 〈목축〉 (낙인의 글씨가) 옆으로 찍힌. **5** 제눌 느슨해진, 곧바르지 않은. ─⟨동⟩ =laze.
-zi·ly ⟨부⟩ **-zi·ness** ⟨명⟩ ∼**·ish** ⟨형⟩
la·zy·back [léizibæk] ⟨명⟩ (의자) 등받이, 팔걸이.
la·zy·bones [léizibòunz] ⟨명⟩⟨복⟩ (단수취급) (구어) 게으름뱅이, 나태한 사람.
lázy dáisy stìtch ⟨명⟩ 〈자수〉 레이지 데이지 스티치 (가느다란 둥그라미의 끝을 작은 스티치로 여러 개 놓은 꽃잎 모양의 스티치).   「열탄(散裂彈).
lázy dòg ⟨명⟩ (L- D-) 〈美軍속어〉 (공중 폭발하는) 산
lázy éye(s) ⟨명⟩ 〈구어〉 사시(斜視), 사팔뜨기; 약시(弱 視)(amblyopia). (또는 **lázyèye blíndness**)
lázy jàck ⟨명⟩ 〈기계〉 신축(굴신)屈伸)잭.
lázy Súsan ⟨명⟩ (l- s-, L- S-) (식탁 중앙의 조미료 등을 올려 놓는) 회전식 쟁반; (선반·탁자 따위에 설치된) 회전판.   「는〕 신축 집게.
lázy tòngs ⟨명⟩ (좀 멀리 있는 물건을 집을 때 쓰
laz·za·ro·ne [læ̀zəróunei] ⟨명⟩ (복 **-ni** [-ni:]) (이탈리아 나폴리 거리의) 거지, 부랑자. (<It)
*__lb, lb.__ [paund] ⟨명⟩ (∼**s**) 〈라틴〉
libra(e)(=pound(s)) (중량 단위).
LB 〈국제 자동차 식별기호〉
Liberia. **L.B.** *landing barge*;
letter box; *light bomber*; 〈라 틴〉 *Literarum Baccalaureus*
(=Bachelor of Letters)(문학 사); *local board*(지방국).   (lazy tongs)
L-band [élbæ̀nd] ⟨명⟩ 〈통신〉 엘밴드, L 주파수대(周波 帶)(390-1550 MHz의 초단파; 위성 통신용).
L bàr [bèam] ⟨명⟩ L형 강철봉.
L.Bdr., L/Bdr *Lance Bombardier*. **lbf** *pound-force*(1 파운드의 물체의 중력에 해당하는 가속력).
LBJ *Lyndon Baines Johnson*. **LBO** *leveraged buyout*(차입금에 의한 기업 매수). **LBP** 〈컴퓨터〉 *laser beam printer*. **lbr** *labor*; *lumber*. **lbs.** *pounds*. **lbw, l.b.w.** 〈크리켓〉 *leg before wicket*.
LC *Lance Corporal*; *landing craft*; *Library of Congress*; *liquid crystal*(액정). **L/C, l/c** *letter of credit*(신용장). **l.c.** *left center (of the stage)*(무대의 왼쪽 중앙); *letter of credit*; 〈라틴〉 *loco citato*(=in the place cited); 〈인쇄〉 *lower case*. **L.C.** *Library of Congress, Lower Canada*; 〈英〉 *Lord Chamberlain*; *Lord Chancellor*. **LCC** *launch control center*(발사 관제 센터). **L.C.C.** *London Chamber of Commerce*; *London City (County) Council*. **LCD** 〈전자〉 *liquid crystal digital*(액정(液 晶) 디지털(시계)); *liquid crystal display [or diode]* (액정(液晶) 표시 장치(소자(素子)). **L.C.D., l.c.d.** 〈수학〉 *lowest [or least] common denominator*(최소 공분모). **LCDR** *Lieutenant Commander*.
L cèll ⟨명⟩ 〈생물〉 L세포(생쥐에서 분리된 세포; 바이러 스 연구용).
L.C.F., l.c.f. 〈수학〉 *lowest common factor*(최소 공인수). **L.Ch.** 〈라틴〉 *Licentiatus Chirurgiae*(= *Licentiate in Surgery*); 〈英〉 *Lord Chancellor*.
L.C.J. 〈英〉 *Lord Chief Justice*(고등 법원 수석 법 관). **L.C.L., l.c.l.** 〈상업〉 *less than carload lot*; *Lower Control Limit*. **L.C.M., l.c.m.** 〈수학〉

lowest common multiple(최소 공배수).
LC mail ⟨명⟩ 〈美〉 국제 1종 우편(편지·엽서·항공우편 따위). 〔<F *Lettres et Cartes*(편지, 엽서)〕
L.C.P. *Licentiate of the College of Preceptors*.
LCpl, L/Cpl. *Lance Corporal*. **LCT** 〈美軍〉 *landing craft tank*(탱크 상륙용 주정); *Last Chance Trendy*: *local civil time*(지방 상용시).
'ld [d] (드물게) *would*의 단축형.
LD *laser disk*; 〈라틴〉 *laus Deo*(=*praise to God*); *learning disability*; *lethal dose*(치사량); *long distance*; (또는 **L.D.**) *Low Dutch*. **Ld, ld.** *limited*; *lord*; 〈인쇄〉 *lead*. **LDC** ⟨명⟩ ∼(*′*)**s**) *less developed country*(저개발국).
L-D convérter ⟨명⟩ 〈야금〉 엘디 전로(轉爐)(고순도 산소를 끓는 쇳물 위에 주입해 불순물을 산화 제거해서 강(鋼)을 제작하는 노).
LDDC (복 ∼(*′*)**s**) *least developed among developing countries*(후진 개발 도상국). **LDEF** 〔우주〕 *long duration exposure facility*(장시간 노출 위성).
ldg. *landing*; *leading*; *loading*; *lodging*. **LDL** 〈생화학〉 *low-density lipoprotein*(저밀도 리포 프로테 인). **Ldmk** *landmark*. **Ldn** *London*.
L-do·pa [éldóupə] ⟨명⟩⟨U⟩ 엘도파(파킨슨병 등의 치료 약으로 쓰이는 아미노산의 일종). (또는 **L-Dópa**)
LDP 〔일본〕 *Liberal Democratic Party*(자유민주당, 자민당). **Ldp.** *ladyship*; *lordship*. **LDPE** 〈화학〉 *low-density polyethylene*(저밀도 폴리에틸렌). **ldr.** *leader*.   「(<*learner driver*)
L-driv·er [éldràivər] ⟨명⟩ 〈英〉 임시 면허 운전자.
ldry. *laundry*. **L.D.S.** *Latter-day Saints*; *Licentiate in Dental Surgery*(치과 의원 개업 면허 소지자).
LE *leading edge*; 〔미식축구〕 *left end*; *left eye*; 〔의 학〕 *lupus erythematosus*(홍반성 낭창(紅斑性狼瘡)).
-le [l] ⟨접미⟩ **1** 반복의 의미를 가진 동사를 만든다.
¶bab*le*, prat*tle*. **2**「…하는 경향이 있는」이라는 뜻의 형용사를 만든다. ¶britt*le*, fick*le*. **3**「작은…」이라는 뜻 의 명사를 만든다. ¶icic*le*, thimb*le*. **4**「행위자·도구」 를 나타내는 명사를 만든다. ¶bead*le*, brid*le*, hand*le*.
lea[1] [liː, lei] ⟨명⟩ **1** 〈시〉 풀밭, 초원, 초지; 목초지. **2** 경작지용 초지. **3** 경작지에서 수확된 건초. ─⟨형⟩ 경작 하지 않은, 미개간의. (또는 **ley**)
lea[2] [liː] ⟨명⟩ 리(직조 실의 길이 단위).
lea. *league*; *leather*; *leave*. **LEA** 〈英〉 *Local Education Authority*.
leach[1] [liːtʃ] ⟨동⟩⟨타⟩ **1** 〈액체〉를 (…에서) 거르다, 여과 하다(*from, out of*). **2** 〈가용 성분(可溶成分)〉을 (…에 서) 걸러내다(*out*)(*from*). ∼ *out lye from* wood ashes 나뭇재에서 잿물을 걸러내다. **3** (거르듯이) 뽑아 내다, 제거하다. ─⟨자⟩ (재 따위의 가용 성분이 여과에 의해) 녹아 나오다, 스며나오다(*away*)(*out of*). ─⟨명⟩ **1** ⟨U⟩ 거르기, 여과. **2** 걸러지는 물질; 여과액, 침출물. **3** 여과기. ∼**·a·bíl·i·ty** ⟨명⟩ ∼**·a·ble** ⟨형⟩ ∼**·er** ⟨명⟩
leach[2] 〔해사〕 =leech[2].   「용탈액(溶脫液).
leach·ate [líːtʃeit] ⟨명⟩ 〔지질〕 침출수, 삼출액(滲出液).
leach·ing [líːtʃiŋ] ⟨명⟩ 걸러내기, 침출(浸出).
leach·y [líːtʃi] ⟨형⟩ (토양 등이) 다공질(多孔質)의, 침투성의.
*__lead__[1] [liːd] ⟨동⟩ (∼**s** [-z]; *led*) ⟨타⟩ **1** (…을) 이끌다, 인도[안내]하다, 데리고 가다[오다](*in, out*)(*to, into*). ⇒GUIDE 〈유의어〉¶(∼+⟨목⟩+⟨前⟩+⟨名⟩) ∼ *a person to a place* 남을 어떤 장소로 데리고 가다 // (∼+⟨목⟩+⟨副⟩) ∼ *a person in [out]* 남을 안[밖]으로 안 내하다.
2 (손·고삐 따위를 잡고) …을 데리고[끌고] 가다.
(∼+⟨목⟩+⟨前⟩+⟨名⟩) ∼ *a person by* the hand 손을 잡 고 남을 인도하다.
3 …을 권유하다, (마음이) 내키게 하다; …을 불러일으 키다, (어떤 결과에) 이르게 하다(*to do, into doing*).

¶He was easily led. 그는 쉽게 마음이 동했다/(~+圖+to do) ~ a person to read books 남을 독서할 마음이 나게 하다/I am led to believe that… (여러 가지 일로 미뤄) 나는 …이라고 믿는다/What led you to do it? 자네는 어째서 그것을 하게 되었는가?
4 〔세월〕을 보내다, 지내다; …에게 생활하게 하다. ¶~ a happy life 행복한 생활을 하다∥(~+圖+圖) ~ a person a dog's life 남에게 비참한 생활을 시키다.
5 〔길·목표물 따위가〕 〔사람〕을 인도하다, 데리고 가다, 이끌다. ¶~ a firm to bankruptcy 회사를 도산시키다/ That path will ~ you to the house. 그 길을 따라가면 그 집에 이른다.
6 〔군대 따위〕를 거느리다, 지휘[인솔]하다; 〔오케스트라〕를 지휘하다. ¶~ an army[a political party] 군대[정당]를 이끌다/~ an orchestra 오케스트라를 지휘하다. **7** 〔행렬 따위〕의 선두에 서서 가다, …을 앞장서다; 〔경기 따위〕에 …을 앞지르다; 〔학급 따위〕에서 일등이다. ¶~ a procession 행렬의 선두에 서서 가다/ ~ a fashion 유행의 첨단을 걷다/~ the way 길을 안내하다. **8** 〔운동·토론 따위〕의 주도적 역할을 하다; …의 수석 변호인이 되다. ¶~ a flank movement 측면 운동을 지휘하다/~ a case 소송 사건의 수석 변호인으로서 일하다. **9** 〔물〕을 끌다, 대다(in, to); 〔전선·밧줄〕을 끌다[꿰다](through). ¶ (~+圖+前+名) ~ a rope through a hole 구멍에 밧줄을 꿰다/~ water through a pipe 도관에 물을 통과시키다. **10** 〔댄스에서〕 〔상대〕를 리드하다. **11** 〔명부 따위의 제일 앞에 실리다; 〔가드놀이·도미노〕 〔특정한 패 또는 조(組)의 첫 수로 내놓다[치기 시작하다]. ¶~ trumps 첫 패를 내놓다. **12** 〔이동하는 표적〕의 앞쪽을 겨눠 쏘다. ¶~ a duck 〔도망치는〕 오리의 앞쪽을 겨눠 쏘다. **13** 〔미식축구〕 …에게 리드 패스를 던지다(공을 달리고 있는 리시버 앞쪽으로 던지다). **14** 〔법률〕 〔증인〕에게 유도 심문하다; 증인하다. ¶The prosecutor is ~ing the witness. 검찰측은 증인을 유도심문하고 있다. **15** 〔권투〕 〔잽 따위〕로 공격의 실마리를 열다.

— 匝 **1** 안내하다, 이끌다, 인도하다, 길을 가리키다. **2** 끌려가다. (동물이) 다루기 쉽다. ¶This horse ~s easily. 이 말은 다루기가 쉽다. **3** 〔길·문 따위가〕 …으로) 통하다, 이르다 (from/to). ¶ (~+前+名) All roads ~ to Rome. 《속담》 모든 길은 로마로 통한다. **4** 〔어떤 결과〕에 이르다 (to). ¶ (~+前+名) Idleness ~s to ruin. 게으르면 망한다/Broad is the way that ~eth to destruction. 멸망으로 인도하는 길은 넓다(— 마태 복음(Matt.) 7 : 13). **5** 선두를 가다, 솔선해서 하다, 지휘하다, 리드[능가]하다; 지휘하다, 지도적 역할을 하다(in). ¶~ in a race 경주에서 선두를 달리다/~ in prayer 앞장서서 기도하다. **6** 시작하다 (off). ¶~ off a conversation 대화를 시작하다. **7** 〔권투〕 (…으로) 첫 공격을 하다 (with). **8** 〔카드놀이〕 첫 패를 내놓다, 치기 시작한다. **9** 〔야구〕 〔주자가〕 리드하다 (away). **10** 〔법률〕 유도 심문을 하다; 수석 변호인을 하다 (for). **11** (…을) 톱 기사(記事)로 하다 (with).

lead *a person* **a chase** [or **a dance**] ⇨CHASE¹.
lead *a person* **a jolly** [or **pretty**] **dance** 늘을 마구 부려 애먹이다, 곤란하게 하다.
lead *a person* **by the nose** 남의 코를 잡고[마음대로] 끌고 다니다.
lead *a person* **captive** 남을 포로로 하여 끌고 다니다
lead *a person* **nowhere** ⇨NOWHERE.
lead *a person* **up** [or **down**] **the garden path** ⇨GARDEN.
lead astray …을 잘못된 방향으로 이끌다; 미혹시키다
lead away ① …을 데리고[끌고] 가다. ② 《수동형으로》 …을 유인하다, 맹종(盲從)시키다; 〔사람을〕 열중하게 빠지게 하다. ③ 〔사람이〕 열중하다. ④ 〔야구〕 〔주자가〕 베이스에서 리드하다.
lead back ① 〔길 따위가〕 제자리로 돌아오다. ② 〔화제 따위를〕 …로 돌아오게 하다.
lead in ① (전선 등이) 통하다; (…에서) 이야기[연주]가 시작하다; (선박의) 입항 안내를 하다. ② (전선·전류 등을) 끌어들이다, 유도하다; 〔발언·연주 등을 …으로) 시작하다 (with). 「면이) …으로 바뀌어가다.
lead into 〔이야기·연극 등〕을 시작하다; 〔이야기·장
Lead me to it! 《구어》 좋아, 문제 없어.
lead off ① …을 (…으로) 시작하다 (with, by). ② 〔야구〕 일번 타자가 되다; 선두 타자가 되다. ③ 〔도로 따위가〕 …부터 시작하다 (from). ④ 화내다, 노하다.
lead on ① 선도(先導)[안내]하다, 앞장서서 가다. ② …을 유인하다, 꾀어내다 (with); …을 속여서[꾀어서] (…하게) 하다 (into, to do). ③ (어떤 문제로) 이야기를 돌리다 (to). ¶He led on to the subject. 그는 이야기를 그 문제로 돌렸다.
lead out ① 앞장서서 …을 시작하다. ② (여인)을 댄스 상대로 이끌어내다. ③ (…의) 말을 듣기 시작하다.
lead the van 선봉이 되다, 주도자가 되다.
lead the way ⇨WAY.
lead up 선수를 치다.
lead up to ① (결단 따위)로 통하다; (사건 따위가) …에 연관되다; …에 차츰 다가가다. ② (화제 따위를) 차츰 …쪽으로 이끌다. ¶~ up to a favorite story 좋아하는 이야기로 화제를 돌리다/What are you ~ing up to? 도대체 무슨 말을 하고 싶은 거야?
lead with 〔시합 등을〕 〔어떤 전법·선수 등〕으로 시작하다, 처음에 …을 사용하다.
lead with *one's* **chin** 《구어》 아슬아슬하리 만큼 경

— 图 ⓒ ~s [-z] **1** (a ~, the ~) 지도적 지위; 수위(首位), 선두. **2** (a ~, the ~) (경기 따위에서의 리드, 우세, 앞서기, 앞선 거리〔시간, 점수차〕. ¶a ~ of three yards 3야드의 리드. **3** 선도자(先導者), 지도자. **4** 고도(高度), 방향, 지시; 전례(前例), 선례(先例), 모범; 도표(道標), 길잡이가 되는 것. **5** (…의·에의) 단서, 실마리 (in, for/to). **6** (때로 the ~) 〔극의〕 주역; 주연 배우. **7** 〔개·가축의〕 끄는 줄; 〔해사〕 리드, 삭도기 (索導器). **8** 〔카드놀이〕 (때로 the ~) 선수(先手)의 권리), 맨 처음 내놓는 패. **9** 〔권투〕 최초의 타격[공격], 선행 타격. **10** 〔야구〕 (주자의) 리드. **11** (신문 따위에서) 전문(前文), 리드; =~ story; (TV 따위의) 톱 뉴스. **12** 〔전기〕 도선(導線); (안테나 따위의) 인입선(引入線); 〔기계〕 리드, 앞서기. **13** 빙원(氷原) 가운데의 수로(물 레방아 따위의) 도수구(導水溝); 〔광산〕 광맥; (오래된 강바닥의) 사금 광상(鑛床). **14** 〔볼링〕 선투권(先投權). **15** (이동 표적의) 앞쪽을 겨누어 쏘기. **16** 〔철도〕 역내의 운반 거리. **17** 〔음악〕 〔canon의〕 주제 제시.

be in the lead 앞장서[선두에] 있다; 리드하고 있다.
be under the lead of *a person* 남의 지도를 받다.
follow the lead of ① 〔카드놀이〕 선(先)을 따라 패를 내다. ② …의 지시[본]에 따르다, 선례를 따르다.
gain [lose] the lead in a race 경주에서 선두에 나서다[선두를 빼앗기다].
get the lead out 《속어》 서두르다, 행동을 개시하다.
give *a person* **a lead** 남에게 모범을 보이다; 단서[실마리]를 주다.
have a long lead on …을 훨씬 앞서다.
have the lead 앞서고 있다.
take the lead [or **a lead**] ① 지도적 위치를 차지하다; (…하는 데) 선두에 서다 (in doing); 솔선 수범하다. ② (…의) 예를 따르다; …에서 힌트를 얻다 (from).
— 图 **1** 선도하는; 가장 중요한; 제일의. ¶~ violin 제1바이올린. **2** 〔미식축구〕 리드 패스의. **3** 〔야구〕 (주자가) 득점권에 있는.
‹‑a∙ble 이끌 수 있는.

‡**lead²** [led] 图 ⓤ ~s [-z] **1** 〔화학〕 납(금속 원소; 원소 기호 Pb; 번호 82). **2** ⓒ 납 제품. **3** ⓒ (낚시용) 추(錘); 측연(測鉛)(수심 측정기의 추). **4** 〔집합적〕 납으로 만든 탄환. ¶a shower of ~ 탄우(彈雨). **5** 흑연; ⓒ 연필의 심. **6** ⓒ 〔인쇄〕 인테르(활판의 행간에

lead acetate

끼워 넣는 합금이나 황동판. (또는 **leading**) **7** (~s) 《英》 지붕용 납판, 납판으로 이은 지붕; (납으로 만든) 창틀.
(as) dull as léad 납 같은 회색의; 《속어》 매우 얼빠진.
(as) héavy as léad (납처럼) 매우 무거운.
gét [or *sháke*] *the léad óut* (*of one's pants* [or *feet, ass*]) 《美속어》 서두르다, 빨리 움직이다.
have léad in one's pánts 《美구어》 굼뜨다; 천천히 [느긋하게] 움직이다[생각하다].
have léad in one's péncil 《美속어》 성적 능력이 있다; 정력적[적극적]이다.
have [or *cást*] *the léad* 측연으로 수심을 재다.
pút léad in one's péncil (익살) (음식물이) …에게 힘[정력]을 돋우다.
swíng the léad 《英속어》 ① 꾀병을 앓다; 직무를 태만히 하다. ② 허풍떨다, 과장하여 말하다.
thrów léad 《美속어》 (…에) (총을) 쏘다, 발포하다(*at*).
— 图 **1** …에 납을 씌우다, 납을 가하다; (지붕)을 납으로 이다. **2** …에 납으로 추를 달다. **3** (印) 〔행간〕에 인터리프를 끼우다. **4** 〔창유리〕를 납으로 고정시키다. — 图 측연으로 수심을 재다; 납으로 뒤덮이다.
— 图 납으로 만든, 납을 함유한.

léad acetate [léd-] 图 (화학) 아세트산납.
léad ádditive [léd-] 图 (가솔린의 옥탄가(價)를 높이기 위한) 납 첨가물. [《美》.
léad ársenate [léd-] 图 (화학) 비산납(살충제에
léad ballóon [léd-] 图 《속어》 실패, 불성공.
go òver like a léad ballóon 완전한 실패로 끝나다.
léad cárbonate [léd-] 图 (화학) 탄산납.
léad chrómate [léd-] 图 (화학) 크롬산납.
léad cólic [léd-] 图 (병리) =painter's colic.
léad cómpound [léd-] 图 납 화합물.
léad dióxide [léd-] 图 (화학) 이산화납(산화제·전지의 전극에 사용).
léad·ed [lédid] 图 **1** (가솔린에) 납을 넣은. **2** (印) (행 사이에 인테르를 넣어) 사이가 뜬. [솔린.
léad(·ed) gàsoline [léd(id)-] 图 유연(有鉛) 가
léad·en [lédn] 图 **1** 납의, 납으로 만든, 납을 함유한. ¶a ~ pipe 연관(鉛管). **2** (납처럼) 무거운. ¶a ~ burden 무거운 짐. **3** (분위기 따위가) 답답한, 음침한, 활기 없는. ¶~ air 답답한 공기 / ~ silence 갑갑한 침묵. **4** 납빛의. ¶the ~ skies 음침하게 흐린 하늘. **5** (동작이) 무거운, 느린. ¶~ footsteps 무거운 발걸음. **6** 싸구려의, 값어치 없는. — 图图 둔하게[무겁게] 하다.
~·ly 图 ~·ness 图
léad·en-eyed [-áid] 图 졸린 눈을 한, 게슴츠레한.
léad·en-héart·ed [lédnháːrtid] 图 무자비한, 무기력한, 활기 없는. [(인각(印刻)한) 납조각.
léaden séal 봉납(물건을 묶은 철사 끝에 매다는 각
‡**léad·er** [líːdər] 图 (~*s* [-z]) **1** 지도자, 선도자(先導者), 인도자, 안내자, 지휘자, 리더; 주장, 수령, 당수. **2** (음악) (오케스트라의) 지휘자; 《英》 콘서트 마스터, 밴드 리더; 각 악기(합창부)의 제 1 연주자[가수]. **3** (남보다) 우위에 있는 사람; (스포츠) 선두 주자 (마차 따위의) 선두 말(愳) pole horse). **4** (법률) 수석 변호인; 유도 기사. **5** 《美》 (신문 따위의) 사설, 논설. **6** 《美》 (손님을 끌기 위한) 특매품, 봉사 상품. **7** 도수관(導水管), 세로 홈통. **8** (~s) (印) 리더, 파선(破線), 점선. **9** (낚시 바늘을 매다는) 목줄; (본 그물로 유도하는) 보조 그물; (해사) 삭도기(索導器). **10** (필름·테이프 등의 앞끝의) 리더, 집는 부분. **11** (광산) (큰 광맥으로 이어지는) 노맥(露脈). **12** 건(腱), 힘줄. **13** (경제) =leading indicator. **14** (식물) 어린 가지. **15** 《英》 원내 총무(《美》 floor ~).
~·less 图 지도자가 없는. [성 지도자.
léad·er·ene [líːdərin] 图 《구어》 (독재자 같은) 여
léad·er·ette [lìːdərét] 图 《英》 (신문의) 짧은 사설.
Léader of the Hóuse 图 《英》 (the ~) (집권당의) 하원[상원] 원내 총무.

Léader of the Oppositión 图 (the ~) 《英》 (하원의) 제 1 야당의 당수.
‡**léad·er·ship** [líːdərʃìp] 图 UU **1** 지도자[지휘자]의 지위. **2** 통솔력, 지도력, 리더십. ¶exercise ~ in solving the problem 문제 해결에 지도력을 발휘하다. **3** 지휘, 통솔. **4** (the ~) (집합적; 단·복수 양용) 지도자들, 지휘자들; 지도부, 지휘부.
tàke [or *assúme*] *the léadership of* …을 지휘하다.
under the léadership of …의 영도[지도] 아래.
léader writer 图 《英》 (신문 등의) 논설 위원.
léad·foot [lédfùt] 图 (~*s, -feet*) 《구어》 스피드광(狂), 폭주족. [광(狂)의.
léad·foot·ed [lédfùtid] 图 느려빠진, 굼뜬; 스피드
léad-frée [líːdfríː] 图 (휘발유가) 무연(無鉛)의.
léad-frée gásoline 图 무연(無鉛) 가솔린.
léad glánce [léd-] 图 방연광(方鉛鑛)(galena).
léad gláss [léd-] 图 납유리(산화납 함유).
léad-in [líːdìn] 图 (TV·라디오) **1** 안테나의 인입선 (引入線). **2** (광고 방송 따위의) 도입부. — 图 인입선의; 도입의.
‡**lead·ing**¹ [líːdiŋ] 图 **1** 주요한, 중견[중진]의; 일류의, 뛰어난. ¶a ~ writer 뛰어난[중진] 작가. **2** 앞쪽에 있는, 인도하는, 선행하는. **3** 지도[선도]하는, 통솔하는. **4** 주연의, 주역의. — 图 U 인도, 선도(先導), 지도, 지휘, 통솔; 지도력. ¶a man of light and ~ 지도자, 계몽가. ~·ly 图
lead·ing² [lédiŋ] 图 U **1** 납으로 덮기[틀을 만들기]. **2** (집합적) 납 세공. **3** (印쇄) 인테르. ⇨LEAD² 图 6.
léad·ing áctor [líːdiŋ-] 图 주연 남우(男優).
léad·ing áctress [líːdiŋ-] 图 주연 여우(女優).
léad·ing áircraftman [líːdiŋ-] 图 《英공군》 1등 항공병(兵).
léad·ing árticle [líːdiŋ-] 图 **1** (신문·잡지의) 주요 기사, 톱 기사. **2** 《英》 사설, 논설(《美》 editorial).
léad·ing blóck [líːdiŋ-] 图 《해사》 리딩블록, 도활차(導滑車). [(화학) 주역(主役).
léad·ing búsiness [líːdiŋ-] 图 (극·영
léad·ing cáse [líːdiŋ-] 图 (법률) (자주 언급되는) 주요 판례, 전례가 되는 판례. [(변호인); 왕실 변호사.
léad·ing cóunsel [líːdiŋ-] 图 《英》 수석 변호사
léad·ing cúrrent [líːdiŋ-] 图 (전기) 앞선 전류.
léad·ing dóg [líːdiŋ-] 图 (濠·뉴질) (양때의) 선도견(先導犬).
léad·ing édge [líːdiŋ-] 图 **1** 항공기의 날개 및 프로펠러의 앞쪽 끝. **2** 자동차의 맨 앞부분. **3** 움직이는 것의 앞쪽. **4** (과학 기술·유행 따위의) 최첨단.
léad·ing-édge 图 최신 (유행)의. [(重鎭).
léad·ing fígure 图 거물, 큰 인물, 중진
léad·ing índicator [líːdiŋ-] 图 《美》 (경제) (경기 동향을 나타내는) 선행 지표(leader).
léad·ing lády [líːdiŋ-] 图 주연 여배우.
léad·ing líght [líːdiŋ-] 图 **1** (해사) (항구·운하 등의) 길잡이 등(燈). **2** 《종종 익살》 지도적 인사, 대가(大家) (*in, of*).
léad·ing mán [líːdiŋ-] 图 주연 남우.
léad·ing márk [líːdiŋ-] 图 (해사) (배의 항구 출입시의) 도표(導標). [된 동기; leitmotif.
léad·ing mótive [líːdiŋ-] 图 행동을 일으키는 주
léad·ing nóte [líːdiŋ-] 图 (음악) =leading tone.
léad·ing quéstion [**remárk**] [líːdiŋ-] 图 유도 심문.
léad·ing réin [líːdiŋ-] 图 (말 따위의) 끄는 줄, 고삐; =leading strings. [(導入路).
léad-in gróove [líːd-] 图 (레코드 테두리의) 도입
léad·ing séaman [líːdiŋ-] 图 《英해군》 1등 수병(水兵). [지휘봉.
léad·ing stáff [líːdiŋ-] 图 쇠 코뚜레에 붙인 막대;
léad·ing strìngs [líːdiŋ-] 图 图 **1** 이끌어주는 끈 (유아의 보행 연습용). **2** 지도, 엄격한 교육, 속박

in leading strings 독립하지 못하고.
léad·ing tóne[nóte] [líːdiŋ-] 圕 〔음악〕도음(導音), 이끌음(음계의 제7음).
léad-in wíre [líːd-] 圕 〔전기〕도입선; (안테나 따위의) 인입(引入)선. 〔장(射的場).
léad jóint [léd-] 圕 〔美속어〕(유원지 따위의) 사격
léad·less [lédlis] 圕 (취탈업무가) 무연(無鉛)의.
léad líne [léd-] 圕 〔해사〕측연선(測鉛線), 측연삭(索)(수심 측정용 강삭(鋼索)).
léad·man [léd-] 圕 노동자의 우두머리, 작업반장.
léad monóxide [léd-] 圕 〔화학〕=litharge.
léad nítrate [léd-] 圕 〔화학〕질산납.
léad-off [líːdɔ́ːf-ɔ́f] 圕 **1** 개시, 착수. **2** 개시하는 사람; 〔야구〕1번 타자; (…회의) 선두 타자. ── 圕 첫음의, 첫번째의.¶a ~ hitter 〔야구〕1번 타자, 선두 타자. (또는 **léad-òff**)
léad óxide [léd-] 圕 〔화학〕산화납.
léad péncil [léd-] 圕 (심이 흑연인 보통) 연필.
léad-pipe (cínch) [lédpàip-] 圕 圕 〔속어〕아주 쉬운 일, 식은 죽 먹기; 아주 확실한 것.
léad póison [léd-] 圕 =lead poisoning 2.
léad póisoning [léd-] 圕 **1** 〔병리〕납중독. **2** 〔美속어〕총탄에 의한 사망[부상].
léads and lágs [líːdz-] 圕 〔금융〕환 시세 변동을 내다보고 결제나 거래 자체를 앞당기거나 늦추는 일.
léad scréw [líːd-] 圕 〔기계〕(선반의 왕복대를 움직이는) 어미나사.
léad shót [léd-] 圕 (수렵총의) 산탄(散彈).
léads·man [lédzmən] 圕 〔해사〕(수심 측정을 하는) 측심원(測深員).
léad stóry [líːd-] 圕 (신문 따위의) 톱 기사.
léad·swing·ing [lédswìŋiŋ] 圕 ⓤ 〔英속어〕 농땡이 부리기, 꾀병. **-swìng·er** 〔lead.
léad tetraéthyl [léd-] 圕 〔화학〕 [테트라에틸
léad tíme [líːd-] 圕 리드 타임. **1** 기획에서 제품화까지의 소요 시간. **2** 발주에서 배달까지의 시간. **3** (일반적으로) 준비 기간. (또는 **léad-tìme**)
léad-up [líːdʌ̀p] 圕 (다른 일의) 사전 준비가 되는 것.
léad wóol [léd-] 圕 연면(鉛綿)(철관의 이음매를 메우는 데용).
léad·work [lédwə̀ːrk] 圕 ⓤ 납 세공; 납을 다루는 작업; 납 제품, 납 용재; (~s) 납 정련소.
léad·y [lédi] 圕 납 같은, 납을 함유한, 납빛의.
‡**leaf** [líːf] 圕 (® **leaves** [líːvz]) **1** (식물의) 잎, 잎사귀.¶a simple[compound] ~ 단[복]엽/a ~ blade 엽신(葉身). **2** ⓤ 〔집합적〕 군엽(群葉), 잎들.¶the fall of the ~ 낙엽기, 가을. **3** 꽃잎, 화판(petal).¶a poppy ~ 양귀비 꽃잎. **4** (책의) 한 장(앞뒤 2페이지분).¶turn over a ~ 한 장 넘기다. **5** (접어 여는 문·덮문 따위의) 문짝, (책상 따위의) 자재판(自在板); =~ bridge. **6** ⓤ (종종 집합적) (금·은 따위의) 박(箔)(foil).¶a gold ~ 금박. **7** ⓤ (동물) 박편(薄片); (화학) 단층(單層); 〔기계〕 판(板)용수철의 한 장(월·spring; (美) =~ fat. **8** (건축) (기둥 따위의) 잎모양 장식. **9** (창의) 가늠자; (소형 톱니바퀴의) 톱니. **10** (창방언) (모자의) 테. **11** (속어) 마리화나; (the ~) 코카인. **12** (속어) 육군(공군) 소령. **13** 〔英해사 속어〕
come into leaf 잎이 돋아나다. 〔휴가.
in leaf 잎이 무성하여, 잎이 돋아. 〔다.
keep leaves 잎을 책갈피 따위에 끼워 말려서 보존하
shake like a leaf [or *jelly*] (공포·두려움 따위로) 떨다, 벌벌 떨다. ⇨BOOK.
take a leaf from [or *out of*] *a person's book*
turn over a new leaf 새로운 페이지를 메우다, (마음을 고쳐먹고) 새로 시작하다.
── 圕 **1** 잎이 나다(*out*). **2** 책장을 급히 넘기다(*over*, *through*). ── 〔책장〕을 급히 넘기다(*through*).
-.like 圕

léaf·age [líːfidʒ] 圕 (집합적) 잎(foliage).
léaf béet 圕 =chard.
léaf bèetle 圕 (곤충) 잎벌레.
léaf brìdge 圕 도개교(跳開橋).
léaf bùd 圕 (식물) 잎눈.
léaf bùtterfly 圕 (식물) 가랑잎나비.
léaf clìmber 圕 (식물) 반연(攀緣) 식물.
léaf cùrl 圕 (식물) (복숭아잎 따위의) 오갈병.
léaf cùtting 圕 (원예) 잎꽂이.
léaf-cutting bèe 圕 (곤충) 가위벌.
leafed [líːft] 圕 (…의) 잎이 있는(leaved).
léaf fàll 圕 잎이 짐; 낙엽.
léaf fàt 圕 (양돈업) 지방; 돼지 콩팥 둘레의 지방층.
léaf grèen 圕 엽록소(chlorophyll).
léaf·hop·per [líːfhɑ̀pər-hɔ̀p-] 圕 (곤충) 멸구과 (科)의 각종 곤충.
léaf·i·ness [líːfinis] 圕 ⓤ 잎이 무성함; 엽상을 이룸.
léaf ìnsect 圕 (곤충) 가랑잎벌레.
léaf làrd 圕 돼지 콩팥 둘레의 지방으로 만든 라드.
***léaf·less** [líːflis] 圕 잎이 없는, 낙엽진. ~·**ness** 圕
***leaf·let** [líːflit] 圕 **1** (배포용) 낱장으로 된 인쇄물, 전단, 광고용 삐라. **2** 소엽(小葉), 소엽면(복엽의 한 조각). **3** 어린 잎, 작은 잎. **4** 소엽 모양의 부분(구조).
── 圕 (-*t*-, -*tt*-) 전단을 뿌리다[나눠주다]. ~·(*t*)**er**
léaf-let·eer [líːflitíər] 圕 **1** (거리에서) 전단을 뿌리는 사람. **2** (경멸적) 전단 문안 작성자.
léaf mòld 圕 부엽토(腐葉土), 부식토(腐植土); 잎에 생기는 곰팡이. (또는 **léaf mòuld**, (英) **léaf mòuld**)
léaf mùstard 圕 (식물) 갓.
léaf-rak·ing [-rèikiŋ] 圕 (실업자에게 일자리를 주기 위한) 필요없는 일, 무익한 일. **-ràk·er** 圕
léaf ròll 圕 (식물) (감자의) 잎말이병.
léaf shèath 圕 (식물) 잎집.
léaf sìght 圕 (소총의) 가늠자.
léaf spòt 圕 (식물) (잎의) 반점병(斑點病).
léaf sprìng 圕 (식물) 판(板)용수철.
léaf·stalk [líːfstɔ̀ːk] 圕 (식물) 잎자루(petiole).
***leaf·y** [líːfi] 圕 **1** 잎이 우거진, 잎이 많은, 잎으로 덮인; 잎으로 된[만들어진].¶~ plant 잎이 많은 식물/a ~ wood 울창한 숲/a ~ shade 나무 그늘. **2** 잎 같은, 잎 모양의, 엽상의. **3** 활엽의.
‡**league**[1] [líːɡ] 圕 (® ~**s** [-z]) **1** 동맹, 연맹; 맹약(盟約). ⇨ALLIANCE 〔유의어〕 **2** (집합적) 동맹[연맹] 참가국[사람], 단체; 가맹국가, 단체. **3** 〔스포츠〕경기 연맹, 리그.¶National Football *L*~ 전미 프로 미식축구리그(® NFL). **4** 부류; 범주; 등급. ¶〔탁굿모〕하는 일.
in league (*with*) (…와) 동맹[연합]하여, (은밀히) 결탁하여.
not be in the same league (*as*) (…만큼) …하지 못하다; (…만큼) 중요하지[대단하지] 않다[않은 많지] 않다[상대].
out of a person's league (문제 따위가) …의 이해 가[능력이] 미치지 못하는 곳에[영역에].
── 圕 (~**s**; ~**d**; **lèagu·ing**) 동맹을 맺(게 하)다(*with*).¶(~+剛+前+剛) be ~*d* *with* low company 불량배들과 한패가 되다//(~+剛) We three were ~*d* *together*, 우리 셋은 동맹을 맺고 있었다.
league[2] 圕 **1** 리그(거리의 단위: 영·미에서는 약 3마일). **2** 평방 리그(면적의 단위).
léague màtch 圕 (스포츠의) 리그전.
Léague of Nátions 圕 (the ~) 국제 연맹(1919-46년: UN의 전신으로 본부는 Geneva).
Léague of Wómen Vóters 圕 (the ~) (美) 여성 유권자 동맹(® LWV).
lea·guer[1] [líːɡər] 圕 (고어) 圕® …을 포위하다. ── 圕 포위(공격(siege)), 진.
lea·guer[2] 圕 (보통 수식어와 함께) 동맹자[국], 가맹자[국], 단체, 연맹국; (야구의) 리그 소속 선수.
léague tàble 圕 (英) **1** (리그전의) 성적표. **2** 성적 비교 일람표.

Le·ah [liːə/liə] 图 1 〖성서〗 레아(야곱의 첫번째 아내. —창세기(Gen.) 29 : 23). 2 리어(여자 이름).

‡leak [liːk] 图 1 새는 곳, 새는 구멍: (비밀 따위의) 누설처(in). ¶a ~ in a roof 지붕의 새는 구멍/stop [or plug] a ~ 새는 곳을 막다. 2 누출, 새어나옴, 새는 양. 3 〖전기〗 누전 (장소). 4 (기밀 따위의) 누설: 기밀 누설 자(경로); 기밀 누설이 일어나기 쉬운 곳. 5 (a~) 〖속어〗방뇨(放尿).
have [or *do, take*] *a leak* 오줌 누다.
spring [or *start*] *a leak* (용기·배 따위에 구멍이 있어서) 물이 새다; 침수하다.
——图困 1 (용기·지붕·배 따위가) 새다. ¶The boat is ~ing. 그 보트는 물이 새어 들어온다. 2 (액체·기체 따위가) 새다. 누출[누입]하다. ¶(~+前+名) water ~ing from a pipe 관에서 새는 물. 3 (비밀 따위가) 새, 누설되다(out). ¶(~+困) The secret ~ed out. 비밀이 샜다. 4 (힘·흥미 따위가) 약해지다(away). 5 〖속어〗 오줌 누다. ——图 1 …을 새게 하다, 누출[누입]시키다. ¶That pipe ~s gas. 저 관은 가스가 샌다. 2 (비밀 따위)를 누설하다(out) (to).
~*·er* 图 ~*·less* 图

leak·age [líːkidʒ] 图 1 ① 누출, 새어나옴; (비밀 따위의) 누설. 2 누출[누입]물, 누출[누입]량. 3 〖전기〗 누전. 4 〖상업〗 누손(漏損).

leak·proof [líːkprùːf] 图 1 (내용물이) 새지 않는, 새지 않도록 고안된. 2 〖美〗 (기밀·정보 따위의) 누설 방지의, 기밀이 누설되지 않는.

leak·y [líːki] 图 1 새는, 새기 쉬운. ¶a ~ roof 비가 새는 지붕. 2 (비밀이 새기 쉬운; 비밀을 누설하기 쉬운. ¶a ~ person 비밀을 지키지 못하는 사람.
léak·i·ly 图 **léak·i·ness** 图

leal [liːl] 图 〖스코〗 충실[성실, 진실]한, 의리 있는. ¶the land of the ~ 천국. ~*·ly* 图 ~*·ty* [líːəlti] 图

‡lean¹ [liːn] 图(~*s* [-z]; ~*ed, ~t*) 困 1 몸을 구부리다, 굽히다, 몸을 젖히다. ¶(~+前+名) ~ *out of* a window 창문에서 상체를 내밀다 / ~ *over* a book 책 위에 몸을 구부리다 / (~+副) ~ *back* in a chair 의자에서 상체를 뒤로 젖히다. 2 기울다, 경사지다. 3 (사상·감정이) …한 쪽을 좋아하다, …에 기울어지다, …의 경향이 있다(*toward, to*). ¶(~+前+名) ~ *toward* socialism 사회주의로 기울다 / I rather ~ *to* your view. 대체로 자네 의견에 찬성이네. 4 (…에) 기대다, 의지하다 (*against, on, off*). ¶(~+前+名) ~ *against* a wall 벽에 기대다 / ~ *on* a person's arm 남의 팔에 기대다 / L~ *off* the chair! 의자에 기대지 마라. 5 기대다; 기대다, 매달리다 (*on, upon*). ¶(~+前+名) ~ *on* the help of a friend 친구의 도움에 기대다. ——图 1 …을 기울이다, 구부리다. ¶(~+目+副) ~ one's head *forward* 머리를 앞으로 기울이다. 2 …을 기대게 하다, 의지하게 하다 (*against, on*). ¶(~+目+前+名) ~ one's stick *against* a wall 지팡이를 벽에 기대 세우다.
lean against …에 비우호적이다, 반대하다.
lean against the wind 대세[여론]에 거스르다.
lean on 〖美구어〗 (사람·사물에) 의지하다 (*for*); (…에게) 압력을 가하다, 강요하다; …을 때려눕히다, 비난[질책]하다; 〖은어〗 …을 급습하다. 「가 되다.
lean on *one's chin strap* 〖英軍속어〗 완전히 녹초
lean [*or bend*] **over backward**(*s*) ⇒BEND.
lean upon 〖군사〗 …의 엄호물에 몸을 숨기다.
——图 기울기, 경사; 치우침, 편향(偏向); 경향.
on the lean 기울어(서).

‡lean² [liːn] 图 (~*·er*; ~*·est*) 1 (사람·동물이) 여윈, 마른 (图 fat). ⇒THIN 〖유의어〗 ¶a ~ body 여윈 몸. 2 (고기) 지방이 적은, 살코기의 (图 fat). 3 (땅이) 메마른, 수확이 적은, 흉년의: (토지가) 메마른. ¶a ~ diet 조식 (粗食) / a ~ harvest 흉작 / a ~ year 흉년. 6 〖인쇄〗 잉크·잉크의) 기름보다 안료가 많이 든. 5 (문체·표현이) 간결한. 6 (점토·광석 따위가) 저품질의, 순도가 낮은. 7 타산이 안맞는, 이익이 적은. 8 〖해사〗 (뱃머리가) 뾰족한. 9 (자동차가 연료를) 적게 쓰는; 낭비가 없는. ¶N에 불을 밝히고.

lean and mean 〖美속어〗 (야망으로) 기를 쓰고 있는. ——图困 여위게 하다; 옆게 하다. ——图 여위다.
——图① 1 (종종 the ~) 지방이 적은 고기, 살코기. 2 마른 부분. 3 〖인쇄〗 수지가 맞지 않는 일.
~*·ly* 图 ~*·ness* 图

lean-burn [ˈbəːrn] 图 (엔진이) 연비가 좋은, 연료가 적게 드는. ¶a ~ engine 희박 연소〖린번〗엔진.

Le·an·der [liǽndər] 图 1 〖그리스 신화〗 레안드로스(헤로(Hero)의 연인). 2 리앤더(남자 이름).

lean·er [líːnər] 图 기대는 사람; 기운 것[사람]; 남을 의지하는 사람.「〖인쇄〗 활자판이 가는.

lean-faced [-féist] 图 여원 얼굴의, 마른 얼굴의;

léan gréen 〖美학생속어〗 돈, 달러 지폐.

lean·ing [líːniŋ] 图 1 ① 기울기, 경사. 2 경향, 성향 (*to, toward*); 기호. ⇒INCLINATION 〖유의어〗 ¶a ~ toward ritualism 의식 존중 경향 / have a ~ *toward* pacifism 평화주의로 기울다. 「탑(斜塔).

Léaning Tówer of Písa 图 (the ~) 피사의 사

léan prodúction 〖경영〗 절약형 생산.

‡leant [lent] 图 〖英〗 lean¹의 과거·과거분사.

lean-to [líːtùː] 图 (*pl.* ~*s*) 달개, 달개로 지은 달개; 달개 지붕. 图 달개의. ¶a ~ roof 달개 지붕.

‡leap [liːp] 图 (~*ed* [-t], ~*t*) 困 1 뛰어오르다, 도약하다. ⇒JUMP 〖유의어〗 ¶(~+前+名) ~ *over* a brook 개울을 뛰어넘다 / Look before you ~. 〖속담〗 돌다리도 두드려 보고 건너라. 2 획 (날듯이) 가다(행동하다), 급히 움직이다. ¶(~+前+名) ~ *home* 급히 귀가하다. 3 (경비·가격 따위가) 급격히 상승하다: (생각 따위가) (갑자기) 나다, 미치다 (*to, into*). ¶A good idea ~ed *to* [or *into*] his mind. 그에게 좋은 생각이 떠올랐다 / ~ *to* a conclusion 성급하게 결론을 내리다. 4 (마음이) 설레다; 가슴이 뛰다(*up*). 5 (제의 따위에) 기꺼이 응하다(*in*) (*with*); …을 시작하다 (*into*).
——图 1 …을 뛰어넘다; 나는 듯이 건너다. ¶~ a wall 담을 뛰어넘다. 2 …을 뛰어넘게 하다(*over*). ¶(~+目+名) ~ a horse *over* a ditch 말에게 도랑을 뛰어넘게 하다. 3 수컷이 암컷과 교미하다.
leap at ① …에 달려가다[들다]. ② 〖제안·기회 따위〗를 기꺼이 받아들이다. ③ (기사 등이) 눈에 들어오다.
leaped up 〖속어〗 화를 내고, 울컥하여. 「눈을 끌다.
leap for joy 기뻐 날뛰다.
leap forward 갑자기 앞으로 나아가다: 빠르게 진보
leap out at =leap *at* ③. 「[발전]하다.
leap out of *one's skin* ⇒SKIN.
leap to *one's feet* 〖기뻐·놀라〗 뛰어오르다, 벌떡 일
leap to the eye 당장 눈에 띄다, 곧 알다. 「어서다.
leap up ① 뛰어 오르다. ② (가슴이) 두근거리다, 울렁거리다. ③ 〖속어〗 아첨하다, 알랑거리다.
One's heart leaps into one's mouth. ⇒HEART.
——图 1 뛰어오름, 도약, 비약. ¶take a ~ 도약하다. 2 한 번 뛰는 거리[높이]: 뛰어넘는 곳. 3 비약, 대약진; 급격한 변화, 급증. ¶take a great ~ *forward* 비약적 진보를 이루다, 대약진을 하다. 4 (상상·논리 따위의) 비약. 5 (가슴의) 두근거림, 울렁거림. 6 (하천의) 급강하. 7 〖채광〗 단층(斷層), 단맥(斷脈). 8 〖폐어〗 교미.
a leap in the dark 무모한 행동, 폭거(暴擧).
a leap of faith 맹신(盲信)(하는 것).
by [or *in*] **leaps and bounds** ⇒BOUND².
give a leap 뛰어오르다.
with a leap 껑충 뛰어, 단번에. 「dáy)

léap dày 윤일(閏日)(2월 29일). (또는 **leap-year**

leap·er [líːpər] 图 1 뛰는 사람, 날뛰는 말; 곡예사. 2 〖해사〗 =lipper. 3 =jumping bean. 4 〖속어〗 암페타민(amphetamine).

leap·frog [líːpfrɑ̀ːg, -frɔ̀(ː)g] 명U 1 등 짚고 뛰어넘기. 2 남을 따라하는 임금 인상 투쟁. ──(-*gg*-) 자 등 짚고 뛰어넘다; …을 따라 임금 인상 교섭을 하다. ─ 타 1 등 짚고 뛰어넘기를 하다; 앞서거니뒤서거니 하며 전진하다. 2 (사업 등에서) 앞서다. **~·ger** 명

léaping héebies 명 (the ~) 《美속어》=heebie-jeebies. 『앞에 떨어지는 플라이』

Léaping Lé·na [-líːnə] 명 《속어》《야구》외야수

léap sécond 명 《천문》윤초(閏抄).

leapt [lept, liːpt] 동 leap의 과거·과거분사.

leap-tick [ɫ̷́tìk] 명 《美속어》《곡예사·피에로가》뛰며 구르는 매트; 《코미디언 등이 속에 넣는》가짜 올챙이 배.

léap yèar 명 윤년(閏 common year).
léap-yèar 명 『년에만 허용된다』.

léap-yèar propósal [ɫ̷́jər-] 명 여성의 청혼(윤년에만 허용된다).

lear [liər] 명 《스코》학문; (배운) 지식; 교훈.

Lear·jet [líərdʒèt] 명 《상표》리어제트기(미국의 자가용 소형 제트기).

‡**learn** [ləːrn] 타 (~*ed*, ~*t*) 타 1 …을 배우다, 익히다, 학습(습득)하다, 가르침받다, 공부하다; …을 할 수 있게 되다. ¶ ~ English 영어를 배우다 / *What is ~ed in the cradle is carried to the grave.* 《속담》요람에서 배운 것 무덤까지, 세 살 적 버릇 여든까지 // (~+(*wh.*) *to* do) ~ *to* swim [ride] 수영[승마]을 배우다, 배워서 수영[승마]을 할 수 있게 되다.

> [유의어] **learn** 공부나 연습에 의해서 또는 가르침을 받아서 지식이나 기술을 얻다. 특히 「익히다」를 뜻한다. **study** 노력하여 체계적으로 연구하다란 뜻이다.

2 …을 알다, 들어서 알다, 알게 되다. ¶ ~ the truth 진실을 알다 // (~+전+명) ~ a thing *from* a person 남에게서 어떤 말을 듣다 (~+*that*) I ~*ed that* he had been sick. 그가 앓고 있었다는 것을 알았다. 3 …을 기억하다, 외다, 암기하다 (*off*). 4 《속어》…에게 하는 수 가르치다; (…하면) (사람) 혼내 주다(*to* do). I'll ~ you *to* tell a lie. 거짓말하면 가만 두지 않겠다. ── 자 1 배우다(*from*), 익히다, 터득하다, 공부하다. ¶ ~ by experience 경험에 의하여 배우다 / He ~s very slowly [rapidly]. 그는 학습 속도가 매우 느리다[빠르다] / *Never too late to* ~. 《속담》배움에 너무 늦다는 법은 없다. 2 들어서 알다, 알다 (*of*). ¶ (~+전+명) ~ *of* an accident 사고에 관해서 알다.
have [or *be*] (*yet*) *to léarn* …을 아직 모르다.
léarn by héart …을 외다, 암기하다.
léarn óff …을 암기하다.
léarn one's lésson 경험으로 교훈을 얻다[배우다].
léarn one's wáy around 세상 물정을 알다, …에 통한다.
léarn óut …을 찾아내다, 발견하다.
léarn...the hárd wáy …을 고학으로 배우다.
léarn to óne's cóst 혼이 나고서야 알다.
léarn úp …을 배우다, 공부하다.
That'll léarn you. 《속어》《익살》이제 알겠지[알만 하지].
ɫ̷-·a·ble 형 배울 수 있는.

LEARN 《美》*L*ife, *E*xercise, *A*ttitude, *R*elationship, *N*utrition((비만체 치료법으로서의) 행동 수정(修正) 요법).

‡**learn·ed** [ləːrnid, -nəd] 형 (*more* ~; *most* ~) 《문어》 1 학문(학식)이 있는, 박학(博學)한. ¶ the ~ 학자들. 2 《한정용법》학문의, 학식을 나타내는; 학자가 쓰는. ¶ a ~ society 학회 / a ~ book 학술서. 3 《서술용법》(…에) 정통한, (…을) 잘 알고 있는 (*in*). ¶ ~ in Shakespeare 셰익스피어에 정통하다. 4 [ləːrnd/ləːnt] (경험·연구를 통해) 학습한[익힌].
a léarned mán 학자.
my léarned friénd [or *brother*] 《英》귀하, 박식한 벗(하원·법정에서 의원·법률가가 동료를 부르는 경칭).
~·ly 부. **~·ness** 명

léarned proféssion 명 (the ~) 학문적[지적] 직업(종교·법률·의학의 세 가지 직업 중의 하나).

‡**learn·er** [ləːrnər] 명 (⑧ ~*s* [-z]) 1 학습자; 초학자; 제자. 2 《英》(또는 ɫ̷-*dríver*) 임시 운전 면허자.

léarner's pérmit 명 《美》임시 운전 면허증.

‡**learn·ing** [ləːrniŋ] 명U 1 학문, 학식; 박학(博學). ⇨INFORMATION [유의어] ¶ a man of ~ 학자 / *A little* ~ *is a dangerous thing.* 《속담》선무당이 사람 잡는다. 2 배우기, 익히기, 학습, 교습. 3 《심리》학습.

léarning cùrve 명 학습[숙련] 곡선.

léarning-curve prícing 명 학습 곡선에 의한 가격 저하; 양산에 의한 가격 저감칙(低減則).

léarning difficulty 명 학습 장애.

léarning disabìlity 명 《정신의학》(신경 조직의 기능 장애로 인한) 학습 불능(증), 학습 장애.

learn·ing-dis·a·bled [-disèibld] 형 학습 불능(증)의, 학습 장애를 가진.

learnt [ləːrnt] 동 learn의 과거·과거분사.

‡**lease¹** [liːs] 명 1 U (토지·가옥의) 임대차 계약; C 임대차의, (산업 기계·사무기기 따위의) 리스, 임대 제도, 임차권. 3 임차 물건[토지·건물 따위]; 임차 기간. 4 (생명 등의) 정해진[주어진] 기간.
a néw [or *frésh*] *léase on* [or *of*] *life* 수명의 연장; 보다 행복하게 살 기회. ¶ take [or gain, get, have] *a new ~ on life* (병이 회복되어) 수명이 연장
by [or *on*] *léase* 임대차 계약으로서. └되다.
pút (*óut*)...*to léase; give a léase on* …을 임대
táke on léase 임차하다. └(차)하다.
── 타 1 (토지·가옥)을 임대하다, 세놓다(*to*). ⇨HIRE [유의어] 2 …을 임차하다, 세얻다(*out*) (*from*). ¶ a ~*d* territory 조차지(租借地). ── 자 임대(차)하다; 각주에게 임대하다.

léase bàck [매각(구입)한 부동산 등]을 임대하다[매각하다].
léas·a·ble, ɫ̷-·**less** 형. **léas·er** 명

lease² [liːs] 명 《방직》1 베틀의 날실이 교차하는 곳. 2 날실을 바디에 끌어들일 때의 순서.

lease³ [liːz] 명 《방언》공유지, 공동 방목지.

léase-bàck [líːsbæ̀k] 명 임대차 계약 조건부 매각.

léase cràft [líːs-] 명 《우주》임대 우주 공장.

léased chánnel [líːst-] 명 《컴퓨터》전용 채널.

léase·hòld [líːshòuld] 명U 임차 물건(物件), 차지(借地), 차가(借家); 임차권. ── 형 임차한[로].
~·er 명 차지인, 임차인.

léase-lènd [ɫ̷éɫnd] 명 동 =lend-lease.

leash [liːʃ] 명 1 (개 따위를 매어 두는) 가죽끈, 밧줄. 2 U 속박, 구속, 억제. 3 《사냥》(토끼·여우·개 따위의) 세 마리 1조. ¶ a ~ *of* dogs 개 세 마리. 4 =lease².
hóld [or *have*, *kéep*]... *in* [or *on*] *léash* …을 가죽끈으로 매어 두다; …을 속박하다, 억제하다.
on a lóng [*tíght, shórt*] *léash* 《美구어》자유롭게 [엄하게] 구속하여.
stráin at the léash (개 따위가) 가죽끈을 벗어나려고 몸부림치다; 자유를 얻으려고 몸부림치다.
── 타 …을 가죽끈으로 매다; …을 속박[억제]하다.

léash làw 명 개 매어두기 조례(사육주의 소유지 밖에서는 개를 매어 두어야 한다는 조례). └[허위].

leas·ing [líːziŋ/líːs-] 명U 《고어》거짓말(하기).

‡**least** [líːst] 형 (little의 최상급) (the ~) 1 가장 작은 [적은]; 가장 중요치 않은. ¶ the ~ distance 최단 거리. 2 《중요성·가치·지위 따위가》가장 적은[낮은]. ¶ the ~ mercy 최소의 자비. 3 《동식물의》아주 소형종(種)의; 《방언》(아이가) 최연소의. 4 《속어》최저의, 시시한, 하찮은.
not the léast ① 조금도 …없다[않다] ¶ I *haven't the ~* interest in golf. 골프에는 조금도 흥미가 없다. ② (not을 강조하여) 적지 않은, 막대한. ¶ There's *not the ~* danger. 적잖은 위험이 있다.
the léast bít 아주 조금.
the léast óne [or *un*] 《방언》가장 어린[작은] 아이.

―⦗명⦘(the ~) 최소(의 것), 최소량, 최소 한도; 최악[최저](의 것).¶It is the ~ you can do. 그것이 네가 할 수 있는 최소한의 것이다.
at (the) least; at the very least ① 적어도, 최소한.¶You might *at* ~ apologize. 적어도 사과 정도는 할 만하다. ② 여하튼, 아무튼; 아마도. ③ 그렇게 아니라; 정확히 말하면. ④ 그래도, 그럼에도 불구하고.
It was the least I could do. (감사의 말을 듣고) 천만의 말씀이십니다, 천만에요.
not (...) in the least 조금도 …않다(not at all).
Not in the least! (물음에 부정하여) 어림도 없다!, 당치도 않다!, 말도 안된다!
That's the least of it. 그쯤은 별것 아니다.
to say the least (of it) 줄잡아 말해도,
―⦗부⦘ (little의 최상급) (종종 the ~) 가장 적게[소량으로](⟺ most); (형용사·부사를 수식하여) 가장 …아니게.¶That is the ~ important. 그것은 가장 중요하지 않다 / Last but not ~. 중요한 말이 하나 남았는데 / *L-* said soonest mended. (속담) 말은 적을수록 좋다.
least of all 가장 …이 아니다, 특히 …하지 않다.¶I like that ~ *of all*. 나는 특히 그것이 싫다.
not least 특히, 유독.
not the least (bit) 조금도 …아니다.¶I am *not the* ~ worried. 조금도 걱정하지 않는다.
léast cómmon denóminator ⦗명⦘ (the ~) 〔수학〕최소 공분모(公分母)(略 LCD).
léast cómmon múltiple ⦗명⦘ (the ~) 〔수학〕= lowest common multiple(略 LCM).
least·est [líːstist] ⦗형⦘ (the ~) (속어) 최소(량).
léast signíficant bít ⦗명⦘ 〔컴퓨터〕최하위 비트(略 LSB). 〔위[최소 오른] 문자.
léast signíficant cháracter ⦗명⦘ 〔컴퓨터〕최하
léast signíficant dígit ⦗명⦘ 〔컴퓨터〕최하위자(略 LSD).
léast squáres ⦗명목⦘ 〔통계〕최소 제곱법.
léast úpper bóund ⦗명⦘ (the ~) 〔수학〕상한(⌉限).
least·ways [líːstwèiz] ⦗부⦘ (드물게) =leastwise.
least·wise [líːstwàiz] ⦗부⦘ (구어) 적어도, 하다못해.
leat [liːt] ⦗명⦘ 〔영방언〕(물레방아에 물을 대는) 수로.
‡**leath·er** [léðər] ⦗명⦘ ⦗~s [-z]⦘ 1 ⓤ (동물의) 무두질한 가죽, 피혁(* 생가죽은 hide). ⇨SKIN 유의어¶patent ~ 에나멜 가죽. 2 피혁 제품; 동자(童子) 가죽, 가죽끈, 고삐. 3 (the ~) (속어) (야구·축구·크리켓 따위의) 공. 4 (~s) 가죽제 바지. 5 ⓤ (속어) (사람의) 피부; ⓒ (개의) 늘어진 귀. 6 (~s) 지갑. 7 (the ~) (속어) 권투 글러브; 펀치, 한 방. 8 (the ~) (당구의) 큐
hell(-bent) for leather 전속력으로, 황급히. 〔끝.
leather and [or **or**] ***prunella*** [or ***prunello***] 아무런 관심도 없는 일, 아무래도 좋은 것, 쓸모 없는 것.
lose leather 살갗이 벗겨지다.
pull leather (美서부) 말 안장에 매달리다.
(There is) nothing like leather. 제것보다 더 소중한 것은 없다; 자화자찬.
throw leather (美속어) 권투를 하다.
―⦗형⦘ 무두질한 가죽의, 가죽 제품의; 가죽 같은.
―⦗타동⦘ 1 …에 가죽을 씌우다(가죽을 대다). 2 (가죽을) 무두질하다. 3 …을 (가죽 채찍으로) 때리다(*with*).
―⦗자동⦘ 열심히[부지런히] 일하다.
leath·er·back [léðərbæ̀k] ⦗명⦘ 장수거북(열대산(産) 바다거북의 일종). (또는 ~ **túrtle**) 〔정원.
leath·er·bound [-bàund] ⦗형⦘ (책이) 가죽으로 장
léather càrp ⦗어류⦘ 가죽잉어.
leath·er·cloth [léðərklɔ̀ːθ, -klɑ̀θ] ⦗명⦘ 가죽천, 레더클로스(가죽 비슷하게 만든 천).
leath·er·ette [lèðərét] ⦗명⦘ 레더렛, 인조 가죽.
leath·er·head [léðərhèd] ⦗명⦘ 1 바보, 멍청이. 2 (이탈리아의) 대(對) 테러 특수 부대원 (가죽 복면을 한다). 3 〔조류〕꿀새. 4 〔美역사〕(19세기 뉴욕 시의) 야경(夜警), 경찰.

leath·er·jack·et [léðərdʒæ̀kit] ⦗명⦘ 1 〔어류〕쥐치. (또는 **léather jàck**) 2 (澂) (개척자들이 야영할 때 구워 먹던) 팬 케이크류. 3 〔곤충〕 구정모기의 애벌레.
leath·er·leaf [léðərlìːf] ⦗명⦘ ⦗~ -**leaves**⦘ 〔식물〕 진퍼리꽃나무.
leath·er-lunged [-lʌ́ŋd] ⦗형⦘ 큰 소리로 (장시간) 떠
léather mèdal ⦗명⦘ (美속어) =booby prize.
leath·ern [léðərn] ⦗형⦘ 〔英고어〕 1 가죽의, 가죽제의. 2 가죽 같은, 피혁제의. 〔(澂속어) (양육장) 잡역부.
leath·er·neck [léðərnèk] ⦗명⦘ (美속어) 해병대원;
Leath·er·oid [léðərɔ̀id] ⦗명⦘ 〔상표〕인조 피혁.
leath·er·ware [léðərwɛ̀ər] ⦗명⦘ ⓤ 피혁 제품.
léather wédding ⦗명⦘ 혁혼식(革婚式)(결혼 4주년 기념). 〔「무과(科)의 관목.
leath·er·wood [léðərwùd] ⦗명⦘ 〔美산(産)〕팥꽃나
leath·er·y [léðəri] ⦗형⦘ 가죽 같은; 가죽 색의; (경기 적) (고기 등이 가죽처럼) 질긴(tough). **-er·i·ness**
‡**leave**¹ [liːv] ⦗동⦘ ⦗~s [-z]; **left; leav·ing**⦘ ⦗타⦘ 1 (…을 향해) (장소·인물)로부터 떠나다, …을 떠나다(*for*), …과 작별하다.¶~ the room 방에서 나가다 / We ~ here tomorrow. 우리는 내일 출발한다 / The pain *left* him for a time. 그의 고통은 잠시 사라졌다 //(~+몸)+젼+명) He *left* Gimpo *for* London yesterday. 그는 어제 김포를 떠나 런던으로 향했다.
2 〔소속 단체 따위〕를 그만두다, 물러나다; 〔학교〕를 졸업하다, 퇴학하다; …의 곁[품]을 떠나다; 〔가정·사람〕을 버리다, …와 인연을 끊다; …와 별거하다.¶~ a job 직장을 그만두다 / ~ school 퇴학[졸업]하다.
3 (어떤 상태로) …을 내버려두다, 방치하다; …을 (어떤 상태로) 되게 하다.¶(~+몸+补) ~ the window open 창문을 열어 두다 / The insult *left* him speechless. 그 모욕으로 해서 그는 말이 나오지 않았다 // (~+몸+*as* 补) *L-* things *as* they are. 그대로 놔두시오 // (~+몸+-*ing*) Don't ~ the baby *crying*. 아기를 울도록 놔두지 마라 // (~+몸+*done*) ~ something *undone* …하지 않은 채로 내버려두다 / Better ~ it *unsaid*. 그 말은 하지 않는 것이 낫다 / We *left* no plan *untried*. 우리는 모든 방책을 강구하였다.
4 〔남〕이 하는 대로 내버려두다.¶(~+몸+*to* do) ~ a person *to* do as he pleases 남이 좋아하는 대로 하게 내버려두다(*to* do); 〔남〕에게 …하게 하다(*to* do) / I shall ~ you *to* think what you like. 상상에 맡기겠다 // *L-* us go now. 이제 가도록 해주시오.
5 …을 (사람·사물에게/장소에) 맡기다, 위탁하다(*up*) (*to, with / in*).¶(~+몸+젼+명) He ~s such decisions *up to* me. =He ~s me *with* such decisions. 그는 그런 결정은 나에게 일임한다 / He *left* his bag *in* the station. 그는 여행 가방을 역에 맡겼다 / I'll ~ that *to* you. (대금은) 처분대로 해주십시오.
6 …을 뒤에 남기다, 두고 가다, 놓고 가다(*behind*); …을 (…에) 둔 채 잊다; …을 버리다(*at, in, on*).¶(~+몸+젼+명) ~ a book *on* a table 책상 위에 책을 두고 가다 / *L-* your personal effects *in* the locker. 소지품은 로커에 넣어주시오. **7** (결과·흔적으로서) …을 남기다; …을 (…을 향해) 떼어 두다(*for*). ¶~ a deep impression 감명(깊은 인상)을 남기다 / ~ some cake *for* her 그녀에게 케이크를 조금 남겨 두다. **8** 〔가족·재산 따위〕를 남기고 죽다; 〔재산〕을 (…에게) 물려주다, (유산으로) 남기다(*behind*)(*to*).¶~ a wife and two children 아내와 두 아이를 남기고 죽다 // (~+몸+ 명+젼+명) ~ a large fortune to one's wife 아내에게 많은 재산을 남기고 죽다 / He *left* debt *behind* him. 그는 빚을 남기고 죽었다 // (~+몸+补) He was *left* orphan at the age of five. 그는 다섯 살 때 고아가 되었다. **9** (뺀 뒤에)[수]를 남기다; (사용한 뒤에) …을 남기다.¶Two from four ~s two. 4에서 2를 빼면 2가 남는다 //(~+몸+몸) The payment of his debts *left* him nothing to live on. 그는 빚을 갚고 나니 먹고 살 것이

없어졌다. 10 (…에게) …을 전달[배달]하다; …을 맡기다(for, with). ¶The postman *left* letter. 우편 집배원이 편지를 놓고 갔다// (~+目+前+名) ~ a message *with* a person 아무에게 메시지를 남기다(부탁하다). 11 (드물게) …을 그만두다. 중지하다. ¶(~+*ing*) ~ *drinking* 금주하다. 12 (일정한 방향으로) …을 지나가다, 지나치다.
— ㉮ 1 (…을 향해) 떠나다, 출발하다(*for*). ¶It's time to ~ now. 이제 떠날 시간이다// (~+前+名) ~ *for* America 미국으로 떠나다. 2 졸업[퇴학]하다; 사직하다. 3 (고어) 중지하다, 그만두다.
be left with ① (감정 따위를) 계속 지니다; (책임 따위가) 맡겨지다. ② (아이 등이) 맡겨지다.
be [*or get*] *nicely left* 감쪽같이 속아 넘어가다.
be well [*badly*] *left* (유족으로서) 생활이 윤택하다[윤택하지 않다].
get [*or be*] *left* (美속어) ① 버림받다. ② (경기 따위에서) 지다. ③ 기회[목표]를 놓치다. ④ 기대에 어긋나다, 실망하다. ⑤ 속다, 한 방 먹다.
leave...about [*or around*] …을 치우지 않고 방치하다.
leave...alone ⇨ALONE.
leave a person cool [*or cold*] 남을 감동[흥분]시키지 않다.
leave a person for dead 남을 훨씬 앞지르다, 능가하다.
leave a person in the lurch ⇨LURCH².
leave [*or give*] *a person the bag to hold* ⇨BAG.
leave a person to himself [*his own devices*] …을 멋대로 내버려두다, 방임하다; 혼자 있게 하다.
leave a person to it (구어) 남에게 맡겨버리다, 내버려두다.
leave aside 따로 챙겨두다; (사정·불편 따위를) 고려하지 않다; (문제·비용 등을) 무시하다.
leave...be (구어) …을 내버려두다, 간섭하지 않다.
leave...behind ① …을 두고[놓고] 가다, 잊고 가다; 뒤에 …을 남겨 놓다. ② …을 앞지르다, 능가하다. ¶He *left* all other pupils *behind*. 그는 다른 모든 학생을 능가했다. ③ …을 지나가다. ④ (명성 따위를) 남기고 죽다.
leave go 손을 놓다; 눈감아 주다, 개의치 않다.
leave go [*or hold*] *of* …에서 손을 놓다.
leave in 안에 있는 대로 놓두다; (카드놀이) 자기 편의 으뜸패 선언을 그대로 지나가게 하다.
leave...in the air …을 불안정한 상태로 두다.
leave...in the dark …에게 알리지 않다 (*about*).
Leave it at that. (구어) 그쯤 해두어.
leave it out (구어) (명령문에서) 소리치지[거짓말하지] 마라; 그만 둬.
Leave it to me. (구어) 내게 맡겨, 내가 할게.
leave much to be desired 아쉬운 점이 많다.
leave no stone unturned ⇨STONE.
leave nothing [*or little*] *to be desired* 더할 나위 없다.
leave off ① (…을) 그만두다, 그만하다; (비 따위가) 그치다. ¶~ *off* drinking 금주하다/It's time to ~ *off* work. 일을 끝마칠 시간이다/The rain has *left off*. 비가 그쳤다. ② …을 벗다, 버리다. ¶~ *off* one's coat 웃옷을 벗다/~ *off* a bad habit 악습을 버리다. ③ …에서 (이름 따위)를 삭제하다.
leave on 입은[켜 놓은] 채로 놔두다, 벗 따위를) 계속 켜놓다.
leave out ① …을 빼다, 생략하다; 삭제하다. ¶~ *out* the word "that" that을 생략[삭제]하다. ② …을 고려치 않다. ③ …을 나간[내놓은] 채로 내버려두다. ④ (美중·남부) 출발하다; (방언) (수업 따위를) 끝마치다.
leave (*out*) *in the cold* 바깥 추운 곳에 내버려두다, 냉대하다.
leave over (英) ① …을 남겨두다; …을 사용하지 않고 놔두다. ② …을 연기하다.
leave room for …의 여지가 있다.
leave severely alone 애써 간섭[관계]하지 않다.
leave...standing …에 훨씬[큰 차이로] 이기다; 차이가 나게 하다.
leave well (*enough*) *alone* ⇨ALONE.
To be left until called for. (편지의) 우체국 유치; (하물의 역)행이. ¶투 뒤에 남은 편.
— 图 (당구) (앞사람이 친 뒤위의) 공의 위치; (볼링) 제1.
‡**leave²** 图 (옷) ~s [-z] ① 1 (…할) 허락, 허가(*to do*). ¶ask[*get*] ~ *to do* …할 허가를 청하다[얻다]/You have my ~ *to do* as you like. 너는 하고 싶은 대로 해도 좋다. 2 휴가: ⓒ 휴가 기간. ¶They had a two weeks' ~. 그들은 2주간의 휴가를 얻었다. 3 작 *a ticket of leave* (英) 가출옥 허가증. [별, 고별.
be (*away*) *on leave* 휴가중이다.
beg leave to do 삼가 …하다. ¶I *beg* ~ *to* inform you that… (삼가) …을 통지하는 바입니다(편지 문구).
by [*or with*] *your leave* 미안하지만, 실례지만.
get one's leave 해고되다, 면직되다.
give a person his leave (스코) (남)을 해고하다.
have [*or go*] *on leave* 휴가를 얻다.
on leave 휴가중.
take French leave 무단 결근[결석]하다.
take leave of (화제 따위)에서 벗어나다.
take leave of one's senses 미치다.
take leave to do 외람스럽게 …하다. [고하다.
take one's leave of …에게 작별(인사)하다, 작별을 *without leave* 허가 없이, 무단으로.
leave³ 图㉮ 잎을 내다, 잎이 나다(leaf)(*out*).
leaved [li:vd] 图 1 잎이 있는, (복합어로) …의 잎이 있는. ¶a broad-~ tree 활엽수/a four-~ clover 네 잎 클로버. 2 잎과 같은, 잎 모양의. 3 (복합어로) (문 따위가) …짝으로 된. ¶a two-~ screen 두 폭 병풍.
leave-look·er [li:vlùkər] 图 (英) (시영 시장(市營 市場)의) 감시원.
****leav·en** [lévən] 图 1 ① 누룩, 효모, 이스트. 2 ⓒ⋃ (서서히) 감화[영향]를 주는 것; (…을 빚어내는) 잠재 세력; 기운(氣運), 기미. ¶the ~ of reform 개혁의 기운.
of the same leaven 같은 종류[성질]의.
the old leaven (성서) 묵은 누룩; 낡은 습관(←고린도 전서(1 Cor.) 5:7).
— 图㉮ 1 (빵)을 발효시키다. 2 …에 감화를 주다, 을 감염시키다. ¶a life ~*ed* by hypocrisy 위선에 물든 생활. 3 …을 서서히 변화시키다, 개혁하다; …에 (…을) 첨가하다, 섞다(*with*).
leaven the (*whole*) *lump* 조금의 효모가 반죽 덩어리를 부풀리다; 사회[사태]를 개혁[변혁]시키다.
~·less 图
leav·en·ing [lévəniŋ] 图 1 ⋃ 효모, 발효소. (또는 ~ àgent) 2 ⓒ⋃ 영향 주는 것, 감화력; 영향, 감화.
léave of ábsence 图 휴가[휴직, 휴학] 허가; (유급) 휴가[휴직]; 휴가[휴직] 기간.
leav·er [li:vər] 图 떠나는[버리는] 사람. ¶an early ‡**leaves¹** [li:vz] 图 leaf의 복수형. [~ 중퇴자.
leaves² (美속어) 블루진, 청바지.
leave-tak·ing [-tèikiŋ] 图⋃ 작별, 고별.
leav·ing [li:viŋ] 图 남은 것; (~s) 찌꺼기, 쓰레기.
Leb. Lebanese; Lebanon.
Leb·a·nese [lèbəníːz, -níːs] 图 레바논의, 레바논 사람의. — 图 (옷) ~ 1 레바논 사람. 2 (속어) 레바논 산(産) (hashish).
****Leb·a·non** [lébənən] 图 레바논(지중해 동해안, Israel 북쪽의 공화국; 수도 Beirut).
Lébanon cédar 图 (식물) 레바논 삼목.
Le·bens·raum [léibənsràum] 图 (국민) 생활권 (정치적·경제적 발전에 필요한 영토; 나치스 독일의 이념); (일반적) 생활권. [<G living space).
Le·blang [ləbléŋ] 图 (美속어) (연극) (극장 입장권을) 할인하다; 입장료를 할인하다.
Le·boy·er [ləbóiər] 图 (의학) 르부아이 분만법의 (태아의 고통을 덜도록 하는 분만법의 하나).

[< 프랑스의 의사 Frederick Leboyer(1918-)의 이름]
lech [letʃ] 《속어》 图 1 (a ~) 호색; 색욕; 호색가. 2 열중, 갈망. —图 색을 탐하다; 색정을 느끼다; (…을) 탐하다(*after, for*). —图 호색적인.
lech·er [létʃər] 图 호색가. —图 색을 탐하다.
lech·er·ous [létʃrəs] 图 호색적인, 음란한; 음욕을 일으키는, 선정적인, 외설적인. ~**·ly** 图 ~**·ness** 图
lech·er·y [létʃəri] 图ⓤ 호색(lust), 음탕[음란](한 행위).
lech·ing [létʃiŋ] 图 방종한, 방탕한. [동].
lec·i·thin [lésəθin] 图 《생화학》 (세포·노른자위 속에 있는 인지질(燐脂質)): 레시틴 함유물.
lec·i·thin·ase [lésəθinèis, -èiz] 图 《생화학》 레시티나아제(인지질(燐脂質)을 가수 분해하는 효소).
Le Cor·bu·sier [F lə kɔrbyzje] 르 코르뷔지에(1887-1965: 프랑스에서 활약한 스위스 태생의 건축가·화가; 본명은 Charles Édouard Jeanneret).
lect. lecture; lecturer.
lec·tern [léktərn] 图 1 (교회의) 강대상(講臺床); (성가대의) 악보대. 2 독서대.
lec·tin [léktin] 图 《생화학》 렉틴(동식물에서 추출된 단백질).
lec·tion [lékʃən] 图 1 (특정 판본(版本)의 특정 구절의) 이문(異文). 2 (예배식에서 읽는) 성구(聖句); 일과(日課); 낭독, 독송(讀誦). [<L]
lec·tion·ar·y [lékʃənèri/-ʃənəri] 图 (예배식에서 읽는) 낭독, 성서, 성구집, 일과서[표]. [lectern 1]
lec·tor [léktər/-tɔːr] 图 (유럽 대학의) 강사; (교회에서) 성구를 낭독하는 사람. ~**·ship** 图
lec·to·type [léktətàip] 图 《생물》 (원저(原著) 발표 후에 지정된 종(種)·아종(亞種)의) 선정 기준 표본, 후모식(後模式) 표본.
‡**lec·ture** [léktʃər] 图 (圈 ~**s** [-z]) 1 (…에 관한) 강의, 강연(*on, about*). ⇨SPEECH 유의어 ¶ give [or deliver] a ~ 강의하다. 2 (…에 관한) 설교, 훈계, 잔소리(*on, about, for*).
have [or *get*] *a lecture from* …에게서 잔소리를 듣다. [다, 잔소리하다.
read [or *give*] *a person a lecture* …에게 설교하다 —图 (~**s** [-z]; ~**d**; **-tur·ing**) 段 (…에 관하여 /…에게) 강의(강연)하다(*on, about /to*); (…에게) 거머리의 강의를 하다(*in, on*); (…에게) 잔소리하다(*at*). ¶ (~+前+图) ~ on foreign affairs 국제 상황에 관해서 강의하다. —目 …에게 강의(강연)하다; …을 설교(훈계)하다.
lécture háll 图 강당. [에게 잔소리하다.
‡**lec·tur·er** [léktʃərər] 图 (圈 ~**s** [-z]) 1 강연자, 강사; (대학 등의) 강사((美)) 시간 강사, (英)) 전임 강사). 2 교판, 강의 담당자(*in*). 3 훈계자.
lécture ròom 图 강당, 강의실. 「강좌 (유지 기금).
lec·ture·ship [léktʃərʃìp] 图 강사의 지위[신분]; **lécture theàter** 图 계단식 교실[강당].
‡**led** [led] 图 lead¹의 과거·과거분사.
LED light-emitting diode(발광(發光) 다이오드).
Le·da [líːdə, léi-] 图 《그리스 신화》 레다(스파르타왕 Tyndareus의 아내였으나 백조의 모습으로 찾아간 Zeus의 사랑을 받아 Helen을 낳았다).
léd càptain 图 아첨꾼(toady).
LED dísplày [èlidíː-, léd-] 图 《전자》 LED 디스플레이(발광 다이오드를 이용한 디스플레이).
le·der·ho·sen [léidərhòuzən] 图 (독일 Bavaria 지방에서 입는) 가죽 반바지. [<G]
‡**ledge** [ledʒ] 图 (ⓟ **ledg·es** [-iz]) 1 (벽에서 튀어나온) 선반, 돌출부. 2 (절벽에서 튀어나온) 암붕(岩棚), 바위 턱. 3 (해안 근처의) 암초, 암층(岩層). 4 광맥. 5 〔건축〕 굵은 중방(中枋), 문턱. 6 〔조선〕 (배의) 부량재 (副梁材). —图段 〔문짝 따위를〕 등살을 대고 조립하다.
ledge·ment [lédʒmənt] 图 =ledgment.
ledg·er [lédʒər] 图 1 〔부기〕 원장, 대장, 원부. 2 〔건축〕 (비계의) 가로재, 발판으로 건너지른 통나무: 대석(臺石). 3 (무덤의) 석반, 상석. 4 (또는 **leger**) (던질낚시의) 낚싯줄, 낚시도구, 낚시미끼. —图 던질낚시를 하다.
lédger báit 图 (던질낚시의) 바닥 미끼. [로 낚다.
lédger bàlance 图 〔부기〕 원장 잔고.
lédger bòard 图 (울타리 위에 얹은) 가로장; 〔계단의〕 난간 위에 가로 댄 널빤지. [line.
lédger líne 图 던질낚시의 낚싯줄; 〔음악〕 =leger
ledg·er-tack·le [-tǽkl] 图 미끼와 낚싯봉을 물 밑바닥에 정지시켜 놓기 위한 장치. (또는 **lédger tàckle**)
ledg·ment [lédʒmənt] 图 〔건축〕 (기부(基部) 따위의) 돌림띠 쇠시리. (또는 **ledgement**)
ledg·y [lédʒi] 图 선반[암붕, 암초]이 있는[많은].
LÉD prínter 图 〔컴퓨터〕 발광 다이오드 프린터.
‡**lee¹** [liː] 图 1 보호, 비호. 2 바람을 받지 않는 곳, 가리워진 곳. ¶the ~ of a mountain 산의 후미진 곳. 3 〔해사〕 바람이 불어가는 쪽(⇔ windward).
by the lee 〔해사〕 돛을 펼친 방향과 반대 방향으로 바람을 받고. 「못하다[불리하다].
have the lee of …의 바람 불어가는 쪽에 있다; …보다
under [or *on*] *(the) lee* 〔해사〕 바람 불어가는 쪽에, 바람이 미치지 않는 곳에.
under the lee of …의 그늘에 (숨어); 바람을 피하여.
—图 〔해사〕 바람이 불어가는 쪽의. ⓢ weather, windward ¶the ~ side 바람이 불어가는 쪽.
lee² [liː] 图 (~**s**) (주류의) 앙금, 찌꺼기; (일반적) 찌꺼기. ¶ wine on the ~s 그릇 밑바닥에 남은 포도주.
drink [or *drain*] (*to*) *the lees* 남김없이 다 마시다; 온갖 고초[고롱]를 다 겪다.
the lees of life 비참한 여생.
Lee [liː] 图 리. 1 Bruce ~ (1940-73: 미국 태생의 Hong Kong 배우: 李小龍). 2 **Robert Edward** ~ (1807-70: 미국의 군인·교육가: 남북 전쟁 당시 남군의 장군). 3 (또는 **Leigh**) 사람 이름.
lee·board [líːbɔ̀ːrd] 图 〔해사〕 리보드, 측판(항해 중 범선이 바람 불어가는 쪽으로 밀리지 않도록 뱃전에 붙이는 널빤지).
‡**leech¹** [liːtʃ] 图 1 거머리(특히 의료용). 2 흡혈기(吸血器). 3 〔경멸적〕 흡혈귀; 고리 대금업자, 착취자, 기생충 같은 인간. 4 〔고어〕 (외과) 의사. 「는, 고착하는.
stick [or *cling*] *like a leech* 달라붙어 떨어지지 않 —图 (~**s** [-z]; ~**d**; **-tur·ing**) 1 …에 거머리로 피를 빨게 하다. 2 …을 치료하다. 3 〔고어〕 …을 치료하다. —图 매달리다, 달라붙다(*on to*).
leech² [liːtʃ] 图 〔해사〕 1 (횡범(橫帆)의) 수직 가장자리. 2 (종범(縱帆)의) 뒤쪽 가장자리. (또는 **leach**)
léech cráft 图 〔고어〕 의술.
LEED [liːd] 图 〔물리〕 저(低)에너지 전자 회절(回折). [<*l*ow *e*nergy *e*lectron *d*iffraction] [필드 총.
Lee-En·field (rifle) [-énfiːld-] 图 〔英군사〕 리엔
lée gàuge 图 〔해사〕 바람 불어가는 쪽의 거리.
leek [liːk] 图 1 〔식물〕 리크(부추의 일종): (일반적으로) 파. 2 (또는 ~ **gréen**) 엷은 청록색.
eat the [or *one's*] *leek* 굴욕을 참다, 굴종(屈從)하다(← Shakespeare 작 *Henry V* 5:1).
not worth a leek 보잘것없는, 한 푼의 가치도 없는.
léek-grèen [-gríːn] 图 청록색의.
Lee Kuan Yew [liː kwɑ́ːn júː] 图 리콴유(李光耀) (1923- : 싱가포르의 정치인; 총리(1959-90)).
léeky stòre [líːki-] 图 《美속어》 술집.
leer¹ [liər] 图段 곁눈질하다, 추파를 던지다, 흘겨보다; 짓궂게 노려보다(*at*). —图 〔경멸적〕 곁눈질, 추파, 흘겨보기; 짓궂은 눈. 「진, 공복의, 배고픈.
leer² [liər] 图 《英방언》 1 (말·마차가) 짐이 없는, 빈. 2 허기
leer³ 图 =lehr.
leer·ics [líəriks] 图圈 《美속어》 선정적인 가사.

leer·ing [líəriŋ] 형 곁눈질을 하는, 흘겨보는; 심술궂은 눈초리의. ~**·ly** 부

leer·y [líəri] 형 1 곁눈질하는. 2 《속어》 조심스러운, 의심 많은(*of*). 3 《속어》 교활한, 빈틈없는. (또는 **leary**)
a leery old bird 교활한 사나이, 만만찮은 녀석.
léer·i·ly 부 **léer·i·ness** 명

lees [liːz] 명 lee² 의 복수형.

lée shòre 명 바람 불어가는 쪽의 해안; 곤경.
on a lee shore 곤란한[위험한] 상태에 빠져.

leet [liːt] 명 1 《英어》 장원 영주(莊園領主)의 재판소; 그 관할 구역. 2 《스코》 관직 후보자 (선발) 명부.

lée tìde 명 순풍조(順風潮)(바람이 부는 방향으로 흐르는 조류). (또는 **léeward tìde**)

lee·ward [líːwərd] 《해사》 lúːərd] 형 바람 불어가는 쪽에[있는], 바람 부는 쪽으로 향하는. 반 windward
— 명 바람 불어가는 쪽 방향.
on the leeward of …의 바람 불어가는 쪽에.
to leeward 바람 불어가는 쪽으로 향해서.
— 부 바람 불어가는 쪽으로[에].

lee·ward·ly [líːwərdli] 형 《해사》 바람 불어가는 쪽으로 향하는 경향이 있는.

lee·way [líːwèi] 명 1 ① 《해사》 풍압(배가 바람 불어가는 쪽으로 밀려감); ⓒ 풍압차. 2 ① 《항공》 편류(각)(옆바람 때문에 비행기가 밀리는 편차). 3 ⓒ ① 《구어》 (시간·장소·돈 따위의) 여유; (사상·행동의) 활동 여지, 자유. 4 지연, 뒤짐; 시간 손실.
have leeway (바람 불어가는 쪽에) 여지가 있다, (바람 불어가는 쪽으로) 넓다. 「돼[있다.
have much leeway to make up 일이 많이 지체
make leeway 진로에서 벗어난 것을 바로잡다; 약조건에서 허용되다; 다; 곤경을 벗어나려고 하다.
make up (for) one's leeway 뒤떨어진 것을[만회하다.

‡**left**¹ [left] 형 1 (the ~) 《한정용법》 왼쪽의, 왼편의; (신발·장갑 따위의) 왼쪽용의(반 **right**). ¶ the ~ side 왼쪽／the ~ wing of an army 군의 좌익／*on the* ~ *hand of* …의 좌측에. 2 (*more* ~, ~**·er**; *most* ~, ~**·est**) (종종 L-) (정치상의) 좌파의, 좌익의, 급진[혁신]적인.
have two left feet (걸음·춤이) 매우 서투르다, 어색하게 걷다[춤추다]. 「혼하다.
marry with the left hand 신분이 낮은 여자와 결
over the left shoulder = *over the left.* 「일하다.
work with the left hand 게으름 피우며[건들건들
— 명 1 (the ~, one's ~) 왼쪽, 왼편; 왼쪽에 있는 것; 왼쪽으로 구부러짐. ¶ *on one's* ~ 좌측에／*turn to the* ~ 왼쪽으로 돌다. 2 (종종 the L-) 《정치》 (의장석에서 봐) 좌측석, (관습적으로) 좌익 정당 의원석; 좌익 정당, 진보당; 《집합적; 단·복수 양용》 좌파[좌익] (의원). 3 왼손(~ **hand**); (댄스·행진 따위의) 왼발(~ **foot**). 4 《권투》 왼손으로 치기; 《야구》 좌익, 좌익수.
hang a left ⇒ HANG.
Keep to the left. 좌측 통행.
make a left 좌회전하다.
over the left 《속어》 거꾸로 말하면, 반대로 말하면.
to the left (방법·주장에서) 급진적인.
to the left of …의 왼쪽(편).
— 부 왼쪽으로, 왼편에; 좌측[좌로에]. ¶ turn ~ 왼편으로
Eyes left! 좌로 나란히! 좌로 봐!
Left turn [or *face*]*!* 좌향좌!
Left wheel! 좌향앞으로 가!
right and left ⇒ RIGHT.

‡**left**² 동 leave¹의 과거·과거분사.
get [or *be*] *left* ⇒ LEAVE¹.

Léft Bánk 명 (the ~) (파리 Seine 강의) 좌안(左岸) (예술가·문인·학생이 많이 모이는 곳).

léft bráin 명 좌뇌(左腦). **léft-bráin** 형

léft fíeld 명 1 《야구》 좌익, 레프트 필드; 좌익수의 수비 위치. 2 주류[대세]로부터 동떨어진 위치[곳], 한가한 곳; 뚱딴지[불합리하다고 여겨지는] 곳.
out in left field 《미속어》 (사람이) 완전히 잘못 생각하여, 머리가 이상하여. 「곳에서, 뚱밖에.
out of [or *from*] *left field* 《미속어》 생각지도 않은

léft fielder 명 《야구》 좌익수.

left·foot [léftfút] 명 형 《미속어》 프로테스탄트(의).

left·foot·ed [-fútid] 형 왼발잡이의; 어색한, 서투른 (clumsy). ~**·ness** 명

left-foot·er [-fútər] 명 《축구》 왼발 슛; 《아일랜드》 가톨릭 교도. 「(back).

léft hálf 명 (축구·하키 등의) 레프트 하프(왼쪽 half-

léft hánd 명 왼손, 왼쪽. ¶ a ~ traffic 좌측 통행／a ~ drive car 좌핸들의 자동차.

left-hand [-hǽnd] 형 《한정용법》 1 왼쪽의, 좌측의. 2 왼손으로 하는; 왼쪽으로 도는; 왼쪽으로 감는; (사람이) 왼손잡이의. ¶ a ~ hitter 좌타자. 3 불길한; 서투른.

left-hand·ed [-hǽndid] 형 1 왼손잡이의; 왼손으로 하는, 왼손을 사용한. ¶ a ~ blow 왼손 타격. 2 왼손쪽에 있는, 왼쪽으로 도는. ¶ a ~ screw 왼쪽으로 돌리는 나사. 3 모호한; 의심스러운; 성의 없는. ¶ a ~ compliment 겉발림의 칭찬. 4 어색한, 하수의, 서투른; 5 (결혼의) 신분 차이가 나는; 내연의. ¶ a ~ marriage 신분이 틀리는 결혼. 6 불길한, 흉조의. 7 《구어》 동성애의, 호모의. — 부 왼손으로[에]; 왼편으로[에], 시계 방향과 반대로. ¶ He writes ~. 그는 왼손으로 쓴다. ~**·ly** 부 ~**·ness** 명

léft-handed mónkey wrénch 명 《미구어》 왼손잡이용 몽키 스패너(실재하지 않는 도구; 풋내기 직공을 놀릴 때 쓰는 말).

left-hand·er [-hǽndər, -hǽnd-] 명 1 왼손잡이; 《구어》 좌완 투수. 2 《구어》 왼손으로 치기; 불시에 치기. 3 왼손으로 사용하는 것. 4 겉발림의 칭찬.

léft-hand rúle 명 《구어》 (the ~) 《물리》 플레밍의

left·ie [léfti] 명 《구어》 = lefty. 「왼손 법칙.

left·ish [léftiʃ] 형 (사상 따위가) 좌로 기운, 좌파의.

left·ism [léftizm] 명 ① 좌익[급진]주의[사상].

left·ist [léftist] 명 1 (종종 L-) 좌익[과격파, 급진파의] (사람)(반 rightist). 2 《미속어》 = left-hander 1.
— 형 좌파의, 좌익의, 급진주의의.

léftist fórce 명 좌파 세력.

léftist organizátion 명 좌익 단체.

léft jústify 명 《컴퓨터》 (텍스트의) 좌측 정렬, 왼쪽 맞춤. **léft-jús·ti·fy** 동

left-laid [-lèid] 형 (밧줄·식물의 줄기 따위가) 왼쪽으로 꼬인, 좌로 감은, S자 모양으로 꼰.

left-lean·ing [-líːniŋ] 형 (정치적으로) 좌경의.

léft lúggage 명 《英》 일시 보관 수하물.

léft-lúggage òffice 명 《英》 수하물 보관소. 「기.

left·ments [léftmənts] 명 복 나머지, 남은 것, 찌꺼

left·most [léftmòust] 형 가장 왼쪽의, 극좌의.

left-of-center [-əvséntər] 형 1 (정치적으로) 중도 (中道) 좌파의, 혁신파[좌경]의. 2 중앙의 좌측을 차지하는.

left-off [-ɔ́ːf, -ɑ́f] 형 버린, 쓰지 않는, 벗어버린. 「는.

left·o·ver [léftòuvər] 명 1 (~s) 나머지, 남은 것; 먹다 남은 것, 남은 음식. 2 시대 착오적 유물; 구습(舊習). — 형 나머지의, 먹다 남은.

léft shóulder 명 《미속어》 반대쪽 차선의 단속[도로 정보]. 「의[으로].

léft stáge 명 (the ~) 무대 왼쪽. — 부 무대 왼쪽

léft-ven·tríc·u·lar-as·síst device [-ventríkjuləræsíst-] 명 《의학》 인공 심장.

left·ward [léftwərd] 부 왼쪽에[으로], 왼쪽 방향으로[으로], (또는 **leftwards**) — 형 왼쪽에 있는, 왼쪽의; 왼쪽으로 향한. ~**·ly** 부

léft wíng 명 (the ~) 1 《단·복수 양용》 좌익[좌파]의 사람; (당내) 좌파; 좌익 (정당). 2 (스포츠의) 좌익(수).

left-wing [-wíŋ] 형 좌익[좌파]의; 좌익 정당의.
~**·er** 명 좌익[좌파]의 사람.

left·y [léfti] (구어) 명 1 왼손잡이; (야구) 좌완(왼손잡이) 투수. 2 (英) (경멸적) 좌익, 좌파(급진파) 인사 (leftist). 3 (美속어) 왼쪽 구두; 왼손 장갑(글러브); 왼손잡이용 도구. (또는 **leftie**) — 형 왼손잡이의; 좌익(좌파, 급진)의. ¶ 왼손을 써서, 왼손으로.

‡leg [leg] 명 (복 ~s [-z]) 1 a) (사람·동물의) 다리(* (美)에서는 종종 무릎에서 발목까지; 넓은 의미로는 foot도 포함)(⇒ FOOT 그림); (해부) 하지, 하지(下肢). b) ⓊⒸ (식용으로서의) 동물 따위의) 다리. ¶ an artificial ~ 의족/a wooden ~ 나무 의족. 2 (옷의) 다리 부분. ¶ the ~ of trousers 바지의 다리 부분, 바짓가랑이. 3 (책상·의자·컴퍼스 따위의) 다리; 삼각형의 빗변. (해사) 마디(밧줄의 두 매듭 사이). 4 (건조물·기계의) 지주(支柱), 버팀 기둥. 5 (여행의) 구간, 여정; (해사) (선박의) 한 구간의 항주(航走) 거리. ¶ the last ~ of a trip 여행의 마지막 여정. 6 (스포츠) (제2회 또는 제3회의 승패가 결정되는 경우의) 제1회전의 승리, 선승(先勝); (구어) (계주 경기 따위의) 한 구간, 행정. 7 (the ~) (크리켓) 타자의 왼쪽 후방(~ side); 레그의 야수. ¶ the short [long] ~ 3주문(柱門)에서 가까운[먼] 수비 위치(의 야수). 8 (증권) (주가 움직임의) 한 기간, 단계, 국면, 경향. 9 (英) 사기꾼, 협잡꾼. 10 절, 인사. 11 (전기) (회로·회로망·안테나 따위의) 지맥, 가지 부. 12 (라디오·TV의) 중계 지점국. 13 (美속어) 보행. 14 (~s) (속어) (쇼·영화 따위의 관객지지) 동원력, 인기 지속력. 15 (속어) 여자, 몸이 헤픈 여자.

all legs (and wings) ① (젊은이가) 너무 성장하여; 키가 멀쑥하다. ② (해사) 돛대가 너무 높은.
as fast as one's ***legs would carry*** one 전속력으로.
be a leg up on (구어) ⇒ LEG UP.
be off one's ***legs*** 쉬고 있다. 「로.
be (up) on [or ***upon***] one's **((의식) hind) legs**
break a leg (구어) 힘을 내다, 성공하다. (명령형으로) (출연(출전)하는 배우·선수 등에게) 힘내!¶I hope you break a ~. 꼭 성공하길 빈다.
change the leg (말이) 보조를 바꾸다.   「다.
cost [or ***charge***]...***an arm and a leg*** 큰 돈이 들
cut the legs out from …의 다리를 잘라내다; …을 꼼짝 못하게 만들다. 「지치게 하다.
dance a person off his ***legs*** [or ***feet***] 남을 춤추어
dance off one's ***legs*** [or ***feet***] 춤을 추어 지치다.
draw a person's leg(s) = pull a person's leg.
fall on [or ***upon***] one's ***legs*** [or ***feet***] 용케 헤어나다, 잘 되어가다.
feel [or ***find***] one's ***legs*** [or ***feet***] ① (유아가) 걷게 되다. ② (비유적) 자신이 붙다; 제 구실을 하게 되다.
fight at the leg 비열한 방법을 쓰다.
get a leg in (속어) ① …의 신용을 얻다. ② …의 비밀에 관계하다, 비밀을 알다.
get a [or ***one's***] ***leg over*** [or ***across***] (속어) (남자가) 성교하다, 올라타다.
get [or ***have***] ***a leg up on*** (美속어) ⇒ LEG UP.
get a person back on his ***legs*** 남의 건강을 회복시키다, …을 경제적으로 독립시키다.
get on one's ***legs*** ① (연설하기 위해) 일어서다. ② (병이 회복되어) 기동할 수 있게 되다. ③ 번성하다. ④ 기다리며 서성거리다.
get (up) on one's ***(hind) legs*** ① (말이) 뒷발로 일어서다. ② (익살) (사람이) 화를 내다. ③ 적극적이 되다, 반항[공격]적이 되다.
give a person a leg up (美속어) ⇒ LEG UP. 「말을 하다.
give a person a little leg 남을 속이다, 남에게 거짓
hang a leg 주춤거리다. 꽁무니를 빼다.
have a bone in one's ***leg*** ⇒ BONE.   「진 독이다.
have [or ***get***] ***a hollow leg*** (구어) (음주량이) 밑
have good sea legs (배의 동요에도 잘 견딜 수 있는) 훌륭한 선원이다; 배멀미를 하지 않는.
have legs (구어) ① (말 따위가) 빨리 달리다. ② 지속성이 있다, 참을성이 있다. ③ (흥행·연예인 따위가) 인기가 지속되다, 롱런하다, 화제를 불러일으키다. ④ (골프 공이) 목표까지 뻗어나가다.
have no legs ① (흥행·연예인 따위가) 인기가 떨어지다, 단명하다. ② (골프 공이) 뻗어나가지 않다.
have no [or ***not have a***] ***leg to stand on*** ① 지지물(支持物)이 없다. ② (토론 따위의) 근거가 없다.
have one's ***leg over the harrows*** 다룰 수 없다, 통제할 수 없다.
have the legs of …보다 빠르다, …을 앞지르다.
in high legs 아주 기운차게, 의기양양하게.
keep one's ***legs*** 계속 서 있다(걷다), 쓰러지지 않다.
kick up one's ***legs*** 정도가 지나치다, 너무 까불어대다.
leg and leg (경주에서) 막상막하로, 엇비슷하게.   「다.
make a leg (고어) (우측 발을 뒤로 빼고) 절하다.
off one's ***legs*** 휴식하고 있는 (legs).
on [or ***upon***] one's ***last legs*** ⇒ LAST¹.
on one's ***legs*** (연설자 등이) (일어서서); (환자가) 회복하여, 기운을 차리며 되어.   「다.
play...to the leg (英구어) (문제 따위를) 무시하다, 피하다.
pull [or ***draw***] ***a person's leg*** (구어) 남을 놀리다, 희롱하다.   「어.
Pull the other leg [or ***one***]. 그런 말은 믿을 수 없
put one's ***legs under the table*** 식탁에 앉다.
put [or ***set***] ***the*** [or ***one's***] ***best leg foremost*** [or ***forward***] ① 전속력으로 가다. ② 전력을 다하다.
run a person off his ***legs*** [or ***feet***] ① (남을) 달려서 지치게 하다. ② (일 따위로) (남을) 피로하게 하다.
run off one's ***legs*** (의무·일이 많아서) 지쳐 빠지다.
scrape a leg 정중하게 절하다, 큰절을 하다.
set a person on [or ***upon***] his ***legs (again)*** 남을 원조하여 (건강상·경제상) 재기시키다.   「주다.
shake a leg (美속어) ① (명령형으로) 서둘러! ② 춤을 잘추다.
shake a loose [or ***free***] ***leg*** 방종한 생활을 하다.
shake a wicked [or ***mean***] ***leg*** 즐겁게 춤추다; 춤을 잘추다.
show a leg (잠자리에서) 일어나다; 급히 서두르다.
sit one's ***legs crossed*** 책상다리를 하고 앉다.
stand on one's ***own (two) legs*** [or ***feet***] 자립하다, 혼자 힘으로 하다.
straight as [or ***like***] ***a dog's back*** [or ***hind***] ***leg*** (속어) 몹시 휘어서.
stretch one's ***legs*** ① 다리를 뻗다. ② 걷다, 산책하다.
take to one's ***legs*** [or ***heels***] 도주하다.   「다.
The boot is on the other leg. ⇒ BOOT¹.
tie by the leg 족쇄를 채우다, 속박하다.
try it on the other leg (속어) 최후의 수단을 쓰다.
walk a person off his ***legs*** [or ***heels***] 남을 지치도록 걷게 하다.
walk off one's ***legs*** [or ***feet***] 걸어서 피곤하다.
with legs 불티나게 (팔리다).   「도 없이.
without a leg to stand on 정당한 (의지할) 근거
with the [or ***one's***] ***tail between the*** [or ***one's***] ***legs*** 기가 죽어서, 겁을 먹고.

— 동 (~s [-z]; -gg-) 타 (구어) (배)를 발로 (운하 터널의 벽이나 천장을) 차서, 나아가게 하다. — 자 1 (급히) 걷다, 달리다; 도망가다. 2 발로 차서 배를 나아가게 하다.
leg it (구어) 급히 걷다, 달리다; 도망치다, 사라지다. ¶ We had to ~ it back. 우리는 급히 되돌아가야 만 했다.
leg out (야구) 걸음이 빨라 안타로 만들다.
leg up (남을) 도와 말에 태우다; (운동 선수의) 컨디션이 시합 때 최고가 되도록 지도 조절하다.

leg. legal; legate; legato; legend; legislation; legislative; legislature.

leg·a·cy [légəsi] 명 1 (법률) (특히 동산의) 유증(遺贈); 유산, 유물. ¶ a ~ duty 유산세. 2 조상 전래의 것, 조상의 유물. ¶ great *legacies* of thoughts 위대한 사상의 유산. 3 이어 받은 것; (사건 따위의) 흔적, 유물.

leg·a·cy-hunt·er [-hʌntər] 명 유산을 노리고 아첨하는 사람.

‡**le·gal** [líːgəl] 형 1 법률의, 법률에 관한; 법률상의. ¶a ~ adviser 법률 고문 / ~ knowledge 법률 지식 / a ~ mind 법률을 존중하는 마음. 2 합법의, 적법의, 법률이 인정하는(閔 illegal). ⇨LAWFUL 유의어 ¶a ~ act 합법적 행위. 3 법률에 입각한, 법정(法定)의, 강제(의무)적인. ¶the ~ interest 법정 이자 / Fishing is not ~ in this area. 이 지역은 낚시 금지 구역이다. 4 관습법 (common law)의. 5 법률가의, 변호사의; 법조계의. ¶~ advice 변호사의 조언. 6 〔신학〕 모세(Moses) 율법의; 율법주의의. — 명 1 합법적으로[법적 권한을 갖고] 행동하는 사람; 합법적 입국자; 법으로 신분이 보호되는 사람. 2 (~s) 법정 투자(피신탁인·저축 은행 등이 투자를 인정받고 있는 유가 증권). 3 법률 요건; (특히) 법정 상속권. 4 〔英俗語〕 (택시의) 팁 없는 미터 요금(을 내는 손님).

légal áge 명 법정 연령, 성년(lawful age).

légal áid 명 〔극빈자를 위한〕 법률 구조(救助).

légal áid society 명 법률 구조 협회. (또는 **légal áid associátion**)

légal béagle 〔구어〕 1 =legal eagle. 2 증거를 찾아다니는 사람.

légal cáp 명 〔美〕 법률 서류 용지(22×33~36cm 크기의).

légal círcles 명복 법조계.

légal cóunsel 명 변호사, 변호인단; 법률 고문.

légal éagle 명 〔美구어〕 유능한[민완] 변호사.

le·gal·ese [líːgəlìːz] 명 ① 〔난해한〕 법률 용어.

légal exécutive 명 〔법률 사무소의〕 법률 사무 직원.

légal fíction 명 법적 허구, 법적 의제(擬制)(회사를 의인화하여 법인으로 삼음).

légal hóliday 명 법정 휴일(〔英〕 bank holiday).

le·gal·ism [líːgəlìzəm] 명 ① 준법; 〔극단적인〕 법률 존중주의, (관료적인) 형식주의, 원리 원칙대로 하기. 2 〔신학〕 율법주의(선행에 의한 구원을 주장하는 설). 3 (L-) 〔고대 중국의〕 법가(法家)의 설(엄격한 법치주의의 -**ist** 명 -**is·tic** 형 -**is·ti·cal·ly** 부 〔절대 군주적 주장〕.

le·gal·i·ty [ligǽləti] 명 ⓤⓒ 1 적법, 합법, 정당(正當). 2 =legalism. 3 (-ties) 법적 의무; 법적 견지〔국면〕.

le·gal·ize [líːgəlàiz] 타 …을 법률화하다, 합법화하다; …을 공인하다, 법률상 정당하다고 인정하다. **-i·zá·tion** 명 법률(법문)화; 공인.

le·gal·ized [líːgəlàizd] 형 〔美俗語〕 제한 속도까지 〔속도를 줄인.

légal líst 명 〔법률〕 법정 투자 종목(리스트)〔기관 투자가들에게 적합한 투자 대상으로 지정된 증권 목록〕.

*__le·gal·ly__ [líːgəli] 부 법률적으로, 합법적으로.

légal mán [pérson] 명 〔법률〕 법인(法人).

légal médicine 명 =forensic medicine.

légal mémory 명 〔법률〕 법률적 기억(관행이 법적 효력을 갖게 되는 데 필요한 최소한의 기간; 약 20년).

légal pád 명 법률 용지첩(用紙帖)(22×36cm 크기의 황색 괘선 용지첩). 또는 **légal cap**.

légal procéedings 명복 소송 절차.

légal proféssion 명 (the ~) 법조계〔사업〕.

légal represéntative 명 유언 집행자; 유산 관리자.

légal resérve 명 (은행·보험 회사의) 법정 준비금.

légal separátion 명 =judicial separation.

légal sérvices láwyer 명 =poverty lawyer.

le·gal-size [-sàiz] 형 (용지가) 법정 사이즈(규격)의 (22×36cm)의; (사무용품이) 법정 규격의. (또는 **legal-sized**)

légal ténder 명 법정 화폐, 법화(法貨).

lég árt 〔美俗語〕 = cheesecake 2.

leg·ate[1] [légət] 명 1 로마 교황의 사절; (일반적으로) 사절, 특사, 공사. ¶a ~ a latere 교황 전권 특사. 2 〔로마 역사〕 총독(집정관, 장군)의 보좌관; 지방 총독. **-ship** 명 legate의 직[지위, 임기].

le·gate[2] [ligéit] 타 …을 유산으로 양도하다.

give and legate (유산으로) 주다, 양여하다.

leg·a·tee [lègətíː] 명 〔법률〕 유산 수령자〔수인〕.

leg·a·tine [légətin, -tàin] 형 로마 교황 사절의; 교황 사절의 권한으로 행하는.

le·ga·tion [ligéiʃən] 명 1 (집합적; 단·복수 양용) 공사 일행, 공사관원 전원(魯 embassy). 2 공사관. 3 ⓤ 공사의 직(지위); 사절 파견(임무). ~**·ar·y** 형

le·ga·to [ləɡɑ́ːtou] 〔음악〕 형 부 (음을) 부드럽게 연결하여, 레가토(로). — 명 (~s) 레가토 악절; 레가토 악절 staccato 〈It〉 〔**lèg·a·tó·ri·al** 형〕

le·ga·tor [ligéitər/lìgətɔ́ː] 명 유증자; 유언자.

lég báil 〔구어〕 도망, 탈주(flight).

give [or *take*] *leg bail* 도망하다, 탈주하다.

lég befóre wícket 〔크리켓〕 타자가 발로 공을 받는 일(반칙임). ①l.b.w.). 〔에.

leg-bít·er [-bàitər] 명 〔美俗語〕 젖먹이, 아기, 어린

lég bràce 명 금속 다리 보호 기구.

lég bỳe 명 〔크리켓〕 레그 바이(타자의 손 이외의 몸부분에 공이 맞았을 때의 득점).

*__leg·end__ [lédʒənd] 명 (~s [-z]) 1 전설, 구전(口傳); ⓤ (집합적) 〔민족·국가의〕 전설, 전설적 문학. ¶a character in Greek ~ 그리스 전설상의 인물. 2 (현대의) 전설화된 이야기, 전설적 화젯거리(인물). ¶become a ~ in one's lifetime 생존중 전설적 인물이 되다. 3 (중세의) 성인전(聖人傳), 성인 이야기; 성인 전집; 위인전. 4 (화폐·문장(紋章)·비(碑) 따위의) 제명(題銘), 명(銘). 5 (지도 따위의) 범례; (삽화·사진의) 설명(문) (caption).

legend has it (that…) 전설에 따르면[의하면]….

le·gen·da [lədʒéndə] 명복 (교회를 위해 읽혀지도록 수난기 등에서 뽑은) 설화(說話). 〈L〉

*__leg·end·ar·y__ [lédʒəndèri/-dəri] 형 전설의; 전설적인; 믿기 어려운; 〔구어〕 유명한. — 명 1 전설집; 성인 전집. 2 =legendist. **-àr·i·ly** 부 전설적 투로.

leg·end·ist [lédʒəndist] 명 전설 기록자(수집가).

leg·end·ize [lédʒəndàiz] 타 …의 전설을 만들어 내다, …을 전설화하다. **-i·zá·tion** 명

leg·end·ry [lédʒəndri] 명 (집합적) 전설(집).

leg·er·de·main [lèdʒərdəméin] 명 ⓤ 요술; 속임수, 술책; 교묘한 솜씨. ~**·ist** 명 〔<F〕 〔함〕.

le·ger·i·ty [lədʒérəti] 명 ⓤ (심신의) 민첩(성), 기민

léger líne [lédʒər-] 명 〔음악〕 덧줄, 가선(加線).

le·ges [líːdʒiːz] 명 lex의 복수형.

-leg·ged [légid/legd] 연곁 …(개의) 다리가 있는, 다리가 …인, 다리를 가진(의 뜻). ¶long-~ 다리가 긴/four-~ 네 다리의. 〔수[밀조] 업자.

leg·ger [légər] 명 1 =legman. 2 〔구어〕 밀매문, 밀

*__leg·ging__ [légiŋ] 명 1 (~s) 각반(脚絆), 정강이받이. 2 (~s) 레깅스(다리에 착 달라붙는 여성용·아동용 보온 바지). (또는 **leggin**) **-ginged** 형

leg-guard [-gàːrd] 명 〔야구·크리켓〕 (포수 등의) 정강이받이. (또는 **lég gùard**)

leg·gy [légi] 형 1 다리가 길쭉한. 2 (여성이) 아름다운 각선미를 가진; (사진·쇼 따위가) 각선미를 드러내기 위한. 3 (식물의) 줄기가 길쭉한. **-gi·ness** 명

leg·he·mo·glo·bin [lèghíːməglòubin, -hémə-] 명 〔생화학〕 레그헤모글로빈(콩과 식물의 근립(根粒)에 있는 헤모글로빈).

lég-hold tràp [léghòuld-] 명 〔사냥용〕 족쇄 덫.

lég·horn 명 1 밀짚 노끈의 일종; 그것으로 엮은 밀짚모자. 2 [légɔːrn/legɔ́ːrn] (L-) 레그혼(지중해 지방산(産)의 닭). ¶a white L- 백색 레그혼.

leg·i·bil·i·ty [lèdʒəbíləti] 명 ⓤ 1 (글자가) 읽기 쉬움. 2 **legibleness** 2 (활자의) 인쇄 효과(능력).

leg·i·ble [lédʒəbl] 형 (필적·인쇄 문자가) 읽기 쉬운, 판독하기 쉬운(readable); 명료한. **-bly** 부

*__le·gion__ [líːdʒən] 명 (단·복수 양용) 1 군대, 대군(大軍); 〔고대 로마〕 보병 군단(3,000~6,000명으로 구성). 2 (the L-) 〔美〕 재향 군인회. ¶the American L- 미국 재향 군인회. 3 (the L-) 〔프랑스의〕 외인 부대(Foreign L-). 4 (사람·물건의) 다수, 무수 (of). ¶a ~ [or ~s]

of audiences 다수의 관중. **5** 《드물게》〔생물〕 아강(亞綱), 아목(亞目) (동식물 분류 계급의 하나).
Their name is Legion. 그들(악마 또는 악이나 고난)은 무수하다(←마가복음(Mark) 5 : 9).
the Legion of the lost (ones) (세상으로부터) 버림받은 사람들.
— [형] 《서술용법》 많은, 무수한.
le·gion·ar·y [líːdʒənèri/-nəri] [형] **1** (고대 로마의) 보병 군단의, 군단으로 이루어진; 군단을 형성하는. **2** 다수의, 무수한. **—** [명] **1** (고대 로마의) 군단의 일원. **2** 《英》 영국 재향 군인회(British Legion)의 회원.
légionary ànt [명] =army ant.
le·gioned [líːdʒənd] [형] 군단에 편성된, 부대를 이룬.
Le·gion·el·la [lìːdʒənélə] [명] 〔병리〕 레지오넬라(호기성(好氣性) 그램(Gram) 음성 세균의 한 속(屬)); (*l*– pneumophilia) 레지오넬라균.
le·gion·naire [lìːdʒənέər] [명] **1** (종종 L–) 재향 군인회 회원; (프랑스의) 외인 부대원. **2** (고대 로마의) 군단병.
legionnáires' disèase [명][U] 〔병리〕 재향 군인병, 레지오넬라균병(레지오넬라균에 의한 대엽성(大葉性) 폐렴). (또는 **legionnáire's disèase**)
Légion of Hónor [명] (the ~) (프랑스의) 레지옹 도뇌르 훈장(1802년 Napoleon이 제정).
Légion of Mérit [명] (the ~) 〔美육군〕 훈공장.
leg-iron [⌐àiərn] [명] 족쇄(shackle).
legis. legislation; legislative; legislature.
leg·is·late [lédʒislèit] [동][자] 법률을 제정하다, 입법하다. **—** [타] 〔남〕을 법률에 의하여 (…)시키다(*out of, into*); …을 법률로 정하다. ¶ ~ a person *out of* [*into*] office 법률에 의하여 남을 퇴임[임관]시키다.
legislate against …을 금지하는 법을 제정하다; (법률로) …을 금지하다.
legislate for …을 인정하는 법을 제정하다; (법률로) …을 참작(參酌)하다.
‡leg·is·la·tion [lèdʒisléiʃən] [명] **1** [U] 법률 제정, 입법. **2** 《집합적》 (제정된) 법률, 법규, 입법 조치.
***leg·is·la·tive** [lédʒislèitiv/-lət-] [형] **1** 입법권이 있는; 입법 기관[부]의. **2** 입법(상)의, 법률을 제정하는. ¶ ~ proceedings 입법 절차. **3** (입법 기관에 의해) 제정된. **—** [명][U] 입법권[부]. **~·ly** [부] 입법상.
Législative Assémbly [명] (the ~) **1** 《프랑스》 입법 의회. **2** (종종 *l*– *a*–) (양원제의) 입법부; 하원.
législative bíll [명] 법률안, 법안.
législative bódy [명] 입법 기관, 입법부(府).
législative bránch [명] 입법 부문(의회·국회 등).
législative cóuncil [명] (종종 L– C–) (the ~) **1** 《英》 (양원제의) 상원; (식민지 단원제의) 입법부. **2** 《美》 (주(州)의) 입법 심의회.
législative méasures [명][복] 입법 조치.
législative véto [명] 《美》 의회 거부권.
Législative Yuán [-juáːn, -júːən] [명] (the ~) (Taiwan의) 입법원(立法院)(국회).
***leg·is·la·tor** [lédʒislèitər] [명] 법률 제정자, 입법자; 입법부[의회, 국회] 의원. **~·ship** [명]
leg·is·la·to·ri·al [lèdʒislətɔ́ːriəl] [형] =legislative.
***leg·is·la·ture** [lédʒislèitʃər] [명][C][U] (the ~) 《집합적; 단·복수 양용》 입법부, 입법 기관(국회 따위); 《美》 주(州)의회.
le·gist [líːdʒist] [명] 법률가, 법률에 능통한 사람; (특히) 로마법 전문가.
le·git [lidʒít] 《속어》 [형] =legitimate. **—** [부] 합법적으로, 정식으로; 정당하게. **—** [명] 합법적[본격적]인 것; =legitimate drama.
on the legit 《구어》 정직한; 합법적인, 정당한.
le·git·i·ma·cy [lidʒítəməsi] [명][U] **1** 적법[합법](성), 정당성. **2** 적출(嫡出); 정통(성), 정계(正系).
***le·git·i·mate** [형] [lidʒítəmət] **1** 합법의, 적법한, 정당한. ⇨LAWFUL [유의어] ¶a ~ claim 정당한 요구. **2** 도리에 맞는, 합리적인(reasonable), 논리적인. **3** (자녀 등이) 적출의; (군주·정권 등이) 정통(正統)의, 정통성 있는. **4** 진짜의, 진정한(genuine). **5** 〔연극〕 정통(극)의, 본격적인. ¶a ~ drama 본격극. **—** [동][타] [lidʒítəmèit] **1** …을 합법으로 인정하다; …을 합법화하다, 정당화하다. **2** 〔비적자(非嫡子)〕를 적자로 인정하다. **—** [명] [lidʒítəmət] **1** =~ drama. **2** 적출로 인정되는 사람.
~·ly [부] **~·ness, ⌐·má·tion** [명]
légitimate dráma [théater] [명] (the ~) 〔연극〕 무대극; (뮤지컬·코미디 따위에 대해) 정극(正劇).
le·git·i·ma·tize [lidʒítəmətàiz] [동][타] =legitimate.
le·git·i·mism [lidʒítəmìzm] [명][U] (종종 L–) 정통주의(특히 프랑스에서 Bourbon 왕조를 옹호한).
le·git·i·mist [lidʒítəmist] [명] 정통주의자; 정통 왕조파. **—** [형] (또는 **legitimistic**) 정통주의[왕조파]의.
le·git·i·mize [lidʒítəmàiz] [동][타] =legitimate.
⌐·mi·zá·tion [명]
leg·less [léglis] [형] **1** 다리가 없는. **2** 《英속어》 술 취한, 비틀거리는.
leg·man [légmæ̀n, -mən] [명] **1** (신문 등의) 취재[탐방] 기자; 정보 수집자. **2** 심부름꾼, 외판원, 외근자. **3** 《美속어》 여성의 각선미에만 흥미를 갖는 남자.
Leg·o [légou] [명] 《상표》 레고(덴마크 Lego 사제(社製)의 플라스틱 조립 블록 완구). 〔<Dan〕
leg-of-mut·ton [⌐əvmʌ́tn] [형] (소매·돛 따위가) 양(羊) 다리꼴의, 삼각형의. (또는 **lég-o'-mútton**)
le·gong [ləgɔ́ːŋ, -gɑŋ] [명] 레공(Bali 섬의 민속 무용).
leg-pull [⌐pùl] [명] 《구어》 희롱, 못된 장난, 농담으로 속이기[한 방 먹이기]. **~·er, ~·ing** [명]
leg-rest [⌐rèst] [명] (환자용) 발 얹는 대(臺).
leg·room [légrùːm] [명][U] (극장 좌석 따위에서) 다리를 뻗을 공간.
lég shòw [명] 《구어》 레그 쇼(무용수들이 다리를 드러내고 춤추는 쇼). (또는 **lég-shòw**)
le·guan [ləgwáːn] [명] 〔동물〕 큰 도마뱀, (특히) 이구아나(iguana). (또는 **leguáan**)
leg·ume [légjuːm, ligjúːm] [명] (식량·사료·비료가 되는) 콩과 식물, 콩류; 콩과 식물의 꼬투리; (요리로서의) 야채.
légume fàmily [명] 〔식물〕 콩과(科).
le·gu·men [ligjúːmən] [명] =legume.
le·gu·min [ligjúːmin] [명][U] 〔생화학〕 레구민(완두 따위의 씨에서 얻는 단백질).
le·gu·mi·nous [ligjúːmənəs] [형] 콩의, 꼬투리 (콩) 같은; 콩과의; 콩이 여는.
lég ùp [명] 《구어》 (a ~) **1** (승마에서) 발을 받치고 들어 올려 주기; 도움, 원조, 후원. **2** 우위, 우세, 유리; 한발 빠른 출발, 순조로운 시작.
be a leg up on 《구어》 …(하기)에 유리한 상태[입장]에 있다.
give** a person **a leg up 남을 도와 말 따위에 태우다; 남을 돕다; 남이 곤경을 벗어나게 하다.
have a leg up on …보다 선행하다, …에 관해서 (남보다) 스타트를 빨리 하다.
lég wàrmer [명] (~s) 레그 워머(종아리 위에 신는 털실로 짠 토시). (또는 **légwàrmer**)
leg·work [légwə̀ːrk] [명][U] **1** 발을 써서 하는 일, 육체 노동; (신문 기자 등의) 취재, 탐방; (범죄의) 상세한 조사; (계획의) 실제적 관리. **2** (체조 선수·무용수 등의) 다리의 움직임.
le·ha·yim [ləhɑ́ːjim] [명] 《감탄사적》 건배. (또는 **lechayim**) 〔<Heb〕
lehr [liər, lεər] [명] 유리 융해로(融解爐). (또는 **leer**)
le·hu·a [leihúːɑː] [명] 레후아(태평양 제도에서 나는 도금양과(科) 식물; 선홍색 꽃이 핀다); 그 꽃.
le·i[1] [léi, léiiː] [명] 레이(하와이의 꽃·잎으로 만든 화환).
lei[2] [lei] [명] leu의 복수형.
Leib·niz [láibnits] [명] **Gottfried Wilhelm von** ~ 라이프니츠(1646–1716; 독일의 철학자·수학자). (또는 **Leibnitz**) **~·i·an** [형][명] **Leib·níz·i·an·ism** [명]
Lei·ca [láikə] [명] 《상표》 라이카(독일제 카메라).
Leices·ter [léstər] [명] **1** 레스터(잉글랜드 중부의 도시; Leicestershire 주의 주도). **2** 레스터 종(種)의 양. **3** (또는 **⌐ chèese**) 레스터 치즈.
Léi Dày [명] 레이 데이(하와이의 May Day).

Léi·den·frost phenòmenon [láidənfrɔ̀:st-] 명 (the ~) 〔물리〕 라이덴프로스트 현상. **1** 고온 고체 표면상의 액체가 증기층을 생성하여 고체 표면에서 절연되는 현상. **2** 물질과 반(反)물질의 경계에서 나타난다는 1과 동일한 가설상의 현상. 「배우). **2** =Lee.

Leigh [li:] 명 리. **1 Vivien** ~ (1913-67: 영국의 여

Leip·zig [láipsig, -sik/-zig] 명 라이프치히(독일 동남부의 도시; 출판·음악의 중심지). (또는 **Leipsic**)

leis·ter [lí:stər] 명 (물고기를 찌르는) 작살. **—** 동타 〔물고기〕를 작살로 찌르다.

‡**lei·sure** [lí:ʒər, léʒ-, léiʒ-/léʒ-] 명U **1** 여가, 레저; (…을 위한/…할) 틈, 자유[여가] 시간(*for/to* do). ¶~ *for* reading; ~ *to* read 독서의 여가. **2** 한가(함), 안일. ¶enjoy a life of ~ 유유자적한 생활을 하다.

at leisure ① 한가하여. ② 천천히, 서두르지 않고.

at one's leisure 틈이 있을 때, 형편이 좋을 때.

have no leisure to** travel* [for** sport*] 여행[운동]할 여가가 없다. 「다리다.

wait** a person's **leisure 남의 여가가 생길 때까지 기

— 형 《한정용법》 **1** 한가한, 바쁘지 않은. ¶~ time [*or* hour] 여가. **2** 여가 시간이 많은, 유한(有閑)의. ¶the ~ classes 유한 계급. **3** 여가에 입는; 오락[여가]용의.

— 동 《드물게》 한가롭게 있다[하다].

-sur·a·ble, ~·less 형 **~·ness** 명

léisure cènter 명 《美》 레저 센터(도서관·스포츠 시설·강당 따위를 포함). 「낼 수 있는; 여가가 많은.

lei·sured [lí:ʒərd, léiʒ-/léʒ-] 형 한가한, 놀고 지

léisure ìndustry 명 레저 산업, 여가 산업.

***lei·sure·ly** [lí:ʒərli, léiʒ-/léʒ-] 형 **1** 서두르지 않는, 유유한. **2** (성미가) 느긋한, 여유 있는. **—** 부 느릿느릿, 서두르지 않고; 느긋하게, 유유히. **-li·ness** 명

léisure sùit 명 레저 슈트(레저용 의복).

lei·sure-time [-táim] 형 여가의.

léisure wèar 명 여가복. (또는 **léisurewèar**)

leit·mo·tif [láitmoutì:f] 명 **1** 〔음악〕 시도 동기(示導動機), 주악상(主樂想), 라이트모티프. **2** (어떤 행동에서 일관된) 주(主)목적; (소설 따위의) 주제, 중심 사상. (또는 **leitmotiv**) 〔<G leading motive〕

lek[1] [lek] 명 〔동물〕 발정기의 검은 뇌조 등이 모여 구애 행동을 하는 곳; 그 행동. **—** 동자 (**-kk-**) (새가) 구애 장소에 모이다.

lek[2] 명 렉(알바니아의 화폐 단위; ㉠ L).

lek·ker [lékər] 형 《남아공 구어》 즐거운, 좋은.

lek·var [lékvɑ:r] 명 《헝가리》 파이에 넣는 자두잼.

LEM *l*unar *e*xcursion *m*odule(달 착륙선).

lem·an [lémən, lí:m-] 명 《고어》 연인; 정부(情婦).

Le·man [lí:mən, lém-] 명 **Lake** ~ 레만 호(스위스 최대의 호수로서 the Lake of Geneva라고도 한다).

Le Mans [lə mɑ́:ŋ] 명 르망(프랑스 북서쪽의 도시; 자동차 레이스로 유명). 「방식의 하나).

Le Máns stàrt 명 르망식 스타트(자동차 경주 출발

lem·ma [lémə] 명 (복 **~s, ~·ta** [-tə]) **1** (수학·논리 따위의) 전제, 명제, 보제(補題). **2** (시·토론 따위의) 주제, 테마; (사전의) 표제어; 찬(讚)(그림에 써넣는 시나 글).

lem·me [lémi] 《속어》 let me의 단축형.

lem·ming [lémiŋ] 명 **1** 레밍, 나그네쥐(북극산(產)). **2** 군중 심리로 행동하는 사람. 〔<Norw〕

lem·o [lémou] 《美속어》 명 (복 **~s**) 레모네이드(lemonade); 레몬 엑스.

‡**lem·on**[1] [lémən] 명 (복 **~s** [-z]) **1** UC 레몬(열매), 레몬나무(또는 **∠ trèe**); U 레몬의 맛. **2** U 레몬빛, 담황색. (또는 **∠ yéllow**) **3** 《구어》 불완전한[불만스러운, 무가치한] 것[사람]; 결함 상품, (특히) 결함 차량. **4** 《구어》 매력 없는 여성; 《美속어》 피부색이 밝은 매력적인 흑인 여성; (~s) (작은) 가슴, 유방. **5** 《구어》 혹평, 통렬한 반박. **6** 《美속어》 순도가 낮은[위조한] 마약; 수류탄; 머리. **7** 《美속어》 공범자에게 불리한 증언을 하는 사람.

hand** a person **a lemon 남에게 불량품을 주다[받게 하다]; (거래에서) 남을 속이다.

squeeze the lemon 《美속어》 소변을 보다.

The answer's a lemon. (어리석은 질문에 대하여) 대답이 필요 없다, 형편없는 결과다.

— 형 레몬으로 만든[이 든]; 레몬 빛깔[향, 맛]이 나는.

~·ish, ~·lìke 형

lem·on[2] 명 〔어류〕 =~sole.

***lem·on·ade** [lèmənéid, ∠-∠/∠-∠] 명UC **1** 《美》 레모네이드, 레몬수(소다수에 레몬즙과 설탕을 탄 음료). **2** 《英》 =lemon soda; =lemon squash; =lemon-lime. **3** 《美속어》 순도가 낮은[위조한] 마약.

lémon cùrd [chèese] 명 레몬에 계란·버터·설탕을 섞고 가열하여 잼 모양으로 만든 것.

lémon dròp 명 레몬 드롭(캔디의 일종). 「수].

lémon kál·i [-kǽli] 명 《英》 레몬 칼리수(水)[탄산

lémon làw 명 《美구어》 결함 상품 보상법.

lem·on-lime [-làim] 명U 《美》 레몬 라임(무색 투명한 탄산 음료의 일종). (또는 **lémonlìme**)

lémon sòda 명 《美》 레몬 소다수.

lémon sóle 명 (태평양 북동부산(產)) 넙치.

lémon squásh 명 《英》 =lemonade 1.

lémon squèezer 명 레몬즙 짜는 기구.

lem·on·y [léməni] 형 **1** 레몬 맛[향]이 나는. **2** 《濠·뉴질 속어》 화가 난, 성난. ¶go ~ at a person 남에게 화를 내다. 「단위; ㉠ L); 렘피라 지폐.

lem·pi·ra [lempíərə] 명 렘피라(Honduras의 화폐

le·mur [lí:mər] 명 여우원숭이(Madagascar 섬산(產)의 야행성 원숭이). **~·like** 형

lem·u·res [lémjurì:z] 명복 (고대 로마인들이 믿고 있던) 야행(夜行)하는 혼령, 유령; 악령.

lem·u·roid [lémjurɔ̀id] 형 여우원숭이의, 여우원숭이 비슷한. (또는 **lemurine**) **—** 명 여우원숭이.

‡**lend** [lend] 동 (**~s** [-z]; ***lent***) 타 **1** 〔물건·돈 따위〕를 (…에게) 빌려주다, 대여하다 (*to*); 대출하다 (*at, on*) (반 borrow). ¶~ a book 책을 빌려주다 // (~+目+目) *L*– me a nickel. 5센트만 빌려주게 // (~+目+前+名) I can't ~ it *to* you. 그것은 빌려줄 수 없네. **2** 〔손·귀〕를 (…에게) 빌려주다; 〔취지·힘·원조〕를 (…에게) 주다, 더하다 (*to*). ¶(~+目+前+名) ~ one's aid *to* a person 남에게 조력하다/This fact ~*s* probability *to* the story. 이 사실은 그 이야기에 신빙성을 더해준다 // (~+目+目) Could you ~ me a hand with these parcels? 짐을 꾸리는[푸는] 것을 도와주시겠습니까? **3** 《재귀용법으로》 적합하게 하다, 적응시키다; (남이) …을 떠맡게 하다, (…에) 참가시키다 (*to*).

— 자 돈을 빌려주다, 융자하다.

lend a (helping) hand 돕다, 힘[손]을 빌려 주다.

lend an ear [*or* ***one's ear(s)***] ***to*** …에 귀를 기울이다, …을 귀담아 듣다.

lend itself to …구실을 하다, …에 적합하다; …되기 쉽다. 「다.

lend money at interests 이자를 받고 돈을 빌려주

lend oneself to …에 가담하다, 힘을 빌려주다; …에 도움이 되다, …에 적합하다; 감히 …하다.

lend out (돈을 받고) …을 빌려주다; …을 대출하다.

— 명 《구어》 (일시적인) 대여, 차용.

take a lend [*or* ***loan***] ***of*** 《英구어》 …을 속이다; …을 바보로 만들다.

∠·a·ble 형

lend·er [léndər] 명 빌려주는 사람; 대금업자.

lénder liabìlity 명 〔금융〕 대출기관 책임(금융 기관이 융자해준 기업 따위의 부실·과오에 대해 지는 책임).

lend·ing [léndiŋ] 명U **1** 빌려주기, 대여. **2** 대여물, 차용물, 부속물. **3** (~s) 빌려 입는 옷; 입체금.

lénding lìbrary 명 **1** 도서 대여점, 순회 도서관. **2** 《英》 (관외 대출을 하는) 공공 도서관; 그 대출부.

lénding ràte 명 대출 금리[이자율].

lend-lease [∠lí:s] 《美》 명U 대여; (동맹국에 대한)

무기 대여 (정책); (생각 따위의) 교환. ──동타 (무기
대여법에 의하여) (무기·물자)를 대여하다.
Lénd-Léase Áct 명 (the ~) (美)《제2차 세계 대
전 당시 미국의 연합국에 대한》무기 대여법.
le·nes [líːniːz, léi-] 명 lenis의 복수형.
‡**length** [leŋkθ, leŋθ] 명. 1 ① (폭에 대해) 길이; (가
로에 대해) 키, 세로로; (長·세로 따위의)
길이(⇔ breadth, thickness). ¶the ~ of a line 선의
길이 / 12 feet in ~ 길이 12피트. 2 Ⓤ (시간의) 길이,
기간. ¶the ~ of a day 하루의 길이. 3 일정한 길이
(…만큼의) 길이; 짚, 길게 뻗음. ¶a ~ of colonnade
긴 주랑(柱廊). 4 Ⓤ© (행동이나 의견 따위의) 범위, 정
도. 5 (경마의) 1 마신(馬身), (조정 경기의) 1 정신(挺身).
6 Ⓤ© (음성) 모음[음절]의 길이[양]; 모음의 질. 7 (크
리켓) 투구 거리(주문과 그곳에서 던진 공의 낙하점과
의 거리); (궁술) 사정(射程), ¶keep a good ~ 투구 거
리(사정)를 그르치지 않다. 8 〔카드놀이〕 (브리지에서) 4
매(이상)을 다 갖춘 패.
at arm's length ① 팔이 닿는 거리에. ② 가급적 멀
리하여. ¶keep a person *at arm's ~* 남을 경원하다.
③ (거래 따위에서) 당사자가 각기 독립하여.
(at) full length ① 네 활개를 쭉 뻗고, 큰 대자로. ②
기다랗게; 상세하게.
at great length 장황하게, 지루하게; 상세하게.
at length ① 충분히, 상세하게; 장황하게, 지루하게.
② (오랜 시간 끝에) 결국은, 마침내.
at some length 상당히 자세하게, 꽤 길게.
come to that length 거기까지, 그 정도까지.
find [or *get, have, know, take*] *the length of
a person's foot* ⇒ FOOT.
go the whole length 실컷 …하다[말하다].
go (to) all [or *any, great*] *length(s)* 어떤 일도
서슴지 않다, 철저히 하다, 모든 노력을 다하다.
go (to) the length of doing …까지도 하다, …할
지경에 이르다. ¶I will not *go the ~ of saying*
such things. 차마 그런 말까지 할 생각은 없다.
in length 길이는, 길이에 있어서.
in length of time 때가 지남에 따라서. 「멀리하다.
keep at arm's length (…를) 가까이 못 오게 하다,
measure one's (own) length (…에) 큰 대자로 넘
of some length 상당히 긴. 「어지다(*on*).
one's length of days 장수(長壽).
over the length and breadth of …의 전체에 걸
쳐, …의 사방팔방에, …을 남김없이. 「기다.
win by a length 1 마신(馬身)[정신(挺身)] 차이로 이
-length 연결 「…의[까지 이르는] 길이의」의 뜻.
¶floor-*length*.
‡**length·en** [léŋkθən, léŋθ-] 타 (~**s** [-z]) 타 …을
길게 하다, 늘이다, 연장하다(*out*); [술 따위를] 묽게 하
여 양을 늘리다(*out*). ¶have one's coat *~ed* 코트의
기장을 늘이게 하다.

유의어 **lengthen** 시간적 또는 공간적으로 길게 하다.
extend 당초의 계획이나 현재 시점에서 더욱 연장하
다. **elongate** =lengthen, extend; 주로 기술적 용
어. **prolong** 정상·예정·할당 시간 이상으로 길게 하
다. **protract** 시간적으로 부당하게 질질 끌다.

── 자 1 길어지다, 늘어나다. ¶The days have begun
to *~.* 해가 길어지기 시작했다. 2 늘어나서 …이 되다,
…으로 변해 가다(*out*)(*into*). ¶(~+前+名) Summer
~s into autumn. 여름은 가을로 옮아간다.
lengthen out 잡아 늘이다; 점점 길어지다.
The shadows lengthen. 어둠이 다가온다; 죽음이
~*·er* 명. 「다가온다, 점점 나이가 들어 간다.
léngth·man [léŋkθmən, léŋθ-] 명 (英) (일정 구
간의) 도로[선로] 보수[정비]원. 「*·wise*.
léngth·ways [léŋkθwèiz, léŋθ-] 부형 =length-
*****léngth·wise** [léŋkθwàiz, léŋθ-] 부 길게, 길이로,

세로로. ── 형 긴, 세로의.
*****léngth·y** [léŋkθi] 형 긴; (종종 경멸적) 《연설·문장
따위가》 장황한, 지루하게 긴.
léngth·i·ly 부 **léngth·i·ness** 명
le·ni·en·cy [líːniənsi] 명Ⓤ© 인자함, 관대함; 연민,
자비(로움); ⓒ 인자관대한 행위. (또는 **lenience**)
le·ni·ent [líːniənt] 형 1 《사람에게 / 일에》 인자한, 관
대한, 자비로운《*with, to, toward, on / about*》. ¶a
punishment 가벼운 벌 / *be ~ with* one's children
자녀에게 관대하다. 2 (고어) 완화하는. ~**·ly** 부
Le·nin [lénin] 명 **Nikolai ~** 레닌(1870-1924: 러
시아 혁명의 지도자; 옛 소련 수상(1918-24); 본명
Vladimir Ilyich Ulyanov).
Le·nin·grad [léniŋgræd, -grɑːd] 명 레닌그라드
(러시아 서북부의 항구 도시로, 옛 러시아 제국 수도;
Saint Petersburg의 소련 시대명).
Le·nin·ism [léninìzm] 명 레닌주의.
Le·nin·ist [lénist] 명 레닌주의자. ── 형 레닌의;
레닌주의의. (또는 **Le·nin·ite** [léninàit])
le·nis [líːnis, léi-] 〔음성〕 명 연음(軟音)의. 형 fortis
── 명 (® **-nes**) 연음, 약자음([b] [g] [j] [z] 따위).
len·i·tive [lénətiv] 형 《약 따위가》 완화하는, 완화
[진정]성의, 진통성의. ── 명 《의학》 진통제, 완화제; 완
하제(緩下劑); (슬픔 따위를) 진정시키는 것.
len·i·ty [lénəti] 명Ⓤ 인자함, 인정 많음, 자비로움,
관대함. ② Ⓒ 다정[관대]한 행위.
Len·non [lénən] 명 **John (Winston) ~** 레논
(1940-80: 영국의 가수·작곡가; the Beatles의 멤버).
le·no [líːnou] 명Ⓤ© (⑧ **~s**) 사직(紗織); 사직 천
(커튼용). (또는 **~ [gáuze] wèave**) ── 명 사직의.
‡**lens** [lenz] 명 (® **~es** [-iz]) 1 렌즈; 《카메라 따위
의》 결합 렌즈(compound ~). ¶a concave [convex]
~ 오목[볼록]렌즈 / *an object ~* 대물 렌즈. 2 〔해부〕
(안구의) 수정체. 3 《동물》 《겹눈을 이루는》 홀눈. 4 =
contact*~.* 5 (인식(판단)의) 눈, 안식(眼識). 6 〔물리〕
전자파(電磁波)[전자선·음파] 집속[발산] 장치.
léns hòod 《카메라의》 렌즈 후드.
léns·man [lénzmən] 명 《구어》 =photographer.
‡**lent** [lent] 동 lend의 과거·과거분사.
Lent [lent] 명 1 《교회》 사순절(四旬節), 수난절(Ash
Wednesday에서 Easter Eve까지의 일요일을 제외한
40일 간; 단식·참회 기간). 2 (~**s**) (英) (Cambridge
대학의) 춘계 보트 레이스.
-lent [lent] 접미 full of의 뜻. ¶pesti*lent*.
len·ta·men·te [lèntəménti] 《음악》 부 느리게,
렌타멘테로. ── 형 느린, 렌타멘테의. 〔< It〕
len·tan·do [lentɑːndou] 《음악》 형 차차 느린, 렌탄
도의. ── 부 차차 느리게, 렌탄도로. 〔< It〕
Lent·en [léntən] 형 《종종 l-》 1 사순절의. ¶the *l-
fast* 사순절 단식. 2 고기 없는; 빈약한, 검소한; 음침한.
Lénten fáce 《종종 l-》 음울한 표정. 「채색.
Lénten fáre 《종종 l-》 정진(精進) 요리, 야채 요리
len·tic [léntik] 형 정수(靜水)의; 정수에 서식하는,
정수성의. (또는 **lenitic**)
len·ti·cel [léntəsèl] 명 《식물》 피목(皮目), 껍질눈.
-cel·late [-sélət] 형
len·tic·u·lar [lentíkjulər] 형 1 렌즈의; (안구의)
수정체의. 2 양면 볼록의, 렌즈콩 모양의, 볼록 렌즈 모
양의. ~**·ly** 부   「즈.
len·ti·cule [léntikjùːl] 명 《사진》 미소(微小) 볼록 렌
len·ti·form [léntəfɔ̀ːrm] 형 =lenticular.
len·til [léntil, -təl] 명 《식물》 렌즈콩, 편두(扁豆).
len·tisk [léntisk] 명 유향수(乳香樹). (또는 **lentisc**)
Lént líly [róse] 명 1 (英) 나팔수선화(daffodil). 2
흰백합(Madonna lily).
len·to [léntou] 명 1 《음악》 렌토의, 느린. 2 《음성》
발음 속도가 느린. ── 부 《음악》 렌토로, 느리게. ── 명
(® ~**s**) 렌토로 연주한 악장[악구]. 〔< It〕

len·toid [léntɔid] 혱몡 양면 볼록 렌즈 모양의 (것).
Lént tèrm 몡 (英) (대학의) 봄 학기.
Le·o [líːou] 몡 **1** (천문) 사자자리(the Lion); (점성) 사자궁(황도(黃道) 12궁의 제 5궁). **2** (점성) 사자자리에 태어난 사람. **3** 레오(남자 이름). 〔Lenny〕.
Le·on [líːan/líːən] 몡 레온(남자 이름: 애칭 Len).
Leon·ard [lénərd] 몡 레너드(남자 이름).
Le·o·nar·do da Vin·ci [lìːənáːrdou də víntʃi, lèi-] 몡 레오나르도 다 빈치(1452-1519 : 이탈리아의 화가·조각가·건축가·과학자).
le·one [lióun/liúni] 몡몡 ~(s) 리온(시에라리온 (Sierra Leon)의 화폐 단위; 100센트).
Le·o·nid [líːənid] 몡 (몡 **Le·on·i·des** [liánədìːz]) (천문) 사자자리 유성군.
Le·on·i·das [liːánidəs/lióni̯dæs] 몡 레오니다스. **1** 스파르타(Sparta)의 왕(?-480 B.C.). **2** 남자 이름.
le·o·nine [líːənàin] 몡 **1** 사자의, **2** 사자 같은; 용맹스러운, 당당한. **3** (L-) 로마 교황 Leo의[가 만든].
— 몡 (L-) 레오 시체(詩體), 레오 시. (또는 ~ **verse**)
Le·ont·ief [lióntjəf, lji-] 몡 **Wassily W.** ~ 레온티에프(1906-99: 러시아 태생의 미국 경제학자: 노벨 경제학상(1973)).

*leop·ard [lépərd] 몡 **1** 표범(panther).¶*Can the ~ change his spots?* 표범이 그의 점들을 바꿀 수 있겠느냐, 사람의 성품은 평생 변치 않는다(=예레미야 (Jer.) 13 : 23). **2** (L-) 표범의 털가죽. **3** (문장) 걸어가는 모습을 옆에서 그린 사자. **4** (화폐) Edward 3세가 발행한 금화.
leop·ard·ess [lépərdis] 몡 암표범.
leop·ard·ine [lépərdìːn] 몡 토끼 모피를 표범 모피 비슷하게 가공한 것.
léop·ard-skin céase-fire [-skin-] 몡 (군사) 적군과 아군이 각각 점령 지점을 확보한 상태에서의 전투 중지, 얼룩 휴전.   「산재 점령 지역.
léopard spòt 몡 (군사) (정전[휴전] 시점에서의)
Le·o·pold [líːəpould/líə-] 몡 레오폴드(남자 이름).
Lé·o·pold·ville [líːəpouldvil/líə-] 몡 레오폴드빌 (콩고 민주 공화국의 수도 Kinshasa의 옛 이름).
le·o·tard [líːətàːrd/líə-] 몡 (종종 ~s) 레오타드(댄서·곡예사가 입는 몸에 꼭 끼는 옷); =**tights**. (<프랑스의 곡예사 Jules Leotard(1830-70)의 이름).
LEP [lep] 몡 (물리) 대형 전자(양전자 충돌형 가속기. (<*l*arge *e*lectron-*p*ositron collider)
Lep·cha [léptʃə] 몡 (몡 ~(s)) 렙차 사람(히말라야 산맥 시킴 지방에 사는 민족); (그) 말.
lep·er [lépər] 몡 **1** 문둥이, 나병 환자. **2** (경멸적) (사회·가정에서) 버림[따돌림]받은 사람(outcast).
léper cólony 몡 (외딴 섬 등의) 나환자 수용소.
léper hòuse 몡 나병원(leprosarium).
lep·i·do- [lépədou, -də] 연결 scale의 뜻(* 모음 앞에서는 lepid-). ¶*lepidolite*.
le·pid·o·lite [lipídəlàit, lépəd-] 몡몡 (광물) 비늘운모, 리티아 운모(lithia mica).
lep·i·dop·ter·an [lèpədáptərən/-dɔ́p-] (곤충) 몡 =lepidopterous. —몡 (~s, **-ter·a**) 인시류 (鱗翅類) 곤충(나비 따위). (또는 **lèpidópterid**)
lep·i·dop·ter·ol·o·gy [lèpədàptərálədʒi/-dɔ̀p-] 몡 인시학. **-dóp·ter·ist** **-o·lóg·i·cal**
lep·i·dop·ter·ous [lèpədáptərəs/-dɔ́p-] 몡 (곤충) (나비 따위) 인시류의. (=**lepidopteral**)
lep·o·rine [lépəràin, -rin] 몡 (동물) 토끼의, 토끼 같은.
lep·ra [léprə] 몡 (병리) =leprosy.
lep·re·chaun [léprəkɔ̀ːn, -kɑ̀n] 몡 (아일 전설) 작은 요정, 레프레콘(보물을 숨긴 곳을 알려준다고 한다). ~·**ish** 몡   [(~s) 나병원, 나병 요양소.
lep·ro·sar·i·um [lèprəsɛ́əriəm] 몡 (몡 **-i·a** [-iə],
lep·rose [léprous] 몡 =leprous.
lep·ro·sy [léprəsi] 몡몡 **1** (병리) 나병, 한센병 (Hansen's disease). **2** 부패, 타락; 도덕적 악영향.

Léprosy Effèct 몡 (美속어) 한센병 효과(잘못된 계획이 그것과 관련이 있는 모든 것을 망치게 하는 일).
lep·rous [léprəs] 몡 **1** (병리) 나병에 걸린; 나병의, 나병 같은. **2** lep·rót·ic [leprátik/-rɔ́t-] **2** (동·식물) 비늘[인분(鱗粉)]로 덮인. ~·**ly** ~·**ness**
-lep·sy [lépsi] 연결 fit, seizure의 뜻.¶*catalepsy* (전신 강직증(強直症)).
lep·tin [léptin] 몡 (병리) 렙틴(체내 지방 용해 물질).
lep·to- [léptou, -tə] 연결 fine, small, thin의 뜻(* 모음 앞에서는 lept-).¶*leptophyllous*(협엽(狹葉)의).
lep·ton[1] [léptan/-tɔn] 몡 (몡 **-ta** [-tə]) 렙톤(고대 그리스의 화폐 단위(drachma의 100분의 1; 고대 그리스의 경량).
lep·ton[2] (물리) 렙톤, 경입자(輕粒子)(전자·양전자·중성 미립자 따위). **lep·tón·ic** 몡
léptɔn nùmber 몡 (물리) 경입자 수(경입자 수에서 반(反)경입자 수를 뺀 수).
lep·to·spi·ra [lèptəspáiərə] 몡 (몡 **-rae** [-riː], ~**s**) (세균) 렙토스피라균. **-ral** 몡
lep·to·spire [léptəspàiər] 몡 렙토스피라균의 일반 명칭(leptospira의 영어형).   「렙토스피라병.
lep·to·spi·ro·sis [lèptouspaiəróusis] 몡 (병리)
Lep·us [lépəs/líːp-] 몡 (천문) 토끼자리.
Le·roy [lərɔ́i, líːrɔi] 몡 남자 이름. (또는 **LeRóy**)
les [lez] 몡 (속어) = lesbian.
LES launch escape system.
les·bi·an [lézbiən] 몡 **1** 여자 동성애자. **2** (L-) 레스보스(Lesbos)섬 사람. — 몡 **1** 여자 동성애의. **2** (L-) 레스보스섬의. **3** 육욕[애욕]의. (<그리스의 Lesbos섬에 살았던 여류 시인 Sappho가 동성애자였다는 전설)
les·bi·an·ism [lézbiənìzm] 몡 여성간의 동성애.
les·bine [lézbàin] 몡 (美속어) =lesbo.
les·bo [lézbou] 몡 (몡 ~**s**) (경멸적) 여성 동성애자. (또는 **lésbie, lèsbytérian**)
Lésch-Ný·han sỳndrome [léʃnáihən-] 몡 (의학) 레시나이헌 증후군, 퓨린(purine) 대사(代謝) 이상증 (효소 결핍으로 인한 남아의 유전성 질환; 정신 박약·무도병 따위를 수반). (<미국의 소아과 의사 Michael Lesch(1939-), William L. Nyhan(1929-)의 이름).
lése máj·esty [líːz-] 몡몡 **1** (법률) 불경죄, 대역죄 (high treason), **2** (습관·제도·신앙 따위에 대한) 공격, 모독. (또는 **lèze májesty**) (<F *lèse-majesté*)
le·sion [líːʒən] 몡몡 **1** 손해, 상해, 부상(injury, hurt), **2** (병리) (조직·기능의) 장애, 병소(病巢); 병변 (病變). **3** (상대방의 계약 불이행으로 생기는) 손해, 손실. — 몡 타 …에게 상해를 입히다, 장애를 일으키다.
Les·lie [lésli/léz-] 몡 레슬리. **1** 남자 이름. **2** (속어) 여자 동성 연애자(lesbian). (또는 **Lesley**)
Le·so·tho [ləsúːtuː, -sóutou] 몡 레소토(남부 아프리카의 왕국; 수도 Maseru).
*less [les] 몡 (little의 비교급) **1** (형용사·부사를 수식하여) 보다 적게, 더 적게, …만큼은 아니고.¶~ *exact* 그다지 정확하지 않은 / *He is* ~ *intelligent than his brother.* 그는 동생만큼 똑똑하지 않다. **2** (동사를 수식하여) (보다) 적게.¶*He was* ~ *scared than surprised.* 그는 겁을 먹기보다는 놀랐다.
any (the) less (의문문·부정문에서) 그만큼 적게.
even less =*much less*.
less and less (크기·정도가) 점점 더 적게.
less of (별로[보다]) …않다.¶*He was* ~ *of a fool than I had expected.* 그는 내가 생각했던 정도로 바보는 아니다.
less than ① (수사와 함께) …보다 적은. ② 오히려 …이 아니다, 결코 …않다.¶*I was* ~ *than interested in jazz.* 나는 재즈에는 전혀 흥미가 없었다.
little [or **barely, hardly, scarcely**] **less than** … 과 거의 같은 정도로.¶*It is little* ~ *than murder.* 그것은 살인과 다름없다.
more or less ⇒MORE.

much [or **still**] **less** (부정문 뒤에서) 하물며[더구나] …은 아니다.
no less ① (…보다) 적지 않은[않음], 그 정도의 (것). ② (부가적으로·종종 비꼬아) 참으로, 과연, 물경(…까지나). ③ =*none the less*.
no less than (수사와 함께) 꼭 …만큼, …만큼의, …도.¶He has *no ~ than* 100 dollars. 그는 100달러나 가지고 있다.
no less...than ① …에 못지 않게 한, …만큼이나 한.¶She is *no ~ beautiful than* her sister. 그녀는 언니 못지않게 아름답다. ② 다름 아닌 …이다. ¶He is *no ~* a person *than* the President. 그가 바로 다름아닌 대통령이다.
none [or **not**] **the less**; **no less** 그럼에도 불구하고.¶She has some faults, but I love her *none the less*. 그녀에게 결점도 있으나 그래도 사랑한다.
not...any the less (…하다고 해서) 조금도 …하지 않다.¶I don't dislike her *any the ~* for her faults. 그녀에게 결점이 있어도 조금도 싫지 않다.
nothing less than ① 적어도 …이상, 꼭 …만큼. 바로 …이다.¶It is *nothing ~ than* an invasion. 그것은 바로 침략 행위이다. ③ (드물게) 전혀 …않다.¶They expected *nothing ~ than* an attack. 그들은 공격이 있으리라고는 생각지 않았다.
not less than (수사와 함께) 적어도(at least).¶I pay *not ~ than* 5 dollars 적어도 5달러를 지불한다.
not less...than …보다 (나을 망정) 못하지 않게 …한.¶She is *not ~ beautiful than* her sister. 그는 동생에 못지 않는 미인이다.
something [or **somewhat**] **less than** 결코 …가 *the less* …, *the less*…. …하지 않을면 않을수록 ….
think less of …을 낮게[하찮게] 보다.
── 형 (little의 비교급) 1 (양·정도 따위가) 보다 적은, 더욱 적은; (크기가) 더욱 작은.¶~ speed 보다 낮은 속력 / drink ~ wine 주량을 줄이다 / L- noise, please. 좀더 조용히 해주시오 / L- people study French today than formerly. (구어) 지금은 프랑스어를 공부하는 사람이 전보다 적다(* 숫자의 경우 (구어)에서는 less가 쓰이기도 하나 fewer가 보통)/ *More haste, ~ speed*. (속담) 바쁠수록 천천히. 2 보다 작은.¶May your shadow never grow ~. 더욱 번창하시기를. 3 열등한, 그다지 중요하지 않은; 신분이 낮은.
── 명 U 보다 적은 수(양, 액수)(⇔ more); (the ~) 작은 편의 것, 보다 못한 사람.¶*in ~ than* a year 일년도 채 못 되어 / L- than twenty of them remain. 그들 중에서 20명도 남아 있지 않다 / L- of your nonsense. 허튼 소리 좀 작작해라.
in less than no time (익살) 곧, 당장.
Less of...! …을 그만두어라, 삼가해라, 조심해라.
no [or *not any*] *less than* …와 다름없는, …에 못지 않은.¶His invitation was *no ~ than* an order. 그의 초대는 명령이나 다름없었다.
── 전 …만큼 모자라는(lacking), …을 감한(minus), …을 빼고.¶a year ~ three days 3일 모자라는 1년.
-less [lis, ləs] 접미 1 명사에 붙여서 without의 뜻의 형용사를 만든다. childless, peerless 2 동사에 붙여서 fail to, unable to라는 뜻의 형용사를 만든다.¶resistless, countless
less-de·ve·loped [-dívéləpt] 형 저개발(국)의, 개발 도상의(* 현재는 developing을 주로 쓴다).
léss-devéloped cóuntry 형 개발[발전] 도상국, 개도국(開途國)(⇔ LDC).
les·see [lesíː] 형 임차인; 차지(借地)인, 세든 사람 (tenant). 형 lessor ~-**ship** 명
‡**less·en** [lésn] 형 (~s [-z]) 형 작아[적어]지다, 감소하다, 완화되다. ⇒DECREASE 유의어 ¶Light ~s as evening comes on. 저녁이 다가오면서 해가 저물어 간다. ── 타 1 …을 작게[적게] 하다, 감소시키다, 완화시키다.¶This circumstance ~s danger. 이런 상황에서는 위험이 덜해진다. 2 (고어) …을 헐뜯다, 깔보다.
Les·seps [lésəps] 명 **Ferdinand (Marie) de ~** 레셉스(1805-94: 프랑스의 기술자·외교관; Suez 운하를 건설(1859-69)).
*‡**less·er** [lésər] 형 (little의 비교급) (한정용법) 보다 작은[적은]; 보다 중요하지 않은(쪽의); (the ~) (명사적) 작은[적은] 쪽, 보다 덜한 쪽, 덜 중요한 쪽.¶~ nations 약소국 // *Of two evils choose the ~*. (속담) 두 재앙 중 가벼운 쪽을 골라라. ── 부 (비교어로) 보다 덜, 보다 적게.¶~ known 별로 유명하지 않은.
Lésser Antílles 명 (the ~) 소(小)앤틸리스 제도 (서인도 제도 동쪽의 군도). 「Minor).
Lésser Béar 명 (the ~) (천문) 작은곰자리(Ursa
Lésser Dóg 명 (the ~) (천문) 작은개자리(Canis Minor). ⇒PANDA.
lésser pánda 명 작은판다(고양이보다 약간 큰 판다의 일종).
less·ness [lésnis] 명 U 보다 적음; 열등, 하등.
‡**les·son** [lésn] 명 1 학과, 과업.¶She is not very bright at her ~s. 그녀의 학과 성적은 그다지 좋지 않다. 2 (교과서의) 과(課).¶L- Six 제6과. 3 (~s) …의 수업, 교수, 교습, 레슨(*in*).¶music ~s 음악 교습 / I have no ~(s) today. 오늘은 수업이 없다. 4 (…에게 있어서의 /…의 점에서의) 교훈, 경험 (*to* /*in*); 질책, 징계.¶Let it be a ~ *to* you. 이것을 교훈삼아 다시는 하지 마라. 5 (교회) 성서 일과(日課) (예배 때 읽는 성서의 일부).
give [or *teach*] *a lesson* [or *lessons*] *in* …을 가르치다.
learn one's lesson 경험으로 배우다.
take [or *have*] *lessons in* …을 배우다.
teach [or *read, give*] *a person a lesson* 남에게 교훈을 주다, 한수 가르치다; 남을 응징하다, 남에게 따끔한 맛을 보이다.
── 타 …을 훈련하다; …을 훈계하다, 타이르다.
les·sor [lésɔːr, -´] 명 땅주인, 집주인, 임대인.
less-than-car·load [-ðənkɑ́ːrlòud] 형 (화물 중량이) 최저 적재량에 차지 않아서 할인 운임 요율을 적용 못하는(약 L.C.L.)
‡**lest** [lest] 접 1 …하지 않도록; …하면 안 되니까.¶Be careful ~ you (should) fall from the tree. 나무에서 떨어지지 않도록 조심해라(* lest는 격식차린 표현이며, (구어)에서는 so that [or in order that]...not, so as not to..., for fear that..., in case... 따위가 많이 쓰인다. (美)에서는 lest 뒤의 should는 종종 생략된다). 2 (fear, be afraid, danger 따위와 함께 써서; 현재는 that가 보통) …하지나 않을까 (하고), …은 아닐까 (하고).¶I fear [or am afraid] ~ he (should) fall from the tree. 그가 나무에서 떨어지지나 않을까 걱정이다.
Les·ter [léstər] 명 레스터(남자 이름).
let¹ ⇒LET. 〈p. 1596〉
let² [let] 명 1 (테니스) 레트(서브한 공이 네트에 맞고 상대방 서비스 코트 안에 들어간 경우; 다시 서브할 수 있음). 2 (고어) 방해, 장애. 「없이.
without let or hindrance (법률) 아무런 장애도
── 타 (~(·*ted*); ~·*ting*) (고어) …을 방해하다, 훼
let. letter. 「방 놓다.
-let [lit] 접미 1 small의 뜻.¶booklet, streamlet. 2 「몸에 걸치는 것」의 뜻.¶armlet, wristlet.
l'é·tat, c'est moi [F leta SE mwa] 국가가 곧 나 (朕)이다, 짐이 곧 국가다(Louis 14세의 말). 〈<F〉
letch [letʃ] (속어) =lech.
let·down [létdàun] 명 1 감소, 감퇴, 쇠퇴, 이완; 허탈, 슬럼프.¶a ~ in sales 매상의 감소. 2 환멸, 실망. 3 (항공) 강하. (또는 lét-dòwn) ── 형 (한정용법) 낙심한, 맥빠진; (항공) 강하 중인.
LETF (美) *Launch Equipment Test Facility*(발사
le·thal [líːθəl] 형 죽음을 초래하는, 치사의, 치명적인; 파괴적인. ⇒FATAL 유의어 ── 명 치사 유전자중

「…하는 것을 허락하다」가 본뜻이다. 따라서 「let+목적어+원형부정사」 구문이 많다. 이 구문에서 let go, let fall, let fly 등과 같이 관용적으로 하나의 타동사적 의미 단위를 이루는 것은 가끔 「let+원형부정사+목적어」의 어순으로 쓰이기도 한다. let 의 또 하나의 중요한 뜻은 타 5의 「임대하다」이다.

‡**let** [let] 통 (**~; ~·ting**) 타 **1** …에게 …하게 하다, …시키다, …을 허락하다; [사물]을 무심코 …하게 하다 (통 2 a)). ⇨ALLOW 유의어 ¶(~+目+do) Don't ~ the fire go out. 불을 꺼뜨리지 마라/He ~ her go. 그는 그녀를 가게 했다/I'll ~ you know what was decided. 결정된 일을 알려드리지요/Will you ~ me have a holiday today? 오늘 하루 쉬도록 해주시겠습니까?//She ~ slip a curse. 그녀는 무심코 욕설을 내뱉었다.

〖USAGE〗¹ (1) let의 수동형은 현재에는 잘 사용되지 않으며 be allowed [permitted]로로 보통 쓴다. 수동형의 경우는 to- 부정사를 쓰기도 한다: I was never ~ (to) go. let의 수동형으로서는 let in, let into, let off, let loose 등 부사·전치사·형용사와 결부된 것이 많다. ⇨숙어. (2) 때로 원형부정사가 let 바로 뒤에 오는 경우도 있다: ~ fall a word 무심코 말해 버리다.

2 a) (제1인칭·제3인칭의 명령문: 명령·요구·가정을 나타냄) …하게 하라, …하라; …하여라; …하도록 하라(* let me 이외에는 에스러운 표현). ¶L- him wait. 그를 기다리게 해라/L- me go. 가게 해주세요; 놓아주세요/L- me be your guide. 제가 안내를 해드릴게요/L- me know what to do. 무엇을 해야 할지 가르쳐 주시오/L- it be done at once. 곧 그것을 하도록 해라/L- come what may. 될 대로 되라지/L- AB be equal to CD. AB는 CD와 같다고 가정하라/L- sleeping dogs lie. (속담) 잠자는 개를 깨우지 마라, 긁어 부스럼 만들지 마라. b) Let's. (구어) Let's: 권유·제안을 나타낸다) …하자 (* 이 용법에서는 Let us로 써도 [lets]로 발음하는 것이 보통). ¶Let's play baseball. 야구를 하자/Let's go to the movies, shall we?—Yes, ~'s. 영화 구경하러 가지 않겠어요?—예, 갑시다.

〖USAGE〗² (1) let의 부정에는 구어에서는 do를 쓰는 것이 통례: Don't ~'s [(美) Let's don't] open the window. 단, 미국에서는 do를 사용하지 않는다: L- us not go. 단, Let's not go.는 구어체에만 주의할 것. (2) 매우 구어적인 용법에서는, let's가 let me 대신 사용되기도 한다: Let's(=L- me) give you a hand.

3 [사람·사물]을 …(의 상태)로 되게 하다[해놓다]. ¶(~+目+前+名) She ~ me in her study. 그녀는 나를 서재로 안내했다//(~+目+副) They would not ~ the cars through. 그들은 자동차를 지나가지 못하도록 했다//(~+目+補) You shouldn't ~ your dog loose. 개를 풀어놓지 마시오.

4 [공기·액체 따위를 (…로부터) 빠지게 하다, 새게 하다(off, out)(from, out of). ¶~ a sigh 한숨을 쉬다/(~+目+副) ~ out a scream 비명을 지르다/~ off a joke 농담을 하다.

5 (美) [토지·건물]을 임대하다((美) rent)(off, out) ⇨HIRE 유의어 ¶(~+目+副) ~ a house to 셋집//(~+目+副) ~ out a car by the day 일일 계약으로 차를 임대하다.

6 [일]을 (…에게) 도급을 주다(out)(to). ¶(~+目+前+名) ~ work to a carpenter 목수에게 일을 도급시키다.

── 자 **1** 임대되다, 빌어쓸 사람이 있다. ¶(~+前+名) This room ~s for 100 dollars a month. 이 방세는 한 달에 100 달러다. **2** (비행기가 착륙을 위해) 고도를 낮추다.

let alone ⇨ALONE.
let a person down gently [or **easily, easy, softly**] (구어) 남을 자존심이 상하지 않도록 일깨우다.
let a person have it (구어) 남을 심하게 공격하다; 몹시 야단치다.
let a person in on (비밀 따위)를 남에게 누설하다[알려주다]; 남을 [계획 따위]에 끼워주다. ¶I'll ~ you in on a secret. 당신에게 비밀을 말해주겠소.
let…be …을 내버려두다, 상관하지 않다. ¶L- me be. 나 좀 가만 놔둬, 상관마/L- bygones be bygones. (속담) 과거는 잊어버려라.
let blood (수술에서) 피를 뽑다, 방혈(放血)하다.
let…by ① …을 [옆을] 통과시키다. ¶L- me by, please. 지나가도록 해주시오. ② 너그럽게 보아주다.
let down ① …을 내리다, 낮추다; (비행기 따위가) 하강하다. ¶~ down a shutter 덧문을 내리다. ② …을 실망시키다; 배반하다, 저버리다. ¶Your friends needed you, but you ~ them down. 친구들은 네가 필요했는데 너는 그들을 배반했다. ③ (재귀용법으로) …의 명예를 손상시키다, …의 위신을 떨어뜨리다. ④ 긴장을 풀다, 한숨 돌리다. ⑤ (머상 따위가) 감소[저하]하다. ⑥ (기구·타이어 따위)의 바람을 빼다; (사람이) 힘[기운]을 빼다. ⑦ (옷·머리 따위)를 길게 하다[풀다]. ⑧ (美口) 발을 빼다.
let drive at ⇨DRIVE.
let fall [or **drop**] ① …을 떨어뜨리다, 넘어뜨리다, 흘리다. ② (비밀 따위)를 무심코 누설하다. ③ (선)을 긋다, 내리긋다. ¶~ a perpendicular on a line 한 선에 수직선을 내려[내리]긋다.
let fly at ⇨FLY¹.
let go ① …을 해방하다, 석방하다. ¶~ a prisoner go free 죄수를 석방하다. ② (재귀용법으로) …에게 자제를 잃게 하다, 자제를 잃다; 버릇[외관 따위]에 신경을 안 쓰다. ③ …을 해고하다. ④ …을 너그럽게 봐주다, 눈감아주다; 생각[언급]하지 않게 되다. ⑤ (화살 따위)를 쏘다, 발사하다(at). ⑥ (건강 따위)를 무시하다. ⑦ (관 따위가) 터지다, 갈라지다. ⑧ 닻을 내리다.
let go of (쥐고 있던 것)을 놓다, …에서 손을 놓다. ¶~ go of the rope 밧줄을 놓다. 시작하다.
let go with (美口어) 말을 표명하다, 터뜨리다; 발하다.
let in ① …을 들어오게 하다, 통하게 하다. ⇨ 2. ¶~ oneself in 들어가다/~ in light and air 빛과 공기를 들이다. ② …을 동료로 넣다. ¶~ a team in 팀을 참가시키다. ③ …을 관련시키다, (곤란에) 빠뜨리다(for); 속이다. ¶~ a person in for trouble 남에게 폐를 끼치다. ④ …을 (벽 따위에) 끼워넣다. ⑤ …을 인하하다.
let…into ① …을 …에 들이다; …을 …에 끼워넣다. ¶~ a person into a game 남을 게임에 참가시키다. ② …에게 …을 알리다. ¶~ a person into the mysteries of a trade 남에게 장사의 비결을 전수하다.
let into …을 공격하다, 욕설하다; 때리다.
let it all hang out ⇨HANG.
Let it be so. 그렇다면 그렇겠지.
let it go at that 그대로 두다, (그 일에 관해서) 더 이상 말[논]하지 않기로 하다. ¶We are not all satisfied with it, but we'll ~ it go at that. 우리는 그 일에 전적으로 만족한 것은 아니나, 더 이상 언급은 않겠다.
let it lay (美속어) 놔두다, 잊다.
let it [or **her**] **rip** ⇨RIP¹. 「만들다.
let it walk (美속어) (식당에서) 가지고 갈 수 있도록

let loose ⇨LOOSE.
Let me have it!; Let's have it! (구어) 뭔데?. 말해 봐!¶I didn't want to tell you this.—What is it?¶*L- me have it!* 이걸 네게 말하고 싶지는 않았는데—뭔데? 말해 봐! 「뭐더라. ⇨USAGE² (2).
let me see; let's [or ***let us***] ***see*** 글쎄, 어디 보자.
let off ① …을 발설하다; (액체·기체 따위)를 새어나가게 하다. ⇨PD 3. ② …을 발사하다, 폭발시키다.¶~ *off* a gun 총을 쏘다. ③ …을 (가벼운 벌 따위로) 그치다, 용서하다, 방면하다(*with*).¶I was ~ *off with* a fine. 나는 벌금만 내고 풀려났다. ④ …에게 …을 면제해 주다.¶The teacher ~ the class *off* their homework. 선생은 학급 학생들에게 숙제를 면제해 주었다. ⑤ [승객]을 내리게 하다, 내려놓다. ⑥ (英) [건물 일부]를 나누어 임대하다. ⑦ 이길[득점할] 기회를 놓치다. ⑧ [비어] 방귀를 뀌다.
let on (구어) ① [비밀 따위]를 누설하다, 고자질하다(*about*, *that*節).¶She ~ *on* to the police *that* she had seen him there. 그녀는 거기에서 그를 보았다고 경찰에 알렸다. ② …인 체하다(*to do*, *that*節).¶He ~ *on that* he was sick. 그는 병이 난 체했다. ③ …을 [탈것에] 태우다.
let oneself go ① …에 열중[열광]하다(*on*); (신이 나서) 도를 지나치다. ② 옷차림에 무관심하다.
let oneself loose 거리낌없이 말하다, 자기 생각대로 └하다.
let one's hair down ⇨HAIR.
let out ① …을 밖으로 내보내다, 유출시키다. ② (英) …을 임대하다. ③ …을 (…에서) 자유롭게 해주다, 석방[석방]하다(*of*); 해고하다[되다]; (…의 책임을) 면제하다(*of*).¶~ a person *out of* jail 남을 교도소에서 석방하다 / ~ a person *out of* paying reparations 남에게 배상금 지불을 면제하다. ④ [의복]을 늘리다, 늦추다.¶The waist must be ~ *out*. 허리는 여유가 있어야 한다. ⑤ [비밀 따위]를 무심코 누설하다, 입 밖에 내다.¶~ *out* a secret 비밀을 누설하다. ⑥ [학교·집회·연극 등이] 끝나다, 파하다.¶The meeting has ~ *out*. 집회가 끝났다. ⑦ [모피]를 띠 모양으로 자르다. ⑧ [차]의 속도를 늘리다. ⑨ [일거리]를 하청 주다. ⑩ 호되게 때리다[비난하다], 욕지거리를 퍼붓다(*at*).¶~ *out at* a person 남을 심하게 때리다, 욕하며 대들다.
let pass 불문에 부치다.¶He was unkind, but ~ it *pass*. 그는 불친절했지만, 관대히 봐 주자.
let...past =*let by*.
let ride 그대로 놓아두다.
let rip ⇨RIP¹.
let slide 내버려두다; 게으름피우다.
let slip ⇨SLIP.
let's [or ***let us***] ***say*** 예를 들면(for example).
let through …을 통과시키다; [잘못]을 눈감아 주다, 간과하다.
let up (구어) ① 느슨해지다; 긴장을 풀다, 한숨 돌리다. ② [비·바 따위가] 약해지다, 멎다. ③ [투구의] 속도를 떨어뜨리다.
let up on (구어) …에 대한 엄한 태도를 완화하다.¶*L- up on* him. He probably meant no harm. 그에게 모질게 굴지 마라. 아마 악의가 있었던 것은 아닐거야.
let [or ***leave***] ***well*** (***enough***) ***alone*** ⇨ALONE.
To Let. (게시) 셋집[집] 있음(美) For Rent).
— 명 **1** (英) 빌려주기, 대부, 임대. **2** (구어) 세든[들] 사람.¶get a ~ for the rooms 방에 세들 사람을 구하다.

lethal ásh 죽음의 재, 방사능 낙진.
léthal chàmber [가축] 도살실; 가스 처형실, 사
léthal dóse (약의) 치사량(略 LD). 「형실.
léthal géne [fáctor] 명 [생물] 치사 유전자[인자].
le·thal·i·ty [li:θǽləti] 명 치사율, 치명성.
léthal mútant 명 [유전] 치사 돌연 변이체.
léthal mutátion 명 [유전] 치사 돌연 변이.
léthal théshold 명 치사 한계.
léthal wéapon 명 살인 무기; 흉기.
léthal yéllowing 명 [식물] 고사성 황화병.
le·thar·gic [ləθɑ́ːrdʒik/le-] 형 **1** 혼수 상태의; 졸음이 오는, 졸리는. **2** 둔감한, 활발치 못한, 감동이 없는, 무기력한. (또는 **lethargical**) -**gi·cal·ly** 부
leth·ar·gize [léθərdʒàiz] 타 …을 혼수 상태에 빠지게 하다; …을 무기력[무감각]하게 하다.
leth·ar·gy [léθərdʒi] 명[U] **1** 무기력, 활발치 못함, 무감각, 권태. **2** [병리] 혼수; 혼수[기면(嗜眠)] 상태.
Le·the [líːθi] 명 (the ~) [그리스 신화] 레테, 망각의 강(황천(Hades)에 있어 그 물을 마시면 과거를 잊는다); (l-) 망각. **Le·the·an** [liːθíːən] 형
lét-in nóte [²in-] 명 [인쇄] 합주(割註)(본문 속에 삽입하는 주석).
Le·to [líːtou] 명 [그리스 신화] 레토(Zeus의 애인; Apollo와 Artemis의 어머니. 로마 신화의 Latona).
let-off [⁴ɔ̀ːf/-ɔ̀f] 명 **1** (구어) 원기 왕성. **2** (벌을) 모면하기. **3** [크리켓] 상대방 실책으로 아웃이 되지 않는 일. **4** (紡績사의) 송출 장치. **5** (총의) 발사.
get let-off 용서 받다, 벌을 면하다.
let-out [⁴àut] 명 (모피가) 레트아웃(高價) 봉제법의 하나). — 명 (英구어) (곤란·의무 따위로부터) 빠져나갈 길[구멍], 탈출구; (美속어) 해고.
Let·ra·set [létrəsèt] 명 (상표) 레트라셋(인쇄 사식(植) 문자; 시트에 붙여 놓은 것을 떼어서 사용한다).
‡***let's*** [lets] let us의 단축형.
Lett [let] 명 레트 사람(Baltic해 동부 연안, Latvia에 사는 민족); [U] 레트 말, 라트비아 말(Lettish).
Lett. Lettish.
let·ta·ble [létəbl] 형 빌려줄 수 있는, 빌려주기에 알
‡***let·ter¹*** [létər] 명 (~**s** [-z]) **1** 편지, 서한, 친서, 서장(書狀).¶a business ~ 상업 서한/write a ~ to …에게 편지 쓰다/address a ~ 편지의 주소를 쓰다/answer a ~ 편지의 답장을 쓰다. **2** 근황 보고, …통신.¶a business news ~ 비즈니스 통신. **3** (~s) 공식 문서, 증서, 인가장, 면허장. **4 a)** 글자, 문자.¶the ~s of the alphabet 알파벳 26 문자/a capital [small] ~ 대[소]문자. **b)** 글씨체, 자체(字體); [집합적] 활자.¶a block ~ 블록[목판(木版)] 자체/a cursive ~ 필기체. **5** (the ~) (진술·성명 따위의) 자구(字句); [U] 문자 그대로의 뜻, 어의(語義).¶the ~ of the law 법률의 조문. **6** (~s) [단·복수 양용] 문학, 학문, 읽기와 쓰기의 초보; 학식; 문필[저술]업.¶a man of ~s 학자; 문인/a doctor of ~s 문학 박사/the profession of ~s 문필[저술]업/art and ~s 미술과 문예. **7** (운동 선수에게 수여하는) 학교 마크. **8** (속어) =French ~.
be slow at one's letters 학문 익히기가 더디다.
by letter 편지로, 서면으로. 「로[엄밀히] 실행하다.
keep to [or ***follow***] ***the letter of*** …을 글자 그대
in letter and in spirit 형식과 내용 모두, 명실공히.
not know one's letters 일자무식이다.
the republic [or ***commonwealth, world***] ***of letters*** 문단, 문학계.
to the letter 글자 그대로, 엄밀히, 정확히.¶His instructions were followed *to the* ~. 그의 지시는
win one's letter 학교 마크 선수가 되다. 「충실히 이행되었다.
— 동 **1** …에 글자를 넣다; …을 적어 붙다[인쇄하다](*out*).¶~ a poster 포스터에 글자를 넣다 // (~+목+囲+動+목) He ~*ed* his name on the blank. 그는 공란에 자기 이름을 적어 넣었다. **2** (책 등에) [표제 등]을 넣다. **3** …을 글자로 분류하다. — 자 글자를 넣다; (구어) (운동 경기 등에서 상으로) 학교 마크를 받다.
~·er 명 글자를 (적어) 넣는 사람. 「貸人).
let·ter² 명 (英) 빌려주는 사람, 대주(貸主), 임대인(貸
létter bàlance 명 편지를 다는 저울(요금 계산용).

létter bòmb 圈 (개봉하면 폭발하는) 편지 폭탄.
létter bòok 圈 서신 수발 대장(臺帳).
let-ter-bound [-bàund] 圈 자구[글자 뜻]에 얽매인.
létter bòx 圈 1 (英) =mailbox. 2 (TV) 시네마스코프 형식 영화를 원래 화면 그대로 방영하likelihood.
let-ter-card [-kà:rd] 圈 (英) 봉함 엽서.
létter càrrier 圈 (美) 우편물 집배원(mail carrier).
létter càse 圈 (휴대용) 편지 케이스. 「장치.
létter chùte 圈 (고층 건물 따위의) 우편물 활송(滑送)
létter dàter 圈 (소형의) 일부인(日附印).
létter dròp 圈 우편물 투입구.
let-tered [létərd] 圈 1 학문이 있는, 교육을 받은. 2 문학적 소양이 있는. 3 글자를 넣은[찍은].
lettered dial 圈 (전화기 등의) 문자 다이얼.
létter file 圈 편지[서류] 꽂이.
let-ter-form [létərfɔ̀:rm] 圈 1 활자의 디자인, 자체(字體), 서체. 2 편지지 한 장.
létter founder 圈 활자 주조공[업자].
let-ter-gram [létərgræm] 圈 서신(書信) 전보(보통 전보보다 늦으며 요금이 싼 전보).
let-ter-head [létərhèd] 圈 1 레터헤드(편지 윗 부분에 인쇄한 발신인 또는 회사의 주소·이름 따위). 2 레터헤드가 있는 편지지. (또는 letterheading)
let-ter-ing [létəriŋ] 圈⒰ 1 글자를 써넣기[찍기], 새기기; [도안] 문자 넣기; 레터링. 2 써넣은[인쇄한, 새겨 넣은] 글자; 명(銘)(inscription).
léttering pèn 圈 레터링 펜(글자 도안용 펜촉).
let-ter-less [létərlis] 圈 글자가 없는; 교육을 못받은, 무식한. 「자물쇠.
let-ter-lock [-làk/-lɔ̀k] 圈 글자를 맞춰서 열리게 된
let-ter-man [létərmæn, -mən] 圈 (英) (대학간 경기에서) 모교의 머리 글자 마크 착용이 허락된 운동 선수. 「토크쇼 사회자).
Létterman 圈 David ~ 레터맨(1947- : 미국의 TV
létter míssive 圈 (稜 **-s m-**) 1 (상급자가 발부하는) 명령[권고, 허가서. 2 (英) (국왕이 교회에 내리는) 감독 후보자 지명서. 3 (법률) 어음 발행 통지서.
létter of advíce 圈 [상업] 적하(積荷)[선적(船積)]
létter of attórney 圈 위임장(power of attorney).
létter of crédence 圈 (the ~) (외교) 신임장.
létter of crédit 圈 [상업] (은행이 발행하는) 신용장 (稜 l.c., L.C., l/c, L/C). 「(稜 LOI).
létter of inténtión 圈 [상업] 동의서, 가계약서, 의향서
létter of introdúction 圈 소개장.
létter of lícense 圈 [법률] 지급 기일 연기[채무 이행 유예] 계약(서).
létter of márque (and repríšal) 圈 (국가가 개인에게 주는) 타국 상선 나포(拿捕) 면허장.
létter of recommendátion 圈 추천장.
létter òpener 圈 (편지) 개봉용 칼.
létter pàd 圈 (한 장씩 떼어 쓰게 된) 편지지.
létter pàper 圈 편지지.
let-ter-per-fect [-pə́:rfikt] 圈 (학과·대사 따위를) 죄다 외고 있는; (문서·교정 등이) 완전한, 완벽한.
létter pòst 圈 (英) 제1종 우편(first-class mail).
let-ter-press [létərprès] 圈 1 ⒰ 철판(凸版) 인쇄 (물); ⒞ 철판 인쇄기. 2 =copying press. 3 ⒰ (英) (삽화와 구별하여) 본문. — 圈 철판 인쇄로. — 圈
létter pùnch 圈 문자 타인기(打印器). 「판 인쇄의.
let-ter-set [létərsèt] 圈 [인쇄] 레터셋 인쇄(법), 드라이 오프셋.
létter shèet 圈 봉함 엽서.
let-ter-size [-sàiz] 圈 (종이가) 편지지 크기의, 216×279mm 크기의. 「리 위임장.
létters of administrátion 圈稜 [법률] 유산 관
létters of búsiness 圈稜 (英) (국왕이 발행하는) 성공회의 소집장.
létters of crédence 圈稜 (대사·공사에 대한) 신

임장. (또는 **létters credéntial**)
létters of órders 圈稜 (가톨릭) 성직 취임장.
létters pátent 圈稜 (英) [법률] 특허장, 허가증, 개봉 칙허장(開封勅許狀). ⇒PATENT.
létters rógatory 圈稜 [법률] (다른 법원에 대한) 증인 조사 의뢰장; (외국 법원에 대한) 증거 조사 의뢰장.
létter stàmp 圈 편지의 소인(消印).
létters testaméntary 圈稜 [법률] 유언 집행장.
létter stòck 圈 비공개주(株), 비등록주. (稜 LT).
létter télegram 圈 서신 전보(암호를 사용한 전보);
let-ter-weight [létərwèit] 圈 1 서진(書鎭), 문진 (文鎭)(paperweight). 2 =letter balance.
let-ter-writ-er [-ràitər] 圈 1 편지를 쓰는 사람, 편지 대서인. 2 편지투[틀]; 모범 서간문집.
(또는 **létter writer**)
let-ter-zine [létərzi:n] 圈 회보(會報), 회지.
[<news**letter**+maga**zine**]
Let-tic [létik] 圈 레트 사람[말]의.
lét-ting [létiŋ] 圈⒰ 임대; (英) 셋집, 전세 아파트.
Let-tish [létiʃ] 圈 레트 사람[말]의. — 圈⒰ 레트 말, 라트비아 말(Latvian).
let-tre de ca-chet [F lɛtr də kaʃɛ] 圈 (稜 **-s d-c-**) (프랑스 국왕이 발행한) 구속 영장, 체포 영장. [<F
*let-tuce [létis, -təs] 圈⒰ 1 [식물] 상추, 양상추. ¶Like lips like ~. (속담) 초록(草綠)은 동색(同色). 2 (속어) 지폐, 현금(cash).
let-up [létʌp] 圈⒞⒰ 1 감소, 감속. 2 (구어) 휴지, 정지; 완화, 약화. ¶There was no ~ in the applause. 박수 갈채는 그칠 줄을 몰랐다.
without a letup 그칠 사이 없이, 계속하여.
le-u [léu] 圈 (稜 **lei**) 레우(루마니아의 화폐 단위. L: =100 bani). (또는 **ley**)
leu-c- [lu:k/ljuːk] 연결 ⇒LEUCO-.
leu-ce-mi-a [luːsíːmiə/ljuː-] 圈 =leukemia.
leu-cine [lúːsiːn/ljúː-] 圈⒰ [생화학] 류신(백색 결정성 아미노산). (또는 **leucin**)
leu-cite [lúːsait/ljúː-] 圈⒰ 백류석(白榴石).
leu-cit-ic [luːsítik] 圈
leu-co- [lúːkou, -kə/ljúː-] 연결 white의 뜻(* 모음 앞에서는 leuc-). ¶*leucocyte*.
léuco bàse 圈 [화학] 류코 염기(鹽基)(물감을 환원시켜 수용성으로 만든 화합물). 「cyte.
leu-co-cyte [lúːkəsàit/ljúː-] 圈 =leuko-
leu-co-ma [luːkóumə/ljuː-] 圈 [병리] 백반(白斑), 각막(角膜) 백반. (또는 **leukoma**)
leu-co-ma-ine [luːkəmèin/ljúː-] 圈 [생화학] 류코마인(동물 체내에 생기는 유독 질소 화합물).
leu-con [lúːkan/ljúːkɔn] 圈 [동물] 류콘형, 로이콘형(해면 동물의 한 형태). **-co-nòid** 圈 「rhea.
leu-cor-rhe-a [lùːkəríːə/ljùː-] 圈 (英) =leukor-
Leu-coth-e-a [luːkáθiə/ljuːkɔ́θ-] 圈 [그리스 신화] 류코시어(바다의 여신: 옛 이름 Ino). (또는 **Leukothea**)
leu-co-tome [lúːkətoum/ljúː-] 圈 [외과] 뇌엽(腦葉) 절제용 메스.
leu-cot-o-my [luːkátəmi/ljuːkɔ́t-] 圈⒰⒞ [외과] 전두엽(前頭葉) 절제(술), 뇌엽 절제(술)(lobotomy). (또는 **leukotomy**)
léu enképhalin [lúː-] 圈 [생화학] 루엔케팔린(뇌에서 생성되는 진통 작용 화학 물질). (또는 **léu-enképhalin**)
leu-k- [luːk/ljuːk] 연결 ⇒LEUCO-.
leu-ke-mi-a [luːkíːmiə/ljuː-] 圈⒰ [병리] 백혈병. (또는 **leucemia, leukaemia**) 「백혈병 환자.
leu-ke-mic [luːkíːmik/ljuː-] 圈 백혈병의. — 圈
leu-ko- [lúːkou, -kə/ljúː-] 연결 =leuco- (* 모음 앞에서는 leuk-).
leu-ko-cyte [lúːkəsàit/ljúː-] 圈 [해부] 백혈구. (또는 **leucocyte**) **-cyt-ic** [-sítik] 圈
leu-ko-cy-to-sis [lùːkousaitóusis/ljùː-] 圈 [병리]

백혈구 증가증(症). (또는 **leucocytosis**) **-tót·ic** [형]

leu·ko·pe·ni·a [lù:kəpí:niə/ljù:-] [명][U] 〔의학〕 백혈구 감소증. (또는 **leucopenia, leukocytopenia**) **-nic** [형]

leu·kor·rhe·a [lù:kərí:ə/ljù:-] [명][U] 〔병리〕 백대하(白帶下). (또는 **leucorrhea**) **-rhóe·al** [형]

leu·ko·tri·ene [lù:kətráii:n/ljù:-] [명] 〔생화학〕 류코트리엔(항원에 대한 면역 반응에서 백혈구가 생성해 내는 물질). 「위; ㊍ L., LV.); 레프 금화.

lev [lef] [명] ([복] **~·a** [lévə]) 레프(불가리아의 화폐 단

Lev. Levant; Leviticus.

lev·al·lor·phan [lèvəlɔ́:rfæn, -fən] [명] 〔약학〕 레발로판(모르핀 중독으로 인한 호흡 장애 치료용).

le·vam·i·sole [ləvǽməsòul] [명] 〔약학〕 레바미솔(구충제, 암 치료용).

le·vant [livǽnt] [동][자] 《英속어》 (빚 등을 갚지 않고) 도망하다(abscond). **~·er** [명]

Le·vant [livǽnt] [명] **1** (the ~) 〔역사〕 레반트(동부 지중해 연안의 여러 나라들. 특히 Syria, Lebanon, Israel). **2** (종종 l–) =~ morocco; =levanter.

le·vant·er [livǽntər] [명] **1** (지중해의) 강한 동풍(東風). **2** (L–) Levant 사람[배].

Le·van·tine [lévəntàin, -tì:n, livǽntin] [형] 레반트(Levant)의, 레반트와 무역을 하는. **—** [명] 레반트 사람[배]; (l–) 레반트산(產) 견직물.

Levánt morócco [명] (Levant산의) 질 좋은 모로코 가죽(제본용).

le·va·tor [livéitər] [명] ([복] ***lev·a·to·res*** [lèvətɔ́:ri:z], **~s**) **1** 〔해부〕 거근(擧筋). **2** 〔외과〕 두개골 함몰 부분 수술 기구.

lev·ee[1] [lévi] [명] **1** (하천의) 제방, 둑; 충적제(沖積堤). **2** 논두렁. **3** (하천의) 선착장, 부두(quay). **—** [동][타] …에 제방[둑, 두렁]을 쌓다.

lev·ee[2] [lévi, leví:] [명] **1** 《英》 (군주가 이른 오후에 남자에게 대해서만 하는) 알현식. **2** (대통령 등의) 접견, 리셉션. ¶a presidential ~ 대통령의 접견. **3** 〔역사〕 (군주·고관의) 기상(起床) 직후의 접견.

‡lev·el [lévəl] [형] (**~·er,** 《英》 **~·ler**; **~·est,** 《英》 **~·lest**) **1** 평평한, 평탄한, 높낮이가 없는. ¶a ~ field 평야 / a ~ cup of sugar 고봉을 깎아낸 설탕 한 컵.

> [유의어] **level** 어떤 물건의 표면이 어디에서 보나 지평선[수평선]과 평행을 이루고 있는 상태. **flat** 물건의 표면에 두드러진 만곡(彎曲)이나 기복이 없는 상태. **plane** (과학적 법칙에 비추어) 완전히 평평한[수평의]. **plain** 주로 땅표면이 평평한 상태임을 나타내는 데 사용. **even** 반드시 level이나 plane의 상태는 아니나, 표면에 울퉁불퉁한 데가 없는. **smooth** 울퉁불퉁한 데가 조금도 없이 표면이 완전히 판판한.

2 수평의, 기울지 않은. ¶make a ~ flight 수평 비행하다. **3** 같은 높이[수준]의; 동등한, 호각(互角)의 (*with*); 《복합어로》 (계급·신분·능력·학력이) …의 수준[급]인. ¶a ~ race 막상막하의 경주 // top-~ meeting 수뇌급 회담. **4** 〔음성·음악〕 고저[강약]의 차가 없는. ¶pronounce a word with ~ stress 말을 평조(平調)로 발음하다. **5** (소리·색·양 따위가) 고른, 균등한, 평등한. ¶a ~ temperature 한결같은 온도. **6** 분별있는, 냉정한, 공평한. ¶speak in ~ tones 차분한 투로 말하다. **7** 일정한, 변화없는. ¶give a ~ look 응시하다. **8** 《美속어》 솔직한, 정직한; 진짜의. 「을 다하다.

do one's level best 《구어》 (자기가) 할 수 있는 최선

get level with 《구어》 …에게 복수하다.

keep* [or *have*] *a level head (역경에 처해) 냉정함을 유지하다, 올바른 판단을 내릴 수 있다.

keep level and calm 침착 냉정하다.

— [명] ([복] **~s** [-z]) **1** (a ~) 수평; 수평선[면]; 평원, 평지, 수면(水面). ¶a dead ~ 아주 평평한 평면. **2** (수평면의) 높이; (어떤 높이의) 평면; (건물 따위의) 층; 고도, 표고(標高). ¶above sea ~ 해발(海拔) / at the ~ of one's eye 눈 높이로. **3** (a ~) (지적·도덕적인) 수준; (이룩한) 정도, 단계, 수준, 양. ¶Her violin playing is on the professional ~. 그녀의 바이올린 연주는 프로급[수준]이다. **4** [U] (사회적·권한상의) 지위, 수준; (특정 지위의) 한 무리의 사람들. ¶a conference at cabinet (minister's) ~ 각료급 회의. **5** 알코올 수준기(spirit ~). **6** 〔측량〕 수준의(儀); (수준의에 의한 두 지점 사이의) 고저 측량. **7** 〔광산〕 수평 갱도.

at the highest level 상층부[최고위층](사람)에게서[에 의해서].

find* [or *seek*] *one's* (*own*) *level 알맞은 곳[지위]에 자리잡다, 마땅한 지위를 얻다. 「이[수준]에서.

on a level with …와 같은 수평면상에, …와 같은 높

on the level 《속어》 진솔(眞率)한[하게], 정직한[하게]. ¶He is *on the* ~. 그는 정직한 사람이다.

out of level 기복이 있는, 평탄하지 않은.

sink to a person's* [*one's*] *level 남[자기]의 수준에 맞추어 행동이 천박해지다, 천박한 말투를 쓰다.

take a level (두 지점의) 고도차를 재다[측량하다].

— [동] (**~s** [-z]; **-l-,** 《英》 **-ll-**) [타] **1** …을 수평하게 하다, 평평하게 하다, 고르게 하다(*off, out*). ¶~ the ground 땅을 고르게 하다. **2** …을 (…과) 같은 높이로 하다. ¶(~+[目]+[副]) ~ a road *up* [*down*] before building 건축에 앞서 길을 높여[낮추어] 고르게 하다. **3** 넘어뜨리다, 무너뜨리다; 《구어》 〔사람〕을 때려 눕히다. ¶~ a building to the ground 빌딩을 무너뜨리다. **4** …을 평등하게 하다, 균등하게 하다, 〔색깔〕을 한 가지로 하다(*out, of*); …을 단음화(單音化)하다. ¶~ the various classes 계급의 차를 없애다. **5** 〔총 따위〕를 겨누다(*at*); 〔비난·공격 따위〕를 퍼붓다(*at, against*). ¶(~+[目]+[前]+[名]) ~ a gun *at* …에게 총을 겨누다[돌리다] / ~ a satire *at* …에게 비꼬는 말을 퍼붓다. **6** 〔측량〕 …을 수준[레벨] 측량하다.

— [자] **1** 평평해지다; 수평이 되다; 같은 높이가 되다, 평등화하다(*out, off*). **2** (…을 향해) 무기를 (수평으로) 겨누다, 조준하다(*at*). **3** 〔측량〕 수준 측량을 하다, 고저를 측량하다. **4** 〔항공〕 (착륙 전에) 수평 비행을 하다(*off*). **5** 《美속어》 **a)** 참말을 말하다, 있는 그대로 말하다, 터놓고 말하다(*with*). ¶I'm going to ~ *with* you. 터놓고 얘기하겠다. **b)** 공평하게 취급하다(*with*). ¶~ *with* the kid 아이들을 공평하게 다루다.

***level down* [*up*]** 표준을 낮추다[올리다], 똑같이 낮추다[올리다].

***level off* [or *out*]** ① 〔항공〕 (착륙 직전에) 수평 비행을 하다. ② (물가 따위가) 안정되다. ③ 평준화하다, 안정시키다.

level with a person 남에게 정직[솔직]하게 말하다.

— [부] 《폐어》 수평으로, 똑바로, 같은 높이로; 평등하게.

draw level with …와 대등해지다; …을 따라잡다.

~·ly [부] 평등하게, 한결같이. **~·ness** [명]

lével cróssing [명] 《英》 =grade crossing.

lev·el·er, 《英》 **-el·ler** [lévələr] [명] **1** 평등하게 하는 사람. **2** 판판하게 고르는 물건[기구, 기계]. **3** 《英》 《경멸적》 평등주의자, 계급 타파 운동가. **4** 수준 측량자.

lev·el·head·ed [lévəlhédid] [형] 상식이 있는, 온건한, 분별있는; 빈틈없는. **~·ly** [부] **~·ness** [명]

lev·el·ing, 《英》 **-el·ling** [lévəliŋ] [명][U] **1** 평평하게 하기, 고르기, 땅고르기. **2** 수준 측정. **3** 수평[계급 타파] 운동. **4** 〔언어〕 (어형 변화의) 단순화.

léveling ròd [stàff] [명] 〔측량〕 준척(準尺), 표척(標尺), 함척(函尺).

lev·el-off [-ɔ́:f] [명] 〔항공〕 (순항 고도에 이르러) 수평 비행으로 옮기는 조작. 「중하다, 동점이 되다.

lev·el-peg [-pég] [동][자] (**-gg-**) 《英구어》 실력이 백

lev·el-peg·ging [-pégiŋ] 《英구어》 [명] (라이벌 간의) 균형, 동점. **—** [형] 균형을 이루고 있는, 백중지세의.

lével pláying gròund [명] 평평한 운동장; 《비유

적) 동일한 경쟁 조건. (또는 **level playing field**)

lev·er [lévər/líːv-] 圄 **1** 지레, 지렛대, 공간(槓杆) 바, 쇠지레(crowbar); (기계를 조작하는) 레버, (자동차의) 변속 레버, (열차의) 절기판. ¶ **a control ~**; **a ~ brake** 지레 브레이크. **2** (목적 달성·감화 따위의) 수단, 힘. **3** 〔경제〕 차입 자본에 의한 투자.

with a lever 지렛대로.
—囲터 …을 (지레로) 움직이다, 들어올리다; …을 해임하다(along, away, out, up, over). —困 지레를 사용하다(대다)(along, up); 〔경제〕 차입 자본으로 투자하다.

lev·er·age [lévəridʒ/líːv-] 圄圄 **1** 지레의 작용; 지레 장치. **2** 지레의 힘; 〔기계〕 지레 비(比). **3** (목적 달성을 위한) 수단, 힘, 영향력; (지레 따위) 조치; (입장의) 유리함. **4** 〔경제〕 지렛대식 투자, 차입 자본 이용(차입금을 이용한 기업 매수 따위 소액 착수금 투자로 고수익을 노리는 것). —囲 〔美〕 차입 자본으로 투기하다 〔하게 하다〕, 강화(추진)하다, …에 영향력을 미치다. ←LBO.

lév·er·aged búyout [lévəridʒd-] 圄 〔경제〕 차입 자본을 이용한 기업 매수(약칭 LBO).

lev·er·et [lévərit] 圄 새끼 토끼, 1년생 토끼.

léver scáles 圄⑭ 대저울(steelyard).

Le·vi [líːvai, léi-] 圄 〔성서〕 레위. **1** 야곱(Jacob)과 레아(Leah)의 셋째 아들; 레위 사람(Levite).

lev·i·a·ble [léviəbl] 圄 (세금을 거둘 수 있는, 부과할 수 있는; (물건이) 과세 대상이 되는.

le·vi·a·than [liváiəθən] 圄 **1** (L—) 〔성서〕 리바이어던(거대한 바다 동물; 사탄의 상징. ←욥기(Job) 41). **2** (일반적으로) 거대한 바다 동물, (특히) 고래. **3** 거대한 것; 거선(巨船). **4** (L—) 전체주의 국가; 전제 군주.
—圄 거대한, 당치도 않은.

lev·i·gate [lévəgèit] 囲터 **1** …을 매끄럽게 하다; …을 고운 가루로 만들다; 〔가루〕를 풀 모양으로 하다. **2** 〔화학〕 …을 〔겔(gel) 같은〕 동질 혼합물로 하다. —圄 〔식물〕 (표면이) 매끄러운. **-gá·tion, -gà·tor** 圄

lev·in [lévin] 圄 〔古〕 전광(電光), 번갯불.

lev·i·rate [lévərət, -rèit/líːvirit] 圄圄 〔성서〕 레비레이트혼(婚)(남편이 죽고 그 처에게 아이가 없을 때 그처를 남편의 형제 또는 근친자가 아내로 삼아야 한다는 옛 유대의 관습. ←신명기(Deut.) 25 : 5–10).

Le·vi's [líːvaiz] 圄 (商標) 리바이스(美 Levi Strauss사제의 청바지 등 의류). ¶ **~ blue jeans**

Lé·vi-Strauss [lévistráus, léi-, -strɔːs] 圄 **Claude ~** 레비 스트로스(1908–91 : 프랑스의 사회 인류학자; 구조주의의 대표적 논객). **~·ian** 圄

Levit. 〔성서〕 Leviticus.

lev·i·tate [lévətèit] 囲困 (강신술(降神術) · 심령술 따위에서) 공중으로 뜨다[뜨게 하다]; 〔병리〕 (열상(熱傷) 환자를) (압축 공기를 보내어) 뜨게 하다. **-tà·tor** 圄

lev·i·ta·tion [lèvətéiʃən] 圄 공중 부양(浮揚)[상승]; (염력에 의한) 부양 현상. **~·al**, **·tà·tive** 圄

Le·vite [líːvait] 圄 〔성서〕 레위족(族) 사람; 레위의 자손(제사장 일을 돕는 선조에서의 봉사 임무를 맡은).

Le·vit·i·cal [livítikəl] 圄 레위 사람의; 〔성서〕 레위기(記)의. (또는 **Levitic**) **~·ly** 圕

Le·vit·i·cus [livítikəs] 圄 〔성서〕 레위기(記)(구약 성서 중의 제 3서; 약 Lev., Levit.).

lev·i·ty [lévəti] 圄圄 경망(輕妄); 경솔; 변덕; 〔경 솔한 행동〕 〔고〕 가벼움(lightness).

le·vo- [líːvou, -və] 〔연결〕 left(왼쪽으로, 좌선(左旋) 의) 뜻(* 모음 앞에서는 lev-). ¶ **levorotation**(좌선). **levoglucose**(좌선성 포도당). (또는 **laevo-**)

le·vo·do·pa [lìːvədóupə] 圄 〔약학〕 =L-dopa.

le·vo·ro·ta·to·ry [lìːvəróutətɔ̀ːri/-rṓuttəri] 圄 〔광학〕 좌선성(左旋性)의, 좌선광(左旋光)의. (또는 **laevorotatory, levorotary**)

lev·u·lose [lévjulòus] 圄 〔화학〕 과당(fructose).

*****lev·y** [lévi] 圄ⓒ **1** (…에 대한) 세금[기부금, 벌금 따위] 부과, 징수, 강제 징수(on); 징수액, 부과금. ¶ **a**

capital **~** 자본 과세 / **a ~ in kind** 현물 징세 // **heavy levies on** the people 국민에 대한 중세(重稅). **2** 징집, 모병; 징집 인원; 소집 군대. **3** 〔법률〕 차압, 압류.
—囲터 **1** 〔세금 따위〕를 (…에게) 부과[부과]하다(on, upon); …을 거두다, 강탈하다. ¶ **~ a large fine** 많은 벌금을 물리다 // **(~+** 囲+前+ 图 **) ~ taxes on a person** 남에게 세금을 부과하다. **2** 〔병사〕를 소집[모집]하다. **3** (…에 대해) 〔전쟁 따위〕를 걸다, 시작하다(on, upon, against). ¶ **(~+** 囲+前+ 图 **) ~ war on France** 프랑스와 전쟁하다. **4** 〔법률〕 …을 차압[압류]하다. —囲 과세[징세]하다; (금전을) 징수하다, 압수하다.

lév·i·er 圄 과세자, 징세자.

lévy en másse 圄 국민군 소집, (병역에의) 총동원. (또는 **lévy in máss, levée en másse**) 〈F〉

*****lewd** [luːd] 圄 음탕한, 음란한; 방탕한; 비열한, 용렬한; (물건이) 하찮은. **~·ly** 圕 **~·ness** 圄

lew·is [lúːis] 圄 돌 등을 들어올리는 쇠로 만든 쐐기.

Lew·is [lúːis] 圄 루이스. **1 Carl ~** (1961– : 미국의 (단거리) 육상 선수). **2 C(live) S(taples) ~** (1898–1963: 영국의 작가·영문학자). **3 (Harry) Sinclair ~** (1885–1951: 미국의 소설가; Nobel 문학상(1930)). **4 (William) Arthur ~** (1915–91: 영국의 경제학자; 노벨 경제학상(1979)). **5** =**~ gun.**

Léwis gùn 圄 루이스식 경기관총. (또는 **Lewis machine gun, Lewis automatic (rifle)**) 〈미국의 군인·발명가 I.N. Lewis(1858–1931)의〉〔독가스〕.

lew·is·ite [lúːisàit] 圄圄 루이사이트(미란성(糜爛性)

lex [leks] 圄 (**le·ges** [líːdʒiːz]) 법, 법률. 〈L〉

lex. lexical; lexicon.

lex·eme [léksiːm] 圄 〔언어〕 어휘소(素), 어휘 항목.

lex·i·cal [léksikəl] 圄 어휘의; 사전(편집)의, 사전적. **-cál·i·ty** 圄 **~·ize** 囲터 **~·ly** 圕

léxical méaning 圄 사전적[어휘적] 의미(문법이나 어형의 변화와는 관계없이 낱말 그 자체가 지니고 있는 의미). ←**cography.**

lexicog. lexicographer; lexicographical; lexi-

lex·i·cog·ra·pher [lèksəkágrəfər/-kɔ́g-] 圄 사전 편찬자; 사서학자. (또는 **lexicographist**)

lex·i·co·graph·ic [lèksəkougrǽfik] 圄 사전 편찬(상)의. (또는 **lexicographical**) **-i·cal·ly** 圕

lex·i·cog·ra·phy [lèksəkágrəfi/-kɔ́g-] 圄 사전 편찬(법); 사전 집필; 사전학.

lex·i·col·o·gy [lèksəkálədʒi/-kɔ́l-] 圄圄 어휘론(어휘의 어형·어의 및 그 역사를 다루는 학문). **-co·lóg·ic, -co·lóg·i·cal -gist** 圄 어휘[어의]학자.

lex·i·con [léksəkàn/-kən] 圄 (**-ca** [-kə], **~s**) 사전; (그리스어·라틴어·히브리어 등의) 고전어 사전. **2** (특정 언어·분야의) 어휘, 용어집. **3** 〔언어〕 어휘 목록. **4** 목록; 대요, 대의(大要).

lex·i·co·sta·tis·tics [lèksəkoustətístiks] 圄⑭ (단수취급) 〔언어〕 어휘 통계학. **-tic, -ti·cal** 圄

lex·i·gram [léksəgræ̀m/-græ̀m] 圄 단어 문자(단 하나의 말(뜻)을 나타내는 도형·기호).

lex·ig·ra·phy [leksígrəfi] 圄 (한자(漢字)와 같은) 일자 일의법(一字一語法).

Lex·ing·ton [léksiŋtən] 圄 렉싱턴(미국 Massachusetts 주의 소도시; 독립 전쟁 최초 전투지).

lex·is [léksis] 圄 (**léx·es** [léksiːz]) 어휘; 사전.

léx non scríp·ta [-nɑn skríptə/-nɔn-] 圄 〔법률〕 불문율(不文律), 불문법, 관습법. 〈L〉

léx scríp·ta [-skríptə] 圄 〔법률〕 성문법. 〈L〉

léx ta·li·ó·nis [-tæ̀lióunis] 圄圄 동태(同態) 복수법(범행한 죄와 같은 피해를 벌로 주는 형벌)(talion). 〈L law of retaliation〉

ley[1] [lei] = lea[1].

ley[2] [lei] = leu.

ley[3] [lei, liː] 圄 선사 시대의 유적 등을 잇는 상상의 선. (또는 **~ líne**)

Ley·den [láidn] 圄 ⇒LEIDEN.

léy·den blúe [láidn-] 명 (L-) = cobalt blue.
Léyden jàr 명 [전기] 라이든병(瓶)(축전기의 일종).
léy fàrming 명 곡초식(穀草式) 윤작 농법(곡물과 초를 번갈아 재배함).
lez [lez] 명 (목 ~·es [-iz]) (속어) (경멸·모욕적) = lesbian. (또는 **lezz, lézzie, lezzy**)
lez·bo [lézbou] 명 (목 ~s) (美속어) =lesbian.
léze májesty [líːz-] 명 [법률] =lese majesty.
LF *ledger folio*; *lousy fuck*; *low frequency*. **lf.** (야구) *left field(er)*; (인쇄) *light face*. **LFC, lfc** (야구) *low-frequency current*. **LG, L.G., LG.** Life Guards; Low German. **l.g.** (미식축구) *left guard*. **L.G.B.** Local Government Board. **lg(e)** large. **LGK, LGK., L.GK.** Late Greek. **LGM** *little green man*(녹색의 난쟁이)(SF에서 지적(知的)인 우주인). **LGP** =LPG. **lgth.** length. **LH** [생화학] *luteinizing hormone*(황체 형성 호르몬). **l.h., LH** (음악) *left hand*(왼손 사용). **L.H.A.** *local hour angle*(지방 시각); (英역사) *Lord High Admiral*.
Lha·sa [láːsə, lǽsə] 명 라사(중국 Tibet 자치구의 수도; 라마교의 성도(聖都)). (또는 **Lasa, Lassa**)
Lhása áp·so [-ǽpsou] 명 라사 압소(애완용 개의 일종). (또는 **Lhása térrier**)
l.h.b. (축구) *left halfback*. **L.H.C.** (英) *Lord High Chancellor*. **l.h.d.** *left-hand drive*. **L.H.D** (라틴) *Litterarum Humaniorum Doctor*(=Doctor of Humanities)(인문학 박사).
L-head èngine [élhèd-] 명 L형 (내연) 기관.
LHRH [생리] *luteinizing hormone releasing hormone* [*factor*](황체 형성 호르몬 방출 호르몬(인자)). (또는 **LHRF**)
li [li] 명 (~) 리(里)(중국의 거리 단위; 약 0.5km).
Li 图 (화학) lithium. **L.I.** (英) *light infantry*; (美) *Long Island*.
***li·a·bil·i·ty** [làiəbíləti] 명 1 U (…의/…할) 책임(이 있음), 책무, 의무(*for*/*to* do). ¶*limited*[*unlimited*] ~ 유한[무한] 책임// ~ *to pay taxes* 납세의 의무// ~ *for damages* 손해 배상의 책임. (또는 **liableness**) (-ties) 부채, 채무, 빚. ¶*assets* and *liabilities* 자산과 부채/*meet one's liabilities* 부채를 갚다. 3 (…에/… 에게) 불이익, 불리(한 것)(*in*/*to*). ¶It will be a ~ *in* getting a job. 그것은 취직할 때에 불리할 것이다. 4 U (…하기 쉬움, (…의) 경향[버릇]; (…에) 걸리기[빠지기] 쉬움(*to*). ¶~ *to error*[*disease*] 잘못하기[병에 걸리기] 쉬움.
liability insùrance 명 (손해 보상) 책임 보험.
liability lìmit 명 (보험) 책임 한도.
liability without fáult 명 무과실 책임.
***li·a·ble** [láiəbl] 형 (*more* ~; *most* ~) (서술용법) 1 (…에 대해/…할) 책임을 져야 함, 의무가 있는 (*for*/*to* do). ¶*be* ~ *to pay debts* 빚을 갚을 의무가 있다// *be* ~ *for damage* 손해 배상의 책임이 있다. 2 (…을) 받아야 할, (…에) 처해져야[복종해야] 할; (…을) 면할 수 없는(*to*). ¶*be* ~ *to a fine* 벌금형에 처해지다 /*be* ~ *to the law* 법의 적용을 받다. 3 (美) …할 것 같은(likely). ¶*It is* ~ *to rain.* 비가 올 것 같다. 4 …하기 쉬운; (병 따위에) 걸리기 쉬운(*to*). ¶*be* ~ *to catch cold* 감기에 걸리기 쉽다/ *Glass is* ~ *to break.* 유리는 깨지기 쉽다. ~·**ness** 명

> 유의어 **liable** 좋지[바람직하지] 못한 상태에 빠지기 쉬운. **apt** 날 때부터 또는 습관상 어떤 상태가 되기 쉬운 경향이 있는. **prone** apt보다 의미가 강하고, 격식을 차리는 말. **subject** 어떤 일을 겪거나 또는 당해야만 할 사정에 있는. **susceptible** 성격적·체질적으로 어떤 바람직하지 못한 일을 이겨내지 못하는.

li·aise [liːéiz] 图(구) (…와) 연락을 하다(*with*); 연락 장교 노릇을 하다. [<liaison]

***li·ai·son** [líːeizɔ̀ːŋ, lìːəzán/lìéizɔn] 명 1 U C (군사) (부대 사이의) 연락, 통신, 접촉; (일반적으로) 연락. ¶*a* ~ *conference* 연락 회의. 2 간통, 밀통, 불륜. 3 (요리) 진하게 하는 재료(소스·수프 따위를 진하게 하는 밀가루·버터·계란 노른자위 따위). 4 (음성) 연음(連音), 리에종(특히 프랑스어에서 어미의 묵자음(默子音)과 다음 말의 두모음(頭母音)을 이어서 발음하는 일). <F>
— 图(h) 접촉하다, 관계하다.
líaison òfficer 명 (군사) 연락 장교.
li·a·na [liáːnə, -ǽnə] 명 (열대산) 덩굴 식물. (또는 **liane**) -**noid** 형 [도(獨島)에) 영어명].
Li·án·court Rócks [lìánkɔ̀ːrt-] 명 (한국의) 독도.
Liao·dong [ljàudɔ́ːŋ] 명 1 랴오둥(遼東)(중국 랴오닝 성의 반도). 2 랴오둥 만(the Gulf of ~). (또는 **Liaotung**)
Liao·ning [ljàuníŋ] 명 랴오닝(遼寧)(중국 동북부의 성(省)).
***li·ar** [láiər] 명 (~s [-z]) (특히 상습적인) 거짓말쟁이. ¶*a poor*[*good*] ~ 거짓말이 서툰[능란한] 사람/ *Show me a* ~, *and I will show you a thief.* (속담) 거짓말은 도둑질의 시작.
liar('s) díce 명 포커 다이스(poker dice)의 일종(상대에게 주사위를 보이지 않고 던짐).
Li·as [láiəs] 명 1 U (黑)쥐라통(統). 2 (l-) U (영국 서남부산(産)) 청색 석회암, 리아스.
Li·as·sic [laiǽsik] 형 (지질) 흑쥐라통의.
lib [lib] 명 (구어) 1 (여성으로의 권리 신장 운동(의), 해방 운동(의) 2 =libber. [<liberation]
lib. (라틴) *liber*(=book); liberation; liberty; librarian; library; libretto. **Lib.** Liberal; Liberia.
li·ba·tion [laibéiʃən] 명 1 헌주(獻酒)(제사 때 술 따위를 땅 위나 제물에 따름); 제주(祭酒). 2 (익살) 술 (잔치); 음주. ~·**al, ~·àr·y** 형
lib·ber [líbər] 명 (구어) (사회적·인종적 차별 따위에 반대하는) 해방 운동 지지자[참가자], 여성 해방 운동
lib·bie [líbi] 명 (美구어) =libber. [기.
Lib·by [líbi] 명 리비(여자 이름; Elizabeth의 애칭).
lib. cat. *library catalogue*(장서 목록).
lib·con [líbkən/-kɔn] 명 (美구어) 진보적 보수주의자. [<*lib*eral+*con*servative]
***li·bel** [láibəl] 명 1 U (법률) (문서에 의한) 명예 훼손, 비방(ⓒ slander); ⓒ 비방(중상) 문서. ¶*spread* ~*s against a person* 남에 대한 비방 문서를 뿌리다. 2 (구어) 중상, 비방, (…을) 모욕하는 것, (…에게) 욕되게 하는 것. ¶*This picture is a* ~ *on* [or *upon*] *her.* 이 사진은 그녀에게 모욕이 된다. 3 (민사(해사·종교) 재판에서 원고의) 정식 신청서.
bring an action of libel against …에 대하여 명예 훼손으로 고소하다.
—图印 (-*l-*, (英) -*ll-*) 1 (법률) …에 대한 비방 문서를 공개하다. 2 (구어) …을 중상[모욕]하다. 3 (해사(종교) 재판에서) …을 정식 문서로 제소하다. 4 (사진 따위가) …을 충분히 표현하지 않다.
li·bel·ant, (英) -bel·lant [láibələnt] 명 [법률] 명예 훼손자, 중상하는 사람; (종교 재판소 따위에서의) 고소인, 원고.
li·bel·ee, (英) -bel·lee [làibəlíː] 명 (법률) 명예 훼손 소송에서의 피고. (중상가. (또는 **libelist**)
li·bel·er, (英) -bel·ler [láibələr] 명 명예 훼손자.
li·bel·ous, (英) -bel·lous [láibələs] 형 중상[비방]하는, 명예 훼손의; 중상하기 좋아하는. ~·**ly** 图
líbel sùit 명 명예 훼손 소송.
líbel trìal 명 명예 훼손 재판.
li·ber[1] [láibər] 명 (식물) 체관부(phloem).
li·ber[2] 명 (목 *li·bri* [láibrài, -bri], ~s) 책, (특히 부 동산 증서·출생 증명서 등의) 공문서 철.
***lib·er·al** [líbərəl] 형 (*more* ~; *most* ~) 1 자유주의의; 진보적인, 개혁적인; 민주주의의; 대의 정치의, (L-) 자유당의. 2 엄격[엄정]하지 않은; 자의(字義)에 구

liberal arts

애되지 않는, 자유로운. ¶ ~ translation 의역, 자유역. **3** (사람에게 / 사물에) 공정한, 편견이 없는; 관대한 (to / in). ¶be ~ to one's enemy 적에 대하여 관대하다 / be ~ in opinion 의견이 공정하다. **4** 후한, 아끼지 않는, 인색하지 않은 (of, with, in). ¶a sponsor ~ of his money 돈을 아끼지 않는 후원자 / be ~ of[or with] one's money 돈을 아끼지 않다. **5** 많은, 풍부한; 풍만한, 큰. ¶a ~ donation 거액의 기부금. **6** 교양을 넓혀 만든, 일반 교양의. **7** 절제 없는, 방종한. ─ 图 ((美) ~s [-z]) **1** (정치·종교상의) 자유주의자; 진보[개혁]주의자. **2** (L-) 자유당원, 자유당 지지자. ~**ness** 图

***líberal árts** 图图 (the ~) **1** (대학의) 교양 과정[과목](어학·예술·역사·철학·문학 등). **2** (중세의) 학예(문법·논리학·수사학·산술·기하·음악·천문학). **3** 인문(人文) 과학. ¶a college of ~ 인문 과학 대학.

líberal démocracy 图 자유 민주주의.
líberal démocrat 图 **1** 자유 민주주의자. **2** (L-D-) 자유 민주당 당원; (the L- D-s) 자유 민주당.
Líberal Democrátic Pàrty 图 (the ~) (일본·영국 등의) 자유 민주당.
líberal educátion 图 (the ~) (대학의) 일반 교양 교육(인격·교양 교육이 중심). ─────────────── 图등학교.
líberal féminism 图 자유주의·개량주의적 남녀 평등주의.

***lib·er·al·ism** [líbərəlìzm] 图 U **1** 자유주의, 진보[개혁]주의. **2** (때로 L-) 자유주의의 정책[강령]. **3** 관대함, 대범함. **4** (현대 신교의) 자유주의 운동.

lib·er·al·ist [líbərəlist] 图 자유주의자(liberal). ─ 图 자유주의의. **-ís·tic** 图 자유주의의.

lib·er·al·i·ty [lìbəræləti] 图 **1** U 인색하지 않음, 마음이 후함. **2** U 관대, 마음이 넓음; 공명 무사. **3** (-ties) (드물게) 선사, 선물. **4** = liberalism.

lib·er·al·ize [líbərəlàiz] 图 **1** ⋯을 자유(주의)화하다. **2** (규칙·규제 따위)를 완화하다. **3** (마음)을 관대하게 하다. ─ 邓 자유로워지다, 관대해지다, 완화되다. **-i·zá·tion, -iz·er** 图

lib·er·al·ly [líbərəli] 图 **1** 자유롭게; 후하게; 관대하게; 편견 없이; 풍부하게; 개방적으로; (구어) 대강, 대체로, 대충을 말하여.

lib·er·al-mind·ed [-máindid] 图 마음이 넓은, 관대한.

Líberal Párty 图 (the ~) (호주·캐나다의) 자유당.
líberal stúdies 图 (단수취급) (英) (이공계 학생을 위한) 일반 교양 과정.

***lib·er·ate** [líbərèit] 图图 **1** ⋯을 자유롭게 하다, 해방하다; ⋯을 석방[방면]하다(from). ⇒ FREE 유의어 ¶ ~ a slave 노예를 해방하다 // (~ +目+前+名) ~ a person from bondage 남을 석방하다 / ~ a person from anxiety 남의 걱정을 덜어주다. **2** (화학) ⋯을 유리시키다; (물리) (힘)을 작용시키다(from). **3** (속어) ⋯을 훔치다, 약탈하다. **4** (美軍속어) (점령지의 여성과) 성교하다. -**a·tive, -a·tò·ry** [-ətɔ̀ːri] 图

lib·er·at·ed [líbərèitid] 图 (사회적 인습·성적(性的) 편견 따위에서) 해방된. ¶a ~ woman 해방된 여성.

lib·er·a·tion [lìbəréiʃən] 图 U **1** 해방; 석방, 방면. **2** (경제·사회적 권리의) 해방 운동, 평등화. **3** (속어) 도둑질, 약탈. **4** (화학) 유리(遊離).

lib·er·a·tion·ism [lìbəréiʃənìzm] 图 U (英) 국교(國敎) 폐지론, 해방주의.

lib·er·a·tion·ist [lìbəréiʃənist] 图 图 (여성) 해방 운동가(의); (英) 국교 폐지론자(의).

liberátion theólògian 图 해방 신학자.
liberátion theólogy 图 (종교) 해방 신학 (운동).
lib·er·a·tor [líbərèitər] 图 해방자, 석방하는 사람.
Li·be·ri·a [laibíəriə] 图 라이베리아(아프리카 서부의 공화국; 수도 Monrovia).
~**-an** 图图 라이베리아의(사람).

Li·ber·man·ism [líbərmənìzm] 图 리베르만 방식(사회주의에 이윤 추구 개념을 도입한 옛 소련 경제학자 Yevsei Liberman(1897-1983)의 이론).

li·be·ro [liːbèirou] 图 (축구) 스위퍼(sweeper). [<It]

lib·er·tar·i·an [lìbərtɛ́əriən] 图 **1** 자유 의지론자; (개인의 자유 극대화를 주장하는) 자유론자. 图 necessitarian **2** (L-) 자유 당원. ─ 图 자유(의지)론의.

lib·er·tar·i·an·ism [lìbərtɛ́əriənìzm] 图 자유의 지론; 자유론. **-ist** 图

lib·er·ti·cide [libə́ːrtəsàid] 图 자유 파괴; 자유 파괴자. ─ 图 자유를 파괴하는. **-cíd·al** 图

lib·er·tin·age [líbərti(ː)nədʒ] 图 = libertinism.
lib·er·tine [líbərti(ː)n] 图 **1** 난봉꾼, 방탕한 사람. **2** (종교상의) 자유 사상가. ─ 图 **1** 방탕한. **2** (종교상의) 자유 사상의. **3** (고어) 제약[억제] 없는.

lib·er·tin·ism [líbərti(ː)nìzm] 图 U **1** 방탕, 난봉; (종교상·성도덕상의) 자유 사상. **2** (고어) 자유.

***lib·er·ty** [líbərti] 图 (樂 -ties [-z]) **1** U 자유. ⇒ FREEDOM 유의어 ¶religious ~ 종교의 자유 / defend one's ~ 자유를 지키다. **2** U 해방, 석방. ¶ grant ~ to a prisoner 죄수를 석방하다. **3** (종종 -ties) 방종, 방자 [무례](한 언동). **4** (the ~) (출입·사용의) 자유; (⋯의) 권리, 허가. ¶You have the ~ of the room. 너는 그 방을 마음대로 써도 좋다 // I have the ~ of doing so. = I have the ~ to do so. 나는 그렇게 하도록 허가를 받았다. **5** (종종 -ties) 특권, 특전. **6** U (해사) (단기의) 상륙 허가. ¶ (속어) 휴일; 단기 휴가. **7** (英고어) 특별 행정 지구. **8** (-ties) 특별 허가 구역(죄수에게 허가된 출입 구역). **9** (주화 따위의) 자유의 여신상.

at liberty ① 자유로이, 해방되어. ¶set a prisoner ~ 죄수를 석방하다. ② 제멋대로 ⋯해도 되는(to do). ¶You are at ~ to take it. 마음대로 가져도 좋다. ③ (사람이) 한가하여. ¶He was at ~ then. 그때 그는 한가했다. ④ (물건이) 사용되고 있지 않는.

be guilty of liberties [or a liberty] 버릇없이[방자하게, 무례하게] 행동하다.

take liberties [or a liberty] with ① ⋯을 허물없이 대하다, ⋯에게 버릇없이 굴다. ② ⋯을 제멋대로 사용하다[바꾸다].

take the liberty of doing [or to do] ① 무례하게도[실례를 무릅쓰고] ⋯하다. ② 마음대로 ⋯하다.

What a liberty! (구어) 참 제멋대로군! (무례한 행동을 하는 사람에게 쓰는 말.)

Líberty Béll (the ~) 자유의 종(미국 Philadelphia에 있는 독립 선언 때 쓰인 종). ─ 图 우는 보트.

líberty bòat 图 (해사) 상륙 허가를 받은 선원을 태운 보트.
líberty bònd 图 자유 공채(미국이 제1차 세계 대전중에 모집한 전시 공채).
líberty càp 图 자유의 모자(고대 로마에서 노예를 해방할 때 준 삼각의 두건; 자유의 상징).
líberty dày 图 상륙(허가)일.
líberty hàll 图 (the L- H-) 제멋대로 행동해도 좋은 곳; (손님이) 제멋대로 행동할 수 있는 집.
líberty hòrse 图 (서커스에서) 기수가 타지 않은 말.
Líberty Ísland 图 리버티 섬(미국 New York 만 입구에 있는 작은 섬; 자유의 여신상이 있다).
lib·er·ty·man [líbərtimæ̀n] 图 (英) 상륙 허가를 받은 선원.
líberty of cónscience 图 신교(信敎)[양심]의 자유.
líberty of spéech 图 언론의 자유.
líberty of the préss 图 출판의 자유.
Líberty shíp 图 리버티선(船)(미국이 제2차 세계 대전중에 대량으로 건조한 중형 수송선).

li·bid·i·nal [libídinl] 图 (정신분석) 리비도(libido) 의; 성적 충동의. ~**·ly** 图

li·bid·i·nize [libídənaiz] 图图 성적 만족의 원인으로 간주하다, 리비도화(化)하다.

li·bid·i·nous [libídənəs] 图 **1** 육욕[호색]적인, 음란한. **2** (정신분석) 리비도의. ~**·ly** 图 ~**·ness** 图

li·bi·do [libíːdou, -bái-] 图 U (정신분석) 리비도

(인간의 모든 행동의 숨은 동기가 되는 본능적 활동력과 욕망). **2** 본능, 욕망; 성욕, 성적 충동.
Lib-Lab [líblæb] 형 (英) 노조 운동을 지지했던 자유당원(의); 노동당·자유당(제휴)(의). ~**·ber·y** 명
LIBOR [líbər, lái-] 명 (금융) 리보, 런던 은행간 거래 금리(국제 금융 거래의 기준 금리).
   [<London Interbank Offered Rate]
li·bra [láibrə, lí:-] 명 (종 -brae [-bri:, -brai]) **1** 고대 로마의 중량 단위(5,053 grains). **2** 중량 파운드 (얍 lb.). **3** (英) 통화 파운드(얍 £). **4** 페루의 옛 금화.
Li·bra [lí:brə, lái-] 명 **1** (천문) 천칭자리(the Balance). **2** 천칭궁(天秤宮)(황도(黃道) 12궁의 제 7궁).
— 형 [점성] 천칭자리 태생의.
*****li·brar·i·an** [laibrέəriən] 명 도서관원, 사서(司書).
~**·ship** 명U 사서의 지위(직); (英) 도서관학.
‡**li·brar·y** [láibrèri, -brəri/-brəri] 명 (종 **-brar·ies** [-z]) **1** 도서관(실). ¶a circulating [or traveling] ~ 이동 도서관. **2** 장서, 문고; 서재(書齋), 서고. ¶build up a ~ 장서를 늘리다. **3** 지식의 보고(寶庫), 정보원. ¶a walking ~ 박식가. **4** 총서, 문고, 전집. **5** 도서 대여점(lending ~). **6** (필름·레코드 따위의) 수집, 소장; (컴퓨터) 라이브러리, 표준 프로그램의 수집. **7** (신문사 따위의) 자료실; (생물) 생물 자료실. **8** (英) (극장의) 입장권 취급소. **9** (美구어) 화장실, (옥외) 변소.
líbrary bínding 명 도서관(보강) 제본.
líbrary cárd 명 (도서) 대출 카드. (또는 **bórrower's càrd**) 「집판.
líbrary edítion 명 도서관용 특제판(한 저자의) 전
Líbrary of Cóngress 명 (the ~) (美) 국회 도서 관(Washington D.C. 소재; 1800년 창립).
Líbrary of Cóngress classificátion 명 (美) 국회 도서관 분류법(법).
líbrary páste 명 도서관용 풀(접착력이 강하고 희다).
líbrary ráte 명 (美) 도서관 요금(서적을 도서관이나 교육 기관에 보낼 때 적용되는 특별 우편 요금).
líbrary schóol 명 도서관 학교, 사서 양성소.
líbrary science 명 도서관학.
líbrary shót 명 (방송) 자료 영상(映像).
li·brate [láibreit] 자(美) **1** (저울처럼 좌우로) 흔들리 다, 진동하다. **2** 균형을 이루다, 평행하다.
li·bra·tion [laibréiʃən] 명 진동, 평균동(平均動); 균형, 밸런스; (천문) (달의) 칭동(秤動). ~**·al** 형
librátion póint 명 (천문) 칭동점(秤動點).
li·bra·to·ry [láibrətɔ̀:ri, -təri] 형 (물리) 진동하 는; (천칭처럼) 평형을 이루는.
li·bret·tist [librétist] 명 가극 대본 작가.
li·bret·to [librétou] 명 (종 ~**s, -ti** [-ti]) 리브레 토, 가극 가사, 가극 대본. [<It] 「수도.
Li·bre·ville [F libRəvil] 명 리브르빌(가봉 공화국의
li·bri [líbrài, -ri] 명 liber의 복수형.
*****Lib·ri·um** [líbriəm] 명 (상표) 리브리엄(안정제).
Lib·y·a [líbiə] 명 **1** 리비아(아프리카 북부의 공화국; 수도 Tripoli). **2** 고대 리비아(이집트 서쪽의 아프리카 북부).
Lib·y·an [líbiən] 형 리비아(인)의. —명 **1** 리비아 사람. **2** (고대 리비아의) 베르베르어(語)(Berber).
Líbyan Désert 명 (the ~) 리비아 사막(리비아·이 집트·수단을 걸치는 Nile 강 서쪽의 대사막). (또는 **Líbian Désert**) 「conflict(저수준 분쟁).
LIC *linear integrated circuit; low intensity*
lice [lais] 명 louse의 복수형.
li·ce·i·ty [laisí:əti] 명 합법, 적법.
‡**li·cence** [láisəns] 명 (英) =license. 「수 있는.
‡**li·cens·a·ble** [láisənsəbl] 형 허가(면허, 인가)할
‡**li·cense** [láisəns] 명 (종 **-cens·es** [-iz]) **1** CU 면허, 인허, 관허; 특허; 승낙. ¶grant a ~ to a person 남에게 면허를 내주다 // a ~ to sell liquor 주류 판매 허가 / a ~ to fish 어획 면허. **2** 면허증, 허가

증, 인가증, 감찰; (英) (대학의) 수료 증서. ¶a driver's ~ 운전 면허증/issue a ~ 면허증을 발급하다. **3** U (언동의) 자유; 방자, 방종, 무법. ⇒FREEDOM 유의어
¶sexual ~ 성적 방종. **4** UC (창작상의) 파격(破格) (함 poetic ~). 「가 생기다, 돈이 막 벌리다.
be a license to print money (美속어) 돈 벌 거리
get [or obtain] a license to ... 면허[허가]를 얻다.
on license (英) 가석방되어.
under license 면허(감찰)를 받고서.
— 타 (**-cens·es** [-iz]; ~**d** [-t]; **-cens·ing**) **1** ... 에 면허[인가, 허가, 특허]를 주다, 허용하다. ¶(~ + 목+to do) The office ~d me to sell tobacco. 관청 에서 담배 판매를 허가해 주었다. **2** ...의 출판(흥행)을 허가하다.
lí·cens·a·ble, ~·less 형 「허가하는다.
li·censed [láisənst] 형 **1** 공적으로 인가된, 감찰[면 허]을 받은. ¶a ~ house 주류 판매 면허점 / a ~ prostitution 공창(公娼). **2** 세상이 인정하는, 천하가 다 아는. ¶a ~ libertine 천하가 다 아는 난봉꾼.
lícensed práctical núrse 명 (美) 공인 간호사, 간호 보조사(얍 LPN). 「(지역).
lícensed prémises 명복 (英) 주류 판매 면허점
lícensed víctualler 명 (英) (the ~) 주류 판매 면 허를 가진 요식[숙박] 업소주(主).
lícensed vocátional núrse 명 (美) (California, Texas 주에서) 공인 간호사(얍 LVN).
li·cen·see [làisənsí:] 명 면허 소유자; 독점 판매권 [출판권 등] 소유자; 주류(연초) 판매 면허 소유자. (또는 **licencee**)
lícense nùmber 명 (자동차) 번호판의 번호.
lícense pláte 명 (자동차의) 번호판(英) numberplate); 인가 번호판, 감찰. (또는 **lícence pláte**)
li·cens·er [láisənsər] 명 허가[인가]하는 사람; 검 열관. (또는 **licensor**) 「는.
li·cens·ing [láisənsiŋ] 형 (英) 주류 판매를 허용하
lícensing hóurs 명복 (英) 주류 판매 허용 시간.
Lícensing Láws 명복 (the ~) (英) 사업 허가제 법. **1** 주류 판매의 시간과 장소를 규제하는 법. **2** 출판물 의 검열을 관장하는 법.
li·cen·ti·ate [laisénʃiət, -ʃièit] 명 **1** (대학·전문 단 체 등이 인가하는) 면허장 소지자, 개업 유자격자. **2** (유 럽 대학의) 석사(碩士). **3** (장로교의) 미취임 유자격 목사.
~**·ship, -á·tion** 명
li·cen·tious [laisénʃəs] 형 **1** 부도덕한, (특히) 방탕 한, 성적(性的)으로 음탕한(lewd). **2** 무법의; 파격의, 규칙을 무시한. ~**·ly** 부 ~**·ness** 명
li·cet [láiset/L líkɛt] 형 (그것은) 허가되어 있다(합법적 이다). [<L it is allowed]
lich [litʃ] 명 (폐어) 신체, 동체; 시체. (또는 **lych**)
li·chee [líːtʃiː/làitʃíː] 명 =litchi.
*****li·chen** [láikən] 명U (식물) 지의(地衣類), 이끼. **2** (병리) 태선(苔癬) 명 지의류[태선]로 뒤덮다.
~**·i·zá·tion** 명 ~**·like** 형 ~**·ól·o·gy** 명U 지의류학.
—**ed** [-d] 형 이끼가 낀.
li·chen·ous [láikənəs] 형 **1** 지의(이끼)의[같은]; 지의가 많은[로 뒤덮인]. **2** (병리) 태선(苔癬)의[에 걸 린]. (또는 **li·chen·ose** [-òus])
lích gàte 명 (英) 묘지 대문. (또는 **lých gàte**)
lich-house [-hàus] 명 임시 시체 안치소, 영안실.
lic·it [lísit] 형 허가된; 합법적인, 정당한(얍 illicit).
⇒LAWFUL 유의어 ~**·ly** 부
‡**lick** [lik] 타 (~**ed** [-t]) **1** ...을 핥다, 핥아 먹다 (up) (off, from); 핥아서 ...으로 만들다(특히). ¶The dog ~ed its paws. 개는 자기 발을 핥았다. ¶(~+목+ 젠+명) ~ the honey off [or from] one's lips 입에 묻은 꿀을 핥아 먹다. ¶(~+목+보) ~ up sugar 설탕 을 말끔히 핥아 먹다. ¶(~+목+보) The cat ~ed the plate clean. 고양이가 접시를 깨끗이 핥았다. **2** (화염· 파도 따위가) ...을 핥다, 휩쓸다, 집어 삼키다(up). ¶The

lickerish

flames ~ed everything. 불꽃이 모든 것을 삼켜버렸다. **3** (구어) (벌로서) …을 때리다, 매질하다; (결점 따위)를 때려서 고치다(*out of*).¶be well ~ed 되게 얻어 맞다.//(~+图+前+名) … a fault *out of* a person 남을 두들겨 패서 결점을 고치다. **4** (구어) (경기·전쟁에서) …을 무찌르다, 이기다; 극복하다. **5** (일이) …에게 이해되도록 하다. ¶This ~s me. 이것은 내 두 손 놓게 하다모르겠다./It ~s me how he did the work. 그가 어떻게 그 일을 해냈는지 통 알 수가 없다. **6** (속어) (유리관을 통해) (코카인)을 흡입하다. — *vi.* **1** (구어) 전속력으로 움직이다; 서둘다. **2** (불꽃 따위가) 활듯이 널름거리다; (물결이) 씻듯이 밀려오다, 넘실거리다 (*about*, *against*).¶(~+前+名) The waves ~ed *about* her feet. 파도가 그녀의 발을 씻고 지나갔다. **3** (구어) 이기다.

(as) hard as one can lick 전속력으로, 손살같이.

have…licked (구어) …을 간신히 끝내다, 드디어 해결하다.

lick *a person's* **shoes** [or *boots*, *spittles*, (비어) *ass*] 남에게 굴복하다; 아부[아첨]하다.

lick at …을 할짝할짝 핥다.

lick…into shape (구어) …을 제 구실을 하게 하다, 온전한 것으로 만들다; …에게 형체[이목구비]를 갖추게 하다.

lick off …을 핥아 먹다[없애다].

lick *one's* **chops** [or *lips*] ⇒CHOP³.

lick *one's* **wound(s)** 패배에서 다시 일어서다; 상처를 치료하다.

lick the dust ⇒DUST.

lick up [or *away*] **1** 죄다 핥아 먹다; 벌컥벌컥 마시다. **2** (불길이) 몽땅 태워버리다.

That licks (all) creation. ⇒CREATION.

— *n.* **1** (a ~) 핥기, 한 번 핥기. **2** 한 번 핥는 분량; (페인트 따위) 한 번 칠하는 분량; (구어) (a ~ of+U 명사) 소량.¶a ~ of sugar 소량의 설탕. **3** (美) (동물이 소금을 핥으러 가는) 암염지(岩鹽地). **4** (구어) 강타, 일격. **5** 한바탕의 수고[일거리]. **6** (구어) 빠르기, 속력. **7** (종종 ~s) (속어) 기회, 차례. **8** (美속어) (재즈) 삽입 장식음(의 일종). **9** (속어) 입에 의한 성기 애무. **10** (속어) 기도(企圖), 시도; 잘못.

a lick and a promise (of better) (구어) 건성으로 하는 일, (특히) 날림으로 씻기[청소하기].¶give … *a* ~ *and a promise* …을 대충대충[적당히] 하다.

at a great lick; (at) full [or *quite a*] **lick** 전속력으로, 몹시 서둘러.

get in *one's* **licks** (美속어) 열심히 일하다[노력하다].

last licks (美속어) (야구 따위의) 마지막 기회, 마지막 라운드[회].

lick·er·ish [líkəriʃ] *a.* (고어) **1** 미식을 좋아하는. **2** 탐욕스러운, 게걸스러운. **3** 음란한, 호색적인. (또는 **liquorish**) **~·ly** *ad.* **~·ness** *n.*

lick·e·ty-split [líkətisplít] *ad.* (美속어) 급히 서둘러[서두르는]; 재빨리[빠른], 전속력으로[의]. (또는 **lickety-cut**)

lick·ing [líkiŋ] *n.* **1** UC 핥기, 한 번 핥기. **2** (구어) 때리기, 매질하기. **3** (구어) 패배; 좌절; 퇴보, 역전.

get a good licking 호되게 얻어맞다.

give *a person* **a good licking** 남을 늘씬하게 패주다. — *a.* (방언) 대단히, 몹시.

lick·pen·ny [líkpèni] *n.* (고어) 돈이 많이 드는 것.

lick·spit·tle [líkspìtl] *n.* 아첨꾼, 알랑쇠. — *vi.* …에게 알랑거리다. — *a.* 알랑거리는. (또는 **lickspit**)

lic·o·rice [líkəriʃ, -ris] *n.* **1** 감초(甘草). **2** U 말린 감초 뿌리, 그 추출물(약용·감미료). **3** UC 감초 캔디. (또는 (英) **liquorice**)

lic·tor [líktər] *n.* 릭토르(고대 로마에서 죄인을 포박하고 처벌하던 하급 관리). **lic·to·ri·an** [-tɔ́:riən] *a.*

‡lid [lid] *n.* (~**s** [-z]) **1** (상자·냄비 따위의) 뚜껑. **2** 눈꺼풀(*eyelid*). **3** (식물) 선개(蘚蓋); 개과(蓋果)의 상부. **4** (광산) 헬멧. **5** (속어) 모자. **6** (美속어) 제한, 단

속. **6** (美속어) 1 온스 봉지에 든 마리화나. **7** (방언) (책의) 표지. 「다, 공중 앞에 드러내다.

blow [or *lift*, *take*] **the lid off** (구어) …을 폭로하다

dip one's lid (濠구어) (인사로) 모자를 들어 보이다.

flip [or *blow*] *one's* **lid** (속어) ① 발끈 화를 내다. ② 정신이 돌다, 미치다. ③ (…에) 사로잡히다(*over*).

keep the lid on …을 숨겨 두다.

put a [or *the*] **lid on** …을 단속[억제]하다.

put the (tin) lid on ① (활동)을 끝내게 하다; (계획·희망 따위)를 망쳐 놓다; 최악의 상태로 끝내다. ② …을 비밀로 하다, 감추다.

with the lid off 무서운 것[결점]을 보여주어.

— *vt.* (**-dd-**) 에 뚜껑을 덮다, 씌우다.

li·dar [láidɑːr] *n.* (전자) (레이저 광선을 이용하는) 광선 레이더. [<*light*+*radar*]

lid·ded [lídid] *a.* **1** 뚜껑이 있는. **2** (복합어로) 눈꺼풀이 …인. **¶heavy-~** 눈꺼풀이 두꺼운.

lid·less [lídlis] *a.* **1** 뚜껑이 없는. **2** 눈꺼풀이 없는. **3** 조심성 있는, 뜬눈으로 밤을 새우는.

Li·do [líːdou] *n.* **1** 리도(이탈리아 동북부의 모래섬들). **2** (l-) (상류층이 모여드는) 해변 휴양지; (설비가 된) 옥외 수영장.

li·do·caine [láidəkèin] *n.* (화학) 리도카인(국소마취제로 쓰이는 결정 화합물).

lid-pop·per [-pàpər / -pɔ̀p-] *n.* (美속어) 암페타민제[캡슐]. (또는 **lid-propper**)

‡lie¹ [lai] *n.* (~**s** [-z]) **1** (고의적인) 거짓말, 허언 (반 *truth*).¶tell a ~ 거짓말을 하다/A ~ begets a ~. (속담) 거짓말은 거짓말을 낳는다.

[유의어] **lie** 악의에서 나온 완전한 거짓말; 강한 비난의 기분을 나타내는 말. **falsehood** 사실이 아닌 것; lie 보다 넓은 뜻으로 비난의 기분이 약하거나 없는 경우도 있다. **untruth** lie, falsehood를 완곡하게 뜻하는 말. **fib** 사소한 거짓말, 격식차리지 않는 어린애 같은 용어.

2 (a ~) 남을 속이는 것, 거짓, 사기; 그릇된 신념[습관].¶His pose of humility was a ~. 그의 겸손한 태도는 거짓이었다. **3** (the ~) 거짓이라는 비난. ¶I wouldn't take the ~. 거짓말이라는 비난은 받고서는 참을 수가 없다.

a black lie 악의적인 거짓말.

act a lie (말로써가 아니라) 행위로 속이다.

a direct lie 뻔뻔스러운 거짓말.

a lie with a latchet 새빨간 거짓말.

a white lie 악의 없는 거짓말, 편의상 하는 거짓말.

Dead men tell no lies. (속담) 죽은 사람은 말이 없다.

give *a person* **the lie (in** *his* **throat)** 남의 거짓말을 밝히다; 남이 거짓말한 것을 책망하다.

give the lie to ① (거짓말을 했다고) (남)을 책망[비난]하다. ② 거짓임을 증명하다; …의 허위성[…와의 모순]을 나타내다. ¶His act *gives the* ~ *to* his words. 그의 행동을 보면 그의 말이 거짓임을 알 수 있다.

live a lie 바르지 못한 생활을 하다[계속하다].

nail a lie to the counter [or *bar door*] 증거를 들이대어 거짓말을 폭로하다.

No, I tell a lie. (아나운서 등이 발언을 정정할 때) 아, 실수했습니다.

No lie! (구어) 거짓말이 아니야!, 정말이라니까!

without a word of (a) lie (속어) 거짓 없이.

— *vi.* (~**s** [-z]; **~d; ly·ing**) *vi.* **1** 거짓말을 하다(*to*, *about*). ¶(~+前+名) ~ *to* a person 남에게 거짓말을 하다. **2** (어떤 것이 사람을) 속이다, 호리다. ¶a *lying* rumor 헛소문/Mirages ~. 신기루는 사람의 눈을 홀린다. — *vt.* …을 빼앗다(*away*) (*out of*); …을 속여 …을 하게 하다 (*into*). ¶(~+图+前+名) a person's reputation *away* 거짓말을 하여 남의 명성을 떨어뜨리다.

lie** a person **into 남을 속여서 …에 빠뜨리다.
lie** a person **out of 남을 속여서 …을 빼앗다.
lie in** [or **through**] one's **throat; lie in** one's **teeth 새빨간 거짓말을 하다.
***lie** oneself [or one's **way**] **into** [**out of**]* 거짓말을 하여 …에 빠지다[…에서 벗어나다].
You're lying. 거짓말 마, 거짓말하고 있군.

‡lie² [동][자] (~s [-z]; ***lay; lain; ly·ing***) **1** (사람·동물이) 눕다, 드러눕다, 드러누워 있다(*down*); (물건이) 가로놓여 있다; 기대 있다, 기대다(*back*)(*against*). ¶ (~+[前]+[名]) a book that ~*s on* the floor 마루 위에 놓여 있는 책 / a ladder *lying against* the wall 벽에 걸쳐놓은 사다리 / ~ *in* bed 침대에 눕다 // (~+[副]) ~ *down* on the grass 풀 위에 드러눕다 / ~ *back* in an armchair 팔걸이 의자의 등에 기대다.
2 (…의 상태에) 있다, 놓여 있다, …인 채로 있다. ¶ (~+[補]) ~ asleep 잠자고 있다 / ~ ill in bed 병으로 누워 있다 / ~ motionless on the ground 꼼짝도 않고 땅바닥에 누워 있다 / Snow *lay* thick on the fields. 들판에는 눈이 두껍게 쌓여 있었다 // (~+*done*) ~ *hid* 숨어 있다 // (~+*-ing*) ~ *watching* television TV를 보고 있다 // (~+[前]+[名]) ~ *in* ambush 매복하다 // *Let sleeping dogs* ~. 《속담》 잠자는 개를 깨우지 마라.
3 (책임 따위가 …에) 걸리다, 압박하다(*on, upon*); (사실 따위가 …에) 있다, 존재하다(*in, between*); (…에) 달려 있다, …나름이다(*on, upon*). ¶ (~+[前]+[名]) the mystery *lying behind* his action 그의 행동의 배후에 있는 수수께끼 / The choice ~*s between* going or staying. 선택은 가느냐 남아 있느냐 둘 중 하나다 / Happiness ~*s in* contentment. 행복은 만족하는 데 있다 / It ~*s with* you to decide. 정하는 것은 너에게 달려 있다 // (~+[補]) The real reason ~*s* deeper. 진짜 이유는 더 깊은 곳에 있다 // (~+[副]) Many difficulties *lay ahead*. 많은 어려움이 앞길에 가로놓여 있었다.
4 (…의 위치에) 있다, 위치하다; (평야 따위가) 펼쳐져 있다, (길이) 통하고 있다. ¶ (~+[補]) The land ~*s* high. 그 땅은 높은 곳에 있다 // (~+[前]+[名]) a village *lying across* the mountain 산 너머에 있는 마을.
5 (사체가) (…에) 묻혀 있다, 땅밑에 잠들어 있다(*in, at*). ¶ (~+[前]+[名]) ~ *in* the cemetery 공동 묘지에 묻혀 있다.
6 (돈·물건이) 잠자고 있다, (…인 채로) 있다; 놀고[정지되어] 있다. ¶ (~+[前]+[名]) the money that ~*s at* [or *in*] the bank 은행에서 잠자고 있는 돈 // (~+[補]) ~ fallow (밭 따위가) 묵혀 있다. **7** (배가) 정박중이다; (군대가) 야영하고 있다; 《고어》 숙박[체재]하다; (새가) 웅크리고 있다. ¶ (~+[前]+[名]) The ship is *lying at* No. 3 Berth. 배는 제3 부두에 정박중이다. **8** 〔법률〕 (소송·주장 따위가) 성립[인정]되다, 이유가 서다. ¶This action will not ~. 이 소송은 성립되지 않을 것이다.
as far as in** one **lies 자기의 힘이 미치는 한.
let it** [or **things**] **lie 그대로 놓아두다, 방치하다.
***lie about** [or **around**]* ① 흩어져 있다. ② 그대로 놓여 있다. ③ 《구어》 게으름을 피우다, 무위도식하다.
lie ahead (위험 따위가) 기다리고 있다, 앞에 놓여 있다 (*of*).
lie along ① 《고어》 큰 대(大)자로 눕다. ② (배가) 옆바람을 받아 기울다.
lie at ① 《고어》 …에서 자다. ② …에 위치하다, 〔물건〕의 옆에 위치하다.
lie at** a person's **door (책임이) 남에게 있다.
lie at** a person's **heart ① 남에게 사모받고 있다. ② 남의 걱정거리이다.
lie at death's door 《구어》 죽어가고 있다.
lie at the mercy of …에 좌우되다, …의 마음대로이다.
lie back ① 벌렁 눕다[드러눕다]; (…에) 기대다 (*against*). ② (편안하게) 쉬다.
lie before ① (…앞에) 전개되다. ¶Life ~*s before* you. 너의 인생은 지금부터이다. ② …보다 중요하다.
lie behind (…의) 과거의 일로[경험으로] 남아 있다; (야망 따위가) …의 배후에 있다; (일이) …의 원인이다.
lie beyond …너머에 있다; (능력 따위가) 미치지 않다.
lie by ① 휴식(을 위해 중지)하다, 한숨 돌리다; (활동·일 따위를) 일시적으로 하지 않다; 쓰이지 않은 채로 있다. ② 〔해사〕 =*lie to*.
lie close 숨어 있다; 한데 모이다.
lie doggo 꼼짝하지 않고 기다리다, 숨어 있다; 딴전피우다.
lie down ① (잠깐) 눕다, 쉬다. ② (…에) 굴복하다, (…을) 감수하다 (*under*).
lie down on the job ⇨JOB.
lie down under 〔모욕 따위〕를 감수하다.
lie heavy on ① …을 괴롭히다. ② (음식 따위가) 〔위〕에 뭉클하게 괴어 있다.
lie in ① …에 있다(consist in). ② 《英구어》 늦잠자다. ③ 《고어》 산욕(産褥)에 들다. ④ ⇨[자] 1, 3, 5, 6.
***lie in ruins** [or **the dust**]* (건물 따위가) 무너져 있다, 폐허가 되어 있다.
lie in state (유해가) 정장을 하고 안치되다.
lie in the way 방해가 되다, 길을 가로막고 있다.
lie low ⇨LOW¹.
lie off ① (배가) 〔육지·다른 배 따위〕에서 조금 떨어져 정박해 있다. ② 잠시 동안 일을 쉬다. ③ (경주의 초반에) 힘을 아껴 두다.
lie on …의 의무[책임]이다; …에 의하다; …에게 짐이 되다.
lie on** (a person's) **hand(s) ⇨HAND.
lie on** a person's **head of …의 책임이다.
***lie on** one's **back** [**face, side**]* 벌렁[배를 깔고, 옆으로] 드러눕다.
lie on the bed** one **has made 자업자득이다.
lie out (토지가) 경작되지 않은 채 있다.
lie over ① 연기되다. ② (어음 따위가) (기한이 도래해도) 지급되지 않은 채로 있다.
lie to 〔해사〕 정박하다, (뱃머리를 바람이 불어오는 쪽으로 놓고) 정선하고 있다.
lie up ① (병으로) 틀어박혀 있다. ② (배가) 도크로 들어가다. ③ 은퇴하다[해 있다].
lie with ① …의 직책[의무]이다, (죄·책임 따위가) …에 있다. ② 《고어》 …과 동침[성교]하다.
take...lying down 《구어》 (말없이) 〔벌·모욕·도전 따위〕를 받다, 감수하다. ¶He won't *take* such an insult *lying down*. 그가 그런 모욕을 가만히 받고 있지만은 않을 것이다.
— [명] **1** (the ~) 방향, 위치; 상태, 형세. **2** (동물의) 둥지, 둥우리. **3** 〔골프〕 (공의) 위치, 라이. **4** 취침[휴식] (시간); 편히 쉼.
the lie of the land 지세(地勢); 《비유적》 형세, 사태.

lie-a·bed [ˊəbèd] [명][형] (상습적인) 늦잠꾸러기(의).

Líe álgebra [liː-] [명] 〔수학〕 리 대수학. 〔<노르웨이의 수학자 Marius Sophus Lie(1842–99)의 이름〕

lie-by [ˊbài] [명] (복 **~s**) 《英》 (고속 도로의) 대피 차선; (철도의) 측선, 대피선.

Liech·ten·stein [líktənstàin/*G* líçtənʃtaɪn] [명] 리히텐슈타인(오스트리아와 스위스 사이에 있는 입헌 군주국; 수도 Vaduz). **~·er** [명]

lied [liːd/*G* liːt] [명] (복 **~·er** [ˊər]) 리트, 가곡(歌曲). 〔<G song〕

Lie·der·kranz [líːdərkrà:nts, -kræn-] [명] **1** 《상표》 리더크란쯔 치즈(강한 향기가 있다). **2** 노래의 꽃다발(가곡집이나 독일의 남성 합창단의 이름). 〔<G〕

líe detèctor [명] 거짓말 탐지기.

lie-down [ˊdàun] [명] **1** 드러눕기, 휴식, 낮잠. **2** 드러누워 버티는 동맹 파업[항의 시위]. [참] sit-down

lief [liːf] [부] 《문어·고어》 기꺼이, 쾌히, 자진해서.
lief or loath 《고어》 좋건 싫건.
***would** [or 《고어·방언》 **had**] **as lief** do **as** do* …하

liege [li:dʒ, li:ʒ] 圏 1 (봉건) 군주, 영주. (또는 ~ lórd [sóvereign]) 2 (the ~s) 신하, 가신.
His Majesty's lieges 폐하의 신하들.
My liege! (부르는 말로) 전하, 나리.
— 圏 1 군주(영주)인. 2 신하(가신)인; 군신(주종) 관계의. 3 충실한. 충실한 부하.

liege·man [li:dʒmən, -mæn, li:ʒ-] 圏 신하, 가신.

Lie gròup (수학) 리 군(群)(위상군(位相群)의 구조를 가진 해석적(解釋的) 다양체). 잠, 눕다.

lie-in [ʃin] 圏 (美) 연좌 농성(투쟁, 파업); (英) 아침

lien[1] [li:n/líən] 圏 (법률) (…에 대한) 선취 특권, 유치권(留置權)(*on*); 저당권. ~·a·ble ~·or 圏.

li·en[2] [láiən, -èn] 圏 (해부) 비장(脾臟)(spleen).

li·er [láiər] 圏 누워 있는 사람(것).

li·erne [liə́rn] 圏 (건축) (둥근 천장의) 장식용 서까래.

lie-test [-tèst] 圏 거짓말 탐지기로 조사하다.

lieu [lu:/lju:] 圏 (고어) 곳, 장소. (* 다음 숙어로)
in lieu of …대신에(instead of).

lieut [lu:t] 圏 (속어) 1 =lieutenant. 2 =loot.

Lieut. lieutenant. **Lieut. Col.** lieutenant colonel. **Lieut. Comdr.** lieutenant commander.

lieu·ten·an·cy [lu:ténənsi/(육군) leftén-, (해군) letén-] 圏 1 ⓤⓒ lieutenant의 지위(직무, 임기, 관할). 2 (집합적) 중위; 소위; 대위.

*****lieu·ten·ant** [lu:ténənt/(육군) leftén-, (해군) letén-] 圏 1 (美육군·공군·해병대) 중위(first ~), 소위(second ~); (英육군) 중위. 2 (美) 대위 (연안 경비대 대위. 3 부관, (상관(上官)의) 대리. 4 (美) (경찰·소방서의) 지서(支署) 차석, 부(副)서장.

lieuténant cólonel 圏 (美) 육(공)군 중령; (英) 해군 중령.

lieuténant commánder 圏 (美) 해군 소령.

lieuténant géneral 圏 (美) 육(공)군 중장; (英) 해군 중장.

lieuténant góvernor 圏 (美) 주(州) 부지사; (英) (식민지·속령의) 부총독, 총독 대리; (캐나다) 주지사.

lieuténant góvernorship

lieuténant júnior gráde 圏 (美) 해군(연안 경비대) 중위.

Lieut. Gen. *lieutenant general.* **Lieut. Gov.** *lieutenant governor.* **LIF** *laser-induced fluorescence.*

‡life [laif] 圏 (愈) **lives** [laivz] 1 ⓤ 생명, 명(命); 생존, 생(生), 삶. ¶*eternal* ~ 영원한 생명 / *the origin of* ~ 생명의 기원 / *the struggle for* ~ 생존 경쟁 / *hover between* ~ *and death* 생사를 넘나들다 / *While there is* ~, *there is hope.* (속담) 생명이 있는 한 희망이 있다.

2 (개인의) 생명, 한 목숨. ¶*attempt* [*or* seek] *the* ~ *of a person* …의 암살을 기도하다 / *Five lives were lost in the accident.* 그 사고로 5명이 죽었다.

3 ⓒⓤ (개인의) 생애, 일생; 수명; 내구(耐久) 연한, 수명; (물리) (소립자 따위의) (평균) 수명. ¶*a* ~ *of a car* 차의 수명 / *through* ~ 한평생 / *for the rest of* ~ 죽을 때까지 / *close one's* ~ 죽다.

4 ⓤ (집합적) 생물, 살아있는 것. ¶*animal* [*vegetable*] ~ 동물(식물) / *forest* [*marine*] ~ 산림(해양) 생물 / *Is there any* ~ *on Mars?* 화성에는 어떤 생물이 있는가.

5 ⓒⓤ 생활 (상태), 살림, 생계. ¶*a simple* ~ 소박한 생활 / *single* [*married*] ~ 독신(결혼) 생활 / *country* [*city*] ~ 시골(도시) 생활 / *a dog's* ~ 비참한 생활 /

high [*low*] ~ 상류(하층) 생활 / *lead* [*or live*] *a comfortable* ~ 평안한 생활을 하다 / *She lived many lives.* 그녀는 여러 가지 종류의 삶을 살았다.

6 ⓤ 생활, 이 세상에 사는 것; 이승, 현세(現世); 인간사, 세상. ¶*this* [*the other*] ~ 이승(저승). 7 전기, 일대기, 언행록. ¶*a* ~ *of Franklin* 프랭클린전(傳). 8 ⓤ (미술) 실물 (크기), 진짜; (사진 따위가 아닌) 진짜 모델. ¶*(a) still* ~ 정물(화) / *draw something from the* ~ …을 사생하다. 9 ⓤ 활기, 원기, 생기; 탄력, 탄성, 신축성; 신선함, 싱싱함. ¶*full of* ~ 생기에 가득 찬 / *The boy is all* ~ 그 아이는 생기가 넘친다. 10 ⓤ 활기(생기)를 주는 것, 활력원(源); (the ~) (…의) 중심 인물, 원동력, (…을) 빛내주는 사람(것). ¶*Movie is her* ~. 영화는 그녀의 활력원이다 / *She is the* ~ *of our party.* 그녀는 우리 모임의 꽃이다. 11 ⓤ (식품의) 선도(鮮度); (포도주 따위의) 거품 일기. 12 ⓒ (美속어) 종신형 (선고). ¶*The judge gave the murderer* ~. 재판관은 그 살인범에게 종신형을 선고했다. 13 (종교) 구원; 새로운 삶, 재생. 14 ⓤ (야구·크리켓) 아웃되지 않고 타자가 다시 한 번 칠 수 있는 기회; (당구·카드) 다시 할 기회. 15 (보험) 피보험자. ¶*a good* [*bad*] ~ 평균 수명에 달할 가망이 있는(없는) 사람. 16 (부르는 말로) 가장 사랑하는 사람(것). ¶*My dear* ~! 사랑하는 그대여! 17 권위(인기·동의)를 얻고 있는 기간, 임기, 수명. 18 (L-) (Christian Science에서) 신(神). 19 (the ~) 종종 the L-) (美속어) 매춘; 동성애 생활.

all one's life (through) 평생, 태어나서 줄곧.

(as) big as life and twice as natural [*or* (속어) *ugly*] (익살) 틀림없이 본인이, 그것 자체로.

as if [*or though*] *one's life depended on it* 전심 전력을 기울여, 열심히.

as I have life 분명히(surely).

(as) large [*or big*] *as life* ① 실물 크기의, 등신대 (等身大)의(⇨5). ② 실제로; 정말로; 본인 자신이, 몸소. ¶*There he was, as large as* ~. 실제로 그가 그곳에 있었다.

as much as one's life is worth 아주 위험한.

a [*or a person's*] *way of life* 생활 양식(방식).

begin [*or start in*] *life* 태어나다, 첫걸음을 내디디다; 사회(세상)에 나오다.

bet one's life …을 확신하다.

breathe (new) life into …에 생기를 불어넣다.

bring...(back) to life ① 의식(기운)을 되찾게 하다. ② (이야기 따위를) 재미있게(활기 넘치게) 하다.

come (back) to life ① 되살아나다, 의식을 되찾다. ② 활기에 넘치다. ③ 살아 있는 것처럼 보이다.

depart (from) this life (과거형으로 묘비명에 쓰여) 이 세상을 떠나다, 죽다.

fix a person for life 남에게 자리잡게 하다.

for life ① 죽을 때까지(의); 평생(종신)(의); 무기의. ¶*imprisonment for* ~ 종신형. ② 필사적으로, 열심히. ¶*run for* ~ 필사적으로 달리다. [숨 걸고,

for one's life; for dear life 필사적으로, 열심히, 목

for the life of one (1 인칭 주어의 부정문에서) 목숨을 걸고라도, 도저히. ¶*For the* ~ *of me I can't tell.* 도저히 말할 수가 없다.

frighten [*or scare*] *a person out of his life* 남을 깜짝 놀라게 하다, 남을 두려워 떨게 하다.

gasp one's life away [*or out*] 숨을 거두다, 죽다.

get a life (美속어) ① 다시 한 번 기회를 얻다. ② (명령적으로) 인생 그렇게 살지 마; 바보같이 굴지 마; 마음대로 해; 불쌍한 녀석이군.

get on in life 입신출세하다.

get the fright [*or shock*] *of one's life* 간담이 서늘해지다, 큰 충격을 받다.

give life to …에 생기를 주다(불어넣다).

give [*or yield*] *up the life* 죽다; (자동차 따위가) 움직이지 않다; 체념하다.

Go for your life! (濠·뉴질) 분발해라!
have a life of *one's* ***own*** 대단히 두드러지다, 눈에 띄다.
have the time of *one's* ***life*** (구어) 난생 처음으로 재미있는 시간을 보내다.
hold *one's* ***life cheap*** 일[사태]을 가볍게 보다.
How's life (treating you)? (구어) =How are you? 「하다면.
if one value *one's* ***life*** 만약에 목숨이 아까우면[소중
in after life 내세에, 저승에서.
in later life 만년에, 후년에.
in life ① 생전에, 목숨이 있는 동안에, 이승에서. ¶ early ~ 젊은 시절 / He was a Buddhist *in* ~. 그는 생전에 불교 신자였다. ② (강조) 전혀, 전연.
in *one's* ***life*** 태어나서 지금까지, 일생 동안, 평생. * 보통 부정문 또는 최상급 형용사를 동반하는 명사와 함께 쓰인다. ¶He has never been to Europe *in his* ~. 그는 태어나서 지금까지 유럽에 가 본 일이 없다.
in the life (美속어) 매춘을 하여.
larger than life 실물보다 큰; 과장된. 「리다.
lay down *one's* ***life*** (사람·국가를 위하여) 목숨을 버
lay [or ***put***] *one's* ***life on the line*** (美) 목숨을 걸고 하다, 죽음을 무릅쓰다.
lead [or ***have***, ***follow***] ***a double life*** [or ***two lives***] 이중 생활을 하다.
life and [or ***or***] ***limb*** 목숨과 신체, 오체(五體).
life for life 목숨에는 목숨을. @ eye for eye.
live life to the full 열심히[힘껏] 살다.
live *one's* ***own life*** 자립하다.
live the life of Riley [or ***Reilly***] 안락[무사태평]한 생활을 하다. (<1900년경 유행하는 노래)
lose *one's* ***life*** 살해되다, 죽다. 「을 편하게 하다.
make life easy 문제를 일으키지 않고 지내다, 정황
not on your life (구어) 결코[분명히] …이 아닌. ¶Will I trust a person like him?—*Not on your* ~! 내가 그와 같은 사람을 믿을까?—천만에! ② 무슨 일이 있어도.
of life and [or ***or***] ***death*** 생사에 관한, 사활이 걸린, 중대한. ¶a matter *of* ~ *and death* 중대한[사활
on my life =upon my life. 「이] 걸린 문제.
put life into *one's* ***work*** 일에 정성을 쏟다.
risk life and limb 생명의 위험을 무릅쓰다, 목숨을 걸고 …하다.
safe in life and limb 신체·생명에는 별 이상이 없이.
see [or ***learn***] ***life*** 세상을 보다[알다]; 새로운 체험을 하다. ¶She has *seen* nothing of ~. 그녀는 정말 철부지다.
see life (***steadily and see it***) ***whole*** 분별있는 [균형 잡힌] 태도를 가지다. 「활기를 띠다.
take life ① 죽이다. ¶take her ~ 그녀를 죽이다. ②
take *one's* ***life in*** [or ***into***] *one's* (***own***) ***hands*** (구어) 목숨을 건 모험을 무릅쓰다.
take *one's* ***own life*** 자살하다.
That's life.; ***Such is life.***; ***Life's like that.*** (구어) 인생이란 그런 것이다, 세상이 그러니 어쩌겠나.
the life of the world to come 저승, 내세.
the power [or ***right***] ***of life and death*** 생살 여탈권(生殺與奪權).
There's life in the old dog yet. 나이를 먹어도 젊은 사람에게 지지 않는다; (노인에게) 나이를 드셔서도 아직 왕성하시네요.
This is the life. ① (만족감을 나타내어) 기분이 최고다. ② 이것이 인생이다.
to save *one's* ***life*** (구어) (부정문을 강조하여) 절대로[아무리 해도] (…않다).
to the life 생긴 그대로, 생생하게, 실물 그대로. ¶a portrait drawn *to the* ~ 실물 그대로의 초상화.
true to life ① 실생활에 맞게, 현실적으로. ② 실물과 똑같이, 실제대로.
upon [or ***on***] ***my life*** 목숨을 걸고, 맹세코, 반드시; (감탄사적) 이거 놀랍군데. ¶*Upon my* ~, it is true. 맹세코 그것은 사실이다. 「고!
What a life! (불만을 나타내어) 살 맛 안나네!, 아이
with life and limb 이렇다 할 상처도 입지 않고.
You (can) bet your (sweet) life! (美구어) 두말하면 잔소리지!, 그렇고 말고!
You've saved my life. (속어) 고맙소.
— 🅐 (한정용법) 1 일생의, 평생의. 2 실물을 사생하는. 3 생명 보험의; 긴급 구제를 위한.
life-and-death [ˈəndéθ] 🅐 사활이 걸려 있는, (지극히) 중대한. 등 **life-or-déath**.
life annúity 🅝 (보험) 종신 연금.
life assúrance 🅝 (英) =life insurance.
life bèlt 🅝 구명대(帶); 안전 벨트.
life-blood [láifblʌ̀d] 🅝🅤 1 (생명 유지에 필요한) 혈액, 생피; (비유적) 활력[원기]의 근원. 2 (눈까풀·입술 따위의) 경련.
***life·boat** [láifbòut] 🅝 1 구명정(보트), 구조선. 2 (美속어) 특사(特赦), 감형, 재심. 3 (구어) (증권) 구제 기금.
lifeboat éthic(s) 🅝 구명 보트의 윤리, 긴급 피난의 윤리(긴급시에는 도덕 원리보다 시대의 긴급도를 행동 원리로 생각하는 방식). 「신적 양식.
life brèath 🅝 생명을 지탱하는 호흡; (비유적) 정
life bùoy 🅝 구명 부륜(浮輪)[부표, 부이].
Life Càrd 🅝 (상표) 병력(病歷) 카드(개인의 사진·병력·X선 사진·심전도 따위를 수록한 레이저 카드).
life càre 🅝 노인 전용 아파트.
life-care [ˈkɛ̀ər] 🅐 (한정용법) 유료 양로의, 노인 입주자에게 기본 생활·의료 보호를 제공하는. ¶a ~ facility 유료 양로 시설. 「상(胸像).
life càst 🅝 라이프 마스크(life mask)를 떠서 만든 흉
life clàss 🅝 실제 모델을 사용하는 미술 교실.
life cỳcle 🅝 1 (생물) 생활 주기, 라이프 사이클; 생활사(life history). 2 (제품 따위의) 수명.
life estàte 🅝 (법률) 종신 부동산(권).
life expèctancy 🅝 (보험) 예상 (평균) 여명(餘命).
life extèntion 🅝 수명 연장(하는 일), 연명(延名).
life fòrce 🅝 생명력; (철학) 생명의 약동, 생의 비약(飛躍). (또는 **life-fòrce**).
life fòrm 🅝 (생태) 생활형(型), 생물 형태.
life-giv·ing [ˈgìviŋ] 🅐 생명[활력]을 주는; 생기를 돋우는, 고무하는. ⇨**gív·er**
life·guard [láifgɑ̀ːrd] 🅝 1 (수영장 따위의) 감시[구조]원, 라이프 가드. 2 호위(병). 3 (기관차 전면의) 장애물 제거 장치. — 🅥 (사람의) 목숨을 지키는. — 🅙 구조원으로 일하는.
Life Guàrds (🅝복) (the ~) (英) 근위 기병 연대.
Life Guàrdsman 🅝 (英) 근위 기병.
life hístory 🅝 (생물) 생활사(史)(발생에서 죽을 때까지의 생활 과정·변화); (사람의) 일대기, 전기(傳記).
life imprísonment 🅝 종신형(終身刑).
life ínstinct 🅝 생존 본능. @ death instinct
life insúrance 🅝 생명 보험.
life ínterest 🅝 (법률) =life estate.
life jàcket 🅝 구명 재킷.
***life-kiss** [ˈkìs] 🅝 구명(救命) 키스(인공 호흡법).
***life·less** [láiflis] 🅐 1 생명이 없는, 죽은. ⇨DEAD (유의어) ¶~ matter 무생물 / ~ bodies 사체. 2 생물이 없는. ¶a ~ planet 생명체가 없는 행성. 3 (경멸적) 활기[기운]가 없는(dull). 4 기절한(faint), 의식 불명의. ~**·ly** 🅟 죽은 것같이, 활기 없이. ~**·ness** 🅝
life·like [láiflàik] 🅐 (초상화 등이) 살아 있는 듯한, 실물과 꼭 닮은, 같은. ~**·ness** 🅝
life-line [láiflàin] 🅝 1 구명 밧줄; 붙드는 밧줄; (잠수부·우주 유영인의) 생명줄. 2 생명선(중요한 항로·수송로 따위); 의지하는 목숨줄. 3 (L-) (손금의) 생명선. 4

(인생 상담의) 생명의 전화 (서비스).
lífe líst 명 들새 관찰 기록.
*__life·lóng__ [láiflɔ̀ːŋ/-lɔ̀ŋ] 형 일생의, 평생의, 생애의. ¶ a ~ friend 평생 친구[지기].
lífelong educátion 명 평생 교육.
lífelong emplóyment 명 (경제) 종신 고용.
life·mán·ship [-mǽnʃip] 명 허세 부리기 (전술).
lífe mȁsk 명 라이프 마스크(살아 있는 사람으로부터 본을 떠서 만든 가면). 참 death mask
life-mém·ber [-mémbər] 명 종신 회원[사원].
life-mém·ber·ship [-mémbərʃip] 명 종신 회원 신분; 전(全) 종신 회원.
lífe nèt 명 (소방용의) 구명망.
lífe óffice 명 (英) 생명 보험 회사 (사무소); 종신직.
life-or-death [-ɔ̀ːrdéθ] 형 =life-and-death.
lífe pȁrtner 명 평생 반려자, 남편, 아내.
lífe pèer 명 (英) 일대(一代) 귀족.
lífe pèerage 명 (英) 일대 귀족의 작위.
lífe plȁnt 명 (식물) 착생(着生) 식물(epiphyte).
lífe pȍlicy 명 생명 보험 증서.
lífe presérver 명 (美) 구명구(具); (英속어) (안에 무기가 장치되어 있는) 호신용 지팡이.
lífe président 명 (종종 L- P-) 종신 대통령.
life-pro·lóng·ing [-prəlɔ́ːŋiŋ, -lɑ́ːŋ-/-próuləŋ] 형 생명 연장의, 연명(延命)의.
líf·er [láifər] 명 (속어) 1 무기[종신] 징역수; 종신 징역[무기형]의 선고. 2 (美) 직업 군인; (어떤 일에) 평생을 바친 사람.
lífe rȁft 명 구명 뗏목(고무 보트).
lífe rȉng 명 =life buoy.
life-sáv·er [láifsèivər] 명 1 인명 구조원, (특히) 수난 구조 대원; 생명의 은인. 2 (英) =lifeguard 1. 3 (구어) (곤경에서) 건져내 주는 사람[것]. 4 구명구(具).
life-sáv·ing [láifsèiviŋ] 형 구명(救)의; 수난(水難) 구조의. ── 명 수난[인명] 구조(법).
lífe sávings 명복 (일생 동안 모은) 노후 대비 저축.
lífe scìence 명 (보통 ~s) 생명 과학(생물학·생화학·의학·심리학 등). **life scíentist**
lífe séntence 명 (법률) 종신형, 무기 징역.
life-size(d) [-sáiz(d)] 형 실물 크기의, 등신대(等身大)의. ¶ a ~ nude statue 등신 나상(裸像).
lífe spàce 명 (심리) (특히 사적인) 생활 공간.
lífe spàn 명 (생물·기계의) 수명; (조직의) 존속 기간.
lífe·spring [láifspriŋ] 명 생명의 원천[근원].
lífe stȍry 명 인생담, 일대기.
life-strings [-stríŋz] 명복 명줄, 생명선.
life·style [láifstàil] 명 (美구어) (개인에 맞는) 생활 방식, 살아가는 모습. (또는 **lífe stỳle, lífe-stỳle**)
lífestyle drȕg 명 (美구어) 일상·성 생활에 만족감을 주는 약(정력제, 발모 촉진제, 금연약 따위).
lífestyle médicine 명 (美구어) 미용 의료(처치).
lífe suppòrt 명 생명 유지 장치; 생명 연장 조치[처치].
life-sup·port [-səpɔ̀ːrt] 형 1 (의학) 생명 유지의[를 위한]; 생명 유지 장치를 부착한. 2 (사람·사물·국가 따위의) 존속[번영·유지]에 필요한[을 위한].
lífe-support sýstem 명 생명 유지 장치(우주·해저 탐험·병원용); 환경 보존 장치; (지구상의) 생물권(圈).
lífe tȁble 명 (보험) 사망표(mortality table).
lífe ténant 명 (법률) 종신[평생] 부동산권자.
lífe tèst 명 내구(耐久) 시험.
life-threat·en·ing [-θrètniŋ] 형 생명에 관계되는, 생명을 위협하는. ¶ a ~ illness 치명적인 병.
*__life·time__ [láiftàim] 명 (복 ~s [-z]) 1 일생, 생애, 평생. 2 (생물의) 수명; (무생물의) 존속[유효] 기간; (배터리) (소립자 따위의) 수명. 3 (구어) 장기간, 오랜 세월. **all in a** [or **one's**] **lifetime** 만사가 운명이다.
── 형 일생의, 생애의, 평생의.

lífetime emplóyment 명 =lifelong employment.
lífe vèst 명 =life jacket.
lífe·wȁy [láifwèi] 명 생활 방식[양식] (way of life).
lífe·wȍrk [láifwɔ̀ːrk] 명 평생의 일[사업]. (또는 **lífe zóne** 명 생물 분포대(帶)[지리대]. **lífe's wórk**)
LIFO, li·fo [láifou] 명 (회계·컴퓨터) 후입 선출 법(=last-in, first-out). (last-in, first-out)

‡**lift** [lift] 타자 1 …을 (…에서) 들어올리다, 올리다(up) (out of, from, off); 게양하다; …을 (…에서) 쳐들 어 가다. ¶ (~+旦+前+名) ~ a box from [or off] a shelf 선반에서 상자를 내리다 / ~ a baby in one's arms 두 팔로 아기를 안아올리다 / ~ a load out of a truck 트럭에서 짐을 내리다.

> 유의어 **lift** (힘들여) 들어올리다. **raise** lift보다 힘은 덜 드나 수직으로 세우거나 보다 높은 위치로 옮긴다는 뜻이 강하다. **rear** raise와 같은 뜻의 문어. **hoist** 기계·장비 따위를 써서 천천히 raise, lift하다. **heave** 보통 짐만주어 들어올리듯이 lift하다. **boost** 밑에서 밀어 올리는 힘을 이용해서 lift하다; 힘들인다는 암시가 없는 말. **elevate** =lift, raise; 현재는 보통 비유적 뜻으로만 쓰는 말.

2 (눈·얼굴·머리)를 (…까지) 쳐들다(up), 위로 향하게 하다(to); (탑 따위)를 치솟게 하다. ¶ (~+旦+副) ~ (up) one's eyes 쳐다보다 // (~+旦+前+名) ~ one's face from a book 책에서 얼굴을 들다 // The church ~s its spire. 교회 첨탑이 높이 솟아 있다.
3 …의 신분[지위, 품위]을 높이다, 향상시키다(up); (기분 따위)를 북돋우다, 고양하다(up). ¶ (~+旦+前+名) ~ oneself from poverty 가난에서 벗어나다 / ~ a man out of obscurity 무명인을 출세시키다.
4 a) (세율·물가 따위)를 올리다. ¶ ~ the official rice price 쌀의 공정 가격을 올리다. b) (소리)를 높이다 (up). ¶ (~+旦+副) ~ up one's voice [or shout, cry] 소리를 높이다[고함지르다].
5 a) …을 제거하다; (포위·규제 따위)를 풀다, 철폐[해제]하다. ¶ ~ a siege 포위를 풀다 / ~ the controls 규제를 풀다 // (~+旦+前+名) ~ anxiety from a person 남의 불안을 제거해 주다. b) (군사) (포격)의 목표[방향]을 바꾸다; (포격)을 일시 중단하다, 포화(砲火)를 거두다. 6 (영·장엄·성가 따위)를 (…에서) 표절하다(from); (속어) …을 훔치다. ¶ ~ a shop 들치기하다 // (~+旦+前+名) ~ a passage from Milton 밀턴의 한 대목을 표절하다. 7 (감자 따위)를 캐내다; (모종 심기 위해) (모)를 뽑다. 8 (상 따위)를 차지하다, 획득하다. 9 (美) (저당물)을 찾다; (부채)를 지불하다. ¶ ~ a mortgage 저당물을 찾다. 10 (골프) (공)을 (타구할 수 없는 위치에서) 주워 올리다. (크리켓) (공)을 쳐 올리다. 11 (성형 수술로)(사람)의 얼굴 주름살을 없애다[펴다]. 12 (여우사냥) (사냥개)를 불러들이다. 13 …을 공수[수송]하다; (자동차 따위에) 동승시키다, 태우고 가다. 14 (속어) …을 체포[감금]하다. 15 (속어) (먼저 따위)를 restart 뽑다[불고 나가다]. (규칙 따위)를 풀고 나가다.
── 자 1 (부정문에서) 오르다(off); (뚜껑 따위가) 열리다. ¶ The lid won't ~. 아무리 해도 뚜껑이 열리지 않는다. 2 (구름·안개 따위가) 걷히다; (비가) 그치다. ¶ The mist ~ed. 안개가 걷혔다. 3 (배가) 파도를 타다. 4 (자리·깔개 따위가) 들리다, 부풀어 오르다. 5 (육지 따위가) 수평선상에 떠오르다. 6 (…을) 들어올리려 애쓰다(at). ¶ (~+前+名) ~ at a heavy stone 무거운 돌을 들어올리려 하다. 7 (산·탑 따위가) 우뚝 솟다, 높이 보이다. 8 (기분이) 명랑해지다. 9 (비행기 따위가) 이륙하다; 발진하다.
lift [or **raise**] **a hand** [or **finger**] 조금 수고하다.
lift at (무거운 것)을 들어올리다.
lift down (위에 있는 것)을 들어[안아] 올려 내리다.
lift off (로켓·항공기가) 이륙하다.
lift one's hand 한 손을 들고 선서하다.

lift one's hat 모자를 약간 들어올려 인사하다.
lift up 〔회중·청중〕을 정신적으로 고양시키다.
lift (up) one's hands 기도를 올리다.
lift up one's head ⇒HEAD.
lift (up) one's heart 기운이 나다, 기뻐지게 되다.
lift up one's heel against …을 (발로) 차다.
lift up one's horn 의기양양하다.
lift up one's voice 소리치다; 항의하다.

── 图 1 (a ~) (들어)올리기, 오르기; 들어올리는 힘; 들어올리는 방법; (머리·목·눈 따위를 높이 쳐드는 자세; 한번에 들어올리는 무게[짐]; 들어올리는 거리[정도].¶a ~ of one's eyebrows 눈썹을 찡긋 올림 / give a stone a ~ 돌을 들어올리다. 2 (a ~) (정신적) 고양, 활기를 주는 힘; 〔속어〕 (약·술 따위의) 기운, 효과. 3 (신분의) 향상, 승진, 출세 (in). 4 (a ~) (차에) 태우기, 편승; 거들기, 조력 (with). ¶give a person a ~ with a job 남의 일을 거들어주다. 5 ⓤⓒ 〔기계·항공〕 양력(揚力); 상승 기류; 공수, 수송. 6 기중기; (스키장의) 리프트; 〔영〕 엘리베이터((美) elevator); 요리 운반용 승강기; (자동차 수리용의) 잭. 7 〔해사〕 돛가름대를 들어올리는 밧줄. 8 (땅의) 융기. 9 (구두의) 뒤축 가죽의 한 장. 10 물건 훔치기, 절도. 11 〔속어〕 미용 성형(수술).

get a lift 기분이 밝아[좋아]지다.
give a person a lift ① 남의 기운을 북돋우다; 남을 거들다. ② 남을 차에 태워 주다.
on the lift 〔영방언〕 (병 따위로) 쇠약해져; 일어설 수 ⌐.

`∠·a·ble` 图   [도 없어서.

lift attèndant 图 〔영〕 =liftboy.
lift·back [líftbæk] 图 리프트백 승용차(차체 뒷면에 들어올리는 식의 문짝을 달아 짐을 실을 수 있는 차).
lift·boy [líftbɔ̀i] 图 〔영〕 엘리베이터 보이.
lift brìdge 图 승개교(昇開橋).
lift·er [líftər] 图 1 들어올리는 사람[기계]; 역도 선수. 2 도둑, 소매치기, 들치기.
lift·girl [líftgə̀ːrl] 图 〔영〕 엘리베이터 걸.
lift·ies [líftiz] 图(图) 〔美속어〕 창을 높인 구두.
lift·ing bòdy [líftiŋ-] 〔우주〕 (대기권에 재돌입시 조종하면서 착륙할 수 있는) 항행 검용 우주선.
lifting scrèw 图 나선(螺旋) 기중기, 나사 잭.
lift·man [líftmæn] 图 〔영〕 =liftboy.
lift·off [líftɔ̀(ː)f, -àf, -ɔ́f] 图 1 (항공기·로켓의) 이륙, 수직 이륙, 쏘아 올리기, 발사. 2 발사[이륙] 순간[시점]. 3 (구어) (계획·사업의) 개시. ── 图 (뚜껑 따위가) 들어올리면 떼낼 수 있는. (는 lift-òff).
lift pùmp 图 양수[흡입] 펌프. 图 force pump
lift-slab [-slæb] 图 리프트슬래브 공법의(지붕 따위의 슬래브들을 평지에서 만들어 제 위치에 달아올리는 공법).
lift trùck 图 지게 차, 소형 운반차.   「감(lift).
lift-up [-ʌp] 图 〔美속어〕 (마약으로 인한) 고양, 황홀
lig [lig] 图图 〔영속어〕 빈둥거리다; 공짜로 얻어 먹다.
lig·a·ment [lígəmənt] 图 1 〔해부〕 인대(靭帶). 2 끈; 단결력; 유대(bond).
lig·a·men·tal [lìgəméntl] 图 =ligamentous.
lig·a·men·tous [lìgəméntəs] 图 〔해부〕 인대(질)의, 인대를 형성하는. (또는 **ligamentary**) **~·ly** 튀
li·gan [láigən] 图 〔법률〕 =lagan.
li·gase [láigeis, -geiz] 图 〔생화학〕 합성 효소, 리가제(핵산(核酸) 분자를 결합하는 효소).
li·gate [láigeit] 图 ⋯을 잡아매다; 〔외과〕 〔출혈하는 동맥 따위를〕 결찰(結紮)하다.
li·ga·tion [laigéiʃən] 图 ⓤⓒ 잡아매기; 〔외과〕 결찰. **líg·a·tive** [lígətiv] 图
lig·a·ture [lígətʃə̀r, -tjùər] 图 1 ⓤ 잡아매기, 결.
2 잡아매는 것; 〔외과〕 결찰사(結紮絲). 3 유대(tie). 4 〔인쇄·언어〕 연자(連字) 부호(ˆ); 연자(合字(合字), 연자(連字)(æ, fi 따위). 5 〔음악〕 연결선, 슬러(slur).
── 图⑨ …을 묶다, 매다; 결찰하다.
li·ger [láigər] 图 라이거(수사자·암호랑이 사이의 잡

종). 〈*lion*+*tiger*〉

‡**light¹** [lait] 图 1 ⓤ 빛, 광선; 〔물리〕 가시 광선.¶~ and heat 빛과 열 / a beam of ~ 광선 / All colors depend on ~. 빛이 없으면 어떤 색도 존재하지 않는다 / L─ travels faster than sound. 빛은 소리보다 빠르다.

〔유의어〕 **light** 「빛」이라는 뜻의 가장 보편적인 말. **ray** 광원에서 방사상으로 나오는 빛 중의 한 가닥. **beam** ray가 다발로 된 빛.

2 ⓤ 일광; 낮 동안; 새벽.¶*before the ~ fails* 해가 저물기 전에.
3 발광체, 광원; (the ~) 태양, 천체; 등화, 램프, 전등, 촛불; 화톳불(beacon); (자동차의) 라이트; 등대; (~s) 교통 신호등; 점멸등; (~s) (무대의) 각광.¶*a red ~* 적 신호/*put out a lamp* ~ 램프의 불을 끄다/*The ~s went out.* 불이 꺼졌다.
4 (발광체가 내는) 밝음, 광명; 조명의 빛[밝기]; 얼굴의 밝음; 눈의 반짝임(기쁨·흥분·생기의 표시); 머리칼의 반짝임.¶*the ~ of a candle* [*the moon*] 촛불[달빛]/*the ~ of his eyes died.* 그의 눈에 생기가 없다.
5 (a ~) (점화를 위한) 불, 불씨; 점화물, 성냥; (담배 따위의) 불을 붙여 주시오. 6 선각자, 지도자, 대가, 권위자.¶*the ~s of history* 역사상의 대인물들. 7 ⓤ (정신적) 광명, 계몽(敎會)(의 빛); (영적인) 영감; (L─) 광명과 힘의 원천으로서의 신.¶*a man of ~ and leading* (빛이 되어 세상을 이끄는) 식자(識者)/*by the ~ of conscience* 양심에 비추어서. 8 (~s) 지식, 견식, 규범; 정신적 능력, 재능, 지력(知力). 9 (사물의) 양상; 견해, 견지, 관점.¶*in that ~* 그런 식으로/*see a thing in a favorable ~* 어떤 일을 유리하게 해석하다/*throw a new ~ on* [*or upon*] …의 양상[제재]을 보여 시키다. 10 ⓤⓒ (문제의 해명에 도움이 되는) 사실(발견).¶*new ~s on* [*or upon*] *a matter* 문제 해명에 도움이 되는 새로운 사실. 11 ⓤ (비유적) 밝은 데 드러남, 명백; 폭로. 12 ⓤ 〔예술〕 빛의 효과; (그림의) 밝은 부분. 13 ⓤ (~s) 〔법률〕 채광권(採光權), 일조권. 14 (~s) 〔美구어〕 눈; (古어) 시각, 시력. 15 〔건축〕 채광창, 창문. (온실 따위의) 유리 지붕. 16 정세(情勢). 17 〔인쇄〕 =lightface.
at the first light 동이 트자마자.
before light 동트기 전에.   「하여.
before the lights 각광을 받아; 무대에 서서, 출연
between two lights 저녁 무렵에, 황혼에.
between two lights 밤에, 어둠을 틈타서.
bring to light [or *the light of day*] 백일하에 드러내다, 폭로하다.
by [or *according to*] *one's lights* 자신의 생각[능력·종교 따위]에 따라.
by the light of nature 직감으로, 배우지 않고서도.
come to light (비밀 따위가) 밝혀지다, 나타나다.
come to light with (美·뉴질) (구어) (돈 따위를) 내보이다, 제출하다.   「다.
get out of the light (구어) 방해가 되지 않도록 하
get the green light (구어) (착수) 허가를 받다.
give a person the green [*red*] *light* (구어) 남에게 …을 허가하다[금지하다].
give light upon [or *on*] …을 밝히다.
go [or *be*] *out like a light* (곧바로) 깊이 잠들다, 갑자기 의식을 잃다; 몹시 취하다.
hide one's light [or *candle*] *under a bushel* 겸손하게 자기의 재능[아름다운 곳, 선행]을 숨기다(←마태 복음(Matt.) 5:15).
in a good [*bad*] *light* ① 잘 보이는[안 보이는] 곳에. ② 유리한[불리한] 입장에서. ③ 좋은[나쁜] 점을 강조하여.
in light of …에 비추어, …을 고려하여.   「대로.
in one's true light 본래의 모습으로, 있는[사실] 그
in the cold light of day [or *dawn, reason*] (술

따위에서 깨어) 현실적이 되어[냉정하게] 생각해 보니.
in [into] the light 밝은 곳에서[으로].
in the light of ① …에 비추어, 고려하여. ¶*in the ~ of* these facts 이들 사실에 비추어 보면. ② …으로서(as), …처럼. ¶view a person's action *in the ~ of* a crime 남의 행위를 범죄시하다.
in the light of *a person's countenance* 남의 총애[호의·지지]에 의하여.
jump the light (구어) 신호를 무시하다.
knock *a person's* ***lights out*** 남을 호되게 때리다[혼내 주다]; (말 따위로) 남의 간담을 서늘하게 하다.
light and shade 천양지차, 두드러진 대비, 명암.
light out (군사) 소등(消燈) 신호; (美속어) 끝, 죽음.
out like a light (구어) 완전히 정신을 잃고[잠들어]; (속어) 고주 망태가 되어.
punch[or ***put***] *a person's* ***lights out*** (美구어) 남을 때려 눕히다, 때려 실신시키다.
put a light to …에 불을 붙이다, …을 불태우다.
put out the light 불[전등]을 끄다.
see light[or ***daylight***] (구어) ① (곤란한 일 따위의) 전망이 보이다, 실마리를 잡다. ② 이해하다; 태어나다.
see (***the***) ***light at the end of the tunnel*** (구어) 오랜 고난 끝에 광명을 보다.
see the light (***of day***) ① (문어) 태어나다. ② 출판되다, 햇빛을 보다. ¶His works never *saw the* ~. 그의 작품은 햇빛을 본 일이 없었다. ③ 이해[용인]하게 되다(*on*). ④ 기독교에 귀의하다.
see the red light 위험을 예견하다.
set light to …에 불을 붙이다[점화하다].
shed[or ***throw, cast***] ***light on*** [or ***upon***] …에 해결의 빛을 던지다; 새로운 정보를 주다; (일)을 분명하게 하다, 해명[설명]하다.
shoot the lights (英속어) (특히 황색 신호 때) 신호를 무시하다.
shoot the lights out (美속어) 출중하다, 훌륭히 해내다.
stand[or ***get, be***] ***in*** *a person's* ***light*** 남 앞에 불빛을 가리고 서다, 남의 행복[출세]을 방해하다.
stand in one's own light (어리석은 짓을 하여) 스스로 자기의 평판[성공, 출세, 이익 따위]를 망치다.
strike a light 성냥을 그어 불을 켜다.
Strike a light! (구어·고어) 정말이냐, 설마 뭐라고! (놀라움·불신·불만을 나타냄).
the bright lights (구어) (도회지의) 환락가; (연예계 따위의) 화려한 세계.
the light of God's countenance 신의 은총.
the light of one's eyes[or ***life***] 가장 사랑하는[소중한] 사람, 마음에 드는 것, 보물.
the light on the will(濊) 오랜 고생 끝의 광명.
— 통 (~·***ed, lit***) (* 한정 형용사적으로 쓰는 과거분사는 ***lighted***가 보통) 他 **1** …에 점화하다, …을 밝히다; (불)을 지피다(태우다)(*up*). ⇨KINDLE 유의어 ¶a ~*ed* match 불이 붙은 성냥/~ a candle[cigarett*e*] 양초[담배]에 불을 붙이다. **2** …에 불을 밝히다, …을 밝게 하다, 비추다(*up*); 불을 밝혀 …을 안내하다(*to, into*). ¶Gas lamps *lit* the streets. 가스등이 거리를 비추고 있었다/~ a person *upstairs* [*to* a room] 램프를 밝혀 남을 2층(방)으로 안내하다. **3** (얼굴 등을) 환하게 하다, 밝게 하다(*up*). ¶(~+目+副) Her face was *lit up* by a smile. 그녀의 얼굴은 미소로 밝아졌다. ─ 目 **1** 불이 붙다, 켜지다(*up*); 점등하다. ¶(~+副). The street *lit up*. 거리에 불이 켜졌다. **2** 밝아지다; (눈·얼굴이) (…으로) 환해지다, 반짝이다, 빛나다(*up*) (*with*). ¶(~+副). His eyes *lit up with* joy. 그의 눈은 기쁨으로 빛났다. **3** (담배·파이프에) 불을 붙이다(*up*). ¶(~+副). take out a cigar and ~ *up* 여송연을 꺼내 불을 붙이다.
be lit up (구어) 몹시 취하다.
light up ① 밝게 하다; 밝아지다. ② 명랑하게 하다;

명해지다. ③ (구어) 담배에 불을 붙이다.
— 형 (~·***er***; ~·***est***) **1** (장소 따위가) 밝은. ¶a ~ room 밝은 방. **2** (종종 복합어로) (색깔이) 엷은, 희미한. ¶a ~ color 밝은 색/a ~ blue 담청색(淡靑色). ↔ful 형 ~·ful·ly 부 [dark
‡***light***² 형 (~·***er***; ~·***est***) **1** 가벼운(↔heavy); (화폐가) 법정 중량 이하의. ¶a ~ box 가벼운 상자/a ~ coin 근량이 모자라는 화폐 // This baggage is ~ *to* lift. 이 손짐은 들기에 가볍다.
2 가볍게 장비한, 경장(輕裝)의, 경(輕)…; 짐이 가벼운, (배가) 짐을 싣지 않은. ¶a ~ cruiser 경순양함.
3 (벌·부담 따위가) 무겁지 않은, (일 따위가) 쉬운, (병 따위가) 가벼운. ¶~ punishment 가벼운 벌/a ~ task 손쉬운 일/a ~ illness 가벼운 병.
4 (양·정도가) 적은, (밀도·농도가) 작은; (잠 따위가) 깊이 들지 않은, 얕은; 사소한, 경미한; (통행·상거래 따위가) 한산한. ¶a ~ rain 가랑비/a ~ haze 열은 안개/a ~ sleep 얕은 잠/a ~ loss 경미한 손실/The traffic is ~ on the street. 그 길은 교통이 한산하다.
5 힘이 들지 않은, 부드러운; 불명료한. ¶a ~ push 살짝 밀기/His writing is always very ~. 그의 글씨는 언제나 명료하다.
6 (음식이) 담백한, 소화가 잘 되는, 부담을 안 주는; (음료가) 알코올 성분이 적은; (음식물이) 저(低)칼로리의, 저지방의; (담배가) 니코틴 함량이 적은(* 상품 표시에서 때로 lite로 쓴다). ¶a ~ meal 담백한 식사/~ beer 약한 맥주. **7** 쾌활한; 들뜬; 걱정이 없는(*of*). ¶a ~ laugh 태평스러운 웃음/with a ~ heart 쾌활하게; 속편하게/be ~ *of* heart 걱정이 없다, 쾌활하다. **8** 잽싼, 민첩한; 경쾌한, 가벼운(*of, on*). ¶~ footsteps 가벼운 발걸음/be ~ *of* foot; be ~ *on* one's feet 발이 빠르다(가볍다). **9** (책의 내용 따위가) 가볍게 읽을 수 있는, 부담스럽지 않은; 재치있는; (음악·연극 따위가) 딱딱하지 않은, 오락적인. ¶~ reading 가볍게 읽을거리/a ~ jest 재치있는 익살/농담/~ music 경음악.
10 (여자가) 몸가짐이 헤픈, 바람기 많은(wanton); 경솔한, 경박한; 즉흥적인, (마음이) 변하기 쉬운. ¶a ~ woman 바람기 많은 여자/~ conduct 경솔한 행위/a ~ man 변덕쟁이. **11** (모습이) 우아한, 날씬한, 호리호리한. **12** 현기증이 나는, 어찔어찔한; (속어) (술) 취한. ¶get ~ on one martini 마티니 한 잔에 취하다. **13** 스폰지 모양의; (토양이) 푸석푸석한. ¶~ bread 부풀한 빵/~ soil 푸석푸석한 땅. **14** (음성) 강세[악센트]가 없는, 약음(弱音)의, 가벼운. **15** (구어) 불충분한, 손(돈)이 모자라는, 빚진; (카드놀이) 판돈을 빚지고 있는. **16** 경공업의; (공장이) 경(輕)설비의. **17** (물리) 원동력 따위가) 원자량이 표준 이하의, 가벼운 동위 원소를 가진. **18** (철도·배·차가) 경량 화물용의, (기관차가) 차량을 연결하지 않은. **19** (기상) 실바람의(~air의).
(***as***) ***light as air*** [or ***a feather, a cork, thistledown***] 깃털처럼 (매우) 가벼운.
give light weight 저울눈(무게)을 속이다.
have a light hand[or ***touch***] 손끝이 날렵하다, 손재주가 있다.
light in hand 다루기 쉬운.
light in the head ① 어지러운; 머리가 좀 돈. ② 바보인, 머리가 모자란.
light of ear 곧이듣기 잘하는, 귀얇은.
light of finger(***s***) 손버릇이 나쁜(light-fingered).
light on (濊구어) …이 충분하지 않은, 부족하여.
make light of …을 경시하다, 얕보다, 깔보다.
make light work of [or ***with***] …을 손쉽게 해치우다.
with a light heart 선선히; 쾌활하게; 경솔히.
— 부 (~·***er***; ~·***est***) 가볍게, 경쾌하게; 가벼운 차림으로; 용이하게, 간단히; 얕게. ¶travel ~ 가벼운 차림으로 여행하다/sleep ~ 선잠을 자다/*L- come*, ~ *go*. (속담) 쉬 번 돈은 쉬 달아난다.
get off light (구어) 가벼운 벌로 그치다.
— 명 **1** 저(低)알코올[니코틴, 지방, 칼로리]의 제품. **2**

경질유(輕質油).

light[3] 图 (~·ed, lit) 困 1 (탈것에서) 내리다(down) (from). ¶ ~ (down) from one's horse 말에서 내리다. 2 (새 따위가) 내려앉다 (on, upon). 3 우연히 찾아내다[마주치다; (눈길·타격 따위가) (…에) 머물다 (on, upon). ¶ (~+前+名) ~ on a clue 우연히 단서를 찾아내다; 닥치다 (on, upon).
— 囲 (해사) (밧줄 따위를) 끌어올리다.
light into (구어) …을 맹렬히 공격하다, 비난하다.
light on one's feet [or legs] (떨어졌을 때 따위에) 넘어지지 않고 두 다리로 서다; 운이 좋다, 잘 해내다.
light out (구어) 전속력으로 달리다; 갑자기 떠나다, 도망치다 (of, for).

líght adaptátion 图 〖안과〗 (어두운 곳에서 밝은 곳으로 나왔을 때의 눈의) 명순응(明順應). 困 dark adaptation **líght-a·dàpt·ed** [-id] 困 (눈의) 명순응한.
líght áir 图 〖기상〗 실바람(시속 1~3마일의 바람).
líght áirplane [áircraft] 图 =lightplane.
líght ále 图 (英) 라이트 에일(순한 병맥주).
líght-ármed [-άːrmd] 困 (군대의) 경장비[무장]의.
líght artíllery 图 (군사) 경포(輕砲)(구경 105mm 이하).
 「파운드 미만).
líght bómber 图 (군사) 경폭격기(적재 총중량 10만
líght bréeze 图 (기상) 남실바람(시속 4~7마일).
líght búlb 图 백열 전구: (美俗어)(머리) 대머리.
líght-bulb jóke [-bʌlb-] 图 (美) 전구(끼우기) 농담(시리즈)("How many…does it take to screw in a light bulb?"(전구 하나 끼우는 데 몇 사람이 필요한 지?)로 시작되는 문답식 조크로 현대 기술 문명을 풍자).
líght cháin 图 〖연역〗 경쇄(輕鎖)(항체 분자를 구성하는 폴리펩티드 고리; L chain (L 고리)라고도 한다).
líght cóffee 图 라이트 커피(우유를 많이 탄 커피).
líght-day [-dèi] 图 〖천문〗 광일(光日)(1광년(light-year)의 1일에 해당).
líght dúe [dúty] 图 등대세(燈臺稅).
líght·ed pén [láitid-] 图 소형 전구 부착 펜.
líght-emìt·ting díode [-ímìtiŋ-] 图 (전자) 발광다이오드 (= LED).

‡light·en[1] [láitn] 图 (~s [-z]) 围 1 …을 밝게 하다, 비추다. ¶ ~ the dark room 어두운 방을 밝게 하다. 2 …의 색깔(음영)을 엷게 하다. 3 …을 밝히다. 4 〖얼굴·눈 따위를〗 환하게 하다(빛내다). 5 (폐어) 계몽하다.
— 困 1 (하늘 따위가) 밝아지다. 2 (고어) (등불·칼 따위가) 빛나다, 반짝이다. 3 (얼굴·눈이) 환해지다. 4 (종종 it를 주어로) (하늘에) 번갯불이 번득이다.¶It ~ed. 번갯불이 번쩍였다. ~·er 밝히는 사람(것).

‡light·en[2] 图 (~s [-z]) 困 1 (물건·배·뱃짐 따위)을 가볍게 하다. ¶ ~ a ship 뱃짐을 가볍게 하다. 2 (부담·고통·걱정 따위)를 덜다, 경감하다.¶ ~ taxes 세금을 경감하다. 3 …을 기쁘게 하다, 안심시키다: 활기띠게 하다. — 困 1 (걱정·짐이) 가벼워지다. 2 (기분·마음이) 편해지다: 기운을 내다(up). 「지 않다 (on).
lighten up (구어) …에 쉽게 대하다, 너그러이 하다.

líght éngine 图 〖철도〗 (열차를 달지 않은) 기관차.
*light·er[1] [láitər] 图 1 점등[점화]하는 인부. 2 점등[점화]기, 라이터. 3 불쏘시개, 관솔.
light·er[2] 图 거룻배. — 围困 (거룻배로) …을 나르다.
light·er·age [láitəridʒ] 图 ⓤ 거룻배 사용, 거룻배 운반(료), (집합) 거룻배, (집) 거룻배 삯.
light·er·man [láitərmən] 图 거룻배 사공.
light·er-than-air [-ðənέər] 图 (항공) (비행선·기구 따위가) 공기보다 가벼운: 비행선[기구]의.
líght·face [láitfèis] 图 ⓤ 〖인쇄〗 획이 가는 활자.
— 图 (또는 **líght-fáced**) (인쇄가) 가는 활자의(로 조판한). 困 boldface
líght·fast [láitfӕst/-fàːst] 困 내광성(耐光性)의; 햇볕에 쬐어도 바래지(변색되지) 않는.
líght-fin·gered [-fíŋɡərd] 困 1 손끝이 날랜, 손재주가 있는. 2 (소매치기) 손이 빠른, 손버릇이 나쁜. ~·**ness**
líght fíngers 图(복) 버릇이 나쁜 손.
líght flýweight [복싱] 图 라이트 플라이급 (선수). — 图 라이트 플라이급의.
líght-foot [-fút] 困 =light-footed. — 围困 (~it) 가볍게 나아가다: (美어) 법정 속도로 운전하다.
líght-foot·ed [-fútid] 困 1 발이 빠른; 민첩한. 2 (美어) 동성애의. ~·**ly** 囲 ~·**ness** 图
líght gúide 图 =optical fiber.
líght-hand·ed [-hӕndid] 困 1 손끝이 날랜, 손재주가 있는. 2 손에 든 것이 적은. 3 (일손이 모자라는. 「몽롱한 사람.
~·**ly** 囲 ~·**ness** 图
líght-head [láithèd] 图 지각이 없는 사람: 생각이
líght-head·ed [-hédid] 困 1 변덕스러운; 경솔한, 생각이 가벼운. 2 (술·고열 따위로) 현기증나는, 어찔어찔한. ~·**ly** 囲 가볍게, 가볍게. ~·**ness** 图
líght-heart·ed [-háːrtid] 困 근심이 없는, 속편한; 즐거운; 유쾌한. ~·**ly** 囲 ~·**ness** 图
líght héavyweight (복싱·레슬링·역도) 图 라이트 헤비급 (선수). — 图 라이트 헤비급의.
líght-horse·man [-hɔ́ːrsmən] 图 경기병(輕騎兵)
líght-hour [-àuər] 图 (천문) 광시(光時). 困 light-year 「등대지기; 지침이 되는 것(사람).
‡líght·house [láithàus] 图 (图 -*hous·es* [-hàuziz])
líghthouse kèeper 图 등대지기.
líght hóusekeeping 图 간단한 가사; 조리 시설이 미비된 곳에서의 가사; (美어) 동서(同棲) 생활.
líght índustry 图 경공업. 困 heavy industry
líght ínfantry 图 경(무장) 보병대; 정보보병 사단.
*light·ing [láitiŋ] 图 ⓤ 1 점화, 점등. 2 조명: 조명 방법(장치). 3 (조명 효과에 의한) 명암.
líght·ing-up tíme [-ʌp-] 图 (英) (차량·도로 따위의) 법정 점등 시간.
líght·ish[1] [láitiʃ] 困 (색이) 약간 밝은.
líght·ish[2] 困 (무게가) 약간 가벼운[모자라는]; 실은 짐이 약간 적은.
líght-legged [-lègd] 困 걸음이 빠른.
líght·less [láitlis] 困 빛이 없는, 어두운; (별 따위가) 빛을 발하지 않는. ~·**ness** 图

‡light·ly [láitli] 囲 (*more* ~; *most* ~) 1 가볍게, 살며시. ¶ put a dish ~ on the table 접시를 테이블에 살짝 올려놓다. 2 조금, 살짝. 3 용이하게. ¶ *L― come, ~ go.* (속담) 쉬 얻은 돈은 쉬 달아난다. 4 즐겁게, 쾌활하게. 5 경솔하게, 함부로; 가볍게. ¶ behave ~ 경솔하게 행동하다. 6 (종종 부정문에서) 이렇다 할 이유없이, 충분한 고려도 없이. 7 민첩하게, 잽싸게. 8 냉담하게, 경시하여. 9 (거의) 처벌되지 않고서.
get off lightly [or cheaply] (구어) 잘 피하다; 가벼운 벌로 그치다.

líght machíne gùn 图 (군사) 경기관총(= LMG).
líght métal 图 경금속(비중 4 이하). 「계.
líght mèter 图 (휴대용) 조도계(照度計); (사진) 노출
líght míddleweight (복싱) 图 라이트 미들급 (선수)(67-71kg급). — 图 라이트 미들급의.
líght-mínd·ed [-máindid] 困 경박한, 경솔하는, 사려가 없는, 무책임한. ~·**ly** 囲 ~·**ness** 图
líght-min·ute [-mínit] 图 〖천문〗 광분(光分)(빛이 1분간에 나아가는 거리).
líght-month [-mʌ̀nθ] 图 〖천문〗 광월(光月)(빛이 1 개월 동안에 나아가는 거리: 약 8000억 km).
líght músic 图 경음악. 「엷은, 엷은 색채.
líght·ness[1] [láitnis] 图 ⓤ 1 밝음, 밝기. 2 (색의)
líght·ness[2] 图 ⓤ 1 가벼움. 2 경쾌함, 민첩. 3 (태도·문체 따위의) 명랑한, 쾌활함. 4 억압(고난)에 부담 따위가 없음. 5 경박함, 경솔: 불성실: 품행이 좋지 않음.
‡light·ning [láitniŋ] 图 ⓤ 1 전광(電光), 번갯불, 번개. ¶ *forked [chain(ed)] ~* 분지(分枝)[굴곡] 번개 / *zigzag*

~ 절곡(折曲) 번개 / a flash of ~ 번개(의 번득임) / be struck by (a bolt of) ~ 번개를 맞다.
like (greased) lightning 번개처럼, 굉장히 빠르게, *ride the lightning* (美속어) 전기 의자에서 처형되다.
— 휑 전광[번갯불]의; 전광석화의, 굉장히 빠른; 전격적인. 「순식간에.
with lightning speed 전광석화[번개]처럼 빠르게.
— 동(자) (비인칭의 it를 주어로) 전광을 내다, 번개치다. ¶It began to ~. 번개치기 시작했다.

líghtning arrèster 명 (전기) 피뢰침. 「(fly).
líghtning bùg [bèetle] 명 반디, 개똥 벌레(fire-
líghtning condùctor 명 피뢰침의 도선(導線); 피
líghtning ròd 명 피뢰침. 「뢰침.
líghtning strìke 명 1 낙뢰, 벼락. 2 전격 파업.
líghtning wàr 명 전격전.
líght òil 명 경유(輕油), 경질(輕質) 원유.
light-o'-love [-əláv] 명 바람둥이 여자; 매춘부; 애인. (또는 líght-of-lóve)
líght ópera 명 경가극, 오페레타(operetta).
líght pèn [péncil] 명 (컴퓨터) 라이트 펜(스크린 상에 문자나 도형을 그려 입력할 수 있는 장치).
líght píece 명 (25센트) 은화, 소액의 돈.
líght pìpe 명 (광학) 광섬유(optical fiber).
líght-plàne [láitplèin] 명 경비행기. (또는 **líght plàne**).
líght plòt 명 무대 조명법. 「plàne).
líght pollùtion 명 (네온사인 따위에 의한) 광해(光害), 과잉 조명 공해; (천문) 별 관측(촬영)이 방해받는 일.
light-proof [láitprùːf] 형 광선이 통하지 않는.
líght quántum 명 (물리) 광자(photon).
líght ràil 명 경(輕)철도, **líght-ràil** 형
líght ràilway 명 경편(輕便)[협궤(狹軌)] 철도.
líght reàction 명 1 (식물) 명반응(明反應)(광합성의 제1단계). 2 (동물) (빛에 대한) 조사(照射) 반응.
líght relìef 명 긴장을 풀어주는 것. 「파, 폐.
lights [laits] 명 (식용으로서의 양·돼지 따위의) 허
light-sculp·ture [-skλlptʃər] 명 빛의 조각(투명한 소재에 전기 조명을 결합시킨 조각 작품).
líght-séc·ond [-sèkənd] 명 (천문) 광초(光秒)(빛이 1초에 나아가는 거리). 魯 light-year
líght-sén·si·tive [-sénsətiv] 형 빛에 민감한; (물리) 광전성(光電性)의.
líght·ship [láitʃìp] 명 등대선. 「예술 표현).
líght shòw 명 조명쇼(슬라이드·빛 따위에 의한 전위
líght-skirts [-skə̀ːrts] 명(복)(단수취급) 몸가짐이 헤픈 여자, 바람둥이 여자.
líght·some¹ [láitsəm] 형 1 우아한, 얌전한; 경쾌한, 민첩한. 2 즐거운, 쾌활한. 3 경박한, 변덕스러운. ~·ly 부 ~·ness 명
líght·some² 형 1 빛을 내는[반사하는], 반짝이는. 2 조명이 잘 된, 밝은. 3 세상이 엷은. ~·ly 부 ~·ness 명
líghts óut 명 (군사) (나팔이나 북에 의한) 소등 신호; 소등 (시간); 정전; (美속어) 죽음.
líght stabìlity 명 (내광성(耐光性), 광(光) 안정성.
light-struck [-stràk] 형 (사진) (필름 따위) 광선을 쐰, 빛이 닿아 못쓰게 된.
líght stùff 명 (美구어) 알코올 도수가 낮은 술; (美속어) 중독성이 없는 약, 대마초.
líght tàble 명 라이트 테이블(반투명 유리 밑에서 조명을 비춰 필름 따위를 검사하는 테이블).
líght-tìght [láittáit] 형 빛이 통하지 않는(lightproof).
líght tòwer 명 등대(lighthouse).
líght trácer 명 예광탄(曳光彈).
líght tràp 명 1 유아등(誘蛾燈). 2 (암실의) 차광 장치; (암실로 통하는) 차광된 통로. 「의 물).
líght wáter 명 (美구어) 경수(重水)에 대하여 보통
líght wáter (núclear) reàctor 명 경수로(輕水爐), 경수형 원자로(약 LWR).
líght wàve 명 (과학) 광파(光波).

líght·wàve [láitwèiv] 명 (통신·기기 따위의) 광섬유를 이용한.
líght-wèek [-wìːk] 명 (천문) 광주(光週)(빛이 1주 일간에 나아가는 거리). 魯 light-year
líght·wèight [láitwèit] 명 1 경량의; 표준 이하의. 2 (복싱·레슬링·역도) 라이트급의. 3 보잘것없는, 쓸모 없는. — 명 1 표준 중량 이하의 사람. 2 (구어) 보잘것 없는 사람; 쓸모없는 사람. 3 (복싱·레슬링·역도) 라이트급 선수.
líght wélterweight (복싱)명형 라이트 웰터급 (선수)(의) (아마추어에서는 60~63.5kg).
líght whísky 명 라이트 위스키(알코올 도수가 낮고 맛·향이 순한 미국산 위스키).
líght wìne 명 라이트 와인(알코올 도수가 낮은 포도주).
líght-wòod¹ [láitwùd] 명(U) (美남부) 1 불쏘시개 용 나무, 관솔. 2 (송진이 많은) 소나무 목재.
líght-wòod² 명 재질이 가벼운 나무, 연질재(軟質材).
líght-yèar [-jə̀ər] 명 1 (천문) 광년(光年)(빛이 1년에 나아가는 거리; 약 9조 4670억 km; 약 lt-yr). 2 (보통 ~s) (구어) 아주 긴 시간[먼 거리].
lign- [lign] 연결 ⇒LIGNI-.
lig·ne·ous [lígniəs] 형 나무 같은, 목질의.
líg·ni- [lígnə] 연결 wood의 뜻(* 모음 앞에서는 lign-). ¶*lignify, lignin*. 「목질화.
líg·ni-fy [lígnəfài] 타재 목질화하다. **-fi·cá·tion** 명
líg·nin [lígnin] 명(U) (식물) 목질소(木質素), 리그닌.
líg·nite [lígnait] 명(U) (광물) 갈탄, 아탄(亞炭) (brown wood coal). **-nít·ic** [-] 형 마찬대의.
líg·no·caine [lígnəkèin] 명 (약학) 리그노카인(국 「소 마취제).
líg·num ví·tae [lígnəm váiti, víːtai] 명 (열대 아메리카산 유창목(癒瘡木); (U) 그 목재. 〈L〉
lig·ro·in(e) [lígrouin] 명 (화학) 리그로인(석유 에테르의 일종; 용제로 쓰인다).
líg·u·la [lígjulə] 명(-*lae* [-lìː], ~*s*) 1 (식물) = ligule. 2 (곤충) 순설(脣舌). **-lar, -lòid** 형
líg·u·late [lígjulət, -lèit] 형 (식물) 1 혀 모양의 작은 부분이 있는, 설상편(舌狀片)이 있는. 2 (꽃부리 따위가) 혀 모양의. (또는 **ligulated**) 「양의 꽃부리.
líg·ule [lígjuːl] 명 (식물) 엽설(葉舌), 설상편; 혀 모
lík·a·ble [láikəbl] 형 마음에 드는, 호감이 가는. (또는 **likeable**) ~·ly 부 ~·ness 명
‡like¹ [laik] 형 (*more* ~, *lìk·er*; *most* ~, *lìk·est*) 1 (한정용법) (모양·종류·성질 따위가) 같은; (수량·가치가) 동등한, 거의 같은. ¶~ terms (수학) 동류항. 2 대응하는 데가 있는, 비슷한. 3 (고어·방언) (서술용법) 거의 …할 듯한; …하려고 하는(*to do, that*쏌). ¶*The noise is ~ to drive me crazy*. 소음 때문에 미칠 것 같다.
as like as cheese and chalk ⇒CHALK. 「같은.
(as) like as two peas [or *beans*] 꼭 같은, 쌍둥이
be like (구어) …라 말하다, 말하고 있다(* 이야기를 도입하여). ¶*And she's ~, "Shut up!"* 그러자 그녀는 "시끄러워!"라고 말했다.
be of like mind in …에는 의견이 일치하는.
in like manner [or *fashion, wise*] 마찬가지로, 똑같이.
— 전 1 …과 같은 방식으로, …과 마찬가지로, ¶*swim ~ a fish* 마치 물고기처럼 헤엄치다 / *drink ~ a fish* 술을 많이 마시다 / *smoke ~ a chimney* 담배를 지독[많이] 피우다. 2 (모양·내용 따위가) …을 닮아, …과 유사하여, ¶*He is just ~ his father*. 그는 아버지를 꼭 닮았다. 3 …의 특성을 나타내어, …답게. ¶*That's just ~ him*. 그것은 과연 그답다 / *Isn't that ~ a girl?* 소녀티가 물씬 나잖아? 4 (look, sound 따위 뒤에서) …이 일어날 것 같은, …의 조짐을 나타내어. ¶*You sound ~ a prof*. 교수님 같은 말투군. 5 (부정문·의문문에서) …과 성질을 같이하여, …에 필적하여. ¶*There's no place ~ home*. (속담) 내 집만한 곳은 아무데도 없다 /

What was he ~? 그는 어떤 사람이었습니까? **6** 《관계 있는 두 사람의 유사성을 나타내기 위하여 상관적으로 써서》¶*L– father*, ~ *son*. 《속담》 그 아비에 그 자식; 부전자전 / *L– master*, ~ *man*. 《속담》 그 상전에 그 종; 용장 밑에 약졸 없다. **7** 《구어》 《명사 뒤에 쓰여》 (예를 들면) …과 같은. ¶a subject ~ physics 물리학 같은 과목. 「은.

(a bit) more like (it) 《구어》 진실에 가까운, 진짜 같은.
anything like ⇨ANYTHING.
feel like ⇨FEEL. ***just like that*** ⇨JUST.
like another 보통의, 평범한.
like anything [or ***everything, blazes, crazy, the devil, mad, fun***] 《구어》 몹시, 맹렬히, 지독히; 매우. ¶swear ~ *anything* 심하게 욕설을 퍼붓다.
like hell ⇨HELL.
like nothing on earth ⇨NOTHING.
like that [***this***] 그런[이런] 식으로. 「…처럼.
like what 이를테면 (무슨); 《구어》 (…와) 마찬가지로,
look like ① …할 것 같다. ¶It *looks* ~ rain [*or* raining]. 비가 올 것 같다. ② …인 것처럼 보이다. ¶It *looks* ~ gold. 그것은 금처럼 보인다.
make like 《美구어》 …인 체하다, 흉내내다.
more like (이미 말한 수량보다도) 오히려 …에 가까운. ¶*More* ~ ten pounds. 오히려 10파운드에 가깝다.
nothing [or ***none, not anything***] ***like*** ① …에 미치는 것이 없다. ¶There is *nothing* ~ doing so. 그렇게 하는 것이 상책이다. ② 조금도 …답지 않다.
nothing like as good 견줄 만한 것이 없는. ¶His performance is *nothing* ~ *as good*. 그의 연주는 아무도 따르지 못한다.
something like ⇨SOMETHING.
That's more like it! 《구어》 그 쪽이 훨씬 낫다!, 그래 그거야!(＊바로잡았을 때 치켜세우는 말).
What is...like? (…은) 어때? ¶*What's* your new school ~? 새 학교는 어때?

—[부] (＊형용사와 마찬가지로, 뒤에 목적격의 말이 올 경우에는 전치사로도 간주된다) **1** 《수사 앞에 쓰여》 대략, 거의, 얼추. ¶The house is ~ 20 years old. 그 집은 지은 지 20년쯤 된다. **2** 《~ enough 또는 very ~로》 《구어》 아마, 십중팔구. ⇨*like enough*. **3** 《어구의 말미에 붙여서》 《방언·속어》 **a**) 말하자면, 마치(as it were). **b**) 어느 정도; 다소, 좀. ¶He seemed angry ~. 그는 마치 화난 것처럼 보였다. **4** 《문장 첫머리·중간·끝에 붙여서》 《美속어》 그, 저, 어어, 그러니까, 그게 (＊거의 의미가 없으며, 하던 말을 강조하거나 이을 때 감탄사나 접속사처럼 쓰인다). ¶*L–* I dig it. 어어, 알 것 같군 / It's ~ cold. 어어 추워!.

(as) like as not 《구어》 아마, 십중팔구.
like as (if)... 《고어》 마치 …처럼[과도 같이] (just as).
like enough; very like 《삽입적》 아마도. ¶*L– enough* it will rain. 아마 비가 올 것 같다.
like so 《구어》 이와 같이, 그처럼.
like so many 동수의 …처럼, 마치 …(인 것)처럼. ¶They were working ~ *so many* ants. 그들은 마치 개미처럼 일하고 있었다.

—[접] 《구어》 …와 똑같이, …처럼(as); 《美》 마치 …처럼(as if). ¶I can not do it ~ you do. 나는 너처럼은 할 수 없다 / It looks ~ she means to go. 그녀는 갈 작정인 것 같다.

> [USAGE] 접속사로서 as와 같은 뜻으로 쓰는 것은 올바른 용법이 아니며, 구어 또는 비어(卑語)의 용법으로 간주되어 왔으나, 현재는 상당히 일반적으로 쓰고, 특히 《美》에서는 접속사로 흔히 쓰는 추세에 있다.

tell [or ***say***] ***it like it is*** 사실 그대로[솔직히] 말하다.

—[명] **1** (the ~, one's ~) 비슷한[닮은] 사람[것], 동류; 필적하는 것, 동등한 것. ¶We shall not see his ~ again. 우리가 그 같은 사람은 두 번 다시 볼 수 없을 것이다 / Mix with your ~*s*. 비슷한 사람과 어울려라 / *L– attracts* ~. 《속담》 유유상종(類類相從) / *L– cures* ~. 《속담》 독은 독으로 푼다. **2** (one's ~s) (…과) 같은 유형[부류]의 사람[것]. ¶I despise moochers and their ~*s*. 나는 등쳐 먹는 사람이나 그와 같은 부류의 사람을 싫어한다. **3** (the ~) 〔골프〕 (상대와 타수가) 같아지는 스트로크.

and the like; and such like 그밖에 같은 것, 기타 등등(＊격식적인 말투). ¶wheat, oats *and the* ~ 밀·귀리 등등. 「하다.
give [or ***return***] ***like for like*** 은혜를 갚다; 대갚음
in like 《속어》 꽤 좋아하는. [참] in love(서로 사랑하는).
or the like 또는 그밖에 유사한 것, …등등.
the like(s) of 《구어》 …과 같은 사람[것]. ¶I've never seen *the* ~ *of* it anywhere. 그런 것은 어디에서도 본 적이 없다 / *the* ~*s of* me (자신을 낮추어) 나 같은 사람 / *the* ~*s of* you 당신같이 훌륭한 사람.

—[동][자] 《방언·구어》 《~(d) to (have) *done* 형식으로》 (하마터면) …할 뻔했다. ¶The poor kid ~*d to* (have) frozen. 가엾게도 그 애는 하마터면 얼어죽을 뻔했다.

‡like² [동] (~***d*** [-t]; ***lik·ing***) [타] **1** 〔사람·사물〕을 좋아하다; …이 마음에 들다. ¶I ~ it best of all my suits. 내 슈트[양복] 중에서 그것이 제일 마음에 든다 / I ~ that. (시비조로) 야, 이거 재미나는데 / Which do you ~ better, tea or coffee? 홍차와 커피 중 어느 쪽을 더 좋아합니까?
2 …하는 것을 좋아하다[좋게 생각하다]; (항상) …하기로 하다(*to* do, do*ing*). ¶~ *playing* [*to* play] tennis 테니스를 좋아하다 / He ~*s smoking* [or *to* smoke]. 그는 담배를 좋아한다 / I ~ *to* go for a walk on Sunday. 일요일에는 산보 가는 것으로 하고 있다.
3 …을 바라다, 탐내다; 《would, should 뒤에 와서》 …하고 싶다, 기꺼이 …하다. ¶(~+*-ing*) (~+*to* do) I would ~ *to* see it. 그것을 보고 싶은데요 / I should ~ *to* see you again. 또 만나고 싶군요 // (~+[目]+*to* do) I would ~ you *to* go there. 네가 그곳에 가주었으면 좋겠다 // (~+[目]+(*to be*) [補]) I ~ my tea hot. 내 차는 따끈하게 해주었으면 좋겠다.

> [USAGE] **'like+to** 부정사' 와 **'like+**동명사' —— like는 부정사·동명사 양쪽 다 목적어로 하나, 부정사는 특수한 것을, 동명사는 일반적인 것을 가리켜, 후자는 「습관」의 뜻을 지니는 일이 많다: I ~ *to go* for a walk early in the morning. [참] I ~ *going* for a walk early in the morning. (「산책이라면 이른 아침이 좋다」는 뜻을 갖는다.) 또 I don't ~ *to smoke*. (「지금은」 담배를 피우고 싶지 않다)와 I don't ~ *smoking*. (나는 담배를 좋아하지 않는다)의 차이에도 주의. 영어에서는 대체로 'like+to부정사' 보다도 'like+동명사'가 많이 쓰이는 것 같다. 그리고 would와 should는 그 뒤에 'like+to부정사' 는 동반하지만, 'like+동명사' 는 동반하지 않는 데 주의. ⇨SHOULD.

4 《부정구문에서》 《구어》 (지방(地方)·음식 등이) 〔건강〕에 적합하다, 맞다; (색·복장 따위가) …에 어울리다. ¶Mackerel does not ~ me. 고등어는 내 체질에 맞지 않는다. **5** 《it을 주어로 하여》 《고어·방언》 …의 마음에 들다. ¶It ~*s* her not. 그것은 그녀 마음에 들지 않는다. **6** 《속어》 (…쪽이) 이길 것으로 예측하다, (…쪽에) 돈을 걸다. ¶You ~ the Dodgers? 다저스가 이길 것으로 예측합니까?

—[자] 좋아하다, 바라다. ¶Go wherever [whenever] you ~. 어디든지[언제든지] 가고 싶은 대로[때] 가거라.

and like it 《명령문에 덧붙여》 이러쿵저러쿵 말하지 말고, 제꺽제꺽.
(as)...as you like 몹시, 대단히, 더없이.
as you like (it) 뜻대로, 마음이 내키는 대로.
How do you like...? ① …은 어떻습니까?, 마음에

드십니까? ② …은 어떻게 해드릴까요?¶*How do you ~ your steak?* 스테이크는 어떻게 해드릴까요?
***How would** he* [or *she, they, etc.*] *like…* [or *to do*]? 그[그녀, 그들]는 어떻게 생각할까요?
I'd like to see [or *know*]*…* (비꼬아) …을 보고[알고] 싶은거야. 보여[알려] 주지 않겠어?
if you like ① 그렇게 하고 싶다면.¶*You will come if you ~.* 좋다면 와주십시오. ② 그렇게 말하고 싶다면, …이라고도 말할 수 있을 것이다.¶*He is a poet if you ~.* 그를 시인이라 부르겠다면 그래도 좋다.
I like *a person's **nerve*** [or *cheek*]. (반어적) 배짱이 대단하군.
like for *a person **to** do* (美구어) 남이 …하기를 원하다.¶*He would ~ for you to sing.* 그는 네가 노래부르기를 원하다.
like it or lump it ① =*like it or not.* ② (美구어) (명령형으로) 체념해라, 방법이 없어, 입 다물어.
like it or not [or *no*] 좋든 싫든간에 (상관없이).
That's what I'd like to know. (구어) 바로 그걸 알고 싶은거야.
(Well,) I like that! (구어) 설마!, 놀랬는걸!, 뜻밖이군!
What do you like for…? …은 뭘로 할까요? …은 뭘 드시겠습니까?¶*What do you ~ for dinner?* 저녁은 뭘로 할까요?
would [or ***should***] ***like;*** (구어) **'d like** ① …하고 싶다(*to do*); …을 가지고 싶다.¶*Would you ~ to come with me?* 저와 같이 가시겠습니까?/*I should ~ this book.* 이 책을 가졌으면 합니다. ② …하고 싶었다(*to have* done); (사람·사물에게) …하게 하고 싶다(*to do*).
Would you like…? ① …하시겠습니까?¶*Would you ~ a drink?* 한 잔 하시겠습니까? ② …해주시겠습니까?¶*Would you ~ to close the door?* 문을 닫아 주시겠습니까?
── 图 (~s) 좋아하는 것; 취미, 취향; 기호.¶~*s and dislikes* 좋은 것과 싫은 것.
-like [-laik] 접미 명사에 붙여 like¹ (…과 같은, …비슷한, …에 맞는)의 뜻의 형용사를 만든다(* -ll로 끝나는 명사에 붙을 때는 *l*이 필요없다).¶*child*like; *ball-like.*
like·a·ble [láikəbl] 图 =likable.
*****like·li·hood** [láiklihùd] 图(U) 1 있음직함, 가능성.¶*There is a strong* [or *good, great*] ~ *of his appearing.* 그가 나타날 가능성은 크다. 2 (英) 유망함.
in all likelihood 아마, 십중팔구.
like·li·ness [láiklinis] 图 =likable.
*****like·ly** [láikli] 图 (**-li·er, more ~; -li·est, most ~**) 1 (서술용법) 있을 법한, 일어날 듯한, …할 것 같은, …같은(*to do, that* 图). ⇨ APT USAGE ¶*The president is ~ to resign.* 대통령은 사임할 것 같다./*He is ~ to succeed. =It is ~ that he will succeed.* 그는 성공할 것 같다.

> 유의어 **likely** 어떤 일의 실현성이 매우 큼. **possible** 어떤 일의 실현성이 아주 없는 것은 아님. **probable** 절대적인 증거는 없으나 어떤 일의 실현을 믿을 만한 충분한 정황이 있다.

2 진실[사실]처럼 생각되는, 있을 법한, 그럴싸한.¶*That's a ~ story.* 그것은 있을 법한 이야기이다. (반어적) 설마. 3 (…에/…하기에) 알맞은, 안성맞춤의(*for/to do*)¶*a ~ man for the job* 그 일에 안성맞춤인 사나이/*a ~ spot to build a house on* 집을 짓기에 알맞은 장소/*call at every ~ house* 마음에 짚이는 집을 모조리 찾다. 4 (英구어) 유망한, 가망이 있는.¶*a ~ young fellow* 전도 유망한 젊은이. 5 (美구어) 잘생긴, 미인의.
Not (bloody) likely! (구어) ① 천만에!(* 강한 부정).
── 图 (보통 very, most, quite, more와 함께) 아마, 어쩌면.¶*I shall* very ~ *see you again.* 꼭 다시 만나게 될 것입니다.
(as) likely as not 어쩌면 …일지도 모른다, 아마 …일 것이다.¶*He knows nothing about it as ~ as not.* 그는 아마도 그 일을 전혀 모르고 있는 것이리라.
likely enough 아마도, 십중팔구.
more likely than not; more than likely 어느쪽이냐 하면, 아마, 십중팔구.
most likely 아마, 필시.
like-mind·ed [-máindid] 图 동지의, 같은 의견[목적, 취미]을 가진; (…와) 뜻[배짱]이 맞는(*with*).
~·**ly** 图 ~·**ness** 图
lik·en [láikən] 配 …을 (…에) 비유하다, 비기다 (*to*).¶~ *him to Napoleon* 그를 나폴레옹에 비유하다.
*****like·ness** [láiknis] 图 (~·**es** [-iz]) 1 화상(畫像), 닮은 얼굴, 초상; 사진; 꼭 닮은 사람[것]. ¶*a living* ~ 빼쏜 듯이 닮은 것[사람]/*take a person's* ~ 남의 사진[초상화]을 찍다[그리다]. 2 U 외관, 겉보기. 3 U 비슷함, 유사 (*between, to*).¶*You bear a strong* ~ *to your father.* 너는 아버지와 아주 닮았다./*I cannot see much* ~ *between them.* 그(것)들은 별로 닮은 데가 없다.
assume the likeness of …의 흉내를 내다.
in the likeness of …로 가장하여, …로 속여.

> 유의어 **likeness** 외견·성질 따위의 크게 닮음. **similarity** 약간 닮음. **resemblance** 외견상·표면적으로 유사. **analogy** 근본적으로는 전혀 다른 사물에서 볼 수 있는 유사한 관계.

like-new [-njúː/-njúː] 图 신품과 거의 같은. ☞ **brand-new**
‡**like·wise** [láikwàiz] 图 1 마찬가지로. 2 그 위에.
*****lik·ing** [láikiŋ] 图(UC) 1 (…을) 좋아함, 마음에 듦, 애호 (*for, to*). 2 (one's ~) 취미, 취향, 기호.¶*Is it to your ~?* 취미에 맞습니까? 3 (몸의) 상태; 건강.
have a liking for …을 좋아하다.
on liking (구어) (해본 다음에) 마음에 들면 …한다는 조건으로.
take a liking for [or ***to***] …이 마음에 들다.
to *one's* ***liking*** …의 마음[취향·기대]에 들어[맞아].
Li·kud [liːkúːd] 图 리쿠드(이스라엘의 보수 정당).
lil [lil] 图[配] (美) =*little*.
*****li·lac** [láilək, -lɑːk, -læk] 图 1 라일락; U 라일락꽃. 2 U 엷은 자주색. ── 图 엷은 자주색의.
li·la·ceous [lailéiʃəs] 图 라일락색의.
li·las [lilɑ́ː] 图U 라일락색, 엷은 자주색. [<F]
lil·i·a·ceous [lìliéiʃəs] 图 나리[백합]의 같은; (식물) 백합과(科)의.
lil·ied [lílid] 图 1 나리[백합]가 많은, 나리[백합]로 장식된. 2 (고어) 나리[백합]와 같은, 나리[백합]처럼 흰.
Lil·li·put [líləpʌ̀t] 图 릴리퍼트(영국의 풍자 작가 J. Swift작 *Gulliver's Travels* 중의 소인국). 图 **Brobdingnag**
Lil·li·pu·tian [lìləpjúːʃən/-ʃiən] 图 1 소인국(Lilliput)의. 2 매우 작은. ── 图 1 Lilliput 사람. 2 소인, 난쟁이, 속좁은 사람. 图 **Brobdingnagian**
Li·lo [láilou] 图 (**~s**) (종종 l-) (英) (상표) (해수욕 등에 쓰는) 공기 주머니, 에어 매트.
LILO [회계·컴퓨터] *last-in, last-out* (후입 후출법).
lilt [lilt] 图 쾌활하고 가락이 좋은 리듬[곡, 노래, 동작]. ──配/配 경쾌하게 노래부르다[움직이다]. ¶~ *…*을 경쾌하게 노래부르다.
   [~·**ness** 图
lilt·ing [líltiŋ] 图 경쾌한; 명랑[쾌활]한. ~·**ly** 图
‡**lil·y** [líli] 图 (pl. *lil·ies* [-z]) 1 나리, 백합; 나리꽃, 백합화.¶*a Madonna* ~ 흰 백합/*a tiger* ~ 참나리. 2 백합처럼 우아한[청순한, 흰색의] 사람[것]. 3 백합을 닮은 백합과 또는 다른 과의 식물. 4 (lilies) 프랑스 왕가의 문장(fleur-de-lis). 5 (볼링) 릴리(5·7·10번 핀의 스플릿). 6 (美) 약질, 여성적인 남자; (美속어) 백인.

Consider the lilies. 들의 백합화를 생각하여라(근심하지 마라). 「으로 본래의 아름다움을 망치다. **gild [or paint] the lily** (구어·고어) 쓸데없는 치장 **the lilies and roses** (비유적) 미모.
── 圈 1 백합과 같은, 백합처럼 흰. 2 우아한; 맑은, 깨끗한; 순수한, 때묻지 않은. 3 (여성이) 섬세미를 지닌, ~-like 圈 [가련한. 4 창백한, 약한.
líly íron 圕 촉을 떼어진 박았다 할 수 있는 작살.
lil·y-liv·ered [-lívərd] 圈 겁많은(cowardly).
líly of the válley (⊛ **lílies o- t- v-**) 은방울꽃.
líly pàd 圕 (수면에 뜬) 수련의 잎.
líl·y-white 圈 [-hwáit] 圈 1 백합처럼 흰. 2 순결한, 순수한; 결백한; 결점[흠]이 없는. 3 (美구어) (정치단체가) 흑인 배척을 지지하는 (그룹의). 4 (美속어) (마을 따위가) 백인만으로 이루어진; 백인 회원 전용의. ── 圕 [≃-] 1 흑인 배척당원. 2 (~s) (美속어) 시트; (속어) (흰) 손.
lim. limit. **LIM, L.I.M.** *linear-induction motor*.
Li·ma [líːmə] 리마(Peru의 수도).
lí·ma bèan [láimə-] 圕 아욱콩, 리마콩.
li·man [limáːn, -mǽn] 圕 (지질) 익곡(溺谷).
‡limb[1] [lim] 圕 (~**s** [-z]) 1 (사지(四肢)의) 지(肢), 수족, 팔, 다리; (새의) 날개; (물고기의) 지느러미; (구어) 여성의 늘씬한 다리. ¶*The upper ~s* 상지(上肢)/*be large of ~* (사람의) 사지가 길다. 2 (나무의) 큰 가지(⇒BRANCH 유의어); (가지처럼) 갈라져 나온(돌출한) 부분; (어떤 것의) 일부, 일원; 분파, 분파; (글의) 구, 절. ¶*four ~s of a cross* 십자가의 네 팔/*a ~ of a river* 강의 지류/*a ~ of a sentence* 글의 일부(구·절). 3 (구어) 앞잡이, 똘마니, 졸개; 장난꾸러기, 개구쟁이.
***a limb of the devil* [or *Satan*]** (구어) 개구쟁이(개구쟁이·장난꾸러기 등). [(변호사·경찰관 등).
***a limb of the law* [or *bar*]** (경멸적) 법률의 앞잡이
limb from limb (종종 go, climb과 함께) 갈기갈기.
on four limbs 네 발로, 기어서.
out on a limb (美구어) (종종 go, climb과 함께) 위험[불리]한 입장에, 위험한 처지에. ¶*He is prepared to go out on a ~.* 그는 위험에 대처할 각오가 되어 있다.
with life and limb 큰 상처 없이. [있다.
── 圕 ⓣ …의 사지[날개]를 자르다, 동강동강 토막내다; …의 가지를 치다; …을 불구로 만들다.
~**·less** 圈 ~**·y** 圈
limb[2] 圕 1 (천문) (태양·달·행성 따위의) 언저리, 가장자리. 2 (사분의(四分儀) 등의) 눈금 언저리, 분도호(分度弧). 3 (식물) 잎 가장자리.
lim·bate [límbeit] 圈 (동·식물) 가장자리가 있는, (꽃의) 다른 색의 가장자리가 있는.
limbed [limd] 圈 (복합어로) 사지[가지]가 …한. ¶*crooked-~* 가지가 굽은.
lim·ber[1] [límbər] 圈 1 휘기 쉬운; 나긋나긋한, 유연한; 재빠른. 2 (생각·조건 따위가) 융통성이 있는. 3 (방언) 약한, 연약한 (⇔FLEXIBLE 유의어) ── 困 몸을 유연하게 하다(*up*). ¶*The dancers were ~ing up.* 댄서들은 준비 운동을 하고 있었다. ── 囼 …을 나긋나긋하게 하다(*up*). ¶*Exercise ~s fingers.* 연습을 하면 손가락이 나긋나긋해진다. ~**·ly** 圕 ~**·ness** 圕
lim·ber[2] (군사) 圕 (포차(砲車)의) 앞차. ── 困 (포차에) 앞차를 달다(*up*).
lim·ber[3] 圕 (~s) (해사) (배 밑바닥의) 오수로(汚水路).
lim·bic [límbik] 圈 1 가장자리의, 둘레의, 가의. 2 (의학) (대뇌) 변연(邊緣)(계)의.
límbic sỳstem 圕 (해부) (대뇌) 변연계.
lim·bo[1] [límbou] 圕 (~**s**) 1 (종종 L-) 지옥의 변방(지옥과 천당 사이). 2 잊혀진[불확실한] 상태. 3 (口) 교도소; 감금. 4 중간(불확실한) 단계[지대, 상태].
in limbo 잊혀져, 무시되어; 불확실한 상태에.
limbo[2] 圕 림보(서인도 제도 기원의 춤).
limbo[3] 圕 (美속어) 콜롬비아산 대마초(lumbo).

limb regeneràtion 圕 (생물) 사지(四肢) 재생.
Lim·burg·er [límbəːrɡər] 圕⒰ 림버거 치즈(벨기에의 Limburg산(產)의 흰 치즈). (또는 ~ **chèese**).
lim·bus [límbəs] 圕 (~ **-bi** [-bai]) 1 (생물) 경계, 가장자리, 주변. 2 =LIMBO[1].
‡lime[1] [laim] 圕⒰ 1 석회. ¶*caustic [or quick] ~* 생석회 /*slaked [or slack] ~* 소(消)석회. 2 (새·곤충을 잡는) 끈끈이(birdlime). ── 囼 ~**s** [-z]; ~**d**; **lim·ing**) 1 (토양 따위에) 석회를 뿌리다, …을 석회로 소독하다, …을 석회수에 담그다. 2 …에 끈끈이를 바르다; (새를) 끈끈이로 잡다; (비유적) …에게 올가미를 씌우다, 함정에 빠뜨리다.
~**·less** 圈 석회가 없는. ~**·like** 圈
lime[2] 圕 1 라임(열대산(產)의 레몬 비슷한 과일; 청량음료용); 라임 나무. 2 ⒰ (또는 ~ **gréen**) (라임 열매의) 녹색. ¶*~* 라임색의; 라임의[으로 만든]. ~**·less**, ~**·like**
lime[3] 圕 =LINDEN.
lime·ade [làiméid] 圕⒰ 라임수(水).
líme bùrner 圕 석회 굽는 사람[업자].
líme glàss 圕 석회 유리.
líme hýdrate 圕 소석회(slaked lime).
líme jùice 圕 라임 과즙(汁을 따서 마신다).
lime-juic·er [-dʒùːsər] 圕 (美속어) 영국 수병[배]
lime-kiln [láimkìln] 圕 석회 굽는 가마. [영국인.
lime·light [láimlàit] 圕 1 (연극) ⒰ 석회광선(灰光), 라임라이트(옛날 무대에서 스포트라이트로 썼다); (英) 조명, 스포트라이트. 2 (the ~) 세상의 주목을 받는 입장; 주목의 대상.
be fond of the limelight 남 앞에 나서기 좋아하다.
in the limelight ① (무대에서) 스포트라이트를 받아. ② 각광을 받아, 세상의 주목을 받아. [다.
── 囼 스포트라이트를 비추다, 주목[각광]을 받게 하
~**·er** 圕 각광을 받는[받고 싶어하는] 사람.
li·men [láimən/-men] 圕 (~**s**, **lim·i·na** [límənə]) (심리) 역(閾), 식역(識閾)(의식의 한계).
líme pìt 圕 1 석회갱(坑). 2 석회 굽는 가마. 3 (짐승 가죽을 담아 털을 뽑는 통의) 석회수조(槽).
lim·er·ick [límərik] 圕 5행(行) 속요(俗謠)(약약강조(調)의 5행으로 된 회시(戱詩)).
lime·scale [láimskèil] 圕 물때.
***lime·stone** [láimstòun] 圕⒰ 석회석, 석회암.
límestone càve [càvern] 圕 석회동, 종유동굴.
líme trèe 圕 (식물) 린덴(linden).
líme twìg 圕 1 끈끈이를 바른 잔가지. 2 올가미, 덫.
lime·wash [láimwɔ̀ʃ/-wɔ̀ʃ] 圕 = whitewash.
lime·wa·ter [láimwɔ̀ːtər, -wɑ̀t-] 圕⒰ 석회수; 탄산칼슘을 많이 함유한 자연수.
lime·wood [láimwùd] 圕 린덴 재목.
lim·ey [láimi] 圕 (종종 L-) (속어) 1 영국 수병; 영국 해원. 2 영국인. 3 영국(인)의(British).
lim·i·nal [límənl, láim-] 圈 문지방의; 애초의, 발단의; (심리) 역(閾)(limen)의.
lim·ing [láimiŋ] 圕 라이밍(산성비 대책으로 하천이나 호수에 석회를 살포하는 중화시키는 일).
‡lim·it [límit] 圕 1 (종종 ~**s**) 때·장소·능력 따위의) 한계, 경계; 한도, 극한. ¶*the inferior* [*superior*] ~ 최소[최대]한 /*the age ~* 정년 // *There is a ~ to everything.* 모든 일에는 한도라는 것이 있다. 2 (~**s**) (단수취급) (나라·땅 따위의) 경계선, 범위; 관내, 구역. ¶*outside* [*within*] *the city ~s* 시외[시내]에. 3 (수학) 극한. ¶*~ value* 극한치. 4 (내기에 한 번에 거는) 최대 한도(의). 5 (증권) 지정가(指定價). 6 (the ~) (구어) (인내의) 한계, 극한. 7 (허가의) 최대 포획[어획]량.
at limit 지정 가격으로. ¶*buy at ~* 지정가로 사다.
below* [*over*] *the limit 한도를 넘고 있고[넘고].
beyond the limit 한도를 넘어서[넘는].
go the limit ① 최후까지[갈 데까지] 가다. ② 마지막 회[라운드]까지 싸우다[버티다]. ③ (여성·남녀가) 최후

limitary

의 선을 넘다; 몸을 허락하다.
go to any limit 무슨 일이건 하다.
know no limits 한계를 갖지 않다, 끝이 없다.
off [*on*] *limits* (美) (군인의) 출입 금지[자유] 구역.
out of all limits 무제한으로, 터무니없이.
over the limit 한도[한계]를 넘어; (英) (혈중 알코올 농도가) 기준치를 넘어.
set [or *put*] *a limit to* [or *on*] …을 제한하다.
That's the limit. (구어) 더는 못 참겠다.
The sky is the limit. (구어) ① 최고 금액에) 제한이 없다, 무제한이다, 천정부지이다. ② 하려는 (가지려는) 마음만 있으면 무엇이든 할(가질) 수 있다.
to the limit (美) 극단적으로.
to the utmost limit 극도로, 극한까지.
within limits 알맞게, 지나치지 않게.
within [*without*] *the limits of* …의 범위 안에[밖에].
without limit 무제한으로, 한없이.
─ 屯타 …을 (으로) 제한[한정]하다, …에 한계를 두다 (*to*). ¶ (~+몀/+몀+쩐) ~ *one sentence to 15 words* 한 문장을 15개 단어로 제한하다.

> 유의어 **limit** 시간·공간·범위·정도 따위에 관하여 그 앞으로 더 나갈 수 없는 한계점을 정하다. **bound** 지리적 경계를 정하다. **restrict** 완전히 둘러싼 경계선을 설정하여 그 안에 한정하다; 축소의 뜻을 나타내는 일이 많다. **confine** 일정한 범위·경계 안에 억지로 가두어 넣다. **circumscribe** 매우 좁은 범위·경계 안에 한정하다.

~·a·ble 혱 제한할 수 있는. ~·a·ble·ness 명
lim·i·tar·y [límətèri/-təri] 혱 **1** 제한하는, 제한적인. **2** (고어) 제한된. **lim·i·tár·i·an** 명
‡**lim·i·ta·tion** [lìmətéiʃən] 명 (용 ~s [-z]) **1** ⓤⓒ 제한, 한정, 규제 (*on, in*). ¶ a ~ *on imports* 수입 제한. **2** (~s) (능력·행동 따위의) 한계, 한도; (규제·규칙 따위의) 한계. ¶ ~s *of the human intellect* 인지(人智)의 한계 / *know one's* ~s 자기의 한계(분수)를 알다. **3** (법률) (특히 부동산에 관한 권리의) 한정; (법률 효과를 수반하는) 기한. *without limitation* 제한 없이.
lim·i·ta·tive [límətèitiv] 혱 제한하는; 제한적인.
‡**lim·it·ed** [límitid] 혱 (*more* ~; *most* ~) **1** 제한된; 한정된, 유한된; 좁은; 부족한. ¶ ~ *ideas* 편협한 생각 / a ~ *space* 좁은 장소 / ~ *resources* 부족한 자원. **2** (美) 버스·철도 따위가 (정차역) 제한의, 특별 급행인. ¶ a ~ *express* 특별 급행 (열차). **3** (정치) 입헌제의. **4** (英) (종종 L-) (회사 따위가) 유한 책임의; 법인(체)의(愛 Ltd., ltd.). ─ 명 **1** (美) 특급 열차[버스]. **2** 유한(주식) 회사. ~·**ly** 用 ~·**ness** 명
lim·it·ed-ác·cess híghway [-ǽkses-] 명 (출입 제한 방식의) 고속 도로(expressway).
lim·it·ed-as·sórt·ment stòre [-əsɔ́ːrtmənt-] 명 (포장·장식 없이 염가 판매하는) 실속 상품 가게.
límited cómpany 명 (英) 유한 (책임) 회사, 주식 회사(회사 이름 뒤에 Limited 또는 Ltd., L'd.를 붙인다) ((美) incorporated).
límited edítion 명 (책의) 한정판. **limited-edítion**
límited eugénics 명 (단수취급) 한정(限定) 우생학(세포의 유전자 구조를 바꾸어 결함아(缺陷兒)의 출생·기형아·병 따위를 방지하려는 시도).
límited liabílity 명 (주주 등의) 유한 책임.
límited liabílity cómpany 명 =limited company.
límited mónarchy 명 입헌 군주 정치(정체).
límited pártner 명 합자 파트너, 유한 책임 조합원.
límited pártnership 명 (美) 합자 회사, 유한 책임 조합.
lim·it·ed-sér·vice bànk [-sə́ːrvis-] 명 =nonlimited bank.
límited wár 제한 전쟁; 국지전.
lim·it·er [límətər] 명 제한하는 사람; (전자) 리미터(진폭을 일정한 값(値) 이내로 제한하는 장치·회로).

1616

limy

lim·it·ing [límitiŋ] 혱 **1** 제한(한정)하는. **2** (문법) (형용사가) 제한[한정]적인. ~·**ly** 用
límiting ádjective 명 (문법) 제한적 형용사(this, some, other 따위).
límiting fáctor 명 (생물) 제한 인자, 한정 요인(광합성·성장·생리 반응 따위의 진행을 규제하는 요인).
límiting nùtrient 명 **1** (생태) 제한적 영양 물질(경수의 부(富)영양화를 늦춤). **2** (의학) 항(抗)영양제.
lim·it·less [límitlis] 혱 제한이 없는, 무한의, 무한의; 광대한. ~·**ly** 用 ~·**ness** 명
límit lìne (美) 보행자 횡단로의 흰 선, 정지선.
límit màn (핸디캡이 붙는 경주에서) 최대의 핸디캡이 붙는 경주자.
límit òrder 명 (상업) 지정가 주문. (또는 **límited òrder**)
lim·i·trophe [límətròuf] 혱 변경의, 국경 지방의.
Límits to Grówth 명 (the ~) "성장의 한계"(로마클럽(Club of Rome)이 1972년 발표한 경제 성장 제일주의를 비판한 보고서).
lím·its-to-grówth mòdel [límitstəgróuθ-] 명 (경제) 성장 한계설을 바탕으로 하는 개발 모델.
lim·my [límí] 명 (美속어) 강도용 도구(한 벌).
limn [lim] 屯타 **1** …에 그림을 그리다(paint). **2** (고어) …을 말로 나타내다, 묘사하다(describe).
lim·ner [límnər] 명 화공, (특히) 초상화가.
lim·nol·o·gy [limnɑ́lədʒi/-nɔ́l-] 명 ⓤ 호소학(湖沼學), 호소 생물학, 육수학(陸水學). **-no·lóg·ic, -no·lóg·i·cal** 혱 **-no·lóg·i·cal·ly** 用 **-gist** 명
lim·o [límou] 명 (pl. ~s) (구어) =limousine.
li·mo·nite [láimənàit] 명ⓤ (광물) 갈철광(褐鐵鑛). **-nít·ic** [-nítik] 혱 「산의 육우).
Li·mou·sin [liːmuːzǽn] 명 리무쟁소(牛)(프랑스 원
lim·ou·sine [líməzìːn, ˈ-ˈ-] 명 리무진. **1** (3–5인 승으로) 운전석과 뒷좌석 사이에 칸막이가 있는 승용차. **2** (운전사가 딸린) 대형 고급 승용차. **3** (공항의) 여객 수송용 소형 버스. ─ 屯 리무진으로 가다.
límousine líberal 명 (美) 부유한 진보주의자.
‡**limp¹** [limp] 屯(~*ed* [-t]) **1** 발을 절다, 느릿느릿 걷다. **2** (시의) 운율(韻律)이 흐트러지다, 말이 막히다. **3** 어려움을 겪다. ─ 명 **1** (a ~) 절름거리기. ¶ *have a* ~ 절름거리며 걷다. **2** (시의) 운율 따위의 흐트러짐. **-er** 명 절름발이. **-ing** 혱 **-ing·ly** 用 절름거리면서.
limp² 혱 **1** (물질이) 유연한, 흐늘흐늘한, 나긋나긋한. **2** (신체가) 축 처진, 흐느적거리는. ¶ *go* ~ 축 늘어지다. **3** (성격이) 유약한. **4** (제본) 표지가 부드러운, 얇은 표지의. **5** (美속어) 숱취한.
(as) limp as a doll [or *rag*] 축 처져서, 기진 맥진. ~·**ly** 用 ~·**ness** 명 [하여.
limp-dick [-dìk] 명혱 (美속어) 무기력한 (녀석).
límp dishrag (속어) 무기력한 녀석, 쓸모없는 놈.
lim·pen [límpən] 屯재 절름발이가 되다; 지쳐빠지다.
lim·pet [límpit] 명 **1** 삿갓조개 비슷한 권패(卷貝)의 총칭(암초 지대에 분포한다). **2** 달라붙어 떨어지지 않는 사람. **3** (또는 ~ *mine*) 흡착 폭약.
hold on [or *hang on, cling*] *like a limpet to* …에 착 달라붙어 떨어지지 않다.
lim·pid [límpid] 혱 **1** (물·공기·마음 따위가) 맑은, 투명한. **2** (문체 따위가) 명쾌한, 명석한. **3** 조용한; 슬픔(근심)이 없는.
lim·pid·i·ty [límpidəti] 명 맑음; 명석. ~·**ly** 用 ~·**ness** 명
limp·kin [límpkin] 명 뜸부기류의 새(미국 Florida 주·중미에 분포). 「은 놈.
límp sóck (美속어) 흥을 깨뜨리는 녀석, 밉살맞
límp wríst (美속어) (경멸적) (남성의) 동성 연애자, 호모; 연약한 남자. 「무기력한.
limp-wrist·ed [-rìstid] 혱 (美속어) 동성 연애의;
lim·y¹ [láimi] 혱 **1** 석회의(와 같은), 석회질의. **2** 끈끈이를 바른, 끈끈한. **lím·i·ness** 명
limy² 혱 라임의 (풍미가 있는).

limy³ 〖미속어〗〖경멸적〗 =limey.

lin [lin] 〖명〗 =linn.

lin. lineal; linear; liniment.

lin·a·ble [láinəbl] 〖형〗 일직선으로 세울 수 있는. (또는 **lineable**)

lin·ac [línæk] 〖명〗〖물리〗 =linear accelerator.

lin·age [láinidʒ] 〖명〗〖U〗 1 (원고·인쇄물의) 행수 (원고료의) 행수 기준 지불. 2 〖드물게〗 =alignment. (또는 **lineage**)

li·nar [láinɑːr] 〖명〗〖천문〗 라이너(특별한 스펙트럼선을 가진 전파(電波)별). [<*line star*]

Lin Bi·ao [lín biáu] 〖명〗 린 바오(林彪)(1908-71: 중국의 군인·정치가). (또는 **Lin Piao**)

linch·pin [líntʃpín] 〖명〗 1 (차바퀴를) 바퀴대에 고정시키는 쐐기[비녀장]. 2 (the ~) (전체 중에서) 가장 중심적인 것, 필요 인물, 핵심. (또는 **lynchpin**)

Lin·coln [líŋkən] 〖명〗 링컨. 1 **Abraham ~** (1809-65: 미국의 제16대 대통령). 2 미국 Nebraska 주의 주도. 3 (l정) 미국제 대형 고급 승용차.

Lincoln Cènter 〖명〗 링컨 센터(New York 시의 Manhattan에 있는 종합 공연 예술 센터).

Lin·coln·esque [líŋkənésk] 〖형〗 링컨 같은[풍의]. (또는 **Lincólnian**)

Líncoln gréen 밝은 황록색 (옷감).

Líncoln Memórial (the ~) 링컨 기념관(워싱턴 시의 Mall에 있는 링컨 대통령 기념관).

Líncoln's Bírthday 〖명〗 링컨 탄생일(2월 12일; 미국의 많은 주에서 축제일로 되어 있음).

lin·co·my·cin [líŋkəmáisn/-sin] 〖명〗〖U〗〖약학〗 링코마이신(페니실린이 듣지 않는 세균에 유효).

lin·crus·ta [liŋkrʌ́stə] 〖명〗〖U〗 링크러스터(올록볼록한 도안이 있는 리놀륨의 두꺼운 벽지). *〖침약〗

linc·tus [líŋktəs] 〖명〗 (〖복〗 ~**es**) 〖약학〗 시럽형의 기

lin·dane [líndein] 〖명〗〖화학〗 린데인(살충제).

Lind·bergh [líndbəːrɡ] 〖명〗 **Charles A(ugustus)** ~ 린드버그(1902-74: 미국의 비행사; 1927년 대서양 횡단 무착륙 단독 비행에 최초로 성공).

*****lin·den** [líndən] 〖명〗 린덴(참피나무〖屬〗의 식물; 참피나무, 보리수 따위); 피나무 목재.

‡line¹ [lain] 〖명〗 (〖복〗 ~**s** [-z]) 1 (펜 따위로 그린[그은]) 선(線), 줄; 운필(運筆) (수학) 선, 직선; 공구(工具) 따위로 그은 선, 금. ¶**the boldness[purity] of ~** 대담한[깨끗한] 선; 강한[정확한] 운필(運筆) /**a picture in** ~ 선화(線畵) /**a curved [straight]** ~ 곡선[직선] / **parallel** ~**s** 평행선/**a dotted** ~ 점선.
2 a) 실, 끈, 밧줄, 새끼; 〖미〗 (~**s**) 고삐. ¶**clothes** [*or* **washing**] ~ 빨랫줄. **b)** 낚싯줄. ¶**a rod and** ~ 낚싯대와 낚싯줄. **c)** (측량사·목수 따위가 쓰는) 측선(測線).
3 전선; 통신선, 전화선; 전선[통신선]망, 회선 (접속); ¶**telegraph [telephone] ~** 전신[전화]선 / *Line*('s) busy. (전화에서) 통화중입니다(= (〖영〗 Number's engaged.).
4 (얼굴 따위의) 주름, 주름살; 손금; (인체 표면의) 선, 줄. ¶**the** ~**s of the palm** 손금, 수상 / **deep** ~**s of care** 근심 걱정으로 생긴 깊은 주름살.
5 일렬로 세워진 것, 줄, 열; (차례를 기다리는 사람의) 열(〖영〗 queue). ¶**a** ~ **of houses** 줄지어 선 집.
6 a) (글자의) 행. ¶**the first** ~ **of the page** 페이지의 제 1행. **b)** (시의) 일행, 시구(詩句) (~**s**) 시(詩). ¶ Marlowe's mighty ~ 말로의 힘찬 시구. **c)** (~**s**) 〖영〗 벌과(罰課)(벌로 학생에게 암기시킨 라틴어의 시 따위). **d)** (~**s**) (배우의) 대사. ¶He forgot his ~**s**. 그는 대사를 잊었다. **e)** 단신(短信), 일필(一筆). **f)** (~**s**) 〖구어〗 결혼 허가증.
7 경계(선), 사이 (between); 한도, 한계 (at); 〖스포츠〗 (경기장·코트 등의 각종) 라인, 출발선, 골라인. ¶**a** ~ **between right and wrong** 옳고 그름의 기준(선) / **draw a** ~ **between public and private affairs** 공과

사를 분명히 구분짓다.
8 (종종 ~**s**) (행위·정책 등의) 방침, 주의; 방향, 노선, 경향. ¶**a** ~ **of policy** 정책의 방침/**on the same** ~**s** 동일 방침으로.
9 (종종 the ~) 진행 방향, 진로, 길; (연락·정보 등의) 선(on). ¶**the** ~ **of march** 행진로/**the** ~ **of communication** (군사) (기지와의) 연락선, 병참선.
10 가계, 혈통, 계열; (같은 시대의) 일가 친척들, 동족(同族). ¶**the female** ~ 여계(女系) /**a** ~ **of great kings** 역대의 위대한 왕들/He perished with all his ~. 그는 일족과 함께 멸망했다.
11 (~**s**) 윤곽, 외형; 얼굴 생김, 이목 구비, 용모; (옷의) 스타일, 라인, 스타일; 〖조선〗 선체 선도(線圖). ¶**the** ~**s of her new suit** 그녀의 새 옷의 스타일/**a ship of fine** ~**s** 외형이 멋진 배.
12 a) 사업, 직업; 방면, 분야. ¶**What** ~ **(of business) are you in?** 하시는 사업은 무엇입니까? **b)** 취미; 장기, 특기, 전문. ¶**Cards are in my** ~. 카드놀이가 내 장기이다 / It is not in my ~ to complain. 나는 불평하기를 좋아하는 사람은 아니다.
13 (선박·항공기·차량 따위에 의한) 수송 회사(망); (종종 ~**s**) 〖단수취급〗 노선, 항로, 항공로. ¶**the Great Northern L~** (미국의) 그레이트 노던 철도 회사/**the main** ~ 본선 / **the European** ~ 유럽 항로. **14** 〖천문·지리〗 (경선·위선 따위 천체·지구상의 가상적인) 선, 궤도; (the ~) 적도. ¶**under the** ~ 적도 바로 아래에/ **cross the** ~ 적도를 통과하다. **15 a)** 〖상업〗 (상품의) 재고, 구입품; 종류; (~**s**) 가격, 값. ¶**the latest** ~ **of computer** 최신형 컴퓨터/**a cheap** ~ **in hats** 값싼 모자류. **b)** 〖보험〗 (보험의) 종류, 종목, …형[型] (단일 물건에 대한) 인수액. **16** 〖군사〗 **a)** 전선(戰線), 전선(前線). ¶**the front** ~ 전선(前線). **b)** 참호, 누벽(壘壁), 보루. **c)** 횡대(橫隊)(〖참〗 column). **d)** (함선의) 횡대 전열 (戰列), 전열함(艦). **e)** (~**s**) 전쟁지 (특히 적군의 배치, 포진. **f)** within the enemy's ~ 적진에서. **f)** (육해군의) 전투 부대; 〖집합적〗 전투 병과(兵科) 장교. **g)** 정규 부대. **17** (기업의) 업무 집행 계통, 라인(생산·판매 등 기업의 업무를 집행하는 계선). **18** 〖구어〗 (환심을 사기 위한) 거짓말, 허풍, 아첨의 말. **19** (~**s**) 운명, 처지, 환경. ¶**hard** ~**s** 불운. **20** 〖TV〗 주사선(走査線)(scanning ~). **21** 〖카드놀이〗 (브리지의) 득점 용지 중앙의 흰 선. **22** 〖미식축구〗 스크리미지 라인(~ of scrimmage)의 선수들; 〖야구〗 (타구의) 라이너(~ drive). **23** 도관(導管), 파이프, 호스. ¶**a steam** ~ 스팀관. **24** 라인(길이의 단위; 1인치의 12분의 1). **25** 〖골프〗 라인 (공에서 홀까지의 상상적인 선). **26** 〖볼링〗 1게임 (string)(10프레임(frame)으로 이루어짐). **27** (the ~) (스포츠 도박에서 노름판이 결정하는 금액의 비율). **28** 줄무늬, 솔기; 〖음악〗 (5선지의) 선, 두렁. **29** (the ~) (chorus girl의) 열; 〖속어〗 〖집합적〗 코러스 걸, 라인 댄스의 무희들. **30** 〖캐나다·뉴질〗 개척지[오지]의 길[도로].

above the line ① 표준 이상으로. ② (브리지에서) 득점 용지의 위쪽 난외에, 승부 성립에 직접 관계되는. ③ 〖경제〗 경상비 이상으로.

all (the way) along the line; all down the line ① 전 전선에 걸쳐, 도처에서. ② 전면적으로, 모든 점에서(entirely).

along the lines of =*on the lines of*.

be in [*or* **down**] ***one's line (of country)*** 〖구어〗 전문분야이다, 익숙한 일이다.

below the line ① 표준 이하로. ② (브리지에서) 득점 용지의 아래쪽에(의), 승부 성립에 직접 관계가 없는. ③ 〖경제〗 경상비 이하로.

between the lines 암암리에, 넌지시, 암시적으로.

bring...into (**a**) ***line*** ① …을 일렬로 세우다, 정렬시키다. ② …을 일치[조화·동조]시키다 (*with*).

by (**rule and**) ***line*** 정확하게.

come** [or **fall, get**] **into line ① 일렬로 늘어서다. ② 일치하다, 협력[조화·동조]하다 (*with*).
cut in line 줄에 새치기하다.
do a line (濠·아일) (···와) 교제[관계]하다 (*with*).
down the line (美구어) ① 길 저쪽[앞쪽]에: 시내 중심지에. ② 철저하게, 완전히. ③ 방침[노선]에 따라서. ④ 그럴 동안에. ⑤ (속어) 교도소에서; 변두리에서.
draw a [or **the**] ***line*** (구어) ① 선을 긋다, 구분하다 (*between*). ② ···이상은 하지 않다, ···에 반대하다; [행동]에 한계를 두다 (*at*). ¶ I draw the ~ at heavy drinking. 나는 폭음은 하지 않는다.
draw up in line 횡렬로 정렬하다.   [보내다.
drop [or **send**] ***a line*** [or ***a few lines***] 몇 줄 써
fall in line (軍속어) 규정[관례]에 따르다, 협조하다.
fall into line ① 줄에 서다. ② (···과) 행동을 함께 하다.
feed a person a line (구어) (환심을 사기 위해) 남에게 허풍 떨다, 거짓말하다, 아첨떨다.
fire a line (美속어) 코카인을 코로 흡입하다.
form into line 정렬하다.   [···을 얻어 듣다.
get a line on (美구어) ···에 관한 지식[정보]을 얻다.
get into [or **in**] ***line*** = *come into line*.
get [or **have**] ***one's*** [or ***the***] ***lines*** [or ***wires***] ***crossed*** ① 전화가 혼선되다. ② (구어) 오해하다; 잘못 생각하다; (생각·의도 따위가) 잘 이루어지지 않다.
get out of line (집단·정당 따위의) 방침에 반한 행동을 하다, 예상 밖의 행동을 하다; 버릇없이 행동하다.
give a person a line = *feed a person a line*.
give a person a line on (구어) 남에게 ···에 관한 정보를 주다.
give a person line enough (앞으로의 이익을 위해) 얼마 동안 남을 자유롭게 내버려 두다. ② 전지(면)적으로
go down the line for [or **with**] ···을 전(면)적으로
go on wrong lines 방침을 그르치다.
go over the line 도를 넘다.   [(실수하다].
go up in one's lines (美구어) (배우가) 대사를 잊다
go up the line (군사) 기지(基地)에서 전선(前線)으로 나아가다.   [한 말을 하다.
hand someone a line (구어) (속셈이 있어서) 달콤
hard lines (英구어) 불운, 역경; (H- l-!) (구어) (동정을 나타내어) 운이 나쁘시군요.
have a line on ···에 관한 지식[정보]이 있다. [다.
have good lines in one's face 얼굴 윤곽이 번듯하
hit the line ① (미식축구) 공을 가지고 상대편의 라인을 돌파하려 하다. ② 대담하게[강경하게] 시도하다.
hold the line ① 현상을 유지하다; 물가 따위를 안정시키다. ② 전화를 끊지 않고 기다리다. ¶ Hold the ~, please. 끊지 말고 기다려 주십시오. ③ 물러서지 않다, 고수하다. ④ (미식축구) (적의) 볼의 전진을 저지하다.
in (**a**) ***line*** ① (군사) 횡대로, 정렬하여. ② (의견이) 일치[조화]하여 (*with*). ③ 준비가 되어서, 준비하고. ④ (행위·감정을) 억제하여. ⑤ 사회 통념에 따라, 적정 범위 내에. ⑥ (승진·지위 따위를) 얻을 가망이 있어; ···에 입후보하여 (*for*). ¶ first in ~ for... 첫번째로 ···을 얻을 가망이 있어.
in line with ···와 일직선으로. ② (美) ···와 조화되어, ···에 순응하다. ③ ···에 따라.   [(능하지 못한].
in [**out of**] ***one's line*** 성미에 맞는[안 맞는]; 장기인
in the firing line 비난[공격]을 받기 쉬운 입장에.
in (**the**) ***line of duty*** [or ***service***] 근무중에, 직무로, 공용으로.
jump the line (美) 새치기하다.   [···다가 먹다.
keep in line 규칙을 지키다[지키게 하다]; 정렬해 있
keep the line on ···을 억누르다, 제어하다.
keep to [or **take**] ***one's own line*** 자기 방침을 끝까지 지키다.   [···수를 알다.
know when [or **where**] ***to draw the line*** 제 분
lay [or **put, place**] ***it on the line*** (美속어) ① 돈을 완불하다; (···을) 남김없이 모두 내놓다[제시하다].

② 분명하게 말하다, 솔직하게 말하다. ③ (목숨·돈 따위를) 위태롭게 하다, 걸다.
lay [or **put**] ***some sweet lines on*** (美구어) ···에게 상냥한[달콤한] 말을 걸다, 부추기다.
line abreast [**ahead**] (배가) 횡으로[종으로] 나란히.
line upon line 착착; 휴업하여, 가동을 중단하고.
off line (구어) ① (기계가) 작동하지 않는, (사람이) 일하고 있지 않는; (사람·기계가) 다른 작업 라인[공정]에서 작업[작동]하는. ② (컴퓨터) 접속되지 않은.
on a line ① (구어) (타구·투구·공이) 라이너로 되어; (농구) (볼이) 화살처럼. ③ 동등한 단계[수준]에 (*with*).
on line ① 일렬로. ② (사람·기계가) 작업 라인[공정]에 배치되어; 작동[작업]중에. ③ (컴퓨터) 접속되어 (사용되는 상태로[의]), 온라인으로[의].
on the line ① 눈 높이로; ¶ pictures hung on the ~ (전람회에서) 눈 높이로 걸린 그림. ② 이도저도 아니게, 애매하게. ③ (목숨·돈 따위를) 걸고. ④ 즉석에서; 현금으로. ⑤ 전화 대화중으로.
on the lines of ···의 선[방침]을 따라; ···와 (아주) 비슷한.   [(種)의.
on [or **along**] ***these*** [**those**] ***lines*** 이런[그런] 종
on top line (英구어) 최고의 (가동) 상태에.
out of line ① (···와) 정렬하지 않고 (*with*). ② (···와) 일치하지 않고 (*with*). ③ 규칙에 따르지 않는, 적당하지 않은. ④ (속어) 촐싹거리는, 건방진. ⑤ (속어) 사회 통념[관례]에 맞지 않는.
put one's balls [or ***ass***] ***on the line*** (美속어) (중요한 일을 위하여) 몸을 위험에 드러내다.
reach the end of the line (관계 따위가) 끊어지다, 끝장나다.   [···의 뜻을 알아내다.
read between the lines 행간을 읽다, 언외(言外)
right along [**down**] ***the line*** = *all along the line*.
run down some lines (속어) ① ···와 이야기하다, 말하다 (*with*). ② (이성을) 유혹하려고 하다.
shoot [or **spin**] ***a line*** (속어) 자랑하다; 허풍을 떨다, 큰소리치다.   [···이다.
shoot a person a line (美속어) 남을 치켜세워서 속
sign on the dotted line (구어) ① 점선 있는 곳에 서명하다. ② 무조건 동의하다.
somewhere along the line (성장·발전·제조 따위의) 과정에서, 도중 (어딘가에서), 어느새.
step on a person's lines (배우가) 때아닌 대사로 남을 방해하다.
step out of line = *get out of line*.
take a firm [or ***hard, tough***] ***line*** (···에 대해 / ···에 관해) 강경 노선[강경책]을 취하다 (*with* / *about*).
take a line 방침[태도, 입장]을 취하다.   [(*over*).
the end of the line 참을 수 있는 한계; (철도의) 종착역, 종점; (희망·인생 따위의) 끝, 마지막; 궁지, 최후; (관계·흥미 따위가) 다한 시점.
the line of least resistance 가장 무난한 방법[길].
the [or **a**] ***thin red*** [or ***blue***] ***line*** (특정 주의·지역을 지키는) 소수의 용감한 사람들, 용감한 소수인들.
throw a good line 낚시질을 잘하다[에 능하다].
toe the line [or **mark**] ① (경주에서) 출발선에 발끝을 대고 정렬하다. ② (비유적) 규율[명령·습관 따위]에 따르다[을 지키다]. ③ 책임을 지다; 의무를 다하다.

— 자 (~s [-z]; ~d; lin·ing) 1 정렬하다, 일렬로 늘어서다 (*up*). 2 (야구) 라이너를 치다; (···에) 라이너를 쳐서 아웃되다 (~ out) (*to*). 3 (美속어) 술을 들이마시다. — 타 1 ···을 일렬로 세우다, 정렬시키다 (*up*). ¶ (~+目+囲) The general ~d up his troops. 장군은 부대를 정렬시켰다. 2 ···에 선을 그리다 (수동형으로) ···에 주름지게 하다. ¶ a face ~d by age [with care] 나이가 들어[근심 걱정으로] 주름살이 잡힌 얼굴. 3 (구두·문자로) ···의 대강을 진술하다 (outline) (*out*). 4 (선으로) ···의 윤곽을 그리다 (*out*), (눈)에 아이

line 라인을 그리다; (선으로) …을 가르다 (*in*, *off*). **5** [가로・벽 따위]를 따라 나란히 세우다 (*with*); (사람・물건이) …을 따라 늘어서다.¶Cars ~*d* the road for a mile. 자동차가 도로에 1마일이나 늘어섰다.∥(~+톰+前+名) ~ the walk *with* flowers 보도(步道)를 따라 꽃을 심다. **6** …을 확보하다, 손에 넣다, 예약하다(*up*). **7** [야구] (공)을 라이너로 치다.

line one [야구] 라이너를 치다.

line out ① (찬송가를 따라 부르게 하기 위해) 한 줄 한 줄 읽다. ② [야구] 라이너를 쳐서 아웃되다. ③ …을 연주하다, [노래]를 부르다. ④ 급히 가다. ⑤ [설계도 따위]를 스케치하다. ⑥ …에 선을 그어 지우다, 삭제하다.

line through 선을 그어 …을 지우다, ┐하다.

line up ① (…을 구하여) 열에 서다 (*for*); [구어] (사람을) 지지하다 (*behind*); 제휴[협력]하다 (*alongside*, *with*). ② 일렬로 정렬시키다 (*with*); [구어] …을 확보[준비]하다; 집결시키다 (*against*, *behind*). ③ 구기에서) 각자 자기 위치에 서다.

line up against 결집하여 …에 반대하다.

line up alongside [or *with*] …을 지지하다, …와 동맹을 맺다, 한 패가 되다.

line up behind …뒤에 줄지어 서다; …을 지지하다.

~・a・ble, ~・less, ~・like 웹

***line**² 웹 (他) **1** [의복]에 안감을 대다, 안을 받치다 (*with*); [상자]의 안을 바르다.¶(~+톰+前+名) ~ a coat *with* silk 상의에 명주 안감을 대다. **2** …을 (…으로) 가득 채우다, …에 (…을) 집어넣다 (*with*).¶(~+톰+前+名) a library ~*d with* bookcases 책장이 즐비한 서재.

line one's pocket(s) [or *purse*] ←POCKET.

— 웹 **1** (합판의 판과 판 사이의) 접착재[材]의 층. **2** 린네르, 리넨, 아마(亞麻).

line³ 웹 (수컷이) (암컷)과 교미하다.   [*line*.

-line 연웹 「…전화(상담)」의 뜻의 명사를 만든다.¶life-

line・a・ble [láinəbl] 웹 =linable.

line abréast 웹 [군사] (군함의) 횡진(橫陣).

lin・e・age [líniidʒ] 웹 **1** (명문의) 혈통, 가계, 집안.¶a man of good ~ 가문이 좋은 사람. **2** 부족, 종족(tribe); [집합적] 자손.¶ =linage.

lin・e・al [líniəl] 웹 **1** (자손・선조 등이) 직계의, 정통의(opp collateral).¶a ~ ascendant[descendant] 직계 존속[비속]. **2** 조상 전래의, 대대로 전해 내려온, 세습의. **3** 선(모양)의. — 웹 직계 혈족. ~・**ly** 된

lin・e・a・ment [líniəmənt] 웹 (~s) 얼굴 생김새, 인상(人相); (신체의) 윤곽.¶fine ~s 단정한 용모. **2** 특징, 특수한 양상.¶the ~s of the time 시대 세태(世態).

-men・tal [-méntl] 웹   **-men・tá・tion** 웹 [모 조직.

líne and stáff organizàtion 웹 [경영] 직계 참

***lin・e・ar** [líniər] 웹 **1** 선의, 직선의, ¶a ~ design 줄무늬. **2** 선 모양으로 뻗는, 선[줄 모양의].¶ ~ series 선 모양의 연속. **3** 길이의; 1차원의.¶ ~ measure 척도. **4** [수학・물리] 1차(의), 선형(의).¶ ~ equation 1차 방정식. **5** (엽 모양이) 선 모양의.¶a ~ leaf 선형엽(線形葉). **6** [전자] 입력에 비례하는 출력의; 직선의. **7** 연속[순차, 단계]적인; 접근적인; 전후의[밖에 안보는]. ~・**ly** 된

Líneàr Á 웹 선문자(線文字) A(Crete 섬에서 발견된 기원전 18-15세기의 문자; 아직 해독 못하고 있다).

líneàr accélerator 웹 [물리] 선형(線形) 가속기.

líneàr álgebra 웹 [수학] 선형(線形) 대수(학).

Líneàr B 웹 선문자(線文字) B (기원전 14-12세기에 사용되었던 그리스어 음절 문자; 이미 해독되어 있다).

líneàr equátion 웹 [수학] 1차 방정식.

líneàr indúction mòtor 웹 =linear motor. (또는 líneàr-indúction mòtor) ┐다.

lin・e・ar・ize [líniəràiz] 웹⨁ …을 선(모양)으로 만들

líneàr méasure 웹 척도법; 길이의 단위.

líneàr média 웹 테이프 방식 기억 매체(오디오・비디오 테이프 따위).

líneàr mótor 웹 리니어 모터, 선형 전동기.

líneàr mótor càr 웹 리니어 모터카(선형 유도 전동기(線形誘導電動機)를 추진력으로 이용한 차량).

líneàr perspéctive 웹 선투시도(線透視圖)(법).

líneàr prógramming 웹 [수학・경제・컴퓨터] 선형 계획(법)(⓿ LP).

líneàr spáce 웹 [수학] 선형 공간.   [도표・그림.

líne àrt 웹 선화(線畫)(선과 흑・백 부분으로 이루어진

líne astérn 웹 [군함의] 종진(縱陣).

lin・e・ate [líniət, -èit] 웹 (특히 평행한) 선이 있는. (또는 lineated)

lin・e・a・tion [lìniéiʃən] 웹ⓤ 선을 긋기, 선으로 나누기; (시(詩) 따위의) 행(단위) 배열; 선의 배열; 윤곽.

líne-back・er [láinbæ̀kər] 웹 [미식축구] 라인배커 (linemen의 바로 뒤에서 수비하는 선수).

líne-brèed・ing [láinbrì:diŋ] 웹ⓤ [유전] 동계(同系) 교배[번식]. ⓿ inbreeding

líne càll 웹 라인 콜(테니스의 서심 등에 의한, 공이 라인 안에 떨어졌는지 벗어났는지의 판정).

líne contról 웹 [통신] 회선 제어(回線制御).

lined¹ [laind] 웹 선[줄]을 그은[친].

lined² 웹 안(감)을 댄.

líne dráwing 웹 (펜・연필 등의) 선화(線畫).

líne drìve 웹 [야구] 라이너(liner).

líne èditor 웹 (저자와 긴밀한 연락을 유지하며 완성된 원고를 일일이 점검하는) 편집자.   ┐법.

líne engráving 웹 선조각(線彫刻)(화(畫)); 선조각

líne fèed 웹 [컴퓨터] 개행(改行).   (소・어업(漁法).

líne físhing 웹 (그물이 아니고 낚싯줄로 하는) 낚시

líne gràph 웹 [수학] 선 그래프, 꺾은선 그래프.

líne-in [ɑin] 웹 라인 입력 단자(端子).

líne ìtem 웹 [경제] 예산[상품] 항목; [상업] 품목명 (주문서・송장(送狀)상에 기재된 상품명).

líne-ítem vèto 웹 [미] (예산안・법안 따위의) 개별 항목 거부권. (또는 ítem vèto)

líne júdge 웹 [미식축구] 선심(線審).

líne・man [láinmən] 웹 **1** (전신・전화선의) 가설공, 보선공; (철도의) 선로 담당. (또는 linesman) **2** [측량] 측선사(測線士). **3** [미식축구] 전위. **4** 《濠・뉴질》 (해병대의) 인명 구조 대원.

líne mànagement 웹 (생산・판매 등 기업의 기본 업무를 담당하는) 라인 관리(부문), 라인 관리직.

líne mànager 웹 (기업의) 라인 관리자; (one's ~) 직속 상사(上司).   ┐목을 포괄하는 상표.

líne màrk 웹 라인 마크(특정한 생산 라인의 모든 품

***lin・en** [línin] 웹 (~s [-z]) ⓘⓤ **1** 아마포(亞麻布), 리넨; 아마사. **2** (~s) 리넨류. **3** [집합적] 리넨 제품, 캘리코 제품(시트・속옷・테이블보 따위). **4** = ~ paper. **5** [고어] (현) 속옷.

shoot one's linen [or *cuff*] 상의 소매에서 셔츠의 커프스[자락]를 내놓다; 제자랑하다.

wash [or *air*] ***one's dirty linen at home*** [in *public*] 내부[집안]의 수치를 밖으로 드러내지 않다

— 웹 리넨(제)의.   [드러내다].

lin・en-drap・er [-drèipər] 웹 《영》 리넨[직물] 상인.

línen páper 웹 리넨 종이.

línen wédding 웹 아마 혼식(결혼 12주년 기념).

líne of báttle 웹 [군사] (군대・함대의) 전열(戰列); 제1선, 전선(前線), 전선(戰線).

líne of béauty 웹 [미술] 미(美)의 선(S자 모양).

líne of crédit 웹 =credit line 2.

líne of dúty 웹 직무, 직책.

in (the) line of duty (생사에 관계되는 일에) 근무 [복무]중인[의].

líne of Fáte [**Déstiny, Sáturn**] 웹 [수상] 운명

líne òfficer 웹 [군사] 전투 병과(兵科) 장교, ⓿ staff officer   ┐선.

líne of fíre 웹 사선(射線); 주선(主線), 포열선(砲列

in the line of fire 적대하는 두 사람 사이에 끼어; 집중 공격[비난]을 받아.
líne of flów 명 〔수학·물리〕 유선(流線).
líne of fórce 명 〔물리〕 (전장(電場)·자장(磁場) 따위의) 역선(力線)(field line).
líne of indúction 명 〔물리〕 자기(磁氣) 유도선, 자력선(磁力線).
líne of scrímmage 명 〔미식축구〕 스크리미지 라인.
líne of síght 명 〔사격·측량 따위의〕 조준선(또는
líne of síghting); 〔천문·안과〕 시선(視線); 〔통신〕 송수신 직접선.
line-of-sight [ˈ-əvsáit] 형 〔통신〕 송수신선이 직결된, 송수신자간에 교신 가능한.
líne of (the) Sún 명 〔수상〕 성공[재물]선.
líne of vísion 명 〔안과〕 시선(line of sight).
líne organizàtion 명 〔경영〕 라인 조직, 직선(直線) 조직; ⇨ line and staff organization
line-out [ˈ-àut] 명 1 〔럭비〕 라인 아웃. 2 라인 출력 단자(端子).
líne prínter 명 〔컴퓨터〕 라인 프린터, 행(行) 인자(印字)기.
líne prínting 명 〔컴퓨터〕 라인 프린터에 의한 출력.
***lín·er**[láinər] 명 1 정기선, 정기 항공기. 2 선을 긋는 사람[도구], 눈 화장용 붓. 3 〔야구〕 라이너(line drive).
lín·er² 1 안감을 대는 사람. 2 안감으로 대는 천. (코트의) 라이너. 3 (기계의 마찰 방지용) 덧업힘 쇠, 갈판. (레코드의) 재킷.
líner nótes 명(복) (레코드·카세트 테이프의) 라이너 노트.
líner pòol 명 (안쪽을 비닐로 깐) 간이 수영장.
lín·er·tràin [láinərtrèin] 명 각 팀의 데이터 기록표.
líne scòre 명 〔야구〕 각 팀의 데이터 기록표.
líne sègment 명 〔수학〕 선분(線分).
line-shoot [ˈ-ʃùːt] 〔英속어〕 명 제자랑. — 통 자기 자랑하다, 허풍떨다. ~·**er** 허풍쟁이. ~·**ing**
lines·man [láinzmən] 명 1 = lineman 1. 2 〔스포츠〕 (구기 종목의) 선심(線審). 3 갓길 관리인.
líne spàce 명 라인 스페이스(행(行) 사이의 간격).
line-up [ˈláinʌ̀p] 명 (a ~, the ~) 1 (사람·물건이) 정렬, 정렬한 사람[것]. 2 〔스포츠〕 (축구·야구 따위에서) 라인업, 진용, 타순; (시합 전의) 선수의 정렬. 3 (공동의 목적을 가진 사람들의) 면면, 구성. 4 (범인 색출을 위해 경찰이 줄 세워 놓은) 용의자의 열. 5 (방송 프로·행사 따위의) 예정표(schedule). 6 (회사의) 상품[재고]·서비스 일람표. 7 (차례차례 일어나는) 일련의 사건.
line-work [ˈ-wə̀ːrk] 명 (작품으로서의) 선화(線畫). 선화 작품.
ling¹ [liŋ] 명 (~(s)) (Greenland나 북유럽 근해산의) 대구류.
ling² 명 〔식물〕 히스(heath)의 일종.
ling. linguistics.
-ling¹ 접미 (종종 경멸적) 1 small의 뜻. 명사에 붙는 지소사(指小辭). ¶ *duck*ling, *prince*ling. 2 명사·형용사·부사에 붙어 「…에 관계되는[속하는] 것」의 뜻의 명사를 만든다. ¶ *hire*ling, *under*ling.
-ling² 접미 「방향·위치·상태 따위」를 뜻하는 부사를 만든다. ¶ *dark*ling, *flat*ling.
lin·gam [líŋgəm] 명 (힌두교의 Siva 신의 표상으로) 남근상(男根像). (또는 **lin·ga** [-gə])
***lin·ger** [líŋgər] (~**s** [-z]) 재 1 (떠나기 싫어서) 꾸물거리다(*about, around, on*), 떠나기를 망설이다. ⇨ LOITER 유의어. ¶ He ~*ed* after all had gone. 모두가 떠난 뒤에도 그는 꾸물거리고 있었다. **2** (병 따위가) 오래 끌다; (환자가) 간신히 목숨을 부지하다, 쉽게 죽지 않다; (습관·맛 따위가) 좀체 없어지지 않다; (겨울 따위가) 지루하게 계속되다(*on*). ¶ Such customs are still ~*ing on*. 그같은 습관이 아직도 남아 있다. **3** (…에) 시간이 걸리다, (…을) 질질 끌다(*over, in*). **4** (前+名) ~ *over* one's work 일을 질질 끌다. **4** 한없이 (생각에) 잠기다; (즐거움을) 음미하다(*on, over*); (…하기를) 망설이다. ¶ (~ *+to do*) ~ *to say* good-by 좀체 작별 인사를 하려 들지 않다. **5** 어슬렁어슬렁 걷다, 어슬렁거리다, 느리게 걷다(*about, around*). — 타 **1** 〔시간〕을 빈둥빈둥 보내다[허비하다](*away, out*). **2** (고어) …을 질질 끌게 하다. 「가다.
linger out one's life 좀처럼 죽지 않다; 헛되이 살아 ~·**er**
lin·ge·rie [là̀ːnʒəréi/lǽnʒərì] 명 1 (여성용) 속옷, 란제리. 2 (고어) (일반적으로) 리넨 제품. 〔F〕
lin·ger·ing [líŋgəriŋ] 형 질질 끄는, 망설이는; 오래 가는, 좀체 사라지지 않는. ¶ a ~ snow 잔설(殘雪)/a ~ disease 숙환. ~·**ing·ly** 부
lin·go [líŋgou] 명 (복 ~(**e**)**s**) (구어) 경멸적·익살) (외국어·전문어 따위) 뜻이 통하지 않는 말, 귀에 익지 않은 말; 개인 특유의 말, 말버릇. ¶ seaman's ~ 선원 용어.
-lings [liŋz] 접미 = -ling².
lin·gua [líŋgwə] 명 (복 ~·**guae** [-gwìː]) 1 혀; 혀 모양의 기관(器官). 2 언어. 〔L〕
língua fránca [-frǽŋkə] 명 (복 **l- -s, -e -e** [-gwì: frǽŋki:]) 1) 국제 혼성어(pidgin English 등). 2 ⓤ (L- F-) 링귀 프랭커어(語)(이탈리아어·프랑스어·그리스어·스페인어·아라비아어·터키어의 혼성어. 지중해 연안 지방에서 사용). 3 국제(공용)어. ¶ English is the ~ for business people worldwide. 영어는 전세계 비즈니스맨의 국제 공용어이다. 〔It〕
lin·gual [líŋgwəl] 형 1 혀의; 설상부(舌狀部)의. 2 언어의. 3 〔음성〕 설음(舌音)의. — 〔음성〕 설음, 설음자(d, n, s, r 따위). ~·**ly** 부 「(어학 녹음 교재).
Lín·gua·phòne [líŋgwəfòun] 명 〔상표〕 링귀폰
lin·gui·form [líŋgwifɔ̀ːrm] 형 혀 모양의.
lin·gui·ne [liŋgwíːni] 명 링귀네(이탈리아 요리용 납작한 파스타). (또는 **linguini**)
***lin·guist** [líŋgwist] 명 1 언어학자, 어학자. 2 여러 외국어에 능통한 사람; 어학의 재능이 있는 사람.
***lin·guis·tic** [liŋgwístik] 형 언어의; 언어학의, 어학상의; (서 아프리카에서) 추장의 대변인. (또는 **linguístical**) **-ti·cal·ly** 부
linguístic átlas = dialect atlas.
linguístic fórm 명 〔언어〕 언어 형식[형태].
linguístic geógraphy 명 언어 지리학. 「자.
lin·guis·ti·cian [lìŋgwistíʃən] 명 (드물게) 언어학
linguístic rélativism 명 〔언어〕 언어상대설[론]이고는 언어에 의해 상대화된다는 주장). (또는 **linguístic relativity hypóthesis, Sapír-Whórf hypóthesis**)
***lin·guis·tics** [liŋgwístiks] 명 (단수취급) 언어학. ¶ historical ~ 역사(적) 언어학.
linguístic semántics 명 〔언어〕 언어학적 의미론.
linguístic stóck 명 어계(語系); 어떤 어계의 언어 [방언]를 쓰는 민족. 「성.
linguístic univérsal 명 〔언어〕 언어의 보편적 특
lin·gu·late [líŋgjulət, -lèit] 형 혀 모양의, 혀끝의. (또는 **lingulated**) 「주의의.
lin·guo·cen·tric [lìŋgwəséntrik] 형 자국어 중심
lin·i·ment [línəmənt] 명ⓤⓒ 도찰제(塗擦劑), 도포제.
li·nin [láinin] 명 〔화학〕 리닌(아마인에 함유된 고미질(苦味質)); 〔생물〕 리닌, 핵사(核絲).
***lin·ing¹** [láiniŋ] 명 1 ⓤ 안감을 대기, 안감 받치기. 2 ⓤⓒ 안, 안감. ¶ *Every cloud has a silver ~*. (속담) 궂은 일에도 좋은 면이 있는 법. 3 (지갑·호주머니·위장 따위의) 속, 내용. 4 내장(内裝); 내면, 내층(内層). 5 ⓤ 〔제본〕 등붙이기. 6 ⓤ 〔기계〕 (실린더 따위의) 안쪽 붙이기; (기관(汽罐)의) 기루(汽樓). 7 ⓤ (돛의) 대는 천. 8 (~**s**) 〔英속어〕 하의, (특히) 팬티, 속옷.
lin·ing² 명ⓤⓒ 1 정렬(整列). 2 선 무늬 긋기; 선무늬 [장식]. 3 (복합어로) 一의 낚시. ¶ hand-~ 주낙.
***link¹** [liŋk] 명 1 (쇠사슬의) 고리. ¶ a ~ in a chain 쇠사슬의 한 고리. 2 (철도·항공로 따위의) 연결[접속]로; (사람과의) 연락[통신] 수단, 연결하는 것[사람]; 유대, 연줄; (프로그램 따위의) 사회자; 〔축구·럭비〕 =

linkman 3. ⇒BOND 유의어 ¶a ~ line 연락선/a ~ with the past 과거와의 연결. 3 〔편물의〕 코, 끈 구멍, 고리 모양의 것. 4 (사슬 모양의 소시지 따위의) 한 토막; (~s) 사슬 모양의 소시지. 5 (~s) 커프스 단추. a pair of coral ~s 산호 커프스 단추. 6 〔드물게〕〔측량〕링크 (100분의 1체인(chain)). 7 〔화학〕 화학 결합(bond). 8 〔전기〕 퓨즈(fuse ~). 9 〔기계〕 링크, 연접봉(連接棒). 10 〔스코〕 (강의) 만곡부. 11 〔방송〕 링크트(특정국 사이에서 음성·화상을 무선 전송법); 〔컴퓨터〕 링크, 연계(로).
let out the links 마음대로 행동하다; 더욱 노력하다.
── 통 (~ed [-t]) 1 …을 (…에) 연결하다, 잇다, 연계(결부)시키다 (*up, together*)(*to, with*). ⇒JOIN 유의어 ¶(~+目+前+名) ~ the human heart *with* nature 사람의 마음과 자연을 잇다 /The ferryboat ~s the island *to* the mainland. 그 연락선은 섬과 본토를 연결하고 있다. 2 〔英방언〕 〔손〕 잡다; 팔짱을 끼다 (*in, through*). ¶(~+目+前+名) ~ one's arm *in* [or *through*] another's 남과 서로 팔짱을 끼다. 3 〔英〕 (프로그램 따위의) 사회를 보다. ── 재 (…와) 결합〔연결〕하다, 연합〔합병〕하다(*up, together*)(*on, to, with*).
link up with …과 연결(동맹)하다.
── 형 사슬[고리]로 이어진.

link² 명 (고어) 횃불(torch).

link·age [líŋkidʒ] 명 1 결합, 연결. 2 〔생물〕 (유전자의) 연관(連關); 〔유전〕 연쇄. 3 〔기계〕 연동 (장치), 링크 장치. 4 〔전기〕 연쇄. 5 〔정치〕 연계(連繫), 링키지(한 사안을 다른 사안에 연계시키는 외교 전략). 6 〔컴퓨터〕 연계(連繫). 7 〔화학〕 (원자의) 결합 (방법).

línkage èditor 명 〔컴퓨터〕 연계(連繫) 편집 프로그램(두 개 이상의 프로그램을 결합하여 하나의 완전한 프로그램으로 편집하는 프로그램).

línkage gròup 명 〔유전〕 연쇄군, 연관군(동일 염색체상에 있으면서 한데 뭉쳐서 유전되는 유전자 그룹).

línkage màp 명 〔유전〕 연쇄 지도(genetic map).

línk·boy [líŋkbɔ̀i] 명 〔옛날의〕 횃불잡이.

linked [liŋkt] 형 결합된, 연결된 (특히 유전자가) 연관된; 〔컴퓨터〕 링크(link)를 가진.

lin·ker [líŋkər] 명 〔컴퓨터〕 링커, 연계기; 〔문법〕 연결어.

línk·ing vèrb [líŋkiŋ-] 〔문법〕 연결 동사(be, become, seem, appear 따위). (또는 **línk vèrb**) 형 copula

link·man [líŋkmən] 명 1 횃불잡이. 2 〔극장 따위에서 차에서까지〕 손님을 안내하는 안내 담당원. 3 〔축구·럭비·하키의〕 센터 포워드와 백을 연결하여 주는 선수. 4 〔英〕 (방송의) 앵커, 사회자; 중개인.

línk mòtion 명 〔기계〕 링크 장치, 연동 장치.

links [liŋks] 명복 1 〔스코〕 해안을 따라 기복이 있는 모래땅. 2 〔단·복수 양용〕 골프장(golf course).

links·land [líŋkslənd] 명 해안의 사구(砂丘) 지대.

links·man [líŋksmən] 명 골퍼(golfer).

Línk tráiner 명 1 〔항공〕 〔상표〕 (지상에서의) 비행 연습 장치. 2 〔시청각 장치를 이용한〕 모의 자동차 운전 장치. 〔〈고안자인 미국인 Edward Link의 이름〕

link·up [líŋkʌp] 명 연결; (우주선의) 도킹 (TV·라디오) 다원 중계 방송.

línk vèrb 명 =linking verb. 〔따위〕

línk wòrd 명 〔문법〕 접속어〔사〕(and, because, than

link·work [líŋkwə̀:rk] 명 연쇄 세공; 연동 장치.

linn [lin] 명 〔스코〕 1 폭포; 용소(龍沼). 2 험한 협곡. 〔절벽.

Linn. Linnaean; Linnaeus.

Lin·nae·an [liní:ən] 형 린네(Linnaeus)의; 린네식 생물 분류법의. ¶the ~ classification [or system] 린네식 생물 분류법. (또는 **Linnean**) 〔스웨덴의 식물학자 Carolus Linnaeus(1707-78)의 이름〕

lin·net [línit] 명 홍방울새.

li·no [láinou] 명 〔英〕 1 = linoleum. 2 = Linotype.

li·no·cut [láinoukʌ̀t] 명 리놀륨 판(版), 그 판화(版畵).

***li·no·le·um** [linóuliəm] 명U 리놀륨(내화성·탄성(彈性)이 있으며, 장판 따위로 쓰인다).

Lin·o·type [láinətàip] 명 〔상표〕 라이노타이프(자동 주조 식자기); (종종 l-) 라이노타이프 인쇄물. ── 통 (l-) 〔인쇄〕 (…을) 라이노타이프로 식자(植字)하다.
-týp·er, -týp·ist 명 라이노타이프 식자공.

lin·sang [línsæŋ] 명 (동인도제도산(產)) 사향고양이.

lin·seed [línsi:d] 명 아마인(亞麻仁), 아마의 씨.

línseed càke 명 아마인 찌꺼기(가축의 사료).

línseed mèal 명 아마인 가루.

línseed òil 명 아마인유(油)(도료 따위의 재료).

lin·sey [línzi] 명 =~woolsey.

lin·sey-wool·sey [-wúlzi] 명U 1 아마(亞麻)와 모(毛)[면(綿)과 모]의 교직물. 2 〔일반적으로〕 뒤범벅.

lin·stock [línstɑ̀k/-stɔ̀k] 명 〔역사〕 도화간(導火桿)(옛날 대포의 화승(火繩)에 점화하는 데 쓰였음).

lint [lint] 명 1 린트 천(붕대·습포용). 2 실보무라지. 3 〔조면(繰綿)한〕 면화, 솜. **~·less** 형

lin·tel [líntl] 명 〔건축〕 상인방(上引枋) 〔문·입구 따위의 위쪽 가로대〕; 상인방도리. (또는 **lintol**) **-tel(l)ed** 형

lint·er [líntər] 명 1 (~s) 린터(조면 후에도 씨에 붙어 남아 있는 짧은 솜 부스러기). 2 린터 채취기(직물 따위에서 린터를 떼어내는 기계), 그 기계공.

LINUX, Li·nux [lí(:)nʌks, lí:nəs] 명 〔컴퓨터〕 리눅스(PC용 UNIX 호환 운영 시스템(OS)). 〔〈개발자 핀란드인 Linus B. Torvalds의 이름〕

lin·y [láini] 명 1 선을 그은, 선이 많은; 주름진. 2 선 같은. 3 〔미술〕 선을 너무 많이 쓴. (또는 **liney**)

Lin Yu·tang [lín jù:tɑ́:ŋ] 명 림 위탕(林語堂) (1895-1976; 중국의 저술가·언어학자).

li·on [láiən] 명 (복 ~ [-z]) 1 사자 (lioness(사자의 암컷), cub ~ (사자 새끼)). 2 용맹한 사람 (경멸적) 잔인한 사람. 3 (사교계의) 명사, 스타, 명물인 사람, 인기있는 사람. ¶the ~ of the day 시대의 총아. 4 (~s) 〔英〕 명소, 명물(옛날 런던 관광객들은 반드시 런던탑의 사자를 구경하도록 안내되었던 데서). 5 (the L-) 〔천문·점성〕 사자자리(궁) (Leo). 6 〔문장〕 (영국의 상징으로서의) 사자, 사자 문장. ¶the ~ and unicorn 사자와 일각수(一角獸)(영국 왕실의 문장을 떠받치는 동물). 7 (L-) 라이온스 클럽의 회원. 8 〔화폐〕 (사자상이 새겨져 있는) 옛날 금화.
a lion in the way [or *path*] (상상에 의한) 앞날의 장애(난관) (← 잠언(Prov.) 26 : 13).
beard the lion in his den 목숨을 걸고 대결하다. 대담하게 맞서다, 호랑이 굴에 들어가다. 〔찬하다.
make a lion of a person 남을 추어올리다(극구 칭*put* [or *place, run*] *one's head in* [or *into*] *the lion's mouth* 엄청난 짓(대모험)을 하다.
see [*show*] *the lions* 명소를 구경(안내)하다.
the British Lion 영국 (국민).
throw [or *feed*] *a person to the lions* 죽게 된 (곤경에 처한) 사람을 내버려두다.
twist the lion's tail (특히 미국의 신문 기자나 연설가가) 영국을 헐뜯는 글을 쓰다(말을 하다).
~-ésque, ~·ly 형

Li·o·nel [láiənəl, -nèl] 명 라이오넬(남자 이름).

li·on·ess [láiənis] 명 암사자.

li·on·et [láiənèt] 명 새끼사자.

li·on·heart [láiənhɑ̀:rt] 명 1 용맹한 사람, 담대한 사람. 2 (L-) 사자왕(영국왕 리처드 1세의 별명).

li·on·heart·ed [láiənhɑ̀:rtid] 형 용감(용맹)한, 담대한. **~·ly** 분 **~·ness** 명

li·on·hood [láiənhùd] 명U 인기인(人氣人)임, 명사(名士)임. (또는 **líonship**)

li·on·hunt·er [-hʌ̀ntər] 명 1 사자 사냥꾼. 2 인기인(명사)를 쫓아다니는(초대하기 좋아하는) 사람.

li·on·i·za·tion [làiənizéiʃən/-nai-] 명U 1 (남을) 추어올리기, 명사 취급하기. 2 〔英〕 명소를 안내하기.

li·on·ize [láiənàiz] 통 재 1 〔남〕을 추어올리다, 명사

취급을 하다. ¶ ~ a person 남을 명사 대접하다, 영웅시하다. 2 (英) 〔명소〕를 방문[안내]하다. ── [자] 1 (英) 명소를 구경하다. 2 명사의 꽁무니를 쫓아다니다. **-iz·er** [명]

li·on·like [láiənlàik] [형] 사자 같은[비슷한].

Líons Clùb [명] 라이온스 클럽. 〔<*L*iberty, *I*ntelligence, and *O*ur *N*ation's *S*afety(협회의 슬로건)〕

Líons (Clúbs) Internátional [명] 라이온스 클럽 국제 협회(1917년 미국에서 창립).

líon's dén [명] 사자굴; 《비유적》 무서운 상대가 있는 곳.

líon's móuth [명] (the ~) 매우 위험한 곳[장소], 호랑이 굴.

líon's províder [명] 앞잡이, 하수인, 주구(走狗).

líon's shàre [명] (the ~) (분배 따위에서) 가장 큰 몫, 단물.

take the lion's share 가장 큰[좋은] 몫을 차지하다; 단물을 빨아먹다. 〔<*Aesop's Fables*에서〕

líon's skìn [명] 헛위세, 겉치레의 용기.

an ass in a lion's skin 허세 부리는 비겁자. 〔<*Aesop's Fables*에서〕

líon tàmer [명] 사자 조련사, 사자 부리는 사람.

‡lip [lip] [명] 1 입술. ¶the upper[lower, under] ~ 윗[아랫] 입술. 2 (~s) (발음 기관으로서의) 입(mouth). 3 (one's ~) 《속어》 건방진[주제넘는] 말, 참견. ¶None of your ~! =Stop your ~! 입 닥쳐! 4 (공기·사발·구멍 따위의) 가장자리; 상처. 5 〔식물〕 (박하 따위의) 순형 화판(脣形花瓣), 순판. 6 〔해부〕 음순(陰脣). 7 〔음악〕 (관악기의) 부는 주둥이, 순관(脣管). 8 《구어》 무서운 얼굴, 볼 멘 얼굴. 9 《속어》 (특히 형사 전문의) 변호사.

be steeped [or ***immersed***] ***to the lips*** (나쁜 일·가난 따위가) 온몸에 배어 있다 (*in*).

bite one's lip(s) [or ***tongue***] (고통·노여움·웃음 따위를 참기 위하여) 입술을 깨물다, 꾹 참다.

button [or ***seal, zip***] ***one's lip(s)*** 《속어》 입을 다물다.

cross lips 언급되다, 논의되다.

curl one's lips (냉소로) 입을 삐죽이다.

escape one's lips (말이) 입에서 새다, 무심코 지껄이다.

flip [or ***flap***] ***one's lip*** 《美속어》 잡담하다, 수다떨다.

get lip 《美속어》 키스하다, 입맞추다.

hang on a person's lips; hang on the lips of a person 남의 말을 경청하다.

hang one's lip (굴욕으로) 울상을 짓다.

keep [or ***carry, have***] ***a stiff upper lip*** 《구어》 (어려움에 부딪쳐도) 겁내지 않다, 버티다, 꺾이지 않다.

lick one's lips (먹고 싶어서 또는 고대하면서) 혀로 입술을 핥다.

make (up) a lip 입을 부루퉁하게 하다(불평·모멸의 표정).

on everyone's lip; on every lip 모든 사람의 입에 오르내리는, 누구나 관심을 갖고 있는.

open one's lips 입을 열다, 말하다.

part with dry lips 키스하지 않고 헤어지다.

pass one's lips (말이) 저도 모르게 입에서 튀어나오다; (음식이) 입으로 들어가다.

purse one's lips 입을 오므리다(불만·의심 등의 표정).

put [or ***lay***] ***one's finger to one's lips*** 입술에 손가락을 대다(입을 다물라는 신호).

read a person's lips 남의 말을 주의해 듣다; (특히 오랜 논란 끝에) 남의 말을 그대로 믿다.

shoot out the lip (경멸·불쾌 때문에) 입을 삐죽 내밀다.

smack one's lips ① 입맛을 다시다; (맛있는 음식을 먹고 싶어서) 혀로 입술을 핥다, 침을 삼키다. ② (즐거운 예상·회상으로) 기뻐하다, 들뜨다.

Zip (up) your lips! 《구어》 말하지 마!, 입 닥쳐!

── [동] (-pp-) [타] 1 …에 입술을 대다; …에 키스하다. 2 〔골프〕 〔공〕을 쳐서 홀 언저리에 갖다 놓다. 3 …을 중얼거리다, 속삭이다; 《구어》 〔남〕을 모욕하다, 욕하다. 4 (물·물결이) 〔기슭〕을 씻다. 5 (재즈 음악에서) 〔금관 악기〕를 불다, 연주하다. ── [자] 1 (관악기의 연주에서) 입술을 쓰다. 2 (물·파도가) (…을) 치다, 씻다. 3 입술 모양이 되다. 4 (…에) 키스하다 (*at*). 5 (물 따위가) 그릇 언저리까지 꽉 차다, (그릇에서) 넘치다(*over*). ── [형] 1 입술의. ¶ ~ rouge 루즈. 2 말뿐인, 겉치레의. ¶a ~ Christian 말뿐인 기독교도. 3 〔음성〕 순음(脣音)의. **∠·less, ∠·lìke** [형]

LIP *l*ife *i*nsurance *p*olicy.

lip- [lip, laip] [연결] ⇨LIPO-.

li·pase [láipeis, líp-] [명][U] 〔생화학〕 리파아제(지방 분해하는 효소).

lip-balm [∠bὰ:m] [명][U] (美) 입술용 크림.

lip·brush [lípbrʌ̀ʃ] [명] 립브러시(립스틱 바르는 붓).

líp còmfort [명] 말만의 위로, 일시적인 위안.

líp cònsonant [명] 〔음성〕 순자음(脣子音)([p, b, m] 따위).

líp contròl [명] 〔음악〕 (입술 모양을 바꾸어 음색을 조절하는) 금관 악기 연주법의 하나.

lip-deep [∠dí:p] [형] 말뿐인, 입으로만 하는.

lip·ec·to·my [lipéktəmi] [명] 피하 지방 절제 수술.

líp fùzz [명] 《美속어》 콧수염(mustache).

líp glòss [명] 립글로스(입술 화장품). (또는 **lípglòss**)

lip·id [lípid, láip-] [명][U] 〔생화학〕 지방질(지방·납(蠟)·유(類)지방질의 총칭). (또는 **lipide**) **li·píd·ic** [형]

líp lànguage [명] 시화(視話), 독순(讀脣) 언어(벙어리 등이 입술의 움직임으로 의사를 소통하는 말).

líp mìcrophone [명] 립 마이크로폰(말하는 사람의 입에 바싹 대는 가두 녹음용 이동 마이크).

líp mòver [명] 《美속어》 멍텅구리, 멍청이.

Li Po [lí: póu] [명] 이백(李白)(701?-762: 중국 당(唐)대의 시인; 이태백).

li·po- [lípou, -pə, láip-] [연결] fat의 뜻(* 모음 앞에서는 lip-). ¶*lip*ase, *lipo*lysis(지방 분해).

li·po·cyte [lípəsàit] [명] 〔해부〕 지방 세포(fat cell).

li·po·fill·ing [lípəfìliŋ] [명] 〔미용외과〕 지방 충전술(지방 세포를 얼굴 등으로 자가 이식하기).

lip·o·fus·cin [lìpəfʌ́sin, làip-] [명] 〔생화학〕 리포푸신, 지방 갈색소.

li·pog·ra·phy [lipɑ́grəfi, lai-] [명][U] (부주의로 인한) 글자 또는 음절의 누락.

lip·oid [lípɔid, láip-] [형] 〔생화학〕 지방질의, 지방 비슷한. (또는 **lipoidal**) ── [명] 리포이드, 유지(類脂)(체).

lip·o·pol·y·sac·cha·ride [lìpoupɑ̀lisǽkəràid, làip-/-pɔ̀li-] [명] 〔생화학〕 리포 다당류(多糖類).

lip·o·pro·tein [lìpəpróuti:n, làip-] [명] 〔생화학〕 리포[지방] 단백질.

lip·o·some [lípəsòum, láip-] [명] 〔생물〕 리포솜(인지질(燐脂質)의 현탁액에 초음파 진동을 가하여 생기는 미세한 피막 입자). **li·po·sóm·al** [형]

lip·o·suc·tion [lìpəsʌ́kʃən, làipə-] [명] 지방 흡인(술)(미용 외과 수술). (또는 **lìpo-súction**)

lip·o·trop·in [lìpətróupi(:)n, lài-] [명] 〔생화학〕 리포트로핀(뇌하수체에서 분비되는 지방 분해 호르몬).

lipped [lipt] [형] 1 입술이 있는; 따르는 주둥이가 달린. ¶a ~ jug 따르는 주둥이가 달린 주전자 / thick-~ 입술이 두툼한. 2 〔식물〕 순형(脣形)의, 입술 모양의.

lip·per [lípər] [명] 〔해사〕 1 (해면의) 잔물결, 작은 파문. 2 비말(飛沫).

Líp·pes lòop [lípəs-] [명] 이중(二重) S자형 플라스틱제(製) 피임링. 〔<미국 의사 Jack Lippes(1924-)의 이름〕

lip·pie [lípi] [명] 《濠속어》 =lipstick.

Lipp·mann [lípmən] [명] **Walter** ~ 리프먼(1889-1974: 미국의 언론인).

líp prìnt [명] 순문(脣紋)(입술 표면의 무늬).

lip·py [lípi] [형] 1 《구어》 큰 입술의, 입술이 튀어나온. 2 《속어》 건방진, 주제넘은, 버릇없는. **-pi·ness** [명]

lip·read [lípri:d] [동] (**-read** [-rèd]) [타] 〔말〕을 독순술(讀脣術)로 이해하다. ── [자] 입술을 읽다. **~·er** [명]

lip·read·ing [lípri̇̀:diŋ] [명][U] 독순술(讀脣術).

lip-round·ing [∠ràundiŋ] [명] 〔음성〕 (발음을 위해) 입술을 동그랗게 함, 원순(圓脣).

lip·salve [lípsæ̀v, -sɑ̀:v/-sæ̀lv] [명][U] 1 입술용 연

고. **2** 아첨(flattery). 「사람.
líp sèrver 몡 말뿐인 충성자[신앙인], 말로만 친절한
lip sèrvice 몡 (경멸적) 입에 발린 말; 말뿐인 호의
[경의, 후의, 찬성, 신뢰].
pay [or **give**] **lip service to** …에게 입에 발린 말을
하다, 말로만 경의[동의]를 표시하다. 「기 연주자.
lip·slip·per [lípslìpər] 몡 (재즈의) 관악
lip·speak·er [lípspìːkər] 몡 (청각 장애인과) 입술
움직임으로 말할 수 있는 사람, 순화자(脣話者).
lip·speak·ing [⸍spìːkiŋ] 몡 순화술(脣話術)(입술의
움직임으로 말을 전하는 일).
*****lip·stick** [lípstìk] 몡Ⓤ©️ 립스틱, 루즈. ¶put on
one's ~ 립스틱을 칠하다. ── 립스틱을 바르다.
lip-sync [⸍sìŋk] 몡 녹음[녹화]에 입을 맞춰 말[노래]
하다, 립싱크하다. ──Ⓤ 입을 맞춰 말[노래]하기, 립
싱크. (또는 **líp-sỳnch, lip sỳnch**)
[<*lip-sync*hronization].
líp tàlk 잡담, 세상 살아가는 이야기.
li·pu·ri·a [lipjúːriə] 몡 (병리) 지방뇨.
liq. liquid; liquor.
li·quate [láikweit] 통 (야금) (금속)을 용해 분리
[석출]하다, 용리(溶離)시키다, 녹이다. ──자 용해 분리
하다(*out*). **li·quá·tion** 몡 용해 분리[석출].
liq·ue·fa·cient [lìkwəféiʃənt] 몡 (의학) 액화제,
용제(溶劑). ── 액화[용해]시키는.
liq·ue·fac·tion [lìkwəfǽkʃən] 몡Ⓤ©️ **1** 액화(液化),
용해 (상태). **2** (지질) (지진에 의한 지반의) 액상화(液狀
化) 현상. **-tive** 몡 액화의, 용해성의. 「있는.
liq·ue·fi·a·ble [lìkwəfàiəbl] 몡 액화[용해]할 수
liq·ue·fied [líkwəfàid] 몡 (美속어) 술취한.
liquefied nátural gàs 액화 천연 가스(생략 LNG).
liquefied petróleum gàs 액화 석유 가스,
LPG 가스(생략 LPG). 「하는 사람).
liq·ue·fi·er [líkwəfàiər] 몡 기체 액화 장치(을 조작
liq·ue·fy [líkwəfài] 통태 …을 액화[용해]시키다.
──자 액화[용해]하다.
li·ques·cent [likwésənt] 몡 **1** 액화[용해]하는. **2**
액화[용해]하기 쉬운, 액화성의. **-cence, -cen·cy**
Ⓤ 액화[용해] (상태).
li·queur [likə́ːr/-kjúə] 몡Ⓤ©️ 리큐어(향료·감미료가
든 독한 혼성주; 주로 식후에 마신다); ©️ 리큐어 한 잔.
──통태 …에 리큐어로 맛을 내다[섞다]. [F]
liqueur brándy 식후에 마시는 고급 브랜디.
liqueur chócolate 리큐어 들이 초콜릿.
liqueur gláss 몡 리큐어 잔.
‡**liq·uid** [líkwid] 몡 **1** 액체의(상태), 유동성의(생 solid, gas, fluid); 물 같은. ¶~ food 유동식(流動食).
2 (주의·신념 따위가) 불안정한, 변하기 쉬운. ¶~
opinions 변하기 쉬운 의견. **3** (눈동자·하늘 따위가) 맑은, 투명한, 밝은; (눈이) 눈물에 젖은. ¶~ eyes 맑은
눈. **4** (소리·시의 가락 따위가) 유창한, 흐르는 듯한;
(동작이) 우아한, 부드러운. ¶~ tones 유려한 가락. **5**
(재산·담보 따위가) 쉽게 돈으로 바뀌지는. **6** (음성) 유
음(流音)의. 「gas).
──몡 (복) ~s [-z] **1** Ⓤ©️ 액체, 유동체(생 solid,

유의어 **liquid** 고체·기체에 대하여 「액체」의. **fluid** 액
체·기체를 가리키지 않고 「유동체」. **liquor** 짙은 용액;
보통 알코올 음료를 뜻한다.

2 (음성) 유음(流音)의([l, r], 종종 [m, n, ŋ] 포함); 유음
~·ly 뿐 액체 상태로; 유창하게. **~·ness** 몡 「문자.
líquid áir 몡 액체 공기.
líquid ássets 몡(복) 유동[당좌] 자산.
liq·ui·date [líkwidèit] 통태 **1** (부채)를 지불[청산]
하다, 변제하다. **2** (회사 따위)를 해산[정리]하다, 퇴출
시키다. **3** (부채·손해액)을 결정하다. **4** (증권·상품)을
현금으로 바꾸다. **5** (사람·물건)을 치우다, 없애다, 죽
이다; 제거하다. ──자 청산하다, 정리하다.

liq·ui·da·tion [lìkwidéiʃən] 몡Ⓤ **1** (파산자의) 청
산, 정리; (회사의) 해산, 파산. **2** (부채의) 청산, 변제. **3**
(증권·상품 등의) 현금화, 환전. **4** 일소, 제거; 살해.
go into liquidation (회사 따위가) 해산[파산]하다.
liq·ui·da·tor [líkwidèitər] 몡 (공무의) 청산인.
líquid cápital [**fúnd**] 몡 유동 자본. 생 fixed capital
líquid chromatógraphy 〔화학〕 액체 크로마
토그래피(물질 분석법의 하나). 「의.
liq·uid-cooled [-kùːld] 몡 (기관이) 수냉식(水冷式)
líquid córk 몡 (속어) 설사(멈추는) 약.
líquid crýstal 〔화학〕 액정(液晶)(생 LC).
líquid crýstal displáy 액정 표시(장치) (생 LCD).
líquid díet 유동식(流動食) 다이어트, 초저칼로리
líquid eráser 글자 수정액. 「다이어트.
líquid fíre (군사) 액화(液火)(화염 방사기용(放射
器用)의 타는 액체). 「溶液).
líquid gláss 물유리(규산나트륨의 농수용액(濃水
li·quid·i·ty [likwídəti] 몡 **1** 유동성; 유창, 유려.
2 (경제) 유동성, 환금성(換金性); 유동 자산 보유.
liquídity préference 몡 (경제) 유동성 선호(자산
을 증권 등이 아니고 현금·당좌 예금 등으로 보유하는
「하려는) 일).
liquídity rátio 몡 (경제) 유동성 비율(은행의 유동
자산이 총예금액에서 차지하는 비율).
liq·uid·ize [líkwidàiz] (* (英) **-ise**) 통태 **1** …을
액화하다; (과일·야채)를 주스로 만들다. **2** 자극하다;
…을 활발하게[쉽게] 하다. **3** (소리)를 풍부하고 부드럽
게 하다, 유려하게 하다. 「((美) blender).
liq·uid·iz·er [líkwidàizər] 몡 (英) (요리용) 믹서
líquid méasure 몡 액량(液量)(gill, quart 등).
líquid mémbrane 몡 〔화학〕 액상막(液狀膜).
líquid óxygen 몡 액체 산소(로켓 연료 강화제; 생
líquid páraffin 〔화학〕 유동 파라핀. [LOX).
líquid petrolátum =liquid paraffin.
líquid propéllant (**fúel**) 몡 (로켓의) 액체 연료.
líquid prótein 몡 액체 단백(질).
líquid wáste 몡 폐수(廢水).
‡**liq·uor** [líkər] 몡 **1** Ⓤ©️ (美) 독한 술[주류], (주로)
증류주(spiritual ~); (英) 술, 알코올 음료. ⇒LIQUID
¶intoxicating ~ 중독(적으로) 술/ malt ~ 맥주
류(ale, beer, porter 따위)/spirituous ~ 증류주, 화주
(火酒)(brandy, gin, rum, whisky 따위). **2** Ⓤ (각종)
액체, 분비액, 삶은 국물, 달인 즙. ¶meat ~ 육즙(肉汁).
3 [líkwɔːr] Ⓤ (약학) 약물의 용액, 물약. **4** 양조용
물. **5** (농도가 진한) 용액. **6** (a ~) (구어) (술을) 한잔 하
기. **7** (해부) 양수(羊水). ── (술에) 취해 있다.
be in liquor; **be the worse for liquor** (구어) 술
have [or **take**] **a liquor** 술 한잔 하다.
hold [or **carry**] **one's liquor** (美구어) 아무리 마셔
도 멀쩡하다.
──통태 **1** …을 용액에 담그다; …에 기름을 바르다. **2**
(구어) …에게 술을 (많이) 마시게 하다(*up*). ──자 (구
어) 술을 많이 마시다(*up*).
~·ly 몡
liq·uo·rice [líkəriʃ/-ris] 몡 (英) =licorice.
liq·uor·ish [líkəriʃ] 몡 **1** =lickerish. **2** 술을 좋아
하는. ──몡 (英) =licorice. **~·ly** 뿐 **~·ness** 몡
líquor stòre 몡 (美) 주류 판매점(package store).
li·ra [líərə/*It* líːra] 몡 (복) **-re** [-rei/-ri/*It* -re],
~s) **1** 리라(이탈리아의 화폐 단위); 1리라 화폐[지폐];
리라 은화(생 L.). **2** (옛날의) 터키의 화폐 단위.
Lis. Lisbon. 「의 애칭.
Li·sa [líːsə, -zə/lái-] 몡 리자(여자 이름; Elizabeth
Lis·bon [lízbən] 몡 리스본(포르투갈의 수도).
lisle [lail] 몡Ⓤ©️ 라일사(絲), 레이스 실(또는 ⸍
thréad); 라일사 편물류. ── 라일사로 만든.
lisp [lisp] 몡태 **1** …을 혀짧은 소리로[어린애처럼] 발

LISP [lisp] 톱 1 혀짤배기 (의) 발음; 혀짤배기 소리. ── 집 1 혀짤배기로 말하다, 혀짤배기 소리로 말하다 [s, z]는 [θ, ð]라 발음하는 따위). 2 (어린애 등이) …을 혀짤배기 소리로 말하다, 혀짤배기 소리로 말하다 (*out*). ── 좌 혀짤배기 소리를 하다. ── 톱 1 혀짤배기 (의) 발음; 혀짤배기 소리. 2 (나뭇잎·물결·시냇물 따위의) 졸졸[살랑살랑] 하는 소리. ∽-**er**, ∽-**ing** ∽-**ing·ly** 및

LISP [lisp] 톱 〔컴퓨터〕 리스프(데이터 처리용 프로그래밍 언어). [< *list*+*pr*ocessor *processing*]

lis·som(e) [lísəm] 혱 나긋나긋한, 유연한; 민첩[날렵]한. ∽-**ly** 및 ∽-**ness** 톱 유연(경쾌)하게.

‡**list**¹ [list] 톱 1 표, 일람표, 리스트; 명단, 명부; 목록; 명세서; 가격표(price ∽); =∽ price. ¶a black ∽ 블랙 리스트/a free ∽ 무료 입장자 표 명단; 면세 품목. 2 〔컴퓨터〕 (데이터) 리스트[목록]. 3 〔증권〕 상장주(上場株) 명부[일람표], 전(全)상장주.

> 〔유의어〕 **list** 명칭·숫자 따위의 항목을 늘어놓은 것. **catalog** A B C 순, 또는 그밖의 일정한 방식에 따라 늘어놓고 각 항목에 간단한 설명을 붙인 list. **inventory** 영업·법률 관계를 다룰 목적으로 작성한 재산·상품 따위의 목록. **register** 사건·이름 따위가 공식적으로 기입된 기록부. **roll** 어떤 단체의 구성원의 출결 상황을 확인하기 위한 명부. **schedule** 시간표·예정표.

an active[*a reserved, a retired*] *list* 현역[예비역, 퇴역] 군인 명부.
be on a list 명부에 올라(실려) 있다.
close the list [or *lists*] 모집을 마감하다.
draw up [or *out*] *a list of* …의 표를 만들다, 목록을 만들다.
first [*last*] *on the list* 첫째로[꼴찌로]. 〔작성하다.
go down the list (구어) 일일이 들다, 열거[열기]하다.
lead [or *head*] *the list* 으뜸을 차지하다. 〔다.
make a list of …을 표로 작성하다. 〔부에.
on the danger list 요주의 인물의(병원의 중환자) 명
on the sick list 병으로 앓고 있는.
put one's name on [*off*] *the list* 명부에[에서] 이름을 올리다[빼다].

── 톱 1 …의 일람표를 만들다. 2 …을 명부[목록]에 기입하다[싣다]. 3 〔주식〕을 상장 명부에 싣다, 증권 거래소에 상장하다. 4 (재귀용법으로) (사람)을 (…라고) 간주[생각, 인정]하다(*as*, *among*). ¶∽ oneself *as a* liberal 진보주의자로 자처하다. 5 (고어) …을 병적에 올리다, 입대시키다. ── 좌 1 (목록·명부·가격표에) 실리다 (*at*, *for*). 2 (고어) 병적에 오르다, 군인이 되다.
list off 차례차례로 …(의 명단)을 호명하다.
∽-**a·ble** 혱

list² 톱 1 ⓒⓊ (천의) 가장자리, 가, 변폭(邊幅), 귀. 2 (변폭을 잘라낸) 가장자리 천. 3 가늘고 긴 것. 4 (짐승 몸의) 색줄무늬. 5 이랑, 이랑·수염 따위의 가리마. 6 (美) 이랑, 두렁. 7 (∽s) =LISTS. ── 혱 변폭으로 만든.
── 톱 좌 1 (고어) …에 변폭을 대다. 2 (땅)을 갈다, …에 이랑을 만들다. 3 (널빤지 따위)의 가장자리를 자르다.

list³ 톱 (배·건물 따위의) (…쪽으로) 기울기, 경사 (*to*). ¶The ship has a ∽ *to* starboard. 그 배는 우현(右舷)으로 기울어 있다. ── 톱 좌 (배 따위가) 기울다 (tilt). ── 톱 기울이다.

list⁴ 톱 (∽·*ed*); (3인칭 단수현재) ∽·*eth*) (고어) 좌 …의 마음에 들다; …을 좋아하다; …을 바라다. ── 좌 좋아하다, 바라다, 원하다. ¶The wind bloweth where it ∽*eth*. 바람이 임의로 분다 〔요한 복음 (John) 3:8). ── 톱 희망, 바람, 욕구.

list⁵ (고어·시) 톱 좌 (…을) 듣다, 경청하다(listen).

líst bòx 톱 〔컴퓨터〕 리스트 박스(GUI 환경에서, 텍스트 박스로부터 풀다운식으로 표시되는 입력 후보 리스트). 〔임대하는 업자.

líst bròker 톱 direct mail용의 예상고객 리스트를

list·ed [lístid] 혱 1 리스트[표·명부]에 실려[올라] 있는. 2 〔증권〕 (주식이 거래소에) 상장된. 3 (가입자 이름 따위가) 전화 번호부에 실려 있는.

lísted búilding 톱 〔英〕 문화재 지정[등록] 건조물.
lísted cómpany 톱 〔증권〕 상장 회사(기업).
lísted stóck 톱 상장(上場) 주식(〔英〕 listed shares).

list·ee [listíː] 톱 리스트에 실린 사람(용건 등).

‡**lis·ten** [lísn] 좌 (∽·*s* [-z]) 좌 1 (…을) 듣다, 경청하다; 귀를 기울이다 (~ + 前 + 名) ∽ *to* music[*a lecture*] 음악[강연]을 듣다.

> 〔유의어〕 **listen** 듣고 이해하려고 주의를 기울이다. **hear** 단순히 소리를 듣다. listen과 같은 뜻일 때도 있으며 (* listen *to*가 hear처럼 「∽ + 目 + 현재분사」 「∽ + 目 + 원형부정사」의 꼴로 쓰이는 수도 있다.

2 (충고 따위를) 귀담아 듣다, (…의 말)에 따르다(*to*). ¶(∽ + 前 + 名) ∽ *to* reason 도리에 따르다/*L∽ to* what he says on the matter. 그 문제에 대한 그의 말을 귀담아 들어라. 3 (美구어) …처럼 (…에게) 들리다, 생각되다(*to*). ¶(∽ + 補) (∽ + 前 + 名) It doesn't ∽ right *to* me. 나에게는 그것이 옳다고 생각되지 않는다. 4 (명령형으로) a) (구령) 주목! b) (상대의 주의를 끌기 위해) 잠깐; 이봐; 있잖아; 괜찮지? ¶*L∽ for a moment*. 잠깐 주목하시오. ── 톱 (고어) …을 경청하다, …에 귀를 기울이다. 〔명을 듣고 싶소.
I'm listening. (구어) (이야기를) 계속 하시오, 자 설
listen in ① 라디오를 듣다 (*on*, *to*); (뉴스 등)을 라디오로 듣다. ¶∽ *in* (*on*) the radio 라디오를 듣다/∽ *in to* the President 대통령의 방송을 듣다. ② (전화·남의 말을) 도청하다, 훔쳐 듣다 (*on*, *to*). ③ (재적생 이외의 사람이) 청강하다((美) audit).
listen (*out*) *for* (소리가 나지 않을까 기다리며)〔전화 벨·노크〕에 귀를 곤두세우다; …에 귀담아 듣다.
listen up (美구어) 진지하게 (귀를 세우고) 듣다.
── 톱 (a ∽) (구어) 들음. ¶Take [or Have] a ∽ *to* this. 이것을 좀 들어 보십시오.

lis·ten·a·ble [lísənəbl] 혱 듣기 좋은.

‡**lis·ten·er** [lísnər] 톱 (∽·*s* [-z]) 1 듣는 사람; (라디오의) 청취자. ¶a good ∽ 열심히 듣는 사람. 2 (대학의) 청강생 (auditor). 3 (속어) 귀.

lis·ten·er-in [-in] 톱 (復 *lis·ten·ers-*) 1 라디오 청취자. 2 도청하는 사람; 청강자.

lis·ten·er·ship [-ʃip] 톱 (집합적) (라디오 프로의) 청취자(수, 층), (레코드 앨범의) 감상자(수, 층).

lis·ten-in [-in] 톱Ⓤ (라디오 따위의) 청취; (전화 따위의) 도청. ── 혱 경청하는; 조심성 있는.

*lis·ten·ing** [lísniŋ] 톱Ⓤ 경청; (정보 따위의) 청취.

lístening comprehènsion 톱 청해(聽解)(력).
lístening device 톱 도청기[장치].
lístening pòst 톱 1 (군사) 청음초. 2 (정치·경제에 관한) 비밀 정보 수집소.

list·er¹ [lístər] 톱 (감정인·재산 평가인 등) 명부 작성자, 리스트[카탈로그] 작성자; 세액[평가액] 사정인.
list·er² 톱 (美) 동력 경운기, 이랑 만드는 농기구(∽ plow); 자동 파종 장치가 부착된 경운기(∽ planter [drill]). 〔마비 등을 일으킴).

lis·te·ri·a [listíəriə] 톱 〔세균〕 리스테리아균(고열·
lis·te·ri·o·sis [listìərióusis] 톱 (*pl. -ses* [-siːz]) 리스테리아병, 회선병(回旋病)(새·짐승에 발병).

Lis·ter·ism [lístərizm] 톱Ⓤ (종종 l-) 리스터 소독법(석탄산 소독법). 〔〈영국의 외과의사 Joseph Lister (1827–1912)〕〔터 소독법을 쓰다.
lis·ter·ize [lístəraiz] 톱 (병리) (환자)에게 리스
list·ing¹ [lístiŋ] 톱 1 표, 명단, 목록, 카탈로그. 2 표 [명단]에 올리기; 표[명부]의 작성; 표[명부]의 기재 사항. 3 〔증권〕 상장; 상장. ¶meet the exchange's ∽ requirements 증권거래소의 상장 요건을 충족시키다. 4 〔컴퓨터〕 리스팅(프로그램·파일 리스트). 5 (신문·잡지의) (이벤트) 일람표. ¶TV ∽ TV프로그램.

list·ing² 톱Ⓤ 1 (직물 따위의) 귀[가장자리 천]. 2 (밭

따위의) 이랑 만들기. ── [형] 기우는, 몰락하는.
list·less [lístlis] [형] 마음 내키지 않는; 노곤한, 귀찮은; 무관심한. **~·ly** [부] **~·ness** [명]
líst príce [명] 〔상업〕 (카탈로그 따위에 표시된) 표시가격, 정가(sticker price). [참] price list
líst rènting [명] 명부의 임대.
lists [lists] [명][복] 《단·복수 양용》 (the ~) **1** (중세 시대의 시합장에 둘러친) 울타리. **2** 시합장, 경기장. **3** 경쟁의 마당.
enter the lists against 〔시합·논쟁 따위〕에 도전「하다.
LISTSERV, list·serv [lístsə̀ːrv] [명] 〔컴퓨터〕 리스트서버(특정 그룹 전원에게 메시지를 E메일로 자동 전송하는 시스템).
líst sèrver [명] 〔컴퓨터〕 =mailing list manager.
líst sỳstem [명] (비례 대표제 선거의) 명부식.
Liszt [list] [명] **Franz** ~ 리스트(1811-86: 헝가리의 작곡가·피아니스트).
lit[1] [lit] [동] light[1], light[3]의 과거·과거분사.
lit[2] [명][U] 《구어》 문학(literature). ── [형] 문학의.
lit[3] [명] =litas. 「lire.
lit. literal(ly); literary; literature; liter(s). **Lit.** lira;
lit·a·ny [lítni] [명] **1** 〔교회〕 연도(連禱)(선창자를 따라 회중이 제창하는 기도 형식). **2** (the L–) (영국 국교회의 기도서 중의) 탄원. **3** 소원을 늘어놓기; 지루한 설명.
li·tas [líːtàs] [명] 리타스(Lithuania의 화폐 단위).
Lit. B. =Litt. B.
lít cándles [명] 《美속어》 경찰차 지붕의 붉은 등.
li·tchi [líːtʃiː/làitʃíː] [명] 〔식물〕 여지(중국 원산(原産)의 상록 교목); 그 열매(~ nut). (또는 **leechee**)
lít crìt [명] 《구어》 문학 비평(가), 문예 평론(가) (literary criticism [critic]).
Lit. D. =Litt. D.
lite [lait] [형] 《구어》 칼로리[알코올 성분, 니코틴]가 적은, 가벼운. ¶~ beer 라이트 맥주. ── [명] (L–) 《상표》 라이트(미국의 알코올 성분이 적은 맥주). **∠·ness** [명]
-lite [lait] [연결] stone의 뜻(광물·암석의 이름에 쓴다). ¶chryso*lite*, aero*lite*. (또는 **-lyte**[2])
Li·tek [láitek] [명] 《상표》 라이테(형광등). 「lit.).
‡li·ter, (英) -tre [líːtər] [명] 리터(용량의 단위; [약] l.,
***lit·er·a·cy** [lítərəsi] [명][U] 읽고 쓰는 능력(이 있음); 교육[교양]이 있음([반] illiteracy). ¶a ~ rate 식자율(識字率) / *L*– is nearly universal. 거의 모두가 읽고 쓸 줄 안다.
líteracy tèst [명] 읽기와 쓰기 능력 검사.
li·te·rae hu·ma·ni·o·res [lítəriː hjuːmæ̀niɔ́ːriːz] [명][복] =litterae humaniores.
***lit·er·al** [lítərəl] [형] **1** 문자(상)의. ¶a ~ error 오자, 오식. **2** 문자 그대로의, 자구(字句)에 구애받는, 낱말 하나하나의; 축어(逐語)적인([반] free). ¶a ~ translation 축어역, 직역. **3** 《경멸적》 융통성[상상력]이 없는; 평범한, 멋이 없는. ¶a ~ person 상상력이 없는 사람. **4** 사실에 충실[정확]한, 과장[꾸밈]이 없는; 에누리 없는, 진짜인. ¶the ~ truth 과장 없는 진실. ── [명] 오식, 오자; 〔컴퓨터〕 리터럴, 상수. **~·ness** [명]
lit·er·al·ism [lítərəlìzm] [명][U] **1** 직해(直解), 직역(直譯); 직역주의. **2** 직역조(調). **3** 〔미술·문예〕 직사(直寫)주의, 사실(寫實)주의. **-ist** [명] 직역[사실]주의자. **∸ís·tic** [형] 직역[사실]주의의. **∸ís·ti·cal·ly** [부]
lit·er·al·i·ty [lìtərǽləti] [명][U][C] **1** 자구에 구애됨, 문자 그대로임. **2** 문자 그대로의 해석, 직역.
lit·er·al·ize [lítərəlàiz] [동][타] …의 자구에 구애되다; …을 문자 그대로 해석하다. [참] spiritualize
∸i·zá·tion, -ìz·er [명]
‡lit·er·al·ly [lítərəli] [부] (***more*** ~; ***most*** ~) **1** 문자 그대로; 축어적으로, 한마디 한마디. ¶translate ~ 직역하다. **2** (강조하여) 정말로, 정확히; 실제로. ¶The town was ~ destroyed. 그 마을은 완전히 파괴되었다.
lit·er·al-mind·ed [-màindid] [형] 상상력이 모자라는, 무미건조한. 「학] 본위.
lit·er·ar·ism [lítərərìzm] [명] 문예주의; 문학[인문
‡lit·er·ar·y [lítərèri/-rəri] [형] (***more*** ~; ***most*** ~) **1** 문학(상)의, 문예의, 문필의, 문학적인; 학문(상)의. ¶~ works [writings] 문학 작품[저작물]. **2** 문학에 정통한, 문필에 조예가 깊은; (사회가) 문학적 토양의. ¶He is quite a ~ person. 그는 상당한 문학통이다. **3** 저술업의. ¶a ~ man 문학가, 저작가. **4** 문어(文語)의, 문어적인([참] colloquial, spoken). ¶~ language 문어 / ~ style 문어체. **5** 딱딱한, 학자티를 내는.
-ar·i·ly [부] 문학상. **-ar·i·ness** [명]
líterary ágency [명] 저작권 대리업(체).
líterary ágent [명] 저작권 대리인[업자].
líterary crític [명] 문학[문예] 평론[비평]가.
líterary críticism [명] 문학 평론, 문예 비평(론).
líterary mágazine [명] 문학 잡지, 문예지(誌).
líterary próperty [명] 저작권; 저작물.
lit·er·ate [lítərət] [형] **1** 글을 쓰고 읽을 수 있는([반] illiterate). **2** 학문[교양]이 있는; 박학한, 박식한. **3** 문학에 정통한, 문학상의. **4** (문체·저작이) 명석한, 멋있는, 세련된. **5** 《복합어로》 …를 다룰[쓸] 줄 아는.
── [명] **1** 쓰고 읽을 수 있는 사람. **2** 학문이 있는 사람. **3** 〔영국 국교회〕 학위 없이 성직 취임을 허가받은 사람.
~·ly [부] **~·ness** [명]
lit·e·ra·ti [lìtərάːtiː, -réi-] [명][복] ([단] ***-tus*** [-təs]) 문학자들; 학자들; (the ~) 지식 계급, 인텔리. 〔<L〕
lit·e·ra·tim [lìtəréitim, -rάː-] [부][형] 한 자 한 자(의), 축자적(逐字的)으로[인]; 문자 그대로(의). 〔<L〕
lit·er·a·tion [lìtəréiʃən] [명] (음성·말의) 문자 표기, 문자화.
lit·er·a·tor [lítərèitər] [명] 문학가, 저술가.
‡lit·er·a·ture [lítərətʃər, -tʃùər] [명] ([복] **~s** [-z]) **1** [U][C] 문예, 문학 (작품). ¶English ~ 영문학 / light [polite] ~ 대중[순] 문학. **2** 문학 연구; 저술[문필](업). ¶follow [*or* pursue] ~ 문필을 업(業)으로 삼다. **3** (종종 a ~) (특정 분야에 관한) 문헌; 논문, 조사[연구] 보고서. ¶the ~ *on* China 중국에 관한 문헌 / the ~ *on* sociolinguistics 사회 언어학에 관한 문헌. **4** 《구어》 (광고·팸플릿 따위의) 인쇄물; 삐라, 전단. ¶campaign ~ 선거 운동용 전단. **5** 《고어》 학문, 학식.
lith. lithograph(ic); lithography. **Lith.** Lithuania; Lithuania(n).
lith- [liθ] [연결] ⇨LITHO-.
-lith [liθ] [연결] stone의 뜻. ¶acro*lith*, mega*lith*.
lith·arge [líθɑːrdʒ, -∸] [명][U] 〔화학〕 일산화연(一酸化鉛), 밀타승(密陀僧)(lead monoxide).
lithe [laið] [형] 잘 휘는; 나긋나긋한, 유연한. ¶be ~ *of* body 몸이 유연하다. **~·ly** [부] **~·ness** [명]
lithe·some [láiðsəm] [형] =lissome.
lith·i·a [líθiə] [명][U] 〔화학〕 산화 리튬.
líthia wáter [명] 산화 리튬수(류머티즘 치료용).
lith·ic [líθik] [형] **1** 돌의, 돌로 된. **2** 〔병리〕 결석(結石)의, (특히) 방광 결석의. **3** 〔화학〕 리튬의[을 함유한].
── [명] 〔고고〕 석제(石製) 유물; 〔암석〕 암편질(岩片質).
-lith·ic [líθik] [연결] 〔고고〕 lithic의 뜻. ¶neo*lithic*, paleo*lithic*.
lith·i·fy [líθəfài] [동] 석화(石化)하다.
lith·i·um [líθiəm] [명][U] 〔화학〕 리튬(가장 가벼운 금속 원소; [기] Li).
lith·o [líθou/láiθ-] [명] **1** =lithography. **2** =lithograph. ── [형] =lithographic. ── [동][타] =lithograph.
lith·o- [líθou, -θə] [연결] stone의 뜻(* 모음 앞에서는 lith-). ¶*litho*graphy.
li·thog·e·nous [liθάdʒənəs/-θɔ́dʒ-] [형] 〔지질〕 암석을 만드는, 암석에서 유래된.
lith·o·graph [líθəgræ̀f, -grὰːf] [명] 석판(石版)(화).
── [동][타] …을 석판으로 인쇄하다. 「자, 석판공.
li·thog·ra·pher [liθάgrəfər/-θɔ́g-] [명] 석판 기술
li·thog·ra·phy [liθάgrəfi/-θɔ́g-] [명][U] 석판술, 석판 인쇄. **lith·o·graph·ic** [lìθəgrǽfik], **lìth·o·gráph·i·cal** [형] 석판(술[인쇄])의. **-gráph·i·cal·ly** [부]
lith·oid [líθɔid] [형] 돌과 같은, 돌 모양의, 석질(石質)

li·thol·o·gy [liθɑ́lədʒi/-θɔ́l-] 명 ⓤ 〔지질〕 암석학; 〔병리〕 결석학(結石學). **lith·o·log·ic** [lìθəlɑ́dʒik/-lɔ́dʒ-], **lith·o·lóg·i·cal** 형 **lith·o·lóg·i·cal·ly** 부

lith·o·phyte [líθəfàit] 명 1 〔생물〕 석회질 생물(산호충처럼 석회질의 골격을 가진 생물). 2 〔식물〕 암생(岩生) 식물. **-phyt·ic** [-fítik] 형

lith·o·pone [líθəpòun] 명 리소폰(백색 안료).

lith·o·print [líθəprìnt] 명 (⋯을) 석판 인쇄물, 석판화. **~·er** 명

lith·o·sphere [líθəsfìər] 명 (the ~) 〔지질〕 암석권(岩石圈), 지각(地殼)(지표(地表))의 고체 부분.

li·thot·o·my [liθɑ́təmi/-θɔ́t-] 명 〔외과〕 절석(切石術)(방광 결석 제거 수술). **lith·o·tóm·ic, lith·o·tóm·i·cal** 형 **li·thót·o·mist** **li·thót·o·mize** 명

lith·o·trip·sy [líθətrìpsi] 명 〔외과〕 쇄석술(碎石術), 절석술(결석을 충격음 등의 방법으로 부수기).

Lith·u·a·ni·a [lìθjuéiniə/-θju-] 명 리투아니아(발트해 연안의 공화국; 수도 Vilnius).

Lith·u·a·ni·an [lìθjuéiniən/-θju-] 형 리투아니아(인, 어(語))의. — 명 리투아니아인; ⓤ 리투아니아어.

lit. hum. 〈준·도 L- H-〉 〔라틴〕 *lit(t)erae humaniores*(=humane literature)(인문학). 「다룰 수 있는.

lit·i·ga·ble [lítigəbl] 형 소송할 수 있는, 법정에서

lit·i·gant [lítəgənt] 형 소송 당사자는, 소송에 관계가 있는. ¶ the parties ~ 소송 당사자.

lit·i·gate [lítəgèit] 타·자 1 〔문제를〕 법정으로 넘기다. 법정에서 다투다. 2 〔고어〕 ⋯을 논쟁하다. — 자 소송하다. **-gà·tive** **-gà·tor** 명 소송인, 기소인.

lit·i·ga·tion [lìtəgéiʃən] 명 ⓤ 제소, 고소; 소송(사건), 〔고어〕 논쟁. ¶ ~ over damages 손해 배상 소송.

litigation jóunalism 명 고발[고소] 위협을 담은 언론 보도[기사].

li·ti·gious [litídʒəs] 형 1 소송(상)의. 2 〔경멸적〕 소송(논쟁)을 좋아하는[즐기는]. 3 소송할 수 있는[해야 할]. **·gi·ós·i·ty** 명 **~·ly** 부 **~·ness** 명

lit·mus [lítməs] 명 ⓤ 〔화학〕 리트머스(청색 색소).

lit·mus·less [lítməslis] 형 긍정도 부정도 하지 않는, 중립적인. ¶ a ~ position 중립적 입장.

lítmus pàper 명 리트머스 시험지.

lítmus tèst 명 1 〔화학〕 리트머스 시험. 2 (비유적) 시금석(試金石), 그것만 보면 사태·본질 등이 분명해지는 한 가지 일; 엄밀한 음미(시험).

li·to·tes [láitətìːz] 명 〔수사〕 곡언법(曲言法), 완곡법(緩曲法)(many not a few로 표현하는 따위).

***li·tre** [líːtər] 명 〔英〕 =liter.

Litt.B. 〔라틴〕 *Lit(t)erarum Baccalaureus*(=Bachelor of Letters〔Literature〕)(문학사). **Litt. D.** 〔라틴〕 *Lit(t)erarum Doctor*(=Doctor of Letters〔Literature〕)(문학 박사).

***lit·ter** [lítər] 명 1 ⓤ 흐트러진[어질러진] 것, 잡동사니; 쓰레기, 찌꺼기. ¶drop ~ in the street 거리에 쓰레기를 버리다. 2 난잡, 난맥, 혼란(상태). ¶make a ~ 어지르다. 3 〔단·복수 양용〕 (개·돼지 따위의) 한배의 새끼. ¶ a ~ of puppies 한배의 강아지. 4 (부상자용의) 들것(stretcher); (옛날의) 가마. 5 ⓤ (동물을 위한) 잠자리에 까는 짚, 깃; = ~ box. 6 ⓤ (식물을 보호하기 위한) 깔짚, 두엄; (숲속의 땅을 뒤덮는 부엽토(층).

at a [or **one**] **litter** (돼지 따위가) 한배에,
in a (**state of**) **litter** 어지럽혀져.
in litter (개·돼지 따위가) 새끼를 배어서.
No litter. (게시) 쓰레기를 버리지 마시오.
pick of the litter (개 따위의 한배 새끼 중) 제일 좋은 놈; (일반적으로) 가장 좋은[최상의] 것.

— 동 타 1 〔방 따위〕 을 (물건으로) 어지르다(up)(with). ¶ (~+围+튐+图) ~ up one's room with books and papers 방을 책과 서류로 어지르다. 2 〔물건〕 을 (⋯의 주위에) 흐트러뜨리다. ¶~ toys all over the floor 온 마룻바닥에 장난감을 늘어놓다. 3 〔물건이〕 (방 따위)에 널리다(up). ¶Bits of paper ~ed the floor. 종이 조각이 어지럽게 마룻바닥에 널려 있었다. 4 (동물)의 잠자리에 짚을 깔아주다; 〔식물〕에 짚을 깔아주다(down). ¶ (~+围+围) ~ a stall down 마구간에 짚을 깔아주다. 5 (동물이) 〔새끼〕 를 낳다. — 자 1 (동물이) 새끼를 낳다. 2 물건을 어지르다.

lit·te·rae hu·ma·ni·o·res [lítəriː: hjuːmǽniɔ́ːriːz] 명 인문학(人文學). 〈<L

lit·te·ra·teur [lìtərətə́ːr] 명 지식인: 문인, 문학자; 대중 작가. (또는 litterateur) 〈<F 「지.

lit·ter·bag [lítərbæ̀g] 명 (버스·기차용의) 쓰레기 봉

lit·ter·bas·ket [lítərbæ̀skit/-θɑ̀ːs-] 명 쓰레기통.

litter-bin [-bìn] 명 〔英〕 (공공 장소의) 쓰레기통.

lítter bòx [**trày**] 명 애완 동물용 변기.

lit·ter·bug [lítərbʌ̀g] 명 〔美구어〕 (휴지 따위를 버려서) 공공 장소를 어지럽히는 사람.

lit·ter·i·ness [lítərinis] 명 ⓤ 난잡.

lit·ter·lout [lítərlàut] 명 〔英구어〕 =litterbug.

lit·ter·mate [lítərmèit] 명 한배의 새끼.

lit·ter·y [lítəri] 형 잠자리 짚의; 어질러진, 난잡한.

‡**lit·tle** 〈LITTLE. 〈p. 1627〉

Little América 명 리틀 아메리카(남극 Ross해 남부의 미국 탐험대 기지). 「소위원회.

Little Assémbly 명 (the ~) 〔구어〕 (유엔) 소총회

Little Béar 명 (the ~) 〔천문〕 작은곰자리(Ursa Minor). ⓦ Great Bear

little bítsy [**bítty**] 형 〔구어〕 조그만, 땅꼬마의.

Little Bóy 명 리틀 보이(히로시마(廣島)에 투하된 원자 폭탄의 코드명); (l- b-) 〔속어〕 어린애, 아들.

little bóys' ròom 명 〔속어〕 남자 화장실. 「압.

little bróther 명 남동생; 〔해사〕 부(副)열대성 저기

little chéese 명 〔美속어〕 하찮은 사람, 조무래기.

Little Córporal 명 작은 하사(나폴레옹 1세의 별명).

Little Dípper 명 (the ~) 〔천문〕 소북두칠성(小北斗七星)(작은곰자리의 7개 별). 「Minor). ⓦ Great Dog

Little Dóg 명 (the ~) 〔천문〕 작은개자리(Canis

Little Drágons 명 (아시아의 작은 용들(신흥 공업국인 한국, 타이완, 홍콩, 싱가포르를 일컫는 말).

Little Énglander 명 〔英〕 소(小)영국주의자, 제국주의 반대자. **Little Énglandism** 명 소(小)영국주의.

little fínger 명 새끼손가락.

little gírls' ròom 명 〔속어〕 여자 화장실.

little gò 명 1 〔英구어〕 (Cambridge 대학에서) B.A. 학위 예비 시험. 2 (일반적으로) 예비 시험. 3 〔美속어〕 대단한 것, 대단한 시도[노력, 일].

little gréen màn 명 (지능을 가진) 우주인, 외계인 (alien)(ⓦ LGM); 별난 꼴을 한 사람.

little gúy 명 〔구어〕 평범한[보통의] 사람.

little hóurs 명ⓟ (때로 L- H-) 〔가톨릭〕 소시과(小時課)(보통 prime(1시과), tierce(3시과), sext(6시과), nones(9시과)를 말한다. 「구 리그.

Little Léague 명 〔야구〕 리틀 리그(8–12세 소년 야

little magazíne 명 리틀 매거진, 동인지(同人誌)(실험적 문학·비평을 게재한 소형 문예 잡지).

little màn 명 (때로 L- M-) 1 보통 사람, 하찮잖는 사람. 2 소액[일반] 투자가. 3 근근이 꾸려 나가는 상인. 4 남자 아이(* 부르는 말로도 쓰인다).

Little Máry 명 〔英구어〕 배, 위(stomach).

little móther 명 (동생들을 돌보는) 어머니를 대신한 딸.

lit·tle·neck [lítlnèk] 명 대합의 새끼 조개. 〈<미국 New York주 Littleneck 만(灣)의 이름〉

Little Néd(**dy**) 명 〔英〕 National Economic Development Council (통칭 Neddy) 산하에 있는 산업별 위원회. 「음, 천함.

lit·tle·ness [lítlnis] 명 ⓤ 작음; 소량; 협량, 쓸모없

little péople [**fólk**] 명 1 (the ~) 〔아일〕 (민간 전승에서) (꼬마) 요정들. 2 아이들, 꼬마들; 난쟁이들. 3

‡lit·tle [lítl] @ (less, less·er; least; (美) lit·tler; lit·tlest)

주의 littler, littlest은 (美)에서, 어의(語義) 1, 2의 경우에 쓴다. lesser는 한정용법뿐. 그리고「꼴이 작은」의 뜻의 경우는 smaller, smallest를 쓴다.

1 (꼴·규모가) 작은(⇔ big, large) (* 대구(對句)로서는 보통 big and little이라 하고 large and little이라 하지는 않는다. ⓐ great and small, large and small); (수가) 적은, 소수의(⇔ large). ¶a ~ village [island] 작은 마을[섬] / a ~ farmer 소농 / a ~ finger 새끼손가락 / a ~ man 몸집이 작은 사내 / a ~ poem 단시(短詩) / lights moving in the forest 숲 속의 움직이는 작은 불빛들 / L~ drops of rain pierce the hard marble. (속담) 낙숫물이 댓돌을 뚫는다 // a ~ group of people 인원수가 적은 집단 / a ~ household 적은 식구.

[유의어] **little** 꼴·수량·정도·중요도 따위가 작은; 애정·경멸의 감정적 색채를 내포하는 수가 많다. **small** 상대적으로 작고, 그 정도가 수량적으로 잴 수가 있으며 감정을 내포하지 않는 경우가 많다. **tiny** 동종의 다른 것과 비교가 되지 않을 만큼 아주 작은. **diminutive** 보통보다 상당히 작은; 섬세함을 암시하는 수가 있다. **minute** 아주 미소한; 다른 것과 비교의 뜻이 없다. **miniature** 매우 작으나 완전한 모양. 부분을 갖추되 만들어진.

2 (사람·동물이) 새끼의, 어린; 사랑스러운, 귀여운. ¶a ~ family 어린 아이들이 있는 가정 / the ~ Browns 브라운 집안의 아이들(Brown's children) / our ~ ones [or people] (우리) 어린아이들 // (my) ~ man [woman] (부르는 말로) 도련님[아씨] / a nice ~ thing 귀여운 여자 / Bless your ~ heart! 가엾기도 하지!

3 (시간·거리 따위가) 짧은, 근소한(short); 대단한 ~ distance 근소한 거리 / I will go a ~ way with you. 조금만 함께 가십시다 / our ~ life 우리의 짧은[초로와 같은] 인생 / in a ~ while 조금만 있으면, 곧.

4 《추상명사·물질명사와 함께》 a) (a ~+ⓤ명사) (긍정적으로) 조금은 있는(some), 다소간의, 어느 정도의. ¶a ~ food [water, rain] 조금밖에 안 되는 음식[물, 비] / I can speak a ~ English. 영어를 조금은 할 수 있다 / You still have a ~ time left. 아직 시간이 조금 남아 있다 / A ~ help does a great deal. (속담) 작은 도움이 큰 일을 이룬다. 티끌 모아 태산 / A ~ learning is a dangerous thing. (속담) 어설픈 지식은 위험하다. 선무당이 사람 잡는다. b) (~+ⓤ명사) (부정적으로) 조금밖에 없는, 거의 없는(scanty, scarcely any), 아주 적은(not much) (⇔ much, a lot of). ¶I have ~ water[money, hope] 물[돈, 희망]이 거의 없다 / have ~ concern 거의 관심이 없다 / She had very ~ experience in business. 그녀는 실무 경험이 거의 없었다 / There was ~ change for the better. 호전될 기미가 거의 없었다.

[USAGE]¹ **a little와 little의 차이점** ── a little은 「적지만 있기는 하다」로 「있다」에 중점을 두고, little은 「거의 없다」로 「없다」에 중점을 두고 있다. 따라서 부정형은 no little, not a little이다: I have *a* ~ money. 돈을 좀 가지고 있다 / I have ~ money. 돈을 거의 가지고 있지 않다. 그리고 실질량(實質量)에서 little > a little의 경우도 있는 데 주의: Is there much? —No, there is ~. 많이 있습니까? —아니오, 많지는 않습니다 / Is there any? — Yes, there is *a* ~. 조금은 있습니까? —예, 조금은 있습니다.

5 중요하지 않은, 사소한, 보잘것없는; (사람이) 세력이 미미한, 지위가 낮은. ¶~ things 사소한 일 / a fault 하찮은 실수 / Why do you come to me with every ~ difficulty? 어째서 온갖 사소한 일을 다 내게로 가져오느냐?

6 인색한, 천한(mean), 편협한; 어린애 같은. ¶a ~ soul 소인 / ~ ways 인색한 방식 / So that's your ~ game! 네가 한다는 짓이야 뭐 그런 거겠지(그런 어린애 같은 수작에 넘어갈 내가 아니야) / L~ things amuse ~ minds. (속담) 소인은 작은 일에 놀아난다.

7 (소리·말 따위가) 작은, 약한(weak); (동작 따위가) 힘이 빠진. ¶in a ~ voice 작은 소리로 / give a ~ push 살짝 밀다.

but little 거의 없는. ¶There is *but* ~ hope. 가망이 거의 없다. 「충분하다.
go but a (very) little way to... ...에는 모자라다, 불
little game (구어) 속임수, 술책.
little or no 거의 없는. ¶With that salary, she had ~ *or no* incentive to go to work. 그녀는 그 봉급으로는 아무래도 일할 기분이 나지 않았다.
make little ones out of big ones (속어) 교도소 작업장에서 돌을 깨다, 징역형을 살다.
no little; not a little 적지 않은, 정말로 많은(very much). ¶I took *no* ~ pains over it. 그 일에는 적지 않은 애를 먹었다 / He has given me *not a* ~ trouble. 그는 나한테 적지 않은 애를 먹였다.

[USAGE]² **no little과 not a little** ── 둘 다 「적지 않게」, 「상당히 많은」을 뜻하며, no little의 형은 not a little보다 훨씬 강하나 쓰이는 일은 적다. 둘 다 문어체의 표현으로, 구어에서는 a lot of, considerably, very much 따위로 그 뜻을 나타내는 일이 많다. 예를 들면 He has *no* ~ [or *not a* ~] money.(그는 상당한 부자다.) 보다는 흔히 He has *quite a lot of* money.라고 쓴다.

only a little = *but little*.
quite a little (美구어) 많은, 다량의, 상당한.
some little 소량의, 다소의; 꽤 많은.
very little 아주 적은; 거의 없는. ¶He has *very* ~ sense. 그는 매우 지각이 없는 사람이다.
what little...; the little... (that) 있을까 말까한 정도의, 거의 없는. ¶He has lost *what* ~ faith he had. 그는 쥐꼬리만큼 있던 믿음마저 잃었다.

── ⓟ (*less; least*) 1 (a ~) (긍정적으로) 조금은, 조금. ¶I can speak English a ~. 영어를 조금은 할 줄 안다 / The patient is a ~ better today. 그 환자는 오늘 다소 좋아졌다. 2 (부정적으로) 거의 ...이 아니다; 그리 ...하지 않다. ¶~ known writers 무명 작가들 / I see him (very) ~. 그를 거의 만나지 못한다(는 상당히 surprised. 나는 거의 놀라지 않았다. 3 (동사의 앞·글머리에서) 전혀 ...않다(not at all) (* know, think, care, dream, imagine, expect 따위의 앞에 쓴다). ¶We can ~ expect his success. 그의 성공은 거의 기대할 수 없다 / L~ did I dream that he was here. 나는 그가 여기 있으리라고는 꿈에도 생각지 못했다.

little better than ⇨ BETTER.

little less than ⇒LESS.
little more than ⇒MORE.
little short of ⇒SHORT.
not a little (완곡적) 적지 않게, 크게. ¶He was *not a* ~ surprised at the news. 그는 그 소식을 듣고 크게 놀랐다.
only a little 약간만, 조금 밖에. ¶sleep *only a* ~ ─㈜ **1** (정도·분량에 관해서) **a**) (a ~) (긍정적으로) 조금, 소량; 잠시; 약간의 거리[시간]. ¶He knows a ~ of everything. 그는 무엇이건 조금은 안다 / There is a ~ of it left. 그것이 조금은 남아 있다 / He will be back in a ~. 조금밖에 있으면 그가 돌아올 것이다 / *Many a* ~ *makes a mickle*. (속담) 티끌 모아 태산. **b**) (부정적으로) 소량(밖에 없는 것), 조금(밖에 없는 것). ¶I have ~ of it. 나는 그것을 거의 가지고 있지 않다 / He has seen ~ of life. 그는 세상을 거의 모른다 / Very ~ is known of her past. 그녀의 과거는 거의 알려진 바가 없다 (* 이 예에서처럼 little은 very, rather, so, as, too, how 따위의 부사로 수식되는 수도 있다).
2 (the ~, what ~) 적으나마 할 수 있는 한의 것, 최소한의 것. ¶I did the ~ [*or* what ~] I could. 나는 미력이나마 전력을 다했다.
3 (the ~) 중요하지 않은 사람들[것들], 사소한 것들.
after a little 조금 뒤에.
by little and little; little by little 조금씩, 차츰.
for a little 잠시 동안.
in little 소규모로[의]; 축소하여[한], ㈜ in large
little or nothing (of); little if anything 거의 없다. ¶I have seen ~ *or nothing of* her lately. 나는 최근 그녀를 통 만나지 못했다.
make little of …을 가볍게 보다, 깔보다(depreciate).
not a little (완곡적) 적지 않은 양[액]. ¶He lost *not a* ~ in gambling. 그는 노름으로 적지 않은 돈을 잃었다.
only a little 단지 조금.
quite a little (美구어) 다량, 풍부.
think little of …을 경시하다, …을 서슴지 않다.
what little ⇒㈜ 2.

일반 서민; 가난한 사람.
líttle pínkie [pínky] ㈜ (美유아어·구어) 가락.
líttle réd bóok ㈜ (the ~, 종종 the L- R- B-) 마오 쩌둥(毛澤東) 어록(語錄).
líttle review ㈜ (비평·소개 따위 중심의) 문예지(little magazine).
Líttle Rhódy [-róudi] ㈜ (the ~) 미국 Rhode Island 주의 별칭. (㈜)
Líttle Ròck ㈜ 리틀 록(미국 Arkansas 주의 주도(州
Líttle Rússia ㈜ 소(小)러시아(옛 러시아의 우크라이나 및 그 인접 지방).
líttle schóol ㈜(美속어) (소년·여성의) 감화원.
líttle théater [(英) théatre] ㈜ 소극장, 실험 극장; 소극장용의 연극.
líttle tòe 새끼발가락. ⓢ little finger
líttle Tókyo ㈜ 리틀 도쿄(미국 Los Angeles의 일본계 주민 거주 지역).
líttle wóman ㈜ (the ~) 마누라, 아내(wife).
lit·to·ral [lítərəl] ㈜ 해안[연안]의, 연해[연안]의; (생물) 연안에 사는[생기는]. ¶the ~ zone 연안 지역. ─ ㈜ 연안 지방; (생태) 연해대(帶). **~·ly** ㈜
littoral cúrrent ㈜(해사) 연안류(流).
littoral indústrial àrea ㈜ 임해 공업지.
lít úp ㈜(속어) (술·마약에) 취한; 잔뜩 꾸민.
li·tur·gi·cal [litə́ːrdʒikəl] ㈜ 예배식[용]의, 전례(典禮)의; (또는 liturgic). **~·ly** ㈜
li·tur·gics [litə́ːrdʒiks] ㈜(단수취급) 전례학(典禮學), 예배학; 전례 신학.
lit·ur·gist [lítərdʒist] ㈜ 전례학자; 의식서(儀式書) 편집자. **-gism** ㈜ **-gís·tic** ㈜
lit·ur·gy [lítərdʒi] ㈜ **1** 예배식, 전례; (예배식에 쓰는) 전례식문, 의식서. **2** (the L-) (영국 국교회의) 기도서. **3** 성찬식. **4** (고대 그리스에서 부유층 시민에 과한) 공공 봉사.
Liu Shao-qi [liúː ʃáutʃíː] ㈜ 류사오치(劉少奇) (1898-1969; 중국의 정치인; 국가 주석(1959-68)).
liv·a·ble [lívəbl] ㈜ **1** (기후·집 따위가) 살기에 알맞은, 살기 좋은. **2** (인생이) 사는 보람이 있는. ¶It makes life ~. 그것이 인생을 사는 보람이 있게 한다. **3** (사람이) 함께 살 수 있는, 사귀기 쉬운(*with*). (또는 **liveable**) **-a·bíl·i·ty** ㈜ (가족 따위의) 생존 능력. **~·ness** ㈜
‡**live¹** [liv] ㈜ (~s [-z]; ~d; lív·ing) ㈜ **1** (장소에) 살다, 거주하다(*at, in, by*); (…과) 동거하며, 함께 살다(*with*); (…) ~ *in town* 도시에 살다 / ~ *at Mr. Smith's* 스미스씨 집에서 살다 / ~ *with the Smiths* 스미스씨의 가족과 함께 살다 / They are *living in Seoul.* 그들은 지금 서울에 살고 있다 (* 일시적이라는 주관적 감정을 나타낼 경우에 진행형이 사용된다).

⟨유의어⟩ **live** 일상 생활을 영위하다; 「살다」의 뜻의 가장 일반적인 말. **reside** 일상 생활을 위해 어떤 장소에 거주하는 것을 강조하는 말. **dwell, abide** 고풍인 문어(文語). **inhabit** 건물이나 지역을 차지하고 있다; 인간 이외의 동물에도 쓴다.

2 (동·식물이) 살아 있다, 살다, 생존하다. ¶Plants cannot ~ without moisture. 식물은 물 없이 살 수 없다. **3** 오래 살다, 살아 남다(*on*)(*to*). ¶(~+前+名) ~ *to* a ripe old age 고령까지 오래 살다 // (~+前+to do) He ~d *to* see his grandchildren. 그는 장수하여 손자까지 보았다. **4** (물건이) 손상되지 않고 그대로 있다, (원상대로) 남다; (기록·기억에) 남다 (*in, on*). ¶His memory ~s. =His name ~s *in* our memory. 그의 이름은 아직도 우리 기억 속에 남아 있다 // (~+補) No boat could ~ afloat. 침몰을 면한 배는 한 척도 없었다. **5** (…으로) 생계를 잇다 (*on, upon, by*); 살아가다, 생활하다. ¶(~+前+名) ~ *on* one's income [ninety dollars a week] 자신의 수입(1주간의 90달러)으로 생활한다 / ~ *on* one's friend 친구에게 신세지며 살아가다 / ~ *by* teaching French 프랑스어를 가르쳐 생계를 이어가다. **6** (…을) 상식(常食)[주식]으로 하다 (*on, upon*) ¶(~+前+名) They ~ largely *on* [*or upon*] rice. 그들은 쌀을 주식으로 하고 있다.

⟨USAGE⟩ **live on**과 **live upon** ─── 「…을 상식으로 하다」를 뜻하며, 특정 음식을 가리킬 때에는 live on, live upon 중 어느 것을 써도 무방하다. 다만 「…으로 생계를 유지하다, …을 먹고 살아가다」를 뜻할 경우는 live on을 쓰는 일이 많다: He ~s *on* his pension. (그는 연금으로 살고 있다). ⇒FEED *on* [*or upon*].

7 (부사(구), 보어와 함께) …한 생활[생활 방식]을 하다, …으로서 지내다. ¶(~+副) ~ happily [close] 행복하게[검소하게] 살다 / ~ alone 혼자서 살다 / (~+補) He ~d *a* saint. 그는 성자[성인]로서 살았다 // (~+前+名) ~ *by* faith 신앙으로 살아가다 / ~ *in* comfort [luxury] 편하게[호화롭게] 살다 / ~ *beyond* one's means 신분에 어울리지 않는 생활을 하다. **8** 인생을 즐기다(향유하다), 충실하게 생활하다. ¶Let us ~ while we may. 우리 살아 있는 동안에 즐겁게 지내자. **9** (배·비행기 등이) 파괴[침몰·추락]를 면한다. **10** (작품·연극 따위의 등장 인물이) 살아 있다, 생기가 넘치다. **11** (구어) (물건이) …에 있다. ¶Where do these cups ~? 이 컵들은 어디에 있지? **12** (성서) 영원한 삶을 얻다.

─ ㈜ **1** (동족목적어와 함께) […한 생활]을 하다[보내다]. ¶~ *an* idle [a happy] life 게으른[행복한] 생활을 하다 / ~ *a* double life 이중 인격자로 살다 / ~ *the* life of a saint 성인처럼 지내다. **2** (자기의 생활 속에) …을 보이다; …을 실천하다.¶~ a lie 거짓된 생활을 하다 / ~ (one's) ideals 이상을 실천하다 / ~ romance 소설 같은 일생을 보내다. **3** …을 경험하다; 마음껏 즐기다.

As I live (and breathe)! (구어) 이거 참 오래간만 이군!; (감탄사적·강조적) 절대로, 결단코.
as (sure as) I live 아주 확실하게, 틀림없이.
How ya living? (美속어) 지내기가 어때(＊Living large.라고 응답한다).
I'll live. (구어) (무슨 일이 있어도) 나는 아무렇지도 않다.
live among (사람들)에 둘러싸여 살다, (남들)과 관계를 맺으며 살다.
live and breathe …밖에 머리 속에 없다, …에 열중해 있다.
live and learn ① (Well, you[we] 다음에 쓰여) 오래 살다 보니 별 꼴을 다 보는군. ② 경험으로 알다, 뜻밖의 것을 알다.
live and let live 서로 간섭하지 않고 공존하다; 남의 생각·결점 따위에 관대히 하다.
live apart (부부가) 별거하다; (부부의 한쪽이 다른 쪽)과 별거하다.
live by ① …로부터 수입을 얻다, …으로 살다. ② …을 생활의 지침으로 삼다.
live down ① (오명 따위)를 오랜 세월을 살아나가면서 씻다[회복하다]. ② (슬픔)을 세월이 감에 따라 잊다.
live for ① …에 전념하다. ② …할 때를 기다리다.
live from hand to mouth 하루살이 생활을 하다, 간신히 지내다.
live high 호화롭게[사치스럽게] 살다.
live high off the hog 사치스럽게 살다, 경기가 좋다.
live in ① (고용인이) 입주(入住) 근무하다; (학생 등이) 기숙사에 살다(참 live out). ② (실내에서) 날을 보내다.¶~ in a library 도서관에 틀어박히다. (参考》 live in 대학.
live in [or ***within***] ***oneself*** 고독하게 살다; 두문불출하다.
live in (one's) ***trunks*** [or ***boxes***] (고어) ＝live out of a suitcase.
live it (경주에서 상대편을) 따라가다(with).
live it up (구어) 즐거이 놀며 지내다; 쾌락을 추구하다; (목숨) 축하하다.
live off …에 의지해 지내다, 기생하다, …의 신세를 지다.
live off the country [or ***land***] 농업에 생계를 의지하다; (여행객·군인 등이) 그 지방의 것을 먹으며 살아나가다; 길을 가면서 음식을 얻다.
live off the tit 사치스럽게 살다, 과보호(過保護)로 살다.
live on ① 계속 살아가다(⇒ 図 3); (명성 따위가) 남다. ② (＠) 5, 6. 3) (돈)을 (필요한 것에) 쓰다.
live on air (비유적) 공기를 먹고 살다, 아무것도 안 먹고 있다.
live on borrowed time 생각했던 것보다 장수하다.
live on one's ***nerves*** 몹시 긴장된 생활을 하다.
live on one's ***own*** (노인·과부 등이) 혼자 살다.
live on [or ***off***] ***the fat of the land*** 아주 호화롭게 살다, 최상의 생활을 하다.
live out ① (학생이) 통학하다; (…으로부터) 떨어진 곳에 살다(of). ② 삶을 이어가다.¶He will never ~ out another month. 그는 앞으로 한 달을 더 살기 어려울 것이다. ③ (폭풍 따위)에서 견디어 내다, 빠져나오다. ④ …을 이룩하다, 현실화시키다.
live out of a suitcase [or ***trunk, box***] (일로) 연중 여행하다; 떠돌이 생활을 하다.
live out of tins [or ***cans***] (구어) 통조림만 먹고 지내다.
live over (again) (인생)을 다시 살다; (경험 따위)를 다시 한 번 되새기다; (과거의 추억에 잠기다).
live through …을 이겨내다, 견디다.
live together 함께 살다; 동거[동서]하다.
live to oneself 외톨게 살다; 이기적 생활을 하다.
live to tell the tale (익살) 살아남다, 생환하다; 이겨내다.
live under …의 점원[소작인]이다; …의 지배를 받다.
live up to ① …에 부끄럽지 않은 생활을 하다, 어울리는 생활을 하다. ② (주의 따위)에 따라 행동[실천]하다. ③ (기대 따위)에 부응하다. ④ (英) (수입 따위)를 전부 써 버리다.
live well ① 유복하게[불편없이] 지내다. ② 도덕적인 생활을 하다.
live with ① …와 함께 살다; (이성과) 동거하다. ② …을 감수하다, 참고 견디다(endure).
live within oneself 혼자만 몰두하다.
live with oneself 자존심을 유지하다[버리지 않다].
Pardon me for living! (구어) 참 안됐네!(상대에게 비난받았을 때 비꼬는 투의 말).
where one ***lives*** (美속어) 아픈 곳(에), 급소(에).¶It hurts me *where I ~*. 그것은 나의 아픈 데를 찔렀다.

‡**live**² [laiv] 阁 (한정용법) **1** 살아 있는, 산 (그대로의); (익살) 진짜의(반 dead).¶a ~ fence 생(나무)울타리/a real ~ burglar 진짜 강도.
2 (생물이) 많이 있는; 활기찬; (사람이) 활동적인, 정력적인; (소리·음성 등이) 생동하는.¶a ~ man 활동가.
3 (이야기가) 빈틈이 없는(alert); (생각 따위가) 현대적인, 최신식의; (문제 따위가) 당면한; 미해결의.¶a ~ topic [question] 당면한 화제[문제] / ~ ideas 새로운 사상.
4 (라디오·TV가) 생방송의, 실황의; 실연의.¶a ~ TV show 생방송 TV쇼 / This program is ~ from Chicago. 이 프로그램은 시카고로부터의 생중계다.
5 (석탄 따위가) 타고 있는; (화산이) 활동중인; (감정 등이) 격한.¶~ coals 타고 있는 석탄. **6** (고무·공이) 탄력 있는; (공이) 경기중인.¶a ~ tennis ball 잘 뛰는 테니스 공. **7** 유효한; (탄환이) 아직 폭발하지 않은, 화약이 충전되어 있는; (성냥이) 아직 긋지 않은; (원자로·핵폭탄이) 핵분열 물질을 장비한.¶a ~ cartridge 실탄이 들어 있는 탄환통, 실포(實包). **8** (기계·차륜이) 움직이고 [회전하고] 있는, 動く a ~ machine 돌아가고 있는 기계. **9** (암석 따위가) 아직 잘리지[채굴되지] 않은. **10** (회계) 증감(增減) 기입이 많은; 아직 시장성이 있는. **11** (색채가) 선명한; (공기가) 신선한; (음(音)이) 울림이 큰. **12** (전기) (전선 등이) 전류가 흐르고 있는, 대전(帶電)의; (전기 기구가) 작동하고 있는.¶a ~ wire 송전선. (또는 alive) **13** (인쇄) (활자·조판이) 인쇄[사용]중인; (원고가) 아직 조판되지 않은, 미교정의.
be all the way live (美속어) 자극적이다, 가슴이 뛰다.
── 튀 생방송으로, 실황으로; (연주·공연 따위가) 라이브로, 중계되어.
~-**ness** 명

liv·a·ble [láivəbl] 阁 ＝livable. ~-**ness** 명
live-alone [lívəlòun] 명 독신(생활자).
líve áxle [láiv-] (기계) 활축(活軸), 회전 차축.
líve báit [láiv-] (낚시의) 산 미끼.
live-bear·er [láivbɛ̀ərər] 명 태생어(胎生魚).
líve bírth [láiv-] 명 정상 출산(아), 반 stillbirth.
live-born [láivbɔ̀ːrn] 阁 살아서[정상으로] 태어난.
líve bróadcast [láiv-] 명 (실황) 방송. ＝～ 센터.
líve cénter [láiv-] (기계) (선반의) 주축(회전).
líve cóverage [láiv-] 명 생중계, 실황 방송.
lived [laivd, livd] 阁 …의 생명을 가진, 명이…한.¶long[short]-~ 장수인[단명]의.
lived-in [lívdìn] 阁 (구어) 사람이 살고 있는; (방 따위가) 정돈된, 익숙해진.
líve-fire éxercise [láivfàiər-] (군사) 실탄(사격) 연습. (또는 líve-ammunition éxercise)
live-in [lívin] 阁 **1** 입주(入住) 근무하는; (급여 따위가) 입주 근무를 요하는(반 live-out). (또는 **sleep-in**) **2** (결혼하지 않고) 동거하고 있는. **3** (어떤 장소에) 거주하는.
── 명 동거인; (건물 안에서 생활하며 일하는) 농업.

‡**live·li·hood** [láivlihùd] 阁 (a ~, one's ~) (보통 단수형) 살림살이, 생계(수단). ⇒LIVING (類義例)¶He wrote for a ~. 그는 생계를 위해 글을 썼다.
earn [or ***gain, get, make***] ***a*** [or ***one's***] ***livelihood*** (as a teacher [by teaching]) (교사 노릇으로) 생계를 꾸려 나가다. 가난한 생활을 하다.
pick up a scanty livelihood 가까스로 살아가다,

live·li·ly [láivlili] 부 (드물게) 힘차게, 활발하게, 발랄하게; 쾌활하게; 생생하게, 강렬하게; 밝게.

live·li·ness [láivlinis] 명U 원기, 활기; 명랑; 선명.

live lóad [láiv-] 명 (토목·건축) 동하중(動荷重)(차량에 대한 자동차 따위). 반 dead load

live·long [lívlɔ̀:ŋ/-lɔ̀ŋ] 형 (시) (시간이) 긴, 길고 긴; 만 …. ¶(all) the ~ day 하루 종일, 만 하루.

‡**live·ly** [láivli] 형 (**-li·er; -li·est**) **1** 힘찬, 활기찬, 발랄한, 발랄한. ⇒GAY 유의어 ¶a ~ boy 발랄한 소년/a ~ discussion 활발한 토론. **2** (곡 따위가) 쾌활한, 떠들썩한. ¶~ music 쾌활한 음악. **3** (표현·예 따위가) 생생한, 효과적인; (색채·빛·인상 따위가) 강렬한, 선명한; (감정 따위가) 센, 격한. ¶a ~ description 생생 있는 묘사/a ~ recollection 생생한 추억/a ~ sense of gratitude 지극한 감사의 마음. **4** (포도주가) 거품이는, **5** (공기가) 신선한, 상쾌한. **6** (큰선·공이) 탄력성이 있는, 잘 튀는(배 따위가) 파도 위에 춤추는; (자동차 따위가) 스타트가 경쾌한. **7** (구어) (익살) 남을 몹달게 하는, 흥분시키는; 위험한, 곤란한.
have a lively time (of it) 대활약을 하다.
Look lively! (구어) 꾸물거리지 마!(Hurry up!)
make it [or things] lively for a person 남을 어 — 힘차게, 활발하게, 발랄하게. [렵게 만들다.
step lively 재빠르게[기운차게] 움직이다.
— 명 원기(元氣)가 좋은 [녹녀석].

liv·en [láivən] 타자 쾌활[활발]하게 하다[되다](*up*). ¶The party is beginning to ~ *up*. 파티는 활기를 띠기 시작하고 있다. [산; 조선용(造船用).

líve óak [láiv-] 명 떡갈나무의 일종(북미 동남부 원

líve óne [láiv-] 명 (美俗) 활기찬[재미있는] 장소 [사람]; 씀씀이가 큰 사람; 속기 잘하는 사람; 피해자.

live-out [láivàut] 형 (종업원 등이) 통근하는. 반 live-in

líve párking [láiv-] 명 운전자가 탄 채로의 주차.

‡**liv·er**¹ [lívər] 명 (~**s** [-z]) **1** (해부) 간(肝)(장). ⇒ALIMENTARY 그림. ¶~ oil 간유. **2** U (식용의) 간. **3** U 간장병(病). **4** U 간장색, 다갈색.
a cold [hot] liver 냉담[열정].
have a liver (구어) 안달복달하다, 언짢아하다.
lily [or white] liver 겁 (많음). ¶a man of *lily* [or *white*] ~ 겁쟁이.
— 명 간장색의, 적갈색의. — 형자 (페인트·잉크 따위가) 굳어지다.
~-**less** 형

*‡**liv·er**² [lívər] 명 **1** (형용사 뒤에 쓰여) …한 생활자. ¶a clean ~ 결백한 사람/a fast ~ 난봉꾼/a good ~ 미식가, 덕 있는 사람. **2** 주민, 거주자.

liv·er-col·ored [-kʌ̀lərd] 형 간장 빛깔의, 다갈색의

líve recórding [láiv-] 명 생(生)[실황] 녹음. [의.

liv·ered [lívərd] 형 (복합어로) …한 간장이 있는. ¶a white-~ man 겁쟁이, 겁 많은 사람.

líver éxtract 명 간장 엑스(돼지나 소의 간장 추출물; 빈혈 치료제).

líver flúke 명 간흡충(肝吸蟲). [빈혈 치료제].

liv·er·ied [lívərid] 형 제복을 입은; 정복을 입은.

liv·er·ish [lívəriʃ] 형 **1** (구어) 간장병에 걸린, 간장이 나쁜. **2** 성미가 까다로운; (과식·과음 따위로) 기분이 언짢은. **3** 간장병과 같은; 간장색의. ~-**ness** 명

líver óil 간유. [북서부의 항구 도시].

Liv·er·pool [lívərpù:l] 명 리버풀(영국 England

Liv·er·pud·li·an [lìvərpʌ́dliən] 형 리버풀의; 리버풀 시민의. 명 리버풀 시민.

líver sáusage 명 간(肝) 소시지(liverwurst).

líver spòts 명 간반(肝斑)(간장병으로 얼굴에 생기는 [갈색 기미).

líver wìng 명 (익살) 오른팔.

liv·er·wort [lívərwɚ̀:rt] 명 (식물) 우산이끼.

liv·er·wurst [lívərwɚ̀:rst] 명UC 리버 소시지(간 (肝)으로 만든 소시지).

*‡**liv·er·y**¹ [lívəri] 명 **1** U (집합적) (수행원·하인·고용인에게 입히는) 제복, 정복; (동업 조합원 등의) 제복, 조합복. ¶a servant in ~ 제복을 입은 하인. **2** U (특수한) 의상; 차림; (열차·버스 따위의) 통일 디자인[색상]. ¶trees in the ~ of summer 여름 옷을 입은 나무들. **3** (고어) (집합적) 제복 입은 사람들. **4** (美) =~ stable. **5** U (법률) 교부, 양도. **6** ~ company.
at livery 사육료를 받고 맡아 기르는. [바꾸다.
change livery (속어) (스포츠) 이적하다, 소속 팀을
in livery 정복[제복] 차림으로.
out of livery 평복으로.
take up (one's) **livery** 동업 조합원이 되다.
the livery of grief [or woe] 상복(喪服).

liv·er·y² 형 간장과 같은; 간장병의(liverish).

lívery còmpany (옛 런던의) 동업 조합, 길드.

lívery cúpboard (중세의 식량 저장용) 찬장.

liv·er·y·man [lívərimən] 명 말[마차] 대여업자; (英) (London의) 동업 조합원; (폐어) 제복을 입은 하인.

lívery sèrvant 제복을 입은 고용인[하인].

lívery stáble [bárn] 말 보관소; 마차 대여업

‡**lives** [laivz] 명 life의 복수형. [소. (자).

líve stéam [láiv-] 명 생증기(生蒸氣)(보일러에서 갓 뽑아내는 고압 증기).

***live·stock** [láivstɑ̀k/-stɔ̀k] 명 (집합적; 단·복수양음) **1** 가축, ~ 가축을 기르다/~ farming [or raising] 목축. **2** (英口語) (익살) 외부 기생충(이·벼룩 [따위).

líve tràp [láiv-] 명 (생포용) 덫, 함정.

live-trap [láivtræ̀p] 타자 (**-pp-**) (짐승)을 덫으로 생포하다. ¶~ birds 새를 덫으로 생포하다.

live·ware [láivwɛ̀ər] 명 컴퓨터 조작(종사)자(프로그래머·시스템 분석자 등); 그 두뇌. [의 체중.

líve·weight [láivwèit] 명 생(生)체중(도살 전 가축

líve wíre [láiv-] **1** 전기가 통하고 있는 도선[전선]. **2** (구어) 활동가, 정력가; (속어) 돈을 헤프게 쓰는 사람.

live·yer [lívjər] 명 (캐나다) 뉴펀들랜드(Newfoundland) 섬 주민(출신자). (또는 **liveyere, livier**)

liv·id [lívid] 형 **1** (피부 따위가) 검푸른; 흙빛의, 잿빛의, (…으로) 창백한(*with*). ¶be ~ *with* anger [cold] 분노[추위]로 얼굴이 창백하다[잿빛이 되다]. **2** (英구어) 격노한. ~-**ly** 부 ~-**ness** 명

li·vid·i·ty [lividəti] 명U 흙빛, 납빛, 잿빛.

‡**liv·ing** [líviŋ] 형 **1** 살아 있는, 살아 있는(반 dead). ¶all ~ beings [or things] 살아 있는 모든 것/~ animals 살아 있는 동물/a ~ corpse 산 송장. **2** 현존의, 현대의; 현재 쓰이는. ¶~ English 현대 영어/a ~ language 현용어/the greatest ~ poet 현존하는 최대의 시인. **3** 활발한, 활기가 있는; (감정·생각 따위가) 강(렬)한; (신앙 따위가) 깊은. ¶a ~ dispute 활발한 논의/a ~ faith 열렬한 신앙. **4** (석탄 따위가) 타고 있는 (물 따위가) 끊임없이 흐르고 있는; (바위 따위가) 자연 그대로의. ¶~ water 유수. **5** (그림 따위가) 실물 그대로의, 곡닮은; (이야기 따위가) 박진감 있는. ¶He is the ~ image of his father. 그는 아버지를 빼 닮았다. **6** 생활의; 생활에 충분한; 거주의; ~ quarters 거처, 거주 지역. **7** 현존하는 사람들의; (the ~) (명사적; 집합적·복수취급) 살아 있는 사람들. **8** (극·연기 따위의) 실연(實演)의. **9** (구어) (명사를 강조) 순전한, 진짜의.
be living proof (…의) 좋은 본보기다 (*of*).
living legend 명성을 떨치고 있는 사람, 유명인.
the land of the living (기억에) 있는.
within [or in] living memory 현존하는 사람들의 — 명 (~**s** [-z]) **1** U 생존, 살아 있음. **2** 생활 (방식), 생활 형편. ¶make a plain [high, poor, good] ~ 검소한[호화로운, 가난한, 윤택한] 생활을 하다. **3** (a ~, one's ~) 생계, 생활 방편. ¶She must work for a ~. 그녀는 생계를 위해 일하지 않으면 안 된다/What do you do for a ~? 어떤 일을 하십니까?

유의어 **living** 생활, 생계. **livelihood** living과 같은 뜻일 경우도 많으나, 종종 living을 얻기 위한 수단으

로서의 일 또는 얻는 수입. **maintenance** 의식주와 그밖의 생활에 필요한 모든 것; living보다 범위가 넓다. **subsistence** 의식주의 최소한. **support** = maintenance. **sustenance** 충분히 건강을 유지하는 데 필요한 음식물.

4 임금, 수입; 직업, 장사; 《고어》 재산, 《특히》 토지. **5** 《英》《종교》 성직록(聖職祿)(목사의 수입).

earn [or *gain*, *get*, *make*, *obtain*] *a* [or *one's*] *living* 의…으로 생계를 꾸리다, 생활비를 벌다.
go the way of all living 《성서》 죽다.
think [or *consider*] *the world owes one a living* 사회로부터 원조 받는 것을 당연시 하다.
~·ly 부 ~·ness 명

líving bánk 명 장기(臟器) 은행.
líving cóst 명 생계비(cost of living).
líving cóst index 명 생계비 지수. 「활.
líving déath 명 즐거움이 전혀 없는 생활; 비참한 생
líving dóll 《美속어》 아주 좋은(기분 좋은, 도움이 되는) 사람; 절세 미녀.
líving énd 명 《the ~》 《속어》 최고의 것(사람).
líving enviroment 명 생활 환경.
líving fóssil 명 1 살아 있는 화석, 화석 동물(실러캔스 따위). 2 《구어》 시대에 뒤진 사람.
liv·ing-in [-ín] 형명 (고용인 등이) 주인집에서 숙식
líving líkeness 명 꼭 닮음.   「하기[하는].
liv·ing-out [-áut] 형명 통근(하는). 맞 living-in
líving pícture 명 활인화(活人畵)(tableau vivant); 영화.   「room; =living space.
‡**líving róom** 명 《美》 *l*- -**s** [-z] 거실 《英》 sitting
líving spáce 명 생활권(圈); 생활 공간; 《주거의》 거
líving stándard 명 생활 수준.   「주 부분.
Liv·ing·stone [líviŋstən] 명 **David ~** 리빙스턴 (1813-73: 영국의 선교사·아프리카 탐험가).
líving théater 명 《the ~》 《영화·TV에 대해》 무대
líving únit 명 한 가족이 사는 아파트[집].   「연극.
líving wáge 명 《a ~》 생활급(최저 생활 임금).
líving wíll 명 《美》《법률》생전 (발효) 유서, 《존엄사를 희망하는 말기증 환자의》 유언(장). 맞 right-to-die
li·vre [líːvər] 명 리브르(프랑스의 옛 화폐 단위).
Liv·y [lívi] 명 리비우스(Titus Livius)(59 B.C.- A.D.17: 로마의 역사가).
liv·yer [lívjər] 명 =liveyer.
lix·iv·i·ate [liksívièit] 동타 …을 용제로 처리하다; …을 거르다, 우려내다. -**á·tion** 명
Liz [liz] 명 리즈(여자 이름; Elizabeth의 애칭).
Li·za [láizə] 명 라이자(여자 이름; Elizabeth의 애칭).
*‡**liz·ard** [lízərd] 명 1 도마뱀; 도마뱀 가죽. 2 = lounge ~. 3 《the L-》 《천문》 도마뱀자리. 4 《속어》 《못쓰게 된》 경주마. 5 《美속어》 지갑; 달러.
flat out as a lizard drinking 《濠구어》 흔들도 하지 못하게, 끌직일도 하지 않고.
flat out like a lizard 《濠속어》 맹렬한 스피드로 달
liz·zie [lízi] 명 《종종 L-》 《美속어》 《싼》 소형 자동차; 게으름뱅이; 레즈비언; 연약한 남자.
L.J. 《英》 Lord Justice.   「도).
Lju·blja·na [luːbljáːnə] 명 류블라냐(Slovenia의 수
Lk. 《성서》 Luke. **lkd** locked.
'll [l] 《구어》 will, shall의 단축형 (I'll, You'll 따위).

LL, L.L. *l*anguage *l*aboratory; *L*ate [*L*ow] *L*atin; *l*ending *l*ibrary; *l*imited *l*iability; *L*ord *L*ieutenant; *l*ower *l*eft [*l*imb].
ll. leaves; 《라틴》 *leges*(= laws); lines. **l.l.** 《라틴》 *loco laudato*(=in the place quoted) (인용문 중에); *loose-leaf*.

lla·ma [láːmə] 명 1 《동물》 야마, 라마, 아메리카낙타. 2 U 야마의 털; 야마의 모직 나사.
lla·ne·ro [lɑːnɛ́ərou] 명 《 》 ~**s** (남미) 야노스의 주민; 카우보이.   「원). [〈Sp]
lla·no [láːnou] 명 《 》 ~**s** 야노스(남미 북부의 대초
LL.B. 《라틴》 *Legum Baccalaureus* (=Bachelor of Laws)(법학사). **LL.D.** 《라틴》 *Legum Doctor*(= Doctor of Laws)(법학 박사). **LLDC** 《 》*s* *l*east *l*ess-*d*eveloped *c*ountries(후발(後發) 개발 도상
Llew·el·lyn [luːélin] 명 루엘린(남자 이름). 「국).
LL.JJ. 《英》 Lords Justices(고등 법원 판사).
LL.M. 《라틴》 *Legum Magister*(=Master of Laws)
Lloyd [lɔid] 명 로이드(남자 이름).   「(법학 석사).
Lloyd George 명 **David ~** 로이드 조지(1863- 1945: 영국의 정치가; 수상(1921-22)).
Lloyd's [lɔidz] 명 로이드, 로이드 보험 협회(The Corporation of ~) (〈해상 보험업자들이 자주 드나드는 London의 커피숍 주인 Edward Lloyd의 이름)
Llóyd's ágent 명 《보험》 로이드 대리점.
Llóyd's Líst 명 로이드 일보(日報)(Lloyd's 발행).
Llóyd's Régister (of Shípping) 명 로이드 선급(船級) 협회; 로이드 선급 협회 선명록(船名錄).
Llóyd's S.G. Pólicy 명 로이드 S.G. 보험 증권(로이드 협회(Lloyd's) 발행의 해상 보험 증권; S는 ship, G는 goods의 약자).   「전문가.
Llóyd's únderwriter 명 《보험》 로이드 보험 인수
LLTV *l*ow-*l*ight (*l*evel) *TV*(저광량(低光量) TV). **LM** *l*unar *m*odule. **L.M.** *L*egion of *M*erit; *L*icentiate in *M*edicine [*M*idwifery]; *l*ong *m*eter (measure); *L*ord *M*ayor. **LME** 《英》 *L*ondon *M*etal *E*xchange (런던 금속 거래소). **LMG, L.M.G.** *l*ight *m*achine *g*un(경기관총); *l*iquefied *m*ethane *g*as(액화 메탄 가스). **lmn.** *l*ine*m*a*n*. **LMO** *l*iving genetically *m*odified *o*rganism(유전자 변형 유기[생명]체). **L.M.P.** *l*ast *m*enstrual *p*eriod(최종 월경(月經)). **LMT** *l*ocal *m*ean *t*ime(지방 평균시). **ln** 图《수학》 *l*ogarithm *n*atural(자연 대수). **Ln** 图 《화학》 *l*anthanide. **LNA** 《전자》 *l*ow-*n*oise *a*mplifier(저잡음 증폭기). **lndg** *l*a*nd*in*g*. **LNDR** *l*e*nd*e*r*. **lndry.** *l*au*ndry*. **LNG** *l*iquefied *n*atural *g*as. **lng.** *l*i*n*i*g*; *l*i*n*in*g*.
*‡**lo¹** [lou] 감 《고어》 보라, 자!, 저런(look, see, behold). ¶*Lo and behold!* (익살 또는 놀라움을 나타내어) 자, 보시오!   「다). 「~ *c*alorie 저(低)칼로리.
lo² 《구어》 =*l*o*w*¹ (* 상표·상품 광고 등에 쓰임
LO *L*iaison *O*fficer(연락 장교); *l*ocal *o*rigination; *l*ubricating *o*il. **LOA** *l*ength *o*verall(전장(全長));
loach [louʧ] 명 《어류》 미꾸라지; 《구어》 얼간이, 바
*‡**load** [loud] 명 《~ -**s** [-z]》 **1** 《a ~》 《무거운》 짐, 적화(積荷). ¶*bear a* ~ 짐을 지다 / *a truck with a full* ~ *of hay* 건초를 가득 실은 트럭.

유의어	
load 사람·동물·탈것 등으로 운반되는 것. **burden** 매우 무거운 짐; 현재는 심신의 무거운 짐을 뜻하는 것이 보통. **freight** 특히 장거리 수송중인 화물·상품. **cargo** 배·비행기의 화물.	

2 (건물 따위가 받는) 하중(荷重); 무게, 중량. ¶*Branches bent low with their* ~ *of fruit.* 가지들이 달린 과일의 무게로 축 처졌다. **3** (양·무게의 단위로서의) 한 짐, 한 차; 《복합어로》 적재량; (사람·기계 등의) 작업량. ¶*a* ~ *of hay* 한 차(車)분의 건초 / *a teaching* ~ 책임 수업 시간수. **4** 《a ~》 《비유적》 부담; (정신적인) 중압, 고생, 걱정. ¶*a* ~ *of care* [*sin*] 심로(心勞)[죄]의 무거운 짐. **5** (전기·기계) 하중(荷重), 부하(負荷); 《美》 *a working* ~ 사용 하중 / *a* ~ *test* 하중 시험. **6** (화약의) 장전; 장약, 장탄. **7** 《~s》 《구어》 다수, 많음 (*of*). ¶~*s* [*or a* ~] *of people* [*money*, *time*] 많은 사람[돈, 시간]. **8** 《속어》

[llama 1]

홈빽 취할 만큼의 술; 술 한 잔[모금]; 마약; 정액. **9** 〔상업〕 부가 비용(출장비·배달료 따위); (개방형 투자 신탁에서의) 수수료; 물품세. **10** 〔보험〕 부가(할증)보험료. **11** 〔컴퓨터〕 로드(데이터나 프로그램을 메모리에 넣기).
a lóad of hay 《속어》 장발의 머리; 공짜[팁을 안 주는] 단체 손님.
a lóad of wínd 《속어》 빈 트럭; 수다쟁이.
bear a lóad (…의) 짐을 지다(*of*). ¶*bear a ~ of debt* 빚을 지다.
cárry a hígh lóad =*have a load on*.
cárry the lóad (집단 활동에서) 중책을 다하고[부지런히 하고] 있다.
déad [líve] lóad 정(靜)[동(動)]하중.
dróp a [or one's] lóad 《비어》 사정(射精)하다.
dúmp one's lóad 《미속어》 대변 보다; 토하다.
gét a lóad 《속어》 (종종 명령형으로) (주의해서 …을) 듣다; (자세히 …을) 보다(*of*). 「멀다.
gét a lóad óff one's chést 털어놓고 마음의 짐을
háve a lóad on 《속어》 취해 있다. 「다.
háve a lóad on *one's mínd* 마음에 걸리는 일이 있
máke…lóads of it 그것을 …번에 (나누어) 나르다.
shóot one's lóad 《미속어》 생각한 바를 죄다 털어놓다; 《비어》 사정하다.
táke a lóad óff *a person's mínd* 마음의 무거운 짐을 덜다, 걱정을 없애주다.
táke [or gét] a lóad óff *one's féet* 앉다, 걸터앉
Thánks lóads! 《구어》 정말 고마워!(Thanks a lot!)
(Whát) a lóad of (óld) cóbblers [or cóck, rúbbish] 《英속어》 허튼 소리 그만해!
— 团 (~s [-z]) ⓛ 1 〔차·배 따위〕에 짐을 싣다; 〔짐〕을 싣다, 태우다. ¶ (~+뗘+쮜+쮜) ~ *a cargo of cotton into a car* [*on a boat*] 면화를 차[배]에 싣다. **2** 〔식탁〕에 …을 차려놓다, 쌓아올리다; (위 따위)에 밀어 넣다. ¶ (~+뗘+쮜+쮜) ~ *a table* [*the stomach*] *with food* 식탁에 음식을 차려놓다[위(胃)에 음식을 채워넣다]. **3** (남)에게 마구 주다; (남)을 괴롭히다; …에게 무거운 짐을 지우다; 압박하다(down) (with). ¶ (~+뗘+쮜+쮜) ~ *a person with favors* [*insults*] 남에게 은혜를 마구 베풀다[남을 마구 모욕하다] / ~ *a heavy work on a person* 남에게 힘든 일을 시키다. **4** 《총포》에 장전(裝塡)하다; (사진) (카메라)에 필름을 넣다; 《컴퓨터》 (프로그램·데이터)를 보조(외부) 기억 장치로부터 주(主)기억 장치에 넣다, 로드하다. **5** (주사위·지팡이 따위)에 납을 박다; (술)에 다른 것을 섞다(with). **6** 〔보험〕 (순(純)보험료)에 특별 요금을 부가하다. **7** 〔야구〕 (루)를 채우다. ¶ ~ *the bases* 만루로 만들다. **8** 〔질문·진술 따위〕를 왜곡하다; …을 유도 심문하다.
— 困 **1** (배·차에) 짐을 싣다; (손님을 태우다 (*up*). **2** (배·차가) 짐을 싣다; (승객으로서) 타다(*into*). **3** 총에 장전하다, (필름·탄환 따위가) 장전되다. **4** 《구어》 듬뿍 싣다; 잔뜩 먹다, 배를 채우다(*up*).
be lóaded wíth 《구어》 (돈이) 충분히[넘치게] 있다.
lóad dówn (wíth…) (차 등)에 (…을) 잔뜩 싣다; (사람)에게 부담을 주다 (짐·책임을) 지우다.
lóad the díce in *a person's* **fávor [agáinst** *a person*] 남을 유리한[불리한] 입장에 놓이게 하다.
lóad úp ① …에 싣다. ② (수동형으로) 《미속어》 만취하다. ③ (정보 따위)를 알려주다.
~∙less 阃
lóad∙age [lóudidʒ] 阃囻 적재량.
lóad displácement 阃〔해사〕 만재 배수량[톤수].
lóad dráft 阃〔해사〕 만재 흘수(吃水).
lóad∙ed [lóudid] 阃 1 짐을 실은, 잔뜩 실은. ¶*a ~ bus* 만원 버스 / *a ~ table* 성찬의 식탁. **2** 탄환을 잰, 장전한; (감정 따위가) 폭발할 것 같은; (비유적) 위험을 안고 있는. **3** (필름을) 넣은; (납 따위를) 박아넣은. ¶*a ~ dice* (납을 박은) 협잡 주사위. **4** (술) 섞음질한 술. **5** 《미속어》 취한; 마약으로 정신이 흐려진. **6** 《미

속어》 돈 많은. **7** (건물·상품 따위가) 부속물[부착물]이 많은. **8** (말·질문 따위가) 왜곡된, 함정이 있는, 유도성의, 한 쪽에 유리한.
be lóaded for béar 《미속어》 ① 화가 나 있다; 덤벼들 자세로 있다. ② 만반의 준비가 돼 있다.
retúrn hóme lóaded wíth hónors 금의 환향하
lóaded quéstion 阃 유도 질문[심문].
lóad∙er [lóudər] 阃 **1** 짐 싣는 사람[기계], 적재기(積載機), (트럭 따위에 부착된) 적재 장치. **2** (총 따위의) 장전자, 장탄기(裝彈器); (복합어로) …장(총) [포]. ¶*a muzzle* [*breech*] ~ 전[후]장 총[포].
lóad fàctor 阃 **1** 〔전기〕 부하율. **2** 〔항공〕 좌석 이용률, 탑승률(seat ~); 하중 배수(倍數).
lóad fùnd 阃 로드 펀드(판매 수수료를 포함시킨 가격으로 판매되는 오픈엔드형 투자 신탁).
lóad∙ie [lóudi] 阃《속어》 마약[알코올] 중독자.
*lóad∙ing** [lóudiŋ] 阃囻 **1** 짐실기, 선적, 하역; 적하. **2** 장전(裝塡), 충전; 장약; 첨가[증량]제, 충전재[물]. **3** 하중; 〔전기〕 장하(裝荷). **4** =load 9,10. **5** (광) 부가 급여, 특별 수당. **6** 로딩(비디오테이프를 녹화·재생하기 위해 장치함); 〔컴퓨터〕 로드 하기.
lóading brìdge 阃 (공항의) 탑승교, 로딩 브리지.
lóading còil 阃〔전자〕 장하(裝荷) 코일.
lóad líne [wàterline] 阃〔해사〕 만재 흘수선.
lóad lóck 阃〔전자〕 로드 록(진공 장치 전체의 진공 상태를 깨지 않고 시료(試料)를 넣고 빼는 방법).
lóad∙mas∙ter [lóudmæstər/-mɑ̀ːs-] 阃〔항공〕 (기상(機上)의) 탑재 관리원.
LoADS [lóuædz, lóudz] 阃〔군사〕 저공 방위 시스템. 〔<*l*ow *a*ltitude *d*efense *s*ystem〕
lóad-shèd∙ding 阃囻 〔전기〕 전력 평균 분배(법); 국소(局所)적 정전(전면 정전을 피하기 위한 일부 지역 정전). (또는 **lóadshèdding**)
lóad∙star [lóudstɑ̀ːr] 阃 =lodestar.
lóad∙stone [lóudstòun] 阃 =lodestone.
lóad∙y [lóudi] 阃《미속어》 =loadie.
‡**loaf**¹ [louf] 阃 (*pl.* **loaves** [louvz]) **1** 빵의 한 덩어리, 구워낸 빵 덩어리. ¶*two loaves of bread* 두 덩어리의 식빵 / *a white* [*brown*] ~ 흰[흑]빵 덩어리. **2** 막대설탕; ¶*a* ~ *sugar* 막대 케이크. **3** 《英》 (양배추·양상추 따위의) 결구(結球). **4** 〔요리〕 로프(다진 고기·어육 따위를 빵가루·계란 따위로 뭉쳐 빵 모양으로 구워낸 것). **5** 《英속어》 머리, 두뇌.
hálf a lóaf 《구어》 (바라는 것의) 반(半). ¶*Half a ~ is better than no bread.* 《속담》 빵 반 덩어리라도 없는 것보다는 낫다.
lóaf of [or] bréad 《속어》 죽은(dead).
lóaves and físhes 현세의 이득, 사리(私利).
úse one's lóaf (of bréad) 《속어》 머리를 쓰다, 상식을 활용하다. 「결구(結球)하다.
— 동困 《英》 (양배추 따위가) 둥글게 덩어리를 짓다,
loaf² 困 빈둥거리다; 놀고 지내다(*about*, (*a*)*round*). ¶ (~+뗘) ~ *about* 빈둥빈둥 돌아다니다 / (~+쮜) ~ *along a street* 거리를 어슬렁거리다 / ~ *through life* 놀면서 평생을 보내다 / ~ *on one's job* 빈둥빈둥 일을 하다 / ~ *on a person* 남에게 얹혀 살다, 더부살이를 하다. — 뗘 (시간)을 놀면서[빈둥빈둥] 보내다, 빈둥빈둥 살아가다(*away*). ¶ (~+뗘+쮜) ~ *one's life away* 일생을 놀면서 지내다.
— 阃 빈둥거리기, 놀며 지내기.
háve a lóaf 빈둥거리다.
on the lóaf 빈둥거리며. 「따위).
lóaf càke 阃 《미》 막대 모양의 케이크(파운드 케이크
loaf∙er [lóufər] 阃 게으름뱅이, 건달; 부랑아.
~∙ish 阃 「간편화.
Loaf∙er [lóufər] 阃 (상표) (moccasin 비슷한) 샌들.
lóaf-sug∙ar [-ʃúgər] 阃囻 막대 설탕.
loam [loum] 阃囻 〔토양〕 롬, 양토(壤土)(모래와 점토

로 된 흙); 찰흙; (일반적으로) 비옥한 토양, 검은 흙.
—[동][타] …에 롬을 바르다, 롬으로 메우다.
∠·i·ness [명] **∠·less** [형] **∠·y** [형] 롬 모양[질]의.

‡**loan** [loun] [명] ([복] **~s** [-z]) **1** [U] 빌려주기, 대여, 대부. ¶give a person the ~ of... 남에게 …을 빌려주다 / ask for the ~ of …의 차용을 부탁하다 / May I have the ~ of this book? 이 책을 좀 빌려줄 수 없을까요? **2** 대여물; 대부금, 융자금; 공채, 국채; 차관. ¶a public [government] ~ 공채[국채] / a domestic [foreign] ~ 내국[외국]채. **3** 외래어, 차용어(借用語); 외래의 풍습. **4** 일시적 의무[근무] 파견. **5** (~s) (美구어) 전당포.
make [or *take out*] *a loan on* …을 저당 잡히고 「돈을 빌리다.
on loan 차용하여; 대부하여.
raise a loan 공채(公債)를 모집하다.
take a loan of …을 속이다, 바보로 만들다.
—[동] (~s [-z]) 빌려주다((英) lend); 대출하다.

loan·a·ble [lóunəbl] [형] 대부할[빌려줄] 수 있는.
—[명] 대부할 수 있는 것.

loan·back [lóunbæ̀k] [명] 〔보험〕 (개인 연금 적립금에서의) 융자 제도, 연금 대출 제도.

lóan collèction [명] (전시용으로) 빌려 모은 미술품.

lóan còmpany [명] (개인 상대) 금융 회사.

loan·ee [louníː] [명] 채무자, 빌리는 사람.

loan·er [lóunər] [명] 대여인, 채권자; (수리 기간 중 고객에게 빌려주는) 대체품; 차용어.

loan·hold·er [lóunhòuldər] [명] 공채증서 보유자, 채권자, 저당권자.

loan·ing [lóuniŋ] [명] (스코·방언) 오솔길(lane); (소 「의) 착유장(搾乳場).

lóan lóss resèrve [명] 〔금융〕 대손(貸損) 충당금.

lóan òffice [명] **1** (금융 기관의) 대출 담당 부서; 공채 응모 취급점. **2** 전당포.

loan-out [∠-àut] [명] (자기 회사와 계약된 영화 배우를 다른 회사에) 임시 출연시키기.

lóan shàrk [명] (구어) 고리 대금업자(usurer).

loan·shark·ing [lóunʃɑ̀ːrkiŋ] [명] (美구어) 고리 대금업. (또는 **lóan-shàrking**)

lóan translàtion [명] 차용 번역 (어구).

loan·word [lóunwə̀ːrd] [명] 외래어, 차용어.

***loath** [louθ, louð/louθ] [형] (서술용법) 싫어하는, (…하는 것이) 꺼림칙한(*to* do); (…을) 싫어하는(*that* 節). ⇨RELUCTANT [유의어] ¶He is ~ *to* go there. 그는 그곳에 가기를 꺼린다. (또는 **loth**)
nothing loath (부사적) (싫기는 커녕) 기꺼이.
∠·ness [명]

***loathe** [louð] [동][타] …을 몹시 싫어하다, 〔음식 따위〕로 속이 메스꺼워지다. ¶I ~ snakes. 나는 뱀이라면 질색이다. **lóath·er** [명]

loath·ful [lóuðfəl] [형] **1** (스코) 내성적인, 꽁무니 빼는. **2** 꺼림칙한, 싫은.

loath·ing [lóuðiŋ] [명][U][C] 혐오. ⇨AVERSION [유의어] ¶be filled with ~ 몹시 싫다. **~·ly** [부]

loath·ly[1] [lóuθli/lóuð-] [부] 싫어하면서.

loath·ly[2] [lóuðli, lóuθ-] [형] (고어) =loathsome.

***loath·some** [lóuðsəm, lóuθ-] [형] 몹시 싫은, 혐오감을 일으키는; 속이 메스꺼워지는. ¶a ~ stench 속이 메스꺼운 악취. **~·ly** [부] **~·ness** [명]

loaved [louvd] [형] (英) (양배추 따위가) 결구(結球) 「된.

***loaves** [louvz] [명] loaf[1]의 복수형.

lob[1] [lɑb/lɔb] [명] **1** 〔테니스〕 로브(코트 구석에 떨어지게 치는 높고 느린 타구). **2** 〔크리켓〕 낮게 밑으로 던지기. **3** 〔야구〕 느린 타구, 슬로볼; 높은 플라이. **4** 〔축구〕 높게 반원을 그리듯 찬 볼. **5** (英방언) 머리가 둔한 사람, 미련한 사람. —[동] (**-bb-**) [타] **1** 〔테니스〕 〔공〕을 로브하다. **2** 〔크리켓〕 〔공〕을 느리게 밑으로 던지다. **3** 〔탄환〕을 고사각(高射角)으로 발사하다. —[자] **1** 〔테니스〕 공을 로브하다. **2** 느릿느릿 움직이다[걷다](*along*).
∠·ber [명] 느릿느릿 걷는 사람.

lob[2] [명] =lobworm.

LOB 〔야구〕 *left on bases*(잔루(殘壘)).

lo·bar [lóubər] [형] **1** 폐(肺)의; 〔해부〕 (폐장)엽(葉)의; 〔의학〕 엽성(葉性)의. **2** 〔식물〕 (잎이) 열편(裂片)의.

lo·bate [lóubeit] [형] **1** 〔식물〕 열편이 있는, 열편 모양의. **2** 〔조류〕 물갈퀴가 있는. (또는 **lobated**)
~·ly [부] 「**2** 귓불, 열편, 판(瓣)(lobe).

lo·ba·tion [loubéiʃən] [명] **1** [U] 열편상(裂片狀)형성.

‡**lob·by** [lɑ́bi/lɔ́bi] [명] ([복] **-bies** [-z]) **1** (호텔·극장 따위의) 로비; (대기실·휴게실로 쓰이는) 큰 복도. **2** (영·미국의 의회에서 원외 인사와 만나는) 회견실, 대기실; (영국 하원의) 투표자 대기실. **3** (집합적; 단·복수 양용) (의회의) 원외단, 압력 단체, 로비.
on a lobby basis (英) 비공식으로.
—[동] (**-bies** [-z]) [자] (의원에게 공작하기 위해) 로비에 출입하다, 로비 활동을 하다. ¶~ against [for] a bill 의안 저지[통과]를 위해 공작하다. —[타] 〔의안〕의 통과 운동을 하다; …의 이면 공작을 하다; 〔의원〕에게 …하도록 운동하다, 진정[청원]하다. ¶~ a bill *through* Congress 로비 활동으로 의회에서 법안을 통과시키다.
~·er [명] 「정치부 기자.

lóbby correspóndent [명] (英) 의회 출입 기자,

lob·by-fod·der [-fɑ́dər/-fɔ́d-] [명] (英) (경멸적) (이익 집단에 봉사하는) 유착 의원(들). 「규제법.

Lóbbying Regulátion Àct [명] (美) 로비 활동

lob·by·ism [lɑ́biìzm/lɔ́b-] [명][U] 의안 통과[저지] 운동, 로비 활동; 진정[청원] 운동; 의회 이면 공작, 원외 활동.

lob·by·ist [lɑ́biist/lɔ́b-] [명] 의안 통과 운동자, 로비스트, 원외 활동가, 압력 단체의 운동원.

lobe [loub] [명] **1** 〔해부〕 엽(葉). ¶the ~ of the brain [lung] 대뇌엽(大腦葉)[폐엽(肺葉)]. **2** 〔식물〕 (잎의) 열편. **3** 귓불. **4** 〔전기〕 로브(안테나의 지향성 돌출부).

lo·bec·to·my [loubéktəmi] [명][U][C] 〔외과〕 폐엽(肺葉) 절제술. 「이 있는, (잎이) 열게 째진.

lobed [loubd] [형] 〔해부〕 엽(葉)이 있는; 〔식물〕 열편

lo·bel·ia [loubíːljə] [명] 〔식물〕 로벨리아(숫잔대류(類)).

lob·lol·ly [lɑ́blɑ̀li/lɔ́blɔ̀li] [명] **1** 테다소나무(또는 ∠ **píne**); [U] 그 재목. **2** [U] (방언) 진구렁, 진창; 된 죽.

lóblolly bòy [**mán**] [명] (폐어) 선의(船醫)의 조수.

lo·bo [lóubou] [명] ([복] **~s**) 〔동물〕 (미국 서부에 사는) 큰 회색 늑대(gray wolf); (美속어) 깡패.

lo·bot·o·mize [ləbɑ́təmàiz/-bɔ́t-] [동][타] **1** 〔사람〕에게 로보토미(lobotomy)를 하다. **2** …을 멍하게[생기를 잃게] 하다. **-mist, ∸mi·zá·tion** [명]

lo·bot·o·mized [ləbɑ́təmàizd/-bɔ́t-] [형] 로보토미(lobotomy)를 받은; 무기력한, 둔한, 생기없는.

lo·bot·o·my [ləbɑ́təmi/-bɔ́t-] [명][U][C] 〔외과〕 로보토미(대뇌 전두엽의 백질(白質) 절제 수술).

lob·scouse [lɑ́bskàus/lɔ́b-] [명][U] 〔해사〕 고기·감자·양파·빵 따위로 만든 선원 요리. (또는 **lobscourse**)

***lob·ster** [lɑ́bstər/lɔ́b-] [명] ([복] **~(s)**) **1** 바닷가재; [U] 그 살. **2** 왕새우, 대하(spiny ~). **3** (고어) 영국 병사. **4** (속어) 얼간이, 바보; 얼굴이 붉은 사람. **5** (英속어) 음경, 페니스.
(as) red as a lobster (얼굴이) 새빨간.
—[동][자] 바닷가재[왕새우]를 잡다. 「의.

lob·ster-eyed [-àid] [형] 눈이 튀어나온, 퉁방울눈

lóbster jòint [명] (파이프 따위의) 자재(自在) 접합부.

lob·ster·man [lɑ́bstərmən/lɔ́b-] [명] 바닷가재[왕새우]잡이 어부.

lóbster pòt [**tràp**] [명] 바닷가재[왕새우]잡이 통발.

lóbster shìft [명] **1** (속어) 〔신문〕 대기 근무 (시간). (또는 **lóbster trìck**) **2** =graveyard shift.

lob·u·lar [lɑ́bjulər/lɔ́b-] [형] 소엽(小葉)의[같은], 소열편의. 「소열편(小裂片); 귓불.

lob·ule [lɑ́bjuːl/lɔ́b-] [명] 〔해부〕 소엽(小葉); 〔식물〕

lob·worm [lɑ́bwə̀ːrm/lɔ́b-] [명] **1** =lugworm. **2**

(낚시 미끼로 쓰는) 땅속 벌레(지렁이 등).
LOC, l.o.c. (군사) lines of communication(후방 연락선, 병참선). **loc.** local; location.
‡**lo·cal¹** [lóukəl] 웹 1 지방의, 지역적인; 현지의, 그 고장의; 어떤 지방 특유의(* 이 경우「전국, 전역」에 대한 「지방」의 뜻이며, 「도시」에 대한 「시골」의 뜻은 내포되지 않는다)(⑧ provincial). ¶ ~ affairs 지역 문제 / a ~ custom 고장의 관습 / ~ celebrities 지방의 유지[명사] / ~ taxes 지방세. **2** 장소의, 장소에 관한[관련된]. ¶ ~ situation 위치 / a ~ surname 특정의[지명]에서 나온 성(姓). **3** (비유적) **a)** (생각·견해 따위가) 좁은, 편협한. ¶ a person of ~ ideas 시야가 좁은 사람. **b)** 그 자리(경우)에서의, 특정의. ¶ the ~ meaning 특정의 의미. **4 a)** 좁은 지역에 한정된; 단거리 구간을 운행하는. **b)** (대도시) 가까운, 근교의. ¶ a ~ town 근교의 소도시. **c)** (병리) 국소(局所)의. ¶ a ~ disease [pain] 국부 질환[통증]. **d)** (전화가) 근거리의, 시내의; (L~) (英) (우편물이) 동일 구내 배달의, 시내 우편의(⑧ out-of-town). **e)** (열차·버스 따위가) 역[정거장]마다 서는, 보통의, 완행의(⑧ express). **5** (수학) 자취(locus)의. **6** (컴퓨터) 구내[역내]의, 올란의(통신 회선을 통하지 않고 직접 채널을 통해 컴퓨터와 접속된 상태).
— 웹 (寒 ~**s** [-z]) **1** 구간 열차[버스]; (역마다 정차하는) 보통 열차. **2** (美) (신문의) 지방 기사. **3** (노동 조합 따위의) 지부. **4** (the ~s) 지방의 주민, 지역인; 지방 변호사, 지역 설교사. **5** (~s) 지역 운동팀. ¶ the ~s versus the state champion 주(州) 챔피언팀 대 지역팀. **6** 지역 열차 따위. **7** (the ~, one's ~) (英구어) 집 근처의 목로 주점. **8** = ~ anesthesia.
lo·cal² [loukæl] 웹 (페어) =locale.
lo-cal [lóukæl, -kəl] 웹 (구어) ~ =low-cal.
lócal áction 웹 (법률) 속지적(屬地的) 소송(토지 침해 따위 특정 지역에 관련된 소송).
lócal anesthésia 웹 (의학) 국소 마취(법).
lócal anesthétic 웹 (의학) 국소 마취약.
lócal área nètwork 웹 (컴퓨터) 기업내[지역] 통신망; 올란망(약 LAN).
lócal área wíreless nètwork 웹 (컴퓨터) 무선 구내 네트워크, 무선 LAN.
lócal authórity 웹 (英) (단·복수 양용) 지방 당국.
lócal autónomy 웹 지방 자치제; 지방 자치체[권].
lócal bús 웹 시내 버스; (컴퓨터) 로컬 버스(CPU와 직결된 고속 데이터 선로). 「long-distance call
lócal cáll 웹 (기본 요금 구간의) 통화, 시내 통화.
lócal cólor 웹 (문학 등의) 지방색, 향토색; (미술) (그림의) 부분적 색채.
lócal cóntent 웹 (美) 현지 제조[조달] 부품, 국산 부품(외국 제조업체의 제품에 쓰인 현지 조달 부품).
ló·cal-cón·tent 웹 (부품의) 현지 조달됨의.
lócal cóntent bìll 웹 (美) 부품 (일정량) 현지 조달 법안(미국에서 제품 생산·판매하는 메이커에게 일정 비율의 미국산 부품 사용을 의무화하는 법안).
lócal déath 웹 (병리) 국소사(局所死), 괴사(壞死).
lo·cale [loukǽl-káːl] 웹 현장, 장소; 신(scene); (소설·영화 따위의) 무대.
lócal eléction 웹 지방 선거.
lócal examinátions 웹 (英) 지방 시행 시험(대학 감독하에 지방 학생들에게 시행). 「체.
lócal góvernment 웹 지방 자치; (美) 지방 자치
lócal góvernment district 웹 (캐나다) 주(州) 정부 직할지, (또는 **lócal impróvement district**).
Lócal Gróup 웹 (천문) 국부 성운[은하]군(群).
lo·cal·ism [lóukəlìzm] 웹 **1** 지방 사투리, 방언; 지방색[관습]. **2** U 지역 (이기)주의, 향토 편애. **3** U 협량. **-ist** 웹 **-ís·tic** 웹
lo·cal·ite [lóukəlàit] 웹 그 고장 사람[주민].
*‡**lo·cal·i·ty** [loukǽləti] 웹 **1** (어떤) 장소, 소재지; 산지(產地); 부근. ¶ the ~ of a mineral 광물의 산지. **2** (어떤 사건의) 현장(spot). ¶ the ~ of a crime 범죄 현장. **3** U (어떤 장소에) 있기, 위치하기; 장소[위치, 방향] 감각. 「이 뛰어나다[무디다].
have a good [poor] sense of locality 방향 감각
lo·cal·i·za·tion [lòukəlizéiʃən/-lai-] 웹 U **1** 국한, 국지화(化); 지방화. **2** 위치 측정[추정].
lo·cal·ize [lóukəlàiz] 탣 (*(英) **-ise**) 탁 **1** …을 한 지방에 국한시키다. ¶ ~ a war 전쟁을 국지화하다. **2** …을 어떤 장소에 배치하다, 배속하다. **3** …을 지역화하다, …에 지방성을 부여하다. **4** (…에) (주의 등을) 집중하다 (upon). — 탤 한 지방에 모이다. **-iz·a·ble** 웹
lo·cal·ized [lóukəlàizd] 웹 국지화된, 국부적인.
lo·cal·iz·er [lóukəlàizər] 웹 (항공) 로컬라이저(계기 착륙용 유도 전파 발신기).
lócal líne 웹 (철도의) 지방 노선. ⑨ main line.
lo·cal·ly [lóukəli] 웹 **1** 장소적으로, 위치상으로; 지방적으로; 지방(주)의으로. **2** 이 근처에서, 가까이에서.
lócal óption 웹 지방 선택권(특히 주류 판매의 가부를 지방민의 투표로 결정할 수 있는 권리).
lócal páper 웹 지방 신문, 지방지.
lócal préacher 웹 (英) 지방 설교사(지방에서 순회 목사가 오지 않는 기간 동안 설교를 맡는 평신도).
lócal rádio 웹 (라디오의) 지방 방송.
lócal sígn 웹 (생리) 국소 특징. 「[고장]의 젊은이.
lócal tálent 웹 (the ~) (구어) (상대할 만한) 지방
lócal tíme 웹 지방시(地方時), 현지 시간. 「차.
lócal tráin 웹 보통[완행] 열차; 단거리 구간 운행 열
lócal véto 웹 (지방 정부 등에 대한) 지방 자치 단체의 거부권.
lócal wár 웹 국지전(局地戰). 「의 거부권.
lócal wínd 웹 국지풍(局地風). 「촌사람.
lócal yókel 웹 (美속어) 시(市) 경찰관; 지방 사람,
‡**lo·cate** [lóukeit, -–] 탣 (**-cat·ed; -cat·ing**) 탁 **1** …의 장소를 알아내다, 찾아내다, 가리키다. ¶ ~ a leak in a gas pipe 가스 파이프의 새는 곳을 찾아내다 / L~ Puerto Rico on a map. 지도에서 푸에르토리코의 위치를 가리켜라. **2** …의 장소를 (…에) 정하다, (가게·주거 따위를) (…에) 잡다; (수동형·재귀용법으로) …에 있다, …에 위치하다(in, on). ¶ Where is Cincinnati ~d? 신시내티는 어디에 있습니까? // (~ + 빌 + 前 + 名) ~ one's office on Main Street [in Chicago] 대로변[시카고]에 사무실을 내다. **3** (토지의 권리를 주장하다. [토지]를 점거하다; (법률) (토지·가옥 따위)를 임대하다. **4** (정·직장) 을 정하다. — 탤 Are you ~d yet? 정착할 곳[거처]는 정했습니까? — 탤 (어떤 장소에) 거주[정주]하다, 정착하다; 가게를 내다(in). **lo·cát·a·ble** 웹
‡**lo·ca·tion** [loukéiʃən] 웹 ~**s** [-z] **1** U 위치 선정, (도로의) 노선 선정; 위치 추정; 소재 탐색; (드물게) 배치. ¶ the ~ of the missing girl 행방 불명된 소녀의 수색. **2** (공장·집 따위를 설치할) 장소, 용지, 부지; 소재지. ¶ a fine ~ for a house 집을 짓기에 알맞은 장소. **3** 점유지, 소유지; 지정 구역. ¶ a mining ~ 광업 지정지. **4** U (법률) (토지·가옥 따위의) 임대차, 대부. **5** 기억 장소[위치], 로케이션. **6** UC (영화) 로케(이션), 야외 촬영(지). **7** (濠) 농장; 목축장, 방목장. **8** (복합어로) 특정 지구.
go [be] on location 야외 촬영 가다[중이다].
~**·al** 웹 ~**·al·ly** 웹
loc·a·tive [lákətiv/lɔ́k-] (문법) 웹 위치를 가리키는, 처격(處格)의. — 웹 처격, 처격어.
lo·ca·tor [lóukeitər/-–] 웹 **1** 토지[광구(鑛區)] 경계 설정자. **2** 전파 탐지기, 청음기. (또는 **locater**)
loc. cit. (라틴) loco citato. 웹 op. cit.
loch [lak/lɔk, lɔx] 웹 (스코) 호수; 좁다란 후미[만].
lo·chi·a [lóukiə, lák-/lɔ́k-] 웹 U (의학) 오로(惡露). **-al** 웹
Loch Ness [lák nés/lɔ́k-, lóx-] 네스호(湖) (스코틀랜드 Highland 남동부의 호수). 「(Nessie).
Lóch Néss mònster 웹 네스호의 괴물, 네시

lo·ci [lóusai] 명 locus의 복수형.
loci clas·si·ci [lóusai klǽsisài] 명 locus classicus의 복수형. [<L]

‡lock[1] [lak/lɔk] 명 1 자물쇠. ¶ a combination ~ 숫자[문자] 맞추기[다이얼] 자물쇠 / a time ~ 시한 자물쇠. 2 (차바퀴의) 멈추개; (총의) 발사 장치; (기계의) 정지(안전) 장치. 3 (자동차 핸들의) 회전각(角); (핸들의) 최대 회전(full ~). 4 (운하·강의) 갑문, 수문(~ gate). 5 (기계) 기관(氣關), 기밀실(air ~). 6 (차량 따위의) 혼잡, 정체. 7 (레슬링) 맞잡기, 굳히기, 로크. ¶ an arm[a leg] ~ 팔[다리] 굳히기. 8 (럭비) = ~ forward. 9 (비유) 꽉 쥐기, 장악; 확실한 것[사람]; 성공 가망. 10 (英) = hospital. 11 (속어) 구치소, 유치장.
fasten [or *set*] *a lock* 자물쇠를 채우다[잠그다].
have a lock on …을 꽉 쥐고 있다; 성공을 확신하다.
lock, stock, and barrel 이것저것 모두(entirely).
on [*off*] *the lock* 자물쇠를 잠그고[잠그지 않고].
open [or *turn*] *a lock* 자물쇠를 열다[따다].
under lock and key 자물쇠를 채워, 안전하게 보관하여.
walk lock and lock 팔을 끼고 걷다. ─되어.
── 통 (~ed [-t]) 태 1 …에 자물쇠를 채우다(up). ¶ ~ the stable door after the horse [or steed] has been stolen 소 잃고 외양간 고치다. 2 (자물쇠를 채워서) [남]을 가두다; [물건]을 치워두다(up)(in); (비유적) [비밀 따위]를 마음에 간직하다(in). ¶ (~ + 目 + 副) ~ up a prisoner in a cell 죄수를 독방에 가두다 / (~ + 目 + 前 + 名) ~ oneself in a room 방에 틀어박히다. 3 …을 움직이지 않게 하다; …에 박귀 멈추개를 괴다; …을 활발하지 않게 하다; [인쇄] [조판]을 쐐기로 죄다; (시선 따위)를 (…에) 고정시키다(on). ¶ (~ + 目 + 前 + 名) I can't ~ this key in the socket. 이 열쇠는 자물쇠 구멍에 맞지 않는다. 4 …을 껴안다; [팔·손가락 따위]를 단단히 깍지끼다. ¶ ~ arms 팔을 꽉 끼다 / (~ + 目 + 前 + 名) ~ a child in one's arms 아이를 팔로 꽉 껴안다. 5 (운하 따위)에 갑문을 설치하다; [배]를 수문으로 지나게 하다(up, down). 6 (수동형으로) [토지 따위가] (…으로) 둘러싸이다(with). 7 (수동형으로) (…때문에) …와 싸우다, 다투다(with).
── 자 1 자물쇠가 잠기다; (가게 따위가) 문을 닫다(up). ¶ This trunk doesn't ~. 이 트렁크는 자물쇠가 잠기지 않는다. 2 얽히다; 고착되다; (…과) 조합(組合)되다, 도킹하다(on). 3 (자재축(自在軸)의 부착으로 차의) 앞바퀴가 좌우로 회전할 수 있다. 4 (군사) 밀집 대형으로 전진하다. 5 (배가) 갑문을 통과하다; (운하가) 갑문으로 통하다.
be locked in …에 갇혀 있다; …에 열중[몰두]해 있다.
lock assholes (美속어) 싸우다.
lock away (자물쇠를 채워) …을 간수해두다(in, into); [남]을 격리[투옥]하다; …을 비밀로 해두다.
lock horns ⇨HORN.
lock in on …을 뒤쫓다, 추적하다.
lock off [수로]를 둑으로 막다. 수문을 설치해서 막다.
lock on to [or (英) *onto*] …에 연락하다; (미사일 따위가) …을 자동 추적하다. …공장을 폐쇄하다.
lock out ① [사람]을 쫓아내다. ② [근로자]에 대해
lock the wheels [or *brakes*] [브레이크를 밟아] 바퀴의 회전을 멈추게 하다.
lock up ① [인쇄] [조판]을 죄어 고정시키다. ② [자본]을 고정시키다. ③ …을 가두다(in, into); [물건]을 금고 따위에 넣다. ④ [집·가게·자동차 따위]의 문을 잠그다. ⑤ [감정·생각 따위]를 간직해 두다. ⑥ (美속어) …의 성공을 확실히 하다. ⑦ …에 침거하다(in, into). ⑧ …하게 살다(~ oneself up).
-less 형.
lock[2] 명 1 머리의 타래. ¶ a ~ of hair 한 타래의 머리. 2 (~s) 머리털, 두발. 3 (양털·솜 따위의) 한 줌.
lock·a·ble [lákəbl] 형 자물쇠를 채울 수 있는, 열쇠가 달린. **-bíl·i·ty** 명.
lock·age [lákidʒ/lɔ́k-] 명 [U][C] 1 갑문 설치(용, 재), 갑문의 사용[개폐]. 2 (배의) 갑문 통과(세). 3 (갑문 조작으로) 수면의 수위차(水位差).
lock and kéy cóncept [생화학] 열쇠와 열쇠 구멍의 개념(특정 약제[효소]가 특정 수용체와 1대1의 대응으로 결합하는 것).
lock-a·way [-ǝwèi] 명 (英) 장기 증권.
lock·box [lákbàks/lɔ́kbɔ̀ks] 명 1 (공립·사서함 따위) 자물쇠로 잠그는 상자. 2 (또는 **lóckout bòx**) (TV) 록박스(어린이의 음란 프로 시청을 막기 위해 부착된 잠금 장치). 3 사용 목적 지정 신탁 기금(trust fund).
lock·down [lákdàun/lɔ́k-] 명 (美) (교도소 재소자를 감방 안에만 두는) 감금 (기간).
Locke [lak/lɔk] 명 **John** ~ 로크(1632-1704: 영국의 철학자). **Lóck·e·an, Lóck·i·an** 형.
locked [lakt/lɔkt] 형 짜맞춘, 끼워넣게 된.
locked-in [-ín] 형 고정된; 태도를 바꿀 수 없는; (증권이) 팔리지 않고 있는.
****lock·er** [lákər/lɔ́k-] 명 1 로커, 사물함. 2 [해사] (의복·식량 따위를 넣는) 상자, 보관실. 3 냉동고, (美) 급속 냉동 저장실. 4 자물쇠를 채우는 사람[것].
be laid in the lockers 죽어 있다.
go [or *be sent*] *to Davy Jones's locker* 물고기 밥이 되다, 익사하다.   …온갖 방책이 소용없어.
not a shot in the [or *one's*] *locker* 무일푼으로,
lócker pàper 명 냉동 식품용의 부드러운 포장지.
lócker plànt 명 (유료) 급속 냉동 저장고.
lócker ròom 명 1 (체육관·클럽 따위의) 로커룸, 탈의실. 2 냉동 저장실.   밥이 되다, 익사하다.
send a person to the locker room 선수를 (경기 도중에) 교체시키다.
lock·er-room [-rù(ː)m] 형 (농담 따위가) 탈의실에서 주고받는 식의) 외설한, 추잡한, 상스러운.
lock·et [lákit/lɔ́k-] 명 로켓(사진 따위를 넣어 목걸이 줄에 매다는 소형 케이스); [칼집 최상부의] 걸쇠.
lóck fórward 명 (럭비) 로크 포워드(스크럼 제2열의 교정(校正))
lóck gàte 명 수문, 갑문(閘門).   째의 선수[위치]).
Lóck·heed Mártin 명 (美) 록히드 마틴(사)(미국의 군수 회사; 항공기·미사일·전자 기기 등).
lóck hòspital 명 (英) 성병 병원.
lock-in [-ín] 명 1 바꿀[움직일 수 없게 되는 것, 고정화; 구속, 속박; 감금, 연금. 2 (a ~) (美) (항의) 농성.
lock·ing [lákiŋ/lɔ́k-] 명 (브레이크댄스의) 로킹(과장된 동작의 코미디 댄스); [컴퓨터] 잠그기.
lock·jaw [lákdʒɔ̀ː/lɔ́k-] 명 [의학] (파상풍 초기의) 교경(咬痙), 개구(開口) 장애, 아관긴급(牙關緊急) (trismus); 파상풍.
lock·keep·er [lákkìːpər/lɔ́k-] 명 수문[갑문] 관리.
lock·mak·er [lákmèikər/lɔ́k-] 명 =locksmith.
lock·man [lákmən/lɔ́k-] 명 =lockkeeper.
lock·mas·ter [lákmæ̀stər/lɔ́k-] 명 =lockkeeper.
lóck nùt 명 [기계] [헐거워지지 않게 다른 너트와 겹쳐 죄는] 로크 너트; 잼너트. (또는 **lócknùt**)
lock-on [-án] 명 [U][C] 레이더(에 의한 자동) 추적; 잠수함과 구조선 사이의 기밀(氣密) 수중 통로로의 연결.
lock·out [lákàut/lɔ́k-] 명 [U][C] 1 (경영자에 의한) 공장[직장] 폐쇄, 로크아웃, 노동자 축출. 2 공기압으로 물을 차단한 수중 시설의 개구부(開口部); 수중 작업실. 3 자물쇠가 저절로 잠겨버리기. ── 통 태 1 을 축출하다. 2 [노동자]에 대해 공장을 폐쇄하다; [학생]에 대해
lóck shóp 명 (英) 임대 점포.   학교를 폐쇄하다.
locks·man [láksmən/lɔ́k-] 명 =lockkeeper.
lock·smith [láksmìθ/lɔ́k-] 명 자물쇠 제조업자.
~·ing 명 자물쇠 제조공의 일.   [꼽].
lock·step [lákstèp/lɔ́k-] 명 [U][C] 1 (대열의 간격을 좁혀서 하는) 밀집 행진. 2 촘촘한[틈새 없는] 배열; 판에 박은[융통성 없는] 방식. ─ 형 융통성 없는.
lóck stitch 명 (재봉틀의) 본 박음질, 겹박음질.
lock·up [lákʌ̀p/lɔ́k-] 명 1 유치장, 교도소, 감옥. [U][C] 유치, 감금. 2 [U] (자본의) 고정; 고정 자본. 3 폐

문 시간. **4** 〔인쇄〕 조판. **5** 《英구어》 (자물쇠로 잠그고 열게 된) 임대 로키〔차고, 창고〕. ── 탄 자물쇠로 잠김.
lóck wàsher 명 〔기계〕 용수철 따리쇠; 〔생물〕 (단백질 분해 때 전위(轉位)로 생기는) 나선 구조. (또는 **lóckwàsher**)
lo·co¹ [lóukou] 명 (복 ~s) **1** =locoweed. **2** ⓤ 〔수의〕 로코병(loco ism). **3** 로코병 감염 동물. **4** 〔속어〕 정신 이상자. ── 타 **1** 〔가축〕을 로코병에 걸리게 하다. **2** 〔속어〕…을 미치게 하다. ── 형 〔속어〕 정신 이상의; 〔가축의〕 로코병에 걸린.
lo·co² 《英구어》 =locomotive (engine).
lo·co³ 명 〔상업〕 현장도(現場渡)의. 〔L〕
lo·co- [lóukou, -kə] 연결 from place to place의 뜻.¶locomotion.
lóco ci·tá·to [-saitéitou] 상기 인용문 중(약 loc. cit.). 〔<L in the place cited〕
lóco diséase 〔수의〕 =locoism.
lo·coed [lóukoud] 형 =loco¹.
Lo·co·fo·co [lòukoufóukou] 명 **1** 《美》 로코포코 파(派)(의 인물)(1835년에 결성된 New York시의 민주당내 급진파); (일반적으로) 민주당원. **2** (l-) (그어서 켜는) 로코포코 성냥; 그 성냥이 달린 여송연.
lo·co·ism [lóukouìzm] 명 〔수의〕 로코병(가축의 로코 풀(locoweed) 중독증). (또는 **loco**)
lo·co·man [lóukoumən] 명 《英구어》 기관사, 철도원.
lo·co·mo·bile [lòukəmóubəl, -bi:l] 형 자동 추진의. ── 명 자동 추진차, 견인차. **-mo·bíl·i·ty** 명
lo·co·mote [lóukəmòut] 자 움직여 다니다.
lo·co·mo·tion [lòukəmóuʃən] 명 **1** 이동(력). **2** 여행. **3** 교통 기관.
‡**lo·co·mo·tive** [lòukəmóutiv/⌐⌐⌐] 명 (복 ~s [-z]) 〔철도〕 기관차.¶a steam ~ 증기 기관차/an electric ~ 전기 기관차. (또는 ⌐ **éngine**) **2** 《구어》 (비유적) 경제 성장의 견인차; 원동력. **3** 기관차용 원. **4** (~s) 《속어》 다리.¶Use your ~s. 걸으세요. **5** 운동성(性) 동물. ── 형 **1** 이동(운동)하는; 이동(운동)력이 있는; 운동의[을 일으키는].¶~ organs (다리 따위) 이동 기관(器官) / ~ animals 운동력이 있는 동물. **2** (익살) 여행의, 여행을 좋아하는.¶a ~ maniac 여행광. **3** 경제 성장을 견인하는, 경기 자극적인.
~·ly 부, **~·ness**, **-mo·tív·i·ty** 명
locomótive enginéer 명 《美》 =engine driver.
lo·co·mo·tor [lòukəmóutər] 명 운동의 것, 운동(력)이 있는 것[사람]; 이동 발동기; 기관차; (익살) 여행을 좋아하는 사람.
locomótor atáxia 〔병리〕 운동 실조증(失調症).
lóco pòisoning 〔수의〕 =locoism.
lo·co·weed [lóukouwi:d] 명 로코 풀(미국 서남부산 콩과(科) 식물; 가축에 유해); 《美속어》 마리화나.
loc·u·lus [lákjuləs/lɔ́k-] 명 (복 **-li** [-lài]) 〔생물·해부〕 소실(小室), 소방(小房), 소강(小腔); 〔식물〕 방실(房室), 포실(胞室), 실(室).
lo·cum [lóukəm] 명 《英》 = ~ tenens.
lócum té·nens [-tí:nenz, -téninz] 명 (복 **l-te·nen·tes** [-tənénti:z]) 《英》 대리인; (특히) 대리 목사; 대진(代診) 의사. **lò·cum-té·nen·cy** [-]명
lo·cus [lóukəs] 명 (복 **-ci** [-sai], **-ca** [-kə]) **1** 장소, 위치. **2** (활동·힘의) 중심(지), 근원. **3** 〔수학〕 자취. **4** 〔유전〕 유전자 자리. 〔<L place〕
lócus ci·tá·tus [-saitéitəs] 명 인용구. 〔<L〕
lócus clás·si·cus [-klǽsikəs] 명 (복 **-ci ci** [-sai]) 전거(典據)가 되는 구, (잘 인용되는) 명구(名句). 〔<L classical passage〕
lócus in quó [-in kwóu] 명 현위치, 사건 현장.
lócus stán·di [-stǽndi-, -dai] 명 (복 **-ci s-**) 〔법률〕 제소권(提訴權). 〔<L place of standing〕
*lo·cust** [lóukəst] 명 **1** 메뚜기. **2** 〔비유적〕 탐욕스러운 사람, 파괴적인 사람. **3** 《美》 매미. **4** (북미산) 아카시아나무. (또는 ⌐ **trèe**) **5** = ~ bean. **~·like** 형
lócust bèan 명 구주콩나무(carob); 그 열매.
lócust yèars 명복 (메뚜기 피해로 인한) 궁핍한 세월, 불황과 고난의 시대. 〔법, 말씨, 말투〕
lo·cu·tion [loukjú:ʃən] 명 관용어법(idiom); ⓤ 화법.
lo·cu·tion·ar·y [loukjú:ʃənèri/-ʃənəri] 명 〔언어〕 발어(發語)에 관한.¶a ~ act 발어(발화) 행위.
loc·u·to·ry [lákjutɔ̀:ri/lɔ́kjutəri] 명 (수도원의) 담화실; (면회용) 격자창(格子窓).
LOD Little Oxford Dictionary.
lode [loud] 명 **1** (암석 틈의) 광맥(鑛脈). **2** 풍부한 원천[공급]. **3** 《방언》 통로, 수로. **4** =lodestone.
lo·den [lóudn] 명 로덴(두꺼운 방수 천); 암녹색.
lode·star [lóudstà:r] 명 **1** 길잡이가 되는 별; (the ~) 북극성(Polaris). **2** (비유적) 관심[주목, 동경]의 대상; 지도 원리. (또는 **loadstar**)
lode·stone [lóudstòun] 명ⓤⓒ 천연 자석; 흡인력이 있는 것, 사람을 끄는 것. (또는 **loadstone**)
‡**lodge** [ladʒ/lɔdʒ] 명 (복 **lodg·es** [-iz]) **1** 오두막 (사냥꾼·약초꾼 등이 이용하는) 산막(山幕); 여름 별장. **2** (대저택·대학 따위의) 수위실. **3** 관광지의 여관. **4** (비밀 결사·동우회 따위의) 지방 집회소, 지부(支部); 단·복수 양용) 지부 회원. **5** 《英》 (Cambridge 대학의) 학장 관사. **6** (북미 인디언의) 천막집. **7** (동물의) 소굴. **8** (濠) (the L-) (캔버러의) 총리 관저.
── 자 (**lodg·es** [-iz]; ~**d**; **lodg·ing**) **1** 묵다, 숙박하다; 하숙하다 (at, in, with).¶(~+부+명) ~ at a hotel 호텔에 묵다 / ~ at Mrs. Smith's [with a French family] 스미스 부인댁[프랑스인 가정]에 하숙하다. **2** (총알 따위가) 박히다, (화살 따위가) 꽂히다 (in); (비유적) 머물다.¶The fish bone ~d in his throat. 생선 가시가 그의 목에 걸렸다 / The fact ~d in his mind. 그 사실이 그의 마음에서 떠나지 않았다. **3** (비바람 따위로 농작물이) 쓰러지다. **4** (사냥감이) 숨다, (몸을) 감추다. **5** 〔고어〕 (…에) 존재하다 (in).
── 타 **1** …을 숙박시키다; …을 하숙시키다.¶a house lodging students 학생용 하숙집. **2** (금품·귀중품 따위)를 (…에) 맡기다 (in, with).¶(~+목+부+명) ~ money in a bank [with a person] 돈을 은행에 [남에게] 맡기다. **3** (정보·소장(訴狀) 따위)를 제출하다; (불평)을 호소[신고]하다 (against, with).¶(~+목+부+명) ~ an information against a swindler 사기꾼을 고발하다 / ~ a complaint with [or before] the city authorities 시 당국에 불평[항의]을 제기하다. **4** 〔탄환·화살 따위〕를 쏘아박다, …을 꽂다, 박혀 있게 하다.¶He ~d an arrow in the bear's chest. 그는 곰 가슴에 화살을 쏘아박았다. **5** 〔직권 따위〕를 부여하다, 위임하다 (in, with). **6** (비바람이) 〔농작물을〕 쓰러뜨리다. **7** 〔사냥감〕을 그 소굴까지 추적하다, 몰아넣다.
⌐·a·ble 형 [ment.
lodge·ment [ládʒmənt/lɔ́dʒ-] 명 《英》 =lodgment.
lodg·er [ládʒər/lɔ́dʒ-] 명 숙박[하숙]인. 자 boarder take in lodgers 하숙인을 치다.
‡**lodg·ing** [ládʒiŋ/lɔ́dʒ-] 명 (복 ~**s** [-z]) **1** ⓒⓤ 숙박; 하숙. **2** (일시적인) 거주지, 숙소. **3** (~s) 셋방, 하숙(집). **4** 대학 구내 밖에 있는 학생 기숙사.
board and lodging 식사를 제공하는 하숙.
dry lodging 식사 없이 잠만 자는 하숙.
live in lodgings 셋방살이하다.
make [or **take (up)**] **one's lodgings** 하숙하다.
lódging hòuse 명 하숙집.¶a common ~ 《英》 (식사는 제공하지 않는) 간이 숙박소.
lódging-room [-rù(:)m] 명 침실.
lódgment [ládʒmənt/lɔ́dʒ-] 명 **1** 숙박(소). **2** 침전(물), 퇴적(물). **3** 〔군사〕 점령; 거점, 발판. **4** 〔법률〕 담보의 공탁; 예금. **5** (항의 따위의) 제기, 신고.
make [or **effect, find**] **a lodgment** 거점을 확보

lo·ess [lóues, les/lóuis] 명⑪ 황토, 뢰스(바람에 날려와 쌓인 loam질의 퇴적토). **lo·éss·(i·)al** 형

L of C Library of Congress; 〔군사〕 lines of communication(병참선).

lo-fi [lóufái] 형 하이파이(hi-fi)가 아닌〔로파이의〕(재생 장치). [<low-fidelity>

‡**loft** [lɔ:ft/lɔft] 명 **1** 고미다락(방); (헛간 따위의) 다락; (교회·강당 따위의) 맨 위층, 높이 만든 관람석; (창고·상업용 건물 따위의) 맨 위층; (헛간 따위의) 건초 다락(hayloft). **2** 〔골프〕 로프트(골프채 머리의 경사도); 높이 치기. **3** 비둘기집; 비둘기떼. **4** 〔미식축구〕 로프트(높게 멀리 던져서 체공 시간이 긴 패스). **5** 〔볼링〕 로프트. **6** 〔고어〕 상공, 하늘; 〔폐어〕 천장.
―타 **1** …을 지붕 밑에 저장하다; 〔고어〕 〔집〕에 고미다락방을 들이다. **2** 〔비둘기〕를 비둘기장에 넣다, 기르다. **3** 〔골프〕 〔공〕을 경사지게 치다; (공)을 높이지다. **4** 〔볼링〕 〔볼〕을 파울라인을 넘어서 레인에 떨어지도록 치다. **5** 〔로켓·우주선〕을 발사하다. ― 자 〔골프〕 공을 높이 쳐올리다; (공 따위가) 높이 날다; (건물이) 높 **⌐less** 형 [ ]이 솟다.

LOFT [lɔ:ft, lɔft] 〔천문〕 저주파 전파 망원경. [<*low f*requency radio *t*elescope]

lóft bómbing 명 〔군사〕 로프트 폭격(초저공으로 접근하여 목표물 근처에서 급상승하면서 폭탄을 투하하는 방식). (또는 **tóss bómbing**)

loft·er [lɔ́:ftər/lɔ́ft-] 명 〔골프〕 로프터(공을 쳐올리 **lófting íron** 명 =lofter. ┃는 데쓰는 아이언).

lóft jázz 로프트 재즈(창고의 위층·다락방 따위를 빌려서 하는 혁신적인 재즈).

‡**loft·y** [lɔ́:fti/lɔ́fti] 형 (*loft·i·er; loft·i·est*) **1** (산 따위가) 우뚝 솟은, 매우 높은; (지위 따위가) 높은. ⇒HIGH 유의어 ¶a ~ tree 높이 솟은 나무 / a ~ peak in the Alps 알프스 산맥의 고봉. **2** (생각·이상 따위가) 고상한, 고결한; 당당한. ¶a ~ ideal 높은 이상 / a ~ speech 당당한 연설. **3** (경멸적) 거만한. ¶~ manners 거만한 태도. **4** (행사나) 돋대이가 유별나게 높은.
lóft·i·ly 부 **lóft·i·ness** 명

‡**log**[superscript 1] [lɔ:g, lɑg/lɔg] 명 (복 ~*s* [-z]) **1** 통나무; 장작; (재제용) 원목. ¶float 〔lie〕 like a ~ 통나무처럼 떠 있다 〔누워 있다〕. **2** 몸놀림이 둔한 사람, 느림보. **3** 〔해사〕 (배의 속도를 재는) 측정의(測程儀). **4** 항해〔항공〕 일지 〔기록〕; (차의) 주행 일지〔기록〕; (일반적으로) 여행 일지; (엔진 따위의) 공정(工程)일지, 실험 기록; (방송국·아마추어 무선사의) 교신〔송신〕 기록. (또는 **lógbòok**) **5** 〔컴퓨터〕 로그, 경과 기록(연산 또는 입출력 데이터의 기록). **6** (濠) (노조의) 급여·근로 조건 개선 요구.
be (as) easy as rolling off a log 통나무 굴리기처럼 쉽다, 식은 죽 먹기다.
beat [or **flog, pound**] *one's log* 〔美속어·비어〕 (남자가) 자위하다. ┃ 기로 배의 속도를 재다.
heave [or **throw**] **the log** 측정기를 던지다, 측정 **King Log** 무능한 임금님(이솝 우화에).
like a log 어찌 할 수 없이, 기절〔망연자실〕하여.
roll logs for *a person* 남을 위하여 애쓰다, 남을 동료의 입장에서 칭찬하다. ➡ logrolling
Roll my log and I'll roll yours. 네가 나를 도와주면 나도 네 힘이 되어 주겠다, 상부상조하다.
saw logs 〔美구어〕 요란하게 코골다, 코골며 자다.
sleep like a log 세상 모르고 자다.
― 타 (~*s* [-z]; *-gg-*) **1** 〔나무〕를 베어 넘기다, 잘라 쓰러뜨려 통나무로〔장작으로〕 만들다. ¶*Logging* too many trees destroys nature. 나무를 너무 많이 베면 자연이 파괴된다. // (~+뭄+前+명) ~ *pine trees for fuel* 소나무를 베어 땔감을 만들다. **2** 〔토지〕 의 입목을 베어내다. ¶We ~*ged* the entire area in a week. 우리는 그 지역 전체의 입목을 1주에 베어냈다. **3** 항해〔주행, 교신 따위〕 일지에 기록하다; (일반적으로) 기록하다, 기록해두다; 〔자료〕를 모으다, 정리 편집하다. **4** (배가) 〔몇 노트의 속력〕을 내다; (하루에) 〔…의 거리〕를 항해〔비행〕하다. ¶The ship ~*ged* 20 knots the first day. 그 배는 첫날 20노트로 항행했다. ― 자 목재를 벌채하다; 벌채업을 하다.

log in ① 〔컴퓨터〕 =*log on*. ② (…의) 도착〔출근 따위〕을 기록하다. ┃ 〔옷〕하다.
log off 〔컴퓨터〕 단말기 사용을 끝내다, 로그오프〔아
log on 〔컴퓨터〕 (…에 접속하여) 단말기 사용을 시작하다, 로그인하다. ┃ 기록하다.
log out ① 〔컴퓨터〕 =*log off*. ② (…의) 퇴출〔퇴사〕을
log some Z's 〔美속어〕 한잠 자다.

⌐gish 형

log[superscript 2] 명 〔구어〕 〔수학〕 =logarithm.

log. logarithm(ic); logic(al); logistic(s).

log- [lɔ:g/lɔg] 〔연결〕 =LOG-.

-log [lɔ:g/lɔg] 〔연결〕 ⇒LOGUE.

lo·gan·ber·ry [lóugənbèri/-bəri] 명 로건베리 (raspberry와 blackberry의 잡종); 그 열매.

log·a·rithm [lɔ́:gəriðm/lɔ́g-] 명 〔수학〕 대수(對數) (약 log). ¶common ~*s* 상용(常用) 대수 / natural ~*s* 자연 대수 / the table of ~*s* 로그표, 대수표.

log·a·rith·mic [lɔ̀:gəríðmik/lɔ̀g-] 형 〔수학〕 대수의. (또는 **logarithmical**) **-mi·cal·ly** 부

logarithmic fúnction 〔수학〕 로그 함수.

logarithmic scále 로그자; 로그 눈금.

log·book [lɔ́:gbùk, lɑ́g-/lɔ́g-] 명 =log[superscript 1] 4.

lóg càbin [hòuse] 통나무집.

lóg chìp 〔해사〕 측정판(測程板). (또는 **lógchìp**)

loge [louʒ] 명 〔극장의〕 특별(관람)석; 칸막이 좌석.

lóg·(g)an stòne [ ] 배 따위가) 물에 젖어 무거워진.

logged [lɔ(:)gd, lɑgd] 형 움직임이 둔해진; (재목 **log·ger**[superscript 1] [lɔ́:gər, lɑ́g-/lɔ́g-] 명 **1** 벌목꾼, 나무꾼; 통나무 운반 트럭; 통나무 적재기. **2** 기온(습도·온도) 자동 기록기. **3** 〔컴퓨터〕 log하는 장치.

log·ger[superscript 2] 〔스코〕 둔한, 어리석은.

log·ger·head [lɔ́:gərhèd, lɑ́g-/lɔ́g-] 명 **1** 〔고어·방언〕 얼간이, 바보. **2** 붉은 거북. (또는 ⌐ **túrtle**) **3** (타르 따위를 녹일 때 쓰는) 끝에 둥근 쇠뭉치가 달린 교반봉(攪拌棒). **4** (포경선의 고물에 있는) 작살 밧줄을 감는 기둥. **5** (또는 ⌐ **shríke**) 때까지의 일종(북미산(產)). **6** 머리; (특히) 크고 못생긴 머리.

at loggerheads (with) (…와) 언쟁하여, 싸움하여.

fall [or **get, go**] **to loggerheads** 서로 주먹질〔싸움〕을 시작하다. ┃ 고 협의하다.

join [or **lay**] **loggerheads together** 머리를 맞대

log·gia [lɑ́dʒə, lóudʒiə/lɔ́dʒ-] 명 (복 ~*s, -gie* [-dʒe]) 〔건축〕 로지아(한쪽에 벽이 없는 트인 복도). [<It]

log·ging [lɔ́:giŋ, lɑ́g-/lɔ́g-] 명⑪ **1** (美) 나무를 베어내기, 벌채. **2** 〔해사〕 (선원 봉급에서 빼는 벌금 따위의) 공제. **3** 〔컴퓨터〕 log하기.

lo·gi·a [lóugiə, lɑ́giə/lɔ́g-] 명 logion의 복수형.

‡**log·ic** [lɑ́dʒik/lɔ́dʒ-] 명⑪ **1** 논리학. ¶ deductive 〔inductive〕 ~ 연역귀납〕 논리학 / pragmatic ~ 실용주의적 논리학. **2** 논리, 논법, 추론법; 설득력 (있는 이유), 조리. ¶His ~ is at fault. 그의 논법은 옳지 못하다. **3** 생각, 사고 방식. ¶It's your ~. 그건 당신 생각이다. **4** 필연성, 불가항력, 당연한 귀결. ¶the ~ of facts 필연적인 사실, 사실이라는 불가항력. **5** 〔컴퓨터〕 로직, 논리; = ~ *circuit*.
chop logic 억지 이론을 늘어놓다, 궤변을 부리다.
the logic of the situation 상황 판단〔분석, 파악〕.

-logic

~**·less** 형

-log·ic [ládʒik/lɔ́dʒ-] 결합 -logy로 끝나는 명사에서 형용사를 만든다. ¶geo*logic*.

✱**log·i·cal** [ládʒikəl/lɔ́dʒ-] 형 (*more* ~; *most* ~) 1 논리적인, 이치에 맞는: 논리적으로 생각하는. ¶a ~ argument 논리적인 의론 / a ~ person 논리적인 사람. 2 (논리상) 당연한, 필연적인. ¶the ~ result 당연한 결과. 3 어울리는, 적절한. ¶a ~ age [place] 적절한 나이 [장소]. 4 논리학(상)의. ¶~ terms 논리학 용어. 5 〔컴퓨터〕 논리(회로)의. 6 《美俗》 편의적인, 동일하게 본.
-**cál·i·ty** 명 논리적 타당성. ~**·ness** 명

-log·i·cal [ládʒikəl/lɔ́dʒ-] = -logic.

lógical átomism 명 〔철학〕 논리적 원자론(모든 명제는 독립된 단일 요소로 분석할 수 있다는 이론).

lógical drive 명 〔컴퓨터〕 논리 드라이브.

lógical fórmat 명 〔컴퓨터〕 논리 포맷.

✱**log·i·cal·ly** [ládʒikəli/lɔ́dʒ-] 부 논리상, 논리적으로; 필연적으로.

lógical nétwork 명 〔컴퓨터〕 논리 네트워크.

lógical operátion 명 〔컴퓨터〕 논리 연산(演算).

lógical pósitivism [empíricism] 명 〔철학〕 논리 실증주의(實證主義). 〔컴퓨터 바이러스).

lógic bòmb 명 〔컴퓨터〕 논리 탄(지발형(遲發型)

lógic círcuit 명 〔컴퓨터〕 논리 회로.

lo·gi·cian [loudʒíʃən] 명 논리학자; 논법가.

lógic lèvel 명 〔전자〕 논리 레벨. 〔래밍.

lógic prògramming 명 〔컴퓨터〕 논리형 프로그

lo·gie [lóugi] 명 (연극에 사용하는) 모조 보석.

log-in [ɔ́ːf] 명 〔컴퓨터〕 로그인(logon 하기).

lo·gi·on [lóugiàn/lɔ́giɔn] 명 (복 -*gi·a* [-giə], ~**s**) (성인 등의) 명구, 금언(金言); 《종종 L-》〔성서〕(복음서 외의) 그리스도의 어록.

-lo·gist [lədʒist] 결합 「…학자, …연구자」라는 뜻의 명사를 만든다. ¶geo*logist*, philo*logist*. (또는 -**ologist**)

lo·gis·tic¹ [loudʒístik, lə-] 형 병참학(兵站學)의, 병참(업무)의. (또는 **logistical**)

lo·gis·tic² [loudʒístik] 형⑪ 기호 논리학; 《고어》 수학의 계산.
—명 기호 논리학의: 계산의.

lo·gis·tics [loudʒístiks, lə-] 명복 《단·복수 양용》 1 병참술(兵站術)(학); 병참[후방] 업무. 2 사업의 세부 계획·입안·집행. 3 (어떤 조직에서) 원료에서 완제품까지의 재료의 흐름에 대한 관리.

log·jam [lɔ́ːdʒæ̀m, lɑ́g-/lɔ́g-] 명 《美》 (강으로 떠내려가) 통나무의 몰림; 막다름; 정지; 봉쇄.

lóg line 〔해사〕 측정선(測程線), 측정삭(索).

lo·go [lóugou] 명 = logotype 2.

LO·GO, **Lo·go** [lóugou] 명 〔컴퓨터〕 로고(미국 MIT에서 개발한 PC용 프로그래밍 언어; 주로 교육·인공 지능 연구용). [< Gk *lógos* word]

lo·go- [lɔ́ːgou, -gə, lɑ́g-/lɔ́g-] 결합 word, speech 의 뜻(✱ 모음 앞에서는 log-). ¶*logo*machy.

lo·go·cen·trism [lòugəséntrizəm] 명 로고스 중심주의(문자 언어보다 음성 언어를 중시하는 태도).

log·off [lɔ́ːgəf/lɔ́gɔ̀f] 명 〔컴퓨터〕 로그오프(단말 사용 종료의 수속·수순).

log·o·gram [lɔ́ːgəgræ̀m, lɑ́g-/lɔ́g-] 명 어표(語標), 기호(dollar를 $로 표시하는 따위); 약호(cent를 c.로 나타내는 따위); 일종의 글자 수수께끼. (또는 **logograph**)

log·o·gram·mat·ic [lɔ̀ːgəgrəmǽtik/lɔ̀g-] 형 logogram의을 사용한. -**i·cal·ly** 부

log·o·graph [lɔ́ːgəgræ̀f, lɑ́gə-/lɔ́gəgrɑ̀ːf] 명 = logogram. (드물게) = logotype.

lo·gog·ra·pher [lougágrəfər/-gɔ́g-] 명 고대 그

lógo line = tag line. [리스의 산문 작가(역사가).

log·o·gram·a·chy [lougǽməki/lɔgɔ́m-] 명⑪ⓒ 1 말다툼, 언쟁. 2 글자 맞추기 놀이.

lòg·o·mách·ic, lòg·o·mách·i·cal -**chist** 명

log·o·ma·ni·a [lɔ̀ːgəméiniə/lɔ̀g-] 명 = logorrhea.

log·o·man·i·ac [lɔ̀ːgəméiniæk/lɔ̀g-] 명 다변증 환자; 다변가.

log·on [lɔ́ːgɔ̀n/lɔ́g-] 명 〔컴퓨터〕 로그온(단말 사용 개시 때의 메인 컴퓨터와의 접속 수속·수순).

log·o·pho·bi·a [lɔ̀ːgəfóubiə/lɔ̀g-] 명 〔병리〕 언어 공포증.

log·or·rhe·a [lɔ̀ːgəríːə, lɑ̀g-/lɔ̀g-] 명 〔병리〕 병적 다변증, 어루증(語漏症). -**rhé·ic** 형

lo·gos [lóugɑs/lɔ́gɔs] 명⑪ 1 《종종 L-》〔철학〕 로고스, 이성(理性), 우주의 법칙. 2 《L-》〔신학〕 로고스, 하느님의 말씀; 그리스도 (←요한 복음(John) 1 : 1–14).

log·o·ther·a·py [lɔ̀ːgəθérəpi/lɔ̀g-] 명 〔정신의학〕 로고세라피(실존 분석적 정신 요법).

log·o·type [lɔ́ːgətàip/lɔ́g-] 명 1 〔인쇄〕 합자 활자 (合字活字)(ing, and, on 따위 한 음절 또는 한 말을 하나로 주조한 활자). 2 (상품명·회사명 따위의) 의장(意匠) 문자, 디자인; 상표(trademark). -**týp·y** 명

log-out [-áut] 명 〔컴퓨터〕 로그아웃(logoff).

log·roll [lɔ́ːgròul, lɑ́g-/lɔ́g-] 자타 (의원이 협력하여) 〔의안〕을 통과시키다. —타 의안을 통과시키기 위하여 서로 협력하다. ~**·er** 명

log·roll·ing [lɔ́ːgròuliŋ, lɑ́g-/lɔ́g-] 명⑪ 1 의안 통과를 위한 의원의 협력; (동업자 사이의) 상부 상조; 정실주의. 2 (협력해서 하는) 통나무 굴리기(타기 경기).

-logue [lɔ̀ːg, lɑ̀g/lɔ̀g] 결합 「담화(discourse); …집 (集)」의 뜻. ¶mono*logue*, dia*logue*. (또는 -**log**)

log·wood [lɔ́ːgwùd, lɑ́g-/lɔ́g-] 명⑪ 로그우드(중미나 서인도 제도산(產) 콩과(科)의 나무, 심재(心材)에서 갈색 염료를 채취한다).

lo·gy [lóugi] 형 《美구어》 (동작·두뇌 활동이) 둔한, 느린, 탄력성이[활기가] 없는. -**gi·ly** 부 -**gi·ness** 명

-lo·gy [lədʒi] 결합 1「학문, …학(學), …론(論)」의 뜻. ¶geo*logy*, philo*logy*. 2 word, discourse의 뜻. ¶eu*logy*, martyro*logy*.

LOH light observation helicopter. **LOI** letter of intent (의향서; (매매) 동의서); *lunar orbit insertion*.

loid [lɔid] 명타 《속어》 셀룰로이드 조각(으로) 자물쇠를 열다.

✱**loin** [lɔin] 명 1 (~s) 허리, 요부(腰部). 2 (~s) 《문어》 (옷을 걸쳐 입을 적 곳, 또는 힘·생식력의 근원으로서의) 허리, 아랫배: 성기. 3 ⑪ (짐승의) 허리 고기.

a fruit [or *child*] *of one's loins* 자기 자식.

be sprung from a person's loins …의 자식으로 태어나다. 「하다, 결의를 새로이 하다.

gird (*up*) *one's* [or *the*] *loins* 시련에 맞설 각오를

loin·cloth [lɔ́inklɔ̀ːθ/-klɔ̀θ] 명 (미개인 등이) 허리에 걸치는 간단한 옷; 무지기.

loir [lɔiər, lwɑːr] 명 〔유럽산〕 큰 산쥐.

Loire [F lwaːR] 명 (*the* ~) 르와르 강(프랑스 남부에서 발원하여 Biscay만으로 흘러드는 프랑스 최장의 강.

Lo·is [lóuis] 명 로이스(여자 이름).

✱**loi·ter** [lɔ́itər] 자 (~**s** [-z]) ㉠ 1 (어떤 장소에서) 어슬렁거리다, 어정거리다, 어정버정 걷다 [가다] (*about*, *along*). ¶ (~+閒)~ *along* 어슬렁어슬렁 가다 // (~+閒+箇) They were ~*ing around* the park. 그들은 공원을 어슬렁어슬렁 거닐고 있었다. 2 하는 일 없이 시간을 보내다, (일에) 늑장부리다. ¶ (~+閒+箇)
~ *over* one's homework 숙제하는 데 늑장부리다.

┌──────────────────────────────────────┐
│ 〖유의어〗 **loiter** 할일없이 멈춰서거나 하면서 느릿느릿
│ 움직이다; 시간의 낭비를 암시. **linger** 어떤 장소에서
│ 떠나기 싫어 늑장부리다. **lag** 필요한 속도를 지키지
│ 않고 남보다 늦게 가다. **dally** = loiter: 우유부단 또
│ 는 태평스러운 무책임을 암시. **dawdle** 멈춰서다, 또
│ 는 열성이 없어서 시간을 낭비하다. **idle** 목표 없이
│ 움직이다, 아무 일도 하지 않고 시간을 보낸다.
└──────────────────────────────────────┘

—타 〔시간〕을 빈둥거리며 보내다 (*away*).

loiter with intent (英)(범의(犯意)를 품고) 배회하다.
~·er 명 빈둥거리는 사람. **~·ing·ly** 부 빈둥빈둥.
Lo·ki [lóuki] 명 〔북유럽 신화〕 로키(파괴·재난의 신).
Lok Sa·bha [lɔ́ːk sɑ́bhɑː] 명 (인도 국회의) 하원.
Lo·la [lóulə] 명 롤라(여자 이름; Charlotte, Dolores의 애칭). (또는 **Loleta**)
Lo·li·ta [loulíːtə] 명 성적으로 조숙한 소녀(nymphet). [<V. Nabokov의 소설 *Lolita*의 여주인공 이름]
loll [lɑl/lɔl] 자타 **1** 축 늘어져 기대다. ¶(~+圈+名) ~ *on a sofa* 소파에 축 늘어져 기대다. **2** (혀 따위가) 축 늘어지다(*out*). ¶(~+圈) The dog's tongue was ~*ing out*. 그 개의 혀는 축 늘어져 있었다. **3** 축 늘어지다, 빈둥거리다. ─타 (혀 따위)를 축 늘어뜨리다(*out*). ¶(~+目+圈) The dog ~*ed* its tongue *out*. 개가 혀를 축 늘어뜨리고 있었다. ─명 〔고어〕 축 늘어져 기대다(기대는 사람; 혀를 축 늘어뜨리기[늘어뜨리는 동물]. **~·er** 명 **~·ing·ly** 부 축 늘어져, 느긋하게.
lol·la·pa·loo·za [lɑ̀ləpəlúːzə/lɔ̀l-] 명 〔美俗어〕 심상치 않은 것[사람]; 멋있는 물건[사람]. (또는 **lollapaloosa, lal(l)apalooza**)
Lol·lard [lɑ́lərd/lɔ́l-] 명 〔英역사〕 롤라드(14-16세기에 John Wycliffe의 교설을 신봉한 사람들.
~·ism, ~·(r)y 명 [<중세 네덜란드어 *lollaert* (기도)]
lol·li·pop [lɑ́lipɑ̀p/lɔ́lipɔ̀p] 명 막대 사탕; (英) 학교 아동 교통 정리원이 드는 교통 지시판. [리원.
lóllipop màn 명 (英) 아동의 등·하교시의 교통 정
lóllipop wòman[làdy] 명 (英) 아동의 등·하교시의 주부[어머니] 교통 정리원.
lol·lop [lɑ́ləp/lɔ́l-] 자 〔英방언〕 느릿느릿 걷다, 단정치 못하게 움직이다, 비틀비틀 걷다; 뛰듯이 나아가다. ─명 〔美속어〕 강타; (음식물의) 한 입.
lol·ly [lɑ́li/lɔ́li] 명 **1** = lollipop. **2** (英구어) (아이스) 캔디. **3** (英구어) 한턱 (냄); 약소한 사례; U 돈.
do the [or **one's**] **lolly** (濠속어) 짜증내다.
─명타 (英속어) [동료]를 경찰에 밀고하다.
Lol·ly [lɑ́li/lɔ́li] 명 롤리(여자 이름; Laura의 애칭).
lol·ly·gag [lɑ́ligæ̀g/lɔ́l-] 자 명 =lallygag.
lol·ly·pop [lɑ́lipɑ̀p/lɔ́lipɔ̀p] 명 =lollipop.
lol·ly·wa·ter [lɑ́liwɔ̀ːtər/lɔ́l-] 명 (濠속어) 착색 청량 음료.
Lo-Lo [lóulóu] 명 수직형 하역 방식(크레인 또는 derrick을 사용). [<*lift on, lift off*]
Lom·bard [lɑ́mbɑːrd, -bərd/lɔ́m-] 명 **1** (6세기에 이탈리아를 정복한 게르만족) 롬바르드족 (사람). **2** 롬바르디아(Lombardy). **3** 대금업자, 금융업자, 은행가. ─형 (또는 **Lom·bár·dic**) 롬바르드족의; 롬바르디아(Lombardy)의)의.
Lómbard Strèet 명 롬바르드가(영국 London의 금융 중심가); 영국 금융계; (일반적으로) 금융 시장, 금융계. ⑯ Wall Street
Lombard Street to a China orange 확실한 일[것], 십중팔구 틀림없는 일[것].
Lómbardy póplar 명 양버들(유럽 원산의 포플라).
Lo·mé [loumél] 명 로메(서아프리카 Togo의 수도).
Lomé Convention [ʹʹ] 명 〔경제〕 로메 협정(아프리카·카리브해·태평양 제국에 대해 EEC 가맹국이 각종 경제적 우대를 부여한 협정; 1975년 Lomé에서 체결).
Lo·mo·til [loumóutil] 명 〔상표〕 로모틸(설사약).
lon. longitude. **Lond.** London; Londonderry.
Lon·don¹ [lʌ́ndən] 명 런던(영국의 수도). ¶the Port of ~ 런던 항/*merry* ~ 꽃의 런던.
Greater London 명 (the City of ~, the County of ~과 Middlesex 주의 대부분, 그리고 Essex, Kent, Surrey, Hertfordshire 주의 일부로 이루어진 지역). [중심부.
the City (of London) 런던 중앙부의 구시가지(금융 중심지).
the County of London the City of ~ 및 28개의 자치구(metropolitan boroughs)로 이루어진 행정구.
Lon·don² Jack ~ 런던(1876-1916; 미국의 작가). [의 통칭.
Lóndon Áirport 명 런던 공항(Heathrow Airport
Lóndon Brídge 명 런던 브리지(Thames강 북안의 the City of London과 남안을 연결하는 다리). [살.
Lóndon bróil 명 (美) 런던식 스테이크(소의 옆구리
Lóndon Clúb 명 (the ~) 런던 클럽(국제 민간 채권 업체들의 협의체).
Lóndon Cóunty Cóuncil 명 (the ~) 런던 시의회(略 L.C.C.) 런던 County Councillor
Lon·don·er [lʌ́ndənər] 명 런던 사람, 런던 시민.
Lon·don·ism [lʌ́ndənìzm] 명 U 런던풍(風), 런던 사투리, 런던 말씨. 略 cockney
Lóndon ívy 명 런던의 짙은 안개(매연).
Lon·don·ize [lʌ́ndənàiz] 타자 …을 런던(사람)식으로 하다, 런던풍으로 하다. [안개.
Lóndon particular 명 (구어) 런던 특유의 짙은
Lóndon príde 명 〔식물〕 범의귀의 일종(서유럽산)(略) 다년초(多年草). [의 매연에).
Lóndon smóke 명 (종종 l-) 칙칙한 회색(옛 런던
Lóndon wéighting 명 런던 수당(생활비가 비싼 런던에서 근무하는 사람에 대한 수당).
‡**lone** [loun] 형 〔한정용법〕 **1** 동반자가 없는, 혼자의, 고독한. ⇒ALONE 〔유의어〕¶a ~ *traveler* 길동무가 없는 나그네. **2** 외딴, 고립된. ¶a ~ *house* 외딴집/a ~ *pine* 외따로 서 있는 소나무. **3** (드) 쓸쓸한, 인가에서 떨어진, 인적이 드문. ¶a ~ *land* 인적이 드문 땅. **4** (주로 여성이) 혼자의; 미망인의. ¶~ *women* 독신녀들.
─명 * 다음 숙어로만 쓴다.
by [or *on*] *one's lone* 외로이; 혼자서만, 단독으로.
lóne hánd 명 〔카드놀이〕 자기편의 도움 없이 겨룰 수 있는 좋은 패(를 가진 사람); 단독 행동을 하는 사람).
play a lone hand (카드놀이에서 몇 사람을 상대로) 혼자서 승부하다; 혼자 하다, 고립해서 하다. [함.
‡**lóne·li·ness** [lóunlinəs] 명 U 홀몸의, 고독; 쓸쓸
‡**lóne·ly** [lóunli] 형 (*-li·er; -li·est*) **1** 고독한, 외로운, 외톨이의. ⇒ALONE 〔유의어〕 **2** 쓸쓸한, 허전한. ¶a ~ *exile* 외로운 유랑자/feel ~ 외롭다. **3** 인가에서 떨어진, 호젓한. ¶a ~ *wood* 인가에서 멀리 떨어진 숲. **4** (여성이) 독신의, 미망인의. **-li·hòod** **-li·ly** 부
lóne-ly-héarts [-hɑ̀ːrts] 형 결혼[교제] 상대를 찾는 독신자들(을 위한) (* 주로 여성).
lónely páy 명 (美속어) (자동화로 인한 노동 시간 감소 때문에 생긴) 수입 감소를 메우기 위한 임금 인상.
lóne páir 명 〔화학〕 고립 전자쌍(雙)
lon·er [lóunər] 명 외톨이; 독불장군.
Lóne Ránger 명 (the ~) 론 레인저(미국 G. W. Trendle이 만들어낸 서부극의 주인공). (l- r-) =loner.
‡**lone·some** [lóunsəm] 형 (*more ~; most ~*) 외로운, 쓸쓸한. ⇒ALONE 〔유의어〕; 적막한, 인가에서 떨어진.
─명 * 다음 숙어로만 쓴다.
on [or *by*] *one's lonesome* 혼자서, 외로이.
~·ly 부 **~·ness** 명 [칭.
Lóne Stár Státe 명 (the ~) 미국 Texas 주의 별
lóne wólf 명 (구어) 독불장군; 프리랜서 기자; 독립 사업가; 반사회적인 비사교적인 사람, 자기 중심적인 사람.
‡**long¹** [lɔːŋ/lɔŋ] 형 (*~·er; ~·est*) **1** (거리·물건이) 긴, 길쭉한(⑯ short). ¶a ~ *finger* 가운뎃손가락/a ~ *journey* 장거리 여행/a ~ *shawl* 좁고 긴 숄.
2 (수량을 나타내는 말의 뒤에서) …길이의, 길이가 …인. ¶a *book fifty pages* ~ 50 페이지짜리 책(* 문어적인 표현으로는 …*fifty pages in length*도 쓰인다) / *holidays six weeks* ~ 6주간의 휴가.
3 (시간적으로) 긴, 장기간에 걸친; (어음 따위가) 장기의. ¶a ~ *friend* [*custom*] 오랜 친구[습관]/a ~ *illness* 오래 앓는 병/a ~ *note* 장기어음.
4 (연속되는 것이) 긴; (수·양이) 보통[기준]보다 많은, 넉넉한; (리스트의) 항목이 많은. ¶a ~ *bill* 내역이 많은

계산서. 많이 밀린 외상/a ~ family 자녀가 많은 대가족/a ~ figure [price] 거액[고가(高價)]/We had to walk two ~ miles. 우리는 2마일은 족히 걸어야 했다. **5** (…이) 많은, 충분한, 모자라지 않는(*on, of, in*)(활 short).¶~ *on excuses* 발뺌에 능한/~ *common sense* 상식이 풍부하다.
6 (시간·행위·과정이 심리적으로) 오랫동안 계속되는, 지루한. ¶a ~ *game* 시간이 너무 걸리는 경기, 연장전/*be* ~ *on advice* 장황하게 충고를 늘어놓다. **7** (공간적·시간적으로) 멀리까지 미치는[도달하는]. ¶(야구) 장타/a ~ *memory* 좋은 기억력. **8** 대충의, 되는 대로의. ¶a ~ *guess* 억측, 제멋대로 짐작함. **9** 큰; (이름 앞에서) (구어) (사람이) 키가 큰, 키다리…. ¶a ~ *tree* 높은 나무/a ~ *Will* 키다리 윌. **10** (상업) 사려는 쪽이 많은, 강세의(*of, on, about*). ¶*They are now* ~ *on rice.* 그들은 지금 쌀을 마구 사들이고 있다. **11** (금융) (가격 인상 후 매각 차익을 기대하면서) 주식[상품]을 보유하고 있는 (상태의). **12** (도박에서) 배당이 많은, 판돈[승률]의 차가 큰; 가능성이 적은, 위험한. **13** (음성) 음이 긴, 장음의; (고전시에서) 장음절의. **14** 운두가 높은 술잔에 따른; (음료수) 알코올 성분이 거의 없는, (술이) 순한. **15** (점토가) 가소성(可塑性)이 강한.
(as) broad as it is long ⇨BROAD.
at long last 마침내, 가까스로.
at long weapons 접전하다고 ────야.
at the longest (아무리) 길게 잡아도, 늦어도, 기껏해야.
be long [or *a long time*] (*in*) *doing* …하는데 시간이 많이 걸리다. …하는 것이 느리다.
be long on (…을) 많이 가지고 있다; …에 뛰어나다. ¶*The plan is* ~ *on promise and short on detail.* 그 계획은 약속은 거창하나 알맹이가 없다.
by a long chalk; by (*long*) **chalks** ⇨CHALK.
by a long way ⇨WAY.
by long odds ⇨ODDS.
for a long time 오랫동안, 장기간.
have a long tongue 수다쟁이다.
How long is a piece of string? (구어) (질문에 대해) 그걸 알면 이러고 있어? 글쎄 (모르겠어).
in the long run ⇨RUN¹.
long in the tooth ⇨TOOTH. ────── 「만세!」.
Long live...! …만세. ¶*Long live democracy* 민주주의 만세!
Long time no see. (미구어) 오랜만이야. ¶*Hi! L- time no see.* 안녕! 오랜만이야.
make a long arm ⇨ARM¹.
take a long chance (위험은 있지만) 크게 모험하다, 흥하든 망하든 해보다.
────(~*er*; ~*est*) **1** 길게, 오래, 오래도록. ¶*live ~* 장수하다/*I've been intending to call on you.* 오래 전부터 당신을 찾아 뵈려고 생각하고 있었습니다. **2** (특정의) 기간은. ¶*How ~ will you stay?* 얼마 동안 계시겠습니까? **3** (의문·부정문에서) (…하는데 …에) 시간이 걸려, 꾸물거려(*in, doing/over, about*). ¶*He is awfully ~* (*in*) *getting here.* 그는 이곳에 오는데 되게 시간이 걸리는군. **4** (「all+시간을 나타내는 명사」 다음에서; 강조) …중 내내. ¶*all day* [*night*] ~ 온종일[밤새껏]/*all one's life ~* 평생토록. **5** (어떤 시점보다) 훨씬 전[뒤]에. ¶~ *ago* [*before*] 아주 옛날에[오래 전에]/~ *after his death* 그가 죽은 지 훨씬 뒤에. **6** (상업) 사자 쪽으로, 강세로. ¶*go ~* 매입에 나서다.
any longer (의문·부정·조건절에서) 더 이상, 이제는.
as [or *so*] **long as** …하는 동안은, …하는 한은, …하기만 하면, ¶*I'll never forget your kindness so* [or *as*] ~ *as I live.* 이 은혜는 평생 잊지 않겠습니다.

┌유의어┐ **as long as**와 **so long as** ── as long as는 「…하는 동안은」의 뜻이며, so long as는 「…하는 한」의 뜻을 지닌다. 전자는 「때」를, 후자는 「조건」을 나타내는 것으로 흔히 설명되지만, 실제로는 의미에 의한

용법의 차이가 별로 인정되지 않고, 구어체에서는 as long as가 곧잘 사용된다.

long gone 오래 전에 없어진[떠난]. ¶*By the time we got there the train was ~ gone.* 우리가 도착했을 때 기차는 벌써 떠나고 없었다.
no longer; not...any longer 이미 …아니다. ¶*He's no ~er living here.* 그는 이제 이곳에 살고 있지 않다.
So long! (구어) 안녕!(Good-bye!)
────图 ~*s* [-z] **1** ① 오랫동안, 장시간, 장기간. ¶*take ~* 오래 걸리다. **2** 긴 것; (모르스식 전신 부호 따위의) 긴 부호[신호]. ¶*He tapped out a ~ and a short.* 그는 하나는 길고 하나는 짧은 신호를 쳤다. **3** 장신용(長身用) 사이즈; (~s) 장신용 의복. **4** (~s) (상업) 강세측, 사들이려는 편. **5** (음성) 장모음, 장모음의 기호; (운율) (그리스어·라틴어 따위 음량시(音量詩)의 [강]음절. **6** =longa. **7** (the ~) (英구어) (학교·법정의) 여름 휴가(휴정). **8** (~s) 장기 채권.
before long 곧(soon).¶*I'll see you before* ~. 곧 한 번 찾아 뵙겠습니다.
for (*very*) **long** (의문·부정·조건절에서) 오랫동안.
longs and shorts ① (운율) 장음절과 단음절. ② (건축) 서로 어긋맞추어 쌓은 길고 짧은 각석(角石).
the long and (**the**) **short of it** 요점, 요지, 본질. ¶*The ~ and the short of it* is that he will be forced to go. 결국 그는 가지 않고는 못배길 것이다.

┌주의┐ 「오랫동안」의 표현 ── 「오랫동안」이라는 뜻을 나타내는 표현에는 long, for a long time, for long, this long time, this long while, for long years, for ages 따위가 있다. long은 가장 가벼운 표현이고, for long은 for long and long처럼 강조되기도 하여 「오랫동안 내내」로 뜻이 강화된다. 단, 리듬 및 어조에 대한 배려에서 for a long time 및 for long은 문장 중간보다는 끝에 놓이는 경우가 많다: *I have ~ wanted to see this butterfly.*/*I have not seen him for a ~ time.*/*I shall not be away for ~.* (곧 돌아오겠어요). 또한 long time [while]은 그대로 부사구로서 사용되지만, for a long time [while]으로 하는 것이 보통. this long time [while]은 「지금까지의 오랫동안」으로 시점을 현재에다 맞춘 어법이며, for long years는 문어적인 강조 표현, for ages [for an age]는 주로 구어체에서 흔히 사용된다: *I haven't seen you for ages* [*an age*].

────图〔티〕 (구어) …을 사재기하다. ¶~ *the dollar* 달러를 사재기하다.
~*-ness* 图 사재기하다.
‡**long²** 图〔자〕 (~*s* [-z]) 열망하다, 갈망하다(*for, to do*); 동경하다; 사모하다. ¶(~+前+图) ~ *for something new* 뭔가 새로운 것을 갈망하다/*She ~ed for him to say something.* 그녀는 그가 무슨 말을 해주기를 간절히 바랐다// (~+*to do*) *I ~ to go home.* 나는 집에 돌아가기를 간절히 바란다.

┌유의어┐ **long** 멀리 있는 것, 또는 쉽게 입수할 수 없는 것을 충심으로 바라다. **crave** 목마르게[애타게] 원하다. **yearn** 그리움·애정을 가지고 절실히 바라다. **hanker** 차분하지 못한 마음 상태로 갈망하다. 뜻이 약해져서 want와 같은 뜻이 될 때가 많다. **pine** 몸이 여윌 정도로 애타게 그리워하다.

long. longitude; longitudinal. [side*long*]
-long [lɔːŋ/lɔŋ] 접미 「…쪽으로」의 뜻. head*long*,
lon·ga [lɔ́ŋgə/lɔ́ŋ-] 图 (음악) 롱가(중세의 정량 기보법(定量記譜法)에서 두 번째 긴 음표; ⑦ ┓. (또는 **long**)
[적으로) 작용하는.
long-act·ing [~ǽktiŋ] 图 (화학·약학) 장시간[지속
lóng agó (the ~) 먼 옛날.
long-a·go [~əɡóu] 图 옛날의, 왕년의.
lon·gan [lɔ́ŋgən/lɔ́ŋ-] 图 용안(龍眼)(중국산 무환자

과(科)의 상록 교목); 그 열매; ⓤ 용안육(肉). (또는 lungan)

lóng àrm 圀 긴 팔; (손이 안닿는 곳의 작업에 쓰는) 긴 보조봉; 멀리까지 미치는 힘; (the ~) (속어) 경찰관.
have a long arm 권력이 멀리까지 미치다.
the long arm of coincidence 신기한 우연의 일치.
the long arm of the law 멀리까지 미치는 법의 힘; 경찰력.「어」히치하이크하다(로 가다).

long-arm [‘á:rm] 혱 긴 보조봉이 달린. — 圄 〈속어〉히치하이크하다.
lóng-arm inspéction 圀 (美軍 속어) 발기한 남성 성기의 검사(성병 검사).
lóng-arm státute 圀 역외(域外) 적용법.
long-a·wait·ed [‑əwéitid] 혱 대망(待望)의, 오랫동안 기다렸던.
lóng báll 圀 (야구) 홈런, 장타; (미식축구) 롱 패스.
go for the long ball (美속어) (되든 안 되든) 단판 승부로 나가다.「(도시; 휴양지·해군 기지).
Lóng Béach 圀 롱비치(미국 Los Angeles 남쪽의
lóng bíll 圀 (상업) (30일 이상의) 장기 어음.
long-bill [lɔ́ːŋbìl/lɔ́ŋ‑] 圀 부리가 긴 새 (도요새 따위).
long-boat [lɔ́ːŋbòut/lɔ́ŋ‑] 圀 (해사) (범선에 싣는) 대형 보트.
lóng bónd 圀 장기 채권.
lóng·bow [lɔ́ːŋbòu/lɔ́ŋ‑] 圀 큰 활, 긴 활.
draw [or pull] the longbow 과장해서 말하다, 허
lóng bréad 圀 (美속어) 현찰, 큰 돈.「풍떨다.
long·cloth [lɔ́ːŋklɔ̀:θ/lɔ́ŋklɔ̀θ] 圀 가볍고 폭신폭신한 면직물, 고급 무명(육양목의 일종).
lóng clóthes [cóats] 圀 (갓난 아기의) 배내옷.
lóng dáte 圀 (상업) 장기 지급(상환) 기일.
long-dat·ed [‑déitid] 혱 (상업) (어음 따위가) 장기의. (또는 longs)
lóng dístance 圀 (美) 장거리 전화, 시외 전화.
long-dis·tance [‑dístəns] 圀 혱 (美) 1 장거리의, 장거리 전화의. ¶ make a ~ call 장거리 전화를 걸다. 2 (일기예보가) 장기의. 3 圀 (美) 장거리 전화의. ¶ call a person ~ 남에게 장거리 전화를 걸다. — 圄티 ...에게 장거리 전화를 걸다, 장거리 전화로 이야기하다.
lóng divísion 圀 (수학) 장제법(長除法)(12 이상의 수로 나누는 나눗셈).
lóng dózen 圀 13, 13개. 쉡 baker's dozen
long-drawn(-out) [‑drɔ́ːn(áut)] 혱 길게 끈, 길게 잡아늘인; 장황한.
lóng drínk 圀 (맥주처럼) 길쭉한 컵에 따라 마시는 음료; 물·소다수 따위를 탄 알코올 음료.「자.
a long drink of water (美속어) 키가 크고 마른 남
longe [lʌndʒ, lɑndʒ] 圀 말을 원형으로 달리게 하기 위한 고삐. — 圄티 (longe로) 말을 조련하다. (또는 lunge)「섞은.
long-eared [‑íərd] 혱 귀가 긴; 당나귀 같은; 어리
lóng éars 圀복 혱 긴 귀; 당나귀, 바보.
longed-for [lɔ́ːŋdfɔ̀:r] 혱 갈망하던, 대망(待望)의.
lóng énd 圀 장기채(長期債).
lon·ge·ron [lɑ́ndʒərən/lɔ́n‑] 圀 (보통 ~s) (항공) (비행기 동체의) 세로대, 주종재(主縱材). (<F girder)
lon·geur [lɔːŋɡə́ːr/lɔŋ‑] 圀 =longueur.
lon·ge·val [lɑndʒíːvəl/lɔn‑] 혱 (고어) 오래 계속되는, 수명이 긴.
lon·gev·i·ty [lɑndʒévəti/lɔn‑] 圀 ⓤ 장명(長命), 장수; 수명; 장기 근속. ¶ ~ pay 연공 가봉(年功加俸).
lóng fáce 圀 우울(침울)한 얼굴, 시무룩한 얼굴. ¶ pull [or make] a ~ 시무룩한 표정을 짓다.
long-faced [‑féist] 혱 얼굴이 긴; 침울한 표정의, 슬퍼 보이는; 엄숙한 표정의.
Long·fel·low [lɔ́ːŋfèlou, láŋ‑/lɔ́ŋ‑] 圀 Henry Wadsworth ~ 롱펠로(1807‑82; 미국의 시인).
lóng fíeld 圀 (크리켓) 롱 필드(투수의 후방 가장 먼 거리에 있는 야수(의 위치)). (또는 déep field)
lóng fínger 圀 가운뎃손가락; (~s) 집게손가락과 가

운뎃손가락과 약손가락.「기 상술.
lóng fírm (英) 사기(유령) 회사, 엉터리 회사; 사
lóng gáme 圀 (골프) 비거리(飛距離)를 겨루는 게임.
lóng gréen 圀 (the ~) (美속어) 지폐, 현금.
long-hair [lɔ́ːŋhɛ̀ər/lɔ́ŋ‑] 圀 (美구어) 혱 고전 음악 애호(연주, 작곡)가, 예술 애호가; (세상 물정에 어두운) 지식인; (히피 등) 장발족. —=longhaired.
long-haired [lɔ́ːŋhɛ́ərd/lɔ́ŋ‑] 혱 1 머리가 긴, 장발의. 2 (非)실제적인, 관념(론)적인; 지식인의. 3 고전 음악을 애호하는.
long-hand [lɔ́ːŋhæ̀nd/lɔ́ŋ‑] 圀 ⓤ (속기나 타이핑에 대하여) 보통의 필기법(체). — 혱 보통의 필기체로 쓴. 쉡 shorthand
lóng hándles 圀복 (美) =long johns.
lóng hául 圀 장기간; (화물의) 장거리 수송; 장기에 걸친 어려움[일].「로 보면, 결국은.
for [or over, in] the long haul (구어) 긴 안목으
long-haul [‑hɔ́:l] 혱 장거리(수송)의; 장기간의.
long-head [lɔ́ːŋhèd/lɔ́ŋ‑] 圀 1 (인류) 장두인(長頭人); 장두(쉡 shorthead). 2 선견지명; (英속어) 똑똑한 (빈틈없는) 사람.
have a longhead 선견지명이 있다.
long-head·ed [‑hédid] 혱 1 (인류) 장두(長頭)의. 2 두뇌가 명석한, 선견지명이 있는, 현명한.
~**·ly** 튀 ~**·ness** 圀
lóng hítter 圀 (美속어) 술고래.「는 공).
lóng hóp 圀 (크리켓) 롱흡(튀었다가 비교적 멀리 나
lóng hórn 圀 (원통형의) 치즈의 일종.
Lóng-horn [lɔ́ːŋhɔ̀:rn/lɔ́ŋ‑] 圀 1 롱혼(뿔이 긴 영국종 육우(肉牛)). 2 (속어) 텍사스 사람(Texan).
lóng hórse 圀 (체조) 뜀틀; 그 경기.
lóng hóurs 圀복 (the ~) 밤 11시·12시 등 (시계가 종을 오래 치는 시간대). 쉡 small hours
lóng house (Iroquois 족 등 인디언의) 길게 붙은 공동 주택; (the L‑ H‑) 이로쿼이족 연합, 5족 연합.
lóng húndred 120(great hundred).「kg).
lóng húndredweight 圀 (英) 112파운드(50.8
lon·gi‑ [lɔ́ndʒi/lɔ́n‑] 옌결 long의 뜻; =*longi*corn.
lon·gi·corn [lɔ́ndʒikɔ̀ːrn/lɔ́n‑] (곤충) 圀 (하늘소처럼) 촉각이 긴. — 圀 하늘소.「용함) 긴 속옷.
long·ies [lɔ́ːŋiz/lɔ́ŋ‑] 圀복 (어린이용) 긴 바지; (겨
*****long·ing** [lɔ́ːŋiŋ, lɑ́ŋ‑/lɔ́ŋ‑] 圀 (복 ~s [‑z]) ⓤⓒ 열망, 갈망, 동경 (for, after, to do). — 혱 열망하는, 그리워하는. ~**·ly** 튀 ~**·ness** 圀
long·ish [lɔ́ːŋíʃ/lɔ́ŋ‑] 혱 기름한(somewhat long).
Lòng Ísland 圀 롱아일랜드(미국 New York 주 동남부의 섬).
*****lon·gi·tude** [lɑ́ndʒətjù:d/lɔ́ndʒitjù:d] 圀 ⓤ (지리) 경도(經度), 경선(經線)(쉡 latitude); (천문) 황경(黃經)(celestial ~); (익살) 길이, 세로.
lon·gi·tu·di·nal [lɑ̀ndʒətjúːdənl/lɔ̀ndʒitjú:‑] 혱 길이의; 세로의, 세로 방향의(쉡 lateral); 경도의, 경선(經線)의. — 圀 세로대, 종재(縱材). ~**·ly** 튀
Lóng Jóhn 圀 (상표) 스코틀랜드산 블렌드 위스키 (blended whiskey); (美속어) 키다리.「용 긴 속옷.
lóng jóhns 圀복 (the ~) (손목·발목까지 덮는) 겨울
lóng júmp 圀 (the ~) (스포츠) (英) 넓이뛰기.
lóng knífe 圀 (美속어) 암살자; (美속어) (두목 대신에 궂은 일을 하는) 부하, 앞잡이, 졸개.
long-last·ing [‑lǽstiŋ] 혱 오래 가는[쓰는].
lóng-leaf píne [lɔ́ːŋlí:f‑/lɔ́ŋ‑] 圀 (식물) 대왕송 (미국 남부산(産)). (또는 lóng-leaved pine)
long-legged [‑léɡd] 혱 다리가 긴; 빠른.
long-life [‑láif] 혱 (英) (우유 따위를) 며칠이고 보존할 수 있는.
long·line [lɔ́ːŋlàin/lɔ́ŋ‑] 圀 (어업) 주낙. **‑lìn·er** 圀 주낙 어선. **‑lìn·ing** 圀 주낙 어업.
long-lived [‑láivd/‑lívd] 혱 목숨이 긴, 영속하는.

~·ness 圏

long-lost [⌐st] 阁 장기간 행방 불명의.
lóng màn 圏 〔미식축구〕 롱맨(하나의 패스 플레이로 가장 깊숙한 지점까지 달리는 리시버). (또는 **déep màn**[recéiver])
Lóng Márch 圏 (the ~) 장정(長征)(1934–35년 중국 공산당의 장시(江西)성 루이진(瑞金)에서 산시(陝西)성 옌안(延安)에 이르기까지 9,654km의 대이동).
lóng méasure 圏 척도(법), 길이의 단위; =long méter.
lóng méter 圏 〔운율〕 보통 약강격 8음절 넷줄의 찬송가조(調)의 스탠자.
long-neck [lɔ́ːŋnèk/lɔ́ŋ-] 圏 〔美구어〕 병맥주, 맥주(큰 병).
lóng ódds 圏 일방적 승률, 큰 차이(long shot).
by long odds 모든 점에서, 아무리 보아도; 확실히, 훨씬.
long-off [⌐ɔ́ːf/-ɔ́f] 圏 〔크리켓〕 투수의 왼쪽 가장 뒤편의 수비수.
long-on [⌐ɔ́n/-ɔ́n] 圏 〔크리켓〕 투수의 오른쪽 가장 뒤편의 수비수.
lóng ònes 圏 〔美속어〕 긴털 내의(long johns).
Lóng Párliament 圏 (the ~) 〔英역사〕 장기 의회(Charles I이 1640년 소집해 1660년까지 계속된 청교도 혁명 때의 의회).
long-pe·ri·od [⌐píəriəd] 圏 장기의; 장주기(長周期)의. ¶a ~ comet 장주기 혜성.
lóng píg (식인종의 먹이로서의) 인육(人肉).
long·play 圏 LP 음반의(= LP). (또는 **lóng pláyer**)
long-play·ing [⌐pléiiŋ] 圏 장시간 연주 레코드의, LP 음반의. ¶a ~ record LP 레코드. ┌매입 보유.
lóng position 圏 〔상업〕 사자쪽; 사재기, (주식의)
lóng púll 圏 1 장기간; 장기에 걸친 고난[일]. 2 장거리 여행. 3 (英) (선술집에서) 덤으로 주는 것[술].
lóng púrse 圏 (구어) 많은 돈이 든 지갑.
long-range [⌐réindʒ] 圏 1 장거리에 미치는. ¶a ~ gun 장거리포. 2 장래의 일을 고려에 넣은, 원대한.
long-reach [lɔ́ːriːtʃ/lɔ́ŋ-] 圏 멀리까지 커버하는 [세력 범위의 한]. ┌(the ~) 변호사업.
lóng róbe 圏 법복(法服), 성직자복; 법률가, 성직자;
lóng rún 圏 상당이 긴 기간; 장기 공연, 롱런.
in [or *over*] *the long run* ⇒RUN.
long-run [⌐rʌ́n] 圏 장기간에 걸친; 장기 공연의.
long-run·ning [⌐rʌ́niŋ] 圏 장기간, 장기간 계속되는.
lóng sále 圏 〔증권〕 현물[실주(實株)] 매도.   ┌는.
lóng sérvice 圏 장기 근무[병역].
long·ship [lɔ́ːŋʃìp/lɔ́ŋ-] 圏 (중세 북유럽에서 사용했던) 좁고 긴 배(바이킹 선(船) 따위).
long-shore [lɔ́ːŋʃɔ̀ːr/lɔ́ŋ-] 圏 해안[해변]의; 해안 [해변]에 있는, 해안에서 일하는. ┌면에서만.
long·shore·man [lɔ́ːŋʃɔ̀ːrmən/lɔ́ŋ-] 圏 항만 노동자, 부두 인부, 하역 인부; 연안 어민.
lóng-shórt stòry 圏 중편(中篇) 소설.
lóng shòt 圏 1 (경마 따위 경주에서) 승산이 없는 말 [기수, 선수]. 2 (흥하느냐 망하느냐의) 큰 도박, 대담한 시도[모험]; 성공 확률이 낮은 것[사람]. 3 =long odds. 4 〔영화〕 원사(遠寫).@ close shot).
by a long shot (부정문에서) 결코, 절대로; 확실히.
lóng sight 圏 원시(遠視); 선견지명; 통찰력.
long-sight·ed [⌐sáitid] 圏 원시의, 선견지명이 있는(far-seeing), 현명한. ~·**ly** 甼. ~·**ness** 圏
long·some [lɔ́ːŋsəm/lɔ́ŋ-] 圏 기다란, 장황한. ┌지루한.
~·**ly** 甼. ~·**ness** 圏
long·spun [lɔ́ːŋspʌ́n] 圏 길게 늘인, 장황한.
long·stand·ing [lɔ́ːŋstǽndiŋ/lɔ́ŋ-] 圏 오랫동안의
[여러 해에] 걸친, 다년간의.
lóng stòp 圏 〔크리켓〕 wicketkeeper 바로 뒤의 야수(野手); (英) 바람직하지 못한 것을 저지하는 사람.
long-suf·fer·ing [⌐sʌ́fəriŋ] 圏 오래 참는, 참을성 있는. ── U 인내력, 끈기, 참을성 있음. ~·**ly** 甼
lóng súit 圏 1 〔카드놀이〕 넉 장 이상 짝맞춘 패. 2 (one's ~) 〔비유적〕 장점, 장기(長技). ¶Cooking is her ~. 요리는 그녀의 장기이다. 〔럽·아시아 북부산(產)〕.
lóng-tailed tít [⌐téild-] 圏 〔조류〕 제주오목눈이(유
long-term [⌐tɜ́ːrm] 圏 (계약·계획 따위가) 장기간 [에 걸친]; (금융) (어음·수익 따위가) 장기 만기의.
lóng-term mémory 圏 〔심리〕 장기 기억(@ LTM).
long-time [lɔ́ːŋtàim/lɔ́ŋ-] 圏 여러 해의, 오랫동안의
long-tim·er [lɔ́ːŋtàimər/lɔ́ŋ-] 圏 고참. ┌의.
lóng tóm 圏 1 (속어) (보통 L- T-) 롱톰(제2차 세계 대전 중에 미군이 사용했던 155mm 대포). 2 (옛날의) 포신이 긴 함포(艦砲). 3 (속어) 고성능 망원 렌즈. 4 〔채광〕 (사금 선별용) 홈통.
lóng tón 圏 영(英) 톤(2,240파운드에 상당하는 중량
lóng tóngue 圏 장광설, 수다. ┌단위; ② L/T).
long-tongued [⌐tʌ́ŋd] 圏 말많은, 수다스러운.
longue ha·leine [lɔːŋ æléin] (F) 오랜 각고(刻苦). ¶a work of ~ 오랜 각고 끝의 작품, 노작(勞作).
〔<F long breath〕 ┌── 圏 미디 옷. 〔<F〕
lon·guette [lɔːŋgét/lɔŋ-] 圏 (옷이) 미디(midi)의.
lon·gueur [lɔːŋgə́ːr/lɔŋ-] 圏 (보통 ~s) (단수취급)
(저작물의) 지루하고 장황한 부분[장면]; 권태기, 지루한 시기. 〔<F length〕
lóng únderwear 圏 1 방한용 긴 내의. 2 (美속어) 통속적[감상적]으로 연주하는 재즈; (즉흥 연주를 못하는) 서투른 재즈 연주자; 클래식 음악.
lóng vác 圏 (英구어) =long vacation.
lóng vacátion 圏 (英) (법정·대학의) 하기 휴가.
lóng víew 圏 장기적 전망, 먼 장래의 전망을 내다봄.
lóng wàve 圏 〔무선〕 장파(파장 60미터 이상). ┌다.
lóng wày 圏 먼 길, 먼 곳, 동떨어진 것.
be a long way from …에서 멀리 떨어져 있다; …와 거리가 멀다, 판이하다.
long·ways [lɔ́ːŋwèiz/lɔ́ŋ-] 甼 세로로, 길이로; 〔댄스〕 (남녀가 마주보고) 길게 두 줄로. ── 圏 긴, 세로의.
long·wear·ing [lɔ́ːŋwέəriŋ/lɔ́ŋ-] 圏 (美) (옷 따위가) 질긴, 내구성 있는(hardwearing).
lóng wínd 圏 1 장황한 글[말], 장광설. 2 쉽게 지치지 않는 것; 숨이 오래가는 것; 장거리 주력(走力).
long-wind·ed [lɔ́ːŋwíndid/lɔ́ŋ-] 圏 장광설의; (연설·문장이) 장황한; 숨이 긴. ~·**ly** 甼. ~·**ness** 圏
lóng wíndow 圏 =French window.
lóng-wíre ánténna[**áerial**] [⌐wáiər-] 圏 〔무선〕 장초파(長導波) 안테나(파장의 몇 배의 길이임).
long·wise [lɔ́ːŋwàiz/lɔ́ŋ-] 甼 =lengthwise.
long·wool [lɔ́ːŋwùl/lɔ́ŋ-] 圏 털이 길고 거친 양(羊).
loo¹ [luː] 圏 (@ ~s) 루(카드놀이의 일종); 루에 건 돈; 벌금. ── 目 (루 노름에서) …에게 벌금을 물리다.
loo² 圏 (@ ~s) (英구어) 변소, 화장실.
loo·by [lúːbi] 圏 굼뜬 사람, 느림보; 멍청이.
Loo·choo [lùːtʃúː] 圏 =Ryukyu. ~·**an** 圏
loo·ey 圏 (속어) =lieutenant. (또는 **looie**)
loo·fa(h) [lúːfə] 圏 수세미외; 그 열매; ⓤ (건조시킨) 그 섬유. (또는 **luffa**)   ┌건달; 백주.
loo·gan [lúːgən] 圏 (美속어) 바보, 얼간이; 부랑자,
‡**look** [luk] 圏 (~**ed** [-t]) 匝 1 (…을) 보다, 바라보다, 주목[주시]하다(*at*). ¶~ questioningly 미심쩍은 듯이 보다/~ off 외면하다/~ aside 옆을 보다//(~+甼+名) the way to ~ *at* things 사물을 보는 방법/What are you ~ing *at*? 무엇을 보고 있느냐?(* look *at*: see와 같이「~+목적어+현재 분사[원형 부정사]」의 형식으로 사용되는 경우가 있다: I ~*ed at* him *lying* in bed. 나는 그가 침대에 누워 있는 것을 보았다/~ *at* him *run*. 그가 달리는 것을 보세요.) // (명령형으로) (감탄사적) *L-*, here he comes. 저봐, 그가 온다.

──────────
〔유의어〕 **look** 시선을 보내다. **see** 눈으로 모습을 포착하다. **view** 조사·연구·감상 따위를 위하여 잘 보다. **watch** 감시·경계 따위의 목적으로 주의깊게 지켜보

다. **behold** see보다 명료하고 인상적인 시각의 뜻이 강하다: 예스럽고 문어적.

2 보고 찾다, 조사하다(*into, at, to*). ¶(~+前+名) ~ *into* a population problem 인구 문제를 조사하다. **3** (정세 따위가) …의 경향이 있다, …으로 기울다, 쏠리다, 향하다(*to, toward*). ¶(~+前+名) These circumstances ~ *to* an alliance. 이와 같은 사정으로 동맹이 성립될 듯한 움직임이다. **4** (보어·부사구(절)과 함께) **a)** (모습·외관이) …처럼 보이다, …인 것 같다. ⇒SEEM 〖유의어〗 ¶(~+補) ~ ill [well] 앓는[건강한] 것 같다; (사태가) 나쁘게[좋게] 될 듯하다 / She ~s pale. 그녀는 얼굴이 창백하다. **b)** (느낌에) …으로 생각되다, …일[할] 것 같다. ⇒SEEM 〖유의어〗 ¶(~+補) The case ~s promising. 사태가 유망한 듯하다 // (~+前+名) It ~s *like* rain. 비가 올 것 같다 / Which team ~s *like* winning? 어느 팀이 이길 것 같은가?

〖USAGE〗 **look**의 용법 —— **(1)** He ~ed an honest man.과 He ~ed like an honest man.은 의미상의 차이는 없댔지만, 전자는 (英)에서의 표준 용법이고, (美)에서는 후자 또는 He ~ed to be an honest man.으로 하거나 He ~ed honest.로 하는 것이 보통. 또한 'look like + 명사', 'look + 형용사'의 표현은 사용되고 있지만, 'look to be'와 같은 용법은 피한다.

(2) look to be와 seem to be의 차이는 영미의 관용법에 바탕을 둔 것으로, look to be가 (美)에서 흔히 사용되는 데 반해, (英)에서의 용법은 seem to be, look like 따위이다: It *seems* to be [*looks like*] the usual thing here to dress for dinner. (이곳에서는 만찬 때 정장을 하는 것이 관례인 모양이다.)

5 주의하다, 주목하다(*at, that* 節). ¶*L*— *before you leap*. (속담) 돌다리도 두드려보고 건너라 // (~+前+名) ~ *at* the facts 사실에 주목하다 / ¶(~+*that* 節) *L*— *that* nothing is wanting. 부족한 것이 없도록 주의하세요. **6** …향(向)이다; (…쪽으로) 향해[면해] 있다(*to, on, on to*). ¶The terrace ~s seaward. 테라스는 바다 쪽을 향해 있다 // (~+前+名) The house ~s *to* the south. 그 집은 남향이다. **7** (진행형으로) (…하려고) 노력하다, 애쓰다(try)(*to do*).
—— 他 **1** …을 주시하다, 눈여겨 보다(*in*); …을 찾다 (*up*); …을 조사하다, 관찰하다(*over, through*). ¶(~+目+前+名) a death *in* the face 죽음을 의식하다 / He ~ed me straight *in* the face. 그는 내 얼굴을 똑바로 쳐다보았다 // (~+目+副) ~ a person *through and through* 남을 철저하게 조사하다. **2** …에 어울리는 모습이다, …처럼 보이다. ¶ ~ *every inch* a lady 어느 모로 보나 숙녀이다 / ~ *one's years* 나이에 어울리는 모습이다. **3** 눈초리[얼굴 표정]로 …을 나타내다, …한 눈초리[표정]를 하다. ¶ ~ *compassion* [one's thanks] 연민[감사]의 표정을 짓다 / ~ *unutterable things* 말로 할 수 없는 눈초리를 하다. **4** …을 노려[흘겨]보아 …시키다(*into, out of, to*). ¶(~+目+前+名) ~ a person *to* shame 남을 노려보아 무안하게 하다 / He ~ed the boy *into* silence. 그는 소년을 노려보아 입을 다물게 했다. **5** (보통 명령문으로) …을 보다, 확인하다. ¶(~+*wh.* 節) *L*— *who* it is. 누군지 알아보아라 / *L*— *whether* the postman has come yet. 우편 배달원이 벌써 왔는지 알아보아라. **6** (구어) (…하는 것을) 기대하다(*to do*). ¶I did not ~ *to* meet you. 너를 만나리라고는 생각도 못했다.

look about ① (…의) 주변을 둘러보다, 여기저기 보고 돌아다니다. ¶We hardly had time to ~ *about* us. 우리는 주위를 둘러볼 겨를이 없었다. ② 망보다, 경계하다; 찾아 돌아다니다(*for*). ¶ ~ *about for* a job 일거리를 찾아 다니다.
look after ① …을 눈으로 좇다, 배웅하다. ② …에 주의하다, 유의하다. ¶ ~ *after* one's own interest 자기 자신의 이익을 지키다. ③ …을 구하다, 요구하다. ④ …을 보살펴 주다, 감독하다. ¶He needs a wife to ~ *after* him. 그는 자신을 보살펴 줄 아내가 필요하다. ⑤ (美구어) (사람) …을 죽이다.
look again 다시 보다, 잘 보다.
look ahead ① 전방을 보다, (보트 젓는 이가 뒤돌아서) 진행 방향을 보다. ② 장래의 일을 생각하다; (…에) 대비하다(*to*). ③ (…을) 예기하다(*for*).
look alike 닮다, 흡사하다.
Look alive! ⇒ALIVE.
look around ① 둘러보다, …을 찾아 돌아다니다 (*for*). ② (결정하기 전에) 이것저것 고려하다. ③ 구경.
look aside from …로부터 주의를 돌리다.
look at ① …을 보다, 바라보다. ⇒㉠ 1. ② …에 주목하다, 주의를 기울이다. (명령형으로) …을 교훈으로 삼다. ③ …을 조사하다, 검사하다. ④ (정중한 편지) …을 읽다. ¶Will you please ~ *at* this letter? 이 편지 좀 읽어 주시겠습니까? ⑤ (will, would와 함께 부정문에서) …을 수락하다, 고려하다. ¶He wouldn't ~ *at* the proposal. 그는 그 제의를 거들떠보려고도 하지 않았다. ⑥ (사람·사물)을 (…으로) 여기다, 생각하다.
look away 눈길[얼굴]을 돌리다 (*from*). ⌊다(*as*).
look back ① 뒤돌아보다 (*at, to*). ② 추억하다 (*to, into, on, upon*). ¶ ~ *back upon* the past 과거를 돌이켜보다. ③ 거슬러 올라가다 (*into*). ④ (시작한 사업 따위에) 마음이 내키지 않다, 낙후하다; (never와 함께) 진보하다. ¶Since then he has never ~ed *back*. 그때 이래로 그는 진보를 계속해 왔다.
look beyond …의 앞쪽[건너편]을 보다; …을 예견하다, 마음속에 그리다. ¶ ~ *beyond* the grave 사후의 일을 생각하다.
look big 젠체하다, 잘난 체하다.
look black 분노[적의(敵意)]를 품고 노려보다.
look blue 우울해 보이다, 비관적이다.
look daggers at ⇒DAGGER.
look down ① 내려다보다, 아래를 보다; (당황하여) 눈을 내려 깔다. ② …을 노려보아 제압하다. ¶ ~ a boy *down* 아이를 노려보아 얌전하게 있도록 하다. ③ (상업) (값이) 내리다, 떨어지다, 내림세로 돌아서다.
look down on [or **upon, at**] ① …을 내려다본다. ② …을 깔보다, 얕보다; 경멸하다(㈜ *look up to*). ¶You should never ~ *down on* a person only because he is poor. 가난하다는 이유만으로 사람을 깔보아서는 안된다.
look down one's **nose at** ⇒NOSE.
look elsewhere 딴 곳을 보다, 딴청 부리다; 한눈팔다, 바람 피우다.
look for ① …을 찾다, 구하다; …을 초래하다. ¶ ~ *for* a job 일자리를 찾다 / ~ *for* trouble (구어) 고생을 자초하다, 경솔한 행동을 하다. ② …을 기대하다, 예기하다. ¶ ~ *for* much profit from the business 그 사업에서 많은 이익을 기대하다.
look forth (창 따위에서) 밖을 내다보다, 바라보다.
look forward 앞쪽을 보다; 앞날을 생각하다.
look forward to …을 기대[고대]하다, 기다리다.
Look here! (구어) 나 좀 봐!, 있잖아!(Look!).
look in ① 안을 보다, 잠깐 들여다보다. ② (TV)를 보다(*at*). ③ 잠깐 들르다(*at*); (남을) 잠깐 방문하다 (*on, upon*).
Looking good! (美속어) 좋다!, 대단하다!
look into ① 안을 들여다보다. ¶He ~ed *into* her eyes. 그는 그녀의 눈을 들여다보았다. ② …을 주의깊게 살피다; …을 조사[연구]하다. ③ (구어) …에 잠깐 들르다.
look it 그로 것처럼 보이다.   ⌊잠깐 들르다.
look like …할 것 같다. ⇒㉠ 4.
look (**like**) **a million dollars** (구어) (여자가) 아주 매력있게 보이다.

look (like) oneself 평소와 다름없어 보이다, 건강해 보이다.
look neat [or ***outrageous***] ((구어)) ((종종 명령형으로)) (옷차림 따위가) 멋있다, 훌륭하다.
look off …에서 눈을 떼다.
look on [or ***upon***] ① ((비유적)) …을 (…한 감정으로) 보다 (*with*); 바라보다. ¶~ *on* a person *with* distrust 남을 의심의 눈으로 보다, 신용하지 않다. ② 방관하다, 구경하다. [참] looker-on ③ …을 (…으로) 간주하다, 생각하다 (*as*). ¶~ *on* a person *as* an authority …을 권위자로 여기다. ④ …에 면하다. ¶The window ~*s upon* the street. 창에서 거리가 보인다.
look one way and row another 이쪽을 노리는 듯하면서 저쪽을 치다, 성동격서(聲東擊西)하다.
look on the bright [***dark***] ***side of things*** 낙관[비관]하다.
look on with *a person* 남과 책을 함께 읽다.
look out ① 밖을 보다, 얼굴을 내밀다(*of*). ¶~ *out of* the window 창 밖을 내다보다. *(美)에서는 종종 of를 생략한다. ② (…에/…하도록) 주의하다, 경계하다 (*for*/*that*[節]). ¶*L– out*! 주의해라!/~ *out for* trouble 말썽이 일어나지 않도록 조심하다. ③ 충분히 주의하여 돌보다 (*for*). ¶~ *out for* one's health 자신의 건강에 유의하다. ④ …을 전망하다; …에 면하다 (*on, upon, over*). ⇨[자] 6. ¶The room ~*s out on* the garden. 방은 뜰에 면해 있다. ⑤ 잘 조사하여 …을 골라내다; …을 찾다 (*for*). ¶~ *out* a suitable design for a dress 옷의 적절한 디자인을 골라내다. ⑥ 망을 보다, 지켜보다 (*for*).
look over ① …을 바라다 보다. ② …을 조사하다, …을 훑어보다. ¶~ a matter *over* 사건을 조사하다/~ *over* a letter 편지를 훑어보다. ③ …을 간과하다, 눈감아 주다. ④ …너머로 보다. ¶~ *over* one's shoulder (고개를 돌려) 뒤돌아 보다. ⑤ 〔과학 따위〕를 되풀이 공부하다. ⑥ 〔집·토지 따위〕를 예비조사하다.
look round =*look around*.
look see ((美속어)) 보다, 살펴보다, 검사하다.
look sharp [or ***alive, smart***] ① 기민하다, 잽싸다. ¶If you want to get ahead, you must ~ *sharp*. 출세하려면 기민하지 않으면 안된다. ② ((종종 명령문에서)) ((구어)) 서두르다. ¶You'd better ~ *sharp*! It's getting late. 서두르는 게 좋겠다. 늦었으니.
look slippy [or ***smart***] ((英)) =*look sharp* ②.
look small 풀이 죽다.
look super [or ***terrific***] ((구어)) =*look neat*.
look the other way (시선을 피해) 얼굴을 돌리다, 외면하다; (사물을) 고의로 무시하다.
look the part 그 역(役)에 잘 어울리다, 적역[적격]이다.
look through ① …을 통하여 보다. ¶~ *through* a telescope 망원경으로 보다. ② …을 대강 보다. ¶~ *through* a book 책을 대강 훑어보다. ③ 〔마음·계략 따위〕를 간파하다, 꿰뚫어보다. ¶~ a man *through* 남을 그 속마음을 알아내려는 듯이 보다, 속마음을 꿰뚫어보다. ④ …을 샅샅이 조사하다. ⑤ (감정 따위가) …을 통해 보이다. ⑥ …을 보고도 안 본 척하다.
look to ① …을 돌보다, 보살피다; …에 마음을 쓰다, 배려하다. ② …에 주의하다, 조심하다; …을 경계하다, 살피다. ¶*L– to* your manners. 몸가짐에 조심하시오/*L– to* it that everything is ready. 준비에 소홀함이 없도록 하시오. ③ …에 기대를 걸다; …을 기대하여 기다리다. ¶~ *to* a person for help 남의 도움을 기대하다/We all ~ *to* peace. 우리 모두가 평화를 기대하고 있다. ④ …쪽을 보다; (집 따위가) …향이다. ⑤ …하는 경향이 있다. ⇨[자] 3.
look to it that... ((보통 명령형으로)) …하도록 주의하다.
look toward [or ***towards***] ① …쪽으로 향하다[기울다]; …의 경향이 있다. ② 〔장래의 일〕을 생각하다. ③ ((구어)) …을 위해 건배하다.
look up ① 쳐다보다. ② ((진행형으로)) (사정·경기 따위가) (…에게) 좋아지다, 향상되다 (*for, with*). ¶Business is ~*ing up*. 사업이 잘 되어가고 있다. ③ …을 찾다, 조사하다 (*in*). ¶~ *up* a word *in* a dictionary 사전에서 단어를 찾아보다. ④ …을 방문하다. ¶~ *up* an old friend 옛 친구를 찾아가다. ⑤ 〔해사〕 (범선이) 목적지로 뱃머리를 향하다.
look up and down ① 〔장소〕를 샅샅이 찾다. ② ((경멸적)) 〔남〕을 아래위로 자세히 훑어보다. ¶~ a person *up and down* 남을 아래위로 훑어보다.
look up to ① …을 쳐다보다. ② …을 존경하다([참] *look down on*). ¶A boy needs a father he can ~ *up to*. 소년에게는 존경할 수 있는 아버지가 필요하다.
look well ① 건강해 보이다; (일이) 잘 되어 갈 것 같다. ② (옷 따위가) 잘 어울리다, 매력적으로 보이다.
Look who's here! ((구어)) 이게 누구야!
Look who's talking! ((구어)) 사돈 남 말 하네!
Look you (here)! 이봐, 자네 (괜찮아).
not know where [or ***which way***] ***to look*** ((구어)) 겸연쩍어하다.
not to be looked at; not much to look at ((구어)) 별로 눈에 확 띄지 않는[매력이 없는].
to look at 외양으로 판단하건대, 외견상, 언뜻 보기에는.
would [or ***will***] ***do as soon*** [or ***quick***] ***as look at you*** 느닷없이 좋지 않은[불유쾌한] 일을 할 것이다.
— [감] ((종종 노여움·짜증 따위를 나타내어)) 이봐, 어이.
— [명] **1** (a ~, one ~) 봄, 보기, 일별, 일견(一見). ¶He shot a scornful ~ *at* me. 그는 경멸적인 눈초리로 나를 보았다/She took a good ~ *of* the house. 그녀는 그 집을 자세히 살펴 보았다. **2** (a ~) 조사하기, 찾기 (*at*). ¶He had a ~ *at* the papers. 그는 서류를 한 번 훑어보았다. **3** (a ~, the ~) (사물의) 모양, 외관. ⇨APPEARANCE [유의어] ¶from the ~ of the sky 하늘 모양을 보아서는/The house has a dismal ~. 그 집은 외관이 음산하다. **4** (a ~) 눈빛, 표정. ¶a proud [mild] ~ 거만[유순]한 표정/an ugly ~ in one's eyes 추한 눈빛. **5** (종종 ~s) (전체의) 모양, 외관; 용모, 풍채. ¶judge a person by his ~*s* 남을 외양으로 판단하다.
a black [or ((구어)) ***dirty***] ***look*** 성난 얼굴.
by the look of it 보기에, 아무래도.
by [or ***from***] ***the looks of*** …의 모습[형세]으로 보아.
for the look of the thing ((구어)) 체재(體裁)상.
have [or ***get, take, throw***] ***a look at*** …을 한 번 슬쩍 보다[일별하다].
have a look of …와 비슷하다, …을 닮다.

look·a·head [ˊəhèd] [명] **1** 〔컴퓨터〕 예견[예지] 능력. **2** 선견(지명), 통찰(력). **—** [형] (컴퓨터가) 예견 능력이 있는, 예지 능력에 의한.

look-a·like [ˊəlàik] [명] ((美구어)) 꼭 닮은 것[사람]. **—** [형] 꼭 닮은, 흡사한.

lóok-down rádar [ˊdàun-] [명] 〔항공·군사〕 (항공기의) 하방(下方) 탐사 레이더.

look·er [lúkər] [명] **1** (…을) 보는[관찰·조사하는] 사람; 돌보는 사람; 검사관. **2** ((구어)) 미남, 미녀. **3** ((美속어)) 상품을 구경만 하는 사람.

look·er-on [-án/-ɔ́n] [명] ([복] ***look·ers-***) 방관자, 구경꾼. ¶*Lookers-on see most of the game.* ((속담)) 구경꾼이 한 수 더 본다.

look·ie-loo [lúkilùː] [명] ((美속어)) 구경꾼.

look-in [ˊìn] [명] (a ~) **1** 일견 , 일별(一瞥); (간단한) 조사. **2** 짧은 방문. ¶I had a ~ on her. 그녀가 있는 곳에 잠깐 들렀다. **3** ((속어)) 승리[성공]의 기회, 승산. ¶give a person a ~ 남에게 기회를 주다. **4** (모험 따위에의) 참가 기회. **5** 〔미식축구〕 빠른 패스 플레이의 일종.

look·ing [lúkiŋ] [형] ((복합어로)) 얼굴 표정[모습]이 …한, …처럼 보이는. ¶cold-~ 냉담한 표정의/good-[ill-]~ 잘[못]생긴.

lóoking gláss 〖명〗 거울, 명경; 거울용 유리. 「대의.
look·ing-glass [-glǽs/-glɑ́ːs] 〖형〗 뒤바뀐, (정)반
look·ism [lúkizm] 〖명〗 외모로 사람을 판단하기, 용모에 의한 차별(편견). -**ist** 〖명〗 들어봐.
look·it [lúkit] (美구어)〖명〗〖타〗 (명령문에서) 봐라.
***look·out** [lúkaut] 〖명〗 1 (a ~, the ~) (…의) 망보기, 감시, 경계. 2 파수꾼; 감시인, 경비대. 3 망보는 곳, 망루; (포경선 따위의) 돛대 위의 망대. 4 (종종 a ~) (英) 조망; (장래의) 전망. 5 (one's ~) (구어) 일, 관심사, 책임. ¶That's not my ~. 그것은 내가 알 바 아니다. 「있다, 경계하고 있다.
be on [or *upon*] *the lookout* (for) (…을) 망보고
keep [or *take*] *a sharp* [or *good*] *lookout for*
…을 방심하지 않고 경계하다.
place [or *put*] *a person on the lookout* 남에게 망을 보게 하다, 경계시키다.
look-o·ver [-`ou̇vər] 〖명〗 (a ~) 음미(吟味), 점검, 조사. ¶give it a ~ 그것을 대충 훑어보다.
look-see [-síː] 〖명〗 (구어) 1 (a ~) (간단한) 검사, 조사; 시찰 (여행). 2 허가증, 면허증, (군인의) 통행증.
look-see pidgin 시치미를 뗌, 겉치레, 위선.
look-up [lúkʌ̀p] 〖명〗 조사, 검사; 〖컴퓨터〗 (데이터 베이스에 담긴 정보의) 검색, 조회. (또는 **lóok-ùp**)
***loom¹** [luːm] 〖명〗 1 직조기, 직기, 베틀. ¶a hand ~ 수직기 / a power ~ 동력 직조기. 2 직조법. 3 노(櫓)의 자루(물에 잠기는 부분과 손잡이의 중간부). 4 〖스코〗 도구; 뚜껑이 없는 그릇, 용기. — 〖타〗 (을 직조기로 짜다, 베틀에 걸다.
loom² 〖자〗〖통〗 1 어렴풋이 나타나다; 무시무시하게 보이다(생각되다)(*ahead*, *up*); (위험 따위가) …을 감싸다(*over*). ¶anxieties ~ing *ahead* 앞으로 닥쳐올(예상되는) 걱정거리. 2 거대한 모습을 나타내다(*up*); 매우 중대하게 생각되다. ¶The peak ~ed *up* in front of us. 우리 앞에 산꼭대기의 거대한 모습이 불쑥 나타났다.
loom ahead 앞에 가로 놓이다, 앞을 가로막다.
loom large; loom (large) on the horizon ① (물건·사람의) 불쑥 나타나다. ② (일이) 중대하게 여겨지다; (위험·불안 따위가) 불길하게 가로놓이다[가로막아]
loom over (불길하게) 다가오다, 떠오르다. 「서다.
— 〖명〗 흐릿하게 나타남[나타내는 것]; (안개 속에서 불쑥 나타나는) 거대한 모습.
loom³ 〖英방언〗 =loom¹.
loom·er [lúːmər] 〖명〗 (美구어) (서핑) (다가옴에 따라) 엄청나게 커지는 파도.
***loon¹** [luːn] 〖명〗 〖조류〗 아비(阿比)(아비속(屬)) 물새의 총칭). ¶as crazy as a ~ 완전히 미친.
loon² 〖명〗 1 게으름뱅이, 건달; 미친 사람. 2 (스코) 소년. 3 바보, 멍청이. 4 (고어) 하인; 정부(情夫); 매춘부.
— 〖자〗 (英) 어리석은 짓을 하다, 실없이 장난치다.
lóon pànts [tròusers] 〖명〗〖복〗 팔랑통, 나팔바지. (또는 **loons**) [*pantaloon pants*]
loon·y [lúːni] (구어) 〖형〗 1 미친, 머리가 돈; 어리석은. 2 광신적인; 극우[극좌]의. — 〖명〗 정신 이상자. (또는 **luny**) **loon·i·ness** 〖명〗
lóony bìn 〖명〗 (속어) 정신 병원; 정신 병동.
loon·y·tune(s) [lúːn(z)] 〖형〗 (속어) 미치광이.
‡**loop¹** [luːp] 〖명〗 1 (실·끈 따위의) 고리, 올가미; (금속 따위의) 고리, 둥근 테; (선·도로·강 따위의) 동그라미, 윤상물(輪狀物), 만곡부(彎曲部). ¶the ~ of the letter "e" e자의 고리 부분. 2 〖철도·전차 따위의〗 환상선(環狀線); (입체 교차로 따위의) 접속로. 3 〖항공〗 공중제비; 〖피겨스케이팅〗 루프. 4 (현(弦)의 진폭(振幅)이 가장 큰 부분). 5 〖전기〗 폐회로(閉回路); (고리 모양의) 자기(磁氣) 감응 곡선. 6 〖컴퓨터〗 루프(프로그램 중에서 일련의 명령을 반복 실행하는); 반복 실행되는 일련의 명령어. 7 〖세균〗 (세균을 배양기(基)에 심을 때 쓰는) 백금륜(輪). 8 〖해부〗 환상(環狀) 신경; 환상관(管). 9 (the L-) 미국 Chicago시의 상업 중심 지구. 10 (the ~) 피임용 자궁내 링. 11 (the ~) (美) 실세(實勢) 그룹, (권력의) 측근 그룹.
in [*out of*] *the loop* (美속어) (권력의) 중추에[밖에 (서)], 실세(그룹)에 속하여[속하지 못하고].
knock [or *throw*]...*for a loop* (美속어) ① …을 당황하게 하다, 기겁하게 만들다. ② …에 강한 인상을
up the loop (英속어) 미친, 머리가 돈. 「주다.
— 〖통〗 (~ed [-t]) 〖타〗 1 (실·끈 따위)를 고리로 만들다; …을 고리 모양으로 감다(*up*, *back*, *together*). ¶(~+图+전+图) ~ *up* draperies 휘장을 둥글게 감다. 2 …에 귀를 달다; …을 고리로 묶다[조이다]. 3 〖전자〗 〖도체(導體)〗를 결합하여 폐(閉)[환상] 회로를 만들다. 4 …을 활모양의 궤도를 그리듯 던지다[발사하다]. — 〖자〗 1 고리로 되다; (자벌레 따위가) 고리를 이루어 움직이다. 2 원을 그리며 비행하다; 공중제비를 하다.
loop the loop 공중제비 비행을 하다; (자전거로) 공중 재주넘기를 하다; 루프코스를 타고 공중 회전하다.
loop² (고어) =loophole.
lóop antènna [aérial] 〖명〗 루프 안테나.
looped [luːpt] 〖형〗 고리 모양의; (속어) 술취한.
loop·er [lúːpər] 〖명〗 1 고리를 만드는 사람[것]. 2 〖곤충〗 자벌레. (또는 **lóopworm**) 3 (재봉틀의) 실의 고리를 만드는 장치. 4 〖야구〗 텍사스 히트; 슬로 커브(볼). 5 (속어) 〖골프〗의 캐디.
***loop·hole** [lúːphòul] 〖명〗 1 작은 창문, (성벽의) 총구멍, 총안(銃眼). 2 틈새기; 빠져나가는 구멍[길], (법률 따위의) 허점. — 〖타〗 …에 작은 창(총안)을 내다.
loop·ing [lúːpiŋ] 〖명〗 〖영화〗 녹음(된looped).
lóop knòt 루프 매듭(가장 간단한 매듭짓는 방법의 일종). 「거리는, 갈지자 걸음의.
loop-legged [-lègid, -lègd] 〖형〗 (속어) 취해서 비틀
lóop lìne 〖명〗 〖철도〗 환상선(環狀線).
loop-the-loop [-ðəlúːp] 〖명〗 공중제비 비행; (자전거 따위의) 공중 회전 재주넘기.
loop·y [lúːpi] 〖형〗 고리가 많은; (스코) 교활한; (속어) 상궤를 벗어난; 머리가 이상한; (취해서) 혼란된.
‡**loose** [luːs] 〖형〗 (**loos·er; loos·est**) 1 자유로운, 풀려난, 구속되지 않은; 자유로이 행동[활동]할 수 있는, 매여 있지 않은 // a horse ~ *of* its tether 밧줄 풀린 말. 2 풀린, 매여 있지 않은, 헐렁헐렁한. ¶the ~ end of a rope 밧줄의 매여 있지 않은 쪽의 끝.
3 묶지 않은; 철하지 않은; 흐트러진. ¶~ hair 묶지 않아 흐트러진 머리카락 / ~ papers 철하지 않은 서류.
4 용기[그릇]에 들어 있지 않은, 포장하지 않은, 낱개로 된. ¶~ coins 푼돈, 잔돈 / ~ salt (그릇에 담지 않고) 달아서 파는 소금.
5 (시간·돈이) 자유롭게 쓸 수 있는; 유휴의; 용도 미정의. ¶~ capital 유휴 자본 / a ~ hour 한가한 시간. 6 (육체적으로) 축 늘어진; (골격 따위가) 웅골차지(다부지지) 못하는; 멋게 할 수 있는. ¶a ~ tongue 방정맞은 입[수다] / ~ bowels 설사. 7 도덕 감각이 없는, 단정치 못한, 무책임한. ¶a ~ life 무절제한 생활 / a ~ fish 난봉꾼. 8 행실(품행)이 나쁜, 바람둥이인. ¶a ~ woman 바람둥이 여자. 9 (문·못·기계의 부품 따위가) 헐거운, 꼭 끼어[박혀] 있지 않은, 느슨한, 흔들리는, 덜 커덩거리는; 변색하거나 벗어지기 쉬운; 열기 쉬운. ¶a ~ window 덜커덩거리는 창 / a ~ dye 바래기 쉬운 염색. 10 (옷 따위가) 헐렁한(tight). ¶a ~ belt 느슨한 허리띠. 11 숱이 성긴, 촘촘하지 못한; 속이 가득 차 있지 않은; 엉성한. ¶cloth with a ~ texture 올이 성긴 천 / ~ handwriting 질질 끌어 쓴 필체. 12 (통제력 등이) 느슨한; (단절적이) 산만한, 일관성 없는. ¶a ~ federation 어설픈 동맹. 13 〖화학〗 (원소 따위가) 유리(遊離)된 (uncombined). 14 (흙 따위가) 점착성(粘着性)이 없는. ¶~ sand 푸석푸석한 모래. 15 (의미 따위가) 불명확한, 부정확한, 되는 대로의; (문제가) 산만한. ¶~ thinking 산만한 사고 / ~ play 어설픈 연기 / a ~ style 엉성한 문체. 16 a) (대형(隊形) 따위가) 산개(散開)한

¶ a ~ formation (미식축구 따위에서) 산개한 대형. **b)** (미식축구·아이스하키) (공이나 퍽이) 경기자의 통제를 벗어나 잡히지 않은 상태에 있는. **c)** (크리켓) 부정확한, 서투른. **17** (해석·규칙 등이) 엄밀(정확)하지 않은, 애매한. **18** (축사가) 가축이 자유롭게 움직이는. **19** (의학) (관절 등이) 이완성의, 유리된.
at a loose end; at loose ends ⇒LOOSE END.
be on the loose pulley 놀고 있다, 빈둥거리고 있다.
loose in the beam [or *upper story*] (美俗어) 머리가 돈[이상한].
loose in the rump (美俗어) 바람기가 있는.
shake oneself loose 몸을 뿌리쳐 떼다.
with a loose rein 고삐를 늦추고, 자유롭게 하여.
— *ad* =loosely.
break loose ⇒BREAK.
cast loose 〔배의 계류구(繫留具) 따위〕를 풀다; …을 놓아주다.
come loose 풀리다, 벗겨지다, 느슨해지다.
cut loose ⇒CUT.
get loose 달아나다(*from*).
go loose 제멋대로 돌아다니다.
hang [or *keep, stay*] *loose* (美俗어) 차분하다, 평정을 유지하다: 무사 태평하다.
hold loose 냉담한 태도를 취하다.
let loose ① 자유롭게 되다(*from*). ② 마음대로 행동하다(말하다). ③ 〔말〕(구름)이 큰 비를 내리다. ④ …을 풀어놓다. ⑤ 〔분노 따위〕를 폭발시키다, 화내다. ¶ *let* ~ *one's indignation* 분노를 터뜨리다. ⑥ (물건이 압력에 못 이겨) 구부러지다, 기울어지다, 무너지다. ⑦ 〔공 따위〕를 획 던지다.
let loose of …을 놓아주다; …에서 독립하다, 자유로이.
let loose with (꾸짖는 소리 등)을 해대다; (소리) 지르다.
let oneself loose (구어) 거림낌없이[멋대로] (말)하다.
loose as a goose (美俗어) 아주 차분한, 느긋한.
play fast and loose ⇒PLAY.
set [or *turn*] *loose* …을 해방하다, 석방하다.
sit loose on [or *upon*] …에게는 무거운 짐이 되지 않다, 마음에 걸리지 않다.
sit loose to …에 사로잡히지 않다, 그다지 영향받지 않다.
tear loose (美俗어) 달아나다.
turn loose 발포하다; 놓아주다.
turn loose on …에 공격을 퍼붓다, 포문을 열다.
work loose (나사 따위가) 느슨해지다, 헐거워지다.
— ⓥ (*loos·es* [-iz]; ~*d* [-t]; *loos·ing*) ⓣ **1** (속박 따위로부터) …을 풀어주다, 자유롭게 해주다, 해방하다. ¶ ~ *a horse in a field* 말을 들판에 풀어놓다. **2** (해사) (묶은 것을 풀어서) …을 떼어놓다. ¶ (~+몸+前+名) ~ *a boat from its moorings* 계선구(繫船具)에서 배를 풀어놓다. **3** (매듭 따위)을 풀다. ¶ ~ *a knot* 매듭을 풀다 / ~ *sail* (해사) 돛을 풀어서 펼치다. **4** (활·총 따위)를 (…에게) 쏘다, 발사하다(*off*)(*at*). ¶ (~+몸+前+名) ~ *an arrow at* an enemy 적에게 화살을 쏘다 / (~+몸+副) ~ *off* a pistol 권총을 발사하다. **5** …을 느슨하게 하다. — ⓥ **1** 잡고 있던 것을 풀다. **2** 닻을 올려서 출범하다. **3** 화살을 쏘다, 발포하다(*off*)(*at*). ¶ (~+副) ~ *off at* a pheasant 꿩에게 총을 쏘다. **4** (고어) 느슨해지다, 헐거워지다.
loose one's hold (…을 잡고 있던) 손을 놓다.
— ⓝ **1** 활을 쏘기, 활시위를 벗어나기. **2** (UC) (폐어) 방종, 제멋대로 함. **3** 결말, 귀추. **4** 무른 바위. **5** (the ~) (럭비) 포워드가 산개(散開)한 플레이(opp. *tight*).
give (*a*) *loose to* …이 하는 대로 맡겨두다: 〔감정 따위〕를 자유롭게 표출하다: 〔상상 따위〕를 자유롭게 구사하다.
on the loose ① 자유롭게, 속박되지 않고 ② 도망쳐여. ③ (구어) 방종한.
lóos·ish ⓐ 풀어질 듯한, 느슨해 보이는.

loose-bod·ied [<ʹbɑ́dìd/-bɔ́d-] ⓐ (옷 따위가) 헐렁헐렁한, 헐거운; (美俗어) 바람기가 있는.
loose-box [-bɑ̀ks/-bɔ̀ks] ⓝ 놓아 기르는 마구간.
lóose cánnon ⓝ (美俗어) 위험한 사람(것); 허풍선이; 말썽꾸러기.
lóose chánge ⓝ 잔돈, 자유롭게 쓸 수 있는 돈.
lóose cóver ⓝ (英) (의자·소파 따위의) 덮개, 커버.
lóose énd ⓝ **1** (천·끈 따위의) 늘어진(매지 않은) 끝. **2** (보통 ~s) 미결(미정) 사항.
at loose ends; at a loose end ① 일정한 직업 없이, 빈들빈들. ② 무엇을 할 것인지 미정인, 이렇다 할
lóose-énd·ed ⓐ   〔작정도 없이.
loose-fit·ting [<ʹfìtiŋ] ⓐ (의복이) 헐거운.
loose-joint·ed [-dʒɔ́intid] ⓐ **1** 관절이 헐거운; (몸이) 짜임새가 없는, 옹골차지 못한. **2** 유연한, 나긋나긋한. **3** 조잡하게 만든; 보기 흉한.
lóose-joint hínge [-dʒɔ́int-] ⓝ 경첩의 일종.
lóose jùice (美俗어) 알코올 음료(liquor).
loose-leaf [<ʹliːf] ⓐ 가제식(加除式)의, 페이지를 뺏다 끼웠다 할 수 있는. ⓝ 가제식의 (정기) 간행물.
loose-limbed [<ʹlìmd] ⓐ 수족이 유연한, 사지가 자유로이 움직이는, 운동을 잘하는.
loose-lipped [<ʹlìpt] ⓐ =loose-tongued.
****loose·ly** [lúːsli] ⓐ **1** 느슨하게, 헐겁게, 헐렁헐렁하게. **2** 대충, 조잡하게, 산만하게, 막연하게. **3** 방종하게, 되는 대로, 품행이 단정치 못하게, 아무렇게나. ¶ *live* ~ 방종한 생활을 하다.   〔음이 해이한.
loose-mind·ed [<ʹmáindid] ⓐ 정신이 산만한, 마‡**loos·en** [lúːs-n] ⓥ (~*s* [-z]) ⓣ **1** (끈 따위)을 풀다, 끄르다; (묶은 것 따위)을 느슨하게 하다(*up*). ¶ ~ *a knot* 매듭을 풀다 / *a rope* 밧줄을 느슨하게 하다 / ~ *one's grasp of* [or *one's hold on*] …을 잡은 손을 늦추다. **2** (속박 따위에서) …을 해방하다, 자유롭게 하다. **3** (올이 촘촘한 것 따위)을 풀다, 너덜너덜하게 하다. **4** 〔용변을 보게 장(腸)을〕편하게 하다. ¶ ~ *the bowels* 대변을 보다. **5** 〔규율·속박 따위〕를 완화하다. — ⓥ 느슨해지다, 헐거워지다, 풀리다, 흐트러지다(*up*).
loosen a person's hide (美俗어) (남)을 채찍으로(회초리로) 때리다, 때려서 혼내다.
loosen up ① 돈을 헤프게 쓰다. ② 긴장을 풀다, 편하게 쉬다. ③ …을 완화하다(*on*). ¶ ~ *up on* taxation 세제를 완화하다.
~**·er** ⓝ   〔세제를 완화하다.
loose·ness [lúːsnis] ⓝ **1** 느슨함; 풀려 있음; 해방 상태. **2** (사고·문장 따위가) 부정확함, 산만함 (행위가) 칠칠치 못함, 엉성함. **3** 음란함, 부도덕함. **4** 설사.
lóose núkes ⓝⓟⓛ 유출된(관리가 엉성한) 핵 무기 (물질).
loose-prin·ci·pled [<ʹprínsəpld] ⓐ 지조가 없는.
lóose séntence ⓝ 〔수사〕 산열문(散列文)(불필요한 종속절이나 수식어구가 붙는 글). 〔cf.〕 **loose-strife** [lúːsstrài̇f] ⓝ 까치수염속(屬)의 초본
loose-tongued [<ʹtʌ́ŋd] ⓐ 수다스러운, 입이 싼.
lóose wíg (美俗어) 도취된 음악가(연주자).
loose·y-goose·y [lúːsigúːsi] (美俗어) 느긋한; 느슨한.
loot [luːt] ⓝ U **1** 전리품, 약탈품; 훔친 물건; (관리 등의) 횡령품, 부정 이득. **2** 강탈, 약탈. **3** (구어) 귀중품, 보물. **4** (속어) 돈. — ⓥⓣ **1** …을 약탈하다, 강탈하다; …을 부정 취득하다; …을 횡령하다. 〔(草木)〕 — ⓥ 약탈하다; 훔치다; 횡령하다. ~**·er** ⓝ
lop¹ [lɑp/lɔp] ⓥ (-**pp**-) ⓣ **1** 〔나무의 가지를 잘라내다〕 치다(*off*, *away*); …을 깎아 다듬다. ¶ (~+몸+副) ~ *branches off* [or *away*] 가지를 잘라내다 // ~ *a tree* 가지를 쳐 나무를 다듬다. **2** 〔사람·동물의 손·발 따위〕를 잘라내다; 〔불필요한 것〕을 깎다, 삭감하다(*off*). ¶ (~+몸+副) ~ *off* a page 페이지를 줄이다. — ⓥ 나뭇가지 따위를 잘라내다, 전정(剪定)하다; (부분)을 잘라내다. — ⓝ **1** 잘라낸 부분. **2** (집합적) 잔가

lop² 자 (-pp-) 재 1 축 늘어지다. 2 단정치 못하게[껑충맞게] 걷다; 어슬렁거리다(*about*). 3 깡충깡충 뛰다[뛰어가다](lope). — 타 ...을 축 늘어뜨리다. — 명 축 늘어짐. — 형 (종종 L-) 롭종(種) 토끼(귀가 처진 토끼).

lop³ 자 (-pp-) (바닷물이) 작은 파도로 부서지다. 잔물결이 일다. — 명 잔물결(이 일기).

LOP 〔해사·항공〕 line of position.

lope [loup] 자타 (토끼 따위가) 깡충깡충 뛰다; (말 따위가) 경중경중 뛰다; …을 경중경중 달리게 하다. — 명 경중경중 달리기[걷기].

lóp éar 명 늘어진 귀; 귀가 늘어진 토끼.

lop-eared [-èərd] 형 귀가 늘어진.

loph·o·phore [láfəfɔ̀ːr/lóuf-] 명 촉수관(觸手冠), 총담(總擔)(이끼벌레류의 입 주위를 둘러싼 촉수의 줄).

lo·phóph·o·ral 형

Lop Nor [láp nɔ́ːr/lɔ́p-] 명 로프노르(羅布泊)(중국 북서부 Tarim 분지에 있는 소금 호수; 지하 핵실험장).

lop·py¹ [lápi/lɔ́pi] 형 축 늘어진, 매달린. 〔...있다〕.

lop·py² (濃俗아) 〔목장의〕 잡역부.

lop·sid·ed [lápsáidid/lɔ́p-] 형 1 (배·건물 따위가) 한쪽으로 기운. 2 균형이 안 잡힌, 좌우 불균형의. ¶a ~ victory 일방적 승리. ~·ly 부 ~·ness 명

loq. loquitur.

lo·qua·cious [loukwéiʃəs] 형 1 수다스러운, 말 많은. ⇨TALKATIVE 〔유의어〕 2 (시) (새 따위가) 시끄럽게 지저귀는; (냇물이) 졸졸 소리를 내는. 〔다.〕 ~·ly 부 ~·ness 명 **-quác·i·ty** [-kwǽsəti] 명

lo·quat [lóukwat/-kwɔt] 명 비파나무; 비파 열매.

lo·qui·tur [lákwitər/lɔ́k-] 그(그녀)가 이야기(말)한다. 〔<L〕

lor [lɔːr] 감 이런!(lord, 'lor').

lo·ral [lɔ́ːrəl] 형 (동물) 콧등의(lore²).

lo·ran [lɔ́ːrən] 명 U C (종종 L-) 로란(비행기나 배가 2개의 무선부로 발신된 두 전파의 시간차에 의해서 자기의 위치를 측정하는 장치). 〔<long range navigation〕

lor·cha [lɔ́ːrtʃə] 명 세돛대 중국 범선.

‡**lord** [lɔːrd] 명 ~s [-z] 1 주인, 우두머리, 군주, 지배자. 2 국왕의 존칭. ¶our ~ the King 우리 국왕. 3 지주, 집주인; 영주 landlord. 4 (업계 따위의) 거두, (사계의) 권위자, 거장. ¶a shipping [press] ~ 해운[신문]왕. 5 (英) 귀족. 6 (L-s) (英) 상원 의원. the House of *Lords* 상원. 7 (L-) (英) a) (고위 관직명과 함께) ...장(長), 장관. the *L-* President of the Council 추밀원(樞密院) 의장. b) 주교의 정식 존칭. ¶*L-* Bishop of Durham 더럼의 주교. c) 경(卿)(후작·백작·자작·남작 및 공작·후작의 아들, 백작의 맏아들에게 쓰는 존칭; of 없이 성(姓) 앞에 붙인다). ⇨BARON 〔주의〕 ¶*L-* Derby 더비경. 8 a) (the L-) 최고신(神), 하느님, (구약 성서에서는) 여호와. ¶*L-* knows! 신만이 알고 있다. b) (our ~) 구세주, 그리스도(Jesus Christ). 9 〔점성〕 (사건·시간·장소 따위를 지배하는) 사성(司星).

act the lord 부자 티를 내다, 원님 티를 내다.
(as) drunk as a lord 곤드레만드레 취한.
be lord of …을 영유(領有)하다.
drink like a lord 경음(鯨飮)하다, 통음(痛飮)하다.
(Good) Lord!; (Oh) Lord!; Lord God!; Lord (only) knows!; Lord have mercy! 오오!, 이런!, 어머나!(놀람·유쾌함 따위를 나타낸다).
House of Lords (the ~) ① ⇨ 6. ② (英속어) 화.
in the year of our Lord 2003 서기 2003년에.
live like a lord 호화롭게 살다. 〔런!〕
Lord bless me [or *us, you, my soul*]! 오오!, 이
my Lord [miláːrd] 각하(부를 때 쓰는 경칭). * 변호사는 종종 [miládː]로 발음.
one's lord and master (익살) 남편, 가장.
swear like a lord 마구 욕하다, 저주하다.
thanks to the Lord 고맙게도.
Thank the Lord! (구어) 감사합니다, 고맙습니다; (매우 감동하거나 안도할 때) 아이구 맙소사.
The Lord forbid. ⇨FORBID.
the Lord of all (*things*) 만물의 주, 신.
the Lord of (*the*) *creation* ⇨CREATION.
treat a person like a lord 남을 정중히[융숭하게] 대접하다, 환대하다.
— 자 1 뽐내다, 안하무인으로 뻐기다. ¶I will not be ~ed over. 큰소리치게 놔두지는 않겠다, 뻐기는 꼴을 보고만 있지 않겠다. — 타 (고어) …을 귀족으로 만들다, …에게 작위를 수여하다(ennoble).
lord it over …에게 거만하게 굴다, …에 군림하다.
— 감 이런!, 어머나!

~·less, ~·like 형 〔총장, 법무장관.〕

Lòrd Ádvocate 명 (the ~) (스코틀랜드의) 검찰

Lòrd Bíshop 명 주교(공식 호칭).

Lòrd Chámberlain 명 (英) 궁내 장관.

Lòrd Chíef Jústice 명 (the ~) (英) (고등 법원의) 수석 재판관(약 L.C.J.).

Lòrd Hígh Ádmiral 명 (英역사) 해군 장관.

Lòrd (**Hígh**) **Cháncellor** 명 (the ~) (英) 대법관(영국 최고의 사법관; 상원 의장을 겸임; 약 L.(H.)C.).

lord-in-wait·ing [-ìnwéitiŋ] 명 (복수 *lords*-) (英) 국왕·황태자의 시종(신분은 귀족). 〔Privy Seal.〕

Lòrd Kéeper of the Gréat Séal 명 =Lord

Lòrd Lieuténant 명 (the ~) (1922년 이전의) 아일랜드 총독; (英) 잉글랜드의 county 지사.

lord·ling [lɔ́ːrdliŋ] 명 (경멸적) 소(小)군주[귀족].

*****lord·ly** [lɔ́ːrdli] 형 군주(귀족)다운, 당당한, 장대(壯大)한, 훌륭한; 거만한, 뽐내는. — 부 군주[귀족]처럼, 당당하게, 거만하게. **-li·ness** 명 귀족다움.

Lòrd Máyor 명 (보통 the ~) (英) (London 따위 특정 대도시의) 시장(여 Lady Mayoress). ¶the ~'s Day 런던 시장 취임식 날(11월 제2 토요일).

Lòrd of hósts 명 (the ~) (때로 L- of H-) 만군(萬軍)의 주(主)(여호와를 가리키는 말).

Lòrd of Lórds 명 (the ~) 만왕의 왕, 예수 그리스도.

Lòrd of the bédchamber 명 (英) lord-in-waiting.

lor·do·sis [lɔːrdóusis] 명 U (병리) 척추 전만(前彎)(증). **-dót·ic** 형 전만증의; 전만 자세의.

Lòrd Président 명 (스코) 최고 민사 법원장.

Lòrd Président of the Cóuncil 명 (the ~) (英) 추밀원(樞密院) 의장.

Lòrd Prívy Séal 명 (the ~) 옥새관(玉璽官).

Lòrd Protéctor 명 (the ~) (英역사) 호민관(護民官)(공화제 시대의 Oliver Cromwell과 그의 아들 Richard의 칭호). 〔시장.〕

Lòrd Próvost 명 (the ~) (스코틀랜드 대도시의)

Lord's [lɔːrdz] 명 로즈(London에 있는 Lord's Cricket Ground, (또는 **Lords**)

Lòrds Commíssioners 명 (the ~) (英) (해군·재무부 등의) 최고 집행 위원회.

lord's dày 명 (the ~) 주일, 일요일.

*****lord·ship** [lɔ́ːrdʃip] 명 U C 1 (英) (종종 L-) (his ~, your ~) 각하(공작 이외의 귀족·주교·재판관 등을 높여 부르는 말; 때로 신분이 높은 사람을 우스개로 이렇게 부르기도 한다). 2 (일반적으로) 지배권, 억제력 (*over*). ¶~ *over* oneself 자신에 대한 통제. 3 (역사) a) 영주의 신분; 영주의 권력, 지배권. b) ⓒ 영지, 영역.

Lòrd Spíritual 명 (복수 **-s S-**) (the ~) (英) 성직 상원 의원(상원에 속하는 주교·대주교).

Lòrd's Práyer 명 (the ~) 주기도문(그리스도가 제자들에게 가르친 기도). ← 마태 복음(Matt.) 6:9-13).

Lòrd's Súpper 명 (the ~) 주의 만찬: 최후의 만찬 (the Last Supper), 성찬(식). 〔성찬식.〕

Lòrd's táble 명 (the ~) 1 =communion table. 2

Lórds·town sýndrome [lɔ́ːrdztàun-] 명 (美) 로즈타운 증후군(오토메이션화된 작업의 단조로움으로

Lord Temporal

인한 초조·불안·욕구 불만 따위의 증상). 〔름〕
〈GM의 조립 공장이 있는 Ohio 주 Lordstown의 이

Lòrd Témporal 명 (복 **-s T-**) (the ~) (영) 성직자 이외의 1대(代) 귀족 상원 의원.

lord·y [lɔ́ːrdi] 감 이런!·오매!(놀람·당황 등을 나타 〔냄〕.

*****lore**[1] [lɔːr] 명 ① 1 (민족·단체 따위의, 또는 어떤 특정 분야에 관한) 전승적 또는 속신적) 지식; 학문; 구비 (口碑), 민간 전승, 전설. ⇨INFORMATION 문형어 the ~ of the Egyptians 고대 이집트인의 지식/a ghost ~ 유령에 관한 지식, 유령 전설. 2 (일반적으로) 학문, 지식, 3 (고어) 배움; 가르침, 교훈. **~·less** 형

lore[2] 명 (동물) 콧등(새의 눈과 윗부리 사이, 또는 뱀 따위의 눈과 콧구멍 사이의 부분).

Lor·e·lei [lɔ́ːrəlài] 명 로렐라이(Rhine강의 바위 위에 나타나서 그 아름다운 모습과 목소리로 뱃사람들을 유혹하여 배를 침몰시켰다는 독일 전설의 마녀).

Ló·rentz fòrce [lɔ́ːrents/lɔ́r-] 명 (물리) 로렌츠 힘 (전자장(電磁場)의 하전(荷電) 입자에 작용하는 힘). 〔네덜란드의 물리학자 H.A. Lorentz(1853~1928)의 이름〕

Ló·renz cùrve [lɔ́ːrenz-] 명 (경제) 로렌츠 곡선 (소득 분포의 불평등도(度)를 나타내는 도표).

lo-res [lóurèz] (구어) 명 저(低) 해상도의(low-resolution); = low-res.

lorg [lɔːrg] 명 (미구어) 바보, 얼간이.

lor·gnette [lɔːrnjét] 명 긴 손잡이가 달린 안경; (손잡이가 달린) 오페라 글라스(opera glass).

lor·gnon [lɔːrnjɑ́n/-jɔ́n] 명 = lorgnette. 〈F〉

lo·ri·ca [lərái kə/lɔ-] 명 (복 **-cae** [-siː, -kiː]) 1 (동물) 피갑(被甲), 로리카(일부 원생동물이나 윤충(輪蟲)이 분비하는, 보호용의 딱딱한 껍질). 2 (식물) 로리카(규조 식물 따위의 딱딱한 껍질).

[lorgnette]

lor·i·cate [lɔ́ːrikèit, -kət/lɔ́r-] 형 (동물) 피갑(被甲)(lorica)으로 덮여 있는. (또는 **loricated**) — 명 피갑이 있는 동물. **~·cá·tion** 명

lor·i·keet [lɔ́ːrikìːt/lɔ́r-] 명 진홍잉꼬(lory)의 일종.

lo·ris [lɔ́ːris] 명 (복 **~·es**) 로리스, 늘보원숭이.

lorn [lɔːrn] 형 1 (시) 버려진, 의지할 데 없는, 고독한; 2 (고어) 폐허가 된, 멸망한. **~·ness** 명

Lor·raine [ləréin/lɔ-] 명 1 로렌(프랑스 북동부 지방). 2 로레인(여자 이름).

*****lor·ry** [lɔ́(ː)ri, lɑ́ri] 명 (영) 화물 자동차, 트럭(미) truck); (광산·공장 등의 레일 위를 달리는 운반차.
fall off the back of a lorry (英口語·익살) (물건이) 장물(훔친 물건)이다.(* 보통 과거형 또는 완료형으로) — 타동 ...을 lorry로 운반하다.

lor·ry-hop [-hɑ̀p/-hɔ̀p] 자동 (-pp-) (영) (트럭을 얻어 타고) 무전 여행을 하다.

lo·ry [lɔ́ːri] 명 진홍잉꼬(오스트레일리아산(産)).

LOS, L.O.S. line of scrimmage; line of sight(조준선); loss of signal.

los·a·ble [lúːzəbl] 형 잃어버릴 수도 있는, 잃어버리기 쉬운.

Los Al·a·mos [lɔs ǽnʤəlòus/lɔs-] 명 로스앨러모스(미국 New Mexico 주(州) 북부의 도시; 원자력 연구소(~ National Laboratory)가 있다.

Los An·ge·les [lɔs ǽndʒələs, -liːz/lɔs ǽndʒəliːz] 명 로스앤젤레스(미국 California 주(州) 서남부의 항구 도시; 생략 L.A.). ¶the ~ Dodgers 로스앤젤레스 다저스(미국 프로야구 메이저 리그 구단).

Los An·ge·li·za·tion [lɔs ændʒələzéiʃən] 명 (속어) 로스앤젤레스화(도시와 인구·교통 혼잡·범죄 등의 문제가 억제되지 않은 채 악화하는 일).

*****lose** [luːz] 타동 (*los·es* [-iz]; *lost; los·ing*) 1 (부주의하여) ...을 잃다, 분실하다, 어딘가에 놓고 그냥 오다; (사별하여) 〔를〕 잃다(영 gain). ¶a ~ ring 반

losel

지를 잃어버리다/~ one's life 죽다/She lost her son in the war. 그녀는 전쟁에서 아들을 잃었다.
2 (능력·건강·명성·인내력 따위를) 잃다, 유지하지 못하게 되다. ¶~ one's balance 평형을 잃다/~ one's temper [or head] 화를 내다/~ one's hearing 귀먹다/~ one's mind [or reason] 미치다, 발광하다/The cloth lost its color. 천이 빛깔을 잃었다.
3 (길·방향 따위를) 잃다; ...을 알 수 없게 되다, 어찌할 바를 모르다(in). ¶~ one's bearings 방향을 잃다/oneself [or be lost] in a wood 숲속에서 길을 잃다.
4 ...을 놓치다, 못 보고 넘어가다, 주의해서 보지[듣지] 못하다; (말 따위를) 잊다. ¶do not ~ a word of his lecture 그의 강의를 한 마디도 놓치지 않다.
5 (수효를) 파멸하다, 죽다; (배가) 침몰하다. ¶The ship was lost with all hands. 배는 전승무원과 함께 침몰했다.
6 (병·공포 따위를) 면하다, 벗어나다. ¶~ one's fear of ... ...에 대한 공포를 없애다/I've lost my cold. 감기가 나았다. 7 (경주 따위의) (상대방)을 떼어놓다. 8 (시간·기회·돈·노력 따위를) 허비하다; (열차 따위를) 늦어서 놓치다; ...에 대어가지 못하다. ¶~ one's labor 헛수고하다/~ a good opportunity 호기를 놓치다/~ one's train 기차를 놓치다. 9 (상품·노획물 따위를) 놓치다; (시합·소송·싸움 따위에) 패하다(to); (돈을) 부결당하다(영 win). ¶~ a game [lawsuit] 시합[소송]에 지다/~ the day 싸움에 지다/~ a motion 동의를 부결당하다. 10 ...에게 ...을 잃게 하다. ¶The delay lost the battle for them. 지체된 것이 그들의 패인이었다// (~+목+목) His negligence lost him his job. 그는 태만해서 직장을 잃었다. 11 (수동형·재귀용법으로) ...에 넋을 잃다, 열중[몰두]하다(in); ...의 모습이 보이지 않게 되다. ¶(~+목+젼+명) ~ oneself [or be lost] in thought [reverie] 사색[공상]에 잠기다. 12 (시계가) ...만큼 늦다(영 gain). ¶My watch ~s ten seconds a day. 내 시계는 하루에 10초 늦다. 13 (임산부가) (아기)를 사산(死産)하다; (의사가) (환자)를 죽게 하다.
— 자동 1 잃다; 손해를 보다(on). ¶The investors lost heavily. 투자자들은 큰 손해를 보았다. 2 지다, 패하다 (at, in/to). ¶We played well but we lost. 우리는 잘 싸웠지만 지고 말았다. 3 약해지다, 쇠퇴하다; (가치·효력 따위가) 감소되다(in). ¶The invalid is losing. 환자는 기력을 잃어가고 있다// (~+젼+명) ~ in beauty 아름다움이 없어지다. 4 (시계가) 늦다(영 gain). ¶This watch ~s by a minute a day. 이 시계는 하루에 1분 늦는다.

be lost on [or *upon*] ⇨LOST. 〔에 1분 늦는다.
be lost to ⇨LOST.
lose a patient (의사가) 환자 한 사람을 잃다[죽게 하다].
lose it (미속어) ① 토하다, 게우다. ② 화를 내다. ③ 깜작 놀라다, 허둥대다.
lose one's breakfast [or *cookies, dinner, lunch, meal, supper*] (속어) 게우다, 토하다.
lose one's character 신용을 잃다.
lose one's cud (동물이) 먹지 않다.
lose oneself in ⇨타동 3, 11.
lose (one's) face 체면을 잃다, 창피를 당하다.
lose one's heart to [or *over*] ⇨HEART.
lose one's [or *the*] *place* 지위를 잃다.
lose one's way 길을 잃다.
lose out (구어) ① (...에서/...에게) 지다(on/to). ② (원하는 것 따위를) 얻지 못하다.
lose sight of 잠시 못 보고 놓치다.
lose to (구어) ...에 지다.
lose track of ⇨TRACK.
stand to lose nothing 아무것도 잃을 염려가 없다.
You can't lose. (구어) 어떻게 하든 네가 득(得)이다.

lo·sel [lóuzəl] 명 (고어) 난봉꾼, 건달. — 형 쓸모없는; 방탕한, 불량한.

los·er [lúːzər] 명 1 실패자; 잃은[손해본] 사람; (시합의) 패자, (경마에서) 진 말(↔ gainer). ¶ *Losers are always in the wrong.* 《속담》 이기면 충신 지면 역적. 2 《속어》 범죄자, 전과자; 실패자, 불량품. ¶ a two time ~ 전과 2범의 사람. 3 폐를 끼치는 사람; 낙오자. 4 《당구》=losing hazard. ── 图타 《남》을 낙오자로 만들다.

los·ing [lúːziŋ] 형 지는, 패전의, 손해를 보는. ¶ a ~ pitcher 패전 투수. ── 명 1 ① 실패. 2 (~s) (투기·도박 따위에서의) 손실. **~·ly** 부 손해로, 밑지고 (합).

lósing gáme 명 승산없는[질 것으로 알고 있는] 시합.

lósing házard 명 《英》 《당구》 다른 공을 맞힌 뒤 자기 공이 포켓에 들어가도록 치는 법.

lósing stréak 명 연패(連敗)(↔ winning streak). ¶ a six-game ~ 6연패.

‡**loss** [lɔːs, las/lɔs] 명 (복 **~·es** [-iz]) ⓊⒸ 1 손실, 손해; 손실[손해액](↔ gain). ¶ suffer a ~ 손해를 보다, 잃다 / ~ of memory 기억 상실 / a dead ~ 완전 손해, 전손(全損). 2 잃음, 상실, 소실(消失). ¶ the ~ of one's eyesight 시력의 상실. 3 분실, 없어짐, 분실, 유실. ¶ I discovered the ~ of the document. 나는 그 서류가 분실되었음을 알았다. 4 실패, 패배. ¶ the ~ of a battle 전투에서의 패배. 5 낭비; 감퇴, 쇠퇴, 감손(減損). ¶ the ~ of time 시간의 낭비 / ~ of health 건강이 나빠짐. 6 《군사》 a) 병력의 손실, 사상(자). b) (~s) 사상자수(數). 7 《보험》 사망, 상해.

at a loss 1 난처하여, 어찌할 바를 몰라서. ¶ I was *at a* ~ for an answer to the question. 그 질문에 어찌 대답해야 좋을지 몰랐다. 2 밑지고. ¶ sell all the stock *at a* ~ 전체 재고품을 손해를 보고 팔다. 3 (사냥개가) 냄새를 놓쳐.

cut a [or *the*] *loss; cut one's loss(es)* (손해보는 사업 따위에서) 재빨리 손을 떼다, (손을 떼어서) 손해를 막다.

for a loss 우울하여, 아주 지쳐서.

loss of face 체면 손상, 체면이 깎임.

throw...for a loss (남)을 실망시키다; 궁지에 빠뜨리다; 놀라게 하다.

without loss of time 당장에, 즉시.

löss [les, lʌs, ləs] 명 《지질》 =loess.

lóss adjùster 명 《보험》 손해 사정인.

lóss léader 명 《美》 (손님을 끌기 위한) 특매품(特賣品). **lóss-lèad·ing** 명

loss·less [lɔ́ːslis, lás-/lɔ́s-] 형 《전기》 무손실의; 《컴퓨터》 (데이터의 압축이) 손실 없는, 가역(可逆)의.

loss·mak·er [lɔ́ːsmèikər, lás-/lɔ́s-] 명 《英》 적자(赤字)기업. **-màk·ing** 명 계속 적자(인).

lóss ràtio 명 《보험》 손해율(일정 기간 내에 있어서 지급 보험금의 수입 보험료에 대한 비율).

loss·y [lɔ́ːsi, lási/lɔ́si] 형 《전기》 (소재(素材)·전송 경로가) 손실이 많은; 《컴퓨터》 (화상·음성 데이터의 압축이) 손실이 있는, 불가역(不可逆)의.

‡**lost** [lɔːst, last/lɔst] 동 lose의 과거·과거분사.
── 형 1 잃어버린, 유실된, 이미 가지고 있지 않은; 행방불명된. ¶ ~ articles 분실물 / ~ honor 실추된 명예 / ~ youth 잃어버린 청춘. 2 길 잃은; 당황한. ¶ a ~ look 난감한 표정 / a ~ child 미아 / a ~ sheep 길 잃은 양, 정도를 벗어난 사람 (← 마태 복음(Matt.) 18 : 12). 3 허비한, 쓸모없게 된; 놓쳐버린. ¶ a ~ day 허송한 하루 / ~ opportunities 잃어버린 기회. 4 진, 패배한; (상 따위를) 놓친. ¶ a ~ battle 진 싸움 / a ~ prize 놓쳐버린 상. 5 파멸한, 파괴된; 죽은. ¶ a ~ ship 난파선 / a ~ soul 지옥에 떨어진 영혼. 6 열중한, 몰두한 (*in*). 7 자포자기한, 타락한.

be lost in …에 잠겨[몰두해] 있다. ¶ He *was* ~ *in* reverie. 그는 몽상에 잠겨 있었다.

be lost on [or *upon*] …에게 효과[효력]가 없다, …에 전혀 영향이 안 끼치다. ¶ His eloquence *was* ~ *upon* his audience. 그의 웅변도 청중을 움직이지는 못했다.

be lost to ① …에서 상실되다; 이미 …의 수중에 없다. ¶ The island *was* ~ *to* sight. 그 섬은 보이지 않게 되었다. ② …에게 가능성이 없다. ¶ The opportunity *was* ~ *to* him. 그 기회는 그에게 다시 오지 않았다. ③ …에 대하여 무감각하다. ¶ He *is* ~ *to* pity. 그는 인정머리가 없다.

for lost 죽은 것으로, 안 되는 것으로. ¶ They gave him up *for* ~. 그들은 그를 이미 죽은 것으로 단념했다.

get lost ① 길을 잃다; 어찌할 바를 모르다; 분실하다. ② (명령문에서) 《美속어》 (썩) 꺼져버려[나가라]!, 입 닥쳐! ¶ *property òffice*

lóst and fóund 명 분실물 센터. (또는 《英》) **lóst**

lóst cáuse 명 1 실패로 끝난[성공 가망성이 없는] 운동[주장]. 2 《구어》 가망없는 것, 무리한 것.

Lóst Generátion 명 (the ~) 1 잃어버린 세대(제1차 세계 대전중 또는 그 직후 성년이 되어, 그 전쟁 체험과 당시의 사회적 격변의 결과, 문화적·정서적 안정을 잃은 세대). 2 이 세대에 속하는 일군의 미국 작가들(E. Hemingway, F.S. Fitzgerald, J. Dos Passos 등). 3 (일반적으로) 가치관을 상실한 세대.

lóst mótion 명 《기계》 헛돌기, 공전(空轉).

lóst próperty 명 (기차역 따위의) 분실물. ¶ a ~ office 분실물 센터[취급소].

lóst ríver 명 없어지는 강(사막 따위의 지하 수로나 하수구로 흘러들어가는 강).

lóst wéekend 명 잃어버린 [방탕으로 허송한] 주말.

‡**lot** [lɑt/lɔt] 명 1 제비; 당첨; ① 제비 뽑기, 추첨. ¶ choose a person by ~ 제비로 사람을 정하다 / The ~ fell upon [or came to] me. 내가 당첨되었다. 2 몫 (share, portion). 3 운명. ¶ Her ~ was not a happy one. 그녀의 운명은 행복한 것이 못되었다.

〖유의어〗 **lot** 우연한 계기로 사람이 놓이게 된 처지. **fortune** 우연을 지배하는 힘. **luck** fortune의 구어적인 말. **fate** 초자연적인 것으로 주로 불운. **destiny** 자연적인 귀결; 좋은 운명에도 쓰이는 일도 많다. **doom** 불행한 fate 또는 destiny를 초래하는 최종 결과.

4 (토지의) 한 구획; 용지, 부지. ¶ house ~s 주택용지 / a parking[pasture, burial] ~ 주차장[목초지, 묘지]. 5 《美》 촬영소, 스튜디오(주위의 토지를 포함한다). 6 (경매품·상품 따위의) 한 묶, 한 무더기, 한 세트; (생산) 로트. 7 (사람이나 물건의) 떼, 패. ¶ a ~ of cattle 한 떼의 소. 8 《구어》 놈, 작자. ¶ a bad ~ 악인, 악당. 9 (a ~, ~s) 《구어》 많음, 다량(↔ little). ¶ a ~ of boxes 많은 상자 / ~s of money 많은 돈.

〖USAGE〗 **a lot of**와 **lots of** ── 수·양 어느 쪽에나 쓸 수 있지만, a lot of는 《美》, lots of는 《英》에서 주로 사용된다. 모두 구어적 표현임. 가령 He has *many* friends.는 격식을 차린 표현이며, 구어에서는 He has *a ~ of* [or ~s *of*] friends.라고 하는 것이 보통이다. 또한 a lot of, lots of는 긍정의 평서문에만 사용되며, 의문문·부정문·조건문에서는 many, much를 사용한다. 「a lot of [or lots of] +명사」와 일치하는 동사는, 수일 경우에는 복수, 양일 경우에는 단수형을 취한다: As Xmas business was very bad this year, there *are a* ~ *of* articles left. 올해 크리스마스는 장사가 잘 안 되어서 재고가 많이 남아 있다 / A ~ *of* milk *was* given to the children. 아이들에게 우유를 많이 주었다.

10 ① (《美》) 세(稅), 과세 (↔ scot). 11 (the ~) 《구어》 전부, 전체, 전원.

across lots 《美》 특정 부지·공지를 가로질러, 지름길로.

a fat lot ⇒ FAT.

all over the lot 《美속어》 엉망진창인, 혼란되어.

a lot of ⇒ 위 USAGE 참조.

cast [or *throw*] *in one's lot with* ① …와 동맹[연합]하다. ② …와 운명을 함께하다.

draw [or **cast**] **lots** 제비를 뽑(아 결정하)다. ¶*draw* ~s *for turns* 제비를 뽑아 차례를 정하다.
take a lot off *a person's* **mind** 남을 안도시키다.
That's the lot. 〔구어〕 그게 전부다.
── 통 (**-tt-**) 타 **1** 〔상품을〕구분하다(*out*). ¶(~+목/ +**부**) ~ *out apples by the basketful* 사과를 한 바구니씩 나누다. **2** …을 할당하다. **3** 〔토지를〕구획으로 나누다. **4** 〔폐어〕…을 추측으로 결정하다. ── 재 제비를 뽑다, 추첨으로 결정하다.

lot on [or **upon**] 〔방언〕…에 기대를 걸다, 의지하다.

── (*a* ~, ~**s**) 〔구어〕 **1** 아주, 매우. ¶*You look a* ~ *better today.* 오늘은 훨씬 건강해 보인다/*I've heard a* ~ *about you.* 당신에 관해 이야기 많이 들었습니다. **2** 빈번히, 종종. ¶*go out a* ~ 빈번히 외출하다.

a **whole lot** 〔구어〕 대단히; 매우. ¶*be a whole* ~ *better* 대단히 좋다.
~·ter

Lot [lat/lɔt] 명 〔성서〕 롯(Abraham의 조카; 그의 처는 Sodom에서 도망칠 때 뒤를 돌아다보아서 소금 기둥으로 변했다. ←창세기(Gen.) 13 : 1-12, 19).

LOT *large orbiting telescope.* 「양의 물단지.
lo·ta(h) [lóutə] 명 〔인도〕 (놋쇠·구리로 만든) 공 모
loth [louθ, louð] 형 =loath.
Lo·thar·i·o [louθέəriòu/-θá:r-] 명 (복 ~**s**) (때로 l-) 방탕아, 색골. 〈Nicholas Rowe의 희곡 *The Fair Penitent*에 등장하는 난봉꾼〉

lót hòpper 명 〔美속어〕 (영화의) 엑스트라(extra).
Lo·ti [lóuti] 명 로티(Lesotho의 화폐 단위).
*__lo·tion__ [lóuʃən] 명U **1** (약한) 바르는 물약, 세정제. ¶*an eye* ~ 안약. **2** 화장수, 로션. **3** 〔속어〕 술.
── 타 〔손 따위〕에 로션을 바르다.
lót nùmber 명 제품 번호(batch number) (보통 알
lo·tos [lóutəs] 명 =lotus. 「파벳과 숫자의 조합).
lots [lats/lɔts] 부미 명 ⇒LOT.
lot·ta [látə/lɔ́tə] 형 〔美속어〕 많은(a lot of).
*__lot·ter·y__ [látəri/lɔ́t-] 명 **1** 복권; 추첨, 제비뽑기. **2** (*a* ~) (경멸적) 운(運), 복(福) 같은 것.
lóttery tìcket 명 복권(표[티켓]).
lóttery whèel 명 회전식 추첨기.
Lot·tie [láti/lɔ́ti] 명 로티(여자 이름; Charlotte의 별칭). (또는 **Lotty**) 「맞추는 놀이).
lot·to [látou/lɔ́t-] 명 로토(숫자가 기입된 카드를
*__lo·tus__ [lóutəs] 명 **1** 〔그리스 신화〕 로토스(그 열매를 먹으면 황홀경에 들어가 집이나 친구를 잊어버리게 된다는 식물); 그 열매. **2** 연(蓮). **3** (이집트 고대 건축 따위의) 연꽃 무늬, 수련(水蓮) 무늬. (또는 **lotos**)

Lo·tus [lóutəs] 명 〔상표〕 로터스(영국의 스포츠카).
lo·tus-eat·er [-ì:tər] 명 〔그리스 신화〕 lotus 열매를 먹고 황홀경에 빠져 세상 일을 잊은 사람; 쾌락주의자.
lo·tus-eat·ing [-ì:tiŋ] 명U 열락(悅樂)(을 일삼는).
lótus lànd 명 도원경(桃源境); 일락(逸樂).
lótus pòsition [pòsture] 명 〔불교·요가〕 연화좌(蓮花座); 결가부좌(結跏趺坐).
Lótus Sūtra 명 =Saddharma-Pundarika.
Lou [lu:] 명 남 **1** 남자 이름(Louise의 별칭). **2** 여자 이름(Louise의 것). **3** (l-) 〔美속어〕 추남, 못생긴 남
Lou. Louisiana. 「자.
louche [lu:ʃ] 형 수상쩍은; 평판이 나쁜. 〈F〉
*__loud__ [laud] 형 (**~·er**; **~·est**) **1** (목소리나 소리가) 큰, 강한(⇔ quiet, soft). ¶~ *talking* 큰 소리로 하는 이야기 / *in a* ~ *voice* 큰 소리로.

〔유의어〕 **loud** 「소리·목소리가 큰(강한)」의 뜻. 불쾌함과는 직접적인 관계가 없다. **noisy** 계속 또는 큰 음성을 내어 귀에 거슬리는, 불쾌한.

2 큰 소리를 내는, 시끄러운, 요란한. ¶*a* ~ *trumpet* 소리가 큰 트럼펫/*a* ~ *party* 소란한 파티. **3** (갈채 따위가) 요란한, 열렬한; 소리로 가득한, 음량이 있는; 잘 울리는. ¶ ~ *applause* [*cheers*] 대갈채. **4** 강한, 단호한; 강요하는; 성가신, 집요한(*in*). ¶*a* ~ *denial* 강한 부정 / *be* ~ *in demands* 집요하게 요구하다. **5** (색깔·복장 따위가) 화려한, 야한. ¶*a* ~ *pattern in clothes* 의 야한 무늬 / *a* ~ *dresser* 화려하게 차려입은 사람. **6** (태도가) 품위없는, 천박한. ¶*a* ~ *and unpleasant person* 품위없고 불쾌한 사람. **7** (냄새가) 역겨운, 독한. **8** (음성이) 정상 발성음으로 발음된, 평상음의.
── 부 (**~·er**; **~·est**) **1** 큰 목소리로. ¶*laugh* ~ *and long* 크게 웃다/*talk* ~ 큰 소리로 말하다. **2** (복장·태도 따위가) 야하게, 천하게. **3** (악취가) 강하게, 불쾌하게. ¶*smell* ~ 강한 냄새를 풍기다. **4** 집요하게; 열심히.
loud and clear 분명(명료)하게.
out loud 〔구어〕 큰 소리로, 명확하게.
loud·en [láudn] 통 타 〔소리〕를 크게 하다. ── 재 (목소리가) 커지다.
loud-hail·er [ˊhéilər] 명 강력 확성기, 메가폰.
loud·ish [láudiʃ] 형 소리가 좀 높은[시끄러운].
*__loud·ly__ [láudli] 부 (**more** ~; *most* ~) **1** 큰 (목)소리로, 소란스럽게; 강하게(형 aloud). ¶*cry* ~ *for help* 큰소리로 도움을 청하다. **2** 화려하게, 야하게; 천하게. ¶*be* ~ *dressed* 옷을 화려하게 입고 있다.
loud-mouth [ˊmàuθ] 명 (복 ~**s** [-màuðz]) 큰 소리로 떠드는 사람; 떠버리, 허풍선이. ── 통타 …에게 큰 소리로 말하다.
loud-mouthed [ˊmàuðd, -màuθt] 형 큰 목소리의, 시끄러운; 어리석은[상스러운] 말을 하는. 「함.
*__loud·ness__ [láudnis] 명U 큰 소리, 소란스러움; 야
*__loud·speak·er__ [láudspì:kər] 명 확성기; 스피커.
lóudspeaker vàn 명 〔英〕 (확성기를 단) 대형 선전차(美 sound truck).
loud-spo·ken [ˊspóukən] 형 목소리가 큰.
Lou Géhrig's disèase 명 〔병리〕 루게릭 병(근(筋) 위축성 측삭(側索) 경화증). 〈이 병으로 죽은 Lou Gehrig의 이름〉
lough [lak, lax/lɔk, lɔx] 명 〔아일〕 호(湖); 후미.
lou·ie [lú:i] 명 =looey; 〔美속어〕 이동 노동자.
Lou·ie [lú:i] 명 루이(남자 이름; Louis의 별칭).
lou·is [lú:i] 명 (복 ~ [-z]) = ~ d'or.
Lou·is [lú:i] 명 루이(프랑스의 왕; 1세부터 18세까지). **2** 루이스(남자 이름). 「**Louise**」
Lou·i·sa [lu:í:zə] 명 루이자(여자 이름). (또는
louis d'or [lù:i dɔ́:r] 명 〔F〕 루이 금화 (1640-1795년의 프랑스 금화). (또는 **louis**) 〈F〉
*__Lou·i·si·an·a__ [lu:ì:ziǽnə, lù:i-/lu:ì:-] 명 루이지애나(미국 남부의 주; 주도(州都) Baton Rouge; 略 La.). **-án·(i·)an** 형명 Louisiana 주의 (사람).
Louisiána Púrchase 명 (the ~) 루이지애나 구입지(購入地) (1803년에 미국이 프랑스로부터 사들인 현재의 미국 중앙부의 광대한 지역).
Lóu·is Qua·tórze [-kətɔ́:rz] 명 Louis 14세 시대의; (건축·장식 따위의) Louis 14세 시대풍〔양식〕의. 〈F〉
Lóuis Quínze [-kǽnz] 명 Louis 15세 시대의; (건축·장식 따위의) Louis 15세 시대풍〔양식〕의, 로코코 양식의. 〈F〉
Lóuis Séize [-séz] 명 Louis 16세 시대의; (건축·장식 등의) Louis 16세 시대풍〔양식〕의. 〈F〉
Lóuis Tréize [-tréz] 명 Louis 13세 시대의; (건축·장식 따위의) Louis 13세 시대풍〔양식〕의. 〈F〉
*__lounge__ [laundʒ] 재 **1** 빈둥거리다, 빈둥빈둥 살아가다. **2** (…에) 축 기대다〔늘어붙다〕(*over, against, in, on*). ¶(~+전+명) ~ *in the sun* 양지에 한가로이 드러눕다. **3** 어슬렁어슬렁 걷다(*about, around, off*). ── 타 〔시간〕을 빈둥빈둥 보내다(*away, out*). ¶(~+목+부) ~ *away the afternoon* 오후 시간을 빈둥빈둥 보내다. ── 명 **1** 휴게실, 담화실, 오락실, 사교실, 라운지; 〔英〕 (가정의) 거실. **2** 안락 의자, (머리 덮개가 있는) 긴 의자. **3** 〔美·캐나다〕 (호텔의) 고급

바(bar). **4** (고어) 어슬렁어슬렁 거닐기; 산책(의 한 때).
lóunge bàr 명 (호텔 안의) 고급 바.「휴게차.
lóunge càr 명 (철도) (안락 의자·바 따위를 설비한)
lóunge chàir 명 =easy chair.
lóunge lìzard 명 (속어) 건달, 난봉꾼, 제비족; 식객, 밥벌레.「게으름뱅이.
loung·er [láundʒər] 명 어슬렁어슬렁 걷는 사람,
lóunge sùit 명 (英) 신사복(=(美) business suit).
lounge-wear [láundʒwèər] 명 실내복.
loung·ing [láundʒiŋ] 형 **1** (의복이 집안 등에서) 편하게 입는, 레저용의. **2** 기운[활기] 없는; 게으른; 편한. ~·ly 부 빈둥빈둥.
loupe [lu:p] 명 루페, 돋보기, 확대경. [<G Lupe]
lour [lauər] = lower².
lour·ing [láuəriŋ] 형 =lowering². ~·ly 부
lour·y [láuəri] 형 =lowery.
louse [laus] 명 (복 **lice** [lais]) **1** (곤충) 이. **2** 동식물에 기생하는 곤충, 기생충. **3** (복 **lous·es** [-iz]) (속어) 남에게 기생하는 비열한 인간, 인간 쓰레기.
not care a louse 조금도 신경쓰지 않다.
not worth a louse 한 푼의 값어치도 없다.
— 명 (타) [lauz, laus] …에서 이를 잡아 없애다.
louse up (속어) 망쳐놓다, 잡치다.「총칭).
louse·wort [láuswə̀:rt] 명 (식물) 송이풀(속(屬)의
lous·y [láuzi] 형 **1** 이가 들끓는, 이투성이의. **2** (구어) 몹시 더러운, 불결한; 천한, 비열한; 불유쾌한; 비참한. ¶ *have a ~ time* 끔찍한 시간을 보내다. **3** (구어) …이 가득한, 듬뿍 있는, 남아 돌 만큼 있는 (*with*). **4** (…에) 서투른, 잘못하는 (*at, in*). **5** (부정문에 강조로) …조차도. ¶ *It's not worth ten ~ dollars.* 10달러 값어치도 안된다. — (속) 몹시, 엉망으로.
— **lóus·i·ly** 부 **lóus·i·ness** 명
lout [laut] 명 예절을 모르는 사람, 시골뜨기; 얼간이.
— 명 타 …을 경멸하다, 깔보다 (scorn).
lout·ish [láutiʃ] 형 버릇[예절] 없는, 세련되지 못한; 얼간이 같은. ~·ly 부 ~·ness 명
lou·ver, (美) **-vre** [lú:vər] 명 **1** 미늘 모양의 창살; 미늘문; 미늘창. **2** (중세의 건물에 흔한 통풍·채광용의) 정탑(頂塔), 지붕창. **3** (자동차나 식품 저장고 따위의) 통풍 구멍, 방열공(放熱孔). ~ed 형
lóuver bòard 명 (미늘창 따위에 댄) 미늘살(판자).
Lou·vre [lú:vrə/F lu:vʀ] 명 (the ~) (파리의) 루브르 미술관(프랑스의 국립 미술관).   [louver 1]
***lov·a·ble** [lʌ́vəbl] 형 사랑스러운, 호감이 가는, 애교가 있는. **-bíl·i·ty,** ~·**ness** 명 **-bly** 부
lov·age [lʌ́vidʒ] 명 당귀류(類)의 약초.
‡**love** [lʌv] 명 (복 ~**s** [-z]) U **1** (이성에 대한) 사랑, 연모, 애정. ¶ *Platonic ~* 정신적 연애 / *marry without ~* 애정 없이 결혼하다 / *We have great ~ for each other.* 우리는 서로를 너무나도 사랑하고 있다.

> (관련어) **Love**와 속담의 세계
> *L- is blind.* 사랑을 하면 눈이 먼다 / *L- is erratic.* 사랑은 변덕쟁이 / *L- is merely a madness.* 사랑은 광기에 지나지 않는다 / *L- is never without jealousy.* 사랑엔 질투가 따르기 마련 / *L- and reason do not go together.* 사랑은 이치대로 되지 않는 법 / *L- grows with obstacles.* 갈라놓으면 더 보고 싶은 것이 사랑 / *L- is strong as death; jealousy is cruel as the grave.* 사랑은 죽음같이 강하고 투기는 저승같이 잔혹하다 (←아가(Song of Sol. 8 : 6) / *L- is heaven; hate is hell.* 사랑은 천국, 미움은 지옥 / *L- can hope where reason would despair.* 이치로는 절망일지라도 사랑은 희망을 준다 / *L- makes all

hearts gentle. 사랑은 모두의 마음을 부드럽게 한다 / *L- me, ~ my dog.* 내가 좋다면 나의 개도 사랑하라, 아내가 귀여우면 처갓집 말뚝 보고도 절한다 / *L- little and ~ long.* 사랑은 가늘고 길게 하라 / *L- needs no teaching.* 사랑에는 스승[가르침]이 필요 없다 / *All's fair in ~ and war.* 사랑과 전쟁은 수단을 가리지 않는다 / *Pity is akin to ~.* 동정은 곧 사랑이다.

2 a) (육친·친구 등에 대한) 애정, 호의. ¶ *the ~ of brothers and sisters* 형제 자매간의 우애 / *a mother's ~ for her children* 자식에 대한 어머니의 애정. **b)** 호의, 안부의 말(인사). ¶ *Give my ~ to your brother.* 너의 형에게 안부 전해 다오.
3 a) 성애, 색정, 성욕(sexual desire). **b)** C 사랑하는 사람, 애인, 연인(sweetheart)(* 특히 여성에 대하여 쓰인다) 형 lover. ¶ *off with the old ~, on with the new one* 애정의 대상을 차례차례 바꾸어. **c)** 연애 (사건), 정사(情事). **d)** (L-) 사랑의 신(Eros나 Cupid, 드물게 Venus); (l-) 사랑의 신의 상(像).
4 (부르는 말로) 여보, 이봐, 자기; 얘야, 아가. **5** U[C] 좋아함, 애호, 애호심 (*of, for, to*); C 좋아하는 것. ¶ *labor of ~* 사랑의 수고 (자기가 좋아서 하는 일)(←데살로니가 전서(1 Thess.) 1 : 3) / ~ *of books* 책을 좋아함 / ~ *of* (one's) *country* 애국심. **6** (신학) (신의) 사랑, 자비; (신에 대한 인간의) 사랑. **7** (테니스) 영점. ¶ ~ *forty* 0대 40. **8** C (구어) 유쾌한[사랑스러운] 사람, 예쁘고 귀여운 사람[물건]. ¶ *What ~s of teacups!* 찻잔이 어쩌면 저렇게 예쁠까!

> (유의어) **love** 사람 또는 물건에 대한 강한 사랑. **affection** 사람에 대한 보다 온건하고 지속적인 깊은 애정. **attachment** 사람·물건에 대한 마음에 끌려 그것에 애착을 느끼는 일. **devotion** 사람·주의 따위에 대한 일신을 희생해도 후회 없는 강렬한 애정과 충성심.

at love (테니스) 러브 게임으로(상대방이 0점으로).
for love 사랑하여, 좋아서; 무상으로, 거저; (승부 따위에서) 내기를 하지 않고.
for love or money (부정문에서) 의리로든 돈으로든 (…않다), 아무리 해도. ¶ *We cannot get it for ~ or money.* 그것은 절대로 입수할 수 없다.
for the love of …때문에, …까닭에, …을 위해.
for the love of Heaven [or *God, mercy*] 제발.
give a person *love and attention* 남을 극진히 돌보다[보살피다].
give [or *send*] one's *love to; give* [or *send*] …one's *love* …에게 안부를 전하다[보내다].
have a love of …을 좋아하다.
in love (…을) 사랑하여, (…에게) 반해, (…을) 좋아하여 (*with*). ¶ *be in ~ with her* 그녀에게 반해 있다.
love in a cottage ⇨ COTTAGE.
make love 애정 행위(키스, 포옹 따위)를 하다; 성교하다 (*to*); (여성에게) 구애하다.
no [or *little*] ***love lost*** (구어) 미워함, 혐오; 적의, 증오(*between*). ¶ *There is no ~ lost between them.* 그들은 서로 증오하고 있다 (* 옛날에는 서로 사랑하고 있다는 뜻으로도 쓰였다).
of all loves 부탁이니 제발.
out of love with (구어) …을 사랑하는 마음에서; …이 몹시 싫어서, 정떨어져서. ¶ *I am out of ~ with life.* 나는 인생이 정말 싫어졌다.
win [*lose*] *a person's love* 남의 사랑을 얻다[잃다].
— 통 (~**s** [-z]; ~**d; lov·ing**) 타 **1** …을 사랑하다 (↔ hate). ¶ ~ *one's parents* 어버이를 사랑하다 / ~ *God* 신을 사랑[숭배]하다. **2** (남을) 연모[사랑]하다; …에게 반하다. **3** …을 좋아하다, 애호하다 (형 like²). ¶ ~ *music* 음악을 좋아하다 // (~+*ing*) ~ *playing bridge* 브리지놀이를 좋아하다 // (~+*to do*) ~ *to go dancing*

댄스하러 가기를 좋아하다. **4** (동·식물 따위가) …을 좋아하다. **5** …에게 구애[구혼]하다; …와 성관계를 갖다; …을 껴안다, 애무하며 귀여워하다. **6** …하고 싶다, …하면 좋겠다. ¶(would+~+*to* do) Well, I'd ~ *to*, but I better not. 그래, 그러고 싶은 생각은 굴뚝같지만 그러지 않는 게 좋겠어. ─㉣ 사랑[연애]하다; 그리워하다; 좋아하다.

be loving it [or *life*] 《美俗》 좋은 상태에 있다; (행운으로) 신이 나서 마음이 들뜨다.
(I) love it! 《구어》 정말 멋있다. 그거 참 좋은데.
I love you, too! 《구어·비꼬아》 (상대방의 언동에 불쾌감을 표시하여) 그래, 너무 친절하군, 참 고맙군.
I must love you and I leave you. 《구어》 그만 가봐야겠습니다.
Lord love you [or *me, a duck*]*!* 저런, 맙소사(남의 잘못 따위에 대해 놀라면서 하는 말).
love up 〔남〕을 끌어안다, 포옹하다.
Love you! 《美俗》 당신은 멋져(무의미한 관용 표현)
Somebody up there loves me. 《속어》 재수 좋다, 운이 따른다.

lov·a·ble [lʌ́vəbl] 형 =lovable.
lóve affáir 명 **1** 연애 사건, 정사(情事), 바람 피우기. **2** 적극적 열의, 열광.
lóve ápple 명 (고어) 토마토(tomato).　　「목걸이.
lóve béads 명 (반전과 히피족 등의) 염주 모양의
love-be·got·ten [-bigátn/-gɔ́tn] 형 적출(嫡出)이 아닌, 서출(庶出)의, 사생(私生)의.
lóve·bird [lʌ́vbəːrd] 명 모란잉꼬(아프리카산(産)). ¶(~s) 《구어》 즐거운 부부[연인들]
lóve·bite [lʌ́vbàit] 명 사랑으로 문 자국, 키스마크.
lóve·boat [lʌ́vbòut] 명 (결혼 상대를 찾는) 선보기 객선(客船).
lóve-bómb·ing [⌐bàmiŋ/⌐bɔ́m-] 명 《美》 (종교 집단의 새 신자를 얻기 위한 애정[우정] 공세).　「공세.
lóve bómbs 명 《美俗》 애정의 확인[표명], 애정
lóve·bug [lʌ́vbʌ̀g] 명 미국 남부에 많은 털파리과(科)의 곤충(교미기에는 떼지어 날아 교통을 방해한다).
lóve child 명 (pl. *l- -ren*) 사생아(bastard).
love-crossed [-krɔ̀:st] 형 사랑이 깨진, 실연한.
lóved óne 명 **1** 연인, 가장 사랑하는 사람; 가족, 친척. **2** (종종 L- O-) 사망한 가족[친척]; 고인(故人).
lóve drúg 명 《美俗》 최음제(催淫劑).
lov·ee [lʌví:] 명 사랑받는 사람, 연인.
lóve féast 명 애찬(愛餐)(초기 기독교도들이 형제애의 상징으로 행한 회식); 애찬회; (일반적으로) 친목회.
lóve·fest [lʌ́vfèst] 명 《속어》 야합(이해가 일치하는 대립 당파끼리의 협력), 「0점인 게임」.
lóve gáme 명 (테니스) 러브 게임, 제로 게임(패자가)
lóve generátion 명 (the ~) 히피족.
lóve hándles 명 《美俗》 허리 둘레의 군살.
love-hate [⌐héit] 명 (U) 애증(愛憎)(의).
love-in [⌐ín] 명 러브인(인간애를 고취하기 위한 사랑의 모임).　　　　　　　　　　　　　　　　　「씨풀.
love-in-a-mist [⌐inəmíst] 명 (식물) 니겔라, 검은
love-in-i·dle·ness [⌐ínáidlnis] 명 (야생) 팬지.
lóve júice 명 《美俗》 애액(愛液), 정액; 최음제.
lóve knót 명 (리본 따위의) 사랑 매듭(사랑의 표시).
love·lace [lʌ́vlèis] 명 난봉꾼, 탕아, 색마.
〔<영국 작가 S. Richardson 작 *Clarissa Harlowe*의 등장 인물 Lovelace의 이름〕
love·less [lʌ́vlis] 형 **1** 사랑이 없는. ¶a ~ marriage 사랑이 없는 결혼. **2** 사랑을 느끼지 않는, 매정한. **3** 사랑받지 못하는, 귀염받지 못하는. ~·ly 부　~·ness 명
lóve létter 명 연애 편지, 러브 레터.
love-lies-bleed·ing [⌐làiblí:diŋ] 명 (식물) 줄맨드라미.
lóve lífe 명 (성(性)) 생활.
*****love·li·ness** [lʌ́vlinis] 명 (U) 사랑스러움, 멋짐.
love·lock [lʌ́vlàk/-lɔ̀k] 명 **1** (여자의 이마나 뺨에

늘어뜨린) 애교 머리. **2** (옛날 상류층의 남자가 얼굴 양쪽에 리본으로 매어 늘어뜨린) 느림머리.
love·lorn [lʌ́vlɔ̀ːrn] 형 애인에게 버림받은, 실연한. ~·**ness** 명
‡**love·ly** [lʌ́vli] 형 (*-li·er*; *-li·est*) **1** 아름다운, 귀여운, 어여쁜. ⇨BEAUTIFUL 유의어 ¶a ~ girl 아름다운 소녀. **2** 즐거운, 유쾌한, 멋진. ¶We had a ~ time. 우리는 즐거운 한때를 보냈다. **3** 《美》 뛰어난, 훌륭한. **4** (부사적: 뒤의 형용사를 강조) 《구어》 굉장히. ¶It was ~ cool in there. 거기는 매우 시원했다.
lovely and 《구어》 근사한, 기분 좋을 만큼 …한. ¶~ *and* warm 아늑하고 따뜻한.
─ 명 (*pl. -lies*) [-z] 《구어》 **1** 아름다운 여자, 미인(직업 댄서 등). ¶stage *lovelies* 무대의 미녀들. **2** 아름다운 것, 멋진 것. ─ 부 아주 잘; 귀엽게.
-li·ly 부　　　　　　　　　　　　　　「포옹; 사랑 행위, 성교.
lóve-mak·ing [⌐mèikiŋ] 명 (U) 구애, 구혼; 애무,
lóve mátch 명 연애 결혼.
lóve·mate [lʌ́vmèit] 명 연인, 애인(lover).
lóve múscle 명 《속어》 페니스.　　　　　　　　「소.
lóve nést 명 사랑의 보금자리; (불륜 남녀의) 밀회 장
love-phil·ter 명 반하게 하는 약, 미약(媚)
lóve pláy 명 애무, 전희(前戲). 　　　　　　　(philter).
lóve pótion 명 =love-philter.
‡**lov·er** [lʌ́vər] 명 (~*s* [-z]) **1** (one's ~) (남자) 애인, 연인(* 여자는 love, sweetheart); 정부(情夫) (* 정부(情婦)는 mistress); (결혼한) 불륜 남성. **2** (~s) -애의 커플. ¶act like ~*s* 연인 커플처럼 행동하다. **3** (종종 복합어로) 애호가, 찬미자. ¶a ~ of music 음악 애호가. ~·**less** 형
lóver bóy [**mán**] 명 《속어》 남자 애인, 보이프렌드; 《속어》 멋쟁이 남자, 난봉꾼.
lov·er·ly [lʌ́vərli] 형 부 애인과 같은[같이].
lóver's knót 명 =love knot.　　　　　　「(길).
lóvers' láne 명 사랑의 산책길(공원 따위의 으슥한
lóver's léap 명 실연자들이 투신 자살하는 낭떠러지.
lóve scéne 명 (연극 등의) 러브 신, 정사 장면.
lóve séat 명 2인용 의자, 로맨스 시트.　「못한 세트).
lóve sét 명 (테니스) 러브세트(패자가 한 게임도 따지
love·sick [lʌ́vsìk] 형 상사병에 걸린, 상사병으로, 사랑에 번민하는. ~·**ness** 명　　　　　　　　「정스런.
lóve·some [lʌ́vsəm] 형 사랑스러운, 애교있는; 다
lóve sóng 명 연가, 사랑의 노래, 러브 송.
lóve stóry 명 연애 소설.　　　　　　　　「사병에 걸린.
love-struck [lʌ́vstrʌ̀k] 형 사랑의 열병에 걸린, 상
lóve tóken 명 사랑의 표시, 정표.
love·wor·thy [lʌ́vwəːrði] 형 사랑할 만한.
lov·ey [lʌ́vi] 명 《英구어》 (부르는 말로) (애인에게) 당신(darling); (어린이에게) 아가.
lov·ey-dov·ey [lʌ́vidʌ́vi] 형 《구어》 사랑에 빠진, 홀딱 반한; 달콤한. ─ 명 =lovey.
‡**lov·ing** [lʌ́viŋ] 형 (*more ~; most ~*) **1** 사랑하는, 애정이 있는, 사랑[인정]이 짓든(= beloved). ¶a ~ act 애정 어린 행동/a peace-~ people 평화를 사랑하는 국민. **2** 성실한, 충성스러운. **3** 몸을 아끼지 않는.
~·**ly** 부　~·**ness** 명　　　　　　　　　「큰 술잔. **2** 우승컵.
lóving cúp 명 **1** 우의(友誼)의 술잔, 돌아가며 마시는
lov·ing·est [lʌ́viŋəst] 형 아주 애정이 깊은.
lov·ing-kind·ness [-káindnis] 명 (U) 친절, 정, 동정심; (신) 의 자애, 자비, 연민.
low[1] [lou] 형 (~·*er*; ~·*est*) **1** (키·높이가) 낮은, 높이 위치에 있지 《反》 high). ¶a ~ shelf 낮은 선반 / ~ ground (주위보다) 낮은 땅 / a man of ~ stature 신장이 작은 사람 / a ~ and fat man 땅딸막한 남자. **2** (수량·정도·가치·비율 따위가) 낮은, 적은. ¶a ~ number 낮은[적은] 수 / a ~ cost 적은 비용 / the ~ income bracket 저소득층 / ~ marks 표준 이하의 성적 / ~ pressure 저압(低壓).

3 (신분·계급이) 낮은, (태생이) 비천한. ¶ of ~ birth 비천한 태생의. **4** 품위가 낮은, 저속한, 야비한. ⇒MEAN² 〖유의어〗 ¶ ~ taste 저속한 취미; 〖~ passions 음란한 욕정. **5** 〖생물〗 하등의. ¶ a ~ organism 하등 생물/animals of ~ organization 하등 동물. **6** 약한, 기운이 없는, 활기가 없는. ¶ ~ spirits 의기 소침. **7** (식사 따위가) 영양가가 낮은, 조악한. ¶ a ~ diet 조식(粗食)/~ tea 〖美〗 간단한 식사. **8** (수위 (水位) 따위가) 낮은, 준; 간조(干潮)의; (달 우주선이 수평선[지평선] 가까이 떠 있는. **9** 모자라는, 부족한, 무에 가까운. ¶ a ~ purse 돈이 얼마 없는 지갑/be ~ on funds 자금이 부족하다. **10** 〖英〗 저학년의. ¶ a ~ boy 하급생, 저학년생. **11** (머리를 공손하게) 깊이 숙이는. ¶ a ~ bow 깊이 머리 숙이는 절. **12** (돈을새김이) 얕은, 옅은. ¶ ~ relief 얕은 돋을새김. **13** (옷의) 깊이 패인(~-necked)(웃) décolleté. **14** 〖음악〗 (음·음조가) 낮은; (소리가) 낮은(soft)(웃) loud). ¶ in a ~ voice 낮은 목소리로. **15** 〖서술용법〗 넘어진, 엎어진, 엎드린; 죽은, 매장된, 숨은. ¶ Will you weep when I am ~? 내가 땅에 묻힌다면 너는 비탄해할까? **16** 비교적 근년(近年)의. ¶ an event of a ~er date 그보다 더 근년에 일어난 일. **17** (종종 L~) 〖英〗 저(低)교회파(Low-Church)의. **18** 〖권투〗 (타격이) 벨트 아래의. **19** 〖음성〗 (모음이) 혀의 위치를 낮게 하여서 발음하는. ¶ ~ vowels 저모음(低母音) (hat, hot에 있어서의 모음 따위)(웃) high vowels). **20** 〖자동차〗 저속의, 저속단(低速段)의. **21** (특정한 성분의) 함유율(량)이 적은. ¶ 〖구어〗 (투구가) 낮은. ¶ a ~ curve 낮은 커브 볼. **23** 〖화학〗 저급의. ¶ ~ hydrocarbon 저급 탄화수소.
a low man on the totem pole 밑바닥 사람; 평사원.
at (the) lowest 적어도.   〖원.
be low in one's pocket 주머니 사정이 좋지 않다.
be low on ① …이 부족하다, 얼마 안 남다. ② 〖과목 따위〗에 약하다.
bring low ① …을 쇠퇴하게 하다, 몰락하게 하다. ② 〖남〗을 경멸하다, 창피를 주다.
fall low 몰락하다; 타락[전락]하다.
feel low 기운이 없다, 무기력하다.
get low 〖美속어〗 (마약에) 취하다; 기분이 좋아지다.
have a low opinion of …을 얕보다.
in low water ⇨LOW WATER.
lay low ① …을 때려눕히다, 패배시키다. ② 죽이다, 멸망시키다. ② 〖남〗을 병상에 눕게 하다. ③ …을 매장하다. ④ …을 경멸하다, 창피를 주다.
lie low ① 엎드리다, 웅크리다. ② 〖구어〗 몸을 숨기다, 숨다. ③ (의도를 숨기고) 때를 기다리다. ④ 녹초가 되다, 축 늘어지다; 죽어 있다.
run low (자금 따위가) 고갈되다, 모자라게 되다, 다하여[떨어져] 가다(on).
— 甼 (~*er*; ~*est*) **1** 낮게, 낮은 곳으로. ¶ bow ~ 머리를 깊이 숙여 절하다/hang ~ 낮게 드리우다/sink ~ 깊이 가라앉다. **2** 비열하게; 경멸하여. **3** 살림을 절약하여, 검소하게. **4** 싸게. ¶ buy[sell] ~ 싸게 사다[팔다]. **5** 조식(粗食)을 하여. ¶ live ~ 조식으로 지내다. **6** 적은 내기 돈으로. **7** (음성·바람 따위가) 작게, 낮게; 낮은 음조로. ¶ speak ~ 낮은 소리로 이야기하다. **8** 수평선[지평선] 가까이; 적도 가까이. **9** 〖고어〗 (비교적) 근년에, 근대에. ¶ 이러나다.
blow high, blow low 바람이 불든 안 불든; 어떤 일이 있더라도.
fall low 타락하다.   *fly low* ⇨FLY.
high and low ⇨HIGH.
low down 훨씬 아래로; 멸시[냉대]하여.   〖대하다.
play it low down on [or *upon*] …을 학대하다, 냉대하다.
play low 적은 돈의 내기를 하다.
— 甼 (웃) ~*s* [-z]) **1** (장소·위치·값 따위가) 낮은 것. **2** ① 〖자동차〗 저(1단) 기어. **3** 〖기상〗 저기압, 저압부(低壓部). **4** 〖카드놀이〗 끗수가 가장 낮은 으뜸패. **5** (시합의) 최저점(의 사람[팀]). **6** 〖美〗 〖증권〗 최저 수준[기록]. ¶ at a new ~ 최저 기록의[으로].
-ish 웃 조금 낮은.

low² 웃 (소가) 음매하고 울다(moo). — 自 …을 울부짖듯이[소의 울음 소리처럼] 말하다(forth). — 甼 소의 울음 소리, 음매; 음매하고 울기.

low³ 웃 붙타다, 타오르다; 흥분해서 열을 내다.
— 甼 불꽃. (또는 **lowe**)

LOW 〖군사〗 launch on warning(경보 즉시 발사; 적의 ICBM 발사를 감지 즉시 대응 ICBM을 발사하겠다는 미국의 핵전략).

lów-báll [lóubɔ̀ːl] 甼 **1** 〖카드놀이〗 로볼(draw poker의 일종). **2** (고의로) 싼 가격[견적]; 엉터리 가격[견적]. — 甼 일부러 싼 가격[견적]을 제시하여; 엉터리 가격[견적]을 내다; 과소 평가하다. — 웃 실제보다 싸게 어림한; (잔의) 운두가 낮은.

lów béam 甼 (자동차의) 하향(下向) (근거리용) 헤드라이트 광선. 웃) high beam

lów blóod prèssure 甼 〖의학〗 저혈압. 웃) high blood pressure

lów blów 甼 〖권투〗 로 블로(벨트 아래를 때리는 반칙 공격); 야비한 수법[공격].

low-born [lóubɔ́ːrn] 웃 태생이 비천한.

low-boy [lóubɔ̀i] 甼 〖美〗 다리가 달린 낮은 옷장. 웃) highboy   〖없는, 야비한(ill-bred).

low-bred [lóubréd] 웃 버릇없이 자란, 예의 범절이

low-brow [lóubràu] 甼 〖구어〗 지성[교양]이 낮은 사람, 저학[저속]의 사람. — 웃 교양 없는, 저속한, 저급한; 야비한. 웃) highbrow

low-browed [^-bráud] 웃 이마가 좁은; (바위가) 튀어나온; (건물) 입구가 낮은; 〖美속어〗 교양이 낮은.

low-budg・et [^-bʌ́dʒət] 웃 저(低)예산[비용]의, 싸게 만든.

low-cal [^-kǽl] 웃 칼로리가 낮은.

lów cámp 甼 진부하고 통속적인 것을 무의식적으로 사용하여. 웃) high camp   〖炭素鋼〗

lów-cár・bon stèel [^-kɑ̀ːrbən-] 甼 저탄소강(低

Lów Chúrch 甼 (the ~) 저교회파(低教會派)(영국 국교회의 일파). 웃) High Church **Lów-Chùrch** 웃

Lów Chúrchman 甼 저교회파 신자.

low-class [^-klǽs/-klɑ́ːs] 웃 =lower-class.

lów comédian 甼 저속한 희극 배우[코미디언].

lów cómedy 甼 저속한 희극, 시시한 익살극.

low-cost [^-kɔ́ːst/-kɔ́st] 웃 싼 값의, 값[비용]이 싼.

Lów Cóuntries 甼 (the ~) 북해 연안의 저지대(低地帶)(네덜란드·벨기에·룩셈부르크 지역).

lów cóuntry 甼 저지대. **lów-còuntry** 웃

low-cut [^-kʌ́t] 웃 =low-neck(ed).

lów-dén・si・ty lipoprótein [^-dénsəti-] 甼 〖생화학〗 저밀도 리포 단백질(동맥 경화증을 유발; 웃) LDL).

lów-dénsity polyéthylene 甼 〖화학〗 저밀도 폴리에틸렌(웃) LDPE).

low-down [lóudàun] 甼 (the ~) 〖구어〗 실정, 진상, 내막; 비밀 정보.   〖을 말하다.

give a person the lowdown on 남에게 …의 내막

— 웃 [^-^] (또는 **lów-dówn**) 비열한; (신분이) 낮은, 천한; 〖美속어〗 (블루스 따위가) 저음으로 느린 템포의, 혼을 흔드는 듯한.

Lów Dútch 甼 =Low German.   〖end

low-end [^-énd] 웃 저가격대(帶)의, 값싼. 웃) high-

low・er¹ [lóuər/lóː-] 웃 (~*s* [-z]) 他 **1** …을 낮추다, 낮게 하다, 내리다(웃) raise). ¶ ~ a flag 기를 내리다/~ a boat 보트를 내리다. **2** (양·가격·정도·질 따위)을 줄이다, 내리다. ¶ ~ the price of goods 물품의 값을 내리다/~ one's ambition 목표를 한 단계 낮춰 잡다. **3** (소리·목소리)를 낮추다. ¶ ~ the volume of the radio 라디오의 음(량)을 낮추다. **4** (부정문으로) 〖남의 지위·인격·가치 따위〗를 떨어뜨리다, 낮게 평가하다, …을 비하하다; 〖재귀용법으로〗 자존심 따위를 꺾고 …하

다(*to do*). ¶ ~ a soldier's rank 병사를 강등시키다. 5 〔음악〕…의 음조를 낮추다; 〔음성〕〔혀의 위치〕를 낮게 하다. —자 1 (양·힘·정도 따위가) 줄다, 떨어지다. ¶Stock prices rise and ~ constantly. 주가는 등락을 되풀이한다. 2 (고도가) 낮아지다, 강하하다. 3 보트〔돛〕를 내리다(*away*). 4 (목소리의) 음조가 낮아지다.

lower oneself to *do* [or by *doing*] …하여 체면을 구기다.

— 형 (low¹의 비교급) 1 한층 낮은, 하급의; 아래쪽의. ¶the ~ lip 아랫입술/~ animals 하등 동물. 2 하류의; 저지(低地)의; 남부의. 3 (종종 L-) 〔지질〕 하부[전기(前期)]의. ¶the *L*- Devonian 하부(下部) 데본계(系), 데본기(紀) 전기.

lower than a snake's belly [or *hips*] (*in a well*) 아주 비열한; (기분이) 몹시 나쁜.

lower than spots on a snake's ass (美俗語) 떨어질 대로 떨어진, 가장 밑바닥의.

— 명 1 low¹의 비교급. 2 (복합어로) 보다 낮게. ¶~-paid workers 저임금 노동자.

— 명 아래턱 의치(義齒); (배·열차 따위의) 하단의 침대; 하등 동물; 뒤떨어진 사람.

~·a·ble 형

low·er² [láuər] 자(동) 1 (날씨가) 험악해지다; (뇌우 따위가) 올 것 같다. ¶The clouds ~. 비가 올 것 같은 구름이다. 2 (…에) 얼굴을 찌푸리다, 못마땅한 얼굴을 하다(*at*, *on*). 3 험악한 날씨. 2 찌푸린 얼굴. (또는 **lour**)

lówer bérth 명 〔美口語〕 하단(下段) 침대. 〔**lour**〕

Lówer Califórnia 명 ⇨BAJA CALIFORNIA

Lówer Cánada 명 캐나다 퀘벡주(州)의 옛 이름.

lówer cáse 명 〔인쇄〕 소문자 (활자함(箱)〕.

low·er·case [lóuərkèis] 명 소문자의; 〔인쇄〕 소문자함(函)의, 소문자로 짠(인쇄한). ¶~ letters 소문자. — 타 〔인쇄〕 …을 소문자로 쓰다(인쇄하다). (교정에서) 〔대문자〕를 소문자로 바꾸다(*l.c.*). —Ⓤ 소문자.

lówer chámber 명 (the ~) =lower house. 〔자.

lówer cláss 명 하층 계급; 노동자 계급; (the ~es) 하층(노동자) 계급의 사람들.

low·er-class [-klǽs/-klάːs] 명 하층 계급(특유)의; 저급한, 열등한.

low·er·class·man [lóuərklæ̀smən/-klɑ̀ːs-] 명 (美) (대학·고등 학교의) 하급생(1·2학년생).

lówer cóurt 명 하급 법원.

lówer críticism 명 본문 비평(성서의 자구(字句)에 관한 비평)(textual criticism). ⇨ higher criticism

lówer déck 명 〔해사〕 하갑판; (~s) (英) 수병실; (the ~) (집합적) 수병. 2 (신문의) 부제목.

Lówer 48 [-fɔ́ːrtiéit] 명 (美) (Alaska를 제외한) 미국 본토 48주. (또는 **Lówer Fórty-eight**)

lówer hóuse 명 (종종 L- H-) (the ~) (양원제의) 하원. ⇨ upper house

low·er·ing¹ [lóuəriŋ] 명 1 낮추는. 2 상스럽게 하는, 품위를 떨어뜨리는. 3 (식품 따위가) 체력을 약화시키는, 쇠약하게 하는. —Ⓤ 저하, 하락.

low·er·ing² [láuəriŋ] 명 1 (날씨 따위가) 험악한, (비·눈 따위가) 금방 쏟아질 듯한. 2 기분이 좋지 않은, 찌푸린 얼굴을 한. ¶a ~ face 찌푸린 얼굴. (또는 **louring**) ~·ly 부

lówer mánagement 명 (기업의) 하급 관리자(층).

low·er·most [lóuərmòust] 형 가장 낮은, 최저의, 최하의; uppermost.

lówer órders 명 (the ~) 하층 계급의 사람들.

lówer régions 명 (the ~) 지옥; 저승, 저세상.

lówer schóol 명 (英) (public school에서 5년급 이하의) 저학년; (美) (상급 학교에 들어가기 위한 준비 단계로서의) 하급(예비) 학교.

lówer wórld 명 (the ~) 황천(黃泉), 명토(冥土); (천계(天界)에 대해) 하계(下界), 이승.

low·er·y [láuəri] 형 (하늘 따위가) 음산한, 험악한, 거친. (또는 **loury**)

low·est [lóuist] 형 (low의 최상급) 최하의; 최저의; 최소의; 가장 값싼. ¶at the ~ 적어도; 낮아도.

lówest cómmon denóminator 명 〔수학〕 최소 공분모(least common denominator; 약 LCD); 최소 공통성(취미 따위의).

lówest cómmon múltiple 명 (the ~) 〔수학〕 최소 공배수(least common multiple; 약 LCM). 〔위〕

lów explósive 명 폭발력이 약한 화약(흑색 화약 따

low-fat [-fǽt] 형 저지방의. ¶~ milk [diet] 저지방식

low-fi [-fái] 명 (구어) =lo-fi. 〔유식〕.

lów fíve 명 (美俗語) 로 파이브(허리 높이에서 서로 손바닥을 마주치는 환영(인사)의 동작).

low-fly·ing [-flàiiŋ] 형 저공 비행의.

lów fréquency 명 〔무선〕 저주파(低周波)(30-300 킬로헤르츠의 주파수), **lów-fréquency** 형

lów géar 명 (자동차의) 저속 기어(low). 〔언.

Lów Gérman 명 저지(低地) 독일어; 저지 독일어 방

low-grade [-gréid] 형 저급한, 하급의.

low-in·come [-ínkʌm] 형 저소득의. ¶~ bracket [or group] 저소득층. 〔음 소리.

low·ing [lóuiŋ] 명 음매하고 우는, ~ 소리와 같은.

low-in·tén·si·ty cónflict [-inténsəti-] 명 (美) 저수준(강도) 분쟁(내전·게릴라전 따위; 약 LIC). 〔책.

lów-in·ter·est pólicy [-íntərəst-] 명 저금리 정

low-key [-kíː] 형 1 (감정·태도·표현 따위를) 억제한, 삼가는; 저자세의. 2 (사진) 화면이 어두워 콘트라스트가 적은(⇔ high-key). 3 (구어) 저조한, 중요하지 않은. (또는 **lów-kéyed**) —자타 …을 삼가는 것처럼 보이게 하다.

***low·land** [lóulənd] 명 저지(低地)(⇔ highland). 2 (~s) 저지 지방. 3 (the L-s) 스코틀랜드 남부 및 동부의 저지 지방(⇔ the Highlands). — 형 저지의, 저지 지방 특유의; (L-) 스코틀랜드 저지 지방(특유)의.

Low·land·er [lóuləndər, -lènd-] 명 스코틀랜드 저지 사람(⇔ Highlander); (l-) 저지 지방의 주민.

Lów Látin 명 저(低)라틴어, ⇨LATIN.

low-lev·el [-lévəl] 형 1 지위[신분]가 낮은 (사람의). 2 저공(低空)의. 3 소량의; 저수준의. 4 (물리) (핵폐기물 따위가) 방사능이 낮은.

lów-lével lánguage 명 〔컴퓨터〕 저수준(低水準) 언어(기계어(machine language)와 1대1로 대응하는 언어). ⇨ high-level language

low·life [lóulàif] 명 (俗) 사회의 하층민; 몹쓸 사람; 범죄자, 타락한 인간. — 명 범죄자의; 하층의.

low-lived [-láivd/-lívd] 형 천한(하류의) 생활을 하는; 비천한(mean), 비열한.

***low·ly** [lóuli] 형 1 초라한, 보잘것없는. ¶a ~ cottage 초라한 오두막집. 2 지위가 낮은, 신분이 천한. 3 발달 정도가 낮은, 저단계의. 4 겸손한; 굽실거리는. ⇨HUMBLE 유의어. — 부 초라하게; 겸손하게, 자기를 낮추어; 낮은 소리로. -li·ly 부 **-li·ness** 명

low·ly·ing [-láiiŋ] 형 낮은, 저지(低地)의; (구름이) 낮게 깔린.

Lów Máss 명 〔가톨릭〕 독창(讀唱) 미사(사제의 전례문(典禮文) 독창만으로 행하는 미사); ⇨ High Mass

lów-míleage cár 명 가솔린 낭비형 자동차.

low-mind·ed [-máindid] 형 마음이 더러운, 비열한, 야비한. -·ly 부 -·ness 명 〔꿈이 파진.

low-neck(ed) [-nék(t)] 형 (여성복이) 목 부분이

low·ness [lóunis] 명Ⓤ (위치 등이) 낮음; 적음; 저렴함; 낮은 음; 기운이 쇠함, 의기 소침.

low-num·bered [-nʌ́mbərd] 형 번호가 이른.

lów obsérvable technòlogy 명 〔군사〕 저시인성(低視認性) 기술, 스텔스 기술(Stealth technology) (항공기의 외형·소재의 연구를 통해 레이더에 의한 탐지를 막는 기술의 총칭).

low-paid [-péid] 형 임금이 싼.

lów pítch 图 1 〔음악〕 국제 표준음. 2 (美속어) (길가) 노점의 전시. 「붕의) 경사(물매)가 뜬.
low-pitched [́-pítʃt] 图 1 음조(음역)가 낮은. 2 (지
lów póint 图 최저(최악)의 상태.
low-pol·lu·tion [́-pəlúːʃən] 图 저공해(오염)의.
lów pósture 图 (a ~) 저자세(low profile).
low-pow·ered [́-páuərd] 图 저출력의, 마력이 낮은; (렌즈가) 배율이 낮은.
low-pres·sure [́-préʃər] 图 저압의; 저기압의; 기운이 없는, 소극적인; 한가한, 무사태평한; 조용히 설득하는; (美) 밀어붙이지 않는, 강요하지 않는.
low-priced [́-práist] 图 값싼, 저가(低價)의.
lów-price hígh-vólume strátegy 图 박리다매(薄利多賣) 전략.
lów pró (美구어) =low profile. 「태도.
lów prófile 图 (a ~) 저자세, 눈에 두드러지지 않는 keep [or maintain] a low profile 저자세를 지키다, 사람 눈에 안 띄다.
low-pro·file [́-próufail] 图 1 (직업이) 화려하지는 않으나 실속있고 안정된. 1 ~ professions 안정되고 착실한 직업들. 2 저자세의, 삼가는; 눈에 띄지 않는.
lów-prófile tíre 〔자동차〕 편평(扁平)타이어.
low-proof [́-prúːf] 图 알코올 도수가 낮은(약한).
lów relíef 图 〔조각〕 얕은 돋을새김(bas-relief).
lów rént (美속어) 1 싸구려의. 1 ~ home 집세가 싼 주택. (또는 **lów-rént**) 2 (俗) 천한(열등한) 사람.
low-res [́-réz] 图 (구어) 신통치 못한, 시원치 않은, 눈을 끌지 못하는. 〔<low+resolution〕
low-rid·er [lóuràidər] 图 1 차체(車體)를 낮게 개조한 차로 난폭 운전을 하는 젊은이. 2 핸들을 높게 개조한 오토바이를 운전하는 사람. 3 (속어) 흑인 지구 출신의 난폭한 젊은이.
low-rid·ing [lóuràidiŋ] 图 차체를 낮춘 차를 몰기.
low-rise [́-ráiz] 图 (美) (건물 따위가) 층수가 적은; (바지가) 가랑이가 짧고 주둥이 붙는. — 图 저층 건물.
lów séason 图 (때로 the ~) (행락 따위의) 비수기.
lów shóe 图 (보통 ~s) (美) 단화. 「오프시즌.
lów silhouétte 图 =low profile.
low-so·di·um [́-sóudiəm] 图 저염분(低鹽分)의.
low-spir·it·ed [́-spíritid] 图 기운이 없는, 의기 소침한, 울적해하는, 우울한. **~·ly** 图. **~·ness** 图
low-sul·fur [́-sʌ́lfər] 图 (석탄·석유 따위가) 저유황의. 1 ~ crude oil 저유황 원유. **-sùl·fur·i·zá·tion** 图
Lów Súnday 图 부활절(Easter) 다음의 첫 일요일.
lów téa (美) =plain tea.
low-tech [́-tèk] 图 =low technology. — 图 = low-technology. 配 high-tech
lów technólogy 图 저급 과학 기술(재래의 일반적 기술). 配 high technology 「기술의.
low-tech·nol·o·gy [́-teknálədʒi/-nɔ́l-] 图 저급
lów ténsion 图 〔전기〕 저전압(의電壓).
low-ten·sion [́-ténʃən] 图 〔전기〕 저전압(용)의.
low·test [́-tést] 图 (휘발유가) 비등점이 높은, 휘발성이 낮은.
low-tick·et [tíkit] 图 저가(低價)의. 「도가 낮은.
lów tíde 图 1 썰물, 간조(干潮); 썰물(간조) 때의 (수위). 2 (비유적) 최저점, (밑)바닥; 극도의 쇠퇴.
low·veld [lóufelt, -velt] 图 (종종 L-) (남부 아프리카의) 저지 초원 지대.
lów wáter 图 1 (강·호수 따위의) 저수위(低水位). 2 썰물, 간조(low tide). 3 부진(궁핍) 상태. 「기 소침하여, *in (dead) low water* ① 썰물의. ② 돈에 쪼들려, 궁지에 빠져.
lów-wáter màrk [́-wɔ́ːtər-, -wát-] 图 1 저수위 표(低水位標); 저조(低潮) 수위(표). 2 (비유적) 최저 수준; 부진(궁핍)의 바닥. 1 be at the ~ 최저 상태에 있다.
Lów Wéek 图 부활절 주(週)의 다음 주(1주일).
lox¹ [láks/lɔks] 图 (美) 액체 산소. — 图(도) [로켓]에 액체 산소를 공급하다. (또는 **LOX**) 〔<liquid+oxygen〕
lox² 图 (美) 훈제(燻製) 연어. 「선(航線線).
lox·o·drome [láksədroum/lɔ́ks-] 图 〔해사〕 항정

lox·o·drom·ic [làksədrámik/lɔ̀ksədrɔ́mik] 图 〔해사〕 등자 항법(等斜航法)의, 항정선의. 2 메르카토르 도법의. (또는 **loxodromical**) **-i·cal·ly** 图
lox·y·gen [láksədʒən, -dʒèn-/lɔ́k-] 图 액체 산소.
loy. loyalty. 〔<liquid+oxygen〕
‡loy·al [lɔ́iəl] 图 (*more ~, ~·er*; *most ~, ~·est*) 1 (⋯에) 충성스러운, 충의가 있는 (to). ⇒FAITHFUL 유의어 1 be ~ *to* one's country 나라에 충성을 다하다. 2 (약속·의무 따위에) 충실한 (to). 1 be ~ *to* a vow 맹세를 충실히 지키다. 3 성실한, 의리가 있는; 고결한. 1 one's ~ husband 성실한 남편. — 图 (~s) 충신, 애국자. **~·ly** 图 충성스럽게. **~·ness** 图
loy·al·ism [lɔ́iəlìzm] 图[U] 충성(심), 충의(심); (반란 때의) 근왕(勤王)주의.
loy·al·ist [lɔ́iəlist] 图 1 충신, 애국자(반란 때의) 국왕(현정부) 지지자. 2 (L-) (미국 독립 전쟁 당시의) 영국 정부 지지자. 3 (L-) (스페인 내전 당시의) 공화당원.
‡loy·al·ty [lɔ́iəlti] 图 (图 *-ties* [-z]) 1 [U][C] (⋯에의) 충의, 충성, 충절, 성실; 정절(貞節) (*to, for*); (보통 a ~) 충성심. 2 (보통 *-ties*) 충성스런[성실한] 행위. 1 *divided loyalties* 적대적인 두 사람에의 충성; 의리와 인정 사이에 끼여 꼼짝 못하는 딜레마.

> 유의어 **loyalty** 사랑하는 사람·믿는 사람에게 절대로 배신하지 않겠다는 개인적인 감정. **allegiance** 개인적 감정이 아니라 국민(단체의 구성원)으로서 나라(단체)에 지지해야 하는 의무감. **fidelity** 확고한 충성·성실; loyalty보다 애착심의 암시가 적고 의무감의 암시가 강한 말.

lóyalty càrd 图 고객 우대 카드, 포인트 카드.
lóyalty óath 图 (美) (공직자의) 충성 선서.
Loy·o·la [lɔióulə] 图 **Ignatius** ~ 로욜라(1491?-1556: 스페인의 성직자; Jesuit 회(會)의 창립자).
LOZ liquid ozone.
loz·enge [lázindʒ/lɔ́z-] 图 1 약용 드롭스, 트로치제(劑) (기침약 (마름모꼴이었던 데서); 마름모꼴 엿(캔디). 2 (기하) 마름모꼴. 3 (보석의) 마름모꼴 면(面). 4 (문장) 마름모꼴 무늬; 마름모꼴 방패.
LP¹ [élpíː] 图 (图 ~*s*, ~*'s*) (상표) (레코드의) 엘피판 (long-playing record). (또는 **L-P**)
LP² *laser* [*line*] *printer; linear programming; list price; long-playing; low pressure.* **l.p.** *large paper; long primer; low pressure.* **L.P.** *Labor* [*Labour*] *Party; landing platform; listening post; Lord Provost.*
l-PAM [élpǽm] 图 〔약학〕 l-페닐 알라닌 머스터드(항암제). 〔<*l-phenyl alanine mustard*〕
LPG *liquefied petroleum gas.* **LPGA** *Ladies Professional Golf Association* ((美) 여자 프로 골프
LP gàs 图 =LPG(액화 석유 가스). 「협회).
LPL 〔컴퓨터〕 *List Processing Language.*
L-plate [élplèit] 图 (英) (임시 면허 운전자의 차에 표시하는) L자 판. **L-plàt·er** 图 임시 면허 운전자. 〔<*Learner plate*〕
LPM, lpm 〔컴퓨터〕 *lines per minute*(행/분).
LPN *licensed practical nurse*(간호 조무사). **LPO** *London Philharmonic Orchestra.* **Lr** 图 (화학) lawrencium. **L.R.** *living room*; *Lloyd's Register*; *long range* [*run*]; *lower right.* **LRBM** *long-range ballistic missile.* **L.R.C.S.** *League of Red Cross Societies*(적십자사 연맹). **LRF** 〔생화학〕 *luteinizing hormone-releasing factor*(황체 형성 호르몬 방출 인자). 「전자. 〔<*Learner rider*〕
L-rid·er [élràidər] 图 (英) 오토바이의 임시 면허 운
LRL *Lunar Receiving Laboratory* (NASA의) 달 수용(收容) 연구소). **LRSI** 〔우주〕 *low-temperature reusable surface insulation*(저온용 내열(耐熱) 타일). **LRV** *lunar roving vehicle*(월면[月面] (작업)차).

L.S. *l*eading *s*eaman; Licentiate in Surgery(외과 유자격자); Linnaean Society(린네 식물학회); 〔라틴〕 *locus sigilli*(=place of the seal)(조인(調印) 장소).
LSA Linguistic Society of America(미국 언어학회). **LSAT** 〔美〕 *L*aw *S*chool *A*dmission *T*est(법과 대학원 입학 시험).
LSD [élèsdí:] 명 1 〔美해군〕 덱(deck)형 양륙함. (<landing ship deck) 2 (또는 LSD-25) 〔약학〕 엘에스디(강력한 환각제). [<*l*ysergic acid *d*iethylamide]
l.s.d., L.S.D. Lightermen, Stevedores & Dockers.
L.S.D. [élèsdí:] 명 1 (영국 화폐 제도의) 파운드(L)·실링(S)·펜스(d)(shilling은 1971년 폐지). 2 〔英구어〕 돈, 부. (또는 **L.s.d., £.S.D, l.s.d.**) 「숭배.
L.S.De·ism [élèsdíːizm] 명 〔악살〕 배금주의, 금전
LSE 〔英〕 *L*ondon *S*chool of *E*conomics and Political Science(런던 대학 사회 과학부). **LSI** *l*arge-*s*cale *i*ntegration(고밀도 집적 회로). **LSL** 〔컴퓨터〕 *l*ow-*s*peed *l*ogic. **LSO, L.S.O.** *L*ondon *S*ymphony *O*rchestra(런던 교향악단).
L̂ square 〔목수의〕 ㄱ자자, 곱자.
LSS *L*ife*s*aving *S*ervice; *l*ife *s*ervices *s*ystem; *l*ife-*s*upport *s*ystem. **LST** *l*anding *s*hip *t*ank(상륙용 주정(舟艇), 전차 양륙함). **LST, l.s.t.** *l*ocal *s*tandard *'lt* [lt] 조 wilt·shalt의 단축형. [*t*ime(지방 표준시).
LT *l*etter *t*elegram. **Lt.** *l*ieutenant; *l*ight. **l.t.** 〔미식축구〕 *l*eft *t*ackle; *l*ocal *t*ime; *l*ong *t*on. **LTA** 〔항공〕 *l*ighter-*t*han-*a*ir. **L.T.A.** *L*awn *T*ennis *A*ssociation. **LTBT** *L*imited *T*est *B*an *T*reaty(부분적 핵실험 금지 조약). **LTC, Lt. Col.** *L*ieutenant *Col*onel. **Lt. Cdr. [Comdr.]** *L*ieutenant *C*o*m*man*d*e*r.* **ltd., Ltd.** 〔英〕 *l*imi*t*e*d*. **LTG, Lt. Gen.** *L*ieu*t*enant *Gen*eral. **Lt. Gov.** *L*ieu*t*enant *Gov*ernor. **L. Th.** *L*icentiate in *Th*eology. **LTJG** *l*ieu*t*enant *j*unior *g*rade. **LTL** *l*ess-*t*han-*t*ruck*l*oad *l*ot. **LTR** *l*iving *t*ogether *r*elationship (동서(同棲); 내연 관계). **ltr.** *l*e*t*te*r*; *l*igh*t*e*r*. **Lu** 〔의 (화학) *lu*tetium. **LU** 〔컴퓨터〕 *l*ogic *u*nit; *l*oudness *u*nit(음량의 단위); *l*umen. **LUA** *l*etter of *u*ndertaking and *a*uthorization (보증 수권서(授權書)).
Lu·an·da [luǽndə] 명 루안다(앙골라의 수도·항구 도시). (또는 Loanda)
lu·au [lúːáu/⌣⌣] 명 〔美〕 루아우. 1 하와이 요리로 여는 야외 연회. 2 타로토란 잎을 이용한 하와이 전통 요리.
lub. *lub*ricant; *lub*ricating; *lub*rication.
Lu·ba [lúːbə] 명 1 (통 ~s) 루바족(자이르 남동부에 사는 흑인족). 2 Ⓤ 루바어(語).
lub·ber [lʌ́bər] 명 1 덩치 큰 멍청이, 무뚝뚝한 사람, 뒤틈바리. 2 〔해사〕 미숙한 선원. —형 =lubberly.
lub·ber·ly [lʌ́bərli] 형 덩치만 크고 멍청한, 메떨어진, 서투른, 솜씨없는(clumsy). — 부 서투르게, 어설프게, 볼품없게. **-li·ness** 명
lúbber's hóle 〔해사〕 장루(檣樓) 승강구.
lúbber's líne [márk] 명 〔항해·항공〕 (방위) 기선 (基線). (또는 **lúbber's póint**).
lube [luːb] 명 Ⓤ 〔구어〕 윤활유. (또는 ⌣ óil) — 타 (차)에 윤활유를 치다, 주유(注油)하다.
lu·bra [lúːbrə] 명 〔濠〕 원주민 여자; 〔속어〕 여자.
lu·bri·cant [lúːbrikənt] 명 매끄럽게 하는 것; 윤활유, 윤활제(滑膜劑), 윤활제(劑), 형 매끄럽게 하는.
lu·bri·cate [lúːbrəkèit] 동타 1 〔기계 따위〕에 기름(윤활유)을 치다〔바르다〕. 2 …을 매끄럽게 하다. 3 〔속어〕 …에게 뇌물을 원활히 하기 위하여〕 …에게 술을 매수하다; 〔술에 취하게〕 하다; …을 매수하다. — 자 1 윤활제 구실을 하다. 2 〔속어〕 술을 마시다; 술취하다.
lubricate a person's tongue 남에게 술을 먹여서 〔돈을 주어서〕 비밀을 말하게 하다.
lú·bri·cat·ing óil [lúːbrəkèitiŋ-] 명 윤활유.
lu·bri·ca·tion [lùːbrəkéiʃən] 명 매끄럽게 하기, 윤활; 감마(減摩), 기름치기, 주유, 급유; 〔美구어〕 술.
lu·bri·ca·tive [lúːbrəkèitiv] 형 매끄럽게 하는, 윤활성의. ¶a ~ agent 윤활제.
lu·bri·ca·tor [lúːbrəkèitər] 명 매끄럽게 하는 사람 〔것〕; 주유하는 사람, 주유기; 윤활유, 윤활제.
lu·bri·cious [luːbríʃəs] 형 1 음란한, 외설스러운, 호색한. 2 (드물게) =lubricious 1, 2. ~ly 부
lu·bric·i·ty [luːbrísəti] 명Ⓤ Ⓒ 1 매끄러움, (표면이) 반들반들함. 2 종잡을 수 없음, (마음이) 변하기 쉬움, 불안정, 동요. 3 음란; 호색 문학; 포르노.
lu·bri·cous [lúːbrikəs] 형 1 (표면이) 매끄러운, 미끈미끈한. 2 종잡을 수 없는, 믿을 수 없는, 불안정한. 3 =lubricious
lu·bri·to·ri·um [lùːbrətɔ́ːriəm] 명 〔美〕 주유소; (주유소 내의) 윤활유 교환장. (또는 **lubricatorium**)
Lu·can [lúːkən] 명 성(聖) 누가(St. Luke)의.
luce [luːs] 명 (성어(成魚)가 된) 강꼬치(유럽·아시아 북부산(産)); 〔문장〕 강꼬치 무늬.
lu·cent [lúːsnt] 형 빛나는, 번쩍이는; 반투명의, 맑은. **-cence, -cen·cy** 명 광휘; 투명. ~ly 부
lu·cern(e) [luːsə́ːrn] 명 〔英〕 자주개자리((美) alfalfa).
lu·ces [lúːsiːz] 명 lux의 복수형. [falfa).
Lu·cia [lúːʃə/-siə] 명 루시아(여자 이름).
Lu·cian [lúːʃən/-siən] 명 1 루션(남자 이름). 2 루키아노스(2세기경 그리스의 풍자 작가).
lu·cid [lúːsid] 형 1 빛나는, 번쩍이는, 밝은. 2 깨끗한, 맑은, 투명한. ¶ ~ water 맑은 물. 3 알기 쉬운, 명백한. ¶a ~ explanation 알기 쉬운 설명. 4 (누가 허가) 명석한, 맑은; (지각이) 정상인, 제정신의. 5 〔천문〕 육안으로 보이는. 6 (동·식물) 매끄럽고 윤이 나는. ~ly 부 ~·ness 명
lúcid dréam 〔심리〕 명석몽(明晳夢), 자각몽(自覺夢)〔꿈꾸고 있는 것을 자각하면서 꾸는 꿈〕.
lúcid intérval 〔정신의학〕 의식 청명기(清明期)〔정신 착란시의 의식 장애중 잠깐 정신이 든 동안〕.
lu·cid·i·ty [luːsídəti] 명Ⓤ 1 광휘, 밝음. 2 맑음, 투명. 3 투명, 명쾌, 선명; 명석. 4 평정, 정상 상태.
Lu·ci·fer [lúːsəfər] 명 1 루시퍼(하늘에서 떨어진 오만한 반역 천사장(天使長)); 마왕, 사탄(―이사야서(書)(Isa.) 14:12). 2 샛별. 3 (l―) 황린(黄燐) 성냥.
as proud as Lucifer (루시퍼같이) 오만한.
Lu·cif·er·ase [luːsífərèis] 명Ⓤ 〔생화학〕 루시페라아제, 발광(發光)효소.
lu·cif·er·in [luːsífərin] 명Ⓤ 〔생화학〕 루시페린(개똥벌레 따위의 체내에 있는 발광(發光) 물질).
lu·cif·er·ous [luːsífərəs] 형 〔고어〕 1 빛나는, 번쩍이는, 밝게 하는. 2 계발(啓發)〔계몽〕하는, 밝히는.
lu·cif·u·gous [luːsífjugəs] 형 〔생물〕 일광을 피하는, 배일성(背日性)의. (또는 **lucifugal**)
Lu·cil(l)e [luːsíːl] 명 루실(여자 이름; Lucia, Lucy의 별칭). 「합성 수지).
Lu·cite [lúːsait] 명 〔상표〕 루사이트((반)투명 아크릴
Lu·cius [lúːʃəs/-siəs] 명 루시어스(남자 이름).
‡**luck** [lʌk] 명 Ⓤ 1 운, 운수, 운세(fortune). ¶ good [bad, ill] ~ 행(불)운. / have hard ~ 운이 나쁘다. /The ~ is in favor of me. 나에게 운이 트였다. 2 Ⓤ 행운, 좋은 운수. ¶ a run of ~ 행운의 연속 / a repeated stroke of ~ 되풀이되는 행운 / have no ~ 운이 없다 / wish a person ~ 남의 행운을 빌다 / There's ~ in leisure. 〔속담〕 기다리면 행운이 온다. 3 행운을 초래하는 것, 재수있는 일.
Any [or *No*] *luck?* 〔구어〕 잘 됐어?
as luck would have it ① 다행히도, 요행히, 운 좋게. ② 공교롭게, 운 나쁘게. 「다!
Bad [or *Hard, Tough*] *luck!* 운이 나빴군!, 안됐
Bad luck to you! 이 벼락맞을〔망할〕 놈아!
be in luck's way 운이 좋아지고 있다.
Best of luck (to you). 〔구어〕 행운을 빈다.

***break** one's **luck** (매춘부가) 그날의 첫 손님을 맞다.
by good [bad] luck 운 좋게도[나쁘게], 요행히도[불행하게도].
by luck =by good luck
chance one's **luck** ⇒CHANCE.
crowd [or **press, push, ride**] one's **luck** (구어) 운을 너무 믿고 덤비다, 과욕을 부려 일을 망치다.
down on one's **luck** 운이 나빠져서; 주머니 사정이
for luck 운이 좋도록, 재수를 빌며. └좋지 않아.
Good luck (to you)! ① 행운을 빕니다; 부디 안녕. ② 힘[기운] 내!
have (got) the luck of the devil [or **Irish**]; **have (got) the devil's own luck** (구어) ① 대단히[겁나게] 운이 좋다. ② 매우 운이 나쁘다.
have the luck 다행히 …하다(in, to do, of doing).
in luck [or **luck's way**] 운이 좋아서, 운 좋게.
just one's **luck** 또 글렀다, 늘 이 모양이다; (삽입구적으로) 예측대로, 아니나 다를까.
Lots of luck! (美구어) ① 행운을 빌어! ② (반어적) 잘해봐!, 쉽지 않을 걸!
No such luck! (구어) 뜻대로 안 돼!, 운이 없군!
off [or **out of**] **luck** 운이 없는, 운이 나쁜.
One's **luck's in [out]**. (구어) 운이 좋다[나쁘다].
take pot luck 마침 그곳에 있는 것만으로 식사하다.
the luck of the draw 추첨운, 우연; 운에 맡김.
the luck of the game (경기·활동 등의) 운(좋음).
try one's **luck** 운을 시험해 보다, 되든 안 되든 해보다.
What rotten luck! (구어) 재수 더럽게 없군!, 나쁜 운수가 좋으면,
with (any [or **a bit of**]) **luck** (구어) 일이 잘 되면,
worse luck (삽입구로서) 운 나쁘게, 공교롭게도, 재수없게, 난처하게도.
You never know your luck. (구어) ① 너는 운이 좋다. ② 너는 네 행운을 모르는구나.
── 图虫 (美구어) 운 좋게 (…을) 만나다[얻다](out) (into, on, onto); 운이 트다(out); (반어적) 운이 다하다, 죽다(out). └…을 운에 맡겨 보아라.
‡**luck·i·ly** [lʌ́kili] 图 (문·절을 수식하여) 운 좋게, 요행히, 재수 좋게. ¶L- he succeeded in passing the exam. 다행히도 그는 시험에 합격했다.
luck·i·ness [lʌ́kinis] 图⋃ 운이 좋음, 다행, 행운.
*****luck·less** [lʌ́klis] 图 운이 나쁜, 불운한, 불행한.
~·ly 图 **~·ness** 图
luck-mon·ey [-mʌ̀ni] 图 (英) =luck-penny.
luck-pen·ny [-pèni] 图⋃ 행운의 돈(부적으로 지참하는 돈). (또는 **lúck pènny**)
luck-up [lʌ́kʌ̀p] 图 운이 돌아오다.
‡**luck·y** [lʌ́ki] 图 (**luck·i·er; luck·i·est**) 1 운이 좋은, 행운의(图 unlucky). ¶be ~ enough to avoid the danger. 운좋게 위험을 면하다 // He was always ~ in what he undertook. 그는 무엇을 해도 운이 좋았다.

┌─────────────────┐
│유의어 **lucky** 노력이나 특질에 의한 것이 아니라, 우연한 행운의; 구어적인 말. **fortunate** 중요하고도 다소 영속적인 행운의; 격식을 차리는 말.
└─────────────────┘

2 운 좋게 생기는, (결과가) 다행한; 행운을 가져오는, 재수 좋은. ¶a ~ mistake 전화 위복의 실수 / a ~ day 길일(吉日). **3** (스코) 풍부한.
Lucky (for) you [or **him, devil**]! (구어) 운 텄군! 억세게 운이 좋군!
Lucky me. 고맙군, 좋았어.
strike (it) lucky (구어) (… 에 대해) 운이 좋다 (with). └알아?, 잘 해봐!
You'll be lucky! (구어) 그렇게는 잘 안될 걸!, 혹시
You [or **He, etc.**] **should be so lucky.** (구어) 쉽지 않았을 걸; 운이 좋았어.
── 图 (圈 **luck·ies** [-z]) **1** 행운의 것, 재수가 좋은 것. **2** (one's ~) (英속어) 도망(escape). **3** (또는 **luckie**) (스코) (부르는 말로) 할머니(granny).
cut [or **make**] one's **lucky** (英속어) 도망가다, 내
touch lucky (구어) 행운을 만나다. └빼다.
── 图 (스코) 활수하게, 후하게; 너무나.
lúcky bág 图 1 (英) (자선시(慈善市) 따위의) 복주머니(美) grab bag). **2** (군함 안의) 유실품 보관실.
lúcky bréak 图 图(運). 행운.
lúcky chárm 图 행운의 마스콧; 부적.
lúcky díp [**túb**] 图 (英) =lucky bag 1.
lúcky dóg 图 (구어) 행운아. ¶You are a ~. 당신은 행운아(미인과 약혼한 사람에게 하는 축하의 말). (또는 **lúcky béggar** [**dúck**])
lúcky guéss 图 요행수. (또는 **lúcky hít** [**shót**])
lúcky nùmber 图 행운의 수(자)(7 따위).
lúcky séventh 图 (야구) 행운의 7회, 러키 세븐.
lu·cra·tive [lúːkrətiv] 图 이익이 있는, 유리한, 수지맞는, (…에게) 득이[벌이가] 되는(profitable) (to). ¶a ~ business 유리한 사업. **~·ly** 图 **~·ness** 图
lu·cre [lúːkər] 图⋃ (경멸적) (구어) 금전적 보수; 돈, 부(富); (부정한) 벌이. ¶filthy ~ 부정한 이득[돈].
Lu·cre·tia [luːkríːʃə] 图 1 〖로마 전설〗 (정녀 (貞女)) 루크레티아. 2 (일반적으로) 정절의 귀감, 열녀.
lu·cu·brate [lúːkjubrèit] 图虫 1 (밤늦게까지) 열심히 공부하다[일하다]. 2 깊이 연구하다; 학술적인 것을 저술하다, 고심하여 노작(勞作)하다; 상세히 설명하다.
-brà·tor **lu·cú·bra·to·ry** 图
lu·cu·bra·tion [lùːkjubréiʃən] 图⋃ 열심히 공부[연구, 일]하기; (~s) 노작(勞作); 학구적 저술[저작].
lu·cu·lent [lúːkjulənt] 图 1 (설명 따위가) 명쾌[명료]한. 2 설득력이 있는. 3 빛나는, 화려한. **~·ly** 图
Lu·cul·lan [luːkʌ́lən] 图 사치스러운, 유복한; (식사 따위가) 호화스러운. (또는 **Lucullean, Lucullian**)
lu·cus a non lu·cen·do [lúːkəs ei nán luːséndou] 〖라〗 *lucus*(숲)의 어원은 *non lucendo*(밝지 않은)이라는 설; 역설적인 (어원) 설명, 비논리적인 추론, 모순된 이야기; 이름과 상반되는 내용을 가진 것. [<L]
Lu·cy [lúːsi] 图 루시, 1 여자 이름. (또는 **Luci**) 2 1974년 에티오피아에서 발견된 여자 원인(原人) 화석 이름.
Lúcy Stón·er [-stóunər] 图 (美) 여권 운동가, 기혼 여성의 개성(改姓) 반대자. 〔<제창자인 Lucy Stone(1818-93)〕
lud [lʌd] 图 (英) =lord. ¶My ~! 재판장님(변호사가 재판관을 부를 때).
Lud·dism [lʌ́dizm] 图 1 〖英사〗 러다이트 (Luddite) 운동(19세기 영국의 산업 혁명 때 실직을 두려워한 노동자의 기계 파괴 폭동). 2 (일반적으로) 기술 혁신[기계화, 자동화] 반대 운동. (또는 **Ludditism**)
〔<이 운동의 창시자인 노동자 Ned Ludd〕
Lud·dite [lʌ́dait] 图 러다이트. 1 〖英사〗 러다이트 운동(Luddism) 참가자. 2 (일반적으로) 기술 혁신[기계화, 자동화, 산업 합리화] 반대자. ── 图 러다이트(운동)의, 기계화[기술 혁신] 반대의. **-dit·ish** 图
lude [luːd] 图 (美속어) =Quaalude. ── 图① (美속어) (수동형으로) 진정제[수면제]에 취하게 하다(out).
*****lu·di·crous** [lúːdəkrəs] 图 우스운, 익살맞은, 웃기는, 바보 같은. ⇒FOOLISH 유의어. **~·ly** 图 **~·ness** 图
lu·dic [lúːdik] 图 (구어) =ludicrous.
lu·do [lúːdou] 图 (图 ~s) (英) 루도(점수봉과 주사위를 가지고 하는 반상 놀이). └「롱. [<L]
lu·es [lúːiːz] 图⋃ 〖병리〗 매독(syphilis); 역병, 전염
lu·et·ic [luːétik] 图 매독의[에 걸린]. **-i·cal·ly** 图
luff [lʌf] 图 〖종범 (縱帆)〗의 앞쪽 가장자리; 러프 (뱃머리를 바람 불어오는 쪽으로 돌려서 달리기); 뱃머리의 만곡부.
spring the [or **her**] **luff** (英) 키를 (느슨하게) 풀고 뱃머리를 바람 불어오는 쪽으로 돌리다.
── 图 뱃머리를 바람 불어오는 쪽으로 돌리다; (요트 경기에서) 상대방의 바람을 막으며 앞으로 나아가다.

Luff alee! 〔해사〕 키 내려!(배를 급히 바람 불어오는 쪽으로 향하게 할 때 내리는 구령).
Luff the helm! 〔해사〕 다시 바람 불어오는 쪽으로 향하래!
luf·fa [lúfə/lʌ́fə] 명 수세미; 수세미외의 섬유).
Luft·han·sa [lúfthɑ̀:nzə] 명 루프트한자(독일 항공 회사).
Luft·waf·fe [lúftvà:fə] 명 (나치스 시대의) 독일 공군. [＜G air weapon]
lug¹ [lʌɡ] 명 (**-gg-**) 타 **1** 〔무거운 것을 힘껏 끌다, 운반하다; 〔남〕을 억지로 데리고 가다(*along*). ¶ ～ a suitcase *along* 여행 가방을 끌고 가다. **2** …에 〔관계없는 이야기 따위)를 꺼내다(*in*, *into*). ¶ ～ *personal matters into* a discussion 토의중에 개인적인 화제를 꺼내다. ─ 자 **1** 무거운 듯이 움직이다. **2** 세게 끌다.
lug in [***out***] (경마) (말이) 안쪽으로 붙다(바깥쪽으로 벗어나다).
─ 명 **1** (a ～) 세게 끌기, 질질 끌기, 잡아당김. **2** (야채·과일 운반용) 나무 상자. **3** (～s) (美俗) 뽐냄, 젠체하기. **4** (the ～) (俗) (정치) 헌금 따위의 강요.
put on lugs 뽐내다, 젠체하다.
put [***or drop***] ***the lug on*** a ***person*** …에게 정치 헌금을 강요하다.
lug² [lʌɡ] 명 **1** (도구 따위의) 손잡이, 자루. **2** 돌기, 볼록 나온 부분, 돌출부. **3** (마구(馬具)의) 나뭇걸이. **4** (俗) 느림보, 얼간이. **5** (스코) 귀(ear); (모자의) 귀덮개.
lug³ 명 ＝lugsail; ＝lugworm.
lug. luggage.
luge [lu:ʒ] 명 루지(썰매의 일종). ─ 자 루지로 미끄럽타다(경주하다). **lúg·er** 명
Lu·ger [lú:ɡər] 명 (상표) 루거(독일제 반자동 권총). (또는 **Lüger**)
lug·ga·ble [lʌ́ɡəbl] 형 힘겹게 운반할 정도로 무거운 것.
*****lug·gage** [lʌ́ɡidʒ] 명 (주로 英) (여행용) 휴대품; 소형 여행 가방, 수하물(③ baggage); (상품으로서의) 여행 가방류. **～·less** 형
lúggage lòcker 명 (역·공항의) 수화물 로커(보관 소).
lúggage ràck 명 (열차 따위의) 선반, 그물 선반.
lúggage vàn 명 (英) ＝baggage car.
lug·ger [lʌ́ɡər] 명 (해사) 러거(lugsail을 단 2-3개의 돛이 있는 작은 배).
lug·hole [lʌ́ɡhòul] 명 (英구어) 귀, 귓구멍. (또는 **lúg-hòle**)
lúg nùt 명 러그 너트(예비 타이어 고정용 대형 너트).

[lugger]

Lú·gol's solútion [lú:ɡɑlz-/-ɡɔlz-] 명 루골액(液)(편도선 따위에 바름).
lug·sail [lʌ́ɡsèil, (해사) -səl] 명 (해사) 러그세일(뒷폭이 앞폭보다 더 넓은 네모꼴의 종범(縱帆)).
lu·gu·bri·ous [lu(ɡ)jú:briəs] 형 슬픈 듯한, 가련한, 애처로운. **lu·gu·bri·os·i·ty** [lə(ɡ)jù:briásəti/-ɔ́s-] 명 **～·ly** 부 **～·ness** 명
lug·worm [lʌ́ɡwə̀:rm] 명 갯지렁이.
Lu·ing [lú:iŋ] 명 루잉종(種)(스코틀랜드 Luing섬 산(產)의 육우(肉牛)).
Lu·kács [lú:kɑ:tʃ] 명 **György ～** 루카치(1885-1971: 헝가리의 문학사가·철학자·미학자).
Lu·kan [lú:kən] 형 ＝Lucan.
Luke [lu:k] 명 **1** (성서) 누가(신약 성서의 누가 복음 및 사도 행전의 저자). **2** (신약 성서의) 누가 복음. **3** 루크(남자 이름).
luke·warm [lú:kwɔ́:rm] 형 **1** 미적지근한, 미온의. ¶ ～ water 미지근한 물. **2** 열의가 없는, 미온적인, 마음이 내키지 않는. **～·ly** 부 **～·ness**, **～·th** 명
LULAC [lú:læk] League of United Latin-American Citizens(라틴 아메리카계(系) 시민 연맹).
*****lull** [lʌl] 타 (～**s** [-z]) 타 **1** (어린이)를 달래서 재우다, 어르다. ¶ ～ one's baby (*to* sleep) by singing 자장가를 불러주어 아기를 재우다. **2** …을 부드럽게(누그러지게) 하다; (보통 수동형으로) [파도·폭풍우 따위)를 가라앉히다. ¶ ～ a person's suspicions 남의 의심을 풀다 / The waves were ～*ed*. 파도가 잠잠해졌다. **3** (남)을 속여서 …시키다(*into*). ¶ (～＋目＋前＋名) ～ a person *into* contentment 남을 속여서 만족시키다.
─ 자 누그러지다, 잠잠해지다, 가라앉다, 자다.
─ 명 (a ～, the ～) **1** 마음을 달래주는 듯한 (듣기 좋은) 소리; (고어) 자장가. **2** (폭풍우 따위의) 잠잠함, 뜸함; (장르 따위의) 소강 상태; (대화 따위의) 일시적인 중단(*in*). ¶ the ～ before the storm 폭풍 전의 고요. **3** (경제) 일시적 불경기(경기 침체).
～·er 명 **～·ing** 형 달래주는 듯한. **～·ing·ly** 부
*****lull·a·by** [lʌ́ləbài] 명 **1** 자장가(cradlesong). **2** 졸음이 오는 가락. ─ 타 …을 자장가를 불러서 재우다.
lu·lu [lú:lu:] 명 (美俗) **1** 뛰어난 사람(것), 매력적인 여성, 특별한 것. **2** (의원들의) 특별 수당. **3** (L-) 룰루 (여자 이름).
lum [lʌm] 명 (종종 ～**s**) (美俗어) 컬럼비아산 대마.
lumb- [lʌmb] 연결 ⇨LUMBO-.
lum·ba·gi·nous [lʌmbéidʒinəs] 형 요통의.
lum·ba·go [lʌmbéiɡou] 명 ⓤ (병리) 요통(腰痛).
lum·bar [lʌ́mbər, -bɑ:r] 형 허리(요부(腰部))의, 요추(腰椎)의. ¶ ～ anesthesia 요추 마취. ─ 명 요추; 요신경; 요동(정)맥.
lúmbar púncture 명 (의학) 요추 천자(腰椎穿刺)(척수액을 채취하기 위해 요추부에 바늘을 꽂음).
*****lum·ber**¹ [lʌ́mbər] 명 (～**s** [-z]) ⓤ **1** (美·캐나다) 재목, 제재(製材), 제재목, 판재(板材)((英) timber). **2** (낡은 가구 따위의) 잡동사니, 폐물, 쓰레기. **3** (英) 헛목(軍木). **4** (살·개의) 군살. **5** (야구) 배트. **6** (俗) 집, 방; 장물 은닉처, (범죄자의) 은신처.
be in lumber (俗어) 투옥되다.
in [***into***] (***dead***) ***lumber*** 난처한 지경에, 궁지에. ─ 타 (～**s** [-z]) **1** (美·캐나다) 나무를 벌채하다, 제재하다. **2** (물건이) 쓸모없게 되다, 무용지물이 되다. ─ 타 **1** (어느 토지에서) (나무)를 베어내다. **2** …을 난잡하게 쌓아올리다. **3** (장소)를 잡동사니로 메우다, 어지르다(*up*)(*with*). ¶ (～＋目＋前＋名) ～ *up* a room *with* papers 방을 서류로 어지르다. ─ 명 재목의; 제재(업)의.
～·er 벌목[제재]업자. **～·less** 형
lum·ber² [lʌ́mbər] 자 (전차 따위가) 무겁게 움직이다, 덜커덕거리며 가다; 육중하게 걷다(*along*, *by*), …
lum·ber·ing¹ [lʌ́mbəriŋ] 명 ⓤ (美·캐나다) 제재업.
lum·ber·ing² [lʌ́mbəriŋ] 형 **1** 육중하게 움직이는(걷는); 맵시없는, 꼴 사나운. **2** (고어) 덜거덕거리며 나아가는. **～·ly** 부 쿵쿵거리며. **～·ness** 명
lum·ber·jack [lʌ́mbərdʒæ̀k] 명 (美·캐나다) 나무꾼, 벌목꾼.
lúmber jàcket 명 (美) 두터운 울로 만든 웃옷.
lum·ber·man [lʌ́mbərmən] 명 (美·캐나다) 목재상, 제재업자; ＝lumberjack.
lum·ber·mill [lʌ́mbərmìl] 명 제재소(sawmill).
lúmber ròom 명 (英) 광, 헛간; 다용도실.
lum·ber·some [lʌ́mbərsəm] 형 ＝cumbersome.
lum·ber·yard [lʌ́mbərjà:rd] 명 (美·캐나다) 목재 하치장.
lum·bo [lʌ́mbou] 명 (美俗어) 컬럼비아산 대마초.
lum·bo- [lʌ́mbou, -bə] 연결 loin(허리)의 뜻(＊ 모음 앞에서는 **lumb-**). ¶ *lumb*ago.
lum·brous [lʌ́mbrəs] 형 ＝lumbering².
lu·men [lú:min] 명 (廣) (～**s**, **-mi·na** [-mənə]) **1** (광학) 루멘(광속(光束)의 단위) (略 lm). **2** (해부) (혈관 등 관상(管狀) 기관의) 내강(內腔). **3** (식물) 세포 간극(間隙). **-me·nal** 형
Lu·mière [lu:mjέər] 명 뤼미에르(Auguste Marie Louis Nicolas ～ (1862-1954)와 그 아우 Louis Jean ～ (1864-1948): 프랑스의 화학자; 영화 촬영·영사기와 컬러 사진 연구의 선구자).

Lu·mi·nal [lúːmənəl] 명 〔약학〕 **(상표)** 루미날(phenobarbital의 상표명).

lúminal árt 명 광선 예술(색광의 변화를 이용한 시각 예술).

lu·mi·nance [lúːmənəns] 명 빛나는 상태[성질]; 발광 (상태), 발광성; 〔광학〕 휘도(輝度).

lu·mi·nant [lúːmənənt] 형 빛나는, 빛을 발하는. — 명 발광체(發光體).

lu·mi·nar·ist [lúːmənərist] 명 빛을 잘 다루는 화가.

lu·mi·nar·y [lúːmənèri/-nəri] 명 1 발광체(태양·달 따위). 2 인공 조명. 3 (비유적) 선각자, 지도자. 4 유명인, 저명 인사. — 형 빛의; 빛을 내는.

lu·mi·nesce [lùːmənés] 자동 (열은 내지 않고) 빛을 발하는, 냉광(冷光)을 발하다.

lu·mi·nes·cence [lùːmənésns] 명U (열은 나지 않는) 발광 (현상), 냉광, 루미네슨스(인광·형광 따위).

lu·mi·nes·cent [lùːmənésnt] 형 (열은 내지 않고) 발광하는, 냉광을 발하는.   `발광성의.

lu·mi·nif·er·ous [lùːmənífərəs] 형 빛을 발하는;

lu·mi·nism [lúːmənìzm] 명 (종종 L-) 루미니즘(19세기 미국의 풍경화 양식 또는 19세기 프랑스 인상파의 한 파).

lu·mi·nist [lúːmənist] 명 1 =luminarist. 2 (종종 L-) 루미니즘(luminism)의 신봉자.

lu·mi·nol [lúːmənɔːl/-nɔl] 명 〔화학〕 루미놀(혈흔 (血痕)의 검출에 쓰인다).

lu·mi·nos·i·ty [lùːmənάsəti/-nɔ́s-] 명 1 U 발광(성), 광휘, 광명. 2 발광물(체). 3 U (항성의) 실광도(實光度). 4 U 총명.

‡**lu·mi·nous** [lúːmənəs] 형 (more ~; most ~) 1 빛을 발하는, 빛나는, 번쩍이는. ⇨BRIGHT 유의어 ¶ a ~ body 발광체. 2 밝은, 조명이 좋은. 3 (작가·작품 따위가) 지적으로 뛰어난, 초명한 4 계몽[계발]적인, 명백한, 이해하기 쉬운. ¶ a ~ remark[explanation] 알기 쉬운 말[설명]. 5 〔광학〕 시각의. **~·ly** 부 **~·ness** 명

lúminous énergy 명 〔물리〕 가시광(선).

lúminous éxitance 명 〔광학〕 광속(光束) 발산도 (기 *Mv*).

lúminous flúx 명 〔광학〕 광속(光束). 약 lumen 1

lúminous inténsity 명 〔광학〕 광도(光度)(보통 candela로 나타낸다; 기 *Iv*).

lúminous páint 명 〔광학〕야광 도료.

lu·mi·some [lúːməsòum] 명 〔생물〕 루미솜(발광 생물 세포 내의 발광 과립).

lum·me [lʌ́mi] 감 **(英속어)** 오오!, 아아!(놀람·흥미·찬동을 나타내는 소리). (또는 **lummy**)

lum·mox [lʌ́məks] 명 **(美구어)** 뒤뚱바리, 멍청이, 굼벵이. (또는 **lummux**)

‡**lump**[1] [lʌmp] 명 1 (일정한 형태가 없는) 덩어리, 한 덩어리. ¶ He is a ~ of arrogance. 그는 오만 덩어리이다. 2 각설탕(~ of sugar). 3 〔병리〕 혹, 부스럼. ¶ a ~ on the head 머리에 난 혹. 4 집합체, 모임, 총괄. 5 **(구어)** 얼간이; 땅딸보. 6 (a ~, 종종 ~s) 많음, 다수, 다량(lot). ¶ a great ~ of voters 대단히 많은 수의 유권자. 7 (~s) **(美구어)** 매로 때림[때리는 벌]; 당연한 응보. 8 (the ~) **(英구어)** 〔집합적: 단·복수 양용〕 임시 [계절] 건설 노동자.

all of a lump 한 덩어리로 되어, 통틀어.

a lump in the [or one's] **throat** (감동으로) 목이 메이는 느낌, 가슴이 벅찬 느낌.

by [or **in**] **the lump** 전체로서, 일괄하여, 한데 묶어.

get [or **take**] **one's lumps (구어)** (당연한) 응보[벌, 비판 따위]를 받다, 톡톡히 흔나다.

give one's lumps (美구어) 몹시 혼내주다.

in a [or **one**] **lump** 전부 한 묶음으로 하여, 한 번에.

in [or **by**] **the lump** 덩어리로, 일괄하여.

— 동 1 덩어리로 되어 있는, 덩어리의. ¶ ~ sugar 각 설탕. 2 한 묶음으로 되어 있는, 총괄의; 일시의.

— 동 (~ed [-t]) 타 1 〔각각의 것〕을 한 덩어리로 하다, 하나로 묶다(*together*)(*with*). ¶ ~ the reds and blues *together* 붉은 것과 푸른 것을 한데 합치다 // (~+명+전+명) They ~ed the old things *with* the new ones. 그들은 헌 것과 새 것을 같이 취급했다. 2 …을 일괄하여[묶어서] 다루다[생각하다], 총괄하다. 3 …을 덩어리로 만들다; …을 부풀어 덩어리지게 하다. ¶ (~+명+전+명) His pockets were ~ed with balls. 그의 호주머니는 공이 들어 있어서 불룩했다. 4 …에 (어떤 금액) 전부를 걸다 (*on*). — 자 1 덩어리로 되다; 뭉치다. 2 육중하게 움직이다(*along*); 털썩 주저앉다(*down*).

lump[2] 타자 **(구어)** 〔싫은 일〕을 참다, 견디다. ¶ If you don't like it, you may ~ it. 싫더라도 참아라: 싫으면 있을 수 없다.   `있어도

like it or lump it (구어) 좋아하든 않든: 무슨 일이

Lump it! 싫어도 참아!, 얌전히 있어라!

lump[3] 명 =lumpfish.   `양 절제 (수술).

lump·ec·to·my [lʌmpéktəmi] 명 〔외과〕 유방 종

lum·pen [lʌ́mpən] 명 사회에서 낙오된, 룸펜의, 떠돌이 생활을 하는. — 명 룸펜, 부랑자(浮浪者).

lum·pen·pro·le [lʌ́mpənpròul] 명 lumpenproletariat에 속하는 사람.

lum·pen·pro·le·tar·i·at [lʌ̀mpənpròulitέəriət] 명 (때로 L-) 룸펜프롤레타리아트(계급 의식과 연대 의식이 없는 최하층 프롤레타리아; 미숙련 노동자·부랑자 등).

lump·er [lʌ́mpər] 명 1 부두 노동자; 하역 인부. 2 〔생물〕 병합파 분류학자(분류군의 수를 적게 정리하려고 함). 3 **(英구어)** 계절[임시] 노동자 소개업자.

lump·fish [lʌ́mpfìʃ] 명 (복 ~**·es**) 성대류(類)의 물고기(북대서양산(産)).

lump·ing [lʌ́mpiŋ] 형 **(구어)** 많은; 무거운; 부피가 큰; 커다란. **~·ly** 부 무거운 듯이; 어색하게.

lump·ish [lʌ́mpiʃ] 형 덩어리 같은; (신체 등이) 땅딸 막한; 미련한, 굼뜬. **~·ly** 부 **~·ness** 명

lump-off [-ɔːf] 명 **(美속어)** 명청이, 등신.

lump-suck·er [lʌ́mpsʌ̀kər] 명 =lumpfish.

lúmp súm 명 합계 총액; 일괄 지급[일시불] 금액.

in a lump sum 일괄하여, 일시불로; 거액을 한번 결제로.

lump-sum [-sʌ́m] 형 일괄의, 총액의. ¶ ~ return (보험금·소득세의) 일괄 환불.

lum·pus [lʌ́mpəs] 명 **(美구어)** 바보.

lump·y [lʌ́mpi] 형 덩어리 투성이의; (표면이) 우툴 두툴한, 울퉁불퉁한; 땅딸막하고 굳은, 둔중한; (수면이) 물결이 이는, 파도가 거센; **(英속어)** 술에 취한; (재즈가) 연주가 서투른. **lúmp·i·ly** 부 **lúmp·i·ness** 명

lúmpy jáw 명 〔수의〕 (가축 따위의) 턱혹병, 방선균병(放線菌病).

Lu·na [lúːnə] 명 1 〔로마 신화〕 루나(달의 여신). 2 (의인화된) 달. 3 (L-) 〔연금〕 은(silver). 4 루나(러시아의 달 탐사선).   `부(低地部)].

lu·na·base [lúːnəbèis] 명U 〔천문〕 달의 바다[저지

lu·na·cy [lúːnəsi] 명U 1 간헐성 정신병; 정신 이상, 정신 착란; 〔법〕 심신 상실(心神喪失); 바보짓, 미친 짓.

lúna móth 명 〔곤충〕 천잠(天蠶)나방(북미산(産)).

lu·na·naut [lúːnənɔ̀ːt] 명 =lunarnaut.

Lúna Párk 명 루나 파크(New York시 Coney Island에 있는 유원지); (루나 파크와 같은) 유원지.

*‡**lu·nar** [lúːnər] 형 1 달의 (영향을 받는)(환 solar). ¶ the ~ orbit 달의 궤도. 2 달의 운행으로 측정되는, 태음 (력)의. 3 달과 같은, 초승달 모양의. 4 (빛 따위가) 푸르스름한. 5 은의, 은에 관한. — 명 달의 관측; **(구어)** *take a lunar* **(英속어)** 〔…을〕 봄, 보기.

lúnar cálendar 명 태음력(太陰曆), 음력.

lúnar cáustic 명 〔의학·화학〕 질산은(窒酸銀) 막대.

lúnar cýcle 명 =Metonic cycle.

lúnar dáy 명 태음일(太陰日).

lúnar distance 명 〔항해〕 월리(月離), 태음 각거리(角距離)(해상에서 관측하는 달과 다른 천체 사이의 각거리).

lúnar eclípse 〖천문〗 월식(月蝕).
lúnar excúrsion mòdule 〖우주〗 (Apollo 우주선의) 달 착륙선(〖 LEM, LM〗). 「평선).
lúnar horízon 〖(the ~)〗 월평선(月平線)(달의 지
lu·nar·i·an [luːnɛ́əriən] 〖명〗 1 〖상상의〗 월세계에 사는 사람, 달나라 사람. 2 〖드물게〗 달 연구가, 월리학자 (月理學者). ─〖형〗 달의, 달에 있는.
lu·na·rite [lúːnəràit] 〖명〗 〖천문〗 달 고지(高地) 부
lúnar lánder 〖명〗 달 착륙선. 「분(의).
lúnar máss 〖명〗 〖천문〗 달의 질량(7.35×10²⁵g).
lúnar mòdule 〖명〗 =lunar excursion module
lúnar mónth 〖명〗 태음월(太陰月), 삭망월(朔望月)(29일 12시간 44분). 「[＜lunar+astronaut]
lu·nar·naut [lúːnərnɔ̀ːt] 〖명〗 달 탐사 우주 비행사.
lúnar nódes 〖천문〗 달의 교점(달의 궤도가 황도 (黃道)와 교차하는 점).
lúnar observátion 〖명〗〖해사〗 태음(太陰) 관측 (lunar distance에 의한 해상(海上) 경도의 측정).
lúnar órbit 〖명〗〖천문〗 달의 공전(公轉) 궤도(: 달 탐사기의) 달 주위를 도는 궤도.
Lúnar Órbiter 〖명〗〖美〗 루나 오비터(아폴로 계획 준비를 위해 1966-67년 발사된 미국의 무인 달 탐사 위성).
lúnar polítics 비현실적인 일; 가공적인 문제.
lúnar próbe 〖명〗 달 탐사(기)(moon probe).
lúnar ráinbow 〖명〗 달무지개(moonbow).
Lúnar Recéiving Láboratory 〖명〗 달 수용(收容) 연구소(달 여행 우주인과 월석(月石)을 검역(檢疫)·수용하는 Houston의 연구소; 〖 LRL〗). 「업차.
lúnar róver[róving vèhicle] 〖명〗 월면(月面) 작
lu·nar·scape [lúːnərskèip] 〖명〗 월면의 경치.
lúnar yéar 〖명〗 태음년(太陰年)(354일 8시간).
lu·nate [lúːneit] 〖형〗 초승달 모양의. (또는 lunated)
─〖명〗〖해부〗(손목의) 초승달 뼈(~ bone); 〖고고〗 루네이트(초승달 모양 세석기(細石器)의 총칭). ─**·ly** 〖부〗
***lu·na·tic** [lúːnətik] 〖형〗 1 정신 이상의, 미친, 발광한 (insane). ⇒MAD 〖유의어〗 2 미치광이 같은, 어이없는. 3 정신 이상자의[를 위한]. ¶a ~ asylum 정신 병원. 4 기분이 들뜬. (또는 **lu·nát·i·cal** [luːnǽtikl]) ─〖명〗 1 미치광이, 광인. 2 〖법률〗 심신 상실자(喪失者), (정신병에 의한) 금치산자(禁治産者). 3 미련퉁이, 괴짜.
lu·nat·i·cal·ly [luːnǽtikəli]
lúnatic frínge 〖美구어〗(주의·운동 따위의) 소수 과격파, 열광적 지지파, 광신자 집단.
lu·na·tion [luːnéiʃən] 〖명〗 태음월, 삭망월(朔望月) (초승달부터 다음 초승달까지의 기간).
‡lunch [lʌntʃ] 〖명〗 (〖복〗 ~**es** [-iz]) 1 〖UC〗 점심, 중식, 런치(＝ luncheon). 2 〖UC〗 간식, 도시락; 스낵 (snack). 3 간이 식당. 4 〖속어〗 =oral sex.
blow (*one's*) **lunch** 〖美속어〗 게우다, 토하다.
do lunch 〖美속어〗 점심을 먹다.
eat [or **have**] *a person's* **lunch** 〖美속어〗 남을 철저히 패배시키다[혼내주다]. 「*one's*) *lunch*.
lose [or **shoot**, **spill**, **toss**] *one's* **lunch** =*blow*
open *one's* **lunch** 〖濠비어〗 방귀를 꿔다.
out to lunch 〖美속어〗 ① 부주의한, 멍한, 몰상식한. ② (술·마약에) 제정신을 잃은. ③ 시대에 뒤진.
There's no (*such thing as a*) **free lunch.** 〖美구어〗 세상에 공짜는 없다.
─〖형〗 〖美속어〗 아둔한, 모자라는; 시대에 뒤진.
─〖동〗 (~**es** [-iz]) ~**ed** [-t]) 〖자〗 점심을 먹다, 가벼운 식사를 하다. ─〖타〗 …에게 점심을 주다[내다].
lunch in [out] 〖자택[바깥〗에서 점심을 먹다.
~·er 도시락집[가게]. **~·less** 〖형〗
lúnch bòx 〖명〗 도시락(통); 〖구어〗(풍자적) 남성의 성기(penis). (또는 **lúnchbòx**)
lúnch bréak 〖명〗 =lunch hour. 「간이 식당.
lúnch cóunter 〖명〗 〖美〗(식당 등의) 런치용 식탁;
***lunch·eon** [lʌntʃən] 〖명〗 (〖복〗 ~**s** [-z]) 1 〖UC〗 점심, 오찬. ¶a ~ party 오찬회. 2 가벼운 식사, 도시락, 런치. ─〖동〗〖자〗 점심을 먹다. **~·less** 〖형〗
lúncheon bár 〖명〗 〖英〗 =snack bar.
lúncheon clúb 〖명〗 정기적으로 점심 회식을 하는 그룹; 〖英〗 고령자에게 제공하는 점심 서비스 (조직).
lunch·eon·ette [lʌ̀ntʃənét] 〖명〗 〖美·캐나다〗 간이 식당; (학교·공장의) 구내 식당.
lúncheon mèat 런천 미트(고기와 곡류 등을 다져서 섞어 만든 통조림 식품). 「지정 식당의) 점심 식권.
lúncheon vóucher 〖명〗 〖英〗 (고용주가 지급하는
lun·che·te·ri·a [lʌ̀ntʃitíəriə] 〖명〗 〖美〗 (셀프서비스의) 간이 식당. [＜lunch+cafeteria] 「hòur)
lúnch hòur 〖명〗 점심[휴게] 시간(의). (또는 **lúnch-**
lunch·pail [lʌ́ntʃpèil] 〖명〗 〖美〗 도시락(통).
lunch·room [lʌ́ntʃrùːm] 〖명〗 (학교 등의) 식당.
lunch·time [lʌ́ntʃtàim] 〖명〗〖UC〗 점심 시간.
lúnchtime abórtion 〖명〗〖구어〗 (진공 흡입법에 의한) 임신 중절[낙태].
lune [luːn] 〖명〗 궁형(弓形); 초승달(반달 모양의 물건.
lunes [luːnz] 〖명〗 발광(發狂), 광기의 발작.
lu·nette [luːnét] 〖명〗 1 초승달 모양(반원형)의 물건. 2 〖건축〗 (둥근 천장이 벽에 닿아서 이루는) 반원형의 벽면; 그 곳을 장식하는 벽화. 3 아치형의 채광창(窓), 반월창. 4 〖성(城) 따위의〗 안경 모양의 보루, 안경보(眼鏡堡). 5 (~s) (안경용) 요철(凹凸) 양면 렌즈; 안경; (시계의) 평면 유리 뚜껑. 6 (말의) 눈가리개; 말굽. 7 〖단두대의〗 목 끼우는 구멍. 8 초승달 모양의 장식물.
***lung** [lʌŋ] 〖명〗 ~**s** [-z] 1 폐, 허파. ¶the right [left] ~ 우[좌]폐. 2 인공폐 [호흡 장치]. 3 〖英〗 (도시 안 또는 교외의) 공원, 광장. 4 잠수함 탈출 장치. 5 (~s) 〖美〗 (여성의) 가슴, 유방.
at the top of *one's* **lungs** 목청껏.
have good lungs 목소리가 우렁차다[크다].
try *one's* **lungs** 힘껏 소리치다.

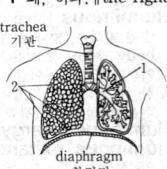
trachea 기관
diaphragm 횡격막
[lung 1]
1 bronchus 기관지
2 lobes of lung 폐엽

lúng bòok 〖명〗 〖동물〗 (거미·전갈 따위의) 폐낭(肺囊).
lúng capácity 〖명〗 폐활량(肺活量).
lunge¹ [lʌndʒ] 〖명〗 1 (칼 따위로 갑자기) 푹 찌르기, (펜싱) 찌르기. 2 돌진, 돌출, 뛰어나옴. ─〖동〗〖자〗 1 (권투에서) 스트레이트를 뻗다(*out*) (*at*). 2 (차 따위가 급히) 뛰어나오다, 돌진[돌출]하다. 3 (말이) 차다. ─〖타〗 을 쑥 내밀다; 돌진[돌출]시키다. **lung·er**
lunge² [lʌndʒ] =longe. 「[lǽndʒər]
lunged [lʌŋd] 〖형〗 1 폐가 있는. 2 (복합어로) (…의) 폐를 가진. ¶ one-~ 한쪽 폐만 있는.
lung·er [lʌ́ŋər] 〖명〗 〖고어·속어〗 폐결핵 환자, 만성 폐병 환자.
lung·fish [lʌ́ŋfìʃ] 〖명〗 (〖복〗 ~(·**es**)) 폐어(肺魚).
lung·ful [lʌ́ŋfùl] 〖명〗 (〖복〗 ~**s**, **lungs·ful**) 폐[가슴] 가득; 폐에 가득 들이마신 담배 연기. 「어.
lung-ham·mock [-hǽmək] 〖명〗 〖美속어〗 브래지
lun·gi [lʌ́ŋgi, lúːndʒi] 〖명〗 (인도 등지에서 허리 두르개나 터번으로 쓰는) 긴 헝겊. 「量): 폐활량
lung-pow·er [-pàuər] 〖명〗 발성력(發聲力), 성량(聲
lúng sàc 폐낭. 「유산소(產).
lung·wort [lʌ́ŋwəːrt] 〖명〗 지칫과(科)의 식물(미국
lu·ni- [lúːni] 연결형 〖달의 뜻〗: *luni*form, *luni*solar.
lu·ni·form [lúːnəfɔ̀ːrm] 〖형〗 달(반달) 모양의.
Lunik [lúːnik] 〖명〗 루니크(옛 소련의 달 로켓: 1959년 제1호 발사: 현 Luna로 개명).
lu·ni·log·i·cal [lùːnəládʒikəl/-lɔ́dʒ-] 〖형〗 달 (의 지질) 연구의, 월학(月學)의, 달 지질학의.
lu·ni·so·lar [lùːnəsóulər] 〖형〗 달과 태양의: 태음 태

양(太陰太陽)의. ¶a ~ period 태음 태양기(期).
lunisólar périod [명] 〔천문〕 태음 태양 주기(태음력과 태양력이 완전히 일치하는 주기; 532년).
lunisólar precéssion [명] 〔천문〕 일월세차(日月歲差).
lu·ni·tid·al [lù:nətáidl] [형] 월조(月潮)[태음조(太陰潮)]의, 달에 의한 조수의 움직임에 관한.
lunitídal ínterval [명] 월조 간격(달이 자오선을 통과한 후 고조(高潮) 또는 저조(低潮)가 될 때까지의 시간).
lunk [lʌŋk] [명] 《구어》 바보, 멍청이.
lun·kah [lʌ́ŋkə] [명] 인도산(産)의 독한 엽궐련.
lun·ker [lʌ́ŋkər] [명] **1** (같은 종(種) 중에서) 특별히 큰 것, 대형의 것; 〔낚시〕 월척. **2** 《美속어》 고물 차.
lunk·head [lʌ́ŋkhèd] [명] 《美속어》 멍텅구리, 바보.
~·**ed** [형] 우둔한, 바보의.
Lu·no·khod [lù:nəkɑ̀d/-kɔ̀d] [명] 루노호트(옛 소련의 무인 월면차(月面車)).
lu·nu·la [lú:njulə] [명] (복 *-lae* [-lì:]) **1** 초승달 모양의 물건[무늬]. **2** 〔수학〕 활꼴.
lu·nu·lar [lú:njulər] [형] 초승달 모양의.
lu·nu·late [lú:njulèit] [형] 초승달 모양의 얼룩무늬가 있는; 초승달 모양의. (또는 **lunulated**)
lun·y [lú:ni] [형][명] =loony.
Luo·yang [lwɔ̀jɑ́:ŋ] [명] 뤄양(洛陽)(중국 허난(河南) 성의 도시; 옛 당나라의 수도). (또는 **Loyang**)
Lu·per·ca·li·a [lù:pərkéiliə, -ljə] [명] 루페르쿠스 제(祭) (고대 로마의 다산(多産)과 풍요의 신 Lupercus를 위한 축제; 2월 15일).
Lu·pin [*F* lypɛ̃] [명] **Arsène** ~ 뤼팽(프랑스의 소설가 Maurice Leblanc의 탐정 소설의 주인공).
lu·pine[1] [lú:pin] [명] 루핀(콩과(科)에 속하는 다년생 풀); 그 종자. (또는 **lupin**)
lu·pine[2] [lú:pain] [형] 이리의[와 같은], 이리와 동류(同類)의; 흉맹(凶猛)한, 게걸스러운.
lu·pous [lú:pəs] [형] 〔병리〕 낭창(성)의.
lu·pus [lú:pəs] [명] **1** [U] 〔병리〕 낭창(狼瘡), 루푸스(얼굴이나 목 따위의 결핵성 피부병). **2** (the L–) 〔천문〕 이리자리(the Wolf).
lurch[1] [lə:rtʃ] [명] **1** 갑작스러운 흔들림, (배·사람 등의) 갑작스러운 기울어짐; 비틀 걸음, 갈짓자 걸음. ¶The car gave a ~ and upset. 차는 갑자기 기울더니 뒤집혔다. **2** 경향. **—**[동][자] (배가) 갑자기 기울(어지)다; (사람이) 비틀거리(며 걷)다.
∠·**ing** [형] ∠·**ing·ly** [부]
lurch[2] [명] (the ~) 곤경; (승부·게임의) 완패, 대패. 《* 다음 숙어로》
leave** a person **in the lurch 남이 곤경에 처해 있는 것을 내버려두다[못 본 체하다].
lurch·er [lə́:rtʃər] [명] **1** 《英》 (밀렵꾼이 쓰는) 잡종개. **2** 《고어》 좀도둑; 사기꾼; 간첩; 밀렵꾼(poacher).
‡**lure** [luər/ljuər] [명] (복 **~s** [-z]) **1** 유인[유혹]하는 것, 마음을 끄는 것; 매력. ¶the ~ of adventure 모험의 매력. **2** 미끼; 산 미끼, (낚시용) 가짜 미끼. **3** (매사냥에서 매를 불러들이는 데 쓰는) 미끼새; 후림새. **4** 올가미.
in lure 〔문장〕 한쌍의 날개 끝이 밑으로 향한.
—[동][타] (**~s** [-z]; **~d**; ***lur·ing***) **1** 《경멸적》 …을 (…으로) 유인하다, 꾀어들이다, 낚아들이다, 유혹하다 (*away*) (*into*). ⇨TEMPT [유의어] ¶ (~+[目]+[前]+[名]) Don't let money ~ you *into* a job you don't like. 돈에 유혹되어 좋아하지도 않는 직업을 갖지 마라. **2** (미끼 따위로) …을 끌(어당기)다, 유인하다(*on*). **3** 〔매〕를 미끼새로 불러들이다.
∠·**ment, lúr·er** [명] **lúr·ing** [형] **lúr·ing·ly** [부]
Lur·ex [lúəreks] [명] 《상표》 루렉스(알루미늄박에 투명한 피막을 씌워 실 모양으로 가늘게 잘라 만든 금속사(絲); 그 실을 짜 넣은 피륙).
lur·gy [lə́:rgi] [명] (보통 the dreaded ~) 《英》 《익살》 병(illness)(1950년대 영국의 라디오 코미디 The Goon Show에서 만들어낸 가공의 병명). (또는 **lurg(h)i**)
lu·rid [lúərid/ljúər-] [형] **1** (하늘·번개 따위가) 번쩍번쩍하는, 타는 듯이 붉게 빛나는. ¶a ~ sunset 타는 듯이 붉은 저녁놀. **2** (빛깔 따위가) 짙은, 선정적인. **3** 전율적인, 무서운, 섬뜩한. ¶~ crimes 흉악 범죄. **4** (안색 따위가) 창백한(wan), (창백하여) 무서운.
cast [or ***throw***] ***a lurid light on*** …을 무시무시하게 보이게 하다; …을 비극적으로 보이게 하다.
the lurid limit 《濠》 최대 한도.
~·**ly** [부] ~·**ness** [명]
‡**lurk** [lə:rk] [동][자] (**~ed** [-t]) 《경멸적》 **1** (사람·동물 등이) (장소에) 숨다, 잠복하다; 잠적하다(*behind, in, under*). ¶ (~+[前]+[名]) ~ *in* the mountains 산악 지대에 잠복하다.

> [유의어] **lurk** 보통 사냥감을 숨어서 기다리다. **skulk** 공포심 또는 사악한 의도를 가지고 숨다, 가만히 움직이다. **slink** 남몰래 가만히 움직이다. **sneak** 들키지 않게 가만히 출입하다. **prowl** 사냥감을 찾아 살금살금 배회하다.

2 살금살금 걷다, 몰래 행동하다, 잠행하다 (*about, around*). ¶ (~+[前]+[名]) ~ *about* the country 남몰래 시골을 돌아다니다. **3** 눈에 띄지 않게 존재하다, 잠재하다(*in*). ¶ (~+[前]+[名]) Resentment *~ed in* his heart. 원한이 그의 가슴 속에 잠재해 있었다.
—[명] **1** 잠복 장소; 숨어서 기다림, 잠행, 밀행. **2** 《英속어》 사기, 협잡.
on the lurk 《英》 살살 냄새를 맡고 다니며, 염탐질하며.
lurk·er [lə́:rkər] [명] **1** lurk하는 사람. **2** 아무짝에도 쓸모없는 사람. **3** 《英속어》 허가받지 않은 거리 상인. **4** 《美속어》 컴퓨터 시스템 침입자, 컴퓨터 부정 이용자.
lurk·ing [lə́:rkiŋ] [형] 숨은; 잠복한. ~·**ly** [부]
lúrking plàce [명] (세상을 등지고) 숨어 사는 집; 잠복 장소, 은신처.
Lu·sa·ka [lu:sɑ́:kə] [명] 루사카(Zambia의 수도).
lus·cious [lʌ́ʃəs] [형] **1** 맛이 좋은, 달콤한, 감미로운; 향기로운. ⇨DELICIOUS [유의어] **2** (감각적으로) 상쾌한, 쾌적한. **3** (물건이) 화려하게 장식한, 호화스러운. **4** 관능적인, 요염한. ~·**ly** [부] ~·**ness** [명]
lus·er [lú:zər] [명] 《구어》 컴퓨터 초보자, 컴맹. 〔<*clueless*+*user*〕
lush[1] [lʌʃ] [형] **1** (초목이) 무성한; 비옥한. **2** (식물 따위가) 푸른, 싱싱한. **3** 풍부한; 번성하는. **4** 유리한; 수지가 맞는. **5** 관능적인. **—**[동][타] …에게 사치스러운 생활을 하게 하다. ∠·**ly** [부] ∠·**ness** [명]
lush[2] 《속어》 [명][U] **1** 술, 알코올. **2** 술주정꾼, 술고래. **—**[동][자] 술을 고래로 마시다. **—**[타] 〔술〕을 마시다[강권하다](*up*). ~**ed** [-t] [형]
lúsh ròller [명] 《속어》 취한에게서 훔치는 도둑[소매치기].
lush·well [lʌ́ʃwèl] [명] 《美속어》 술꾼, 술고래.
lúsh wòrker [명] 《속어》 취한을 노리는 도둑[소매치기].
lush·y [lʌ́ʃi] [형] 《속어》 술취한, 곤드레만드레가 된. **—**[명] 술주정뱅이, 모주꾼. (또는 **lushie**)
Lu·si·ta·ni·a [lù:sətéiniə] [명] **1** 루시타니아(이베리아 반도의 고대 로마령(領); 현재의 포르투갈에 해당). **2** 루시타니아 호(1915년 5월 7일 북대서양에서 독일 잠수함에게 격침된 영국의 호화 여객선).
-an [형][명] 루시타니아[포르투갈]의 (사람).
‡**lust** [lʌst] [명][U][C] **1** 정욕, 육욕, 색정. **2** (권세 따위에 대한) 강한 욕망, 열망, 갈망(*for, of*). ¶a ~ *for* fame 명예욕 / a ~ *of* conquest 정복욕. **3** 열의, 열정, 강한 흥미 (*for*). **4** 〔성서·신학〕 욕망, 번뇌. **5** 《폐어》 쾌락; 기호(嗜好), 소망. **—**[동][자] (…에게) 강한 색정을 품다[일으키다]; 열망하다, 갈망하다 (*after, for*).
‡**lus·ter**[1], 《英》 **-tre** [lʌ́stər] [명][U] **1** 광택, 윤, 빛남; 광채, 빛. **2** 광택제. **3** 영광, 영예, 명예. **4** 윤나는 모직물. **5** [C] 샹들리에, (가지가 있는) 촛대. **—**[동][타] **1** …에 광택을 내다. **2** …에 영광[명예]을 주다. **—**[자] 윤[광택]이 나다. ~·**less** [형]

luster² = lustrum 1.
luster³ 열망하는 사람; 호색한.
lus·tered [lʌ́stərd] 광택이 있는[을 낸].
lus·ter·ware [lʌ́stərwɛ̀ər] 러스터(표면이 금속성 광택을 띠는 값싼 도자기의 일종).
lust·ful [lʌ́stfəl] 탐욕스러운; 호색의, 음탕한; (고어) 건장한, 원기 좋은. **~·ly** 부 **~·ness** 명
lus·tra [lʌ́strə] lustrum의 복수형.
lus·tral [lʌ́strəl] 깨끗이 하는, 부정(不淨)을 씻는; 5년마다의, 5년에 한 번의.
lus·trate [lʌ́streit] 타 (공물(供物)·의식 따위에 의하여) …을 깨끗이 하다, 청정(淸淨)하게 하다.
lus·trá·tion 정화(淨化). **-tra·tive** 형
‡lus·tre [lʌ́stər] 명 (英) = luster¹.
lus·trine [lʌ́stri:n] (英) = lustestring.
lus·tring¹ [lʌ́striŋ] (英) = lutestring.
lus·tring² 러스트링(실·천을 윤내는 마무리 공정).
lus·trous [lʌ́strəs] 형 (비단 따위가) 광택(윤)이 나는, 번쩍이는; 훌륭한, 매력적인. **~·ly** 부 **~·ness** 명
lus·trum [lʌ́strəm] (복 **~s, -tra** [-trə]) 1 5년간. (또는 **luster**) 2 〖로마 역사〗 (고대 로마에서 5년마다 인구 조사를 마친 뒤에 행했던) 재계(齋戒)(식).
lust·y [lʌ́sti] 형 1 원기 있는, 활발한, 생기가 넘치는; 강건한, 튼튼한. 2 (식사 따위가) 충분한; 양에 차는. 3 몸집이 큰, 뚱뚱한. 4 호색의, 정욕이 왕성한. 5 (폐어) 즐거운. **lúst·i·ly** 부 기운좋게, 활발히. **lúst·i·ness** 명 원기 왕성.
lu·sus na·tu·rae [lúːsəs nətjúəri/-tjúəri] 자연(조화)의 장난; 실패작, 기형물, 기형인(人)(freak); 〖의학〗 선천성 기형. 〔L〕
lu·ta·nist [lúːtənist] 명 (美·캐나다) 류트(lute) 연주자. (또는 **lutenist**)
lute¹ [luːt] 명 류트(기타 비슷한 14-17세기의 현악기).
a (little) rift within [or *in*] *the lute* 불화의 조짐.
—타재 류트를 켜다. —타 …을 류트로 켜다; (감정·기분 따위)를 류트로 표현하다.
lute² [U] 봉니(封泥)(용기·관(管) 따위의 이음매에 바르는 진흙 또는 점성(粘性) 물질). —타 …을 봉니로 밀봉하다, …에 봉니를 바르다. 〔lute¹〕
lute³ (美 군대속어) = lieutenant.
lu·te·al [lúːtiəl] 형 〖해부〗 황체의.
lu·te·ci·um [luːtíːʃiəm] 〖화학〗 = lutetium.
lu·te·in [lúːtiin] [U] 〖생화학〗 루테인(난황(卵黃)·난소 황체 등에 포함되어 있는 호르몬의 일종).
lu·te·in·iz·ing hòrmone [lúːtiənàiziŋ-] 〖생화학〗 황체(黃體) 형성 호르몬(略 LH).
lúteinizing hórmone-releásing fáctor 명 〖생화학〗 황체 형성 호르몬 방출 인자(因子).
lu·te·nist [lúːtənist] = lutanist.
lu·te·o·ly·sin [lùːtiəláisin] 명 〖생화학〗 루테올리신(황체를 분해하여 배란 기능을 저지하는 물질).
lu·te·o·trop·ic [lùːtiətrápik/-trɔ́p-] 형 〖생화학〗 황체에 작용하는, 황체를 자극하는. **¶ ~ hormone** 황체 자극 호르몬. (또는 **luteotrophic**) 「(또는 **luteotrophin**)
lu·te·o·tro·pin [lùːtiətróupin] 명 = prolactin.
lu·te·ous [lúːtiəs] 형 진한 주황색의.
lute·string [lúːtstriŋ] 명 1 류트의 현(絃). 2 [U] 윤이 나는 견직물.
Lu·te·tia [luːtíːʃə] 루테티아(Paris의 라틴어 옛 이름). (또는 **~ Parisiórum**) **-tian** 형
lu·te·ti·um [luːtíːʃiəm] [U] 〖화학〗 루테튬(금속 원소; 기호 Lu). (또는 **lutecium**)
Luth. Lutheran.
Lu·ther [lúːθər] 명 **Martin ~** 루터(1483-1546:

독일의 신학자·종교 개혁자). **~·ism** 명
Lu·ther·an [lúːθərən] 형 루터의, 루터파(주의, 교회)의. —명 루터파의 신도. **~·ism** 명 **~·ize** 타
lut·ist [lúːtist] 명 루트(lute) 연주가: 류트 제조인.
luv [lʌv] 명 (英·발음 철자) = love(친밀한 사이에 부르는 말; 당신, 자네, 여보). **~·ly** 형
lux [lʌks] 명 (복 **~·es** [-iz], **lu·ces** [lúːsiːz]) 〖광학〗 럭스(조도(照度)의 국제 단위; 기호 lx).
Lux. Luxembourg.
lux·ate [lʌ́kseit] 타 〖관절 따위〗를 삐다, …을 탈구(脫臼)시키다. **lux·á·tion** [U] 탈구, 탈골.
luxe [luks, lʌks] 명 [U] 호화, 호사, 사치. **¶ an edition de ~** 호화판. 영 **deluxe** 참조 호화(사치)스러운.
Lux·em·b(o)urg [lʌ́ksəmbə̀ːrg] 룩셈부르크 (독일·프랑스·벨기에에 둘러싸인 대공국(大公國); 그 수도). **~·er** 룩셈부르크 사람. **~·i·an** [-dʒiən] 명 룩셈부르크(사람)말).
lux·o [lʌ́ksou] 형 (美속어) 호화스러운(luxurious).
lux·o-barge [-báːrdʒ] 명 (美) 호화스러운 대형 승용차. 「하는 질량 제로의 소립자).
lux·on [lʌ́ksan/-sɔn] 명 〖물리〗 룩손(광속도로 운동
lux·u·ri·ance [lʌgʒúəriəns, lʌkʃúər-/lʌgzjúər-] 명 [U] 1 번성, 무성, 다산, 풍부. 2 화려, 호화. (또는 (고어) **luxuriancy**)
***lux·u·ri·ant** [lʌgʒúəriənt, lʌkʃúər-/lʌgzjúər-] 형 1 (식물 따위가) 무성한, 우거진. **¶ ~ vegetation** 울창하게 우거진 초목. 2 (토지가) 기름진, 비옥한. **¶ ~ soil** 기름진 땅. 3 풍부한. **¶ a ~ imagination** 풍부한 상상력. 4 (장식·문장이) 현란한, 화려한. **~·ly** 부
lux·u·ri·ate [lʌgʒúərièit, lʌkʃúər-/lʌgzjúər-] 재 1 사치스럽게 지내다, 호사하다. 2 무성하다, 우거지다. 3 (…에) 탐닉하다, (…을) 즐기다 (*in*). **¶ ~ in the warm sunshine** 따뜻한 햇볕을 즐기다. **-á·tion** 명
‡lux·u·ri·ous [lʌgʒúəriəs, lʌkʃúər-/lʌgzjúər-] 형 (**more ~; most ~**) 1 (사물이) 사치스러운, 호화로운, 호사스러운. **¶ a ~ hotel** 호화로운 호텔. 2 (사람이) 사치를 좋아하는(에 빠진); 방탕한; 쾌락에 빠진. 3 풍부한, 충분한. 4 (문체가) 화려한. **~·ly** 부 **~·ness** 명
‡lux·u·ry [lʌ́kʃəri, lʌgʒə-/lʌ́kʃəri] 명 (복 **-ries** [-z]) 1 [U] 사치, 호사. **¶ live in ~** 호사스럽게 지내다. 2 사치품, 호사스러운(값비싼, 구하기 힘든) 물건. **¶ Asparagus is a ~ at this season.** 아스파라거스는 요즈음에는 구하기 힘든 물건이다. 3 [U] 쾌락, 만족, 쾌. **¶ the ~ of health** 건강의 기쁨. 4 방종, 버릇없음. 5 외설, 호색. —형 사치스러운, 호화로운. **¶ a ~ liner** 호화 여객선.
lúxury càr [sedàn] (美) 고급 대형 승용차.
lúxury gòods 명복 사치품.
lúxury súite (별실이 붙은) 호화 특별 관람석.
lúxury tàx [dùty] 명 사치세. 「의 섬).
Lu·zon [luzán/-zɔ́n] 명 루손 섬(필리핀 제도 최대
LV *land value;* Laser Vision(광학식 비디오 디스크의 상표); *left ventricle* [ventricular]; *lev; leva; low voltage; luncheon voucher.* **lv.** *leave*(s); *livre*(s); *leave of absence.*
LVM próject 달·금성·화성 탐사 계획(옛 소련의 우주 개발 계획). 〔<*Luna, Venus* and *Mars* + *project*〕
LVN, L.V.N. *licensed vocational nurse.* **LVT** *Landing Vehicle, Tracked.* **Lw** 기호 *lawrencium*(현재는 Lr이 보통). **LW** *lightweight; long wave; low water.* **LWM, LWM** (해사) *low water mark.* **Iwop** *leave without pay*(무급 휴가). **LWV, L.W.V.** *League of Women Voters.* **lx** *luces; lux.* **LXX** *Septuagint.*
-ly [li] 접미 1 형용사·명사에 붙어 부사를 만든다. **a)** 양식·상태·정도·방향 따위를 나타낸다. **¶ glad**ly, gradua**lly**, southward**ly**, pleasing**ly**. **b)** 순서를 나타내는 말에 붙여 「…번째(에)」의 뜻이 된다. **¶ second**ly. 2

시간의 단위를 나타내는 말에 붙어 'every'의 뜻의 부사·형용사를 만든다. ¶hourly, monthly. **3** 명사에 붙어 『…다운, …에 어울리는」의 뜻의 형용사를 만든다. ¶manly, kingly.
ly·ase [láieis, -eiz] 〖생화학〗 리아제(酵) 탄산효소 등 부가(附加) 효소의 총칭. 〖者〗; 늑대 인간.
ly·can·thrope [láikənθròup] 〖명〗 낭광병자(狼狂病)
ly·can·thro·py [laikǽnθrəpi] 〖명〗〖Ｕ〗 **1** 〖정신의학〗 낭광(狼狂) (자신을 이리라고 믿는 망상). **2** 〖민간전승〗 인간이 이리로 둔갑하는 마술. **lỳ·can·thróp·ic** 〖형〗
ly·cée [liséi/líːsei] 〖명〗 (※ ～s) (프랑스의) 국립 고등학교, 리세. 〔<F <L *lycēum*〕
ly·ce·um [laisíːəm/-síəm] 〖명〗 **1** (美) 문화 강좌; 문화 운동 단체. **2** 강당; 학원; 문화 회관. **3** (the L-) 아테네의 학원(아리스토텔레스가 철학을 가르쳤던 곳). **4** (L-) 아리스토텔레스 학파(철학). **5** =lycée. 〔<L〕
lych [litʃ] 〖명〗(英폐어) =lich.
lých gàte 〖명〗 =lich gate.
lych·nis [líknis] 〖명〗 선옹초속(仙翁草屬)의 식물.
Ly·ci·a [líʃiə/-siə] 〖명〗 리키아(소아시아 서남부 지중해안의 고대 국가; 현대의 한 州). **-an** 〖형〗
ly·co·po·di·um [làikəpóudiəm] 〖명〗 석송속(石松屬)의 상록 식물. (또는 *lýcopod*)
Ly·cos [láikəs/-kɔ́s] 〖명〗〖컴퓨터〗 라이코스(미국의 인터넷 검색 서비스 업체).
Ly·cur·gus [laikə́ːrɡəs] 〖명〗 리쿠르구스(B.C. 9세기경 Sparta의 전설적인 입법자).
lydd·ite [lídait] 〖명〗〖Ｕ〗〖화학〗 리다이트(고성능 폭약).
Lyd·i·a [lídiə] 〖명〗 리디아. **1** 소아시아 서부 에게해 연안의 고대 왕국. **2** 여자 이름.
Lyd·i·an [lídiən] 〖형〗 리디아의; 리디아 사람(말)의. **2** (음악의) 감미로운; 애조를 띤. ━〖명〗 리디아 사람; 리디아 말.
Lýdian áirs 〖형〗〖명〗 애조, 애곡(哀曲).
Lýdian stóne 〖명〗 =touchstone.
lye [lai] 〖명〗〖Ｕ〗 **1** (세탁용) 잿물; (일반적으로) (합성) 세제. **2** (화학) 가성(苛性) 알칼리용액.
*****ly·ing**[1]** [láiiŋ] 〖동〗 lie[1]의 현재분사. ¶*L- rides upon debt's back.* (속담) 빚의 등에는 거짓말이 탄다. ━〖형〗 거짓말하는, 거짓의, 허위의. ¶a ～ *rumor* 터무니없는 소문. **～·ly** 〖부〗
‡**ly·ing**[2] 〖동〗 lie[2]의 현재분사. ━〖명〗 (※ ～**s** [-z]) 〖Ｕ〗 드러눕기; 드러눕는 장소, 잠자리. ━〖형〗 드러누워 있는, 엎드려 있는. **～·ly** 〖부〗
ly·ing-in [-ín] 〖명〗 (※ *ly·ings-*, ～**s**) 〖ＵＣ〗 해산 자리에 눕기, 해산, 분만. ━〖형〗 출산의[을 위한]; 산부인과의. ¶a ～ *hospital* 산부인과 (병원). 〖正式〗 산욕(正褥) 반의.
ly·ing-in-state [-instéit] 〖명〗 (매장 전의) 유해의 안치.
lyke-wake [láikwèik] 〖명〗 (스코) 철야, 밤샘.
Lýme disèase [arthrítis] [láim-] 〖명〗 〖병리〗 라임 병(발열·오한·홍반·만성 피로 증상을 보이는, 관절통·관절염·심장 및 신경계 장애까지 일으키는 병). 〔< 이 병이 처음 관찰된 미국 Connecticut주의 소도시 *Lyme*에서〕
lýme gràss [láim-] 〖명〗 갯보리류(類). 〔Lyme〕
lymph [limf] 〖명〗 **1** 〖Ｕ〗 〖해부·생리〗 림프, 임파(淋巴), 림프액(液); (상처 따위에서 나오는) 체액; 〖병리〗 두묘(痘苗)(vaccine ～). ¶a ～ *system* 림프계. **2** (고어) 수액(樹液). **3** (고어) (시내·샘의) 맑은 물. **～·ous** 〖형〗
lymph- 〖연결〗〖형〗 =LYMPHO-.
lym·phad·e·nop·a·thy [limfædənápəθi, lìmfəd-/-nɔ́p-] 〖명〗 〖병리〗 림프절증(節症), 림프절 질환.
lym·phan·gi·og·ra·phy [limfændʒiágrəfi/-ɔ́g-] 〖명〗 〖Ｕ〗 림프관의 뢴트겐 조영(撮影)(법).
lym·phan·gi·tis [lìmfændʒáitis] 〖명〗 〖병리〗 림프관염. (또는 **lymphangiitis**)
lym·phat·ic [limfǽtik] 〖형〗 **1** 림프(액)의, 림프액에 관한; 림프액을 함유[분비]하는. ¶a ～ *vessel* [*tissue*] 림프관[조직]. **2** (체질이) 림프질의, 지둔(遲鈍)한, (근육이) 연약한, (안색 따위가) 창백한. ¶～ *temperament* 림프질. **3** 광기(狂氣)의. ━〖명〗 **1** 〖해부〗 림프관(管). **2** (고어) 광인. **-i·cal·ly** 〖부〗
lýmph cèll [còrpuscle] 〖명〗 〖해부〗 림프 세포.
lýmph glànd 〖명〗 〖해부〗 림프샘, 임파선.
lýmph nòde 〖명〗 〖해부〗 림프절(節).
lýmph nòdule 〖명〗 〖해부〗 림프 소절(小節).
lym·pho- [límfou, -fə] 〖연결〗 lymph의 뜻(※ 모음 앞에서는 lymph-). ¶*lympho*cyte, *lympho*id.
lym·pho·cyte [límfəsàit] 〖명〗 〖해부〗 림프구(球)[세포](lymph cell). **lỳm·pho·cýt·ic** 〖형〗
lym·pho·gran·u·lo·ma [lìmfəgrǽnjulóumə] 〖명〗 (※ ～**s**, ～**ta** [-tə]) 〖병리〗 **1** 림프 육아종(肉芽腫). ～ **venéreum**) 성병성 림프 육아종, 제4 성병.
lym·phog·ra·phy [limfágrəfi/-fɔ́g-] 〖명〗 =lymphangiography. **lỳm·pho·gráph·ic** 〖형〗
lym·phoid [límfɔid] 〖형〗 림프(액)의, 림프성[계(系)]의; 림프 모양의.
lym·pho·kine [límfəkàin] 〖명〗 〖면역〗 림포카인(림프구가 하는 가용성 단백 전달 물질의 총칭).
lym·pho·ma [limfóumə] 〖명〗 (※ ～**s**, ～**ta** [-tə]) 〖병리〗 림프종(腫). **～·tòid**, **～·tous** 〖형〗
lym·pho·pe·ni·a [lìmfəpíːniə] 〖명〗 〖병리·수의〗 림프구 감소증.
lym·pho·poi·e·sis [lìmfoupɔiíːsis] 〖명〗 (※ ～**- ses** [-siːz]) 〖생리〗 림프구 생산[형성]. **-ét·ic** 〖형〗
lym·pho·sar·co·ma [lìmfəsɑːrkóumə] 〖명〗 (※ ～**s**, **-ma·ta**) 〖병리〗 림프 육종(肉腫).
lym·pho·tox·in [lìmfətɑ́ksin/-tɔ́k-] 〖명〗 〖면역〗 림포톡신(T세포로부터 방출되는 당(糖) 단백질).
lymph·ous [límfəs] 〖형〗 =lymphoid.
lýmph vèssel 〖명〗 〖해부〗 림프관(lymphatic).
lyn·ce·an [linsíːən] 〖형〗 스라소니(lynx)의; 스라소니처럼 눈이 날카로운.
*****lynch** [lintʃ] 〖타〗 …을 사형(私刑)을 가해(특히 교수형으로) 죽이다; …에게 사적(私的) 제재를 가하다; (美 속어) (방법을 가리지 않고) 죽이다. **～·er** 〖명〗 〔<미국 Virginia주 치안 판사 Captain W. Lynch(1742–1820)〕
lynch·ing [líntʃiŋ] 〖명〗 사형(私刑)(으로 죽이기).
lýnch làw 〖명〗 사형(私刑), 린치.
lynch·pin [líntʃpìn] 〖명〗 =linchpin.
Lynd [lind] 〖명〗 **Robert ～** 린드(1879–1949): 아일랜드 태생의 영국 수필가·비평가).
Lynn [lin] 〖명〗 린. **1** 남자 이름(Lincoln의 애칭). **2** 여자 이름(Caroline, Carolyn의 애칭).
lynx [liŋks] 〖명〗 (※ ～(**·es**)) **1** 〖동물〗 스라소니; 〖Ｕ〗 그 모피. **2** (the L-) 〖천문〗 살쾡이자리.
Lynx (종종 l-) 〖컴퓨터〗 (인터넷의) 링크스(어떤 문서에서 관련된 문서를 쉽게 찾을 수 있는 소프트웨어).
lynx-eyed [-áid] 〖형〗 눈이 날카로운, 안광이 예리한.
Ly·on[1] [láiən] 〖명〗 (스코) 문장(紋章) 장관. (또는 ～ **Kíng** (**of Árms**)) 〔<lion의 옛 철자〕
Ly·on[2] 〖명〗 =Lyons.
ly·on·naise [làiənéiz] 〖형〗 (감자 따위를) 얇게 썬 양파와 함께 기름에 튀긴, 리용 식의. 〔F〕
Ly·ons [láiənz/F ljɔ]̃ 〖명〗 리용(프랑스 동부에 있는 Rhone의 주도; 프랑스명은 Lyon).
ly·o·phile [láiəfàil] 〖형〗 **1** =lyophilic. **2** 냉동 건조의; 냉동 건조로 얻어지는. (또는 **-phìled** [-d])
ly·o·phil·ic [làiəfílik] 〖형〗 (물·화) (콜로이드의) 액상(液狀)의, (아교질·액체와의) 친화력이 강한.
ly·oph·i·lize [laióffəlàiz/-ɔ́f-] 〖타〗 (※ *-lized*; *-lìz·ing*) 〖생화학〗 (저장을 위해) (혈액 따위를) 냉동 건조시키다. **-li·zá·tion** 〖명〗
ly·o·pho·bic [làiəfóubik] 〖형〗 (물·화) (콜로이드의) 소액성(疎液性)의, (아교질·액체와의) 친화력이 약한.
Ly·ra [láiərə] 〖명〗 〖천문〗 거문고자리(the Lyre).
ly·rate [láiəreit, -rət] 〖형〗 〖동물·식물〗 수금(竪琴) 모양의, 수금 같은. (또는 **lyrated**) **～·ly** 〖부〗

lyre [láiər] 圀 1 (고대 그리스의) 7현(絃)으로 된 수금, 라이어. 2 (the ~) 서정시(lyric poetry). 3 (the L-) 〔천문〕 =Lyra.
lyre·bird [láiərbə̀ːrd] 圀 (오스트레일리아산(產)의) 금조(琴鳥).
lyre·flow·er [láiərflàuər] 圀 =bleeding heart 1.
*__lyr·ic__ [lírik] 圀 1 서정(시)의[를 쓰는]; 서정(시)적인(囫 epic). ¶ a ~ poet 서정 시인 / ~ poetry 서정시. 2 노래의; 가창(歌唱)에 의한. 3 수금에 맞춘[의 반주로 노래하는]. ── 圀 1 서정시(인). 2 (~s) 가사(歌詞).
*__lyr·i·cal__ [lírikəl] 圀 1 서정시 같은[풍의], 서정미가 있는, 감상적인; (…에) 열성적인, 열렬한 (*about*). 2 = lyric. ~·ly 囝. ~·ness 圀.
lýric dráma 圀 (the ~) 가극(歌劇).
lyr·i·cism [lírəsìzm] 圀U 1 (예술에 있어서의) 서정성; 서정시 풍[체]. 2 감상, 정서의 발로, 고조된 감정.
lyr·i·cist [lírəsist] 圀 서정 시인; 작사가(作詞家).
lyr·i·cize [lírəsàiz] 囝囲 서정시를 쓰다[읊다]; 서정적으로 쓰다. ── 圀 서정시 형태로 하다; 서정적으로 다루다[표현하다]. ~·ci·zá·tion 圀.
lyr·i·co-dra·mat·ic [lírəkoudrəmǽtik] 圀 서정시와 극시의 특색을 결합한.
lýric ténor 圀 경쾌하고 높은 테너 음성; 그런 테너 가수.
lýric théater 圀 〔연극〕 오페라 극장; (the ~) 오페라.
lyr·i·form [láirəfɔ̀ːrm] 圀 lyre처럼 생긴.
lyr·ism 圀 1 [lírizm] =lyricism. 2 [láiərizm] lyre 연주; lyre에 맞추어 부르는 노래.
lyr·ist 圀 1 [láiərist] 수금(lyre) 탄주자(彈奏者). 2 [lírist] 서정 시인(lyric poet).
lys- [lais] 연결 「용해, 분해」의 뜻. ¶ *lys*in. (또는 lysi-, lyso-)
Lys 〔생화학〕 lysine.
-lyse [laiz] 연결 〔英〕 ⇨-LYZE.
Ly·sen·ko·ism [lisénkouìzm] 圀 리센코 학설(러시아의 생물학자 T.D. Lysenko(1898-1976)의 유전학설; 환경의 영향에 의한 체세포 변화가 차세대에 유전된다는 설).

ly·sér·gic ácid [laisə́ːrdʒik-, li-] 圀 〔화학〕 리세르그산(酸). 囲 LSD
lysérgic ácid di·eth·yl·ám·ide [-daiéθəlǽmaid, -éθələmàid] 圀 〔약학〕 리세르그산 디에틸아미드(환각제의 일종; 囲 LSD).
ly·si- [láisi] 연결 ⇨LYS-. ¶ *lysi*meter.
ly·sim·e·ter [laisímətər] 圀 침누계(浸漏計)(토양 중의 수용성 물질의 양을 측정하는 기구). 「素」.
ly·sin [láisin] 圀 〔면역·생화학〕 리신, 용해소(溶解산(酸)의 일종).
ly·sine [láisi(ː)n] 圀U 〔생화학〕 리신(필수 아미노산(酸)의 일종).
ly·sis [láisis] 圀 (圈 *-ses* [-siːz]) U C 〔면역·생화학〕 (리신에 의한) 세포의 용해; 〔의학〕 병세의 호전.
-ly·sis [ləsis] 연결 「분해, 용해, 파괴」의 뜻. ¶ ana*lysis*, auto*lysis*, electro*lysis*, para*lysis*.
ly·so- [láisou, -sə] 연결 ⇨LYS-.
ly·so·gen [láisədʒən, -dʒèn] 圀 〔생물〕 용원(溶原), 리소겐; 용원균(菌)[주(株)].
ly·so·gen·ic [làisoudʒénik] 圀 〔생물〕 (바이러스가) 용원성(溶原性)의, 용원화된. **-ge·níc·i·ty**
ly·sog·e·nize [laisádʒənàiz/-sɔ́dʒ-] 囲囝 〔생물〕 …을 용원화(溶原化)하다. **~·ni·zá·tion**
ly·sog·e·ny [laisádʒəni/-sɔ́dʒ-] 圀 〔생물〕 용원성 (溶原性).
Ly·sol [láisɔːl, -sɑl/-sɔl] 圀U 〔상표〕 리졸(소독·방부제).
ly·so·some [láisəsòum] 圀 〔생물〕 리소좀(가수분해 효소를 가진 세포 소기관(小器官)). **-só·mal**
ly·so·staph·in [làisəstǽfin] 圀 〔생화학〕 리소스타핀(포도상 구균에서 얻어지는 항균성 효소).
ly·so·zyme [láisəzàim] 圀 〔생화학〕 리소자임(계란 흰자·콧물·눈물 따위에 존재하는 박테리아 용해 효소).
lys·sa [lísə] 圀 〔병리〕 광견병, 공수병(恐水病)(rabies).
-lyte[1] [lait] 연결 「분해물」의 뜻. ¶ electro*lyte*.
-lyte[2] 연결 =-lite.
lyt·ic [lítik] 圀 세포(세균) 용해의; 용해소(lysin)의.
-lyt·ic [lítik] 연결 -lysis에 대응하는 형용사를 만든다. ¶ ana*lytic*.
-lyze [laiz] 연결 -lysis에 대응하는 타동사를 만든다. ¶ electro*lyze*.

LZ, L.Z. *l*anding *z*one(상륙[착륙] 지역).

M

M, m [em] 圕 (圏 **M's, Ms; m's, ms**) 1 영어 알파벳의 열셋째 자. ¶ *M* for Mary Mary의 M(국제 전화 통화 용어). 2 M[m]이 나타내는 소리. 3 M[m]자 형(의 물건). 4 (인쇄·스탬프 따위의) M[m]자. 5 (인쇄) =em.

M¹ [em] 圕 圓 (경제) 통화 공급량(지표) (money supply); (속어) 돈(money).

M² 圕 (美) 1 맥도날드 햄버거점(MacDonald's). 2 (속어) 모르핀(morphine); 마리화나(marijuana).

M Mach [mach] (number); magnitude(진도(震度)); [음악] major; married; Medieval; mega-; Middle; million; Monday; month.

M ⑦ 1 열세 번째의 사람[물건]. 2 (종종 m—) (로마 숫자의) 1,000. 國 Roman numerals. 3 (전기) = magnetization. 4 (생화학) =methionine. 5 (통화) =mark(s); =markka. 6 (漢) =mature (audience) (성인용). 7 (물리) =mutual inductance.

m' [m] 圕 (구어) =my. ¶ *m'*love 내 사랑.

'm¹ [m] 圕 (구어) =am. ¶ *I'm* hungry. 배 고파.

'm² [əm] 圕 (구어) =ma'am. ¶ *Yes'm*. 네, 마님.

'm³ [im, əm] 圕 (구어) =him.

m. male; mark(s)(마르크화); married; masculine; [물리] mass; medium; (라틴) *meridies*; meter; middle; mile(s); minimum; minute(s); (라틴) (처방전에서) *misce*; (수학) modulus; (치과) molar; month; moon; morning; mouth. **M.** Majesty; Manitoba; Marquis; Marshal; Master; medicine; medium; meridian; Monday; Monsieur; mountain.

M- 1 (英) 간선 도로, 국도(motorway). ¶ *M-1* 1번 국도. 2 (美군사) 군수품의 형 표시. ¶ *M-1* tank.

M'- [mək, mæk, [k][g] 앞에서) mə, mæ] 접투 = Mac-. ¶ *M'*Dowell, *M'*Coy.

***ma** [mɑː] 圕 (구어·어린이말) 1 mam(m)a의 단축어 (부를 때는 Ma)(圏) pa). (호칭) …아주머니.

mA, mA milliangstrom(s). **mA, ma, ma.** milliampere(s). **Ma** ⑦ (화학) masurium; (음악) major. **MA** (우편) Massachusetts; (美) mechanical ambush; [심리] mental age. **m/a** my account.

M.A. Master of Arts; [심리] mental age; Military Academy. **MAA** master-at-arms; Master of Applied Arts. **MAAG** Military Assistance Advisory Group.

‡**ma'am** [mæm, mɑːm, 약 məm] 圕 1 (구어) 마님, 아주머니(하녀가 안주인을, 점원이 여자 손님을 부르는 말); 선생님(여교사에 대한 호칭). ¶ *Yes, ~.* 네, 마님. 2 (英) 마마(女왕·왕족 부인에 대한 호칭). [<*madam*]

M.A. and A. Master of Aeronautics *and* Astronautics. 「**MÁ AND PÁ**」

ma-and-pa [[∠]ənpɑ́ː] 圕 =mom-and-pop. (또는

maar [mɑːr] 圕 (圏 ~s, ~e [mɑ́ːrə]) (종종 M—) [지질] 마르(명멸한 폭렬(爆發)) 분화구). [<G]

M.A.Arch. Master of Arts in Architecture.

ma-a-riv [mɑ́ːriv/Heb mɑːrɑːríːv] 圕 마리브(유대 교도의 저녁 예배). (또는 **Maaríb**) [<Heb]

Máas·tricht Tréaty [mɑ́ːstrikt-] 圕 마스트리히트 조약(1991년 EC를 EU로 개정한 조약).

MAb [면역] *monoclonal antibody*. **MAB** (美군사) *Marine Amphibious Brigade*(해병 상륙 여단).

mabe [meib, mɑ́ːbi] 圕 =~ pearl.

MABE, M.A.B.E. Master of Agricultural Business *and* Economics(농업 경영학 석사).

Má Béll 圕 (美구어) 마벨(the American Telephone & Telegraph Company의 별칭); (일반어으로) 전화 회사.

mábe péarl 圕 반구형(半球形) 양식 진주. 「회사.

mac¹ [mæk] 圕 1 =mackintosh. 2 (美구어) = mackinaw. (또는 **mack**)

mac² 圕⑦ (속어) 먹다. * 다음 숙어로만 쓴다.

***mac out** (美구어) (맥도널드 패스트푸드 따위를) 잔뜩 [실컷] 먹다. 「자를 부르는 말.

Mac¹ [mæk] 圕 (속어) 이봐; 자네(이름을 모르는 남)

Mac² 圕 맥. 1 남자 이름. 2 (구어) 스코틀랜드 사람.

Mac³ 圕 (상표) =Macintosh. 「아일랜드 사람.

MAC Military Armistice Commission; [美군사] Military Airlift Command(공수 사령부).

Mac- [mək, mæk] 접투 son of의 뜻(* 스코틀랜드·아일랜드계의 성 앞에 붙여서 쓴다). ¶ *Macadam, MacAdam.* (또는 **Mc-, M^c-, M'-**)

Mac. Maccabees. **M.Ac.** Master of Accountancy.

ma·ca·bre [məkɑ́ːbrə, -bər] 圕 1 무시무시한, 소름끼치는, 모골이 송연한. 2 죽음의, 죽음을 다룬[나타내는]. 3 죽음의 무도의(圏 danse macabre). ¶ a ~ macaber) ~·ly 圕 「우원숭이.

ma·ca·co [məkɑ́ːkou, -kéi-] 圕 (圏 ~s) (검은) 여

mac·ad·am [məkǽdəm] 圕 1 머캐덤 도로포(쇄석 포장 도로); 𝕌 (포장용) 자갈, 쇄석. [∠]·ize 圕⑦

∠·i·zá·tion 圕 [<Scotland의 도로 기사 John McAdam(1756—1836)]

Ma·cao [məkɑ́u] 圕 마카오(중국 남부의 해항·행정 특구; 옛 포르투갈 식민지). (또는 **Macau, Aomen**) **~·an** [-ən], **Mac·a·nese** [mæ̀kəníːz, -s] 圕

ma·caque [məkǽk] 圕 마카크(아시아·아프리카산 (産)의 짧은꼬리원숭이).

***mac·a·ro·ni** [mæ̀kəróuni] 圕 (圏 ~(e)s) 1 𝕌 마카로니, 이탈리아식 국수. 2 (18세기 영국에서 대륙풍의) 멋쟁이, (일반적인) 멋쟁이. 3 (속어) 이탈리아인. 4 (美속어) 속이 빈 가늘고 긴 것. (또는 **maccaroni**)

macaróni (and) chéese 圕 마카로니 치즈(화이트 소스를 치고 치즈 가루를 뿌려 구운 마카로니).

mac·a·ron·ic [mæ̀kərɑ́nik/-rɔ́n-] 圕 1 (라틴어와 그 어미를 모방한 현대 속어법의) 아속(雅俗) 혼효체(混淆體)(의)의. 2 각종 언어가 뒤섞인. 3 뒤범벅된, 혼동된. —— 圕 (~s) 아속 혼효체(의 시(詩)). **-i·cal·ly** 圕

macaróni mills 圕 (美속어) 제재소(sawmill).

macaróni whéat 圕 =durum wheat.

mac·a·roon [mæ̀kərúːn] 圕 매커룬(계란 흰자·설탕·아몬드 또는 야자 열매 가루를 섞어 만든 과자).

Mac·Ar·thur [məkɑ́ːrθər] 圕 Douglas ~ 맥아더 (1880—1964; 미국의 육군 원수).

Ma·cart·ney [məkɑ́ːrtni] 圕 머카트니경(말레이시아)

Mac·ártney róse 圕 중국산 덩굴장미. 「(産).

Ma·cás·sar òil [məkǽsər-] 圕 마카사르유(油)(식물성 머릿기름); 마카사르유 비슷한 머릿기름.

Ma·cau [məkɑ́u] 圕 =Macao.

Ma·cau·lay [məkɔ́ːli] 圕 **Thomas Babington** ~ 매콜리(1800—59; 영국의 역사가·정치가). 「(産).

ma·caw¹ [məkɔ́ː] 圕 사랑앵무새(열대 아메리카)

ma·caw² 圕 메코 야자(열대 아메리카산(産)). (또는 [∠] **pàlm (trèe)**)

Mac·beth [məkbéθ] 圕 맥베스(Shakespeare작 4대

Macc. (성서) Maccabees.

mac·ca·baw [mǽkəbɔ̀ː] 圕 =maccaboy.

Mac·ca·bees [mǽkəbi:z] 명(복) 1 마카베가(家)(기원전 2세기의 유대 애국자의 일족). 2 《단수취급》 〔성서〕 마카베오서(구약 성서 경외서(經外書)의 하나).
  Mac·ca·be·an [mæ̀kəbí:ən] 형
mac·ca·boy [mǽkəbɔ̀i] 명(U) (장미꽃 향기를 풍기는) 냄새 맡는 담배의 일종. (또는 **maccoboy**)
mac·chi·a·to [ma:kiətou] 명 《美俗어》 마키아토(우유를 약간 탄 에스프레소 커피). [<It]
mac·chi·net·ta [mɑ̀:kinétə] 명 드립식 커피 끓이개[주전자](dripolator). [<It]
Mac·Don·ald [məkdɑ́nəld/-dɔ́n-] 명 **James Ramsay ~** 맥도널드(1866–1937: 영국의 정치가·수상; 최초로 노동당 내각을 조직).
mace[1] [meis] 명 1 철퇴(쇠갈고리가 달린 중세 때의 무기). 2 권표(權標), 직장(職杖)(직권의 상징); (the M-) 《英》 하원 의장의 직장(職杖). 3 =macebearer. 4 《당구》 (옛날 cue 대용의) 당구봉. 5 (M-) 《美》 지대곡(地對地) 핵유도탄. 6 《속어》《야구》 배트.
mace[2] 명(U) 육두구(肉荳蔲)의 겉껍질을 말려서 만든 향미료(香味料). 〔~다, 둥지다.
mace[3] 《속어》 명 사기, 속임수; 사기꾼. —타 사기치
Mace [meis] 명(U) 〔상표〕 최루 가스. —타 (때로 m-) 《美》…을 최루 가스로 공격(진압)하다.
mace a person's face 《美구어》 남에게 난폭하게 굴다.
mace·bear·er [méisbɛ̀ərər] 명 1 권표·직장을 받드는 사람. 2 (영국 하원의) 수위.
Maced. Macedonia(n).
mac·é·doine [mæ̀sədwɑ́:n] 명 (복 **~s** [-z]) 1 마세드완(야채나 과일을 섞은 샐러드). 2 뒤범벅. [<F]
Mac·e·do·ni·a [mæ̀sədóuniə, -njə] 명 마케도니아. 1 고대 그리스 북방에 있던 왕국. (또는 **Mácedòn**) 2 발칸 반도 중부의 지방. 3 발칸 반도 내륙의 공화국(수도 Skopje).
Mac·e·do·ni·an [mæ̀sədóuniən, -njən] 형 마케도니아의; 마케도니아인[어]의. —명 1 고대 마케도니아인; (U) 고대 마케도니아어. 2 (U) 마케도니아의 슬라브어
mac·er [méisər] 명 =macebearer.
mac·er·ate [mǽsərèit] 타 1 …을 (액체에 담가) 부드러워지게 하다, 불려서 연해지게 하다. 2 《음식을》 연하게 하다, (소화 기관에서) 소화하다. ¶*flax ~d in water* 물에 담가 부드럽게 된 아마(亞麻). 3 《단식·슬픔 따위로》 쇠약해지게[야위게] 하다; 괴롭히다. —자 1 (물에 담겨) 부드러워지다, 불다. 2 쇠약해지다.
be macerated with cares 걱정으로 수척해지다.
-a·tive 형 〔하는 것; 펄프 제조기〕
mac·er·at·er [mǽsərèitər] 명 물에 담가 부드럽게
mac·er·a·tion [mæ̀səréiʃən] 명(U) 1 물에 담가 부드럽게 함[됨]. 2 쇠약해짐[하게 함].
mac·er·a·tor [mǽsərèitər] 명 =macerater.
mach [mɑːk, mæk] 명 《종종 M-》 =mach number.
mach. machine; machinery; machinist.
mach·er [mǽxər] 명 《경멸적》 대장, 왕초, 거물.
ma·che·te [məʃéti, -tʃéti] 명 날이 넓은 칼(중남미 원주민이 벌채 도구·무기로 사용).
Mach·i·a·vel·li [mæ̀kiəvélli/It makjavélli] 명 **Niccolò di Bernardo ~** 마키아벨리(1469–1527: 이탈리아 Florence의 정치가·정치학자·외교관).
Mach·i·a·vel·li·an [mæ̀kiəvéliən] 형 《때로 m-》 1 마키아벨리(주의)의, 마키아벨리적인류의), 권모 술수를 부리는, 책략적인. ¶*resort to ~ tactics* 권모 술수를 쓰다. 2 음험한, 교활한. —명 마키아벨리주의자, 권모 술수(책략)가, 모사(謀士). (또는 **Machiavelian**)
  ~·ly 부
Mach·i·a·vel·li·an·ism [mæ̀kiəvéliənìzm] 명 =Machiavellism. **-ist** 명
Mach·i·a·vel·lism [mǽkiəvélizm] 명(U) 마키아벨리주의, 권모 술수(주의). **-list** 명
ma·chic·o·late [mətʃíkəlèit] 타 〔흉벽(胸壁)〕 위에 돌출한 총안[성혈(城穴)]을 내다.
ma·chic·o·lat·ed [mətʃíkəlèitid] 형 돌출한 총안[성혈]이 있는[을 낸].
ma·chic·o·la·tion [mətʃìkəléiʃən] 명 1 〔축성〕 돌출 총안[여기서 돌·열탕을 떨어뜨려 적군을 막았음]. 2 돌출한 총안[성혈(城穴)]이 있는 흉벽.
ma·chi·cou·lis [mɑ̀:ʃəkú:li] 명 (복 ~(**·es**)) = machicolation.
machin. machine; machinery; machinist.
ma·chin·a·ble [məʃí:nəbl] 형 1 《재료가》 공작 기계에서 절삭[성형] 가능한, 공구(工具)로 가공할 수 있는. 2 《우편물이》 기계로 분류할 수 있는. (또는 **machineable**) **-bíl·i·ty**
mach·i·nate [mǽkənèit] 타 (음모를) 꾸미다, 모의하다. **-na·tor** 명
mach·i·na·tion [mæ̀kənéiʃən] 명 1 (U) 음모를 꾸미기[모의하기], 책동. 2 《~s》 간계(奸計), 음모, 모략.
‡**ma·chine** [məʃí:n] 명 (복 **~s** [-z]) 1 기계. ¶*a printing [knitting] ~* 인쇄[편물]기, 편물 장치[설비]. 3 기계 장치로 움직이는 것; 자전거, 3륜차, 자동차, 비행기, 재봉틀, 《英》 (동력기) 인쇄기; 《美》 (소방용) 증기 펌프. 4 (기계) 운동(력)의 전도(傳導) 장치. 5 (고전극에서) 무대 효과용 조작 장치; (문학 작품에서) 초자연적 힘 (참 *deus ex machina*). 6 자동 판매기. 7 인체, (동물의) 몸, 기관(器官); 기관, 기구. ¶*the economic ~* 경제 기구/*the ~ of government* 정부 기관. 8 《집합적》 (정당) 조직; (정당의) 간부진, 지배 집단. 9 기계적으로 *by machine* 기계로. ¶*~s* 움직이는 사람[기구].
the god from a machine =deus ex machina.
 —타 …을 기계로 만들다[가공하다, 마무리하다], 기계에 걸다. —자 《양태 부사·부정어와 함께》 《美》 기계로 잘라지다. ¶*This metal ~s easily.* 이 금속은 기계로 잘 잘라진다. —형 1 기계(용)의, 기계에 의한. ¶*~ parts* 기계 부품/*a ~ product* 기계에 의한 제품. 2 기계적인, 판에 박힌, 규격화된. 3 간부진에 의한.
 ~·less 형 **~·ly** 부 〔politics 밀실 정치.
machíne àge (the ~) 기계 (문명) 시대.
machíne àrt 명 기계 예술(컴퓨터 따위를 이용한 예 〔술 표현 양식).
machíne bòlt 명 기계 볼트.
machíne còde 명 〔컴퓨터〕 =machine language.
machíne còtton 명 재봉틀용 무명실.
machíne fìnish 명 〔제지〕 (종이의) 기계 마무리,
machíne gùn 명 기관총. 〔기계 광택.

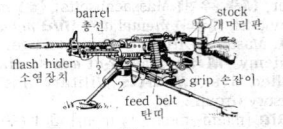

[machine gun]
1 trigger 방아쇠 2 tripod 3각다리
3 gas cylinder 가스통기

ma·chine-gun [-gʌ̀n] 타 (**-nn-**) …을 기관총으로 쏘다, 기총 소사하다. —형 기관총의, 기관총에 의한.
machíne gùnner 명 기관총 사수.
ma·chine-hour [-àuər] 명 기계의 시간당 작업량.
ma·chine-in·de·pend·ent [-indipéndənt] 형 〔컴퓨터〕 (프로그램 따위가) 기계로부터 독립성이 있는, 특정 기계에 의존하지 않는.
machíne intélligence 명 〔컴퓨터〕 =artificial
machíne lànguage 명 〔컴퓨터〕 기계어.
machíne lèarning 명 〔컴퓨터〕 기계 학습(스스로의 동작을 개량해 갈 수 있는 슈퍼 컴퓨터의 능력).
ma·chine·like [məʃí:nlàik] 형 기계 같은, 기계적인; (행동이) 규칙 바른; (생산이) 규격에 맞는.
ma·chine-made [-méid] 형 1 기계로 만든(參 handmade). 2 틀에 박힌, 일정한.

ma·chine·man [məʃíːnmən, -mæ̀n] [명] 기계공; 《英》 인쇄공; 착암공.
machíne mùsic [명] 기계 음악(synthesizer, 컴퓨터를 구사하는 팝 뮤직의 총칭).
machíne pìstol [명] 자동 권총; 소형 경기관총.
machíne pòlitics [명] 기구[조직] 정치(정치 조직으로 선거의 승리나 법안의 성립을 도모하는 일).
ma·chine-read·a·ble [-ríːdəbl] [형] 〔컴퓨터〕 기계 판독이 가능한, 그대로 컴퓨터 처리할 수 있는.
machíne rìfle [명] 자동 소총(automatic rifle).
ma·chine-room [-rù(ː)m] [명] 《英》 (인쇄소 안의) 인쇄실(《美》 pressroom). (또는 **machíne ròom**)
‡ma·chin·er·y [məʃíːnəri] [명][U] **1** 《집합적》 기계, 기계류. ¶The ~ is driven by electricity. 그 기계는 전기로 작동된다. **2** 기계 장치. ¶the ~ of a sewing machine 재봉틀의 기계 장치. **3** 무대 효과 장치. **4** (소설·연극 따위의) 줄거리[짜임새], 취향; (서사시 속에 나오는) 초자연적 힘. **5** (정치 따위의) 기구, 기관, 조직. **6** (복잡한) 절차. ¶the ~ of divorce 이혼의 복잡한 절차. **7** (…을 위해) 강구된 수단, 유효한 방법(*for*).
machínery stèel [명] 기계부품용 강철(절삭이 쉬운 저탄소강). (또는 **machíne stèel**)
machíne scrèw [명] 기계 나사, 나사못.
machíne scùlpture [명] 기계 조각.
ma·chine-sewed [-sòud] [형] 재봉틀로 박은.
machíne shòp [명] 기계[제작, 수리] 공장.
ma·chine-stitch [-stìtʃ] [동][타] 재봉 기계로 박다.
machíne tìme [명] (컴퓨터 따위의) 총[연(延)]작동 시간.
machíne tòol [명] 공작 기계, 전동(電動) 공구.
machíne translàtion [명] (컴퓨터에 의한) 기계[자동] 번역(㉧ MT).
machíne vìsion [명] 기계가 물체를 시각적으로 인식하는 일.
ma·chine-wash [-wɑ̀ʃ/-wɔ̀ʃ] [동] (옷 따위를) 세탁기로 빨(래 하)다. **~·a·ble** [형]
machíne wòrd [명] 〔컴퓨터〕 기계어.
machíne wòrk [명] 기계로 하는 일; 기계 마감일. [참] handwork
ma·chín·ing cènter [məʃíːniŋ-] [명] 〔기계〕 머시닝 센터(수치 제어를 이용한 복합 공작 기계).
ma·chin·ist [məʃíːnist] [명] **1** 기계의 운전자; 기계 기사; 공작 기계공. **2** 기계 제작[수리]공. **3** 《美》 정당의 간부[요원]. **4** 〔美해군〕 기관(機關) 준위.
ma·chis·ma [mɑːtʃízmə] [명] 《속어》 《경멸적》 (여자의) 남자 같음, 남자 이상임. 〔<Sp〕
ma·chis·mo [mɑːtʃíːzmou, mə-/mæ-] [명] 《경멸적》 **1** 사나이다움; 남성 우위; 남성다움의 과시. **2** 강력한 지배[권력] 의식. 〔<Sp macho〕
mach·me·ter [máːkmiːtər, mǽk-] [명] (때로 M-) 〔항공〕 초음속도계, 마하미터[계(計)].
mách nùmber [명] (종종 M- n-) 〔물리〕 마하(수(數))(물체 속도의 음속에 대한 비(比)). 〔<오스트리아 물리학자 Ernst Mach(1838-1916)의 이름〕
ma·cho [máːtʃou/mǽ-] 《구어》 《경멸적》 [명] (복 **~s**) 사내다운 남자, 터프가이; 사나이다움. **—**[형] 씩씩한, 사내다운. **—**[동] ＊다음 숙어로만 쓴다.
macho it out 남자답게 대담하게 행동하다.
macho up 용감하게[남자답게] 굴다.
〔<Sp male〕
ma·cho·dra·ma [máːtʃoudrɑ̀ːmə] [명] 《美속어》 남성 우위극[영화].
Macht·pol·i·tik [máːktpoulitìːk] [명] (종종 m-) 무력[무단] 정치[외교]. 〔<G power politics〕
Ma·chu Pic·chu [máːtʃuː píːktʃuː] [명] 마추피추(페루 남부의 Andes 산맥 속 표고 약 2,130미터 지점에 있는 잉카 제국 최후의 도시 유적).
Mách wàve [명] 〔물리〕 마하 충격파.
-ma·chy [məki] [연결] battle, fighting의 뜻. ¶logomachy.
mac·in·tosh [mǽkintɑ̀ʃ/-tɔ̀ʃ] [명] =mackintosh.
Mac·in·tosh [mǽkintɑ̀ʃ/-tɔ̀ʃ] [명] 《상표》 매킨토시 개인용 컴퓨터(미국 Apple Computer사 제품).

mack¹ [mæk] [명] 《구어》 =mackintosh; mackinaw.
mack² [명] 《美속어》 뚜쟁이, 유객꾼, 매춘알선자. **—**[동][자] 여자에게 말을 걸며 다가가다[구애하다](*on*).
mack³ 《美속어》 [동][타] 해치우다, 이기다. **—**[명] 가장 센[높은] 놈, 대장.
Mack [mæk] [명] **1** 맥(남자 이름). **2** 《구어》 여보게, 자네(남자의 이름을 모를 때 부르는 말).
Mac·ken·zie [məkénzi] [명] 매켄지. **1 Alexander** ~ (1764-1820: 스코틀랜드의 탐험가; Mackenzie 강을 발견). **2** (the ~) 매켄지 강(캐나다 최대의 강). **3** 《상표》 스코틀랜드산 위스키.
mack·er·el [mǽkərəl] [명] (북대서양산(產)) 고등어.
máckerel bréeze [gále] [명] 고등어 잡이에 알맞은 약간 센 바람.
máckerel gùll [명] 제비갈매기.
máckerel píke [명] 꽁치.
máckerel shàrk [명] 청상아리류, 악상어(porbeagle).
máckerel ský [명] 비늘 모양의 구름이 덮인 하늘.
mack·i·naw [mǽkənɔ̀ː] (종종 M-) [명] **1** 매키노(두꺼운 모직지(毛織地)). **2** 매키노 코트(두꺼운 나사로 만든 더블 반코트). (또는 ~ **còat**) **3** 매키노 모포(두꺼운 격자무늬의 모포). (또는 ~ **blànket**) **4** 평저선(平低船)(북미 5대호 지역에서 사용). (또는 ~ **bòat**)
〔<미국 Michigan 주의 Mackinaw City〕
Máckinaw tròut [명] =lake trout.
mack·in·tosh [mǽkintɑ̀ʃ/-tɔ̀ʃ] [명] **1** 고무를 입힌 레인코트, 방수 외투. **2** [U] 고무를 입힌 방수포. **~ed** [형] 〔<고안자인 Scotland의 화학자 Charles Macintosh (1766-1843)의 이름〕
mack·le [mǽkl] [명] 이중 인쇄; 잘못된 인쇄. **—**[동] 이중 인쇄하다, 인쇄를 잘못하다. (또는 **macule**)
mack·man [mǽkmæ̀n, -mən] [명] 《美속어》 유객꾼, 뚜쟁이(mack).
Máck trùck [명] 《美속어》 (미식축구의) 건장하고 강력한 수비수. 〔<대형 화물 운송 회사의 상표명에서〕
Mac·Laine [məkléin] [명] **Shirley** ~ 맥레인 (1934- : 미국의 여배우).
ma·cle [mǽkl] [명] 〔광물〕 **1** 쌍정(雙晶)(twin). **2** (광물의) 변색 부분, 반점.
ma·cled [mǽkld] [형] (광물이) 얼룩 무늬가 있는, 반점이 있는; (결정이) 쌍정(雙晶) 구조의.
Mac·leod [məkláud] [명] 매클라우드(남자 이름).
Mac·mil·lan [məkmílən] [명] 맥밀런. **1 Harold** ~ (1894-1986: 영국의 정치가; 수상(1957-63)). **2** (~, Inc.) 미·영국의 출판사.
ma·co [máːkou] [명] 이집트면(綿)(메리야스·내의류 제조용).
ma·con [méikən] [명] (제2차 대전 중의) 양고기 베이컨. 〔<*m*utton+*b*acon〕
Mâ·con [mɑːkɔ́ːn] [명][U] (프랑스산(產)) 포도주.
Ma·con·o·chie [məkɑ́nəki/-kɔ́n-] [명][U] 《英》 스튜 통조림(제1차 세계 대전 중의 군용 식량).
ma·cou·ba [məkúːbə] [명] =maccaboy.
macr- [mækr] [연결] ⇨MACRO-.
mac·ra·mé [mǽkrəmèi] [명][U] 마크라메(실·끈으로 엮은 레이스 또는 술·가구 장식용).
mac·ren·ceph·a·ly [mæ̀krənséfəli] [명] 〔의학〕 대뇌(수)증, 거(巨)뇌(수)증.
mac·ro [mǽkrou] [형] **1** 커다란, 매우 큰; 대규모[대량]의; 거시적인. **2** 거시 경제학의[에 관한]. **—**[명] **1** 대형[대량]의 것, 대규모의 것; 거시적인 것. **2** 〔사진〕 =~ lens. **3** 〔컴퓨터〕 =macroinstruction.
mac·ro- [mǽkrou, -rə] [연결] large, long, great, excessive의 뜻(＊모음 앞에서는 macr-). [반] micro-
¶*macro*cosm.
ma·cro·a·nal·y·sis [mæ̀krouənǽləsis] [명] 〔화학〕 보통량 분석; 〔경제〕 거시(巨視) 분석.
mac·ro·ben·thos [mæ̀kroubénθɑs/-θɔs] [명] 〔생태〕 대형 저생(底生) 생물.
mac·ro·bi·o·sis [mæ̀kroubaióusis] [명] 장수(長壽).

mac·ro·bi·ot·ic [mæ̀kroubaiátik] 형 장수[자연] 식의. ¶ ~ food 장수[자연] 식품. **-i·cal·ly** 분
mac·ro·bi·ot·ics [mæ̀kroubaiátiks] 명 (단수취급) ⓤ 장수 식품 연구[이론].
mac·ro·ce·phal·ic [mæ̀krousəfǽlik] 형 (의학) 대두(大頭)[장두(長頭)]의, 머리가 큰(긴).
mac·ro·ceph·a·lous [mæ̀krouséfələs] 형 (의학) =macrocephalic.
mac·ro·ceph·a·lus [mæ̀krouséfələs] 명 (복 -li [-lài]) 대두(인(人)), 머리가 큰 사람, 거대 두개(頭蓋).
mac·ro·ceph·a·ly [mæ̀krouséfəli] 명 1 ⓤ 이상 대두(異常大頭); 대두증(大頭症). (또는 **macrocephália**) 2 (병리) 거뇌증(巨腦症). 형 **microcephaly**
mac·ro·chem·is·try [mæ̀kroukémǝstri] 명 (현미경이나 미량 분석을 요하지 않는) 거시(巨視) 화학.
mac·ro·cli·mate [mæ̀krouklàimit] 명 대기후(大氣候)(한 대륙·국가 따위의 광역 기후).
-cli·mát·ic 형 **-cli·mát·i·cal·ly** 분
mac·ro·code [mǽkrouk̀òud] 명 (컴퓨터) 매크로 코드(어셈블리 언어에 의한 프로그램으로서, 각 단위를 단일 명칭으로 나타낸 것).
mac·ro·cosm [mǽkrəkàzm/-kɔ̀zm] 명 (the ~) 대우주, 대세계(↔ **microcosm**); 전범위(全範圍).
mac·ro·cos·mic [mæ̀kroukázmik/-kɔ́z-] 형 대우주의.
mac·ro·cyte [mǽkrəsàit] 명 (병리) 대(大)적혈구. **-cyt·ic** [-sítik] 형
macrocýtic anémia 명 대적혈구성 빈혈증.
mácro dilémma 명 거시적 딜레머(장기적으로는 좋은 결과가 기대되나 단기적으로는 나쁜 결과가 되는 것).
mac·ro·ec·o·nom·ics [mæ̀krouekənámiks/-nɔ́m-] 명 (단수취급) 거시(巨視)[매크로] 경제학. ↔ **microeconomics -ic** 형 **·e·cón·o·mist** 명
mac·ro·en·gi·neer·ing [mæ̀kroùendʒiníəriŋ/-níər-] 명 거대 프로젝트 공학.
mac·ro·ev·o·lu·tion [mæ̀kroùevəlúːʃən] 명 (생물) 대진화(大進化). **-ar·y** 형
mac·ro·form [mǽkroufɔ̀ːrm] 명 매크로폼(육안으로 읽을 수 있도록 크게 문헌 따위를 복제·재현한 것).
mac·ro·fos·sil [mǽkroufàsəl/-fɔ̀s-] 명 대형 화석(육안으로 형태나 특징을 판별할 수 있는 화석).
mac·ro·gam·ete [mæ̀krougǽmiːt] 명 (생물) 대배우자(大配偶子)(한 쌍의 배우자 중 큰것).
mac·ro·graph [mǽkrəgrǽf, -gràːf] 명 육안도 (肉眼圖), 확대도.
ma·crog·ra·phy [məkrágrəfi/-krɔ́g-] 명 ⓤ 1 안 검사(↔ **micrography**). 2 이상 대서(異常大書)(정신 이상의 증후). **mac·ro·graph·ic** [mæ̀krəgrǽfik] 형
mac·ro·in·struc·tion [mæ̀krouinstrʌ́kʃən] 명 (컴퓨터) 매크로 명령(1회의 명령으로 복수 명령이 되게 하는 일).
mácro léns 명 (사진) 접사용 렌즈.
mac·ro·lin·guis·tics [mæ̀krouliŋgwístiks] 명 (단수취급) (언어) 대(大)언어학(언어 연구 부문 총칭). **-tic** 형 **-ti·cal·ly** 분
mac·ro·lith [mǽkrəliθ] 명 (고고) 30cm 정도 길이의 석기(石器).
mac·ro·me·te·or·ol·o·gy [mæ̀kroumìːtiər-álədʒi/-rɔ́l-] 명 ⓤ 거(巨)기상학. **-o·lóg·i·cal** 형
mac·rom·e·ter [məkrámətər/-rɔ́m-] 명 측원기(測遠器).
mac·ro·mol·e·cule [mæ̀kroumáləkjùːl/-mɔ́l-] 명 (화학) 거대 분자(巨大分子). (또는 **mácromòle**)
mac·ro·mu·ta·tion [mæ̀kroumjuːtéiʃən] 명 (유전) 복합 돌연 변이.
ma·cron [méikran/mǽkrən] 명 장음(長音) 기호 (ˉ)(fáte의 ā).
mac·ro·or·gan·ism [mæ̀krouɔ́ːrgənìzm] 명 육안으로 보이는 생물, 비현미적(非顯微的) 미생물.
mac·ro·phage [mǽkroufèidʒ] 명 대식세포(大食細胞), (특히) 조직구(組織球).
mac·ro·pho·tog·ra·phy [mæ̀kroufətágrəfi/-tɔ́g-] 명 저배율(低配率)의 확대 사진술.
mac·ro·phys·ics [mæ̀kroufíziks] 명복 (단수취급) 거시적(巨視的) 물리학.
mac·ro·phyte [mǽkrəfàit] 명 (식물) 대형 (수생) 식물.
mac·ro·scale [mǽkrəskèil] 명 (거시적) 규모.
mac·ro·scop·ic [mæ̀krəskápik/-skɔ́p-] 형 1 육안으로 보이는(↔ **microscopic**). 2 거시적인. (또는 **macroscopical**) **-i·cal·ly** 분 「사회의.
mac·ro·so·ci·e·tal [mæ̀krousəsáiətl] 형 거시적
mac·ro·so·ci·ol·o·gy [mæ̀krousousiálədʒi, -ʃi-/-ɔ́l-] 명 거시 사회학.
mac·ro·spore [mǽkrəspɔ̀ːr] 명 (식물) 대포자(大胞子). **-spór·ic** 형
mac·ro·struc·ture [mǽkrəstrʌ̀ktʃər] 명 1 매크로 구조, 육안적 구조[조직]. 2 대구조(텍스트나 대화 전체를 구성하는 구조). 「귀를 가진.
mac·ro·tous [mækróutəs, mək-] 형 (동물) 큰
mácro vírus 명 (컴퓨터) 매크로 바이러스(어플리케이션 소프트의 매크로를 써서 만든 바이러스).
M.A.C.T. *Master of Arts in College Teaching*.
mac·u·la [mǽkjulə] 명 (복 **-lae** [-liː]) 1 (피부의) 반점, 기미, 명. 2 (안과) (망막의) 황반(黃斑)(또는 ~ **lútea**); (각막의) 백반(白斑). 3 (태양의) 흑점. (<L)
mac·u·lar [mǽkjulər] 형 반점[흠, 얼룩점]이 있는.
mac·u·late 형타 [mǽkjulèit] 1 …에 반점을 찍다, 얼룩지게 하다. 2 (명성 따위)를 더럽히다, 욕되게 하다, 먹칠하다, 오점을 남기다. ― 형 [mǽkjulət] (또는 **maculated**) 반점[오점]이 있는, 얼룩진; 더러워진.
mac·u·la·tion [mæ̀kjuléiʃən] 명 ⓤ 반점[오점]을 남기기[이 있음]; ⓒ 반점, 오점.
mac·ule [mǽkjuːl] 명 1 =**mackle**. 2 =**macula**. ― 동 =**mackle**.
ma·cum·ba [məkúːmbə] 명 마쿰바(아프리카 색이 짙은 브라질의 심령주의적 종교).
Ma·cy's [méisiz] 명 메이시 백화점(체인점; 특히 뉴욕의 점포는 세계 최대 규모).

‡**mad** [mæd] 형 (**~·der**; **~·dest**) 1 (…으로) 미친, 발광한, 실성한(*with*, *by*). ¶ She was nearly driven ~ by grief. 그녀는 슬픔으로 거의 미칠 지경이었다 // He has gone [*or* run] ~. 그는 실성했다.

유의어 **mad** 정신 이상의 정도가 심해서 난폭하게 굴거나 아우성치는. **crazy** 질병·노쇠·강한 심리적 충격 따위에 의해 정신이 이상하게 된. **insane** 통상의 사회 생활을 영위할 수 없는, 또는 자신의 행위에 책임을 지지 못할 정도로 정신이 이상한[나간]. **lunatic** insane과 거의 같은 뜻이며, 일반적으로 병적이 정상이 아닐 정도의 바보스러움에 쓰인다. **demented** 정신 이상의 뚜렷한 징후가 있는 상태를 말하는 딱딱한 말. **deranged** 뇌·신경 계통의 기능 장애로 인한 정신 이상을 말하는 딱딱한 말.

2 (격정·통증 따위로) 불란한, 욱한; 미칠 듯이 흥분한 (*with*). ¶ He is ~ with anger. 그는 미칠 듯이 화가 나 있다. 3 (구어) (…에게) (…때문에) 성난, 화가 난 (*at*, *with* / *for*, *over*, *about*). ¶ He is ~ at me. 그는 나에게 화를 내고 있다 // They were ~ because they flunked. 그들은 낙제를 해서 화가 났다. 4 (바람 따위가) 맹렬한, 휘몰아치는. ¶ a ~ wind[torrent] 휘몰아치는 바람[격류]. 5 …에 열중한, 후끈 달아오른, 열광적인 (*for*, *about*, *after*, *over*, *on*); …하고 싶어 못 견디는 (*to do*); …을 몹시 탐내고 있는(*after*, *for*). ¶ She is ~ *about* him. 그녀는 그에게 반해서 후끈 달아 있다. 6 어리석은, 바보 같은. ¶ a ~ project 어리석은[무모한] 계획. 7 크게 들뜬, 떠들어대는. ¶ have a ~ time 들떠서 떠들어대다. 8 (동물이) 광포한, 사나운. ¶ a ~ bull 사나운 황소. 9 광견병에 걸린. ¶ a ~ dog 미친 개, 광견.

(as) mad as a cut snake; (as) mad as a meataxe (濠·뉴질) ① 머리가 완전히 돌아서. ② 굉장히 화나서, 성내어.
(as) mad as a hatter [or **(March) hare**] 정신이 완전히 돌아, 아주 미쳐서; (美속어) 잔뜩 화가 나서.
(as) mad as a hornet [or **hops, a wet hen**] 몹시 화내어.
be mad keen (英속어) …하고 싶어 못 견디다(*on*, 「*to* do).
drive [or **send**] *a person* **mad** 남을 미치게 하다, 화나게 하다.
get mad at (美구어) …에 있는 힘을 다 내다, 분발하다.
like mad; like a mad thing 미친 듯이; 심하게, 맹렬히. ¶sell *like* ~ 미친 듯이 팔리다.
mad as mad (구어) 노발대발하여.
run [or **go**] **mad after** [or **over**] …에 열중[몰두]「하다.
—[동] (**~s** [-z]; **-dd-**) (드물게) [타] …을 미치게 하다; 성나게 하다. —[자] 미치다, 미친 듯이 행동하다.
—[명] 뱃성, 짜증, 분개, 화냄.
have a mad on …에 화내다[성내다].
MAD¹ [mæd] [명] 〔군사〕 상호 확실 파괴(핵강대국이 상대방에게 대규모 피해를 입힐 만한 핵전력을 유지하는 일). 〔<*M*utual *A*ssured *D*estruction〕
MAD² [명] 〔군사〕 자기(磁氣) 이상 탐지 장치(항공기의 대(對)잠수함 탐지 장치). 〔<*m*agnetic *a*nomaly *d*etector〕
Mad. madam.
Mad·a·gas·can [mæ̀dəgǽskən] [명] 마다가스카르인(人). —[형] 마다가스카르(인)의[에 특유한].
Mad·a·gas·car [mæ̀dəgǽskər] [명] 마다가스카르(아프리카 동남부의 섬나라; 수도 Antananarivo).
‡**mad·am** [mǽdəm] [명] ([복] **~s** [-z]) **1** ([복] ***mes·dames*** [meidǽm]) 부인, 마님, 아가씨(원래는 귀부인에 대한 호칭·경칭으로 쓰였으나 지금은 미혼 여성에게도 쓰이며, 편지의 서두에도 사용한다. ma'am이라 줄여 쓰기도 한다). ¶Dear *M*– 근계(謹啓). **2** 주부. **3** (매춘굴의) 안주인, 여자 포주. **4** (英구어) 건방진[주제넘은] 계집아이, 사람을 턱으로 부리는 젊은 여자. **5** (英속어) 엉터리.
‡**mad·ame** [mǽdəm, mədǽm, -dɑ́:m] [명] ([복] ***mes·dames*** [meidǽm, -dɑ́:m/méidæm]) (때로 M–) 부인, 마님(본래 프랑스에서는 귀부인에 대한 호칭으로 사용; 영어의 Mrs.에 해당된다; 지금은 보통 기혼 여성에 대한 호칭으로 쓰인다. (英)(美)에서는 외국의 기혼 여성에 대해서 쓴다; [약] Mme.). 〔<F my lady〕
Mádame Tussáud's [명] (런던에 있는) 마담 투소 밀랍 인형관.
mád ápple [명] 가지(eggplant).
mad·ball [mǽdbɔ̀:l] [명] (美속어) (점쟁이가 쓰는) 수정 구슬.
mad-brained [ˊbréind] [형] 흥분[열광]하기 쉬운, 성을 잘 내는, 앞뒤 안 가리는. **mád·bràin** [명]
mad·cap [mǽdkæ̀p] [형] 앞뒤를 헤아리지 않는, 무모한. ¶a ~ girl 무모한 아가씨. —[명] 무모한[충동적인] 사람[아가씨], 말괄량이. **~·per·y** [명]
màd ców disèase [명] 광우병(狂牛病)(정식 명칭은 bovine spongiform encephalopathy; [약] BSE).
MADD (美) *M*others *A*gainst *D*runk *D*riving(음주 운전 반대 어머니회).
MAD DADS (美) *M*en *A*gainst *D*estruction *D*efending *A*gainst *D*rugs and *S*ocial Disorder(청소년 선도 단체).
***mad·den** [mǽdn] [동][타] …을 (…으로) 미치게 하다; …을 (미친 사람처럼) 성나게 하다, 화가 치밀게 하다 —[자] 발광하다, 사납게 날뛰다. (*with*).
mad·den·ing [mǽdniŋ] [형] **1** 미친; 미치게 하는, 미칠 듯한. **2** 화나게 하는, 격노시키는. **3** 사납게 날뛰는. **4** (바람 따위가) 거센, 맹렬한. **~·ly** [부] **~·ness** [명]
mad·der [mǽdər] [명] 꼭두서니속(屬)의 식물; 꼭두서니의 뿌리; [U] 꼭두서니 염료; [U] 꼭두서니 빛(심홍색).
mádder láke [명] 짙은 적자색(赤紫色)(염료).
mad·ding [mǽdiŋ] [형] (드물게) **1** 미친, 미친 듯한, 광란의. ¶far from the ~ crowd's ignoble strife 광란의 무리들[속세]의 추잡한 다툼에서 멀리 떠나(←T. Gray작 *Elegy* xix). **2** 미치게 하는. ¶a ~ grief [anger] 미칠 듯한 슬픔[분노].
mad·dish [mǽdiʃ] [형] 미친 것 같은, 실성에 가까운.
mad·doc·tor [mǽddɑ̀ktər/-dɔ̀k-] [명] 정신과 의사.
mád dóg [명] (美속어) 광포한 인간; 살인자.
mad-dog [ˊdɔ̀:g] [동][타] (美속어) (위협하듯) …을 노려보다.
‡**made** [meid] [동] make의 과거·과거분사.
—[형] **1** (복합어로) …제의, …로 만든[구성된]; 몸매[체격]가 …한. ¶a well-~ play 잘 구성된 연극 / ready-~ articles 기성품 / well-~ 잘생긴, 볼품 있는 / slightly-~ 홀쭉하게 생긴. **2** 인공적인, 인조의, (토지 따위를) 매립해서 만든. ¶~ ground 매립지. **3** 발명한, 고안해 낸. ¶a ~ word 만들어 낸 말, 조어(造語). **4** 날조한, 지어낸. ¶a ~ story 꾸며낸 이야기. **5** 성공한, 성공이 확실한. ¶a ~ man 성공자. **6** (개·말 따위가) 충분히 조련된, 길들여진. **7** (美속어) 마피아의 조직원인.
have (got) [or **get**] **it made** (구어) 만사가 잘 되고 있다, 성공할 게 확실하다; 성공을 했다.
made for …에 꼭 맞는[어울리는]; …에 안성맞춤인, 「십상인.
made of money (구어) 굉장히 부자인.
made up out of (the) whole cloth 완전히 엉터리의, 사실 무근의.
—[명] (美속어) 곧게 편 머리(카락).
máde dísh [명] 한 접시에 이것저것 곁들인 요리, 모듬「요리.
made-for-tel·e·vi·sion [ˊfərtéləviʒən] [형] 텔레비전 용으로 제작된.
made-in [ˊin] [명] (英학생 속어) 비김, 무승부.
Ma·dei·ra [mədíərə/-díərə] [명] **1** 마데이라 제도(대서양상의 군도(群島)로 포르투갈령; 수도 Funchal); 그 주된 섬. **2** (종종 m–) [U] 마데이라 포도주(이 섬에서 산출되는 백포도주).
Madéira càke [명] 카스텔라의 일종.
Madéira tópaz [명] 황수정(黃水晶).
mad·e·leine [mǽdəlin, -lèin] [명] ([복] **~s** [-z]) **1** 〔요리〕 마들렌(버터를 넣은 조개 모양의 케이크). **2** 기억[향수]을 불러일으키는 것, 회상의 실마리.
Mad·e·leine [mǽdəlin, -làin] [명] 매들린(여자 이름). (또는 **Madel(a)ine, Madelene, Madelyn**) 〔<F〕
máde màst [명] 〔해사〕 (나무) 조립 돛대.
mad·e·moi·selle** [mæ̀dəməzél] [명] ([복] **~s, *mes·de·moi·selles [mèidə-]) **1** …양(孃), 영애(令愛)(미혼 여성에 대한 프랑스어의 경칭; 영어의 Miss에 해당된다; [약] Mlle. 복수형은 Mlles.). **2** (英) 프랑스인 여(가정)교사. 〔<F〕
made-o·ver [ˊóuvər] [형] 다시[고쳐] 만든, 개조한.
made-to-meas·ure [ˊtəméʒər] [형] (옷·구두 따위가) 몸[발](치수)에 딱 맞게 만든, 맞춤의. ¶The job is ~ for Jane. 그 일자리는 제인에게 안성맞춤이다.
made-to-or·der [ˊtəɔ́:rdər] [형] 맞춘, 주문품의 (custom-made)([반] ready-made); 맞춤의.
made-up [ˊʌ́p] [형] **1** (이야기 따위를) 만들어낸, 꾸며낸. ¶a ~ story 꾸며낸 이야기. **2** 메이크업한, 화장한. **3** 완성된, 마무리된, 끝마친, 기성품의. ¶~ clothes 기성복. **4** 결심한, 결의가 굳은. **5** 〔인쇄〕 정식 조판한. **6** (길이) 포장된.
Mád Hátter's disèase [명] 〔병리〕 =Minamata disease. [참] hatter's shakes
mad·house [mǽdhàus] [명] (구어) **1** 정신 병원(insane asylum). **2** 혼란한 장소, 광란의 도가니.
mad·i·a [mɑ́:diə] [명] 마디아(해바라기 비슷한 식물).
mádia óil [명] 마디아유(油)(올리브유의 대용).
Mad·i·son [mǽdəsn] [명] 매디슨. **1** 미국 Wisconsin 주의 주도(州都). **2** **James** ~ (1751–1836: 미국의 제4 대 대통령).
Mádison Ávenue [명] 매디슨 가(街)(미국 New

York 시의 광고업 중심가); (미국의) 광고업(계).

Mad·i·son·ese [mædəsəni:z] 명 광고업계 특수 용어.

Mádison Squáre Gárden 명 매디슨 스퀘어 가든(미국 New York 시의 Manhattan에 있는 스포츠 센터.

mád ítch 명 유사(가성(假性)) 광견병.

*__mad·ly__ [mǽdli] 부 1 미치광이처럼, 미친 듯이, 미쳐서. 2 맹렬히, 격렬하게; 필사적으로. ¶They worked ~ all night long. 그들은 밤새도록 미친 듯이 일했다. 3 대단히, 극단적으로. 4 어리석게도, 앞뒤 생각 없이.

madm. madam.

*__mad·man__ [mǽdmæn, -mən] 명 (복 -men [-mèn, -mən]) 정신 이상자, 미치광이.

mád móney 명 (구어) (소액의) 비상금(여성이 비상시나 충동 구매 때에 대비하여 가지고 다니는 돈).

*__mad·ness__ [mǽdnis] 명U 1 광기(狂氣), 정신 이상(착란). ¶He was driven to ~. 그는 미쳤다. 2 광견병(狂犬病) (rabies). 3 격노(激怒). 4 미친 짓, 바보짓. ¶It would be utter ~ to do such a thing. 그런 짓을 하다니 꼭 미친 짓이다. 5 열광, 열중. ¶have ~ for flowers 꽃에 열중하다.

love a person to madness 미친 듯이 남을 사랑하다.

*__Ma·don·na__ [mədánə/-dɔ́nə] 명 1 (the ~) 성모 마리아; 그 (화)상. 2 (m-) (고어) 마님, 아가씨. 3 한국나(1958- : 미국의 팝가수).

Madónna and Chíld 명 (미술) (성모 마리아가 아기 예수를 품에 안은) 성모자상(聖母子像).

Madónna líly 명 흰나리.

mad·ras [mǽdrəs/mədrɑ́:s] 명UC 1 마드라스 무명(셔츠·드레스용). 2 얇은 커튼용 천. 3 터번용 명주 또는 면포. — 형 마드라스 무명의(으로 만든).

Ma·dras [mədrǽs/-drɑ́:s] 명 마드라스(인도 Bengal 만 연안의 항구 도시; Tamil Nadu 주의 주도). ~**i** 명 마드라스 주민(출신자).

ma·dra·sa(h) [mədrǽsə] 명 (회교) (이슬람) 학원(이슬람 교리를 가르치는 고등 교육기관).

ma·dre [mɑ́:drei] 명 (복 ~**s** [-z], **-dri** [-dri]) 어머니, 모(母). [<Sp *mother*]

mad·re·pore [mǽdrəpɔ̀:r] 명 녹색(綠石)(산호의 일종). **-pó·ri·an, -spór·ic, -po·rít·ic** 형

Ma·drid [mədríd] 명 마드리드(스페인의 수도).

Mad·ri·le·ni·an [mæ̀drəli:niən] 형

mad·ri·gal [mǽdrigəl] 명 1 짧은 서정시, 서정소곡(抒情小曲). 소연가(小戀歌). 2 (악) 마드리갈(무반주 합창곡). 3 합창곡; 가곡. ~**esque** 마드리갈풍의. **~ri·gál·i·an** 형 **~ist** 명 마드리갈 작곡가(가수).

mad·ri·lène [mǽdrəlèn, -lèin] 명 마드릴렌(토마토로 맛들인 마드리드식 콩소메). [<F]

mád scíentist 명 (SF 등에 나오는) 과학을 악용하는 과학자.

ma·du·ro [mədúrou] 명 (다) 거무스름하고 맛이 독한 엽궐련. — 형 (한정용법) 거무스름하고 맛이 독한. [<Sp]

mad·wom·an [mǽdwùmən] 명 미친 여자, 광녀.
all over the place like a madwoman's custard [or *knitting, lunchbox*] (濠) 완전히 흩뜨려서, 어질러서.

mad·wort [mǽdwə̀:rt] 명 (식물) 1 알리섬(alyssum) (겨잣과(科)). 2 양구슬냉이의 일종.

Mae [mei] 명 메이(여자 이름).

M.A.E. *Master of Aeronautical Engineering; Master of Art Education.*

Mae·ce·nas [misí:nəs/-næs] 명 문학·예술의 후원자(patron). [<고대 로마의 정치가로 문예를 보호한 Gaius Maecenas의 이름]

M.A.Ed. *Master of Arts in Education.*

mael·strom [méilstrəm] 명 1 (the M-) 노르웨이 서북 해안의 큰 소용돌이. 2 큰 소용돌이, 화수분. 3 대혼란, 동란, 격동. ¶the ~ of passion 열정의 소용돌이/the ~ of war 전쟁의 대혼란.

mae·nad [mí:næd] 명 1 =bacchante. 2 열광[광란]한 여자, 화가 나서 날뛰는 여자, 흥분하여 이성을 잃은 여자. (또는 **menad**) **-nád·ic** 형 **~ism** 명

M. Aero. E. *Master of Aeronautical Engineering.*

ma·es·to·so [maistóusou] (악) 형부 장엄한(하게). — 명 장중한 곡[악장]. [<It]

maes·tro [máistrou/It maéstro] 명 (복 ~**s**/It **ma·es·tri** [maéstri]) 1 대작곡가, 명지휘자; 뛰어난 음악 교사. 2 (M-) 마에스트로 …(뛰어난 음악가에 대한 경칭). 3 (예술의) 대가, 거장(巨匠), 명인. [<It]

máestro di cap·pél·la [-di kəpélə] 명 성가대 지휘자: (르네상스 시대 이탈리아의) 교회[궁정] 악장(樂長). [<It]

Máe Wést [méi-] 명 (때로 m- w-) 1 (선원·비행사 속어) 구명 조끼. 2 (美육군) (낙하산의) 중앙 조리개. [<미국의 육체파 여배우 Mae West(1892?-1980)의 이름]

MAF (군사) *Marine Amphibious Force*(미 해병대 수륙양용전 부대). **MAFF** (英) *Ministry of Agriculture, Fisheries, and Food*(농수산 식량부).

Maf·féi gálaxy [mɑːféii-] 명 (천문) 마페이 은하(페르세우스 자리와 카시오페아 자리 사이에 있는 두 은하(Maffei I, II) 중의 하나).

maf·fick [mǽfik] 자 (英구어) (국가의 경사 등을) 흥겹게 떠들며 축하하다, 기뻐 날뛰다. **~er** 명

*__Ma·fi·a__ [mɑ́:fiə, mǽf-] 명 1 (the ~) (단·복수 양용) 마피아(비밀 범죄 조직). 2 (Sicily 섬에서) (m-) 과격한 반정부 감정; (19세기의) 비밀 결사. 3 (때로 m-) (일정 분야의) 유력자[실세] 집단, 족벌; 폭력단, 범죄 조직. (또는 **Maffia**) [<It]

Ma·fi·ol·o·gy [mɑ̀:fiálədʒi/mæ̀fiɔ́l-] 명 (종종 m-) 마피아학(學), 범죄 조직연구. (또는 **mafiaology**)

ma·fi·o·so [mɑ̀:fióusou] 명 (복 **-si** [-si:], ~**s**) (종종 M-) 마피아의 한 사람. [<It]

mag[1] [mæg] 명 (英속어) 반페니화(貨)(halfpenny).

mag[2] (구어) 1 =magazine. 2 =~ wheel. 3 = magneto. 4 =magnetometer 2.

mag[3] (컴퓨터) 자기(磁氣)의, 자성(磁性)을 띤.
— 명 자성체.

mag[4] 명 (英방언·濠구어) 1 =magpie. 2 수다, 수다쟁이. — 자자 (*-gg-*) 잡담하다, 수다를 떨다.

mag. *magazine; magnesium; magnetic; magnetism; magneto; magnitude.*

mag·a·book [mǽgəbùk] 명 매거북(잡지 형태의 책).

mag·a·log [mǽgəlɔ̀:g] 명 (통신 판매용의) 상품 카탈로그 잡지. [*magazine*+*catalog*]

*__mag·a·zine__ [mæ̀gəzí:n, ´-`-´] 명 1 잡지. ¶take (in) a ~ 잡지를 받아보다. 2 (요새·군함 따위의) 화약고, 탄약고; (연발총 따위의) 탄창; (집합적) 창고. ¶A ~ explode a ~ 화약고를 폭발시키다. 3 (사진) 매거진, 필름 감는 틀. 4 (TV·라디오) 뉴스 매거진 프로; 버라이어티 프로. (또는 ~ shòw) 5 =~ section. 6 (연료 자급 난로의) 연료실. 7 참고; 보고.
-zin·ish 잡지적인; 피상적인. **-zin·ism**
-zin·ist 잡지 편집자[기고가]. **-zin·y** 형

mag·a·zine-fed [-fèd] 형 (총이) 탄창식의.

magazíne gùn 명 연발총.

magazíne sèction 명 (일간 신문의) 일요판.

magazíne stòve 명 연료 자급식 난로.

mág càrd 명 자기(磁氣) 카드(magnetic card). 1 (컴퓨터) 데이터의 기록 및 해독용 카드. 2 자동[개폐식] 문의 출입 관리 장치용 카드.

mag·con [mǽgkan/-kɔn] 명 (천문) 매그콘(달·혹성의 표면에 자성 물질이 집중하는 현상).

Mag·da·la [mǽgdələ] 명 막달라(갈릴리의 서쪽에 있는 옛 도시; 막달라 마리아의 출생지로 알려져 있다. ← 누가 복음(Luke) 8:2).

Mag·da·lene [mǽgdəli:n] 명 1 (성서) (the ~) = Mary ~. 2 (m-) 개심(改心)한 매춘부; 매춘부 갱생 (보

Magdalene College 호) 시설. **3** 마그달린(여자 이름).
Mágdalene Cóllege 명 Cambridge 대학 기숙사.
Mag·da·le·ni·an [mæ̀gdəlíːniən] 형 (고고) 막달레니안기(期)[구석기 시대 최종기]의.
Mág·de·burg hémisphere [mǽgdəbə̀ːrg-] 명 (물리) 마그데부르크의 반구(半球).
mage [meidʒ] 명 (고어) 마법사; 박학한 사람.
Ma·gel·lan [mədʒélən/-gél-] 명 **1** Ferdinand ~ 마젤란(1480?-1521: 포르투갈의 항해가). **2** the **Strait of** ~ 마젤란 해협.
Mag·el·lán·ic Clóuds [mæ̀dʒəlǽnik-/mǽgi-] 명 (천문) 마젤란운(雲)[은하].
ma·gen·ta [mədʒéntə] 명(U) **1** 마젠타(짙은 분홍색 아닐린 염료). **2** 마젠타색(色)(심홍색(深紅色)).
Mag·gie [mǽgi] 명 **1** 매기(여자 이름; Margaret의 별칭). **2** (또는 **maggie**) (美속어) 자동 권총.
Mág·gie-Jíggs Sýndrome [-dʒígz-] 명 매기-직스 증후군(아내가 남편에게 폭행을 가하는 일).
Mággie's dráwers (美軍속어) **1** 사격이 표적을 벗어났을 때 흔드는 붉은 기(旗). **2** 표적을 벗어난 사격.
mag·got [mǽgət] 명 **1** 구더기. **2** 변덕, 기상(奇想). **3** (美속어) 담배꽁초. **4** (속어) 저열한(벌레 같은) 녀석.
enough to gag a maggot (美속어) 구역질이 날 정도의, 메스꺼워질 정도의.
have a maggot in one's head[brain] 변덕스러운 생각을 하다, 망상(空想)을 품다.
when the maggot bites 마음에 내킬 때.
~·y 구더기 투성이의; 변덕스러운.
Ma·ghreb [mágrəb] 명 (the ~) 마그레브(모로코·알제리·튀니지와 때로 리비아를 포함하는 아프리카 북서부 지역의 아랍어 이름). (또는 **Maghrib**)
Ma·gi [méidʒai] 명(복) (단 **-gus** [-gəs]) (the ~) **1** 동방의 세 박사(~마태 복음(Matt.) 2 : 1). **2** (종종 m~) 마기승(僧)(고대 조로아스터교(敎) 승려). **3** (m~) 점성술사; 마술사.
Ma·gi·an [méidʒiən] 명 **1** 마기승(僧). **2** (m~) 마술의. ═ Magus. **~·ism** 명 조로아스터 교.
‡**mag·ic** [mǽdʒik] 명(U) **1** 마법, 마술; (~s) 마술 부리기; 주문(呪文). ¶ black ~ (악마의 힘을 빌리는) 흑마술(黑魔術)/ white ~ (선한 귀신의 힘을 빌리는) 백(白)마술. **2** 매력, 마력, 불가사의한 힘. ¶ the ~ of love 사랑의 마력. **3** 기술(奇術), 요술. **4** 마법[주술]의 효과, 마술의 효력.
as (if) by magic 신기하게도, ╚
like magic 순식간에, 이내, 곧.
make [or practice, work] magic 마법을 걸다.
natural magic 자연력 응용의 마법, 기술.
━ 형 (**more** ~; **most** ~) (한정용법) **1** 마법의; 기술(奇術)의. ¶ ~ words 마법의 주문(呪文)/a ~ wand 마법의 지팡이. **2** 불가사의한, 마법 같은; 이상하게 매력이 있는[아름다운]. ¶ ~ beauty 이상야릇한 아름다움.
━ (동)타(**-ick-**) …을 마술로 바꾸다, …에 마법을 걸다.
magic away …을 마술로 (순식간에) 사라지게 하다.
*mag·i·cal [mǽdʒikəl] 형 **1** 마술적인, 이상한, 불가사의한. **2** 매혹적인. **~·ly** 부
mágic árts 명(복) 마술, 마법.
mágic búllet 명 마법의 탄환(박테리아·바이러스·암세포 따위만을 파괴하는 약제); (문제 해결의) 특효약.
mágic cárpet 명 (전설적인) 마법의 융단. ╚ 묘안.
mágic círcle 명 마법의 원(마술사가 지면에 그린 것으로 그 안에 있는 것은 악마로부터 보호된다고 한다).
Màgic Círcle 명 (the ~) (영국의) 마술사 협회.
Mágic Éye 명 (상표) (라디오 따위의 동조(同調) 상태를 나타내는) 매직 아이.
mágic fórmula 명 간단한 해결책, 비결, 비법.
mágic hánd 명 매직 핸드(원자로 따위의 원거리 조종 기계의 손).
‡**ma·gi·cian** [mədʒíʃən] 명 (~**s** [-z]) **1** 마법사,

마술사. **2** 요술쟁이. **3** (기술·기교 따위가) 교묘한 사람.
mágic lántern 명 환등기(초기의 projector).
Mágic Márker 명 (상표) 매직, 매직 펜.
mágic mírror 명 (미래를 비춘다는) 마법의 거울.
mágic múshroom 명 (구어) 마법의 버섯(환각 물질을 가진 독버섯의 하나).
mágic númber 명 **1** (핵물리) 마술수(魔術數), 마법수(안정도가 높은 원자핵 중의 양자(陽子)와 중성자의 수). **2** (야구) 매직 넘버(페넌트 레이스 종반, 제2위 팀이 나머지 시합을 전승(全勝)해도 제1위 팀이 우승할 수 있는 승수(勝數)); (일반적으로) 필요[중요]한 수.
mágic púmpkin 명 (美속어) ═ mescaline.
mágic réalism 명 마술적 사실주의.
mágic spót 명 (생화학) 매직 스폿(구아노신과 인산염의 화합물; 리보솜 RNA의 합성을 저지한다고 함).
mágic squáre 명 마방진(魔方陣)(수(數)의 합이 가로·세로·대각선이 모두 같은 숫자 배열표).
mag·i·cube 명 [mǽdʒikjùːb] 명 (사진) (상표) 매지 큐브(타격 점화형 플래시).
ma·gilp [məgílp] 명(U) 유화(油畫)용의 휘발성 용매유(아마인유와 테레빈유, 니스를 섞어서 만든다).
Má·gi·not líne [mǽʒənòu-] 명 마지노선(프랑스가 1925-35년에 독불 국경에 구축했던 요새선); (비유) 난공불락으로 여기는 방어선. ╚ [이름]
[<프랑스의 육군 장관 André Maginot(1877-1932)의
Ma·gi·not-mind·ed [-màindid] 형 현상 유지에 급급한, 현상 유지적 사상에 사로잡힌.
mag·is·te·ri·al [mǽdʒəstíəriəl] 형 **1** 주인의(다운); 위엄이 있는, 당당한. **2** 횡포한, 고압적인. **3** 행정 장관[치안 판사]의(다운). ¶ the ~ rank 장관의 지위. **4** 교사(敎師)의(에 관한). **~·ly** 부 **~·ness** 명
mag·is·te·ri·um [mǽdʒəstíəriəm] 명 (가톨릭) 교권(敎權), 교도권[직](敎導權[職]).
mag·is·ter·y [mǽdʒəstèri/-təri] 명 자연 변성물(變性物), 자연 치유물; 현자(賢者)의 돌.
mag·is·tra·cy [mǽdʒəstrəsi] 명 **1** (U) 행정 장관 [치안 판사]의 직[지위, 임기, 권능]. **2** (the ~) (집합적) 장관[판사]들. **3** (장관·판사의) 관할[행정] 구역.
mag·is·tral [mǽdʒəstrəl] 명 **1** (약학) 의사 처방의, 특별 조제[처방]의(은 officinal). **2** (축성) 주요한, 주된. **3** (드물게) ═ magisterial. ━ 명 ═ ~ line.
magístral líne (축성) 주선(主線)(요새(要塞) 설계도의 제작상 기준이 되는 선).
‡**mag·is·trate** [mǽdʒəstrèit, -trət] 명 **1** (사법권을 가진) 행정 장관, 지사, 시장; 장관. ¶ the chief [or first] ~ 대통령, 국왕; 원수. **2** 치안 판사(justice of the peace). **3** (뉴질) ═ district court judge. **~·ship** 명 ═ magistracy **1** **-tra·ture** 명 ═ magistracy.
mágistrate's cóurt 명 **1** 치안 (판사) 재판소, 하급재판소. **2** ═ police court.
Mag·le·mo·se·an [mæ̀gləmóusiən/-ziən] 명 마글레모제 문화(중석기 시대 중기 북유럽 문화)의. (또는 **Maglemosian**)
mag·lev [mǽglev] 명 자기 부상(磁氣浮上); 자기 부상식 열차(철도). (또는 **mág·lèv**)
[<*mag*netic+*lev*itation)
mag·ma [mǽgmə] 명 (복 **~s**, **~·ta** [-tə]) **1** (광물·유기물이 혼합된) 연한 덩어리, 연괴(軟塊). **2** (지질) 마그마, 암장(岩漿). **3** (화학·약학) 정니(晶泥), 유제(乳劑)(크림 모양의 현탁액). **-mát·ic** 형 **~·tism** 명
mágma chàmber 명 마그마류(溜)(지각내의 마그마가 대량으로 모여 있는 곳).
magmátic erúption 명 마그마성(性) 분화.
magn. magnetic ; magnetism ; magneto.
magn- [mægn] 연결 ⇒ MAGNI-.
Mag·na C(h)ar·ta [mǽgnə káːrtə] 명 **1** (the ~) 마그나 카르타, 대헌장(1215년 영국왕 John이 승인

M

한 칙허장(勅許狀); 영국 헌법의 기초). **2** (일반적으로) 국민의 권리를 보장하는 기본법. 〔<L great charter〕
mag·na cum lau·de [mǽgnə kʌm lɔ́:di] **(美)** (대학 졸업 성적이) 제2위로. [참] cum laude, summa cum laude 〔<L with great praise〕
mag·na·li·um [mæɡnéiliəm] [명][U] 마그날륨(알루미늄과 마그네슘의 경합금).
mag·na·nim·i·ty [mæ̀gnəníməti] [명] **1** [U] 도량, 관대(寬大), 큰 배짱[배포], 아량. **2** (-ties) 관대한 행위.
mag·nan·i·mous [mæɡnǽnəməs] [형] **1** 도량이 큰, 관대한, 아량 있는. **2** 고상한, 고결한. **3** 고상함에서 나온, 고결함을 나타내는. **~·ly** [부] **~·ness** [명]
mag·nate [mǽgneit, -nət] [명] **1** 거물, 유력자, 실력자; 걸출한 사람, 큰 인물. ¶an oil ~ 석유왕 / a literary ~ 문호(文豪) / ~*s* of a city 시(市)의 유력자들. **2** (옛날 헝가리·폴란드의) 상원 의원. **~·shìp** [명]
mag·ne·sia [mæɡní:ʒə/-ʃə] [명][U] 〔화학〕 산화마그네슘, 마그네시아, 고토(苦土)(제산제·완화제); 탄산마그네슘. **-sial, -sian** [형] 「열재용).
magnésia álba [명] 〔화학〕 탄산마그네슘(내화재·단
mag·ne·site [mǽgnəsàit] [명] 마그네사이트, 능고토석(菱苦土石).
mag·ne·si·um [mæɡní:ziəm] [명][U] 〔화학〕 마그네슘(㉠ Mg). **-sic** [형]
magnésium cárbonate [명] 〔화학〕 탄산마그네슘.
magnésium chlóride [명] 〔화학〕 염화마그네슘.
magnésium dióxide [명] 〔화학〕 과산화마그네슘.
magnésium flàre [명] =magnesium light. 「슘.
magnésium hydróxide [명] 〔화학〕 수산화마그네
magnésium lìght [명] 마그네슘광(光)(야간 촬영·불꽃·신호용).
magnésium óxide [명] 〔화학〕 =magnesia.
magnésium peróxide [명] 〔화학〕 과산화마그네슘.
magnésium súlfate [명] 〔화학〕 황산마그네슘.
‡mag·net [mǽgnit] [명] **1** 자석(磁石), 천연 자석. ¶a ~ coil 전자(電磁) 코일 / a bar ~ 막대 자석. **2** 자철광(磁鐵鑛). **3** (a ~) (사람을) 끄는[매혹하는] 사람[물건].
mag·net- [mæɡní:t, -nét] [연결] ⇨MAGNETO-.
***mag·net·ic** [mæɡnétik] [형] **1** 자석의, 자기(磁氣)의, 자기[자성(磁性)]를 띤. ¶a ~ substance 자성체. **2** 자화(磁化)되는, 자석에 끌리는; 지자기(地磁氣)의. **3** 끌어당기는 힘이 있는, 매력이 있는. **4** 자기 컴퍼스에 표시되는 방위의, 자침(磁針) 방위의. **5** 최면술의, 최면력이 있는. (또는 **magnetical**) **—**[명] 자석; 자성체(磁性體), 자성 물질. **-i·cal·ly** [부]
magnétic ámplifier [명] 자기 증폭기.
magnétic anómaly [명] 〔지질〕 (지)자기 이상.
magnétic áxis [명] 〔물리〕 자축(磁軸).
magnétic béaring [명] 〔항해〕 자침 방위.
magnétic búbble [명] 〔컴퓨터〕 자기 버블(자성 단결정(單結晶) 속에 출현하는 원기둥 모양의 자구(磁區)).
magnétic cárd [명] =mag card. 「장치.
magnétic cháracter rèader [명] 자기 문자 해독
magnétic chárt [명] 〔항해〕 자기도(磁氣圖).
magnétic círcuit [명] 〔물리〕 자기 회로.
magnétic cómpass [명] 자기 컴퍼스, 자기 나침의(羅針儀). 「심(磁心).
magnétic córe [명] 〔컴퓨터〕 자기 코어; 〔전기〕 자
mag·nét·ic-córe mémory [´-kɔ̀:r-] [명] 〔컴퓨터〕 자기코어 기억 장치. 「路).
magnétic cóurse [명] (선박·비행기의) 자침로(磁針
magnétic declinátion [명] 〔항해〕 자기 편각(偏角).
magnétic detéctor [명] 자침 검파기.
magnétic dípole móment [명] 〔전기〕 =magnetic moment.
magnétic dísk [명] 〔컴퓨터〕 자기 디스크.
magnétic domáin [명] 〔물리〕 자구(磁區)(강자성체에서 나타나는 작은 자화(磁化) 영역).
magnétic drúm [명] 〔전자〕 자기 드럼.
magnétic élement [명] **1** 〔지구물리〕 (지구 표면의) 자기 요소(磁氣要素). **2** 〔공학〕 자기 소자(素子).
magnétic equátor [명] =aclinic line
magnétic evént [명] 〔지질〕 (자극(磁極)의) 단기 반전(反轉)(기).
magnétic fíeld [명] 자장(磁場), 자계(磁界).
magnétic flúx [명] 〔전기〕 자속(磁束)(어떤 면의 단면적(斷面積)을 지나는 자력선의 수). 「induction 1.
magnétic flúx dènsity [명] 〔전기〕 =magnetic
magnétic fórce [명] 〔물리〕 자(기)력.
magnétic héad [명] 〔전자〕 (테이프 리코더의) 자기 헤드.
magnétic héading [명] 〔항공·조선〕 기수[선수] 자방위(磁方位)(자북(磁北)으로부터 시계 바늘 방향으로 측정한다). 「密度). **2** 자기 유도.
magnétic indúction [명] 〔전기〕 **1** 자속 밀도(磁束
magnétic ínk [명] 자기[자성] 잉크. ¶~ character recognition 자기 잉크 문자 식별[인식]. 「力).
magnétic inténsity [명] 〔물리〕 자기 강도, 자력(磁
magnétic léns [명] 자계(磁界)[전자(電磁)] 렌즈.
magnétic levitátion [명] **1** (물체의) 자기에 의한 부상(浮上). **2** 〔철도〕 자기 부상 (방식). (또는 **maglev**)
magnétic levitátion propúlsion sỳstem [명] 자기 부상 추진 시스템. [참] maglev
magnétic líne of fórce [명] 〔물리〕 자력선.
magnétic média [명] 자기 매체(데이터 기록용 테이프·디스크 등).
magnétic merídian [명] 자기 자오선.
magnétic míne [명] 〔해사〕 자기 기뢰(機雷).
magnétic mírror [명] 거울 자장(磁場), 자기경(境).
magnétic móment [명] 〔물리〕 자기 모멘트[능률].
magnétic néedle [명] (나침반의) 자침(磁針).
magnétic nórth [명] (the ~) 자북(磁北).
magnétic permeabílity [명] 〔물리〕 투자(透磁)율.
magnétic píckup [명] (전축의) 자기 픽업.
magnétic póle [명] 자극(磁極); (M- P-) (지구의) 자
magnétic poténtial [명] 자위(磁位). 「극.
magnétic quántum númber [명] 〔물리〕 자기 양자수(量子數).
magnétic recórder [명] 자기 기록 장치[녹음기].
magnétic recórding [명] 자기 기록[녹음, 녹화].
magnétic résonance [명] 〔물리〕 자기 공명(共鳴).
magnétic résonance ìmaging [명] 〔의학〕 자기 공명 영상법[술](㉠ MRI).
magnétic résonance scànner [명] 〔의학〕 자기 공명 단층 촬영 장치, MR 스캐너(㉠ MRS).
mag·net·ics [mæɡnétiks] [명][복] (단수취급) 자기학.
magnétic scálar poténtial [명] =magnetic potential. 「을 가진 별).
magnétic stár [명] 〔천문〕 대자성(帶磁星)(강한 자장
magnétic stórm [명] 자기 폭풍. 「데이터 기록용).
magnétic stríp [명] 자기(磁氣)띠(신용 카드 따위의
magnétic strípe [명] =magnetic strip.
magnétic susceptibílity [명] 〔전자〕 자화율(磁化率), 자기 감수율(感受率).
magnétic tápe [명] (녹음용) 자기 테이프
magnétic tápe recòrder [명] =tape recorder.
magnétic tápe ùnit [drìve] [명] 〔컴퓨터〕 자기 테이프 장치(㉠ MTU). 「차, 변동).
magnétic variátion [명] 〔항해〕 자기 편각(偏角)[편
magnétic wíre [명] 자기 강선(鋼線)(자기 녹음용).
***mag·net·ism** [mǽgnətìzm] [명][U] **1** 자성(磁性), 자기; 자기 작용; 자력(磁力). ¶earth ~ 지자기(地磁氣). **2** 자기학. **3** 사람을 끌어당기는 힘, (지적(知的)) 매력.
mag·net·ist [mǽgnətist] [명] 자기학자.
mag·net·ite [mǽgnətàit] [명][U] 자철광(磁鐵鑛).
mag·net·iz·a·ble [mæ̀gnitáizəbl] [형] 자기화(磁氣

mag·net·i·za·tion [mægnətizéiʃən/-taiz-] 명 ⓤ 자기화(磁氣化), 자화; 자성(磁性). 2 (청중 등이) 매료된 상태, 열중.

mag·net·ize [mǽgnətàiz] 동타 1 …을 자기화하다, …에 자력(磁力)을 띠게 하다. ¶ ~ a bar of steel 강철봉을 자기화하다. 2 〔남의 마음〕을 끌다, 매료하다. 3 (고어) …에 최면술을 걸다. ── 자 자기를 띠다. **-iz·er**

mág·net·ìz·ing fórce [mǽgnətàiziŋ-] 명 〔물리〕 자화력, 자계 강도.

mag·ne·to [mægníːtou] 명 (복 ~s) 〔전기〕 (내연 기관의 점화용) 고압 자석 발전기, 마그네토 (발전기).

mag·ne·to- [mægníːtou, -tə] 〔연결〕 magnetic, magnetism의 뜻 (* 모음 앞에서는 magnet-). ¶*magnetometer*.

mag·ne·to·bell [mægníːtoubèl] 명 자기벨.

mag·ne·to·ca·lór·ic effèct [mægníːtoukəlɔ́ːrik-] 명 〔물리〕 자기 열량 효과.

mag·ne·to·car·di·o·gram [mægníːtoukɑ́ːrdiəgræ̀m] 명 〔의학〕 자기 심전도(心電圖).

mag·ne·to·car·di·o·graph [mægníːtoukɑ́ːrdiougræ̀f/-grɑ̀ːf] 명 자력 심동(心動) 측정기, 자기 심전계(心電計). 〔명 자기 심전계〕

mag·ne·to·chem·is·try [mægníːtoukéməstri] 명 자기 화학.

mag·ne·to·disk [mægníːtoudìsk] 명 〔천문〕 마그네토 디스크 (혹성(惑星)의 자기권 주변부의 긴 원통형 구역). (또는 cúrrent shéet)

mag·ne·to·e·lec·tric [mægníːtouiléktrik] 명 자전기(磁電氣)의. (또는 **magnetoelectrical**) **-tric·i·ty** [-trísəti] 명 자전기(학).

mag·ne·to·en·ceph·a·lo·gram [mægníːtouensèfələgræ̀m] 명 핵자기 뇌촬영도 (약 MEG).

mag·ne·to·gas·dy·nam·ics [mægníːtougæ̀sdainǽmiks] 명 =magnetohydrodynamics.

mag·ne·to·gram [mægníːtəgræ̀m] 명 자력(磁力) 기록.

mag·ne·to·graph [mægníːtəgræ̀f, -grɑ̀ːf] 명 기록 자력계(磁力計). **-ne·to·gráph·ic**

mag·ne·to·hy·dro·dy·nam·ics [mægníːtouhàidroudainǽmiks] 명 〔단수취급〕 〔물리〕 자기 유체 역학(流體力學). **-nám·ic** **-nám·i·cal·ly** 부

mag·ne·tom·e·ter [mægnətɑ́mətər/-tɔ́m-] 명 1 자력계(磁力計). 2 (자력식) 금속 탐지기 (무기 검색용).

mag·ne·tom·e·try [mægnətɑ́mətri/-tɔ́m-] 명 ⓤ 자기 측정(법). **-ne·to·mét·ric** 형

mag·ne·to·mo·tive [mægníːtoumóutiv] 명 자성(起磁性)의, 동자력(動磁力)의.

magnetomótive fórce 〔전기〕 기자력(起磁 力), 동자력.

mag·ne·ton [mægnətɑ́n] 명 〔물리〕 자자(磁子) (원자 또는 그 구성 입자의 자기 모멘트를 나타내는 단위).

mag·ne·to·op·tic [mægníːtouɑ́ptik/-ɔ́p-] 명 자기 광학의. **-ti·cal·ly** 부

mag·ne·to·op·tics [mægníːtouɑ́ptiks/-ɔ́p-] 명 (단수취급) 자기 광학(光學).

mag·ne·to·pause [mægníːtoupɔ̀ːz] 명 〔천문〕 자기권계면(磁氣圈界面) (지구 또는 기타 혹성의 자기권과 혹성간 공간과의 경계 영역).

mag·ne·to·phone [mægníːtoufòun] 명 마그네토폰 (마이크로폰의 일종).

mag·ne·to·plas·ma·dy·nam·ics [mægníːtouplæ̀zmədainǽmiks] 명 =magnetohydrodynamics.

mag·ne·to·re·sist·ance [mægníːtourizístəns] 명 자기 저항. **-sís·tive** 형

mag·ne·to·re·sist·ive héad [mægníːtourizístiv-] 〔컴퓨터〕 자기 저항 헤드(MR head)(코일의 전자 유도 대신에 자기 저항 효과를 이용한 헤드).

mag·ne·to·scope [mægníːtəskòup] 명 〔물리〕 자력 검출기.

mag·ne·to·sheath [mægníːtouʃìːθ] 명 〔천문〕 자기초(磁氣鞘)(지구 또는 기타 혹성의 자기권 계면과 태양풍의 충격파면의 경계 영역).

mag·ne·to·sphere [mægníːtəsfìər] 명 (the ~) 지자기권(地磁氣圈); 천체 자기권. **-sphér·ic**

mag·ne·to·stat·ic [mægníːtoustǽtik] 명 정(靜) 자기의, 정자장(靜磁場)의.

mag·ne·to·stat·ics [mægníːtoustǽtiks] 명 (단수취급) 정자기학(靜磁氣學).

mag·ne·to·stric·tion [mægníːtoustríkʃən] 명 〔물리〕 자기 변형, 자왜(磁歪) (강자성체가 자장 안에 놓이면 신축하는 현상). **-tive**

magnéto sỳstem 명 (전화의) 자석식.

mag·ne·to·tac·tic [mægníːtoutǽktik] 명 〔생물〕 (박테리아 따위의 생체가) 주자성(走磁性)의, 향자극성(向磁極性)의. 〔미부(尾部)〕

mag·ne·to·tail [mægníːtoutèil] 명 〔천문〕 자기권

mag·ne·to·tax·is [mægníːtoutǽksis] 명 〔생물〕 주자성(走磁性), 향자장(向磁場)[자극(磁極)]성.

mag·ne·to·tel·e·phone [mægníːtoutéləfòun] 명 자석식 전화기.

mag·ne·tron [mǽgnətrɑ̀n/-trɔ̀n] 명 〔전자〕 마그네트론, 자전관(磁電管) (극초단파 발진용(發振用)). [<*magnet* + *electron*]

mágnet schòol 명 (미) (학군·인종 차별 따위가 없는) 특수 공립 학교.

mágnet stèel 자석강 (영구 자석 제조용).

mag·ni- [mǽgnə] 〔연결〕 great, large의 뜻 (*모음 앞에서는 magn-). ¶*magnify*.

mag·ni·cide [mǽgnəsàid] 명 요인(要人) 살해.

mag·ni·fic [mægnífik] 형 (고어) 1 장려한, 장엄한, 당당한. 2 과장된, 호언 장담하는, 허풍치는. (또는 **magnifical**) **-nif·i·cal·ly** 부

Mag·nif·i·cat [mægnífikæ̀t] 명 1 (교회) 마리아 송가(頌歌)〔찬가〕(── 누가 복음(Luke) 1 : 46); 그 찬가에 붙인 곡. 2 (m-) (일반적으로) 찬가, 찬미의 노래.

mag·ni·fi·ca·tion [mægnəfikéiʃən] 명 ⓤ 1 확대, 과장, 확장, 찬미. 2 〔광학〕 (렌즈의) 배율(倍率). 4 ⓒ 확대도상(擴大像), 복사, 복제].

*__**mag·nif·i·cence**__ [mægnífəsns] 명 1 ⓤ 장대(壯大), 웅대; 장엄, 화려, 당당 2 ⓤ 장엄한 분위기, (예술 작품 따위의) 기품. 3 (M-) (경칭으로) 폐하, 전하, 각하. [하.]
in magnificence 장엄[장대]하게.

‡**mag·nif·i·cent** [mægnífəsnt] 형 (*more* ~; *most* ~) 1 장대한, 장려한, 화려한, 훌륭한, 당당한. ¶a ~ palace 장려한 궁전. 2 (사상·시 따위가) 격조 높은, 고상한, 숭고한. ¶a ~ poem 격조 높은 시. 3 멋진, 근사한, 기막힌. ¶a ~ prospect 멋진[기막힌] 전망. 4 (M-) 위대한, 위업(偉業)을 이룩한 (현재는 고인의 칭호만으로 쓰인다). ¶Sultan Suleiman the M— 위대한 터키 황제 슐레이만. 5 활수한, 재물을 아끼지 않는. 6 터무니없는, 엉뚱한, 엄청난. ¶a ~ inheritance 엄청난 유산. **~·ly** 부 **~·ness** 명

mag·nif·i·co [mægnífikòu] 명 (복 ~es) 1 (옛날의) Venice 공화국의 귀족. 2 (일반적으로) 귀족, 귀인, 고관; 거물(grandee). 3 최고의 것.

mag·ni·fi·er [mǽgnəfàiər] 명 1 과장[찬미]하는 사람[것]. 2 확대경[렌즈], 돋보기.

‡**mag·ni·fy** [mǽgnəfài] 동타 (*-fies* [-z]) 타 1 〔렌즈 따위가〕 …을 크게 보이게 하다; …을 확대하다. ¶This lens *magnifies* the letter five times. 이 렌즈는 글자를 5배로 확대시킨다. 2 …을 과장하다, 과장하여 말하다. ¶She *magnified* her sufferings in telling about them. 그녀는 자신이 겪은 고통을 과장해서 말하였다. 3 강하게 하다, 격화시키다. 4 (고어) …을 찬미하다, 칭찬하다. ── 자 (렌즈 따위가) 확대력이 있다, 확

대해 보이다.
magnify *oneself* **against** ……에 대하여 거드름부리다, 으스대다, 뽐내다.
-fi·a·ble 확대할 수 있는; 칭찬할 만한. 〔돋보기〕
mág·ni·fy·ing glàss [mǽgnəfàiiŋ-] 圈 확대경.
mágnifying pòwer 〔광학〕 배율(倍率).
mag·nil·o·quence [mæɡnílǝkwǝns] 圈U 과장된 말[표현, 문체], 호언장담, 허풍.
mag·nil·o·quent [mæɡnílǝkwǝnt] 圈 과장된; 호언장담하는, 허풍떠는. **~·ly**
*****mag·ni·tude** [mǽɡnǝt/ùːd/-tjùːd] 圈 1 UC 크기, (헤아릴 수 있는) 양, 규모(size). 2 U 중요함, 중대성. 3 U 큼, 다량, 광대함.¶a harvest of ~ 많은 수확, 풍작. 4 U (정신적) 위대함, 고결. 5 UC 〔천문〕 (별의) 광도, (광도의) 등급; (지진의) 진도(震度).
of the first magnitude ① 〔천문〕 일등성(星)의. ② 지극히 중요한. ¶a writer *of the first* ~ 일류 작가.
·tú·di·nous 圈 〔식물〕
mag·no·lia [mæɡnóuljǝ] 圈 매그놀리아(목련속(屬)의)
Mag·nó·lia Státe [mæɡnóuljǝ-] 圈 (the ~) 미국 Mississippi 주(州)의 별칭. (<magnolia를 주화(州花)로 한 데서)
mag·non [mǽɡnɑn/-nɔn] 圈 〔물리〕 매그논(양자화(量子化)된 spin wave).
mag·nox [mǽɡnɑks/-nɔks] 圈 마그녹스(영국이 개발한 원자로 연료 피복재용의 마그네슘 합금).
mag·num [mǽɡnǝm] 圈 1 대형의 술병(약 2, 3리터들이). 2 〔상표〕 매그넘 탄약통[화기](같은 탄경(彈徑)의 것에 비해 강력힘). ── 매그넘 탄약통; 매그넘 화기의. 〔L large(중성형)〕
mágnum bónum [-bóunǝm] 圈 圈 1 알이 굵은 누런 서양자두. 2 감자의 일종. 〔L big good〕
mag·num-force [-fɔ̀ːrs] 圈 〔美俗어〕 힘이 엄청난, 메가톤급의 (힘을 가진).
mágnum ópus [-óupǝs] 圈 1 (문학·예술의) 걸작, 대작; 대표작. 2 (최)대사업. 〔L great work〕
ma·goo [mǝɡúː] 圈 〔美俗어〕 (코메디언 등이 얼굴에 던지는) 커스터드 파이; 중요 인물, 높은 양반; 쓸모없는 (미련한) 놈.
ma·got [mǽɡou] 圈 1 =Barbary ape. 2 (도자기·상아로 만든 중국·일본의) 괴상한 상(像)[인형].
mag·pie [mǽɡpài] 圈 1 까치. 2 수다쟁이. 3 잡동사니 수집가; 좀도둑. 4 과녁의 밖으로부터 두 번째의 원; 그곳에 맞은 탄환. ── 잡다한, 잡동사니의; 잡동사니를 모으기 좋아하는.
M.Agr. *Master of Agriculture*.
Mag·say·say [mɑːɡsáisai] 圈 **Ramón** ~ 막사이사이(1907-57; 필리핀의 정치가·대통령).
mags·man [mǽɡzmǝn] 圈 1 (英俗어) 협잡꾼, 사기꾼. 2 (濠) 만담가, 이야기꾼.
mag-stripe [-stràip] 圈 자기(磁氣) 판독식의, 자기띠가 붙어 있는. 〔<*magnetic stripe*〕
mág tàpe 圈 (구어) =magnetic tape.
mag·uey [mǽɡwei] 圈 용설란; U 용설란의 섬유.
Ma·gus [méiɡǝs] 圈 (pl. **-gi** [-dʒai]) 1 동방의 세 박사(Magi) 중 한 사람. 2 (m-) (고대의) 점성가, 마술사.
mág whèel 圈 (美구어) (자동차) 매그휠(마그네슘·알루미늄 따위의 합금 휠).
Mag·yar [mǽɡjɑːr] 圈 1 마자르족(族)(헝가리 민족). 2 U 마자르어(語), 헝가리어. 3 〔복식〕 마자르 블라우스. ── 마자르인[어]의; 마자르풍의.
Ma·ha·bha·ra·ta [mǝhɑ́ːbǝrǝtǝ] 圈 마하바라타 (고대 인도의 서사시). (또는 **Mahabharatum**) 〔<Skt〕
ma·ha·lo [mɑːhɑ́ːlou] 圈 고맙습니다.¶M– nui loa. 대단히 고맙습니다. 〔Hawaii〕
ma·ha·ra·ja(h) [mɑ̀ːhǝrɑ́ːdʒǝ] 圈 (인도) 대왕, (특히 힌두 토후국의) 왕.
ma·ha·ra·nee [mɑ̀ːhǝrɑ́ːniː] 圈 maharaja(h)의 비, 왕비(王妃). (또는 **maharani**) 〔(의 칭호)
ma·ha·ri·shi [mɑ̀ːhǝríːʃi] 圈 힌두교의 도사(導師)
Ma·ha·thir [mǝhɑ́ːtiǝr] 圈 **Datuk Seri** ~ **bin Mohamad** 마하티르(1925- : 말레이시아의 정치가·수상(1981-)).
ma·hat·ma [mǝhɑ́ːtmǝ, -hǽt-] 圈 (M-) 1 (바라문교의) 대성(大聖), 성인, 성자. 2 (인도의) 성자로 숭앙받는 사람. ¶M– Gandhi 성(聖)간디. 3 (……계의) 대가, 권위. ~**ism** 圈 〔<Skt〕
Ma·ha·ya·na [mɑ̀ːhǝjɑ́ːnǝ] 圈 〔불교〕 대승(大乘). 圈 Hinayana **-nist** 〔<Skt〕 〔도자.
Mah·di [mɑ́ːdi] 圈 〔회교〕 구세주; 종교적[정치적] 지**-dism** 圈U 구세주(Mahdi) 강림 신앙. **-dist** 圈
Mah·fouz [mɑːfúːz] 圈 **Naguib** ~ 마푸즈(1911- : 이집트의 작가; 노벨 문학상(1988)). (또는 **Mahfuz**)
Ma·hi·can [mǝhíːkǝn] 圈 (~**(s)**) 1 모히칸족(族) (Hudson 강 상류 지방의 북미 인디언); 모히칸어(語). 2 =Mohegan. (또는 **Mohican**)
mah-jong(g) [mɑ̀ːdʒɔ́ːŋ/-dʒɔ́ŋ] 圈U 마작(麻雀). ──圈 마작에서 이기다. 〔<Chin〕
Mah·ler [mɑ́ːlǝr] 圈 **Gustav** ~ 말러(1860-1911; 오스트리아 작곡가·지휘자). **Mah·lér·ian**
máhl·stick [mɑ́ːlstìk, mɔ́ːl-] 圈 =maulstick.
*****ma·hog·a·ny** [mǝhɑ́ɡǝni/-hɔ́ɡ-] 圈 1 마호가니(단향과(科)에 속하는 상록 교목); U 마호가니 재목. 2 U 마호가니색(色), 적갈색. 3 (마호가니 재목의) 테이블, 식탁. 4 〔美속어〕 피부색이 벌겋게 검지 않은 흑인.
have one's knees under **a** *person's* **mahogany**
남과 식사를 함께 하다, 남의 대접을 받다.
put [or *stretch*] *one's* **legs under** *a person's* **mahogany** 남의 환대를 받다. 〔앉아서.
with one's **knees under** *the* **mahogany** 식탁에 ── 마호가니[로 만든], 마호가니색의.
mahógany flát 〔英속어〕 반대.
Ma·hom·et [mǝhɑ́mit/-hɔ́m-] 圈 =Muhammad. (또는 **Mahomed**) **-e·tan** [-itn] 圈圈 =Muhammadan. **-e·tan·ism**
ma·hos·ka [mǝhɑ́skǝ/-hɔ́s-] 圈 (美속어) 마약; (속어) 원기, 기력, 정력.
Ma·hound [mǝhɑ́und, -húːnd] 圈 1 (고어) =Muhammad. 2 (스코) 악마, 마왕(Satan).
ma·hout [mǝhɑ́ut] 圈 (인도의) 코끼리 부리는 사람.
MAI (경제) *Multilateral Agreement on Investment* (다자간 투자 협정; OECD 추진의 투자 자유화 협정).
‡**maid** [meid] 圈 (圈 ~**s** [-z]) 1 소녀, 아가씨. 2 하녀, 가정부. 3 (드물게) 혼기가 지난 미혼 여성, 처녀, 독신녀(* 오늘날에는 old maid의 형태로만 쓴다). 4 (the M-) =Maid of Orleans. 〔여자.
a maid of all work 잡역부(婦); 여러 가지 일을 하는
mai·dan [maidɑ́ːn] 圈 (英·인도) 광장, 연병장.
maid·el [méidǝl] 圈 소녀, 처녀. (또는 **maydele**)
‡**maid·en** [méidn] 圈 (圈 ~**s** [-z]) 1 (고) 아가씨, 소녀; 처녀, 미혼 여성. 2 (옛날 스코틀랜드의) 단두대 3 (크리켓) =~ over. 4 〔경마〕 이겨 본 적이 없는 경마말; 미승리마 경주. ── 圈 1 소녀[처녀]의, 처녀다운, 미혼 여성의. ¶~ innocence 소녀다운 순진함. 2 미혼의. ¶a ~ sister 미혼의 누이(동생). 3 처음의, 첫 무대의, 처녀……. ¶a ~ flight 처녀 비행/a ~ work 처녀작 (여배우에서) 이긴 적이 없는. ¶a ~ race 이겨 본 적이 없는 말끼리의 경주. 5 (英법률) 재판 사건이 없는. 6 (미)사용의, (무기 따위가) 시험해 본 적이 없는, (무사 등이) 싸운 경험이 없는. ¶a ~ knight 첫 출진(出陣)의 기사/a ~ sword 새 칼[검]. ~**·ship** 圈
maid·en·hair [méidnhèǝr] 圈 (삼공작고사리·공작고사리 따위의) 양치류(類) (식물). (또는 ⌐ **fèrn**)
maid·en·hair-tree [-tríː] 圈 은행나무(ginkgo).
maid·en·head [méidnhèd] 圈 1 U 처녀임, 처녀성(性). 2 처녀막. 3 (고어) 순결, 신선함.

maid·en·hood [méidnhùd] 图 ⓤ 처녀임, 처녀성, 처녀 시대.
maid·en·ish [méidniʃ] 图 처녀인 체하는, 처녀 같은.
máiden lády 图 미혼 여성, 노처녀.
maid·en·like [méidnlàik] 图 처녀 같은, 처녀다운; 조심성 있는, 얌전한, 암띤.
maid·en·ly [méidnli] 图 1 처녀의, 소녀의. ¶ ~ years 소녀 시절. 2 처녀(소녀)다운, 조심성 있는, 상냥한, 얌전한. ¶ ~ behavior 조심스럽고 겸손한 행동. — 图 《고어》 처녀답게[처럼].
-en·li·ness 图 ⓤ 처녀다움, 얌전함.
máiden náme 图 (여성의) 결혼 전의 성(姓).
máiden (óver) 图 《크리켓》 득점 없는 오버(6회의 투구가 상대편이 1점도 얻지 못한 것). ⇒ OVER
máiden pínk 图 각시패랭이꽃.
máiden spéech 图 《英》 (의회에서의) 처녀 연설.
máiden vóyage 图 처녀 항해.
maid·hood [méidhùd] 图 1 =maidenhood. 2 메이드[하녀]의 신분. 图 녀, 여관(女官).
maid-in-wait·ing [⌃-inwèitiŋ] 图 (图 **maids-**) 시녀.
maid·ish [méidiʃ] 图 =maidenish. **~·ness** 图
Máid Márian 图 1 5월의 여왕. 2 =morris dance. 3 수도녀 마리안(Robin Hood의 애인).
máid of hónor 图 (图 **-s of h-**) 1 (종종 M-H-) (여왕·왕녀의) 시녀, 여관(女官). 2 《美》 신부 들러리의 미혼 여성(《英》 bridesmaid). 3 치즈 케이크.
Máid of Orléans 图 (the ~) 오를레앙의 소녀(잔다르크(Joan of Arc)의 별명).
maid·serv·ant [méidsə̀ːrvənt] 图 하녀, 가정부.
máid sérvice 图 (호텔의) 객실 청소.
ma·ieu·tic [meijúːtik] 图 《철학》 산파술(産婆術)의 (문답에 의해 마음속에 잠재된 생각을 끄집어 내는 Socrates의 방법). (또는 **maieutical**)
mai·gre¹ [méigər] 图 고기가 없는, 소찬[채식 요리]의.
mai·gre² 图 동갈민어과의 대형 바닷고기.
mai·hem [méihem] 图 =mayhem.
‡**mail**¹ [meil] 图 (图 **~s** [-z]) **1** 图 ⓤ (집합적) 우편물, 우편; ⓒ (1회분의) 우편물(* 《英》에서는 post를 쓰며, mail은 해외 우편물에만 쓴다). ¶ an express ~ 빠른 우편/The ~s were lost. 우편물이 분실되었다. **2** 우편 수송 기관(우편 열차·우편선(船)·집배원 등); 우편 행낭. ¶ a night ~ 야간 우편 열차. **3** ⓤ (종종 ~s) 우편(제도). ¶ air ~ 항공 우편/first-[third-] class ~ 제 1종[3종] 우편물. **4** ⓤ (우편물의) 집배, 배달. ¶ The morning ~ is late. 아침의 우편 배달이 늦다. **5** 《컴퓨터·인터넷》 (전자) 메일. **6** (M-) …신문. ¶ The Daily M- (영국의) 데일리 메일. 图편의.
by (air, surface, ship) mail (항공, 지상, 선박) 우편으로.
by return (of) mail 받는 즉시로, 지급 답신으로.
carry [or haul] the mail 《美俗》 ① 일의 태반을 책임지다. ② 아주 빨리가다, 스피드를 내다.
copy the mail 《美俗》 시민 라디오를 청취하다.
pack the mail 《美俗》 빨리 달리다, 급히 여행하다.
— 图 우편(물)의, 우편물을 운반하는[다루는].
— 图 ⊕ ~**s** [-z] ⋯을 우송하다, 우체통에 넣다, 우편에 부치다.
mail² 图 **1** 쇠미늘 갑옷. **2** 갑옷, 갑주(甲冑). **3** (거북·새우 따위의) 갑각(甲殼), 등딱지, 딱딱한 비늘. — 图 ⊕ …에 쇠미늘 갑옷을 입히다, 무장시키다. ¶ be ~ed in armor 쇠미늘 갑옷을 입고 있다. ⌃-less 图
mail(l) 图 《스코》 소작료·세금 따위의 금납(金納).
mail·a·ble [méiləbl] 图 우편으로 부칠 수 있는, 우송되는. ⌃-bíl·i·ty 图
mail·bag [méilbæg] 图 우편 가방[행낭].   「프로.
máilbag prògram 图 《구어》 (라디오·TV의) 인기
mail·boat [méilbòut] 图 우편선. (또는 **máil bòat**)
máil bòmb 图 (열면 폭발하는) 우편 폭탄.
*****mail·box** [méilbɑ̀ks/-bɔ̀ks] 图 **1** (가정용) 우편함.
2 《美》 우체통, 우편 상자(* 《英》 letter box). **3** 《컴퓨터》 편지 상자(전자 우편을 일시 저장하는 기억 영역).
máil càll 图 (군대에서의) 우편물 배포.
máil càr 图 (철도의) 우편차.   「truck).
máil càrrier 图 우편 집배원; 우편물 운반차(mail
máil càrt 图 《英》 우편차; 유모차.
mail-catch·er [méilkætʃər] 图 《철도》 우편물 적하(積荷) 장치(진행중인 열차에 우편 행낭을 싣는 장치).
máil chúte 图 우편물 전송(傳送) 슈트(고층 건물의 위층에서 우편물을 아래층의 우체통으로 떨어뜨리는 장치).
mail·clad [méilklæd] 图 미늘 갑옷을 입은.
máil clèrk 图 **1** 우체국 직원. **2** (우편차의) 우편물 분류 직원. **3** (관청·회사 따위의) 우편물 취급 직원.
máil clìent 图 《컴퓨터》 E메일 고객(E메일 송수신 서비스를 받는 컴퓨터).   「우편 마차.
*****mail·coach** [méilkòutʃ] 图 (철도의) 우편차, 《고어》
máil dròp 图 (가정의) 우편함; 우편 투입구; (거택의) 우편 전용 주소.
mailed [meild] 图 미늘 갑옷을 입은, 무장한; (동물이) 갑각으로[딱딱한 비늘로] 덮인.
máiled físt 图 (the ~) (위협적) 무력, 완력; 무력 행사, 무력에 의한 위협.
mail·er [méilər] 图 **1** 우편물 우송자[발송자]. **2** = mailing machine. **3** 《컴퓨터》 메일러(전자 메일을 취급하는 소프트웨어).
Mail·er [méilər] 图 **Norman ~** 메일러(1923- : 미
máil flàg 图 《해사》 우편기(旗).   「국의 소설가).
Mail·gram [méilgræm] 图 《상표》 메일그램, 전보 우편(발신 우체국에서 전신으로 수신 우체국까지 보내지며 그곳에서 수취인까지는 보통 우편과 같이 배달된다).
mail-in 图 우송의[에 의한]. — 图 우편으로 처리하는 것(앙케트 따위).
mail·ing¹ [méiliŋ] 图 **1** 1회분의 발송 우편물. **2** 우송.
mail·ing² 图 《스코》 임대 농지; 소작료.
máiling càrd 图 《美》 우편 엽서(post card).
máiling làbel 图 (수취인) 주소·성명 기입용 라벨.
máiling lìst 图 **1** 우송용 주소록 명부. **2** 《컴퓨터》 E메일 주소록[데이터 베이스](图 ML).
máiling lìst mànager 图 《컴퓨터》 메일링 리스트 매니저(mailing list를 관리·운영하는 소프트웨어).
máiling machìne 图 우편물 처리기(계량·소인·주소 인쇄 등을 하는 각종 기계). (또는 **mailer**)
máiling shòt 图 =mail shot.
máiling slèeve 图 (양 끝에 뚜껑이 없는) 우편물 수송용 보호통.
máiling tàble 图 우편물 분류대(臺).
máiling tùbe 图 (둘둘 만 서류 따위의) 우송용 원통(두꺼운 종이로 만든다).
mail·lot [mɑːjóu] 图 (원피스형의 여성용) 수영복; (댄서·체조용) 타이츠.
‡**mail·man** [méilmæn] 图 (图 **-men** [-mèn]) 《美》 우편 집배원(《英》 postman).
mail-merge [méilmə̀ːrdʒ] 图 《컴퓨터》 메일머지 (문서 중에 기호로 기입된 주소·성명 등을 별도 파일의 실제 데이터와 치환하여 문서를 완성시키는 기능).
máil mèssenger 图 (우체국과 공항이나 역 사이의) 우편물 수송원.
máil òrder 图 《상업》 통신 주문, 통신 판매.
mail-or·der [⌃-ɔ̀ːrdər] 图 통신 판매의[에 의한]. — 图 ⊕ 우편[통신] 주문하다.
máil-order bríde 图 (캐나다 속어) (결혼 상담소 등을 통해) 편지 왕래로 정해진 신부.
máil-order hòuse [fìrm] 图 통신 판매점[회사].
máil-order wìfe 图 서신 왕래로 정한 아내.
máil pèrson 图 우편 집배원.
mail·plane [méilplèin] 图 우편(비행)기.   「bag).
mail·pouch [méilpàutʃ] 图 《美》 우편 행낭(mail-
mail·sack [méilsæk] 图 우편낭(mailbag).

máil sèrver 명 〖컴퓨터〗 메일 서버(전자 메일의 배달을 관리하는 호스트 컴퓨터). 「(또는 **máilshòt**)
máil shòt 명 (英) 다이렉트 메일(에 의한 캠페인).
mail·ster [méilstər] 명 우편 집배원용 세발 스쿠터.
máil tràin 명 우편 열차.
máil·van [méilvæn] 명 우편차.
***maim** [meim] 타 1 …을 불구로 만들다. ¶He was seriously ~ed in the war. 그는 전쟁에서 심한 불구가 되었다. 2 …을 쓸모없게 만들다. 망쳐놓다. 잡치게 하다. ¶~ the bill in its vital points 의안에서 중요 내용을 빼버리다. 3 〖법률〗 …에게 (상해죄가 될 만한) 폭행을 가하다. 상해를 입히다. ─명 〖폐어〗 중상(重傷), 불구; 손상, 결함. `~·er` 명
maimed [meimd] 형 신체 장애의, 불구의. `~·ness` 명
‡**main**¹ [mein] 형 1 주된, 주요한, 중심이 되는 (⇨CHIEF 유의어). 가장 큰. ¶the ~ office 본국, 본 2 온 힘을 다한, 충분한, 집중된. 3 (바다·토지 따위가) 광대한. ¶the ~ sea 대해(大海). 4 〖문법〗 주절(主節)의. ¶the ~ mast 〖해사〗 메인마스트(큰 돛대, 대장(大檣))의. 6 (美 속어) 가장 마음에 드는, 제일 좋아하는. 「하여, 힘껏.
***by main force** [or **strength**] 전력(혼신의 힘)을 다
***for the main part** 대부분은.
─명 (~**s** [-z]) 1 (수도·가스 따위의) 주관(主管), 본관(本管), (배전선의) 본선, 간선; (the ~) 〖단·복수 양용〗 (英) 수원(水源), (건물·지역에의) 전기·가스 공급; (~s) 〖형용사적〗 본선에서의 (전력 공급의), 콘센트를 사용하는. ¶a collecting ~ 집수(集水) 본관 / a gas [water] ~ 가스[수도] 본관. 2 (the ~) 주요부, 주요점. 3 〔시〕 대해, 대양(圖 Spanish Main). 4 본토(mainland). 5 (철도의) 본선, 간선(幹線). 6 U (육체적인) 힘.
***in** [or **for**] **the main** 대개, 대체적으로, 대부분.
***turn on the main** (익살) 와락 울음을 터뜨리다.
***(with) might and main** ⇨MIGHT².
─타 (美 속어) (마약)을 정맥에 주사하다(mainline).
main² 명 1 (hazard에서 주사위를 흔드는 사람이 미리 말하는) 5에서 9 사이의 수. 2 닭싸움. 「중남부의 강」
Main [mein/G main] 명 (the ~) 마인 강(江)(독일
máin bódy 명 (the ~) 1 (군사) 주력, 본대. 2 (서류 따위의) 본문. 3 〖해사〗 선체(船體)(hull).
máin bráce 명 메인마스트[대장(大檣)]의 밑가름대를 조작하는 밧줄.
splice the main brace (英속어) 선원에게 럼주(酒)를 대접하다; 술마시고 축하하다. 「레 취하여.
with main brace well spliced (속어) 곤드레만드
máin chánce 명 (the ~) 절호의 기회; 사리(私利).
have [or *keep*] *an eye to* [or *for, on*] *the main chance* ⇨EYE.
máin cháncer 명 이해 타산이 빠른 사람; 편의주의
máin cláuse 명 〖문법〗 주절(主節), 독립절. 「자.
máin cóurse 명 1 (식사의) 주(主)요리, 메인 코스. 2 〖해사〗 (횡범선(橫帆船)의) 주돛(mainsail).
máin cróp 명 제철에 나오는 주작물(과일), 제철 작물.
máin déck 명 〖해사〗 주갑판(主甲板).
máin dísh 명 =main course 1.
máin drág 명 (美구어) 도시의 번화가(중심가).
***Maine** [mein] 메인(미국 동북단 대서양 연안의 주(州); 주도 Augusta; 圖 Me.).
from Maine to California 전미국에 걸쳐서.
Máin·er 명 메인주 사람.
máin éntry 명 1 주(主) 표제어. 2 〖도서관〗 기본 기입.
máin evént 명 (본게임의) 본(本)행사(시합, 공연 따위).
main-force [ˊf5ːrs] 명 정규 부대의. 「**máin gó**
main·frame [méinfrèim] 명 〖컴퓨터〗 (주변 단말부(端末部)에 대하여) 본체; 『전기』 본배선반.
***main·land** [méinlænd, -lənd] 명 (the ~) 본토, 대륙; (the M—) (하와이에서) 미국 본토. `~·er` 명
Máinland State 명 (the ~) Alaska 주의 별칭.
máin líne 명 1 (철도·도로·정기 항공·버스 노선 따위의) 간선, 본선; 간선 도로. 2 (구어) 돈; (종종 M—L—) 상류 사회, 고급 주택가; (집합적) 부자, 저명 인사. 3 (美속어) (마약 주사를 놓기 쉬운) 간(幹)정맥; (마약의) 정맥 주사. 4 (美속어) (교도소의) 식당.
main-line [méinlàin] 형 1 주요 경로, 2 정맥(靜脈). ─타 1 간선의에 연한, 2 주요한, 주된, 정통의. ─자타 1 (美속어) (마약)을 정맥에 주사하다. 2 남용하다; …에 빠지다, 몰두하다.
main-lin·er 명 1 주류(мейн)에 속하는 사람); (美속어) 엘리트. 2 간선을 운행하는 교통편[수단]. 3 (속어) 마약 정맥 주사 놓는 사람. 「로, 대부분.
‡**main·ly** [méinli] 부 1 주로(chiefly). 2 대개, 대체
máin màn 명 (美속어) 1 (남자) 연인, 애인; 남편, 보호자. 2 보스, 리더. 「장.
máin márket 명 (런던 증권 거래소의) 상장 주식 시
main-mast [méinmæst/-mɑ̀ːst, 〖해사〗 -məst] 명 〖해사〗 대장(大檣), 큰 돛대, 메인마스트.
máin mémory 명 〖컴퓨터〗 =main storage.
máin·per·nor [méinpəːrnər] 명 〖법률〗 보석 보증
máin pláne 명 〖항공〗 주날개, 주익(主翼). 「인.
máin plót 명 (the ~) (소설·드라마 따위의) 주플롯.
máin póint 명 (the ~) 요점. 「리. 圖 subplot.
máin prize 명 〖법률〗 조건부(附) 석방 영장; 조건부 보석(보釋). (또는 **mainprise**)
máin quéen 명 (美속어) (단짝의) 여자 친구; (호모 사이에) 인기있는 여자 역[호모].
máin rígging 명 〖해사〗 대장 삭구(大檣索具).
máin róad 명 (the ~) 주요 도로, 간선 도로; 본선.
máin róyal 명 〖해사〗 대장(大檣)의 로얄(돛).
main·sail [méinsəl] 명 〖해사〗 대장범(大檣帆), 주돛.
máin sháft 명 〖기계〗 주축. 「범(主帆).
main·sheet [méinʃìt] 명 〖해사〗 메인시트(mainsail의 각도를 조정하는 밧줄).
main·spring [méinspriŋ] 명 1 (시계의) 큰 [어미] 태엽. 2 주요 동기, 주인(主因)(chief motive).
máin squéeze 명 1 (조직의) 중요 인물, 보스. 2 연인, 애인, 보이[걸]프렌드. 마누라.
main·stay [méinstèi] 명 〖해사〗 대장(大檣)의 지삭(支索). 2 주된 지지자[물], 크게 의지하는 것, 대들보.
máin stém 명 1 〖식물〗 큰 줄기. 2 (美속어) (도시의) 중심가, 번화가; (철도의) 본선; (하천의) 본류.
máin stórage 명 〖컴퓨터〗 주(主)기억 장치.
máin stóre 명 〖컴퓨터〗 기억 용량(장치), 메모리.
main·stream [méinstrìːm] 명 1 (하천 따위의) 주류(主流), 본류; (사회·경향 따위의) 주류, 주조, 대세, 추세. ─타 1 …을 주류에 편입하다[참여시키다]. 2 (美) (장애 학생)을 일반 학급에 편입시키다, 특별[차별] 교육을 하지 않다. ─자 주류에 참가하다, 대세에 가담하다. ─형 주류(파)의, 정통파의; 〖재즈〗 메인 스트림의. 「한 사람.
main·stream·er [méinstrìːmər] 명 주류파에 속
main·stream·ing [méinstrìːmiŋ] 명 (장애 아동(학생)을) 일반 학급에 편입시키기, 차별 교육 철폐.
máinstream smóke 명 직접 흡연 연기.
máin strèet 명 1 (중서부 시골 도시의) 변화가 중심가(圖 High Street). 2 (종종 M— S—) 전형적 시골 도시의 생활[관습, 사고 방식]. 3 (M— S—) (Wall Street에 대비하여) (전통적인) 미국 중산층; 일반 대중[국민], 서민. 4 圖 물욕에 사로잡힌 편협한 (M— S—) 일반 대중[중산층]의. **Máin Strèet·er** 명
main·street [méinstrìːt] 자타 (美·캐나다) 도시의 중심가에서 선거 운동을 하다.
‡**main·tain** [meintéin, mən—] 타 (~**s** [-z]) 1 …을 지속[계속]하다, 유지하다. ¶~ correspondence [attack] 통신[공격]을 계속하다. 2 (어떤 상태로) …을 보존[유지]하다; …을 지키다. ⇨SUPPORT 유의어 ¶~ order 질서를 유지하다 / ~ one's health [reputation] 건강[명성]을 유지하다. 3 (건물·도로·기계 따위)를 건

maintainable

사(유지)하다, 보존하다. ¶ ~ public highways 고속도로를 유지 보수하다. **4** …을 (옳다고) 주장하다, 단언하다(to be, that節). ¶ (~+that節) He ~ed that he was innocent. =He ~ed his innocence. 그는 무죄라고 주장하였다. **5** (의론·연설 따위에서) …을 지지[후원]하다. ¶ ~ the law 법을 옹호하다. **6** (공격·위험으로부터) …을 지키다, 버티다, 방어하다. ¶ ~ one's rights 자신의 권리를 지키다. **7** (돈 따위로) …을 유지[지탱]하다; (가족 등을) 부양하다(on).
maintain an open mind on (문제 따위)에 대하여 남의 의견을 잘 듣도록 하고 있다.
maintain oneself 자활(自活)하다.
maintain one's ground against …에 대해 자기 ~-**er** [ ] 입장을 고수하다.
main·tain·a·ble [meintéinəbl] 형 **1** 보지할 수 있는; 유지[보존]할 수 있다. **2** 부양할 수 있다. **3** 주장[지지]할 수 있다. -**bíl·i·ty** 명
main·táined school [meintéind-] 명 (英) 공립학교.
main·táin·or [meintéinər] 명 (법률) 소송 방조자.
***main·te·nance** [méintənəns] 명 U **1** 속행, 지속; (건물·설비·도로 따위의) 보존, 유지(관리). **2** 생계, 생활 수단. ⇔LIVING 유의어 ¶ Her job provided a mere ~. 그녀의 직업으로는 겨우 생계를 유지할 수 있을 뿐이었다. **3** 부양; 유지비, 생계비, 부양비. **4** 주장; (의견 따위의) 지지, 옹호. **5** (법률) 소송 방조. — 명 (약학·정신의학) 바람직한 생리적·정신적 상태를 유지하기 위해 투여하는. ¶ ~ therapy 유지 요법.
máintenance drùg (마약 중독자의 금단증상 완화를 위한) 중독 치료용 마약.
máintenance expènse[còst] (건물·설비 따위의) 유지비.
main·te·nance-free [-fríː] 형 정비[보수, 관리]가 필요없는.
máintenance hàtch 정비 해치(manhole의 성차별적 인상을 피하기 위한 표현).
máintenance màn 명 보수계원, 정비공; (빌딩 따위의) 관리인.
máintenance mechánic [spécialist] 명 정비공, 보수업자.
máintenance of mémbership 명 (노동 조합의) 조합원 자격 유지 협정.
máintenance òrder 명 (법률) (법원이 남편에게 내리는 처자에 대한 부양료 지불 명령).
máintenance shòp 명 정비 공장.
main-top [méintòp/-tɔ̀p] 명 (해사) 대장루(大檣樓), 큰 돛대의 망루.
main-top·gal·lant [ˈtɑpɡǽlənt, (해사) ˈtəɡ-] 명 메인마스트[대장(大檣)]의 윗돛대·돛(의 활대). (또는 **máin-topgallantmàst**)
main-top·mast [ˈtɑ́pmæst, (해사) -məst] 명 (해사) 메인마스트[대장(大檣)]의 중간 돛대.
main-top·sail [ˈtɑ́psèil, (해사) -səl] 명 (해사) 대장(大檣)의 중간 돛대.
máin vérb 명 본동사(本動詞).
máin yàrd 명 (해사) 대장(大檣) 하활.
mai·son·ette [mèizənét] 명 (英) **1** 작은 집. **2** (종종 2층이 딸린) 아파트. (또는 **maisonnette**) (<F)
mai tai [mái tái] 명 (복 **m- -s**) 마이타이주(酒) (럼주·레몬·파인애플의 칵테일). (Tahitian)
maî·tre d' [mèitər díː] 명 (복 **m- -s**) =maître d'hôtel 1-3.
maî·tre d'hô·tel [mèitər doutél] 명 (복 **-s d-**) **1** (고관·대가집의 살림을 총괄하는) 가령(家令), 집사, 지기. **2** 급사장. **3** 호텔 지배인[경영자]. **4** U (요리) 메트로호텔 (버터·젤리·레몬즙·식초 따위로 만든다). (<F master of house)
Mai·tre·ya [maitréijə] 명 (불교) 미륵(彌勒)(보살), 미래불(future Buddha). (<Skt friendly)
maize [meiz] 명 (英) 옥수수((美) corn); U 옥수수

1677

major general

빛, 노르스름한 빛. — 형 노르스름한[옥수수] 색의.
mai·ze·na [meizíːnə] 명U (英) 옥수수 가루.
maj. major: majority. **Maj.** Major.
‡**ma·jes·tic** [mədʒéstik] 형 (*more* ~; *most* ~) 위엄이 있는, 당당한, 장대한. (또는 **majestical**)
‡**maj·es·ty** [mǽdʒəsti] 명 (복 **-ties** [-z]) **1** U (왕자의) 위엄(이 있는 언동·풍격), 존엄(dignity); 장대(壯大)함, 장관(壯觀)(grandeur). ¶ the ~ of the starry heavens 별이 반짝이는 하늘의 장관. **2** U 주권, 통치권. **3** 왕; (집합적) 왕(황)족; (M-) 폐하(왕·여왕·황제·황후에 대한 경칭)(* his, her, your 따위의 소유격을 앞에 붙여서 쓴다). ¶ Your *M-* (부르는 말로) 폐하 / Your *Majesties* (부르는 말로) 양(兩) 폐하 / His[Her] *M-* 폐하(略 H.M.) / Her Imperial *M-* 황제 폐하(略 H.I.M.) / Her *M-*[Queen] 여왕 폐하 / Her Imperial *M-* 여왕(황후) 폐하(略 H.I.M.) / the King's[Queen's] Most Excellent *M-* 국왕(여왕) 폐하. **4** (-ties) (집합적) 왕족(황족). **5** (미술) (왕좌 따위에 장식된) 신(그리스도, 마리아)의 상(像).
Christ in Majesty 우주의 지배자이신 그리스도.
His Majesty's Ship 제국 군함(略 H.M.S.).
with majesty 엄숙하게.
Maj. Gen. *Major General*. (liament).
maj·lis [máːdʒliːs] 명 (이란·이라크 등의) 의회(Par- **ma·jol·i·ca** [mədʒɔ́likə/-dʒɔ́l-] 명UC 마졸리카 도자기(이탈리아의 칠보 도자기); 마졸리카풍의 도자기. (또는 **maiolica**)
‡**ma·jor** [méidʒər] 형 **1** (둘 중에서) 큰[많은] 쪽의, 대부분의, 대다수의, 과반수의(略 *minor*). ¶ the ~ part of one's income 수입의 대부분 / the ~ vote 다수표. **2** 중요한, 주요한(⇒CHIEF 유의어); 보다 상위의. ¶ a ~ political issue 주요 정치 문제. **3** 일류의, 뛰어난. ¶ ~ poets 일류 시인. **4** 성년의, 어른이 된. **5** (M-) 연상의 (* (英) public school에서 성(姓)이 같은 학생이 있을 때, 연장자의 이름 뒤에 붙여 쓴다). ¶ Brown *M-* 큰 브라운. **6** (美) 전공(과목)의. ¶ a ~ field of study 전공 분야. **7** (음악) 장조(長調)의, 장음계(長音階)의. ¶ a ~ interval 장음정(長音程) / a ~ chord 장화음. **8** (병·수술이) 중한, 생명의 위험을 수반하는. **9** (논리) (전제 따위가) 대(大)…. ¶ ~ premise 대전제. **10** (美학생 속어) 근사한, 멋진, 매력있는.
— 명 (복 ~**s** [-z]) **1** (군사) (英) 육군 소령, (美) 육군[공군] 소령(略 Maj.); (군사속어) 원사(sergeant ~). **2** 보다 상위의[중요한] 인물[단체]; 상관, 선배. **3** (법률) 성년자, 성인(略 *minor*). **4** (美) 전공 과목[분야]; (특정 과목의) 전공자. ¶ an economics ~ 경제학 전공 학생. **5** (음악) 장음계; 장조(長調), 장음(略 *minor*). **6** (고어) (논리) 대명사(大名辭), 대전제. **7** (the ~s) 대기업, 메이저, (특히) 국제 석유 자본. **8** (the ~s) (집합적; 복수취급) (美) = ~ league.
— 동자 (~**s** [-z]) (美) (…을) 전공하다 (*in*). ¶ (~+ 前+名) ~ *in* mathematics 수학을 전공하다.
Ma·jor [méidʒər] 명 **John (Roy)** ~ 메이저(1943-): 영국의 정치인; 수상(1990-97).
májor àngle 명 (수학) 우각(優角).
májor áxis 명 (수학) (타원의) 장축(長軸)[긴 지름].
Ma·jor·ca [mədʒɔ́ːrkə, -jɔ́ːr-] 명 마요르카 섬(지중해 서부 Baleares 제도의 스페인령(領)). -**can** 형
májor cúrrency 명 (경제) 주요 통화(通貨).
májor cýcle 명 (경제) 주순환(主循環).
ma·jor·do·mo [-dóuməu] 명 (복 ~**s**) **1** (왕가·귀족 집안 등의) 가령(家令), 집사(장). **2** (美남서부) (목장·농장의) 감독. **3** (M-) (컴퓨터) mailing list manager의 하나.
ma·jor·ette [mèidʒərét] 명 =drum majorette.
májor gène 명 (유전) 주동(主動) 유전자.
májor géneral 명 (군사) 소장(略 Maj. Gen., MG).

májor ínterval 阌 〔음악〕 장음정(長音程).
ma·jor·i·tar·i·an [mədʒɔ̀:rətɛ́əriən] 阌 다수결주의(자), 말없는 다수(silent majority)의 일원.
— 阌 다수결의[에 의한]; 다수결주의의; 다수당 지지의.
‡**ma·jor·i·ty** [mədʒɔ́:rəti, -dʒár-/-dʒɔ́r-] 阌 (閥 **-ties** [-z]) (閥 minority) **1** (the ~) 대부분, 대다수, 태반. ¶the ~ of mankind 인류의 대다수. **2** (a ~, the ~) 〔단수취급〕 (투표·투표자·배심원 등의) 과반수, 다수. ¶an absolute ~ 절대 다수/gain a ~ 과반수를 획득하다. **3** (the ~) 〔단·복수 양용〕 다수당[파]. ¶The ~ are [or is] against it. 다수파는 그것에 반대이다. **4** (승자측에서 본) 득표의 차(差)(閥 plurality). ¶be elected by a small [large] ~ 근소한[런] 차로 당선되다. **5** Ⓤ 〔법률〕 성년, 성인. ¶attain [or reach] one's ~ 성년에 달하다, 성인이 되다. **6** Ⓤ 소령의 계급[직].
by a majority of …의 차(差)로.
in majority 과반수로, 다수로.
in the majority of cases 대부분의 경우(에), 대개.
join [or go over to, pass over to] the (great [or silent]) majority 죽다(die).
— 阌 다수의(에 의한), 다수파(당)의.
majórity cárrier 阌 〔반도체 내의〕 다수 캐리어.
majórity decísion 阌 다수결.
majórity léader 阌 (美) 〔정치〕 (상·하 양원의) 다수당[여당] 원내 총무. 閥 minority leader
majórity rúle 〔정치〕 다수결 원리. 〔다수 평결〕
majórity vérdict 阌 (배심원의 과반수로 결정하는)
majórity whíp 阌 〔정치〕 다수당 원내 부총무.
májor kéy 阌 〔음악〕 장조(長調).
májor léague 阌 (美) **1** 〔야구〕 메이저 리그 (American League와 National League의 두 개가 있다)(閥 minor league). **2** (각종 프로 스포츠의) 메이저 리그; 최고 수준; 고도의 전문가팀[집단].
ma·jor-league [-lí:g] 閥 (美) 메이저 리그 소속의; 최고의, 중요한 위치에 있는. — 閥 선수, 메이저 리거.
ma·jor-lea·guer [-lí:gər] 阌 (美) 메이저 리그의
ma·jor·ly [méidʒərli] 閥 극히, 중대히; 오로지, 주로; 첫째로.
májor médical 阌閥 고액 의료비 보험(의).
májor móde 阌 〔음악〕 =major scale: =major key.
májor párty 阌 제1당, 대정당, 다수당.
májor pénalty 阌 〔아이스하키〕 메이저 페널티(반칙 선수의 5분간 퇴장 벌칙).
májor plánet 阌 〔천문〕 주(主)행성(태양계 9행성의 하나 또는 목성형(木星型) 4행성(목성·토성·천왕성·해왕성)의 하나).
májor prémise 阌 〔논리〕 대전제(大前提). 閥 syllogism
májor próphets 阌閥 (the ~) 〔성서〕 대예언서 (Isaiah, Jeremiah, Ezekiel의 3인); (the M- P-) 대예언서. 閥 Minor Prophets
májor scále 阌 〔음악〕 장음계.
májor séventh 阌 〔음악〕 장7도(長七度); 장 7 화음.
ma·jor·ship [méidʒərʃip] 阌 소령의 직[지위].
májor súit 阌 〔카드놀이〕 (브리지에서) 스페이드[하트]의 갖추어진 패(득점이 많다).
májor térm 阌 〔논리〕 대명사(大名辭).
májor tríad 阌 〔음악〕 장3화음(和音).
ma·jus·cule [mədʒʌ́skju:l/mǽdʒəskjù:l] 阌 대문자의[로 쓰인]. 閥 minuscule — 閥 대문자의. **-cu·lar**
Ma·ka·lu [mákəlù:] 阌 마칼루산(山)(네팔과 티베트 국경에 있는 세계 제5의 고봉; 높이 8,470m).
‡**make** ⇒MAKE. 〈p. 1679〉
make-and-break [-ənbréik] 阌 〔전기〕 (접점) 자동 개폐식의, 회로 자동 단속식(斷續式)의.
make-be·lieve [-bíli:v] 阌 Ⓤ **1** 겉꾸밈, 가장, 거짓, 속임수. **2** …체하는 사람, 거짓 꾸미는 사람. — 閥 (한정용법) 거짓의, 속임수의, …인 체하는. ¶~ sleep 꾀잠. (또는 閥 1, 閥에서 **make-belief**)

make-do [-dú:] 阌 (閥 ~**s**) 임시 변통의 것; 일시적 대용품.
— 閥 대용의, 임시 변통의. [부표(말뚝)]
make·fast [méikfæst/-fà:st] 阌 〔해사〕 계선(繫船)
make-game [-ɡèim] 阌 웃음거리, 조롱거리.
make-good [-ɡùd] 阌 (광고에 오류가 있을 경우 무료로 다시 게재되는) 보상 광고. 〔구[직]이 없는.
make·less [méiklis] 閥 〔고어〕 배우자가 없는, 친
make-or-break [-ɔ̀rbréik] 閥 일이 되든가 망하든가의, 성패(成敗) 양단간의. ¶a fiscal policy 견곤일척의 금융 정책.
máke-out àrtist [-áut-] 阌 (美속어) 여자를 후리는 기술자, 여자를 울리는; 미남자; (손윗 사람에의) 비위를 잘 맞추는 사람.
make·o·ver [méikòuvər] 阌 **1** 수리, 수선; 개조, 개장(改裝); (완전한) 변모, 변신. **2** 공들인 화장.
‡**mak·er** [méikər] 阌 (閥 ~**s** [-z]) **1** 만드는 사람, 제작자; 제조업자(회사). **2** (the M-, one's M-) 신(神), 조물주(God). **3** 〔법률〕 증서 작성자; 약속 어음 발행인. **4** (카드놀이) (브리지의) 선언자. **5** 〔고어〕 시인(poet).
go to [or meet] one's Maker 죽다.
make-read·y [-rédi] 阌 **1** 〔인쇄〕 판고르기, 조판 조정. **2** 조정, 정비, 보정(補正).
mak·er-up [-Áp] 阌 (閥 **mak·ers-**) (제품의) 조립공; 〔인쇄〕 제판공; (英) 의류 제조업자.
make·shift [méikʃift] 阌 임시 변통의 것, 대용품; 미봉책. — 閥 (또는 **makeshifty**) 임시 변통의; 일시적 방편의.
*****make·up** [méikʌp] 阌 **1** ⓊⒸ (a ~, the ~) 조립, 구성, 구조; (사람의) 체격, 체질; 성질, 기질. **2** Ⓤ (집합적) 화장품; 분장 도구(가발·의상 따위). **3** ⓊⒸ (one's ~, a ~) 얼굴 단장, 화장(하기); (배역의) 분장, 메이크업. **4** Ⓒ (a ~, the ~) (인쇄물의) 편집 배열, 레이아웃; 〔인쇄〕 조판, 정판; (신문의) 전면 조판. **5** 거짓말, 지어낸 이야기. **6** 보충(물); 공급(물); 결산, 청산. **7** (美구어) 재시험; 보강. (또는 **máke·ùp**)
mákeup wáter (보일러 따위에 대한) 보급수.
make·weight [méikwèit] 阌 **1** 중량 부족을 메우는 첨가물; 평형추(平衡錘). **2** 보충물, 부족을 메우는 것. **3** (잡지 등의) 여백 메우는 기사; 하찮은 사람[것].
make-work [-wə̀:rk] 阌Ⓤ (노동자를 놀리지 않기 위하여 일부러 만들어 주는) 불필요한 작업.
máke-work prógram 阌 고용[일자리] 창출 계획.
*****mak·ing** [méikiŋ] 阌 **1** Ⓤ 만들기, 제조, 제작. **2** Ⓤ 구조, 구성. **3** (the ~) 성공[발전]의 수단[원인]. **4** (~s) (…의) 원료, 재료; 성분. ¶the ~s of a cigarette 담배의 재료. **5** (the ~**s**) (…의) 소질, 적성, 가능성, 능력(of). **6** Ⓒ 만들어진 것, 제품; (1회의) 생산량, 제조량. **7** (~s) 이익, 수익, 벌이.
be the making of …의 성공의 밑받침[원인]이 되다.
have the makings of …의 소질이 있다.
in the making 제작중의, 발전중의; 형성[수업]중의; 준비된. ¶a dictionary *in the* ~ 편찬중인 사전.
— 閥 (복합어로) (구어) …하게 하는, …되게 하는. ¶ sick-~ 불쾌한, 구역질 나게 하는.
máking líght 〔해사〕 초인등(初認燈).
ma·ko [méikou/má:-] 阌 (閥 ~**s**) **1** 청상아리. **2** (뉴질) (옛날 마오리족이 몸에 달고 다니던) 청상아리 이빨.
Mal. Malachi; Malay(an).
mal- [mæl] 연결 bad, wrongful, ill의 뜻. ¶*mal*adjustment, *mal*practice.
Ma·la·bo [məlá:bou] 阌 말라보(적도 기니아의 수도).
mal·ab·sorp·tion [mæ̀læbsɔ́:rpʃən] 阌 〔병리〕
malac. malacology. 〔(장의 영양분) 흡수 불량〕
Ma·lac·ca [məlǽkə] 阌 **1 the Strait of ~** 말래카 해협. **2** (m-) =Malacca cain. — 阌 (m-) 등나무의[로 만든]. **-can**
Malácca cáne 阌 말래카 단장(동인도산(產)의 등나

가장 널리 쓰이는 기본 동사의 하나로, 「만들다」 「일으키다」 「시키다」 「얻다」 「되다」 「생각하다」 「하다」 「달하다」 등의 뜻이 있다. 이 가운데 특히 주의해야 할 것은 「되다」와 「하다」이다. 「되다」는 대개 능동적인 make 의 어의 가운데 유별나게 수동적인 뜻을 나타내기 때문이다. 「하다」의 경우는 동작 명사를 목적어로 취하기에 중요하다.(⇨ 주의). 그밖에 「시키다」는 뜻의 사역 동사로서 원형부정사나 과거분사를 목적 보어로 취하는 용법도 중요하다.

‡**make** [meik] 통 (*made; mak·ing*) 타

I. 만들다

1 a) (재료로/제품을/…에게) …을 만들다, 제작하다, 조립하다(*with, in, from, of, out of, into, for*). ¶~ a cake 케이크를 만들다 / ~ a machine 기계를 조립하다 / ~ a road 도로를 건설하다 // (~+목+목)(~+목+전+명) I will ~ you a new suit. =I will ~ a new suit *for* you. 너에게 새 옷을 만들어 주겠다 / (~+목+전+명) ~ an instrument *with* glass 유리로 기구(器具)를 만들다 / ~ a road *in* concrete 콘크리트로 도로를 건설하다 / ~ rice *into* cheongju 쌀로 청주를 만들다 (*원료·재료를 가공하거나, 사람을 감화시켜 변화하게 하는 경우에는 into를 쓴다) / ~ a boat *out of* wood 나무로 보트를 만들다 / a house made of stone 돌로 지은 집 (*원료·재료의 질을 변화시키지 않은 재료로 무엇을 만드는 경우에는 of, out of를 쓴다) / Cheese is *made from* milk. 치즈는 우유로 만들어진다 (*원료·재료의 질이 변화하는 경우에는 from을 쓴다) / Bread is *made from* [*or of*] flour. 빵은 밀가루로 만들어진다 (*재료의 질이 변화하였는지의 여부를 구별하기 어려운 경우는 from, of 중 어느 것을 사용하여도 좋으나, from을 쓰는 경우가 많다).

유의어 **make** 유형·무형의 것을 생기게 하다: 가장 일반적인 낱말. **form** 어떤 뚜렷한 윤곽·구조·장치를 형성하다. **shape** form과 같은 뜻으로 쓰일 경우도 많으나, 특히 외부의 힘으로 어떤 형체를 이루는 것을 암시한다. **fashion** form=form; 특히 창의·교묘함을 암시, **forge** [쇠] 단조(鍛造)하다; 꾸며대다. **manufacture** 기계를 사용하여(본래의 뜻은 손으로), 원재료를 일정한 과정을 거쳐 제품화하다. **fabricate** 재료·부품으로 규격화된 양식·기술에 의해 전체를 만들다. **assemble** 부품을 결합하여 어떤 목적물을 조립하다; 일관 작업에 쓰이는 경우가 많다.

b) [작품 따위]를 창작하다; [문서 따위]를 작성하다. ¶~ a poem 시를 짓다 / ~ a document 문서를 작성하다 / ~ one's will 유서를 작성하다. **c)** (수동형으로) (사람이) (…에) 적합하다(*for*). ¶(~+목+to be 보) She is *made* to be my wife. 그녀는 내 아내가 되게끔 되어 있다 // (~+목+전+명) This book is not *made for* children. 이 책은 어린이용이 아니다.

2 [잠자리·식사 따위]를 마련하다, 준비하다. ¶~ beds 잠자리를 깔다 / ~ a fire 불을 피우다 / ~ tea 차를 끓이다 / She *made* me a meal. 그녀가 식사를 차려 주었다.

3 [법률 따위]를 제정하다(enact); [계획 따위]를 짜내다, 입안하다. ¶~ a law 법을 제정하다 / ~ rules 규칙을 만들다 / ~ a plan tomorrow 내일의 계획[예정]을 세우다.

4 …을 …으로 만들다(*of*). ¶(~+목+전+명) ~ a friend *of* an enemy 적을 친구로 만들다 / I will ~ a good pitcher *of* you. 너를 훌륭한 투수로 만들어 주겠다.

II. 일으키다

5 …을 야기하다, 일으키다, 낳다, …의 원인이 되다. ¶~ a noise 소음을 내다 / ~ a wound 상처내다 / ~ a difference 차별을 두다 / ~ trouble 말썽을 일으키다 / ~ war 전쟁을 일으키다 / ~ peace 화해하다, 평화 조약을 맺다 / Neil Armstrong *made* man's first footprint in moon dust. 닐 암스트롱은 달 표면에 인류 최초의 발자취를 남겼다.

6 …을 성공하게 하다, 완성시키다, 번영하게 하다. ¶This lucky venture *made* him. 그 모험 덕에 그는 성공했다 / Charm ~s a salesman. 세일즈맨으로 성공하려면 사람을 끄는 힘을 갖춰야 한다.

III. 시키다

7 [사역 동사로 ~+목+보형; 보어는 형용사, 과거분사, 명사(절) 등] **a)** …을 …(의 상태)이 되게 하다. ¶~ a person happy 남을 행복하게 하다 / ~ it public 그것을 공개[공표]하다 / The bad news made her ill. 그 나쁜 소식을 듣고 그녀는 병이 났다 / (~+목+done) ~ oneself *respected* 존경받다 / I could not ~ myself *understood* in English. 나는 영어로 내 의사를 전달할 수가 없었다 / He failed to ~ himself *heard*. 그의 목소리는 들리지 않았다. **b)** [남 등]을 …이 되게 하다, [남]을 …에 임명하다. ¶He made her his secretary. 그는 그녀를 비서로 채용했다 / I ~ it a rule to take a walk every morning. 나는 매일 아침 산책을 한다 // (~+목+what 절) Grief has *made* him *what* he is. 비탄 때문에 그는 그런 사람이 되어 버렸다. **c)** [일]을 …로 정하다. ¶Shall we ~ it tomorrow? 일요일로 정할까요?

8 [사역 동사로 ~+목+do; 주어가 사람일 경우 강제적, 사물일 경우 비강제적] **a)** [사람·동물·사물 따위]를 …시키다[하게 하다](cause); …을 강제로 …하게 하다(compel). ¶~ a person *understand* it 남에게 그것을 이해시키다 / ~ a horse *jump* a barrier 말에게 장애물을 뛰어넘게 하다 / ~ the fire *burn* 불이 타게 하다 / They *made* him *go*. 그들은 그를 가게 했다 (*수동형에서는 He was *made* to go.가 되어 to- 부정사를 쓴다) / It ~s me *think* you are right. 아무래도 네가 옳은 것 같은 생각이 든다. **b)** …으로 보다[간주하다], …을 …으로 표현하다. ¶The chronicles ~ the King *die* in 1232. 연대기는 그 왕이 1232년에 죽은 것으로 기록하고 있다.

IV. 얻다

9 a) …을 얻다, [돈 따위]를 벌다(gain). ¶~ a profit [fortune] 이익을 얻다[재산을 모으다] / ~ 500 dollars a week 주 500 달러를 벌다. **b)** [상]을 타다, [명성 따위]를 얻다; [성적·득점]을 얻다(score). ¶~ first honors 1등상을 타다 / ~ good marks at school 학교에서 좋은 성적을 얻다 / Our team *made* five points in the game. 우리 팀은 그 시합에서 5점을 얻었다.

10 [구어] [팀 따위]에 지원을 얻다, 입단하게 되다. ¶He *made* the football team. 그는 축구 팀에 입단하게 되었다.

V. 되다

11 a) (성장하여) …이 되다(become)(*목적어는 보통 평가를 나타내는 형용사를 수반한다). ¶He will ~ a good lawyer. 그는 훌륭한 변호사가 될 것이다 // (~+목+명) (~+목+전+명) She has *made* Jack a wonderful wife. =She has *made* a wonderful wife *for* Jack. 그녀는 잭의 훌륭한 아내가 되었다. **b)** (美구어) [직위]에 취임하다, …의 지위를 얻다; …로 승진[승격]하다. ¶Jones *made* professor in five years. 존스는 5년 만에 교수가 되었다.

12 …로서 쓸모가 있다(serve for). ¶This ~s good reading. 이것은 좋은 읽을거리가 된다 / Cold tea ~s an excellent drink in summer. 냉차는 여름에 훌륭한

음료가 된다 / The place will ~ a lovely winter resort. 그곳은 쾌적한 피한지가 될 것이다. **13 a)** (계산 따위가) …이 되다(amount to).¶Two and two ~s four. 2에 2를 더하면 4가 된다. 2+2= 4/Another week will ~ a year. 이제 1주일이면 1년이 된다. **b)** …을 구성하다(constitute), 이루게 하다, 형성시키다.¶Oxygen and hydrogen ~ water. 산소와 수소로 물이 형성된다 / One swallow does not ~ a summer. (속담) 제비 한 마리가 왔다고 해서 여름이 온 것은 아니다, 속단은 금물이다 / Fine clothes ~ the man. (속담) 옷이 날개다. **c)** …에 이르다[달하다], …이 되다.¶~ a bag (사냥에서) 많은 짐승을 잡다.

Ⅵ. 생각하다

14 (생각 등)을 품다；(마음으로) …을 …이라고 생각하다, 이해하다 (of)；판단하다(consider), 어림하다(estimate).¶~ one's judgment 판단하다 / I ~ no doubt of your succeeding. 너의 성공을 조금도 의심치 않는다 // (~+目+補) What do you ~ the time?=What time do you ~ it? =What time is it? 몇 시입니까? / I ~ the distance about ten miles. 거리는 10마일쯤 된다라고 생각한다 / How large do you ~ the congregation? 집회에 모인 사람은 몇 명이나 된다고 생각하는가? // (~+目+補名) I could ~ nothing of his words. 그가 말한 것이 무엇인지 전혀 알 수 없었다 / What do you ~ of it? 그것을 어떻게 생각하느냐?

Ⅶ. 하다

15 a) (동작·운동·발언 따위)를 하다.¶~ a bargain 계약하다 / ~ a speech [or an address] 연설을 하다 / ~ a bow 절[인사]을 하다 / (a) fight 싸우다 / ~ an advance 전진하다 / ~ a proposal 제안을 하다 / ~ a present 선물을 하다 / Wars are not ~ made only by soldiers. 전쟁은 군인들만이 하는 것은 아니다.

주의 make의 이 용법은 대개 동작 명사를 목적어로 취하며, 동작 명사에 대응하는 동사와 같은 뜻의 동작을 나타낸다.

b) [계약·관계 따위]를 맺다；(속어) (여자)를 항복시키다, (여자)와 정을 통하다, / ~ an ally [a treaty] 동맹(조약)을 맺다 / ~ love 애정 행위(성교)를 하다. **c)** …을 먹다(eat).¶~ a good breakfast 아침 식사를 충분히 하다, 조반을 충분히 먹다.

16 [카드놀이] [으뜸패]를 정하다；(한 장의 패로) (1회분의 패)를 따다；[브리지의 경쟁]에서 이기다；(패)를 떼다.¶~ the trump 으뜸패를 정하다 / ~ a trick 한판 이기다.

Ⅷ. 달하다

17 (어느 거리)를 가다, 나아가다, 답파(踏破)하다(pass)；(美) (어떤 장소)로 행상을 나가다.¶~ a circuit 일주하다 / ~ 80 miles an hour 시속 80마일로 달리다 / They made the distance in five hours. 그들은 그 거리는 5시간 만에 답파하였다.

18 a) …에 도착하다；(도중에) …에 들르다；(연령 따위)에 달하다.¶~ Rome on the way to London 런던으로 가는 도중에 로마에 들르다 / The ship made port. 배가 항구에 도착했다 / Do you think he'll ~ 80? 그가 80세까지 살 거라고 생각합니까? **b)** [야구] (누(壘))에 나가다, 닿다；(타격)을 날리다.

19 (구어) (탈것)의 시간에 대다.¶~ a train 기차 시간에 대다 / If you hurry, you can ~ the next flight. 서두르면 다음 비행기를 탈 수 있을 것이다.

Ⅸ. 기타 용법

20 모습이, 몸매가 …이다.➪MADE. **21** [항해] [육지]를 확인[발견]하다, …이 보이기 시작하다. **22** [전기] [전기 회로]를 닫다. **23** (英) [말·개·매 따위]를 훈련하다, 길들이다. **24** [시각]을 알리다.¶~ eight o'clock (종을 8번 쳐서) 8시를 알리다. **25** (구어) …에게 인상(효과)을 주다. **26** (속어) [물건]을 훔치다. **27** (속어) [마약]을 사다；주사하다.

── 1 …하려고 하다, (…하기) 시작하다(to do). ¶ (~+to do) He made to go. 그는 가려고 하였다. **2** (as if, as though, like 따위와 함께) …처럼 행동[처신]하다(behave)；(구어) …을 흉내를 내다.¶He made as if he would escape. =He made as if to escape. (구어) 그는 도망할 듯한 태도를 보였다 / The clown made like a bear. (속어) 그 어릿광대는 곰의 흉내를 내었다.

3 …(의 상태)가 되다, …하다(~ oneself).¶(~+補) ~ ready 준비하다, 마련하다 / ~ sure 보증하다, 확신하다 / ~ again 회복하다, 원래의 상태로 되다(recover).

4 (구어) (…을 향해서) 가다, 나아가다(go)；(…쪽으로) 뻗다 (for, toward)；(증거·논의 따위가) (…쪽으로) 향하다.¶(~+前+名) ~ for home 귀로에 오르다 / The road ~s toward Rome. 길은 로마 쪽으로 뻗어 있다.

5 (진행형으로) (조수(潮水)가) 차다[밀려들어가다], (깊이·제적 따위가) 붙다[늘다].¶(~+前+名) The tide is making fast. 조수가 점점 밀려들어오고 있다.

6 (…에) 영향을 주다, (유리[불리]하게) 작용하다(tell) (for, against).¶(~+前+名) It ~s for [against] his advantage. 그것은 그에게 유리[불리]하다.

7 만들어지다, 제작되다.¶Bolts are making in this shop. 이 공장에서 볼트가 제작되고 있다 // (~+副) Hay ~s better in small heaps. 너무 올려 쌓지 않은 쪽이 건초 만들기에 좋다.

8 (구어) 이익을 얻다, 벌다(~ a profit).¶(~+前+名) He made pretty handsomely on that bargain. 그는 그 거래에서 상당히 벌었다. 《해롱거리다.

9 (진행형으로) (속어) (완곡) (남녀가) 노닥거리다.

10 [카드놀이] 패를 떼다；으뜸패를 쥐다.

(as)...as they make 'em [or **make them**] (구어) 굉장히 …인.

have (got) it made (美속어) 대성공이다, 이제 됐다.

make a dead set at ➪DEAD SET.

make a dent in ➪DENT.

make a fool of …을 바보 취급하다, 기만하다.

make after …을 추적하다(pursue).

make against …에게 불리하게 작용하다；…을 방해하다. ➪他 6.¶The transaction ~s against my interest. 그 거래는 나한테 득이 되지 않는다.

make a good price 좋은 값으로 팔리다.

make a [or **one's**] **living** 생계를 꾸리다.

make an example of …을 본보기로 하다.

make a plaything of …을 장난감 취급하다.

make as if [or **though**] …(할 것)처럼 굴다. ➪他 2. ¶He made as though he were [or was] not aware of my presence. 그는 나의 존재를 전혀 의식하지 않는 모습이었다.

make a splash 큰 호평을 받다.

make at …에게 덤벼들다.¶He made at me, so I knocked him down. 그가 나에게 덤벼들었기 때문에 나는 그를 때려 눕혔다.

make a thing do …으로 임시 변통하다[때우다].

make away = make off ①.

make away with ① …을 면하다[벗어나다], 쫓아버리다. ② …을 훔치다, 죽이다.¶A rumor got about that he had been made away with. 그가 피살되었다는 소문이 퍼졌다. ③ …을 낭비하다；…을 다 써버리다.¶He made away with most of his wife's money. 그는 아내의 돈을 거의 다 써버렸다. ④ …을 훔치다, 가지고 달아나다.

make away with oneself 자살하다.

make believe (…인) 체하다, 가장하다(pretend).¶He ~s believe to be wise [or that he is wise]. 그는 현명한 것처럼 보이려고 한다.

USAGE **make believe** ── 색다른 형의 표현인데 원래는 프랑스어 faire croire를 번역 차용한 것으로서,

'cause people to believe' (남을 믿게 하다)의 뜻이었다. 최근에는 I shut my eyes and *make-believe* to slumber.(눈을 감고 잠들어 있는 시늉을 하다)처럼, 한 낱말로 취급하는 경우도 있다.

make bold with ⇨BOLD.
make do (…으로) 임시 변통하다, 때우다, (최소한에) 만족하다(*with*); (…없이) 끝내다; 견뎌내다(*without*). ¶We hadn't time for lunch, but we *made do with* sandwiches. 우리는 점심을 먹을 사이가 없어서 샌드위치로 때웠다.
make fast 단단히 (붙들어) 매다, 고정시키다. ¶~ a door *fast* 문단속하다.
make felt 〔힘·영향 따위〕를 미치다, 느껴지게 하다. ¶The influence *made* itself *felt*. 영향이 나타났다.
make for ① …의 이익이 되다, …을 조장하다, …에 기여하다. ¶~ *for* moral laxity 도덕적 퇴폐를 조장하다. ② …으로 향하다, 접근하다. ③ …을 공격하다.
make free with ⇨FREE.
make fun of …을 놀려대다.
make good ⇨GOOD.
make...into …을 가공하여 ~으로 만들다. ⇨[타] 1. ¶~ a story *into* a play 소설을 연극으로 각색하다.
make it 《美구어》 ① (어떤 일을) 이룩하다; (시간에) 대다(*to*). ¶~ *it to* a train 기차 시간에 대다. ② (일반적으로) 성공[출세]하다. ¶~ *it* big in America 미국에서 크게 성공하다. ③ 《美속어》 (…와) 성교하다(*with*). ④ 《속어》 오르가슴에 달하다. ⑤ 《구어》 (병·부상 따위에서) 회복하다. ⑥ (동료에게) 받아들여지다(*with*); 존경받다. ⑦ 《속어》 마약을 주사하다. ⑧ 《구어》 형편이 피다, 만족스럽게 되다. ⑨ 급히 사라지다.
make it good upon *a person* 남에게 강제로 자기 말을 따르게 하다.
make it in (항공기가) 멋지게 착륙하다.
make it out 《구어》 도망치다. 「당직 사관의 구령).
Make it so! 〔해사〕 정각에 종을 쳐라!(시각을 알리는
make it together 《속어》 성교하다. 「로 주세요.
Make it two. 《구어》 (식사 따위를 주문할 때) 같은 걸
make it up ① 합계 (…가) 되다 (*to*). ② (…와) 화해하다(*with*). ③ 《구어》 (손해 따위를) 보상하다(*to*,
make light of ⇨LIGHT². *for*).
make like... 《구어》 …인 체하다, …을 흉내내다; …역할을 하다, …역을 연기하다. ¶~ *like* a monkey 원숭이 흉내를 내다. 「…을 거의 이해하지 못하다.
make little of ① …을 경시하다, 가볍게 여기다. ②
Make mine... 《구어》 (주문시에) 나는 …으로 하겠습
make much of ⇨MUCH. 」니다.
make nothing of ⇨NOTHING.
make...of ① 〔원료〕로 …을 만들다; (~을) …으로 만들다(⇨[타] 1, 4). ② (~을) …이라고 생각하다(⇨[타] 14).
make off ① 서둘러 떠나다, 도망가다(run away). ¶~ *off* before the police arrive 경찰이 오기 전에 서둘러 떠나다. ② 〔해사〕 (바람이 불어가는 쪽의) 해안에서 떨어지다.
make...off [or 《구어》 **of**] …로[에서] (돈을) 벌다.
make off with ① …을 가지고 달아나다; 〔상 따위〕를 휩쓸다; 〔사람〕을 데리고 가다. ② 〔돈〕을 다 써버리다. ¶He *made off with* a rich inheritance. 그는 막대한 유산을 탕진했다.
make on 《구어》 가장하다, 그런 체하다(pretend).
make one (**of the party**) 참가하다, 일행에 끼다.
make *one's* **day** 《반어적》 …을 즐겁게 하다. ¶Go ahead, ~ *my day*! (싸움 따위에서) 자, 덤벼.
make *one's* **name as** …로서 명성을 얻다, 이름을 날리다. 「이판사판의 모험이다.
make or mar [or **break**] 성패[운명]를 좌우하다,
make out ① 〔증서·수표 따위〕를 작성하다, 〔서류 따위〕를 기초하다; 작성하다, 기입하다; 〔어음 따위〕를 끊다. ¶~ *out* a bill 어음을 끊다. ② …을 입증하다, 주장하다. ¶How do you ~ that *out*? 어떻게 해서 그런 결론이 나오지요? ③ 《보통 can, could를 수반하여》 …을 이해하다, 판독하다. ¶I can't ~ him *out*. 나로선 그의 말을 이해할 수가 없다 / The signature could not be *made out*. 그 서명은 판독할 수 없었다. ④ …을 발견하다[찾아내다], 인식하다. ¶They *made out* a figure in the distance. 그들은 멀리서 사람의 그림자를 보았다. ⑤ …을 …인 듯이 말하다[말하려 하다], 암시하다, …인 체하다. ¶He is *made out* to be a patriot. 그는 애국자로 되어 있다 / She *made out* that she had been working all day long. 그녀는 하루 종일 일한 체하였다. ⑥ 《구어》 잘 해내다; 그럭저럭 해나가다. ⑦ 《美속어》 (여자를) 구슬리다, 유혹하다; (여자와) 애무[성교]하다, 패팅하다 (*with*).
make out after =*make after*.
make...out of =*make...of*.
make over ① …을 고쳐 만들다. ¶~ *over* a dress 옷을 고쳐 만들다. ② 〔재산 등〕을 양도하다, 이관하다. ¶~ a fortune *over* to one's son 아들에게 재산을 물려
make ready ⇨[자] 3. 」주다.
make sail ⇨SAIL.
make sense of …의 뜻을 이해하다.
make through with …을 성취하다.
make time with 《美속어》 〔젊은 여성〕과 정을 통하다; 〔남의 부인·애인〕과 친해지다.
make toward ⇨[자] 4.
make up ① (각 부분으로) …을 구성하다, 형성하다. ¶~ *up* a dress 옷을 만들다. ② …을 모으다; …을 조제하다, 편집하다. ¶~ *up* a medicine 약을 조제하다. ③ 〔이야기 따위〕를 날조하다. ¶~ *up* excuses 구실을 만들다. ④ …을 보상하다; 〔구멍 따위〕를 막다; 〔집 따위〕를 꼭 닫아 두다. ¶~ *up* a loss 손해를 보상하다 / ~ *up* lost ground 실지를 회복하다. ⑤ …을 채우다, …을 완전하게 하다. ¶~ *up* an amount 일정액을 채우다. ⑥ …을 준비하다, 정돈하다. ⑦ …을 결정하다. ¶~ *up* a treaty 조약을 맺다. ⑧ 〔분쟁 따위〕를 우호적으로 해결하다; 화해하다. ¶~ *up* a difference 분쟁을 해결하다. ⑨ 〔인쇄〕 〔활자·삽화 따위〕를 짜다, 배열하다(arrange). ⑩ 〔열차〕를 연결하다, 편성하다. ⑪ 화장하다, (배역으로) 분장하다 (*as*, *for*), 메이크업하다. ¶~ (oneself) *up for* an old man 노인으로 분장하다. ⑫ 〔계산〕을 청산하다, 조정하다(balance). ¶~ *up* accounts 결산하다. ⑬ 〔보고서〕를 준비하다, 작성하다. ⑭ 〔불합격이 된 과정〕을 재수하다, 〔재[추가]시험〕을 치르다. 「for).
make up for …을 보상하다, 벌충하다(compensate
make up to ① 《구어》 …에 접근하려고 하다, …의 환심을 사려고 하다(fawn on). ¶He was trying to ~ *up to* one or two of the wealthier people. 그는 돈 많은 한두 사람의 환심을 사려고 시도해 왔다. ② …에게 구애하다(flirt with). ③ 〔남〕에게 (…의) 보상을 하다 (*for*). ¶~ *up to* him *for* the loss 그에게 손해를 보상하다.
make with 《美속어》 《보통 「the+명사」와 함께》 ① …을 만들어 내다, 행하다. ¶She *made with* tears. 그녀는 눈물을 흘렸다. ② 〔생각·계획 따위〕를 내다, 제안하다. ¶~ *with* the big ideas 굉장한 아이디어를 내다. ③ …을 사용하다, 써서 하다. ¶~ *with* the knife 칼을 사용하다. 「도 그렇게 생각한다.
That makes two of us. 그건 나도 마찬가지다, 나
what *a person* **is made of** 《구어》 그 사람의 진가[실력]. ¶show *what* he *is made of* 그의 진가를 보여 주다.
—[명][U][C] **1** 만듦새, 구조; 모양, 형(型); 체격. ¶a new ~ of motor 신형(新型)의 모터 / a man of slender ~ 체격이 날씬한 사람. **2** 종류, 형식, 형태. **3** (제작자·제작소 따위를 나타내어) …제(製), …산(産); 제조, 제작;

M

생산량. ¶an automobile of English ~ 영국제 자동차/our own ~ 자가제(自家製). 4 기질, 성격, 성질. ¶a man of this ~ 이러한 성격의 사람. 5 〔전기〕 (회로의) 접속([참] break). ¶at ~ 접속하여. 6 〔카드놀이〕 a) 으뜸패의 선언; 으뜸패로서 선언한 짝패. b) 패를 떼기[뗄 차례]. 7 《美軍속어》 승진, 임명. 8 〔보석〕 (연마된 다이아몬드의) 다듬어진 정도[솜씨](excellence). 9 《美속어》 (경찰이 하는 신원 따위의) 확인; 조회. 10 《美속어》 섹스의 상대; 누구 하고도 자는 여자.

in the make 제작중에; 진행중에.

make and mend (의류의 터진 데를 꿰맬 수 있을 만큼) 한가한 시기(* 선원의 속어에서).

on the make ① 《구어》 《경멸적》 (남을 밀어내면서까지) 성공·승진·이익 따위를 얻는 데 열을 올려, 급급하여. ② 《속어》 《경멸적》 (여자가) 애인을 구하려고 애쓰는; (일반적으로) 이성과의 교섭을 찾아서. ③ 증가하고 있는; 향상[형성] 중인. ¶space science *on the* ~ 발전 도상의 우주 과학.

put the make on 〔여자〕를 구슬리다, 성적으로 유혹하다.

무 줄기로 만든 단장). (또는 **malacca**)

Mal·a·chi [mǽləkài] [명] 1 말라기(헤브라이 예언자). 2 (구약 성서의) 말라기서(書). (또는 **Màlachías**)

mal·a·chite [mǽləkàit] [명][U] 공작석(孔雀石)(녹색의 동광(銅鑛)).

ma·la·cia [məléiʃiə] [명] 1 〔병리〕 (조직 등의) 연화(軟化)(증). 2 향신료 기호(증). 「類; 말미잘.

mal·a·co·derm [mǽləkədə̀rm] [명] 연피류(軟皮

mal·a·col·o·gy [mæ̀ləkálədʒi/-kɔ́l-] [명] 〔동물〕 연체(軟體) 동물학. **-co·lóg·i·cal** [형] **-gist** [명]

mal·a·dapt [mæ̀lədǽpt] [통][타] 〔과학적 발견 따위〕를 잘못 응용하다; 부당하게 이용하다.

mal·ad·ap·ta·tion [mæ̀lædəptéiʃən] [명][U][C] 순응 불량, 부적응. 「않는, 부적합한.

mal·a·dapt·ed [mæ̀lədǽptid] [형] 순응[적응]하지

mal·a·dap·tive [mæ̀lədǽptiv] [형] 순응성[적응성]이 없는[나쁜]. ~·**ly** [부] 「음, 부적응.

mal·ad·dress [mæ̀lədrés] [명] 서투름, 재치가 없

ma·lade ima·gi·naire [*F* malad imaʒinɛːʀ] [명] 꾀 환자라고 믿고 있는 사람. 〔<F〕 「풋내기의.

mal·a·dept [mæ̀lədépt] [형] 서투른, 손재주가 없는;

mal·ad·just·ed [mæ̀lədʒʌ́stid] [형] 조정이 잘못된, 조절이 충분히 되지 않은; 〔심리〕 (환경에) 적응하지 못하는. ¶a ~ child 부적응아.

mal·ad·jus·tive [mæ̀lədʒʌ́stiv] [형] 조정[조절] 불량의; 부적응의.

mal·ad·just·ment [mæ̀lədʒʌ́stmənt] [명][U][C] 조절[조정] 불량; 〔심리〕 (환경에 대한) 부적응, 부조화; (사회·경제 관계의) 불균형.

mal·ad·min·is·ter [mæ̀lədmínistər] [통][타] 〔공사(公事)〕를 그르치다, …을 잘못하다. **-tra·tor** [명]

mal·ad·min·is·tra·tion [mæ̀lədminəstréiʃən] [명][U] 그릇된 처리, 잘못함; 실정, 비정(秕政); 경영 실패.

mal·a·droit [mæ̀lədrɔ́it] [형] 솜씨 없는, 서투른, 어줍은, 어색한(awkward). ~·**ly** [부] ~·**ness** [명]

***mal·a·dy** [mǽlədi] [명] 1 (만성적인) 병, 질병. ⇨ILLNESS [유의어] 2 (사회적) 혼란, 병폐, 폐해.

ma·la fi·de [méilə fáidi] [형][부] 불성실한[하게], 악의의[로]. [참] bona fide 〔<L in bad faith〕

ma·la fi·des [méilə fáidiːz] [명] 불신, 악의, 불성실. [참] bona fides 〔<L bad faith〕

Má·la·ga [mǽləgə] [명] 1 [U] 말라가주(酒)(스페인 남부의 Málaga산(産) 백포도주). 2 말라가 포도.

Mal·a·gas·y [mæ̀ləgǽsi] [명] Madagascar 사람; [U] Madagascar 말. ━[형] Madagascar 사람[말]의.

Malagásy Repúblic [명] (the ~) 말라가시 공화국(Madagascar의 옛 이름).

ma·la·gue·ña [mæ̀ləgéinjə] [명] 말라게냐(스페인의 Málaga 지방에서 생겨난 플라멩고 춤·노래).

ma·laise [mæléiz] [명][U] (병의 징조인) 으스스한 느낌; 기분이 언짢음; (보통 a ~) 불안감, 권태(감); (사회의) 침체. 〔<F〕

Mal·a·mud [mǽləməd, -mʌ̀d] [명] **Bernard** ~ 맬러머드(1914-86: 미국의 소설가).

mal·a·mute [mǽləmjùːt] [명] (때로 M-) 말라뮤트개(알래스카산(産)의 썰매 끄는 개). (또는 **malemute**)

mal·a·pert [mǽləpə̀ːrt] 《고어》 [형][명] 염치없는 (사람), 뻔뻔스러운 (사람). ~·**ly** [부] ~·**ness** [명]

mal·ap·por·tion [mæ̀ləpɔ́ːrʃən] [통][타] (선거구 따위의) 의원 정수를 불균형하게 할당하다.

-tioned [-ʃənd] [형] ~·**ment** [명]

mal·a·prop [mǽləpràp/-prɔ̀p] [명] 착각하여 잘못 쓴[오용된] 말. ━[형] 말을 잘못 짐작하여 오용하는. 〔<R. B. Sheridan의 극 *The Rivals*(1775)에 나오는 노부인 Mrs. Malaprop; 말의 우스꽝스런 오용으로 유명〕

mal·a·prop·i·an [mæ̀ləprápiən/-prɔ́p-] [형] 말을 터무니없이 오용하는; 엉뚱한.

mal·a·prop·ism [mǽləprɑpìzm/-prɔp-] [명][U] (동음어 혼동에 의한) 말의 우스꽝스런 오용; [C] 오용된 말.

-is·tic [형]

mal·ap·ro·pos [mæ̀læprəpóu] [형] 기회가 나쁜, 시의 적절치 않은, 부적절한, 어울리지 않는. ━[부] 시기에 맞지 않게, 부적절하게. ━[명][C] 시기에 맞지[어울리지] 않는 언행. 〔<F〕 「대뼈.

ma·lar [méilər] 〔해부〕 [형] 뺨의, 광대뼈의. ━[명] 광

***ma·lar·i·a** [məlέəriə] [명][U] 1 〔병리〕 말라리아. 2 《고어》 (습지에서 나는) 독기, 장기(瘴氣).

-al [-əl] [형][명] 말라리아의[환자]. **-an, -i·ous** [형]

ma·lar·key [məlάːrki] [명] 《구어》 과장[허황]된 이야기, 거짓말, 허튼소리. (또는 **mala(r)ky, mullarkey**)

mal·as·sim·i·la·tion [mæ̀ləsiməléiʃən] [명] 〔병리〕 동화(同化)[영양] 불량.

Mal·a·thi·on [mæ̀ləθáiən/-ɔn] [명] 《상표》 말라티온(액체 살충제).

Ma·la·wi [məlάːwi] [명] 말라위(아프리카 동남부의 공화국; 수도 Zomba). 「말라위(사람)의.

Ma·la·wi·an [məlάːwiən] [명] 말라위 사람. ━[형]

Ma·lay [méilei/məléi] [형] 말레이인(人)[어(語)]의; 말레이 반도의. ━[명] 말레이 사람; [U] 말레이어.

Ma·lay·a [məléiə] [명] 1 말레이 반도(the Malay Peninsula). 2 **the States of the Federation of** ~ 말라야 연방(현재는 말레이시아에 통합).

Mal·a·ya·lam [mæ̀ləjάːləm/-liάː-] [명][U] 말라얄람어(語)(인도의 서남단 Malabar 해안 지방의 언어).

Ma·lay·an [məléiən] [형][명] =Malay.

Málay Archipélago [명] (the ~) 말레이 군도.

Málay béar [명] 말레이 곰.

Málay fówl [명] (말레이 원산의) 큰 닭.

Ma·lay·o-Pol·y·ne·sian [məléioupɑ̀ləníːʒən, -ʃən] [명][형] 말레이폴리네시아인(의), 말레이폴리네시아어족(語族)(의). 「**Malaya**)

Málay Península [명] (the ~) 말레이 반도. (또는

Ma·lay·sia [məléiʒə, -ʃə/-ziə] [명] 1 말레이시아(수도 Kuala Lumpur). 2 말레이 군도.

Ma·lay·sian [məléiʒən, -ʃən/-ziən] [명] 말레이시아 사람; 말레이 군도 주민. ━[형] 말레이시아(사람)의, 말레이 군도(주민)의. 「권 운동 지도자).

Mal·colm X [명] 맬컴 엑스(1925-65: 미국의 흑인 민

mal·con·for·ma·tion [mæ̀lkɑnfɔːrméiʃən] [명][U] 불완전[이상]한 형태, 보기 흉한 꼴, 추한 모양.

mal·con·tent [mæ̀lkəntént] [형] 《경멸적》 만족스럽지 못한; (현상·정치에) 불평을 품는, 반항적인(*with*). ━[명] 불평가; (현실 정치에 대한) 반항자, 선동자; 반주류파.

mal·con·tent·ed [mælkəntént̬id] 형 =malcontent. ~·ly 튀 ~·ness 명
M.A.L.D. *Master of Arts in Law and Diplomacy.*
mal de mer [mǽl də méər] 명 뱃멀미. 〔<F〕
mal·dis·tri·bu·tion [mæ̀ldistrəbjúːʃən] 명 불균형 분배[배분], 편재(偏在). **-trib·ut·ed** 형
Mal·dives [mɔ́ːldiːvz] 명복 (the ~) 몰디브(인도양상의 Maldive 군도(the Maldive Islands)로 된 공화국; 수도 Malé). **-dív·i·an** 형명
mal du pa·ys [F mal dy pɛi] 명 향수병(鄕愁病). 〔<F homesickness〕
mal du siè·cle [F mal dy sjɛkl] 명 세기병, 권태(감), 염세 (기분). 〔<F sickness of the age〕
‡**male** [meil] (↔ **female**) 형 **1** 남성[남자]의; 수컷의. ¶ a ~ animal 동물의 수컷 / ~ hormone 남성 호르몬.

> 유의어 **male** 동·식물에 함께 쓰며, 다만 성(性)이 「남자 또는 수컷의」. **masculine** 성질·특색이 남성적인. **manly** 성인 남자의 소망스러운 특징에 쓰이는 말. **manful** 아주 남자다운; 특히 불굴·단호함 따위의 특징을 나타낸다. **manlike** 특히 masculine의 성질·특색에 쓰이는 말. **mannish** 여성의 남자 같은 복장이나 태도에 쓰이는 말. **virile** 성인 남자의 적극성·억셈·생식 능력 따위에 쓰이는 말.

2 남성 특유의, 남성다운, 남자다운; 억센. ¶ ~ vigor [courage] 남자다운 원기[용기]. **3** 남성만의 것으로 이루어진. ¶ a ~ choir 남성 성가대. **4** 〔식물〕 웅성(雄性)의; 수술만 있는; 〔기계〕 웅부(雄部)의. ¶ a ~ flower 수꽃 / a ~ screw 수나사. 〔튀〕 〔웃〕 **~s** [-z] 1 남(男), 남자, 남성; 동물의 수컷. **2** 〔식물〕 웅성 식물. **~·ness** 명
Ma·lé [máːlei, -li] 명 말레(Maldives의 수도).
mal·e- [mǽlə] 〔연결〕 evil의 뜻의 명사를 만든다. ¶ *male*diction.
málé álto 명 =COUNTERTENOR. 〔대〕
mále bónding 명 남자의 우정, 남자끼리의 단결[유대].
mále cháuvinism 명 남성 우월[남존 여비]주의.
mále cháuvinist 명 남성 우월[남존 여비]주의자.
mále cháuvinist píg 명 〔익살〕 〔경멸적〕 남성 우월[남존 여비]주의자(략 MCP).
mal·e·dict [mǽlədìkt] 〔문어〕 형 저주받은. —타 저주하다.
mal·e·dic·tion [mæ̀lədíkʃən] 명 저주(curse)(↔ benediction); 욕, 험담, 중상(slander). **-tive** 형
mal·e·dic·to·ry [mæ̀lədíktəri] 형 저주의, 저주하는; 험담의. 〔못된 짓〕
mal·e·fac·tion [mæ̀ləfǽkʃən] 명UC 범죄, 비행.
mal·e·fac·tor [mǽləfæ̀ktər] 명 범인, 범죄자; 악인.
mal·e·fac·tress [mǽləfæ̀ktris] 명 여자 범죄자[범인], 악녀.
mále férn 명 면마, 관중(양치류의 일종; 그 뿌리줄기는 구충제).
ma·lef·ic [məléfik] 형 〔요술 따위가〕 화[재앙]를 불러오는, 유해한; 악의 있는, 마음씨 나쁜. 〔점성〕 흉성(凶星).
ma·lef·i·cence [məléfəsəns] 명UC 나쁜 짓, 악행; 유해. ↔ beneficence
ma·lef·i·cent [məléfəsənt] 형 (문어) (…에) 해가 되는, 유해한 (to); (한정용법) 범죄적인, 나쁜 일을 범하는. ↔ beneficent
ma·lé·ic ácid [məliːik-] 명 〔화학〕 말레산(酸)(합성수지·염료 원료).
mále ménopause 명 남성 갱년기.
mal·e·mute [mǽləmjùːt] 명 (때로 M-) = MALAMUTE. (또는 **malemiut**)
Ma·len·kov [məlénkɔːf, -kɔ̀v] 명 **Georgy M. ~** 말렌코프(1902-88: 옛 소련의 정치가; 수상(1953-55)).
mále páttern báldness 명 〔병리〕 남성형 대머리.

male·ster·ile [-stérl/-stérail] 명 〔생리〕 남성 불임(증)의.
ma·lev·o·lence [məlévələns] 명U 악의, 해치려는 마음, 적의(ill will). ↔ benevolence ⇒ MALICE 유의어
ma·lev·o·lent [məlévələnt] 형 **1** (…에) 악의[적의]를 가진 (to, toward); ↔ benevolent. **2** 사악한, 해악을 끼치는, 유해한. ¶ a ~ spirit 악령. **3** 〔점성〕 불길한. ~·ly 튀
mal·fea·sance [mælfíːzns] 명UC 〔법률〕 불법 행위, (공무원의) 위법[부정] 행위(misconduct).
mal·fea·sant [mælfíːznt] 형 위법의, 불법의(illegal). 명 위법 행위자, 범죄자(criminal).
mal·for·ma·tion [mæ̀lfɔːrméiʃən] 명UC 〔생물체의〕 불구, 기형(奇形).
mal·formed [mælfɔ́ːrmd] 형 잘못 만들어진; 흉하게 생긴, 기형의.
mal·func·tion [mælfʌ́ŋkʃən] 명 **1** UC (기계 따위의) 부조(不調), (기관(器官) 따위가) 기능 부전. **2** 〔컴퓨터〕 오작동(誤作動). —자 (기계·장치 따위가) 제대로 움직이지 않다; (기관 따위가) 기능을 발휘하지 않다, 제대로 기능하지 않다. **~·ing** 명
Ma·li [máːli] 명 말리(아프리카 서부의 공화국; 수도 Bamako). **~·an** 형명
Mal·i·bu [mǽləbùː] 명 말리부(미국 Los Angeles 서쪽의 해변 휴양지; surfer의 메카).
Málibu bòard 명 (때로 m- b-) 말리부 보드(약 2.7m의 유선형 서프 보드).
mal·ic [mǽlik, méil-] 형 **1** 사과의, 사과에서 채취한. **2** 〔화학〕 사과산(malic acid)의, 사과산에서 유도된.
málic ácid 명 〔화학〕 사과산(酸), 말산.
‡**mal·ice** [mǽlis] 명UC **1** (철저히 비열한) 악의, 적의(敵意), 해치려는 마음, 원한. **2** 〔법률〕 범의(犯意).
bear malice to [or **toward, against**] *a person* 남에게 악의[원한]를 품다.
out of malice 악의가 있어서, 악의로.

> 유의어 **malice** 타인의 고통을 기뻐하는 뿌리깊은 악의; 가벼운 장난기를 나타내는 수도 있다. **ill will** 종종 특별한 이유도 없이 남[사물]에게 품는 나쁜 감정. **malevolence** 마음 속에 품게 있는 악의. **malignity, malignancy** 마음 속 깊이 뿌리박혀 배출구를 찾고 있는 강렬한 malevolence. **grudge** 남에게서 부당한 취급을 받았거나 생각하여 앙갚음을 노리는 마음. **rancor** 오랫동안 마음을 병들게 한 지울 수 없는 증오·적의. **spite** 사소한 행위에 나타나는 원망·샘 따위의 도량이 없는 악감.

málice aforethóught [prepénse] 명 〔법률〕 미리 계획된 살의(殺意), 예모(豫謀), 계획적 범의.
*****ma·li·cious** [məlíʃəs] 형 **1** 악의[적의]가 있는, 심술궂은. **2** (법률) 악의적인 동기에서 나온, 고의적인. (제포 등이) 부당한. ~·ly 튀 ~·ness 명 〔죄〕
malícious míschief 명 〔법률〕 고의의 기물 손괴
malícious wòunding 명 〔영법률〕 폭력범죄.
ma·lign [məláin] 명타 (남을) 나쁘게 말하다, 헐뜯다, 중상하다; …을 속이다. — 형 **1** 악영향을 끼치는, 유독[유해]한; (사람의) 악의가 있는. **2** (질병이) 악성의. ~·er 명 ~·ly 튀 악의[적의]에 차서, 괘씸하게.
ma·lig·nance [məlígnəns] 명 =MALIGNANCY.
ma·lig·nan·cy [məlígnənsi] 명 (pl. **-cies**) 심한 악의, 심술, 악감. ⇒ MALICE 유의어 **2** 유해, 악영향. **3** (-cies) 〔병리〕 불치, 악성; 악성 종양 (↔ benignancy). **1, 2에서 malignance**).
*****ma·lig·nant** [məlígnənt] 형 **1** 악의에 찬, 적의가 있는, 지독히 심술궂은. ¶ a ~ destiny 짓궂은 운명. **2** 아주 위험한, 불길한; 지극히 유해한. **3** 〔병리〕 악성의, 불치의 (↔ benign). **4** (고어) 반항적인. **5** 〔영사사〕 왕당(王黨)의. — 명 **1** (고어) =MALCONTENT. **2** 〔영사사〕 (Charles 1세를 지지하는) 왕당파. ~·ly 튀

malignant melanóma 图 〔병리〕 악성 흑색종(腫)(피부암의 일종).
malignant pústule 图 〔병리〕 악성 농포(膿疱).
malignant túmor 图 〔병리〕 악성 종양.
ma·líg·ni·ty [məlígnəti] 图 **1** ⓤ 악의, 적의(⇨ MALICE 유의어); 격심한 증오, 원한. **2** (종종 -ties) 악의에 찬 감정[언동]; 불상사. **3** ⓤ 〔병리〕 악성(malignancy); (병의) 불치(virulence). 〔사람. 〔<Hawaiian〕
ma·li·hi·ni [mɑ̀:lihí:ni] 图 (圈 ~s) 새로 온(오는)
ma·line [məlí:n/mæ-] 图 (종종 M-) =malines 1.
ma·lines [məlí:n/mæ-] 图 (종종 M-) **1** ⓤ 말린(벨기에의 Malines産(산)의 얇고 단단한 실크 망사). **2** = Mechlin lace. 〔<F〕
ma·lin·ger [məlíŋɡər] 图자 (진행형으로) (사병 등이) 꾀병을 부리다[앓다]. **~·er** 图 **~·y** 图 꾀병.
ma·lism [méilizm] 图ⓤ **1** 현세 악세설(惡世說). **2** (美) 남성(존중)주의, 남권(男權) 신장주의.
mál·i·son [mǽləzn, -sn] 图 〔古語〕 저주(curse).
mall[1] [mɔːl/mæl] 图 **1** 몰. **1** 나무 그늘이 진 산책로, 양쪽에 나무가 늘어선 길. **2** (美) (산책로형) 상점가, 쇼핑몰. **3** (美) (고속 도로의) 중앙 분리대. **4** ⓤ 팰맬 구희(球戲)(pall-~); ⓒ 팰맬 구희장, 팰맬용 타구봉. **5** (the M-) 런던 St. James 공원의 산책길. **6** (the M-) Washington D.C.의 국회 의사당에서 워싱턴 기념탑까지의 대(大)녹지대.
mall[2] 图 =maul. 〔컷; ⓤ 그 고기.
mal·lard [mǽlərd] 图 (圈 ~(s)) 청둥오리; 그 수
Mal·lar·mé [mæ̀lɑːrméi] 图 **Stéphane ~** 말라르메(1842–98: 프랑스의 상징파 시인).
máll cràwler (美속어) =mallie.
mal·le·a·ble [mǽliəbl] 图 **1** (야금) (금속이) 두들겨 펼 수 있는, 가단성의. **2** 순응성이 있는, 유순한 **-a·bíl·i·ty**, **~·ness** 图 **-bly** 图 〔tractable〕.
málleable cást íron 〔야금〕 가단(可鍛) 주철.
málleable íron **1** =malleable cast iron. **2** = wrought iron. 〔망치질하여 만들다.
mal·le·ate [mǽlièit] 图탸 …을 망치로 두들기다.
mal·lee [mǽli] 图 (濠) **1** (남오스트레일리아산(産)) 작은 유칼리나무의 총칭. **2** 작은 유칼리나무로 뒤덮인 지역. **3** 사람이 살지 않는 오지. 〔복사뼈.
mal·le·o·lus [məlíːələs] 图 (圈 -li [-lài]) 〔해부〕 (중
mal·let [mǽlit] 图 **1** 나무 망치; (croquet나 polo 의) 타구봉; 타악기용 채. **2** (엔진이 2기인) 증기 기관차. **3** (俗) 경찰(관), 형사. 〔<F〕
mal·le·us [mǽliəs] 图 (圈 -le·i [-lìai]) 〔해부〕 (중이(中耳)의) 추골(槌骨).
mal·lie [mɔ́ːli] 图 (美속어) 쇼핑몰에 모여드는[을 어슬렁거리는] 젊은이[10대 소녀]. 〔배회하기.
mall·ing [mɔ́ːliŋ] 图 쇼핑몰의 과밀화[포화]; 쇼핑몰
mal·low [mǽlou] 图 아욱과(科)의 식물; 당아욱.
máll rát (美속어) =mallie.
mall·scape [mɔ́ːlskèip/mǽl-] 图 쇼핑몰 풍경.
máll wálking 图 (구어) (운동 삼아 빠른 걸음으로) 쇼핑몰 안을 걷기.
malm [mɑːm] 图ⓤ 부드러운 백악암(白堊岩)(토(土)).
Mal·mai·son [mæ̀lmɑzɔ́ːŋ/mæ̀lméizɔːn] 图 말메종. **1** (식물) 온실 재배 카네이션의 일종. **2** Paris 교외의 성; 나폴레옹과 조세핀 왕비가 거주. 〔주).
malm·sey [mɑ́ːmzi] 图 마므지(독하고 단 백포도
mal·nour·ished [mælnɔ́ːriʃt/-nʎr-] 图 영양 불량(실조)의. 〔양 불량[실조, 장애].
mal·nu·tri·tion [mæ̀lnjuːtríʃən/-nju:-] 图ⓤ 영
mal·oc·clu·sion [mæ̀ləklúːʒən] 图 〔치과〕 (윗니와 아랫니의) 부정 교합(不正咬合). **-clúd·ed** 图
mal·o·dor [mælóudər] 图ⓤ 악취(stench). 〔것〕
mal·o·dor·ant [mælóudərənt] 图 악취가 나는
mal·o·dor·ous [mælóudərəs] 图 악취를 풍기는; (법적·도덕적으로) 적절하지 않은, 용납되지 않는; 부정한. **~·ly** 图 **~·ness** 图

ma·lo·lac·tic [mæ̀louléktik, mèi-] 图 〔양조〕 (포도주의 사과산이) 유산으로 변화하는, 그 변화에 관한.
Mal·pigh·i·an láyer 〔해부〕 말피기층(層), 배아층(胚芽層). 〔<이탈리아의 해부학자 Marcello Malpighi(1628–94)〕
Malpíghian túbe [túbule, véssel] 〔동물〕 말피기관(管)(곤충의 배설 기관).
mal·po·si·tion [mæ̀lpəzíʃən] 图ⓤ 위치 비정상; 〔병리〕 (기관·태아 따위의) 위치 이상, 변위(變位).
mal·prac·tice [mæ̀lprǽktis] 图ⓤⓒ **1** (법률) 직무상 과실, 배임(부정, 위법) 행위. **2** (의사의) 진료 태만, 부정 치료; 의료 과오; 오용.
malpráctice insúrance 图 의료 과오 보험.
malpráctice sùit 图 의료 과오 소송.
mal·prac·ti·tion·er [mæ̀lpræktíʃənər] 图 배임[위법, 부정] 행위를 하는 사람; 부정 요법을 쓰는 의사.
Mal·raux [mǽlrou/F malRo] 图 **André ~** 말로(1901–76: 프랑스의 소설가·비평가).
Mal$ Malaysian dollar(s). **M.A.L.S.** Master of Arts in Liberal Studies[Library Science].
*****malt** [mɔːlt] 图ⓤ **1** (양조용) 엿기름, 맥아, 몰트. **2** 맥아주; 맥주, 에일; 위스키. **3** (美구어) =malted milk. ―图타 **1** 〔보리 따위〕를 엿기름으로 만들다. **2** …에 엿기름[맥아]을 섞다. **3** 〔술〕을 엿기름[맥아]으로 빚다. ―图자 엿기름이 되다; 엿기름을 만들다. ―图 (한정용법) 맥아[를 함유한, 로 만든].
MALT Master of Arts in Language Teaching.
Mal·ta [mɔ́ːltə] 图 **1** 몰타섬(島). **2** 몰타(지중해의 섬나라; 수도 Valletta). 〔cellosis〕.
Málta féver 图 〔병리〕 몰타열, 파상열(波狀熱)(bru-
malt·ase [mɔ́ːlteis] 图ⓤ 〔생화학〕 말타아제(맥아당을 포도당으로 분해시키는 효소).
malt·dust [mɔ́ːltdʎst] 图 엿기름 지게미.
malt·ed [mɔ́ːltid] 图 = ~ milk.
málted mílk 图 (美) 몰트 밀크, 맥아유(우유·아이스크림에 가루로 만드는 단 음료).
Mal·tese [mɔːltíːz] 图 몰타의, 몰타인[어]의. ¶~ Islands 몰타섬. ―图 (圈 ~) 몰타인; ⓤ 몰타어.
Máltese cát 图 몰타 고양이(푸른 잿빛깔의 고양이).
Máltese cróss 图 몰타 십자가(십자가의 일종).
Máltese dóg [térrier] 图 몰타견(犬)(몰타섬 원산의 소형 개).
málta éxtract 图 맥아 엑스. 〔의 소형 개).
mal·tha [mǽlθə] 图 말사. **1** 천연 아스팔트의 일종; 천연 탄화수소 혼합물. **2** 광물 타르.
malt·house [mɔ́ːlthàus] 图 맥아 제조소.
Mal·thus [mǽlθəs] 图 **Thomas Robert ~** 맬서스(1766–1834: 영국의 목사·경제학자).
Mal·thu·sian [mælθúːʒən] 图 Malthus의; 맬서스주의의. ―图 맬서스주의자.
~·ism 图ⓤ 맬서스 학설, 맬서스의 인구론.
Malthúsian paraméter 图 〔생태〕 맬서스 계수.
malt·ing [mɔ́ːltiŋ] 图 맥아 제조 (과정); 맥아 제조소.
malt·kiln [-kiln] 图 엿기름 건조용 가마. 〔소.
mált líquor 图 맥아주(beer, stout 따위).
malt·man [mɔ́ːltmən] 图 맥아 제조업자.
malt·ose [mɔ́ːltous] 图ⓤ 〔화학〕 말토오스, 맥아당.
mal·treat [mæltríːt] 图타 …을 거칠게 다루다, 혹사하다, 학대하다(abuse). **~·er**, **~·ment** 图 〔가게〕.
*****mált shòp** 图 몰트 숍(맥아유·아이스크림 등을 파는
malt·ster [mɔ́ːltstər] 图 맥아 제조[판매]인.
mált sùgar 图 =maltose.
mált whiskey 图 몰트 위스키.
malt·worm [mɔ́ːltwə̀ːrm] 图 〔古語〕 대주가(大酒家).
malt·y [mɔ́ːlti] 图 (-i·er; -i·est) 엿기름의; 맥아와 같은, 맥아를 함유하는. **2** 애주가인. **márt·i·ness** 图
mal·va·ceous [mælvéiʃəs] 图 아욱과(科)의.
mal·ver·sa·tion [mæ̀lvərséiʃən] 图ⓤ 〔관

mam [mæm] 명 《구어·어린이말》 =mamma¹.
***ma·ma** [máːmə, məmáː] 명 《구어》=mamma¹.
ma-ma-and-pa-pa [-ənpáːpə] 명 =mom-and-
máma béar 《미국속어》 여자 경찰관. — 명 《pop.》
máma's bòy 명 어머니 품을 벗어나지 못하는 아이, 의뢰심이 많은[과보호된] 사내아이, 마마보이. (또는 **mómma's[móther's] bòy**)
mam·ba [máːmbɑː] 명 맘바(남아프리카산의 독사).
mam·bo [máːmbou] 명 (복 ~s) 맘보(4 박자의 춤; 그 음악). —명자 맘보를 추다. 〖원구(圓丘)〗
mam·e·lon [mǽmələn] 명 유방 모양의 작은 언덕.
Mam·e·luk(e) [mǽməluːk] 명 1 〖역사〗 맘루크 노예 군인. 2 맘루크 왕조(이집트의 노예 군인 출신이 세운 이슬람 왕조(1250-1517)). 3 (m-) 〖회교국의〗 백인 노예. (또는 **Mámluk, Mámaluke**)
Ma·mie [méimi] 명 메이미(여자 이름; Mary의 별칭).
‡**mam·ma**¹ [máːmə, məmáː] 명 1 《구어》 마마, 엄마《papa》 2 《미국속어》 육감적인 여성, 글래머 걸.
mam·ma² [mǽmə] 명 (복 **-mae** [-miː]) 1 〖해부〗 유방, 젖통. 2 〖기상〗 유방운(雲).
*****mam·mal** [mǽməl] 명 포유 동물. **~-like** 형
Mam·ma·li·a [məmǽiliə, -ljə] 명 포유류.
mam·ma·li·an [məmǽiliən, -ljən] 명 포유류의. —명 포유 동물. **-mál·i·ty** 명
mam·ma·lif·er·ous [mæmǽlifərəs] 형 〖지질〗 (지층이) 포유 동물의 화석을 포함한.
mam·mal·o·gy [mǽmǽlədʒi] 명① 포유 동물학. **-gist** 명 **màm·ma·lóg·i·cal** 형 …의.
mam·ma·ry [mǽməri] 명 〖해부〗 유방의; 유방 모.
mámmary glánd 〖해부〗 젖샘, 유선(乳腺).
mam·mec·to·my [məmǽktəmi] 명 〖외과〗 = mastectomy.
mam·mée (ápple) [mɑːméi-, -míː-] 명 마미(열대 아메리카산(産) 금사도과(科)의 교목; 그 열매). (또는 **ma(m)méy, má·mie**)
mam·mif·er·ous [mæmífərəs] 명 유방이 있는; 포유류의 (에 속하는)(mammalian). 〖요의〗
mam·mi·form [mǽməfɔːrm] 명 유방〖젖꼭지〗 모양의.
mam·mil·la [mæmílə] 명 (복 **-lae** [-liː]) 〖해부〗 젖꼭지, 유두; 유두상(乳頭狀) 돌기(突起)〖기관〗.
mam·mil·late [mǽmələt] 명 유두가 있는, 유두 돌기〖기관〗이 있는. (또는 **mammillated**) **-lá·tion** 명
mam·mock [mǽmək] 《영방언》 명 조각, 단편. —명타 …을 산산조각으로 자르다, 토막내다, 분쇄하다.
mam·mo·gram [mǽməgræm] 명① 유방〖유선〗 촬영 사진(유선 조영(造影)에 의한 X선 사진).
mam·mo·graph [mǽməgræf/-grɑːf] 명 = mammogram. —명타 …의 유방 조영 사진을 찍다.
mam·mog·ra·phy [məmɑ́grəfi/-mɔ́g-] 명① 유방 X선 조영법. **-mo·gráph·ic** 형
mam·mon [mǽmən] 명 1 ① 《성서》 (죄악의 근원으로서의) 부(富), 재물, 금전(←누가 복음(Luke) 16:9). 2 (M-) 마몬신, 부[탐욕]의 신.
mam·mon·ish [mǽməniʃ] 명 부(富)의, 재물의; 배금(拜金)주의의, 황금 만능주의의.
mam·mon·ism [mǽmənìzm] 명① 배금주의. **-ist, -ite** 명 배금주의자. **-ís·tic** 명
mam·ma·plas·ty [mǽməplæ̀sti] 명 〖외과〗 유방 성형(술). (또는 **mammaplasty**)
***mam·moth** [mǽməθ] 명 1 〖고생물〗 매머드(홍적세(洪積世)의 거상(巨象)). 2 거한(巨漢). — 명 거대한 (gigantic). ¶a ~ tanker 초대형 유조선.
Mám·moth Cáve [mǽməθ-] 매머드 동굴(미국 Kentucky주에 있는 석회암 동굴).
***mam·my** [mǽmi] 명 1 《구어》 =mamma¹. 2 《미국부》 《경별》 (백인 가정의) 흑인 유모. (또는 **mammie**)
mámmy chàir 명 《속어》 《해사》 (정박중인 선박과

보트 사이에) 손님을 나르는 데 쓰는 바구니 의자.
mámmy clòth 명 (아프리카 흑인이 몸에 두르는) 색깔이 화려한 무명천. 「는 여자.
mámmy tràder 명 《아프리카》 시장에서 장사하
mámmy wàgon [lòrry, bùs] 《아프리카의》 사람·짐 운반용) 소형 승합자(트럭).
mam·pa·ra [mɑːmpɑ́ːrə] 명 《남아프리카 구어》 바보, 재주 없는 사람[흑인]. (또는 **mompara**)
mam·zer [mǽmzər/mɔ́m-] 명 (복 **~s, -ze·rim**) 1 사생아, 서자(유대교에서 금지하는 결혼에서 태어난 아이). 2 (=) =rascal. (또는 **momser, momza, momzer**) [<Yid]

‡**man** [mæn] 명 (복 **men** [men]) 1 a) ① 《무관사 단수; 집합적》 사나이, 남자(« woman). ¶~ and woman 남녀 / *M*- differs from woman in many respects. 남성은 여러 면에서 여성과 다르다. b) 성년 남자, 어른(« boy). ¶ grow into a ~ 성인이 되다 / *The child is father of the ~*. 아이는 어른의 아버지 (←Wordsworth작 *My heart leaps up*).
2 ① 《동물 분류학상의》 사람, 인간(Homo sapiens); (특정 시대의) 인간, (선사시대의) 인간, 원인(原人). ¶ prehistoric ~ 선사시대 인간/Peking ~ 북경(北京) 원인.
3 (때로 M-) ① 《무관사 단수; 집합적》 인간, 인류, 사람. ¶ *M*- is the lord of the creation. 인간은 만물의 영장이다 / *M*- is mortal. 사람은 죽게 마련이다 / *M-shall not live by bread alone.* 사람은 빵으로만 살 것이 아니오(←마태 복음(Matt.) 4 : 4).
4 (성별에 관계 없이 불특정의) 사람(one, person); (구어) (a ~) (일반적으로) 사람. ¶ any ~ 누구든지/some ~ 어떤 사람/some men 몇몇 사람/an average ~ 보통 사람/a learned ~ 학자/a ~ of good birth 가문이 좋은 사람/a ~ of ability 〖culture〗교양〗이 있는 사람/He is not a ~ to tell a lie. 그는 거짓말할 사람이 아니다/*So many men, so many minds.* 《속담》 십인십색(十人十色).
5 (one's ~) 남편; 《구어》 애인(남자), 약혼남, 그이; 《속어》 남자 친구, 짝. ¶ ~ and wife 부부.
6 (주로 복) 머슴, 하인, 시종; (men) (공장 등의) 종업원, 노동자; (one's men) 부하, 아랫사람. ¶ an odd ~ 임시 고용인 / *Like master, like* ~. 《속담》 그 주인에 그 하인. 7 (men) 병사, 사병, 하사관. ¶ officers and men 장교와 병사, 장병. 8 (팀의) 선수, 멤버; (대학의) 남학생; …(대학) 출신자. ¶ a Harvard ~ 하버드 대학생[출신자]. 9 (one's ~) 대리인, 외교 사절; 정보원(源); 특파원, 주재원, 첩보원. ¶ Our ~ in New York 우리 회사의 뉴욕 주재원. 10 지지자, 신봉자; 애호가, 전문가. ¶ a classics ~ 클래식 애호가〖팬〗. 11 사나이다운 사나이, 대장부. ¶ Bear it like a ~. 사나이답게 참아라. 12 자네, 여보게, 이봐 (※ 경멸·초조·친밀감 등을 나타내어 부르는 말). →[] ¶ *My* ~ (손아랫사람에게) 이봐, 자네 / my little ~ 얘야, 아가야 / Come, ~, we must go. 이 사람아, 빨리 가자구. 13 (the ~) 제격인 사람, 적격자. ¶ the right ~ in the right place 적재적소/ You are just the ~ to do it. 너는 그 일에 적격자다. 14 (one's ~, a person's ~) 상대자, (…이) 바라는 사람. ¶ Let him choose his weapons, and I'm the ~. 그가 원하는 무기를 고르게 해라, 내가 상대해 주지. 15 (서양 장기 파위의) 말. 16 〖역사〗 (봉건 시대의) 신하, 봉신(封臣). 17 1달러. 18 (복합어로) 배(ship). ¶ a ~-of-war 군함. 19 (the M-) 《미국속어》 (조직의) 중요 인물, 두목, 우두머리; (흑인의 입장에서) 백인 (사회), 경찰.

(all) to a man 한 사람도 빠짐없이, 전원, 만장일치로.
a man about town =man-about-town.
a man and a brother 동료, 동포, 대등한 사람.
a man for breakfast 《미국속어》 (조간 신문에 실린 전날 밤의) 살인 기사, 살인.
a man of affairs 실무가, 사무가.

a man of God ⇨GOD.
a man of his word 약속을 지키는 사람.
a man of letters 문인, 저술가, 학자.
a man of men 사나이 중의 사나이.
a man of straw =straw man.
a man of the cloth 성직자, 목사.
a man of the hour 뉴스[초점]의 인물.
a man of the world 세상 물정에 밝은 사람.
a man of wax 약해서 믿을 수 없는 남자.
a man on horseback (군벌의) 실력자, 군의 독재자.
a man's man (여성보다) 남성에게 더 인기있는 남자.
as a man ① 한 인간으로서, 일개 남자로서. ② =*as one man*. 「개인으로서, 1대 1로.
(as) man to man ① 솔직히, 기탄없이. ② 개인 대
as one man 일치해서, 다 함께; 일제히. 「다.
be a man (종종 명령형으로) 남자답게[당당하게] 굴
be man enough …에 충분한 용기[능력]이 있다.
be one's own man ① 독립해 있다, 남의 지배를 받지 않다. ② (기개가) 꿋꿋하다.
between man and man 남자 사이에, 남자 대 남자로서, 남자끼리.
every last man 누구든지 다.
every man for himself (남에게 의지하지 않고) 자신의 몸을 지키지 않으면 안되는 혼란 상태.
feel one's own man (구어) 기분이 좋다.
go out and see a man (英속어) 한잔하다.
have to see a man about a dog [or *horse*] 잠깐 다녀오다(화장실에 간다든지 자리를 뜰 때의 말).
hit [or *kick*] *a man when he's down* 이미 쓰러진[재기 불능이 된] 사람에게 재차 타격을 가하다.
like a man 사나이답게, 당당하게.
make a person a man; make a man (out) of a person 남을 훌륭한 사나이로 만들다.
Man alive! (구어) (초조하거나 참을 수 없을 때) 이봐, 자네.
man and boy 어릴 때부터 쭉, 평생.
man for man 한 사람 한 사람을 비교하면.
man in the boat (美흑인 속어) 클리토리스.
man to man 개인 대 개인으로; 솔직히.
my man ① (美속어) 마약을 사[나누어] 주는 사람. ② (흑인) 형제, 친구.
one's wife's man 엄처시하의 남편, 공처가.
play the man =*be a man*.
separate [or *tell*, *sort out*] *the men from the boys* (구어) 진짜 용기[역량]있는 사람을 가려내다.
the low man on the totem pole 신분이 가장 낮은 사람, 최하 말단.
the man in the moon ⇨MOON.
the man in [or (美) *on*] *the street* ⇨STREET.
the man of the house [or *family*] 가장, 세대주.
the man of the match 시합의 최고 수훈 선수.
the man upstairs (속어) 신, 귀신.
the outer man 육체; 외관, 풍채.
to a man; to the last man 한 사람도 남김없이; 만장일치로.
── 타 (~s [-z]; -*nn*-) **1** …에 사람을 배치하다, 승무원으로 근무케 하다(*up*). ¶ ~ a ship 배에 승무원을 배치하다 / ~ a fort 요새에 병사들을 배치하다. **2** …의 위치에 자리잡다, …을 조작하다. ¶ *M*- the guns! 사격 준비! **3** (재귀용법) …을 힘내게 하다, 격려하다, 기운을 내게 하다. **4** (매 따위를) 길들이다.
man it out 사나이답게 해내다, 훌륭히 행동하다.
man oneself 용기를 내다, 분발하다.
── 감 (美속어) 와아, 어럽쇼! 저런!; 이 사람아, 이봐 (* 주의를 끌든가 놀라움을 강조할 때 사용). ¶ Go, ~, go. 좋아, 이 사람아, 좀더 힘내! ⇨ 감 12.
~・**ness** 명

Man [mæn] 명 **the Isle of ~** 맨섬(島)(아일랜드해에 있는 영국 보호령). (또는 **Mona**)

man. management; manual; manufacture(r).
Man. Manila (paper); Manitoba.
-man¹ [mən, mæn] 연결 **1** 「…나라 사람, …에 사는 사람」의 뜻. ¶ Frenchman, countryman. **2** 「…을 직업으로 하는 사람」의 뜻. ¶ clergyman, dustman, laundryman, mailman. 「chantman.
-man² [-mən] 연결 ship의 뜻. ¶ Indiaman, mer-
ma・na [má:nə] 명 **1** 마나(자연계에 내재(內在)하며 그곳에서 발현하여 우주의 질서를 유지하는 초자연력). **2** 위신, 권력, 권위. 〔<Polynesian〕
MANA *Malawi News Agency*(말라위 통신).
man-a-bout-town [ǝbàuttáun] 명 (複 **men-** [mén-]) 한량[건달], 플레이보이.
man・a・cle [mǽnəkl] 명 (~s) **1** 수갑, 쇠고랑. **2** (비유적) 구속, 속박. ── 타 **1** …에 수갑을 채우다, 쇠고랑을 채우다. **2** …을 구속하다, 속박하다.
‡**man・age** [mǽnidʒ] 동 (*-ag・es* [-iz]; *~d*; *-ag・ing*) 타 **1** …을 잘 해내다, 애를 써서 …하다, 어떻게든 …하다; (비유어) 감쪽같이 …하다, 본의 아니게 …하다. ¶ I'll ~ it somehow. 어떻게든 해보겠습니다 // (~+*to* do) He ~d *to* be in time. 그는 용케 그 시간에 댔다 / He ~d *to* fail in the examination. 그는 본의 아니게 시험에서 떨어졌다. **2** …을 경영[관리]하다, 단속하다, 지배하다. ¶ ~ a business 상사(商社)를 경영하다 / ~ a household 집안살림을 꾸려나가다. **3** (남)을 마음대로 부리다, 다루다. ¶ ~ a spoilt child 떼쓰는 아이를 잘 다루다. **4** (기계 따위)를 다루다, 조종하다, 취급하다. ⇨TREAT 유의어 ¶ ~ a boat 보트를 조종하다 / ~ an oar 노를 젓다 / ~ a machine 기계를 취급하다. **5** (말)을 조련하다, 훈련시키다. **6** (can, be able to와 함께) …에 잘 대처하다; …을 처분하다, 먹다. ¶ I can't ~ it alone. 나 혼자서는 다 먹을 수 없다[처분할 수 없다].
── 자 **1** 취급하다, 조작하다; 관리[운영]하다; 감독 일을 하다. **2** 이럭저럭 해나가다, 꾸려나가다(*on, with, without*); ¶ I shall ~ somehow. 어떻게든 해보겠다 / ~ *on* his salary 그의 급료로 이럭저럭 꾸려나가다 / We can ~ *without* money. 돈이 없어도 이럭저럭 해나갈 수 있다. ── 명 (고어) =manège.
man・age・a・bil・i・ty [mǽnidʒəbíləti] 명 ⓤ 처리하기 쉬움, 지배하기 쉬움, 취급하기 쉬움.
man・age・a・ble [mǽnidʒəbl] 형 처리[관리]할 수 있는; 다루기 쉬운, 유순한; 요리하기 쉬운.
~・**ness** 명 -**bly** 부
mán・aged cáre [mǽnidʒd-] 명 관리의료(종합적 건강·의료 관리).
mánaged cúrrency 명 [경제] 관리 통화.
mánaged ecónomy 명 관리[계획] 경제.
mánaged néws 명 (발표자측에 편리하게) 사실이나 수치(數値)를 왜곡한 뉴스; 정부[경찰] 발표 뉴스.
mánaged tráde 명 [경제] 관리 무역.
‡**man・age・ment** [mǽnidʒmənt] 명 **1** ⓤ 처리, 조치, 취급; 경영, 관리, 감독; 지배, 제어. ¶ a school under private ~ 사립 학교 / the ~ of a company 회사의 경영. **2** ⓤ 능란한 솜씨; 변통, 술책, 경영의 재능, 관리 능력; 경영력, 운영력, 행정력. ¶ It requires very adroit ~. 그것은 아주 능란한 솜씨를 필요로 한다. **3** ⓤⓒ (the ~) (집합적; 단·복수 양용) 경영자측, 자본가측(ᛒ) labor); (특정 기업·시설의) 경영[관리](층). ¶ conflicts between labor and ~ 노사간의 분쟁 / a strong ~ 강력한 경영진. **4** 〔의학〕 질병에 대한 처치. -**mén・tal** 형 「계.
mánagement accóunting 명 〔경영〕 관리 회
mánagement búyout 명 〔경영〕 경영진의 자사주(自社株) 매입(M&A에 대한 방어책; ᛓ MBO).
mánagement by excéption 명 〔경영〕 예외 관리(계획·표준에서 크게 벗어난 업무를 관리자에게 보고하도록 하는 관리 방식).
mánagement by objéctives 명 〔경영〕 (노사

management by walking about

합의·협력의) 목표 달성 경영 관리 방식.
mánagement by wálking abóut 명 〔경영〕 접촉[순회] 관리(현장[노사 관계] 중시 경영 관리 방식).
mánagement còmpany 명 〔증권〕 (투자 신탁) 자산 운용 관리 회사. 「문, 경영 상담 전문가.
mánagement consúltant 명 경영 컨설턴트[고
mánagement enginèering 명 경영 공학.
mánagement informátion sỳstem 명 (컴퓨터를 사용한) 경영[관리] 정보 시스템(略 MIS).
mánagement science 명 경영 과학, 관리 과학.
mánagement sháres 명複 임원주(任員株).
mánagement tráining prògram 명 관리자 훈련 계획(略 MTP).
mánagement ùnion 명 경영 관리직 노동 조합.
*__man·ag·er__ [mǽnidʒər] 명 (~s [-z]) 1 경영자, 관리인, 지배인; 지배의 능력이 있는 사람; (기업의) 부장, 과장; (연예인 등의) 매니저; (복합어로) …장, ~주임 (略 mgr., Mgr.). ¶a business [sales] ~ 영업[판매] 부장/a general ~ 총지배인. 2 (형용사를 수반하여) 처리[취급]하는 사람, (사업의 수완가; (가계 따위를 꾸려 나가는 사람. ¶a good [bad] ~ 주변이 있는[없는] 사람[주부]. 3 〔英〕 명 수익(收益) 관리인, 관재인(管財人). 4 (~s) (영국 의회의) 양원 협의회 의원, 5 (스포츠팀의) 감독. ¶a stage ~ 무대 감독. 6 〔英〕 극장의 흥행주, 흥행사. ~·ship 명 「의 여성형.
man·ag·er·ess [mǽnidʒəris] 명 〔英〕 manager
man·a·ge·ri·al [mæ̀nidʒíəriəl] 명 1 지배인[경영자, 관리인, 처리자]의. 2 ~ posts 관리직. 2 경영[관리, 처리]의. ¶make ~ decisions 경영상의 결단을 내리다.
~·ly 명 「책 신봉가, 통제주의자. -ism
man·a·ge·ri·al·ist [mæ̀nidʒíəriəlist] 명 관리 지상
man·ag·ing [mǽnidʒiŋ] 명 관리[경영]하기.
—— 명 1 관리[경영]하는; 수뇌의(略 silent partner). 2 경영[처리]를 잘하는. 3 검소한, 알뜰한; 인색한. 4 참견하기 좋아하는, 성가신.
mánaging diréctor 명 전무[상무] 이사, (英) 사장; (M- D-) (IMF(국제 통화 기금)의) 총재.
mánaging éditor 명 편집(국)장(略 M.E., m.e.).
mánaging pártner 명 (합명 회사의) 업무 집행 사원. ⟶ silent partner 「(수도); (Lake ~) 마나과 호.
Ma·na·gua [mənάːgwə] 명 마나과(Nicaragua의
man·a·kin [mǽnəkin] 명 1 마나킨 새(중남미산(産)의 깃의 아름다운 작은 새). 2 =manikin. 「(수도).
Ma·na·ma [mənǽmə/-nάː-] 명 마나마(바레인의
ma·ña·na [mənjάːnə] 명 내일; 장래의 어느 때.
the land [or *kingdom*] *of mañana* (美구어) 기일을 지키지 않는 것이 당연시되는 곳(특히 멕시코).
—— 부 내일; 오래지 않아, 앞으로 언젠가, 때가 되면.
—— 감 자, 그럼 (내일 봐), 안녕. 〔<Sp tomorrow〕
mán ápe 명 유인원(類人猿); 화석 인류, 원인(原人).
Man·a·slu [mǽnəslùː] 명 마나슬루(히말라야 산맥 중 제8위의 고봉; 8,125m).
Ma·nas·seh [mənǽsə] 명 〔성서〕 마나세(Joseph의 장남; →창세기(Gen.) 41 : 51). 「스탄의 통화 단위〕
ma·nat [mænǽt] 명 마나트(아제르바이잔·투르크메니
man-at-arms [⸢æt/-α:rmz] 명 (複 **men-** [mén-]) 병사(soldier); (중세의) 중기병(重騎兵).
man·a·tee [mǽnətìː/-⸢⸢] 명 매너티, 해우(海牛)(해우과(科)의 바다 짐승)(sea cow). **-tòid** 명
ma·nav·el·ins [mǽnəvəlinz] 명 (속어) (해사) (선구류의 파편이나 음식 찌꺼기 따위) 잡동사니, 찌꺼기, 파치. (또는 **manavilins**)
*__Man·ches·ter__ [mǽntʃèstər/-tʃəs-] 명 1 맨체스터(잉글랜드 서 「(manatee) 북부 주의 상공업 도시). 2 (종종 m-) 면제품: 면제품 매장(~ department). ~·dom, ~·ism 명 자유 무역주의.

mandible

Mánchester góods 명複 〔英〕 면제품 (직물류).
Mánchester Schóol 명 (the ~) 맨체스터 학파 (1830년대에 자유 방임·자유 무역주의를 주장).
Mánchester térrier 명 맨체스터 테리어(Manchester 원산 애완견).
man-child [⸢tʃàild] 명 (複 **men-chil-dren** [méntʃìldrən]) 남자 아이, 소년. (또는 **mánchild**)
man·chi·neel [mæ̀ntʃəníːl] 명 열대 아메리카산(産) 대극과(大戟科)의 나무(젖 모양의 유독성 수액을 분비).
Man-chu [mæntʃúː] 명 (複 ~(s)) 1 만주인(滿州人). 2 명 만주어. —— 명 만주의; 만주인[어]의. ¶the ~ dynasty 청(淸) 나라.
Man·chu·ri·a [mæntʃúəriə] 명 만주(중국 동북(東北) 3성(省)의 옛 이름). **-an** 명 만주(인)의.
Manchúrian cándidate 명 세뇌받은 사람[앞잡이], 꼭두각시. 〔<미국 소설가 Richard Condon (1915-96)의 *The Manchurian Candidate*〕
man·ci·ple [mǽnsəpl] 명 (대학·수도원 따위의) 식품 조달 담당(steward).
Man·cu·ni·an [mænkjúːniən] 명 Manchester 출신의 (주민). —— 명 Manchester(사람)의. 「mancy.
-man·cy [mǽnsi] 연결 divination의 뜻. ¶necro-
M&A *mergers and acquisitions* (기업 인수 합병).
man·da·la [mándələ] 명 〔불교〕 만다라(曼陀羅); 〔심리〕 (Jung 심리학에서) 만다라(꿈속에서의 자기 통일과 완성을 위한 노력을 상징한다).
man·da·mus [mændéiməs] 명 〔법률〕 직무 집행 영장. —— 동他 (구어) …에게 직무 집행 영장을 발부하다.
man·da·rin [mǽndərin] 명 1 (중국 청(淸)대의 관원, 관리. 2 (M-) ⓤ 베이징 관화(官話)(중국의 표준어·공용어)(略 Chinese). 3 고급 관료; (정계) 실력자, 보스; 보수[반동]적 인사; (학계·문화계) 중요 인물, 대가(大家). 4 중국종(種) 귤; 주황색. 5 (옛 중국의) 고급 관리(풍)의. 2 (말씨·취미 따위가) 세련된.
man·da·rin·ate [mǽndərənèit] 명 1 고급 관료의 지위. 2 (집합적) 고급 관료 집단, 3 고급 관료 정치.
mándarin cóllar 명 (중국 관리들이 입는) 폭이 좁고 꼿꼿이 세운 양복 깃의 총칭.
mándarin dúck 명 (중국 원산의) 원앙새.
man·da·rine [mǽndərin] 명 만다린귤(mandarin).
mándarin órange 명 =mandarin 4.
man·da·tar·y [mǽndətèri/-təri] 명 〔법률〕 1 수탁자, 수임자. 2 위임 통치국. (또는 **mandatory**)
*__man·date__ [mǽndeit, -dit] 명 1 a) (유권자로부터 정부·의원에게 위임된) 권한, 신임, 지지; 위임 사항; (정치인의) 임기. b) (종종 M-) (국제 연맹에 의한) 통치 위임; 위임 통치령(略 trusteeship, trust territory). 2 a) (공식적인) 명령(어), 지시, 칙령(勅令); 〔법률〕 (상급 법원의 하급 법원에 대한) 명령. ¶a ~ on remission 반송(返送) 명령. b) (가톨릭) (교황의) 명령; 성직 수임(授任) 명령. 3 〔법률〕 위임, 무상(無償) 수탁 계약. —— 동他 [mǽndeit] 1 〔영토·식민지 등)의 통치를 위임하다. 2 명령[지시, 요구]하다. 3 …에게 권한을 위임[위탁, 위양]하다.
man·da·tor [mǽndeitər] 명 명령자, 지령자, 위임자.
man·da·to·ry [mǽndətɔ̀ːri/-təri] 명 1 명령의, 지령의, 명령적인; 〔법률〕 강제적인, 의무적인; (…에게) 필수의 (*for*). ¶~ import quota 의무적인 수입 쿼터. 2 위임의, 위탁의, 통치를 위임받은. ¶a ~ power 위임 통치국/~ rule 위임 통치. —— 명 =mandatary. **-ri·ly** 부
mándatory retírement sỳstem 명 정년(停年) 퇴직 제도, 정년제.
man-day [⸢dèi] 명 〔경영〕 인일(人日)(1인 1일간의 작업량(量)). 略 man-week
Man·de·la [mændélə] 명 **Nelson ~** 만델라(1918- ; 남아프리카 공화국의 정치인; 대통령(1994-99)).
man·di·ble [mǽndəbl] 명 1 (포유류·어류의) 아래턱, 하악골. 2 (새의) 아랫부리; (~s) 부리. 3 (절족(節

足) 동물의) 큰 턱.
man·dib·u·la [məndíbjulə] 명 (복 **-lae** [-liː]) = mandible. **-lar** 형
Man·din·go [mændíŋgou] 명 (복 **~(e)s**) 만딩고족[사람](아프리카 서부 Niger 강 상류 지역의 부족). —형 만딩고족[사람]의, 만딩고어(語)의.
man·do·la [mændóulə] 명 (옛날의) 큰 만돌린.
man·do·lin [mǽndəlin, ⌐⌐] 명 만돌린(현악기의 일종). (또는 **man·do·line** [mǽndəlìːn]) **~·ist** 명
man·do·ra [máːndɔːrlə] 명 1 (미술) 아몬드 모양의 부분; (성인상(像) 등의) 전신(全身) 후광(後光). [< It]
man·drag·o·ra [mændrǽɡərə] 명 = mandrake.
man·drake [mǽndreik] 명 1 맨드레이크(지중해 지방에 나는 가짓과(科)의 유독 식물. 마취제·하제로 사용). 2 (美) = May apple.
man·drel [mǽndrəl] 명 1 (기계) 굴대, 주축(主軸) (⇒ arbor). 2 (야금) 심축. 3 (광산) (광부용) 곡괭이. (또는 **mandril**)
man·drill [mǽndril] 명 (서아프리카산(産)의) 큰 비비.
man·du·cate [mǽndʒukèit/-dju-] 타 …을 씹다, 저작(咀嚼)하다, 먹다(masticate). **-ca·ble** 형
man·du·ca·tion [mæ̀ndʒukéiʃən/-dju-] 명 U 씹기, 저작(咀嚼).
man·du·ca·to·ry [mǽndʒukətɔ̀ːri] 형 씹는, 저작(에 알맞은).
***mane** [mein] 명 1 (말·사자 따위의) 갈기. 2 (갈기와 같이) 길고 숱이 많은 머리털. **~·less** 형
man-eat·er [-ìːtər] 명 1 식인종(cannibal). 2 (구어) 남자를 갖고 놀다가 버리는 여자.
man-eat·ing [-ìːtiŋ] 형 사람을 잡아먹는, 인육(人肉)을 좋아하는.
maned [meind] 형 갈기가 있는.
ma·nège [mænéʒ/-néiʒ] 명 1 U 조마술(調馬術); (승)마술. 2 U 조련된 말의 동작[걸음걸이]. 3 조련장; 승마 학교. (또는 **manege**) [< F < It]
mán èngine 명 (고어) (광산) 인원 운반기, 갱내 승강기.
ma·nes [méiniːz, máːneiz] 명(복) (종종 M-) 마네스(고대 로마의 사자(조상)의 영혼). 2 (단수취급) (특정한 망자의) 영혼.
Ma·net [mænéi/F manɛ] 명 **Édouard ~** 마네(1832–83: 프랑스의 화가).
***ma·neu·ver, (英) -noeu·vre** [mənúːvər] 명 1 (군대·군함 등의) 전략적 행동, 기동(機動)(작전); (~s) 대연습, 기동 훈련. ¶ on ~s 기동 훈련 중에. 2 기술을 요하는 조작(방법) (함선·차량·항공기 따위의) 방향 조종, (비행기의) 편대[곡예] 비행. 3 교묘한 수, 책략, 술책. ¶ try various ~s 온갖 수를 쓰다. — 자 1 (군대·함대·비행대를) 기동 훈련시키다. ¶ ~ troops 군대를 전략적으로 움직이다. 2 …을 책략으로 움직이다, …하게 하다(out, away)(into). ¶ (~ +목+전+명) ~ a person into a room 술책을 써서 남을 방 안으로 끌어들이다. 3 교묘히 다루다[유도하다], 잘 처리하다. ¶ ~ a conversation 교묘히 대화를 이끌다. 4 조종하다, 조타(操舵)하다. 5 (비행기를) 곡예비행시키다. — 자 1 기동(機動)하다; 연습하다(about, up). 2 교묘히 일을 처리하다, 임기응변하다, 일을 꾸미다(scheme). **~·er** 명
ma·neu·ver·a·ble [mənúːvərəbl] 형 조종[운용, 기동]할 수 있는. **-bíl·i·ty** 명 조종[기동]성.
manéuverable reéntry véhicle 명 (군사) 기동성 핵탄두(略 MARV).
mán-for-mán deféntse[cóverage] [⌐fər-mǽn-] (경기) 맨투맨 디펜스.
mán Fríday 명 (복 **men -s**) 충복(忠僕); 측근 부하, 심복, 오른팔. [< Friday: 영국 작가 D. Defoe의 *Robinson Crusoe*에 등장하는 하인]
man·ful [mǽnfəl] 형 사내다운, 씩씩[용감]한, 과단성 있는. ⇒ MALE (유의어) **~·ly** 부 **~·ness** 명
man·ga·nate [mǽŋgəneit] 명 (화학) 망간산염(酸

man·ga·nese [mǽŋgəniːz, -nìːz] 명 U (화학) 망간(금속 원소; 기호 Mn). [간의 합금].
mánganese brónze 명 망간 청동(구리, 아연, 망
mánganese nódule 명 (심해의) 망간 단괴(團塊).
mánganese stéel 명 망간강(鋼).
man·gan·ic [mæŋgǽnik, mæŋ-] 형 (화학) (특히 3가(價)) 망간의, 망간을 함유한.
man·ga·nite [mǽŋgənàit] 명 1 수(水)망간광(鑛). 2 (화학) 아(亞) 망간산염(酸塩).
man·ga·nous [mǽŋgənəs, mæŋgǽ-] 형 (화학) (2가(價)) 망간의[을 함유한].
mange [meindʒ] 명 U (가축의) 개선(疥癬), 옴.
man·gel [mǽŋgəl] 명 = mangel-wurzel.
man·gel-wur·zel [-wə́ːrzl] 명 사탕무(beet의 일종; 가축의 사료). (또는 **mangold-wurzel**)
***man·ger** [méindʒər] 명 1 여물통, 구유. 2 (해사) 뱃머리의 물막이칸.
a dog in the manger ⇒ DOG.
live at hack [or *rack*] *and manger* 호화스럽게 [아무 불편 없이] 지내다.
mánger bòard 명 뱃머리의 물막이 널빤지.
man·gey [méindʒi] 형 = mangy.
man·gi·ly [méindʒili] 부 옴투성이로; 불결하게.
***man·gle**[1] [mǽŋgl] 타 1 …을 난도질하다, 짓이기다, 갈기갈기 찢다, 토막토막 자르다. 2 …을 망쳐놓다; (발음이 나빠) (말 뜻 따위)를 못 알아듣게 만들다. ¶ ~ a text by poor typesetting 서투른 식자로 원문을 엉망으로 만들다.
man·gle[2] 명 맹글, (시트·천 따위의) 주름 펴는 기계. —타 …의 주름을 펴다, 주름 펴는 기계에 걸다.
man·gler[1] [mǽŋglər] 명 1 난도질하는 사람, 망가뜨리는 사람. 2 고기 써는 기계(meat-chopping machine).
man·gler[2] 명 = mangle[2].
man·go [mǽŋgou] 명 (복 **~(e)s**) 망고(열대산(産) 식물); 그 열매.
man·god [⌐gɑ̀d/-gɔ̀d] 명 (때로 M- G-) 1 신인(神人). 2 신으로 추앙받는 사람; 사람 모습의 신. [범.
mángo húnter 명 (美속어) (빈 빌딩의) 방화 절도
man·gold [mǽŋgould, -gəld] 명 = mangel-wurzel. (또는 **~-wurzel**) [무기].
man·go·nel [mǽŋgənèl] 명 투석기(投石機)(중세의
man·go·steen [mǽŋgəstìːn] 명 망고스틴(동인도 제도에 나는 식물); 그 열매.
man·grove [mǽŋgrouv] 명 맹그로브, 홍수(紅樹) (열대 습지에 밀생하는 삼림성 식물).
man·gy [méindʒi] 형 1 개선(疥癬)[옴]에 걸린; 옴으로 인한; 옴과 같은. 2 업신여길 만한, 천한. 3 누추한, 불결한(squalid), 초라한. (또는 **mangey**) [mangrove]
mangy with (美속어) …투성이의, …가 넘치는.
-gi·ly 부 **-gi·ness** 명
man·han·dle [mǽnhæ̀ndl, ⌐⌐] 타 1 …을 거칠게 다루다. 2 …을 인력으로 움직이다. **-dler** 명
man·hat·er [⌐hèitər] 명 사람을 싫어하는 사람; 남자를 싫어하는 사람.
***Man·hat·tan** [mænhǽtn] 명 맨해튼. 1 미국 Hudson 강과 East 강 사이에 있는 New York 시내의 섬(**~ Island**). 2 New York 시의 한 행정구(상업·연극의 중심지). ⇒ BOROUGH. 3 (종종 m-) U C 위스키와 베르무트를 섞은 칵테일. 4 (북미 인디언의) 맨해튼족.
Man·hat·tan·ite [mænhǽtənàit] 명 Manhattan 출신[주민], 뉴욕내기.
Man·hat·tan·ize [mænhǽtənàiz] 타 (도시)를 고층화하다. **-i·zá·tion** 명
Manháttan Pròject 명 (the ~) (美) 맨해튼 계획 (제2차 세계 대전중 미육군의 원자탄 개발 계획).

man-haul [́hɔ́ːl] 图卧 (극지 탐험에서) 인력(人力)으로 끌다. (또는 **mánhàul**)

***man·hole** [mǽnhòul] 图 맨홀; (터널 따위의) 대피공(孔), 출입구; (속어) 여성 성기.

mánhole còver 图 1 (구어) (핫케이크·레코드 따위) 납작한 원반 모양의 것[물건]. 2 (속어) 생리용 냅킨.

‡**man·hood** [mǽnhùd] 图U 1 남자임; (남자의) 성년(圏) boyhood, womanhood). ¶arrive at ~ 성년이 되다. 2 남자다움; 용기. 3 (집합적) 남자(men), 4 인간임; 인간성. 5 ⓒ 남자 성기; (남자의) 성적 능력.

mánhood súffrage 图 성년 남자 선거권[참정권].

man-hour [-àuər] 图 (경영) 인시(人時)(1인 1시간의 노동량), 图 man-minute

man-hunt [mǽnhʌ̀nt] 图 (美) 사람 사냥, 범인[탈옥수]의 집중 수색.

***ma·ni·a** [méiniə, -njə] 图 1 U ⓒ 열광, 열중, …광, …열(for); (현상·경기·경마 따위) 열광하게 하는 것. ¶the horse race ~ 경마열 / a sport ~ 스포츠열 / a ~ for collecting stamps 우표 수집열. 2 U (정신학) 조병(躁病).

-ma·ni·a [méiniə, -njə] (연결) mania의 뜻. ¶kleptomania, bibliomania.

ma·ni·ac [méiniæ̀k] 图 1 미치광이; 광적인 애호가, …광. 2 (정신의학) 조병(躁病) 환자. — 图 =maniacal.

MANIAC [méiniæ̀k] 图 (컴퓨터) Mathematical Analyzer Numerical Integrator And Computer.

ma·ni·a·cal [mənáiəkəl] 图 광적인, 정신 이상의; (정신의학) 조병의. **~·ly** 图

man·ic [mǽnik] 图 (정신의학) 조병(躁病)의[에 걸린]; 열광적인. — 图 조병 환자.

man·ic-de·pres·sion [-díprèʃən] 图 조울병(躁鬱病).

man·ic-de·pres·sive [-diprésiv] 图 (정신의학) 조울병의. — 图 조울병 환자.

mánic-depréssive psychósis 图 조울병.

Man·i·cha·e·ism [mǽnikìːizm] 图 마니교(敎)(3–7세기 페르시아에서 번성한 2원적 종교; 창시자 Mani (216–276?)). (또는 **Manicheism**)

Man·i·che·an [mæ̀nəkíːən] 图 마니교도(敎徒). — 图 마니교(도)의, 마니교적인. (또는 **Manichaean**)

Man·i·che·an·ism [mæ̀nəkíːənìzm] 图 =Manichaeism.

Man·i·chee [mǽnəkìː] 图 =Manichean.

***man·i·cure** [mǽnəkjùər] 图 1 U 매니큐어, 미조술(美爪術)⑧ pedicure); 图 ~ parlor 미조원(美爪院). 2 = manicurist. 3 (美속어) 고품질의 마리화나. — 图 (손톱에) 매니큐어를 하다; 다듬다. **-cur·ist** 图 매니큐어사(師).

‡**man·i·fest** [mǽnəfèst] 图 (more ~; most ~) 1 명백한, 분명한, 일목요연한(to). ⇨ CLEAR (유의어) ¶a ~ error [truth] 명백한 잘못[사실] / ~ to everyone's eye [mind] 누가 봐도[생각해도] 명백한. 2 (정신분석) 현재(顯在)의, 현재적인. — 图 1 …을 명백히 하다, 분명하게 보여주다; 명시하다. ⇨ SHOW (유의어) ¶ one's approval 찬의를 나타내다 / The ghost ~ed itself. 유령이 나타났다. 2 …을 증명하다(prove), …의 증거가 되다. ¶The evidence ~s his remark. 그 사실이 그의 말을 입증해 주고 있다. — 图 (유령 따위가) (…으로) 나타나다(in). — 图 (상업) 적하(積荷) 목록; (비행기의) 승객 명부.
~·a·ble 图 | **~·er** 图 | **~·ly** 图 | **~·ness** 图

man·i·fes·tant [mæ̀nəféstənt] 图 시위 운동 주동 (참가)자.

***man·i·fes·ta·tion** [mæ̀nəfistéiʃən] 图U ⓒ 1 명시, 표명; (감정·신념·진실 따위를) 명시하는 것. ¶a ~ of Zionism 시오니즘의 발로(發露). 2 시위 운동, 데모; (정당·학회의) 정견 발표, 태도 표명. 3 (심령) 영혼의 현시(顯示), 출현. 4 (유전) (형질의) 발현(發現).

man·i·fes·ta·tive [mæ̀nəféstətiv] 图 분명히[뚜렷이] 나타내는, 명시[표명]하는. **~·ly** 图

Mán·i·fest Déstiny [mǽnəfèst-] 图 1 (美역사) 운명 현시(설)(미국이 북미 전체를 지배·개발할 운명을 갖고 있다는 주장). 2 (m– d–) 영토 확장 정책.

man·i·fes·to [mæ̀nəféstou] 图 (~(e)s) (정당·동의) 선언(서), 성명(서), 정책. ¶the Communist *M*– 공산당 선언. — 图자 (드물게) 성명[선언]하다.

mánifest sýstem 图 (환경) 매니페스트 시스템(산업 폐기물 불법 처리 방지 제도).

***man·i·fold** [mǽnəfòuld] 图 1 다양한, 갖가지의; 다방면에 걸친. ⇨ NUMEROUS (유의어) ¶~ duties 잡무 / a ~ plan for educational reform 다방면에 걸친 교육 개혁 계획. 2 복합의, 여러 부분으로 구성된; 동시에 몇 가지 일을 하는. 3 (사무용 따위가) 복사용의.
— 图 1 다양한 것, 다양성. 2 복사, 사본; 복사 용지, 카본지, 3 (기계) 다기관(多岐管), 집합관. 4 (수학) 다양체. 5 (철학) (칸트의 인식론에서) 감각 체험의 구성 요소. — 图 1 …을 복사하다 2 다양[복잡]하게 하다; (액체) 를 다기관으로 집내하다. — 图 (여러 통) 사본을 뜨다, 복사하다. **~·ly** 图 **~·ness** 图

man·i·fold·er [mǽnəfòuldər] 图 복사기.

mánifold pàper 图 복사 용지.

man·i·kin [mǽnikin] 图 1 난쟁이(dwarf). 2 =mannequin. 3 인체 해부 모형. (또는 **mannikin**)

Ma·nil·a [mənílə] 图 1 마닐라(필리핀의 수도). 2 =~ hemp. 3 =~ paper. 4 =~ cigar. 5 (m–) (út) 엷은 황갈색. — 图 마닐라의; (때로 m–) 마닐라지로 된; 마닐 (삼라로 된).

Maníla cigár 图 마닐라 엽궐련. [삼라고로 된).

Maníla énvelope 图 마닐라지로 만든 봉투.

Maníla hémp 图 마닐라삼. (또는 **Manil(l)a**)

Maníla páper 图 (종종 m–) U 마닐라지(紙)(마닐라삼으로 만든 질긴 종이; 또는 **Manil(l)a**)

Maníla rópe 图 마닐라 로프, 마닐라삼 밧줄.

Ma·nil·la [mənílə] 图 1 (아프리카 서부 종족의) 금속제 반지[팔찌, 발찌](화폐용). 2 =Manila hemp

Ma·nil·la [mənílə] 图 =Manila. [paper].

man-in-the-street [mǽninðəstrìːt] 图 평균적인 사람의, 일반인의. [**manioca**]

man·i·oc [mǽniàk/mǽniɔ̀k] 图 =cassava.

man·i·ple [mǽnəpl] 图 1 소대(고대 로마의 군단 구성 단위; 60–120인). 2 (교회) 성대(聖帶)(미사 집전 때 사제가 왼팔에 두르는 장식용 띠; 지금은 폐지).

ma·nip·u·la·ble [mənípjuləbl] 图 다룰 수 있는, 조종[조작]할 수 있는. **-bíl·i·ty** 图

ma·nip·u·lar [mənípjulər] 图 1 (고대 로마의) 보병 중대의. 2 =manipulative. — 图 (고대 로마의) 보병 중대 대원.

ma·nip·u·lat·a·ble [mənípjulèitəbl] 图 교묘하게 다룰 수 있는; 속일 수 있는.

***ma·nip·u·late** [mənípjulèit] 图卧 1 (기계 따위를) 잘 다루다, 조작(操作)하다. ¶~ levers 지레를 조작하다. 2 (사람·여론 따위를) 조종하다; (시장·가격 따위를) 조작하다. ¶~ the press 언론을 조작하다 / ~ voting 투표를 조작하다 / ~ the market 시장 가격을 조작하다. 3 (숫자·장부 따위를) 속이다, 조작하다. ¶He ~d the account to conceal his theft. 그는 자기의 도독질을 감추기 위해 계정을 속였다. 4 (의학) …을 손으로 쓰다, 촉진(觸診)하다. 5 (성기)를 자극하다(재귀적으로) 자위하다.

***ma·nip·u·la·tion** [mənìpjuléiʃən] 图Uⓒ 1 (기계·기구 따위의) 조작(操作), 조종; 취급(법); 솜씨 좋은 처치. 2 (경제) (주식·통화 따위의) 시장 조작. 3 (숫자·장부 따위의) 속이기. 4 (병리) 촉진(觸診).

ma·nip·u·la·tive [mənípjulèitiv/-lət-] 图 손으로 다루는, 손끝의; 솜씨 있게 다루는; 속임수의. **~·ly** 图

manipulative méthod 图 회뢰(賄賂), 뇌물.

ma·nip·u·la·tor [mənípjulèitər] 图 1 (손으로) 교묘하게 다루는 사람; 조작자. 2 속이는 사람. 3 조종기

(晉). 4 전자 계산기 등을 사용하여 제어되는 인공의 손. 5 머니퓰레이터(방사성 물질 취급용 기계 장치). 로봇팔.
-to·ry 형 =manipulative.
man·i·to [mǽnətòu] 명 (복 ~s) =manitou.
Man·i·to·ba [mæ̀nətóubə] 명 1 매니토바(캐나다 중부의 주; 주도 Winnipeg). **2 Lake ~** 매니토바 호 (매니토바 남쪽에 있는 호수). **-ban**
man·i·tou [mǽnətùː] 명 (복 ~(s)) (북아메리카 원주민의) 혼령, 마(魔): 초자연적 존재. (또는 **manitu**)
mán jáck [Ják] 명 (구어) 사람, 남자.
every man jack [or *Jack*] 누구든 다, 모두 (* every man의 강조형). ┌femme fatale.
man-kill·er [⁻kìlər] 명 1 사람을 죽이는 것. **2** =
‡**man·kind** [mǽnkáind] 명⒰ (집합적; 단·복수 양용) **1** 인류; 사람, 인간. ¶ the welfare of ~ 인류의 복지. **2** [⁻⁻] 남자, 사내; 남성(⇔ womankind). ¶ ~ and womankind at large 일반 남녀.
man-lean [⁻lìːn] 명 남자가 적은[귀한].
man·less [mǽnlis] 형 사람이 없는; 남편[남자]이 없는. **~·ly** 부 **~·ness** 명
man·like [mǽnlàik] 형 1 (동물이) 사람을 닮은. **2** 사나이다운; (여자가) 남자 같은. ⇨MALE 유의어
~·ly 부 **~·ness** 명
‡**man·ly** [mǽnli] 형 (-li·er; -li·est) **1** 남자다운, 씩씩한, 굳센, 용감한(⇔ womanly). ⇨MALE 유의어 ¶ a bearing 사나이다운 태도. **2** 남자에게 알맞은, 남성적인. ¶ ~ sports 남성적인 스포츠. **3** (경멸적) (여자가) 남자 같은. ━부 남자답게, 용감하게. **-li·ness** 명
mán-ma·chìne sýstem [⁻məʃíːn-] 명 (전자) 1 인간-기계계(系)(인간과 기계가 구성 요소로 하는 체계). **2** (좁은 뜻으로) 인간과 컴퓨터와의 대화 형식으로의 작업이나 업무를 추진하는 시스템.
man-made [⁻méid] 형 인조의; 인공의; (섬유가) 합성의. ¶ a ~ satellite[man] 인공 위성[인조 인간]/*natural and ~ disasters* 천재(天災)와 인재(人災).
man-man·age·ment [⁻mǽnidʒmənt] 명 인재(人才) 관리. **-ag·er**
man-mil·li·ner [⁻mílənər] 명 (복 ~s, men-mil·li·ners) 숙녀용 모자[장신구] 제조 판매업자(남자); (비유적) 하찮은 일에 마음 쓰고 있는 사람.
man-min·ute [⁻mìnit] 명 (경영) 인분(人分)(1인 1분간의 작업량). ┌개월분의 작업량).
man-month [⁻mʌ̀nθ] 명 (경영) 인월(人月)(1인 1
Mann [mɑːn, mæn/*G* man] 명 **Thomas ~** 만 (1875-1955; 독일의 소설가; 노벨 문학상(1929)).
man·na [mǽnə] 명 1 ⒰ (성서) 만나(이집트 탈출 후 광야를 헤매던 옛 이스라엘인들이 신에게서 받은 음식. ←출애굽기(Exod.) 16:14). **2** 천혜(天惠)의 음식, 마음의 양식. **3** 만나와 같은 것, 위안의 말. **4** ⒰ 만나 (만나 나무(~ ash)의 수액; 하제).
mánna ásh 명 만나 나무(물푸레나무류).
mánna sùgar 명 =mannitol. ┌(유인(有人)의.
manned [mænd] 형 (우주선 따위에) 승무원이 탄,
mánned expedítion (우주선의) 유인 탐사.
mánned spácecraft 명 유인 우주선.
mánned spáce flìght 명 유인 우주 비행.
man·ne·quin [mǽnikin] 명 1 패션 모델, 마네킹걸. **2** 마네킹(모델) 인형, 인체 모형. (또는 **manikin**)
‡**man·ner** [mǽnər] 명 (복 ~s [-z]) **1** (the ~) 방법; (…의) 방식, 투(*of*) [-z] METHOD 유의어 ¶ a scientific ~ 과학적인 방법/a decisive ~ *of* speech 결연한 어투/in automatic ~ 기계적(자동적)으로. **2** (a ~, the ~) (미술·문학 등의) 형식, 양식, 작품; 독특한[관습적] 방식, …풍. ¶ houses built in the Scandinavian ~ 스칸디나비아풍의 가옥/the ~ *of* Wordsworth 워즈워스의 작품. **3** (~s) 풍습, 풍속, 습관, 생활 양식. ⇨CUSTOM 유의어 ¶ the ~s *of* the age 그 시대의 풍속/a comedy *of* ~s 풍속 희극.
4 (~s) (좋은) 예절, 예법, 몸가짐, 버릇. ¶learn table ~s 식사 예절을 익히다/have good[bad] ~s 예절이 바르다(못하다)/Where's your ~s? 왜 그렇게 버릇이 없니? **5** (보통 one's ~, a ~) (…에 대한) 태도, 거동, 몸가짐, 언행(*to*); 기품. ¶ an arrogant [a cold] ~ 거만한(냉담한) 태도/speak in an earnest ~ 진지하게 이야기하다.

┌──유의어──────────────────
│ **manner** 사람의 특징적·습관적인 행동, 태도,
│ 몸가짐·몸놀림 따위. **air** 어떤 특징을 분명하게 나타
│ 내는 태도, 몸놀림, 걸음걸이 따위 전체적인 신체적 특징이나 심리적 태도. **carriage** 특히
│ 머리, 등줄기, 손발 따위의 자세. **demeanor** 특히 남
│ 을 대하는 태도. **deportment** 주로 자람됨·가정 교
│ 육을 반영하는 태도. **attitude** 어떤 생각·기분의 표
│ 출로서의 심리적 태도, 신체적 자세. **pose** 어떤 효과
│ 를 노린 자세, 태도. **posture** 특징적·습관적, 또는
│ 어떤 필요에서 취하는 carriage, bearing.
└──────────────────────────

6 종류; (복수취급) 종류. ¶ What ~ *of* man is he? 그는 어떤 사람입니까?(* manner를 쓰는 것은 구식 표현이고, 최근에는 kind, sort를 쓰는 것이 보통). **7** 틀에 박힌 작품, 매너리즘.
after a manner 말하자면; 그럭저럭; 얼마간.
after the manner of …에 따라서, …식으로.
after this manner 이런 식으로.
all manner of 모든 종류의.
(as (if)) to the manner born (신분·일·습관 등에) 나면서부터 적합한(맞는, 익숙한) (것처럼); 타고난, 순수한. ¶ a gentleman *to the* ~ *born* 타고난 신사.
by all [or *no, any*] *manner of means* ⇨MEAN³.
in a manner 어떤 의미로는; 어느 정도, 얼마간.
in a manner of speaking 말하자면(so to speak), 어떤 의미로는.
in like manner (고어) 마찬가지로, 또.
in no manner 결코 …않다.
in this [*that*] *manner* 이런 식으로[그와 같이].
make [or *do*] *one's manners* 인사하다, 경의를 표하다.
under heavy manners (英속어) 억압당하여.
with a manner 과장되게, 수선스럽게.
man·nered [mǽnərd] 형 1 (복합어로) 태도[예절]가 …한. ¶decent-~ tourists 점잖은 관광객. **2** (문학 따위가) 개성 있는, 독특한 버릇이 있는. **3** (예술가·스타일 등이) 틀에 박힌, 매너리즘에 빠진. **4** (그림 따위의) 양식을 그려낸.
man·ner·ism [mǽnərìzm] 명 ⒰ 1 매너리즘(문학·미술 따위가 어떤 틀에 박힌, 기교(技巧)상의 새로운 맛을 추구하는 경향), 틀에 박힌 작품. **2** (언어·동작의) 투, 버릇; 일부러 꾸민, 부자연스러움. **3** (M-) 마니에리즘(16세기 후반 유럽에서 발달한 미술 양식).
man·ner·ist [mǽnərist] 명 1 매너리즘에 빠진 작가(예술가). **2** (언행에) 특이한 버릇이 있는 사람.
man·ner·is·tic [mæ̀nərístik] 형 매너리즘에 빠진, 구태 의연한. **-ti·cal·ly** 부
man·ner·less [mǽnərlis] 형 예절바르지 못한, 버릇없는. **~·ness** 명
man·ner·ly [mǽnərli] 형 몸가짐이 좋은, 예모다운, 예절바른. ━부 예절바르게, 정중히. **-li·ness** 명
man·ni·kin [mǽnikin] 명 1 (아시아·아프리카산(産)) 멧새과(科) 새의 일종. **2** =manikin.
man·nish [mǽniʃ] 형 1 (여자가) 남자 같은, 남성적인, 남자 모양의; 남자풍의. ⇨MALE 유의어 **2** (아이가) 어른티가 나는. **~·ly** 부 **~·ness** 명
man·nite [mǽnait] 명 =mannitol.
man·ni·tol [mǽnətɔ̀ːl/-tɔ̀l] 명 ⒰ (화학) 마니톨, 마니트, 만나당(糖)(manna ash에서 채취하는 흰 결정. 하제 따위로 사용).

ma·no [máːnou] 명 (복 ~s [-z]) 〔인류〕 (손으로 돌리는 맷돌의) 위짝. 〔<Sp hand〕

ma·no a ma·no [máːnou ə máːnou] 명 (복 -s a -s) 1 두 사람의 투우사가 교대로 싸우는 투우. 2 직접 대결, 정면 대결. ── 🔒 직접[정면] 대결의, 1대 1의. ¶go ~ with …와 1대 1로 맞서다. ── 🔒 대립하여, 맞서서. 〔<Sp〕

ma·no des·tra [máːnou déstrə] 명 〔음악〕 오른손(destra mano; 약 m.d., M.D.). 〔<It〕

*****ma·noeu·vre** [mənúːvər] 명통 (英) =maneuver.

man-of-all-work [⁺əvɔ́ːlwə̀ːrk] 명 (복 **men-**) (가정의) 잡역부.

Mán of Gálilee 명 (the ~) 갈릴리 사람(예수 그리스도).

Mán of Sín 명 1 (the ~) 그리스도의 적, 악마. 2 (m-

man-of-war [⁺əvwɔ́ːr] 명 (복 **men-**) 1 군함(軍艦). 2 (또는 mán-o'-wár bird) =frigate bird.

ma·nom·e·ter [mənɑ́mətər/-nɔ́m-] 명 〔기체·액체의〕 유체 압력계, 마노미터; 혈압계. **-try** 명

man·o·met·ric [mæ̀nəmétrik] 형 유체 압력계[에 의한]. (또는 **manometrical**) **-ri·cal·ly** 부

man-on-man [⁺ɔnmǽn] 형 (美·캐나다) (스포츠에서) 상대 선수를 1대 1로[의]; 맨투맨으로[의].

man-on-the-street [⁺ənðəstríːt] 형 (美) =man-in-the-street.

ma non trop·po [maː nɑ́n trɑ́pou/-nɔ́n trɔ́p-] 〔음악〕 그러나 너무 지나치지 않게. 〔<It〕

*****man·or** [mǽnər] 명 1 (英俗사) 장원(莊園). 2 영주의 저택[영지]; (일반적으로) 소유지. 3 (美) 영대차지(永代借地). 4 (英속어) (경찰의) 관할 구역; 사는[일하는] 곳. ¶the lord of a manor 장원 영주(領主).

mánor hòuse 명 (장원 내) 영주의 저택(mansion).

ma·no·ri·al [mənɔ́ːriəl] 형 장원의; 영주의.

manórial cóurt 명 (英) 장원[영주] 재판소.

ma·no·ri·al·ism [mənɔ́ːriəlìzm] 명 (중세의) 장원제(도).

manórial sỳstem 명 =manorialism.

man-o'-war [⁺əwɔ́ːr] 명 =man-of-war.

man·pack [mǽnpæ̀k] 형 혼자서 나를 수 있는, 휴대용의. ── 명 서 운반[이동] 가능한.

man·port·a·ble [⁺pɔ́ːrtəbl] 형 (무기 따위가) 혼자 운반 가능한.

mán pòwer 명 1 인력. 일손; 인적 노동력. 2 인력(공률(工率)의 단위; 1/10마력). 3 =manpower.

man·pow·er [mǽnpàuər] 명 U 1 유효 총인원, 인적(人的) 자원, 동원 가능한 인원, (유효) 노동력. 2 =man power. ── 형 유효 총인원수의, 인적 자원의.

man·qué [mɑːŋkéi/mɔ́ŋkei] 형 〔명사 뒤에서〕 아깝게도 실패한, 되다가 만; …지망의, 자칭…. ¶a poet ~ 시인 지망생. 〔<F missed〕 〔선량.

man·rad [⁺ræd] 명 〔의〕 인(人)래드(1인당 1rad의 방사

man·rate [⁺reit] 타 〔로켓·우주선을〕 유인(有人) 비행에 안전함을 증명하다. 〔량〕.

man·rem [⁺rem] 명 〔의〕 인(人)렘(1인당 1rem의 방사선

man·rope [mǽnròup] 명 〔해사〕 (현문(舷門)·사다리의) 손잡이 밧줄.

man·sard [mǽnsɑːrd] 명 1 〔건축〕 맨사드 지붕(이중 경사의 지붕으로 하부가 상부보다 물매가 가파르다). 2 그 지붕 밑의 다락방. 〔관. 2 지주의 저택.

manse [mæns] 명 1 (스코틀랜드 장로 교회의) 목사

man·serv·ant [mǽnsə̀ːrvənt] 명 (복 **men-serv·ants**) (남자) 하인, 종복(從僕). 완 maidservant

man·shift [mǽnʃift] 명 (집단적인) 근무 교대; 교대 근무 시간(1인 1교대의 작업량(노동량의 단위)).

-man·ship [mənʃip] 연결 skill, manner의 뜻. ¶crafts*manship*, gentle*manship*, sports*manship*.

‡**man·sion** [mǽnʃən] 명 (복 ~s [-z]) 1 대저택, 관(館). 2 =manor house. 3 (종종 ~s) (英) =apartment house. 4 (천문) 수(宿)(달 운행의 28수(宿)).

Mánsion Hòuse 명 (英) (종종 m- h-) (영주·지주

의) 저택; (the ~) 런던 시장 관저.

man-size(d) [⁺sàiz(d)] 형 〔구어〕 1 어른에게 맞는 어른용(크기)의. 2 어른이 아니면 못하는. 3 힘든, 곤란한.

man·slaugh·ter [mǽnslɔ̀ːtər] 명 U 살인(⇒ HOMICIDE 욕의어); 〔법률〕 고살(故殺) (⇒ murder

man·slay·er [mǽnslèiər] 명 살인자(homicide). **-slay·ing** 명

mán's mán 명 사내다운 사내, 사내 중의 사내.

man·steal·ing [mǽnstìːliŋ] 명 유괴.

man·sue·tude [mǽnswitjùːd/-tjùːd] 명 U (고어) 온순, 유순, 온후, 유화(mildness).

man·ta [mǽntə/Sp mɑ́ntə] 명 1 만타(외투·어깨걸이). 2 (말·노새용) 담요, 투박한 천. 3 = ~ ray. 〔<Sp〕

man·tai·lored [⁺tèilərd] 형 (여성복이) 남자가 지은

mánta ràY 〔어류〕 쥐가오리. 〔은.

man·teau [mǽntou, -´] 명 (복 ~s, ~x [-z]) (숙녀용) 망토, 외투. 〔<F mantle〕

man·tel [mǽntl] 명 벽난로의 앞·옆면 장식; 벽난로 선반. (또는 **mantle**) 〔판자, 장식).

mantel·board [mǽntlbɔ̀ːrd] 명 벽난로 선반(의

man·tel·et [mǽntlət, -lit] 명 1 짧은 망토. 2 (또는 **mantlet**) (군사) 이동식 방탄 장비, 방패.

*****man·tel·piece** [mǽntlpìːs] 명 =mantel.

man·tel·shelf [mǽntlʃèlf] 명 (복 **-shelves** [-ʃèlvz]) 난로 선반.

man·tel·tree [mǽntltrìː] 명 벽난로 가로장; 〔고어〕 =mantelshelf. (또는 **mantletree**)

man·tic [mǽntik] 형 1 점(占)의, 점에 관한. 2 예언력이 있는. ── 명 점복술(占卜術). **-ti·cal·ly** 부

man·tid [mǽntid] 명 =mantis.

man·til·la [mæntílə] 명 1 만틸라(스페인·멕시코 등지에서 여자들이 머리에서 어깨까지 뒤집어 쓰는 베일의 일종). 2 (여성용) 짧은 망토, 소형 케이프. 〔<Sp〕

man·tis [mǽntis] 명 (복 ~·es, -tes [-tiːz]) 〔곤충〕 사마귀. 〔數〕 characteristic

man·tis·sa [mæntísə] 명 〔수학〕 (대수의) 가수(假

mántis shrìmp [cràb, pràwn] 갯가재.

‡**man·tle** [mǽntl] 명 (복 ~s [-z]) 1 망토, (소매 없는) 외투 2 (비유적) (권위의 상징으로의) 옷, (불가(佛家)의) 의발(衣鉢), 책임. 2 덮개, 싸개, 차폐물(遮蔽物). ¶the ~ of night 밤의 장막. 3 (동물) (연체 동물 따위의) 외투막(膜). 4 (가스 등의) 맨틀. 5 (지질) 맨틀, 외투부. 6 (물레방아의) 물받이, 수로. 7 (조류) (목) 덜미깃. 8 〔해부〕 대뇌 피질(皮質). 9 =mantel.

One's mantle falls on another. 갑의 의발을 을에게 물려받다; 어떤 사람의 감화가 남에게 미치다.

take on the mantle of …의 책임을 떠맡다.

take the mantle (and the ring) (미망인이) 평생 수절(守節)할 것을 맹세하다.

take up a person's mantle 남의 제자가 되다.

under the mantle of …에 둘러싸여.

── 통 (~s [-z]; ~d; -tling) 타 1 …에게 망토를 입히다[걸치다], (망토처럼) 걸치게 하다. 2 …을 망토로 감싸다[덮다]; …을 덮다, 싸다; …을 가리다, 감추다. ¶The trunk was ~d with ivy. 나무 줄기에 온통 담쟁이가 휘감겨 있었다. 3 …의 얼굴을 붉히게 하다, 상기되게 하다. ── 자 1 (홍조가 얼굴 등에) 온통 퍼지다. 2 (얼굴이) 붉어지다, 빨개지다. ¶Her cheeks ~d at the praise. 그녀는 칭찬을 받고 두 볼이 붉어졌다. 3 (매가) 다리를 뻗고 날개를 한쪽씩 펼치다. 4 (액체 표면에) 거품 따위로 뒤덮이다, 더껑이가 앉다. 5 거품이 나다.

man·tle·piece [mǽntlpìːs] 명 =mantelpiece.

mántle plùme 〔지질〕 맨틀 플룸(맨틀 심부(深部)에서 생기는 마그마 상승류(上昇流)). (또는 **plume**)

mántle ròck 〔지질〕 (토양체(體)의) 표토(表土), 상암층(上岩層)(regolith).

mant·let [mǽntlit] 명 〔군사〕 =mantelet 2.

man-to-man [⁺təmǽn] 형 1 솔직한, 개방적인

¶have a ~ talk with …와 터놓고 이야기하다. **2** 〔구기〕 1 대 1 의 방어법. 〔스, 대인 방어법.

mán-to-mán deténse 〔스포츠〕 맨투맨 디펜

Man·tóux tèst [mæntú:-] 〔의학〕 망투 반응(결핵 검사의 일종). 〔<프랑스 의사 C. Mantoux(1877-1947)의 이름〕.

Man·to·va·ni [mæntəvá:ni] 명 **Annunzio ~** 만토바니(1909-80: 이탈리아의 밴드 리더; 무드 음악의 원조적 존재).

man·tra [mǽntrə] 명 〔힌두교〕 만트라, 진언(眞言); 슬로건, 모토. **-tric** 형 〔<Skt speech〕

man-trap [⁴træp] 명 **1** (불법 침입자를 사로잡기 위한) 함정; (잠재적으로) 위험한 일[장소]. **2** 〔구어〕 남자를 호리는 여자, 매혹적인 여자, 요부(妖婦); 미망인; (속어) 여성 성기. (또는 **mántràp**)

man·tu·a [mǽntʃuə] 명 **1** (17-18세기에 유행했던) 헐거운 여성용 상의. **2** =mantle. 〔성복 양재사.

man·tu·a-mak·er [-mèikər] 명 드레스메이커, 여

*man·u·al** [mǽnjuəl] 형 **1** 손의; 손으로 하는, 손으로 쓰는, 수동식의. ¶ a ~ fire engine 수동식 소방 펌프/ a sign ~ 서명. **2** 수공의, 수세공의. ¶ ~ art 수공예(手工藝). **3** 인력(人力)을 요하는, 육체를 쓰는. ¶ ~ labor 육체 노동. **4** (책이) 편람인(안내 책자) 형식의, 소형의. **5** 〔법률〕 수중에 있는, 현유(現有)의. — 명 **1** 소책자, 편람, 안내서, 입문서. ¶ a teacher's ~ 교사용 지도서. **2** (군사) 교범; (소총 따위의) 조작(법). **3** 〔음악〕 건반(鍵盤). **4** (자동차) = = transmission.

~**·ism** 명 수화주의(농아 교육법의 하나). ~**·ly** 부

mánual álphabet 명 수화(手話) 알파벳(농아용).

mánual éxercises 명 집총 훈련.

mánual ràte 명 〔보험〕 요율서(料率書) 레이트, 편람 요율(요율서에 게재된 보험 요율).

mánual tráining 명 (중등 학교의) 공작 과목, 실과 (實科); 공예·수예 훈련.

mánual transmíssion 명 (자동차의) 수동 변속기.

man·u·code [mǽnjukòud] 명 (뉴기니·오스트레일리아산(產)의) 풍조(風鳥).

manuf(ac). manufactory; manufacture(r); manufacturing. 〔장, 제작소, 제조소.

man·u·fac·to·ry [mǽnjufǽktəri] 명 (고어) 공

‡**man·u·fac·ture** [mǽnjufǽktʃər] 명 (똥 ~**s** [-z]) **1** 명 제조, 제작, 생산; 제조업. ¶ glass ~ 유리제조업 /of home [foreign] ~ 국산[외제]의. **2** (~s) 제품, 생산품. ¶ cotton [silk] ~s 면[견]제품. **3** (경멸적) (문학 작품 따위의) 기계적 제작, 남작(濫作). — 타 (~**s** [-z]; ~**d**; **-tur·ing**) 태 **1** (대규모로) …을 제작하다, 생산하다. ⇨MAKE 유의어 **2** …을 만들다. ¶ ~ tables 테이블을 만들다/~ a good scenario 좋은 시나리오를 만들다. **3** 〔재료〕를 제품화하다, …으로 만들다 (into). ¶ ~ (~+명+전+명) ~ leather into shoes 가죽으로 구두를 만들다. **4** (경멸적) 〔구실 따위〕를 만들어 내다, 〔이야기〕를 지어내다. 조작[날조]하다. **5** (경멸적) (문학 작품 따위)를 남작(濫作)하다. — 자 제조[생산]하다; 제조(업)에 종사하다. 〔(업)의.

-tur·a·ble 형 제조[제작] 가능한. **-tur·al** 형 제조[가공]

man·u·fác·tured gás [mǽnjufǽktʃərd-] 명 (천연 가스에 대하여의) 제조 가스, 도시 가스.

manufáctured hóme [hóusing] 명 **1** 조립식 주택. **2** = mobile home.

‡**man·u·fac·tur·er** [mǽnjufǽktʃərər] 명 (똥 ~**s** [-z]) **1** 제조업자, 제조[제작]자[회사]; 공장주. **2** (이야기 따위)를 꾸며대는 사람; (문학 작품 따위)를 기계적으로 만들어 내는 사람. 〔리점.

manufácturer's àgent 명 제조업자[메이커] 대

man·u·fac·tur·ing [mǽnjufǽktʃəriŋ] 명 제조 (공업)의, 제조(제작)하는. ¶ ~ cost 제작비, 제조 원가/ the ~ industry 제조(가공)업. 〔해방.

man·u·mis·sion [mǽnjumíʃən] 명〔U〕 노예[농노]

man·u·mit [mǽnjumít] 태 (**-tt-**) 〔노예·농노〕를 해방하다.

man·u·mo·tive [mǽnjumóutiv] 형 수동식의, 손으로 운전하는.

man·u·mo·tor [mǽnjəmóutər] 명 수동차(車).

*ma·nure** [mənjúər/-njúə] 명 **1** 〔U〕 (유기질) 비료, 퇴비, 거름(특히 마소의 분뇨 따위). **2** (일반적으로) 비료. ¶ natural [artificial] ~ 천연[인조] 비료/ farmyard ~ 퇴비/chemical ~ 화학비료/ nitrogenous ~ 질소비료. — 태 **1** 〔땅〕에 거름을 주다. **2** 〔고어〕 〔땅〕을 갈다. **3** 〔고어〕 (마음 따위)를 닦다; 교육하다.

-nur·er **-nú·ri·al** 형 비료(성)의. **-nú·ri·al·ly** 부

ma·nus [méinəs] 명 (똥 ~) **1** 〔해부·동물〕 (척추동물의) 손, 앞발. **2** 〔로마법률〕 수권(手權), 부권(父權); 부권(夫權)(남편이 아내에 대하여 갖는 권력). **3** 〔영법률〕 선서(자). 〔<L hand〕

‡**man·u·script** [mǽnjuskrìpt] 명 **1** 손으로 쓴 것, 필사본. **2** (출판용) 원고(약 MS., 쓔 MSS.). ¶ be in ~ 원고 상태로 있다, 아직 출판되지 않았다. **3** 〔U〕 필기, 손으로 쓰기. 완 print — 형 손으로 쓴, 필기[타자]한. ~**·al** 형

man·ward [mǽnwərd] 부 인간을 향하여, 인간에 관하여. — 형 인간에 관계되는[을 향한]. 완 Godward

man·watch·ing [mǽnwàtʃiŋ/-wɔ̀tʃ-] 명 인간 행동학, 인간 행동의 관찰.

man-week [⁴wìːk] 명 〔경영〕 인주(人週)(1인 1주간의 작업량). 완 man-month

man·wise [mǽnwàiz] 부 인간이 하는 듯이, 인간처럼.

Manx [mǽŋks] 명 맨 섬(the Isle of Man)의; 맨 섬 사람(말)의. — 명 **1** (the ~) (집합적) 맨 섬 사람. **2** 맨 섬 말. ⋆**-man** 명 맨 섬 사람[남자].

Mánx cát 명 맨 섬 고양이(꼬리가 없다).

Manx·wo·man [mǽŋkswùmən] 명 맨 섬의 여자.

‡**man·y** ⇒ MANY. 〈p. 1693〉 〔1년간의 작업량.

man-year [mǽnjìər] 명 〔경영〕 인년(人年)(1인 1

man·y·fold [méniföuld] 부 몇 배나; 여러 곱[겹]으로.

man·y·head·ed [-hédid] 형 다두(多頭)의.

***the many-headed beast** [or **monster**] 히드라 (Hydra); (경멸적) 민중, 대중.

man·y·plies [méniplàiz] 명복 (단수취급) 〔동물〕 중판위(重瓣胃), 겹주름위(반추 동물의 제3위(胃)).

man·y-sid·ed [-sáidid] 형 **1** 〔수학〕 다변[다각] 의. ¶ a ~ figure 다변형(多邊形). **2** 다방면에 걸친; 다재 다능한. ¶ a ~ man 다재다능한 사람. ~**·ness** 명

man·y-val·ued [-vǽljuːd] 형 **1** 〔수학〕 다가(多價) 의. **2** 〔논리〕 다가(多價)의.

man·za·nil·la [mǽnzəníljə, -niːlə] 명 만사닐랴(스페인산(產) 단맛 없는 셰리주(酒)). 〔<Sp〕

man·za·ni·ta [mǽnzəníːtə] 명 (미국 서부산) 철쭉과(科)의 상록 관목; 그 열매.

Mao [mau] 형 (의복이) 중국식(스타일)의, 인민복의. ¶ a ~ cap 인민모(⇨ Mao Zedong의 이름).

Máo flú 명 홍콩 감기(Hong Kong flu).

MAOI monoamine oxidase inhibitor(모노아민 옥시다아제; 항울제·항파킨슨제).

Mao·ism [máuizm] 명 마오쩌둥(毛澤東)주의.

-ist 명

Máo jácket [súit] 명 (중국의) 인민복. 〔mau.〕

mao-mao [máumau] 태재 〔美속어〕 협박하다(mau-

Ma·o·ri [má:ɔri, máuri] 명 **1** 마오리 사람(New Zealand의 원주민). **2** 〔U〕 마오리 말. — 형 마오리 사람(말)의.

mao-tai [máutái] 명〔U〕 (중국의) 마오타이주(茅台酒)(밀과 수수를 원료로 한 독한 증류주). (또는 **máo tái**)

Mao Ze·dong [máu zədúŋ, dzə-] 명 마오쩌둥(毛澤東)(1893-1976: 중국의 정치가; 공산당 주석 (1943-76, 국가 주석(1949-59)). (또는 **Mao Tse-tung**)

형용사 용법에서 우리말로는 똑같이 '많은'의 뜻이지만, much가 불가산(不可算) 명사와 함께 써서 양(量)의 많음을 나타내며 단수 취급되는데 대해 many는 가산(可算) 명사의 복수형과 함께 써서 수(數)의 많음을 나타내며 복수 취급되는 차이가 있다. 그러나 many나 much나 비교급은 more, 최상급은 most로 공통이다.
'적은'의 뜻을 나타내는 대응어(對應語)는 many에 대해서는 few, much에 대해서는 little이다.

man·y [méni] 형 (*more; most*) **1** 많은, 다수의, 허다한.¶for ~ hours 몇 시간이나 / in ~ cases 많은 경우에 / *M- people think so.* 많은 사람들이 그렇게 생각한다 / *Did he make ~ mistakes in grammar?* 그는 문법상의 오류를 많이 저질렀나요? / *He didn't visit our house for ~ days.* 그는 우리집에는 며칠 동안 찾아오지 않았다 / *I want to talk with as ~ foreigners as possible.* 될 수 있는 대로 많은 외국인들과 이야기를 나누고 싶다 / *There weren't very ~ people at church.* 예배 보러 온 사람은 그리 많지 않았다 / *There are too ~ accidents.* 사고가 너무나 많다 / *Too ~ cooks spoil the broth.* (속담) 요리사가 많으면 음식맛을 버린다, 사공이 많으면 배가 산으로 올라간다 / *So ~ men, so ~ minds.* (속담) 십인 십색(十人十色).

주의 (1) 구어체에서 many는 보통 부정·의문문에 쓰이며, 긍정문에서는 주어를 수식할 경우나 too, so, as, that, how를 이을 경우 쓰인다. (2) 구어체의 긍정 평서문에서는 many 대신 a lot [or lots] of, a (large [or great]) number of, plenty of, quite a few를 쓴다.

2 (「부정관사+단수 명사」 앞에서) 여러, 많은, 허다한.¶~ a day 몇날 며칠 / *M- a man has tried.* 많은 사람이 시도했다 / *M- a little makes a mickle.* (속담) 티끌 모아 태산.

USAGE many a man과 many men──두 말의 뜻은 거의 같으나, 전자는 문어적(文語的)이고 형식을 차리는 어법이며 개별적으로 보는 데 비해서, 후자는 문어·구어 양쪽으로 쓰이고 총괄적으로 본다는 차이가 있다. 「many a+명사」는 단수 동사로 받는 것이 보통이다.

── 명 (복수취급) **1** (there are ~) (막연히) 다수의 사람; (막연히) 다수의 것; (선행어구를 받아) 다수의 사람, 의 것.¶*M- of us disagree with her ideas.* 우리 중 많은 사람은 그녀와 의견을 달리하고 있다 / *There was decidedly antireligious feeling among ~ of the students.* 많은 학생들 사이에는 분명히 반종교적인 감정이 있었다 / *He has a few, but not ~.* 그는 조금은 있지만 많지는 않다 / *There were ~ who aspired for a career upon the stage.* 무대 생활을 동경하는 사람이 많았다 / *M- that are first will be last, and the last first.* 먼저 된 자로서 나중되고 나중된 자로서 먼저 될 자가 많으니라(마태복음(Matt.) 19:30).
2 (보통 the ~) 대다수(majority); 서민, 대중, 민중.¶*the attitudes [rights] of the ~* 일반 대중의 태도 [권리] / *The ~ have to [or must] labor for the few [or the one].* (속담) 한 장군이 공을 세운 뒤에는 뭇 병졸의 희생이 깔려 있다.

a good many 상당한 수(의, 의 것).¶*A good ~ of her books are novels.* 그녀가 가진 책의 상당수가 소설이다.
a great many 꽤 [아주] 많은 (것).¶*He has a great ~ of his characters doing foolish things.* 그는 등장 인물 중 많은 사람에게 바보짓을 시키고 있다.
as many (선행하는 수사(數詞)와 상관적으로 써서) 같은 수만큼의 (것).¶*He made twenty blunders in as ~ lines.* 그는 20행에서 20개나 틀렸다 / *Ed has two brothers and I have twice as ~.* 에드는 형제가 둘 있고, 나는 넷이 있다.
as many again 같은 수의 것이 다시 또.¶*ten here and as ~ again there* 여기 10개, 저기에도 또 10개.
as many as [or **...as**] ① …과 같은 수의, 의 것.¶*There were no longer as ~ visitors as there had been.* 그 무렵에는 이미 이전 만큼의 방문객이 없었다. ② (수사와 함께) …만큼이나 많은.¶*As ~ as ten students failed in the exam.* 열 명이나 되는 학생이 시험에 떨어졌다.
as [or **like**] **so many** …동수 [같은 수의] …처럼.¶*Ten years went by like so ~ months.* 10년이 열 달처럼 빨리 지나갔다 / *He regarded his children as so ~ encumbrances.* 그는 자식들을 모두 애물단지로 여겼다.
be one too many for …보다 한 수 위다, …의 힘에 겹다.¶*He is one too ~ for me.* 그는 나보다 한 수 위다.
have one too many (구어) 조금 많이 마시다.
in so many words 누누이.¶*He told me in so ~ words that she was a liar.* 그 여자는 거짓말쟁이라고 그는 나에게 수없이 되풀이해서 말했다.
many another 다른 많은(사람, 것).¶*I, like ~ another, used to think so.* 나는 다른 많은 사람들처럼 같은 생각이었다.
many a time (and oft) (시) 몇 번이고, 여러 번.
Many's [or **Many is**] **the time (that)** …한 일이 여러 번 있다, 종종 …하다.
not many 많지 않은; (속어) 조금의.
one too many 하나만큼 더 많은 [남는, 여분의]; 도가 지나친(excessive), 불필요한, 쓸데없는.¶*I feel that I am one too ~ in this company.* 여기서는 내가 볼 필요한 사람처럼 느껴진다.
so many ① 아주 [그만큼] 많은(사람, 것).¶*Were there so ~?* 그렇게 많은 사람들이 있었습니까? ② 같은 수(의).¶*So ~ countries, so ~ customs.* (속담) 고장이 다르면 풍속도 다르다. ③ 어떤 수의 (것), 이러저러한 수의(것), 몇몇의 수의(것).¶*Oranges were sold at so ~ for a dollar.* 오렌지는 1달러에 몇 개라는 식으로 팔렸다.

‡**map** [mæp] 명 **1** 지도(찰 atlas, chart).¶*a ~ of the world* 세계 지도 / *consult a ~* 지도를 살피다. **2** 천체도, 성도(星圖). **3** (지도식의) 도표, 지도 같은 도해(圖解), 묘사. **4** (수학) 함수, 사상(寫像). **5** (유전) 유전 지도. **6** (美俗) 얼굴, 낯(face).
off the map (구어) (도시·간선 도로에서) 멀리 떨어진; 존재하지 않은, 중요하지 않은, 잊혀진.
on the map (구어) 중요한, 유명한, 널리 알려진.
throw a map (美俗) 토하다.
wipe...off the map …을 말살 [제거] 하다, 전멸시키다.

── 동 (**-pp-**) 타 **1** …의 지도를 만들다, 지도로 그리다. **2** [지도 위에] 나타내다. **3** …을 면밀히 계획하다, 배치하다(out). **4** (지도를 만들 목적으로) 측량 [조사] 하다. **5** (수학) 사상으로 (집합을) 옮기다. **6** (유전) (유전자)를 염색체상에 위치시키다. ── 자 (생물·유전) (유전자가) 위치하다.
map down 상세히 [자세히] 적어놓다; 상세히 묘사하다.

map out ① (지도에) 정밀하게 표시하다. ② [국가]를 지역으로 나누다. ③ (계획을) 면밀히 짜다, 입안하다. ~·pa·ble 혱 ~·per 阋 기획하다.
MAP *Magret Arabe Presse*(모로코의) 마그레브 아랍 통신사); *maximum average price*; *medical aid post*; (美) *Military Assistance Program*(대외 군사 원조 계획).
MAPI [èmèipì:ái] 몡 [컴퓨터] 엠에이피아이 (Microsoft사의 전자 메일 프로그램이 다른 회사[시스템]의 프로그램과도 메일을 주고받을 수 있도록 하기 위한 API). 〔<*Messaging Application Program Interface*〕
***ma·ple** [méipl] 몡 (愈 ~s [-z]) 1 단풍나무; ⓤ 단풍나무 재목. 2 담갈색, 당밀 빛깔. 3 (~s) (속어) 볼링핀. ~·**like** 혱 「2 (M- L-) 캐나다 금화.
máple lèaf 몡 1 단풍나무 잎(캐나다의 표장(標章)).
máple súgar 몡 단풍당.
máple sýrup 몡 단풍 당밀(糖蜜).
map·mak·er [mǽpmèikər] 몡 지도 제작자(작성-**mak·ing** 몡 지도 제작. 「자).
map·per [mǽpər] 몡 지도 제작자(cartographer).
map·ping [mǽpiŋ] 몡 1 지도화[전체도]; 작성(도의) 계획, (시간의) 할당. 2 (수학) 사상(寫像), 함수.
map·read·er [⁃ri:dər] 몡 지도를 볼 줄 아는 사람. 독도법(讀圖法)을 아는 사람. ¶a good [poor] ~ 지도를 잘 볼 줄 아는[모르는] 사람.
Ma·pu·to [məpú:tou] 몡 마푸토(모잠비크의 수도).
ma·qui·la·do·ra [mɑːkí:lədɔ́rə] 몡 마킬라도라(부품을 수입하여 값싼 노동력을 이용, 제품을 조립·수출하는 멕시코의 외국계 공장). 〔<Sp〕 「크업. 〔<F〕
ma·quil·lage [mæ:kijɑ́:ʒ] 몡 화장품; 화장, 메이
ma·quis [mɑːkí:, mæ-] 몡 (~) 1 마키(지중해 지방의 저목(低木) 숲 지대). 2 (종종 M-) 마키단(團)(제2차 세계 대전중의 프랑스 항독(抗獨) 게릴라); = maquisard. 2 (일반적으로) 지하 운동원(集團的) 지하 운동 조직. 「의 단원.
ma·qui·sard [mǽkizɑ:rd] 몡 (종종 M-) Maquis
***mar** [mɑːr] 탄(-*rr*-) 1 …을 손상[훼손]하다, 망쳐 놓다(*up*). ⇒INJURE 유의어. ¶ ~ a person's enjoyment 남의 즐거움을 망쳐 놓다. 2 …의 모양을 망치다, …을 보기 흉하게 하다. 3 (고어) (육체적으로) 심하게 상처 입히다. *make or mar* ⇒MAKE. 「다.
—몡 홈, 결점, 결함(drawback), 오점; 고장.
MAR [mɑːr] 몡 (美) 전방향 동시 주사(走査) 레이더 시스템. 〔<*multifunction array radar*〕
mar. *marine*; *maritime*; *married*. **Mar.** *March*; *Maria*. **M.A.R.** *Master of Arts in Religion*.
mar·a·bou(t) [mǽrəbù:] 몡 아프리카무수리(황새과(科)의 새); 그 깃털(장식용). 〔<F〕
mar·a·bout [mǽrəbù:, -bùt] 몡 1 (종종 M-) (북아프리카 등지의) 회교 수도사(修道士). 성자. 2 그 무덤. ~·ism 몡 성자 숭배. 「3 =marabou.
ma·ra·ca [mərɑ́ːkə, -rǽkə] 몡 (愈 ~s) 마라카스(말린 표주박 따위 속에 콩·작은 돌멩이 따위를 넣은 리듬 악기).
MARAD (美) *Maritime Administration*.
már·ag·ing stèel [mǽ:rèidʒiŋ-] 몡 (야금) 마레이징강(鋼)(18-25%의 니켈을 함유한 저탄소 강철).
ma·ras·ca [mərǽskə] 몡 마라스카(~ cherry) (야생 버찌; 마라스키노 술의 원료). 〔<It〕
ma·ra·schi·no [mæ̀rəski:nou] 몡ⓤ 마라스키노 술(야생 버찌로 만든 리큐어).
ma·ras·mus [mərǽzməs] 몡ⓤ [병리] (유아의) 소모(중), 쇠약(중). -**mic, -moid** [⁃bicm] 혱
***mar·a·thon** [mǽrəθɑn/-θən] 몡 1 (종종 M-) 마라톤 경주(42.195km). (또는 ⁓ *ràce*) 2 (비유적) 지구전, (댄스·키스 따위의) 오래하기 경쟁; 장시간의[끈기있는] 기도[활동]. ¶a dance
~ 댄스 오래하기 경쟁. —혱 (회의 따위가) 마라톤적인, 매우 긴; (경기 따위가) 지구력을 필요로 하는. ¶a ~ speech 장광설. 〔<아테네 동북의 평원 *Marathon*〕
mar·a·thon·er [mǽrəθɑ̀nər/-θən-] 몡 마라톤 선수[주자].
ma·raud [mərɔ́ːd] 톤잔 약탈하다, 약탈하고 다니다; 습격하다 (*on, upon*). —톤 (수동형으로) …을 습격하다, 약탈하다. —몡 (고어) 약탈. ~·**er** 몡
ma·raud·ing [mərɔ́ːdiŋ] 혱 약탈을 목적으로 습격하는, 습격하는[놀아다니는, 약탈을 저지르는. ¶ ~ bands 약탈자 떼거리 / ~ *hordes* 비적(匪賊). 「(銅板).
mar·a·ve·di [mæ̀rəvéidi] 몡 옛 스페인 금화[동화
***mar·ble** [mɑ́ːrbl] 몡 (愈 ~s [-z]) 1 ⓤ 대리석. 2 대리석 조각물; (~s) (복수취급) 대리석 조각 컬렉션. 3 (단단함·차가움·매끄러움·흰 빛 따위의) 대리석 같은 것. 4 대리석 무늬, 번진 먹물 무늬. 5 무정한 것[사람]. 6 구슬, 공깃돌; (~s) (단수취급) 공기놀이, 구슬치기. ¶play (at) ~s 구슬치기 하다. 7 (~s) (속어) 정상적인 판단력; 분별; 상식. 8 (속어) 고환(睾丸). 9 (~s) (고어) 가구, 가재 도구. 「(차가운), 냉혹 무정한.
(as) hard [or *cold*] *as marble* 대리석처럼 단단한
go for all the marbles (속어) (큰 이익을 얻으려고) 운을 하늘에 맡기고 해보다, 흥하든 망하든 해보다.
have all one's marble 지각이 있다, 제정신이다.
have marbles in one's mouth 상류 계급 같은 말투로 이야기하다. 「해지다, 발광하다.
lose [or *miss*] *one's marbles* (속어) 머리가 이상
make one's marbles good (濠·뉴질 속어) (남에게) 좋은 인상을 주다, 비위를 맞추다, 아첨하다.
pass in one's marble (濠속어) 죽다.
take [or *pick up*] *one's marbles* 포기하다, 그만두다, 단념하다.
—혱 1 대리석으로 만든. ¶a ~ statue 대리석상. 2 대리석같이 단단한[차가운, 매끄러운, 흰]. 3 차가운, 무정한. ¶a ~ heart 무정한 마음. 4 대리석 무늬의.
—톤 1 대리석 무늬로 채색[염색]하다. 2 (종이·책의 도련진 면 따위)에 대리석[번진 먹물] 무늬를 넣다. ¶ ~*d paper* 대리석 무늬를 넣은 종이, 마블지 / *a book with* ~*d edges* 가장자리에 대리석 무늬가 든 책.
márble càke 몡 마블 케이크(대리석 무늬 케이크).
Márble City 몡 (美속어) 묘지(marble orchard).
mar·bled [mɑ́ːrbld] 혱 1 대리석으로 만든, 대리석으로 장식한. 2 대리석 무늬의. 3 (고기가) 차돌박이의.
mar·ble-dome [⁃dòum] 몡 (美속어) 얼간이, 바보.
mar·ble-edged [⁃édʒd] 혱 (제책) 재단한 자리가 대리석 무늬의.
mar·ble·heart·ed [mɑ́ːrblhɑ́ːrtid] 혱 무정한, 냉
mar·ble·ize [mɑ́ːrblàiz] 톤 =marble. 「혹한.
márble òrchard [**tòwn**] 몡 (美속어) 묘지.
mar·bling [mɑ́ːrbliŋ] 몡 1 ⓤ 대리석 무늬 넣기[넣는 방법]. 2 ⓤⓒ (제본) (책의 도련진 가장자리·면지 따위의) 대리석 무늬, 번진 먹물 무늬. 3 차돌박이 (고기).
mar·bly [mɑ́ːrbli] 혱 =marble 혱 2.
Már·burg disèase [mɑ́ːrbə:rg-] 몡 (병리) 마르부르크병(고열·발진·소화기관 출혈 등을 수반하는 바이러스 전염병). 「르트에 만든 프랑스 브랜디).
marc [mɑːrk] 몡ⓤ (특히 포도의) 짜고 난 찌꺼기; 마
MARC [mɑːrk] 몡 기계 가독(可讀) 목록(컴퓨터 처리가 가능한 출판물 데이터 베이스). 〔<*machine readable catalog*〕
Mar·can [mɑ́ːrkən] 혱 성(聖)마가의(St. Mark)의.
mar·can·do [mɑːrkɑ́ːndou] (음악) 마르칸도.
mar·ca·site [mɑ́ːrkəsàit] 몡ⓤ (광물) 백철광(白鐵鑛). 「된. 〔<*It marking*〕
mar·ca·to [mɑːrkɑ́ːtou] 혱 (음악) 마르카토, 강조
mar·cel [mɑːrsél] 몡 (-*ll*-) (두발)에 마르셀식(으로) 웨이브로 하다. —몡 (또는 ⁓ *wàve*) 마르셀식 웨이브 (미용)법(1920년대에 유행한 헤어스타일). 〔<프랑스 미

용사 Marcel Grateau(1852-1936)의 이름]
mar·cel·la [maːrséla] 명 ⓤ 능직(綾織) 면포[마포].
mar·ces·cent [maːrsésnt] 형 〔식물〕 식물체의 어떤 부분이 떨어지지 않고 시든. **-cence** 명
‡**march**¹ [maːrtʃ] 자 (**~es** [-iz]; **~ed** [-t]) ㉠ 1 (대열을 지어) 행진하다, 행군[진군]하다. ¶ (~+前+名) ~ along [or up, down, through] the streets 거리를 행진해 가다 /~ into the enemy's country 적의 영토로 진격하다 /~ in fours 4열 종대로 행진하다. 2 (당당히) 걷다, 전진하다. ¶ (~+前+名) ~ straight to the seat 그 자리를 향해서 똑바로 전진하다. 3 전진하다, (일이) 진전되다. ¶ Science has ~ed in tremendous strides these few decades. 과학은 최근 몇십 년 동안에 장족의 발전을 했다. 4 (나무 따위가) 정연하게 늘어서다. 5 (말·행동이) …와 일치하다, 조화되다(*with*).
── 타 1 …을 행진시키다, 행군시키다, 척척 걷게 하다(*to*). 2 …을 (강제로) 걷게 하다, 끌고 가다(*off*)(*to*). ¶ ~ a person (*off*) to jail 남을 교도소로 끌고 가다.
Double time [or **Quick time**], **march!** (구령) 속보로 갓!, 뛰어 갓!
Forward, march!; March on! (구령) 앞으로 갓!
march on 계속 행진하다; (항의·전투를 위해) …을
march past 분열 행진하다. └향해 행진하다.
Mark time, march! (구령) 제자리 걸음!
To the rear, march! (구령) 뒤로 돌아 갓!
── 명 (복 ~**es** [-iz]) 1 ⓤ 행진, 행군, 진군; ⓒ 행군의 행정(行程). ¶ a day's ~ 하루의 행군 거리 / a forced ~ 강행군 / a triumphal ~ 개선 행진. 2 (the ~) 나아감, 전진; 진행, 진전. ¶ the ~ of time 시간의 진행 / the ~ of civilization 문명의 진전. 3 〔음악〕 마치, 행진곡. ¶ a wedding ~ 결혼 행진곡. 4 행진의 보조. ¶ a quick ~ 속보 행진. 5 데모 행진.
double march 구보(驅步).
gain [or **get, steal**] **a march on** [or **upon**] **a person** …에게 살며시 다가가다; …을 (살그머니) 앞지르다[추월하다].
in the march (구어) 단호히 행동중에.
Quick march! (구령) 앞으로 갓!
on the march 행진[행군]중에; 진행[발전]중에.
march² 명 1 국경, 경계; 변경(frontier). 2 (~es) (분쟁이 잘 일어나는) 국경 지대. 3 (the M-es) (영국사) England와 Scotland, 또는 England와 Wales와의 사이의 경계 지방. ¶ the M-es 국경 지방으로 둘러싸인) 영지, 영토.
── 자타 ⒜ 인접하다(border) (*on, upon, with*).
‡**March** [maːrtʃ] 명 3월(약 **Mar.**). ┌**tecture.**
March. Marchioness. **M. Arch.** *Master of Archi*-
Mär·chen [méərkən] 명 (종종 m-) 메르헨, 동화, 옛날 이야기; 전설, 민화. [<G story]
march·er¹ [maːrtʃər] 명 행진자; 데모 참가자.
march·er² (역사) 명 1 국경 지역 주민, 변경 주민. 2 국경 관할관, 변경 영주.
márch·ing bànd [maːrtʃiŋ-] 악대, 마칭 밴드.
márching òrders 명 1 (~s) (군사) 행군 명령, 진군[돌격] 명령. 2 (영구어) 해고 통지.
mar·chion·ess [maːrʃənis, -máːrʃənés] 명 1 후작(侯爵) 부인, 후작 미망인. 2 여(女)후작. ⓐ marquis
march·land [maːrtʃlænd, -lənd] 명 국경[변경] 지대[지방]. (구) 모금공단(1938년에 발족).
March of Dimes 명 (the~) (미) 소아마비 구제[연
march·pane [maːrtʃpèin] 명 = marzipan.
march-past [-pæst/-pɑːst] 명 퍼레이드, 행진, 행렬; (군대의) 분열 행진, 분열식.
mar·co·ni [maːrkóuni] 명 마르코니식의. ── 자타 무선으로 송신하다.
Mar·co·ni [maːrkóuni] 명 **Guglielmo** ~ 마르코니(1874-1937: 이탈리아의 전기기사; 무선전신 발명; 노벨 물리학상(1909)).
mar·co·ni·gram [maːrkóunigræm] 명 (드물게)

(마르코니식) 무선 전신(radiogram).
Mar·co Po·lo [máːrkou póulou] 명 ⇒ POLO.
Márco Pólo Brídge 명 마르코폴로 다리(중국 루거우차오(蘆溝橋)의 별칭: 1937년 루거우차오 사건 발생).
Mar·cos [máːrkous, -kòs] 명 **Ferdinand ~** 마르코스(1917-89: 필리핀의 정치인; 대통령(1965-86)).
Mar·cus Au·re·li·us [máːrkəsɔːríːliəs, -ljəs] 명 마르쿠스 아우렐리우스(121-180: 스토아 철학자; 로마 황제).
Mar·cu·se [maːrkúːzə] 명 **Herbert ~** 마르쿠제(1898-1979: 독일 태생의 미국 철학자; 1960년대 student power의 이론적 지주).
Mar·di Gras [máːrdi grɑː] 명 (사육제 마지막 날인) 참회 화요일, 식육 화요일. [<F] └토라지는.
mard·y [máːrdi] 명 (영방언) 응석받이로 자란, 곧잘
*****mare**¹ [mɛər] 명 (암)말; 암노새(당나귀). ¶ *Money makes the ~ (to) go.* (속담) 돈만 있으면 귀신도 부릴 수 있다. ┌⇒ SHANK'S MARE.
ride [or **go**] **on shanks'** [or **shank's**] **mare**
Whose mare's dead? (속어) 어떻게 된 겁니까?
win the mare or lose the halter 죽이 되든 밥이 되든[홍하든 망하든] 해보자.
ma·re² [máːrei, méəri] 명 (복 **-ri·a** [-riə]) 1 (M-) 〔천문〕 (달의) 바다. 2 (일반적으로) 바다. [<L sea]
ma·re clau·sum [méəri klɔ́ːsəm, máːrei-] 명 영해(領海). [<L closed sea]
ma·re li·be·rum [méəri libərəm] 명 자유해: 공해(公海). [<L open sea]
ma·rem·ma [mərémə] 명 (복 **-me** [-mi]) (이탈리아의) 해안 습지대; 그 독기(毒氣).
Ma·ren·go [mərέŋgou] 명 마렝고(이탈리아 서북부의 마을; 나폴레옹이 Austria군을 격파한 곳). ── 명 (종종 m-) 마렝고(기름·토마토·마늘·포도주·버섯 따위로 만든 소스)를 친.
mare's-nest [mέərznèst] 명 1 실제로는 아무 것도 아닌 대발견; 존재하지 않는[허황된] 것. 2 엉망진창인[벌집을 쑤셔놓은 듯한] 상태[장소].
mare's-tail [-tèil] 명 1 쇠뜨기말 (수초의 일종). 2 (~s) 말꼬리구름(권운의 일종; 비가 올 전조).
mar·fak [máːrfæk] 명 (미속어) 버터.
Már·fan sýndrome [máːrfæn-] 명 〔병리〕 마르팡 증후군(사지의 이상 생장 따위가 특징인 유전성 질환).
marg [máːrdʒ] 명 (영구어) = margarine.
marg. margin; marginal.
Mar·ga·ret [máːrgərit] 명 마거릿(여자 이름).
mar·gar·ic [maːrgǽrik, -gáːr-] 명 (화학)의(비슷한).
margáric ácid 〔화학〕 진주산(眞珠酸), 마르가르산. ┌인조 버터. [<F]
mar·ga·rine [máːrdʒəriːn, -dʒərin] 명 ⓤ 마가린.
Mar·ga·ri·ta [màːrgəríːtə] 명 ⓤ (때로 m-) 마가리타(테킬라를 바탕으로 만든 칵테일).
mar·gay [máːrgei] 명 (중남미산(產)) 살쾡이.
marge¹ [máːrdʒ] 명 (시) 가장자리(edge).
marge² (영구어) = margarine.
marge³ [máːrdʒ] 명 (미속어) (레즈비언에서 여자역(을 하는 쪽).
Marge [máːrdʒ] 명 마지(여자 이름; Margaret의 애칭).
mar·gent [máːrdʒənt] 명 (시) = margin.
mar·ger·y [máːrdʒəri] 명 마저리(여자 이름).
Mar·gie [máːrʒi] 명 = Marge¹.
‡**mar·gin** [máːrdʒin] 명 (복 **~s** [-z]) 1 가장자리, 가; 가두리. ⇒ EDGE 유의어 ¶ the ~ of a leaf 잎의 가장자리. 2 (인쇄물 따위의) 난외(欄外), 여백. ¶ a bottom ~ (페이지의) 아래 여백 / leave a ~ 여백을 남기다. 3 (가능성 따위의) 한계, 극한; 빠듯함. ¶ *He is on the ~ of subsistence.* 그는 굶기를 밥먹듯하며 살아가고 있다. 4 (시간·돈 따위의) 여지, 여유; (찬반 투표 따위의) 표차. ¶ a ~ *of free activity* 자유 행동의 여지. 5 〔증권〕 (주식 거래 따위의) 위탁 증거금(security); 〔금융〕

margin account 〔상업〕 차입금, 마진, 판매 수익; 〔경제〕(생산비를 보상하기에 족한) 한계 수익점. **7** 〔심리〕 의식의 주변 식역(識閾), 계(界) 의식. **8** 〔藻〕 (기본급에 붙는) 특수 기능 수당, 특별 수당.
buying on margin 〔증권〕 신용[투기] 매입. 「사다.
buy on margin 〔증권〕 증거금을 치르고[신용 거래로]
by a narrow [wide] margin 간신히[너끈히], 아슬아슬하게[여유있게, 큰 차이로]. 「짓을 하다.
go near the margin 위험에 다가가다, 아슬아슬한
—— 타 **1** …에 가장자리를 치다. **2** …을 난외에 써넣다, …에 방주(傍註)를 달다. **3** 〔금융〕 〔주식〕의 위탁 증거금을 추가하다(*up*); 〔주식〕을 신용거래로 사다.
—— 자 〔금융〕 추가 증거금을 치르다(*up*).
margin account 〔신용 거래의〕 증거금 계정.
***margin·al** [má:*r*dʒinl] 형 **1** 가장자리의, 가의. ¶**a ~ space** 가장자리의 여백. **2** 변경 지역에 사는, 변경의. ¶**~ groups of aborigines** 변경에 사는 원주민 집단. **3** 난외(欄外)의. ¶**a ~ note** 난외의 주(註). **4** 한계의, 최저의, (최저) 한계에 가까운, 빠듯한; 간신히 요건을 만족시키는. ¶**~ ability** 최저의 능력 / **set free ~ energies** 젖 먹던 힘까지 다 내다. **5** 〔경제〕 한계 수익점의; 한계 채산상품의. ¶**~ profits** 한계 수익[이윤]. **6** 〔英·뉴질〕 (의석 따위가) 근소한 표차로 얻은[다투는].
—— (책의) 난외주. ~**ál·i·ty** 명
márginal búsiness 〔경제〕 한계 기업.
mar·gi·na·li·a [mà:*r*dʒənéiliə, -ljə] 명복 난외의
márginal íncome 〔경제〕 한계 소득(매출액에서 변동비용을 공제한 것).
mar·gin·al·ize [má:*r*dʒinəlàiz] (* (英) **-ise**) 타 …을 (특히 사회의 진보에서) 처지게 하다, 사회에서 소외하다, 사회적으로 무시하다. ~**i·zá·tion** 명
márginal lánd 〔경제〕 〔경작의〕 한계지.
mar·gin·al·ly [má:*r*dʒinəli] 부 가장자리에; 난외에, 여백에; 조금만, 근소하게.
márginal mán [péople] 명 〔사회〕 주변인(周邊人), 경계인(境界人)(성질이 다른 두 개의 문화에 속하여 어느 쪽에도 충분히 동화되지 못하는 사람).
márginal probability 〔통계〕 주변 확률.
márginal producer 〔경제〕 한계 생산자.
márginal product 〔경제〕 한계 생산물(투입한 단위 증대시의 증산분).
márginal profits 〔경제〕 한계 수익[이윤].
márginal propénsity to consúme 〔경제〕 한계 소비 성향(소득 증가분을 증대 충당분의 비율). 「위 증대시의 매출 증대분).
márginal révenue 〔경제〕 한계 수입(수입 한 단
márginal séa 명 (the ~) 〔법률〕 영해(해안선으로부터 3.5 법정 마일 이내의 해역).
márginal séat [constítuency] 명 **(英)** 〔근소한 득표차로 차지한〕 불안정 의석(선거구).
márginal táx ràte 명 한계 세율.
márginal utility 〔경제〕 한계 효용.
mar·gin·ate [má:*r*dʒənèit] 형 **1** 가장자리가 있는. **2** (곤충) 가장자리의 빛깔이 뚜렷한. (또는 **marginated**)
—— 타 …에 가장자리를 붙이다(border). ~**á·tion** 명
márgin càll 〔증권〕 추가 증거금 청구.
márgin of érror 명 오차(誤差)(범위).
márgin plánk 명 〔해사〕 목갑판의 외연재(外緣材).
mar·go·sa [ma:*r*góusə] 명 〔식물〕 인도 멀구슬나무.
Mar·got [má:*r*gou, -gət] 명 마고(여자 이름).
mar·gra·vate [má:*r*grəvèit] 명 **margrave**의 영지(領地)[통치령].
mar·grave [má:*r*greiv] 명 〔종종 M-〕 〔역사〕 〔신성 로마 제국의〕 후작; 〔중세 독일 귀족의〕 변경백(邊境伯).
-grá·vi·al 형
mar·gra·vine [má:*r*grəvì:n] 명 변경백 부인.
mar·gue·rite [mà:*r*gərí:t] 명 마거리트(데이지의 일종). 〔<F *marguerite* daisy〕

ma·ri·a [má:riə, méər-] 명 **mare**²의 복수형.
Ma·ri·a [mərí:ə/məráiə] 명 마리아(여자 이름).
ma·ri·a·chi [mà:riá:tʃi] 명 마리아치(멕시코의 떠돌이 악사[악단]); 그 음악. —— 명 마리아치 음악[악단]의.
ma·riage à la mode [F marja:ʒ a la mɔd] 명 (이해 본위 등에 의한) 세태를 좇은 결혼.
ma·riage de con·ve·nance [F marja:ʒ də kɔ̃vnɑ:s] 명 정략 결혼. 〔<F〕
Mar·i·an [mɛ́əriən] 명 **1** 성모 마리아의. **2** 영국〔스코틀랜드〕 여왕 Mary의. —— 명 **1** 성모 마리아 숭배자. **2** (스코틀랜드 여왕) Mary의 편[지지자, 옹호자].
Mar·i·a·na Islands [mɛ̀əriǽnə-/mɛ̀ər-] 명 (the ~) 마리아나 제도(필리핀 군도의 동쪽 서태평양상에 있는 15개의 화산 열도).
Mariána Trénch 명 마리아나 해구(海溝)(마리아나 군도 동쪽에 있는 해구; 최대 깊이 11,034m).
Mar·i·anne [mɛ̀əriǽn, mæ̀r-] 명 마리안느(프랑스 공화국의 의인명(擬人名); 프랑스 혁명 때 처형됨). 「공화국의 의인명(擬人名); 프랑스 혁명 때 처형됨).
mar·i·cul·ture [mǽrikʌ̀ltʃə*r*] 명⓾ 바다 양식(養殖)
Ma·rie [mərí:] 명 마리(여자 이름).
Marie An·toi·nette [-æntwənét, ɑ:ntwə-/F ɑ̃twanɛt] 명 마리 앙투아네트(1755–93; 프랑스 Louis XVI의 비(妃); 프랑스 혁명 때 처형됨).
Mar·i·et·ta [mɛ̀əriétə] 명 마리에타(여자 이름; Mary의 별칭). 「萬壽菊〕
mar·i·gold [mǽrigòuld] 명 금송화(金松花); 만수국
mar·i·gram [mǽrəgræ̀m] 명 조류곡선(潮候曲線).
mar·i·graph [mǽrəgræ̀f, -grà:f] 명 검조기(檢潮器), 검조의(儀)(조류 간만(干滿)의 자동기록기).
ma·ri·jua·na, ma·ri·hua·na [mæ̀rəhwá:nə] 명⓾ (인도산(産)의) 삼, 대마(大麻)(hemp); 대마송, 마리화나(대마의 잎·꽃을 말린 것). (또는 **marihuana**) 「별칭).
Mar·i·lyn [mǽrəlin] 명 매릴린(여자 이름; Mary의
ma·rim·ba [mərímbə] 명 마림바(옥금의 일종).
ma·ri·na [mərí:nə] 명 **1** (美) 마리나(요트·모터 보트 따위의 계선장(繫船場)). **2** (M-) 여자 이름.
mar·i·nade [mæ̀rinéid] 명 마리네이드(고기·생선·야채 따위를 요리하기 전에 여기에 담근다); 마리네이드에 담근 고기 또는 생선. —— 타 [4--́] =**marinate**. 〔marimba〕
ma·ri·na·ra [mà:rənɑ́:rə] 명 마리나라(토마토·양파·마늘·향신료로 만든 이탈리아 소스). 「를 친.
mar·i·nate [mǽrənèit] 타 〔고기·생선 따위〕를 마리네이드에 담그다. ~**ná·tion** 명
***ma·rine** [mərí:n] 형 **1** 바다의[에 있는], 바다에 사는, 해산(海産)의; 〔기상〕 해양성의. ¶**~ animals** 해생(海生) 동물 / **~ plants** 해초(海藻), 해양 식물 / **~ products** 해[수]산물 / **~ wonders** 바다의 경이. **2** 해사(海事)의, 항해상의(nautical); 해군의(naval); 해운의. ¶**a ~ chart** 해도 / **~ transport** 해상 수송 / **~ power** 해군력. **3** 〔군사〕 함상(艦上) 근무의; 해병(대)의. **4** 선박(용)의. ¶**a ~ engine** 선박용 기관.
—— 명 ~**s** (-z) **1** (the ~) 〔집합적〕 (한 나라의) 선박, 상선; 해상 세력. ¶**the mercantile ~** 상선대, 해운력 / **the military ~** 함대, 해군력. **2** 해병대원, (**the** M-) 미국 해병대원; 해병대; (**the** M-s) (美) Marine Corps, (英) Royal Marines. **3** 해양화(畵); 배의 그림. **4** 해군 관계 사항. **5** 수륙 양용 작전 전문가. **6** (프랑스 등 대륙국의) 해군부.
***blue [red] marines** (英) 〔역사〕 해병대 포병[보병].
***Tell that [or it] to the (horse) marines!; That will do for the marines!** (구어) 그 따위 소리를

누가 믿는담!(거짓말 마라).
maríne baròmeter 명 선박용 기압계.
maríne bèlt 명 (the ~) 영해(territorial waters).
maríne biólogy 명 해양 생물학.
maríne biotéchnology 명 해양 생물 공학.
Maríne Còrps 명 (the ~) (美) 해병대.
maríne enginéer 명 선박 기관사, 조선(造船) 기사.
maríne enginéering 명 조선 공학.
maríne geólogy 명 해양 지질학.
 maríne geólogist 명
maríne glùe 명 머린 글루, 내수(耐水) 접착제(나무 갑판의 틈을 메운 후에 바르는 타르 모양의 물질).
maríne insúrance 명 해상 보험.
maríne léague 명 거리의 단위(3해리를 1단위로 함).
Maríne Óne 명 (美) 대통령 전용 헬리콥터(미 해병대 헬리콥터 1호기). 참 Air Force One
maríne pòlicy 명 해상 보험 증권.
maríne pollútion 명 해양 오염.
*__mar·i·ner__ [mǽrənər] 명 1 선원, 뱃사람; 항해자(sailor). 2 (美) 마리너(美) 금성 탐사용 우주선).
maríne recrùit [òfficer] 명 (美속어) 빈(술·맥주)병(dead marine).
máriner's còmpass 명 나침반.
máriner's nèedle 명 나침(나침반의) 바늘).
maríne science 명 해양 과학.
maríne snòw 명 바다속의 죽은 플랑크톤 따위의 세포로 이루어진 눈과 비슷한 바닷속의 강하물(降下物).
maríne stòre 명 1 (~s) 고(古)선구류. 2 선구; 고선구점(古船具店).
maríne superintèndent 명 해사(海事) 감독관.
Mar·i·ol·a·try [mèəriálətri/-ɔ́l-] 명 ⓤ (경멸적)(지나친) 성모 마리아 숭배; 여성 숭배. **-trous** 형
Mar·i·ol·o·gy [mèəriálədʒi/-ɔ́l-] 명 ⓤ 마리아학(學), 성모신학(聖母神學). **-gist** 명 성모신학 연구가.
mar·i·on·ette [mæ̀riənét] 명 마리오네트, 꼭두각시(puppet). 〖<F〗
Mar·i·pó·sa lily [tùlip] [mæ̀rəpóusə-, -zə-] 명 마리포사 백합류[튤립](나리과(科) 식물).
Mar·i·sat [mǽrəsæt] 명 (美)마리샛(미국의 군·민 공용) 해사[<maritime+satellite] 통신 위성.
mar·ish [mǽriʃ] (古) 명 소택(沼澤)(지), 늪(지대)(swamp). —— 형 늪의[과 같은], 소택성의.
mar·i·tal [mǽrətl] 형 1 결혼(생활)의; 부부간의. ¶~ trouble [discord] 부부 싸움 / ~ rape 부부 강간죄. 2 (古) 남편의. **-ly** [-təli] 부 (혼) 부부 따위).
márital státus 명 (the ~) 결혼 상황(미혼·기혼·이
márital thérapy 명 부부 요법(결혼 생활에 관한 문제의 해결을 위한 심리 요법).
*__mar·i·time__ [mǽrətàim] 형 1 바다의, 해사의; 항해의, 해운의. ¶~ affairs 해사. 2 연해의, 해변의; 해변에 사는. ¶a ~ state [people] 해양 국가[민족] / ~ trade 해운업. 3 선원다운, 선원 특유의. ¶a ~ appearance 뱃사람다운 풍채. 4 (古) (군인이) 항상 근무의(marine). —— 명 (the M-s) =Maritime Provinces.
máritime bèlt 명 (법률) 연안해(沿岸海).
máritime clímate 명 해양성 기후.
máritime insúrance 명 해상 보험.
máritime láw 명 해사법(海事法).
Máritime Próvinces 명 (the ~) (캐나다의) 연해주(沿海州)(Nova Scotia 주, New Brunswick 주, Prince Edward 섬의 총칭).
Máritime Térritory 명 (the ~) (러시아의) 연해주(Primorsky Kray의 영어명).
Mar·i·us [mǽriəs, mɛ́ər-] 명 Gaius ~ 마리우스 (?155–86 BC: 고대 로마의 장군·정치인; 집정관).
mar·jo·ram [máːrdʒərəm] 명 ⓤ 마요라나(박하 비슷한 약용·요리용 식물). 「Marjorie」
Mar·jo·ry [máːrdʒəri] 명 마저리(여자 이름). (또는

‡**mark**¹ [maːrk] 명 1 표, 자국, 흔적, 흉터, 멍; 얼룩, 오점(spot, stain). ¶the ~ of a wound 상처 자국, 흉터 / a ~ of blood 혈흔(血痕).

> [유의어] **mark** 사물의 성격을 밖으로 나타내는 것; 흔적·식별 따위를 위해 붙이는 표지. **sign** 어떤 사실·의미를 나타내는 모든 기호·신호·몸짓 따위; 가장 포괄적인 말. **signal** 특정의 의미를 곧 알 수 있게 하는 관습적 방법에 의한 sign. **symbol** 어떤 것을 뜻하는 기호 따위. **token** 감정·추억 따위 추상적인 것을 물적으로 표현한 것.

2 (비유적) …의 표, 징후, 징조; (성격·감정 따위의) 표시. ¶as a ~ of scorn 경멸의 표시로서 / Gray hair is a ~ of old age. 백발은 노령의 한 징조이다.
3 특색, 특징; 증거. ¶the usual ~s of a gentleman 신사의 일반적인 특징.
4 (품질·소유 따위의) 표장(標章)(badge); 인장, 소인, 낙인(seal); 표딱지, 상표. ¶an assayer's ~ 검정 필인(畢印) / a price ~ 정찰 / a shipping ~ 화물 표지 / a trade ~ 상표.
5 (인쇄·필기의) 부호(sign), 기호, 약물(約物). ¶punctuation ~s 구두점 / quotation ~s 인용 부호.
6 (위치의) 표지물(sign); 지표, 표. ¶a ground ~ 지상 표지 / the ~ of a channel 수로 표지. 7 (종종 ~s) (성적의) 평점, 점, 점수. ¶gain full ~s 만점을 따다 / have good ~s in mathematics 수학 성적이 좋다. 8 ⓤ (the ~) 기준, 표준, 수준; 한계, 정도. ¶over the ~ 도를 넘어서, 극도로. 9 (the ~) 과녁, 표적. ¶aim at the ~ 과녁을 겨누다 / It is far from the ~ 얼토당토않다.
10 (노력·희망 따위의) 목표, 목적, 도달점. 11 ⓤ 명성, 저명; 중요성. 12 감명; 영향, 감화. 13 (a ~) (속어) (비웃음 따위의) 표적[대상](이 되는 사람), 봉. ¶Don't be an easy ~ for others. 남의 비웃음 거리[봉]이 되지 마라. 14 (the ~, one's ~) (경기) 출발점. 15 (해사) 측표(測標)(측연선(測鉛線)에 붙인 깊이를 나타내는 표지). 16 (M-) (무기·장비 따위의) 형(model); (로마 숫자와 함께 써서) …식(式). ¶M- VI 6식(式). 17 (the ~) (권투) 명치. 18 (럭비) 마크(heel-~)(페어캐치 때 발꿈치로 땅바닥에 긋는 표). 19 (볼링) 마크(스트라이크나 스페어를 따기). 20 (의상) 사인, 서명; ×표(문맹자가 서명 대신에 사용). 21 (컴퓨터) 표지(標識), 마크. 22 (古) 경계(境界), 변경 지역.
above [below, under, beneath] the mark 표준 이상[이하]으로. 「다.
a man of mark 명사, 요인.
a mark of rank 계급장.
beside the mark 얼토당토않은, 빗나간. ¶Your calculation is beside the ~. 네 추측은 빗나갔다.
beyond the mark 도를 지나쳐서, 과도하여.
burn a mark (美경찰 속어) 들치기 용의자를 위협하여 물건을 그 자리에 놓고 가게 하다.
crack a mark 기록을 깨다, 신기록을 세우다.   「다.
cut the mark (화살이) 과녁에 미치지 못하(고 떨어지)
fall short of the mark 표준[목표]에 미치지 못하다.
fast [or quick] off [or on] the mark 행동이 빠른, 스타트가 빠른; 머리 회전[이해(理解)]이 빠른.
get off the mark (경쟁 따위에서) 스타트를 끊다; 일을 시작하다.
(God [or Heaven]) bless [or save] the mark! ① 아 실례했군, 미안해요(심한 말을 한 뒤 사과하는 말). ② 아니 이럴 수가; 나 원 참(비꼼·경멸·놀람의 뜻).
have a mark on …을 좋아하다.
hit [miss] the mark ① 적중하다[빗나가다]. ② 목적을 이루다[이루지 못하다], 성공[실패]하다.
leave one's [or a] mark (…에) 발자취를 남기다, …에 강한 영향을 미치다(on).
make one's [or a] mark ① 이름을 떨치다. ¶He made his ~ in baseball. 그는 야구에서 이름을 떨쳤다. ② (글을 못쓰는 사람이) ×표로 서명하다.

near [or ***close to***] ***the mark*** ① 거의 정확한, 진실에 가까운. ② (농담 따위가) 좀 지나친, 아슬아슬한.
off the mark ① =*beside the mark*. ② 스타트를 끊어; 착수[발족]하여.
On your mark(s)! (경기에서) 제자리에. ¶ *On your* ~! Get set! Go! 제자리에! 준비! 땅!
overstep [or ***overshoot***] ***make(s)*** 《구어》 도를 지나치다, 행동[말]이 지나치다.
over the mark =*beyond the mark*.
short of the mark 표준에 미달하다.
slow off the mark 행동이 둔한, 스타트가 느린; 머리 회전이 느린.
take *one's* ***mark amiss*** 겨냥을 잘못하다, 실패하다.
the mark of mouth (말의 나이를 나타내는) 앞니의 홈.
toe the mark ① (경주 등에서) 발끝을 출발선에 맞추다. ② 규칙[명령]에 따르다. ③ 책임[의무]을 다하다.
up the mark 《구어》 수준[목표]을 높이다.
up to the mark ① 표준에 달하여. ② 건강이[몸의 컨디션이] 아주 좋아서.
wide of the mark =*beside the mark*.
within the mark 틀리지 않은, 오산[과언]이 아닌.
— [동] (~***ed*** [-t]) [타] **1** …을 눈에 띄게[돋보이게] 하다, 두드러지게 하다(*by, with*); 〔남〕을 (…로) 특징짓다(*as*). ¶ Great scientific discoveries ~*ed* the 19th century. 과학상의 대발견이 19세기를 특징지었다.
2 …에 (얼룩·오점·상처 따위의) 자국을 내다(*with*). ¶ a face ~*ed with* smallpox 마맛자국이 있는 얼굴.
3 (가격·품질 따위를 표시하기 위해) 숫자[표·표찰 따위]를 붙이다(*with*). ¶ ~ a book *with* a price tag 책에 정가표를 붙이다.
4 (표지·부호 따위를) …에 붙이다 (*with*); 〔표지·기호〕를 붙이다 (*on*); (표지·기호 따위로)…을 나타내다(*with*). ¶ ~ something *with* a cross …에 십(十)자 표시를 하다 / ~ accents *on* words 단어에 악센트 부호를 붙이다 / ~ the boundary *with* a dotted line 점선으로 경계를 표시하다.
5 〔남〕을 (…을 위하여) 골라내다, 채택하다; 예정하다, 운명짓다(*out*)(*for*). ¶ be ~*ed out for* promotion 발탁되어 승진하다 / be ~*ed out for* slaughter 도살될 운명에 놓여 있다. **6** 〔득점 따위〕를 기록하다, …을 채점하다. ¶ ~ a paper 답안을 채점하다. **7** 〔감정·의지 따위〕를 (…으로) 나타내다, 보이다(*by*). ¶ Her smile ~*ed* her happiness. 그녀의 미소는 그녀가 행복하다는 것을 말해 주고 있었다. **8** …을 설계[계획]하다(*out, off*). ¶ ~ *out* a plan of attack 공격 계획을 세우다. **9** …에 유의[주의]하다. ¶ *M–* me [*or* my words]. 내 말을 잘 들어요; 《구어》 괜찮지요? **10** 〔사냥〕 (사냥감이 도망간 곳에) 표를 해두다(*down*). **11** 《英》 〔축구·농구〕 상대팀 선수에게 접근하여 방해하다. **12** 《美·濠》 〔새끼양〕을 거세하다.
— [자] **1** 표를 하다, 부호를 달다. **2** 주의하다, 주목하다 (observe). **3** 채점하다, 게임의 득점을 기록하다. **4** 〔사냥〕 사냥감이 숨은 곳을 알아두다.
mark down ① …을 적어 두다, …을 메모해 두다. ② 값을 내려 가격표를 달다, 값을 내리다. ③ 〔사냥〕 ⇨[자] 9. 「를 주다.
mark *a person* ***for life*** 남의 마음에 평생 가는 상처
mark in (지도·그림 따위에) …을 써넣다.
mark off ① ⇨[자] 3. ② …을 (…과) 구별하다, 가르다(*from*). ③ …을 선으로 지우다; (표 따위에) …의 완료[종료]를 기입[표시]하다.
mark out ① …을 구획[설계, 계획]하다, 가르다. ② ⇨[타] 5. ③ …을 선으로 지우다.
mark time ⇨TIME.
mark up ① …에 비싼 값을 매기다, 값을 올리다. ② …을 덧붙여 써넣다. ③ 성적[평점]을 올리다. ④ 《美》 (법안을 위원회 단계에서) 수정하다, 다듬다. ⑤ 〔인쇄〕 교정하다; 가필하다.
mark you 《삽입적으로 써서》 알겠니, 잘 기억해 두어.

mark² [명] 마르크(독일의 화폐 단위; [약] M).

Mark [mɑːrk] [명] **1** 마크(남자 이름). **2** 〔성서〕 마가(마가 복음의 저자). **3** 〔성서〕 마가 복음(신약 성서 중의 제2 복음서).

Mar·ká·rian gálaxy [mɑːrkáːriən-] [명] 〔천문〕 마르카리안 은하(1968년 아르메니아의 천문학자 B. E. Markarian이 발견한 활동 은하).

mark·down [máːrkdàun] [명] 가격 인하(폭).

***marked** [mɑːrkt] [형] **1** 두드러진, 현저한. ¶ a ~ feature 두드러진 특징 / a ~ success 눈부신 성공. **2** 주목을 받는, 점찍힌. **3** 표[마크]가 붙어 있는. **4** 〔언어〕 유표(有標)의. [참] unmarked
márk·ed·ly [máːrkidli] [부] **-ed·ness** [명]

márked càr [명] 《구어》 순찰차.

márked màn [**pèrson**] [명] 악명 높은 사람; 요주의 인물, 점찍힌 사람; 《美》 전과자; 유망한 사람.

marked-up [-ʌ́p] [형] 값을 올린; 《美》 (법안을 위원회 단계에서) 수정한, 손질한.

mark·er [máːrkər] [명] **1** 표지(標識)[부호]를 붙이는 사람[것]. **2** 표지(가 되는 것); 서표(書標), 묘표(墓標), 기념표, 이정표. **3** (게임 따위의) 득점 기록자[장치]; (시험의) 채점자. **4** 〔군사〕 위치 표지; 《英》 (폭격의 목표를 정하기 위한) 조명탄. **5** 〔유전〕 유전 표지(genetic ~). **6** 〔언어〕 표지. **7** (지역의 선박 항행에 사용되는) 소형 무선 표지. **8** 마커펜(형광펜 따위). **9** =~ crude.
be not a marker to 《美속어》 …과는 비교도 되지 않다.

márker bùoy [명] 표지 부표(浮標).

márker crùde [명] 〔상업〕 (다른 원유 가격 설정의 기준이 되는) 표준 마커 원유(原油).

márker gène [명] 〔유전〕 표지(標識) 유전자.

márker pèn [명] =marker 8.

márker prìce [명] (원유의) 기준 가격.

‡**mar·ket** [máːrkit] [명] **1** (식품·가축류의) 저자, 장; 시장(marketplace). **2** (특정 일시·장소에서 열리는) 장, 장날(~ day); 장에 모인 사람들, 장의 인파. ¶ a morning ~ 아침 장. **3** 마켓, 식료품점. ¶ a fish ~ 생선 시장, 생선 가게. **4** (특정 상품의) 거래, 상거래; 거래 시장. ¶ the cotton ~ 면화 거래 (시장) / the stock ~ 주식 시장. **5** 상거래의 분야, 업계. **6** (상품의) 팔 곳, 판로, 시장; (상품의) 수요(*for*). ¶ the foreign [domestic] ~ 외국[국내] 시장 / seek a new ~ 새 판로를 구하다. **7** (특정 상품이나 서비스의 잠재적) 고객층, 구매층. **8** 시가, 시세(~ price); 시황, 경기. ¶ a brisk [dull, quiet, steady] ~ 활발[침체, 한산, 견실]한 시황 / govern the ~ 시가를 좌우하다 / The ~ is rising [falling]. 시가가 상승[하락]중이다. **9** 금융(시장). ¶ The ~ is tight [easy]. 금융이 핍박[방만]한 상태이다. **10** 〔英법률〕 개시(開市) 특권. **11** (one's ~) 거래의 기회, 상기(商機). ¶ lose one's ~ 상기를 놓치다.
at (the) market 시가(市價)로, 시세대로.
bring *one's* ***eggs*** [or ***hogs***] ***to a bad*** [or ***the wrong***] ***market*** 예상이 어긋나다, 계획에 실패하다.
bring...to market …을 시장에 내놓다.
come into the market 시장에 나오다, 시판되다.
drive *one's* ***pig to market*** 《구어》 코를 골다.
find a market for …의 수요처가 나타나다.
glut the market 과잉 공급으로 시장이 붕괴되다.
go badly to market 밑지는 거래를 하다.
go to a good [***bad***] ***market*** 성공[실패]해 있다, 행복[불행]하다.
go to (the) market ① (시장에) 장보러 가다; 거래하다. ② 《구어》 해보다. ③ 《濠》 성내다.
hold the market 시장을 지배하다.
in [or ***on***] ***the market*** 팔려고 내놓은. ¶ the best bags *in the* ~ 팔려고 내놓은 가장 좋은 가방.
in the market for …을 사려고, …을 구하여. ¶ I'm *in*

the ~ *for* a new car. 새 차를 한 대 살 생각이다.
make a market 경기를 돋우다; (주식 매매에서) 인기를 조작하다, 시세를 조종하다.
make a [or *one's*] **market of** …으로부터 이익을 얻다; …을 이용하다, (남) 을 이용물[희생물]로 삼다.
play the market (美) (증권의) 투기를 하다.
price…out of the market (재고용법으로) (경쟁업자나 매수측의 지정 매입가보다 높은 가격을 매겨) 거래가 이루어질 수 없게 하다.   「다.
put [or *place*]…**on the market** …을 팔려고 내놓
raise the market 시세를 올리다.
rig the market (속어) 시세를 조작하다.
The market goes south. 가치[시세]가 하락하다 [떨어지다].
── 图조 시장에서 거래하다; 시장에서 사다. ¶go ~*ing* (시장으로) 사러[팔러] 가다; 장보러 가다. ── 国 …을 시장에[팔려고] 내놓다, 시장에서 팔다.
mar·ket·a·ble [máːrkitəbl] *图* **1** 팔 만한, 팔리는. **2** 매매의, 시장에서 이루어지고 있는. ¶ ~ prices 시가 (市價). ~·**ness**, ⁻**bíl·i·ty** *图*.
márket àccess *图* 시장 진입[침입].
márket anàlysis *图* (상업) 시장 분석.
   márket ànalyst *图*
márket bàsket *图* 장바구니; (경제) 마켓 바스켓 (생계비의 변동을 산출하기 위해 지표(指標)가 되는 연도를 100으로 계산한 어떤 연도의 비교 구매 능력).
márket bèll *图* (개장을 알리는) 시장의 종.
márket bòat *图* (어시장까지의) 어류 수송선; 보급품 수송선.
márket cròss *图* (공시·포고 등을 하기 위해 중세 유럽의) 시장에 세워 놓은 십자가 (형태의 집).
márket dày *图* 장이 서는 날, 장날.
márket ecónomy *图* 시장 경제.
mar·ke·téer [màːrkitíər] *图* 시장 상인.
mar·ket·er [máːrkitər] *图* 장꾼, 장보러 가는 사람; 시장에서 매매하는 사람[회사]. ⑨ **shopper**
márket fluctuàtion *图* 시가(市價) 변동.
márket fórces *图*(복) 시장의 힘, 시장 방식.
márket gàrden *图* (美) 시판용(市販用) 채소밭 ((英) truck farm).
márket gàrdener *图* (美) 시판용 채소 재배자.
márket gàrdening *图* (美) 시판용 채소 재배.
márket gùru *图* (금융·증권 관련) 투자 컨설턴트.
márket hàll *图* 지붕이 있는 시장.
márket hòurs *图*(복) (거래소의) 개장 시간.
***mar·ket·ing** [máːrkitiŋ] *图*(U) **1** 시장에서의 매매 [거래]; (美) 쇼핑. ¶ do ~ 장을 보다. **2** 마케팅(제조에서 판매까지). **3** (집합적) 시장[시판]용 상품.
márketing mìx *图* (경제) 마케팅 믹스(마케팅의 각종 수단을 유기적으로 연동시키면서 전개하기).
márketing resèarch *图* 시장 조사, 시장 분석(제품 계획에서 판매에 이르는 기업 활동 전반에 유용한 정보를 수집하기 위한 조사).
mar·ke·ti·za·tion [màːrkitizéiʃən/-tai-] *图* (공산권의) 자유주의 시장 경제로의 이행(移行).
márket léader *图* (상업) 시장 지배 기업[제품](특정 제품·분야·지역 따위에서 시장 점유율 최대의 기업).
márket létter *图* 시장 소식, 시황 안내.   「제품].
márket màker *图* **1** (증권) (증권 시장의) 큰손, 시세 조종자. **2** =market leader. **márket-màking** *图*
márket màmmy *图* (서아프리카의) 여자 상인.
márket òrder *图* (증권) (값을 지정하지 않는) 시세 대로의 매매 위탁.
mar·ket-o·ri·ent·ed [-ɔ́ːrientid] *图* 시장 중시의.
márket óvert *图* 일반(공개) 시장.
márket perfórmance *图* 시장 성과.   「터, 장터.
***mar·ket·place** [máːrkitplèis] *图* 장이 서는 넓은
márket príce *图* 시장 가격, 시가, 시세.

márket ràte *图* (경제) 시장 시세.
márket résearch *图* 시장 조사.
mar·ket-ripe [-ràip] *图* (시장에 출하되었을 때 익도록) 조금 일찍 수확한.
márket segmentàtion *图* (상업) 시장 세분화.
márket shàre *图* 시장 점유율.
márket sócialism *图* 시장 사회주의(사회주의 경제 체제에 시장 경제 원리를 대폭 도입하는 정책).
márket tòwn *图* 장이 서는 소도시.
márket vàlue *图* 시장 가치(⑤ book value); =mar-
mar·khor [máːrkɔːr] *图* (히말라야 지방의) 야생 염소.
mark·ing [máːrkiŋ] *图*(U) 표지(標識)[부호] 붙이기, 채점; (C) 표지, 부호; (보통 ~s) (동·식물의) 반점, 얼
márking gàuge *图* (건축) 턱촌목.   「룩, 무늬.
márking ìnk *图* 불변색 잉크.
márking ìron *图* 화인(火印), 낙인.
márking pèn *图* =marker 5.
mark·ka [máːrkɑː] *图* (복 ~s, ⁻**kaa** [-kɑː]) 마르카(핀 란드의 화폐 단위; 100 pennia에 해당).
Mar·kov [máːrkɔːf, -kɔv] *图* **Andrei Andreevich** ~ 마르코프(1856-1922: 러시아의 수학자). (또는 **Markoff**) **Mar·kóv·i·an** *图* 마르코프(과정[연쇄])의.
Márkov chàin *图* (통계) 마르코프 연쇄.
Márkov pròcess *图* (통계) 마르코프 과정.
márk sènsing *图* (컴퓨터) 마크 센싱(종이의 소정 위치에 기입된 마크를 자동적으로 읽기).
marks·man [máːrksmən] *图* 사격의 명수, 활의 명수; (군사) 저격병.
marks·man·ship [máːrksmənʃip] *图*(U) 사격의 정확성[솜씨], 사격술(shooting expertise).   「수.
marks·wom·an [máːrkswùmən] *图* 여자 명사
márk tòoth *图* 말의 앞니(나이를 나타내는 홈이 있다).
Márk Twáin [-twéin] *图* 마크 트웨인(1835-1910: 미국의 작가; 본명 Samuel Langhorne Clemens).
mark-up [máːrkʌp] *图* **1** 가격 인상(폭(幅), 액). **2** (상업) 원가에 가산되는 금액, 원가와 최종 판매 가격과의 차액; 이윤, 폭. ¶ a 50% ~ on cameras 카메라 원가에 대한 50%의 가산. **3** (美) (위원회의) 법안 최종 심의.
marl¹ [maːrl] *图*(U) **1** (지질) 이회토(泥灰土)(점토·시멘트 제조용). **2** 이회토 벌돌. **3** (고어) 흙, 땅. ¶ burning ~ 초열지옥의 고통. ── 图 国 (비료로서) …에 이회토를 주다. **mar·la·cious** [maːrléiʃəs] *图*
marl² *图*(E) (해사) (굵은 밧줄에) 가는 밧줄을 감다.
⇒MARLINE.   「(이름).
Mar·lene [maːrlíːn, -léinə/máːlin] *图* 말린(여자
mar·lin [máːrlin] *图* (복 ~(**s**)) **1** 녹새치·청새치의 일종(식용 바닷고기). **2** =marline.
mar·line [máːrlin] *图* (해사) 말린, 가는 밧줄.
mar·lin(e)·spike [máːrlinspàik] *图* (해사) 밧줄 스파이크(밧줄의 꼬인 가닥을 푸는 데 쓰는 바늘 모양의 연장), (또는 **marlingspike**)   「조작술.
márlinespike séamanship *图* 밧줄 스파이크
marl·ite [máːrlait] *图*(U) 말라이트(marlstone의 일
Mar·lon [máːrlən] *图* 말론(남자 이름).   「종).
marl·pit [máːrlpìt] *图* 이회토(marl) 채굴장.
marl·stone [máːrlstòun] *图*(U) (광물) 이회암.
marl·y [máːrli] *图* **1** 이회토 모양의, 이회질(質)의. **2** 이회토로 된.
marm [maːrm] *图* (호칭) =ma'am.
mar·ma·lade [máːrməlèid] *图* 마멀레이드.
MARMAP [máːrmæp] (美) *Marine Resources Monitoring Assessment and Prediction*(해양 생물 자원 조사).
Mar·ma·ra [máːrmərə] *图* **the Sea of** ~ 마르마라 해(터키 서북부에 있는 내해(內海)).
mar·ma·tite [máːrmətàit] *图*(U) (광물) 마머타이트, 철섬(鐵閃) 아연광.
Már·mes màn [máːrməs-] *图* 마머스 원인(原人)

mar·mite [máːrmait, maːrmíːt] 명 (금속 또는 사기로 만든) 큰 요리 냄비. ┌트, 백운석(白雲石).
mar·mo·lite [máːrməlàit] 명 ⓤ (광물) 마멀라이
mar·mo·re·al [maːrmɔ́ːriəl] 형 (시) 대리석의(같은). (또는 marmorean) ～**·ly** 부
mar·mo·set [máːrməzèt] 명 (중남미산(産)의) 비단털원숭이과(科)의 작은 원숭이.
mar·mot [máːrmət] 명 마멋(땅을 파고 구멍에 사는 설치(齧齒)류의 동물; 모르모트(guinea pig)류의 별종).
mar·o·cain [mǽrəkèin, ´-´] 명ⓤ 마로케인(굵게 짠 견직 또는 모직의 묵직한 여자 옷감).
Mar·o·nite [mǽrənàit] 명 마론(마로)파 (교도)(주로 레바논에 분포하며 로마 가톨릭에 귀속된 동방교회계의 교파; 5세기에 시리아의 St. Maron이 창시).
ma·roon[1] [mərúːn] 명 1 ⓤ 밤색, 적갈색(赤褐色). 2 (英) (대포 같은 폭음을 내는) 일종의 폭죽, 딱총(건널목지기가 위험 신호로 사용). ― 형 밤색의.
ma·roon[2] 타 1 …을 무인도에 버리다; …을 (위험한 장소 따위에) 고립시키다. 2 …을 내버려두고 돌보지 않다. ― 자 1 노예 상태에서 도망치다. 2 빈둥거리다, 어정거리다. 3 (美) 캠프 여행을 하다. ― 명 1 (서인도·네덜란드령 기아나 등의 미개지에서 사는) 탈주한 노예; 그 자손. 2 (무인도 따위에) 버림받은 사람. ┌람.
ma·roon·er [mərúːnər] 명 해적; 섬에 유배된 사
mar·plot [máːrplàt/-plɔ̀t] 명 (참견을 하여)계획을 **Marq.** Marquess; Marquis. ┌망치는 사람.
marque [maːrk] 명 1 (적국 상선의) 나포(拿捕) 면허장(letter of ～); ⓒ (나포 허가를 받은) 나포선. 2 (폐어) 보복적 나포[포획]; 보복, 앙갚음.
marqué [maːrkéi] 형 (고급자·스포츠카 따위의) 형(型), 차종, 모델; (차명을 나타내는) 표지, 플레이트.
mar·quee [maːrkíː] 명 1 (美) (호텔·극장 따위의) 입구 위에 있는 대형 차양. 2 (英) (축제·전시회용) 대형 천막. 3 (컴퓨터) 마키(선택 부분을 둘러싸는 선; 점선이 움직이는 듯한 모양으로 표시된다).
mar·quess [máːrkwis] 명 (英) =marquis.
mar·que·try [máːrkətri] 명 (가구·마루 따위의) 상감(象嵌) 세공, 쪽매붙임 세공. (또는 **marqueterie**)
***mar·quis** [máːrkwis] 명 후작(侯爵). ⇨BARON. ┌위]; ⓒ 후작령(領).
mar·quis·ate [máːrkwəzit] 명 ⓤ 후작의 신분[지
Márquis de Cýberspace 명 (속어) 가상 공간(인터넷)의 사드(인터넷에 성도착물을 제공하는 사람). 《Sade (<Marquis de Sade)
mar·quise [maːrkíːz] 명 1 후작 부인, 후작 미망인. 2 (영국 이외의) 여자 후작. 3 끝이 뾰족한 장원형(長圓形) 보석, 그런 보석을 박은 반지. 4 (英) 큰 천막.
mar·qui·sette [màːrkwəzét] 명ⓤ 마키젯(가볍고 얇은 커튼·여성복용 직물).
márquois scàle [máːrkwɔiz-] 명 (측량) 평행선을 긋는 기구. ┌(볏과)의 잡초.
már·ram (gràss) [mǽrəm(-)] 명 해변에 나는
‡**mar·riage** [mǽridʒ] 명 (복 -**riag·es** [-iz]) 1 ⓤ ⓒ 결혼, 혼인; (…의) 혼례, 결혼식.¶a civil ～ (결혼식 없이 혼인 신고만 하는) 사실 결혼/an arranged ～ 중매 결혼/a mixed ～ 타인종[이교도]과의 결혼/an arranged ～ 중매 결혼/early [late] ～ 조혼[만혼]/regular ～ (교회의 법도에 따른) 정식 결혼. 2 ⓤ 결혼 생활, 부부 관계.¶in ～ 결혼 생활에서.

유의어 **marriage**「결혼 (생활, 식)」의 뜻의 가장 일반적인 말. **matrimony** 정식 결혼 생활, 종교적·법적으로 인정된 사실을 암시. **wedlock** 주로 법률용 또는 고풍의 말. **wedding** 결혼식과 식후의 잔치를 가리킨다. **nuptial(s)** 호화판 wedding의 뜻.

3 (비유적) 긴밀한 결합[융합]; (…와의) 일치, 조화 (with).¶the ～ of theory and practice 이론과 실천의 일치. 4 (카드놀이) 같은 패의 킹과 퀸의 짝지음.
ask in marriage (여자에게) 구혼하다.
contract [break] a marriage 혼인[이혼]하다.
give one's daughter in marriage to 딸을 …에게 시집보내다.
left-handed marriage 신분이 맞지 않는 결혼.
marriage for love 연애 결혼. ┌[시집]가기.
marriage into a good family 좋은 집안으로 장가 **one's…by marriage** 처[시] ….¶his[her] uncle by ～ 처[시]삼촌.
propose marriage to …에게 청혼하다.
take a person **in marriage** 남을 남편[아내]으로 맞이하다, …와 혼인하다; (낡아)며느리로 맞다.
― 형 (한정용법) 결혼의.¶～ **vows** 결혼 서약.
mar·riage·a·ble [mǽridʒəbl] 형 (여성이) 결혼 적령기의, 혼기에 달한. -**bíl·i·ty**, ～**·ness**
márriage àrticles 명 결혼 약정서(約定書)(결혼 전에 미리 재산·상속 등을 정해 놓는 문서).
márriage bèd 명 신혼 부부 잠자리, 부부의 인연.¶They defiled the ～. 그들은 간통했다.
márriage blùe 명 결혼 전의 불안한 정신 상태.
márriage bròker 명 결혼 브로커, 중매쟁이[인].
márriage bùreau 명 결혼 상담소.
márriage certíficate 명 결혼 증명서.
márriage cóntract 명 1 부부간 혼인 계약. 2 = marriage settlement.
márriage encóunter 명 (美) 부부의 집단 감수성 훈련(여러 부부가 모여 원만한 결혼 생활을 위한 상호 이해, 감수성 고양을 꾀하는 심리 요법; (영 **ME**).
márriage gúidance 명 결혼 생활 지도.
márriage lícense 명 결혼 허가(증).
márriage lìnes 명(복) (단수취급) (英) 결혼 증명서.
márriage màrket 명 (英) 결혼 시장(결혼 적령기에 있는 남녀의 수급 관계).
márriage of convénience 명 정략 결혼.
márriage pártner 명 결혼 상대.
márriage pórtion 명 (결혼) 지참금(dowry).
márriage quárters 명 (군사) 기혼자 주택 구역.
márriage sèrvice 명 (교회의) 결혼식.
márriage sèttlement 명 (법률) 1 혼인계약적 부동산 처분. 2 부부 재산 계약(배우자의 한편이 사망할 경우의 재산권의 약정).
‡**mar·ried** [mǽrid] 형 1 결혼한, 기혼의, 배우자가 있는.¶a ～ man [woman] 기혼 남자[여자]. 2 결혼의, 부부의.¶a ～ life 결혼 생활 / ～ love 부부애. 3 (비유적) (…에) 밀접하게 결합된, 헌신적인, 몰두하는(to). 4 결혼하여 성(姓)이 변한. 5 명 (흔히 ～**s**) 부부, 기혼자.¶young ～**s** 신혼 부부. ～**·ly** 부 ┌(<F)
mar·ron [mǽrən, mǽrɔn] 명 (유럽산(産)) 큰 밤.
mar·rons gla·cés [mǽrɔ́ːn glæséi] 명 (복) 마롱 글라세(설탕절임 밤 과자). (<F iced chestnuts)
‡**mar·row**[1] [mǽrou] 명 1 (해부) (뼈의) 골, 골수(骨髓).¶spinal ～ 척수/the bone ～ transplantation 골수 이식. 2 (사물의) 정수(精髓), 중심부.¶the pith and ～ of a speech 연설의 핵심. 3 힘, 활력, 정력.¶the ～ of the land 국력. 4 영양이 풍부한 음식물. 5 ⓤⓒ (英) 서양 호박의 일종.
to the marrow (of one's bones) 뼛속까지; 철저하게.¶He is a patriot to the very ～ of his bones.~**·ish**, ~**·less**, ~**·y** 형 ┌그는 철저한 애국자이다.
mar·row[2] 명 (스코) 동행, 동료, 짝패. 2 동반자, 배우자; 한 쌍의 한 쪽. 3 친구, 벗.
márrow bèan 명 (알이 굵은) 강낭콩.
mar·row·bone [mǽroubòun] 명 1 (요리용) 골이 든 뼈. 2 (～**s**) (익살) 무릎(knees).
bring a person **to his marrowbone** 남을 때려 눕히다, 굴복시키다.

go [fall] down on one's **marrowbones** 무릎을 꿇다(kneel down).

mar·row·fat [mǽroufæ̀t] 영 큰 완두콩의 일종; 그 열매. (또는 **márrow pèa**)

mar·row·y [mǽroui] 영 **1** 골이 많은; 골수와 같은. **2** 활력에 찬. (문장 따위가) 간결하고 힘찬.

‡**mar·ry**¹ [mǽri] 동 (**-ries** [-z]) 타 **1** …와 결혼하다, …을 남편[아내]으로 마지하다. ¶ He married my daughter. 그는 내 딸과 결혼했다. **2** …을 (…에게) 결혼시키다, 시집[장가] 보내다(up, off) (to); (목사가) …의 결혼식을 집행하다; (수동형) (…을) 만나게 하고 있다(to). ¶ get married 결혼을 하다 / She is married to a foreigner. 그녀는 외국인과 결혼했다 / (~ + 명 + 전 + 명) Friar Lawrence married Romeo to Juliet. 로렌스 신부는 로미오와 줄리엣의 결혼식 주례를 섰다. **3** …을 밀착시키다, 결합[융합]시키다(up) (with). **4** (해사) (이음매가 굵어지지 않도록) (밧줄을) 꼬아서 잇다. **5** (음식물·술 따위를) 다른 재료와 혼합하다(up)(with). — 자 **1** 결혼하다, 며느리[사위]를 보다 [얻다], 시집[장가]가다. ¶ ~ young 젊어서 결혼하다 / M— in haste and repent at leisure. (속담) 서둘러 결혼하고 두고두고 후회한다. **2** (식품·술 따위가) …와 잘 어울리다(with).

a marrying income 결혼하기에 충분한 수입.
be well married 좋은 상대와 결혼하다, 결혼 잘 하다.
marry above one(**self**) 자기보다 신분이 높은 사람과 결혼하다.
marry beneath [or **below**] one(**self**); **marry down** 자신보다 신분이 낮은 사람과 결혼하다.
marry for love [**money**] 연애[돈을 보고] 결혼하다.
marry into …와 인척이 되다, 결혼하여 [지위]를 얻다.
marry into the purple ⇨ PURPLE.
marry money [or **a fortune**] 부자[돈많은] 사람과 결혼하다.
mary off 결혼시키다, 시집[장가] 보내다.
marry one's **way out of** 결혼하여 [가난 등]에서 벗어나다.
marry out (of meeting) (美구어) (퀘이커교도가) 신도가 아닌 사람과 결혼하다.
marry over a broomstick ⇨ BROOMSTICK.
marry up …을 (…와) 결합시키다, 맺어주다(with); ⇨ 3.
marry with the left hand 신분이 낮은 상대와 결혼하다.

mar·ry² [mǽri] 감 (고어) 아니!, 저런!, 어머나!; 그야 그렇지, 맹세코, [< Virgin Mary의 완곡 어법의 의한 변형]

mar·ry·ing [mǽriiŋ] 형 결혼을 생각하고 있는. ¶ a ~ man (구어) 결혼하고 싶어하는 남자.

*****Mars** [maːrz] 명 **1** [로마 신화] 마르스(군신(軍神) 그리스 신화의 Ares에 해당). **2** [천문] 화성(火星). **3** 전쟁, 무용(武勇), 무운. — 형 (종종 m—) (산화철을 주체로 하는) 마르스계 안료의.

MARS *m*anned *a*stronautical *r*esearch *s*tation(유인 우주 탐사 정거장).

Mar·sa·la [mɑːrsɑ́ːlə] 명 U (Sicily 섬의) 마르살라 [산(産) 포도주].

Mar·seil·laise [mɑ̀ːrsəléiz/-seiéiz/F marsɛjɛːz] 명 (*La* ~) 라 마르세예즈(프랑스의 국가(國歌)).

Mar·seilles [mɑːrséi, -séilz] 명 **1** 마르세유(프랑스 동남부의 해항(海港)). **2** U 마르세유 직(織) (두꺼운 돋을무늬 무명).

Marséilles sòap 마르셀[마르세유] 비누(원래는 마르세유 지방에서 올리브유로 만들었다).

‡**marsh** [mɑːrʃ] 명 (夜 **~·es** [-iz]) 늪, 습지, 소택지 (沼澤地). **~·like** 형

‡**mar·shal** [mɑ́ːrʃəl] 명 (夜 **~s** [-z]) **1** (프랑스 등의) 육군 원수(元帥) (美) a general of the army. (英) a field ~; 군의 원수, 사령관. ¶ a ~ of the air Royal Air Force (英) 공군 원수 / an air chief ~ (英) 공군 대장 / an ~ (英) 공군 중장 / an air vice-~ (英) 공군 소장. **2** (美) (연방 법원의) 집행관, 연방 보안관. **3** (英) 사법(司法) 비서관. ¶ a judge's ~ (순회 재판의) 판사 비서관. **4** (英) (몇몇 자치체의) 의전관; 경찰서장; 소방서장. **5** (英) (왕실·궁정의) 고관: 의전관. **6** (英) 문장원 (紋章院) 총재(Earl M—). **7** (대회 따위의) 의전[접대·진행] 담당; (카 레이스에서) 마셜, 진행계. **8** =provost ~. — 타 (**~s** [-z]; **-l**, (英) **-ll-**) **1** (생각·논의 등을) 정돈하다, 정리[정비]하다. ¶ ~ facts 사실을 정리하다. **2** (군대·병사) 를 정렬시키다, 집합시키다. **3** (…으로) 안내하다, 선도(先導)하다(to, into); (남을) 소정의 위치에 배치하다, (연회 따위의) 좌석을 정하다. ¶ ~ the guest at a banquet 연회에서 손님들을 지정된 자리에 앉히다. **4** (문장) (2개 이상의 문장을) 하나의 방패 모양으로 결합시키다. — 자 (생각 등이) 정리되다: 정렬하다, 제자리에 서다. [정돈하는 사람들이].
~·cy, **~·ship** Marshal의 직[지위]. **~·er** 정리

márshal at árms 명 (美) (하원의) 수위((英) sergeant at arms). [장(操車場).

már·shal·ing yàrd [mɑ́ːrʃəliŋ-] 명 (철도의) 조차

Már·shall Íslands [mɑ́ːrʃəl-] 명복 (the ~) **1** 마셜 제도(諸島)(서태평양의 환초). **2** 마셜 군도 공화국(정식 명칭은 Republic of the ~; 수도 Majuro).

Márshall Plàn 명 마셜 플랜(제2차 세계 대전 후 미국이 실시한 유럽 부흥 계획(European Recovery Program). [< 제창자인 미국무 장관 George C. Marshall (1880-1959)의 이름]

mársh bùggy 명 = swamp buggy.
mársh fèver 명 말라리아(malaria).
mársh gàs 명 (화학) 메탄, 소기(沼氣)(늪의 유기물 **mársh gràss** 명 (美속어) 시금치. [부패 가스).
mársh hàrrier 명 (조류) 개구리매.
mársh hàwk 명 개구리매속(屬)의 매(미국산(産)).
mársh hèn 명 뜸부깃과의 새.
mársh·land [mɑ́ːrʃlæ̀nd] 명 U C 늪지대, 소택지.
mársh màllow 명 (식물) **1** 양아욱(접시꽃류의 다년생 식물). **2** 미국부용(rose mallow).
mársh·mal·low [mɑ́ːrʃmèlou, -mæ̀l-] 명 **1** 마시멜로(원래는 marsh mallow의 뿌리로 만든 과자): 마시멜로식 과자. **2** (美흑인속어) 백인.
márshmallow shòes 명복 (美속어) (여자 아이들이 신는) 밑창이 두껍고 굽이 없는 구두.
mársh márigold 명 (식물) 눈동이나물.
*****marsh·y** [mɑ́ːrʃi] 형 **1** 질퍽한; 늪의, 습지(濕地)의. **2** 늪[습지]에 나는. **mársh·i·ness** 명 [지진).

Mars·quake [mɑ́ːrskwèik] 명 화진(火震)(화성의 **mar·su·pi·al** [mɑːrsúːpiəl/-sjúː-] 형 (동물) 유대 (有袋) 동물의, 주머니가 있는, 주머니 모양의. — 명 유대(有袋) 동물, 유대류(袋鼠 類의).

marsúpial móuse [**ràt**] (호주산) 주머니쥐.

mar·su·pi·um [mɑːrsúːpiəm/-sjúː-] 명 (복 -**pi·a** [-piə]) (유대 동물의) 주머니, 육아낭(育兒囊).

*****mart**¹ [mɑːrt] 명 **1** 상업 중심지; 시장; 거래소, 무역 센터; 경매실; 도매 시장(센터, 전시장); (고유 명사의 일부로서) 수퍼마켓. **2** (고어) (정기적으로 서는) 장(fair).

mart² (스코) (식용으로) 살찌운 소, 비육우; (겨울 **Mart.** Martial. [용의) 소금 절임 고기.

mar·tel [mɑ́ːrtel/-ˊ-] 명 쇠망치; 무기용 망치.

Mar·tel·lo (tòwer) [mɑːrtélou-] 명 (종종 m—) (해안 경비용) 원형 포탑(圓形砲塔).

mar·ten [mɑ́ːrtən] 명 (복 **~s** [-z]; U 그 모피.

mar·tens·ite [mɑ́ːrtnzàit] 명 (야금) 마르텐자이트(담금질한 강철 조직의 하나).

Mar·tha [mɑ́ːrθə] 명 **1** (성서) Saint ~ 마르다. **2** 마서(여자 이름; 애칭 Martcy, Mat(ie)y, Pat(tie[ty])).

Már·tha's Víne·yard [mɑ́ːrθəz vínjərd] 명 마서즈 빈야드(미국 Massachusetts 주 Cape Cade 연안의 섬; 고급 휴양·피서지).

mar·tial [mɑ́ːrʃəl] 형 **1** 호전적인; 무용의, 용감한. ¶ ~ spirit 용맹한 정신. **2** 군대의, 군인 생활의(軍

martial art(s)

civil). ¶a court ~ 군법 회의/~ songs 군가. **3** 전쟁의, 전쟁에 알맞은. **4** 군인다운, 군인에 어울리는. **5** (M-) 군신(軍神) Mars의. **6** (M-) 화성의(Martian).
~·ist 명 ~·ly 부 ~·ness 명

mártial árt(s) 명 (동양 기원의) 무도, 무술(태권도·유도·쿵후 등). **mártial ártist** 명 [군인다움.

mar·tial·ism [máːrʃəlizm] 명 ⓤ 상무(尙武), 용맹.

mar·tial·ize [máːrʃəlàiz] 타 **1** ···에게 전쟁 준비를 하게 하다. **2** ···에게 군인 정신을 불어넣다.

mártial láw 명 ⓤ **1** 계엄령. **2** (점령군이 시행하는) 군정법. **3** (고어) 군법. **4** 교전 법규.

Mar·tian [máːrʃən] 형 화성(火星)의, 화성인의; 군신 Mars의. — 명 화성인.

Mar·tian·ol·o·gist [màːrʃənáləʤist/-nɔ́l-] 명 화성(火星) 학자. [총칭.

mar·tin [máːrtən] 명 흰털발제비, 갈색제비 따위의

Mar·tin [máːrtən] 명 마틴. **1 Dean** ~ (1917-95: 미국의 가수·영화 배우). **2 Saint** ~ 성 마르티누스 (316?-397: 프랑스의 수호 성인).

mar·ti·net [màːrtənét, ´-`-] 명 엄한(까다로운) 사람, 규율가; (군대의) 엄격한 교관. ~·ish 형 ~·ism 명

mar·tin·gale [máːrtəngèil] 명 **1** (말의) 가슴걸이 끈. **2** (해상) jib boom을 아래쪽에 고정시키는 밧줄. **3** 곱지르기(노름에서 판돈을 곱으로 지르기).

mar·ti·ni [maːrtíːni] 명 ⓤⓒ (종종 M-) 마티니(진·베르무트 따위의 칵테일); 베르무트(vermouth).
[<Martini & Rossi: 베르무트 제조 회사의 이름)

Mar·ti·nique [màːrtəníːk] 명 마르티니크(서인도 제도 남동부의 섬, 프랑스의 해외 현(縣)). **-ni·can** 명형

Mártin Lúther Kíng Dày 명 (美) 킹 목사 탄신일(1월 세번째 월요일로 연방 공휴일. 혹인 민권 운동가 Martin Luther King, Jr.의 생일은 원래 1월 15일).

Mar·tin·mas [máːrtənməs] 명 마르티누스 축일 (St. Martin의 축일(11월 11일)).

mart·let [máːrtlit] 명 **1** (英방언) 흰털발제비. **2** (문장) 발 없는 새(넷째 아들의 분가를 나타낸다). [테일).

mar·too·ni [maːrtúːni] 명 (美속어) =martini(칵

Mar·ty [máːrti] 명 마티(여자 이름; Martha의 애칭).

***mar·tyr** [máːrtər] 명 **1** 순교자, (주의·신념 등을 위해) 목숨을 바치는 사람, 희생자, 열사, 의사 (to, of, for). ¶a ~ to business [duty] 사업의 희생자(순직자(殉職者)). **2** (질병 따위로) 항상 시달리는 사람 (to). ¶a ~ to headaches 두통에 시달리는 사람. **3** (경멸적) 순교자인 체하는 사람.
die a martyr to one's *principle* 자기의 주의를 위해 목숨을 바치다.
make a martyr of ···을 희생시키다, 괴롭히다.
make a martyr of oneself (신용을 얻기 위하여) 일부러 순교자인 척하다, 희생적 행동을 하다.
— 타 **1** (신앙·주의·주장을 이유로) ···을 죽이다, 순교자(희생자)로 만들다. **2** ···을 괴롭히다, 박해하다.
~·ish 형 ~·ly 부형

mar·tyr·dom [máːrtərdəm] 명 ⓤⓒ **1** 순교자임; 순교, 순사(殉死), 헌신. **2** 고민, 고뇌, 고난; 고통.

mar·tyr·i·um [maːrtíriəm] 명 (복 ***-i·a** [-iə]) **1** 순교자의 유품 보관소, 순교자의 유적; 순교자 기념 성당[교회]. **2** (초기 기독교의) 납골당.

mar·tyr·ize [máːrtəràiz] 타 **1** ···을 순교자로서 죽이다; 박해하다, 괴롭히다. **2** 짜 순교자가 되다: 순교자인 척하다. **i·zá·tion** 명 ⓤⓒ 순교. [자 숭배.

mar·tyr·ol·a·try [màːrtəráləːtri/-rɔ́l-] 명 ⓤⓒ 순교

mar·tyr·ol·o·gy [màːrtəráləːʤi/-rɔ́l-] 명 **1** ⓤ 순교사(殉教史). **2** 순교자의 역사, 순교자 열전.
-o·lóg·i·cal 형 **-gist** 명 순교사학자. [예배당).

mar·tyr·y [máːrtəri] 명 순교자의 묘소, 순교자 기념

MARV [maːrv] (군사) 명 **1** 기동 핵탄두(탑재 미사일). — 타 ···에 기동 핵탄두를 갖추다.
[<*m*aneuverable *re-*entry *v*ehicle]

‡**mar·vel** [máːrvəl] 명 (복 ~**s** [-z]) **1** 놀랄 만한 일 [것, 사람], 불가사의한 일[것, 사람]; 경이, 불가사의. (~s) 경이적인 결과. ¶the ~s of science 과학의 경이/ a ~ of patience 놀랄 만큼 인내심이 강한 사람 / She is a ~ of beauty. 그녀는 절세 미인이다 // It is a ~ (for me) that ···이라고 하는 것은 (나에게는) 불가사의한 일이다. **2** ⓤ (고어) 놀람, 경악.   [일으키다.
work [or *do*] *marvels* 경이적인 일을 하다, 기적을
— 짜 (~**s** [-z]; ***-l-**, (英) **-ll-**) **1** ···에 놀라다, 경탄하다 (*that* 절). ¶I ~ed that you spoke Bhutanese. 나는 자네가 부탄어를 말한다니 놀랐다. **2** ···을 이상히 [수상히] 여기다, 의심하다 (*wh.* 절). ¶She ~ed where he was. 그녀는 그가 어디에 있을까 하고 의아해 했다.
— 타 놀라다, 경탄하다 (*at*). ¶(—+前+图) I ~ed at his boldness. 나는 그의 대담성에 놀랐다.

mar·vel-of-Pe·ru [-əvpərúː] 명 분꽃.

‡**mar·vel·ous**, (英) **-vel·lous** [máːrvələs] 형 (*more* ~; *most* ~) **1** 놀라운, 경탄할 만한. **2** 이상한, 믿을 수 없는; 기괴한. **3** (구어) 아주 훌륭한, 멋진. **4** (the ~) (명사적) 불가사의한 것, 괴이. ~·**ness** 명

***mar·vel·ous·ly**, (英) **-vel·lous-** [máːrvələsli] 부 놀라울 만큼; 불가사의하게, 믿을 수 없을 만큼.

mar·vie [máːrvi] 형 (美속어) 멋져! (또는 **marvy**)
[<marvelous]

Mar·vin [máːrvin] 명 마빈(남자 이름).

Marx [maːrks] 명 **Karl (Heinrich)** ~ 마르크스 (1818-83: 독일의 경제학자·철학자·사회주의자).

Marx·i·an [máːrksiən] 형 마르크스(주의)의.

Marx·ism [máːrksizm] 명 **1** 마르크스주의, 마르크시즘. **2** 마르크스 형제류[품] 희극[익살]. **-ist** 명형

Marx·ism-Le·nin·ism [-léninizm] 명 마르크스 레닌주의. **Márx·ist-Lé·nin·ist** 명형

‡**Mar·y** [méəri] 명 **1** (성모) 마리아. **2** (성서) (베다니의) 마리아(←누가 복음(Luke) 10:38-42). **3** 메리(여자 이름). **4** (m-) 마리화나. **5** (m-) (美속어) 아편; (俗), 배(belly). **6** (m-) (濠속어) 원주민 여성. **7** (美속어) 호모; 레즈비언 여자.

Máry Ánn 명 **1** (美속어) 마리화나 (담배). **2** (英속어) 호모; 여자 같은 남자; 가사를 도와주는 남자.

Máry Jáne 명 **1** ⓤ (종종 m-j-) (美속어) 마리화나. **2** (美·캐나다) 둥근 코의 소형 스펀지 케이크. **3** (상표) 뒷굽이 낮은 소녀용 구두.

‡**Mar·y·land** [mérələnd/méərilənd] 명 메릴랜드 (미국 동부의 주; 주도 Annapolis; 속 Md.).

Máry Mág·da·lene 명 (성서) 막달라 마리아(예수가 일곱 귀신을 그 몸에서 쫓아버린 여자. ←누가 복음 (Luke) 8:2; 마가 복음(Mark) 16:9). 「(3월 25일).

Mar·y·mass [méərimæs] 명 성모 영보(領報) 대축

mar·zi·pan [máːrzəpæn] 명 ⓤⓒ 아몬드를 으깨어 설탕과 버무려 만든 과자.

Már·zi·pan sèt [máːrzəpæn-] 명 (the ~) (英속어) 중간 관리직.

-mas [məs] 명 festival의 뜻. ¶Christmas.

MAS *M*alaysian *A*irline *S*ystem(말레이시아 항공)(丹)

mas., masc. masculine. [MH].

Ma·sa·da [məsádə/*Heb* mətsaːdáː] 명 마사다(사해(死海) 서안의 벼랑 위에 있는 고대 유적; 과격파 유대인들이 2년에 걸쳐 로마군에 대항해 싸우다가 옥쇄한 (A.D. 73) 최후의 요새; 이스라엘 유수의 관광지).

Ma·sai [maːsái, ´-`, məsái] 명 (복 ~**s**) (아프리카 케냐·탄자니아의 고지에 사는) 마사이족 (사람); ⓤ 마사이어(語).

mas·car·a [mæskǽrə/-káːrə] 명 ⓤⓒ 마스카라(여성의 눈썹에 칠하는 화장품).

mas·con [mǽskɑ̀n/-kɔ̀n] 명 (천문) 마스콘(달·행성의 질량(質量) 집중 지대). [<*mas*s+*con*centration]

mas·cot [mǽskat/-kət] 명 마스코트, 행운을 가져 다 주는 것(사람, 동물)(*for*).

‡**mas·cu·line** [mǽskjulin] 형 (*more* ~; *most*
~) **1** 남성적인, 사내다운(⇒MALE 유의어); 씩씩한, 힘
센, 강한. ¶a ~ **voice** 사내다운 음성. **2** 남자의, 남자에
어울리는. ¶~ **attire** 남장(男裝). **3** 〖문법〗 남성의. **4**
(경멸적) (여자가) 남자 같은, 남자 못지 않은. ¶a ~
face 사내 같은 얼굴 모습. ⓔ **feminine** ── 명 **1** 〖문
법〗 (the ~) 남성, 남성형[명사]. **2** 남자.
~**·ly** 부 ~**·ness** 명
másculine énding 명 〖운율〗 남성 행말(行末)(시
의 행말이 강음절로 끝나는 것). ⓔ **feminine ending**
másculine génder 명 (the ~) 〖문법〗 남성.
másculine rhýme 명 〖운율〗 남성운(韻)(행끝의 강
세가 있는 음절만으로 압운(押韻)하기). **-ist** 명
mas·cu·lin·ism [mǽskjulinìzm] 명 = **masculism**.
mas·cu·lin·i·ty [mæ̀skjulínəti] 명 Ⓤ 사내다운.
masculínity stúdies 명 복 (단수취급) 남성학, 남
성연구.
mas·cu·lin·ize [mǽskjulənàiz] 타 〖의학〗 〔남
컷〕을 웅성화(雄性化)하다. ⓔ **feminize -i·zá·tion** 명
mas·cul·ism [mǽskjulizm] 명 남권 주의, 남성
우위론. **-ist** 명
mase [meiz] 자타 극초단파를 발생시켜 증폭하다.
Mase·field [méisfi:ld, méiz-] 명 **John** ── 메이스
필드(1878-1967: 영국의 작가·계관시인).
ma·ser [méizər] 명 〖전기〗 메이저, 분자(分子) 증폭
장치. (< **m**icrowave **a**mplification by **s**timulated
emission of **r**adiation 〔리아의 수융자 (메이커)〕).
Ma·se·ra·ti [*It* mazerá:ti] 명 〖상표〗 마제라티(이탈
리아제 자동차).
Ma·se·ru [mà:səru:, mǽzəru:] 명 마세루(아프리카
남부 Lesotho의 수도).
mash[1] [mæʃ] 명 Ⓤ **1** (종종 a ~) 갈아 으깨 놓은 것,
짓이겨 곤죽처럼 만든 것. **2** 곤죽이 된 상태. ¶boil to
~ 걸쭉하게 끓이다. **3** 곡식·밀기울 따위를 걸쭉하게 끓
인 가축 사료. ~ **for pigs** 돼지 먹이. **4** 갈아서 으깬 엿
기름. **5** (英속어) 으깬 감자 요리; 매시트 포테이토
(mashed potatoes).
(*all*) *to* (*a*) *mash* 아주 곤죽이 되도록.
── 타 **1** …을 분쇄하다, 짓이기다(crush)(*up*). **2** 짖
이거나 짓이겨서) …을 걸쭉하게 곤죽으로 하다(*up*). ¶
~*ed* **potatoes** 으깬 감자 요리, 매시드 포테이토. **3** (엿
기름즙을 만들기 위해) 갈아서 으깬 엿기를 따위에 더
운 물을 붓다. **4** (英방언) 〔차〕를 끓이다.
mash in (美속어) (트럭 등의) 클러치를 세게 밟다.
mash on (美남부) 〔초인종의 누름 단추〕를 누르다.
mash[2] (고어·속어) 명 **1** 남녀가 노닥거리기, 농탕치
기. **2** 바람둥이 남자[여자]; 연인, 애인.
make [or *have*] *a mash on a girl* 소녀에게 집적
on the mash 밴해서. 거리다.
── 타 (이성과) 노닥거리다, 농탕치다. 시시덕거리다.
── 자 시시덕거리다; 추파를 던지다.
be [or *get*] *mashed on* …에 반하다.
MASH 〖군사〗 *m*obile *a*rmy *s*urgical *h*ospital(육군
이동 외과 병원).
mashed [mæʃt] 형 (속어) (…에게) 반한(*on*); (술
에) 취해. 명 (구어) 매시 포테이토(mashed pota-
toes). **2** (美속어) 난봉꾼, 플레이보이.
mash·er [mǽʃər] 명 **1** 짓이기는[으깨는] 요리 기구.
mash·ie [mǽʃi] 명 〖골프〗 매시, 5번 아이언.
máshie íron 명 〖골프〗 매시 4번 아이언.
máshie níblick 명 〖골프〗 매시 니블릭(채끝의 경사
도가 mashie와 niblick의 중간의 채), 6[7]번 아이언.
másh nòte 명 (속어) (짧은 연애 편지).
másh tùb[**tùn**] 명 (양조용) 매아즙(麥芽汁) (만드
mash·y [mǽʃi] 명 〖골프〗 = mashie. 는) 통.
mas·jid [mǽsdʒid] 명 = mosque.
‡**mask** [mæsk/ma:sk] 명 **1** (변장용) 가면(假面), 복
면; (고전극 따위의) 탈. ¶a **comedy** ~ 희극 탈/a **bur-
glar in** ~ 복면 강도. **2** 수중 마스크(swim ~). **3** a)

(보호용) 마스크. ¶a **fencing** [**baseball**] ~ 펜싱[(야구)
포수] 마스크/a **flu** ~ 독감예방 마스크. b) = **gas** ~. c)
= **oxygen** ~. **4** 덮어씌워서 가리는 것, 변장, 가장; 가
짓 꾸밈; 구실, 핑계. **5** 가면[복면]을 쓴 사람, 가장자. **6**
가면[가장] 무도회; 가면극, 그 각본. **7** 〖석고 따위의〗 면
형(面型). ¶a **death** ~ 데스 마스크. **8** (여우 사냥을 기
념하는) 여우 대가리. **9** 〖건축〗 (보통 기괴한 꼴의) 가면
장식. **10** (축성) (포대나 군사 활동 따위를 숨기는) 차폐
물(遮蔽物). **11** 〖전자〗 마스크(회로 패턴이 인쇄되어 있
는 유리판; 이 패턴을 반도체 웨어에 프린트하여 IC를
만든다). **12** 〖컴퓨터〗 마스크(어떤 드잇 패턴 일부분의
유지 또는 소거를 제어하기 위해 사용되는 문자 패턴).
13 (사진·창 따위의 면을 덮기 위해 쓰는 종이·플라스
틱 따위의) 보호용 덮개, 마스크; 〖인쇄〗 볼무엑 스크린.
put on [or *assume, wear*] *a mask* 가면을 쓰다.
정체를 숨기다.
throw off [or *put off, pull off, drop*] *one's
mask* 가면을 벗다, 정체를 드러내다.
under the mask of …의 탈을 쓰고, …을 빙자하여.
── 타 [-t] **1** …을 가리다, 숨기다. ¶ ~
one's intentions 의도를 숨기다 // (~+目+前+名)
~ **one's anger** *with* **a grin** 히죽 웃고서 노여움을 감추
다. **2** …에게 가면을 씌우다, …을 덮다(cover); **oneself**
[or **one's face**] 탈을 쓰다, 변장하다. **3** (군사) (포대·
행동 따위를) 엄페(掩蔽)하다; (앞을 가리고 있어 아군
의) 〔사격〕을 방해하다; (적의 보루·공격 따위)를 견제
하다, 저지하다. ¶ ~ **a battery** 포대를 엄페하다. **4** (복
제·오염 방지 따위를 위해) 피복하다; 〔도안·그림 따위〕
에 마스킹을 하다(*out*). **5** (ご긴 지표면에 소스를 치다. **6**
〖화학〗 차폐하다. ── 자 **1** 가면을 쓰다, 복면하다, 변장
[가장]하다, 위장하다. **2** 본성이나 의도를 숨기다.
~**-like** 형
masked [mæskt/ma:skt] 형 **1** 탈을 쓴, 복면한;
가장한, 변장한. **2** 숨은, 덮어 가린. ¶ ~ **evil** 숨은 악. **3**
(군사) 엄폐(掩蔽)한. ¶a ~ **battery** 엄폐된 포대. **4** (병
리) 잠재성의, 잠복성의. ¶a ~ **fever** 잠복열.
másked báll 명 가면[가장] 무도회.
mask·er [mǽskər/má:sk-] 명 복면한 사람, 가면
을 쓴 사람; 가면 무도회 참가자; 가면극 배우.
mask·ing [mǽskiŋ/má:sk-] 명 Ⓤ **1** 가면을 쓰기;
가장, 변장. **2** 덮어 가리기, 엄폐. **3** 〖사진〗 마스킹(사진
의 색채·농담 따위를 수정하는 일). ── 형 **1** 가면을, 가
면을 쓴. **2** 숨기는, (냄새·맛 따위를) 없애는.
másking tàpe 명 (페인트칠 때의) 마스킹[테이프].
másk ROM 명 마스크롬(읽기 전용 메모리의 일종).
mas·lin [mǽzlin] 명 Ⓤ Ⓒ (英방언) **1** 잡곡(밀과 호
밀의 혼합물). **2** 잡곡 빵, 혼합물. (또는 **mashlam**)
mas·och·ism [mǽsəkìzm, -zə-] 명 **1** 마조히
즘, 피학성(被虐性) 변태 성욕. **2** 자학적 성향, 자기 학
대. ⓔ **sadism**
-ist 명 **-ís·tic** 형 **-ís·ti·cal·ly** 부 자학적으로.
[< 오스트리아의 작가 Leopold von Sacher-Masoch
(1836-95)의 이름]
‡**ma·son** [méisn] 명 (복 ~**s** [-z]) **1** 석수(石手), 석
공, 벽돌공. **2** (종종 M-) = **Freemason**. ── 타 〖돌·
벽돌 따위로〕 …을 세우다, 1로 쌓다. 명 총칭
máson bèe 명 점토로 집을 짓고 단독으로 사는 벌
Má·son-Díx·on líne [méisndíksən-] 명 (the
~) 메이슨-딕슨 선(線)(미국 Pennsylvania주
와 Maryland주의 경계선; 남부와 북부의 경계선). [<
측량기사 **Charles Mason**(1730-87), **Jeremiah
Dixon**(?-1777)의 이름] [**mason**(단원)].
Ma·son·ic [məsánik/-sɔ́n-] 형 **1** (종종 m-) Free-
Ma·son·ite [méisənàit] 명 〖상표〗 메이소나이트(건
재; 방수·방열용 섬유판). [< 미국의 공학자 W. H.
Mason(1877-1947)의 이름]
Máson jár 명 (종종 m-) 가정의 식품 저장용 유리병.
[< 미국의 발명가 **John L. Mason**(1832-1902)의 이름]

ma·son·ry [méisnri] 명 1 ① 석공(石工)직, 석공 기술. 2 ① 돌 세공, 석조물, 석조 건축 (공사). 3 (종종 M-) =Freemasonry.
ma·son·work [méisnwə̀ːrk] 명 =masonry 2.
Ma·so·ra(h) [məsɔ́ːrə] 명 [성서] 마소라(구약 성서의 히브리어 원전(原典)에 관한 비판적 주해).
masque [mæsk/maːsk] 명 1 가면극 (16–17세기에 영국에서 유행). 2 가면극 각본. 3 가장 무도회.
mas·quer [mǽskər/máːs-] 명 =masker.
*__mas·quer·ade__ [mæ̀skəréid] 명 1 가면(가장) 무도회, 가장(가면) 파티. 2 가면, 가장복[의상]. 3 가장, 거짓말, 핑계; 은폐. ─ 동(자) 1 …체하다, 속이다(as). ¶(∼+젼+명) ∼ as a beggar 거지인 체하다. 2 …으로 가장[변장]하다(as); 가면[가장] 무도회에 참석하다. ─ 타 (가면으로) …을 가리다, …을 숨기다.
-ád·er 명 가장 무도회 참가자.
‡**mass** [mæs] 명(∼·es [-iz]) 1 덩어리. ¶a ∼ of earth 흙덩어리. 2 (밀집한) 무리, 집단; (the ∼) 전체, 집합체. ¶a ∼ of troops 일단의 군대. 3 (∼es [a ∼] of+명사) 다수, 다량. ¶a ∼ of errors 숱하게 많은 실수. 4 (the ∼) 대부분, 태반(majority). ¶the ∼ of audience [imports] 청중[수입품]의 대부분. 5 (the ∼es) (복수 취급) (경멸적) 일반 대중, 서민; 노동자 계급. ¶the first president of the ∼es 서민 출신의 첫 대통령. 6 [미술] (색·빛·그림자 따위의) 퍼짐. 7 ① 크기, 분량, 부피; [물리] 질량(質量). 8 (약학) 환약 (만드는) 덩어리, 연약(煉藥).
__be a mass of__ …투성이다.
__in a mass__ 한 덩어리로 해서, 일괄해서. ¶receive the sum in a ∼ 금액을 모갯돈으로 받다.
__in the mass__ 전체적으로, 통틀어.
─ 동(자) 한 덩어리가 되다, 모이다. ¶The soldiers ∼ed on the road. 병사들은 도로상에 집결했다.
─ 타 …을 한 덩어리로 만들다, 모으다, 집중시키다.
__mass in__ [미술] (모양·색채 따위)를 크게 한 덩어리로 보고 전체적인 수법으로 스케치하다.
─ 형 (일반) 대중의; 대량의, 대규모의; 전체의(total). ¶∼ education 대중 교육/a ∼ murder 대량 살인.
*__Mass__ [mæs] 명 1 (종종 m-) ① ⓒ (가톨릭) 미사, 미사 전례(典禮)(서). ¶High ∼ (성가대나 음악이 따르는) 장엄 미사/Low ∼ (성가대가 없는) 독창(讀唱) 미사/hear ∼ 미사에 참예하다. 2 미사곡(曲).
__by the mass__ 하늘에 맹세코, 꼭.
__celebrate [or read, say] Mass__ 미사를 올리다.
__go to [or attend] Mass__ 미사에 참례하다.
Mass. Massachusetts.
mas·sa [mǽsə] 명 주인(master의 흑인 사투리).
*__Mas·sa·chu·setts__ [mæ̀səʧúːsits] 명 매사추세츠 (미국 동북부의 대서양 연안의 주(州); 주도 Boston: ⓖ Mass.).
Massachusétts bállot 명 (美정치) 매사추세츠식 투표 용지(후보자 이름을 정당 표시와 함께 알파벳순으로 배열한 투표지). (또는 **office-block ballot**)
Massachusétts Institute of Technólogy 명 (the ∼) 매사추세츠 공과대학(약 MIT).
*__mas·sa·cre__ [mǽsəkər] 명 1 대학살, 대량 학살. ¶the M- of the Innocents 헤롯왕의 유아 대학살/the M- of St. Bartholomew 성 바돌로매의 대학살. ⇨BARTHOLOMEW. 2 (구어) (스포츠 경기 따위에서) 완패, 참패. 3 (규칙·법률 따위의) 철저한 무시. ─ 타 1 (사람·동물 등)을 대량으로 학살하다, 살륙하다. ⇨KILL
유의어 2 (구어) …을 완패[참패]시키다.
máss áction 명 [물리] 질량 작용. 2 [심리] (뇌기능의) 양작용(量作用)(설). 3 [사회] 군중 행동.
*__mas·sage__ [məsɑ́ːʒ, -sɑ́ːdʒ] 명 ① ⓒ 1 마사지, 안마 치료, 안마(술). 2 (문 (숫자·자료 따위의) 분석, 해석. ─ 동(타) 1 …에게 마사지하다, 안마 치료를 하다. 2 (英) (숫자·자료 따위)를 조작[분석]하다. 3 감언

이설로 속이다; 비위 맞추다.
masságe pàrlor 명 안마 시술소(매춘이 행해지는 곳도 있다).
mas·sag·er [məsɑ́ːʒər/-sɑ́ːdʒ-] 명 안마사(師), 안마; 안마기. 마사.
mas·sag·ist [məsɑ́ːʒist/-sɑ́ːdʒ-] 명 마사지사, 안마사.
máss behávior 명 (심리) 대중 행동.
máss-bell [-bèl] 명 미사의 종.
Máss bòok (때로 m-) (가톨릭) =missal.
Máss càrd 명 (때로 m-) (가톨릭) 미사 카드(안매장).
máss communicátion 명 매스컴, (신문·방송 따위의) 대량 전달.
mass·cult [mǽskʌlt] 명 ① 명 (구어) 대중[매스컴] 문화(의). (<__mass cult__ure)
máss customizátion 명 (경영) (고객 주문에 따라) 양산(量産)·양판(量販) 제품[서비스] 개별화, 양산 기술을 이용한 제품[서비스] 제공. (또는 **mass individualization**)
máss défect 명 [물리] 질량 결손.
máss dríver 명 (우주) 우주 기재 송출(발사) 장치.
mas·sé [mæséi] 명 [당구] 마세, (큐를) 세워 치기.
massed [mæst] 형 밀집한, 한 무리[덩어리]가 된, 집중된. [훈련].
mássed práctice 명 (교육) (쉼 없는) 집중 학습
máss énergy 명 [물리] 질량 에너지.
máss-én·er·gy equátion [-énərdʒi-] 명 [물리] 질량 에너지 항동식(恒等式)(A. Einstein이 정식화(定式化)했다; $E=mc^2$). (「너지 등가성(等價性).
máss-énergy equívalence 명 [물리] 질량 에너지 관계식.
máss-énergy relátion 명 [물리] 질량 에너지의 관계식.
Mas·se·net [mǽsənéi/F masnɛ] 명 __Jules__ ∼ 마스네(1842–1912: 프랑스의 오페라 작곡가).
mas·seur [məsə́ːr/mæ-] 명 (남자) 안마사, 마사지사. [<F] [사지사.
mas·seuse [məsúːs, -súːz/mæsə́ːz] 명 여자 마
máss examinátion 명 집단 검진(檢診).
máss gráve 명 공동 묘소.
máss hystéria 명 (심리) 집단 히스테리.
mas·si·cot [mǽsəkɑ̀t/-kɔ̀t] 명 [광물] 금밀타(金密陀)(일산화납으로 된 황색 광물; 안료·건조제용).
mas·sif [mæsíːf] 명 (지질) 대산괴(大山塊), 단층 지괴(地塊). [<F massive] [불륨감.
mass·ing [mǽsiŋ] 명 [건축] (건축물의) 용량감(感).
‡**mas·sive** [mǽsiv] 형 (__more__ ∼; __most__ ∼) 1 크고 묵직한, 육중한. ¶a ∼ rock 육중한 바위. 2 대량의, 대규모의. ¶∼ layoffs 대량 일시 해고. 3 (용모·체격이) 큼직한, 건장한. ¶a ∼ jaw 튼튼한 턱. 4 (정신이) 단단한, 굳센, 당당한. ¶a ∼ character 당당한 사람. 5 (금은제 그릇 따위가) 흠이 없는. 6 [광물] 괴상(塊狀)의. 7 [심리] (감각·의식 상태 등이) 용적감(중량감)이 있는. 8 [병리] (암 따위가) 광범위하게 퍼진.
∼·__ly__ 부. ∼·__ness__, -__sív·i·ty__ 명.
mássive retaliátion 명 (군사) 대량 보복(핵무기 사용을 포함한 군사적 반격 전략).
máss léave 명 집단[일제] 휴가, 스트라이크.
máss·less [mǽslis] 형 (광자(photon) 따위와 같이) 정지 질량(靜止質量) 제로인 소립자의. ∼·__ness__ 명.
máss mán 명 대중적 인간(개성을 상실하고 mass media의 영향을 쉽게 받는 사람).
máss márket 명 대중 시장, 대량 판매 시장, 매스 마켓팅.
mass-mar·ket [-máːrkit] 동(타) 대중 시장용으로 생산·판매하다. 대량 생산·판매하다. ─ 형 대중 시장의, 대량 판매용의. ∼·__er__ 명.
máss márketing 명 대중 시장을 겨냥한 생산·판매, 매스 마케팅.
máss márket páperback 명 문고본(7×4.5인치의 크기가 보통).
máss média 명(복) (the ∼) (단·복수 양용) (종종 경멸적) 매스 미디어, 대량 전달[대중]매체(TV, radio,

máss medicátion 圀 (상수도에 약물을 넣는 등의 방법에 의한) 집단 투약, 집단 약물 치료.
máss médium 圀 mass media의 단수형.
máss méeting 圀 (정치적) 대회, 군중 집회.
máss móvement 圀 집단 이동; (사회) 대중 운동.
máss nòun 圀 [문법] 질량 명사(sand, beer, happiness처럼 불가산의 물질 명사나 추상 명사).
máss nùmber 圀 [물리] 질량수(質量數).
máss observátion 圀 (英) (때로 M- O-) (개인적 기록·서한·개인 면접 등에 의한) 여론 조사, 세정(世情) 조사(약 M.O.).
mas·so·ther·a·py [mæsouθérəpi] 圀 마사지 요법.
máss príest 圀 (가톨릭) 위령 미사 집전 사제; (경멸적) 가톨릭 사제.
mass-pro·duce [ˊprədjúːs/-djúːs] 卧 (특히 기계로) 대량 생산하다. **-pro·duced** 圀 양산(量産)된.
mass-pro·duc·er [ˊprədjúːsər/-djúːsə] 圀 대량 생산자.
máss prodúction 圀 대량 생산, 양산.
máss psychólogy 圀 군중(집단) 심리(학).
máss radiógraphy 圀 집단 X선 검진(촬영).
máss rátio 圀 (우주) 질량비(로켓 엔진이 점화될 때의 질량과 다 연소한 후의 질량의 비, 또는 추진약 충전율).
máss socíety 圀 대중 사회.
máss spéctrograph 圀 [물리] 질량 분석기.
máss spectrómeter 圀 [물리] 질량 분석계.
máss spectrómetry 圀 [물리] 질량분석(법).
máss spectrométric 圀
máss spéctroscope 圀 [물리] 질량 분광기.
máss spéctrum 圀 [물리] 질량 스펙트럼(시료 성분의 하전 입자의 분포를 나타내는 스펙트럼).
máss stórage 圀 [컴퓨터] 대용량 기억 (장치).
máss tránsit 圀 (수도권·대도시권) 대량 수송 기관 (버스·지하철 따위).
máss tránsport 圀 대량 수송.
máss vísit 圀 집단(항의) 방문.
mass·y [mǽsi] 圀 (고어) =massive.
‡**mast**¹ [mæst/mɑːst] 圀 **1** (해사) 돛대, 마스트. **2** 높은 기둥, 장대; (기중기 따위의) 기둥; (항공) (비행선의) 계류주(繫留柱). **3** 돛대 모양의 높은 기둥.
at half mast (구어) (양말이) 흘러내려서; (바지가) 너무 짧아서, 껑뚱해서.
at (the) mast (해사) 상갑판(후갑판) 큰 돛대 아래에서(훈례이나 공식 행사 때 선원들이 모이는 장소).
before [or **afore**] **the mast** (해사) **a)** 앞돛대 앞에서. **b)** 평(푸)선원으로서. ¶serve before the ~ 평선원이 되다.
nail one's **colors** [or **flag**] **to the mast** ⇒COLOR.
spend a mast (해사) (태풍으로) 돛대가 부러지다.
— 卧 (배)에 돛대를 세우다.
∠·less, **∠·like** 圀
mast² (떡갈나무·너도밤나무 따위의) 나무 열매(돼지 따위의 가축 먹이).
mast- [mæst] 옌결 ⇒MASTO-. ¶*mast*ectomy.
mas·ta·ba(h) [mǽstəbə] 圀 석실(石室) 분묘(고대 이집트 무덤).
mást cèll 圀 (생물) 마스트(비만) 세포.
mas·tec·to·my [mæstéktəmi] 圀 (외과) 유방 절제(술).
mast·ed [mǽstid/mɑ́ːst-] 圀 (복합어로) 돛이 ~개 달린. ¶a three-~ ship 세돛배.
‡**mas·ter** [mǽstər, mɑ́ːs-/mɑ́ːs-] 圀 (~**s** [-z])
1 (…의) 정통한 사람, 숙련자; (종종 무관사로) 마음대로 지배(구사, 처리)할 수 있는 사람; 숭자, 정복자. ¶a ~ of several languages 수개 국어에 능통한 사람/You must be ~ of your circumstances. 당신은 당신의 환경을 극복할 수 있어야 된다.
2 (남자) 고용주, 주인, 사용자; (노예 등의) 주인, (가축 따위의) 소유자, 임자. ¶~ and man 주인과 하인/*Like* ~, *like man*. (속담) 그 주인에 그 하인, 용장(勇將) 밑에 약졸(弱卒) 없다.
3 장(長); (the ~) (일가의) 주인, 가장; (상선의) 선장(captain); 교장; 지배자, 통제자; (국가의) 원수, 군주; (동물 무리의) 리더. ¶the ~ of the house 호주.
4 (英) (중등 학교의) (남자) 교사, 선생; (철학·종교·예술 따위의) 스승, 사부, 정신적 지도자. ¶a ~ of Yoga 요가의 스승/learn English without a ~ 독학으로 영어를 공부하다.
5 (직인의) 우두머리, (독립한) 직인. ¶a ~ and his apprentices 스승과 제자들.
6 명인, 대가, 거장(巨匠). ¶a ~ of piano 피아노의 명인/old ~s (유럽 18세기 이전의) 명 거장.
7 (고어) (거장·대가의) 예술 작품; 명화. ¶This painting is an old ~. 이 그림은 옛 거장의 명화이다.
8 (M-) 석사; 석사 학위(*in*, *of*). ⓐ bachelor ¶*M- of Arts*[*Laws*, *Science*] 문(법, 이)학 석사.
9 (M-) 주, 예수 그리스도(Jesus Christ)(＊the, our 따위가 선행한다)(←마태 복음(Matt.) 23:10). **10** (법률) 법원 서기(진술서나 보고서 등을 작성한다). ¶a ~ of the High Court 고등 법원 서기. **11** 도련님, 서방님(하인이 주인의 아들을 부를 때에 쓰는 높임말). ¶(my) young ~ Tom (우리) 톰 도련님. **12** (M-) (스코) (자작·남작의) 계승자(장남)에 대한 존칭. **13** (M-) (英) (대학의) 학장(학료장)에 대한 존칭. **14** (사진) 원판(~ film), 음화, 네거. **15** 원판, 원도, 원본고(元原稿). **16** (오디오) (레코드) 원반(原盤), 모음반(~ matrix); (자기(磁氣) 테이프·디스크의) 마스터. **17** (다른 장치의 작동을 제어하는) 모(母)장치; (통신) 주국(主局).
be master in one's **own house** 일가의 주인이다, 남의 간섭을 받지 않다.
be master of ① …을 지배할 수 있다, …을 마음대로 (처리)할 수 있다. ¶*be ~ of* one's *time* 시간을 마음대로 할 수 있다/*be ~ of* oneself 자제심이 있다. ② …을 소유하고 있다. ¶*be ~ of* a *fortune* (마음대로 할 수 있는) 재산의 소유자이다. ③ …에 정통하다, …을 잘 알고 있다.
be one's **own master** 마음대로 할 수 있다, 누구의 지배도 받지 않다, 독립해 있다.
make oneself **master of** …에 정통하다, 숙달하다.
serve two masters (부정문에서) 두 주인을 섬기다; 대립되는 두 주의(당)을 따르다.
— 圀 **1** 주인인, 우두머리의; 지배자의 지배(구사)할 수 있는. ¶a ~ carpenter 도목수(都木手). **2** (종종 복합어로) 주요한, 최상의. ¶the ~ bedroom 최고급 침실. **3** 뛰어난, 솜씨가 훌륭한; 숙달한, 거장다운, 명인의. ¶a ~ work 걸작/a ~ diplomat 수완 있는 외교관. **4** (복합어로) (기계 따위의) 기본·기준이 되는, 어미…, 주(主)…; 원(原)…. ¶pre-recorded ~ tapes 미리 녹음된 마스터 테이프/a ~ clock (다른 시계의 기준이 되는) 주(主)시계/a ~ screw 어미 나사.
— 卧 (~**s** [-z]) **1** …의 주인이 되다, …을 정복하다, 굴복시키다; …을 억제하다; …을 길들이다. ¶~ unruly children 개구쟁이들을 말 잘 듣게 하다 /~ one's anger 노여움을 억제하다. **2** …을 부리다, 관리하다. **3** (기술·기능 따위)를 터득하다, 습득하다, …에 정통(숙달)하다. ¶ ~ a foreign language in half a year 반 년만에 외국어를 습득하다. **4** (녹음) …의 원반 디스크[레코드, 테이프 따위]를 만들다.
-mas·ter [mǽstər/mɑ́ːs-] 옌결 『돛대가 …인 배』의 뜻, ¶a two-~ 쌍돛배.
máster álloy 圀 (야금) 모합금(母合金).
máster anténna 圀 마스터 안테나(TV의 전파를 수신하여 가입자에게 전파하는 것)(CATV 안테나).
mas·ter-at-arms [mǽstərətɑ́ːrmz/mɑ́ːs-] 圀 (圀 *mas·ters-*) (해군) (함내 경찰권을 쥐고 있는) 선임 위병 하사관.

máster bédroom 명 주(主)침실(부부용).
máster búilder 명 건축 공사 청부업자; (뛰어난) 건축가. ¶결정적 수단.
máster cárd 명 〔카드놀이〕 으뜸패, 비장의 카드;
Master Card [mǽstərkɑ̀ːrd] 명 (상표) 매스터카드(미국의 대표적 신용카드의 하나).
máster chéf 명 =chef.   「악 세미나.
máster cláss 명 (일류 음악가가 지도하는) 상급 음
máster clóck 명 1 (전기 시계의) 어미 시계, 시침(時針) 조정 시계. 2 〔컴퓨터〕 마스터 클록(펄스의 타이밍을 제어하는 신호원).
mas·ter·dom [mǽstərdəm/mɑ́ːs-] 명 =mastery.
máster file 명 〔컴퓨터〕 마스터(기본) 파일.
máster film 명 필름 원판, 네가티브 필름.
mas·ter·ful [mǽstərfəl/mɑ́ːs-] 형 주인 티를 내는, 뽐내는, 건방진; =masterly. ~**ness** 명
máster glánd 명 〔해부〕 뇌하수체.
mas·ter-hand [-hǽnd] 명 1 대가, 명인(名人), 전문가; 뛰어난 솜씨, 숙련된 기술. ¶show a ~ 뛰어난 솜씨를 보이다.   〔임의·직〕.
mas·ter·hood [mǽstərhùd/mɑ́ːs-] 명 master
máster kéy 명 맞쇠, 곁쇠; 문제 해결의 열쇠.
mas·ter·less [mǽstərlis/mɑ́ːs-] 형 주인 없는.
mas·ter·ly [mǽstərli/mɑ́ːs-] 형 대가다운, 명인 솜씨의; 교묘한. ¶a ~ performance 명연기. — 부 명인답게 솜씨로, 대가답게, 교묘하게. **-li·ness** 명
máster máriner 명 〔해사〕 (상선의) 선장.
máster máson 명 1 (종종 M- M-) 프리메이슨단(團)(Freemason)의 제3급 회원. 2 숙련된 석공, 석공의 우두머리.   「령공.
máster mechánic 명 기사장(技士長), 직공장; 숙
mas·ter·mind [mǽstərmàind/mɑ́ːs-] 동타 교묘히 계획 지도하다, 배후에서 조종하다. — 명 지도자, 주도자; 주모자, 두목; 〔英구어〕 재간꾼, 천재.
master of ceremonies 명 1 (공식 파티·의식·방송 오락 프로 따위의) 사회(자), 진행자(略 MC, (구어) emcee). 2 (영국 왕실 등의) 의전관; (가톨릭의) 제식 담당자.
‡**mas·ter·piece** [mǽstərpìːs/mɑ́ːstər-] 명 (복 **-piec·es** [-iz]) 걸작, 명작, 대작, (작가 등의) 대표작; 뛰어난 것; 위대한 업적.
máster plán 명 종합 기본 계획, 전체 계획.
máster pólicy 명 〔보험〕 모(母)증서(권)(다수의 피보험자를 단일 계약으로 가입시키는 경우의 증권).
máster ráce 명 지배자 민족.
máster's (degrée) 명 석사 학위. ¶get one's ~ at Princeton 프린스턴 대학에서 석사 학위를 받다.
máster sérgeant 명 〔군사〕 원사(元士), 특무 상사.
Másters (Gólf) Tóurnament 명 (the ~) 〔美〕 매스터즈 대회(세계 4대 골프 대회의 하나).
mas·ter·ship [mǽstərʃip/mɑ́ːs-] 명U 1 master 의 지위(직책, 의무, 권위). 2 지배, 지배력, 지배권. 3 숙달, 정통, 탁월한 지식(기술).
máster-sláve manipulator [-sléiv-] 명 매직 핸드(방사성 물질 같은 위험한 물체 취급에 사용함).
mas·ter·stroke [mǽstərstròuk] 명 1 빛나는 업적, 훌륭한 솜씨; 절묘한 처리, 대성공. 2 〔미술〕 주선(主線); 입신(入神)의 솜씨(필치).
máster tápe 명 〔컴퓨터〕 마스터 테이프(지워서는 안되는 기본이 되는 데이터를 담은 자기(磁氣) 테이프).
máster tóuch 명 훌륭한 수완, 일류 솜씨. 「piece.
mas·ter·work [mǽstərwə̀ːrk] 명 =master
máster wórkman 명 직공장; 명장(名匠).
‡**mas·ter·y** [mǽstəri/mɑ́ːs-] 명U 1 (…에 대한) 지배, 지배력(권), 통솔력; 승리, 우세, 우월(over, of). ¶the ~ of the seas[air] 제해[공]권/exercise ~ over …에게 지배력을 행사하다. 2 (a ~) 숙련, 숙달, 정통. ¶acquire a ~ of French 프랑스어에 통달하

3 전문적 기능[지식]. ¶appeal to his ~ for help 그의 전문 지식에 도움을 청하다.
gain [or **get, obtain**] **the mastery over** [or **of**] ① …에 대한 지배권[력]을 얻다; …에게 이기다. ② …에 정통하다.
mástery léarning 명 〔교육〕 완전 습득 학습(낙제생·성적 불량 학생을 발생시키지 않는 교육 사고).
mast·head [mǽsthèd/mɑ́ːst-] 명 〔해사〕 돛대의 꼭대기. 2 (신문·잡지의) 발행인 명의란(欄)(flag); (신문 따위의 제1면의) 제호.
to the masthead 충분히, 마음껏.
— 동타 1 (돛·깃발 따위를) 마스트 꼭대기에 올리다. 2 (벌로) (선원)을 마스트 꼭대기에 올라가게 하다.
— 명 〔해사〕 마스트 꼭대기까지 높이다[계양한].
mást hóuse 명 마스트 가까이에 있는 작은 갑판실 (기중기의 받침대 구실을 한다).
mas·tic [mǽstik] 명 1 유향(乳香)(향료·약품용), 유향 수지(樹脂). 2 ⓒ 유향수(樹). 3 유향주(酒). 4 회반죽의 일종. 5 담황갈색(淡黄褐色).   **-bíl·i·ty** 명
mas·ti·ca·ble [mǽstikəbl] 형 씹을 수 있는.
mas·ti·cate [mǽstəkèit] 동타 1 (음식물)을 씹다, 저작하다. 2 (고무 등)을 곤죽으로 하다. **-cá·tion** 명
mas·ti·ca·tor [mǽstəkèitər] 명 1 씹는 사람[동물]. 2 고기 가는 기구; 분쇄기, 쇄혁기(碎革器).
mas·ti·ca·to·ry [mǽstəkətɔ̀ːri/-təri] 형 저작의; 씹기에 알맞은. — 명 〔약학〕 (타액(唾液)의 분비를 촉진하기 위한) 저작제(劑).   「맹견」.
mas·tiff [mǽstif] 명 매스티프(털이 짧고 덩치가 큰
mas·ti·tis [mæstáitis] 명U 〔병리〕 유선염, 유방염.
mas·to- [mǽstə, -tou] 연결 breast의 뜻(* 모음 앞에서는 mast-). ¶*mastopathy.*
mas·to·don [mǽstədɑ̀n/-dɔ̀n] 명 1 마스토돈(코끼리와 비슷한 고대의 거대한 포유 동물). 2 제국[권력, 영향력 따위]가 매우 큰 사람, 거인. **-dón·ic** 형
mas·toid [mǽstɔid] 형 유두(乳頭) 모양의. ¶a ~ process 유상(乳状) 돌기(突起). — 명 유상 돌기; 유상 돌기염(mastoiditis).
mas·toid·i·tis [mæ̀stɔidáitis] 명U 〔병리〕 유양(乳), 유돌(乳突)염.
mas·tur·bate [mǽstərbèit] 동자 수음(手淫)을 하다, 자위 행위를 하다. **-bà·tor** 명 **mas·tur·ba·to·ry** [mǽstərbətɔ̀ːri/-bèitəri] 형
mas·tur·ba·tion [mæ̀stərbéiʃən] 명U 마스터베이션, 수음, 자위. ~**al** 형
ma·su·ri·um [məzúəriəm, -súər-/-sjúər-] 명U 〔화학〕 마수륨(금속 원소의 하나; technetium의 옛 이름).
‡**mat**¹ [mæt] 명 1 (고무 따위의) 깔개, 매트; (짚·대나마·골풀 따위로 만든) 돗자리, 거적, 자리(straw ~). 2 (현관의) 신발 바닥 닦개(doormat), (욕실의) 발 닦개 (bath ~). 3 (접시·꽃병 따위의) 장식용 깔개. 4 (체조·레슬링용의) 깔개, 매트. 5 (a ~) (털·잡초 따위의) 엉클어짐, 뭉치. ¶a ~ of weeds [hair] 엉클어진 잡초[머리털]. 6 (커피·설탕 따위를 넣는) 마대, 포대. 7 〔인쇄〕 지형(紙型). 8 〔해사〕 (맞닿지 않도록 덧대는) 거적. 9 (건물의) 기초(基礎)(footing). 10 콘크리트판을 보강하는 굵은 철망. 11 〔美속어〕 여자; 아내.
go to the mat (…와) 레슬링 시합을 하다; 격론을 벌이다(with).
hit the mat (美속어) ① 〔해사〕 기상(起床)하다; 일을 시작하다. ② 바닥에 쓰러지다, 나동그라지다. 「퍼다.
leave *a person* **on the mat** 남을 문간에서 쫓아버
on the mat 곤경에 빠져; (견책 받기위해) 소환되어, 처벌받게 되어. ¶ ⓒ on the carpet ¶have a person on the ~ 남을 처벌하다.   〔감추다.
sweep…under the mat 〔부끄러운 일〕을 숨기다
— 동 (**-tt-**) 타 1 …에 돗자리를 깔다, …을 거적[매트]으로 덮다. 2 …을 매트로 짜다. 3 …을 엉클어지게 하다(together). — 자 꼬이다, 엉클어지다(up).
∠·less 형

mat² [명] 대지(臺紙)(~ board)(사진틀 안의 그림·사진 밑에 대는 판지); 〔영화〕 마스크, 매트(영상 합성 따위의 특수 촬영용 덮개). **—**[동][타] (**-tt-**) 〔그림〕에 대지를 대다, 장식테(두리)를 붙이다.

mat³ [형] (표면·빛깔 등이) 반들거리지 않는, 광택이 없는, 칙칙한, 광택을 없애는. **—**[명] **1** (금·은 따위의) 윤을 지운 면[지우기]. **2** 윤 지우는 도구. **—**[동][타] (**-tt-**) …의 표면의 윤기를 없애다. (또는 **matt(e)**)

mat⁴ [명] (구어) =matrix. 「Matilda의 애칭).

Mat¹ [mæt] [명] 매트(사람 이름; Matthew, Martha,

Mat² [명] 〔성서〕 Matthew.

mat. matinée; matins; maturity. **M.A.T.** *M*aster of *A*rts in *T*eaching.

mat·a·dor [mǽtədɔ̀ːr] [명] 마타도어. **1** 투우사. **2** (카드의) 으뜸패의 일종. **3** (M–) (美) 지대지 미사일. 〔<Sp〕

Ma·ta Ha·ri [máːtə háːri, mǽtə hǽri] [명] 여간첩, 마타 하리. 〔<1차 세계대전 때 독일 여간첩(본명 Gertrud Margarete Zelle)(1876–1917)〕.

mát bòard [명] 사진틀[액자]용 대지(mat).

‡match¹ [mætʃ] [명] ([복] **~·es** [-iz]) **1** 성냥. ¶a safety ~ 안전 성냥 / a box of ~*es* 성냥 한 갑. **2** (옛날의 총·대포 따위에 쓴) 화승(火繩), 도화선.

put [or ***set***] ***a match to*** …에 불을 붙이다.

strike [***light***] ***a match*** 성냥을 긋다[켜다].

‡match² [명] ([복] **~·es** [-iz]) **1** 경기, 시합; 대전, 대결; 경기에의 참가. ¶a cricket [football] ~ 크리켓[풋볼] 시합 / play a ~ at tennis 테니스 시합을 하다. **2** (a ~, one's ~) 호적수, (경쟁) 상대, 동등[대등]한 사람[것], 엇비슷한 사람[것](*for* / *in*). ¶She is more than a ~ *for* him *in* tennis. 그녀는 테니스에서는 그보다 한 수 위다 / I don't believe there is his ~ anywhere *for* goodness. 그 사람만큼 착한 사람은 아무데도 없을 것이다. **3** (a ~) (다른 한쪽의) 짝이 되는 사람[것](*to*); 서로 어울리는 것; 걸맞는 한 쌍(*for*). ¶The tie is a ~ *for* the coat. 그 넥타이는 그 상의에 잘 어울린다. **4** (a ~) 결혼 상대; 결혼, 혼인. ¶make a rich[poor] ~ 부자[가난뱅이]와 결혼하다 / He is an excellent ~. 그는 아주 훌륭한 신랑감이다. **5** (폐어) 협정, 협약.

be a [***no***] ***match for*** …의 상대가 되다[안되다], …에 필적하다[하지 못하다].

be more than a match for …보다 한 수 위다, …이 당하지 못하다.

make a match 결혼하다; 중매를 서다[들다].

make a match of it 결혼하다[맺어지다].

meet [or ***find***] *one's* ***match*** 호적수를 만나다; 곤란에 처하다.

—[동] (**~·es** [-iz]; **~ed** [-t]) [타] **1** …에 필적하다, …과 대등하다(*in, for*). ¶No one can ~ him *in* swimming. 수영에서 그와 겨룰 만한 사람은 없다. **2** …에 어울리다, 조화되다(*with*). ¶The trimming does not ~ the hat. 그 장식은 그 모자에 어울리지 않는다. **3** 〔사물〕을 (…에) 어울리게 하다, 조화시키다(*with, to*). ¶(~+[目]+[前]+[名]) ~ one's shoes *to* one's coat 구두를 웃옷에 맞추다. **4** …을 꼭 들어맞게 하다(*up*); 〔판자 따위〕를 이어 맞추다[붙이다]. **5** 〔사람〕을 대항시키다, 〔사람〕을 (…과) 겨루게 하다(*with, against*). ¶(~+[目]+[前]+[名]) ~ him (up) *with* John. 그와 존을 대전시키다. **6** 〔호적수〕를 만나다, 〔역량이 같은 상대〕와 대결하다. **7** …와 대등한[어울리는] 것을 만들다[얻다]. ¶Try though he did, he could not ~ his first success. 애써 보았지만 그는 첫 번째만큼 성공을 거두지는 못했다. **8** 〔사람〕을 (…와) 결혼시키다(*with, to*). ¶~ a person *with* another 남을 …과 결혼시키다. **9** 〔전기〕 (2개의 전기 회로를) 정합(整合)하다[시키다]. **10** 〔자금〕을 …에 지원하다. **11** (일을 결정하기 위해) 동전을 던지다. **—**[자] **1** 어울리다, 조화되다(*with*). ¶The carpets and curtains do not ~ well. 그 카펫과 커튼은 잘 조화되지 않는다. **2** 대등[동등]하다, 엇비슷하다. **3** (고어) 결혼하다(*with*). ¶~ *with* a person 남과 결혼하다.

match coins 동전을 던져 결정하다. 「결부시키다.

match up 일치하다, 잘 조화되다; 조화[부합]시키다,

match up to …에 필적하다; 〔기대 등〕에 부응하다.

to match (명사 뒤에서 형용사구·부사구로서) 어울리는, 조화되는. ¶wear a brown dress with (a) hat *to* ~ [with (a) ~*ing* hat] 갈색 드레스와 그에 잘 어울리는 모자를 착용하다.

well [***ill***] ***matched*** (힘·기량 등에서) 잘 어울리는[어울리지 않는], 맞수의[맞수가 아닌].

MATCH [mætʃ] [명] (美) 자녀 양육에서 해방된 어머니들의 사회 활동 단체. 〔<*M*others *A*part from *T*heir *Ch*ildren〕 「대등한; 어울리는, 조화된.

match·a·ble [mǽtʃəbl] [형] 필적[대항]할 수 있는,

match·board [mǽtʃbɔ̀ːrd] [명] 사개 물린 판자.

match·board·ing [mǽtʃbɔ̀ːrdiŋ] [명][U] 사개 맞춤; 사개 널. 「종이 성냥).

match·book [mǽtʃbùk] [명] 성냥(하나씩 떼어 쓰는

match·box [mǽtʃbɑ̀ks/-bɔ̀ks] [명] 성냥갑 (속어)

mátch bòy [명] 성냥팔이 소년. ⌊성냥과 같은 집.

mátched órder [mǽtʃit-] [명] 〔증권〕 담합 매매.

match·er [mǽtʃər] [명] **1** 걸맞는 사람[것]. **2** 경쟁자, 필적하는 사람. **3** 사개 널 제작기[인].

match·et [mǽtʃit] [명] =machete.

match·fold·er [mǽʃfòuldər] [명] =matchbook.

mátch gìrl [명] 성냥팔이 소녀.

match·ing [mǽtʃiŋ] [형] (색·외관 따위가) 어울리는, 조화되는, 갖춰진.

mátching fùnd [명] (수익자의 출자·지출에 맞춰 정부·단체·개인 등이 내는 같은 액수의) 보조금.

mátch jòint [명] 〔건축〕 사개(접합법의 일종).

***match·less** [mǽtʃlis] [형] 무쌍의, 무비(無比)의. ¶her ~ beauty 비길 데 없는 그녀의 아름다움.

~·ly [부] **~·ness** [명] 「승식 방아쇠 장치.

match·lock [mǽtʃlɑ̀k/-lɔ̀k] [명] 화승(火繩)총; 화

match·mak·er¹ [mǽtʃmèikər] [명] 중매하는 사람, 중매쟁이; (상거래의) 중개업자; 경기의 대진을 짜는 사

match·mak·er² [명] 성냥 제조업자. ⌊람.

match·mak·ing¹ [mǽtʃmèikiŋ] [명][U] 중매 들기, 결혼 중매; 시합[경기]의 대진 짜기.

match·mak·ing² [명][U] 성냥 제조(업).

match·mark [mǽtʃmɑ̀ːrk] [명] (조립하기에 편리하도록 기계 부품 따위에 붙이는) 합인(合印), 조립 부호. **—**[동][타] …에 합인[합표(合標)]을 붙이다.

mátch plày [명] 매치 플레이; 〔골프〕 득점 경기(1홀마다 득점을 계산하는 경기 방식). 「막 1점).

mátch póint [명] 매치 포인트(승패를 좌우하는 마지

match·stick [mǽtʃstìk] [명] 성냥개비.

match-up [ˊ-ʌ̀p] [명] **1** 짜맞추기, 결합. **2** 두 사람의 대결[대전]. **3** 비교 (조사), 대조. (또는 **mátchùp**)

match·wood [mǽtʃwùd] [명][U] 성냥개비 재목; 지저깨비, 나무 부스러기[조각].

break [or ***reduce***]***...to*** [or ***into***] ***matchwood; make matchwood of*** …을 산산조각 내다, 분쇄하다.

‡mate¹ [meit] [명] **1** 동료, 친구; (친근하게 부르는 말) 형, 여보게(＊「동료」「친구」의 뜻으로는 class~, room~ 따위와 같이 종종 복합어의 일부로서 사용된다). **2** (the ~) 쌍[두 개 한 벌]을 이루는 것의 한 짝, 배우자, 부부의 한 쪽, (한 쌍의 동물·새 따위의) 한 쪽; (구어) (익살) (…의) 반려자(*to, for*). ¶I can't find the ~ *to* this glove. 이 장갑 한 짝이 보이지 않는다. **3** 〔해사〕 (상선의) 항해사; (선내의) 조수(助手); 〔美해군〕 하사관. ¶the first [*or* chief] ~ 일등 항해사 / a cook's ~ 조리사 조수. **4** 톱니바퀴, 기어. **5** (명성이) 대등한 사람,

go mates with …의 동료가 되다. ⌊호적수.

—[동] (***mat·ed; mat·ing***) [타] **1** …을 동료로 하다. **2**

…을 (…와) 결혼시키다(with); (새 따위)를 (…와) 짝 지우다(with). 3 …을 (남과) 일치[합치]시키다(with). ¶(~+目+前+名) ~ one's words with deeds 언행을 일치시키다. ~을 (…에) 접속시키다 (with, to). 5 (사물)을 (…와) 대비하다(with). — 歐 1 동료가 되다; 부부가 되다; 결혼하다, 짝짓다(with). 2 (동물이) 교미하다(with), (톱니바퀴가) 맞물리다(with).
mate[2] — [meit] (서양 장기) (외통) 장군!(checkmate). — (동)타 (장군 수)로 몰다. (외통) 장군!
ma·te[3] [máːtei/mǽt-] 圈 = maté.
ma·té [máːtei] 圈 1 마테 차(茶)나무(남미산(產)). 2 ⓤ 마테[파라과이] 차(의 일). 3 마테 차 그릇.
Mat.E. Materials Engineer.
mat·e·las·sé [mætələséi] 圈ⓤ 마틀라세직(織)(돋을무늬가 있는 견직 또는 견모(絹毛) 교직 천). (<F)
mate·lot [mǽtlou] 圈 (英속어) 선원(sailor).
mate·lote [mǽtəlout] 圈 (ⓤ) 마틀로테(포도주·양파·버섯 따위를 넣고 끓인 생선 스튜).
ma·ter [méitər] 圈 (옞 ~s, -tres [-triːz]) 1 (英구어) 어머니, 엄마(웃 pater). 2 [해부] 뇌막(腦膜).
Ma·ter Do·lo·ro·sa [méitər dòulərốusə] 圈 (그림·조각 등에 묘사된) 슬픔에 잠긴 성모 마리아. (<L sorrowful mother)
ma·ter·fa·mil·i·as [mèitərfəmíliəs] 圈 어머니.
‡**ma·te·ri·al** [mətíəriəl] 圈ⓤ (옞 ~s [-z]) 1 ⓤⓒ 구성 물질[요소]; 재료, 원료; 소재(素材); 자재. ⇨MATTER (유의어) ¶ building ~s 건축 재료 / printed ~ 인쇄물 / raw ~s 원자재 / teaching ~s 교재. 2 ⓤ (자료로서의) 소재; 논거(論據), 자료; 제재(題材). ¶ collect ~ for a dictionary 사전의 자료를 모으다. 3 ⓤ 인재(人材), 인물. 4 ⓤⓒ 옷감, 복지. ¶ dress ~ 복지. 5 (~s) 용구(用具), 기구, 도구(옞 pater), 문방구, 필기 도구, 6 (…에) 적합한 사람[것] (for). ¶ I'm not salesman ~. 나는 세일즈맨 체질이 아니야.
— 圈 (more ~; most ~) 1 물질로 된, 물질의; 실체적인; 구체적인, 유형의(웃 formal). ¶ the ~ universe 물질계 / ~ civilization 물질 문명 / ~ forces 물질력.

유의어 **material** 물질로 구성된, 물질에 관한, 정신적인 데 대하여 물질적인. **physical** 감각 기관으로 인식이 되는, 과학적으로 측정할 수 있는. **corporeal** 구체적으로 촉감할 수 있는 꼴을 지닌.

2 신체[육체]의, 육체적인; 감각적인, 관능적인. ¶ ~ pleasure 육체적 쾌락. 3 물질적인; 세속적인, 천한. ¶ ~ success 세속적 성공. 4 (…에) 중요한, 긴요한; 필수적인(to). 5 중대한 (의미를 갖는), 중요한 결과를 가져오는. ¶ a very ~ difference 매우 중요한 차이. 6 (법률) (증거 따위가) 판결에 큰 영향을 주는. ¶ a ~ fact (판결을 좌우할) 중대한 사실. 7 (철학) 실질적인, 질료적(質料的)인; (논리) 실질적인, 실제상의(웃 formal).
at the material time 중대 시기에.
be material to …에 긴요하다, 필수적이다.
~**ness** 圈
matérial cáuse 圈 (철학) 질료인(質料因).
matérial cúlture 圈 (사회) 물질 문화(어떤 사회에 의해 이용되는 물질 또는 인공물의 총체).
matérial évidence 圈 (법률) (판결을 좌우할) 중대한 증거, 물적 증거.
matérial implicátion 圈 (논리) 두 개의 명제가 서로 논리적으로 상대를 포괄하고 있는 관계.
ma·te·ri·al·ism [mətíəriəlìzm] 圈ⓤ (철학) 유물론, 유물주의(웃 idealism); (경제적) 물질[실리]주의; (미술) 실물주의, 실질 묘사.
ma·te·ri·al·is·tic [mətìəriəlístik] 圈 유물론(자)의, 물질주의의. -**ti·cal·ly** 学
ma·te·ri·al·i·ty [mətìəriǽləti] 圈 1 ⓤ 물질성, 실체성, 유형성(옞 spirituality). 2 ⓤⓒ 실재물; 물적 존재. 3 ⓤ (법률) 중요성.

ma·te·ri·al·ize [mətíəriəlàiz] (* (英) -**ise**) 圈(팅) 1 …에 형체를 주다, 유형[구체]화하다, 실현하다. ¶ ~ one's dream [an ambition] 꿈[야망]을 실현하다. 2 …에 물질적 특성을 주다, 물적(物的)인 성격을 갖게 하다. 3 (영혼 따위)를 체현(體現)시키다. ¶ ~ the spirits of the dead 망자(亡者)의 영을 사람의 모습으로 구현시키다. 4 (태도·생각 따위)를 유물[실리]주의적으로 만들다.
— 歐 1 나타나다, 가시화[사실화]되다, (소망·계획 따위가) 실현되다. ¶ Our hopes never ~d. 우리의 희망은 내내 실현되지 않았다. 2 (영(靈) 따위가) 체현하다, 구체적인 모습을 갖추다. **-i·za·tion, -iz·er** 圈
*ma·te·ri·al·ly [mətíəriəli] 学 1 물질[유형]적으로. 2 (철학) 질료[실질]적으로. 3 크게, 현저히.
matérial(s) hándling 圈 (경영) 자재의 이동·보관 등).
ma·te·ri·als-in·ten·sive [mətíəriəlzinténsiv] 圈 재료[원료] 집약적인, 대량의 재료[원료]를 필요로 하는.
matérials science 圈 재료 과학, 소재 과학.
matérial wítness 圈 (법률) 중요 증인(참고인).
ma·te·ri·a med·i·ca [mətíəriə médikə] 圈ⓤ (집합적) 의약품; 약물학. (<L medical stuff)
ma·té·ri·el [mətìəriél] 圈ⓤ 물질적 재료, 설비; (군사) 무기; 장비, 군수품. (또는 **materiel**) (<F)
*ma·ter·nal [mətə́ːrnl] 圈 1 어머니의; 어머니로서의; 어머니다운(옞 paternal). ¶ ~ love 모성애. 2 어머니에게서 나온. 3 (혈연의) 모계(母系)의. ¶ ~ grandparents 외조부모(外祖父母). 4 모국의, 모국어인. ¶ his ~ language 그의 모국어.
~**·ize** 튀 ~**·ly** [-nəli] 쀼
ma·ter·nal·ism [mətə́ːrnəlìzm] 圈ⓤ 1 모성(애), 모정(motherliness); 지나친 사랑. **-is·tic** 圈
ma·ter·ni·ty [mətə́ːrnəti] 圈ⓤ 1 어머니임; 모성, 어머니다움. 2 산부인과 병원, 산원(~ hospital); (병원의) 산과 병동. 3 임산부복, 임신복(~ dress). — 圈 임신[출산] (기간)의, 임산부의[를 위한]. ¶ a ~ benefit 출산 수당. 2 임산부가 착용하는.
matérnity allówance 圈 (英) 출산 수당.
matérnity bàg 圈 (자연의) 출산[해산]용품 자루.
matérnity blúe 圈 (출산 후의) 정신 불안정.
matérnity hòspital [hóme] 圈 산부인과 병원, 산원(產院).
matérnity lèave 圈 출산·육아 휴가.
matérnity núrse 圈 조산원, 산파(產婆).
matérnity pày 圈 (英) 산휴(產休) 수당(일정 기간 이상 근무자에게 주어짐).
matérnity róbe 圈 임산부복. (또는 **matérnity clóthes [dréss, wéar]**)
matérnity wàrd 圈 산부인과 병동; 분만실.
mate·ship [méitʃip] 圈 동료임, 동료로서의 연대(친목, 협력), 동료 의식, (남자의) 우정. [ ] 노동자.
mate·y[1] [méiti] 圈 (英구어) 1 친구, 동료; 조선소
mate·y[2] (英구어) 친한; 붙임성 있는. ~**ness** 圈
math [mæθ] 圈 (구어) =mathematics. 圈 maths
math. mathematical; mathematician; mathematics.
‡**math·e·mat·i·cal** [mæθəmǽtikəl] 圈 (more ~; most ~) 1 수리의, 수학(상)의; 수학적인, 숫자용의. ¶ have a ~ mind 수학[숫자]에 강하다[밝다]. 2 (통계적으로는) 있을[일어날] 법하지 않은. ¶ only a ~ chance 아주 작은 기회. 3 아주 정확한, 엄밀한. (또는 **mathematic**) ~**·ly** 學
mathemátical económics 圈(복) 수리 경제학.
mathemátical lógic 圈 수리논리학, 기호논리학 (symbolic logic).
mathemátical phýsics 圈 수리물리학. 「률」
mathemátical probabílity 圈 (수학) 수학적 확
mathemátical tábles 圈(복) 수표(數表)(로그·삼 각 함수표 따위).

math·e·ma·ti·cian [mæθəmətíʃən] 명 수학자.
‡**math·e·mat·ics** [mæ̀θəmǽtiks] 명 1 〔단수취급〕 수학. ¶applied ~ 응용 수학/pure ~ 순수 수학. 2 (one's ~) 〔단·복수 양용〕 (수학의) 셈, 계
maths [mæθs] 명 〔英구어〕 =mathematics. 〔산.
ma·ti·co [mətíːkou] 명 ~s 마티코(열대 아메리카산 후추속(屬)의 식물; 잎은 지혈제로 쓴다).
ma·tière [F matjɛːR] 명 소재, 화재, 재료, 마티에르 (작품 표면에 나타나는 재질감). 〔<F〕
Ma·til·da [mətíldə] 명 1 마틸다(여자 이름). 2 (m-) (濠) ~ swag² 2.
mat·in [mǽtn] 명 1 (~s, M-s, 〔英〕 mattins) 〔단수취급〕 a) 〔가톨릭〕 (성무(聖務) 일과의) 아침 기도. b) 〔영국 국교회〕 조도(朝禱), 아침 기도(Morning Prayer). 2 (때로 ~s) 〔시〕 새의 아침 지저귐. ── 형 〔종종 M-〕 아침 기도의; 아침의.
mat·in·al [mǽtnl] 형 =matin.
*__mat·i·née__ [mæ̀tnéi/mǽtnei] 명 1 (연극·음악회 등의) 주간 흥행, 마티네. 2 여성의 실내복(오전의). (또는 matinee) 〔<F〕
matinée còat 〔**jàcket**〕 명 유아용 모직 상의.
matinée ídol 〔여성을 사로잡는〕 미남 배우.
mat·ing [méitiŋ] 명 교배(交配), 교접; 짝짓기.
máting sèason 명 (the ~) 교미기, 짝짓기 철.
Ma·tisse [F matis] 명 **Henri** ~ 마티스(1869-1954: 프랑스의 화가·조각가).
mat·lo(w) [mǽtlou] 명 〔英속어〕 =matelot.
mat·man [mǽtmən] 명 〔속어〕 레슬링 선수.
mat·rass [mǽtrəs] 명 〔화학〕 (목이 긴) 계란 모양의 플라스크. 〔archy.
mat·ri- [mǽtrə, -méit-] 〔연결〕 mother의 뜻. ¶*matri*-
ma·tri·arch [méitriɑ̀ːrk] 명 1 여가장(女家長), 여족장; 가장의 아내(⇔patriarch). 2 위엄 있는 노부인.
·ár·chal
ma·tri·ar·chate [méitriɑ̀ːrkət, -keit] 명 1 여가장 제 사회(공동체). 2 여가장제.
ma·tri·ar·chy [méitriɑ̀ːrki] 명 1 여성이 지배하는 가족(사회, 국가). 2 〔U〕 여가장〔족장〕제; 모계〔모권〕제.
ma·tric [mətrík] 명 〔英구어〕 (대학) 입학 자격 시험(matriculation)(지금은 GCE로 대체). 「중심의.
ma·tri·ces [mǽtrəsìːz, méit-] 명 matrix의 복수형.
mat·ri·cid·al [mæ̀trəsáidl, mèit-] 형 모친을 살해한.
mat·ri·cide [mǽtrəsàid, méit-] 명 〔U〕 모친 살해 (죄); 〔C〕 그 범인. ⓢ patricide **·cí·dal**
ma·tric·u·lant [mətríkjulənt] 명 (대학) 입학이 허용된 사람; (대학) 입학 지원자; 신규가입회원.
ma·tric·u·late [mətríkjulèit] 타 〔지원자〕에게 (대학) 입학을 허가하다; (정식 회원으로) 가입을 허가하다. ── 자 대학에 입학하다. ── 명 [mətríkjulət] (대학) 입학 허가자. **·là·tor**
ma·tric·u·la·tion [mətrìkjuléiʃən] 명 1 〔UC〕 (대학) 입학 (허가). 2 〔U〕 =matric.
ma·tri·fo·cal [mæ̀trəfóukəl, mèit-] 형 어머니 중심(주의)의. ¶a ~ society 모계 사회. 「계의.
mat·ri·lat·er·al [mæ̀trəlǽtərəl] 형 어머니쪽의, 모 (보)(譜).
mat·ri·lin·e·age [mæ̀trəlíniidʒ] 명 모계(제). **~·ly** 부 「머니쪽의.
mat·ri·lin·e·al [mæ̀trəlíniəl] 형 모계(母系)의, 어
mat·ri·lin·e·ous [mæ̀trəlíniəs, -lài-] 형 모계제(母系制).
mat·ri·lo·cal [mæ̀trəlóukəl, mèit-] 형 처가(妻家) 거주의. ¶~ marriage 모처혼(母處婚), 모가제(母居制) 혼인. **·cál·i·ty**
mat·ri·mo·ni·al [mæ̀trəmóuniəl] 형 결혼의, 부부 관(間)의. **~·ly** 부
*__mat·ri·mo·ny__ [mǽtrəmòuni/-məni] 명〔UC〕 1 결혼식; 결혼. ⓢ MARRIAGE 〔유의어〕 2 결혼 생활; 부부 관계. 3 〔카드놀이〕 특정한 패의 짝에 돈을 거는 게임의 일종; (이 게임에서) 킹과 퀸의 짝지음.
enter into matrimony 결혼하다.
ma·trix [méitriks, mǽt-] 명 (복) **~·es, -tri·ces** [-trisìːz]) 1 (발생·성장의) 모체, 기반(基盤), 발생지. 2 (해부) (손톱·이빨 따위의) 형성부; 〔생물〕 간질(間質), 기질(基質). 3 〔해부〕 자궁. 4 〔광산〕 모암. 5 주형(鑄型). 〔인쇄〕 모형(母型), 자모, 지형(紙型). 6 〔수학·물리〕 매트릭스, 행렬. 7 〔오디오〕 〔레코드의〕 원반(原盤), 금형, 마스터. 8 〔광물〕 =gangue. 9 〔식물〕 근의(地衣)·균류의 모체. 10 〔컴퓨터〕 매트릭스(입력 도선과 출력 도선의 회로망). ── 타 〔레코드·테이프 따위의 신호를〕 매트릭스화하다.
mátrix álgebra 명 〔수학〕 행렬 대수. 「역학.
mátrix mechànics 명 〔단수취급〕 〔물리〕 행렬
mátrix prínter 명 〔컴퓨터〕 =dot printer.
mátrix sèntence 명 〔언어〕 모문형(母型文)(예컨대 The man who called is waiting. ── The man is waiting.).
*__ma·tron__ [méitrən] 명 1 (품위 있고 지체 높고 나이 지긋한) 기혼녀, 부인. 2 (공공 시설 등의) 여성 감독; 〔英〕 수간호사; 보모, 사감(舍監); 〔美〕 여자 교도관.
jury of matrons 〔역사〕 (피고의 임신 여부를 판정하기 위한 기혼 여자들로 구성된) 수태 심사 배심.
~·hood 명 **~·al** 형 「는) 수태 심사 배심.
ma·tron·age [méitrənidʒ] 명〔U〕 matron임; 〔집합적〕 matron들; matron에 의한 감시〔보호, 개호〕.
ma·tron·ize [méitrənàiz] 타 (*〔英〕 -ise) 1 …을 점잖고 침착한 부인답게 하다. 집안의 안주인답게 하다. 2 …을 (matron으로서) 감독하다, matron 역할을 감당하다. ¶~ the young girls 젊은 아가씨들을 돌보다. ── 자 matron이 되다.
ma·tron·ly [méitrənli] 형 1 (나이 지긋한) 기혼 여성다운; 품위 있는, 점잖은. 2 (젊은 여성이) 살찐(fat).
── 부 기혼 여성답게, 침착하게. **-li·ness** 명 「부인.
mátron of hónor 결혼식날 신부를 돌보는 기혼
ma·tron·ship [méitrənʃip] 명〔U〕 matron임; matron의 직(職)(임무, 지위, 신분).
mat·ro·nym·ic [mæ̀trənímik] 형 =metronymic.
MATS 〔美〕 *Military Air Transport Service*(육군 항공 수송부). **Matt.** 〔성서〕 Matthew.
mat·ta·more [mǽtəmɔ̀ːr] 명 지하실(창고).
matt(e) [mæt] 명 형 타 =mat³.
mat·ted¹ [mǽtid] 형 1 (풀 등 따위가) 빽빽이 난, 돗자리(거적, 매트)를 깐. 3 헝클어진. ¶~ hair 헝클어진 머리. 4 돗자리〔명석〕로 만든, 매트 형태의 것으로 된. **~·ly** 부 **~·ness** 명
mat·ted² 형 윤〔광택〕을 없앤, 칙칙한.
‡**mat·ter** [mǽtər] 명 (복) **~s** [-z] 1 a) 〔U〕 (정신에 대해) 물질(⇔ spirit); 물체, 재질(質), …질(體). ¶vegetable 〔mineral〕 ~ 식물〔광물〕질 / solid 〔liquid, gaseous〕 ~ 고체〔액체, 기체〕 / mind and ~ 정신과 물질 / the ~ of which the earth is made 지구를 구성하고 있는 물질. b) (특정 용도를 가진) 물질, 재료, 소재, 요소, 성분. ¶*coloring* ~ 색소, 착색제, 염료.

> 〔유의어〕 **matter** 공간을 차지하고 감각으로 인식되는 물질; spirit, mind에 대한 말. **material** 일정한 종류·성질·수량을 가진 어떤 재료로서의 matter. **stuff** material과 같은 뜻이지만, 보다 구어적 표현. **substance** 어떤 화학적·물리적 특성을 가진 특정한 종류의 matter.

2 〔U〕 (책·연설·논문 등의) 내용(⇔ form); 재료, 제재(題材). ¶the ~ of one's speech 연설의 내용.
3 〔U〕 (쓰인·인쇄된) 것; 우편물. ¶*printed* ~ 인쇄물 / *reading* ~ 읽을거리 / *postal* ~ 우편물 / *third class* ~ 제3종 우편물.
4 문제; 일, 사건. ¶a serious ~ 중대한 일 / money 〔*political*〕 ~s 금전〔정치〕 문제 / a ~ of life and death 사활이 걸린 문제, 중대사 / It is another ~. 그것은 별

개 문제다.
5 (~s) 《무관사》 (막연히) 사태, 사정. ¶take ~*s* easy 사태를 쉽게 여기다 / *Matters* are very different in France. 프랑스에서는 사정이 매우 다르다 / Words will not help ~*s*. 말만 가지고는 사태에 도움이 안 된다.
6 (the ~) (…에 관한) 고장, 어려움, 사고, 걱정 (*with*). ¶What's the ~ (*with* you)? 무슨 일이 있느냐? / Something is the ~ *with* this machine. 이 기계는 무언가 이상하다.
7 [U] 문제 삼을 일[것], 중요성, 중대함. ¶It is no ~ what happens. 무슨 일이 일어나건 알 바 아니다. **8** 원인, …의 씨 (*of, for*). ¶It is a ~ *for* [or *of*] congratulation [regret] that… …은 기뻐해야 할[유감스러운] 일이다. **9** [U] 〔병리〕 (생체에서 나오는) 노폐물; 고름 (pus). ¶let ~ out 고름을 내다. **10** [U] 〔철학〕 질료(質料)([반] mind); 〔논리〕 명제의 본질[내용]([반] form); 〔법률〕 진술. **11** [U] 〔인쇄〕 조판, 원고. ¶dead ~ 폐판(廢版). **12** 〔논리〕 (명제 또는 3단논법의) 내용. **13** 〔미술〕 =matière.

a matter of ① …의 문제; …의 입장[이유]. ② 대충, 약(about). ¶*a* ~ *of* two days [three miles] 약 이틀[3마일].
as matters stand; as the matter stands 현상태하에서는.
as near as no matter 아슬아슬하게, 거의.
for that matter; for the matter of that 그 일이라면; 이야기 나온 김에 말인데, 실제로는.
in the matter of; in matters of …에 관하여(는) (as regards).
no laughing matter with (남)에게 중요한 것[일].
It is (***of***) [or ***makes***] ***no matter.*** 대수로운 일이 아니다. 「않다.
let the matter drop [or ***rest***] 내버려두다, 돌보지
No matter! 괜찮다, 걱정 마라!, 신경 쓰지마!
no matter what [***which, who, when, where, how***] 비록 무엇이[어느 것이, 누가, 언제, 어디, 어떻게] …일지라도. ¶*No* ~ *what* may come, I shall be prepared. 설사 어떤 일이 닥쳐온다 하더라도, 나는 그에 대처할 것이다. 「을 일으키다.
take matters into one's own hands 스스로 행동
take matters seriously [***easy***] 일을 진지하게 [가볍게] 생각하다.
the fact [or ***truth***] ***of the matter*** 사실, 진실.
There is nothing the matter with; Nothing is the matter with …은 아무렇지 않다, 아무 일 없다.
There is something the matter with; Nothing is the matter with …에 무언가 이상[탈]이 생겼다. 「가상으로.
to make matters [or ***the matter***] ***worse*** 설상
What matter (***is it***)***?*** 그래서 어떻다는 것야; 상관없어.
What's the matter (***with you***)***?; Is there anything the matter with you?*** 무슨 일이야?, 괜찮아?; (책망하여) 어떻게 된거야?

— [동][자] (~*s* [-z]) **1** 《주로 it을 주어로 의문문·부정문에 사용되나 때로는 긍정문에서 뜻을 강조하여 쓰임》 중요[중대]하다, 문제가 되다 (*to, with*). ¶It does ~. 그것은 큰 문제이다, 그것은 아주 중요하다 // (~+[副]) It ~*s little* [*much*] *to* me who will be elected. 누가 선출될 것인가는 나에게 문제가 되지 않는다[큰 일이다]. **2** 〔병리〕 곪다, 고름이 나오다.
What does it matter? 그것이 어떻든 무슨 상관이냐?(∗ what은 부사적 용법).

Mat·ter·horn [mǽtərhɔ̀ːrn] [명] (the ~) 마터호른 (알프스 산맥의 고봉; 해발 4,478m).
mátter in déed [명] 〔법률〕 증서(證書) 사항.
mátter of cóurse [명] (논리·도리·습관상) 당연한 것[결과], 마땅한 것.
(***as a***) ***matter of course*** 물론, 당연히. ¶All goods are tested *as a* ~ *of course* before they leave the factory. 전 제품은 당연히 출고 전에 검사를 받고 있다.
mat·ter-of-course [mǽtərəvkɔ́ːrs] [형] 당연한, 말할 나위 없는; 태연한. **~·ly** [부]
mátter of fáct [명] 〔법률〕 사실 문제; 사실, 실제.
as matter of fact ⇨FACT.
mat·ter-of-fact [mǽtərəvfǽkt] [형] **1** 있는 그대로의, 사실대로의. **2** 평범한; 무미건조한, 사무적인. **3** 솔직한, 객관적인. **~·ly** [부] **~·ness** [명]
mátter of láw [명] 〔법률〕 법률 문제.
mátter of opínion [명] 견해 문제[차이], 의견이 일치하지 않는 것. 「백한] 사실.
mátter of récord [명] 〔법률〕 기록 사항; 기록된[명
mat·ter·y [mǽtəri] [형] 고름이 나는.
***Mat·thew** [mǽθjuː] [명] **1** 〔성서〕 마태(그리스도 12사도 중의 한 사람; 마태 복음의 저자); 마태 복음(신약성서 중의 하나; [약] Matt.). **2** 매슈(남자 이름).
Mat·thi·as [məθáiəs] [명] 〔성서〕 맛디아(유다 대신 12사도의 한 사람이 됨. ←사도 행전(Acts) 1:23–26).
mat·ting[1] [mǽtiŋ] [명][U] **1** 《집합적》 매트[돗자리, 멍석 따위]; 매트의 재료. **2** (매트 따위를) 짜기. **3** 〔해사〕 덧대는 거적.
mat·ting[2] [명] 광택 없애기[없앤 면].
mat·tins [mǽtnz] [명][복] (종종 M–) 《英》 =matins.
mat·tock [mǽtək] [명] 곡괭이의 일종. 「자.
mat·toid [mǽtɔid] [명] (미치광이 비슷한) 정신 이상
***mat·tress** [mǽtris] [명] **1** (침대용) 요, 매트리스. **2** (호안(護岸) 공사용) 섶나무 다발. **3** 침상(沈床) 기초(기초를 받치기 위해 지면에 갈린 콘크리트 기초판). **4** 매트리스 비슷한 것, 완충물.
hit the mattress 《美속어》 숨다, 잠복하다.
mat·u·rate [mǽtʃurèit] [동] **1** 〔병리〕 화농하다[시키다], 곪다[곪게 하다]. **2** 성숙하다[시키다], 무르익다[익게 하다]. 「숙; 〔생물〕 성숙 분열.
mat·u·ra·tion [mæ̀tʃuréiʃən] [명][U] 화농; 성숙; 원
ma·tur·a·tive [mətʃúərətiv/mətjúərə-] [형] 화농[성숙]을 촉진하는. — [명] 화농제, 성숙제(成熟劑).
‡ma·ture [mətjúər, -tʃúər/-tjúə] [형] (***-tur·er; -tur·est***) **1** (생물이) 성숙한, 완전히 자란; (과일·포도주·치즈 따위가) 잘 익은, 숙성된([반] immature). ⇨RIPE [유의어] ¶~ wine 잘 익은 포도주. **2** (심신 등이) 충분히 발달한, 원숙한. ¶a man of ~ age [*or* years] 분별 있는 연령이 된 사람. **3** (생각·계획 등이) 사려 깊은, 숙고한; 신중한, 공을 들일 만큼 들인. ¶a ~ plan 공들여 짠[빈틈 없는] 계획. **4** 〔경제〕 (산업·기술·시장 따위가) 발달[확장]된, 성숙한; 저성장기에 이른, 포화 상태의. **5** (영화·연극 따위가) 성인용의; 성인의. ¶~ movies 성인 영화. **6** 〔금융〕 (어음 따위가) 지불기일이 된, 만기의 (due). **7** 〔병리〕 곪은. — [동] (~*s* [-z]; ~***d; -tur·ing***) [타] …을 잘 익게 하다, 성숙시키다; …을 완성하다, 끝마무리하다. ¶~ one's plans 계획을 완성하다. — [자] **1** 익다, 성숙하다. **2** 〔상업〕 (어음 따위가) 만기가 되다.
— [명] (~s) 《美》 원숙한 나이.
~·ly [부] **~·ment, ~·ness, -túr·er** [명]
matúre stúdent [명] 《英》 어른 학생(고교 졸업 후 몇 년 지나서 대학에 입학하는 학생).
***ma·tu·ri·ty** [mətʃúərəti, -tjúər-/-tjúər-] [명][U] **1** 성숙, 원숙; 완성; 성숙기. **2** 〔금융〕 (어음 따위의) 만기, 지불 기일. **3** 〔병리〕 화농. **4** 〔지질〕 (지표 침식의) 최고기, 장년기. **5** (면섬유의) 성숙도.
come to [or ***reach***] ***maturity*** 성숙해지다.
matúrity márket [명] 중·노년층 시장.
ma·tú·ri·ty-ón·set diabétes [-ánsèt-] [명] 〔병리〕 성년기 발생 당뇨병.
matúrity stàge [명] 〔마케팅〕 제품 성숙 단계(매상 증가 속도가 떨어지고 이윤이 안정되는 단계).
ma·tu·ti·nal [mətjúːtənəl/mætjutáinl] [형] 아침의, 이른 아침의, 아침에 일어나는. **~·ly** [부]

MATV *master antenna TV system*.

mat·y [méiti] 刻 사교적인, 붙임성 있는, 친밀한

mat·zo [mɑ́:tsə] 刻 [-z] 무교병(無酵餠)(유대인이 유월절(Passover)에 먹는다. (또는 **matzah**)

MAU (美) *Marine Amphibious Unit* (해병대 수륙양용전 부대).

maud [mɔ:d] 刻 1 ⓤ (스코틀랜드 남부의 양치기 등이 입는 회색 격자 무늬의 모직물). 2 (그 직물로 만든) 여행용 무릎 덮개[담요, 어깨걸이].

Maud(e) [mɔ:d] 刻 1 모드(여자 이름; Matilda의 애칭). 2 (美속어) 여자; 남창, 호모.

maud·lin [mɔ́:dlin] 刻 (경멸적) (주로 술에 취해서) 눈물이 헤픈, 감상적인; 걸핏하면 우는. —刻ⓤ 눈물이 헤픔, 감상(感傷). **~·ly** 뛘 **~·ness** 刻 감상.

maud·lin·ism [mɔ́:dlinizm] 刻ⓤ 눈물을 잘 흘림.

Maugham [mɔ:m] 刻 **W(illiam) Somerset ~** 몸 (1874–1965: 영국의 소설가·극작가).

mau·gre [mɔ́:gər] 刻 (古어) ⋯에도 불구하고(in spite of). (또는 **mauger**)

Mau·i [máui] 刻 마우이 (Hawaii 주 중부의 섬); (美속어) 마우이 마리화나(~ **Waui**).

maul [mɔ:l] 刻 1 (나무로 만든) 큰 메, 망치. 2 소란스러운 싸움. 3 (럭비) 몰. —刻刻 1 난폭하게[거칠게] 다루다; 혹평하다. 2 (美) (가로목·그루터기 따위)를 큰 메와 쐐기로 쳐서 빼개다. 3 ⋯을 때려 상처를 입히다. (또는 **mall, mawl**)

maul·er [mɔ́:lər] 刻 1 물건을 난폭하게 다루는 사람; 혹평가. 2 (종종 **~s**) (英속어) (학생들간에) 손, 주먹. 3 (속어) = brass knuckles.

maul·ey [mɔ́:li] 刻 (속어) 손; 주먹. (또는 **maulie**)

maul·stick [mɔ́:lstik] 刻 (화가가 화필을 쥔 손을 받치는) 팔 받침, 몰스틱. (또는 **mahlstick**)

maul·vi [máulvi] 刻 刻 ~**(e)s**) (인도의) 회교의 율법 학자; 선생(인도 회교도 사이의 존칭). (또는 **moulvi**)

Mau Mau [máu màu] 刻 (옥 ~**(s)**) (the ~) 마우마우 단(團)(케냐의 반(反)백인 비밀 결사); 그 단원.

maund [mɔ:nd] 刻 마운드(인도·터키·이란 등지의 중량 단위; 나라·지역에 따라 약 25–82.286파운드).

maun·der [mɔ́:ndər] 刻 두서 없이 길게 지껄이다, 무한정 길게 늘어놓다(on)(about); 어슬렁거리다 (along, about); (일 따위를) 질질 끌다. **~·er** 刻

Máunder mínimum 刻 (천문) 마운더 극소기(極小期) (1650–1700년경 태양의 상대 흑점수가 비정상적으로 적어진 시기). 〔<영국의 천문학자 Walter Maunder의 이름〕

maund·y [mɔ́:ndi] 刻 1 (주로 the ~) (교회) 세족식(洗足式)(Maundy Thursday에 신도의 발을 씻어 주는 식). 2 = ~ **money**. 〔 민 구제금.〕

máundy mòney 刻 (英) (세족식에서 분배되는) 빈민 구제금.

Máundy Thúrsday 刻 (세족식이 거행되는) 성(聖)목요일(부활절 직전의 목요일). 〔 Holy Thursday

Mau·pas·sant [móupəsɑ̀:nt] 刻 **Guy de ~** 모파상 (1850–93: 프랑스의 소설가).

Mau·reen [mɔːríːn] 刻 모린(여자 이름; Mary에 대한 아일랜드 어형). (또는 **Mau·réne, Mau·ríne**)

Mau·riac [F mɔrjak] 刻 **François ~** 모리아크 (1885–1970: 프랑스의 소설가; 노벨 문학상 수상).

Mau·rice [mɔ́:ris/mɔ́ris] 刻 모리스(남자 이름).

Mau·ri·ta·ni·a [mɔ̀ːritéiniə/mɔ̀r-] 刻 모리타니아 (서아프리카의 회교 공화국; 수도 Nouakchott).

Mau·ri·tius [mɔːríʃəs, -ʃiəs/mə-] 刻 모리셔스(인도양의 Madagascar 섬 동쪽 섬나라; 수도 Port Louis).

Mau·rois [F mɔrwa] 刻 **André ~** 모루아(1885–1967: 프랑스의 작가).

Mau·ser [máuzər] 刻 모제르 총(銃). 〔<독일의 발명가 P. P. Mauser(1838–1914)의 이름〕

mau·so·le·um [mɔ̀ːsəlíːəm] 刻 **~·s, -le·a** [-liːə] 刻 1 웅장한 묘(墓), 영묘(靈廟), 능. 2 (종종 일족의) 사체[유골] 매장 장소. 3 (the M—) Caria의 왕 Mausolus의 묘(기원전 350년에 소아시아에 건립; 세계 7대 불가사의의 하나). 4 음침하고 큰 건물[방].

mau·vais goût [F mɔvɛ gu] 刻 악취미. 〔<F〕

mau·vais pas [F mɔvɛ pa] 刻 (등산) 빠져나가기 곤란한 장소; 곤란, 곤경. 〔<F〕

mau·vais quart d'heure [F mɔvɛ kaːr dœːr] 刻 괴로운[싫은] 15분, 잠시 동안의 불쾌한 경험. 〔<F〕

mauve [mouv] 刻 1 엷은 자줏빛. 2 담자색(淡紫色)의 아닐린 염료. —刻 엷은 자줏빛의.

ma·ven [méivən] 刻 (美속어) 전문가, 달인, 통달한 사람; 팬. (또는 **mavin**) 〔<Yid〕

mav·er·ick [mǽvərik] 刻 1 (美서남부) 소유주의 낙인이 없는 어린 송아지. 2 독립적 입장을 취하는 지식인[예술가], 무소속 정치가 (정당내의 독자 노선파, 독불장군. 3 (M—) 미국의 대전차 공격용 공대지 미사일. —刻 (정치인이) 무소속의, 독불장군의. —刻刻 무리에서 벗어나다.

ma·vis [méivis] 刻 (유럽산(産)의) 개똥지빠귀류.

ma·vour·neen [məvúərniːn] 刻 내 사랑, 귀여운 사람, (부르는 말로) 여보. (또는 **mavournin**) 〔<Ir〕

maw[1] [mɔ:] 刻 1 (육식 동물의) 입, 목구멍, 턱. 2 (새의) 소낭(嗉囊), 멀떠구니. 3 (반추 동물의) 제4위; (익살) (인간의) 위. 4 (비유적) 나락(奈落)(의 입).

maw[2] 刻 앵속 열매(poppy seed).

maw[3] 刻 = mom.

MAW (군사) *missile approach warning system*((전투기의) 미사일 접근 경보 장치).

mawk·ish [mɔ́:kiʃ] 刻 1 메스꺼운, 구역질나는. 2 맛이 없는, 김빠진. 3 유난히 감상적인, 심약한.

~·ly 뛘 **~·ness** 刻

mawl [mɔ:l] 刻刻刻 = maul. 〔자(hypocrite).〕

maw·worm [mɔ́:wə̀ːrm] 刻 1 회충(蛔蟲). 2 위선

max [mæks] 刻刻 1 ⋯을 최대한으로 (사용)하다. 2 (美속어) [시험·경쟁 따위)에서 최고점[기록]을 올리다, 성공하다, 승리하다. 2 (컴퓨터의 능력이) 한계에 달하다. 2 (美속어) 이기다; 전력을 다하다. 3 느긋하게 하다.

max out ① 최고점에 달하다; 한계에 달하다. ② 최대한 활용하다. ③ 대성공을 거두다, 승리하다.

—刻 (美속어) 만점, 대성공; 최대(한), 한도.

to the max (美속어) 최대한으로, 철저히. —刻 최대(한)의, 최고의. —뛘 최대한, 최고로.

Max [mæks] 刻 맥스(남자 이름; Maximilian의 애칭).

max. *maximum*.

maxed [mækst] 刻 취하여.

max·i [mǽksi] 刻 (구어) 맥시 스커트, 맥시 코트; 아주 큰 것. —刻 1 맥시의, 발목까지 오는. 2 보통보다 긴[큰]. 3 (속어) = maximum. —刻刻 (속어) 대성공하다.

max·i- [mǽksi] 연결 「최대의, 최장의」의 뜻.

max·i·bop·per [mǽksibɑ́pər/-bɔ́p-] 刻 (美속어) 젊은 사람의 옷차림을 하기 좋아하는 중년 남자.

max·i·coat [mǽksikòut] 刻 맥시 코트.

max·il·la [mæksílə] 刻 (옥 **-lae** [-liː]) 1 턱뼈, 악골(顎骨); (특히) 상(上)악골. 2 (절족(節足) 동물의) 소악(小鄂), 작은 아가미.

max·il·lar·y [mǽksəlèri/mæksíləri] 刻 턱의, 악골의, 작은 턱(아가미)의. —刻 = maxilla.

★max·im [mǽksim] 刻 1 격언(格言), 금언; 처세훈, 좌우명; 법언(法諺); 일반 원칙, 원리. ⇨ PROVERB 유의어 ¶ *a golden ~* 금언. 2 처세법, 주의(主義).

Max·im [mǽksim] 刻 맥심 1 남자 이름(Maximilian의 별칭). 2 = ~ gun.

max·i·ma [mǽksəmə] 刻 *maximum*의 복수형.

max·i·mal [mǽksəməl] 刻 최대(한)의, 최고의(卽 *minimal*); 가장 효과적인, 완전한. **~·ly** 뛘

max·i·mal·ist [mǽksəməlist] 刻 1 최대한의 요구

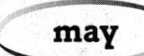

본래는 「할 수 있다」는 뜻이었지만, can이 이 의미를 맡게 되면서 may는 「허가」「가능성」을 주된 용법으로 삼게 되었다.
may에 관해 주의해야 할 것은 may의 부정인데, 때로는 may not이 되고 때로는 cannot 또는 must not이 되기도 한다.

‡**may¹** [mei] 조 (**might**) (* 부정형은 may not, mayn't [meint])

주의 (1) 원형 부정사를 수반하나 문맥상 뚜렷한 경우에는 생략하는 데도 있다. (2) 고어(古語) thou에 대응하는 may(e)st, might(e)st 이외에는 주어에 대응하는 어형 변화가 없다.

1 〔용인〕 …해도 좋다, …해도 무방하다(* 부정은 cannot).¶He ~ be called a first-class novelist. 그는 일류 소설가라고 해도 무방하다/We ~ expect a good harvest. 풍작을 기대해도 되겠다/You ~ call him a great scholar, but you cannot call him a good teacher. 그를 훌륭한 학자라고 할 수는 있지만 훌륭한 교사라고 할 수는 없다.
2 〔허가〕 …해도 괜찮다, …하시오(* 종종 명령에 가까운 뜻이 된다)(* 금지(부정)는 must not; 가벼운 금지[부정]를 나타낼 경우 may not을 쓰기도 함).¶You ~ go now. 이제 가도 괜찮다/The topic ~ be freely discussed. 그 화제는 자유롭게 토론해도 좋다/No alcoholic liquors ~ be sold. 주류 판매를 해선 안 된다/M- I come in?—Yes, you ~.[No, you ~ not.] 들어가도 좋습니까?—좋아요, 들어와요[아뇨, 안 돼요] (* 구어체에는 May I…? 대신 Can I…?를 쓰기도 하는데 May I…? 쪽이 공손한 용법)./M- I help you? 제가 거들어 드릴까요?/You ~ not smoke here. 여기에서 담배를 피워선 안 된다/No one ~ enter. 출입 금지.

(USAGE)¹ **may와 의문문; may와 전면적 부정: may…but**——(1) 이런 뜻의 may는 보통 의문문에는 쓰이지 않고, can, might가 쓰인다: *Can* [or *Might*] it be true?—It ~ be true 그것이 사실일까?—아마 사실일거야(영 can). (2) 전면적 부정은 may not이 아니고 cannot 또는 조동사 없는 부정으로 표현한다: It *cannot* be [or is not] true. 그것은 사실일 리가 없다[사실이 아니다]. (3) 뒤에 but으로 이어지는 글이 오면 may의 뜻은 흔히 「양보」를 나타낸다: Progress ~ be slow, but it is sure. 비록 더디게 진보하기는 지만 반드시 진보할 것이다.

3 〔가능성·추측〕 …일지도 모른다, 어쩌면 …일 것이다, (…한 일도) 있음직하다(* 부정은 may not).¶With the sky like this, it ~ rain at any moment. 하늘이 이러면 비가 언제 쏟아질지도 모른다/It ~ or ~ not be true. 그것은 사실일 수도 있고 사실이 아닐 수도 있다/I'm afraid it ~ rain tomorrow. 내일 비가 올지도 몰라 걱정이다/He ~ be swimming in the pool. 그는 풀장에서 수영하고 있는지도 모른다/Your conclusion ~ be different if you try once again. 다시 한 번 해보면 결론이 바뀔지도 모른다/It ~ be that I'll visit America this spring. 나는 올봄에 미국을 방문할지도 모른다/Something ~ have happened to the motor. 모터에 무슨 이상이 생겼는지도 모른다. (* 과거의 일에 대한 추측에는 「may+have+과거분사」의 형을 쓴다).

(USAGE)² 이 뜻의 부정 의문은 (Why) *mayn't* I…?와 같이 말하지 않고, (Why) *can't* I…?라고 말한다: Why *can't* I enter? 어째서 들어가선 안 됩니까?

4 〔가능〕 …할 수 있다(* 숙어·상투어 따위 이외는 고어(古語)나 시어(詩語)).⇨CAN 유의어.¶He who runs ~ read. 달리면서도 읽을 수 있다/I'll help you as best I ~. 제가 할 수 있는 데까지 도와 드리죠/Gather rosebuds while ye ~. 〔속담〕 가능할 때 장미꽃 송이를 따라; 즐길 수 있을 때 마음껏 즐겨라.
5 〔기원·바람·저주〕 (~+주어+동사) (원전대) …하여 주시옵기를, …하도록 하옵소서.¶M- you live long! 장수하시길 빕니다!/M- he rest in peace! 그의 영혼이 편히 잠드시기를!/M- they all be damned! 그들 모두가 저주를 받도록!; 괘씸한 놈들!/M- the New Year bring you a full measure of health, happiness and prosperity. 새해에는 그대에게 충만한 건강과 행복과 번영이 있으시기를(* 연하장의 문구)/I only pray that she ~ be in time. 나는 오로지 그녀가 늦지 않게 가기를 빌 따름이다(* 종속절에서는 「주어+may+동사」의 정상 어순이 된다).
6 〔불확실〕 (* 의문문에서의 용법이나 넓게는 사용치 않는다) (도대체) …일까.¶Who ~ you be? 어느 분이신지요?/What ~ that mean? 도대체 그것은 무슨 뜻일까?/How old ~ your mother be? 당신 어머님은 연세가 얼마나 되셨지?
7 〔명사절로〕 (* 주절이 가능성·두려움·희망 등을 나타내는 경우)¶It is possible that he ~ come. 그는 어쩌면 올지도 모른다/It is feared that he ~ fail. 그가 실패할지도 모른다고 걱정들을 하고 있다/I hope he ~ succeed. 그가 성공하길 바란다/I wish it ~ never be realized. 그것이 결코 실현되지 않기를 바란다.
8 〔부사절로〕 a) 〔목적〕¶Walk as lightly as possible, so that the baby ~ not wake up. 갓난아기가 깨지 않도록 될 수 있는 대로 가만 가만 걸어라/Leave the book here, (so) that I ~ read it later. 나중에 내가 읽을 수 있도록 그 책을 여기에 놓고 가라/He flatters so that he ~ win her favor. 그녀의 호감을 사려고 그는 알랑거리고 있다. b) 〔양보〕¶I ~ be wrong, but I think you would be wise to go. 내 생각이 틀렸을지도 모르지만 너는 가는 것이 현명할 듯으로 생각된다/Times ~ change, but human nature stays the same. 시대는 바뀌어도 인간의 본성은 바뀌지 않는다/No matter how difficult the work ~ be, he will go through with it. 그 일이 아무리 어렵더라도 그는 해내고야 말 것이다.
9 〔법률〕 (법령·증서·계약서 따위에서) …하여야 한다(shall, must).¶Congress ~ determine the time of choosing the electors. 정·부통령 선거인의 선거 일정은 의회가 정한다.

as best one may ⇨BEST.
as the case may be 경우에 따라, 그때의 실정에 따라.
be that as it may 아무튼, 그것은 어쨌든(however that may be).¶*Be that as it* ~, you are wrong. 그것은 어쨌든 네가 나쁘다.
come what may 어떤 일이 있어도.¶*Come what* ~, I will go. 무슨 일이 일어나건 나는 가겠다.
if I may (문미에서) 괜찮다면.¶I'll have a drink, *if I* ~. 괜찮으시다면 한 잔 더 하겠습니다.
may (just) as well do (…as…) (…할 정도면) 하는 편이 좋다, …하는 것도 나쁘지 않다; (…하는 것은) …하는 것과 같다[다름없다].¶We ~ as well throw your money into the sea as lend it to him. 그에게 돈을 빌려 주느니 차라리 바다에 던져 버리겠다.
may…but 정말 …이지만, 비록 …이라 하더라도.¶He ~ be stupid, but he's very helpful. 그는 머리는 나쁘지만 큰 도움이 된다.
may well *do* ⇨WELL¹. 는 나쁘지만 큰 도움이 된다.
That's as may be (but…) 그럴지도 모른다만….
—— 명 may라는 말; 가능성(possibility).

를 내세워 타협하지 않는 사람, 과격주의자. **2** (M–) 사회주의 극좌 분자[과격파](Bolshevik). [참] Minimalist

Máxim gùn [명] 맥심식(式) 속사 기관포, 맥심포. 〔<발명자인 영국인 H. S. Maxim(1840–1916)의 이름〕

max·i·min [mǽksəmin] [명] 〔경제·수학〕 맥시민 원리(게임 이론에서 최소의 득점을 최대로 하는 전술·전략). 〔<*maxi*mum+*min*imum〕 「력 폭약).

max·im·ite [mǽksəmàit] [명] 〔화학〕 맥시마이트(강

max·i·mize [mǽksəmàiz] (* 《英》 **-mise**) [동][타] …을 최대[극대]로 하다, 극한까지 증가[확대, 강화]하다. **2** 최대한으로 평가[과장]하다. **3** 최대한 활용하다. **4** 〔수학〕 (함수의) 최대치를 구하다. **—** [자] (교리 등을) 가장 넓은 뜻으로 해석하다. [반] minimize

-mi·za·tion, -mìz·er [명]

‡max·i·mum [mǽksəməm] [명] ([복] **~s** [-z], ***-ma*** [-mə]) **1** 최대한, 최대량[수], 최고점, 극한. ¶the rainfall ~ 최대 강우량 / The excitement was at its ~. 흥분이 극도에 이르렀다. **2** 〔수학〕 극대치, 최대치. **3** (법규에서 허가되는) 최대 한도. **4** 〔천문〕 (변광성의 광도의) 극대기(期), 그 시기의 광도. **—** [형] 최대의, 최고의; 극한의. ¶the ~ speed 최고 속도. [참] minimum

~·ly [부]

máximum dóse [명] 〔의학〕 (약의) 최대 허용량.

máximum príce [명] 〔경제〕 최고 가격.

max·i·mum-se·cu·ri·ty [-sikjúərəti] [형] (교도소 따위가) 가장 경계가 삼엄한.

máximum thermómeter [명] 최고 온도계. 「의.

max·i·mus [mǽksəməs] [형] 최대의; 《英》 최연장

max·i·se·ries [-sìəri:z] [명] 장기 연속 TV프로. [반] miniseries

max·i·sin·gle [mǽksisìŋgl] [명] EP판(레코드).

max·i·skirt [mǽksiskə̀:rt] [명] 맥시[롱] 스커트.

max·well [mǽkswel, -wəl] [명] 맥스웰(자속(磁束)의 단위; [약] Mx). 〔<영국 물리학자 James Clerk Maxwell (1831–79)의 이름〕

‡may¹ ⇨MAY. 〈p. 1712〉

may² [mei] [명] 《고어》 소녀(maiden).

may³ [명] 《英》 **1** = ~ tree. **2** = ~ blossom.

‡May [mei] [명] **1** 5월. **2** 봄, 초봄; (종종 m–) 《비유적》 청춘, 한창(때). **3** 5월 축제 (행사·놀이). **4** (m–) 《英》 산사나무(hawthorn). **5** (~s) 《英》 (Cambridge 대학의) 5월 시험; 5월 경조(競漕). **6** 여자 이름.

May and December [or ***January***] 젊은 여자와 늙은 남자(의 결혼).

— [동][자] (m–) **1** 5월제를 경축하다. **2** (봄의) 꽃을 따다.

ma·ya [mɑ́:jɑ:] [명] 〔힌두교〕 **1** [U] 환상의 세계를 만들어내는 (신 등의) 힘, 마력; 환영(幻影), 허망(虛妄). **2** 환상의 산물. **3** (M–) 환영의 여신. **-yan** [형] 〔<Skt〕

Ma·ya [mɑ́:jə] [명] ([복] **~(s)**) **1** 마야인(人)[족(族)](중앙 아메리카 원주민의 한 종족). **2** [U] 마야어(語).

— [형] 마야인[어]의. ¶the ~ culture 마야 문명.

Ma·yan [mɑ́:jən] [형] 마야 사람[족]의; 마야어의.

— [명] 마야 사람; [U] 마야어(계). 「사]의 전문가.

Ma·yan·ist [mɑ́:jənist] [명] 마야학자, 마야 문명[역

Máy àpple [명] 포도필룸(류)(미국산(產)의 포도필룸속(屬) 다년초, 뿌리는 하제(下劑)); 그 열매(식용). (또는 **Máyàpple**)

‡may·be [méibi] [부] 아마, 어쩌면. ¶*M–* he'll come. 아마 그는 올 거다 / You're right, ~. 아마 그럴 겁니다.

— [명] 불확실성, 불확실[불투명]한 것; 가능성.

and I don't mean maybe. 《美속어》 정말이다, 거짓이 아니다. ¶He fell for that chick, *and I don't mean* ~. 그는 그녀에게 홀딱 반했어, 정말이야.

as soon as maybe 되도록[가능한 한] 빨리.

That's as maybe. 《구어》 아직 확실하지 않아.

Máy bèetle [bùg] [명] 왕풍뎅이(June bug).

máy blòssom [명] 산사나무(hawthorn)의 꽃.

may·bush [méibù∫] [명] 산사나무(hawthorn).

***Máy Dày** [명] **1** 5월제(祭)[축제]([참] Maypole, May queen). **2** 메이 데이, 노동절([참] Labor Day).

May·day [méidèi] [명][U] (선박·항공기의) 국제 무선 전화 구조 신호. 〔<F *m'aidez* help me〕

Máy-De·cém·ber márriage [-disémbər-] [명] 연령 차이가 너무 많아 어울리지 않는 결혼.

Máy dèw [명] 5월 (초하루)의 아침 이슬(미용에 좋고 의약적 효과가 있다고 믿었다).

may·est [méiist] [조] 《고어》 may¹의 직설법·2인칭·단수형(주어가 thou일 때).

***May·flow·er** [méiflàuər] [명] **1** (the ~) 메이플라워호(號)(1620년 미 대륙으로 Pilgrim Fathers가 타고 갔던 배). **2** (m–) 5월에 피는 꽃(hawthorn 따위).

may·fly [méiflài] [명] 〔곤충〕 하루살이류; 제물낚시.

Máy gàme [명] (~s) 5월제의 놀이; 흥겨운 놀이; 장난(frolic). 「〔<it may happen의 단축형〕

may·hap [mèihǽp/ˊˋ] [부] 《고어》 아마, 어쩌면.

may·hem [méihem, méiəm] [명][U] **1** 〔법률〕 신체 상해(남의 자기 방위에 필요한 사지(四肢) 등을 폭력으로 상해하는 행위); 중(重)상해. **2** 《구어》 무차별[고의적] 상해[파괴] 행위; 대혼란. **3** (문예 등의 비평·논설의) 필요 이상의[고의적] 비난, 명예 훼손, 중상. (또는 **maihem**)

May·ing [méiiŋ] [명] (종종 m–) [U] 5월제의 축하 놀이.

Máy mèetings [명] 5월 회의(5월에 London에서 열리는 종교·자선 등을 위한 집회).

May·nard [méinərd] [명] 메이너드(남자 이름).

may·n't [méiənt] may not의 단축형.

ma·yo [méiou] [명] 《구어》 =mayonnaise.

Máyo Clìnic [méiou-] [명] (the ~) 메이요 의료원(미국 미네소타 주 Rochester 소재; 세계 최대급 병원).

***may·on·naise** [mèiənéiz, ˊ-ˋ] [명][U] 마요네즈; 마요네즈를 친 요리. 〔<F〕

‡may·or [méiər, mεər/mεə] [명] ([복] **~s** [-z]) 시장(市長); (기초 지방 자치체의) 장(長). ¶elect him ~ 그를 시장으로 선출하다(* 이 경우 무관사).

~·al [형] **~·ship** [명] 시장의 직[직위].

may·or·al·ty [méiərəlti, mέər-/mέər-] [명][U] 시장의 직(職)[임기].

may·or·ess [méiəris, mέər-/mέər-] [명] **1** mayor의 여성형. **2** 《英》 시장 부인. **3** 시장에 의해 그 도시의 first lady로 뽑힌 여성(보통 시장 부인·딸 등).

May·pole [méipòul] [명] (종종 m–) 메이폴(꽃·리본 따위로 장식한 5월제의 기둥); 《구어》 꺽다리.

may·pop [méipɑ̀p/-pɔ̀p] [명] (미국 남부산(產)) 시계풀의 열매(식용); 시계풀(passionflower).

Máy quèen [명] 5월의 여왕(5월제에서 여왕으로 뽑힌 처녀). 「형(주어가 thou일 때).

mayst [meist] [조] 《고어》 may의 직설법·2인칭·단수

May·thorn [méiθɔ̀:rn] [명] =hawthorn.

May·tide [méitàid] [-tàim] [명][U] 5월(의 계절). (또

máy trèe [명] 《英》 산사나무. 「는 **Maytime**)

ma·zar [məzɑ́:r] [명] 〔회교〕 성자의 묘, 성묘(聖墓).

maz·ard [mǽzərd] [명] 《고어》 머리; 얼굴.

maz·a·rine [mæ̀zərí:n, ˊ-ˋ] [명][U] 짙은 남빛, 짙은 남빛의 천[옷]. **—** [형] 짙은 남빛의.

Maz·da [mǽzdə] [명] **1** 〔조로아스터교〕 최고신 아후라 마즈다(Ahura ~). **2** [U] 광명(light).

Maz·da·ism [mǽzdəizm] [명] =Zoroastrianism.

***maze** [meiz] [명] **1** 미궁, 미로(labyrinth). **2** 혼란, 분

in a maze 어리둥절하여. 「규; 당혹, 낭패.

— [동][타] 《방언》 《수동형으로》 …을 당황하게 하다. ¶be ~*d* 당황하다. **—** [자] 헤매다.

ma·zel [mɑ́:zəl] [명] 《美속어》 운, 행운. 〔<Yid〕

mázel tov [-tɔ́:v] [감] 축하합니다. (또는 **mázal tóv**) 〔<Heb good luck〕

ma·zer [méizər] [명] 큰 금속제 술잔(옛날에는 목제).

ma·zu·ma [məzú:mə] [명][U] 《美속어》 돈, 현찰. (또는 **mazooma**) 〔<Yid〕

ma·zur·ka [məzə́ːrkə, -zúər-] 명 마주르카(폴란드의 경쾌한 춤); 마주르카 무곡. (또는 **mazourka**)
ma·zut [məzúːt] 명⑪ 연료유(fuel oil).
ma·zy [méizi] 형 미로와 같은, 꾸불꾸불한; 어쩔 줄 모르게 하는, 얼떨떨하게 하는. **-zi·ly** 부 **-zi·ness** 명
mb (물리) millibar(s); milliharn(s).
Mb (컴퓨터) megabit. **MB** Manitoba; maternity benefit; (캐나다) Medal of Bravery; (컴퓨터) megabyte(s).
M.B. (영) (라틴) Medicinae Baccalaureus(=Bachelor of Medicine 의학사). **MBA, M.B.A.** (군사) main battle area(주전장); master of business administration(경영학 석사). **mbar** megabar(s).
mbd (석유) million barrels per day. **MBD** minimal brain dysfunction. **MBE** molecular-beam epitaxy(분자선 에피택시); Multistate Bar Examination. **M.B.E.** Member (of the Order) of the British Empire(영국의 훈사(勳士)). **MBFR** mutual and balanced force reduction((동·서 유럽) 상호균형 병력 감축).
mbi·ra [əmbíːrə] 명 엠비라, 음비라(엄지손가락으로 진동시켜 소리를 내는 아프리카 민족음악 악기).
MBO (경영) management by objectives; management buyout. **MBR** (우주) microwave background radiation(마이크로파 배경 방사). **MBS** (금융) mortgage-backed securities; (美) Mutual Broadcasting System(전국 방송망의 하나). **MBT** (군사) main battle tank(주력 전차). **Mbyte, mbyte** (컴퓨터) megabyte. **Mc** megacurie. **mc** megacycle; millicurie; millicycle. **Mc** megacurie(s); megacycle(s).
MC[1] [émsiː] 명 사회자(master of ceremonies).
—동(~'d; ~'ing) …의 사회를 보다.
MC[2] Marine Corps; Medical Corps(의무대); (美) Member of Congress(국회 의원); machining center (복합 공작 기계). **M.C.** machinery certificate; (라틴) Magister Chirurgiae(=Master of Surgery); magnetic course; marginal credit; marked capacity; Master Commandant; master of ceremonies; Medical Corps; (점성) Medium Coeli; (英) Military Cross; motor contact; motor-cycle.
Mc- [mək, mæk] 접두 ⇒MAC-.
MCA (컴퓨터) Micro Channel Architecture(IBM사의); monetary compensation amount. **MCAT** Medical College Admissions Test. **MCB** miniature circuit breaker(소형 전기 차단기). **MCC** Member of the County Council; (우주) mission control center(미션 관제 센터). (가정 잡지).
Mc·Call's [məkɔ́ːlz] 명 매콜즈(미국의 월간 여성·
Mc·Car·thy·ism [məká:rθìizm] 명⑪ 매카시이즘 〔주의〕; 매카시 수법. 1 극단적 반공 운동, 공산 주의자 색출. 2 (정부내) 반체제 인사 사냥[추방]. **-ite** 명형 〔<미국 상원 의원 J. R. McCarthy(1908-57)의 이름〕
MCC-H Mission Control Center at Houston(휴스턴의 미션 관제 센터).
Mc·Coy [məkɔ́i] (속어) 명 (보통 the (real) ~) 확실한 사람[것], 진짜; 일품. ——형 진짜의, 본인의; 일류의, 훌륭한.
Mc·Doc·tor(s) [məkdáktər(z)/-dɔ́k-] 명 (美속어) (취급) (美속어) (쇼핑 센터 등에 있는) 구급 진료소. (또는 McDoc(s))
Mc·Don·ald's [məkdánəldz/-dɔ́n-] 명 (상표) 맥도널드(미국 및 전세계적인 햄버거 체인점).
Mc·D's [məkdíːz] 명 (美속어) 맥도널드 가게. (또는 McDuck's)
Mc·fly [məkflái] 명형 (구어) 얼간이(의), 뒤틈바리
M.ch., M.Chir. (라틴) Magister Chirurgiae(=Master of Surgery). **M.Ch.E.** Master of Chemical Engineering. **MCI** (컴퓨터) Media Control Interface.

Mc·In·tosh [mǽkintɑ̀ʃ/-tɔ̀ʃ] 명 빨간 사과의 일종 (초가을에 익는다); 그 나무. [<최초의 재배자였던 캐나다인 John McIntosh의 이름]
Mc·job [məkdʒáb/-dʒɔ́b] 명 (구어) (서비스업 따위의) 단조로운 저임금 직종, 장래성이 없는 일.
Mc·Kin·ley [məkínli] 명 **Mount** ~ 맥킨리 산 (Alaska 중부의 산; 높이 6,194m).
M.C.L. Marine Corps League; Master of Civil [Comparative] Law.
Mc·Lu·han [məklúːən] 명 **Marshall** ~ 맥루언 (1911–80; 캐나다의 사회학자·커뮤니케이션 이론가). **~·ism** 맥루언 이론. **-ite** 명형 맥루언 이론 신봉자(의).
MCO mill culls out. **M. Com.** Master of Commerce.
m-com·merce [émkɑ́məːrs/-kɔ́m-] 명 (종종 M-) 이동 전자 상거래(휴대 전화, PDA, PCS 등 휴대용 단말기를 이용한 전자 상거래). ↔ e-commerce [<mobile e-commerce]
MCP (美구어) male chauvinist pig.
Mc·Pa·per [məkpéipər] 명 (美속어) 미국의 전국지 USA Today의 애칭; (美학생 속어) 즉석[급히 작성] 하는 리포트.
m.c.p.s. megacycles per second. **mc/s** megacycles per second. **M.C.S.** Master of Commercial [Computer] Science; missile control system.
mCur (물리) microcurie(s); millicurie(s). **Md** (화학) mendelevium. **Md.** Maryland. **MD** Mini Disk(미니 디스크). **m/d, M/D** months after date (일부후(日附後)) …달 후의 그 날). **M.D.** Managing Director; (美군사) Medical Department(군의부); (라틴) Medicinae Doctor(=Doctor of Medicine)(면허증 소유 의사); Middle Dutch. **MDA** methylene dioxyamphetamine(환각제); Mutual Defense Assistance(상호 방위 원조). **MDAP** Mutual Defense Assistance Program(상호 방위 지원 계획).
M-day [émdèi] 명 (군사) 동원 (개시)일(mobilization day).
MDC more developed country. **MDL** military demarcation line. **Mdlle.** Mademoiselle. **Mdm.** Madam. **MDMA** methylene dioxymethamphetamine(메칠렌 디옥시 메탄 페타민; 환각제의 일종; 속칭 ecstasy); **Mdme.** (@ **Mdmes.**) Madame. **MDR** minimum daily requirement. **mdnt.** midnight. **MDS** Master of Dental Surgery; multipoint distribution service(유료 TV에서) 다지점(多地點) 분배 서비스); multipoint distribution system (다지점 배신 시스템). **mdse.** merchandise. **MDT** (컴퓨터) mean downtime(평균 고장 시간); (美) Mountain Daylight Time. **MDu.** Middle Dutch.
‡**me** [miː] 대 1 (I의 목적격) 나를, 나에게. a) (동사의 목적어로서) ¶He dislikes ~. 그는 나를 좋아하지 않는다/Give ~ the book. 그 책을 내게 주십시오. b) (전치사의 목적어로서) ¶He bought it for ~. 그는 그것을 나에게 사주었다. 2 (구어) =I. a) (보어로서 be의 뒤, 또는 than, as, but의 뒤에서) ¶It's ~. 나다(* It is 다음의 대명사는 주격 보어로서 문법적으로는 I가 정식 용법이나, 실제로는 me를 쓰는 경우가 훨씬 많다. 이는 구어로 (美) (英)에서 모두 확립된 용법)/He is taller than [as tall as] ~. 그는 나보다 키가 크다(나와 키가 같다). b) (문어체의) ¶M~, too. 나도. 3 (고어·시) (재귀용법) 나 자신을[에게](myself). ¶I will lay ~ down. 누워야겠다/I'll get ~ a wife. 나는 결혼을 해야겠다. 4 (감탄사적) ¶Ah ~! 아! /Poor [Dear] ~! 이런, 한심한! 5 (구어) (동명사의 의미상 주어로서) =my. ¶Do you mind ~ leaving? 떠날까 합니다만 (괜찮겠습니까?).
me and mine 나와 내 가족이나 친척.
Me and you! (美속어) (싸움할 때) 자, 일 대 일로 해

보자. * It's going to be me and you.의 단축형.
— 형 자기 중심[본위]의, 이기적인. ¶the ~ decade 자기 중심 주의의 10년. — 명 《구어》 Ⓤ (종종 the real ~) 나, 나라는 인물; 자기, 자신.

Me ㉠ 《화학》 methyl. **ME, M.E.** Middle East[English]; macroengineering. **Me.** Maine; Maitre. **m.e.** 《제책》 marbled edges(책의 절단면의 대리석 무늬). **M.E.** managing editor(편집장); Master of Education[Engineering](교육학[공학] 석사); mechanical engineer(기계 기사); Methodist Episcopal(메서디스트 성공회); mining engineer(광산 기사); 《의학》 myalgic encephalomyelitis(근통성(筋痛性) 뇌척수염).

mea·con [míːkən] 타 (전자 항법(航法) 장치에) 잘못된 신호를 보내다. 〔<mislead+beacon〕

me·a cul·pa [méiə kʌ́lpə, míːə-] 명 나의 과실로 (through[by] my fault)(고백 기도의 한 구(句)). — 명 (과실을 자인하여) 나의 과실; 잘못. 〔<L〕

mead¹ [miːd] 명 Ⓤ 벌꿀술; 비알코올성 음료.
mead² 명 《고어》 =meadow.
Mead [miːd] 명 미드. **1 Lake ~** (미국 Hoover Dam의 건설에 의하여 Colorado강에 생긴 큰 인공 호수). **2 Margaret** ~ (1901–78: 미국의 문화인류학자).

‡**mead·ow** [médou] 명 (~s [-z]) ⓊⒸ **1** 목초지, 초지(草地), 초원. **2** 강가의 낮은 초지. **3** (고원(高原)의 산림으로 둘러싸인) 초지. ~**·y** 형

méadow clóver 명 =red clover.
méadow fóxtail 명 큰뚝새풀의 일종(목초).
méadow gráss 명 포아풀과(科) 식물의 일종(목초) (Kentucky bluegrass).
mead·ow·land [médoulæ̀nd] 명ⓊⒸ 목초지.
mead·ow·lark [médoulɑ̀ːrk] 명 (미국산(產)) 찌르레기과(科)의 종달새 비슷한 새.
méadow múffin 명 《美속어》 쇠똥.
méadow múshroom 명 서양송이속(屬)의 일종.
mead·ow·sweet [médouswìːt] 명 조팝나무속(屬) 또는 피리풀속(屬)의 식물.

***mea·ger**, 《英》 **-gre** [míːgər] 형 **1** 빈약한, 결핍된; 불충분한; 풍부하지 못한(✤ ample). ⇨SCANTY 유의어 ¶~ fare 검소한 음식. **2** 마른, 야윈. ¶a ~ man 마른 사람. **3** (문장·작품 따위가) 어딘가 빈약한, 내용이 없는. **4** =maigre. ~**·ly** 부 ~**·ness** 명

‡**meal**¹ [miːl] 명 (~s [-z]) **1** 식사; 식사 시간. ¶have [or take] a ~ 식사하다. **2** 한 끼의 식사, 한끼분. ¶a light [square] ~ 가벼운[충분한] 식사. **3** 《英방언》 젖짜기, 젖짜는 시간; 한 번 짠 젖의 양(量).
at meals 식사 때에.
eat between meals 간식하다.
have [or **take**] **a meal** 식사하다.
in meal or in malt 직접 간접으로, 어떻든, 결국.
lose one's **meal** 《속어》 토하다.
make a good [or **hearty**] **meal of** …을 배불리 먹다.
make a meal (out) of ① 음식으로 ~를 먹다. ② (일 따위)를 필요 이상 부풀려 생각하다, 큰일처럼 꾸미다.
not know where one's **next meal is coming from** 근근히 입에 풀칠하며 그날그날 살다.
with a good meal under one's **belt** 잔뜩 먹고.
—명타 식사하다.

‡**meal**² 명 (곡물의) 굵은 가루; 《美》 굵게 간 밀가루; 오트밀(oatmeal); 옥수수 가루(Indian ~) **2** 《일 반적으로 견과(堅果)·씨 따위를) 맷돌로 탄, 굵은 가루. ——타 **1** …에 굵게 빻은 가루를 뿌리다. **2** …을 (거친) 가루로 만들다. —— 자 **2** 거친 가루가 되다. ~**·less** 형

meal·ie [míːli] 명 (~s) 《남아공》 옥수수.
méal óffering 명 《성서》 ~ meat offering. 〔삭.
méal páck 명 《美》 냉동 포장 식품(데워서 먹는다).
méals on sérvice 명 식사 배달 서비스.
méals on whéels 명(복) (단수취급) 《英》 **1** (노인이나 장애자들을 위한) 급식 배달 서비스. **2** 《美속어》 소

실은 트럭.
méal tícket 명 **1** 식권. **2** 《속어》 부양해 주는 사람; 생활 수단, 수입원, 돈이 되는 것[일, 사람]; 의지가 되는 사람.

meal·time [míːltàim] 명Ⓤ 식사 시간.
meal·y [míːli] 형 **1** 굵은 가루의[같은], 굵은 가루가 포함된; 가루 모양의; 부드럽고 부서지기 쉬운. **2** (삶은 감자 따위) 가루에 뒤덮인, 가루가 배어 나온. **3** (말 따위에) 반점이 있는; (색깔 따위가) 얼룩진. **4** (안색이) 창백한(pale). **5** =~-mouthed. **méal·i·ness** 명

meal·y·bug [míːlibʌ̀ɡ] 명 진디의 일종(포도의 해충).
meal·y·mouthed [-màuðd, -mauθt] 형 완곡하게 말하는, 듣기 좋게 말하는, 들은 말씨 좋은.

‡**mean**¹ [miːn] 타 (~s [-z]; ~t) ㉠ **1** …을 의도하다, …할 작정이다(to do). ⇨INTEND 유의어 ¶(~+to do) I ~ to stay. 머무를 작정이다 / I ~ ed to have come. 올 예정이었다 // (~+图+to do) I ~ you to go. 너를 보낼 작정이다 // (~+图+to be 補) I ~ him to be a doctor. 그를 의사로 만들 생각이다.
2 (보통 수동형으로) (…이 되도록) 계획[예정]하다, … 이 될 운명이다(for, to be). ¶(~+图+to be 補) He was meant to be a soldier. 그는 군인이 되도록 키워졌다, 군인이 되도록 태어났다.
3 …을 의미하다; …의 뜻으로 말하다(by, for, as, that 節). ¶(~+图+前+名) What do you ~ by that? 무슨 뜻으로 그런 말을 하느냐? / I meant it for [or as] a joke. 나는 농담으로 한 말이다 // (~+that 節) I ~ that you are a fool. 너는 바보란 말이야.
4 …의 의미[중요성]를 가지다(to). ¶Money ~s nothing to me. 돈은 나에게 아무런 중요성이 없다 / She ~s the world to him. 그에게는 그녀가 세상과도 바꿀 수 없는 존재다. **5** (결과로서) …을 초래하다, (효과를) 일으키다, 생기게 하다. **6** (남에게 어떤 의도 따위를) 품다, 꾀하다(to). ¶~ mischief 악의[흉계]를 품다, 좋지 않은 일을 꾀하다. ¶(~+图+图) I ~ you no harm. 너에게 악의는 없다 // (~+图+前+名) I meant it for your good. 너를 위해서 한 일이다.
—— 자 **1** (보통 well, ill을 수반하여) (…한) 마음을 가지고 있다(to, toward(s), by). ¶(~+图) ~ ill 악의를 품다 / ~ well by [or to, toward] a person 남에게 호의를 가지고 있다. **2** 중요성이 있다, 뜻을 가지다.
and I don't mean maybe ⇨MAYBE.
be meant to do 《英》 …하지 않으면 안 되다; …하기로 되어 있다; …할 예정이다.
I mean [əmíːn] 《삽입구로 쓰여》 즉…, 아니…(✤ 보충 설명이나 잘못된 표현을 바로 잡을 때 쓴다). ¶I can talk to Jim ...I ~, Mr. Brown? 짐 ... 아니 브라운 씨 계신가요? 「냐; 악의는 없어.
I mean it [or **that, what I say**]. 진짜야, 농담이 아니
I mean to say. 《구어》 (상대방의 말에 이의를 나타내어) 무슨 소리야!, 말도 안돼!
mean business ⇨BUSINESS. 「려고 하다.
mean well 호의를 가지다, 친절하게 하다, 도움이 되
You can't mean that! 《구어》 그럴 리가 없어!
You don't mean to say so. 설마, 농담이겠지.
You mean much to me. 신세 지고 있습니다, 신세 언제나 갚지요.

‡**mean**² 형 (**~·er**; **~·est**) **1** (정도·품질이) 낮은; (재능 등이) 열등한; 《부정어와 함께》 평범한, 보통의. ¶a man of ~ intelligence 지능이 낮은 사람. **2** 천한, 비천한; 가치가 없는, 보잘것없는. ¶of ~ birth 태생이 천한[보잘것없는]. **3** (품질 등이) 초라한, 빈약한. ¶a ~ appearance 초라한 외모. **4** 도량이 좁은, 인색한, 심술궂은, 불친절한; 이기적인(about, with, over). ¶~ thoughts 인색한 생각 / be ~ about [or over] money 돈에 인색하며 / be ~ to one's sister 누이동생에 대하여 아량이 없다. **5** 비열한, 야비한, 상스러운. ¶It's ~ of you to do that. 그런 짓을 하다니 너는 야

비하다.

> 유의어 **mean** 도량이 좁고 비열한, 심술궂은: **abject** 자존심이 없고 비열한. **base** 사리 사욕이 앞서고 비열한. **ignoble** 높은 덕성·지성이 결여된. **low** 힘없는 사람을 착취해서 비열한; 대단히 천박한. **sordid** 극도로 불결하거나 욕심이 많은. **vile** 넌더리나게 비열하며, 천한.

6 (구어) 부끄러운, 떳떳하지 못한(*for*). ¶I feel ~ for what I have done. 나 자신이 한 일이 부끄럽다. **7** (구어) 건강 상태가 나쁜. ¶feel ~ with a cold 감기에 걸려 컨디션이 나쁘다. **8** (구어) (말 따위가) 버릇이 나쁜, 다루기 힘든. **9** (속어) 잘하는, 훌륭한, 솜씨가 뛰어난. ¶She plays a ~ piano. 그녀는 피아노를 잘 친다. *feel mean* 부끄럽게 여기다, 창피하게 생각하다. *have a mean opinion of* …을 업신여기다[경멸하다]. *mean as hungry Tyson* (濠) 아주 인색한. 〔<매우 인색했던 농부 J. Tyson(1819-98)의 이름〕 *no mean* 꽤 훌륭한, 대단한. ¶He is no ~ poet. 그는 대단한 시인이다.

‡mean³ 〖형〗 **1** (시간·거리·수량·정도 따위가) 중간의, 중위(中位)의; 중용의, 보통의. ¶a man of ~ stature 중키의 남자. **2** 〖수학〗 평균의. ¶the ~ error 평균 오차. *for the mean time* 그 동안만, 일시적으로. *in the mean time* [or *while*] 그 동안에, 이럭저럭 하는 동안에, 이야기는 바뀌어서.

— 〖명〗 (⑫ ~s [-z]) **1** (the ~) 중간, 중위(中位), 중용(*between*, *of*), 중도(中道). ¶the golden [or happy] ~ 중용의 도; 〖윤리〗 중용. **2** (종종 the ~) 〖수학〗 중수(中數), 중항(中項), 평균; 〖논리〗 (삼단논법의) 중명사(中名辭). ¶the arithmetical ~ 산술 평균, 상가(相加) 평균/ the geometric ~ 기하 평균, 상승(相乘) 평균. **3** 〖통계〗 기대치(expected value). **4** (~s) 〔단·복수 양용〕 (…의/…를) 방법, 수단, 매체(*of*, *to*, *for*/*to do*, *of doing*). ¶a ~s of living [or livelihood] 생계 수단/ the ~s of transportation 교통 기관/by fair ~ 정당한 수단으로/ use every ~s 모든 수단을 다 쓰다/There is [or are] no ~s of helping him. 그를 도울 방법이 없다.//a ~s to an end 목적 달성의 수단. **5** (~s) 재력, 재산(⇒POSSESSION 〖유의어〗); 수입. ¶a man of ~s 자산가, 부자. **6** 〔음악〕 중음부(alto 또는 tenor).

by all (manner of) means ① 꼭, 반드시, 기어코. ¶Come *by all ~s*. 꼭 오십시오. ② (강한) (승낙의 뜻) 좋다뿐이지, 그럼요. ¶Can I use the telephone?—*By all ~s*. 전화 좀 써도 됩니까?—그럼요 (어서 쓰세요).
by any (manner of) means ① 〔부정문에서〕 = *by no (manner of) means*. ② 〔의문문에서〕 어떻든지, 어떻게 해서라도. ¶…방법을 가리지 않고.
by fair means or foul 온갖 수단을 다 써서, 수단 방법을 안 가리고.
by means of …에 의하여, …을 써서, …으로. ¶*by ~s of* words 말로.
by no [or *not by any*] *(manner of) means* 결코 …아니다[않다](not…at all). ¶It is *by no ~s* costly. 그것은 결코 비싸지 않다.
by some means or other 그럭저럭, 어떻게든. ¶I am getting on *by some ~s or other*. 그럭저럭 해나가고 있습니다.
live within [*above*, *beyond*] *one's means* 분에 맞는[넘치는] 생활을 하다.
the means of grace 〔신학〕 신의 은총을 받는 방법
There are [or *is*] *no means of gething there.* 거기에 도착할 방도가 없다(* 여러 가지 방법을 생각하고 있는 경우는 are, 하나인 경우는 is).
ways and means ⇒WAY¹.
méan cálorie 〖명〗 평균 칼로리.
me·an·der [miǽndər] 〖명〗(A) **1** 구불구불 나아가는 (wind). ¶ (~+젠+명) The brook ~s through

fields. 개천이 들판을 구불구불 흐르고 있다. **2** 정처없이 걷다 (*along*); 어슬렁어슬렁 거닐다. ⇒STROLL
> 유의어 **3** (사람이) 두서 없는 이야기를 하다; (이야기가) 두서 없이 계속되다(*on*). ─ 〖타〗 …을 구부러지게 하다; …의 굴곡을 따라서 가다. ─ 〖명〗 **1** (보통 ~s) (강줄기의) 굽이, 굴곡; 꼬부랑길, 미로; 우회(迂回)하는 여행. **2** 어슬렁어슬렁 거닐기, 만보. **3** 〖건축〗 뇌문(雷紋), 만(卍)자 모양의 무늬.
me·an·der·ing [miǽndəriŋ] 〖명〗 **1** 구불구불한 길. **2** 어슬렁어슬렁 거닐기. **3** 종작없는 이야기. ─ 〖형〗 **1** 이쳐 흐르는. **2** (이야기 따위가) 두서 없는, (화제가) 일정하지 않은. **~·ly** 〖부〗
méan deviátion 〖명〗 〔통계〕 평균 편차.
mean dístance 〖명〗 (the ~) 〔천문〕 평균 거리.
me·an·drous [miǽndrəs] 〖형〗 꼬불꼬불한, 물결 모양의; 어슬렁어슬렁 걷는; 두서 없는.
méan frée páth 〖물리〗 평균 자유 행정(行程).
méan gréen 〖명〗 〔속어〕 돈, 현찰.
mean·ie [mí:ni] 〖명〗 (구어) **1** 속이 좁고 심술궂은 사람. **2** 혹평[독설]을 일삼는 불공평한 비평가. **3** 〔극·소설 등의〕 악역. (또는 **meany**)
‡mean·ing [mí:niŋ] 〖명〗 (⑫ ~s [-z]) ⓊⒸ **1** (말·그림·몸짓 따위의) 의미, 뜻. ¶a literal ~ 문자 그대로의 의미/a remark full of ~ 의미 심장한 말/in every ~ of the word 그 말의 모든 의미에서, 아무리 보아도/ What's the ~ of this? (화가 나서) 이건 대체 어떻게 된 일이야?

> 유의어 **meaning** 말·행위·그림 등이 나타내는 내용. 「의미」를 나타내는 가장 일반적인 말. **sense** 말이나 구(句)의 특정한 meaning. **significance** 밖으로 표현되기보다는 오히려 안에 포함되는 (종종 깨닫기 어려운) 중요한 meaning. **signification** 기호 따위의 관습적으로 이해되는 meaning. **purport** 문장·담화 등의 취지·요지. **import** 말이 전체적으로 나타내는 (종종 중요한) meaning.

2 의도, 중요성, 가치. ¶the ~ of youth 청춘의 의의. **3** 진의, 전달하고 싶은 것; 의도; 취지, 목적. ¶get [take] one's ~ …의 의도[취지]를 이해하다 / My ~ was innocent. 나에게 악의는 없었다. **4** 효과, 효능. ¶a law with no ~ 효과[규제력] 없는 법률.
What's the meaning of this? 도대체 이게 어쨌다는거야?
with meaning 의미있는 듯이, 의미심장하게. ¶look at a person *with ~* 남을 의미심장하게 쳐다보다.
─ 〖형〗 **1** (복합어로) …의 기분이 있는, …을 생각[작정]인. ¶a well-~ person 선의의 사람. **2** 의미 심장한, 의미가 있는 듯한. ¶a ~ glance 의미 있는 듯한 눈짓.
~·ly 〖부〗 **~·ness** 〖명〗
*mean·ing·ful [mí:niŋfəl] 〖형〗 **1** 의미심장한; 의미 있는; (일이) 의의 있는, 중요한. **2** 〔언어·논리〕 (기호·언어 체계의) 의미를 갖는. **~·ly** 〖부〗 **~·ness** 〖명〗
*mean·ing·less [mí:niŋlis] 〖형〗 무의미한; 무익한; 목적[동기]이 없는. **~·ly** 〖부〗 **~·ness** 〖명〗
mean·ly [mí:nli] 〖부〗 **1** 가난하게, 빈약하게, 초라하게. **2** 열악하게, 못하게, 나쁘게. ¶think ~ of a person 남을 경멸하다. **3** 제제하게, 치사하게; 비열하게.
mean·ness [mí:nnis] 〖명〗 Ⓤ **1** 빈약, 초라함. **2** 열등 (劣等). **3** 인색, 치사함. **4** 비열. **5** Ⓒ 비열한 행위.
méan príce 〖명〗 〔경제〕 (매매의) 평균 가격; (투자의) 시장 가격. 〔균.
méan propórtional 〖명〗 〔수학〕 비례 중항, 기하 평
‡means [mi:nz] 〖명〗 〖복〗 ⇒MEAN³ **4**.
méan séa lèvel 〖명〗 평균 해면(만조·간조시의 평 〔균.
méans of prodúction 〖명〗 〔경제〕 (마르크스 경제학의) 생산 수단.
méan sólar dáy 〖명〗 〔천문〕 평균 태양일.
méan (sólar) time 〖명〗 〔천문〕 평균 태양시.

mean·spir·it·ed [míːnspíritid] 〔형〕 비열한, 천한, 천박한; 속 좁은. ~·ly 〔부〕 ~·ness 〔명〕
méan squáre 〔명〕 (통계) 평균 제곱.
méans tèst 〔명〕 (英) (실업 구제·보조금·수당 등을 위한) 가계(자산) 조사. **méan-tèst** 〔형〕〔타〕
méan strèet 〔명〕 빈민가, 슬럼가, 암흑가.
méan sún 〔명〕(천문) 평균 태양(천구(天球)의 적도를 등속도로 움직인다고 생각되는 가상의 태양).
‡**meant** [ment] 〔동〕 mean¹의 과거·과거분사.
méan tìme =mean solar time; =Greenwich (Mean) Time. 「중간 시간.
‡**mean·time** [míːntàim] 〔명〕(the ~) 짬, 그 동안.
for the meantime 당장(은), 지금으로서는, 우선.
in the meantime ① 그 사이에, 그럭저럭하는 동안에. ② 이야기는 바뀌어, 한편에서는[으로는].
—〔부〕 1 그 사이에, 그럭저럭하는 사이에. 2 한편 이야기는 바뀌어. 3 동시에(at the same time).
‡**mean·while** [míːn*h*wàil] 〔명〕〔부〕 =meantime.
for the meanwhile =*for the* MEANTIME.
in the meanwhile =*in the* MEANTIME.
meanwhile, back at the ranch 한편 목장에서는, 그런데 한편에서는[그 사이에](화제·장면을 바꿀 때의).
méan white 〔명〕 =poor white. 「상투적 문구).
mean·y [míːni] 〔명〕 =meanie.
meas. measurable; measure; measurement.
mea·sled [míːzld] 〔형〕 1 홍역의, 홍역에 걸린. 2 (가축이) 낭충증(囊蟲症)에 걸린.
*****mea·sles** [míːzlz] 〔명〕 1 (단·복수 양용) (병리) 홍역, 마진(痲疹), 홍진; (일반적으로) 발진성 질병. ¶German ~ 풍진(風疹)/catch (the) ~ 홍역에 걸리다. 2 (단수취급) (수의) 낭충증(촌충의 유충에 의한 가축의 병). 3 촌충의 유충.
mea·sly [míːzli] 〔형〕 1 홍역의(에 걸린), 홍역과 비슷한. 2 낭충증에 걸린. 3 (구어) 비열한, 빈약한, 하찮은.
mea·sli·ness 〔명〕
*****meas·ur·a·ble** [méʒərəbl] 〔형〕 1 잴 수 있는; 예측 가능한. 2 적당한; 어느 정도의. 3 중요한, 무시 못할.
within a measurable distance of …에 근접하여.
-bíl·i·ty, ~·ness 〔명〕 **-bly** 〔부〕 …직전에.
‡**meas·ure** [méʒər] 〔명〕 (복 ~s [-z]) 1 **a**) 〔U〕 측정, 측량, 계측(計測), 계량. ¶make a ~ of the distance 거리를 재다. **b**) 〔U〕 (종종 a ~) (측정된) 치수, 두량(斗量), 분량, 무게, 넓이. ¶waist ~ 허리 둘레의 치수.
2 **a**) 계량(계측, 측정) 기구, 자, 줄 — 파인트 되/a tape ~ 줄자/a yard ~ 야드 자. **b**) 도량의 단위; 일정량, 분량. ¶a ~ of length[mass] 길이[질량]의 단위. **c**) 〔U〕 계량법, 도량법. ¶cubic [square] ~ 체적(면적) / liquid[dry] ~ 액량(液量)[건량(乾量)].
3 (the ~) (비유적) (판단·평가·비교 따위의) 기준, 표준, 척도(standard). ¶Money is the ~ of worth. 금전은 가치의 척도이다.
4 〔U〕〔C〕 분량, 정도, 도수(degree); 한도, 제한, 적당(한 양); (넘어서는 안 될) 한도, 한계. ¶achieve a certain ~ of success 어느 정도 성공을 거두다.
5 (~s) (…에 대한/…하는) 수단, 조치, 대책, 방책 (against / to do). ¶They took strong ~s against outlaws. 그들은 무법자들에 대한 강력한 조치를 취하였다. 6 법안, 의안; 조례(條例), 법령. 7 (수학) 약수(約數). ¶a common ~ 공약수. 8 운율, 리듬, 박자, 멜로디. 9 (음악) 소절(bar). 10 리듬[박자]의 특정한 형식, 격조. 11 운율의 단위. 12 (느리고 장중한) 무용. 13 (~s) (지질) 지층(地層). ¶coal ~s 석탄층. 14 〔U〕 (인쇄) (행, 페이지, 난의) 폭. 「나치게, 매우.
above [or **beyond**] **(all) measure** 터무니없이, 지
a measure of ① 일정량의. ¶have a ~ of meal 일정량의 식사를 취하다. ② 어느 정도의.
by any measure 아무리 따져(생각해) 보아도, 틀림
by measure 치수를 재어[에 따라]. 「없이.

fill up the measure of [부정 따위]를 끝까지 저지르다; [불행 따위]를 끝까지 겪다. 「로.
for good [or **full**] **measure** 분량을 넉넉하게, 덤으로.
get a person's **measure; get the measure of** a person 남의 사람됨[역량]을 꿰뚫어 보다.
give full [**short**] **measure** 넉넉하게[모자라게] 재어[달아]주다. 「됨을 죄다 꿰뚫어 보다.
have a person's **measure to an inch** 남의 사람
have [**use**] **hard measures** 학대당하다[학대하다], 단단히 야단(맞다)[치다].
in (a) great [or **large**] **measure** 꽤 많이, 상당히.
in a [or **some**] **measure** 어느 정도, 다소.
in measure =*within measure*.
in no small measure 상당히, 크게, 꽤 많이.
keep measure(s) 박자를 맞추다; 중용을 지키다.
know no measure 한도를 모르다, 끝이 없다.
made to measure 몸에 맞추어 지은, 맞춤의. ¶a suit made to ~ 맞춤 양복.
measure for measure 앙갚음, 보복.
set measures to …을 제한하다. 「다.
take [or **apply**] **a measure** 치수[무게 따위]를 재
take [or **adopt, use**] **measures** 조치를 취하다.
take [or **have**] **the measure of** a person ① 남의 치수를 재다. ② 남의 인물됨[역량]을 달아 보다.
take the measure of a person's **foot** 남의 인물[역량]을 꿰뚫어 보다.
tread [or **trip**] **a measure** …와 춤을 추다 (*with*).
within [**without**] **measure** 알맞게[과도하게].
—〔동〕 (~s [-z]) 〔타〕 1 …을 측정하다, …의 치수를 재다(*up*). ¶~ a room 방의 치수를 재다 // (~+目+前+名) We ~ distance *by* the mile and yard. 거리를 재는 데 마일과 야드를 사용한다. 2 …을 계측해서 내다, 재어서 할당하다, …을 구획[구분]하다 (*off, out*). ¶(~+目+副) ~ *off* a cup of salt 소금을 1컵 되어 내다. 3 …의 정도를 나타내다, 척도가 되다, …을 가리키다. ¶It ~s the degree of his love. 그것을 보면 그의 애정의 정도를 알 수 있다. 4 (남)을 유심히[찬찬히] 보다. 5 어림잡다(*up*); (비교하여) …을 판단하다, 평가하다; …을 (…와) 비교하다, 겨루게 하다 (*with, against*). ¶~ intelligence 지력을 판단하다 // (~+目+前+名) ~ this *against* that 이것과 저것을 비교 평가하다. 6 …을 (…에) 조정하다, 어울리게 하다, 적응시키다 (*to*). ¶(~+目+前+名) ~ one's desire *by* [or *to*] one's income 욕망을 수입에 맞추다. 7 (시) …을 가다, 걷다, 여행하다.
—〔자〕 1 재다, 측정하다, 치수를 재다 (*up*). 2 재어지다. ¶It ~s more easily this way. 이렇게 하는 편이 더 쉽게 재어진다. 3 (보어를 수반하여) (길이·크기 따위가) …이 되다, …이다. ¶(~+補) This stick ~s three feet. 이 막대기의 길이는 3피트이다. 4 (…와) 비교할 수 있다, 비견되다 (*with, against*).
measure a person's **corn by** one's **own bushel** 자기[자기의 기준]으로 남을 평가하다.
measure off 측정하다; 재어서 자르다; 구획하다.
measure one's **(own) length** ⇨LENGTH.
measure one's **strength** [or **oneself**] **with** [or **against**] …와 겨루다; …와 씨름하다, …에 전념하다.
measure one's **wits** 지혜[재치]를 겨루다.
measure one's **words** 말을 삼가다.
measure out 재다, 재어[되어]서 나누다.
measure swords with ⇨SWORD. 「분배하다.
measure up ① (희망·표준 등에) 들어맞다, 부합되다, 달하다 (*to*). ② (…거서의) 재능[자격]이 있다 (*as*).
-ur·er 〔명〕 측정자; 계량기.

meas·ured [méʒərd] 〔형〕 1 잰, 측정한. 2 조정된, 기준에 맞는, 균형이 잡힌. 3 한결같은, 박자가 맞는, 정

meas·ure·less [méʒərlis] 엷 헤아릴 수 없는, 무한의, 광대한; 막대한. ~**ly** 및 ~**ness** 명

‡**meas·ure·ment** [méʒərmənt] 및 1 ⓤ 측정, 측량. 2 ⓒ (보통 ~s) 치수, 크기, 양, 면적, 깊이, 두께; (~s) 몸의 사이즈(* 여성은 bust, waist, hip이고 남성은 chest, waist, hip). 3 ⓤ 측정법, 도량법. ¶the metric system of ~ 미터법. 「다.
   take the measurement of ···의 크기(치수)를 재
méasurement cárgo[góods, fréight] 명 용적(계산) 화물.
méasurement tón 명 (선박 따위의) 용적톤.
méas·ur·ing chàin [lìne] [méʒəriŋ-] 명 측쇄 (測鎖), 측선(測線).
méasuring cùp 명 계량 컵(영 measuring jug).
méasuring rùle 명 자(尺).
méasuring tàpe 명 줄자.
méas·ur·ing·wòrm [méʒəriŋwə̀ːrm] 명 자벌레.

‡**meat** [miːt] 명 1 고기(식용의 fish, poultry); 고기·알·과일 따위의 살, 속, 알맹이, 식용 부분. ¶butcher's ~ 가축의 고기 / a piece of ~ 고기 한 조각. 2 (the ~) 알맹이, 내용, 본질, 실질; (문제·이야기의) 가지, 요점, 골자. ¶the ~ of a story 이야기의 골자. 3 음식물; (고어) 식사, 만찬. ¶at ~ 식사 때에 / *One man's ~ is another man's poison.* (속담) 갑의 약은 을의 독. 4 (음료가 아닌) 먹는 것, 식품. 5 (비어) =penis; =vagina. 6 (속어) 여자, 매춘부. 7 (구어) 좋아하는 것, 낙, 취미. 8 (속어) 별것 아닌 놈, 쉬운 경쟁 상대; 매력적인 사람.
   All (that) meat and no potatoes. (美속어) ① 괜찮은[살집이 좋은] 여자군(* 여성에게는 모욕적인 말). ② 지독한 풍보로군.
   a piece of meat (美구어) 고기 한 조각; 멍치맘 큰
   as full of (errors) as an egg is of meat (잘못) 투성이인.
   beat [or cuff, flog, pound] one's meat; flog meat sausage (비어) (남자가) 자위 행위를 하다.
   be meat and drink to a person ···에게 있어 더할 나위 없는 즐거움[낙]이다.
   have one's meat and one's manners (아일구어) 자신의 제안이 받아들여지지 않아도 본전이다.
   jump on a person's meat (美구어) 남을 세게 치다; 남을 몹시 야단치다, 호통치다.
   strong meat 이해하기 어려운 가르침.
meat and potátoes 명형 (단·복수 양용) (美구어) 1 (the ~) 중요 부분, 기본(점), 주지(主旨). 2 (one's ~) 주력 상품, 잘 나가는 것; 좋아하는[잘하는] 것, 기뻠.
meat-and-po·ta·toes [-ənpətéitouz] 형 (美구어) 기본(근본)적인; 현실적인, 일상적인; 만족할 만한.
méat áx 명 1 =cleaver 2. 2 (구어) (재정 따위의) 대폭 삭감, 대폭적인 정리. (또는 **méat-àx**)
meat-ax [-æks] (구어) 형 1 (조치 따위가) 대담한, 가혹한, 엄격한. 2 대폭 삭감하는, 과감하게 정리하는.
   ── 타 ···을 가차없이 공격하다; 대폭 깎아내다.
   ── 명 =meat ax.
meat·axe [míːtæks] 명 고기 쎄는 큰 식칼.
   mad as a meataxe ① 머리가 완전히 돈. ② 굉장히
méat bàg 명 (美속어) 위, 밥통. 「화가 난.
meat·ball [míːtbɔ̀ːl] 명 고기 단자, 미트볼; (美속어) 얼간이, (구어) 놈을 때리다, 치다.
meat·ball·ism [míːtbɔ̀ːlizm] 명 반지성(反知性)주의, (사회·문화의) 우민(중우(衆愚)] 지배. -**ist** 명
méat by-pròduct 명 소·돼지의 고기 이외의 유용
méat càrd 명 (美속어) 식권(meal ticket). 「물.
méat chòpper 명 =meat grinder.
meat·eat·er [míːtiːtər] 명 (美속어) (뇌물을 요구하는) 악덕(부패) 경찰관. (또는 **méat èater**)
méat flỳ 명 쉬파리(flesh fly).
méat grìnder 명 1 고기 쎄는 기계. 2 (적군에 대한) 궤멸(적) 작전. 3 (일반적으로) 인정사정 없는(가혹한) 제도(조직).
meat·head [míːthed] 명 (美속어) 멍청이, 바보.
méat hòoks 명(복) 1 고기 매다는 갈고리. 2 (美속어) 손, 주먹. 「오는).
meat·less [míːtlis] 형 (식사에) 고기가 없는(안 나
méat lòaf 명 (美) 미트 로프(다진 고기·계란·야채를 섞어 덩어리로 구운 것; 얇게 쎠며서 낸다).
meat·man [míːtmæn] 명 푸주한, 식육업자.
méat márket 명 1 식육(정육) 시장. 2 (美속어) 섹스 시장(산업), 인육 시장; 매춘굴(가); 섹스 상대를 찾는 사람이 모이는 바(댄스홀, 나이트클럽).
méat mèal 명 가금(家禽)의 사료(동물의 심줄 따위를 말려서 바순 것). 「需), 제물.
méat òffering 명 (성서) (밀가루와 기름의) 제수(祭
meat-pack·er [-pæ̀kər] 명 1 정육업자. 2 (美속어) (전차에 손님을 밀어 넣는 사람. (따위의) 정육업.
meat-pack·ing [-pækiŋ] 명(ⓤ) (도축·가공·도매
meat-pie [-pái] 명형 (고기가 든) 파이.
méat ràck 명 (美속어) (상대를 찾기 위해) 동성애자가 모이는 장소(공원·보디빌딩 체육관 따위).
méat rùn 명 (美속어) 급행[특급] 열차.
méat sàfe 명 (英) 고기 보관용 찬장. 「판.
méat scrèen 명 고기 굽는 데 쓰는 화열(火熱) 반사
méat shòw 명 (美속어) (나이트클럽·카바레 따위의) 플로어쇼, 누드쇼. 「tea).
méat tèa 명 (英) 고기 요리가 따라 나오는 차(high
méat týpe 명 (지방이 적은 우량종 (돼지).
me·a·tus [miéitəs] 명 (복 ~(**·es**)) (해부) 관(管), 도관(導管). **me·á·tal** 형 ⟨L passage⟩ 「송차.
méat wàgon 명 (美속어) 구급차; 영구차; 죄수 호
meat·ware [míːtwɛ̀ər] 명 (美속어) 신체, 몸.
meat·y [míːti] 형 1 고기의(같은); 고기가 많은. 2 내용이 충실한; 간결한(pithy); 재미있는, 위력 있는.
mec [mek] 명 기계공. (또는 **mech**) ⟨<mechanic⟩
MEC *M*ember of the *E*xecutive *C*ouncil.

*__**Mec·ca**__ [mékə] 명 1 메카(Saudi Arabia의 도시; Muhammad의 탄생지). 2 (종종 m—) 동경의 땅, 성지, (신앙의) 중심지, 발상지(*for*). ⟨Arab *Makkah*⟩
Mécca bàlsam 명 =balm-of-Gilead 1.
Mec·ca·no [mikáːnou] 명 (상표) 메카노(금속 또는 플라스틱제 장난감 조립 세트). 「mechanized.
mech. mechanic(al); mechanics; mechanism;
me·chan·ic [məkǽnik] 명 1 기계공, 수리공, 정비사; 숙련공; (고어) (손일을 하는) 직공, 공원. 2 (속어) (도박 따위의) 책략사, 야바위꾼. ── 형 =**mechanical**.
*__**me·chan·i·cal**__ [məkǽnikəl] 형 1 기계(상)의, 도구의; 기계로 만든, 기계에 의한. ¶~ products 기계 제품. 2 기계 장치의, 기계로 움직이는. 3 마찰에 의한. ¶~ erosion 마멸, 마모. 4 기계적[직공, 직인]의. 5 기계적인, 기계 같은; 무의식의, 자동적인; 자발성[개성]이 없는, 모방의; 무표정한. ¶a ~ smile 무표정한 미소 / a ~ performance 개성이 없는 연기. 6 기계학(역학)의; 물리적인. 7 (철학) 기계론(유물론)적인. 8 (드물게) 손일의, 손재주의. ── 명 1 기계적인 부분(구조); (~s) 기계 장치. 2 (인쇄) (대지(臺紙)에 붙인 사진. 3 (美속어) (美軍) 지뢰. -**i·cál·i·ty**, ~**ness** 명
mechánical advántage 명 (기계) (지레·도르래·수압기 따위) 기계의 의한 힘의 확대율.
mechánical áptitude 명 기술 계통의 일에 대한 (기술자로서의) (개인의) 적성. 「장난감 저금통).
mechánical bánk 명(美) 자동 저금통(태엽 장치를 한
mechánical bráin 명 인공 두뇌. 「用畵書).
mechánical dráwing 명 기계 제도(製圖); 용기화(
mechánical enginéer 명 기계 기사.

mechánical enginéering 명 기계 공학.
mechánical héart 명 인공 심장.
mechánical ínstrument 명 자동연주 악기.
***me·chan·i·cal·ly** [məkǽnikəli] 부 기계로, 기계(학)에 관하여; 기계적으로, 자동적으로.
mechánical métallurgy 명 기계 야금(冶金).
mechánical péncil 명 샤프 펜슬.
mechánical scánning 명 기계적 주사(走査). 1 (전자) 송수신 안테나를 기계적으로 회전시킴으로써 지향성을 변화시키는 기술. 2 (TV) 원래 텔레비전 방송에 쓰인 주사 원판(scanning disk)에 의한 주사 기술.
mechánical tránsport 명 (英) 수송 부대의 자동차반(班)(⇨ M.T.). 「[;3].
mech·a·ni·cian [mèkəníʃən] 명 기계공, 정비사
***me·chan·ics** [mikǽniks] 명(복) 1 ∪ (단수취급) 역학(力學) dynamics, kinetics, kinematics, statics); 기계학. ¶applied ∼ 응용 역학. 2 (보통 복수취급) 기구, 구조, 장치(system). 3 (보통 복수취급) 기초적인 (제작) 기술, 기교; (정해진) 수순[방법]. ¶the ∼ of writing 작문의 기법.
***mech·a·nism** [mékənìzm] 명 1 ∪ⓒ (작은) 기계 (장치); (대형 기계의) 연동 장치. 2 구조, 얼개, 메커니즘; 기구, 조직; ∪ 기계 작용. ¶the ∼ of a clock 시계의 구조 /the ∼ of society 사회 기구. 3 (심리) 심리 과정, 기제(機制). 4 (美) (그림·음악의) 기계적인 (연주, 처리); (예술의) 수법, 기교; (정해진) 절차. 5 ∪ (철학) 기계론, 우주 기계관(觀)(⇨ vitalism); (언어) 기계주의(⇨ mentalism). **-a·nis·mic** 형
mech·a·nist [mékənist] 명 1 (철학) 기계론자, 유물론자. 2 (드물게) =mechanician.
mech·a·nis·tic [mèkənístik] 형 기계론(자)의; 기계(학)의, 기계 작용의. **-ti·cal·ly** [-tikəli] 부
mechanístic théory 명 (the ∼) 기계론.
mech·a·nize [mékənàiz] 타 (* (英) -nise) 1 …을 기계적으로 하다; …을 단조롭게 하다, …의 자발성을 뺏다. 2 …을 기계로 하다, 기계로 생산하다. 3 …을 기계 장치로 하다. 4 (군사) …을 기갑화 (機甲化)[기동화]하다. ¶∼ a d unit 기계화 부대. 기계화하다. **-ni·zá·tion, -niz·er** 명
mech·a·no- [mékənou-, -nə] 연결 machine, mechanical의 뜻. ¶mechanoreceptor.
mech·a·no·chem·is·try [mèkənoukémastri] 명 기계 화학. **-chém·i·cal** 형
mech·a·no·mor·phism [mèkənoumɔ́ːrfizm] 명 (철학) 만유기계론(삼라만상은 기계론에 의해 완전히 설명이 가능하다는 설). **-phic** 형 **-phi·cal·ly** 부
mech·a·no·re·cep·tor [mèkənouríséptər] 명 (해부) 기계적 수용기(受容器)(기계적 자극에 반응하는 감각 기관). 「(기계 요법(機械療法).
mech·a·no·ther·a·py [mèkənouθérəpi] 명
mech·a·tron·ics [mèkətrániks/-trɔ́n-] 명⋃ (단수취급) (컴퓨터·기계) 메커트로닉스, 기계 전자 공학. (<mechanics+electronics>)
Méch·lin (láce) [méklin-] 명 메클린 레이스(벨기에의 Mechlin산(産)의 무늬 넣은 손뜨개 레이스).
me·cism [mísizm] 명 (병리) 신체의 일부분이 비정상적으로 길어짐. 「생아 신장측정기.
me·com·e·ter [mikámətər/-kɔ́m-] 명 (의학) 신
M.Econ. Master of Economics.
med [med] (구어) 명 =medical. — 명 =medicine.
Med [med] 명 (the ∼) (구어) = Mediterranean Sea.
med. medalist; medical; medicine; medieval; medium. **M.Ed.** Master of Education.
‡**med·al** [médl] 명 (복 ∼s [-z]) 1 메달; 훈장; 기장; 상패(prize ∼). 2 (성자(聖者)의 상(像)을 새긴 성배(聖杯), 메달. 「사회의 창이 열려,
 medals showing (英속어) 바지 단추[지퍼가 열려,
 the reverse of a medal 문제의 이면.
— 타 (∼**s** [-z]; **-/-,** (英) **-//-**) …에게 메달을 수여하다
med·al·et [médəlèt, médəlit] 명 작은 메달.
Médal for Mérit 명 (the ∼) (美) 공로 훈장(평시 업적을 세운 민간인에게 수여, 지금은 폐지).
med·al·ist, (英) **-al·list** [médəlist] 명 1 메달 제작자(의장가(意匠家)). 2 메달 수령자, 메달리스트. 3 (골프) medal play의 승자.
me·dal·lic [mədǽlik] 형 메달의[에 관한].
me·dal·lion [mədǽljən] 명 1 큰 메달. 2 (일반적으로) 메달 모양의 것. 3 (고어) 원형 양각. 4 (미술·건축) (돌·나무·레이스 따위의) 원형 장식. 5 (美) (메달 모양의) 택시 면허증; 그것을 가진 운전기사.
Médal of Fréedom 명 (the ∼) (美) 자유 훈장(국가 안보에 대한 공헌·뛰어난 업적에 대해 대통령이 수여하는 최고 훈장).
Médal of Hónor 명 (the ∼) (美) 명예 훈장(뛰어난 전공에 대해 대통령이 수여하는 최고 훈장). 「play
médal play 명 (골프) 타수(打數) 경기. (美) match
‡**med·dle** [médl] 자 (∼**s** [-z]; ∼**d; -dling**) 1 간섭하다, 참견하다. 말참견하다(in, with). ¶∼ in other people's lives 남의 일에 간섭하다 /∼ with other people 남에게 쓸데없는 참견을 하다. 2 (고어) 주무르다, 만지작거리다(with). ¶Don't ∼ with the clock. 시계를 만져서는 안 된다.
 neither meddle nor make 일체 간섭[관계]하지 않다, 전혀 관여하지 않다. 「지랄 넓은 사람.
med·dler [médlər] 명 쓸데없이 참견하는 사람, 오
med·dle·some [médlsəm] 형 오지랖 넓은, 간섭[참견]하기 좋아하는. **∼·ly** 부 **∼·ness** 명
med·dling [médliŋ] 형 간섭하는, 쓸데없이 참견하는. — 명 (쓸데없는) 참견. **∼·ly** 부
Mede [miːd] 명 메디아(Media)의 주민, 메디아 사람.
Me·de·a [midíːə] 명 (그리스 신화) 메데이아(콜키스(Colchis)의 왕 아이에테스(Aeëtes)의 딸). 「주의 시대.
mé décade [the ∼) (美) (1970년대의) 자기중심
Méd·e·cins Sans Fron·tieres [F mɛdsɛ̃ sɑ̃ frɔ̃ntjɛːr] 명 국경없는 의사회(프랑스의 국제 의료 봉사단; (약) MSF). (<F Doctors Without Frontiers>)
Me·del·lin [mèdəlíːn/Sp meiðeʝíːn] 명 메델린, 메데진(콜롬비아의 도시; 마약 카르텔의 본거지).
med·e·vac [médəvæ̀k] 명 (군사) 부상자 후송; 부상병 후송용 헬리콥터. 2 구급차; 구급대원.
— 타 (환자·부상병)을 헬리콥터[구급차]로 나르다. (<*med*ical+*evac*uation>)
Med·ex [médiks] 명 (전에 위생병이었던 사람을 대상으로 한) 의료 보조원 양성 계획.
med·fly [médflài] 명 (곤충) 지중해 광대파리.
MedGr. Medieval Greek. 「medieval.
me·di- [míːdi] 연결 middle의 뜻. ¶*medi*ate¹,
me·di·a¹ [míːdiə] 명 1 medium의 복수. 2 (the ∼) (복수취급) 대중[공공] 매체, 매스미디어(mass ∼); (집합적) 매스컴[매스미디어] 관계자. ¶cool ∼ 신문·라디오·영화 따위 /hot ∼ TV·전화·만화 따위. — 형 매스미디어의[에 관한].
me·di·a² [míːdiə/médiə] 명 (복 **-di·ae** [-diːː]) 1 (음성) 유성 파열음. 2 (해부) 중막(中膜), 중막(中膜).
Me·di·a [míːdiə] 명 메디아(카스피해(海) 남부에 있던 고대 왕국, 현재의 Iran 서북부).
média behávior 명 매스컴 의존성.
média blítz 명 매스컴을 통한 대공세[대적 선전].
média círcus 명 (판매 부수·시청률 신장을 노린) 매스미디어의 흥미 위주 보도 (태도).
média cóverage 명 매스컴의 취급, 보도.
me·di·ac·ra·cy [mìːdiǽkrəsi] 명 미디어크러시(신문·방송 따위가 큰 힘을 갖는 정치 사회 제도).
me·di·a·crat [míːdiəkrèt] 명 정보 매체 지배[조종]자; mediacracy의 일원[지지자].
me·di·a·cy [míːdiəsi] 명⋃ 개재(介在), 매개, 중개.

***me·di·ae·val** [mì:dií:vəl/mèd-] [형] =medieval.
média evènt [명] 미디어 이벤트(매스컴 보도를 노리고 짜여진 행사[사업]); (TV의) 특별 프로.
média expósure [명] 정보 매체에의 노출, 취재[보도] 대상화.
me·di·a·gen·ic [mì:diədʒénik] [형] (사람·내용 등이) 매스 미디어(특히 텔레비전 방송)에 적합한.
média hỳpe [명] (美속어) (기업·후보자 등의) 집중적인 선전[홍보], 미디어 동원 홍보.
me·di·al [mí:diəl] [형] **1** 중간의, 중앙의. ¶a ~ line 중간선. **2** 평균의, 보통의. **3** (문자 또는 소리가) 말 또는 형태소의 중간쯤에 있는(㊟ initial, final). **4** 〔음성〕 유성 파열음(p, t, k와 b, d, g의 중간음)의. **~·ly** [-əli] [부]
médial cóndyle [명] 〔해부〕 내측과(內側顆), 내과.
média líteracy [명] 미디어 정보 해독력(각종 미디어 정보를 주체성을 갖고 해독할 수 있는 능력).
médial moráine [명] 〔지질〕 중퇴석(中堆石)(두 개의 빙하가 합류하는 지점에서 빙하의 중앙부에 만들어지는 퇴석).
médial stríp [명] =median strip.
me·di·a·man [mí:diəmən] [명] **1** =mediaperson. **2** (광고 대행사의) 매체 조사원.
média mìx [명] 미디어 믹스(각종 매체의 짜맞추기).
me·di·a·mor·pho·sis [mì:diəmɔ:rfóusis] [명] 사실의 왜곡 보도. 〔<*media*+meta*morphosis*〕
me·di·an [mí:diən] [형] **1** 2등분한 면(面)의, 좌우 대칭으로 나눈 면의. **2** 중간의, 중앙의(medial); 〔해부〕 정중(正中)의; 〔수학〕 중위수의; 〔통계〕 중앙값의. ¶a ~ line 중선(中線). **—**[명] **1** 〔해부〕 정중 동맥[정맥, 신경]. **2** 〔수학〕 메디안, 중위수(中位數); 〔기하〕 중선, 중점. **3** (美) =median strip. **~·ly** [부]
Me·di·an [mí:diən] [형] 메디아(Media)의; 메디아 사람[말]의. **—**[명] 메디아 사람(Mede); [U] 메디아말.
médian léthal dóse [명] 반수(半數) 치사량(약물·병원균·방사선 따위가 일정 시간에 생물의 반수를 죽게 만드는 양; [약] MLD, LD_{50}).
médian nérve [명] 〔해부〕 정중(正中) 신경.
médian pòint [명] 〔수학〕 (the ~) (삼각형 또는 평면상의) 중점(middle point), 무게 중심.
médian stríp [명] (美) (고속 도로의) 중앙 분리대 ((英) central reserve). (또는 **médial stríp**)
me·di·a·per·son [mí:diəpə̀:rsn] [명] 언론[매스컴]종사자.
me·di·a·shy [-ʃài] [형] 매스컴 공포증인, 인터뷰[매스컴]를 싫어하는, 보도에 신경 과민인.
me·di·ate [동] [mí:dièit] [타] **1** (중개하여) …을 달성하다, 성립시키다, 가져다 주다. ¶~ peace 화평을 주선하다. **2** 〔분쟁·논쟁 따위〕를 조정[중재]하다, 해결하다. ¶~ a dispute 분쟁을 조정하다. **3** 〔말(言)·선물 등〕을 전해 주다, 전달하다; 알선하다. **4** (수동형으로) 조금 바뀌다. **—**[자] **1** (…을/…사이를) 조정[중재]하다, 화해시키다(*in*/*between*). ¶~ *between* two nations 두 나라 사이에 서서 화해시키다. **2** 개재하다, 중간에 있다. **—**[형] [mí:diət] **1** 중개의[에 의한], 조정의[에 의한]; 간접의. ¶a ~ election 간접 선거. **2** (드물게) 중간의, 중간에 위치하는. **3** 〔논리〕 (추리에 있어서) 간접적인. **~·ly** [mí:diətli] [부] **~·ness** [명]
me·di·a·tion [mì:diéiʃən] [명][U] 중재, 주선; 조정, 개입; 화해; 〔국제법〕 거중(居中) 조정.
me·di·a·tize [mí:diətàiz] (*(英) **-tise**) [동][타] (강대국이) 〔작은 나라〕를 합병하다. **-ti·zá·tion** [명]
me·di·a·tor [mí:dièitər] [명] **1** 중개인; 중재인, 조정자. **2** (the M–) 신과 인간과의 중개자, 그리스도.
me·di·a·to·ry [mí:diətɔ̀:ri/-təri] [형] 중개의; 중재의, 조정의; 중개[조정] 역할을 하는. (또는 **mediatórial**)
me·di·a·tress [mí:dièitris] [명] mediator의 여성형.
me·di·a·trix [mì:diéitriks] [명] =mediatress.
média wízard [명] 매스컴 홍보[조종] 전문가.
Med·i·bank [médəbæ̀ŋk] [명] (濠) 국민 건강 보험 제도. 〔<*medi*cal+*bank*[2]〕
med·ic[1] [médik] [명] (속어) 의사; 수련의, 의대생; 위생병.
med·ic[2] [명] 〔식물〕 거여목속(屬)의 식물.
med·i·ca·ble [médikəbl] [형] 치료할 수 있는; 약효가 있는.
Med·i·caid [médikèid] [명][U] (때로 m–) (美) (정부의) 저소득층 의료 보험 (제도), 메디케이드. 〔<*med*-*ical*+*aid*〕
Médicaid míll [명] (美속어) 의료 보조 악용 병원, 보험료 부당 청구 병원, 악덕 병원.
***med·i·cal** [médikəl] [형] **1** 의학의, 의술의, 의료의; 의사의; 의료용의. ¶the ~ art 의술/~ attendance 진료, 의료/a ~ college 의과 대학/a ~ practitioner 개업의. **2** 내과의, 내과 치료(용)의(㊟ surgical). ¶a ~ ward 내과 병동. **3** (고어) =medicinal.
be under medical treatment 치료중이다.
—[명] ([복] **~s** [-z]) (구어) **1** 의사, 개업의; 의학도. **2** 신체 검사, 건강 진단; 진찰, 진단. **3** 의학 시험. **~·ly** [부]
médical advíser [명] 의사(*doctor를 품위있게 이르는 말).
médical atténdant [명] 담당 의사, 주치의(醫).
médical cáre [명] 의료, 건강 관리(health care).
médical cénter [명] (대학 병원 등의) 종합 병원, 의료 센터.
médical certíficate [명] 진단서.
médical enginéering [명] 의료 공학.
médical examinátion [chéckup] [명] 건강 진단.
médical exáminer [명] **1** (주로 美) 〔법률〕 검시의(醫)[관], 감찰의. **2** (보험 회사의) 검사[건강 진단]의; (회사 등의) 전속의. **3** 의사 면허 자격 심사관.
médical hístory [명] 병력(病歷).
médical ímaging [명] 의학 화상(畫像)(초음파 단층 촬영 장치 등 각종 기기로 체내 상태를 화상화하는 방법).
med·i·cal·ize [médikəlàiz] [동][타] …을 치료하다; …을 환자로 받아들이다. **-i·zá·tion** [명]
médical jurisprúdence [명] 법의학(forensic medicine).
médical mán [명] 의사.
médical ófficer [명] 보건소장, 보건소[진료소] 직원; (회사 등의) 촉탁의; 〔美해군〕 군의관.
médical órderly [명] 병원 잡역부; 간병인.
médical practítioner [명] 의사, 개업의.
médical prívacy [명] 의료 프라이버시, 개인 의료 기록 보호.
médical récord [명] 진료 기록, 카르테.
médical schóol [명] 의과 대학, (대학의) 의학부.
médical wáste [명] 의료[병원] 폐기물.
me·dic·a·ment [명] [mədíkəmənt] 약제, 의약, 약물. (또는 **medicant**) **—**[동][타] [mədíkəmènt] …을 약물[약제]로 치료하다. **mèd·i·ca·mén·tal** [형]
Med·i·care [médikɛ̀ər] [명][U] **1** (때로 m–) (美) 고령자·장애자 의료 보험 (제도), 메디케어. **2** (m–) (캐나다) 국민 건강 보험. 〔<*medi*cal+*care*〕
med·i·cas·ter [médəkæ̀stər] [명] 가짜 의사.
med·i·cate [médəkèit] [동][타] …을 약으로 치료하다, …에게 투약하다; …에 약을 섞어 넣다[침투시키다]. ¶~*d* soap 약용 비누.
med·i·cat·ed [médəkèitid] [형] 의약용의.
med·i·ca·tion [mèdəkéiʃən] [명][U][C] 약물 치료[처리], 투약; 의약, 약물(medicament).
med·i·ca·tive [médəkèitiv/-kətiv] [형] =medicinal.
med·i·ca·tor [médəkèitər] [명] (약제의) 투약 기구, 약물 치료 용구(면봉 따위).
med·i·chair [méditʃɛ̀ər] [명] 〔의학〕 진찰 의자(생리 활동 검사용 전자 감지 장치가 달린 의자).
Med·i·ci [médətʃi/*It* mé:ditʃi] [명] 메디치가(家)(15–16세기에 상인·은행가로서 번영한 이탈리아 Florence의 명문·재벌; 3명의 교황 배출). **-cé·an** [형]
med·i·cide [médisàid] [명] 의사의 도움에 의한 자살; 의료 사고에 의한 살인.
me·dic·i·nal [mədísənl/me-] [형] **1** 약의, 의약의, 약효가 있는; (병을) 고치는. **2** 위생적인, 건강에 좋은. **—**[명][U][C] 약물, 의약. **~·ly** [-nəli] [부]
medícinal hérb [명] 약초(藥草).

medícinal plánt 〖명〗 약용 식물.

‡**med·i·cine** [médəsin/médsin] 〖명〗 (獨 ~s [-z])
1 Ⓤ 의학, 의술; 의료. ¶clinical ~ 임상 의학/preventive ~ 예방 의학/a college of ~ 의과 대학, 의학부/practice ~ 의사 개업을 하고 있다. 2 ⓊⒸ 약, 내복약. ¶a patent ~ 매약(賣藥)/a ~ for a cold 감기약/a ~ for external application 외용약. 3 Ⓤ (외과·산과와 구별하여) 내과 의학, 내과 치료(⇔ surgery, obstetrics). 4 Ⓤ (미개인 사회에서 병·악령을 쫓는다고 믿는) 주술(呪術), 마술. 5 Ⓤ 의료업, 의사 직업. 6 (비유적) 도움이 되는 것, 「약」. 7 〈속어〉 술.

get some [or ***a little***] ***of*** *one's* ***own medicine*** (구어) 같은 수법으로 보복당하다.

give *a person* ***a taste*** [or ***dose***] ***of*** *his* ***own medicine*** (구어) 당한 것과 같은 방법으로 남에게 보복하다.

take medicine 약을 먹다.

take *one's* ***medicine*** (***like a man***) (구어) 벌을 감수하다, 제탓으로 생각하고 싫은 일을 참다.

the virtue of medicine 약의 효능.

— 통(他) …에게 약을 투여하다.

médicine báll 〖명〗 메디신 볼(운동용의 큰 가죽공); 그 공으로 하는 운동 경기.

médicine cábinet 〖명〗 (주로 세면대의) 약장.

médicine chést 〖명〗 약상자, 구급 상자 「닥처리춤.

médicine dánce 〖명〗 (병마를 쫓기 위한) 무당춤, 푸

médicine mán 〖명〗 (북미 인디언 등의) 주술사; medicine show를 벌이는 떠돌이 약장수.

médicine shòw 떠돌이 약품 선전·판매 쇼(19세기말 미국에서 크게 유행).

med·i·co [médikòu] 〖명〗 (獨 ~s) (구어) =medic¹.

med·i·co- [médikou, -kə] 〖연결〗 medical의 뜻. ¶ *medicolegal.*

med·i·co·bo·tan·i·cal [mèdikoubətǽnikəl] 〖형〗 약용 식물학의.

med·i·co·gal·van·ic [mèdikougǽlvǽnik] 〖형〗 〖전기 요법의.

med·i·co·le·gal [mèdikoulí:gəl] 〖형〗 법의학의.

‡**me·di·e·val** [mìːdií:vəl/mèd-] 〖형〗 1 중세의; 중세풍의, 중세적인(⇔ ancient, modern). ¶~ architecture 중세 건축/~ history 중세사. 2 고풍의, 시대에 뒤진.

— 〖명〗 (~s) 중세 사람. (또는 **mediaeval**). ~**·ly** 〖부〗

Mediéval Gréek 〖명〗 중세 그리스어(700–1500년 사이의 것; 略 MGk).

me·di·e·val·ism [mìːdíːvəlìzm/mèd-] 〖Ⓤ〗Ⓒ 중세 정신(사상, 신념); 중세 취미(주의); 중세적 신앙(관습).

me·di·e·val·ist [mìːdíːvəlist/mèd-] 〖명〗 1 중세 (문화) 연구가, 중세사(문학, 미술) 전문가. 2 중세주의자(찬미자).

me·di·e·val·ize [mìːdíːvəlàiz/mèd-] 〖자·타〗 중세식으로 하다(되다); 중세의 습관(이상)을 좇다; 중세를 연구하다. 「**Middle Látin**)

Mediéval Látin 〖명〗 중세 라틴어(略 ML). (또는

med·i·gap [médəgæp] 〖명〗 《美》 메디갭(Medicare 나 Medicaid로 보조 받지 못하는 의료비의 부족분을 메우는 민간 의료 보험).

Me·di·na [mədíːnə/me-] 〖명〗 메디나(Saudi Arabia 서부의 도시; Mohammed의 무덤이 있는 회교 성지).

me·di·o- [mìːdiou, -ə] 〖연결〗 middle의 뜻(* 모음 앞에서는 midi-). ¶ *mediocracy.*

me·di·o·cre [mìːdióukər, ⌐–⌐] 〖형〗 보통의, 평범한, 중길의; 이류의, 열등한.

me·di·oc·ri·tize [mìːdiɑ́krətàiz/-ɔ́k-] 〖통·타〗 평범하게 하다, 진부(陳腐)하게 만들다.

*me·di·oc·ri·ty** [mìːdiɑ́krəti/-ɔ́k-] 〖명〗 1 Ⓤ 평범, 보통, 중길. 2 Ⓒ 평범[범용]한 재능. 3 평범한 사람, 범인.

Medit. Mediterranean.

‡**med·i·tate** [médətèit] 〖통〗 (**-tat·ed; -tat·ing**) 他 1 …을 기도하다, 꾀하다, 계획하다; (…하려고) 생각하고 있다(doing). ¶~ revenge 복수를 꾀하다/a quick return 이내 돌아오려고 생각하다. 2 (드물게) …을 묵상(默想)하다, 숙고하다. — ㉠ (…에 대해) 묵상하다, 숙고하다, 깊이 생각하다(on, upon, about, over); 내성(內省)하다. ⇒PONDER 유의어 ¶ (~+图)+图) ~ on one's misfortunes 제 자신의 불운을 곰곰이 생각해보다. **-tàt·ing·ly** 〖부〗 **-tà·tor** 〖명〗

‡**med·i·ta·tion** [mèdətéiʃən] 〖명〗 Ⓤ 1 심사 숙고; (종교적인) 명상, 묵상(on, upon). ¶be buried in ~ 명상에 잠기다. 2 Ⓒ (종종 ~s) 명상록.

*med·i·ta·tive** [médətèitiv/-tətiv] 〖명〗 명상에 잠기는, 골똘한; 명상적인; 사색하는; 사색형의, 사색을 즐기는. ⇒PENSIVE 유의어 ~**·ly** 〖부〗 ~**·ness** 〖명〗

‡**Med·i·ter·ra·ne·an** [mèdətəréiniən] 〖명〗 1 (the ~) =~ Sea. 2 지중해 인종. 3 (the ~) (집합적) 지중해의 섬(나라)들. 4 (m-) 내해(內海).

— 〖형〗 1 지중해의, 지중해 연안에 있는(사는). 2 지중해성 기후의. 3 지중해 인종의. 4 (m-) (바다의) 육지에 (거의) 둘러싸인.

Mediterránean clímate 〖명〗 〖기상〗 지중해성 기후.

Mediterránean féver 〖명〗 〖병리〗 지중해열(지중해 연안 지방에서 발생하는 각종 열병; brucellosis 따위).

Mediterránean frúit flý 〖명〗 〖곤충〗 지중해 광대

Mediterránean Séa (the ~) 지중해. 「파리.

‡**me·di·um** [mí:diəm] 〖명〗 (獨 ~s [-z], **-di·a**) 1 a) 중간, 중위(中位), 중용. b) 중(中) 정도의 것, 중간 위치(성질)의 것. 2 (…의) 매개물, 매체, 매질(媒質)(of, for). ¶an advertising ~ 광고 매체(신문·TV 따위)/mass *media* 매스 미디어(신문·라디오·TV 따위). 3 (전달·매개의) 수단, 방법, 방편. ¶the ~ of circulation 통화(通貨). 4 a) (생물의) 서식 장소, 생활 환경(조건). ¶the natural ~ of fish 물고기의 자연 서식지. b) 주위의 사물(상황), 환경. 5 매개자, 중개자, 주선인(go-between); (~s) 무녀, 무당, 영매(靈媒). 6 Ⓤ (생물) (표본의) 보존액, 7 (세균) 배지(培地), 배양기(培養基). 8 a) 〖그림〗 매재(媒材), 전색제(展色劑)(그림 물감을 녹이는 물·기름 따위). b) 〖미술〗 제작 재료; 예술 표현의 수단[기법]. 9 〖언〗 중간(中間)(종의 의 그.) 10 (컴퓨터) 기억 매체(CD롬·디스켓 따위). 11 (고속도로의) 중앙 분리대. 12 (무대 조명의) 컬러 필터(color filter); Ⓤ (화학) 전색제, 전색 물질(액과지 따위).

by [or ***through***] ***the medium of*** …의 매개[중개]로, …을 통해서. 「거리에 배치하여.

in medium [영화·TV] 중거리에서, 주연 배우를 중

strike [or ***achieve, attain, hit***] ***a happy medium*** ① 중용을 지키다. ② 타협점을 찾다, 타협하다.

— 〖형〗 1 중간의, 중위의, 보통의. ¶~ quality 중급의 품질/a ~-boiled egg 반숙 계란/a man of ~ height 중키의 사람. 2 (고기 따위름) 중간쯤 익힌; (포도주 따위가) 달지도 쓰지도 않은.

médium and smáll ènterprises [**còmpanies**] 〖명〗 중소(中小) 기업.

médium artíllery 〖명〗 〖美군사〗 1 (집합적) 중형[중구경]포. 2 (집합적) 중형 포대 (부대).

médium bómber 〖명〗 (군사) 중형 폭격기.

médium fáce 〖명〗 〖인쇄〗 미디엄 페이스(lightface와 boldface의 중간 굵기의 활자 면).

médium fréquency 〖명〗 (무선) 중주파(中周波).

me·di·um·ism [míːdiəmìzm] 〖명〗Ⓤ 영매법, 심령술. **-ís·tic** 〖형〗 로 삼다.

me·di·um·ize [míːdiəmàiz] 〖통·타〗 …을 영매(靈媒)

médium of exchánge [**circulátion**] 〖명〗 (the ~) 교환 매개물, 교환 수단, 유통 화폐.

me·di·um-range [-réindʒ] 〖명〗 중거리용의.

médium-range ballístic míssile 중거리 탄도탄(略 MRBM).

mé·di·um-scàle integrátion [-skèil-] 〖명〗 (전자) 중규모 집적(略 MSI).

me·di·um·ship [míːdiəmʃìp] 〖명〗 영매(靈媒)의 능

력[역할].
médium shòt 명 〔사진·영화·TV〕 (인물을 반신 내지 7분신의 크기로 찍는) 중거리 촬영. 〔통형의.
me·di·um-sized [-sáizd] 형 중형의, 중판의, 중
médium technólogy 명 중간 기술(첨단기술 (high technology)과 재래기술(low technology)의 중간에 위치하는 기술.
me·di·um-term [-tə́ːrm] 형 중기의.
médium wáve 명 〔통신〕 중파(中波)(medium frequency).
med. jur. medical jurisprudence.
med·lar [médlər] 명 서양모과나무; 그 열매.
MED·LARS [médlɑːrz] 명 〔美〕 (컴퓨터에 의한) 의학 정보 검색 시스템. 〔⇨ MEDLINE〕 〈*Med*ical *L*iterature *A*nalysis and *R*etrieval *S*ystem〉
*****med·ley** [médli] 명 1 뒤죽박죽, 뒤범벅, 잡동사니 (*of*); (잡다한 사람의) 뒤섞임. ¶a ~ of noises 잡다한 소음. 2 〔음악〕 혼성곡, 메들리. 3 잠문집, 잡록(雜錄). 4 〔고어〕 난투. ── 형 잡동사니의, 주워 모은; 잡다한.
〔독타〕 〔고어〕 〔긁어〕 모으다; 뒤섞다.
médley rèlay [ràce] 명 1 메들리 경주(팀의 각 주자가 서로 다른 거리를 뛴다). 2 〔수영〕 혼계영(混繼泳)(배영·평영·접영·자유형의 순으로 한다).
MED·LINE [médlain] 명 〔美〕 의학 정보 온라인 데이터 베이스. 〈*MEDLARS* + *on-line*〉
Mé·doc [meidák/medɔ́k] 명 1 메도크(프랑스 서남부의 지방). 2 (Médoc산(産)의) 붉은 포도주.
med·speak [médspiːk] 명 의사가 쓰는 말, 의학
med·tech [´tèk] 명 의학 기술(의).
me·dul·la [mədʌ́lə] 명 (복) ~**s**, **-lae** [-liː]) 1 〔해부〕 골수; 수질부(髓質部); = ~ oblongata. 2 〔식물〕 목수(木髓), 나뭇고갱이.
medúlla oblongáta 명 (복) **m- -s, -e -e**) 〔해부〕 연수(延髓), 숨골. ⇨BRAIN 그림.
med·ul·lar·y [médəlèri/medʌ́ləri] 형 〔해부〕 골수의; 수질부(髓質部)의; 연수의; 〔식물〕 목수(木髓)[나뭇고갱이]의.
med·ul·lat·ed [médəlèitid] 형 〔해부〕 골수[연수]가 있는; 수초(髓鞘)가 있는; 〔식물〕 고갱이가 있는.
me·du·sa [mədjúːsə/-djúːzə] 명 (복) ~**s, -sae** [-siː, -ziː]) 해파리(jellyfish). ─ 형 **me·dú·soid** [-sɔid]
Me·du·sa [mədjúːsə, -zə/-djúːzə] 명 〔그리스 신화〕 메두사(마녀 Gorgons 3자매 중의 하나). ─ 형 **Persean**
meed [miːd] 명 〔고어〕 포상, 보수, 받아야 할 것, 보답. ¶one's ~ of praise 정당한 칭찬.
‡**meek** [miːk] 형 (~**·er**; ~**·est**) 1 얌전한, 유화한, 온순한(⇨HUMBLE 〔유의어〕); 참을성 있는. 2 기력[기개] 없는, 굴종적인.
be (as) meek as a lamb 매우 얌전한.
~**·ness** 명 얌전, 씩씩하지 못하게.
*****meek·ly** [míːkli] 부 얌전하게, 참을성 있게; 기백 없
mee·mies [míːmiz] 명 (the ~) (단수취급) 〔美俗어〕 히스테리(환자), 신경과민.
meer·kat [míərkæt] 명 미어캣(남아프리카산(産) 몽구스류의 육식 동물).
meer·schaum [míərʃəm] 명 1 〔광물〕 해포석(海泡石). 2 해포석 담배 파이프, 미어섬 파이프.
MEES *M*iddle *E*ast *E*conomic *S*urvey(중동 경제 개관; 중동의 석유 경제 전문지).
mees·tle [míːsəl] 명 〔美방언·속어〕 개.
‡**meet**[1] [miːt] 타 (***met***) 타 1 …을 만나다, 마주치다, 맞닥뜨리다, 조우하다. ¶I *met* the lady by chance. 나는 우연히 그 부인을 만났다.
2 …과 면회[면담]하다; 아는 사이가 되다. ¶I'm glad to ~ you. 뵙게 되어 영광입니다; 처음 뵙겠습니다(첫 인사의 말)/I'll ~ you at my office at two. 두 시에 연구실에서 면담합시다.
3 (우연히·지나는 길에) 보다, 알아채다; 스쳐 지나가다. ¶I *met* few travelers on the road. 나는 길에서

여행자를 거의 보지 못했다.
4 (약속 장소·시간에) 만나다, 합류하다. ¶*M*- me again at lunch time. 점심시간에 다시 만나세.
5 …을 마중[출영]하다; (탈것의) … 에 연락[접속]하다. ¶~ travelers at a railroad station 역에서 여객을 마중하다/ ~ a train 기차 시간에 대다/The buses ~ all ships. 버스는 모든 배와 연결되고 있다. 6 …의 눈길, 접촉하다; 충돌하다, 부딪치다; (배트 따위가) 〔공 따위〕에 맞다. ¶My hand *met* a hard substance. 내 손이 딱딱한 것에 닿았다./The two cars *met* each other head-on. 두 대의 차가 정면 충돌했다. 7 (반대·비난)에 잘 대응하다, …을 논박하다(*with*). ¶~ charge *with* countercharge 고소에 맞고소하다. ¶~ objections 이의에 대해 논박하다. 8 (길·강 따위가) …에서 만나다, 합류하다, …와 교차하다(join). ¶The river ~s another below this bridge. 그 강은 이 다리의 하류에서 다른 강과 합류하고 있다. 9 직시하다, 정시하다. ¶~ the future confidently 자신을 가지고 미래를 직시하다. 10 〔요구 따위〕를 채우다, 만족(충족)시키다. ¶~ 부응하다. ¶~ a person's wishes 남의 희망을 충족시켜 주다. 11 〔비용·부채 따위〕를 지불하다. 〔어음〕을 결제하다. ¶~ debts 빚을 갚다/ ~ a bill 어음을 지불하다.
12 …와 싸우다, 대결하다; 〔곤란·운명 따위〕에 직면하다, 맞서다, 대항하다(face). ¶~ a danger 위험에 직면하다/ ~ a person in a duel 결투하다/ ~ one's end 죽다. 13 (눈)에 보이다, (귀)에 들리다. ¶~ one's eyes[ears] 보이다[들리다]/A pungent odor *met* his nostrils. 자극적인 냄새가 그의 코를 찔렀다. 14 …을 경험하다, 겪다. ¶~ hostility 적대시 당하다.
── 자 1 만나다; 부딪치다; 스쳐 지나가다; 아는 사이가 되다(*up*). ¶We *met* on the street. 우리는 거리에서 만났다. 2 (사람·그룹 등이) 모이다, 회합하다; (의회 등이) 열리다. ¶~ together 회합하다 / The National Assembly will ~ early next month. 국회는 내달초에 열릴 것이다. 3 (길·강·선 따위가) 합치다, 교차하다; (실 따위의 양끝이) 서로 접하다. ¶The two roads ~ there. 두 길이 거기에서 접한다/*Extremes* ~. 〔속담〕 두 극단은 서로 통한다// This belt won't ~ round your waist. 이 벨트는 당신의 허리에는 (너무 짧아서) 채워지지 않는다. 4 (성질 따위가) 결합하다, 겸비하다 (*in*). ¶Many virtues ~ *in* her. 그녀에게는 여러 가지 미덕이 겸비되어 있다. 5 동의하다, 합의보다, 찬성하다. 6 회전(會戰)하다, 대전(대결)하다.「만나다니!
Fancy meeting you here! 〔구어〕 여기서 당신을
make both ends meet ⇨END.
meet a person in the face 남과 우연히 마주치다.
meet (…) halfway ① (남을) 도중까지 마중나가다. ② (상대의 요구를) 어느 정도 인정하다; (상대에게) (…의) 타협하다, 타협하다(*on*). ③ (상대의) 나오는 것을 보아서 행동하다, 적절히 대응하다.
meet in with 〔스코〕 (남과) 마주치다.
meet the case 충분하다, 안성맞춤이다.
meet trouble halfway ⇨TROUBLE. 「따라잡다.
meet up (with) ① (…와) 우연히 만나다. ② (…을)
meet with ① …을 (우연히) 만나다; …을 우연히 발견하다. ¶~ *with* a friend 친구와 딱 마주치다; 친구를 만나다(* 「사람과 만나다」라고 할 때 그것이 우연이건 약속된 것이건 ~ (*with*) a person이라 하며, 만남의 유무는 별로 관계가 없다). ② …와 회견[면회]하다 (* 〔英〕에서는 meet만 쓴다). ③ …을 경험[당]하다, …을 겪다. ¶~ *with* an accident 사고를 당하다. ④ (계획 등이) …와 일치하다.
more (to [or *in*]...*) than meets the eye* [*ear*] 보이는[들리는] 것 이상의 것, 숨겨진 것, 깊은 사연. ¶There is *more in than* ~*s the eye* 것. 그것에는 보다 깊은 숨겨진 사연이 있다. 「납시다.
Till [or *Until*] *we meet again.* 〔구어〕 안녕, 또 만
well met 〔고어〕 = welcome.

—[명] 1 (운동)회, 대회, 경기 대회. ⇨MEETING [유의어] ¶an air ~ 비행 대회 / an athletic ~ 운동회 / a swimming ~ 수영 경기 대회 / a track ~ 육상 경기 대회. 2 (모임의) 집합자들, 회중; 집합 장소. 3 《英》 (사냥꾼·사냥개의) 집결, 모임. 4 〔수학〕 교점(交點), 교선(交線)(intersection). 5 《美》 (두 철도의) 합류[교차] 지점. **∠·er** [명]

meet² [형] 《드물게》 (…에게 / …하기에) 적당한, 알맞은, 당연한, 어울리는(*for* / *to* do, *that* [節]). **∠·ly** [부] **∠·ness** [명]

‡meet·ing [míːtiŋ] [명] ([복] **~s** [-z]) 1 [U][C] (여러 사람의) 만남, 집합; (a ~) (…와의) 만남, 해후, 면회(*with*). ¶avoid a ~ *with* her 그녀와의 회견을 피하다. 2 모임, 회합, 회견; 대회, 집회. ¶an academical ~ 학회 모임 / attend a ~ 모임에 참석하다.

> [유의어] **meeting** 어떤 목적을 위한 공사(公私)의 모임. **meet** 일반적으로 운동 경기의 모임; 《英》에서는 「사냥을 위한 모임」을 가리킨다. **assembly** 정치적·사회적·종교적 등의 명확한 목적을 가진 공동 행동의 모임. **gathering** 비공식적인 허물없는 모임. **party** 손님을 초대하는, 재미를 위한 모임. **rally** 공동의 목적·주의에 대한 지지를 북돋우기 위한 대중 집회. **conference** 보통 업무상의 의견 교환·협의를 위한 meeting. **convention** 각 지부의 대의원이 모이는 정치적·사회적·종교적 대회.

3 (the ~) 《집합적; 단·복수 양용》 회중(會衆), 회합에 나온 사람들. 4 회전, 대전, 결투(duel). 5 예배 집회. 6 교차[합류](점); 결합[연결]부.
call a meeting 회의를 소집하다.
hold [or ***have***] ***a meeting*** 회의를 열다.
meeting of (***the***) ***minds*** 의견의 일치, 합의.
open a meeting 개회사를 하다.
speak out in meeting 《美구어》 솔직한 의견을 말하다, 거리낌없이 툭툭 말하다.

méeting hòuse [명] 교회당, 공회당; 《英고어》 비국교파의 예배당; 《美》 퀘이커 교도의 예배당). (또는 **méetinghòuse**)

méeting plàce [명] 회장, 집회소; 합류점.

MEF *M*iddle *E*ast *F*orces(중동군).

mef·e·nám·ic ácid [mèfənǽmik-] [명] 메페남산(酸)(백색 분말의 마취제·염증 치료제).

Meg [meg] [명] 메그(여자 이름).

MEG [meg] [명] 뇌자기도(腦磁氣圖). 〔<*magnetoen*cephalo*g*ram〕

meg. 〔전기〕 megohm(s).

meg·a [mégə] 《구어》 [형] 거대한, 엄청나게 큰; 많은, 최고의, 굉장한. —[부] 엄청나게; 최고로; 진짜로.

meg·a- [mégə] [연결] (* 모음 앞에서는 meg-) 1 great의 뜻. ¶*mega*cephalic, *mega*lith. 2 〔물리〕 a million of의 뜻. ¶*mega*hertz; *meg*ohm.

meg·a·bang [-bæŋ] [명] 《美속어》 거대 핵전력.

meg·a·bank [mégəbæ̀ŋk] [명] 초대형 은행.

meg·a·bar [mégəbɑ̀ːr] [명] 〔물리·기상〕 메가바(기압의 단위; 100만 bars; [약] mbar).

meg·a·bit [mégəbìt] [명] 〔컴퓨터〕 메가비트(기억 용량의 단위; 약 100만 bits; [약] Mb).

meg·a·bitch [mégəbìtʃ] [명] 《美속어》 최저의[아주 「역겨운] 여자.

meg·a·buck [mégəbʌ̀k] [명] 《美속어》 100만 달러; (~s) 거액의 돈.

meg·a·busi·ness [mégəbìznis] [명] 초대형[거대] 「기업.

meg·a·byte [mégəbàit] [명] 메가바이트(컴퓨터 정보의 기억 단위; 약 100만 바이트; [약] MB).

meg·a·ce·phal·ic [mègəsəfǽlik] [형] 머리가 큰, 두개(頭蓋)가 큰. (또는 **megacephalous**)

meg·a·chip [mégətʃìp] [명] 〔전자〕 메가칩(단일 소자(素子)에 100만 비트의 정보량을 기억시킬 수 있는 반도체 메모리; 1M bit RAM을 말한다).

meg·a·church [mégətʃə̀ːrtʃ] [명] 거대 교회(TV 등을 통해 예배 실황을 중계하는 교회).

meg·a·cit·y [mégəsìti] [명] (인구 100만 이상의) 거대 도시.

meg·a·cor·po·ra·tion [mégəkɔ̀ːrpərèiʃən] [명] 거대 기업, 거대 회사. (또는 **megacompany**)

meg·a·crowd [mégəkràud] [명] 대(大)군중.

meg·a·cu·rie [mégəkjùəri] [명] 〔물리〕 메가큐리(100만 큐리; [약] Mc, MCi).

meg·a·cy·cle [mégəsàikl] [명] 메가사이클(megahertz의 옛 명칭).

meg·a·deal [mégədìːl] [명] 대형[대량] 거래[계약](big deal). **~·er** [명]

meg·a·death [mégədèθ] [명][U][C] 100만 명의 죽음(원자 폭탄 따위에 의한 대량 살해); 대량 사망.

meg·a·dink [mégədìŋk] [명] 《美속어》 《경멸적》 슈퍼 딩크족(族)(투자 은행의 젊은 기혼 딜러).

meg·a·dork [mégədɔ̀ːrk] [명] 《美속어》 형편없는 바 「보.

meg·a·dose [mégədòus] [명] (약의) 대량 투여, 고투여량. —[동][타] …에 다량의 약을 투여하다.

meg·a·dyne [mégədàin] [명] 〔물리〕 메가다인(C.G.S. 단위계(單位系)의 힘의 단위; 100만 다인).

meg·a·e·léc·tron vòlt [mègəiléktrɑn-/-trɔn-] [명] 〔물리〕 1백만 전자 볼트([약] MeV).

meg·a·ex·hi·bi·tion [-èksəbíʃən] [명] 대형 전람회, 특별전.

meg·a·far·ad [mégəfæ̀rəd] [명] 〔전기〕 100만 패러 「드.

meg·a·flop [mégəflɑ̀p/-flɔ̀p] [명] 《속어》 큰 실수.

meg·a·flops [mégəflɑ̀ps/-flɔ̀ps] [명] 〔컴퓨터〕 메가플롭스(연산 능력의 단위; 초당 1백만 부동 소수점). (또는 **megaFLOPS**)

meg·a·fog [mégəfɔ̀ːg, -fɑ̀g/-fɔ̀g] [명] 경무확음(警霧擴音) 장치.

meg·a·growth [mégəgròuθ] [명] 초고도 성장.

meg·a·hertz [mégəhə̀ːrts] [명] ([복] **~**(**·es**)) 메가헤르츠(100만 헤르츠; [약] MHz).

meg·a·hit [mégəhìt] [명] 대히트 작품.

meg·a·jet [-dʒèt] [명] 〔항공〕 초대형 제트기.

meg·a·joule [mégədʒùːl] [명] 〔물리〕 메가줄(에너지의 단위; 100만 줄).

meg·a·lith [mégəlìθ] [명] 거석(巨石)(유사 이전의 유 「물).

meg·a·lith·ic [mègəlíθik] [형] 거석의; 거석 문화의.

meg·a·lo- [mégəlou, -lə] [연결] large, great의 뜻(* 모음 앞에서는 megal-). ¶*megalo*mania.

meg·a·lo·ma·ni·a [mègəlouméiniə] [명] 〔정신병〕 [U] 과대 망상광[증].

meg·a·lo·ma·ni·ac [mègəlouméiniæ̀k] [명] 과대망상증 환자. —[형] (또는 **megalomaniacal**) 과대 망상의.

meg·a·lop·o·lis [mègəlɑ́pəlis/-lɔ́p-] [명] 메갈로폴리스, 거대 도시. (또는 **megapolis**)

meg·a·lo·pol·i·tan [mègəloupɑ́litən/-pɔ́l-] [형] 대도시의, 대도시권의. —[명] megalopolis의 주민. (또는 **megapolitan**) **~·ism** [명]

meg·a·lo·saur [mégələsɔ̀ːr] [명] 메갈로사우루스(육식 공룡의 일종). **-sáu·ri·an** [형]

meg·a·lo·sau·rus [mègələsɔ́ːrəs] [명] 1 (M-) 메갈로 사우루스속(屬). 2 =megalosaur.

meg·a·ma·chine [mégəməʃìːn] [명] (비인간적인) 기술·기계 지배하의 거대 사회; 초과학 기술.

meg·a·me·ter [mégəmìːtər] [명] 100만 미터.

meg·a·mil·lion·aire [mègəmìljənɛ́ər] [명] 억만장자, 거부, 대부호.

Meg·an [mégən] [명] 메건(여자 이름).

Még·an's làw [méigənz-] [명] 《美구어》 메이건 법(法), 성범죄자 통지법(성범죄 전과자가 이주해올 경우 그의 신원·주소 따위를 지역 사회에 통고토록 의무화한 법률). 〔<성폭행 뒤 피살된 7세 어린이 Megan Kanka 사건(1994)이 계기가 되어 제정〕

meg·a·par·sec [mègəpɑ́ːrsek] [명] 〔천문〕 메가파섹(태양계 밖의 천체까지의 거리를 나타내는 단위; =

10⁶파섹(pc); 1파섹=3,258광년).
*meg·a·phone [mégəfòun] 图 메가폰, 확성기.
— 围 메가폰으로 전(말)하다.
me·gap·o·lis [məgǽpəlis] 图 =megalopolis.
-pól·i·tan 图围
「대 프로젝트」
meg·a·proj·ect [mégəprɑ̀dʒekt/-prɔ̀dʒ-] 图 거
meg·a·rad [mégərǽd] 图 〔물리〕메가래드(흡수 방사선량의 단위; 100만 래드).
meg·a·scope [mégəskòup] 图 확대용 카메라.
-scóp·ic 围 확대된, 육안으로 보이는. -scóp·i·cal·ly 围
meg·a·sell·er [mégəsèlər] 图 대히트작.
meg·a·spore [mégəspɔ̀ːr] 图 〔식물〕 1 대포자(大胞子). 2 〔종자 식물의〕 배낭. -spór·ic 围
meg·a·star [mégəstɑ̀ːr] 图 슈퍼 스타. ~·dom 图
meg·a·store [mégəstɔ̀ːr] 图 거대 점포. 「건물.
meg·a·struc·ture [mégəstrʌ̀ktʃər] 图 거대 고층
meg·a·tank·er [mégətæ̀ŋkər] 图 대형 유조선.
meg·a·tech·nics [mégətèkniks] 图(围) 거대 과학 기술. 围 megamachine
meg·a·ton [mégətʌ̀n] 图 100만 톤; 메가톤 (TNT 화약 100만 톤에 상당하는 핵무기 폭발력의 단위).
meg·a·ton·nage [mégətʌ̀nidʒ] 图 원자(파괴)력의 총메가톤 수.
meg·a·trend [mégətrènd] 图 (시대의) 큰 흐름[조류]; 최신 조류[유행]. ~·y 围
meg·a·tron [mégətrɑ̀n/-trɔ̀n] 图 〔전자〕메가트론 (등대형의 진공관).
meg·a·u·nit [mégəjùːnit] 图 〔약학〕 100만 단위.
meg·a·ver·si·ty [mégəvə̀ːrsəti] 图 초대형(超大型) 종합 대학.
meg·a·vi·ta·min [mégəvàitəmin] 围 비타민 대량 투여의. — 图 (~s) (표준 섭취량을 훨씬 초과하는 대량의 비타민; 비타민 대량 투여 요법.
meg·a·volt [mégəvòult] 图 100만 볼트(약 MV, Mv).
meg·a·watt [mégəwɑ̀t/-wɔ̀t] 图 〔전기〕 100만 와트, 메가와트(약 MW, Mw).
mé generàtion (the ~) (때로 M- G-) 〔美〕 미제너레이션, 자기 중심 세대(1970-80년에 등장한 meism의 세대). 「megohmmeter.
meg·ger [mégər] 图 (종종 M-) 〔상표〕 〔전기〕 =
Me·gid·do [məgídou] 图 메기도(이스라엘 북부의 고대 도시; 성경에 나오는 Armageddon이 이곳이라고도 한다).
me·gil·lah [məgílə] 图 (美 ~s, Heb -loth [-lɔ́ːt]) 1 (속어) 복잡한 이야기; 장황한 설명. 2 〔성서〕 (유대 축일에 읽는) 두루마리. (또는 megilla) (<Heb)
me·gilp [məgílp] 图(U) 메길프(유화용 그림물감의 용제). (또는 magilp)
meg·ohm [mégòum] 图 〔전기〕 100만 옴, 메그옴 (약 MΩ). 「연 저항계.
meg·ohm·me·ter [mégoummìːtər] 图 〔전기〕 절
me·grim [míːgrim] 图 (고어) 1 (~s) (병적인) 우울, 울적. 2 변덕, 공상, 환상. 3 〔U(C)〕 〔병리〕 편두통(migraine). 「포.
mei·o·cyte [máiousàit] 图 〔식물〕 감수(減數) 모세
mei·o·sis [maióusis] 图 (圈 -ses [-siːz]) 〔생물〕 (세포핵의) 감수 분열; 〔수사〕 =litotes.
Me·ir [meiíər, máiər] 图 Golda ~ 마이어(1898-1978: 이스라엘의 여류 정치인; 수상(1969-74)).
me·ism [míːizm] 图 〔美구어〕 미이즘, 자기 중심주의[생활].
Méiss·ner effèct [máisnər-] 图 〔물리〕 마이스너 효과(초전도체가 임계 온도 이하로 냉각되면 외부로부터의 자력선(磁力線)의 침입을 배제하는 현상). 〔<오스트리아의 전기 기사 Alexander Meissner (1883-1958)의 이름〕
-meis·ter [máistər] 围 〔美구어〕 전문가, 대가(大家), ~통(通).¶spinmeister.

Mei·ster·sing·er [máistərsìŋər] 图 (圈 ~(s)) 장인(匠人) 음악가(14-16세기 독일에서 시가(詩歌)·음악 수업을 위해 장인들이 구성한 조합의 일원).
meit·ne·ri·um [máitnəriəm] 图 〔화학〕 마이트네륨 (기호 Mt: 원자 번호109).
Mé·ji·co [Sp méxiko] 图 =Mexico.
MEK 〔약어〕 methyl ethyl ketone.
Mek·ka [mékə] 图 =Mecca.
Me·kong [mèikɑ́ŋ/mìːkɔ́ŋ] 图 (the ~) 메콩 강(티벳 고원에서 발원하여 타이·인도차이나 반도를 거쳐 남지나해로 들어가는 동남아 최대의 강).
Mekóng Délta 图 (the ~) 메콩강 삼각주.
mel [mel] 图 (처방용의) 벌꿀.
mel·a·mine [méləmìːn] 图(U) 〔화학〕 멜라민 (수지).
mélamine résin 图 〔화학〕 멜라민 수지.
mel·an·cho·li·a [mèlənkóuliə] 图(U) 〔정신의학〕 우울증, 울병(鬱病). 「걸린. — 图 우울증 환자.
mel·an·cho·li·ac [mèlənkóuliæ̀k] 围 우울증에
mel·an·chol·ic [mèlənkɑ́lik/-kɔ́l-] 围 1 우울한, 침울한(gloomy).¶a ~ temperament 우울한 기질. 2 울병의, 우울증의. — 图 울병 환자. -i·cal·ly 围
‡mel·an·chol·y [mélənkɑ̀li/-kɔ̀li] 图(U) 1 우울, 울적함, 의기소침. 2 =melancholia. 3 깊은 상념; 구슬픔, 애수. 4 (고어) 검은 담즙 (과다). — 围 (more ~; most ~) 1 우울한, 침울한, 풀이 죽은. ⇒SAD 유의어 ¶a ~ mood 우울한 기분. 2 우울하게 하는, 울적하게 만드는.¶a ~ occasion [scene] 우울하게 만드는 사건[광경]. 3 생각에 잠긴; 생각에 잠긴.
Mel·a·ne·sia [mèləníːʒə, -ʃə/-ziə] 图 멜라네시아 (뉴기니아·솔로몬 따위의 여러 섬의 총칭).
Mel·a·ne·sian [mèləníːʒən, -ʃən/-ziən] 围 멜라네시아의; 멜라네시아 사람[말]의. — 图 1 멜라네시아 사람. 2 (U) 멜라네시아 말.
mé·lange [meilɑ́ːŋʒ] 图 1 혼합물, 잡동사니; 잡록(雜錄). 2 멜랑주(연과 모의 혼방 직물). 〔<F mix〕
me·la·ni·an [məléiniən] 围 1 흑색의. 2 (M-) 머리카락·피부가 검은, 흑색[갈색] 인종의.
me·lan·ic [məlǽnik] 围 1 〔병리〕 =melanotic. 2 흑색증의. 3 =melanian. — 图 흑색증 환자.
Mel·a·nie [méləni] 图 멜러니(여자 이름).
mel·a·nin [mélənin] 图(U) 〔생화학〕 멜라닌, 검은 색소. ~·like 围
mel·a·nism [mélənìzm] 图(U) 〔병리〕 흑색증(黑色症); 〔수의〕 (피부·깃털 따위의) 검은 색소 과다증. 围 albinism -nís·tic 围
mel·a·nite [mélənàit] 图 〔광물〕 흑유석.
mel·a·nize [mélənàiz] 图(围) ···을 흑화(黑化)하다, 검게 하다. -ni·zá·tion 图
me·lan·o- [məlǽnou, -nə] 〔연결〕 black, dark의 뜻(＊모음 앞에서는 melan-).¶melanosis, melanin.
Mel·a·noch·ro·i [mèlənɑ́krouài/-nɔ́k-] 图 (종종 M-) 흑발 백안(白眼)의 코카서스 인종.
mel·a·no·cyte [mèlənóusàit] 图 〔동물〕 멜라노사이트, 멜라닌 (형성) 세포.
mel·a·noid [mélənɔ̀id] 围 1 흑피증(黑皮症)의. 2 멜라닌 비슷한, 거무스름한. — 图 멜라노이드(멜라닌 비슷한 물질).
mel·a·no·ma [mèlənóumə] 图 (圈 ~s, ~·ta [-tə]) 〔병리〕 흑색종(腫), 흑색소 세포종.
mel·a·no·sis [mèlənóusis] 图(U) 〔병리〕 흑색증, 흑색소 침착증. 「걸린. (또는 melanic)
mel·a·not·ic [mèlənɑ́tik/-nɔ́t-] 围 흑색증의[에
mel·a·nous [mélənəs] 围 〔인류〕 검은 머리에 암갈색(또는 거무스름한) 피부를 가진.
mel·a·to·nin [mèlətóunin] 图 〔생화〕 멜라토닌(송과선(松果腺)에서 분비되는 호르몬; 바이오 리듬을 조절).
Mél·ba tòast [mélbə-] 图 (종종 m-) (바삭바삭하게 구운) 얇은 토스트.

Mel·bourne [mélbərn] 명 멜버른(오스트레일리아 동남부의 항구 도시).

meld[1] [meld] 〔카드놀이〕 타 패를 보이고 득점을 선언하다. ── 명 득점의 선언, (권) 패를 보이기; 득점이 되는 패의 짝을 맞추기.

meld[2] 타 (美) 결합시키다[하다](merge), 섞다[이다], 혼합시키다[되다]. ── 명 혼합(물).

Mel·e·a·ger [mèliéidʒər/-gə] 〔그리스 신화〕 멜레아그로스(Argonauts의 한 사람으로 Calydon의 멧돼지를 죽인 영웅). (또는 **Meleagros**)

me·lee[1] [méilei, -´] 명 (a ~, the ~) (잇달) 난투, 혼전; 혼란, 대혼잡(confusion). ¶the rush-hour ~ 러시아워의 대혼잡. 〔<F〕

me·lee[2] 명 멜레(0.25캐럿 이하의 작은 다이아몬드).

me·le·na [méli:nə] 명 〔의학〕 하혈(下血), 혈변(血便).

mel·ic [mélik] 형 (시구의) 노래하기[부를] 수 있는, 가곡(음)의; 〔그리스 문학〕 (정교한) 서정시 형식의.

mel·i·lite [méləlàit] 명 황장석(黃長石).

mel·i·nite [mélənàit] 명 〔화학〕 멜리나이트(피크린산을 포함한 강력한 폭약).

me·lio·rate [mí:ljərèit, -liə-] 타 …을 좋게 하다, 개량하다. ── 자 좋아지다, 개선되다. **-ra·ble** **-rà·tor** 명 개선자.

me·lio·ra·tion [mì:ljəréiʃən/-liə-] 명UC 개량, 개선.

me·lio·ra·tive [mí:ljərèitiv/-rətiv] 형 개선하는, 개량에 도움이 되는, 개선적의.

me·lio·rism [mí:ljərìzm/-liə-] 명U 〔윤리〕 사회[세계] 개선론(사회는 인간의 노력에 의해 개선된다는 주장). **-rist** 명 사회[세계] 개선론자. **-rís·tic** 형

me·lis·ma [milízmə] 명 (복 ~s, ~ta [-tə]) 〔음악〕 1 멜리스마(단음절 성가의 한 음절에 다수의 음표를 붙이는 장식적 성악 양식). 2 (근대 음악의) 장식풍의 짧은 악구. 3 = cadenza. **-mát·ic** 형

Me·lis·sa [məlísə] 명 멜리사. 1 〔그리스 신화〕 Amalthea의 여동생으로 Zeus를 벌꿀로 키웠다. 2 여자 이름. 「속에 있는 독액 성분.

me·lit·tin [məlítən] 명 〔생화학〕 멜리틴(꿀벌의 독침

mell [mel] 〔英방언〕 타 혼합하다; 섞다; 녹아들게 하다. ── 자 (…에) 간섭[관계]하다, 쓸데없이 참견하다.

mel·ler [mélər] 명 (美속어) = melodrama 1.

mel·lif·er·ous [məlífərəs] 형 꿀이 나는, 꿀을 내는. (또는 **mellific**)

mel·lif·lu·ence [məlíflu:əns, mel-] 명U 꿀처럼 거침이 없음, 유창함. 「ous. ~**ly** 부

mel·lif·lu·ent [məlíflu:ənt, mel-] 형 = melliflu-

mel·lif·lu·ous [məlíflu:əs, mel-] 형 1 (말·음악 따위가) 꿀같이 달콤한; 감미롭고 매끄럽게 흐르는. 2 꿀로 달게 한. ~**ly** 부 ~**ness** 명

mel·lo·phone [méləfòun] 명 〔음악〕 멜로폰(프렌치호른을 단순화한 것; 댄스 밴드에서 사용).

Mel·lo·tron [mélətrɑ̀n/-trɔ̀n] 명 〔상표〕 멜로트론(synthesizer의 상품명).

‡**mel·low** [mélou] 형 (~·er; ~·est) 1 (과실 따위가) 익은, 익어서 보드라운(연한), (수분이 많고) 단. ⇨RIPE 유의어 ¶a ~ apple 익은 사과. 2 (술이) 향기로운, 익은. ¶~ wine 익은 포도주. 3 (소리·빛깔 등이) 푸짐하고 아름다운, 보드랍고 고운. ¶a ~ tone 부드럽고 유쾌한 가락. 4 (사람·성격이) 원만한, 원숙한. ¶a ~ character 원숙한 인격. 5 (구어) 상냥한, 명랑한. 6 (질이) 기름진. ¶~ soil 기름진 땅. 7 (구어) 약간 취기가 돈, 얼큰한, 거나한. 8 (美속어) 친밀한.

── 타 …을 익게 하다, 보드랍게 하다; …을 원숙하게 하다. ── 자 익다; 부드럽게; 원숙해지다(out).

mellow out (속어) 유유자적하다, 편안히 지내다; (사람에) 온화해지다. 「하다; 안정되다.

mellow up (美속어) (마음·행동이) 침착하다, 진득 ── 명 (속어) 한가로운 상태, 유유자적한 분위기; 친구. ~**ly** 부 ~**ness** 명

me·lo·de·on [məlóudiən] 명 멜로디언(리드 오르간의 일종; 아코디언의 일종). (또는 **melodion**)

me·lo·di·a [məlóudiə] 명 선율, 가창; 〔음악〕 멜로디아(오르간의 일종).

me·lod·ic [məládik/-lɔ́d-] 형 가락이 아름다운, 선율적인(melodious); 선율의. **-i·cal·ly** 부

me·lod·i·ca [məládikə/-lɔ́d-] 명 멜로디카(피아노 모양의 건반이 있는 하모니카 비슷한 취주악기).

mélodic póp (sòng) 명 멜로디 팝, 멜로디 중시 팝송. 「〔악〕 선율학, 선율법.

me·lod·ics [məládiks/-lɔ́d-] 명 (단수취급) 〔음

me·lo·di·on [məlóudiən] 명 = melodeon.

*****me·lo·di·ous** [məlóudiəs] 형 가락이 아름다운, 음악적인, 선율적인. ~**ly** 부 ~**ness** 명

mel·o·dist [mélədist] 명 (선율적으로 뛰어난) 작곡가, 성악가.

mel·o·dize [mélədàiz] (* (英) **-dise**) 타 …을 선율적으로 하다; (가사)에 곡을 붙이다. ── 자 선율을 만들다; 작곡하다. **-diz·er** 명

*****mel·o·dra·ma** [mélədrà:mə, -dræmə] 명UC 1 멜로드라마, 통속극. 2 (17-19세기초에 유행한) 뮤지컬풍의 연극, 신파극. 3 멜로드라마[연극]적인 사건[언동].

make a melodrama out of …의 일로 야단법석하다.

mel·o·dra·mat·ic [mèlədrəmǽtik] 형 멜로드라마의; 멜로드라마적인, 감상적이고 과장된, 신파조의. (또는 **melodramatical**) **-i·cal·ly** [-ikəli] 부

mel·o·dra·mat·ics [mèlədrəmǽtiks] 명(복) (단·복수 양용) 멜로드라마적인 문장[작품, 언동].

mel·o·dram·a·tist [mèlədrǽmətist] 명 멜로드라마 작가.

mel·o·dram·a·tize [mèlədrǽmətàiz] 타자 …을 멜로드라마풍으로 하다; …을 멜로드라마화하다.

‡**mel·o·dy** [mélədi] 명 (복 **-dies** [-z])UC 1 아름다운 가락; 가곡; 즐거운 곡조, 해조(諧調). 2 〔음악〕 a) 멜로디, 선율. b) 주선율(다성(多聲) 합창곡의 주요 성부(聲部), 또는 기악곡에서의 주요 선율부). 3 C 노래하기에 적합한 시. 4 (말의) 음조, 억양. ~·**less** 형

mel·o·ma·nia [mèləméiniə, -njə] 명U 음악광(狂).

‡**mel·on** [mélən] 명 1 멜론, 참외(류). 2 U 진한 핑크빛(deep pink). 3 (속어) (주주에 대한) 특별 배당. 4 (정당의 당원 등이 나누어 가지는) 명성, 명예. 5 (美속어) (~s) (큰) 유방. 6 블록한 배, 장구통배. 「melon. **cut the melon** (1) 문제를 해결하다. (2) =cut (up) a **cut (up)** [or **carve, split**] **a melon** (속어) (주주에게) 특별 배당을 하다; 이익[노획품]을 분배하다.

mélon cútting 명 (美속어) 노획품[이익] 분배.

mélon sèed 명 (美) 멜론씨 모양의 작은 너벅선 (New Jersey주 근처 강이나 늪지대의 사냥꾼용).

Me·los [mí:lɑs, -lɔus] 명 가락, 선율, 노래.

Me·los [mélɑs/-lɔs] 명 밀로스 섬(에게 해의 Cyclades제도 중의 한 섬; 밀로의 비너스(Venus of Milos)의 출토지로 알려져 있음). (또는 **Milo(s)**)

Mel·pom·e·ne [melpámini:/-pɔ́m-] 명 〔그리스 신화〕 멜포메네(비극을 다스리는 여신).

‡**melt**[1] [melt] 자 (~·ed; ~·ed, mól·ten) 타 1 (열로), (액체 안에서) 녹다, 용해하다. ¶~ by heat 열에 녹다/I'm simply ~ing. (구어) 찌는 듯이 덥다 // Sugar ~s in water. 설탕은 물에 녹는다.

> 유의어 **melt** 고체가 열로 천천히 액체 상태로 변하다. **thaw** 언 것이 액체 상태로 돌아가다. **dissolve** 고체가 액체 속에 용해하여 퍼지다. **fuse** 보통 2종 이상의 금속이 고온에 melt되어 하나가 되다.

2 서서히 사라지다[없어지다, 엷어지다](away); 차츰 (…으로) 변하다, 녹아서 …이 되다(into). ¶(~+图) The fog ~ed away. 안개는 걷히었다. 3 (감정 따위가) 누그러지다; (남이) 불쌍한 생각이 들다(with, at).

melt ¶(~+<前>+<名>) Her heart ~ed with pity. 그녀의 마음은 측은한 생각에 누그러졌다/She ~ed at his flattering words. 그의 위로의 말에 그녀의 기분이 누그러졌다. **5** (소리가) 맑고 부드럽다. 매끄럽게 울리다. **5** (더위로) 땀을 줄줄 흘리다, 더위에 맥을 못추다; 《구어》 고열로 고생하다. **6** (결심·용기 따위가) 약해지다, 기가 꺾이다. **7** 《구어》 슬그머니 사라지다.
— <他> **1** …을 녹이다, 용해하다(down, up). ¶Great heat ~s iron. 높은 열은 쇠를 녹인다. **2** …을 소산(消散)시키다, 흩다(away). ¶(~+<目>+<副>) ~(away) the mist 안개를 흩다. **3** (빛깔·윤곽 따위)를 (…으로) 녹아들게 하다[바꾸다], 융합시키다(into, to). ¶(~+<目>+<前>+<名>) The mist ~ed the hills into a gray mass. 산들은 안개에 흐려져서 잿빛 일색으로 보였다. **4** (감정 따위)를 차츰 누그러뜨리다, 풀다. ¶Pity ~ed her heart. 동정심이 그녀의 마음을 누그러뜨렸다. **5** 《英속어》 …을 낭비하다; 〔수표 따위〕를 현금으로 바꾸다: 〔어음〕을 할인하다.
melt away ① 녹아 없어지다, 스러지다; …을 흩뜨리다. ② 황홀해지다; …을 황홀하게 하다.
melt down ① (또는 ~ up) ⇒<他> **1**; 〔훔친 금·은〕을 녹이다. ② 《익살》 〔재산〕을 현금으로 바꾸다. ③ 폭락하다, 격감하다. ④ 〔원자로의〕 노심(爐心)이 용융하다.
melt in a person's [or *the*] *mouth* 아주 맛있다, 입안에서 살살 녹다.
melt into tears 쓰러져 정신없이 울다.
melt into (*thin*) *air* 흔적도 없이 사라지다.
— <名> **1** 용해력 작용[상태]; 녹은 것, 용해물; **1** 회의 용해량. **2** 눈이 녹기[녹는 시기].
melt² <名> (소·돼지 따위의) 비장, 지라.
melt·a·ble [méltəbl] <形> 녹기 쉬운. **-bil·i·ty**
melt·age [méltidʒ] <名> 용해; 용해물; 용해량.
melt·down [méltdàun] <名> **1** 용해(溶解); (아이스크림 따위의) 녹기; (금속의) 용융(溶融); (원자로의) 노심(爐心) 용융. **2** (주가의) 폭락(crash); 파국.
melt·ed [méltid] <形> 《美속어》 곤드레만드레 취한.
melted out (도박으로) 빈털터리가 된, 거덜이 난.
melt·er [méltər] <名> **1** 녹이는 사람[것]; 용해 장치[기구]; 용해제. **2** 용해업자, 제강로(製鋼爐) 담당자.
melt·ing [méltiŋ] <形> **1** 녹는, 녹아 **2** 누그러지게 하는, (감정 따위)를 녹이는. ¶the ~ mood 눈물겨운 기분. **3** (얼굴·표정이) 감상적인; (소리가) 애수를 자아내는; 온화한. — <名> <U> 용해, 녹음. **~ness** <名>
melt·ing·ly [méltiŋli] <副> **1** (감정 따위가) 누그러져서, 동정하여, 몹시 감동하여; 감상적으로. **2** (소리 따위가) 마음을 녹일 듯이, 감미롭게, 달콤하게. [점.
mélting póint (the ~) 〔물리〕 용점(融點), 녹는
mélting pót 1 도가니(crucible). **2** (비유적) (인종·문화의) 도가니(* 미국을 지칭). **3** 방기(放棄), 망각.
be in the [or *a*] *melting pot* 《구어》 (계획 따위가) 재검[검토, 논의]중이다, 유동적이다.
go into the melting pot ① (체제 따위가) 개혁되다, 완전히 개조되다. ② (감정이) 누그러지다.
put [or *cast, throw*] ...*into the melting pot* ① …을 혼란의 소용돌이에 몰아넣다. ② …을 개혁하다.
mel·ton [méltn] <名> 멜톤(모직물의 일종; 외투용). (또는 ~ *clòth*) 「멜턴 모브레이(돼지 고기 파이).
Mél·ton Mów·bray [méltnmóubrei] <名> 《상표》
melt. pt. melting point.
melt·wa·ter [méltwɔ̀:tər] <名> <U> 눈[얼음(특히 빙하)]
Mel·ville [mélvil] <名> **Herman** ~ 멜빌(1819–91; 미국의 소설가; *Moby Dick*(1851)).
mem. member; memento; memoir; memoranda; memorandum; memorial.
‡**mem·ber** [mémbər] <名> (<複> ~s [-z]) **1 a**) (단체의) 일원; 회원, 사원, 당원, 부원; (흑인 속어) 흑인 동료. ¶an honorary ~ 명예 회원/a ~ of a club 클럽의 회원. **b**) (…선거구) 출신의 의원(*for*); (M–) (미

영의) 국회 의원, 하원 의원. ¶a M– of Congress 《美》 하원 의원(약 M.C.)/a M– of Parliament 《英·濠·캐나다》 하원 의원(약 M.P.). **2** (사람·동물의) 신체의 일부, 한 기관(器官), 손발. ¶a ~ of Christ (비유적) 그리스도의 수족, 기독교도/The tongue is an unruly ~. 혀는 다스리기 힘든 기관이다(←야고보서(James) 3:5–8). **3** 〔식물〕 식물체의 한 부분(잎, 가지, 줄기, 뿌리 따위). **4** 〔수학〕 (방정식의) 변, 항; 〔건축〕 부재(部材), 구재(構材). **5** 조직체의 한 부분; 정당 지부(支部)의 (형용사적) 국가·단체 등)이 가맹한. ¶a ~ state 가맹국. **6** 〔문법〕 절(clause), 분절; (삼단 논법의) 명제. **7** (속어) 음경(penis). **~·less** <形>
mémber bànk 《美》 회원[가맹] 은행(연방 준비 제도(Federal Reserve System)에 가맹한 은행); 어음 교환 가맹 은행.
mem·bered [mémbərd] <形> 복수 부분으로 구성된 [나뉘어진]; (복합어로) (…의) 구성원[부분]으로 이루어진; …한 손발이 있는. ¶large-~ 손발이 큰.
‡**mem·ber·ship** [mémbərʃìp] <名> **1** <U> (단체의) 일원임; 회원 자격[신분]; 회원권. ¶lose one's ~ 회원 자격을 잃다. **2** (a ~, the ~) (…의) 회원수(*of, in*); (집합적; 단·복수 취급) 회원, 사원. **3** 〔수학〕 원소와 집합 사이의 귀속 관계. 「적다.
have a large [*small*] *membership* 회원이 많다
mem·ber·ship-wide [-wàid] <形> 전(全)회원 규모의.
mem·bral [mémbrəl] <形> 구성원[회원]의.
mem·bra·na·ceous [mèmbrənéiʃəs] <形> = membranous. **~·ly** <副>
*mem·brane** [mémbrein] <名> **1** (동·식물 조직의) 막, 얇은 막, 피막(皮膜). ¶<U> 막조직. **2** <U> 양피지(羊皮紙)(parchment). **mem·brán·al, ~·less** <形>
mémbrane bòne 〔해부〕 막골(膜骨); 〔동물〕 피골(皮骨). [branous.
mem·bra·ne·ous [mèmbréiniəs] <形> = mem
mem·bra·nous [mémbrənəs] <形> 막(膜)의, 막으로 이루어진, 막 모양의; 막을 만드는. **~·ly** <副>
mem·brum [mémbrəm] <名> (<複> *-bra* [-brə]) (해부) 남근, 음경(陰莖). (또는 ᴌ *virile*) (<L member).
mem·con [mémkàn/-kɔ̀n] <名> 《美속어》 (회의·회담·협상 따위에서의) 비공식 담화[회담]용 메모. [<*mem*o+*con*versation]
meme [mi:m] <名> (<複> ~s [-z]) 문화 구성 요소, 밈 (유전자처럼 재현·모방을 되풀이하며 전승되는 언어·노래·태도·신앙·식사 의식·기술 따위 관습·문화).
me·men·to [məméntou] <名> (<複> ~(e)s) **1** 기억, 추억. **2** 추억거리; 기념품, 유물. **3** 경고가 되는 것. **4** (M–) 〔가톨릭〕 (미사 봉헌문(奉獻文)의) "Memento"로 시작되는 기도. [<L *remember thou*]
memento mó·ri [-mɔ́:rai,-mɔ́:ri] **1** 그대는 이윽고 죽어야 할 운명임을 상기하라. **2** 죽음의 경고, 죽음을 연상시키는 것(해골 따위). [<L]
me·met·ics [məmétiks] <名> 《단수취급》 문화 요소학, 밈 연구. **me·mét·i·cist** <名>
Mem·non [mémnɑn/-nɔn] <名> **1** (the Colossus of ~) 멤논(이집트 Thebes 근처에 있는 고대 이집트왕의 거상(巨像)). **2** 〔그리스 신화〕 멤논(에티오피아왕; 트로이 전쟁에서 Achilles에게 살해되었다). [dum.
mem·o [mémou] <名> (<複> ~s) 《구어》 =memoran
*mem·oir** [mémwɑ:r,-wɔ:r] <名> **1** (고인의) 언행록. **2** 자서전, 회고록. **3** 전기(biography), 실록. **3** (~s) (학회의) 회보, 기요(紀要), 연구 논문집. **4** 연구 논문[보고].
~·ist <名> **~·like** <形>
mémo pàd (절취식의) 메모장.
mem·o·ra·bil·i·a [mèmərəbíliə, -ljə] <名> (<單> *-rab·i·le* [-rǽbəli:]) 기념품; 기억[기록]할 만한 일[사건, 사람]; 그 기록, 중요 기사.
*mem·o·ra·ble** [mémərəbl] <形> **1** (…로) 기억할 만한, 현저한, 잊혀지지 않는(*for*). **2** 기억나는, 외기 쉬

운; 중대한. —囝 (~s) (고어) 잊기 어려운 것[일].
*bíl·i·ty, ~·ness 囝 -bly 囝
*mem·o·ran·dum [mèmərǽndəm] 囝 (복~s, -da [-də]) 1 (…에 관한) 메모, 비망록(on). 2 (…에) (약식의) 사내 전언, 회보(to). 3 (사건 따위의) 기록. ¶make a ~ of …을 기록하다. 4 (법률) (계약서) 적요(摘要); (조직·회사 따위의) 규약, 정관. ¶the ~ of an association 회사 정관. 5 (외교) 각서. 6 (상업) 각서 송장(送狀), 위탁 판매품 송장. 〔각서(略) MOU〕.
memorándum of understánding 囝 양해 각서
memorándum tráde 囝 (경제) 각서 무역.
‡me·mo·ri·al [məmɔ́ːriəl] 囝 (복 ~s [-z]) 1 (…의) 기념물[상, 비, 관](to); 기념제[일]. ¶erect a ~ to …을 herab 기념비를 세우다. 2 (법률) 건의서, 청원[진정]서. 3 (외교상의) 비공식 문서, 각서. 4 (~s) 기록, 연대기.
— 囝 1 기념[의]이 되는; 추억의; 추도의. 2 기억의, 기억에 남아 있는. 3 장의(葬儀)의, 장례(식)
memórial árch 囝 기념문, 개선문.   의. -ly 囝
Memórial Dày 囝 (美) 현충일, 전몰 장병 추도 기념일(5월의 마지막 월요일; 옛 명칭 Decoration Day).
me·mo·ri·al·ist [məmɔ́ːriəlist] 囝 1 청원[건의]서 기초자. 2 회고록[각서] 작(성)자.
me·mo·ri·al·ize [məmɔ́ːriəlàiz] (*(英) -ise) 国 1 …을 기념하다. 2 …에게 청원서를 제출하다, 건의 하다.   -i·zá·tion, -iz·er   〔tery.
memórial párk 囝 (완곡적)(美) 공동 묘지(ceme-
me·mo·ri·a tech·ni·ca [mìməːriə téknikə] 囝 기억술, 암기법(artificial memory). 〔<L〕
mem·o·ried [méməried] 囝 1 (복합어로) 기억(력) 이 …한. 2 well-~ 기억력이 좋은. 2 추억이 많은[어린].
mem·o·rist [méməːrist] 囝 기억력이 매우 좋은 사람.
me·mo·ri·ter [məmɔ́ːrətər] 囝囝 기억(암기)에 의 해서[의한]; 기억하고 있는; 암기[기억]할 필요가 있는. ¶a ~ course 암기 과목.
mem·o·rize [méməràiz] ((英) -rise) 国 (-riz·es [-iz]; ~d; -riz·ing) 1 (…을) 기억하다, 암기하다. 2 추도하다. 3 (고어) 기록하다.   -ri·zá·tion, -riz·er
*mem·o·ry [méməri] 囝 (복 -ries [-z]) 1 Ｕ 기억, 상기(想起), 회상; Ｃ (…에 대한) 기억(력)(for), 총 기. ¶artificial ~; the art of ~ 기억술 /associative ~ 연상적 기억 /be fresh in one's ~ 기억에 새롭다 //I have a good ~ for faces. 나는 사람의 얼굴을 잘 기억한다. 2 (…에 대한) 추억, 기억[추억] 내용(of); 기억에 남는 사람[것]. ¶memories of childhood 유년 시절의 추억 /escape one's ~ 잊혀지다.

〔유의어〕 memory 기억력; 잊어버리지 않고 마음에 담고 있는 회상. recollection 잊고 있었던 일을 생각해 내려는 노력; 노력의 결과 마음에 떠오르는 회상. remembrance 기억하고[되어] 있는 상태; 생각해 내는 과정. reminiscence 과거의 회상.

3 Ｕ 기억의 범위, 생각해 낼 수 있는 범위[기간]. 4 Ｕ 기념; 유물, 유품. 5 Ｕ 사후(死後)의 명성[악명, 평판]. ¶a man of notorious ~ 사후 악명이 높은 사람. 6 Ｕ Ｃ (컴퓨터) 기억, 메모리; 기억 장치(용량). 7 ＵＣ (금속·플라스틱 따위의) 복원력. ¶ ~ metal [alloy] 형상 기억 합금. 8 Ｕ (법률) 법률적 기억(관습어 법률로서 유효하게 되는 기간; 미·영은 보통 20년).   억이라고 있다.
bear [or keep, have]…in memory …을 용케 기
beyond [within] the memory of man 인간의 기억에 없는[있는]; 유사 이전[이래의].
call…to memory …을 생각해 내다.
come to one's memory 문득 생각나다.
commit…to memory …을 기억하다, 암기하다.
down memory lane 옛날의, 그리운.
from memory 기억을 더듬어, 외워서.   〔좋다.
have a long [or good, quick] memory 기억력이
have a short [or bad, poor] momory 기억력이

나쁘다.
if (my) memory serves me (correctly [or right]); if (my) memory is not at fault 내 기억이 틀리지 않는다면.
in [or to the] memory of …을 기념하여; …을 애도하여, …의 영전에 바쳐 (* 묘비명에서). ¶In ~ of King John. 존 왕을 애도하며 /To the ~ of my brother. 돌아가신 형님께 바친다(저자의 헌사).
jog a person's memory 남의 기억을 불러 일으키다.
keep one's memory alive 언제나 잊지 않도록 하다.
of blessed [or happy, glorious] memory (죽은 왕·성인의 이름 뒤에 붙여) 선왕(先王)…, 고(故)….
to the best of one's memory …가 기억하는 한(에서는).   〔에 남아.
within [or in] living memory 지금도 사람들의 기억
mémory bànk 囝 1 (컴퓨터) 기억 장치; 데이터 뱅크, 2 (국가·단체의) 전 기록, 공문서; (개인의) 전 기억.
mémory bòok 囝 (美) 1 =scrapbook. 2 사인첩.
mémory càrd 囝 (전자) 메모리 카드(반도체 메모리 칩 내장 카드).   〔세포〕.
mémory cèll 囝 (면역) 기억 세포(면역 기억을 가진
mémory chíp 囝 메모리 칩(컴퓨터의 기억 장치).
mémory drúm 囝 1 (컴퓨터) (기억용의) 자기 드럼 [테이프]. 2 (심리) 메모리 드럼(학습해야 할 사항이 주기적으로 제시되는 회전식 장치).
mémory làpse 囝 기억력 쇠퇴, 깜박 함[잊음].
mémory màpping 囝 (컴퓨터) 메모리 매핑(주변 장치를 주기의 일부처럼 어드레스로 호출하는 방식).
mémory spàn 囝 (심리) 기억 범위.   〔식〕.
mémory swítch 囝 (전자) 기억 스위치.
mémory tràce 囝 =engram.   〔구(聖句)〕.
mémory vèrse 囝 (주일 학교 학생들의) 암송용 성
Mem·phis [mémfis] 囝 멤피스. 1 이집트의 Cairo 남쪽, Nile강 유역에 있던 고대 이집트의 수도. 2 미국 Tennessee 주의 도시.
MEMS microelectromechanical systems(미소 전자 기계 시스템(마이크로칩을 내장한 초소형의 지능형 자동 탐지·감응 장치; 그 기술)).
mem·sa·hib [mémsɑ̀ːhib] 囝 마님, 아씨(인도 사람이 유럽 기혼녀에 대해 쓰는 경칭). 〔<Hind〕
‡men [men] 囝 man의 복수형.
men- [men] 연결 ⇒MENO-.   〔트의 국영 통신사〕.
MENA Middle East News Agency(중동 통신; 이집
‡men·ace [ménis] 囝 (복 -ac·es [-iz]) 1 ＵＣ 협박, 위협, 공갈, 으름장. ¶under ~ 협박을 받아. 2 (a ~) (…에 대하여) 위험한 것[사람](to). 3 (a ~) 골칫거리, 말썽꾸러기.
— 国 (-ac·es [-iz]; ~d [-t]; -ac·ing) 1 …을 협박[위협]하다, 으르다(with). ⇒THREATEN 〔유의어〕 ¶ ~ a person with a pistol 남을 권총으로 위협하다.
— 囝 (…으로) 위협[협박]하다, 으르다, 접주다(with).
-ac·er   -ac·ing·ly 囝
men·ac·me [mənǽkmi, mìːn-] 囝Ｕ (생리) 월경 기간(여성의 월경이 있는 기간).
me·nad [míːnæd] 囝 =maenad.
mé·nage [meinɑ́ːʒ] 囝 (복 ~s) (단·복수 양용) 가정, 세대(世帶); Ｕ 가사, 살림. 〔<F〕
mé·nage à qua·tre [meinɑ́ːʒ ɑː kǽtrə] 囝 (각기 혹은 서로간에 성적 관계를 갖는 남녀 두 쌍의) 4인 공동 생활. 〔<F household of four〕
mé·nage à trois [meinɑ́ːʒ ɑː trwɑ́ː] 囝 부부 및 그 한쪽 애인의 3자가 함께 사는 세 사람 살림; 그런 형태의 삼각 관계. 〔<F household of three〕
me·nag·er·ie [mənǽdʒəri] 囝 1 (서커스 등의) 흥행(쇼)용 동물들; 서커스용 동물 사육소, (이동) 동물원. 2 (집합적) 별난 사람들(의 집단). 〔<F〕
men·ar·che [mənɑ́ːrki, men-] 囝Ｕ (생리) 월경 개시기, 초경(初經).   ~·al, -chi·al 囝

Men·ci·us [ménʃiəs] 圀 맹자(孟子)(380?-289 B.C.): 중국의 유교 사상가).

Menck·en [méŋkən, men-] 圀 H(enry) L(ouis) ~ 멩켄(1880-1956): 미국의 문필가·편집자). **-e·ni·an** [í:niən] 圀 멩켄적인, 인습을 신랄히 비판하는.

‡mend [mend] [~**s** [-z]] 돌 **1** (…을 사용하여 / …의 방법으로) …을 고치다, 수선하다, 수리하다(*with* / *by*). ¶~ clothes 옷을 깁다/~ shoes 구두를 수선하다/ get [have] one's watch ~*ed* 시계를 수선하다.

유의어 **mend** 비교적 간단하고 규모가 작은 것을 수리하다. **repair** 복잡하고 규모가 큰 기계 따위를 수리하다. **darn** 실로 꿰매어 수리하다. **patch** 구멍·터진 곳에 헝겊을 대고 수리하다. **fix** 수리·조정·준비 따위를 하다.

2 (행실 따위)를 고치다: (잘못·결점 따위)를 바로잡다; (관계 따위)를 개선하다; (상처 따위)를 고치다, (슬픔 따위)를 풀다. ¶That won't ~ matters. 그래 가지고는 사태가 개선되지 않을 것이다. **3** (지연·부조(不調) 따위)의 벌충을 하다, 보충하다; (걸음 따위)를 빨리하다; (꺼져 가는 불)을 되살리다. ¶~ one's pace 걸음을 빨리 하다 / ~ the fire 꺼질 듯한 불을 살리다 / *Least said, soonest* ~*ed*. (속담) 말은 적을수록 좋다. **4** (상처·환부 따위)를 치료하다; (환자)를 고치다. ━ 匼 **1** (사태 따위)가 좋아지다, 호전되다; (환자)가 차도가 있다; (결점 따위가) 고쳐지다. ¶His conduct does not ~. 그의 행실은 고쳐지지 않는다. **2** 개심하다.

It's never too late to mend. 너무 늦어 개심하지 못하는 법은 없다.

mend one's fences 자신의 입장을 강화하다; (美) 선거구의 기반을 굳히다; …와의 관계를 개선하다(*with*).

mend one's ways [or *manners*] 행실을 고치다.

mend or end 개선하느냐 폐지하느냐; (口어) 죽이느냐 살리느냐.

mend or mar [or *break*] 성공하느냐 실패하느냐; *mend sail* (해사) 돛을 다시 감다.

mend the furl (해사) = *mend sail*.

━ 圀 **1** ⓤ 고치기, 수선; 개선; 차도. **2** 수선한 자리.

make and mend (의복) 깁기와 수선(하기); (해사) 수리하는 동안; 짧은 휴일. ¶하면서 오래 쓰다.

make do and mend (口어) 오래 지탱케 하다, 수리하여 쓰다.

on the mend (병이) 나아져 가고; (사태가) 호전되어.

mend·a·ble [méndəbl] 웧 고칠[개량할] 수 있는.

men·da·cious [mendéiʃəs] 웧 거짓의, 허위의; 거짓말하는. ¶a ~ account 거짓 이야기[보도] / a ~ person 거짓말쟁이. **~·ly** 뷔 **~·ness** 웧

men·dac·i·ty [mendǽsəti] 웧 **1** ⓤ 거짓임; 거짓 말하는 버릇. **2** 거짓말, 허위.

Men·del [méndl/G méndəl] 웧 **Gregor Johann** ~ 멘델(1822-84): 오스트리아의 식물학자·수도사; 유전의 법칙을 발견).

Men·de·lé·ev's láw [mèndəléiəfs-] 웧 (화학) 주기율(*periodic law*). (《러시아의 화학자 Dmitri Ivanovich Mendeleev(1834-1907)의 이름)

men·de·le·vi·um [mèndəlí:viəm] 웧 ⓤ (화학) 멘델레븀(초우라늄 원소의 하나; ⓖ Md).

Men·de·li·an [mendilíən, -ljən] 웧 멘델의; 멘델의 법칙의. **~·ist** 웧

Mendélian fáctor [únit] 웧 유전자(*gene*).

Men·del·ism [méndəlìzm] 웧 ⓤ 멘델의 유전학설.

Méndel's láws (생유학) (우생) 멘델의 유전 법칙.

Men·dels·sohn [méndlsən/G méndəlszo:n] 웧 **Felix** ~ 멘델스존(1809-47): 독일의 작곡가).

mend·er [méndər] 웧 수리자, 개량자.

men·di·can·cy [méndikənsi] 웧 ⓤ 거지 생활, 구걸; 구걸, 동냥, 비럭질; 거지 신세.

men·di·cant [méndikənt] 웧 (문어) **1** 걸식하는, 탁발하는, 구걸하는. ¶a ~ friar 탁발 수도자. **2** 거지의, 거지와 같은. ━ 웧 거지; 탁발승.

men·dic·i·ty [mendísəti] 웧 ⓤ =MENDICANCY.

mend·ing [méndiŋ] 웧 **1** ⓤ 수선. **2** (~s) 꿰매는 일. **3** (드물게) 고칠 것, 파손품; 수선할 곳.

ménding tàpe 웧 멘딩 테이프(표면에 문자를 쓸 수 있는 테이프). (또는 **mágic tàpe**)

Men·e·la·us [mènəléiəs] 웧 (그리스 신화) 메넬라오스(스파르타 왕; Atreus의 아들).

men·folk(s) [ménfòuk(s)] 웧뿅 (the ~) (가정·공동체의) 남자들(men).

MEng. *Master of Engineering*(공학 석사).

Men·go·vi·rus [méŋgouvàiərəs] 웧 (균류) 멩고 바이러스(뇌심근염(腦心筋炎)을 일으킨다).

Meng·zi [mʌŋzí:] 웧 =MENCIUS. (또는 **Mengtse**)

men·ha·den [menhéidn] 웧 (~(s)) 청어의 일종.

men·hir [ménhiər] 웧 (고고) 멘히르, 선돌.

me·ni·al [mí:niəl, -njəl] 웧 머슴의; 천한. ━ 웧 머슴, 하인, 하녀. **~·ly** [-əli] 뷔

Méni·ère's sỳndrome [disèase] [meinjɛ́ərz-] 웧 (병리) 메니에르병(病)(증후군(알레르기성 미로수종 (迷路水症)); 난청·현기증·귀울림 등을 일으킨다). (《프 랑스의 의사 Prosper Ménière(1799-1862)의 이름)

me·nin·ge·al [minínʤiəl] 웧 (해부) 수막의.

me·nin·ges [minínʤi:z] 웧뿅 (ⓢ **me·ninx** [mí:niŋks]) (해부) 수막(髓膜), 뇌척수막.

men·in·gi·tis [mèninʤáitis] 웧 ⓤ **-git·i·des** [-ʤítədi:z] (병리) 수(뇌)막염.

me·nis·cus [miniskəs] 웧뿅 **-ci** [-(k)ai], **~·es 1** 초승달, 신월; 초승달 모양의 것. **2** (광학) 요월(凹月) 렌즈. **3** (둥근 관(管)속의 액체 표면의) 오목한[볼록한] 면, 메니스커스. ━ 웧

me·ninx [mí:niŋks, mén-] 웧 meninges의 단수형.

Men·non·ite [ménənàit] 웧 메노파(派) 교도(16세기에 Menno Simons(1469-1561)가 창시한 기독교 신교의 한 파; 교회 자치, 병역 거부 등이 특징).

me·no [méinou] 웧 (음악) 보다 적게(less). (It)

men·o- [ménou, -nə] 연뒹 month의 뜻(* 모음 앞에서는 men-). ¶*menopause.*

me·nol·o·gy [mináləʤi/-nɔ́l-] 웧 **1** 월력(月曆). **2** (그리스 정교) 성인월록(聖人月錄), 월별 성인전.

men·o·pau·sal [mènəpɔ́:zəl] 웧 갱년기의, 폐경기 의(에 관한).

men·o·pause [ménəpɔ̀:z] 웧ⓤ (생리) 월경 폐지, 폐경기(閉經期), 갱년기; =*male* ~. **-páu·sic** 웧

me·no·rah [mənɔ́:rə] 웧 (유대교) (예루살렘 신전에서 쓰이는 것과 같은) 가지 아홉 개의 촛대, 구지(九枝) 촛대.

men·or·rhe·a [mènərí:ə] 웧 (생리) (정상적인) 월경; (특히) 월경 과다(증). (또는 **menorrhoea**)

mén's [ménz] 웧 (藗 ~) **1** 신사용 사이즈; 신사복 (매장). **2** (美) = ~ *room*. (또는 **mens**)

men·sal[1] [ménsəl] 웧 매월의, 달마다의(*monthly*).

men·sal[2] 웧 식탁(용)의.

mensch [menʃ] 웧 (藗 **~·en** [-ən], **~·es**) (口어) 훌륭한 사람, 위인; 정력적인[강단이 있는] 사람. (Yid)

men·serv·ants [ménsə̀:rvənts] 웧 *manservant* 의 복수형.

men·ses [ménsi:z] 웧뿅 (단·복수 양용) (생리) 월경, 생리; 월경기간; 월경 분비물.

Men·she·vik [ménʃəvìk] 웧 (藗 **~s, -vik·i** [-ví:ki]) (때로 m-) 멘셰비키 당원(옛 러시아 사회민주당의 소수·온건파의 일원). ━ 웧 멘셰비키의. **-vism** 웧ⓤ 멘셰비키당의 주장(주의). **-vist** 웧뿅 멘셔비키 당원(의).

mén's jòhn 웧 (美속어) 남자 화장실. (동맥)

Mén's Líb [Liberátion] 웧 (美) 남성 해방 운동

mén's lóunge 웧 = *men's room*.

mens re·a [ménz rí:ə] 웧 (법률) 범의(犯意), 고의.

mén's ròom 웧 (美) 남자 화장실. (L<L)

mens sa·na in cor·po·re sa·no [ménz séinə in kɔ́ːrpəriː séinou] 건전한 신체에 건전한 정신이 깃든다. [<L a sound mind in a sound body]

men·stru·al [ménstruəl] 형 1 〈생리〉 월경의, 멘스의. ¶a ~ cycle 월경 주기. 2 〈고어〉 달마다의, 매월의.

ménstrual extráction 명 〈산부인과〉 월경 추출 [생리 적출] 임신 중절법(中絶法).

men·stru·ate [ménstrueit] 동(자) 월경(멘스)하다, 생리중이다, (월경 때문에) 출혈하다. ¶ 「월경 기간.

men·stru·a·tion [mènstruéiʃən] 명U 월경; ⓒ

men·stru·ous [ménstruəs] 형 월경의[이 있는].

men·stru·um [ménstruəm] 명 (⑧ ~s, -stru·a [-struə]) 용매(溶媒), 용제(溶劑)(solvent).

men·sur·a·ble [ménʃərəbl] 형 1 = measurable. 2 〔음악〕 = mensural 2. **-bil·i·ty** 명

men·su·ral [ménʃərəl] 형 1 도량(度量)[측정]의. 2 〔음악〕 정률식(定律式)의(mensurable).

men·su·ra·tion [mènʃəréiʃən] 명U 1 〔수학〕 구적법(求積法), 측정법, 2 측정, 측량. **~·al** 형

menswear [ménzwɛ̀ər] 명U 1 신사복, 남성용 복식품. (또는 **mén's wèar**) 2 신사복지(服地).

-ment [mənt] 접미 1 동사에 붙어 동작·상태 따위를 나타내는 명사를 만든다. ¶ enjoyment, amazement. 2 동사에 붙어 결과·수단·도구를 나타내는 명사를 만든다. ¶ fragment, ornament.

‡**men·tal**[1] [méntl] 형 1 마음의, 정신의, 심적인(⇔ physical). ¶~ culture 정신 수양. ¶ 지력(知力)의, 지적인; 지능의. ¶~ powers 지능 / ~ labor 두뇌 노동. 3 정신병[장애]의; 〈구어〉 정신 박약의, 미친; 정신병 환자를 위한. ¶a ~ specialist 정신병 의사. 4 두뇌 활동의, 머리[마음속에서] 하는, 암산의; 관념적인. ¶~ arithmetic [or calculation] 암산. 5 텔레파시의, 독심술의; 초자연력의.

go mental 머리가 이상해지다[돌다]. 「워」 두다.
make [or *take*] *a mental note of* …을 기억해 [워]
——명 〈구어〉 정신병 환자, 정신 이상[박약]자.

men·tal[2] 형 〔해부〕 턱의(genial). 〔<F〕

méntal áge 명 〔심리〕 정신[지능] 연령(略 M. A.).

méntal asýlum 명 정신 병원.
méntal blóck 명 〔심리〕 정신적 장애.
méntal bréakdown 명 신경 쇠약.
méntal crúelty 명 정신적 학대(이혼 사유로 인정되다).
méntal deféctive 명 정신 박약자. 「다〕.
méntal deféctive 명 정신 박약자. 「다〕.
méntal deficiency 명 = mental retardation.
méntal diséase [disórder] 명 정신병, 정신 장애.
méntal gíant 명 〈美속어〉 수재, 천재. 「애.
méntal hándicap 명 정신 발달 장애, 지적 장애.
méntal héaling 명 정신 요법.
méntal héalth 명 정신 건강[보건], 마음의 건강.
méntal hóspital [hóme, institútion] 명 정신 병원.
méntal hýgiene 명 정신 위생(학). 「신 병원.
méntal impáirment 명 정신적 결함, 정신[지적] 장애.

men·tal·ism [méntlìzm] 명U 〔철학〕 유심론(과 materialism); 〔심리·언어〕 심리주의(⇔ behaviorism). 「2 독심술가; 역자(易者), 점쟁이.

men·tal·ist [méntlist] 명 1 유심론자, 심리주의자.

men·tal·is·tic [mèntlístik] 형 〔철학〕 유심론의 〔심리〕 심리(주의)의. **-ti·cal·ly** 부

*men·tal·i·ty** [mentǽləti] 명U 1 지력, 사고력, 지성, 지능, 머리의 움직임. ¶a man of high [low] ~ 지능이 높은 [낮은] 사람. 2 ⓒU 정신 상태[구조], 성향(性向); 심리, 심성; 사물을 보는 방법, 사고 방식. ¶a provincial ~ 편협한 사고 방식.

méntal jób 명 〈구어〉 정신 이상자.

*men·tal·ly** [méntəli] 부 1 정신면에서(⇔ physically), 정신적으로; 지적으로. ¶~ ill 정신병에 걸린. 정신 장애의 / ~ deficient [or defected, handicapped] 정신 박약의. 2 마음 [머리]속에서.

méntal mídget 명 〈美속어〉 바보.
méntal pátient 명 정신병 환자.
méntal rátio 명 지능 지수.
méntal reservátion 명 〔법률〕 내심[심중]의 유보.
méntal retardátion 명 지능 장애; 정신 지체.
méntal telépathy 명 정신 감응, 독심술.
méntal tést 명 지능 검사.

men·ta·tion [mentéiʃən] 명U 정신 작용[활동].

men·thene [ménθiːn] 명U 〔화학〕 멘텐(무색 유상 (油狀)의 탄화수소).

men·thol [ménθɔːl, -θɑl/-θɔl] 명U 〔화학〕 멘톨, 박하뇌(腦). ~**ed** = mentholated. 「멘톨로 처리한.

men·tho·lat·ed [ménθəleitid] 형 멘톨을 함유한;

men·ti·cide [méntəsàid] 명 〔고문·약품·세뇌 따위에 의한〕 정신적 살해, 정신 파괴. ⇔ brainwashing

‡**men·tion** [ménʃən] 동(타) (~s [-z]) 1 …을 이야기하기 시작하다, …을 쓰다; (…에게) …의 이야기를 언급하다(*to*); …의 이름을 말하다[들다]. ⇨ ALLUDE 유의어 ¶ ~ a single example 일례를 들다 // (~+목+ 전+명) He often ~s you to me. 그는 곧잘 당신의 이름을 입에 올립니다. 2 (…라고) 말하다, 이야기하다 (*that* 절, *doing*). 3 표창하다, 경의를 표하다.

as has been mentioned 이미 말(언급)한 것처럼.
be honorably mentioned 등외에 들다.
Don't mention it. 〈英〉 (감사·사과에 대해) 천만에, 별말씀을(〈美〉 You're welcome.).
I hate to mention it, but…; If you don't mind my mentioning it… 이런 말하고 싶지 않지만….
not to mention; without mentioning …은 말할 것도 없고, …은 고사하고, …은 물론.
worth mentioning 특히 언급할[말해 둘] 만한.
——명 (⑧ ~s [-z]) 1 U 언급, 진술; 거명(擧名). 2 (a ~, the ~) 촌평(寸評). ¶an act worthy of special ~ 특필할 만한 행위. 3 (a ~, the ~) (공적 따위의) 표창; 선외[등외] 가작(honorable ~).
at the mention of …의 이야기가 나오자.
get [or *receive*] *a honorable mention* 선외 가작으로 뽑히다; 표창받다. 「다.
get [or *receive*] *a mention* 칭찬을 듣다; 표창받
make mention of (문어) …에 대해 말하다[언급하다] 「다〕.
~·**a·ble** 형 ~·**er** 명

men·tioned [ménʃənd] 형 (복합어로) 진술한, 언급한. ¶above-~ 전술한, 상기(上記)의.

men·tor [méntɔːr] 명 1 (M-) 〔그리스 신화〕 멘토르 (Odysseus가 자기 아들의 보호·교육을 맡겼던 좋은 벗). 2 현명하고 성실한 조언자; 훌륭한 지도자[교사], 스승, 사부. 3 (유력한) 후원자, 비호자. ——동(타) (…에 대해) 조언[지도]하다. **men·tór·i·al** 형 ~·**ship** 명

‡**men·u** [ménjuː, méin-/mén-] 명 1 메뉴, 식단표 (食單表). 2 식품, 요리, 음식. 3 일람표, 프로그램, 계획 [예정]표. 4 〔컴퓨터〕 메뉴, 기능 선택표.
on the menu 메뉴에 올라; 계획[예정]에 들어.
——동(타) 〈구어〉 예정 따위를 조정하다, 정하다.

men·u-driv·en [-drìvən] 형 (소프트웨어가) 메뉴 선택 방식의. 「깊고 거장한 선율.

men·u·ese [mènjuíːz, -s] 명 메뉴어(語) (요리의

Men·u·hin [ménjuin] 명 Yehudi ~ 메뉴인(1916–99; 미국 출생의 영국 바이올리니스트).

me·ow [miáu, mjáu] 명 야옹(고양이 우는 소리). ——동(자) (고양이가) 야옹 하고 울다. (또는 **miaow, mi·aou**)

MEOW [miáu] 명 (경멸적) 전쟁(에 임할) 때와 같은 정신적 노력. [<*m*oral *e*quivalent *o*f *w*ar]

mep, m.e.p. 〔기계〕 *m*ean *e*ffective *p*ressure(평균 유효압(력)). 「European *P*arliament]

MEP[1] [mep] 명 유럽 의회 의원. [<*M*ember of the

MEP[2] *M*aster of *E*ngineering *P*hysics. **MEPA** *M*aster of *E*ngineering and *P*ublic *A*dministration.

me·per·i·dine [məpérədi:n, -din] 圀 〔약학〕 메페리딘(합성 마약; 진통·진정·진경제).

Meph·is·to·phe·le·an [mèfəstəfi:liən, -ljən] 圀 메피스토펠레스(Mephistopheles)의(와 같은], 악마적인, 냉소적인. (또는 **Mephistophelian**)

Meph·i·stoph·e·les [mèfəstɑ́fəli:z/-stɔ́f-] 圀 1 메피스토펠레스(중세의 Faust 전설 중의 악마; 특히 Goethe의 *Faust* 속에 나오는 악마). 2 (비유적) 악마 같은 사람, 음험[교활]한 사람. (또는 **Mephisto**)

me·phit·ic [məfítik] 圀 악취가 나는, 유독한, 해한. (또는 **mephitical**) **-i·cal·ly** 閉

me·phi·tis [məfáitis] 圀Ⓤ 1 (땅속에서 발산되는 유독 가스 따위의) 독기; 악취. 2 (M-) 〔로마 신화〕 메피티스(역병을 막아주는 여신). 3 (M-) 〔동물〕 스컹크 속.

me·pro·ba·mate [məpróubəmèit, mèproubǽmeit] 圀Ⓤ 〔약학〕 메프로바메이트(신경 안정제).

mep(s) [mep(s)] 圀 〔美속어〕 =meperidine.

mEq., meq. milliequivalent. **mer.** meridian; meridional. **Mer.** Mercury.

mer- [mə:r] 〔연결〕 '바다'의 뜻. ¶*mer*maid, *mer*man.

merc [mə:rk, mə:rs] 圀 〔속어〕 =mercenary.

Merc[1] [mə:rs, mə:rk] 圀 〔구어〕 메르세데스 벤츠 (Mercedes-Benz)(승용차); 머큐리(Mercury)(승용차).

Merc[2] 圀 (the ~) 〔구어〕 시카고 상업거래소(Chicago Mercantile Exchange).

merc. mercantile; mercurial; mercury.

Mer·cál·li scále [mərkɑ́:li, meər-/*It* merkáli] 圀 〔지질〕 메르칼리 진도(震度) 등급. 〔<이탈리아의 지질학자 Giuseppe Mercalli(1850–1914)〕

mer·can·tile [mə́:rkənti:l/-tail] 圀 1 상업(장사)의, 영리를 노리는; 상인의; 상업(무역)에 종사하는. 2 〔경제〕 중상주의의. ¶the ~ school 중상주의파.

mércantile ágency 圀 〔드물게〕 〔상업〕 상사 대리점; 상업 홍신소(commercial agency).

mércantile láw 圀 〔법률〕 상사법(商事法), 상법.

mércantile marine 圀 (the ~) 〔집합적〕 상선 (단); 해운력(merchant marine).

mércantile páper 圀 〔상업〕 상업 어음.

mércantile sýstem 圀 〔경제〕 중상주의(重商主義).

mer·can·til·ism [mə́:rkəntilìzm/-tail-] 圀Ⓤ 〔경제〕 중상주의; 상업주의, 영리주의; 상인 기질.

mer·can·til·ist [mə́:rkəntilist/-tàil-] 圀 중상주의자. — 圀 중상주의의.

mer·cap·tan [mərkǽptæn] 圀Ⓤ 메르캅탄(thiol).

Mer·cá·tor('s) projéction [mərkéitər(z)-/mə:-] 圀 〔지리〕 메르카토르식 투영도법. 〔<네덜란드의 지리학자 Gerhardus Mercator(1512–94)〕

Mer·ce·des [mərséidi:z/mɔ́:sidi:z] 圀 1 머시디스 (여자 이름). 2 Mercedes-Benz의 약어.

Mer·ce·des-Benz [-bènts] 圀 〔상표〕 메르세데스 벤츠(독일 Daimler-Chrysler사제 승용차).

*mer·ce·nar·y [mə́:rsənèri/-nəri] 圀 보수를 목적으로 하는, 돈을 위한; 욕심 많은; 용병의. ¶~ politicians 금전적 정치인. — 圀 외인 부대 병사, 용병(傭兵); 고용된 사람; 돈이면 무슨 일이나 하는 사람.
-nár·i·ly 閉 **-nàr·i·ness** 圀

mer·cer [mə́:rsər] 圀 〔英〕 포목상, 비단(고급 복지) 장수.

mer·cer·i·za·tion [mə̀:rsərizéiʃən/-raiz-] 圀Ⓤ 머서법(으로 가공하기).

mer·cer·ize [mə́:rsəràiz] (* 〔英〕 -ise) 圀타 (면사·면직물)을 머서법으로 가공하다(가성 소다로 처리하여 광택·염색성·강도 따위를 높이다). **-i·zá·tion** 圀

mer·cer·y [mə́:rsəri] 圀 〔英〕 Ⓤ 피륙, 포목, 견직물; ⓒ 포목점.

‡mer·chan·dise 圀 [mə́:rtʃəndàiz, -dàis] Ⓤ 1 〔집합적〕 상품, (특히) 제품, 물품; (상점의) 재고품. ¶general ~ 잡화 / several pieces of ~ 물품 몇 점. 2 〔속어〕 밀수품, 장물. 3 〔고어〕 장사, 매매. — 圀 [mə́:rtʃəndàiz] (*-dis·es* [-iz]; ~*d*; *-dis·ing*) (또는 **merchandize**) 매매하다, 거래하다, 장사하다; (선전·광고 따위)의 ...의 판촉을 꾀하다, 효과적으로 선전하다. **-dis·a·ble** 圀 **-dis·er** 圀 상품 담당 책임자.

mer·chan·dis·ing [mə́:rtʃəndàiziŋ] 圀 〔상업〕 상품화 계획, (계획적) 판매 촉진; (영화·행사 등의) 관련 상품; 캐릭터 상품화.

‡mer·chant [mə́:rtʃənt] 圀 1 상인. 〔英〕 도매 상인; 무역 상인. ¶a wholesale ~ 도매 상인. 2 상점 주인; 〔美·캐나다〕 소매상; 〔스코〕 거래자. ¶a fish ~ 생선 가게(장수). 3 놈, 녀석. 4 〔속어〕 〔경멸적〕 〔복합어로〕 ...전문가, ...광(狂). ¶a speed ~ 스피드 광. — 圀 1 상업의, 무역의; 상인의; 상선의. ¶a ~ town 상업 도시. 2 외판 (外販)의. 3 (봉강 따위가) 표준형[규격]의. — 圀타 〔물품〕을 거래하다. — ㈜ 장사하다. **~·like** 圀

mer·chant·a·ble [mə́:rtʃəntəbl] 圀 매매할 수 있는, 장사에 적합한, 시장에 내놓을 만한. **-bil·i·ty** 圀

mérchant advénturer 圀 〔英역사〕 모험 상인(18세기에 조합을 결성하여 독점적인 대외 교역을 했다).

mérchant bánk 圀 〔英〕 〔금융〕 머천트 뱅크, 투자 금융 회사(환어음 인수·증권 발행을 주업무로 하는 금융 기관). **mérchant bánk·er** 圀

mérchant fléet 圀 (the ~) =merchant marine.

mérchant gúild 圀 (중세의) 상인 길드〔조합〕.

mer·chant·man [mə́:rtʃəntmən] 圀 상선; 〔고어〕 상인(merchant).

mérchant marine 圀 (the ~) 〔집합적〕 〔美〕 (한 나라의) 전체 (보유) 상선; 그 선원.

mérchant of déath 죽음의 상인(무기 상인, 무기 제조·수출 기업).

mérchant prínce 圀 거상(巨商), 호상(豪商).

mérchant séaman 圀 상선선원. 〔집합적〕 상선.

mérchant sérvice 圀 (the ~) 해상 무역, 해운업.

mérchant shíp〔véssel〕 圀 상선(商船).

mer·ci [mɛrsi:] 閉 고맙습니다, 감사합니다. 〔<F thanks, thank you〕

Mer·ci·a [mə́:rʃiə, -ʃə] 圀 머시아. 1 Britain섬 중부에 있던 중세 초기의 잉글랜드 7왕국의 하나. 2 여자 이름.

Mer·ci·an [mə́:rʃiən, -ʃən] 圀 머시아(Mercia)의.
— 圀 머시아 사람; Ⓤ 머시아 말(방언). 〔<F〕

mercí beau·cóup [-bokú:] 대단히 고맙습니다.

‡mer·ci·ful [mə́:rsifəl] 圀 (*more ~; most ~*) 1 (...에 대해/...의 점에서) 자비로운, 인정(동정심) 많은 (별 따위가) 관대한(*to, toward/in*). 2 신의 자비에 의한; 고마운, 다행인; 안도감을 주는. ¶a ~ death 안락사.
~·ly 閉 **~·ness** 圀

*mer·ci·less [mə́:rsilis] 圀 (...에 대해) 무자비한, 무정한, 잔인한(*to, toward*). **~·ly** 閉 **~·ness** 圀

Merck [mə:rk] 圀 머크(미국의 의약품 제조 회사; 정식 명칭은 Merck & Co., Inc.).

Mérck Mánual of Diagnósis and Thérapy (the ~) 〔의학〕 머크 진료 매뉴얼(머크사 편찬).

MERCOSUR 〔스페인〕 *Mercado Comun del Cono Sur*(=*Southern Cone Common Market*)(남미 공동 시장; 1995년 발족한 경제 협력 기구).

mer·cu·rate [mə́:rkjurèit] 圀타 〔화학〕 제2 수은염류. — 圀타 ...을 수은으로 처리하다, 수은과 화합시키다. **-rá·tion** 圀 수은화.

mer·cu·ri·al [mərkjúəriəl/mɔ:-] 圀 1 수은의(이든). ¶~ poisoning 수은 중독. 2 (M-) 〔천문〕 수성의; 〔로마 신화〕 머큐리 신의. 3 쾌활(명랑)한; 빈틈없는 (shrewd); 유창한; 변덕스러운; 재치 있는.
— 圀 〔약학〕 수은제(劑). **~·ly** 閉 **~·ness** 圀

mercúrial baróometer 圀 =mercury barometer.

mercúrial gáuge 圀 수은 압력계.

mer·cu·ri·al·ism [mərkjúəriəlìzm/mə:-] 圀Ⓤ 〔병리〕 수은 중독(증)(mercury poisoning).

mer·cu·ri·al·i·ty [mərkjùəriǽləti/mə:-] 圀Ⓤ 기

민, 밀활; 쾌활; 변덕(fickleness); 재치 있음.
mer·cu·ri·al·ize [məːrkjúəriəlàiz] 타 1 …을 기민[쾌활, 활발]하게 하다, 변덕스럽게 하다. 2 (의학) …에 수은 요법을 쓰다, 수은제로 치료하다. 3 (사진) …을 수은으로 처리하다. **-i·zá·tion**
mercúrial óintment 명 수은 연고.
Mer·cu·ri·an [məːrkjúəriən/məː-] 명 (천문) 수성(水星)인; (로마 신화) 머큐리 신의.
mer·cu·ric [məːrkjúərik/məː-] 형 (화학) 수은의, 수은이 든; 제2 수은을 함유한. 「은(무색의 결정).
mercúric chlóride 명 (화학) 승홍, 염화 제2 수
mer·cu·ri·fy [məːrkjúərəfài/məː-] 타 …을 수은과 혼합하다; 수은과의 합금으로 만들다.
mer·cu·rize [məːrkjuràiz] 타 (화학) …을 수은과 화합시키다, …을 수은(염) 처리하다.
Mer·cu·ro·chrome [məːrkjúərəkròum] 명 (상표) (약학) 머큐로크롬.
mer·cu·rous [məːrkjúərəs, məːrkjur-/məːkjur-] 형 (화학) 1 수은의, 수은이 든. 2 제1 수은을 함유한. ¶ ~ oxide 산화 제1 수은 / ~ salt 제1 수은염.
mercúrous chlóride 명 (약학) =calomel.
‡**mer·cu·ry** [məːrkjuri] 명 (복 **-ries** [-z]) 1 ① (화학) 수은(금속 원자의 하나; 기호 Hg). 2 (the ~) 수은주(柱). 3 (약학) 수은제(劑). 4 (M-) (로마 신화) 머큐리(신들의 사자(使者), 웅변·장사·과학·도적의 신; 그리스 신화의 Hermes에 해당한다). 5 사자(messenger), 안내인; (연애 등의) 매개자(媒介者); (M-) (신문·잡지 이름으로서) …신문.¶The Leeds M- 리즈 신문. 6 (M-) (천문) 수성(水星). 7 활기.¶He has no ~ in him. 그는 통활기가 없다. 8 산쪽풀류의 식물. 9 (M-) 머큐리(미국의 1인승 우주선). 10 (M-) 머큐리(승용차) (미국의 Ford 자동차사 제품).
The mercury is rising. ① 온도가 상승하고 있다; 날씨가 회복되고 있다. ② 경기가 호전되고 있다; 기분이 좋아지고 있다; 흥분이 더해지고 있다. [mercury 4]
mércury árc 명 (전기) 수은 아크.
mércury baróometer 명 수은 기압계.
mércury céll 명 수은 전지. 「=calomel.
mércury chlóride 명 1 =mercuric chloride. 2
mércury contaminátion 명 수은 오염.
mércury pollútion 명 수은 공해.
mércury póisoning 명 수은 중독.
Mércury próject 명 (the ~) (美) 머큐리 계획(미국 최초의 유인 우주 비행 계획(1961-63)).
mércury swítch 명 (전기) 수은 스위치.
mér·cu·ry(-va·por) lámp [(-vèipər)-] 명 수은등, 인공 태양등.
‡**mer·cy** [məːrsi] 명 (복 -cies) 1 ① (종종 -cies) (…에 대한) 자비, 연민, 인정 (말음), 동정 (to, toward, on, upon).¶show ~ to[or on, upon] a person 남에게 자비를 베풀다, 용서하다. 2 (a ~) 신의 은총, 고마운 일, 행운.¶That's a ~! 고마워라 / It's a ~ that…! …하다니 고마워라. 3 (재판관의) 사면 재량권; (사형 예정자에 대한) 감형, 사면. 4 (불우한 사람·약자 등에 대한) 친절한 행위; ~ 구제, 구원.¶Her death was a ~. 죽음은 그녀에게 구원이었다.
at the mercy of; at a person's **mercy** …의 마음대로 되어, …에 좌우되어.
be grateful [or thankful] for small mercies 불행 중 다행으로 여기다.
for mercy; for mercy's sake 제발, 부디.
have [or take] mercy on [or upon] a person 남을 가엾이 여기다, 남에게 자비를 베풀다.
in mercy (to) (…을) 불쌍히 여겨.¶spare a person in ~ 불쌍히 여겨 남을 용서하다.
in one's mercy 자비로운 마음으로, 불쌍히 여겨.
leave…to the tender mercy[or mercies] of (반어) …을 …이 하는 대로 내맡기다, …의 손으로 혼쭐을 내주다.
Mercy (on me)!; Heaven have mercy upon me! 아이고, 저런, 어쩜담.
throw [or cast, fling] oneself at [or on] a **person's mercy** 남의 자비[온정]에 매달리다, 관대한 처분을 바라다.
without mercy 인정 사정 없이, 무자비하게.
mércy flíght 명 (산간 벽지·오지의) 구급 비행.
mércy kílling 명 (구어) 안락사.
mércy séat 명 1 속죄소(贖罪所)(계약의 궤 (the Ark of the Covenant)의 순금 뚜껑. ← 출애굽기 (Exod.) 25:17-22). 2 하느님의 자리.
mércy stróke 명 = coup de grace.
merde [mɛərd] 명 (속어) 1 대변, 배설물, 오물. — 감 쳇, 제기랄(* 분노·짜증 따위를 나타내어).
‡**mere**¹ [miər] 형 (**mer·est**) (* 비교급은 없음) 1 (한정용법) (a ~) 단순한, 단지[그저] …한, …에 불과한.¶a ~ child 아주 어린 아이 / a ~ fancy 단순한 공상 / M- words won't help. 말만으로는 아무런 도움이 되지 않는다 / The ~ sight of a snake makes him shudder. 그는 뱀을 보기만 해도 무서워 부들부들 떤다.

유의어 **mere** 단지 …일 뿐 그 이상은 아닌. **bare** 겨우[간신히] …에 도달하고 있는.

2 (폐어) 순수한, 섞인 것이 없는; 절대의, 완전한.
of mere motion 자발성의.
mere² 명 (고어·시) 호수, 못; (폐어) 바다, 만(灣).
mere³ 명 (폐방언) 경계선; 경계 표지. — 타 (경계선의) 위치를 기록하다. 「(分細胞).
-mere [miər] 연결 part의 뜻.¶blastomere(분세포)
‡**mere·ly** [míərli] 부 1 (동사 따위의 앞에서) 단지, 그저, 다만 (* only보다는 딱딱한 말).¶say it ~ as a joke 그것을 그저 농담삼아 말하다. 2 (a+명사 앞에서) 기껏 …에 지나지 않는, 그저[단지] …뿐인.¶He is ~ a fool. 그는 고작 바보에 지나지 않는다. 3 (폐어) 아주, 완전히; 순전히.
not merely…but also 단지 …일뿐 아니라 …이다.
me·ren·gue [məréŋgei] 명 메렝게(아이티·도미니카의 무용; 그 곡(曲)). — 자 메렝게 춤을 추다. (또는 meringue)
me·re·ol·o·gy [mìriáləd3i/-ɔ́l-] 명 메레올로지(부분과 전체와의 관계의 논리적 특성을 연구하는 학문).
mer·e·tri·cious [mèrətríʃəs] 형 1 야한, 난한, 저속한. 2 겉만 번지르르한, 성실성이 없는, 허영한. 3 (고어) 매춘부의[같은]. **~·ly** 부 **~·ness** 명
mer·gan·ser [məːrgǽnsər] 명 (복 ~(s)) (조류) (바다)비오리속(屬)의 새.
*** merge** [məːrdʒ] 타 1 (…에/…와) ~을 합병[통합]하다, 병합하다 (in, into/with).¶(~+目+前+名) The enterprise was ~d into a greater one. 그 기업은 더 큰 기업으로 흡수 합병되었다. 2 …을 (…으로) 서서히 변화시키다, 바꾸다 (in, into); …을 (…으로/…와) 혼합하다 (in, into/with).¶(~+前+名) ~ one's dissatisfactions in one's work 일에 몰두하여 불만을 해소하다 // All fear was ~d into curiosity. 모든 두려움은 점차 호기심으로 바뀌었다. — 자 1 ~ 녹아들다, 차차 변하다 (in, into); (…와) 합병[통합]하다, 융합하다 (with); (도로 따위가) 합류하다.¶(~+前+名) The sky seemed to ~ in[or into] the sea. 하늘이 바다로 녹아들어 하나가 된 것처럼 보였다 / M- (게시) (전방에) 도로 합류 (주의). 2 (美속어) 남녀가 결혼하다.
merg·ee [məːrdʒíː] 명 합병당한 상대편 회사.

mer·gence [mə́ːrdʒəns] 명U 합병, 결합; 혼합; 동화, 일체화, 융합; 몰입; 소실(消失).
merg·er [mə́ːrdʒər] 명 1 UC (법률) (회사·사업 따위의) 합병, 합동; (기업 따위의) 흡수 합병. 2 흡수[합병]하는 사람[것]. 3 (법률) 혼동(混同). 4 흡수; 융합.
mérger and acquisítion 명 (경영) 합병 매수, 인수 합병(⊕ M&A). 「병 열, 합병 붐.
merg·er·ma·ni·a [məːrdʒərméiniə] 명 기업 합
***me·rid·i·an** [mərídiən] 명 1 (천문) 자오선; (지리) 경선(經線). ¶the prime [magnetic] ~ 본초[자기 (磁氣)] 자오선. 2 (고어) 정오. 3 (태양과 별의) 최고점; (비유적) (행복·번영·건강 따위의) 절정, 전성기. ¶the ~ of life 한창때, (인생의) 전성기. 4 (침(鍼) 요법에서) 경락(經絡). 5 (고어) 취미, 특성; 장소, 환경.
calculated for the meridian of …의 취미[습관, 능력 따위]에 알맞은.
— 형 1 자오선의, 경선의. 2 정오의. ¶the ~ hour 정오. 3 정점(頂點)의, 전성의. ¶one's ~ glory 영화의 극치.
merídian áltitude (천문) 자오선 고도.
merídian ángle 명 (천문) 자오각(子午角).
merídian círcle 명 (천문) 자오환(子午環).
me·rid·i·o·nal [mərídiənl] 형 1 자오선의. 2 남방의, 남쪽의. 3 남부 유럽의; (특히) 남부 프랑스의. — 명 남쪽 사람; (특히) 남부 유럽인; 남부 프랑스인.
Mé·ri·mée [F merime] 명 Prosper ~ 메리메 (1803-70: 프랑스의 작가).
me·ringue [məræ̃] 명U 머랭(달걀의 흰자와 설탕을 섞어서 살짝 구운 것); C 머랭 과자. (<F)
me·ri·no [mərí:nou] 명 (복 ~s) 1 (종종 M-) 메리노양(羊)(~ sheep). 2 C 메리노 양모(羊毛); 메리노 모직물. — 형 메리노 양모[털실, 직물]로 만든. (<Sp)
mer·i·sis [mérəsəs] 명 (복 -ses [-siːz]) (생물) (세포 분열에 의한) 생장.
mer·i·stem [mérəstèm] 명 (식물) 분열 조직.
-ste·mát·ic **-ste·mát·i·cal·ly** 부
‡**mer·it** [mérit] 명 1 U 뛰어남, 빼어남; (칭찬할 만한) 가치. ¶a man of ~ 훌륭한 사람. 2 C 장점, 좋은 점, 취할 점, 쓸모(⊕ demerit). ¶Everybody has his ~s. 모든 사람은 각자 장점을 가지고 있다. 3 U (~s) 공적, 공훈, 훈공, 공로; (가톨릭) 공덕. ¶a matter of ~ 공훈으로 삼을 만한 일; 명예의 문제. 4 (학교 따위에서 벌점(罰點)에 대하여) 상점(賞點), 상. 5 (종종 ~s) (상응하는) 상[벌], 공죄(功罪) 공과(功過); 진가(眞價). ¶according to one's ~s 공과에 따라/give a person his ~s 남에게 상응하는 상벌을 주다. 6 (~s) (법률) (사건의) 시비, (소송의) 본안. ¶decide a case on its ~s 사건을 시비 곡직에 따라 판결하다.
have the merit of …라는 장점이 있다.
make a merit of...; take merit to oneself **for** …을 자랑하다, 자만하다; …을 자기 공로인 체하다.
on merit on one's merits.
on one's **(own) merits** (사람의) 공적에 따라; (사람·일의) 진가에 의해; (사건의) 시비곡직에 따라.
the Order of Merit 명 메릿 훈장[훈위](⊕ O.M.).
— 타 1 [상벌·비난 따위]를 받을 만하다; …할 가치가 있다(doing). ¶~ attention [reward] 주의[상]을 받을 만하다. 2 …을 공에 따라 얻다. — 자 보답을 받다; (신학) 공덕을 쌓다. — 명 공적[실력]에 근거한.
~·less
mérit bónus 명 공로[능력급] 보너스.
mer·it·ed [méritid] 형 가치가 있는, 당연한, 상응한. ¶win ~ praise 당연한 칭찬을 받다. **~·ly** 부
mérit incréase 명 U 능력제[능률제] 승급.
mer·i·toc·ra·cy [mèritəkrǽsi/-tʃk-] 명UC 1 성적[능력]에 따른 승진[승급](제도); 성적[공적, 능력] (중시) 주의; 영재(英才) 교육 제도. 2 실력[능력] 사회. 3 엘리트 지배; (the ~) (집합적; 단·복수 양용) 엘리트 계층. **-to·crát·ic** 형

mer·i·to·crat [méritəkræ̀t] 명 실력 사회의 실력자.
mer·i·to·ri·ous [mèritɔ́ːriəs] 형 칭찬할 만한, 공적이 있는, 가치 있는; (다소 경멸적) 뜻이 기특한[갸륵한], 노고만은 인정되는. **~·ly** 부 **~·ness** 명
mérit ráise 명 =merit increase.
mérit ráting 명 (경영) 인사 고과, 근무 평정.
mérit stúdent 명 (미) 우대생, 우등생.
mérit sýstem 명 (미) (인사의) 능력 본위 임용[승진] 제도; (학교의) 성적 우수자 우대 제도.
merl(e) [məːrl] 명 (스코) (유럽산의) 지빠귀과(科)의 명금류(blackbird).
mer·lin [mə́ːrlin] 명 U 쇠황조롱이(매과(科)의 새).
Mer·lin [mə́ːrlin] 명 멀린(아서왕을 섬긴 예언자·마술사). 「벽. ⇒BATTLEMENT 그림.
mer·lon [mə́ːrlən] 명 (총안(銃眼) 사이 보루의) 돌출
***mer·maid** [mə́ːrmèid] 명 (여자) 인어; (미) 여자 수영 선수, 헤엄 잘 치는 여자. 명 merman
mer·man [mə́ːrmæ̀n] 명 (남자) 인어; (미) 남자 수영 선수; 수영을 잘하는 남자. 명 mermaid
mer·o·blast [mérəblæ̀st] 명 (발생) 부분란[부분(不分)] 할난(割卵).
mer·o·blas·tic [mèrəblǽstik] 형 (발생) 부분란의 (部分卵)의. **-ti·cal·ly** 부 「晶)이) 면(面)이 없는.
mer·o·he·dral [mèrəhíːdrəl/-héd-] 형 (결정(結
mer·o·mor·phic [mèrəmɔ́ːrfik] 형 (수학) 유리형(有理型)의. 「형, 불완전한.
me·ro·pi·a [mərốupiə] 명 (안과) 반맹(半盲), 부분
-mer·ous [mərəs] 연결 having parts의 뜻. ¶trimerous(3부분으로 이루어진). 「蟲).
mer·o·zo·ite [mèrəzốuait] 명 분열 소체, 낭충(娘
Mer·ril Lynch [mérəl líntʃ] 명 메릴 린치(사)(미국의 증권 회사).
‡**mer·ri·ly** [mérili] 부 1 즐겁게, 유쾌하게, 명랑하게. 2 (비꼬아) (큰일 난줄 모르고) 들떠서, 느긋하게.
***mer·ri·ment** [mérimənt] 명U 유쾌, 환락(歡樂), (왁자지껄하게) 웃고 떠듦(gaiety).
‡**mer·ry** [méri] 형 **(-ri·er; -ri·est)** 1 명랑한, 유쾌한, 쾌활한; 들뜬, 떠들썩한. ⇒GAY (유의어) ¶I wish you a ~ Christmas =(A) M- Christmas (to you)! 크리스마스를 축하합니다. 2 (발걸음 따위가) 힘찬. ¶a ~ pace 가벼운 발걸음. 3 (구어) 얼근히 취한, 술에 취해 기분 좋은. 4 (고어) 기분 좋은, 즐거운 (기분으로 있는). ¶~ England 즐거운 영국.
(as) merry as a cricket [or **lark, grig**] 매우 명랑한.
(as) merry as the day is long 더없이 즐거운.
catch [or **get**] **merry hell** 치도곤을 당하다, 혼나다. 「남을 혼쭐나게 하다.
give a person **merry hell** 남에게 치도곤을 안기다.
make merry 흥겨워하다, 즐겁게 놀다, 떠들고 놀다.
make merry over [or **at, of, with**] …을 웃음거리로 삼다, 놀리다. 「다.
play merry hell with (구어) …에게 화내다, 성내
The more, the merrier. (구어) (손님 등이) 많으면 많을수록 즐겁다, 다다익선(多多益善)이다, 대환영이다.
~·ness 명
mer·ry·an·drew [-ǽndruː] 명 어릿광대(clown), 익살꾼(buffoon); 돌팔이 약장수의 광대.
mérry dáncers 명 =aurora borealis.
***mer·ry-go-round** [-gòuràund] 명 1 회전 목마(carrousel). 2 (사업 등의) 급선회(急旋回), 급회전. 3 (미속어) 눈이 돌아갈 정도로 바쁜 일(짓). ¶be on a ~ 몹시 바쁘다. — 명 (끊임없이 순환하여 왕래하는) 석탄 수송 철도의. 「람.
mer·ry·mak·er [mérimèikər] 명 흥청망청하는 사
mer·ry·mak·ing [mérimèikiŋ] 명U 환락, 들떠 떠들기, 잔치 소동; 주연, 술판. — 형 명랑한; 떠들며 노는.
mérry mán 명 (옛날의 기사 따위의) 종자(從者), 수행

원; (구어) 부하; 무법자(특히 Robin Hood의 부하).
mer·ry·man [mérimən] 图 (고어) 어릿광대.
mer·ry·thought [mériθɔ̀ːt] 图 (英) (새가슴의) 창사골(暢胸骨)(wishbone).
Mérsey sòund [mɔ́ːrzi-] 图 (the ~) 머지 사운드 (1960년대 영국에서 발생한 비틀즈 등의 팝음악). (또는 **Líverpool sòund**)
Mer·tén·si·an mímicry [mərténziən-] 〔동물〕 메르텐스 의태(擬態) (독있는 동물이 동종의 무독성 동물과 비슷하게 흉내내는 의태).
Mer·thi·o·late [mərθáiəlèit] 图 (상표) (약학) 메르티올레이트(방부·살균제).
Mer·vin [mɔ́ːrvin] 图 머빈(남자 이름).
mes- [mez, miːz/mes] 〔연결〕⇒MESO-.
me·sa [méisə] 图 〔지질〕 메사, 대지(臺地)(꼭대기가 평평하고 주위가 절벽으로 된 암층 대지).
mé·sal·li·ance [mèizəláiəns/mezǽli-] 图 신분이 낮은 사람과의 (어울리지 않는) 결혼. 〔＜F〕
mesc [mesk] 图 (美속어) ＝mescaline.
mes·cal [meskǽl] 图回 메스칼주(酒) (메스칼주의 원료가 되는 용설란(agave); (텍사스주·멕시코 북부산) 선인장의 일종.
mescál bùtton 图 메스칼 선인장 꼭대기의 혹 같은 부분(말려서 환각제로 씀). 〔각제〕.
mes·ca·line [méskəliːn] 图 〔약학〕 메스칼린(환각제).
mes·dames [meidáːm, -dǽm/méidæm] 图 **1** madam의 복수형; madame의 복수형. **2** (M-) Mrs.의 복수형(略 Mmes.).
mes·de·moi·selles [mèidəməzél/F medmwazɛl] 图 mademoiselle의 복수형(略 Mlles.).
me·seems [misíːmz] 图㉠ (-seemed) (고어) (비인칭 동사) 생각컨대 …이다, 그것은 …으로 생각되다(it seems to me). 图 methinks
me·sem·bry·an·the·mum [məzèmbriǽnθəməm] 图 솔잎국화. (또는 **mesembrianthemum**)
mes·en·ceph·a·lon [mèsenséfəlàn/-lɔ̀n] 图 (略 **-la**, ~**s**) (해부) ＝midbrain. **-ce·phál·ic** 图
mes·en·ter·y [mésentèri/-təri] 图 (해부) 장간막 (腸間膜). ‑**tér·ic** 图

＊mesh [meʃ] 图 **1** 그물코 모양의 직물·편물. **2** (~es) 망사, 철사. **3** 回回 그물; 금속 그물눈 세공. **4** 그물눈 (코); 〔어업〕 그물눈의 크기. ¶a net of half-inch ~es 반 인치 코의 그물, **5** (~es) (비유적) 올가미, 덫, ~망; 그물 모양의 조직(복잡한 기구를 구성하는) 조직망. **6** 回 (톱니바퀴의) 맞물림. **7** 〔전기〕 (회로의) 메시(폐구回로 속의 최소 단위). **8** 〔금속〕 메시, 사안(篩眼)(단위 면적당의 그물코의 수). **9** 〔컴퓨터 속어〕 메시, 그물 (문자 #의 호칭의 하나).
— 图㉠ **1** …을 그물로 잡다, 함정에 빠뜨리다. **2** (그물)을 뜨다. **3** (톱니바퀴)를 맞물리다(engage). **4** 꼭 맞게 하다, 맞추다. — ㉠ **1** 그물(올가미)에 걸리다. **2** (톱니바퀴)가 맞물리다(with). **3** (…와) 꼭 맞다(with).
in (*out of*) *mesh* 톱니 바퀴가 맞물려(빠져).
the meshes of the law 법망(法網).
Me·shed [məʃéd/méʃed] 图 마슈하드(Mashhad) (이란 북동부의 도시; 이슬람교 시아파의 성지).
mesh·e·goss [méʃəgɑ̀s/-gɔ̀s] 图 (속어) ＝**mishe·gaas**.
me·shu·ga [məʃúgə] 图 (美속어) 미친, 머리가 돈. (또는 **meshugga**)
me·shu·ga·na [məʃúgənə] 图 (속어) 미치광이.
me·shu·ga·zine [məʃúgəzìːn/-́-́-́] 图 (주로 학생에 의해 취미로 편집·발행되는) 반체제적이고 풍자적인 잡지. 〔＜*meshuga*＋maga*zine*〕
me·shug·gen·er [məʃúgənər] 图 (속어) 얼빠진 녀석, 미치광이. 〔work〕.
mesh·work [méʃwɜ̀ːrk] 图回 그물 세공, 망(net-
mesh·y [méʃi] 图 그물 모양의, 그물 세공의.
me·si·al [míːziəl] 图 중앙(부분)의. ~**·ly** 图

mes·ic[1] [mézik/míːz-] 图 (식식지가) 중습성(中濕性)의, 중생(中生)의. **-i·cal·ly** 图 〔의〕.
mes·ic[2] [míːzik, méz-] 图 〔물리〕 중간자(中間子)의.
mes·mer·ic [mezmérik] 图 최면(술)의(에 의한); 매력적인. **-i·cal·ly** [-ikəli] 图
mes·mer·ism [mézmərìzm, més-] 图回 최면술 (hypnotism); 최면 상태(로의 유도). **-ist** 图
〔＜오스트리아의 의사 F. A. Mesmer(1733-1815)〕
mes·mer·ize [mézməràiz] (＊(英) **-ise**) 图㉠ **1** …에게 최면술을 걸다(hypnotize). **2** (수동형으로) …을 매료하다, 감화(感化)하다. **-iz·er**, **-i·zá·tion** 图
mesne [miːn] 图 〔법률〕 중간의, 중간에 개재하는.
— 图 가신(家臣), 중간 영주(~ *lord*).
mes·o- [mézou, míː-/mésou] 〔연결〕 middle의 뜻 (＊모음 앞에서는 mes-). ¶*mesocarp*.
Mes·o·a·mer·i·ca [mèzouəmérikə, mìː-/mèsou-] 图 〔고고〕 중앙 아메리카(Central America). (또는 **Mèso-América**)
mes·o·blast [mézəblæ̀st/mésə-] 图 〔발생〕 중배엽(中胚葉). **-blás·tic** 图 중배엽의.
mes·o·car·di·um [mèzəkɑ́ːrdiəm/mèsə-] 图 (略 **-di·a** [-diə]) 〔발생〕 심(장)간막(間膜).
mes·o·carp [mézəkɑ̀ːrp/mésə-] 图 〔식물〕 중과피(中果皮). 图 pericarp
mes·o·cy·clone [mèzəsáikloun/mèsə-] 图 〔기상〕 메조사이클론(뇌우 근처에 나타나는 중형(저기압).
mes·o·derm [mézədɔ̀ːrm/mésə-] 图 〔발생〕 중배엽. 图 ectoderm, endoderm
Mes·o·lith·ic [mèzəlíθik/mèsə-] 图 (때로 m-) 〔고고〕 중석기(中石器) 시대(의).
mes·o·morph [mézəmɔ̀ːrf/més-] 图 〔식물〕 중생(中生) 식물; (심리) 중배엽형(中胚葉型)의 사람.
‑**mór·phic** ‑**mór·phism**, **-mòr·phy** 图
me·son [míːzɑn/mízɔn] 图 〔물리〕 중간자(中間子)(mesotron). **me·són·ic** 图 (＝*mesotron*)
méson fàctory 图 〔물리〕 중간자 공장, 중간자 발생 장치.
mes·o·pe·lag·ic [mèzoupəlǽdʒik/més-] 图 중심해(中深海)(180m〜900m)에 서식하는.
mes·o·phase [mézəfèiz] 图 〔물리〕 (액체와 결정의) 중간상(액정(液晶)을 이룸).
mes·o·phile [mézəfàil, míːzə-] 图 〔세균〕 중온균 (中溫菌). ‑**phíl·ic** 图 중간 온도를 좋아하는.
mes·o·phyte [mézəfàit] 图 〔생태〕 중생 식물, 적윤(適潤) 식물.
Mes·o·po·ta·mi·a [mèsəpətéimiə] 图 메소포타미아(Tigris, Euphrates 두 강 사이의 지역).
Mes·o·po·ta·mi·an [mèsəpətéimiən] 图 메소포타미아(인, 문명)의. — 图 메소포타미아인.
mes·o·scale [mézouskèil/més-] 图 〔기상〕 (바람·구름 따위의) 중간 규모의.
mes·o·scaph(e) [mézəskæ̀f/mésə-] 图 중심해 잠수정(中深海潛水艇).
mes·o·sphere [mézəsfìər/mésə-] 图 (the ~) 〔기상〕 중간층(지상 50〜80km의 대기).
mes·o·tho·rax [mèzouθɔ́ːræks/mèsou-] 图 (略 **~·es**, **-ra·ces** [-rəsìːz]) (곤충의) 중흉(中胸).
mes·o·tron [mézətrɑ̀n/mésətrɔ̀n] 图 〔물리〕 중간자(meson의 구칭). ‑**trón·ic** 图
Mes·o·zo·a [mèzəzóuə/mèsə-] 图㉠ 〔동물〕 중생 (中生) 동물(Protozoa와 Metazoa와의 사이).
Mes·o·zo·ic [mèzəzóuik/mèsə-] 图 〔지질〕 중생대의. ¶the ~ *era* 중생대. — 图 (the ~) 중생대. 〔식물〕.
mes·quit(e) [meskíːt, -́-] 图 메스키트(콩과의)

＊mess [mes] 图 (略 **-iz**) **1** (美) 어수선함, 혼잡, 뒤죽박죽; 불결(不潔). ¶clear up *a* ~ (구어) 정돈하다／Sorry about the ~. 어지럽혀서 죄송합니다.

2 (a ~) 혼란, 분규(⇨CONFUSION [유의어]); 실수 (blunder), 실패; 《구어》 고경(苦境), 궁경. ¶The affairs are in *a* precious ~. 사태는 큰 혼란을 빚고 있다. 3 더러운 것, 어질러진 것, 쓰레기 더미; 《구어》 (유아·가축의) 분뇨. ¶a ~ of papers 흩어진 서류. 4 〔군사〕 《집합적》 (주로 육·해군에서) 회식 동료, 한솥밥 전우; 그 식사, 한솥밥; [U] 회식; 회식당; (장교·하사관의) 클럽. ¶a ~ sergeant 취사 담당 하사관 / an officers' ~ 장교 식당. 5 (a ~) 한 접시분의 음식; (죽 따위의) 유동식 1식분; 맛없어 보이는 음식; (개 따위의) 혼합식. 6 《美구어》 얼뜨기, 얼간이; 품행이 나쁜 사람. 7 (a ~) 1회의 포획량. 8 《美구어》 (특히 불쾌감을 주는 것의) 수(량), 양; 많음, 다수, 다량; (…의) 더미. 9 《美》 즐거움, 흥분시키는[굉장한] 것.

a mess of pottage 〔성서〕 한 그릇의 죽, (값비싼 희생을 치른) 물질적 쾌락, 사소한 이익(←창세기(Gen.) 25:29-34).

at mess 식사중, 회식중.

get into a mess 곤란[궁지]에 빠지다.

go to mess 회식하다.

in a mess 어질러져서; 혼란을 틈타; (진)흙투성이로; 곤경에 빠져.

lose the number of *one's* ***mess*** 《속어》 죽다, 살해되다.

make a mess of …을 망쳐놓다, 엉망으로 만들다.

make a mess of it 실수를 저지르다.

— [동] (~·*es* [-iz]; ~*ed* [-t]) [타] 1 …을 더럽히다, 흩뜨리다, 어지러뜨리다(*up*). ¶(~+[目]+[副]) ~ *up* a room 방을 어수선하게 어지르다. 2 …을 망쳐놓다, 혼란시키다, 뒤죽박죽[엉망진창]으로 만들다(*up*). ¶(~+[目]+[副]) ~ *up* matters 사태를 뒤얽히게 만들다. 3 《英방언》 〔식사〕를 주다, 급식하다. 4 혼내주다, 해치우다(*up*). — [자] 1 (…와) 회식하다(*together*)(*with*). 2 (…에) 쓸데없는 참견을 하다(*in*, *with*); (…을) 거칠게 다루다(*with*). 3 무모한 짓을 하다, 엉망으로 만들다. 4 《구어》 배변(排便)하다. 5 《구어》 나눠 갖다; 분담하다(*in*, *with*).

mess around [or ***about***] ① 〔남〕을 거칠게 다루다; 〔남〕을 괴롭히다. ② …을 혼란시키다, 어지르다. ③ = *mess over*.

mess around [or 《英》 ***about***] ***with*** ① 《구어》 장난 삼아 …하다, 가지고 놀다. ② 《속어》 제멋대로[빈둥거리며] 지내다. ③ 《속어》 (좋지 않은 목적으로) …와 교제하다; 〔여자〕와 자다.

Mess 'em up! 《속어》 자 힘내!, 기운 차려!

mess in [or ***with***] …에 쓸데없이 참견하다, 간섭하다.

mess over 《속어》 …을 학대하다, 자유를 침해하다.

no messing 《구어》 진짜야, 정말이야; 문제 없어, 식은 죽 먹기지.

— [형] 《속어》 1 단정치 못한, 칠칠맞은; 부도덕한; 무지한. 2 멋있는, 근사한.

∠·**er** [명]

‡**mes·sage** [mésidʒ] [명] (複) ***-sag·es*** [-iz]) 1 (…에의) 전갈, 알림, 통지, 전언(*for*, *to*); (…라는) 전보, 서신, 통신(문)(*to* do, *that* [節]); 인사말. ¶a congratulatory ~ 축사, 축전 / an oral ~ 구두 전갈 // give a farewell ~ *to* a person 남에게 작별 인사를 고하다. 2 (공식적인) 메시지; 《美》 (대통령의) 교서(敎書). ¶the President's ~ *to* Congress 대통령이 의회에 보내는 교서. 3 (the ~, a ~) (이야기·영화 따위의) 교훈, 근본 사상; 취지, 의도; 의미. 4 (the ~) 신탁(神託), 탁선(託宣); 계시적인 말, 경고. 5 심부름; 사명, 용건. 6 (상업 방송의) 선전 광고(commercial ~). 7 〔컴퓨터〕 메시지 (정보 처리상의 단위). 8 〔유전〕 전달 암호, 메시지(단백질을 합성하는 유전 코드의 단위).

get [or ***have*** ***(got)***] ***the message*** 《구어》 취지[속셈]를 파악하다.

go on [or ***do, run***] ***a message*** 심부름 가다.

leave a message with …에게 전할 말을 부탁하다.

— [동][타] 메시지로서 …을 보내다, 통신으로 전하다[명령하다]; 〔통신〕을 보내다. — [자] 메시지를 보내다.

méssage bòard [명] 전언판, 게시판.

méssage cènter [명] 통신 센터; 〔육군〕 통신반.

méssage hándling sỳstem [명] =MHS.

méssage swìtching [명] 〔컴퓨터〕 메시지 스위칭 (단말(端末) 장치 사이의 메시지 교환 방식).

méssage ùnit [명] 《美》 (전화 요금 계산의) 통화 단위.

mes·sag·ing [mésidʒiŋ] [명] 전달; (전화·컴퓨터 따위에 의한) 전기[전자] 통신.

mes·sa·line [mèsəlíːn, ∠-∠] [명][U] 모슬린. 〔<F〕

méss allòwance [명] 〔군사〕 식사 보조금[수당].

mess·boy [mésbɔ̀i] [명] (배의) 식당 급사.

mess·deck [mésdèk] [명] 《英》 〔해사〕 하갑판(下甲板)(선원의 식당·침실 따위가 있는 갑판).

Mes·sei·gneurs [mèsenjə́ːrz] [명] (때로 m-) Monseigneur의 복수형.

‡**mes·sen·ger** [mésəndʒər] [명] (複) ~***s*** [-z]) 1 사자(使者), 전달자, 전령; 우편[전보] 배달원, 공문서 송달인; 심부름꾼, 사환. ¶an Imperial ~ 칙사(勅使) / the Queen's [*or* King's] ~ 《英》 공문서 송달리(送達吏) / send a ~ 심부름을 보내다. 2 《고어》 전조; 예언자, (하늘의) 사자; 선통꾼, 선구자. 3 (연날리기에서 연줄을 따라 연까지 올려보내는) 종이 조각. 4 〔해사〕 (닻줄·밧줄·그물 따위를 끌어올릴 때 쓰는) 보조삭(補助索). 5 (신문·잡지명 따위에 쓰는) …지(紙[誌]). 6 〔유전〕 전달자, 메신저(유전 정보를 전하는 물질).

— [동][타] * 다음 숙어로만 쓴다.

messenger it 《美속어》 〔의회〕 〔문서 따위〕를 메신저를 써서 보내다.

méssenger ŔNÁ [명] 〔유전〕 메신저 리보 핵산(약 mRNA).

méss gèar [명] (용기에 든) 취사·식사용 기구 세트; (군대·캠핑용) 휴대용 식기 세트, 반합(messtin).

méss hàll [명] 《美》 (군대·공장 따위의) 식당.

Mes·si·ah [misáiə] [명] 1 (the ~) 〔성서〕 구세주, 메시아; 〔기독교〕 그리스도(참 Christ). 2 (m-) (피압박 민족·국가 등의) 구원자, 해방자; 주도자. **~·shìp** [명][U] 구세주[구원자]임; 구세주[그리스도]의 사명.

Mes·si·an·ic [mèsiǽnik] [형] 1 메시아의, 구세주의[와 같은]. 2 (m-) 주의를 위해 죽는, 열렬히 신앙하는.

-i·cal·ly [부]

mes·si·a·nism [mésiənìzm, məsáiə-] [명] 1 (종종 M-) 메시아 신앙. 2 (지도자·운동 이념 따위에 대한) 절대적 신앙[경도], (유토피아적) 이상주의.

Mes·si·as [misáiəs] [명] =Messiah 1.

Més·sier cátalog [mésièi-] [명] (the ~) 〔천문〕 메시에 목록(프랑스 천문학자 Charles Messier(1730-1817)가 작성한 성단(星團)·성운(星雲)의 목록).

mes·sieurs [meisjə́ːz, mésərz] [명] monsieur의 복수형(약MM., Messrs.).

méss·ing allòwance [mésiŋ-] [명] 〔英군사〕 식비 수당.

méssing òfficer [명] 〔군사〕 식사 회계 담당 사관.

méss jàcket [명] (남성의 회식용) 약식 예장.

méss kìt [명] 〔군사〕 1 =mess gear. 2 《英》 (mess jacket을 포함한 장교용) 정식 야회복.

mess·mate [mésmèit] [명] (군대·배의) 회식 동료.

mess·room [mésrùːm] [명] =mess hall.

***Messrs.** [mésərz] [명] Mr.의 복수형. 〔<F *Messieurs*〕

méss tàble [명] 공동 식탁.

mess·tin [méstìn] [명] 〔英군사〕 반합, 휴대용 식기.

mes·suage [méswidʒ] [명] 〔법률〕 가옥(부속 건물이나 토지·정원 따위도 포함한다).

mess-up [∠ʌ̀p] [명] 《구어》 혼란 (상태), 엉망; 실수.

mess·y [mési] [형] 1 뒤범벅의, 혼란된. 2 (소송 따위가) 까다로운, 다루기 힘든. 3 《구어》 부도덕한; 불결한; 부주의한. **méss·i·ly** [부] **méss·i·ness** [명]

méssy bùcket(s) [감] 《軍속어》 고맙습니다. 〔<F〕

mes·ter·o·lone [mestérəlòun] [명] 〔약학〕 메스테롤론(남성 불임증 치료에 쓰이는 남성 호르몬).

mes·ti·zo [mestíːzou] [명] (複) ~(***e***)***s***) 혼혈아; (특히) 스페인인과 인디언의 혼혈아. [여] mestiza [-zə]

mes·tome [méstoum] 명 [식물] (관다발 식물의) 관상(管狀) 조직. (또는 **mestom**)

‡**met**¹ [met] 동 meet의 과거·과거분사.

met² [英구어] 기상(학상)의(meteorological). ¶the M– Office 기상청. ¶(the M–) 기상청, 기상대.

Met [met] 명 (the ~) [美구어] =Metropolitan Museum of Art; =Metropolitan Opera House. ── 형 (종종 m–) =metropolitan.

met. metaphor; metaphysics; metropolitan.

met·a- [métə] 연결 1 after, along with, beyond, among, behind의 뜻. ¶ 모음 앞에서는 met-, 무기음(無氣音) 앞에서는 meth-). ¶*meta*physics. 2 change 의 뜻. ¶*meta*morphosis.

me·tab·a·sis [mətǽbəsəs] 명UC (복 **-ses** [-si:z]) 1 =metastasis. 2 (수사) 주제(主題) 전이.

met·a·bol·ic [mètəbɑ́lik/-bɔ́l-] 형 1 [생물] 신진 대사(新陳代謝)의, 대사 작용의. 2 [동물] 변태의. **-i·cal·ly** 부

me·tab·o·lism [mətǽbəlìzm] 명U 1 [생물] 신진 대사, 대사 작용. 참 anabolism, catabolism 2 [동물] 변태(變態).

me·tab·o·lite [mətǽbəlàit] 명 [생물] 대사 산물(代謝産物); 신진 대사에 필요한 물질.

me·tab·o·lize [mətǽbəlàiz] (*(英) **-lise**) 동 신진 대사시키다(하다).

me·tab·o·ly [mətǽbəli] 명 [동물] 변형 현상(원생동물 따위가 내력(外力)에 응해 자유로이 변형하는 현상).

met·a·car·pal [mètəkɑ́ːrpəl] 형 [해부] 장부(掌部)의; 손바닥(뼈)의. ── 명 장골(掌骨), 손바닥뼈.

met·a·car·pus [mètəkɑ́ːrpəs] 명 (복 **-pi** [-pai]) [해부] (손가락과 손목 사이) 손바닥; (특히) 장골(掌骨).

met·a·cen·ter [mètəsèntər] 명 (*(英) **-tre** [-sèntə*r*]) [조선] (부력의) 경심(傾心). 「경심에 가까운.

met·a·cen·tric [mètəséntrik] 형 [조선] 경심의.

met·a·com·mu·ni·ca·tion [mètəkəmjùːnəkéiʃən] 명 [심리] 초(超)커뮤니케이션(언어가 아닌 시선·동작·몸짓·태도 따위에 의한 커뮤니케이션).

met·a·fe·male [mètəfíːmeil] 명 [유전] 초자성(超雌)(X염색체 수가 보통보다 많은 불임자성(不姙雌性) 생물).

met·a·fic·tion [mètəfíkʃən] 명 메터픽션(소설의 소설, 소설에 관해 생각하는 소설; 소설을 비판하는 소설).

met·a·file [métəfàil] 명 [컴퓨터] 메타파일(본 데이터를 생성하기 전의 중간 파일).

met·a·gal·ax·y [mètəgǽləksi] 명 [천문] (은하와 성운을 포함한) 전우주(全宇宙). **-ga·lác·tic** 형

met·age [míːtidʒ] 명U 1 (공공 기관에 의한 하물의) 계량, 검량(檢量). 2 계량(검량) 수수료, 검량세.

met·a·gen·e·sis [mètədʒénəsis] 명U [생물] 순정(純正) 세대 교번(유성·무성 생식을 번갈아 행하다). **-ge·nét·ic** **-ge·nét·i·cal·ly** 부 **-gén·ic** 형

‡**met·al** [métl] 명 (복 ~**s** [-z]) UC 1 금속, 쇠붙이. ¶base ~s 비(卑)금속 / corrugated ~ 파형 판금(波形板金) / hard ~s 경(硬)금속 / heavy ~s 중(重)금속 / light ~ 경(輕)금속. 2 a) [화학] (순금속(합)alloy); 금속 원소. b) 금속 화합물, 합금(合金). 3 (비유적) 재료, 형성 물질, 소질(素地), 지금(地金). 4 (인간의) 천성, 본성, 본질. ¶He is made of true ~. 그는 진짜 남자다. 5 용해(熔解) 유리; 용융 주철(熔融鑄鐵). 5 금속 제품(制劑) 더미. 6 [인쇄] 활자 합금; 조판. 7 [문장] 금속색(금색 또는 은색). 8 [英] 도로[철도]용 자갈[쇄석]. 9 (~s) [英] 철도 선로, 레일. 10 (군사) 전차, 장갑차; (군함의) 장비된 총포수(總砲數), 총위력(威力). 11 [구어] =heavy ~ 4.

leave [or *jump, run off*] *the metals* (英) 열차가 탈선하다.

put the pedal to the metal 차를 전속력으로 몰다.

win any metals (부정문에서) 아무것도 얻는 것이 없다, 이익되는 것이 없다.

── 타 (~**s** [-z]; **-/-**, (英) **-//-**) 1 …에 금속을 덮어 씌우다. 2 (英) [도로·선로]에 자갈[쇄석]을 깔다. ── 자 (美속어) 격렬히 록[헤비메탈]을 연주하다.

~**·like** 형

metal. metallurgical; metallurgy.

met·a·lan·guage [métəlæŋgwidʒ] 명UC [언어] 메타 언어, 언어 분석용 언어(언어·기호 체계). 참 object language.

métal detéctor 명 금속 탐지기(magnetometer).

métal fatígue 명 금속 피로(도).

me·tal·head [métlhèd] 명 (美속어) 헤비 메탈(heavy metal) 음악 팬[광].

met·a·lin·guis·tics [mètəliŋgwístiks] 명복 (단수취급) [언어] 후단(後段)[메타 언어학(언어와 언어 이외의 문화면과의 관계를 다루는 학문).

met·al·ist [métəlist] 명 1 금속 세공사, 금속 장인(匠人). 2 [경제] 금속주의자. (또는 **metallist**)

met·al·ize [métəlàiz] 동타 =metallize.

metall. metallurgical; metallurgy.

met·alled [métld] 형 자갈로 포장한.

****me·tal·lic** [mətǽlik] 형 1 금속(질)의, 금속제의. 2 금속적인, 금속성의; 감정을 배제한, 냉철한. ¶a ~ sound 금속음. 3 (증세) 금속을 함유하는. ¶~ mineral 금속 광물. ¶~ ore 금속 광석.

-li·cal·ly [-kəli] 부 **mèt·al·líc·i·ty** 명

metállic bónd 명 [화학] 금속 결합.

metállic cúrrency 명 경화(硬貨).

me·tal·li·cize [mətǽləsàiz] (*(英) **-cise**) 동타 [전기] (접지선에 철사를 연결하여) [전기회로]를 금속화하다.

metállic léns 명 [통신] 금속 렌즈(전자파·음파 방향을 일정하게 집중시키는 장치).

metállic róad 명 포장 도로((英) metalled road).

metállic sóap 명 [화학] 금속 비누(도료·방수포 따위의 제조에 쓰임). 「피막법(皮膜法).

met·al·lid·ing [métəlàidiŋ] 명 전해(電解) 금속

met·al·lif·er·ous [mètəlífərəs] 형 금속을 함유하는; 금속을 산출하는. ¶a ~ ore 금속 광석.

met·al·line [métəlin, -làin] 형 1 금속(상)의, 성질의(metallic). 2 금속(염)을 함유하는.

met·al·li·za·tion [mètəlizéiʃən/-laiz-] 명U 금속화; (고무의) 경화(硬化).

met·al·lize [métəlàiz] (*(英) **-lise**) 동타 …에 금속을 입히다, …을 금속화하다; [고무]를 경화(硬化)하다. [학] 금속 이온 효소.

me·tal·lo·en·zyme [mətǽlouenzaim] 명 [생화]

met·al·lo·graph [métələgræf, -grɑ̀ːf] 명 1 [인쇄] 금속판 인쇄물. 2 금속 조직 현미경.

met·al·log·ra·phy [mètəlɑ́grəfi/-lɔ́g-] 명U 금속 조직학; 금상학(金相學); [인쇄] 금속판 인쇄(술).

met·al·loid [métəlɔ̀id] 명 [화학] 비(非)금속; 반(半)금속(규소·비소·창연 따위). ── 형 금속 비슷한; [화학] 비[반]금속(성, 질)의.

me·tal·lo·phone [métələfòun] 명 철금(鐵琴).

met·al·lur·gi·cal [mètələ́ːrdʒikəl] 형 야금(冶金)(술, 학)의. (또는 **metallurgic**) **~·ly** 부

met·al·lur·gist [métələ̀ːrdʒist/metǽlədʒist] 명 야금가, 야금학자. 「[금, 야금학(술).

met·al·lur·gy [métələ̀ːrdʒi/metǽlədʒi] 명U 야

met·al·mouth [métlmàuθ] 명 [구어] 치열 교정구를 착용한 사람. 「산화막 반도체(약 MOS).

métal óxide sémiconductor 명 [전자] 금속

métal skí 명 [스키] 메탈 스키(경합금으로 만든 스키).

met·al·smith [métlsmìθ] 명 금속 세공사.

métal spráying 명 금속 용사(溶射)(용사에 의해 금속 피막을 만드는 방법).

métal tápe 명 [전자] 메탈 테이프(고밀도 자기(磁氣)

met·al·ware [métlwɛ̀ər] 명U 철물, (주방용의) 금

속 제품.

met·al·work [métlwə̀ːrk] [명][U] 금속 세공[제품]; 금공. **~·er** [명] **~·ing** [명][U] 금속 세공(술, 업).

met·a·male [mètəméil] [명] 〔유전〕 =supermale.

met·a·mer [métəmər] [명] 〔화학〕 이성체(異性體).

met·a·mere [métəmìər] [명] 〔동물〕 (절지 동물의) 체절(體節), 몸마디(somite).

met·a·mer·ic [mètəmérik] [형] 〔동물〕 체절의[로 이루어진]; 〔화학〕 이성(체)의. **-i·cal·ly** [부]

me·tam·er·ism [mətǽmərìzm] [명][U] 〔동물〕 체절성; 체절 형성; 〔화학〕 이성(異性)(isomerism).

met·a·mor·phic [mètəmɔ́ːrfik] [형] **1** 변화의, 변화하는, 변형[변태]의; 변성(變性)의. **2** 〔지질〕 변성의, 변성한. ¶~ rocks 변성암(變成岩).

met·a·mor·phism [mètəmɔ́ːrfizm] [명][U] 〔지질〕 (암석의) 변성, 변성 작용.

met·a·mor·phose [mètəmɔ́ːrfouz, -fous] [동][타] …을 (초자연적 힘으로, 현저하게) 변형[변태, 변질]시키다; 〔모습·성질〕을 (…으로) 변화시키다(*to*, *into*)(⇨ TRANSFORM [유의어]); 〔지질〕 〔암석〕을 변성시키다. ¶ These green caterpillars are *~d into* butterflies. 이들 풀쐐기는 나비로 변한다. **—** [자] (…으로) 변태하다, 변형하다, 변질하다(*into*).

met·a·mor·pho·sis [mètəmɔ́ːrfəsis] [명][U][C] (〔복〕 ***-ses*** [-sìːz]) **1** 〔생물〕 변태. ¶the ~ of a tadpole *into* a frog 올챙이에서 개구리로의 변태. **2** (마법에 의한) 변형, 변모(變貌). **3** (일반적으로 외관·성격·환경 따위의) 현저한 변화, 대변화. **4** 변형[변모, 변화]된 모습[형태]. **5** 〔병리〕 (조직·기관의) 변형, 변태. 「morphic.

met·a·mor·phous [mètəmɔ́ːrfəs] [형] =meta-

met·a·nal·y·sis [mètənǽləsis] [명][U][C] (〔복〕 ***-ses*** [-sìːz]) 〔언어〕 이(異)분석(두 말의 단락을 잘못 지은 탓으로 신어(新語)가 생기는 현상).

metaph. metaphor; metaphysical; metaphysics.

met·a·phase [métəfèiz] [명] 〔생물〕 (세포의 유사(有絲) 분열·감수 분열의) 중기(中期).

***met·a·phor** [métəfɔ̀ːr, -fər] [명][U][C] 〔수사〕 은유(隱喩), 암유(暗喩)(as, like 따위를 쓰지 않고 넌지시 비유를 의미하는 것. 예: the curtain of night 밤의 장막 / All the world is a stage. 인간 세계는 모두 무대이다); (일반적으로) 비유, 유사한[상징 하는] 것. ¶a mixed ~ 혼유(混喩). [참] simile.

met·a·phor·i·cal [mètəfɔ́ːrikəl, -fár-/-fɔ́r-] [형] 은유의, 비유적인; 말하자면 …와 같은. (또는 **metaphoric**) **~·ly** [-kəli] [부] **~·ness** [명]

met·a·phrase [métəfrèiz] [명] 번역, 직역, 축어역(逐語譯)([참] paraphrase). **—** [동][타] …을 번역[직역]하다, 축어역하다.

met·a·phrast [métəfræ̀st] [명] (산문을 운문으로 고치거나 하는) 전역자(轉譯者); 번역자.

met·a·phras·tic [mètəfrǽstik] [형] 직역의, 축어역적인. (또는 **metaphrastical**) **-ti·cal·ly** [-tikəli] [부]

***met·a·phys·i·cal** [mètəfízikəl] [형] **1** 형이상학(形而上學)의, 형이상학적인. **2** 〔철학〕 형이상의, 추상론의. **3** (이론 따위가) 극히 추상적인, 난해한; 이론적인; 아주 세밀히 파고드는. **4** (M-) (17세기 영국 시단의) 형이상학파(派)의. **—** [명] (M-) 형이상학파 시인. **~·ly** [부]

met·a·phy·si·cian [mètəfəzíʃən] [명] 형이상학자, 사변철학자, 형이상학적 이론가. (또는 **metaphysicist**)

***met·a·phys·ics** [mètəfíziks] [명][복] (단수취급) **1** 형이상학, 순정(純正) 철학; 학문 이론. **2** (통속적으로) 추상적인 논의, 공론(空論).

met·a·plasm [métəplæ̀zm] [명][U] 〔생물〕 (세포중의) 후형질(後形質); [U][C] 〔언어〕 어형 변이. **-plas·mic** [ˋplǽzmik] [형]

met·a·plas·tic [mètəplǽstik] [형] **1** 〔생리〕 화생(化生)의. **2** 〔생물〕 후형질의. **3** 〔문법〕 어형 변이의.

met·a·pol·i·tics [mètəpálətiks/-pɔ́l-] [명][복] (단수취급) 정치 철학; (경멸적) 공론(空論) 정치학.

met·a·psy·chic [mètəsáikik] [형] 심령 현상 연구의. (또는 **metapsychical**) 「급) 심령 연구.

met·a·psy·chics [mètəsáikiks] [명][복] (단수취

met·a·psy·chol·o·gy [mètəsaikálədʒi/-kɔ́l-] [명][U] 〔심리〕 초(超)심리학; (프로이트의) 초의식 심리학.

met·a·se·quoi·a [mètəsikwɔ́iə] [명] 〔식물〕 메타세쿼이아(dawn redwood)(낙엽 침엽 교목).

me·ta·sta·ble [mètəstéibl] [형] 〔물·화·야금〕 준(準)안정의. **—** [명] 준안정 원자[분자, 이온, 원자핵 따위]. **-bíl·i·ty** [명]

me·tas·ta·sis [mətǽstəsis] [명][U][C] (〔복〕 ***-ses*** [-sìːz]) **1** 〔병리〕 (병소(病巢)·암 세포 따위의) 전이(轉移). **2** 변질, 변성, 변형. **3** 〔수사〕 (화제의) 급변. **4** 〔물리〕 전이, 천이(遷移). **5** 〔생물〕 =metabolism.

me·tas·ta·size [mətǽstəsàiz] (*《英》 **-sise**) [동][자] 〔병리〕 (병소·암 세포 따위가) 퍼지다, 전이하다.

met·a·tar·sal [mètətáːrsəl] 〔해부·동물〕 [형] 척골(蹠骨)의. **—** [명] 척골. **~·ly** [부]

met·a·tar·sus [mètətáːrsəs] [명] (〔복〕 ***-si*** [-sai]) 〔해부·동물〕 척골; (새 발의) 경골(脛骨)에서 지골(趾骨)까지의 부분.

met·a·the·o·ry [mètəθíːəri] [명] 메타 이론(이론 체계 그 자체를 분석 대상으로 하는 이론).

me·tath·e·sis [mətǽθəsis] [명][U][C] (〔복〕 ***-ses*** [-sìːz]) **1** 〔음성〕 음위(音位)[자위(字位)] 전환(예: OE의 b*ri*dd가 b*ir*d로 변화한 것 따위). **2** 〔화학〕 치환(置換), 복분해(double decomposition). **3** 상태 변화[역전].

met·a·thet·i·cal [mètəθétikəl] [형] 〔음성〕 음위[자위] 전환의; 〔화학〕 치환하는, 복분해 작용의. (또는 **metathetic**)

met·a·tho·rax [mètəθɔ́ːræks] [명] (〔복〕 **~·es, *-ra·ces***) 〔곤충〕 뒷가슴, 후흉(後胸). **-tho·rác·ic** [형]

me·ta·verse [mètəvəːrs] [명] =cyberspace.

mé·ta·yage [mètəjáːʒ, mèi-] [명][U] 반타작, 소작제도, 분익(分益) 소작 제도. 〔<F〕

mé·ta·yer [mètəjéi, mèi-] [명] 반타작 소작인. 〔<F〕

Met·a·zo·a [mètəzóuə] [명][복] 〔동물〕 후생(後生) 동물. [참] Protozoa **-zó·al** [형] **-zó·an** [형][명] **-zó·ic** [형]

met·a·zo·an [mètəzóuən] [형][명] 후생 동물(의).

met·car [métkɑ̀ːr] [명] 금속 탄소 화합물. 〔<*metal-car*bon compound〕

Metch·ni·koff [métʃnəkɔ̀ːf] [명] **Élie** ~ 미치니코프(1845–1916: 러시아 출신의 프랑스 동물·세균학자).

mete[1] [miːt] [동][타] **1** 《문어》 〔상·벌 따위〕를 배분(配分)하다, 할당하다(*out*)(*to*). **2** 《고어》 …을 재다, 측정하다. **—** [명] 계측, 계량.

mete[2] [명] 경계표[석]; 경계, 한계.

metes and bounds 〔법률〕 토지 경계.

met·em·pir·i·cal [mètimpírikəl] [형] 경험(의 범위)를 초월한; 초(超)경험론적인, 선험 철학적인. (또는 **metempiric**) **~·ly** [부]

met·em·pir·i·cist [mètimpírisist] [명] 초경험론자.

met·em·pir·ics [mètimpíriks] [명][복] 《단수취급》 초경험론, 선험 철학. (또는 **metempiricism**)

me·tem·psy·cho·sis [mətèm*p*səkóusis/mètempsi-] [명][U][C] (〔복〕 ***-ses*** [-siːz]) 영혼의 재생, 윤회(輪廻).

Mét en·képh·a·lin [mét enkéfəlin] [명] (때로 m-e-) 〔생화학〕 메텐케펄린(뇌에서 만들어지는 진통성 물질). (또는 **Mét-enképhalin**)

***me·te·or** [míːtiər, -tiɔ̀ːr] [명] **1** 〔천문〕 유성(流星), 별똥별; 운석(隕石), 별똥. **2** 일시적으로 반짝하는 사람[것]. **3** 〔기상〕 대기(大氣) 현상. **~·like** [형]

meteor. meteorological; meteorology.

me·te·or·ic [mìːtiɔ́ːrik, -ár-/-ɔ́r-] [형] **1** 유성의[에 관한], 유성으로 이루어지는. ¶a ~ stone 운석. **2** 유성 같은, 잠시 빛났다가 사라지는, 빠른. **3** 대기 (현상)의;

기상의. ¶a ~ phenomenon 기상 현상. **-i·cal·ly** 〖부〗

me·te·or·ic shów·er 〖천문〗 =meteor shower.

me·te·or·ism [míːtiərizm] 〖명〗 〖의학〗 고창(鼓脹).

*****me·te·or·ite** [míːtiəràit] 〖명〗 운석; =meteoroid.

me·te·or·it·ic [mìːtiərítik] 〖형〗 운석의.
(또는 **meteoritical**)

me·te·or·it·ics [mìːtiərítiks] 〖명〗〖복〗〖단수취급〗 유성학(流星學). **-i·cist** 〖명〗

me·te·or·o·graph [míːtiɔ́ːrəɡræf/mìːtiərəɡrɑ́ːf] 〖명〗 (고층) 자기(自記) 기상계.

me·te·or·oid [míːtiərɔ̀id] 〖명〗〖천문〗 유성체, 운성체(隕星體), 소유성(小流星). **-ói·dal** 〖형〗

meteorol. meteorological; meteorology.

me·te·or·o·lite [míːtiɔ̀rəlàit] 〖명〗 =meteorite.

me·te·or·o·log·i·cal [mìːtiərəládʒikəl/-lɔ́dʒ-] 〖형〗 기상의, 기상학상의. ¶a ~ chart 일기도. (또는 **meteorologic**) **~·ly** 〖부〗

meteorológical élement 〖명〗 기상 요소(기온·기압·풍향·풍력 등).

meteorológical obsérvatory 〖명〗 기상대(관측소].

Meteorológical Óffice 〖명〗 (the ~) 〖영〗 기상청 (the Met; 국방부 소속).

meteorológical rócket 〖명〗 기상 관측 로켓.

meteorológical sátellite 〖명〗 기상 위성(衛星).

me·te·or·ol·o·gist [mìːtiərálədʒist/-rɔ́l-] 〖명〗 기상학자, 기상 전문가; 〖미구어〗 일기 예보자(캐스터].

me·te·or·ol·o·gy [mìːtiərálədʒi/-rɔ́l-] 〖명〗 1 기상학. 2 (한 지방의) 기상.

méteor shówer 〖천문〗 유성우(流星雨).

‡**me·ter**[1], (英) **-tre** [míːtər] 〖명〗 〖복〗 **~s** [-z] 미터 (길이의 국제 표준 단위: =100cm; ⑦ m).

*****me·ter**[2], (英) **-tre** 〖명〗 〖운율〗 격조(格調), 운율; 〖음〗 음악 박자.

*****me·ter**[3] 〖명〗 1 (전기·가스·수도 따위의) 계량기, 미터. 2 =parking ~. 3 =postage ~. 4 재는 사람. 5 〖미속어〗 25센트짜리. — 〖타〗 1 …을 미터로 재다. 2 (우편물)을 우편요금 미터로 처리하다. — 〖자〗 계량하다.

-me·ter [mətər] 〖연결〗 1 measure의 뜻. ¶altimeter, barometer. 2 「…각(운), …보계」의 뜻. ¶pentameter.

me·ter·age [míːtəridʒ] 〖명〗〖U〗 1 계량(計量), 계량하기, 2 미터 사용량; (전기·가스 따위의) 사용 요금.

mé·tered máil [míːtərd-] 〖미〗 요금 별납 우편.

méter máid 〖미〗 주차 위반 단속 여자 경찰관.

mete-wand [míːtwànd/-wɔ̀nd] 〖명〗 막대 자(measuring rod); (평가) 기준. (또는 **méte·yàrd**)

meth [meθ] 〖명〗 1 〖미속어〗 메틸 알코올(methyl alcohol). 2 =methamphetamine.

meth. method; methylated. **Meth.** Methodist.

meth- [meθ] 〖연결〗 methyl의 뜻. ¶methenamine.

meth·a·crýl·ic ácid [mèθəkrílik-] 〖명〗〖화학〗 메타크릴산(酸).

meth·a·done [méθədòun] 〖명〗〖U〗〖약학〗 메타돈(진통제·헤로인 중독 치료약). (또는 **methadon**)
  〔<*meth*yl+*a*mino+*d*iphenyl+heptan*one*〕

meth·am·phet·a·mine [mèθæmfétəmìːn] 〖명〗〖U〗 〖약학〗 메탐페타민(각성제, 속칭 필로폰).

meth·ane [méθein/míːθ-] 〖명〗〖U〗〖화학〗 메탄, 소기(沼氣). 〔<*methyl*+-*ane*〕

méthane séries 〖명〗〖화학〗 메탄열(列). 〔생물〕

meth·an·o·gen [méθænədʒən] 〖명〗 메탄 생성 미생물.

meth·a·nol [méθənɔ̀ːl, -nàl/-nɔ̀l] 〖명〗〖화학〗 메탄올(methyl alcohol). 〔타블론(진정·수면제)〕

meth·a·qua·lone [məθǽkwəlòun] 〖명〗〖약학〗

Meth·e·drine [méθədrìːn] 〖명〗 (상표) 메서드린 (methamphetamine의 상품명).

me·theg·lin [miθéglin] 〖명〗〖U〗 벌꿀 술(mead).

méth head[**fréak**] 〖미속어〗 필로폰 상용자.

meth·i·cil·lin [mèθəsílin] 〖명〗〖약학〗 메티실린(페니실린계 항생물질).

meth·i·cíl·lin-resístant staphylocóccus áureus 〖명〗 메티실린 내성(耐性) 황색 포도 구균(약 MRSA).

me·thinks [miθíŋks] 〖동〗〖고어〗 (과거형: **me·thought**) (비인칭 동사) 〖고어〗 (나에게는) …이라 생각되다.

me·thi·o·nine [meθáiəniːn, -nən] 〖명〗〖생화학〗 메티오닌(필수 아미노산의 하나).

méth mónster 〖명〗〖미속어〗 메탐페타민[필로폰] 상용자(常用者).

meth·o [méθou] 〖명〗 〖濠속어〗 1 변성 알코올(상음자). 2 (M-) 메서디스트 교도(Methodist).

‡**meth·od** [méθəd] 〖명〗 (복 **~s** [-z]) 1 (조직적인) (…하는) 방법, 방식; (전문 분야의) 방법 (*of* [*for*] *doing*). ¶a deductive [an inductive] ~ 연역〖귀납〗법/new ~s *for* studying English 새 영어 학습법.

〚유의어〛 **method** 이론적·체계적으로 일정한 절차를 따르는 방법. **manner** 개성적 또는 특유의 방법. **mode** 습관적인, 또는 기호에 따른 방법; 다소 형식적인 때의 말. **fashion** 유행되고 있는 mode를 나타내는 일이 많고, 특히 in, after와 함께 전치사구 속에서 쓰는 말. **system** 신중하게 정해진 정연한 체계적 방법. **way** 일반적으로 위의 여러 말 대신에 쓰이는 구어적인 말.

2 〖U〗 (사물의) 순서, 절차, 체계; (행동 따위의) 규율; (사상·표현 따위의) 조리, 정연한 차례, 질서 정연함. ¶a man of ~ 빈틈없는 사람/work with ~ 질서 정연하게 일하다. 3 〖생물〗 분류법. 4 (the M-) (또는 **Stanislávsky ~**) 〖연극〗 스타니슬라프스키 연기론[방식](등장 인물의 내면 생활을 살리는 사실적인 연기 방법). **There's method in his madness.** (익살) 그는 미친 사람치고는 조리가 있다. [←Shakespeare작 *Hamlet* Ⅱ. ii]

with [**without**] **method** 질서 정연하게 [무질서하게] — 〖형〗 (M-) 〖연극〗 스타니슬라프스키 방식의.
~·less 〖형〗

me·thod·i·cal [məθádikəl/-θɔ́d-] 〖형〗 1 (일의 진행이나 행동이) 정연한, 질서 있는, 조직적인. 2 (…의 점에서) 정연한, 틀림없는, 꼼꼼한(*in*). 3 방법의, 방법론적인. (또는 **methodic**) **~·ly** [-kəli] 〖부〗 **~·ness** 〖명〗

Meth·od·ism [méθədizm] 〖명〗〖U〗 1 감리교, 메서디스트 교의(의). 2 (m-) 일정한 방식에 따름, 지나치게 규칙적임[꼼꼼함]. 3 (M-) (드물게) 방법[형식] 편중.

*****Meth·od·ist** [méθədist] 〖명〗 1 감리교 신자, 메서디스트 교도. 2 (m-) 지나치게 형식[방식]을 중시하는 사람, 형식주의자; (경멸적) 종교적으로 딱딱한 사람. 3 (m-) (생물) 계통적 분류가. — 〖형〗 감리교 신자[파]의.

Méthodist Chúrch 〖명〗 (the ~) 감리교회.

Meth·od·is·tic [mèθədístik] 〖형〗 감리교 신자[파]의, 메서디스트 교도[파]의. (또는 **Methodistical**) **-is·ti·cal·ly** 〖부〗

meth·od·ize [méθədàiz] (* 〖영〗 -**ise**) 〖동〗〖타〗 1 …을 방식화하다. 2 …을 방식에 따라 정리하다, 조직화하다. 3 종종 M-) …를 메서디스트파 신도로 만들다. — 〖자〗 (종종 M-) 메서디스트파 신자답게 행동하다; 감리교 (파)로 기울다. **-iz·er** 〖명〗

meth·od·o·log·i·cal [mèθədəládʒikəl/-lɔ́dʒ-] 〖형〗 방법론의, 방법론적인. **~·ly** 〖부〗

meth·od·ol·o·gy [mèθədálədʒi/-dɔ́l-] 〖명〗〖U〗 1 방법론; 방법학, 방법 연구. 2 〖생물〗 계통적 분류법. **-gist** 〖명〗

meth·o·trex·ate [mèθoutréksèit] 〖명〗 메토트렉세이트(암·급성 백혈병 치료제).

me·thought [miθɔ́ːt] 〖동〗 methinks의 과거.

meth·ox·y·flu·rane [meθàksiflúərein/-θɔ̀k-] 〖명〗〖약학〗 메톡시플루란(마취제).

meths [meθs] 명 《단수취급》 《英·濠구어》 메틸알코올이든 술. [<*methyl*ated spirits》

Me·thu·se·lah [məθúːzələ/-θjúː-] 명 1 《성서》 므두셀라(노아의 홍수 전시대에 969세까지 살았다는 유대의 족장(族長). ←창세기(Gen.) 5 : 27. **2** (m-) 장수노인, 고령자. **3** 6,5쿼트들이 포도주병.
(**as**) **old as Methuselah** 매우 장수하는.

Methúselah móm 명 《속어》 노령 출산모(出產母).

meth·yl [méθəl] 명 《화학》 메틸, 메틸기(基).

méthyl ácetate 명 《화학》 아세트산 메틸.

méthyl álcohol 명 《화학》 메틸 알코올, 메탄올.

meth·yl·ase [méθəlèis, -z] 명 《생화학》 메틸라아제(RNA, DNA의 메틸화 촉매 작용을 하는 효소).

meth·yl·ate [méθəlèit] 명 《화학》 메틸레이트(메틸 알코올의 유도체). — 타 [알코올]에 메틸을 섞다; …에 메틸 알코올을 섞다.

méthylated spírit(s) 명 《英》 메탄을 변성 알코올 (램프·히터용).

meth·yl·a·tion [mèθəléiʃən] 명 U 《화학》 메틸화(化).

méthyl blúe 명 메틸 블루(청색의 산성 염료).

méthyl brómide 명 《화학》 취화(臭化) 메틸(무색 유독 가스. 냉각·국부 마취용).

méthyl chlóride 명 《화학》 염화 메틸(유독성 기체; 냉각제).

méthyl cótton blúe 명 =methyl blue.

meth·yl·do·pa [mèθəldóupə] 명 《약학》 메틸도파(고혈압 치료제).

meth·yl·ene [méθəlìːn] 명 U 《화학》 메틸렌(기).

méthylene blúe 명 《화학·약학》 메틸렌 블루(청색 염기 염료; 시안화물의 해독·박테리아 착색에 씀).

méthylene chlóride (**dichlóride**) 명 《화학》 (二)염화 메틸렌(무색 휘발성 액체; 주로 용제로 쓴다).

meth·yl·ic [meθílik] 명 메틸의, 메틸을 함유하는.

meth·yl·mer·cu·ry [mèθəlməːrkjuri] 명 《화학》 메틸 수은(맹독; 종자 소독제용).

méthyl methácrylate 명 《화학》 메타크릴산 메틸(무색, 휘발성·인화성 액체).

meth·yl·pred·nis·o·lone [mèθəlprednísəlòun] 명 《생화학》 메틸프레드니솔론(합성 당질 부신피질 호르몬제).

meth·yl·tes·tos·ter·one [mèθəltestástərðun/-tɔ́s-] 명 《약학》 메틸테스토스테론(남성의 성기능 부전이나 안드로겐 부전 질환, 또는 여성 유방암 치료제).

me·ti·cal [mətikáːl] 명 메티칼(모잠비크 통화 단위).

me·tic·u·lous [mətíkjuləs] 형 작은 일에 신경을 쓰는, 소심한, 좀스러운; (…에) 세심한; 꼼꼼한(**in**); 《구어》 정확한. **-lós·i·ty** 명 **~·ly** 부 **~·ness** 명

mé·tier [méitjei, mét-] 명 장사, 직업; (개인의) 특기, 전문 (분야); 전문 기술. [<F]

mé·tis [meitíː(s) / metíːs] 명 (복 ~) 혼혈아; (M-) 《캐나다》 프랑스계 백인과 인디언의 혼혈아. [<F]

mé·tisse [meitíːs/F metís] 명 métis의 여성형.

Mét Óffice 명 (the ~) 《英》 기상청.

Me·tol [míːtɔl, -tɑl/-tɔl] 명 《상표》 《화학》 메톨 (사진 현상액).

meton. metonymy.

Me·tón·ic cýcle [mitánik-, me-/-tɔ́n-] 명 《천문》 메톤 주기(같은 달 같은 날에 같은 월령이 돌아오는 주기(19년)). [<기원전 5세기의 아테네 천문학자 Meton》 [<전유어(轉喩語)】

met·o·nym [métənìm] 명 《수사》 환유어(換喩語).

met·o·nym·i·cal [mètənímikəl] 형 환유(법)의, 환유법적인. (또는 **metonymic**) **~·ly** 부

me·ton·y·my [mitánəmi/-tɔ́n-] 명 U 《수사》 환유(換喩), 전유(換喩)(사물을 직접 가리키는 대신 그 속성·특징으로 나타내는 방법; crown으로 king, the cradle로 childhood를 나타내는 것). 명 synecdoche

me·too [míːtúː] 형 《美구어》 다른 사람의 성공 따위를 모방하는, 모방주의의; 편승하는 (약품 따위가) 유사품의. —동 (전술 따위를) 모방하다, 흉내내다.

mé·too drúg 명 《구어》 유사 약품. (또는 **mé tóo**)

me·too·er [ⁿtúər] 명 =me-tooist.

me·too·ism [ⁿtúːizm] 명 모방(편승)주의.

me·too·ist [ⁿtúːist] 명 모방자.

me·tope [métəpi/-toup] 명 1 《건축》 메토프, 소 간벽(小間壁)(도리아식 건축의 좌우의 triglyph에 끼인 네모난 벽면(壁面)). **2** 《해부》 앞이마[이마].

Met R 《英》 Metropolitan Railway(런던 지하철).

metr- [métr] 연결 =metro-.

Met·ra·zol [métrəzɔ̀ːl, -zɑ̀l/-zɔ̀l] 명 《상표》 《약학》 메트라졸(중추 신경 흥분제).

‡**me·tre** [míːtər] 명 《英》 =meter.

Met·re·cal [métrikəl] 명 《상표》 메트리칼(비만 방지용 저(低)칼로리 정력 증진제).

*****met·ric** [métrik] 형 1 미터(법)의. **2** 미터법을 채용하고 있는[에 익숙한]; (물건이) 미터법으로 취급되는. **3** 계량(법)의; 계량용의. ¶ ~ *geometry* 계량 기하학. **4** *go metric* 미터법을 채택하다. └=metrical. — 명 1 《수학》 계량; 거리(함수). **2** (종종 ~**s**) 《단·복수 양용》 측정 기준(법): = ~ *system*. **3** 《도量계》: *in metric* 미터법으로. └metrics.

-metric [métrik] 연결 「계량(기)의, 계량기로 잰」의 뜻. ¶ thermo*metric*. (또는 **-metrical**)

met·ri·cal [métrikəl] 형 1 운율(운문)의. **2** 측량(계량)(용)의, 측량(측정)법의. (또는 **metric**) **~·ly** 부

met·ri·cate [métrikèit] 《英》 자타 …을 미터법으로 고치다(환산하다). — 자 미터법화하다.

met·ri·ca·tion [mètrikéiʃən] 명 U 미터법화(化).

me·tri·cian [mitríʃən, mə-] 명 작시가(作詩家); 운율학자(연구가) (metrist). (또는 **metricist**)

met·ri·cize [métrəsàiz] (* 《英》 **-cise**) 타 1 …을 미터법으로 나타내다. **2** 《수학》 =metrize. **3** ← metricate.

métric míle 명 (육상·수영 종목의) 1500미터 경주.

met·rics [métriks] 명 《단수취급》 운율학(학).

métric sýstem 명 (the ~) 미터법. [시법(作詩法).

métric tón 명 미터 톤(t)(1,000 킬로그램).

met·rist [métrist, míːt-] 명 =metrician.

me·trize [mitráiz, metraiz] 타 《수학》 …에 거리를 부여하다, 거리화하다. **-ríz·a·ble** 형 **-ri·zá·tion** 명

met·ro[1] [métrou] 명 (복 ~**s**) (the ~) (종종 M-) (파리·워싱턴 D.C.·몬트리올 따위의) 지하철(subway).

met·ro[2] (종종 M-) 1 중심 도시, 대도시(metropolis). **2** 《美·캐나다》 도시권의 행정부. **3** 《속어》 (the ~) (대도시권의) 경찰, 시경. — 형 《구어》 =metropolitan; 도시권 행정(부)의.

met·ro- [métrou, -rə] 연결 1 measure의 뜻. ¶ *metro*nome. **2** uterus(자궁)의 뜻. ¶ *metro*scope.

Met·ro-Gold·wyn-May·er [-góuldwənmèiər] 명 메트로 골드윈 메이어(미국의 영화 제작사; 약 MGM).

met·ro·land [métrouländ] 명 런던 도심의 지하철 구역; 그 주민. (또는 **Métro-Lànd**) **~·er** 명

Met·ro·lin·er [métroulàinər] 명 《美》 (전국 철도 여객 공사(Amtrak)의) 고속 열차(특히 Washington, D.C.와 New York City 사이의 것).

met·ro·log·i·cal [mètrəládʒikəl/-lɔ́dʒ-] 형 도량형(度量衡)의, 도량형학의. **~·ly** 부

me·trol·o·gy [mitrálədʒi/-trɔ́l-] 명 U 도량형; 도량형학. **-gist** 명

met·ro·ma·ni·a [mètrouméinia] 명 U 작시광(作詩狂).

met·ro·nome [métrənòum] 명 《음악》 메트로놈(박자 측정기).

met·ro·nom·ic [mètrənámik/-nɔ́m-] 형 1 메트로놈의. **2** 《템포가》 기계처럼 규칙바른. (또는 **metronomical**) **-i·cal·ly** 부

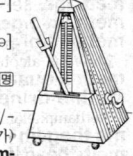
[metronome]

me·tro·nym·ic [mì:trənímik, mèt-] 형 어머니[모계의 조상]의 이름을 딴(을) patronymic). (또는 **matronymic**)

met·ro·plex [métrəplèks] 명 《종종 M-》 대도시권.

‡**me·trop·o·lis** [mitrápəlis/-trɔ́p-] 명 ~**es** [-iz] 1 《종종 the ~》 (나라·지역 등의) 중심 도시, 주요 도시, 대도시; (the ~) 수도; (the *M*-) (英) (잉글랜드) 런던. 2 (산업·예술 따위의) 중심지. 3 《교회》 대교구(大敎區); (고대 그리스에서 식민지에 대한) 본국의 도시). 4 《교회》 수도 대주교 관구(管區). 5 《생물》 종족(種族) 중심지.

‡**met·ro·pol·i·tan** [mètrəpálitən/-pɔ́l-] 형 1 주요 도시의, 대도시의; 수도의, 수도권의; (M-) (英) 런던의. ¶a ~ newspaper (지방 신문에 대한) 중앙지. 2 모국(母國)의, 본국의. 3 《교회》 대주교 관구의. ── 명 《~s [-z]》 1 주요 도시(수도, 대도시]의 주민. 2 (취미·의식 따위가) 도시적인 사람, 도시인. 3 《교회》 수도 대주교. (또는 ∠ **bíshop**) 4 《역사》 (고대 그리스의) 모국 시민, 본국인. ∼**·ism** 명

metropólitan área 명 (대)도시권.

metropólitan cóunty 명 (英) 특별 도시, 수도권 주(州)(1974년 지방행정구역 개편에 따라 신설된 런던 교외의 여섯 자치주(州)); 1986년 폐지).

metropólitan dístrict 명 (英) 대도시권 자치구 (metropolitan county에 속하는 36개 행정구).

Metropólitan Fránce 명 프랑스 본국[본토].

met·ro·pol·i·tan·ize [mètrəpálitənàiz/-pɔ́l-] 형타 대도시화하다. **-i·zátion** 명

Metropólitan Muséum of Art 명 《the ~》메트로폴리탄 미술관(New York시 Manhattan의).

Metropólitan Ópera Hòuse 명 《the ~》 (뉴욕시의) 메트로폴리탄 오페라 극장.

Metropólitan Políce 명 (英) 《the ~》 런던 경찰청.

Metropólitan Ráilway 명 《the ~》 메트로폴리탄 철도(런던 최초의 지하철; 1863년 개통; 약 Met R).

-me·try [mətri] 연결 process of measuring의 뜻. ¶ chrono*metry*, geo*metry*.

Mets [mets] 명 《the ~》 1 (英구어) =Metropolitan Police. 2 (美) New York Mets의 애칭. [satellite).

met·sat [métsæt] 명 기상 위성(meteorological

Met·ter·nich [métərnik] 명 **Prince Klemens W. N. L. von ~** 메테르니히(1773-1859: 오스트리아의 정치가·외교관; 외상(1809-48)). **·nich·i·an** 형

met·tle [métl] 명⒤ 1 성미, 기질. 2 혈기, 기력, 용기, 기개; 열정. ¶a man of ~ 기개가 있는 사람.

be on [or **upon**] *one's* **mettle** 분발하다.

put [or **set**] *a person* **on** [or **upon, to**] *his* **mettle** 남을 분기[분발]하게 하다.

met·tled [métld] 형 =mettlesome.

met·tle·some [métlsəm] 형 (문어) 기운찬, 혈기 왕성한, 기개가 있는.

me·um et tu·um [mí:əm et tjú:əm/-tju:-] 내 것과 네 것, 재산의 구분. (<L mine and thine)

meu·nière [məːnjéər] 형 《요리》 뫼니에르의(밀가루를 뿌려 버터구이한). (<F)

MeV [mev] 명 100만 전자 볼트. (또는 **Mev, mev**) (<*me*gaelectron *v*olts)

mew¹ [mju:] 명 야옹(고양이의 울음소리). ──자 (고양이가) 야옹야옹 하고 울다.

mew² 명 갈매기(sea ~).

mew³ 명 1 매장(매가 털갈이할 때 가두어 둔다). 2 숨는 곳, 은신처. 3 (~s) 《단수취급》 (英) (안뜰·통로를 따라 있는) 마구간. 4 (~s) 뒷길, 뒷골목(아파트 따위가 늘어선 운치 있는 구역). ── 타 1 (고어) 『매』 (고어) (새장) 에 넣다. 2 (수동형·재귀용법으로) (사람 등) 을 감금하다.

mew⁴ 동타 1 (사슴이) 『뿔』을 떨어뜨리다. 2 (고어) (매 따위가) (깃(털))을 갈다. ──자 (고어) 뿔(깃 따위)이 빠지고 다시 나다. ∼**·er** 명

mewl [mju:l] 동자 (갓난애처럼 가냘프게) 울다; (고양이가) 야옹야옹 울다. ──타 (어린애가) 가냘프게 울면서 조르다. ──명 가냘픈 울음소리; 야옹야옹(고양이의 울음소리). ∼**·er** 명

mews [mju:z] 명 《단수취급》 (英) 마구간.

Mex [meks] 형 (美속어) 1 멕시코인(人), 멕시코계 미국인. 2 (멕시코·필리핀 등의) 돈. 3 마리화나.

Mex. Mexican; Mexico.

Mex·i·cál·i revénge [mèksikǽli-] 명 (속어) 멕시코 (여행자들이 걸리는) 설사.

‡**Mex·i·can** [méksikən] 형 멕시코(인)의; 멕시코 스페인어의. ──명 《~s [-z]》 멕시코 사람; Ⓤ 멕시코 [마리화나].

Méxican béer 명 (美속어) 물. 『의 스페인어.

Méxican brówn 명 (美속어) 멕시코산 갈색 헤로인.

Méxican búsh 명 (美속어) 멕시코산 저질 마리화

Méxican mílk 명 (美속어) =tequila. 「나.

Méxican múd 명 (美속어) 멕시코산 갈색 헤로인.

Me·xi·ca·no [mèksikáː nou] 명 (구어) 메히카노 (현대 멕시코에서 구어로 쓰이는 Nahuatl어).

Méxican promótion [ráise] 명 《美속어》 (대우 개선이 따르지 않는) 명목상의 승진. 「어.

Méxican Spánish 명 멕시코에서 사용되는 스페인

Méxican stánd-off [-stǽndɔ̀ːf] 명 (美구어) 무승부, 비김; 궁지, 정돈 상태. 「코와의 싸움(1846-48)).

Méxican Wár 명 《the ~》 멕시코 전쟁(미국과 멕시

Méxican wáve 명 인간 물결(경기장의 관객들이 파도치는 모양으로 집단 응원하는 것. 1986년 Mexico World Cup에서 유래). (또는 **México Wáve**)

‡**Mex·i·co** [méksikou] 명 1 멕시코(북미 남부의 공화국; 수도 Mexico City). **2 Gulf of ~** 멕시코 만(灣).

México Cíty 멕시코시티(멕시코 공화국의 수도).

MEY 《수산》 *m*aximum *e*conomic *y*ield((어업 관리 목표로서의) 최대 경제 생산량). **MEZ** 《독일》 *M*ittel-*e*uropäische *Z*eit(=Central European Time)(중앙 유럽 표준시).

me·zon·ny [məzáni/-zɔ́ni] 명 (美속어) 돈.

me·zu·ma [məzúːmə] 명 =mazuma.

me·zu·za(h) [məzúːzə] 명 《~**s,** Heb **-zu·zot**(**h**) [-zuːzɔːt])《유대교》 메주사(앞쪽에는 구약의 신명기, 뒤 쪽에는 신의 이름 Shaddai가 적혀 있는 양피지).

mezz¹ [mez] 명 (美속어) 마리화나 담배.

mezz² 형 (美속어) 근사한, 멋진; 황홀한.

mez·za·nine [mézəniːn/mÉtsə-] 명 《건축》 (발코니식의) 중(中)2층(entresol); 《美》 (극장의) 2층 정면 좌석; 그 앞 부분의 몇 개 열(列). ──명 《금융》 메자닌 형(型)의(재무 변제 순위가 담보부 채무와 보통주의 중간 인), 무담보의; 중간적 단계의. ¶~ debt 무담보 채무.

mézzanine fináncing 명 《금융》 메자닌 융자, 메자닌형 자금 조달. 1 mezzanine level에서의 벤처자본 조달. 2 기업 매수·개선 작업 단계에서 우선주·전환 사채 등에 의한 자본 조달.

mézzanine lével 명 《금융》 메자닌 단계(회사 창업에서 주식 공모 직전까지의 기간).

mez·zo [métsou, médzou] 《음악》 중간 정도의, 적당한. ──명 《~**s**》 = ~-soprano. (<It)

mézzo fórte 부형 《음악》 메조포르테, 조금 세게(센).

mézzo piáno 《음악》 메조피아노, 조금 여리게[여린].

mez·zo-re·lie·vo [-rili:vou] 명 《~**s**》 중간 돋을새김, 반양각(半陽刻). (또는 **mézzo-riliévo**)

mez·zo·so·pran·o [-səprǽnou/-práːn-] 《음악》 명 《~**s, -pran·i** [-prániː]》 1 Ⓤ 메조소프라노, 차고음(次高音)(부). 2 메조소프라노 가수. ──형 메조소프라노(가수)의. (<It)

mez·zo·tint [métsoutìnt, médz-] 명 1 메조틴트 조법(彫法)(명암이 잘 나타나는 동판화 기법), 2 메조틴트판(版). ──타 …을 메조틴트판에 새기다. ∼**·er** 명

mf, mF millifarad(s). **MF** medium frequency. **mf.** 〔음악〕 mezzo forte(약간 강하게); microfarad. **m/f, M/F** male or female. **MF** machine finish; Master of Forestry(임학(林學) 석사); Middle French. **MFA** Mobilization for Animals Coalition (동물을 위한 동원 연합); multi-fiber arrangement(다국간 섬유 협정). **MFA** Master of Fine Arts. **mfd.** manufactured; microfarad(s). **mfg.** manufacturing. **MFH** 〔英〕 master of foxhounds(여우 사냥의 우두머리). **MFlem** Middle Flemish. **MFN** most favored nation(최혜국). **MFO** multinational forces and observers(다국적 감시군).
M-14 [émfɔ́ːrtíːn] 명 (복 ~'s) 〔美군사〕 M-1을 개량한 완전 자동 소총.
MFR 〔美속어〕 memorandum for record(기록용 각서[메모]). **mfr.** manufacture; manufacturer. **MFS** Mobilization for Survival(생존을 위한 동원); modern fiction studies(현대 소설 연구). **mfs.** manufactures. **MFS** Master of Food Science[Foreign Study]. **MFV** motor fleet vessel. **mg** milligram. **Mg** 〔화학〕 magnesium. **MG** machine gun; military government.
MG 명 엠지(영국의 스포츠카의 상표명).
MG, m.g., M.G. machine gun; 〔美속어〕 machine gunner. **MG, M.G.** Major General; Military Government. **MGB** 〔러시아〕 Ministerstvo Gosudarstvennoi Bezopasnosti(=Ministry of State Security)(옛 소련의 비밀 경찰(1946-54)).
M.G.C. machine gun corps. **MGk., MGK** Medieval[Middle] Greek. **MGM** Metro-Goldwyn-Mayer(미국의 영화사); Mental Gifted Minor(미국 California 주의 영재 교육). **mgmt.** management. **MGR** mobile guided rocket(이동식 유도 로켓). **mgr., Mgr.** manager; Monseigneur; Monsignor. **MGr.** Medieval Greek. **mgt.** management. **MH** Medal of Honor; mobile home. **MHA** Master in [of] Hospital Administration. **MHC** major histocompatibility complex(주요 조직 적합 유전자 복합체). **MHD** magnetohydrodynamics(전자 유체 역학). **MHG** Middle High German.
mho [mou] 명 (복 ~s) 〔전기〕 모(전기 전도도(傳導度)의 단위: 1Ω(옴)의 도선의 전도도). 〓 **ohm**
MHR 〔美〕 Member of the House of Representatives(하원 의원). **MHS** message handling system(서로 다른 정보 단말 장치끼리의 상호 통신을 위한 변환 시스템). **MHT** manned hypersonic transport(유인(有人) 극초음속기). **MHW, m.h.w.** mean high water(평균 고수위). **MHz, Mhz** megahertz.
*****mi** [miː] 명 〔음악〕 미(전음계의 제3음). 〔<It〕
mi. mile(s); mill(s). **MI** 〔英〕 Military Intelligence (군사 첩보부). *M.I.* 5 국내 첩보부/*M.I.* 6 국외 첩보부; Mounted Infantry.
M.I. [èmái] 명 〔美속어〕 치료비를 못 낼 것 같은 환자.
MIA (복 ~('s)) 〔군사〕 missing in action(전투중 행방 불명의 병사).
Mi·am·i [maiémi] 명 마이애미(미국 Florida주 동남부의 해안 도시: 피한지(避寒地)). ~**·an** 형
Miámi Béach 명 마이애미 비치(Miami 대안의 섬에 있는 도시; 임해 휴양지).
mi·aow [miáu, mjau] 명 동 자 =meow. 〔miaou〕
mi·as·ma [maiǽzmə/mi-] 명 (복 ~s, ~·ta [-tə]) (늪에서 나오는 독기, 소기(沼氣); (위험한) 발산물; 악영향; 요기(妖氣); 살기(殺氣). **-mal, -mic, -mat·ic** [-mǽtik] 형 독기의, 유독한. ¶ ~ **fever** 말라리아열.
mi·au(l) [miáu(l)] 명 동 자 =miaow.
MIB marketing information bank(시장 정보 은행). **MIC** military-industrial complex. **Mic.** 〔성서〕 Micah.

mi·ca [máikə] 명 U 운모(isinglass). 「함유하는.
mi·ca·ceous [maikéiʃəs] 형 운모(모양)의, 운모를
Mi·cah [máikə] 명 〔성서〕 **1** 미가(기원전 8세기의 유대의 예언자). **2** 미가서(書)(구약 성서의 한 서).
Mic·a·nite [míkənàit] 명 《상표》 〔전기·기계〕 미카나이트(운모를 재료로 한 전기 절연체). 「판암.
mica schist[slate] 명 〔암석〕 운모 편암(片岩)〔점
Mi·caw·ber [mikɔ́ːbər] 명 (철저한) 낙천주의자.
~**·ism** 명 [<Wilkins Micawber (Dickens의 소설 David Copperfield 중의 인물)의 이름〕.
:**mice** [mais] 명 mouse의 복수형. 「ineers.
MICE Member of the Institution of Civil Engi-
mi·celle [misél] 명 **1** 〔물·화〕 교질 입자(膠質粒子). **2** (생물) 미셀(세포질의 기본적인 구조 단위의 하나).
-cél·lar **-cél·lar·ly** 형
Mich. Michaelmas; Michigan.
Mi·chael [máikəl] 명 **1** 대천사 미가엘(←〔성서〕 다니엘서(Dan.) 10 : 13). **2** 마이클(남자 이름; 별칭 Mike, Mickey).
Mich·ael·mas [míkəlməs] 명 미가엘제(祭) (대천사 미가엘의 축일(9월 29일); 영국에서는 추계 지불일, 사계(四季) 지불일의 하나). 명 Martinmas
Michaelmas dáisy 명 〔英〕 〔식물〕 쑥부쟁이, 개미취(aster). 「학기(學期).
Michaelmas tèrm 명 (the ~) (영국 대학의) 가을
Mi·chel·an·ge·lo [màikəlǽndʒəlòu] 명 = **Buonarroti** 미켈란젤로(1475-1564: 이탈리아의 조각가·화가·건축가·시인). 「술맹(타이어).
Miche·lin [míʃəlin, mitʃ-/-F míʃlɛ] 명 《상표》 미
Mich·e·ner [mítʃənər] 명 James (Albert) ~ 미체너(1907-97: 미국의 작가).
***Mich·i·gan** [míʃigən] 명 **1** 미시간 주(州) (미국 중북부의 주; 주도(州都) Lansing; 명 Mich.). **2** Lake ~ 미시간 호(湖)(북미 5대호의 하나).
Michigan bánkroll 명 〔美속어〕 **1** 소액 지폐 다발. **2** (맨위와 밑에만 진짜인) 위조 지폐 다발. (또는 **Michigan róll**) 「(또는 **Michiganite**)
Mich·i·gan·der [míʃigǽndər] 명 미시간주 사람.
Mich·i·ga·ni·an [mìʃigéiniən, -gǽn-] 명 미시간 주(州)(사람)의. ━ 명 미시간 주 사람.
mick [mik] 명 〔美학생 속어〕 배우기 쉬운 과목.
Mick [mik] 명 (때로 m-) 〔속어〕 〔경멸적〕 아일랜드인; 로마 가톨릭 교도.
Mick·ey [míki] 〔속어〕 명 **1** = ~ **Finn**. **2** (종종 m-) 감자, 구운 감자. **3** (the m-) 기력. **4** = **Mick**. **5** 미키(사람 이름; Michael의 별칭).
take the mickey out of a person 《英속어》 …을 놀리다, 웃음거리로 만들다. 「가게.
━ 명 (종종 m-) = **mickey mouse**.
Míckey Ds 명 〔美속어〕 (10대들 사이에서) 맥도널드
Míckey fínished 명 〔美속어〕 취한.
Míckey Fínn 명 (때로 m- f-) 〔속어〕 마취약이나 하제 따위를 넣은 술.
míckey móuse 명 (종종 M- M-) 명 **1** 〔구어〕 미키마우스 만화와 같은. **2** 〔美속어〕 (음악 따위가) 케케묵은; 유치한. **3** 싸구려의, 시시한, 하찮은. **4** 〔美학생 속어〕 (과목 따위가) 학점을 따기 쉬운. ━ 명 **1** 미키마우스 만화[영화]. **2** 하찮은[시시한] 것, 싸구려. **3** 〔美학생 속어〕 학점을 따기 쉬운 과목. **4** 〔英공군 속어〕 전동(電動) 폭탄 투하 장치. **5** 〔美속어〕 당선이 확실한 후보(자). **6** 극장. 〔<Walt Disney의 만화 영화의 쥐〕
mick·ey-mouse [míkimáus] 형 (종종 M- M-) 동 자 1 (만화 영화 따위에서) 동작과 음악을 일치시키다. **2** 건들거리다; 빈둥거리다(around). ━ 동 타 〔영화〕에 화면 동작과 맞추어 배경 음악을 넣다.
Míckey Móuse èars 명 복 〔美학생 속어〕 순찰차 지붕의 라이트[사이렌]. 「중독.
Míckey Móuse hàbit 명 〔美속어〕 가벼운 마약

mick·le [míkl] (고어·스코) 〈형〉 큰(great); 많은. — 〈튁〉 크게, 대단히. ¶ *Many a little makes a ~.* =Every little makes a ~. (속담) 티끌 모아 태산. (또는 **muckle**)

MICR 〔컴퓨터〕 *magnetic ink character reader*(자기(磁氣) 잉크 문자 판독 장치); 〔컴퓨터〕 *magnetic ink character recognition*(자기 잉크 문자 식별).

mi·cra [máikrə] 〈명〉 micron의 복수형.

mi·cri·fy [máikrəfài] 〈타동〉 미소화[작게] 하다.

mi·cro [máikrou] 〈명〉 (〈복〉 ~**s**) 1 아주 작은[미세한] 것, 미세한 것. 2 (구어) =microcomputer. 3 (구어) 마이크로[미시] 경제학. 4 =microskirt. — 〈형〉 1 아주 작은, 초(超) 미니의; 미세(미력)한. 2 마이크로컴퓨터의. 3 마이크로[미시] 경제학의.

mi·cro- [máikrou, -krə] 〈연결〉 다음 뜻을 나타낸다 (* 모음 앞에서는 micr-). 1 very small의 뜻. ¶*microcosm*. 2 enlarging의 뜻. ¶*microscope*. 3 microscopic의 뜻. ¶*microchemistry*. 4 one millionth part의 뜻. ¶*microgram*.

mi·cro·a·nal·y·sis [màikrouənǽləsis] 〈명〉 (〈복〉 **-ses**)〔화학〕미량 분석; 〔경제〕미시 분석.

mi·cro·bal·ance [màikroubǽləns] 〔화학〕 미량 천칭(天秤).

mi·cro·bar [máikrəbɑ̀ːr] 〈명〉 마이크로바(압력의 cgs단위; 100만 분의 1바).

mi·crobe [máikroub] 〈명〉 미생물, 세균(germ), 병원균(病原菌). ~**·less** 〈형〉 전자 방사선.

mi·cro·beam [máikroubìːm] 〈명〉 〔전자〕 마이크로

mi·cro·bi·al [maikróubiəl] 〈형〉 미생물(균)에 의한.

micróbial céll 〈생물〉 미생물의 균체(菌體)

micróbial transformátion 〈명〉〔생물〕미생물 변환(biological conversion). 「=**microbic**」

mi·cro·bi·an [maikróubiən] 〈형〉 =microbial. (또는 microbic)

mi·cro·bi·ol·o·gy [màikroubaiάlədʒi/-ɔ́l-] 〈명〉 미생물학, 세균학. **-o·lóg·ic, -o·lóg·i·cal** 〈형〉 **-gist** 〈명〉

mi·crob·ism [máikroubìzm] 〈명〉〈U〉〔병리〕(세균·미생물에 의한) 감염증, 부패, 화농(化膿).

mícro bóok (확대경으로 읽는) 아주 작은 책, 초소형본(本). (또는 **mícrobòok**)

mi·cro·bot [máikroubɑ̀t/-bɔ̀t] 〈명〉 초(超)소형 로봇.

mi·cro·brew [máikroubrùː] microbrewery 제 맥주. ~**·er** 〈명〉

mi·cro·brew·er·y [màikroubrúːəri] 〈명〉 (맥주 부위의) 소형[지역] 양조장[업자].

mi·cro·burst [máikrəbəːrst] 〈명〉〔기상〕 순간 돌풍 (국지적인 강한 하강 기류).

mi·cro·bus [máikroubʌ̀s] 〈명〉 마이크로버스.

mi·cro·cam·er·a [máikroukǽmərə] 〈명〉 (〈복〉 ~**s**) 현미경 사진용 카메라.

mi·cro·cap·sule [máikroukǽpsəl, -sjuːl] 〈명〉 (약품의) 미소 캡슐. 「축사(縮寫) 사진 카드」

mi·cro·card [máikroukɑ̀ːrd] 〈명〉 (때로 M-) (상표)

mi·cro·cas·sette [máikroukəsét] 〈명〉 마이크로 카세트(초소형 카세트 테이프 또는 테이프 리코더).

mi·cro·ce·phal·ic [màikrousəfǽlik] 〈형〉 1 〔인류〕 소두(小頭)의; 〔병리〕 이상(異常) 소두의(〈참〉 megacephalic), (또는 **microcephalous**)

mi·cro·ceph·a·ly [màikrouséfəli] 〈명〉〈U〉 이상 소두증. 〈참〉 macrocephaly

mi·cro·chem·is·try [màikroukémistri] 〈명〉〈U〉 미량 화학. **-chém·i·cal** 〈형〉

mi·cro·chip [máikroutʃìp] 〈명〉 〔전자〕 마이크로칩, 반도체 집적 회로 소자.

mi·cro·chro·nom·e·ter [màikroukrənάmətər/-nɔ́m-] 초(秒)시계. 「(微小) 회로.」

mi·cro·cir·cuit [máikrousə̀ːrkit] 〈명〉〔전자〕 미소

mi·cro·cir·cuit·ry [màikrousə́ːrkitri] 〈명〉〔컴퓨터〕 (집합적) 초소형[마이크로] 회로, 직접 회로.

mi·cro·cir·cu·la·tion [màikrousəːrkjəléiʃən] 〈명〉〔생리〕 미소(微小) 순환(계). **-cír·cu·la·tò·ry** 〈형〉

mi·cro·cli·mate [máikrouklàimit] 〈명〉 미(微)기후 〔기상〕. **-mát·ic** 〈형〉 **-mát·i·cal·ly** 〈부〉

mi·cro·cli·ma·tol·o·gy [màikrouklàimətάlədʒi/-tɔ́l-] 〈명〉〈U〉 미(微) 기후학. **-to·lóg·i·cal** 〈형〉 **-i·cal·ly** 〈부〉 **-gist** 〈명〉

mi·cro·close [-klóuz] 〈형〉 대단히 가까운[정밀한].

mi·cro·coc·cus [màikrəkάkəs/-kɔ́k-] 〈명〉 (〈복〉 **-ci** [-sai]) 〔세균〕 미구균(微球菌). **-cóc·cal** 〈형〉

mi·cro·code [máikroukòud] 〈명〉 〔컴퓨터〕 microprogramming (미소 프로그램 작성)용 코드.

mi·cro·com·po·nent [màikroukəmpóunənt] 〈명〉〔오디오〕마이크로컴포넌트, 초소형 컴포넌트(mini-component보다 더 소형인 것).

mi·cro·com·put·er [máikroukəmpjùːtər] 〈명〉 소형 컴퓨터; =microprocessor.

mi·cro·con·ti·nent [màikroukɑ́ntənənt/-kɔ́nt-] 〈명〉 〔지질〕 대륙형 소암반(小岩盤).

mi·cro·cop·y [máikroukɑ̀pi/-kɔ̀pi] 〈명〉 축소 복사 (microfilm에 담은 것). — 〈동〉 축소 복사하다.

mi·cro·cór·ne·al léns [-kɔ́ːrniəl-] 〈명〉 소각막 (小角膜) 렌즈(각막만을 덮는 소형 콘택트 렌즈).

mi·cro·cosm [máikrəkɑ̀zm/-kɔ̀zm] 〈명〉 1 소우주 (〈참〉 macrocosm). 2 소세계(세계의 축도(縮圖)로서의 사회·사기지·마을 따위); 축도; (우주의 축도로서의) 인간. 3 〔생태〕 미소(微小) 생태계. (또는 **microcosmos**)

in microcosm 축도(縮圖)의; 소규모로.

-cos·mic [-kάzmik] 〈형〉 소우주의, 소세계의.

microcósmic sált 〔화학〕 인산염.

mi·cro·crack [máikroukrǽk] 〈명〉 (유리 따위의) 미소(微小) 균열. — 〈동〉 미소 균열이 생기다, 미소 균열을 만들다. 「(細結晶)」

mi·cro·crys·tal [máikroukrìstl] 〈명〉 미세 결정(微

mi·cro·crys·tal·line [máikroukrístəlàin, -lin] 〈형〉 미정질(微晶質)의, 미세한 결정으로 이루어진.

mi·cro·cul·ture [máikroukʌ̀ltʃər] 〈명〉 1 〈U〉〈C〉 소집단[소수 민족] 문화; 소[하위] 문화권(subculture). 2 〈U〉 (미생물·세포 따위의) 현미경 관찰용의 배양.

mi·cro·cu·rie [máikroukjùəri] 〔물·화〕 마이크로퀴리(100만분의 1 curie).

mi·cro·cyte [máikrəsàit] 〈명〉 1 미소(微小) 세포, 미소체. 2 〔병리〕 소적혈구. **-cýt·ic** 〈형〉

mícro dilémma 〈명〉 단기적으로는 좋으나 장기적으로 나쁜 결과를 초래하는 상황.

mi·cro·dis·sec·tion [màikroudisékʃən] 〈명〉〈U〉 현미 해부(顯微解剖). 「〔생태〕 미소 분포.」

mi·cro·dis·tri·bu·tion [màikrədistrəbjùːʃən] 〈명〉

mi·cro·dot [máikroudɑ̀t/-dɔ̀t] 〈명〉 마이크로도트 (점의 크기로까지 축소한 사진). — 〈동〉 (**-tt-**) (사진·그림 따위)를 마이크로도트화(化)하다.

mi·cro·earth·quake [màikrəːrθkwèik] 〈명〉 미소 지진. (또는 **microquake**)

mi·cro·ec·o·nom·ics [màikrouèkənάmiks/-nɔ́m-] 〈명〉 (단수취급) 미시(微視) 경제학. 〈참〉 macroeconomics **-nóm·ic** 〈형〉 **-e·cón·o·mist** 〈명〉

mi·cro·e·lec·trode [màikrouiléktroud] 〈명〉 현미 전극(電極).

micro-eléctromechánical sýstems 〈명〉 미세 전자·기계 시스템(미세한 센서, 모터, 노즐 따위 기계장치를 컴퓨터칩 위에 탑재한 첨단 전자 기계장비로 외부 환경 변화에 자동대처하도록 고안됨; 〈약〉 MEMS).

mi·cro·e·lec·tron·ics [màikrouilèktrάniks, -iːi-/-trɔ́n-] 〈명〉 (단수취급) 미소[마이크로] 전자 공학. **-trón·ic** 〈형〉

mi·cro·el·e·ment [màikrouéləmənt] 〈명〉 〔식물〕 미량(微量) 원소(생육에 필요한 극미(極微) 화학 원소).

mi·cro·en·cap·su·late [màikrəinkǽpsjulét]

microenvironment 1742 **Micronesian**

(약 따위 극소량의 것을) 마이크로캡슐에 넣다. **-en·càp·su·lá·tion** 명

mi·cro·en·vi·ron·ment [màikrouenváiərənmənt] 명 〔생태〕 =microhabitat.

mi·cro·ev·o·lu·tion [màikrouèvəlúːʃən/-ìːvə-] 명 〔생물〕 소(小)진화(돌연변이의 누적에 의한 종내(種內) 변종 따위). **~·ar·y** 명

mi·cro·far·ad [máikroufærəd] 명 〔전기〕 마이크로 패럿(전기 용량의 실용 단위; 100만분의 1 패럿).

mi·cro·fer·ti·li·za·tion [màikroufəːrtəlaizéiʃən] 명 =micro insemination.

mi·cro·fi·ber [máikroufàibər] 명 마이크로 파이버(지름 몇 미크론 굵기의 초미세 합성 섬유).

mi·cro·fiche [máikrəfìːʃ] 명 (복 **~(s)**) 마이크로 피시(여러 페이지 분의 내용을 수록하는 마이크로필름 카드). ── 타 마이크로피시에 넣다[기록하다].

mi·cro·fil·a·ment [màikrəfíləmənt] 명 〔세포〕 미세 섬유, 미세계(系). **-fil·a·mén·tous** 형

mi·cro·film [máikroufìlm] 명자U 마이크로필름, 축소 사진 필름. ── 타 …을 마이크로필름에 담다.

mícrofilm plòtter 명 〔컴퓨터〕 마이크로필름 플로터(출력을 필름에 플롯하는 incremental plotter).

mí·cro·fíne tóner [máikroufàin-] 명 (레이저 프린터 등의) 마이크로파인 토너.

mi·cro·flop·py [máikrouflɑ̀pi/-flɔ́pi] 명 〔컴퓨터〕 마이크로플로피(**~** disk)(지름 3.5인치).

mi·cro·form [máikroufɔ̀ːrm] 명자U 마이크로폼(미소 축사(縮寫)용 재료). ── 타 …을 마이크로폼 상에 미소 축사(縮寫)하다.

mi·cro·fos·sil [màikroufɑ́səl/-fɔ́s-] 명 〔생물〕 미(微)화석(현미경을 사용하여야 식별 가능한 미세한 화석).

mi·cro·gauss [máikrəgàus] 명 〔전기〕 마이크로가우스(100만분의 1 가우스). 「만분의 1그램).

mi·cro·gram¹ [máikrəgræ̀m] 명 마이크로그램(100

microgram² 현미경 사진(=micrograph).

mi·cro·graph [máikrəgræ̀f, -gràːf] 명 1 세서(細書)용구. 2 현미경 사진[도(圖)]. 3 미동(微動)확대 측정기.

mi·cro·graph·ics [màikrəgrǽfiks] 명자복(단수취급) 1 미소 축쇄(縮刷)(사진이나 인쇄물의 축소 방법). 2 마이크로 그래픽스업(業).

mi·crog·ra·phy [maikrɑ́grəfi/-krɔ́g-] 명U 1 현미경도(圖). 2 현미경에 의한 검사[연구](⇔ macrography). 3 세서술(細書術). **-pher** 명 **cro·gráph·ic** 형

mi·cro·grav·i·ty [máikrougræ̀vəti] 명 마이크로 중력(인공 위성의 무중력 상태 및 이를 이용한 실험 기술).

mi·cro·groove [máikrougrùːv] 명 1 (LP 레코드의) 미세한 홈. 2 (microgroove로 된) LP 레코드.

mi·cro·hab·i·tat [màikrəhǽbitæ̀t] 명 〔생태〕 미(微)환경(바위 틈·풀 숲 등 미생물 생장에 적합한 곳).

mi·crohm [máikroum] 명 〔전기〕 마이크로옴(전기 저항 단위; 100만분의 1옴; 기호 μΩ).

mi·cro·in·jec·tion [màikrouindʒékʃən] 명자U 〔생물〕 현미(顯微) 주사.

mícro insemination 명 현미 수정(현미경을 이용해 정자를 난자에 수정시키는 체외 수정).

mi·cro·in·struc·tion [màikrouinstrʌ́kʃən] 명 〔컴퓨터〕 마이크로프로그래밍의 마이크로 명령.

mi·cro·kid [máikroukìd] 명 (속어) (소형) 컴퓨터 광 어린이.

mi·cro·lens [máikrəlènz] 명 〔사진〕 마이크로렌즈 (극소[미소] 사진 촬영용 렌즈). [light].

mi·cro·light [máikrəlàit] 명 초경량 비행기(=ultra-

mi·cro·lith [máikrəlìθ] 명 〔고고〕 세석기(細石器); 〔의학〕 소결석(小結石).

mi·crol·o·gy [maikrɑ́lədʒi/-krɔ́l-] 명U 1 미소물(微小物) 연구. 2 사소한 것을 꼬치꼬치 캠. **-cro·lóg·ic**, **-cro·lóg·i·cal** 형 **-gist** 명

mi·cro·ma·chine [màikrəməʃíːn] 명 1 〔기계〕 미세 기계(실리콘 웨이퍼 위에 기계 소자를 조립하는다). 2 (장난감) 초소형 자동차. **-chín·ing** 명 미세 기계 가공.

mi·cro·man·age [màikrəmǽnidʒ] 타자 (美) 세부 사항[사소한 일]까지 챙기다[통제하다, 관리하다]. **-ag·er**, **-·ment** 명

mi·cro·ma·nip·u·la·tion [màikroumənípjuléiʃən] 명U 1 미세 가공. 2 현미(顯微) 조작[수술](현미경하에서의 세포 조작).

mi·cro·ma·tion [màikrouméiʃən] 명 〔컴퓨터〕 (데이터 처리 결과의) 마이크로필름화(化) (방법). [<*micro*filming+auto*mation*]

mi·cro·me·chan·i·cal [màikrəməkǽnikəl] 형 미소 기계적인, 실리콘에 미세한 기계 가공을 하는.

mi·cro·me·chan·ics [màikrəməkǽniks] 명 마이크로 공학(마이크로 기계를 연구·개발하는 분야).

mi·cro·mesh [máikroumèʃ] 형 (스타킹 따위) 올이 매우 촘촘한 눈이 촘촘한.

mi·cro·me·tas·ta·sis [màikroumətǽstəsis] 명 (복 **-ses**) 〔의학〕 (암세포의) 미소 전이(轉移).

mi·cro·me·te·or·ite [màikroumíːtiəràit] 명 〔천문〕 미소 운석(隕石); 우주진(塵)(cosmic dust).

mi·cro·me·te·or·oid [màikroumíːtiərɔ̀id] 명 미소 유성체.

mi·cro·me·te·or·ol·o·gy [màikroumìːtiərɑ́lədʒi/-rɔ́l-] 명U 미(微)기상학. **-or·o·lóg·i·cal** 형

mi·crom·e·ter¹ [maikrɑ́mətər/-krɔ́m-] 명 1 (망원경·현미경에 붙어 있는) 측미척(測微尺)[기], 마이크로미터. 2 (또는 **mike**) =**~ caliper**. (micrometer¹ 2)

mi·cro·me·ter² [máikrəmìːtər] 명 =micron 1.

micrómeter cáliper 명 측미(測微) 칼리퍼스.

micrómeter scréw 명 (마이크로미터용) 측미 나사.

mi·crom·e·try [maikrɑ́mətri/-krɔ́m-] 명U 측미법(法), 마이크로미터에 의한 계측(법). **-cro·mét·ric**, **-cro·mét·ri·cal** **-cro·mét·ri·cal·ly** 부

mi·cro·mi·cron [màikroumáikrɑn/-krɔn] 명 micron의 100만분의 1(⑦ μμ, mu mu).

mi·cro·mil·li·me·ter [màikroumíləmìːtər] 명 마이크로 밀리미터(1밀리미터의 100만분의 1). (또는 **millimicron, nanometer**)

mi·cro·min·i [màikroumíni] (구어) 명 (전자 장치가) 초소형의. ── 명 1 초소형의 것. 2 =microskirt. 3 =microminicomputer.

mi·cro·min·i·a·ture [màikroumíniətʃər] 형 (전자 부품의) 초소형(超小型)인.

mi·cro·min·i·a·tur·ize [màikroumíniətʃəràiz] 타자 (전자 장치 따위)를 초소형화하다. **-i·zá·tion** 명

mi·cro·mi·ni·com·put·er [màikroumínikəmpjùːtər] 명 (16비트(이상)의 마이크로프로세서를 쓴) 마이크로 미니 컴퓨터.

mi·cro·mod·ule [màikroumɑ́dʒuːl/-mɔ́dju:l] 명 (인공 위성 따위에 쓰이는) 초(超)소형 전자 회로.

mi·cro·mor·phol·o·gy [màikroumɔːrfɑ́lədʒi/-fɔ́l-] 명 1 〔토양〕 미(세) 형태[구조]; 〔야금〕 미구조(微構造). 2 〔생물〕 미(微) 형태학. **-pho·lóg·ic**, **-pho·lóg·i·cal** **-pho·lóg·i·cal·ly** 부

mi·cro·mount [máikrəmàunt] 명 미소 표본(쌍안(雙眼) 현미경으로 관찰하기 쉽도록 한 작은 광물 표본).

mi·cron [máikrɑn/-krɔn] 명 (복 **~s**, **-cra** [-krə]) 1 미크론(100만분의 1미터; ⑦ μ)(⇔ bicron). 2 [물·화] (직경 0.2~10μ의) 교상(膠狀) 미립자, 미크론.

mi·cro·nee·dle [máikrəunìːdl] 명 현미침(針).

Mi·cro·ne·sia [màikrəníːʒə, -ʃə/-ziə] 명 미크로네시아(태평양 북서부의 군도로 연방국; 수도 Palikir).

Mi·cro·ne·sian [màikrəníːʒən, -ʃən/-ziən] 형 미크로네시아의; 미크로네시아인[어]의. ── 명 미크로

micronize 네시아인; ⓤ 미크로네시아어.
mi·cron·ize [máikrənàiz] 图⑬ …을 (미크론 크기로) 미분화(微粉化)하다. **-i·zá·tion** 图ⓤ 미분화.
mi·cro·nu·cle·us [màikrounjú:kliəs/-njú:-] 图 〔동물〕 (섬모충의) 소핵(小核), 부핵(副核). **-cle·ar** 图
mi·cro·nu·tri·ent [màikrounjú:triənt/-njú:-] 图 미량 영양소(철분 따위처럼 미량으로 작용하는 영양소).
mi·cro·or·gan·ism [màikrouɔ́:rgənìzm] 图 미생물. **-or·gán·ic, -òr·gan·ís·mal** 图
Mi·cro·pac·er [máikroupèisər] 图 〔상표〕 마이크로페이서(배터리 구동식 초소형 컴퓨터가 장비된 운동화).
mi·cro·pa·le·on·tol·o·gy [màikrəpèiliəntálədʒi, -pæl-/-ɔntɔl-] 图 미(微)고생물학(미화석(微化石)을 다 **-to·lóg·ic, -to·lóg·i·cal** 图 **-gist** 图 「룬다.
mi·cro·par·ti·cle [màikroupá:rtikl] 图 미립자.
mi·cro·pho·bi·a [màikrəfóubiə] 图 〔정신의학〕 미생물 공포증(병원균 따위의 미생물에 대한 공포증).
‡**mi·cro·phone** [máikrəfòun] 图 **~s** [-z] 마이크로폰(mike); (라디오 따위의) 송화기. ¶ **speak at** [or **into**] **a** ~ 마이크를 향해 이야기하다. **-phón·ic** 图
mícrophone bòom 图 〔TV〕 마이크로폰 붐(마이크로폰을 매다는 가로대).
mi·cro·pho·to·graph [màikrəfóutəgræf, -gràːf] 图 1 =microfilm. 2 축소 사진. 3 =photomicrograph. **-pho·to·gráph·ic** 图
mi·cro·phys·ics [màikrəfíziks] 图⑪ 〔단수취급〕 미시적 물리학(분자·원자·원자핵 따위의 연구)(↔ macrophysics). **-phýs·i·cal** 图 「아. **-phýt·ic** 图
mi·cro·phyte [máikrəfàit] 图 미소 식물; 박테리아
mi·crop·o·lis [maikrápələs/-krɔ́p-] 图 (대도시에 필적할 시설을 갖춘) 소형 도시.
mi·cro·pop·u·la·tion [màikroupàpjuléiʃən/-pɔ̀p-] 图 〔생태〕 미생물 집단; 협역(狭域) 생물 집단.
mi·cro·pore [máikrəpɔ̀ːr] 图 미소한 구멍, 세공 (細孔), 미소공(微小孔), 미소 공동. **-pó·rous** 图
mi·cro·print [máikrəprìnt] 图 마이크로프린트, 축소 사진 인화. ── 图⑬ …의 마이크로프린트를 만들다.
mi·cro·prism [máikrəprìzm] 图 〔사진〕 마이크로프리즘(초점판(focusing screen) 위의 미소 프리즘).
mi·cro·probe [máikrəpròub] 图 마이크로프로브. 1 〔물·화〕 분광 분석법의 일종. 2 〔외과〕 마이크로 수술에 쓰는 작은 탐침(探針).
mi·cro·proc·ess [màikroupráses/-próu-] 图⑬ 〔데이터〕 마이크로프로세서로 처리하다. **-ing** 图
mi·cro·próc·ess·ing ùnit [màikrouprásesiŋ] 图 〔컴퓨터〕 초소형 연산(演算) 처리 장치.
mi·cro·proc·es·sor [màikrouprásesər/-próu-] 图 〔컴퓨터〕 마이크로프로세서, 초소형 처리 장치(중앙 처리 장치(CPU)의 기능을 모두 갖춘 초소형 집적 회로).
mi·cro·pro·gram [màikroupròugræm] 图 〔컴퓨터〕 마이크로프로그램(마이크로프로그래밍에서 쓰는 routine). ── 图⑬ 〔컴퓨터〕에 마이크로프로그램을 짜넣 **-pró·gram·ma·ble** 图 「다.
mi·cro·pro·gram·ming [màikroupróugræmiŋ] 图 〔컴퓨터〕 마이크로프로그래밍(기본 명령을 재분석해 기본 명령을 프로그래밍하는 것).
mi·crop·sia [maikrápsiə/-krɔ́p-] 图 〔병리〕 소시중(小視症)(작게 보이는 시각 장애). (또는 **micropsy**)
mi·cro·pub·li·ca·tion [màikrəpÀblikéiʃən] 图 1 마이크로필름[마이크로피시] 출판. 2 그 출판물.
mi·cro·pub·lish [máikrəpÀbliʃ] 图⑬ 마이크로필름[마이크로피시]으로 출판하다. **~·er, ~·ing** 图
mi·cro·pul·sa·tion [màikroupÀlséiʃən] 图 〔지구물리〕 지자기(地磁氣) 미맥동(微脈動). 「quake.
mi·cro·quake [máikroukwèik] 图 =microearth-
mi·cro·ra·di·o·gram [màikrouréidiəgræm, -gràːf] 图 미세 X선 사진(초미립자 고해상도 건판 사용). **-rà·di·o·gráph·ic** 图 **-rà·di·óg·ra·phy** 图

mi·cro·read·er [máikrouriːdər] 图 마이크로리더 (마이크로필름을 확대 투사하는 장치).
mi·cro·re·pro·duc·tion [màikrəriːprədÁkʃən] 图 미세 복제; 미세 복제 기술.
mi·cro·rev·o·lu·tion [màikrourèvəlúːʃən] 图 마이크로 혁명(미세 기술에의 대변혁).
mi·cro·rock·et [máikrərákit] 图 마이크로로켓.
micros. microscopy. ㅣ(실험용 극소형 로켓).
mi·cro·sam·ple [máikrəsæmpl] 图 현미 시료(顕微試料)(실험 따위에 쓰는 물질의 극소 표본).
‡**mi·cro·scope** [máikrəskòup] 图 1 현미경. 2 (the M-) 〔천문〕 현미경자리(Microscopium). 〔하다. **put...under the microscope** …을 철저히 조사
*****mi·cro·scop·ic** [màikrəskápik/-skɔ́p-] 图 1 현미경으로밖에 보이지 않는(판별할 수 있는). (↔ organism 미생물. 2 현미경의; 현미경을 쓰는(필요로 한). ¶a ~ **examination** 현미경 검사. 3 (구어) 아주 작은, 미세한. 4 현미경적인, 미시적인. ¶~ **exactness** 현미경적인 정확성. (또는 **microscopical**) 5 〔물리〕 미시적인. 6 극미체 범위의. ¶**with** ~ **care** 매우 주의 깊게. **-i·cal·ly** 團 「(미경 (숙련) 사용자[전문가].
mi·cros·co·pist [maikrÁskəpist/-krɔ́s-] 图 현
mi·cros·co·py [maikrÁskəpi, máikrəskòupi/ maikrɔ́skə-] 图 현미경 사용(법); 현미경 검사.
mi·cro·sec·ond [máikrəsèkənd] 图 마이크로초 (秒)(100만분의 1초; 기호 μsec). 「(구어 얇은 절편(切片).
mi·cro·sec·tion [máikrəsèkʃən] 图 현미경 검사
mi·cro·seism [máikrousàizm/-∠-] 图 〔지질〕 맥동(脈動)(지진 이외의 원인에 의한 지각의 미약한 진동).
mi·cro·seis·mic, -seis·mi·cal 图
mi·cro·seis·mo·graph [màikrousáizməgræf, -gràːf] 图 미진계(微震計).
mi·cro·seis·mom·e·try [màikrousaizmámətri/-mɔ́m-] 图 미진 측정법.
mi·cro·skirt [máikrouskə̀ːrt] 图 마이크로스커트, 초(超)미니스커트. 「(때의) 순간적인 잠, 깜박 졸기.
mi·cro·sleep [máikrəsliːp] 图 〔생리〕 (깨어 있을
Mi·cro·soft [máikrousɔ́ːft, -sàft/-sɔft] 图 마이크로소프트. 1 〔상표〕 마이크로컴퓨터의 OS. 2 미국의 소프트웨어 회사(~ Corp.). 「원도.
Mícrosoft Wíndows 图 〔상표〕 마이크로소프트
mi·cro·some [máikrəsòum] 图 〔생물〕 (원형질내의) 미립자, 마이크로솜. 〔skòup〕 图 현미 분광기.
mi·cro·spec·tro·scope [màikrouspéktrə
mi·cro·sphere [máikrəsfìər] 图 〔생물〕 마이크로스피어(중심 소체(小體)를 둘러싼 투명한 부위).
mi·cro·spore [máikrəspɔ̀ːr] 图 〔식물〕 1 소포자 (小胞子). 2 화분립(花粉粒) (pollen grain). **-spór·ic, -spór·ous** 图 「신흥 독립 국가.
mi·cro·state [máikroustèit] 图 미니 국가, 작은
mi·cro·strip [máikroustrìp] 图 〔통신〕 마이크로스트립(dish antenna를 대신하는 얇은 원반할 안테나).
mi·cro·struc·ture [máikroustrÀktʃər] 图 1 〔물리〕 미세 구조(원자·분자 정도의 미시적 스케일로 보는 물질의 구조). 2 〔야금〕 현미경 조직. **-tur·al** 图
mi·cro·stud·y [máikroustÀdi] 图 (어떤 분야의) 극소 부분의 연구, 한정적[특수] 연구.
mi·cro·sur·ger·y [máikrousə̀ːrdʒəri] 图⑪ 현미 외과 수술[해부]. **-sùr·gi·cal** **-súr·geon** 图
mi·cro·switch [máikrouswìtʃ] 图 마이크로스위치(자동 제어 장치의 고감도 스위치).
mi·cro·teach·ing [máikroutìːtʃiŋ] 图 마이크로 티칭(교생이 소규모 학급을 단시간 가르치는 수업 연습; 녹화하여 후에 평가·검토한다).
mi·cro·tech·nic [máikroutèknik] 图 마이크로 기술(광학·전자 현미경을 이용 조작하는 기술).
mi·cro·tech·nol·o·gy [màikroutèknálədʒi/ -nɔ́l-] 图 마이크로 공학(초소형 전자공학(microelec-

tronics)을 사용하는 기술).

mi·cro·tek·tite [màikroutéktait] [명] 〔지질〕 미소[극미(極微)] 텍타이트(해양 침전물이나 극지 얼음 속에서 볼 수 있는 흑요석의 일종).

mi·cro·text [máikroutèkst] [명] 마이크로텍스트(마이크로필름화된 텍스트).

mi·cro·tex·ture [máikroutèkstʃər] [명] 〔지질〕 (암석 따위의) 미세 구조, 미소 구성 특질. **-tur·al** [형]

mi·cro·the·o·ry [máikrouθìːəri] [명] 마이크로 이론(개개의 작은 현상을 설명하는 이론). [참] macrotheory

mi·cro·tome [máikrətòum] [명] 마이크로톰(현미경 검사용 생물 조직의 얇은 절편을 만드는 기기).

mi·cro·trans·mit·ter [máikroutrænsmìtər] [명] 초소형 발신장치(감시·추적 따위에 쓰임).

mi·cro·tu·bule [màikroutjúːbjuːl] [명] 〔생물〕 미세소관(小管)(세포질에 있는 속이 빈 가는 관).

mi·cro·vas·cu·lar [màikrouvǽskjulər] [형] 〔해부〕 미세 혈관의[에 관한].

mi·cro·ves·sel [màikrouvésəl] [명] 〔해부〕 미세 혈관.

mi·cro·vil·lus [màikrouvíləs] [명] ([복] ***-li*** [-lai, -liː]) 〔생물〕 미세 융모(絨毛), 융모 모양 돌기(突起). **-vil·lar, -vil·lous** [형]

mi·cro·volt [máikrəvòult] [명] 〔전기〕 마이크로볼트(기전력(起電力) 또는 전위차(電位差)의 단위; 100만분의 1볼트; [기] μW, μw).

mi·cro·watt [máikrəwɑ̀t/-wɔ̀t] [명] 〔전기〕 마이크로와트(100만분의 1와트; [기] μV, μv).

mi·cro·wave [máikrouwèiv] [명] 마이크로웨이브, 극초단파(極超短波)(파장 1m 이하의 전파). **2** 전자 레인지(~ oven). **—** [형] **1** 마이크로웨이브의. **2** 전자레인지의; 전자레인지(조리)용의. **—** [동][타] …를 전자 레인지로 요리하다[에 넣다]. **—** [자] 전자 레인지를 쓰다. **-wáv(e)·a·ble** [형]

mícrowave lánding sỳstem [명] 〔항공〕 극초단파[마이크로파] 착륙 유도장치([약] MLS).

mícrowave òven [명] 전자 레인지.

mícrowave sìckness [명] 〔병리〕 극초단파 심신장해(극초단파에 의한 순환 기관·중추 신경 따위의 장애).

mi·cro·world [máikrouwə̀ːrld] [명] 극미 세계(현미경하의 미세한 세계).

mi·cro·writ·er [máikrouràitər] [명] (휴대용) 소형 「PC.

mi·cro·zyme [máikrəzaim] [명] 발효 미생물.

mi·crur·gy [máikrəːrdʒi] [명] (현미경을 써서 하는) 현미(顯微) 조작(법); 〔생물·의학〕 현미 해부[수술].

mic·tu·rate [míktʃurèit] [동][자] 방뇨(放尿)하다, 오줌을 누다(urinate).

mic·tu·ri·tion [mìktʃuríʃən] [명][U] 방뇨.

MICV *m*echanized *i*nfantry *c*ombat *v*ehicle(기계화 보병 전투차).

***mid**[1] [mid] [형] (복합어로) **1** 중앙의, 한가운데의, 중부의, 중간의. ¶in ~ air 공중에 / in ~ career 중도에서. **2** 〔음성〕 중위(中位) 모음의, 반개음(半開音)의.

mid[2] [전] (문어·시) =amid. (또는 **'mid**)

mid. middle. **M.I.D.** *M*aster of *I*ndustrial *D*esign.

mid- [mid] [연결] middle, middle part of의 뜻. ¶*mid*brain, *mid*day, *mid*-Victorian.

mid·af·ter·noon [mídæftərnúːn/-ɑ̀ːf-] [명][U][형] 오후 중반(의)(오후 3-4시 전후).

mid·air [midέər] [명][U] 공중, 상공.

Mi·das [máidəs/-dæs] [명] **1** 〔그리스 신화〕 미다스(Phrygia의 왕; Dionysus로부터 손에 닿는 것을 모두 황금으로 바꾸는 힘을 부여받았다고 한다). **2** 큰 부자(富者), 부호; 돈벌이 명수.

MIDAS [máidəs] [명] (美) 〔군사〕 미사일 방어 경보 시스템; 미사일 발사 조기 경보용 인공위성. 〔<*Mi*ssile *D*efense *A*larm *S*ystem〕 「[참] Midas.

Mídas tòuch [명] (the ~) 돈벌이 재주[수완].

mid-At·lan·tic [ˊætlǽntik, -ət-] [형] **1** 중부대서양 (연안)의. **2** (행동·언어 따위가) 영미 절충[혼합]의; 영미 중간 영어의.

mid·band [mídbæ̀nd] [명] 〔전자〕 중주파대(中周波帶).

mid·brain [mídbrèin] [명] 〔해부〕 중뇌(中腦).

mid·course [mídkɔ̀ːrs] [형] 코스의 중간점의; (우주선의) 중간 궤도의. **—** [명] **1** 코스의 중간점. **2** 〔로켓〕 중간 궤도. 「위의) 중간 항로[궤도] 수정.

mídcourse corréction [명] (선박·비행기·로켓 따

mid·cult [mídkʌ̀lt] [명][U][C] (때로 M-) (美) (고급 문화와 대중 문화 사이의) 중간 문화; 중류 문화. **—** [형] 중간[중류] 문화의. 〔<*mid*dlebrow+*cul*ture〕

***mid·day** [míddèi, ˊˊ] [명][U] 정오, 한낮(noon). **—** [형] 정오의, 한낮의. ¶a ~ meal 점심 식사.

mid·den [mídn] [명] 퇴비[거름](더미); 쓰레기더미; 〔고고〕 패총(貝塚); (방언) 쓰레기통.

mid·der [mídər] [명] (속어) 산파술, 산(産)구완.

mid·die [mídi] [명] (구어) =midshipman.

‡**mid·dle** [mídl] [형] **1** (거리·시간·수 따위) 한가운데의, 중앙의; 중간의[에 개재(介在)하는]. ¶a ~ brother 3 형제 중 둘째 / the ~ point of a line 선분의 중점 / take a ~ point of view 중간 견해를 취하다. **2** 중위(中位)의, 중등의; 중류의, 평균적인. ¶a man of ~ size 보통 몸집의 남자. **3** (종종 M-) 중기(中期)의; 중세(中世)의. ¶the *M*- ~ Devonian 중기 데본기(紀)의. **4** 〔언어〕 (그리스어 등의) 중간태(中間態)의. **5** 〔해사〕 중앙 돛대의; 중앙 돛대에 묶은. **6** 〔논리〕 중명사(中名辭)의. **—** [명] ([복] **~s** [-z]) (the ~) **1** (위치·시간의) 중앙, 중점(中點), 한가운데, 중부. ¶heads, ~*s*, and roots of plants 식물의 잎, 줄기, 뿌리의 부분 / the ~ of the land 국토의 중앙부 / the ~ of the night 한밤중 / about the ~ of the 19th century 19세기 중엽에.

> [유의어] **middle** 시간·공간·활동 과정의 중심[중간]부. **center** 원(圓) 모양·구(球) 모양의 정확한 중심점; 사물이 거기에 집중하고, 또는 거기에서 방사상(放射狀)으로 발하는 중심. **midst** =middle; in, into, from, out of 따위와 함께 전치사구 안에서 쓰인다.

2 (the ~, one's ~) (인체의) 몸통, 허리. ¶get fat around one's ~ 배가 나오다. **3** (행위의) 중도, 한창. ¶in the ~ of a meal[study] 식사[연구]의 한창때[중도]에. **4** (the ~) (입장·견해 따위의) 중도(中道); 매개자, 중재자. **5** 〔논리〕 =~ term. **6** 〔문법〕 (그리스어 동사의) 중간태(態)(형태상으로는 수동태이며 의미는 능동태인 태). **7** (英) =~ article. **8** (~s) 〔상업〕 중급품. **9** 〔축구〕 윙이 골문 앞으로 골을 보내기; 〔크리켓〕 중앙 문주(門柱)를 막는 타구채 자세. **10** 〔야구〕 2루와 유격수의 중간; (스타라이크 존의) 한 가운데. **11** 발고랑.

be brought in the middle 중간에 끼여 이도저도 못하게 되다.

be caught in the middle 중간[사이]에 끼다, 샌드위치 신세가 되다; 모호한 상태에 빠지다. 「여.

down the middle 꼭 한가운데에, 반반으로, 절반하

in the middle of …의 도중에; …의 중앙에; 중간 무렵에.

in the middle of nowhere ⇨NOWHERE. 「렵에.

knock [or ***send***] *a person* ***into the middle of next week*** (속어) 남을 내쫓다, 해치우다.

play both ends against the middle (두 적끼리 서로 싸우게 하여) 어부지리를 얻다.

— [동][타] **1** …을 한가운데에 두다. **2** 〔해사〕 〔밧줄·돛 따위〕를 한가운데에서부터 둘로 개다[접다]. **3** 〔축구〕 〔공〕을 윙에서 센터로 보내다.

míddle áge [명] 중년, 초로(初老).

***mid·dle-a·ged** [-éidʒd] [형] 중년[초로]의; 중년다운, 중년 특유의[에 어울리는]. **~·ly** [부] **~·ness** [명]

míddle-age(d) spréad [búlge] 중년 비만, 중년의 나온 배.

Míddle Áges [명][복] (the ~) 중세(기).

Míddle América [명] **1** (집합적) 미국의 중산층. **2**

(미국의) 중서부 지방(Midwest). **3** (멕시코·중앙 아메리카(Central America)·서인도 제도를 포함한) 중부 아메리카. **Middle(-)Américan**
míddle árticle 圖 (英) (신문 등의) 주요 기사와 서평의 중간에 싣는 해설식 기사.
Middle (Atlántic) Státes 圖⒮ (the ~) 미국 중부 대서양 연안의 주(州)(New York, New Jersey 및 Pennsylvania의 세 주).
míd·dle·bréak·er [mídlbrèikər] 圖 =lister².
míd·dle·brow [mídlbràu] 圖圖 (구어·경멸적) 교양이나 지식이 중간 정도인 (사람).
míddle C 圖 (음악) 중앙 '다'음.   「층; 중급, 중등.
míddle cláss 圖 (the ~) 중산 계급, 중류 사회, 중간
*míd·dle-cláss [-klǽs/-klás] 圖 중산 계급의, 중류 사회의; (경멸적) 속물적인. ~·ness 圖
míddle cóurse 圖 (the ~) 중도, 중용(中庸), 타협. *steer* [or *follow, take*] *the middle course* 중도를 가다, 중도 노선을 취하다.
míddle dístance 圖 **1** (the ~) (그림) 중경(中景). **2** (육상) 중거리 경주(보통 800m, 1,500m).
míddle dístillate 圖 (석유) 중유분(中間溜分).
míddle éar 圖 (해부) 중이(中耳).
míd·dle-éarth [-ə́ːrθ] 圖 (고어) (천국과 지옥의 사이에 있는) 이승, 지구.
Míddle Éast 圖 (the ~) 중동. 참 Near East, Far East **Míddle Éastern** 圖 **Míddle Éasterner** 圖
Míddle Énglish 圖 중기 영어(1150–1475년경의 영어; 略 ME).
míddle fínger 圖 가운뎃손가락, 중지(中指). *raise one's middle finger* 중지를 뻗어올려 (남을) 모욕하다.   「프랑스어; 略 MF).
Míddle Frénch 圖 중세 프랑스어(14–16세기경의
míddle gáme 圖 (체스 따위의) 중반전(中盤戰).
míddle gróund 圖 (the ~) **1** =middle distance 1, 2. 중용(中庸), 중도; 중립적인 입장.
míd·dle·gróund·er [-gràundər] 圖 중도를 걷는 [중용을 택하는] 사람.
míd·dle·hand [mídlhænd] 圖 (카드놀이) (세 사람이 하는 게임에서) 두 번째 사람, 가운뎃 사람.
míddle héight 圖 중키, 보통 키.
Míddle Hígh Gérman 圖 중기 고지(高地) 독일어 (1100–1500년경의 고지 독일어; 略 MHG).
míddle-income brácket 圖 중소득층, 중간계층.
míddle inítial 圖 middle name의 머리글자.
Míddle Kíngdom 圖 **1** (고대 이집트의) 중기 왕국(대략 2000–1785 B.C.); (역사) 중국 중심부의 18성(省); (옛날의) 중국. (또는 **Míddle Émpire**)
Míddle Látin 圖 =Medieval Latin.
míddle lég 圖 (속어) 가운데 다리, 페니스(penis).
míd·dle-lév·el [-lèvəl] 圖 중위의, 중간에 위치하는.   「**míddle-lífe** 圖
míddle lífe 圖 =middle age; (英) 중류 생활.
Míddle Lów Gérman 圖 중세 저지(低地) 독일어 (1100–1500년경의 저지 독일어; 略 MLG).
míd·dle·man [mídlmæn] 圖 중매인(仲買人), 중개인; 중간 상인; 매개자, 중재자; 중용을 지키는 사람.
míddle mánagement 圖 (집합적; 단·복수 양용) (기업·관공서의) 중간 관리자층(層), 중간 관리직(사 **míd·de-mánagement** 圖   「람들).
míddle mánager 圖 중간 관리자, 중견 간부.
míd·dle·most [mídlmòust] 圖 한가운데의.
*míddle náme 圖 **1** 중간 이름(William Samuel Johnson의 Samuel). ⇨ CHRISTIAN NAME [주의] **2** (비유적) (one's ~) (눈에 띄는) 특징, 자랑거리.
míddle of the róad 圖 중도(中道)(주의), 중용.
míd·dle-of-the-róad [-əvðəróud] 圖 **1** 중용의, 중도적인 견해의, 온건한. **2** 무난한, (음악이) 누구나 즐길 수 있는, 대중적인. ~·**er** 圖 중도파(온건파)의 사람.

~·**ism** 圖   「기 시대.
Míddle Paleolíthic 圖 (때로 m- p-) (고고) 중석
míddle pássage 圖 (the ~) (종종 M- P-) (역사) 중간 항로(아프리카 서안과 서인도 제도를 잇는 대서양 항로).
Míddle Páth 圖 (the ~) (불교) 중도(中道)(쾌락·금욕의 양극단을 피하는 태도).   「따위).
míd·dler [mídlər] 圖 중간 학년 학생(3년제의 2학년
míddle relíef pítcher 圖 (야구) 중간 계투 투수.
míd·dle-róad·er [-róudər] 圖 중도(온건)파 (인물).
míd·dl·es·cence [mídlésns] 圖 중년기(40–65세의 시기), 숙년(熟年). -**cent** 圖
míddle schóol 圖 중등 학교((美) 초등 학교 고학년과 junior high school)을 포함한 5 또는 6–8학년; (英) 8–12, 9–13세 아동을 위한 공립 학교).
míd·dle-sízed [-sàizd] 圖 중형의.   「States.
Míddle Státes 圖 ⒮ =Middle Atlantic
míddle térm 圖 (논리) (3단 논법의) 중(中)(매(媒) 명사; (수학) 중항(中項).
Míd·dle·town [mídltàun] 圖 (때로 m-) (美) (가공의) 전형적인 중류 도시, 소도시.   「(中間態).
míddle vóice 圖 (the ~) (그리스어 따위의) 중간태
míd·dle·ware [mídlwèər] 圖 (컴퓨터) 미들웨어 (제어 프로그램과 응용 프로그램의 중간 기능을 하기 위한 소프트웨어).
míddle wátch 圖 (해사) 야간 당직, 야반 (심야) 당직(자정부터 새벽 4시까지의 당직).
Míddle Wáy 圖 온건한 중도(中道).
míd·dle·weight [mídlwèit] 圖 평균 체중인 사람; (권투) 미들급 선수. —圖 (권투) 미들급(선수)의.
Míddle Wést 圖 (the ~) (美) 미국 중서부.
Míddle Wéstern 圖 **Míddle Wésterner** 圖
míd·dling [mídliŋ] 圖 **1** (크기·품질·등급 따위가) 중위(중간)인; 보통의, 이류의(secondrate). ¶a ~ performance 보통의 연주/a town of a ~ size 중간 규모의 도시. **2** (구어) (건강·일 따위가) 그저 그런, 웬만한. —圖 (구어) 제법, 알맞게, 상당히.
—圖 (~s) (생산품·상품 따위를 세 등급으로 나눌 경우의) 중품, 2급품; (밀기울을 섞인) 거친 밀가루.
fair to middling (구어) (건강 따위가) 그저 그만한. ~·**ly** 圖   「대체로 좋은.
Middx. Middlesex.   「blouse.
mid·dy¹ [mídi] 圖 (구어) =midshipman; =~
mid·dy² 圖 **1** (濠속어) (맥주 0.5파인트들이) 조끼. **2** (英속어) 변소.   「블라우스.
míddy blóuse 圖 (여자·어린이용의) 세일러복형의
Mid·east [mídìːst] 圖 (the ~) =Middle East.
Mideástern 圖
míd·en·gine [mídèndʒin] 圖 미드엔진의(엔진이 앞뒤 차축 사이에 위치하여 후륜(後輪) 구동을 시키는).
Mid·Eu·ro·pe·an [ʒùərəpíːən] 圖 중부 유럽의.
mid·eve·ning [mídìːvniŋ] 圖 ⓤ 저녁 나절.
mid·field [mídfiːld, ⌐ ⌐] 圖 (경기장의) 미드필드; 필드의 중앙부; (집합적) 미드필드의 선수. ~·**er** 圖
Mid·gard [mídgɑːrd] 圖 (북유럽 신화) 지상, 이 상, 지구. (또는 **Midgarth**)
midge [midʒ] 圖 **1** 작은 벌레(등에·각다귀·모기 따위). **2** 꼬마, 작은 사람.
midg·et [mídʒit] 圖 **1** 꼬마, 난쟁이. ⇨DWARF 유의어 **2** 초(超)소형의 물건. —圖 대단히 작은, 초소형의.
mídget gólf 圖 (구어) =miniature golf.
Midg·et·man [mídʒitmæn] 圖 (美공군) 미지트맨 (소형 이동식 ICBM; 정식 명칭 SICBM(Small Intercontinental Ballistic Missile)).
mid·gut [mídgʌt] 圖 (동물·발생) 중장(中腸).
mid·heav·en [mídhévən] 圖 (점성) 중천(中天), 중공(中空); (천문) 자오선(meridian).
mid·i [mídi] 圖 (구어) 圖 미디(mini와 maxi의 중간 길

Mi·di [miːdiː] 명 1 남녘, 남쪽, 남부(the south). 2 (the ~) 남부 프랑스. [<F midday, south]

MIDI [mídi] 명 [컴퓨터] 미디(국제 표준 인터페이스 시스템) (디지털 방식의 전자 악기를 제어하거나 상호 연동시키는 통일 규격). [<*Musical Instrument Digital Interface*]

mi·di- [mídi] 연결 1 「장딴지 중간 정도의」의 뜻. ¶*midi*skirt. 2 「중형의」의 뜻. ¶*midi*carrier 중형 항공모함.

mi·di·bus [mídibʌs] 명 (美) 중형 버스.

mid·i·nette [mìdɑnét] 명 (파리의) 여점원(양장점의) 여자 재봉사. [<F]

mid·i·ron [mídàiərn] 명 [골프] 2번 아이언(iron).

mi·di·skirt [mídiskəːrt] 명 미디스커트.

mídi sỳstem 명 (오디오) 미디시스템(CD, 테이프, 레코드를 걸 수 있는 유니트 하이파이 장치).

mid·land [mídlənd] 명 1 (the ~) 중부 지방, 내륙부; (the ~s) 잉글랜드 중부 지방. 2 (M-) 잉글랜드 중부 지방의 방언; 미국 중부 방언. —형 1 중부 지방의, 내륙부의; 육지로 둘러싸인. 2 (M-) 잉글랜드 중부 방언의; 미국 중부 방언의.

Mídland díalect 명 (the ~) 1 미들랜드 방언(중기(中期) 영어 방언의 하나; 그 중 London을 포함한 동부 방언이 근대 영어의 표준이 되었다). 2 미국 중부 방언.

Mídland séa 명 (the ~) [시] 지중해.

mid·leg [mídleg] 명 다리 중간 부분; 곤충의 두 번째 다리. —부 [mídlég] 다리의 중간쯤에, 다리의 한가운데까지.

Míd-Lent Súnday [mídlènt-] 명 사순절(Lent) 중의 네 번째 일요일. ⑧ Refreshment Sunday

mid·lev·el [-lèvəl] 형 중위의(middle-level).

mid·life [mídláif] 명 =middle age. —형 [⌣⌣] = middleaged. (또는 **míd-lífe**)

mídlife crísis 명 중년의 위기(특히 중년이 되어 늙어감을 느끼면서 경험하는 위기[초조]감).

mid·line [mídlàin] 명 1 [동물] (동물체를 좌우로 등분하는) 정중선(正中線). 2 (시(詩)의) 한 행의 중간.

mid·mash·ie [-mǽʃi] 명 [골프] 3번 아이언.

mid·morn·ing [mídmɔ́ːrniŋ] 명|U 오전의 중간쯤. —형|U 오전 나절의[에].

mid·most [mídmòust] 형 한가운데[한복판의에 있는], 중심부의(middlemost). —부 한가운데[한복판]에, 중심부에. —전 …의 한가운데에. —명 한복판.

midn., Midn., MIDN midshipman.

‡**mid·night** [mídnàit] 명|U 한밤중, 자정; 깜깜한 어둠, 암흑; 깜깜한 때. —형 한밤중의; (한밤중처럼) 깜깜한.
at midnight 한밤중에.
after [*before*] *midnight* 야반 후[전]에.
(*as*) *dark* [or *black*] *as midnight* 깜깜한.
burn [or *consume*] *the midnight oil* 밤늦게까지 공부[일]하다.
~**·ly**

mídnight féast 명 (기숙생 등이) 밤중에 몰래 먹는 음식.

mídnight sún 명 (the ~) (극지에서 여름철에 볼 수 있는) 한밤중의 태양.

mid·noon [mídnúːn] 명|U 한낮, 정오(noon).

míd·o·cean rídge [-óuʃən-] 명 대양 중앙 해령(海嶺)(대서양·인도양·남태평양에 걸쳐 이어지는 해저 산맥).

míd óff 명 [크리켓] 투수 좌측에 있는 야수(의 위치).

míd ón 명 [크리켓] 투수 우측에 있는 야수(의 위치).

mid·point [mídpɔ̀int] 명 중심점, 중앙 (중간) 지점; (기하) 중점(中點); (시간적인) 중간점.

mid·range [mídrèindʒ] 형명 중정도 (보통)의(것), 평균(표준)(적)인.

mid·rib [mídrib] 명 [식물] (잎의) 중륵(中肋)(잎의 한복판을 지나는 가운데 잎맥). [midrib]

주맥(主脈).

mid·riff [mídrif] 명 1 횡격막(橫隔膜)(diaphragm). 2 몸통의 중앙, 상복부. 3 (꼭 끼는 여성복의 몸통 부분. 4 미드리프(배꼽T 따위 몸통 중앙부를 노출하는 여성복). 몸통부가 트인, 미드리프의.

mid·rise [-ráiz] 형 (빌딩이) 중층(中層)의. —명 (5~10층의) 중층 빌딩.

mid·sec·tion [mídsèkʃən] 명 (양끝의) 중간부 (터널의 등); 동체의 중간부; 몸통 부분. 「중간(의).

mid·se·mes·ter [mídsəméstər] 명형 (美) 학기

mid·ship [mídʃip] 명 배의 중앙부. —형 배의 중앙부의, 배의 한가운데의.

mid·ship·man [mídʃipmən, -́⌣⌣] 명 (美) 해군사관학교 생도; (英) 해군 소위 후보생.

mid·ships [mídʃips] 부 =amidships.

mid·size [mídsàiz] 형 중형(자동차 따위). —명 중형의. 또는 **~-size**)

‡**midst**[1] [midst] 명 (문어) 1 (the ~, one's ~) (…의) 중앙, 한가운데, 한복판. ⇨MIDDLE 유의어 He felt so lonely in the ~ of all these people. 이 많은 사람들 가운데 있으면서도 그는 몹시 쓸쓸해 했다. 2 (the ~) (어떤 상태·행위 따위의) 한가운데, 한창때, 중도. ┌한가운데서.
from [or *out of*] *the midst of* …가운데로부터, …
in our [*your, their*] *midst*; *in the midst of us* [*you, them*] 우리들 [너희들, 그(사람)들] 중에. —부 중앙에, 가운데에; 한창때에. └(서).
first, midst, and last 처음부터 끝까지, 시종 일관

midst[2] 전 =amidst. 「하여, 철두 철미.

mid·stream [mídstríːm] 명|U 1 흐름의 한복판, 중류. 2 (일 따위의) 중도(中途); (기간의) 중간.
in midstream (이야기의) 도중에.

‡**mid·sum·mer** [mídsʌ́mər, -́⌣⌣] 명|U 하지(夏至)(무렵); 한여름, 성하(盛夏).

Mídsummer Dáy 명 (英) 요한제(祭)(세례 요한의 축일(6월 24일); (英)에서는 하계 지불일(quarter days 의 하나)). ⑧ Lammas 「야.

Mídsummer Éve 명 (英) Midsummer Day의 전

mídsummer mádness 명 극도의 광란(더위먹은 탓이라 여겨지고 있다). ┌=roseroot.

mid·sum·mer·men [-mén] 명 (단·복수 양용)

mid-teen [-tíːn] 명 (15~17세의) 10대 중반의. 1 10대 중반의 청소년. 2 (~s) 13부터 19 정도의 수(양).

mid·term [mídtə̀ːrm] 명 1|U (학기·임기의) 중간, 한가운데; 중기(中期). 2 (종종 ~s) (구어) 중간 시험. —형 (임기·학기 따위의) 중간의.

mídterm eléction 명 (美) 중간 선거(off-year election)(대통령 임기 중간에 실시되는 선거로 상원의원 3분의 1, 하원의원 전부, 주지사 일부를 다시 선출한다).

mid·town [mídtáun, -́⌣⌣] 명 (美) 도시의 중앙부(에서); 상업 지구와 주택 지구의 중간 지역(의[에서]).

mid-Vic·to·ri·an [-́víktɔ́ːriən] 형 1 중기 빅토리아조(朝)의; 구식의, 엄격한. —명 중기 빅토리아조의 사람(작가); 중기 빅토리아조적인 사상[취미]를 가진 사람.

‡**mid·way** 형 [mídwéi] 중앙의, 중도의. —부 중도에, 중간쯤에. ¶It is located ~ between A and B. 그것은 A와 B의 중간에 위치하고 있다. —명 1 중간 지점; 중간쯤의 부분. 2 (종종 M-) (축제·박람회장 등의) 가운데 광장. 3 (속어) 복도, 통로; (코어) 중도(中道).

Mídway Íslands 명 미드웨이 군도(群島)(Hawaii 북서쪽에 있는 미국령 소군도).

mid·week [mídwìːk, -́⌣] 명 1|U 일주(一週)의 중간쯤. 2 (M-) (퀘이커 교도의 사이에서) 수요일. —형 일주의 중간의[에].

mid·week·ly [mídwìːkli] 형|부 =midweek.

Mid·west [mídwést] 명 (美) =Middle West.

 조동사 may의 과거형으로, 직설법에서는 보통 시제의 일치에 따라 쓰이며, 가정법 에서는 should, would, could 따위와 마찬가지로 인칭·시제에 따른 어형 변화 없이 쓰인다.

‡**might** [mait] 조 (*부정형 **mightn't** [máitnt]는 부가 의문문에 쓰일 정도이며, 보통은 쓰이지 않는다)
 Ⅰ. may의 직설법 과거 (*과거 시제 문맥에 쓰이지만, 시제의 일치에 의한 경우가 많다).
 1 (가능) …일지도 …의 가능성이 있었다. ¶In those days scholars ~ be adults, or they ~ be children. 당시의 학생은 어른일 수도 있었고 아이일 수도 있었다/I thought he ~ be a criminal. 나는 그가 범인일지도 모른다고 생각했다/I was afraid he ~ have lost his way. 그가 길을 잃은 것이나 아닐까 걱정이 되었다.

 주의 독립문 또는 주절(主節)에서 과거 시제로 사용되는 일은 극히 드물며, 허가를 나타낼 때는 was[were] allowed[*or* permitted]가 따위를, 추측을 나타낼 때는 「may have+과거분사」의 형태를 쓰는 것이 보통이다: He *was permitted to* leave at any moment. 이제 그는 언제라도 떠날 수 있었다/It *may have been* a blow to her. 그녀에게는 타격이었을지도 모른다.

 2 (허가) ¶He told me (that) I ~ go home. 돌아가도 좋다고 그는 말했다/He asked if he ~ enter. 들어가도 되느냐고 그는 물었다(*if he might enter의 might는 가정법 과거일 수도 있다(⇒7)).
 3 (소원) ¶He begged us that some of us ~ help him. 그는 우리들에게 누군가 자기를 도와달라고 애걸했다/We prayed that you ~ be given courage. 우리는 당신에게 용기를 주십사고 기도했다/We heartily hoped he ~ succeed. 우리는 그가 성공하기를 진심으로 바랐다.
 4 (부사절에서) ¶He saved money so that he ~ buy a house. 그는 집을 사기 위하여 돈을 모았다/Try as he ~, he could not persuade her to go. 그는 여러 가지로 설득해 보았지만 그녀를 가게 할 수가 없었다/She was determined to go, come what ~. 그녀는 무슨 일이 있어도 갈 결심이었다.
 Ⅱ. may의 가정법 과거 (*가정법 과거 또는 그에 따른 용법으로서, 현재의 추측·가능성 따위를 나타낸다).

 5 (추측·가능성) (*일반적으로는 may의 경우보다 가능성이 적은 것을 나타낸다). **a**) (if절의 귀결절로서) (만일) …라면[했더라면] …일[였을]것을. ¶Be careful. If you slipped here, you ~ kill yourself. 주의해라. 여기서 발을 헛디디면 목숨을 잃을지도 모른다/It ~ be better if we told him the truth. 그에게 진실을 말해 주었더라면 좋았을걸. **b**) (독립용법) …일지[을지] 모른다. ¶That ~ be true. 어쩌면 그것은 정말일지도 모른다/M- he be there now? 어쩌면 지금쯤 그는 그곳에 도착해 있지 않을까?/You ~ not want to come back. 어쩌면 너는 돌아오고 싶지 않은지도 몰라/It ~ rain before evening. (아마 오지 않으리라고 생각하지만) 어쩌면 밤이 되기 전에 비가 올지도 모른다. **c**) (~+have+p.p.)(과거의 비현실적인 일) …했었을지 모른다. ¶World history ~ have been changed if they had won the war. 만약 그들이 그 전쟁에서 이겼다면 세계의 역사가 바뀌었을지도 모른다/I ~ have won the first prize. 1등상을(타려고 생각했더라면) 탈 수 있었을지도 모르는데.
 6 (허가) …해도 좋다[괜찮다]. ¶M- I use your phone? 전화를 써도 괜찮을까요?(*May I…보다 정중한 표현)/If I ~ venture an opinion, I would think it is quite useless. 감히 말씀을 드립니다만, 그것은 전혀 쓸데없는 일인 것 같습니다(*may보다 사양·주저·겸손을 더 느끼게 한다).
 7 (희망·충고) …하면 좋겠다[좋을 텐데]. ¶You ~ tell me what he said. 그가 뭐라고 했는지 나에게 알려 주었으면 좋겠는데[이야기해 주시지 않겠어요?]/You ~ listen to me. 내가 말한 것을 잘 들어주면 좋을 텐데[어떻겠니?]/You ~ have helped me with the work. 내 일을 거들어 주었더라면 좋았을 것을.
 8 (시제의 일치) ¶She wished that her son ~ be safe. 그녀는 아들이 무사하기를 빌었다.
 as might be [have been] expected …예기했던 대로 …이다[이었다]. 아니나다를까 …이다[이었다].
 might (just) as well (…as) ⇨WELL[1].
 might well ⇨WELL[1].

—명 =Middle Western. **~ern** 명 **~ern·er** 명
mid·wife [mídwàif] 명 (복 **-wives** [-wàivz]) **1** 조산원, 산파. **2** (비유적) (새로운 일을 하는 데) 산파역을 하는 사람. —(**-d, -wived; -wifing, -wiving**) (아기의) 출산을 돕다; (비유적) (새로운 일)을 수행[실현]하다.
mid·wife·ry [mídwifəri, mídwài-/mídwì-] 명 ① 조산술, 산파학.
mid·wing [mídwiŋ] 형명 (비행기의) 중익(中翼)
*****mid·win·ter** [mídwíntər, ´-`-] 명 동지(冬至); 한겨울. —형 동지 무렵의, 한겨울의. **~·ly, -try**
mid·year [mídjìər, ´-`] 형 **1** ① 1년의 중간쯤. **2** (종종 ~s) 중간 시험. —명 1년의 중간의.
MIE Master of Industrial Engineering. **MIEE** Member of the Institution of Electrical Engineers.
mien [mi:n] 명 (문어) 태도, 몸가짐, 처신, (사람을 대하는) 자세; 풍채, 외양. ¶make ~ 꾸미다, 가장하다.
miff [mif] (구어) 명 **1** 발끈하기, 앵돌아짐, 분개. **2** 부질없는 싸움, 언쟁, 승강이.
 in a miff 울컥 화를 내어, 불끈[발끈]하여.
—동(자) (…에) 발끈하다(*at, with*); 부질없는 싸움을 하다. —타 …을 화나게 하다.
miff·y [mífi] 형 (구어) 화를 잘 내는, 성미가 급한.
MI-5 [èmáifáiv] (英군사) 첩보부 제5국. 영국 정보부 보안국(*현재는 공식 명칭이 아니며, Secret Intelligence Service (비밀 정보부)의 한 부분). 명 MI-6. [<Military Intelligence, Section *Five*]
mig [mig] 명 =miggle.
MiG [mig] 명 미그(러시아[옛 소련]의 제트 전투기). (또는 **Mig, MIG**) [<설계사인 Artem *Mi*koyan과 *M*ichail *G*urevich의 이름]
MIGA Multilateral Investment Guarantee Agency(국제 투자 보증 기구).
mig·gle [mígl] 명 **1** (방언) (공기놀이의) 공깃돌. (또는 **mig(g)**) **2** (~s) (단수취급) 공기놀이.
‡**might**[1] ⇨MIGHT. 〈p. 1747〉
‡**might**[2] [mait] 명 **1** (신체·정신의) 힘; 완력(腕力) 능력, 실력. ⇨POWER (유의어) ¶beyond one's ~ 자기의 능력 밖의[에]. **2** 세력, 권력, 우세; (무엇인가를 달성하는) 힘. ¶M- makes [or is] *right*. (속담) 힘은 정의다.
 by might 힘으로, 우격다짐으로.
 with [or **by**] **all** one's **might; (with** [or **by**] **(all** one's)) **might and main** 전력을 다하여, 힘껏.
 ~·less 형
might-have-been [´-əv`(:)n] 명 (구어) 어쩌면 일어났을지도 모르는 일; 좀더 훌륭한[유명한] 인물이 되었을지도 모를 사람. [우, 대단히, 심히.
might·i·ly [máitili] 부 세게, 힘차게, 씩씩하게; 매

might·i·ness [máitinis] 圀 1 ⓤ 힘셈, 강대(强大), 강력, 위대(偉大). 2 (M-) (칭호로서) 각하, 전하(殿下). ¶His M- 각하.

might·n't [máitnt] (구어) might not의 단축형.

‡**might·y** [máiti] 圀 (*might·i·er*; *might·i·est*) 1 힘이 있는, 강한, 힘센; 위대한.¶a ~ nation 강대국(强大國) / ~ works (성서) 기적(奇蹟), 크나큰 위업. 2 큰, 거대한.¶a ~ oak 커다란 떡갈나무 / ~ waters 큰 파도. 3 (정도·분량이) 상당한, 대단한, 굉장한.¶a ~ delight 크나큰 기쁨 / a ~ hit 큰 성공(성과), 대 히트.

high and mighty 매우 거만한.

make a mighty bother 몹시 귀찮은 일을 저지르다.

— 閠 (구어) 대단히, 매우, 몹시, 극히.¶~ well [weak] 대단히 좋은[약한] /He had a ~ hard time. 그는 사나이 어려움을 겪었다. — 閠 (보통 the ~) (집합적·복수취급) 강자, 힘센 사람.¶the rich and the ~ 부자와 강자.

míghty mézz 閠 (the ~) (美속어) 마리화나, 대마.

mig·ma·tite [mígmətàit] 閠 (지질) 혼성암, 미그마타이트.

mi·gnon [minján/mínjon] 圀 작고도 아름다운, 귀여운, 우아하고 아름다운. — 閠 1 예쁘장한[귀여운] 사람. 2 =filet ~. 〔<F little, small〕

mi·gnon·ette [mìnjənét] 閠 1 (식물) 목서초(木犀草) (목서초과(科)의 1년초). 2 ⓤ 회록색(灰綠色)(~ green). 3 (프랑스제의) 가는 실로 뜬 레이스의 일종. — 閠 회색을 띤 녹색의, 회록색의. 〔<F〕

mi·graine [máigrein/mi:g-] 閠⊙ⓒ 편두통(偏頭痛).

mi·grain·ous 圀 〔<F〕

mi·grain·eur [máigreinər/mi:g-] 閠 편두통 환자.

mi·grant [máigrənt] 圀 이주[이동]성의(migratory).¶~ birds 철새. — 閠 1 이주자; (美) 이동[계절] 노동자. 2 철새; 회유어(回遊魚). 3 (濠) (최근의) 이민자.

mígrant wórker 閠 계절 노동자.

‡**mi·grate** [máigreit/-´] 閠ⓐ (*-grat·ed*; *-grat·ing*) 1 이주하다. ¶~ (+전+图) ~ *from* Korea *to* South America 한국에서 남미로 이주하다. 2 (새·물고기·동물 따위가 철 따라) 옮겨 살다, 이동[회유(回遊)]하다. 3 (시스템·조작 방식·기획 따위를) 바꾸다. 4 (생리) (태아의 발육기 등에 세포·조직이) 이동하다. 5 (영국의 대학에서) 다른 학료(學寮)로 옮기다. 6 (보다 넓은 지역으로) 번지다, 이동하다. 7 (컴퓨터) 이주시키다.

> **유의어 migrate** 어떤 나라·지역으로부터 다른 곳으로 이주하다: 사람·새·물고기·동물 따위에 쓰는 말. **emigrate** 사람이 어떤 나라(보통 모국)에서 다른 나라로 이주하다. **immigrate** (외국에서) 이주해 오다.

mí·grat·ing 圀 이주[이동]하는.

‡**mi·gra·tion** [maigréiʃən] 閠 圀 ~s [-z] 1 ⓤⓒ 이주, 이동, 옮겨 살기; 인구 이동; (새·물고기 따위의) 이동, 회유; (기생충의) 체내 이동. 2 (집합적) 이주자(집단), 이주자 무리; 이동 동물, 철새. 3 (화학) (원자) 이동; (전기 분해에서) 이온의 이동. **~·al** 圀

mi·gra·tive [máigrətiv] 圀 =migratory.

mi·gra·tor [máigreitər] 閠 이주자; 이동 동물, 철새.

mi·gra·to·ry [máigrətɔ̀ːri/-təri] 圀 1 이동하는, 이주하는; 이주성의.¶~ birds 철새 / a ~ worker 계절 노동자. 2 방랑[표류]성의; 해외 돈벌이의.

mi·gro·naut [máigrənɔ̀ːt/-´] 閠 (받아들이는 나라가 없는) 무국적 방랑자, 난민.

MIJ *Member of the Institute of Journalists*.

*****mike**¹** [maik] 閠 (구어) 마이크(microphone).¶a ~-*side counter* 실황 방송. — 閠 ⓣ 마이크로 방송[녹음]하다; …에 마이크를 준비하다[쓰게 하다]. — ⓐ 마이크를 쓰다.

mike² 閠 (범선의) 소형 대포의 지주.

mike³ (美속어) 閠 게으름피움; 빈둥거림. ¶*on the* ~ 빈둥빈둥 / do [or have] a ~ 게으름피우다. — ⓐⓣ (일을) 게을리하다, 빈둥거리다.

mike⁴ 閠 (구어) =micrometer. — 閠ⓣ micrometer로 재다.

mike⁵ 閠 (美속어) microscope.

Mike [maik] 閠 마이크(남자 이름; Michael의 별칭).

for the love of Mike (구어) 제발, 부디.

take the Mike (…을) 놀리다, 조롱하다, 모욕하다 (*out, of*).

Míke and Íke 閠 (美속어) 소금과 후추를 담는 작은 병.

Míke Fínk 閠 마이크 핑크(1770?-1823; 미국의 전설적 영웅).

míke fríght 閠 (구어) 마이크 공포증.

Mi·ko·yan [miːkoujɑ́n] 閠 **Anastas Ivanovich ~** 미코얀(1895-1978; 옛 소련의 정치가).

mil¹ [mil] 閠 1 밀(1/1000인치; 전선(電線)의 직경 측정의 단위). 2 밀리리터(약의 처방전에 썼다). 3 (美군사) 밀(사격 측정(測角)의 단위). 4 밀(원래 근동에서 쓰였던 화폐 단위; 1/1000 파운드).

mil² 閠 100 만(million).

mil³ 閠 (인터넷) military(군사·군대를 나타내는) domain.

mil. *military; militia; million*.

mi·la·dy [miléidi] 閠 (종종 M-) 1 (고어) (호칭) 아씨, 마님. 2 영국 귀부인. 3 (美) 상류층 부인.

mil·age [máilidʒ] 閠 =mileage.

mi·lah [miláː] 閠 (유태교) 할례(circumcision).

Mi·lan [milǽn, -lɑ́ːn] 閠 밀라노(이탈리아 북부의 도시; 이탈리아명 Milano).

Mil·an·ese [mìlənìːz, -nìːs] 閠 1 밀라노의 주민. 2 ⓤ (이탈리아어의) 밀라노 방언. — 圀 밀라노의; 밀라노인(人)의; 밀라노 방언의.

milch [miltʃ] 圀 (소·염소 따위가) 젖을 내는, 젖을 짜기 위한.

mílch còw 閠 =milk cow.

‡**mild** [maild] 圀 (~·*er*; ~·*est*) 1 (태도·말 따위가) 온순한, 유순한, 상냥한, 부드러운. 〔유의어〕 GENTLE ¶~ as a dove 매우 유순한 / be ~ *in disposition* 기질이 온순하다 / be ~ *of manner* 태도가 점잖다. 2 (날씨·기후가) 온화한, 따뜻한, 포근한, 알맞은. ¶a ~ winter 따뜻한 겨울. 3 (맛·향기 따위가) 독하지 않은, 부드러운, 감칠 맛이 도는, 순한. ¶a ~ *cigarette* 순한 궐련. 4 (벌 따위가) 엄하지 않은, 가벼운, 관대한. 5 (병이) 가벼운, 양성(良性)의. ¶a ~ *case* 경증(輕症) 환자. 6 (약효가) 은근히 작용하는. 7 극단적이 아닌; (고ැ 따위가) 완만한. 8 (英방언) (토양·목재 따위가) 부드러운, 가공하기 쉬운.

draw it mild (구어) 부드럽게[조심스럽게] 말하다.

— 閠 ⓤ (英구어) 호프가 적게 든 맥주(~ ale).

~·ness 閠 ¶씨 섞음 것.

míld and bítter 閠 (英) 쓴맛·단맛의 생맥주를 반씩 섞은 것.

míld-cúred [¯kjúərd] 圀 (베이컨 따위를) 너무 짜지 않게 담근.

míld dównturn 閠 가벼운 경기 후퇴. ¶않게 한.

mild·en [máildən] ⓣⓐ 부드럽게 하다[되다].

míld·dew [míldjùː/-djùː] 閠 ⓤ (식물 병리) 노균병(露菌病), 곰팡이; (가죽·의류·식품·종이 따위에 생기는) 흰곰팡이. — ⓣ ⓐ 을 노균병에 걸리게 하다; …에 곰팡이가 생기게 하다. — ⓐ 노균병에 걸리다; 곰팡이가 생기다. ~·**y** 圀 노균병에 걸린; 곰팡이가 생긴.

*****mild·ly** [máildli] 閠 1 온화하게, 부드럽게, 얌전히. 2 조금, 약간. ¶be ~ *interested* 약간 흥미가 있다.

to put it mildly 부드럽게[조심스럽게] 말하면.

mild-man·nered [¯mǽnərd] 圀 (태도가) 온순한.

Mil·dred [míldrid] 閠 밀드리드(여자 이름).

míld stéel 閠 연강(軟鋼) (저(低)탄소강).

‡**mile** [mail] 閠 (圀 ~s [-z]) 1 마일(statute ~) (영어권의 육상 거리 상용 단위; 약 1,609m). 2 해리(海里) (nautical ~; ~s) (해·공항로로서 1해리는 위·거리 단위; 1,852m; 閠 M., nm.). 3 1마일 경주(~ race). 4 (a ~, ~s) 상당한 거리[정도]. 4 (~s) (부사적) 훨씬, 단연코, 몹시. ¶(예제)하다.

be miles away ① 멀리 떨어져 있다. ② (구어) 예사 *be miles better [easier, superior]* 훨씬 좋다[쉽]

mileage 다, 우수하다].

be miles out (계산·예측 따위가) 크게 빗나가다[틀리다].

go the extra mile (美속어) 책임량[자기 몫] 이상을 하다; 더 한층 노력하다.

mile upon mile 몇 마일이나. ¶The prairie spread out ~ upon ~. 그 초원은 몇 마일이나 이어져 있었다.

miss by a mile ① …에서 대실패하다(in). ② 잘못 짚다; (과녁)크게 벗어나다.

not a hundred [or **million**] **miles from** (드물게) …에서 그리 멀지 않은 곳에, 바로 가까이에.

run a mile (구어) …으로부터 도망치다; …을 피하다, 경원하다(from).

see [or **tell**]...**a mile off** (구어) …을 분명히 알다, …인 것이 뻔하다.

stick [or **stand**] **out a mile** 매우 두드러지게 드러나다.

talk a mile a minute (구어) 쉴 새 없이 지껄이다.

***mile·age** [máilidʒ] 명 ① (종종 a ~) 마일리지, 총 마일 수. 2 (여비등) 마일 계산(종종 a ~) 마일당 여비(~ allowance). 3 마일 계산 운임[요금]. 4 연비(燃比). ¶The car gets good ~. 그 차는 연비가 좋다. 5 ⓒ = ~ ticket. 6 (구어) (비유적) 유용성, 이점(in); 이익, 혜택; 사용량; 유효 기간. (또는 **milage**)

get full mileage out of …을 십분 활용하다.

mileage surcharge 명 항공 운임 할증금.

mileage system 명 (항공) 마일리지 제도(항공사가 자사 노선 이용 승객에 대해 일정 거리 이상 탑승시 가산점을 주면서 각종 특혜를 베푸는 방식).

mileage ticket 명 (마일리지제에 의한) 회수[할인]권.

mile-mark·er [<, máɪk♪] 명 (주간(州間) 간선 도로변의) 마일 표지. (또는 **milemarker**)

mile·om·e·ter [mailάmətər/-ɔ́m-] 명 (차 따위의) 주행 마일계(計). (또는 **milometer**)

mile·post [máilpòust] 명 마일표(標), 이정표.

mil·er [máilər] 명 1마일 경주 선수[경주마].

Mi·le·sian [miliːʒən, -ʃən, mai-/mailiːziən] 명 ① 아일랜드인의 전설적 조상. 2 (때로 m-) 아일랜드인.
— 형 (때로 m-) 아일랜드(인)의.

***mile·stone** [máilstòun] 명 1 이정표. 2 (역사·인생 등에서) 획기적 사건, 중대 시점. 3 (연극) 100회째 공연.

mil·foil [mílfɔil] 명 (식물) 서양톱풀. [땀띠.

mil·i·a [míliə] 명 milium의 복수형.

mil·i·ar·i·a [mìliéəriə] 명Ⓤ (병리) 속립진(粟粒疹).

mil·i·ar·y [mílieri, -ljəri] 형 좁쌀 모양의; 속립성[性]의.

miliary fever 명 속립(진)열.

miliary gland 명 속립선(腺).

miliary tuberculosis 명 (병리) 속립 결핵.

mil·i·crat [míləkræt] 명 (美속어) 군 관계의 관료.

mi·lieu [miljúː, miːljɔ́ː] 명 (pl. **~s, ~x**) (a ~, the ~) (사회적·문화적) 환경. 〈F〉

milieu therapy 명 (심리) (생활 환경을 바꾸는) 환경 요법.

milit. military. [경 요법.

mil·i·tance [mílətəns] 명 =militancy.

mil·i·tan·cy [mílətənsi(ː)] 명Ⓤ 교전 상태; 호전적임; 투지(fighting spirit).

***mil·i·tant** [mílətənt] 형 1 호전적인, 투쟁적인; 걸핏하면 폭력[무력]에 호소하는. 2 투지가 넘치는. 3 교전중의, 전투중의. — 명 호전적인 사람; 싸우고 있는 사람, 병사; (정치 운동 등의) 투사. **-ly** ~**ness**

mil·i·tar·i·a [mìlətéəriə] 명 (복수취급) 군용품의 수집품(군복·훈장·화기 따위).

***mil·i·ta·rism** [mílətərìzm] 명Ⓤ 군국주의, 군사 중심 정책; 군국주의 체제; 군인[상무] 정신.

mil·i·ta·rist [mílətərist] 명 군국주의자; 군사 전문가[연구가]; 전략[전술]가. — 형 군국주의적인; 군사 전문가의. ¶a ~ dictator 군국주의적 독재자.

-ris·tic **-ris·ti·cal·ly** 부

mil·i·ta·rize [mílətəràiz] 타 1 …을 군국화하다, 전시 체제로 바꾸다; 군대 교육을 실시하다. 2 …을 군사적으로 전용하다. 3 …에 국군주의를 고취하다, …을 호전적으로 만들다. **-ri·zá·tion**

‡**mil·i·tar·y** [mílitèri/-təri] 형 1 군의, 군사의, 군용의; (해군에 대하여) 육군의. ¶~ affairs 군사(軍事)/~ authorities 군사 당국, 군 당국/~ forces 병력/~ headquarters 군사령부[or 군 사령부] / ~ training [or drill] 군사 훈련. 2 군인의; 군인에 어울리는. ¶~ circles 군인 사회/~ draft 징병/~ discipline 군기(軍紀), 군율. 3 군대 경력이 있는, 군인의 특징을 갖춘. ~ assume ~ airs 군인다운 태도를 취하다. — 명 (the ~) 1 군대, 군부. 2 (집합적) 군인, 육군 장교. **-tàr·i·ly** 부 무력으로; 군사적으로; 군대식으로. **-tàr·i·ness**

military academy 명 1 육군 사관 학교. 2 (美) 군대식 교육을 실시하는 사립 중·고등 학교.

military age 명 징병 연령. 「전 위원회(약 MAC).

Military Armistice Commission 명 군사 정전 위원회(약 MAC).

military arts 명 (복) 무술.

Military Assistance Advisory Group 명 군사 고문단(약 MAAG).

military attaché 명 대사관[공사관] 근무 육군 무관.

military band 명 육군 군악대; (英) 취주악단.

military brush 명 (손잡이가 없는) 남자용 머리솔.

military chest 명 군대 금고; 군자금.

Military Cross 명 (英) 전공 십자 훈장(제1차 세계 대전초 제정; 약 M.C.).

military engineering 명 군사 공학, 공병학.

military government 명 (점령군 사령관에 의한) 군정(軍政); 군사 정부. 「정 장관.

military governor 명 (군정하(下)) 점령 지역의) 군

military honours 명 (英) 군장(軍葬)의 예(禮).

military hospital 명 육군 병원.

military-industrial complex 명 (군부와 군수 산업계, 의회와의) 군산 복합체(軍產複合體)(약 MIC).

military intelligence 명 군사 정보, (육)군 정보부.

military law 명 군법, 군율.

military march 명 군대 행진곡.

military police 명 (the ~) (종종 M- P-) 헌병대; (집합적·복수취급) 헌병(약 MP, M.P.).

military policeman 명 헌병.

military review 명 열병식, 관병식(觀兵式).

military satellite 명 (군사) 군사(용) 위성.

military school 명 =military academy.

military science 명 군사학, 군사 과학; (대학의) 군사 교련[교육 과정].

military service 명 (육군의) 병역, 군무; (역사) (영주에 대한) 군역(軍役); (~s) 무공, 무훈.

military testament [**will**] 명 (군인이 싸움터에서 하는) 구두 유언.

military time 명 (군사) 군용 시간(24시간제 표시: 0100시, 2300시 따위로 나타낸다).

military top 명 (해군) (군함의) 전투 장루(檣樓).

military wedding 명 =shotgun wedding.

mil·i·tate [mílətèit] 자 1 (…에 불리하게) 작용하다 (against), (…에 유리하게) 영향을 미치다 (for, in favor of). ¶~ against [in favor of] achievement 성취를 방해하다[에 도움을 주다]. 2 (폐어) 군에 복무하다; 참전하다, 싸우다. **-tá·tion**

***mi·li·tia** [milíʃə] 명 (the ~) 1 (집합적) (단·복수 양용) 의용군, 시민군, 민병. 2 (美) 국민군, 주(州) 방위군 (National Guard). 3 (美) 무장 사병(私兵) 조직, (특히) 우익 무장 집단.

mi·li·tia·man [milíʃəmən] 명 민병; (美) 주방위군, 국민병.

mil·i·um [míliəm] 명 (형 **-i·a**) (병리) 속립종(粟粒腫).

‡**milk** [milk] 명Ⓤ 1 젖; 우유, 밀크. ¶condensed ~ 연유(煉乳), 당유(糖乳)/dried [or powdered] ~ 분유/homogenized ~ 균질(均質) 우유/skimmed ~ 탈지유/whole ~ 전유(全乳)/a cow in ~ (젖을 짜는) 젖

소. 2 (초목의) 유액, 수액(樹液). ¶the ~ of a coconut 야자나무 열매의 유액. 3 (약제 따위의) 유상액, 유제(乳劑)(emulsion). ¶~ of lime 석회유, 소석회.
as like as milk to milk (문어) 꼭 그대로인.
(as) white as milk 새하얀.
bring *a person* **to his milk** (美口語) 남에게 자기 분수를 알게 하다; 남을 억지로 동의[복종]시키다.
come [or **get**] **home with the milk** (英口語) (익살) (파티에서 밤을 새우고) 아침에 집에 돌아오다.
cry over spilled [or **spilt**] **milk** 이미 끝난 일을 한탄하다; 과거의 일[행위]을 후회하다. ¶*It is no use* [or *good*] *crying over spilt ~*. (속담) 엎지른 물이로다, 복수(覆水)는 불반분(不返盆)이라.
in milk (사람·소가) 젖이 나오는 상태의[에].
in [**out of**] **the milk** (곡식이) 아직 익지 않은[익기 시작하여].
milk and honey (성서) 좋은 것; 풍부한 산물(의 상징); 갖가지 즐거움. ¶*a land flowing with ~ and honey* 젖과 꿀이 흐르는 땅(←출애굽기(Exod.) 3 : 8).
milk and rose (혈색이) 연분홍빛의.
milk and water 물탄 우유; 김빠진 이야기[것].
milk for babes [or **babies**] 아기들을 위한 젖(→고린도 전서(Cor.) 3 : 2); 쉬운 성경 말씀[교리]; 어린이[초보자] 대상의 책자[설교].
mother's milk 모유; 필요 불가결한 것.
the milk in the coconut (속어) 불가해한 사실[사정]; 사물의 핵심, 요점.
the milk of human kindness 따뜻한 인정(←Shakespeare 작 *Macbeth*).
── 타 (~ed [-t]) 타 1 (소·염소 따위의) 젖을 짜다; [젖]을 (…로부터) 짜내다(*from*). ¶~ *a cow* 소젖을 짜다. 2 (수액의) 추출(抽出)하다. ¶~ *a snake* 뱀의 독을 뽑다. 3 (동물의) 젖을 먹이다. 4 (남)에게서 (힘·재산 등을) 억지로 빼앗다, 착취하다(*of*, *for*). ¶~ *a person* 으로부터 돈을 우려내다 / ~ *an enterprise* 사업을 망치면서 단물만 빨아먹다. 5 훑다, 잡아당기다. 6 (전신·전화)를 도청하다. 7 (…에서) [정보]를 캐내다(*from*).
── 자 1 젖이 나다. 2 착유하다. 3 (날씨가) 흐려지다
milk...dry (사람·사회를) 망치다. [(*up*).
milk *one's* **brains** 머리를 쥐어 짜다, 숙고하다.
milk the bull [or **ram**] 가망없는 일을 하다, 헛일을 하다.
milk the market [or **street**] (美口語) 증권 시장을 조작하여 돈을 벌다.
⌐**less**
milk-and-wa·ter [ᶜənwɔ́ːtər, -wɑ́t-] 형 약하고 무기력한; 싱거운; (문학 등이) 김빠진; 몹시 감상적인.
mílk bàr 명 밀크 바(음료·샌드위치 등을 파는 매점).
mílk càrt 명 (英) = milk float.
mílk chócolate 명 밀크 초콜릿.
mílk còw 명 1 젖소. 2 (口語) 계속적인 수입원, 돈줄, 달러 박스, 수지맞는 사업.
milk·er [mílkər] 명 1 착유자; 착유기. 2 (수식어와 함께 쓰여) 젖소; 젖이 나오는 가축. ¶*a good ~* 젖이 잘 나오는 젖소[가축]. 3 유액을 분비하는 나무. 4 (美口語) 자원 행위를 하는 사람. 5 (美口語) 유방.
mílk féver 명 (병리) 수유열(授乳熱), 유열(乳熱) (최초의 착유에 따르는 미열).
mílk flòat 명 (英) 우유 배달용 소형차.
mílk glàss 명 젖빛 유리.
mílk hòuse 명 (유제품 공장의) 우유 보존실.
milk·ie [míl] 명 (속어) = milkman.
milk·ing [mílkiŋ] 명 우유 짜기, 착유; 1회분의 착유량.
mílking machìne 명 착유기(milker).
mílking párlor 명 (낙농공장의) 착유장, 채유장.
mílking stòol 명 착유용 3각(脚) 걸상.
mílk-jugs [ᶜdʒʌgz] 명 (속어) 여자 가슴, 유방.

mílk lèg 명 (병리) 고간백종(股間白腫)(white leg)(출산후에 하지가 아픈 붓는 병).
milk-liv·ered [ᶜlívərd] 형 소심한, 겁많은.
mílk lòaf 명 밀크 로프(우유를 많이 넣어 만든 흰 빵).
***milk·maid** [mílkmèid] 명 (소·양의) 젖 짜는 여자.
milk·man [mílkmæn/ -mən] 명 우유 장수, 우유 배달원; 젖 짜는 사람.
mílk of magnésia 명 마그네시아 유제(乳劑).
mílk pówder 명 = dry milk.
mílk púdding 명 (英) 우유를 섞어 구운 푸딩.
mílk púnch 명 밀크 펀치(우유에 술·설탕 등을 섞은 음료).
mílk rànch 명 낙농장(酪農場).
mílk róund 명 1 우유 배달 담당 구역. 2 (the ~) (英속어) (대학에서의) 기업 설명회, 대졸 예정자 채용 박람회; (회사 인사 담당자의) 순회 (방문). ── 자 (대졸 예정자)를 모집하여 고용하다(*up*).
mílk rùn 명 1 우유 배달 (코스[구역]). 2 (구어) 늘 다니는 정해진 코스; 완행 열차(편). 3 (구어) (새벽에 규칙적으로 실시하는) 폭격[정찰] 비행; 정기적 단거리 비행; 간단히[무사히] 해낼 비행.
mílk shàke 명 밀크 셰이크. (또는 **mílkshàke**)
mílk·shed [mílkᶜed] 명 낙농 지역.
mílk síckness 명 (병리) 우유병(독풀을 먹은 소의 젖을 마시고 걸리는 중독성 질환). [(큰 뱀).
mílk snàke 명 밀크뱀(미국 동북부산(産)의 독없는
milk·sop [mílksɑ̀p/ -sɔ̀p] 명 1 (英) 밀크에 적신 빵 조각. 2 나약한[무력한] 사람, 얼뜨기, 겁보.
~·ism 명 ~·**ping**, ~·**py** 형 [tose).
mílk súgar 명 (생화학) 젖당(乳糖), 락토오스(lac-
mílk thístle 명 우유 엉겅퀴(간 보호에 효능). [트).
mílk tòast 명 밀크 토스트(뜨거운 우유에 적신 토스
milk-toast [ᶜtòust] 형 심약한; 미지근한, 미온적인, 활기가 없는. ── 명 = milquetoast. [기는 구매원].
mílk tòken 명 (뉴질) 우유권(券)(우유 배달원에게 주
mílk tòoth 명 젖니, 배냇니(baby tooth).
mílk tràin 명 (지선(支線)의) 새벽 (완행) 열차.
mílk vètch 명 (식물) 자운영.
mílk wàgon 명 (美속어) 피의자(죄인) 호송차.
milk-walk [ᶜwɔ̀k] 명 (英) 우유 배달 구역. [칭.
milk·weed [mílkwìːd] 명 유액을 분비하는 풀의 총
milk-white [ᶜʰwáit] 형 젖빛의. [물의 총칭.
milk·wood [mílkwùd] 명 유액을 분비하는 열대 식
milk·wort [mílkwə̀ːrt] 명 애기풀속(屬)의 목초.
***milk·y** [mílki] 형 1 우유 같은; 젖빛의. 2 젖을 함유하는, 젖을 섞은. 3 (소가) 젖을 많이 내는; (식물이) 유액을 분비하는. 4 순한, 연약한. 5 (속어) 멋있는, 최고의. ── 명 (英속어·어린이말) 우유 배달원; 우유.
mílk·i·ly 부 **mílk·i·ness** 명
Mílky Wáy (the ~) (천문) 은하, 은하수(Galaxy); (the ~) 은하계; (the m- w-) 소우주.
‡**mill¹** [mil] 명 (~**s** [-z]) 1 제분소, 물방앗간, 풍차 방앗간. ¶*a water ~* 물방앗간. 2 맷돌, 제분기, 분쇄기. ¶*a coffee ~* 커피 분쇄기 / *No ~, no meal*. (속담) 맷돌이 없으면 끼니도 없다; 뿌리지 않으면 종자는 싹이 나지 않는다 / *The ~s of God grind slowly*. (속담) 신의 맷돌은 느리게 돌아가지만 곱게 빻는다; 하늘의 응보도 때로는 늦다는 것이다. 3 공장, 제작소, (규격품 따위의) 제조소. ¶*a cotton* [*paper*, *steel*] *~* 방적 공장[제지 공장, 제강소] / *a saw ~* 재재소. 4 기계적으로 만들어내는 곳[사람]. ¶*a diploma ~* (과즙을 짜는) 압착기. 5 (날염판(捺染版)·지폐 인쇄판 따위에 밑드는) 압축 제판기(製版機); (주화(鑄貨)의) 제조기; (보석 따위의) 연마기; 절단기; (과즙을 짜는) 압착기. 6 기계적인[단조로운] 과정[일상 업무]; (일정한 순서로 처리하는) 관공서, 사업[사무]소. 7 (주화 가장자리의) 깔쭉무늬 찍는 기계. 8 (속어) 권투 시합, 주먹질. 9 (속어) (자동차 따위의) 엔진; 타자기. 10 (속어) 감방, 영창.
***draw water to one's* (*own*) *mill* 아전인수하다,

mill

이로운 점을 모두 이용하다.
in the mill 준비중의.
run of the mill 보통의, 예사의.
through the mill 괴로운 경험을 쌓아서, 고생 끝에.
¶go [or pass] *through the* ~ 쓰라린 경험을 하다, 시련을 겪다.
— 图 (~s [-z]) 围 1 맷돌에 갈다, 맷돌로 빻다. 2 …을 제분기(연마기·절단기)로 빻다[갈다]. ¶[곡물]을 찧다; [목재]를 켜다. 3 〔화폐주조〕〔주화〕의 가장자리를 깔쭉깔쭉하게 만들다. 4 〔초콜릿 따위〕를 휘저어서 거품이 일게 하다. 5 …을 치다, 때리다; …과 싸우다, …을 해치우다. — 圄 1 맷돌[제분기]로 가루를 만들다. 2 (가축 따위가 떼를 지어) 빙빙 돌다(*about, around*). 3 (고래가) 갑자기 방향을 바꾸다. 4 (속어) 권투를 하다, 서로 주먹질하다.

mill² 图 밀(화폐의 계산 단위; 1달러의 1,000분의 1).
mill³ 图 100만(million); (美속어) 100만 달러.
Mill [mil] 图 **John Stuart** ~ 밀(1806–73: 영국의 철학자·경제학자).
mill. million(s).
mill·age [mílidʒ] 图⑪ 부동산 매매에 쓰이는 세율 (평가액의 1,000분의 1).
mill·board [mílbɔ̀ːrd] 图⑪〔제본〕두꺼운 판지.
mill·dam [mílɑ̀m] 图 물방아 보(狀)〔언못〕.
milled [mild] 圄 mill¹의 과거·과거분사. — 图 1 mill¹로 가공한. 2 (경화가) 깔쭉깔쭉한 이가 있는; 화폐 타출기(打出機)로 만든. 3 (속어) 술취한.
mille-feuille [miːlfə́ːi] 图 (~s) 〔프랑스 요리〕 밀푀유(파이 과자의 일종으로, (美)에서는 napoleon이라고 한다). (또는 **millefeuille**) 〈F〉
mil·le·nar·i·an [mìlənɛ́əriən] 图 1 천(년)의; 천년기(期)의. 2 〔기독교〕천년 왕국(millennium)의; 천년 왕국[지복]설을 믿는. — 图 천년 왕국[지복]설 신봉자. **~·ism** 图 〔신학〕 =millennialism.
mil·le·nar·y [mílənèri/milénəri] 图 천(년)의; 천(년)으로 된; 천인의 우두머리(의); 천년기의; 〔기독교〕 천년 왕국(신봉자)의. — 图 천으로 된 집합체[집단]; 천년기, millennium; =millenarian.
mil·len·ni·al [miléniəl] 图 1 천년(간)의; 천년 왕국의. 2 천년 왕국에 어울리는[을 생각나게 하는]. — 图 (~s) 새 밀레니엄 세대(1980년대 초 출생 세대).
mil·len·ni·al·ism [miléniəlìzm] 图 〔신학〕천년 (왕국)주의(성경에 예언된 그리스도의 지상 왕국의 출현을 믿는 교리). (또는 **millenarianism**) **-al·ist** 图
mil·len·ni·um [miléniəm] 图 (**~s, -ni·a** [-niə]) 1 천년(간). 2 (the ~) 〔기독교〕천년 왕국[지복(기)](그리스도가 재림하여 세상을 다스린다고 하는 신성한 천년간. ←요한 계시록(Rev.) 20 : 1–7). 3 (a ~, the ~) (비유적) 다수의 정의와 평화가 넘치는 이상적 시대. 4 천년 기념제.
millénnium bùg [prōblem] 图 밀레니엄 버그 (컴퓨터의 2000년 인식 오류; Y2K).
mil·le·pede [míləpìːd] 图 =millipede. (또는 **mil·le·ped**)
mil·le·pore [míləpɔ̀ːr] 图 〔동물〕의혈산호(擬穴珊瑚).
‡**mill·er** [mílər] 图 (**~s** [-z]) 1 방앗간 주인, 제분업자. ¶*Every* ~ *draws water to his own mill.* (속담) 아전인수(我田引水)/*Too much water drowns the* ~. (속담) 지나침은 모자람만 못하다. 2 =milling machine. 3 날개에 가루가 있는 각종 나방.
drown the miller (독주·반죽에) 물을 너무 많이 타
Mill·er [mílər] 图 밀러. 1 **Arthur** ~ (1915– : 미국의 극작가·소설가; *Death of a Salesman* (어느 세일즈맨의 죽음)). 2 **Glenn** ~ (1904–44: 미국의 작곡가·지휘자). 3 **Henry** ~ (1891–1980: 미국의 소설가). 4 (상표) 미국의 맥주 (회사).
Míller index 图 〔결정〕밀러 지수(指數)(결정면(面)의 표시 기호의 하나). 〔←영국 광물학자 W.H. Miller (1801–80)의 이름〕

million

mill·er·ite [míləràit] 图⑪ 〔광물〕침연(針狀) 니켈광.
mill·er's-thumb [mílərzθʌ́m] 图 둑중개류(類)의 작은 민물고기; (英방언) (영국산(産)) 작은 새의 총칭.
mil·les·i·mal [milésəməl] 图 1,000분의 1의. — 图 1,000분의 1. **~·ly** 副
mil·let [mílit] 图 1 〔식물〕기장(벼과(科)의 1년초). ¶**Italian** ~ 조. 2 ⑪ 잡곡(기장·조·피 따위).
Mil·let [miléi/*F* milɛ] 图 **Jean-François** ~ 밀레 (1814–75: 프랑스의 화가).
míllet gràss 图 〔식물〕 나도겨이삭.
míll fìnish 图 (용지의) 광택면(光澤面).
míll-gìrl [-gɔ̀ːrl] 图 (방적 공장의) 여공.
míll hànd 图 제분공; 공원; 방적공.
míll hòrse 图 연자매 말.
mill·house [mílhàus] 图 (图 **-hous·es** [-hàuziz]) 1 제분소. 2 프레이즈(fraise)반(盤) 작업장.
mil·li- [míli, -lə] 〔연결〕thousand, one thousandth 의 뜻. ¶*millipede, millimeter.*
mil·li·am·pere [míliæmpìər/-pɛ̀ə] 图 〔전기〕 1,000분의 1암페어(기호 mA). 〔(美) **billion**〕.
mil·liard [míljərd/-lìəd, -ljɑ̀ːd] 图 (英) 10억(의).
mil·li·are [míliɛ̀ːr, -ɛ̀ər] 图 밀리아르(면적의 단위) (1아르의 1,000분의 1; 图 ma). 〔**mb**〕.
mil·li·bar [míləbɑ̀ːr] 图 밀리바(기압의 단위; 图 mb).
mil·li·cu·rie [mílikjùəri] 图 〔물·화〕밀리퀴리(1퀴리의 1,000분의 1; 图 mCi).
mil·li·cy·cle [míləsàikl] 图 〔전기〕밀리사이클(진동수의 단위로 1사이클의 1,000분의 1; 图 mc).
mil·li·gram, (英) **-gramme** [míligræ̀m] 图 밀리그램(1그램의 1000분의 1; 图 mg).
mil·li·li·ter, (英) **-tre** [míləliːtər] 图 밀리리터(1리터의 1000분의 1; 图 ml).
***mil·li·me·ter**, (英) **-tre** [míləmìːtər] 图 밀리미터 (1미터의 1000분의 1; 图 mm). **-mét·ric** 图
mil·li·mi·cro- [míləmàikrou, -krə] 〔연결〕「10억분의 1」의 뜻. ¶*millimicrosecond* 10억분의 1초.
mil·li·mi·cron [mìləmàikrɑn/-krɔn] 图 (图 **~s, -cra** [-krə]) 밀리미크론(1,000분의 1미크론; 图 mμ).
mill·line [míllàin] 图 1 밀라인(정기 간행물의 발행부수 100만부당의 애짓 라인(agate line)의 광고 스페이스). 2 (또는 ~ **ràte**) 1애짓 라인당(當)의 광고료.
mil·li·ner [mílənər] 图 여성용 모자 제조[판매]인.
mílline ràte 图 =milline 2.
mil·li·ner·y [mílənèri/-nəri] 图⑪ 1 여성용 모자류. 2 여성 모자 제조[판매]업[점].
mill·ing [mílin] 图⑪ 1 맷돌로 갈기, 제분. 2 (금속면을) 평평하게 깎기; (모직물의) 축융(縮絨)(fulling). 3 〔화폐주조〕주화의 가장자리를 깔쭉깔쭉하게 만들기; 깔쭉깔쭉함. 4 (속어) (주먹으로) 때리기, 구타, 5 (소떼 따위의) 선회.
mílling cùtter 图 〔기계〕 밀링 커터.
mílling machìne 图 〔기계〕 밀링 머신(금속 절삭기계), 프레이즈반; 〔방직〕 축융기(縮絨機).
‡**mil·lion** [míljən] 图 (**~s** [-(z)]) 1 100만. ¶a [or one] ~ 100만 /two ~ and a half; two and a half ~s 250만 /half a ~ 50만 /a quarter of a ~ 25만 /ten ~ (복수취급) (대명사적으로) 100만 개; 100만 명. 3 (화폐 단위를 생략해서) 100만 달러 [원, 파운드, 프랑 따위]. ¶*He is said to be worth a hundred* ~. 그는 1억의 재산가라고 한다. 4 (~s) 다수, 무수(of). ¶~s *of* people 무수한 사람들 /*spend* ~s 막대한 돈[자금]을 쓰다. 5 (the ~(s)) 일반 대중, 민
a million and one 아주 많은. 〔중, 서민.
a million to one (가능성·희망 따위가) 극히 적은.
be gone a million (濠·뉴질 구어) (시합 따위에서) 완전히 지다[패배하다]; (사람이) 못쓰게 되다, 타락하다.
in a million 매우 드문; 유례없는, 훌륭한, 최고의. ¶a teacher *in a* ~ 최고의 교사 /one [a] chance *in a*

~ 천재일우의 기회.
make millions 백만장자가 되다; 한밑천 잡다.
one in a million 백만에 하나의 사람[것], (구어) 최고의 사람[것].
Thanks a million! 대단히[정말] 고맙습니다.
──형 1 100만의. 2 많은, 무수한. ¶There's a ~ ways to get the money. 돈 버는 방법은 얼마든지 있다.
like a million dollars [or **bucks**] (구어) ① 아주 건강하여, 기분이 최고로. ② (사람·물건이) 말쑥한, 멋진. ¶look *like a* ~ *dollars* 근사해 보이다.

mil·lion·air·ess [mìljənɛ́əris] 명 millionaire의 여성형; millionaire의 아내; 여자 백만장자.

mil·lion·fold [míljənfòuld] 형[부] 백만 배의[로].

*mil·lion·(n)aire [mìljənɛ́ər] 명 (통 ~**s** [-z]) 1 백만장자; 큰 부자, 갑부(통 billionaire). 2 (형용사적) (도시가) 인구 100만명 이상의. ~**·dom** 명

mil·lionth [míljənθ] 형 백만번째의; 100만분의 1의. ──명 백만번째의 것; 100만분의 1(인 것).

mil·li·pede [míləpìːd] 명 노래기(절지 동물). (또는 **millepede**)

mil·li·rem [mílərèm] 명 밀리렘(인체에 대한 방사선의 작용을 나타내는 단위. 1,000분의 1렘; 略 mrem).

mil·li·roent·gen [mìlərɛ́ntgən] 명 (물리) 밀리뢴트겐(1,000분의 1 뢴트겐; 略 mr, mR).

mil·li·sec·ond [míləsèkənd] 명 밀리세컨드(1초의 1,000분의 1; 略 ms). 「1,000분의 1).

mil·li·volt [mílevòult] 명 (전기) 밀리볼트(1볼트의

mil·li·watt [míləwàt/-wɔ̀t] 명 (전기) 밀리와트(1와트의 1,000분의 1; 略 mW, mw).

mill·man [mílmən] 명 mill¹의 노동자; (구어) mill의 소유자[경영자]. (또는 **mill màn**)

mill òutlet 공장 직영 소매점(mill store).

mill·pond [mílpànd/-pɔ̀nd] 명 1 물방아용 저수지, 물방아용 연못. 2 (익살) (북) 대서양.
(as) calm as a millpond; like a millpond (수면·바다 따위가) 연못처럼 잔잔한.

mill·pool [mílpùːl] 명 =millpond.

mill·race [mílrèis] 명 (물방아용의) 도랑; (그 도랑을) 흐르는 물.

mill·run [mílràn] 명 1 =millrace. 2 광석의 성분 테스트; 그에 의해서 얻은 광물. 3 흔한[평범한] 사람[사물].

mill-run [´-rán] 명 1 (상품이) 공장에서 나온 그대로인, 아직 등급별로 분류되지 않은. 2 보통의.

Mills [milz] 명 **(Charles) Wright** ~ 밀즈(1916-62; 미국의 사회학자).

Mílls grenàde [bòmb] [mílz-] 명 (군사) 밀즈 수류탄(달걀형 고성능 수류탄).

*mill·stone [mílstòun] 명 1 맷돌; 맷돌로 쓰는 돌, 규석(burrstone). 2 (비유적) 빻는[찧는, 짓누르는] 것; (성서) 무거운 짐; 연자맷돌(←마태복음(Matt.) 18 : 6).
a millstone around [or **about**] *a person's neck* 마음의 짐, 고민거리.
(as) hard as (a piece of) the nether millstone 무자비한, 무정한.
between millstones; between the upper and the nether millstone(s) 궁지에 빠져, 진퇴양난의.
dive into a millstone; look [or **see**] **through** [or **(far) into**] **a millstone** (비꼬아) 감각[통찰력, 시력]이 무섭게 날카롭다, 빈틈없다.

mill stòre =mill outlet. 「용 물줄기.

mill·stream [mílstrìːm] 명 물방아용 개울, 물방아

mill·tail [míltèil] 명 (물방아를 돌린 후의) 방수 (도

mill whèel 물방아의 바퀴). 「랑의 바퀴).

mill·work [mílwə̀ːrk] 명 제조 공장의 (목공) 제품(문·창틀 따위); 물방아(공장)의 기계 장치[작업]. (또는 **mill wòrk**)

mill·wright [mílràit] 명 물방아 목수, 물방아 설계사; (공장) 기계 설치[수리] 기술자[숙련공].

Mil·ly [míli] 명 밀리(여자 이름; Mildred, Mil(l)icent의 애칭).

mi·lo [máilou] 명 (통 ~**s**) 기장(millet) 비슷한 수수. (또는 ~ **màize**) 「주행)계.

mi·lom·e·ter [mailámətər/-ɔ́m-] 명 (英) 마일

mi·lord [milɔ́ːrd] 명 나리, 각하, 주인님(유럽 대륙에서 my lord의 뜻으로 영국 신사·주인에 대해 쓰는 칭); 영국 신사.

milque·toast [mílktòust] 명 (종종 M-) (美·캐나다) 나약한[줏대 없는] 남자, 겁보.
[<만화의 인물 Caspar Milquetoast]

MIL·STAR [mílstɑ̀ːr, ´-´] 명 (美군사) 전략·전술·중계용 군사 통신 위성 계획(국방부가 개발중인 차세대 통신 위성). [<*mil*itary *s*trategic and *t*actical *r*elay]

milt [milt] 명[U] (물고기 수컷의) 어백(魚白), 이리; (물고기의) 정소(精巢). 2 =melt².
──타 (물고기) 수컷이 (알)을 수정시키다.
──자 (물고기) 수컷이 번식기에 있는.

milt·er [míltər] 명 (산란기의) 물고기 수컷.

Mil·ton [míltən] 명 밀턴. **1 John** ~ (1608-74; 영국의 시인; *Paradise Lost*). **2** 남자 이름.

Mil·ton·ic [miltánik/-tɔ́n-] 형 밀턴(의 저작)의; 밀턴 시풍(詩風)의; (문체 등이) 장엄한, 장중한. (또는 **Mil·to·ni·an** [miltóuniən])

Mil·town [míltàun] 명 (상표) (약학) 밀타운(진정제)(meprobamate).

Mil·wau·kee [milwɔ́ːki] 명 밀워키(미국 Wisconsin 주의 최대 도시; 기계류·맥주 생산지). ~**·an** 명

Milwáukee gòiter (美속어) 밀워키 갑상선종(甲狀腺腫)(맥주꾼의 올챙이배).

mim [mim] 명 (英방언) 시치미 떼는, 점잔빼는.

MIM *m*obile *i*nterceptor *m*issile(이동식 요격 미사일).

mim. mimeograph. 「일).

mime [maim, miːm] 명 1 무언극(無言劇), 판토마임(pantomime); 그 배우. 2 (고대 그리스·로마의) 무언 익살극; 그 극의 배우. 3 흉내. 4 희극 배우, 광대.
──자타 …을 흉내내다; (생각 따위를) 몸짓으로 표현하다. ──자 (무언의) 익살극을 하다; (녹음 따위에 맞추어) 노래[연주] 흉내를 내다. **mím·er** 명

M.I.Mech.E. *M*ember of the *I*nstitution of *Mech*anical *E*ngineers. 「eograph.

mim·e·o [mímiou] 명 (통 ~**s**) 통 (구어) =mim-

mim·e·o·graph [mímiəgræ̀f, -grɑ̀ːf] 명 등사판, 등사 기계; 등사 인쇄물. ──타 (…을) 등사 인쇄하다.

mi·me·sis [mimíːsis, mai-] 명 1 (수사) 모사(模寫), 모방. 2 (생물) 의태(擬態). 3 (또는 **mimosis**) (병리) 히스테리성 의병(擬病), 동감병(同感病).

mi·met·ic [mimétik, mai-] 형 흉내내는; 거짓의; (생물) 의태(擬態)의. **-i·cal·ly** 부

mimétic díagram 명 (전자) 모식도(模式圖) [표시판] (공장 기계의 작동 상태 등을 램프의 점멸(點滅) 등으로 표시한다). 「1, 2.

mim·e·tism [mímətìzm, máim-] 명 =mimicry

*mim·ic [mímik] 형 1 모방의, 모조의, 모의(模擬)의. ¶a ~ battle 모의 전투. 2 흉내를 잘 내는; (동작·표정에 관해서) …인 체하는. ¶~ *tears* 거짓 눈물. ──명 1 모방자, 흉내를 잘 내는 사람; 모방쟁이; 광대. 2 흡사한 것, 모조품. 3 (생물) 의태 동물. ──타 (~**ked, ~·king**) 1 (남의 말·행동)을 흉내내다, 시늉을 내며 놀리다; …을 본뜨다, …과 흡사하게 굴다. ⇒IMITATE 유의어 2 (다른 것)과 꼭 닮다. 3 (생물) (자기 방어를 위해) …을 의태하다. **-ick·er** 명

mímic pànel 점멸 안내[게시]판(컴퓨터를 이용하여 복잡한 시스템을 램프의 점멸 등으로 도식화하여 나타내는 표시판). (또는 **mímic bóard**)

*mim·ic·ry [mímikri] 명 1 흉내, 모방. 2 모조품. 3 (생물) 의태. 「는, 취미가 몹시 까다로운.

mim·i·ny-pim·i·ny [mímənipímɪəni] 형 점잔빼

Mi·mir [míːmiər] 몡 〔북유럽 신화〕 미미르(Yggdrasil 나무 근처 지혜의 샘을 지키는 거인의 신).

mim-mem [mímmèm] 몡 (언어 학습의) 모방 기억 연습의[에 의한]. 〔<*mim*icry-*mem*orization〕

mi·mo·sa [mimóusə, -zə] 몡 미모사속(屬)의 식물, 함수초(含羞草).

mim·sey [mímzi] 몡 〔英구어〕 점잔빼는, 심각한 체하는, 위엄을 부리는. (또는 **mimsy**)

MIMunE *M*ember of the *I*nstitute of *Mun*icipal *E*ngineers. **min.** mineralogical; mineralogy; minim; minimum; mining; ministry; minor; minuscule; minute(s). **Min.** Minister; Ministry.

mi·na[1] [máinə] 몡 (몡 **-nae** [-niː]; **~s**) 1 고대 그리스의 화폐 단위(1/60 talent). 2 고대 그리스·이집트 등지의 중량 단위(0.95 pound).

mi·na[2] 몡 =myna.

min·a·ble [máinəbl] 몡 채굴할 수 있는, 채굴하면 경제성이 있는. (또는 **mineable**) 〔**~·ness** 몡〕

mi·na·cious [mínéiʃəs] 몡 위험[협박]적인. **~·ly** 뷔

mi·nac·i·ty [mínǽsəti] 몡 단도직입적인, 협박.

Min·a·má·ta disèase [mìnəmáːtə-] 미나마타병(오염된 해산물로 인한 수은 중독). (또는 **Mád Hátter's disèase**) 〔<발생지인 일본 지명 미나마타(水俣)/「작은 탑, 기념탑.

mi·nar [mináːr] 몡 〔인도〕 등대;

min·a·ret [mìnərét, ⌒⌐⌐] 몡 (회교 사원의) 뾰족탑, 첨탑. **~·ed** 몡

min·a·to·ry [mínətɔ̀ːri/-təri] 몡 겁주는, 협박[위협]적인. (또는 **minatòrial**) **-to·ri·ly** 뷔

mi·nau·de·rie [mìːnóudri:] 몡 (**~s**) 요염한 자태,

mi·nau·dière [mìːnoudjéər] 몡 (몡 **~s**) 작은 휴대용 화장품[보석통]. 〔<F〕

*****mince** [mins] 뫔 1 (고기·야채 따위)를 잘게 썰다, 저미다. 2 (말)을 삼가서 하다; (일)을 완곡하게 말하다, …을 뽐내며 말하다. ─ 돈 (경멸적) (점잔 빼며) 종종걸음으로 걷다; 점잔 빼며 말하다[행동하다].

not mince matters [or (*one's*) **words**] 〔경멸적〕 거리낌없이 분명하게 말하다, 단도직입적으로 말하다.

─ 몡 잘게 썬 고기, 저민 고기(minced meat).

mince·meat [mínsmìːt] 몡 다진 고기(사과·건포도·사탕·다진 고기 따위를 섞은 mince pie의 재료).

make mincemeat of ① …을 잘게 저미다. ② (토론에서) (상대를) 완전히 논파하다, (설)을 완전히 뒤엎다.

mince pie 몡 1 다진 고기가 든 파이. (또는 **mínced pie**) 2 (**~s**) 〔英속어〕 눈, 눈알. 「기계.

minc·er [mínsər] 몡 잘게 써는 사람[것]; 고기 가는

minc·ing [mínsiŋ] 몡 1 (걸음걸이·태도 따위가) 뽐내는, 으스대는, 거드름피우는. 2 뽐내며 종종걸음치는. 3 (도구 따위가) 잘게 써는 데 쓰는. **~·ly** 뷔

‡**mind** [maind] 몡 (몡 **~s** [-z]) 1 ⓤ 마음, 정신 (soul). ─ *body* ¶ **~ and body** 심신(心身) / **peace of ~** 마음의 평안 / *A sound ~ in a sound body*. 〔속담〕 건전한 신체에 건전한 정신이 깃든다.

> 유의어 **mind** 인간의 지정의(知情意)의 작용을 하는 부분; 특히 지적인 작용을 가리키는 경우가 많다. **heart** 정의적 작용을 가리키는 말. **brains** 특히 이해력·사고력 작용을 강조하는 말. **soul** 육신의 생명과 개인의 자아와 인격을 드러내는 혼. **spirit** 신과 교제할 수 있는 인간의 가장 심층에 있는 영역의 영. 육체적·물질적인 존재와 상반된다는 암시가 강한 말.

2 ⓤ 기억(력), 회상. ¶ *from time out of ~* (사람의 기억에 없을 만큼) 아주 옛날부터 / *It had gone* [or *passed*] *out of my ~*. 그 일은 내 기억에서 사라져 버렸다 / *Out of sight, out of ~*. 〔속담〕 보지 않으면 마음도 멀어진다.

3 ⓤ 지성, 지력(知力); ⓒⓤ 사고력; 이해력. ¶ *a man of good ~* 지성 있는 사람.

4 ⓤ 이성(적인 상태), 건전한 정신 상태, 바른 정신. ¶ *absence* [*presence*] *of ~* 방심 상태, 냉정.

5 〔집합적〕 (정신·지적 능력의 소유자로서의) 인간, 인물. ¶ *He is the sharpest ~ on the staff*. 그는 간부들 중에서 가장 뛰어난 인물이다 / *No two ~s think alike*. 〔속담〕 똑같은 생각을 하는 사람은 없다.

6 ⓤⓒ 정신적인 특질, 정신 상태; 사고 방식; 기질, 성품. ¶ *a frame* [or *state*] *of ~* 기분, 느낌 / *a turn* [or *cast*] *of ~* 기질 / *a cheerful ~* 쾌활한 기질 / *So many men, so many ~s*. 〔속담〕 십인십색(十人十色). 7 ⓒⓤ 의견, 의향; 의지, 결의; 원망, 기호; 목적. ¶ *the public ~* 여론 / *listen with half a ~* 건성으로 듣다 / *I am of his ~*. 그와 같은 의견이다 / *Live as you've a ~ to*. 네가 좋을대로 살아라. 8 ⓤ (부정문에서) 주의, 집중, 배려; 사고, 고려(*on*). 9 ⓤ 〔정신분석〕 정신; 〔철학〕 (사고의 주체로서의) 정신(몡 matter); 〔심리〕 의식. 10 ⓤ 심령, 영혼, 혼백, 정령, 정기 (精氣)(soul). 11 〔가톨릭〕 사자(死者) 추도 기념식.

after *one's* ***mind*** = *to one's mind* ②. 「쓰다.

apply [or ***bend***] ***the mind to*** …에 고심하다, 마음

at the back of *one's* ***mind*** 심중에, 내심.

awake to *one's* ***full mind*** 〔비유적〕 눈을 뜨다, 정신을 차리다.

be all in the mind (병 등이) 마음가짐에 달려 있다. 다만 그렇다고 생각하기 때문이다.

bear [or ***keep***]… ***in mind*** 명심[기억]하다.

be beyond *one's* ***mind*** 이해할 수 없다.

be in two [or ***twenty, several***] ***minds; have two minds*** 망설이다, 결심이 서지 않다.

bend *a person's* ***mind*** 남을 깜짝 놀라게 하다, 야코죽이다, 강한 인상을 주다.

be of a mind to *do* …하고 싶은 심정이다.

be of a person's mind 남과 같은 의견이다.

be of [or ***in***] ***one*** [or ***a, like***] ***mind; be of the same mind*** (…와) 같은 생각이다(*with*).

be [or ***go, pass***] ***out of mind*** 잊혀지다, 기억에서 사라지다. 「하게 기억이 나다.

be somewhere about *one's* ***mind*** (일·물건) 히미

blow *one's* ***mind*** 〔구어〕 …을 흥분[도취]시키다, 황홀하게 하다, (사람을) 압도하다[어쩔어찔하게 하다].

break *one's* ***mind*** 마음의 비밀을 털어 놓다.

bring *one's* ***mind back to*** 〔일·물건〕을 다시 생각나게 하다. 「리다.

bring [or ***call***] ***to mind*** …을 상기하다, 머리에 떠올

cast [or ***carry, throw***] *a person's* ***mind back to*** …을 회상하다, 생각나게 하다.

change *one's* ***mind*** 마음[생각]을 바꾸다. 「다.

come [or ***spring***] ***to mind*** (갑자기) 생각이 떠오르

cross [or ***come into*** [or ***to***], ***spring to, enter***] *one's* ***mind*** (문득) 머리에 떠오르다, 생각나다.

flash across *one's* ***mind*** 갑자기 생각나다, 문득 머리에 떠오르다. 「이해하다.

get *one's* ***mind round*** (복잡한 사항 따위를) 겨우

get*…*out of *one's* ***mind*** …을 마음에서 몰아내다, 잊게 하다.

give [or ***tell***] *a person a piece* [or *bit*] *of one's mind* 남에게 거리낌없이 (잔소리를) 말하다.

give *one's* (***whole***) ***mind to*** …에 마음[정력]을 쏟다.

go out of *one's* ***mind*** 미치다, 발광하다.

go [or ***turn***] ***over***…***in*** *one's* ***mind*** …을 숙고하다.

have a good [or ***great***] ***mind to*** *do* 꼭 …하고 싶다, …하고 싶은 생각이 많다.

have a mind of *one's* ***own*** 독자적인 생각을 가지다.

have half a mind to *do* …할까말까 생각하다.

have...in mind ① =keep...in mind. ② …에 관해 생각하고 있다; …을 뜻하다, 계획하다.
have no [little] mind to do …할 생각이 전혀[거의] 없다.
have one's **mind on** 마음이 …을 향하고 있다.
have...on one's **mind** (…을 마음 쓰고 있다).
in one's **mind** …의 생각[마음]으로는.
in one's **mind's eye** 마음 속에서[으로], 마음에 떠올라.
in sound mind; in one's **right mind** (부정·의문·조건문에서) 제정신으로.
in two minds 마음이 이러지도 저러지도 못하는, 망설이는.
keep an open mind 결정하지 않고 있다, (판단을) 보류하다, (제안 등을) 받아들일일[검토할] 생각이 있다.
keep...in mind …을 마음에 담아두다, 잊지 않고 있다.
keep one's **mind off** =take one's mind off.
keep one's **mind on** …에 끊임없이 마음을 쓰다, 전념[몰두]하다.
know one's **own mind** 뚜렷한 자기 의견을 가지고 있다, 생각이 흔들리지 않다.
let a person **know** one's **mind** 남에게 심중을 토로하다.
lose one's **mind** =go out of one's mind.
make up one's **mind** ① 결심하다. ¶We must *make up* our ~s *to* study. 우리는 공부할 결심을 하지 않으면 안 된다. ② 결론을 내리다. ¶I *made up* my ~ *that* he was antiquated. 나는 그가 구식 인간이라는 결론을 내렸다. ③ 체념하고 인정하다 (*for*, *to*).
meeting of minds 의견의 완전한 일치. 「정신력.
mind over matter 물질[육체]적 어려움을 극복하는
off one's **mind** …의 마음을 떠나, 잊혀져서.
on one's **mind** ① 마음에 걸려, 신경이 쓰여. ② 머리 속에 박혀 있어. ¶What's *on your* ~? 무슨 생각을 하고 있는 거야?
open one's **mind to** …을 기꺼이 고려하다. 「취해.
out of one's **mind** 정신이 나가서; (구어) 정신 없이
pass from [or out of] one's **mind** =go out of one's mind.
pay no mind; not pay any mind 무시하다.
put a person's **mind to...; throw** a person's **mind to...** 남에게 …을 생각나게 하다.
put [or set] a person's **mind at rest [or ease]** 남의 마음을 편하게 하다, 안심시키다.
put...out of one's **mind** (일부러) 잊어버리다.
read a person's **mind** 남의 마음[심중]을 읽다.
rest one's **mind** 머리를 식히다. 「득 머리에 떠오르다.
run [or come] across one's **mind** (어떤 일이) 문
rush upon one's **mind** =flash across one's mind.
set [or turn] one's **mind back to** …을 떠올리다.
set one's **mind on** …을 열망하다, …에 심혈을 쏟다.
shut [or close] one's **mind to** …에 마음을 닫다, 받아들이지 않다.
slip one's **mind** 잊어 버리다, 생각나지 않다.
speak [or say, tell, disclose, open] one's **mind** 생각을 털어놓다, 생각한 대로 서슴없이 말하다. 「다.
stick in the [or one's] mind 마음에 뚜렷이 남아있
take a person's **mind** (美속어) 남을 당혹케 하다, 괴롭히다.
take one's **mind off** …에서 마음을 돌리다, …을 잊
time out of mind 옛날 옛적, 아득한 옛날부터.
times out of mind 수없이 여러 번, 여러 번.
to one's **mind** ① 자기 생각으로는. ② 마음에 들어.
turn [or put, set] one's **mind to** …에 마음[주의]을 기울이다, 전념하다.
with...in mind …을 고려하여, 염두에 두고.
— ⓥ (~s [-z]) ⓣ **1** (명령문에서) …에 주의하다, 조심하다, 마음을 쓰다; [남의 충고·교훈 따위]에 유념하다, 유의하다, 경청하다; [남]의 말을 듣다, …을 따르다 (*that* 節, *wh.* 節). ¶*M*~ the step [the dog]. 발[개]조심.∥*M*~ *what* you say. 말을 조심해라. ∥*M*~ *what* I tell you. 내 말을 잘 들으세요. / *M*~ *what* you are *about* [*or doing*]. 공연한 짓을 마라, 일은 신중히 생각

해서 하라. / *M*~ you go. 꼭 가야 해요. **2** …을 돌보다, 보살피다, 지키다; …에 신경을 쓰다, …에 관심을 쓰다. ¶ ~ a baby 아기를 보살피다. **3** (부정·의문·조건문에서) …을 걱정하다, 염려하다(care about); …에 골내다 를 앓다, 반감을 갖다, 싫어하다 (*doing*, *wh.* 節). ¶Do you ~ my cigar? — No, not at all. 담배 피워도 괜찮겠어요? — 그럼요, 마음놓고 피우세요 / Never ~ her. 그녀 걱정은 마세요. // (~+-*ing*) I don't ~ *telling* you that... 나는 당신에게 감히 …라고 말한다.

> USAGE Would you *mind* doing…?에 대한 「네, 좋습니다」라는 대답은 "No, not at all." 또는 "Certainly not."이라고 한다. 구어에서는 "Sure," "Surely."도 많이 쓴다.

4 (방언) …을 알아채다, 인지(認知)하다. **5** (고어·방언) …을 기억하다; 생각할 것을 / …을) 생각나게 하다(*to do / of*). **6** (방언) (…하려고) 생각하다 (*to do*).
— ⓥ **1** (명령문에서) 정신차리다, 귀 기울여 듣다; 조심[주의]하다. ¶*M*~! You'll slip. 조심해, 미끄러지겠다. **2** (명령·규칙 따위에) 복종하다, 따르다. (~+⁝) My dog ~s *well*. 내 개는 말을 잘 듣는다. **3** (부정·의문·조건문에서) 언짢게 여기다, 싫어하다. ¶*M*~ if I go? 내가 가면 안 되겠나? / Don't ~ if I do. 내 일이니까 내버려 두어라 / Do you ~ if I smoke? — No, not at all. 담배 피워도 괜찮겠어요? — 네, 피우세요. 「꼼·정중한 사실).

Don't mind me. (내 일에는) 마음 쓰지 마세요(비
Do you mind? ① (분노를 나타내어) 그만두지 않겠소? ② (제가 하려는 것에) 반대합니까?
Do [or Would] you mind a person's *doing* [**or** *if* a person *does*]? …해도 될까요? ¶*Do you* ~ my *smoking*? 담배 피워도 될까요? 「도 좋습니다.
I don't mind. (소극적인) 네(yes), 그러세요; 아무래
I don't mind if I do. (구어) 그렇게 해도 좋지요, 나쁠 것 없지요(먹을 것 등을 권유받았을 때의 대답).
if you don't [or won't] mind (구어) 상관 없으시다면, 괜찮으시다면.
If you don't mind my [or me] saying so 실례되는 말씀입니다만.
I wouldn't mind... (구어) …을 얻을 수 없을까요; …(하는 것)도 나쁘지 않겠다, …해봤으면 좋겠다.
Mind and do (구어) 정신차려서[잊지 말고] …해라 (Be careful to do).
Mind how you go. (英구어) 몸조심해라(헤어질 때의 인사).
mind one's **p's and q's** 언행에 조심하다.
Mind out [or away]! (英구어) ① =Mind your back. ② 정신차려라, 주의해라! (*for*).
mind that... 꼭 …하도록 하다. ¶*M*~ *that* you post this letter. 잊지 말고 이 편지를 부치도록 하여라.
mind the shop [or store] 일을 도맡아 하다.
Mind (you)! (삽입적) 알았지, 잘 들어둬.
Mind your back. (구어) 길을 비키시오.
Mind your eye! (英구어) 똑바로 보고 다녀라!
Mind your own business [or affairs]! 쓸데없는 참견 마라, 네 일이나 해라.
Never mind. (구어) ① 걱정 말아라; 아무 것도 아니야, 네가 알 바 아니다. ¶*Never* ~ *about* that. 그 일은 신경 쓰지 마시오. ② (의론에서 잘못을 바로잡기) 아니, 사실은. ③ (부정문 뒤에서) …은 말할 것 없고, 더구나(let alone).
Never you mind. (구어) (…는) 네가 알 바가 아니다.
Would [or Do] you mind doing? …해 주실래요? ¶Would you ~ *holding* your tongue? 좀 잠자코 있어 주실래요?

mind-al·ter·ing [-ɔ́ːltəriŋ] ⓐ (환각제 등) 정신에 변화를 주는, 향정신(向精神) 작용성의.

Min·da·na·o [mìndənáːou, -náu] ⓝ 민다나오(필

mind bender 图 (속어) 1 환각제; 환각제[마약] 사용자. 2 깜짝 놀라게 하는 것. 3 남의 기분[생각]을 잘 바꿔게 하는 사람, 회유책을 쓰는 사람. (또는 **mínd-bènder**)

mind-bend·ing [´bèndiŋ] 图 (속어) 1 환각을 일으키는, 환각성의. 2 정신을 혼미케 하는[착란시키는]; 기가 꺾이게 하는, 난폭한. ¶…다, …을 흥분시키며.

mind-blow [´blòu] 图명 (속어) (남)에게 충격을 주다

mind-blow·er [máindblòuər] 图 (속어) 환각제; 환각제[마약] 사용자; 도취[쇼크] 상태로 만드는 것[사람]; 충격적인 경험[체험]. (또는 **mínd blòwer**)

mind-blow·ing [´blòuiŋ] 图 (속어) 환각 작용을 하는, 환각성의; 압도하는, 아주 자극적인, 스릴 만점의.

mind-bog·gler [´bàglər/-bɔ̀g-] 图 (구어) 기절시키는[깜짝 놀라게 하는] 것[사람]; 근사한 사람[것], 굉장한 인[것].

mind-bog·gling [´bàgliŋ/-bɔ̀g-] 图 (구어) 깜짝 놀라게 하는, 믿기 어려운; 난해한. **~·ly** 图

mínd cùre 图 (신경증에 대한) 정신 요법.

MIndE. Master of *I*ndustrial *E*ngineering.

mind·ed [máindid] 图 1 (…하고 싶은 생각이[의향이] 있는, (…)의 마음이 있는 (*to do*). ¶if she is so ~ 만약 그녀가 그런 의향이라면 // Are you ~ to help him? 그를 도울 생각이 있으십니까? 2 (복합어로) 마음이 … 한 기질인, …의 마음인; …에 열중하는, …에 관심이 가지는. ¶commercially ~ 상인 기질의 / high [low]-~ 고상[비열]한 마음의 / war-~ 호전적인. **~·ness** 图

mind·er [máinər] 图 1 (복합어로) 돌보는 사람, …지기, 관리인. ¶a baby-~ 아기 보는 사람. 2 (속어) 경호원, 보디가드; 똘마니, 주먹; (정치인 등의) 비서, 홍보 담당자. 3 (고어) 수양 아들[딸]; 위탁아.

mind-ex·pand·er [´ikspændər] 图 환각제.

mind-ex·pand·ing [´ikspændiŋ] 图 (구어) 정신 확장의, 환각(증상)을 일으키는, 환각적인.

mind-fuck [´fʌ̀k] (美비어) 图명 (俗) 1 (남)을 자유 자재로 조종하다; 혼란시키다; (사람)에게 마약을 마시게 해보다. 2 图 남을 조종하는 사람; 사기꾼; 최악의 것[사태].

*mind·ful [máindfəl] 图 (서술용법) (…을) 주의하는, 조심하는; 염두에 둔, 마음에 새겨 잊지 않는 (*to do*, *of*). ¶She is ~ only *of* her own interest. 그녀는 자기 일만을 생각하고 있다. **~·ly** 图 **~·ness** 图

mínd gàmes 图명 심리 조작[전술], 심리전.

mind·less [máindlis] 图 (경멸적) 의식이 없는, 지성이 없는, 무지한; 분별이 없는, 어리석은; (서술용법) 배려하지 않는, 유념하지 않는 (*of*). **~·ly** 图 **~·ness** 图

mind-numb·ing [´nʌmiŋ] 图 지루하고 시시해서 죽을 지경인, 정신이 멍해질 만큼의.

min·don [máindən/-dɔn] 图 정신소(精神素)(텔레파시등 정신 전달을 관장하는 물질의 가상 명칭).

mínd rèader 图 독심술사(師).

mínd rèading 图 독심술, 독심 능력.

mind-set [´sèt] 图명U© (구어) 마음가짐, 정신 자세; 고정 방식, 심적 경향; 태도, 버릇. ¶the cold-war ~ 냉전적 사고 방식.

mínd's èye 图 (one's ~, the ~) 마음의 눈, 상상력; 마음의 눈에 비친 상(像); 기억력.
in one's [or *the*] *mínd's èye* 기억[상상]으로.

mind-shat·ter·ing [´ʃætəriŋ] 图 기상천외의, 놀라운.

mínd spàcer (美속어) 환각제.

mínd spòrts 图명 두뇌 스포츠(체스·바둑 따위).

‡**mine¹** [main] 代 (* I의 소유 대명사, 「my+명사」에 해당한다) 나의 것[소유물]; 나의 가족; 나의 해야 할 일; (*of* ~) 나의. ¶a friend *of* ~ 나의 친구 / this [that] book *of* ~ 나의 이[저] 책 (* 「나의 이 책」은 this my book으로 하지 않고, this book *of mine*이라고 한다(이중소유격). 예: a friend *of his*, this house *of ours* 따위) ⇒FRIEND USAGE / It is ~ to judge. 판단은 내게 맡겨 주시오 / M-~ is a large family. 우리 집은 대가족입니다 / That book is ~. 저 책은 내 것이다 / The game is ~. 게임의 승자는 나다. — 图 (* 고어) 나의(my) (* 모음 또는 h로 시작되는 말의 앞이나 명사 다음에 쓴다). ¶~ eyes [heart] 나의 눈[그리운 사람] / the lady ~ 나의 연인.

‡**mine²** 图 (※ ~s [-z]) 1 광산, 광갱(坑); 광맥, 광상(鑛床). ¶a coal ~ 탄광 / a gold ~ 금광. 2 채광소, 광업소; (the ~s) 광(산)업. 3 (a ~) (비유적) 보물의 산; (…의) 보고(寶庫), 부원(富源) (*of*). ¶a ~ *of* information 지식의 보고, 풍부한 지식 / a ~ *of* wealth 부의 근원. 4 (군사) (적진 지뢰 부설을 위해 파는) 지하 갱도; 지뢰, 수뢰, 기뢰, (항공기에서 떨어뜨리는) 공뢰(空雷). ¶a moored ~ 계류 기뢰 / a surface [or floating] ~ 부유(浮遊) 기뢰. 5 (쏘아 올리는) 불꽃. 6 은밀한 계획.
charge a mine 지뢰[수뢰]를 장전하다.
go down the mine (파도타기에서) 파도를 타기도 전에 넘어지다. [파괴를 꾀하다 (*for*).
lay a mine ① 지뢰[기뢰]를 부설하다. ② (…의) 전복
spring a mine (*on*) ① (…에) 지뢰[기뢰]를 터뜨리다. ② (…을) 기습하다, 불시에 덮치다.
strike a mine 지뢰[수뢰]에 부딪치다.
work a mine 광산을 채굴[경영]하다.
— 图 (~s [-z]; ~d; min·ing) 1 …에 갱도를 파다. ¶~ the ground for coal 석탄을 캐기 위해 땅을 파다. 2 (광석 따위)를 파내다, 채굴하다. 3 (연극의 소재 따위)를 발굴하다. 4 (곤충이) (잎)에 구멍을 뚫다. 5 (지하도·굴)을 파다, 만들다. 6 (지뢰·기뢰)를 부설하다; (지뢰·기뢰)로 …을 폭파하다. 7 (은밀한 방법으로) …을 서서히 해치다, 파괴하다, 뒤엎다. — 图 ① 갱도를 파다; (…을) 채굴하다 (*for*). ¶~ *for* coal 석탄을 채굴하다. ② 지하도를 만들다; (동물이) 굴을 파다. ③ 지뢰[기뢰]를 부설하다.

Min.E. *Min*eral *E*ngineer.

mine·a·ble [máinəbl] 图 =minable.

míne detèctor 图 지뢰[기뢰] 탐지기.

mine·field [máinfìːld] 图 1 (군사) 지뢰[기뢰]원(原), 지뢰밭, 기뢰[수뢰] 부설 구역. 2 (비유적) 보이지 않는 위험이 도사리고 있는 구역, 난관.

mine-hunt·er [´hʌ̀ntər] 图 기뢰 제거정(艇).

mine·lay·er [máinlèiər] 图 1 (해군) 기뢰 부설함; (英) 기뢰 투하 장치. 2 (육군) 지뢰 매설 장치[차량].

‡**min·er** [máinər] 图 (※ ~s [-z]) 1 광산 노동자, 탄광 노동자, 광부, 갱부; 채광[광산]업자. 2 (군사) 지뢰 공병. 3 (광산) 채광기, 채탄기.

‡**min·er·al** [mínərəl] 图 (※ ~s [-z]) 1 광물; 광석, 조금(粗金). 2 무기물, 미네랄, 무기 화합물. 3 (~s) (英) 청량 음료, 탄산수[음료], 광천수. — 图 1 광물의, 광물성의. ¶a ~ vein 광맥. 2 광물을 함유한, 무기질의.

mineral. *mineral*ogical; *mineral*ogy.

míneral ácid 图 (화학) 무기산(無機酸), 광산(鑛酸).

míneral chárcoal 图 천연 목탄, 목질 탄모(炭母).

míneral còtton 图 =mineral wool.

míneral detèctor 图 (무선) 광석 검파기(檢波機).

míneral dréssing 图 (광산) 선광(選鑛).

min·er·al·i·za·tion [mìnərəlizéiʃən/-laiz-] 图U 광화(鑛化) 작용, 무기화(無機化); 석화(石化) 작용.

min·er·al·ize [mínərəlàiz] (* (英) -ise) 图他 …을 광물화하다; …을 돌이 되게 하다; (금속)을 광석화하다; …에 광물[무기물]을 함유하게 하다. — 图 광물을 연구[채집]하다, 탐광하다.

min·er·al·iz·er [mínərəlàizər] 图 1 광화(鑛化) 가스. 2 광소(鑛素), 광화제(鑛化劑). 3 광물 채집자, 탐광자.

míneral jélly 图 (화학) 바셀린의 일종.

míneral kíngdom 图 (the ~) 광물계. 图 animal kingdom, plant kingdom 「(富鑛) 지구, 광산 지대.

míneral lánds 图 (美) (광산 지역) 중요 부광

min·er·al·og·i·cal [mìnərəládʒikəl/-lɔ́dʒ-] 图 광물학의, 광물학적인. (또는 **mineralogic**) **~·ly** 图

min·er·al·o·gy [mìnərálədʒi/-rǽl-] 명 U 광물학. **-gist**
min·er·al·oid [mínərəlɔ̀id] 명 준광물(準鑛物). 미네랄로이드.
míneral òil 명 광유(鑛油); (각종의) 석유.
míneral píll 명 미네랄 정(錠).
míneral pítch 명 아스팔트(asphalt).
míneral ríght 명 [법률] (한 구역의) 채굴권(採掘權).
míneral rúbber 명 미네랄 러버(아스팔트로 만드는 고무질 물질 또는 고무와 아스팔트의 혼합물).
míneral sóil 명 광질(鑛質) 토양.
míneral spríng 명 광천(鑛泉).
míneral tár 명 광물 타르(점도가 높은 아스팔트).
míneral wáter 명 (약용의) 광천수; (종종 ~s) (英) 탄산수, 청량 음료.
míneral wáx 명 광랍(鑛蠟), 지랍(地蠟).
míneral wóol 명 광물면(綿), 광모(毛).
míner's disèase 명 광부병(십이지장충에 의한 빈혈증).
míner's ínch 명 유수량(流水量)의 계측 단위.
míner's ríght 명 (濠) (금광) 채굴 허가증.
mine-run [-rʌ̀n] 명 흔한 물건, 보통 것, 이류품.
Mi·ner·va [məná:rvə] 명 1 [로마 신화] 미네르바 (지혜·공예·용맹의 여신; 그리스 신화의 Athena에 해당한다). 2 지혜와 학식이 풍부한 여성.
min·e·stro·ne [mìnəstróuni] 명 U (닭고기 국물 속에 야채 따위를 넣은) 진한 수프. [<It]
mine-sweep·er [máinswì:pər] 명 [해군] 소해정 (掃海艇)(기뢰 제거·폭파 작업을 하는 함정); [육군] 지뢰 제거 장치. **-sweep·ing**
míne thròwer 명 [군사] =trench mortar.
min·e·ver [mínəvər] 명 =miniver.
míne wáter 명 [광산] 갱내수(坑內水).
mine-work·er [máinwə̀:rkər] 명 광산 노동자.
Ming [miŋ] 명 1 (중국의) 명(明)나라, 명조(1368-1644년). 2 U (m-) 명조 도자기. — 형 명조 시대(미술 양식)의, 명조풍의.
☆min·gle [míŋgl] 동 (~s [-z]; ~d; -gling) 자 1 (…와) 섞이다, 혼합되다(together)(with). ⇒ MIX [유의어] ¶ ~ well 잘 섞이다. 2 (…에) 끼이다, 참가하다 (join)(in, with). 3 (…와) 교제하다, 어울리다(with). ¶ (~+前+图) ~ with important people 중요 인사들과 교제하다. — 타 1 (…을 …와) 섞다, 혼합하다 (with); (드물게) (…을 조합(調合)하다, 합성하다 ¶ ~ wine and soda 술에 소다수를 타다. 2 (…와) 교제하게 [사귀게] 하다(with).
míngled féelings 희비가 엇갈리는 감정, 만감(萬感).
míngle ín [or **wíth**] **the crówd** 군중 속에 섞이다.
míngle téars 함께 울다.
— 명 (~s) (2인 이상의) 단순 동거인.
~·ment, -gler
min·gle-man·gle [-mæ̀ŋgl] 명 혼합, 뒤죽박죽.
min·go [míŋgou] 명 (~·es) Chickasaw 인디언
míng trèe [míŋ-] 명 분재(盆栽). [<Ming] 추장.
min·gy [míndʒi] 형 (口) (경멸적) 인색한, 다라운.
Min·hah [mínhɑ:] 명 (종종 m-) (유대교) 민하(오후의 예배). (또는 **Mincha(h)**) [<Heb]
min·i [míni] 명 (口) 소형인 것; 미니스커트, 미니드레스; 소형 컴퓨터; 소형 자동차. 2 (M-) (상표) 미니(영국제의 대중용 소형 자동차). — 형 소형의, 얼마 안되는; 짧은, 미니의; 단기의.
min·i- [míni, -nə] 연결 「작은, 소형의; 짧은 (치수); 소규모의」의 뜻 ¶ *minibus, miniskirt.* [盆景]
min·i·a·scape [mínəskèip] 명 축경(縮景), 분경
min·i·ate [mínièit] 타 …에 붉은 색을 칠하다; (사본)을 채색 문자로 꾸미다. **-à·tor**
☆min·i·a·ture [mínietʃər, -tʃùər, mínətʃər/-nətʃə] 명 (~s [-z]) 1 (물건의) 축소 모형, 축소도 [형]; (비유적) 축도. 2 소형의 것, (개 따위의) 소형종; (영화·TV) (특별 촬영용) 미니 세트; (문예·음악) 소품; (사진) =~ camera. 3 미세화(微細畫), 세밀 초상화; U 미세 화법. 4 (사본·고본(稿本) 따위의) 채색 장식.
in miniature 소규모의[로], 축소한[해서]; 미세화의 [로]. ¶ Korea *in* ~ 한국의 축도.
— 형 소규모의, 소형의(⇒LITTLE 유의어); 미세화의; minicam (사진술의). ¶ a ~ decoration 약장(略章).
— 동 타 (~s [-z]; ~d; -tur·ing) …을 소형화하여 그리다, 축경(縮景)이다. 「형 카메라(minicam).
miniature cámera 명 (사진) (35mm판 이하의)
míniature gólf 명 미니 골프.
míniature pínscher 명 미니어처 핀셔, 미니핀(독일 원산의 작은 애완견). 「화가; 미세 화가.
min·i·a·tur·ist [míniətʃərist/-nə-] 명 (사본) 채색
min·i·a·tur·ize [míniətʃəràiz/-nə-] (* (英) **-ise**) 동 타 …을 소형화하다. **-i·zá·tion** 명 U
min·i·bar [mínibɑ̀:r] 명 (호텔 객실 등의) 주류 상비용 냉장고[캐비넷].
min·i·bike [mínibàik] 명 소형 오토바이, 미니 바이크. **-bik·er**
min·i·bi·ki·ni [mínibikì:ni] 명 초소형 비키니.
min·i-black-hole [-blǽkhòul] 명 [천문] 미니블랙홀(10만분의 1 그램의 질량을 가진 극소형의 블랙홀).
min·i·blast·er [míniblǽstər/-blɑ̀:-] 명 고성능 오디오 기기용 소형 스피커.
min·i·budg·et [mínibʌ̀dʒit] 명 [재정] (재정 위기 때 충당되는) 보정(補正) 예산, (긴급) 추가 경정 예산.
min·i·bus [mínibʌ̀s] 명 소형 버스, 마이크로버스.
min·i·cab [mínikæ̀b] 명 (英) 소형 콜택시.
min·i·cal·cu·la·tor [mìnəkǽlkjulèitər] 명 포켓형 전자 계산기. 「(또는 **minicamera**)
min·i·cam [mínikæ̀m] 명 =miniature camera.
min·i·car [mínəkɑ̀:r] 명 1 초소형 자동차, 경차(輕車); 소형 자동차의 모형(장난감).
min·i·cell [mínəsèl] 명 [생물] 미니 세포(염색체 DNA가 없는 극소 세포). 「퓨터.
min·i·com·put·er [mínikəmpjù:tər] 명 소형 컴
min·i·course [mínikɔ̀:rs] 명 (정규 학기와 학기 사이의 기간) 단기 강좌.
min·i·dorm [mínədɔ̀:rm] 명 (美구어) 미니 기숙사, 미니돔(부모가 사준 대학생 운영 기숙사).
min·i·dose [mínədòus] 명 미량의 복용량.
min·i·dress [mínidrès] 명 미니 드레스. 「축제.
min·i·fes·ti·val [mínəfèstəvəl] 명 (美) 소규모의
min·i·fy [mínəfài] 타 …을 작게[적게] 하다; …을 최소(한도)로 만들다. **-fi·cá·tion**
min·i·kin [mínikin] 명 1 작은 물건[사람]. 2 U [인쇄] 미니킨 활자(약 3½ 포인트). — 형 가냘픈(delicate); 점잔빼는; 아주 작은.
min·i·lab [mínəlæ̀b] 명 현상소, DP점.
min·im [mínəm] 명 1 미님(액량의 최소 단위, 1/60 dram; 약 min). 2 [음악] 2분 음표. 3 미량, 한 방울; 미소한 물건; 시시한 물건[사람]. 4 (글자의) 내리긋는 한 획. 5 (M-) 미님회의 수도사. 7 최소의, 극소의.
min·i·ma [mínəmə] 명 minimum의 복수형.
min·i·mag·a·zine [mínəmǽgəzì:n] 명 (소수의 특정 독자만을 위해 발행되는) 미니 잡지.
min·i·mal [mínəməl] 형 1 최소량[수]의, 미량[소]의. 2 극히 작은, 최소한도의. 3 minimal art[minimalism]의. 4 미니멀 아트[미니멀리즘] 작품. **~·ly** 부
mínimal árt 명 (M- A-) (미술) 미니멀 아트(최소한의 조형 수단으로 제작된 추상화나 조각).
mínimal bráin dàmage 명 [병리] 미세 뇌손상.
mínimal bráin dysfúnction 명 [병리] 미세 뇌기능 장애, 미세 뇌 기능 부전(不全).
min·i·mal·ism [mínəməlìzm] 명 (종종 M-) 1 [음악] 미니멀 양식(최소의 장식음과 악기 편성으로 일정한 패턴을 반복함). 2 [미술] =minimal art. 3 [문학] 미니멀리즘(1980년대 미국에서 나타난 아주 짧은 형식

minimalist 의 소설 기법). **4** 최소한주의, 소극적 자세(극히 한정된 흥미만을 갖는 태도).

min·i·mal·ist [mínəməlist] 圈 **1** minimalism 신봉자(추종자). **2** 최소한도 타협[요구]자. 圈 maximalist **3** (M-) (옛 러시아 혁명 당원 중의) 온건과 (인사). —圈 미니멀 아트[미니멀리즘]의; 최소한의, 필수적인.

mínimal páir 〔언어〕 최소 대어(對語)(bet와 bed 처럼 같은 위치의 한 음(音)만 다른 한 쌍의 낱말).

min·i·mar·ket [mínəmɑ̀ːrkit] 圈 식품점, 조제 식품 판매점. (또는 **mínimàrt**)

min·i·max [mínəmæks] 圈 미니맥스. **1** 손실을 최소한으로 억제하려는 게임 이론의 한 정리. **2** 〔수학〕 어떤 한 조(組)의 극대치 중의 최소치. —圈 〔수학〕 (고유치(固有値)을 얻는 원리로서의) 미니맥스 원리의. [*minimum* + *maximum*]

mínimax príncple 圈 미니맥스 원칙(불가피한 손실을 항상 최소한으로 억제하는 행동 선택의 원칙).

min·i·mill [mínəmil] 圈 (고철을 이용하는) 소규모 제철소. └어리석은, 바보의.

min·i·mind·ed [mínəmàindid] 圈 생각이 좁은.

min·i·mine [mínəmìːn] 圈 〔약학〕 미니민(벌의 독에서 얻어지는 유독 물질).

min·i·mize [mínəmàiz] (✻ 〔英〕 **-mise**) 團俉 ···을 최소한도로 하다, 되도록 적게 하다(團 maximize); ···을 최소(한도)로 평가하다, 깔보다, 가볍게 보다.

-mi·zá·tion, -mìz·er

‡**min·i·mum** [mínəməm] 圈 (圈 **-ma** [-mə], **~s** [-z]) 최소수[량], 최저(점), 최저액, 최소 한도; (간선 도로에서 허용된) 최저 속도; 〔수학〕 극소. 圏 maximum ¶ a ~ of hardship 최소(한)의 어려움 / at a ~ of expense 최소 한도의 비용으로.

keep...to a minimum ···을 최저[최소]로 해 두다. —圈 최소의, 최저의, 최소한도의. ¶ ~ possibility 최소한의 가능성.

mín·i·mum-ác·cess prògramming [-ǽkses-] 〔컴퓨터〕 최소 시간 프로그래밍(호출 시간 (access time)이 최소가 되도록 프로그램을 작성하기).

mínimum cómpetency tésting 〔교육〕 최소한 능력 테스트(미국의 고등학교 기초 학력 심사).

mínimum dóse 圈 〔병리〕 최소 투약량.

mínimum lénding ràte 圈 〔英〕 (잉글랜드 은행의) 최저 대출 금리(圏 MLR).

mínimum púrchase 圈 최소 구매량.

mínimum thermómeter 圈 최저 온도계.

mínimum tíllage 圈 = no-tillage.

mínimum tóur price 圈 (국제 항공 운송 협회(IATA)가 결정한) 여행 최저 판매 가격(圏 MTP).

mínimum válue 圈 최소값.

mínimum wáge 圈 〔경제〕 (법률·협약상의) 최저 임금(제); 생활급(living wage). **mínimum-wáge** 圈

min·i·mus [mínəməs] 圈 (圈 **-mi** [-mài]) 가장 작은 것, 가장 보잘 것 없는 것. —圈 〔英〕 (같은 성을 가진 학생 중) 가장 어린. ¶ Johnson ~ 가장 어린 존스.

✻**min·ing** [máiniŋ] 圈 **1** 채광, 채굴. ¶ an open-air ~ 노천굴(露天掘). **2** 광산업, 채광업. **3** 지뢰[기뢰] 부설. —圈 채광의, 광산의[에 관한]. ¶ ~ industry 광업 / ~ rights (광산) 채굴권 / a ~ town 광산촌.

míning engíneer 圈 광산 기술자, 광산 기사.

míning engíneering 圈 광산(공)학.

míning geógraphy 圈 광업 지리학.

míning geólogy 圈 광산 지질학.

mi·ni·nuke [mínənjùːk] 圈 〔구어〕 소형 핵무기.

min·ion [mínjən] 圈 **1** (경멸적) (권력자의) 앞잡이, 추종자, 가신, (노예 같은) 하인. **2** 총신(寵臣); 총아 (favorite), 우상적인 인물. **3** 하급 관리. **4** Ⓤ 〔인쇄〕 미니언 활자(7 포인트).

a minion of fortune 운명의 총아, 행운아.

the minion of the people 민중의 우상.

the minions of the law 법의 앞잡이(경찰관·교도관). 厂관).

—圈 고상한, 우아한, 깔끔한, 예쁘장한.

min·i·pants [mínəpænts] 圈圈 미니팬츠.

min·i·park [mínəpɑ̀ːrk] 圈 = pocket park.

min·i·pig [mínəpìg] 圈 (실험용의) 미니 돼지.

min·i·pill [mínəpìl] 圈 작은 경구(經口) 피임약.

min·i·plan·et [mínəplænit] 圈 소행성(asteroid).

min·i·pro·gram [-próugræm] 圈 〔TV·방송〕 미니 프로(1분 이내의 짧은 연속 방송 프로그램).

min·i·school [mínəskùːl] 圈 〔英〕 미니스쿨(학생에게 개인적 교육을 하는 실험 학교).

min·is·cule [mínəskjùːl] 圈 = minuscule.

min·i·se·ries [mínəsìəriːz] 圈 (圈 ~) **1** (TV 드라마의) 미니시리즈. **2** (연극 따위의) 단기 공연(행사).

min·ish [míniʃ] 〔고어〕 작게 만들다[되다]; 적게 하다[되다](diminish).

min·i·ski [mínəskìː] 圈 미니스키(짧은 스키).

min·i·skirt [mínəskə̀ːrt] 圈 **1** 미니스커트. **2** 《美속어》 여성, 아가씨. **~ed** [-id] 圈

min·i·state [mínəstèit] 圈 극소(極小) 국가, 신흥소(小)독립국가(microstate).

‡**min·is·ter** [mínəstər] 圈 (圈 **~s** [-z]) **1** (종종 M-) (유럽 제국·한국 등의) 장관, 대신, 각료; secretary ¶ a cabinet ~ 각료 / a prime ~ 국무총리, 수상 (premier) / the M- of Education 교육부 장관 / the Council of *Ministers* 국무원, 각료 회의. **2** 공사 (ambassador (대사) 다음의 지위): 사절(使節). **3** (개신교의) 목사, 성직자; 《英》 (비)국교회의 목사. 圈 clergyman 하인: 대리인; 대행자.

—(~**s** [-z]) 圈 **1** 성직자[목사로서 임무를 다하다. **2** (하인·대리·가신으로서) 모시다, 봉사하다(serve) (*to*). **3** (즐거움·위안·행복에) 도움이 되다, 공헌하다; (···에게) (희망·필요를) 충족시켜 주다, 힘이 되다, 도움을 주다 (*to*). ¶ (~ + 團 + 图) ~ *to* a person's necessities 남의 필요한 것을 충족시켜 주다. —圈 **1** 〔치료〕를 베풀다; 〔약〕을 바르다. **2** 〔성찬〕을 나누어 주다. **3** 〔고어〕 ···에 대비하다.

min·is·te·ri·al [mìnəstíəriəl] 圈 **1** (유럽 제국에서) 대신(의, 각료의, 장관의; 내각의, 정부의; (종종 M-) 〔英〕 여당의. ¶ a ~ crisis 내각의 위기 / the ~ benches (英 하원의) 정부 여당석. **2** 행정상의, 행정권을 가진. **3** 성직자의, 목사의(clerical). **4** 대리(인)의, 보조의. **5** 수단이 되는, 이바지하는. **~·ly** 圈

min·is·te·ri·al·ist [mìnəstíəriəlist] 圈 〔英고어〕 정부[여당] 지지자; 정부측 인사, 여당 의원.

ministérial responsibílity 圈 〔정치〕 (의원 내각제에서 의회에 대한) 각료[내각] 책임.

mín·is·ter·ing ángel [mínəstəriŋ-] 섬기는 천사 (←마가 복음(Mark) 1:13); 친절한 간호사.

mínister of státe 圈 **1** 〔英〕 (···담당) 국무상, 부장관(장관과 정부 차관 사이의 지위). **2** (일반적으로) 장관, 각료. └공사(公使 Min. Plen.).

mínister plenipoténtiary 圈 (圈 **~s p-**) 전권

mínister résident 圈 (圈 **-s r-**) 변리(辨理) 공사.

mínister's fáce[héad] 圈 《美속어》 (요리용) 돼지 머리. └무임소 장관.

mínister without portfólio 圈 (圈 **-s w-**)

min·i·stor·age [mìnistɔ́ːridʒ] 圈 (소형·저가의) 가정용 수납 시설, (셀프서비스식(式)의) 로커룸.

min·is·trant [mínəstrənt] 圈 봉사하는, 보좌하는. —圈 봉사하는 사람, 보좌인, 보조자.

min·is·tra·tion [mìnəstréiʃən] 圈Ⓤ **1** 봉사, 원조, 모시기. **2** (~**s**) (목사의) 직무, 근행(勤行).

min·is·tra·tive [mínəstrèitiv/-trə-] 圈 (종교적 의식을) 집행하는; 원조하는, 돕는.

min·is·tress [mínəstris] 圈 minister의 여성형.

‡**min·is·try** [mínəstri] 圈 (圈 **-tries** [-z]) **1** (종종 the M-) (영국·유럽 제국의) 내각(the Cabinet); 〔집합

min·i·sub [mínəsÀb] 명 탐사용 소형 잠수함.
min·i·suit [míni(:)sù:t] 명 (미니 스커트와 조화를 이루는 여성용) 미니슈트.
min·i·tank [mínətæŋk] 명 (군사) 경(輕)전차.
min·i·tank·er [mínətæŋkər] 명 소형 탱커[트럭].
Min·i·tel [mínitèl] 명 미니텔(프랑스의 정보 통신 서비스(망)). [위성 추적 장치].
min·i·track [mínətræk] 명 (우주) 미니트랙(인공
min·i·um [míniəm] 명 ① 1 연단(鉛丹). 2 붉은 색
min·i·van [mínəvæ̀n] 명 미니밴.
min·i·ver [mínəvər] 명 ① 1 (중세의 장식용 의상에 쓴) 백색(과 회색 반점이 있는) 모피(참 vair). 2 (족제비의) 흰 모피. (또는 **minever**)

***mink** [miŋk] 명 (복 ~s)) 1 (동물) 밍크(족제비류). 2 (미) 그 모피. 3 (여성의) 밍크 코트. 4 암갈색. 5 (美속어) 매력적인 여자; 연인; (여성의) 외음부. 「다.
fuck like a mink (비어) (여자가) 미우나와 성교하
min·ke (whàle) [míŋki-] 명 밍크고래.
Min·ków·ski wòrld [ùniverse] [miŋkɔ́:fski-] 명 (수학·물리) 민코프스키 우주[시공(時空)](4차원 좌표로 기술된 우주). (또는 **Minkowski space-time**) [〈독일 수학자 Hermann Minkowski(1864–1909)의 이름]
Minn. Minnesota.
Min·ne·ap·o·lis [mìniǽpəlis] 명 미니애폴리스(미국 Minnesota 주의 도시; 세계 최대의 곡물 거래지). -a·pol·i·tan [-əpálitn] 명
min·ne·sing·er [mínəsìŋər] 명 (종종 M-) (중세 독일의) 음유(吟遊) 시인. [〈G]
***Min·ne·so·ta** [mìnəsóutə] 명 미네소타(미국 중북부의 주; 주도 St. Paul; 약 **Minn.**). -tan 형명 미네소타(주)의; 미네소타주 사람.
Minnesóta Multiphásic Personálity Ìnventory (the ~) (심리) 미네소타 다방면 인성 검사(제2차 세계 대전 중 미네소타 대학에서 고안된 질문에 대한 OX식 응답 방식의 검사; 약 **MMPI**).
Min·nie[1] [míni] 명 미니(여자 이름; Mary의 애칭).
Min·nie[2] (英구어) 독일군의 박격포(탄).
Min·nie[3] 명 (美속어) =Minneapolis.
min·now [mínou] 명 (복 ~s)) 1 (어류) 연준모치 (잉어과(科)의 작은 물고기). 2 (일반적으로) 작은 물고기, 잡어(雜魚). 3 비교적 작은[하찮은] (사람).
a Triton among [or *of*] *the minnows* 군계 일학(群雞一鶴).
like minnows in a seine 마구잡이로, 무차별하게.
throw out a minnow to catch a whale 새우로 고래를 낚다.
Mi·no·an [minóuən, mai-] 형 1 미노스(크레타) 문명의(2,600–1,400 B.C.경). 2 상형(그림) 문자의.
— 명 고대 크레타(Crete) 섬의 주민.
‡mi·nor [máinər] 형 1 (양·수가) 보다 적은; (범위·크기가) 보다 작은; (둘 중에서) 작은 쪽의(반 **major**). ¶ ~ planets 소행성/a ~ share 작은 쪽의 몫. 2 비교적 중요하지 않은, 대수롭지 않은; 이류의; (병리) 경증의, 생명에 지장 없는; (계급 등이) 낮은, 하급의. ¶a ~ fault 사소한 잘못/a ~ poet 이류 시인/~ injuries 경상/a ~ official 하급 관리. 3 (법률) 미성년(보통 21세 이하) 의. 4 (英) (성의 뒤에 쓰여) (public school에 같은 성을 가진 둘 중) 나이 적은(반 minimus). ¶Johnson ~ 어린 쪽의 존슨. 5 (음악) 단음계의, 단조의. ¶a ~ scale 단음계/F ~ 바단조. 6 (논리) 소전제를 포함하는. 7 (학과·분야 따위가) 부전공의. ¶a ~ subject 부전공 과

목. 8 (5의 뜻에서) 우울한, 기분이 무거운, 서글픈.
— 명 (복 ~ [-z]) 1 미성년자. 2 (논리) 소전제 (premise), 소명사(小名辭) (~ term)(3단 논법의 두 번째 전제). 3 (음악) 단조(~ key), 단음계. 4 부전공 과목. 5 (the ~s) (美) = ~ league. 6 (美) = Minorite. — 통자 (…을) 부전공하다 (*in*). 자 major ¶ (~+명+전) ~ *in history.* 역사를 부전공하다.
minor áxis (원추 곡선의) 단축(短軸).
Mi·nor·ca [minɔ́:rkə] 명 미노르카도(島)(지중해서부 Baleares 제도 중의 한 섬); 미노르카 닭.
Minorcan 프란체스코회의 수사.
‡mi·nor·i·ty [minɔ́:rəti, -nár-, mai-/mainɔ́r-] 명 -ties [-z]) 1 (a ~) (단·복수 양용) 소수, 소수의 사람, (둘로 나뉜) 작은 쪽 부분; (단수취급) (득표 따위의) 과반 미달의 수. ¶ majority ¶a ~ of people 수의 사람. 2 (단·복수 양용) 소수파; (의회의) 소수당; (한 국가내의) 소수 집단(민족). (자 ~ **gròup**) 3 (one's ~) (법률) 미성년; 미성년기.
be in the [or *a*] *minority* 소수(파, 당, 민족)이다.
minority cárrier 명 (물리) (반도체 운반체[체]) 중의) 소수 운반자[체].
minority contról 명 (증권) 소수 지주(持株) 지배.
minority góvernment 명 소수당(파) 정부.
minority gròup 명 =minority 2.
minority léader 명 (美) (상·하 양원의) 소수당 내 총무; 소수당 지도자.
minority opínion 명 (판결 따위의) 소수 의견.
minority repòrt 명 소수 의견서, (소수파의) 반대 의견서.
minority whíp 명 (美) (의회 소수당의) 원내 부총무.
mínor kéy 명 1 (음악) 단조(短調). 2 침울한 기분, 애조(哀調). 3 소규모의.
in a minor key 단조로; 침울한 기분으로.
mínor léague 명 (美) 마이너 리그(프로 야구의 2군 선수단(면)). 반 major league 명 2류의, 하급의.
mi·nor-league [-lì:g] 형 (美) 명 minor league에 속
mi·nor-léa·guer [-lì:gər] 명 1 (美) 마이너 리그 소속 선수. 2 2류의 사람; 소인배, 단역.
mínor offénse 명 경범죄(輕犯罪).
mínor párty 명 (국회 내의) 소수당. 「knight).
mínor píece 명 (서양장기) 작은 말(bishop 또는
mínor plánet 명 (천문) 소행성(asteroid).
mínor prémise 명 (논리) 소전제.
mínor prògram(me) 명 시청자가 적은 프로그램.
Mínor Próphets 명복 (the ~) (성서) (구약의 Hosea부터 Malachi까지 12명[권]의) 소(小)예언자[소 예언서]. 자 Major Prophets
mínor repòrt 명 =minority report.
mínor scále 명 (음악) 단음계.
mínor séntence 명 (문법) 단문(短文).
mínor súit 명 (카드놀이) (브리지에서) 다이아몬드 또는 클럽의 짝패.
mínor térm 명 (논리) 소명사(小名辭).
mínor tránquilizer 명 (약학) 약(弱)신경안정제.
Mi·nos [máinəs, -nɑs/-nɔs] 명 (그리스 신화) 미노스왕(크레타(Crete) 섬의 왕; Zeus와 Europa의 아들).
Min·o·taur [mínətɔ̀:r/máin-] 명 (the ~) (그리스 신화) 미노타우루스(사람의 몸에 소의 머리를 한 괴물).
min·ox·i·dil [minɑ́ksidìl/-nɔ́k-] 명 (약학) 미녹시달(말초혈관 신경 확장제로 고혈압 치료 및 모발 발육 촉진제).
Min. Plen. *Minister Plen-*ipotentiary.

(Minotaur)

MINS [minz] 명 (단·복수 양용) (美) (법률) 후견인을 필요로 하는 미성년자. [〈*Minor(s) In Need of*

Minsk [minsk] 圏 민스크(벨로루시 공화국의 수도).
min·ster [mínstər] 圏 (종종 M-) (英) 수도원 부속 교회당; 대교회당, 대성당. ⓢ cathedral
***min·strel** [mínstrəl] 圏 1 (중세의) 음유 시인. 2 (고어·시) 음악가, 가수, 시인. 3 (~s) minstrel show의 연기자(negro ~). 「의한) 버라이어티 쇼.
mínstrel shòw 圏 (흑인으로 분장한 백인 연예인에
min·strel·sy [mínstrəlsi] 圏圓 (음유 시인의) 음악 (吟唱), 연주; (집합적) 음유 시인들; 음창 시가(집).
***mint¹** [mint] 圏 1 ⓤⓒ (식물) 박하. 2 ⓤ 박하(유); 박하 사탕[과자].
mint² 圏 1 조폐소(창), (동전) 주조소. 2 (발명·음모 따위의) 근원, 기원. 3 (a ~) (금전 따위의) 거액, 막대한 양(of). ¶a ~ of ideas 온갖 사상 / a ~ of money 거액의 돈. 4 아직 쓰이지 않은 화폐[우표].
make [or **earn**] **a mint (of money)** 큰돈을 벌다.
— 圏 1 (화폐·우표·인쇄물 따위가) 갓 발행된, 아직 쓰지 않은. 2 화폐 주조소의[에 관한].
in mint state [or *condition*] 인쇄된 상태 그대로의, 아주 새로운. ¶a postage stamp *in ~ state* 갓 인쇄한 우표.
— 타 1 (화폐)를 주조하다. 2 (말 따위)를 만들어 내다. — 자 화폐를 주조하다.
mint gold [or **money**] 손쉽게 큰돈을 벌다.
mint·age [míntidʒ] 圏 1 ⓤ (화폐의) 주조, 조폐; (주조된) 화폐. 2 ⓤ 주조료, 조폐세. 3 (화폐에 찍는) 각인(mintmark). 4 ⓤ (어구의) 신조(新造); 신어, 조어
mint·er [míntər] 圏 화폐 주조자, 조폐자. ⓛ(造語)家).
mint-fresh [-fréʃ] 圏 아주 새 것의, 아직 쓰지 않은.
mínt júlep 圏 박하 칵테일.
mint·mark [míntmà:rk] 圏 (조폐소를 나타내는 화폐 표면의) 각인. (화폐)에 각인을 누르다.
mint·mas·ter [míntmæstər/-mà:s-] 圏 1 조폐국장. 2 (폐어) 조어가(造語家).
mínt sàuce 圏 민트 소스(설탕·초에 잘게 썬 박하 잎을 넣어 만든 소스; 주로 어린 양고기 구이용).
mint·y¹ [mínti] 圏 박하의 맛[향기]을 가진.
mint·y² 圏 (속어) 호모(homo)의; 나약한, (남자가) 여자 같은. 「ⓛ subtrahend
min·u·end [mínjuènd] 圏 (수학) 피감수(被減數).
min·u·et [mìnjuét] 圏 미뉴에트(17-8세기에 유행한 3박자의 우아한 춤); 미뉴에트 곡. [F]
‡mi·nus [máinəs] 圏 1 (수학) …을 마이너스한, …을 뺀, …만큼 적은. ¶Seven ~ two is five. 7빼기 2는 5. 2 (구어) …이 없는, …이 빠진, …을 잃은. ¶a book ~ its cover 표지가 떨어진 책. — 圏 1 (한정용법) 마이너스의, 음(陰)의(negative). ¶ ~ electricity 음전기 / a ~ charge 음전하(陰電荷) / a ~ quantity 음의 양(量), 음수(陰數) / the ~ sign 마이너스 부호. 2 (구어) 없는, 결핍된; 불리한. ¶The profits were ~. 이익은 제로였다. 3 (식물) 균사체(菌絲體)가 음성의, 자성(雌性)의. 4 보다 떨어진, …이하의; (성적 따위가) …이하의. ¶a mark of A ~ A마이너스의 성적. — 圏
~(s)es [-iz] 1 마이너스 부호(-); 음수(陰數). 2 부족, 손해, 결손; 불리한 것, 결점, 단점. ⓒ plus
mi·nus·cule [mínəskjùːl, mináskjuːl] 圏 1 (문자가) 소문자인, 소문자(체)로 쓴(ⓒ majuscule). 2 대단히 작은; 하찮은. — 圏 소문자. **mi·nús·cu·lar** 圏
mínus sìde 圏 (the ~) 마이너스의 면, 불리한 면.
mínus sìgn 圏 마이너스 기호. ⓒ plus sign
‡min·ute¹ [mínit] 圏 1 (시간의) 분(1시간의 60분의 1); 1분 동안에 갈 수 있는 거리. ¶ten ~s past [to] six 6시 10분[10분전] / five ~s from the station 역에서 5분 거리. 2 (a ~) (구어) 촌각(寸刻), 잠깐, 순간. ⇨MOMENT (유의어) ¶We are expecting you every [or any] ~. 이제나 저제나 당신을 기다리고 있습니다 [or Wait (half) a ~. 잠깐 기다려라]. 3 (문서 따위의) 초안, 초

고; (英) 비망록, 메모, 기록. 4 ((the) ~s) (회의·위원회 등의) 의사록. 5 (기하) (각도의) 분(1도(degree)의 60분의 1). 「에라도, 언제라도.
(at) any minute [or *moment*] *(now)* 지금 당장
at the last minute 마지막 순간에, 임박해서.
at this (very) minute 바로 지금.
be on the minutes 의사록에 실려 있다.
by the minute 시시각각으로.
in a minute; in [or *within*] *minutes* 즉각, 당장.
in the matter of minutes 비교적 단시간에.
just this minute (완료형과 함께) 바로 지금.
make a minute of …의 초고(草稿)를 작성하다, 기록해 두다.
minute after minute 계속하여.
minute by minute 시시각각.
not for a [or *one*] *minute* [or *moment, second*] (구어) (강조) 결코[조금도] …하지 않다.
take [or *do*] *(the) minutes of* …을 기록해 두다.
the minute [or *moment*] *(that)* (접속사적) …하자마자(as soon as). ¶He ran off *the ~ that* he saw me. 그는 나를 본 순간 달아났다.
There's one born every minute. (구어) 봉으로 삼을 놈은 늘 있다.
this (very) minute 지금 당장(에).
to [or *on*] *the minute* 정각[제시간]에. 「의.
up to the minute (구어) 최신의(up-to-date), 첨단
— 타 (-ut·ed; -ut·ing) 1 정밀하게 …의 시간을 재다. ¶ ~ a race 경주의 시간을 재다. 2 (문서 따위의) 초안을 잡다; …을 메모하다, 기록하다(down); (회의 따위의 기록)을 의사록에 적어넣다.
‡mi·nute² [mainjúːt, mi-/-njúːt] 圏 (-nut·er; -nut·est) 1 미세[미소]한, 아주 작은. ⇨LITTLE (유의어) ¶ ~ differences 근소한 차이 / ~ particles of dust 미세한 티끌. 2 사소한, 하찮은, 미미한. ¶the ~ details 사소한 세부 사항. 3 세심한; 상세한, 정밀한, 엄밀한. ¶a ~ observer 세심한 관찰자. **~·ness** 圏
min·ute bèll [mínit-] 圏 분시종(分時鐘)(사망·장의를 알리기 위해 1분마다 치는 종).
mín·ute bòok [mínit-] 圏 메모 수첩, 기록부; 의사록. 「계.
mín·ute-glàss [mínitglæs/-glɑːs] 圏 1분 모래 시
mín·ute gùn [mínit-] 圏 분시포(分時砲)(1분마다 쏘는 조포(弔砲)·조난 신호 대포).
mín·ute hànd [mínit-] 圏 (the ~) (시계의) 분침, 긴 바늘. ⓒ hour hand
min·ute·ly¹ [mínitli] 圏 1분마다의; 끊임없이 이어지는. — 圏 1분마다; 끊임없이.
mi·nute·ly² [mainjúːtli, mi-/-njúːt-] 圏 미세하게, 상세히, 정밀하게.
Min·ute·man [mínitmæn] 圏 1 (때로 m-) (美역사) (미국 독립 전쟁 때 당장 응소할 수 있도록 대기한) 민병. 2 (美군사) 미니트맨(대륙간 탄도탄).
mín·ute màrk [mínit-] 圏 분(分) 부호(′).
mín·ute stèak [mínit-] 圏 빨리 구워지는 얇은 스테이크.
mi·nu·ti·a [minjúːʃiə, mai-/-njúː-] 圏 (ⓒ *-ti·ae* [-ʃiìː]) (-tiae) 자질구레한 [상세한] 점, 세목; 소상한 사정. **-al** 圏
minx [miŋks] 圏 (구어) 말괄량이, 왈가닥. ⇨-ish
Mi·o·cene [máiəsìːn] 圏 圏 (지질) 마이오세(신생대 제3기 Oligocene과 Pliocene의 중간층).
mi·om·bo [maiámbou/mióm-] 圏 (ⓒ *~s*) (생태) 미올보(숲)(동아프리카의 낙엽수가 드문드문 나 있는 건조림 지대).
mi·o·sis [maióusis] 圏 (ⓒ *-ses* [-siːz]) (의학) 동공 축소, 축동(縮瞳)(증). (또는 **myosis**)
mi·ot·ic [maiátik/-ɔ́t-] 圏 축동(縮瞳)의. — 圏 축

동제(劑). (또는 **myotic**)
MIP marine insurance policy; maximum investment plan; monthly investment plan.
MIPS [mips] 〖컴퓨터〗 초당 100만 명령 횟수(초당 처리 가능한 명령 횟수를 나타내는 연산 속도의 단위). (또는 **mips**) 〔<million instructions per second〕
mir [miər] 명 (俄) **mi·ri** [míəri] (제정 러시아의) 촌락 공동체. 〔<Russ world〕
Mir [miər] 명 미르(러시아의 유인 우주 정거장; 1986년 2월에 발사). 〔<Russ peace〕
mir·a·belle [mírəbèl, -′-] 명 미라벨(프랑스 Alsace산(産)의 단맛이 적은 브랜디).
mi·ra·bi·le dic·tu [mirǽbəli díktjuː] 말하기에도 이상한, 이상한 말이지만. 〔<L strange to say〕
mi·ra·bi·le vi·su [mirǽbəli víːsuː] 보기에도 신기한. 〔<L wonderful to see〕
mi·ra·bil·i·a [mìrəbíliə] 명(pl) 신기한 일, 기적.
Mi·ra Ce·ti [máirə síːtai] 〖천문〗 고래자리의 미라(적색 초거성).
‡**mir·a·cle** [mírəkl] 명 (~s [-z]) 1 기적, 신기 (神技) (그리스도의) 기적. 2 불가사의한 일[것], 경이 (驚異); 이상한[놀라운] 예. ¶He is a ~ of fortitude. 그는 놀라울 정도로 인내심이 강하다 / She was a ~ of an actor. 그녀는 비범한 여배우였다. 3 = ~ play.
  by a miracle 기적적으로.
  do [or **work, accomplish, perform**] ***miracles*** 기적을 행하다; 기적으로 일을 하다.
  to a miracle [고어] 기적적으로; 놀랄 만큼 훌륭히.
míracle drùg [cùre] 명 (새로 발명된) 특효약, 영약(靈藥)(wonder drug); (종종 비유적) 묘약(妙藥).
míracle frùit 명 〖식물〗 미러클 프루트(아프리카 산의 과실; 이것을 먹으면 신 것도 달게 느껴진다).
míracle màn 명 기적을 행하는 사람; 우수한 기술을 가진 사람. ¶a ~ on skis 스키의 귀재.
míracle míle 명 최신 유행의 고급 부티크·레스토랑이 즐비한 거리.
míracle plày 명 기적극(奇蹟劇)(중세의 종교극).
míracle ríce 명 기적의 벼(다수확 신품종).
*****mi·rac·u·lous** [mirǽkjuləs] 형 1 기적의, 초자연 [기적적인, 놀라운, 불가사의한. ¶a ~ restoration 기적적인 부흥. 2 기적을 행하는, 신기한 힘이 있는. ¶~ medicine 신기한 명약. **~·ly** 부 **~·ness** 명
mir·a·dor [mìrədɔ́ːr] 명 (스페인 건축의 특유한) 전망탑, (전망용의) 발코니.
mi·rage [miráːʒ/-′-] 명 1 신기루; 망상, 환상. 2 (M-) (프랑스제의) 미라주 전투기. 〔<F〕
Mi·ran·da [mirǽndə] 명 1 (美) ⇒ **decision**; ~ **rule**. 2 〖천문〗 미란다(천왕성의 제5위성).
Mi·rán·da càrd 명 (美) 미란다 카드(Miranda rights가 인쇄된 카드; 경찰관이 휴대).
Mirán·da decísion 명 (the ~) (美법률) 미란다 판결(미국 Arizona주 Phoenix에서 체포된 멕시코인 Ernesto A. Miranda 기소 사건(Arizona v. Miranda)에 대한 연방 대법원의 1963년 판결; 이에 따라 Miranda rule이 확립).
Mirán·da rìghts 명(pl) (美) 미란다 권리(묵비권·변호인 접견권 등 피의자의 권리).
Mirán·da rùle 명 미란다 규칙(피의자 체포·심문 때 묵비권과 변호인 접견권(Miranda rights)이 있음을 통고토록 의무화한 준칙; 경찰관의 위법 수집 증거 배제의 원칙). 〔rights 통고).
Mirán·da wàrnings 명(pl) (美) 미란다 경고(Miranda
Mi·ran·dize [mirǽndaiz] 타동 (m-) (美속어) (체포한 피의자)에게 미란다 규칙상의 권리를 알려주다.
*****mire** [maiər] 명 1 진창(의 땅), 수렁; 늪. 2 진흙. 3 (the ~) 수렁 같은 곳; 궁지, 곤경.
  drag *a person* ***through***[or ***into***] ***the mire*** 남에게 창피를 주다, 남의 이름을 더럽히다.

in the mire 곤경에 처하여, 궁지에 몰려.
stick[or *find oneself*] *in the mire* 궁지에 몰리다 [빠지다].
— 타동 1 …을 진흙 속에 처박다. 2 …을 (궁지에) 몰아 넣다 (*in*). 3 …을 진흙으로 더럽히다. — 자동 진흙[수렁]에 빠지다, 진흙으로 더러워지다.
Mir·i·am [míriəm] 명 1 〖성서〗 미리암(Moses와 Aaron의 누이. ← 민수기(Num.) 26:59). 2 미리암(여자 이름; Mary의 별칭).
mirk [məːrk] 명 형 = **murk**. 〔「초현실주의 화가).
Mi·ró [miróu] 명 **Joan** ~ 미로(1893-1983: 스페인
‡**mir·ror** [mírər] 명 (~**s** [-z]) 1 거울(looking glass); 〖광학〗 반사경. ¶a convex [concave, plane] ~ 볼록[오목, 평면] 거울 / look at oneself in the ~ 거울에 자신을 비춰보다. 2 있는 그대로[충실히] 반영하는 것. ¶Literature is a ~ of society. 문학은 사회상을 반영한다. 3 모범, 본, 귀감. 〔잔잔한.
  (***as***) ***smooth*** [or ***placid***] ***as a mirror*** 거울처럼
  hold the mirror up to nature 자연에 거울을 비치다, 있는 그대로 그려다[묘사하다].
  look in a mirror 거울을 보다.
  with [or ***by***] ***mirrors*** 마치 마법을 쓴 듯이, 마법처럼.
— 타동 1 …을 (거울처럼) 비추다, 반사하다; (비유적) …을 반영하다. 2 …과 아주 흡사하다. **~·like** 형
mírror ímage 명 경상(鏡像)(거울에 비친 좌우 반대의 상); 아주 흡사하나 대칭적인 것.
mírror síte 명 〖컴퓨터〗 (인터넷의) 미러 사이트(특정 사이트의 백업·혼잡 회피를 위해 설치).
mírror sỳmmetry 명 거울면 대칭.
mir·ror-writ·ing [-ràitiŋ] 명 (거울에 비치면 보통 문자가 되게 쓰는) 역서(逆書), 거울 문자.
‡**mirth** [məːrθ] 명 유쾌, 환희; 유쾌한 법석, 떠들썩 (한 웃음)소리; 즐거운 웃음 소리.
*****mirth·ful** [mə́ːrθfəl] 형 명랑한, 떠들썩하게 웃는, 즐거움에 겨운, 기쁘게 해주는. **~·ly** 부 **~·ness** 명
mirth·less [mə́ːrθlis] 형 즐겁지 않은, 음울한, 서글 ~·ly 부 ~·ness 명 〔픈.
MIRV [məːrv] 명 〖군사〗 다탄두 각개 목표 재돌입 미사일. — 타동 (…에) MIRV를 장비하다. 〔<multiple independently targetable reentry vehicle〕
mir·y [máiəri] 형 1 수렁의; 진흙투성이인. 2 더러운, 불결한. **mír·i·ness** 명
MIS management [marketing] information system(경영[마케팅] 정보 시스템). **Mis.** Missouri.
mis-¹ 〖접두〗 ill, mistaken, wrong, not의 뜻. ¶*misadventure, misconduct*.
mis-² 〖연결〗 ⇒ **MISO-**.
mis·ad·dress [mìsədrés] 타동 (~ed, -drest) 1 (남의) 호칭을 잘못 부르다; (말 따위)를 잘못 걸다 (*to*). 2 (편지에) …의 수신인 주소를 틀리게 쓰다.
mis·ad·min·is·tra·tion [mìsədmìnəstréiʃən/-əd-] 명 실정(失政), 잘못된 운영[경영].
mis·ad·ven·ture [mìsædvéntʃər/-əd-] 명 U C 1 불운(한 일), 불행, 재난. 2 〖법률〗 우발 사고.
  by misadventure 재수없게, 운 나쁘게; 잘못하여.
  homicide by misadventure 〔법률〕 과실 치사.
  without any misadventure 무사히, 아무 탈 없이.
mis·ad·vise [mìsədváiz/-əd-] 타동 (수동형으로) …에게 그릇된[나쁜] 조언을 하다. **-vice** [-váis] 명
mis·a·ligned [mìsəláind] 형 한 줄로 서 있지 않은; 조정 불량의. **-lígn·ment** 명
mis·al·li·ance [mìsəláiəns] 명 부적당한 결합; 어울리지 않는 짝(의) 결혼[혼인].
mis·al·lo·cate [mìsǽləkèit] 타동 잘못[부적당하게] 배분하다; …을 잘못 할당하다.
mis·al·ly [mìsəlái] 타동 …을 실수로[분수에 맞지 않게] 결합시키다; …에게 어울리지 않는[분수에 맞지 않는] 결혼을 시키다.

mis·an·dry [mísændri/-≤-] 명 남성 혐오.
-drist
mis·an·thrope [mísənθrðup, míz-] 명 인간을 혐오하는 사람, 염세가. (또는 **misanthropist**)
mis·an·throp·ic [mìsənθrápik, mìz-/-θrɔ́p-] 형 인간 혐오의, 염세적인. (또는 **misanthropical**)
-i·cal·ly 부
mis·an·thro·pize [misǽnθrəpàiz, miz-] 타자 사람을 싫어하다. 「혐오(불신), 염세.
mis·an·thro·py [misǽnθrəpi, miz-] 명 U 인간
mis·ap·pli·ca·tion [mìsæpləkéiʃən] 명 U C 오용, 남용, 악용; (공금 따위의) 유용, 횡령.
mis·ap·ply [mìsəplái] 타 …을 악용[오용, 남용]하다; 부정하게 쓰다. **-plíed** 형 **-plí·er** 명
mis·ap·pre·hend [mìsæprihénd] 타 …을 잘못 생각하다, 오인하다, 오해하다(misunderstand). **~·ing·ly** 부 「잘못 생각하기, 오인, 오해.
mis·ap·pre·hen·sion [mìsæprihénʃən] 명 U C
mis·ap·pre·hen·sive [mìsæprihénsiv] 형 오해하기 쉬운. **-ly** 부 **-ness** 명
mis·ap·pro·pri·ate [mìsəpróuprièit] 타 1 …을 악용[오용]하다. 2 (남의 돈 따위를) 착복하다, 유용하다. **mis·ap·pro·pri·á·tion** 명
mis·ar·range [mìsəréindʒ] 타 …의 배열[배치]을 잘못하다, 틀린 장소에 두다. **~·ment** 명
mis·be·come [mìsbikʌ́m] 자 (**-came; -come; -com·ing**) …에 어울리지 않다, 부적당하다. **-com·ing** 형 어울리지 않는, 부적당한.
mis·be·got·ten [mìsbigátn/-gɔ́tn] 형 1 사생아의, 서출의. 2 (경멸적·익살) 그릇된 발상의, 잘못된 생각에서 비롯된. 3 (한정용법) (경멸적·익살) 꼴사나운, 모양 없는; 멸시[경멸]해야 할. (또는 **misbegot**)
mis·be·have [mìsbihéiv] 자타 나쁜 짓을 하다, 부정을 저지르다, 버릇없이 굴다. ── 타 (재귀용법으로) …에게 버릇없는[무례한] 짓을 하다.
-háved 형 버릇없는; 행실이 못된. **-háv·er** 명
mis·be·hav·ior [mìsbihéivjər] 명 1 U 나쁜 행실, 못된 짓; 무례한 짓; 부정 행위. 2 (군사) (적전에서의) 군기 위반.
mis·be·lief [mìsbilí:f] 명 (복 **~s**) U C 그릇된 신념[신앙, 의견]; 이단[정통이 아닌] 신앙.
mis·be·lieve [mìsbilí:v] 자 (폐어) 그릇 믿다; (종교의) 이단설을 신봉하다. ── 타 …을 의심하다, 믿지 않다. 「이단설 신봉자; 이교도.
mis·be·liev·er [mìsbilí:vər] 명 오신자(誤信者)
mis·be·liev·ing [mìsbilí:viŋ] 형 그릇 믿는, 이단설을 신봉하는. **~·ly** 부 「come.
mis·be·seem [mìsbisí:m] 타자 (고어) =misbe-
mis·be·stow [mìsbistóu] 타 …을 부당하게 주다, 잘못 주다.
mis·birth [mìsbə́:rθ] 명 U C 유산(流産)(abortion).
mis·brand [mìsbrǽnd] 타 …에 가짜[잘못된] 상표를 붙이다.
misc [misk] 명 (인터넷의) 미스크(USENET 상의 뉴스 그룹의 최상위 분류의 하나; 잡다한 생활 정보를 취급). [<*misc*ellaneous]
misc. miscellaneous; miscellany.
mis·cal·cu·late [mìskǽlkjulèit] 타자 잘못 계산[판단]하다, 오산하다. **-lá·tion, -là·tor** 명
mis·call [mìskɔ́:l] 타 1 …을 잘못 부르다, 틀린 이름으로 부르다. 2 (방언) 욕을 하다. **~·er** 명
mis·car·riage [mìskǽridʒ] 명 U C 1 실패; 실책, 과오. 2 (편지 따위의) 불착(不着), 배달 착오. 3 [≤-] (자연) 유산(abortion)(임신 12-28주 사이의 경우). ¶ have a ~ 유산하다.
a miscarriage of justice 오심(誤審).
mis·car·ry [mìskǽri] 자 (**-ried**) 1 실패하다, 불발로 끝나다(*in*). 2 (우편물 따위가) 도착하지 않다; 잘못 배달되

다. 3 [≤-] 유산하다(*of*); (아이를) 조산(早産)하다.
mis·cast [mìskǽst/-ká:st] 타E (수동형으로) 1 [남]에게 부적당한 일을 맡기다; (배우)에게 부적당한 역을 주다; (부적당한 배우)에게 역을 맡기다; (극)에서 서투른 배역을 하다. 2 …의 합계를 틀리게 계산하다.
Misc. Doc. *misc*ellaneous *doc*ument. [mix]
mis·ce [mísi, mí:s] 타 (처방전에서) 혼합하라. [<L
mis·ceg·e·na·tion [mìsèdʒənéiʃən, mìsidʒ-] 명 U 이종족(異種族) 결혼[혼교(混交)]; (미) 백인·흑인의 결혼[동거]. **mis·ce·ge·net·ic** [mìsidʒənétik] 형
mis·cel·la·ne·a [mìsəléiniə] 명 복 (단수취급) (문학 작품 등의) 잡록(雜錄); 제반(諸般) 물질 문화.
***mis·cel·la·ne·ous** [mìsəléiniəs] 형 1 종류가 잡다한[것으로 된], 뒤섞인. ¶ ~ accomplishments 잡기 / ~ goods 잡화(雜貨) / ~ expenses 잡비.

─────────────────────────
유의어 **miscellaneous** 성질·종류가 다른 것들이 뒤범벅으로 섞여 있는. **assorted** 필요·취미에 따라 여러 가지가 잘 섞이도록 배려된. **motley** 질 나쁜 것이 아무런 조화도 통제도 없이 어지럽게 뒤섞인. **indiscriminate** 가리지 않고 닥치는 대로 잡다하게 모은. **promiscuous** 사려·양식·도덕성이 없이 난잡한; 비난의 뜻을 내포함.
─────────────────────────

2 갖가지 특성[형태]를 가진, 다방면에 걸친. ¶ a ~ collection 다방면에 걸친 수집. **~·ly** 부 **~·ness** 명
miscelláneous chárges òrder 해외 여행 고객 편의를 위해 여행사 등이 제공하는 유가 증권(略 MCO). 「보] 기자, 잡문가(雜文家).
mis·cel·la·nist [mísəléinist/miséla-] 명 잡록집
mis·cel·la·ny [mísəlèini/miséla-] 명 1 혼합물, 뒤범벅. 2 (저술가 수명의) 잡록집. 3 (-nies) (한 권으로 묶은) 논문집, (한 권의 문집에 수록된) 여러 작품.
mis·chance [mìstʃǽns/-tʃá:ns] 명 불행, 불운, 재난. ⇒HARDSHIP 유의어
by mischance 불운하게도, 운 나쁘게도.
without any mischance 무사히.
‡**mis·chief** [místʃif] 명 (복 **~s**) 1 U (정신적·도덕적인) 해, 해악; U C (물질적인) 손해, 재해, 위해(危害); (법률) 기물 손괴; 악영향, 폐. ¶ inflict great ~ on the community 사회에 큰 해악을 끼치다. 2 해[해악·손해]의 원인; 난처한 사태, 고민; (몸·기계 따위의) 고장, 병. 3 a) U 장난, 장난기. ¶ a piece of childish ~ 유치한 장난. b) (구어) 장난꾸러기, 골칫거리. ¶ a regular little ~ 감당할 수 없는 장난꾸러기. 4 (the ~) (구어) (의문사를 강조) 도대체(the devil). ¶ What the ~ do you want? 도대체 무엇을 바라는가?
come to mischief 재난을 만나다.
do a person (a) mischief; do (a) mischief to a person (영) 남에게 위해를 가하다, 상처를 입히다.
do oneself mischief (구어) 다치다, 상처를 입다.
go [or *get*] *into mischief* 장난을 시작하다.
go to mischief (구어) 타락하다, 못쓰게 되다.
like the mischief (구어) (부사적) 무척, 몹시.
make [or *get up to*] *mischief* (…사이에) 불화[분쟁]의 씨를 뿌리다, 이간질하다(*between*).
mean mischief 악의[앙심]을 품다. 「난으로.
out of (pure) mischief 그저 장난삼아, 순전히 장
play the mischief with (구어) (건강 따위)를 해치다; (기계 따위)에 고장을 일으키다; (계획)을 엉망으로 만들다; (정리되어 있는 것)을 어지럽히다.
raise (the) mischief (구어) 소동[혼란]을 일으키다.
The mischief is that… 곤란하게도 …이다.
up to mischief 장난할 생각으로, 장난 쳐서.
work [or *produce*] *mischief* 해악을 끼치다.
mis·chief-mak·er [-mèikər] 명 (협잡·고자질로) 이간질하는 사람, 남들 사이에 불화의 씨를 뿌리는 사람.
mis·chief-mak·ing [-mèikiŋ] 명 U 사람 사이를 갈라놓기, 이간질. ── 형 이간질하는.

mis・chie・vous [místʃəvəs] 웹 1 해로운, 해를 끼치는, 악영향을 미치는.¶a ~ action (influence) 나쁜 한 행위(영향). 2 장난꾸러기의, 짓궂은, 개구쟁이의; (눈빛 따위에) 장난기가 넘치는.
as mischievous as a monkey 원숭이처럼 짓궂은.
~**・ly** 閉．　~**・ness** 閉［선택의 잘못］．
mis・choice [místʃɔ́is] 閉 그릇된[부적당한] 선택．
mis・choose [mistʃúːz] 圏 (…의) 선택을 그르치다．
mis・ci・ble [mísəbl] 閉 (물・화) 혼화성(混和性)의, 섞을 수 있는 (*with*). **-bíl・i・ty** 閉
mis・cite [missáit] 圏 (…을) 잘못 인용하다. **-ci・tá・tion** 閉
mis・code [miskóud] 圏団 1 (컴퓨터) (데이터 처리 따위에서) …의 코드화(化)를 틀리게 하다, …에 틀린 코드를 주다. 2 (유전) …에 잘못된 유전 암호를 주다.
mis・col・or [miskʌ́lər] 圏団 1 …에 부적당한 색을 칠하다. 2 (사실 따위)를 잘못 전하다.
mis・com・mu・ni・cate [mìskəmjúːnəkèit] 圏 잘못[그릇되게] 연락[전달]하다. **-mu・ni・cá・tion** 閉
mis・com・pre・hend [mìskɑmprihénd/-kɔm-] 圏団 …을 오해하다. **-hén・sion** 閉
mis・con・ceive [mìskənsíːv] 圏団 …을 오해[오인]하다, 잘못 생각하다. ──자 오해를 하다, 잘못 생각하다 (*of*). **-ceiv・er** 閉[착각, 틀린 생각．
mis・con・cep・tion [mìskənsépʃən] 閉団 오해．
mis・con・duct [mìskɑ́ndʌkt/-kɔ́n-] 閉団 (종종 a ~) 1 (공무원 등의) 위법 행위, 직권 남용. 2 (회사의) 부실 경영, 감독 소홀. 3 못된 짓, 비행; (법률) 불륜, 간통. ──閉 [-ㅅ-ㅡ] 圏团 1 …을 잘못 경영[관리]하다. (재귀용법으로) 부정을 저지르다; (…와) 간통하다 (*with*).
misconduct oneself with a person 남과 간통하다.
mis・con・struc・tion [mìskənstrʌ́kʃən] 閉団 잘못된 조립[구문]; 오해, 그릇된 해석; 곡해.
mis・con・strue [mìskənstrúː] 圏団 …의 뜻을 잘못 짚다, 잘못 해석하다; (상대방의 의도)를 오해하다.
mis・cop・y [miskɑ́pi/-kɔ́pi] 圏団 잘못 베끼다(복사하다). ──閉 복사 착오.　　　　　　 [얻을 하다.
mis・coun・sel [miskáunsəl] 圏団 …에 잘못된 조
mis・count [miskáunt] 圏 잘못 헤아리다, 오산하다. ──閉 계산 착오; (투표수 따위의) 오산.
mis・cre・ant [mískriənt] 閉 고약한, 사악한, 비열한; 믿음이 없는, 이단의. ──閉 악당, 악한; (고어) 신심이 없는 자, 이단자.
mis・cre・ate [mìskriéit] 圏 잘못 만들다, 기형으로 만들다. ──閉 [mískrièt, -kriéit] =miscreated. **-á・tion** 閉 **-á・tive** 閉 **-á・tor** 閉
mis・cre・at・ed [mìskriéitid] 閉 기형적인, 불구의.
mis・cue [miskjúː] 閉 1 (당구) 당구 잘못 치기, (게임상의) 미스; (야구의) 에러; (구어) 실수, 실책. ──圏 1 (당구) (공)을 잘못 치다; (야구) 에러를 내다. 2 틀리다, 그르치다, 잘못하다. 3 (연극) 대사의 큐(cue)에 바로 응하지 못하다. ──団 …에 틀린 신호[큐]를 보내다; (방송) 대사의 재생할 곳을 잘못 잡다.
MISD (컴퓨터) *multi-instruction, single data stream* (다중 명령, 단일 데이터 처리 방식).
mis・date [misdéit] 圏団 …의 날짜(연대)를 틀리다, …에 틀린 날짜를 매기다. ──閉 틀린 날짜.
mis・deal [misdíːl] 圏 (~*t* [-délt]) (카드놀이) (패)를 잘못 나누어주다. ──閉 잘못 나누어주기. **-er** 閉
mis・deed [misdíːd] 閉 나쁜 짓, 비행, 범죄.
mis・deem [misdíːm] 圏 (고어・시어) 그릇 판단하다(misjudge); 잘못 알다 (*for*).
mis・de・fine [mìsdifáin] 圏団 …의 정의(定義)를 잘못 내리다.　　　　　　　　　　 [다.
mis・de・liv・er [mìsdilívər] 圏団 …을 잘못 배달하
mis・de・mean [mìsdimíːn] 圏団 (드물게 재귀용법으로) …에게 못된 짓을 하게 하다, 몸가짐을 그르치게 하다. ──자 비행을 저지르다. ──閉 비행, 품행이 나쁨.

mis・de・mean・ant [mìsdimíːnənt] 閉 품행[몸가짐]이 바르지 못한 사람; (법률) 경범죄자.
mis・de・mean・or, (英) **-our** [mìsdimíːnər] 閉 죄, 나쁜 행실, 비행; (법률) 경(범)죄. ⇨felony
mis・de・rive [mìsdiráiv] 圏 잘못 끌어내다; 유래[어원]를 잘못 설명하다.　　　 [술(記述)하다.
mis・de・scribe [mìsdiskráib] 圏団 …을 잘못 기
mis・de・scrip・tion [mìsdiskrípʃən] 閉 부정확[미비]한 기술, (계약서 따위의) 오기(誤記). **-tive** 閉
mis・di・ag・nose [misdáiəgnòus, -nòuz] 圏 오진(誤診)하다. **mìs・di・ag・nó・sis** 閉 오진.
mis・di・al [misdáiəl] 圏 (*-l-*, (英) *-ll-*) 전화를 잘못 걸다, 전화 다이얼을 잘못 돌리다.
mis・di・rect [mìsdirékt] 圏団 1 …의 지휘[지도]를 잘못하다; (길 따위)를 잘못 가리키다. 2 (편지 따위)의 주소 성명을 잘못 쓰다. 3 (판사가) (배심원)에게 틀린 설명을 하다. 4 …의 겨냥을 잘못하다; (재능・정력 따위)를 그릇된 방향으로 돌리다. ¶~ *a blow* 잘못 치다.
mis・di・rec・tion [mìsdirékʃən] 閉団 그릇된 지시[지도], (길 따위의) 잘못 가리키기; (법률) (배심원에 대한 판사의) 잘못된 설명.
mis・do [misdúː] 圏 (*-did*; *-done*) 団 …을 잘못하다, 실수하다. ──자 나쁜 짓을 하다.
~**・er** 閉 나쁜 짓 하는 사람.
mis・do・ing [misdúːiŋ] 閉 (~*s*) 나쁜 짓, 악행, 죄.
mis・doubt [misdáut] 閉団 (고어) …을 의심하다; 염려하다 (*that* 閉). ──閉団 의심, 의혹; 염려.
mise [miːz, maiz] 閉 협정, 협약; (법률) 권리 영장 (*writ of right*)의 쟁점.
mis・ease [misíːz] 閉 1 (고어) 불쾌, 불안; 고통, 고뇌. 2 (폐어) 빈곤.
mis・ed・u・cate [misédʒukèit] 圏 …에게 잘못된 교육을 하다, …의 교육을 망치다. **-ed・u・cá・tion** 閉
mise en scène [*F* miːz ɑ̃ sɛn] 閉 미장센. 1 (연극의) 연출(법), 2 무대 장치, 3 주위의 상황, 환경. <F>
mis・em・ploy [mìsimplɔ́i] 圏団 1 …을 틀린 목적에 쓰다, 오용[악용]하다. 2 …에게 어울리지 않는[부적당한] 일을 시키다. ~**・ment** 閉
mis・en・try [miséntri] 閉 (부기) 장부 오기(誤記).
mi・ser [máizər] 閉 (英) ~*s* [-z]) 1 구두쇠, 수전노, 자린고비. 2 (고어) 불쌍한[불행한] 사람.
*****mis・er・a・ble** [mízərəbl] 閉 (*more* ~; *most* ~) 1 (사람・기분・생활 따위가) 비참한, 불행한, 슬픈. ⇨WRETCHED (유의어) ¶*lead a* ~ *life* 비참한 생활을 하다 / *I am so* ~. 나는 참으로 슬프다. 2 (사정・사건 따위가) 비참한, 불쾌한. ¶~ *news* 참담한 소식 / ~ *weather* 끔찍한 날씨. 3 처량한, 빈약한; (양이) 부족한; 하찮은. ¶*a* ~ *meal* 빈약한 식사. 4 부끄러운; 비열한, 경멸해도 싼. ¶*You mean that* ~ *John*? 그 존이라는 놈 말이야? 5 (구어) (육체적으로) 괴로운, 컨디션(건강)이 좋지 않은. 6 (英방언) 인색한. ──閉 비참한[불행한] 사람; 극빈자. ~**・ness** 閉
*****mis・er・a・bly** [mízərəbli] 閉 1 비참하게; 초라하게, 불쌍하게. ¶*She was* ~ *dressed*. 그녀는 초라한 옷차림을 하고 있었다. 2 몹시, ¶*fail* ~ 대실패를 하다.
Mis・e・re・re [mìzərɛ́əri, -ríə-] 閉 1 (성서) 미제레레(시편 제51편. Septuagint, Vulgate, Douay 성서에서는 제50편); 그 악곡. 2 (m-) 자비를 간청하는 기도[말]; (m-) =misericord 2. <L>
mis・er・i・cord [mízərikɔ̀ːrd/mizérikɔ̀d] 閉 1 圏団 특면(特免) (수도원의 계율로서 금지되어 있는 음식 따위를 특별히 허락하는 것); 특면실(室). 2 중세 교회의 수도사석・성가대석의 접히는 의자 뒤에 달린 판자 (일어서면 이것에 기댈 수 있음). (또는 **subsellium**) 3 (중세에 숨통을 끊는 데 사용한) 단검. (또는 **misericorde**)
mis・er・i・cor・di・a [mìzərəkɔ̀ːrdiə] 閉 동정; 자비; 소송 벌금(amercement). <L>
mi・ser・ly [máizərli] 閉 인색한, 욕심 많은, 탐욕스

mis·er·y [mízəri] 명 (복 -er·ies [-z]) 1 ① (종종 a ~) 비참, 처량함, 불행; 궁핍, 곤궁. ¶live in ~ 궁핍한 생활을 하다. 2 (-ies) 비참한 상태[처지], 불행, 재난. 3 ① (정신적인) 고통, 고뇌(⇒DISTRESS 유의어) (방언) 육체적인 고통. 4 가련한[비참한] 사람[동물] (英구어) 불평가, 불평분자.
a (long) streak of misery (구어) 몹시 음침한 사람.
be in misery with [*or from*] …으로 괴로워하다.
make a person's life a misery 남의 인생을 괴롭게[엉망으로] 만들다.
Misery me! (탄식하여) 이게 뭐냐[뭐람]!
put...out of his misery ① (고통으로부터 구하기 위하여) 안락사(安樂死)시키다. ② (알고 싶어하는 것을) 말하여; 남을 안심시키다.

mis·er·y-guts [mízərigλts] 명 (복 ~) (英·濠구어) 늘 불평하는 사람.

misery index (경제) 고통[궁핍] 지수(한 나라의 경제 상태의 곤란도를 나타내는 비공식 지표; 실업률과 인플레이션율을 단순 합계한 것).

misery pipe (美구어) 나팔 (군대의) 나팔.

mis·es·teem [mìsistí:m] 타 …을 올바로 평가하지 않다, 과소 평가하다, 얕잡아보다. —명 경시(輕視).

mis·es·ti·mate 타 [miséstəmèit] …을 부당[부정확]하게 평가하다. —명 [-mət] 그릇된[부당한] 평가. **mìs·es·ti·má·tion** 명

mis·ev·o·lu·tion [mìsevəlú:ʃən] 명 (생물) (세포 따위의) 이상 증식[진화].

mis·fea·sance [misfí:zəns] 명ⓤ (법률) 불법[부당] 행위, 직권 남용; 과실(過失). —**-sor** [misfí:zər] 명 (법률) 권리 침해자, 불법 행위자.

mis·fea·ture [misfí:tʃər] 명 (고어) 일그러진[못생긴] 얼굴. **-tured** 형 (…) 곳에 처박아[정리하다].

mis·file [misfáil] 타 …을 잘못 철하다, 잘못 정리하다.

mis·fire [misfáiər] 자 1 (내연 기관이) 점화되지 않다; (총·포 따위가) 불발이 되다, 발화하지 않다. 2 방향이 빗나가다, 과녁에서 빗나가다; (계획 따위가) 실패하다. —명 [−̷−] 점화되지 않음; (탄환의) 불발; 의도[기대]한 효과를 올리지 못한 것[일], 실패(작).

mis·fit [misfít] 명 (-tt-) (옷 따위가) 잘 맞지 않다. ¶*a ~ting coat* 몸에 맞지 않는 코트. —명 1 [−̷, −̷−̷] (옷 따위가) 맞지 않음, 어울리지 않음; 맞지 않는 것(옷·구두 등). 2 [−̷−̷] 주위 환경 따위에 적합하지 않은[적응할 수 없는] 사람 (*in*).

mis·form [misfɔ́:rm] 타 잘못 만들다[만들어지다].

*mis·for·tune [misfɔ́:rtʃən] 명 (복 ~s [-z]) 1 ⓤ 불운, 불행, 역경. ¶*suffer* ~ 언짢은 일을 당하다. 2 (…에 대한) 불행[불운]한 일, 재난 (*for*). ⇒HARDSHIP 유의어 ¶*provide against* ~ 불행[불운]에 대비하다 / *Misfortunes never come singly.* (속담) 화불단행(禍不單行), 엎친 데 덮친다.
by misfortune 불행하게도. 「아픔 낳다.
have [*or meet with*] *a misfortune* (구어) 사생아를 낳다.
have the misfortune to do 불행하게도 …하다.
to complete one's misfortune 설상 가상으로, 엎친 데 덮친 격으로.

mis·give [misgív] 타 (-*gave*; -*giv·en*; -*giv·ing*) 타 (마음이) (사람)에게 두려움[의심]을 일으키게 하다, …을 걱정하게 하다; 은 아닌가라는 의구심을 품게 하다. ¶*His heart misgave him.* 그는 불안감을 느꼈다. —자 의심하다, 걱정하다.

*mis·giv·ing [misgíviŋ] 명ⓤⓒ (종종 ~s) (미래의 일에 대한) 걱정, 의혹, 불안, 불길한 예감 (*about*). ¶*dispel* ~*s* 걱정을 떨쳐버리다.
have [*or feel*] *misgivings about* …에 불안을 느끼다. ~·**ly** 부

mis·gov·ern [misgʌ́vərn] 타 …의 통치[지배, 단속]를 잘못하다, …에게 악정을 펴다.

~·**ance**, ~·**ment** 명 실정(失政), 악정.

mis·guide [misgáid] 타 …을 잘못 지도[인도]하다; (남)을 오도하여 …하게 하다 (*into*). —**guíd·ance** 명 그릇된 지도. —**guíd·er** 명

mis·guid·ed [misgáidid] 형 잘못 안, 잘못 지도된, 엉뚱한. ~·**ly** 부 ~·**ness** 명

mis·han·dle [mishǽndl] 타 1 …을 잘못[서투르게] 다루다, …의 처리[처치]를 잘못하다. 2 …을 학대하다, 거칠게[난폭하게] 다루다.

*mis·hap [míshæp, -́−̷] 명 1 불행한 일[사고]; 재난. 2 ⓤ 불운, 불행, 역경. ⇒HARDSHIP 유의어 ¶*haps and ~s of life* 인생의 화복(禍福).
without mishap 무사히.

mis·hear [mishíər] 타 (~*d*) 타 …을 잘못 듣다 (*for*). —자 착각해서 듣다, 듣고 나서 오해하다.

mish·e·goss [míʃigɑ̀:s] 명 (이디시어) 어이없는 이야기[일], 미치광이 같은 짓. (또는 **mishegaas**)

mis·hit [mishít] 타 (~; -*ting*) (공 따위)를 헛치다. —명 헛치기, 범타(凡打).

mish·mash [míʃmɑ̀ʃ/-mæ̀ʃ] (구어) 명 뒤범벅, 잡동사니; 혼란 상태. —타 …을 어수선하게 하다.

Mish·nah [míʃnə] 명 (유대교) *Mishna·yóth*, -*yót*, -*yós* (유대교) 미슈나(유대교의 불문율집(不文律集); A.D. 200년경 편집)(雷) Talmud); 미슈나의 한 구절. (또는 **Mishna**) **Mish·na·ic** [-néiik], **-nic**, **-ni·cal** (또는 **mishoogee**)

mi·shu·gah [míʃugɑ̀:] 형 (속어) 머리가 돈, 미친.

mis·i·den·ti·fy [mìsaidéntəfài] 타 …을 오인하다, 잘못 확인하다. **-dèn·ti·fi·cá·tion** 명

mis·im·pres·sion [mìsimpréʃən] 명 잘못된 인상(印象), 오인, 오해.

mis·in·form [mìsinfɔ́:rm] 타 …을 잘못 전하다, 틀린 정보를 전하다. ~·**ant** 명 ~·**a·tive** 형 ~·**er** 명

mis·in·for·ma·tion [mìsinfərméiʃən] 명 ⓤ 오보, 와전. 「받고 있는

mis·in·formed [mìsinfɔ́:rmd] 형 잘못된 정보를

mis·in·ter·pret [mìsintə́:rprit] 타 …을 오해하다, 잘못 해석하다, 오역하다. ~·**a·ble** 형 ~·**er** 명

mis·in·ter·pre·ta·tion [mìsintə̀:rprətéiʃən] 명 ⓤⓒ 오해. 오역.

MI-6 [émáisíks] 명 (英) 군사 정보부 제6부(현재의 Secret Intelligence Service; 해외 활동 담당). (종) MI-5 (〈Military Intelligence, section 6)

mis·judge [misdʒʌ́dʒ] 타 …의 판단[평가, 어림]을 잘못하다, …을 오해하다. —자 잘못 판단하다. —**júdg·er** 명 —**júdg·ing·ly** 부

mis·judg·ment, (英) -**judge-** [misdʒʌ́dʒmənt] 명ⓤⓒ 그릇된 판단[평가], 오심(誤審).

mis·know [misnóu] 타 타 알지[이해하지] 못하다, 오해하다(misunderstand). **mis·knówl·edge** 명

mis·la·bel [misléibəl] 타 (-*l*-, (英) -*ll*-) …에 라벨을 잘못 붙이다. —…에 틀린 라벨을 붙이다. ~·(**l**)**ing** 명

mis·lay [misléi] 타 (-*laid*) 1 (그 장소도 생각나지 않을 만큼) …을 어디에 두고 잊어버리다. 2 (가구 따위)를 틀린 자리에 잘못 놓다, 놓는 장소를 틀리다. 3 (완곡적) …을 잃다. —**er** 명

*mis·lead [mislí:d] 타 (-*led*) 1 (남)을 잘못 인도하다, 잘못 이끌다. ¶*Our guide misled us in the woods.* 안내인이 숲속에서 우리를 잘못 안내했다. 2 (사람)의 행위[사상] 따위를 잘못하게 하다; (사람)을 속여 …하게 하다. ¶*Bad companions misled him.* 나쁜 친구들이 그를 그릇된 길로 끌어갔다. 3 (남)을 속이다, …에게 오해하게 하다. ¶*His lies misled me.* 나는 그의 거짓말에 속았다. —**er** 명

*mis·lead·ing [mislí:diŋ] 형 잘못 인도하는, 갈피를 못잡게 하는, 오해하게 만드는 (것 같은).
~·**ly** 부 ~·**ness** 명

mis·leared [mislíərd] 형 (스코·英) 무례한; 거칠

mis·like [misláik] 타 (고어) 1 …을 싫어하다, …에 찬성하지 않다. 2 …의 마음에 거슬리다. ¶ His behavior ~s thee. 그의 행실은 당신을 불쾌하게 만든다. 명 싫증, 싫어함, 반감, 불찬성. **-lík·er** 명

mis·lo·cate [mislóukeit, ⏑-⏑] 타 잘못 놓다; …의 위치를 착각하다. **-lo·cá·tion** 명

mis·man·age [mismǽnidʒ] 타 …의 관리(경영, 처치)를 잘못하다, …을 잘못 다루다. **-ág·er** 명

mis·man·age·ment [mismǽnidʒmənt] 명 부주의, 단속 소홀, 그릇된 관리(경영, 처리), 실수.

mis·mar·riage [mismǽridʒ] 명 어울리지 않는(잘못된) 결혼.

mis·match [mismǽtʃ] 타 …을 짝을 잘못 짓다; 어울리지 않는 결혼을 시키다. — 명 어울리지 않는 혼인, 짝을 잘못 짓기; 잘 안맞는 것, 모순되는 것.

mis·mate [misméit] 타 짝을 잘못 짓다, 어울리지 않는 상대와 혼인시키다(하다).
mismate oneself 어울리지 않는 결혼을 하다.

mis·meas·ure [mismé(i)ʒər] 타 …의 계측(견적)을 틀리게 하다. 「잘못된 처리.

mis·move [mismúːv] 명 (게임 따위의) 잘못된 수

mis·name [misnéim] 타 …을 틀린 이름으로 부르다, 이름을 잘못 부르다(붙이다); …을 욕하다.

mis·no·mer [misnóumər] 명 1 틀린 명칭, 오칭(誤稱). 2 (인명·지명의) 잘못 부르기, 오기(誤記).

mis·o- [mísou, -sə, máis-] 연결 hate의 뜻(* 모음 앞에서는 mis-). ◊ philo-. ¶ *misogyny, misanthrope*.

mis·o·cai·ne·a [mìsoukáiniə, -kéi-, màis-] 명 새것(신사상(新思想))을 싫어하기.

mi·sog·a·my [miságəmi, mai-/-sɔ́g-] 명⑪ 결혼을 싫어하기. **mis·o·gam·ic** [mìsəgǽmik] 형 **-mist** 명

mi·sog·y·ny [misádʒəni, mai-/-sɔ́dʒ-] 명⑪ 여자를 싫어(혐오)함; (심한) 여성 혐오증. 유 philogyny (또는 **mysogynism**)
-nic 명 **-nist** 명 **-nís·tic, -nous** 형

mi·sol·o·gy [misálədʒi, mai-/-sɔ́l-] 명⑪ 토론을 싫어하기, 이치를 따지기 싫어하기. **-gist** 명

mis·o·ne·ism [mìsouníːizm, màis-] 명⑪ 새것(개혁) 기피, 보수주의. **-ist** 명 **-ne·ís·tic** 형

mis·o·pe·di·a [mìsoupíːdiə, màis-] 명 (부모의) 자식 싫어하기. (또는 **misopaedia**) **-dist** 명

mis·o·ri·ent [misɔ́ːriənt, -ènt] 타 …의 방향을 그르치다; 어느 정도에서 벗어나게 하다; …을 잘못 배치하다.

mis·o·ri·en·tate [misɔ́ːriəntèit] 타 =misorient.
-ò·ri·en·tá·tion 명 「**-cép·tion** 명

mis·per·ceive [mìspərsíːv] 타 오인(오해)하다.

mis·place [mispléis] 타 1 …의 놓는 장소를 틀리다, 잘못 놓다; …을 놓고 잊어버리다. 2 〔신용·애정 따위〕를 (받을 가치가 없는 자에게) 잘못 두다 (*in, on*); (말·행동의) 초점이 어긋나다. ¶~*d* confidence 그릇된(과대 평가된) 신뢰. **~·ment** 명 「식구.

mísplaced módifier (문법) 위치가 잘못된 수

mis·play [mispléi] 명 (시합·경기 따위의) 실수, 실책, 에러; 틀린 연주(연기); 반칙 플레이. — 타 [연기·연주 따위]를 잘못하다, 실수하다; [카드놀이의 패·서양 장기의 말 따위]를 부정하게 쓰다.

mis·plead [mispléːd] 타 (~(·ed), -pled) 그릇된 변호를 하다, 부당 항변(변호)하다.

mis·plead·ing [mispléːdiŋ] 명 (법률) 잘못된(틀린) 소답(訴答), 소답의 잘못. 「다.

mis·price [mispráis] 타 …의 가격을 잘못 매기

mis·print 명 [místprint, ⏑-⏑] 오식(誤植), 미스프린트. — [⏑-⏑] 타 …을 잘못 인쇄(식자)하다.

mis·prise [mispráiz] 타 =misprize. **-prís·er** 명

mis·pri·sion¹ [misprìʒən] 명⑪ (법률) (공무원의) 비행, 직무 태만; 범죄 은닉; (국가·법정 등에 대한) 모독.

misprision of felony [or *treason*] 중죄의 은닉.

mis·pri·sion² 명⑪ (고어) 얕보기, 경멸 (*of*).

mis·prize [mispráiz] 타 경멸하다; …을 멸시하다, 깔보다. (또는 **misprise**) **-príz·er** 명

mis·pro·nounce [mìsprənáuns] 자타 …을 잘못 발음하다. — 자 틀리게 발음하다. **-nóunc·er** 명

mis·pro·nun·ci·a·tion [mìsprənλnsiéiʃən] 명⑪⑫ 틀린 발음, 발음의 실수. 「잡히지 않음; 불균형.

mis·pro·por·tion [mìsprəpɔ́ːrʃən] 명⑪ 균형이

mis·punc·tu·ate [mispλŋktʃuèit] 타⑫ …에 구두점을 잘못 찍다, 구두법을 틀리다. **-punc·tu·á·tion** 명

mis·quo·ta·tion [mìskwoutéiʃən] 명⑪⑫ 그릇된 인용(句), 틀린 인용문(구).

mis·quote [miskwóut] 타 …을 잘못 인용하다; …을 잘못 전하다. — 자 틀리게 인용하다. — 명 틀린 인용(구). **-quót·er** 명

mis·read [misríːd] 타자 (~ [-réd]) …을 잘못 읽다; 잘못 해석하다, 오해하다. **~·er** 명

mis·reck·on [misrékən] 타 잘못 세다, 오산하다.

mis·re·late [misrìléit] 타 (부정확하게) 관련짓다.

mis·re·mem·ber [mìsrimémbər] 타자 잘못 기억하다, 틀리게 기억하다; (방언) 잊어버리다.

mis·re·port [mìsripɔ́ːrt] 타 …을 잘못(틀리게) 보고하다, …의 오보(허보(虛報))를 전하다. — 명⑪⑫ 오보, 허보. **~·er** 명

mis·rep·re·sent [mìsreprizént] 타 …을 잘못(거짓) 전하다, 부정확하게 말하다; …을 올바로 대표(대변)하지 않다.

mis·rep·re·sen·ta·tion [mìsreprizentéiʃən] 명⑪⑫ 1 그릇되게(속여서) 전하기, 오보, 중상 2 (법률) 부실(不實) 표시, 허위 진술. 3 부적당한 대표. **-sén·ta·tive** 형

mis·route [misrúːt] 타 틀린 경로로 보내다.

mis·rule [misrúːl] 명⑪ 1 실정, 악정, 잘못된 통치. 2 혼란, 소동, 무질서; 무정부 상태. — 타⑫ …에 악정을 펴다, …의 통치를 잘못하다. **-rúl·er** 명

‡**miss**¹ [mis] 타 (~*·es* [-iz]; ~*ed* [-t]) 1 [겨냥한 것]을 빗맞히다, 놓치다, 잡지 못하다; [목표]에 도달하지 못하다; [기차]를 만나지 못하다; [기회 따위]를 놓치다. ¶~ a ball 공을 놓치다 / ~ the target 표적을 벗어나다[에 이르지 못하다]; 목표에 이르지 못하다 / ~ one's desire 희망을 이루지 못하다 / ~ the 9 : 30 train 아홉 시 반 기차를 놓치다.
2 [기회]를 놓치다; [약속]을 지키지 못하다; …에 참가[출석]하지 못하다. ¶~ one's chance 기회를 놓치다 / ~ an appointment 약속을 지키지 못하다 / He ~*ed* class. 그는 수업에 결석했다.
3 (부정문·의문문에서) …이 없는 것을 깨닫다. ¶ When did you ~ your purse? 언제 지갑이 없다는 것을 알았습니까?
4 …이 없는 것을 섭섭하게(슬프게, 분하게, 불편하게) 생각하다. ¶ I've ~*ed* you. 오랜만이야, 보고 싶었어 / We will terribly ~ you if you leave Korea. 당신이 한국을 떠나면 우리는 대단히 쓸쓸해질겁니다.
5 [barely, just, narrowly 따위와 함께 쓰여] …을 피하다, 면하다. ¶ (~+*-ing*) I barely ~*ed* being caught. 나는 아슬아슬하게 잡히는 것을 면했다. 6 …을 이해하지[듣지(속어)] 못하다, …을 알아듣지 못하다. ¶ I ~*ed* the first part of his speech. 그의 연설의 첫 부분을 듣지 못했다. 7 …을 빼다, 거르다, 빠뜨리다 (*out*); …을 (…에서) 생략하다 (*out of*). ¶~ breakfast 아침을 거르다 // (~+팀+젣+명) He ~*ed* my name *out of* his list. 그는 내 이름을 명단에서 뺐다. 8 (고어·방언) …하지 못하다 (*to do, doing*). ¶ I ~*ed* to meet him. 그를 만나지 못했다.

— 자 1 맞히지 못하다, 빗나가다. 2 (사업 따위에) 실패하다, 잘 안 되다 (*out*)(*in, on*). ¶~ *in* business 사

업에 실패하다. **3** (엔진이) 점화되지 않다. **4** 〔고어〕 (…을) 얻지[받지] 못하다, 미치지 못하다(*of*).
miss by a míle 〔구어〕 ① (대담 따위가) 크게 빗나가다. ② (…에) 대실패[패배]하다(*in*).
miss fíre ⇨FIRE.
miss one's cúe (배우가) 나갈 차례를 잊다, 차례를 까먹다.
miss one's dínner ⇨DINNER.
miss one's fóoting 발을 헛디디다.
miss one's típ ⇨TIP³.
miss one's wáy 길을 잃다.
miss óut ① 〔구어〕 기회[호기]를 놓치다; (종종 진행형으로) (일·호기·즐거움 따위를) 놓치다(*on*). ¶ *~ out on* a better job 더 좋은 일자리를 놓치다. ② (보통 수동형으로) (사람이) 무시되(고 있)다(leave out). ③⇨타 7.
miss the bóat[bús] 〔구어〕 (좋은) 기회를 놓치다. ② (구어) 좋은 기회를 놓치다.
miss the [or one's] márk ⇨MARK¹.
néver [or nót] miss a tríck 〔구어〕 좋은 기회를 놓치지 않다; 사소한 것도 놓치지 않고 듣다.
not miss múch ① 방심하지 않고 있다. ② (잘못 된거나 해도) 큰 손실이 되지 않다.
too good to míss 놓치기에는 너무나 아까운.
You can't míss it. 곧[금방] 알 수 있어.
— 명 (복 ~·es [-iz]) 1 빗방, 빗나가기; 실수, 실패; 얻지 못함; 〔당구〕 미스, 빗맞기. ¶ It's hit or ~. 성공이냐 실패냐다 / *A ~ is as good as a mile*. 〔속담〕 조금 빗나가기나 빗나가기는 매일반; (아무리 성공 직전까지 가도) 실패는 실패다. 2 모면, 피함. ¶ a lúcky ~ 운 좋게 면하는 것. 4 상실(의 슬픔). 5 유산(流産).
gíve a miss 〔당구〕 일부러 공을 맞히지 않다.
gíve…a míss 〔영구어〕 …을 (고의로) 피하다, 간과하다, 내버려 두다; (식사 코스의 일부)를 빠뜨리다, 건너 뛰다; (모임 따위)에 (고의로) 결석하다.
‡**miss²** 명 (복 ~·es [-iz]) 1 (M-) …양(미혼 여성의 이름 앞에 붙이는 경칭).

〔USAGE〕 *miss*의 용법 —— (1) 원칙적으로 미혼 여성에게 쓰이지만 미혼인지 기혼인지 분명하지 않을 경우 및 결혼 경험은 있으되 현재는 독신인 여성에게도 쓰인다. 한 가족의 2명 이상인 딸에게는 the *Misses White*, the *Miss Whites*로 두 가지 용법이 있으며, 전자는 격식을 차린 의례적인 인상을 풍기고, 구어체에서는 후자를 쓰는 것이 보통이다. (2) Yes, *Miss*. (네, 그렇습니다)처럼 Miss 하나만을 부르는 말[호칭]로 쓰는 것은 특히 영국에서는 저속한 용법으로 생각하고 있다. (3) 최근에는 Miss와 Mrs. 양편에 공용되는 Ms.도 많이 쓰이고 있다.

2 (M-) 아가씨(하인·점원 등이 여성을 부르는 말). **3** 〔익살·경멸적〕 처녀, 소녀; (넓은 의미로) 여성(woman). ¶ school *~es* 여학생 / She's a saucy ~. 그녀는 건방진 소녀이다. **4** (M-) (지명·국가명 따위에 붙여) 미스…. ¶ *M-* Korea 미스 코리아. **5** (~es) 여성복 표준 사이즈(10대 여성용). **6** 여교사, 선생님(학생들의 호칭). **7** 〔고어〕 매춘부, 정부. 〔<mistress의 단축형〕
miss. mission(ary), **Miss.** Mississippi.
mis·sa can·ta·ta [mísə kəntɑ́:tə] 명 〔가톨릭〕 노래 미사.
mis·sal [mísəl] 명 (때로 M-) 〔가톨릭〕 미사 전례서 (典禮書); (미사의 기도문을 포함한) 기도서.
míssal stánd (제단 위의) 미사 전서 낭독대.
Mis·sa So·lem·nis [mísə soulémnis] 명 〔가톨릭〕 장엄(莊嚴) 미사; 장엄 미사곡(베토벤의 작품 123번). 〔<L High Mass〕
mis·say [mìsséi] 타 (*-said*) 〔고어〕 태 1 …의 악담을 하다, 비난하다, 욕하다. 2 …을 잘못 말하다. —재 비난하다; 잘못 말하다. ~·er 명
missed appróach [míst-] 명 〔항공〕 진입 복행 (進入復行)(관제 기관의 착륙 중지 지시에 의하여 중지하고 상승하는 일).
mís·sel (thrúsh) [mísəl-] 명 =mistle thrush.
Miss Émma 명 (美속어) 모르핀(morphine).
mis·send [missénd] 타 (*-sent*) 〔우편물〕을 잘못 보내다, 틀리게 보내다.
mis·sense [míssèns] 명 〔유전〕 미스센스(단백질 합성 때 본래의 아미노산과는 다른 아미노산을 지정하게 되는 유전 암호). ¶ ~ mutation 미스센스 돌연변이.
mis·shape [misʃéip] 타 …의 모양을 보기 흉하게 하다, 그 모양으로 만들다; …을 잘못 만들다.
mis·shap·en [misʃéipən] 형 잘못 만든, 보기 흉한, 기형의. ~·ly 부 ~·ness 명
‡**mis·sile** [mísəl/-sail] 명 (복 ~s [-z]) 미사일, 유도(탄도)탄; 날아가는 무기(돌·창·탄환 따위); 나는 물체. ¶ a ballistic[guided] ~ 탄도[유도]탄. —형 던질수 있는; 유도[탄도]탄의, 미사일(용)의.
míssile báse[síte] 명 미사일 기지.
míssile búildup 명 미사일 증강.
mis·sil·eer [mìsəlíər/-sail-] 명 =missileman.
mis·sile·man [mísəlmən/-sail-] 명 미사일 설계[제조, 조종]자. (또는 **missileer**)
míssile ráttling 명 미사일 위협.
mis·sile·ry [mísəlri/-sail-] 명U (집합적) 미사일; 미사일 연구, 미사일 공학. (또는 **missilry**)
míssile sílo 명 미사일 격납고.
míssile wárhead 명 미사일 탄두부.
‡**miss·ing** [mísiŋ] 형 1 (있을[있어야 할] 것이) 없는, 사라진; 빠진. ¶ a ~ number (잡지 따위의) 결간(缺刊)/ There are two pages ~ from this book. 이 책은 2페이지가 빠졌다. 2 행방 불명의, 보이지 않는, 분실한. ¶ a ~ child 미아.
(a) bit míssing 〔英속어〕 (정신적으로) 약간 이상한, 머리가 모자란.
amóng the míssing (전쟁으로) 행방불명인; (美구어) 결석한.
gó míssing 행방 불명이 되다.
— 명 (the ~) 행방 불명자(들). 〔⑫ MIA〕
míssing in áction 명 〔군사〕 전투중 행방 불명(자)
míssing línk (the ~) 1 〔동물〕 잃어버린 고리(진화의 과정에서 유인원과 인간의 중간에 존재했다고 가상되는 동물); 〔익살〕 원숭이처럼 못생긴 남자. 2 계열상에서 빠져 있는 요소.
mis·si·ol·o·gy [mìsiálədʒi/-ól-] 명 〔기독교〕 선교[포교학], 전도학[연구].
‡**mis·sion** [míʃən] 명 (복 ~s [-z]) 1 (단·복수 양용) (외국에 파견되는 사절단, 파견된. ¶ dispatch a ~ to … 에 사절단을 파견하다. 2 (사절[파견]단의) 특별 임무, 사명. ¶ carry out one's ~ 임무를 수행하는 하다 3 (통)재외 대사(공사)관, 재외 공관. 4 (군사) (작전상의) 특별 [비행] 임무; (우주) 우주 비행 계획[임무]. 5 전도단, 포교단, 선교사단; 포교 시설; 포교구, 전도구; (~s) 전도(사업), 전도[포교] 활동; 자선 시설. ¶ foreign ~s 국외 전도(단). 6 사명, 천직. ¶ one's ~ in life 인생의 사명.
fóllow the sácred míssion 포교에 종사하다, 선교사가 되다.
on a míssion 사명을 띠고.
— 명 1 전도[포교]단의. 2 ~ work 전도, 포교. 2 (M-) (가구에) 미션 양식의(거무스름한 목재를 사용한 목적하고 간소한 20세기 초기의 미국 가구 양식).
— 타 1 …을 파견하다; 임무를 맡기다. 2 (지역)에 포교하다, 전도하다. 3 …의 임무를 수행하다. 전도[포교] 활동을 하다.
~·al 형
‡**mis·sion·ar·y** [míʃənèri/-ʃənəri] 형 (복 *-ar·ies* [-z]) 1 (교회에서 외국으로 파견되는) 선교사의, 전도사의. 2 (어떤 주의의) 주창자, 선전자. 3 사절, 사자. (또는 **missioner**) — 명 1 전도의, 전도에 관한; 선교사다운; 전도[포교]에 종사(관련)하는, 광적인. ¶ a ~ meeting 전도[포교] 집회. 2 선전적인.
missionary apostólic 명 (복 *-ar·ies a-*) 〔가톨릭〕 교황 파견 선교사.

míssionary posítion 〔명〕 (성행위의) 정상 체위.
míssionary sálesman 〔명〕 선전원(員)[세일즈맨].
míssionary wórker 〔명〕 〔속어〕 비폭력적으로 파업 저지를 피하는 경영자측의 비 노동자. 「툰」 관제 센터.
míssion contròl 〔명〕 〔항공·우주〕 (지상의) 우주(비
mís·sion·er [míʃənər] 〔명〕 = missionary.
mís·sion·ize [míʃənàiz] 〔자〕 ……에게 전도하다.
— 〔타〕 전도사[선교사]로 일하다. **-i·zá·tion, -íz·er** 〔명〕
míssion school 〔명〕 선교 단체가 경영하는 학교; 전도[주일] 학교; 선교사 양성소. 「훈련(실험)) 장치.
míssion simulàtor 〔명〕 (항공기·탱크 따위의) 모의
míssion spècialist 〔명〕 (우주선) 탑승 과학 기술자.
míssion státement 〔명〕 (회사·조직의) 사명(使命) 선언(사회적 사명·기업 목적 따위의 표명).
mís·sis [mísiz, -sis] 〔명〕 **1** (the ~, one's ~) 〔구어〕 처, (자기의) 아내, (남의) 부인. **2** (the ~) 〔구어〕 마님(하녀 등이 여주인에 대해서 쓴다). (또는 **missus**)
míss·ish [mísiʃ] 〔형〕 아가씨 티를 내는, 얌전빼는, 새침하는. ~·**ness** 〔명〕
*****Mis·sis·sip·pi** [mìsəsípi] 〔명〕 미시시피. **1** 미국 남부의 주(주도 (州都) Jackson; ③ Miss.). **2** (the ~) 미시시피 강.
Mis·sis·sip·pi·an [mìsəsípiən] 〔명〕 미시시피 주 [강]의; (지질) 미시시피계(系)의. — 〔명〕 미시시피 사람 [주민]; (the ~) 미시시피계(系).
mis·sive [mísiv] 〔명〕 **1** 서한(書翰), 신서(信書), 공문서. **2** 〔스코 법률〕 계약 교섭 편지. **3** 던지는[쏘는] 무기.
— 〔형〕 **1** 보내진, 발송된. **2** 날릴 수가 있는.
Miss Lóne·ly-hèarts [-lóunlihɑ̀:rts] 〔명〕 인생 상담의 여성 회답자.
Miss Náncy 〔명〕 (⑧ **M- -s**) 〔구어〕 연약한 남자[사내아이] (sissy). **miss·nan·cy·ish** [mìsnǽnsiíʃ] 〔형〕
miss·nán·cy·ism 〔명〕 나약함.
*****Mis·sour·i** [mizúəri, -rə/-ri] 〔명〕 미주리(미국 중부의 주: 주도 (州都) Jefferson City; ③ Mo., Mis.).
be [or *come*] *from Missouri* 〔구어〕 쉽게 납득하지 않다[믿지 않다], 의심이 많다.
Mis·sour·i·an [mizúəriən] 〔형〕 미주리 주 (사람)의 [에 특유한]. — 〔명〕 Missouri 주 사람.
miss·out [mísàut] 〔명〕 〔도박〕 (크랩스(craps) 노름에서) 건 돈을 잃는 주사위 던지기.
mis·speak [misspí:k] 〔자〕 (**-spoke; -spok·en**)
(……을) 잘못[틀리게] 말하다[이야기하다, 발음하다].
misspeak oneself 자기 생각을 부정확하게 말하다.
*****mis·spell** [misspél] 〔자·타〕 (~*ed, -spelt*) ……의 철자를 틀리다, 잘못 철자하다.
mis·spell·ing [misspéliŋ] 〔명〕 **1** ⓤ 잘못 철자하기, 철자 오기. **2** ⓒ 틀린 철자.
mis·spend [misspénd] 〔자·타〕 (**-spent**) ……을 잘못쓰다, 낭비하다, 허비하다. ~·**er** 〔명〕 「성.
Miss Ríght 〔구어〕 (결혼 상대로서) 이상적인 여
mis·state [misstéit] 〔자·타〕 ……을 잘못[틀리게] 말하다, 허위 진술하다. ~·**ment, -stát·er** 〔명〕
mis·step [misstép] 〔명〕 **1** 헛(잘못) 디딤, 실족(失足). **2** 과실, 실수, 실책. **3** (여성의 성적인) 실수, 사생아 낳기. — 〔자〕 (**-pp-**) 헛(잘못) 디디다.
Miss Tháng [-θǽŋ] 〔명〕 〔美속어〕 거드름피우는(새침 떠는) 여자(부인). 「벗어난) 불량 주화.
mis·strike [misstráik] 〔명〕 (화폐) (무늬가 중심에서
mis·sus [mísəz, -səs] 〔명〕 (the ~) 〔구어〕 = missis.
miss·y[1] [mísi] 〔명〕 (⑧ **miss·ies**) 〔구어〕 젊은 여자 (부르는 말로) 아가씨.
miss·y[2] 〔형〕 = missionary.
*****mist** [mist] 〔명〕 **1** ⓤⓒ (fog보다도 엷은) 안개, 연무, 아지랑이. ⇒ FOG 〔유의어〕 ∥*a thick* [*or dense*] ~ 짙은 안개 */veiled in a* ~ 안개 속에 가려져 / *The* ~ *has cleared off.* 안개가 걷혔다. **2** ⓤⓒ (먼지·연기·가스 따위의) 자욱한 연막, 구름. **3** (a ~, the ~) 흐리는 것; (기억·이해 따위를) 어렵게 만드는 것. **4** (a ~, the ~) (눈물 따위로 눈이) 흐려짐. **5** 미스트(얼음·레몬 을 넣은 알코올 음료). **6** (the ~s) 안개에 싸인 과거(것).
cast [or *throw*] *a mist before a person's eyes*
남의 눈을 흐리게 하다.
in a mist 어리둥절하여, 난처하여, 당혹하여.
— 〔자〕 **1** (장소 따위가) 안개가 끼다; (눈·유리창 따위가) 흐려지다, 희미해지다(*over, up*); 〔비인칭의 it을 주어로 하여〕 안개비(이슬비)가 내리다. — 〔타〕 ……을 안개로 덮다; (눈)을 흐리게 하다; (유리창 따위)를 흐릿하게 하다.
~·**less** 〔형〕
mis·tak·a·ble [mistéikəbl] 〔형〕 오해받기[틀리기] 쉬운, 알쏭달쏭한, 헷갈리기 쉬운. ~·**ness** 〔명〕 -**bly** 〔부〕
‡**mis·take** [mistéik] 〔명〕 (행위·견해·판단 따위의) 잘못, 틀림, 과실; 착각, 오해; 〔법률〕 착오(*in*). ∥*I was laboring under a* ~. 나는 착각하고 있었다 // *make three* ~*s in grammar* 문법에서 3개 틀리다.

〔유의어〕 **mistake** 이해·판단·의견 따위의 잘못. **error** 무심코 어떤 원칙·기준·정확함 따위에서 빗나가기; mistake 보다는 비난의 암시가 강하다. **blunder** 어리석은 큰 잘못; 우둔·부주의 따위를 비난하는 암시가 강한 말. **slip** 부주의·성급(性急) 따위에 의한 사소한 잘못. **fallacy** 잘못된 생각.

and no mistake 〔구어〕 틀림없이, 꼭, 확실히. ∥*He flunked an economics exam, and no* ~. 그는 분명히 경제학 시험에 떨어졌다.
beyond mistake 틀림없이, 꼭.
by [or 〔드물게〕 *from*] *mistake* 잘못하여, 실수로.
in mistake for ……을 잘못 알고, ……와 혼동하여.
learn by mistake 시행착오하다.
make a mistake 실수하다, 잘못 생각하다.
make no mistake (*about it*) 〔구어〕 확실히, 틀림없이; (독립절; 문두·문미에 쓰여) 알았지, 잘해야 돼
(* 경고의 뜻). ∥*Make no* ~, he has done it. 알았지, 그의 짓이야. 「다.
make the mistake of doing ……하는 잘못을 저지르
There is no mistake about ……은 틀림없다, 틀림없이 ……이다.
— 〔자·타〕 (*-took; -tak·en; -tak·ing*) **1** ……을 틀리다, 잘못 생각하다, 오해하다. ∥~ *the road* 길을 잘못 들다. **2** (……으로) 잘못 알다, 혼동하다 (*for*). ∥(~ + 目 + 前 + 名)
~ *the salt for sugar* 소금과 설탕을 혼동하다. — 〔자〕 틀리다, 잘못되다; 착각하다, 오해하다. 「보다.
mistake one's person [or *man*] 상대(방)를 잘못
There's no mistaking ……은 틀림없다, 절대 욕하다. ∥*There is no mistaking the fact.* 그 사실은 틀릴 리가 없다.
-ták·er 〔명〕 **-ták·ing·ly** 〔부〕
‡**mis·tak·en** [mistéikən] 〔형〕 mistake의 과거분사.
— 〔형〕 (*more* ~; *most* ~) **1** (사람이) (……에 대해 / ……의 점에서) 잘못 생각하고 있는, 틀린, 잘못된, 오해한 (*about* / *in*). ∥*Please correct me if I am* ~. 잘못되었으면 정정하여 주십시오. **2** (생각·사상 따위가) 틀린, 판단을 잘못한; 오해에 기인된. ∥~ *kindness* 귀찮은 (잘못 베푼) 친절 / *a* ~ *opinion* 잘못된 의견.
unless I'm (*very much*) *mistaken* 잘못되지 않았다면.
~·**ly** 〔부〕 ~·**ness** 〔명〕
mis·tal [místəl] 〔명〕 〔英방언〕 외양간(cowshed).
míst·bow [místbòu] 〔명〕 〔기상〕 흰무지개(fogbow).
mis·teach [mistí:tʃ] 〔자·타〕 (*-taught*) (수동태으로) ……을 잘못 가르치다, 틀리게 가르치다. ~·**er** 〔명〕
*****mis·ter**[1] [místər] 〔명〕 **1** (**M**-) ……님, ……귀하, ……씨 (남자의 성·관직명 앞에 붙이는 경칭) (* **Mr.**로 줄여 쓴다).
⇒ **MR. 2** 〔美구어〕 여보세요 (* 남자를 부르는 말로 쓴다). ∥*What time is it,* ~? 여보세요, 몇 시입니까? **3** (a ~) 〔구어〕 (Mr. 이외의 경칭이 없는) 평민. **4** 〔美 (군사) 육군 준(準)사관·사관 생도·해군 소령·군의관 등

에 대한 정식 호칭. **5** (the ~, one's ~) 《구어》 남편. ━━ 📌 《구어》 mister[Mr.]를 붙여 부르다.
mist·er² 📌 《원예용》 분무기.
Míster Bíg 📌 《美속어》 (숨은) 보스, 두목; 최고 권력자.
Míster Chárlie[Chárley] 📌 《美흑인속어》 백인.
Míster Ríght 📌 《구어》 (결혼 상대로서) 이상적인 남성. ⇒Miss Right 〚하려고 하는 흑인.
Míster Tóm 📌 《美흑인속어》 백인 사회에 동화하려고 하는 흑인.
mis·ter·y [místəri] 📌 =mystery².
mist·ful [místfəl] 📌 =misty.
mist·i·ly [místili] 📌 안개가 짙게[자욱하게], 안개 모양으로; 희미하게, 흐리게; 모호하게.
mis·time [mistáim] 📌 **1** …을 부적당한 때에 하다[말하다], …을 하는[말하는] 시기를 놓치다. **2** …의 시간[시대]를 틀리다. **3** …의 박자[장단]를 잘못 맞추다.
mis·timed [mistáimd] 📌 시기를 놓친; 《英방언》 식사나 수면이 제시간이 아닌.
mistle (thrush) 📌 《조류》 미슬지빠귀.
***mis·tle·toe** [mísltòu] 📌 《식물》 겨우살이(유럽산產); 크리스마스 장식용; 그 작은 가지.
kiss under the mistletoe 겨우살이 밑에서 키스하다(크리스마스 때 장식한 겨우살이 밑에서는 소녀와 키스해도 좋다는 관습에서).
místletoe cáctus 📌 《식물》 열대산(產) 선인장. 〚과거.
mis·took [mistúk] 📌 mistake의
mis·tral [místrəl, mìstrɑ́:l] 📌 (mistletoe) (the ~) 미스트랄. **1** 《기상》 프랑스 지중해 연안 지방의 차고 건조한 서북풍. **2** (M-) 프랑스 종단 급행 열차의 이름.
mis·trans·late [mìstrænsléit, -trænz-] 📌 《…을》 잘못 번역하다, 오역하다. **-la·tion** 📌
mis·treat [mistrí:t] 📌 …을 학대하다, 혹사하다. **~·ment** 📌
‡mis·tress [místris] 📌 (複 **~·es** [-iz]) **1** 여주인, 주부; (노예·동물 따위의) 여성 소유자[사육주](⇔ master). ¶ *Is your ~ at home*? 부인은 집에 계십니까? **2** 《英》 여선생; (대학의) 여학장; (복합어로) 여자 …선생. ¶a music[history] ~ 여자 음악[역사] 선생님. **3** 여류 명인[대가]. ¶a ~ of cooking 요리의 대가. **4** (때로 M-) 여성 지배자, 지배권을 가진 여성 (비유적) 여왕. ¶ *the M- of the Adriatic* 아드리아해(海)의 여왕 (Venice의 별칭) / *the ~ of the night* 밤의 여왕, 달 / *the M- of the Seas* 바다의 여왕(옛 대영제국의 별칭) / *the M- of the World* 세계의 여왕(로마 제국의 별칭). **5** (종종 경멸적) 첩, 정부. ¶ *keep a ~* 첩을 두다. **6** 《고어》 연인, 애인. **7** 《고어》 (미혼 여성을 부르는 말로) =madam. **8** 어떠한 기술·학문을 습득한 여자; 여석사. ¶M– of Music 여자 음악 석사. **9** 《英방언》 아내.
be mistress of the situation 국면[局面]을 다스리다. 〚되지 않다.
be one's own mistress 자유의 몸이다, 남에게 지배 **~ed**, **~·ly** 📌 **~·ship** 📌 여주인[주부]임; 지배, 통솔.
místress of céremonies 📌 여성 사회자. 〚위.
Místress of the Róbes 📌 (the ~) (여왕의 의상을 담당하는) 영국 왕실 여관장(女官長).
mis·tri·al [mistráiəl] 📌 《법률》 **1** 오판, 무효 심리 (기본적 절차에 과오가 있어서 무효로 되는 재판). **2** 《美》 (배심원의 의견 불일치에 의한) 미결정 심리.
***mis·trust** [mistrʌ́st] 📌 (종종 a ~) (…에 대한) 불신(용), 의심, 의혹 (*of, in*). ⇒DOUBT 유의어 ¶ *intensify one's ~* 불신을 더하다. ━━ 📌 **1** …을 신용하지 않다; 수상히 여기다, 의심하다; …이 아닌가 하고 생각[억측]하다(*that* 節). ━━ 📌 의심을 품다. **~·er** 📌 **~·ing·ly** 📌 신용하지 않고.
mis·trust·ful [mistrʌ́stfəl] 📌 신용하지 않는 (*of*);

의심 많은. **~·ly** 📌 **~·ness** 📌
mis·tryst [mistráist] (《스코·北英》) 📌📌 (남)과 만날 약속을 어기다. ━━ 📌 약속을 어기다.
***mist·y** [místi] 📌 **1** 안개가 자욱한[짙은], 안개로 싸인. ¶a ~ view 안개 낀 경치. **2** 안개 모양의, 안개로 이루어진. **3** 몽롱한, 희미한, 어렴풋한, 안개가 낀 듯한. **4** (생각 따위가) 분명치 않은, 모호한. ¶a ~ notion 모호한 생각. **míst·i·ness** 📌
míst·y-eyed [-àid] 📌 눈이 잘 보이지 않는; 꿈꾸는 듯한; 쉽게 눈물을 글썽거리는, 감상적인.
‡mis·un·der·stand [mìsʌndərstǽnd] 📌📌 (~s [-z]; -stood) …을 오해하다, 잘못 해석하다. **~·er** 📌
***mis·un·der·stand·ing** [mìsʌndərstǽndiŋ] 📌 U|C (…에 대한) 오해, 틀린 생각, 해석 차이 (*about, of*); (…사이의 / …에 의) 의견의 상이, 말다툼, 불화 (*between, among / with*).
have a misunderstanding of[or *about*] …을 ~·ly 📌 오해하고 있다.
mis·un·der·stood [mìsʌndərstúd] 📌 misunderstand의 과거·과거분사. ━━ 📌 오해된, 뜻을 잘못 새긴; 진가를 인정받지 못하는; 고맙게 여기지 않는.
mis·us·age [misjú:sidʒ] 📌 U (말 따위의) 오용; 학대, 혹사.
***mis·use** [misjú:s] 📌 U|C 오용; 악용, 남용; (폐어) 학대, 혹사. ¶ *~ of authority* 직권 남용. ━━ [misjú:z] 📌 …을 오용하다, 악용하다; 학대[혹사]하다.
mis·us·er [misjú:zər] 📌 《법률》 (특권·직권·은전 따위의) 남용(濫用); C 오용자, 남용자; 학대자.
mis·val·ue [misvǽlju:] 📌 …의 평가를 잘못하다; …을 과소 평가하다(underestimate).
mis·ven·ture [misvéntʃər] 📌 불운한 사업[시도]; 불운, 재난. 〚말을 잘못 쓰다.
mis·word [miswə́:rd] 📌 …을 잘못 말하다[쓰다]; …의
mis·write [misráit] 📌 (-wrote; -written; -writ·ing) 잘못 쓰다, 오기(誤記)하다.
MIT, M.I.T. *Massachusetts Institute of Technology* (매사추세츠 공과 대학).
Mit·be·stim·mung [mítbəʃtìmuŋ] 📌 (독일 등에서) 노동자의 경영 참가(권). 《<G》
Mitch·ell [mítʃəl] 📌 미첼. **1** Margaret ~ (1900-49): 미국의 여류 소설가. **2** 남자 이름 (Michael의 별칭).
Mitch·um [mítʃəm] 📌 Robert ~ 밋첨(1917-97): 미국의 영화 배우).
mite¹ [mait] 📌 진드기.
mite² 📌 **1** 소액이나마 정성어린 기부, 미력. ¶ *the widow's ~* 빈자(貧者)의 일등(一燈), 가난한 과부의 연보금 ☞마가복음(Mark) 12:41) / *contribute one's ~ to* …을 위해서 미력을 다하다. **2** 소액 화폐, 잔돈; 《英속어》 반(半)파딩(farthing). **3** 매우 작은 물건; 작은 동물; 아이, 꼬마. ¶a ~ of a child 꼬마. **4** 미량(微量), 소량; (a ~) (부사적) 《구어》 (아주) 조금.
not a mite 《구어》 조금도 …아닌[하지 않는].
mi·ter [《英》 -tre] [máitər] 📌 **1** (교회) 주교관(主教冠), 미트라(bishop이 의식 때에 쓰는 관). **2** (상징적) 주교의 직[지위]. **3** (고대 유대교의) 대사제(大司祭)의 관. **4** 고대 그리스 여성이 쓴 머리 장식. **5** (목공) =~ joint. ━━ 📌 **1** …에게 주교관을 수여하다; …을 주교로 임명하다. **2** (목공) …을 연귀로 잇다.
míter bóx 📌 (목공) 연귀 상자(연귀로 이을 때 톱의 각도를 정하는 틀).
mi·tered [máitərd] 📌 주교관과 같은 (모양의), 주교 모양의 끝이 뾰족한; 주교관을 쓴; 주교로 임명된.
mítered jíb 📌 《해사》 마이터 지브, 연귀 이음 지브. (또는 **míter jib**)
míter jóint 📌 연귀 이음, 사접(斜接).
míter sàw 📌 마이터 톱(연귀로 잇는 면을 자르는 데 쓴다).
míter squàre 📌 《목공》 45도 자(尺).
mith·er [míðər/míð-] 📌 《스코·北英》 =mother¹.

Mith·rae·um [miθríːəm] 명 (복 **-rae·a** [-ríːə], **~s**) 미트라(Mithras)의 신전(神殿).
Mith·ra·ism [míθreizm] 명ⓤ 미트라교(Mithras를 숭배하는 사람, 페르시아의 종교). (또는 **Mith·ra·i·cism** [miθréiəsìzm]) **-ist** 명 **-is·tic** 형
mith·ra·my·cin [mìθrəmáisin] 명 〖약학〗 미스라마이신(抗)종양 항생 물질).
Mith·ras [míθræs] 명 〖페르시아 신화〗 미트라(빛과 진리의 신, 후에 태양의 신). (또는 **Mith·ra** [míθrə])
Mith·ra·ic [miθréiik] 형 〖해독제〗
mith·ri·date [míθrideit] 명ⓤ (고대 의학의) 만능
mith·ri·da·tism [míθrədeitizm] 명ⓤ 〖병리〗 미스리데이트법(毒의 복용량을 점증함으로써 면역성을 얻는 법). **-dat·ic** [-dǽtik] 형
mith·ri·da·tize [míθrədeitàiz] 타동 (사람)의 항독력[면역성]을 (단계적으로) 기르다.
mít·i·cide [máitəsàid] 명 〖화학〗 진드기 살충(구충)제. **·cíd·al** 형
mit·i·ga·ble [mítigəbl] 형 완화할 수 있는, 경감할
*****mit·i·gate** [mítəgèit] 타동ⓔ **1** (분노·고통·슬픔·곤란 따위)를 누그러뜨리다, 가라앉히다. ¶ ~ pain [wrath, grief] 고통[분노, 슬픔]을 덜다. **2** 〖법률〗 (병·형벌 따위)를 경감하다, 가볍게 하다. **3** (드물게) (남)을 온화[온순]하게 하다, (남의 마음 따위)를 달래다. —자동 누그러지다, 가라앉다. **·gàt·ed·ly** 부
mít·i·gat·ing círcumstances [mítəgèitiŋ-] 명복 〖법률〗 (손해 배상액·형기(刑期)의) 경감 사유, 정상 참작. ¶ plead ~ 정상 참작을 호소하다.
mit·i·ga·tion [mìtəgéiʃən] 명 **1** ⓤ (···의) 완화, 경감, 진정; 〖법률〗 감형(of). **2** 완화하는 것; 진정제.
mit·i·ga·tive [mítəgèitiv] 형 누그러뜨리는, 완화적
mit·i·ga·tor [mítəgèitər] 명 누그러뜨리는[완화하는] 사람[것]; 진통제, 완화제. [tive.
mit·i·ga·to·ry [mítəgətɔ̀ːri, -gèitəri] 형 = mitiga-
mi·to·chon·dri·on [màitəkándriən/-kɔ́n-] 명 (복 **-dri·a** [-driə]) 〖생물〗 (세포내의) 사립체(絲粒體), 미토콘드리아. **-dri·al** 형
mi·to·my·cin [màitoumáisn] 명 〖약학〗 미토마이신(계암(制癌) 작용 및 항균성 항생 물질). [다.
mi·tose [máitous] 자동ⓔ 〖생물〗 유사(有絲) 분열하
mi·to·sis [maitóusis] 명 (복 **-ses** [-siːz]) ⓤⓒ 〖생물〗 (세포의) 유사(有絲) 분열, 간접 핵분열. ⇨ amitosis
mi·tot·ic [maitátik/-tɔ́t-] 형 〖생물〗 유사 분열의. **-i·cal·ly** 부 [수, 〈F〉
mi·trail·leur [F mitrajœːr] 명 (복 **~s**) 기관총 사
mi·trail·leuse [F mitrajøːz] 명 (복 **~s**) 기관총.
mi·tral [máitrəl] 형 **1** 주교관(主敎冠)(모양)의, 승모(僧帽) 모양의. **2** 〖해부〗 승모판(瓣)의. ⇨HEART 그림
mítral válve 명 〖해부〗 (심장의) 승모판.
mi·tre [máitər] 명 (복 **~s**) 〖英〗 = miter.
mi·tred [máitərd] 형 〖英〗 = mitered.
mits·vah [mítsvə] 명 (복 **~s, ·vot**(h), **·vos**) 〖유대교〗 = mitzvah. [<Heb]
‡mitt [mit] 명 **1** (레이스 따위로 만든) 손가락 부분이 없는 여성용의 긴 장갑. **2** 〖야구〗 미트. **3** 〖구어〗 = mitten 1. **4** 〖구어〗 손, 주먹. **5** 〖구어〗 (보통 **mit**) **5** (속어) 권투 글러브. **6** (속어) (~s) 수갑; (the ~) 체포. **7** = ~ reader. **8** (the ~) 〖美속어〗 자선 〈종교〉 단체.
get the (frozen) mitt =*get the* MITTEN.
give [or **hand**] *a person the frozen* [or *icy*] *mitt* (속어) 남을 냉대하다.
tip *one's mitt* (구어) 무심코 속마음(의향)을 보이다. —타동 (속어) ···와 악수하다; ···을 한 대 먹이다; ···을 체포하다; (권투에서 승리의 표시로) (관중)에게 머리 높이 깍지낀 손을 들어 보이다. [<mitten] 〖두막.
mítt càmp [jòint] 명 〖美속어〗 손금(신수) 보는 오
*****mit·ten** [mítn] 명 **1** (엄지 손가락만 떨어져 있는) 벙어리 장갑, 미튼. 〖(복 **glove 2** 긴 장갑. **3** (~s) 〖속어〗 권

투용 글러브. **4** (~s) 〖속어〗 주먹다짐; (~s) 수갑.
get the mitten (구어) (애인에게) 퇴짜맞다; 내쫓기다.
give [or **send**] *a person the mitten; give the mitten to a person* (구어) 〖애인·구혼자〗를 차다, 퇴짜 놓다; 남을 파면하다.
handle without mittens 가차없이[무자비하게] 다루다. 〖the glad mitten 환영.
~·like 형
Mit·ter·rand [míːtərɑ̀ːŋ/F miterɑ̃] 명 **François (Maurice Marie)** ~ 미테랑(1916-96: 프랑스의 정치가·대통령(1981-95)).
mitt-glom·mer [-́glɑ̀mər] 명 〖美속어〗 걸핏하면 악수하는 사람, 지나치게 싹싹한 사람, (남을) 추종하는 사람. (또는 **mitt-glaum·mer** [-́glɔ̀ːmər])
mit·ti·mus [mítəməs] 명 〖법률〗 수감 영장; 재판기록 이송 영장; 〖美구어〗 해임, 면직; 해고 통지.
get one's mittimus 해고당하다.
mit·ting [mítiŋ] 명 〖美속어〗 박수 갈채(applause).
mítt réader 명 〖美속어〗 손금쟁이, 운세 점치는 사람.
Mit·ty [míti] 명 〖美〗 터무니없는 공상에 빠지는 사람. (또는 **Wálter** ~). **~·ésque, ~·ish** 형
mitz·vah [mítsvə/Heb mitsvɑ́ː] 명 (복 **~s, ·vot**(h), **·vos**) 〖유대교〗 성경·율법 학자의 계율; 선행(善行). (또는 **mitsvah**) [<Heb commandment]
‡mix [miks] 타동 (**~·es** [-iz]; **~ed** [-t], **~t**) 타동 **1** (재료 따위)를 (···와) 섞다, 혼합하다(*with*). ¶ ~ paints 그림 물감을 섞다 / ~ flour and salt 밀가루와 소금을 섞다 // (~+목+前+명) ~ water *with* whisky 위스키에 물을 타다.

─유의어─ **mix** 「섞다」의 뜻의 가장 일반적인 말. **blend** 잘 조화하는 것을 mix해서 원래의 성분의 특징을 살린 새로운 것을 만들다. **mingle** 원래의 성분이 남도록 mix하다. **commingle** mingle보다도 각 성분의 조화·일체감이 강한 말.

2 ···을 (···에) 혼입하다, 넣다, 첨가하다(*in, into*). ¶ (~+목+前+명) ~ a little butter *into* flour 밀가루에 소량의 버터를 섞다. **3** (여러 성분을 혼합해서) ···을 만들다(*up*); ···을 조합(調合)[조제]하다. ¶ ~ a cake 케이크를 만들다 / ~ a poison 독약을 조합하다. **4** ···을 (···와) 결합하다, 조화시키다(*with*); (일·날짜 따위)를 혼동하다. ¶ ~ feelings of joy and sorrow 희비가 엇갈린 느낌을 갖다 / ~ work and play 일과 놀이를 혼동하다. **5** (동물)을 이종(異種) 교배시키다. **6** (사람)을 (···와) 사귀게 하다, 교제시키다(*with, among*). ¶ ~ people of different classes 계층이 다른 사람들을 사귀게 하다 // (~+목+前+명) ~ oneself *among* people 사람들 속에 끼다. **7** 〖英구어〗 (남)을 헛소문 따위로 이간질하다. **8** (영화·방송) (별개의 녹음)을 믹싱하다; 〖음악〗 (복수의 녹음 내용)을 하나로 편집하다.
─자동 **1** (···와) 섞이다, 섞여 잘 어울리다(*together*)(*with*). ¶ Oil and water do not ~. 물과 기름은 섞이지 않는다. **2** (사람이) (···와) 사귀다, 교제하다; 사이좋게 지내다(*in, with, among*); (···에) 참가하다(*in, into*). ¶ (~+前+명) They don't ~ *well*. 그들은 사이가 나쁘다 // (~+前+명) ~ *in* society 사교계에 드나들다. **3** 이종 교배하다[되다]; (민족을) 혼혈(混血)하다. **4** (권투) 격렬하게 치고받다(*up*).
be [or **get**, **become**] **mixed up** (구어) ① 머리가 혼란해지다, 정서가 불안하다(*about, in*). ② 술취해 있다, (잘 일지 못하는 일을) 말려들다(*in*).
mix and match 잡다한 것을 짜맞추다; 어울리지 않는 것끼리 짜맞추다.
mix in ① (···와) 어울리다, 사귀다(*with*). ② 〖구어〗 전투[싸움]에 가담하다. ③ (식품 따위를) 뒤섞다.
mix it (속어) ① =*mix it up*. ② (···을) 괴롭히다, (···에게) 장난치다(*for*).
mix it (**up**) (속어) ① (···와) 싸우다, 서로 치고받다

mix-and-match [ˊɔnmǽt∫] 형 잡다한 물건을 짜 맞추어 만든. ── 명 (옷 따위를) 어울리지 않는 것끼리 짜 맞추는. **믹스앤매치**(어울리지 않는 것의 짜맞춤).

‡mixed [mikst] 형 (*more* ~; *most* ~) **1** 섞인, 혼합된, 뒤섞인. ¶a ~ color 혼성색.／ motives 복잡한 동기. **2** 잡다한 사람들로 이루어진; 다른 종족 간의, 다른 종교 간의. ¶a ~ company [*or* meeting] 여러 잡다한 사람들의 모임. **3** 남녀 혼합의, 혼성의. ¶a ~ chorus 혼성 합창(대)／a ~ school 남녀 공학 학교. **4** 〔금융〕 (시황·가격 따위가) 혼조(混調)의; 〔법률〕 (쟁점(爭點)·문제가) 복잡된. **5** 〔구어〕 (술 취해서) 머리가 어지러운, 뒤리멸렬의. (또는 ⌐ úp) **6** 〔음성〕 (모음의) 중설음(中舌音)의. **7** 〔수학〕 혼합의. **8** 〔동물〕 이종 교배한. ¶a horse of ~ breed 잡종 말. **9** 〔철도〕 객차·화차 혼성의.

mix·ed·ly [míksidli] 부 ~ness 명
mixed-a·bil·i·ty [ˋəbíləti] 명 〔한정용법〕 능력차가 있는; 우열 혼성(방식)의.
míxed bág[búnch] 명 잡동사니, 긁어 모은 것.
míxed bléssing 명 (전반적으로 유리하지만) 다소 불리하기도 한 사건[상황], 좋기도 하고 나쁘기도 함, 손해와 이득(功過)이 반반인 것.
mixed-blood [ˋblʌ́d] 명 〔美〕 혼혈인(混血人).
míxed búd 명 〔식물〕 섞인 눈, 혼합아(芽)(줄기·잎과 동시에 꽃도 피는 싹).
míxed crýstal 명 〔결정〕 혼정(混晶).
míxed dóubles 명(복) (테니스 따위의) 남녀 혼합 복식.
míxed drínk 명 혼합주, 칵테일.
míxed ecónomy 명 〔경제〕 혼합 경제(자본주의와 사회주의, 사기업과 국영 기업이 혼재하는 경제).
míxed fárming 명 〔농·축산의〕 혼합 영농.
míxed féelings 명 복잡한 감정.
have mixed feelings about [*or* *on*] …에 대해 복잡한 감정을 갖다.
míxed gríll 명 믹스 그릴(불고기·버섯·토마토 따위를 섞어서 볶은 요리).
míxed lánguage 명 혼교 언어(pidgin, creole 따위).
míxed márriage 명 (다른 인종[종교] 간의) 혼혈혼.
míxed média 명(복) **1** =multimedia. **2** 혼합 매체(媒體)〔영상·회화·음악 따위의 종합 예술 표현〕; 〔미술〕 서로 다른 화구로 그린 그림. **mixed-média·ia**
míxed métaphor 명 혼유(混喻)(서로 모순되는 은유(隱喻)를 혼용하는 수사법).
míxed nérve 명 〔해부〕 (지각 섬유와 운동 섬유로 된) 혼합 신경.
míxed núisance 명 〔법률〕 혼합 불법 방해(公害).
míxed númber 명 〔수학〕 혼수(混數)(대소수(帶小數)와 대분수(帶分數)).
míxed revíews 명(복) (신작·공연 따위에 대한) 엇갈린 평.
míxed títhe 명 〔英법률〕 가축 10분의 1세(稅).
míxed tráin 명 화객(貨客) 혼성 열차.
mixed-up [ˋʌ́p] 형 〔구어〕 정신 착란의, 혼란된; 〔정서적으로〕 불안정하며, 미숙한. ¶a ~ kid 정서 불안아.
***mix·er** [míksər] 명 **1** 혼합하는 사람; (복합어로) 믹서기, 혼합기. ¶a concrete ~ 콘크리트 믹서(차). **2** 〔형용사와 함께〕 사교가, 사교성이 …한 사람. ¶a good[bad] ~ 사교에 능한[서투른] 사람. **3** 〔구어〕 사교의 장, 친목회, 댄스 파티. **4** 칵테일용 음료. **5** 〔英구어〕 이간질을 하는 사람, 말썽을 일으키는 사람. **6** (TV·라디오의) 음량[화면] 조정 장치[담당자]. **7** = mixing faucet. **8** 〔야금〕 혼선(混銑) 탱크.
míxer táp 〔英〕 =mixing faucet.
mix·i [míksi] 명 믹시(미니·미디·맥시를 합친 것).
mix-in [ˋin] 명 〔美구어〕 전투, 분쟁, 시비.
mix·ing [míksiŋ] 명 **1** 혼합, 혼화(混和). **2** 믹싱(녹음, 녹화, 편집); 〔영화〕 (녹음 재생에서 음성과 음악 따위의) 혼성; 〔TV〕 화면 조정.
míxing fáucet 명 〔美〕 냉온수 혼합 수도 꼭지.
míxing rátio 명 혼합비(比)(공기중의 수증기 혼합률).
míxing válve 명 (온수와 냉수의) 혼합 밸브.
mix·ol·o·gy [miksɑ́lədʒi/-ɔ́l-] 명 〔美속어〕 칵테일 솜씨. **-gist** [-dʒist] 명(名) 바텐더.
mix·o·ploid [míksəploid] 명 〔유전〕 혼합 염색체 (염색체수가 다른 세포·조직으로 이루어진 개체). **-ploi·dy** 명(U) 혼수성(混數性).
mixt [mikst] 통 mix의 과거·과거분사.
mixt. mixture.
‡mix·ture [míkst∫ər] 명 (복 ~*s* [-z]) **1** U|C 혼합물, 혼화(混和); (약품 따위의) 조합(調合), 섞기. **2** (a ~) (감정의) 착잡한 상태, 교착(交錯). ¶with a ~ of joy and anxiety 즐거움과 불안이 뒤섞인 심정으로. **3** U|C 혼합물; 합성품; 〔약학〕 조합약, 합제(合劑); 혼방(混紡) 직물[사(絲)], 교직(交織); (내연 기관의) 혼합 가스. ¶a smoking ~ 혼합 담배. **4** 〔물·화〕 혼합물(ɐ compound[1]). **5** 혼입물, 첨가물.
by mixture 혼합하여.
the mixture (just) as before ① 〔약학〕 전번과 같은 처방. ② 변동이 없는 대책[조치].
without mixture 섞은 것이 없는, 순수한.
mix-up [ˋʌ́p] 명 혼란, 뒤얽힘; (신생아 등의) 뒤바꿈; 〔구어〕 혼전, 난투.
Miz [miz] 명 〔美남부〕 =Mrs. (또는 Mis'); =Ms.
miz·zen [mízn] 명 〔해사〕 명 뒷돛대에 치는 세로 돛; =mizzenmast. ─ 명 뒷돛대의, ─에 치는.
miz·zen·mast [míznmæst / -mɑ̀ːst, 〔해사〕 -məst] 명 〔해사〕 뒷돛대, (돛대가 셋 이상 있는 배의) 제3돛대. (또는 **mizenmast**)
miz·zle[1] [mízl] 〔구어·방언〕 통자 (it을 주어로 하여) 이슬비[가랑비]가 내리다. ── 명 이슬비, 가랑비.
miz·zle[2] 〔속어로〕 통자 도망치다, 갑자기 모습을 감추다. 도망. *do a* ~ 도망치다.
miz·zly [mízli] 형 〔방언〕 가랑비가 내리는; 같은.
MJ [èmdʒéi] 명 〔美속어〕 =marijuana.
mk. 〔화폐〕 mark. **Mk, Mk.** mark(무기·장비 등의 형; ⇨mark[1] 16). **mkd.** marked. **mks, MKS** meter-kilogram-second. **mksa, MKSA** meter-kilogram-second-ampere. **mkt.** market. **ml** mile(s); milliliter(s). **ML** 〔라틴〕 *Magister Legum* (=Master of Laws); Master of Letters; 〔라틴〕 *Medicinae Licentiatus* (=Licentiate in Medicine); Medieval Latin(중세 라틴어). **ml.** mail; milliliter(s). **MLA** *Master of Landscape Architecture*; Member of the Legislative Assembly; Modern Language Association (of America). **MLB** 〔美〕 *Major League Baseball*; Maritime Labor Board; 〔미식축구〕 middle linebacker. **MLC** *Member of the Legislative Council.* **MLD** *median* [*minimum*] *lethal dose*(반수[최소] 치사량). **MLF** *Multilateral Nuclear Force.* **MLG** Middle Low German. **M Litt** 〔라틴〕 *Magister Litterarum* (=Master of Letters). **Mlle, Mlle.** Mademoiselle. **Mlles.** Mesdemoiselles. **MLP** *mobile launcher platform*(이동 발사대 플랫폼). **MLR** *minimum lending rate* ((Bank of England의) 최저 대출 금리). **MLRS** *Multiple Launch Rocket System.* **MLS** 〔美〕 *Major*

League Soccer; microwave landing system(마이크로파 (계기) 착륙 장치); [부동산] Multiple Listing Service. **MLW** [항공] maximum landing weight (최대 착륙 중량); mean low water. **mm** millimeter(s). **mM** millimole(s). **mm.** [음악] measures; (라틴) millia(=thousands); millimeter(s). **MM.** (Their) Majesties; Master Masson [Mechanic]; Master of Music; Messieurs; (英) Military Medal.

m'm [mm] 감 (맞장구·찬성의 뜻) 음, 흥; (말을 시작할 때) 에에. (또는 **mm**)

MMC money-market certificate(시장 금리 연동형 예금); (英) Monopolies and Mergers Commission.

MMDA money market deposit account (시장 금리부 수시 입출금식 예금 계좌). **Mme, Mme.** Madame. **Mmes.** Mesdames. **mmf, m.m.f.** [전기] magnetomotive force. **MMF** [금융] Money Market Fund(수시 입출금식 초단기 자본 상품).

mmfd [전기] micromicrofarad(s). **M.Mgt.E.** Master of Management Engineering. **MMI** man-machine interface(인간-컴퓨터 시스템 인터페이스).

mmm [mmm] 감 (생각에 잠겨서) 음음. 자동 umph

mmmnnn [mmnn, mmnnn] 감 (수긍하여) 음음, 흠흠. 자동 humph

MMPI Minnesota Multiphasic Personality Inventory. **MMRBM** mobile mid-range ballistic missile(기동 중거리 탄도탄). **MMT** Multiple Mirror Telescope. **MMU** Manned Maneuvering Unit(유인 (有人) 궤도 제어 장치). **MMus** Master of Music. **MMX** [컴퓨터] multimedia extension. **Mn** 기호 [화학] manganese. **MN** Minnesota; magnetic north; (英) Merchant Navy. **MNC** multinational corporation(다국적 기업). **MNE** multinational enterprises(다국적 기업); Master of Nuclear Engineering. 「(種)의 기억을 합친 것).

mne·me [níːmi] 명 [심리] 므네메(개인의 기억과 종 **mne·mon** [níːman/-mən] 명 기억소(素)(뇌·신경계에서의 정보의 최소 단위).

mne·mon·ic [nimánik/-mɔ́n-] 형 기억을 돕는; 기억(술)의. ¶ a ~ code [컴퓨터] 연상 기호 코드. —명 1 기억을 돕는 방법; 기억 부호. 2 [컴퓨터] (어셈블리 언어의) 기억용 (명령) 코드. **-i·cal·ly** 부

mne·mon·ics [nimániks/-mɔ́n-] 명 (단수취급) [심리] 기억술. (또는 **mne·mo·tech·nics** [níːmoutékniks])

Mne·mos·y·ne [niːmásəni, -máz-/-mɔ́z-] 명 [그리스신화] 므네모시네(기억의 여신).

mngr. manager. **Mngr.** Monsignor.

mo¹ [mou] 명 (복 **~s**) (a ~) (구어) 일순, 순식간. ¶ Wait a ~! 잠깐 기다려라! [<moment]

half [or just] **a mo** ① 아주 잠깐 동안. ② 잠깐 기다려라.

mo² 명 (美속어) 호모(homo). 「려.

mo³ 명 (濠속어) = mustache.

curl the mo (濠속어) 대성공을 거두다.

Mo 기호 [화학] molybdenum. **MO** method[mode] of operation; Missouri; modus operandi. **mo.** (복 **mos.**) month(s); monthly. **Mo.** Missouri; Monday. **m.o.** mail order; (라틴) modus operandi; money order. **M.O.** [컴퓨터] magneticooptical(광자기의); mail order; manually operated(수동식의); Medical Officer(군의관); method[mode] of operation; (라틴) modus operandi; money order.

-mo [mou] 절미 수사(數詞) 또는 수를 나타내는 말에 붙어서 「(종이의) …절(折)」이라는 뜻의 명사를 만든다. ¶ duodecimo, 8 folio, quarto

mo·a [móuə] 명 모아(지금은 멸종된 New Zealand 산(産)의 타조 비슷한 거대한 새).

Mo·ab [móuæb] 명 모아브(사해(死海) 동쪽(현재의 요르단)에 있었던 고대 왕국).

Mo·ab·ite [móuəbàit] 명 1 모아브 사람. 2 ◎ 모아브 말. —형 (또는 **Mo·a·bit·ic** [mòuəbítik], **Mo·abitish**) 모아브의; 모아브 사람[말]의.

mo·ai [móuai] 명 모아이(남태평양의 Easter 섬에 남아있는 거대한 제례 의식용 석상).

‡**moan** [moun] 명 (복 **~s** [-z]) 1 (슬픔·고통 따위의) 신음, 신음 소리, 끙끙거리는 소리. ⇒GROAN 유의어 2 (the ~) (바람·파도·나무 따위의) 신음하는 듯한 구슬픈 소리, 애음(哀音). 3 (구어) (경멸적) 불평, 불만; make (one's) **moan** 신음하다, 불평하다. 「탄식.

put on the **moan** (美속어) 불평을 하다.

—동 (**~s** [-z]) 자 1 (…으로) 신음하다, 끙끙거리다 (with). ⇒CRY 유의어 2 (바람 따위가) 신음하는[낑낑거리는] 듯한 소리를 내다. 3 (…의 일로) 불평[불만을] 말하다(about); 한탄하다(about). —타 1 …을 끙끙거리며 말하다(out)(that절). ¶ ~ one's grief 구슬프게 신음 소리를 내다. 2 …을 한탄하다, 슬퍼하다.

~**·er** 명 ~**·ing·ly** 부

moan·ful [móunfəl] 형 구슬픈, 애처로운; 구슬프게 신음하는. ~**·ly** 부

*__moat__ [mout] 명 [축성] (외적에 대비하여 성이나 도시 주변에 판) 해자, 해자(垓字). —타 …에 호[해자]를 두르다. ~**·ed**, ~**·like** 형

‡**mob** [mab/mɔb] 명 (복 **~s** [-z]) 1 (집합적; 단·복수 양용) 폭도, 폭민(暴民), (난동을 부리는) 군중. ⇒CROWD 유의어 ¶ an angry ~ 성난 폭도. 2 (경멸적) (사람·물건 따위의) 떼, 무리, 집합체; (濠) 동물의 무리. ¶ a ~ of sheep 한 떼의 양. 3 (the ~) (경멸적) 민중, 대중, 하층민; 오합지졸. 4 (구어) (도둑 등의) 일당; (the M-) 마피아, 범죄 조직, 폭력단. 5 (英구어) 한 패, 동아리. 6 (美속어) [군사] 부대, 대[연대].

—형 1 폭도[군중]의 (특유의). ¶ ~ instincts 군중 본능. 2 대중[서민] 취향의.

—동 (**~s** [-z], **-bb-**) 타 1 (호기심·적의 따위를 품고) …에 떼지어 모이다, …을 둘러싸다. 2 …을 떼를 지어 습격하다. 「이 있다.

be mobbed up (美속어) 폭력단[범죄 조직]과 관련 ~**·ber**, ~**·bism**, ~**·bist** 명

mob·bish [mábiʃ/mɔ́b-] 형 폭도 같은, 무질서한, 소란스러운. ~**·ly** 부 ~**·ness** 명

mob·cap [mábkæp/mɔ́b-] 명 (턱 아래에서 매개 된) 실내용 여성 모자(18-19세기에 유행). 「여럿이.

mob·hand·ed [-hǽndid] 형 (英속어) 집단적인,

Mo·bil [móubəl] 명 모빌(사)(미국의 석유 회사).

*__mo·bile__ [móubəl, -biːl/-bail] 형 1 움직이기 쉬운, 이동하기 쉬운, 가동성의. ¶ a ~ station 이동 방송국. 2 (군사) 기동력이 있는. ¶ ~ troops 기동 부대. 3 흐르기 쉬운, 유동성이 있는. 4 표정이 풍부한, 갖가지 표정을 짓는. 5 (마음이) 변하기 쉬운, 변덕스러운. 6 (상류) (집단끼리의) 혼합될 수 있는, 유동성이 있는. 7 (미술) 움직이는 조각의, 모빌의. 8 이주성(移住性)의, 방랑성의.

—명 1 [미술] 움직이는 조각, 모빌. 자동 stabile 2 가동물(可動物), 가동 장치; (美속어) 자동차. 8 = ~ phone; = ~ library.

-mo·bile [mòubiːl, -mə-] 연결형 「차(車), 탈 것」의 뜻. ¶ snowmobile, bloodmobile, jazzmobile.

móbile communicátion 명 이동 통신.

móbile compúting 명 [컴퓨터] 모바일 컴퓨팅(휴대용 단말과 휴대 전화를 이용하여 이동 장소에서 네트워크에 연결하여 컴퓨터를 이용하기).

móbile exécutive 명 (美) 전직(轉職) 성공자.

móbile gás [òil] 명 자동차용 휘발유.

móbile hóme 명 트레일러 주택, 이동 주택. (또는 **móbile hóuse**) 「동식 대공 미사일(또 MIM).

móbile intercépter missile 명 (군사) 지상 이

móbile líbrary 명 (英) 이동 도서관((美) bookmobile).

móbile phóne 명 휴대[이동] 전화, 휴대폰, 카폰.

(cellular phone). (또는 **móbile téléphone**)
móbile scúlpture 图 [미술] =mobile 1.
móbile státion 图 [통신] (선박 등의) 이동(무선)국.
móbile subscríber 图 휴대폰 가입자.
mo·bil·ette [mòubilét/-] 图 소형 오토바이, 스쿠터.
móbile únit 图 이동 차량(텔레비전 중계 시설·X-ray 따위 특수 장비를 갖춘 대형 자동차).
*****mo·bil·i·ty** [moubíləti] 图U 1 이동성, 가동성, 움직이기[옮기기] 쉬움. 2 [사회] (주민의 주소·직업·계급 따위의) 유동(성), 이동. 3 변덕, 들뜬 마음. 4 [군사] (부대 따위의) 기동성, 기동력. 5 [물·화] (전하(電荷)를 가진 입자의) 이동(속)도(度).
mobílity allówance 图 [英] 신체 장애자 교통 수당.
mo·bi·liz·a·ble [móubəláizəbl] 图 1 동원할 수 있는, 전시 체제로 할 수 있는. 2 (힘·부(富) 따위를) 결집할 수 있는; 유통시킬 수 있는. **˙a-bíl·i·ty** 图
mo·bi·li·za·tion [mòubəlizéiʃən/-laiz-] 图 U 1 (인력·군사력 따위의) 동원. ¶~ orders 동원령. 2 (부(富)·재산의) 유동, 유통; [법률] (부동산의) 동산화(動産化). 3 [생물] (염색체의) 기동(起動).
mo·bi·lize [móubəláiz] (* [英] **-lise**) 图 1 (군대·함대) 동원하다. 2 (특정 목적을 위해) (사람·물자)를 동원[결집]하다, 사용할 수 있도록 하다; (부(富) 따위)를 유통시키다. ¶~ the wealth of a country 나라의 부를 유통시키다. 3 (기분 따위)를 고조시키다. 4 [생물] (염색체)를 기동시키다. —图 (전쟁을 위해) 조직[편성, 동원]되다, 전시 체제에 돌입하다; 결집하다. **-liz·er** 图
Mö·bi·us [mɔ́ːbiəs/méi-, móu-] 图 **August Ferdinand** ~ 뫼비우스(1790~1868: 독일의 수학자·천문학자). (또는 **Moebius**)
Möbius strip [^] 图 [수학] 뫼비우스의 띠(직사각형의 종이 조각을 180° 비틀어서 두 끝을 이어 붙인 곡면(曲面)). (또는 **Möbius band[loop]**) [^] [< 모양]
Möbius transformation [^] 图 [수학] 뫼비우스 변환.
mób láw[rúle] [^] 图 폭민 정치[지배], 중우(衆愚) 정치; 사형(私刑). [얼굴을 감싼(듯한).
mo·bled [mɑ́bld/mɔ́bld] 图 (두건 따위의) 머리
mob·oc·ra·cy [mɑbɑ́krəsi/mɔbɔ́k-] 图 U 폭민 정치; (집합적) (지배 계급으로서의) 폭민.
mob·o·crat [mɑ́bəkræt/mɔ́b-] 图 폭민 정치가[주의자]; 대중 지도자. **˙crát·ic, ·crát·i·cal** 图
mób psychólogy 图 군중[군집] 심리.
MOBS [mɑbz/mɔbz] 图 [군사] 다궤도(多軌道) 폭격 시스템. [< Multiple Orbit Bombardment System]
mób scène 图 (영화 등의) 군중 장면; [美속어] 몹시 붐비는 장(파티). [[英속어] 신사 차림의 소매치기.
mobs·man [mɑ́bzmən/mɔ́bz-] 图 폭도의 일원.
mob·ster [mɑ́bstər/mɔ́b-] 图 갱[도둑]의 일원.
mo·by [móubi] 图 [美속어] 거대한, 복잡한 것 (초)…, 제일급의. —图 =megabyte.
moc [mak/mɔk] 图 =moccasin(구두).
mo·camp [móukæmp] 图 (모든 시설을 갖춘) 자동차 여행자용 캠프장. [<motorist+camp]
moc·ca·sin [mɑ́kəsin, -zən/mɔ́kəsin] 图 모카신. 1 (~s) 북미 인디언의 뒤축 없는 사슴 가죽 구두; 그와 비슷한 구두. 2 (북미산) 독사의 일종.
móccasin flówer 图 개불알꽃속(屬)의 다년초.
móccasin télegraph [telégram] 图 ([캐나다구어]) 소문의 전파, 입소문.
mo·cha [móukə] 图 U 1 (종종 M-) 모카 커피; [일반적으로] 고급[상등품] 커피. 2 커피색, 초콜릿색 커피색 구두. 3 모카 조미료(커피와 초콜릿으로 만든); 그 과자(푸딩). 4 장갑 제조용의 무두질한 (또는 **Mokha**) [<원산지인 홍해 연안의 항구 Mocha]
mo·chi·la [moutʃíːlə] 图 1 말 안장 포켓; (안낭(鞍囊)이 달린) 안장 덮개. 2 =knapsack.
‡mock [mɑk/mɔk] 图 (~ed [-t]) 图 1 …을 조롱하다, 비웃다, 업신여기다. ¶~ her for showing fear 그녀를 겁쟁이라고 비웃다. 2 (남의 말씨·동작 따위)를 흉내내며 놀리다; …을 흉내내다, 모방하다. ⇨ IMITATE [유의어] ¶~ one's way of walking 걸음걸이를 흉내내며 남을 놀리다. 3 …을 무시하다; …에 맞서다, 도전하다. 4 …을 속이다; …을 꾀어 들여 실망시키다; (기대·신뢰 따위)를 저버리다. —图 (…을) 업신여기다, 얕보다, 조롱하다, 놀리다 (at). ¶(~+前+名) He ~ed at my fears. 그는 내가 무서워하는 것을 비웃었다.
mock up (실물 크기의) 모형을 만들다.
—图 1 UC 놀림, 비웃음, 조롱. 2 놀림감, 웃음 거리. 3 흉내(내기); 모조품, 가짜. 4 (~s) [英구어] 모의 시험.
make a mock of[or at] =make a MOCKERY of.
make mock of (문어) …을 비웃다, 야유하다.
put a mock [or **the mock(s)**] **on** (濠속어) =put the MOCKERS on.
—图 (한정법) 가짜의, 모조의, 거짓의. ¶a ~ battle 모의전(模擬戰) / ~ modesty 거짓 겸손.
with mock modesty 짐짓 겸손한 체하고.
—图 (복합어로) 속여서, 거짓으로. ¶~-modest 겸손한 체하는.
˙a·ble 图 [한 체하는.
móck áuction 图 1 =Dutch auction. 2 (서로 짜고 값을 조작하는) 협잡 경매.
móck cóurt 图 =moot court.
móck dúck[góose] 图 세이지(sage)와 다진 양파를 속에 넣은 돼지고기 요리.
móck épic 图 의사(擬似) 영웅시(詩), 의(擬)서사시.
mock·er [mɑ́kər/mɔ́k-] 图 1 비웃는 사람; 조롱하는 사람. 2 [조류] =mockingbird. 3 (濠·뉴질 구어) 의복. 4 (~s) [英속어] 불운, 좌절.
put the mocker(s) on [英속어] …을 방해하다, 중지시키다; …을 못쓰게 만들다; …에게 불운을 초래하다; …을 놀리다, 비웃다.
mock·er·nut [mɑ́kərnʌt/mɔ́k-] 图 [식물] 모커넛(~ hickory)(북미산 히코리의 일종; 열매는 식용).
*****mock·er·y** [mɑ́kəri/mɔ́k-] 图 1 UC 비웃음, 깔보기, 놀림, 조롱. 2 (a ~, the ~) 웃음거리, 조소의 대상, 놀림감. 3 (어리석은) 흉내, 가짜, 모조품; 빗대기. ¶a ~ of a trial 형식적인[엉터리] 재판. 4 UC 무시, 경시. 5 헛수고, 도로(徒勞). 6 아주 부적당한 것. [다.
hold…up to mockery …을 웃음거리[놀림감]로 삼
make a mockery of [or **at**] …을 비웃다, 조롱하다; …을 엉터리로 만들다; …을 허사[수포]로 만들다.
mock-he·ro·ic [ˈhiróuik] 图 영웅 흉내[내]를 내는; 영웅을 조롱하는; 영웅을 모방한. —图 영웅시를 모방한 해학시(諧謔詩). **-i·cal·ly** 图
mock·ing [mɑ́kiŋ/mɔ́k-] 图 조소하는 듯한, 비웃는[깔보는] 듯한. **-ly** 图 비웃어, 희롱하여.
mock·ing·bird [mɑ́kiŋbə̀ːrd/mɔ́k-] 图 입내새, 흉내 지빠귀(미국산(產)).
móck móon 图 [기상] 환월(幻月)(paraselene).
móck órange 图 고광나무(syringa).
móck sún 图 [기상] 환일(幻日)(parhelion).
móck túrtle sóup 图 (송아지의 머리고기 따위로 만든) 가짜 거북 수프.
mock·u·men·ta·ry [mɑ̀kjəméntəri/mɔ̀k-] 图 [방송] 마큐멘터리(사실 보도 속에 픽션 요소를 가미한 기록물). [<mock+documentary]
mock-up [^ʌp] 图 1 (기계·기구·무기 따위의) 실물 크기 모형(전시·실험·실습·연구용). 2 인쇄용 레이아웃. 3 (일반적으로) 모델, 기획안, 창안; 모방. (또는 **móck úp**)
mod[^1] [mɑd/mɔd] 图 1 (때로 M-) [英] 모드족(族) (1960년대 선보인 Edward조(朝)의 복장·화장 따위를 초현대적으로 흉내내는 젊은이). 2 유행의 최첨단을 가는 사람; 최첨단 유행. 3 U 모드조(調)의 스타일[복장].
—图 1 (구어) =modern. 2 (M-) 모드족(풍)의.
mod[^2] 图 [수학] =modulus. [<*mod*ern]

mod³ 〖구어〗 =modification.

mod⁴ 〖교육〗 모듈식 시간표의 수업 시간. [<*mod*ule]

MOD 〖英〗 *Ministry of Defence.* **mod.** moderate; 〖음악〗 moderato; modern; modification; modified; modulo; modulus.

mod·a·crýl·ic fíber [màdəkrílik-/mɔ̀d-] 몡 모드아크릴 섬유, 아크릴계(系) 섬유. (또는 **modacrylic**)

mod·al [móudl] 몡 **1** 양식(樣式)의, 형식의, 형태상의. **2** 〖음악〗 선법(旋法)의, 음계의. **3** 〖문법〗 법(mood)의. **4** 〖철학〗 (실체에 대하여) 형식의 형태상의; 〖논리〗 양상을 나타내는, 양식의. ¶a ~ proposition 양식 명제(命題). **5** 〖통계〗 최빈치(最頻値)[모드]의. **6** 〖법률〗 (유언 따위에) 실행 방법이 지정되어 있는. **-ly** 用

módal aúxiliary 몡 〖문법〗 법조동사, 서법(敍法) 조동사(can, do, may, must, need, shall, will 따위).

mo·dal·i·ty [moudǽləti] 몡 **1** 양식[형식]의성, 양식[형식]성. **2** 양식, 형식, 형태, 방식. **3** 〖논리〗 양상, 양식. **4** 〖병리〗 물리 요법(기구); 양상. **5** 〖문법〗 법식(法式).

mod cón [mád kán/mɔ́d kɔ́n] 몡 (~s) 〖英속어〗 (급탕·난방 등의) 최신 설비(완비)(신문 따위의 주택 광고에 흔히 쓰인다). ¶a flat with all ~s, 최신식 설비를 갖춘 아파트. [<*mod*ern *con*venience]

‡mode [moud] 몡 (~s [-z]) **1** 양식, 방법, 방식. ⇒METHOD 유의어 ¶a ~ of life [or living] 생활 양식/ His ~ of thinking is unusual. 그의 사고 방식은 별나다. **2** 형태, 존재 방식. ¶Heat is a ~ of motion. 열은 운동의 한 형태이다. **3** ℚ (the ~) 유행, 풍조: 〖생활 양식 따위의〗 관습, 관행. ⇒FASHION 유의어 ¶follow the ~ 유행을 따르다. **4** 〖철학〗 양태, 양상; 〖논리〗 양식, (삼단 논법의) 논식(論式). **5** 〖음악〗 선법(旋法), 음계. **6** 〖문법〗 법(mood). **7** 〖통계〗 최빈치(最頻値). **8** 〖암석〗 모드(암석의 실제 광물 조성(組成)을 중량의 비율로 나타낸 것). **9** 〖컴퓨터〗 모드, 방식. **10** 〖물리〗 모드
be all the mode 대유행이다.
in [out of] mode 유행하여[에 뒤져서].

ModE, Mod.E. *Mod*ern *E*nglish.

‡mod·el [mádl/mɔ́dl] 몡 (~s [-z]) **1** (모방·비교 따위의) 기준, 표준; (보고 배워야 할) 모범, 전형, 본보기(*of*). ¶a ~ of self-control 자제심의 본보기/a ~ of style 문체의 표본[규범]. **2** (제품 따위의) 원형, 전형; (축소·추상화한) 모형; 표본; 축도(*of, for*). ⇒EXAMPLE 유의어 ¶a relief ~ of the Alps 알프스의 기복(起伏) 모형/a ~ for a factory 공장의 모형. **3** (점토·밀랍 따위로 만든) 조각의 원형. **4** (화가·조각가·사진 작가 등의) 모델; 패션 모델, (의상실 따위의) 마네킹; 〖英〗 (모델이 입는) 패션쇼용 의상. ¶sit for a ~ for a painting 그림의 모델이 되다. **5** (제품 따위의) 형(型), 스타일, 모델; (건축물 따위의) 양식. ¶a new [an old] ~ 신(구)형/build a house on the ~ of a Spanish villa 스페인 별장풍의 집을 짓다. **6** 〖구어〗 아주 닮은 사람[것]. ¶The boy is a perfect ~ of his father. 그 소년은 아버지를 꼭 닮았다. **7** (완곡적) 매춘부.
after [or *on*] *the model of* ……을 모방하여, ……을 본떠서.
make a model of ……을 본보기로 삼다.
stand model 모델이 되어 서다, 모델대에 서다.
── 〖한정용법〗 **1** 모형이 되는, 축소 모형으로서 알맞은. ¶a ~ ship 모형선. **2** 모범의, 전형[표준]적인 것. ¶a ~ farm 시범[모범] 농원/a ~ wife 전형[모범]적인 아내.
── 圄 (~s [-z]; -*l*-, 〖英〗 -*ll*-) 태 **1** ……의 모형(원형)을 만들다, ……을 본뜨다. **2** 〖물건〗을 (……에 맞추어/……으로) 만들다(*after, upon*). ¶~ a car in clay 점토으로 자동차를 만들다. **3** 〖행위 따위〗를 모방에 맞추다, 모방하다, 본뜨다(*on, upon*). **4** (모델이)(견본의 옷)을 입어 보이다. **5** (그림·조각)에 입체감을 주다. ── 짜 **1** 모형을 만들다; (조각 원형을) 원형(……로) 만들다(*in*). ¶She ~s *in* clay. 그녀는 점토로 모형(원형)을 만든다. **2** 모델이 되다. **3** (제작중인 그림 따위에) 선명하게 떠오르다, 입체감을 낳다.

model oneself on [or *upon*] *a person* 남을 본보기로 삼다, 남을 본받다[모방하다].

módel ágency 몡 모델 알선업; 모델 (알선) 회사.

mod·el·er, 〖英〗-el·ler [mádələr/mɔ́d-] 몡 모형[소상(塑像)] 제작자.

mod·el·ing, 〖英〗-el·ling [mádəliŋ/mɔ́d-] 몡 ℚ **1** 모형 제작. **2** (점토 따위에 의한) 소상술(塑像術), 살 붙이기. **3** 〖미술〗 (그림에서) 입체감 표현법; (조각에서) 양감(量感)(수신)하기. **4** 패션 모델의 일, 모델업.

mod·el·ist [mádəlist/mɔ́d-] 몡 (비행기 따위의) 모형 제작자. 위한 스케치.

mo·del·jo [moudélou] 몡 (쁲) ~**s** 미술의 대략을

Módel T 몡 **1** T형(型) 차(미국 Ford사가 만든 4기통 승용차(1909-27); 최초로 대량 생산을 한 차). **2** 초기 모델; 구형. ── 휑 **1** 초기 단계의; 유행에 뒤진, 구식의.

mo·dem [móudəm/-dem] 몡 〖컴퓨터〗 모뎀, 변복조(變復調) 장치. ── 圄태 〖데이터 따위〗를 모뎀을 사용하여 송신하다. [<*mod*ulator+*dem*odulator]

mo·de·moc·ra·cy [mòudimǽkrəsi/-mɔ́k-] 몡 모뎀모크러시, 인터넷 선거 운동. [<*mod*em+*democracy*]

Mo·de·na [móudənə/mɔ́d-] 몡 **1** 모데나(이탈리아 북부의 도시; 옛 모데나 공국의 수도). **2** (m-) 짙은 자주색.

‡mod·er·ate [mádərət/mɔ́d-] 휑 (**more** ~; **most** ~) **1** (사람·행동 따위가) 극단에 흐르지 않는, 온건한 (*in*). ¶a man of ~ opinions 온건한 생각을 가진 사람 // be ~ in one's views [temper] 의견[기질]이 온건하다. **2** (양·정도 따위가) 적당한, 알맞은, 절제[절도] 있는. ¶excessive ~ distance[height, weight] 알맞은 거리[높이, 무게].

┌─ 유의어 ─────────────────────────┐
│ **moderate** 과도·극단은 아닌. **temperate** │
│ moderate와 바꾸어 쓸 수 있는 경우도 많으나, 특히 │
│ 자제심·절제를 강조하는 일이 많다.   │
└────────────────────────────────┘

3 (질이) 보통의, 중간의, 중위의; 그저 그런[그만한]. ¶~ ability 보통의 능력. **4** (날씨 따위가) 온화한. ¶~ weather 온화한 날씨.
── 몡 온건한 사람; (정치·종교상의) 온건파의 사람; (M-) 온건 개혁파[당]의 사람.
── 圄 [mádərèit/mɔ́d-] (*-at·ed; -at·ing*) 태 **1** ……을 적당하게 만들다, ……을 완화하다; ……을 가감하다, 누그러지게 하다. **2** (토론회·집회 따위의) 사회를 보다. **3** 〖컴퓨터〗 사회(moderation)를 하다. **4** 〖물리〗 (중성자)를 감속하다. ── 재 **1** 누그러지다, 가라앉다, 온화하게 되다. **2** 사회를 보다(*on, over*). **~·ness** 몡

móderate bréeze 몡 〖기상〗 건들바람, 화풍(和風) (풍속 6-8m/초(秒)). [14-17m/초].

móderate gále 몡 〖기상〗 센바람, 강풍(強風)(풍속

‡mod·er·ate·ly [mádərətli/mɔ́d-] 튀 적절하게, 알맞게, 적당히, 알맞게, 적당히.

‡mod·er·a·tion [màdəréiʃən/mɔ̀d-] 몡 ℚℂ **1** 적당, 알맞음; 중용, 절제[절도]; 온건, 온화, 평온; 완화, 경감. ¶a ~ of attitude 온건한 태도/There ought to be a little ~. 마땅히 절도가 다소 있어야 한다. **2** (M-s) 〖복수취급〗 〖英〗 (Oxford 대학에서) Bachelor of Arts의 학위를 취득하기 위한 제1차 학위 시험(약 mods). **3** (장로 교회의) 목사 임명. **4** 〖물리〗 (중성자 따위의) 감속. **5** 〖컴퓨터〗 사회(司會)(뉴스 그룹 등에서 모아지는 메시지 중에서 의미있는 것만을 공표하기).
in moderation 알맞게, 적당히.
use [or *exercise*] *moderation* 절제하다, 절도[중용]를 지키다.

mod·er·at·ism [mádərətìzm/mɔ́d-] 몡 ℚ (정치·종교상의) 온화주의, 온건주의. **-ist** 몡

mod·e·ra·to [màdəráːtou/mɔ̀d-] 휑튀 〖음악〗 모데라토, 중간 정도 속도의[로]. ¶allegro ~ 적당히 빠르

게. [<It moderate]

mod·er·a·tor [mάdərèitər/mɔ́d-] 圏 1 조절자, 완화자, 중재자, 조정자; 조정기, 조정기. 2 의장, 사회자; (장로교의) 총회 사회자: (컴퓨터) 사회자. 3 [물리] (원자로 속 중성자(中性子)의) 감속재(減速材). 4 (英) (Oxford 대학의) 제1차 학위 시험 시험관.
-**a·to·ri·al** [-ətɔ́:riəl] 圏 ~·**ship** 圏
móderator làmp 圏 석유 조절등.

‡**mod·ern** [mάdərn/mɔ́d-] 圏 (**more** ~; **most** ~) 1 현대의, 요즈음의, 지금의; (최)신식의, 현대식[풍]의. ¶ ~ times 현대 / ~ fashions 최신의 유행 / ~ ideas 현대 사상. 2 근대의, 근세의. 圏 ancient, medieval. — 圏 1 현대인: 현대적인 사람, 새 사상을 가진 사람. 2 ⓤ (인쇄) 모던(종선(縱線)이 굵고 세리프(serif)가 나는 활자체). ~·**ly** 凰 ~·**ness** 圏

módern cùt (보석) 모던 컷(브릴리언트 컷·스텝 컷·테이블 컷을 수정 또는 결합하는 절단법). (또는 **móderne cùt**)

módern dánce 圏 모던 댄스(현대 예술 무용으로 육체의 자연스런 움직임에 의한 내면적인 표현을 중시).

mod·ern-day [-dèi] 圏 오늘의, 현대의.

mo·derne [moudə́ərn, mə-] 圏 극단적으로 현대풍의. [<F]

Módern English 圏 근대 영어(1475년 이후의 영어).
Módern Frénch 圏 근대 프랑스어(1600년경 이후의 프랑스어).
Módern Gréek 圏 근대 그리스어(1500년경 이후의 그리스어).
Módern Hébrew 圏 현대 히브리어(현대 이스라엘에서 쓰이고 있는 히브리어).
módern hístory 圏 근대[근세]사.

mod·ern·ism [mάdərnìzm/mɔ́d-] 圏ⓤ 1 근대 [현대]주의, 현대풍; 근대적 방법, 근대식 사조; 현대 어법. 2 (M-) [신학] 모더니즘, 근대[현대]주의⇔ **fundamentalism**. 3 (예술상의) 모더니즘, 현대주의[풍].

mod·ern·ist [mάdərnist/mɔ́d-] 圏 1 근대[현대] 주의자, (고전[고대]보다) 근대적 사상·방법을 취하는 사람. 2 (M-) [신학] 신학상의 모더니스트, 근대[현대]주의자. — 圏 근대[현대]주의(자)의.

mod·ern·is·tic [mὰdərnístik/mɔ̀d-] 圏 1 근대[현대]의, 근대[현대]주의적의 것. -**ti·cal·ly** 凰

mo·der·ni·ty [madə́ərniti, mou-/mɔ-] 圏 ⓤ 근대성, 현대성, 현대식[풍]. 2 근대[현대]적인 것.

mod·ern·i·za·tion [mὰdərnizéiʃən/mɔ̀dənaiz-] 圏 1 ⓤ 근대화, 현대화. 2 (고전 따위의) 현대(어)판(版).

__mod·ern·ize__ [mάdərnàiz/mɔ́d-] ((英) -**ise**) — 厚 근대[현대]화하다, 현대[현대]식으로 하다. — 厦 근대[현대]적으로 되다, 근대[현대]적 방법[견해 따위]를 취하다. -**iz·er** 圏

módern jázz (음악) (1940년대부터의) 모던 재즈.
módern lánguage 圏 근대어, 현대어(유럽에서 현재 사용되고 있는 언어).
Módern Látin 圏 =Neo-Latin.
módern pentáthlon (the ~) 근대 5종 경기.
módern school (英) 모던 스쿨(고전보다는 일반 교육을 중시하는 중등 학교; 지금은 secondary modern school[(구어) secondary mod]).

‡**mod·est** [mάdist/mɔ́d-] 圏 (**more** ~; **most** ~) 1 (…의 재능/…의) 점에서) 겸손한, 신중한, 삼가는 (about/in). ⇨HUMBLE, SHY 圓凰 ¶ be ~ about one's success 성공을 자랑하지 않다 / Really great men are ~. 정말 위대한 사람들은 겸손하다. 2 허식이 없는, 수수한. ¶ a ~ home 아담[조촐]한 집. 3 알맞은, 적당한, 분수를 지키는, 온당한. ¶ a ~ request 온당한 요구. 4 대단한 것이 아닌, 소규모의. 5 (태도·말·의복 따위가) 얌전한, 조심성 있는, 품위 있는, 정숙한. ¶ ~ in speech 말씨가 품위 있는.

*__mod·est·ly__ [mάdistli/mɔ́d-] 凰 겸손하게, 조심성 있게; 알맞게, 적당히; 얌전하게, 정숙하게, 품위 있게.

‡**mod·es·ty** [mάdisti/mɔ́d-] 圏ⓤ 1 겸손, 겸허, 조심성, 사양. 2 (태도·말·의복 따위의) 고상함, 정숙함. 3 (규모·정도 따위의) 알맞음, 중용; 검소, 소박, 수수함. 4 [복식] 모디스티(깊게 파인 드레스의 앞 가슴에 대어 노출을 완화하는 레이스 등의 장식).

módesty pánel (앉은 사람의 다리가 보이지 않게 책상·식탁에 대는 앞면 가림판자.

mod·es·ty·vest [mάdistivèst/mɔ́d-] 圏 = modesty 4. (또는 **modestypiece, modestybit**)

MODFET [mάdfet/mɔ́d-] 〔전자〕 변조(變調) 도프 전계(電界) 효과 트랜지스터. [<**mo**dulation-**d**oped **f**ield **e**ffect **t**ransistor] 「망진창으로) 만들다.

modge [mɑdʒ/mɔdʒ] 厚 (英방언) 아무렇게나(엉

mo·di [móudi;, -dai] 圏 modus의 복수형.

mod·i·cum [mάdikəm/mɔ́d-] 圏 (悠 ~s, **-ca** [-kə]) (a ~) (보통 부정문·의문문에서) 소량, 소액 (of). ¶ a ~ of pleasure 약간의 즐거움. [<L]

mod·i·fi·a·ble [mάdəfàiəbl/mɔ́d-] 圏 (부분적으로) 변경[수정]할 수 있는; 경감[조절, 완화]할 수 있는; 수식할 수 있는. **mòd·i·fi·a·bíl·i·ty,** ~·**ness** 圏

mod·i·fi·cand [mάdəfikænd/mɔ́d-] 圏 (문법) 피수식어[구].

*__mod·i·fi·ca·tion__ [mὰdəfikéiʃən/mɔ̀d-] 圏 1 ⓤ ⓒ (…에 대한) (부분적) 변경, 수정(to, on). ¶ This essay is subject to ~. 이 논문은 수정하여 될 것이다. 2 ⓤ 가감, 조절, 완화; 제한, 한정. 3 수정[변경]된 것, 변형, 변태. ¶ This automobile is a ~ of last year's model. 이 자동차는 작년 모델의 변형이다. 4 ⓤⓒ (생물) 일시적 변이(變異). 5 ⓤ (문법) 제한, 한정, 수식; 수식 용법. 6 ⓤⓒ 어형 조정; (mutation에 의한) 모음 변화, 곡음(曲音).

mod·i·fi·ca·to·ry [mάdəfikətɔ̀:ri/mɔ́difikèitəri] 圏 (부분적으로) 변경[수정]하는; 한정[수식]하는. (또는 **modificative**)

mód·i·fi·ed Américan plàn [mάdəfàid-/mɔ́d-] (호텔 경영에서) 수정 미국식(객실료·아침과 저녁 식대를 포함하는 요금 방식; 웹 MAP).

mod·i·fi·er [mάdəfàiər/mɔ́d-] 圏 ~**s** [-z]) 1 (부분적으로) 변경[수정]하는 사람[것]. 2 [문법] 수식어[어구, 절]. 3 (생물) 변경 유전자, 변경 인자(因子). 4 (컴퓨터) 변경자, 모디파이어. 5 (부유선광의) 조건제(條件劑).

‡**mod·i·fy** [mάdəfài/mɔ́d-] 厚 (**-fies**) [-z]) 1 (부분적으로) (모양·성질·계획 따위) 를 변경하다, 수정하다. ¶ ~ one's opinions 의견을 고치다[수정하다].

유의어 **modify** 과도·극단을 완화할 수 있게 부분적으로 수정하다. **qualify** 예외·조건을 붙여서 제한하다. **temper** 강함·엄하기거나 누그러지게끔 수정하다.

2 [요구·조건·어조 따위]를 완화하다, 가감하다. ¶ ~ one's tone 어조를 부드럽게 하다. 3 [문법] [어구]를 수식하다, …의 뜻을 한정하다; [모음]을 움라우트 (umlaut)에 의하여 변화시키다. 4 [철학] [실체]를 한정하다. 5 [동물] [몸의 일부]를 근본적으로 변화[진화]시키다. 6 [컴퓨터] [명령의 일부]를 변경하다. — 厦 변화하다, 변경[수정]되다. -**ing** 圏

Mo·di·glia·ni [mòudiːliάːni] 圏 **Amedeo ~** 모딜리아니(1884-1920: 이탈리아의 화가·조각가).

mo·dil·lion [moudíljən, mə-] 圏 (건축) (코린트 양식의) 처마(장식) 까치발, 모딜리온.

mod·ish [móudiʃ] 圏 (종종 경멸적) 유행의, 유행을 좇는[따르는]; 현대풍의. ~·**ly** 凰 ~·**ness** 圏

mo·diste [moudíːst] 圏 (여자의 옷·모자 따위 유행 복식품(服飾品)의) 제조업자[상인]. [<F]

mód póser (美속어) (생각은 보수적이면서) 겉으로만 진보적인 사람.

mod. praesc. (라틴) modo praescripto(=in the manner prescribed)((처방전에서)) 처방대로).

mods [mɑdz/mɔdz] 명(복) (종종 M-) **(英구어)** = moderation 2.

mod·u·lar [mɑ́dʒulər/mɔ́dju-] 형 **1** module의[에 의한]; 규격 단위[치수]로 조립된. **2** (교육) 모듈 방식의(둘 이상의 과제와 관련된 과목을 공통 시간대에 이수한다). **3** modulus의. 「時計算」.

módular aríthmetic 명 모듈 산수(算數), 시계산

módular hóme 명 모듈러 홈(방 단위로 완성된 부품을 조립해 만드는 집).

mod·u·lar·i·ty [mɑ̀dʒulǽrəti/mɔ̀dju-] 명 모듈 방식(제품 생산에 표준화[규격화]된 부품을 사용하는 일); (컴퓨터) (하드웨어·소프트웨어의) 모듈화의 정도.

mod·u·lar·ize [mɑ́dʒulərɑ̀iz/mɔ́dju-] 타 … 을 모듈 방식으로 조립하다. **~i·zá·tion** 명 **~ized**

módular jáck 명 (전화선의) 모듈러 잭.

mod·u·late [mɑ́dʒulèit/mɔ́dju-] 타(*E*) **1** … 을 조절하다, 조정하다; … 을 가감[완화]하다. **2** (목소리의 음조)를 바꾸다. **3** (음악) … 을 전조(轉調)하다. **4** (통신) … 을 변조하다, **5** (음성) (억양을 붙여서) … 을 말[노래]하다. ─ 자 (통신) 변조하다; (음악) 전조하다(*from*, *to*).

Modulate with you. 교신 고맙습니다; 안녕히 계십시오. **~·bíl·i·ty** 명 **~la·tive** 형 「니오.

mod·u·la·tion [mɑ̀dʒuléiʃən/mɔ̀dju-] 명(*U*) **1** 조정, 조절, 가감. **2** (소리 따위의) 음조를 맞추기, 조음(調音); 변화, 억양. **3** (음악) 전조(轉調). **4** (라디오·TV 따위의) 변조. ¶ amplitude ~ 진폭 변조(略 AM) / frequency ~ 주파수 변조(略 FM). **5** (건축) (모듈로 결정하는) 비율. **6** (문법) 억양, 억양법.

mod·u·la·tor [mɑ́dʒulèitər/mɔ́dju-] 명 **1** 조정하는 사람[것]. **2** (통신·전자) 변조기(器). **3** (음악) 음계도(音階圖). **4** (해부) 모듈레이터(식의 색별에 관련하는 망막의 신경 섬유). 「조절의; 변조를 일으키는.

mod·u·la·to·ry [mɑ́dʒulətɔ̀ːri/mɔ́dʒuleitəri] 형

mod·ule [mɑ́dʒuːl/mɔ́dju:l] 명 **1** 측정 표준[단위], 기준 치수. **2** (~s) (건축) 모듈도(度)(건물 각부의 비율 측정 단위), 기본 단위; (가구·기계 따위의) 부품, 조립 단위. **3** (~) 모듈, 선(船)(우주선의 구성 단위). ¶ a lunar ~ 달 착륙선. **4** (수학) 가군(加群), 가법군(加法群). **5** (전자·컴퓨터) 모듈(규격화되어 독자적인 기능을 갖는 교환 가능한 구성 요소). ¶ a memory ~ 기억 장치. **6** (교육) (대학 특정 학과의) 학습[이수] 단위.

mod·u·lo [mɑ́dʒulòu/mɔ́dju-] 형(명) (수학) … 을 법(法)으로서[으로 한].

mod·u·lus [mɑ́dʒuləs/mɔ́dju-] 명 (복 **-li** [-lai]) **1** (물리) 율(率), 계수; (수학) (정수론(整數論)의) 법(法); (복소수의) 절대값. **2** 표준, 기준(norm).

módulus of elastícity 명 (물리) 탄성률(彈性率).

módulus of rigídity[tórsion] 명 (물리) 전단(剪斷)탄성계수.

mo·dus [móudəs] 명 (복 **-di** [-di:, -dai]) 방법, 양식(mode). [<L *measure*, *manner*]

modus ope·ran·di [móudəs ɑ̀pərǽndi, -dai/ -ɔ̀pə-] 명 절차, 작업 방식, 운용법, (작업·범죄 따위의) 상투적 수법(略 MO). [<L *manner of working*]

modus vi·ven·di [móudəs vivéndi, -dai] 명 (略 *modi vi·*) (一)생활 양식(실태도), 사는 방식; (…와의) 잠정 협정, 타협(*with*). [<L *manner of living*]

mo·fette [moufét] 명(*U*) (지질) (화산 활동 최종기에 분출되는 유독) 탄소 분기(噴氣)(가스); (c) 그 분기구(口). (또는 **moffette**)

mog¹ [mɑg/mɔg] 자 (-**gg**-) (*A*) **1** 출발하다, 떠나가다 (*off*, *on*). **2** 조용히 걷다(전진하다). ─ 타 … 을 이동시키다.

mog² 명 (속어) 고양이(moggy); 모피 코트. 「키다.

Mog·a·di·shu [mɑ̀gədíːʃuː/mɔ̀g-] 명 모가디슈(아프리카 동부, 소말리아의 수도·항구 도시).

mog·gy [mɑ́gi/mɔ́gi] 명 (英속어) 고양이; 소, 송아지; 아가씨, 여자; 칠칠치 못한 여자. (또는 **moggie**)

mog·i·la·li·a [mɑ̀dʒəléiliə/mɔ̀dʒ-] 명 (말더듬 따

위의) 언어 장애, 발음 곤란증. (또는 **molilalia**)

mo·gul [móugəl] 명 (스키) 모굴. **1** 슬로프의 응기(단단한 눈더미). **2** (~s) 프리 스타일 경기 종목의 하나.

Mo·gul [móugəl] 명 **1** 무굴 사람(16세기에 인도를 정복한 몽고계 사람 및 그 자손). ¶ the Great ~ 무굴 제국 황제. **2** (m-) (구어) 중요 인물, 거물. **3** 몽골 사람(略 Mongol, Mongolian). **4** (m-) (철도) 모굴형 증기 기관차. ─ 형 무굴 사람의; 무굴 제국의. (또는 1, 명에서 **Moghul, Mughal**)

Mógul Émpire (the ~) 무굴 제국(1526–1858; 인도 역사상 최대의 이슬람 왕조).

M.O.H. (英) *Medical Officer of Health*(보건소장).

mo·hair [móuhɛər] 명 모헤어(앙고라 염소의 털); (*U*) 모 헤 어 직 (織); (c) 모 헤 어 직 의 의 복.

Mo·ham·med [muhǽmid/mou-] 명 = Muhammad. 「Muhammadan.

Mo·ham·med·an [muhǽmidn/mou-] 형명 =

Mo·ham·med·an·ism [muhǽmidnɪzm/mou-] 명 = Muhammadanism.

-ize [-àiz] 타자 … 을 마호메트교화하다.

Mohámmed Ré·za Páh·la·vi [-ríːzə pɑ́:ləvi] 명 모하메드 레자 팔레비(1919–80; 이란 국왕(1941–79)).

mo·has·ky [məhǽski] 명 (美속어) 마리화나(marijuana). ─ 형 마리화나에 취한.

Mo·ha·ve [mouháːvi] 명 (복 **~s**) 모하비족 사람 (Colorado강 연안의 북미 인디언); (*U*) 모하비어(語). ─ 형 모하비족의. (또는 **Mohawa, Mojave**)

Mohave Desert (the ~) = Mojave Desert.

Mo·hawk [móuhɔːk] 명 (복 **~s**) **1** 모호크족의 사람(Mohawk강 연안의 북미 인디언). **2** (*U*) 모호크 말. **3** (스케이트) 모호크(figure skating의 기술의 한 종류).

Mo·he·gan [mouhíːgən] 명 (복 **~s**) **1** 모히간족(의 사람)(북미 인디언). **2** = Mahican.

Mo·hen·jo-Da·ro [mouhéndʒoudɑ́:rou] 명 모헨조다로(파키스탄의 Indus 강 근처에 있는 유적).

Mo·hi·can [mouhíːkən] 명 (복 **~s**) = Mahican.

Mo·hism [móuizm] 명 (고대 중국의) 묵자(墨子)(Mo-tzu, MoTi)의 사상. **-ist** 명 「continuity.

Mo·ho [móuhou] 명 (지질) = Mohorovičić dis-

Mo·hole [móuhòul] 명 모홀 계획(미국 과학 아카데미에 의한 지구 내부 구조 규명 계획).

Mo·ho·ro·vi·čić discontinúity [mòuhərówvətʃitʃ-] 명 (the ~) (지질) 모호로비치치 불연속면, 모흐면(지각과 맨틀 사이의 불연속면; 깊이는 대륙 지역 약 35km, 해양 지역은 해수면에서 약 10km). (또는 **Moho**) (<발견자인 크로아티아의 지구 물리학자 Andrija Mohorovičić(1857–1936)>

Móhs' scále [móuz-] 명 (광물) 모스 경도(硬度)(광물의 경도 측정 단위). (<독일의 광물학자 F. Mohs (1773–1839)> 「(*현재는 COI).

M.O.I. (英) *Ministry of Information*[the *Interior*].

moi·der [mɔ́idər] (英방언) 타 (수동형으로) (사람)을 어리둥절하게 하다, 괴롭히다, 난처[초조]하게 하다. ─ 자 **1** 두서없이 지껄이다. **2** 정처없이 헤매다.

moi·dore [mɔ́idɔːr] 명 모이도르(포르투갈·브라질의 옛 금화).

moi·e·ty [mɔ́iəti] 명 (문어) **1** (a ~) (법률) 반, 절반, 2분의 1. **2** 일부분(part), 몫(share).

moil [mɔil] 자 **1** 부지런히[열심히] 일하다, 힘들어 일하다. **2** 끊임없이 심하게 움직이다. **3** (英방언) 속에 썩이다, 괴로워하다. ─ 타 (고어) … 을 젖게 하다; … 을 진흙투성이가 되게 하다.

toil and moil 억척스럽게[부지런히] 일하다.

─ 명 (the ~) **1** 애씀, 힘든 일, 고역. **2** 흔란, 소동; 짓거리, 귀찮음.

moil·ing [mɔ́iliŋ] 형 **1** 악착같이 일하는; 힘드는, 고된. **2** 혼란된; 떠들썩한. **~·ly** 부

Moi·ra [mɔ́irə] 명 (복 **1**, **2**에서 **-rai** [-rai]) **1** (그리

스 신화) 모이라(운명의 여신). **2** (m-) (개인의) 운명. **3** 모이라(여자 이름).

moi·re [mwɑ́:r] 물결 무늬가 있는 직물, 파문직
moi·ré [mwɑːréi/-́-] 물결 무늬[파문]가 있는.
— **1** (직물의) 물결 무늬, 파문. **2** =MOIRE. **3** (인쇄) (망판(網版)의) 므après 뜨레. (또는 **moire**) 〔F〕

‡**moist** [mɔist] (~·**er**; ~·**est**) **1** 습한, 축축한, 습기를 머금은; 습기 있는(*with*). ═DAMP 유의어.¶~ colors 이겨서 만든 수채화 물감 // be ~ *with* dew 이슬에 젖어 있다. **2** 눈물어린, 감상적인; (눈물·이슬로) 젖은 (*with*). **3** 비가 많은.¶a ~ season 우기. **4** (병리) 습성의, 분비물이 많은, 고름이 나오는.
moist around the edges (美口語) 술취한.
~·**ful**, ~·**less** ~·**ly** ~·**ness**

***mois·ten** [mɔ́isn] …을 축축하게 하다, 적시다. — 축축해지다, 젖다.
moisten at one's eyes 눈물을 글썽이다.
moisten one's [or *the*] *lips* [or *throat*] (술로) 목을 ~er 축이다.

móist gángrene (의학) 습성 괴저
móist súgar 습당(濕糖)(정제하기 전의 설탕).

‡**mois·ture** [mɔ́istʃər] 습기, 수분; (공기 중의) 수증기; 작은 물방울.

mois·tur·ize [mɔ́istʃəràiz] (피부 따위를) 촉촉하게 하다, …에 수분을 주다, 가습(加濕)하다. — 촉촉해지다, 습기를 주다.

mois·tur·iz·er [mɔ́istʃəràizər] (습도를 유지해 주는) 피부 로션(크림), 모이스처 크림(로션).

moit [mɔit] 양털 속에 섞인 티[불순물] (종자·작은 가지 따위). — (양털에서) 불순물을 제거하다. (또는 **mote**)

moi·ther [mɔ́iðər] (英) =moider. 〔**motey**〕

moit·y [mɔ́iti] (英) (양털에) 불순물이 많은. (또는 **motey**)

Mo·ja·ve [mouhɑ́:vi] (~s) =Mohave.

Mojáve Désert (*the* ~) 모하비 사막(Mohave Desert)(미국 California 주 남부의 사막).

mo·jo¹ [móudʒou] (美) (~(**e**)**s**) 마법, 주술; 액막이, 부적; 마력; 힘, 운.

mo·jo² (美俗語) 마약, (특히) 모르핀; 마약 중독자.
on the mojo 모르핀[헤로인]을 맞고, 모르핀 중독인.

moke [mouk] **1** (경멸적) 흑인. **2** (英속어) 당나귀; 얼간이, 바보. **3** (濠속어) 볼품이 없는 탈.

mo·ko [móukou] (~**s**) (마오리 사람(the Maori) 사이에서 행하여지는) (검은) 문신, 그 무늬.

mo·ksha [móukʃə] (불교·힌두교·자이나교) 해탈(解脫), 열반(涅槃). (또는 **moksa**)

mo·kus [móukəs] (美속어) 술취한. — 술.

mol [moul] (화학) =mole⁴.

MoL *Ministry of Labour.* **MOL** *manned orbiting laboratory*(유인 궤도 실험실). **mol.** *molecular; molecule.*

mo·lar¹ [móulər] 어금니, 구치(臼齒), 대(大)구치.
— 갈아[씹어] 부수는; 어금니의.

mo·lar² **1** (물리) (molecular, atomic에 대하여) 물체 전체의. **2** (화학) 몰(mole)의, 그램 분자의.

mo·lar·i·ty [moulǽrəti] **1** (화학) (용적) 몰 농도. **2** (물리) 질량.

mo·las·ses [məlǽsiz] (단수취급) **1** 당즙(糖汁)(갓 벤 사탕수수에서 채취하는 것을 진한 즙); (美) 당밀(糖蜜). **2** (美속어) (중고차 매장의) 미끼용 차.

‡**mold¹** [mould] (英 ~**s** [-z]) **1** (주물 따위의 형(型), 거푸집, 주형(鑄型), (과자 따위의) 틀. **2** 뼈대, 테, 대(臺), 틀; (석공 등이 쓰는) 형판(型板). **3** 틀에 넣어 만든 것.¶a ~ *of jelly* 젤리 한 개. **4** 틀에 의하여 만들어진 형상; (일반적으로) 모양, 생김새; 몸매. **5** (인물 등의) 특성, 특질; 성질, 성격.¶a man *of base* ~ 성질이 비열한 사람 / *the* ~ *of her face* 그녀의 얼굴 생김새 / *be of gentle* ~ 상냥한 성격이다. **6** (사상 따위의) 원형, 본형; (폐어) 모범. **7** (건축) 몰딩, 쇠시리.
break the mold 틀을 깨다.
— (~s [-z]) **1** (틀에 넣어) …을 만들다(*into*); (…로) …을 만들다(*out of, from, in*); (…을 본보기로) …을 만들다(*on, upon*).¶~ (+圓+前+圀) ~ clay *into* busts 점토로 흉상(胸像)을 만들다 / ~ a face *in* [or *out of*] clay 점토로 사람의 얼굴을 만들다 / ~ one's style *on* the writer 그 작가를 본보기로 하여 자기의 문체를 만들다. **2** (인물·성격 따위를) 형성하다, (인격을) 도야하다.¶~ one's character 자기의 인격을 도야하다. **3** (고어) 반죽하여 만들다. **4** (건축) 쇠시리로 장식하다. **5** (몸의 윤곽을) 뚜렷이 드러내다, (옷을) (몸에) 밀착시키다(*to*). (또는 (英) **mould**)
mold on [or *upon*] …을 본떠 만들다.
~·**a·bíl·i·ty** ~·**a·ble**

mold² 곰팡이; 사상균(絲狀菌). — …을 곰팡이 슬게[나게] 하다. — 곰팡이 슬다[나다]. (또는 (英) **mould**)

mold³ 기름진 땅, 옥토; (지질) 부식토, 양토(壤土); (英방언) 토지, 대지, 지면.¶a man of ~ (죽어서 흙이 되는) 인간. — (경작물에) 흙을 덮다; …을 양토로 덮다. (또는 (英) **mould**)

Mol·da·vi·a [mɑldéiviə, -vjə/mɔl-] **1** =Moldova. **2** 몰다비아(루마니아의 옛 공국(公國)).
-**an** 〔몰도저의〕흙밀이 판.

mold·board [móuldbɔ̀:rd] (농업) (쟁기의) 볏.
mold·ed·in [móuldidin] 채워 넣어서 형성된.

mold·er¹ [móuldər] 썩다, 허물어지다; (계획 따위가) 허사가 되다(*away*); 타락하다, 쇠하(低下)하다. — …을 썩게 하다, 붕괴시키다. (또는 (英) **moulder**)

mold·er² 형체를 만드는 사람; 형[틀, 거푸집]을 만드는 사람, 주형 제조자; (인쇄) 복제용(複製用) 전기판(版). (또는 (英) **moulder**)

mold·ing¹ [móuldiŋ] **1** 형체를 만들기, 성형(塑造), 주조. **2** 소조물, 주물(鑄物). **3** (종종 ~s) (건축) 쇠시리(나무 돌).

mold·ing² (식물에) 흙을 덮어씌우는 일; 복토(覆土). [molding¹ 3]

mólding bòard (빵 따위의) 반죽판.
mólding plàne (목공) 면을 다듬는 대패.

mold lòft 현도장(現圖場)(조선소 등에서 실물 크기의 설계도 및 이에 근거한 주형(거푸집)을 제도(제작)하는 곳).

Mol·do·va [mɑldóuvə, mɔːldɔ́:və] 몰도바(루마니아에 인접한 공화국; 수도 Kishinev).
-**van** 몰도바의 (말, 사람).

mold·y [móuldi] **1** 곰팡이 난(슨). **2** 곰팡이 같은, 진부한. **3** (英속어) 평판이 나쁜; 하찮은, 따분한.
— (~s) (속어) 동전. (또는 (英) **mouldy**)
móld·i·ness

móldy fíg (속어) 정통파 재즈의 팬(애호가); 유행에 뒤진 사람(것), 고루한 사람. **móldy-fíg**

mole¹ [moul] 사마귀, 검은 점.

***mole²** [moul] **1** 두더지, **2** (구어) 스파이, 첩자, (잠복하고 있는) 고정 간첩, 이중 간첩; (언론에 대한) 비밀 제보자. **3** (곤충) =~ cricket; (동물) 소경쥐(~ rat). **4** (고어) 깜깜한 곳에서 일하는 사람. **5** 터널 굴착기. **6** 짙은 회색.
(*as*) *blind as a mole* 아주 눈이 먼.
— (두더지처럼) (땅에) 구멍[굴]을 파다.

mole³ 방파제; (방파제로 둘러싼) 항구.

mole⁴ (화학) 몰, 그램 분자(gram molecule).

móle crícket (곤충) 땅강아지.

mol·ec·tron·ics [mɑ̀liktrɑ́niks/mɔ̀liktrɔ́n-] (단수취급) =molecular electronics.

***mo·lec·u·lar** [məlékjulər] (물·화) 분자의, 분자에 의한[로 이루어진]; 분자 사이의[에 있는].¶~

molecular astronomy force 분자력. 2 단순한[기본적인] 구조의. ~·ly 튄

molécular astrónomy 똉 〔천문〕 분자 천문학.

molécular béam [ráy] 똉 〔물리〕 분자선(線).

molécular béam èpitaxy 똉 〔전자〕 분자선 에 피택시(분자선을 사용하여 초고(超高) 진공하에서 박막(薄膜) 결정(結晶)을 성장시키는 방법).

molécular biólogy 똉 분자 생물학.

molécular clóck 똉 분자 시계(진화 과정에서 단백질의 아미노산 배열에 생기는 변화).

molécular diséase 똉 〔병리〕 분자병(생체 물질의 분자 이상으로 생기는 유전병).

molécular electrónics 똉 〔전자〕 분자[미소] 전자 공학.

molécular evolútion 똉 〔생화학〕 분자 진화(아미노산이나 핵산 분자의 변이(變異)에서 본 생물의 진화).

molécular film 똉 〔물·화〕 분자막(膜).

molécular fórmula 똉 〔화학〕 분자식.

molécular genétics 똉 분자 유전학.

mo·lec·u·lar·i·ty [məlèkjulǽrəti] 똉 Ü 분자상(狀), 분자성(性); 분자 작용; 〔화학〕 분자수(數).

molécular knife 똉 〔병리〕 분자 나이프(에이즈 바이러스 유전자의 특정 부분 차단으로 재생을 억제하는 유전자 물질).

molécular síeve 똉 〔화학〕 분자 여과기, 분자체.

molécular strúcture 똉 〔화학〕 분자 구조.

molécular wéight 똉 〔화학〕 분자량(약 mol. wt.).

***mol·e·cule** [máləkjùːl/mɔ́l-] 똉 〔물·화〕 분자; 그램 분자(gram ~); (일반적으로) 미분자, 미량.

mole·hill [móulhìl] 똉 두더지가 파놓은 흙두둑; 하찮은 일, 사소한 곤란.

make a mountain (out) of a molehill 하찮은 일을 과장해서 떠들어대다, 침소봉대하다.

móle plów 똉 두더지 암거(暗渠) 굴착기.

móle ràt 똉 고슴도치 비슷한 설치류(齧齒類)의 동물.

móle rùn 똉 (~s) (핵전쟁에 대비한 지하도[실], 대피호.

móle shrèw 똉 고슴도치의 일종. 피호.

mole·skin [móulskìn] 똉 Ü 1 두더지의 모피. 2 몰스킨(표면의 털을 세운 두꺼운 면직물). 3 (~s) 몰스킨 제의 의복(작업복 바지).

*mo·lest [məlést] 똉타 …을 괴롭히다; …을 방해하다, …에 간섭하다. 2 (여자)에게 짓궂게 굴다, 성희롱을 하다. ~·er 똉 치한(痴漢). ~·ful 똉

mo·les·ta·tion [mòulestéiʃən] 똉 간섭, 훼방, 방해; (부녀자) 희롱, 추행, 폭행.

mol·et [málit] 똉 =mullet².

Mo·lière [moulj£ər/F mɔljɛːR] 똉 몰리에르(1622-73: 프랑스의 배우·희극 작가).

moll¹ [mɔːl] 똉 〔음악〕 단조의(minor). 〔<G〕

moll² [mɑl/mɔl] 똉 〔속어〕 (갱 따위의) 정부(情婦); 매춘부(prostitute); 여자; 여자 소매치기[도둑].

Moll [mɑl/mɔl] 똉 몰(여자 이름; Mary의 애칭).

mol·lah [mɔ́ːlə/mɔ́lə] 똉 =mullah.

móll bùzzer 똉 〔美속어〕 여자 것을 낚아채는 도둑; 여자를 등쳐먹는 남자.

mol·les·cent [məlésnt] 똉 연화(軟化)되기 쉬운, 유연해지는. **-cence** 똉

mol·li·fi·ca·tion [màləfəkéiʃən/mɔ̀l-] 똉Ü 누그러지게 하기, 가라앉히기, 달래기, 완화, 경감.

mol·li·fy [máləfài/mɔ́l-] 똉타 (사람의 감정·기분 따위)를 누그러지게 하다, 달래다; 〔분노 따위〕를 진정시키다. **-fi·a·ble** 똉 **-fi·er** 똉

mol·li·fy·ing [máləfàiiŋ] 똉 누그러지게 하는 듯한, 진정시키는 듯한. ~·ly 튄

mol·li·sol [máləsɔ̀l, -sàl/mɔ́lisɔ̀l] 똉 〔지질〕 연(軟)토양(유기물이 풍부하고 검은색의 비옥한 토양).

mol·lock [máləkmɔ́l-] 〔英속어〕 동재 1 농탕치다, 시시덕거리다. 2 한가롭게[편안히] 지내다.

mol·lusc [máləsk/mɔ́l-] 똉 =mollusk.

Mol·lus·ca [məláskə/mɔ́l-] 똉똉 연체 동물문(門).

mol·lus·can [məláskən] 똉 연체(軟體) 동물의.
— 똉 연체 동물(mollusk). (또는 **molluskan**)

mol·lus·coid [məláskɔid/mɔl-] 똉 의연체(擬軟體) 동물(문(門))의; 연체 동물의. — 똉 의연체 동물.

mol·lus·cous [məláskəs/mɔl-] 똉 연체 동물의; 〔병리〕 연성(軟性) 종양(molluscum)의.

mol·lus·cum [məláskəm/mɔl-] 똉 (pl. **-ca** [-kə]) 〔병리〕 연속증(軟屬腫), 연성(軟性) 종양.

mol·lusk [máləsk/mɔ́l-] 똉 연체 동물; 패류·갑각류의 동물. (또는 **mollusc**) ~·like 똉 ⌜can.

mol·lus·kan [məláskən/mɔl-] 똉똉 =mollus-

Móll·wei·de projèction [móːlvaidə-] 똉 몰바이데 투영 도법(投影圖法)(지도의 정적(正積) 도법). 〔<독일 천문학자 Karl B. Mollweide(1774-1825)의 이름〕

mol·ly [máli/mɔ́li] 똉 =mollycoddle ⌜름〕

Mol·ly [máli/mɔ́li] 똉 몰리(여자 이름; Mary의 애칭).

mol·ly·cod·dle [máliˌkàdl/mɔ́liˌkɔ̀dl] 똉 응석받이(로 자란 남자); 사내답지 못한 사람, 나약한 사람.
— 동타 (종종 재귀용법으로) …의 응석을 받다, …을 과보호하다. **-dler** 똉

Mo·loch [móulɑk, mǽlək/móulɔk] 똉 1 〔성서〕 몰렉(셈족(族)이 아이들을 제물로 바친 신). 2 끔찍한 희생을 요구하는 것. ¶ the ~ of war 끔찍한 희생을 요구하는 전쟁. (또는 **Molech**) 3 (m-) (오스트레일리아산(産)) 도마뱀의 일종.

Mó·lo·tov bréadbasket [mɑ́lətɔ̀ːf-/mɔ́lətɔ̀f-] 똉 〔군사〕 몰로토프의 빵바구니 폭탄(소이탄을 흩뿌리는 특수 폭탄). 〔<옛 소련의 정치가 V. M. Molotov (1890-1986)의 이름〕

Mólotov cócktail [bómb] 똉 〔속어〕 화염병.

molt [moult] 똉재 (새·파충류 따위가) 깃털[껍질]을 벗다; 털갈이하다. — 똉타 〔깃털〕을 벗다, 갈다. — 똉 1 Ü 탈모, 탈피(脫皮); 털갈이[털 벗는] 시기. 2 탈락한 깃털[껍질]. (또는 〔英〕 **moult**) ~·er 똉

***mol·ten** [móultən] melt의 과거분사.
— 똉 1 (금속·암석 따위가) 열로 녹은, 용해된. ¶ ~ lead 용해된 납. 2 (녹여서) 주조된. 3 뜨거워진, 반짝반짝 빛나는.

mol·to [móultou/mɔ́l-] 튄 〔음악〕 몰토, 매우. ¶ ~ adagio[allegro] 매우 느리게[빠르게]. 〔<It〕

mol. wt. *m*olecular *w*eight.

mo·ly [móuli] 똉 몰리. 1 (그리스 신화) 마법(魔法)의 풀. 2 노란꽃 산마늘속(屬)의 식물.

mo·lyb·de·nite [məlíbdənàit] 똉Ü 〔광물〕 휘수연광(輝水鉛鑛)(몰리브덴의 원광).

mo·lyb·de·num [məlíbdənəm] 똉Ü 〔화학〕 몰리브덴(금속 원소; 기호 Mo). **-nous** 똉

mo·lyb·dic [məlíbdik] 똉 〔화학〕 3[6]가(價)의 몰리브덴의[을 함유한], 몰리브덴(Ⅲ[Ⅵ])의.

molýbdic ácid 똉 〔화학〕 몰리브덴산(酸).

‡**mom** [mɑm/mɔm] 똉 〔美구어〕 =mother.

m.o.m., MOM *m*iddle *o*f *m*onth.

MOMA [móumə] 똉 〔美〕 (뉴욕시의) 현대 미술관. (또는 **MoMA**) 〔<*M*useum *o*f *M*odern *A*rt〕

mom-and-pop [-ˈənpáp/ˈənpɔ́p] 똉 〔구어〕 1 부(가족) 경영의, 개인 영업의. ¶ ~ business [shops] 자영(소매업)구멍 가게. 2 (기업·투자·계획이) 소규모인, 영세한. — 똉 (~s) 영세 자영업, 구멍 가게.

‡**mo·ment** [móumənt] 똉 1 (짧은) 순간, 찰나, 단시간, 잠깐, 잠시, 조금만. ¶ wait a ~ 잠깐만; (~s) 잠깐 동안, 어떤 시간. ¶ a ~ or two later 조금 지나서 / in a few ~s 곧 / in spare ~s 여가에 / an unguarded ~ 깜빡할 사이, 방심한 찰나 / have a ~ of confusion 일순 당황하다.

유의어 **moment, minute, second** 거의 같은 뜻으로 쓰이나 이 순서에 따라 길이·여유를 느끼게 한다. **instant** 길이·여유의 느낌이 없고 긴급함을 강조한다.

---

2 (a ~) 〔부사적으로〕 잠깐, 잠시, 조금만. ¶ wait a ~

잠깐 기다리다/One ~, please. 잠깐 기다려 주십시오. **3 a)** (어느 특정한) 시기, 시점; 기회, 호기, 경우. ¶seize the ~ 기회를 잡다/at the ~ of death 임종에 즈음하여/to the last ~ 최후[끝]까지/arrive at the same ~ 동시에 도착하다. **b)** (the ~) 현재, 지금, 목하(目下); 그 때. ¶up to the ~ 현재에 이르기까지. **4** ⓤ (little, no, great, less 따위의 뒤에 쓰여) 중대, 중요(성)(importance), 긴요. ¶an affair of great ~ 중대 사건/This case is of high ~ 이 사건은 매우 중요하다. **5** ⓤ 〔통계〕 적률(積率), 모멘트. **6** 〔철학〕 계기, 요소. **7** ⓤ 〔기계〕 모멘트, 회전 우력(偶力); 〔물리〕 역률(力率), 능률, 벡터적(積). ¶~ of area 면적 모멘트/~ of mass 질량 모멘트/~ of a couple 우열(偶對)/~ of a force 힘의 모멘트, 역률(力率)/~ of magnet: magnetic ~ 자기(磁氣) 모멘트.

at a critical moment; in the moment of crisis 위기에 처하여.
at a moment's notice 당장, 즉석에서.
(at) any moment (may와 함께) 어느 때라도, 당장이라도. ¶It may rain *at any* ~. 언제 비가 올 지 모른다.
(at) every moment 계속해서, 간단없이.
at (odd) moments 때때로; 틈을 내서.
at the last moment 마지막 순간에, 막다른 판에.
at the (very) moment (현재형으로) 지금(마침), 바로 지금; (과거형으로) (마침) 그때.
at this moment (in time) 지금, 현재.
every moment 시시각각, 이제나저제나 하고, 간단 *for a moment* 잠시 동안, 당장 그때만. [없이.
for [or at] the moment ① (지금) 당장은, 우선은. ¶I have nothing to do *for* [or *at*] *the* ~. 지금으로서는 아무것도 할 일이 없다. ② 그 당시.
from one moment to the next 빈번히, 곧잘.
have one's moments (구어) (사람·사물 따위가) 최고의 시기(전성기)에 있다[가 되다].
in a moment 곧, 이내.
in a moment of anger 홧김에.
in the heat of the moment 저도 모르게(생각지도 않게) 발끈해서.
in the moment of danger [or *peril*] 위험에 처하여.
Just [or *Half, Hang on, Wait*] *a moment.; One moment.* 잠깐 기다려라. [다.
Never a dull moment! (구어) 숨밀 새도 없이 바빠 *not a moment too soon* 늦을 뻔하여, 마감 직전에.
not for a [or *one's*] *(single) moment* 전연[조금도] …하지 않은(not at all).
of little [*no*] *moment* 별로(조금도) 중요하지 않은.
of the moment 현재의, 목하의; 당대의. ¶the man *of the* ~ 당대의 인물.
on [or *upon*] *the moment* 곧, 즉시, 당장에.
the next moment 다음 순간(에는).
the (very) moment (that) (접속사적) …하는 순간에, …하자마자. ¶He ran out of the house *the* ~ his mother appeared. 그는 어머니의 모습을 보자 마자 집을 뛰쳐 나갔다.
this (very) moment ① 즉각(적으로), 당장(에). ② 방금, 지금 막. [간에.
to the (very) moment 1분도 어기지 않고, 꼭 제시

mo·men·ta [mouméntə] 몡 momentum의 복수형.
mo·men·tal [mouméntl] 몡 〔기계〕 모멘트의.
mo·men·tar·i·ly [mòuməntérəli/móuməntər-] 円 **1** 잠시, 잠깐. ¶hesitate ~ 잠시 망설이다. **2** 시시각각으로, 끊임없이. ¶ expect her ~ 이제나 저제나 하고 그녀를 기다리다. **3** (美) 언제라도, 금방이라도.
‡**mo·men·tar·y** [móuməntèri/-təri] 몡 **1** 순간의, 일시의, 찰나의(⇒TEMPORARY 유의어); 덧없는. **2** 시시각각으로, 당장에[언제나] 일어나는. **3** (드물게) 끊임없이 반복되는. **-tàr·i·ness** 몡
mo·ment·ly [móuməntli] 円 =momentarily.

móment of inértia 몡 〔물리〕 관성(慣性) 모멘트.
móment of moméntum 몡 〔물리〕 운동량 모멘.
móment of sáil 몡 〔조선〕 돛의 모멘트. [트.
móment of trúth 몡 (the ~) **1** (투우에서 투우사의) 최후의 일격의 순간. **2** (비유적) 결정적 순간, 중대한 고비; 위기의 시기, 시련기.
****mo·men·tous** [mouméntəs] 형 중대한, 중요한, 소중한. ¶a ~ decision 중대한 결정. **~·ly** 円 **~·ness** 몡
****mo·men·tum** [mouméntəm] 몡 (pl. **-ta** [-tə], **~s**) **1** ⓤⓒ (움직이는 물체 따위의) 타성, 타력(惰力)(impetus). **2** 탄력, 세(勢), 힘. **3** ⓤ 〔기계〕 운동량. **4** 〔철학〕 모멘트(moment), 계기, 요소.
gain [or *gather*] *momentum* 탄력이 붙다, 세(勢)
lose momentum 세가 꺾이다, 탄력을 잃다.
MOMI [móumi] *Museum of the Moving Image*((런던의) 영상 박물관).
mom·ism [mámizm/móm-] 몡ⓤ (때로 M-) 여가 장주의(女家長主義), 모친 중심주의; 어머니다운(과보호적) 언동; 모친 의존. **móm·ist** 몡
mom·ma [mámə/mɔ́mə] 몡 =mamma¹.
mom·mick [mámik/mɔ́m-] 통태 (美속어) 혼란시키다, 엉망으로 만들다(*up*).
mom·my [mámi/mɔ́mi] 몡 (어린이말) 엄마(mammy). (또는 mommie)
mómmy tràck 몡 마미 트랙(육아 등을 위해 출퇴근 시각·휴가 등을 탄력적으로 쓸 수 있는 여성 근로 형태).
mo·mo [móumòu] 몡 (美속어) 얼간이, 저능아.
mom·pa·ra [ᵊpáːrə] 몡 (남아프리카) 미숙자, 머저리, 무능력자. [=**momzer**]
mom·ser [mámzər/mɔ́m-] 몡 =mamzer.
Mo·mus [móuməs] 몡 **1** (그리스 신화) 모모스(비난과 조소의 신). (또는 **Momos**) **2** (좁 **~·es, -mi** [-mai]) (때로 m-) 흠을 들추어 내는 사람.
Mon [moun] 몡 **1** (좁 ~(**s**)) 몬족(미얀마 남부, Pegu 지방의 소수 민족); 몬족의 사람. **2** ⓤ 몬어(語).
mon. *monastery; monetary; monitor; monsoon.*
Mon. *Monastery; Monsignor; Montana.*
mon- [man, moun, mɔn] 〔연결〕 ⇒ MONO-.
mon·a·chal [mánəkəl/mɔ́n-] 몡 =monastic.
mon·a·chism [mánəkìzm/mɔ́n-] 몡 =monasticism. **-chist** 몡
mon·ac·id [mɑnǽsid/mɔn-] 몡몡 =monoacid.
mon·a·cid·ic [mànəsídik/mɔ̀n-] 몡
Mon·a·co [mɑ́nəkòu/mɔ́n-] 몡 모나코(남부 프랑스, 지중해 연안의 공국(公國), 그 수도).
mon·ad [mɑ́næd/mɔ́n-, móun-] 몡 **1** (생물) 단세포 생물. **2** (화학) 1가(價) 원소(원자, 기(基)). **3** 〔철학〕 단자(單子), 모나드(존재의 궁극 단위). **4** 개체, 단일성(unity). **mo·nád·al, mo·nad·ic** [mənǽdik] **mo·nád·i·cal** 몡 **mo·nád·i·cal·ly** 円
mon·a·del·phous [mànədélfəs/mɔ̀n-] 몡 (식물) (수술이) 단체(單體)의; 단체 수술의, 가진.
mon·ad·ism [mɑ́nədìzm, móunæd-/mɔ́n-, móun-] 몡ⓤ 〔철학〕 단자론(單子論), 모나드론(論). **2** (때로 M-) 라이프니츠 철학. (또는 **monadology**)
mòn·ad·ís·tic 몡
mo·nad·nock [mənǽdnɑk/-nɔk] 몡 〔지질〕 침 「식) 잔구(殘丘).
mon·a·dol·o·gy [mɑ̀nədɑ́lədʒi, mòunædɑ́l-/mɔ̀nədɔ́l-] 몡 =monadism.
Mo·na Lí·sa [móunə líːsə/-zə] 몡 모나리자(레오나르도 다빈치 작의 여인 초상화; 원제 *La Gioconda*).
mon ami [mɔ̀ːn aːmíː] 몡 자네, 당신(남편·친구 등을 부르는 말). 〈F〉
mo·nan·drous [mənǽndrəs/mɔ-] 몡 **1** 일부(一夫)의, 일부제의. **2** (식물) (꽃이) 수술이 하나인, 홀수술의.
mo·nan·dry [mənǽndri/mɔ-] 몡 **1** ⓤ 일부제(制). **2** (식물) 홀수술. [花)의.
mo·nan·thous [mənǽnθəs] 몡 (식물) 일화(一

‡**mon·arch** [mánərk, -ɑːrk/mónək] 圏 **1** 군주, 전제(절대) 군주, 제왕, 황제. ¶an absolute ~ 전제 군주. **2** (비유적) 왕자, 거물; 동류의 것들 중에서 뛰어난 것. ¶ 제주왕나비(milkweed butterfly).

mo·nar·chal [mənɑ́ːrkəl/mɔ-] 圏 군주의, 제왕다운; (고어) 군주국(制)의, 왕국(王國)의. **-ly** 閉

mo·nar·chi·al [mənɑ́ːrkiəl] 圏 =monarchal.

Mo·nar·chi·an·ism [mənɑ́ːrkiənìzm] 圏 (신학) 단일(일위(一位), 독재)신론(論). **-an** 圏閒 **-ist** 圏

mo·nar·chi·cal [mənɑ́ːrkikəl] 圏 군주의, 군주다운; 군주국의, 군주제의, 군주제를 지지하는. (또는 **monarchial, monarchic**) **~·ly** 閉

mon·ar·chism [mánərkìzm/mɔ́n-] 圏(U) 군주제(정치), 군주주의; 군주제 지지.

mon·ar·chist [mánərkist/mɔ́n-] 圏 군주제주의자. ── 圏 군주제주의의. **·chíst·ic** 圏 군주제주의의.

***mon·ar·chy** [mánərki/mɔ́n-] 圏 **1** U (the ~) 군주제, 군주 정체(정치)(圏 dyarchy). **2** 군주국. **3** U (고어) 독재 군주권, 독재.

a constitutional [or *limited*] *monarchy* 입헌 군주국.

an absolute [or *a despotic*] *monarchy* 전제 군주.

mon·as·te·ri·al [mɑ̀nəstíəriəl/mɔ̀n-] 圏 수도원의, 수도원 생활의. (드물게) 수녀원.

mon·as·ter·y [mɑ́nəstèri/mɔ́nəstəri] 圏 수도원;

***mo·nas·tic** [mənǽstik] 圏 **1** 수도원의. **2** 수도사 [수녀]의, 수도자의; 금욕적인, 은둔적(隱遁的)인. ¶ vows 수도 서원(誓願)(청빈·정결(貞節)·복종의 3개 조). (또는 **monastical**) ── 圏 수도자(사). **-ti·cal·ly** 閉

mo·nas·ti·cism [mənǽstəsìzm] 圏(U) 수도원 제도; 수도원 생활; 금욕 생활. 「풍(금욕적)으로 하다.

mo·nas·ti·cize [mənǽstəsàiz] 타자 …을 수도원

mon·a·tom·ic [mɑ̀nətámik/mɔ̀nətɔ́m-] 圏 (화학) (분자가) 1원자로 이루어진, 단(單)원자의; (드물게) 1가(價)의. (또는 **monoatomic**) **-i·cal·ly** 閉

mon·au·ral [mɑnɔ́ːrəl/mɔn-] 圏 **1** =monophonic **2.** **2** 한쪽 귀의에 쓰는). 圏 binaural. **~·ly** 閉

mon cher [F mɔ̃ ʃεːʀ] 圏 (여보) 당신(남성을 부르는 말). ¶ <F my dear

mon·daine [mɔːndéin] 圏圏 사교계의 (여성), 세속적인 (여성). 圏 mondain. ⟨F⟩

Mon·dale [mándeil/mɔ́n-] 圏 **Walter Frederick** ~ 먼데일(1928- : 미국의 정치가·부통령(1977-81)).

‡**Mon·day** [mándei, -di] 圏 (圏 **~s** [-z]) 월요일 (圏 Mon.). ¶on ~ 월요일에/(on) last[next] ~ 지난[다음] 월요일에. ── 圏閒 (구어) 월요일(에). ¶The accident occurred ~. 그 사고는 월요일에 일어났다.

Mónday féeling 圏 (일할 마음이 나지 않는) 월요일 기분.

Mon·day·ish [mándeiìʃ, -diìʃ] 圏 (英) 월요일의; 월요병의, 녹초가 되어, 나른한.

Mónday màn 圏 (속어) 세탁물 도둑.

Mónday mórning quárterback 圏 (구어) 결과를 가지고 이러니저러니 말하는 사람, 뒷북치는 사람.

Mónday mórning quárterbacking 圏

Mon·days [mándeiz, -diz] 閒 월요일마다(on ~).

monde [F mɔ̃ːd] 圏 **1** 세상, 사회; 사교계; 상류 사회. **2** (Le M-) 르몽드(프랑스의 유력 일간지). ⟨F world⟩

mond·i·al [mándiəl/mɔ́n-] 圏 전세계의. 「God⟩

mon Dieu [F mɔ̃ djǿ] 뗏 어머나!, 저런! ⟨<F my

mon·do [mándou/mɔ́n-] 閒 터무니없는(없이), 영판인[으로], 순전한[히], 꽝장한[히].

Mónd prócess [mánd-/mɔ́nd-] 圏 (야금) 몬드법(法)(니켈 광석에서 니켈을 채취하기 위한 정련 방법). ⟨<독일 화학자 Ludwig Mond(1839-1909)⟩

Mon·dri·an [mɔ́ːndriɑ̀ːn] 圏 **Piet** ~ 몬드리안 (1872-1944: 네덜란드의 화가).

M₁, M-1 [émwʌ́n] 圏 (경제) M₁(통화).현금 통화 및 은행 따위의 요구불 예금을 합산한 한 나라의 통화 공급량). 圏 M₂, M₃

mo·ne·cious [məníːʃəs, mou-] 圏 =monoecious

mon·el·lin [mɑ́nəlin] 圏 모넬린(단백의 단백질).

Mo·nél (mètal) [mounél-] 圏 (상표) 모델 메탈 (니켈·구리·철·망간의 내식(耐蝕) 합금). 「넴.

mo·neme [móuniːm] 圏 (언어) 기호소(記號素), 모

mo·nen·sin [mounénsin] 圏 (생화학) 모넨신(가축사료 첨가물; 스트렙토마이신의 발효 산물).

Mo·ne·ra [məníərə] 圏閒 (생물) 모네라계(界)(생물계 분류의 하나; 남조류 등 원핵(原核) 생물로만 이루어진 것). 「물).

mo·ne·ran [məníərən] 圏閒 (생물) 모네라계의 (생

mon·er·gy [mɑ́nərdʒi] 圏 에너지 절약(경제적 사용). ⟨<money+energy⟩

M1 (rifle) [émwʌ́n-] 圏 (圏 **~'s** [-z]) (美군사) M1소총(2차 세계 대전·한국전 때 사용되던 미육군의 반자동식 소총). (또는 **Gárand rífle**).

Mo·net [mounéi/F mone] 圏 **Claude** ~ 모네 (1840-1926: 프랑스 인상파의 풍경 화가).

mon·e·ta·rism [mánətərìzm/mɔ́n-] 圏(U) (경제) 통화(通貨)주의, 통화 관리 경제 정책. **-ist** 圏

***mon·e·tar·y** [mánətèri, mán-/mánitəri] 圏 화폐의, 통화의. ¶a ~ crisis 통화 위기. **2** 금전(상)의; 금융의, 재정적인. ⇒FINANCIAL 유의어 ¶ ~ value 금전적 가치.

be in monetary difficulties 재정난에 빠져 있다.

·tar·i·ly 閒

mónetary ággregate 圏 통화 유통량(총액).

mónetary authórities 圏(圏) (the ~) 통화 당국.

mónetary dúmping 圏 (경제) 통화 덤핑, 통화 저

mónetary pólicy 圏 통화(화폐) 정책. 「평가 절하.

mónetary refórm 圏 화폐(통화) 개혁.

mónetary resérve 圏 통화 준비.

mónetary sýstem 圏 (the ~) 통화(화폐) 제도.

mónetary ùnit 圏 화폐(통화) 단위.

mon·e·tize [mánətàiz/mán-] (* (英) -**tise**) 圏 타 …을 통화로 정하다, 법화(法貨)로 하다; …을 화폐로 주조하다. **·ti·zá·tion** 圏 통화 제정; 화폐 주조.

‡**mon·ey** [máni] 圏 (圏 **~s** [-z], **mon·ies** [-z]) **1** U 돈, 금전. ¶small ~ 잔돈/pay in ~ 돈으로 지불하다/He has no ~ about [or with] him. 그는 가진 돈이 없다/M- begets ~. (속담) 돈이 돈을 번다/M- makes the mare (to) go. (속담) 돈만 있으면 귀신도 부릴 수 있다. **2** UC 화폐, 통화; 화폐 역할을 하는 것 (수표, 물품 화폐 따위); (경제) 교환의 매개물. ¶hard ~ 경화(硬貨)/paper [or soft] ~ 지폐/standard [or subsidiary] ~ 본위(보조) 화폐. **3** (~s) (특정한 종류·명칭의) 통화. **4** U 부(富), 자산, 재산; (집합적) 큰 부자. ¶lose all one's ~ 전재산을 잃다. **5** (~s) (법률) 금액. **6** U 임금, 급료; (경마 따위의) 상금; 입상자의 몫.

any man's money 돈이면 무슨 짓이든 하는 (사람).

any money (구어) 수중의 돈을 다 털어서; 전재산.

at the money (지불한) 그 돈(값)으로는.

be made of money (구어) 돈이 엄청나게 많다.

be rolling in money (구어) 큰 부자다.

burn one's money 돈을 물쓰듯 하다.

coin (the) money (in) 돈을 척척 벌다.

everybody's [or *every man's*] *money* 누구에게나 가치가 있는 것, 만인의 마음에 드는 것.

for love or [or *nor*] *money* ⇒LOVE.

for money 돈을 바라고, 돈으로; (상업) 직접 거래로.

for one's money (구어) ① …의 생각[기분]으로는. ② 기호·희망에 들어맞는, 마음에 드는, 안성맞춤의.

for the money =at the money.

get [or *have*] *one's money's* [or *pound's, quid's*] *worth* 지불한 만큼의 대가를 얻다. 「⇒RUN.

have [or *get*] *a (good) run for one's money*

have money to burn 《구어》 돈이 엄청나게 많다.
have more money than sense 돈을 헤프게 쓰다.
in the money 《속어》 ① 부자로, 유복하여. ② (경마·개 경주에서) 승자가 되어, 입상하여.
keep a person in money 남에게 돈을 대주다.
lie out of one's money 돈을 지급받지 못하고 있다.
like pinching money from a blind man 아주
lose money (…으로) 손해를 보다(on) 〔간단히〕
make [or *earn*] *money* 돈을 벌다.
make money fly 돈을 금방 써버리다.
make money (*out*) *of* …으로 돈을 벌다.
marry money 부자와 결혼하다.
mint (*the*) *money* (*in*); *make quick money* =*coin* (*the*) *money* (*in*).
money burns a hole in a person's pocket 《구어》 돈이 금방 없어지다: 번 돈을 쓰고 싶어서 좀이 쑤시다.
money down; *money out of hand*; (*for*) *ready money* 맞돈(으로); 현금(으로).
money for jam [or *old rope*] 《英속어》 수월한[손쉬운] 벌이. 〔「손쉬운」 벌이.
money from home 《美속어》 뜻밖의 횡재; 수월한
Money talks. 《속담》 돈이면 만사가 다 된다.
not everybody's money 《구어》 어디서나 통용[용납]되는 게 아닌.
not for the money 절대로 …아닌.
on the money 《美속어》 ① 적절한; 딱 들어맞아. ② 꼭 그 장소[시간]에. 〔고 (by).
out of money (…에) 돈에 쪼들려. ② (…만큼) 손해를 보
out of the money 《구어》 입상하지 못하다.
put money into …에 투자하다, 돈을 들이다.
put [or *place*] *money on* …에 돈을 걸다.
put one's money on ① =*put money on*. ② 《구어》 …의 성공을 장담하다.
put one's money on a scratched horse 승산이 없는 것에 걸다. 〔MOUTH.
put one's money where one's mouth is ⇒
raise money on …을 저당하여 돈을 마련하다.
see the color of a person's money ⇒COLOR.
sink money 돈을 낭비하다.
take the money and run 고맙게 받아들이다.
there is (*good*) *money in* …으로 돈벌이가 되다. …은 돈이 되다.
throw [or *pour*] *good money after bad* 손해를 만회하려다가 더 손해를 보다. 〔하다.
throw money at 《美구어》 …을 돈으로 해결하려고
throw one's money about [or *around*, *away*] 《구어》 뻐기려고 돈을 뿌리고 다니다[낭비하다].
What's the money? (값은) 얼마죠?
You pays your money and (*you*) *takes your choice.* 《구어》 입맛대로 고를 수 있다. (어차피 별것 아니니) 운에 맡길 수 밖에.
mon·ey-back [-bæk] 图 대금 환불의. ¶~ guarantee (산 물건이 마음에 안 들 때의) 환불 보증.
mon·ey·bag [mʌ́nibæg] 图 1 돈주머니, 지갑. (~s) 《단수취급》 욕심 많은 부자; 《단·복수 양용》 부(富).
móney bíll 图 재정 법안.
móney bòx 图 저금통; 현금 상자; 금고.
mon·ey-chang·er [mʌ́nitʃèindʒər] 图 환전업자; 환전기. (또는 **móney chànger**, **móney-chànger**)
móney chànging 图 (두 나라 사이의) 통화 교환(업), 환전(換錢). (돈 지갑 대신 쓴다.)
móney clíp 图 지폐 클립(접은 지폐를 끼우는 클립으
móney cròp 图 《美》 =cash crop.
mon-eyed [mʌ́nid] 图 1 돈이 있는, 부자의, 부유한 (wealthy). 2 금전(상)의. ¶~ interests 금전상의 이해; 《집합적》 재계(財界). (또는 **monied**)
móney flòw análysis 图 자금 순환 분석.

móney fúnd 图 =money-market fund.
móney gríp 《美속어》 친한 친구.
mon·ey-grub·ber [mʌ́nigrʌ̀bər] 图 수전노, 축재자. **-bing** 图[U] 악착스럽게 돈을 모으는[모으기].
móney íncome 图 현금 수입.
móney làundering 图 돈 [자금] 세탁(부정·불법 자금을 금융 기관 구좌 따위를 이용, 출처를 감추고 정상적 자금으로 만드는 것). **móney làunderer** 图
mon·ey-lend·er [mʌ́nilèndər] 图 대금업자; 전당
mon·ey-less [mʌ́nilis] 图 돈이 없는. 〔포업자.
móney machíne 图 현금 자동 지급기.
mon·ey-mak·er [mʌ́niméikər] 图 돈벌이를 잘하는 사람; 돈벌이가 되는 것[일].
mon·ey-mak·ing [mʌ́niméikiŋ] 图 돈벌이가 되는; 수입이 있는. ——图[U] 돈벌이; 축재; 조폐(造幣).
mon·ey-man [mʌ́nimæ̀n] 图 재정가; 자본가(financier), 투자가; 후원자(backer).
móney mànager 图 자금 관리인, 금융 자산 관리자; 금융업자, 투자신탁업자.
móney márket 图 《단기》 금융 시장.
móney-market cèrtificate 图 《금융》 《은행의》 시장 금리 연동형 예금(⊕ MMC).
móney-market fùnd 图 《금융》 《증권사의》 금융 시장 펀드(⊕ MMF).
móney-market ìnstruments 图緊 《금융》 단기 금융 시장 상품(CD(양도성 예금 증서), CP(기업 어음) 따위 단기 자금 취급 상품. 〔산(계정(計定))이 화폐.
móney of accóunt 图 《통화로 발행되지 않는》 계
móney órder 图 《송금》환(換), 《특히》 우편환(⊕ M.O.). ¶a telegraphic ~ 전신환.
móney plàyer 图 《속어》 《경기 따위의》 경쟁에 강한 사람; 큰돈 내기에 강한 사람.
móney pòlitics 图 금권(金權) 정치(plutocracy).
móney smásh 图 《美속어》 《야구》 홈런.
móney spìnner 图 1 왕거미의 일종(이것이 몸에 기어다니면 돈을 벌 행운이 온다고 한다). 2 《英구어》 돈벌이가 되는 것; 대히트 상품(책·영화 등).
móney supplỳ 图 《경제》 통화 공급; 통화 공급량.
móney trèe 图 1 《전설》 돈이 열리는 나무(흔들면 돈이 떨어진다). 2 《비유적》 돈이 생기는 근원. 〔게 벌다.
shake the money tree 《구어》 《큰》 이익을 낳다, 크
móney wàges 图緊 =nominal wages.
mon·ey-wash·ing [-wɔ́ʃiŋ, -wɔ́(:)ʃ-] 图 =money laundering. **-er** 图
mon·ey·wort [mʌ́niwə̀ːrt] 图 좀가지풀속(屬)의
'mong [mʌŋ] 《시》 =among.
mon·ger [mʌ́ŋɡər] 图 《복합어로》 1 《英》 상인, …상(商), …장수. ¶a fishmonger 생선 장수. 2 하찮은[시시한] 일에 종사하는 사람, 《소문을》 퍼뜨리는 사람. ——图圈 팔다, 행상하다. **~·ing** 图
mon·gie [mʌ́ŋɡi/mɔ́n-] 图 《英속어》 반편스러운, 멍청한. 〔분의 1 tugrik).
mon·go [mʌ́ŋɡou/mɔ́n-] 图 몽골의 화폐 단위(100
Mon·gol [mʌ́ŋɡəl, -goul/mɔ́ŋɡɔl] 图 1 몽골의. 2 ① 몽골어의. 3 (m-) 《병리》 다운 증후군[몽고증] 환자. ——图 1 =Mongolian. 2 (m-) 《병리》 다운 증후군[몽고증]의.
Móngol Émpire 图 (the ~) 몽고(蒙古) 제국(13세기 초(初) Genghis Khan이 세운 대제국).
Mon·go·li·a [mɑŋɡóuliə, mɑn-/mɔn-] 图 1 몽골 (지방)(몽골국과 중국의 내몽골 자치구(Inner Mongolia)를 포함한 지역명). 2 몽골국(몽골 지방의 나라; 옛 이름 Outer Mongolia(외몽고); 수도 Ulan Bator).
Mon·go·li·an [mɑŋɡóuliən, mɑn-/mɔn-] 图 1 몽골의; 몽골 사람[말]의. 2 〔인류〕 =Mongoloid. 3 (m-) 다운 증후군[몽고증]에 걸린. ——图 1 몽골 사람, 몽골 인종의 사람. 2 ① 몽골어(알타이 어족에 속한다). (또는 **Mongolic**) 3 (m-) 다운 증후군(몽고증) 환자.

Mongólian ídiocy 〔병리〕 =Mongolism.
Mongólian ídiot 〔병리〕 다운 증후군(몽고증)자.
Mongólian spót 〔명〕 몽고반(斑). 〔동〕환자.
Mon·gol·ic [mɑŋɡálik, mɑn-/mɔŋɡɔ́l-] 〔형〕 〔인류〕 몽골 인종의에 특유한). ── 〔명〕 몽골어군(語群)(알타이어(Altaic) 어족에 속하며, Mongolian, Buryat, Kalmuck을 포함한다).
mon·gol·ism [mɑ́ŋɡəlizm/mɔ́n-] 〔명〕 (M-) 〔U〕 〔병리〕 다운 증후군(症候群), 몽고증(선천적 백치병).
Mon·gol·oid [mɑ́ŋɡəlɔ̀id, mɑ́n-/mɔ́n-] 〔형〕 1 몽골 사람과 비슷한. 2 〔인류〕 몽골 인종의(특징을 구비한). 3 (m-) 〔병리〕 다운 증후군(몽고증)의에 걸린). ── 〔명〕 1 〔인종〕 몽골 인종의 사람. 2 (m-) 〔병리〕 다운 증후군(몽고증) 환자.
mon·goose [mɑ́ŋɡùːs, mɑ́n-/mɔ́n-] 〔명〕 (pl. **-goos·es**) 몽구스(사향고양잇과(科)의 육식 동물). (또는 **mongooses**)
mon·grel [mɑ́ŋɡrəl, mɑ́ŋ-/mʌ́ŋ-] 〔명〕 (동식물의) 잡종; 잡종 개; 혼혈아, 튀기(half-breed). ── 〔형〕 잡종의, 혼혈의. **~·ism** 〔명〕 **~·ness** 〔명〕
mon·grel·ize [mɑ́ŋɡrəlàiz] (* 〔영〕 **-ise**) 〔동〕 (타) 잡종으로 만들다; 〔경멸적〕 (사람·동물의 성격을) 잡종흔혈화하다. **·i·zá·tion, ·iz·er** 〔명〕 ['**mongst**]
mongst [mʌŋst] 〔접〕 (시) =amongst. (또는 **'mongst**)
mon·ni·al [móuniəl] 〔명〕 〔고어〕 〔건축〕 =mullion.
mon·ic [mɑ́nik/mɔ́n-] 〔형〕 〔수학〕 (다항식의) 최고차(最高次) 항(項)의 계수가 1인.
mon·i·ca [mɑ́nəkə/mɔ́n-] 〔명〕 〔미속어〕 =moniker.
Mon·i·ca [mɑ́nəkə/mɔ́n-] 〔명〕 모니카(여자 이름).
mon·ied [mʌ́nid] 〔형〕 =moneyed.
mon·ies [mʌ́niz] 〔명〕 money의 복수형.
mon·i·ker [mɑ́nəkər/mɔ́n-] 〔명〕 〔속어〕 (사람의) 이름; 별명(nickname). (또는 **monniker, monekeer**)
mo·nil·i·al [mənílíəl] 〔형〕 〔의학〕 모닐리아(성)의(칸디다증의) 진균의에 의해 일어나는).
mon·i·li·a·sis [mɑ̀nəláiəsəs/mɔ̀n-] 〔명〕 (pl. **-ses** [-sìːz]) 〔의학〕 모닐리아증(症).
mo·nil·i·form [mounílə̀fɔ̀ːrm] 〔형〕 〔동·식물〕 (줄기·뿌리·촉각 따위가) 염주 모양의; (일반적으로) 염주 모양의. **~·ly** 〔부〕
mon·ism [mɑ́nizm/mɔ́n-] 〔명〕〔U〕 〔철학〕 일원론(一元論). ¶ dualism, pluralism ¶ idealistic [materialistic] ~ 유심[유물]론적 일원론. **-ist** 일원론자.
mo·nis·tic [mənístik/mɔ-] 〔형〕 일원론의, 일원론적인. (또는 **monistical**) **-ti·cal·ly** 〔부〕
mo·ni·tion [məníʃən] 〔명〕〔U〕〔C〕 1 경고, 주의, 훈계, 충고. 2 (공식적인) 고시, 포고. 3 〔법률〕 (법원의) 출두 명령, 소환. 4 (bishop가 발부하는) 계고장(戒告狀).
‡**mon·i·tor** [mɑ́nətər/mɔ́n-] 〔명〕 (pl. **~s** [-z]) 1 (컴퓨터 따위의) 모니터, 스크린, 데이터 표시 장치(visual display unit); (방송) 모니터(방송 상태를 감시하는) 모니터 (장치); (유독 가스·방사능 따위의) 검출(감시) 장치. 2 (제품·프로 따위에 대한 의견을 제공하는) 모니터; (정보 수집을 위하여 임명된) 외국 방송 청취자, 외국 통신 방수자(傍受者). 3 〔컴퓨터〕 모니터(시스템 전체의 작동을 감시·제어하는 프로그램). 4 〔영〕 〔학교의〕 규율 부원, 학급 대표; (public school의) 반장; 〔고어〕 (풍기 따위에 대한) 훈계자, 충고자, 감시자; 경고가 되는 것. 5 〔해사〕 모니터함(艦)(회전 포탑이 있는 뱃전이 낮은 장갑함). 6 〔동·물〕 창고 따위의 한 단 높게 올린 채광·환기통 지붕. (또는 ~ **tóp**) 7 (펌프 따위의) 자유 회전 방사전(放射栓). 8 (아프리카·오스트레일리아·남아시아 등지의) 육식 큰 도마뱀의 일종. ── 〔동〕 1 〔라디오·TV〕 (방송 전파 따위를) 감시하다; (검열·검토 따위를 위하여 방송을) 청취하다. 2 (외국 방송을) 감시하다, 엿듣다. 3 (나사선이나 물건을) 감시하다, 검사하다. 4 (기계 따위를) 관찰하다, 조절하다. 5 (레이더로 항공기 따위를) 추적하다. 6 〔의학〕 (기기(機器)로) 감시하다, 모니터

1780

하다. 7 〔물리〕 (···의) 방사능을 검사하다.
~·ship 〔명〕 감독생의 역할(임기, 지위).
mon·i·to·ri·al [mɑ̀nətɔ́ːriəl/mɔ̀n-] 〔형〕 감독생[충고자]의, 감시자의; 모니터 장치에 의한; =monitory. **~·ly** 〔부〕
mónitor scréen 〔명〕 감시 텔레비전; 수신 장치.
mon·i·to·ry [mɑ́nətɔ̀ːri/mɔ́nətəri] 〔형〕 경고의, 권고하는; 경고(훈계)를 주는. ── 〔명〕 (bishop가 발부하는) 계고장(戒告狀)(monition). (또는 ~ **létter**) 「성향.
mon·i·tress [mɑ́nətris/mɔ́n-] 〔명〕 monitor 4의 여
‡**monk**¹ [mʌŋk] 〔명〕 수사, 수도사; 성직자. **~·ship** 〔명〕
monk² 〔구어〕 =monkey.
monk·er·y [mʌ́ŋkəri] 〔명〕 〔속어〕 1 〔U〕 수도사의 생활 양식[태도]. 2 (-eries) 〔경멸적〕 수도원의 제도[관습]. 3 〔U〕 〔집합적〕 수사; 수도원.
‡**mon·key** [mʌ́ŋki] 〔명〕 (pl. **~s** [-z]) 1 원숭이(보통 몸집이 작고 꼬리가 긴 것). 참 **ape** 2 〔U〕 원숭이 모피. 3 〔구어〕 a) 원숭이 같은 녀석, 장난꾸러기; 흉내를 잘 내는 사람(아이). b) 바보(같은 녀석); (제복·행동 따위가) 원숭이를 연상시키는 사람(코러스걸·포터·악단원 등). 4 (말뚝 박는 기계의) 추(錘), 쇠뭉치, 드롭 해머(ram). 5 (탄광의) 작은 통로, 공기 통로. 6 〔미속어〕 마약 중독(상용)자); 마약. 7 〔속어〕 〔훈계〕를 주는. 〔영〕 500달러, 〔영〕 500파운드. ¶ win a ~ at the game 그 경기에서 500달러[파운드]를 벌다. 8 〔濠구어〕 양(羊). 9 (the ~) 멍키댄스. 10 (one's ~) 〔미속어〕 성, 화, 짜증; (사람의 춤의) 혹. 11 〔속어〕 손작업을 하는 사람. ¶ a grease ~ 기계공.   「집): 골치 아픈 문제.
*a **monkey on** one's **back** 〔미속어〕 마약 중독(as) **funny as** [or **more fun than, as much fun as**] **a barrel of monkeys** 아주[몹시] 웃기는.
get the monkey off (one's **back**) 〔미속어〕 마약을 끊다.
have a [or **the**] **monkey on** one's **back** 〔미속어〕 마약 중독에 걸려 있다; 나쁜 버릇이 있다.
have [or **get**] one's **monkey up** 성내다, 짜증내다.
I'll be [or **I am**] **a monkey's uncle!** 〔구어〕 놀라운데!, 거짓말이겠지!
make a monkey (**out**) **of** ···을 조롱하다, 놀리다.
monkey with a long tail 〔속어〕 저당(抵當).
not give [or **care**] **a monkey's** (**fuck** [or **balls, fart, toss**]) 〔英속어〕 멋대로 하려무나, 겁날 게 뭐냐.
put a person's **monkey up** 남을 노하게 하다.
suck [or **sup**] **the monkey** 술을 병째로 마시다.
── 〔명〕 (~**s** [-z]) 〔자〕 〔구어〕 1 빈둥거리다(about, around). 2 (···에게) 장난치다; (···을) 가지고 놀다, 만지작거리다(about, around)(with). ── 〔타동〕 ···의 흉내를 내다; ···을 조롱하다, 놀리다(mock).
monkey about [or **around**] ① 빈둥빈둥 놀며 다니다. ② (···을) 가지고 놀다, ···에게 장난치다(with).
mónkey báit 〔미속어〕 마약의 시용품(試用品)[맛보기].
mónkey bàrs 〔명〕 =jungle gym.
mónkey bìte 〔명〕 키스 마크(hickey).
mónkey blóck 〔해사〕 고리 달린 소형 홀 도르래.
mónkey bréad 〔명〕 바오밥(baobab) 나무; 그 열매.
mónkey búsiness 〔명〕 〔속어〕 장난, 농담, 놀리기; 사기, 협잡, 부정 행위.
mónkey càge 〔미속어〕 유치장.
mónkey clóthes 〔미속어〕 정장 군복.
mónkey cùp 〔식물〕 낭상엽(囊狀葉) 식물.
mónkey dìsh 〔명〕 〔속어〕 작은 사발(접시).
mónkey èngine 〔명〕 말뚝 박는 기계, 항타기.
món·key-fáced ówl [-fèist-] 〔명〕 가면 올빼미 (barn owl).
mónkey físt 〔명〕 =monkey's fist.
mónkey flág 〔미속어〕 (육해군·회사·정당 따위의) 기(旗).
mónkey flòwer 〔명〕 〔식물〕 물꽈리아재비.
mon·key-hur·dler [-hə̀ːrdlər] 〔명〕 〔미속어〕 오르

간 연주자.
mon·key·ish [mʌ́ŋkiiʃ] 웹 원숭이의[같은]; 장난치기 좋아하는; 어리석은. ~·ly 튀 ~·ness 뎽
mónkey jàcket 몡 (하급 선원이 입던) 짧은 재킷.
mónkey màn 몡 (속어) 공처가, 엄처시하.
mónkey mèat 몡 (美軍속어) 통조림 쇠고기, 질긴 고기.
mónkey nùt 몡 (英속어) 땅콩(peanut).
mónkey pùzzle 몡 (식물) 칠레삼나무.
mónkey's allówance 몡 (구어) 참혹한 꼴, 지독한[형편없는] 처우.
get monkey's allowance 형편없는 대우를 받다.
mónkey's físt 몡 (줄 끝을 무겁게 하여 던지기 쉽도록 하는) 공 모양의 매듭.
mon·key·shine [mʌ́ŋkiʃàin] 몡 (~s) (美속어) 장난, 협잡, 사기; (실없는) 장난, 농지거리.
mónkey sùit 몡 (美속어) (보이·도어 보이 등의) 제복; (남자용) 예복.
mónkey swill 몡 (美속어) 싸구려 술, 독주.
mónkey tàlk 몡 (美속어) 허튼소리.
mónkey tìme 몡 (美속어·방언) 서머타임(daylight saving time).
mónkey trìck 몡 (~s) (英구어) =monkey business.
mónkey wrènch 몡 멍키 스패너; (美) 장애물.
throw [or *toss*] *a monkey wrench into* …을 방해하다, 실패하게 하다, 파괴하다. [해[저지]하다.
mon·key-wrench [-rèntʃ] 타 (계획 따위)를 방
monk·fish [mʌ́ŋkfiʃ] 몡 (통 ~(·es)) (어류) 1 전자리상어. 2 아귀. 「(집합적) 수도자[사].
monk·hood [mʌ́ŋkhùd] 몡 수사의 의[신분];
monk·ish [mʌ́ŋkiʃ] 웹 (경멸적) 수사의[같은], 수도자인 체하는; 수도 생활의. ~·ly 튀 ~·ness 뎽
mónk's clóth 몡 바구니 무늬로 짠 두꺼운 면직물.
monks·hood [mʌ́ŋkshùd] 몡 바곳류의 식물.
Mon·net [mounéi/F mɔne] *Jean* ~ 모네(1888-1979; 프랑스의 경제학자·외교관; 유럽 공동체 설립에 공헌). [공헌).
mon·ni·ker [mɑ́nikər] 몡 =moniker.
mon·o[1] [mɑ́nou/mɔ́n-] 몡 (구어) =infectious mononucleosis.
mon·o[2] 몡 1 =monaural. 2 (구어) =monophonic. ── 웹 (~s) (구어) 모노포닉 레코드[재생].
mon·o[3] 몡 (통 ~s) (구어) =monoboard.
mono. monotype.
mon·o- [mɑ́nou, -nə/mɔ́n-] 연결 alone, single, one의 뜻 (* 모음 앞에서는 mon-). ¶*mon(o)acid*, *monaural*, *monogamy*, *monograph*.
mon·o·ac·id [mɑ̀nouǽsid/mɔ̀n-] 몡웹 (화학) 일산(一酸)의. (또는 **monacid**) **-a·cíd·ik** 웹
mon·o·a·mine [mɑ̀nouəmíːn] 몡 (생화학) 모노아민(1개의 아미노기(基)를 가진 아민 화합물).
mon·o·ba·sic [mɑ̀nəbéisik/mɔ̀n-] 웹 1 (화학) (산(酸)의) 일염기一鹽基)의. 2 (생물) 단형(單型)의.
mon·o·board [mɑ̀nəbɔ́ːrd] 몡 모노보드(snowboarding용의 한장으로 된 크고 폭이 넓은 스키 ~·er, ~·ing 몡   [판).
mon·o·bu·oy [mɑ̀nəbɔ́i/mɔ́nəbɔ̀i] 몡 (해사) 모노부이(대형 유조선 등의 계류를 위한 부표).
mon·o·ca·ble [mɑ́nəkèibl] 몡 단선식 공중 케이블.
mon·o·carp [mɑ́nəkɑ̀ːrp] 몡 (식물) 일순(一巡) 식물(한해살이 식물 따위), 1회 결실 식물. **-cár·pic** 웹
Mo·noc·er·os [mənɑ́sərəs/-nɔ́s-] 몡 (천문) 외뿔소자리(the Unicorn)(略 Mon).
mon·o·chord [mɑ́nəkɔ̀ːrd/mɔ́n-] 몡 (음정(音程) 측정용의) 일현금(一弦琴).
mon·o·chro·mat·ic [mɑ̀nəkroumǽtik/mɔ̀n-] 웹 단색의, 한 가지 빛깔의; 단일 파장(波長)의.
mon·o·chrome [mɑ́nəkròum/mɔ́n-] 몡 1 단색화, 모노크롬 (사진); 띠 단색 화법. 2 (英) 흑백 TV 프로[영화].

in monochrome 단색[단채]으로.
── 웹 1 단색[단색]의. 2 (TV·영화·사진 따위가) 흑백의. ¶ *~ television* 흑백 텔레비전.
mon·o·chro·mic [mɑ̀nəkróumik/mɔ̀n-] 웹 단색의, 일색의. (또는 **monochromical**) **-mi·cal·ly** 튀
mon·o·cle [mɑ́nəkl/mɔ́nə-] 몡 단안경(單眼鏡), 외알 안경. **-cled** 웹 단안경을 쓴.
mon·o·cli·nal [mɑ̀nəkláinəl/mɔ̀n-] 웹 (지질) (지층의) 단사(單斜)(층)의, 단사 지층의. ── 몡 =monocline. ~·ly 튀
mon·o·cline [mɑ́nəklàin/mɔ́n-] 몡 (지질) 단사 (완만한 경사 중에서 국부적으로 급경사를 이룬 구조).
mon·o·clin·ic [mɑ̀nəklínik/mɔ̀n-] 웹 (결정) 단사정(單斜晶)의. ¶*a ~ system* 단사정계(系).
mon·o·cli·nous [mɑ̀nəkláinəs/mɔ̀n-] 웹 (식물) 자웅 동화(雌雄同花)의, 암수 한 꽃의, 양성화(兩性花)의. **-cli·nism** 몡
mon·o·clon·al [mɑ̀nəklóunəl] (생물) 웹 단일 세포에서 유래된 세포인[로 만들어진]. ── 몡 모노클로널 항체(抗體)[산물(產物)]. 「체, 모노클로널 항체.
monoclónal ántibody 몡 (면역) 단(單)클론 항
mon·o·coque [mɑ́nəkòuk, -kɔ̀k] 몡 1 (항공) 모노코크 (구조)(외관(外款)만으로 하중을 지탱하도록 한 구조). 2 고정 구조(자동차의 차체와 차대를 일체화한 구조).
mon·o·cot·y·le·don [mɑ̀nəkɑ̀təlíːdn/mɔ̀nə-] 몡 (식물) 외떡잎 식물, 단자엽(單子葉) 식물. 웹 dicotyledon **-ous** 웹 외떡잎(식물)의.
mo·noc·ra·cy [mounɑ́krəsi/mɔnɔ́k-] 몡띠 독재 정치; ⓒ 독재국. **món·o·cràt** 몡 **mòn·o·crát·ic** 웹
mon·o·crop·ping [mɑ́nəkrɑ̀piŋ] 몡 =monoculture.
mon·oc·u·lar [mənɑ́kjulər/mɔn-] 웹 외눈의, 단안(單眼)의; 단안용의. ── 몡 단안용 (광학) 기기(단안현미경, 단안식 망원경 따위). ~·ly 튀
mon·o·cul·ture [mɑ́nəkʌ̀ltʃər/mɔ́n-] 몡띠 1 (농업) 단작(單作), 일모작; 단식 농법(單式農法). 2 단일 문 **-tur·al** 웹   [화.
mon·o·cy·cle [mɑ́nəsàikl/mɔ́n-] 몡 1륜차.
mon·o·cyte [mɑ́nəsàit/mɔ́n-] 몡 (해부) 단구(單球), 단핵 세포, 단핵(單核) 백혈구. **·cýt·ic, -cý·toid** 웹
mon·o·dac·ty·lous [mɑ̀nədǽktələs] 웹 (동물) 발[손]가락이 하나 달린, 단지(單指)의. (또는 **monodactyl**) **-tyl·ism, -ty·ly** 몡
mo·nod·ic [mənɑ́dik/mənɔ́d-] 웹 모노디(monody) 양식(풍)의. (또는 **monodical**) **-i·cal·ly** 튀
mo·nod·o·mous [mənɑ́dəməs/-nɔ́d-] 웹 한 굴 속에서 집단으로 생활하는, 단소성(單巢性)의.
mon·o·dra·ma [mɑ́nədrɑ̀ːmə, -drǽmə/mɔ́n-] 몡 1인극; 그 각본. **·dra·át·ic** 웹 **·drám·a·tist** 몡
mon·o·dy [mɑ́nədi/mɔ́n-] 몡 1 (그리스 비극의) 독창곡; 애가, 비가. 2 애도시, 추도시. 3 (음악) 단성부곡(單聲部曲). **-dist** 몡 독창곡[애도시] 작가.
mo·noe·cious [məníːʃəs/mɔn-] 웹 (생물) 자웅 동체의, 암수 한몸의; (식물) 자웅 동주(同株)의, 암수 한 그루의. (또는 **monecious**) ~·ly 튀
mo·noe·cism [məníːsizəm] 몡 (생물) 암수한 그루[한몸], 자웅 동체; 단성화(單性花). (또는 **monoecy**)
mon·o·fil [mɑ́nəfìl/mɔ́n-] 몡 (합성 섬유 등) 단(單)섬유. (또는 **mónofílament**)
mo·nog·a·mist [mənɑ́gəmist/mɔnɔ́g-] 몡 일부일처주의자; 단혼주의자. **·mís·tic** 웹
mo·nog·a·mous [mənɑ́gəməs/mɔnɔ́g-] 웹 1 일부일처(주의)의. 2 (동물) 일자일웅(一雌一雄)의. 3 단혼제[주의]의. (또는 **monogamic**) ~·ly 튀 ~·ness 몡
mo·nog·a·my [mənɑ́gəmi/mɔnɔ́g-] 몡띠 1 일부일처제[주의](비 bigamy, polygamy). 2 (동물) 일자일웅의 습성. 3 (명칭) 한 번 결혼(結婚)(주의), 단혼제(單婚制)(비 digamy, deuterogamy).

mon·o·gen·e·sis [mànədʒénəsis/mɔ̀n-] 图⒰ 1 인류 일원(人類一元)(설). 2 〔생물〕 일원 발생(설); 단성[무성] 생식; 동태(同態) 발생.

mon·o·ge·net·ic [mànoudʒənétik] 图 1 단일 기원의. 2 〔동물〕 단성목(目) 흡충류의. 3 〔지질〕 단성(性)의. ¶a ~ volcano 단성 화산.

mon·o·gen·ic [mànədʒénik] 图 1 〔생물〕 단성(單性)의; 단일 유전자의. 2 〔지질〕 단일 종류의 광물로 이루어지는. **-i·cal·ly** 图

mo·nog·e·nism [mənádʒənizm/mɔnɔ́dʒ-] 图⒰ 인류 일원설. **-nist** **-nis·tic** [ˈnogenesis]

mo·nog·e·ny [mənádʒəni/mɔnɔ́dʒ-] 图 = **mon·o·glot** [mánəglàt/mɔ́nəglɔ̀t] 图 = **monolingual**. ── 图 한 나라 말만 쓰는 사람.

mo·nog·o·ny [mənádʒəni/-nɔ́g-] 图 〔생물〕 단성[무성] 생식.

mon·o·gram [mánəgræm/mɔ́n-] 图 모노그램, 짜 맞춘 글자, 합일(合一) 문자(머리 글자 따위를 짜맞추어 도안화한 것). ── 图他 (**-mm-**) …에 모노그램을 붙이다. **-gram·mat·ic, -gram·mat·i·cal, -grám·mic** 图

mon·o·graph [mánəgræ̀f, -grà:f/mɔ́n-] 图 1 전공 논문, 모노그래프. 2 단일 인물에 대한 전기적(傳記的) 연구서. 3 〔생물〕 어떤 분류군(taxa)에 대한 정보의 집대성. ── 图他 …에 관한 전공 논문을 쓰다. **mo·nóg·ra·pher, mo·nóg·ra·phist**

mon·o·graph·ic [mànəgrǽfik/mɔ̀n-] 图 전공 논문[모노그래프]의. (또는 **monographical**) **-i·cal·ly** 图

mo·nog·y·nous [mənádʒənəs/mɔnɔ́dʒ-] 图 1 일처(一妻)의, 일부일처의. 2 〔곤충〕 (꿀벌 따위가) 일처성(一雌性)의, 단일 여왕벌의. 3 〔식물〕 홑암꽃술의. 4 〔동물〕 일처성(一雌性)의, 한 암컷과 짝짓는.

mo·nog·y·ny [mənádʒəni/mɔnɔ́dʒ-] 图⒰ 1 일 처(一妻)의, 일부일처제[주의]. 2 〔곤충〕 단일 여왕 생식. 3 〔식물〕 홑암꽃술(图 **polygyny**). **-nist**

mon·o·hull [mánəhʌ̀l] 图 (대형 선박이) 단선체(單船體)인.

mon·o·kine [mánəkàin/mɔ́n-] 图 〔면역〕 모노카 인(단핵 백혈구나 대식(大食) 세포(macrophage)가 분비하여 다른 세포에 영향을 주는 물질의 총칭).

mon·o·ki·ni [mànəkíːni/mɔ̀n-] 图 모노키니(토플 리스(topless)의 비키니; 남성용의 극히 짧은 팬츠.

mo·nol·a·try [mənálətri/mɔnɔ́l-] 图⒰ 일신(一神) 숭배. **-ter, -trist** 图 **-trous** 图

mon·o·lin·gual [mànəlíŋgwəl/mɔ̀n-] 图 단일 언어의; 1개 국어만 사용할 수 있는. ¶a ~ country 단일 언어 사용 국가 /a ~ dictionary 한 언어로 쓰여진 사전. ── 图 1개 국어만 사용할 수 있는 사람. **-ism** 图

mon·o·lith [mánəlìθ/mɔ́n-] 图 1 모놀리스(건축 조각용의 큰 돌덩어리); 모놀리스(돌 하나로 만든 기둥·석상(石像) 따위). 2 (비유적) 하나로 통제된 조직체(정당·국가 따위). ¶a Communist ~ 공산당 1당 체제. **~·ism**

mon·o·lith·ic [mànəlíθik/mɔ̀n-] 图 1 모놀리스 (monolith)의, 돌[바위] 하나로 된. 2 (비유·경멸적) 하나로 통제된, 융통성이 없는; 이질 분자가 전혀 없는, 획일적인. ¶a ~ society 획일적인 통제된 사회. 3 〔전자〕 한 개의 반도체 칩 속에 만들어진; 모놀리식 (집적) 회로로 이루어진(를 이용한). 4 〔건축〕 이음매가 없는, 일체(一體)식 구조의. ── 图 〔전자〕 모놀리식 (집적) 회로. **-i·cal·ly** 图

monolíthic círcuit 图 = **monolithic**.

mon·o·log [mánəlɔ̀g, -làg/mɔ́n-] 图 = **monologue**.

mon·o·log·ist [mánəlɔ̀gist, mənálədʒ-/mɔ́nə-lɔ̀g-] 图 독백자; 회화를 독점하는 사람; 독연(獨演)자.

mo·nol·o·gize [mənálədʒàiz/mɔnɔ́l-] 图图 독백 하다, 혼잣말하다; 회화를 독점하다.

mon·o·logue [mánəlɔ̀g, -làg/mɔ́nəlɔ̀g] 图 1 (한 사람만의) 긴 이야기, 회화의 독점. 2 독백 형식의 시. 3 (극의) 독백. 4 혼자 하는 연극, 일인극. (또는 **monolog**)

mon·o·log·ize = **monologize**. **-lóg·ic, -lóg·i·cal** 图

mon·o·logu·ist [mánəlɔ̀gist, -làg-/mɔ́nəlɔ̀g-] 图 = **monologist**.

mo·nol·o·gy [mənálədʒi/mɔnɔ́l-] 图 1 혼잣말 하는 버릇, 독어벽(獨語癖). 2 (폐어) = **monologue**.

mon·o·ma·ni·a [mànəmɛ́iniə, -njə/mɔ̀n-] 图⒰ 편집광(偏執狂); 한 가지 일에만 열중하기.

mon·o·ma·ni·ac [mànəmɛ́iniæ̀k/mɔ̀n-] 图 편 집광자; 한 가지 일에만 열중하는 사람. ── 图 편집광 의; 편집광적인. (또는 **monomaniacal**) **-cal·ly** 图

mon·o·mark [mánəmɑ̀ːrk/mɔ́n-] 图 (종종 M-) (英) 모노마크(상품·동산 따위의 등록에 쓰이는 문자와 숫자로 짜맞춘 기호).

mon·o·mer [mánəmər/mɔ́n-] 图 〔화학〕 모노머, 단량체(單量體). 图 **polymer** **-mér·ic** 图

mon·o·me·tal·lic [mànəmətǽlik/mɔ̀n-] 图 한 가지 금속의; 한 가지 금속만을 사용하는; (화폐가) 단본 위(單本位)(제)의.

mon·o·met·al·lism [mànəmétəlìzm/mɔ̀n-] 图⒰ (화폐의) 단본위제[설, 주의, 정책]. **-list** 图

mo·no·mi·al [mounóumiəl, mə-/mɔ-] 图 1 (대수) 단항(單項)의. ¶a ~ expression 단항식. 2 〔생물〕 (명칭의) 단명법(單名法)의, 한 말로 된. ── 图 1 〔대수〕 단항식. 2 〔생물〕 단명법의 명칭, 한 말로 된 명칭.

mon·o·mode [mànəmóud/mɔ̀n-] 图 (광섬유가) 단일 모드의(중심부의 지름이 몇 미크론이어서 손실이 극히 작음).

mon·o·mo·lec·u·lar [mànouməlékjulər/mɔ̀n-] 图 〔물·화〕 단분자(單分子)의; 1분자 두께의; 1[단]분자층(層)의. ¶~ film 단분자막. **~·ly** 图

mon·o·mor·phe·mic [mànouməːrfíːmik] 图 〔언어〕 단일 형태소(形態素)로 이루어진.

mon·o·nu·cle·ar [mànənjúːkliər/-njúː-] 图 1 〔생물〕 〔세포〕 단핵(單核)의. 2 〔화학〕 단환(單環)의. ── 图 단핵 세포, (특히) 단핵 백혈구.

mon·o·nu·cle·o·sis [mànənjùːklióusis/mɔ̀n-ənjùː-] 图⒰ 〔병리〕 단핵증(單核症), 단핵 세포[백혈구] 증가증.

mon·o·pha·gia [mànəféidʒə/mɔ̀nə-] 图 편식, 단식증(單食症). (또는 **monophagism**)

mon·o·pho·bi·a [mànəfóubiə/mɔ̀n-] 图⒰ 〔정신의학〕 고독 공포증.

mon·o·phon·ic [mànəfánik/mɔ̀nəfɔ́nik] 图 1 〔음악〕 단선율(單旋律)의. 2 (또는 **mono**) (레코드 따위 가) 1채널에 의한 음 재생의, 단일음의. 图 **stereophonic** **-i·cal·ly** 图

mo·noph·o·ny [mənáfəni/-nɔ́f-] 图 〔음악〕 단선 율의 음악 형태; = **monody**.

mon·o·phos·phate [mànəfásfeit/mɔ̀nəfɔ́s-] 图 〔화학〕 단일산염(單燐酸塩).

mon·oph·thong [mánəfθɔ̀ːŋ, -θàŋ/mɔ́nəfθɔ̀ŋ] 图 〔음성〕 단모음(單母音). 图 **diphthong** **-thon·gal** [-θɔ̀ːŋɡəl, -θàŋ-] 图

mon·oph·thong·ize [mánəfθɔ̀ːŋgàiz, -θàŋ-/mɔ́nəfθɔ̀ŋ-] 图 〔이중(二重) 모음〕을 단모음화하다, 단모음으로 발음하다. **-i·zá·tion** 图

mon·o·plane [mánəplèin/mɔ́n-] 图 단엽(單葉) (비행)기. 图 **biplane, triplane** **-plàn·ist** 图

mon·o·pode [mánəpòud] 图 다리가 하나인(one-footed). ── 图 1 다리 하나의 짐승; (M-) (중세전설) 외다리 인간. 2 〔식물〕 = **monopodium**(의 단축(短縮)의).

mon·o·pole [mánəpòul] 图 1 〔물리〕 단극(單極); (N 또는 S의) 가설상의 자기(磁氣) 단극. 2 〔통신〕 (라디오의) 모노폴[수직] 안테나.

mo·nop·o·lism [mənápəlìzm/-nɔ́p-] 图⒰ 독점[전매]제; 독점[전매]주의 (정책); 독점 행위. **-list** 图 독점[전매](주의)자; 독점 기업.

mo·nop·o·lis·tic [mənàpəlístik/-nɔ̀p-] 형 독점적인, 전매의; 독점주의의. **-ti·cal·ly** 부
monopolístic competítion 명 〖경제〗 독점적
***mo·nop·o·lize** [mənápəlàiz/-nɔ́p-] 타 1 …을 전매하다; …의 독점[전매]권을 얻다[가지다]. 2 …을 독점하다, 점유하다. ¶ ~ the conversation 대화를 독점하다. **-li·zá·tion**, **-liz·er** 명

‡**mo·nop·o·ly** [mənápəli/-nɔ́p-] 명 (-lies [-z]) 1 ⓤⓒ (a ~, the ~) (…의/…의 점에서의/…을 행하는) 독점(권), 전매(권); (일반적으로) 독점, 전유(專有) (of, on/in/to do). ¶ the ~ of [or on] the trade 장사의 독점/hold a ~ for salt [tobacco] 소금[담배]의 전매권을 보유하다. 2 독점[전매] 상품, 전매 사업. 3 독점[전매] 회사, 독점자. 4 (M-) 〖상표〗 모노폴리(판(board) 위에서 부동산 매매를 하는 놀이).
***make a monopoly of** …을 독점하다.
-lòid 명

monópoly cápitalism 명 〖경제〗 독점 자본주의.
mon·o·pol·y·logue [mənápəlilɔ̀:g] 명 (혼자서 여러 배역을 하는) 1인극.
mo·nop·so·ny [mənápsəni] 명 〖경제〗 (시장의) 수요[구매자] 독점. **-nist** 명 **-nís·tic** 형
mon·o·psy·chism [mànəsáikizm] 명 〖심령〗 심령 일원설, 일령설(一靈說).
mon·o·rail [mánəreil/mɔ́n-] 명 모노레일, 단궤(單軌) 철도. ¶ by ~ 모노레일로[을] 타고.
mon·o·se·my [mánəsi:mi] 명ⓤ (어구 따위의) 단의(單義). 형 **polysemy** **-sé·mous** 형
mon·o·sex·u·al [mànəseksjuəl/mànəsékʃu-] 형 1 한 쪽 성(性)만의[에만 감응하는] (양성이 아니라 남성 혹은 여성의). 2 한 쪽 성의 사람[남자 또는 여자]만으로 이루어진. **-sex·u·ál·i·ty** 명
mon·o·ski [mánəski/mɔ́n-] 명 모노스키(한 판에 두 발을 올려놓는 폭넓은 스키판).
mon·o·so·di·um [mànəsóudiəm] 명 〖화학〗 나트륨 1원자를 가지는 (화합물의), 모노나트륨의.
monosódium glú·ta·mate [-glú:təmèit] 글루타민산(酸) 소다(화학 조미료; 略 MSG).
mon·o·some [mánəsòum] 명 〖유전〗 모노솜(상대가 될 상동(相同) 염색체가 없는 염색체); 이와 같은 염색체를 가지고 있는 개체, 1염색체성 개체.
mon·o·so·mic [mànəsóumik] 형 〖유전〗 1염색체성적인. ―― 명 1염색체성 개체.
món·o·spaced fònt [mánəspèist-] 명 〖컴퓨터〗 고정폭[등폭(等幅)] 폰트.
mon·o·stich [mánəstik] 명 단행시(單行詩); (시의) 1행(行). ―― 형 1행으로 이루어지는. **-stich·ic** 형
mon·o·syl·lab·ic [mànəsilǽbik/mɔ̀n-] 형 1 단음절(單音節)의. ¶ ~ words 단음절어(語)(yes, no 따위). 2 단음절어를 쓰는[말하는]; 매우 간결한. ¶ ~ answers 쌀쌀한 대답. **-syl·láb·i·cal·ly** 부 **-i·cal·ly** 부
mon·o·syl·la·bism [mànəsíləbizm/mɔ̀n-] 명 ⓤ 단음절성(性); 단음절어 사용 (성향).
mon·o·syl·la·ble [mánəsìləbl/mɔ́n-] 명 1음절; 단음절어(語). 형 **polysyllable**
***in monosyllables** (yes, no 같은 단음절로) 무뚝뚝하게.
mon·o·tech·nic [mànətéknik/mɔ̀n-] 형 〖학문·연구 등〗 한 분야 전문[전공]의, 단과(單科) 전문의. ―― 명 (기술) 전문 대학[학교], 단과 대학.
mon·o·the·ism [mánəθì:izm/mɔ́n-] 명 ⓤ 일신교(一神教), 일신론. 형 **polytheism**
-thè·ist 명 일신교 신자, 일신론자.
mon·o·the·is·tic [mànəθi:ístik/mɔ̀n-] 형 일신교의, 일신론적인. (또는 **monotheistical**) **-ti·cal·ly** 부
mon·o·the·mat·ic [mànəθimǽtik] 형 단주제의(單主題의), 「단재료로 편곡된」.
mon·o·tint [mánətìnt/mɔ́n-] 명 단색화(單色畵).
mon·o·tone [mánətòun/mɔ́n-] 명 1 단조(로움)

(높낮이·강약 따위의) 변화가 없음; 〖문체 따위의〗 단조(單調); 〖수학〗 단조. 2 〖음악〗 단조음으로 노래하는 사람. 3 단색화. 4 (비유적) 무변화, 단조로운 반복.
***in monotone** 단조롭게, 지루하게.
―― 형 1 =monotonous. 2 〖수학〗 증감하지 않는, 일정한, 단조의. ―― 타 …을 단조롭게 말[노래]하다.
mo·not·o·nize [mənátənàiz/-nɔ́t-] 타 단조롭게[지루하게] 하다.
‡**mo·not·o·nous** [mənátənəs/-nɔ́t-] 형 (**more** ~; **most** ~) 1 변화가 없는, 단조로운, 한결 같은, 지루한; 반복하는. ¶ ~ occupations [scenery] 단조로운 직업[경치]. 2 〖음·목소리가〗 단조로운, 단음조의, 고저[억양]가 거의 없는; 단색의. **~·ly** 부 **~·ness** 명
***mo·not·o·ny** [mənátəni/-nɔ́t-] 명 ⓤ 단조(單調), 무변화, 지루함, 동일음의 연속, 단음, 단음.
mon·o·trem·a·tous [mànətrémətəs/mɔ̀n-] 형 〖동물〗 단공류(單孔類)의.
mon·o·treme [mánətrì:m/mɔ́n-] 명 단공류의 동물(오리너구리 따위).
mon·o·type [mánətàip/mɔ́n-] 명 1 (M-) 〖상표〗 〖인쇄〗 모노타이프(활자의 자동 주조 식자 기계). 2 모노타이프 인쇄. 3 〖생물〗 단형(單型). ―― 타 …을 모노타이프로 짜다[찍다].
mon·o·typ·ic [mànətípik/mɔ̀n-] 형 〖인쇄〗 모노타이프(인쇄)의; 〖생물〗 단형속(單型屬)의.
mon·o·va·len·cy [mànəvéilənsi/mɔ̀nə-] 명 ⓤ 1 (화학) 1가(價)(인 것). 2 〖세균〗 (특정한 병균에 대한) 항균력(抗菌力). (또는 **monovalence**)
mon·o·va·lent [mànəvéilənt/mɔ̀nə-] 형 1 〖화학〗 1가(價)의; 단가의. 2 〖세균〗 특정한 한 종류의 병균에 저항할 수 있는. ―― 명 〖유전〗 1가[단가] 염색체.
mon·ov·u·lar [manávjulər/monóuv-] 형 〖의학〗 일란성의; 일란성 쌍생아에 특유한. 형 **biovular**
mon·ox·ide [manáksaid, mən-/monɔ́k-] 명 〖화학〗 일산화물(一酸化物). ¶ carbon ~ 일산화탄소.
Mon·roe [mənróu] 명. 1 **James** ~ (1758-1831; 미국 제5대 대통령(1817-25)). 2 **Marilyn** ~ (1926-62; 미국의 여배우).
Monróe Dóctrine (the ~) (美) 먼로주의(중남미 여러 나라에 대한 유럽 제국의 간섭을 미국은 허용치 않겠다는 Monroe 대통령의 외교 방침(1823)); (일반적으로) 상호 불간섭주의 (정책). 「trine. **-ist** 명
Mon·roe·ism [mənróuizm] 명 =Monroe Doc-
Mon·ro·vi·a [mənróuviə] 명 먼로비아(아프리카 서부의 라이베리아의 수도·항구).
mons [manz/mɔnz] 명 (復 **mon·tes** [mánti:z/mɔ́n-]) 〖해부〗 치구(恥丘).
Mons. Monsieur; Monsignor.
Mon·sei·gneur [mɔ:ŋseinjə́:r] 명 (復 **Mes·sei·gneurs** [mèiseinjə́:rz]) 1 전하 (殿下), 예하(猊下), 각하(왕족·사교·추기경 등에 대한 프랑스의 존칭; 略 Mgr., Monsig.). 2 그 칭호를 가진 사람. 〖<F〗
***mon·sieur** [məsjə́:r] 명 (復 **mes·sieurs** [meisjə́:rz]) 1 …씨, …님; 여보시오(영어의 Mr., Sir에 해당하는 프랑스의 존칭; 略 M; 復 MM., Messrs.). 2 (경멸적) 프랑스인. 〖<F〗
Monsig. Monseigneur; Monsignor.
Mon·si·gnor [mansi:njə́:r/mɔn-] 명 (復 **~s**, **-gno·ri** [It monsinnjó:ri] (때로 m-) 〖가톨릭〗 1 몬시뇨르(고위 성직자(주교, 대주교 등)에 대한 존칭; 略 Mgr., Msgr., Mngr., Mon.). 2 그 칭호를 가진 사람.
mon·si·gno·ri·al [mànsinjɔ́:riəl] 형 〖<It〗
Mon·si·gno·re [mànsinjɔ́:rei] 명 =Monsignor.
mon·soon [mansúːn/mɔn-] 명 (印度洋·남아시아 지방의) 계절풍. ¶ the dry[wet] ~ 동계[하계] 몬순. 2 (인도나 그 인접 지역의) 장마철, 하계 몬순이 부는 계절. 3 (일반적으로) 계절풍. **~·al** 형
mónsoon lów 몬슨 저기압.
mons pu·bis [mánz pjú:bis/mɔ́nz-] 명 (復

***mon·tes** p-** [mánti:z-] 〖해부〗(남성의) 치구(恥丘).
‡**mon·ster** [mánstər/mɔ́n-] 〖(**∼s** [-z]) 1 괴물, 도깨비; 괴수(怪獸); 기괴한 모양을 한 것[식물, 사람]; 〖병리〗기형아. **2** 극악 무도한 사람; 사람 같지 않은 사람. ¶a ∼ of cruelty 몹시 잔인한 사람/a ∼ of perfection 완전 무결한 사람. **3** 거대한 동물[식물, 물건]; 무서운 위력이 있는 것. ¶a ∼ of a tomato 거대한 괴물같은 토마토/The swollen rivers are ∼s. 불은 하천은 위협적이다. **4** 〖美속어〗중추 신경에 작용하는 마약. **5** 〖미식축구〗정해진 위치에 있지 않은 라인배커. (또는 ∼ **bàck** [**màn**]) **6** 〖美속어〗(레코드의) 베스트셀러; 인기 가수, 음악계의 슈퍼스타.
create a monster 골치아픈 상황을 만들다.
── 〖1〗 거대한, 괴물처럼 생긴. **2** (마약이) 강력한, 중독성의. **3** 〖속어〗베스트셀러의, 대성공한, 인기가 아주 ∼**-like** 높은.
mónster wèed 〖(美속어〗=cannabis.
mon·strance [mánstrəns/mɔ́n-] 〖(가톨릭〗성체 안치기(聖體安置器).
mon·stre sa·cré [mɔ̀:nstrə sakréi] 〖(복 **-s** -s] 기인(奇人). (영화 따위의) 대스타. 〖F〗
mon·stros·i·ty [manstrásəti/mɔnstrɔ́s-] 〖 ①〗 (형태·성질 따위의) 기괴, 기이, 기형. **2** 기괴한 물건, 거대한 것; 무도한 행위. **3** 기형, 도깨비.
*****mon·strous** [mánstrəs/mɔ́n-] 〖 1〗 거대한. ¶a ∼ ox 거대한 소/a ∼ sum 엄청난 금액. **2** 굉장한, 극도의. **3** 극악 무도한; 어처구니없는. ¶∼ crimes 극악무도한 범죄. **3** 기괴한, 기형의. **4** 괴물처럼 생긴.
─〖(美)〗 매우, 엄청나게, 지독히. ∼**-ly** 〖 ∼-ness** 〖
mons ve·ne·ris [mánz vénəris] 〖(복 ***mon·tes** v-** [mánti:z-] 〖(해부)〗 비너스의 언덕, 여자의 치
Mont. Montana.
mon·tage [mantá:ʒ/mɔn-] 〖 (∼**-tag·es** [-tá:ʒiz]) ①〗 **1** 몽타주, 합성(合成); 몽타주[합성] 그림[사진]. **2** 〖영화·TV〗 몽타주(개개의 아주 짧은 장면을 빨리 연속시켜 종합적인 효과를 노리는 기법(技法)); 몽타주 화면; 필름 편집. **3** 〖라디오〗 혼성 음향(음성) 효과. **4** (음악·문학에서 독립된 요소들을 혼합시키는) 몽타주 기법; 이 기법에 의한 작품. ─〖(* -s) 몽타주 기법으로 합성하다; 몽타주 기법으로 묘사하다. 〈F〉
mon·ta·gnard [mɑ̀ntənjá:rd] 〖 (∼(**s**)) (종종 M-) 프랑스인. 산지민(山地民). **1** Rocky 산맥 북부에 사는 인디언. **2** 베트남 남부 고지의 주민. **3** 몬타나르드족[인]의, 산지민[산악족]의.
Mon·taigne [mantéin/F mɔ̀tεn] 〖 Michel Eyquem de ∼ 몽테뉴(1533-92: 프랑스의 사상가).
Mon·ta·le [mɔ:ntá:lei] 〖 Eugenio ∼ 몬탈레(1896-1981: 이탈리아의 시인; Nobel 문학상(1975)).
Mon·tan·a [mantǽnə/mɔn-] 〖 몬태나(미국 서북부의 주; 주도(州都) Helena; 통 Mont.). **-an** 〖〖
mon·tane [mántein/mɔ́n-] 〖 (생태)〗 산악의, 산지(山地)에 사는[자라는]. ── 저(低)산대 지대.
món·tan wàx [mántæn-/mɔ́n-] 〖 몬탄 왁스(레코드·양초·광택제의 원료가 되는 광랍(鑛蠟)).
Mont Blanc [mɔ̃ blɑ́:ŋ/F mɔ̃ blɑ̃] 〖 몽블랑. **1** 프랑스와 이탈리아의 국경에 있는 알프스 산맥 중의 최고봉(4,807m). **2** 독일의 필기구 제조 회사(Mont Blanc-Simplo 사); 또는 그 제품(만년필).
mont·bre·ti·a [mantbrí:ʃiə/mɔntbrí:-] 〖 (식물)〗 (붓꽃과의) 몬트브레치아.
mont-de-pi·é·té [F mɔdpjete] 〖 (복 *monts- [F mɔd-]) 공영(公營) 전당포. 〈F mountain of pity〉
mon·te [mánti/mɔ́n-] 〖 몬티(스페인·중남미의 도박 카드놀이). (또는 ∼ **bànk**)
Mon·te Car·lo [mánti ká:rlou/mɔ́n-] 〖 몬테카를로(모나코 공국(公國)의 도시). **2** 몬테카를로법(확률이 수반되지 않는 문제를 이에 대응하는 확률 과정의 **Monte Cárlo mèthod** 〖 (통계)〗
문제로 바꿔 놓고 해결하는 방법).
mon·teith [mantí:θ/mɔn-] 〖 (18세기에 사용된) 펀치(punch)용 큰 사발.
Mon·te·ne·gro [mɑ̀ntəní:grou/mɔ̀n-] 〖 몬테네그로(옛 유고슬라비아 연방의 구성 공화국의 하나). **-grin** 〖〖
Mon·te·rey Báy [mántərèi-] 〖 몬터레이만(灣) (미국 California주 서부, 태평양에 면한 만).
Món·te·rey chéese 〖 몬터레이 치즈(고수분·반연질(半軟質)의 우유 치즈).
Mon·tes·quieu [mántəskju:] 〖 **Charles** ∼ 몽테스키외(1689-1755: 프랑스의 철학자·계몽사상가).
Mon·tes·so·ri [mɑ̀ntəsɔ́:ri] 〖 **Maria** ∼ 몬테소리(1870-1952: 이탈리아의 여류 교육가·의사).
Montessóri mèthod [sýstem] 〖 (the ∼) 〖교육〗 몬테소리법(法)(유아 교육에서 개인 활동·표현과 감각 훈련을 중시하는 자발적인 학습 교육 방법).
Mon·te·ver·di [mɑ̀ntəvέərdi] 〖 **Claudio** ∼ 몬테베르디(1567-1643: 이탈리아의 작곡가; 오페라 확립에 공헌). (또는 **Monteverde**)
Mon·te·vi·de·o [mɑ̀ntəvidéiou, -vídiòu/mɔ̀n-] 〖 몬테비데오(남미 우루과이의 수도·항구).
Mon·te·zú·ma's revénge [mɑ̀ntəzú:məz-] 〖 (익살) 몬테수마의 앙화(멕시코 여행자의 설사병).
mont·gol·fi·er [mantgálfiər/mɔntgɔ́l-] 〖 몽골피에식 기구(기구(하부의 불로 가열하여 공기로 상승).
Mont·gom·er·y [mantgáməri/mɔnt-] 〖 몽고메리. **1 Bernard Law** ∼(1887-1976: 영국의 육군 원수; 제2차 세계 대전 당시 유럽 총사령관). **2** 미국 Alabama주의 주도(州都).
‡**month** [mʌnθ] 〖 **1** (달력에서의) 달(calendar ∼); 일 개월. **1** a lunar [solar] ∼ 태음[태양]월/a synodic ∼ 삭망월(朔望月) (신월(新月)에서 다음 신월까지의 기간)/in two ∼s; in two ∼s' time 두 달이 지나서/for the past [or last] two ∼s 지난 2개월간. **2** (임신·형기) 따위의) …개월. ¶a woman in her 5th ∼ 임신 5개월의 부인.
a month of Sundays ⇒SUNDAY.
from month to month 매월, 다달이.
month after month =*from month to month*.
month by month 다달이, 달마다.
month in, month out 달이면 달마다, 다달이.
the month after next 내내월, 다음다음달.
the month before last 지지난달.
this day [or *today*] *month* [or *a month from now*] 내달[지난달]의 오늘.
this [*last, next*] *month* 이[지난, 내] 달.
month·long [mʌ́nθlɔ̀:ŋ] 〖 한 달간 계속되는.
‡**month·ly** [mʌ́nθli] 〖 **1** 한 달의; 한 달에 한 번의, 매달의; 월정(月定)의. **2** 일 개월간의. ¶the moon's ∼ period 달이 운행하는 한 달 기간. **3** 〖(구어)〗 월경의.
─〖 (∼ **-lies** [-z]) **1** 월 1회의 간행물, 월간 잡지. **2** (-lies) (단·복수 양쪽) 〖(구어)〗 월경.
─〖 한 달에 한 번, 매월. ¶pay ∼ 매달 지불하다.
mónthly bíll 〖 (美속어)〗 생리.
mónthly invèstment plán 〖 월별 투자 계획.
mónthly núrse 〖 (英)〗 (산후 1개월간) 산모에게 딸린 간호사.
mónthly róse 〖 (식물) (사계절 꽃이 피는) 월계화.
mónth's mínd 〖 **1** 〖(가톨릭)〗 (죽은 후 한 달만에 올리는) 추도 미사. **2** 〖(고어)〗 애호, 좋아함.
mon·ti·cule [mántikju:l] 〖 **1** 작은 산, 언덕. **2** 기생 화산, 측화산(側火山), 화산구(口). **3** 〖동물·해부〗 소구(小丘), 소돌기(돌기).
Mont·mar·tre [F mɔ̃maRtR] 〖 몽마르트르(파리 북부의 언덕진 곳에 있는 지구; 예술가가 많이 모였다).
Mont·par·nasse [F mɔ̃paRnas] 〖 몽파르나스

Mont·pel·ier [mɑntpíːljər] 몬트필리어(미국 Vermont 주의 주도).

Mont·re·al [mɑ̀ntriɔ́ːl, mʌ̀nt-/mɔ̀nt-] 몬트리올(캐나다 Quebec 주의 항구 도시). **-er**

Montreál Prótocol (the ~) 〔환경〕 몬트리올 의정서(유엔 환경 계획(UNEP)에 따라 1987년에 채택된 오존층 보호를 위한 조약).

mon·ty /mɑ́nti/mɔ́n-/ 〔英·濠속어〕 (경마에서) 우승이 확실한 말; 확실한 것. (또는 **monte**)

‡**mon·u·ment** [mɑ́njumənt/mɔ́n-] 1 기념비, 기념상(像), 기념 건조물.¶erect [or set up] a ~ 기념비를 세우다. 2 (the M-) 런던 대화재 기념탑(1666년의 대화재를 기념). 3 기록, 유적; (천연) 기념물; (기)역사적 기록, 고문서.¶an ancient ~ 고대의 유물/a natural ~ 천연 기념물. 4 (불후의) 사업[업적, 저작]; 금자탑(金字塔); (반어적) 후세까지 남는 대실수[실패]. ¶a ~ of learning 죽은 후에 남는 학문상의 업적/a ~ of stupidity 이전의 어리석었던 행위를 언제까지나 생각나게 하는 것. 5 현저한 사례(例), 유례가 없는 것; 모범, 전형, 구체화 (of, to). 6 기념비적 존재, 영웅적 인물, (시대의) 대표적 인물. 7 (고인에 대한) 표장[감사]장, 찬사. 8 (경계의) 표식(標識), 표지(標識). 9 묘석, 묘비. ─ ~에[의] 기념비를 세우다. **~·less**

*** mon·u·men·tal** [mɑ̀njuméntl/mɔ̀n-] 1 기념비[탑]의, 기념(물)의. ¶ ~ inscriptions 비문/a ~ mason 비석공(碑石工). 2 기념비 비슷한; 무게 있는, 당당한. 3 (미술) 실물보다 큰. 4 불후[불멸]의. ¶a ~ book 오랫동안 후세에 남을 서적. 5 (구어) 터무니없는, 엄청난. ¶ ~ stupidity [ignorance] 터무니없는 어리석음[무지]. **~·ism, -men·ál·i·ty ~·ly**

mon·u·men·tal·ize [mɑ̀njuméntəlàiz/mɔ̀n-] (*〔英〕-ise*) (기념비 등에 의하여) …을 기념하다, 영구히 전하다. **-i·zá·tion**

mon·y [mɑ́ni/mɔ́ni] 〔스코·北英〕 =many.

-mo·ny [mòuni/məni] 결과·상태·동작을 나타내는 명사를 만든다. ¶ceremony, testimony.

moo [muː] (소 따위가) 음매 하고 울다. ─ (-s) 1 음매 하고 우는 소리. 2 (또는 ~-mòo, 〔英〕 ~-còw) (어린이말) 소. 3 〔美속어〕 우유; (경식당에서) 비프스테이크. 4 〔美속어〕 어리석은 너석[여자].

MOO Money Order Office; 〔컴퓨터〕 multi-user Object-Oriented environment.

moo·cah [múːkɑː] 〔美속어〕 마리화나.

mooch [muːtʃ] (속어) 1 살금살금 걷다[들어오다, 나가다, 도망가다]. 2 배회하다, 어슬렁거리다, 돌아다니다(about, along, around). 3 (남의 물건을) 달라고 조르다; 후무리다(from, on). 4 (음식의 대금을 남에게 지불하게 하고 도망치다, 무전 취식[음주]하다. ─ 1 …을 슬쩍 훔치다. 2 …을 남에게 졸라서 얻어내다. ¶ 우려내다. 3 (동냥을) 청하다, 구걸하다. 1 =moocher. 2 특매품에 관심을 가지는 손님; 아마추어 주식 투자자; 봉, 잘 속는 사람, 3 (美속어) 마약.

mooch·er [múːtʃər] (속어) 배회하는 사람; 부랑자; 좀도둑; 우려먹는 사람; 마약 상습자.

moo-cow [ˈkau] (어린이말) 음매(암소의 울음 소리), 소.

‡**mood**[1] [muːd] (~s [-z]) 1 심리 상태, 심사, 감정; (일시적인) …의 기분 (for, to do). ¶a dreamy ~ 꿈꾸는 듯이 황홀한 기분/be of a fickle ~ 기분이 변하기 쉽다/He was in a receptive ~. 그는 남의 말을 들어주려고 하는 마음이었다.

〔유의어〕 **mood** 일시적인 기분을 뜻하는 일반적인 말. **humor** 그 때의 신체적·심리적 상태에서 생기는 변하기 쉬운 기분. **temper** 강한 감정, 특히 노여움에 지배된 mood. **vein** 극히 일시적인 mood.

2 (the ~) (대중·사회 등의) 무드, 풍조: 〔작품 따위의 갖는) 분위기; (모임 따위의) 공기. ¶The city was in a military ~. 그 도시는 군대 분위기에 젖어 있었다. 3 (~s) (구어) (발작적인) 변덕, 침울, 언짢은 기분. ¶have bad ~s 기분이 언짢다 / have great ~s 감정의 기복이 심하다. 4 (고어) 노여움, 짜증.

a man of moods 변덕스러운 사람, 변덕쟁이.
be in a good [bad] mood 기분이 좋다[언짢다].
change one's moods 기분을 바꾸다; 기분 전환을 하다.
in a laughing [melancholy, merry] mood 쾌활 [한[우울한, 명랑한] 기분으로.
in a mood; in one of one's moods (구어) 기분이 좋지 않은.
in a [or *the*] *mood for* [or *to do*] …에 마음이 내켜서, …할 기분이 되어.
in no mood for [or *to do*] …할 마음이 안 내켜서.

*** mood**[2] 1 (the ~) 〔문법〕 법, 서법(敍法). 2 〔논리〕 (삼단 논법의) 양식. 3 〔음악〕 선법(旋法), 음계. (또는 **mode**)

mood·al·ter·ing [-ɔ̀ːltəriŋ] (약 따위가) 마음 [감정] 상태를 바꿀 수 있는.

móod drùg 정신 신경용 약(흥분제·진정제 따위).

móod mùsic 무드 음악; 무드 음악.

móod rìng 무드 링(액정 석영을 끼운 반지로, 기분에 따라 색이 변한다고 한다). ─ 는 인조 보석.

móod stòne (패용자의) 기분에 따라 색이 변하는 돌.

móod swìng 〔정신의학〕 (조울증 따위에서 볼 수 있는) 기분의 극단적인 변화.

*** mood·y** [múːdi] 1 변덕스러운; 성미가 까다로운. 2 기분이 좋지 않은, 침울한. ─ 〔英속어〕 아첨; (old ~) 거짓말, 바보 같은 소리, 일이 잘 안됨, 성마름, 언짢음, 우울. ─ 〔속어〕 홍감부리다, 추켜세워 속이다.

móod·i·ly móod·i·ness

Moo·dy's [múːdiːz] ~ Investors Service.

Móody's Invéstors Sèrvice 〔美〕 무디스 인베스터즈 서비스(사)(~ Inc.)(미국의 금융 정보 서비스 및 신용 평가회사; Standard & Poor's와 함께 2대 채권 등급 평가 기관). ─ 〔mooee〕

moo·ey [múːiː] 〔속어〕 입, 낯. (또는 **moey**)

Móog (sýnthesizer) [móug-] 무그 신시사이저(전자음 합성 장치).

móo jùice (익살) 우유.

mook[1] [muk] 잡지식 서적, 서적식 잡지(how to 물(物), 요리책, 대중 소설 등). 〔*magazine + book*〕

mook[2] (the ~s) 〔美속어〕 젊은 백인 랩록(rap-rock)광(狂), 무크족(族)(랩록·레슬링·포르노 따위에 열광하는 콘서트에서 광란적인 반체제적인 젊은이들).

mool [muːl] 〔스코·北英〕 1 (부드럽고 부서지기 쉬운) 경토(耕土), 옥토, 부식토. 2 묘토(墓土); 묘.

moo·la(h) [múːlɑː] 〔美U〕 (속어) 돈.

mool·vee [múːlviː] =maulvi. (또는 **moolvi(e)**)

‡**moon** [muːn] (~s [-z]) 1 (the ~) 달(* 대명사는 she, it); (a ~) (특정 시기) 달.¶a full ~ 만월 / a half ~ 반달 / a new ~ 초승달 / an old [or a waning] ~ 하현달(만월 후의 달) / The ~ is shining on the water. 달이 수면에 비치고 있다. 2 위성, 인공 위성.¶an artificial [or a man-made] ~ 인공 위성. 3 태음월 (시) 한 달(month).¶This is the ~ of roses. 이달은 장미가 한창인 달이다. 4 (古어) 달빛.¶The ~ was full on her face. 달빛이 그 여자의 얼굴에 가득 비치고 있었다. 5 달 모양의 것; 초승달 모양의 것; (the M~) 이슬람기(터키의 국기). 6 (古) 영멍이. 7 〔美속어〕 (밀조) 위스키. 〔*for the moon.*

aim [or *level*] *at the moon* 대망을 품다; =*cry*
bark [or *howl*] *at* [or *against*] *the moon; bay* (*at*) *the moon* ① 달을 보고 짖어대다. 헛된 소동을 벌이다. ② 공연스레 비난하다. (지체 높은 사람을) 헐뜯다.

believe that the moon is made of green cheese 어이없는 일을 믿다.

below the moon 달빛 아래. 이 세상의.
be [or **jump**] **over the moon** (英) ① 매우 행복하다. ② 몰두하다.
beyond the moon 손이 미치지 못하는 곳에; 터무니없이.
cry [or **ask, bark, reach, want, wish**] **for the moon** 얻지 못할 물건을 탐내다, 불가능한 일을 바라다.
many moons ago 오래[훨씬] 전에.
once in a blue moon 매우 드물게, 좀처럼 ~않는 [없는](seldom).
on the moon cycle (美속어) (여성이) 생리중에.
pay [or **offer**] *a person* **the moon** 남에게 높은 급여를 지불하다.
promise *a person* **the moon** 남에게 터무니없는 [불가능한] 것을 약속하다.
shoot a [or **the**] **moon; throw a** [or **the**] **moon** (속어) 엉덩이를 노출해 보이다.
shoot the moon (속어) 야반 도주하다.
the man in the moon 달 표면의 반점; 달 속의[가 상적인] 사람. ¶I don't know it any more than *the man in the* ~. 나는 그것을 전혀 모른다.
the old moon in the new moon's arms (지구 반사광으로) 초승달의 두 뿔 사이에 희미하게 보이는 달의 암흑면.
── ⓥⓘ (~s [-z]) 戱 (구어) 1 멍하니 보내다(*away*); 헤매다, 서성거리다(*about, (a)round*). 2 감상적이 되다, 눈물이 많아지다. 3 멍하니 바라보다 (*at, over*); (사람·일을) 이것저것 생각하다. 미친 듯이 생각하다.
── ⓥⓣ (구어) 1 [시간을] 멍하니 보내다(*away*). ¶(~+目+副) ~ the evening *away* 저녁 시간을 멍하니 보내다. 2 조롱하다. ¶They're ~*ing* us! 그들은 우리를 조롱하고 있어! 3 [사냥감 따위]를 달빛으로 확인하다. 4 (속어) (남)에게 엉덩이를 드러내 보이다.
moon over (구어) …을 동경[열광]하여 넋을 잃고 있다.
moon·ball [múːnbɔ̀ːl] 圀 (테니스) 높게 둥근 원을 그리는 샷.
moon·beam [múːnbìːm] 圀 (한 줄기의) 달빛, 월광.
moon-blind [⊥blàind] 劒 (말이) 월맹증(月盲症)인; (사람이) 야맹증(夜盲症)인.
móon blíndness 圀 (말의) 월맹증; (사람의) 야맹증.
moon·bound [⊥bàund] 劒 달을 향하는.
moon·bow [múːnbòu] 圀 달무지개, 월홍(月虹).
moon·bug [múːnbʌ̀g] 圀 (구어) 월면 착륙선.
moon·bug·gy [múːnbʌ̀gi] 圀 월면차(月面車).
moon·calf [múːnkæ̀f/-kɑ̀ːf] 圀 1 (선천성) 정신박약자, 바보, 천치. 2 공상에 잠겨 허송세월하는 젊은이. 3 (고어) 기형물, 괴물.
móon càr 圀 (우주) 월면차(lunar rover).
moon·child [múːntʃàild] 圀 (*pl.* -*chil·dren* [-̀drən]) (때로 M- C-) (점성) 게자리생(生). (또는 **móon child**)
moon·craft [múːnkræ̀ft/-krɑ̀ːft] 圀 =moonship.
móon cràwler 圀 =moon buggy.
moon dòg 圀 (천문) 무리달, 환일(幻月).
moon·down [múːndàun] 圀Ⓤ|Ⓒ (美) 월몰(月沒).
moon·dust [múːndʌ̀st] 圀 월진(月塵)(月面) (달 표면의 미세한 입자).
mooned [muːnd] 劒 (초승달 모양의; (초승달 모)
moon·er [múːnər] 圀 (구어) 달을 바라보는 게으름뱅이, 멍청한 녀석; (美속어) 보름달 때 활동하는 병적범죄자; (속어) 술꾼, 취한.
móon·eye 圀 (美) (수의) 월맹증(月盲症).
moon-eyed [⊥àid] 劒 1 =moon-blind. 2 (공포·놀람으로) 눈을 휘둥그렇게 뜬.
moon·face [múːnfèis] 圀 1 둥근 얼굴. 2 (의학) 월상안(月狀顔)(부신피질 장애나 이 호르몬제의 부작용 등에 의한다). (또는 **móon fàce**)
moon-faced [⊥fèist] 劒 얼굴이 둥근.
moon·fall [múːnfɔ̀ːl] 圀 달(월면) 착륙.
moon·fish [múːnfìʃ] 圀 (*pl.* ~·*es*) 등그스름한 바닷고기(개복치 등).
moon·flight [múːnflàit] 圀 달 여행, 달 비행.
moon·flow·er [múːnflàuər] 圀 (식물) 밤메꽃; (英) 데이지.
móon gâte 圀 (중국 건축의) 만월문(滿月門), 원형 출입문.
Moon·ie [múːni] 圀 통일교 신자; (the ~s) 통일 교회. 〈<교주 Sun Myung Moon(1920-)의 이름〉
moon·ing [múːniŋ] 圀 (달리는 차의 창문 따위에서) 볼기를 노출하는 장난.
moon·ish [múːniʃ] 劒 1 달 같은; 달의 영향을 받은. 2 변하기 쉬운; 변덕스러운. 3 통통한. **~·ly**
Moon·ism [múːnizm] 圀 문선명(文鮮明)주의, 세계 기독교 통일 신령 협회 주의, 원리 운동.
móon jèep 圀 월면차(月面車).
móon knife 圀 (제혁) (가죽을 부드럽게 하는 데 쓰이는) 속이 빈 초승달 모양의 칼.
moon·less [múːnlis] 劒 1 달이 없는, 캄캄한. ¶a dark ~ night (달 없는) 캄캄한 밤. 2 (행성이) 위성[달]을 갖지 않은.
moon·let [múːnlit] 圀 (자연 또는 인공의) 작은 위성.
móon lètter 圀 (아랍어 문법) 달 문자(어두에 왔을 때, 앞의 정관사의 l을 흡수 동화하지 않는 자음의 총칭).
*****moon·light** [múːnlàit] 圀|Ⓤ 1 달빛, 월광. 2 (~) **by moonlight** 달빛으로. [어) 밀주.
do a moonlight (英속어) 야반 도주하다.
in the moonlight 달빛을 받고.
let moonlight into *a person* (美속어) 남에게 (총을 쏘아) 구멍을 내다.
── 劒 달빛의; 달빛에 생기는. ¶a ~ night 달밤.
── ⓥⓘ (구어) (야간에) 부업을 하다; (실업 수당을 받는 사람이) 몰래 일하다; (美속어) 밀주를 매매하다.
moon·light·er [múːnlàitər] 圀 1 (역사) 월광단원(月光團員)(1880년경 아일랜드에서 일어난 비밀 농민 반란 단체의 일원). 2 (특히 밤에) 부업을 하는 사람. 3 밀주업자. 4 (속어) 중혼자(bigamist).
móonlight flít(ting) 圀 (英구어) 야반 도주.
do a moonlight flit 야반 도주하다.
moon·light·ing [múːnlàitiŋ] 圀|Ⓤ 1 (역사) moonlighters의 폭동. 2 (구어) 야업; 밤일; 두 가지 겸업. 3 주류 밀조(密造). [질.
móonlight requisìtion 圀 (美속어) 야간 도둑
móonlight schóol 圀 (美) (남부 시골의 성인을 위한) 야간 강좌[학교].
Móonlight Sonáta 圀 (the ~) 월광 소나타(베토벤의 피아노 소나타 제14번). [어) (밀주에) 취한.
*****moon·lit** [múːnlìt] 劒 달빛에 비친, 달 밝은; (美
moon·man [múːnmæ̀n, -mən] 圀 1 (상상속의) 달나라 사람. 2 달 탐험의 우주 비행사.
móon mónth 圀 태음월(太陰月).
móon órbit 圀 달 궤도.
móon píllar 圀 (천문) 달기둥, 월주(月柱)(달의 위 아래로 수직된 빛의 기둥이 나타나는 무리(halo) 현상.
móon póol 圀 문 모습의 굴착선의 중앙 샤프트.
moon·port [múːnpɔ̀ːrt] 圀 월항(月港), 달 로켓[발사] 기지.
moon·probe [múːnpròub] 圀 달 탐사기.
moon·quake [múːnkwèik] 圀 월진(月震).
moon·rise [múːnràiz] 圀|Ⓤ|Ⓒ 월출; 달 뜨는 시각.
moon·rock [múːnràk/-rɔ̀k] 圀 월석(月石); (속어) (헤로인·코카인) 합성 마약(담배).
móon róver 圀 (우주) 월면차(月面車). (또는 **móon róving vèhicle**)
moon·scape [múːnskèip] 圀 월면의 경치[사진].
moon·scoop·er [múːnskùːpər] 圀 자동 월면 물질 채집선.
moon·set [múːnsèt] 圀|Ⓤ|Ⓒ 월몰; 달이 지는 시각.
moon·shee [múːnʃi] 圀 (인도) =munshi.
*****moon·shine** [múːnʃàin] 圀|Ⓤ 1 달빛. 2 쓸데없는

moonshiner 이야기, 어리석은 생각, 헛소리. **3** 《구어》 밀수입한 술; 《美구어》 밀주. —통《구어》(술을) 밀조하다.

moon·shin·er [múːnʃàinər] 명 《美구어》 **1** 주류 밀조[밀수입]자. **2** 야간에 불법적인 장사를 하는 사람.

moon·shin·y [múːnʃàini] 형 **1** 달빛에 비친, 달빛의; 달빛 같은. **2** 가공(架空)의, 공상적인. ¶a ~ enterprise 비현실적인 기획.

moon·ship [múːnʃip] 명 달 탐측선(探測船).

moon·shot [múːnʃàt/-ʃɔ̀t] 명 달 로켓[탐색 우주선]의 발사. (또는 **móon shòt [shòot]**)

moon·sta·tion [múːnstèiʃən] 명 월면 정거장.

moon·stone [múːnstòun] 명 ⓤⓒ 월장석(月長石), 문스톤(보석의 일종).

moon·strick·en [múːnstrìkən] 형 =moon-

moon·strike [múːnstràik] 명 월면 착륙.

moon·stroll [múːnstròul] 명 월면 보행.

moon·struck [múːnstrʌ̀k] 형 **1** 머리가 이상해진, 미친(옛날 점성학에서 정신병은 달빛의 영향이라고 생각했다). **2** 감상(感傷)으로 심란해진; 멍한.

móon suit 월면(月面) 우주복.

moon·tel [múːntèl] 명 《美속어》 (SF의) 월면 호텔.

Móon type 명 《시각 장애자용의》 돋을새김 문자(법). [〈고안자인 William Moon]

moon·walk [múːnwɔ̀ːk] 명 **1** 《우주》 월면(月面) 보행[탐색]. **2** 문워크(breakdancing 동작의 하나로, 전진하는 동작으로 후진하는 것). **~·er** 명

moon·ward [múːnwərd] 형 달로, 달을 향하여. (또는 **moonwards**) — 형 달로 향하는. ¶위성 관측자.

moon·watch·er [múːnwɑ̀tʃər/-wɔ̀tʃ-] 명 인공

moon·work [múːnwə̀ːrk] 명 월면 작업. 「은.

moon·wor·thy [múːnwə̀ːrði] 형 달 여행에 알맞

moon·y [múːni] 형 **1** 달의[과 같은]; 달 같은. **2** 달 모양의[원형]의; 초승달 모양의. **3** 달빛에 비친. **4** 《구어》 멍한, 꿈 같은; 얼빠진; 《속》 고주망태가 된. —명 《속》 얼간이. **móon·i·ly** 부 **móon·i·ness** 명

Moon·y [múːni] 명 《美속어》 =Moonie.

‡**moor**[1] [muər] 명 **1** ⓤⓒ (히스 관목이 우거진) 황야, 황무지; 습지 초원. **2** 수렵 조수 보호구, 사냥터.

*****moor**[2] 통타 **1** (밧줄·사슬·닻 따위로)(배 따위를) 매어 두다, 정박시키다, 계류(繫留)하다. ¶~ a ship at the pier 배를 선창에 계류시키다. **2** …을 (…에) 고착[고정] 시키다 (to); 안전하게 하다. —자 배를 계류[닻을 내 가] 투묘(投錨)하다, 정박하다; 고착되다. — 명 배를 붙잡아 매는[고박시키는] 밧줄.

Moor [muər] 명 무어 사람. **1** 아프리카 서북부에 사는 Berber 인종과 Arab 인종의 혼혈종인 회교도. **2** 8세기에 스페인을 정복한 부족. **3** 인도의 회교도.

moor·age [múərid3] 명 ⓤⓒ **1** (배 따위의) 정박, 계류. **2** 정박소, 계류소. **3** 계선(繫船)소 사용 요금.

moor·bird [múərbə̀ːrd] 명 =moorfowl. 「(產).

móor còck 명 《조류》 붉은뇌조(雷鳥)의 수컷(영국산

Móore-Smíth convérgence [múərsmíθ-] 명 《수학》 무어 스미스의 수렴(收斂)(점렬[點列]의 수렴을 위상 공간까지 확장시킨 이론).

moor·fowl [múərfàul] 명 《조》 《~(s)》 붉은뇌조(영국산(產) 사냥감 새). (또는 **moorgame**)

moor·hen [múərhèn] 명 《조류》 쇠물닭(흰눈썹뜸부기과의 물새); 붉은뇌조의 암컷.

moor·ing [múəriŋ] 명 《해사》 **1** ⓤ 계류(繫留), 계선, 정박. **2** (~s) 계류[계선] 용구(닻·밧줄 따위). **3** (~s) 계류[계선]소. **4** (보통 ~s) 정신적 지주; 믿는[의지하는] 것. ¶lose one's ~ 정신적 지주를 잃다.

móoring bùoy [해사] 계류 부이. 「[柱]]).

móoring màst [tòwer] 《비행선의》 계류탑[주

móoring scréw [해사] 계류용(繫留用) 닻(물 속 바닥에 비틀어 박는 닻).

moor·ish [múəriʃ] 형 황무지의, 황야에 자라는[사

Moor·ish [múəriʃ] 형 무어 사람의; 무어식[풍]

의. ¶a ~ arch 말굽형 아치.

moor·land [múərlənd, -læ̀nd] 명 ⓤ 《주로 英》 (heather가 무성한) 황무지, 황야; 늪 지대.

Moor·man [múərmən] 명 =Moor 3.

moor·stone [múərstòun] 명 ⓤⓒ 화강암의 일종.

moor·y [múəri] 형 황무지의같은; 소택성(沼澤性)의.

*****moose**[1] [muːs] 명 (복 ~) **1** (캐나다·미국 북부산의) 무스, 아메리카 말코손바닥사슴; (유럽산) 말코손바닥사슴. **2** (M-) Loyal Order of M-의 회원. [moose[1] 1]

moose[2] 명 《美軍속어》 일본 [한국] 여자(애인), 일본[한국] 인 처. [〈Jap]

moose·milk [múːsmìlk] 명 《캐나다 방언》 **1** 밀조 위스키. **2** 무스밀크(럼주(酒)와 밀크를 주로 한 칵테일).

moosh[1] [muːʃ] 명 《英속어》 **1** 입, 얼굴. **2** 짝, 한패; 《부르는 말로》 형님. (또는 **mush**)

moosh[2] 형 =mushy

moot [muːt] 형 **1** 논의의 여지가 있는, 의문이 있는, 미결의. ¶a ~ point[question] 쟁점[문제점]. **2** 《법률》 이론 일변도의; 추상론의. —통타 **1** 《논제·계획 따위》를 제출하다, 논의를 제기하다. **2** …을 이론 일변도로 진 전시키다. **3** 《고어》 (모의 법정에서)(사건 따위》를 논의 하다. —명 《英역사》 인민 집회, 토론회. **2** 모의 재판. **~·er**, **~·ness** 명

móot cóurt 《(법대생들에 의한) 모의 법정[재판].

moo·ter [múːtər] 명 《美속어》 마리화나, 대마초. (또는 **moota(h)**, **mootie**)

móot háll 명 《英역사》 《옛날 인민 집회가 열렸던》 집회소; 읍사무소, 공회당. **2** 법학원의 모의 법정 장소.

*****mop**[1] [map/mɔp] 명 **1** 몹, 자루 걸레; 비질, 걸레 질. ¶Mrs. M- 《익살》 청소부 아줌마. **2** 몹 비슷한 것 [도구]. **3** 《속어》 (a ~, the ~) 더부룩한 머리 뭉치, ¶a ~ of hair 더벅머리. **4** 《美속어》 음주, 한잔 《마시기》. **5** 《美흑인속어》 결말, 최종 결과.

be mops and brooms 《속어》 얼근히 취해 있다.

That's the way the mop flops. 《美구어》 《세상사 란》 모두 그런 거야, 그게 현실이야.

—통 (~pp~) **1** …을 몸으로 닦다[청소하다](down). ¶~ the floor 마루를 몸으로 청소하다. **2** 《…으로 / …에서》 (눈물·땀 따위)를 닦다, 닦아내다(with/from). **3** 《속어》 때려 눕히다; 통쾌하게 해치다.

mop the floor [or **ground**] **with** ⇒FLOOR.

mop up ① 《물 따위》를 훔치다. ② 《구어》 《이익 따위》를 올리다. ③ 《구어》 《일 따위》를 해치우다. ④ 《군사》 《패잔병》을 소탕하다. ⑤ 《구어》 …을 처부수다, 죽이다. ⑥ 《英속어》 …을 게걸들린 듯 먹다; 《술 따위》를 벌컥벌컥 마시다.

mop up on a person 《구어》 남을 때려누이다.

~·per

mop[2] 명 《 (-pp-) 얼굴을 찌그리다, 입을 비쭉거리다.

mop and mow 상을 찌푸리다.

— 명 찌푸린 얼굴.

make mops and mows 찌푸린 얼굴을 하다.

mop[3] 명 《속어》 반편이, 멍청이. 「board.

mop·board [mápbɔ̀ːrd/mɔ́p-] 명 《美》 =base-

mope [moup] 통자 **1** 우울[울적]해하다, 풀이 죽다, 명청해지다. **2** 느릿느릿 움직이다, 정처없이 걸어 다니다(about, around). ¶~ about 멍하니 돌아다니다. — 타 (수동형·재귀용법으로》 …을 풀이 죽게 하다, 우울해지게 하다(away). ¶~ oneself in the house 집에서 울적하게 지내다. **2** 《시간》을 빈둥빈둥 보내다.

— 명 《속어》 **1** 풀이 죽은[우울해하는] 사람, 《the ~s》 의기소침, 우울. **3** 《속어》 패기[의욕]이 없는 사람; 반편이.

have (a fit of) the mopes 우울해[의기소침]하다.

móp·er 명 **móp·ing·ly** 부
mo·ped [móupèd] 명 모터 달린 자전거, 모페드.
mop·er·y [móupəri] 명 《美속어》 경범죄 (행위).
mop·ey [móupi] 형 (*mop·i·er; mop·i·est*) 풀이 죽은, 몹시 침울한. (또는 **mopy**) **móp·i·ness** 명
mop·head [máphèd/mɔ́p-] 명 1 몹(mop)의 끝. 2 (속어) (몹 같은) 더벅머리(의 사람). ~**ed** 형
mop·ish [móupiʃ] 형 침울한, 울적한, 의기소침한. ~**·ly** 부 ~**·ness** 명 「럽게 되풀이될 뜻 시키는 재즈.」
mop-mop [mápmàp/mɔ́pmɔ̀p] 명 《美속어》 시끄
Mopp [map/mɔp] 명 =Mrs. Mop.
mop·per-up [mápərÁp/mɔ́p-] 명 (복 *mop·pers-*) 《군사》 (매잔병) 소탕 병사; (구어) 마무리 짓는 사람[것], 뒷정리하기하는 사람.
mop·pet [mápit/mɔ́p-] 명 《구어》 1 아이, 청소년; 소녀, 젊은 여자. 2 아역 배우(child actor [actress]). 3 (천으로 만든) 인형. 4 발바리 개.
mop·ping-up [mápiŋÁp/mɔ́p-] 명 끝마무리의; 《군사》 소탕작전. ¶a ~ operation 소탕 작전.
mop·py [mápi/mɔ́pi] 형 (머리털이) 더부룩한.
mop·stick [mápstìk/mɔ́p-] 명 몹(mop)의 자루.
M. Opt. Master of Optometry.
mop-up [[∠]λp] 명 《구어》 《군사》 (남은 적의) 소탕, 일소; (소화 작업 따위의) 마지막 마무리.
mop·y [móupi] 형 =mopey.
mo·quette [moukét] 명 ⓤ 모켓(두껍고 벨벳 비슷한 모직물; 객차 등의 의자로 사용).
MOR *middle of the road*(중도(中道)); 〖음악〗 *middle-of-the-road*(아무에게나 듣기 좋은 경음악).
mor., Mor. morocco; Moroccan; Morocco.
mo·ra¹ [mɔ́ːrə] 명 (복 -*rae* [-riː], ~**s**) 1 《운율》 모라(평균 1단(短)음절에 해당하는 운율의 단위; 기호 ～). 2 《언어》 모라(음절의 길이를 재는 단위). 3 《로마법》 (비난받아야 할) 지체, 불이행, 나태. 〔<L delay〕
mo·ra² 이탈리아 주먹 놀이(오른손을 들어 손가락을 폈다가 급히 내린 뒤 상대가 편 손가락의 수를 알아맞히는 놀이). (또는 **morra**) 〔<It〕
mo·raine [məréin/mɔ-, mə-] 명 《지질》 빙퇴석(氷堆石), 모레인(빙하에 의하여 옮겨진 암석·토사 따위의 더미). -**ráin·al, -ráin·ic** 형
*****mor·al** [mɔ́ːrəl, már-/mɔ́r-] 형 (*more* ~; *most* ~) 1 도덕(상)의, 도덕에 관한, 윤리상의. ¶~ character 덕성, 품위/~ culture 덕육(德育)/~ consciousness 도덕 의식. 2 도덕적인, 도의를 분별하는; 품행이 방정한, 몸가짐이 정숙한(immoral). ¶a ~ man 도덕적인 사람/a ~ life (도덕적으로) 올바른 생활.

┌─────────────────────────────────────┐
│ 〔유의어〕 **moral** 사회에서 일반적으로 내포되는 도덕적 기준에 맞는. **ethical** 보통 이상으로 고도의, 또는 전문적인 직업에 특별히 엄격하게 요구되는 도덕적 기준에 알맞은. **virtuous** 정직·공정·정결(貞節) 등에 뛰어난 덕성을 지닌[보이는]. **righteous** 도덕적으로 죄나 비난받을 점이 없는.
└─────────────────────────────────────┘

3 교훈적인. ¶~ lessons 교훈/a ~ story 교훈적인 이야기. 4 선악의 판단이 되는, 도덕 관념이 있는. ¶Man is a ~ animal. 인간은 도덕적 동물이다. 5 정신적인, 마음으로의. ¶give him ~ support 그를 정신적으로 지원하다. 6 확신할 수 있는; 《법률》 증거는 없으나 틀림없는 것으로 간주되는; 개연성이 큰.
—— 명 (~**s** [-z]) 1 (이야기 속에 내포된) 교훈, 처세훈, 우의(寓意); 잠언(maxim); 우화극(寓話劇)의. 2 (~**s**) (단수취급) 윤리학. 3 (~**s**) (복수취급) 도덕, 윤리; 선행, 덕행; (사회의) 풍기, 품행, 몸가짐. ¶social ~**s** 공덕(公德)/a person of doubtful ~**s** (도덕상) 의심스러운 사람. 4 (the (very) ~) (…와) 똑같은 것, 꼭 닮은 것 (of). ¶He is the very ~ of his father. 그는 아버지를 꼭 닮았다. 5 ⓤ (복종계) =morale.
draw the [or *a*] *moral* 교훈을 얻어내다.

point a moral (사례를 들어) 교훈을 주다.
~·less 형
móral ágent [béing] 명 도덕적 행위자, 인간.
móral cértainty 명 (보통 a ~) 거의 틀림없는 일, 강한 확신; 〖법률〗 개연적 확실성.
móral cómpass 명 윤리 기준, 도덕의 잣대.
móral cóurage 명 도덕적 용기, 참된 용기.
móral cówardice 명 비난을 두려워하는 마음, 정신적 소심.
móral deféat 명 (이긴 듯이 보이는) 사실상의[정신적] 패배.
*****mo·rale** [mərǽl/mɔrά:l] 명 ⓤ 1 (군대·집단 따위의) 사기; (노동자의) 근로 의욕. 2 (일에 대한) 의기, 패기; (고양되거나 침체되는) 마음. ¶the uncertain ~ of an awkward teenager 다루기 어려운 십대의 변하기 쉬운 마음. 3 〖드물게〗 도덕, 도의(morals).
boost [or *heighten, raise*] *the morale of* …의 사기를 북돋우다.
morále súrvey 명 근로 의욕 조사. 「蓋然的) 증거.
móral évidence 명 〖법률〗 (설득력이 큰) 개연적
móral fíber 명 도덕심; 용기.
móral házard 명 1 〖보험〗 도덕적 위험(피보험자의 불성실에 따른 보험 회사측의 위험). 2 도덕적 해이, 모럴 해저드(직무 태만이나 비도덕적 행위).
mor·al·ism [mɔ́ːrəlìzm, mάr-/mɔ́r-] 명 1 설교, 설법, 격언, 도덕상의 훈언(訓言). 2 ⓤ (종교와 구별한) 윤리[도덕]주의. 3 도덕적 실천.
*****mor·al·ist** [mɔ́ːrəlist, mάr-/mɔ́r-] 명 (경멸적) 도학자, 모랄리스트, 도덕가, 윤리주의자.
mor·al·is·tic [mɔ̀ːrəlístik, mὰr-/mɔ̀r-] 형 도덕적인, 교훈적인; 도덕에 까다로운, 틀에 박힌. -**ti·cal·ly** 부
*****mo·ral·i·ty** [mərǽləti, mɔː-/mə-] 명 1 ⓤ 도덕, 도의; 도덕성, 윤리성. ¶commercial ~ 상도(商道). 2 ⓤ (개인의) 덕행, 덕성; (남녀간의) 순결, 품행 방정, 성도덕. 3 ⓤⓒ (특정 사회의) 도덕 체계, 도덕 원리[규범]. 4 ⓤ 도덕학, 윤리학. 5 교훈, 우의(寓意). 6 =~ *play*.
morálity pláy 명 도덕(권선징악)극, 교훈극(15-16 세기에 유행한 중세 연극의 한 양식).
mor·al·ize [mɔ́ːrəlàiz, mάr-/mɔ́r-] 자 …에 관하여 도덕적인 반성을 하다; 이치를 가르치다, 설교하다 (*about, on, upon, over*). —— 타 …을 도덕적으로 해석[설명]하다, …에서 교훈을 끌어내다; …을 교화하다, …의 도의를 앙양하다. **-i·zá·tion** 명ⓤ 도덕적 설명[해석]; 설교, 교화. **-iz·er** 명 도학자, 교훈 작가. **-iz·ing·ly** 부
móral láw 명 도덕률, 도덕법.
*****mor·al·ly** [mɔ́ːrəli, mάr-/mɔ́r-] 부 1 도덕적으로, 바르게; 정신적으로. ¶act ~ 도덕적으로 행동하다. 2 도덕상, 윤리적으로; 도덕적 견지에서. ¶be ~ good 도덕적으로 바르다. 3 실질적으로, 실제로, 사실상. ¶be ~ bound to fail 거의 틀림없이 실패할 운명이다.
Móral Majórity 명 (the ~) 《美》 도덕적 다수파(전통적 도덕관을 지지하는 보수파 기독교 정치 단체).
móral obligátion 명 도덕적 책무[의무].
móral philósophy 명 도덕 철학, 윤리학. 「압력.
móral préssure 명 도의심에 호소하는 설득, 정신적
Móral Re-Ármament 명 (the ~) 도덕 재무장 운동(미국의 Frank Buchman(1878-1961)이 주창한 도덕을 바탕으로 한 세계 개조 운동; 약 MRA). ⎣BUCH-
móral scíence 명 도덕 철학, 윤리학. ⎣MANISM.
móral sénse 명 (the ~) 도덕 관념, 도의심, 양심.
mórals squád 명 (때는·도박 등의) 풍기 단속 경찰
móral suppórt 명 정신적 원조[지지]. 「반.
móral theólogy 명 윤리 신학, 도덕 신학.
móral túrpitude 명 부도덕한 행위, 타락 (행위).
móral tútor 명 《英》 (대학생의) 생활 상담역. 「상실.
móral vácuum 명 도덕적 공백, (청소년의) 도덕적
móral víctory 명 정신적 승리(를 느끼게 하는 패배).
mo·rass [mərǽs] 명 저습(低濕) 지대, 늪지, 습지(a ~, the ~) (비유적) 곤경, 곤란한 입장. ~**·y** 형

mor·a·to·ri·um [mɔ̀ːrətɔ́ːriəm, màr-/mɔ̀r-] 명 (복 **-ri·a** [-riə], **~s**) 1 지불 유예[정지], 모라토리엄; 지불 유예 기간. 2 (활동의) 일시적 정지[연기](*on*); 그 기간. ¶a ~ *on* nuclear testing 핵 실험의 일시적 정지.

mor·a·to·ry [mɔ́ːrətɔ̀ːri, már-/mɔ́rətəri] 형 일시 정지[연기]의; [법률] 지불 유예의[를 인정하는].

Mo·ra·vi·a [məːréiviə, -ráː-] 명 모라비아. 1 **Alberto** ~ (1907-90: 이탈리아의 소설가). 2 체코 중부의 한 지방.

Mo·ra·vi·an [məːréiviən] 형 모라비아(Moravia) (사람)의; 모라비아 교단(敎團)의. ─ 명 1 모라비아 사람; U 모라비아 말. 2 모라비아 교도. **~·ism**

Morávian Bréthren [Chúrch] 명 (the ~) 모라비아 형제단(교회)(18세기 Moravia에서 설립된 신교).

mo·ray [mɔ́ːrei, -́-] 명 곰치(바닷고기). 〔L의 파〕.

*__**mor·bid**__ [mɔ́ːrbid] 형 1 (경멸적) (정신·사상의) 병적인, 불건전한. ¶a ~ interest in suicide 자살에 대한 병적인 관심. 2 병의; 병에 걸린, 병에 의한; 병에 관한, 병리학적인. ¶a ~ growth 병적 증식물(增殖物)(암 따위). 3 (구어) 음울한; 끔찍한, 소름끼치는. ¶~ events ~·ly 부 ~·ness 명 소름끼치는 무서운 사건.

mórbid anátomy 명 병리 해부학.

mor·bi·dez·za [mɔ̀ːrbədétsə] 명[U] (미술) 아주 섬세하고 우미한 효과: (표현 따위의) 섬세; 부드러움.

mor·bid·i·ty [mɔːrbídəti] 명[U,C] 1 (경멸적) 병적 상태, 병적 성질, 불건전. 2 (병의) (어떠한 병의) 사망률; (어느 한 지방의) 질병률, 환자율.

mor·bif·ic [mɔːrbífik] 형 병을 일으키는, 병원성(病原性)의, (또는 **morbifical**) **-i·cal·ly** 부

mor·bil·li [mɔːrbílai] 명복 (단수취급) [병리] 홍역(measles), 마진(痲疹). 〔<L〕

mor·bus [mɔ́ːrbəs] 명 (복 **-bi** [-bai]) 병, 질병.

mor·ceau [mɔːrsóu] 명 (복 **~x** [-z]) 한 조각, 단편(斷片); (시·음악 따위의) 일절, 발췌(拔萃), 소품. 〔<F morsel〕

mor·da·cious [mɔːrdéiʃəs] 형 무는 (버릇이 있는); (비평 따위가) 신랄한[통렬]한, 찌르는 듯한. **~·ly** 부

mor·dac·i·ty [mɔːrdǽsəti] 명[U] 신랄함; 통렬한 말, 독설.

mor·dan·cy [mɔ́ːrdənsi] 명[U] 신랄, 통렬; 비꼼.

mor·dant [mɔ́ːrdənt] 형 1 신랄한, 통렬한, 비꼬는. ¶~ criticism 신랄한 비평 /a ~ speaker 독설가. 2 (염색에서) 매염성(媒染性)의. 3 (산(酸)의) 부식성(腐蝕性)인. 4 (통증이) 격렬한. ¶a ~ pain 격통. 5 (개 따위가) 무는 버릇이 있는. ─ 명 1 (염색) 매염제. 2 〔인쇄〕 (에칭에 사용하는) 부식제[액]. 3 금박 점착제(粘着劑). 4 〔음악〕 =mordent. ─ 동타 1 매염하다. 2 부식제로 처리하다. **~·ly** 부

mórdant dýe 명 매염 염료(매염제가 필요한 것).

mórdant róuge 명 초산(醋酸) 알루미늄의 초산 용액(염색용).

Mor·de·cai [mɔ́ːrdikài, mɔ̀ːrdikéiai] 명 1 모르디카이(남자 이름). 2 〔성서〕 모르드개(유대인을 Haman의 손에서 구출하였다. ─에스더서(書)(Esth.) 2:15). 〔음. 또는 **mordant**〕

mor·dent [mɔ́ːrdənt] 명 〔음악〕 모르덴트, 잔결꾸밈

Mor·dred [mɔ́ːrdred] 명 =**Modred**.

Mord·vin [mɔ́ːrdvin] 명 1 모르도바인(人)(Volga강 중류 지역에 산재해 있는 민족). 2 U 모르도바어(語). (또는 **Mordvinian**)

‡**more** [mɔːr] 형 (**many, much**의 비교급) 1 더 많은, 더 큰; 보다 중요한, (지위·신분 따위가) 더 높은. ¶~ courage [apples, people] 더 많은 용기[사과, 사람들] /men of ~ importance 보다 더 중요한 사람들 /with ~ care 한 층 더 주의해서 / ~ than enough 남아 돌 만큼(의) / one or ~ persons 다섯 사람 이상 / There is ~ truth in it than you think. 거기에는 네가 생각하는 것보다 중요한 진실이 있다 / He is ~ than I am in the state. 그는 나보다 지위가 더 높다. 2 (종종 수사, any, no 따위의 뒤에 쓰여) 더 부가된, 여분의, 추가적인. ¶one word ~ 한 마디만 더 /Do not lose any ~ time. 이 이상 시간을 허비하지 마라.

─ 명[U] (집합적) 1 다시 덧붙인 양[수]; 부가한 것. ¶M— cannot be said. 더 이상은 말할 수 없다 / I hope to see ~ of you. 또 만나고 싶습니다. 2 더 많은 양[수, 정도](부 less); 더 많은 사람[물건]. ¶He has ~ than enough. 그는 필요 이상의 양을 가졌다 / M— is expected of him. 그에게는 더 많은 기대가 걸려 있다. 3 더 중요한 사람[물건]. ¶the ~ and the less 신분이 높은 사람과 낮은 사람 / M— is meant than meets the ear. 언외(言外)에 (더 중요한) 뜻이 있다. 4 (복수취급) 대다수, 더 많은 사람들. ¶M— of us are going. 우리들은 대부분 간다.

─ 부 (**much**의 비교급) 1 보다 많이[크게], 더욱. ¶You must attend ~ to details. 당신은 세밀한 점에 더 주의를 하여야 한다 /You ought to walk ~. 당신은 더 걸어야 한다. 2 (* 보통 두 음절 이상의 형용사·부사의 앞에 붙여 비교급을 만든다) 더, 더욱, 한층. ¶~ rapid 더 빠른 /~ intensely 더욱 강렬하게. 3 더욱이, 게다가, 그 위에. ¶far ~ 훨씬 더 많이 /one ~ 하나 더 /some ~ 좀더 /twelve ~ 앞으로 열 둘[열 두 번]. 4 오히려. ¶~ dead than alive 반생 반사(半生半死)의 상태로, 거의 죽게 되어서 /She is ~ pretty than beautiful. 그녀는 아름답다기보다는 오히려 귀엽다.

all the more (그만큼) 더, 더욱더, 오히려.
(all) the more (...) for [or **because, (in) that**]
and more 아니 그 이상. / ¶...이므로 한층 더.
and much more 그밖에 많이 (있습니다), 기타 다수.
and no more 그것뿐이다. ...에 지나지 않다.
(and) what is more 그 위에 또, 게다가, 더구나.
any more (부정문·의문문·조건문에서 쓰임) (이) 이상. ¶I can't walk *any* ~. 이 이상 더 걸을 수 없다.
be more than just ...이상의 것이다, ...에 그치지 않다.
be no more 이미 없다, 벌써 죽었다.   ¶...않다.
ever more 항상, 영구히.
little more than ...와 마찬가지, ...에 지나지 않는.
make more of ① ...을 중시하다; ...을 끔찍이 여기다(대하다). ② (부정문에서) ...을 이해하다.
more and more 점점 더, 더욱더.
more by token (아일) 한층 더; 또 다른 증거로서.
more like... 오히려 ...에 가까운[닮은].
more like it (구어) 구하고[생각하고] 있는 것에 더욱 가까운, 오히려 ...에.
more of... 오히려 ...에.   ¶...(가까운.
more or less ① 다소, 어느 정도. ② 대강, 대체로. ¶an hour's walk, ~ *or less* 걸어서 대체 한 시간 정도. ③ (부정문에서) 전혀(금급도) (...이) 아니다.
more rather than later (완곡히) =more.
more than ① (수사 앞에서) ...보다 많이, ...이상(의). ¶~ *than* five books 여섯 권 이상의 책. * 다섯 권은 포함되지 않는다. ② (동사·형용사·부사·명사 따위 앞에서) ...이상으로; 대단히.
more...than ...라기보다는 오히려 ... (⇒부 4).
more than a little [or **bit**] (英) (형용사 앞에서) 상당히, 적지 않게.
more than all 특히, 그 중에서도, 무엇보다도.
more than *a person* **can do** [남] 이 할 수 있는 도를 넘어서, [남]으로서는 도저히 할 수 없는 상태로.
more than ever (before) 더욱더, 점점 더. ¶"우...
more...than not 어느 쪽인가 하면, 좀[꽤] ...; 매
more than one (단수취급) 하나뿐 아니라, 많은. ¶M— *than one* person finds it so. (한 사람 아닌) 많은 사람들이 그렇게 인정한다. (* **more...than one**처럼 분리된 경우에는 항상 복수형의 동사를 취한다: *M— persons than one* were found guilty.).
more than you ('ll ever) know (구어) 당신이 생각하는 이상으로, 당신은 모를 만큼; 대단히.

***much** [or **still**] **more** 더구나, 하물며.
neither more nor less than 꼭, 정확히, 바로.
never more 두 번 다시 …안 하다; (이제) 죽은.
no more ① 그 이상 …하지 않다. ¶I saw her *no* ~. 나는 그 후 그녀와는 만나지 않았다. ② (be no ~) 이미 존재하지 않다. ③ (부정절(節) 뒤에서) …도 또한 …이 아니다. ¶You did not come, *no* ~ did he. 그도 안 왔지만 그도 안 왔다.
no more, no less; no more and no less 그 이상도 이하도 아닌.
no more than ① 단지 …에 지나지 않다, …일 뿐 (only). ¶He is *no* ~ *than* a policeman. 그는 다만 경찰관에 지나지 않는다. ② (수사 앞에서) 겨우[기껏] …(only). ¶*no* ~ *than* 10 dollars 겨우 10달러.
no more A than B A가 아닌 것은 B가 아닌 것과 같다, B가 아닌 것과 같이 A도 아니다. ¶He can *no* ~ *swim than* fly. 그는 날 수가 없듯이 헤엄칠 줄도 모른
none [or **not**] **the more** 그래도 아직, 역시. [다.
not...any more 이제는[더 이상] …아니다.
not A any more than B =*no more A than B*.
nothing more (or **less**) **than** ① …에 지나지 않는다. ② =*neither more nor less than*.
not more than (수사 앞에서) …보다 많지 않은, 많아야 …(at most). ¶*not* ~ *than* 10 dollars 많아야 10달러.
not more...than···이상은[만큼은] ···아니다. ¶I am *not* ~ *beautiful than* you. 너만큼 예쁘지는 못하다.
not much more than =*neither more nor less*
once more 한 번 더, 다시 한 번. [*than*.
or more …정도, 또는 그 이상, 적어도…. ¶three years, *or* little ~ 3년이나 그 정도, 적어도 3년.
still more =*much more*.
(the) more... (이름 앞에서) 굉장한 …, 대단한 ….
the more...because [or **for, as, since**] …이므로 더욱….
(The) more fool you! 너는 어쩌면 그렇게 바보냐!
The more, the better. 많으면 많을수록 좋다, 다다익선(多多益善).
the more..., the less... …하면 할수록 더욱이 …이
The more, the merrier. (속담) (모이는) 사람이 많을수록 즐거움도 크다.
the more..., the more... …하면 할수록 더욱더 … (* 보통 앞 절이 종속절이며 뒷 절이 주절. 앞의 the는 관계 부사이고 뒤의 the는 그의 지시 부사). [*more*.
what is more (important) =*(and) what is*
More [mɔːr] 명 **Thomas** ~ 모어(1478-1535: 영국의 정치가·인문학자; *Utopia*(1516)).
-more [mɔːr] [접미] 형용사·부사에 붙여 비교급을 만든다. ¶further*more*, inner*more*.
Mo·reau [ɔːróu] 명 모로. **1 Gustave** ~ (1826-98: 프랑스의 상징주의 화가). **2 Jeanne** ~ (1928- : 프랑스의 여배우).
mo·reen [mɔríːn/mɔ-] 명U 모린(질긴 모직[면직]물, 또는 면모(綿毛) 교직물; 커튼용 등). 「아주 맛있는.
mor(e)·ish [mɔ́ːriʃ] 형 《英구어》 더 먹고 싶어지는,
mo·rel [mɔrél/mɔ-] 명 곰보버섯(식용). 〈F〉
mo·rel·lo [mɔrélou] 명 (복 ~**s**) (식물) 즙이 적자색인 매우 신 버찌(~ cherry). 〈It〉
mo·ren·do [mɔréndou] 형부 (음악) 점점 느리고 사라지는 (듯이). 〈It〉 [인 조건.
móre or léss térms 명복 (상업) 수량 과부족 용
***more·o·ver** [mɔːróuvər, ⌐́⌐́⌐́] 부 (문어) 게다가, 더구나, 또한, 그 위에, ⇒BESIDES 유의어 ¶I like her, and ~. I love her. 그녀를 좋아할 뿐 아니라 사랑하고 있다.
mo·res [mɔ́ːreiz, -riz] 명복 **1** (사회) 집단·사회의 기본적인 관습, 도덕 규범, 모레스. **2** U (일반적으로) 도덕관; 습속, 풍습.
Mo·resque [mɔrésk] 형 (건축·장식 따위가) 무어식의(Moorish). — 명UC 무어식[풍] 장식[도안].

morf [mɔːrf] 명 (美구어) 모르핀(morph).
Mor·gan [mɔ́ːrɡən] 명 모건. **1 John Pierpont** ~ (1837-1913: 미국의 금융 사업가). **2** 미국 원산의 마차[승마]용 말. **3** (m-) (유전) 동일 염색체상(上)의 유전자 사이의 상대 거리.
mor·ga·nat·ic [mɔ̀ːrɡənǽtik] 형 귀천 결혼(貴賤結婚)의; 귀천 간의. **-i·cal·ly** 부
morganátic márriage 명 (英) 귀천 결혼(왕족과 평민 여성과의 결혼; 처자는 남편의 지위·재산을 계승 못함).
morgue [mɔːrɡ] 명 **1** (美) (신원 불명 시체의) 공시장(mortuary). **2** (구어) (신문사 등의) 자료실, 조사부; (출판사의) 편집실. **3** (경멸적) 인기척이 없는 장소, 음산한 곳. **4** (구어) 오만, 건방짐. 〈F〉
MORI [mɔ́ːri] 명 모리(미·영 합작의 시장·여론 조사 기관). 〈*M*arket and *O*pinion *R*esearch *I*nternational〉
mor·i·bund [mɔ́ːrəbʌ̀nd, mɑ́r-/mɔ́r-] 형 **1** 죽어가는, 빈사(瀕死)의; 소멸해 가는, 절멸[종식] 직전의. **2** 정체[침체]된, 휴지(休止)중인. ¶a ~ political party (활동이) 부진한 정당. **-bún·di·ty** 명 **~·ly** 부
mo·ri·on [mɔ́ːriən/-riɔn] 명 **1** (16-17세기의 면갑(面甲)이 없는) 모자 같은 투구. **2** 흑수정(黑水晶).
Mo·ris·co [mɔrískou] 형 무어식[풍]의(Moorish). — 명 (복 ~**(e)s**) **1** =Moor. **2** (스페인의) 무어 사람.
mor·ish [mɔ́ːriʃ] 형 =moreish.
MORL *M*anned *O*rbital *R*esearch *L*aboratory.
Mor·mon [mɔ́ːrmən] 명 **1** 모르몬 교도(= the ~s) 모르몬 교도(~ Church). ¶the Book of ~ 모르몬 경(經). **2** 일부다처(一夫多妻)주의자. — 형 모르몬교(도)의. **-dom, -ism** 명U 모르몬교.
Mórmon Chúrch 명 (the ~) 모르몬 교회(1830년 Joseph Smith가 미국에서 창립한 신교의 한 파; 정식 명칭은 the Church of Jesus Christ of Latter-day Saints(말일 성도 예수 그리스도 교회)).
Mórmon Státe 명 (the ~) 미국 Utah 주의 별칭.
***morn** [mɔːrn] 명 **1** (시) 아침, 새벽. ¶from ~ to [or till] night 아침부터 밤까지. **2** (the ~) (스코) 내일, 다음날. ¶the ~'s ~ 내일 아침.
morn. morning.
***morn·ing** [mɔ́ːrniŋ] 명 (복 ~**s** [-z]) **1** CU 아침, 오전. ¶every ~ 매일 아침/the early ~ 이른 아침/on Tuesday [a summer] ~ 화요일[여름] 아침에(* 특정한 날의 아침에는 보통 전치사 on을 쓴다). **2** U (시) 새벽, 여명; 일출(日出). ¶when ~ broke 날이 샜을 때. **3** (어떤 일의) 초기, 처음 (of). ¶the ~ *of* life 인생의 아침[초기], 청년 시대. **4** (구어) =~ paper. **5** (M-) 새벽의 여신(Eos, Aurora). **6** U (구어) 이튿날 아침.
all (the) morning 아침[오전] 내내.
at morning (고어·시) =*in the morning*.
during the morning 오전 중에.
early [late] in the morning; in the early [late] morning 아침 일찍[늦게], 이른[늦은] 아침에.
from morning till [or **to**] **evening** [or **night**] 아침부터 밤까지, 하루 종일. [에.
in the morning 아침에; 오전에; 이튿날[내일] 아침
morning, noon, and night 하루 종일, 끊임없이.
of a morning; of mornings 흔히 아침 나절에.
the morning after (the night before) = *morning after 1*.
The top of the morning (to you)! (아일) 안녕하세요.
this [**tomorrow, yesterday**] **morning** 오늘[내일, 어제] 아침(에).
— 형 (한정용법) 아침의; 아침에 오는[쓰는, 하는]. ¶a ~ walk 아침 산책/~ costume 아침 의상.
— 부 (구어) =good ~.
mórning áfter 명 (복 **-s a-**) **1** 숙취(宿醉). **2** 쓸쓸한 뒷맛, 후회. **3** 깨어남, 각성. (또는 **mórning-áfter**)
mórning-áfter píll 명 (성교 후에 복용하는) 경구(經口) 피임약.

mórning cáll 명 (호텔의) 모닝콜(wake-up call의 오용); 아침 방문(실제로는 3시 경까지의 방문).
mórning chòw 명 아침 식사.
mórning còat 명 모닝 코트(남자의 주간(晝間) 예복).
mórning cóffee 명 아침에 마시는 커피.
mórning dràught 명 해장술. 「예복.
mórning drèss 명 여성용 실내복; (남자의) 주간
mórning drìve 명 《美속어》 출근 러시아워('帯'에 주는 선물.
mórning gìft 명 결혼 다음날 아침 남편이 아내에게
mórning glòry 명 나팔꽃. (또는 mórning-glòry)
mórning lìne 명 《구어》 (경마 개최일 아침에 발표하는) 경마 예상표.
mórning páper 명 조간 신문.
mórning perfórmance 명 =matinée 1.
Mórning Práyer 명 〖영국 국교회〗 아침 기도.
mórning ròom 명 (오전중 쓰는) 거실; 《英》 아침 식사를 하는 방. 「침에, 아침이면 (늘).
mórn·ings [mɔ́ːrniŋz] 부 《美구어》 (매일 같이) 아
mórning sìckness 명 (입덧 시기의) 아침 구역질.
mórning stár 명 (the ~) 샛별, 금성(Venus).
mórning téa 명 1 《英》 일어나자마자(조반전에) 마시는 차. 2 《濠·뉴질》 오전에 마시는 차(와 elevenses).
mórning wàtch 명 《해사》 아침 당번(오전 4시부터 8시까지). 「모로족 사람; ⓤ 모로어.
Mo·ro [mɔ́ːrou] 명 (복 ~(s)) (필리핀 군도 남부의)
Mo·roc·can [mərákən/-rɔ́k-] 형 Morocco의; 모로코인의.— 명 모로코인.
Mo·roc·co [mərákou/-rɔ́k-] 명 1 모로코(아프리카 서북부의 회교 왕국; 수도 Rabat). 2 (또는 morócco léather) ⓤ (m-) 무두질한 염소 가죽.
mo·ron [mɔ́ːran/-rɔn] 명 1 〖심리〗 (가벼운) 정신 박약자(지능 지수 50-69, 정신 연령 8-12세의 성인). 2 《구어》 《경멸적》 저능아, 바보.
mo·ron·ic 형 **mo·rón·i·cal·ly** 부 「(수도).
Mo·ro·ni [mɔroúni] 명 모로니(코모로(Comoros)의
mo·ron·ism [mɔ́ːrənizəm/-rɔ́n-] 명 =moronity.
mo·ron·i·ty [mɔrɑ́nəti/-rɔ́n-] 명 ⓤ 우둔, 저능.
***mo·rose** [məróus] 형 《경멸적》 (사교성이 없이) 시무룩한, 성미가 까다로운, 침울한.
  ~·ly 부 **~·ness** 명 **-ros·i·ty** [-rásəti/-rɔ́s-] 명
morph¹ [mɔːrf] 명 1 〖언어〗 형태. 2 〖생물〗 모프(동식물의 변종). **mór·phic** 형
morph² [mɔːrf] 명 《구어》 모르핀.
morph-, morphol. morphology; morphological.
morph- [mɔːrf] 연결 ⇒MORPHO-.
-morph [mɔːrf] 연결 form의 뜻. ¶*isomorph*.
mor·phac·tin [mɔːrfǽktin] 명 〖생화학〗 모르팍틴 (고등 식물의 생장 조절 작용을 가진 플루오르 화합물).
mor·pheme [mɔ́ːrfiːm] 명 〖언어〗 형태소(形態素) (뜻을 가지는 최소의 언어 요소).
mor·phe·mic [mɔːrfíːmik] 형 〖언어〗 형태소의, 형태소론(論)의. **-mi·cal·ly** 부 「〖언어〗 형태소론.
mor·phe·mics [mɔːrfíːmiks] 명 (단수취급)
Mor·phe·us [mɔ́ːrfiəs, -fjuːs] 명 1 〖그리스 신화〗 모르페우스(꿈의 신; 잠의 신 Hypnos의 아들). 2 《일반적》
  in the arms of Morpheus (폭) 잠들어있다. 「수면.
  -phe·an 형
mor·phi·a [mɔ́ːrfiə] 명 =morphine.
-mor·phic [mɔ́ːrfik] 연결 having a (specified) form or shape의 뜻. ⓐ -morph ¶*anthropomorphic*.
mor·phine [mɔ́ːrfiːn] 명 ⓤ 〖약학〗 모르핀(마취약).
  mor·phín·ic 형
mor·phin·ism [mɔ́ːrfənizəm] 명 ⓤ 〖병리〗 모르핀 중독; 모르핀 상용. **-ist** 명 「사(투여)하다.
mor·phin·ize [mɔ́ːrfənàiz] 타동 …에 모르핀을 주
mor·phi·no·ma·ni·a [mɔ̀ːrfənoumèiniə] 명 ⓤ 〖병리〗 모르핀광(狂). **-àc** 명 모르핀 중독 환자.

mor·pho- [mɔ́ːrfou, -fə] 연결 form의 뜻의 복합어를 만든다(* 모음 앞에서는 morph-). ¶*morphology*.
mor·pho·gen [mɔ́ːrfədʒən, -dʒèn] 명 〖발생〗 모르포젠(morphogenesis를 제어하는 화학 물질).
mor·pho·gen·e·sis [mɔ̀ːrfədʒénəsis] 명 〖발생〗 형태 형성[발생]. **-ge·net·ic** [-dʒənétik], **-gén·ic** 형
mor·pho·log·ic [mɔ̀ːrfəládʒik/-lɔ́dʒ-] 형 형태 (학)상의. (또는 morphological) **-i·cal·ly** 부
mor·phol·o·gy [mɔːrfálədʒi/-fɔ́l-] 명 1 ⓤ 〖생물〗 형태학; 형태, 구조. 2 〖언어〗 어형(語形)론, 형태론(ⓐ syntax). 3 〖지리〗 지형학. **-gist** 명 형태학자.
mor·pho·pho·neme [mɔ̀ːrfəfóuniːm] 명 〖언어〗 형태 음소(音素). **-pho·né·mic** 형
mor·pho·pho·ne·mics [mɔ̀ːrfoufəníːmiks] 명 (단수취급) 〖언어〗 형태 음소론.
mor·pho·sis [mɔːrfóusis] 명 (복 **-ses** [-siːz]) 〖생물〗 형태 형성[발생] (과정); 이상 변이. **-phót·ic** 형
mor·ris [mɔ́ː(ː)ris, már-] 명 =~ dance.
Mor·ris [mɔ́ː(ː)ris, már-] 명 모리스(남자 이름).
Mórris chàir 명 모리스식 팔걸이 의자(뒤로 기대는 각도를 조절할 수 있는 의자. [<고안자인 영국 공예가 William Morris(1834-96)의 이름].
mórris dánce 명 모리스 댄스(영국에서 비롯된 가장(假裝) 무도의 일종; 주로 May Day에 춘다).
Mor·ri·son [mɔ́ːrəsn, már-] 명 모리슨. **1** Herbert Stanley ~ (1888-1965: 영국의 정치가). **2** Toni ~ (1931- : 미국의 흑인 여류 소설가; 노벨 문학상 (1993)). **3** 남자 이름.
mórris túbe 명 모리스식 총신(銃身)(사격 연습용으로 보통의 총신에 끼워넣어 사용하는 작은 구경(口徑)의 총신). [<발명가 Richard Morris의 이름].
mor·ro [mɔ́ːrou] 명 (복 **~s**) 원구(圓丘); 곶.
***mor·row** [mɔ́(ː)rou, már-] 명 〖고어·시〗 **1** (the ~) 내일, 다음날. **2** 아침. ¶a radiant ~ 밝은[빛나는] 아침. **3** (the ~) (사건의) 직후.
  on the morrow of …의 직후에.
Mors [mɔːrz] 명 〖로마 신화〗 모르스(죽음의 신(神)). ⓐ Thanatos
morse¹ [mɔːrs] 명 (장식이 붙은) 법의(法衣)의 쇠단추.
morse² 바다코끼리(walrus).
Morse [mɔːrs] 명 모스. **1** 남자 이름(Maurice의 별칭). **2** Samuel Finley Breese ~ (1791-1872: 미국의 화가·발명가; 모스 무선기 발명). **3** =~ code.
 — 명 (종종 m-) 모스식의; 모스 부호의.— 타동 (종종 m-) 모스 신호를[로] 치다. 「부호.
Mórse códe [álphabet] 명 〖통신〗 모스식 전신
***mor·sel** [mɔ́ːrsəl] 명 **1** (음식물의) 한 입, 한 조각(*of*). ¶a ~ *of* bread 한 조각의 빵. **2** (a ~) 《부정문·의문문·조건문에서》 작은 조각, 소량, 조금. **3** 맛있는 요리. **4** 매력있는[즐거운] 사람[것]. — 타동 (**-l-**, 《英》 **-ll-**) …을 조금씩 분배하다(*out*). ⓐ 를 세분하다(*out*).
Mórse lámp 명 (모스 부호를 이용하는) 모스 신호등. 「나팔 소리; 〖고어〗 죽음(death).
mort¹ [mɔːrt] 명 〖사냥〗 잡은 짐승의 죽음을 알리는
mort² 명 3년생 연어.
mort³ 명 《英방언》 다량; 다수, 많음 (*of*).
mort⁴ 명 《속어》 여자; 매춘부; 〖고어〗 연인. (또는 **mot**)
Mort [mɔːrt] 명 모트(남자 이름; Mortimer, Morton의 애칭).
mort. mortal(ity); mortar; mortgage; mortuary.
***mor·tal** [mɔ́ːrtl] 형 **1** 죽을 운명의, 죽어야 할, 죽음을 면할 수 없는(ⓐ immortal). ¶Man is ~. 인간은 죽게 마련이다. **2** 인간의; 이 세상의. ¶this ~ life 인생, 이승의 삶/This is no ~ business. 이것은 인간이 한 일이 아니다. **3** 죽음의, 임종의. ¶죽음에 따르는. ¶the ~ agony 단말마의 고통 / the ~ hour 임종 / the ~ remains 시체, 송장. **4** 영혼을 멸하는, 영원히 구제받을 수 없는(ⓑ venial). ¶a ~ crime 구제받을 수 없는 범

mortality / **mosey**

죄. **5** (질병·무기 따위가) 치명적인, 죽음을 불러들이는. ⇒FATAL 〔유의어〕¶a ~ illness 불치병/a ~ wound 치명상/a ~ weapon 흉기. **6** (전쟁 따위가) 죽을 때까지 계속되는, 목숨을 건. ¶a ~ battle 사투. **7** 도저히 살려 둘 수 없는, 용서할 수 없는. ¶a ~ enemy 불구대천의 적. **8** 무서운, 지독한. **9** (구어) 지루한. ¶a sermon lasting two ~ hours 2시간이나 끄는 장황한 설교. **10** (구어) 극단적인, 대단한. **11** (구어) (any, every, no 따위의 뜻을 강조하여) 가능한, 생각해 낼 수 있는. ¶It is of no ~ use. 그것은 조금도 쓸모가 없다. 「서워서. *in a mortal fright* [or *funk*] 겁에 질려서, 몹시 무 *in a mortal hurry* 몹시 허둥대며, 허둥지둥하며. *in mortal fear* [or *terror*] 몹시 두려워서. *shuffle off this mortal coil* (완곡적·익살) 죽다.
— ⓟ (구어·방언) 매우, 무섭게(mortally).
— ⓝ (목 ~s [-z]) 죽게 마련인 것, (신에 대해) 인간; (형용사와 함께) (구어) (익살) 사람, 놈. ¶we, poor ~s 우리 가련한 인간들 / a jolly ~ 재미있는 녀석.

*__mor·tal·i·ty__ [mɔːrtǽləti] ⓝ ⓤ **1** 죽음을 면할 수 없음, 죽을 운명. **2** (집합적) 인간, 인류. **3** 사망자수; 사망률; (축산) 폐사율. **4** (종종 a ~) (전쟁·질병 따위에 의한) 대량의 죽음.

mortality ràte 사망률; (축산) 폐사율.
mortálity tàble ⓝ (보험) 사망률 통계표.
mórtal lóck ⓝ (美속어) 절대 확실한 것.
mor·tal·ly [mɔ́ːrtəli] ⓟ **1** 죽을 정도로, 치명적으로; **2** (강조) 지독하게, 대단히, 무섭게.
mórtal mínd ⓝ **1** (크리스천 사이언스) 죽어야 할 마음(생명·지성은 물질이며 죽음에 종속한다는 착각). **2** 환영, 망상.
mórtal sín (가톨릭) (지옥에 떨어질) 대죄(大罪).
*__mor·tar__[¹] [mɔ́ːrtər] ⓝ **1** 절구, 약연 (藥碾), 막자 사발. **2** 분쇄기. **3** (군사) 박격포. **4** 구명 밧줄 발사기; 불꽃 놀이 용 구포(臼砲). — ⓥⓣ ⋯을 박격포로 공격하다.
mor·tar[²] ⓝⓤ 모르타르, 회반죽.
— ⓥⓣ ⋯에 모르타르를 바르다; ⋯을 모 르타르로 굳히다. **~·less** ⓐ
mor·tar·board [mɔ́ːrtərbɔ̀ːrd] ⓝ **1** 흙받기(모르타르를 받는 네모난 널빤지). **2** (대학의 교수·학생이 쓰는) (사)각모.
mor·tar·y [mɔ́ːrtəri] ⓐ 모르타르의(같은); 모르타르를 포함하는.
*__mort·gage__ [mɔ́ːrgidʒ] ⓝ **1** ⓤⓒ (mortarboard 2) (법률) 저당, 저당잡힘. ¶a double ~ 2중 저당 / take out a ~ on ⋯을 저당잡히다. **2** 저당권; 저당 증서. **3** 저당 융자금; (美) 주택 금융(융자). ¶pay off a ~ 융자 금을 갚다. 「있다.
hold [or *place*] *a mortgage on* ⋯을 저당 잡고 *in* [or *on*] *mortgage* 저당으로 잡혀[잡히].
— ⓥⓣ **1** ⋯을 저당잡히다[하다]. ¶The estate is ~d. 그 대지는 저당잡혔다. **2** (보증으로) ⋯을 바치다, (목숨 따위를) 내걸고 달려들다 (*to*). ¶(~+ⓝ +ⓟ +ⓒ) ~ one's life *to* an object 목숨을 내걸고 목적을 추구하다.
mórtgage bónd ⓝ (경제) 저당(담보부) 채권.
mórtgage debénture ⓝ (英) 담보부 사채(社債).
mórtgage déed ⓝ 담보 증권.
mort·ga·gee [mɔ̀ːrgədʒíː] ⓝ (법률) 저당권자.
mórtgage lòan ⓝ 주택 담보 대출, 담보부 융자.
mórtgage ràte ⓝ 주택 담보 대출 금리.
mort·ga·gor [mɔ́ːrgədʒər] ⓝ (법률) 저당권 설정 자. (또는 **mortgager**)
mor·tice [mɔ́ːrtis] ⓝⓥⓣ =mortise.
mor·ti·cian [mɔːrtíʃən] ⓝ (美) 장의사(undertak-er).
mor·tif·er·ous [mɔːrtífərəs] ⓐ 치명적인, 생명에 관계되는(fatal). **~·ness** ⓝ

*__mor·ti·fi·ca·tion__ [mɔ̀ːrtəfikéiʃən] ⓝ **1** ⓤ 굴욕, 수치, 억울, 분함. **2** 수치의 원인, 억울함의 원인. **3** ⓤ (종교) 고된 수행(修行), 고행, 금욕. ¶Buddhists are required to bear ~s. 불교도는 고행을 견뎌내야 한다. **4** ⓤ (병리) 괴저(壞疽), 괴사(壞死).
*__mor·ti·fy__ [mɔ́ːrtəfài] ⓥⓣ **1** ⋯에게 굴욕감을 주다, ⋯을 억울하게 여기게 하다, 실망시키다, (마음 따위를) 상하게 하다. ¶be *mortified* by [or at] one's mistake 실수를 해서 분해하다. **2** (육욕·감정 따위)를 극복하 다, 억제하다. ¶~ the flesh 육욕을 억제하다. **3** (병리) ⋯을 괴저에 걸리게 하다, 괴사케 하다. — ⓥⓘ **1** 고행하다, 금욕 생활을 하다. **2** (병리) 괴저에 걸리다, 괴사하다.
-fied·ly ⓟ **-fi·er** ⓝ **~·ing·ly** ⓟ
mor·tise [mɔ́ːrtis] ⓝ (건축) (목재의) 장붓구멍. ⇒ tenon — ⓥⓣ **1** ⋯을 (⋯에) 장부로 잇다 (*to, into*). **2** (목재)에 장붓구멍을 뚫다. **3** ⋯을 접합하다: (인쇄) (판면의 일부를) 도려내다. (또는 **mortice**) **-tis·er** ⓝ
mórtise (and ténon) jòint ⓝ 장부 이음.
mórtise lòck ⓝ 박아 넣은 자물쇠.

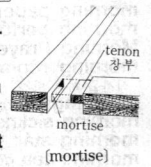
[mortise]

mort·main [mɔ́ːrtmèin] ⓝⓤⓒ **1** (법률) 영구 (토 지) 소유(부동산을 남에게 양도할 수 없는 종교 단체 등 이 소유하기). **2** (현재를 지배하고 있는) 과거의 영향.
in mortmain 영구 소유(양도); 영구히 지배 받고.
mor·tu·ar·y [mɔ́ːrtʃuèri /-tʃuəri] ⓝ **1** 영안실, 시 체 안치소. **2** (英역사) 사후 기증, 보시(布施)(교구 목사에게 바친 고인 재산의 일부). — ⓐ 죽음의; 매장(埋葬) 의. ¶a ~ urn 유골 단지 / a ~ monument 묘비.
mos. months. **Mos.** Moscow. **MOS** (전자) metal-oxide semiconductor [silicon](금속 산화물 반 도체[실리콘]); (美군사) military occupational specialty(주특기 구분).

*__mo·sa·ic__ [mouzéiik] ⓝ **1** ⓤ 모자이크, 쪽매 세공. **2** 모자이크 그림[무늬], 모자이크 작품; (a ~) 모자이크 풍의 물건, 잡동사니. **3** (측량) 모자이크 지도(항공 사진 을 짜맞추어 만든 지도). **4** (생물) 혼합 염색체, 모자이 크; ⓤ (식물) =~ disease. **5** (TV) 모자이크면 (面)(판)(板)]. **6** (M-) (컴퓨터) 모자이크(Web browser 의 초창기 작품). — ⓐ 모자이크(세공)의; 모자이크 풍(식)의. ¶a ~ pavement 모자이크 모양의 포장 도로. **2** 긁어모은, 잡동사니의. — ⓥⓣ (*-icked; -ick·ing*) ⋯을 모자이크로 장식하다[조립하다]. **-i·cal·ly** ⓟ
Mo·sa·ic [mouzéiik] ⓐ Moses의; Mosaic Law의. (또는 **Mosaical**) ⓝ (염服).
mosáic disèase ⓝ (병리) 모자이크병(식물의 전 **mosáic góld** ⓝ 황화(黃化) 제2주석(금색 안료); = ormolu.
mo·sa·i·cist [mouzéiəsist] ⓝ 모자이크 기술자; 모자이크 (세공) 상인. 「(書)(Pentateuch).
Mosáic Láw ⓝ (the ~) 모세의 율법; 모세의 5서
mosáic society ⓝ 모자이크 사회(다양한 인종·민 족·문화로 구성된 사회); (종종) 미국. ⇒ melting pot
mo·sa·saur [móusəsɔ̀ːr] ⓝ (고생물) 모사사우어 (백악기 후기의 해룡).
MOS bíte [mɑ́s-] ⓝ (美속어) (TV 기자의) 거리 인터뷰. [<man-on-the-street *bite*]
*__Mos·cow__ [máskou, -kau /mɔ́skou] ⓝ 모스크바 (러시아의 수도); 러시아명 Moskva); 러시아 정부.
Mo·selle [mouzél] ⓝ (the ~) 모젤 강(프랑스 동북 부 Vosges 산맥에서 발원); (종종 m-) 모젤 포도주.
*__Mo·ses__ [móuziz, -zis /-ziz] ⓝ **1** (성서) 모세(고대 이스라엘의 입법자·지도자). **2** (일반적으로) 지도자, 입 법자. **3** 모제스(남자 이름).
Móses bàsket ⓝ (英) 포장 달린 요람(bassinet).
mo·sey [móuzi] ⓥⓘ (美구어) 떠나다; 도주하다

어슬렁어슬렁 걷다, 슬슬 거닐다(*along, about*).
MOSFET [másfèt/mɔ́s-] 〔전자〕 *m*etal *o*xide *s*emiconductor *f*ield-*e*ffect *t*ransistor(산화막 반도체 전기장 효과 트랜지스터).
mosh [maʃ/mɔʃ] [동자] (맹렬히) 춤추다, (록 콘서트의 무대 앞에서 관객이) 몸을 부딪쳐 가면서 춤추다. **∠·er, ∠·ing** [명]
mo·shav [mouʃáːv] [명] ([복] ***mo·sha·vim*** [mòuʃəvíːm]) 모샤브(이스라엘의 자영(自營) 공동 농장).
mósh pìt [명] (록 콘서트의) 무대 전면 구역.
***Mos·lem** [mázləm, más-/mɔ́z-] [명] ([복] **~(s)**) 이슬람교도, 회교도. **—**[형] 이슬람교(도)의, 회교(도)의. [참] Islam **Mos·lem·ic** [mazlémik] [형]
Mos·lem·ism [mázləmìzm, más-/mɔ́z-] [명] 이슬람교, 회교, 마호메트교.
mosque [mask/mɔsk] [명] 이슬람 사원, 모스크.

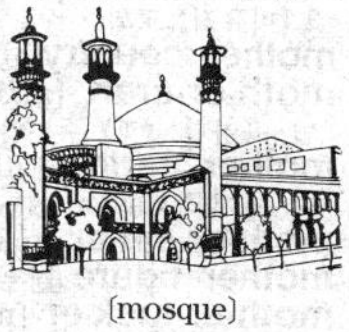
[mosque]

‡mos·qui·to [məskíːtou] [명] ([복] **~(*e*)*s*** [-z]) 모기. ¶be bitten by ~*s* 모기에 물리다. **~·ey** [형] 모기가 많은.
mosquíto bòat [명] 고속 어뢰정.
mosquíto cràft [명] 《집합적》 〔해군〕 쾌속 소형 함정.
mosquíto flèet [명] 소형 함정대(艦艇隊).
mosquíto hàwk [명] **1** 〔곤충〕 잠자리. **2** 〔조류〕 쏙독새.
mosquíto nèt [명] 모기장.
mosquíto nètting [명] 모기장 감[재료].
‡moss [mɔːs, mas/mɔs] [명] ([복] **~·es** [-iz]) **1** [U] 이끼. ¶*A rolling stone gathers no* ~. 《속담》 구르는 돌에는 이끼가 안 낀다, 잦은 직업 전환은 유해무익. **2** (때로 the ~es) 《스코·北英》 습지, 늪; 토탄지(土炭地), 이탄지(泥炭地). **—**[동타] …을 이끼로 덮다. **∠·like** [형]
Mos·sad [mousáːd] [명] 모사드(이스라엘의 비밀 정보 기관). 〔<Heb Central Institute for Intelligence and Security〕
móss àgate [명] 〔광물〕 이끼 마노(瑪瑙).
moss·back [mɔ́ːsbæ̀k, más-/mɔ́s-] [명] **1** 《구어》 시대에 뒤진 사람; 극히 보수적인 사람. **2** 시골뜨기. **3** 큰 들소. **4** (등에 이끼가 돋은) 늙은 바다거북. **~ed** [형]
Mőss·bau·er effèct [mɔ́ːsbauər-] [명] 〔물리〕 뫼스바우어 효과(결정(結晶)내의 원자핵으로부터 반동에 의해 튀기지 않고 감마선이 방출되어 동종의 원자핵에 공명 흡수되는 현상). 〔<독일의 물리학자 Rudolf L. Mössbauer(1929–)의 이름〕
Mössbauer spectròscopy [스] [명] 뫼스바우어 분광(학).
moss·bunk·er [mɔ́ːsbʌ̀ŋkər] [명] =menhaden.
móss gréen [명] 이끼색(色), 황록색. **móss-gréen** [형]
moss-grown [∠gròun] [형] 이끼가 난[낀]; 옛날식의, 고풍의, 시대에 뒤진.
mos·sie [mázi, mási/mɔ́zi] [명] 《濠·뉴질 속어》 모기.
mos·so [móusou] [형][부] 〔음악〕 빠른[빠르게]. ¶meno ~ 그다지 빠르지 않게, 좀더 천천히.
móss róse [명] 이끼장미(원예용 장미의 변종).
moss·troop·er [mɔ́ːstrùːpər, más-/mɔ́s-] [명] (17세기에 영국의 늪지대를 휩쓴) 도둑; (일반적으로) 약탈자, 산적. **~·y** [형] **-tròop·ing** [명][형]
***moss·y** [mɔ́ːsi, mási/mɔ́si] [형] **1** 이끼가 가득 낀, 이끼투성이의. **2** 이끼 같은. **3** 《속어》 시대에 뒤진, 케케묵은; 극히 보수적인. **móss·i·ness** [명]
‡most [moust] [형] (many, much의 최상급) **1** (the ~) (수량·액수·규모·정도 따위가) 가장 많은, 최대량의, 가장 큰, 최고의. ¶get the ~ money 제일 많은 액수의 돈을 받다/have the ~ skill 가장 숙련되다. **2** (무관사로) 대부분[대다수]의, 대개의. ¶*M*– fame is fleeting. 대체로 명성이란 덧없는 것이다.
for the most part ⇨PART.
—[명][U] **1** (the ~) 최다수, 최대량, 최고액, 최대 한도. ¶ask the ~ for it 최고 가격을 요구하다/This is the ~ (that) I can do. 이것이 내가 할 수 있는 최대한의 것이다. **2** 《무관사로》 (특정한 것의) 대부분, 태반, 과반수(*of*). ¶~ *of* the loss[profit] 손해[이익]의 대부분/He did ~ *of* the work. 그는 그 일의 태반을 했다. **3** 《무관사로》 《복수취급》 대다수의 사람들, 대개의 사람들. ¶*M*– were his classmates. 대개는 그의 급우들이었다. **4** (the ~) 《美구어》 최고[최상, 최신]의 사람[것]. ¶His play was the ~. 그의 경기는 최고였다.
at (the) most; at the very most 많아야, 기껏.
get the most out of …을 최대한으로 활용하다.
make the most of ① …을 최대한으로 활용하다, 가급적 이용하다. ¶*Make the* ~ *of* your opportunities. 기회를 최대한으로 이용하라. ② …을 최대한으로 과장해서 말하다, …을 아주 좋게[나쁘게] 말하다. ③ …을 크게 중시(重視)하다.
most of all 그 중에서도, 무엇보다도.
—[부] (much의 최상급) **1** (종종 the ~) 가장 많이, 최대한으로([반] least). ¶What pleased him ~? 무엇이 그를 가장 기쁘게 했는가? **2** (the ~) 《2음절 이상의 형용사·부사에 선행하여 최상급을 만들어》 가장, 제일. ¶~ wonderful 가장 훌륭한/Math is the ~ difficult for him. 그는 수학을 제일 못한다. **3** 《the를 붙이지 않고 강조어로서》 매우, 대단히. ¶a ~ beautiful morning 매우 아름다운 아침.

> [USAGE] **most, a most, the most**—어느 것이나 형용사에 선행하여 쓰이나, a most는 a very와 같은 뜻. the most는 최상급을 나타내며, *the most* beautiful lake는 「가장 아름다운 호수」의 뜻. *most* beautiful lakes는 「대부분의 아름다운 호수」, 또는 *a most* beautiful lake의 복수. 이 경우 뜻의 차이는 악센트 위치로 구별되며, 「대부분의」의 뜻일 경우는 *móst* beautiful lakes, 「매우」의 뜻일 경우는 *most béautiful* lakes로 발음한다.

4 《美구어·방언》 (all, any, every 등을 수식; almost의 단축형) 거의. ¶appeal to ~ everybody 거의 모든 사람에게 호소하다. **5** 《존칭으로》 ¶*M*– gracious King[Queen] 자애로우신 폐하[여왕 폐하].
most and least 《시》 한 사람[하나]도 남기지 않고, 「모조리.
one of the most... 가장 …중의 하나. ¶The cow is *one of the* ~ useful animals. 소는 가장 유용한 동물 중의 하나이다.
-most [moust, məst] [연결] most의 뜻. 형용사·부사·전치사 따위에 붙어 최상급의 형용사를 만든다. ¶fore*most*, inner*most*.
most·est [móustist] [형][명] 《속어》 =most.
móst fávored nátion [명] 〔경제〕 최혜국(最惠國)(무역상 특혜를 받는 나라; [약] MFN).
most-fa·vored-na·tion [∠féivərdnéiʃən] [형] 최혜국(대우)의. ¶~ clause 최혜국 대우 약관(約款).
móst-fávored-nátion stàtus [명] 〔경제〕 최혜국 대우[지위].
Móst Hígh [명] (the ~) (지극히 높으신) 하느님, 신.
Most Hon. Most Honourable.
Móst Hónourable [명] 《英》 각하(후작 및 Bath 훈등(勳等)을 가진 사람에 대한 존칭; [약] Most Hon.).
‡most·ly [móustli] [부] **1** 대부분은, 대개는, 대다수는. **2** 통상적[일반적]으로는, 보통(은). **3** 주로.
móst significant bít [명] 〔컴퓨터〕 (자릿수가) 최상위 비트([약] MSB).
móst significant dígit [명] 〔컴퓨터〕 최상위 숫자(맨 왼쪽의 숫자; [약] MSD).
móst váluable pláyer [명] 최우수 선수([약] MVP).
mot¹ [mou] [명] **1** 명언, 경구, 재담. **2** 《고어》 (뿔피리·나팔 따위의) 소리. 〔<F〕
mot² [mat/mɔt] [명] 《英속어》 여자, 계집애; 왈패, 갈보; 여자 성기.
MOT [émòutíː] [명] 《英구어》 (정기적인) 차량 검사(~

MOT test); 차량 검사증. ― 图㉠ (~'d; ~ing) 차량 검사를 받게 하다. [<Ministry of Transport]

MOT, MoT (英) Ministry of Transport (운수부; 현재는 Department of Transport).

mo·ta [móutə] 图 (美속어) 마리화나(mooter).

mote [mout] 图 1 (공중의) 먼지, 티끌. 2 작은 결점.
 mote and beam 띠끌과 들보, 남의 작은 결점과 자기의 큰 결점(←마태 복음(Matt.) 7:3).
 the mote in another's eye 남의 눈 속의 티, 자기의 큰 결점은 모르고 남에게서 찾아내는 작은 결점.

mo·tel [moutél] 图 모텔(자동차 여행자용의 간이 호텔). ― 图㉠ 모텔에 숙박하다. [<*mot*or+h*otel*]

mó·tel·ier [mouteljéi, -liər] 图 모텔 소유자.

móte spòon 图 차를 걸러내는 데 쓰는 스푼.

mo·tet [moutét] 图 〔음악〕 모테트(성경의 문구 따위에 곡을 붙인 반주 없는 성악곡).

‡**moth** [mɔːθ, maθ/mɔθ] 图 (複 ~s [-ðz, -θs]) 1 나방. 2 옷좀나방(clothes ~): (the ~) (주로 英) (의복의) 좀먹음. ¶*get the* ~ (옷이) 좀먹다. 3 (古語) 조금씩 잠식하는 것[사람]; (비유적) 유혹에 빠져드는 사람. 4 (식물) = **~ bean**. **-like** 图

moth-ball [mɔ́ːθbɔ̀ːl, máθ-/mɔ́θ-] (~s) 좀약, 방충제(防蟲劑)(나프탈렌 따위).
 in mothballs ① 깊이 간수하여, 퇴역[은퇴]하여. ② (생각 따위가) 재고의 가치가 없다고 퇴짜 맞아.
 out of mothballs (간수해 놓은 것을) 끄집어 내어.
 ― 图㉠ ― 을 (좀약 따위로) 간수하다; (함선(艦船)을) 보존하다, 예비역으로 돌리다; (계획·활동 따위를) 유보하다, 일시 중단하다. ― 图 간수해둔, 치워둔, 쓰이지 않는.

móthball fléet 图 (美) 예비 함대.

móth bèan 图 모스 빈(강낭콩속(屬)의 식물).

moth-eat·en [ːːiːtn] 图 (옷가지가) 좀먹은; 낡은; 유행에 뒤진, 케케묵은.

‡**moth·er**[1] [máðər] 图 (複 ~s [-z]) 1 a) 어머니, 모친. ¶*a* ~ *of two children* 두 아이의 어머니. b) (자기의) 어머니(* 가족 사이나 호칭의 경우 고유 명사처럼 관사 없이 대문자로 쓴다). c) (구어) 장모, 시어머니; 계모, 양모; (남편이 아내에게) 여보, 애엄마. 2 (M-) 여자 수도원장, 수녀원장; (나이 지긋한 부인에 대한 부르는 말로) 할머니, 아주머니. ¶*M- Finch* 핀치 아주머니. 3 어머니 같은 사람; 어머니 역할을 하는 사람(보모·유모 등). ¶*The actress was a ~ to orphans.* 그 여배우는 고아들에게 어머니와 같은 존재였다. 4 (the ~) 모성, 모성애. 5 낳는[기르는] 것; (the ~) (…의) 원천, 근원, 본원(*of*). ¶*Necessity is the ~ of invention.* (속담) 필요는 발명의 어머니. 6 (병아리의) 보육기(保育器), 사육기(飼育器). ¶*an artificial* ~ 사육기. 7 (레코드의) 원반(原盤), 모반(母盤). 8 (속어) 항공 모함. 9 (古語) 히스테리. 10 (비어) = **motherfucker**.
 be (*the*) *mother* 요리를 내놓다, 차를 끓여내다.
 every mother's son (구어) 누구든지, 모두.
 like [*any*] *mother makes* [or *used to make it*] 어머니의 (손)맛인. [born]
 meet one's mother (속어) 세상에 태어나다(be
 mothers and fathers (아이들의) 아빠엄마 놀이.
 Some mothers do 'ave 'em. (英구어) 어떻게 할 수 없는 놈이군, 별 얼간이도 다 있군.
 the mother (*and father*) *of* (*all*)... (복수명사와 함께) (구어) 터무니없는…; 특출한…, 월등한…
 Your mother wears army boots! (美속어) (욕설) 쳇 바보같이, 시끄러워, 뒈져라.
 ― 图 1 어머니의[같은, 다운]; 어머니로서의. ¶~ *love* 모성애. 2 어머니 같은 관계에 있는. 3 모국[본국]의. ¶*his* ~ *culture* 모국의 문화. 4 본산(本山)의, 본원(本源)의.
 ― 图㉠ (~s [-z]) 1 …의 어머니가 되다, …을 낳다; …의 원천이 되다, …을 불러 일으키다. 2 …의 어머니임

1794

다. 3 (어머니로서) …을 돌보다, 보호하다; (경멸적) (어머니로서) (아이)를 응석부리게 하다; 버릇없이 키우다.

moth·er[2] 图 초의 골마지, 초모(醋母)(~ *of vinegar*).
 ― 图㉠ 초모가 생기다.

moth·er·board [máðərbɔ̀ːrd] 图 (컴퓨터) 머더보드(개인용 컴퓨터의 심장부를 이루는 기본 기능을 집적시킨 주(主)회로 기판(基板)).

Móther Cárey's chícken [-kɛ́əriz-] 图 1 (태평양산(産)) 바다제비科(의) 작은 새. 2 (英) 눈(snow).

Móther Cárey's góose 图 (태평양산(産)) 바다제비科(의) 큰 새.

móther céll 图 (생물) 모(母)세포.

móther chùrch 图 (the ~) 1 (여러 다른 교회가 갈라져 나온) 모교회(母教會). 2 주교좌(主敎座) 대성당. 3 (비유적) (식민지에서 본) 본국.

móther cóuntry 图 (the ~, one's ~) 모국, 조국.

moth·er·craft [máðərkræft/-krɑ̀ːft] 图Ü 육아법, 육아학; 主婦업.

móther éarth 图 (the ~) (비유적) 대지(大地); 지면, 토지. ¶*kiss one's* ~ 쓰러지다. [fucker.

moth·er·eat·er [máðəriːtər] 图 (비어) = **motherfucker**.

móther fígure 图 = **mother image**.

moth·er·fuck·er [máðərfʌkər] 图 (비어) 1 망할 자식, 비열한 놈, 개놈, 싫어하는 놈[친구]; 굉장한[최고의] 것. 2 (친한 남성 사이에 부르는 말) 어이, 이봐. ¶*You ~!* 이봐 자네. (또는 **móther fùcker**)

moth·er·fuck·ing [máðərfʌkiŋ] 图ㆍ副 (비어) 야비한[하게], 비열한[하게]; 지긋지긋한[하게], 귀찮은[게].

Móther Góose 图 머더 구스(영국 민간 동요집 *Mother Goose's Melody*(1760)의 작자로 알려진 가공의 인물). [가.

Móther Góose rhýme 图 (美) 전래 동요, 자장

moth·er·grab·ber [máðərgræbər] 图 (비어) = **motherfucker**. [하는 사람.

móther hén 图 (어머니처럼) 과보호적인 태도로 대

*****moth·er·hood** [máðərhùd] 图Ü 1 어머니임, 모성. 2 (집합적) 어머니. 3 어머니로서의 의무[도리].

moth·er·house [máðərhàus] 图 수녀원장의 집; 수녀원.

Móther Húb·bard [-hʌ́bərd] 图 1 (부인용의) 옷자락이 길고 느슨한 가운. 2 옛 자장가의 여주인공.

móther ímage 图 전형적인[이상화된] 어머니像(像) (mother figure).

moth·er·ing [máðəriŋ] 图Ü (英) 귀성(歸省)하기, 친정 가기. ― 图 1 어머니처럼 자상하게 돌보아 주는. 2 = **motherfucking**.

Móthering Súnday 图 (英) 귀성[친정] 나들이를 하는 일요일(사순절(四旬節))(Lent)의 제4일요일).

*****moth·er-in-law** [ːinlɔ̀ː] 图 (複 **mothers-**) 장모, 시어머니; (英구어) 계모. [**motherfucker**.

moth·er·kiss·er [máðərkìsər] 图 (비어) =

moth·er·land [máðərlæ̀nd] 图 모국, 조국; 발상지.

móther lànguage 图 조어(祖語)(mother tongue).

moth·er·less [máðərlis] 图 어머니가 없는; 어머니를 여읜. ― 图 (濃) 몹시. **~ness** 图

moth·er·like [máðərlàik] 图ㆍ副 어머니 같은[같이], 어머니다운[답게].

móther líquor [líquid] 图 (화학) 모액(母液)(용질의 정출(晶出)후에 남은 포화 용액).

móther lòde 图 1 (광산) 주(主)광맥. 2 주요한 원천[공급]; 모체(母體). [**motherfucking**.

moth·er·lov·ing [máðərlʌ̀viŋ] 图 (비어) =

*****moth·er·ly** [máðərli] 图 1 어머니의, 어머니로서의; 어머니다운. 2 ¶*~ affection* 모성애. 2 정다운, 자애로운.
 ― 副 어머니처럼[같이], 어머니답게. **-liness** 图

moth·er·na·ked [-néikid] 图 알몸의.

Móther Náture 图 1 (비유적) (만물의 창조주로서의) 자연; 자연의 섭리. 2 (m- n-) (속어) 생리적 필연(배설

욕구·성욕·월경); (m– n–(s)) (美속어) 마리화나.
Móther of Gód [명] (the ~) 신의 어머니(성모 마리아(Virgin Mary)의 존칭).
moth·er-of-pearl [-əvpə́:rl] [명][U] (조개 안쪽의) 진주층(眞珠層); 파란 조개. **—**[형] 진주층의; 진주색의.
moth·er-of-thyme [-əvtáim] [명] 양종(洋種) 백리향(百里香)(광대수염과(科)의 가지가 많은 작은 풀).
móther of vínegar [명] =mother².
móther's bòy [명] (a ~) (英구어) (경멸적) 나약한 사내아이, 마마보이, 어리광쟁이((美) mamma's boy).
Móther's Dày [명] **1** (美) 어머니날(5월의 두 번째 일요일)([참] Father's Day). **2** (때로 m– d–) (美속어) 매월의 생활 보호 수당 지급일.
mother's hélper [명] 가정부, 파출부, 아기를 돌봐 주는 사람. (또는 (英) **móther's hélp**)
móther shìp [명] **1** (英) 모함(母艦), 모선. **2** (로켓 따위를 발진시키는) 모기(母機); (우주선의) 모선.
móthers' méeting [명] (英) **1** (교구 따위의) 어머니회. **2** (비유적) 열성적인 모임; 열띤[선동적인] 논의.
móther's mílk [명] **1** 모유. **2** 천성으로 좋아하는 것.
drink [or ***suck, take, imbibe***] ***in...with*** *one's* ***mother's milk*** …을 선천적으로 지니고 있다.
móther's rúin [명] (英속어) (익살) 진(gin).
móther's són [명] (구어) 남자, 사내.
móther supérior [명] ([복] ***m- -s, -s s-***) 수녀원장.
moth·er-to-be [-təbì:] [명] ([복] ***moth·ers-***) 임부.
móther tóngue [명] **1** 모국어. **2** 〔언어〕 조어(祖語)(여기서부터 다른 언어가 파생한다)(parent language).
móther trèe [명] 모수(母樹).
móther wàter [명] =mother liquor.
móther wít [명] 타고난 지혜[기지·재치]; 상식.
moth·er·wort [mʌ́ðərwə̀:rt] [명] 익모초속(屬)의 식물; 산쑥. 「유한.
moth·er·y [mʌ́ðəri] [형] 초모(醋母)성의; 초모를 함
moth·proof [mɔ́:θprù:f, mɑ́θ-/mɔ́θ-] [형] (옷 따위가) 좀이 먹지[슬지] 않는, 방충(防蟲) 처리[가공]한. **—**[동][타] …을 방충 가공하다. **~·er** [명]
moth·y [mɔ́:θi, mɑ́θi/mɔ́θi] [형] 좀[나방]투성이의, 나방이 많은; (옷 따위가) 벌레먹은, 좀먹은.
***mo·tif** [mouti:f] [명] **1** (문학·미술·음악의) 주제, 중심 사상, 테마, 모티프; (행동의) 동기, 자극. **2** (회화·벽지 따위의) 의장(意匠)의 주(主)요소, 기조. **3** 주지(主旨), 특색. **4** (민화·문학에 나오는) 전형적인 이야기. **5** (여성 의상에 다는 레이스 따위) 장식. **~·ic** [형] 〔<F motive〕
mo·tile [móutl, -til/-tail] [형] 〔생물〕 자력으로 움직일 수 있는, 자동성의. **—**[명] 〔심리〕 운동형의 사람. [참] audile, visualizer **mo·tíl·i·ty** [명] (자동) 운동성.
‡**mo·tion** [móuʃən] [명] ([복] **~s** [-z]) **1** [U] 운동, 이동, 운행(運行); (기계의) 작동; (생체의) 운동 능력. ¶the ~ of a top [the planets] 팽이의 회전[행성의 운행] / the laws of ~ 운동의 법칙.

> [유의어] **motion** 주로 「운동, 이동」의 상태를 추상 관념으로 나타내는 말. **movement** 방향·속도·목적 따위를 지니는 특정한 구체적인 운동[이동]; 이 뜻으로 motion을 쓰는 일도 있다.

2 동작, 몸의 움직임, 거동; 발걸음; (의미심장한) 몸짓, 신호; (~s) 활동, 행동. ¶graceful ~*s* 우아한 몸 동작 / a ~ of the hand 손놀림, 손짓. **3** (…의/…할/…이라는) 제안, 제의; (의회 따위의) 동의(動議), 발의(*of* / *to* do / *that*[節]). ¶an urgent ~ 긴급 동의 / The ~ was adopted. 동의는 가결됐다. **4** 〔법률〕 (법원·판사에 대한) 명령[재정] 신청. **5** 의견, 발의; 의향, 의도. **6** 〔음악〕 선율의 진행. **7** [U] 〔기계〕 (특수한 운동 기능을 가진) 기구(機構), 기계 장치; (기계의) 운전. **8** (문어) 변통(便通); (~s) 배설물. **9** 〔철학〕 (현상의) 변화 과정. **10** 〔수학〕 합동 변환.
carry [***reject***] ***a motion*** 동의를 가결[부결]하다.
go through the motions of (구어) ① …의 몸짓[시늉]을 하다, …을 하는 체하다. ② 〔어떤 일〕을 습관적으로[판에 박은 듯이] 하다.
have a motion 대소변이 잘 나오다; 대소변을 보다.
in motion 움직이고 (있는), 운전중인.
make a motion [or ***motions***] 몸짓으로 알리다.
of *one's* ***own motion*** 자발적으로, 자진해서.
on [or ***upon***] ***the motion of*** …의 동의에 따라.
pass motions 배설하다.
put [or ***set***]***...in*** [or ***into***] ***(the) motion*** …을 시동시키다; 〔일〕을 시작하다.
second the motion 동의에 찬성하다.
—[동] (**~s** [-z]) [타] 〔남〕에게 (…하도록) 몸짓으로 지시하다[신호하다](*to* do, *that*[節]). ¶(~+[目]+*to* do) ~ a person *to* go ahead 남에게 전진하도록 알리다[신호하다] // (~+[目]+[前]+[名]) He ~*ed* me *to* a seat. 그는 나에게 의자에 앉으라는 몸짓을 했다. **—**[자] 몸짓으로 (…에게/…하도록) 신호하다 (*to, at, for* / *to* do).
motion *a person* ***away*** [***out***] 남에게 가라고[나가라고] 신호하다. 「[손짓]으로 신호하다.
motion **(*to*)** *a person* ***to*** *do* 남에게 …하도록 몸짓
~·er [명] 「운동으로 생기는.
mo·tion·al [móuʃənl] [형] 운동의, 운동을 일으키는;
‡**mo·tion·less** [móuʃənlis] [형] (***more*** ~; ***most*** ~) 움직이지 않는, 정지하고 있는, 가만히 있는(still). **~·ly** [부] **~·ness** [명][U] 부동, 정지 상태.
mótion lòtion [명] (美속어) 자동차 연료. 「작[산업].
***mótion pícture** [명] (美) 영화 (작품); (~s) 영화 제
mo·tion-pic·ture [-píktʃər] [형] 영화의; 영화 특유의. ¶a ~ camera 영화 촬영기.
mótion sìckness [명] 〔병리〕 (탈것의) 멀미, (동요로 인한) 구역질, 메스꺼움.
mótion stùdy [명] 시간 동작 연구(time and ~).
mótion wòrk [명] (시계의) 시침 운동 전달 장치.
***mo·ti·vate** [móutəvèit] [동][타] …에게 (…할) 동기를 부여하다, (…하도록) …을 자극하다, 유발하다(*to* do); (수동형으로) …으로 자극받게 하다, 의욕을 갖게 하다 (*by*). **-và·tor** [명]
***mo·ti·va·tion** [mòutəvéiʃən] [명][U][C] 〔심리〕 (…에 대한/…할) 동기 부여; 자극, 유발, 유인; 열의, 욕구 (*for* / *to* do). **~·al** [형] **~·al·ly** [부] **-và·tive** [형]
motivátion resèarch [명] (구매(購買) 따위의) 동기 조사. (또는 **motivátional reséarch**)
‡**mo·tive** [móutiv] [명] ([복] **~s** [-z]) **1** (행동의) 동기, 동인, 유인(*for, of*). ⇨REASON [유의어] ¶the ~ *of* a crime 범죄의 동기 / through [*or* out of] ~*s of* kindness 친절한 마음에서. **2** (행위의) 진의, 목적(*for, of*). ¶ulterior ~ 저의. **3** (예술 작품의) 주제, 주지(主旨), 모티프(motif). 「하여.
of [or ***from***] *one's* ***own motive*** 자기 의사로, 자진
—[형] (한정용법) 원동력이 되는; 운동의, 운동에 관한; (행동의) 동기가 되는. **—**[동][타] **1** =motivate. **2** (폐어) (예술 작품에서) …을 주제에 관련시키다. 「*tive*.
-mo·tive [móutiv] [연결] motive의 뜻. ¶automo-
mo·tive·less [móutivlis] [형] 동기[목적]가 없는, 이유가 없는. **~·ly** [부] **~·ness** [명]
mótive pówer [명] **1** 원동[기동]력; (기계의) 동력, 원동력; 동력원. **2** (집합적) 〔철도〕 기관차.
mo·tiv·i·ty [moutívəti] [명][U] 원동력; 동력.
mot juste [móu ʒúst] [명] ([복] **-s -s** [스]) 옳은[적절한] 말. 〔<F right word〕
mot·ley [mátli/mɔ́t-] [형] **1** 잡다한 (요소로 된), 긁어 모은, 잡동사니의. ⇨MISCELLANEOUS [유의어] ¶a ~ collection 이것저것 긁어 모음. **2** 잡색의, 얼룩덜룩한; 얼룩덜룩한 옷을 입은. ¶a ~ coat 얼룩덜룩한 코트.
—[명] **1** [U] 잡다한 색깔의 배합; (광대가 입는) 얼룩덜룩한 옷. **2** 잡다한 것의 모임, 잡동사니. **3** (드물게) 광대.
wear [or ***put on***] ***(the) motley*** 어릿광대 노릇을

하다. [스. <*motocross*]
mo·to[1] [móutou] 명 (樂 ~s) 모터크로스의 1회 레이스
mo·to[2] 명 (樂 ~s) [음악] 운동, 진행, 모토. [<It]
mo·to·cross [móutoukròːs, -kràs/-krɔ̀s] 명 모터크로스(cross-country motorcycle race)(오토바이 단교(斷郊) 경주). [<*motorcycle* + *cross-country*]
mo·to·neu·ron [mòutənjúərən] 명 [생리] = motor neuron. (또는 (英) **motoneurone**)
‡**mo·tor** [móutər] 명 (樂 ~s [-z]) 1 원동기, 발동기, 내연 기관, 엔진. 2 (英) (드물게) 자동차; 모터보트; 오토바이. 3 원동력을 부여하는 것[사람]; 원동력; 작동 요인. 4 [전기] 전동기, 모터. 5 (~s) (증권) 자동차 증권. 6 [해부] 운동 근육[신경].
get a person's ***motor*** *running* (美구어) (흔히 성적으로) 남을 흥분시키다, 흥미를 끌다, 기분나게 하다.
— 圏 (한정용법) 1 동력을 일으키는[전달하는]; 발동[전동]기의. 2 자동차용, 관계의. ¶a ~ trip [highway] 자동차 여행[도로]. 3 (또는 **motoric**) (생리학) 근육에 운동을 전달하는; 운동(성)의; [심리] 운동을 수반하는. ¶~ nerves [muscles] 운동 신경[근육]. — 圏 (~s [-z]) ⓘ 자동차에 태워 오다. ¶go ~*ing* 드라이브하다. — ⓣ (英) …을 자동차로 운반하다[옮기다]. ¶~ a friend home 친구를 차로 집에까지 태워 보내다. [수 있는.
mo·to·a·ble [móutərəbl] 형 (英) (자동)차로 달릴
mótor àrea 명 [해부] (대뇌 피질의) 운동령(領). [린.
mo·tor·as·sist·ed [-əsìstid] 형 보조 모터가 달
mo·tor·bi·cy·cle [móutərbàisikl] 명 = motorcycle; 모터가 달린 자전거, 모터바이크.
mo·tor·bike [móutərbàik] 명 (英구어) 원동기 달린 자전거; 모터바이크, 소형 오토바이. — ⓘ motorbike를 타다[타고 가다]. **-bik·er** 명
mo·tor·boat [móutərbòut] 명 모터보트, 발동기선(船). — ⓘ 모터보트로 가다[를 조종하다].
mo·tor·boat·ing [móutərbòutiŋ] 명 1 모터보트를 타는 일. 2 [전자] 모터보핑.
mo·tor·bus [móutərbʌ̀s] 명 (樂 ~·(s)es) (드물게) 합승 자동차, 버스. (또는 **mótor còach**)
mo·tor·cab [móutərkæ̀b] 명 택시.
mo·tor·cade [móutərkèid] 명 (美) 자동차 행렬[카퍼레이드]. — ⓘ 차를 줄지어 달리다.
mótor càmp 명 자동차 캠프장.
‡**mo·tor·car** [móutərkɑ̀ːr] 명 (樂 ~s [-z]) 1 (주로 英) 자동차, 승용차(car, (美) automobile). 2 (또는 **mótor càr**) (美) [철도] 전동차. [차.
mótor càravan 명 (英) 취사·숙박 설비가 된 자동
Mótor City 명 (美구어) (the ~) 미국 Detroit의 별칭. [<자동차 산업의 중심지인 데서]
mótor·coach [móutərkòutʃ] 명 = motorbus.
mótor còurt 명 (美) 모텔(motel).
*****mo·tor·cy·cle** [móutərsàikl] 명 1 오토바이. ¶~ gangs 오토바이 폭주족(暴走族). 2 (俗) (성교 대상의) 여자. — ⓘ 오토바이를 타다. **-clist** 명
mo·tor·dom [móutərdəm] 명 (美) 자동차 세계.
mótor drìve 명 [기계] 전동부(電動部); 모터 드라이브(전동기를 사용하여 기계를 구동(驅動)시키는 방식).
mo·tor·driv·en [-drìvən] 형 모터로 움직이는.
mo·tor·drome [móutərdròum] 명 (원형의) 자동차[오토바이] 경주장, 자동차(오토바이) 시주장(試走場).
mo·tored [móutərd] 형 (복합어로) 모터를 단. ¶a bi-~ airplane 쌍발(비행)기.
mótor gènerator (sèt) 명 전동 발전기.
mótor hòme 명 (자동차 여행용의) 이동 주택 버스.
mótor hotèl 명 모텔(motel). [(또는 **mótorhòme**)
mo·tor·i·al [moutɔ́ːriəl] 형 운동의, 운동을 일으키는; 운동에 관계하는 ; 운동 신경의.
mo·tor·ic [moutɔ́ːrik] 형 1 (생리) 근육 운동(성)의. 2 (음악 연주 따위가) 매우 율동적인. **-i·cal·ly** 부

mo·tor·ing [móutəriŋ] 명 ⓤ 자동차 운전, 드라이브.
mótor ìnn 명 도시의 고층 모텔(motor hotel).
*****mo·tor·ist** [móutərist] 명 자동차 운전[여행]자.
mo·tor·ize [móutəràiz] ⓣ (*(英) **-ise**) 1 (차 따위)에 모터를 장치하다. 2 (말·마차 대신에) …에 자동차를 배치하다; (군대) 차량화하다. **-i·zá·tion** 명
mótor lòdge 명 (美) 모텔(motel). [**mótor·lòrry**)
mótor lòrry 명 (英) 화물 자동차, 트럭. (또는
mo·tor·man [móutərmən] 명 1 (기관차·지하철 따위의) 운전사. 2 모터 담당원.
mo·tor·mind·ed [-màindid] 형 운동형의, 운동 감각이 예민한. **-·ness** 명 [리.
mo·tor·mouth [-màuθ] 명 (俗어) 수다쟁이, 떠버
mótor nèrve 명 [해부] 운동 신경.
mótor nèuron 명 (생리) 운동 신경 세포(근육·선(腺) 등 효과기(器)에 충동을 전하는 신경 세포).
Mo·to·ro·la [mòutəróulə] 명 모토로라(~, Inc.: 미국의 전자 기기 회사; 고유).
mótor pàrk 명 (西아프리카) = car park.
mótor pòol 명 (美) 모터 풀(군대·관청 따위의 배차용 자동차 집합소); 카 풀(통근시의 운반 자가용의 집합).
mótor ràcing 명 자동차 경주. [機帆船)
mótor sàiler 명 [해사] (기관과 돛을 장비한) 기범선
mótor scòoter 명 (모터) 스쿠터. 「동기선.
mo·tor·ship [móutərʃìp] 명 (디젤 엔진을 갖춘) 발
mótor shòw 명 모터 쇼, 자동차 전시 발표회.
mótor skìll 명 (심리) 운동 기능(숙달).
mótor spìrit 명 (英) 자동차용 휘발유, 가솔린.
mótor·sports [móutərspɔ̀ːrts] 명(樂) 모터스포츠(자동차·모터보트·오토바이 등을 사용하는 경기 (시합)).
mótor torpédo bòat 명 (고속) 어뢰정(魚雷艇).
mótor trùck 명 (美) 화물 자동차, 트럭(truck, (英) lorry). (또는 **mótortrùck**)
mótor ùnit 명 운동 단위(운동 뉴런과 근섬유).
mótor vàn 명 (英) (유개) 화물 자동차.
mótor vèhicle 명 (집합적) 자동차(류(類)).
mo·tor·ves·sel [móutərvèsəl] 명 = motorship.
mo·tor·way [móutərwèi] 명 (英) 고속 (자동차) 도로.
mo·to·ry [móutəri] 형 = motorial.
Mo·town [móutaun] 명 모타운. 1 미국 Detroit의 별칭. 2 모타운 사운드(~ sound)(1950년대부터 흑인 노동자들 사이에 유행한 강한 비트의 리듬 앤드 블루스).
motte [mɑt/mɔt] 명 (美남서부) (초원 지대의) 작은 숲. (또는 **mott**) [MOT.
M.O.T. tést [émòutìː-] 명 (the ~) (英구어) =
mot·tle [mɑ́tl/mɔ́tl] ⓣⓘ …을 얼룩덜룩하게 하다. — 명 얼룩, 반점. **-tled** 형 **~·ment, -tler** 명
‡**mot·to** [mɑ́tou/mɔ́t-] 명 (樂 ~**·(e)s** [-z]) 1 좌우명, 표어, 모토; 격언, 금언, 처세훈. ¶a school ~ 교훈. 2 (책머리 따위에 쓰는) 제사(題詞), 인용구. 3 (방패·문장(紋章)에 주의(主義) 따위를 붙인) 제명(題銘). 4 (또는 ∠ **thème**) (음악) 주제구(主題句), 반복 악구(樂句).
mo·tu pro·pri·o [móutuː próupriòu] 명 자진해서, 자의로. — 명 (樂 **m-** **-s**) (가톨릭) 교황 자발 교령(教令). [<L of one's own accord]
Mo-tzu [mòutsu] 명 묵자(墨子) (470?-?391 BC; 중국 춘추 전국 시대의 사상가; 묵가(墨家)의 시조). (또는 **Mo Ti**) [standing (양해 각서).
MOU, mou (법률·상업) *m*emorandum of under-
mouch [mutʃ] (英속어) = mooch.
mou·choir [F muːjwɑːr] 명 (樂 ~**s**) 손수건. [<F]
moue [muː] 명 (樂 ~**s** [muː]) 뾰로통한[시무룩한, 찡그린] 얼굴. [<F pouting grimace]
mouf·(f)lon [múːflɑn/-lɔn] 명 (樂 ~**(s)**) (지중해 사르디니아 섬·코르시카 섬에 사는) 야생 양; ⓤ 그 털.
mought [mɔːt] 명 (美중·남부) may의 과거.
mou·jik [muːʒìk/⁻́] 명 = muzhik.
mou·lage [muːláːʒ] 명 (범죄 현장의 발자국·타이어

자국 등의) 석고 본뜨기; 그 석고본, 물라주. 〔<F〕

mould [mould] [명][동] 《英》 =mold[1,2,3].

mould·er [móuldər] [동][명] 《英》 =molder.

mould·ing [móuldiŋ] [명] 《英》 =molding.

mould·y [móuldi] [형] =moldy.

mou·lin [muːlǽŋ] [명] **1** 빙하의 세로로 뚫린 구멍. **2** 물레방아, 풍차. 〔<F〕 「축제일.

Moul·oud [múlud] [명] 〔회교〕 마호메트의 탄생 기념

moult [moult] [명][동] 《英》 =molt. **~·er** [명]

moul·vi [máulvi] [명] =maulvi.

‡**mound**[1] [maund] [명] ([복] **~s** [-z]) **1** (무덤·폐허 따위의) 흙둔덕, 고분. ¶shell *~s* 조개무지. **2** 작은 산, 언덕; (방어를 위한) 둑, (하천의) 제방. **3** 작은 산처럼 쌓아 올린 것. ¶a ~ of hay 한 더미의 건초. **4** 〔야구〕 마운드.

take the mound 〔야구〕 (투수가) 마운드에 서다.

— [동][타] …에 둑[제방]을 쌓다; …을 쌓아올리다, 더미를 만들다. 「표상하는 황금 구슬).

mound[2] [명] 보주(寶珠)(왕관 꼭대기에 붙이는, 지구를

Móund Builders [명][복] 선사(先史) 시대에 토분(土墳) (Indian mounds) 따위를 쌓아올린 북아메리카 인디언.

móund dùel [명] 〔야구〕 투수전.

mound·ing [máundiŋ] [명] 〔의학〕 일과성(一過性) 근육 융기(위축된 근육을 세게 쳤을 때 부풀어 오르는 현상).

mounds·man [máundzmən] [명] 《美속어》 〔야구〕 투수.

‡**mount**[1] [maunt] [동][타] **1** 〔산·단상 따위〕에 오르다, 〔계단·사다리 따위〕를 올라가다; 〔왕위 등〕에 오르다. ⇨CLIMB [유의어] ¶~ a hill 언덕에 오르다 / ~ stairs 계단을 올라가다 / ~ a platform 등단하다.

2 〔말·자전거 따위〕에 타다; 〔사람〕을 (말 따위에) 태우다(*on*); 〔남〕에게 말을 공급하다. ¶~ a horse 말에 올라타다[걸터앉다].

3 …을 (높은 곳에) 두다, 올려놓다 (*on*). ¶ (~+[目]+[前]+[名]) ~ a statue *on* a pedestal 상(像)을 대좌에 올려놓다.

4 …을 (적당한 장소에) 설치하다, 갖추어 놓다 (*on*); 〔총 따위〕를 쏠 자세를 취하다; 〔요새·배 따위〕에 (총포를) 갖추다, 설치하다, 탑재하다 (*with, on*). ¶The battleship *~s* eight guns. =The battleship is *~ed with* eight guns. =Eight guns are *~ed on* the battleship. 그 전함은 8문의 포를 탑재하고 있다.

5 〔종이·사진 따위〕를 (대지(臺紙)에) 붙이다, (액자에) 끼우다, (종이나 천 따위로) 배접(背接)하다; 〔보석 따위〕를 (대(臺)에) 끼워넣다, 박아 넣다; 〔검경물(檢鏡物)〕을 (슬라이드에) 올려놓다 (*on, in*). ¶~ a photograph *on* cardboard 사진을 대지에 붙이다 / ~ a diamond *in* a ring 반지에 다이아몬드를 박아 넣다. **6** 〔경비·파수〕를 서다; 〔보초·파수병〕을 배치하다, 세우다 (*over*). **7** 〔연극〕의 의상·배경 따위를 준비하다; 〔연극〕을 상연하다. **8** 〔동물〕을 박제로 만들다, 〔식물〕을 표본으로 만들다. **9** 〔행동 따위〕에 들어가다; …을 실시하다; 〔전시회 따위〕를 열다; 〔군사〕 〔작전·공격〕을 개시하다. ¶~ an offensive 공격하다, 공세를 취하다. **10** 〔동물〕 (수컷이 교미하기 위해) 〔암컷〕에 올라타다; 《속어》 (남자가) 〔여자〕 위에 올라타다. **11** 〔컴퓨터〕 〔CD-ROM 디스크 등〕을 올려놓다; 〔디스크 드라이브 등의 하드웨어〕를 장비하다, 사용 가능한 상태로 하다.

— [자] **1** 오르다, 날아오르다; (핏기가 얼굴에) 오르다; (지위가) 올라가다; (수량·정도가) 높아지다, 늘다(*up*). ¶ (~+[前]+[名]) ~ *to* a hill 언덕에 오르다 / He *~ed to* the chief of a police station. 그는 경찰서장의 지위까지 올랐다 // (~+[副]) Prices are *~ing up* steadily. 물가는 꾸준히 오르고 있다. **2** (말 따위에) 올라타다 (*on*). ¶~ *on* a horse 말에 올라타다.

be well* [*poorly*] *mounted 좋은[나쁜] 말을 타다.

mount guard over …에 보초를 서다[두다].

mount the throne 왕위에 오르다.

— [명] **1** 오르기, 올리기; 오르는[올리는] 법. **2** 《구어》 (말·자전거 따위에) 올라타기; (승용(乘用)의) 동물(말·노새 따위); 《드물게》 자전거. **3** (그림·사진 따위의) 대지(臺紙); 보석대; (현미경의) 슬라이드; 〔군사〕 포가(砲架); (부채의) 살; (보석을 박아 넣는) 거미발.

~·a·ble, ~·less [형]

mount[2] [명] **1** 야산, 구릉(hill); 《시》 산; (M–) 《고유명사 앞에서》 …산(약 Mt.). ¶*Mt.* Everest 에베레스트 산. **2** 〔手相〕 궁(宮)(손바닥 살의 융기(隆起)의 하나).

‡**moun·tain** [máuntən] [명] ([복] **~s** [-z]) **1** 산, 산악; (~s) 산맥, 연산(連山), 산지. ¶a volcanic ~ 화산 / climb [descend] a ~; go up [down] a ~ 등산[하산]하다.

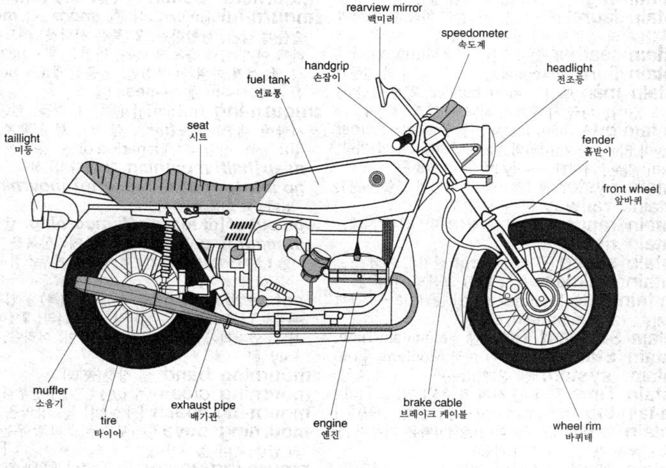

〔motorcycle〕

[유의어] **mountain** 주변보다 두드러지게 높고 험악하게 우뚝 솟은 것. **hill** 주변과 비교해서 그리 높거나 험악하지도 않은 작은 산. 《英》에서는 2천 피트 이상을 mountain으로 보나, 《美》에서는 1천 피트 이상이라는 견해도 있어 단순히 높이만 가지고 잘라 말할 수는 없으며 그 지방 관습에 따를 수밖에 없다.

2 《비유적》 산(더미) 같은 것; (a ~, ~s) (산더미 같은) 다량, 다수 (*of*); (상품 따위의) 잉여 재고; (가격 하락을 막기 위한) 매점 식품. ¶ have ~*s of* work 할 일이 태산 같다 / The waves ran ~*s* high. 산더미 같은 파도가 일었다. **3** (the M–) 산악당(山岳黨)(프랑스 혁명 당시 회의장의 제일 높은 자리에 앉았었던 과격파). [참] plain

a mountain of 거대한, 많은. ¶ *a* ~ *of* flesh 뚱뚱한 거인.

a mountain of a(n)... 산더미 같은…

If the mountain will not come to Muhammad, Muhammad must go to the mountain. 저쪽에서 오지 않겠다면, 이쪽에서 찾아가자(＊상황에 따라 방침을 바꿀 때에 하는 말).

make a mountain (out) of a molehill ⇨MOLEHILL.

move mountains 모든 노력을 기울이다.

remove mountains 기적을 행하다.

the mountain in labor 애만 쓰고 보람이 없는 일.

── [형] 《한정용법》 **1** 산의; 산에 사는, 산에 나는. **2** 산(더미) 같은, 거대한.

~**·less** [형]

móuntain àsh [명] 〔식물〕 마가목.

móuntain bìke [명] 산악 자전거([약] MTB).

móuntain càt [명] =cougar; =bobcat.

móuntain chàin [명] 산맥, 연산(連山).

móuntain clìmbing [명] =mountaineering.

móuntain dáylight tìme [명] (종종 M–) 《美》 산악 여름 시간([약] MDT).

móuntain déer [명] 영양(羚羊).

móuntain déw [명] 《구어》 《美》 (밀조한) 위스키; 《英》 (밀조한) 스카치위스키.

***moun·tain·eer** [màuntəníər] [명] 산지 사람, 산악민; 등산가. ── [통][자] 등산하다.

***moun·tain·eer·ing** [màuntəníəriŋ] [명][U] 등산.

móuntain glàcier [명] 〔지질〕 산악 빙하(山岳氷河).

móuntain gòat [명] (Rocky 산맥에 사는) 야생 염소.

móuntain gùn [명] 산포(山砲).

moun·tain-high [-hái] [형] 산처럼 높은, 산더미 같은.

móuntain làurel [명] 〔식물〕 칼미아, 미국 만병초(미국 동부산(産)의 철쭉과(科) 상록 관목).

móuntain lèather [명] 〔광물〕 산유피(山柔皮)(석면의 일종).

móuntain lìon [명] =cougar.

móuntain màn [명] **1** =mountaineer. **2** 산지[산악] 거주자[노동자]; (미국 서부 개척 시대의) 변경 개척자.

⁑**moun·tain·ous** [máuntənəs] [형] (*more* ~; *most* ~) **1** 산이 많은, 산지(山地)의. ¶ a ~ district 산악 지방. **2** 산(더미) 같은, 거대한. ~**·ly** [부] ~**·ness** [명]

móuntain òyster [명] 《美》 양·송아지의 불알(식용).

móuntain ràilway [명] 등산 철도.

móuntain rànge [명] 산맥, 연산(連山); 산악 지대.

móuntain rìce [명] 밭벼.

móuntain shèep [명] =bighorn; 산지의 야생 양.

móuntain sìckness [명] 〔병리〕 고산병, 산악병.

moun·tain·side [máuntənsàid] [명] (the ~) 산허리, 산기슭. (또는 **móuntain sìde**)

Móuntain Stándard Tìme [명] =Mountain Time.

Móuntain Stàte [명] (the ~) 미국 Montana 주(州)의 별칭.

móuntain sỳstem [명] 산계(山系).

Móuntain Tìme [명] 《美》 산지 표준시(時).

moun·tain·top [máuntəntɑ̀p/-tɔ̀p] [명][형] 산꼭대기(의).

móuntain wàve [명] 산악파(山岳波)(빠른 기류가 산맥에 부딪쳐서 생기는 공기의 파동).

móuntain wìnd [명] 산바람, 재넘이.

móuntain wìne [명] (스페인의 마라가산(産)의) 백포도주.

moun·tain·y [máuntəni] [형] 산이 많은, 산지의; 산에 사는.

moun·te·bank [máuntəbæ̀ŋk] [명] **1** (길거리의) 엉터리 약장수, 돌팔이 의사; (손님을 끌어모으는) 예인, 광대. **2** 야바위꾼, 사기꾼. ── [통][자] 야바위[사기]를 치다. ── [타] 《폐어》 사기치다; (요술을 부려) …의 모양을 바꾸다. ~**·er·y** [명][U] 사기 행위, 야바위.

***mount·ed** [máuntid] [형] **1** 말[탈것]에 탄, 기마의. ¶ a ~ policeman 기마 경관. **2** 〔군사〕 (수송 따위에) 기동력이 있는. **3** (총포 따위가) 설치된; (보석 따위를) 박아[끼워] 넣은. **4** 계획[예정]되어 있는.

móunted políce [명] (the ~) 《집합적》 기마 경찰대.

mount·er [máuntər] [명] 태우는[장치하는] 사람; (보석 따위를) 박는 사람; 장치하는 도구.

Moun·tie [máunti] [명] 《캐나다 구어》 기마 경관; (the ~s) 기마 경찰대(정식 명칭 Royal Canadian Mounted Police).

mount·ing [máuntiŋ] [명] **1** [U] 설치, 장비. **2** [U] 오르기, 올라가기; 타기, 말타기, 승마. **3** 〔군사〕 포가(砲架); (~s) 마구(馬具), 말 장식물. **4** 대지(臺紙), 표장(表裝), (보석의) 대(臺). **5** 세공, 붙이기; 박제(剝製).

mount·ing-block [-blɑ̀k/-blɔ̀k] [명] (말·버스를 탈 때의) 돌 디딤대.

Mòunt Sàint Èlsewhere [명] 《美속어》 (병원의) 말기 환자가 옮겨지는 별실.

Mòunt Vér·non [-və́:rnən] [명] 마운트 버논(미국 Virginia 주 Potomac 강가에 있는 사적지; 초대 대통령 George Washington 의 저택과 무덤이 있다).

Mount·y [máunti] [명] 《구어》 =Mountie.

⁑**mourn** [mɔ:rn] [통] (~**s** [-z]) [자] **1** (…을) 한탄하다, 슬퍼하다 (*for, over*). ¶ (~+[前]+[名]) ~ *for* [or *over*] one's misfortune 불행을 한탄하다. **2** (남의 죽음을) 슬퍼하다, 애도하다, 거상(居喪)하다 (*for, over*). ¶ (~+[前]+[名]) ~ *for* the dead 죽은 사람을 애도하다 / ~ *over* the death of one's lover 사랑하는 이의 죽음을 슬퍼하다. ── [타] **1** …을 한탄하다, 슬퍼하다. **2** …의 죽음을 애도하다, 복상(服喪)하다. ¶ ~ one's father's death 아버지의 죽음을 애도하다. **3** …을 비통하게 말하다.

***mourn·er** [mɔ́:rnər] [명] **1** 슬퍼하는 사람; 애도자. **2** 장례식에 모인 사람; (장례식에 고용된) 대곡(代哭)꾼. ¶ the chief ~ 상주(喪主). **3** 《美》 회개[참회]자.

móurners' bènch [명] 《美》 회개자석(교회의 맨 앞열).

⁑**mourn·ful** [mɔ́:rnfəl] [형] (*more* ~; *most* ~) **1** 슬픔에 잠긴, 한탄하는. **2** (죽은 사람을) 애도하는, 애석하게 여기는. **3** 슬프게 하는, 가엾은. ¶ ~ news 슬픈 소식. **4** (성격 따위가) 음침한; 음울한. ¶ a ~ person 음침한 사람. ~**·ly** [부] ~**·ness** [명]

⁑**mourn·ing** [mɔ́:rniŋ] [명][U] **1** 슬픔, 한탄. **2** (죽은 사람에 대한) 애도(*for*); 상(喪), 몽상(蒙喪), 기중(忌中); 상복, 상장(章). ¶ a period of ~ 복상[애도] 기간.

deep [half] mourning 정식[약식] 상복.

go into [or ***put on, take to***] ***mourning*** 상복을 입다, 복상(服喪)하다.

go out of [or ***leave off***] ***mourning*** 탈상하다.

in mourning ① 몽상중, 상중에; 상복을 입고 있어. ② 《속어》 (눈언저리가) 얻어맞아 거무스름해져; (손톱에) 때가 끼어.

put...into mourning …에게 상(복)을 입게 하다.

── [형] **1** 애도의, 상중의; 상장[상복]의. **2** 《속어》 (맞아서) 눈언저리가 거무스름한; (손톱이) 더러운.

~**·ly** [부]

móurning bànd [명] 상장(喪章).

móurning clòak [명] 《美》 〔곤충〕 신부나비.

mourn·ing-coach [-kòutʃ] [명] 장의용 마차; 영구차.

móurning dòve [명] (구슬픈 소리로 우는) 산비둘기의 일종(북미·중미산(産)).

mourn·ing-pa·per [-pèipər] [명][U] 검은 테를 두른 편지지.

mourn·ing-ring [-rìŋ] [명] (유품으로 남긴) 반지.

móurning stùff 명 상복감.
MOUS [maus] 〔컴퓨터〕 *Microsoft Office User Specialist*(마이크로소프트 오피스(사무용 소프트웨어) 전문가; 그 자격 시험).
mou·sa·ka [muːsáːkə, mùːsɑːkáː] 명 =moussaka.
‡**mouse** 명 [maus] (복 *mice* [mais]) 1 생앙쥐, 새앙쥐속(屬)의 작은 쥐(집 rat). ¶a house [field] ~ 집[들]쥐/*When the cat is away the mice will play.* (속담) 범 없는 골에는 토끼가 스승이다. 2 〔경멸적·익살〕 내성적인 사람, 겁쟁이. 3 〔구어〕 예쁜이 (아가씨), 귀여운 애(여자 아이에 대한 애칭); 여자 애인, 아내. 4 (속어) (맞아서 생긴 눈언저리의) 검은 멍. 5 (위아래로 여닫는 창의) 추(錘), 분동(分銅). 6 〔컴퓨터〕 마우스.
(as) drunk as a (drowned) mouse 몹시 취해서.
(as) poor as a church mouse 몹시 가난한.
(as) quiet as a mouse 아주 조용한.
like a drowned mouse 비참한 모습[꼴]으로.
live like mice 지독히 인색하게 살다.
mouse and man 온갖 생물.
neither man nor mouse 모든 생물은 …하지 않다.
play like a cat with a mouse ⇒CAT.
— 동 [mauz] (*mous·es* [-iz]; *~d*; *mous·ing*) 타 1 …을 몰아내다. 쉴새없이 찾아내다. 2 (고양이가 쥐를 다루듯이) 거칠게 다루다, 놀리다, 괴롭히다. 3 〔해사〕 〈갈고리(hook) 끝〉을 가는 밧줄로 잡아매다. — 자 1 쥐를 잡다. 2 찾아 배회하다(*about*); (사냥감 따위를) ~·*like* 가면서 노리다.
MOUSE [maus] 명 (美) 지구 소궤도 무인 위성. [<*M*inimum *O*rbital *U*nmanned *S*atellite of *E*arth]
móuse còlor 명 쥐색, 잿빛. **móuth-còlored** 형.
móuse dèer 명 =chevrotain.
mouse-dun [[∠]dÁn] 명 암갈색을 띤 회색. 「초류.
mouse-ear [[∠]iər] 명 쥐꼬리풀속(屬)의 식물; 물망
móuse gráy 명 쥐색, 잿빛.
móuse hàre 명 =pika.
mouse·hole [máushòul] 명 쥐구멍; 좁은 통로[출입구]; 작은 헛간; 비좁은 주거(방).
móuse mìlking 명 애쓴 보람이 없는 일.
móuse pàd 명 〔컴퓨터〕 마우스용 밑받침.
móuse potáto 명 (美속어) 컴퓨터 중독자(狂)이.
mous·er [máuzər] 명 1 쥐를 잡는 동물(고양이·개 따위). 2 찾아 헤매는(섭렵하는) 사람; 탐색자; 〔해사〕 형사.
mouse·tail [máustèil] 명 미나리아재빗과(科) 식물.
móuse tràcking 명 〔컴퓨터〕 마우스 트래킹(마우스의 이동 거리에 대한 화면의 포인터의 이동 거리의 지표).
mouse·trap [máustræp] 명 1 쥐덫; 작은 집, 좁은 장소. 2 함정, 책략; (손님의 눈을 끄는) 신상품. 3 ⓤ (英구어) (쥐잡이용의) 냄새가 독한 치즈; (익살) 맛없는 치즈. (또는 **∠ chèese**) 4 〔미식축구〕 마우스트랩(수비측 라인맨을 공격측 스크리미지 라인 안으로 유인하는 플레이). 5 (속어) 3류 소극장, 변두리 나이트클럽.
build a better mousetrap 매력적인 신제품을 만들다[제공하다].
— 동타 1 …을 함정에 빠뜨리다. 을 덫[올가미]으로 잡다. 2 〔미식축구〕 〈수비측 선수〉에게 마우스트랩 전법을 쓰다.
mous·ey [máusi, -zi] 형 =mousy.
mous·ing [máuziŋ] 명 1 쥐잡기. 2 〔해사〕 마우징 (짐을 갈고리 끝으로 매기; 그 밧줄·갈고리).
mus·sa·ka [muːsάːkə, mùːsɑːkάː] 명 ⓤ 〔그리스·터키 요리〕 무사카(저민 양고기나 쇠고기, 야채를 번갈아 얹고 치즈·소스를 쳐서 구운 요리). (또는 **mousaka, mussaka**)
mousse [muːs] 명ⓤⓒ 무스. 1 거품을 낸 크림과 자. 2 거품을 낸 생크림과 섞은 고기[생선] 퓌레. 3 머리 정발용 화장품. 4 해저 석유 유출 때 생기는 암갈색의 기름. [<F *moss, froth*]

mousse·line [muːslíːn] 명ⓤⓒ 1 거품을 낸 크림이 섞인 네덜란드식 소스. 2 (거품을 낸 크림 따위를 넣어) 부드럽고 부풋하게 만든 요리. 3 =muslin.
mousseline de laine [-də léɪn] 명 모슬린, 메린스. (또는 **muslin de laine**) 〔<F〕 「슬린. 〔<F
mousseline de soie [F -də swa] 명 명주 모
***mous·tache** [mÁstæʃ, məstǽʃ/məstάːʃ] 명 (英) =mustache. **mous·táched** 형.
Moust·(i)e·ri·an [muːstíəriən] 형 〔고고〕 (구석기시대의 무스테리안기(期)의.
mous·y [máusi, -zi] 형 1 쥐의[같은]; 쥐 냄새가 나는. 2 쥐색[회색]의; 거무튀튀한. 3 쥐죽은 듯이 고요한. 4 쥐가 많은[설치는]. 5 (사람이) 조용한, 내성적인. (또는 **mousey**) **móus·i·ly** 부 **móus·i·ness** 명.
‡**mouth** 명 [mauθ] (복 ~*s* [-ðz], (소유격) ~'*s* [-θs]) 1 입, 구강(口腔); (말하고 맛보는 기관으로서의) 입. ¶ *open* [*close*] *one's* ~ 입을 벌리다[다물다] / *rinse the* ~ 양치질하다 / *Good medicine is bitter to* [*in the*] ~. (속담) 양약 은 입에 쓰다. 2 입가, 입술. ¶ *a small* ~ 오무리는 입 / *take a person's* ~ 에게 입맞추다. 3 부양 가족, (먹여 살려야 할) 사람, 동물. ¶ *a useless* ~ 밥벌레, 식객이. 4 말, 표현, 발언; 말투; 사람의 입, 소문. ¶ *in an English* ~ 영어식 말투로. 5 (입을 삐쭉거리는) 찡그린 얼굴. 6 (*a* ~, *the* ~) 입 모양의 것; (구멍·용기 따위의) 아가리; 출입구, 강어귀; (항구 따위의) 입구; 총구(銃口). ¶ *the* ~ *of a jar* [*cave*] 항아리[동굴의 아가리[입구]] / *the* ~ *of a volcano* 분화구 / *the* ~ *of the Seine* 센 강의 강어귀. 7 〔음악〕 (관악기의) 입을 대는 부분, (파이프 오르간 옆면의) 구명. 8 〔구어〕 지껄이기, 수다; 거만한 말투; 지나친 허풍. ¶ *Do not open one's* ~. 잠자코 있다. 9 (재갈을 물린) 말의 입. ¶ *a horse with a soft* ~ 말을 잘 듣는 [온순한] 말. 10 〔속어〕 변호사, 대변자. 11 (*a* ~) 〔속어〕 숙취(hangover).
a mouth full of South (美속어) 남부 사투리.
be all mouth 수다쟁이이다. 「실행하지 않다.
be all mouth (and trousers) (英구어) 말만 하고
blow off one's mouth; blow one's mouth off =*shoot off one's mouth*. 「mouth.
by mouth ① 입으로, 입세로. ② =*by word of by word of mouth* 말로, 구두로. 「서 성숙한다.
correct in the mouth (英) (양이) 영구치가 다 나
cut the mouth [or *chat*] (美속어) 입을 다물다.
down in [or *at*] *the mouth* (구어) 낙심하여, 풀이
fix one's mouth for …의 준비를 하다. 「죽어서.
foam at the mouth ① (개 따위가) 입에 거품을 내뿜으며 대들다. ② 몹시 화내다, 격분하다.
from hand to mouth ⇒HAND.
from mouth to mouth 입에서 입으로, 이 사람에게서 저 사람에게로.
from [or *out of*] *the horse's mouth* (구어) 가장 확실한 소식통에게서, 직접. 「해, 털어놓아.
Get all that out of your horse. 거짓말 마, 자백
give mouth ① (사냥개가) 짖어대다. ② 말하기 시작하다. ③ (생각 따위를) 말하다, …을 입 밖에 내다(*to*).
have a big mouth (속어) 큰 소리로 말하다; 줄줄 지껄여 대다; 건방진 소리를 하다.
have a foul mouth 말버릇이 나쁘다, 입이 더럽다.
have a good [*bad, hard*] *mouth* (말(馬)이) 온순하다[말을 잘 안 듣다].
have a mouth like the bottom of a birdcage [or *parrotcage*] (속어) 과음하여 혀[입]가 깔깔하다.
in everyone's mouth 소문이 자자하여. 「다.
in the mouth of …의 말에 의하면, …의 말을 빌리면.
keep one's mouth shut (구어) 잠자코 있다, 입 밖에 내지 않다.
kiss a person on the mouth 남의 입에 키스하다.
laugh on the wrong side of one's mouth

⇒LAUGH.
make a mouth [or **mouths**] *at a person* 남에게 얼굴을 찌푸리다, 입을 삐쭉거리다.
make *a person's* **mouth water** (구어) (맛있는 음식이) 남에게 군침을 흘리게 하다; 남을 부러워하게 하다.
make [or **put on**] *a poor mouth* 가난해서라고 변명하다.
me [or **you, him, her**] **and my** [or **your, his, her**] **big mouth** 해서는 안될 말을 해버렸군.
melt in *a person's* **mouth** (고기·과자 따위가) 입 안에서 살살 녹다, 아주 맛이 좋다.
open *one's* **big mouth** (구어) 무심코 떠벌리다.
open *one's* **mouth** 입을 열다, 말하기 시작하다; 비밀을 털어놓다.
open *one's* **mouth** (*too*) **wide** 엄청난 값을 부르다, 지나치게 요구하다.
out of [or *from*] *a person's* **own mouth** 직접 본 인의 입으로.
Out of the mouth comes evil. (속담) 재앙은 입으로부터 생긴다. 「것으로 하다.
put a speech into *a person's* **mouth** 남이 말한
put *one's* **money where** *one's* **mouth is** (구어) 자기가 한 말(의견)을 실제 행동으로 보여 주려 하다.
put words into [or **in**] *a person's* **mouth** ① 남이 (말도 안한 것을) 말하였다고 하다. ② 말해야 할 것을 남에게 가르쳐주다(말하게 하다).
rinse *a person's* **mouth out** (*with soap*) (익살) 남을 처벌하다.
run off at the mouth (구어) ① 마구 지껄여 대다. ② 어리석은 말을 하다.
shoot [or **run**] **off** *one's* **mouth; shoot** *one's* **mouth off** 시끄럽게 떠벌리다.
shut [or **stop**] *a person's* **mouth** (구어) 남의 말을 막다, 남에게 입을 다물게 하다, 자백하지 않게 하다.
shut *one's* **mouth** 입을 다물다, 묵비권을 행사하다.
take the words (right) out of *a person's* **mouth** (구어) 남이 말하려는 것을 먼저 말하다, 남의 말을 가로채다. 「말을 하다.
talk out of both sides of *one's* **mouth** 모순된
turn down *one's* **mouth** (못마땅하여) 입을 뒤틀다.
watch *one's* **mouth** 입(말)조심하다.
with one mouth 이구동성으로, 입을 모아서.
with *one's* **mouth full** 입에 음식물을 잔뜩 넣고.
with open [or **full**] **mouth** 큰 소리로.
—国 [mauð] (~s [-z]) 国 1 (…을 큰 소리(연설조)로 말하다, 젠체하며 말하다. 2 잠자코 입술로 표시하다; …을 되풀이해 말하다. 3 (음식 따위)을 입에 넣다, 우물우물 씹다, 입에 물다. 4 (말)을 재갈(고삐)에 길들이다; …에게 입을 대고 꽉 누르다; …을 입으로 문지르다; …을 핥다. — 재 1 연설조로 말하다, 젠체하며 큰소리로 말하다(*off*) (*about*). 2 입 속에서 우물거리다 (입을 삐쭉거리고) 얼굴을 찡그리다(*at*). 4 (강이) (…으로) 흘러들다 (*in, into*).
mouth it (닭싸움에서) 부리로 싸우다.
mouth off ① 떠벌리다, 큰소리치다. ② 말대꾸하다.
mouth on (美속어) …에 대해 밀고하다, …을 폭로하다.
~·less 園
mouth·breath·er [máuθbrì:ðər] 園 (美속어) 얼간이, 멍청이, 바보. **mouth·breath·ing** 園
mouth·breed·er [máuθbrì:dər] 園 알이나 새끼를 입속에 넣고 키우는 열대어. (또는 **mouthbrooder**)
mouthed [mauðd, mauθt] 園 1 입이 있는. 2 (복합어로) 입이 …인: (경멸적) 말투가 …인. *a wide-jar* 아가리가 넓은 병 / *a foul-~ man* 말버릇이 고약한 사람, 독설가.
mouth·er [máuðər] 園 젠체하며 말하는 사람, 허풍선이; 떠벌이, 장광설을 늘어놓는 사람.
mouth-fill·ing [-fíliŋ] 園 허풍떠는, 과장된.
***mouth·ful** [máuθfùl] 園 1 한 입 가득, (한 입의 분량). ¶*a ~ of food* 한 입거리의 음식. 2 (a ~) 조금, 소량; 약간의 음식. ¶*have just a ~ of dessert* 디저트를 아주 조금 먹다. 3 (a ~) (구어) (익살) 발음하기 어려운 말(어구). 4 (a ~) (속어) 적절한 말, 지당한 말; (英구어) 비난. ¶*give him a ~ for being late* 늦은 데 대해 그를 비난하다.
at a mouthful 한 입에(으로).
make a mouthful of …을 한 입에 마시다.
say a mouthful 중요한 것을 말하다.
mouth hàrp (美남부) =mouth organ 1.
móuth òrgan 園 1 하모니카. 2 =pan pipe.
mouth·part [máuθpà:rt] 園 (~s) (절지(節肢) 동물의) 구기(口器).
***mouth·piece** [máuθpì:s] 園 1 (관·용기 따위의) 주둥이, 꼭지쇠; (수도관의) 수도 꼭지. 2 (악기 따위의) 입을 대는 부분; (전화의) 송화구. 3 (재갈의) 입에 무는 부분. 4 (a ~) (종종 경멸적) 대변자; 대변 기관(신문·잡지 따위). 5 (속어) 형사 사건 변호사. 6 (권투) 마우스피스.
móuth to féed 園 부양 가족. ¶*He has many mouths to feed.* 그는 부양 가족이 많다.
mouth-to-mouth [-təmáuθ] 園 (인공 호흡이) 입을 대고 하는. ¶*~ resuscitation*[*method*] (입으로 하는) 인공 호흡법.
mouth·wash [máuθwàʃ, -wɔ̀ʃ/-wɔ̀ʃ] 園 1 UC 구강 세정제, 양치제. 2 (속어) 입가심 술 (한 잔). 3 U (구어) 어리석은 짓(일).
mouth·wa·ter·ing [-wɔ́:təriŋ, -wɑ̀t-] 園 군침이 도는, 맛있어 보이는. ~·**ly** 園
mouth·y [máuði, -θi] 園 수다스러운, 말이 많은; 으 언장담하는, 과장된. **-i·ly** 園 **-i·ness** 園
mou·ton [mú:tɑn/-tɔn] 園U (해리(海狸)나 바다표범의 모피 비슷하게 가공한) 양의 모피.
mov. movement.
***mov·a·ble** [mú:vəbl] 園 1 움직일 수 있는, 이동할 수 있는. 2 (법률) 동산(動産)의(↔ *real*¹). ¶*~ property* 동산. 3 (축제일 따위가) 해에 따라 날짜가 바뀌는. — 園 1 움직일 수 있는 물건. 2 (종종 ~s) 가구, 가재. 3 (~s) (법률) 동산(動産). (또는 **moveable**)
-bíl·i·ty, ~·**ness** 園 **-bly** 園
móv·a·ble-dó sỳstem [-dóu-] 園 (음악) 이동 「도」방식(창법).
móvable féast 園 1 이동 축제일(Easter 따위). 2 (익살) 일정치 정해진 시간이 없는 식사.
móvable týpe 園 (인쇄) 가동 활자(주조 활자).
***move** [mu:v] 園 (~s [-z]; ~d; móv·ing) 園 1 (…으로) 움직이다, 위치를 바꾸다(*along*) (*to, into*); 흔들거리다. ¶*The child ~d uneasily in his sleep.* 아이는 잠을 자면서 거북한 듯이 몸을 뒤척거렸다 / *It was calm and not a leaf ~d.* 바람도 없고 나뭇잎 하나 흔들리지 않았다 // (~+園+名) *The earth ~s round the sun.* 지구는 태양 주위를 돈다.
2 옮기다, 이동하다; (…으로) 이사하다, 전거(轉地)하다 (*to, into*). ¶*~ to the country* 시골로 이사하다.
3 (차·배 따위가) 나아가다, 전진하다(*ahead, on*); (일이) 진척되다; (사건·연극 따위가) 진전되다, 발전되다. ¶(~+園+名) *The ship ~d before the wind.* 배가 순풍을 받고 전진했다.
4 (기계 따위가) 움직이다, 돌아가다. ¶*The machine began to ~.* 기계가 움직이기 시작했다.
5 (시류 따위에) 따르다(*with*); (부정문에서) 의견(입장)을 바꾸다, 타협하다.
6 (상업) (상품이) 팔리다, 움직이다. ¶*The new-type TV is moving well.* 신형 텔레비전이 잘 팔린다.
7 (구어) 출발하다, 나가다, 떠나다(*away, off, on*).
8 배설이 되다, 변이 통하다. 9 (특정 사회에) 출입하다, 활약하다, 교제하다(*in, among*). ¶*~ among cultivated people* 교양 있는 사람들과 사귀다. 10 (…에

moveable 　　　　　　　　　　1801　　　　　　　　　　**mover**

해) 행동을 하다[개시하다], 수단을 강구하다, 활동하다 (*on*); (…하는 것을) 착수하다 (*to do*). ¶~ *on* a matter 사건에 대하여 손을 쓰다. **11** (정식으로) (…을) 요구하다, 제안[신청]하다 (*for*); (…을) 추진하다 (*through*). **12** 〔서양장기〕 말을 움직이다. ¶It's your turn to ~. 너의 차례다.
── 匣 **1** 〔물건〕을 움직이다, 이동시키다, 옮기다; …의 위치를 바꾸다; …을 흔들어 움직이다. ¶The wind ~d the leaves. 바람에 나뭇잎이 흔들렸다. ¶(~+圄+副) ~ a desk *away* 책상을 치우다. **2** 〔몸·손발 따위〕을 움직이다, 흔들다; 〔더러움·때 따위〕를 없애다, 지우다. ¶Don't ~ your hand. 손을 올리다[대지] 마라. 〔기계 따위〕를 돌리다, 움직이게 하다, 운전하다[가동시키다]. ¶The water ~s the mill wheel. 물이 물방아를 돌린다. **4** 〔남〕을 움직이어 …하게 하다, 〔남〕을 …할 마음이 내키게 하다 (*to do*). ¶Praise ~d him *to* work harder. 그는 칭찬을 받고 더욱 열심히 일할 생각이 들었다./What ~d you *to do* this? 어째서 이런 일을 할 마음이 생겼습니까? **5** 〔남〕을 감동[흥분]시키다, 〔남〕의 마음을 움직이다 (*to*). ¶(~+圄+前+명) ~ a person *to* tears [laughter, anger] 남을 울리다[웃기다, 화나게 하다]/be ~d *with* pity 불쌍[가련]한 마음이 들다. 〔창자〕의 배설이 되게 하다. ¶~ the bowels 변을 통하게 하다. **7** 〔법정·집회 등에서〕 〔동의(動議)〕를 제안하다, 제출하다, 발의하다(*to*); 〔국왕·법정 등에〕 (…을) 청원하다, 상신하다 (*for*). ¶~ a resolution at a committee 위원회에 결의안을 제출하다. ¶~(+*that* 圃) I ~ *that* we adjourn. 휴회를 제안합니다(* 이 경우 *that* 圃 안에서는 가정법 현재형을 쓴다). **8** 〔상업〕 〔상품〕을 팔다, 변통(便通), 배설물. **9** 〔서양장기〕 〔말〕을 움직이다, 처분하다.
be moved by …에 감동하다; …에 사로잡히다.
feel moved to *do* …하고 싶은 마음이 나다.
get moving (구어) 서두르다; (일이) 진전되다.
get…moving (구어) …을 진전시키다.
move about [or **around**] ① 돌아다니다. ② 여기저기 주소를 옮기다, 자주 이사하다.
move ahead with 〔계획 따위〕를 실시하다, 진행시키다, 밀고 나가다.
move along (명령형으로) ① (구경꾼이) 물러나다; 이동하다. ¶*M-* *along*, please. 안으로 들어가[줌혀] 주세요; 멈추지 말고 가시오(* 차장·교통 경찰의 지시). ② (군중)을 해산시키다.
move a person's **blood** 남을 격분하게 하다.
move aside 옆으로 비키다; 옆으로 밀어제치다.
move away ① 떠나다. ② 이사[이전]하다, 전근[전직]하다. ③ (입장·견해 따위)를 바꾸다 (*from*).
move back ① 들어박히다; 틀어박히게 하다. ② 《美 속어》 돈이 들게 하다(*cost*).
move down …을 (끌어)내리다; 격하[강등]하다[되다].
move for …을 신청[제안], 상신하다.
move forward [**backward**] 전진[후퇴]하다.
move heaven and earth [or **mountains**] **to** *do* …에 갖은 노력을 다하다. 〔➪HEAVEN.〕
move house ⇨HOUSE.
move in ① 이사해 오다; 전입하다; 이사와서 (…와) 살게 되다 (*with*). ② 새로운 일에 취업하다. ③ 접근하다, 살며시 다가오다.
move in good [or **high**] **society** 상류 사회에 출입하다.
move in on 《美구어》 ① …에 작용하다, 공작하다. ② …을 습격하다. ③ …을 질책하다. ④ …에 간섭하다.
Move it! (속어) (얼른 가!, 서둘러라!)
move off ① 떠나다. ② (속어) 죽다. ③ 날개 돋친 듯 팔리다.
move on ① 진행[출발]하다. ② =*move along*. ③ (보다 좋은 일자리·주거·생활로) 옮겨가다 (*to*, *into*). ④ (화제 따위)로 옮기다 (*to*).
move out 이사 가다; 전출하다; (…을) 출발하다 (*of*).
move over ① 자리 따위를 좁히다. ② (후배에게) 자리[지위]를 물려주다 (*in favor of*). ③ 이행(移行)하다 (*toward*).

move right down (차의) 안으로 자리를 좁히다.
move through the agenda 의사를 진행하다.
move toward (타협 등)에 가까워지다 (*to*); …을 지향하다.
move up ① 승진[출세]하다 (*to*). ② (주가·화폐 가치가) 상승하다. 〔군사〕 전선[전쟁]에 나가다. ④ 《美 속어》 고급품을 지향하다. ⑤ =*move over*.
move with the times 시대에 뒤떨어지지 않게 하다; 현대식 생활을 하다.
── 圄 (~s [-z]) ① 움직이기, 움직임, 동작, 운동. **2** 이주(移住), 이전, 이사. **3** (…할) 수단, 조치(*to do*). ¶a clever ~ 현명한 조치. **4** 〔서양장기〕 말을 움직일 수, 둘 차례; 〔남〕의 (유리한) 마지막 수, 장군. ¶It's your ~. 네가 둘 차례다.
be up to every move on the board; be up to [or **know**] **a move or two** 기민[민첩]하다, 빈틈이 없다.
get a move on; bust a move 《구어》 ① 움직이기 시작하다, 행동을 일으키다. ② 걸음을 재촉하다, 서두르다. ③ 잘 진척되다.
have all the moves 《美 속어》 (스포츠 따위)를 매우 잘하다, 숙달해 있다.
know a move or two; know every move [or **all the moves**] 빈틈없다, 영악하다.
make a move ① 이동하다, 출발하다 (*for*, *toward*). ② 행동을 취하다, 수단을 강구하다 (*to do*). ③ 이사하다. ④ 〔서양장기〕 말을 쓰다[움직이다], 두다.
make one's move 《구어》 행동을 일으키다, 자기 주장을 하다.
make the first move 개시하다, 발단을 만들다.
make the move to …으로 옮기다, 이사하다.
on the move ① 매우 분주하여; 활동하여. ② 이리저리 이동하여; 여행 중에. ③ 전진중인; 진행[진전]되고 있는.
put moves [or **a move, the move**(**s**)] **on; make a move on** (속어) (이성(異性))에게 말을 걸다.

move·a·ble [múːvəbl] 圂 =*movable*.
ᴣbíl·i·ty, **~·ness** 圄 **-bly** 圈
move-in [⁴in] 圄 입임(入入), 전임.
move·less [múːvlis] 圂 움직임이 없는, 부동의.
~·ly 圈 **~·ness** 圄
‡**move·ment** [múːvmənt] 圄 **1** ① 움직임, 운동, 이동. ⇨MOTION 〔유의어〕¶the ~ of the eyes 눈의 움직임/the ~ of heavenly bodies 천체의 운행. **2** (국가·민족·동물 등의) 이동; (집·사무실 따위의) 이사, 이주; (인구의) 동태. ¶the ~ of races [population] 종족[인구]의 이동. **3** 동작, 몸짓(behavior); (~s) 태도, 행동거지, (집단 등의) 행동, 활동; 동정, 동향. ¶a ~ of impatience 초조한 몸짓/Nothing is known of his ~s. 그의 소식은 통 모른다. **4** …을 위한 (…에 대한) (정치적·사회적) 운동, 운동 기구[단체] (*for*/*toward*); (the M—) 《美》 여권 [여성 해방] 운동. ¶the civil rights ~ 민권 운동. **5** ⓤ (사태·시대 따위의) 동향, 흐름, 전개; (이야기·극 따위의) 진전, 변화, 파란. ¶the ~ of the age 시대의 동향. **6** (생각 등이) 결론에 이르는 과정, 굳어지는 과정; (식물의) 발아, 생장; (무생물의) 진동, 동요. **7** ⓤⓒ 〔경제〕 (가격의) 변동, 가격 동향(*in*); (시장의) 활기, 활황(活況). ¶an upward ~ 상향(上向) 추세. **8** 변통(便通), 배설; 배설물. **9** (시계 따위 기계의) 작동 기구[부품]. ¶the ~ of a watch 시계 부품. **10** 〔군사〕 기동, 작전 행동, 전개. **11** 〔미술〕 (그림·조각 따위의) 동적 효과. ⓤ (음악) (교향곡 따위의) 악장; 리듬, 박자, 속도; ⓤ 〔운율〕 율동성, 율동적인 리듬[가락].
have a movement 대소변을 보다, 용변(用便)하다.
in the movement 시류를 탄, 시세에 뒤지지 않는.
without movement 꼼짝하지 않고.
móvement làwyer 圄 운동권(반체제파)(담당) 변호사.
mov·er [múːvər] 圄 **1** 움직이게 하는 사람[것]. **2** 이전자(移轉者); 《美》 (19세기의) 서부로 간 이주자. **3** 이

삿집 운송업자. **4** 원동력, 발동기, 모터. **5** 발기인; 동의(動議) 제출자, 발의자. **6** 잘 되고[나가고] 있는 것; 성공[출세]한 사람. ┌발동기, 원동력.
the first [or *prime*] *mover* 주동자, 발기자, 발의자.
móver and sháker 명 (⊛ -s and -s) (구어) 실력자, 유력자; 거물, 명사.

‡**mov·ie¹** [múːvi] 명 (⊛ ~s [-z]) (美) **1** 영화(cinema); (美) motion picture; (주로 英) film); (the ~s) (집합적) 영화, 영화 흥행, 영화 상영. **2** (종종 the ~) 영화관((英) cinema, pictures); (the ~s) 영화계, 영화 산업. ¶ work in the ~s 영화계에 종사하다. **3** 영화화에 적당한 소재[수법]. ┌가다.
go to see a movie; go to the movies 영화 보러
— 영화(관)의. ¶ a ~ *ticket* 영화관[극장] 입장권.

mov·ie² 명 (the ~s) (美속어) 설사.
móvie càmera 명 (美) 영화 카메라(cinecamera).
mov·ie·dom [múːvidəm] 명⒰ 영화계(filmdom).
mov·ie-fiend [-fìːnd] 명 (美속어) 영화광(狂).
móvie fìlm 명 (美) 영화 필름.
mov·ie-go·er [múːvigòuər] 명 (구어) 영화 구경을 자주 가는 사람, 영화 팬.
mov·ie-go·ing [múːvigòuiŋ] 명형 영화 구경(을 자주 가는). ¶ the ~ *public* 영화를 좋아하는 대중.
móvie hòuse [**thèater**] 명 (구어) 영화관.
mov·ie·land [múːvilænd] 명 영화 제작의 본거지, (특히) 할리우드(Hollywood); 영화계, 영화 산업.
mov·ie·mak·er [múːvimèikər] 명 영화 제작자.
móvie mùsic 명 영화 음악. ┌-**màk·ing** 명
Mo·vie·o·la [mùːviːóulə] 명 (상표) =Moviola.
móvie ràting 명 =film rating.
móvie stàr 명 영화 스타((英) film star).
Mov·ie·tone [múːvitòun] 명 (상표) 무비톤(사운드 트랙을 사용한 최초의 기법).
móvie trìp 명 영화관 출입[영화 관람] 회수.

‡**mov·ing** [múːviŋ] 형 **1** 움직이는, 이동하는; 이사하는(용의). ¶ ~ *expenses* 이사 비용. **2** 움직이게 하는, 원동력의. ¶ a ~ *force* 원동력이 되어 몰아대는, 선동하는, (행동의) 동기가 되는. **4** (사람을) 감동시키는, 감동적인; 애처로운. ¶ a ~ *story* 감동적인 이야기.

┌─ 유의어 ─────────────────────────
moving 강한 감정을 불러일으키는. **touching** 완고한 마음도 녹일 듯한 다정함과 동정을 불러일으키는. **affecting** 감동·비애(悲哀) 따위로 눈물을 자아내는. **impressive** 강렬하게 마음에 새기지는. **poignant** 가슴을 에는 듯한[애끓는] 인상을 주는.
└─────────────────────────────

— 명 움직이는 것; 이사; 충동; 선동; 감동.
moving of the waters 소란, 난동, 흥분(←요한 ~*ly* 부.   └(John) 5:3).
móving áverage 명 (통계) 이동 평균.
móving bórder 명 (컴퓨터) 테 두르는 선.
móving cómpany 명 이삿짐 운송 회사[센터].
móving pávement 명 ((英) =moving sidewalk.
móving pícture 명 =(motion picture).
móving sídewalk [**plátform**] 명 (벨트식의) 움직이는 보도.
móving spírit 명 (a ~, the ~) 주동자, 중심 인물.
móving stáirway [**stáircase**] 명 (英) 에스컬레이터(escalator).   ┌표시 장치(略 MTI).
móving tárget indicator 명 (전자) 이동 목표
móving ván 명 (美) 이삿짐 트럭((英) removal van).
móving violátion 명 주행중의 교통 위반.
móving wálkway 명 =moving sidewalk.
Mov·i·o·la [mùːviːóulə] 명 (상표) 무비올라(영화 필름 편집용 영사 장치).

*****mow¹** [mou] 동 (**~ed**; **~ed**, **~n**) 타 **1** (풀·곡물 따위)를 베다; 베어[거두어] 들이다(*down*). **2** (밭 따위)의 풀을 베다[깎다], …을 깎아 다듬다(*down*). ¶ a ~ *lawn* 잔디를 깎다. **3** (사람)을 (칼 따위로) 닥치는 대로 쓰러뜨리다, 소탕하다(*down, off*); 항복[완패]시키다.
— 자 (풀·곡물 따위)를 베다, 수확하다; 살육하다.
mow down (풀 따위)를 베다. ① (적의 군대)를 닥치는 대로 무찌르다, 대량 살육하다. ③ (상대)에게 압승하다, 해치우다. ④ (남)을 때려 눕히다.
mow² [mau] 명 건초[곡물] 더미; 건초[곡물] 하치장.
mow³ [mau, mou] 명 (고어) 찡그린 얼굴.
— 자 얼굴을 찡그리다. (* 다음 숙어로)
mop and mow ⇒MOP².
MOWB (英) Ministry of Works and Buildings.
mowe [mau, mou] 명동 (고어) =mow³.   ┌기계.
*****mow·er** [móuər] 명 풀 베는 기계[사람]; 잔디 깎는
mow·ing [móuiŋ] 명⒰ 풀베기; (일정 기간내에 벤) 풀의 양; (美) 목초지, 풀밭.
mówing machìne 명 풀 베는 기계.
mown [moun] 통 mow¹의 과거분사.
MOX *m*ixed-*ox*ide fuel.
mox·a [máksə/mɔ́k-] 명⒰ 뜸쑥. ⟨Jap⟩ ┌(질).
mox·i·bus·tion [màksəbʌ́stʃən/mɔ̀ks-] 명 쑥뜸
mox·ie [máksi/mɔ́k-] 명 (美속어) **1** 원기, 정력; 투지, 기개; 용기, 담력. **2** 기능, 기술 (지식)(knowhow), 경륜. ⟨⟨상표⟩ Moxie (청량 음료).
mox nix [máks níks] 명 (美속어) 상관없어, 아무래도
moy·a [mɔ́ɪə] ⟨지질⟩ 화산니(火山泥). ┌좋아.
Moz. Mozambique; Mozart.
Mo·zam·bi·can [mòuzæmbíːkən] 명 모잠비크인.
— 명 모잠비크(사람)의.
Mo·zam·bique [mòuzæmbíːk, -zəm-] 명 모잠비크(아프리카 동남부의 공화국; 수도 Maputo).
Mo·zart [móutsɑːrt] 명 **Wolfgang Amadeus ~** 모차르트(1756–91; 오스트리아의 작곡가).
Mo·zár·te·an, Mo·zár·ti·an 명
Mózart effèct 명 (the ~) 모차르트 효과(고전 음악을 이용한 육아 효과; 아기 때 고전 음악을 들려주면 똑똑해지고 상상력이 풍부해진다는 설).
moz·za·rel·la [mɑ̀tsərélə, mòutsə-] 명 모차렐라 (희고 말랑말랑한 이탈리아 치즈). ⟨It⟩
mp, m.p. *m*elting *p*oint; (음악) *m*ezzo *p*iano(조금 약하게). *****MP** *m*edium *p*laying (record)(MP(레코드)); (英) *M*ember of *P*arliament(하원 의원); *M*etropolitan *P*olice(수도 경찰청); *m*ilitary *p*olice(헌병 (대)); *m*ounted *p*olice(기마 경찰); *m*unicipal *p*olice (시 경찰국). **MPA** (美) *M*agazine *P*ublishers of *A*merica(미국 잡지 발행인 협회); *m*an-*p*owered *a*ircraft(인력 항공기); *m*aritime *p*atrol *a*ircraft(해양 초계기); *M*aster of *P*rofessional *A*ccounting; *M*aster of *P*ublic *A*ccounting [*A*dministration, *A*ffairs].
MPAA *M*otion *P*icture *A*ssociation of *A*merica(미국 영화 협회). **MPC** *m*aximum *p*ermissible *c*oncentration(방사성 강하물의) 최대 허용 농도); *m*ilitary *p*ayment *c*ertificate(군표(軍票)). **MPD** *m*aximum *p*ermissible *d*ose(방사선의) 최대 허용량).
MPE *M*aster of *P*hysical *E*ducation. **MPEAA** *M*otion *P*icture *E*xport *A*ssociation of *A*merica(미국 영화 수출 협회).
MPEG [émpeg] 명 (컴퓨터) 엠페그(동영상 전문가 그룹이 개발한 음성·동영상 압축 기술[방식]; MPEG-1은 비디오 CD, MPEG-2는 DVD의 기록 방식에 채용). ⟨*M*oving *P*icture *e*xpert(s) *g*roup⟩.
MPEGPLAY [émpegplèi] 명 엠페그플레이 (Window 95용의 MPEG 비디오 플레이어).
mpg, MPG *m*iles *p*er *g*allon. **mph, MPH** *m*iles *p*er *h*our. **MPh, MPhil** *M*aster of *Ph*ilosophy.
M phàse 명 (생물) M기(期)[상(相)](세포 주기에서 핵분열·세포질 분열이 일어나는 시기).
mpm, MPM *m*eters *p*er *m*inute. **MPR** *m*arketing *p*ublic *r*elations(마케팅 PR); *M*ongolian *P*eople's *R*epublic. **mps, MPS** *m*eters *p*er *s*econd;

miles per second. **MPST** 〔우주〕 multipurpose support team(다목적 지원팀).
MP3 [émpì:θrí:] 廢 〔컴퓨터〕 디지털 음악 압축 파일. ¶a ~ player MP3 플레이어. 廢 MPEG
MPU microprocessor unit(초소형 연산 처리 장치).
MPV multipurpose vehicle(다목적차). **MQ** 〔ISO 코드〕 Martinique; metol-quinol(사진 현상액).
MQ devéloper 廢 〔사진〕 메톨 하이드로퀴논 현상약. 〔<metol and hydroquinone developer〕 「리 시설」.
MQF mobile quarantine facility(NASA의 이동식 격
‡**Mr.** [místər] 廢 (廢 **Messrs.** [mésərz]) (*(英)에서는 종지부를 생략) 1 …씨, …선생, …님, …군, …귀하 (mister의 약자. 남자의 이름 또는 관직명 앞에 붙이는 경칭). ¶Mr. Long 롱씨/Mr. and Mrs. Bell 벨씨 부처/Mr. Chairman [President] 의장[대통령] (각하). **2** (지명·스포츠명 따위의 앞에 쓰여) 미스터…, 대표적 남성. ¶Mr. Baseball 미스터 베이스볼, 야구의 명수. **3** (부르는 말로) 당신, 선생님, 이보시오.
MR, M.R. marginal revenue; medical representative; motivational research. **M/R** Mate's Receipt. **MRA** minimum reception altitude; Moral Re.Armament.
Mr. B 廢 〔美속어〕 =Mr. Big.
Mr. Bíg 廢 〔美속어〕 (회사·단체 따위를 실제로 움직이는) 실력자; (암흑가의) 거물, 흑막. 　　〔도탄〕.
MRBM medium range ballistic missile(중거리 탄
Mr. Bútt Màn 廢 〔美속어〕 담배업계 대변[지원] 의
MRC 〔英〕 Medical Research Council. 　　　　〔원.
MRCA multi-role combat aircraft(다목적 전투기).
Mr. Chárlie [Chárley] 廢 =Mister Charlie.
Mr. Cléan 廢 〔구어〕 청렴한 사람[정치가]; 도덕가인 체하는 사람.
Mr. Cóol 廢 〔구어〕 침착한[냉정한, 이성적인] 사람. 廢 Miss [Ms., Mrs.] Cool
MRD 〔약학〕 minimum reacting dose.
Mr. Dóo-ley [-dú:li] 廢 둘리씨(Finley P. Dunne이 창작해서 신문에 등장시킨 풍자적인 인물).
MRE[1] [emà:rí:] 廢 (일선의 군인·소방대원에게 지급되는) 간이[휴대] 식량. 〔<meals ready to eat〕
MRE[2] Master of Religious Education; 〔英〕 Microbiological Research Establishment.
Mr. Fíx·it [-fíksit] 廢 〔구어〕 (가정용품 등의) 수리를 잘하는 사람; 문젯거리를 잘 해결하는 사람, 해결사.
Mr. Háwkins 廢 〔美속어〕 북풍, 삭풍, 강추위.
MRI magnetic resonance imaging(핵자기 공명 영상법(단층 촬영법)); medical records indexing.
MRI imager [emà:rái-] 廢 〔병리〕 핵자기 공명 영상 장치.
mrkr. marker. **m RNA** messenger RNA.
mrng morning.
Mr. Níce Gúy 廢 〔구어〕 호인; 팔방미인(격인 남자). ¶No more ~! 마음대로 해!
MRO maintenance, repair and operating(소모성 자재; 시설의 유지 보수용 부품 및 소모성 물품과 서비스).
Mr. Ríght 廢 (廢) (결혼 상대로) 이상적인 남성; 〔美속어〕 = Mr. Big. 廢 Miss [Ms., Mrs.] Right
‡**Mrs.** [mísiz, míz-/mís-] 廢 (廢 ~, **Mmes.** [meidá:m]) (*(英) 종지부 생략) **1** …(씨) 부인, 님, 씨, …여사(mistress의 약자. 기혼 부인의 성·성명 앞에 붙이는 경칭. 정식으로는 남편의 성명 앞). ¶~ Jones 존스 부인/~ Henry Smith 헨리 스미스씨 부인. **2** (지명·스포츠명·연호 앞에 쓰여) 미시즈…, 대표적 여성. ¶~ Homemaker 대표적[전형적]인 주부. **3** (the ~) 〔구어〕 아내, 집사람(my wife).
MRSA methicillin-resistant Staphylococcus aureus(메티실린 내성 황색 포도구균).
Mrs. Grúndy 廢 (廢) 말 많은 시끄러운 여자; 세상의 입. ¶What will ~ say? 세상 사람들이 뭐라고 할까?

Mrs. Móp(p) 廢 〔구어〕 허드렛일을 하는 아주머니.
Mrs. Múrphy 廢 〔美구어〕 화장실(bathroom).
see **Mrs. Murphy** 화장실 가다.
MRT magnetic resonance tomography(廢) MRI); mass rapid transit(대량 수송 교통 기관). **MRV** moon roving vehicle(월면차(月面車)); 〔군사〕 multiple reentry vehicle(다탄두 (재돌입) 미사일).
Mr. X 廢 X씨(정체 불명의 인사).
MS machine screw; mail steamer(우편선); main switch; Master of Science [Surgery](이학[외과학] 석사); medium shot; Microsoft (Corp.); military science; mission specialist; Mississippi; motor ship; multiple sclerosis. **ms., MS.** (廢 **mss.**; **MSS.**) manuscript.
Ms. [miz] 廢 (廢 **Mses.** [mízəz]) (*(英) 종지부 생략) …(씨), …님, …여사, 미즈…(* 기혼·미혼 구분 없이 쓰는 여성의 경칭: Miss, Mrs. 대신 쓰임; (英) 지나치게 여권주의를 강조하고 과격한 용어로 인식되어 잘 안 쓰이기도).
M/S 〔상업〕 months after sight(일람(一覽)후 …개월 지불). **MSA** Master of Science in Agriculture(농학 석사); Mutual Security Act [Agency](상호 안전 보장법[본부]). **MSAC** most seriously affected countries(최빈국(最貧國)). **MSB** most significant bit.
MSBLS microwave scanning beam landing system(마이크로웨이브 주사 착륙 시스템). **MSc** Master of Science(이학 석사). **MSC** Manned Spacecraft Center(유인 우주 센터); 〔英〕 Medical Staff Corps; Military Sealift Command.
MSCDEX. EXE 廢 〔컴퓨터〕 MS-DOS로 CD-ROM을 취급할 수 있게 하는 프로그램.
MSD most significant digit.
MS-DOS [émès dó:s] 廢 (廢) 엠에스 도스(미국 Microsoft사(社)제의 퍼스널 컴퓨터용 디스크 운용 체제). 〔<Microsoft disk operating system〕
MSE Master of Science in Education [Engineering].
m/sec meter(s) per second. **MSF** Master of Science in Forestry; (프랑스) Médecins Sans Frontières(=Doctors without Frontiers)(국경 없는 의사회); medium standard frequency; Mobile Strike Force. **MSG** monosodium glutamate.
msg. message. **msgr.** messenger. **Msgr.** Monseigneur; Monsignor. **MSgt, M/Sgt** Master Sergeant. **MSI** medium-scale integration (중규모 집적 회로). 　　　　　　　　　　「형. 〔<F〕
M'sieur [məsjə́:r/F məsjø] 廢 monsieur의 단축
M-16 (rífle) [émsìksti:n-] 廢 (廢 ~'s) 〔군사〕 M-16(형) 소총(0.22 구경의 자동소총). 〔<model 16〕
MSK meter-second-kilogram(미터·초·킬로그램 단위계). **MSL** Master of Science in Linguistics; (또는 **m.s.l.**) mean sea level(평균 해면). **MSM** Master of Sacred Music [Science in Music]; Meritorious Service Medal. **MSN** Master of Science in Nursing; Microsoft Network(Microsoft 사의 상업 네트워크의 하나). **Msn.** mission.
MSNBC 廢 엠에스엔비시(미국의 뉴스 전문 케이블 TV; Microsoft 사와 NBC 방송 합작).
MSR missile site radar(미사일 기지 레이더).
Ms. Ríght [míz-] 廢 〔구어〕 (미혼·기혼의 구별 없이) 이상적인 여성.
mss, Mss, MSS, MSS. manuscripts. **MSS** mass storage system(대용량(大容量) 기억 시스템).
mst. measurement. **M(S)T, M.(S.)T.** (美·캐나다) mountain (standard) time(산지 표준시: 서경 105° 기준). **MSTS** Military Sea Transportation Service(해상 군사 수송 부대). **MSU** 〔컴퓨터〕 main storage unit. **MSW** Master of Social Welfare [Work]; Medical Social Worker. **MSY** maximum

much

much [mʌtʃ] 형 (*more*; *most*) **1** (양이) 많은, 다량[대량]의, 다액(多額)의(↔ many, ↔ little). ¶ ~ rain[snow] 많은 비[눈]/ *M*- time was wasted. 많은 시간이 허비되었다/ There is ~ truth in what you say. 네 말에는 많은 진리가 있다/ I don't drink ~ wine 나는 술을 많이 안 마신다/ It's nothing ~. 별것 아니다, 대단치 않다/ After ~ thought he decided to settle down in London. 이리저리 궁리한 끝에 그는 런던에 정착하기로 결심했다/ *M*- good may it do you! (반어적) 크게 도움이 되기를 바랍니다(도움이 될 리가 만무하지)/(* much is no의 뜻)/ *M*- *coin*, ~ *care*. (속담) 재물이 많으면 근심이 많다/ *M*- *cry and little wool*. (속담) 헛소동, 태산명동서일필(泰山鳴動鼠一匹).

USAGE¹ 구어에서는 긍정 평서문(平敍文)에서 주어를 수식하는 경우와 관용어구 이외는 much 대신 a lot of, lots of, plenty of, a good [or great] deal of, a great [or large] quantity of 따위를 쓰는 일이 많다. There is ~형의 긍정 평서문에서는 주어를 much로 수식하는 대신에 위의 a lot of, lots of를 쓰는 경우가 많다.

2 (부정문에서) 솜씨가 좋은, 능숙한; 굉장한, 대단한 (very much) (*on*). ¶ be not so ~ *on* looks 용모는 별로 좋지 않다/ He is not ~ *on* math. 그는 수학을 별로 잘하지 못한다.

— 图 ⓤ **1** (단수취급) 다량, 다액, 많음. ¶ learn ~ from experience 경험에서 많은 것을 배우다/ Do you know ~ about economics? 경제학을 잘 압니까?/ I didn't eat ~ for breakfast. 조반을 얼마 먹지 않았다/ *M*- you know about the matter! (반어적) 너는 그 일에 대해서는 아는 게 없어!/ *M*- *will* [or *would*] *have more*. (속담) 욕심에는 한이 없다. **2** (~ of one's [this, that, etc.]+명사[단수 대명사]) …의 대부분. ¶ *M*- of his work has originality. 그의 작품은 대부분 독창적이다. **3** 중요한 것[일]; 위대한 것[일]; 대단한 것[일]. ¶ His picture is not ~ to look at. 그의 그림은 보기에 그리 대단치가 않다/ The machine is ~, but it is not everything. 기계는 중요하기는 하나 만능은 아니다/ As a leader, he is not ~. 그는 지도자로서 대단한 인물이 못된다.

by much 대단히, 훨씬. ¶ We only went over our budget this week by a little, not *by* ~. 금주는 예산을 조금 초과했을 뿐, 그리 많이 초과하지는 않았다.

come [or **amount, lead**] **to much** 대단한 일[것] 이 되다. ¶ Does this *come to* ~? 이것이 대단한 일이라고 하는 것입니까?/ The total did not *amount to* ~. 총액은 대단한 액수가 아니었다.

have much to do …해야 할 일이 많다.

make much of ① …을 중히 여기다, 중시하다. ¶ They *made* ~ *of* the visitor. 그들은 그 손님을 정중히 대접했다. ② …을 극구 칭찬하다, 귀여워하다. ③ (부정문에서) …을 잘 이해하다. ¶ I couldn't *make* ~ *of* what he said. 그가 말한 것을 잘 이해할 수가 없었다.

much of a muchness ⇒ MUCHNESS.

not much of 대단한 …이 아닌. ¶ He is *not* ~ *of* a scholar. = There is *not* ~ *of* the scholar about him. 그는 대단한 학자는 아니다.

not much to look at 보기에 대단치 않은(⇒ 图 3).

see much of …을 자주 만나다. ¶ …을 많이 겪다. ¶ He has *seen* ~ *of* life. 그는 고생을 많이 한 사람이다.

so much for ① …은[에 대하여는] 그만큼(하여 두다). ¶ *So* ~ *for* this story. 이 이야기는 이쯤 해두자. ② (경멸적) …은[이란] 그런 것이다; …하면 그런 일을 당한다. ¶ *So* ~ *for* his learning. 그의 학식은 그저 그 정도야. 「금일 근무 끝!」

So much for today! (구어) 오늘은 이쯤 끝내자!, **that much** 그만큼, 거기까지, 그런 정도[양]. ¶ I have done *that* ~ so far. 지금까지는 그만큼은[거기까지는] 해냈다.

this [or **thus**] **much** 여기까진, 이것만은. ¶ *This* ~ is certain. (적어도) 여기까지는 확실하다.

too [or **a bit**] **much for** …에게 힘에 겨운, …을 당해낼 수 없는; …에게 이해가 안 되는. ¶ He is *too* ~ *for me*. 그에게는 도저히 당해낼 수가 없다.

too much of a good thing 고맙기는 하지만 도리어 넌더리가 나, 너무 좋아서 곤란하다.

— 回 **1** (동사·과거분사 또는 문장 전체를 수식하여) 매우, 크게, 대단히(동 very). ¶ a ~ discussed question 충분히 토의된 질문/ Thank you very ~. 대단히 감사합니다/ I am ~ obliged to you. 대단히 감사합니다/ You are ~ too young. 너는 아직 너무 젊어/ He does not talk ~. 그는 별로 말을 하지 않는다/ I don't ~ care for strong drinks. 독한 술은 별로 좋아하지 않는다(* 동사+목적어가 긴 경우에 much는 흔히 동사 앞에 놓인다)/ *M*- you care about my feelings. (반어적) 너는 내 감정 따윈 조금도 생각지 않는단 말야.

2 (형용사·부사의 비교급, 형용사의 최상급을 수식하여) 썩, 아주, 훨씬, 단연. ¶ I'm feeling ~ better today. 오늘은 기분이 한결 좋습니다/ This is ~ the best. 이것이 단연 제일 좋다.

USAGE² (1) 원급에서도 보어로만 쓰는 a-로 시작되는 형용사 afraid, alone, awake, aware, alike 따위는 much로 수식하는 것이 보통이다: I am ~ afraid of dogs. 나는 개가 아주 무섭다. (2) 보어로서의 형용사 good을 수식하는 도 much로 수식한다: I'm not ~ good at abstractions. 도무지 나는 추상 개념이란 것이 질색이에요. (3) too… 및 전치사구는 much로 수식한다: You're ~ too honest. 당신은 너무나 정직하다/ *M*- to my disappointment, she did not come. 몹시 실망스럽게도 그녀는 오지 않았다. (4) superior, preferable, different 따위 비교의 뜻을 내포한 형용사는 (very) much로 수식하는게 보통이다: This is (very) ~ different from that. 이것은 그것과 전혀 다르다.

3 오랫동안; 자주, 종종. ¶ I was with him ~ last night. 나는 어젯밤 그와 오랫동안 함께 있었다/ He doesn't come as ~ as he used to. 그는 여느 때처럼 자주 찾아오지 않는다.

4 (「같은」의 뜻을 나타내는 낱말 앞에서) 대개, 거의 (nearly). ¶ ~ of an age[a size] 거의 같은 나이[크기]의/ This is ~ like the others. 이것은 그 밖의 것과 대략 같다/ Women wear ~ the same clothes as men. 여자들은 남자들과 거의 같은 옷을 입고 있다/ He speaks very ~ as his father used to. 그의 말투는 그의 아버지가 쓰던 말투와 아주 비슷하다.

as much ① (선행하는 수사와 호응하여) 꼭 그만큼, 같게. ② (선행하는 글의 내용을 받아서) 그것까지, 그 「럴 만큼.

as much again (as) …의 두 배만큼.

as much(…) as ① …만큼, …정도, …못지 않게,

¶Take *as* ~ *as* you like. 원하는 만큼 가지세요./It is *as* ~ your fault *as* mine. 나만이 아니라 너도 마찬가지로 잘못이야. ② (많음을 강조하여) …정도까지 많이. ③ (양보절을 이끌고) …이지만. ④ 사실상, 거의.
as much as possible 되도록 (많이).
as much as to say ⇨SAY.
half as much again (as) ⇨HALF.
half as much (as) ⇨HALF.
How much…? ① 얼마만큼, 어느 정도.¶*How* do you like her? 그녀를 얼마만큼 좋아하느냐? ② (값이) 얼마.¶*How* ~ is it? 그것은 얼마입니까? ③ (상대방의 말을 못 알아들어서) 뭐라고.¶Can he come?—Can he *how* ~? 그가 와도 괜찮겠어?—그가 뭐라고?
It's [or That's] a bit much. (구어) 그건 좀 지나치다.
much as [or though] 몹시 …이긴 하지만, …하고 싶은 마음은 굴뚝 같지만.¶*M— as* he wanted it, he couldn't bring himself to ask for it. 그는 그것이 몹시 탐났지만 달라고 할 용기는 나지 않았다.
much good 교묘한, 솜씨가 좋은.
much less ⇨LESS. ***much more*** ⇨MORE.
much of a ① (부정문·의문문에서) 심한, 지독한.¶Was it ~ *of a* surprise? 몹시 놀랄 만한 일이었나요?/It's too ~ *of a* nuisance. 너무 성가신 일이다. ② (부정문에서) 대단한.¶That wouldn't be ~ *of a* problem. 대단한 문제는 아닐테지.
much of a sort 거의 같은 종류의.

much the same 거의 같은[동일한].
much too ⇨則 1.
Not much! (구어) ① (강한 부정·거부) 당치도 않아!, 말도 안 돼!(美) not half!. ⇨HALF. ② (비꼬아) 그야 물론이지. 「…을 중히 여기지 않다.
not say much for (구어) …을 높이 평가하지 않다.
not so much A as [or (*구어*) but] B A이라기보다는 오히려 B.¶He is *not so* ~ a scholar *as* a writer. 그는 학자라기보다는 오히려 작가다.
not so much as ① …조차 없다[않다].¶He can*not so* ~ *as* write his own name. 그는 자기 이름조차 쓰지 못한다. ② …정도는 아닌(＊as much as의 부정형).
not so [or as] much as …처럼 많지는 않은.
not up to much 별로 좋지 않은, 건강이 신통치 않은.
pretty much 대체로, 거의.
so much ① 완전한, 정말의, 그만큼의.¶It is only *so* ~ rubbish. 그것은 정말 쓰레기에 불과하다. ② 그만큼.¶If he is young, it is *so* ~ the better. 만약 그가 젊다면 그만큼 더 좋다. ③ 얼마(의), 얼마만큼(의).¶They work for *so* ~ a week. 그들은 주급(週給)으로 일한다.
so much so that ⇨SO.
so much the better (남의 따위를 받아) (…에게) 그것으로 더욱더 좋은(*for*).
think much of ⇨THINK.
without so much as doing …조차 하지 않고, …도 없이.¶He left *without so* ~ *as* saying goodbye. 그는 인사도 없이 가버렸다.

MT machine [*mechanical*] *translation*; *mass transportation*; *megaton*(*s*); (우편) *Montana*.
‡Mt., mt. *mount*; *mountain*. [*Mountain Time*.
M.T. [émtí:] 빈 병(empty).
M.T. *metric ton*; (또는 **m.t.**) *Mountain Time*. **MTA** *medical-technical assistant*(의료 조수). **MTB** *motor torpedo-boat*; *mountain bike*. **MTBE** *methyl tertiary-butyl ether*(무연의 녹킹 방지용 휘발유 첨가제). **MTBF** (컴퓨터) *mean time between failures*(평균 고장 간격). **MTCR** *Missile Technology Control Regime*(미사일 기술 통제 체제). **MTech** *Master of Technology*. **M'ter** Manchester. **mtg.** *meeting*; *mortgage*. **mth.** *month*.
M₃, M-3 [émθrí:] (경제) M₃ (통화) (M₂에 각종 금융 기관의 예금·저금 및 신탁 원금을 합산한 한 나라의 통화 공급량). ㊤ M₁, M₂
mtl. *material*; *metal*. **MTN** *Multilateral Trade Negotiation*(다각적 무역교섭). **mtn.** *mountain*. **MTO** (군사) *Mediterranean Theater of Operations*(지중해 작전 전역(戰域)). **MTOGW** *maximum take-off gross weight*(최대 이륙 총중량). **MTP** *management training program*; (군사) *Mobilization Training Program* (동원 훈련 계획). **MTPI** (英) *Member of the Town Planning Institute*. **MTR** *Materials Testing Reactor*; *motor*; *multiple-track radar*; *multi-track recorder*(다중 녹음기). **Mt Rev** *Most Reverend*(대주교). **Mts., mts.** *mountains*. **MTTR** *mean time to repair*(평균 고장 수리 시간). **MTU** (컴퓨터) *magnetic tape unit*. **MTV** (美) *Music Television*(록 음악 전문 유선 TV방송).
MTV generation [-ví:-] (美) MTV 세대, 신세대(MTV를 시청하며 자란 세대).
M₂, M-2 [émtí:] (경제) M₂ (통화)(M₁에 금융 기관의 정기 예금을 합산한 총 통화 공급량).
mu¹ [mju:/mju] 그리스어 알파벳의 열둘째 자(M, μ).
mu² (美속어) 마리화나(moocah).
Mu·ba·rak [mu:bá:rək] (**Mohammed**) **Hosni** ~ 무바라크(1928- : 이집트의 군인·대통령(1981-)).

mu·ced·i·nous [mju:sédənəs] 곰팡이의[같은].
‡much ⇨MUCH. <p.1804> 「여자; 식모, 하녀.
mu·cha·cha [mu:tʃátʃə] (美남서부) 소녀, 젊은 여자[부인]
mu·cha·cho [mu:tʃátʃou] (미 (복) ~**s**) (美남서부) 소년, 젊은 남자; 하인.
much·ly [mʌ́tʃli] (익살) 대단히, 굉장히.
much·ness [mʌ́tʃnis] (고어·구어) 다량, 많음.
much of a muchness 엇비슷한, 대동소이.
mu·cho [mú:tʃou] 많은, 풍족한. ——則 대단히, 굉장히, 몹시. 〔<Sp〕
mú·cic ácid [mjú:sik-] (화학) 점액산(粘液酸).
mu·ci·lage [mjú:səlidʒ] 고무풀, 아라비아 고무, 아교; (식물이 분비하는) 점액.
múcilage cèll (식물) 점액 세포.
mu·ci·lag·i·nous [mjù:səlǽdʒənəs] 점액(질)의, 점액을 분비하는; 점액 같은, 끈적끈적한. —— 則 식물성 점액. **~·ly** 則 「친. **~·òid, -ci·nous** 則
mu·cin [mjú:sin] (생화학) 점액소(粘液素), 무친.
mu·cin·o·gen [mjusínədʒən] 점액원(原)(변하여 mucin을 형성하는 물질).
muck¹ [mʌk] 1 소[말]의 똥; 거름, 비료. 2 후미트(黑泥土)(비료로 사용). 3 (경멸적) 오물, 먼지. 4 중상 모략 (기사). 5 ⓒ 불결한 상태; 혼란. 6 (英구어) 쓰레기, 잡동사니. 7 (광산의) 버력. 「위 없는.
(as) common as muck [or dirt] (구어) 천한, 품위 없는.
be in [or all of] a muck 진흙(때, 땀)투성이가 되다.
drag…through the muck (명예 따위)를 더럽히다.
make a muck of …을 더럽히다, 망쳐놓다.
—— 퉈(타) 1 …에 거름[비료]을 주다. 2 (구어) …을 더럽히다. 3 …에서 오물(쓸데없는 것, 잡석)을 제거하다. 4 (속어) …을 망치다. —— 준 (英속어) 할 일 없이 헤매다, 어슬렁거리다(*about*).
muck about [or around] ① (英구어) 빈둥거리다, 배회하다. ② (…을) 만지작거리다 (*with*); …에 간섭하다. 「협력하다(*together*).
muck in with (英구어) …와 고생[생활]을 같이 하다,
muck out (외양간 따위)를 청소하다.
muck up 더럽히다; (英구어) 엉망으로 망가뜨리다; (濠구어) 버릇이 나쁘다.
muck² (美속어) 거물(high-muck-a-muck).

muck³ 《美속어》 근육(muscle).
muck·a·muck [mʌ́kəmʌ̀k] 명 1 《美속어》 《경멸적》 높은 양반, 거물. 2 《美북서부》 음식물. — 동자 《美북서부》 먹다, 먹어대다. (또는 **múcketymùck**)
muck·er [mʌ́kər] 명 1 《英속어》 거칠고 촌스러운 사람; 형편없는 녀석. 2 실수(실언)를 잘하는 사람, 명청이. 3 《鑛山》 폐석을 제거하는 사람. 4 《英속어》 쿵 하고 떨어지기; 추락, 실패; 뜻밖의[영통한] 재난.
come a mucker 《英속어》 크게 넘어지다; 뜻밖의 재난을 만나다.
go a mucker 《英속어》 ① =come a mucker. ② (…에) 돈을 허투루 쓰다(on, over).
~·ish 형 **~·ism** 명 거칠고 촌스러운 행동.
muck·et [mʌ́kit] 명 《美속어》 =toupee.
muck·heap [mʌ́khìːp] 명 《英》 퇴비[오물] 더미.
muck·hill [mʌ́khìl] 명 =muckheap.
muck·le [mʌ́kl] 명《英방언》형[동]부 =mickle.
muck·luck [mʌ́klʌk] 명 =mukluk.
muck·rake [mʌ́krèik] 동 《美》 (특히, 정계의) 추문 [독직 사건]을 들추어내다[폭로하다]. — 명 1 퇴비용 쇠스랑. 2 (the ~) 추문 캐기; 추문(기사); 추문 폭로자.
the man with the muckrake 추문을 캐는 사람; 돈벌이에 열중하는 사람.
-ràk·er 명 추문을 폭로하는 사람[기자]. **-ràk·ing** 명
múck sòil 명 흑니토(黑泥土).
múck swèat 명 《英구어》 구슬 땀, 비 오듯 하는 땀. (또는 **múcksweat**)
muck-up [-ʌ̀p] 명 (a ~) 《英속어》 뒤죽박죽, 혼란 (상태); 실수. 「부랑아.
muck·worm [mʌ́kwə̀ːrm] 명 1 구더기. 2 구두쇠;
muck·y [mʌ́ki] 형 1 비료의[같은]. 2 더러운, 불결한; 불쾌한. 3 《英구어》 외설스러운; 비열한, 천한; (날씨가) 구질구질한.
muck·y-muck [-mʌ̀k] 명 《美속어》 높은 사람, 중요 인사. **~·dom** 명 높은 사람들의 세계.
muc·luc [mʌ́klʌk] 명 =mukluk.
mu·coid [mjúːkɔid] 명 《생화학》 뮤코이드, 유점액소(類粘液素). 2 =mucoprotein. — 형 (또는 **mucoidal**) 점액상의. 「코[점액] 단백질.
mu·co·pro·tein [mjùːkəpróutiːn] 명 《생화학》 뮤
mu·co·sa [mjuːkóusə, -zə] 명 (pl. **-sae** [-siː]) 《해부》 =mucous membrane. **-sal** 형
mu·cos·i·ty [mjuːkásəti/-kɔ́s-] 명 점액(성).
mu·cous [mjúːkəs] 형 점액(상, 성, 질)의; 점액을 함유[분비]하는.¶a ~ cough 가래가 나는 기침. (또는 **mucose**)
múcous colítis 명 《병리》 점액성 대장염.
múcous mémbrane 명 점막(粘膜).
mu·cus [mjúːkəs] 명 《동물의》 점액; 《식물의》 진. ¶nasal ~ 콧물.
‡**mud** [mʌd] 명 ① 1 진흙, 진창. 2 《비유적》 하찮은[시시한] 것, 찌꺼기; 《속어》 싸구려 플라스틱 경품. 3 저주스러운 것[놈]. 4 악당, 욕설, 비방. 5 《속어》 아편. 「《속어》 싸구려 커피. 「에 떨어졌다.
A person's name is mud. 《구어》 평판[신용]이 땅
(as) clear as mud 《반어적》 진창처럼 맑은(「불투명한, 매우 흐리멍덩한」의 뜻).
consider a person **as mud** [or **the mud beneath** one's **foot**] 남을 우습게 알다[형편없이 경멸하다].
drag...through the mud …의 이름을 더럽히다.
fling [or **sling, throw**] **mud at** a person 남을 비방[비난]하다, 헐뜯다. 「의) 건배(乾杯)!
(**Here's**) **mud in your eye!** 《구어》 《친한 사이끼리의》 진창에 빠지다. ② 궁지에 빠지다, 꼼짝 못 하게 되다. ③ 보수적이다, 진보가 없다.
— 동 (~s [-z]; -dd-) ① …을 진흙투성이로 만들다, 더럽히다. — 자 진흙 속에 숨다.¶a place where eels ~ 뱀장어가 진흙 속으로 숨는 장소.

MUD [mʌd] 명 《컴퓨터》 (인터넷의) 머드 게임(복수의 이용자가 동시에 접속해 즐길 수 있는 문자·부호 기본의 롤 플레잉 게임). 〔<*Multi-User Dungeons* [*Dimensions*] Game〕
mu·dar [mədáːr] 명 《식물》 머다르(인도 동부산(産) 박주가릿과(科)의 관목). (또는 **maddar**)
múd bàth 명 진흙 목욕(류머티즘·미용 따위에 씀효); 진흙투성이. 「바닥에 닿는 정박지).
múd bèrth 명 《해사》 이모지(泥錨地)(썰물 때 선체가
mud-cap [mʌ́dkæ̀p] 명 머드캡(파쇄할 암괴 위에 화약을 놓고 진흙으로 덮은 폭파 장치). — 동티 (-pp-) (암석)을 머드캡으로 폭파하다.
mud-cat [mʌ́dkæ̀t] 명 《미국산(産)》 큰 메기.
múd dàuber 명 《곤충》 나나니벌.
mud·der [mʌ́dər] 명 진창길을 잘 달리는 말[선수].
***mud·dle** [mʌ́dl] 동타 1 …을 뒤섞다, 뒤죽박죽을 만들다(up, together). 2 …을 망쳐 놓다, 엉망진창을 만들다.¶~ a plan 계획을 망쳐 놓다. 3 〔머리·사고〕를 혼란시키다, 흐리게 하다(up, about, around). 4 《술 따위로》 …을 몽롱하게 하다; …을 무디게 하다, 심리적으로 혼란시키다. 5 〔음료 따위〕를 휘저어 섞다. 6 〔말〕을 모호하게 하다. 7 〔색깔·물 따위〕를 흐리게 하다, 흙탕물을 만들다. 8 〔시간·재산〕을 낭비하다(away). — 자 혼란된 생각[행동]을 하다, 망설이다; 실수하다.
muddle about 헤매다; 아무지지 못하게 일하다.
muddle on [or **along**] 그럭저럭[어물어물] 해나가다, 적당히 얼버무리다. 「해내다.
muddle through 《英》 (노력·계획 없이) 그럭저럭
muddle up ① 뒤죽박죽으로 만들다, 혼란시키다. ② (…와) 혼동하다(with).
— 명 (a ~) 1 명청[몽롱]한 상태; 갈팡질팡, 당황, 곤혹. 2 혼란, 어수선함, 뒤범벅. ▷CONFUSION 유의어 혼란된 생각[논지(論旨)], 지리멸렬(支離滅裂).
in a muddle 명하여, 당황하여, 어수선하게.
make a muddle of …을 망쳐 놓다, 엉망을 만들다.
-dled·ness, ~·ment 명 **-dly** 부 **-dling·ly** 부
mud·dle·head [mʌ́dlhèd] 명 《구어》 얼간이, 바보.
mud·dle·head·ed [mʌ́dlhèdid] 형 명청한, 얼빠진(stupid). 〔머리가〕 혼란한. **~·ly** 부 **~·ness** 명
mud·dler [mʌ́dlər] 명 1 〔음료〕를 휘젓는 막대기. 2 혼란된 생각[행동]을 하는 사람. 3 《美구어》 술.
múd drùm 명 머드 드럼(보일러 밑바닥에 괸 침전물을 받는 원통형 부분).
‡**mud·dy** [mʌ́di] 형 (**-di·er; -di·est**) 1 진흙의, 질척질척한; 진흙투성이의.¶a ~ road 진흙탕길. 2 〔액체가〕탁한, 흐린, 뿌연.¶wade through the ~ water 흙물을 걸어서 건너다. 3 〔소리·빛깔 따위가〕 흐린, 우중충한. 4 〔얼굴 빛깔 따위가〕 생기가 없는. ¶a ~ color 우중충한 색깔. 4 〔머리·사고 따위가〕 맑지 못한, 흐리멍덩한; 《경멸적》 모호한. 5 비열한. 6 《경마》 《주로(走路)가》 질퍽한.
fish in muddy waters 귀찮은 일에 관계하다.
— 동 (**-dies** [-z]) 타 ① …을 진흙으로 더럽히다, 흙투성이로 하다. 2 …을 혼란시키다; …을 멍하게 하다(up). 3 〔명예·명성〕을 더럽히다, 중상하다. — 자 1 흙투성이가 되다; 흐려지다. 2 혼란해지다, 모호해지다.
muddy the waters 《말·일 따위》를 혼란스럽게 하다.
-di·ly 부 **-di·ness** 명
mud·fat [mʌ́dfæ̀t] 형 《英·濠》 《동물이》 매우 살찐.
mud·fish [mʌ́dfiʃ] 명 (pl. **~·es**) 진흙 속에서 사는 물고기(미꾸라지·모래무지 따위).
mud-flap [-flæ̀p] 명 《자동차 뒷바퀴의》 흙받이 판.
múd flàt 명 《종종 ~s》 《썰물 때 드러나는》 평평한 개펄.
mud·flow [mʌ́dflòu] 명 이류(泥流). 「벌.
mud·guard [mʌ́dgàːrd] 명 《자동차 따위의》 흙받이. (또는 **múdhèn**)
múd hèn 명 늪지대에 사는 물새(쇠물닭·흰눈썹부

mud·hole [mʌ́dhòul] 图 (도로나 들판 저지대의) 진흙이 괸 곳, 진구렁; 시골 소음. 「(터키의) 지방 행정관.
mu·dir [muːdíər] 图 1 (이집트의) 주지사(州知事). 2
mud·lark [mʌ́dlɑ̀ːrk] 图 1 (英) 늪지나 해변가에서 뒹구는 녕마주이. 2 (속어) 부랑아. 3 (英) =pipit.
múd màn 图 진흙 인간(적을 위협하려고 온몸에 진흙을 바르고, 진흙으로 만든 가면을 쓰는 파푸아뉴기니아 원주민). (또는 **múdmàn**)
múd òpera [shòw] 图 (속어) 트릭(마차)으로 이동하는 영세 서커스.
mud·pack [mʌ́dpæ̀k] 图 (미용의) 진흙 팩, 머드팩.
múd pìe 图 (어린이들이 만드는) 진흙 만두.
mud·pup·py [mʌ́dpʌ̀pi] 图 (북미산(産)) 도룡뇽.
múd ròom 图 젖거나 더러워진 옷·신발 따위를 벗는 장소[방]. (또는 **múdròom**) 「최하층 빈민.
mud·sill [mʌ́dsìl] 图 1 (건조물의) 토대. 2 (美속어)
mud·skip·per [mʌ́dskìpər] 图 (어류) 말둑망둥
múd slìde =mudflow.이. (또는 **múdspringer**)
mud·sling·er [mʌ́dslìŋər] 图 (정치 운동에서) 상대방을 중상[비방]하는 사람.
mud·sling·ing [mʌ́dslìŋiŋ] 图⒰ (정치 운동에서) 중상[비방]하기, 인신 공격, 이전투구(泥田鬪狗)식 싸움; 남의 말 하기(gossiping).
mud·stone [mʌ́dstòun] 图⒰ 이암(泥岩).
múd tùrtle 图 (미국산(産)) 진흙거북, 자라.
múd volcáno 图 (지질) 이화산(泥火山).
muen·ster [mʌ́nstər, mún-] 图 (종종 M-) 뮌스테(벨기에고 부드러운 전유(全乳) 치즈)(~ cheese). [<프랑스 산지명 Muenster) 「**müesli, musli**](<G
mues·li [mjúːzli] 图 뮤즐리(cereal의 일종).
mu·ez·zin [mjuːézin] 图 (이슬람교 예배당의) 탑에서 기도 시간을 알리는 사람. [<Arab
MUF [mʌf] 图⒰ (물리) 최고 사용 주파수, 원인 불명의 핵물질 손실량. [<material unaccounted for]
muf, MUF maximum usable frequency.
muff[1] [mʌf] 图 1 머프(손을 따뜻하게 하는 원통 모양의 모피 토시). 2 (새의 머리 양쪽에 있는) 술 같은 깃털. 3 [기계] 통(筒), 통 모양의 이음쇠. 4 (美속어) 가발(wig); 녕마 조각. 5 (美비어) (거웃이 많은 여성 음부; 6 (속어) 여자, 매춘부. **múff·y** 图
muff[2] 图 (구어) 1 (구기) 에러, 낙구(落球), 실책(失策). 2 바보짓, 실수. 3 바보짓을 하는 사람, 서투른 사람 [선수]. 4 얼간이; 겁쟁이.
make a muff of it 일을 잘못하다, 실수를 저지르다.
make a muff of oneself 사서 웃음거리가 되다.
make a muff of the business 일을 그르치다.
—— 图⒯ 1 (구어) ⋯을 그르치다, 실수하다, 얼빠진 짓을 하다. ⋯을 서투르게 하다. 2 (야구 따위에서) (공)을 떨어뜨리다[못 받다]. —— 图 바보짓을 하다, 실수하다.
muff it (up) 실수하다, 그르치다.
~ed 图 「시[목도리]. (또는 **muffatee**)
muf·fe·tee [mʌ̀fətíː] 图 1 손목에 끼는 털실로 짠 토
***muf·fin** [mʌ́fin] 图 1 머핀(English ~; 옥수수 가루 따위로 만든 작고 둥근 빵). 2 (도기나 유리의) 작은 접시. 3 (~s) (美) 유방. 4 (英·濠속어) 이성의 성기.
muf·fin-bell [-bèl] 图 (英) 머핀 장수가 울리는 방울.
múffin càp 图 (英) 머핀 모양의 모자.
muf·fin·eer [mʌ̀fənίər] 图 (英) 머핀 얹는 양념 그릇.
muf·fin-man [-mæ̀n] 图 (英) 머핀 장수.
múffin pàn 图 머핀을 굽는 판.
***muf·fle**[1] [mʌ́fl] 图⒯ (보온·보호 따위를 위하여) ⋯을 싸다, 덮다, 둘러싸다[감싸다](up). ¶The gray smog ~d the whole sky. 잿빛 스모그가 하늘을 온통 뒤덮었다. 2 (소음이나 방음을 위해 천 따위로) ⋯을 싸다, 덮다. ¶a ~d bell (장례식에 쓰는) 천으로 싼 종. 3 (쒸우개/소리)를 죽이다; (빛)을 약하게 하다, 어둡게 하다. 4 누르다, 억압하다; 모호하게[명확하지 않게] 하다. —— 图 (코트 따위)를 뒤집어쓰다(up).

muffle up ① (명령형으로) (美구어) 조용히 해! ② (⋯을) 싸다, 덮다; (⋯을) 뒤집어 쓰다.
—— 图 1 싸는 것, 씌우는 것, 싸개. 2 소리를 지우는 것; 분명치 않은 소리. ¶ the ~ of distant thunder 먼 데서 들리는 나직한 천둥 소리. 3 (도자기를 굽는 가마 따위의) 머플, 간접 가열실(加熱室). 4 (고어) 권투 글러브.
muf·fle[2] 图 (반추 동물·설치 동물의) 코끝, 콧등.
***muf·fler** [mʌ́flər] 图 1 목도리, 머플러; (고어) (얼굴용) 베일, 스카프. 2 (美) 소음기(消音器)((英) silencer); (피아노의) 약음기(弱音器). 3 벙어리 장갑.
muf·ti[1] [mʌ́fti] 图⒰ (제복에 대하여) 사복, 평복.
in mufti 평복[사복] 차림으로.
muf·ti[2] 图 (회교) 회교 법률 고문; 회교 법전 해석관.
***mug**[1] [mʌg] 图 1 (손잡이가 달린) 원통형 컵, 머그, 조끼. 2 ~ful. ¶a ~ of water 조끼 한 잔의 물. 3 청량 음료의 일종. 4 (속어) 얼굴, 입; 찌푸린 얼굴; (범인의) 인상 착의, 얼굴 사진(~ shot). 5 (속어) 깡패, 살인 청부업자. 6 (英속어) 잘 속는 사람, 바보.
Mugs away! (美속어) 다음 경기를 시작해라!(darts 경기에서 승자가 하는 말). 「라 죽이다.
put the mug on a person 남의 목을 조르다, 목졸
—— 图 (-gg-) 图⒯ 1 (속어) (범인의) 얼굴 사진을 찍다. 2 (속어) (강도가) (사람)을 등 뒤에서 습격하여 목을 조르다, 습격하다. 3 (불쾌감 따위)를 얼굴을 찡그려서 나타내다. —— 图 (속어) 표정을 과장하여 연기하다; 일부러 얼굴을 찡그리다. 「(연극) 기억하다.
mug up (美해군 속어) 커피를 (한 잔) 마시다; (속어)
mug[2] 图 (-gg-) 图⒯ (英속어) (시험 따위에 대비하여) 열심히 공부하는, 주입식 공부를 하다(up). —— 图⒯ (英속어) (과목)을 열심히[주입식으로] 공부하다(up). —— 图 (英속어) 1 시험. 2 열심히 공부하는 사람.
mug[3] (美속어) 图⒯ ⋯에게 키스하다; ⋯를 애무하다. —— 图⒯ 키스하다, 애무하다.
múg bòok 图 (美속어) 연예계 스타의 얼굴 사진첩, 텔런트 명감; (경찰의) 범죄자 사진첩, 전과자 파일.
mug·ful [mʌ́gfùl] 图 조끼(mug) 한 잔의 양.
mug·gee [mʌgíː] 图 강도의 피해자.
mug·ger[1] [mʌ́gər] 图 1 (구어) (등 뒤에서 습격하는) 강도. 2 (美·캐나다) 표정을 지나치게 과장하는 배우. 3 (美속어) 초상(肖像) 사진가.
mug·ger[2] 图 인도악어(남아시아산(産)).
mug·ging [mʌ́giŋ] 图 (노상 등에서의) 강도, 강탈.
mug·gins [mʌ́ginz] 图 1 a) 머긴즈 놀이(카드놀이의 일종. b) 도미노 놀이의 일종. 2 ⒞ (英구어) 얼간이.
mug·gle [mʌ́gl] 图 (美속어) (때로 ~s) 대마초[마리화나] 담배; (~s) 말린 대마 잎, 마리화나.
-gled [-d] 图 **-gler** 图
mug·go [mʌ́gou] 图 (美속어) 아침 첫 차 (마시는 시간).
mug·gy [mʌ́gi] 图 (기후 따위가) 찌는 듯이 더운, 무더운. **-gi·ly** 图 **-gi·ness** 图
múg jòint 图 (美속어) 속성 사진 찍는 부스.
múg's gàme 图 (英구어) 바보짓, 무의미한 행동.
múg shòt 图 (범인의) 얼굴[상반신] 사진.
mug·wort [mʌ́gwə̀ːrt/-wə̀ːt] 图 쑥의 일종.
mug·wump [mʌ́gwʌ̀mp] 图 (美) 1 머그웜프(1884년의 대통령 선거에서 당의 후보자 J. G. Blaine의 지지를 거부한 공화당원). 2 당 노선을 안 따르는 정치인, (정치적인) 독불장군; 중도[무소속] 정치인[의원]. 3 (美속어) (경멸적) 거물, 우두머리. 4 자부(심), 자만(심).
~·**er·y** 图 ~**wúmp·i·an**, ~**·ish** 图 ~**·ism** 图
***Mu·ham·mad** [muhǽmƏd, -háːm-] 图 1 무하마드, 마호메트(570-632: 이슬람교 창시자). (또는 **Mohammed, Mahomet**) [<Arab praiseworthy)
Muhámmad Áli 图 무하마드 알리(1942- : 미국의 권투 선수; 전(前) 세계 헤비급 챔피언).
Mu·ham·mad·an [muhǽmƏdn] 图 마호메트의, 이슬람교의, 회교의. —— 图 마호메트 교도, 회교도. (또는 **Muhammedan**)

Mu·ham·mad·an·ism [muhǽmədənìzm] 명 =Islam.

mu·ja·he·din [muːdʒɑːhediːn, muːdʒə-] 명 (때로 M-) 이슬람[회교] 전사, 무자헤딘, 회교 게릴라. (또는 **mujaheddin, mujahideen**) 〈Arab fighter〉

mu·jik [muːʒik/´-] 명 =muzhik.

muk·luk [mʌ́klʌk] 명 (에스키모인이 신는) 물개 모피 장화. (또는 **muckluck, mucluc**)

mu·lat·to [məlǽtou, -lάː-/mjuːlǽt-] 명 (복 ~es) 백인과 흑인의 (1대) 혼혈아; 일반적으로) 흑백 혼혈아. —명 흑백 혼혈(아)의; 황갈색의. 〈<Sp〉

***mul·ber·ry** [mʌ́lbèri/-bəri] 명 1 오디(뽕나무 열매); 뽕나무 2 짙은 자줏빛.

múlberry bùsh 명 (英) 뽕나무 놀이(어린이 놀이의 일종; "Here we go round the mulberry bush."라고 노래 부르면서 논다).

mulch [mʌltʃ] 〔원예〕 명 ① 뿌리 덮개[씌우개], (뿌리에) 까는 짚. —동 타에 뿌리 덮개[씌우개]를 하다.

mulct [mʌlkt] 동 타 1 …에 (…의) 벌금을 과하다, 과료에 처하다 (*in*, *of*): (남)으로부터 벌로서 …을 빼앗다. ¶ ~ a person (*in*) ten dollars 남에게 10달러의 벌금을 과하다. 2 남을 속여먹다[빼앗다] (*of*); 사취하다 (*from*). ¶ be ~ed *of* one's money 돈을 사취당하다. —명 벌금, 과료. 〈F〉

***mule¹** [mjuːl] 명 1 노새(수나귀와 암말의 잡종)(종 **hinny**). 2 잡종의 동물[식물]; 카나리아와 검은 방울새의 잡종(~ canary). 3 (구어) 완고한 사람, 고집쟁이. 4 (美속어) 마약 판매인; 마약[밀수품] 운반인. 5 〔해사〕 물(두 개의 돛대 사이에 치는 삼각돛). 6 (화폐) 혼각(混刻) 코인(앞면과 뒷면의 액면이 다르게 각인된 동전). 7 물(트위스트식 방적 기계의 무용의 일종). 8 물 정방기(精紡機). 9 (운하·광산용의) 소형 전기 기관차; 견인기.

*(as) **stubborn** [or **obstinate**] *as a* **mule** 대단히 고집이 센.

mule² 명 (실내용의 뒤축 없는) 슬리퍼. 고집 센.

múle dèer 명 (북미 서부산(産)) 귀가 큰 사슴.

múle skìnner 명 (구어) =muleteer.

mu·le·ta [muːléitə, -létə] 명 물레타(투우사가 사용하는 막대에 매단 붉은 천).

mu·le·teer [mjùːlətíər] 명 노새 몰이꾼.

múle tràin 명 노새가 끄는 짐수레의 행렬.

mul·ey [mjúːli, múːli] 명 (소가) 뿔이 없는, 뿔을 자른. —명 (복 ~s) 1 (애칭으로) 소의 수컷. 2 뿔이 없는 동물, 뿔을 자른 동물[소]. (또는 **mulley**)

múley sàw 명 (美) (상하 왕복식) 제재용 톱.

mul·ga [mʌ́lgə] 명 (濠) 1 멀가(오스트레일리아산(産) 아카시아속 나무); (the ~) 멀가 숲; (the ~) 오지. 2 (속어) 소문, 입방아(~ wire).

mu·li·eb·ri·ty [mjùːliébrəti] 명 ① 여자다움, 여성적 자질; 여자임. **-éb·ral** 형

mul·ish [mjúːliʃ] 명 (경멸적) 노새 같은; 고집이 센, 외고집인. **~·ly** 부 **~·ness** 명

mull¹ [mʌl] 동 타 1 곰곰이 생각하다, 심사숙고하다 (*over*). —동 1 충분히 뒤섞다[혼합하다]; …을 빻다, 찧다. 2 (美구어) …을 숙고하다, 천천히 생각하다 [말하다] (*over*). 3 (英구어) …을 엉망으로 만들다, 망쳐놓다, 실수하다.

mull a catch (공)을 실수하여 떨어뜨리다.

—명 (英) 혼란, 엉망진창; 실패.

make a mull of …을 엉망으로 만들다, 망쳐놓다.

mull² 동 타 (포도주 따위)를 데워서 설탕·향료를 넣다.

mull³ 명 얇고 부드러운 무명 옷감, 얇은 메린스.

mull⁴ 명 (스코) 곶, 갑(岬).

mul·lah [mʌ́lə, múːlə, múːlɑː] 명 1 물라(회교국의 율법 학자에 대한 존칭). 2 (터키의) 지방 법원 판사. 3 (이란의) 종교학교 선생. (또는 **mulla, mollah**)

mul·lein [mʌ́lən] 명 현삼과(玄蔘科) 식물. (또는 **mullen**) 「는 데 쓰는) 막자. 2 분쇄기.

mul·ler¹ [mʌ́lər] 명 1 (그림 물감·가루약 따위를 가

mul·ler² 명 술을 데우는 사람[기구].

Mul·ler [mjúːlər/mʌ́l-] 명 **Hermann Joseph ~** 멀러(1890-1967: 미국의 유전학자; 노벨 생리·의학상 (1946)).

Mül·ler [mΛlər/G mýlə] 명 **Paul ~** 뮐러(1899-1965: 스위스의 화학자; DDT의 살충 효과 발견).

mul·let¹ [mʌ́lit] 명 (복 ~(**s**)) 숭어과(科)의 물고기.

mul·let² 명 (문장) 별 모양의 무늬. (또는 **molet**)

múllet hèad 명 (美속어) 바보, 멍청이.

mul·ley [múːli] 명 (복 ~**s**) =muley.

mul·li·gan [mʌ́ligən] 명 1 (美속어) 고기·야채 등으로 만든 스튜. (또는 ~ **stew**) 2 (골프) 점수에 넣어가지 않는 샷[타격]. 3 (美속어) 경찰.

mul·li·ga·taw·ny [mʌ̀ligətɔ́ːni] 명 ① (닭고기가 든) 카레 수프(~ soup).

mul·li·grubs [mʌ́ligrʌ̀bz] 명 (복) (단·복수 양용) 1 시무룩함; 의기 소침, 우울. 2 복통, 산통(疝痛).

mul·lion [mʌ́ljən] 명 〔건축〕 멀리언. 1 (창문의) 중간 문설주. 2 (둥근 창 따위의) 방사상 칸막이. —동 타 …에 멀리언을 달다[으로 칸을 막다]. **~ed** 형

mul·lock [mʌ́lək] 명 (濠) (금광의) 폐석토사(廢石土砂), 버력, 2 (英·濠방언) 페물, 쓰레기, 찌꺼기.

poke mullock at (濠구어) …을 조롱하다, 비웃다.

mult- [mʌlt] (연결) ⇒MULTI-. 「**-y** 형

mul·tan·gu·lar [mʌltǽŋɡjulər] 형 다각(多角)의.

mul·ti [mʌ́lti, -tai] (구어) 명 (복 ~**s**) 다색(多色) 무늬. —명 다색의, 다채로운.

mul·ti- [mʌ́lti, -tai] (연결) many의 뜻(* 모음 앞에서는 mult-). ¶ *multiply, multocular*.

mul·ti·ac·cess [-ǽkses] 형 〔컴퓨터〕 다중 접근의, 동시 공동 이용의.

mul·ti·ad·dress [mʌ̀ltiədrés] 형 〔컴퓨터〕 복수 어드레스의(데이터 처리 계산기의 기억 장치가 두 곳 이상의 장소에 지시·수명을 기억할 수 있는). 「**-gular**.

mul·ti·an·gu·lar [mʌ̀ltiǽŋgjulər] 형 =multan-

múl·ti-bód·y cárgo àircraft [-bάdi-/-bɔ́di-] 명 〔항공〕 복수 동체형 화물 수송기(미래형 대형 수송기).

mul·ti·cast [mʌ́ltikæ̀st] 〔컴퓨터〕 명 동 멀티캐스트(하다)(인터넷에서 특정한 복수인(人)에게 동시에 정보를 보내다).

mul·ti·cel·lu·lar [mʌ̀ltisélju̇lər] 형 다세포의.

mul·ti·chan·nel [mʌ̀ltitʃǽnl] 명 〔통신〕 다중(多重) 채널의, 다중 통신[통화]의. ¶ ~ broadcasting 다중 방송. 「티채널 분석기.

multichánnel ánalyzer 〔전자〕 파고(波高)[멀

mul·ti·cide [mʌ́ltisàid] 명 대량 살육.

mul·ti·col·ored [mʌ̀ltikʌ́lərd, -́-́-] 형 다색의, 다채로운. **~·ness** 명 「기업.

mul·ti·com·pa·ny [mʌ̀ltikʌ́mpəni] 명 다각 경영

mul·ti·cul·ti [mʌ̀ltikʌ́lti, -tai] 명 복 다(多)문화주의자들. 「여러 문화가 공존하는.

mul·ti·cul·tur·al [mʌ̀ltikʌ́ltʃərəl] 형 복수 문화의,

mul·ti·cul·tur·al·ism [mʌ̀ltikʌ́ltʃərəlìzm, -tai-] 명 ① 복수 문화주의, 다(多)문화성(다민족 사회에서 여러 문화와 가치관의 공존 공영).

mul·ti·di·men·sion·al [mʌ̀ltidiménʃənəl] 형 다차원(多次元)의. **-ál·i·ty** 명 **~·ly** 부

mul·ti·di·rec·tion·al [mʌ̀ltidirékʃənl] 형 다방면의; 다각적인.

mul·ti·dis·ci·pli·nar·y [mʌ̀ltidisəplínəri/-plíːnəri] 형 여러 전문 분야로 이루어진, 각 전문 분야 협력의. (또는 **multidisciplined**)

mul·ti·eth·nic [mʌ̀ltiéθnik] 형 다(多)민족의.

mul·ti·fac·et·ed [mʌ̀ltifǽsitid] 형 (보석 따위가) 다면체의; 광범위한.

mul·ti·fac·to·ri·al [mʌ̀ltifæktɔ́ːriəl] 형 많은 요소로 이루어진, 다원적인, 다인자의, 다인성(多因性)의. (또는 **multifactor**) **~·ly** 부

multifactórial inhéritance 명 〔유전〕 다인자(多因子) 유전.
mul·ti·fam·i·ly [mÀltifǽməli] 형 다가구의, 여러 가족 공용의. ¶~ housing 집합 주택, 다가구 주택.
mul·ti·far·i·ous [mÀltəfɛ́əriəs] 형 1 여러 부분[형태, 요소]으로 된. 2 여러 종류의, 다양[잡다]한; 다방면에 걸친. ~·ly 부 ~·ness 명
mul·ti·fid [mÀltəfid] 형 (잎 따위가) 다열(多裂)의, 마디가 많은.
mul·ti·flash [mÀltiflǽʃ] 형 〔사진〕 다섬광(多閃光) (촬영)의. ¶a ~ photograph 다섬광 사진. ─ 명 다섬광 촬영 장치.
mul·ti·flo·ra (róse) [mÀltiflɔ́:rə(-)] 명 찔레꽃 〔나무〕.
mul·ti·foil [mÀltəfɔ̀il] 명 〔건축〕 (6판(瓣) 이상의) 다엽(多葉) 장식. ─ 형 (아치·창문 따위가) 많은 꽃잎 장식이 있는.
mul·ti·fold [mÀltəfòuld] 형 갖가지의, 잡다한.
mul·ti·form [mÀltəfɔ̀:rm] 형 여러 가지 형태[양식]를 가진, 여러 모양의, 다양한. 반 uniform
mul·ti·for·mi·ty [mÀltəfɔ́:rməti] 명ⓤ 다형(多形), 다형성, 다양(성). 반 uniformity
mul·ti·func·tion·al [mÀltifÁŋkʃənl] 형 다기능 (多機能)의. (또는 **mùltifúnction**)
Múl·ti·graph [mÀltigræf, -grà:f] 명 《상표》 소형 윤전(輪轉) 인쇄기.
mul·ti·gym [mÀltidʒìm] 명 (근육 단련용) 다(多)기능 웨이트 트레이닝 장치[기구].
mul·ti·ha·bit·u·a·tion [mÀltihəbìtʃuéiʃən] 명ⓤ (효능상 관련성이 있는) 두 종류 이상의 유사 약물의 동시 복용 습성.
mul·ti·hued [mÀltihjú:d] 형 =multicolored.
mul·ti·hull [mÀltihÀl] 명 다동형(多胴型) 선박의. ─ 형 다선체선(多船體船).
mul·ti·in·dus·try [-índəstri] 형 다업종의, 2개 이상의 업종에 걸쳐 활동하는, 다각 경영의. ¶a ~ company 다업종 회사.
mul·ti·lane(d) [mÀltiléin(d)] 형 다차선(多車線)의
mul·ti·lat·er·al [mÀltilǽtərəl] 형 1 다변(多邊)의, 다각적인. 2 여러 나라가 참가하는, 다국간(間)의, 다자간의. ↔ unilateral, bilateral ¶a ~ agreement 다국간 협정. ~·ly 부
mul·ti·lat·er·al·ism [mÀltilǽtərəlìzm, mÀltai-] 명ⓤ 다국간의 상호 자유 무역(주의); 다국간 공동 정책. **-ist**
mul·ti·lat·er·al·ize [mÀltilǽtərəlàiz] 타동 여러 국가가 참가하도록 개방하다, 다국가화하다. **-i·zá·tion**
multilateral núclear fórce 명 다각적 핵전력 (약 MNF). 〔무역 교섭(약 MTN).
multiláteral tráde negotiátions 명복 다각적
mul·ti·lay·er(ed) [mÀltiléiər(d), ⋯⋯⋯] 형 1 다층(多層)의. 2 여러 가지 견해[해결책]를 제시하는.
mul·ti·lev·el [mÀltilévəl] 형 (입체 교차 따위) 다(多)평면의; 다단계의. (또는 **multileveled**)
multilével distribútionship 명 〔상업〕=multi-level marketing.
multilével márketing 명 〔상업〕 다단계 판매(법), 피라미드 상법; 연쇄 배당 조직. 반 pyramid scheme
mul·ti·lin·e·al [mÀltilíniəl] 형 다선(多線)의.
mul·ti·lin·gual [mÀltilíŋgwəl] 형 여러 나라 말로 표현되는[된]; 여러 나라 말을 사용하는; 몇 개국 말의[에 의한]. ¶a ~ announcement 여러 나라 말에 의한 공고[고지], 발표. ─ 명 다(多)언어 사용자. ~·ly 부 ~·ism 명ⓤ 다언어 사용.
Mul·ti·lith [mÀltiliθ] 명 《상표》 멀티리스(소형의 복사 오프셋 인쇄기). ─ 타동 (m-) 멀티리스로 인쇄하다.
mul·til·o·quence [mÀltíləkwəns] 명ⓤ 다변(多辯), 수다. 「~·ly 부
mul·til·o·quent [mÀltíləkwənt] 형 수다스러운.

mul·ti·me·di·a [mÀltimí:diə] 명복 (단·복수 양용) 멀티미디어(문자·소리·정지 화상·동화상 등 여러 정보 매체의 동시 사용[표현]법); 다양한 전달 수단[선전 매체]을 갖는. ¶a leading ~ company 중견 멀티미디어 기업. **-di·al**
mul·ti·mer·ic [mÀltimérik, -tai-] 형 〔화학〕 (분자단(分子團)이) 다중(多重) 결합의.
Múl·tim·e·ter [mÀltimətər] 명 《상표》 멀티미터 (전압·전류·저항 등 많은 전기량을 재는 계기의 총칭).
mul·ti·mik·ing [mÀltimáikiŋ] 명 〔음악〕 다중(多重) 녹음 (방식)(오케스트라 녹음시 다수의 마이크를 설치해 각 악기 섹션의 음을 근접 녹음하는 기술).
mul·ti·mil·lion·aire [mÀltimìljənɛ́ər] 명 억만장자, 대부호.
mul·ti·na·tion [mÀltinéiʃən] 명 =multinational.
mu·ti·na·tion·al [mÀltinǽʃənl] 형 다국적 기업의. ─ 형 다국가간의; 다국적(기업)의. ¶the ~ force 다국적군. ~·ism 명 다국적 기업 설립[경영]. ~·ly 부
multinátional corporátion 명 〔경영〕 다국적 기업[회사](약 MNC).
mul·ti·no·mi·al [mÀltinóumiəl] 형 〔수학〕 다항 (多項)의. 명 〔수학〕 다항식.
mul·ti·nom·i·nal [mÀltinámənl/-nɔ́m-] 형 이름이 많은, 많은 이름을 가진.
mul·ti·nu·cle·ar [mÀltinjú:kliər] 형 다핵(多核)의. ¶a ~ cell 다핵 세포. (또는 **multinucleate**)
mul·ti·pack [mÀltipǽk] 명 멀티팩(포장된 다품목을 하나로 포장한 것).
mul·tip·a·ra [mÀltípərə] 명 (복 ~s, -rae [-ri:]) 〔산부인과〕 경산부 이상 낳은 산부(經産婦). 반 primipara
mul·tip·a·rous [mÀltípərəs] 형 〔동물〕 한 배에 여러 새끼를 낳는, (사람이) 다산(多産)의; 출산 경험이 있는. ¶a ~ woman †-tipárəsi-ti.
mul·ti·par·tite [mÀltipá:rtait] 형 1 여러 부분으로 나뉜[된]. 2 여러 나라가 참가한. 「(多黨)의.
mul·ti·par·ty [mÀltipá:rti] 형 복수 정당의, 다당
multipárty sýstem 명 〔정치〕 복수 정당제, 다당제.
mul·ti·ped [mÀltipéd] 명 다족(多足)의. ─ 명 〔드물게〕 다족 동물; 다족충(蟲). (또는 **multipede**)
mul·ti·phase [mÀltiféiz] 형 〔전기〕 다상(多相)의, 다각적인. (또는 **mùltiphásic**)
mul·ti·pho·ton [mÀltifòutən/-tən] 형 〔물리〕 많은 광자(光子)를 포함한, 다(多)광자적인.
mul·ti·plane [mÀltipléin] 명 다엽(복엽)식 비행기.
mul·ti·ple [mÀltəpl] 형 1 다수의, 복합[복식]의; 많은 부분[요소]로 이루어진, 다양한. ¶a ~ tax 복합세. 2 〔수학〕 배수(倍數)의. ¶a ~ number 배수. 3 〔전기〕 (회로·접속이) 병렬의, 복식(複式)의. 4 〔식물〕 (과실이) 집합상의(集合性)의. ─ 명 1 〔수학〕 배수, 배량(倍量). ¶a common ~ 공배수(약 C.M.)/the least common ~ 최소 공배수(약 L.C.M.). 2 〔전기〕 회로의 병렬 (상태); 다중(多端子). 3 무리, 집합체; (대량 생산된) 제품. 4 〔英〕 = ~ shop. 5 (the ~) 〔증권〕 주가 수익률 (price-earnings ~).
mul·ti·ple-ac·cess [-ǽkses] 형 〔컴퓨터〕 동시 공동 이용의. (또는 **multiaccess**)
múltiple ágriculture 명 다각 농업(양계·과수 재배·양돈 따위를 겸한 농업).
múltiple áim póint sỳstem 명 〔美군사〕 대표 적(大標的) 미사일 격납 시스템(미사일 지하 격납고를 미사일 수보다 많게 하여 피격 확률을 줄이는 방법).
mul·ti·ple-choice [-tʃɔ́is] 형 다지(多肢) 선택(식)의, 선다형(식)(選多型(式))의. ¶a ~ test 선다식 테스트.
múltiple cróping 명 〔농업〕 다모작(多毛作).
múltiple frúit 명 〔식물〕 다화과(多花果), 집합과(集合果)(파인애플·뽕나무 따위의 열매).
múl·ti·ple-lane híghway [-lèin-] 명 〔美〕 다차선(多車線) 간선 도로.

múltiple myelóma 〖병리〗 다발성 골수종.
múltiple neurítis 〖병리〗 다발(성) 신경염.
múltiple operátion 다각 경영.
múltiple personálity 〖정신의학〗 다중(多重) [복합(複合)] 인격. ⇨SPLIT PERSONALITY.
múltiple píckup (택시의) 합승.
múl・ti・ple・re・sponse [mʌ́ltəplrispɑ́ns/-spɔ́ns] 〖형〗 =multiple-choice. 「증(略 MS).
múltiple sclerósis 〖병리〗 다발(성) 경화
múltiple shóp[stóre] 〖영〗 연쇄[체인]점(〖미〗 chain store).
múltiple stár 〖천문〗 다중성(多重星) (3개 이상의
mul・ti・plet [mʌ́ltəplət, -plét] 〖물리〗 다중항 (多重項); (스펙트럼의) 다중선(~ line). 2〖동물〗 다생아, 다태(多胎).   「중 투표.
múltiple vóting 〖영〗 복식 투표; (불법적인) 이
mul・ti・plex [mʌ́ltəplèks] 〖형〗 1 복합적인; 다양한. 2〖통신〗 다중(多重)(송신)의. ¶ ~ telegraphy 다중 전신. ── 〖통신〗 (…을) 다중 송신하다. ── 〖명〗 1〖통신〗 다중 송신 시스템[방식]. 2 멀티플렉스(항공 사진의 지도 작성에서 스테레오스코프로 보면 지형이 입체적으로 보이게 만든 장치). 3 (또는 ~ cinema[theater]) (같은 빌딩에 복수의 영화관이 있는) 복합 영화관, 멀티플렉스.
~・er, ~・or 다중 통신용 장치[채널].
múltiplex bróadcasting 음성 다중 방송.
múltiplex telégraphy 〖통신〗 다중 전신(電信).
mul・ti・pli・a・ble [mʌ́ltəpláiəbl] 〖형〗 증가[배가]할 수 있는; 〖수학〗 곱할 수 있는.   「able.
mul・ti・plic・a・ble [mʌ́ltəplikəbl] 〖형〗 =multipli-
mul・ti・pli・cand [mʌ́ltəplikǽnd] 〖명〗 〖수학〗 피승수(被乘數). ⇨ multiplier
mul・ti・pli・cate [mʌ́ltəplikèit, -kət] 〖형〗 다수로 이루어진, 복합의, 다면적의, 다양한.
*__mul・ti・pli・ca・tion__ [mʌ̀ltəpliké́iʃən] 〖명〗 1〗 U (수량의) 증가, 배가; (동・식물의) 증식(增殖), 번식. 2 U 〖전자〗(전류의) 증배(增倍); 〖물리〗(원자로 중성자의) 증배. 3 C 곱셈, 승법(乘法). ▷ division ~al 〖형〗
multiplicátion fàctor[cònstant] 〖물리〗 (원자로의) 증배율(增倍率).
multiplicátion sìgn 〖수학〗 곱셈 기호(×).
multiplicátion tàble (종종 ~s) 곱셈 구구표.
mul・ti・pli・ca・tive [mʌ́ltəplikèitiv, mʌ̀ltəplikə-/ mʌ́ltəplikə-] 〖형〗 1 증가[배가]하는, 증식력이 있는. 2〖수학〗 곱셈의, 승법의. 3〖문법〗 배수사(倍數詞)의. ── 〖명〗〖문법〗 배수사(double, treble 따위). **~・ly** 〖부〗
multiplicátive ínverse 〖수학〗 역수(逆數).
mul・ti・pli・ca・tor [mʌ́ltəplikèitər] 〖명〗〖수학〗 승수. 2〖물리〗 배율기(倍率器).
mul・ti・plic・i・ty [mʌ̀ltəplísəti] 〖명〗〖U〗 1 (a ~, the ~) 다수 (of); 중복. 2 다양성, 다채성, 복잡성. 3 〖물리・수학〗 다중도(多重度).   「색각.
*_a_ [or _for_] _the_ **multiplicity of** 다수의, 수많은 = 각양각
mul・ti・pli・er [mʌ́ltəpláiər] 〖명〗 1 증가[증식]시키는 사람[것]; 곱셈 기계. 2〖수학〗 승수(乘數)(略 multiplicand). 3〖물리〗 배율기(倍率器). 4〖경제〗 승수(새로운 지출 증가가 총소득에 가져다 주는 확대 효과와 비율). 5〖전자〗 곱셈기; 전자 배증관, 주파수 체배기(遞倍器).
múltiplier efféct 〖경제〗 승수(상승)(相乘) 효과.
*__mul・ti・ply__[1] [mʌ́ltəplài] 〖타〗 (**-plies** [-z]) 〖타〗 1 …을 배가시키다, 증가[증대]하다, 늘이다. ⇨ INCREASE 유의어 2〖동・식물〗을 번식시키다. 3〖수학〗…에 (…을) 곱하다 (by). ¶ (~+〖목〗+〖전〗+〖명〗) ~ 4 by 2 4에 2를 곱하다/ 4 multiplied by 2 is 8. 4곱하기 2는 8. ── 〖자〗 1 배가하다; 증가[증대]하다, 늘다; 증식하다. 2〖수학〗곱셈하다. ── 〖컴퓨터〗 곱셈: 곱셈기.
mul・ti・ply[2] [mʌ́ltəpli] 〖부〗 다양하게, 복합적으로.
mul・ti・ply [-plái] 〖형〗 여러 겹의, 다수가 겹쳐[포개진].
mul・ti・point [mʌ̀ltipɔ́int] 〖형〗〖컴퓨터〗 멀티포인트 의(세 개 이상의 단말을 접속하는 형태의). 〖略〗 point-to-point. ¶a ~ videoconference 멀티포인트 화상 회의.
mul・ti・po・lar [mʌ̀ltipóulər] 〖형〗 1〖전기〗 다극(多極)의. 2〖신경 세포가〗 다극(성)의. **-po・lár・i・ty**
mul・ti・po・lar・ize [mʌ̀ltipóuləraiz] 〖타〗 다극화하다 [시키다]. **-po・lar・i・zá・tion**
mul・ti・probe [mʌ́ltipròub] 〖명〗〖우주〗 다중(多重) 탐사용 우주선(탐사기를 다수 실은 우주선).
mul・ti・proc・ess・ing [mʌ́ltipràsesiŋ/-pròu-] 〖명〗〖컴퓨터〗 다중(多重) 처리(의); =parallel processing. 「重) 처리 시스템.
múltiprocessing sýstem 〖컴퓨터〗 다중(多
mul・ti・proc・es・sor [mʌ́ltipràsesər/-pròu-] 〖명〗〖컴퓨터〗 멀티프로세서, 다중 처리 장치.
mul・ti・pro・gram・ming [mʌ̀ltipróugræmiŋ, -grəm-] 〖명〗〖컴퓨터〗 다중 프로그래밍.
mul・ti・pronged [mʌ̀ltiprɔ́ŋd/-prɔ́ŋd] 〖형〗 1 뾰족한 끝이 여러 개 달린 (고기잡이 작살 따위). 2 (비유적) 다방면의, 다면적인. ¶a ~ problem 다각적인 문제.
mul・ti・pur・pose [mʌ̀ltipɚ́rpəs] 〖형〗 여러 목적에 쓰이는, 다목적의. 「 _a_ **dam** 다목적 댐.
multipúrpose véhicle 다목적차(출퇴근・외출・여행・여가 따위에 이용; 〖略〗 MPV).
mul・ti・ra・cial [mʌ̀ltiréiʃəl] 〖형〗 1 다민족의, 여러 민족으로 이루어진. 2 〖미〗 혼혈인(종)의. ── 〖명〗 혼혈인. **~・ism** 〖명〗〖U〗 다민족 평등[공존, 융화]주의. **~・ly** 〖부〗
mul・ti・role [mʌ̀ltiróul] 〖형〗 다기능을 가진, 만능의.
mul・ti・screen [mʌ̀ltiskríːn] 〖형〗〖영화〗 멀티스크린의, 영사면 분할(방식)의. 「word 다의어.
mul・ti・sense [mʌ̀ltiséns] 〖형〗 다의(多義)의. ¶a ~
mul・ti・sen・so・ry [mʌ̀ltisénsəri] 〖형〗〖교육〗 다감각 응용[병용]의(시청각 교육 따위).
mul・ti・ses・sion [mʌ̀ltiséʃən] 〖형〗〖컴퓨터〗 멀티세션(대응)의(CD상의 데이터가 몇 번의 추기(追記)를 거쳐 기록된; 또는 드라이브가 그런 기록 방식에 대응한다).
mul・ti・stage [mʌ́ltistèidʒ] 〖형〗 1 다단식(多段式)의, 다단계의. ¶a ~ rocket 다단식 로켓. 2 단계적인.
mul・ti・sto・ry [mʌ̀ltistɔ́ːri] 〖형〗 다층(多層)의, 고층의. (또는 **multistoried**) ── 〖명〗 입체 주차장.
mul・ti・task [mʌ̀ltitǽsk] 〖자〗 한꺼번에 여러 일을 처리하다; 〖컴퓨터〗 (CPU가) 여러 프로그램을 동시 처리하다.
mul・ti・task・ing [mʌ̀ltitǽskiŋ] 〖명〗〖U〗〖컴퓨터〗 멀티태스킹(하나의 CPU로 복수의 작업을 처리하는 기능). (또는 **mùlti-tásking**)
mul・ti・thread・ed [mʌ̀ltiθrédid] 〖형〗〖컴퓨터〗 멀티스레드의(프로그램이 제어를 여러 독립된 흐름으로 나눌 수 있는). ── 〖타〗 ⋯을 다중 녹음하다.
mul・ti・track [-trǽk] 〖형〗 (녹음 테이프가) 다중 트랙
‡**mul・ti・tude** [mʌ́ltətjùːd/-tjùːd] 〖명〗(〖복〗 ~**s** [-z]) 1 Ⓒ 〖단・복수 양용〗 다수, 대량; (a ~, ~s of) 많은. ¶a ~ of plans 많은 계획 / ~s of admirers 수많은 찬양자 / A great ~ of students assembled in the auditorium. 아주 많은 수의 학생들이 강당에 모였다. 2 (종종 a ~) (사람의) 군집(群集), 군중, 인파(人波). ¶In the ~ of counselors there is wisdom. (속담) 모사자는 평안을 누리느니라(잠언 11 : 14). 3 (the ~(s)) 〖단・복수 양용〗(경멸적) 서민, 대중.
*__cover__ [or hide] **a multitude of sins** (익살) 여러 가지 (좋지 않은) 것을 포함하다[감추다, 덮다], 보기 [듣기]에는 괜찮다. ¶Charity shall _cover_ a ~ _of sins_. 사랑은 허다한 죄를 덮느니라.
mul・ti・tu・di・nism [mʌ̀ltətjúːdənìzm/-tjúː-] 〖명〗〖U〗 다수 복리[이익]주의. ▷ individualism
mul・ti・tu・di・nous [mʌ̀ltətjúːdənəs/-tjúː-] 〖형〗 1 다수의, 아주 많은. 2 많은 종류[부분, 요소]로 이루어진, 갖가지 잡다한. ¶the ~ happenings of the day 현대의 온갖 다양한 사건들. 3 (고어) 혼잡한, 붐비는. 4 〖시〗 (바

mul·ti-us·er [-jù:zər] 형 〖컴퓨터〗 (두 사람 이상의 사용자가 동시에 접근하는) 다중 사용자의.
mul·ti·va·lence [mÀltivéiləns, mʌltívə-] 명 1 〖화학〗 다원자가(多原子價). 2 〖유전〗 (염색체의) 다가(多價)(성). 3 가치의 다변성.
mul·ti·va·lent [mÀltivéilənt, mʌltívə-] 형 1 〖화학〗 다원자가의. 2 〖유전〗 다가(多價)의. 3 (일반적으로) 다면적인 가치[의미]를 지닌. ── 명 염색체(군).
mul·ti·val·ued [mÀltivǽlju:d/-ti-] 형 많은 가치를 지닌.
mul·ti·valve [mʌ́ltivæ̀lv] 형 〖조개〗 다각(多殼)의, 3개 이상의 껍질이 있는. ── 명 다각패(貝); 그 조가비.
mul·ti·var·i·ate [mÀltivɛ́əriət, -rièit] 형 〖통계〗 (결합 분포가) 둘 이상의 변수를 가진, 다변수(多變數)의, 다변량의.
mul·ti·ven·dor [mÀltivéndər] 형 〖컴퓨터〗 멀티벤더의(다른 여러 메이커의 물건을 취급하는).
mul·ti·ver·si·ty [mÀltivə́ːrsəti] 명 (각지에 부속시설·캠퍼스 따위를 가진) 다원[매머드] 종합 대학교.
mul·ti·vi·bra·tor [mÀltiváibreitər] 명 진동(振動) 확대기, 멀티[다중]바이브레이터.
mul·ti·vi·ta·min [mÀltiváitəmin/-víːt-] 형 종합[다종] 비타민의. ── 명 ⓊⒸ 종합 비타민제.
mul·tiv·o·cal [mʌltívəkəl] 형 1 여러 가지 뜻을 가진, 다의(多義)의; 뜻이 모호한. 2 시끄러운.
mul·ti·vol·tine [mʌltívɔltain, -tn] 〖곤충〗 1년 동안에 여러 번 산란하는, 다화성(多化性)의.
múl·ti·wall bàg [mʌ́ltiwɔ̀ːl-] 명 다중(多重) 부대 (시멘트 포대처럼 질긴 종이를 겹쳐서 만든 부대).
mul·ti·way [mʌ́ltiwèi] 형 복수 회로[통로]를 가진.
mul·ti·win·dow [mʌ́ltiwìndou] 형 〖컴퓨터〗 멀티 윈도의(화면을 분할하여 동시에 복수의 문서를 나타낼 수 있는 디스플레이).
mul·toc·u·lar [mʌltákjulər/-tɔ́k-] 형 눈이 많은.
múl·tum in pár·vo [mʌ́ltəm in páːrvou] 모양은 작으나 내용이 풍부한. 〈L much in little〉
mul·ture [mʌ́ltʃər] 명Ⓤ 〖스코〗 물방앗간 사용료.
mum[1] [mʌm] 형 〖서술용법〗 입을 다문, 무언의, 잠자코 있는(silent). 〖게 다물고, 침묵을 지키고.
(as) *mum as a mouse* [or *an oyster*] 입을 굳게
keep mum about …에 대해 침묵을 지키다, 아무 말도 하지 않다.
stand [sit] mum 잠자코 서[앉아] 있다.
── 감 입 다물어!, 쉿!
── 명 침묵, 무언. (* 다음 숙어로)
Mum's the word.; The word is mum. 너만 알고 있어, 비밀이야.
mum[2] (*-mm-*) 자동 침묵을 요구하다; 무언극[판토마임]을 하다; 가장(假裝)하다. ¶ go ~*ming* 가장[가면]을 하고 희희낙락하러 다니다. (또는 **mumm**)
mum[3] 명 〖구어〗 국화. 〈<*chrysanthemum*〉
mum[4] 명 〖영·어린이말〗 엄마. 〈<*mummy*[2]〉
be mum 〖영구어〗 요리를 대접하다, (특히) 차(茶)를
mum[5] 명 Ⓤ (알코올 도수가 높은) 맥주. 〖내놓다.
mum[6] 명 〖영〗 =madam.
Mum·bai [mámbài, mùmbái] 명 뭄바이(인도의 도시; 옛 이름 Bombay).
***mum·ble** [mʌ́mbl] 동 1 중얼중얼[우물우물] 말하다. ⇒MURMUR 〖유의어〗 2 (이빠진 입으로) 우물우물 씹다.
mumble to oneself 혼잣말로 중얼거리다.
── 명 발음이 분명하지 않은 말, 중얼거림, 더듬거림.
-bler 명
múm·ble·ty·pèg [mʌ́mbltipèg] 명Ⓤ 잭나이프 던지기 놀이. (또는 **mumbledepeg, múmble pèg, múmble-the-pèg**) 「씹는. ~·**ly** 부
mum·bling [mʌ́mbliŋ] 형 중얼거리는, 우물우물
múm·bo júmbo [mʌ́mbou-] 명 (複 *m-* *-s*) 1 미

신적 숭배물, 외경[공포]의 대상, 우상; 〖속어〗 미신, 요술, 마법. 2 (M- J-) 멈보 정보(아프리카 Sudan 지방의 수호신). 3 뜻을 알 수 없는 말; 무의미한 주문(呪文).
mú méson [물리] 뮤(μ) 중간자.
Mu·met·al [mjúːmètl/mjú:-] 명 〖상표〗 뮤 합금(니켈·철·구리 합금).
Mu′·min [múːmin] 명 〖회교〗 회교 신자.
mumm [mʌm] 동자 = mum[2].
mum·mer [mʌ́mər] 명 1 무언극 배우; 배우. 2 (크리스마스 따위의) 가면을 쓰는 사람, 가장하는 사람.
mum·mer·y [mʌ́məri] 명 1 (mummer에 의한) 무언극. 2 ⓊⒸ 허례; 야단스런 겉치레 의식[연기].
mum·mi·fy [mʌ́məfài] 동타 〖시체〗를 미라로 만들다; …을 (말려서) 보존하다; [낡은 생각·제도 따위]를 간직하다. ── 자 미라화 되다, 바싹 마르다, 시들다.
-fi·cá·tion 명Ⓤ 미라화(化).
***mum·my**[1] [mʌ́mi] 명 1 미라. 2 (미라처럼) 바싹 말라버린 시체[것]. 3 야위어 말라빠진 사람, 생기를 잃은 사람. 4Ⓤ 암갈색의 그림 물감.
beat a person to a mummy 남을 때려 늘이다.
── 동타 = mummify.
mum·my[2] 명 〖영어린이말〗 마마, 엄마. 「는 침낭.
múmmy bàg 명 머미 백(얼굴만 내놓고 온몸을 감싸
múmmy càse 명 (이집트의) 미라 관(棺).
múmmy clòth 명 (이집트의) 미라를 싸는 천; (美) 마미 직물(크레이프 천).
múmmy whèat 명 이집트 밀.
mump[1] [mʌmp, mump] 동 〖영고어·방언〗 시무룩[풍]해지다; 울적해지다; 토라지다, 뿌루퉁해지다; 중얼중얼 말하다, 어물어물 입속말을 하다. **~·ish** 형 시무룩[풍]한, 토라진.
mump[2] 동 〖영구어·고어·방언〗 조르다, 구걸하다; 속이다. **~·er** 명 거지 거지.
mumps [mʌmps] 명[複](單·複취급) 1 〖병리〗 유행성 이하선염, 볼거리, 항아리손님. 2 뿌루퉁한 얼굴.
develop (the) mumps 볼거리에 걸리다.
have the mumps 뿌루퉁해있다.
mum·sie [mʌ́mzi] 명 〖영구어〗 엄마. ── 형 엄마다운. (또는 **mumsey, mumsy**)
mu·mu [múːmùː] 명 =muumuu. (또는 **mú-mù**)
MUN 〖군사〗 munitions. **mun.** municipal(ity).
***munch** [mʌntʃ] 동 1 (…을) 와삭와삭[우둑우둑] 먹다(*out, up*). ¶ ~ *at an apple* 사과를 와삭와삭 먹다. 2 (구어) (…에게) 지근덕거리다, 약올리다(*on*).
munch out (美속어) (쉴새없이) 가벼운 식사를 하다.
~·er 명 「간식]] (가) 되다.
munch·a·ble [mʌ́ntʃəbl] 형 간단한 요기[스낵·
Mun·chau·sen [mʌ́ntʃauzn, mʌntʃɔ́:zn] 명 1 Baron ~ 뮌하우젠 남작(1720-97: 독일 군인·모험가; R. E. Raspe작 「허풍선이 남작의 모험」(1785)의 모델이 된 인물). 2 허풍선이, 떠버리. **~·ism** 명
Münchausen sýndrome 〖정신의학〗 뮌하우젠 증후군(입원 치료를 받으려고 환자가 꾸미는 병적 허언증). 「명(名)).
Mün·chen [G mýntʃən] 명 뮌헨(Munich의 독일어
Munch·kin [mʌ́ntʃkən] 명 1 먼치킨(*Wizard of Oz*에 나오는 난쟁이족). 2 (m-) 난쟁이, 귀여운 꼬마; 굿은 사람, 심부름꾼, 하찮은 사람. ¶ a *low-level* ~ 평(말단) 사원, 말단 심부름꾼.
munch·y [mʌ́ntʃi] 형 1 (음식물이) 오도독오도독 하는, 씹을 맛이 있는. 명 2 (구어) 스낵. 3 (1 *-ies*) (美구어) 스낵 과자(음식). 2 (the *-ies*) (美속어) (단것·과자 따위에) 굶주림, (특히 마리화나 흡연 뒤의) 공복감.
have [or *get*] *the munchies* (美속어) 배가 몹시
múnch·i·ness 명 「고프다.
mun·dane [mʌndéin, ´-] 형 1 세계의; 우주의; 지구의. 2 현세의, 속세의(⇔ heavenly). ⇒ EARTHLY

[유의어] 3 《종종 경멸적》 평범한, 일상적인; 실제적인. ~·ly [부] ~·ness, mun·dán·i·ty [명]

mundáne astrólogy [명] 〔점성〕 (개인의 점성술에 대하여) 세계적 사건에 관한 점성술.

mun·di·fy [mʌ́ndəfài] [동][타] 〔상처 따위〕를 깨끗이 씻다, 소독하다; 깨끗이 하다, 정화(淨化)하다.

mun·dun·gus [mʌndʌ́ŋgəs] [명] 《고어》 고약한 냄새가 나는 썩은 담배.

mung[1] [mʌŋ] [명] 〔식물〕 =~ bean.

mung[2] [동][자] 비럭질하다, 동냥을 바라다.

mung[3] 《속어》 [명] 더러운 것, 불결한 것; LSD에 의한 불쾌한 기분.
— [동][타] 〔컴퓨터〕 〔파일〕에 (대폭) 변경을 가하다; 〔파일·기기〕를 못쓰게 만들다, 부수다.
mung up 더럽히다, 엉망으로 만들다.

múng bèan [명] 〔식물〕 녹두(식용·사료용).

mun·gey [mʌ́ndʒi] [명] 《英속어》 음식물, 먹을 것. (또는 **mungy, mongee**)

mun·go [mʌ́ŋgou] [명] ([복] **~s**) [U][C] 뭉고(재생 양모; shoddy보다는 질이 좋다). (또는 **mongo(e)**)

mun·goos(e) [mʌ́ŋgù:s] [명] 《고어》 =mongoose.

mung·y[1] [mʌŋi] [형] 질척한, 걸쭉한, 더러운, 기분 나쁜.

mung·y[2] [명] 《英속어》 =mungey.

mu·ni [mjú:ni] 《구어》 [형] 시(市)의, 시영(市營)의. — [명] 1 =municipal bond. 2 시영의 설비(극장 따위); 시영 버스[전동차]. (또는 **muny**)

munic. municipal(ity).

Mu·nich [mjú:nik] [명] 1 뮌헨(독일 남부의 도시; 독일명 München). 2 《비유적》 굴욕적인 양보[유화] 정책. ⇨MUNICH PACT.

Múnich Pàct [Agrèement] [명] (the ~) 뮌헨 협정(1938년 Sudetenland를 나치스 독일에게 넘겨 주기로 한 독일·영국·프랑스·이탈리아 간의 협정; 침략국에 대한 유화 정책의 대표적인 예).

⁑mu·nic·i·pal [mju:nísəpəl] [형] 1 시(市)의, (자치) 도시의, 시정(市政)의, 지방 자치(체)의; 시영(市營)의. ¶a ~ office 시청 / ~ authorities [government] 시당국[시정] / ~ elections 시의회 의원 선거 / a ~ university 시립 대학. 2 한 지방에 한정된, 작은 범위의. 3 내정(內政)의, 국내의. ¶~ law 국내법. — [명] (~s) =~ bond. ~·ly [부]

munícipal bónd [명] 《美》 지방(자치체)채(債).

munícipal bónd fùnd [명] 지방채 펀드[투자신탁].

munícipal bórough [명] 《英》 (대도시권) 자치 도시.

munícipal corporátion [명] 지방 자치체.

munícipal cóurt [명] 시[지역]법원, 지방 법원.

mu·nic·i·pal·ism [mju:nísəpəlìzm] [명][U] 지방 자치제(制); 지방 자치주의. **-ist** [명] 지방 자치제 주의자; 시정(市政) 당국자; 시정통(通)[전문가].

***mu·nic·i·pal·i·ty** [mju:nìsəpǽləti] [명] 자치제; 지방 자치단체; 시당국, 시행정 (기관); 《집합적》 시[읍]민.

mu·nic·i·pal·ize [mju:nísəpəlàiz] [동][타] 1 …에 시 자치제를 실시하다. 2 …을 시유[시영]화하다. ¶~ the bus service 버스 사업을 시영화하다.
-i·zá·tion [명][U] 자치제 실시; 시유화, 시영화.

munícipal políce [명] 자치 단체 경찰.

munícipal wáste [명] 도시 쓰레기[폐기물].

mu·nif·i·cence [mju:nífəsns] [명][U] (아낌없이 주는) 선심, 후함.
through [or *by*] *the munificence of* …의 호의로, 기부로.

mu·nif·i·cent [mju:nífəsnt] [형] (사람이) 인심 좋은, 후한, 인색하지 않은; (선물이) 후한, 푸짐한. [반] niggardly ¶a ~ reward 후한 보수. ~·ly [부] ~·ness [명]

mu·ni·ment [mjú:nəmənt] [명] 1 (~s) 〔법률〕 (부동산) 권리 증서, 증서; 공식 기록, 공문서; 비품. 2 《고어》 방어; 보호.

múniment ròom [명] 《英》 (성·사원·대학의) 문서고(文書庫), 기록 보관실.

***mu·ni·tion** [mju:níʃən] [명] (보통 ~s) 1 군수품, 군용품; 무기·탄약. ¶~*s* of war 군수품. 2 필수품; 자금(*for*). ¶~*s for* an election campaign 선거 운동 자금. — [형] 군수품[용]의. ¶a ~ factory [*or* plant] 군수 공장. — [동][타] …에게 군수품[자재]을 공급하다.
~·er [명]

Mún·sell cólor sỳstem [mʌ́nsəl-] [명] 먼셀 표색계(表色系)(색상·명도를 고려하여 색을 순서있게 배열한 것). (또는 **Múnsell scàle**) 〔<미국의 화가 Albert H. Munsell(1858–1918)의 이름〕

mun·shi [mú:nʃi] [명] 《인도》 (인도인) 통역, 어학 교사; 서기, 비서. (또는 **moonshee**)

munt [munt] [명] 《남아공》 《경멸적》 흑인.

munt·jac [mʌ́ntdʒæk] [명] 〔동물〕 먼잭(동남아산(産)의 짖는 작은 사슴). (또는 **muntjak**)

Múntz mètal [mʌ́nts-] [명][U] 먼츠 합금(구리와 아연의 합금). 〔<영국의 야금 기술자 George F. Muntz (1794–1857)의 이름〕

mu·on [mjú:ɑn/-ɔn] [명] 〔물리〕 =mu meson.
mu·on·ic [mjú:ánik/-ɔ́n-] [형]

muónic àtom [명] 〔물리〕 뮤 입자 원자(궤도 전자가 muon에 의해 치환된 원자).

mu·o·ni·um [mju:óuniəm] [명] 〔물리〕 뮤오늄(전기적 인력에 의하여 결합한 1개의 전자와 1개의 양전하(陽電荷)의 뮤온).

Mup·pet [mʌ́pət] [명] 1 머페트(팔과 손가락으로 조종하는 인형). 2 (m-) 머리가 돈 친구; 《경멸적》 병신, 불구자; 시시한 녀석.

mup·pie [mʌ́pi:] [명] 《美구어》 머피 족(族), 중년의 도시 전문직 종사자. 〔<*m*iddle-aged *u*rban *p*rofessional+*-pie*〕

mu·ral [mjúərəl] [형] 1 벽의, 벽면의; 벽에 그린[붙인, 친]. ¶a ~ painting 벽화. 2 (벽같이) 가파른. — [명] 벽화; 《美》 장식 벽걸이; 큰 벽면 사진. ~·ly [부]

mu·ral·ist [mjúərəlist] [명] 벽화가.

mu·rám·ic ácid [mjuərǽmik-] [명] 무람산(酸).

⁑mur·der [mə́:rdər] [명] ([복] **~s** [-z]) 1 [U] 살인, 살해; 〔법률〕 모살(謀殺)(⇨HOMICIDE [유의어])([참] manslaughter); [C] 살인 사건. ¶an attempted ~ 살인 미수 / ~ in the first [second]-degree 《美》 제1급[2급] 모살. 2 [U] 《구어》 살인적인 것; 매우 어려운[위험한, 불쾌한] 일; 무서운[가혹한] 상사[보스]. 3 《속어》 최고의 것[사람]. 4 〔유희〕 살인 놀이.
create murder 큰 소동을 부리다.
cry [or *scream, yell*] (*bloody* [or *blue*]) *murder* 《속어》 야단스럽게 비명[소리]을 지르다.
do [or *commit*] *murder* 살인을 하다.
get [or *go*] *away with* (*blue*) *murder* 《속어》 나쁜 일이 발각되지[벌받지] 않고 넘어가다.
judicial murder 법의 살인, 적법하지만 부당한 사형 선고.
like blue murder 《구어》 전속력으로, 한눈 팔지 않고.
Murder will out. 《속담》 나쁜 짓은 탄로나는 법.
The murder is out. 비밀이 드러나다, 수수께끼가 풀리다.
— [동] (~s [-z]) [타] 1 …을 (의도적으로) 죽이다; 〔법률〕 모살하다. ⇨KILL [유의어] 2 〔연극·노래 따위〕를 엉망으로 만들다, 망치다. ¶~ French 형편없는 프랑스어를 쓰다. 3 (시간을) 낭비하다, 헛되이 보내다. 4 《구어》 …에게 화를 내다; (시합에서) 〔상대〕를 가차없이 혼내주다. — [자] 사람을 죽이다, 살인을 저지르다.
I could murder …을 죽이고 싶다[싶을 정도다]; 《구어》 …을 먹고[마시고, 갖고] 싶어서 못 견디겠다.

múrder bàg [명] 살인 사건용 백(수사에 필요한 기구 일습이 들어 있는 것).

múrder bòard [명] 《美속어》 (후보자·계획 등을 엄히 심사하는) 심사 위원회.

mur·der·ee [mə̀:rdərí:] [명] 피살자.

⁑mur·der·er [mə́:rdərər] [명] ([복] **~s** [-z]) 1 살인자, 살인범([여] murderess). 2 대구 잡는 어구(魚具).

múrderers' rów 圈 〔야구〕 강타자가 연속되는 라인업. 파괴[살인]적 강타선.

mur·der-for-hire [^ˈfəɹhái^ər] 圈 청부 살인.

múrder óne 圈 1급 살인(first-degree murder).

***mur·der·ous** [máːrdərəs] 圈 **1** 살인의; 살의가 있는; 살인용의. **1a** ~ weapon 흉기. **2** 잔인한, 흉악한. **3** 살인적인, 무시무시한. (구어) 매우 어려운[위험한]. ¶ ~ heat 살인적인 더위. **~·ly** 閉 **~·ness** 圀

múrder twó 圈 2급 살인(second-degree murder).

Mur·doch [máːrdɑk/máːdɔk] 圈 머독. **1** (**Jean**) **Iris ~** (1919–99: 영국의 여류 소설가). **2** (**Keith**) **Rupert ~** (1931– : 오스트레일리아 태생의 미국의 미디어 재벌).

mure [mjuər] 圈國 ⋯을 벽으로 둘러싸다; ⋯을 가두다, 유폐(幽閉)하다(up).

mu·rex [mjúːreks] 圈 (圈 **-ri·ces** [-rəsìːz], **~·es** [조개] 뿔고둥(자주색 염료를 채취); 圀 자홍색.

murg [məːrg] 圈 (英俗어) 전보(telegram).

mu·ri·ate [mjúːriéit/-riət] 圈 (古) 염산염(鹽酸鹽).

mu·ri·at·ic [mjùːriǽtik] 圈 염화수소의.

muriátic ácid 圈 염산(hydrochloric acid).

mu·rine [mjúərain, -rən] 圈 〔동물〕 쥣과(科)의, 생쥐의; 쥐 비슷한; 쥐가 감염시키는. — 圀 쥐, 생쥐.

múrine týphus 圈 〔병리〕 발진열(發疹熱).

murk [məːrk] 圈 (문어) (詩어) 암흑, 어둠. — 圈 (고어) 어두운; 암울한. (또는 **mirk**)

murk·y [máːrki] 圈 **1** 매우 어두운, 캄캄한. ⇨ DARK 圀 **2** 아주 음울한. **3** (안개·연기로) 흐린, 침침한. **4** (표현 따위가) 애매한. **5** 비밀이 있는, 떳떳치 못한. ¶ the ~ past 어두운 과거. **múrk·i·ly** 閉 **múrk·i·ness** 圀

Múr·man Cóast [muərmáːn-] 圈 (the ~) 무르만스크 해안(러시아 서북부 북극해 연안 지방).

Mur·mansk [muərmáːnsk] 圈 무르만스크(러시아 서북부 Murman Coast에 있는 중요 부동항).

‡**mur·mur** [máːrmər] 圈 (圈 **~s** [-z]) **1** (시냇물·나무·바람 따위의) 살랑거림, 살랑[졸졸]거리는 소리. ¶the ~ of a stream 시냇물의 졸졸 흐르는 소리. **2** (a ~) (알아들을 수 없는) 속삭임, 중얼거림. ¶ a ~ of voices 속삭임 (소리). **3** (a ~) 투덜투덜 불평하기, 투덜거리기, 군소리; (고어) 음소. **4** 〔병리〕 (심장의) 잡음. *make a murmur at* ⋯에 대해 불평하다, 투덜거리다. *without a murmur* 군말[소리] 없이.

— 圈 (**~s** [-z]) 國 살랑거리다, 살랑살랑[졸졸] 소리를 내다; 속삭이다. ¶The brook ~*ed* under the ice. 얼음 밑에서 냇물이 졸졸 흐르고 있었다.

유의어 **murmur** 분명하게 들리지 않을 만큼 낮게 말하다. **mumble** 입을 제대로 열지도 않고 어물어물 말하다. **mutter** 상대에게 뚜렷이 들리지 않게 작은 소리로 불평·노여움 따위를 중얼거리다.

2 (⋯에 대해) 불평하다, 투덜대다(*about, against, at*). ⇨ COMPLAIN 유의어 — 國 ⋯을 작은 소리로 말하다. **~·er** 圀 불평꾼. **~·less** 閉 **~·less·ly** 閉

mur·mur·a·tion [mə̀ːrməréi∫ən] 圈 **1** 살랑거림, 중얼거림, 투덜거림. **2** 찌르레기 떼. [~·ly 閉

mur·mur·ing [máːrməriŋ] 圈 = murmurous.

mur·mur·ous [máːrmərəs] 圈 **1** 살랑거리는, 술렁[웅성]거리는, 졸졸거리는. **2** 속삭이는[중얼거리는]; 투덜거리는. **~·ly** 閉

mur·phy [máːrfi] 圈 (俗어) **1** 감자(potato). **2** (M-) = Murphy game. **3** (-phies) (큰) 유방. — 圈國 ⋯을 사기쳐 빼앗다.

Mur·phy [máːrfi] 圈 **Eddie ~** 머피(1961– : 미국의 흑인 코미디언·배우; 본명 Edward Regan ~).

Múrphy béd 圈 머피 베드(접어붙이식 침대). [<미국의 발명가 William L. Murphy(1876–1959)]

Múrphy gàme 圈 (美俗어) 머피 게임, 신용 사기 (지폐 크기로 자른 신문지 등이 든 봉투를 맡기고 보증 금이라는 명목으로 돈을 사취하는 등의 사기 수법).

Múrphy's láw 圈 머피의 법칙('잘 안 될 것 같은 일은 잘 안 된다', '일은 생각했던 것보다 늘 많은 시간이 걸린다' 따위 경험에서 우러나온 유머러스한 법칙).

mur·rain [máːrin/mʌ́r-] 圈 **1** (소 따위의) 가축의 전염병. **2** (고어) 역병(疫病). **3** 저주. ¶할 놈! *A murrain on you!; A murrain take you!* 염병

Mur·ray [máːri/mʌ́ri] 圈 머리(남자 이름).

murre [məːr] 圈 (조류) 바다오리.

mur·rey [máːri/mʌ́ri] 圈國 어두운 적자색(赤紫色).

mur·rhine [máːrin, -rain/mʌ́r-] 圈 형석(螢石)(제)의. (또는 **murrine**)

Mur·row [máːrou, mʌ́-] 圈 **Edward R. ~** 머로우 (1908–65: 미국의 언론인; 방송 저널리즘의 개척자).

Mu·ru·róa Atóll [mururóuə–] 圈 무루로아 환초 (環礁)(남태평양의 프랑스령 폴리네시아에 있는 환초; 프랑스의 핵실험장 소재지).

mus., Mus. museum; music(al); musician. [Muslim.

Mu·sak [mjúːzæk] 圈 (종종 m–) = Muzak.

MusB, MusBac (라틴) *Musicae Baccalaureus* (= Bachelor of Music).

mus·ca·del(le) [mʌ̀skədél] 圈 = muscatel.

Mus·ca·det [mʌ̀skədéi] 圈 뮈스카데. **1** (프랑스 Loire 강 하류산(產)) 백포도. **2** (그 포도로 주조된) 백포도주. [<F] [미국 남부산(產).

mus·ca·dine [mʌ́skədin, -dàin] 圈 포도의 일종

mus·cat [mʌ́skət, -kæt] 圈 머스캣(포도의 일종).

Mus·cat [mʌ́skæt/mʌ́skət, -kæt] 圈 무스카트(오만 토후국의 수도). (또는 **Muskat, Musquat**)

mus·ca·tel [mʌ̀skətél] 圈 **1** 머스커텔 주(酒)(머스캣 포도로 빚은 포도주). **2** = muscat.

‡**mus·cle** [mʌ́sl] 圈 (圈 **~s** [-z]) **1** 圀 근(筋), 근육 (* 불수의(不隨意) [involuntary] ~s 불수의(不隨意)[불(不)수의]의 근육/have strong ~s 억센 근육을 가지다/ Physical exercises develop ~. 운동을 하면 근육이 발달된다. **2** 圀 근력, 완력, 힘; 능력. ¶a man of ~ 힘[완력]이 센 사나이. **3** 圀 (구어) 힘, 영향력, 세력; 폭력. ¶military ~ 군사력/ political ~ 정치적 영향력. **4** (俗어) 깡패, 주먹, 폭력배; 보디가드. **5** 지방이 없는 고기, 살코기. **6** 필요한[필수적인] 것, 본질적인[긴요한] 것, 핵심. [로.

by the exercise of muscles 근육을 써서, 완력으

control [or *govern*] *one's muscles* 웃음을 참다.

do not move a muscle 꼼짝도 않다, 눈 하나 깜짝 않다.

flex one's muscles ① (구어) 힘을 시험하다, 시험삼아 해보다. ② (美俗어) 힘을 과시하다, 위세를 보이다.

have muscle with a person 남에 대해 우위에 서다.

on the muscle (俗어) 걸핏하면 싸우려 드는, 광폭한.

— 國 (**~s** [-z]; **~d; -cling**) 國 **1** (구어) ⋯에 힘[우격다짐]으로 밀고 나아가다, (억지로) 끼어들다(*in*)(*in, into*); (⋯을) 헤치고 [밀치고] 나아가다 (*through*). ¶ (~ + 前 + 圈) ~ *through* a crowd 인파를 헤치고[밀치고] 나아가다/ ~ *into* a conversation (억지로) 이야기에 끼어들다. **2** (마약을) 근육에 주사하다. — 國 **1** (보통 ~ one's way) ⋯에 (억지로) 헤치고 나아가다, 힘으로 밀고 들어오다. ¶ ~ *one's way through the crowd* 군중을 힘으로 밀치고 나아가다. **2** 근육이 붙게 하다, 근육을 단단하게 하다. ¶The dancing lessons ~*d* her legs. 댄스 교습으로 그녀는 다리 근육이 발달했다. **3** 힘이 붙게 하다, 강하게 하다. **4** (구어) 힘을 억지로 시키다; 밀어 붙이다; 〔법안 따위〕를 힘으로 통과시키다.

muscle in 힘으로 비집고 나아가다; (⋯의) 땅[영역]을 침범하다(*on*).

muscle out (美俗어) 힘으로 내쫓다; 추방하다.

muscle up (俗어) 온 힘을 내다, 힘껏 도전하다.

— 圈 (엔진·자동차가) 강력한, 고성능의, 고출력의, 고

속의. ¶a ~ power saw 강력 톱.
~·less 형 근육이 없는, 연약한.
mus·cle·bound [mʌ́slbàund] 형 **1** (운동 과다로) 근육이 경직된. **2** (비유적) 유연성[탄력]이 없는.
múscle càr 명 (美속어) (강력한 엔진을 탑재한) 고속 중형차[스포츠카]. ⓐ pony car
mus·cled [mʌ́sld] 형 (복합어로) 근육이 …진. ¶strong-~ 근육이 억센.
múscle dysmorphophóbia 명 (정신의학) 근육형 공포증(근육질 체격이면서 허약하다고 믿는 증세). (또는 **bódy image disórder**)
múscle fíber 명 (해부) 근섬유.
mus·cle-flex·ing [-flèksiŋ] 명 힘[무력]의 과시.
mus·cle·head [mʌ́slhèd] 명 (美속어) 바보, 돌대가리; 주먹이 센 사람.
mus·cle·man [mʌ́slmæ̀n] 명 **1** (구어) 근육질 남성; 보디 빌더. **2** (美속어) 폭력단원, 주먹, 보디가드.
múscle píll 명 근육 강화제(anabolic steroid의 속칭).
múscle sènse 명 (심리·생리) 근육 감각. 「칭.
múscle shìrt 명 소매 없는 T셔츠.
múscle wòrk 명 근육[육체] 노동.
mus·cly [mʌ́sli] 형 근육의, 근육이 발달한.
mus·col·o·gy [mʌskɑ́lədʒi/-kɔ́l-] 명 Ⓤ 선태학 (蘚苔學). **-gist** 명 「제하지 않은 흑설탕.
mus·co·va·do [mʌ̀skəvéidou, -vά:-] 명 (정제하지 않은 흑설탕.
Mus·co·vite [mʌ́skəvàit] 명 **1** 모스크바 시민. **2** 모스크바 대공국(大公國)의 주민. **3** (고어) 러시아 사람 (Russian). **4** (m-) (광물) 백운모(白雲母). — 형 모스크바 주민의; 모스크바[대공국]주민(의).
Mus·co·vy [mʌ́skəvi] 명 **1** 모스크바 대공국. **2** (고어) 러시아(Russia); 모스크바. **3** = ~ duck.
Múscovy dúck 명 (남미 열대 지방산(産)) 오리.
mus·cul- [mʌ́skjəl-] (연결) ⇒MUSCULO-.
***mus·cu·lar** [mʌ́skjulər] 형 **1** 근(筋)의; 근육의. ¶~ fiber 근섬유/~ strength 완력. **2** 근육이 발달한; 근육질의; (육체적·정신적으로) 힘이 센. ¶a ~ young man 강건한 청년. **3** (표현·성격 따위가) 박력있는 (vigorous). ¶~ music 힘찬 음악. **4** 육체 활동[노동]을 통한. **5** (구어) 강력한, 강건한. ¶a ~ engine 강력한 엔진.
·lár·i·ty 명 근육이 억셈, 강건함. **-ly** 부
múscular Christiánity 근육적 그리스도교 (신앙심과 함께 강건한 육체와 쾌활함을 존중한다).
múscular dýstrophy 명 (병리) 근 위축증(筋縮症), 근 디스트로피.
múscular sýstem 명 (the ~) (해부) 근육 조직.
mus·cu·la·tion [mʌ̀skjuléiʃən] 명 근육 운동; 근육 구성[조직]. 「근육 조직.
mus·cu·la·ture [mʌ́skjulətʃər, -tʃùər] 명 Ⓤ Ⓒ
mus·cu·lo- [mʌ́skjulou, -lə] (연결) muscle의 뜻. ¶*musculoskeletal*. (또는 **muscul-**)
mus·cu·lo·skel·e·tal [mʌ̀skjuləskélətl] 형 근골격의, 근과 골격의(에 관한).
Mus. D., Mus. Doc., Mus. Dr. (라틴) *Musicae Doctor*(= Doctor of Music)(음악 박사).
‡**muse** [mjuːz] 자 (*mus·es* [-iz], ~*d*; *mus·ing*) **1** 묵상[명상]에 잠기다 (…에 대해) 심사[숙고]하다 (*on, upon, over*). ⇒PONDER 유의어 (고어) (…을) 유심히 보다, 지켜보다 (*on, upon*). — 타 **1** …을 깊이[골똘히] 생각하다. ¶~ the question once more 그 문제를 다시 생각해 보다. **2** 사려깊게 말하다.
— 명 (고어) 명상, 묵상, 몽상. **mús·er** 명
Muse [mjuːz] 명 **1** (그리스 신화) 뮤즈 신(神) (시·음악·무용 따위를 관장하는 9여신의 하나); (the ~s) 뮤즈의 아홉 여신(Calliope, Clio, Erato, Euterpe, Melpomene, Polyhymnia, Terpsichore, Thalia, Urania). **2** (종종 the m-, one's m-) 시신(詩神), 시적 영감. **3** (m-) 시재(詩才); 시인. **4** (the ~, the m-) 시.
muse·ful [mjúːzfəl] 형 (고어) 생각에 잠기는, 묵상하는. ~·**ly** 부
mu·se·og·ra·phy [mjùːziɑ́grəfi/-ɔ́g-] 명 박물관 [미술관]의 분류·전시법.
mu·se·ol·o·gy [mjùːziɑ́lədʒi/-ɔ́l-] 명 Ⓤ 박물관학, 미술관학. **-o·lóg·i·cal** 형 **-gist** 명
mu·sette [mjuːzét] 명 **1** (음악) 뮤제트. **a**) 작은 목관 악기의 일종. **b**) 목가적인 3박자 무용곡풍(風)의 악곡. **2** (또는 ⁓ bàg) 작은 잡낭(雜囊).
‡**mu·se·um** [mjuːzíːəm] 명 (복수 ~**s** [-z]) 박물관, 미술관; 기념관, 전시관; 자료관, 표본실.
muséum attèndant 명 미술[박물]관의 안내계.
mu·se·um·go·er [mjuːzíːəmgòuər] 명 박물관[미술관]에 잘 가는 사람.
Muséum of Módern Árt (the ~) (뉴욕의) 현대 미술관(Manhattan 소재; ⓐ MOMA).
muséum pìece 명 **1** 박물관의 진열품; 일품(逸品), 진품. **2** (경멸적) (시대에 뒤진) 박물관에 진열해야 할 것, 골동품, 고풍스러운 사람.
mush¹ [mʌʃ] 명 Ⓤ **1** (美) 옥수수죽. **2** (종종 a ~) 죽 모양의 걸쭉한 것, 부드러운 덩어리. **3** (구어) (경멸적) 감상적인 넋두리, (英) 유치한 짓. **4** 조리가 닿지 않는, 우유부단한 태도. **5** [muʃ] (또는 **moosh**) (英속어) 입; 얼굴. **6** (무선) 잡음, 머시. **7** (英속어) 연애, 정사.
make a mush of (구어) …을 망쳐 놓다, 더럽히다.
— 동 타 …을 으깨다, 흐물흐물하게 만들다(*up*); 감상적으로 만들다(*up*). — 자 **1** 무너지다, 흐물흐물해지다; 감상적이 되다. **2** (비행기가) 조종 장치 효과가 실속하다, 상승 불능이 되다. **3** (속어) 사기쳐서 먹고 살다.
mush² [mʌʃ] 명 (눈 위의) 개썰매 여행. — 동 개썰매로[설상화를 신고] 여행하다[시키다]. — 감 출발!, 달려라! (썰매개에 대한 명령).
mush³ [mʌʃ] 명 (속어) 박쥐 우산, 양산.
mush⁴ [mʌʃ] 명 (英속어) = 콧수염(moustache).
mush⁵ [muʃ, mʌʃ] 명 (속어) 유치장; (軍속어) 영창.
músh àrea 명 (혼선에 의한) 청취 장애 지역.
mush·ball [mʌ́ʃbɔ̀ːl] 명 (구어) (경멸적) 감상적인 [눈물이 많은] 사람. 「청이. ~·**ed** 형
mush·head [mʌ́ʃhèd, múʃ-] 명 (속어) 바보, 멍
mush·mouth [mʌ́ʃmàuθ, múʃ-] 명 말이 분명하지 않은[중얼거리는] 사람. (또는 **músh-mòuth**) ~·**ed** 형
‡**mush·room** [mʌ́ʃru(ː)m] 명 **1** 버섯; 식용 버섯. **2** (모양·생장 속도가) 버섯을 닮은 것. **3** (속어) (인척인용) 버섯 모양 맥고 모자. **4** (= ~ clòud) (핵폭발에 따른) 버섯구름, 원자운. **5** (고어) 벼락 출세자[부자]. **6** (속어) 우산(umbrella). **7** (속어) 베일에 싸인 사람. **8** (美) (총격 사건 현장에 있다가) 유탄에 맞아 죽은 시민.
— 형 버섯의[같은], 버섯 모양의; 성장이 빠른, 우후죽순의; 벼락 출세자[부자]의; 단명의. ¶~ growth 급성장.
— 자 **1** 급속히 번지다[성장하다], 크게 발전하다. ¶The fire ~*ed* upstairs. 불길은 2층으로 급속히 번져 갔다. **2** 버섯 모양으로 되다; (총알이 물건에 맞아) 버섯 모양으로 납작해지다. **3** 버섯을 따다. ¶go ~*ing* 버섯을 따러 가다.
~·**ing, ~·like, ~·y** 형
múshroom còlor 명 엷은 황갈색, 버섯색.
múshroom tòwn 명 신흥 도시, 급성장하는 도시.
múshroom vèntilator 명 버섯 모양의 통풍통.
mush·y [mʌ́ʃi, múʃi] 형 **1** 죽 모양의, 무른. **2** 몽롱한, 어렴풋한, 가망히, 흐리멍덩한. **3** (구어) (경멸적) 감상적인, 눈물이 헤픈.
músh·i·ly 부 **músh·i·ness** 명
‡**mu·sic** [mjúːzik] 명 **1** 음악. ¶instrumental [vocal] ~ 기악[성악]/folk ~ 민속 음악. **2** 악음(樂音) (tone). **3** (음악) 작품, 악곡; 반주. ¶compose [play] ~ 작곡[연주]하다/a piece of ~ 하나의 곡, 악곡 1곡; (집합적) 악보집. ¶play without ~ 악보 없이 연주하다. **5** Ⓤ Ⓒ 듣기 좋은[아름다운] 소리[음조]. ¶the ~ of birds 새들의 지저귐. **6** 음악 감상력, 음감(音感). ¶She has no ~ in her soul. 그녀는 음치(音癡)이다. **7** (사냥)

(사냥감을 발견한) 개의 짖는 소리. 8 ⓒ **(고어)** 악대, 합주단. **9 (구어)** 대소동; 큰 싸움.
be music to a person's ears **(美)** 남의 귀에 듣기 좋다, 남에게 기분이 좋은 것이다.
face the music **(구어)** 자신의 행위에 의한 결과를 솔직히 받아들이다; 현실을 직시하고 대책을 세우다, 의연히 난국에 대처하다.
make (beautiful) music (together) 사랑의 음악을 연주하다, 성교하다.
music while you work (공장 따위의) 배경 음악.
set [or *put*]*…to music* 〔시 따위〕에 곡을 붙이다.
Stop the music! (美구어) 그만둬; 기다려.
── 형 음악의, 음악에 관한. ¶a ~ room [lesson] 음악 ~·less 형. └실[레슨].
‡**mu·si·cal** [mjúːzikəl] 형 (*more ~*; *most ~*) 1 음악(연주)의; 음악용의. ¶a ~ performance 연주/a ~ instrument 악기 / ~ scales 음계(音階) / a ~ score 악보. 2 (소리 따위가) 음악적인, 음(가락)이 좋은. 3 음악을 좋아하는; 음악에 능한[재능이 있는]. 4 음악이 있는[따르는]. 5 음악가[애호가]의.
be of a musical turn 음악에 재능[취미]이 있다.
have a musical ear 음악을 이해하다.
── 명 (※ ~s [-z]) 1 뮤지컬. 2 **(구어)** =musicale.
~·ly 부. ~·ness 명.
músical béds 명복 (속어) 성적 방종, 섹스 상대급 └차례로 바꾸기.
músical bòx 명 (英) =music box.
músical cháirs 명 (단수취급) 1 (음악에 맞춰 하는) 의자 빼앗기 놀이. 2 (관직 등의) 돌아가며 감투 쓰기.
play musical chairs ① (직위 따위의) 무의미한 변경을 하다; (조각(組閣) 따위에서) 돌아가며 감투를 쓰다. ② 서로 상대를 앞지르려 하다, 자리 다툼하다. ③ 섹스 상대를 자주 바꾸다.
músical cómedy 명 뮤지컬(musical).
mu·si·cale [mjùːzikǽl] 명 (사교적 행사로서의) 음악 프로그램, 사적인 연주회, 음악 파티.
músical fílm 명 뮤지컬 영화. └하모니카.
músical glásses 명복 (연주용) 음악 컵, 글라스
mu·si·cal·i·ty [mjùːzikǽləti] 명① 음악적임; 음악적 감수성[재능].
mu·si·cal·ize [mjúːzikəlàiz] 타 (가사 따위)에 곡을 붙이다.
músical sáw 명 악기로 사용하는 서양식 톱.
mu·si·cas·sette [mjúːzəkəsèt, -kæ-] 명 음악 카세트 테이프.
músic bòx 명 (美) 주크 박스(jukebox).
músic càse 명 악보 끼우개.
músic dràma 명 (음악) 악극. └연예관.
músic hàll 명 음악회장(會場), 음악당; (英) 연예장,
‡**mu·si·cian** [mjuːzíʃən] 명 (복 ~s [-z]) 음악가 (작곡가·지휘자·연주자 등); (특히) 연주가, 악사; 음악을 잘하는 사람. ~·ly 음악가다운[에 어울리는]; 음악적 재능이 있는.
mu·si·cian·ship [mjuːzíʃənʃìp] 명① 음악 연주 솜씨[기술, 지식, 감수성, 안목].
mu·si·col·o·gy [mjùːzikálədʒi/-kɔ́l-] 명① 음악학. **-co·lóg·i·cal** 형. **-co·lóg·i·cal·ly** 부. **-gist** 명
mu·si·co·ther·a·py [mjùːzikouθérəpi] 명 (정신병 등의) 음악 요법.
músic pàper 명 악보 용지, 5선지.
músic stànd 명 악보대. └주용 걸상.
músic stòol 명 (높이를 조절할 수 있는) 피아노 연
músic vìdeo 명 뮤직 비디오. (또는 **vídeo (récord**))
músic wìre 명 피아노 선(piano wire).
mus·ing [mjúːziŋ] 형 생각에 잠기는, 묵상의, 명상의. ── 명①ⓒ 명상, 묵상. ~·ly 부.
mu·sique con·crète [*F* myzik kɔ̀kret] 명 뮤지크 콩크레트(테이프에 녹음한 음악·자연음을 기계적·전기적으로 합성·변조하여 구성한 음악).
[<*F* concrete music]

musk [mʌsk] 명 1 ① 사향(麝香) (사향노루 수컷에서 채취하는 향료); 인조 사향. 2 ① 사향 냄새[향기]. 3 사향 냄새를 풍기는 식물. 4 =~ deer.
músk bàg 명 (사향노루의) 사향 주머니[샘].
músk càt 명 사향고양이(civet); (폐어) 맵시꾼.
músk dèer 명 사향노루. └스트레일리아산(産)).
músk dùck 명 1 =Muscovy duck. 2 사향오리(오치고기의 일종(북미산(産))). (또는 **muskallonge**)
mus·keg [mʌ́skeg] 명 (美) 북미 북부의 늪지대.
mus·kel·lunge [mʌ́skəlʌ̀ndʒ] 명 (복 ~(**s**)) 강꼬치고기의 일종(북미산(産)). (또는 **muskallonge**)
*****mus·ket** [mʌ́skit] 명 머스킷총(銃)(구식 보병총).
mus·ket·eer [mʌ̀skətíər] 명 1 머스킷 총병(銃兵). 2 유쾌한 동아리[술친구].
mus·ke·toon [mʌ̀skətúːn] 명 머스킷 단총(短銃).
mus·ket·ry [mʌ́skitri] 명① 1 (군사) 소총 사격 (술). 2 (집합적) 머스킷총; 머스킷 소총 부대.
músket shót 명 소총탄; 소총의 사정(射程) 거리.
Mus·kie [mʌ́ski] 명 **Edmund** (**Sixtus**) ~ 머스키 (1914- : 미국의 정치가; 국무 장관(1980-81); Muskie Act 발의).
Múskie Áct 명 (the ~) **(美)** 머스키법(法)(대기 오염 방지법(Clean Air Act of 1970)의 속칭).
músk màllow 명 (식물) 사향아욱. └참외.
musk·mel·on [mʌ́skmèlən] 명 머스크멜론, 사향
musk·ox [mʌ́skɑ̀ks/-ɔ̀ks] 명 (복 ~**en**) (그린란드 등지에 사는) 사향소. (또는 **músk òx**)
músk plànt 명 (식물) 사향 물파리아재비(북미산(産)).
musk·rat [mʌ́skræt] 명 (복 ~(**s**)) 사향쥐(북미산(産)); ① 그 모피(연한 갈색). [muskox]
músk ròse 명 1 사향장미(지중해 연안산(産)). 2 = **músk shèep** 명. └musk mallow.
músk trèe 명 사향나무(오스트레일리아산(産)).
musk·y [mʌ́ski] 형 사향의, 사향 비슷한, 사향 냄새가 나는. **músk·i·ness** 명.
Mus·lim [mázlim, múz-/mús-] 명 이슬람교[회교]의; 이슬람 율법[교도]의; 이슬람 문명에 관한. ── 명 (복 ~(**s**)) 1 이슬람교도. 2 (美) =Black ~. (또는 **Moslem**)
Múslim cálendar 명 (the ~) 헤지라[이슬람]력(曆)(이슬람·세계에서 널리 쓰이는 태음력).
Múslim Éra 명 (the ~) 이슬람[헤지라] 기원(紀元) (서기 622년).
*****mus·lin** [mázlin] 명 ① 1 (옷감·커튼감으로 쓰이는) 모슬린; (美) 캘리코(calico); ⓒ 모슬린제의 옷. 2 ① (속어) (해사) 돛. 3 (속어) 여성. ¶a bit of ~ 여자, 소녀.
mus·lin·et(**te**) [mʌ̀zlinét, *┖-ˊ*] 명① (고어) 두꺼운 모슬린. └Music)(음악 석사).
Mus.M. (라틴) *Musicae Magister*(=Master of **mus·o** [mjúːzou] 명 (속어) 음악가; 음악광.
mus·quash [mʌ́skwɑʃ/-kwɔʃ] 명 =muskrat.
muss [mʌs] 명① 1 뒤죽박죽, 혼란, 난잡. 2 (속어) 언쟁, 소동. ── 타 …을 뒤죽박죽으로 만들다, 난잡하게 흩뜨리다, 구기다(*up*).
mus·sel 명 홍합; 말합류.
Mus·so·li·ni [mùːsəlíːni, mùs-/mɔ̀s-] 명 **Benito** ~ 무솔리니(1883-1945: 이탈리아의 정치가; 파시스트당 수령; 총리(1922-43)).
Mus·sorg·sky [musɔ́ːrgski, -zɔ́ːrg-] 명 **Modest** ~ 무조르그스키(1839-81: 러시아의 작곡가).
Mus·sul·man [mʌ́səlmən] 명 (복 ~**s**) (고어) 이슬람교도(Muslim).
muss·y [mʌ́si] 형 (구어) 뒤죽박죽; 난잡한; 마구 구겨진. **múss·i·ly** 부. **múss·i·ness** 명.
‡**must**[1] ⇒MUST. ⟨p. 1816⟩

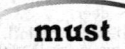

조동사 must에는 크게 나누어 「의무」와 「필연」의 두 가지 용법이 있다. 「의무」에는 「강제」, 「필요」 따위가 포함되고, 「필연」에는 「강한 추정」과 「추측」이 포함된다. may의 경우와 마찬가지로 must에 관해서도 그 부정형에 주의하지 않으면 안된다. 또한 시제의 변화에는 have to의 변화형으로 대처한다는 점도 유념할 사항이다 (⇨ USAGE).

‡must [məst, mʌst] 조 (무변화) ＊USAGE 참조

I. 의무(義務)

1 a) 〖명령·강제〗 …해야 하다. ¶You ~ obey the law. 여러분은 법률에 따라야만 한다/He insists that I ~ do it by myself. 그는 내가 스스로의 힘으로 그것을 해야 한다고 주장한다/Bygones ~ be bygones. 옛일을 들추어내지 마라, 지난 일은 물에 흘려 버려라/M- she type it out again?—Obviously she ~. 그녀가 타자를 다시 쳐야 합니까?—물론이지/John ~ shave every morning. 존은 매일 아침 면도를 해야 한다(＊ 말하는 사람의 명령일 수도 있고 John이 속한 집단이 과한 명령일 수도 있다). **b)** 〖부정문에서〗〖금지〗 …해서는 안 된다(＊ 가벼운 금지에는 may not을 쓸 수도 있다). ¶You ~ not tell a lie. 거짓말을 하면 안된다/Cars ~ not be parked here. 여기는 주차 금지 구역이오/You really ~n't say anything about it. 그 일은 절대로 입 밖에 내서는 안된다/May I take this book?—No, you ~n't. 이 책을 가져가도 좋습니까?—아냐, 안돼/Under no circumstances ~ any member of staff socialize with the patients. 어떤 경우에도 직원이 환자와 교제하는 것은 용납되지 않는다.

2 〖필요〗 …하지 않으면 안 된다(have to). ⇨ HAVE 주의 ¶You ~ pay the money, but you need not do so at once. 너는 그 돈을 내야 하지만, 지금 당장 낼 필요는 없다/One ~ eat to live. 사람은 살기 위해서는 먹지 않으면 안된다/Applicants ~ have finished the senior high school. 지원자는 고등학교를 졸업했어야만 한다/M- you go now?—Yes, I ~. 지금 가셔야 합니까?—예, 가야 합니다/In life we ~ do many things we do not desire to do. 인생에는 하고 싶지 않아도 해야 하는 일이 많다.

3 〖의무〗 …해야 하다; …하지 않으면 안 된다. ¶We ~ know it, but we need not do it. 그것을 알아는 두어야 하지만 꼭 해야 하는 것은 아니다/I ~ keep my word. 나는 약속을 지켜야만 한다/Newspapers ~ print stories about disasters. 신문은 재난에 관한 기사를 당연히 실어야 한다.

USAGE 위의 2, 3의 부정에는 need not을 사용한다. 또 과거형·미래형·완료형 등 must에 없는 어형에는 have to의 변화형을 사용한다. ⇨ HAVE.

4 〖결의·주장〗 꼭 …해야 한다. ¶She ~ always have her own way. 그녀는 언제나 자기 하고 싶은 대로 해야만 한다/I ~ ask your name, sir. 꼭 존함을 알아야겠는데요/Can I borrow your car, Mum?—If you ~. 어머니 차 좀 써도 돼요?—꼭 써야겠다면 써라/If you ~ smoke, do it outside, please. 담배를 꼭 피워야겠다면 밖에 나가 피우세요/He said that he ~ see her. 그는 꼭 그녀를 만나야겠다고 말했다(＊ 간접 화법의 종속절에서는 과거시제로 must를 쓸 수 있다).

5 〖요망·충고〗 …해주기 바란다, …해주면 좋겠다. ¶You ~ stay to dinner. 꼭 식사를 하고 가십시오/You ~ be dressed for dinner. 만찬에는 정장을 하여야 하네/You ~ get up now, ~n't you? 이제 일어나야 되잖아?/You ~ know he is keen for gain. 그가 돈벌이에 약삭빠르다는 것을 들어두어야 하네/You ~ go and see the new Spielberg movie, the special effects are amazing. 스필버그의 그 신작 영화는 꼭 가서 봐야 돼요. 특수 효과가 굉장하다구요.

6 〖가벼운 기분으로서의 강제〗 …하지 않을 수 없다. ¶I ~ say, that is a lovely hat. 정말 예쁜 모자이군요/I ~ say I forgot myself and laughed; it was so sudden. 분명히 저는 무의식중에 웃어 버렸습니다. 너무나 엉뚱했기 때문에/I ~ confess that I was astonished to hear it. 사실은 나는 그것을 듣고 놀랐다.

II. 필연(必然)

7 〖강한 추정〗 틀림없이[필시] …일 것이다, …임에 틀림없다(be reasonably expected to). ¶She ~ be at least 40. 그녀는 적어도 40세는 되었을 것이 틀림없다/Buying roses? It ~ be love. 장미를 산다고? 애인이 생겼구먼/He ~ have been drunk to say that. 그런 소리를 하다니 그 친구 취했었군/It ~ save you a lot of time. 그 때문에 당신은 틀림없이 많은 시간이 절약될 것입니다/It ~ have stopped raining by now. 이제 비는 틀림없이 멎었을거야/To most people he ~ have seemed a rather dull little boy. 대부분의 사람들에게 그는 틀림없이 약간 우둔한 애로 보였을 것이다/You ~ have hated it, didn't you? 자네는 틀림없이 그것이 아주 싫었을 테지?/We ~ have caught the bus, if we had run. 뛰었더라면 버스를 틀림없이 탔을 텐데.

8 〖필연성〗 반드시 …하다, …은 피할 수 없다(be inevitably certain to). ¶Bad seed ~ produce bad corn. 나쁜 씨에서는 반드시 나쁜 열매가 맺게 마련이다/Man ~ die. 인간은 반드시 죽는 법이다/If you ~, you ~. 꼭 해야 한다면 어쩔 수 없지.

9 〖추측〗 반드시[틀림없이] …하다(be sure to). ¶He ~ know that! 그이는 틀림없이 그 일을 알고 있을 게다/War ~ follow. 반드시 전쟁이 난다/If no help comes, they ~ starve. 원조가 없으면 그들은 틀림없이 굶어죽을 거야(＊ 강한 추정·필연성·추측을 나타내는 must는 보통 부정문·의문문에는 쓰지 않는다).

10 〖구어〗 공교롭게도[하필] …했다[하다], 난처하게도 …이 일어났다[일어나다]. ¶Why ~ it always rain on Sundays? 왜 하필 일요일만 되면 비가 오는 거지?/Just as[or when] I was going out, he ~ call on me. 하필 내가 막 외출하려 할 때 그가 찾아왔으니(＊ 이 뜻의 must는 과거 또는 역사적 현재의 용법이 많다).

if I must 꼭 해야 한다면.

must needs ⇨ NEEDS.

You must be joking [or ***kidding***]. 농담이시겠지. ¶$ 10,000 for that old car? *You ~ be joking!* 그 고물차를 1만 달러에? 농담도 잘 하시네!

── 조(죄) 〖문맥으로 쉽게 알 수 있는 go, get 따위의 동사를 생략하고 방향을 나타내는 부사와 함께 써서〗 가지 않으면 안된다. ¶We ~ away. 우리는 떠나지 않으면 안된다.

── 형 필요한, 불가결한, 없어서는 안될. ¶a ~ book 반드시 읽어야 할 책/~ subjects 필수 과목/A raincoat is ~ clothing in this area. 이 지방에서 레인코트는 없어서는 안되는 옷이다.

── 명 **1** (a ~) 〖구어〗 필요한 것, 없어서는 안되는 것. ¶This law is a ~. 이 법률은 절대 필요한 것이다/Warm clothes are a ~ in the mountains. 산에서는 따뜻한 옷은 없어서는 안되는 것이다. **2** 꼭 봐야 할 것, 반드시 들어보아야 할 것. ¶This is a lovely place, a real ~ for visitors. 여긴 기막히게 좋은 곳이군, 여행자들이 꼭 와보아야 할 곳이야. **3** 반드시 게재해야 할 중요 기사(＊ 원고에 'must'로 기입).

must² [mʌst] 몡U 발효 전의 과즙; 새로 담근 포도주.
must³ U 곰팡이; 곰팡내(가 남). ─몡쬐 곰팡이 슬
must⁴ 몡 =mush. 다.⌋
MUST [mʌst] 몡 유인 해중(有人海中) 정거장.
[<*M*anned *U*ndersea *S*tation]
***mus·tache, (英) mous-** [mʌ́stæʃ, məstǽʃ/
-məstɑ́ːʃ] 몡 **1** 코밑 수염(을 beard, whisker). **2** (동
물의) 수염; (새의 부리 근처의) 깃털.
Your father's [or *fadder's*] *mustache!* (美속
어) 허참 그럴 수가, 잘도 말하는군(경멸·도전적 태도
-tached 웽 를 나타냄).⌋
mustáche cùp 몡 (코밑 수염이 젖지 않게) 안에 수
염 받침개가 있는 컵.
mus·ta·chio [məstɑ́ːʃou, -tǽʃ-/-tɑ́ːʃiòu] 몡 (복
~s) =mustache. **~ed** 웽
mus·tang [mʌ́stæŋ] 몡 **1** 무스탕(미국 서남부 평원
에 사는 반(半)야생마). **2** (美해군 속어) 수병 출신 해군
장교. **3** (M-) (상표) 무스탕(미국 Ford Motor사의 승
용차). **4** (M-) (美공군) 무스탕 전투기(2차 대전·한국
전쟁에서 사용한 P-51 전투기의 애칭).
(as) wild as a mustang 몹시 사나운.
mústang gràpe 몡 알이 작고 떫은 적포도(미국 서
남부산(産)).
***mus·tard** [mʌ́stərd] 몡 **1** ⓤ 겨자. ¶ *French*
[*English*] *~* 식초[물]에 푼 겨자. **2** ⓤⓒ (식물) 겨자,
갓, 평지. ¶ *black* [*white*] *~* 흑[백] 겨자 / *~ and cress*
(英) 겨자와 양갓냉이(샐러드용). **3** (美구어) 매운 맛
[힘]을 더하는 것; 열정. **4** ⓤ 겨자색, 짙은 황색. **5** 질소
머스터드(nitrogen ~). **6** =gas. **7** (美속어) 중국인.
(as) keen as mustard 매우 열심인, 열망하여.
cut the mustard (美구어) ① (요구) 기준에 달하다,
기대에 부응하다. ② 힘이 있다, (아직) 현역이다.
─몡 열심인; 우수한.
mústard fàmily 몡 (식물) 배춧과(科).
mústard gàs 몡 겨자탄, 이페리트(yperite)(미란성
(糜爛性) 독가스).
mústard plàster 몡 겨자 연고(軟膏).
mústard pòt 몡 (식탁용) 겨자 단지.
mústard sèed 몡 **1** 겨자 씨. **2** (또는 **mústard-
seed shòt**) (美) 최소 산탄(最小散彈)(dust shot).
a grain of mustard seed (성서) 겨자씨 한 알(작
지만 큰 발전의 바탕; 마태 복음(Matt.) 13:31).
must-do [-dúː] (美구어) 몡 (a ~) 꼭 해야 할 일.
─몡 꼭 해야 하는.
mus·tee [mʌstíː, ́-] 몡 흑인의 피를 8분의 1 받은
혼혈아(octoroon)(웽 QUADROON, MULATTO); (일반적
으로) 혼혈아.
***mus·ter** [mʌ́stər] 몡탄 **1** (검열·점호 따위에) …을 소
집하다, 징용[징집]하다(*in, into*). **2** (용기 따위)를
불러일으키다(*up*), 모으다. ¶ *~ up* all *one's courage*
있는 용기를 다 내다. ─쬐 (검열·점호 따위에) 받으러
다] 소집하다; 집합하다.
muster in; muster into (the) service (美) 입대
muster out (美) 제대시키다. ⌊시키다.
─몡 **1** 소집, 검열; 점호 명부. **2** (동물·사람 등
의) 떼, 모임, 집합 (인원), 소집된 군대[병사]. **3** (상업)
견본. **4** 공작새 무리.
make a muster 점호[소집]하다.
pass muster 검열을 통과하다; 표준에 도달하다; 목
múster bòok 몡 (군사) 점호부.
mus·ter·er [mʌ́stərər] 몡 **1** 집합[소집]시키는 사
람. **2** (濠·뉴질) 가축을 한데 모으는 사람.
mus·ter-mas·ter [-mæ̀stər/-mɑ̀ːs-] 몡 (美) 선원(대
원) 명부 기재 담당관, 대원(隊員) 명부 기재 담당 장교.
múster ròll 몡 대원[선원] 명부.
musth [mʌst] 몡ⓤ (수코끼리·수탁타 따위의) 발정
하여 광폭한 상태; ⓒ 발정한 코끼리(수낙타). ─몡 발
정한; 광폭한.

must-have [-hǽv] (구어) 몡 (a ~) 필수품, 꼭
가져야 할 물건. ─몡 꼭 가져야 하는.
múst lìst (곡 실행해야 할) 우선 사항 (리스트).
‡**must·n't** [mʌ́snt, (때로 자음 앞에서) mʌ́sn] must
not의 단축형.
must-read [-ríːd] (구어) 몡 (a ~) 꼭 읽어야 할
것, 필독서. ¶ *make* Newsweek a ~ 뉴스위크지(誌)를
필독서로 하다. ─몡 꼭 읽어야 하는.
must-see [-síː] (구어) 몡 (a ~) 꼭 봐야 하는 것,
꼭 볼 만한 것. ¶ The new play is a ~. 그 신작 연극을 꼭 봐야 한다.
─몡 꼭 봐야 하는.
mus·ty [mʌ́sti] 웽 **1** 곰팡이 슨, 곰팡내 나는. **2** 케케
묵은, 시대에 뒤진; 진부한. **3** 활기없는, 무기력한; 무감
-ti·ly 뷔 **-ti·ness** 몡 ⌊각한.
mut [mʌt] 몡 (속어) =mutt.
mut. mutation; mutilated; mutual.
mu·ta·ble [mjúːtəbl] 웽 **1** 변하기 쉬운. **2** 끊임없이
변하는; 변덕스러운. **3** (유전) 돌연 변이를 일으키기 쉬
운. **~·bíl·i·ty** 몡 변하기 쉬움; 돌연 변이성; 변덕.
~·ness 몡 **-bly** 뷔
mu·ta·gen [mjúːtədʒən, -dʒèn] 몡 (유전) 돌연
변이 유도물(誘導物)(유발 요인).
mu·ta·gen·e·sis [mjùːtədʒénəsis] 몡 돌연 변이
생성(유발). **-ge·nét·ic**
mu·ta·gen·ic [mjùːtədʒénik] 웽 (유전) (화학 약
품 따위의) 돌연 변이 발생률을 높이는. **-i·cal·ly** 뷔
mu·ta·ge·nic·i·ty [mjùːtədʒənísəti] 몡 (유전) 돌
연 변이 유발력[성]; 인위적 돌연 변이.
mu·ta·gen·ize [mjúːtədʒənàiz] 몡탄 (유전) (세
포·생물)에 돌연 변이를 일으키다.
mu·ta(h) [múːtə] 몡 (美속어) 마리화나(mootah).
mu·tant [mjúːtnt] 웽 변화된; (유전) 돌연 변이의,
변종의. ¶ *corn* 변종 옥수수. ─몡 **1** (유전) (돌연)
변이체, 변종. **2** 싫은 녀석, (인간) 쓰레기.
mu·tase [mjúːteis, -teiz] 몡 (생화학) 무타제(기
(基)의 분자내 전이의 촉매가 되는 효소).
mu·tate [mjúːteit / -́] 몡탄 **1** …을 변화시키다. **2**
(생물) …을 돌연 변이시키다. **3** (음성) …을 모음 변화
시키다. ─쬐 **1** 변화하다. **2** (생물) 돌연 변이하다. **3**
(음성) 모음이 변화하다.
mu·ta·tion [mjuːtéiʃən] 몡 **1** ⓤⓒ 변화, 변형, 변
질; (인생 등의) 부침, 성쇠. **2** (생물) 돌연 변이; 돌연
변이체[종]. **3** ⓤ (음성) 모음 변화, 움라우트(umlaut).
~·al 웽 **~·al·ly** 뷔
mutátion plúral 몡 (언어) 변모음 복수(예:
man>men, tooth>teeth).
mu·ta·tis mu·tan·dis [mjuːtéitis mjuːtǽndis]
뷔 필요한 변경을 가하여, 준용(準用)하여(약 m.m.); 개
개의 차이를 고려하여. 〔<L〕
mu·ta·tive [mjúːtətiv] 웽 **1** 변화[이변, 변이]의
[경향이 있는]. **2** (문법) (장소·상태의) 변화를 나타내
는(fall, rise 따위).
mu·ta·tor [mjúːteitər] 몡 (유전) 돌연 변이 유발 유
‡**mute¹** [mjuːt] 웽 **1** 침묵한, 무언의. ¶ We were ~
with wonder. 우리는 놀란 나머지 말이 안 나왔다. **2**
말로 나타내지 않는. ¶ a ~ *protest* 무언의 항의. **3** 벙
어리의, 말 못하는(➡DUMB 유의어); (여우사냥) (사냥개
가) 짖지 않는. **4** 소리가 나지 않는. ¶ a ~ *metal* (쳐도)
소리가 나지 않는 금속. **5** (법률) 묵비의, 답변하
지 않는. **6** (음성) **a)** (문자가) 묵음(默音)의, 묵자(默字)
의. ¶ a ~ *letter* 묵자(know의 k 따위). **b)** 폐쇄음의.
¶ ~ *consonants* 폐쇄 자음(b, d, k 따위).
stand mute of malice 고의로 답변하지 않다, 묵비
권을 행사하다.
─몡 **1** 벙어리. ¶ a *deaf*-~ 농아자. **2** 말하지 않는 사
람; (대사가 없는) 무언 배우; (법률) 묵비권을 행사하는
피고; (英고어) (고용된) 장례식 참가자. **3** (음성) 묵자(默
字); 폐쇄음. **4** (음악) (악기에 붙이는) 약음기(弱音器).

— 타 1 …에 약음[소음]기를 붙이다; …의 소리를 죽이다. 2 …의 색조를 바래다; (감정 따위를) 누그러뜨리다. ~·ly 튀 ~·ness 명
mute² (고어) 명 (새가) 똥을 누다. — 명 새똥.
múte bùtton 명 음성 출력을 제로로 하는 버튼.
mut·ed [mjúːtid] 형 침묵한; (소리·어조가) 약한; (색이) 부드러운; (슬픔 따위의) 강도가 떨어진; (음량이) 약해진. ~·ly 부 단떨칠.
mu·tein [mjúːtiːn, -tiin] 명 (생화학) 돌연 변이종.
múte swàn 명 혹고니(거의 소리를 내지 않는다).
mutha [máðə] 명 (美비어) =motherfucker. (속어) 헤비메탈 팬.
*mu·ti·late [mjúːtəlèit] 타 1 (사람·동물의) 손발을 잘라내다, 토막내다; (손발 따위를 잘라서) …을 불구자로 만들다. (팔다리를 부자유스럽게 만들다. 2 …을 잘라내다; …에 손해를 가하다; (저작물 따위를) (일부 삭제하여) 망쳐 놓다, 골자를 빼버리다, 불완전하게 만들다.
-la·tive 형 -la·tor 명 절단[훼손]자. -la·tò·ry 형
mu·ti·la·tion [mjùːtəléiʃən] 명UC 1 (손발 등의) 절단, 토막냄. 2 훼손, 불완전하게 함; (법률) 문서 훼손.
mu·ti·neer [mjùːtəníər] 명 모반[반란]자, 폭도; (군사) (상관에 대해) 항거하는 자, 항명(抗命)자. — 자 (고어) =mutiny.
mu·ti·nous [mjúːtənəs] 형 1 반항[반란, 폭동]의; 반란죄를 범한. 2 반항적인, 불복종의; 억누를[억제할] 수 없는. ~·ly 부 ~·ness 명
*mu·ti·ny [mjúːtəni] 명UC 반항, 반란, 모반(謀反), 폭동 ⇨REVOLUTION 유의어); (군사) (상관에 대한) 항명, 하극상(下剋上). — 자 반란[모반, 폭동]을 일으키다; (상관에게) 반항하다(against).
mut·ism [mjúːtizm] 명U 1 벙어리, 침묵. 2 (정신의학) 무언증(無言症), 함묵증(緘默症).
mu·to·scope [mjúːtəskòup] 명 (초기의 요지경 식) 활동 사진 영사기. 3 (美속어) 추녀(醜女).
mutt(t) [mʌt] 명 (속어) 1 (경멸적) 잡종개. 2 바보.
Mútt and Jéff 명 1 머트와 제프(미국 만화가 H.C. Fisher(1884-1954)의 인기 만화; 주인공의 단짝 키다리와 작다리). 2 명칭이 2인조; 명칭한 대화. — 형 (또는 Mutt'n'Jeff) 귀가 들리지 않는.
‡**mut·ter** [mʌ́tər] 자 (~s [-z]) 재 1 중얼거리다, 속삭이다; ((사람에 대해/…에 관해) 투덜투덜 (불평을) 말하다 (against, at / about). ⇨MURMUR 유의어) (~+젠+몡) ~ against a person[at something] 남에게[어떤 일에] 불평을 말하다. 2 (천둥 따위가) 나직이 울리다. — 타 …을 중얼거리다, 투덜거리다. ¶ (~+몡+젠+몡) ~ threats at a person 남에게 겁주는 말을 중얼거리다. ¶ 몡 (a ~, the ~) 중얼거림, 속삭임; 불평, 투덜거림. ~·er 명 ~·ing·ly 부
‡**mut·ton** [mʌ́tn] 명 (식용) 양고기, (lamb과 구별하여) 다 자란 양의 고기(◇ lamb); U (익살) 양.
a [or *a person's*] *(nice) bit of mutton* (속어) 여자 아이, 성적 매력 있는 여자; 섹스.
(as) dead as mutton 완전히 죽은; 아주 쇠퇴하여.
back to our mutton (英구어) 본론으로 돌아가서.
eat [or have] *one's mutton with* (고어) …와 식사를 함께 하다.
mutton dressed (up) *as lamb* (英구어·익살) 젊게 차려 입은 나이 많은 여자.
to return [or *get*] *to one's muttons* 본론으로 돌아와. **-ton·y** 형 양고기의(같은).
mútton chòp 명 양의 갈비살.
mut·ton·chop [mʌ́tntʃàp/-tʃɔ̀p] 명 (~s) 양고기 모양의 구레나룻(위는 좁고 아래가 넓은 삼각형 모양). (또는 ~ **whiskers**)
mut·ton·fish [mʌ́tnfìʃ] 명 U (복 ~·(·es)) 물통돔의.
mútton fìst 명 (속어) 크고 투박한 주먹[손].
mut·ton·head [mʌ́tnhèd] 명 (구어) 바보, 명청이. ~·ed 형

‡**mu·tu·al** [mjúːtʃuəl] 형 1 서로의, 상호의; 상호적인, 서로 관계가 있는. ¶ ~ **understanding** 상호 이해. 2 (두 사람 이상에) 공동의, 공통의(common). ¶ ~ **efforts** 공동 노력 /a ~ **friend** 공동의 친구.

유의어 **mutual** 서로 상대편에 대하여 감정·책임 따위 이해 관계를 가지고 있는. **reciprocal** 한쪽이 주는 것과 동등한 가치의 것을 다른 한쪽에게도 주는. **common** 어떤 그룹에 공통된(* 이런 뜻으로는 mutual을 쓸 때도 있다).

3 상호 회사 조직[형식]의. ¶ a ~ **company** 상호 회사. *by mutual consent* 합의에 의하여.
— (구어) 명 = ~ **fund**.
mútual áid 명 (사회) 상호 부조.
mútual assúred destrúction 명 (군사) 상호 확증 파괴(쌍방의 균형으로 상호 공격 억지력을 유지하는 핵전력; ⑫ **MAD**).
mútual fúnd 명 (美) (금융) 개방형 투자 신탁 (회사), 뮤추얼 펀드((英) unit trust). (또는 **open-end investment company**)
mútual insúrance 명 상호 보험.
mu·tu·al·ism [mjúːtʃuəlìzm] 명U 1 상호 부조론 [주의]. 2 (생물) (종류가 다른 생물간의) 상리 공생(相利 共生). **-ist** 명 상호 부조론자; 공생 동물. **-is·tic** 형
mu·tu·al·i·ty [mjùːtʃuǽləti] 명U 상호 관계, 상관; 상호 의존.
mu·tu·al·ize [mjúːtʃuəlàiz] 타 (* (英) **-ise**) 1 상호적으로 하다. 2 (美) (주식을 사원·고객에게 매각하여) (회사)를 상호 회사로 하다. — 자 상호적으로 되다.
-i·zá·tion 명U 「통」으로.
*mu·tu·al·ly [mjúːtʃuəli] 부 서로, 상호간에; 공동[공통]으로.
mútual sávings bànk 명 (美) 상호 저축 은행 ((英) trustee savings bank).
Mútual Secúrity Áct 명 (美) (대외 원조의 기본이 되는) 상호 안전 보장법(⑫ **MSA**).
mu·tu·el [mjúːtʃuəl] 명 =pari-mutuel.
mu·tule [mjúːtʃuːl] 명 (건축) 뮤튤(도리아식(式) 처마 장식). **-tu·lar, -tu·là·ry** 형 (또는 **mumu**)
mu·u·muu [múːmùː] 명 무무(낙낙하고 편한 여성복).
mux¹ [mʌks] 명 (美속어) …을 망쳐 놓다, 흐트러뜨리다, 혼란시키다. — 명 혼란, 난잡.
mux² 명 (美구어) 다중 통신 회로(multiplex circuit); 텔레타이프 통신[조작].   tiplex)
MUX [mʌks] 명형 (컴퓨터) 다중(多重)(의). [<mul-
Mu·zak [mjúːzæk] 명 (종종 m-) (상표) 뮤잭(사무실·공공 장소·여객기 따위의 전화 또는 FM 라디오에 의해 전달되는 배경 음악).   「농부. muzjik).
mu·zhik [muːʒíːk/-] 명 (제정 러시아 시대의) 농민,
muzz [mʌz] 명 (英속어) 동U 1 열심히 공부하다. 2 정처 없이 어슬렁어슬렁 걷다. — 타 (머리를 명하게 만들다, 어리둥절하게 하다.
*mu**z·zle** [mʌ́zl] 명 1 (동물의) 입·코 부분, 주둥이.
⇨ COW 그림. 2 재갈, 입마개. 3 총구(銃口), 포구(砲口). 4 언론 자유를 막는 것, 언론 탄압.
put a gold muzzle on …에게 입막음 돈을 주다.
— 타 1 …에 재갈을 물리다. ¶ ~ **a fierce dog** 맹견에 재갈을 물리다. 2 (언론)을 억압하다, …의 입을 막다[봉하다]. 3 (돼지 따위가) 코끝으로 밀대문지르다. 4 (美속어) 키스하다, 애무하다.
muz·zle-load·er [mʌ́zllòudər] 명 전장(前裝)총, 전장포; (속어) 수동 연소식 기관차. (또는 **múzzle-lòader**)   「을 재는, 전장(前裝)의.
muz·zle-load·ing [mʌ́zllòudiŋ] 명 총구로 탄환
muz·zler [mʌ́zlər] 명 1 (해사) 맞바람, 역풍. 2 (속어) 불량배, 송사리; 경찰관.
múzzle velócity 명U (탄환의) 총구(銃口)[포구(砲口)] 속력, 초속(初速).
muz·zy [mʌ́zi] 형 (구어) 1 혼란한, 머리가 명한. 2

흐리멍덩한, 음울한; 나른한. **-zi·ly** 뤄 **-zi·ness** 몡

mv, m.v. market *v*alue; *m*ean *v*ariation; *m*uzzle *v*elocity. **mV, mv** millivolt(s). **MV** market value; medium voltage; megavolt(s); motor vessel; muzzle velocity. **MVA** megavolt-ampere; Missouri (Mississippi) Valley Authority; motor vehicle accidents. **MVD** Doctor of Veterinary Medicine; 〖러시아〗 *Ministerstvo Vnutrennikh Del*(=Ministry of Internal Affairs)(내무성); Motor Vehicles Department. **MVMA** Motor Vehicle Manufacturers Association. **MVO** Member of the Royal Victorian Order. **MVP** most valuable player. **mvt.** movement. **mW, mw** milliwatt(s). **MW** medium wave; megawatt(s); military works(군수 공장); 〖화학〗 molecular weight; Most Worshipful (각하); Most Worthy(각하). **MWA** Modern Woodmen of America; Mystery Writers of America(미국 탐정 소설 작가 클럽). **MWF** Medical Women's Federation. **MWS** 〖컴퓨터〗 management work station(관리자용 단말 장치).
MX [éméks] 몡 〖美군사〗 엠엑스 미사일(미국의 차기 주력 ICBM의 개발 명칭). [<*m*issile, *ex*perimental].
Mx Middlesex. **mxd** mixed. **mxm** maximum.
‡**my** [mai, mə] (대 (*I*의 소유격) 1 나의. ¶~ father 나의 아버지/~ train 내가 타고 있는 기차/~ own car 내 (소유의) 차. 2 〖친밀감을 나타내는 호칭〗 ¶~ friend 여보게, 이 사람/~ dear 여보/~ dear Tom 톰군(君)/~ son 애야. 3 〖신체의 부분명 앞에서〗 〖의혹 따위를 나타내어〗. ¶~ eye [foot]! 설마.
— 감 〖주로 여성 구어〗〖놀람을 나타내어〗어머나; 어 어; 에. ¶*My*!=*My* eye!=*My* goodness!=Oh ~! 이런!, 저런!, 어머나!/*My*, what a beautiful flower! 야, 정말 예쁜 꽃인데!
my., my, MY million years.
my- [mai] 연결⇒MYO-.
my·al·gi·a [maiǽldʒiə, -dʒə] 몡 U 〖병리〗 근통(筋痛), 근육 류머티즘(muscular rheumatism). **-gic** 혱
my·all [máiːl] 몡 1 아카시아(오스트레일리아산(產)). 2 오스트레일리아 원주민.
Myan·mar [mjǽnmaːr] 미얀마(1989년에 개정된 Burma의 새 국명; 수도 Yangon). (또는 **Myanma**)
Myan·ma·rese [mjǽnməriːz] 몡 미얀마의; 미얀마 사람의. — 몡 미얀마 사람.
my·as·the·ni·a [màiəsθíːniə] 몡 〖병리〗 근(筋)무력증. **-thén·ic** 혱
myc- [mais, maik] 연결⇒MYCO-.
my·ce·li·um [maisíːliəm] 몡 (복 **-li·a** [-liə]) 〖식물〗 균사체(菌絲體). **-li·al** 혱
My·ce·nae [maisíːniː] 몡 미케네(그리스의 옛 도시).
My·ce·nae·an [màisəníːən] 혱 미케네(Mycenae)의; 미케네 문명의. (또는 **Mycenian**)
-my·cete [maisíːt, -´] 연결 mushroom, fungus의 뜻(-mycetes의 하나).
-my·ce·tes [maisíːtiːz] 연결 fungi, slime molds의 뜻 ¶Myxo*mycetes*. (또는 **-mycete**)
my·ce·tism [máisətìzm] 몡 U 버섯 중독. (또는 **my·ce·tís·mus**)
my·ce·to- [maisíːtou, -tə] 연결 fungus의 뜻.
my·ce·to·ma [màisətóumə] 몡 (복 **~s, ~·ta** [-tə]) 〖병리〗 균종(菌腫). **~·tous** 혱 「mycete.
my·ce·to·zo·an [màisətəzóuən] 혱 =myxo-
-my·cin [máisn/-sin] 연결 「마이신, 균류에서 얻은 항생 물질」의 뜻(항생 물질 이름에 쓰임). ¶neo*mycin*.
my·co- [máikou, -kə] 연결 fungus의 뜻(* 모음 앞에서는 myc-). ¶*myco*logy, *myce*lium.
mycol. mycological; mycology.
my·co·log·ic [màikəládʒik/-lɔ́dʒ-] 혱 균학의, 균학적인. (또는 **mycological**) **-i·cal·ly** 뤄

my·col·o·gy [maikálədʒi/-kɔ́l-] 몡 U 〖식물〗 균(류)학; (특정 지역의) 균군(菌群), 균의 생태.
-gist 몡 균(류)학자.
my·co·phile [máikəfàil] 몡 버섯을 좋아하는 사람. **~·phíl·ic** 혱 버섯을 좋아하는.
my·co·plas·ma [màikouplázmə] 몡 (복 **~s, ~·ta** [-tə]) 〖세균〗 마이코플라즈마(기생성 미생물의 일종; 폐렴의 원인이 됨).
my·cor·rhi·za [màikəráizə] 몡 (복 **-zae** [-ziː], **~s**) 〖식물병리〗 균근(菌根)(균류와 고등 식물의 뿌리와의 공생체). (또는 **mycorhiza**) **-zal** 혱
my·co·sis [maikóusis] 몡 U 〖병리〗 1 곰팡이 기생. 2 진균증(백선(白癬) 따위).
my·cot·ic [maikátik/-kɔ́t-] 혱 곰팡이의[에 관한].
my·co·tox·in [màikətáksin/-tɔ́k-] 몡 〖약학〗 마이코톡신(진균의 독성).
my·cot·ro·phy [maikátrəfi/-kɔ́t-] 몡 균영양(菌營養)(균근(菌根)의 공생에 의해 영양을 섭취하는 것).
my·co·vi·rus [máikəvàirəs] 몡 균바이러스(균류에 감염하는 바이러스).
my·dri·a·sis [midráiəsis, mai-] 몡 〖의학〗 동공확대, 동공 산대(散大).
myd·ri·at·ic [mìdriǽtik] 혱 동공 확대의, 산동(散瞳)의. — 몡 산동제(劑).
my·e·lin [máiəlin] 몡 〖해부〗 미엘린(수초(髓鞘)를 구성하는 지방질 물질). (또는 **my·e·line** [máiəliːn])
mýelin shèath 〖해부〗 수초(髓鞘).
my·e·li·tis [màiəláitis] 몡 U 〖병리〗 척수염(脊髓炎); 골수염.
my·e·lo- [máiəlou, -lə] 연결 「골수(bone marrow), 척수」의 뜻. ¶*myelo*cyte. (또는 **myel-**)
my·e·lo·cyte [máiələsàit] 몡 〖해부〗 골수구(球).
my·e·lo·fi·bro·sis [màiələfaibróusis] 몡 〖병리〗 골수 섬유증.
my·e·lóg·e·nous leukémia [màiəládʒənəs-/-lɔ́dʒ-] 〖병리〗 골수성 백혈병.
my·e·lo·ma [màiəlóumə] 몡 (복 **~s, ~·ta** [-tə]) 〖병리〗 골수종(腫).
my·e·lop·a·thy [màiəlápəθi/-lɔ́p-] 몡 〖병리〗 1 척수 장애, 척수증. 2 골수 장애, 골수증.
my·e·lo·pro·lif·er·a·tive [màiələprəlífərèitiv, -fərə-] 혱 〖병리〗 (백혈병 따위가) 골수 증식성의.
myg, myg. myriagram(s). **myl** myriliter.
mym myriameter.
my·na(h) [máinə] 몡 구관조(九官鳥)(hill ~).
Myn·heer [mainhέəːr, -híəːr] 몡 1 남(Sir, Mr.에 해당하는 네덜란드의 경어). 2 (m-) 네덜란드 남자.
my·o- [máiou, máiə] 연결 muscle의 뜻(* 모음 앞에서는 my-). ¶*myo*cardium, *my*algia.
MYOB Mind your own business(참견 마라).
my·o·car·di·al [màiəkáːrdiəl] 혱 〖해부〗 심근(心筋)(층)의. ¶~ infarction 급성 심근 경색. 「근염.
my·o·car·di·tis [màiəkaːrdáitis] 몡 U 〖병리〗 심
my·o·car·di·um [màiəkáːrdiəm] 몡 (복 **-di·a** [-diə]) 〖해부〗 심근(층). **-di·al** 혱
my·o·glo·bin [màiəglóubin] 몡 〖생화학〗 미오글로빈, 근육 헤모글로빈.
my·o·gram [máiəgræ̀m] 몡 근(筋)운동 기록도.
my·o·graph [máiəgræf, -gràːf] 몡 근(筋)운동 기록기. **-gráph·ic** **-gráph·i·cal·ly** 뤄
my·ol·o·gy [maiálədʒi/-ɔ́l-] 몡 U 근학(筋學)(해부학의 한 분야). **my·o·lóg·ic, my·o·lóg·i·cal** 혱 **-gist** 몡
my·o·ma [maióumə] 몡 (복 **~s, ~·ta** [-tə]) 〖병리〗 근종(筋腫).
my·op·a·thy [maiápəθi/-ɔ́p-] 몡 〖병리〗 근질환.
mỳo·páth·ic 혱
my·ope [máioup] 몡 근시안(近視眼)인 사람.
my·o·pi·a [maióupiə] 몡 U 1 〖안과〗 근시(안)(의

my·op·ic [maiápik, -óup-/-ɔ́p-] 형 근시(안)의.
my·o·py [máiəpi] 명 =myopia.
my·o·scope [máiəskòup] 명 〔의학〕 근(筋)수축계; 동안계(動筋計). [루는 주요 단백질].
my·o·sin [máiəsən] 명 〔생화학〕 미오신(근육을 이
my·o·sis [maióusis] 명 〔의학〕 =miosis.
my·o·sote [máiəsòut] 명 =myosotis.
my·o·so·tis [màiəsóutis] 명 물망초(속(屬)의 식물).
my·ot·ic [maiátik/-ɔ́t-] 형 =miotic.
my·ot·o·my [maiátəmi/-ɔ́t-] 명 〔외과〕 근절개(술).
myr·i·a- [míriə] 연결 ten thousand의 뜻. ¶*myriagram*.
***myr·i·ad** [míriəd] 명 1 무수; 매우 많은 사물[사람]. ¶a ~ [or ~s] of insects 무수히 많은 벌레. 2 (고어) 1만; 1만인(人). — 형 무수한; 1만의. ~·ly 부
myr·i·ad-mind·ed [-máindid] 형 모든 일에 정통한, 재간이 무궁무진한.
myr·i·a·gram, (英) **-gramme** [míriəgræm] 명 미리어 그램(1만 그램).
myr·i·a·li·ter, (英) **-tre** [míriəlì:tər] 명 미리어 리터(1만 리터). [어 미터(1만 미터).
myr·i·a·me·ter, (英) **-tre** [míriəmì:tər] 명 미리
myr·i·a·pod [míriəpàd/-pɔ̀d] 명 다족류(多足類)의 동물. — 형 다족(류)의. (또는 **myriopod**)
myr·i·o- [míriou, -riə] 연결 countless(무수한)의 뜻. ¶*myriorama*.
myr·i·o·ra·ma [mìriərǽmə/-rá:mə] 명 미리오라마, 만경화(萬景畵)(작은 그림을 많이 결합하여 아름다운 경관을 나타낸 것).
Myr·mi·don [məː́rmədàn, -dən/-dɔ̀n, -dən] 명 (復 **~s, -mid·o·nes** [-mídəni:z]) 1 〔그리스 신화〕 뮈르미돈(Achilles를 따라 트로이 전쟁에 참전한 테살리아(Thessaly) 사람). 2 (m-) (충실한) 부하, 심복, 앞잡이. ¶*myrmidons of the law* (경멸적·익살) 법의 앞잡이 (경관·집행리·하급 공무원 등).
myrrh[1] [məːr] 명 미르라, 몰약(沒藥)(동아프리카·아라비아산(産) 수지(樹脂)의 일종; 향료·약재로 사용). ~·ic 몰약의. ~·y 몰약 냄새가 나는.
myrrh[2] [mə́ːr] 명 (美속어) 럼주(酒).
***myr·tle** [mə́ːrtl] 명 1 도금양(桃金孃)(남유럽산(産)의 방향성(芳香性) 상록 관목). 2 =periwinkle[2]. 3 (또는 ~ *green*) 짙녹색.
myrtle wàx 소귀나무에서 채취한 밀랍(蜜蠟).
‡**my·self** [maisélf] 대 (復 **our·selves**) 1 (강조) 나 자신, 나 (I, me와 동격으로) ¶I ~ told him. 나 자신이 그에게 말했다. b) (I, me 대신에) ¶He is not so tall as ~. 그는 나만큼 키가 크지 않다 / My sister and ~ will be glad to come. 누이와 나는 기꺼이 가 겠습니다. c) (전치사의 목적어로) ¶He asked me for a picture of ~. 그는 나의 사진을 달라고 했다. 2 (재귀용법으로) 나 자신에[에게]. ¶I hid ~ there. 나는 거기에 숨었다 / I bought ~ a watch. 나는 시계를 샀다. 3 정상적인 나, 여느 때의 나. ¶I am not ~. 나는 지금 몸이[머리가] 이상하다 / I came to ~ soon. 나는 곧 내 정신으로 돌아왔다, 나는 곧 정신을 차렸다.
by myself (나) 혼자서, 단독으로.
for myself 혼자 힘으로; 나 자신을 위해서.
to myself 나 자신에게, 나 혼자에게만.
my·so·pho·bi·a [màisəfóubiə] 명 〔정신의학〕 불결 공포증, 오물 공포[혐오]. **-phó·bic** 형
myst. mysteries of mystery.
mys·ta·gogue [místəɡɔ̀ːɡ, -ɡɑ̀ɡ/-ɡɔ̀ɡ] 명 1 (고대 그리스의 Eleusis 제전 따위의) 비법 전수자(傳授者). 2 계시 종교 전수자, 밀교 해설자. **-gó·ɡic, -gó·ɡi·cal** 형 비법 전수의. **-góɡ·i·cal·ly** 부
mys·ta·go·gy [místəɡòudʒi, -ɡɑ̀-] 명 비법 전수, 신비 해명.

‡**mys·te·ri·ous** [mistíəriəs] 형 (**more ~; most ~**) 1 신비로운, 신비에 싸인. ¶the ~ universe 신비에 싸인 우주. 2 분명치 않은, 모호한; 불가사의한, 불가해한: 수수께끼 같은, 수상한, 까닭이 있을 듯한. ¶a ~ smile[murder] 수수께끼 같은 미소[살인 사건]. 3 비밀의, 은밀한(secret). ¶be ~ about his plan 그의 계획을 비밀로 하다. **~·ly** 부 **~·ness** 명
〔유의어〕 **mysterious** 설명·해결이 안 되기 때문에 호기심·놀람을 자아내는. **mystic** 숨은 뜻이나 영적(靈的)인 힘을 가진. **inscrutable** 그 뜻을 어떻게 해석할 것인지 몰라 곤혹간·패배감을 갖게 하는.
‡**mys·ter·y**[1] [místəri] 명 (復 **-ter·ies** [-z]) 1 ① 신비, 불가사의; 비밀 (상태); 불명확성, 애매함(*about*). ¶Her death is wrapped [or shrouded] in ~. 그녀의 죽음은 신비에 싸여 있다. 2 (개개의) 비밀, 수수께끼, 설명[이해]할 수 없는 일[것], 신비스러운[불가사의한] 사물[사람]: 〔英속어〕 서울에 처음 올라온 시골 처녀. ⇒ PUZZLE 〔유의어〕 the *mysteries of nature* 자연의 신비 / It is a ~ to us. 그것은 우리에겐 불가해하다. 3 (보통 -teries) 신의 계시에 의한 초자연적[종교적] 진리, (보통 -teries) (고대 종교·비밀 결사의) 비밀의 의식, 비의(秘義). 4 a) 〔기독교〕 비적(秘跡), 성례전(聖禮典)= 〔가톨릭〕 성사(聖事); 성찬(식). b) (종종 -teries) (성찬식의) 성체(빵과 포도주). c) 로자리오 신공(神功)(묵상의 주제가 되는 그리스도·마리아의 생애 중의 15사건). 5 a) (또는 ~ **plày**) 기적극(奇蹟劇). b) (또는 ~ **stòry**) 괴기(추리·탐정) 소설, 미스테리.
dive into the mysteries of …의 비법을 탐구하다.
make a mystery of …을 비밀로 하다; …을 신비화하다.
mys·ter·y[2] 명 (고어) 기술, 수공예; (손으로 하는) 일; 동업 조합(guild). ¶the *art and* ~ *of* …의 기술과 수공예(手工藝)(도제 계약서에 쓰인 문구). (또는 **mistery**)
mýstery bòat[shíp] 명 =Q-boat.
mýstery mèat 명 (美속어) 수상한[정체 불명의] 고기 (요리).
mýstery plày 명 기적극, 성사극(聖史劇).
mýstery stòry[nòvel] 명 추리[탐정] 소설.
mýstery tòur[tríp] 명 (참가자에게) 행선지를 알리지 않는 유람 여행.
mýstery vòice 명 〔라디오〕 (퀴즈 게임의 답을 알려 주는) 비밀실의 소리.
‡**mys·tic** [místik] 형 1 (성령 등을) 상징하는, 영적 의미를 갖는, 영묘한. ¶the ~ dove 성령을 상징하는 비둘기. 2 비전(秘傳)의, 비법의, 비전의; 마술적인, 마력을 가진. ¶~ *words* 주문(呪文). 3 신비로운, 불가사의한 (⇒MYSTERIOUS 〔유의어〕); 수수께끼 같은. 4 신비적인, 초자연적인; 신비감[경이감]을 주는. 5 신비론[주의]의. — 명 비법을 전수받은 사람; 신비론[주의]자.
mys·tíc·i·ty 명 **~·ly** 부
***mys·ti·cal** [místikəl] 형 1 비법의, 신비적인, 초자연적인. 2 영감[신비적 경험]에 의한; 신비론[주의](자)의. 3 정신적[영적] 상징의. 4 (드물게) 불가사의한.
-cál·i·ty 명 **~·ly** 부 **~·ness** 명
mys·ti·cete [místəsìːt] 명 〔동물〕 수염고래.
mys·ti·cism [místəsìzm] 명 ① 1 신비주의, 신비설; 신비 체험. 2 모호한[비논리적] 사고.
mys·ti·cize [místəsàiz] 〔(英) **-cise**〕 타 …을 신비롭게 하다. ¶~ *natural phenomena* 자연 현상에 신비적 의미를 갖게 하다. — 자 신비한 일에 관해서 쓰다 [말하다].
mys·ti·fy [místəfài] 타 (수동형으로) 1 (…에)…의 마음을 혼미하게 하다, 당혹시키다, 얼떨떨하게 만들다(*by*, *at*). 2 …을 신비화하다, 불가사의하게 만들다.
-fi·cá·tion 명 **-fied·ly** 부 **-fi·er** 명 **~·ing·ly** 부 마음을 미혹시키듯이, 어리둥절하게.
mys·tique [mistíːk] 명 (보통 the ~, a ~) 1 (교

myth [miθ] 图 1 (개개의) 신화; ⓤ (집합적) 신화(圉 legend). ¶ the Greek ~s 그리스 신화. 2 지어낸 이야기[일], 우화; 신화 같은[근거 없는, 비풀어진] 통념, (널리 믿어지고 있는) 허구(虛構). ¶ ~ of racial superiority 인종적 우월성이라고 하는 그릇된 통념. 3 신화적 인물[사물], 가공의 인물[사물]; (문학에 있어서의) 원형적 인물[주제]. ━━ 톧匣 …을 신화화하다.

myth. mythological; mythology.

myth·ic [míθik] 图 1 신화의, 신화적인. 2 가상적인, 상상의, 가공의, 허구의. 3 (작가로서) 신화를 다루는. (또는 **mythical**) **-i·cal·ly** 囯 **-i·cal·ness** 囯

myth·i·cism [míθəsìzm] 图ⓤ 신화적인 해석; 신화설, 신화주의. **-cist** 图 신화[신비]주의자.

myth·i·cize [míθəsàiz] (* 《英》 **-cise**)톧匣 …을 신화화하다; 신화로 다루다. 신화적으로 해석하다.

‧ci·zá·tion, -cìz·er 囯

myth·i·fy [míθəfài] 톧匣 신화화하다.

myth·mak·er [míθmèikər] 图 신화 작자.

myth·o- [míθou, -θə] 연결 myth의 뜻. ¶ mythographer.

my·thog·en·e·sis [mìθədʒénəsis] 图 (* -ses [-sìːz]) 신화의 기원[발생, 생성].

my·thog·ra·pher [miθágrəfər/-θɔ́g-] 图 신화 수집가, 신화 편찬자. (또는 **mythographist**)

my·thog·ra·phy [miθágrəfi/-θɔ́g-] 图 1 신화집. 2 ⓤ 신화 예술(신화를 조각·회화 따위로 표현하는 예술). 3 신화의 기술[해설]; 기술 신화학.

mythol. mythological; mythology.

myth·o·log·i·cal [mìθəládʒikəl/-lɔ́dʒ-] 图 신화의; 신화학의; 상상의, 가공의. (또는 **mythologic**) **-i·cal·ly** 囯

my·thol·o·gist [miθálədʒist/-θɔ́l-] 图 신화학자; 신화 작가.

my·thol·o·gize [miθálədʒàiz/-θɔ́l-] (* 《英》 **-gise**)톧꽈 신화를 분류[설명]하다; 신화에 관하여 쓰다; 신화를 만들다[이야기하다]. ━━ 톧匣 …을 신화로 만들다, 신화적으로 해석하다, 신화화하다.

‧gi·zá·tion, -giz·er 囯

*****my·thol·o·gy** [miθálədʒi/-θɔ́l-] 图ⓤⓒ 1 (특정 민족 또는 개인의) 신화 (체계); (집합적) 신화. ¶ a goddess in the Roman ~ 로마 신화의 여신. 2 신화학[연구]. 3 신화집.

myth·o·ma·ni·a [mìθəméiniə, -njə] 图 〔정신의학〕 허언증(虛言症). **-ni·ac** 图囯

myth·o·poe·ic [mìθəpíːik] 图 신화를 짓는[만들어 내는]. (또는 **mythopoetic**) **-póe·ism, -póe·ist** 图

myth·os [míθɑs, mái-/-θɔs] 图 (* -oi [-ɔi]) 1 〔사회〕 뮈토스(특정 집단·사회를 특징짓게 하는 신앙이나 가치관). 2 =myth 1. 3 =mythology 1. (<Gk)

myth·y [míθi] 图 신화적인, 신화의.

myx·e·de·ma [mìksədíːmə] 图ⓤ 〔병리〕 점액 수종(粘液水腫). (또는 **myxoedema**)

myx·o- [míksou, -sə] 연결 mucus, slime의 뜻 (* 모음 앞에서는 myx-). ¶ myxomatosis.

myx·o·cyte [míksəsàit] 图 〔의학〕 점액 세포.

myx·oid [míksɔid] 图 점액성의, 점액상[모양]의.

myx·o·ma [miksóumə] 图 (* ~s, ~·ta [-tə]) 〔병리〕 점액종(粘液腫). **-om·a·tous** [-ámətəs]图

myx·o·ma·to·sis [mìksəmətóusis] 图ⓤ 〔병리〕 (다발성) 점액종증(症); 점액 종양 변성(變性).

myx·o·my·cete [mìksəmáisiːt, -maisíːt] 图 변형균(류), 점균(류).

myx·o·vi·rus [míksəvàiərəs, ⋯–⋯–] 图 (* ~·es) 믹서바이러스(유행성 독감 따위의, RNA를 가진 바이러스). **-ví·ral** 图

M-0 [émziròu, -nɔ́ːt] 图ⓤ 〔경제〕 M0(현금 통화에 은행 비치 현금과 중앙 은행 당좌 예금을 합한 액수; 영국의 통화 공급량 척도 중 가장 협의(狹義)의 것).

N

N, n [en] 图 (⑧ *N's, Ns; n's, ns* [-z]) **1** 영어 알파벳의 열넷째 자. ¶N for Nancy Nancy의 N(국제 전화 통화 용어). **2** N, n자가 나타내는 소리 [n]. **3** N자 모양의 것. **4** (인쇄·스탬프 따위의) N, n자.

n ⑦ **1** 〔물리〕 부의(negative); =neutron; =naso-. 〔광학〕 굴절률(index of refraction). **N** ⑦ **1** (차례·연속된 것 중의) 14번째(의 것)(단 I를 뺄 경우는 13번째(의 것). **2** 중세 로마 숫자의 90(⑧ Roman numerals). **3** 〔화학〕 =nitrogen. **4** 〔생화학〕 =asparagine. **5** 〔수학〕 부정 정수(不定整數)(특히 정식이나 방정식의 차수 따위). **6** 〔서양장기〕 =knight 7. **7** 〔인쇄〕 =en 2. **8** 〔화학〕 ⇒AVOGADRO'S NUMBER. **9** ⇒NEUTRON NUMBER.

N 〔물리〕 newton(s); north; northern; nuclear.
N [en] **1** 〔美속어〕 =No. **2** 〔속어〕 〔컴퓨터〕 많은, 다수의. ¶~ bugs 많은 결함.
N., N., n, n. north; northern.
'n [ən] 〔구어〕 **1** =and. ¶Stop'n listen. 그만 하고 이야기 들어요. **2** =than.
n. (라틴) *natus*(=born); nephew; 〔컴퓨터〕 net; noun. **N.** National(ist); Navy; Norse; north(ern); November. **N., n.** navy; neuter; new; nominative; noon; 〔화학〕 normal; note; number. **N-** nuclear(核)의. 〜**ian**
-n [n] 〔접미〕 (모음 뒤에서) -an의 이형(異形). ¶Virginna [nɑː, nə] (스코) ⑤ **1** =no[1](2]. **2** =not (* 보통 조동사와 함께 can*na*, wouldn*a*의 꼴로 사용). ─ ⑥ **1** =nor; neither. **2** =than.

Na ⑦ 〔화학〕 (라틴) *natrium*(=sodium). **n/a** (은행) *no account*(거래 없음); *not applicable*; *not available*. **N.A.** *National Academician[Academy, Army]; Naval Academy; North America*(n). **NAA** *National Aeronautic[Automobile] Association*(전미(全美) 비행가(자동차) 협회); *National Association of Accountants*(전미(全美) 회계사 협회). **NAACP, N.A.A.C.P.** *National Association for the Advancement of Colored People.*

Naaf·i [næfi] 图 〔英구어〕 (영국) 육해공군 후생 기관; 그 매점, 주보(酒保). (또는 **NAAFI**) 〔<*Navy, Army*, and *Air Force Institutes*〕
NAAU *National Amateur Athletic Union*(전미(全美) 아마추어 체육 연맹).
nab[1] [næb] 图他 (-*bb*-) 〔구어〕 **1** 〔물건〕을 거머잡다; …을 잡아[낚아]채다. **2** (사람)을 (느닷없이) 붙들다, 체포하다; (사람)을 유괴하다, 납치하다. ─ 图 〔美속어〕 경찰관; 체포.
nab[2] ①U 알코올을 뺀 맥주. 〔<*no-alcohol beer*〕
NAB *National Association of Broadcasters*(전미(全美) 방송가 협회)(또는 **N.A.B.**); *naval air base*; *New American Bible*; *nuts and bolts*.
nabe [neib] 图 〔美속어〕 근처; (the ~s) 근처 영화관 〔극장〕.
Na·bi [nɑ́ːbiː] 〔미술〕 图 (~s) (때로 n-) 나비파(派)(19세기말의 프랑스 상징주의 예술가 집단). ─ 圈 나비파의.
Na·bis·co [nəbískou] 图 (상표) 나비스코(미국의 제과 회사 및 그 브랜드).
nab·lab [nǽblæb] 图 무(無)(저(低))알코올 맥주. 〔<*no-alcohol beer*+*low-alcohol beer*〕
na·bob [néibɑb/-bɔb] 图 **1** (인도 등에서의) 한 재산 모은 사람; (일반적으로) 큰 부자, 권세가. **2** 〔구어〕 (경멸적) (특정 분야의) 명사. **3** (인도의 Mogul 제국 시대의) 태수(太守); 그 애칭. 〜**er·y** 图U 갑부 터. 〜**ish** 圈 〜**ism** 图U 벼락 부자풍.
Na·bo·kov [nəbɔ́ːkəf/-bɔ́kɔf] 图 **Vladimir** ~ 나보코프(1899–1977; 러시아 태생의 미국 작가).
Nab·o·ko·vi·an [næbəkóubiən] 圈
Na·both [néibɑθ/-bɔθ] 图 〔성서〕 나봇(아합(Ahab)왕이 부러워한 포도원의 주인; ←열왕기 상(1 Kings) 21〕.
Naboth's vineyard 图 나봇의 포도원; 《비유적》 꼭 갖고 싶어하는 물건, 선망의 적.
NAC *National Advisory Council* (on *International Monetary and Financial Problems*)((국제 통화 금융 문제) 국가 자문 위원회).
NACA, N.A.C.A. *National Advisory Committee for Aeronautics*(전미(全美) 항공 자문 위원회).
nac·a·rat [nǽkərǽt] 图U 밝은 주황색(의 린네르 또는 크레이프 천).
na·celle [nəsél/næ-] 图 **1** 나셀(비행기·비행선의 기관실·승무원실). **2** (기구(氣球)의) 조롱(弔籠).
na·cho [nɑ́ːtʃou] 图 (복 ~s) 나초(tortilla에 치즈나 칠리소스를 얹어 구운 멕시코 음식).
na·cre [néikər] 图 진주층(真珠層)(이 있는 조개).
-cred [-d] 진주층으로 덮인(과 같은).
na·cre·ous [néikriəs] 圈 진주층의(과 같은); 진주층이 있는; 진주 같은 광택이 나는. (또는 **nacrous**)
NACU *National Association of Colleges and Universities*(전미(全美) 대학 협회).
NAD [ènéidíː] 图 〔생화학〕 엔에이디(세포의 산화 환원에 관여하는 보조 효소). 〔<*nicotinamide adenine dinucleotide*〕
N.A.D. *National Academy of Design*; *naval aircraft department*; *naval air division*. **NADA** *National Association of Dealers in Antiques*; *National Automobile Dealers Association*.
Na·da·ville [nɑ́ːdəvil] 图 〔美속어〕 황홀.
Na·der [néidər] 图 **Ralph** ~ 네이더(1934– : 미국의 변호사; 소비자 운동 지도자).
Na·der·ism [néidərizm] 图 소비자 (보호) 운동.
Na·der·ite [néidəràit] 图 소비자 운동 지지자.
NADGE [nædʒ] 图 나지(나토 가맹국의 자동 방공 경계 관제 조직). (또는 **Nadge**)
〔<*Nato Air Defense Ground Environment*〕
nadg·ers [nǽdʒərz] 图圈 〔英속어〕 **1** (장비에) 악영향을 미치는 사람. **2** (the ~) 초조, 불안, 동요.
give *a* person **the nadgers** 남을 초조하게 하다.
put the nadgers on …의 방해를 하다.
na·dir [néidər, -diər/-diə] 图 **1** (the ~) 〔천문〕 천저(天底). **2** (the ~, one's ~) (역경·절망 따위의) 밑바닥, 구렁텅이, 절망 상태.
at the nadir of …의 구렁텅이에서.
〜**al**
nae [nei] (스코) 圈 **1** =no[1]; *not*. ─ 圈 =no[2].
NAEB *National Association of Educational Broadcasters*(전미(全美) 교육 방송인 협회).
nae·vus [níːvəs] 图 (英) =nevus.
naf·cil·lin [næfsílən] 图 〔약학〕 나프실린(페니실리나제에 저항력을 가진 반 합성 페니실린).
〔<*naph*th-+peni*cillin*〕
naff [næf] 〔英속어〕 图匝 급히 사라지다(*off*). ─ 圈

질이 나쁜, 열등한, 신통치 않은, 구닥다리의.

NAFTA [næftə] 명 북미 자유 무역 협정(미국·캐나다·멕시코 3국의 자유 무역 협정; 1994년 1월 발효). 또는 **Nafta**. (<North American Free Trade Agreement)

nag[1] [næg] 통 (-gg-) 탄 1 (남)을 잔소리로 괴롭히다; (사람)에게 (…을/…하도록) 들볶다 (for/to do, into doing). 2 (걱정거리 따위가) …을 끊임없이 괴롭히다. 죄 1 (…에게) 끊임없이 잔소리하다, 귀찮게는 볶다 (at). 2 (…에게) 끊임없이 고통을 느끼다 (at).
— 명 1 귀찮게 잔소리[불평]하는 사람, 잔소리가 심한 여자. (또는 **nagger**.) 2 귀찮은 잔소리(를 하기).

nag[2] 명 (승마용의) 작은 말, 조랑말(pony); 늙은 말, 보잘것없는[쓸모 없는] 말; (속어) 경마.

na·ga·na [nəɡáːnə] 명 ⓤ (수의) 나가나병(病)(남아프리카의 각지에서 발생하는 가축의 열병).

nag·ger [nǽɡər] 명 =nag[1].

nag·ging [nǽɡiŋ] 형 끊임없이 잔소리하는, 성가시게 잔소리를 늘어놓는; (공포·고통 따위가) 떠나지 않는, 누그러지지 않는. **~·ly** 부 **~·ness** 명.

nag·gy [nǽɡi] 형 잔소리하는. (英방언) 화를 잘 내

Na·gor·no-Ka·ra·bakh [nəɡɔ́ːrnoukɑ́ːrəbɑ̀ːk] 명 나고르노카라바흐(Azerbaijan 공화국 남부의 자치주; 주도 Stepanakert).

Na·hal [nɑːhɑ́ːl] 명 나할(농지를 개척하는 이스라엘 육군의 정예 부대); (때로 n-) 그 개척지.

Na·hua·tl [nɑ́ːwɑːtl] 명 1 (통 **~s**) (의 사람)(멕시코 남부와 중미 일부 지방의 원주민). 2 ⓤ 나와틀어(語)(Uto-Aztec 어족(語族)에 속함). — 형 나와틀족의; 나와틀어의.

Na·hum [néihəm] 명 (성서) 1 나훔(기원전 7세기 무렵의 히브리 예언자). 2 (구약 성서의) 나훔서(書).

nai·ad [néiæd, nái-] 명 (통 **~s, -a·des** [-ədìːz]) 1 (때로 N-) (그리스·로마 신화) 나이아드(물의 요정). 2 젊은 여자 수영 선수. 3 나자수말(屬)의 수초의 일종.

na·if [nɑːíːf] 형[명] =naive. (또는 **naïf**) <F

‡**nail** [neil] 명 (통 **~s** [-z]) 1 못. ¶drive the hammer] a ~ into a board 판자에 못을 박다/pull [or draw] out a ~ 못을 뽑다. 2 손톱, 발톱. ¶pare [or cut, trim] one's ~s 손[발]톱을 깎다. 3 네일(옛날 피륙의 길이를 재던 단위; 약 5.715 cm). 4 (軍속어) 궐련 (cigarette); (속어) (마약용) 피하 주사침[기].

a bed of nails (英구어) 바늘 방석, 고정.
a nail in a person's coffin 수명을 단축시키는 것; 파멸의 원인이 되는 것(술·마약 따위).
(as) right as nails 똑바른; 올바른; 딱 들어맞는.
(as) tough [or *hard*] *as nails* (구어) ① (몸이) 매우 건강한; ② (성격이) 매우 냉혹[매정]한; 의연한.
bite [or *chew*] *one's nails* ① (분노·초조감으로) 손톱을 깨물다. ② 걱정하다; 숨을 죽이고 기다리다.
By nails and by blood! 맹세코; 무슨 일이 있어도.
Don't take any wooden nails! (美속어) 방심하지 마라, 속으면 안 된다.
(down) on the nail (구어) ① 그 자리에서, 즉석에서(on the spot); 맞돈으로. ¶pay *on the* ~ 맞돈으로 지불하다. ② 문제가 되어 있는, 논의중인; 당면한.
Drive a nail where it will go in. 기회가 있거든 진출하라.
drive the nail home; drive the nail (*up*) *to the head* ① 못을 끝까지 박다. ② 마지막까지 논의하다, 철저히 하다.
eat nails (속어) ① 무서운[엄한] 표정을 짓다, 거칠어지다. ② (미식축구) 매우 억세다[강건하다].
for want of a nail 못 하나가 모자라서, 아주 사소한 일 때문에.
go [*be*] *off at the nail* (스코) 머리가 돌다[미쳐 있다].
hit the (*right*) *nail on the head* [or *nose*]; *hit the nail dead center* 적절한 말[행동]을 하다. 요

점[핵심]을 찌르다, 바로 맞히다.
nails in mourning 때가 낀[더러운] 손톱.
off the nail ① 술에 취한. ② (옷 따위를 걸어두는) 못에서 벗겨, 기성품의.
so mad one could spit nails (구어) 머리 끝까지
tooth and nail ⇨TOOTH. ┌화가 치밀어.
to the [or *a*] *nail* 철저하게, 완전히.
— 타 (**~s** [-z]) 1 …을 못으로 박다, 못을 박아 붙이다 (*up*, *down*, *together*); (물건)을 (…에) 못으로 박다 (*on*, *to*). ¶(~+目+前+名) ~ the cover on a box 상자 뚜껑을 못으로 박다.//(~+目+前+名) ~ *down* a window 창문을 (열지 못하게) 못박다/~ goods *up* in a box 물건을 상자에 넣고 못질을 하다. 2 (신발 위)에 못[징]을 박다. ¶I had my shoes ~*ed*. 나는 구두에 징을 박았다. 3 (한 장소에) …을 고정시키다; (시선·주의 따위)를 한 곳에 집중시키다[쏟다](*to*, *on*). ¶ (~+目+前+名) ~ one's eyes *on* the screen 화면에서 눈을 떼지 않고 지켜보다. 4 (구어) (도둑 따위)를 붙잡다, …의 신원을 확인하다. 5 (야구) (주자)를 아웃시키다. 5 (구어) (거짓 따위)를 들추어 내다 (부정 따위)를 폭로하다. 6 (구어) …을 때리다(hit); …을 훔치다. 7 (美속어) …을 완벽하게 하다. 8 (비어) (남자)가 …와 자다.

nail (*a lie*) *to the counter* [or *barn door*] (가짜 돈을 가게의 계산대에 못질해 놓았던 일에서) 세상에 가짜임을 알리다; (거짓)을 폭로하다..

nail back (문 따위)를 겹쳐 놓고 못으로 박다.
nail down ① …을 못박아 붙이다. ⇨타 1. ② (약속 따위로) (남)을 꼼짝 못 하게 하다 (*to*). ¶~ a person *down* to his promise 남에게 약속을 지키게 하다. ③ (구어) …을 확정시키다, 최종적으로 해결하다. ④ (남)에게 생각하는 바를 확실히 말하게 하다.
nailed to the wall (컴퓨터) (bug가) 드디어 제거됨.
nail it (구어) 합격하다; 성공하다; 전속력으로 나가다.
nail jelly [or *Jell-O*] *to a tree* (속어) 불가능한 일을 하다.
nail one's colors [or *flag*] *to the mast* ⇨COLOR.
nail together (판잣집 따위)를 못질하여 짜맞추다.
nail...to the wall [or *cross*] (속어) ① …을 엄하게 벌하다. ② …을 아프게 하다, 학대하다.
nail up ① (문 따위)를 굳게 못질하다. ② (게시 따위)를 못으로 박아 붙이다.
∼·**less** 형. ∼·**like** 형

nail-bit·ing [-bàitiŋ] 명 ⓤ (욕구 불만·불안 따위로) 손톱을 물어 뜯기[뜯는 버릇]; (구어) 불안, 초조; 정체. — 형 걱정[불안]하게 하는. **-bit·er** 명

náil bòmb 못 폭탄(못 따위 금속 조각을 채워 넣은 gelignite 폭탄).

nail·brush [néilbrʌ̀ʃ] 명 (매니큐어용) 손톱 솔.

nail-clip·per [néilklipər] 명 (종종 ~s) 손톱깎이.

nail·er [néilər] 명 1 못 제조인. 2 못질하는 사람; 못 박는 자동 기계. 3 (속어) 굉장히 우수한 것[사람, 동물]; (경기 따위의) 명수(*at*); (일 따위에) 열심인 사람 (*on*, *to*). 4 (속어) 경찰; 경관, 형사.

(as) busy as a nailer (구어) 경황없이 쩔쩔매는, 우왕좌왕하는.
like a nailer (구어) 완강하게.

nail·er·y [néiləri] 명 못 제조소.

náil fìle 손톱 다듬는 줄.

nail·head [néilhèd] 명 1 못대가리. 2 못대가리 모양의 장식. **náil-hèad·ed** 형

nail·ing [néiliŋ] 명 못을 박는 데 쓰는; (속어) 훌륭한, 멋진. — 부 (속어) 훌륭하게, 멋지게.

náil pòlish 명 매니큐어 액(液). (또는 **náil enàmel** [英] **várnish**)

náil pùller 명 못뽑이, 장도리.

náil scìssors [**nìppers**] 명[복] 손톱깎이 가위.

náil sèt [**pùnch**] 명 못대가리를 깊이 쳐박는 연장.

nain·sook [néinsuk, nǽn-] 명 ⓤ 네인숙(인도 원산의 부드러운 면직물; 속옷·유아복용).
nai·ra [náiərə] 명 나이라(나이지리아의 화폐 단위).
Nai·ro·bi [nairóubi] 명 나이로비(Kenya의 수도).
NAIRU 〔경제〕 *nonaccelerating inflation rate of unemployment*(중립적(비)(非) 인플레적) 실업률).
nais·sance [néisns] 명 (사람·기구·활동 따위의) 탄생, 창시, 발생, 태동; 기원; 생성(生成).
na·ive [nɑːíːv] 형 **1** 순진한, 천진난만한; 순박한; 솔직한. **2** 경험[판단력, 지식 따위]이 없는, 고지식한, 우직한. **3** (동물 따위가) 실험[투약]을 받은 적이 없는. ─ 명 순진한 사람; 무경험자; 속기 쉬운 사람. (또는 **naïve**) ~·ly 부 ~·ness 명 [<F]
na·ive·té [nɑ̀ːiːvtéi, nɑːiːvə-/nɑːíːvtei] 명 ⓤ **1** 순진, 천진난만; 순박함; 솔직성. **2** 순진한[솔된] 언동. (또는 **naïveté**, **naivete**) [<F]
na·ive·ty [nɑːíːvəti] 명 =naiveté. (또는 **naïvety**)
NAK 〔통신〕 *negative acknowledge*(부정 응답).
‡**na·ked** [néikid] 형 (*more* ~, *-er*; *most* ~, *~est*) **1** 벌거벗은, 옷을 입지 않은, 나체의(nude). ⇨ BARE 유의어 ¶a ~ *beggar* 벌거벗은 거지. **2** (몸의 일부가) 노출된, 밖으로 드러난. ¶~ *feet* 맨발. **3** (나무가) 잎이 없는; (땅에) 나무가 자라지 않은, 불모(不毛)의; (바위 따위가) 노출된; 덮개가 없는, (칼 따위가) 칼집이 없는; (방·벽 따위가) 가구[장식물]이 없는; 맨눈의, 육안의. ¶a ~ *electric wire* 피복(被覆)되지 않은 전선, 나선(裸線) / a ~ *vein of coal* 노출된 석탄 광맥. **4** (우 슬림의) …이 없는, …을 결(缺)한 (*of*). ¶ *be* ~ *of comforts* 위안 거리가 없다. **5** (공격 따위에) 노출된, 무방비의; 드러난; 노골적인, 솔직한; 있는 그대로의, 적나라한; 충격적인, 놀라운. **6** (식물) 나출(裸出)의, 덮여[쐬워져, 달려] 있지 않은; (동물) 털의[깃, 껍질, 비늘]이 없는. **7** 〔법률〕 (약속·자백 따위가) 불완전한; (권한·증거 따위의) 뒷받침이 없는, 무효인. **8** 〔경제〕 담보가 없는: 리스크가 크다.
get[or *go*] *naked* (구어) 신나게 즐기다.
with naked fists 맨주먹[맨손]으로.
~·ly 부
náked ápe 명 벌거벗은 원숭이, 인간. 〔<영국의 인류학자 Desmond Morris작 *The Naked Ape*(1967)〕
náked cáll 명 (美) 팔 사람이 보유하지 않은 증권·자산의 매입 선택권.
náked cíty 명 무방비 도시, 치안 부재 도시.
náked éye 명 (the ~) 육안(肉眼). ¶*with* [or *by*] *the* ~ 육안으로.
náked flówer 명 〔식물〕 나화(裸花).
na·ked·ize [néikidàiz] 자 벌거숭이가 되다; 벌거벗다.
na·ked·ness [néikidnis] 명 ⓤ 벌거숭이; 솔직성, 있는 그대로임; 결핍, 빈곤. ¶*the* ~ *of the land* (사람·국가 등의) 무력(無力), 무방비 상태(←창세기 42:9).
náked óption 명 〔증권〕 네이키드 옵션(옵션 거래의 가격 변동만을 대상으로 하는 거래 상태).
náked singulárity 명 〔우주〕 노출 특이점(중력의 붕괴로 시공간(時空間)에 생기는 가설적 특이점). 참조 black hole
Na·khod·ka [nəkɔ́ːtkə/-kɔ́t-] 명 나홋카(시베리아 Vladivostok 동남부의 항구 도시).
na·led [néiləd] 명 〔화학〕 날레드(농작물의 해충·모기 살충제).
Nal·go [nǽlgou] 명 (英) 국가·지방 공무원 협회. (또는 **NALGO**) 〔<*National and Local Government Officers' Association*〕
na·li·díx·ic ácid [nèilidíksik-] 명 〔약학〕 날리딕스산(酸)(비뇨기 감염증 치료제).
Nál·line tést [nǽliːn-] 명 〔약학〕 마약 길항제(拮抗劑)를 사용한 마약 상용(常用) 검사.
nal·or·phine [nǽlɔːrfiːn/nǽlɔːfiːn] 명 〔약학〕 낼러핀(마취제 상용벽(癖) 진단에 사용).
nal·ox·one [nəlɔ́ksoun/-lɔ́k-] 명 낼럭손

(마취성 진통 길항 물질). 〔「마취성 길항제」.
nal·trex·one [nǽltréksoun] 명 〔약학〕 날트렉손
Nam, 'Nam [nɑːm, nǽm] 명 (구어) =Vietnam.
NAM, N.A.M. *National Association of Manufacturers*(전미(全美) 제조업자 협회).
nam·a·ble [néiməbl] 형 =nameable.
na·ma·ste [nʌ́məstèi] 명 힌두교도의 관습적인 인사말(합장하면서 고개를 약간 숙인다).
nam·by-pam·by [nǽmbipǽmbi] 형 **1** (문장·태도 따위가) 매우 감상적인; 유약한, 연약한; 재미없는, 지루한; (남자가) 계집애 같은. **2** (정책 따위가) 확고하지 못한, 우유부단한, 소극적인. ─ 명 감상적인 시[산문]; 감상적인[연약한] 사람; 감상. ~·ish 형 ~·ism 명

‡**name** [neim] 명 (@-~s [-z]) **1** 이름, 성명; 명칭, 칭호. ¶a *family* ~ *sing* / *one's full* ~ (생략되지 않은) 정식 성명 / a *pet* ~ 애칭 / *under a false* ~ 가명으로 / *What* ~ *shall I say?* =*What* ~, *please?* (비서의 상용 어구) 누구시라고 할까요? **2** (a ~, the ~) (…의) 호칭, 통칭, 별칭, 별명(*for*). ¶ "The Lone Star State" *is a* ~ *for Texas.* 「별 하나 주」는 텍사스주의 별칭이다. **3** ⓤⓒ 이름뿐인 것[존재], 명목, 명의. ¶*Democracy is only a* ~ *in that country.* 민주주의는 그 나라에서는 이름뿐이다. **4** ⓒⓤ (a ~, one's ~) (…로서의 /…라고 하는) 평판, 세평; 고명, 명성 (*as* / *for*, *of*). ¶*have a good*[*bad*] ~ 평판이 좋다[나쁘다] // *gain* [or *get, make*] *a* ~ *as a musician* 음악가로서 유명하다. **5** (…산에여의) 유명인, 저명 인사, 명사; 인기 있는 연주가[연예인] (*in*). ¶*a big* ~ 유명인 / *the greatest* ~ *in science* 과학계 최고의 인물. **6** 가명(家名); 가문, 씨족, 일족. ¶*disgrace one's* ~ 가명을 더럽히다 / *She is the last of his* ~. 그녀는 그의 집안의 마지막 사람이다. **7** (~s) 욕, 악담, 험담. ¶*Names will never hurt me.* 욕을 먹어도 난 아무렇지도 않다.
answer to the name of (구어) (주로 애완 동물이) …라는 이름이다.
by name ① 이름을 대고, 이름으로; 개별[개인]적으로. ¶*The teacher mentioned each pupil by* ~. 선생님은 학생 하나 하나의 이름을 불렀다. ② (얼굴은 모르지만) 이름은; 이름만. ¶*I know him by* ~ *but not sight.* 그 사람은 알지만 얼굴은 모른다. ③ …이라는 이름의. ¶*He is John by* ~. 그의 이름은 존이다.
by[or *in*] *the name of* …이라는 이름으로[의]. ¶ *He goes*[or *passes*] *by the* ~ *of Jones.* 그는 존스라는 이름으로 불리고[통하고] 있다.
call a person names; *call a person every name in the book*; *call names at a person* (구어) 남의 욕을 하다; 남을 욕하다, 남에게 욕을 퍼붓다. ¶*It's rude to call a person* ~*s*. 남을 욕하는 것은 무례하다. 「결백을 증명하다.
clear a person's name 남의 오명을 씻어주다, 남의
drag a person's name through the mud (중상 모략 따위로) 남의 평판을 떨어뜨리다.
drop names =name-drop.
enter one's name =put one's name down.
get a name (*for oneself*) (보통 나쁜 뜻으로) 이름을 날리다. 「쁘게 하다.
give...a bad name …을 악평하다, …의 평판을 나
Give a dog a bad [or *an ill*] *name* (*and hang him*). (속담) 한번 악평이 나면 그 사람은 끝장이다.
Give it a name. (구어) 무엇이 좋은지[원하는 것을] 말해 봐. 「을 붙이다.
give one's name to …을 발명[창시]하고 자기 이름
have a person's name on it [or *them*] (속어) ① (총·포탄이) 남을 죽게 할 운명이다. ② 남의 마음에 들다; 남에게 안성맞춤이다.
have one's name up 유명해지다, 이름을 날리다.
have the name of …이라는 소문[평판]이 나다.
in all [or *everything*] *but name* 사실, 실질상.

in God's [or ***Heaven's, Christ's, Hell's***] ***name; in the name of God*** [or ***Heaven, Christ, Hell***] 《구어》 신께 맹세코[의 이름을 걸고]; 제발, 아무쪼록; 《의문사를 강조하여》 도대체. ¶What *in God's* ~ have you done? 도대체 무슨 일을 했는가?

in name **(*only*)** 이름뿐의, 명의상의. ¶He was a king *in* ~ *only*. 그는 이름뿐인 왕이었다.

in *one's* **(*own*)** ***name*** 자기 이름으로, 독자적으로.

in the name of ① …에 호소하여, …을 위해. ¶*In the* ~ *of* mercy, stop that screaming! 제발 그 큰 소리 좀 지르지 마라! ② …의 이름으로, …의 권위로. ¶Open up, *in the* ~ *of* the law! 열어라, 법의 이름으로 명한다! ③ …을 대신하여; …을 대표하여. ¶vote *in the* ~ *of* others 다른 사람들을 대표하여 투표하다. ④ …의 명의로서[의]; …의 명목으로서[의]. ¶cruelties committed *in the* ~ *of* religion 종교의 명목으로 저질러진 잔학 행위.

keep *one's* ***name on the books*** (학교·클럽 따위에) 재적해 있다, 회원이다. 「하다.

kick ass and take names 화가 나 난폭하게 행동

make [or ***win***] ***a name*** **(*for*** *one***self*)*; make*** *one's* ***name*** 이름을 떨치다, 유명해지다.

no names, no pack drill 신중하면 벌을 받지 않는다; 이름은 밝힐 수 없으나.

of [***of no***] ***name*** 유명한[무명의].

of the name of [or ***by***] …라는 이름의. ¶a man *of the* ~ *of* Smith 스미스라는 이름의 사람.

(*or*) ***my name is not...*** 확실히, 절대로(＊…에는 말하는 사람 이름이 온다). ¶I'll do it, *or my* ~ *is not* Smith. 꼭 그것을 하겠다(아니면 성을 갈겠다).

over *one's* ***own name*** (익명이 아니라) 본명을 사용하여. 「이름을 생각해 내다.

put a name to 《cannot, could not과 함께》 …의

put [or ***write***] *one's* ***name down*** (…에) 응모하다, 입회[참가]를 신청하다 (*for, to* do).

take *a person's* ***name in vain*** 함부로 남의 이름을 입에 올리다, 뒤에서 남의 험담을 하다.

take *a person's* ***name off the books*** 명부에서 남의 이름을 삭제하다, 남을 퇴학[탈퇴]시키다.

take names 《美속어》 ① 《비유적》 소행 불량자의 리스트를 만들다. ② 단호한 태도[조처]를 취하다.

throw *a person's* ***name around*** (유명인의) 이름을 잘 아는 사람인 양 마구 입에 올리다.

to *one's* ***name*** 《구어》 《부정문에서》 자기 소유물[재산]로. ¶I hav*en't* a penny *to my* ~. 나는 한푼도 가진 게 없다.

to the name of …의 명의로.

under *one's* ***own name*** 자기 이름으로, 실명으로.

under the name of …이라는 이름으로; …의 명의로.

use *a person's* ***name*** 남(의 이름)을 예로 들다.

what's his [or ***her, their, its***] ***name*** 아무개씨(氏), 그 사람, 그 녀석(＊이름을 모르거나 말하고 싶지 않을 때 쓴다). 「은 실질이다.

What's in a name? 이름이 무슨 문제냐, 중요한 것

— [동][타] (~**s** [-z]; ~***d; nam·ing***) **1** …에 이름을 붙이다[짓다], 명명하다; …을 (…이라고) 부르다. ¶~ a newborn baby 신생아에게 이름을 지어주다 // (~+[目]+[補]) ~ the child Alex 그 아이를 앨릭스라고 부르다. **2** 이름을 들다[대다], 거명하다. ¶Two persons were ~*d* in the report. 그 보고서에는 두 사람이 거명되었다. **3** 〔남〕을 (직책·지위 따위에) 지명[임명]하다 (*for, as to, to* be); 〔사람〕을 (…하도록) 지명하다 (*to* do). ¶(~+[目]+[前]+[名]) The president ~*d* him *for* the position. 대통령은 그를 그 자리에 임명했다 // (~+[目]+*as* [補]) He was ~*d as* chairman. 그는 의장으로 지명되었다. **4** 〔가격·날짜 따위〕를 지정하다. ¶~ a price 값을 매기다 // ~ the day *for* the general election 총선거 날짜를 지정하다. **5** …의 (정확한) 이름을 대다[말하다]; …의 이름을 들어 소개하다. ¶Can you ~ the capital of Brazil? 브라질의 수도 이름을 댈 수 있니? **6** 〔이유 따위〕를 말하다, 제시하다. ¶(~+[目]+[前]+[名]) He ~*d* several reasons *to* me. 그는 나에게 몇 가지 이유를 댔다. **7** 〔남〕을 고발[고소]하다 (*as*). ¶(~+[目]+*as* [補]) He was ~*d as* the thief. 그는 절도범으로 고발당했다.

be not named on [or ***in***] ***the same day with*** …와는 비교가 안 될 만큼 열등하다, …와는 비교하여 논할 바가 못 되다.

name for [or ***from,*** 《英》 ***after***] …의 이름을 따서 명명하다. ¶The child was ~*d* Henry *for* [or *from*] his father. 그 아이는 아버지의 이름을 따서 헨리라고 했다.

Name it [or ***yours***]. (술을 한잔 낼 때) 자네는 뭘로 하겠나, 자네가 좋아하는 걸 말해 보게.

name names (연루자·공범 따위의) 이름을 대다; 이름을 들어 비난하다.

name off …을 한 번에 하나씩 거론하다[말하다].

name the day (여성이) 결혼 날짜를 정하다.

to name **(*but*)** ***a few*** 두서너 가지 예만 들면.

You name it. 《구어》 ① 하여간, 어쨌든, 좌우간. ② (사물을 열거한 뒤) 그 밖에 무엇이든지, 전부; 무엇이든지 말해 봐요.

— [형] **1** 유명한, 널리 알려진; 일류의, 정평 있는. ¶a ~ actor 유명한 배우 / a ~ brand of tomato juice 유명 상표의 토마토 주스. **2** 이름이 표시(된); 이름 표시용의.

name·a·ble [néiməbl] [형] **1** 이름을 댈 수 있는, 지명할 수 있는. **2** 이름을 댈 가치가 있는, 저명한.

name·board [néimbɔ̀ːrd] [명] 간판; (뱃전에 써붙인) 배의 이름, 선명판(船名板).

name-brand [ˊbræ̀nd] [형] 유명 상표[브랜드]의; 유명한. **—** [명] =brand name. 「험담가.

name-call [ˊkɔ̀ːl] [동][타] 〔남〕을 험담하다. **~·er** [명]

name-call·ing [ˊkɔ̀ːliŋ] [명][U] (선거전 따위에서) 험담하기, 중상, 매도. 「이.

náme child [명] (어떤 사람의) 이름을 따서 명명한 아

named [neimd] [형] 지명된, 지정된; 유명한, 저명한; 각기 고유명이 있는. ¶on the ~ date 지정된 일시에.

náme dày [명] **1** 영명(靈名) 축일(자기 세례명과 이름이 같은 성인의 축일); 세례일, 명명일. **2** 《英》 〔증권〕 수도(受渡) 결제일(ticket day).

name-drop [ˊdrɑ̀p/-drɔ̀p] [동][자] **(-pp-)** 《경멸적》 (친하지도 않은) 저명 인사의 이름을 마치 친구인 양 팔고 다니다. **~·per, ~·ping** [명]

náme field [명] 〔컴퓨터〕 명칭란(欄).

***name·less** [néimlis] [형] **1** 무명의, 세상에 이름이 알려지지 않은; 이름이 없는, 이름을 모르는. ¶a ~ singer 무명 가수. **2** 이름을 밝히지 않는, 익명의. ¶a well-known person who shall be[*or* remain] ~ (이름은 밝힐 수 없으나) 모(某) 저명 인사. **3** 사생(私生)의, 서출(庶出)의. ¶a ~ child 사생아, 서자. **4** 형언할 수 없는, (너무 심하여) 이루 다 말할 수 없는; 언어도단의. ¶a ~ dread 말 못할 공포 / ~ practices 이루 다 말 못할 소행. **—** [명] 《속어》 여자 생식기.

~·ly [부] **~·ness** [명]

‡**name·ly** [néimli] [부] 다시 말하면, 환언하면, 즉(＊삽입적으로 쓰이며 문두에는 쓰이지 않는다).

náme of the gáme [명] (the ~) 《구어》 가장 중요한 점, 불가결한 것; 본질, (본래의) 목적; 당연한 일.

náme pàrt [명] 〔연극〕 주제역(役)(title role).

name·plate [néimplèit] [명] 명찰, 명패.

nam·er [néimər] [명] 명명자; 지명[지정]자.

name·sake [néimsèik] [명] 이름이 같은 사람; 어떤 사람의 이름을 따서 명명된 사람. 「server).

náme sèrver [명] 〔컴퓨터〕 네임서버(=domain name

name·tag [néimtæ̀g] [명] 명찰, 명패. (또는 **náme tàg**)

náme tàpe [명] (개인 소유물용) 명찰 테이프.

NAMH *N*ational *A*ssociation for *M*ental *H*ealth.

Na·mib·i·a [nəmíbiə] [명] 나미비아(서남 아프리카의 공화국; 수도 Windhoek). **-an** [형][명]
nan [næn] [명] = nana².
nan- [næn, nein] [연결] ⇨NANO-.
na·na¹ [nɑ́:nə] [명] (濠속어) 머리(head); (속어) 바보, 머리가 둔한 녀석.
do [or ***lose***] *one's* ***nana*** 격노하다, 몹시 화내다.
off *one's* ***nana*** 머리가 돌아, 미쳐서.
nan·a² [nǽnə] [명] (英·美동북부) 할머니; 유모, 아이 「보는 사람.
Nan·a [nǽnə] [명] 나나(여자 이름; Ann, Anna, Anne의 별칭).
NANA North American Newspaper Alliance(북미 「신문 연합).
nance [næns] [명] (속어) =nancy.
nan·cy [nǽnsi] [명] (속어) 여자 같은 남자; (여자역의) 남성 동성 연애자. (또는 ∼ **boy**) ―[형] (속어) 여자 같은, 연약한; 남색(男色)의.
Nan·cy [nǽnsi] [명] 낸시(여자 이름; Ann, Anna, Anne의 별칭). (또는 **Nancie**)
NAND [nænd] [명][U] 〔컴퓨터〕 낸드, 부정 논리(否定論理)곱. ¶∼ element 부정 논리곱 소자(素子) / ∼ operation 부정 논리곱 연산. 〔<*not*+*AND*〕
NÁND cìrcuit [**gàte**] [명] 〔컴퓨터〕 부정 논리곱 회 「로.
nan·di·na [nændáinə, -dí:nə] [명] 〔식물〕 남천촉(南天燭). (또는 **nan·din** [nǽndin])
Na·nism [néinizm, nǽn-] [명][U] 〔병리〕 왜소(矮小)체구증, 소인증(小人症)(dwarfism).
Nan·jing [nɑ̀:ndʒíŋ] [명] 난징(南京)(중국 장쑤(江蘇)성의 성도; 중화민국(타이완)의 옛 수도). (또는 **Nanching, Nanking**)
nan·keen [nænkí:n/næŋ-] [명][U] **1** 남경(南京) 무명. **2** (∼s) 남경 무명 옷[바지]. **3** 남경 자기(磁器). **4** 황색, 담황색. (또는 **nánkin**)
nan·na [nǽnə] [명] (어린이말) =nana².
nan·no- [nǽnə, néinə] [연결] ⇨NANO-.
nan·(n)o·fos·sil [nænəfɑ́səl/-fɔ́s-] [명] 내너 화석, 초미(超微) 화석. 「(微小) 부유 생물.
nan·(n)o·plank·ton [nænəplǽŋktən] [명] 미소
nan·ny [nǽni] [명] **1** (英) 유모; (어린이말) 할머니. **2** 과보호하는 사람. **3** (구어) = ∼ goat.
get *a person's* ***nanny*** 남을 화나게 하다, 괴롭히다.
nánny gòat [명] 암염소. [참] billy goat 「롭히다.
get *a person's* ***nanny goat*** 남을 화나게 하다, 괴
play the nanny goat (英구어) 어리석은 짓을 하다.
nánny-goat swéat [명] (美속어) 값싼 위스키, 밀주.
nánny státe [명] (때로 N- S-) (경멸적) 복지 국가.
nánny tàx [명] (美) (가정 내 고용인의) 사회 보장세의 고용주 부담액.
nan·o- [nǽnə, néinə] [연결] 「10억분의 1; 미소(微少)」의 뜻(모음 앞에서는 nan-). ¶*nano*second.
nan·o·amp [nǽnəæmp, néinə-] [명] 〔전기〕 나노암페어(전류의 단위; 10억분의 1 암페어).
nan·o·at·om [nǽnəætəm, néinə-] [명] 나노아톰(원자의 10억분의 1). 「(10억분의 1큐리).
nan·o·cu·rie [nǽnəkjùəri, néinə-] [명] 나노큐리
nan·o·gram [nǽnəgræm, néinə-] [명] 나노그램(10억분의 1그램; [기] ng).
nan·o·me·ter [nǽnəmì:tər, néinə-] [명] 나노미터(10억분의 1미터; [기] nm).
nan·o·sec·ond [nǽnəsèkənd, néinə-] [명] 나노세컨드(10억분의 1초; [기] ns, nsec).
nan·o·sur·ger·y [nænəsə́:rdʒəri, nèinə-] [명] 〔외과〕 (전자 현미경하에서 하는) 극소부(極小部) 수술.
nan·o·tech·nol·o·gy [nænəteknɑ́lədʒi, nèinə-/-nɔ́l-] [명] 극소 공학, 나노 기술(0.1-100 nanometer 크기의 초소형 물체(반도체 등)의 제작·측정 기술).
nan·o·tes·la [nǽnətèslə] [명] 〔물리〕 나노테슬라(자속(磁速) 밀도의 단위; 10^{-9} tesla).

Nan·sen [nǽnsn] [명] **Fridtjof** ∼ 난센(1861-1930: 노르웨이의 북극 탐험가·정치가).
Nánsen pàssport [명] 난센 여권(국제 연맹이 제1차 세계대전 후 발생한 난민에게 발행한 여권). 〔<이 여권 발행 협정을 제창한 F. Nansen의 이름〕
Nantes [nænts] [명] **1** 낭트(프랑스 서부, Loire강 하구의 항구 도시). **2 the Edict of** ∼ 〔프랑스 역사〕 낭트 칙령(勅令). 「nanti)
nan·ty [nǽnti] [형] 없는, 무(無)의(no, not any). (또는
Na·o·mi [neióumi/néiəmi] [명] 나오미. **1** 여자 이름. **2** 〔성서〕 룻의 시어머니(←룻기(Ruth) 1).
na·os [néiɑs/-ɔs] [명] ([복] ***-oi*** [-ɔi]) (고대의) 신전, 사원; 〔건축〕 =cella. 〔<Gk〕
nap¹** [næp] [동] ***(-pp-) [자] **1** 선잠을 자다, 잠깐 눈을 붙이다, 졸다. **2** 방심하다, 멍하니 지내다. ―[타] …을 졸면서 지내다(*away*). ¶(∼+[目]+[副]) ∼ the afternoon *away* 오후를 졸면서 지내다.
catch [or ***take***] *a person* ***napping*** 남이 방심한 틈을 타다.
―[명] 선잠, 졸기; 낮잠. ¶have [*or* take] a ∼ 잠깐 [낮잠]자다 / drop [*or* fall] into a ∼ 깜박 졸다.
take a dirt nap (美속어) 죽어서 묻히다[매장되다].
nap² [명][U] **1** (직물의) 보풀. **2** (식물 따위의) 짧고 부드러운 털. ―[동][타] ***(-pp-)*** 〔천 따위〕에 보풀을 세우다.
∼**·less** [형]
nap³ [명][U] **1** 나폴레옹(카드놀이의 일종). **2** (英) 〔경마〕 우승 후보 (예상)(∼ selection).
go nap ① (카드의 나폴레옹 놀이에서, 모험적으로) 5회 전승의 선언을 하다. ② (…에) 모든 것을[돈을 몽땅] 걸다, 큰 모험을 하다(*on*).
nap or nothing 건곤일척의, 흥하든 망하든.
not go nap on (濠구어) …을 좋아하지 않다, …에 열을 안내다. 〔<*Nap*oleon〕
nap⁴ [동][타] ***(-pp-)*** 〔요리〕에 소스를 치다.
nap⁵ [동][타] ***(-pp-)*** (英방언) 움켜쥐다, 나꿔채다.
NAP *n*aval *a*viation *p*ilot. **Nap.** Naples; Napoleon(ic).
-nap [næp] [연결] 「유괴하다」의 뜻. ¶kid*nap*.
na·pa¹ [nɑ́:pə] [명] 배추(∼ cabbage). 「er).
nap·a² [nǽpə] [명] 무두질한 (새끼) 양 가죽 (∼ leath-
Nap·a [nǽpə] [명] 내퍼(미국 California주 중서부의 도시; 포도주 생산지로 유명).
NAPA *N*ational *A*ssociation of *P*erforming *A*rtists(전미(全美) 공연 예술가 협회); *N*ational *A*utomotive *P*arts *A*ssociation(전미 자동차 부품업 협회).
na·palm [néipɑ:m] [명] 〔화학〕 [U] 네이팜(소이제(燒夷劑)); [C] 네이팜탄(∼ bomb). ―[동][타] …을 네이팜탄으로 공격하다. 〔<*na*phthene+*palm*itate〕
nape [neip, næp] [명] 목덜미.
na·per·y [néipəri] [명][U] (집합적) 식탁[가정]용 린네르 제품(식탁보·냅킨 따위).
náp hànd [명] (nap³ 1에서) 전승할 수 있을 것 같은 패; 모험을 하면 성공이 확실한 기회.
naph·tha [nǽfθə, nǽp-] [명][U] 〔화학〕 나프타(석유·콜타르 따위를 증류하여 얻는 무색의 휘발성 액체); 석유(petroleum). **náph·thous** [형]
naph·tha·lene [nǽfθəlì:n, nǽp-] [명][U] 〔화학〕 나프탈렌. (또는 **naphthalin(e)**)
naph·thol [nǽfθɔ:l, nǽp-/-θɔl] [명][U] 〔화학〕 나프톨(방부제·염료의 원료). 「=natural logarithm.
Na·pìer·i·an lógarithm [nəpíəriən-] [명] 〔수학〕
Nápier's bónes [**róds**] [명][복] 〔수학〕 네이피어 계산봉(棒). 〔<스코틀랜드의 수학자 John Napier(1550-1617)의 이름〕
***nap·kin** [nǽpkin] [명] ([복] **∼s** [-z]) **1** (식탁용) 냅킨(table ∼, (英) serviette); 작은 수건. **2** (英) 기저귀((美) diaper). **3** (스코) 손수건. **4** (美) 생리대(sanitary ∼). **5** (스코) 스카프.

napkin ring / **narrate**

lay up [or *hide, keep, wrap*] *in a napkin* 〔성서〕 쓰지 않고 넣어 두다; 〔재능 따위〕를 보람있게 쓰다. ──를 냅킨으로 닦다; 냅킨을 씌우다. 〔1〕 하지 못하다.

nápkin rìng 몡 냅킨 고리(냅킨 보관용 원통 고리).

*Na·ples [néiplz] 몡 **1** 나폴리(이탈리아의 서남부 나폴리만의 항구 도시). ¶ *See ~ and then die.* 《속담》 나폴리를 보고 죽어라. **2 the Bay of ~** 나폴리만(灣).

NAPM 〘美〙 *National Association of Purchasing Management*(전미 구매 관리 협회).

na·po·le·on [nəpóuliən, -ljən] 몡 **1** 나폴레옹 케이크(커스터드 크림과 파이 껍질을 층으로 포갠 케이크). **2** 나폴레옹 금화(金貨)(Napoleon 1세 또는 3세의 초상이 새겨져 있는 20프랑짜리 옛 프랑스 금화). **3** 〘카드놀이〙 나폴레옹(nap). **4** 나폴레옹 부츠(가죽제 장화의 일종). **5** (나폴레옹과 같은) 지배자, 거물. 〔<F〕

Na·po·le·on [nəpóuliən, -ljən] 몡 나폴레옹. **1 ~ I** (*Napoléon Bonaparte*) 나폴레옹 1세(1769–1821: 프랑스의 장군; 황제(1804–15)). **2 ~ III** (*Louis Napoléon Bonaparte*) 나폴레옹 3세(1808–73: 프랑스의 황제(1852–70)). **~·ism** 몡 나폴레옹식 전제정치, 나폴레옹 주의. **~·ist** 몡

Na·po·le·on·ic [nəpòuliánik/-ɔ́n-] 웽 나폴레옹 1세(시대)의; 나폴레옹 같은. **-i·cal·ly** 閉

Napoleónic Wárs 몡 (the ~)〘역사〙 나폴레옹 전쟁(1796–1815).

Na·po·li [náːpɔːliː] 몡 나폴리(Naples)의 이탈리아명.

na·poo [nəpúː] 〘英俗〙 웽 못쓸, 쓸모 없는, 죽은. 캡 글렀다, 당했다, 쓸데없다, 못쓰겠다(No good!). ──를 해치우다, 죽이다.

nap·pa [nǽpə] 몡 =napa².

nappe [nǽp] 몡 **1** 〘지질〙 냅(상당히 멀리까지 밀려난 지괴(地塊)). **2** 〘토목〙 월류수맥(越流水脈). **3** 〘기하〙 원추의 정점을 통해 2등분한 한 쪽.

nap·per¹ [nǽpər] 몡 **1** 선잠 자는 사람; 졸기 조는 버릇이 있는 사람. **2** 〘英俗〙 머리.

nap·per² 몡 (천의) 보풀 기술자; 기모기(起毛機).

nap·py¹ [nǽpi] 웽 **1** 〘英〙 (술이) 독한; 잘(빨리) 취하는; 거품이 이는. **2** 〘스코 구어〙 얼큰히 취한. **3** 〘英구어〙 (말이) 말을 듣지 않는, 다루기 힘든. **4** 〘美俗〙 피곤한. ── 몡 〘스코〙 술, 맥주(ale).

nap·py² 몡 (바닥이 평평한) 작은 접시. (또는 **nappie**)

nap·py³ 웽 **1** 잔털로 덮인; 솜털이 난. **2** (머리카락이) 짧고 곱슬곱슬한. **3** 〘美俗〙 터무니없는. ── 몡 짧고 곱슬곱슬한 머리카락; (경멸적) 흑인, 니그로.

nap·py⁴ 몡 〘英〙 유아용 냅킨, 턱받이; 기저귀. 〔빠진.〕

nap·py-head·ed [-hédid] 웽 〘美俗〙 멍청한, 얼

Nap·ster [nǽpstər] 몡 〘상표〙 〘컴퓨터〙 냅스터(인터넷의 음악 공유 소프트웨어(서비스)).

na·pu [náːpuː] 몡 (동남아산(産)) 궁노루. 〔League.

NARAL 〘美〙 *National Abortion Rights Action*

nar·bo [náːrbou] 몡 〘美俗〙 재미없는(지겨운) 녀석.

narc [naːrk] 몡 〘美俗〙 **1** 마약 수사관; 마약, **2** 밀고자. **3** 보기 싫은 놈. ── 통 =nark. 〔<*narcotic*〕

nar·ce·ine [náːrsiìn, -siin] 몡 〘약학〙 나르세인(마취성 알칼로이드의 일종).

nar·cism [náːrsizm] 몡 =narcissism. **-cist** 몡

nar·cis·sism [náːrəsìzm] 몡 〘U〙 **1** 자기 사랑, 자애(自愛); 이기주의, 자기 중심주의. **2** 〘정신분석〙 자기 도취증, 나르시시즘.

-sist 몡 **-sís·tic** 웽 **-sís·ti·cal·ly** 閉

narcissístic personálity 몡 〘정신의학〙 자기애(自記愛) 인격; 극단적인 자기 중심적 성격.

*nar·cis·sus [naːrsísəs] 몡 (몡 ~·**es**, -*cis·si* [-sísai, -sfsaiː]) **1** 수선화(jonquil, daffodil 따위). **2** (N~) (그리스 신화) 나르시스, 나르키서스(물에 비친 자기 모습에 반한 나머지 물에 빠져 죽어 수선화가 되었다는 미모의 청년); (n~) 미모로 자부심이 강한 청년.

nar·co [náːrkou] 몡 (몡 ~·**s**) 〘美俗〙 =narc.

nar·co- [náːrkou, -kə] (연결) 「마비, 마취, 최면, 마약」의 뜻(* 모음 앞에서는 narc-). ¶ *narcodiagnosis*.

nar·co·a·nal·y·sis [nàːrkouənǽləsis] 몡 〘U〙 〘심리〙 마취 분석(최면약을 사용하는 심리 요법).

nar·co·buck [náːrkoubÀk] 몡 마약 밀매 자금, 마약 달러; 마약 거래로 얻은 이익. (또는 **nárcodollar**)

nar·co·lep·sy [náːrkəlèpsi] 몡 〘U〙 〘병리〙 발작성 (發作性) 수면, 졸음병. **-lép·tic** 웽

nar·co·ma [naːrkóumə] 몡 (몡 ~·**s**, -*ta* [-tə]) 〘병리〙 마취성 혼수. **-com·a·tous** [-kɑ́mətəs] 웽

nar·co·ma·ni·a [nàːrkəméniə] 몡 〘정신의학〙 마약 상용벽, 마약 중독; 마약에 의한 정신 이상.

nar·cose [náːrkous] 웽 혼수(지각 마비) 상태의.

nar·co·sis [naːrkóusis] 몡 〘U〙 수면 상태(; 마취 따위에 의한) 혼수(마비) 상태. (또는 **narcotism**)

nar·co·syn·the·sis [nàːrkousínθəsis] 몡 〘U〙 〘심리〙 마취 요법(마취약·수면제에 의한 정신병 치료법).

nar·co·ter·ror·ism [-térərizm] 몡 마약 테러(범죄)(마약 조직에 의한 범죄·테러 행위). **-ist** 몡

nar·co·ther·a·py [nàːrkouθérəpi] 몡 〘정신의학〙 마취 요법(마취약에 의한 정신 이상 요법).

*nar·cot·ic [naːrkátik/-kɔ́t-] 몡 **1** 마취(성)의, 최면성의; 마약(사용)의. ¶ ~ **drugs** 마약 / ~ **action** 마취[최면] 작용. **2** (책·이야기가) 잠이 오게 하는, 졸리게 하는. ¶ *a ~ lecture* 졸음이 오는 강의. **3** 마약 중독(치료)용의. ── 몡 **1** (종종 ~·**s**) 마취제, 마약; 최면제; 졸음이 오게 하는 것; 고통을 덜어주는 것. **3** 〘美〙 마약 중독(환)자. **-i·cal·ly** 閉 **2** 마취 상태; 마약 중독.

nar·cot·i·cism [naːrkátəsìzm/-kɔ́t-] 몡 〘의학〙

nar·co·tine [náːrkətìn] 몡 〘U〙 〘화학〙 나르코틴(아편 알칼로이드의 일종; 해열제용).

nar·co·tism [náːrkətìzm] 몡 〘U〙 **1** 마약(수면제) 상용; 마약 중독; 마취제의 작용(영향). **2** =narcosis. **-tist** 몡 마약 상용자.

nar·co·tize [náːrkətàiz] 통 …을 마취시키다, …에 마취를 걸다; (지각·감각)을 무디게 하다, 진정시키다, …의 마취 작용이 있다. **·ti·zá·tion** 몡

nar·co·traf·fick·er [-trǽfikər] 몡 〘구어〙 마약 장수, 마약 밀매업자. **-ing** 몡

nard [naːrd] 몡 〘식물〙 나르드, 감송(甘松)(히말라야산(産) 방향(芳香) 식물); 〘U〙 (이 식물에서 채취한) 감송향(甘松香)(고대인이 향유로 사용). 〔鼻孔, 콧구멍(nostrils).

nar·es [néəriːz] 몡 *nar·is* [-is]의 복수; 〘해부〙 비공

nar·ghi·le [náːrgəli, -lèi] 몡 수연통(水煙筒)(연기가 물을 통하게 된 담뱃대). (또는 **nargile(h)**)

nar·i·al [néəriəl] 웽 〘해부〙 콧구멍의.

nar·is [néərəs] 몡 nares의 단수.

nark [naːrk] 몡 **1** 〘英俗〙 (경멸적) (경찰의) 앞잡이, 끄나풀, 밀고자. **2** 〘美〙 마약 단속(수사)관. **3** 〘濠俗〙 귀찮은 사람, 흥을 깨는 사람(kill-joy). ── 통 **1** 〘英俗〙 경찰의 스파이 노릇을 하다, 밀고하다. **2** 〘濠俗〙 초조해하다, 괴로워하다. ── 통 〘英俗〙〘남〙을 밀고하다; 〘남〙을 (…으로) 초조하게 하다, 괴롭히다(by).

feel narked at [or *with*] …을 언짢게 생각하다.

Nark it! 〘英俗〙 집어치워!(Stop it!); 조용히 해!

nark·ied [náːrkid] 웽 * 다음 숙어로만 쓴다.

get narkied 마약을 주사하다, 마약 중독이 되다.

nark·y¹ [náːrki] 웽 〘英俗〙 성마른; 기분이 언짢은.

nark·y² 웽 〘英俗〙 마약. 〔은. (성미가) 까다로운.

nar·ly [náːrli] 웽 〘美俗〙 멋진, 훌륭한(gnarly); (속)지긋지긋한.

N-arms [énáːrmz] 몡 핵무기(nuclear arms).

narr. narrated by; narrator.

nar·ra·tage [nǽrətidʒ] 몡 〘U〙 나라타주(TV·영화의 회상 장면 따위에서 화면과 narrator가 소리만으로 story를 해설하는 수법). 〔<*narration*+*montage*〕

nar·rate [nǽreit, -ˊ/nəréit] 통 **1** (사건·경험 따위)를 (순서대로) 말하다, 이야기하다. ¶ ~ *one's adven-*

narration 1828 **nascent**

tures 자기의 모험담을 이야기하다. **2** [기록·영화·TV 따위에] 해설을 가하다, 해설자 역할을 하다. ── ⓐ (사건·경험 따위에 대해) 이야기하는. **-rat·a·ble** ⓐ

‡**nar·ra·tion** [næréiʃən/nə-] ⓝ ⓤ [~z] 1 ⓤ 이야기하기; 기술, 서술. ¶ the manner of ~ 서술법. **2** ⓤⓒ 이야기, 담화; ⓤ (소설·역사책과 같은) 이야기 형식. ¶ travellers' ~s 여행담[기]. **3** [문법] 화법. ¶ direct [indirect] ~ 직접[간접] 화법. **4** [수사] (고전적 변론 형식의) 제3단계(문제의 해명). **~·al** ⓐ

‡**nar·ra·tive** [nǽrətiv] ⓐ (⁂ ~s [-z]) 1 ⓒⓤ (사건·경험 등을) 서술하는 것, 이야기, 담화. ⇨ STORY 〚유의어〛 give a ~ of one's adventures 모험담을 이야기하다. **2** 이야기책, 설화 문학 작품. **3** [스코 법률] (증서 따위의) 설명부. **4** ⓤ 서술, 이야기하기; 화술. ¶ a master of ~ 화술에 능한 사람. ── ⓐ 이야기[서술]의; 이야기로 된, 이야기풍의; [미술] (그림·조각 따위가) 이야기를 묘사[표현]하는. ¶ ~ literature 설화 문학 / ~ style 서술체, 설화체 / a ~ painting 설화 회화. **~·ly** ⓐ

nárrative árt ⓝ 설화 예술(story art)(언어적 요소와 시각적 요소를 사용한 예술 형태).

nar·ra·tol·o·gy [nærətάlədʒi/-tɔ́l-] ⓝ 설화론(說話論).

*****nar·ra·tor** [nǽreitər, --́/-nəréi-] ⓝ [극 따위의] 이야기하는 사람, 내레이터. (또는 **narrater**)

nar·resh·keit [nάːrəʃkàit] ⓝ 《미속어》 멍청함, 바보스러움; 터무니없는 일; 하찮은 일. 《Yid》

‡**nar·row** [nǽrou] ⓐ (**~·er**; **~·est**) **1** (폭이) 좁은, 가는; (직물이) 폭이 좁은(18인치 미만). ¶ a ~ alley [aisle] 좁은 골목길[통로]. **2** (공간·장소가) 협소한, 옹색한; (범위·뜻·경험 따위가) 제한된, 좁은. ¶ ~ quarters 밀집 지대. **3** (사람·마음·생각 따위가) 좁은, 편협한(in). ¶ a ~ mind 편협한 마음 // He is ~ in his opinions. 그는 견해가 편협하다. **4** (자원·수입 따위가) 적은, 불충분한; (살림 따위가) 궁핍한, 궁색한. ¶ ~ resources 모자라는 자원. **5** (한정용법) 간신히 얻은, 가까스로(간신히) 된. ¶ a ~ victory 가까스로 얻은 승리, 신승 / win by the ~est majority 근소한 차의 과반수로 이기다. **6** (문어) (음미·조사 따위가) 주의 깊은, 엄밀[면밀]한. ¶ a ~ scrutiny [search] 면밀한 음미[수색]. **7** 《영방언》 인색한(with, in). ¶ ~ with his money [or in money matters] 돈에 인색한. **8** (음성) (모음이) 협착음(狹窄音)의, 긴장음(緊張音)의; (음성 표기가) 정밀한. ¶ ~ vowels 협모음(狹母音)[[i:], [u:] 따위). **9** 《미》 (가축 사료가) 고(高)단백의. **10** (증권) (주식 거래가) 소폭의.

by a narrow margin 간신히, 가까스로.

in a narrow sense 좁은 뜻(의미)으로.

── ⓥ (~s [-z]) ⓥ 좁아지다, 가늘어지다; 적어지다, 작아지다, 줄어들다 (into, to). ¶ (~ + 前 + 图) The road ~s into a footpath. 길이 좁아져 오솔길이 된다. ── ⓥ **1** …을 좁게[가늘게] 하다, 좁히다; …을 작아[적어지게] 하다, 줄이다(down). **2** …을 편협하게 하다. **3** …을 제한하다; (범위 따위)를 좁히다(down)(to). ¶ (~ + 图 + 圖) (~ + 图 + 圖 + 图) ~ down the choice to four 선택 범위를 네 사람으로 좁히다.

narrow in on (목표물이) 다가오다; (유도탄 따위가) 목표물로 향하다.

── ⓝ (⁂ ~s [-z]) **1** 좁은[가는] 부분[곳, 것]; (~s) (단·복수 양용) 해협, 하협(河峽), 좁은 길, 산길. **2** (the N-s) 내로스 해협(New York의 Staten Island와 Long Island 사이의 해협). **~·ish** ⓐ

nárrow béd [céll] ⓝ 무덤(grave).

nárrow bóat ⓝ 《영》 운하용 거룻배.

nar·row·cast [nǽroukæ̀st/-kὰːst] ⓝ 유선 방송, 특정 지역 (대상) 방송. [broadcast]

── ⓥ 유선 방송하다, 특정 지역에 방송하다.

nar·row·cast·ing [nǽroukæ̀stiŋ/-kὰːst-] ⓝ 《미》 유선 TV 방송(cablecasting).

nárrow círcumstances [méans] ⓝ 빈곤, 궁핍. ¶ **be in** ~ 궁핍하다.

nárrow clóth ⓝ 폭이 좁은 직물(18인치 미만).

nárrow escápe ⓝ (a ~) 가까스로 모면하기, 구사일생. ¶ **have a narrow escape** 간발의 차로 위기를 면하다, 구사일생하다.

nar·row-fist·ed [-fístid] ⓐ 인색한, 구두쇠의.

nar·row-gage [-géidʒ] ⓐ **1** 협궤의. **2** =narrow-gauge. (또는 **nárrow-gáged**)

nárrow gáte ⓝ (the ~) (성서) 좁은 문. ¶ Enter by the ~. 좁은 문으로 들어가라(←마태 복음(Matt.) 7:13-14). [간 1,435m 이하의 것).

nárrow gáuge ⓝ [철도] 협궤(狹軌)(미국에서는 궤

nar·row-gauge [-géidʒ] ⓐ 좁은, 편협한. (또는 **nárrow-gáuged**) [품(리본 따위).

nárrow góods[wáres] ⓝ 《영》 폭이 좁은 물

nárrow hóuse ⓝ = narrow bed.

*****nar·row·ly** [nǽrouli] ⓐ **1** 좁게, 가늘게. **2** 편협하게, 협량으로. **3** 옹색하게. **4** 아슬아슬하게, 가까스로 (barely). **5** (문어) 세밀(정밀)하게.

*****nar·row-mind·ed** [-máindid] ⓐ 마음이 좁은, 협량한, 편협한. **~·ly** ⓐ **~·ness** ⓝ

nar·row·ness [nǽrounis] ⓝ **1** 좁음, 협소, 가늚; 편협, 협량. **2** 빈약; 궁핍, 곤궁. **3** 검약, 인색.

nárrow séas ⓝ ⓟ 《영》 (영국 본토에서 보아 좁은 바다, (두) 해협(영국 해협(English Channel) 및 아일랜드 해(Irish Sea)). [row escape.

nárrow squéak[sháve] ⓝ (a ~) 《구어》 =nar-

nárrow wáy ⓝ (the ~) (성서) 좁고 험난한 길, 정의(正義)(←마태 복음(Matt.) 7:14).

nar·thex [nάːrθeks] ⓝ [건축] 배랑(拜廊), 나르텍스(교회의 본당(nave) 바로 앞의 널따란 홀).

nar·w(h)al [nάːrwəl] ⓝ 일각(一角)고래(북극해산(產)). (또는 **nár·whale** [nάːrhwèil])

nar·y [nɛ́əri] ⓐ 《방언》 조금도 … 없는, 하나의 …도 없는. ¶ ~ a doubt 한 점의 의혹도 없는.

[narw(h)al]

N.A.S., NAS National Academy of Sciences; naval air station(해군 항공 기지).

NASA [nǽsə, nάːsə] ⓝ =National Aeronautics and Space Administration.

NASACOM National Aeronautics and Space Administration Communication's Network(NASA 의 우주 여행을 위한 세계적인 지상 통신 지원망).

NASA·ese [næ̀səíːz] ⓝ 나사 용어.

*****na·sal** [néizəl] ⓐ **1** 코의, 코에 관한. **2** [음성] 비음의. ¶ a ~ sound 비음(鼻音). **3** 코먹은, 비성(鼻聲)의. ── ⓝ **1** [음성] 비음, 비음자(字)([m], [n], [ŋ] 따위). **2** (투구의) 코가리개. **3** (해부) = ~ **bone**.

Nasal on that! 《미속어》 이제 됐다, 신경 쓸 것 없다.

~·ism ⓝ 코에 걸리는 발음; 비음성(性). **~·ly** ⓐ

násal bóne ⓝ 코뼈.

násal cávity ⓝ (해부) 비강(鼻腔).

násal fée(ding) ⓝ (의학) 비강 영양[급식](법).

násal inhàler ⓝ 코(비강) 흡입약[제].

na·sal·i·ty [neizǽləti] ⓝⓤ 비음성(鼻音性).

na·sal·ize [néizəlàiz] ⓥ (*《영》 **-ise**) 《음성》 (图) …을 비성으로 발음하다, 비음화하다. ── ⓥ 비성으로 말하다, 비음화하다. **·i·zá·tion** ⓝ

násal spéculum ⓝ (의학) 비경(鼻鏡).

násal twáng ⓝ (음성) 콧소리(twang).

NASCAR [nǽskɑːr] ⓝ 《미》 전미(全美) 개조(改造) 자동차 경기 연맹, 다. Nascar, N.A.S.C.A.R. 〔< National Association for Stock Car Auto Racing〕

nas·cent [nǽsnt, néis-] ⓐ **1** 태어나려고 하는, 생기(期)의, 초기의. ¶ a ~ republic 신생 공화국. **2** (화

NASD *National Association of Securities Dealers*(전미(美) 증권업자 협회).

NASDAQ [nǽsdæk, næz-] 圐 《美》《증권》 나스닥 (NASD가 점두 거래로의 증권의 시세를 알려주는 컴퓨터 정보 시스템). =Nasdaq market. (또는 **Nasdaq**) [<*N*ational *A*ssociation of *S*ecurities *D*ealers *A*utomated *Q*uotations]

Násdaq màrket 圐 《美》《증권》나스닥 시장, 뉴욕 장외 증권 시장.

nase·ber·ry [néizbèri, -bəri] 圐 《식물》사포딜라 (sapodilla)(의 열매).

nash [næ∫] 圐圙《美속어》=nosh. **∼-er** 圐

Nash [næ∫] 圐 **John F. ∼** 내시(1928- : 미국의 수학자·경제학자; 게임 이론 개발; 노벨 경제학상(1994)).

Nash·ville [nǽ∫vil] 圐 내슈빌(미국 Tennessee주의 주도(州都); 남북 전쟁의 격전지(1864)). 「연맹)

NASL *N*orth *A*merican *S*occer *L*eague(북미 축구

na·so- [néizou, -zə] 〔연결〕 nose, nasal의 뜻. ¶ *naso*frontal(비액(鼻額)의). 「에 관계된).

na·so·gas·tric [nèizougǽstrik] 圐 《의》 위와 위장의

Nas·sau [nǽsɔː] 圐 나소(서인도 제도 Bahamas 연방의 수도; 해변 보양지).

Nas·ser [náːsər, nǽs-] 圐 **Gamal Abdel ∼** 나세르(1918-70: 이집트의 군인·정치가; 대통령(1956-70)). **∼·ism** 圐

nas·tic [nǽstik] 圐 《식물》경성(傾性)을 나타내는, 경성 운동의. 「금련화(金蓮花).

nas·tur·tium [næstə́ːr∫əm/nə-] 圐 《식물》한련,

‡**nas·ty** [nǽsti/náːs-] 圐 (*-ti·er*; *-ti·est*) 1 몹시 더러운, 불결한. ⇨DIRTY 유의어 ¶ a ∼ room 더러운 방. 2 (맛·냄새 따위가) 메스꺼운. ¶ a ∼ smell 욱지기나는 냄새. 3 불쾌한, 싫은. ¶ a ∼ sight 불쾌한 광경/turn ∼ 불쾌해지다/make a ∼ remark 싫은 소리를 하다. 4 (책·말 따위가) 음란한, 추잡한, 징그러운. ¶ a ∼ language 비어(卑語)/a ∼ book 외설 서적. 5 심술궂은, 적의가 있는, 비열한. ¶ a ∼ trick 심술궂은 계교. 6 성가신, 감당하기 어려운; 난처한; 위험한. ¶ a ∼ business 성가신 일. 7 (날씨 따위가) 험악한, 궂은, 잔뜩 찌푸린. ¶ a ∼ storm 험한 폭풍우. 8 (타격 따위가) 심한, 큰. ¶ a ∼ blow 심한 타격. 9 《美속어》 멋진, 굉장한; 매력적인, 섹시한.

a nasty one 퇴짜; 퇴박; 통렬한 가격.
a nasty piece [or *bit*] ***of work*** ① 심술궂은 행위, 못된 시도. ② 《구어》 심술궂은 사람, 비열한[싫은] 녀석.
cheap and nasty 값싸고 저질인.
cut up nasty 기분이 언짢아지다, 핏대를 올리다; 시비를 걸다.
get *oneself* ***into a nasty mess*** 난처한 처지에 빠지다.
leave a nasty taste in the mouth 뒷맛이 개운치 않다.
something nasty in the woodshed 유년기의 충격적인 경험.
turn nasty 성내다, 난폭하게 굴다.
── 圐 (**1** 《英구어》 심술쟁이, 질이 좋지 않은 녀석. 2 《구어》 공포[괴기] 비디오 영화(video ∼). 3 (-ties) 《英속어》 팬츠; 수영 팬츠.
-ti·ly 凰 **-ti·ness** 圐

nas·ty·nice [-náis] 圐 겉으로만 친절한, 은근히 무례한.

nat [næt] 圐 《컴퓨터》 내트(정보량의 단위; 1.44 bits).

nat. national; native; natural(ist). **Nat.** Natal; Nathan(iel); National(ist). **NATA** *N*orth *A*merican *T*elecommunications *A*ssociation(북미 원거리 통신 협회).

na·tal[1] [néitl] 圐 1 출생[탄생]의, 태어나면서부터의. ¶ one's ∼ day [place] 생일[출생지]. 2 태어난 고향의.

na·tal[2] 圐 엉덩이의, 둔부의.

Nat·a·lie [nǽtəli] 圐 나탈리(여자 이름).

na·ta·list [néitəlist] 圐 인구 증가 재창자. **-lìsm** 圐

na·tal·i·ty [neitǽləti, nə-] 圐Ⓤ 출생률.

na·tant [néitnt] 圐 《생태》부유성의: 해엄치고 있는; 물에 떠 있는. **∼·ly** 凰 「《法》. **∼·al** 凰

na·ta·tion [neitéi∫ən/nə-] 圐Ⓤ 수영, 유영; 영법(泳

na·ta·tor [néitətər] 圐 헤엄치는 사람[것].

na·ta·to·ri·al [nèitətɔ́ːriəl, næt-] 圐 헤엄치는; 헤엄치기에 알맞은, 헤엄치는 특징[습성]이 있는. ¶ ∼ birds 물새.

na·ta·to·ri·um [nèitətɔ́ːriəm, næt-] 圐 (國 ∼**s**, **-ri·a** [-riə]) (옥내의) 수영장.

na·ta·to·ry [néitətɔ̀ːri/-təri] 圐 =natatorial.

NATCA *N*ational *A*ir *T*raffic *C*ontrollers *A*ssociation(전미(全美) 항공 관제사 조합). 「만 쓴다.

natch [næt∫] 凰 《속어》물론. ── 圐 ※ 다음 숙어로
on the ∼ 《美속어》마약을 복용하지 않는. (※ naturally의 단축형)

na·tes [néitiːz] 圐圙 《해부》 궁둥이, 둔부(臀部) (buttocks); 《뇌의》 사구체(四丘體) 전부(前部)의 한쌍.

Na·than [néiθən] 圐 1 《성서》 나단(다윗(David) 왕을 나무란 예언자. ── 사무엘기 하(2 Sam.) 12:1). 2 네이선(남자 이름; 애칭 Nat, Nate).

Na·than·a·el [nəθǽniəl, -njəl] 圐 《성서》 나다나엘(그리스도의 성실한 제자. ⇨요한 복음(John) 1:45-51).

nathe·less [néiθlis, nǽθ-] 凰《고어》 圐 =nevertheless. ── 凰 =notwithstanding. (또는 **nathless**)

‡**na·tion** [néi∫ən] 圐 (國 ∼**s** [-z]) 1 (the ∼) 《집합적; 단·복수 양용》 국민. ¶ the French ∼ 프랑스 국민 / the voice of the ∼ 국민의 소리, 여론 / The whole ∼ is[are] anxious for peace. 전국민이 평화를 열망하고 있다. 2 (민족·정치적 결합체로서의) 나라, 국가. ¶ an advanced [a developing] ∼ 선진국[개발 도상국] / the United *N*ations 국제 연합. 3 《집합적; 단·복수 양용》 민족, 공동체, 종족. ¶ the *J*ewish ∼ 유대 민족. 4 (북미 인디언의) 부족 (연합). 그 특별 거주 지역. 5 《중세의 대학·스코틀랜드 대학에서의》 출신지별 학생 단체. 6 (the ∼s) 《시》 세계 여러 나라 국민, 전인류. 7 (the ∼s) 《성서》 유대인 이외의) 이교도.
the law of nations 국제(공)법(international law).
∼·hòod 圐 **∼·lèss** 圐

‡**na·tion·al** [nǽ∫ənl] 圐 1 국가의, 국가적인. ¶ ∼ affairs 국사, 국무 / the ∼ game 국기(國技) / ∼ defense 국방 / the ∼ flag 국기(國旗). 2 국민 전체에 공통되는[특유한], 국민적인. ¶ ∼ character 국민성 / a ∼ language 국어. 3 국유의, 국영의; 국립의, 국정(國定)의. ¶ a ∼ enterprise 국영 기업 / ∼ railroads 국유 철도 / a ∼ theater 국립 극장. 4 애국적인; 국가주의의. ¶stir up ∼ sentiment 애국심을 불러일으키다. 5 전국민적인; 전국적인; 중앙의[된 local). ¶ a ∼ radio network 전국 라디오 방송망 / a ∼ capital 수도, 서울. 6 국가를 대표하는. ¶ a ∼ team 국가 대표팀.
── 圐 (國 ∼**s** [-z]) 1 (특정국의) 국민, 시민; (특히 외국에 거주하는) 동포, 동국인. ¶ Korean ∼s living abroad 해외 거주 한국인. 2 《종종 ∼s》 전국 (경기) 대회. 3 (노동 조합 따위의) 전국 조직. 4 《보통 ∼s》 전국지.
∼·ly 凰 「(紙).

Nátional Acádemy of Scíences 圐 전미(全美) 과학 아카데미(略 N.A.S., NAS).

nátional accóunting 圐 국민 (경제) 회계.

nátional advertísing 圐 전국 광고.

Nátional Aeronáutics and Spáce Administràtion 圐 (the ∼) 미국 항공 우주국(略 NASA).

nátional agréement 圐 (고용 조건에 관한 국가 차원의) 산업별 협정.

nátional ánthem[áir] 圐 국가(國歌).

Nátional Assémbly 圐 (the ∼) 1 (1946년 이래의) 프랑스 하원; 《프랑스 역사》 (혁명 당시의) 국민 의회. 2 (한국 등의) 국회. **Nátional Assémblyman** 圐

nátional assístance 图 (英) 국민 생활 보조금, 국가 보조.
Nátional Associátion for the Adváncement of Cólored Péople 图 (the ~) 전미(全 美) 흑인 지위 향상 협의(약 NAACP).
nátional átlas 图 국세 지도집(國勢地圖集).
nátional bánk 图 국립 은행; (美) (연방 정부 인가의) 국법 은행.
Nátional Básketball Associátion 图 (the ~) 전미 농구 협회(프로농구 리그; 약 NBA).
nátional bírd 图 국조(國鳥), 나라새. 「(위원회].
Nátional Bóard (the ~) (美) 의사 국가 시험
nátional bránd 图 내셔널 브랜드, 제조업자 상표.
Nátional Búreau of Stándards 图 (美) (상무부의) 국립 표준국(약 NBS, N.B.S.).
Nátional Bús Còmpany 图 (the ~) (英) 국영 버스 회사(약 NBC).
nátional cáll 图 (英) 장거리 전화(trunk call).
Nátional Cáncer Ìnstitute 图 (the ~) (美) 국립 암 연구소(약 NCI).
nátional cémetery 图 국립 묘지.
nátional cháirman 图 (정당의) 전국 위원장.
nátional chúrch 图 국민 교회; 국립 교회. 참고 established church
Nátional Commánd Authórities 图 (美군사) 국가 최고지휘권자(핵 전쟁 발발시 지휘권을 갖는 대통령·국방 장관). 「의파.
Nátional Cóngress 图 (the ~) (인도의) 국민 회
Nátional Convéntion 图 (the ~) 1 (프랑스 역사) 국민 공회(1792-95). 2 (n- c-) (美정치) (정당의) 전국 대회; (일반적으로) 전국 대회.
nátional dáy 图 국경일.
nátional débt 图 국채, 국가 부채.
Nátional Económic Cóuncil 图 (the ~) (美) 국가 경제 회의(대통령 직속의 경제 정책 최고 결정기).
nátional ecónomy 图 국민 경제. 「구; 약 NEC).
nátional énsign 图 국기(ensign).
Nátional Fóotball Léague 图 (the ~) 전미(全美) 미식 축구 연맹(약 NFL).
nátional fórest 图 (美) 국유림.
Nátional Frónt 图 (the ~) (英) 국민 전선(극우파 국가주의 정당; 약 NF).
Nátional Gállery 图 (the ~) (英) 국립 미술관 (London 소재; 1838년 개관).
Nátional Gállery of Árt 图 (the ~) (美) 국립 미술관(Washington D.C. 소재).
Nátional Geográphic 图 내셔널 지오그래픽(세계의 문명·지리 지식 보급을 목적으로 하는 사진 중심의 미국 월간 잡지; 1888년 창간; National Geographic Society 발행).
Nátional Geográphic Socíety 图 (the ~) 미국 지리학 협회(세계 최대의 과학 교육 단체; 미국 Washington D.C. 소재).
nátional góvernment 图 1 (때로 N- G-) (초당파의) 거국 일치 정부[내각]. 2 중앙 정부.
nátional gríd 图 (美) 1 (전기) 전국 전력 계통망. 2 (지리) 전국 격자 좌표계.
Nátional Guárd 图 1 (美) 주(州) 방위군(평시 주지사, 전시 연방군에 편입되는 민병 조직). 2 (n- g-) 국가 보안대.
Nátional Héalth Sèrvice 图 (the ~) (英) 국민 의료 보험 제도(1948년부터 실시; 약 NHS).
nátional hóliday 图 국경일; 법정 공휴일.
nátional hýmn 图 국가(national anthem).
nátional ícon 图 국가 상징 건축물(프랑스의 에펠탑, 미국의 자유의 여신상, 영국의 Big Ben 따위).
nátional idéntity 图 민족 주체성, 국민[민족] 의식
nátional íncome 图 국민 소득. 「속의 일체감.

Nátional Insúrance 图 (英) 국민 보험 제도.
nátional ínterest 图 (the ~(s), one's ~(s)) 국가 이익, 국익(國益). ¶serve the ~ 국익에 기여하다.
*na·tion·al·ism [næ̌ʃənəlìzm] 图 ⓤ 1 민족주의, 민족 자결[독립]주의. 2 애국심, 애국 운동; 국가주의, 내셔널리즘. 3 국수주의, 광신적 애국주의. 4 국민 의식; 그 나라 특유의 관용어법(慣用語法); 국민성. 5 (사회주의의) 산업 국유론[주의].
*na·tion·al·ist [næ̌ʃənəlist] 图 1 민족[국수, 국가]주의자; 민족 자결주의자. 2 (N-) 국민[국수]당원.
— 图 1 국가[국수, 민족]주의(자)의; 민족 자결주의(자)의. 2 (N-) 국민[국수]당의; 「(비공식 명칭).
Nátionalist Chína 图 (대만의) 국민당 정부; 중화
na·tion·al·is·tic [næ̀ʃənəlístik] 图 국가[국수, 민족]주의적인, 국가주의(자)의. -ti·cal·ly 部
‡na·tion·al·i·ty [næ̀ʃənǽləti] 图 (爾 -ties [-z]) 1 ⓤⓒ 국적; (재산·소유물 따위의) 국적, 귀속국. ¶an airplane of unknown ~ 국적 불명의 항공기. 2 국가, 국민, 민족, 국민적 감정, 민족 의식. 4 ⓤ 국가적 존재[독립]. ¶attain[or achieve, obtain] ~ 독립국이 되다.
na·tion·al·ize [næ̌ʃənəlàiz] (* (英) -ise) 图他 1 …을 국유[국영]화하다. ¶~ land 토지를 국유화하다. 2 …을 전국에 보급시키다; …을 국가적으로 만들다; …을 국가[국민]의 것으로 만들다. ¶~ a tree-planting campaign 녹화 운동을 전국적으로 전개하다. 3 …을 귀화시키다(naturalize). — 卧 귀화하다. ·i·zá·tion 图 전국화; 국유화. -iz·er 图 (國유)국가주의자.
Nátional Lábor Relátions Bòard 图 (the ~) (美) 전국 노동 관계 위원회(약 NLRB).
nátional lákeshore 图 (때로 N- L-) (美) (연방 정부 관리하의) 국립 호안(湖岸)[호수] 공원.
Nátional Léague 图 (the ~) (야구) 내셔널 리그 (미국의 2대 Major Leagues의 하나).
Nátional Liberátion Frònt 图 (the ~) (각국의) 민족 해방 전선(약 N.L.F.).
nátional líbrary 图 국립 도서관.
nátional mónument 图 (美) 국정 기념물.
nátional móurning 图 국장(國葬).
Nátional Organizátion for Wómen 图 전미(全美) 여성 기구(여권 운동 단체; 1966년 창설; 약 NOW). 「원 관리청.
nátional párk 图 국립 공원.
Nátional Párk Sèrvice 图 (the ~) (美) 국립 공
Nátional Péople's Cóngress 图 (중국의) 전국 인민 대표 대회, 전인대(全人代)(다른 나라의 의회에 해당; 약 NPC).
nátional próduct 图 (경제) 국민 생산.
Nátional Públic Rádio 图 (the ~) (美) 내셔널 퍼블릭 라디오(전미 네트워크의 비영리·공공 라디오 방송; 약 NPR). 「[레크리에이션] 지역[단지].
nátional recreátional àrea 图 (美) 국정 휴양
Nátional Rífle Associátion 图 (the ~) 전미 (全美) 총포 협회(총기 규제 반대 운동 주도; 약 NRA).
Nátional Science Foundàtion 图 (the ~) (美) 국립 과학 재단(연방 정부의 과학 진흥 기구; 약 NSF). 「안 공원.
nátional séashore 图 (때로 N- S-) (美) 국립 해
Nátional Secúrity Advìser 图 국가 안보 담당 대통령 보좌관.
Nátional Secúrity Àgency 图 (the ~) (美) 국가 안전 보장국(외국의 통신 정보를 감청·분석하는 비밀 정보 기구; 약 NSA).
Nátional Secúrity Commìttee 图 (the ~) 图 (하원의) 국가 안전 보장 위원회.
Nátional Secúrity Còuncil 图 (the ~) (美) 국가 안전 보장 회의(대통령 직속의 외교·안보 정책 최고 결정 기구; 약 NSC).

nátional sérvice 图 (때로 N- S-) 〔英〕 국민[의무] 병역, 징병.
nátional sócialism 图 (종종 N- S-) 국가 사회주의. ⓑ Nazism **nátional sócialist** 图
Nátional Sócialist Párty 图 (the ~) (특히 Hitler가 이끌었던) 국가 사회당, 나치스.
nátional spórts 图 국가 스포츠, 국기(國技).
nátional tréatment 图 〔외교〕 내국민 대우.
Nátional Trúst 图 (the ~) 〔英〕 내셔널 트러스트 (명승지·사적 보존을 위한 민간 단체).
Nátional Wár Lábor Bòard 图 (the ~) 〔美〕 국가 전시 노동 위원회(圈 NWLB, WLB). (또는 **Wár Lábor Bòard**)
Nátional Wéstminster Bánk 图 〔英〕 내셔널 웨스트민스터 은행(잉글랜드 4대 은행의 하나).
na‧tion‧hood [néi∫ənhùd] 图Ⓤ 국민성; 국민임, 국민의 신분; 독립국의 지위.
na‧tion‧ist [néi∫ənist] 图 국가주의자.
Nátion of Islám 图 〔美〕 이슬람 국가(미국의 흑인 이슬람교도로 구성된 과격파 흑인 단체; 회원은 Black Muslim).
na‧tion-state [-stèit] 图 (근대의) 국민[민족] 국가.
na‧tion‧wide [néi∫ənwáid] 图 국가 전반에 걸친, 전국적인. ¶a ~ movement 전국적인 운동. ─ 團 전국적으로.
‡**na‧tive** [néitiv] 图 1 태어난 땅의, 출생(지)의; 자기 나라의, 모국의; (…) 출신[태생]의 (to). ¶one's ~ country [or land, soil] 본국, 고국, 태어난 나라/ ~ to Idaho 아이다호 주 출신의. 2 (성질 따위가) …에 타고난, 선천적인, 천부의 (to); 태어난 그대로의, 자연 그대로의; 소박한, 꾸밈없는. ¶~ rights 타고난 권리/~ beauty 자연 그대로의 아름다움. 3 (백인 쪽에서 보아) 토착(土着)의, 원주의, 현지의; 토착[원주]민의; 토착민이 다스리는[사는]. ¶~ customs in Africa 아프리카 원주민의 풍속. 4 (동식물·산물 따위가) 그 고장 고유의; 토박이의, 토산(土産)의, 원산의 (to). ¶Tobacco is ~ to the American continent. 담배는 아메리카 대륙이 원산지이다. 5 〔광물〕 자연적으로 나는, 천연의; 자생 (自生)의. ¶~ salt 천연염. 6 (자연미 따위가) 천연 그대로의, 손을 대지 않은. 7 〔컴퓨터〕 원래 고유 시스템용으로 만들어진.

go native (구어) (백인이) 원주민과 같은 생활을 하다. ─ 图 (~s [-z]) 1 토박이; (종종 ~s) (백인 쪽에서 보아) 토착민, 원주민; (濠) 오스트레일리아 태생 백인. 2 …태생의 사람, …출신자 (of). ¶a ~ of New York 뉴욕 태생의 사람. 3 토착의 동물[식물]. 4 〔英〕 양식굴.
The natives are restless. (美속어) 불온한 공기가 감돈다.
~**‧ly** 團 ~**‧ness** 图
Nátive Américan 图图 아메리칸 인디언(의)(American Indian).
nátive bèar 图 (濠) 코알라(koala).
na‧tive-born [-bɔ́ː rn] 图 그 땅[나라] 태생의, 순수한, 토박이의. ¶a ~ Texan 토박이 텍사스 사람.
nátive dóg 图 (濠) 딩고(dingo). 「사람〔명사〕.
nátive són 图 〔美〕 자기 주 출신 입후보자; 그 고장
nátive spéaker 图 원어민(原語民).
na‧tiv‧ism [néitivìzm] 图Ⓤ 1 이민 배척주의[정책], 원주민 문화 보호[부활] (정책); 토착(土着)주의. 2 〔철학〕 선천설, 생득설(生得說). -**ist** 图
na‧tiv‧i‧ty [nətívəti, nei-] 图 1 Ⓤ 〔문어〕 출생, 탄생(birth). ¶a man of Christ ~ 아일랜드 태생의 사람. 2 (the N-) 그리스도의 강탄(降誕); (N-) 〔미술〕 그리스도 강탄도(부조(浮彫)의 조각 따위). ¶a N- play 그리스도 강탄극. 3 (the N-) 그리스도 강탄일, 크리스마스 (Christmas); 성모 마리아의 탄생제(9월 8일); 성 요한 탄생제(6월 24일). 4 〔점성〕 탄생 천궁도(天宮圖).
na‧ti‧vize [néitivaiz] 图曰 …을 토착화하다.
-vi‧zá‧tion 图

natl. national.
NATO [néitou] 图 북대서양 조약 기구, 나토. (또는 **Nato**) 〔<North Atlantic Treaty Organization〕
Nat. Pk. National Park.
na‧tri‧um [néitriəm] 图 〔화학〕 =sodium.
na‧tri‧u‧re‧sis [nèitrəjuərí:sis] 图 〔병리〕 나트륨뇨(尿) 배뇨 항진. -**rét‧ic** 图
na‧tron [néitrən/-trən] 图Ⓤ 〔화학〕 천연 탄산 소다.
nat‧ter [nǽtər] 〔英구어〕图寘 (…에 대하여) 투덜거리다; 재잘재잘 지껄이다(about). ─ 图 잡담.
~**ed**, ~**y** 图
nat‧ter‧jack [nǽtərdʒæ̀k] 图 (유럽산(産)) 두꺼비.
nat‧tier blúe [nətjéi-] 图 담청색(淡靑色).
nat‧tum [nǽtəm] 图 〔灤속어〕 성교.
nat‧ty [nǽti] 图 (복장·외관 따위가) 산뜻한, 말쑥한, 멋진; 정교한, 손재주가 있는. **-ti‧ly** 團 **-ti‧ness** 图
‡**nat‧u‧ral** [nǽt∫ərəl] 图 (*more* ~; *most* ~) 1 자연의, 천연의; 자연계의 (작용에 의한). ¶~ products 천연의 산물/the ~ beauty of the Alps 알프스의 자연미. 2 자연에 관한; 자연 법칙에 따른; 자연 과학(상)의, 자연을 연구하는. ¶~ phenomena [*or* forces] 자연 현상. 3 자연 그대로의, 사람의 손을 대지 않은; 가공하지 않은, 천연의. ¶die of ~ causes 자연사하다. 4 (동식물이) 야생의; 자생(自生)의; (토지 따위가) 미개간의. ¶~ grass 자생 풀. 5 (성질·능력 따위가) 타고난, 선천적인(inborn), 천성의. ¶a ~ entertainer [athlete] 타고난 연예인[운동 선수]. 6 (논리·윤리적으로) 당연한, 자연스러운; 지당한, 도리에 맞는. ¶a ~ result 당연한 결과/It is ~ for him to succeed. =It is ~ that he should succeed. 그가 성공한다는 것은 당연한 일이다. 7 보통의, 평상의 (to); (정신 따위가) 정상 상태의; 정상의; 점잔빼지 않는, 꾸밈없는; 본래의, 자연 그대로의; 자연 발생적인; 현실적인, 실재하는. ¶a manner ~ to a teacher 선생님다운 태도/a ~ way of speaking 꾸밈없이 이야기하기. 8 (그림 따위가) 꼭 닮은, 실물 그대로의, 진짜 같은. ¶a ~ representation 박진감(迫眞感) 있는 묘사. 9 (양부모에 대해) 진짜의, 생(生) …; (드물게) 사생의, 서출(庶出)의. ¶~ parents 생부모. 10 〔음악〕 제자리의. ¶a ~ sign 제자리표. 11 〔종교가〕 계시 (啓示)에 의하지 않은; (사람의) 교화(敎化)[계발]되지 않은. ¶the ~ man 자연인. 12 〔수학〕 자연수의, 정수(整數)의. 13 〔카드놀이〕 와일드 카드가 없는; (패가) 조커도 와일드 카드도 아닌. 「(to).
come natural (美) (일이) (…에게) 쉽다(to). ─ 图 (~**s** [-z]) 1 〔구어〕 (a ~) (…에/…하는 데) 천부의 재능[소질]을 가진 사람; 적임자, 알맞은 사람[것] (*for*/*to do*); 틀림없이 성공할 사람[것](of or). 2 〔고어〕 (선천적인) 백치(idiot). 3 〔음악〕 (피아노·풍금의) 흰 건반(white key); 제자리음(晉); 제자리표(♮). 4 연한 황갈색. 5 〔美속어〕 7년형. 6 도어 재료(출). 7 〔美속어〕 =blackjack 6. 9 (美흑인속어) Afro형(型) 머리.
for [*or in*] *all one's natural* 〔英구어〕 평생토록, 지금까지는(ever).
Not on your natural! 〔英속어〕 결코 하지 않겠다.
~**‧ness** 图
nat‧u‧ral-born [-bɔ́ː rn] 图 1 그 고장[나라] 태생의, 토박이의; 타고난, 천성의. 2 (속어) 완전한, 철저한.
Nátural Brídge 图 (미국 Virginia 주에 있는 석회암의) 천연 다리; (n- b-) 천연 다리. 「child.
nátural chíld 图 〔법률〕 사생아, 서자; =biological
nátural chíldbirth 图 자연 분만(分娩)〔출산〕(법).
nat‧u‧ral-col‧ored [-kʌ́lərd] 图 자연색의.
nátural dáy 图 자연일(해가 뜬 때부터 질 때까지); 일주야(一晝夜).
nátural déath 图 자연사. ¶die a ~ 자연사하다.
nátural disáster 图 자연 재해, 천재(天災).
nátural énemy 图 〔생물〕 천적(天敵).

nátural fámily plánning 명 자연 가족 계획(배란기에는 성교를 삼가기).
nátural fóod 명 자연식(품).   「고유 진동수.
nátural fréquency 명 〔전기〕 고유 주파수; 〔물〕
nátural gás 명 천연 가스.   「견인.
nátural guárdian 명 〔법률〕 (미성년자의) 혈연 후
nátural hístory 명 자연지(誌)(사史), 박물학; 박물지(誌); (사물의) 발달사, 연혁. ¶a museum of ~ 자연사 박물관. **nátural históran**
nátural ínfancy 명 〔법률〕 (7세 미만의) 유년.
nat·u·ral·ism [nǽtʃərəlìzm] 명 ① 1 〔미술·문학〕 자연주의, 사실(寫實)주의. 2 자연 행위(자연적 본능(욕)망)에 입각(기인)한 행위). 3 자연주의, 자연론. 4 〔윤리〕 자연주의. 5 〔신학〕 자연 신학. 6 자연스러운 것에의 집착, 자연 존중.
nat·u·ral·ist [nǽtʃərəlist] 명 1 박물학자, 동물(식)물)학자. 2 〔문예·철학 따위의〕 자연주의자(론자). 3 〔英〕 애완 동물상(商); 박제사(剥製師)(taxidermist).
— 형 = naturalistic.
nat·u·ral·is·tic [næ̀tʃərəlístik] 형 1 자연적인, 자연을 모방한. 2 자연 연구(자)의, 박물학(자)적인. 3 〔예술·문학〕 자연주의(사실주의)의, 자연 묘사의, 사실적인. 4 〔철학·신학〕 자연론적인. **-ti·cal·ly** 부
nat·u·ral·i·za·tion [næ̀tʃərəlizéiʃən/-laiz-] 명 ① 1 (외국인의) 귀화(歸化) (수속). 2 자연(풍토)화(化); (동식물의) 귀화, 이식(移植); (외국 언어·풍습의) 이입(移入); (환경에의) 순응.
nat·u·ral·ize [nǽtʃərəlàiz] (* 〔英〕 -ise) 타 1 (…으로) 〔외국인〕을 귀화시키다, …에게 시민권을 주다 (in, into). ¶be ~d in Canada 캐나다로 귀화하다. 2 〔동식물〕을 이식하다, 순응시키다. 3 〔외국어·풍습 따위〕를 받아들이다. ¶a French word that has been ~d in English 영어화된 프랑스어. 4 …을 자연에 따르게 하다; 〔초자연적인 것〕을 자연 법칙에 따라 설명하다, 자연적인 것으로 보다. 5 …을 (새로운 환경·풍토 따위에) 길들이다. — 자 1 귀화(토착)하다; 새로운 환경(풍토)에 순화하다. 2 박물학을 연구하다.
-iz·er 명   「는 음계).
nátural kéy 명 〔음악〕 자연 음계(샤프도 플랫도 없
nátural kíller cèll 명 〔면역〕 자연 살세포(殺細胞) (바이러스 감염 세포나 종양 세포를 파괴하는 세포).
nátural lánguage 명 〔컴퓨터〕 (인공·기계 언어에 대하여) 자연 언어. ⇨ machine language
nátural láw 명 〔법률〕 (실정법에 대해) 자연법; 자연의 법칙, 자연율(自然律).
nátural lífe 명 천수(天壽), 수명.
nátural lógarithm 명 〔수학〕 자연 대수(對數).
nat·u·ral·ly [nǽtʃərəli] 부 (more ~; most ~) 1 자연[천연]적으로, 자연의 힘으로; 자연의 이치에 따라. ¶die ~ 자연사하다. 2 나면서부터, 선천적으로. ¶He is ~ reticent. 그는 천성이 말이 없다. 3 당연히; 물론, 예상(생각)했던 대로. ¶Are you going with him?—Naturally. 그와 함께 갈 셈이냐?—물론이지. 4 있는 그대로, 뽐내지 않고, 꾸밈없이; 손쉽게. ¶behave ~ 자연스럽게 행동하다. 5 실물 그대로, 생생하게.
come naturally 〔or 〔美〕 *natural*〕 *to* …의 성미에 맞다, …에게 손쉽다.   「멋대로 하다.
do what comes naturally 성미에 맞는 일을 하다;
nátural mágnet 명 천연 자석(磁石)(loadstone).
nátural mán 명 〔성서〕 (영적으로 눈을 뜨지 못한) 자연인; 비문명인.
nátural mínor scàle 명 〔음악〕 자연 단음계.
nátural mónument 명 천연 기념물.
nátural númber 명 〔수학〕 자연수.
nátural órder 명 1 자연계의 질서, 자연율. 2 〔생물〕 과(family). 3 〔英〕 = natural system.   「인.
nátural pérson 명 〔법률〕 (법인(法人)에 대해) 자연
nátural philósophy 명 = natural science; phys-

ical science. **nátural philósopher** 명
nátural prémium 명 〔보험〕 자연 보험(료).
nátural relígion 명 자연 종교(이성·경험·자연을 바탕으로 하는).
nátural resóurces 명 복 천연(자연) 자원.
nátural ríght 명 (때로 ~s) 자연권, 천부 인권.
nátural rúbber 명 천연 고무, 탄성(彈性) 고무.
nátural scále 명 〔음악〕 자연 음계(natural key).
nátural scíence 명 자연 과학.
nátural scíentist 명 자연 과학자.
nátural seléction 명 〔생물〕 자연 도태.
nátural sýstem 명 〔생물〕 자연 분류.
nátural theólogy 명 〔신학〕 자연 신학.   **nátural theológian** 명
nátural uránium 명 천연 우라늄.
nátural vegetátion 명 자연 식생(植生)(한 지방의) 자연 생장 식물군(群).
nátural vírtues 명 복 〔철학〕 자연의 덕(德)(인간이 타고난 기본적인 네 가지 덕성).
nátural yéar 명 자연 태양년.
‡**na·ture** [néitʃər] 명 (복 ~s [-z]) 1 ① (무관사) 자연, 천연, 자연계; 물질계; 자연 경관; (종종 N—) 산·나무·강·동물 따위) 자연계의 요소, 만물. ¶the beauties (laws) of ~ 자연의 미(법)칙)/preserve (destroy) ~ 자연을 보호(파괴)하다 / All ~ seemed asleep. 만물이 잠든 듯 했다.
2 (무관사) (모든 현상을 포함하는) 전우주, 세계; (N—) 조물주, 창조주, 자연의 여신(* 여성 취급); 자연 현상(작품), 신의 섭리. ¶leave a cure to ~ 치유를 자연에 맡기다 / N— is the best physician. (속담) 자연은 최고의 명의 / God is the author of ~. 신은 만물의 조물주이시다.
3 ① (문명과 동떨어진) 원시적(자연) 상태, 자연 그대로임, 원시적(자연)의, 야생(의) 생활; (사람·물건·장소 등의) 있는 그대로(자연스런) 모습, 실물; (인공·인위 따위에 대해) 자연스러움, 진실미, 박진감. ¶return (go back) to ~ 문명 세계를 떠나 자연으로 돌아가다. 4 ①ⓒ 평상 (사람·동물의) 성질, 기질, 본능, 천성, 성향; ⓒ (수식어와 함께 쓰여) …한 성질(을 가진 사람). ¶a gentle (brutal) ~ 유순(난폭)한 기질(의 사람) / human ~ 인간성, 인정 / animal ~ 동물성 / Habit (or Custom) is (a) second ~. (속담) 습관은 제2의 천성. 5 ①ⓒ (the ~) (사물의) 특질, 본성, 특징. ¶the ~ of love 사랑의 본질 / the ~ of the profession 전문직의 특성. 6 (a ~, the ~) (성질로 본) 종류; 성질; …의 특질을 가진 것; (총·탄환의) 크기. ¶two books of the same ~ 같은 종류의 책 두 권 / a training of a special ~ 특수 훈련. 7 ① 활력, 체력; (배설·성욕 따위의) 육체(생리)적 욕구. ¶ease (or relieve) ~ 대소변을 보다 / sustain (or support) ~ 체력(생명(력))을 유지하다.
against 〔or *contrary to*〕 *nature* 자연의 이치에 거역하여; 부자연스러운(스럽게); 기적적인(으로); 부도덕한(하게).
all nature 〔美구어〕 만물, 만인, 모든 사람. ¶He beats all ~. 그는 누구보다도 훌륭하다.
answer 〔or *obey*〕 *the* 〔or *a*〕 *call* 〔or *demands*〕 *of nature* 대소변을 보다, 화장실에 가다.
a touch of nature 자연의 감정; 인정(미).
by nature 선천(천성)적으로, 천성이; 본래. ¶He is honest *by* ~. 그는 선천적으로 정직하다.
draw from nature 실물(자연물)을 사생하다.
from nature 실물을 모델로.   「죽다.
go the way of all nature 만인이 가는 길을 가다,
in a state of nature 미개 상태로, 자연(야생) 그대로; 벌거숭이로; (아직 신의 은총을 입지 않은) 정신적 미개생의 상태로. ¶live *in a state of* ~ 원시 생활을 하다.
in nature ① 사실상, 현실적으로. ② (최상급의 강조)

완전히, 더할 나위 없이: (의문의 강조) 도대체: (부정의 강조) 조금도. ¶What *in* ~ *do you mean?* 도대체 무슨 뜻이냐? 「라: 저절로, 저절로.
in [or *by*] *the course of nature* 자연의 흐름에 따라
in [or *of*] *the nature of* …의 성질을 띤, 본질적으로 …와 같음이, …을 닮다.
in [or *by, from*] *the (very) nature of things* [or *the case*] 사물의 도리상, 필연적으로, 당연히.
let nature take its course (구어) (일을 자연에) 맡기다, 되어가는 대로 놓아두다.
like all nature (美구어) 완전히.
nature, red in tooth and claw 맹위를 떨치는[흉폭한] 자연; 치열한 다툼[경쟁]. 「*nature* 죽다(die).
pay one's debt to nature; pay the debt of true to nature 실물 그대로, 실물과 꼭 같은.
~**-like** 형
náture bòy 명 (美속어) 1 씩씩한 사나이. 2 (익살) 머리가 부스스한 사나이.
náture conservàtion 명 자연 보호.
náture cùre 명 =naturopathy.
na·tured [néitʃərd] 형 (보통 복합어로) 성질이 …한, …한 성질의. ¶a good-~ man 호인/an ill-~ man 성질이 나쁜 사람.
náture dèity [gòd] 명 (자연물을 신격화한) 자연신.
náture mýth 명 자연 신화(설).   「인쇄법.
náture prínting 명 (실물로 찍는) 원물(原物)[원형]
náture resérve 명 자연 보호 지역.
nature's call 명 (구어) 생리적 요구.   「科].
náture stùdy 명 (초등 교육의) 자연 공부; 이과(理科)
náture tràil 명 (식물·야생조를 관찰할 수 있는) 자연 [삼림] 산책로.
náture wàlk 명 (식물·야생조를 관찰하는) 자연 관찰 산책로; =nature trail.
náture wòrship 명 자연 숭배. **náture wòrshiper** 명
na·tur·ism [néitʃərizm] 명U 1 (종교상의) 자연주의; 자연 숭배(설). 2 (英) =nudism. **-ist** 명
na·tur·op·a·thy [nèitʃərápəθi/-rɔ́p-] 명U 자연 요법(자연식·햇볕·공기 따위에 의한 요법). **-o·path** 명 자연 요법사(師). **-o·páth·ic** 형   「맹].
N.A.U. *National Athletic Union* (전미(全美) 체육 연‡**naught, nought** [nɔːt] 명U 1 제로, 영; (숫자의) 0(cipher). ¶one, six, ~, four 1604번(전화 번호). 2 (문어) 무가치, 무(nothing). 3 파멸, 완전한 실패.
all for naught 헛되이, 부질없이.   「게 하다.
bring…to naught …을 무효로 만들다, 실패로 끝나
care naught for …에 조금도 구애되지 않다; …에 전혀 흥미를 보이지 않다.   「다.
come [or *go*] *to naught* 무효화하다, 실패로 끝나
go [or *count*] *for naught* 무익하다, 쓸데없다; 진가가 인정되지 않다.
set…at naught …을 무시[경시, 경멸]하다.
—— 형 (서술용법) 파멸한, 못 쓰게 된, 돌아간, 망한(lost); (고어) 무가치한, 무익한; (폐어) 사악한.
—— 부 조금도 …하지 않은(not at all).
—— 동 …을 무효로 하다.
‡**naugh·ty** [nɔ́ːti] 형 (-*ti·er; -ti·est*) 1 (아이가) 장난꾸러기인, 개구쟁이인, 말을 듣지 않는, 버릇이 나쁜. ¶It is ~ *of* you *to* do such a thing. 그런 짓을 하다니 장난이 지나치다. 2 천한; 음란한; (행위 따위가) 부적당한. 3 (英속어) 범죄적인. 4 (고어) 품질이 나쁜.
naughty but nice 아슬아슬는 하나 그런대로 괜찮은.
Naughty, naughty! (부모가 자식을 꾸짖을 때) 이 못된 녀석아!, 그러면 안돼!
—— 명 (속어) 성교; (英) 불륜 관계.
—— 동 (속어) …와 성교하다.
-ti·ly 부 **-ti·ness** 명
NAUI *National Association of Underwater Instructors* (전미(全美) 수중 지도자 협회).

nau·pli·us [nɔ́ːpliəs] 명 (복 -pli·i [-pliài]) (동물) 갑각류의 유생(幼生).
Na·u·ru [naːúːruː] 명 나우루(오스트레일리아 동북방의 섬나라; 수도 Nauru). 「다음 숙어로만 쓴다. 「ate).
nause [nɔːz, -s] 동타 ＊
nause out (美속어) …에게 구역질나게 하다(nause-
nau·se·a [nɔ́ːziə, -ʒə/-siə] 명U 1 구역질, 욕지기; 뱃멀미(seasickness). ¶feel ~ 구역질이 나다. 2 몹시 불쾌한 느낌, 증오, 혐오.
nau·se·ant [nɔ́ːziənt, -ʒi-/-siənt] (병리) 욕지기 나게 하는, 최토(催吐)의. —— 명 최토제.
nau·se·ate [nɔ́ːzièit, -ʒi-/-si-] 동타 1 …에게 구역질나게 하다; (수동형으로) …을 (몹시) 불쾌하게 하다(*at, by, with*). ¶His flattery ~s me. 그의 아부에는 구역질이 난다. 2 (고어) …을 몹시 싫어하다, 혐오하다. —— 자 1 구역질나다(*at*). 2 몹시 싫어지다(*at*).
-á·tion 명
nau·se·at·ing [nɔ́ːzièitiŋ, -ʒi-/-si-] 구역질나(게 하는; 혐오감나게 하는, 싫은. ~**·ly** 부
nau·seous [nɔ́ːʃəs, -ziəs/-siəs] 형 1 구역질나게 하는, 메스꺼운 하는. ¶feel ~ 구역질이 나다. 2 몹시 싫은, 꺼림칙한. ~**·ly** 부 ~**·ness** 명
Nau·sic·a·ä [nɔːsíkiə] 명 (그리스 신화) 나우시카 (난파한 Odysseus를 구조한 Alcinoüs왕의 딸).
-naut [nɔːt] 연결 「항행자」, 「추진하는 사람」의 뜻. ¶astro*naut*, cosmo*naut*.
naut. *nautical*.   「무희. (<Skt].
nautch [nɔːt] 명 (인도의) 무용. ¶a ~ *girl* (인도의)
nau·ti·cal [nɔ́ːtikəl] 형 선원의; 선박의; 항해상의, 해사(海事)의. ¶a ~ *almanac* 항해력(航海曆)/~ *tables*[*charts*] 항표해도]/~ *terms*[or *vocabulary*] 항해 용어. —— (~*s*) (英속어) 치질. **·ly** 부
náutical archaéology 명 해양 고고학.
náutical astrónomy 명 항해(항공) 천문학.
náutical míle 명 해리(1,852m).
nau·ti·lus [nɔ́ːtələs] 명 1 앵무조개(pearly ~). 2 (온대·열대산 (産)의) 낙지류의 일종(paper ~). 3 (N-) 노틸러스호(號)(세계 최초의 미국 원자력 잠수함). 4 (the N-) (상표) 노틸러스(근육 강화 기기). [nautilus 1)
nav. *naval; navigable; navigation; navigator; navy*.
nav·aid [nǽvèid] 명 항공용 기기; (항공) 항법(航法) 지원 장치[설비]. [<*nav*igational+*aid*]
Nav·a·jo [nǽvəhòu, náːv-] 명 (복 ~(*e*)*s*) 1 나바호족(의 사람)(북미 Arizona, New Mexico, Utah의 보호 구역에 사는 인디언족). 2U 나바호어. —— 형 나바호족[어, 풍속]의. (또는 **Navaho**)
‡**na·val** [néivəl] 형 1 해군의; 군함의. ¶a *battle* 해전/~ *force*(*s*) 해군 부대/the *N~ Department* 해군부 ((英) the Admiralty)/~ *maneuvers* 해군 기동 훈련/a ~ *port* 군항/~ *power* 해군력/a ~ *review* 관함식(觀艦式). 2 (美고어) 배의, 해운의. ~**·ism** 명U 해군 제일주의. ~**·ist** 명 ~**·ly** 부
nával acádemy 명 해군 하사관 학교; (the N-A-) (美) 해군 사관 학교.
nával árchitecture 명 조선 공학. **nával árchitect** 명 조선 기사.
nával báse 명 해군 기지.
nával brigáde 명 해병대.
nával cadét 명 해군 사관[장교] 후보생.
nával còllege 명 해군 사관 학교.
nával estáblishment 명 (美군사) 해군 시설[부대].
nával ófficer 명 해군 장교; (美) 세관원.   「대].
Nával Resérve 명 해군 예비대.   「(dockyard).
nával shípyard 명 (美) 해군 조선소(의) (naval)
nával státion 명 해군 (보급) 기지, 군항.
nával stòres 명복 (병기를 제외한) 해군 군수품.

nav·ar [nǽvɑːr] 图 〔항공〕 나바(지상 레이더로 공항 관제를 행하는 시스템). 〔<navigational and traffic control radar〕

Na·varre [nəvɑ́ːr] 图 나바르(프랑스 서남부와 스페인 북부에 걸친 지방; 이곳에 있었던 옛 왕국).

***nave**[1] [neiv] 图 (교회당의) 본당 회중석.

nave[2] 图 (차바퀴 중심부의) 바퀴통(hub).

na·vel [néivəl] 图 **1** 배꼽. **2** 중심(점), 중앙부. **3** = ~ orange. **4** 〔문장〕 =nombril.
contemplate [or *regard*] *one's navel* 묵상하다; 명상에 잠기다; 현실을 도피하다.

nável òrange 네이블 오렌지(오렌지의 일종).

nável strìng 탯줄.

na·vi·cert [néivəsə̀ːrt] 图 (전시의) 봉쇄 해역 통과 증명서. 〔<navigation certificate〕

na·vic·u·lar [nəvíkjulər] 〔해부〕 图 (동물의 발 따위의) 배 모양의. ¶a ~ disease (말의) 주상골염(舟狀骨炎). ── 图 (또는 **naviculare**) 주상골(~ bone).

navig. navigation; navigator.

***nav·i·ga·ble** [nǽvigəbl] 图 **1** (강·바다 따위가) 항행할 수 있는, 통행에 알맞은. ¶~ condition [waters] 항해 가능 상태[수역]. **2** (배가) 항행에 견딜 수 있는; (항공기·미사일 따위가) 조종[유도] 가능한. **3** (도로가) 통행 가능한. **‑bíl·i·ty** 图Ⓤ 항행 가능성; 내항성(耐航性). **~·ness** 图 **‑bly** 图

***nav·i·gate** [nǽvəgèit] 图固 **1** …을 항해[항행, 비행]하다. ¶~ a river 강을 항행하다. **2** (배·비행기 따위를) 조종[운전]하다; (미사일)을 궤도에 올려놓다. **3** 〔구어〕 〔비유적〕 〔교섭 따위를〕 진행하다; 〔의안 따위〕를 통과시키다 ¶(~+图+前+名) ~ a bill *through* Congress 의회에서 법안을 통과시키다. **4** 〔구어〕 (시간·장소 따위)를 통과하다, 가로지르다, 건너다. **5** 〔구어〕 (침착하게) …을 나아가다[걷다, 걸어다니다]. **6** (비유적) …을 이끌다, 인도하다. ── ㉠ **1** 배로 가다, 항해 [항행]하다. **2** 배[비행기]를 조종하다. **3** 〔구어〕 (침착하게) 나아가다[걷다, 걸어다니다]. ¶I can ~ all right. 나는 똑바로 걸을 수 있다.

náv·i·gàt·ing òfficer [nǽvəgèitiŋ‑] 图 **1** 〔해사〕 (군함의) 항해장(航海長); (상선의) 항해사. **2** 〔항공〕 항공사.

‡nav·i·ga·tion [nævəgéiʃən] 图Ⓤ **1** 항해, 항행, 항공, 항공술. ¶aerial ~ 항공(술) /inland ~ (하천·운하 따위에 의한) 내륙 항행. **2** 항해학[술]; 항공학[술]. 유도 미사일 조종술. **3** (집합적) 항행 선박[량], 비행량. **4** 〔美구어〕 해운, 운송; (드물게) 선박 여행. **5** (인공의) 수로, 운하. **~·al** 图 **‑al·ly** 图

Navigátion Àct 〔the ~〕〔英역사〕 항해법[조례 (條例)](1651‑1849). 〔NAVSAT〕

navigátion(al) sátellite 图 항법[항해] 위성(약

navigátion còal 〔해사〕 =steam coal.

navigátion làws 图倒 항해 법규.

navigátion lìght 图 항해등; 항공등.

navigátion sýstem 图 (자동차의) 운행 유도 시스

***nav·i·ga·tor** [nǽvəgèitər] 图 항해자, 항해술에 능한 사람; 해양 탐험가. ¶Arctic ~s 북극해 탐험가/ Henry the N‑ 항해왕 헨리. **2** (선박의) 항해사; (항공기의) 비행사, 항법사; (항공기·미사일 따위의) 자동 조종기. **3** 〔英고어〕 =navvy 1.

NÁVSTAR Glòbal Posítioning Sỳstem [nǽvstɑ̀ːr‑] 图 〔항공·군사〕 (미국의) 내브스타 전(全)지구 위치 파악 시스템. 〔<*nav*igation *s*ystem using *t*ime *a*nd *r*anging〕

nav·vy [nǽvi] 图 〔英〕 **1** 〔구어〕 (운하·도로 공사 따위의) 인부. ¶a mere ~'s work 단순 노동. **2** (토목 사용의) 굴착기. ¶a steam ~ 증기 굴착기. ── ㉠ 인부로 일하다.

‡na·vy [néivi] 图 (图 **‑vies** [‑z]) **1** (종종 the N‑) **a)** (단·복수 양용) 해군. ¶the Royal [or British] N‑ 영국 해군(R.N.) /the United States N‑ 미국 해군/ the Secretary of the N‑ 〔美〕 해군 장관(〔英〕 First Lord of the Admiralty) /the Department of the N‑ 〔美〕 해군부(〔英〕 the Admiralty). **b)** 해군부(部). **2** (집합적; 단·복수 양용) (한 나라의) 전(全)해군 함정; 해군 병력. **3** 〔고어〕 (상)선대, 함대(fleet). ¶a ~ of ten vessels 10척의 함대. **4** = ~ blue. 〔쓰인 데서〕

návy bèan 〔美〕 흰강낭콩. 〔<미국 해군에서 널리

návy blùe 图 짙은 감색(영국 해군 제복의 색).

návy‑blúe 图

návy chèst 图 〔美海軍 속어〕 올챙이배.

Návy Cróss 图 〔美〕 해군 수훈장(殊勳章), 특공(特功) 십자 훈장.

návy cùt 图 〔英〕 (파이프용) 살담배.

Návy Dày 图 〔美〕 해군 기념일(10월 27일).

Návy Exchánge 图 (때로 N‑ e‑) 〔美해군〕 (기지 내의) 매점, 해군 PX.

Návy Règister [〔英〕 **Líst**] 图 (the ~) 〔英〕 해군 요람, 해군 장교·함정 명부.

návy yàrd 图 〔美〕 해군 공창(工廠), 해군 조선소.

naw [nɔː] 图 〔美·스코 방언〕 (발음 철자) *no*.

na·wab [nəwɑ́ːb, ‑wɔ́ːb] 图 〔인도〕 **1** (무굴 (Mogul) 제국 시대의) 태수(太守). **2** (N‑) 회교도의 명사(名士)에 대한 존칭. **3** =nabob **1**. **~·shìp**

***nay**[1] [nei] 图 **1** 〔고어〕 아니, 아니오(no). 〔빱〕 yea, aye. **2** 〔고어〕 글쎄, 그렇기는 하나. **3** (문어) 그렇기는 커녕, 오히려. ¶I will permit, ~, encourage it. 나는 그것을 허락하겠다, 아니 오히려 격려하겠다.
nay even …조차도, …까지도.
nay more 그 위에, 그뿐만 아니라.
── 图Ⓤ 〔「아니오」라는 말(대답)〕; 거부, 거절. 〔빱〕 yea, aye. ¶Let your yea be yea and your ~ be ~. 「예」할 것은 「예」하고, 「아니」라 할 것은 「아니」라 하라 (←야고보서 (James) 5:12). **2** 반대 투표(자).
say a person nay 남(의 청)을 거부하다; 남(의 행동)을 저지하다.
The nays have it! (국회에서) 부결되었습니다.
the yeas and nays 찬반(의 수).
will not take nay 거절하지 못하게 하다.
yea and nay 이도저도 아니게, 우유부단하게.

nay[2] 图 〔美속어〕 추한(ugly), 싫은, 좋지 않은.

nay·say [néisèi] 图 (‑*said*) 거절[반대, 부인]하다; 회의적이다, 냉소하다. ── 图 반대, 거절, 부인.

nay·say·er [néisèər] 图 (습관적인) 반대[회의·비판]

Naz·a·rene [næ̀zərí:n] 图 **1** 나사렛 사람. **2** (the ~) 예수 그리스도. **3** 초기 기독교 교도(유대인·외국인 등이 부르는 말). **4** 나사렛 파교도(초기의 유대계 기독교 신자). ── 图 나사렛의; 나사렛 사람의.

Naz·a·reth [næ̀zərəθ] 图 〔성서〕 나사렛(이스라엘 북부의 도시; 예수가 소년 시절을 보낸 곳).

Naz·a·rite [næ̀zəràit] 图 **1** 나질인(人)(옛 헤브라이의 고행자). **2** (드물게) 나사렛 사람; 그리스도. (또는 **Nazirite**) **‑rit·ic** 图

naze [neiz] 图 곶(cape).

Na·zi [nɑ́ːtsi, næ̀tsi] 图 (图 ~**s**) **1** 나치당원, 독일 국가 사회당원; (the ~s) 독일 국가 사회당, 나치스. **2** (종종 n‑) (일반적으로) 전체주의적 국수론자(國粹論者). ── 图 나치 당의, 나치적인. **‑dom** 图 나치 정권. 〔<G *Nati*(*onalsozialist*)의 발음 철자〕

na·zi·fy [nɑ́ːtsifài, næ̀tsi‑] 图固 (종종 N‑) …을 나치화하다, 나치 지배하에 두다. **‑fi·cá·tion** 图

Na·zi·ism [nɑ́ːtsiìzm, næ̀tsi‑] 图 =Nazism.

na·zir [nɑ́ːziər] 图 **1** 회교국 관리 칭호. **2** 〔인도〕 관리의 칭호. **~·shìp**

Na·zism [nɑ́ːtsizm, næ̀tsi‑] 图Ⓤ 독일 국가 사회 주의, 나치즘; 나치즘 운동, 나치 정권.

Nb ㉠ 〔화학〕 niobium. **NB** 〔전자〕 *n*arrow *b*and; *N*aval *B*ase; *N*ebraska. **NB, nb, N.B., n.b.**

[énbì:, nóutə béni/-bí:ni] (라틴) *notā bene*(= note[*or* mark] well)(주의(하라)). **n.b., nb, NB** (크리켓) *no ball*. **N.B.** *New Brunswick*; *North Britain*; *northbound*. **NBA** *National Basketball Association*(전미(全美) 농구 협회); *National Book Award*; *National Boxing Association*(전미(全美) 권투 협회); *Net Book Agreement*.

NBC [énbì:sí:] 图 (美) NBC 방송(미국의 3대 방송망 (network)의 하나). (<*National Broadcasting Company*)

NBC *nuclear, biological and chemical*(핵·생물·화학 무기). **NbE, N.b.E.** *north by east*(북미동(北微東)). **N.B.E.R.** (美) *National Bureau of Economic Research*(국립 경제 조사국). **NBG, nbg** (英구어) *no bloody good*(전혀 가망[쓸모] 없음). **N.B.L.** (英) *National Book League*(전국 도서 연맹).

N-bomb [énbɑ̀m/-bɔ̀m] 图 = neutron bomb.

NBPI (英) *National Board for Prices and Incomes* (물가·소득 위원회). **NBR** *nitrile-butadiene rubber*(니트릴부타디엔 러버(특수 합성 고무; 내유성(耐油性)이 강하다). **NBS, N.B.S.** (美) *National Bureau of Standards*(국립 표준국). **NBT** (美속어) *no big thing*(대수롭지 않은 일). **NbW, N.b.W.** *north by west*(북미서(北微西)). **n/c, NC** *no charge*(무료).
n.c. *nitrocellulose*. **N.C.** *national certificate*; *national license*[*council*]; *New Caledonia*; *new church*; *no credit*; *North Carolina*; *northern command*; *numerical control*(수치 제어); *Nurse Corps*. **NCA** (美군사) *National Command Authority (Authorities)*; (병리) *neurocirculatory asthenia*. **NCAA** *National Collegiate Athletic Association*(전미(全美) 대학 체육 협회). **N.Car.** *North Carolina*. **N.C.B.** (英) *National Coal Board*(석탄 공사). **NCC** *National Council of Churches*(전미(全美) 기독교회 협의회). **NCCJ** *National Conference of Christians and Jews*, **NCCL** *National Council for Civil Liberties*. **NCCM** *National Council of Catholic Men*. **NCCW** *National Council of Catholic Women*. **NCNA** *New China News Agency*(新華社); 중국의 관영 통신사). **NCND** *neither confirm nor deny*(긍정도 부정도 아니하다). **N.C.O., NCO** *noncommissioned officer*. **NCP** (濠) *National Country Party*. **NCPAC** *National Conservative Political Action Committee*(전미(全美) 보수 정치 행동 위원회). **N.C.R.** *no carbon required*. **NCS** *National Communications System*. **NCSA** *National Center for Supercomputing Applications*(많은 소프트웨어를 개발한 Illinois 대학의 기관). **NC-17** (美) *not for children under 17* (17세 이하 미성년자 관람 불가 영화). **NCSI** *National Customer Satisfaction Index*(국가 고객 만족도[지수]). **NCTE** (美·캐나다) *National Council of Teachers of English*. **N.C.U.** (英) *National Communications*[*Cyclists'*] *Union*. **NCV** *no commercial value*. **NCVO** *National Council for Voluntary Organizations*. **N.C.W.** *National Council of Women*. **Nd** 기 (화학) *neodymium*. **nd** (증권) *next day (delivery)*. **n.d.** *no date (delivery)*; *not dated*(날짜 없음). **N.D.** (美) *North Dakota*.

'nd (발음 철자) =and.
-nd[1] 기 (12 이외의 2(의 숫자) 뒤에 붙여) 서수(序數)를 나타낸다. ¶*2nd, 82nd*.
-nd[2] [nd] 접미 1 라틴어의 동사형 형용사에 유래하여, 「…하여야 할 (것)」이라는 뜻의 형용사·명사를 만든다. ¶*reverend, dividend*. 2 라틴어의 동사형 형용사에 유래하는 형용사 어미. ¶*jocund, moribund, rubicund*. 3 영어의 옛 현재분사 어미 '-and'에 유래하는 명사를 만든다. ¶*fiend, friend*.

NDAC (美) *National Defense Advisory Commission*(국방 자문 위원회); *Nuclear Defense Affairs Committee*(NATO의 핵방위 문제 위원회). **N.Dak.** **N.D.** *North Dakota*. **NDCs** *newly democratizing countries*(신흥 민주국(러시아·동구권 제국)). **NDI** *nondestructive inspection*.

N'Dja·me·na [endʒɑ́:mənə] 图 엔자메나(아프리카 Chad의 수도).

NDP *net domestic product*; (캐나다) *New Democratic Party*; (컴퓨터) *numerical data processor* (수치 연산 프로세서). **NDSL** *National Direct Student Loan*(대여식 장학금). **NDT** *non-destructive testing*(비파괴 검사). **Ne** 기 (화학) *neon*. **NE** *Nebraska*; *New England*. **NE, N.E., n.e.** *northeast(ern)*. **N/E, NE, N.E., N.E.** (금융) *no effects* (예금 잔고 없음). **N.E.** *naval engineer*; *new edition*; *New England*; *news editor*; *nuclear explosion*. **NEA, N.E.A.** (美) *National Editorial Association*(전국 편집인 협회); *National Education Association*(전미(全美) 교육 협회); (美) *National Endowment for the Arts*(국립 예술 진흥원); *Newspaper Enterprise Association*(신문 사업 협회). **NEACP** [ní:kæp] (美) *National Emergency Airborne Command Post*(국가 비상시 공중 (작전) 지휘소).

Ne·an·der·thal [niǽndərθɔ̀:l, -tɑ̀:l/niǽndətɑ̀:l] (언어) 네안데르탈인(의). — 图 1 =~ *man*. 2 (종종 n-) (구어) 야만인; 초보수적인 사람. **-er** 图 [<뼈가 발견된 독일 Düsseldorf 근처 계곡 이름]

Neánderthal mán (인류) 네안데르탈인(구석기 시대에 널리 유럽에 살고 있던 인류).

ne·an·ic [niǽnik] 图 젊은; (곤충) 번데기 시기의.

neap [ni:p] 图 소조(小潮)의, 조금의. — 图 조금. — 图타 (수동형으로) 조금으로 (배의 항행)을 방해하다. — 图 (조수가) 조금이 되(어가)다.

Ne·a·pol·i·tan [nì:əpɑ́lətən/nìəpɔ́l-] 图 나폴리 (Naples)의. — 图 나폴리 사람[사투리]; = ~ *ice cream*. 「색 아이스 크림.

Neapólitan íce crèam 图 나폴리 아이스 크림, 3

néap tìde 图 조금, 소조((小潮)).

‡**near** [niər] 形 (~*·er*; ~*·est*) 1 (장소·시간에) 가까이, 접근하여 (*to*). ¶come[*or* go] ~ 접근하다/sit ~ 옆에 앉다/ Christmas is drawing[*or* getting] ~. 크리스마스가 다가오고 있다/Keep ~ to me. 내 곁에 붙어 있어라. 2 (관계 따위가) 근접하여, 밀접하게, 친밀히, 친한 ¶tribes ~ allied (혈통 관계가) 가까운 족. 3 (美구어·英고어) 거의, 대체로(* 이 뜻으로는 현재 nearly 쪽이 보통). ¶for ~ fifty years 근 50년간 / You are ~ right. 네 말이 대체로 맞다. 4 (구) 부정어와 함께) 도저히[결코] …이 아닌. ¶He is *not* ~ so rich. 도저히 그를 부자라고 할 수 없다. 5 (고어) 검소하게, 인색하게. ¶live very ~ 아주 검소하게 살다. 6 (해사) 바람을 옆으로 받으며.

come [*or go*] *near to doing*; *go near to do* 자칫하면 ~ 할 뻔하다.
draw near 접근하다; (때가) 가까워지다, 임박하다.
far and near ⇒FAR.
near at hand 가까이에; 머지않아. ¶There is a shopping center ~ *at hand*. 바로 곁에 상가가 있다.
near by 바로 가까이에.
near enough (구어) …도 마찬가지다.
near to …에 가까운; 거의 …한. ¶~ *to perfection* 거의 완벽히.
near upon [*or on*] (방언) 거의 …, 조금만 더하면
not near ⇒图 4.
nowhere near; *not anywhere near* (구어) …와는 얼토당토 않은, 도저히 미치지 못하는.
so near and yet so far 가깝고도 먼 존재로.

near-

─ 형 (~·er; ~·est) 1 (거리·시간적으로) 가까운, 접근한, 멀지 않은. ¶the ~ store 근처의 가게 / ~ sight 근시 / the ~est way 제일 가까운 지름길 / in the ~ future 가까운 장래에 / ~ work (눈을 가까이 대고 하는) 정밀 작업. 2 같은 계통의, 근친의; 친밀한, (관계가) 가까운, 깊은; 밀접한; 관심이 있는. ¶a ~ relative 가까운 친척 / This is a very ~ concern of mine. 이것은 내가 큰 관심을 가지고 있는 일이다. 3 아주 닮은, 접근한, 진짜에 가까운, 근사한. ¶a ~ resemblance 꼭 닮음 / ~ silk 모조 실크. 4 (한정) 조금만 더하면 …인, 가까스로의; 엇비슷한; 아슬아슬한. ¶a ~ guess 엇비슷한 추측 / a ~ race 접전의 경우. 4 (말·차 따위의) 왼쪽의(※ 말은 왼쪽에서 타는 데서). ¶the ~ side 왼쪽 / the ~ horse (쌍두 마차의) 왼쪽 말 / the ~ front wheel 왼쪽 앞바퀴. 6 인색한. ¶a ~ man 인색한 사람.

a near smile 아주 엷은 미소.
a near translation 원문에 충실한 번역.
a person's nearest and dearest (구어·익살) 가족; 아주 친한 친구.
as near as can be to 하마터면 …할 뻔하여. ¶I was *as ~ as could be to* flunking the course. 나는 하마터면 그 과목에 낙제할 뻔했다.
(as) near as dammit [or *damn it*] (*is to swearing*); *as near as kiss your hand*; *as near as makes no difference* [or *matter, odds*] (구어) 거의, 차이가 없을 정도로.
(as) near as one can do …하는 한. [람]이다.
be the nearest thing to …에 가장 가까운 것[사
make a near escape [or (구어) *touch, thing*] 겨우 도망치다, 구사 일생하다.
near and dear 매우 친밀한, 소중한.
take [or *get*] *a near* [or *nearer*] *view of* …을 가까이 가서 보다.

─ 전 (~·er; ~·est) 1 [어떤 장소·시간·상태 따위에] 가깝게, …가까이에: 거의 …할 뻔하여. ¶the star ~*est* the earth 지구에 가장 가까운 별 / ~ bedtime 취침 시간 가까이에 / somewhere ~ here 이 근처 어딘가에. 2 …을 닮아, …와 비슷하여.
near the wind (해사) 강한 바람을 옆으로 받고.
near (to) a person's heart 가장 중요한; 그리운.

─ 동 (~s [-z]) 타 …에 가까이 가다, 접근하다. ¶The ship ~*ed* the port. 배가 항구에 접근했다.
─ 자 가까워지다, 접근하다. ¶The crisis ~*ed.* 위기가 닥쳐왔다.
~*·ish* 형 ~*·ness* 명

near- [niər] 연결 「거의, 가까이」의 뜻. ¶*near-per-*
near-at-hand [níərəthǽnd] 형 =nearby. [*fect.*
néar béer 명 (대용(代用)의) 순한 맥주.
***néar·by** [níərbái, ´-´] (美) 형 바로 가까이의, 바로 이웃의. ─ 부 바로 가까이에서), 바로 이웃에(서).
─ 전 …의 바로 옆의[에], …가까이에[의].
Ne·arc·tic [niːɑ́ːrktik/-ɑ́ːk-] 형 신북구(新北區)(북미의 온대·한대 지방과 Greenland)의.
néar-déath expèrience [´déθ-] 명 임사(臨死) 체험(을 NDE).
néar dístance 명 (the ~) (그림의) 근경(近景).
Néar Éast 명 (the ~) 근동(近東)(서남 아시아 및 중동 지역). ③ Middle East, Far East
Néar Éastern 형 근동(지역)의.
néar escápe 명 (a ~) 아슬아슬한 탈출[도주, 모면], 구사일생.
make a near escape 가까스로 도망치다.
néar fúture 명 (the ~) 가까운 장래.
‡**near·ly** [níərli] 부 (*more ~, -li·er; most ~, -li·est*) 1 거의, 얼추, 대략(※ ALMOST USAGE); 조금만 하면, ¶~ every day 거의 매일 / It's ~ three o'clock. 거의 3시가 다 되었다. 2 간신히 (…을 면하여); 하마터면 (…을 면할 뻔한). ¶He ~ fell into the pond. 그는 하

마터면 연못에 빠질 뻔했다. 3 가까이에, 친하게, 밀접하게(closely). ¶They are ~ related. 그들은 가까운 친척이다. 4 아주 닮아서, 아주 비슷하여. ¶He ~ resembles his father. 그는 아버지를 꼭 닮았다. 5 (고어) 인색하게. 6 (드물게) 면밀히, 정밀하게. ¶examine a thing ~ 물건을 면밀히 살피다.
nearly always 거의 언제나, 대체로.
not nearly 도저히[결코] …이 아니다. ¶That is *not* ~ enough. 그것으로는 어림도 없다.

near-man [´mæn] 명 =ape-man.
near-mar·ket [´máːrkit] 형주 (연구 개발중인 제품이) 상업 생산 단계에 있는.
néar míss 명 (a ~) 1 유효 근접 폭격; 지근탄(至近彈). 2 (항공기의) 이상 접근(air miss); 위기 일발. 3 목표 일보 직전(의 성과), 아쉬운 일. (또는 **néar-miss**)
néar móney 명 (경제) 근사(近似) 통화, 준(準)통화; (공채·저축 예금 따위) 쉽게 현금화할 수 있는 금융 자산.
near-pan·ic [´pǽnik] 형 거의 공황 상태의, 공황 「대의.
near-point [´pɔ́int] 형 (안과) 근점(近點).
near·shore [níərʃɔ́ːr] 형 연안의, 해변의, 연안 지역의.
néarshore wáters 명복 연안 해역(海域)(해안에서 5마일 이내의 수역(水域)).
near·side [níərsàid] 명형 1 (보통 the ~) (英) (자동차의) 길가쪽(의)(반 offside)(※ 영국에서는 「왼쪽」). 2 (한 쌍의 말 따위의) 왼쪽 것(의).
near·sight [´sáit] 명 (英) short sight).
*****near·sight·ed** [níərsàitid, ´-´] 형 근시(안)의(myopic)(반 farsighted); 근시안적인, 단견(短見)의, 선견지명이 없는. ~·**ly** 부 ~·**ness** 명
near-term [´tə̀ːrm] 형 가까운 장래의, 눈앞의.
néar thíng 명 (구어) (a ~) 아슬아슬함, 위기 일발; 접전.

‡**neat**[1] [niːt] 형 (~·er; ~·est) 1 정돈된, 단정한, 깔끔한; (몸치장 따위가) 말쑥한, 아담한. ¶a ~ room 말끔히 정돈된 방 / a ~ dress 말쑥한 옷 / Her house is always ~. 그녀의 집은 언제나 깔끔하다.

> 유의어 **neat** 청결하게 정리되어 있는. **tidy** 잘 정리되어 있는. **trim** 정리되어 스마트한 느낌을 주는. **clean** 청결한 상태의.

2 깨끗한 것을 좋아하는, 깔끔한. ¶The cat is ~ in its habits. 고양이는 습성이 깔끔하다. 3 말끔한, 취미가 고상한, 품위 있는; 균형이 잡힌. ¶~ furniture (어수선하지 않고) 깔끔한 가구 / a ~ design 말끔한 디자인. 4 (구어) (문제·말이) 적절한, 요령 있는, 재치 있는. ¶a ~ answer 적절한 대답. 5 (시멘트 따위가) 혼합물이 섞이지 않은; (주류가) 물을 타지 않은(英) straight): (드물게) (이익 따위가) 순익의(net). ¶~ wool 순모 / ~ profits 순익 / He took a drink of ~ brandy. 그는 브랜디를 스트레이트로 한 잔 마셨다. 6 솜씨 좋은, 교묘한. ¶a ~ piece of work 솜씨 있는 작품. 7 (구어) 훌륭한, 멋진. ¶ Wow, this is (so) ~. 야, 이거 정말 멋있는데.
(as) neat as a (new) pin [or *a bandbox, nine-pence, wax*] 아주 깔끔한. ¶She is always *as ~ as a pin.* 그녀는 언제나 말쑥하게 차리고 있다.
make a neat job of it 솜씨있게 해내다.
─ 부 (구어) =neatly. 감 (놀람·기쁨 따위를 나타내어) 야아, 와.
~·**ness** 명
neat[2] 명 (복 ~) 1 (고어) 소(cow, ox, bull, steer 따위의 총칭). 2 [집합적] 축우(畜牛). 「다(up).
neat·en [níːtn] 타 …을 말끔하게 정돈[마무리]하
neath [niːθ] 전 (시어) =beneath. (또는 '**neath**)
neat-hand·ed [´hǽndid] 형 (손끝이) 여문, 솜씨있게 마무리짓는, 민첩한, 교묘한. ~·**ness** 명
neat·herd [níːthə̀ːrd] 명 (폐어) =cowherd.
neat-house [´hàus] 명 (英) 외양간.

neat·ly [níːtli] 부 깔끔하게, 단정하게; 적절히; 교묘

neat·nik [níːtnik] 명 (美구어) 깔끔한 사람. [너.

neat·o [níːtou] 형 (속어) 아주 좋은, 썩 잘하는, 빼어

néato caní·to [-kəniːtou] 형 (속어) 훌륭하다, 굉장하다.

néat's-foot òil [níːtsfùt-] 명 우각유(牛脚油) (소의 발뼈를 고아서 얻는 기름; 가죽을 부드럽게 하는 데 쓰인다).

neb¹ [neb] 명 (스코) **1** (새 따위의) 부리; (사람의) 입; (동물의) 코. **2** (돌출한 것의) 끝, 첨단; 펜 끝.

neb² 명 (속어) 시시한 녀석(nebbish).

NEB, N.E.B. National Enterprise Board; New English Bible. **Neb., Nebr.** Nebraska.

neb·bish [nébiʃ] 명 (속어) 하찮은 사람, 겁쟁이, 약골. ~**y** 형

NEbE northeast by east(북동미동(北東微東)).

NEbN northeast by north(북동미북(北東微北)).

Ne·bo [níːbou] 명 〔성서〕 느보 산(모세가 약속의 땅을 내려다본 산. ←신명기(Deut.) 32:49).

***Ne·bras·ka** [nəbrǽskə] 명 네브래스카(미국 중서부의 주; 주도 Lincoln; 약 Nebr., Neb.).

Ne·bras·kan [nəbrǽskən] 형 네브래스카주[사람]의. ─ 명 **1** 네브래스카주 사람. **2** 〔지질〕 네브래스카 빙기(氷期)(제4기 홍적세(洪積世)의 북미 빙하 작용 제1기).

Nebráska sìgn 명 (美속어) 네브래스카 사인(환자가 죽었음을 나타내는 의학 뇌파도).

Neb·u·chad·nez·zar [nèbjukədnézər/-bju-] 명 **1** 네부카드네자르(604?-561?: 예루살렘을 정복한 바빌론의 왕). **2** (때로 n-) 네부카드네자르 병(18,9리터들이 포도주병).

***neb·u·la** [nébjulə] 명 (복 **-lae** [-liː, -lài], **~s**) **1** 〔천문〕 성운(星雲). **a** 〔**a dark** [**diffuse, planetary, spiral**] **~**〕 암흑[산광(散光), 행성상(行星狀), 와상(渦狀)] 성운. **2** 〔병리〕 각막 박예(角膜薄翳)(각막의 엷은 혼탁); 오줌의 백탁(白濁). **3** 분무 약액(噴霧藥液), 분무제.
-**lar** 성운의[에 관한]; 성운상의.

nébular hypóthesis [théory] 명 (the ~) 〔천문〕 성운설(星雲說). [미한 반점이 있는.

neb·u·lat·ed [nébjuléitid] 형 (새·집승 따위가) 희

neb·u·lize [nébjulàiz] (* (英) **-lise**) 타 ···을 안개 모양으로 만들다; (소독약·물감을) (상처에) 분무기로 뿌리다.   [운 (생각 따위가) 흐려지다.

neb·u·liz·er [nébjulàizər] 명 (의료용) 분무기 (천식 환자용) 호흡 보조기.

neb·u·lose [nébjulòus] 형 =nebulous.

neb·u·los·i·ty [nèbjulásəti/-lɔ́s-] 명 **1** 성운상(星雲狀)의 것; 성운(nebula). **2** ① 모호함, 막연, 불명료.

neb·u·lous [nébjuləs] 형 **1** 희미한, 안개낀, **2** 모호한, 몽롱한, 혼란된. ¶**a ~ recollection of the meeting** 그 회합에 관한 분명하지 않은 기억. **3** 구름과 같은; 성운(모양)의: 구름이 많은. ~**ly** 부 ~**ness**

NEC (美) National Economic Council; National Electrical Code(미국 전신 코드); (美) National Emergency Council(국가 비상 대책 심의회); (美) National Executive Committee(전국 집행 위원회); 〔병리〕 neonatal necrotizing enterocolitis(신생아 괴사성 장염); Nippon Electric Co.(일본의 전자·전기 기기 메이커). **NECC** National Educational Computing Conference(전미(全美) 교육 컴퓨터 회의).

nec·es·sar·i·an [nèsəséəriən, -sɛ́ər-] 형명 = necessitarian. ~**ism** 명

‡**nec·es·sar·i·ly** [nèsəsérəli/nésəsər-] 부 **1** 필연적으로, 필연적 결과로서, 반드시; 불가피하게. ¶War ~ causes misery. 전쟁은 필연적으로 불행을 가져온다. **2** (부정어와 함께) 반드시 (···은 아닌). ¶It does not ~ follow that he is guilty. (그렇다고 해서) 그가 반드시 유죄라고는 말할 수 없다.

‡**nec·es·sar·y** [nésəseri/-səri] 형 (**more ~, most ~**) **1** (···에/···을 위해, ···에게) 필요한, 없어서는 안 될, 필수의 (to/for). ¶Food is ~ to [or for] life. 음식은 생존하는 데 없어서는 안된다/Sleeping is ~ to [or for] the health. 수면은 건강에 필요하다.

〔유의어〕 **necessary** 절대로 없어서 안 될 것은 아니지만, 있는 것이 매우 바람직스러운. **needful** 부족되어 충족시킬 필요가 있는; 다른 말보다 긴급한 필요성의 뜻이 약한 말. **essential** 절대적으로 필요한 조건이 되는, 본질적인. **indispensable** 불가결한, 없어서는 안 될. **requisite** 조건으로서 필요한.

2 필연적인, 피할 수 없는, 당연한, 불가피한. ¶**a death** 피할 수 없는 죽음/**a ~ truth** 필연적 진리. **3** 필수의; 선택의 자유가 없는, 강요된. **4** (고어) (하인 등이) 제구실을 하는, 유용한.

if necessary 필요하다면, 필요할 경우.
── (복 **-sar·ies** [-z]) **1** (종종 **-ies**) (···의) 필요한 것, 필수품 (for, of); (-ies) 생활 필수품. ¶**daily necessaries** 일용(필수)품/**household necessaries** 가정용품/**the necessaries of life** 생활 필수품. **2** (美동북부) 변소. **3** (the ~) (구어) (···하는 데) 필요한 행위; (英속어) 필요한 자금[것] (for).

do the necessary 필요한 수단을 강구하다.
provide [or **find**] **the necessary** 돈 마련을 하다.
-**sàr·i·ness** 명

nécessary condítion 명 〔논리〕 필요 조건.
nécessary évil 명 필요악.
nécessary hòuse 명 (방언) 변소.
nécessary stòol 명 실내용 변기(close-stool).

ne·ces·si·tar·i·an [nəsèsətέəriən] 명 필연(결정, 숙명)론자. ── 결정(필연)론(자)의. ~**ism** 명 필연론, 숙명론, 결정론(determinism).

***ne·ces·si·tate** [nəsésətèit] 타 **1** ···을 필요로 하다, 요청하다; (필연적인 결과로서) ···을 수반한다. ¶**Sickness** ~**d her change of air.** 병 때문에 그녀는 전지 요양을 하지 않으면 안 되었다 // (~+_-ing_) **This plan ~s borrowing some money.** 이 계획에 따르면 돈을 어느 정도 빌리지 않으면 안 된다. **2** (수동형으로) (美) ···을 불가피하게 하다, 강제로 ···하게 하다 (to do). ¶ (~+**목**+to **do**) **I am ~d to go there alone.** 나는 혼자서 그곳에 가지 않으면 안 된다.
-**tá·tion** 명   -**tà·tive** 형

ne·ces·si·tous [nəsésətəs] 형 **1** 가난한, 궁핍한, 곤궁한(needy). ¶**~ persons** 빈민. **2** 필연적인, 피할 수 없는, 긴급한, 긴급한. ~**ly** 부 ~**ness** 명

‡**ne·ces·si·ty** [nəsésəti] 명 (복 **-ties** [-z]) ①© **1** (종종 **-ties**) 필요물, 필수품; 필요 불가결한 것. ¶**household necessities** 가정 필수품/**daily necessities** 일상 필수품, 일용품/**the necessities of life** 생활 필수품. **2** (종종 **the ~**) (···의/···할) 필요성, 불가결한 일; 긴급한 필요(요구) (of, for/to do); (a ~) 필요한 것. ¶**N– is the mother of invention.** (속담) 필요는 발명의 어머니/**N– knows** [or **has**] **no law.** (속담) 필요 앞에 법 없다, 사흘 굶은 도둑질 안할 놈 없다// **He faced the ~ of** [or **for**] **appearing in court.** 그는 법정에 출두할 필요성에 직면했다. **3** ①© (the ~, a ~) 필연(성), 불가피성; 당연한 결과. ¶**the ~ of death** 죽음의 불가피성/**Misery follows war as a ~.** 전쟁에는 반드시 재화가 뒤따른다. **4** 강제, 강요. ¶**not by choice but by ~** 자유 의사가 아니라 강제적으로. **5** ① 가난, 빈곤, 궁핍. ¶**be in great ~** 몹시 곤궁하다/ **be reduced to ~** 빈곤해지다. **6** 〔철학〕 필연(성); 〔논리〕 true 추론(推論)의 결과가 반드시 성립하는 것.

be under the necessity of **doing**; **be driven by necessity of** **doing** 불가피하게 ···하다, ···할 필요에 직면하다. ¶**I am under the ~ of quitting school for a financial reason.** 나는 경제적인 이유

bow to necessity (도리가 없다고) 단념하다.
by [or **out of**] **necessity** 필요해서; =*of necessity*.¶I did it *by* ~. 할 수 없이 그 일을 했다.
from (**sheer**) **necessity** (전적으로) 필요에 의하여.
in case of necessity 필요[긴급]시에는.
lay *a person* **under necessity** 남에게 강제[강요]하다.
make a virtue of necessity 당연히 할 일을 하고서 공을 내세우다; 마지못해 하는 것을 자진하여 하는 것처럼 하다.
of necessity 필연적으로, 당연히, 부득불.¶It must *of* ~ be so. 필연적으로 그럴 수밖에 없다.
There is no necessity for doing …할 필요가 없다.
work of necessity (안식일에 해도 좋은) 필요한 일.
—혱 필요한.¶~ money 필요한 돈.

‡**neck**¹ [nek] 몡 1 (인간·동물의) 목; 목뼈; ⓒⓤ (소양의) 목덜미 살.¶a ~ of mutton 양의 목덜미 살/ have a stiff ~ 목이 뻣뻣하다/crane one's ~; make a long ~ 목을 길게 빼다. **2** (의복의) 목, 옷깃, 목 부분.¶the ~ of a shirt 셔츠의 칼라/a round [square] ~ 둥근[네모진] 옷깃. **3** (경마 따위에서) 목의 길이. **4** (병·현악기 따위의) 목, 핏것 닮아서 목의 길이 또는 비슷한) 잘록한 부분, 연결부.¶the ~ of a bottle 병목/the ~ of a guitar[golf club] 기타[골프채]의 목. **5** 애로(隘路); 해협; 지협, 곶.¶a ~ of land[the sea] 지협[해협]. **6** 〖건축〗 (기둥머리 밑의) 목 부분; 〖치과〗 치경(齒頸)(부). **7** (구어) 뻔뻔스러움, 오만함. **8** 〖해부〗 (뼈·기관 따위의) 경부(頸部).

a pain in the neck 골칫거리, 눈엣가시.
be around *a person's* **neck; hang round** *a person's* **neck** (문제·빌린 돈 따위가) 몹시 마음에 걸리다, 걱정이다.
be dead from the neck up …에게 어리석다.
bend *one's* **neck to** …에게 굽히다, 굴복하다.
be up to the [or *one's*] **neck in** [or **with**] (구어) …에 목까지 잠겨 있다, 깊이 빠져 있다; …에 몰두해 있다.
bow the neck (…에) 굴복하다(*to*).
break *one's* **neck** ① 목을 부러뜨리다. ② (구어) 몹시 서두르다. ③ (구어) 핏것 노력하다. ③ (구어) 위험한[어리석은] 짓을 하여 망신하다.
break the neck of 〖일〗의 가장 힘든 대목[대부분]을 끝내다, 고비를 넘기다.
breathe down (**on**) *a person's* **neck; breathe on** *a person's* **neck** ① 남을 귀찮게 따라다니며; 남을 괴롭히다. ② (감독·관리를 위해) 감시하다.
by a neck 가까스로, 근소한 차로.¶win[lose] *by a* ~ 신승[석패]하다.
by the neck (아일·스코 속어) (맥주를) 병째로.
cost *a person his* **neck** 아무에게 목숨이 걸리다.
down (**on**) *a person's* **neck; on a person's neck** 남이 불리해지도록; 남을 괴롭히듯이.
escape with *one's* **neck** 가까스로 목숨을 건져 달아나다.
get [or **catch, take**] **it in the neck** (속어) ① 혼나다, 호된 공격[비난, 처벌]을 받다. ② 버림받다, 해고[파면]되다. ③ 큰 손해를 보다.
get off *a person's* **neck** (구어) 남에게 호통치는 것을 그만두다, 내버려 두다.
harden the neck 저항하다.
have a lot of neck 뻔뻔스럽다.
have the neck to *do* 뻔뻔스럽게도 …하다.
in the neck of =*on the neck of a person*.
neck and crop [or **heels**] 통째, 깡그리, 온통, 짜그락.
neck and neck (경마에서) 목을 나란히 하여; 비등하게, 엇비슷하게.¶They were ~ *and* ~ *in the polls*. 그들은 투표에서 접전을 벌였다.

neck of the bottle 가장 괴로운 때.
neck of the woods (구어) 삼림 속의 취락; 근처, 지역, 지방.
neck or nothing [or **nought**] 결사적으로; 목숨을 걸고, 무모하게.¶It is ~ *or nothing* with me. 그것은 나에게는 흥하느냐 망하느냐 하는 일이다.
neck-and-neck 대접전인, 호각지세(互角之勢)인.
on [or **at, upon**] **the neck of** *a person*; **on** [or **at, upon**] *a person's* **neck** 남의 뒤를 쫓아, 바로 뒤에, 잇따라.
out on *one's* **neck** 내쫓겨서, 갑자기 해고되어.
put it down the neck (구어) 한잔하다.
put *one's* **neck into the noose** ⇒NOOSE.
raise the hair on *a person's* **neck** 남을 오싹하게 하다, 소름끼치게 하다.
risk *one's* **neck** 목숨을 걸고 하다, 위험을 무릅쓰다.
rub [or **scratch**] **the back of** *one's* **neck** 목 뒤를 긁다, 안절부절 못하다.
save *one's* **neck** 교수형을 면하다, 목숨을 건지다; (죄 따위를 범하고도) 책임을 면하다.
shot in the neck (속어) ① 술에 취하여. ② (a ~) 스트레이트 위스키.¶…을 자초하다.
stick *one's* **neck out** (구어) 위험을 무릅쓰다; 위험[걱정]을 자초하다.
talk [or **speak**] **through** [or **out of**] (**the back of**) *one's* **neck** (영속어) 엉뚱한 말을 하다, 실없는 소리를 하다.
tread on the neck of …을 억압[학대]하다.
—동(자) **1** (구어) (목을 껴안고) 애무하다, 서로 애무[키스]하다. **2** (직경 따위가) (…으로) 좁아지다 (*in*). —(타) **1** (구어) …을 껴안고 애무[키스]하다. **2** (닭 따위의) 목을 졸라 죽이다, 목을 자르다. **3** (직경 따위)를 좁히다. **4** (영속어) 마시다.
⚬**-er** 몡 ⚬**-less**, ⚬**-like** 혱

neck² (영방언) (수확제 때) 마지막에 베는 보릿단.
neck·ache [nékèik] 몡 목의 통증.
neck-and-neck [-ənnék] 혱 (한정용법) 접전의, 막상막하의.
neck·band [nékbæ̀nd] 몡 (의복의) 옷깃, 와이셔츠의 칼라 붙이는 부분; (장신용의) 목 끈.
neck-beef [nékbì:f] 몡 ⓤ 목정. [빠르게.
neck·break [nékbrèik] 혱 [몡] (속어) 굉장히 빠른
neck·break·ing [nékbrèikiŋ] 혱 =breakneck.
neck·cloth [nékklɔ̀:θ/-klɔ̀ð] 몡 (폐어) 목도리.
neck-deep [-díːp] 혱 〖서술용법〗 목까지 닿는 깊이의; 목까지 잠긴 (*in*); (곤란·일 따위에) 깊이 빠져든 (*in*, *into*). —튀 깊이 빠져서.
-necked [nekt] 혱말〖…(옷의 목이)〗 …네크인; …한 목을 가진의, 뜻.¶a T-~ shirt T네크 셔츠/long-~ 긴 목을 가진.
neck·er·chief [nékərt/if, -tfi:f] 몡 (몡 -**chieves**, ~**s**) 네커치프, 목도리.
nécker's knob 몡 (구어) 네커스 놉(자동차의 핸들 조작을 쉽게 하려고 핸들에 갖다붙이는 작은 손잡이).
neck·ing [nékiŋ] 몡 ⓤ **1** 〖건축〗 기둥머리의 목부분 쇠시리(neck-molding); 주경(柱頸). **2** (미구어) (이성간의) 포옹, 키스, 애무.
‡**neck·lace** [néklis] 몡 **1** 목걸이, 네크리스; (동물 목 부분의) 목걸이 모양의 다른 털빛 줄무늬. **2** (익살) 교수형용 밧줄.
neck·let [néklit] 몡 목에 꼭 끼는 목걸이; (모피) 목도리.
neck·line [néklàin] 몡 (여성복의) 네크라인, 목둘레로 파인 옷의 선; 목덜미선.
neck·piece [nékpì:s] 몡 (모피) 목도리.
neck-rein [-réin] 동 (미) (고삐로 말의) 방향을 좌[우]로 바꾸게 하다[바뀌다]. [도리.
‡**neck·tie** [néktài] 몡 **1** 넥타이(tie)(* 현재는 tie쪽이 보통).¶tie (untie) a ~ 넥타이를 매다[풀다]; (일반적으로 목 앞에서 매는) 끈, 스카프. **2** (미속어) 교수용(絞首用) 밧줄. ⚬**-less** 혱

necktie party[sòcial] 명 (美속어) 목을 매다는 린치; 린치 집단.

neck-verse [´və:rs] 명 (역사) 면죄시(免罪詩)(ტ어 성서 시편 제51장 첫 절; 죄인이 이것을 읽을 수 있으면 사형이 면제되었다).

neck·wear [nékwèər] 명U (집합적) 네크웨어, 목둘레 장식류(넥타이・스카프・칼라 따위의 총칭).

nec·ro- [nékrou, -rə] 연결 dead, death, corpse 의 뜻(* 모음 앞에서는 necr-). ¶ *necropolis*.

nec·ro·bi·o·sis [nèkroubaióusis] 명U (의학) 변성 괴저(變性壞疽), (체포의) 사멸 과정. **-ót·ic** 형

nec·ro·gen·ic [nèkrədʒénik] 형 (병리) 죽은 것에서 발생하는; 시독성(屍毒性)의.

ne·crol·a·try [nəkrálətri/nekról-] 명 사자(死者) 숭배.

nec·ro·log·i·cal [nèkrəládʒikəl/-lɔ́dʒ-] 형 사망기사(사망자 명부)의(같은). **-ly** 부

ne·crol·o·gy [nəkrálədʒi/nekról-] 명 사망 공고, 사망 기사(obituary); 사망자 명부. **-gist** 명 (신문 따위의) 사망 기사 담당 기자; 사망자 명부 작성자.

nec·ro·man·cy [nékrəmænsi] 명U (사자와의 교령(交靈)에 의한) 점, 강령술; (일반적으로) 마술, 마법. **-màn·cer** 명 **-mán·tic** 형 **-mán·ti·cal·ly** 부

nec·ro·pha·gi·a [nèkrəféidʒiə, -dʒə] 명U 시체[썩은 고기]를 먹는 습. (또는 necrophagy)

ne·croph·a·gous [nəkráfəgəs/nekróf-] 형

nec·ro·phile [nékrəfàil] 명 (정신의학) 시체 애호자, 시간자(屍姦者).

nec·ro·phil·i·a [nèkrəfíliə] 명U (정신의학) (증, 屍姦症), 시체 애호증.

nec·ro·pho·bi·a [nèkrəfóubiə] 명U (정신의학) 사망 공포(증); **-phó·bic** 형

ne·crop·o·lis [nəkrápəlis/nekróp-] 명 (큰) 묘지, (고대 도시나 유사 이전 유적의) 공동 묘지; 폐허의 도시.

nec·rop·sy [nékrəpsi/-rəp-] 명 시체 해부, 부검(剖檢), 검시(檢屍). — 동 …의 검시를 하다.

ne·cros·co·py [nəkráskəpi] 명=necropsy.

ne·crose [nekróus, ´-´] 동 괴사시키다(하다).

ne·cro·sis [nəkróusis/ne-] 명(복-**ses** [-si:z]) (병리) 괴사(壞死); (식물) (세포의) 사멸. **-crót·ic** 형

nec·ro·tize [nékrətàiz] (병리) 동자 괴사(壞死)를 일으키다, 괴사하다. — 동타 (조직・기관 따위)를 괴사시키다. **-tiz·ing** [-tàiziŋ] 형 (병리) 괴사를 일으키는, 괴사성의.

ne·crot·o·my [nəkrátəmi/nekrót-] 명 1 (외과) 괴사(壞死) 조직 제거(술). 2 시체 해부.

NECS Newly Export-Oriented Countries((동남아 등의) 신흥 수출 지향국).

nec·tar [néktər] 명U 1 (식물) 꽃의 꿀; 과즙. 2 (그리스・로마 신화) 넥타르, 신들이 마시는 불로장생주. 3 달콤한 음료, 감로(甘露). 4 넥타주(酒)(탄산수의 일종). 5 (英속어) 미녀. ~**·like** 형

néctar bìrd 명 꿀빨이새(honey eater).

nec·tar·e·an [nektɛ́əriən] 형 =nectarous.

nec·tared [néktərd] 형 (고어) 꿀[넥타]로 가득 채운.

nec·tar·e·ous [nektɛ́əriəs] 형 =nectarous. ~**·ly** 부 ~**·ness** 명 「꿀을 분비하는.

nec·tar·if·er·ous [nèktərífərəs] 형 (식물) (꽃이)

nec·tar·ine [nèktəríːn/néktərìn] 명 넥타린, 승도복숭아; 그 열매.

nec·tar·ize [néktəràiz] 동타 …에 nectar를 섞다.

nec·tar·ous [néktərəs] 형 신들이 마시는 술의(같은; 꽃의 꿀의(같은); 달콤한, 감미로운.

nec·ta·ry [néktəri] 명 (식물) (꿀물을 분비하는) 밀선(蜜腺), 밀조(蜜槽); (곤충) (진딧물 따위의) 밀관(管).

nec·tar·i·al [nektɛ́əriəl] **-ried** 형 「(管).

nec·ton [néktɑn/-tɔn] 명 =nekton. 「별칭).

Ned [ned] 명 네드(남자 이름; Edward, Edmund의

NED, N.E.D. *N*ew *E*nglish *D*ictionary(Oxford English Dictionary의 옛 이름). **NEDC** (英) *N*ational *E*conomic *D*evelopment *C*ouncil(국민 경제 개발 심의회)(* 통칭 Neddy).

ned·dy [nédi] 명 1 (英구어) 당나귀; 얼간이, 바보. 2 (英・濠속어) 말, 경주마.

Ned·dy [nédi] 명 1 (英) =NEDC. 2 네디(남자 이름; Edward, Edmund의 별칭).

Ne·der·land [néidərlɑ̀:nt] 명 네덜란드(Netherlands의 네덜란드명). 「Office.

NEDO (英) *N*ational *E*conomic *D*evelopment

nee [nei] 형 생가(生家)의 성(姓)은 …인, 구성(舊姓)은 …인 (기혼 여성의 미혼 시절의 성을 가리킨다). ¶ Mrs. Jones, ~ Smith 존스 부인, 구성 스미스. (또는 **née**)

‡**need** [niːd] 명 (복 ~**s** [-z]) 1 (one's ~s) 필요한 것, 소용되는 것; 생리[심리]적 요구(물). ¶ one's daily ~s 일용 필수품/bodily [spiritual] ~s 육체적[정신적]으로 필요한 것/My ~s are modest. 내가 필요로 하는 것은 그리 많지 않다.

2 U (때로 a ~, the ~) (…의/…할) 필요(성), 이유, 소용되는 것; 절박한 욕구; 결핍[부족] 상태 (of, for / to do). ¶ He felt the ~ of a higher education. 그는 고등 교육의 필요성을 느꼈다. / There is a growing ~ for scientific education. 과학 교육의 필요성이 증대되어 가고 있다 / His writing shows ~ of improvement. 그가 쓴 것은 퇴고(推敲)를 필요로 한다.

[유의어] **need** 결여・부족감을 수반하여 「필요」를 나타낸다. **necessity** need보다 절실한 강도의 「필요, 요구」를 나타내지만, 반드시 결여감을 수반하지는 않는 객관적인 말.

3 U (…할) 의무, 책임 (to do). ¶ the ~ to pay taxes 납세의 의무 / fulfill [or meet] the ~s of the assignment 주어진 책임을 다하다. 4 U 위급한 때, 비상시, 궁지, 난국. ¶ A friend in ~ is a friend indeed. (속담) 어려울 때 돕는 친구가 참된 친구. 5 U (문어・완곡적) 궁핍, 빈곤. ¶ He lived in dire [or great] ~. 그의 생활은 궁하기 이를 데 없었다.

as...as need be 필요한 만큼[범위내에서]…. ¶ They saw *as* little *as* ~ *be* of each other. 그들은 필요가 없는 한 가급적으로 서로 만나지 않았다.

at need 만일의 경우에, 요긴한 때에.

be good at need 아쉬울 때 도움이 되다.

be [or stand] in need …을 필요로 하다, …이 필요하다. ¶ We are badly in ~ of fuel. 우리는 연료가 크게 모자란다.

do one's needs 볼일을 보다, 대[소]변을 보다.

fail a person in his need 곤경에 빠진 사람을 돌보지 않다. 「ought to do).

had need do (문어) …할 필요가 있다, …해야 하다

have need of [or **for**] …을 필요로 하다. 「안 되다.

have need to *do* …할 필요가 있다, …하지 않으면

if need [or **needs**] **arise** [or **be, were, require**] (문어); **when** [or **as, if**] **the need arises** 필요하다면, 부득이하다면. 「사시에는, 위급할 때는.

in case [or **time(s), the hour**] **of need** 일단 유

in need 어려움에 처한[하여]; 궁핍한[하여].

meet the needs of …의 필요에 응하다.

serve the need 소용에 닿다, 필요에 부응하다.

than need [or **needs**] **be** 필요 이상으로.

urge on [or **upon**] *a person* **the need of** [or **for**] 남에게 …의 필요성을 역설하다.

without the need (…의 /…할) 필요없이 (*for* / *to do*).

— 명 (~**s** [-z]) 타 …을 필요로 하다, …이 필요하다. ¶ ~ rest [food, sleep, time] 휴양[음식, 수면, 시간]이 필요하다 / A sick person ~s care. 환자에게는 간호가 필요하다 // (~+목+to do) I ~ someone *to look after my son*. 누군가 내 아들을 돌봐줄 사람이

필요하다. **2** (to-부정사와 함께) …할 필요가 있다, …하지 않으면 안 되다(must)(* 긍정문에서는 need 대신 must, have to를 쓰는 수가 많다). ¶We ~ *to* search for him at once. 우리는 곧바로 그를 찾아내지 않으면 안 된다/Why do you ~ *to* work so hard? 무엇 때문에 그토록 열심히 일을 해야 하니? **3** (동명사와 함께; (주로 美) 수동의 부정사와 함께) …받을[당할] 필요가 있다. ¶My car ~s repairing[or to be repaired]. 내 차는 수리해야 한다/She will ~ looking after. 그녀를 돌봐줘야 한다. **4** (사람)에게 (…하도록) 요구하다 (to do). ¶I don't ~ you to help me. 당신 도움 따위는 필요 없어요. ── 国 **1** 필요로 하다; 궁핍하다. ¶Give to those who ~. 필요한[원하는] 사람들에게 주어라. **2** (고어) (비인칭 구문으로) 필요하다. ¶There ~s no apology. 변명할 필요는 없다/It ~s not. 필요없다.

I need it yesterday. (구어) 급히 필요하다.
more than needs 필요(한) 이상으로.
That's [or *It's*] *all a person needs.*; *That's* [or *It's*] *just what a person needs.* (美속어) (비꼬아) 그것만은 곤란하다, 그건 너무 지나치다.
What need(s)? 무슨 필요가.
Who needs...? (반어적) …은 필요없다.
You only need to do; All you need to do is (*to*) *do* …하기만 하면 된다.

── 图 (주어의 인칭·시제에 관계없이 항상 need로 쓰며, to 없는 부정사를 수반한다. 부정형은 need not, needn't, 의문은 「need + S + V」의 어순에 따른다) **1** (부정문에서) …하지 않아도 되다, …할 필요가 없다. ¶You ~ *not* do it at once. 그 일은 당장 하지 않아도 된다/I ~ hardly tell you. 너에게 이야기할 필요가 거의 없다/I told her that she ~ *not* worry. 그녀에게 걱정할 필요가 없다고 말해 주었다(* 주절이 과거라도 종속절에는 need가 쓰인다)/He ~*n't* have done it. 그는 그 일을 하지 않았어도 되었을 텐데 (해버렸다).

USAGE *did not need to*와 *need not have* + p.p.
── need에는 본동사와 조동사의 용법이 있어서, 「너는 갈 필요가 없다」는 각각 You do not ~ to go.와 You ~ not go.로 표현되며 본동사로서의 용법이 조동사보다 구어적이다. 그리고 조동사 need에는 과거형이 없고, 본동사의 경우는 「need not have + 과거분사」를 쓰며, 본동사의 경우는 did not need to로 한다: You *did not* ~ *to do it*.(그 일을 할 필요가 없었다)/You ~ *not have done it*.(그 일을 할 필요가 없었는데 (해버렸다)). 위의 예처럼 did not need to…는 「…할 필요가 없으므로 …하지 않았다」를 뜻하나, need not have + p.p.는 「그럴 필요가 없었는데 해버렸다」를 뜻한다는 데 주의.

2 (의문문에서) …할 필요가 있다, …하지 않으면 안 되다(must, ought to). ¶N- I stay here?─No, you ~*n't*. 여기에 있어야 됩니까?─아니, 없어도 됩니다(* 이 경우, 질문할 때 No라는 대답을 예상하고 있는 수가 많다. Yes로 대답할 경우에는 Yes, you must.가 된다)/I wonder if I ~ bring my camera. 내 카메라를 가져가야 할까.

USAGE (1) 조동사 need를 긍정문에 쓰는 것은 주로 낡은 용법이다: One ~ only look at it. 그것을 보기만 하면 된다. (2) 본동사 2)와 조동사의 용법의 구별이 지어지는 수도 있다: You don't ~ to go. (객관적으로) 갈 필요는 없다/You ~ n't go. (주관적으로) 갈 필요 없다.

need I say (삽입구적으로) 말할 것 없이, 분명히.
∠-*er*
need·fire [níːdfàiər] 图 정화(淨火)(나무를 마찰하여 일으킨 불; 옛날 유럽에서 가축의 전염병을 막아주는 것으로 믿었음); (스코) 화톳불; 자연 발화.

need·ful [níːdfəl] 囤 **1** (…에) 필요로 하는, 소용되는 (*for*). ¶~ resources 필요한 자원/do what is ~ 필요한 일을 하다/Water is ~ *for* living things. 물은 생물에게 필요하다. **2** (고어) 곤궁한, 어려운(needy).
── 图 **1** (the ~) (구어) 금전, 당장 쓸 수 있는 현금; 필요한 것[일]. **2** (종종 ~s); 소지품.
do the needful 필요한 일을 하다; 돈을 준비하다; (미식축구) 트라이하여 골로 차는 권리를 얻다.
~·ly 图 ~·ness 图

need·i·ness [níːdinis] 图⓾ 가난, 빈곤, 곤궁.
‡**nee·dle** [níːdl] 图 (~s [-z]) **1** 바늘, 바느질 바늘 (sewing ~); 뜨개바늘(knitting ~), 코바늘(crochet ~). ¶a thread and ~ 실을 꿴 바늘(* 단수 취급)/clever with one's[or a] ~ 바느질을 잘 하는/thread a ~ 바늘에 실을 꿰다. **2** (의학) 찌르는 [꿰매는, 절개하는] 바늘, 주사 바늘; (구어) 피하 주사기. **3** (약 따위의) 주사; (보통 the ~) (속어) 마약 상용 (벽), 마약. **4** 자침(磁針), 나침(羅針); 전신기의 바늘; (레코드 플레이어의) 바늘(stylus); (계기 따위의) 바늘, 지침. **5** 조각침 (彫刻針). **6** (식물) 침엽(針葉). **7** (동물) 침물(針毛). **8** (광물) 침상(針狀) 결정체. **9** 오벨리스크스(obelisk); 뾰족한 바위[봉우리]. **10** (건축) 수리할 때의 버팀목, 버팀대 막이(~ beam). **11** (the ~) (英속어) 신경의 곤두섬. **12** (the ~) (구어) 자극, 박차. **13** (the ~) (구어) 자극적인 말, 독설(毒舌), 비꼬는 말; 적의.
a needle's eye; the eye of a needle 바늘 구멍; 아주 작은 틈; 불가능한 시도(← 마태 복음(Matt.) 19:24).
(*as*) *sharp as a needle* [or *pin*] 매우 날카로운; 잽싼, 눈치 빠른.
find[or *look for, search for*] *a needle in a haystack* [or *bundle of hay*] 찾을 가망이 없는 것을 찾다, 헛수고하다. [다 (*to*).
get the (*dead*) *needle* (英속어) (…에게) 화를 내
give a person the needle 남을 초조하게 하다; 남에게 자극을 주다.
have pins and needles ⇒PIN. [다.
hit the needle 과녁의 중심을 쏘다[에 맞다]; 성공하
off the needle (美속어) 마약을 끊어.
on the needle (美속어) 마약 상용[중독]으로.
thread the needle 어려운 일을 해치우다.
── 图 (~s [-z]; ~d; -dling) 国 **1** …을 바늘로 꿰매다[찌르다], …을 바느질하다. **2** …을 누비듯이 나아가다 (*through, between*). ¶~ one's way *through* the crowd 군중 사이를 누비듯 나아가다. **3** 바늘로 [내장 (內臟) 따위] 를 치료하다, [물집 따위]를 찌르다; (구어) …에 주사하다; (남)을 자극[선동]하여 (…)시키다 (*into*); [남]을 (…의 일로) 놀려대다, 약올리다, 기롱하다 (*about*). ¶(~ + 围 + 前 + 图) They ~d Joe *about* his big ears. 그들은 귀가 크다고 조를 놀려댔다. **5** (속어) [술 따위]에 알코올을 넣어 독하게 하다; [술 따위]에 전류를 통하여 인공숙성시키다; [이야기·강의] 를 (…로) 재미있게 하다 (*with*). ── 国 **1** 바늘을 쓰다, 바느질을 하다. **2** 누비듯이 나아가다. **3** 침상(針狀)으로 결정(結晶)하다. **4** (외과) 수정체 절개 수술을 행하다.
── 图 (英) 손에 땀을 쥐게 하는, 결사적인.
~·like 图 née·dling 图

née·dle·bàr [níːdlbɑ̀ːr] 图 (재봉[편물] 기계의) 바
nédle bàth[shówer] 图 분무욕(噴霧浴)(가늘고 센 물줄기가 분출되는 샤워 목욕).
néedle bèer (美속어) (도수가 높은) 맥주.
née·dle·bòok [-bùk] 图 (책처럼 접는) 바늘겨레.
néedle cándy 图 (美속어) 주사용 마약.
née·dle·càse [-kèis] 图 바늘쌈. [work.
née·dle·cràft [níːdlkræft/-krɑ̀ːft] 图 =needle-
née·dle·fìsh [níːdlfìʃ] 图 (똑 ~(*es*)) 동갈치의 일종(이가 바늘 같은 긴 물고기); 실고기. [실의 길이.
née·dle·fùl [níːdlfùl] 图 (바늘에 한 번 꿰어 쓰는)

néedle gàme 〖명〗 〖英〗 =needle match.
néedle gàp 〖명〗 〖전기〗 바늘 간극(방전 실험용).
néedle gùn 〖명〗 (19세기말의) 단발식 후장총(後裝銃).
néedle júniper 〖명〗 〖식물〗 노간주나무.
nee·dle-lace [-lèis] 〖명〗 바늘뜨개 레이스(needle-point lace).
nee·dle-leaf [níːdlìːf] 〖명〗 침엽의; 침엽수가 우거진.
néedle machine 〖명〗 자수 재봉틀.
néedle màn 〖명〗 〖美속어〗 마약 주사 상습자.
néedle màtch 〖명〗 〖英〗 접전(接戰), (선수·관중이 흥분하고 있는) 격전. (또는 **néedle gàme**)
néedle òre 〖명〗 〖채광〗 침광(針鑛).
néedle pàrk 〖명〗 〖속어〗 마약 상습자 집결지.
nee·dle·point [níːdlpɔ̀int] 〖명〗 1 (즈크천에 수놓은) 털실의 자수; 바늘뜨개 레이스(~ lace). 2 바늘 끝.
—〖형〗 바늘뜨개 레이스의.
nee·dler [níːdlər] 〖명〗 1 신랄한 말(을 하는 사람). 2 바느질하는 사람; 바늘 만드는 사람.
‡**need·less** [níːdlis] 〖형〗 불필요한, 쓸데없는. ¶ ~ worry 불필요한 걱정, 공연한 걱정.
***needless to say** [or **add**] 말할 것도 없이, 물론.
~·**ly** 〖부〗 ~·**ness** 〖명〗
néedle stìck 〖명〗 (에이즈 감염자 등이 사용한) 주사 바늘을 잘못 찔러서 생긴 상처.
néedle thèrapy 〖명〗 침 요법(acupuncture).
néedle tìme 〖명〗 〖英〗 (라디오 방송용의) 레코드 음악 프로 시간. (또는 **needletime**)
néedle tràdes 〖명〗〖복〗 의류 제조업(계).
néedle vàlve 〖명〗 〖기계〗 니들 밸브, 침판(針瓣).
nee·dle·wom·an [níːdlwùmən] 〖명〗 바느질하는 여자, 침모.
*****nee·dle·work** [níːdlwə̀ːrk] 〖명〗〖U〗 바느질 (솜씨), 자수(embroidery); (직업·일로서의) 재봉, 자수, 바늘뜨개 레이스. ¶ be at ~. 바느질을 하고 있다. ~·**er** 〖명〗
need·ments [níːdmənts] 〖명〗〖복〗 필요 물품; (특히 여행용) 필수품.
‡**need·n't** [níːdnt] need not의 단축형. 「꼭.
needs [níːdz] 〖부〗 〖고어〗 (의상) 반드시, 어떻게든지,
***must needs do** (고어) ① 어리석게도[고집스럽게도] …하려고 하다. ② =needs must do. ¶ It must ~ be so. 틀림없이 그럴 것이다.
***needs must do** (고어) 반드시 …해야 하다, …하지 않을 수 없다; …할 것이 틀림없다. ¶ N— must when the devil drives. = He must ~ go whom the devil drives. (속담) 다급하면 하지 않을 수 없다, 발등에 떨어진 불이다.

USAGE **needs**의 위치——needs는 위의 예에서처럼 must의 전후에 써서 대체로 같은 뜻을 나타낸다. must 뒤에 쓰면 종종 빈정대는 말로 「턱없이 …하기를 고집하다」라는 뜻이 되는 수도 있다.

néeds tèst (사회 보장의) 필요성 심사. 「함.
néed to knów (the ~) 〖美군사〗 필지(必知) 사
*****need·y** [níːdi] 〖형〗 몹시 가난한, 빈곤한, 빈궁한. ⇨ POOR 〖유의어〗 ¶ a ~ family 빈곤 가정. —〖명〗 (the ~) (집합적·복수취급) 빈곤자. **néed·i·ly** 〖부〗
neem [niːm] 〖식물〗 인도멀구슬나무. (또는 ˆ [níːm] **trèe**)
ne'er [nɛər] 〖부〗 〖문어〗 =never.
ne'er-do-well [⁴duːwèl] 〖명〗 쓸모 없는 사람, 건달.
—〖형〗 가치 없는, 무능한, 무력한; 불량한.
nef [nef] 〖명〗 (중세의) 배 모양의 식탁용 그릇(금[은]제로 식염·냅킨·수저 따위를 넣는다).
ne·far·i·ous [nifɛ́əriəs] 〖형〗 극악(무도)한; 불법적인, 무법의, 발칙한. ~·**ly** 〖부〗 ~·**ness** 〖명〗
neg [neg] 〖구어〗 사진의 네거(음화). 〔< **neg**ative〕
neg. negation; negative(ly); negligence; negligent; negotiable.

neg·a·bi·na·ry [nègəbáinəri] 〖명〗〖형〗 〖수학〗 음(陰)의 이진수(二進數)(에 관한).
ne·gate [nigéit] 〖동〗〖타〗 …[의 존재·정당성]을 부정하다, 부인하다; …을 무효로 하다, 취소하다. —〖자〗 부정하다. —〖형〗 부정[반대]적인 것.
ne·ga·tion [nigéiʃən] 〖명〗〖UC〗 1 부정, 부인, 거절; 취소. ¶ a sign of ~ 부정의 표시. 2 무(無), 결여; 존재하지 않음[않는 것], 비실재(물). 3 반대. ¶ Darkness is the ~ of light. 암흑은 빛의 반대이다. 4 반대의 진술 [생각, 개념, 주의]; 반박, 반론. 5 〖논리〗 모순율(矛盾律). 6 〖컴퓨터〗 부정(inversion).
~·**al** 〖형〗 ~·**ist** 〖명〗 부정론자.
‡**neg·a·tive** [négətiv] 〖형〗 (**more** ~; **most** ~) 1 (의견·태도·표현 따위가) 부정의, 부인의; 찬성하지 않는, 반대의; 호의적이 아닌, 적대적인. ¶ a ~ answer 부정적 답변 / a ~ vote 반대 투표. 2 (명령·지시 따위가) 거부의, 거절의; 금지의. ¶ a ~ order 금지령. 3 소극적인, 주저하는. ¶ a ~ character [or personality] 소극적인 성격 / a ~ friend 말뿐인 친구. 4 (노력 따위가) 보답되지 않는, 기대에 어긋난. 5 (기분·경험 따위가) 불쾌한, 우울한, 싫은. 6 거꾸로의, 반대 방향의. 7 〖수학·물리〗 부(負)의, 마이너스의. ¶ a ~ quantity 부(負)의 수(양). 8 〖사진〗 음화(陰畫)의. ¶ ~ bath 감광액(感光液). 9 〖전기〗 음전기의, 음전기가 생기는. ¶ ~ electricity 음전기. 10 〖생물·생리〗 (자극에 대하여) 반작용적인. ¶ ~ tropism 자극과 역방향으로 향하는[굽어지는] 성질. 11 〖병리〗 (검사 결과가) 음성(陰性)인, 증상이 인지되지 않는, 이상이 없는. 12 〖화학〗 (원소·기(基)가) 음전기성의, 부(負)의, 음의 성질의. 13 〖논리〗 (명제가) 부정적인. ¶ a ~ proposition 부정 명제. 14 (압력이) 대기압(大氣壓) 이하의. 15 〖심리〗 부(負)의, 부(-)의. ¶ ~ reinforcement 부의 강화. 16 (실물의 반대꼴로 만든) 주형(鑄型)의. 17 (자석의) 남극[-극]의. 18 〖문법〗 부정의. ¶ a ~ sentence 부정문.
***on negative lines** 소극적으로.
—〖명〗 (복) ~**s** [-z] 1 부정적인 말[대답, 진술, 태도]. ¶ reply with a resolute ~ 단호히 아니라고 대답하다. 2 (승낙·동의 따위의) 거부, 거절. 3 〖문법〗 부정어(구)(no, not, neither 따위), 부정문. 4 (the ~) (토론 따위에서의) 반대자[측]; (의안 등의) 거부(권), 부결(veto). 5 (문제의) 부정적 측면. 6 (성격·자세의) 소극성, 소극적 성질. 7 (사물의) 결합, 결점, 불리한 점. 8 (주형·탁본 등의) 실물[원형]의 반대 틀. 9 〖수학〗 마이너스 기호(-). 10 〖전기〗 음전기, (전지의) 음극판. 11 〖사진〗 원판, 음화. 12 〖美속어〗 (경멸적) 흑인.
***in the negative** 부정의[적으로]. ¶ answer in the ~ 〖美속어〗 아니다(no), 아니라고 대답하다.
—〖동〗〖타〗 1 …을 부정[부인]하다, 반증하다. 2 …에 반대하다, …을 거부[거절]하다. 3 …을 무효화하다, 중화(中和)하다.
—〖감〗 안 돼!, 안 된다! 「和하다.
~·**ly** 〖부〗 ~·**ness** 〖명〗 「속도.
négative acceleràtion 〖명〗 〖물리〗 마이너스의 가
négative amortizàtion 〖명〗 〖금융〗 (차입 원금의) 마이너스 상각.
négative campáign 〖명〗〖美〗 중상 비방적 선거운
négative cápital 〖명〗 부채(負債). 「동.
négative débt 〖명〗 자본(資本).
négative eugénics 〖명〗〖복〗 (단수취급) 소극적 우생
négative euthanásia 〖명〗 소극적 안락사(적극적 치료를 하지 않고 죽음이 임박한 환자를 죽게 하기).
négative féedback 〖명〗 〖전자〗 부(負)피드백, 부귀환(負歸還)(inverse feedback).
négative gròwth 〖명〗 〖경제〗 마이너스 성장.
négative íncome 〖명〗 마이너스 소득.
négative íncome tàx 〖명〗 마이너스 소득세, 역(逆) 소득세(일정 수준 이하의 저소득층에 대한 생활 보조금 교부). 「금리.
négative ínterest 〖명〗 〖금융〗 마이너스 이식, 역(逆)

négative íon 〖물·화〗 음이온.
négative líst 〖법〗 금지〖품목〗 리스트[목록].
négative lógic 〖컴퓨터〗 음논리, 마이너스 논리.
négative óption 〖상업〗 〖통신 판매에서〗 네거티브 옵션, 구입 중지 선택권.
négative pláte 〖사진의〗 원판, 음판(陰板); 〖전지의〗 음극판.
négative póle 〖(the ~) 〖전기〗 음극. 〖삶〗 부(負)의.
négative quántity 〖수학〗 부(負)의[마이너스]수; 〖익살〗 가망 없음; 가치가 없는 자연 그대로의.
négative resístance 〖전기〗 부(負)저항.
négative sáver 〖美〗 소극적 저축가, 낭비자.
négative síde[team] 〖토론회의〗 반대측.
négative sígn 〖수학·논리〗 마이너스 기호.
négative stáining 〖화학〗 (박테리아 따위의) 매질 착색〖법〗, 역[음성, 네거티브] 염색〖법〗.
négative sýstem 〖경제〗 포괄주의〖각종 규제의 철폐 등〗.
négative tránsfer 〖심리〗 부(負)의 전이(轉移).
neg·a·tiv·ism [négətìvizm] 〖명〗〖U〗 1 부정론, 소극주의. 2 〖심리〗 거절증(拒絶症); 반항벽.
-ist 〖명〗 부정론자. **-ís·tic** 〖형〗 「음성(陰性).
neg·a·tiv·i·ty [nègətívəti] 〖명〗〖U〗 부정성(性), 소극성;
ne·ga·tor [nigéitər] 〖명〗 거절[부정]하는 사람; 〖컴퓨터〗 =NOT circuit. 「소극적인.
neg·a·to·ry [négətɔ̀ːri/-təri] 〖형〗 부정[거부]적인;
neg·a·tron [négətràn/-trɔ̀n] 〖명〗 〖물·화〗 전자(electron). (또는 **negaton**) [<*negative*+*electron*]
neg·a·watt [négəwàt/-wɔ̀t] 〖명〗 네가와트(에너지 절약으로 절약되는 전기량).
Neg·ev [négev] 〖명〗 네게브(이스라엘 남부의 사막지대).
‡ne·glect [niglékt] 〖동〗〖타〗 1 〖당연히 주의해야 할 사람·일을〗 〖부주의 따위로〗 무시하다, 경시하다. ¶ ~ one's health 건강을 돌보지 않다. 2 〖계으름·부주의 따위로〗 …을 돌보지 않다, 방치하다. ¶ ~ one's family 가족을 돌보지 않다. 3 〖명령·의무 따위를〗 게을리하다, 소홀히 하다. ¶ ~ one's study 학업을 소홀히 하다. 4 〖무관심·부주의 따위로〗 …을 하지 않다, …하기를 잊다. ¶ (~ +*-ing*) (~ +*to* do) He ~ed *writing* [or *to write*] a letter. 그는 편지 쓰는 것을 잊었다.

〖유의어〗 **neglect** 나태·부주의 따위로 충분한 주의를 하지 않다. **disregard** 고려의 대상에 넣지 않다; 좋은 뜻으로도 쓰는 말. **ignore** disregard보다도 더 고의적으로 물리치다; 때로 인정하려고 싶지 않은 일에 일부러 눈을 감는다는 뜻. **omit** 어떤 일의 일부를 neglect하다. **overlook** 부주의 따위로 깨닫지 못하다; 관대하게 모르는 척하다. **slight** 경멸·오만한 마음 때문에 정당한 평가를 못하고 neglect하다.

—〖명〗 1 태만, 불이행; 등한시[방치] 〖상태〗; 무책(無策). ⇨NEGLIGENCE 〖유의어〗 ¶ ~ of one's duties 직무 태만. 2 무시, 경시(disregard); 부주의. ¶ ~ of the law 법을 무시함 / ~ of traffic signals 교통 신호 무시. **by neglect** 방치해 둔 까닭에.
with neglect 되는 대로, 아무렇게나.
~·er, -gléc·tor 〖명〗 태만히 하는 사람.
ne·glect·ed [nigléktid] 〖형〗 방치된, 등한시된; 무시[경시]된. **~·ly** 〖부〗 **~·ness** 〖명〗
ne·glect·ful [nigléktfəl] 〖형〗 부주의한; 태만한; 소홀히하는, 무관심한, 등한한 (*of*). ¶ ~ *of* one's appearance 외모에 무관심한. **~·ly** 〖부〗 **~·ness** 〖명〗
neg·li·gee [nèglizéi, -́--] 〖명〗 네글리제, 〖여성용의〗 헐거운 실내복, 약식[화장]복. (또는 **negligé(e)**) [<F]
‡neg·li·gence [néglidʒəns] 〖명〗〖U〗 1 태만, 부주의, in discharging one's responsibilities 책임 이행의 태만. 2 무관심, 소홀함. ¶ the ~ of one's appearance 외모에 대한 무관심. 3 〖C〗 태만[부주의] 행위.

〖유의어〗 **negligence** 습관적 태만. **neglect** 태만한 행위; 같은 뜻으로 쓰이지만 neglect 쪽이 더 비난하는 의미가 강함.

4 〖법률〗 〖부주의의〗 과실. ¶ gross[slight] ~ 중(重)[경(輕)]과실. 5 〖예술에서〗 법칙의 무시; 자유 분방.
neg·li·gent [néglidʒənt] 〖형〗 1 〖의무 따위에〗 태만한; 게으른, 나태한; 부주의한; 무관심한 (*of, in doing*). ¶ ~ officials 직무 태만한 관리 / a ~ air 무관심한 태도. // He is ~ *of* his duties. =He is ~ *in attending to* his duties. 그는 자기 직무에 태만하다. 2 허물없는, 가식이 없는 자연 그대로의. **~·ly** 〖부〗 「치사죄.
négligent hómicide chàrge 〖법률〗 과실
‡neg·li·gi·ble [néglidʒəbl] 〖형〗 무시할 수 있는; 보잘 것없는, 사소한. **-bíl·i·ty, ~·ness** 〖명〗 **-bly** 〖부〗
NEGO negotiable.
né·go·ciant [F negɔsjɑ̃] 〖명〗 〖프랑스〗 〖포도주〗 상인.
ne·go·ti·a·ble [nigóuʃiəbl, -ʃəbl] 〖형〗 1 〖가격·임금 따위가〗 교섭할수 있는. 2 〖상업〗 〖어음 따위가〗 양도[유통, 환금]할 수 있는. ¶ a ~ bill 유통 어음. 3 〖도로 따위가〗 통행할 수 있는. 4 〖사태·문제 따위가〗 처리 가능한. 5 〖언어가〗 알기 쉬운. 6 〖비화·주장 따위가〗 논의의 여지를 남긴. 〖 ~s〗 양도성[유통] 증권〖채권, 주식 따위〗. **-bíl·i·ty** 〖명〗
negótiable certíficate of depósit 〖상업〗 양도성 예금 증서, CD. 「도성 증권.
negótiable ínstrument 〖명〗 〖상업〗 유통 증권, 양
ne·go·ti·a·nt [nigóuʃiənt, -ʃənt] 〖명〗 =negotiator.
‡ne·go·ti·ate [nigóuʃièit, -si-] 〖동〗 〖자〗 〖…와 / …을〗 교섭하다, 협상하다, 협의하다 (*with / about, for, on, over*). ¶ (~ +〖명〗+〖명〗) ~ *with* a foreign ambassador *on* a peace treaty [*for* peace] 외국 대사와 평화 조약 [강화]를 교섭하다 / ~ *for* the purchase of machines 기계 구입 상담을 하다. —〖타〗 1 〖교섭·협의 따위에 의하여〗 = (…을) 결정하다, 협정하다 (*with*). ¶ ~ a loan 차관을 협정하다. 2 〖업무 따위를〗 처리[수행]하다, 다루다. ¶ ~ one's business deals 사업에 종사하다. 3 〖상업〗 〖어음 따위를〗 유통시키다, 양도하다, 현금으로 바꾸다. ¶ ~ a check 수표를 현금으로 바꾸다. 4 〖장애 따위를〗 극복하다, 〖곤란〗 타개하다; 〖커브를〗 잘 돌다. ¶ He ~d the difficult corner. 그는 어려운 커브를 잘 돌았다.
ne·gó·ti·at·ed séttlement [nigóuʃièitid-] 〖명〗 협상에 의한 타결. 「이블, 협상의 장(場).
ne·gó·ti·at·ing táble [nigóuʃièitiŋ-] 〖명〗 협상 테
‡ne·go·ti·a·tion [nigòuʃiéiʃən, -si-] 〖명〗 **~s** [-z] 1 〖C〗〖U〗 〖종종 ~s〗 교섭, 상담(商談), 담판, 절충, 협상. 2 〖U〗 〖수표·어음 따위의〗 양도, 유통. 3 〖U〗 〖장애·곤란의〗 극복, 타개. 4 〖통신·컴퓨터〗 니고시에이션(handshaking).
be in negotiations with …와 교섭중이다.
break off[*carry on, resume*] **negotiations with** …와 교섭을 중단[계속, 재개]하다.
enter into[*or open, start*] **negotiations with** …와 교섭[협상]을 개시하다.
under negotiation(s) 교섭[협상]중에.
ne·go·ti·a·tor [nigóuʃièitər, -si-] 〖명〗 교섭[협의]하는 사람; 〖수표·어음 따위의〗 양도인, 배서인.
ne·go·ti·a·to·ry [nigóuʃiətɔ̀ːri, -si-/-təri] 〖형〗 교섭[상담]의.
ne·go·ti·a·tress [nigóuʃiətris, -si-] 〖명〗 negotiator의 여성형. 〖-trislz〗 =negotiatress.
ne·go·ti·a·trix [nigóuʃiətriks, -si-] 〖명〗 〖복〗 **-tri·ces**
Ne·gress [níːgris] 〖명〗 〖보통 경멸적〗 흑인 여자.
Ne·gril·lo [nigrílou] 〖명〗 〖복〗 **~(s)** 니그릴로〖중남부 아프리카의 키 작은 흑인; Pygmy, Bushman 등〗.
Ne·grit·ic [nigrítik] 〖형〗 흑인의; 작은 흑인(종)의.
Ne·gri·to [nigríːtou] 〖명〗 〖복〗 **~(e)s** 니그리토〖필리핀·말레이·Andaman 제도 등의 키 작은 흑인〗.
Ne·gri·tude [négritjùːd/-tjùːd] 〖명〗〖U〗 〖때로 n-〗 〖아프리카의〗 흑인임; 흑인으로서의 자각, 흑인 의식[정신]; 흑인의 특성; 흑인의 문화적 긍지[자부심].

‡Ne·gro [ní:grou] 몡 (몡 ~es [-z]) 1 〔인류〕 (인종으로서의) 흑인, (특히 사하라 이남 아프리카의) 니그로. 2 (美) (경멸적) 흑인, 니그로; 흑인의 피를 받은 사람, (선천적으로) 피부가 검은 사람.

유의어 Negro「흑인」이라는 말의 일반적이고 감정적인 색채가 없는 말이었는데, 백인이 붙인 호칭이라 하여 싫어하는 흑인이 늘어나고 있다. **nigger** 매우 경멸적인 말. **black** 경멸적인 말이었으나 최근에는 white(백인)에 대응하는 말로 흑인 자신이 의식적으로 사용한다. **colored man** Negro라는 뜻의 완곡한 말이었으나, 백인의 편의 패배적·타협적 뉘앙스가 풍긴다는 이유로 별로 사용하지 않는다. **African-American, Afro-American** 미국계 흑인을 말하며 뿌리·긍지를 강조한 말로 가장 보편적으로 쓰인다.

— 몡 1 흑색 인종의 (특징을 가진); 흑인[니그로]의, (미국에서) 흑인의 피를 받은 사람의. ¶a ~ school 흑인 학교/the ~ question (미국의) 흑인 문제. 2 (n-) (동물·곤충 따위가) 검은. ~·ness 몡 흑인임.

négro ànt 몡 〔곤충〕 반날개미.
négro clòth [còtton] 몡 (때로 N- c-) 거친 무명 〔의 일종〕.
ne·gro·head 몡 1 〔어업〕 덩어리〔씹는〕 담배; 저질 탄성(彈性)고무의 일종; 〔지질〕 =nigger-head.
Ne·groid [ní:grɔid] 몡 (때로 n-) Negro(계)의; Negro의 특질을 갖춘. — 몡 =Negro.
Ne·gro·ism [ní:grouizm] 몡ⓤ (때로 n-) 흑인주의, 흑인 평등권주의; (영어의) 흑인 사투리.
Ne·gro·ize [ní:grouàiz] (* (英) -ise) 몡짜 (때로 n-) 1 흑인의 특성〔특징〕을 주다. ¶~d speech 흑인식 말투. 2 흑인주의를 주다.
Ne·gro·land [ní:grouland] 몡 〔부의 높지방. (아프리카·미국 남의, 흑인 거주 지방.
ne·gro·ni [nigróuni] 몡ⓤ (종종 N-) 니그로니 칵테일(달콤한 베르무트·비터스·진으로 만든다).
Ne·gro·phile [ní:grəfàil] 몡 (때로 n-) 흑인 편을 드는 사람. (또는 **Negrophil**) — 몡 흑인 편을 드는.
Ne·groph·i·lism [nigráfəlizm/-grɔ́f-] 몡ⓤ (때로 n-) 흑인 옹호. **-list** 몡
Ne·gro·phobe [ní:grəfòub] 몡 (때로 n-) 흑인 혐오자, 흑인을 두려워하는 사람. — 몡 흑인 공포증의. **-pho·bic** 몡〔흑인 혐오의.
Ne·gro·pho·bi·a [ní:grəfóubiə] 몡 (때로 n-) ⓤ 흑인 공포(증), 흑인 혐오.
Négro spíritual 몡 흑인 영가.
Négro Státe 몡 (美역사) 노예주(州)(남북 전쟁 전에 노예 매매를 합법한 주).
ne·gus¹ [ní:gəs] 몡 1 에티오피아 황제의 칭호. 2 (N-) 에티오피아 황제.
ne·gus² [ní:gəs] 몡ⓤ 니거스주(酒)(포도주·더운 물·설탕·향료·레몬 따위를 섞은 음료). 〔<최초로 이것을 만든 영국의 육군 대령 F. Negus의 이름〕
NEH National Endowment for the Humanities.
Neh. Nehemiah.
Ne·he·mi·ah [nì:əmáiə] 몡 1 〔성서〕 느헤미야(기원전 5세기의 유대 지도자). 2 (구약 성서의) 느헤미야기(記) (略 Neh.).
Neh·ru [néiru:, néru:/néəru:] 몡 **Jawaharlal ~** 네루(1889-1964: 인도의 독립 운동가·정치가; 총리 (1947-64)). 〔이 세상 긴 상의〕
Néhru jàcket [còat] 몡 네루 재킷〔코트〕(칼라를 높임).
***neigh** [nei] 몡짜 (말이) 울다. — 몡ⓤ (말의 울음소리.
neigh·bo [néibou] 몡 (美흑인 속어) 아니(no), 안돼〔(don't〕.
‡neigh·bor, -bour [néibər] 몡 (몡 ~s [-z]) 1 이웃 사람, 근처 사람. ¶a next-door ~ 이웃집 사람/a good ~ 이웃간의 사이가 좋은 사람. 2 (~s) 이웃 고장〔나라, 주, 도시 따위〕에 사는 사람. ¶our ~s across the sea 바다 건너의 이웃 나라 사람들. 3 옆자리 사람,

(같은 테이블) 옆에 있는 것. ¶one's ~ at table 식탁에서의 옆자리 사람. 4 (넓은 뜻의) 이웃 사람; 동포, 동료; 동료에게 친절한〔도움을 주는〕 사람. ¶You shall love your ~ as yourself. 〔성서〕 네 이웃을 네 몸과 같이 사랑하라(←마태 복음(Matt.) 19:19). 5 〔이름을 모르는 사람을 친근하게 부르는 말〕 여보세요, 저보세요.
— 몡 1 이웃의, 근처에 사는. ¶~ countries 이웃 나라.
— 동 (~s [-z]) 짜 …와 이웃하다, …에 인접하다; …에 가까이 살다〔위치하다〕. — 짜 1 (…의) 근처〔근방〕에 있다〔살다〕(on); (그와) (…에) 인접하다 ⇔ NEIGHBORING. ¶(~+몡+몡) He ~s on 5th Street. 그는 5번가 근처에 살고 있다. 2 (…와) 친하게 지내다 (with). ¶(~+몡+몡) I have no mind to ~ with him. 나는 그와 가깝게 지낼 생각이 없다.
~·less 몡 이웃이 없는; 고독한. **~·ship** 몡

‡neigh·bor·hood [néibərhùd] 몡 (몡 ~s [-z]) 1 근처, 부근; 이웃, 근린, 인근. ¶in this ~ 이 부근에/live in the ~ of London 런던 근교에 살다.

유의어 **neighborhood, vicinity** 다같이「근처」를 뜻하면서 서로 바꾸어 쓸 수 있으나 neighborhood는 주민을, vicinity는 장소를 강조한다.

2 (어떤 특정의) 지방, 지역, 장소, 지대; (도시 안의 공동 사회를 형성하는) 구역; (도시 계획에서) 단지. ¶a fashionable ~ 상류 계급 거주 지역/a healthy ~ 주위가 건강에 좋은 땅/Our house is situated in a quiet ~. 우리 집은 한적한 곳에 있다. 3 〔집합적; 단·복수 양용〕 이웃〔근처〕 사람들; (구역의 주민). ¶a friendly〔the sociable〕 ~ 인정이 두터운〔서로 다정하게 사귀는〕 이웃 사람들. 4 ⓤ 이웃의 정의(情誼); 이웃 관계. 5 ⓤ (the ~) (…에) 가까움, 근접 유의.

in the neighborhood of ① 약, 대략(about). ¶The price is in the ~ of $100. 값은 약 100달러 정도이다. ② …의 근처에, 가까이에.
néighborhood hòuse 몡 (美) 인보관(隣保館) (대학·교회가 지역 주민에게 제공하는 교육·오락 시설).
néighborhood únit 몡 근린 주거 지구(도시 계획의 단위).
néighborhood wátch (gròup) 몡 (美) 마을 〔방범대, 자경단(自警團).
‡neigh·bor·ing [néibəriŋ] 몡 이웃의, 가까이에 사는〔있는〕, 인접지의; 이웃이 되기에 적합한. ⇔ ADJOINING 유의어. ¶~ countries 이웃 나라.
neigh·bor·ly [néibərli] 몡 이웃 사람다운, 이웃에 어울리는; 친절한, 우정이 있는; 이웃과 잘 사귀는.
-li·ness 몡 이웃 사람다움, 친절함.
neigh·bour [néibər] 몡몡 (英) =neighbor.
Neil [ni:l] 몡 닐(남자 이름).
Néi Móngol [néi-] 몡 =Inner Mongolia.
Ne·ith [ní:iθ] 몡 〔이집트 신화〕 네이트(전투의 여신; 그리스 신화의 Athena, 로마 신화의 Minerva에 해당).
‡nei·ther ⇒ NEITHER. 〈p. 1844〉
néi·ther-con·firm-nor-de·ný pólicy [-kənfə́:rmnɔ̀:rdinái-] 몡 핵무기의 존재를 긍정도 부정도 하지 않는 정책.
nek [nek] 몡 〔남아공〕 산굴짜기, (봉우리 사이의) 산길.
nek·ton [néktan, -tən/-tɔn] 몡 〔생물〕 넥톤, 유영 (遊泳) 동물.
Nell [nel] 몡 넬(여자 이름; Eleanor, Helen의 별칭).
Nel·lie [néli] 몡 1 넬리(여자 이름; Eleanor, Helen의 애칭). 2 (n-) (속어) 기쁨 없는 사내. 3 (속어) 남자 동성애자. (또는 **Nelly**)
big soft Nellie (英속어) 바보.
Not on your nelly! (英속어) 절대로 그렇지 않다, 절대로 그런 일은 하지 않는다.
sit next to [or by, with] Nelly (英속어) (직장 따위에서) 남이 하는 것을 보고 일을 배우다.
— 몡 (속어) 호모의; 여약한; 까다로운; 거드름 피우는.
nel·son [nélsn] 몡 〔레슬링〕 넬슨, 목 공격. ¶the

either의 부정어(否定語)로, 용법 또한 either와 병행한다. neither의 중요한 용법의 하나는 nor와 상관적으로 쓰여 「…도 …도 아니다」라는 양면 부정의 뜻을 나타내는 용법인데, 이 neither를 부사로 보는 측도 있으나 여기서는 접속사로 처리했다. 이 neither...nor는 「…도 …도 모두」라는 양면 긍정의 상관접속사인 both...and와 한 묶음으로 익혀 둘 필요가 있다.

‡nei·ther [níːðər, nái-/nái-, níː-] 접 1 (nor와 상관적으로) …도 …도 아니다, …도 아니요 …도 …쪽(의 …)도 아니다. ¶N— John nor Betty is at home. 존도 베티도 집에 없다 / N— arguments nor entreaties moved him. 설득도 간청도 그의 마음을 움직일 수 없었다 / He wants to be a doctor nor a lawyer. 그는 의사가 될 생각도 변호사가 될 생각도 없다 / The poem is ~ realistic nor humorous. 그 시는 사실적이지도 않고 해학적이지도 않다 / It ~ excites the emotions nor stimulates the imagination. 그것은 감동을 주지도 않고 상상력을 자극하지도 않는다 / I have ~ time, nor patience, nor the inclination, nor the right to do that. 나는 그것을 할 만한 시간도 인내도 마음도 그리고 권한도 없다.

주의 (1) neither...nor...로 결합되어 있는 명사가 주어일 때 동사는 바로 앞의 명사와 일치하는 것이 원칙이다: N— you nor I am [N— I nor you are] wrong. (2) 다음과 같은 neither...or는 옛날 용법으로, 현재는 오용(誤用)으로 되어 있다: Wasn't it true that he ~ knew anything or could do anything? 그가 아무것도 몰랐고 아무것도 할 수 없었다는 것은 사실 아니었을까?

2 (부정문·절에 이어서) …도 또한 …아니다 (* neither 로 시작되는 문·절은 도치 어순(倒置語順)을 취한다). ¶If she doesn't want it, ~ do I. 그녀가 그것을 원치 않는다면 나도 원치 않는다 / I don't like it at all. —N— do I. 나는 그것이 조금도 마음에 안든다. —나도 그래 / Bob can't go, and ~ can I. 보브는 갈 수 없고 나도 못간다 / The mountain area isn't heavily populated, and ~ is the coast. 산악 지대는 인구가 많지 않으며, 해안 지대도 매한가지다. 3 (고어·속어·방언) (문미에 놓아 앞에 나온 부정어를 강조해서) …도 또한 …아니다, 게다가 …아니다. ¶I don't know that, ~. 나는 그것도 모른다 / If he won't go, I won't ~. 그가 가지 않는다면 나도 가지 않겠다 (* 오늘의 표준 어법에서는 either를 쓴다).
neither fish nor fowl; neither fish, flesh, nor fowl [or **good red herring**] 정체를 알 수 없는 것.

neither here nor there 문제 밖인, 요점에서 벗어난.
neither more nor less than... 정확히 …인, …와 아주 (똑)같은(exactly). ¶There were ~ more nor less than fifty men in the room. 그 방에는 정확히 50명의 남자가 있었다 / It is ~ more nor less than foolish. 정말 어처구니없는 일이다.
neither off nor on ⇒OFF.
neither one thing nor the other; neither (the) one nor the other 이도저도 아닌, 모호한.

— 형 (단수명사를 수식하여) (둘 중의) 어느 쪽의 …도 …아닌. ¶N— statement is true. 어느 쪽의 주장도 진실이 아니다 / N— opinion could I support. 나는 어느 쪽의 의견도 지지할 수 없었다 / N— boy paid much attention to what I said. 어느 소년도 내 말에 별로 주의를 기울이지 않았다 / On ~ side of the road were there any houses. 도로의 어느 쪽에도 집이라고는 없었다 / He visited ~ place. 그는 그 어느 쪽 장소에도 가지 않았다.

— 때 1 (둘 중의) 어느 쪽도 …아니다 (* 주어의 경우, 정확하게는 단수 취급이다. 다만 (구어)에서는 복수 취급을 하는 경우가 있으며, 특히 neither of...의 형태일 때 그 경향이 두드러진다). ¶N— is [or are] to be trusted. 어느 쪽도 신뢰할 수 없다 / I made two suggestions and ~ was accepted. 나는 두 가지 제안을 했으나 어느 쪽도 받아들여지지 않았다 / N— of the suggestions will do. 어느 쪽 제안도 좋지 않다 / They ~ of them had boys yet. 아직 둘 다 남자 친구가 없었다 / He waited for her to agree or disagree, but she did ~. 그는 그녀가 찬성하거나 반대하기를 기다렸으나 그녀는 어느 쪽도 하지 않았다 / Which did you buy?— Neither. 어느 것을 사셨소?—어느 쪽도 사지 않았네.
2 (고어·속어) (세 사람 중에서) 어느 것도 …아니다. ¶I know ~ of the three men. 나는 세 사람 중 아무도 모른다 / N— of the committee consented to the proposal. 위원 중의 누구도 그 제안에 동의하지 않았다 (* 오늘의 표준 어법에서는 none of...를 쓴다).

— 튀 (고어) 또한 …하지 않다(nor, nor yet). ¶I know not, ~ can I guess. 나는 알지도 못하고 또한 추측도 할 수 없다.

full ~ 풀 넬슨(두 팔로 하는 목 공격) / the half ~ 하프 넬슨(한 팔로 하는 목 공격).
Nel·son [nélsn] Horatio ~ (1758-1805) 넬슨 《영국의 제독; Trafalgar 해전에서 프랑스·스페인 연합 함대 격파》.
turn the Nelson eye on (英구어) …을 보고도 못 본 체하다, 관대하게 봐주다.
Nélson's Cólumn 명 넬슨 기념비 《런던의 Trafalgar 광장에 있음》.
NEMA (美) National Electric Manufacturers' Association.
nem·a·thel·minth [nèməθélminθ] 명 선형(線形)동물 《회충·십이지장충 따위》.
ne·mat·ic [nimǽtik] 명 (물·화) 네마틱 상태의 《액정(液晶)의 막대 모양 분자가 일정 방향으로 이어져 있으면서도 축끼리의 배치는 같지 않은 상태》.
nem·a·to·cyst [néməsist, nimǽt-] 명 (동물) (자포(刺胞) 동물의) 자포, 자세포(刺細胞) 《말미잘·히드라 따위의 강장(腔腸) 동물의 기관》.   [충류의.
nem·a·tode [némətòud] 명 선충(線蟲). — 형 선

nem·a·tol·o·gy [nèmətálədʒi/-tɔ́l-] 명 (동물)선충학. **-gist** 명 선충학자.
Nem·bu·tal [némbjutɔ̀ːl, -tæ̀l] 《약학》 《상표》 넴뷰탈(pentobarbital 계열의 약제).
nem. con. (라틴) nemine contradicente. **nem. diss.** (라틴) nemine dissentiente.
Ne·me·a [níːmiə] 명 네메아 《그리스 Argolis 지방 북부의 골짜기》. **-an** [nímiən] 명 네메아의.
Nemeán Gámes 명(복) (the ~) 네메아제(祭) 《Nemea에서 2년마다 개최된 고대 그리스의 제전》.
Nemeán líon 명 (그리스 신화) 네메아의 사자 《Nemea 골짜기에 살던 불사신의 맹수》.
Ne·mer·te·a [nəmə́ːrtiə] 명(복) (동물) 유형(紐形)동물문(門). (또는 **Nemertinea**)
nem·e·sis [néməsis] 명 (**-ses** [-siːz]) 1 정복[달성, 도달]되지 않는 것. 2 (이길 수 없는) 강적. 3 (N-) (그리스 신화) 네메시스(인과 응보·복수의 여신). 4 천벌을 내리는 사람. 5 필연적인[피할 수 없는] 결과, 응보, 천벌, 당연한 보답.
play the nemesis 복수하다.

ne·mi·ne con·tra·di·cen·te [néməni: kàntrədisénti/-kɔ̀n-] 만장 일치로(unanimously)(양 nem. con.). [<L no one contradicting]

ne·mi·ne dis·sen·ti·en·te [néməni: disèntiénti] =nemine contradicente(양 nem. diss.). [<L no one dissenting]

ne·mo [ní:mou] 명 (복 ~s) 『라디오·TV』 (스튜디오 밖의) 실황 방송, 현장 중계 방송.

ne·moph·i·la [nimáfələ/-mɔ́f-] 명 네모필라꽃 (북미산(産)의 1년초).

ne·mor·i·cole [nimɔ́:rikòul, némər-] 명 숲에 사는.

NEMP nuclear electromagnetic *p*ulse(핵발로 생기는 핵전자(核電磁) 펄스).

ne·ne [néinei] 명 (복 ~) 『동물』 하와이기러기(하와이의 주(州)鳥로 국제 보호조).

N. Eng. *N*ew[*N*orthern] *Eng*land. 「런.

nen·u·phar [nénjufɑ̀:r] 명 유럽산(産) 흰[노랑]수

NEO *n*ear *e*arth *o*bject(지구 주변 물체); near-earth orbit(지구 근방 궤도(인공 위성 궤도)).

ne·o- [ní:ou, ní:ə] 연결 (종종 N-) 1 『새로운, 최신의, 최근의, 부활한, 개량주의, 후기의'의 뜻. ¶ *neo*-Darwinism. 2 『화학』「네오(1개의 탄소 원자가 4개의 수소 원자와 결합한 탄화수소)의」뜻. (또는 **ne-**)

ne·o·an·ti·gen [nì:ouǽntidʒən] 명 『의학』 신(생) 항원(抗原). 「캄브리아기의.

ne·o·Cam·bri·an [ˋkǽmbriən] 명 『지질』 신(新)

ne·o·Cath·o·lic [ˋkǽθəlik] 명 1 (영국 국교회의) 신가톨릭 교도. 2 (프랑스의) 근대주의적 가톨릭 교도(의). — 명 (영국의) 신가톨릭 교도; (프랑스의) 근대주의적 가톨릭 교도. **nè·o-Ca·thól·i·cism** 명

Ne·o·cene [ní:əsì:n] 명 『지질』 =Neogene.

ne·o·clas·sic [nì:ouklǽsik] 명 (보통 N-) 〔예술·건축·문학·음악〕 신고전주의의. (또는 **neoclassical**) **-si·cism** [-səsìzm], **-si·cist** 명

ne·o·co·lo·ni·al·ism [nì:oukəlóuniəlìzm] 명 U 신(新)식민지주의. **-có·lo·ni·al -ist** 명 형

ne·o·con [nì:oukán/-kɔ́n] 명 (美) 신보수주의자 (neoconservative). — 형 신보수주의의.

ne·o·Con·fu·cian [ˋkənfjú:ʃən] 명 신(新)유학의, 주자(朱子)학의, 송학(宋學)의. — 명 신유학, 주자학. **~·ism** 명 **-ist** 명

ne·o·con·serv·a·tism [nì:oukənsə́:rvətìzm] 명 (美) 신보수주의.

ne·o·cor·tex [nì:oukɔ́:rteks] 명 (복 **-ti·ces** [-təsì:z]) 『해부』 (대뇌의) 신피질. **-ti·cal** 형

ne·o·cy·a·nine [nì:ousáiəni:n, -nin] 명 네오시아닌 색소(적외선에 민감한 사진 감광유제용 염료).

ne·o·da·da [ˋdá:da:] 명 U 네오다다이즘, 반예술(反藝術). (또는 **neo·Dada[dadaism]**) **~·ist** 명 형

ne·o·Dar·win·ism [ˋdá:rwinìzm] 명 『생물』 신다윈설, 자연 도태 만능설. **-ist** 명

ne·o·dym·i·um [nì:oudímiəm] 명 U 『화학』 네오디뮴(희토류(稀土類) 원소의 하나; 기호 Nd).

ne·o·ex·pres·sion·ism [ˋikspréʃənìzm] 명 『미술』 (때로 N—E-) 신표현주의. **-ist** 명 형

ne·o·fas·cism [nì:oufǽʃizm] 명 신(新)파시즘; (neoF-) (파시즘 재건을 위한) 이탈리아의 정치 운동. **-cist, nè·o-Fás·cist** 명

ne·o·Freud·i·an [ˋfrɔ́idiən] 명 형 신(新)프로이트파의. — 명 신프로이트파 정신 분석학자.

Ne·o·g(a)e·a [nì:ədʒí:ə] 명 『생물지리』 신계(新界). **-an, -al, -g(a)e·ic** 형

ne·o·Gaull·ist [ˋgɔ́:list] 명 (프랑스의) 신드골주의자, 신드골파 사람.

Ne·o·gene [ní:ədʒì:n] 명 『지질』 명 (the ~) 신(新)제3기(紀)(제3기 후반의 플라이오세(世)와 마이오세를 포함하는 시대). — 명 신제3기의.

ne·o·gen·e·sis [nì:oudʒénəsis] 명 『생리』 신생,

(조직의) 재생. 「빙하 형성 작용.

ne·o·gla·ci·a·tion [nì:ouglèiʃiéiʃən] 명 『지질』 신

ne·o·goth·ic [ˋgáθik/-gɔ́θ-] 명 『건축』 신고딕식의.

ne·o-Greek [ˋgri:k] 명 (근대 그리스어(의)).

ne·o·He·ge·li·an [ˋheigéiliən, -hìdʒì:-/-heigí:-] 명 『철학』 명 신헤겔 철학(파)의. — 명 신헤겔 학파의 철학자. 「의.

ne·o·Hel·len·ism [ˋhélənìzm] 명 U 신그리스주

ne·o·im·pe·ri·al·ism [nì:ouimpíəriəlìzm] 명 명 신제국주의. **-ist** 명 형 「는.

ne·o·im·pres·sion·ism [ˋimpréʃənìzm] 명 (때로 Neo-I-) U 『미술』 신인상주의. **-ist** 명 형

ne·o·ism [ní:ouìzm] 명 새로운 사상[정책], 혁신적 사고; 『미술』 신추상적 표현주의. (또는 **neo-ism**) **-ist** 명 형

ne·o·i·so·la·tion·ism [nì:ouàisəléiʃənìzm] 명 신고립주의. **-ist** 명 형

ne·o·Kant·i·an [ˋkǽntiən] 명 『철학』 신칸트 학파의 철학자. — 명 신칸트 철학(파)의.

ne·o·Keynes·i·an [ˋkéinziən] 〔경제〕 명 신케인스주의의. — 명 신케인스주의자.

ne·o·La·marck·ism [ˋləmɑ́:rkìzm] 명 『생물』 신(新)라마르크설(說). **-ist** 명 신라마르크설 주창자.

Ne·o·Lat·in [ˋlǽtən] 명 U 근대 라틴어.

ne·o·lib·er·al [nì:oulíbərəl] 명 신자유주의(자) (의). **~·ism** 명

ne·o·lin·guis·tics [nì:ouliŋgwístiks] 명 복 〔단수 취급〕 신언어학. **-lín·guist** 명

ne·o·lith [ní:əlìθ] 명 신석기(新石器).

Ne·o·lith·ic [nì:əlíθik] 명 (때로 n-) 〔인류〕 신석기 시대의. (보통 n-) 태고조의.

ne·o·lo·cal [nì:ouóukəl] 명 〔인류〕 신거주(新居住)의(부부가 친족과 떨어져 새로 거처를 마련하는 일).

ne·o·lo·gi·an [nì:ouóudʒiən] 명 신교의(新敎義)를 지지(채택)하는. — 명 신교의 제창(지지)자.

ne·o·log·ic [nì:əládʒik/-lɔ́dʒ-] 명 =neologistic. (또는 **neological**)

ne·ol·o·gism [niáləˌdʒìzm/-ɔ́l-] 명 1 신조어(구), 신표현; 신어의(新語義). 2 U 신어(新語) 채용, 새 용법의 사용. 3 U 『신학』 (합리적인) 신해석. **-gist** 명

ne·ol·o·gis·tic [nìəládʒìstik/-ɔ́l-] 명 신어구의; 신어 채용의; 합리주의 신학에 관한.

ne·ol·o·gize [niáləˌdʒàiz/-ɔ́l-] 자 1 신어(구)를 만들다(쓰다). 2 『신학』 신교의를 안출(채용)하다.

ne·ol·o·gy [niáləˌdʒi/-ɔ́l-] 명 =neologism.

ne·o·Lud·dite [ˋlʌ́dait] 명 하이테크 비판(혐오)자. 형 Luddite

ne·o·Mal·thu·sian [ˋmælθú:ʒən/-θjú:-] 명 신맬서스주의의. — 명 신맬서스주의자.

Ne·o·Mel·a·ne·sian [ˋmèlənìʒən, -ʃən/-ziən] 명 U 신(新)멜라네시아어(서남 태평양 지역에서 쓰이는 영어와 멜라네시아어의 혼성어).

ne·o·mon·e·ta·rism [nì:oumánətərìzm/-mǽn-] 명 〔경제〕 신화폐주의. **-rist** 명 「인간.

ne·o·mort [ní:ə·mɔ̀:rt] 명 뇌사 상태(의 사람), 식물

ne·o·my·cin [nì:oumáisin] 명 『약학』 네오마이신(방사(放射)균에서 얻는 항생 물질의 일종).

***ne·on** [ní:an/-ən, -ɔn] 명 U 1 『화학』 네온(⑦ Ne). 2 = ~ lamp; = ~ sign. — 명 네온등을 쓴(함유하는); 네온등(燈)의(으로 만든); 저속한. **~ed** 형

ne·o·na·tal [nì:ounéitl] 명 신생아의. **~·ly** 형

ne·o·nate [ní:ənèit] 명 신생아(생후 1개월 이내).

ne·o·na·tol·o·gy [nì:ouneitáləˌdʒi/-tɔ́l-] 명 신생아학. 명

ne·o·Na·zi [ˋná:tsi, -nǽtsi] 명 형 (1945년 이후의) 신나치주의자(의), 신국가 사회주의자(의). **-zism, ~·ism** 명 신나치주의.

néon lámp[líght, túbe] 명 네온등(燈).

néon ríbbon 명 〔美軍속어〕 계급·훈공에 대한 자랑.
néon sígn 명 네온 사인.
néon tétra 명 네온 테트라(열대어의 일종).
ne·on·tol·o·gy [niːɑntάlədʒi/-ɔntɔ́l-] 명 (고생물학에 대해) 현세(現世) 생물학. **-gist** 명
ne·o·or·tho·dox [niːouɔ́ːrθədάks/-dɔ́ks] 명 〔신학〕 신정통주의; 복귀(부흥)주의자. (또는 **nèo-órthodox**)
ne·o·or·tho·dox·y [niːouɔ́ːrθədάksi/-dɔ̀k-] 명 신정통주의, 신정통주의 학설. (또는 **nèo-órthodoxy**)
ne·o·pa·gan·ism [niːoupéigənìzm] 명 신이교(異敎)주의.
ne·o·Pen·te·cos·tal [-pèntikɔ́ːstl, -kάs-/-kɔ́s-] 명 신(新)펜테코스타파의 (신자). **~·ist** 명
ne·o·phil·i·a [niːəfíliə] 명Ⓤ 새로운 것 애호벽.
ne·o·phil·i·ac [niːəfíliæk] 명 유행(새로운 것)을 좋아하는 사람.
ne·o·phyte [níːəfàit] 명 1 (이교도 등의) 신개종자; (원시 기독 교회의) 새로 세례받은 사람; 〔가톨릭〕 수련사(修練士). 2 초심자, 초학자, 신참자.
-phyt·ic [-fítik]
ne·o·plasm [níːəplæ̀zm] 명 〔병리〕 신생물, 종양. ¶malignant [benign] ~ 악성(양성) 종양.
ne·o·plas·tic [nìːəplǽstik] 명 1 〔병리〕 신생물(형성)의; 종양 N-) 〔미술〕 신조형주의의.
ne·o·plas·ti·cism [nìːouplǽstəsìzm] 명 (때로 N-) 〔미술〕 신조형주의(新造形主義).
ne·o·plas·ty [níːəplæ̀sti] 명 〔의학〕 조직 재형성술.
Ne·o·pla·to·nism [nìːoupléitənìzm] 명Ⓤ (때로 n-) 〔철학〕 신플라톤주의(플라톤 사상과 동양적 신비주의를 결합한 것).
-ton·ic [-plətάnik/-tɔ́n-] **-nist**
ne·o·prene [níːəprìːn] 명Ⓤ 〔화학〕 네오프렌(크롤로 프렌을 중합(重合)하여 만드는 방유성(防油性) 합성 고무).
ne·o·re·al·ism [nìːouríːəlìzm/-rìəl-] 명 (때로 N-) 〔영화〕 신(新)사실주의; 〔철학〕 신실재론.
-ist
Ne·o·ri·can [nìːouríːkən] 명ⒸⓊ 〔美〕 푸에르토리코계 뉴욕 시민(의); 그 자손(의); 그 스페인어(의).
ne·o·ro·man·ti·cism [nìːouroumǽntəsìzm] 명 (때로 N-) 〔미술·문예〕 신낭만주의. **-tic** 명
Ne·o·sal·var·san [nìːousǽlvərsæ̀n] 명 〔약학〕 (상표) 네오살바르산(매독 치료제).
Ne·o·stig·mine [nìːoustígmin, -mìːn] 명 〔약학〕 (상표) 네오스티그민(근육 무력증·녹내장 치료제).
ne·o·tem·per·ance [nìːoutémpərəns] 명 신(新)금주 운동.
ne·ot·e·ny [niάtəni] 명 〔동물〕 유형 성숙(幼形成熟); (성충의) 유태(幼態) 보존. **ne·o·té·nic** 명
ne·o·ter·ic [nìːətérik] 명 현대의, 새로운, 최근의.
— 명 현대인; 현대 작가(사상가). **-i·cal·ly** 명
ne·ot·i·ny [niάtəni] 명 〔심리·교육〕 (인간에게 평생 동안 특색·성숙성을 갖게 하는) 전기, 전환점.
Ne·o·trop·i·cal [nìːoutrάpikəl/-trɔ́p-] 명 〔생물지리〕 신열대구(新熱帶區)(서인도 제도 및 북미·중남미의 열대 지역)의. (또는 **Neotropic**) 명 신열대구.
ne·o·trop·ics [nìːoutrάpiks/-trɔ́p-] 명(복) 〔생물지리〕
ne·o·type [níːətàip] 명 신기준 표본.
ne·o·vas·cu·lar·i·za·tion [nìːouvæ̀skjulərizéiʃən] 명 〔의학〕 신(新)혈관 형성.
Ne·o·zo·ic [nìːouzóuik] 명 〔지질〕 신생대의, 중생대 이후의.
NEP, N.E.P., Nep [nep] New Economic Policy.
Nep. Nepal; Neptune.
Ne·pal [nipɔ́ːl, -pάːl/nipɔ́ːl] 명 네팔(Himalaya 산맥 중의 왕국; 수도 Katmandu).
Nep·a·lese [nèpəlíːz, -líːs/-líːz] 명 네팔의; 네팔 사람(말)의. — 명 (복 ~) 네팔 사람; =Nepali.
Ne·pal·i [nəpɔ́ːli, -pάːli/ni-] 명 (복 **~(s)**) Ⓤ 네팔말; 네팔 사람. — 명 =Nepalese.

ne·pen·the [nipénθi] 명 1 (시) 네펜시(슬픔·고통을 잊게 하는 약); 그 약이 채취되는 식물. 2 (일반적으로) 걱정[슬픔]을 잊게 해주는 것. **~·an** 명
Ne·pen·thes [nipénθiːz] 명 (복) 〔식물〕 벌레잡이통풀, 네펜시스(식충 식물).
ne·per [níːpər, néi-] 명 〔물리〕 네퍼(감쇠(減衰) 비율의 단위; 양 Np).
neph·al·ism [néfəlìzm] 명 완전 금주(주)의.
neph·a·nal·y·sis [nèfənǽləsis] 명Ⓤ (복 **-ses** [-sìːz]) (기상 위성 사진에 의한) 구름의 분석.
neph·e·line [néfəlin] 명 〔광물〕 하석(霞石). (또는 **nephelite**)
néph·e·loid láyer [néfəlɔ̀id-] 명 〔해양〕 네펠로이드층, 운상층(雲狀層).
neph·e·lom·e·ter [nèfəlάmətər/-lɔ́m-] 명 〔세균·화학〕 비탁계(比濁計); 〔기상〕 운량계(雲量計).
neph·ew [néfjuː/névju; néfjuː] 명 (복 **~s** [-z]) 1 조카, 생질(⇔ niece). 2 (완곡적) 성직자의 남자 사생아. 3 (폐어) 직계 자손, 손자.
neph·o- [néfou, -fə] (연결) cloud의 뜻(* 모음 앞에서는 neph-). ¶nephology.
neph·o·gram [néfəgræ̀m] 명 (nephograph로 찍은) 구름 사진.
neph·o·graph [néfəgræ̀f/-grὰːf] 명 구름 사진 활영기.
ne·phol·o·gy [nefάlədʒi/-fɔ́l-] 명Ⓤ 운학(雲學).
neph·o·scope [néfəskòup] 명 측운기(側雲器)(구름의 고도·속도·이동 방향을 측정하는 기계).
nephr- [nefr] (연결) ⇒NEPHRO-.
ne·phral·gi·a [nəfrǽldʒiə] 명 〔병리〕 신장통(腎臟痛). **-gic** 명 (술).
ne·phrec·to·my [nəfréktəmi] 명 〔외과〕 신장 적제술.
neph·ric [néfrik] 명 〔해부·의학〕 신장(콩팥)의.
ne·phrid·i·um [nəfrídiəm] 명 (복 **-i·a** [-iə]) (동물) (무척추 동물의) 배설관, 신관. **-i·al** 명
neph·rite [néfrait] 명Ⓤ 〔광물〕 연옥(軟玉).
ne·phrit·ic [nəfrítik] 명 〔병리〕 신장의; 신장염의.
ne·phri·tis [nəfráitis] 명 〔병리〕 신(장)염; 급성 신장염(Bright's disease).
neph·ro- [néfrou, -rə] (연결) kidney의 뜻(* 모음 앞에서는 nephr-). ¶nephrotomy, nephralgia.
neph·ro·lith [néfrəlìθ] 명 〔병리〕 신장 결석(腎臟結石)(renal calculus).
ne·phrol·o·gy [nəfrάlədʒi/-frɔ́l-] 명 신장(병)학(腎臟(病)學). **-gist** 명
neph·ro·meg·a·ly [nèfroumégəli] 명 〔병리〕 장 비대(증).
neph·ron [néfran/-rɔn] 명 〔해부·동물〕 네프론, 신단위(腎單位)(척추 동물의 신장 구조의 단위).
ne·phro·sis [nəfróusis] 명Ⓤ 〔병리〕 신장증(症).
neph·rót·ic sýndrome [nefrάtik-/-rɔ́t-] 명 〔병리〕 신장증[네프로제] 증후군.
ne·phrot·o·my [nəfrάtəmi/-frɔ́t-] 명 〔외과〕 (결석(結石) 제거를 위한) 신장 절개(술).
nep·i·on·ic [nèpiάnik/-ɔ́n-] 명 〔동물〕 미성숙의, 유생(幼生)의.
ne plus ul·tra [níː plʌ̀s ʌ́ltrə, néi-] 명 1 (the ~) 최고점, 정점, 극치(極致). 2 넘을 수 없는 한계; 큰 장애[난관]. [<L not more beyond]
nep·o·tism [népətìzm] 명 연고자(친족) 등용; 족벌[정실]주의. **ne·pót·ic** 명 **-tist** 명 족벌주의자.
***Nep·tune** [néptjuːn/-tjuːn] 명 1 〔로마 신화〕 넵튠 (바다의 신; 그리스 신화의 Poseidon에 해당). 2 (시) 바다, 대양. 3 〔천문〕 해왕성.
a son of Neptune 뱃사람, 선원.
Néptune's cúp [góblet] 명 〔동물〕 해면류의 일종.
Néptune's rével 명 적도제(赤道祭).
Nep·tu·ni·an [neptjúːniən/-tjúː-] 명 1 Neptune의; 바다의. 2 해왕성의. 3 (종종 n-) 〔지질〕 수성(水成)의; 수성론(水成論)의.

nep·tun·ism [néptju:nìzm/-tju:-] 명 〔지질〕 수성론(水成論). **-ist** 명
nep·tu·ni·um [neptjú:niəm/-tjú:-] 명 ① 〔화학〕 넵투늄(방사성 원소의 하나; 기호 Np).
NER 〔英〕 North-Eastern Railway.
ne·ral [níræl] 명 〔화학〕 네랄(citral).
NERC 〔英〕 Natural Environment Research Council(자연 환경 조사국).
nerd [nə:rd] 명 〔美속어〕 1 바보, 멍청이. 2 (공부·취미 따위에 파고드는) 따분한[비사교적인] 사람(*톱통남성), 샌님. ¶a computer ~ 컴퓨터 광. (또는 **nurd**) **~·ic**, **~·ish**, **~·y** 형
nerd·ling [nə́:rdliŋ] 명 〔속어〕 작업에 익숙하지 못한 프로그래머.
nerd·mo·bile [nə́:rdmòubəl] 명 〔속어〕 으리으리한 대형 자동차.
ne·re·id [níəriid] 명형 〔동물〕 갯지렁이(의).
Ne·re·id [níəriid] 명 네레이드. 1 (때로 n-) 〔그리스 신화〕 바다의 요정. 2 〔천문〕 해왕성의 위성.
Ne·re·us [níəriəs, -rju:s/-rju:s] 명 〔그리스 신화〕 네레우스(바다의 신).
nerf [nə:rf] 명 〔속어〕 (drag race에서 자기 차를) (남의 차)에 가볍게 부딪치다.
nérf bàr 명 (race에서 다른 차와의 충돌 때 바퀴를 보호하는) 강철제 범퍼. (또는 **nérfing bàr**)
ne·rit·ic [nəríitik] 형 얕은 해역(근해)의, 연안의(수심 약 200m까지를 말한다).
nerk [nə:rk] 명 〔英속어〕 바보, 천치. (또는 **nurk**)
Nérnst héat théorem [nə́ərnst-] 명 〔물리〕 네른스트의 열정리(熱定理), 열역학 제3법칙. 〔<독일의 물리·화학자 Walther Hermann Nernst (1864-1941)〕
Nérnst làmp 명 네른스트 전구(電球).
Ne·ro [níərou] 명 Nero(37-68: 로마의 황제).
Néro Déep 명 (the ~) 네로 해연(海淵)(Guam 섬 부근의 심해).
nér·o·li (òil) [nérəli-, niər-] 명 네롤리유(油), 등화유(橙花油).
Ne·ro·ni·an [níəróuniən] 형 로마 황제 Nero(시대)의; 네로 같은; 잔인한, 포악한. (또는 **Neronic**)
Ne·ro·nize [níərounàiz] 타 〔英〕 (-**nise**) 명 ···을 네로와 닮은 인물로 묘사하다; ···을 네로처럼 타락시키다; ···에게 학정을 행하다.
nerts [nə:rts] 감탄 〔속어〕 =nuts. (또는 **nertz**)
nert·y [nə́:rti] 형 〔속어〕 머리가 돈[이상한](nutty).
Ne·ru·da [nerúdə] 명 Pablo ~ 네루다(1904-73: 칠레의 시인; 노벨 문학상(1971)).
NERVA [nə́:rvə] 〔美〕 nuclear engine for rocket-vehicle application(핵 우주 차량 개발 계획).
nerv·al [nə́:rvəl] 형 신경의, 신경에 관한, 신경을 건드리는.
nerv·ate [nə́:rveit] 형 〔식물〕 엽맥(葉脈)이 있는 (nerved).
ner·va·tion [nə:rvéiʃən] 명 〔생물〕 맥상(脈狀), 맥계(脈系).
ner·va·ture [nə́:rvətʃuər/-tʃə] 명 =nervation.
‡nerve [nə:rv] 명 1 신경; 신경 섬유, 치신경. ¶the spinal ~s 척수 신경. 2 〔치과〕 치수(齒髓) 조직. 3 (筋) 건, 건(腱). 4 (~s) (사물의) 근본, 중추(中樞). ¶Good laws are the ~s of a state. 좋은 법률은 국가의 근간이다. 5 ① (종종 ~s) 체력, 정력, 기력, 원기; 용기; 대담; 불굴, 인내력. ¶regain one's ~s 기운[용기]을 되찾다. 6 (~s) 신경 과민, 신경질, 겁. ¶suffer from ~s 두려워하다, 걱정하다; 노이로제에 걸리다. 7 (보통 a ~, the ~) 〔구어〕 뻔뻔스러움, 철면피, 무례. 8 〔구어〕 건드리면 성내기 쉬운 점[화제], 예민한[아픈] 곳. 9 〔식물〕 엽맥(葉脈); 〔곤충〕 시맥(翅脈). 10 (둥근 천장의) 늑(肋). 11 〔수학〕 맥체(脈體)(위상(位相) 공간의 피복(被覆)에서 만들어진 단체적(單體的) 복체(複體)). 12 횡단하는[가로지르는] 선.

a bundle [or *bag*] *of nerves* 신경 과민인 사람.
a fit of nerves 신경질의 발작.
a man of nerve 배짱 좋은 남자.
a war of nerves 신경전.
be all nerves 몹시 신경 과민이다.
get [or *grate*, *jar*] *on a person's nerves*; *give a person the nerves* 〔구어〕 남의 신경을 건드리다, 남을 초조하게 하다.
get up the [or *enough*] *nerve* 용기를 내다.
give a person the nerves 남을 신경질나게 하다.
have a fit [or *an attack*] *of nerves* 신경질이 되다, 히스테리 발작을 일으키다.
have a [or *one's*] *nerve* 뻔뻔스럽다.
have iron [or *steel*] *nerves*; *have nerves of iron* [or *steel*] 대담하다, 담력이 있다.
have no nerves; *not know what nerves are* 대담하다, 태연자약하다.
have the [or *a*] *nerve to do* ① 〔부정문에서〕 ···할 용기가 있다. ② 〔구어〕 뻔뻔스럽게도 ···하다. ¶He had the ~ *to* deny the fact. 그는 뻔뻔스럽게도 사실을 부인했다.
hit [or *strike*, *touch*] *a* (*raw*) *nerve* (···의) 아픈 곳을 언급하다[건드리다]; 신경을 거스르다 (*with*).
live on one's nerves 〔진행형으로〕 긴장한 생활을 하다.
lose one's nerve 기가 죽다, 겁먹다. ···하다.
strain every nerve 온갖 노력을 다하다.
take a lot of nerve 〔美구어〕 ① 뻔뻔스럽다. ② (···하는 데에) 용기가 필요하다 (*to do*).
What (*a*) *nerve!*; *Of all the nerve!*; *Some nerve!*; *The nerve of it!*; (*I like*) *your nerve!*; *You've got your nerve!* 버르장머리 없군!; 참 뻔뻔스럽군!
——타 〔문어〕 ···을 (···에 대해/···하도록) 격려하다, 힘내게 하다, 용기를 내게 하다 (*for* / *to do*). ¶Fear ~*d* his arm. 무서워서 그의 팔에 힘이 들어갔다 // (~+国+*to do*) Her advice ~*d* him *to* go his own way. 그녀의 충고를 힘을 얻어 그는 자기가 뜻한 길을 나아갔다 // (~+国+詞+图) The players ~*d* themselves *for* the match. 선수들은 분발하여 경기에 임했다.
nerve oneself to do 용기를 내어[분발하여] ···하다.
nérve àgent 명 =nerve gas.
nérve blòck 명 〔병리〕 (압력·마취에 의한) 신경 차단(법).
nérve cèll 명 〔해부·생리〕 신경 세포.
nérve cènter 명 〔해부〕 신경 중추; (조직 따위의) 중앙 통제부, 수뇌부.
nérve còrd 명 〔동물〕 신경삭(神經索).
nerved [nə:rvd] 형 1 (복합어로) 신경이 ···한. ¶strong-~ 신경이 튼튼한, 용기 있는. b) 〔동·식물〕 엽맥[시맥]이 있는. ¶five-~ 5개의 잎맥[시맥]이 있는. 2 대담한, 활기 있는.
nérve ènding 명 〔해부〕 (축삭(軸索)의) 신경 종말.
nérve fiber 명 〔해부〕 신경 섬유.
nérve gàs 명 (군사용) 신경가스.
nérve grówth fàctor 명 〔생화학〕 신경 성장 인자(略 NGF).
nérve ìmpulse 명 〔생리〕 신경 충격[충동].
nerve-knot [-nɑ̀t/-nɔ̀t] 명 〔해부〕 신경절(節).
nerve·less [nə́:rvlis] 형 1 냉정한, 침착한. 2 힘[기운]이 없는, 용기가 없는; 겁먹은; 문체에 짜임새가 없는. 3 〔해부〕 신경이 없는; 〔식물〕 엽맥(葉脈)이 없는; 〔곤충〕 시맥(翅脈)이 없는. **~·ly** 부 **~·ness** 명
nerve-rack·ing [-ràkiŋ] 형 신경을 건드리는, 초조하게 하는. (또는 **nérve-wràcking**)
nérve ròot 명 〔해부〕 신경근(神經根).
nérve stràin 명 신경 과로; 〔구어〕 심기 고조.
nérve trùnk 명 〔해부〕 신경간(神經幹), 신경줄기.
nérve wàr 명 신경전(war of nerves).
nerv·ine [nə́:rvi:n, -vain] 형 신경의; (약이) 신경에 듣는, 신경을 진정시키는. ——명 신경 진정제.

nerv·ing [nə́ːrviŋ] 명 《수의》 (신경간(神經幹)의) 염증 부위 적출 수술.

ner·vos·i·ty [nəːrvάsəti/-vɔ́s-] 명 ⓤ 신경질, 신경과민성.

‡**nerv·ous** [nə́ːrvəs] 형 (*more ~; most ~*) 1 (…에) 신경질적인, 신경 과민인 (*about, of*); (…을 앞두고) 긴장한, 초조한 (*before*); 흥분하기 쉬운; 겁많은, 자신 없는, 불안한. ¶ *become ~* 신경질이 되다. 2 신경의, 신경으로 이루어진; 신경에 작용하는, 신경성의. ¶ *a ~ disease* 신경병. **3** (고어) 강건[건장]한. **4** (문체가) 힘찬; 짜임새 있는, 간결한. **5** 불안한; 불안정한, 불규칙한. (*as*) *nervous as a cat* [or *kitten*] 안절부절 못하여; 벌벌[오들오들] (떨며). *be nervous of* …에 신경을 곤두세우다. *feel* [or *be*] *nervous about* …에 대해 애태우다. *get* [or *feel*] *nervous in a person's presence* 남의 앞에 서면 주뼛거리다. **~·ness** 명

nérvous bréakdown 명 신경 쇠약, 노이로제. (또는 **nérvous exhaústion**[**prostrátion**])

*nerv·ous·ly [nə́ːrvəsli] 부 신경질적으로, 안달복달하여; (고어) 힘차게.

nérvous Néllie [**Nélly**] 명 《미구어》 겁쟁이, 무기력한 사람.

nérvous púdding 《미속어》 젤라틴의 푸딩.

nérvous sýstem (the ~) 〖해부·동물〗 신경계(통).

ner·vure [nə́ːrvjuər] 명 〖식물〗 엽맥(葉脈); 〖곤충〗 시맥(翅脈).

nerv·y [nə́ːrvi] 형 **1** 《미구어》 뻔뻔스러운, 건방진. **2** 힘이 센; 용기가 필요한. **3** (고어) 힘있는, 기골이 장대한; 활기찬. **4** 《英구어》 신경질적인, 안절부절 못하는; 신경에 거슬리는; 신경 쇠약에 걸린, 노이로제의. **nérv·i·ly** 부 **nérv·i·ness** 명

n.e.s., N.E.S. *not elsewhere specified* [or *stated*] (달리 특별 기재[단서]가 없는 경우에).

nes·cience [néʃəns, -ʃiəns/-siəns] 명 ⓤ 무지, 무식; 〖철학〗 불가지론(不可知論)(agnosticism).

nes·cient [néʃənt, -ʃiənt/nési-] 형 무지[무식]한; 〖철학〗 불가지론(자)의(agnostic). — 명 불가지론자.

ness [nes] 명 (고어) 곶, 갑(岬) (* 현재는 지명의 구성 요소로서 사용되고 있다). ¶ *Inverness*

Ness [nes] 명 *Loch* ~ 네스 호(스코틀랜드 서북부 Inverness 주에 있는 호수; 괴물 Nessie로 유명).

-ness [nis] 접미 형용사·분사에 붙어 quality, state 를 나타내는 명사를 만든다. ¶ *darkness, willingness*

Nes·sel·rode [nésəlròud] 명 네슬로드(푸딩·파이·아이스크림 따위에 넣는 과일의 설탕절임).

Nes·sie [nési] 명 《스코틀랜드의 Ness호에 나온다는 괴물; Loch Ness Monster의 애칭》.

Nes·sus [nésəs] 명 〖그리스 신화〗 네소스(Hercules의 아내를 범하려다가 Hercules에게 사살된 반인 반마 (半人半馬)(centaur)). (또는 *Nessos*)

‡**nest** [nest] 명 **1** (새의) 둥우리, (곤충·물고기 따위의) 집, 서식처, 보금자리. ¶ *an ants' ~* 개미집 / *leave a ~* 둥우리를 떠나다. **2** (집합적) (둥우리 속의) 새, 알; 한 배의 새끼; (새·곤충 따위의) 떼. ¶ *a stolen ~* 남의 둥우리에 낳은 한배의 알 / *sit on a ~* 알을 품다. **3** 은신처, 피난처; (아늑한) 휴식처, 잠자리. **4** (포개 놓을 수 있는) 찬합식 그릇·상자·쟁반 따위의 한 벌; 같은 것의 무리. ¶ *a ~ of fools* 바보들의 무리. **5** (악(惡)·범죄 따위의) 온상; (악당 등의) 은신처, 소굴. ¶ *a ~ of vice* 악의 온상. **6** 악당의 한 패; (악의 소굴의) 일당, 패거리; 같은 것들의 무리. ¶ *a ~ of vipers* (살무사 같은) 악당의 한 패거리. **7** 〖군사〗 나란히 배치된 무기; 포상(砲床) 기지. **8** 〖컴퓨터〗 내포(內包), 네스트.
be on the nest 《英속어》 (산달이 가까워) 잠자리의 기쁨을 맛보다.
bring a hornet's nest about one's ears 소란을 일으키다.
build [or *make*] *a nest* 둥지를 짓다.
feather [or *line*] *one's* (*own*) *nest* ① (경멸적)

(부정 수단으로) 사복(私腹)을 채우다, 돈을 모으다. ② (장래에 대비하여) 저축하다. ③ 자기 집을 쾌적하게 만들다[꾸미다].
foul one's (*own*) *nest* 가명(家名)을 더럽히는 짓을 하다; 자기 집안[편·나라 따위]을 헐뜯다.
on a nest 보금자리에서, 둥지에.
on the nest (속어) (남자가) 성교하여.
rob [or *take*] *a nest* 둥우리에서 알을 훔치다.
— 타 **1** …에 둥지를 만들어주다. …을 둥지에 넣다. **2** (상자·작은 탁자 따위) 를 포개다. **3** 〖컴퓨터〗 〖루틴〗을 네스트하다. — 자 **1** (새가) 둥지를 짓다, 둥지에 들다. **2** 새의 둥지를 찾다. **3** 〖컴퓨터〗 네스트하다. **4** 《美》 (공유지에) 무단 거주하다; 한 곳에 자리잡다. **∠·a·ble, ∠·like, ∠·y** 형

NEST 《美》 *Nuclear Emergency Search Team*(방사성 물질 긴급 탐사반).

nést bòx 명 (상자 모양의) 새집.

n'est-ce pas [nes pάː] 그렇지?, 그렇지 않지?. [< F *Isn't it* (so)?]

nést ègg 1 밑알, 가짜 알(산란 촉진을 위해 둥우리에 넣어놓는 알). **2** (어려울 때에 대비하는) 저금, 비축금; (자금의 씨앗이 되는) 준비금, 종자 돈.

nest·er [néstər] 명 둥지를 틀고 있는 새; 《미서부》 농경을 위해 목초지에 정착하는 사람.

nest·ful [néstful] 명 1회분의 산란(産卵).

nest·ing [néstiŋ] 명 새둥우리말) 채집.

***nes·tle** [nésl] 자타 **1** (새가 둥우리에 있듯이) 편안하게 눕다, 기분좋게 앉다, 포근하게 자리잡다, 정착하다 (*down, in*). ¶ (~+*부*) *~ down in bed* 침대에 편안히 눕다. **2** (몸을) (…에) 다정하게 맞대다, 바싹 달라붙다(*up*) (*to, against*). ¶ (~+*부*) *~ up* [or *close*] *to one's mother* 어머니에게 바싹 달라붙다[기대다]. **3** (집·촌락이) (…에) 절반쯤 가려져 있다, (호젓이) 보기좋게 서 있다 (*among, in, into*). **4** (고어) 둥지를 짓다; 가정을 이루다; 주거를 정하다. — 타 **1** (새 따위)를 우리에 넣다, 숨겨 주다. **2** (몸을 정착시키다. ¶ (~+*目*+*전*+*명*) *~ oneself in bed* 잠자리에 기분좋게 눕다. **3** (기분좋게 또는 사랑스럽다는 듯이) (얼굴·어깨·머리 따위를) (…에) 맞대다, 비벼대다 (*on, against*).

-tler =nestling.

Nes·tlé [nésli, -léi-] 명 네슬레(사(社))(스위스의 식품 회사). 〔젖꼭지, 유아.

nest·ling [néstliŋ] 명 (둥지를 뜨기 전의) 새끼 새;

Nes·tor [néstər/-tɔː] 명 **1** 〖그리스 신화〗 네스토르(트로이 전쟁 때 그리스군의 명장). **2** (때로 n-) 현명한 노인; 제일인자. **3** 뉴질랜드산(産) 큰 앵무새.

Nes·to·ri·an [nestɔ́ːriən] 명 네스토리우스(Nestorius)(교파[교의])의. — 명 네스토리우스교도, (중국에서) 경교도(景敎徒). **~·ism** 명

Nes·to·ri·us [nestɔ́ːriəs] 명 네스토리우스(?-451?; 시리아의 성직자; 네스토리우스파의 창시자).

‡**net**[1] [net] 명 **1** (물고기·곤충·새 따위를 잡는) 그물, (구기(球技)나 방송용의) 네트, 망. ¶ *a mosquito ~* 모기장 / *a fishing ~* 어망 / *a tennis ~* 테니스용 네트 / *a cast* [or *casting*] *~* 투망. **2** ⓤⓒ 그물 모양의 것, 거미줄; 그물 모양의 천, 그물 세공. **3** (일반적으로) 잡기 위해 쓰는 것, 올가미, 함정, 계략; 포위망. ¶ *an amorous ~* (미인계의 함정) / *be caught in a ~* 함정에 걸리다. **4** (구어) 연락망; (라디오·TV의) 방송망, 네트워크(network). **5** (컴퓨터·원격 통신 기기를 이용하는) 통신망; (the N-) =Internet. **6** (테니스 따위에서) 네트에 맞은 공; = ~ *ball* ; 〖크리켓〗 (망으로 구획된) 연습 구역; (종종 ~s) (하키·축구 따위의) 골. **7** 망상(網狀) 조직, 그물 모양의 것(연선·혈관·필라멘트 따위). **8** (the N-) 〖천문〗 그물자리(Reticulum).
cast [or *throw*] *a net* 그물[망]을 던지다.
cast one's net wide 널리 정보를 구하다.
dance in a net 남이 모를 것으로 생각하고 행동하다.

draw in a net 그물을 끌어당기다.
lay [or **spread**] **a net** 그물[포위망]을 치다.
──타 (**-tt-**) 1 …에 그물을 치다; …을 맞으로 덮다 [가로막다, 싸다]. 2 …을 (그물로) 잡다; …에 덫을 놓다, …을 계략에 빠뜨리다; (배우자)를 얻다. ¶ ~ (herself) a husband 남편을 얻다. 3 (테니스 등에서) (공)을 네트에 맞히다; (축구·하키) (공)을 골인시키다. 4 …을 그물로 만들다[뜨다].
──자 1 그물 모양이 되다; 그물을 만들다. 2 (테니스) 네트에 맞히다; (축구·하키) 골인하다.
***net²** 형 1 정미(正味)의, 순(純)…; (에누리 없는) 정(正)…; (略) gross); 〔 〕 earnings 순수입(純)/the ~ price 정가(正價)/at 5,000 won ~ 정가 5천원으로. 2 궁극의, 최종적인; 기본적인. ¶ ~ conclusion 최종적인 결론.
──명 1 순량, 순익; 정미; 정가. 2 (골프의) 네트(타수의 총계에서 핸디캡을 뺀 수). 3 (문제의) 요점, 본질.
──타 (**-tt-**) …의 순이익을 올리다[가져오다]. ¶ (~+명+명) The sale ~ted me a good profit. 그것을 팔아 나는 상당한 이익을 올렸다. **⌐-ta·ble** 형
net³ 명 (컴퓨터) =service [network] provider.
NET *National Educational Television*; network.
net-, Net- [net] 연결 network, Internet의 뜻. ¶ *netizen, Netspeak*. ⌐곤 퇴치 운동).
net·aid [nétèid] 명 넷에이드(인터넷을 통한 세계 빈
nét amòunt 명 (상업) 판매 가격. ⌐「가액(價額).
nét ásset vàlue (per shàre) 명 (증권) 순자산
net·ball [nétbɔ̀ːl] 명 1 (영) 네트볼. 2 (테니스) 네트에 맞고 상대방 코트에 떨어지는 공. 2 (영) 외외에서 축구공을 서서 하게 하는 농구 비슷한 경기.
nét còrd 명 (테니스) 네트 코드(네트 상단의 와이어 로프; 네트 상단을 맞고 상대 코트에 들어간 샷).
net·dead [nétdèd] 명 (컴퓨터) 네트워크를 통해 chatting을 통해 중단되어 더 이상 연결이 되지 않는 사람.
nét diréctary 명 (컴퓨터) 넷 디렉터리(웹상에서 각종 페이지의 링크를 체계적으로 모아 놓은 것).
nét doméstic próduct 명 (경제) 국내 순생산 (略 NDP). ⌐「지(도(度)의)(略 NEW).
nét económic wélfare 명 (경제) 순(純)경제 복
net-fish·ing [⁴fiʃiŋ] 명 (낚시질에 대해) 그물질, 망질. ⌐「*Service*.
NETFS (미) *National Educational Television Film*
net·ful [nétfùl] 명 그물 하나 가득한 분량(의 것).
Neth. *Netherlands*. ⌐「애호(애용)가, 인터넷통(通).
net·head [néthèd] 명 (종종 N-) (컴퓨터) 인터넷
neth·er [néðər] 형 (한정용법) 1 지하에 있는; 지옥의. 2 (고어) 아래의. ¶ *one's ~ lip* 아랫 입술.
one's nether man [or **person**] (익살) 발, 다리.
Neth·er·land·er [néðərlændər, -lənd-] 명 네덜란드 사람(Dutchman).
Neth·er·land·ish [néðərlændiʃ, -lənd-] 형 네덜란드의; 네덜란드인(말)의. ── U 네덜란드어.
***Neth·er·lands** [néðərlændz] 명복 1 (the ~) (단·복수 양용) 네덜란드(수도 Amsterdam 또는 The Hague; 속칭 Holland; 略 Neth.). 2 (the ~) (역사) =Low Countries. **-lánd·i·an, -lánd·ic** 형
neth·er·most [néðərmòust, -məst] 형 맨 밑의. ¶ *the ~ hell* 지옥의 밑바닥. ⌐「내세; 암흑가.
néther régions[wòrld] 명 (the ~) 지옥, 저승;
neth·ics [nétiks] 명 (단수취급) (컴퓨터) 네트 윤리(컴퓨터 통신망 이용상의 윤리 규범). (< *net+ethics*)
nét income 명 순수입, 순소득.
net·i·quette [nétikèt, -kit] 명 (때로 N-) 네티켓(인터넷 사용 예법). (< *net+etiquette*)
net·i·zen [nétizən] 명 (때로 N-) 네티즌, 인터넷 애호가(가입자). (< *net+citizen*)
net·keep·er [nétkìːpər] 명 =goalkeeper. (또는

nétminder) ⌐「(복식 경기의) 전위.
net·man [nétmæn, -mən] 명 테니스 선수; (테니스)
nét nátional próduct 명 (경제) 국민 순생산(略 NNP, N.N.P.). ⌐「순이익.
net-net [⁴nèt] 명 (미구어) 정미(正味), 실질; 최종
net·news [nétnjùːz] 명 (컴퓨터) 인터넷상의 정보
nét pláy 명 (테니스) 네트 플레이. ⌐「(뉴스).
net·pre·neur [nétprənə́ːr] 명 (컴퓨터) 인터넷 기업가(起業家)[창업자], 정보 통신 벤처 사업가. (< *network+entrepreneur*)
nét prófit 명 순(이)익. ⌐「*Radio Center*.
NETRC (미) *National Educational Television and*
Net·scape [nétskèip] 명 (컴퓨터) 네트스케이프 (www 서버 검색 소프트웨어; 단말 소프트웨어는 ~ *Navigator*).
net·skim·mer [nétskìmər] 명 (테니스) 네트를 스치듯이 넘어가는 타구(打球). ⌐「(語).
Net·speak [nétspìːk] 명 (컴퓨터) 인터넷 은어(隱
nets·per·tise [nètspə́ːrtiːz] 명 (종종 N-) (컴퓨터) 인터넷 전문 지식, 인터넷 활용 능력.
nets·pi·o·nage [nétspiənidʒ, -nɑ̀ːdʒ] 명 (종종 N-) 인터넷 스파이 활동. ⌐「인터넷 공포증[영화].
nets·ploi·ta·tion [nètsploitéiʃən] 명 (종종 N-)
net·surf [nétsə̀ːrf] (종종 N-) (컴퓨터) U 네트서핑, 인터넷 서핑[접속·검색]. ── 자 인터넷을 서핑하다. ⌐「양[세공]의.
~·er, ~·ing
net·ted [nétid] 형 그물로 잡은; 그물로 싼; 그물 모
net·ter [nétər] 명 1 (어로용) 그물 제작(사용)자; (미속어) 테니스 선수. 2 (컴퓨터) =netizen; =nethead.
net·tie [néti] 명 (미구어) =netizen. (또는 **netty**)
Net·tie [néti] 명 네티(여자 이름; Antoinette, Henrietta, Janet 등의 애칭). (또는 **Netty**)
net·ting [nétiŋ] 명 U 1 (집합적) 그물 세공, 그물 제품, 그물 모양의 직물. ¶ *fish ~* 어망. 2 그물 만드는 작업. 3 그물치기, 망어권(網漁權).
nétting nèedle 명 그물 뜨는 바늘.
net·tle [nétl] 명 1 쐐기풀속(屬)의 식물. 2 신경을 건드리는 것, 어려움. ⌐「를 그만두다.
cast [or **throw**] *one's frock to the nettles* 목사
grasp [or **seize**] *the nettle* (漆구어) 감연히 난국
on nettles 안절부절 못하여; 불안하여. ⌐「에 맞서다.
── 타 1 (남)을 신경질나게 하다. ⇒IRRITATE (유의어)
2 …을 (쐐기풀로) 찌르다, 쏘다.
net·tle·cloth [-klɔ̀(ː)θ] 명 네틀클로스(래커(에나멜) 칠을 한 두꺼운 면포; 벨트용). ⌐「에 대담하게 대처하는 사람.
net·tle·grasp·er [-ɡrǽspər/-ɡrɑ́ːsp-] 명 어려움
néttle rash (병리) 두드러기(urticaria).
net·tle·some [nétlsəm] 형 화를 잘 내는, 성마른; 초조하게 하는, 불안한.
nét tón =short ton; (해사) (선박의) 순(純)톤.
nét tónnage (상선의) 순 톤수(과세 대상이 되는).
net·ty¹ [néti] 형 그물과 같은, 그물 비슷한.
net·ty² 명 (북영) 변소.
net·ty³ 명 (미구어) =nettie.
nét vét 명 (컴퓨터) 컴퓨터 인터넷[통]통신[전문가]. (< *network[internet] veteran*) ⌐「(略 nt. wt.).
nét wéight 명 (the ~) 정미(正味) 중량, 순중량(略
‡**net·work** [nétwə̀ːrk] 명 1 망(網)·철도 따위의) 망상 조직, 계통. ¶ a ~ of railroads 철도망. 2 U 그물 세공, 그물 (제품). 3 방송망, 네트워크; 키스테이션, 모국(母局). 4 (전기) 회로(回路網); (수학) 회로. 5 컴퓨터 네트워크. 6 (상점 등의) 체인; 네트워크(정보 교환 그룹).
── 형 (프로가) 네트워크 방송의.
── 타 1 (英) 네트워크로 방송하다. 2 (英) 인맥·연고 따위를 활용하다. 3 그물 모양으로 짜다. 4 (컴퓨터) 통신망을 구축하다, 네트워크화하다. **~·er**
nétwork admínistrator 명 (컴퓨터) 네트워크 관리자[운용 책임자].

nétwork ádvertising 명 (광고) 네트워크 광고.
nétwork análysis 명 1 (수학) 회로(망) 해석. 2 (경영) 네트워크 분석. **nétwork ànalyst**
nétwork compúter 명 네트워크 컴퓨터(인터넷·LAN 등에 연결해서 사용하도록 만들어진 NC).
nétwork drive 명 (컴퓨터) 네트워크 드라이브(네트워크를 통해 이용하는 드라이브).
net·worked [nétwə:rkt] 형 네트워크화된, 망상 조직의(화된); 컴퓨터 통신망으로 연결된. ¶the ~ age 네트워크화 시대.
net·work·ing [nétwə:rkiŋ] 명 1 (컴퓨터) 네트워킹(여러 대의 컴퓨터나 데이터 뱅크가 연결되어 있는 시스템). 2 (정보나 조언을 얻기 위한) 개인적 정보망의 형성. ─ 형 컴퓨터 네트워크의(에 관한).
nétwork márketing 명 네트워크 판매, 다단계 판매(상법). **nétwork márketer**
nétwork néws 명 (美) 전국 네트워크 뉴스(ABC, CBS, NBC 등 3대 네트워크가 내보내는 뉴스).
nétwork prínter 명 (컴퓨터) 네트워크 프린터(네트워크를 통해 이용된다).
nétwork províder 명 (컴퓨터) =service provi-der.
nét wórth 명 자기 자본.
Neuf·châ·tel [njù:ʃətél/nə̀:ʃǽ-] 명ⓤ (탈지유(脫脂乳)로 만드는) 부드러운 백색의 치즈(~ cheese). [<F]
neum(e) [nju:m/nju:m] 명 (음악) 뉴마(중세 초기의 기보법(記譜法)). **neu·mát·ic, néu·mic** 형
neur. neurological; neurology.
neur- [njuər/njuər] 연결 ⇒NEURO-.
neu·ral [njúərəl/njúər-] 형 1 신경(계)의. 2 (컴퓨터) 뇌·신경 시스템을 본뜬. **~·ly** 부
néural crést 명 (발생) 신경릉(冠). 「경통. **-gic**
neu·ral·gia [njuərǽldʒə/njuər-] 명ⓤ (병리) 신
néural nét(work) 명 (컴퓨터) 뉴럴 네트워크(뇌신경계를 모델로 한 초(超)병렬적 분산 정보 처리 시스템).
néural pláte 명 (발생) 신경판(나중에 neural tube
néural túbe 명 (발생) 신경관. 「가 됨).
neu·ra·mín·ic ácid [njù:rəmínik-/njùər-] 명 (생화학) 뉴라민산(酸).
neur·a·mín·i·dase [njù:rəmínədèis, -dèiz/njùər-] 명 (생화학) 뉴라미니다아제(뉴라민산을 가수분해하는 효소).
neur·as·the·ni·a [njùərəsθí:niə/njùər-] 명ⓤ (병리) 신경 쇠약(증)(nervous breakdown).
neur·as·then·ic [njùərəsθénik/njùər-] 형 신경 쇠약의, 신경 쇠약에 걸린. ─ 명 신경 쇠약증 환자.
neu·ra·tion [njuəréiʃən/njuər-] 명 =venation.
neu·rec·to·my [njuəréktəmi/njuər-] 명 (외과) 신경 절제술.
neu·ris·tor [njuərístər/njuər-] 명 (전자) 인공 신경 섬유소(신경 계통의 극소 전자 모형용).
neu·rite [njúərait] 명 (해부) 신경돌기(axon).
neu·ri·tis [njuəráitis/njuər-] 명ⓤ **-rit·i·des** [-rítədì:z] (병리) 신경염(神經炎); 신경통(痛).
-rit·ic [-rítik]
neu·ro- [njúərou, -rə/njuər-] 연결 nerve, sinew, tendon의 뜻(* 모음 앞에서는 neur-). ¶*neuro*path, *neur*al. 「자극성의.
neu·ro·ac·tive [njùərouǽktiv/] 형 (생리) 신경
neu·ro·a·nat·o·my [njùərouənǽtəmi] 명 (해부) 신경 해부학; (생물체의) 신경 구조.
neu·ro·bi·ol·o·gy [njùəroubaiálədʒi/njùərou-baiɔ́l-] 명ⓤ 신경 생물학.
neu·ro·blas·to·ma [njùəroublæstóumə] 명 (복~s, ~·ta [-tə]) (병리) 신경아(芽) 세포종(腫).
neu·ro·chem·i·cal [njùəroukémikəl] 형 신경 화학의. ─ 명 신경 화학 물질.
neu·ro·chem·is·try [njùəroukéməstri] 명ⓤ 신경 화학. **-chém·ist** 명

neu·ro·chip [njúəroutʃìp] 명 (컴퓨터) 뉴로칩(neurocomputer용 칩).
neu·ro·cir·cu·la·to·ry [njùərousə́:rkjulətɔ̀:ri] 형 (의학) 신경순환(계)의.
neu·ro·com·put·er [njùəroukəmpjú:tər] 명 (컴퓨터) 뉴로컴퓨터(인간의 신경 세포나 신경 회로의 짜임새를 모방하여 정보 처리를 행하는).
neu·ro·de·pres·sive [njùəroudiprésiv] 형 (약제가) 신경 (세포) 억제성의. ─ 명 신경 세포 억제제.
neu·ro·en·do·crine [njùərouéndəkrin] 형 신경 내분비의.
neu·ro·en·do·cri·nol·o·gy [njùərouèndoukrənálədʒi/-nɔ́l-] 명 신경 내분비학. **-gist** 명
neu·ro·e·thol·o·gy [njùəroui(:)θálədʒi/-θɔ́l-] 명 신경 동물 행동학, 신경 생태학. 「전학.
neu·ro·ge·net·ics [njùərədʒənétiks] 명 신경 유
neu·ro·gen·ic [njùərədʒénik/njùər-] 형 (의학) 신경(조직)에 유래하는, 신경성의.
neurol. neurological; neurology.
neu·ro·lept·an·al·ge·si·a [njùərəleptǽnəldʒí:ziə, -siə/njùər-] 명 (약학) 신경 차단 마취(법).
neu·ro·lep·tic [njùərəléptik/njùər-] 형 (약학) 신경 이완[차단]제, 진정제. ─ 명 신경 이완[차단]성의.
neu·ro·lin·guis·tics [njùəroulíŋgwístiks] 명 (단수취급) 신경 언어학.
neu·ro·log·i·cal [njùərəládʒikəl/njùərɔ́ldʒ-] 형 신경학(상)의. (또는 **neurologic**) **-ly** 부
neu·rol·o·gy [njuərálədʒi/njuərɔ́l-] 명ⓤ 신경학.
-gist 명 신경(병) 학자, 신경과 의사.
neu·rol·y·sis [njuəráləsis/njuərɔ́l-] 명ⓤ 1 (병리) (말초) 신경 마비. 2 (의학) 신경 박리(剝離)(술).
neu·ro·ma [njuəróumə/njuər-] 명 (복 ~s, ~·ta [-tə]) (병리) 신경종(腫).
neu·ron [njúərɔn/njuər-] 명 (해부) 뉴런, 신경 단위(單位). **néu·ro·nal, neu·rón·ic** 형
neu·ro·path [njúərəpæ̀θ/njuər-] 명 (의학) 신경증 환자, 신경병 소질이 있는 사람.
neu·ro·path·ic [njùərəpǽθik/njùər-] 형 신경병의, 신경병에 걸려 있는. **-i·cal·ly** 부
neu·ro·pa·thol·o·gy [njùəroupəθálədʒi/njùəroupəθɔ́l-] 명 신경 병리학. **-gist** 명
neu·rop·a·thy [njuərápəθi/njuərɔ́p-] 명ⓤ 신경 장애(신경계 질병의 총칭).
neu·ro·phar·ma·col·o·gy [njùəroufɑ̀ːrməkálədʒi/-kɔ́l-] 명ⓤ 신경 약물학. **-gist** 명 신경 약물학. **-co·lóg·i·cal** [-kəlɔ́dʒəkəl/-lɔ́dʒ-] 형
neu·ro·phi·los·o·phy [njùəroufəlásəfi/-lɔ́s-] 명 뇌신경 철학, 마음과 뇌의 과학.
neu·ro·phys·in [njùəroufízin/njùər-] 명 (생화학) 뉴로피진(단백질을 운반하는 물질).
neu·ro·phys·i·ol·o·gy [njùəroufìziálədʒi/-ɔ́l-] 명 신경 생리학. **-gist** 명
neu·ro·pil [njúəroupil] 명 (해부) 신경망.
neu·ro·plasm [njúərəplǽzm/njúər-] 명 (해부) 신경 형질(形質), 축색(軸索) 형질.
neu·ro·probe [njúəroupròub] 명 신경침(針).
neu·ro·psy·chi·at·ric [njùərousàikiǽtrik/njùər-] 형 신경 정신병학의(에 관한).
neu·ro·psy·chi·a·try [njùərousikáiətri, -sai-/njùər-] 명ⓤ 신경 정신병학. **-trist** 명
neu·ro·psy·cho·sis [njùərousaikóusis] 명 신경정신병. **-psy·chót·ic** 형 「(충) 맥시류(脈翅類)의.
neu·rop·ter·ous [njuərɑ́ptərəs/njuərɔ́p-] 형 (곤
neu·ro·sci·ence [njùərousáiəns/njùər-] 명ⓤ 신경 과학. **-sci·en·tist** 명
*****neu·ro·sis** [njuəróusis/njuər-] 명ⓤⓒ (복 **-ses** [-si:z]) (병리) 신경증, 노이로제; (심리) 신경 감동.
neu·ro·sur·geon [njùərousə́:rdʒən/njùər-]

neu·ro·sur·ger·y [njùərousə:rdʒəri/njùər-] 명 신경 외과의(外科醫). 「U] 신경 외과(학).
*****neu·rot·ic** [njuərátik/njuərɔ́t-] 형 노이로제의, 신경증의; 신경(계)의 ; (약제가) 신경을 자극하는, 신경에 듣는. —명 신경증 환자; (구어) 신경과민인 사람. **-i·cal·ly** 부
neu·rot·i·cism [njuərátəsìzm/njuərɔ́t-] 명 신경증적 성질[성격, 경향], 신경질.
neu·rot·o·my [njuərátəmi/njuərɔ́t-] 명 [UC] [외과] 신경 절제(술). **-mist** 명 신경 해부가.
neu·ro·tox·in [njùəroutáksin/njùəroutɔ́ks-] 명 [병리] 신경독(neural meson). **-tóx·ic** 형
neu·ro·trans·mit·ter [njùəroutrænsmítər/njùəroutrǽnz-] 명 [생리] 신경 전달 물질.
neu·rot·ro·phy [njuərátrəfi/njuərɔ́t-] 명 [병리] 신경 영양. **nèu·ro·tróph·ic** 형
neu·rot·ro·pism [njuərátrəpìzm/njuərɔ́t-] 명 [병리] 향신경성, 신경 조직 친화성. **nèu·ro·tróp·ic** 형
neu·ru·la [njúərələ] 명 [발생] 신경배(胚).
neus·ton [njúːstan/njúːstɔn] 명 [생태] 수표(水表) 생물. **néus·tic** 형
neut [njuːt] 명 [美구어] 중성자탄(neutron bomb).
neut. neuter; neutral.
neu·ter [njúːtər/njúː-] 형 1 [문법] a) 중성의.¶a ~ noun 중성 명사. b) (동사가) 자동(自動)의. 2 [동물] 생식 기관이 불완전한, 생식 불능의, 중성의; [식물] 무성(無性)의.¶a ~ flower 무성화. 3 중립의(neutral). *stand neuter* 중립적 입장을 취하다.
—명 1 [문법] 중성; 중성 명사; 자동사. 2 거세(去勢)된 동물; [곤충] 무성식 곤충; [식물] 무성 식물. 3 중립적인 사람. —동타 [개 등]을 거세하다.
neu·ter·cane [njúːtərkèin/njúː-] 명 [기상] 아열대성 사이클론(직경 200 km 이하, 허리케인이나 열대성 저기압보다 작은 규모).
‡**neu·tral** [njúːtrəl/njúː-] 형 (*more* ~; *most* ~) 1 (사람·나라 등이) 중립의.¶a ~ nation 중립국 / remain ~ 중립적인 입장을 유지하다. 2 불편 부당의, 공평무사의.¶a ~ attitude[opinion] 공평무사한 태도 [의견]. 3 (종류·성질 따위가) 분명하지 않은; 애매모호한. 4 회색의(gray); 무색의; 칙칙한. 5 [생물] 무성(性)의. 6 [화학] 중성의. 7 [전기·자기] 중성의, 대전(帶電)하지 않은, 자기(磁氣)가 띠지 않은. 8 [음성] (모음이) 중간음의(about the *a*[ə] 따위).
—명 (복 ~s [-z]) 1 중립적인 사람; 중립국 (국민). 2 중간색, 칙칙한 색. 3 [기계] (연동 장치 연결부의) 동력이 걸려 있지 않은 위치[상태], 중립, 중립점.
in neutral ① (기어가) 중립으로. ② 태도가 불분명하게. ③ (두뇌 따위를) 움직이지 않고.
~**·ly** 부 ~**·ness** 명
néutral córner 명 [권투] 중립 코너.
néutral cúrrent 명 [물리] 중성 소립자류(素粒子流).
néutral detérgent 명 중성 세제.
néutral géar 명 [기계] 뉴트럴[중립] 기어.
neu·tral·ism [njúːtrəlìzm/njúː-] 명 1 [U] (외교 문제에서) 중립주의[정책]; 중립의 태도[의사]. 2 [생물] (진화의) 중립설. **-ist** 명 **-ís·tic** 형
neu·tral·i·ty [njuːtrǽləti/njuː-] 명 [U] 1 중립 (상태); 중립 정책; 불편 부당. 2 [화학] 중성.
neu·tral·i·za·tion [njùːtrəlizéiʃən/njùːtrəlaiz-] 명 [U] 1 중립화[상태, 선언]. 무효화. 2 [화학] 중화(中和). 3 ~ number[value] 중화값. 3 [음성] 중화.
*****neu·tral·ize** [njúːtrəlàiz/njúː-] (* [英] **-ise**) 타 1 (국가·지역)을 중립화하다; …의 중립을 선언하다. 2 [노력 따위]를 무효로 하다(nullify); 상쇄하다. 3 [군사] (폭탄 따위)를 작동하지 않게 하다; [적의 전력]을 무력화하다. 4 [색]을 칙칙하게 하다. 5 [화학] …을 중화(전기)하다; …을 중성화하다. 6 [완곡적] 죽이다. —자 중립이 되다. 중성이 되다. 중성이 되다.

-iz·er 명 중화제[물].
néutral méson 명 =neutretto.
néutral mónism 명 [철학] 중립적 일원론.
néutral párticle bèam wéapon 명 (군사) 중성 입자 빔 병기.
néutral spírits 명 중성 주정(酒精)(95도 이상의 순수 알코올로 보통 다른 술에 타서 마신다).
néutral tínt 명 중간색; 연한 회색.
néutral zòne 명 1 중립 지대. 2 [전기] 중립대, 불감대(不感帶). 3 [스포츠] 뉴트럴 존.
neu·tret·to [njuːtrétou] 명 (복 ~s) [물리] 중성 중간자(neutral meson). 「중성 미자(微子).
neu·tri·no [njuːtríːnou/njuː-] 명 (복 ~s) [물리]
neu·tro- [njúːtrou, -trə/njúː-] [연결] neutral의 뜻.
¶*neutrosphere*. 「인(중화 중폭 장치).
Neu·tro·dyne [njúːtrədàin] 명 [상표] 뉴트로다
neu·tron [njúːtran/njúːtrɔn] 명 [물리] 중성자(中性子). **neu·trón·ic** 형 「자 방사화(放射化) 분석.
néutron activátion análysis 명 [화학] 중
néutron bòmb 명 중성자 폭탄.
néutron númber 명 [물리] 중성자 수.
néutron pòison 명 [원자력] 중성자독(毒).
néutron radiógraphy 명 중성자 방사선[X선] 사
néutron stàr 명 [천문] 중성자 별. 「진술.
neu·tro·phil [njúːtrəfil/njúː-] 명 [해부] 호(好)중성의, 중성 (색소) 호성(好性)의. —명 [면역] 호중구(好
Nev. Nevada. 「[中球]. 호중성 백혈구.
*****Ne·vad·a** [nəvǽdə, -vɑ́ːdə/-vǽdə] 명 네바다(미국 서부의 주; 주도(州都) Carson City; 약 Nev., NV).
-vad·an, -vad·i·an 형 명
né·vé [neivéi/né-] 명 1 [U] (빙하 상층부의) 잉상(粒狀) 빙설(firn), 만년설. 2 잉상 빙설원(氷雪原). [<F]
‡**nev·er** [névər] 부 1 (경험·습관 따위를 나타내어) 지금까지[그 어느 때도] …한 적이 없다, 한 번도 …않다 (not ever).¶I have ~ been abroad. 나는 아직 한 번도 외국에 나가본 일이 없다/Will he ~ come? 그는 이제 다시는 오지 않을까? 2 (강한 부정) 결코[조금도] …않다(not at all), 절대로 …않다[아니다](in no case).¶He spoke ~ a word. 그는 한 마디도 하지 않았다/It's a lie. I ~ said such a thing. 거짓말이야, 그런 말을 한 적이 없어, 절대로. 3 (구어) (감탄·의심을 나타내어) 분명히 …은 아니다; 당치도 않다; 설마 …은 아니겠지.¶You have ~ left the key in the lock. 너 설마 열쇠를 자물통에 꽂아 둔 채 온 것은 아니겠지. 4 (드물게) (명령문 첫머리에 쓰여) 절대로 …하지 마라.¶N~ break your word. 약속은 반드시 지키시오.
Better late than never. (속담) 늦더라도 안 하는 것
Never! = (*Well,*) *I never.* └보다 낫다.
never a 한 …도 …않다.¶She said ~ *a word*. 그녀는 한 마디도 말하지 않았다.
never again 두 번 다시 …하지 않다.
never a one 누구 하나도 …하지 않다.
never…but [or *without*]… …하면 반드시 …하다. ¶*It* ~ *rains but it pours*. (속담) 비가 내렸다 하면 반드시 억수로 퍼붓는다, 엎친 데 덮치기.
never ever 결코 …않다[아니다] (* never의 강조형).
Never mind. 걱정 마라.
never no more =nevermore.
Never say die! 비관하지 마라, 용기를 내라.
never so (고어) (양보절에서) 아무리 …이라도. ¶ Though they worked ~ *so* hard, it was all in vain. 그들은 아무리 열심히 일해도 헛일이었다.
never so much as …조차 하지 않다.¶She ~ *so much as* smiled. 그녀는 미소조차 짓지 않았다.
Never tell me! 농담일 테지.
never the… (비교급과 함께) (…인데도) 조금도 (더) …않다.¶She is ~ *the wiser* for it. 그녀는 그래도 도무지 알지 못한다, 그래도 모르기는 마찬가지다.

never the nearer 그 이상 진전되는 일이 없다.
never too early [late] 결코 이르지[늦지] 않은.
(Well) I never.; I never did! 이거 놀랐는걸, 설마.
nev·er-end·ing [névəréndiŋ] 형 끝없는, 영원한.
nev·er-fail·ing [névərféiliŋ] 형 무진장의; 불변의.
nev·er-get-o·vers [-gètóuvərz] 명《美口》(좀처럼) 「않는 사람, 독신주의자.
중병(重病).
nev·er-mar·ried [-mǽrid] 형 (the ~) 결혼하지
nev·er-mind [névərmáind] 명《美방언》(부전문에서) 주의, 유의, 관심; 중대사, 일; 소관 사항, 책임. ¶Pay it no ~. 신경 쓰지 마 / It makes me no ~. 알게 뭐야, 아무래도 좋아.
nev·er·more [nèvərmɔ́ːr] 부 두 번 다시 …하지 않이(never again).
nev·er-nev·er [-névər] 형 1 =~ land. 2 (the ~) 《英속어》 분할 (구매), 할부. ¶ ~ system 할부제.
go to the land of never-never 《속어》의식을 잃다.
on the never-never 《英속어》 월부(月賦)로.
── 명 비현실적임, 공상의, 진실이 아닌; 이상의.
néver-néver lànd [còuntry] 명 1 (가공의) 이상향, 공상의[비현실적] 세계; 이상적인 장소[상태]. 2 벽지, 인가에서 멀리 떨어진 황야. 「는; 완고한.
nev·er-say-die [-sèidái] 형 불굴의, 지기 싫어하
nev·er-smok·er [-smóukər] 명 흡연 미경험자.
‡**nev·er·the·less** [nèvərðəlés] 부 그럼에도 불구하고, 그래도, 역시(however, yet).
nev·er-was [-wʌ́z, -wʌ́z/-wɔ́z] 명 (복 **-wéres**) 《구어》성공[출세]한 일이 없는 사람.
nev·er-wuz(·zer) [-wʌ́z(ər), -] 명《美속어》=
Nev·il(le) [névəl] 명 네빌(남자 이름). [never-was.
ne·void [níːvɔid] 형 모반(母斑)의; 사마귀 점의.
ne·vo·man·cy [níːvoumænsi] 명 사마귀 점(占).
ne·vus [níːvəs] 명 (복 -**vi** [-vai]) 《병리》 모반(선천성 사마귀·점·주근깨 따위), 반점, 모; 네부스(는 **naevus**).

‡**new** [njuː/njuː] 형 (~**·er**; ~**·est**) 1 새로운, 최근에 생긴; 갓 나온, 신선한. ¶a ~ book 신간 도서 / ~ cheese 갓 만든 치즈 / ~ milk 신선한 우유. 2 이제까지 없던, 신발명[발견]의; (…에게) 신기한, 생소한(to). ¶a ~ element 새 원소 / a ~ line 새 항로 / ideas ~ to us 우리에게 생소한 사상 3 새로 온, 신임의, 신품의; 신형의; 다음의, 차기의; (…이) 갓 졸업한[나온](from). ¶the ~ Cabinet 새 내각 / a ~ rich 벼락 부자. 4 (…에) 아직 익숙하지 않은, 경험이 없는(at, on, to). ¶a man ~ to such work 그런 일에 익숙하지 않은 사람. 5 새로 추가되는, 그 이상의, 부가의. ¶~ gains 새로운 소득. 6 현대의, 신식의, 일신된; 신품의, 갓 만든. ¶a ~ project 신규 사업 /N- lords, ~ laws. 《속담》 어른이 바뀌면 법도 바뀐다. 7 (육체적·정신적으로) 새로운, 다시 태어난. ¶lead a ~ life 새로운 삶을 살다. 8 (the ~) 현대 [근대]적인, 최신식의; 혁신적인; 최신 유행의. 9 (같은 것 중에서) 새로운 쪽의. ¶a ~ edition 신판 / ~ buds 새싹. 10 (N-) 《언어》 근세[근대]의.

> 유의어 **new** 시간이 오래 경과되지 않고 새로운. **fresh** 낡지 않고 신선한. **novel** 새로우면서도 진기한.

Anything new down your way?; What's new (with you)? 《구어》 요즘 어때?, 별일 없어?(※ 인사말; 이에 대한 전형적인 대답은 The same. 또는 Oh, nothing much.)
(as) good as new; like new 신품이나 다름없는.
feel like a new man 다른[새로 태어난 듯] 사람처럼
put on the new man ⇒NEW MAN. 「느끼다.
turn over a new leaf 마음을 고쳐 먹고 새출발하다.
── 명 (복합어로) 1 최근, 요즈음. ¶ ~-planted 갓 심어진. 2 새로이, 새삼, 또 다시(anew). ¶ ~-built 신축한.
── 부 (the ~) 새로운 것[일].
like new (상품이) 신품과 똑 같아(다름없이).
∠·ness 명

NEW 《美》《경제》 net economic welfare.
Néw Áge 명 1 뉴 에이지 (운동) (서구 문화·가치관을 배제하고 동양적 사고 방식을 응용해 종교·의학·철학·점성술·환경 따위 분야에서 전체론적(holistic) 접근을 꾀하는 조류[운동]; 1980년대 미국에서 발단). 2 = ~ music. 3 (n- a-) 신시대. 「(건강·사회·과학·음악 따위의) 새로운 시대(뉴에이지)(의). 2 (n- a-) 신시대의, 현대의.
Néw Áge músic 명 뉴에이지 음악 (재즈·소프트록·클래식에 동양과 라틴 음악을 혼합한 명상적 음악).
Néw Áger 명 뉴 에이지 운동가(음악 애호가).
Néw Álchemist 명 무농약[무공해] 농법 주창자.
Néw Ám·ster·dam [-ǽmstərdæm] 명 뉴암스테르담 (네덜란드 식민지 시대(17세기)의 New York 시).
néw archaeólogy 신고고학 (통계적 분석·화학분석을 중시하는 고고학). **néw archaeólogist**
New·ark [njúːərk/njúː-] 명 뉴어크 (미국 New Jersey 주 북동부의 도시).
Nèw Austrálian 명 신 오스트레일리아인 (특히 오스트레일리아로의 이주자 중 비(非)영어권 유럽인).
néw báll gàme 《구어》 (a ~) (모든 것이 바뀌는 듯한) 새로운 상황. ¶create a ~ 일변(一變)시키다.
New·ber·y [njúːbèri/njúːbəri] 명 **John** ~ 뉴베리 (1713–67; 영국의 세계 최초 아동 도서 전문 출판사).
Néwbery Awárd [Médal] 명 (the ~) 뉴베리상 (貴)(매년 미국의 최우수 아동 도서에게 주는 상).
new·bie [njúːbi] 명 《컴퓨터》 (귀찮은) 풋내기, 미숙
néw biólogy =molecular biology. 「련자.
néw bírth 《종교》 신생(新生), 개심.
néw blóod (집합적) (활력을 불어넣으리라는 기대로) 새로 조직에 참여한 사람들, 신인들, 젊은 피.
new-blown [njúːblóun/njúː-] 형 갓 피어난.
‡**new·born** [njúːbɔ́ːrn/njúː-] 형 1 갓 태어난; 신생된. 2 갱생한, 다시 태어난. ── 명 (복 ~(**s**)) 신생아.
néw bóy 《구어》 신입 사원[남학생], 신참자.
néw bróom (개혁을 추진하는) 신임자(新任者).
Nèw Brúnswick 명 뉴브런즈윅 (캐나다 동남부의 주; (화 NB).
new-built [-bílt] 형 신축한.
New·burg [njúːbəːrg/njúː-] 명 뉴버그풍(風)의 (생크림·달걀 노른자·버터·포도주로 만든 소스를 쓴 요리).
New·cas·tle [njúːkæ̀sl/njúːkɑ̀ːsl] 명 뉴캐슬 (잉글랜드 동북부의 항구 도시; 또는 ~**-upon-Tyne**)
carry coals to Newcastle ⇒COAL. 「일종.
Néwcastle disèase 《수의》 닭 바이러스 병의
Néw Chína Néws Ágency 명 신화사(新華社) (Xinhuashe) (중국의 관영 뉴스 통신사; (NCNA).
Néw Chrístian 명 마라노 (Marrano) (중세 스페인·포르투갈에서 박해에 못 이겨 기독교로 개종한 유대(무어)인).
「만든, 신조(新造)의.
new-coined [-kɔ́ind] 형 (화폐·어구 따위가) 새로
new-col·lar [-kɑ́lər/-kɔ́l-] 형 뉴칼라의 (서비스 산업에 종사하는 중류 계급 노동자를 지칭하는 말).
new-come [-kʌ̀m] 형 새로 온, 신참의; 풋내기의.
── 명 =newcomer.
‡**new·com·er** [njúːkʌ̀mər/njúː-] 명 새로 온 사람, 새 사람; (…분야의) 신참자, 초심자 (to, in).
Néw Cóntinent 명 (the ~) 신대륙 (남·북 아메리카 대륙). ⑪ Old Continent
Néw Críticism 명 (the ~) 신비평 (문학 작품 자체의 수사·표현 등의 분석에 중점을 두는 비평).
Néw Crític   **Néw Crítical** 형
Néw Déal 명 1 (the ~) 뉴딜 정책 (F. D. Roosevelt 미 대통령이 1930년대의 대공황기에 실시한 경제 부흥과 사회 보장 증진 정책); 루즈벨트 행정부[정권]. 2 (n- d-) 《美구어》 (…) 보호 정책 (for); 혁신적 정책; 180도 전환; 재출발. **Néw Déal·er** 명 뉴딜 정책 지지자.
Néw Déal·ish 형   **Néw Déal·ism** 명
Nèw Délhi 명 뉴델리 (인도의 수도).

Néw Démocrat 圐 **1** (美) 개혁파 민주당원(중도 개혁을 주장하는 Democratic Party (민주당) 내 세력). **2** 신민주당(New Democratic Party); 그 당원.

new drúg 圐 (안정성·유효성이 전문가의 인정을 받지 못한) 신약.

Néw Económic Pólicy 圐 (the ~) 신경제 정책, 네프(옛 소련의 Lenin의 경제 정책(1921–27); ㉪ NEP, Nep). 「신(新)케인스 경제학.

néw económics 圐㉵ 〔단수취급〕 신(新)경제학.

Néw Económy 圐 (종종 n- e-) 신경제(첨단 기술·정보통신 산업이 주도하는 경제). **néw-económy**

new-el [njúːəl/njúː-] 圐 **1** (나선형 계단의) 엄지 기둥, 중심 기둥. **2** (계단의) 엄지 기둥. (또는 ⁓ pòst) **3** (에스컬레이터의) 손난간 상·하단의 수평부분.

‡**Nèw Éngland** 뉴잉글랜드(미국 동북부의 Connecticut, Massachusetts, Rhode Island, Vermont, New Hampshire, Maine 등 6개 주를 포함한 지역). **Nèw Énglander** 뉴잉글랜드 주민. **Nèw Énglandy** [newel 2]

Néw English 圐 (때로 n- E-) **1** 신영어(1500년경 이후의 영어(Modern English), 또는 1750년경 이후의 영어). **2** (美) (구조 언어학·생성 문법 따위에 의한) 영문법. [(1961–70) ㉪ N.E.B.).

Néw Énglish Bíble 圐 (the ~) 신영역 성서

Newf [njuːf] 圐 (캐나다) Newfoundland주민〔출신자〕.

néw fáce 圐 신인, 새 얼굴; 성형 수술한 얼굴.

new-fall-en [fɔ́ːlən] 圐 갓 내린.

new-fan-gle [njúːfæŋɡl/njúː-] 圐 = newfangled. — 圐 새로운 것, 신유행, 신기한 것. — 圐㉴ 신유행〔신식〕으로 하다, 최신의 것으로 하다.

new-fan-gled [njúːfǽŋɡld/njúː-] 圐 **1** 신형의, 신식의, 최신 유행의, 첨단을 걷는. ¶ ~ ideas 신기한 사상. **2** (경멸적) 신기한〔새로운〕 것을 좋아하는; 새 유행만을 쫓는. ~**·ly** 圓 ~**·ness** 圐

new-fash·ioned [-fǽʃənd] 圐 신식의, 신형의 (up-to-date); 최신 유행의.

Néw Féderalism 圐 (때로 n- f-) (美) 신연방주의 (지방(주) 정부 권한 강화 정책; 작은 정부주의).

Néw Féderalist 「견된. (또는 **néw-fòund**)

new·found [njúːfáund/njúː-] 圐 새로(최근에) 발

*****New·found·land** [njúːfəndlənd, -lǽnd/njuːfǽundlənd] 圐 **1** 뉴펀들랜드 섬(캐나다 동부의 섬). **2** 뉴펀들랜드(캐나다 동부의 주; 어장으로 유명한 Grand Banks가 있다. **3** (英) nju:fáundlənd] 뉴펀들랜드 개(~ dog). **~·er** 뉴펀들랜드 사람(배).

Néw Frontíer 圐 (the ~) 뉴프런티어(1960년 Kennedy 미 대통령이 제창한 신개척자 정신·정책); Kennedy 정권(1961–63). 「자.

Néw Frontíersman 圐 New Frontier 주창〔지지〕

Néw Fúnctionalism 圐 (건축) 신기능주의(기능 위주의 검소한 소규모 건축 양식).

New·gate [njúːɡèit, -ɡət/njúː-] 圐 (英역사) 뉴게이트(London의 유명한 감옥; 1902년에 폐지). ¶ a ~ bird (俗) 죄수.

Néwgate fríll [fríndʒ] 턱 밑에만 기른 수염.

Néwgate knócker 圐 (英) 곱슬곱슬한 살쩍[구레]

Néw gírl 圐 신입 여사원〔여학생〕, 신참. 「털.

néw guárd 圐 (종종 the N- G-) (美) 뉴가드(정계·재계에 새로 두각을 나타내거나 개혁하려는 사람들의 그룹). ㉵ old guard 「른 세계 제2의 섬).

Néw Guínea 뉴기니(오스트레일리아 북방에 위치

*****Nèw Hámp·shire** [-hǽmpʃər] 圐 **1** 뉴햄프셔(미국 동북부의 주; 주도(州都) Concord; ㉪ N.H.). **2** 미국산(產) 닭의 일종. 「주민. (또는 **Nèw Hámpshireman**)

Nèw Hámp·shir·ite [-hǽmpʃəràit] 뉴햄프셔

Nèw Há·ven [-héivən] 圐 뉴헤이븐(Yale 대학이 있는 미국 Connecticut 주 남부의 항구 도시). 「기록.

néw hígh 圐 (증권) 새로운 최고치(값); 최고 기록, 신

new·ie [njúːi/njúː] 圐 무언가 새로운〔신기한〕 것.

néw informátion 圐 (언어) 신(新)정보.

new·ish [njúːiʃ/njúː-] 圐 좀 새로운(rather new).

néw íssue 圐 신규 발행증권(재권·주식 따위).

*****Nèw Jér·sey** [-dʒɚːrzi] 圐 뉴저지(미국 동부 연안의 주; 주도(州都) Trenton; ㉪ N.J.). **Nèw Jér·sey·an**, **Nèw jér·sey·ite** [-àit] 뉴저지 주 주민.

Nèw Jerúsalem 圐 **1** 〔성서〕 하늘 나라, 성도(聖都), 신과 성도(聖徒)의 거주지(→요한계시록(Rev.) 21: 2). **2** (the ~) 이상향, 지상 낙원; 이상적인 상태.

Néw Jóurnalism 圐 신저널리즘(객관성보다 주관적 견해와 사건·관계자 밀착 취재에 종종 픽션 수법도 쓰는 심층 보도 형식). **Néw Jóurnalist** 圐

néw kíd 圐 신참, 새 얼굴, 신규 전입〔참여〕자. 「참.
a new kid on the block 신규가입〔전입〕자, 새 얼굴, 신

new-laid [-léid] 圐 (알이) 갓 낳은, 신선한; (俗) 미숙한, 숫된.

Néw Látin 근세 라틴어(Neo-Latin) (㉪ NL).

néw léarning 圐 (the ~)(16세기 영국에서 일어난 성서나 고전의 연구를 기본으로 한) 신학부, 학예 부흥.

Néw Léft 圐 (the ~, 종종 the n- l-) 신좌파(新左派), 신좌익. **Néw Léftist** 圐 신좌파 사람. 「유주의파.

néw líght 圐 (때로 N- L-) (종교상의) 신파(新派), 자

néw líne 圐 (컴퓨터) 복귀 개행(復歸改行).

néw lóok 圐 **1** (종종 the ~) 신형; 신유행. **2** (사태·국면의) 쇄신, 새로운 전개. **3** (the N- L-) 뉴룩(Christian Dior가 1947년에 발표한 패션). **néw-lóok** 圐

néw lów 圐 (증권) 새로운 최저치(값); 최저 기록.

‡**new·ly** [njúːli/njúː-] 圓 (*more* ~; *most* ~) **1** 최근(에). ¶ a ~ wedded couple 신혼 부부. **2** 새로이 (anew), 다시, 새삼스럽게. ¶ a ~ repeated rumor 새로이 되살아난 소문. **3** 새로운 양식〔형식〕으로.

néwly industríalizing cóuntries 圐 ⇒NICS.

néwly industríalizing ecónomies 圐 ⇒NIES.

new·ly·wed [njúːliwèd/njúː-] 圐 신혼자; (~s) 신혼 부부. — 圐 신혼의(newly married).

new-made [-méid] 圐 갓 만든; 고쳐 만든.

néw mán 圐 **1** 신인, 신입자; 심기일전한 사람. **2** (the ~) (기독교로의) 개종자. **3** (美) (종종 N- M-) 신남성, 신세대 남성(여권 존중하고 가사도 분담한다).
make a new man of …을 개종시키다; …을 판수 있는 사람으로 만들다. 「람으로 만들다.
put on the new man 개종하다

new·man [njúːmən] 圐 **Paul** ~ 뉴먼(1925– ; 미국의 영화 배우).

néw mánnery 圐 신(新)남성다움.

Néw-már·ket [njúːmɑ́ːrkit/njúː-] 圐 **1** 뉴마켓 (영국 동부 Cambridge 동쪽의 지방; 경마로 유명). **2** (종종 n-) (몸에 꼭 끼는) 승마용 코트, 여성용 긴 외투. (또는 ⁓ còat) **3** 圐 (英) 카드놀이의 일종.

new-már·ried [-mǽrid] 圐 신혼의.

néw máth 圐 (때로 the ~) (美) (집합 이론에 기초를 둔) 신(新)수학. (또는 **néw mathemátics**) 「디어.

néw média 圐 (정보·통신) 새 정보 수단(매체), 뉴미

*****Nèw Méxi·co** 圐 뉴멕시코(미국 서남부의 주; 주도(州都) Santa Fe; ㉪ N. Mex., N.M., New M.).

Nèw Méxican 뉴멕시코 주의 (사람).

new-mint [⁻mínt] 圐㉴ 〔화폐〕 새로 주조하다; 〔어휘〕에 새 뜻을 부여하다.

new-mod·el [-mádl/-mɔ́dl] 圐㉴ (기계 따위의) 신형으로 만들다, 개조(재편)성하다. — 圐 최신형의.

néw móney 圐 **1** 벼락 부자; 신흥 부호. **2** (금융)

néw móon 圐 초승달; 신규 차입 자금.

new-mown [⁻móun] 圐 (목초가) 갓 베어낸.

Néw Néw Críticism 圐 (1960년대 이후 프랑스의 New Criticism에 영향받은 미국의) 신신비평.

néw òne 图 (구어) 처음 듣는 이야기[농담], 처음 만나는 상황, 처음 겪는 경험.
be a new one on (구어) …에게는 처음 겪는 일[상황]이다.
néw órder 图 신질서, 신체제; (N- O-) 나치의 독일 민족을 주체로 하는 유럽 재편성 계획.
Nèw Ór·le·ans [-ɔ́:rliənz, -ɔ:rlí:nz] 图 뉴올리언스(미국 Louisiana 주 남동부의 무역항).
Nèw Órleans style 图 (the ~) 뉴올리언스 스타일(20세기 초 New Orleans에서 발달한 소박한 재즈).
néw pénny 图 (= *n- pence*) (영국의) 신(新) 페니 (1971년 실시; 1파운드의 100분의 1; 图 p).
néw plánets 图 행행성(명왕성·해왕성·천왕성).
néw póor 图 (the ~) (집합적·복수취급) 최근에 빈곤해진[영락한] 사람들, 사양족(斜陽族).
Néw Réalism 图 =neorealism.
new-rich [rít∫] 图 (the ~) (집합적·복수취급) 벼락부자. — 图 벼락 부자된(특유)의.
Néw Ríght 图 (the ~) (때로 n- r-) 신우익(New Left)1 기성 보수주의에 대항하는 정치 운동).
Néw Ríght·ist 图
Néw Romántic 图图 뉴 로맨틱(의). 1 의상과 음악의 융합을 시도한 록 음악. 2 (복식) 중세의 취향에 현대적 요소를 가미한 새로운 패션 경향.
‡**news** [nju:z/nju:z] 图 (단수취급) 1 소식; 기별, 소문; 통지. ¶bad ~ 흉보/good ~ 길보/*No ~ is good ~.* (속담) 무소식이 희소식이다/*Bad ~ travels quickly.* =Ill ~ runs[or flies] apace. (속담) 나쁜 소문은 빨리 퍼진다. 2 (신문 따위의) 기사, 뉴스, 정보(information); 보도(* news를 셀 때는 a piece of ~, two pieces of ~ 처럼 말한다). ¶ foreign [home] ~ 외국[국내] 뉴스/ ~ from New York 뉴욕 통신[보도]/the latest ~ 최신 뉴스. 3 색다른 것[사건], 진문(珍聞), 뉴스거리, 새 사건; 뉴스의 인물. ¶There's much ~ in today's paper. 오늘 신문에는 새로운 사건이 많이 실려 있다. 4 (N-) (신문 이름으로 써서) …신문. 5 =newscast. 6 =newsprint. 7 =newsboard 1.
be in the news (신문 따위의) 기사감이 되다.
break the news to ① …에게 (나쁜) 소식을 전하다. ② (속어) 그의 허를 찌르다.
make news 신문의 기사감이 될 만한 일을 하다.
news from nowhere 이미 알려진[알고 있는] 일.
That's quite [*no*] *news to me.* 그것은 금시 초문이다[구문에 속한다].
What's the news? 뭐 색다른 일은 없어?
— 图图 …을 (정보·뉴스로) 전하다, 알리다, 보도하다.
— 图 보도[뉴스]를 전하다; 소문내다.
néws àgency 图 1 통신사. 2 신문 소매업, 신문 판매업.
néws·a·gent [njú:zèidʒənt/njú:z-] 图 (英) (신문·잡지) 판매인(newsdealer). (의) 뉴스 해설.
néws ànalysis [còmmentary] 图 (신문·방송의) 뉴스 해설.
néws ànalyst 图 (TV·라디오의) 뉴스 해설자.
néws·beat [njú:zbì:t] 图 (기자의) 취재 담당 구역.
néws blàckout 图 보도 관제, 발표 금지; 출입금지.
néws·board [njú:zbɔ̀:rd] 图 1 (英) 게시판(美 bulletin board). 2 신문지 재생 판지(板紙).
néws·boy [njú:zbɔ̀i] 图 신문팔이[배달] 소년.
néws·break [njú:zbrèik] 图 보도 가치가 있는 일[사건]; 뉴스브레이크(라디오·TV에서 프로그램과 프로그램 사이의 짧은 뉴스 시간). 「속보」
néws bùlletin 图 (英) 뉴스 방송; (美) 임시 특보.
néws·cast [njú:zkæ̀st/njú:zkɑ̀:st] 图 (TV·라디오의) 뉴스 방송. — 图 뉴스를 방송하다.
~·er 图 뉴스 (방송) 담당자. ~·ing 图 뉴스 방송업.
néws cínema 图 뉴스 theater.
néws·clip [njú:zklìp] 图 신문 스크랩(clip).
néws còmmentator 图 시사 해설자. 「ence).
néws cònference 图 기자 회견(press confer-

Néw Scótland Yárd 图 런던 경찰청. 图 Scotland Yard 「자((英) newsagent).
news·deal·er [njú:zdì:lər] 图 신문[잡지] 판매업
néws·desk [njú:zdèsk] 图 뉴스데스크, 뉴스 편집부(신문·방송의 최신 뉴스·속보 담당 부서). 「editor).
néws dròp 图 헌 신문 회수함.
néws èditor 图 =(英) (신문사의) 사회부장((美) city
néws fílm 图 =newsreel.
néws flàsh 图 (TV·라디오) 짤막한 뉴스 속보.
néws gàtherer 图 (TV 뉴스 프로의) 리포터, 카메라맨.
news-group [njú:zgrù:p] 图 (컴퓨터) (인터넷의) 시사 문제 정보 교환·토론 포럼, 뉴스 그룹.
néws·hawk [njú:zhɔ̀:k] 图 (美구어) (의욕적·적극적인) 신문 기자, 보도원.
news·hen [njú:zhèn] 图 (美구어) 여성 기자.
néws hòle (美) 기사(記事) 지면(광고 제외).
néws·hound [njú:zhàund] 图 =newshawk.
néws·ie [njú:zi/njú:-] 图 (美구어) 1 신문 판매[배달]인. 2 전자 미디어. (또는 news(e)y)
Néw Simplícity 图 (건축) =New Functionalism.
néws·i·ness [njú:zinis] 图①(구어) 뉴스가 많음, 화제가 풍부함; 수다스러움.
news·less [njú:zlis] 图 뉴스가 없는. ~·ness 图
néws·let·ter [njú:zlètər] 图 1 (역사) 시사 회보(回報)(17세기말~18세기초 구독자에게 시사 문제를 써서 보낸 편지식 주간 신문; 현대 신문의 효시). 2 (특별 구독자에게 우송하는) 시사 통신[해설]; (단체 조직 등의) 회보(會報), 공보(公報), 사보(社報).
néws·mag·a·zine [njú:zmæ̀gəzì:n] 图 1 (주로 주간의) 시사 잡지. 2 (방송) 뉴스 쇼(인터뷰·논평·오락물 따위를 종합한 뉴스 프로그램). (또는 news magazine)
néws·mak·er [njú:zmèikər] 图 뉴스거리가 되는 사람[사건], 뉴스 메이커.
news·man [njú:zmæ̀n, -mən] 图 (신문·잡지의) (보도) 기자; 신문 판매[배달]원.
néws·map [njú:zmæ̀p] 图 뉴스 지도(시사적인 사건에 대한 해설과 삽화를 담은 정기 간행 지도).
néws mèdia 图图 보도 기관[매체].
Néw Smóking Matérial 图 (英) (상표) 뉴스모킹 머티리얼(담배 대용물로 셀룰로오스를 기본으로 한 궐련; 图 NSM).
news·mon·ger [njú:zmʌ̀ŋgər/njú:z-] 图 소문을 퍼뜨리는 사람; 수다쟁이. ~·ing, ~·y 图
Néw Sòuth Wáles 图 뉴사우스웨일스(오스트레일리아 동남부의 주; 주도 Sydney).
‡**news·pa·per** [njú:zpèipər, njú:s-/njú:s-] (图 -s [-z]) 1 신문. ¶ a daily[weekly] ~ 일간[주간] 신문. 2 신문업체, 신문사. ¶ work for a ~ 신문사에 근무하다. 3 图 신문 용지(newsprint). — 图 신문의에 관한. ¶ the ~ world 신문계. — 图函 신문 업무에 종사하다; 기자로 일하다.
~·dom 图 신문계(界). ·ish 图 「boy.
néws·pa·per·boy [njú:zpèipərbɔ̀i] 图 =news-
néws·pa·per·ing [njú:zpèipəriŋ] 图① 신문 사업[경영]; 신문의 편집 방법; 저널리즘.
néws·pa·per·man [njú:zpèipərmæ̀n] 图 신문 기자[편집자]; 신문사 경영자.
néwspaper stànd 图 =newsstand.
néwspaper vèndor 图 신문 자동 판매기; =news-vendor. 「여성 기자[신문 경영인].
néws·pa·per·wom·an [njú:zpèipərwùmən]
new·speak [njú:spí:k/njú:-] 图 (때로 N-) (G. Orwell의 소설 *Nineteen Eighty-Four*에 나오는) 전체주의 국가의 신(新)언어; (정부 관리 등의) 애매하게 말해 사람들을 기만하는 표현법.
néws pèg 图 1 기사거리가 되는 사건·시사 문제. 2 특집 기사·논설 따위에서 어떤 사건을 다루기.

news·peo·ple [njúːzpìːpl] 몡 보도 관계자.
news·per·son [njúːzpə̀ːrsn] 몡 (신문) 기자, 뉴스 리포터, 뉴스캐스터, 특파원; 언론인.
news·print [njúːzprint] 몡 ⓤ 신문용지. 「난.
new-sprung [ˈsprʌŋ] 몡 새로 태어난, 갑자기 나타
news·read·er [njúːzrìːdər] 몡 1 (英) 뉴스캐스터; 신문 독자. 2 (인터넷) 뉴스리더.
news·reel [njúːzrìːl/njúːz-] 몡 (단편) 뉴스 영화.
news release 몡 보도 자료(press release).
news·room [njúːzrù(ː)m] 몡 1 뉴스 편집실, (신문사의) 편집국, (방송국의) 보도국. 2 (英) (도서관 등의) 신문·잡지 열람실. 3 신문·잡지 판매장. (또는 **néws ròom**)
néws sàtellite 몡 뉴스 위성.
néws sèrver 몡 [인터넷] 뉴스서버(NNTP server).
néws sèrvice 몡 통신사, (신문사·방송국 등에) 뉴스를 제공하는 업자. ≒ news agency
news·sheet [njúːzʃìːt] 몡 (둘로 접지 않은) 한 장짜리 신문; 사보, 회보, 공보(newsletter).
néws sòurce 몡 [신문] 뉴스(취재)원(源), 뉴스(기
néws stàll 몡 (英) =newsstand. 「사) 출처.
news·stand [njúːzstænd] 몡 (길거리·역 등의) 신문·잡지 판매(가판)대(소). ¶ ~ 가판대(소)의. ¶ ~ price 가판가(價) / ~ sales 가판
néws stòry 몡 뉴스, 신문·잡지 보도(성) 기사.
néw stár 몡 [천문] 신성(新星)(nova).
néws thèater[(英) **cinema**] 몡 뉴스 영화관.
Néw Stóne Age 몡 (the ~) 신석기 시대(Neolithic Age).
Néw Style 몡 (the ~) 신력(新曆), 그레고리력(曆)⑨ (N.S.). (현 달 위주의) 신력의.
Néw Súnbelt 몡 (the ~) (美) 뉴 선벨트 (Sunbelt 에서 Georgia, North Carolina, South Carolina 주
néws válue 몡 보도 가치, 뉴스 가치. 「등)
news·ven·dor [njúːzvèndər/njúːz-] 몡 (英) 가두 신문·잡지 판매원[대].
News·week [njúːzwìːk] 뉴스위크지(미국의 3대 뉴스 주간지의 하나; 1933년 창간).
news·week·ly [njúːzwìːkli] 몡 시사 주간지, 주간 「신문.
news·wire [njúːzwàiər] 몡 (텔렉스 따위에 의한) 뉴스 제공(송신); 뉴스 송신(수신) 장치.
news·wom·an [njúːzwùmən] 몡 1 (신문·잡지의) 여성 기자, (라디오·TV의) 여성 보도 기자. 2 여성 신문 판매원(배달원). 3 신문(통신)사 여성 사주.
news·wor·thy [njúːzwə̀ːrði] 몡 보도(뉴스) 가치가 있는, 기사거리가 되는. **-thi·ness** 몡
news·writ·ing [njúːzràitiŋ] 몡 신문·잡지 편집.
news·y [njúːzi/njúːzi] 몡 (*news·i·er*; *news·i·est*) (구어) 1 뉴스거리가 많은. 2 수다 떠는(gossipy). 보도 가치가 있는. — 몡 (美·濠구어) 신문팔이(newsboy); 뉴스 보도원. **néws·i·ness** 몡
newt [njuːt/njuːt] 몡 1 (동물) 영원(蠑蚖), 도롱뇽 (eft, triton). 2 (美속어) 바보, 멍청이; 풋내기.
pissed [or **tight, drunk**] **as a newt** (구어) 정신을 잃을 정도로 취하여.
Néw Táiwan dóllar 몡 신타이비(新臺幣)(타이완의 통화; 기본 단위는 yuan(元), ⑦ NT $).
new-tech [ˈték] 몡 new technology(의).
néw technólogy 몡 (the ~) (컴퓨터 따위 첨단 제품 이용의 의한) 신기술. **néw·tech·nól·o·gy** 몡
newt·ed [njúːtid/njúːt-] 몡 (英속어)
New Test. *New Testament*. 「(T.).
Néw Téstament 몡 (the ~) 신약 성서(약칭 NT;
Néw Thóught 몡 신사상(인간의 신성(神性)을 강조하고 올바른 사상이 질병과 과실을 억제할 수 있다고 주장하는 일종의 종교 철학).
new·ton [njúːtn/njúːt-] 몡 (물리) 뉴턴(힘의 단위).
New·ton [njúːtn/njúːt-] 몡 **Isaac** ~ 뉴턴(1642-1727; 영국의 물리학자·수학자·천문학자).
New·to·ni·an [njuːtóuniən/njuː-] 몡 뉴턴 (학설)

의[에 관한]. — 몡 1 뉴턴 학설 신봉자. 2 뉴턴식 망원경(~ telescope).
new·ton·me·ter [-mìːtər] 몡 (물리) =joule.
néw tówn 몡 뉴타운, (신도시, 교외 주택지. 「계획).
néw úrbanism 몡 신도시 구상(보행자 중심의 도시
néw wáve 몡 (종종 the N- W-) 1 (정치 운동·예술 사조 따위의) 새 물결, 누벨 바그(nouvelle vague). 2 (음악) 뉴 웨이브(단순한 리듬과 하모니, 강한 비트 따위를 특징으로 하는 록 음악, 펑크 록). **néw-wáve** 몡
néw wóman 몡 (종종 N- W-) 신여성(특히 19세기말경의 인습과 싸우며 자유·독립을 요구하는 여성).
‡**Néw Wórld** 몡 (the ~) 신세계(아메리카 대륙, 서반구). **néw-wórld** 몡
néw wórld informátion òrder 몡 신세계 정보 질서(1980년 유네스코 총회에서 결의한 통신·정보 분야에 관한 강령). 「세계 질서.
néw wórld òrder 몡 (the ~) (냉전 종식 후의) 신
‡**néw yéar** 몡 1 (the ~) 신년. 2 (N- Y-) 원단, 1월 1일(New Year's Day). ¶ *a New Year's gift* 신년 선물 / *New Year's greetings[wishes]* 새해 인사; 연하(A) happy *New Year*!= I wish you a happy *New Year*. 새해 복 많이 받으세요. 3 (보통 N- Y-) 정월(의 며칠).
New-year [ˈjíər] 몡 (英) 설의, 새해의.
Néw Yéar hónours 몡(복) (英) 신년 서작·서훈.
Néw Yéar's (Dáy) 몡 원단, 1월 1일.
Néw Yéar's Éve 몡 섣달 그믐날(12월 31일) 밤.
‡**Néw York** 몡 [njùː jɔ́ːrk] 몡 1 뉴욕(미국 동북부의 주; 주도 Albany; ⑦ N.Y.). (또는 ~ **Státe**) 2 뉴욕(시) (New York 주 동남쪽, Hudson 강 하구에 있는 미국 최대의 도시; ⑦ N.Y., N.Y.C.). (또는 ~ **City**)
Néw Yórk cùt 몡 (美중·서부) 뉴욕식 비프스테이크.
Néw Yórk·er [-jɔ́ːrkər] 몡 1 뉴욕 시(주) 사람. 2 (the ~) 뉴요커(미국의 고급 주간 잡지).
Néw Yórk·ése [-jɔːrkíːz] 몡 뉴욕 사투리.
Néw Yórk schóol 몡 (미술) 뉴욕파(1940-50년대 뉴욕시를 중심으로 활약한 추상·표현주의 화파).
Néw Yórk's fínest 몡(복) 뉴욕 시 경찰관.
Néw Yórk Stóck Exchànge 몡 (the ~) 뉴욕 증권 거래소(Wall Street 소재; ⑦ NYSE).
Néw Yórk Tímes 몡 (the ~) 뉴욕 타임스(미국의 대표적 일간지; 1851년 창간; ⑦ NYT).
new·zak [njúːzæk] 몡 뉴잭(레스토랑 따위에서 스크린에 흘려보내는 역사적 뉴스 따위를 모아 편집한 비디오). (<*news*+*Muzak*)
‡**Néw Zéa·land** [-zíːlənd] 몡 뉴질랜드(남태평양의 섬나라; 수도 Wellington; ⑦ NZ). — 몡 뉴질랜드의. **~·er** 몡 뉴질랜드 사람.
Nex·is [néksəs] 몡 (상표) (컴퓨터) 넥시스(주로 미국의 신문·잡지·통신 기사 온라인 검색 서비스).
‡**next** [nekst] 몡 1 (시간적으로) 다음의, 오는, 이번(의); (the ~) 그 다음의, 익(翌)…; (순서로서) 다음의. ¶ ~ week[month, year] (현재를 기준으로 하여) 내주 (내월, 내년) / the ~ day[week, month, year] (과거를 기준으로 하여) 그 다음 날(주, 달, 해).

> (USAGE) **next**의 용법 ── (1) 현재를 기준으로 하여 「다음」을 의미할 때는 the를 사용하지 않으나, 현재 이외의 것을 기준으로 할 경우, 또는 미래 이외의 것을 말할 때는 the를 붙이는 것이 보통. (2) 주로 영국에서는 관용적으로 전치사와 연결되어 명사 뒤에 놓이는 경우가 있다. ¶ on Monday ~ 다음 주 월요일에.

2 (가치·중요도로 보아) (…) 다음 자리의, 버금가는, 다음의(to). ¶ the person ~ to her in rank 지위가 그녀 다음인 사람 / the ~ largest city to New York 뉴욕에 버금가는 대도시. 3 (공간적으로) (…)의 다음의, 이웃의, 제일 가까운(to). ¶ the ~ room 옆방 / ~ door 이웃집의(에) / the shop ~ to the corner 모퉁이에서 두 번째 가게 (* 보통 to를 수반; 그렇지 않을 경우에는 전

치사 취급)/He lives ~ door but one to the school. 그는 학교에서 한 집 건너 이웃에 살고 있다. **4** (관계·혈통이) (…에) 제일 가까운(to). ¶ be ~ to the deceased 고인과 핏줄이 가장 가깝다.
as...as the next fellow [or *man, person*] (구어) 누구 못지않게…. ¶He is as brave as the ~ fellow. 그는 용기에 있어서는 누구에게도 뒤지지 않는다.
be a next thing to …에 가깝다, 거의 …이다.
get next to (美속어) ① …와 알게 되다, 가까워지다. ② (남)에게 접근하다. ③ (여자)와 친해지다.
get next (*to oneself*) (美속어) (자기의 어리석음 따위를) 깨닫다. [가) 다음에는, 두 번째는.
in the next place (순서적으로 이야기를 진행하다
next above [*before*] 바로 위[앞]의.
next door but one ⇒ NEXT DOOR.
next door to ⇒ DOOR.
next off (美속어) 다음에, 그때.
Next please!; Next question. (구어) 다음은, 다음 질문은(화제를 고의로 바꿀 때 씀).
next time (접속사적) 다음에 …할 때에. ¶Be careful ~ time you do it. 다음에 할 때는 조심해라.
next to ① …와 나란히, …에 이어서, ¶He sat ~ to his sister. 그는 누이 옆에 앉았다. ② (부정어 앞에서) 거의(almost). ¶ ~ to impossible 거의 불가능한 / buy a thing for ~ to nothing 물건을 거의 공짜로 사다. ③ …을 제하고, …다음에는. ¶N– to cake, ice cream is my favorite dessert. 케이크 다음으로는 아이스크림이 내가 좋아하는 디저트이다.
next to none 아무에게도 뒤지지 않는.
next to shut (만담 쇼의) 주역으로. [을 알리다.
put[or *let*] *a person next* (美속어) (남에게) …
the next...but one 하나 건너 다음의, 두 번째의.
the next (*man* [or *fellow, one, person*]) (美구어) 다른 (모든) 사람, 그밖의 사람, 누구나; 보통 사람, 다음 사람. [*thing I knew*.
(*the*) *next thing* ① 다음에, 둘째로. ② =*the next*
the next thing I knew (구어) 깨닫고 보니, 어느 틈엔가. ¶The ~ thing I knew, I was in a strange town. 정신을 차리고 보니 낯선 마을에 와 있었다.
There is always (*a*) *next thing*. 기회는 언제나 (또) 있다, 다음 번에 잘하면 돼.
Who's next? 다음은 누구 차례입니까?. (의장이) 다음 질문은 누구입니까.
──뽀 (시간·공간·순위·중요도 따위가) 다음에는, 이번에는, 이웃에, 제일 가깝게; 두 번째로, 이어서, ¶the ~ most important thing 다음으로 가장 중요한 것 / stand ~ in line 열의 뒤에 서다 / He spoke ~. 다음으로 그가 말했다 / when ~ we meet 요 다음에 만날 때에(는) / I like this best and that ~. 이것이 제일 좋고, 다음에 저것이다.
What [or *Whatever*] *next!* (구어) 다음 번에는 무슨 일이 생길까?; 어이 없군!, 원 저런!
──전 …의 다음의[에], …의 옆의[이웃의][에]; …에 가장 가까운. ¶a seat ~ the window 창가의 자리 / stand ~ him 그의 옆에 서다. ⇨링 3.
──명 다음 사람[것], 이웃 사람[것], 가장 가까운 사람 [것](* 다음에 오는 명사를 생략한 형). ¶the ~ to arrive 다음에 도착하는 사람[것] / N–, please. 다음은 (질문 따위); 다음 분! / His ~ (child) was a girl. 그의 다음 아이는 여자 아이였다 / To be continued [concluded] in our ~ (issue). 다음 호에 계속[완결].
néxt bést 쉥 =second best.
next-best [-bést] 쉥 =second-best.
néxt dóor 쉥 이웃집, 옆집, 이웃. ¶(the) ~ but one 한 집 걸러 이웃(집). ──튀 [⌢⌢] 이웃에, 가깝게, 접근하여(to). ¶He lives ~ to us. 그는 우리집 이웃에 산다. **2** 거의 …이나 다름없(to). ¶His act is ~ to treachery. 그의 행위는 배신이나 다름없다.

next-door [-dɔ́ːr] 쉥 이웃집의, 이웃의. ¶the child ~ 이웃집 아이. ──튀 [⌢⌢] 이웃에[으로].
Nex·tel [nékstel] 쉥 (상표) 넥스텔(합성 물질로 만든 연극·영화용의 끈적끈적한 대용 혈액).
néxt friend 쉥 (the ~) (법률) 후견인(소송에서 법적 무능력자인 유아·미성년자 등의 대리인).
néxt of kín 쉥 **1** 근친자, 가장 가까운 친척. **2** (법률) (유언 없이 죽은 사람의 유산 상속권이 있는) 최근친자.
nex·us [néksəs] 쉥 (複 ~) [U|C] **1** 이음, 유대, 연줄 (tie, link); 연결 방법[수단]. **2** (사물·관념의) 연계, 관련, 관계; 연결, 결합체; 초점, 중심. ¶The causal ~ 인과(因果) 관계. **3** (문법) 넥서스(Jespersen의 용어로 문장 구성 요소간의 주어·술어 관계. 예: I paint *the door red*. / On *my arrival*, they started*.*).
Nez Per·cé [néz pə́ːrs, -pərséi] 쉥 (複 ~(**s**)) 네즈퍼스 족(북아메리카 인디언); 네즈퍼스 어(語). [<F]
NF, N.F. (英) National Front; Newfoundland; (또는 n/f, N/F) *no funds*(예금 잔액 없음); *noise factor* [*figure*]; nonferrous; Norman French, **nf, NF** nanofarad(s). **NFA** National Futures Association; *net financial assets*; *no further action*. **NFC** National Football Conference. **NFD., Nfld.** Newfoundland. **NFL** National Football League. **NFM** narrowband frequency modulation. **NFP** natural family planning. **NFPA** National Fire Protection Association(전미(全美) 방화 협회). **NFS, N.F.S.** (英) National Fire Service; *not for sale*(비매품). **NFT** National Film Theatre. **NFU** (英) National Farmers' Union; National Film Unit. **NFWI** (英) National Federation of Women's Institutes. **NFZ** *no-fly zone*. **NG** nasogastric; nitroglycerin; (미식축구) *nose guard*. **Ng.** Norwegian. **N.G.** National Giro[Guard]; New Guinea; (또는 **n.g.**) *no good*. **NGA** (英) National Graphical Association.
Ń gálaxy 쉥 (천문) N 성운(星雲).
NGF nerve growth factor. **NGk., N.Gk.** New Greek. **NGL** natural gas liquid(천연 가스액(液)). **NGO** Non-Governmental Organization(비(非)정부 조직). **NGPA** National Gas Policy Act.
ngul·trum [əŋɡáltrəm] 쉥 응굴트럼(Bhutan의 화 [폐 단위; 기 N).
NGV natural gas vehicle.
ngwee [əŋɡwíː] 쉥 응귀(Zambia의 화폐 단위).
nH, nh nanohenry; nanohenries. **N.H.** New Hampshire. **NHA, N.H.A.** (美) National Housing Agency(전국 주택 건설청). **N. Heb.** New Hebrides. **NHG, NHG., N.H.G.** New High German. **NHI** (英) National Health Insurance(국민 건강 보험). **NHK** (일본) Nippon Hoso Kyokai (일본 방송 협회; 공영 방송 네트워크). **NHL** National Hockey League(전미(全美) 하키 연맹). **NHP, nhp** *nominal horsepower*(공칭 마력). **NHRA** National Hot Rod Association. **NHS** (英) National Health Service. **NHTSA** National Highway Traffic Safety Administration(전미(全美) 고속도로 교통 안전 위원회). **Ni** (화학) nickel. **NI, N.I.** (英) National Insurance; Northern Ireland; *not interested*. **NIA** (美) National Institute on Aging(국립 노화 현상 연구소); Newspaper Institute of America; National Intelligence Authority.
ni·a·cin [náiəsin] 쉥[U] (생화학) 나이아신(니코틴산 (nicotinic acid)의 상품명).
Ni·ag·a·ra [naiǽɡərə] 쉥 **1** (the ~) 나이아가라 강 (미국 동북부의 강). **2** = ~ Falls. **3** (n–) 급류, 분류(奔流); 폭포; 쇄도, 홍수. ¶a ~ of protest 쇄도하는 항의.
shoot Niagara 큰 모험을 하다.
***Niágara Fálls** 쉥 (the ~) (단수취급) 나이아가라 폭포(미국 동북부와 캐나다 Ontario 주에 걸친 큰 폭포).

niágara gréen 명 밝은 청록색.
ni·al·a·mide [naiǽləmàid] 명 《약학》 니알라미드 (우울증 치료제).
Nia·mey [njɑːméi] 명 니아메(Niger의 수도).
nib [nib] 명 **1** (새 따위의) 부리. **2** 《英》 펜촉; 펜의 끝 부분; (물건의 뾰족한) 끝. **3** (~s) 빻은 카카오 열매; 커피 콩.
Tough nibs! 《美俗》 불쌍도 해라, 너무 심하군, 그 ─ 图目 (**-bb-**) **1** 《英》 (펜대)에 펜촉을 끼우다. **2** (펜)의 끝을 뾰족하게 하다. ◁**like**
*****nib·ble** [níbl] 图目 **1** (…을) 조금씩 물어뜯다; 조금씩 줄이다; 잠식하다(*away*)(*at, on*). **2** (물고기가) (…을) 입질하다(*at*). **3** (비유적) (…을) 비난하다, 흠잡다; 문책하다(*at*). **4** (비유적) (제의·유혹 따위에) 마음이 있는 태도를 보이다(*at*). ─ 目 **1** (물건)을 조금씩 물어뜯다, 조금씩 들어먹다(*away, off*). **2** (물고기가) (미끼)를 입질하다. ─ 명 **1** 조금씩 깨물기; (물고기가) 입질하기. **2** 아주 적은 양; 한 입(의 양)(*at, on, of*). **3** 비난. **4** 선대답, 마지못해 승낙하는 기색. **5** (또는 **nybble**) 《컴퓨터》 니블(0.5 byte).
nib·bler [níblər] 명 **1** 물어뜯는 것[사람]; (사물에) 관심있는 사람. **2** 물고기의 일종(cunner). **3** 금속판 절단기(械).
Ni·be·lung [níːbəlùŋ] 명 (獨 ~s, ~en) 《독일전설》 니벨룽겐족(族)의 사람; 니벨룽겐족 사람.
Ni·be·lung·en·lied [níːbəlùŋənlìːt] 명 (독일) (the ~) 니벨룽겐의 노래(13세기초의 독일의 대서사시). [<G] 「(iron).
nib·lick [níblik] 명 《골프》 9번 아이언(number 9
nibs [nibz] 명 (his[her] ~) 《단수취급》 《구어》 《익살》 높으신 양반, 나리(* 반어적으로도 쓴다).
N.I.C., NIC National *I*ncomes *C*ommission; 《컴퓨터》 *N*etwork *I*nformation *C*enter; *n*ewly *i*ndustrializing[*i*ndustrialized] *c*ountry(신흥 공업국).
ni·cad [náikæd] 명 《상표》 니켈·카드뮴 전지. [<*ni*ckel + *cad*mium). 「대 도시).
Ni·cae·a [naisíːə] 명 니케아(소아시아 북서부의 고
Ni·cam, NICAM [náikæm] 명 나이캠(고음질의 스테레오 사운드와 함께 비디오 신호를 보내는 TV의 디지털 방식; 영국에서 채택). [<*n*ear *i*nstantaneously *c*ompanded *a*udio *m*ultiplex]
NICAP National Investigators Committee on Aerial Phenomena(전미 대기 현상 조사위원회).
Nic·a·ra·gua [nikərɑ́ːgwə/-ræ̀gjuə] 명 니카라과 (중앙아메리카의 공화국; 수도 Managua; 略 Nicar.). **-guan** 형명 니카라과(의); 니카라과인.
NICB *N*ational *I*ndustrial *C*onference *B*oard(전미 (全美) 산업 심의회).
nic·co·lite [níkəlàit] 명 《광물》 홍비(紅砒) 니켈광.
‡**nice** [nais] 형 (**nic·er; nic·est**) **1** 좋은, 괜찮은, 훌륭한; 즐거운, 기분 좋은; 만족스러운; 매력 있는. ¶a ~ day 좋은 날씨/a ~ profit 만족스러운 이익/a ~ little girl 귀여운 소녀. **2** 《구어》 친절한, 다정한. ¶It is ~ of you to show me the way. 길을 가르쳐 주셔서 감사합니다. **3** 정확성[정밀성, 수완]이 요하는; 어려운, 미묘한; 면밀한. ¶a ~ problem[task] 미묘한 문제[세밀한 작업]/a ~ experiment 정밀한 실험. **4** (기구 따위가) 정밀한; (차이 따위가) 미세한; (지각이) 예민한. ¶~ shades of meaning 미묘한 뜻의 차이/a ~ eye for the beautiful 뛰어난 심미안. **5** (태도·말 따위가) 세련된, 품위 있는; (경멸적) 젠 체하는, 거드름 피우는. ¶a ~ accent 거만한 어조. **6** (…에/…하는 데) 적당한, 적합한 (*for* / *to do*). ¶~ clothes for a party 파티에 어울리는 옷. **7** 꼼꼼한; 엄격한, 결벽한, 까다로운. **8** (요리 따위가) 맛있는, 맛난(⇒DELICIOUS 유의어) **9** (음식 따위에) 까다로운, 기호가 까다로운(*in*). ¶be ~ *in* one's food[dress] 음식[의복]에 까다롭다. **10** 《구어》 (반어적) 싫은, 귀찮은, 난처한.
as nice as can be 아주 좋은, 더없이 좋은.
in a nice fix [or *mess*] 매우 난처하여.
It is nice doing …하는 것은 즐겁다.
It is nice of you to do …해 주어 고맙다.
make nice 《속어》 귀여워하다, 애지중지하다.
Nice and [náisənd] … (형용사와 함께) 매우, 아주, 더할 나위 없이.
Nice going [or *job*]*!* 《구어》 잘했어!, 잘했군!
Nice one 《구어》 ① 아주 좋은[싫은, 심한] 것[일, 사람]. ② (반어적으로) 좋았어; (비꼬아) 큰일났군.
not very nice 《구어》 (반어적) 불쾌한, 재미없는.
over [or *too*] *nice* 너무 잔소리가 심한.
say nice things 야양 떨다, 입에 발린 말을 하다.
─ 부 《구어·방언》 = nicely.
◁**-ness** 명   「(避寒)지).
Nice [niːs] 명 니스(프랑스 동남부의 항구 도시·피한
NICE *N*ational *I*nstitute of *C*eramic *E*ngineers.
níce gúy [**féllow**] 명 《구어》 좋은 녀석.
nice·ish [náisiʃ] 형 꽤 좋은, 느낌이 좋은, 대인 관계가 원만한.   「생긴.
nice-look·ing [-lúkiŋ] 형 예쁜, 애교 있는, 잘
‡**nice·ly** [náisli] 부 **1** 좋게, 잘, 훌륭히; 쾌적하게. **2** 친절하게. **3** 세련되게. **4** 맛있게. **5** 정확하게; 면밀하게, 꼼꼼이; 예민하게.
Ni·cene [naisíːn, ´-] 형 니케아(Nicaea)의.
Nícene Cóuncil 명 (the ~) 니케아 공의회(公議會)(니케아에서 325년 열린 첫 세계 공의회의 회의로 Nicene Creed 제정).   「(信經).
Nícene Créed 명 (the ~) 니케아 신조(信條)[신경
níce nél·ly [-néli] 명 《美·캐나다 구어》 (때로 n-N-) **1** 점잔빼는 사람; 여성적인 사람. **2** 완곡한 표현.
nice-nel·ly [´-néli] 형 《美·캐나다 구어》 **1** 점잔빼는, 허세부리는. **2** 우회적인, 완곡한. (또는 **níce-Nélly**) ~**ism** 명 점잔빼기; 완곡한 표현.
ni·ce·ty [náisəti] 명 **1** 미세[미묘]한 점, 세부; grammatical *niceties* 문법상의 상세한 법칙. **2** ① 미세한 구별[차이]; 미묘, 정묘. **3** (-ties) 우아[고상]한 것 [일]; 맛있는 음식. **4** ① 정확성, 적확성, 정밀성; 꼼꼼함. **5** ① 까다로움, 엄격함, 결벽.
to a nicety 세밀한 점까지, 정확하게, 꼼꼼하게.
níce wórk 명 (종종 ~s) 자선 행위, 훌륭한 일.
niche [nitʃ/niːʃ] 명 **1** 벽감(壁龕)(벽면을 파내어 조각품이나 장식품을 놓도록 만든 곳). **2** (사람·물건에) 적합한 장소[지위], 적소(*for*). ¶find a ~ *for* oneself 자신의 적소를 얻다. **3** 《경영》 니치(수익 가능성이 높은 특정 시장 분야)의 틈새, (경영 전략의) 집중 영역. **4** 《생태》 생태적 지위.
a niche in the temple of fame 불후의 명성. [niche 1]
─ 타 **1** (조각품 따위)를 벽감에 놓다. **2** (수동형·재귀용법으로) …을 놓다, 안치하다.
níche ádvertising 명 틈새 시장 대상 광고; 틈새 광고.
níche análysis 명 《경영》 틈새 시장 분석.
níche búsiness 명 틈새 사업; 누구도 눈을 돌리지 않는 사업.   「용 (기술).
níche·man·ship [nítʃmənʃip] 명 ① 틈새 시장 이
níche márket 명 틈새 시장. ¶carve out a ~ 틈새 시장을 개척하다.
níche pláyer 명 틈새 시장 기업(인).
Nich·o·las [níkələs] 명 **1** Saint ~ 성 니콜라스 (?-342; 러시아 및 그 주변 나라의 수호 성인). **2** 니콜라스(남자 이름).   「《미국의 영화 배우》.
Nich·ol·son [níkəlsn] 명 **Jack** ~ 니콜슨(1937-
Ni·chrome [náikròum] 명 《상표》 니크롬(니켈·크롬·철의 합금).
nic·ish [náisiʃ] 형 = niceish.
***nick** [nik] 명 **1** 새김눈(notch). **2** 칼자국; (도자기 따

위의) 이 빠진 곳. 3 (the ~) (英속어) 경찰서, 교도소. 4 ⓤ (英속어) 상태.
in good [bad, poor, terrible] nick (英·濠속어) 건강이 좋은[나쁜] 상태.
in the (very) nick of time 아슬아슬한 때에, 꼭 알맞은 때에.
── 图타 1 …에 새김눈을 내다, 칼자국을 내다: (말 꼬리를 치켜들기 위해) (꼬리 밑)에 칼자국을 내다. ¶ ~ a tree trunk 나무 줄기에 금을 새기다. 2 …을 꼭 알아맞히다; …을 용케 잡다, …의 시간에 대다. 3 (예산 따위)를 줄이다; (감정 따위)를 억제하다. 4 (속어) …을 기만하다, 속이다: …에게서 (…을) 사취하다(*out of*); …에게 (터무니없는 돈을) 요구하다(*for*). 5 (英속어) (범인)을 체포하다: …을 훔치다.
── 图 1 말꼬리를 잡아 비난하다(*at*). 2 끼어들다(*in*). 3 (英속어) (병 따위를 핑계로) 학교에 가지 않다.
nick it 잘 알아맞히다.

Nick [nik] 图 1 닉(남자 이름; Nicholas의 별칭). 2 (Old ~) 악마.

‡**nick·el** [níkəl] 图 (圈 ~s [-z]) 1 ⓤ (화학) 니켈, 백동(기 Ni). 2 (미국·캐나다의) 5센트 백동화. 3 (美속어) 5달러: ~ = bag: 5년의 금고형.
Don't take any wooden nickels! (美속어) 잘 있거라, 바이바이.
nickels and dimes (美속어) 약간의 돈. 「도 없는.
not worth a plugged nickel (美속어) 아무 가치
── 图타 (~*s* [-z]; *-l-*, (英) *-ll-*) 니켈로 도금하다.
nickel up (美속어) 5센트를 내고 그 이상의 음식물을 요구하다; 터무니없는 요구를 하다.
── 图 (美속어) 5달러어치의.

nick·el-and-dime [-əndáim] 图타 1 조금씩 손해를 끼치다. 2 사소한 일로 괴롭히다. 3 …에게 인색하게 굴다, 인색하게 대우하다. ── 图 (또는 **níckel-díme**) 인색한; 하찮은, 소액의; 할인한, 싼; 할인점의.

níckel bàg (美속어) 5달러어치의 마약.
níckel bráss 图 니켈 황동(黃銅).
nick·el-cád·mi·um báttery [-kǽdmiəm-] 图 니켈·카드뮴 (축)전지(nicad).
nick·el·ic [nikélik, níkəl-] 图 (화학) 니켈의, (특히) 제2 니켈의. 「지.
níckel métal hýdride bàttery 图 니켈 수소 전지.
nick·el-nurs·er [-nə́ːrsər] 图 (美속어) 구두쇠.
nick·el·o·de·on [nìkəlóudiən] 图 (美) 1 5센트 극장(영화관). 2 =jukebox. 〔<*nickel+melodeon*〕
nick·el·ous [níkələs] 图 (화학) 제1 니켈의.
níckel óxide 图 (화학) 산화 니켈.
níckel pláte 图 (전기 도금을 한) 니켈 피막(被膜).
nick·el-plate [-pléit] 图타 …에 니켈 도금을 하다.
níckel sílver 图 양은(German silver).
níckel stéel 图 니켈강.

nick·er¹ [níkər] 图 새김눈을 내는 사람[물건].
nick·er² (주로 英방언) 图图 (말이) 울다(neigh); 킬킬 웃다. ── 图 말의 울음; 킬킬거리는 웃음. 〔(濠) 돈〕
nick·er³ 图 (圈 ~(**s**)) (英) 1파운드(pound sterling).
níck·nack [níknæ̀k] 图 =knickknack.

‡**nick·name** [níknèim] 图 (圈 ~**s** [-z]) (…에 대한 …라는) 별명; (Christian name을 단축한) 약칭, 애칭 (*for*/*of*). ¶ Ed is a ~ *for* Edward. 에드는 에드워드의 애칭이다. ── 图타 [-z] 图; *-d*; *-nam·ing*) 1 …에게 …라는 별명을 붙이다; …을 …라는 애칭으로 부르다. ¶ (~+目+補) They ~*d* me 'Shorty'. 그들은 나에게 꼬마라는 별명을 붙였다. 2 (고어) …의 이름을 잘못 부르다.

Nic·ol [níkəl] 图 니콜(남자 이름; Nicholas의 애칭).
Nic·o·las [níkələs] 图 니콜라스(남자 이름).
Níc·ol (prìsm) [níkəl (-)] 图 (광학) 니콜 (편광(偏光)) 프리즘. 〔<영국 물리학자 William Nicol(1768-1851)〕 「금연용 껌.
Nic·o·rette [nìkərét] 图 (상표) 니코렛(니코틴이 든

Nic·o·si·a [nìkəsíːə] 图 니코시아(키프로스의 수도).
ni·co·ti·a [nikóujə] 图ⓤ 1 =nicotine. 2 (시) 담배.
ni·co·tian [nikóuʃən] (고어) 图 담배의. ── 图 흡연가. 〔가지과 담배속(屬) 식물의 총칭〕.
ni·co·ti·a·na [nikòuʃiéinə, -ǽnə/-áːnə] 图 담배
nic·o·tin·a·mide [nìkətínəmàid, -mid] 图 (생화학) 니코틴아미드(비타민 B 복합체의 하나).
nic·o·tin(e) [níkəti(ː)n, -tin] 图ⓤ 니코틴(담배에 함유된 유독성 알칼로이드). 〔<1560년 담배를 포르투갈에서 프랑스로 처음 수입한 외교관 Jean Nicot〕
nícotine pàtch 图 니코틴 패치(소량의 니코틴이 함유된 금연용 첨약(貼藥)). 「틴산.
nic·o·tin·ic ácid [nìkətínik-] 图 (생화학) 니코
nic·o·tin·ism [níkəti(ː)nìzm] 图ⓤ 니코틴 중독.
nic·o·tin·ize [níkəti:nàiz] 图타 …을 니코틴에 중독시키다; 니코틴을 함유시키다.

NICS *n*ewly *i*ndustrializing[*i*ndustrialized] *c*ountries(신흥 공업국)(* 1988년부터 NIES로 개칭).
nic·tate [níkteit] 图困 =nictitate.
nic·ta·tion [niktéiʃən] 图 =nictitation.
nic·ti·tate [níktəteit] 图困 눈을 깜박거리다(wink).
nic·ti·tat·ing mémbrane [níktəteitiŋ-] 图 (동물) 순막(瞬膜), 제3안검(眼瞼).
nic·ti·ta·tion [nìktətéiʃən] 图ⓤ (눈의) 깜박거림.
NICU (의학) *n*eonatal *i*ntensive *c*are *u*nit (신생아 집중 치료 시설). 〔lipop〕. 2 (구어) 멋진 사람.
ni·cy [náisi] 图 1 (어린이말) 과자, 막대 사탕(lol-
NID (美) *N*aval *I*ntelligence *D*ivision(해군 정보부).
NIDA (美) *N*ational *I*nstitute of *D*rug *A*buse(국립 약해(藥害) 연구소). 「난소의, 난낭의.
ni·da·men·tal [nàidəméntl] 图 (연체 동물 따위의)
ni·da·na [nidáːnə] 图 (불교) 인연. (<Skt)
ni·date [náideit] 图困 (발생) (수정란이) 자궁에 착상(着床)하다. **ni·dá·tion** 图.
nid(·d)er·ing [nídəriŋ] (고어) 图 비겁자, 비열한 (漢); 겁쟁이. ── 图 비겁한.
nid·dle-nod·dle [nídlnádl/-nɔ̀dl] 图 머리를 끄덕[흔들]거리는; (머리를[가]) 끄덕[흔들]거리는 하다[거리다]. 〔brood〕.
nide [naid] 图 (英) (특히 꿩의) 둥지; 한 배의 새끼
nid·i·fi·cate [nídəfikèit] 图困 둥지를 만들다.
nid·i·fi·ca·tion [nìdəfikéiʃən] 图ⓤ 둥지 만들기.
nid·i·fy [nídəfài] 图困 =nidification.
nid·nod [nídnàd/-nɔ̀d] 图 (-*dd*-) (머리를[가]) 끄덕거리게 하다[거리다].
ni·dus [náidəs] 图 (圈 ~, *-di* [-dai]) 1 (특히 곤충 따위가 알을 까는) 자리, 부란(孵卵) 장소. 2 (생물체 내의 병원균 따위의) 발생 장소; 병소(病巢); (비유적) 출처, 원천. **ni·dal** [náidl] 图.

NIE *N*ational *I*nstitute of *E*ducation; *n*ewly *i*ndustrializing *e*conomies; *n*ewspaper *i*n *e*ducation(신문 활용 교육).
Nie·buhr [níːbuər, -bər] 图 1 **Barthold Georg** ~ 니부르(1776-1831): 독일의 역사가; 근대 사학의 아버지라 일컬음. 2 **Reinhold** ~ 니버(1892-1971): 미국의 신학자). ~·**ian** 图.

‡**niece** [niːs] 图 (圈 **nièc·es** [-iz]) 조카딸(图 *nephew*); (완곡적) (성직자의) 사생아(여자).
ni·el·list [níːəlist] 图 니엘로[흑금] 상감사(象嵌師).
ni·el·lo [niélou] 图 (圈 *-el·li* [-éli]) 1 니엘로, 흑금 (黑金)(유황과 은·납 따위의 검은색 합금; 금속 세공품 상감(象嵌)용). 2 니엘로 상감. 3 니엘로 상감 세공품. ── 图타 …을 니엘로로 상감하다.
Níel·sen (ràting) [níːlsən-] 图 (美) (TV의) 닐슨 시청률. 〔<미국의 시장 조사 회사 A.C. Nielsen Co.〕
NIEO *n*ew *i*nternational *e*conomic *o*rder(신(新) 국제 경제 질서). 〔stein-) 백포도주.
Nier·stein·er [níərstàinər] 图ⓤ (라인 강변 Nier-

NIES [niːs] newly industrializing economies(신흥 공업 경제 (지역)군(群))(NICS를 1988년부터 개칭).

Nie·tzsche [níːtʃə, -tʃi] 圏 **Friedrich Wilhelm** ~ 니체(1844-1900: 독일의 철학자). ~**ism**

Nie·tzsche·an [níːtʃiən] 혱 니체(철학)의. —圏 니체철학 (지지)자.

niff[1] [nif] 圏U (英俗·방언) (고약한) 냄새, 악취. —圏짜 악취가 나다. **níff·y** 혱

niff[2] 圏 (방언·구어) 분노; 반감. ¶take a ~ 화내다.

nif·fer [nífər] 圏 (스코) 물물 교환(하다).

nif gène 圏 (생화학) 질소 고정에 관여하는 유전자.

Ni·fl·heim [nívəlhèim] 圏 (북유럽 신화) (Hel이 지배하는) 암흑과 사자(死者)의 세계; 지옥(hell).

nif·ty [nífti] 혱 (속어) 스마트한(smart), 멋진, 멋들어진, 재치있는. —圏 (속어) 멋(재치)있는 것(말); 매력있는 계집아이. **nif·ti·ly** 뮈

nig [nig] 圏짜 (-gg-) (카드놀이) =renege; (속어)

Ni·gel [náidʒəl] 圏 1 나이젤(남자 이름: Neil의 별칭). 2 (英구어) (경멸적) 고급 옷을 입고 거들먹거리는 상류 계급의 젊은이.

Ni·ger [náidʒər] 圏 1 (the ~) 니제르 강(니제르·나이지리아를 흘러서 대서양에 이르는 강). 2 니제르(아프리카 서북부의 공화국; 수도 Niamey). —圏 Niger의.

Ni·ge·ri·a [naidʒíəriə] 圏 나이지리아(아프리카 서부의 공화국; 수도 Abuja). **-an** 圏

nig·ga [nígə] 圏혱 (경멸적) 흑인(의).

nig·gard [nígərd] 圏 인색한 사람, 구두쇠. —혱 (고어) 인색한.

nig·gard·ly [nígərdli] 혱 1 (…에) 인색한, 쩨쩨한 (with); (…을) 아까워하는 (of). 1 be ~ of ~ 을 아까워하다. 2 빈약한, 근소한. ¶a ~ sum 얼마 안 되는 액수. —뮈 인색하게, 쩨쩨하게. **-li·ness** 圏

nig·ger [nígər] 圏 1 (경멸적) 흑인, 검둥이(=NE-GRO 유의어); (동인도 등지의) 흑인 원주민. 2 유색인, 비백인; (경멸적) 백인에게 굽실거리는 흑인; (속어) 학대받는 계층의 사람. 3 (제재소의) 통나무 지렛대. 4 U 흑갈색 물감. ¶~ 흑인의 노래 ¶~ melodies[or songs] 흑인의 노래 / ~ minstrels 흑인으로 분장한 백인 극단원.

a nigger driver 남을 혹사시키는 사람. ¶남의 극단원.

a[or the] nigger in the woodpile[or fence] (美속) (알려지기를 꺼리는) 숨은 사실[원인, 동기]; 예기치 못한 문제; 잡보단.

a nigger's nigger (美흑인 속) 백인에게 굽실거리는 흑인.

work like a nigger (美속어) (경멸적) 뼈빠지게 일하다.

nig·ger·dom [nígərdəm] 圏U 흑인(전체), 흑인 사회.

nig·ger·head [nígərhèd] 圏 니거헤드 탄(炭); 검은 씹는 담배. 『충의 종류; 흑인가.

nigger héaven 圏 (속어) (극장의) 맨 위 관람석.

nig·ger·ish [nígəriʃ] 혱 흑인의(같은). 『사람.

nigger lòver 圏 (속어) (경멸적) 흑인을 두둔하는.

nig·ger·pot [-pàt/-pɔ̀t] 圏 (美속어) 밀주(密酒).

nigger rich 圏 (속어) (경멸적) 벼락 부자의.

nig·ger·toe [nígərtòu] 圏 (美구어) 브라질 호두.

nigger tòwn 圏 (美속어) (도시의) 흑인 구역.

nig·gle [nígl] 圏짜 (하찮은 일에) 번민하다 [신경쓰다] (about, over); (시시한 일로) 탈잡다 (at). —圏타 옹졸하게 찔금찔금 주다; 트집잡다, 괴롭히다. —圏 쓸데없는 트집. **-gler** 圏

nig·gling [níglin] 圏U 하찮은 일에 구애됨; 하찮은 일(작업). —혱 1 하찮은 일에 골몰하는; 보잘것없는 (petty); (일 따위가) 잔손이 가는, 성가신. 2 (필적이) 옹졸한, 답답한(cramped), 읽기 힘든. **~·ly** 뮈

nig·gra [nígrə] 圏 (속어) (경멸적) 감둥이(nigger).

nigh [nai] (고어·방언·시) 혱 1 가까이에(로), 접근하여. ¶come[or draw] ~ 가까이 오다. 2 거의 (~에) 가깝게(upon, on, about). —전 1 가까운, 접근한; 친한의. 2 짧은, 질러가는. 3 (말·차가) 왼쪽의. 인색한.

—圏 접근하다, 가까이 가다. —뮈 =near.

night [nait] 圏 1 밤, 저녁; 야간(참 day). ¶every ~ 매일밤 / last ~ 어젯밤 / one ~ 어느 날 밤(에) / a Chopin ~ 쇼팽의 밤 / the ~ before last 그저께 밤 / on a starry ~ 별이 총총한 밤에 / The storm lasted through the ~. 폭풍은 밤새도록 계속되었다 / We passed an uneasy ~. 우리는 하룻밤을 불안하게 보냈다 / I spent three ~s with them. 그들과 함께 사흘밤을 묵었다. 2 밤의 어둠, 야음. ¶N~ fell. 밤이 되었다. 3 (비유적) (죽음·맹목·무지·죄악·실의·불행 등의) 암흑, 암흑의 상태(때). ¶He is wrapped in the ~ of ignorance. 그는 무지의 암흑에 싸여 있다[무지 몽매하다]. 4 (종종 N~) (특정 행사가 있는) 밤.

a dirty [or stormy] night (비바람이 치는) 사나운 밤.

a hard day's night 밤샘, 철야.

all night (long); all the night through; through-(out) the night 밤새도록, 하룻밤 내내.

a night out [or off] ① 외출이 허용되는 밤. ② 축제의 밤.

(as) dark [or black] as night 캄캄한, 칠흑 같은.

at [or in] the dead of night 한밤중에.

at night 야간에, 밤에. ¶work at ~ 야근하다.

at nights; night after night 밤마다.

at this time of night; at this hour of the night 이렇게 늦은 밤(시각)에.

by night 밤중에; 야음을 타서, 야밤에. ¶escape by ~ 야음을 타서 도망하다. 『을 중지하다.

call it a night (구어) (그날 밤의 일을) 끝내다; 활동

C'mon, time for night. 자, 이제 잘 시간입니다.

far [or late] into the night 밤늦도록.

for the night 잠자기 위해; 그날 밤은. ¶We put up at an inn for the ~. 그날 밤은 여관에 숙박했다.

from morning till night 아침부터 밤까지.

Good night! ⇒GOOD NIGHT. 『자다.

have [or pass] a good[bad] night 잠을 잘(잘못)

have [or make] an early [a late] night 일찍(늦게) 자다. ¶Make an early ~, okay? 일찍 자거라, 알겠니?

have [or get, take] a night off 하룻밤 (일을) 쉬다.

in the night 야간에, 밤중에.

I was up all night with a sick friend. (구어) 밤새껏 병든 친구의 간병을 했다(* 전날 약속을 어긴 핑계를 댈 때 흔히 쓰는 표현). 『계속되다.

keep [or last] over night (회의 따위가) 아침까지

make a night of it 흥청망청 밤을 지새우다, 밤새 술을 마시다; 밤새 헤매 다니다.

night and day; day and night 주야로; 늘, 끊임없이(continually). ¶work ~ and day 주야로 일하다.

o' [or on] nights 밤에는 (언제나), 밤에 (자주). ¶I cannot sleep o' ~s thinking of the problem. 그 문제를 생각하느라 밤이면 밤마다 잠을 이루지 못한다.

over night 새벽까지, 하룻밤.

spend the night with ① (남)의 집에 묵다. ② …와

stay over night 일박하다. 『하룻밤을 같이 지내다.

stay the night 밤새다, 철야하다.

turn night into day 밤늦게까지 일하다(놀다); 낮에 이어 밤에도 일하다, 철야하다.

under cover of night 야음을 틈타서.

—혱 밤의; 야간의; 밤에 일어나는(일하는). ¶a ~ flying 야간 비행 / a ~ train 야간 열차. —감 (Good ~!을 줄여서 Night!) 잘 자요!, 안녕(히 가세요)!

~·less, ~·like 혱

níght àir 圏 밤 공기, 밤 바람; 밤 기운.

night àirglow 圏 =airglow.

níght bàg 圏 =overnight bag. 『무, 성교.

níght báseball 圏 1 야간 야구 경기 2 (美속어) 애**play [or watch] night baseball** 밀회하다, 성교하다.

night-bell [náitbèl] 圏 (병원의) 야간용 벨.

níght bìrd 圏 1 밤새(올빼미·나이팅게일 따위). 2 밤

night·blind [náitbláind] 형 밤눈이 어두운, 야맹증
night blíndness 명 〔의학〕 야맹증.
night-blóom·ing céreus [-blúː-miŋ-] 명 밤에 꽃피는 선인장.
night-breeze [-bríːz] 명 밤바람.
níght·cap [náitkæp] 명 1 나이트캡(잠잘 때 쓰는 모자). 2 〔구어〕 자기 전에 마시는 술. 3 〔구어〕〔야구〕(더블헤더의) 두 번째 시합; 그 날의 마지막 시합.
night càrt 명 분뇨 수거차.
night cèllar 명 〔英〕(싸구려) 지하실 술집.
night chàir 명 침실용 변기(close-stool).
night-clothes [náitklòuz, -klòuðz] 명복 잠옷.
night-club [náitklʌ̀b] 명 나이트클럽. (또는 **night club**) — 동자 (-bb-) 나이트클럽에 가다. ~**·ber** 명
night cóach 명 야간 버스; (항공 운임의) 야간 할인
night commóde 명 =night-stool.
night cóurt 명 〔美〕(대도시의) 야간 (즉결) 재판소.
night cráwler 명 〔美방언〕(밤에 흙 속에서 기어 나오는) 큰 지렁이(night walker).
night crów 명 〔고어〕 밤에 우는 새(올빼미 따위).
night-dress [náitdrès] 명 잠옷; 〔英〕 =nightgown.
night dúty 명 숙직, 야근.
night·ed [náitid] 형 〔고어〕 어두워진, 캄캄해진; 〔드물게〕 길가다 저문(benighted).
night éditor 명 (신문사·통신사의) 야간 편집 책임자.
night·e·ry [náitəri] 명 〔美속어〕 =nightclub.
***night·fall** [náitfɔ̀ːl] 명 해질녘, 땅거미, 황혼. ¶ at ~ 해질녘에.
night fíghter 명 야간 요격 전투기. [~ 해질녘에.
night fíre 명 도깨비불; 헛된 기대.
night flówer 명 (달맞이꽃 따위) 밤에 피는 꽃.
night gàme 명 〔야구〕 야간 경기.
night glàss 명 〔해사〕 야간용 망원경; (~es) 야간용 쌍안경.
night-glow [náitglòu] 명 야광(夜光).
***night·gown** [náitgàun] 명 (여자·어린이용) 잠옷(남자의) 긴 셔츠형 잠옷(nightshirt).
night-hag [-hǽg] 명 (밤하늘을 날아다닌다는) 마녀(魔女); 몽마(夢魔)(nightmare). (또는 **night hàg**)
night·hawk [náithɔ̀ːk] 명 1 (미국산) 쏙독새류의 밤새. 2 밤에 나다니는 사람; 밤샘하는 사람; 밤도둑. 3 (N-) 나이트호크(F-117A 스텔스기의 별명). 4 〔美속어〕 야간 택시 (기사).
night hèron 명 푸른백로.
night·ie [náiti] 명 〔구어〕(여자·어린이의) 잠옷. (또는 **nighty**)
***night·in·gale** [náitŋgèil, -tiŋ-/-tiŋ-] 명 1 나이팅게일(유럽산 지빠귀과의 작은 새). 2 (비유적) 목소리가 고운 사람(가수). 3 〔속어〕 밀고자, 배신자.
Night·in·gale [náitŋgèil/-tiŋ-] 명 **Florence** ~ 나이팅게일(1820-1910: 영국의 간호사; 근대 병원·의료제도 개혁의 창시자).
night·jar [náitdʒɑ̀ːr] 명 〔조류〕 쏙독새(유럽산).
night lámp 명 (병실·침실에 켜놓는 작은) 야간등.
night látch[lóck] 명 야간 자물쇠(안에서는 손잡이로, 밖에서는 열쇠로 열게 되어 있다).
night létter 명 야간 서신 전보(night lettergram).
night-life [náitlàif] 명U (환락가에서의) 밤의 유흥(사교) 생활; (나이트클럽 따위에서의) 쇼; 환락가. -**lìf·er** 명 밤의 유흥자.
night-light [-làit] 명 철야등, 야간등.
night-line [-làin] 명 (밤에 미끼를 끼워 물 속에 넣어두는) 낚시줄. (또는 **night line**)
night·long [náitlɔ̀ːŋ, -lɑ̀ŋ/-lɔ̀ŋ] 형 철야의, 밤새 우는. 부 〔詩〕 밤새도록, 철야로.
***night·ly** [náitli] 형 1 밤의, 밤에 일어나는〔활동하는〕. ¶ ~ beasts 야행성 동물. 2 밤마다 생기는. ¶ ~ visits 밤마다의 방문. 3 〔방언〕 밤 특유의; 밤과 같은. — 부 1 밤에, 밤새도록. 2 밤마다, 매일 밤.
nightly shòw 명 〔美〕(TV의) 나이트 쇼(대담 중심의 오락 프로)
night màn 명 =nightman 2.

night·man [náitmən] 명 〔英·濠〕 1 (야간의) 분뇨 수거원. 2 (또는 **night màn**) 불침번; 야경꾼; 야근자.
***night·mare** [náitmɛ̀ər] 명 1 악몽, 가위 눌림. ¶ have a ~ 가위 눌리다. 2 (악몽 같은) 무서운 경험(상태); 〔美속어〕 추한 사람. 3 몽마(夢魔)(잠자는 사람에게 올라타 질식시킨다는 마녀). — 형 악몽의; 악몽 같은, 악몽을 연상시키는. [는 상황 중 최악의 사태.
nightmare scenárìo 악몽의 시나리오, 예상되
night·mar·ish [náitmɛ̀əriʃ] 형 악몽 같은, 무서운.
~**·ly** 부 ~**·ness** 명 [동하는 생활 패턴).
night mòde 명 〔美속어〕 야간형(낮에 자고 밤에 활
night-night [-náit] 〔구어〕(호벨의 인사로) 주무십시오(good night), (또는 **nightie-nightie, nighty-nighty**)
night núrse 명 야간 근무 간호사.
night òwl 명 1 올빼미. 2 〔구어〕 밤샘하는 사람; 밤 늦게까지 돌아다니는 사람.
night péople 명 야간형(밤에 일하는) 생활자들; 〔美속어〕 일반 사회 규범을 따르지 않는 사람들.
night pérson 명 야간형 생활자. [따위).
night píece 명 밤을 주제로 한 작품(야경화·야상곡
night pòrter 명 (호텔의) 야간 도어맨(수위).
night ràil 명 〔고어〕(여성용) 나이트가운.
night ràven 명 밤에 우는 새; (드물게) 푸른 백로.
night·rid·er [náitràidər] 명 〔美남부〕 밤의 복면 기마 폭력 단원; Ku Klux Klan의 일원.
night ròbe 명 〔英·캐나다〕 =nightgown.
night róuter 명 〔속어〕(이튿날 아침에 배달할 수 있도록) 야간에 분류 작업을 하는 우체국원.
nights [naits] 부 언제나 밤(야간)에, 밤마다.
night sáfe 명 (은행의) 시간외 접수 창구; 야간 금고.
night-scape [náitskèip] 명 밤경치, 야경(화畫).
night schóol 명 야간 학교, 야학.
night·scope [náitskòup] 명 암시경(暗視鏡)(적외선을 이용한 광학기기).
night séason 명 (the ~) 〔고어〕 =nighttime
night·shade [náitʃèid] 명 가지속(屬)의 식물; 까마종이류의 식물. [반]; 야근 시간.
night shíft 명 〔집합적〕(주야 교대제의) 야간 근무자
night·shirt [náitʃə̀ːrt] 명 (주로 남자용의 무릎까지 닿는) 잠옷.
night·side [náitsàid] 명 〔집합적〕〔신문〕 야근 기자들(반 dayside); 〔천문〕(달·혹성의) 햇빛을 받지 않는 어두운 쪽, 뒤쪽; (비유적) 암흑면.
night-sight [-sàit] 명 (총의) 야간 조준기.
night sòil 명 인분, 분뇨(보통 밤에 쳐내는 데서).
night-spot [náitspɑ̀t] 명 〔구어〕 =nightclub.
night-stand [náitstæ̀nd] 명 =night table.
night stárvation 명 밤의 허기; 성적 결핍.
night stíck 명 〔美〕(경찰관의) 야경봉(billy).
night-stool [-stùːl] 명 침실용 변기(close-stool).
night-stop [-stɑ̀p/-stɔ̀p] 명 (장거리 비행기의) 공항 일시 정박. [항 일시 정박.
night sùit 명 잠옷, 파자마.
night supervisor 명 〔美〕(Washington 시 경찰청의) 야근 주임.
night swéats 명복 〔병리〕 도한(盜汗), 식은땀.
night tàble 명 (침대 곁에 놓는) 소탁자(bedstand).
night térror 명 (어린이의) 야경증(夜驚症).
night·tide [náittàid] 명U 〔詩〕 야간, 밤(nighttime).
***night·time** [náittàim] 명U 야간, 밤. ¶ in the ~ 밤중에. — 형 야간에 일어나는. ◇ daytime. [경.
night·town [náittàun] 명 밤의 번화가, 거리의 야
night·view·er [náitvjùːər] 명 (적외선을 이용한) 암시(暗視) 식별 장치.
night-vi·sion [-víʒən] 명 암시(暗視)의. ¶ ~ goggles 암시 고글.
night·walk·er [náitwɔ̀ːkər] 명 밤중에 나다니는 사람(도둑·매춘부 따위); 몽유병자.
night·walk·ing [náitwɔ̀ːkiŋ] 명U 밤에 나다니기.
night wátch 명 1 야경(夜警). 2 (때로 집합적) 야경

night watchman 명 야간 당직 경비원; 야경꾼.
night·wear [náitwɛ̀ər] 명 잠옷(nightclothes).
night·work [náitwə̀ːrk] 명 밤일, 야간 작업.
night·y [náiti] 명 =nightie.
night·y-night [-náit] 감 《구어》 =good night.
nig·nog [nígnɑ̀g/-nɔ̀g] 명 《英속어》 1 《군사》 바보, 멍청이; 신병. 2 《경멸적》 흑인, 검둥이. 3 심통부리는 아이.
nig·ra [nígrə] 명 =niggra. 「사람, 까다로운 사람.
ni·gres·cent [naigrésnt] 형 다소 검은, 거무스레한; 점점 검어지는. **-cence** 명 거무스레함.
nig·ri·fy [nígrəfài] 타 검게 하다. **-fi·cá·tion** 명
nig·ri·tude [nígrətjùːd/nígritjùːd] 명 검음, 암흑(blackness); =Negritude.
nig·ro·man·cy [nígrəmænsi] 명 =necromancy.
NIH 《美》 National Institutes of Health(국립 보건원).
ni·hil [náihil, níː-] 명 허무, 무, 공(空); 무가치한 것. 〔<L nothing〕 「부적절한, 빗나간 것. 〔<L〕
níhil ad rém [-æd rém] 명 《서술법》 무관계의.
ni·hil·ism [náiəlìzm, níː-] 명 U 1 허무주의, 니힐리즘(기성 도덕·법칙서·제도에 대한 전면적 부정). 2 《철학》 허무주의; 허무, 무, 공(空), 비실재. 3 《때로 N-》(19세기 제정 러시아의) 허무주의. 4 《무정부주의적》 폭력 혁명 운동. **-ist** 명 허무주의자(의). **-ís·tic** 형 허무주의적인; 무정부주의적인. (~ness).
ni·hil·i·ty [naihíləti, níː-] 명U 무, 공, 허무(nothing)
Ni·hon [níhɔ̀n] 명 《일본》 일본(日本)(Japan).
NII National Information Infrastructure Initiative(전국 정보 인프라스트럭처 구상); 《英》 nuclear installations inspectorate.
Ni·jin·sky [nəʒínski, -dʒín-] 명 **Vaslav ~** 니진스키(1890-1950: 폴란드 태생의 러시아 무용가).
-nik [nik, niːk] 접미 《종종 경멸적》「…한 사람, …에 관심이 많은 사람, …광(狂)」의 뜻. ¶peace*nik*, beat*nik*. 〔<Yid〕
Ni·ke [náikiː] 명 1 《그리스 신화》 니케(승리의 여신; 로마 신화의 Victoria에 해당). 2 나이키(미군의 지대공(地對空) 미사일). 3 《상표》 나이키(미국의 스포츠 용품 메이커; 그 회사의 제품).

Ník·kei áverage (índex) [ní(ː)kei-] 명 《the ~》 《증권》(일본 증권 시장의) 닛케이(日經) 주가 (지수).

nil [nil] 명U 무, 전무(全無); 《英》《스포츠》영(零)(zero), 영점 ((美》 zip). ¶three goals to ~ (경기에서) 3대 0. ─ 형 없는, 존재하지 않는, 전무한. ¶The profits are ~. 이익은 전무하다. ─ 형 《美속어》 아니오(no). ¶ "Rest?" "N–." "쉬겠는가?" "아냐니다.

[Nike 1]

nil ad·mi·ra·ri [nil ædmiréərai, -réːriː/L nil admiːrάːriː] 명 1 어떤 일에도 감탄(감동)하지 않음, 무관심한 태도; 초연(超然). 2 초속적인 사람. 〔<L〕
‡Nile [nail] 명 《the ~》 나일 강(아프리카 북동부를 흘러 지중해로 들어가는 큰 강; 전장 5,760 km).
Níle blúe 명 나일블루(녹색을 띤 담청색).
Níle gréen 명 엷은 청록색. 「(羊).
nil·gai [nílgai] 명 《복》 **(~s)** 인도산(産)의 큰 영양(羚)
Nìl·gi·ri [nílgəri] 명 《the ~s》 닐기리 차(茶)(인도 남부 Nilgiri Hills에서 나는 홍차; Assam, Darjeeling과 함께 인도의 3대 명차).
nill [nil] 타자 《고어》 원치 않다, 좋아하지 않다. ¶will he, ~ he 좋든 싫든간에(willy-nilly).
níl nórm 명 《英》《경제》(정부가 결정하는) 최저 임금 및 가격 인상의 기준(zero norm).

Ni·lom·e·ter [nailάmətər/-lɔ́m-] 명 나일로미터(나일 강 범람기의 증수량을 측정하는 수위계(水位計)).
Ni·lot [náilɑt, -lət/-lɔt] 명 《복》 **-lo·tes** [-lóutiːz] 닐로트(나일로트)족(族)(나일 강 상류 지역 및 인접국에 거주하는 장신 흑인). (또는 **Ni·lo·te** [nailóuti])
Ni·lot·ic [nailάtik/-lɔ́t-] 형 1 나일 강의; 닐로트족의. 2 나일 강 주변에서 사용하는 언어의. ─ 명U 닐로트 종족의 언어.
nim [nim] 타 **(-mm-)** 《고어》 훔치다.
nim·bi [nímbai] 명 nimbus의 복수형.
*nim·ble [nímbl] 형 1 (동작이) 민첩한, 재빠른, 민활한. ¶a ~ rabbit 잽싼 토끼//be ~ in one's work 일을 빨리 하다. 2 이해가 빠른, 영리한, 명민한. ¶~ wits 영특한 기지. 3 재치있는, 교묘한. ¶a ~ plot 재치있는 구성. 4 (화폐가) 빨리 유통되는.
(as) nimble as a goat 매우 재빠른.
be nimble on one's feet 발이 빠르다.
be nimble to apprehend 이해가 빠르다.
~·ness 명 **-bly** 부 「이 빠른.
nim·ble-fin·gered [-fíŋgərd] 형 《소매치기가》 손
nim·ble-foot·ed [-fútid] 형 발빠른.
nim·ble-wit·ted [nímblwítid] 형 기민한, 약삭빠른.
nim·bo- [nímbou, -bə] 연결 「비구름의」의 뜻.
nimbostratus 「《상》 난층운(亂層雲).
nim·bo·stra·tus [nìmboustréitəs] 명 《복》 **~** 《기상》 난층운, 비구름.
nim·bus [nímbəs] 명 《복》 **-bi, ~·es**》 1 《그리스 신화》 (신이 지상에 나타날 때 그 주위를 둘러싸고 있다고 하는) 빛나는 구름. 2 (사람이나 물건의 주위에 감도는) 빛나는 기운, 매력, 기품. 3 (성상(聖像) 등의) 후광(後光)(halo). 4 《기상》 난층운, 비구름; 《N-》 님버스(미국의 기상 위성).
NIMBY 님비(지역(주민)이기주의, 님비 현상). (또는 Nimby) **~·ism** 명 〔<*not in my backyard*〕
NiMH 《전기》 nickel metal hydride. **NIMH** 《美》 National Institute of Mental Health.
ni·mi·e·ty [nimáiəti] 명UC 《문어》 과도, 과잉.
nim·i·ny-pim·i·ny [nímənipímənì] 형 점잔(얕)은
nim·i·ous [nímiəs] 형 과잉의. 「빼는, 새침한.
Nim·itz [nímits] 명 **Chester William ~** 니미츠 (1885-1966: 미국의 해군 원수).
ni·mo·nic [nimóunik] 형 《야금》 (내열(耐熱)·내식성(耐蝕性)의) 니켈·크롬 합금의.
Nim·rod [nímrɑd/-rɔd] 명 1 《성서》 니므롯(Noah의 자손으로 사냥의 명수. ─창세기(Gen.) 10 : 8, 9). 2 《때로 n-》 수렵의 명인, 수렵 애호가, 사냥꾼. 3 《속어》 바보, 얼간이. 〔<Heb〕
Ni·na [níːnə, nái-] 명 니나(여자 이름; Ann, Anna, Anne의 별칭). 「보, 멍청이. **~·er·y** 명
nin·com·poop [nínkəmpùːp, níŋ-] 명 《구어》 바
‡nine [nain] 형 9의, 9명의, 9개의; 《서술법》 9세의.
nine times out of ten; in nine cases out of ten 십중 팔구, 대개.
─ 명 《복》 **~s** [-z] 1 U 《복수취급》 9명, 9개. ¶*N-* (of them) are here. 9명이 여기 있다. 2 U 9시, 9분; 9달러(파운드, 센트 따위); 9세. ¶~ fifteen 9시 15분//at ~ (a.m.) (오전) 9시에. 3 (일련의 것 중) 아홉 번째의 것(사람); 《카드놀이》 9끗짜리 패. ¶the ~ of diamonds 다이아몬드의 9. 4 C (기수의) 9; C 9의 문자(기호)(9, ix, IX 등). ¶Three times ~ make[or makes] twenty-seven. 3 곱하기 3은 27. 5 9명(9개) 한 조; 《美》 《야구의》 팀, 나인. ¶arrange apples by the ~ 사과를 9개씩 놓다. 6 《골프》 《the ~》 (18홀 코스의) 9홀. 7 《美》 《군사의》 물건); 《~s》 그 사이즈의 구두(장갑). 8 U 나인(물질의 순도 표시). ¶six ~ 6나인(99.9999%). 9 《속어》 《구경》 9mm 반자동 권총. 10 《the N-》 《그리스 신화》 뮤즈의 아홉 여신.
nine to five 아침 9시부터 오후 5시까지의 통상적인 근무 시간.

nine ball

(up) to the nines 《구어》 완전하게, 더할 나위 없이. ¶ be dressed *up to the ~s* 잔뜩 성장(盛裝)하다.
you and the other nine [or *ninety-nine*] 자네는 못해, 자네한테는 무리다.

níne báll 나인볼(9개의 공으로 게임하는 pocket billiards의 일종). (또는 **nínebàll**)

níne dàys' wónder (a ~) 잠시 화제가 되었다가 곧 잊혀지는 것[일, 사람]. (또는 **níne-dày wónder**)

nine·fold [náinfòuld] 형 9배의, 9겹의, 9개의 부분으로 이루어지는. ── 부 [´ ´] 9배[겹]로.

nine·holes [náinhòulz] 명 《단·복수 양용》 《美》 나인홀스(9개의 구멍에 공을 넣는 놀이).
in the nineholes 곤란한 입장에 처하여.

900 (nùmber) [náinhʌ́ndrid-] 명 《美》 《유료》 전화 정보 서비스 번호.

níne-hundred-póund goríllà [´hʌ̀ndridpáund-] 명 《속어》 =eight-hundred-pound gorilla.

níne líves 명 위기 극복 능력, 궁지를 탈출하는 재능. ¶ *A cat has ~.* 《속담》 고양이는 목숨이 아홉 개; 고양이는 쉽게 죽지 않는다.

999 [[¯]náinnáin] 명 ⓤ 《英》 《경찰·구급차·소방서를 부르는》 긴급 전화 번호.
dial 999 《英》 경찰[소방차]을 부르다.

911 [[¯]wʌ́nwʌ́n, -ilévn] 명 ⓤ 《美》 911 《경찰·구급차·소방서를 부르는 긴급 전화 번호; 우리나라의 112, 119를 합한 것; 지역에 따라 번호가 다른 경우도 있다》.
a 911 candidate 《美속어》 막다른 골목에 몰린 후보자.

nine·pence [náinpèns, -pəns] 명 1 《英》 《복수취급》 9펜스. 2 나인펜스 화(貨)(아일랜드의 옛 1실링 화폐로 영국의 9펜스에 해당).
as neat[*grand, right*] *as ninepence* 아주 깔끔한[훌륭한, 건강한].
as nice as ninepence 《英구어》 예상 외로 즐거운.
(nobbut, no more than) ninepence in the shilling 《英방언·구어》 지혜가 뒤떨어진.

nine·pen·ny [náinpèni, -pəni] 형 9펜스의; (못이) 2.75인치 길이의.

nine·pin [náinpìn] 명 1 (~s) 《단수취급》 9주희(柱戲)(9개의 핀을 세우고 공을 굴려서 이를 넘어뜨리는 놀이). 2 (9주희에 사용되는) 나무 기둥, 핀.

‡nine·teen [nàintíːn] 명 형 (~s [-z]) 1 19; 19세. 2 (복수취급) 19명, 19인. 3 19의 문자[기호](19, xix, XIX). 4 19호 사이즈의 옷. ▷ DOZEN.
talk [or *go, run, wag*] *nineteen to the dozen* ── 부 19의; 19명의, 19개의.

1984 [náintìːn èitifɔ́ːr] 명 1984년(영국 작가 George Orwell의 미래 소설; 개인의 자유를 불허하는 일당 독재 전체주의 사회의 삶을 그림; 전체주의 사회의 상징).

‡nine·teenth [nàintíːnθ] 명 형 1 (the ~) 제19의, 19번째의. 2 19분의 1의. ── 명 1 (the ~) 제19번째; (월의) 19일. 2 (a ~, one ~) 19분의 1.

Níneteenth Améndment (the ~) 《美》 헌법 수정 제19조(여성의 참정권 보장 조항).

nineteenth hóle 명 (the ~) 《구어·익살》 19번 홀 (18홀 후의 쉬는 시간); 골프장 내의 클럽 하우스(특히 바). 「(또는 **nine tenth(s)**)

nine-tenths [´ténθs] 명 복 10분의 9; 거의 전부.

nine·ti·eth [náintiiθ] 명 형 1 (the ~) 제90의, 90번째의. 2 90분의 1의. ── 명 1 (the ~) 제90번째. 2 (a ~, one ~) 90분의 1.

*nine-to-five [-təfáiv] 《구어》 형 1 정시(定時) 근무의; 샐러리맨의. ¶ *a ~ job* 말단 샐러리맨의 일. 2 정시[근무시간]밖에 일하지 않는, 최저한의 것만 하는, 꿈도 야심도 없는, 평범하고 지루한. ¶ ~ *mentality* 근무시간만 하면 된다는 사고 방식[태도]. ── 명 1 일상적 근무. 2 =nine-to-fiver. ── 통 ⓘ 《美》 정규 사원으로 채용되다; 정시 근무하다. (지루하게) 규칙적인 일을 하다. (또는 **9-to-5**) [< 아침 9시부터 오후 5시까지 근무하는 데서]

níne to fíve 《직장인들의》 근무 시간.

nine-to-fiv·er [-təfáivər] 《구어》 명 1 《아침 9시부터 오후 5시까지 근무하는》 월급쟁이, 《평범한》 샐러리맨. 2 믿을 만한 사람; 책임감이 강한 사람. 3 규칙적인 일; 샐러리맨직; 직장.

‡nine·ty [náinti] 명 형 90의; 90명의, 90개의, 90대의. ── *-ties* [-z] ⓤⓒ 1 90, 90의 문자[기호] (90, xc, XC). 2 90세. ¶ *live to be ~* 90세까지 살다. 3 (복수취급) 90명, 90개. 4 (-ties) (the ~) (세기의) 90년대; (one's ~) (연령의) 90대; (도수의) 90도대.

níne·ty-dáy wónder [-déi-] 명 《美軍속어》 속성 (풋내기) 장교, (특히) 육군 소위(3개월 훈련을 받고 임관한 간부 후보생 출신 장교); 《속어》 형식적 연수만 받고 현직에 취임한 사람.

nine·ty-eight [-éit] 명 형 1 98; 98세; 98의 문자[기호](98, XCVⅢ). 2 (복수취급) 98명, 98개. 3 《美속어》 경식당 경영자. ── 형 98의; 98명[개, 세]의.

nine·ty-five [-fáiv] 명 형 1 95; 95세; 95의 문자[기호] (95, XCV). 2 (복수취급) 95명, 95개. 3 《美속어》 (경식당에서) 음식을 먹고 도망치는 사람. ── 형 95의; 95명[개, 세]의.

nine·ty-nine [-náin] 명 형 ⓤⓒ 1 99; 99세; 99의 문자[기호](99, XCIX). 2 (복수취급) 99명[개]. 3 《美속어》 (팔면 특별 수당이 나오는) 유행 지난[손상된] 상품. ── 형 99의; 99명[개, 세]의.

ninety-nine times [or *cases*] *out of a hundred* 거의 언제나 (nearly always).

nínety wèight 명 《美속어》 독한 알코올 음료.

Nin·e·veh [nínəvə] 명 니네베(고대 Assyria의 수도). **Nin·e·vite** [nínəvàit] 명 니네베 사람.

Níng·bo [nìŋbóuː] 명 닝보(寧波)(중국 저장성(浙江省)의 항구 도시). (또는 **Ningbo**)

Níng·xia Huí [nìŋʃiàhwíː] 명 닝샤후이(寧夏回)(중국 북부의 자치구). (또는 **Níng(h)sia Huí**)

nin·ja [níndʒə] 명 형 (s) (종종 N~) 《일본》 닌자 (忍者)(봉건시대의 암살·간첩술을 쓰면 떠돌이 무사). ── 통 (봉건시대의) 닌자(忍者)의, 둔갑술(사)의; 은밀한 행동의를 취하는.

nin·ny [níni] 명 바보, 멍청이, 얼간이. ── *-ish* 형

nin·ny·ham·mer [níniɦæ̀mər] 명 바보, 멍청이.

ni·non [níːnɑn/-nɔn/F niːnɔ́] 명 ⓤ 니논직(織)(비단·레이온 따위 얇은 천; 부인복·커텐 용).

Nin·ten·do [nintèndou] 명 《상표》 닌텐도 비디오 게임(소프트웨어)(일본 Nintendo(任天堂)사 제품).

‡ninth [nainθ] 명 형 1 (보통 the ~) 제9의, 9번째의. 2 9분의 1의. 3 《음악》 9도 음정의.
a ninth part of a man 옷 만드는 사람, 재봉사. (* 《속담》 *Nine tailors make a man.*에서)
── 명 1 (the ~) 제9배, 9일. 2 (a ~, one ~) 9분의 1. 3 《음악》 9도 음정. ~·ly 부

Ni·o·be [náiòubiː/-biː] 명 〔그리스 신화〕 니오베(자식 자랑하다가 14명의 자식들이 모두 살해당하자, 자신도 Zeus에 의해 돌이 되었다는 여자); 자식을 잃고 비탄에 잠긴 여자. 「원소; ⑦ Nb]. **-bic** 형

ni·o·bi·um [naióubiəm] 명 ⓤ 《화학》 니오브 《금속

NIOC *National Iranian Oil Company*(이란 국영 석유회사). **NIOSH** [náiɑʃ/-ɔʃ] 《美》 *National Institute for Occupational Safety and Health*(국립 직업 안전 건강 연구소).

nip¹ [nip] 통 (-pp-*) 他 1 …을 꼬집다, 죄다; …을 물다[집다]. ¶ (~ + 목 + 전 + 명) *one's finger in the door* 문에 손가락이 끼었다 / ~ *a pen between one's lips* 펜을 입술에 물다. 2 …을 따다, 쥐어뜯다, 잘라내다 (*off, away*); (풀 따위를 뽑다(*out*). ¶ (~ + 목 + 부) ~ *off young leaves* 어린 잎을 따다. 3 (발전·성장)을 막다, 좌절시키다. 4 《문어》 (바람·서리 따위가) …을 해치다, 얼게 하다. ¶ *Frost ~ped buds on plants.* 서리가 초목의 싹을 시들게 했다. 5 《옷 따위》의 치수를 줄이다 (*in*). 6 《구어》 …을 잡아채다, 훔치다 (*away, out, up*).

nip 7 《구어》 《시합 따위에서》 …에게 신승(辛勝)하다.
— ④ 1 꼬집다, 집다, 죄다; 《…을》 물다(away)(at), 2 《추위 따위가》 몸을 에다, 몸에 스며들다. 3 《英속어》 날쌔게 가다, 몰래 떠나다, 도망가다(away, off, out); 재빠르게 움직이다(along, in, out, over, up, down). ¶ (~+圄) ~ along 급히[날래게] 가다.
nip (away) at 귀찮게 따라가다; 《개가》 물어뜯다.
nip in 《구어》 ① 갑자기 뛰어들다[뛰어나오다]. ② 불쑥 말참견하다[끼어들다].
nip…in the bud 봉오리일 때 따다; 미연에 방지하다.
nip up ① 급히 줍다[오르다]. ② 갑자기 찾아가다.
— 圄 1 (a ~) 꼬집기, 집기, 죄기, 물기. ¶ I gave her a ~ in her arm. 나는 그녀의 팔을 꼬집었다. 2 〔고어〕 풍자, 통렬한 말. 3 (~) 살을 에는 듯한 추위, 혹한. ¶ I feel a ~ of a late autumn morning. 늦가을 아침의 추위가 살을 에는 듯 하다. 4 (a ~) 작은 한 조각, 소량(bit). ¶ a ~ of bread 한 조각의 빵. 5 (~s) =nipper 2. 6 소매치기, 좀도둑.
nip and tuck 《美구어》 ① 미용 외과 수술. ② 막상막하로[의], 비등(比等)하게[한].
put the nips in [or *into*] 《濠·뉴질 속어》 염치없이 돈을 요구하다; 돈을 빌리다.

nip² 圄 (술) 한 잔, 한 모금; 소량. ¶ take a ~ of whisky 위스키를 한 잔하다. — 圄 (**-pp-**) (술을) 홀짝거리다. 〔<*Nipponese*〕

Nip [nip] 圄 《美속어》《경멸적》 일본인, 일본인의.

ni·pa [níːpə] 圄 1 니파야자(인도 등이 원산지); 니파야자 잎. 2 니파야자 잎으로 인 지붕. 3 니파야자 술.

nipa-cheese [nípə-] 圄 《배일》 사무장; 구두쇠.

níp fàctor 《美속어》 강추위의 정도.

nip·per [nípər] 圄 1 꼬집는[집는, 죄는, 무는] 사람[것]. 2 (~s) 펜셋, (족)집게, 펜치, 겸자(鉗子). 3 (게 따위의) 집게발; 《美》 게, 새우. 4 (~s) 《속어》 수갑. 5 (~s) 〔고어〕 코안경. 6 《英구어》 사내 아이, 소년.

nip·ping [nípiŋ] 圄 꼬집는, 무는, 집는; (추위 따위가) 살을 에는 듯한; 통렬한, 비꼬는. **-ly** 圄

nip·ple [nípl] 圄 1 젖꼭지. 2 젖꼭지 모양의 것[ول기], 젖병 꼭지. 3 접관(接管)(밸브 접합용 파이프). **~·less** 圄 〔진〕 등장[계재]률, 노출률.

nípple còunt 圄 《영화·잡지의》 여성 반나 모습[사].

níp·ple·wòrt [níplwə̀ːrt] 圄 《식물》 뽀리뱅이.

Nip·pon [nipán, -<FONT>ɔn</FONT>] 圄 =Japan(Japan).

Nip·pon·ése 圄圄 =Japanese. **-pó·nian** 圄

nip·py [nípi] 圄 1 혹독한, 살을 에는 듯한. 2 《英구어》 재빠른, 기민한. 3 (맛이) 쏘이는, 톡 쏘는. 4 (말이) 신랄[통렬]한, 소름끼치는. 5 (개 따위가) 잘 무는 버릇이 있는. 6 (자동차 따위가) 가속 성능이 좋은. — 圄 《싸구려 식당의》 여종업원. **-pi·ly** 圄 **-pi·ness** 圄

ni. pri. *n*isi *pr*ius.

nip-up [ˈʌp] 圄 1 《체조》 (누운 자세에서) 몸을 채뜨려 일어서기. 2 왝 놀리기[잡아당기기]. 3 묘기.

NIRA, N.I.R.A. 《美》 *N*ational *I*ndustrial *R*ecovery *A*ct(국가 산업 부흥법). **N.I.R.C.** 《英》 *N*ational *I*ndustrial *R*elations *C*ourt.

NI·REX [náiəreks] 圄 《英》 나이렉스(원자력 산업의 방사성 폐기물 처리 감시 기관). 《또는 **Nirex**》 〔<*N*u*c*lear *I*ndustry *R*adioactive Waste *Ex*ecutive〕

NIRS *N*uclear *I*nformation and *R*esearch *S*ervice(핵에 관한 정보와 조사 서비스).

nir·va·na [niərvɑ́ːnə, -vǽnə, nər-] 圄⓾ 《종종 N-》 《불교》 열반(涅槃), 적멸(寂滅); (일반적으로) 해탈(解脫); 극락; 꿈, 바람. **-vá·nic** 圄 〔<Skt〕

NIS 《한국》 *N*ational *I*ntelligence *S*ervice(국가 정보원).

ni·sei [niséi, niːsei] 圄 《종종 ~(s)》 《종종 N-》 《美》 2세(二世) (이민의). 〔<Jap〕

ni·si [náisai] 圄 《법률》 …이 아니면(unless); 가(假) ….¶ a decree ~ 이혼 가(假)판결 / an order [or a rule] ~ 가처분 명령. 〔<L〕

ni·si pri·us [-práiəs, -príːəs] 圄 《법률》 민사 배심 재판; 《英》 (순회 판사가 발부하는) 영장.

Nís·sen hùt [nísn-] 圄 《군대의》 조립식 막사(퀀셋). 〔<고안자인 영국의 기사 Peter Nissen(1871–1930)〕

ni·sus [náisəs] 圄 《~》 노력, 분투, 의욕. 〔<L〕

nit¹ [nit] 圄 1 (~s) 서캐, (이 따위 기생충의) 유충. 2 《英구어》 =nitwit; 《美속어》 건달.

pick nits 서캐를 잡다; 《비유적》 흠[잘못]을 들추다.

nit² 圄 《물리》 니트(휘도(輝度)의 단위).

nit³ 圄 《컴퓨터》 니트(정보량의 단위; 약 1.44비트).

nit⁴ 《英·濠구어》 누가 왔다고 알리는 소리.

keep nit (도박 등을 하면서) 사람이 오는지 망보다.

nit⁵ 圄 《美속어》 없음, 무(nothing); 무가치한 사람. 〔<Yid〕

NIT *N*ational *I*ntelligence *T*est; *N*ational *I*nvitational *T*ournament; *n*egative *i*ncome *t*ax.

Ni·ta [níːtə] 圄 니타(여자 이름; Juanita의 별칭).

nite [nait] 圄 =night.

ni·ter, -tre [náitər] 圄⓾ 《화학》 1 초석(硝石), 질산칼륨(saltpeter). 2 질산나트륨, 칠레 초석.

nit·er·y [náitəri] 圄 《美속어》 나이트 클럽.

nit·id [nítid] 圄 《시》 빛나는; 윤이 나는.

ni·ti·nol [nítənɔ̀ːl, -nɑ̀l/-nɔ̀l] 圄⓾ 《화학》 니티놀(타탄과 니켈의 비자성(非磁性) 합금). 「이름: ⑤ 합금.」

ni·ton [náitan/-tɔn] 圄 《화학》 니톤(radon의 옛).

nit·pick [nítpik] 《구어》 圄⓸ (사소한 일로) 콩콩거리다; 《…에게》 (서캐 훑듯) 샅샅이 흠잡다[따지다](at). — 圄 〔사소한 일을 들춰내다, …의 흠을 잡다[들추다]. — 圄 헐뜯음, 흠잡음. — 圄 헐뜯는; 사소한 일에 구애받는. **-·er** 圄 **-·y** 圄

nit·pick·ing [-pikiŋ] 圄圄 《구어》 =nitpick.

ni·tra·mine [nàitrəmíːn, naitrǽmin] 圄 《화학》 니트라민(nitramino group을 함유하는 화합물의 총칭).

ni·tra·mi·no [nàitrəmíːnou, naitrǽmənòu] 圄 《화학》 니트라미노기(基)를 함유한.

nitramíno gròup[ràdical] 圄 《화학》 니트라미노기(基)(니트라민을 형성하는 1가(價)의 원자단(團)).

ni·trate [náitreit, -trət] 圄 《화학》 질산염; 질산칼륨[나트륨] 비료. ¶ ~ of silver 질산은. — 圄 [náitreit] 《화학》 …을 질산(염)으로 처리하다, 질산(염)과 화합시키다; …을 질산염화(化)하다. **ní·tra·tor** 圄

ni·tra·tion [naitréiʃən] 圄⓾ 《화학》 질산(염) 처리, 니트로화, 질화(窒化).

ni·tre [náitər] 圄 《英》 《화학》 =niter.

ni·tric [náitrik] 圄 《화학》 (보통 5가(價)의) 질소의[를 함유하는]; 질산칼륨[나트륨]의, 초석[칠레 초석]의 [에 관한].

nítric ácid 圄 《화학》 질산.

nítric óxide 圄 《화학》 일산화질소, 산화질소.

ni·tride [náitraid, -trid] 圄 《화학》 질화물(窒化物). — 圄⓸ 질화하다. **ní·trid·ing** 圄

ni·tri·fi·ca·tion [nàitrəfikéiʃən] 圄⓾ 《화학》 질화; 질소 고정, 질소 화합; 초산 화성 작용, 초화(硝化).

ni·tri·fy [náitrəfài] 圄⓸ 《화학》 1 질화하다(토양 따위에); 질소(화합물)을 침투시키다; 질소(화합물)로 처리하다[과 결합시키다]. 2 초석(硝石)으로 변환시키다. **-fi·a·ble** 圄 **-fi·er** 圄 질화 세균

ni·tri·fy·ing bac·té·ri·a [náitrəfàiŋ-] 圄圄 《세균》 질화 세균(nitrobacteria).

ni·trile [náitri(ː)l, -trail] 圄 《화학》 니트릴(일반식 RCN으로 표시되는 유기 화합물의 총칭). 「종.」

nítrile rúbber 圄 《화학》 니트릴 고무(합성고무의 1

ni·trite [náitrait] 圄 《화학》 아질산염.

ni·tro [náitrou] 圄 1 《화학》 니트로기(基, 화합물)의. 2 《美속어》 놀라운, 대단한. — 圄 니트로 화합물.

nitro- [náitrou, -trə] 〔연결〕 *n*iter, *n*itrate, *n*itrogen 등의 뜻 〈모음 앞에서는 nitr-〕. *nitrogenous*.

ni·tro·bac·te·ri·a [nàitroubæktíəriə/-tíə-] 圄圄 **-ri·um** [-riəm] 니트로질화 박테리아.

ni·tro·ben·zene [nàitroubénziːn] 图① 〔화학〕 니트로벤젠(아닐린의 원료).
ni·tro·cel·lu·lose [nàitrəséljuləus] 图① 〔화학〕 =cellulose nitrate. **-cèl·lu·ló·sic** 图
ni·tro·chalk [nàitrətʃɔ́ːk] 图① 〔화학〕 니트로초크 (화학 비료의 일종).
ni·tro·com·pound [nàitrəkámpaund/-kɔ́m-] 图 〔화학〕 니트로 화합물.
ni·tro·cot·ton [nàitroukátn/-kɔ́tn] 图① 면(綿) 화약.
nítro explósive 图 니트로 폭발물. 〔화약〕
‡**ni·tro·gen** [náitrədʒən] 图① 〔화학〕 질소(비금속 원소의 하나; ㉮ N).
ni·trog·en·ase [naitrádʒənèis/-trɔ́dʒə-] 图 〔생화학〕 니트로게나아제(세균의 질소 고정 때 분자상 질소의 환원을 촉매하는 효소 복합체).
nítrogen chlóride 图 〔화학〕 염화질소.
nítrogen cýcle 图 〔화학〕 질소 순환.
nítrogen dióxide 图 〔화학〕 이산화질소.
nítrogen fixátion 图 〔화학〕 질소 고정(대기 중의 질소를 다른 원소와 화합시키기; 주로 암모니아 비료 등의 제조에 쓰인다).
nítrogen fíxer 图 질소 고정균(뿌리혹박테리아 따위).
ni·trog·en·ize [naitrádʒənàiz/-trɔ́dʒə-] (*〔英〕-ise*) 图倾 질소와 화합시키다, 질소를 함유한 물질을 첨가하다, 질소(화합물)로 포화시키다.
nítrogen mústard 图 〔화학·약학〕 질소 머스터드 (독가스용·항생 물질로 사용).
nítrogen narcósis 图 〔병리〕 (심해 잠수부 등의) 질소 중독; 〔의학〕 질소 마취.
ni·trog·e·nous [naitrádʒənəs/-trɔ́dʒi-] 图 〔화학〕 질소의(를 함유하는). ¶~ fertilizer 질소 비료.
nítrogen óxide 图 〔화학〕 산화질소, 질소 산화물.
nítrogen peróxide 图 〔화학〕 과산화질소.
ni·tro·glyc·er·in(e) [nàitrəglísərin] 图① 〔화학·약학〕 니트로글리세린.
nítro gróup 图 〔화학〕 니트로기(基). 〔비료〕.
ni·tro·lime [náitrəlàim] 图 〔화학〕 석회 질소(cyanamide).
ni·tro·mer·sol [nàitrəméːrsɔːl/-sɔl] 图 〔화학〕 니트로메르솔(방부제용).
ni·trom·e·ter [naitrámətər/-trɔ́m-] 图 (計), 질소계, 니트로미터.
ni·tro·meth·ane [nàitrəméθein/-míːθ-] 图 〔화학〕 니트로메탄(로켓 연료, 휘발유 첨가물).
ni·tro·min [náitrəmin] 图 〔약학〕 니트로민(항암제).
ni·troph·i·lous [naitráfiləs/-trɔ́f-] 图 〔식물의〕 질소가 풍부한 토양을 좋아하는.
ni·tros·a·mine [naitróusəmiːn, naitrousǽmin] 图 〔화학〕 니트로사민(R_2NNO를 갖는 화합물의 총칭).
ni·tro·so- [naitróusou, -sə] 〔연결〕 「니트로소기(基)」의 뜻(* 모음 앞에서는 nitros-). ¶~*obenzene*.
ni·tro·so·ben·zene [naitròusoubénziːn] 图 〔화학〕 니트로소벤젠(비수용성 청색 결정).
ni·tro·tol·u·ene [naitroutáljuiːn/-tɔ́l-] 图① 〔화학〕 니트로톨루엔(염료·약품의 합성에 쓰임).
ni·trous [náitrəs] 图 〔화학〕 **1** 초석(칠레 초석)의. **2** (보통 3가(價)의) 질소를 함유하는.
nítrous ácid 图 〔화학〕 아질산. 「이질소의 속칭」.
nítrous óxide 图 〔화학·약학〕 아산화질소(일산화).
nit·to [nítou] 〔英속어〕 조용히 하다, 그만두다.
nit·ty [níti] 图 서캐[이투성이의.
nit·ty-grit·ty [-gríti] 图 〔속어〕 (the ~) 실상, (냉엄한) 현실; (사물의) 핵심, 본질; 기본적 사실.
get down to the nitty-gritty 핵심을 찌르다, 사실을 직시하다.
— 图 본질[근본]적인; 직접적인, 구체[실제]적인.
nit·wit [nítwit] 图 〔구어〕 바보, 멍청이. **~·ted** 图
NIU *network interface unit*.
ni·val [náivəl] 图 눈(snow)의; 눈이 많은; 눈 속에서 나는[자라는]; 눈이 내는 눈이 있는 지방의.
ni·va·tion [naivéiʃən] 图 〔지질〕 눈의 침식.

niv·e·ous [nívias] 图 눈의; 눈과 같은, 눈처럼 흰.
nix[1] [niks] 〔속어〕 图 **1** ① 무, 전무(nothing). **2** ①© 거부; 금지. **3** =nixie.
— 图 …을 거절[거부]하다, 금지하다, 취소하다.
Nix my dolly! 아무 것도 아니다, 걱정하지 마라.
nix on 〔구어〕 …은 이제 그만둬, 이제 됐다. ¶N– *on your jokes.* 농담은 이제 그만둬.
nix out 떠나다, 사라지다, 헤어지다.
— 图 아니, 안 돼(no).
say nix on …을 반대하다, 불허하다.
— 图 **1** (놀람·노여움 등의 표시로) 어, 어렵쇼, 제기랄; 누가 왔다(경계의 신호). ¶N–, *the cops!* 경찰이 왔다! **2** 그만둬, 하지 마라, 싫다.
nix[2] 图 〔독일민화〕 물의 요정, 수정(水精). 〔**nixy**〕
nix·ie [níksi] 图 주소 불명[배달 불능] 우편물. (또는 **Nix·on** [níksn] 图 **Richard M(il·hous)** ~ 닉슨 (1913–94): 미국의 정치인; 제37대 대통령(1969–74); Watergate 사건으로 사임). **~·ésque, Nix·on·ian** [niksóunian] 图
Níxon Dòctrine 图 (the ~) 닉슨 독트린(Nixon 대통령의 대외 안보 정책; 동맹국에게 무기는 제공하지만 군사력은 동원하지 않겠다는 정책).
N.J. *New Jersey*.
Njord [njɔːrd] 图 〔북유럽 신화〕 뇨르드(Frey, Freya 의 아버지; 바람·항해·번영의 신). (또는 **Njorth**).
NKGB (러시아) *Naródnyĭ Komissariát Gosudarstvennoĭ Bezopásnosti* (=People's Commissariat for State Security) (국가 보안 인민 위원부; 옛 소련의 비밀 경찰(1943–46)). **NKVD** (러시아) *Naródnyĭ Komissariát Vnútrenniko Del* (=People's Commissariat of Internal Affairs)(내무 인민 위원부; 옛 소련의 비밀 경찰(1934–46)). **NI** *National*. **NL** (美) (야구) *National League*; *Neo-Latin*; *New Latin*; *night letter*; 〔국제 자동차 식별 기호〕 *Netherlands*.
n.l., nl 〔인쇄〕 *new line*(별행(別行)); *non liquet*.
N.Lat., N.lat. *north latitude*. **NLF** *National Liberation Front*(민족 해방 전선). **NLL** *Northern Limit Line*((한국 서해의) 북방 한계선). **NLLST** *National Lending Library for Science and Technology*. **NLP** (美) *neighborhood loan program*(저소득층 주민 융자 계획); *night landing practice*((항공모함 함재기에서의) 야간 이착륙 훈련). **NLRB** (美) *National Labor Relations Board*(전국 노사 관계 위원회). **NLT** *night letter*. **nm, n.m.** *nautical mile*; *nonmetallic*. **NM** *nautical mile*; *New Mexico*. **N.M., N.Mex.** *New Mexico*. **NMD** (美) *National Missile Defense* (system)(국가 미사일 방어 (체계); 미국이 개발하고 있는 적 미사일 요격·파괴 체제). **NME** (英) *New Musical Express* (록 음악 전문 주간지). **NMI** *no middle initial*. **NMN** *no middle name*. **NMP** *net material product*; *network management processor*(컴퓨터의 네트워크 관리 프로세서). **NMR** *nuclear magnetic resonance*(핵자기 공명).
NMR-CT *nuclear magnetic resonance-computerized tomography*(핵자기 공명 컴퓨터 단층 진단[촬영] (장치)). **NMSQT** *National Merit Scholarship Qualifying Test*. **NMSS** *National Multiple Sclerosis Society*. **NMU** *National Maritime Union*.
nn [ɛ́nɛ́n] 图 〔인터넷〕 nn(UNIX용 뉴스리더의 하나). 〔<*network news*〕
n.n. *no-name*. **NNA** (군사) *neutral and non-aligned*(중립 및 비동맹국). **NNE, N.N.E., n.n.e.** *north-northeast*. **N.N.I.** (경제) *net national income*(국민 소득). **NNNN** ㉮ (국제 전보에서) 전보가 끝났음을 나타내는 기호. **NNP** *net national product*(국민 순생산).
NNTP [ɛ́nɛ́ntíːpíː] 图 〔인터넷〕 인터넷 경유의 USENET상의 뉴스 그룹 이용에 관한 규칙. 〔<*Network*

no의 중요한 용법은 (1) 명사 앞에 와서 부정(否定)을 나타내는 형용사 용법과 (2) 내용 부정의 대답에 쓰는 부사 용법이다.
(1)은 구문상 우리말과 크게 달라 아래 예문들에서 보듯 거의가 「…이 없다[아니다]」로 옮겨야 맞게 되어 있다.
(2)는 우리말의 「아니오」로만이 아니라 「예」로 옮겨야 할 경우도 있는데(⇨ 주의). 그 자세한 설명은 yes항의 USAGE 참조.

‡**no** [nou] 형 **I. 문장 전체 부정(** * 형은 단어 수식이나 실제는 문 전체를 부정) **1** (단수 보통명사 앞에 붙여서) 하나[한 사람]의 …도 없는(not a); (복수 보통명사·불가산명사 앞에 붙여) 조금의 …도 없는(not any); 거의 …않는. ¶ I have *no* brothers. 나에게는 형제가 없다 / He had *no* cap on. 그는 모자를 쓰고 있지 않았다 / I have *no* money with me. 나는 가진 돈이 없다(* have, there[here] is 뒤에는 보통 not이 아니라 no를 쓴다) / She means *no* harm. 그녀의 말에는 악의가 조금도 없다 / *No* word can describe my surprise. 내가 얼마나 놀랐는지 말로는 다 할 수 없다 / He paid *no* attention to others. 그는 남에게 전혀 관심을 기울이지 않았다 / *No* two men think alike. 두 사람의 생각이 같은 경우는 전혀 없다 / There is *no* end to our trouble. 우리들의 고난은 끝이 없다 / *No* medicine can cure folly. (속담) 바보를 고치는 약은 없다.

USAGE¹ **no+단수명사와 no+복수명사**——「나는 책이 없다」를 no를 써서 영역하면 I have *no* book. 및 I have *no* books.의 두 가지 표현이 가능하나, 이 경우 어느 쪽을 사용해도 뜻의 차이는 없다. Do you have a book?에 대한 답이라면 *no* book이 되고, Do you have any books?에 대한 답이면 *no* books가 된다. 또한 「나는 책이 없다」에 상당하는 표현으로, (1) I have *no* book. (2) I don't have any book. (3) I don't have a book (단 한 권의 책도 없다). (4) I have *no* books. (5) I don't have any books. (6) I haven't got any books.를 생각할 수 있으나, (4)(5)와 같이 복수를 쓰는 형식이 가장 흔하다. 단, no 다음에 오는 것이 복수를 쓸 것인가는 no 다음의 명사의 특성에 크게 좌우된다. 예를 들어, I have *no* mothers.는 명사의 성질상 불가능하지만, I have *no* aunt. I have *no* aunts.는 다 가능한 표현이다.

2 (be 동사의 보어가 되는 명사·형용사와 함께) 결코 …아니다, …할 바[계제, 문제, 정도]가 아니다. ¶ It's ~ joke. 농담이 아니야 / She is *no* fool. 그녀는 결코 멍청구리가 아니다 / Happiness is *no* name. 행복이란 결코 이름만의 것이 아니다 / That's *no* business of yours. 네가 알[관여할] 바 아니다 / It's *no* laughing matter. 웃을 일이 아니다 / He is *no* ordinary student. 그는 결코 평범한 학생이 아니다 / It's *no* distance from the station to the house. 역에서 집까지는 가깝다 / He showed *no* small skill. 그는 보통이 아닌 수완을 보였다 / He has spent *no* small sum of money. 그는 적잖은 돈을 썼다 / She was an actress of *no* mean ability. 그녀는 상당히 비범한 재능을 가진 여배우였다 / He took *no* little pains over it. 그는 그 일로 대단히 애를 썼다.

USAGE² **no와 not**——(1) no는 not any, not a와 같으며, He has *no* money.는 다소 문어적이며, He doesn't have *any* money. 또는 He hasn't got *any* money.는 부드러운 구어적 표현이 된다. (2) 유무를 나타내는 문장에서는 no보다 not a를 쓰는 편이 뜻이 강해진다: There is *not a* school in this village. 이 마을에는 학교가 하나도 없다. 輸 There is *no* school in this village. (3) 「no+명사」가 be 동사의 보어가 되는 경우, 「not a+명사」보다도 뜻이 강하며 부정보다도 오히려 반대를 나타내는 데 주의해야 한다: He is *not a* scholar. 그는 학자가 아니다 // He is *no* scholar. 그는 결코 학자가 아니다[무식하다]. 이와 같이 「be 동사+no+명사」는 말하는 사람의 강한 감정을 수반하는 경우가 많다.

3 ((there is) no …ing의 형에서 동명사를 수식하여) 결코[도저히] …할 수 없다. ¶ There is *no* telling what may happen. 무엇이 일어날지 모른다 / There was *no* hiding the truth. 진상은 결코 감출수 없었다 / He had lost her. It was true—*no* denying it. 그는 그녀를 잃고 말았다. 그것은 진실이며, 결코 부정할 수 없는 일이었다 / There is *no* contending against illness. (속담) 병에는 장사 없다.

II. 단어 부정(* 수식하는 어구만 부정)
4 …이 없는. ¶ In *no* clothes, she looks attractive. 옷을 걸치지 않은 그녀는 매력적이다 / *No* homework, *no* television. 숙제를 안하면 텔레비전도 볼 수 없어 / *No* news is good news. (속담) 무소식이 희소식. **5** (생략문에서) …해서는 안 된다, …을 없애라, …반대[사절]. ¶ *No* admittance to outsiders (except on business). 무용자 출입 금지 / *No* credit. 외상 사절 / *No* entry. 출입 금지 / *No* militarism! 군국주의 반대[배격]! / *No* parking. 주차 금지 / *No* smoking. 금연 / *No* thoroughfare. 통행 금지 / *No* cards. (신문 광고에서) 개별 부고 생략. 「곧 소식을 드리겠습니다」

in no time 곧, 즉시. ¶ You shall hear *in no time*.
(It is) No wonder (that)… ⇨ WONDER.
no bon (軍속어) 틀렸음.
no doubt 확실히. ⇨ DOUBT.
no end of (구어) 끝도 없이 많은.
no go (속어) 성공하지 못한. ⇨ GO.
no man's land 임자 없는 땅, 쟁탈 대상 지역.
no one but …이외의 아무도 …아니다[않다].
no other than [or **but**]**…** 다름 아닌 바로….
No problem. ⇨ PROBLEM.
No sweat. ⇨ SWEAT.
no way ⇨ WAY.

—튀 **1** (긍정문에 대한 대답에서) 아니, 아니오; (부정문에 대한 대답에서) 예, 그렇소. ¶ Do you have another cup?—*No*, thank you. 한 잔 더 하시겠습니까? —아니오, 괜찮습니다 / Will you go?—*No*, I won't. 가시겠습니까?—아니오, 안 가십니다 / Won't you go?—*No*, I won't. 안 가시나요?—네, 안 갑니다 / You don't mind, do you?—*No*, not at all. 괜찮겠지요? —네, 괜찮습니다.

주의 묻는 글의 형식과는 관계없이 대답의 내용이 부정이면 No, 긍정이면 Yes를 쓴다. 따라서 우리말의 「네」 「아니오」와는 일치하지 않는 수가 있다. ⇨ YES USAGE.

2 (놀람·불신 따위를 나타내어) 설마, 그럴 수[리]가. ¶ She refused to accept my proposal.—Oh, *no*. 그녀는 내 제의를 거절했다. — 설마 / John married Mary.—*No*. 존이 메리와 결혼했어.—그럴 리가.
3 (not, nor를 강조하여) 아니, 그렇기는커녕. ¶ *No* one came to the party, *no*, not a one. 아무도 파티에는 오지 않았다. 단 한 사람도 말이야 / A man cannot lift the stone, *no*, nor half a dozen. 그 돌은 한 사람이 들어올릴 수 없다. 아니 6명이라도 못한다 / I

have never stayed at better hotels anywhere, no, not in the United States. 나는 지금까지 더 나은 호텔에 머문 적이 없다. 정말이지, 미국에서도 없었다. **4** (no+비교급+than의 형식으로) 조금도 …않다(not at all), …과 차이가 없다, …과 같다. ¶ I went no further than the railroad station. 역가지밖에 가지 않았다 / He is no better than before. 그의 용태는 그보다 나아진 것이 없다 / He is no better than a beggar. 그는 거지나 다름없다 / He is a little boy no bigger than I. 그는 나와 다름없는 어린애다. **5** (스코·드물게) (or no의 형식으로) (…인지) 아닌지; (…이건) 아닌건. ¶ True or no, it makes no difference. 사실이건 아니건 아무 차이가 없다 / Cold or no, we must go. 춥건 안 춥건 가야만 한다 / Tired or no, you must finish the work today. 피곤하건 안하건 너는 오늘 그 일을 끝내지 않으면 안된다.

News Transfer Protocol
NNW (경제) net national welfare(순(純)국민 복지), 국민 복지 지표. 働 GNP **NNW, N.N.W., n.n.w.** north-northwest.
‡**no** ⇨ NO. 〈p. 1865〉
No ⑦ (화학) nobelium.
‡**no., No.** [nʌ́mbər] 働 (働 **nos.** [-z], **Nos.** [-z]) (숫자 앞에서: 무관사) …(番), 제…호; (英) …번지. ¶ *No.* 10 Downing Street 다우닝가 10번지(영국 총리 관저).
No. north; northern. **n.o., NO** (크리켓) not out(아웃이 안 되고 남아 있는 선수). **N.O.** natural order; naval officer; New Orleans. **NOAA** [nóuə] (美) National Oceanic and Atmospheric Administration(국립 해양 대기청).
no·ac·count [óukàunt] 働 (美구어) 쓸모없는, 무가치한; 무책임한. ─ 働 무능한 사람, 무책임한 사람, 전달. (또는 **nó·cóunt**)
No·a·chi·an [nouéikiən] 働 **1** (성서) 노아(시대)의. ¶ the ~ deluge 노아의 대홍수(the Flood). **2** 태고의, 먼 옛날의; 낡아빠진, 구식의. (또는 **Noachic**)
no·ah [nóuə] 働 (濠속어) 상어; 공원.
***No·ah** [nóuə] 働 (성서) 노아(신앙이 두터운 히브리의 족장. ←창세기(Gen.) 5-9).
Nóah's árk **1** (성서) 노아의 방주. **2** (인형·동물이 든) 장난감 노아의 방주. **3** 구식의 대형 트렁크[자동차].
Nóah's bóy (美속어) 햄(ham).
Nóah's Dóve (the ~) [천문] 비둘기자리. [포피]
Nóah's níghtcap (식물) 금앵화, 캘리포니아
nob[1] [nab/nɔb] 働 **1** (英속어) 머리; 머리의 일격. **2** (his ~s) (카드놀이) (cribbage에서) 잦힌 패와 같은 짝의 잭(이것을 가진 사람은 1점을 딴다). ─働 (-**bb**-) (권투 따위에서) 머리를 치다.
nob[2] 働 (英속어) (경멸적·익살) 부자, 높은 양반; 상류층 사람, 명사.
nó báll (크리켓) 반칙 투구; 반칙 투구 선언.
no-ball [´bɔ̀:l] 働働 (크리켓) 반칙 투구를 선언하다.
nob·ble [nábl/nɔ́bl] 働 (英속어) **1** (우승을 못하도록) (경주마에게) 약을 먹이다, (경주마를) 출전할 수 없게 만들다. **2** (남을) 매수하다, 자기편으로 만들다. **3** …을 훔치다; 사취하다. **4** (범인 등)을 체포하다. **5** 유괴하다. ─ 働 (英속어) 부정 행위. **-bler** 働
nob·but [nʌ́bət/nɔ́b-] 働 (英방언) =only.
nob·by [nʌ́bi/nɔ́bi] 働 (英속어) 품위 있는, 멋진, 맵시나는; 일급의, 일류의, 고급의. **-bi·ly** 働
no·be·ing [´bí:iŋ] 働 비(非)존재[실재(實在)].
No·bel [noubél] 働 **Alfred Bernhard ~** 노벨 (1833-96: 스웨덴의 화학자·실업가: 다이너마이트 발명; 노벨상 창시자). [상자.
No·bel·ist [noubélist] 働 (종종 n-) (美) 노벨상 수
no·bel·i·um [noubéliəm/-bí:-] 働 [U] (화학) 노벨륨(인공 방사성 원소의 하나; ⑦ No).

No can do. (구어) (나는) 그럴 수 없어.
no got (美속어) 가지고 있지 않다.
no longer 이미 …아니[않다].
no more than ⇨ MORE.
no sooner...than... ⇨ SOON.
whether or no …인지 아닌지; 어떻든. ¶ Ask him *whether or no* it is true. 그것이 정말인지 아닌지 그에게 물어 보시오 / We must see him, *whether or no.* 어떻든 우리는 그를 만나지 않으면 안된다.
─ 働 (働 ~(e)s [-z]) [U][C] **1** 「아니(오)」라고 말하기; 부정, 부인, 거부, 거절. ¶ I will not take *no* for an answer. 「아니오」라는 대답은 받아들이지 않겠다 / Two *noes* make a yes. 이중 부정은 긍정이다. **2** 반대표, 반대 투표자; (~(e)s) 반대 투표자. ¶ The *noes* have it. 반대 다수.
─ 働 (…을) 거부하다, 동의[승인]하지 않다.

름(인공 방사성 원소의 하나; ⑦ No).
Nobél láureate[mán] 働 =Nobelist.
*****Nóbel príze** [nóubel-] 働 노벨상(1901년에 제정; 분야별 공식 명칭—Nobel Peace Prize(노벨 평화상); Novel Prize for Literature(노벨 문학상); Nobel Prize in Chemistry[Physics, Physiology or Medicine](노벨 화학[물리학, 생리학·의학]상); Nobel Memorial Prize in Economic Science(노벨 경제학상)).
no·bil·i·ar·y [noubíliəri/-liəri] 働 귀족의. ¶ a ~ particle[*or* prefix] 귀족의 성 앞에 붙이는 존칭(프랑스어의 de, 독일어의 von 따위).
‡**no·bil·i·ty** [no(u)bíliti] 働[U] **1** (the ~) (집합적; 단·복수 양용) 귀족; 귀족 계급. **2** 신분이 높음, 고귀함; 고결한 태생[신분]. **3** 숭고, 고결; 장엄.
nó bill 働 (법률) (대법원의) 불기소 답신(啓甲).
‡**no·ble** [nóubl] 働 (**-bler; -blest**) **1** 귀족의, 고귀한; 귀족 계급에 속하는. ¶ a ~ line of ancestry 고귀한 가문, 명문의 혈통. **2** 고상한, 숭고한, 고결한, 품위[기품] 있는; 저명한, 이름난; 당당한, 훌륭한. ¶ a ~ life 숭고한 생애 / a ~ soul 품성이 고결한 사람. **3** 당당한, 장엄한, 웅대한; 뛰어난, 훌륭한. ¶ a ~ sight 장엄한 광경. **4** (화학) 희유의, 불활성의; (금속 따위가) 값비싼, 귀중한; 부식하지 않는. **5** (매사냥) 날개가 긴 매의. 働 ignoble
my noble friend 경(卿)(공식석상에서 귀족이나 Lord의 칭호를 가진 사람을 부를 때 쓰는 말).
of noble birth 귀족 출신의.
the noble lady 영부인(令夫人)(귀족 부인에 대해).
the noble Lord (英) 각하(상원의원이나 Lord의 칭호를 가진 하원의원을 부를 때 쓰는 말).
─ 働 (働 ~s [-z]) **1** 고귀한 사람, 귀족. **2** (英역사) 노블(1346년에 발행한 금화로 6실링 8펜스에 해당). **3** (美속어) 파업 저지 지도자.
~ness 働
nóble árt (the ~) (구어) 권투, 복싱.
nóble fír 전나무(의 목재). [gas].
nóble gás (화학) 희(稀)가스, 불활성 가스(inert
*****nó·ble·man** [nóublmən] 働 (働 -**men**) **1** 귀족. **2** (-men) (체스) 노블맨(pawn 이외의 말). **·ly** 働
nóble métal 귀금속. 働 base metal
no·ble-mind·ed [-máindid] 働 고상한, 고결한, 마음이 넓은. ~·ly 働 ~·ness 働
nóble sávage 働 (the ~) 고결한 야만[미개]인(낭만주의 문학에서 이상화된 원시인상(像)).
nóble science (the ~) =noble art.
no·blesse [noublés] 働[U] 귀족 태생[신분]; (특히 프랑스의) 귀족 계급(사회). 〈<F〉
no·blesse o·blige [noublés oublí:ʒ] 働 고귀한 신분에 따르는 도의상의 의무. 〈F〉 [족의 부인.
no·ble·wom·an [nóublwùmən] 働 귀족 여성; 귀
*****no·bly** [nóubli] 働 **1** 고결하게, 고상하게. **2** 씩씩[당당]하게; 훌륭하게. **3** 귀인답게, 고귀한 신분으로; 관대하게.

no·bod·y [nóubàdi, -bʌ̀di/-bədi] 때 아무도 …않다, 한 사람도 …않다(no one, not anybody) (對 anybody). ¶*There was ~ present.* 나온 사람은 아무도 없었다 / *Everybody's business is ~'s business.* (속담) 모두가 해야 하는 일은 결국 누구의 일도 아니다; 공동 책임은 무책임.
nobody else 다른 아무도 …않다.
nobody home (속어) 마음이 들떠 있는; 머리가 텅 비어 있는.
nobody's fool 영리한 사람, 속이기 힘든 사람, 보기 것 보다 사람, 무명 인사. ¶*a mere ~* 그저 그런 사람.
—똉 (똉 -**bod·ies** [-z]) (a ~) (구어) (경멸적) 보잘것 없는 사람, 무명 인사. ¶*a mere ~* 그저 그런 사람.
somebodies and nobodies 유명·무명의 사람들.
no-brain·er [⸌brèinər] 똉 (美속어) 손쉬운 일, 간단한 일.
nó-brand cigarétte [⸌brænd-] 똉 (美속어) 리화나 담배.
no-brow [⸌bráu] 똉 (美속어) 바보, 멍청이.
no-buy [⸌bái] 똉 불매(不買)의. ¶*the ~ campaign* 불매 운동.
NOC [nak/nɔk] 똉 (美구어) 신분 위장 정보(첩보)원. [<*n*on*o*fficial *c*over]
NOC National Olympic Committee(국가 올림픽 위원회).
no-cal [⸌kæl] 똉 칼로리가 전혀 없는.
no·cent [nóusnt] 똉 해로운(harmful); (고어) 유죄의.
no·ci·cep·tive [nòusiséptiv] 똉 (의학) 침해의; (조직의 손상을 일으키는.
nock [nak/nɔk] 똉 활고자; 오늬. —똉뎌 1 활고자(오늬)를 달다. 2 (화살)을 시위에 메기다.
nóck·ing póint [nákiŋ-] (양궁) 노킹 포인트.
no-cláim(s) bónus [⸌kléim(z)-] (보험) 무사고 환급(자동차 보험 따위서 일정 기간 무사고일 때 보험 가입자에게 적용하는 보험료 할인).
no-col·or [⸌kʌ̀lər] 똉 (美) (옷이) 눈에 띄지 않는 중간색의.
no-con·fi·dence [⸌kánfədəns/-kɔ́n-] 똉 불신임. ¶*a vote* 불신임투표.
no-count [⸌káunt] 똉똉 =no-account.
noc·tam·bu·la·tion [naktæ̀mbjuléiʃən/nɔk-] 똉 =noctambulism.
noc·tam·bu·lism [naktǽmbjulìzm/nɔk-] 똉 ⓤ 몽유병(somnambulism). —**bule, -list** 똉 몽유병자.
noc·tam·bu·lous [naktǽmbjuləs/nɔk-] 똉 몽유병의. (또는 **noctambulant**)
noc·ti- [náktə/nɔ́k-] (연결) night의 뜻(* 모음 앞에서는 noct-). ¶*noctilucent* 밤에 꽃이 피는.
noc·ti·flo·rous [nàktəflɔ́ːrəs/nɔ̀k-] 똉 (식물) 밤에 꽃이 피는.
noc·ti·lu·ca [nàktəlúːkə/nɔ̀k-] 똉 (똉 -**cae** [-siː]) 야광충(夜光蟲). **-can** 똉
noc·ti·lu·cent [nàktəlúːsnt/nɔ̀k-] 똉 밤에 빛나는. ¶*~ cloud* 야광운(夜光雲). **-cence** 똉
noctilúcent clóud (기상) 야광운(夜光雲).
noc·ti·pho·bi·a [nàktəfóubiə/nɔ̀k-] 똉 (정신의학) 암야 공포(증). (또는 **noctivagous**)
noc·tiv·a·gant [naktívəgənt/nɔk-] 똉 밤에 나다니는. (또는 **noctivagous**)
noc·to·vi·sion [nàktəvíʒən/nɔ̀k-] 똉 ⓤ 녹토비전(적외선 암시 방식)(暗視) 사건 기록).
noc·tu·a·ry [náktʃuèri/nɔ́ktjuəri] 똉 (고어) 야간 일기.
noc·tu·id [náktʃuid/nɔ́k-] 똉 밤나방과(科)의 나방. —똉 밤나방과의.
noc·tule [náktʃuːl/nɔ́k-] 똉 (유럽산(産)의) 큰 박쥐.
noc·turn [náktəːrn/nɔ́k-] 똉 1 (가톨릭) (성무 일과(聖務日課)의) 저녁 기도. **2** (음악) = nocturne.
*****noc·tur·nal** [naktə́ːrnl/nɔk-] 똉 **1** 밤의, 야간의; 밤에 하는(일어나는, 찾아오는). ¶*~ darkness* 야음(夜陰). **2** (동물) 야행성의(diurnal); (식물) (꽃이) 밤에 피는. **3** 밤늦은 밤의. **4** 야상곡조(調)의. —똉 (고어) 야간 관측의(儀). **2** (매춘부·도둑 따위) 밤에 활동하는 사람. (회화·문학 따위) 밤을 취급한 작품.
~·ly 밤에, 매일 밤.
noctúrnal emission 똉 몽정(夢精).

noctúrnal enurésis (의학) 야뇨(증).
noc·turne [náktəːrn/nɔ́k-] 똉 **1** (음악) 녹턴, 야상곡(夜想曲). **2** (미술) 야경화.
noc·u·ous [nákjuəs/nɔ́k-] 똉 유해한; 유독한. **~·ly** 튀 **~·ness** 똉
no-cure [⸌kjùər] 똉 낫지 않는, 불치의.
nó-cut cóntract [⸌kʌ̀t-] (美·캐나다) 무해고 보증 계약.
‡**nod** [nad/nɔd] 뎌 (*~s* [-z]; *-dd-*) 탸 **1** (…에게) 끄덕이다, 끄덕하고 인사하다; 끄덕여 동의[승낙]하다 (*to, at*). ¶(~ + 前 + 图) *~ to a person in the street* 거리에서 사람에게 인사하다 // (~ + *to* do) *He ~ded to show his understanding.* 그는 알았다고 고개를 끄덕였다. **2** (졸려서) 꾸벅꾸벅하다[졸다](*off*). ¶*sit ~ding by the fire* 난롯가에 앉아 졸고 있는 채로 졸다. **3** 방심하다, 깜박 실수하다. ¶*Even Homer sometimes ~s.* (속담) 원숭이도 나무에서 떨어질 때가 있다. **4** (나무·꽃 따위가) 흔들리다, 나부끼다; (건물 따위가) 기울다. ¶(~ + 前 + 图) *The building ~s to its fall.* 그 건물은 금세 쓰러질 듯이 기울어져 있다.
—탸 **1** (머리)를 끄덕이다. ¶*~ the head* 머리를 끄덕이다. **2** (…에게) 끄덕여 …을 나타내다(*to*); 끄덕여 (남)을 부르다[나가게 하다]. ¶*~ assent* 머리를 끄덕여 승낙의 뜻을 나타내다 // (~ + 目 + 前 + 图) *~ a welcome to a person* 머리를 끄덕여 남을 환영하다 // (~ + 目 + 剾) *She ~ded the man away.* 그녀는 머리를 끄덕여 사나이를 떠나도록 했다. **3** …을 기울게 하다; …을 흔들다; …을 구부리다. **4** (축구) (공)을 헤딩으로 떨어뜨리다.

nodded out (美속어) 헤로인으로 의식이 몽롱해진.
nod one's head (고개를 끄덕여) 찬성[승인]하다.
nod out (속어) (마약 상습자가) 꾸벅꾸벅 졸다, 의식이 희미해지다.
nod through (구어) 고개를 끄덕여 승인하다, 수긍하다
—똉 **1** (a ~) (동의·인사·명령 따위를 나타내는) 끄덕임; 묵례. **2** 승인. **3** 졸음. **4** (속어) (마약으로) 몽롱한 상태. **3** (초목 따위의) 흔들림, 나부낌; 기울어짐. **4** (졸음에 의한) 실수. **5** (the ~) (권투) (속어) 판정승.
be at a person's nod 남이 부리는 대로 하다. ¶*The company is at his ~.* 그 회사는 그의 뜻대로 된다.
dig (oneself) a nod (美구어) 잠을 자다.
get the nod (美구어) ① (…으로부터) 동의를 얻다, 승인받다(*from*). ② (권투) 판정승하다.
give the nod (美구어) ① (…을) 승인하다, 동의하다 (*to*). ② (권투) 승리의 판정을 내리다.
knock a nod 꾸벅꾸벅 졸다.
on the nod (英속어) ① 신용으로, 외상으로. ¶*buy a thing on the ~* 외상으로 물건을 사다. ② 암묵(暗默)적인 양해로. ③ (마약으로) 의식이 몽롱하여.
Nod [nad/nɔd] 똉 **1** (성서) 놋(Cain이 정착한 에덴 동산 동쪽의 땅 ⸺창세기 4 : 16). **2** (가공의) 졸음의 나라.
the land of Nod 졸음의 나라.
nod·al [nóudl] 똉 마디(결절)의; 중심점의[에 관한]; 교점[집합점]의. **no·dal·i·ty** [noudǽləti] 똉
nó dáte (책의) 발행 연도(날짜가 없음)(똉 n.d.).
nó-day (wórk)wèek [⸌déi-] 똉 (완곡적) 파업.
nod·der [nádər/nɔ́də] 똉 머리를 끄덕이는 사람; 조는 사람.
nod·die [nádi/nɔ́di] 똉 (美) 멍청이.
nód·ding acquáintance 만나면 고개를 끄덕할 정도의 (아는) 사이; 피상적인 지식[이해].
have a nodding acquaintance with ⸺ACQUAIN-TANCE.
nod·dle¹ [nádl/nɔ́dl] 똉 (속어) 머리(head).
nod·dle² 뎌 가볍게 (머리를) 끄덕이다.
nod·dy¹ [nádi/nɔ́di] 똉 제비갈매기; 바보, 얼간이.
nod·dy² 똉 (美속어) (인터뷰 녹화에서) 인터뷰하는 [받는] 사람이 끄덕이는 장면.
nóddy súit 똉 (英속어) 화학전(化學戰)용 방호복.
node [noud] 똉 **1** 매듭, 혹(knot, knob). **2** 중심점,

no-default 집합점. **3** (이야기·사건 따위의) 얽힘, 분규. **4** 〖식물〗 (줄기의) 마디, 절(節); 〖병리·해부〗 결절(結節). **5** 〖기하〗 (곡선의) 결절점. **6** 〖구어〗 교점(交點). **7** 〖물리〗 (진동체의) 정지점, 절. **8** 〖광학〗 절점. **9** 〖건설〗 (트러스재를 접합시키는) 절점. **10** 〖통신·컴퓨터〗 노드.

no·de·fault [⁴dif⊃ːlt] 〖형〗 채무 불이행을 허용치 않는.

nod-guy [⁴gài] 〖명속어〗 = yesman.

no·di [nóudai] 〖명〗 nodus의 복수형.

nod·i·cal [nádikəl/nóud-] 〖형〗 〖천문〗 교점의.

nódical mónth 〖천문〗 교점월(交點月)(달이 궤도상에서 교차점을 2번 통과하는 데 요하는 기간).

no·dice [⁴dáis] 〖구어〗 시시한, 쓸모없는.

nó·díck·er stícker [-díkər-] 할인 가격제(표스티커), 에누리 없는 가격표.

no·dose [nóudous, -⁴] 마디(혹)가 있는. (또는 **no·dous** [nóudəs]) **no·dós·i·ty** —.

nod·u·lar [nádʒulər/nódju-] 〖형〗 작은 마디(혹)가 있는; 마디(혹) 모양의. [[혹]이 있는.

nod·u·lat·ed [nádʒuléitid/nódju-] 〖형〗 작은 마디

nod·u·la·tion [nàdʒuléiʃən/nòdju-] 〖명〗 Ⓤ 작은 마디(혹)가 생김; 마디가 생김.

nod·ule [nádʒuːl/nódjuːl] 〖명〗 **1** 작은 혹(마디), 절. **2** 〖지질〗 (광물 따위의) 작은 덩어리. **3** 〖식물〗 뿌리혹. **4** 〖화〗 소결절(小結節).

nod·u·lous [nádʒuləs/nódju-] 〖형〗 작은 마디(혹)가 있는; 〖식물〗 작은 결절이 있는. (또는 **nodulose**)

no·dus [nóudəs] 〖명〗 ·**di** [-dai]) **1** 매듭, 마디, 결절. **2** 난점; 복잡한 상황; 분규. **3** 중심; 중심점.

No·el [nouél, -əl] 〖명〗 **1** Ⓤ 크리스마스(의 계절). **2** (n-) 크리스마스 축가(Christmas carol). **3** [nóuəl] 사람 이름. (또는 1, 2에서 **Noël**)

noes [nouz] 〖명〗 no의 복수형.

no·e·sis [nouíːsis] 〖명〗 Ⓤ **1** 〖철학〗 노에시스(의식의 작용·인식). **2** 〖심리〗 인식, 지성의 기능. [<G]

no·et·ic [nouétik] 〖형〗 **1** 지성(知性)의, 지적(知的) 활동에 관한. **2** 이성에서 나오는, 이성으로 이해되는. **3** 지적 사색에 잠기는. —〖명〗 지적 사색에 잠기는 사람.

no·et·ics [nouétiks] 〖명〗〖복〗 〖단수취급〗 〖논리〗 지성론(학), 이성론, 순수 사유론.

no-fault [⁴fɔːlt] 〖명〗 〖보험〗 (자동차의) 무과실 책임 보험. —〖형〗 **1** 무과실 책임 보험의. **2** 〖법률〗 (이혼의) 당사자 누구에게도 정당한 사유가 없는, 무조건 승인되는.

nó-fly zóne [⁴flài-] 〖명〗 비행 금지 구역. (또는 **no-flight zóne**)

no-frills [⁴frilz] 〖형〗 군더더기가 없는; (항공편 따위가) 기본적인 서비스만을 제공하는; 실질 본위의. ¶ a low-cost, ~ flight 저운임 실속 위주의 항공편.

no-frost [⁴frɔ̀st/-frɔ̀st] 〖형〗 (자동 서리 제거 장치가 부착된) 냉장(냉동)고.

NOFUN 〖군사〗 No First Use of Nuclear Weapons.

nog[1] [nɑg/nɔg] 〖명〗 Ⓤ 〖美〗 에그노그(달걀 술)(eggnog); 〖英〗 노그(독한 맥주). (또는 **nogg**)

nog[2] 〖명〗 나무 벽돌, 나무못, 나무 마개.
—〖타〗 (**-gg-**) (목재(木質) 사이)를 나무 벽돌 따위로 메우다; (…)를 나무못으로 고정시키다.

nog[3] 〖타〗 〖美속어〗 만지다.

nog·gin [nágin/nɔ́g-] 〖명〗 **1** 작은 잔. **2** 노긴(액량(液量) 단위; 보통 1 gill); 소량. **3** 〖구어〗 머리; 바보.

nog·ging [nágiŋ/nɔ́g-] 〖명〗 Ⓤ 목골 벽돌 쌓기; (목골 사이에) 쌓은 벽돌.

no-go [⁴góu] 〖형〗 〖속어〗 제대로 기능하지 않는; 출발(진행) 준비가 되어 있지 않은; 〖英〗 출입 금지의.

nó-gó àrea 〖구어〗 (폭력단이 지배하는) 출입 금지 구역; 건드려서는 안될 화제.

no-good 〖구어〗 〖형〗 [⁴gúd] 쓸모없는, 무가치한.
—〖명〗 [⁴⁴] 쓸모없는 사람(것).

no-growth [⁴gróuθ] 〖구어〗 〖형〗 제로 성장의, 발전이 없는; 성장 억제적인. —〖명〗 [⁴⁴] 성장 억제 정책.

no-hands [⁴hǽndz] 〖형〗 손을 사용하지 않는, 손으로 들지 않아도 되는.

no-hit [⁴hít] 〖형〗 〖야구〗 무안타의. ¶ a ~ game [pitcher] 무안타 시합[투수].

no-hit·ter [⁴hítər] 〖명〗 〖야구〗 무안타 경기.

No-Ho [nóuhòu] 〖명〗 노호(New York시 Manhattan 북부의 한 지구; 전위 예술·패션의 중심지).
[<*N*orth of *Ho*uston Street]

no-holds-barred [⁴hóuldzbáːrd] 〖형〗 〖구어〗 규칙[관습]에 얽매이지 않는, 무제한의; 철저한, 전면적인.

no-hop·er [⁴hóupər] 〖명〗 〖英·濠속어〗 **1** 쓸모없는 녀석, 게으름뱅이, 낙오자. **2** 승산이 없는 [말].

no·how [nóuhàu] 〖부〗 〖방언〗 **1** (주로 부정어와 함께) 아무리 해도[결코] …않다. ¶ I can't understand this ~. 아무리 해도 이것을 모르겠다. **2** 〖서술용법〗 기분이 언짢은, 상태가 나쁜. ¶ I'm feeling ~. 어쩐지 몸이 불편하다.

n.o.i.b.n., N.O.I.B.N. *not otherwise indexed by name*(따로 인명 색인이 없는 경우에는). **N.O.I.C.** *Naval Officer in Charge.*

noid [nɔid] 〖명〗 〖美속어〗 편집광적(paranoid)인 사람.

noil [nɔil] 〖명〗 Ⓤ 짧은 양털[견] 섬유. **~·y** 〖형〗

noir [nwɑːr] 〖명〗 **1** 암흑가(누아르) 영화(film ~); 암흑가 소설(roman ~)(암흑가를 무대로한 비정한 범죄물). **2** (룰렛의) 검은 숫자. —〖형〗 누아르 영화(소설)풍의; 비정한, 암울한, 염세적인. **~·ish** 〖형〗 [<F *black*]

no-i·ron [⁴áiərn] 〖형〗 〖구어〗 다림질이 필요없는, 빨아서 곧 입을 수 있는.

‡**noise** [nɔiz] 〖명〗 (⊛ **nois·es** [-iz]) Ⓤ Ⓒ **1** 소음; 잡음. ¶ city ~ 도시의 소음 / ~ in the ear 귀울림 / with a ~ like thunder 쾅쾅을 내면서.

> 〖유의어〗 **noise** 크고 작은 「소음·불협화음」이라는 뜻의 가장 일반적인 말. **clamor** 항의·요구 따위를 위해 크게 외치는 소리. **hubbub** 여러 가지 소리가 뒤섞인 소음. **din** 오래 들으면 고통스러울 정도로 크고 잘 울리는 소음. **racket** 물건이 맞부딪치는 소음.

2 (TV·라디오 따위의) 잡음, 노이즈; (수신기 따위의) 잡음, (전과·전류 따위의) 혼선; 방해 신호. **3** (일반적으로) 소리(sound); 〖고어〗 음악. ¶ I cannot sleep for that harsh ~. 그 귀에 거슬리는 소리로 잠을 잘 수가 없다. **4** 큰 소리, 시끄러운 소리, (~s) 주장, 의견, (의견 따위의) 중얼거리는 소리; 항의(불만, 비판)의 소리; 〖구어〗 무의미한 것[내용], 헛소리. **6** 〖컴퓨터〗 노이즈, 잡음(회선의 혼선으로 생기는 데이터의 오류). **7** 〖증권〗 변칙적·소폭적인 주가 움직임; 브로커(증권업자)간 주식 거래. **8** (the ~) 〖美속어〗 권총. **9** 〖美속어〗 헤로인.
a [**or** **the**] **big nóise** 〖구어〗 (경멸적) 거물, 명사.
Kill that noise!; Hold your noise! 〖美속어〗 입닥쳐, 조용히 해.
make a nóise ① 소음[소리]을 내다. ② 소란피우다; 불평하다 (*about*). ¶ Don't make a ~ *about* such a trifle. 그런 사소한 일로 떠들지 마라.
make a nóise in the world 세평에 오르다; 유명해지다, 악명이 나다. [하다.
make nóises 〖구어〗 (의견이나 감상을) 말하다, 표명
—〖자〗 (**nois·es** [-iz]; ~**d**; **nois·ing**) 〖타〗 …의 소문을 퍼뜨리다, 을 소문내다 (*about, abroad, around*). ¶ (~+图+團) It was soon ~d *abroad* that the war ended. 종전 소식은 곧 널리 퍼졌다. —〖자〗 수다떨다, 이야기하다 (*of*). 〖고어〗 소음을 내다, 떠들다; 큰소리를 내다. [하다.
It is noised abroad that… …이라는 소문이 자자

nóise contról 〖명〗 소음 규제. [잡음 지수(指數).
nóise fàctor[fìgure] 〖명〗 〖무선·전자〗 (증폭기의)

*****noise·less** [nɔ́izlis] 〖형〗 소리가 없는, 소리가 나지 않는, 소음(消音)의; 조용한. ⇒CALM 〖유의어〗 ¶ a ~ typewriter 무음(無音) 타이프라이터. **~·ly** 〖부〗 **~·ness**

nóise lèvel 〔통신〕 잡음 레벨[수준].
nóise lìmiter 〔전자〕 잡음 제한[억제]기.
noise·mak·er [nɔ́izmèikər/-] ⓝ (축제 때 따위에) 큰소리[소음]를 내는 사람[물건]; (축제 때 따위의) 각적(角笛), 딸랑이.
nóise màrgin 〔전자〕 잡음 여유.
nóise mùsic 노이즈 뮤직(전자 악기의 잡음을 강조한 록 음악).
nóise pollùtion 소음 공해. 〔조한 록 음악〕.
noise·proof [nɔ́izprùːf] ⓐ 소음 방지의, 방음의.
nóise redùcer 〔전자〕 잡음 억제기.
nóises óff 무대 뒤에서 내는 효과음.
nóise tòol 〔속어〕 권총(pistol).
nóise tréatment (항공기 엔진의) 소음 감소 조치.
noi·sette[1] [nwɑːzét] ⓝ 1 고기의 살코기 부분(fillet, loin 따위의). 2 개암나무 열매가 든 초콜릿. ── ⓐ 개암나무 열매로 맛을 낸, 개암나무 열매가 든.
noi·sette[2] ⓝ 느와제트종(種) 장미.
***nois·i·ly** [nɔ́izili] ⓐ 시끄럽게, 떠들썩하게.
noi·some [nɔ́isəm] ⓐ 1 악취가 나는, 구린; 불쾌한. 2 건강에 나쁜, 유해한. **~·ly** **~·ness** ⓝ
‡**nois·y** [nɔ́izi] ⓐ (**nois·i·er; nois·i·est**) 1 시끄러운, 떠들썩한. ¶ =LOUD 〔유의어〕 ¶The ~ street 소란스러운 거리/Don't be ~! 떠들지 마시오! 2 색채가 화려한, 야한. ¶a ~ sweater 화려한 스웨터. **nóis·i·ness** ⓝ
nóisy minórity 소수 과격 분자, 떠들어대는 소수 분자. ⓐ silent majority
no-knock [´nàk/-nɔ̀k] ⓐ 1 〔법률〕 (경찰이) 무단 가택 수색할 수 있는. 2 =antiknock. ── ⓝ 〔美구어〕 무단 가택 수색.
no·lens vo·lens [nóulenz vóulenz] ⓐ 싫든좋든 (willy-nilly). 〔<L〕
no·li me tan·ge·re [nóulai miː tændʒəri] ⓝ 1 만지 건드려서는 안 될 것; 간섭하면 안 될 사람. 2 놀리메탕게레(부활 후 막달라 마리아 앞에 모습을 나타낸 예수를 그린 그림. ←요한 복음(John) 20 : 17). 3 봉선화(touch-me-not). 4 〔병리〕 잠식성 궤양. 〔<L touch me not〕
noll [noul] ⓝ 〔英방언〕 머리, 정수리.
nol·le pros·e·qui [nɑ́li prásikwɑi/nɔ́li prɔ́s-] ⓝ 〔법률〕 (원고의) 소송 중지, 소송 취하. 〔<L be unwilling to prosecute〕
no-load [´lóud] ⓐ 〔금융〕 판매 수수료가 없는 투자 신탁(~ fund). ── ⓝ 판매 수수료 없이 판매되는.
no·lo (con·ten·de·re) [nóulou (kəntɛ́ndəri)] ⓝ 〔법률〕 (형사 소송에서 피고인이 「유죄는 않으나 유죄로는 인정치 않습니다」라는) 불항쟁의 답변. 〔<L〕
no-lose [´lùːz] ⓐ 〔구어〕 (상황·정책 등이) 틀림없이 잘 되는, 실패할 리가 없는.
nol-pros [nɑ̀lprɑ́s/nɔ̀lprɔ́s] ⓥⓣ (-**ss**-) 〔법률〕 …의 소송을 중지하다; 공소를 취하하다.
〔<*nol*le *pros*equi의 단축형〕
nom. nominal; nominative.
no·ma [nóumə] ⓝ 〔병리〕 수암(水癌), 괴저성 구내염(口內炎).
***no·mad** [nóumæd] ⓝ (종종 ~s) 유목민. 2 방랑자, 유랑자. ── ⓐ =nomadic. **~·ism** ⓝ 유목 (생활); 방랑[유랑] (생활).
no·mad·ic [noumǽdik] ⓐ 유목민의, 유목 (생활)의; 방랑자의, 방랑생활의. **-i·cal·ly** ⓐ
no·mad·ize [nóumædàiz] ⓥⓘ 유목[방랑] 생활을 하다; 방랑[유랑]하다. ── ⓥⓣ (사람·종족을) 유목[방랑] 생활로 몰아넣다.
no-man [´mæn] ⓝ 〔美속어〕 쉽게 동조하지 않는 사람, 완고한 사람. ⓐ yes-man
nó màn's lánd ⓝ 1 (때로 N-) 〔군사〕 완충 지대. 2 소유주[거주자]가 없는 토지(보통 황무지). 3 〔관할·구분·용솔 따위가〕 어중간한 상태. 4 〔구어〕 (테니스·핸드볼 따위의) 전술적으로 불리한 장소[입장].
nom·arch [nɑ́mɑːrk/nɔ́m-] ⓝ 1 (고대 이집트의) 태수. 2 현대 그리스의 주지사. **-ar·chy** ⓝ 주(州).
nom·bril [nɑ́mbril/nɔ́m-] ⓝ 〔문장〕 방패 문양의 중심점과 하단(下端) 사이의 점(navel).

Nom. Cap. *nominal capital*.
nom de guerre [nám də géər/nɔ́m-] ⓝ (pl. ***noms d- g-*** [námz-/nɔ́mz-]) 가명(假名), 예명(藝名), 필명(筆名). 〔<F war name〕
nom de net [nám də nét/nɔ́m-] ⓝ (pl. ***noms d- n-***) 인터넷[컴퓨터 통신]명. 〔<F〕
nom de plume [nám də plúːm/nɔ́m-] ⓝ (pl. ***noms d- p-*** [námz-/nɔ́mz-]) 필명, 아호, 펜네임. 〔<F name of feather(=pen)〕
nom de thé·â·tre [nám də teɑ́ːtrə] ⓝ (pl. ***noms d- t-***) 무대명(stage name). 〔<F〕
no·men [nóumen] ⓝ (pl. ***nom·i·na*** [nɑ́mənə/nɔ́m-]) (고대 로마 시민의) 둘째 이름, 족명(族名) (예: Gaius Julius Caesar의 Julius). ⓐ agnomen, cognomen, praenomen. 〔<L name〕
no·men·cla·tor [nóumənklèitər/-men-] ⓝ 1 (고대 로마에서) 내객의 이름을 알리는 하인. 2 (학명의) 명명자. 〔이름[어구]집〕; (분류학적) 학명, 명칭. 3 (집합적) 학술 용어, 전문어.
no·men·cla·ture [nóumənklèitʃər, noumén-klə-] ⓝⓤⓒ 1 (학술상의) 조직[체계]적 명명법. 2 (분류학적) 학명, 명칭. 3 (집합적) 학술 용어, 전문어.
no·men·kla·tur·a [nòumənklətúərə] ⓝ 지배층, 특권 계급, 임명직 고위 관리; (옛 소련의) 공산당 관료직 일람표[명부]. 〔<Russ nomenclature〕
nom·ic [nɑ́mik/nóum-] ⓐ 관습적인, 보통의; 자연 법칙에 맞는. ¶ ~ spelling 통상적인 철자법.
-nom·ics [nɑ́miks/nóum-] 〔연결〕 「…경제 정책」의 뜻. ¶ urba*nomics* 도시 경제 정책.
nom·i·na [nɑ́mənə/nɔ́m-] ⓝ nomen의 복수형.
***nom·i·nal** [nɑ́mənl/nɔ́m-] ⓐ 1 이름뿐인, 명목[명의]상의, 유명무실한 ⓐ effective). ¶a ~ ruler 명목상의 통치자. 2 아주 적은, 보잘것없는. ¶a ~ fee 보잘것없는 요금. 3 이름의, 명칭상의. ¶a ~ list 명부. 4 〔문법〕 명사의[적인]. 5 (주식 따위가) 기명식의. ¶ ~ shares (of stock) 기명 할당주. 6 〔우주〕 만사가 예정대로인(우주비행사 용어). 7 〔전기·물리〕 공칭(公稱)의. 8 〔속어〕 순조로운, 만족할만한, 계획대로의. ── ⓝ 1 명목상으로 존재하는 사람[존재]. 2 〔문법〕 명사 상당어, 명사류.
nóminal cápital 〔경제〕 공칭(公稱) 자본.
nóminal dámages 〔법률〕 명목상 손해 배상.
nóminal GNP 〔경제〕 명목 국민 총생산.
nóminal hórsepower 〔물리〕 공칭 마력(馬力).
nom·i·nal·ism [nɑ́mənlìzm/nɔ́m-] ⓝⓤ 〔철학〕 유명론(唯名論), 명목론. **-ist** ⓝ **-ís·tic** ⓐ
nom·i·nal·ize [nɑ́mənəlàiz/nɔ́m-] ⓥⓣ 〔문법〕 1 (다른 품사를) 명사화하다, 명사로 쓰다. 2 (절)을 명사화하다. **-i·zá·tion** ⓝ
nom·i·nal·ly [nɑ́mənəli/nɔ́m-] ⓐ 이름에 관해; 지명해서; 명목[명의]상; 표면상, 겉보기에는. ⓐ really
nóminal príce 명목 가격. 〔격〕.
nóminal válue (증권 따위의) 액면 가격, 명목 가격.
nóminal wáges 〔경제〕 명목 임금.
‡**nom·i·nate** [nɑ́məneit/nɔ́m-] ⓥⓣ (-*nat·ed*; -*nat·ing*) ⓥⓣ 1 (사람)을 (…의 후보자로) 지명[추천]하다(*for*, *as*). ¶ (~ + ⓝ + ⓝ) ~ a person *for* President 남을 대통령 후보자로 지명하다. 2 …을 (…에/…으로/…하도록) 임명하다; 내정(內定)하다(*to*, *for*/*as*/*to do*). ¶ (~ + ⓝ) ~ a person *to* [*for*] a public office 남을 공직에 임명하다 // (~ + ⓝ + as ⓝ) (~ + ⓝ + ⓝ) The President ~d him *as* Secretary of State. 대통령은 그를 국무장관에 내정했다. 3 〔일시·장소 따위를〕 지정하다; 정하다. 4 〔경마〕 (말)의 출전 등록을 하다. 5 〔구어〕 (익살) …을 (…이라고) 보다[여기다](*as*), …을 (…의 가치가 있다고) 보다(*for*). 7 〔암말〕을 (종마에) 적당한 상대로서 택하다(*to*). 7 〔고어〕 …라고 명명하다, 부르다. ── ⓥⓘ 〔濠〕 선거에 입후보[출마]하다.

── ⓐ [nɑ́mənət/nɔ́m-] 1 특정한 이름[호칭]을 가진.

2 (생물 분류에서) 관명(冠名)의. 3 〔스코〕 〔법률〕 (어느 직책에) 임명된.

nom·i·na·tion [nàmənéiʃən/nɔ̀m-] 圐 ⓤ~s [-z] 1 ⓤⓒ (…에/…로서) 지명(추천, 내정, 임명하기[되기])(for/as); ⓤ (…의) 지명[추천, 임명]권(for). 2 ⓤ (경마) 출전 등록.
place a *person's* **name** in **nomination** 지명하다
nominátion dáy 圐 후보 추천[지명]일. 「주격의.
nom·i·na·ti·val [nàmənətáivəl/nɔ̀m-] 圐 〔문법〕
*nom·i·na·tive [námənətiv/nɔ́m-] 圐 1 〔문법〕 주격의. ¶the ~ *case* 주격. 2 [námənətiv -mənéit-/nɔ́mənət-] 지명[추천]된; (주식 따위가) 기명의, ¶the ~ *and the elective members* 지명 회원과 선출 회원.
—— 圐 〔문법〕 주격(의 단어); 주어. ~·ly 튄
nóminative ábsolute 圐 〔문법〕 (독립 분사 구문의) 독립 주격. 「명자, 추천자.
nom·i·na·tor [námənèitər/nɔ́m-] 圐 지명자, 임
nom·i·nee [nàməní:/nɔ̀m-] 圐 1 (…에) 임명 [내정, 지명, 추천]된 사람; (상 따위의) 후보 작품(*for*). 2 (주식·채권 따위의 명목상) 명의인. 3 (연금·장학금 따위의) 수취인.
no·mism [nóumizm] 圐 〔종교〕 율법(律法)주의, 경전(經典) 준수. **-mís·tic** 圐
nom·o- [nóumə/nɔ́m-] 연결 「법, 법칙, 관습」의 뜻.
¶*nomology*.
no·mo·can·on [noùməkǽnən] 圐 교회 국가 관계 법전.「의) 정치.
no·moc·ra·cy [noumákrəsi/nɔmɔ́k-] 圐 법치(주
nom·o·gram [náməgrǽm, nóum-/nɔ́m-] 圐 (수학) 계산 도표, 노모그램. (또는 **nomograph**)
no·mog·ra·phy [noumágrəfi/nɔmɔ́g-] 圐 1 법 기초 기술; 법 (기초) 관련 논문. 2 (수학) 계산 도표적: 계산 도표 작도법. **nòm·o·gráph·ic** 圐
no·mol·o·gy [noumálədʒi/-mɔ́l-] 圐 1 법률학, 입법학. 2 〔철학〕 법칙론. **-gist** 圐
no·mo·thet·ic [nàməθétik, noù-/nɔ̀-] 圐 1 입법의; 법에 기초한. 2 〔심리〕 보편[과학]적 법칙(연구)의, 법칙 정립학의. (또는 **nomothetical**)
-no·my [nəmi] 연결 「…학, …법」의 뜻. ¶*astronomy*, *economy*, *taxonomy*. <Gk>
non [nan, noun] 튄 …않다(아니다). [<L not]
non-¹ [nan/nɔn] 접두 1 not의 뜻, ¶*non*admission, *non*fiction. 2 「…와 같지 않은 것, 가짜…」의 뜻.
¶*non*book.

USAGE (1) 미국에서는 고유명사와 결합될 경우를 제외하고는 하이픈(-)을 사용하지 않음. (2) dis-, in-, un- 따위는 적극적 부정을 나타내지만 non-은 소극적 부정을 나타냄.

non-² 연결 =nona-.
no·na [nóunə] 圐 〔병리〕 노나병(기면성 뇌염).
non·a- [nánə, nóunə/nɔ́nə] 연결 「9(nine), 9번째」의 뜻 ¶ 모음 앞에서는 non-). ¶*nonagon*. 「(력).
non·a·bil·i·ty [nànəbíləti/nɔ̀n-] 圐 불능, 무능
non·ab·stain·er [ǽbstéinər, ˌæb-] 圐 절제하지 못하는 사람; (특히) 음주가.
non·ac·cept·ance [nànəkséptəns, -ək-/nɔ̀n-] 圐ⓤ 1 불승낙, 불수리(不受理). 2 (상업) 어음(의) 인수 거절. 「부간의) 무교접(無交接).
non·ac·cess [nànəksés/nɔ̀n-] 圐ⓤ 〔법률〕 (부
non·a·chiev·er [nànətʃíːvər/nɔ̀n-] 圐 (美) 낙제생; 성공[진보]하지 못하는 사람.
non·ac·quaint·ance [nànəkwéintəns/nɔ̀n-] 圐ⓤ 무면식(無面識), 안면이 없음.
non·ac·tin [nànǽktən] 圐 〔약학〕 논액틴(스트렙토마이신에서 얻는 항생 물질).
non·ad·dict [nànǽdikt/nɔ̀n-] 圐 (중독이 되지 않은) 마약 사용자. **-dic·tive** [-ədíktiv] 圐 (마약 따위가) 비습관성의. 「가산적(非加算的)인.
non·ad·di·tive [nànǽdətiv] 圐 더할 수 없는, 비
non·ad·ja·cent [nànədʒéisnt/nɔ̀n-] 圐 인접[근접]해 있지 않은. 「圐ⓤ 입장[입회] 불허.
non·ad·mis·sion [nànədmíʃən, -əd-/nɔ̀nəd-]
non·aer·o·bic [nànɛəróubik/nɔ̀n-] 圐 (스포츠에서) 신체의 산소 소비량이 적은.
non·aer·o·sol [nànɛ́ərəsɔ̀ːl, -sɑl/nɑnɛ́ərəsɔ̀l] 圐 분무 추진제(특히 프레온 가스)를 쓰지 않는.
non·age [nánidʒ/nóun-] 圐ⓤ 〔법률〕 (법률상의) 미성년(minority); 발달의 초기, 미숙기.
non·a·ge·nar·i·an [nànədʒənɛ́əriən/nòun-] 圐 90세의 (사람); 90대의 사람.
non·ag·gres·sion [nànəgréʃən/nɔ̀n-] 圐 (국가에 의한) 불침략, 불가침.¶ *a* ~ *pact* 불가침 조약.
non·a·gon [nánəgàn/nɔ́nəgɔ̀n] 圐 9변형, 9각형.
non·a·gree·ment [nànəgríːmənt/nɔ̀n-] 圐ⓤ 부동의(不同意), 불승낙.
non·ag·ri·cul·tur·al [nànǽgrikʌ́ltʃərəl] 圐 농업을 하지 않는, (비)농업의; 농업에 의하지 않은.
non·al·co·hol·ic [nànælkəhɔ́ːlik, -hál-/nɔ̀nælkəhɔ́l-] 圐 (음식물이) 알코올을 함유하지 않은; 비알코올성의. —— 圐 알코올을 중독이 아닌 사람.
non·a·ligned [nànəláind/nɔ̀n-] 圐 1 조정[조절]하지 않은. 2 비동맹[중립]의. ¶*a* ~ *nation* 비동맹국.
—— 圐 비동맹주의자, 중립주의자; 비동맹국, 중립국.
nonaligned móvement 圐 (the ~) 비동맹 운동 (미·소 냉전 시대 이래 지속되어온 제3세계 국가들의 연대·협력 운동).
non·a·lign·ment [nànəláinmənt/nɔ̀n-] 圐 비동맹, 중립. ¶~ *policy* 비동맹 정책.
non·al·ler·gen·ic [nànǽlərdʒénik/nɔ̀n-] 圐 알레르기 반응을 일으키지 않는, 비알레르기성의.
non·al·ler·gic [nànǽlə́rdʒik/nɔ̀nəlɔ́ː-] 圐 〔병리〕 비알레르기성의, 알레르기를 갖고 있지 않은.
non·am·big·u·ous [ǽmbigjuəs] 圐 명료하는, 애매성이 없는.
no-name [ˈnèim] 圐 상표가 없는; 값싸게 팔리는.
non-A, non-B hepatítis [nánei nánbi:-/nóunei nóunbi-] 圐 〔병리〕 비A 비B 간염.
non·ap·pear·ance [nànəpíərəns/nɔ̀n-] 圐ⓤ (법률) (법정에의) 출두불, 불출석.
non·ar·ith·met·i·cal [nànæriθmétikəl/nɔ̀n-] 圐 수학적[산술적]이 아닌.
non·ar·ri·val [nànəráivəl/nɔ̀n-] 圐ⓤ 불착, 미도착.
non·art [ˈɑːrt] 圐 반(反)예술; 비예술 (작품).
no·na·ry [nóunəri] 圐 9로 된; (수학) 9진법의.
—— 圐 9개 한 벌의 것; 9진법의 수.
non·as·pi·rin [nànǽspərin/nɔ̀n-] 圐 비(非)아스피린계(系)의; 아스피린을 함유하지 않은.
non·as·ser·tive [nànəsə́ːrtiv/nɔ̀n-] 圐 〔문법〕 비단정적(非斷定的)인.
non·as·sign·a·ble [nànəsáinəbl/nɔ̀n-] 圐 양도할 수 없는; ⓤ A L/C 양도 불능 신용장.
non as·sump·sit [nàn əsʌ́mpsit/nɔ̀n-] 圐 〔법률〕 (인수 소송(assumpsit)에 있어서의 피고의) 비인수(非引受) 답변. [<L he did not undertake]
non·at·tend·ance [nànəténdəns/nɔ̀n-] 圐ⓤ 불출석, 불참, 결석; (특히 의무 교육의) 불취학. 「의.
non·at·ten·tion [nànətén∫ən/nɔ̀n-] 圐 부주
non·at·trib·ut·a·ble [ˌətríbjutəbl] 圐 귀속할 곳이 없는, 출처를 알 수 없는.
non·bank [nánbæŋk] 圐 은행 이외의 금융 기관, 제2금융기관. —— 圐 은행 이외의 금융 기관의[에 의한]. ¶~ *buyers of the stock* 주식 일반 매입자.
non·be·ing [nànbíːiŋ/nɔ̀n-] 圐 실재하지 않는, 부실재.「자, 무신앙자.
non·be·liev·er [nànbilíːvər/nɔ̀n-] 圐 비(非)신

non·bel·lig·er·ent [nànbəlídʒərənt/nɔ̀n-] 비교전(非交戰)의, 비교전국의. ── 비교전국. **-en·cy** ⓤ 비교전 (상태).
non·bi·o·log·i·cal [ˋbaiəládʒikəl/nɔ̀nbaiəlɔ́dʒ-] 비(非)생물의. 〔궤도가〕 비결합성의.
non·bond·ing [ˋbándiŋ/-bɔ́n-] (전자·전자) 비결합(성)의.
non·book [nánbùk/nɔ́n-] 책이 아닌(마이크로 필름 따위), 책 이외의; 비(非)도서의. ── (美) 책이라 할 수 없는 책; 가치 없는 책.
non·break·a·ble [ˋbréikəbl] 부서지기 어려운.
non·busi·ness [nànbíznəs/nɔ̀n-] 사업(직업)과 관계없는, (자기) 본직과는 관계없는.
non·call·a·ble [nànkɔ́:ləbl/nɔ̀n-] 1 (금융) 지불(상환) 청구를 할 수 없는. 2 기간내 비상환의. 3 (차입금 따위에서) 요구불을 조건으로 하지 않는.
non·ca·lor·ic [nànkəlɔ́:rik/nɔ̀n-] 아주 저칼로리의, 칼로리가 없는. 〔캠퍼스를 갖지 않은.
non·cam·pus [nànkǽmpəs/nɔ̀n-] (대학이)
non·can·di·date [nànkǽndidèit, -dət/nɔ̀n-] 불출마자, 비후보자, 불출마 표명자.
non·ca·non·i·cal [nànkənánikəl/nɔ̀nkənɔ́n-] 1 교회 법규(규범) 밖의; 성서의 정전(正典) 이외의. 2 (저서가) 이단적인. 〔하지 않는.
non·cap·i·tal [ˋkǽpətl] (죄가) 죽을 죄에 해당
non·car·ci·no·gen·ic [kà:rsənədʒénik/nɔ̀n-] (의학) 비(非)발암성의.
non·cash [nànkǽʃ/nɔ̀n-] 현금이 아닌, 비(非)현금의(현금 이외의 자금 이동에 관련된 것). ¶ ~ expenses (감가 상각비 따위) 비현금 경비.
noncásh mónetary àssets (금융) 비현금 금융 자산(정기 예금·저축 채권 따위).
nonce[1] [nans/nɔns] (the ~) 지금, 당분간, 당면의 목적. (* 다음 숙어로)
for the nonce 당분간, 임시로. ¶ You may use this room *for the* ~. 당분간 이 방을 사용해도 좋다.
── 임시의, 그때만의. ¶ ~ use 임시 용법.
nonce[2] 1 (美俗) 시시한 일(nonsense). 2 (英俗어) (특히 유아에 대한) 성적 폭행(범).
non·cel·lu·lar [nànséljulər/nɔ̀n-] 세포 구조가 없는; 세포를 포함하지 않은.
non·cer·ti·fi·a·ble [nansɔ́:rtəfàiəbl/nɔ̀n-] 정신병자임을 증명할 수 없는; (익살) 정신이 멀쩡한.
nónce wòrd 임시어, 신조어.
non·cha·lance [nànʃəláns, ˋ-ˋ/nɔ́nʃələns] ⓤ 태연, 무관심, 냉담(indifference).
with pretended nonchalance 일부러 태연하게.
non·cha·lant [nànʃəlánt, ˋ-ˋ/nɔ́nʃələnt] 태연한, 무관심한, 냉담한. **~·ly**
non·Chris·tian [ˋkrístʃən] 비(非)기독교의. ── 비기독교도.
non·claim [nànkléim/nɔ̀n-] (법률) 청구 해태(懈怠)(권리 행사 태만에 의한 청구권 상실).
non·clas·si·cal [ˋklǽsikəl] 1 고전적(고전주의), 고전 양식이 아닌. 2 (물리) 비고전적(인). **~·ly**
non·cler·i·cal [ˋklérikəl] 사무직이 아닌.
non·co·i·tal [ˋkɔ́itəl] (성행위가) 성기 결합을 하지 않는, 비성기적인.
non·col·le·giate [nànkəlí:dʒət, -dʒiət/nɔ̀n-] 1 (英) (학생이) 특정 학부(college)에 속하지 않는. 2 (학력이) college 수준보다 낮은. 3 (대학이) 학부제(制)가 아닌. ⓑ 비(非)학부 학생.
non·com [nànkám/nɔ̀nkɔ́m] (구어) 육군 하사관. (<*noncom*missioned officer)
non·com·bat [nànkámbæt/nɔ̀n-] 비전투의, 전투 이외의, 전투와 관계 없는.
non·com·bat·ant [nànkəmbǽtənt, nɑnkɑ́m-bət-/nɔ́nkɔ́mbət-] (전시의) 일반 시민; 비전투원(군의관·군목 등). ── 비전투원의; 비전투용의.

non·com·bus·ti·ble [nànkəmbʌ́stəbl/nɔ̀n-] 잘 타지 않는, 불연성의. ── 불연성 물질.
non·com·mer·cial [nànkəmə́:rʃəl/nɔ̀n-] 비영리적인; 비매(非賣)의.
non·com·mis·sioned [nànkəmíʃənd/nɔ̀n-] 임명을 받지 않은; 장교로 임관되지 않은, 부사관의.
noncommíssioned ófficer (군사) 육군 부사관(약 N.C.O.). ⓑ petty officer
non·com·mit·ment [nànkəmítmənt/nɔ̀n-] ⓤ 태도 유보; 중립; 비동맹, 비공약.
non·com·mit·tal [nànkəmítl/nɔ̀n-] 1 언질을 주지 않는; (태도 따위가) 애매한. ¶ a ~ reply 애매한 대답. 2 특징이 없는. ── 언질을 주지 않음, 태도를 밝히기를 거부(회피)함. **~·ly**
non·com·mit·ted [nànkəmítid/nɔ̀n-] (유권자가) 태도 유보의, 중립의; 무(無)당파의; 비동맹의.
non·com·mu·ni·cant [nànkəmjú:nikənt/nɔ̀n-] 1 (가톨릭) 성찬(영체)을 받지 않는(받을 자격이 없는) 사람. 2 (정보 따위를) 전하지 않는 사람.
non-Com·mu·nist [ˋkámjunist/-kɔ́m-] 비(非)공산주의(자)의, 비공산당원(의). ¶ a ~ country 비공산 국가.
non·com·pli·ance [nànkəmpláiəns/nɔ̀n-] ⓤ (요구 등에) 응하지 않음, 불승낙, 불복종. **-ant**
non compos mentis [nán kámpəs méntis/nɔ́n kɔ́m-] 정신 이상의; 심신을 상실한(* 법적 책임 능력이 없는 상태). (<L not of sound mind)
non·con [nànkàn/nɔ́nkɔ̀n] (英俗) =nonconformist; noncontent. 〔하다.
non·con·cur [ˋkənkə́:r] (동사) (*-rr-*) 동의 거부를
non·con·cur·rence [nànkənkə́:rəns/nɔ̀nkənkʌ́r-] 동의(협력) 거부, 동의하지 않음; 불일치.
non·con·dens·ing [nànkəndénsiŋ/nɔ̀n-] (증기 기관의) 증기압이 높아지지 않는.
non·con·duct·ing [nànkəndʌ́ktiŋ/nɔ̀n-] (물리) 부도(不導)의. ¶ ~ matter 부도체.
non·con·duc·tor [nànkəndʌ́ktər/nɔ̀n-] (물리) (열·소리·전기 등의) 부도체, 절연체.
non·con·fi·dence [nànkánfədəns/nɔ̀nkɔ́n-] ⓑⓤ 불신임. ¶ a vote of ~ 불신임 투표.
non·con·form [nànkənfɔ́:rm/nɔ̀n-] (동사) 순종하지 않다, 순응하지 않다; 국교를 신봉하지 않다.
~·er **~·ing**
non·con·form·ance [nànkənfɔ́:rməns/nɔ̀n-] ⓑⓤ 불복종, 지키지 않음; 영국 국교 불신봉.
non·con·form·ism [nànkənfɔ́:rmizm/nɔ̀n-] =nonconformity.
non·con·form·ist [nànkənfɔ́:rmist/nɔ̀n-] 1 (관습 따위에) 따르지 않는 사람, 비신봉자, 비동조자. 2 (종종 N-) (영국의) 비국교도, 신교도(Protestant churchgoer). ── 1 (종종 N-) 비(非)국교도의. 2 (관행 등에) 따르지 않는.
non·con·form·i·ty [nànkənfɔ́:rməti/nɔ̀n-] ⓤ 1 (관습 따위에) 복종하지 않음, 비동조; (…와의) 부조화, 불일치, 모순(*to, with*). 2 (종종 N-) 영국 국교 불신봉; 비국교주의(의식); (집합적) 비국교도.
non·con·scious [nànkánʃəs/nɔ̀nkɔ́n-] 비(非)의식적인.
non·con·sump·tive [nànkənsʌ́mptiv/nɔ̀n-] 자연물(자원)을 개발(파괴)하지 않는, 자원을 낭비하지 않는. 〔가) 신체 접촉이 없는.
non·con·tact [nànkántækt/nɔ̀n-] (경기
non·con·ta·gious [ˋkəntéidʒəs/nɔ̀n-] 비전염성의.
non·con·tent [nànkəntént/nɔ̀n-] (영국 상원에서의) 반대 투표; 반대 투표자. ⓑ content
non·con·ten·tious [ˋkənténʃəs] 논의(이론)의 여지가 없는. **~·ly** 논쟁적이 아니고, 온건하게.
non·con·tra·dic·tion [nànkàntrədíkʃən/nɔ̀n-

kən-] 〖논리〗 모순이 없음.
non·con·trib·u·to·ry [nɑ̀nkəntríbjutɔ̀ːri/nɔ̀n-kəntríbjutəri] 〖 1 기부[출자]에 의하지 않는; 공헌하지 않는. 2 〖의학〗 진단에 도움이 안 되는.
non·con·vert·i·ble [nɑ̀nkənvə́ːrtəbl/nɔ̀n-] 〖 전환할 수 없는; 금화로 바꿀 수 없는, 불환(不換)의 (inconvertible). ¶ a ~ note 불환 지폐.
non·co·op·er·a·tion [nɑ̀nkouɑ̀pərèiʃən/nɔ̀n-kòuɔ́p-] 〖 1 비협력, 비협동. 2 (특히 인도에서 간디파(派)가 영국에 대해서 취했던) 비협력 정책[운동].
~·**ist** ·**co·óp·er·a·tive**
non·co·op·er·a·tor [nɑ̀nkouɑ́pərèitər/nɔ̀n-kòuɔ́p-] 〖 비협력 정책주의자.
non-cóunt nóun [-káunt-] 〖 불가산명사.
non-coun·try [nɑ̀nkʌ́ntri/nɔ̀n-] 〖 (동일 인종·자연 국경·국가로서의 역사를 결여한) 국가답지 않은 나라.
non-cred·it [nɑ̀nkrédit/nɔ̀n-] 〖 (과목이) 학점을 취득하지 않는, (졸업) 이수 단위에 들어가지 않는.
— 〖 U 불신, 불명예; 무용자.
non·dáir·y [nɑ̀ndέəri/nɔ̀n-] 〖 (식품이) 유제품을 함유하지 않은, 모조[대용] 유제품의.
nondáiry créamer 〖 크림 대용품(우유 이외의 동·식물 유지가 원료). 「득세 따위에서」 공제할 수 없는.
non·de·duct·i·ble [nɑ̀ndidʌ́ktəbl/nɔ̀n-] 〖 (소
non·de·fense [nɑ̀ndiféns/nɔ̀n-] 〖 방위(군사) (목적) 이외의. 「달하지 않음.
non·de·liv·er·y [nɑ̀ndilívəri/nɔ̀n-] 〖 〖 U 인도[배
non·dem·o·crat·ic [nɑ̀ndeməkrǽtik/nɔ̀n-] 〖 비민주주의의; 비민주적인.
non·de·script [nɑ̀ndiskrípt/nɔ̀n-] 〖 1 확실하지 않은, 막연한. 2 눈에 띄지 않는, 아무 특징도 없는. 3 (고어) 지금까지의 기록에 없는. — 〖 1 특징이 없는 사람[것], 정체를 알 수 없는 사람[것]. 2 〖英俗〗 중학생, 大(담배의) 등외품. 4 (고어) 지금까지의 기록에 없는 것. ~·**ly** ⨯ ~·**ness** 〖
non·de·struc·tive [nɑ̀ndistrʌ́ktiv/nɔ̀n-] 〖 비파괴적인, (검사 따위에서 그 대상 물질을) 파괴하지 않는. ¶ a ~ test 비파괴 검사. ~·**ly** ⨯ ~·**ness**
non·di·rec·tion·al [nɑ̀ndirékʃənl/nɔ̀n-] 〖 (통신·음향) 무지향성의.
non·di·rec·tive [nɑ̀ndiréktiv, -dai-/nɔ̀n-] 〖 (정신 요법 따위가) 비(非)지시적인.
non·dis·crim·i·na·tion [nɑ̀ndiskrìmənéiʃən/nɔ̀n-] 〖 차별(대우)이 없음[를 하지 않기]. **-to·ry** 〖
non·dis·junc·tion [nɑ̀ndisdʒʌ́ŋkʃən/nɔ̀n-] 〖 (생물) (상동(相同) 염색체의) 비분리.
non·dis·tinc·tive [nɑ̀ndistíŋktiv/nɔ̀n-] 〖 (언어) (언어음의) 뜻의 구별에 도움이 되지 않는. ~·**ly** 〖
non·dol·lar [nɑ̀ndɑ́lər/nɔ̀ndɔ́l-] 〖 (달러) 이외의 통화를 쓰는. ¶ ~ countries 비(非)달러 통화국.
non·drink·er [nɑ̀ndríŋkər/nɔ̀n-] 〖 술을 마시지 않는 사람, 금주가. 「않는 사람.
non·driv·er [nɑ̀ndráivər/nɔ̀n-] 〖 차를 운전하지
non·du·ra·ble [nɑ̀ndjúərəbl/nɔ̀ndjúər-] 〖 내구성(耐久性)이 없는. — (~s) 비(非)내구재(식품·연
‡**none** ⇨ NONE. 〈p. 1873〉 「료 따위).
non·earth·ly [nɑ̀nə́ːrθli] 〖 지구 밖의. 「바보.
no-neck [-nék] 〖 〖美俗〗 미련통이, 둔人, 고집센
non·ec·o·nom·ic [nɑ̀nèkənɑ́mik, -iːkə-/nɔ̀n-èkənɔ́m-] 〖 경제외의; 비경제적인; 경제적 가치가 없는.
non·ef·fec·tive [nɑ̀niféktiv/nɔ̀n-] 〖 효력이 없는, 쓸모없는; (병사·선원이) 복무에 적합지 않은, 전투 능력이 없는. — 〖 (질병 따위로) 전투 능력이 없는 사람.
non·ef·fi·cient [nɑ̀nifíʃənt/nɔ̀n-] 〖 (군사) 복무 자격이 없는. — 〖 미(未)교육 지원병[의용군].
non·e·go [nɑ̀níːgou, -égou/nɔ̀n-] 〖 (복 ~**s**) (철학) 비아(非我)(자아(ego) 이외의 존재). (주관에 대한)

객관(客觀), (주체에 대한) 객체, 외계(外界).
non·e·las·tic [nɑ̀nilǽstik/nɔ̀n-] 〖 탄성(彈性)이 없는; 비(非)탄성의. 「전해질(非電解質).
non·e·lec·tro·lyte [nɑ̀niléktrəlàit] 〖 〖화학〗 비
non·en·ti·ty [nɑ̀néntəti/nɔ̀n-] 〖 1 보잘것없는 사람[것]. 2 존재하지 않는 [가공의] 것. 3 〖 U 비실재.
nones[1] [nounz] 〖 (단 **none**) 〖가톨릭〗 9시과(時課)(오후 3시경에 수도원에서 행하는 기도).
nones[2] 〖 (단 **none**) (고대 로마력(曆)에서) ides의 8일 전의 날(3·5·7·10월의 제7일, 그 밖의 달의 제5일).
non·es·sen·tial [nɑ̀nisénʃəl, -es-/nɔ̀n-] 〖 1 비(非)본질적인, 긴요하지 않은; 불필요한. 2 〖생화학〗 (아미노산이) 비필수인. — 〖 비본질적인 것, 긴요하지 않은[불필요한] 사람[것].
non est [nɑ́n ést/nɔ́n-] (법률) 본인 소재 불명(고). (또는 ~ **invéntus**) (<L he was not found)
none·such [nʌ́nsʌ̀tʃ] 〖 (a ~) 비길 데 없는 사람[것]; 모범, 전형, 일품(paragon). (또는 **nonsuch**)
no-net [nounét] 〖 (음악) 9중주[창](곡, 단).
*__none·the·less__ [nʌ̀nðəlés] 〖 그럼에도 불구하고, 그런데도(none the less, nevertheless).
non·eth·nic [nɑ̀néθnik/nɔ̀n-] 〖 민족적 요소[색깔]를 갖지 않는. (또는 **nonethnical**)
non-Eu·clid·e·an [ˈjuːklídiən/nɔ̀n-] 〖 비(非)유클리드의. ¶ ~ geometry 비유클리드 기하학.
non·e·vent [nɑ̀nivént/nɔ̀n-] 〖 (요란한 선전과는 달리) 기대에 어긋난 행사, (떠들썩한 예측으로만 끝난) 불발 사건; 공식적으로는 무시된 일.
non·ex·is·tence [nɑ̀nigzístəns/nɔ̀n-] 〖 〖 U 비실재(물); 존재[실재]하지 않음[않는 것].
non·ex·is·tent [nɑ̀nigzístənt/nɔ̀n-] 〖 〖 실재[존재]하지 않는 (것). 「련자.
non·ex·pert [nɑ̀nékspəːrt/nɔ̀n-] 〖 생무지, 미숙
non·ex·por·ta·tion [nɑ̀nèkspɔːrtéiʃən/nɔ̀n-] 〖 수출 불가능; 수출 거부.
non-fac·tive [fǽktiv] 〖 (언어) 비(非)사실적인.
non-fam·i·ly [fǽməli] 〖 비(非)가족(혈연 관계는 아니지만 가족으로 함께 사는 사람들).
non·farm [nɑ̀nfɑ́ːrm/nɔ̀n-] 〖 농가(농장) 이외의.
non·fat [nɑ̀nfǽt/nɔ̀n-] 〖 (우유가) 지방분이 없는, 탈지한. 「부작위(不作爲), 의무 불이행.
non·fea·sance [nɑnfíːzəns/nɔn-] 〖 (법률)
non·fer·rous [nɑ̀nférəs/nɔ̀n-] 〖 (금속이) 철을 함유하지 않은; 비철(금속)의. ¶ ~ metals 비철 금속.
*__non·fic·tion__ [nɑ̀nfíkʃən/nɔ̀n-] 〖 〖 U 논픽션(소설이나 허구의 이야기가 아닌 전기·역사·사건 기록 따위); (집합적) 논픽션 작품. — 〖 (또는 **non-fiction**) 논픽션의. ¶ a ~ novel 논픽션 소설. **-al** ⨯ **-al·ly** 〖
non·fic·tion·eer [nɑ̀nfikʃəníər] 〖 논픽션 작가.
nonfíction nàrrative 〖 (저널리즘) 소설체 실화.
non·fi·nite [nɑnfáinait/nɔn-] 〖 한계 없는, 무한한; (동사형이) 비정형(非定形)의.
non·flam·ma·ble [nɑ̀nflǽməbl/nɔ̀n-] 〖 잘 타지 않는, 비인화성(非引火性)의, 불연성(不燃性)의. (또는 **nòn-flám**) -**flàm·ma·bíl·i·ty** 〖
non·flu·en·cy [nɑnflúːənsi/nɔn-] 〖 유창하지 않음, (訥辯). **-flú·ent** 〖
non·food [nɑ̀nfúːd/nɔ̀n-] 〖 식료(품) 이외의.
non·fór·fei·ture bènefit[vàlue] [nɑ̀nfɔ́ːrfətʃər-] 〖 (보험) 필수 보험료 불납 급부금[가치](최소한의 규정 기간 불입 후 보험료를 안 내도 피보험자에게 지급되는 현금 등의 보증).
non·freez·ing [nɑ̀nfríːziŋ/nɔ̀n-] 〖 (잘) 얼지 않는, 부동(不凍)(성)의. ¶ a ~ port 부동항.
non·ful·fill·ment [nɑ̀nfulfílmənt/nɔ̀n-] 〖 〖 U 불이행; 실행하지 않음.
nong [nɑŋ/nɔŋ] 〖 (濠구어) 바보, 멍청이.

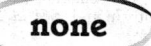

원래 no one의 뜻으로. 주로 대명사와 부사로 쓰인다. 대명사로서는 none of의 형태가 중요한데, none이 사람을 나타낼 경우 단수로도 복수로도 쓰인다(⇨ USAGE). 물론 양(量)을 나타낼 때는 단수 취급이다. 부사로서는 「the+비교급」을 수식하는 용법이 많다.

‡**none** [nʌn] 때 **1** 《none of+the(one's, this 따위)+단수 명사의 형태로》《단수취급》《…의》 어느[어떤] 부분[분량]도 …않다(no part, not any); 조금도 …않다; 《none of the+최상급으로》 전혀 …아니다, 결코 …않다(nothing). ¶Her understanding is ~ of the cleverest. 그녀의 머리는 결코 우수하지 않다/She has ~ of her mother's beauty. 그녀는 어머니의 아름다움을 물려받은 데가 전혀 없다/There was ~ of the money left. 돈은 한 푼도 남지 않았다/N- of it is worth having. 그것은 전연 가질 만한 가치가 없다/He would have ~ of it. 그는 아무리 해도 그것을 받아들이려고 하지 않았다.
2 《none of+the(one's, these 따위)+복수 명사의 형태로》《단·복수 양용》《…가운데》 아무도[한 사람도] 않다(no person(s)). ¶N- of them went out. 아무도 외출하지 않았다/He is ~ of my friends. 그는 절대로 내 친구가 아니다/There are [or is] ~ like her. 그녀와 같은 사람은 아무도 없다/There were ~ present. 거기에는 아무도 없었다/He is ~ of those who will find fault with others. 그는 남의 흠을 들추어 내는 따위의 사람은 아니다/N- are so blind as those who won't see. 《속담》 보려고 하지 않는 사람처럼 장님인 사람은 없다.

[USAGE] none과 수──none은 원래 'no one'의 뜻으로서 단수 취급이 보통이었다. 현재도 옛 용법을 나타내는 속담에서는 단수로 취급되는 경우가 많다: N- knows the weight of another's burden. (남의 짐 무거운 것[괴로움]은 아무도 모른다.) 그러나 최근에는 보통 복수 취급을 받는다: N- were willing to put out the fire. (아무도 나서서 불을 끄려 하지 않았다.)

3 《선행하는 명사구를 받아서》《단·복수 양용》 조금도[아무것도, 누구도, 전연, 결코] …않다. ¶Did you buy melon?─There was [or were] ~ in market. 멜론을 샀니?─시장에 하나도 없더라/If a biologist is wanted, I am ~. 생물학자가 필요하시다면, 나는 전혀 해당이 되지 않습니다/He had a good name; but I had ~. 그는 명성이 있었으나 나는 없었다/Half a loaf is better than ~. 《속담》 반쪽의 빵이라도 없는 것보다는 낫다/Jack of all trades is the master of ~. 《속담》 만물 박사는 한 가지도 제대로 못한다, 만능은 무재주.
4 《none+형용사·부사의 비교급+than의 형태로》 《사람》보다 …한 사람은 아무도 없다. ¶She ran fast, and ~ faster than she. 그녀는 빨리 달렸으며 그 누구보다 빨랐다.
be second to none 《…에 있어서는》 아무에게도 뒤지지 않는다(in). ¶He is second to ~ in describing human character. 그는 성격 묘사에 있어서는 누구한테도 뒤지지 않는다.
none but 《복수취급》 …외는 아무도 …않다(only). ¶N- but Lincoln could have done it. 링컨이 아니고서는 아무도 할 수 없었을 것이다/N- but the brave deserve the fair. 용감한 자만이 미인을 차지할 자격이 있다(←Dryden).
None of…! 《종종 it is 뒤에 쓰여》《구어》 …일랑 마라, …은 이제 그만 해라, …은 사절한다. ¶N- of your impudence! 건방진 소리 마라!/It is ~ of your business. 그것은 네가 알 바 아니다.
none other than [or 《문어》 **but**] 다름 아닌 바로 그것[그 사람]. ¶She was ~ other than the princess. 그녀는 다름 아닌 바로 공주였다/This is ~ other but the house of God. 이것이요 다른 것이 아니라 이는 하느님의 전이로다(←창세기(Gen.) 28 : 17).
none too 《형용사·부사 앞에서》 너무 …하지 않은(not very). ~ **of** …을 좋아하지 않다, 인정하지 않다.
will [or **would**] **have none of…; want none** ── 《the+비교급, so, too와 함께》 조금도[결코] …않다(to no extent, not at all). ¶She is ~ the wiser. 그녀는 여전히 모르고 있다/She is ~ so fond of me. 그녀는 나를 조금도 좋아하지 않는다/He came in ~ too soon. 그는 마침 알맞게 들어왔다/The pay is ~ too high. 그 월급은 결코 너무 많은 것이 아니다/I slept ~ last night. 어젯밤은 한잠도 못 잤다/They haven't changed ~ in all that time. 그들은 그만큼 세월이 지났는데도 조금도 변하지 않았다.
none the better [**worse**] **for** …이라[한다] 해도 전혀 좋아[나빠]지지 않아. ¶He is ~ the better for a change of air. 그는 전지 요양을 했으나 전혀 차도가 없다/I am ~ the worse for a single failure. 한 번 정도의 실패로는 아무렇지도 않다.
none the less ⇨ LESS.
── 때 《고어》 조금도[아무것도] …않는(no). ¶They gave me ~ other answer. 그들은 다른 대답을 하지 않았다/Thou shalt have ~ other gods before me. 나 외에는 위하는 신들을 네게 있게 말지니라(←신명기(Deut.) 5 : 7)/Gold and silver have I ~. 금과 은은 내게 없노라(←사도 행전(Acts) 3 : 6).

non·ge·net·ic [nɑ̀ndʒənétik/nɔ̀n-] 웹 《생물》 비유전적인; 비발생적인.
non·gov·ern·men·tal [nɑ̀ngʌ́vərnméntl] 웹 정부와 무관한, 민간의. (또는 **nongovernment**)
nongovernméntal organizátion 웹 비(非)정부 기구(略 NGO). 「비교 변화를 하지 않는.
non·grad·a·ble [nɑ̀ngréidəbl/nɔ̀n-] 웹 《문법》
non·grad·ed [nɑ̀ngréidid/nɔ̀n-] 웹 성적을 매기지 않는; 《미》 학년별로 나누지 않는, 무학년제의.
non gra·ta [nɑ́n grɑ́ːtə/nɔ́n-] 웹 초대받지 않은; 바람직하지 못한. 《<L》 「소를 함유하지 않은.
non·green [nɑ̀ngríːn/nɔ̀n-] 웹 녹색이 아닌; 엽록
non·he·ro [nɑ̀nhíərou/nɔ̀n-] 웹 =antihero.
non·hu·man [nɑ̀nhjúːmən/nɔ̀nhjúː-] 웹 인간이 아닌, 인류 이외의; 감정[동정심, 지성 따위]이 없는.
── 웹 인간이 아닌[인류 이외의] 것. **~·ness** 웹
nonhúman compánion 웹 《미》 애완 동물(pet).
non·i·de·al [nɑ̀naidíːəl/nɔ̀naidíəl] 웹 《물리》 비이상(非理想)의.
non·i·den·ti·cal [nɑ̀naidéntikəl, -id-/nɔ̀n-] 웹 동일하지 않은, 다른; 《생물》 2란성(卵性)의.
no·nil·lion [nounílJən] 웹웹 《미·캐나다》 10의 30제곱(의), 《영·독일》 10의 54제곱(의). **-lionth** 웹웹
non·im·mune [nɑ̀nimjúːn/nɔ̀n-] 웹웹 면역성이 없는 (사람).
non·im·pact printer [-ímpækt-] 웹 《컴퓨터》 비충격식 인자(印字) 장치.
non·im·por·ta·tion [nɑ̀nimpɔːrtéiʃən/nɔ̀n-] 웹Ⓤ 수입 거부; 수입 불이행. 「무유도(無誘導)(성)의.
non·in·duc·tive [nɑ̀nindʌ́ktiv/nɔ̀n-] 웹 《전기》

non·in·flam·ma·ble [nàninflǽməbl/nɔ̀n-] 형 불연성(不燃性)의.
non·in·for·ma·tion [nànìnfərméiʃən/nɔ̀n-] 명 당면 문제와 관계가 없는 정보.
non·in·ter·course [nànìntərkɔ́ːrs/nɔ̀n-] 명 상호 관계의 중단[정지], (특히) 통상[외교] 관계의 정지.
non·in·ter·fer·ence [nànìntərfíərəns/nɔ̀n-] 명U (특히 정치상의) 불간섭, 불간섭주의[정책].
non·in·ter·ven·tion [nànìntərvénʃən/nɔ̀n-] 명U (내정) 불간섭, 불개입; (외교상의) 불간섭주의.
~·al 형, ~·ist, ~·ism, ~·ist 명
non·in·tru·sion [nànintrúːʒən/nɔ̀n-] 명 1 불침입. 2 (스코 교회) 불침입의 원칙.
non·in·volve·ment [nàninválvmənt/nɔ̀nin-vɔ́lv-] 명 불간섭, 불관여, 무관심, 방관(주의).
-in·volved [-inválvd/-vɔ́lvd] 형 ...없는.
non·i·ron [nànáiərn/nɔ̀n-] 형 (英) 다리미질이 필요 없는.
non-ism [-izm] 명 초(超)금욕주의(건강에 해로운 식품·기호품·약을 멀리하는 생활 양식). **-ist** 명
non·is·sue [nàníʃuː/nɔ̀n-] 명 사소한 일[문제].
non·join·der [nàndʒɔ́indər/nɔ̀n-] 명 (법률) (필요 당사자의) 불병합(不倂合).
non·judg·men·tal [nàndʒʌdʒméntl/nɔ̀n-] 형 편협한[개인적인] 판단을 하지 않는. ~·ly 부
non·jur·ing [nàndʒúəriŋ/nɔ̀n-] 형 (英역사) 충성 [신종(臣從)] 서약을 거부하는.
non·ju·ror [nàndʒúərər/nɔ̀ndʒúərə] 명 1 충성 서약 거부자. 2 (종종 N-) (英역사) 신종(臣從) 선서 거부자(1689년 William 3세와 Mary에 대하여 신종 선서를 거부한 영국 국교회 등의 목사).
non·ju·ry [nàndʒúəri/nɔ̀n-] 형 (법률) 배심(陪審)이 필요없는; 배심원 없이 행해지는.
non·lead·ed [nànlédid/nɔ̀n-] 형 (휘발유가) 무연(無鉛)의. (또는 nonlead)
non·le·gal [nànlíːgəl/nɔ̀n-] 형 비법률적인, 법률적 성질을 갖지 않은, 법률과 관계 없는. 형 illegal
non·le·thal [-líːθəl] 형 치명적이 아닌, 비치사(非致死)의; (美) (대외 원조가) 비군사적인.
non-léthal wéapon 명 비(非)치명적 무기, 비살인 무기(상대를 죽이지 않고 일시 행동을 마비시키는 하이테크 무기).
non·life [nànláif/nɔ̀n-] 명 생명이 없음, 생명의 결여.
non·lin·e·ar [nànlíniər/nɔ̀n-] 형 1 직선 모양이 아닌. 2 (수학·전기·화학) 비선형(非線形)의.
non líquet [nán láikwit/nɔ̀n-] 명 (법률) (소송에 의문점이 있을 때의) 배심원의 판결 연기 평결(약 n1.). [<L it is not clear]
non·lit·er·ate [nànlítərət/nɔ̀n-] 형명 문자를 갖지 못한 (사람); 문자 문화 이전의 (사람), 원시적인.
non·log·i·cal [nànládʒikəl/nɔ̀nlɔ́dʒ-] 형 비논리적인, 직관적인, 무의식에 의한. ~·ly 부
non·ma·lig·nant [nànməlígnənt/nɔ̀n-] 형 악의 [적의]가 없는; (병리) 악성[치명적]이 아닌.
non·mar·ket [nànmáːrkit/nɔ̀n-] 형 노동 시장에 포함되지 않은, 노동 시장 밖의.
non·ma·te·ri·al [nànmətíəriəl/nɔ̀n-] 형 비물질적인, 영적인; 정신적인.
non·mem·ber [nànmémbər/nɔ̀n-] 명 비회원(非會員), 비조합원. ~**ship** 명
nonmémber bánk 명 (美) 비가맹 은행(연방 준비 제도(FRS)에 가입하지 않은 은행).
non·met·al [nànmétl/nɔ̀n-] 명 (화학) 비금속.
non·me·tal·lic [nànmitǽlik/nɔ̀n-] 형 (화학) 비금속의; 비금속성(性)의.
non·mor·al [nànmɔ́ːrəl, -máːr-/nɔ̀nmɔ́r-] 형 도덕[윤리]과 관계 없는. ~·ly 부
non·moth·er [nànmʌ́ðər/nɔ̀n-] 명 피임 여성(원뜻은 「어머니가 되고 싶지 않은 사람」).

non·mo·tile [nànmóutl, -til/nɔ̀nmóutail] 형 (생물) 운동 능력이 없는. ¶ a ~ cilium 부동모(不動毛).
non·na·tive [nànnéitiv/nɔ̀n-] 형명 그 고장 태생이 아닌 (사람).
non·nat·u·ral [nànnǽtʃərəl/nɔ̀n-] 형 1 자연의 이치에 따르지 않는[어긋난]. 2 자연스럽지 못한.
~**·ism** 명 (미술·윤리) 비자연주의.
non·ne·go·ti·a·ble [nànnigóuʃiəbl/nɔ̀n-] 형 교섭 [협상] 할 수 없는; (상업) 유통[양도] 불가능의.
non·ne·o·plas·tic [nànnìːəplǽstik/nɔ̀n-] 형 (병리) 신(新)생물[종양]이 (원인이) 아닌.
non·net [nànnét/nɔ̀n-] 형 (책이) 정가 표시가 없는, 가격 이하의.
non·nu·cle·ar [nànnjúːkliər/nɔ̀nnjúː-] 형 비핵(非核)의; 핵무기를 보유[개발, 이용]하지 않은; 핵에너지를 이용하지 않는. — 명 비(非)핵보유국.
nonnúclear defénse 명 비핵(非核) 방위 (구상).
non·núke tréaty [nànnjúːk-/nɔ̀nnjúːk-] 명 (속어) 핵확산 방지 조약.
no-no [nóuu] 명 (복 ~s, ~'s) (美구어) 1 (a ~) 허락할 수 없는 것; 금지된 것[사항]. 2 실패. — 명 (어린이말) 응가.
non·ob·jec·tive [nànəbdʒéktiv/nɔ̀n-] 형 1 (미술) 비구상적인, 추상적인(abstract). 2 객관적이 아닌. ~·ly 부 **-jec·tív·i·ty** 명
non·ob·serv·ance [nànəbzɑ́ːrvəns/nɔ̀n-] 명U 신봉[준수]하지 않음, 위반.
non·ob·serv·ant [nànəbzɑ́ːrvənt/nɔ̀n-] 형 부주의한; (관례·규칙 따위를) 안 지키는, 위법의.
non obst. *non obstante.*
non ob·stan·te [nán abstǽnti/nón ɔb-] 부 ...에도 불구하고. [<L notwithstanding]
non·of·fi·cial [nànəfíʃəl/nɔ̀n-] 형 비공식의.
nonofficial cóver 명 비공식 신분; 영(英) 신분 위장 정보부원(약 NOC). [유 자원이 없는.
non-oil [-ɔ́il] 형 비유성(非油性)의; 석유 이외의; 석
no-non·sense [-nánsens/-nɔ́nsəns] 형 1 진지한, 엄숙한; 현실적인, 실제적인. 2 경제적인, 효율이 높은, 실용적인. 3 간소한, 소박한, 꾸밈이 없는.
non·or·gas·mic [nànɔːrgǽzmik/nɔ̀n-] 형명 오르가슴을 모르는 (사람), 불감증인 (사람).
non·par·al·lel [nànpǽrəlel/nɔ̀n-] 형 비(非)평행의; (전기) 비병렬의(접속의).
non·pa·reil [nànpərél/nɔ́npərəl] 형 비길 데 없는, 무쌍의, 둘도 없는. — 명 1 비길 데 없는 사람[물건]. 2 (미국 남부산(産)) 멧새과(科)의 새. 3 (인쇄) 논퍼렐 활자(6 포인트). 4 (과자류의 장식에 쓰는) 색색의 알갱이 설탕; 그것을 뿌린 둥글넓적한 초콜릿.
non·par·ous [nànpǽrəs/nɔ̀n-] 형 미경험의; (여성이) 출산 경험이 없는.
non·par·tic·i·pat·ing [nànpɑːrtísəpèitiŋ/nɔ̀n-] 형 불참의; (보험) 이익 배당이 없는, 무배당의.
non·par·tic·i·pa·tion [nànpɑːrtìsəpéiʃən/nɔ̀n-] 명 불참, 비협동, 불간여; 무관심.
non·par·ti·san [nànpɑ́ːrtizən/nɔ̀npɑ̀ːrtizǽn] 형 초당파의; 당파심이 없는, 무소속의; 객관적인, 공정한. — 명 당파심이 없는 사람, 초당파[무소속]인 사람.
~**·ship** 명
nonpartisan diplomacy 명 초당(파) 외교.
non·par·ty [nànpɑ́ːrti/nɔ̀n-] 형 초당파[무소속]의; 정당 본위가 아닌; 불편 부당의.
non·pay·ing [nànpéiiŋ/nɔ̀n-] 형 수지가 안 맞는, 이익이 없는. [미납; 체납.
non·pay·ment [nànpéimənt/nɔ̀n-] 명U 미불,
non·per·for·mance [nànpərfɔ́ːrməns/nɔ̀n-] 명U (계약 따위의) 불이행; 채무 연체[불이행].
non·per·form·ing [nànpərfɔ́ːrmiŋ/nɔ̀n-] 형 1 제대로 수행[작동]하지 않는. 2 (금융) 채무 불이행의,

채무 연체의. 「불능 융자(bad loan)」.
non·per·form·ing lòan 圈 (금융) 불량 채권, 회수
non·per·ish·a·ble [nànpériʃəbl/nɔ̀n-] 圈 (음식이) 상하지 않는, 장기 보존할 수 있는. —圈 보존 식품.
non·per·ma·nent [nànpə́ːrmənənt/nɔ̀n-] 圈 영속하지 않는, 변하는; 상설이 아닌, 비상임(非常任)의.
non·per·sist·ent [nànpərsístənt, -zís-/nɔ̀n-] 圈 (약품·바이러스 따위가) 일시적인, 지속성이 없는.
non·per·son [nànpə́ːrsn/nɔ̀n-] 圈 존재가 무시되는 사람; 명目한 인물, 사회적 약자.
non·per·son·al [-pə́ːrsənl] 圈 비개인적인.
non pla·cet [nan pléisit/nɔ́n-] 圈 (대학·교회의 집회에서) 이의 있음, 반대; 반대 투표.
non-plácet 圈目 거부하다. 〈L it does not please〉
non-play·ing [-pléiiŋ] 圈 (특히 스포츠팀의 주장이) 경기에 참가하지 않는, 비출장의.
non·plus [nanplʌ́s, ´-/nɔnplʌ́s, ´-] 圈目 (-s-, 英 -ss-) (수동적으로) ―을 어찌할 줄 모르게 하다, 몹시 난처[당혹]하게 하다. ¶I was completely ~ed. 나는 도무지 어찌할 바를 몰랐다. —圈 (a ~) 어찌할 바를 모름, 당황, 당혹, 궁지.
at [or *in*] *a nonplus* 진퇴양난에 빠져.
be [or *stand*] *at a nonplus* 어찌할 바를 모르다.
put [or *reduce, drive*] *a person to* [or *in*] *a nonplus* 남을 궁지에 몰아넣다. ―圈, 무목되인.
non·poi·son·ous [nɑnpɔ́izənəs/nɔn-] 圈 무해한.
non·po·lit·i·cal [nànpəlítikəl/nɔ̀n-] 圈 비정치적인; 초당파의(nonpartisan); 정치에 무관심[무관]한.
non·pol·lut·ing [nànpəlúːtiŋ/nɔ̀n-] 圈 공해가 없는, 오염을 일으키지 않는.
non·po·rous [-pɔ́ːrəs] 圈 (물질이) 작은 구멍이 없는, 통기성(通氣性)이 없는.
non pos·su·mus [nɑn pɑ́səməs/nɔn pɔ́s-] 행위 불능[불가능]의 신고[어떤 행위를 할 수 없다는 주장]. 〈L we cannot (do)〉
non·prac·tic·ing [nànprǽktisiŋ/nɔ̀n-] 圈 (의사·변호사 따위가) 개업하지 않는; 신앙을 실천하지 않는.
non·pre·scrip·tion [nànpriskrípʃən/nɔ̀n-] 圈 (약제 따위가) 처방전 없이 합법적으로 팔리는.
non·print [nànprínt/nɔ̀n-] 圈 (정보·자료가) 비인쇄물인, 인쇄물 이외의 미디어에 의한.
non·pro [nànpróu/nɔ̀n-] 圈 圈 (複 ~s) (구어) = nonprofessional.
non·pro·cé·dur·al lánguage [-prəsíːdʒərəl-] 圈 (컴퓨터) 비절차형 언어(declarative language).
non·pro·duc·tive [nànprədʌ́ktiv/nɔ̀n-] 圈 1 비생산적인, 생산성이 낮은; 효과 없는. ¶a ~ plan 과 없는 계획. 2 (종업원 등이) 생산에 직접 관계 없는, 3 (기침이) 마른, 가래·담을 수반하지 않는. ¶a ~ cough 마른 기침. ~·ly 厲 ~·ness 圈
non·pro·fes·sion·al [nànprəféʃənl/nɔ̀n-] 圈 전문적[본직]이 아닌; 비직업적인, 전문이 아닌, 논프로의. —圈 비전문가; 아마추어 선수; 생무지, 논프로.
non·prof·it [nànpráfit/nɔnpróf-] 圈 (美) 비영리적인. ¶a ~ organization 비영리 조직. —圈 「영리 법인」. 단체[조직].
nonprófit corporátion 圈 비영리 단체[기구], 비
non·prof·it·mak·ing [-práfitmèikiŋ/-próf-] 圈 1 (기업 따위가) 이익을 올리지 않는, 적자의. 2 (英) 비영리적인(美) nonprofit).
non·pro·lif·er·a·tion [nànprəlìfəréiʃən/nɔ̀n-] 圈 U 1 (핵화학 무기의) 확산 방지, 비확산. 2 (세포 따위의) 증식 정지. —圈 (핵무기 따위의) 확산 방지의, 비확산의.
Nonproliferátion Trèaty 圈 (the ~) 핵(무기) 확산 방지 조약(略 NPT).
non·pros [-prάs/-prɔ́s] 圈目 (-ss-) (법률) 소송 절차를 계속하는 원고에게 소(訴) 각하 판결을 내리다, 궐석 재판으로 패소시키다. 〈*non prosequitur*〉

non pro·se·qui·tur [nɑn prousékwitər/nɔ̀n-] 圈 (법률) (소송 절차를 게을리하는 원고의) 소 각하(訴却下); 원고 패소의 결석 판결(略 non pros.). 〈L〉
non·pro·vid·ed [nànprəváidid/nɔ̀n-] 圈 (英) (초등 학교 따위가) 공립이 아닌.
non·psy·chot·ic [nànsaikάtik/nɔ̀nsaikɔ́t-] 圈 정신병이 아닌, 비정신병성의.
non·pur·pos·ive [-pə́ːrpəsiv] 圈 (현실에 만족하여) 확실한 목표가 없는; 목표를 잃은.
non·qual·i·fied [nànkwάləfàid/nɔnkwɔ́l-] 圈 비적격의; 세법 기타의 법적 우대 요건을 갖추지 못한.
non·qués·tion quéstion [-kwéstʃən-] 圈 (美) 질문답지 않은 질문, 유도성[우회성] 질문.
non-ra·cial [-réiʃəl] 圈 비(非)인종[민족]적인.
non-ra·cial·ism [-réiʃəlìzm] 圈 비(非)인종차별주의, (특히 남아프리카의) 인종 차별 폐지 정책. **-ist** 圈
non·rac·ist [nànréisist/nɔ̀n-] 圈 비인종 차별의, 인종 차별을 배척하는.
nonrácist lánguage 圈 비인종 차별어(Negro 대신 African-American, black people 따위).
non·read·er [nànríːdər/nɔ̀n-] 圈 글을 읽지 못하는 어린이; 비독서가.
non·rec·og·ni·tion [nànrekəgníʃən/nɔ̀n-] 圈 인지하지 않음, 비(非)승인, 불인가.
non·re·néw·a·ble re·sóurces [nànrinjúːəbl-/nɔ̀n-] (화석 연료·광산물 따위의) 재생 불능 자원.
non·rep·re·sen·ta·tion·al [nànrèprizentéiʃənl, -zən-/nɔ̀n-] 圈 (미술) 비구상(非具象)(주의)적인, 추상(주의)적인. ~·ism, ~·ist 圈
non·res·i·dence [nɑnrézədəns/nɔn-] 圈 U (특정 장소, 특히 근무지에) 거주하지 않음, 비거주. (또는 **nonresidency**)
non·res·i·dent [nànrézədənt/nɔ̀n-] 圈 (특정 장소에) 거주하지 않는, 비거주(非居住)의. —圈 (임지 따위에) 살지 않는 사람, 비거주자.
non·re·sist·ance [nànrizístəns/nɔ̀n-] 圈U (권력·법률 등에 대한) 무저항; 소극적 복종.
non·re·sist·ant [nànrizístənt/nɔ̀n-] 圈 (권력 등에 대해) 무저항의, 복종적인; (병·기온 따위에) 저항력이 없는. —圈 저항하지 않는 사람, 무저항주의자.
non·re·stric·tive [nànristríktiv/nɔ̀n-] 圈 비제한의; (문법) (단어·구·절이) 비제한적인.
non·re·turn·a·ble [nànritə́ːrnəbl/nɔ̀n-] 圈 반환(회수)할 수 없는, (빈 병 따위를) 반환할 필요가 없는. —圈 반환[회수]할 수 없는 물건.
non·rig·id [nànrídʒid/nɔ̀n-] 圈 딱딱하지 않은, 유연한; (비행선의) 연식(軟式)의. ¶a ~ airship 연식 비행선. —圈 연식 비행선.
non·run·ner [nànrʌ́nər/nɔ̀n-] 圈 비출마 정치인.
non·sched·uled [nànskédʒu(ː)ld, -uəld/nɔ̀n-sédʒuːld] 圈 예정 밖의; (항공 노선 따위가) 부정기의.
non·sec·tar·i·an [nànsektɛ́əriən/nɔ̀n-] 圈 어느 종파에도 속하지 않는, 무종파의.
‡non·sense [nάnsens, -səns/nɔ́nsəns] 圈U 1 무의미(한 말), 허튼 소리; 무의미한 생각; 터무니없는 것; 어리석음. ¶sheer ~ 아주 실없는 소리 ¶talk ~ to say... 어처구니 없게 ...라고 말하다. 2 시시한[하찮은] 일; 하찮은 것, 잡동사니, 허드레 물건. 3 뻔뻔스러운[반항적인, 불쾌한] 태도, 4 (유전) 넌센스 변이(돌연변이 중의 하나).
knock [or *take, beat*] *the nonsense out of* a person 남에게 올바른 행동을 하도록 하다.
make (a) *nonsense of* (계획 따위를) 망치다.
None of [or *Stop*] *your nonsense!; No nonsense!* 실없는 짓[말] 하지 마라!
stand [or *take*] *no nonsense from* a person 남의 터무니없는 짓을 가만히 보고만 있지 않다.
talk [or *speak*] *nonsense* 허튼[실없는] 소리하다.
—圈 1 무의미한; 어리석은. ¶~ verses 희시(戱詩)

(말만 늘어놓은 무의미하거나 익살스런 시). **2** 〔俗〕 시시하게!, 그럴 수가!
— ⓘ 바보 같으니!, 시시하게!, 그럴 수가!
non·sen·si·cal [nɑnsénsikəl/nɔn-] ⓐ 어리석은; 무의미한; 터무니없는. ¶ ~ remarks 터무니없는 말. **-cál·i·ty** ⓝ ~·**ly** 吊 ~·**ness** ⓝ
non se·qui·tur [nɑn sékwitər/nɔn-] ⓝ 불합리한 추론[결론](ⓐ non seq.); 논리적으로 모순되는 말; (지금까지의 화제와는) 관계 없는 이야기. [<L it does not follow]
non·sex·ist [nɑnséksist/nɔn-] ⓐ 성차별을 하지 않는, 비(非)성차별의.
nonséxist lánguage ⓝ 비(非)성차별어("사람"의 뜻으로 man대신 person을 쓰는 것 따위).
non·sex·u·al [nɑnsékʃuəl/nɔnséksjuəl] ⓐ 남녀[암수]의 구별이 없는, 무성의; 성[남녀]과 무관한.
non·shrink [-ʃríŋk] ⓐ (천 따위가) 수축하지 않는.
non·sked [nɑnskéd/nɔn-] 〔口〕 ⓝ 부정기 항공편[기, 회사]. — ⓐ 부정기의(nonscheduled).
non·skid [nɑnskíd/nɔn-] ⓐ (자동차 타이어 따위가) 미끄러지지 않는. ⓝ 미끄럼 방지용 타이어.
non·skilled [nɑnskíld/nɔn-] ⓐ 비[미]숙련의.
non·slip [nɑnslíp/nɔn-] ⓐ (도로 따위가) 미끄럽지 않는, 미끄럼 방지 장치가 달린.
non·smok·er [nɑnsmóukər/nɔn-] ⓝ 비흡연자; (英) (철도의) 금연 객차; 금연석[실].
non-smók·er's ríght [-smóukərz-] ⓝ 비흡연자의 권리, 혐연권(嫌煙權).
non·smok·ing [nɑnsmóukiŋ/nɔn-] ⓐ 금연의. ¶a ~ flight 금연편 (여객기)/a ~ section 금연석.
non·so·cial [nɑnsóuʃəl/nɔn-] ⓐ 비사교적인; 사회적이 아닌, 사회와 무관한. ⓒ unsocial
non·so·ci·e·ty [nɑnsəsáiəti/nɔn-] ⓐ (노동자가) 조합[단체]에 가입하지 않은, 미(未)조직의.
non·spe·cial·ized [nɑnspéʃəlaizd/nɔn-] ⓐ 특정 업무[연구, 목적]에 부적당한[무관한]; 〔생물〕 분화하지 않은. [않은; 〔병리〕 비특이성의.]
non·spe·cif·ic [nɑnspəsífik/nɔn-] ⓐ 특이하지
non·sport·ing [nɑnspɔ́ːrtiŋ/nɔn-] ⓐ 비(非)스포츠의; 사냥개답지 않은; 〔생물〕 돌연변이를 거의 않는. ~·**ly** 吊 [적인, 규격 외의; 표준어가 아닌.
non·stand·ard [nɑnstǽndərd/nɔn-] ⓐ 비표준
non·start·er [nɑnstɑ́ːrtər/nɔn-] ⓝ **1** (경주에서) 스타트하지 않는[않고 비틀거리는] 말. **2** (ⓐ (英口語) (성공할) 가망 없는 사람[계획, 생각]; 재고할 가치가 없는 생각. **-stárt·ing** ⓐ
non·ster·oid [nɑnstíərɔid] ⓐⓝ 〔화학〕비(非)스테로이드성(의), (또는 **nonsteróidal**)
non·stick [nɑnstík/nɔn-] ⓐ (냄비 따위가) 눌어붙지 않는, 테플론 가공한.
non·stop [nɑnstɑ́p/nɔnstɔ́p] ⓐ **1** (교통 기관이) 도중에서 멈추지 않는, 직행의, 무착륙의. ¶a ~ flight from New York to Paris 뉴욕·파리간 직행 항공편. **2** 중지[중단] 없는. — 吊 도중에 [쉬지] 않고, 직행[무착륙]으로; 중지[중단] 없이. — ⓝ [직] 직행[직통]편; 직행 비행기[열차, 버스]; 직행 운전운행].
non·store márketing [nɑnstɔ́ːr/nɔn-] ⓝ 무점포 판매 방식(통신·전화·방문 판매 등).
non·stra·te·gic [nɑnstrətíːdʒik/nɔn-] ⓐ 비전략(상)의, 전략상 중요하지 않은.
non·strik·er [nɑnstráikər/nɔn-] ⓝ 파업 불참자; 〔크리켓〕 (두 타자 중) 투구를 받지 않은 쪽 타자.
non·strik·ing [nɑnstráikiŋ/nɔn-] ⓐ **1** 파업에 참가하지 않은, 파업에 불참한. **2** 공격하지 않는. **3** 눈에 띄지 않
non·such [nɑnsʌ̀tʃ/nʌ́n-] ⓝ =nonesuch. [는.
non·suit [nɑnsúːt/-sjúːt] 〔법률〕 ⓝ (원고의) 소각하(訴却下); 소취하. — ⓥ ... 의 소를 각하하다.
non·sup·port [nɑnsəpɔ́ːrt/nɔn-] ⓝⓤ 〔법률〕 부양 의무 불이행; 지지[원조]하지 않음.
non·sus·tain·ing [nɑnsəstéiniŋ/nɔn-] ⓐ 지탱하지 못하는, 견디지 못하는; 부양[유지]하지 않는.
non·sym·met·ric [nɑnsimétrik/nɔn-] ⓐ 비대칭의(asymmetric). ["르한 방식[제도].]
non·sys·tem [nɑnsístəm/nɔn-] ⓝ 겉만 번드르
non·tar·get [nɑntɑ́ːrgit/nɔn-] ⓐ (실험·조사의) 대상[목표]이 아닌; (파격 행위의) 목표[대상] 외의.
non·tár·iff bárrier [-tǽrif-] ⓝ 〔경제〕 비관세(非關稅) 장벽(ⓐ NTB). ⓒ tariff barrier
non·tax·a·ble [nɑntéksəbl/nɔn-] ⓐ 과세할 수 없는, 비과세 대상의. — ⓝ (~s) 비과세 대상자[물].
non·teach·ing [nɑntíːtʃiŋ/nɔn-] ⓐ 교육[교직]에 관계 없는, 비(非)교직(교육, 교수)의.
non·tech·ni·cal [nɑntéknikəl/nɔn-] ⓐ **1** 비(非)기술(상)의, 비과학기술적인; 비공업의. **2** 비전문의, 정통[숙달]하지 않은. **3** (시세 따위가) 비인위적인.
non·ten·ured [nɑnténjərd/nɔn-] ⓐ 〔교육〕 종신 재직권이 없는; (재산 따위의) 보유권이 없는.
non-thing [次ŋ] ⓝ **1** 존재하지 않는 것, 무(無). **2** 중요하지 않은[무의미한] 것, 사소한 일.
non·think·ing [nɑnθíŋkiŋ/nɔn-] ⓐ 생각[사고, 사색]하지 않는; 도리를 모르는. — ⓝ 생각[숙고]하지 않는 것. ["이 걸려 있지 않은.
non·ti·tle [nɑntáitl/nɔn-] ⓐ (시합 따위가) 타이틀
non·tox·ic [nɑntɑ́ksik/nɔntɔ́k-] ⓐ 무독(無毒)의.
non·trans·fer·a·ble [-trǽnsfə́ːrəbl] ⓐ 양도[이동, 전사(轉寫)]할 수 없는. ["치료 거부.
non·tréatment decísion [nɑntríːtmənt-] ⓝ
non tròp·po [nɑn trɑ́pou/nɔn trɔ́pou] 〔伊樂〕 지나치지 않게, 알맞게. ¶allegro ~ 알맞게 빠르게.
non-U [nʌ̀nʲúː] ⓐ 〔口〕 (말투·행동 따위가) 상류 계급답지 않은, 상류 계급답지 아닌, 서민적인(ⓒ U). — ⓝ (집합적) 비(非)상류인, 서민; 상류 계급답지 않은 언행.
non·un·ion [nɑnjúːnjən/nɔn-] ⓐ **1** 노동 조합에 가입하지 않은; (기업이) 노동 조합을 인정하지 않는[갖지 않은]; (제품이) 비조합원으로 만든. **2** 노동 조합(주의)에 반대하는. — ⓝ 〔병리〕 (골절의) 유착 불량.
non·un·ion·ism [nɑnjúːnjənizm/nɔn-] ⓝⓤ (美) 반(反)노동조합(주의); 노동조합 불가입(주의).
non·un·ion·ist [nɑnjúːnjənist/nɔn-] ⓝ 노동조합 반대자; 비(非)노동조합원. ["union shop
nonúnion shóp ⓝ 반노조(反勞組) 기업[공장].
non·u·ple [nʌ́njupl/nɔn-] ⓐ **1** 〔음악〕 9박자의, 9배의, 9등의. **3** 9부분으로 구성되는. — ⓝ 〔음. 포기.
non·use [nɑnjúːs/nɔn-] ⓝⓤ 사용하지[되지] 않.
non·us·er [nɑnjúːzər/nɔn-] ⓝ (술·차·마약 따위의) 비(非)복용자; 〔법률〕 권리 불행사[포기](자).
non·vas·cu·lar [nɑnvǽskjulər/nɔn-] ⓐ 〔생리·해부〕 혈관[근]이 없는, 비(非)혈관[도관]의.
non·vec·tor [nɑnvéktər/nɔn-] ⓝ 〔생물〕 비(非) 매개 동물[곤충]. ["없는; 원한[악의]이 없는.
non·ven·om·ous [nɑnvénəməs/nɔn-] ⓐ 독이
non·ver·bal [nɑnvə́ːrbəl/nɔn-] ⓐ **1** 말로 할 수 없는, 말을 쓰지 않는; 말이 서투른. **2** (문장 따위가) 동사를 포함[사용]하지 않은. ~·**ly** 吊
nonvérbal communicátion ⓝ 비언어 커뮤니케이션, 보디 랭귀지(body language).
non·vi·a·ble [nɑnváiəbl/nɔn-] ⓐ **1** 자기 힘으로 생존할 수 없는(특히 28주 이내의 태아); 발전[성장]할 수 없는. **2** (계획이) 실행 불가능한.
*__non·vi·o·lence__ [nɑnváiələns/nɔn-] ⓝⓤ 비폭력(상태); 비폭력주의(정책); 비폭력 시위[데모].
non·vi·o·lent [nɑnváiələnt/nɔn-] ⓐ 비폭력(주의)의, 정책의. ~·**ly** 吊
non·vir·u·lent [nɑnvírjulənt, -vírjə-/nɔnvírulənt] ⓐ 강력하지 않은, 치명적이 아닌; 악의가 없는, 가혹[가릴]하지 않은.
non·vo·cal [nɑnvóukəl/nɔn-] ⓐ **1** 음성(발음)

nonvocoid 무관한, 비음성의; 비구두(非口頭)의; 자유롭게 말하지 않는. 2 〖음성〗 비(非)음성[모음]의; 〖음악〗 비성악의.
non·vo·coid [nɑ̀nvóukɔid/nɔ̀n-] 〖음성〗 = contoid.
non·vol·a·tile [nɑ̀nválətl/nɔ̀nvɔ́lətàil] 〖컴〗 **1** 불(不)휘발성의. **2** 〖컴퓨터〗 비휘발성 기억 장치의(전원이 끊겨도 데이터가 지워지지 않는).
nonvólatile mèmory 〖컴퓨터〗 불휘발성 기억 장치.
non·vot·er [nɑ̀nvóutər/nɔ̀n-] 〖권〗 투표 기권자; 투표권[자격]이 없는 사람. 〖권〗 의결권을 갖지 않은.
non·vot·ing [-vóutiŋ] 〖권〗 **1** 투표하지 않는. **2** 〖증권〗 의결권이 없는.
nonvóting stòck 〖증권〗 무의결권주.
non-white [nɑ̀nʰwáit/nɔ̀nwáit] 〖권〗 (종종 경멸적) 비(非)백인, (일반적으로) 흑인; (the ~) 〖집합적〗 비백인종, — 〖권〗 백인종이 아닌, 비백인의. (또는 **nòn-white**)
non-wíre còmpany [-wáiər-] 〖권〗 〖美〗 무선 전기 회사.
non·wov·en [nɑ̀nwóuvən/nɔ̀n-] 〖권〗 (직물이) 짜지 않은, 부직(不織)의. — 〖권〗 부직포(不織布).
nón·yl álcohol [nánil-/nɔ́n-] 〖화학〗 노닐 알코올($C_9H_{20}O$의 화학식을 가진 이성체의 총칭).
noodle [nudʒ] 〖권〗 =**nudge**².
‡**noo·dle**¹ [núːdl] 〖권〗 **1** (~s) 누들(밀가루에 계란을 섞어서 만든 국수류; 〖동양권의〗 국수(류)). **2** 〖된 노력〗
noodles to the Chinese 〖美구어〗 필요없는 것, — 〖동태〗 (타조를 살찌우기 위해) 막대 모양으로 반죽한 먹이를 억지로 먹이다.
noo·dle² 〖美속어〗 머리; 바보; 천치.
off one's noodle 〖속어〗 머리가 돌아[이상해지].
noo·dle³ 〖權자〗 **1** 악기를 마음대로 보다[즉흥 연주하다]. **2** 〖구어〗 (···을 가지고) 놀다 (*with*); 이것저것 생각해 보다; 컴퓨터의 키를 마구 두드리다. — 〖태〗 〖구어〗 조작하다; ···에 손을 대다; ···을 실험적으로 고안하다(*up*).
noodle around 〖美구어〗 ① 만지작거리다; 시험삼아 해보다. ② 즉흥적으로 연주하다.
noo·dle·head [núdlhèd] 〖구어〗 바보, 얼간이.
nóodle Wèstern 일본제 서부극[영화].
noo·dle·work [núdlwə̀ːrk] 〖권〗 〖속어〗 머리를 쓰기; 생각하기.
noog·ie [núgi] 〖권〗 〖美속어〗 (남의 머리·등·팔 따위를) 주먹으로 가볍게 치기(친밀감을 나타내거나, 장난으로 하는 동작).
*‡**nook** [nuk] 〖권〗 (방 따위의) 구석, 모퉁이; 구석진 곳, 외딴 곳; 피난처, 은신처.
every nook and corner [or ***cranny***] 구석구석.
nook·er·y [núkəri] 〖권〗 아늑한 방[장소].
nook·y¹ [núki] 〖권〗 (비어) 섹스; (섹스 대상으로서의) 여자; 여자 생식기. (또는 **nookie, nookey**)
nook·y² 구석진[모난] 곳이 많은, 다각(多角)의; 구석 같은. (또는 **nookie**)
‡**noon** [nuːn] 〖권〗 **1** 정오, 한낮(midday). ¶*about ~* (한)낮에, 정오쯤에 / *at high ~* (정각) 정오에 / *before ~* 오전에. **2** (the ~) 최고점, 전성기(*of*). ¶*at the ~ of one's career* 전성기에 / *at the ~ of life* 장년기(壯年期)에. **3** 〖고어〗 야반, 한밤중.

〖주의〗 **noon**과 「낮」 — 우리말의 「낮」은 시간적인 폭이 있는데 반하여 noon은 때의 한 점을 가리키므로, at noon은 「낮 12시에」를 뜻하게 된다. 따라서 우리말의 「낮에」는 일반적으로는 about noon, at lunchtime이라고 말하는 것이 좋다.

---

the noon of night 한밤중, 야반(夜半)(midnight). — 〖권〗 정오의, 한낮의. ¶*the ~ sun* 한낮의 태양 / *the ~ meal* 점심. **1** 〖美속어〗 점심을 먹다; 낮의 휴식을 취하다. **2** 절정[최고점]에 달하다.
nóon bàsket 〖권〗 〖美〗 도시락(lunch basket).
*****noon·day** [núːndèi] 〖권〗 정오, 한낮(midday). *as clear*[or *plain*] *as noonday* 매우 명백한. — 〖권〗 정오의, (한)낮의. ¶*a ~ meal* 정오의 식사.
*****nó one** 〖권〗 아무도 ···않다(nobody). ¶*N~ is home.* 집에 아무도 없다. (또는 **nó-òne**)
noon·er [núːnər] 〖구어〗 점심 때 열리는 행사; 점심 때의 한 잔; 잠깐 동안의 낮거리.
noon·flow·er [núːnflàuər] 〖권〗 **1** 나도쇠채. **2** 솔잎국화속(屬)의 식물.
noon·ing [núːniŋ] 〖권〗 〖美방언〗 정오, (한)낮; 낮 정오에. **2** (the ~) 최고점, 정점, 극치(*of*). **3** 〖문어〗 야반, 한밤중(midnight). — 〖권〗 정오[한낮]의.
noon·tide [núːntàid] 〖권〗 〖詩〗 **1** 정오, 한낮. ¶*at ~* 정오에. **2** (the ~) 최고점, 정점, 극치(*of*). **3** (문어) 야반, 한밤중(midnight). — 〖권〗 정오[한낮]의.
noon·time [núːntàim] 〖권〗 정오(의), 한낮(의).
no-op [nóuáp/-ɔ́p] 〖권〗 〖항공 속어〗 조종 불능의.
noose [nuːs] 〖권〗 **1** 고를 낸 매듭, 올무, 올가미. **2** (the ~) 교수형. **3** 자유를 속박하는 것, (결혼 등의) 유대, 덫. ¶*the marriage ~* 결혼의 유대.
get[or ***have***] ***the noose round one's neck*** 목에 올가미가 채워지다; 신변이 걱정되다.
put one's head[or ***neck***] ***into the noose*** 자초하여 궁지에 빠지다.
The noose is hanging. 〖美속어〗 만반의 준비를 갖추고 있다; 모든 학수고대하고 있다.
— 〖동태〗 **1** ···을 올가미로 잡다; ···을 덫에 걸리게 하다 (trap). **2** 고를 짓다. **3** ···을 교수형에 처하다.
no·o·sphere [nóuəsfìər] 〖권〗 〖生態〗 인간 생활권(圈); 인간의 지적(知的) 활동 전체.
NOP 〖英〗 National Opinion Poll(전국 여론 조사 회사); *no operation*; *not otherwise provided for*(별도로 정한 바가 없으면); (또는 **N.O.P.**) *not our publication*(당사(當社) 출판물이 아님).
no par 〖인쇄〗 *no paragraph*.
no-par [-pɑ̀ːr] 〖권〗 액면 가격이 없는, 액면가를 명기하지 않은. ¶*a ~ stock* 무액면 주식. (또는 **nó-pàr-value**)
nope [noup] 〖권〗 〖구어〗 아니, 아니오(no). 〖권〗 yep
NOPEC [nóupèk] 〖권〗 〖경제〗 비(非) OPEC 산유국(미국·영국·러시아·멕시코 등). (<**Non-OPEC**)
no·place [nóupléis] 〖권〗 〖美구어〗 =**nowhere**.
‡**nor** [nɔːr, 약 nər] 〖접〗 **1** (*neither* 또는 *not*과 상관적으로 써서) ···도 또한 ···아니다[···하지 않다]; *either ...or*; *both...and*). ¶*It is neither hot ~ cold.* 덥지도 춥지도 않다 / *Neither she ~ I am wrong.* 그녀도 나도 잘못은 없다(* 동사는 그 동사에 가장 가까운 주어와 일치한다) / *They could neither advance ~ retreat.* 그들은 전진도 후퇴도 할 수 없었다. **2** (*not*, *no*, *never* 따위를 포함하는 부정절 뒤에서 부정의 연속을 나타내어) 또한 ···아니다, 그리고 ···않다. ¶*I don't know, ~ do I care.* 알지도 못하고 관심도 없다 / *I have no father ~ mother.* 내게는 아버지도 어머니도 없다. **3** (긍정절의 뒤 또는 글머리에 상관 없이 사용하여) 그리고 또한 ···않다(and not). ¶*N~ will I deny the fact.* 그리고 그 사실도 부정하지 않겠다(* 동사가 주어 앞에 온다)/*N~ is this all.* 그리고 또한 이것뿐이 아니다(* 논설 따위의 중간에 사용한다). **4** 〖고어·시〗 (*nor...nor* 의 어형으로) ···도 ···도 ···아니다(neither ...nor). ¶*N~ heaven ~ earth have been at peace tonight.* 오늘밤은 하늘도 땅도 평화롭지 않았다(—Shakespeare 작 *Julius Caesar*). **5** 〖고어·시〗 (앞에 오는 neither를 생략하여) ¶*He ~ I was there.* 그도 나도 그곳에는 없었다. **6** 〖방언·고어〗 ···보다(than). ¶*I know better ~ you.* 나는 너보다 잘 알고 있다.

〖USAGE〗 **nor**의 용법 — nor는 부정문과 그 뒤에 따르는 절을 연결하는 것이 보통이지만, 앞의 절이 부정문이 아니라도 부정을 뜻하는 내용이면 뒤의 절을 nor로 연결할 수 있다. ¶*He sat motionless, ~ did I make a move.* (그는 꼼짝 않고 앉아 있었고 나도 또한 손 하나 까딱하지 않았다.)

nor' [nɔːr] 명(형) (복합어로) (해사) =north. ¶ ~easter 북동풍.

NOR [nɔːr] 명 (컴퓨터) 노어(논리합(論理合)을 부정하는 논리 연산자(演算子)). (<not +or)

nor. normal; north(ern). **Nor.** Norman; North(ern); Norway; Norwegian.

No.ra [nɔ́ːrə] 명 노라(여자 이름; Honora의 별칭).

NORAD [nɔ́ːræd] 명 *North American Air Defense Command*(북미 방공 사령부).

Nor.den.felt [nɔ́ːrdnfelt] 명 노르덴펠트 기관총(~gun). (<발명자인 스웨덴의 T.V. Nordenfelt)

Nor.dic [nɔ́ːrdik] 명 1 (인류) 북유럽 게르만계(민족, 언어)의, 북유럽인의. ¶ the ~ race 북유럽 인종. 2 (종종 n-) (스키) 노르딕 경기의; 크로스컨트리의(cf. alpine).
—명 북유럽 게르만계 사람, 북방 인종, 북유럽인.

Nórdic combíned 명 (스키) 노르딕 복합 경기.

Nórdic Cóuncil 명 (the ~) 북유럽 이사회(Iceland, Norway, Denmark, Sweden, Finland의 국제 협력 기구).

nor.ep.i.neph.rine [nɔ̀ːrepənéfri(ː)n] 명 (생화학) 노르에피네프린(신경 전달 물질의 일종).

nor.eth.in.drone [nɔːréθindròun] 명 (약학) 노르에신드론(경구 피임약으로 쓰이는 황체 호르몬).

no-re.turn [-ritə́ːrn] 형 (빈 병 따위를) 반환할 필요가 없는, 쓰고 나서 버리는.

Nor.folk [nɔ́ːrfək, -fɔːk] 명 노퍽. 1 영국 잉글랜드 동부의 주. 2 미국 Virginia 주 남동부의 항구 도시(서대서양 함대 사령부 소재지).

Nórfolk dúmpling (영) 1 노퍽 식으로 삶은 경단. 2 (볼품없는) 시골뜨기, 촌놈.

Nórfolk jácket[cóat] 명 노퍽형(型) 상의(앞뒤 몸통에 주름이 있고 벨트가 달린 느슨한 싱글 상의).

no.ri.a [nɔ́ːriə] 명 물 긷는 물방아(스페인이나 중동에서 쓰는 물통이 달린 물방아식 장치).

nork [nɔːrk] 명 (보통 ~s) (濠俗語) (여성의) 유방.

nor.land [nɔ́ːrlənd] 명 (英방언) =northland: (스코) 북부 지방 출신. **-er** 명

*****norm** [nɔːrm] 명 1 (종종 the ~) 표준, 기준: (종종 ~s) 규범, 모범. ¶ be above [below] the ~ 표준 이상[이하]이다. 2 (교육) (지능 발달의) 기준: (개인의) 평균 학력[성적] (*for*): (특정 인간 집단의) 전형적 행동 양식: 보통. 3 (a ~, the ~) 노르마, 기준 생산고[노동량]. ¶ production ~ 생산 노르마.

norm. normal(ized). **Norm.** Norman.

Nor.ma [nɔ́ːrmə] 명 1 노마(여자 이름). 2 (복 **-mae** [-miː]) (천문) 수준기(水準器)자리(the Rule)(남쪽 하늘에 있는 별자리의 하나).

‡nor.mal [nɔ́ːrməl] 형 (*more* ~; *most* ~) 1 표준적인, 전형적인; 규정의, 정규의; 보통의, 통상적인: (정신 따위가) 정상적인(↔abnormal): 자연스러운 (지능 따위가) 평균적인. ⇒COMMON (유의어) ¶ a ~ procedure 정규 절차/the ~ tax 본세(本稅)/a ~ day 보통의 날/a ~ condition 정상 상태/a ~ temperature (인체의) 평열(平熱). 2 (심리) (지력·정신 상태 등이) 보통 정도의, 표준적인, 건전한. 3 (수학) 수직의, 직각의; 법선(法線)의(*to*). 4 (생물·의학) 정상인, 실험 처치를 받지 않은; 자연의. 5 (화학) (용액이) 규정의; (유기 화합물이) 직쇄상(直鎖狀)의, 정(正)의.
—명 1 (U) 상태(常態), 정상; 평온(平穩); 평균, 표준. ¶ return to ~ 정상으로 돌아가다. 2 (수학) 수직선, 법선. 3 손상결함]이 없는 것; 건전한 사람. 4 (기상) (장기간의) 평균[값]. 5 (U) (화학) (용액의 농도를 나타내는) 규정. 6 (심리) (지능·성격 따위가) 거의 평균적인 사람. 7 (U) (전기) 정위(定位).
above[below] (the) normal 표준 이상으로[이하]. **~ness** 명

nórmal cúrve 명 (통계) 정규 곡선, 가우스 곡선.

nor.mal.cy [nɔ́ːrməlsi] 명 (U) (美) (경제·정치·사회 상태 따위가) 정상, 상태(常態).

nórmal distribútion 명 (통계) 정규 분포(Gaussian distribution). 「차치(偏差値).

nórmal equívalent dèviate 명 (통계) 정규 편

nor.mal.i.ty [nɔːrmǽləti] 명 1 정규(성), 상태(常態), 정상성. 2 (화학) 규정도(⑦ N).

nor.mal.i.za.tion [nɔ̀ːrməlizéiʃən/-lai-] 명(U) 표준화; 정상화, 정규화; 규격화.

nor.mal.ize [nɔ́ːrməlàiz] 타 (*(*英) **-ise**) 1 표준적으로 하다, 기준에 맞추다; 정상 상태로 하다. 2 (교 따위를) 정상화하다: (언어 따위를) 통일하다. 3 (강철)을 담금질하다. 4 (수학·컴퓨터) 정규화하다. — 재 표준대로 되다, 정상으로 돌아오다. **-iz.a.ble** 형

nor.mal.iz.er [nɔ́ːrməlàizər] 명 1 표준대로 하는 사람[것], 정상으로 하는 사람[것]. 2 (수학) 정규화자(群), 정규 부분군(部分群).

*****nor.mal.ly** [nɔ́ːrməli] 부 규칙대로, 관습에 따라서; 표준적으로, 당연하게; 통상적으로는, 보통으로.

nórmal magnificátion 명 (광학) (현미경·망원경의) 기준 배율.

nórmal school 명 (美) 사범 학교(초등 교원 양성의 2년제 대학; 현재는 teacher's college(교원 대학)로 4

nórmal solútion 명 (화학) 규정액. 「년제).

nórmal státe 명 (물리) 정상 상태(ground state).

nórmal válue 명 (경제) 정상 가치.

*****Nor.man** [nɔ́ːrmən] 명 1 노르만인(人)(10세기경 Normandy를 정복한 스칸디나비아인). 2 노르만계 프랑스인(人)(1066년에 영국을 정복한 북유럽인과 프랑스인의 혼혈 민족)(~ French). 3 (프랑스 북부의) 노르망디 사람. 4 =~ French. 5 노먼(남자 이름). — 형 1 노르만인의; 노르망디 사람의. 2 (건축) 노르만양식[풍]

Nórman árch 명 (건축) (英) 반원형 아치. 「의.

Nórman árchitecture 명 (건축) 노르만식 건축 (로마네스크식(Romanesque) 건축 양식).

Nórman Cónquest 명 (the ~) 노르만인의 영국 정복(1066년 William the Conqueror가 이끎).

***Nor.man.dy** [nɔ́ːrməndi] 명 노르망디(영국 해협에 면한 프랑스 북부 지방; 2차 세계 대전 말기 연합군이 상륙 작전을 벌인 곳).

Nórman Énglish 명 노르만 영어(Norman-French의 영향을 받은 영어). 「양식의.

Nor.man.esque [nɔ̀ːrmənésk] 형 (건축) 노르만

Nórman Frénch 명 1 노르만 프랑스어(語). a) 노르망디 방언. b) Norman Conquest 후 영국의 공용어가 되었던 노르만계 프랑스어. 2 =Norman 2.

Nor.man.ism [nɔ́ːrmənìzm] 명 1 (U) 노르만풍(風)[식], 노르만적 특질; 노르만(인) 예찬; 노르만주의. 2 노르만(적) 어법[표현].

Nor.man.ize [nɔ́ːrmənàiz] 타재 …을 노르만식 [풍]으로 하다, 노르만화하다. — 재 노르만풍으로 되다. **-i.zá.tion, -iz.er** 명

Nórman stýle 명 (건축) 노르만 양식.

nor.ma.tive [nɔ́ːrmətiv] 형 표준[규준]의, 표준값을 재는; 규범이 문법; 규범을 정하는, 규범적인. ¶ ~ grammar 규범 문법. **~.ly** 부 **~.ness** 명

nor.mo- [nɔ́ːrmou, -mə] 연결 「정상인, 표준의」의 뜻. ¶ *normo*cyte.

nor.mo.cyte [nɔ́ːrməsàit] 명 (해부) 정(상)적혈구.

nor.mo.ten.sive [nɔ̀ːrmouténsiv] 형명 (의학) 정상 혈압인 (사람).

nor.mo.ther.mi.a [nɔ̀ːrməθə́ːrmiə] 명(U)(C) (의학) 정상 체온, 평열. 「세 여신 중의 하나).

Norn [nɔːrn] 명 (the ~s) (북유럽 신화) 노른(운명의

Norse [nɔːrs] 형 1 (the ~) (복수취급) 노르웨이인(人); 고대 스칸디나비아인[의]. 2 =Norwegian. — 명 1 (the ~) (복수취급) 노르웨이인(人); 고대 스칸디나비아인의. 2 (U) 고대 노르웨이어.

Norse.land [nɔ́ːrslənd] 명 =Norway.

Norse·man [nɔ́ːrsmən] 명 고대 스칸디나비아인, 고대 북유럽인(Northman).
Norsk [nɔːrsk] 명 =Norse. 「나비아인.
Nor·ski [nɔ́ːrski] 명 (美속어) 스웨덴인(人), 스칸디
‡**north** [nɔːrθ] 명 **1** (보통 the ~) 북, 북쪽, (자석의) 북극(* 동서남북은 보통 north, south, east and west 라고 한다) (보통 the N-) 북부 (지방). ¶the true ~ 정북(正北)/the cold N- 추운 북부. **2** (the N-) =N- Country 1; 미국 북부의 여러 주(州); (종종 N-) 북부 구; 북극 지방(권). **3** (the ~) [시] 북풍. **4** (the N-) [경제] (북구권의) 선진국. **5** (교회당의) 북쪽(제단을 향해 왼쪽). **6** (종종 N-) (지도상의) 북쪽, 윗쪽, 상부(上部). **7** (브리지의) 노스(북쪽 좌석에 앉은 사람).
in the north of …의 북부에; …의 윗쪽에.
north and south (英속어) 입(mouth).
north by east 북미동(北微東) (약 NbE) [으로, 에 (있는)].
north by west 북미서(약 NbW); 북미서로[의, 에 (있는)].
on the north of …의 북쪽에 접하여. 「는에.
to the north of …의 북쪽으로, 북부에.
— 형 북의, 북방의; 북을 향한; 북에서 불어오는. ¶the ~ latitude 북위/a ~ window 북쪽을 향한 창문/a ~ wind 북풍/a house with a ~ aspect 북향집. **2** (N-) (지역·나라 등의) 북부의. ¶the N- Atlantic 북대서양.
be too far north (英속어) (…이) 맞서기에는) 지나치게 빈틈이 있다, 조금도 빈틈이 없다.
— 부 북으로[에], 북쪽으로; 윗쪽으로[에]; (바람 따위가) 북쪽에서, 윗쪽에서. ¶sail ~ 북으로 항해하다.
due north 정북(正北).
head north (구어) ① (매상·경기 따위가) 호전되다, 오르다 (맨 head south). ② 제품을 고급화하다.
north and south 남북으로[에 걸친].
north of …의 북방에(to the ~ of). ¶The town lies five miles ~ of the river. 그 읍은 이 강의 5마일 북방에 있다(* 일정한 거리를 나타낼 때는 to the ~ of 보다 ~을 많이 쓴다).
up north [or *North*] 북쪽으로[에서, 에], (美) 북부로[에, 서].
— 동자 북쪽으로 향하다, 북으로 방향을 잡다.
North África 명 북아프리카. 「사람.
North Áfrican 형 북아프리카의. — 명 북아프리카
‡**North América** 명 북아메리카(주), 북미 (대륙).
North Américan 명 북아메리카(인)의, 북미(사람)의. — 명 북아메리카 사람.
North Américan Pláte 명 [지질] 북아메리카 플레이트(북미 대륙을 주체로 하는 구조 지질상의 한 구분).
North Atlántic Cóuncil 명 (the ~) 북대서양 조약 기구(NATO) 이사회. 「대서양 해류.
North Atlántic Cúrrent [Dríft] 명 (the ~)
North Atlántic Tréaty [Páct] 명 (the ~) 북대서양 조약(NATO 설립의 기반이 됨; 1949년).
North Atlántic Tréaty Organizàtion 명 북대서양 조약 기구(북미·유럽 집단 방위 체제; 1949년 발족, 본부 Brussels; 약 NATO, Nato).
north·bound [nɔ́ːrθbàund] 형 북행(北行)의, 북로 향하는. — 명 북행 열차.
North Brítain 명 부 영국, 스코틀랜드(약 N.B.).
North Bríton 명 스코틀랜드인(人)(Scot).
North Cápe 명 **1** 노르곶(노르웨이 북단의 곶; 유럽의 최북단). **2** 노스곶(뉴질랜드 North Island 북단의 곶).
*North Carolína 명 노스캐롤라이나(미국 남동부, 대서양 연안의 주; 주도 Raleigh; 약 N.C.).
North Carolínian 명 노스캐롤라이나주의 (사람).
North Círcular 명 (the ~) 북환상선(London 북부를 반원형으로 달리는 환상 도로).
North Cóuntry 명 (the ~) **1** (n- c-) 북부 잉글랜드(Humber강 이북). **2** 북미 북부(미국 Alaska주와 캐나다 Yukon 준주를 합친 지역).
north-coun·try·man [-kʌ́ntrimən] 명 (英) 북부 잉글랜드 사람.
*North Dakóta 명 노스다코타(미국 중북부의 주; 주도 Bismarck; 약 N. Dak., N.D.). 「주의 (사람).
North Da·kó·tan [-dəkóutən] 형명 노스다코타
‡**north·east** [nɔ̀ːrθíːst, [해사] nɔ̀ːríːst-] 명 (the ~) **1** 북동(약 NE). **2** 북동부; (the N-) 미국 북동부(뉴잉글랜드 지방). **3** [시] 북동풍.
northeast by east 북동미(微)동(약 NEbE); 북동미동의[으로, 에 (있는)].
northeast by north 북동미(微)북(약 NEbN); 북동미북의[으로, 에 (있는)].
— 형 북동의; 북동에 면한; (바람 따위가) 북동으로부터의. — 부 북동쪽으로; (바람 따위가) 북동으로부터.
Northeast Córridor 명 (the ~) 북동 회랑(미국 북동부 Boston에서 New York을 거쳐 Washington, D.C.에 이르는 인구 조밀 지대). 「(북동(강)풍.
north·east·er [nɔ̀ːrθíːstər, [해사] nɔ̀ːríːst-] 명
north·east·er·ly [nɔ̀ːrθíːstərli, [해사] nɔ̀ːríːst-] 형 북동의; 북동에 있는; 북동에 면한을 향한; (바람 따위가) 북동으로부터의. — 부 북동으로[부터].
*north·east·ern [nɔ̀ːrθíːstərn, [해사] nɔ̀ːríːst-] 형 **1** 북동의, 북동으로의. **2** (바람 따위가) 북동으로부터의. **3** (N-) 미국 북동부의. ~·**er** 명 ~·**most** 형
Northeast Pássage 명 (the ~) 북동 항로(아시아·유럽 북해안을 따라 북해·태평양 사이를 잇는 항로).
north·east·ward [nɔ̀ːrθíːstwərd, [해사] nɔ̀ːríːst-] 형 북동에 있는[으로 이동하는]; 북동으로의. — 부 북동에[으로]. (또는 **northeastwardly,** [해사]
northeastwards) — 명 (the ~) 북동(쪽), 북동(부). ~·**ly** 형부
north·er [nɔ́ːrðər] 명 **1** 강한 북풍(* (美) 겨울철에 멕시코만 연안 지방에서 부는 한랭풍). **2** (일반적으로) (강한) 북풍. (또는 **northerner**).
north·er·ly [nɔ́ːrðərli] 형 북방(으로)의, 북을 향한; (바람 따위가) 북으로부터의. — 부 북방(에)으로]; 북으로부터. — 명 =norther. **-li·ness** 명
‡**north·ern** [nɔ́ːrðərn] 형 **1** 북(방)의, 북에 있는, 북부 지방의; 북부에 사는; 북부 특유의; 북부에서 나는에 속하는. **2** 북을 향한면한]; 북진하는; 북향의. **3** (바람 따위가) 북으로부터의. **4** (美) (N-) 북부 여러 주의. **5** (천문] 북천(北天)의. **6** (N-) 북부 방언의. — 명 **1** =northerner. **2** (美) 북풍. **3** ⓤ 북부 방
Nórthern Cróss 명 (the ~) [천문] 북십자성. 「언.
North·ern·er [nɔ́ːrðərnər] 명 (때로 n-) 북부 사람, 북국인; (美) 북부 여러 주의 사람; =norther.
Nórthern Hémisphere 명 (the ~) 북반구.
Nórthern Íreland 명 북아일랜드(아일랜드섬의 북동부로, 영국의 일부; 수도 Belfast). 「들.
Nórthern Ísles 명복 (the ~) 스코틀랜드 북부의 섬
nórthern líghts 명복 (the ~) 북극광(北極光) (aurora borealis). 「북(단)(극북(極北))의.
north·ern·most [nɔ́ːrðərnmòust/-məst] 형 최
Nórthern Spý 명 노던스파이(미국산 사과의 일종).
Nórthern Stár 명 =North Star.
Nórthern Státes 명복 (美) 북부 여러 주(州).
Nórthern Térritory 명 북부 특별지구(오스트레일리아 중·북부의 연방 직할지; 주도 Darwin).
Nórthern twáng 명 (美) 북부 말투(콧소리처럼 들리는 미국 북부의 말투); ⓢ Southern drawl.
Nórthern Germánic 명 북게르만어(Scandinavian).
north·ing [nɔ́ːrθiŋ, nɔ́ːrðə-] 명ⓤ **1** [해사] 북상, 북행, 북진; 북자(北距)(최종 측량 지점에서 북쪽으로 보아간 한 지점까지의 위도 차(差)). **2** [지도] 편북(偏北) 거리(동서 기준선에서 북쪽으로 잰 거리), 위도선.
make very little northing 약간 북으로 치우치다.
Nórth Ísland 명 노스섬(뉴질랜드 2대 섬 중 북쪽 섬).

Nórth Koréa 圀 북한. **Nórth Koréan** 휑뗑
north·land [nɔ́ːrθlənd, -læ̀nd] 圀 **1** 북국, 북지; 북부 지방. **2** (N-) 스칸디나비아 반도. ~·**er** 圀
nórth líght 圀 북쪽에서 들어오는 빛; 북창(北窓): (보통 ~s) 북극광.
Nórth·man [nɔ́ːrθmən] 圀 고대 스칸디나비아인. (또는 **Norseman**)
north·most [nɔ́ːrθmòust/-məst] 휑 =northernmost.
north-north-east [-nɔ̀ːrθíːst, (해사) nɔ̀ːrnɔ̀ːríːst] 圀 (the ~) 북북동(略 NNE, N.N.E.). ─휑 북북동의; 북북동을 향한; 북북동으로부터의. ─튐 북북동에[으로부터].
north-north-west [-nɔ̀ːrθwést, (해사) nɔ̀ːrnɔ̀ːrwést] 圀 (the ~) 북북서(略 NNW, N.N.W.). ─휑 북북서의; 북북서로 향한; 북북서로부터의. ─튐 북북서에; 북북서로부터.
north-po·lar [-póulər] 휑 북극의(arctic).
Nórth Póle 圀 (the ~) (때로 n- p-) 북극(北極). ⇒ZONE 그림. 「대륙 사이의 바다」
Nórth Séa 圀 (the ~) 북해(北海)(대브리튼섬과 유럽
Nórth Séa óil 圀 북해 원유.
nórth-seek·ing póle [-síːkiŋ-] 圀 (자석의) 북극.
Nórth Slópe 圀 Alaska 북부 해안 지역. 「북 대화」
North-South [-sáuθ] 圀 남북의.¶ ~ dialogue 남
North-Sóuth próblems 圀圀 남북 문제(북반구의 선진국과 남반구의 저개발국들간의 경제 격차 문제).
Nórth Stár 圀 (the ~) (천문) 북극성(Polaris).
Nórth Stár Stàte 圀 (the ~) 미국 Minnesota 주의 별칭.
Nórth Témperate Zòne 圀 (the ~) 북온대(북회귀선과 북극권 한계선 사이의 지역).
North·um·bri·a [nɔːrθʌ́mbriə] 圀 **1** 노섬브리아 왕국(영국 북부의 옛 왕국). **2** 영국 북동부 노섬벌랜드(Northumberland)의 별칭.
North·um·bri·an [nɔːrθʌ́mbriən] 휑 노섬브리아 왕국(사람, 방언)의; 노섬벌랜드 지방(사람, 방언)의. ─圀 노섬브리아 사람; 노섬브리아 방언; 노섬벌랜드 사람; U 노섬벌랜드 방언.
Nórth Vietnám 圀 북베트남(통일 전의 북위 17° 선 이북 지역). **Nórth Víetnamése** 圀휑
north·ward [nɔ́ːrθwərd, (해사) nɔ́ːrðərd] 휑 북으로의[을 향한]; 북방의[에 있는]. (또는 **northwardly**) ─튐 북방에[으로], 북을 향해. (또는 **northwards**) ─圀 (the ~) 북방, 북부(~ part).
‡**north·west** [nɔ̀ːrθwést, (해사) nɔ̀ːrwést] 圀 **1** (the ~) 북서(略 NW, N.W.). **2** (보통 the ~) 북서부, 북서 지방. **3** (the N-) a) (미국의 서쪽 경계가 Mississippi 강이던 무렵의) 미국 북서부. b) 미국 북서부(특히 Washington, Oregon, Idaho의 3개 주(州)). c) 캐나다 북서부. **4** (시) 북서풍.
northwest by north 북서미북(微)북(略 NWbN); 북서미북[으로, 에 있는].
northwest by west 북서미(微)서(略 NWbW); 북서미서의[으로, 에 있는].
─휑 북서의[에 있는]; 북서로의; (바람 따위가) 북서쪽으로부터의. ─튐 북서에[로]; 북서로부터.
Nórthwest Áirlines 圀 노스웨스트 항공(사)(미국의 항공 회사). 「북서풍. 북서 강풍.」
north·west·er [nɔ̀ːrθwéstər, (해사) nɔ̀ːrwéstər] 圀
north·west·er·ly [nɔ̀ːrθwéstərli, (해사) nɔ̀ːrwést-] 휑튐 북서의; 북서에 면한[를 향한]; (바람 따위가) 북서쪽으로부터의. ─튐 북서로; 북서쪽으로부터. 「북서풍.」
*north·west·ern** [nɔ̀ːrθwéstərn, (해사) nɔ̀ːrwést-] 휑 **1** 북서의. **2** (바람 따위가) 북서쪽으로부터의. **3** (N-) 북부 북서 지방의.
Nórthwèst Pássage 圀 (the ~) 북서 항로(캐나다와 알래스카의 북극 연안을 따라 대서양과 태평양을 잇는 항로).

Nórthwest Térritories 圀圀 (단수취급) (the ~) 노스웨스트 준주(準州)(캐나다 서부의 광대한 지역).
north·west·ward [nɔ̀ːrθwéstwərd, (해사) nɔ̀ːrwést-] 휑 북서에 있는[로 향한]; 북서로의. ─튐 북서에[로]. ─圀 북서, 북서부.
north·west·wards [nɔ̀ːrθwéstwərdz] 튐 = northwestward.
Nórth Yémen 圀 북(北)예멘. ⇒YEMEN
nor·trip·ty·line [nɔːrtríptəliːn] 圀 (약학) 노르트립틸린(우울증 치료제).
Norw. Norway; Norwegian.
Nór·walk àgent [nɔ́ːrwɔːk-] 圀 (의학) 노워크 인자(腸管炎) 감기의 원인이 되는 바이러스 입자). [<노essential 분리 성공한 미국 Ohio주의 도시 Norwalk]
nor·ward [nɔ́ːrwərd] 튐휑 =northward.
‡**Nor·way** [nɔ́ːrwei] 圀 노르웨이(스칸디나비아 반도 서부의 왕국; 수도 Oslo).
*Nor·we·gian** [nɔːrwíːdʒən] 휑 노르웨이의; 노르웨이인(人)[어]의. ─圀 노르웨이(인) 특유의.
Norwegian [or *Scandinavian*] *steam* (英속어) 인력, 근력(筋力).
─圀 노르웨이인[주민]; U 노르웨이어(語).
nor'·west·er [nɔːrwéstər] 圀 (해사) (선원용) 레인 코트[방수모](sou'wester); 북서(강)풍(northwester); (英속어) 독한 술.
Nórwich Schóol 圀 (the ~) (미술) 노리치 파(19세기 영국 풍경화의 화파).
Nos, Nos., nos. numbers. **n.o.s.** not otherwise specified(별도의 지정이 없으면).
‡**nose** [nouz] 圀 *nos·es* [-iz] **1** 코.¶ an aquiline [a Roman] ~ 매부리코 / ~ glasses 코걸이 안경 / the bridge of the ~ 콧대 / bleed at the ~ 코피를 흘리다 / hold [pinch] one's ~ 코를 쥐다[꼬집다]. **2** (a ~) (예민한) 후각(sense of smell); (…에 대한) 직감력, 탐지력, 식별력, 육감(for). ¶ a good ~ for discovering …을 발견하는 예민한 육감. **3** (one's ~) (구어) 참견(하기 좋아함), 간섭. **4** U (英) (전초·차 따위의) 냄새, 악취(of). **5** 모양이 코와 닮은 것(관(管)·통(筒)의 끝, 총구, 골프채의 헤드 끝; 선수(船首), 기수(機首); 어뢰(魚雷)의 끝 따위). **6** (속어) (경찰의) 끄나풀, 밀고자(informer)
(always) have [or *keep*] *one's nose in a book* 항상 책만 읽고 있다. 「마음대로 되는 것.」
a nose of wax (고어) 남이 하라는 대로 하는 사람;
as plain as the nose on [or *in*] *one's face* 극히 명백한. 「son's (very) nose.」
at [or *before*] *one's (very) nose* =*under a* per-
bite a person's nose off 남에게 무뚝뚝한 대답을 하다, 퉁명스럽게 대하다.
bloody a person's nose 남의 자존심을 상하게 하다.
blow a person's nose for (구어) 남을 위해 무엇이 」든 해주다.
blow one's nose 코를 풀다.
by a nose (속어) (경마 따위에서) 코 (길이) 차로; 가까스로. ¶ win a race *by a* ~ 근소한 차로[가까스로] 레이스에 이기다.
cannot [or *not to be able to*] *see beyond* (*the length* [or *the end*] *of*) *one's nose* 코앞의 일밖에 모르다, 한치 앞을 못 보다.
count noses ① (출석자·찬성자 등의) 인원수를 세다. ② 인원수의 다소만으로 결정하다.
cut off one's nose to spite one's face 홧김에 자기에게 불리한 짓을 하다. ② 직감에 의존하다.
follow one's (own) nose ① 곧장 앞으로 나아가다.
get a bloody nose 자존심이 손상되다.
get one's nose cold (美속어) 마약을 코로 흡입하다.
get one's nose out of joint (美구어) 무시당하게 로 생각하다, 언짢게 생각하다.

get up *a person's* ***nose*** 《英구어》 남을 초조하게 만들다, 남의 비위를 건드리다. 「(*for*).
have a (good) nose (탐정 등이) 냄새를 잘 맡다
have *a person's* ***nose open*** 《美속어》 남의 정욕을 부추기다, 화를 불끈 돋우다.
have *one's* ***nose out of joint*** 기분이 나쁘다.
have *one's* ***nose (wide) open*** 《美흑인 속어》 홀딱 반해 있다. 「못해 받아들이다.
hold *one's* ***nose*** (냄새가 고약해서) 코를 쥐다; 마지
hold [or ***have***] *one's* ***nose in the air*** 오만하게 굴다, 거들먹거리다.
in spite of *a person's* ***nose*** 남의 반대를 무릅쓰고.
keep [or ***hold, put***] *a person's* ***nose to the grindstone*** [or ***the wheel***] 남을 쉴새 없이 부려먹다, 혹사하다. 「섭을 하지 않다.
keep *one's* ***(big) nose out of*** 《구어》 쓸데없는 간
keep *one's* ***nose clean*** 《구어》 점잖게 행동하다, 분규에 말려들지 않으려 하다.
lead *a person* ***by the nose*** 남을 마음대로 끌고 다니다, 맹종(盲從)시키다, 완전히 지배하다. 「멸하다.
look down *one's* ***nose at*** 《구어》 …을 깔보다, 경
make a long nose at …을 깔보다, 비웃다.
make *a person's* ***nose swell*** 남을 부러워하게 하다.
nose and chin 《속어》 (경마에서) 1등(win).
nose down [up] (항공기가) 기수를 내리고[올리고].
nose to nose 마주보고, 얼굴을 맞대고(face to face).
nose to tail 《英구어》 (차가) 정체되어, 앞차와 바싹 붙어. 「하기 위해) 코끝을 맞대고.
on *a person's* ***nose*** 〔미식축구〕 (블로킹이나 태클을
on the nose 《美구어》 ① 정확하게, 완벽하게; 시간에 맞게. ② 《濠구어》 썩은, 구린내 나는. ③ 《濠구어》 불쾌한; 타당성이 의심되는. ④ (경마 따위에서) 1착으로, 우승하여.
pay through the nose 터무니없는 값을 치르다.
pick *one's* ***nose*** 코를 후비다. 「말).
powder *one's* ***nose*** 화장실에 가다(* 여성이 쓰는
put *a person's* ***nose out of joint*** ① (애호·애정을 받고 있는) 사람을 밀어내다, 남의 총애를 가로채다. ② 남의 콧대를 꺾다, 남의 계획[희망]을 좌절시키다.
put [or ***poke, push***] *one's* ***nose into*** …에 참견하다, 간섭하다.
(right) under *a person's* ***(very) nose*** 《구어》 남의 코 앞에서, (바로) 면전에서; 확실하게 보이는 곳에서.
rub *a person's* ***nose in*** 남에게 달갑지 않은 체험을 시키다.
rub *a person's* ***nose in it*** [or ***the dirt***] 《구어》《경멸적》 남의 언동[실패]을 야단치다, 벌주다; 남에게 잔소리를 퍼붓다. 「(남과) 친하게 사귀다.
rub noses (미개인·동물이) 코를 비비며 인사하다;
see beyond [or ***further than***] *one's* ***nose*** 《조건·의문·부정문에서》 선견지명이 있다, 현명하게 판단하다.
see no further than (the end of) *one's* ***nose*** 근시안적이다, 앞을 내다보지 못하다.
shove [or ***stick, thrust***] *one's* ***nose into*** =*put one's nose into*.
show *one's* ***nose*** 얼굴을 내밀다, 나타나다.
snap *a person's* ***nose off*** 무례하게 남의 말을 가로막다, 잔소리하다. 「하다.
speak through the [or *one's*] ***nose*** 콧소리로 말
stick *one's* ***nose in the air*** =*hold one's nose in the air*. 「흡입하다.
take it through the nose 《美속어》 코카인을 코로
tell noses =*count noses*.
thumb *one's* ***nose at*** *a person* 남을 비웃다.
turn up *one's* ***nose at; turn*** *one's* ***nose up at*** …을 비웃다, 코방귀뀌다, 경멸하다(scorn).
under *a person's* ***(very) nose*** 남의 코앞에서, 바로 면전에서. 「하여.
with *one's* ***nose at the grindstone*** 뼈빠지게 일
with *one's* ***nose in the air*** 오만하게, 거드름 피우며.
—[동] (*~d; nos·ing*) [타] **1** 냄새를 맡다; …의 냄새를 맡아 알아내다, …을 찾아내다(*out*). ¶ (~+[目]+[副]) ~ it *out* (기자 등이) 눈치채다, 냄새 맡다 / He easily ~*s out* another's secrets. 그는 남의 비밀을 쉽게 냄새 맡는다. **2** …에 코를 비벼대다, …을 코로 밀다. ¶ (~+[目]+[補]) ~ a door open 코끝으로 문을 열다. **3** 《one's way와 함께》 (배 따위가) 조심스럽게 전진하다, (비행기 따위가) 돌진하다. ¶ (~+[目]+[前]+[名]) ~ one's way *through* the fog 안개 속을 조심스럽게 전진하다. **4** …을 콧소리로 말하다[노래하다]. **5** 〔경마〕 …을 근소한 차로 이기다(*out*). **—**[자] **1** (…을) 냄새 맡다[맡아보다], 냄새 맡고 다니다(*at, about*). ¶ (~+[前]+[名]) The dog kept *nosing about* the room. 개는 방안을 냄새 맡고 다녔다. **2** (…을) 찾다(*after, for*); (…을) 꼬치꼬치 캐다(pry)(*about, into*); (…에) 간섭하다, 참견하다(*into*). ¶ Don't ~ *into* another's affair. 남의 일을 꼬치꼬치 캐지 마라. **3** (배 따위가) 수평으로 흔들리면서 전진하다. **4** (지층(地層) 따위가) 기울다, 내려가다(*in*), 노출되다(*out*). **5** 《英속어》 (경찰의) 끄나풀 노릇을 하다; (…에) 밀고하다(*on*).
nose a job in everything 무엇이든 자기에게 이익되는 것을 찾아내다.
nose down (비행기가 하강하기 위해) 기수를 내리다.
nose in (…에) 접근하다, 전진하다(*to*).
nose on …을 (경찰에) 밀고하다.
nose out 《구어》 ① 근소한 차로 이기다. ② 찾아내다.
nose over (비행기가) 기수를 쳐박고 뒤집히다.
nose up (비행기가 상승하기 위해) 기수를 올리다.
nóse àpe [명] 〔동물〕 긴코원숭이.
nóse bàg [명] **1** =feed bag. **2** 《美속어》 종이 봉지에 넣은 음식; 도시락(통). **3** 《구어》 가스 마스크. (또는 **nósebàg**) 「다.
put [or ***get, tie***] ***on the nose bag*** 식사 (준비) 하
nose·band [nóuzbæ̀nd] [명] (말의) 재갈 가죽 끈. ⇨HARNESS 그림. **~·ed** [형] 「出血).
nose·bleed [nóuzblìːd] [명] 코피(가 남), 비출혈(鼻
nóse bòb [명] 《美속어》 =nose job.
nose-burn·er [nóuzbə̀ːrnər] [명] 《美속어》 대마초 「담배 꽁초.
nóse càndy [명] 《美속어》 =cocaine.
nóse còne [명] 노즈콘(로켓 따위의 원뿔형 머리 부분).
nose·count [nóuzkàunt] [명] **1** 《구어》 인원수 세기; 투표의 집계. **2** (수에 의한) 결정, 다수결. (또는 **nóse còunt**) **~·er** [명]
-nosed [nouzd] [연결] 「코」의 뜻. ¶ aquiline-*nosed* (매부리코의) / snub-*nosed*(사자코의).
nose·dive [nóuzdàiv] [명] **1** (항공기의) 수직 강하. **2** 《구어》 (가격·이익 따위의) 폭락, 급락, 격감. **3** 《속어》 갑작스런 불운. **4** 《美속어》 (무료 급식을 받기 위해) 전도 집회에서 신앙을 받아들이는 일. **5** 《美속어》 (복서가) KO당한 체하고 쓰러지는 일. (또는 **nóse dìve**)
take a nosedive 《美구어》 급강하하다; 폭락하다.
—[동][자] 수직 강하하다; 《구어》 폭락[격감]하다. (또는 **nóse-dive**)
nóse dròps [명][복] 점비제(點鼻劑).
nóse flùte [명] (타이·피지 등의) 코(로 부는) 피리.
nose·gay [nóuzgèi] [명] **1** (향긋한) 작은 꽃다발. **2** 칭찬. **3** 《고어》 향수.
nóse gèar [명] (항공기의) 앞바퀴.
nóse glàsses [명] 코안경.
nóse guàrd [tàckle] [명] 〔미식축구〕 노즈가드(middle guard).
nóse hàbit [명] 《美속어》 마약 상용.
nóse jòb [명] 《구어》 코의 미용 성형(rhinoplasty).
nose-led [∠lèd] [형] 하자는 대로 하는.
nose-lung·er [∠lʌ̀ŋər] [명] 《속어》 콧물.
nóse mònkey [명] =nose ape.
nóse òrnament [명] (미개인들의) 코걸이 (장식).

nóse pàint 명 (속어) 술; (속어) (술꾼의) 딸기코.
nose·piece [nóuzpìːs] 명 1 (투구 따위의) 코덮개. 2 =noseband. 3 (현미경의) 대물(對物) 렌즈대(臺).
nose·pipe [nóuzpàip] 명 (용광로의) 배기관(排氣管) 주둥이. 「일격.
nos·er [nóuzər] 명 (고어) 강한 맞바람; 코에 대한
nose·rag [nóuzræɡ] 명 (속어) 손수건. (또는 **nóse ràg**)
nose-ride [´-ràid] 동자 파도타기[서핑]판의 끝에 타다에서 곡예 서핑하다. 「이.
nóse rìng 명 (소 따위의) 코뚜레; (미개 토인의) 코걸
nose-thumb·ing [´-θλmiŋ] 명[U] (美) (엄지손가락을 코에 대고 네 손가락을 펴는) 경멸[조롱]하는 몸짓.
nose-warm·er [´-wɔ̀ːrmər] 명 (속어) 짧은 물부리; (美속어) =nose-burner. 「바퀴.
nose·wheel [nóuzhwìːl] 명 (항공) (비행기의) 앞
nóse whèelie 명 (美) (스케이트보드에서) 체중을 앞에 얹고 뒷바퀴를 뜨게 하는 기술.
nose·wing [nóuzwìŋ] 명 콧방울.
nos·ey [nóuzi] 형 =nosy.
Nósey Párker 명 (종종 n- p-) =Nosy Parker.
nosh [nɑʃ/nɔʃ] 명 (구어) 1 간식; 음식물. 2 =~ bar. ━ 자 1 간식하다, 가볍게 식사를 하다. 2 (美속어) 게걸스럽게 먹다. [<Yid]
nósh bàr[hòuse] 명 (구어) 레스토랑, 스낵.
nosh·er [náʃər/nɔ́ʃ-] 명 (구어) 1 간식을 많이 하는 사람, 가볍게 식사하는 사람. 2 (英) 사기 전에 시식부터 하는 사람; 레스토랑 고객.
nosh·er·ei [nàʃərái/nɔ́ʃ-] 명 (속어) 가벼운 식사, 간식, 스낵. 「양식집.
nosh·er·y [náʃəri/nɔ́ʃ-] 명 (구어) (간이) 식당, 경
no-show [nóuʃòu] 명 1 (구어) (비행기·배·열차 따위의 좌석을 예약하고도) 나타나지 않는 승객. 2 입장권을 구입하고도 사용하지 않는 사람. 3 결석자, 결근자. ━ 형 (예정대로) 나타나지 않는; (봉급을 받는데도) 나타나지 않는, 하는 일 없는.
nosh-up [náʃλp/nɔ́ʃ-] 명 (a ~) (英속어) 호화로운 식사. ¶ have a ~ 실컷 먹다.
nó síde [럭비] 게임 끝(심판 용어).
nos·ing [nóuziŋ] 명 [건축] 1 디딤코(계단 디딤판의 가장자리); 디딤코에 댄 쇠붙이. 2 부벽(扶壁)(buttress)의 돌출부.
no-sleep [´-slíːp/´´] 명 불면의. ¶~ fits 불면증.
nos·o- [násou, -sə/nɔ́s-] 연결 disease의 뜻 (* 모음 앞에서는 nos-). ¶ nosology.
nos·o·co·mi·al [nàsəkóumiəl/nɔ̀s-] 형 (감염이) 병원의, 병원 생활에 의한, 병원 안에서의.
no·sog·ra·phy [nousɑ́ɡrəfi/nɔsɔ́ɡ-] 명[U] 질병학, 질병 기술학(記述學). **-pher** 명 **no·so·gráph·ic** 형
no·sol·o·gy [nousɑ́lədʒi/nɔsɔ́l-] 명[U] 질병 분류학; 질병 분류(표); 질병에 대한 지식.
-gist 명 **-log·ic, -log·i·cal** 형
nos·o·pho·bi·a [nɑ̀səfóubiə/nɔ̀s-] 명 (정신의학) 질병 공포(증).
NOSS (군사) Naval Ocean Surveillance Satellite (해군 해양 감시 위성).
***nos·tal·gia** [nɑstǽldʒə, -dʒiə/nɔs-] 명[U] 향수(鄕愁), 노스탤지어, 회향병(懷鄕病); 향수를 불러일으키는 것; 과거의 사물에 대한 깊은 그리움[동경](for).
-gic 형 **-gi·cal·ly** 부 「가; 고미술상.
nos·tal·gist [nɑstǽldʒist/nɔs-] 명 골동품 수집
nos·tol·o·gy [nɑstɑ́lədʒi/nɔstɔ́l-] 명 노인병학.
Nos·tra·da·mus [nɑ̀strədéiməs, -dɑ́ː-/nɔ̀s-] 명 1 노스트라다무스(1503–66: 프랑스의 점성술사·의사; 본명 Michel de No(s)tredame). 2 (종종 **~es**) (때로 n-) (일반적으로) 예언자, 점성술사. ¶ You are as good as a prophet as ~. 당신 이야기는 애매모호해서 도저히 알아들을 수 없다. **-dám·ic** 형

***nos·tril** [nɑ́strəl/nɔ́s-] 명 콧구멍; 콧방울.
*get up a person's **nostrils** (구어) 남을 몹시 초조하게 만들다.
*stink in the **nostrils** of ⋯에게 심한 따돌림[미움]을 받다, ⋯에게 역겨운 대상이 되다.
*the breath of a person's **nostrils** ⇨BREATH.
━ 자 콧구멍처럼 보이다[움직이다]. ━ 타 ⋯을 콧구멍으로 들이마시다[내보내다].
nóstril shòt (美속어) (각도가 잘못되어) 보기 싫은 화상(畫像).
no-strings [´-stríŋz] 형 조건이 붙지 않은.
nós·tro accóunt [nástrou-/nɔ́s-] (은행) 노스트로 계정(외국의 거래처 은행에 예치된 외국 통화의 예금 계정).
nos·trum [nástrəm/nɔ́s-] 명 (경멸적) 1 매약(賣藥); 가전 비방(家傳秘方); 비방약, 특효약. 2 엉터리 약. 3 (사회·정치 문제 따위의) 대한 비책, 묘안(for).
nos·y [nóuzi] 형 (구어) 꼬치꼬치 캐기 좋아하는; 참견하기 좋아하는(prying). 2 코가 큰. 3 (고어) 악취가 나는. 4 (고어) (차가) 향기로운. ━ 명 코주부. (또는 **nosey**) **nós·i·ly** 부 **nós·i·ness** 명
Nósy Párker 명 (종종 n- p-) (구어) 캐묻기 좋아하는 사람, 참견 잘하는 사람.
‡**not** ⇨NOT. (p. 1883)
NOT [nɑt/nɔt] 명 [컴퓨터] 노트, 부정(否定)(진위(眞僞)를 역으로 하는 논리 연산(演算)).
NOTA none of the above.
no·ta be·ne [nóutə béini, -bíːni] 주의(하라)(略 N.B., n.b.). [<L note well] 「할 일[것].
no·ta·bil·i·a [nòutəbíliə] 명[pl.] 주의해야 할 사항, 기록해야
no·ta·bil·i·ty [nòutəbíləti] 명[U] 1 현저(顯著), 저명, 탁월. 2 (-ties) (英) 명사(notable person).
‡**no·ta·ble** [nóutəbl] 형 (more ~; most ~) 1 (⋯으로/⋯로서) 주목할 만한, 현저한; 중요한; (사람 등이) 저명한, 유명한; 탁월한(for / as). 2 (고어) 수완 있는, 근면한, 일을 잘 하는; (주부가) 살림을 잘하는, 알뜰한. 3 (화학) 감지[지각]할 수 있는. ━ 명 1 (~s) (익살) 명사, 저명 인사. 2 (보통 N-) (프랑스 역사) 명사 의원(名士議員). 3 (고어) 현저한 일[것]. **~·ness** 명
‡**no·ta·bly** [nóutəbli] 부 현저하게, 두드러지게, 명백하게; 눈에 띄게, 특히.
no·tam [nóutəm] 명 [항공] 항공 정보(승무원용 운항 정보). (또는 **NOTAM**) [<notice to airmen]
no·tan·dum [noutǽndəm] 명 (pl. **-da** [-də], **~s**) 주의 사항; 각서, 메모.
no·taph·i·ly [noutǽfəli] 명 (취미로서의) 은행권 [지폐] 수집. **-list** 명
no·tar·i·al [noutέəriəl] 형 공증(인)의; 공증인에 의해 작성[인정]된. ¶ a ~ deed 공증증서. **~·ly** 부
no·ta·rize [nóutəràiz] 타 (* (英) **-rise**) (공증인이) ⋯을 증명[인증]하다. **·ri·zá·tion** 명
no·ta·ry [nóutəri] 명 = ~ public.
nótary públic (명 **notaries p-**) 공증인(略 NP).
no·tate [nóuteit] 타자 기호(부호)로 나타내다, 기록하다. **no·tá·tor** 명 기보법[표기법] 전문가.
no·ta·tion [noutéiʃən] 명[U|C] 1 (a ~, the ~) (특수한 문자·부호 따위에 의한) 표시[표기]법, 기호법, 표기; (기) 기수법(記數法); (음) 악보, 기보법(記譜法). ¶ Arabic[Roman] ~ 아라비아(로마) 숫자법 / chemical ~ 화학 기호법 / musical ~ 기보법 / a broad[narrow] ~ (음) 광의 문자의 (간략[정밀] 표음법 / decimal ~ 십진법. 2 써두기, 메모하기; (美) 기록, 각서(note); 주해(註解). ¶ make a ~ 써넣다, 기입하다. **~·al** 형
not-be·ing [nɑ́tbíːiŋ/nɔ́t-] 명[U] 실재하지 않음, 비존재(非存在), 무(nothingness).
***notch** [nɑtʃ/nɔtʃ] 명 1 (물체의 표면·가장자리의) V자형 새김눈, 홈(in, on). 2 (득점 등을 기록하기 위해

not은 대표적인 부정어(negative)로서 다양한 기능을 갖는다. ① 술부·술어 동사의 부정, ② 뒤에 이어지는 어·구·절의 부정, ③ 부분 부정, ④ 부정하는 문장·절·동사 따위의 생략 대용어로서의 기능 등이 있다. ③은 부정(不定) 대명사 또는 always와 같은 일부 부사와 함께 쓸 때 발생하며, ①에서는 not의 위치에 유념하도록 한다. 그 위치는 Ⅲ(被)수식어에 대해서 전치(前置)와 후치(後置)의 두 가지가 있다. 이 밖에 조동사·be 동사·have+not은 흔히 간략형으로 단축되어 쓰인다는 점도 명심해야 할 사항이다.

‡**not** [nɑt, 약 nt, n/nɔt, 약 n, n̩] 부 **1** (술부·술어 동사의 부정; 문장의 부정) …아니다, …않다. **a)** (평서문에서) (* (구어)에서는 조동사·be 동사·have 동사를 수반할 때 종종 n't로 단축되어 결합한다. 예: isn't, ain't, don't, haven't, shan't, won't, can't 따위) ¶I do ~ [or don't] know. 나는 모른다 / Do ~ [or Don't] move. 움직이지 마라 / She did ~ [didn't] have breakfast this morning. 그녀는 오늘 아침 식사를 하지 않았다 / He will ~ [or won't] come tomorrow. 그는 내일 오지 않을 것이다 / It is ~ [or isn't] right. 그것은 옳지 않다 / I have ~ [or haven't] got the book. 나는 그 책을 갖고 있지 않다 / I don't think it is true. 나는 그것이 사실이라고 생각하지 않는다(* I think it is not true.라고 해도 같은 뜻이 되나, 말하는 사람의 의견을 특별히 명시할 필요가 없을 때에는 주절(主節)에 not을 쓰는 것이 보통이다) / She did ~ make any answer. 그녀는 아무 대답도 안했다(= She made no answer.)(* not…any 또는 …no나 no…가 관용적인 표현이고 any…not과 같이 거꾸로 되지는 않는다. 따라서 *No* one knows the fact.를 *Any* one does *not* know the fact.라고 표현하지는 않는다).
b) (의문문에서) (* 부정 의문의 경우, (구어)에서는 not이 주어 앞에 놓여, 조동사·be 동사·have 동사와 단축 결합하며, 문어체에서는 not이 주어의 뒤에 오게 된다) ¶*Isn't* it [or *Is* it ~] a good idea? 그것은 좋은 생각이 아니냐? / *Don't* you [or *Do* you ~] understand? 너는 그것을 모르겠느냐? / *Won't* you go there? 그곳에 안 가겠습니까?
c) (부가의문문에서) (* 상승조(上昇調)에서는 상대의 확인을 구하고, 하강조에서는 상대의 동의를 기대한다) ¶He is kind, *isn't* he? 그는 친절하군, 그렇지? : (하강조) 그는 친절하군요, 그렇죠? / Your father told you about it, *didn't* he? 아버지께서 그것을 자네에게 말씀하셨지? / Your associate is gone, is he ~? 네 동료는 떠났군, 안 그런가? (* 다음의 용례처럼 부정의 진술에 붙일 경우에는 보통 상대방의 말에 대한 관심을 나타낸다: He isn't ready, isn't he? 그는 준비가 돼 있지 않다는데, 사실인가?)
d) (고어) (동사 뒤에서) ¶Cast ~ your pearls before swine. 너희 진주를 돼지 앞에 던지지 마라(←마태복음(Matt.) 7:6) / They toil ~, neither do they spin. 수고도 아니하고 길쌈도 아니하느니라(←마태복음(Matt.) 6:28) / He that has no children knows ~ what is love. (속담) 자식을 두어야 사랑이 무엇인가를 안다(* 오늘날의 문어체에서 이런 식의 부정을 만드는 동사가 소수다. care, doubt, know, mistake 따위: I know ~ what.).
e) (시) (동사 앞에서) ¶I ~ doubt: He came alive to land. 나는 의심치 않네, 그가 아무 일도 무사히 상륙했음을(←Shakespeare작 *Tempest* 2:1).
f) (속어·방언) (다른 부정어와 중복 병용해서 부정을 강조) ¶I don't know nothing. 나는 아무것도 모른다 / I won't do so no more. 두 번 다시 그런 짓은 않으리라.
2 (단어·구·문장의 부정) (* not은 부정해야 할 단어·구·문장의 앞에 온다) ¶N~ you, of course. 아니, 물론 너는 아니다 / It is his book, (and) ~ mine. 그것은 그의 책이지 내것이 아니다 / N~ a man spoke to him. 누구 하나 그에게 말을 거는 사람이 없었다 / He spoke ~ a word. 그는 단 한마디도 하지 않았다 (* 「not a+명사」는 「no+명사」의 강조형. 「not a single+명사」는 보다 더한 강조형) / I will ~ do such a thing. ~ I. 나는 그런 짓을 안한다, 안하고 말고 / They won't join the party. ~ they. 그들은 그 파티에 참석하지 않을 것이다, 안하고 말고 (* 부정문의 뒤 또는 부정의 대답에서 대명사와 함께 사용하여 부정을 강조한다).

USAGE¹ **not A and B**와 **not A or B** ── 전자는 A+B를 전체적으로 부정한다: You can*not* eat the cake and have it. (너는 그 과자를 먹고 또 소유할 수는 없다. 양쪽 다 좋을 수는 없다.) 이에 대하여 후자는 A와 B를 개별적으로 부정한다: He did ~ speak loudly *or* clearly. (그는 큰 소리로 말하거나 분명하게 말하지 않았다.) 또 「A도 아니고 B도 아니다」의 뜻의 경우 not A or B와 not A nor B 중에 어느 쪽이나 쓸 수 있지만 nor를 쓰는 표현은 B의 부정을 강조하는 효과가 있다: You must ~ move *nor* speak. (너는 움직여도 안 되고 말해도 안 된다.)

3 (분사·동명사·부정사에 선행하여 그것을 부정) ¶N~-having money enough, I can't enjoy shopping. 돈이 넉넉하지 않아서 쇼핑을 즐길 수가 없다 / She smiled, ~ being able to help it. 그녀는 참다 못해 미소 지었다 / I regret his ~ having done it. 그가 그것을 하지 않은 것이 유감스럽다 / I told him ~ to go there. 나는 그에게 그곳에 가지 말라고 말했다 / *I come to bury Caesar, ~ to praise him.* 나는 시저를 매장하러 온 것이지 그를 찬양하러 온 것은 아니다(←Shakespeare작 *Julius Caesar*).

4 (뜻하는 의미와는 반대의 의미를 갖는 어구 앞에 써서 표현을 완곡하게 하기도 한다) ¶~ a few 적지 않은 (* 수에 대하여 말한다) / ~ a little 적지 않은 (* 양·정도에 대하여 말한다) / ~ long ago 최근에 / ~ seldom 종종 / ~ once or twice 한두 번 아니게, 여러 번 / ~ too well 별로 신통치 않은 / ~ without some doubt 의심스러운 점이 없지는 않은 / It is ~ uncommon. 그것은 희귀한 것은 아니다.

5 (부분부정) 모두가 …은 아니다, 반드시 …은 아니다, 반드시 …이라고는 할 수 없다 (* 부정 대명사 all, every, both 따위 및 부사 always, altogether, necessarily 따위가 부정되었을 때에 일어난다). ¶N~-everybody wants to go. 모두가 다 가고 싶어하는 것은 아니다 / I don't know *both* of them. 나는 양쪽 다 아는 것은 아니다(한쪽은 알고 있다) (참) I know *neither* of them. 나는 양쪽 다 모른다(전체 부정) / The rich are ~ *always* happy. 부자가 반드시 행복한 것은 아니다 / *All* is ~ gold that glitters. (속담) 빛나는 것이 모두 금은 아니다.

USAGE² 이중 부정(**double negative**) ── 한 문장 속에 2개의 부정어가 사용되면 서로가 상쇄되어 긍정과 같은 뜻을 나타낼 때가 있다. 그러나 단순한 긍정보다는 어느 정도 약한 표현이 된다: There is *nothing* he does ~ know. 그가 모르는 것은 하나도 없다(= He knows *everything*.). 그러나 2개의 부정어가 있어도 여전히 부정의 뜻을 나타내는 경우도 적지 않다:

I could ~ find it *nowhere*. 나는 그것을 어느 곳에서도 찾을 수가 없었다(=I could ~ find it *anywhere*.). 이와 같은 부정을 나타내는 2중 부정은 표준 용법이라고는 할 수 없으며, 비어(卑語) 수준에서 많이 쓰이고 있다.

6 《but과 상관적으로》 …은 아니고. ¶*N*– Henry *but* Ellen supports the family. 그 가족을 부양하고 있는 것은 헨리가 아니라 엘런이다 / Dessert is served ~ at the beginning *but* at the end of a meal. 디저트는 식사를 시작할 때가 아니라 식사가 끝날 때 내는 것이다 / *N*– that I dislike the task, *but* that I am unequal to it. 나는 그 일을 싫어하기 때문이 아니라, 그 일에 적임이 아니기 때문이다 / I stayed at home ~ because I was tired *but* because I did not like to go. 나는 지쳐서가 아니라 가기 싫어서 집에 남아 있었다.
7 《부정의 문·동사·구·절 따위의 생략 대용》 ¶Will he come?—I am afraid ~.(=I am afraid he will ~ come.) 그가 올까?—안 올 것 같은데 / Are you ill?—*N*– at all. 어디 아퍼?—아니, 아무렇지도 않아 / Is it true?—I think ~. 정말이야? 정말 같지 않아 / Is he a teacher?—Perhaps ~. 그는 선생인가?—아마 아닐 거야 / Right or ~, the fact is undeniable. 옳건 그르건 간에, 그 사실만은 부인할 수가 없다 / If it clears up, I will go out; if ~, I wo*n't*. 날씨가 갠다면 나가겠지만, 그렇지 않다면 안 나가겠다.
8 《美구어》 《앞서 한 말을 강하게 부정하여》 지금 한 말은 취소; …라는 것이 아니라. ¶I quit smoking. *N*–! 담배 끊었다. 아니 거짓말! / I don't like you. *N*–! 너를 싫어한다는 게 아냐!
9 《美속어》 《대답으로 No를 대신하여》 아니. ¶You did your homework?—*Not*! 너 숙제했니?—아니!
as likely as not ⇨LIKELY.
not a …하나[한 사람]의 …도 없다(⇨2).
not a few, not a little ⇨4.
not at all ① 전혀 …아니다. ¶I did*n't* want to see any people *at all*. 나는 누구도 만나고 싶지 않았다. ② 《대답에서》 천만에, 그렇지 않다. ¶I hope I have not come too early.—*N– at all*. I was expecting you. 너무 빨리 온 것은 아니겠지.— 천만에, 기다리고 있었다네.
not…but ~; ~, (and) not… …이 아니고 ~. ⇨6. ¶He comes from China, ~ from Japan. 그는 중국 출신이 아니라 일본 출신이다.
not but what [or ***that***]***…;*** 《고어》 ***not but…*** ⇨BUT[1].
not even …조차 않다.
not give** a person **the time of day 남을 몹시 미워하여 아예 거들떠보지도 않다.
not half ⇨HALF.
not only [or ***merely, simply, just, alone***]***…but (also)~; not only…but ~ as well*** [or ***too***] …뿐만 아니라 ~도 또한(＊이것이 주어에 사용되면 동사는 but (also)의 다음 말과 일치한다). ¶She is ~ *only* beautiful *but also* intelligent. 그녀는 용모가 아름다울 뿐만 아니라 총명하기도 하다.
not seldom ⇨4.
not so much(…)as ⇨MUCH.
not that… …이라는 것은 아니다(＊that는 because의 뜻).
Not that I know of. 내가 알고 있는 한 그런 일은 없다; 나는 잘 모르겠다.
not to mention [or ***speak of***] ⇨MENTION, SPEAK.
not to say ⇨SAY.

막대에 새긴) 눈금; (옷깃 등의) V컷; (화살의) 오늬; (식물의 성장 촉진을 위해 작은 가지에 새기는) 흠집; (묘목을 심기 위해 땅에 판) 홈. **3** (뉴잉글랜드·뉴욕 북부·캐나다의) 협곡, 좁은 골짜기. **4** 《구어》 단(段), 급(級), 수; 한계, 정도. **5** 〔야금〕 (용광로에서 나오는 쇳물·찌꺼기 등의) 출구. **6** 《비어》 여자 생식기; 성교.
be a notch above 《구어》 …보다 한 단[수] 위이다.
take** a person **down a notch (or two) 《구어》 남의 콧대를 꺾다.
—[동][타] **1** 〔물체〕에 (V자형의) 새김눈을 넣다. **2** …을 (막대 따위에) 새기다; 〔득점·계산 따위〕를 기록으로 새겨 넣다(*up, down*)(*on*). **3** 《구어》 〔경기 따위〕에서 득점을 올리다, 승리를 거두다(*up, down*). ¶~ *up* a new record 신기록을 세우다. **4** 《美속어》 성교하다.
notch up [***down***] ① 득점하다. ② (단계·정도가) 높아지다[낮아지다], 증대[감소]하다.
notch·back [nátʃbæ̀k/nɔ́tʃ-] [명] 노치백(앞과 뒷부분이 층으로 된 승용차 스타일; 그 승용차). [참] fastback.
notch·board [nátʃbɔ̀ːrd] [명] =bridge board.
notched [natʃt/nɔtʃt] [형] 새김눈의, 눈금이 있는; 톱니 모양의.
nótch effèct [명] 〔기계〕 새김눈 효과(기계 부품에서 금·오목한 부분에 응력의 집중이 일어나 파괴되기 쉬워지는 일).
notch·er [nátʃər/nɔ́tʃə] [명] 눈금을 새기는 사람[도구].
notch·wing [nátʃwìŋ/nɔ́tʃ-] [명] 잎말이나방의 일종.
notch·y [nátʃi/nɔ́tʃi] [형] =notched.
NÓT circuit [명] 〔컴퓨터〕 부정(否定) 회로(입력이 에너지 온의 상태가 아닐 때 에너지 온이 되는 것).
‡**note** [nout] [명] **1** 각서, 메모, 비망록(備忘錄); (~s) (연설·강의 따위의) 요지, 초고, 원고; 기록, 수기(手記). ¶make a ~ on a piece of paper 종이 쪽지에 메모하다 / leave a ~ for her 그녀에게 메모를 남기다.
2 (서적 따위의) 주(註), 주해, 주석; 비고. ¶foot[side, rough] ~*s* 각(脚)[방(傍), 약(略)]주 / a marginal ~ 난외(欄外) 주석.
3 짧은 편지, 단신; 통고, 통지; (외교상의) 문서, 통첩, 통고서, 각서. ¶a ~ of invitation 초대장 / ~*s* from London 런던 단신 / a diplomatic ~ 외교 문서 / a thank-you ~ 사례장 / an exchange of ~*s* between two governments 양국 정부간의 각서 교환.
4 a) 〔상업〕 어음, 계약 증서; 《英》 지폐(＊《美》 bill). ¶a ~ of hand 약속 어음 / a bank ~ 은행권, 지폐 / £100 in ~*s* 지폐로 100파운드. **b)** 《美》 중기(中期) 국채; (~s) 단기 상환 사채.
5 a) [U] 저명, 유명; 중대성, 중요성. ¶a man of ~ 지명(知名) 인사 / something of ~ 무언가 값진 것. **b)** [U] 주의, 주목. ¶a movie worthy of ~ 주목할 만한 영화.
6 (a ~, the ~) 음, 음조, 음색; (새의) 지저귐, (동물의) 울음 소리; 어세(語勢), 어조; 격조; 태도, 의사 표명. ¶a bird's sweet ~*s* 새의 아름다운 울음 소리 / a ~ of censure 비난의 어조 / a strong ~ of realism 리얼리즘의 강렬한 어세. **7** [U] 징조, 암시; 분위기; 표, 부호(mark), 기호. ¶a ~ of exclamation[interrogation] 감탄부[의문부]. **8** [U] 특색, 특징. ¶the distinguishing ~ of Latin literature 라틴 문학의 두드러진 특색. **9** 〔음악〕 음표; (피아노의) 건(鍵); 음조, 음색, 선율, 곡조. ¶a whole [half] ~ 온[반]음표 / sound the ~*s* of the scale 음계의 음표를 연주하다. **10** 〔신학〕 진정하다는 표적. **11** 《구어》 뜻밖의 사태, 놀라운 사건. **12** (필기·인쇄에 사용하는) 기호, 부호, 표시; 《고어》 구두점. **13** 냄새, 향기; (향수의) 기본 성분. **14** 《고어》 오명, 치욕; 낙인. **15** 《고어》 계산서, 청구서.
change** one's **note 어조[태도]를 바꾸다.
compare notes 의견을 교환하다, 소감을 주고받다.
make [or ***have, keep***] ***a mental note*** ① (…을) 명심하다, 마음에 새겨 두다(*of*). ② (…하도록) 유념하다, 기억하다(*to* do).
make [or ***take***] ***notes of*** [or 《美》 ***on***] …을 기록[메모]하다.
of note 유명한.
sound a note of warning 경고하다.
sound the note of war 전의(戰意)를 나타내다, 주

전론(主戰論)을 펴다.
strike [or ***hit, sound***] ***a false*** [or ***the wrong***] ***note*** ① 엉뚱한 짓[말]을 하다. ② (…의) 마음에 안 들다(*with*). 「내다.
strike [or ***hit***] ***a new note*** 신기축(新機軸)을 고안해
strike [or ***hit***] ***a sour note*** 우울한 기분이 되다, 실수를 저지르다, 불쾌한 일을 하다[말하다].
strike [or ***hit***] ***the right note*** ① 옳은[적절한] 의견을 말하다. ② (…의) 마음에 들다(*with*).　「(*on*).
swap notes (美구어) (…에 관한) 정보를 교환하다
take note of …에 주목[주의]하다, 알아채다.
take notes 메모[기록, 노트]하다.
— 타 (~*d*; *not·ing*) **1** …을 써두다, 메모하다(*down*). ¶(~+图+튀) ~ *down* the main points of the lecture 강연의 요점들을 적어 두다. **2** …에 주의하다, 주목하다; …을 유의하다; …을 알아채다. ⇨ NOTICE 유의어 ¶ (~+*that* 절) You must ~ *that* this is essential. 이 점이 매우 중요하다는 것을 명심해 주십시오. **3** (글에서) …에 대해 언급하다; …을 지시하다, 보이다; …을 뜻하다. ¶~ the issue in the lecture 강의에서 그 문제에 대해 언급하다. **4** …에 주석을 달다(annotate). ¶~ a book 책에 주석을 달다. **5** …을 깨닫다, …을 인정하다. **6** (사항·상태 따위가) …을 나타내다, 지적하다. **7** (음악) …에 음표를 달다, 음표로 쓰다.
It should [or ***will***] ***be noted that…*** …에 특히 주의할 것.　「확히 받았습니다.
We have noticed your order for… 님의 주문을 주
‡**note·book** [nóutbùk] 图 **1** 공책, 노트, 비망록(備忘錄); 메모지철; 약속어음장. **2** =~ computer.
nótebook compùter 图 노트북 컴퓨터.
nóte bròker 어음 중개상(업자).¶((美) billfold).
nóte·case [nóutkèis] 图 (英) (지폐 넣는) 지갑
***not·ed** [nóutid] 图 **1** 저명한; (…으로 / …로서) 이름난, 유명한(*for / as*). ⇨ FAMOUS 유의어 ¶be ~ *for* one's strength 힘이 세기로 유명하다. **2** (음악) 악보 [음부]가 달린. ~·**ly** 图 ~·**ness** 图
nóte·hèad [nóuthèd] 图 (윗부분에 주소·회사명을 인쇄한) 편지지. (또는 **nótehèading**)
nóte·less [nóutlis] 图 **1** 무명의, 이름 없는; 눈에 띄지 않는; 평범한. **2** 음악적이 아닌; (음성) 무성[무음]의. ~·**ly** 图 ~·**ness** 图　「가능한 둘로 접은 카드.
nóte·let [nóutlit] 图 (~*s*) 짧은 편지, 단신; 메모가
Nó. 10 [nʌ́mbər tén] 图 =Number Ten.
nóte·pàd [nóutpæ̀d] 图 노트패드(한 장씩 떼어 쓰게 된 메모장).　「[편지]; 메모 용지.
nóte·pà·per [nóutpèipər] 图ⓤ (사신(私信)용의)
nóte·r [nóutər] 图 주의[주목]하는 사람; 메모하는 사람.　「[사람; 고리 대금업자.
nóte shàver 图 (美속어) 고율로 어음 할인을 하는
note·tak·ing [-tèikiŋ] 图 적어 두기, 필기.
nóte ver·bale [F nɔt vɛRbɑ́l] 图 (-*s* -*s*) (외교상의) 구상서(口上書); 무서명의 친서[문서]. (<F)
***note·wor·thy** [nóutwə̀ːrði] 图 주목할 만한, 눈부신, 현저한. ¶make ~ progress in …에서 눈부신 발전을 이룩하다. -**thi·ly** 图 -**thi·ness** 图
not-for-prof·it [ɑ̀fərpráfit / -fəpróf-] 图 비영리적인(nonprofit). ¶a ~ organization 비영리 기구.
noth·er [nʌ́ðər] 图 (구어·방언) 다른[별개의].
a whole nother (구어·방언) 전혀 다른[별개의].
‡**noth·ing** [nʌ́θiŋ] 때 (단수취급) 아무것도 …아니다, 아무짓[일]도 …않다; 조금도 …없다; 조금도 …없다(*of*) (* nothing을 수식하는 형용사는 뒤에 온다). ¶N– is more precious than time. 시간보다 귀중한 것은 없다 / N– pleased her. 어느 것도 그녀를 즐겁게 해주지 못했다 / He has ~ in him. 그는 평범한[쓸모 없는] 사람이다 / I know ~ of the matter. 나는 그 일에 대해 아무것도 모른다 / N– ventured, ~ gained. (속담) 호랑이 굴에 들어가야 호랑이를 잡는다.

주의 ***nothing***과 ***anything***—— 현대 구어에서는 관용구를 빼고는 동사의 목적어로서 nothing을 피하고 not…anything을 쓰는 경향이 있다. ¶I don't want *anything*(=I want *nothing*).

— 图 **1** ⓤ 무, 공(空), 허무. ¶You can not live on ~. 아무것도 먹지 않고는 살지 못한다 / N– comes of ~. (속담) 무에서 유(有)가 생길 수는 없다. **2** ⓤⓒ 보잘것없는[하찮은] 것, 시시한 사람, 아무래도 괜찮은 것, 무가치, 무의미. ¶the little ~*s* of life 이 세상의 자질구레한 일들 / So long as he is able, age is ~. 유능하기만 하면 그의 나이는 문제가 안 된다. **3** ⓤ (수학) 영(零), 제로. ¶Multiply 10 by ~, and the result is ~. 10 곱하기 0은 결국 0이다 / She is five feet ~. 그녀는 꼭 5피트이다. **4** 무종파[무종교]의 사람, 무신론자. ¶She is ~. 그녀는 무신론자이다.
all or nothing 전부냐 제로냐; 양자택일, 이율배반.
all to nothing 틀림없이, 철두철미.
as nothing 아무것도 아닌, 하찮은.
as slick as nothing at all (드물게) 한순간에, 눈깜짝할 사이에.　「영도 되다.
be for nothing in …에 영향을 미치지 않다, 아무 영
be nothing if not 무엇보다도 …이다, 아주 …하다. ¶He *is* ~ *if not* critical. 그는 아주 비판적인 사람이다.
be nothing to ① …에게는 아무것도 아니다, 안중에 없다, 무관하다. ② …와 비교가 되지 않다.
can make nothing of …을 전혀 이해하지 못하다.
care nothing for …이 싫다; …에 관심이 없다.
come to nothing 실패로 끝나다, 헛수고[물거품]가
count for nothing =*go for nothing*.　「되다.
dance on [or ***upon***] ***nothing*** 교수형에 처해지다.
do nothing but *do* 단지 …할 뿐이다(* but 다음에는 원형 부정사가 오는 것이 보통). ¶He *does* ~ *but* laugh. 그는 그저 웃고 있다.　「다; 당황하다.
feel like nothing on earth (구어) 몹시 불쾌해지다
for nothing ① 무료로, 공짜로, 거저. ② 무익하게, 헛되이(in vain). ¶I have endured it *for* ~. 나는 그것을 참아 왔지만 헛일이었다. ③ 까닭없이, 이유없이. ¶quarrel *for* ~ 까닭없이 싸우다.
for nothing down 계약금 없이.
give nothing for …을 높이 평가하지 않다.
give something for nothing in return 받는 것 없이 퍼주기만 하다.
go for nothing [or ***naught***] 진가[가치]가 인정되지 않다, 무익하다, 쓸데없다, 허사이다.
good for nothing 아무 짝에도 쓸모없는.
have nothing between *one's* [or ***the***] ***ears*** (구어) 어리석다, 생각이 깊지 못하다.　「없다.
have nothing in *one* (사람이) 아무 특징[개성]도
have nothing of …을 상대하지 않다, …와 아무 관련도 갖지 않다.
have nothing on ① (구어) (익살) …보다 뛰어난 점이 없다, …에 못 미치다. ¶That player *has* ~ *on* other players. 저 선수는 다른 선수보다 나은 점이 없다. ② (美구어) …에게 불리한[…을 유죄로 만들] 증거를 갖고 있지 않다, …의 약점을 쥐고 있지 않다(英) have nothing against). ③ (美) 아무것도 걸치지 않다, 벌거벗고 있다. ④ 아무런 약속[계획]도 없다.
have [or ***be***] ***nothing to do with*** …와는 전혀 관계가 없다.　「셈이다.
have nothing to lose 잃을[손해 볼] 게 없다; 속는
hear nothing of …의 소식이 없다.
Here goes nothing. …하는 데까지 해보자, (해서 잃을 건) 없다.
if nothing else 적어도, 최소한.　「밑져야 본전.
in nothing flat 재빨리, 순식간에.
It's [or ***It was***] ***nothing.*** (인사말로) 괜찮습니다, 천만에요, 됐습니다(You're welcome.).

***know** [or **not know**] **from nothing** (속어) 전혀 아무 것도 모르다.
like nothing on earth [or **in the world**] (구어) (look, feel 뒤에 쓰여) 매우, 대단히, 더할 나위 없이(* 이상함·추악함 따위를 강조). ¶Her hat looked *like* ~ *on earth*. 그녀의 모자는 참으로 이상한 것이었다. ⇒LITTLE.
little or nothing (구어) 거의 없다.
make nothing of ① …을 하찮게 보다; …을 아무렇지도 않게 보다. ② (can과 함께) …을 (조금도) 이해하지 못하다.
next to nothing 없는 것과 다름없는, 아주 약간.
no nothing (구어) (부정하는 말을 늘어놓은 다음) 아무것도 없다. ¶There is no cheese, no butter, *no* ~. 치즈도, 버터도, 아무것도 없다.
not for nothing ① 이유가 있다. ② 무익하지 않다.
nothing but [or **except**]; **nothing else but** [or **that**] 단지 …뿐(only); …에 지나지 않다. ¶*N*- *but* endeavor can solve the problem. 오로지 노력만이 그 문제를 해결할 수 있다.
nothing doing (구어) ① (N- …!) (무례한 거절의 표현) 안 된다. ② (종종 there is 뒤에 쓰여) (실패했을 때의 표현) 글렀다, 헛수고야. ③ 아무일도 없다.
nothing for it but to …할 수밖에 별 도리가 없다.
Nothing great is easy. (속담) 위대한 일에 쉬운 것은 없다.
nothing(,) if not 무엇보다도, 매우.
nothing is [or **can be**] **farther** [or **further**] **from** one's **mind** [or **thoughts**] (**than**) (…따위)는 전혀 생각지 않다, 생각나지 않다.
nothing less than ⇒LESS.
nothing like [or **near**] ⇒LIKE¹.
nothing loath (부사적) (종종 익살) 기꺼이.
nothing more and nothing less than …와 다름없다.
nothing [or **neither**] **more or** [or **nor**] **less** (**than**) 정말 …임에 틀림없다.
nothing more than ⇒MORE.
nothing much ① 매우 적다. ② (구어·인사말) 그저 그런 게 아니다.
nothing of 전혀 …이 아니다.
Nothing off! (해사) (뱃머리를 바람길로) 돌리지 마라.
nothing of the kind [or **sort**] ① 전혀 다른[별개의] 것(사람). ② (대답으로) 결코 그런 것이 아니다, 전혀 그렇지 않다, 얼토당토 않다.
nothing other than = *nothing but*.
nothing short of ⇒SHORT.
nothing to complain of (How are you?에 대한 대답으로) 잘 지낸다.
Nothing to it. (구어) ① 손쉬운 일이다, 식은 죽 먹기다. ② (감사하다는 말에 대해) 천만에.
nothing to nobody (美구어) 말로 할 수 없는.
nothing to sneeze (구어) 무시할 수 없는, 사소한.
nothing to speak of 말할 필요조차 없는, 사소한.
…or nothing …임에 틀림없다, 틀림없이 …이다.
out of nothing 무(無)에서; 아무 근거도 없이.
say nothing to …을 감동시키지 못하다.
set…at nothing …을 아무렇게도 생각지 않다.
stop at nothing 무슨 일이라도 (주저없이) 하다.
sweet [or **soft**] **nothings** 달콤한 말, 감언이설.
Thank you for nothing. (구어) (부탁을 거절당했을 때) 미안합니다, 괜찮습니다, 상관없습니다.
That's [or **It's**] **nothing unusual.** 흔히 있는 일이다.
There is nothing (**else**) **for it** (**but to do**) (체념을 나타내어) (…하는 수밖에) 달리 어쩔 수가 없다.
There is nothing like… (구어) ① …에 필적할[견줄 만한] 것이 없다. ② …와 비슷한 것이 없다.
There's nothing (**much**) **in** [or **to**] **it.** ① (소문 등이) 진실이 아니다; (비난 등이) 대단치 않다. ② (경마에서) 승산은 반반이다. ③ 아무 이득도 되지 않는다.
There's nothing to it. (구어) ① = *Nothing to it.* ② (소문 따위가) 근거가 없다, 사실이 아니다.
think nothing of …을 아무렇지도 않게 생각하다, 경시하다. ¶*Think nothing of it!* (구어) (감사·사죄에 대해) 천 만에요. ¶*to* ~ *ing* 무(無)로 돌아가, 흔적도 없이.
to say nothing of …은 말할 것도 없이, …은 물론이다.
with nothing on 아무것도 걸치지 않고; 아무 약속 [용무]도 없는.
You ain't seen nothing yet! (구어) 정말 재미있는 건 —. 조금도 …않다. ¶*It helped me* ~. 그것은 조금도 나에게 도움이 안 되었다 / *He is* ~ *wiser than before.* 그는 그전보다 조금도 현명해진 것이 없다 / *N- bewildered, he continued his speech.* 조금도 당황하지 않고 그는 연설을 계속했다.
care nothing about …에 전혀 개의치 않다.
nothing like [or **near**] **as** [or **so**]…**as** …에 도저히 미치지 못하다, …보다 훨씬 떨어지다.
— 圖 (구어) 하찮은, 쓸모없는.
— 副 (구어) 조금도, 전혀.

noth·ing·ar·i·an [nʌθiŋέəriən] 圓 무신앙자, 무신론자.
noth·ing·ness [nʌθiŋnis] 圓 UC 1 존재하지 않음, 무(nonexistence); 공허(空虛), 허공, 공간. 2 ⓤ 죽음, 인사 불성. 3 전혀 쓸모없음, 무가치. 4 하찮은 것.

‡no·tice [nóutis] 圓 (圈 -*tic·es* [-iz]) 1 ⓤ 주의, 주목; 관찰, 인지(認知). ¶the matter under ~ 주목하고 있는 문제, 당면 문제 / *Take* ~ *you don't miss the bus.* 버스를 놓치지 않도록 하시오. 2 UC 통지, 보고, 정보; 고지, 정식 통고; 경고; (美) 성적 불량의 통지 (*of*); © 통지서. ¶a ~ *of dishonor* (상업) 어음 부도 통지서 / *a* ~ *of protest* (상업) 지불 거절 통지서 / *without previous* ~ 예고 없이. 3 UC (계약·임차 따위의) 해약 통고[예고](서); 해고 통고[예고]; 사직서. ¶*give* [*get*] *a* ~ 한달 후에 해고하겠다는 예고를 하다[받다]. 4 (종종 N-) (신문지상 따위의) 공고문, 공고 기사; 게시(판), 벽보, 삐라, 간판. ¶*the* ~ *of an engagement* 약혼 기사 / *put a* ~ *in the papers* 신문에 광고를 내다. 5 (~*s*) (신간 서적·연극·영화 따위의) 단편, 논평, 소개. ¶*a book* ~ 서평 / *get a favorable* ~ 호평을 받다. 6 ⓤ 흥미, 호의, 후대, 애고(愛顧); 정중. ¶*I commend her to your* ~. 앞으로 그녀를 잘 봐주십시오.

at [or **on**] **short** [or **a moment's**] **notice** 곧바로, 즉각, 급히.
attract [or **deserve, draw**] **the notice of** …의 주목을 끌다.
avoid [or **escape**] *a person's* **notice** 남의 주목을 피하다, 남의 눈에 띄지 않게 하다.
beneath one's **notice** 주목할 가치가 없는, 하찮은, 일고의 가치도 없는.
be under notice 예고를 받고 있다.
bring…to [or **under**] *a person's* **notice** 남에게 …을 알아차리게 하다, …을 남의 눈에 띄게 하다, 남에게 …을 주목시키다.
come into [or **to, under**] (*a person's*) **notice** (남의) 주의를 끌다[눈에 띄다]. ¶*A fact has come under my father's* ~. 어떤 사실이 아버지의 눈에 띄었다.
direct one's **notice to** …에 주의를 돌리다.
draw notice to …으로 주의를 끌다.
give [**have**] **notice of** …의 통지를 하다[받다].
give notice that… …임을 알리다, 통고하다.
give notice to …에게 통보하다. ¶*give* ~ *to the authorities* 당국에 통보하다.
on notice 예고[통고]를 받고.
post [or **put up**] **a notice** 게시하다.
put a person on notice that… …을 남에게 통고하다.
rise to notice 세상에 알려지다.
serve (**a**) **notice** (…을 / …에게) 통지[통보, 공표]하다(*of/on, to*).
sit up and take notice ① (익살) (환자가) 차도가 보이기 시작하다, 나아져가다. ② 사태를 주목하다.
take no notice of …을 무시하다. ¶할 수 있게 되다.
take notice ① 주의하다. ② (젖먹이가) 사물을 분간

take notice of …을 알아차리다. 주의하다: …을 후대하다; (신문 따위가) …을 들어 논평하다.
till [or until] further notice 추후 통지가 있을 때까지
without a moment's notice 잠시 동안의 유예도 없이, 다짜고짜.
without (previous) notice 예고 없이, 무단으로.
worthy of notice 주목할 만한.
— 〘타〙 (-tic·es [-iz]; ~d [-t]; -tic·ing) 〖타〗 **1** …을 알아차리다, 분간하다, 인지하다; …에 주의[주목]하다. ¶She did not ~ me. 그녀는 나를 알아차리지 못했다 // (~+目+do) They ~d me *come in*. 그들은 내가 들어가는 것을 눈치챘다.

[참고] notice는 지각 동사로서 목적격 보어로는 to 없는 원형 부정사를 쓴다. 그러나 수동형일 때는 to- 부정사가 된다. ¶I was ~d *to come in*.

2 …에게 아는 척하다, 상대하다. ¶He ~d me with a nod. 그는 내게 머리를 끄떡이고 인사했다. **3** …에게 통지하다, 알리다. ¶The police ~d him *to appear*. 경찰은 그에게 출두하도록 통지했다. **4** …에 언급하다; …을 지적하다, 논평하다, (신문에) 소개하다. ¶His novel was favorably ~d in the press. 그의 소설은 신문에서 호평을 받았다. **5** …을 정중하게 대하다, 후대하다.
— 〖자〗 깨닫다, 정신차리다.

[유의어] **notice** 주의를 한 다음 알아차리다. **note** 알아차리고 유의하다. **remark** 알아차린 것에 어떤 소감을 갖다. **observe** 알아차리고 잘못 주의를 하다. **perceive** 오감(五感)으로 알다, 깊은 이해력으로 사물의 의미·함축 따위를 감지하다. **discern** 사물을 주위 환경에서부터 뚜렷이 구별하여 알다.

not so's [or so, so as] you'd notice (구어) 깨닫지 못할 정도로, 그저 그 모습 정도로.

‡**no·tice·a·ble** [nóutisəbl] 〖형〗 (…으로) 이목을 끄는, 눈에 띄는 (*for*); 두드러진, 현저한, 중요한, 주목할.
⇨ OUTSTANDING [유의어] **-bil·i·ty** 〖명〗 **-bly** 〖부〗
notice bòard 〖명〗 (英) 게시판, 팻말.
no·ti·fi·a·ble [nóutəfàiəbl] 〖형〗 통지해야 할; (英) (전염병 따위를) 신고할 의무가 있는.
no·ti·fi·ca·tion [nòutəfikéiʃən] 〖명〗 **1** ⓤ (종종 a ~) 통지, 통고, 고시. **2** (a ~) 통지서, 신고서, 공고문. **3** ⓤ 출생[사망] 신고, (전염병 따위의) 발병 신고.
‡**no·ti·fy** [nóutəfài] 〖타〗 (-fied) **1** …에게 (…을 /…하도록) 통지하다, 알리다, 신고하다 (*of / to do*). ⇨ INFORM¹ [유의어] ¶ (~+目+前+名) ~ *members of a meeting* 회원에게 집회 통지를 하다 // (~+目+*to do*) The teacher *notified* pupils to assemble in the auditorium. 선생님은 학생들에게 강당에 집합하도록 통고했다. **2** (英) 공표 (…에게) 알리다, 고지하다, 발표하다 (*to*). ¶ (~+目+前+名) ~ *a case to the police* 사건을 경찰에 알리다. **-fi·er** 〖명〗 통지인.
no-till·age [ˈtílidʒ] 〖명〗 〖농업〗 무경작(無耕) 농업.
‡**no·tion** [nóuʃən] 〖명〗 (@ ~s [-z]) **1** (the ~) 개념, 일반 개념; 관념, 생각; ⓤ 이해(력). ⇨ THOUGHT [유의어] ¶a ~ of deity 신의 개념 / He has no ~ of economy. 그는 절약을 전혀 모른다 / The ~ of my doing it is absurd. 내가 그런 짓을 한다니 생각만 해도 어처구니없다. **2** (…라는) 의견, 소개하다 (*of*); (…대한) 의향, 신념, 의지 (*for*); (…하고 싶은) 생각, 기분, 허황된 생각 (*to do, of doing*). ¶He has a ~ *to marry her*. 그는 그녀와 결혼하려는 생각을 갖고 있다. **3** 소도구, 실용신안품; (~s) (美) 잡화, 자질구레한 용품(실·바늘·단추·핀 따위). **4** (~s) 영국 Winchester 대학 특유의 어휘[관용어].
common notion 통념(通念).
have a notion for …하고 싶다. ¶have a ~ *for money[fame]* 돈을 벌고[유명해지고] 싶다.
have a notion of ① …을 알고 있다. ② …라고 보다 [생각하다]; (…하려고) 생각하고 있다 (*doing*).
have a notion that …이라는 생각을 갖고 있다.
have half a notion to *do* …해볼까 하는 생각이 있다
have no notion of 전혀 짐작이 안 가다.
have no notion of *doing* …할 생각이 없다.
take a notion of *doing* 갑자기 …할 마음이 생기다.
take a notion to *do* 갑자기 …하고 싶은 마음이 생기다.
What a notion! 웬 변덕이야!
~·less
no·tion·al [nóuʃənl] 〖형〗 **1** 개념(상)의, 관념의, 개념[관념]적인. **2** 추상적인, 순이론적인; 비현실적인, 실제적이 아닌. **3** 상상적인, 공상(空想)의, 가공의. **4** (美) 변덕스러운. **5** 〖문법〗 (언어 형식이 나타내는) 의미상의; 개념어의; 사전적 의미를 가진. **-ál·i·ty** 〖명〗 **-ly** 〖부〗
nótional íncome 〖경제〗 (英) 개념적 수입(현금 수입과 동등하게 간주할 수 있는 것).
no·tion·ate [nóuʃənət] 〖형〗 (美남부) **1** 의지가 강한, 완고한. **2** 이기적은 생각의, 변덕스런.
nótion còunter 〖명〗 (美) 잡화 판매장.
nótion stòre 〖명〗 (美) 잡화점.
no-to- [nóutou, -tə] 〖연결〗 back의 뜻 (* 모음 앞에서는 not-). ¶ *notochord*.
no·to·chord [nóutəkɔ̀ːrd] 〖명〗 〖해부〗 척색(脊索).
No·to·gae·a [nòutədʒíːə] 〖명〗 〖생물〗 남계(南界) (오스트레일리아 지역으로 이루어지는 동물 지구).
No·tor [nóutər] 〖명〗 (상표) 노토(꼬리 부분 회전익이 없는 헬리콥터). [< *no*+*tail*rotor]
no·to·ri·e·ty [nòutəráiəti] 〖명〗 ⓤ (경멸적) 평판, 유명; 악평, 악명; ⓒ (~s) 소문난 사람, 악명 높은 인물.
‡**no·to·ri·ous** [noutɔ́ːriəs, -nə-] 〖형〗 **1** (경멸적) 유명한, 주지의; (…으로 / …로서) 소문난, 악명 높은 (*for / as*). ⇨ FAMOUS [유의어] ¶a ~ gambler 소문난 도박사 / an area ~ *for crime* 유명한 범죄 구역. **2** 세상에 잘 알려진 (well-known).
be notorious for …으로 악명 높다, …으로 소문나다.
It is notorious that… …이라는 것은 널리 알려진 사실이다.
~·ly 〖부〗 **~·ness** 〖명〗
no-tóuch thèrapy [ˈtʌ́tʃ-] 〖명〗 비촉진(非觸診) 요법(환부를 만지지 않고 손으로 가리키기만 해도 낫게 하는 치료법). (또는 **hánd-motion tréatment**)
‡**Nó·tre Dame** [nóutrə déim, -dáːm / F nɔtrə dam] 〖명〗 **1** (Paris의) 노트르담 대성당. (또는 ~ **de Paris**) **2** 성모 마리아. [< F *our Lady*]
no-trump [ˈtrʌmp] 〖형〗 (카드놀이) (브리지에서) 으뜸패가 없는, ⓝ 으뜸패 없이 하는 승부(@ NT).
not-self [ˈsélf] 〖명〗 〖철학〗 비아(非我) (non-ego).
nót sufficient 〖명〗 〖금융〗 예금 (잔액) 부족.
‡**not·with·stand·ing** [nàtwiθstǽndiŋ, -wið-/ nɔ̀twið-] 〖전〗 …에도 불구하고, …을 무릅쓰고. ¶She is very active ~ her age[*or* her age ~]. 그녀는 나이에도 불구하고 정정하다. — 〖접〗 …임에도 불구하고 (although). ¶He went out in the rain ~ (that) he was ordered not to. 나가지 말라는 명령을 받았음에도 불구하고 그는 우중에 나갔다. — 〖부〗 그럼에도 불구하고 (however). ¶They will do it ~. 그래도 그들은 그것을 감행할 것이다. [트(Mauritania의 수도).
Nou·ak·chott [nuáːkʃɑt, nwɑ́ːkʃɔ́t] 〖명〗 누아크쇼
***nou·gat** [núːgət, -gɑː/-gɑː] 〖명〗 **1** 누가(땅콩·아몬드 따위를 넣은 말랑한 캔디). **2** (美속어) 바보, 멍청이.
nought [nɔːt] 〖명〗 =naught.
noughts-and-crosses [nóːtsənkrɔ́ːsiz/-krɔ́siz] 〖명〗〖복〗 (단수취급) (英) =tick-tack-toe.
nou·me·nal [núːmənl] 〖형〗 본체의, 본체(本體)의.
~·ism 〖명〗 본체론. **~·ist, -nál·i·ty** 〖명〗 **~·ly** 〖부〗
nou·me·non [núːmənɑn/-nɔ̀n] 〖명〗 (@ *-na* [-nə]) 〖칸트철학〗 본체, 물자체(物自體); 불가지(不可知)의 것 (신·영혼등). ⑨ phenomenon

noun [naun] (문법) (⊕ ~s [-z]) 1 명사. ¶an abstract ~ 추상 명사 / a proper ~ 고유 명사. 2 명사 상당어(구, 절); 명사 대용어(~ equivalent). —⊕ 명사용법의(nounal). ¶a ~ phrase 명사구.

noun·al [náunl] ⊕ (드물게) 명사(용법)의. **-ly** ⊕

‡**nour·ish** [nə́ːriʃ, nʌ́r-/nʌ́r-] ⊕⊕ (~·es [-iz] ~ed [-t]) 1 …에게 영양분을 주다; (…으로) 기르다(feed), (땅)을 기름지게 하다(on, with). ⇒ NURSE 유의어 ¶(~+⊕+前+⊕) ~ an infant with milk 유아에게 우유를 먹이다, 유아를 우유로 기르다 / Pigs can be ~ed on any food. 돼지는 어떤 먹이로나 기를 수 있다. 2 (희망·원한 따위)를 품다. ¶~ feelings of hatred 증오심을 품다. 3 (상태·정신 등)을 강화하다, 조장하다, …을 장려하다. **-a·ble** ⊕ **~er** ⊕

***nour·ish·ing** [nə́ːriʃiŋ, nʌ́r-/nʌ́r-] ⊕ 영양분이 많은, 자양분이 풍부한, 영양이 되는. **-ly** ⊕

***nour·ish·ment** [nə́ːriʃmənt, nʌ́r-/nʌ́r-] ⊕⊕ 1 영양물, (자양분이 많은) 음식물; 영양 상태. 2 영양분[음식물]을 주기, 양육; 조장, 육성; 양육법, 장려법.

nous [nuːs/naus] ⊕⊕ (the ~) 〔철학〕 정신, 지성, 이성(理性); (구어) 지혜, 상식; (N-) 신(神). 〔Gk〕

nou·veau [nuːvou/F nuvo] ⊕ 최근에 나타난, 요즘에 알려진. 〔F new〕

nóuveau ríche [-ríːʃ] ⊕ (⊕ -x -s) (보통 -x -s) (경멸적) 벼락 부자(parvenu). 〔F new rich〕

nóuveau ró·man [F -Rɔmɑ̃] ⊕ (⊕ -x -s) 누보 로망, 앙티로망(antinovel)(1960년대 프랑스의 전위적 수법의 신소설). 〔F new romance〕

nou·veau·té [nuːvoutéi] ⊕ (⊕ ~s) 새로운 것, 새로움, 신기. 〔F〕

nou·velle [nuːvél] ⊕ 1 단편 소설. 2 = cuisine. 〔F〕

nou·velle cui·sine [nuːvél kwiziːn] ⊕ (종종 N- C-) 누벨 퀴진(현대 프랑스 요리의 스타일; 담백함·신선미 따위를 강조). 〔F〕

nou·velles [nuːvél] ⊕ =news. 〔F〕

nou·velle vague [nuːvél vɑ́ːg] ⊕ (⊕ -s -s) 누벨 바그, 새물결(1960년대 프랑스나 이탈리아 영화 등의 전위적 경향); 혁신적 움직임. 〔F new wave〕

nov. novel(ist). ***Nov.** November.

no·va [nóuvə] ⊕ (⊕ ~s, -vae [-viː]) (천문) 신성(新星)(운(雲))(급변하는 변광성(變光星)). **~·like** ⊕

No·va [nóuvə] ⊕ (태평양산(産)) 훈제 연어.

NOVA [nóuvə] ⊕ (美) 노버(미국 로렌스 리버모어 국립 연구소에 있는 세계 최대의 레이저 발생 장치).

No·va·chord [nóuvəkɔ̀ːrd] ⊕ (상표) 노바코드(미국 Hammond사제의 피아노 비슷한 전자 악기).

No·va·lis [nouváːlis] ⊕ 노발리스(1772-1801: 독일의 시인; 본명 Friedrich von Hardenberg).

No·va Sco·tia [nóuvə skóuʃə] ⊕ 노바스코샤(캐나다 동남부의 반도; 그 주(州)(주도(州都) Halifax; ⊕ NS).
No·va Scó·tian ⊕⊕

no·va·tion [nouvéiʃən] ⊕⊕ (법률) (채무·계약 따위의) 갱신; (드물게) 혁신, 쇄신.

‡**nov·el**[1] [nάvəl/nɔ́v-] ⊕ 1 새로운, 참신한; 신기한, 기발한. ⇒NEW 유의어 2 진기한; 희한한, 이상한. ¶a ~ experience 희한한 경험. **-ly** ⊕

‡**nov·el**[2] ⊕ (⊕ ~s [-z]) 1 장편 소설; (the ~) 소설 문학. ¶a historical[popular, detective] ~ 역사대중, 통속[추리] 소설 / the modern ~ 현대 소설 문학.

유의어 **novel** 산문(散文)의 인물·줄거리 따위가 현실 감을 띤 장편 소설. **story** 장단편을 불문하고 지어낸 이야기를 뜻하는 구어적인 말; 가벼운 읽을거리·단편 따위. **romance** 시대 또는 옛 시대에서 제재(題材)를 딴, 현실에서 떠난 모험·연애 따위의 story. **fiction** 사실이 아니고 지어낸 가공적 내용을 가진 novel, story 따위를 모두 포함.
---

2 (보통 N-s) (로마법률) (유스티니아누스 법전 발포 이후의) 신법령. 3 (~s) (고어) 소품집. **~·like** ⊕ 「한 문체.

nov·el·ese [nὰvəlíːz, -líːs] ⊕⊕ 3류 소설의 진부
nov·el·ette [nὰvəléit/nɔ̀v-] ⊕ 1 중편(단편) 소설, (英) 감상적인 연애 소설, 3류 소설. 2 (음악) 노벨레테 (여러 테마를 가진 이야기풍의 피아노 소품).

nov·el·et·tish [nὰvəléitiʃ/nɔ̀v-] ⊕ 중(단)편 소설 양식(풍)의; 통속 소설적인; 감상적인.

***nov·el·ist** [nάvəlist/nɔ́v-] ⊕ (장편) 소설가.

nov·el·is·tic [nὰvəlístik/nɔ̀v-] ⊕ 소설의, 소설가의, 소설풍의. **-ti·cal·ly** ⊕

nov·el·ize [nάvəlàiz/nɔ́v-] ⊕⊕ …을 소설로 쓰다; (영화·연극 대본)을 소설화하다. **-i·zá·tion** ⊕ 소설화; 영화 소설, 영화 소설화.

no·vel·la [nouvélə] ⊕ (⊕ ~s, -le [-liː, -lei]) 중편 소설(short novel); (고어) (Boccaccio의 Decameron 속의 이야기 같은) 단편 소설; 소품(小品). 〔It〕

‡**nov·el·ty** [nάvəlti/nɔ́v-] ⊕ (⊕ -ties [-z]) 1 ⊕ 새로움, 신기함, 참신함, 진기함. 2 (a ~, the ~) 새로 대를 경험, 참신한 방법. 3 (보통 -ties) 신종 제품, 진기한 상품(장난감·장식물 따위). —⊕ 1 〔직물〕 (직조법의) 3원 조직을 복합한; (옷감의) 3원 조직의 복합으로 짜인. 2 (상품의) 신형의, 새로운.

‡**No·vem·ber** [nouvémbər] ⊕⊕ 11월(⊕ Nov.).

no·ve·na [nouvíːnə, nə-] ⊕ (⊕ -nae [-niː], ~s) 〔가톨릭〕 (연속) 9일 기도.

no·ver·cal [nouvə́ːrkəl] ⊕ 계모의, 계모 같은.

***nov·ice** [nάvis/nɔ́v-] ⊕ 1 (…의) 초심자, 초출내기, 풋내기(at, in). ¶a ~ in history 초출내기 역사가. 2 〔가톨릭〕 (수도 서원(誓願)을 하기 전의) 수련 수사〔수녀〕; 새 (기독교) 귀의자(歸依者), (교회의) 새 신자. **~·hood** ⊕⊕ **~·like** ⊕

no·vi·ti·ate [nouvíʃiət, -èit] ⊕ 1 ⊕ 수련(견습) (기간); 수련자(견습) 신분. 2 (수련 기간 중에 거주하는) 수련원, 수련장. 3 초심자임, 수습 기간. 4 =novice. (또는 noviciate) 「카인(국소 마취제).

No·vo·cain [nóuvəkèin] ⊕ (종종 n-) (상표) 노보
no·vo·caine [nóuvəkèin] ⊕ 〔화학〕 프로카인 (procaine); 염산 프로카인.

‡**now** [nau] ⊕ 1 지금, 현재, 목하; 지금은, 지금쯤은. ¶The bell is ~ ringing. 지금 벨이 울리고 있다. 2 (종종 just와 함께 강조적으로) 지금 곧, 당장, 즉시 (immediately). ¶Do it (just) ~. 즉시 그것을 해라. 3 (이야기 중에서) 그때; 그리고서; 지금은; 그때 이미. ¶He was ~ seventeen years old. 그는 그때 17세였다 / She ~ pulled a little box out of her pocket. 그리고서 그녀는 호주머니에서 작은 상자를 하나 꺼냈다. 4 (just나 only와 함께) 지금 막, 방금(* 동사는 완료형이 아닌 과거형이 된다). ¶He came back just ~. 그는 이제 막 돌아왔다. 5 이제는 더 이상; 현황[현상]으로는, 현재로서는. ¶I cannot ~ believe you again. 이제 다시는 너를 믿을 수가 없다. 6 (진술·질문 따위를 시작할 때와 화제를 바꿀 때) (감탄사적) 그러면, 그래서, 자아, 그런데. ¶N~, what do you mean by that? 그렇다면 네가 한 말이 무슨 뜻이지? 7 (명령·간청·놀람의 뜻을 강조하여) 그래, 자, 이봐, 저런. ¶N~ listen to me! 자, 내 말을 들어보게!

and now (말을 시작할 때) 자, 그러면. 「어서.
any day [or moment, time] now 곧, 얼마 안 있어,
come now ① (남을 재촉하여) 자, 자자. ② (놀람 따위를 나타내어) 저런, 이런. ¶Oh, come ~! 저런저런!
even now 지금도, 아직.
(every) now and again [or **then**] 때때로, 이따금.
here and now 지금 여기서, 당장.
just [or **only**] **now** 방금, 지금, 방금.
No nonsense now! 말도 안 되는 소리는 그만둬!
not now 지금은 이미 …아니다, 지금은 안된다.
now and for ever 항상, 앞으로도 계속.
now for; now as to 그럼 다음은, 그럼 이번은.

now for it =now or never.
now(,) **now; now then** 여봐바, 야야(* 친밀감이 있는 주의·경고를 나타내다).¶N– ~, a little less noise, please! 자자, 좀더 조용히 해라.
now...now [or **then, and again**] ~ 때로는 … 또 때로는 ~; …하는가 하면 또 ~.¶~ fine, ~ [or then] cloudy 맑았다가 흐렸다가.
now or never 지금이야말로 절호의 기회이다(놓쳐서는 안 된다).¶N– or never is the time for us to do it. 이제야말로 그것을 할 절호의 기회이다.
Now what? (구어) 그런데 이번에는 또 무슨 일이냐?
Really now! 설마, 놀랍군.
there now (상대방을 달랠 때) 그만 됐어.
── 형 (美구어) 현재의; (美속어) 최첨단의, 최신 감각의, 유행의.¶the ~ king 현 국왕/the ~ look 최신 유행[스타일].
── 접 (종종 that와 함께) …인 이상은, …이니까, …이기 때문에(since)(* that를 수반하는 것은 문어체이고, 구어에서는 보통 생략한다).¶N– you mention it, I do remember. 자네가 그 말을 하니까 나도 기억이 난다.
now that …이므로, …이기 때문에.
── 명U (전치사와 함께) 지금, 목하.¶from ~ 지금부터 앞으로./
as of now 현재로서는.
before now 지금까지는.
by now 지금쯤은 이미; 이제.¶She will have arrived there by ~. 지금쯤 그녀는 거기에 도착해 있을 것이다.
for now ① 우선은, 현재로는, 당분간은. ② 이제 곧.
from now on [or **forward, forth, onward**] 앞으로는, 지금부터는.
till [or **up to, until**] **now** 지금까지(는).
~·ness 명U 현재성.
NOW National Organization for Women; negotiable order of withdrawal.
NÓW accòunt [náu-] 명 (美) 나우식 저축 예금 계좌(수표를 발행할 수 있고 이자도 붙는 일종의 당좌예금 계좌). (<negotiable order of withdrawal)
now·a·day [náuədèi] 형 오늘날은[요즈음의].
‡**now·a·days** [náuədèiz] 부 요즈음(오늘날)에는, 현재는. ── 명U 오늘날, 요즘. ── 형 =nowaday.
no·way(s) [nóuwèi(z)] 부 어느 모로 보나 …아니다, 조금도 …않다, 결코 …아니다(not at all).
now·cast [náukæst] 명타 날씨의 현황을 보도하다. ~·ing
now·el [nouél] 명 (고어) = Noel 1, 2.
Nów Generátion 명 (때로 n– g–) (the ~) (美) 나우 세대, 신세대(1960년대 후반의 젊은 세대).
‡**no·where** [nóuhwɛ̀ər/-wɛ̀ə] 부 1 어디에도 …없다.¶The missing pen was ~ to be found. 잃어버린 펜은 어디에도 없었다. 2 아무데도 …않다.¶We went ~ last week. 우리는 지난 주에 아무데도 가지 않았다.
be [or **come in**] **nowhere** (속어) ① (경기에 참가 하지 않다. ② (경쟁에서) 참패하다; 실패하다.
get nowhere ⇨GET.   │다.
lead a person **nowhere** 남에게 아무 도움이 안 되
nowhere near ⇨NEAR.
── 형 (美속어) 시시한, 촌스러운; 무의미한, 쓸모없는.
── 명U 1 아무데도 없는 곳, 미지의 장소.¶He came from ~. 그는 어디선지 모르게 나타났다. 2 무명(無名).¶Starting from ~, he became a great statesman. 그는 무명의 처지에서 입신하여 대정치가가 되었다.
form nowhere (속어) 뒤지다, 떨어지다, 받아들여지지 않다.
from [or **out of**] **nowhere** ① 갑자기, 불시에, 불쑥.¶come out of ~ 불쑥 나타나다. ② 무(無)에서, 무명에서.
in the middle of nowhere; miles from nowhere (구어) 마을에서 멀리 떨어진 (곳에).
no·wheres [nóuhwɛ̀ərz/-wɛ̀əz] 부 (美방언) =nowhere.
no·wheres·ville [nóuhwɛərzvìl/-wɛəz-] 명 (속어) 1 벽지의 고립된 마을. 2 별 볼 일 없는 일[지위], 한직(閑職). 3 비현실적인 일, 실행 불가능한 일. ── 형 (美속어) 머리가 둔한.   │않다.
no·with·er [nóuhwìðər/-wìð-] 부 아무데도 …
no·win [⁻wín] 형 (美구어) 1 승산이 없는, 성공할 가망이 없는.¶a ~ situation 승산이 없는[아주 불리한] 상황. 2 (시합 따위에서) 승부를 겨루지 않는.
no·wise [nóuwàiz] 부 결코 …않다(not at all).
now-it-can-be-told [⁻itkənbitóuld] 형 지금이니까 말할 수 있는.
nowt¹ [naut] 명 (통 ~) (스코·北英) 1 (보통 복수취급) 황소. 2 가축[소]떼. 3 시골뜨기.
nowt² [nout] 명 (구어·방언) =naught; nothing.
Nox [naks/nɔks] 명 (로마 신화) 녹스(밤의 여신; 그리스 신화의 닉스(Nyx)에 해당).
NOx [naks/nɔks] nitrogen oxide(s)(질소 산화물).
nox·ious [nákʃəs/nɔ́k-] 형 1 (몸에) 해로운, 유독한(to). ¶~ foods 유해 식품. 2 (도덕적으로) 유해한, 퇴폐적인, 불건전한.¶~ doctrines [ideas] 유해한 학설[사상]. ~·ly 부 ~·ness 명
no·yau [nwaióu/⁻⁻] 명UC 누아요(브랜디에 복숭아씨를 넣어 향미를 들인 리큐어). [<F]
noz. nozzle.
‡**noz·zle** [názl/nɔ́zl] 명 1 (풀무·호스 따위의) 주둥이, 끝; (주전자의) 주둥이; (로켓 엔진 따위의) 분사구. 2 (초(醜)의) 초꽂이. 3 (속어) 낮은) 코(nose).
Np ⑰ (화학) neptunium. **NP** National Park [Party]; neuropsychiatric; neuropsychiatry; neuropsychosis; nonprofit; normal pressure; noun phrase; nurse practitioner. **n.p.** net proceeds(순익금); (인쇄) new paragraph(패러그래프를 새로이); (美) new pence; (美구어) no pagination(페이지를 매기지 않음); no place of publication(발행지명 없이).
n.p., N.P. notary public(공증인); (금융) notes payable(지불 어음). **NPA** (한국) National Police Agency(경찰청); (필리핀) New People's Army(신인민군). **N.P.A.** (美) National Production Authority; (英) Newspaper Publishers' Association. **NPBW** neutral particle beam weapon(중성자 빔 병기). **NPC** (중국) National People's Congress(전국 인민 대표자 대회). **NPCF** National Pollution Control Foundation.
NP-complete [ɛ̀npi:kəmpli:t] (수학) 다항식 알고리즘이 주어지지 않아 풀 수 없는.
N.P.F. not provided for. **N.P.F.A.** (英) National Playing Fields Association. **NPH** neutral protamine Hagedorn(신(新)인슐린). **NPL, N.P.L.** (英) National Physical Laboratory; (컴퓨터) New Programming Language; (환경) noise pollution level; (경제) nonperforming loan; (보험) no personal liability. **n.pl.** noun plural. **NPN** nonprotein nitrogen. **n.p. or d.** no place or date((출판물의) 간행지 또는 간행년 기재 없음). **NPP** neighborhood police post(싱가폴의 파출소); nuclear power plant. **NPR, N.P.R.** National Public Radio. **NPT** Nonproliferation Treaty(핵확산(核擴散) 방지 조약). **n.p.t., npt** normal pressure and temperature(평상 기온과 압력). **NPV** net present value; (증권) no par value. **nr.** near; number.
N.R. North Riding. **NRA** (美) National Recovery Administration(국가 산업 부흥국); (美) National Rifle Association. **NRAB** (美) National Railroad Adjustment Board(전국 철도 조정 위원회).
N-rays [ɛ́nréiz] 명복 N선(線)(1903년 프랑스의 R. Blondlot가 발견한 초(超)자외선).
NRC National Research Council(전미(全美) 학술 연

구회의); (漢) (영화) Not Recommended for Children; (美) Nuclear Regulatory Commission(핵 에너지 규제 위원회). **NRDC** National Research Development Corporation; National Resources Defense Council. **NRE** Nuclear Rocket Engine. **NREC** National Resources Evaluation Center. **NREM sleep** [énrêm-] 图 《생리》 논렘 수면. 〔<non-rapid-eye movement〕
NRMA National Retail Merchants Association.
NROTC, N.R.O.T.C. Naval Reserve Officer Training Corps. **NRPB** (美) National Resources Planning Board(국가 자원국). **NRTA** National Retired Teachers Association(전미(全美) 퇴직 교원 협회). **NRV** net reliable value. **ns** nanosecond(s). **NS, N/S, n/s** not sufficient (funds); nuclear ship. **NS, N.S.** National Society; New School; New Series[Side]; Numismatic Society. **n.s.** (라틴) non satis(=not sufficient); new series; not specified(명기(明記)되지 않고). **N.S.** New Style; Nova Scotia. **NSA, N.S.A.** (美) National Security Agency(국가 안보국); National Shipping Authority; National Standards Association; National Student Association(전미(全美) 학생 협회). **NSAID** nonsteroidal anti-inflammatory drug. **N.S.B.** (英) National Savings Bank. **NSC** National Safety[Security] Council; (美) National Space Council(국가 우주 위원회). **nsec** nanosecond(s). **NSF** (美) National Science Foundation (미국 과학 재단); not sufficient funds(자금 부족).
NSFnet [énéséfnèt] 图 미국 과학재단 네트워크.
n.s.g. (英속어) not so good (그 쯤 일이군, 큰 잘못이야).
NSG (英) nonstatutory guidelines (교육과정의 비강제적 권고). **NSM** (英) New Smoking Material.
NSO naval staff officer. **NSPCA** (英) National Society for the Prevention of Cruelty to Animals(图 RSPCA). **NSPCC** (英) National Society for the Prevention of Cruelty to Children. **n.s.p.f.** not specifically provided for(특별한 규정이 없으면). **NSSL** (美) National Seed Storage Laboratory(종자 저장 연구소). **NST** National Subscription Television(미국의 STV). **NSTA** National Science Teachers Association (전미(全美) 과학 교원 협회), **NSTL** (美) National Space Technology Laboratories(국립 우주 기술 연구소); National Software Test Lab(전미 소프트웨어 시험소).
NSU nonspecific urethritis(비임균성 요도염).
N-sub [énsʌ́b] 图 (구어) 핵(추진) 잠수함, 핵잠함.
〔<nuclear submarine〕
NSV net sales value. **N.S.W.** New South Wales.
nt (물리) nit(s). **Nt** 图 《화학》 niton. **NT, N.T.** National Trust; New Testament; Northern Territory; not titled(무제); notrumps.
-n't [nt, n] 연결 not의 뜻. ¶aren't, can't, don't.
NTA 《화학》 nitrilotriacetic acid. **NTB** non-tariff barrier. **NTE** National Teacher Examination.
nth [enθ] 图 1 《수학》 n제(次)의, n배의, n차(次)의. 2 (구어) (비유적) 몇 번째인지 모를 정도의, 불특정 다수의; (일련의 사건 중에서) 최근의, 3 극도의, 극단적인.
nth degree[power] (the ~) 1 《수학》 n차(次), n제곱. 2 높은 정도; 고성능. 3 최대 한도, 최고도, 극한. ¶the ~ of happiness 최고의 행복.
to the nth degree [or **power**] ① 《수학》 n차[승]까지. ② (구어) 극도로, 최대한으로; 마지막까지.
Nthn. northern. **NTIA** National Telecommunications and Information Administration. **NTIS** National Technical Information Service(전미(全美) 기술 정보 서비스). **NTP** normal temperature and pressure(상온 상압(常溫常壓); 0°C, 760 mm). **NTR**

nothing to report. **NTS** (한국) National Tax Service(국세청); National Traffic System; National Trust of Scotland. **NTSB** (美) National Transportation Safety Board(국가 교통 안전국).
NTSC [éntlèssi:] 图 NTSC방식(컬러 TV 송수신 방식); (美) 전국 텔레비전 (송수신) 방식 위원회. 图 PAL 〔<National Television System Committee〕
nt.wt. net weight (실중량). 「형인.
n-type [-táip] 图 (때로 N-)(전자) (반도체가) n[N]
nu [nju:/nju:] 图 뉴(그리스어 알파벳의 열셋째 자 (N,ν)의 명칭; 영어의 N, n에 해당); 이 문자의 자음.
nu, NU name unknown(성명 미상); naval unit; number unobtainable(전화 입수 불가); national union. **NUAAW, N.U.A.A.W.** National Union of Agricultural and Allied Workers.
nu·ance [njúːɑːns, -ˊ/njúːάːns] 图 图 -anc·es [-iz] (음·의미 따위의) 미묘한 차이, 함축성, 뉘앙스. ¶rich in ~ 함축성이 있는[풍부한]. ——图団 …에 미묘한 차이를 주다; …을 어렴풋이 비추다[암시하다].
-anced 图 〔<F〕
nub [nʌb] 图 1 혹, 마디. 2 (석탄 따위의) 덩어리, 조각. ¶a ~ of charcoal 숯 한 조각. 3 (the ~) (구어) (이야기 따위의) 요점, 핵심. 4 매력 없는 사람[처녀]. (또는 **to the** [or **a**] **nub** 끝까지. 〔**knub**〕
nub·bin [nʌ́bin] 图 1 작은 덩어리; 쓰고 남은 것(연필 토막·담배 꽁초 따위). 2 작은[덜 자란] 옥수수의 이삭; 덜 익은[발육이 나쁜] 과일. 3 (구어) 요점; (속어) 유방, 유두.
nub·ble [nʌ́bl] 图 작은 덩어리[혹]. **núb·bly** 图
nub·by [nʌ́bi] 图 혹[매듭]이 있는. 〔붉은 스카프〕.
Nu·bi·a [njúːbiə/njúː-] 图 누비아(털실로 짠 여성
Nu·bi·a [njúːbiə/njúː-] 图 누비아(Nile 강 유역의 고대 흑인 기독교도 왕국).
Nu·bi·an [njúːbiən/njúː-] 图 누비아인; 누비아인 노예; 〇 누비아어(語). ——图 누비아(인, 어)의.
nu·bi·form [njúːbəfɔ̀ːrm/njúː-] 图 구름 모양의.
nu·bile [njúːbil, -bail/njúːbail] 图 (여성이) 결혼적령기의, 묘령의; 성적 매력이 있는. **nu·bíl·i·ty** 图
nu·bi·lous [njúːbələs/njúː-] 图 1 흐린, 안개가 질은. 2 희미한; 애매한, 막연한.
nú bòdy 图 《생화학》 =nucleosome.
nuc [njuːk] 图 (美속어) 핵(잠수)함 승무원.
nuch [nʌtʃ] 图 (美) =not much.
nu·cha [njúːkə/njúː-] 图 《해부》 목덜미. **núchal** 图 〔<Arab〕 「form.
nu·ci· [njúːsi/njúː-] 연결 「견과(堅果)」의 뜻. **nuciform.**
nu·cif·er·ous [njuːsífərəs/njúː-] 图 견과가 열리는.
nu·ci·form [njúːsəfɔ̀ːrm/njúː-] 图 견과 모양의.
nu·cle- [njúːkli/njúː-] 연결 「핵, 핵산(核酸)」의 뜻 (* 자음 앞에서는 nucleo-). ¶nuclear.
nu·cle·al [njúːkliəl/njúː-] 图 =nuclear.
‡nu·cle·ar [njúːkliər/njúː-] 图 1 핵무기의; 핵을 보유한, 핵무기를 가진. 2 핵에너지로 작동하는, 원자력의. 3 《생물》 (세포핵의; 핵을 형성하는. ¶ ~ propulsion 핵추진. 4 (물리) (원자)핵의. 5 (가정 따위가) 친밀한 관계로 구성되는. 6 (구어) 노발대발한, 격앙한.
go nuclear ① 핵무장하다. ② (속어) 노발대발하다.
——图 1 핵에너지; 원자력 발전소. 2 핵무기, 핵 미사일 ((구어) nuke). 3 핵(무기) 보유국, 핵무장국. 4 원자력 ~·ly 图 「잠수함.
nuclear állergy 图 핵 알레르기.
núclear ármament 图 핵무장.
nu·cle·ar-armed [-άːrmd] 图 핵 장비의, 핵무장
núclear báttery 图 원자력 전지, 그을 하고 있는.
núclear bómb 图 핵폭탄, 원수폭(原水爆).
núclear chémistry 图 핵화학.
núclear clóck 图 원자 시계.
núclear clóud 图 원자 구름(핵 폭발시 생기는 구름).

núclear clúb 명 핵 클럽(미국·러시아·영국·프랑스·중국의 5개 핵무기 보유국).
núclear detérrence 명 핵억지력.
núclear device 명 원자[핵] 폭탄.
núclear disármament 명 핵군축.
Núclear Elèctro-Magnétic Pùlse 명 ⇨ NEMP.
Núclear Emérgency Séarch Tèam 명 (美) (에너지부 안의) 방사성 물질 긴급 탐사반.
núclear énergy 명 핵 에너지; 원자력.
núclear fállout 명 (핵폭발 후의) 방사능 재, 핵낙진.
núclear fámily 명 핵가족.
núclear físsion 명 (물리) 핵분열.
núclear fórce 명 (물리) 핵력(核力)(핵자(核子)간에 작용하는 힘).
nu·cle·ar-free zòne [-frí:-] 명 비핵지대.
núclear fúel 명 핵연료.
núclear fúel repróccessing 명 (물리) 핵연료 재처리.
núclear fúsion 명 (물리) 핵융합.
núclear génerator 명 핵[원자력] 발전기.
núclear grápeshot 명 (군사) 소형 전술 핵무기.
núclear inspéction 명 핵사찰(핵확산 방지 조약(NPT) 가맹국 중 비핵보유국에 의무화되어 있는 국제 원자력 기구(IAEA)의 사찰).
nu·cle·ar·ism [njú:kliərìzm/njú:-] 명 핵무기 보유주의, 핵무기 사용 정책. **-ist** 명 **-ís·tic** 형
nu·cle·ar·ize [njú:kliəràiz/njú:-] (※ (英) **-ise**) 타 1 …을 핵화(核化)하다, 핵무장[보유]화하다.¶a ~ country 핵보유국화하다. 2 (가족)을 핵가족화하다.
-i·zá·tion 명
núclear magnétic résonance 명 1 (물리) 핵자기(核磁氣) 공명. 2 (의학) 핵자기공명 장치(略 NMR).
núclear médicine 명 핵의학.
núclear mémbrane 명 (생물·해부) 핵막(核膜).
Núclear Nonproliferátion Tréaty 명 (the ~) 핵확산 방지 조약(略 NPT).
núclear phýsics 명(※ (단수취급) (원자) 핵물리학; 원자 물리학.
núclear píle 명 원자로(reactor).
núclear pówer 명 1 원자력, 핵 에너지.¶a ~ generation 핵[원자력] 발전(發電). 2 핵 보유국.
nu·cle·ar-pow·ered [-páuəd/njú:-] 형 원자력을 동력으로 하는.¶a ~ submarine 핵추진 잠수함.
núclear (pówer) plánt 명 원자력[핵] 발전소.
núclear proliferátion 명 핵확산.
nu·cle·ar-pro·pelled [-prəpéld] 형 원자력 추진의.¶a ~ cruiser 원자력 순양함.
núclear radiátion 명 (물리) 핵방사.
núclear reáction 명 핵반응.
núclear reáctor 명 원자로.
Núclear Régulatory Commíssion 명 (the ~) (美) 원자력 규제 위원회(略 NRC).
núclear résonance 명 (물리) 핵공명(核共鳴).
núclear shélter 명 대피소.
nu·cle·ar-ship bàn [-ʃíp-] 명 핵함정 기항 거부.
núclear síte 명 핵(관련) 시설.
núclear submaríne 명 원자력 잠수함.
Núclear Tést-Ban Tréaty 명 (the ~) 핵실험 금지 조약.
núclear tésting 명 핵실험.
núclear thréshold 명 핵무기 사용 단계.
núclear thréshold cóuntry 명 잠재 핵보유국.
nu·cle·ar-tipped [-típt] 형 핵탄두를 장치한.
núclear umbrélla 명 핵우산, (타국의) 핵무기에 의한 보호.
núclear wár[wárfare] 명 핵전쟁.
núclear wárhead 명 핵탄두.
núclear wáste 명 핵 폐기물.
núclear wéapon 명 핵무기. [구 한랭화 현상].
núclear wínter 명 핵 겨울(핵전쟁 후에 일어날 지구 한랭화 현상).
nu·cle·ase [njú:klièis, -èiz/njú:-] 명 (생화학) 누클레아제(핵산 분해 효소).
nu·cle·ate 형 [njú:kliət, -klièit/njú:-] 1 (세포 따위가) 핵이 있는. 2 핵으로 발생하는, 핵에 기인하는. — 타 [njú:klièit/njú:-] ⓔ …을 핵(모양)으로 하다, …의 핵을 이루다. — 자 (…을) 핵으로 삼다, (…의) 핵이 되다.
-at·ed 핵을 지닌. **-á·tion** 명 핵 형성. **-a·tor** 명
nu·cle·at·ing ágent [njú:klièitiŋ-/njú:-] 명 (기상) 인공 강우제(劑).
nu·cle·i [njú:kliài/njú:-] 명 nucleus의 복수형.
nu·cle·ic [njú:klí:ik/nju:-] 형 핵의, (소).
nucléic ácid 명 (생화학) 핵산(세포핵 단백질의 형성
nu·cle·o- [njú:kliou, -kliə/njú:-] 연결 「핵, 핵산」의 뜻. ¶*nucleo*protein.
nu·cle·o·chro·nol·o·gy [njù:kliəkrənáləʤi/-nɔ́l-] 명 (천문) 핵 연대(年代)학(법)(운석 등의 연대 측정법).
nu·cle·o·chro·nom·e·ter [njù:kliəkrənámətər/-nɔ́m-] 명 (천문) 핵연대 측정 물질.
nu·cle·o·cos·mo·chro·nol·o·gy [njù:kliəkàzmoukrənáləʤi/-kɔ̀zmoukrənɔ́l-] 명 (천문) 핵 우주 연대(학).
nu·cle·o·gen·e·sis [njù:klioudʒénəsis/nju:-] 명 =nucleosynthesis.
nu·cle·o·lus [njù:klí:ələs/nju:-] 명 (똑 -**li** [-lài]) (생물) (세포핵 안에 있는) 핵소체(核小體), 핵인(核仁).
nu·cle·on [njú:kliàn/nju:kliɔ̀n] 명 (물리) 핵(입)자(양자와 중성자의 총칭). **-ón·ic** 형
nu·cle·on·ics [njù:kliániks/njù:klɔ́n-] 명(※ (단수취급) (원자) 핵공학.
nu·cle·o·ni·um [njù:klióuniəm/njù:-] 명 (물리) 뉴클레오늄(물질과 반물질이 접촉했을 때 생기는 소립자).
nu·cle·o·phile [njú:kliəfàil/njú:-] 명 (화학) 구핵(성)(求核(性)) 시약(試藥).
nu·cle·o·phil·ic [njù:kliəfílik/njù:-] 형 (화학) 구핵적(求核的)인, 구핵(성)의.
nu·cle·o·plasm [njú:kliəplæ̀zm/njú:-] 명 (생물) (세포의) 핵 원형질, 핵질(核質).
nu·cle·o·pro·tein [njù:kliəprɔ́uti:n/njù:-] 명 (생화학) 핵단백질.
nu·cle·o·some [njú:kliəsòum/njú:-] 명 (생물) 뉴클레오솜(염색체를 구성하는 염색질의 단위 구조).
nu·cle·o·syn·the·sis [njù:kliəsínθəsis/njù:-] 명 (물리·천문) (우주에서의) 핵합성(핵반응에 의한 새로운 원자핵의 생성). **-syn·thét·ic** 형
nu·cle·o·tide [njú:kliətàid/njú:-] 명 (생화학) 뉴클레오티드(핵산의 구성 성분).
núcleotide séquence 명 (생화학) 뉴클레오티드 배열.
***nu·cle·us** [njú:kliəs/njú:-] 명 (똑 -**cle·i** [-kliài], ~**·es**) 1 (the ~) 핵, 심(心); 중심, 핵심(core); (성장·발전의) 기점(基點), 발단, 토대, 기초.¶the ~ of a story 이야기의 요점. 2 (생물) 세포핵. 3 (해부) 신경 핵. 4 (화학) (유기 화합물의) 고리(ring); 핵(중심) 원자. 5 (물리) 원자핵. 6 (기상) 혜성의 핵. 7 (기상) 응결[동결] 핵. 8 (음성) 모음, 2중 모음; 제1악센트가 있는 음절. 9 벌의 소집단. 10 (지질) 석핵(石核).
nu·clide [njú:klaid/njú:-] 명 (물리) 핵종(核種)(원자핵을 양성자와 중성자의 수에 의해 구별한 것); 같은 핵종 안에 있는 개개의 원자.
nud·dy [nʌ́di] 명 * 다음 숙어로만 쓴다.
***in the núddy** (英·濠구어) 나체로.
***nude** [nju:d/nju:d] 형 1 벌거벗은, 알몸의(⇨ BARE 유의어); (미술) 누드의; (그림) 나체가 등장하는; 나체주의자의[에 의한].¶a ~ picture 누드화. 2 덮은 것이 없는; 장식[가구]이 없는; 초목이 없는(bare). 3 (동·식물) 털[깃털·껍질·잎 따위]이 없는. 4 (법률) 법적 요건을 갖추지 못한; 무상(無償)의; 무효의.¶a ~ pact 무상 계약. 5 (스타킹 따위가) 살빛의.
— 명 나체로, 벌거벗고.

NUDETS

―휑 (여성의) 나체화, 누드사진, 나체상; (the ~) 벌거벗은 모습[몸]; 벌거벗은 사람, 나체의 여인; ⓤ 살빛.
in the nude ① 나체로. ② 노골적으로, 드러내놓고.
―휑 〖들꾀〗 (노름에서) 벌을 벌거벗기다.
nude it (美속어) 벌거벗다; 나체주의를 실천하다.
~·**ly** 휑 ~·**ness** 몡
NUDETS [njúːdɛts/njúː-] 몡 핵 폭발 탐지망.
[<*nuclear detecting system*>]
nudge[1] [nʌdʒ] 및타 휑 **1** (주의를 환기하기 위해) (남)을 팔꿈치로 쿡쿡 찌르다; (···을 팔꿈치로) 밀어제치다 (*aside*). ¶ ~ a person (in the ribs) 남의 옆구리를 팔꿈치로 쿡쿡 찌르다. **2** (남)의 주의를 환기하다, 가볍게 자극하다; ···을 (···하도록) 설득하다(*to do, into*). **3** (어떤 상태)에 접근하다, 가까이 가다. **4** ···을 조금씩 밀다(움직이다). ¶ ~ one's way 팔꿈치로 밀며 나아가다. ―휑 팔꿈치로 살짝 찌르다.
nudge elbows with ···와 (친하게) 사귀다
―휑 (a ~) 팔꿈치로 가볍게 찌르기[밀기].
núdg·er 몡
nudge[2] [nudʒ] 몡 (속어) 휑 (···하라고) 성가시게 굴다, 귀찮게 조르다; 자꾸 불평을 늘어놓다 (*to do*). ―휑 성가신 사람, 불평가. (또는 **noodge**) **núdg·y** 휑
nu·di- [njúːdə/njúː-] 연휑 nude의 뜻. ¶*nudicaul*.
nu·di·caul [njúːdəkɔːl/njúː-] 휑 〖식물〗 줄기에 잎이 없는. (또는 **nudicaulous**)
nud·ie [njúːdi/njúː-] 몡 (구어) 누드 영화[잡지, 쇼]; 포르노 영화[잡지]; 벗은 사람; 누드 댄서. ―휑 누드의, 나체를 다룬, 음란한 내용의.
nud·ism [njúːdizm/njúː-] 몡 ⓤ 나체주의(생활); 누
nud·ist [njúːdist/njúː-] 몡 나체주의(생활)자.
―휑 나체주의자의, 자나(누디스트)의.
núdist cámp[cólony] 몡 나체 생활촌(村).
nu·di·ty [njúːdəti/njúː-] 몡 ⓤ **1** 벌거숭이; 적나라, 노출 (상태). *almost in a state of* ~ 거의 노출된 상태로. **2** 벌거벗은 것; 〖미술〗 나체화, 나체상.
nud·nik [núdnik] 몡 (美속어) 바보, 멍청이, 귀찮은 녀석, 상대하기 싫은 녀석. (또는 **nudnick**)
nudzh [nudʒ] 몡타 휑 = nudge[2].
'nuff [nʌf] 휑분휑 (구어) = enough. (또는 **nuf(f)**)
'nuff said [or *ced, sed*] 알았다, 그 이상 아무 말도 하지 마라(약 N.C., N.S.).
sure [or *sho*] *'nuff* 절대로, 틀림없이.
nu·ga·cious [njuːɡéiʃəs/njuː-] 휑 하찮은, 사소한. ~·**ness** 몡 〖사소함[무의미함]〗
nu·gac·i·ty [njuːɡǽsəti/nju-] 몡 무의미, 무가치
nu·gae [njúːdʒiː/-ɡai] 몡복 사소한 일. [<L]
nu·ga·to·ry [njúːɡətɔːri/njúːɡətəri] 휑 하찮은, 값어치 없는; 효력이 없는, 헛된(*vain*). 배. <Arab]
nug·gar [nəɡɑːr] 몡 (Nile강에서 쓰이는) 폭이 넓은
nug·get [nʌ́ɡit] 몡 **1** (천연의 귀금속 따위의) 덩어리. ¶a gold ~ 금덩어리, 금괴. **2** 매우 가치[의미]있는 것; 재미있는 것; 있는 그대로의 지식. ¶~s *of* wisdom 지혜의 말. **3** 너겟(닭·생선 따위를 한입에 먹을 수 있게 뭐긴 것). **4** (濠·뉴질) 작으나 힘센 동물, 소형 가축; (경멸적) 난쟁이, 땅딸보. **5** (뉴질) 구두닦이, 구두약. **6** (~s) (美속어) 고환; 바보. **7** (N-) 오스트레일리아의 금화. ―휑 **1** (濠) (금덩어리)를 광물 표면으로부터 뽑아내다. **2** (뉴질 구어) 구두를 닦다.
nug·get·(t)y [nʌ́ɡəti] 휑 덩어리 모양의; 땅딸막한.
‡nui·sance [njúːsns/njúː-] 몡 **1** ⓤⓒ 폐, 불쾌, 성가심; 귀찮은 사람[존재]; 해(*harm*). ¶What a ~! 아이 귀찮아[성가셔]!/Commit no ~! No *N*-! (英) (게시) 소변금지; 쓰레기 버리지 말 것. **2** 〖법률〗 불법 방해, 안거(安居) 방해. ¶a public ~ 공적인 불법 방해. 〖제거하다, *abate a nuisance* (피해자 혼자서) 불법 방해를 *make a nuisance of oneself*; *make oneself a nuisance* 남에게 폐를 끼치다[성가신 존재가 되다].

number

núisance tàx 몡 소액 소비[물품]세.
núisance vàlue 몡 (the ~) (불법 방해가 갖는) 억제[방해] 효과. 〖밤.〗<F
nuit blanche [F nɥi blɑ̃ːʃ] 몡 백야; 잠 못 이루는
N.U.J. (英) *National Union of Journalists*.
nuke [njuːk/njúːk] 몡 (美구어) 휑 핵무기, 원자[수소]폭탄; 원자력 발전소, 원자로; 핵에너지. (또는 **nook**)
No nukes! (美구어) 「핵 반대」. (표어)
―휑 핵무기의, 열핵무기의, 수소 폭탄의; 원자력 발전소의. ―휑 핵무기로 파괴하다; 철저히 해치우다; 전자 레인지로 요리하다; (재귀용법으로) 선탠하다.
nuke-in [-ín] 몡 (구어) 반핵 집회[농성].
nuke·mare [njuːkmɛər/njúːk-] 몡 (美속어) 핵참사(전쟁)의 악몽. [<*nuke*+*nightmare*]「반핵 운동가.
nuke·nik [njúːknik/njúː-] 몡 (美속어) (경멸적)
nuke·speak [njúːkspiːk/njúːk-] 몡 (핵무기 확전 반대파가 사용하는) 핵용어, 핵문제 용어; (원자력 발전 업계가 사용하는) 핵 관련 용어.
null [nʌl] 휑 **1** (법률상) 무효의, 구속력이 없는. **2** 아무것도 없는, 무(無)의, 존재하지 않는. **3** 값어치없는, 하찮은. **4** 〖수학〗 영(零)의, 제로의, 공집합(空集合)의. **5** 특징이 없는, 개성이 없는; 무표정의. **6** (계기 따위의) 영위법(零位法)의; 영위 조정의.
null and void (법률상으로) 무효의.
―몡 **1** 영, 제로; (계기 따위의) 영의 눈금, 영도(度). **2** 〖전자〗 영위(다이얼 상으로 전혀 수신할 수 없는 점). **3** (암호문의 해독 방지를 위한) 무의미한 문자[말]. 「**núlla**.
―휑 ···을 무효로 하다, 폐기로 하다, 없애다. ¶
nul·la [nʌ́lə] 몡 (濠) (떡갈나무) 곤봉. (또는 ―)
nul·la bo·na [nʌ́lə bóunə] 몡 〖법률〗 (영장 기재 차압물의) 부존재(不存在) 보고. [<L *no goods*]
nul·lah [nʌ́lə] 몡 (인도) 수로(水路); 협곡.
núll device 몡 〖컴퓨터〗 (美속어) 공장치(空裝置)(기능이 없는 더미의 입출력 장치).
nul·li·fi·ca·tion [nʌ̀ləfikéiʃən] 몡 ⓤ **1** 무효(화), 파기, 취소. **2** (종종 N-) (美역사) (주내(州內)에서의) 연방법의 실시 거부. ~·**ist**, **-cà·tor** 몡
nul·li·fy [nʌ́ləfài] 휑타 **1** (법적으로) ···을 무효로 하다, 파기[취소]하다. ¶ ~ a contract 계약을 취소하다. **2** ···을 무가치하게 만들다, 헛되게 하다. **-fi·er** 몡
nul·li·ty [nʌ́ləti] 몡 **1** ⓤ (법적인) 무효. ⓒ 그 실례(實例), (문서·행위·절차 따위가) 법률상 무효인 것. ¶a ~ suit 혼인 무효 소송. **2** 가치 없는 물건[사람]. **3** 무, 전무(全無)(*nothingness*).
núll sét 몡 〖수학〗 공집합. 휑 empty set
NUM (英) *National Union of Mineworkers*(전국 탄광 노동 조합). **num.** *number*, *numeral*(*s*). **Num.** 〖성서〗 *Numbers*.
***numb** [nʌm] 휑 (~·*er*; ~·*est*) **1** (추위·충격 따위로) (일시) 감각을 잃은, 마비된, 저린, 곱아진, 언(*with*). ¶toes ~ *with* cold 추위로 곱은 발가락. **2** (···에) 무감각한, 얼빠진, 둔해진(*to*). ¶ ~ *feelings* 둔해진 감각.
a numb hand (속어) 손재주가 없는 사람; 서투름.
―휑타 **1** (수동형으로) (···으로) (손발 따위의) 감각을 죽이다, 얼게 하다, 마비시키게 하다(*by*, *with*). **2** (통증 따위)를 가라앉히다. ―휑 마비되다, 곱다.
numbed out (美속어) 펜시클리딘(*phencyclidine*)(마취약·마약)으로 몽롱해진.
~·**ly** 분 ~·**ness** 몡 〖뇌 회전이 둔한.〗
numb-brained [-bréind] 휑 (속어) 어리석은, 두
‡num·ber [nʌ́mbər] 몡 (~**s** [-z]) **1** ⓤⓒ (사람·물건의) 수, 인원수, 총수, 총계(*of*). ¶the ~ *of* students 학생 수. **2** (수학적 개념으로서의) 수, 숫자, 수사(數詞)(*numeral*). ¶the *cardinal*[*ordinal*] ~ 기수(基數)[서수]/an *even*[*odd*] ~ 우수[기수]/a *real*[*an imaginary*] ~ 실수[허수]/a *fractional* ~ 분수. **3** (식별을 위한) 번호(약 No., no.); 번지, 호수; 전화 번호; (자동차 따위의) 넘버. ¶a license

등록[허가] 번호 / What's his ~? 그는 몇 호실입니까? / *Number*('s) engaged. (英) 통화중입니다. **4 a)** (한정사와 함께) 얼마[얼마간, 약간](의 사람·물건). ¶a ~ of books 많은[얼마간의, 약간의] 책/a ~ of times 종종 / a small ~ 의 소수의… / the greatest happiness of the greatest ~ 최대 다수의 최대 행복. **b)** (~s) 다수(의 사람·물건), 수적인 우세. ¶win by (force of) ~s 다수의 힘으로 이기다.

USAGE **a number of**와 **the number of** —— a number of는 some, many를 의미하는 형용사 역할을 하므로 복수 동사를 지배하며, the number of는 「수」를 주요어로 하여 단수 동사를 받는다: *A* (great) ~ *of* tourists visit the city. (많은 관광객이 그 도시를 찾는다) / *The* ~ *of* cars has increased. (자동차의 수가 늘었다). 그리고 The greater ~ are for this opinion. (과반수의 사람들이 이 의견에 찬성이다)와 같이 개개의 구성원에 중점을 두는 경우에 number는 단수면서 복수취급을 받는 경우가 많다.

5 (美속어) (~s) (달러화 단위의) 금액, (영화 따위의) 수입(收入), 통계(선수의) 기록, (야구 선수의) 타율, 승률, 시청률(rating). **6** □ (집합적) 사람의 모임, 집단: 패, 무리. ¶He is not of our ~. 그는 우리 패가 아니다. **7** (구어) (연극 (가극·무용 따위를 구성하는) 상연물의 하나), (프로그램 중의 한 항목), (시·노래 따위의) 한 편, 한 곡; (늘 하는) 장기, 십팔번, 개인기. ¶the solo ~s of an opera 가극의 독창부 (부). **8** (책의 권) (卷), …권; (잡지 따위의) 호(號), …호. ¶a back ~ (잡지의) 기간호(既刊號) / an extra ~ 임시 중간호 / the March ~ 3월호. **9** (~s) (운율) 운율, 시구, 운문; (음악) 박자(이), 음표. ¶in ~s 운문으로. **10** (~s) (단수 양용) (구어) 산수. ¶the science of ~s 산술. **11** (the ~s) (美속어) = ~s pool; (종종 ~s) (美속어) (심리적) 책략, 속임수. **12** (문법) 수를 나타내는 어형. ¶the singular[plural] ~ 단(복)수(형). **13** (a ~) (구어) (형용사와 함께) 특출한[상궤를 벗어난] 인물; (매력적인) 여자, 소녀. **14** (a ~) (구어) (의복 따위의) 상품, 매물. **15** (a ~) (美속어) 직업 활동, 일; 상태, 정황. ¶a cushy ~ 쉬운 일. **16** (美속어) 관심의 표적, (특히) 성적(性的) 관계; 마리화나 담배. **17** (N-s) = Numbers.

among the number of …의 수 안에, …의 가운데에.
any number of ⇒ ANY.
a person's (lucky) number comes up (구어) 행운이 찾아오다, 운이 트이다.
beyond number 무수한, 헤아릴 수 없을 정도이.
by ((美) the) numbers ① 정식으로, 규칙대로. ② 일제히, 구령에 맞추어.
do...number (美속어) 어떤 짓을 하다.
do [or run] a number on (美속어) ① …을 해치우다, 면목을 잃게 하다; 철저히 비판하다. ② …을 논의하다. ③ (美) …을 조롱하다; 속이다.
do one's number ① 무대에 서다, 연기하다. ② (속어) 여느 때와 마찬가지[예상대로]의 일을 하다.
get [or have] a person's number (美속어) 남의 정체[본심, 약점]를 알다[간파하다]; 남을 꿰뚫어 보다.
have a person's number on it (속어) (탄환 따위가) 남의 목숨을 빼앗게[치명상을 입히게] 되어 있다.
have the wrong number 전화를 잘못 걸다.
in number ① 합계, 모두. ② 숫자상으로.
in numbers ① (출판물이) 분책인[으로]. ② 다수로.
in round number 대충, 어림잡아, 우수리는 떼고.
make one's number ① (英) (해사) (배가) 신호로 등록 번호와 위치 따위를 연락하다 (*with*). ② (구어) 연락하다, 인사하러 가다, 출두하다.
Number of the Beast (the ~) (성서) 짐승의 숫자 (666)(←요한 계시록(Rev.) 13 : 18).
One's number is [or has come, was, will be] up. (속어) ① (사람이) 운이 다하다, 곤경에 빠지다. ② 죽어가고 있다, 임종이 가깝다.
out of number 무수한.
quite a number of 상당한 수의, 제법 많은.
to the number of (구어) …의 수만큼; …까지도.
without number =*beyond number*.

—— 旧 **1** …에 번호를 매기다, 번호로 구별하다. ¶~ the pages in a book 책에 페이지 수를 매기다. **2** (총계가) …로 이루어지다, …의 수에 이르다(total). ¶Shakespeare's plays ~ thirty-five. 셰익스피어의 극은 35개에 이른다. **3** …에 넣어서 세다, …와 동일한 것으로 보다 (*in*, *among*, *with*, *as*). ¶(~+目+前+名) He is ~ed among poets. 그는 시인의 한 사람으로 헤아려지고 있다. **4** …의 수를 확인하다; …을 (하나씩) 세다. ⇒ COUNT 유의어 **5** (수동형으로) …의 수[기간]를 정하다, 제한하다. **6** …년을 살고 있다. ⇒이다. **7** (古어) …을 (…으로) 분배하다, 할당하다(*into*).

—— 자 **1** 세다, 계산하다. ¶*Number*! (구령으로) 번호! **2** 세이지다; (…에) 포함되다 (*among*, *with*). **3** …의 양[수, 액수]이 되다 (*in*).
number off (점호할 때) 번호를 부르다, 번호를 붙이다.
~·a·ble 圈 **~·er** 명
númber bòy 명 (美속어) 상사, 보스, 수뇌; (기업의) 최고 경영자; 총수의 오른팔. 「자에 신경 쓰는.
núm·ber·con·scious [-kánʃəs/-kɔ́n-] 囲 수
númber crúncher 명 (구어) (고속[대형) 컴퓨터; 수치 계산하는 사람(회계사·통계학자·증권 분석가 등). (또는 **númber-crùncher**)
númber crúnching 囲 (구어) (컴퓨터에 의한) 수치 연산, 계산; (구어) (고등학교 등에서의) 수학, 통계학, 컴퓨터 관련.
núm·bered accóunt [nʌ́mbərd-] 명 (금융) 번호 계좌(번호로만 식별하는 은행 계좌).
núm·ber·er [nʌ́mbərər] 명 세는 사람; 번호를 매기는 사람. 「찍는 기계, 넘버링 머신.
núm·ber·ing machìne [nʌ́mbəriŋ-] 명 번호
númbering sýstem 명 (미식축구) 넘버링 시스템 (숫자를 사용하여 플레이하는 방식).
***núm·ber·less** [nʌ́mbərlis] 囲 이루 다 셀 수 없는, 무수한(innumerable); 번호가 없는.
númber líne 명 수직선(數直線).
númber níne [píll] 명 (英軍속어) 제9호 알약(만능약으로 일컬어지는 설사약). (또는 **No.9**)
númber óne **1** (구어) 자기 자신(oneself); 자기 이해(利害). **2** (美구어) 제1급[일류]의 것; 아주 훌륭한 제복[을]. **3** (구어) 우두머리, 톱, 제1인자, 중심 인물. **4** (연필의) H. **5** (구어) (특히 유아의) 소변. **6** (美속어) 무대의 맨 앞. **7** (英軍속어) (작은 함정의) 부함장. (또는 **No.1**)
look out for [or look after, take care of] number one 자기 자신[이익, 일]만을 생각하다. 「보다.
do [or go, make] number one 오줌을 누다, 소변
—— 囲 (구어) 1류의, 최고의, 특출한; 가장 중요한.
númber óne bòy 명 = number boy.
núm·ber·plàte [nʌ́mbərplèit] 명 (자동차의) 번호판 (가옥의) 번지 표시판. (또는 **númber pláte**)
Num·bers [nʌ́mbərz] 명복 (단수취급) (성서) 민수기(民數記)(구약 성서의 넷째 편; ◉ **Num**.).
númbers búsiness 명 = numbers pool.
númbers póol 명 숫자 알아맞히기 도박(신문 따위에 발표되는 숫자의 숫자를 알아맞히는 불법 도박). (또는 **númbers gàme[ràcket]**)
númber(s) rùnner 명 (美속어) 숫자 알아맞히기 도박의 내기돈 수금원.
númber tén 명 (美속어) 최악의.
Númber Tén 명 영국 수상 관저(London의 Downing가(街) 10번지). (또는 **NO. 10**)
númber thèory 명 (수학) 정수론(整數論).

númber twó 图 1 제2의 실력자, 보좌역. 2 (문화적으로 뒤떨어진) 시골. 3 (구어) (유아의) 대변.
do [or *go, make*] *number two* 변을 보다, 똥누다.
── 图 (구어) 제2[둘째]의, 제2급의.
númber wórk 图 산수.
numb·fish [nʌ́mfiʃ] 图 시끈가오리, 전기가오리.
númb hánd 图 (속어) 손재주 없는 사람.
numb-head [-hèd] 图 =numbskull.
numb·ie [nʌ́mi] 图 (美속어) 바보, 멍청이.
numb·ing [nʌ́miŋ] 图 저린 (듯한), 마비시키는; 어리둥절하게[어이없게] 하는, 멍하게 만드는. ~**·ly** 图
num·bles [nʌ́mblz] 图 (고어) (사슴의) 식용 내장.
numb·nuts [nʌ́mnʌ̀ts] 图 (속어) 치사한 녀석, 바보, 멍청이.
numb·skull [nʌ́mskʌ̀l] 图 =numskull.
num·dah [nʌ́mdə:] 图 (양털로 만드는 인도·페르시아산(産)) 펠트 깔개, 이것으로 만든 안장 깔개.
nu·men [njúːmin/njúːmen] 图 (图 **-mi·na** [-mənə]) 1 (자연물·자연현상에 깃들었다는) 영, 신령; 어느 장소의) 수호신, (특정한 것에 깃드는) 정령. 2 영력(靈力), 하늘이 내린 창조력.
nu·mer·a·ble [njúːmərəbl/njúː-] 图 셀 수 있는, 「계산되는.
nu·mer·a·cy [njúːmərəsi/njúː-] 图U (英) 계산적 사고 능력, 기본적 계산력.
nu·me·raire [njùːmərέər/njúː-] 图 (사물의 가치 측정의) 기준, 표준.
*****nu·mer·al** [njúːmərəl/njúː-] 图 **1** 숫자; 수사(數詞). ¶the Arabic ~*s* 아라비아 숫자/the cardinal [ordinal] ~*s*. 기수사[서수사]. **2** (~*s*) (美) 연도자(章)(운동 선수 등 과외 활동 우수 졸업생에게 주는 형제 숫자; 졸업년도 끝 두자리 수로 표시). ── 图 수의; 수를 나타내는. 「관한.
nu·mer·ar·y [njúːməreri/njúːməri] 图 수의[에
nu·mer·ate [njúːmərèit/njúː-] ── 을 세다[계산하다]; [숫자·수식]을 읽다. ── [njúːmərət/njúː-] 수리적 계산[사고]에 강한, 수학을 아는.
nu·mer·a·tion [njùːməréiʃən/njúː-] 图U **1** 셈하기, 계산, 셈. **2** 세는 법, 계산법. **3** (수학) 숫자를 읽는 법. ¶the ~ table 숫자표. **-a·tive** 图
nu·mer·a·tor [njúːmərèitər/njúː-] 图 **1** (수학) 수의) 분자(⇔denominator). **2** 계산자(者), 계산기.
nu·mer·i·cal [njuːmérikəl/njuː-] 图 **1** 수의, 숫자 상의, 수를 나타내는. ¶a ~ order 번호순. **2** (문자가 아니라) 숫자로 표시된. ¶a ~ street 번호로 불리는 거리(13번가 따위). **3** 계산 능력의에 관한. **4** (수학) 절대치의. (또는 **numéric**) ~**·ly** 图 ~**·ness** 图
numérical análysis 图 수치 분석. 「이션 방법」
numérical contról 图 수치 제어(數値制御)(오토메
numérical tárget 图 (경제) 수치 목표(구체적 수치를 들어 목표를 설정하기).
numérical taxónomy 图 (생물의) 수량 분류학.
numérical válue 图 절대값(absolute value).
numérical wéather predíction 图 (일기의) 수치 예보. (또는 **numérical fórecasting**)
numéric kéypad[**pád**] 图 (컴퓨터) 숫자판.
nu·mer·ol·o·gy [njùːmərάləʤi/njùːmərɔ́l-] 图U 수비학(數秘學), 숫자점(생일의 수 따위로 운명을 점친다). **-o·lóg·i·cal** 图 **-gist** 图
nu·me·ro u·no [njúːmərðu úːnou/njúː-] 图 (美·캐나다 구어) =number one 1, 2, 3. (<Sp)
‡**nu·mer·ous** [njúːmərəs/njúː-] 图 (**more** ~; **most** ~) **1** (복수명사와 함께) 매우 많은, 무수한. ¶~ friends 많은 친구/too ~ to enumerate 일일이 셀 수 없을 만큼 많은.

유의어: **numerous** 대단히 많은. **innumerable** 너무 numerous하여 셀 수도 없는. **manifold** 수도 많을 뿐 아니라 종류도 갖가지이다.

2 (집합명사와 함께) 다수로 이루어진. ¶a ~ army 대군(大軍). **3** (고어·시) 가락이 아름다운, 운율적인.
-me·rós·i·ty 图 ~**·ly** 图 ~**·ness** 图
Nu·mid·i·a [njuːmídiə/njuː-] 图 누미디아(아프리카 북안, 현재의 Algeria 지방에 있었던 고대 왕국).
Nu·mid·i·an [njuːmídiən/njuː-] 图 누미디아(사람)의. ── 图 누미디아 사람; U 누미디아어(語).
nu·mi·na [njúːmənə/njúː-] 图 numen의 복수형.
nu·mi·nous [njúːmənəs/njúː-] 图 **1** 신령의[같은], 심령상의: 초자연적인, 불가해한, 신비스러운. **2** 숭고한 의무감[경의, 충성심]을 불러일으키는; 신성한; 장엄한. ── 图 신령.
nu·mis·mat·ic [njùːməzmǽtik/njùːmiz-] 图 화폐의, 고전(古錢)의, 메달의; 화폐학의, 고전(古錢)학의. (또는 **numismátical**) **-i·cal·ly** 图
nu·mis·mat·ics [njùːməzmǽtiks/njùːmiz-] 图 (단수취급) 화폐학, 고전(古錢)학; 고전·메달 수집. (또는 **numismatology**)
num·ma·ry [nʌ́məri] 图 **1** 화폐[돈]의, 화폐[돈]에 관한; 금전의을 취급하는.
num·mu·lar [nʌ́mjulər] 图 **1** 화폐의; 경화(硬貨) 모양의. **2** (병리) (피부병 증상이) 동전 모양인.
num·mu·la·ry [nʌ́mjulèri/-ləri] 图 (고어) = nummary.
num·mu·lite [nʌ́mjulàit] 图U 화폐석(화석의 일종).
num·my [nʌ́mi] 图 (구어) (음식이) 맛있는, 맛 좋은.
num·nah [nʌ́mnə] 图 =numdah.
num·skull [nʌ́mskʌ̀l] 图 (구어) 얼간이, 바보; 둔한 머리. (또는 **numbskull**)
*****nun** [nʌn] 图 **1** 수녀. **2** (독일산) 집비둘기의 일종. **3** =~ buoy. **4** (美속어) 착실한 여자.
~**-like**, ~**-nish** 图 「산.
nun·a·tak [nʌ́nətæ̀k] 图 빙하로 완전히 둘러싸인
Nu·na·vut [núːnəvʌt, -vùːt] 图 누나부트(캐나다 북부의 에스키모족 자치구로 준주(準州); 1999년 설치).
nún búoy 图 마름모꼴 부표[부이].
Nunc Di·mit·tis [nʌ́ŋk dimítis, núŋk-] 图 **1** (성서) 시므온(Simeon)의 찬송(←누가복음(Luke) 2:29-32). **2** (n- d-) 퇴거, 출발; (인생과의) 작별.
sing one's nunc dimittis (기꺼이) 작별을 고하다, 이 세상을 하직하다.
[<L *now thou lettest depart*]
nun·ci·a·ture [nʌ́nʃiətʃər/-tʃə] 图 로마 교황청 사절(nuncio)의 직무[임기, 사절단].
nun·ci·o [nʌ́nʃiou/-ðu] 图 (图 ~*s*) (외국 주재) 로마 교황청 대사; (드물게) 사절.
nun·cle [nʌ́ŋkl] 图 (방언) =uncle. 「(口述)하다.
nun·cu·pate [nʌ́ŋkjupèit] 图타 (유언 따위)를 구술
nun·cu·pa·tion [nʌ̀ŋkjupéiʃən] 图U 유언 구술 (口述); C 구술 유언. **-tive** 图
nun·hood [nʌ́nhùd] 图U 수녀임, 수녀의 신분.
nun·ner·y [nʌ́nəri] 图 수녀원(convent).
nún's véiling 图 얇은 평직의 우스티드.
nuoc mam [nwɔ́ːk mɑ́ːm/nwɔ́k-] 图 누옥맘(생선의 젓국을 숙성시킨 매운 베트남의 향신료).
NUPE (英) National Union of Public Employees (전국 공무원 조합).
nu·phar [njúːfɑːr/njúː-] 图 개구리연속(屬)의 식물.
nu·plex [njúːpleks/njúː-] 图 원자력 공업 단지. [<*nu*clear-powered com*plex*]
*****nup·tial** [nʌ́pʃəl] 图 **1** 결혼(식)의, 혼례의. ¶a ~ day 결혼날/a ~ feast 결혼 피로연. **2** (동물) 교미(번식)(기)의. ── 图 (~*s*) 결혼식, 혼례. ➪MARRIAGE 유의어. ~**·ly** 图
núptial flíght 图 (곤충) 결혼 비행(흰개미·벌 따위가 교미하기 위해 서로 섞여 날아다니는 일).
nup·ti·al·i·ty [nʌ̀pʃiǽləti, -tiǽl-] 图 결혼율.
núptial máss 图 결혼 미사.

N.U.R. (英) National Union of Railwaymen(전국 철도원 노동조합).
nurd [nəːrd] 명 (美속어) =nerd.
Núrd Chíc 명 (복장) 「너드식」 복장(1981년에 유행).
nurd·y [nə́ːrdi(ː)] 형 (美속어) 촌스러운, 멋없는; 이상하게 눈에 띄는.
Nu·rem·berg [njúərəmbəːrg/njúː-] 뉘른베르크(독일 Bavaria 지방의 도시; 나치스 전범 재판(the Nuremberg trials; 1945-46)이 열렸던 곳; 독일어로 Nürnberg).
Nur·ha·chi [nùərháːtʃi] 누르하치(1559-1626; 청나라 태조(太祖)).
nurk [nəːrk] 명 바보, 얼간이(nerk).
‡**nurse** [nəːrs] 명 (목 **nurs·es** [-iz]) 1 간호사, 간호병. ¶a male ~ (정신 병원 따위의) 남자 간호사 / a graduate [or trained] ~ 유자격 간호사 / a registered ~ 공인 간호사. 2 유모(wet ~); 보모, 아이 보는 여자 (dry ~). 3 (비유적) …을 기르는 사람[것], 보호자, 보육자; 양성소 (of). ¶Difficulty is the ~ of greatness. (속담) 고생을 겪어야 크게 된다. 4 =~ tree. 5 (곤충) 보모충(保姆蟲)(일개미 따위 유충을 보살피는 곤충의 총칭). 6 (당구) (cannon을 칠 수 있도록) 공을 모아놓기.
at nurse 유모[보모]에게 맡기어; 양자로 되어.
put...(out) to nurse ① [젖먹이]를 남에게 맡게 기르다. ② [토지·재산 따위]를 관리인에게 맡기다.
— 동 (**nurs·es** [-iz], **nursed** [-t]; **nurs·ing** [-iŋ]) 태 1 간호하다, 병구완하다, 병시중 들다. ¶(~+图/+图+图) ~ a patient back to life 환자를 간호하여 소생시키다. 2 (혼자서) [감기 따위]를 고치다, 치료하다 요양하다. ¶~ a cold 감기를 고치기 위해 조리하다. 3 (아기)에게 젖을 먹이다; (아기)를 돌보다; …을 기르다, 양육하다(up, along). ¶(~+图+图) ~ up a tree 나무를 길러 내다/ ~ a plant along 식물을 키워 나가다.

┌──┐
│ 유의어 **nurse** 제 힘으로는 아무것도 못하는 자를 보│
│ 살피다. **nourish** 성장·발달에 필요한 것을 주다.   │
│ **nurture** 정신적·사회적인 성장을 촉진하기 위해 보 │
│ 살피다.   │
└──┘

4 …을 소중하게 다루다; 귀하게 쓰다, …을 알뜰하게 돌보다; 잘 운영[관리]하다; (음료수)를 아까운 듯이 천천히 마시다. 5 (악감정·사상 따위)를 마음에 품다. 6 …을 어르다, 애무하다, (껴)안다. ¶~ a baby 갓난아기를 안다. 7 (英) (선거민)의 비위를 맞추다. 8 (당구) (잇달아 cannon을 칠 수 있도록) [공]을 모아놓다. 9 (속어) (남)을 부추겨 …시키다. — 재 1 간호사로서 근무하다, 간호[병구완]하다. 2 (아기)에게 젖을 먹이다, 수유하다. 3 (젖먹이가) 젖을 먹다(at).
nurse along ① (배)를 느릿느릿 항해시키다. ② [일]을 착실히 진행시키다.
nurse one's knees in one's lap 무료한 나머지 무릎을 껴안다.
nurse through ① …을 극진히 간병하여 고치다. ② [일]을 끝까지 밀고 나가 성공시키다.
nurse-child [ˊtʃàild] 명 (목 **-chil·dren** [-tʃìldrən]) 유모에게 맡겨진 아이, 수양 아들[딸].
nurse-gar·den [ˊgɑ̀ːrdn] 명 (고어) 묘목밭.
nurse hóund 돔발상어의 일종(유럽산(産)).
nurse·ling [nə́ːrsliŋ] 명 =nursling.
nurse·maid [ˊmèid] 명 1 아이 보는 여자, 보모. 2 남을 돌보기를 좋아하는 사람. 3 (전투기의) 폭격기 호위. — 타 …을 돌보다.
nurse-mid·wife [ˊmídwàif] 명 간호 조산원.
nurse-prac·ti·tion·er [ˊpræktɪʃənər] 명 (美) (일정한 의료 행위를 할 자격을 갖춘) 간호사(약 NP). (또는 **núrse practitioner**)
nurs·er [nə́ːrsər] 명 1 유모, 양육자. 2 젖병.
‡**nurs·er·y** [nə́ːrsəri] 명 (목 **-er·ies** [-iz]) 1 육아실, 아이방; 탁아소(day-care ~). 2 보육원(~ school). 3 양성소; (악(惡) 따위의) 온상; (…의) 생육 환경[조건] (for, of). ¶Idleness is the ~ of vice. 나태는 악덕의 온상이다. 4 묘목밭; 양어장, 양식장. 5 두 살 된 말의 핸디캡 레이스. 6 (당구) 모아놓은 공; (공을 모아놓고 치는) cannon의 연속. 7 젊은 스포츠맨 양성 시설.
núrsery cànnon (당구) =nursery 6.
núrsery gàrden 명 =nurse-garden.
núrsery góverness 명 보모 겸 가정 교사.
nurs·er·y·maid [nə́ːrəmèid] 명 =nursemaid.
nurs·er·y·man [nə́ːrsəriman] 명 묘목업자, 묘포경영자; 육묘(育木) 담당원.
núrsery nùrse 보모, (보육원 따위의) 보조 교사.
núrsery rhýme 전래 동요; 자장가.
núrsery schóol 보육원(day-care center).
núrsery slópes 명(목) (스키) 초보자용 (활강) 코스.
núrsery tàle 명 동화.
núrse's áide 명 간호 조무사.
núrse trèe 보호수(비바람으로부터 어린 나무를 보호하기 위한 나무).
nurs·ey [nə́ːrsi] 명 (어린이말) 아줌마, 언니. (또는 **nursie**)
***nurs·ing** [nə́ːrsiŋ] 형 (맡은 아이를) 양육[보육]하는; 수유(授乳)하는. ¶one's ~ child 맡아 기르는 아이. — 명 (직업으로서의) 유모, 양부; 간호, 보육.
núrsing bóttle 포유병, 젖병.
núrsing fàther 명 양아버지.
núrsing hòme 명 (노인 등의) 사설 요양원; (英) 소규모 개인 병원.
núrsing móther 명 양모; 유모.
nurs·ling [nə́ːrsliŋ] 명 1 (유모가 기르는) 애기, 젖먹이. 2 곱게 자란 사람, 귀염둥이; 비장품; 애완 동물. (또는 **nurseling**)
nurts [nəːrts] 명(목) 허튼소리, 넌센스. 「핌].
nur·tur·ance [nə́ːrtʃərəns] 명 애정어린 양육[보살핌].
—ant 형 애정을 쏟아 돌보는.
***nur·ture** [nə́ːrtʃər] 태 타 1 양육하다; (영양을 주어) …을 키우다(⇒NURSE 동). 2 …을 보육하다(rear); 양성하다, 교육하다. 3 [청소년의] 성장[발육, 발달]을 촉진시키다, 재능을 길러주다; (감정 따위)를 품다. 3 …에 영양을 공급하다. — 명(U) 1 양육, 사육; 교육, 양성, 육성. ¶nature and ~ 선천성과 후천성 / the ~ of creative scientists 창조적인 과학자의 양성. 2 영양물, 음식물. ~·**a·ble**, ~·**less** 형 **-tur·er** 명
NUS (英) National Union of Seamen[Students](전국 선원 조합[학생 연맹]).
‡**nut** [nʌt] 명 1 견과(堅果), 나무 열매(호두·밤·도토리 따위); (견과의 알)맹이, 핵(kernel). 2 어려운 문제, 어려운 사업; 다루기[납득시키기] 어려운 사람; 정체를 알 수 없는 사람. 3 (문제 따위의) 핵심, 근본. 4 너트(螺絲)(⇔ bolt), 암나사. 5 (속어) 머리; (~S) 고환. 6 (속어) 열광적 미치광이, 바보, 멍청이; (종종 복합어로) (어떤 일에) 열중하는 사람, 팬, 마니아, …광(狂); 멋쟁이. ¶a Leonardo Dicaprio ~ 레오나도 디카프리오 광. 7 (구어) (연극·텔레비전 따위의) 제작비; (경제) 손익 분기점; (새로운 사업의) 설립 자금; (경찰관에게 주는) 뇌물. 8 (음악) (바이올린 따위의) 담과(檐果), 현침(絃枕); (현악기의 활의) 조리개, 너트; 활털 조리개. 9 (the ~s) (속어) 재미[우스움]의 원천, 기쁨의 원인. 10 (英) (버터 따위의) 덩어리.
a hard [or tough] nut (to crack) ① 어려운 문제, 어려운 사업. ② 다루기 힘든 사람.
as sweet as a nut (구어) 일사불란하게, 기분 좋을 만큼 수월하게. 「장기(長技)다.
be (dead) nuts on (속어) …을 매우 좋아하다, …이 **be nuts to [or for]** …이 좋아하는 것이다.
bust one's nuts (美비어) 전력을 다하다, 대단한 노력을 기울이다.
don't care a (rotten) nut 조금도 개의치 않다.
do one's nut(s) (英속어) 미친 듯이 일하다.
for nuts (속어) (부정문에서) 아무리 해도, 전혀, 조금도.
from soup to nuts 처음부터 끝까지.

get one's nuts (cracked [or off]) (美俗語) 사정하다, 오르가슴을 느끼다.
give one's left [or right] nut to do (비어) …하기 위해서라면 뭐든지 하다.
go nuts 열중하다, 미치다.
have a person **by the nuts** (비어) 남의 약점[급소]을 쥐고 있다.
not care a (rotten) nut 전혀 개의치 않다.
off one's **nut** (속어) 미쳐서; 화나서; 취하여; 잘못하여.
talk like a nut (美속어) 어리석은 소리[헛소리]를 하다.
— 動 (**-tt-**) 〔자〕 1 나무 열매를 줍다[찾다]. ¶go ~ting 나무 열매를 주우러 가다. 2 (英속어) 머리를 쓰다, 생각하다(over, out, up). — 타 1 …의 머리를 때리다. 2 (美속어) (수동형으로) …을 죽이다; …와 성교하다.
nut up [or **out**] (학생속어) 머리가 돌다.
↙·like 형
NUT (英) National Union of Teachers (전국 교원 연합).
nút acàdemy 명 (속어) =nut house.
nu·tant [njúːtnt/njúː-] 형 〔식물〕 (줄기·꽃 따위가) 아래로 처지는, 하수성(下垂性)의.
nu·tate [njúːteit/njúː-] 자 (줄기·꽃 따위가) 아래로 처지다, 수그러지다(droop).
nu·ta·tion [njuːtéiʃən/njuː-] 명 ⓒⓊ 1 머리 숙이기, 머리를 끄덕이기(nodding). 2 〔식물〕 (나팔꽃 덩굴 끝의) 생장 운동. 3 〔천문〕 장동(章動)(지축의 진동).
nut·ball [nátbɔ̀ːl] 명 (속어) 미치광이, 괴짜.
nut·brown [nátbráun] 형 밤색의, 짙은 고동색의.
nut·but·ter [´bλtər] 명Ⓤ (나무 열매 따위로 만든) 버터.
nut·cake [nátkèik] 명 (美) 도넛(doughnut).
nút·case [nátkèis] 명 (구어) (악살) 미치광이, 별난 인간, 괴짜. (또는 **nút càse**)
nút còllege 명 (美속어) =nut house.
nut·crack·er [nátkrækər] 명 1 (종종 ~s) 호도 까는 기구. 2 산갈가마귀(까마귓과)의 새). 3 (美속어) 매춘부, 행실이 나쁜 여자. — 형 호두 까는 기구와 같은.
nútcracker fàce 명 (이가 빠지거나 하여) 합죽해진 얼굴, 합죽이.
nut·crunch·ing [´krλntʃiŋ] 명 (비어) 불까기, 거세.
nút cútlet 명 (나무 열매로 만든) 가짜 커틀릿.
nút fàctory 명 =nut house. (또는 **nút fàrm** [**fòundry, acàdemy**])
nut·gall [nátgɔ̀ːl] 명 몰식자(沒食子).
nut·hatch [nátʰǽtʃ] 명 동고비(동고빗科)의 텃새).
nút hòuse 명 (속어) 정신 병원. (또는 **núthòuse**)
nut·let [nátlit] 명 작은 견과(堅果); 복숭아 따위의 씨, 핵.
nut·meat [nátmiːt] 명 ⓤ (식용할 수 있는) 견과의 살.
nut·meg [nátmeg] 명 1 육두구(肉豆蔻)의 종자(약·조미료용). 2 육두구 나무(열대산(産)의 상록 교목). (또는 ~ **trèe**) 3 희갈색. — 타 (英구어) (축구 따위에서) 상대의 사타구니 사이로 공을 패스하다.
nútmeg àpple 명 육두구(나무)의 열매.
Nútmeg Stàte 명 (the ~) 美 Connecticut 주의 별칭.
nút òil 명 견과유(호두·땅콩 기름 따위).
nut·pick [nátpik] 명 1 호두살을 파내는 식탁용 기구. 2 (美속어) 정신분석 의사.
nút pìne 명 (열매를 먹을 수 있는 각종) 소나무.
nu·tra·ceu·ti·cal [njùːtrəsúːtikəl/njùː-] 명 건강식. <*nutr*ition+pharm*aceutical*>
Nu·tra·Sweet [njúːtrəswìːt/njúː-] 명 〔상표〕 뉴트라스위트(인공 감미료 aspartame의 상품명).
nu·tri·a [njúːtriə/njúː-] 명 1 뉴트리아(남아메리카산 설치류); Ⓤ 그 모피. 2 올리브색이 섞인 잿빛종.
nu·tri·ent [njúːtriənt/njúː-] 형 영양분을 주는, 영양[자양]이 되는. — 명 자양물[제], 영양분.

nu·tri·lite [njúːtrəlàit/njúː-] 명 〔생화학〕 미생물 영양소.
nu·tri·ment [njúːtrəmənt/njúː-] 명 Ⓤ 1 자양물, 영양물(nourishment); 음식물. 2 (지적인 면에서) 영양을 주는 것. **·mén·tal** 형
***nu·tri·tion** [njuːtríʃən/njuː-] 명 Ⓤ 1 영양, 영양 섭취(공급). 2 ¶in ~ 영양상. 3 영양물, 음식물. 3 〔동·식물의〕 영양 작용[과정]. 4 영양학.
~**·al** 형 ~**·al·ly** 부 ~**·àr·y** 형 **~·ist** 영양사[학자].
nu·tri·tious [njuːtríʃəs/njuː-] 형 영양[자양]분이 풍부한; 발육을 촉진하는. **·ly** 부 **~·ness** 명
nu·tri·tive [njúːtrətiv/njúː-] 형 영양이 되는, 자양분이 있는; 영양의, 영양에 관한). — 명 자양 음식, 영양식. **~·ly** 부 **~·ness** 명 영양 상태.
nu·tri·ture [njúːtrətʃər/njúː-] 명 Ⓤ 영양식(품); 영양 상태.
nuts [nats] 명 (속어) 머리, 제기랄(혐오·경멸·실망·묘만·거부 따위의 뜻을 나타내는 말)(to). ¶N~ (to you)! 헛소리 마! (또는 **nerts, nertz**) — 형 미친, 머리가 돈; (…에) 열광적인, 열중한(about, on, over).
be nuts about [or **over, on**] …에 열중하고 있다, 홀딱 반하다; …을 능하다. ¶He is ~ about her. 그는 그녀에게 미쳐 있다.
go nuts 열중하다; 미치다.
— 명 1 (the ~) 최고[최선]의 것. 2 어리석은 일[것], 헛소리.
núts and bólts 명 (the ~) (구어) 1 (복수취급) (…의) 기본, 근본(of). 2 (기계 따위의) 움직이는 부분, 장치, 3 운전, 운영. 4 (속어) 심리학 (과목).
nuts-and-bolts [´ənboults] 형 요긴한, 근본적인; 실천적인, 실제적인.
nut·shell [nátʃèl] 명 나무 열매의 껍질, 자잘[작은, 짧은] 것; 작은 그릇[집]; (고어) 하찮은 것.
in a nutshell 극히 간단[간결]하게, 단 한 마디로. ¶ I will tell you the story *in* a ~. 그 이야기를 간략하게 말씀해 드리겠습니다.
— 타 요약하다, 간결히 말하다.
nuts·o [nátsou] (美속어) 형 (복 **~s**) 미치광이, 기인(奇人). = nutty.
nuts·y [nátsi] 형 =nutty 3, 4.
nut·ter [nátər] 명 견과(나무 열매)를 줍는 사람; (속어) 미치광이.
nut·ting [nátiŋ] 명 Ⓤ 견과(나무 열매) 줍기, 호두 줍기.
nút trèe 명 견과(木)(나무 열매)는 나무, 개암나무(hazel).
nut·ty [náti] 형 1 견과(나무 열매)가 많은; 딱딱한 열매가 열리다. 2 (맛이) 견과 같은. 3 풍미(향기) 그윽한, 향기 높은; (생각 따위가) 내용이 충실한(알찬). ¶ sherry 향기 그윽한 셰리주(酒). 4 (속어) (…에) 열중한, 반한; 미친(about, on, over); 어리석은, 우둔한. 5 (英속어) 멋진, 맵시 있는. 6 (재즈 따위가) 뛰어나게 훌륭한.
-ti·ly 부 **-ti·ness** 명
nut·wood [nátwùd] 명 Ⓤ 견과가 여는 나무(호두나무·히코리 따위); 견과 나무 목재.
N.U.W.W. (英) National Union of Women Workers.
nux vom·i·ca [náks vámikə/-vɔ́m-] 명 마전(馬錢); 그 씨앗(번목별(蕃木鱉))(스트리키닌의 원료).
Nu·yo·ri·can [njuːjɔːríːkən/njuː-] 명형 (뉴욕의) 푸에르토리코계(系) 주민(의), 그 자손(의).
nuz·zle [nàzl] 자타 1 (돼지 따위가) 주둥이 끝으로 구멍을 파다. 2 (…에) 코를 비벼대다(up)(at, against, in). 3 꼭 붙어서 자다; 기분 좋게 자다. — 타 1 …을 코끝으로 파다. 2 …에 코를 비벼대다(up)(against). ¶A dog ~d his nose against him. 개가 그에게 코를 비벼댔다. 3 …에 코를 쑤셔박다. 4 (아이 등)을 끌어안다, 껴안다. — 명 포옹.
nuzzle oneself 바싹 달라붙다.
-zler 명

NV 〔네덜란드〕 naarnloze vennootschap (주식 회사); Nevada; New Version; nonvoting. **N/V** no value.

NVA North Vietnamese Army. **n.v.d.** *no value declared.* **NVG** *night vision goggles.* **N.V.M.** Nativity of the Virgin Mary. **N.V.Q.** National Vacational Qualification. **N.V.S.** *no voting stock*(무의결권 주식). **NW, N.W.** *northwest(ern).* **n.w.** *net weight; no wind.* **NWA** (美) National Wrestling Alliance; Northwest Airlines. **NWbN** *northwest by north*(북서미북(微北)). **NWbW** *northwest by west*(북서미서(微西)). **NWC** (美) National War College(국방 대학원). **NWLB** National War Labor Board. **NWPC** National Women's Political Caucus(전미(全美) 여성 정치 연맹). **NWS** National Weather Service. **n. wt.** *net weight*(정미 중량). **N.W.T.** Northwest Territories. **nxm** (美속어) [컴퓨터] *nonexistent memory*(깜박 잊음).
*N.Y. *New York.* **NYA, N.Y.A.** (美) National Youth Administration(청소년국(局)).
nyah(h) [njɑː] 감 약 오르지!, 메롱!
nyb·ble [níbl] 명 [컴퓨터] 니블(4비트 컴퓨터의 기억 장치)(nibble).
NYC *New York Central; New York City.* **NYCE** *New York Cotton Exchange.*
nyct- [nikt] 연결 *night*의 뜻. ¶*nyct*algia(야간 통증). (또는 **nycti-, nycto-**)
nyc·ta·lo·pi·a [nìktəlóupiə] 명U [안과] 야맹증(夜盲症), 밤소경(night blindness).
nyc·ta·lop·ic [nìktəlɑ́pik/-lɔ́p-] 형 [안과] 야맹증의.
nyc·tan·thous [niktǽnθəs] 형 밤에 꽃이 피는.
nyc·ti·trop·ic [nìktətrɑ́pik/-trɔ́p-] 형 [식물] (잎이) 밤에 방향을 바꾸는 성질이 있는.
nyc·to·pho·bi·a [nìktəfóubiə] 명 [정신의학] 암소(暗所)[야간] 공포증.
Ny·dra·zid [náidrəzid] 명U (상표) 나이드라지드(결핵 치료약).
nyet [njet/*Russ* nʼet] 부 아니, 아니오(no). — 명 반대, 거부. 〔<Russ〕
NYFE *New York Futures Exchange*(뉴욕 선물 거래소).
nyl·ghai [nílgai] = nilgai. (또는 **nylghau**)
‡ny·lon [náilɑn/-lɔn] 명 1 U 나일론. 2 나일론 제품; (~s) (복수 취급) 나일론 스타킹(~ stockings). 3 (美속어) 낙하산. — 형 나일론제의.
NYMEX [náimèks] 명 뉴욕 상품 거래소. (또는 **NYM(E)**) 〔<*New York Mercantile Exchange*〕
‡nymph [nimf] 명 1 (그리스·로마 신화) 님프(바다·강·숲·산 따위의 정령(精靈)). 2 (시) 미소녀; 처녀. 3 (곤충) (불완전 변태를 하는 곤충의) 애벌레. 4 매춘부. — 동(&) 애벌레를 먹이로 하다. ~·al, **nym·phe·an** 형 님프의. ~·**like** 형 님프 같은.
nym·pha [nímfə] 명 (복 **-phae** [-fiː]) 1 (해부) 소음순(小陰脣)(labia minora). 2 = nymph 3.
nymph·et [nimfét, nímfit] 명 1 젊고 아름다운 님프. 2 (구어) (10대쯤의) 조숙한 소녀. 3 정조 관념이 희박한 젊은 여자. (또는 **nymphette**) ~·**ic** 형
nym·pho [nímfou] 명 (속어) = nymphomaniac.
nym·pho- [nímfou, -fə] 연결 nymph, nymphae의 뜻(* 모음 앞에서는 nymph-). ¶*nympho*mania.
nym·pho·lep·sy [nímfəlèpsi] 명UC (님프에 매혹되면 일어난다고 상상한) 황홀경, 광희(狂喜); (이룰 수 없는 것에 대한) 열망; 광기(狂氣).
nym·pho·lept [nímfəlèpt] 명 좋아서 어쩔 줄 모르는 사람, 기뻐 날뛰는 사람. — 형 황홀해 있는, 열망한.
nym·pho·lep·tic [nìmfəléptik] 형 광희하는, 좋아서 어쩔 줄 모르는.
nym·pho·ma·ni·a [nìmfəméiniə] 명U (병리) (여성의) 성욕 이상 항진증(亢進症), 색정광, 음란증.
nym·pho·ma·ni·ac [nìmfəméiniæ̀k] 형 (여성이) 음란증의. — 명 색광(色狂)[색정광]의 여자.
nymph pink (때로 a ~) 푸른 자주색.
NYNEX [náinèks] 명 나이넥스(미국의 New York과 New England 지역 전신 전화 회사).
NYP, N.Y.P. *not yet published*(미발간). **NYPD** *New York City Police Department*(뉴욕시 경찰청).
Ny·Quil [náikwil] 명 《美상표》 감기약.
NYR *not yet returned.* **NYSE** *New York Stock Exchange*(뉴욕 증권 거래소).
nys·tag·mus [nistǽgməs] 명U (병리) 안구 진탕증(眼球振盪症), 안진증(眼振症). **-mic** 형 〔University.
NYT (*The*) *New York Times.* **NYU** *New York*
Nyx [niks] 명 (그리스 신화) 닉스(밤의 여신).
N.Z., N. Zeal. *New Zealand.* **NZEF** *New Zealand Expeditionary Force.*

O

O, o [ou] 圐 (零 *O's, Os; o's, os, oes*) 1 영어 알파벳의 열다섯째 자. ¶*O for Oliver* Oliver의 O(국제 전화 통화 용어). 2 O(o)가 나타내는 소리. 3 O(o)자형(의 물건); 원형. ¶*an O; a round O* 원(circle).

‡O [ou] 囝 (* 다음에 콤마나 감탄부를 붙이지 않는다. ⇨OH) 1 (부르는 말로 이름 앞에서) 오, 아(* 특히 시적인 또는 엄숙한 표현에 쓰인다). ¶*O God, save us!* 오 하느님, 우리를 구하소서! 2 (놀람·고통·환희·공포·감탄·소망 따위를 나타내어) ¶*O dear me!* 어머나! /*O is it so?* 오, 그렇습니까? /*O that the day would come!* 아, 그날이 오면 좋으련만! 3 (긍정·부정어 앞위를 강조하여) ¶*O yes.* 그렇고 말고. — 圐 (零 *O's* [-z]) 아[오]! 라는 소리.

O [ou] 圐 (美속어) 1 아편(opium). 2 1온스(ounce)의 마약. 3 오르가슴(orgasm).

O (문법) object; (전기) ohm; Old.

O ⑴ 1 (차례 또는 연속된 것 중의) 열다섯번째(의 것)(단 I 또는 J를 제외할 경우엔 열네 번째(의 것)). 2 (아라비아 숫자의) 영(zero). 3 (중세 로마 숫자의) 11. 4 (생리) (혈액의) O형. 5 (화학) =oxygen. 6 (논리) = particular negative.

o' [ə-] 囝 1 of의 단축형. ¶*5 o'clock, a will-o'-the-wisp, a man-o'-war.* 2 on의 단축형. ¶*o'nights.*

O' [ə, ou] 囝툐 a descendant of의 뜻(* 아일랜드 사람의 성 앞에 붙인다). ¶*O'Brien, O'Connor.*

o- [ou] 囝툐 ⇨OB-.

-o- [ou, ə, ɑ/ɔ] 1 복합어의 첫째 요소 끝머리에 붙여서 동격 관계를 나타내는 연결 문자. ¶*Franco-Italian, Russo-Chinese.* 2 그리스계 어미를 가지어 복합어를 만드는 연결 문자. ¶*technocracy, technology.*

o. occasional; (라틴) (약학) *octarius*(=pint); octavo; off; ohm(s); oil; only; (라틴) *optimus*(=best); order; organ; (야구) out(s). **O.** observe(d); occiput; occupation; Ocean; (라틴) *octarius*(=a pint)((처방전에서) 1파인트); octavo; October; oculus; Odd Fellows; officer; Ohio; Old; Ontario; operation; orange; order; ordinary; Oregon; Orient; owner. **OA** office automation(사무 자동화); Office of Administration. **o/a** (상업) on account (of); on or about. **OAA** (로켓) orbiter access arm(오비터 연락 통로). **OAEC** Organization for Asian Economic Cooperation(아시아 경제 협력 기구).

oaf [ouf] 圐 (零 *~s*, (고어) *oaves* [ouvz]) 1 바보, 천치; 얼간이. 2 (드물게) 심신 장애아, 기형아. 3 (고어) =changeling. (또는 **oafo**) [~**·ness** 圐
oaf·ish [óufiʃ] 囧 우둔한, 천치[바보]의. ~·**ly** 囝

O·a·hu [ɑːáːhuː] 圐 오아후 섬(하와이 제도의 한 섬. Hawaii주의 주도 Honolulu가 있다).

‡oak [ouk] 圐 (零 *~(s)*) 1 오크(떡갈나무·참나무 따위의 총칭); 오크 재목; 참나무(가구 따위). 2 (the ~) 오크의 새 잎 색깔, 황갈색. 4 ⑴ 오크의 잎, 오크잎으로 만든 관(冠). ¶*wear ~* 오크잎의 관을 쓰다. 5 (英학생 속어) (개인 방 입구의) 오크 재목 문. 6 (the O-s) *a heart of oak* 견인 불발의 사람(용사). ⇨OAKS. *sport one's oak* (英학생 속어) (부재중이거나 면회 사절의 표시로) 문을 닫아두다; (일반에) 면회 사절하다. — 囧 (한정용법) 오크의; (가구 따위의) 오크 제품의.

óak àpple 圐 (오크나무에 여는) 오배자(五倍子), 몰식자(沒食子).

Oak-apple Dày [ǽpl-] 圐 (英) 영국 왕정 복고 기념일(5월 29일).

‡oak·en [óukən] 囧 오크(oak)제의; 오크나무의(* 보통 한정용법에만); (고어) 오크의 작은 가지[잎]로 만든.

óak báll 圐 =oak apple.

óak làppet 圐 (곤충) 배버드나방.

óak lèaf clúster 圐 (美육군) 청동 무공 훈장(零 OLC). (또는 **oak-léaf clùster**)

oak·ling [óuklíŋ] 圐 오크의 어린 나무.

oak·moss [óukmɔ̀ːs] 圐 오크나무에 붙어 사는 지의(地衣) 식물.

Óak Rídge 圐 오크리지(미국 Tennessee 주 동부의 소도시; 원자력 연구의 중심지).

Oaks [ouks] 圐 (the ~) (경마) 오크스(4살짜리 암말이 출전하는 영국의 5대 클래식 경마 중의 하나).

oa·kum [óukəm] 圐 ⑴ 뱃밥(낡은 밧줄 따위를 풀어서 만들어 물이 새지 않도록 선재(船材)의 틈에 메워 넣는 것).

óak wílt 圐 (식물 병리) 참나무마름병.

oak·wood [óukwùd] 圐 ⑴ 1 오크 재목; 오크나무 숲. 2 오크색, 갈색.

OALD *Oxford Advanced Learner's Dictionary.*

OAMS (우주) *Orbit Attitude Maneuvering System*(궤도 조종 장치). **OANA** *Organization of Asian News Agencies*(아시아 통신사 연맹: 1961년 발족). **O&C** *Oxford and Cambridge Schools Examination Board.* **O.&M., O. and M.** *Operations and Maintenance;* (경영) *organization and methods*(사무 개선 활동). **O and O, O&O** (美) (방송) *owned and operated*(직영국, 계열국). **OAO** (항공·우주) *orbiting astronomical observatory*(천체 관측 위성). **OAP, O.A.P.** *old-age pension(er)*(노령 연금 수령(자)). **OAPC, O.A.P.C.** *Office of Alien Property Custodian*(거류 외국인 자산 관리국). **OAPEC** [ouéipek] *Organization of Arab Petroleum Exporting Countries*(아랍 석유 수출국 기구).

‡oar [ɔːr] 圐 (零 *~s* [-z]) 1 노, 오어. 2 노와 같은 작용을 하는 것(날개·지느러미·팔 따위). 3 노 젓는 사람. 4 (~s) (고어) 젓는 배, 보트. ¶*a pair of ~s* 두 사람이 노 젓는 배. 5 (~s) (구령으로서) 노 젓기 준비!

be chained to the oars 중노동을 강요당하다.

dig in an oar (…에 대해) 힘을 빌려주다(*about*).

get in one's oar =*put in one's oar.*

have an oar in every man's boat 누구의 일에나 참견하다, 덥적거리다.

have only one oar in the water (美속어) (두뇌가) 모자라다.

have [or ply, pull, take] the laboring oar 힘든 일을 맡다. [나다[미치다].

not have both oars in the water (속어) 좀 별

pull a good [bad] oar 노젓는 사람이 능숙하다[서투르다].

pull a lone oar 혼자 해 나가다.

pull on the oars 노를 젓다.

put [or *thrust, shove, stick*] *in one's oar* 쓸데없는 참견을 하다, 공연히 덥적거리다.

rest [or *lie*, (美) *lay*] *on one's oars* ① (노를 위로 올려서) 잠간 쉬다. ② (한바탕 일을 끝내고) 쉬다, 한숨 돌리다.

row with one oar (*in the water*) 어리석은 짓을 하다; 쓸데없는 일을 하다. 「의 표시).

toss (*the*) *oars* (해사) 노를 위로 곧추세우다(* 경례

tug at the [or **an**] **oar** (비유적) 악착같이 일하다.
— 图 (~s [-z]) 图 **1** …을 노 따위로 젓다. **2** 저어서 …을 나아가게[건너게] 하다. ¶~ one's way 저어 나아가다. **3** (고어) (손 따위를) 노처럼 움직이다. ¶~ one's arms [or hands] 두 팔[손]을 헤엄치듯 움직이다. — 困 노 ~·less, ~·like 图 노를 젓듯이; 노를 젓듯이 나아가다.

oar·age [ɔ́ːridʒ] 图 (문어) **1** 노젓기. **2** (집합적) 노 장비; 노 모양의 것.

oared [ɔːrd] 图 노가 달려 있는; (복합어로) …자루의 노를 갖춘. ¶an eight-~ boat 노 8자루의 보트.

oar·lock [ɔ́ːrlɑ̀k/-lɔ̀k] 图 (美·캐나다) (U자 모양으로 한) 노걸이, 노받이.

oars·man [ɔ́ːrzmən] 图 노 젓는 사람.

oars·man·ship [ɔ́ːrzmənʃìp] 图U 노 젓는 솜씨.

oars·wom·an [ɔ́ːrzwùmən] 图 oarsman의 여성형.

oar·weed [ɔ́ːrwìːd] 图 (식물) (다시마 따위) 대형 갈조(褐藻) 식물.

oar·y [ɔ́ːri] 图 (고어) 노같이 생긴. ¶갈조(褐藻) 식물.

OAS, O.A.S. (군사) on active service(현역 복무중에); Organization of American States (미주 기구(美洲機構)). **O.A.S.I.** Old Age and Survivors Insurance(노령자 유족 보험).

*o·a·sis [ouéisis] 图 **1** 오아시스. **2** 위안이 되는 장소 [것]. **3** (천문) 오아시스(화성 표면에 보이는 반점).

an oasis in the desert 사막의 오아시스; 위안이 되는 것; 기사회생이 되는 것.

o·a·sit·ic [òuəsítik], **o·á·sal**, **o·á·se·an** 图

oast [oust] 图 (英) (홉·엿기름·담배의) 건조솥.

oast-house [-hàus] 图 (英) **1** (홉(hop) 따위의) 건조소. **2** =oast.

‡oat [out] 图 **1** (~s) (단·복수 양용) 메귀리, 귀리. **2** (~s) 오트취급=oatmeal. **3** (속어) (~s) (단수취급) 성적 만족(감). **4** (고어) 보리피리, 목가.

feel [or *find*] *one's oats* (구어) ① 힘이 넘치다; 들뜨다. ② (美) 잘난 체하다, 자기 만족하다, 자만하다.

get [or *have*] *one's oats* (진행형으로) (英속어) (남자가) (규칙적으로) 성교하다. ¶물정에 밝다.

know one's oats (구어) 능통하다, 유능하다, 세상 물정에 밝다.

off one's oats (구어) ① 기분이 좋지 않다, 식욕이 없어. ② (익살) 성욕이 없어.

smell one's oats 갑자기 힘이 솟다.

sow one's (*wild*) *oats* ⇒SOW.

~·like 图 「perature.

OAT Office of Automated Tariffs; outside air tem-

óat bràn 귀리 시리얼(건강 식품으로 인기).

oat·burn·er [óutbə̀ːrnər] 图 (속어) 말(horse).

oat·cake [óutkèik] 图 (딱딱하게 구운) 오트밀 케이크.

oat-cell [-sèl] 图 연맥(燕麥) 세포(암)의(보통은 기관지에서 발생하는 암세포).

oat·en [óutn] 图 귀리로 만든; 귀리의.

oat·er [óutər] 图 (美속어) 서부 영화, (TV의) 서부극. (또는 **óat(s) òpera**)

óat gràss 图 **1** 들귀리. **2** 귀리 비슷한 풀.

‡oath [ouθ] 图 (~s [-s, ouðz]) **1** C|U 맹세, 서약; 서언(誓言); (법률) 선서. ¶the ~ of a juror 배심원의 선서/an official ~ 취임 선서 / a written ~ 서약서; 선서문. **2** 선서 후의 증언, 진술; 공식적인 진술[약속]; 단언, 확신. **3** (저주·노여움·약담 따위 때의) 하느님[신] 이름의 남용(God damn you! 따위). **4** 저주, 욕지거리, 악담.

know one's oath (…에 대해) 잘 알고 있다.

my (*colonial*) *oath* (濠·U.S.속어) 물론, 그렇다.

on [or *upon, under*] (*Bible*) *oath* 맹세코, 결코; 선서를 하고.

put a person on (*his*) *oath* 남에게 선서시키다.

take [or *make*] (*an*) *oath*; *swear an oath* 선서하다; 맹세하다(vow).

the oath of supremacy (英) ⇒SUPREMACY.

óath of allégiance 图 (美) 충성 선서(이민의 귀화시 헌법 준수를 다짐하는 말).

óath of óffice 图 (고위직의) 취임 선서. ¶take [or make] an ~ 취임 선서를 하다.

oath-tak·ing [-tèikiŋ] 图 선서, 서약.

*oat·meal [óutmìːl, ⸌⸌] 图U **1** 오트밀, 빻은 귀리. **2** (美) (~s) (단수취급) 오트밀 죽. — 图 (한정용법) 오트밀의, 오트밀로 만든.

oats·y [óutsi] 图 (속어) 위세[원기]가 있는; 자존심

OAU Organization of African Unity(아프리카 통일 기구: AU의 전신). **OB**, (의학) obstetrical; obstetrician; obstetrics; ordered back. **OB** obstetrician; obstetrics; off Broadway; old boy. **ob.** obese; (라틴) *obiit*; *obiter*; obligation; oboe; obsolete. **O.B., O/B** opening of books(주문 접수 개시); ordered back; outside broadcast.

ob- [ab, əb/ɔb] 图 to, toward, against, over, on, inversely, reversely의 뜻(* c, f, m, p 앞에서는 각각 **oc-**, **of-**, **o-**, **op-**). ¶object, obstinate, occur, offer, omit, oppress.

O·ba·di·ah [òubədáiə] 图 **1** (성서) 오바댜(히브리의 예언자). **2** 오바댜서(書)(구약 성서 중의 한 편; 图 **Obb.**) obbligato.

ob·bli·ga·to [àbligáːtou/ɔ̀b-] 图 (음악) (악보상의 지시로 사용하여) (반주 따위를) 생략할 수 없는, 필수적인(obligatory). — 图 (~**s**, **-ti** [-tiː]) 필수 반주부 [성부]. (또는 **obligato**) (<It)

ob·bo [ábou/ɔ́bou] 图 (英속어) **1** 관측 기구. **2** (경찰의) 잠입 근무. (또는 **obo**)

ob·con·i·cal [abkánikəl/ɔbkɔ́n-] 图 (식물) 거꾸로 된 원추의. (또는 **obconic**)

ob·cor·date [abkɔ́ːrdeit/ɔb-] 图 (식물) (잎 따위가) 거꾸로 된 심장 모양의.

obdt. obedient.

ob·duct [abdʌ́kt/ɔb-] 图 (지질) (지각 운동이) (지각의 암판(岩板))을 다른 암판 위에 밀어올리다, (지각의 일부를) 밀어올리다. ¶(체의) 튼튼함, 강견함.

ob·du·ra·bil·i·ty [àbdjurəbíləti/ɔ̀bdju-] 图 (신

ob·du·ra·cy [ábdjurəsi/ɔ́bdju-] 图 완고, 고집.

ob·du·rate [ábdjurət/ɔ́bdju-] 图 완고한, 고집 센; 냉혹한; 회개할 줄 모르는. ~**·ly** 图 ~**·ness** 图

O.B.E., OBE Officer (of the Order) of the British Empire(대영제국 4등 훈사(勳士)); Order of the British Empire(대영제국 4등 훈위(勳位)).

o·be·ah [óubiə] 图 **1** (U) 오비어(아프리카·서인도 등지의 흑인들이 행하는 마술). **2** (1에 사용되는) 물신(物神), 부적, 호부(護符). (또는 **obi**) **~·ism** 图

‡o·be·di·ence [oubíːdiəns/əb-] 图U **1** 복종, 순종, 순응; (법률·명령의) 준수(*to*). ¶active [passive] ~ 자발적[수동적]인 복종/blind ~ 맹종/hold a person in ~ 남을 복종시키고 있다. **2** (교회) 교회의 지배력, 교구, 교회 관구; 귀의(歸依); 신자[신도]들.

in obedience to …을 따라서, …에 복종하여.

obédience tràining 图 (동물, 특히 개의) 복종 훈련.

obédience trìal 图 (개의) 복종(충실도) 경기. ¶런.

‡o·be·di·ent [oubíːdiənt/əb-] 图 (**more ~; most** ~) (…에) 순종하는, 양순한, (…의) 말을 잘 듣는; (…에) 순응하는(*to*). ¶an ~ boy 온순한 소년/Be ~ *to* your parents. 부모님께 순종해라.

> 유의어 **obedient** 권위·지배력을 인정하여 명령·요구 따위를 따르는. **compliant** 성격이 온화해서 무비판적으로 따르는. **docile** 권위·지배 따위에 쉽게 복종하며 저항심이 없는. **amenable** 남을 기쁘게 해주기 위해서, 또는 속이 너그러워서 복종하는. **acquiescent** 자기 주장이 없는 기질을 암시할 때가 많다. 항의도 하지 않고 따르다.

Your (*most*) *obedient servant* ⇒SERVANT.

o·be·di·en·tia·ry [oubìːdiénʃəri/əb-] 图 (중세 수도원의) 직책을 가진 신부.

o·be·di·ent·ly [oubíːdiəntli/əb-] 부 복종하여, 고분고분[양순]하게, 순순히.
 Yours obediently; Obediently yours 근상(謹上) (공식 편지의 끝맺음 말).
obédient schóol 개 훈련소.
o·bei·sance [oubéisəns, -biː-] 명 1 CU 절, 경례(bow). 2 ① 존경, 경의; 경배(homage).
 do [or *give, make, pay*] *obeisance to* …에게 경의를 표하다, …에게 절을 하다.
o·bei·sant [oubéisənt, -biː-] 형 경의를 표하는; 공손한, 정중한(respectful). ~·ly 부
*__ob·e·lisk__ [ábəlìsk/ɔ́b-] 명 1 오벨리스크, 방첨탑[주](방尖塔[柱])(고대 이집트 등의 기념비). 2 오벨리스크 모양의 것. 3 [인쇄] 단검표(†)(dagger). 4 =obelus. 5 [인쇄] =dagger.
-lís·cal, -lís·koid 형
ob·e·lize [ábəlàiz/ɔ́b-] (* (英) **-lise**) 타 …에 의구(疑句)[단검]표를 붙이다.
ob·e·lus [ábələs/ɔ́b-] 명 (pl. **-li** [-lài]) 1 의구표(고대 사본 따위에서 의심나는 부분을 나타낸다: - 또는 ÷). 2 [인쇄] 칼표 부호.

(obelisk 1)

O·ber·on [óubərɑ̀n/-rən, -rɔ̀n] 명 1 오베론(중세 전설, Shakespeare작 *A Midsummer Night's Dream* 등에 등장하는 요정의 왕). 2 [천문] 천왕성의 4번째 위성.
o·bese [oubíːs] 형 뚱뚱한, 살찐, 비만체의. ⇒ FAT
유의어 ¶an ~ *child* 비만아. ~·ly 부 ~·ness 명
o·bes·i·ty [oubíːsəti] 명 (병적인) 비만, 비대.
‡**o·bey** [oubéi/əb-] (~**s** [-z]) 타 1 복종하다, …을 따르다, …을 준수하다. ¶ ~ *one's superiors* 상사(의 명령)를 따르다. 2 (자연 법칙·양심·충동에) 따르다, …에 따라 행동하다. ¶ ~ *the laws of nature* 자연의 법칙을 따르다. 3 (사물이) …에 반응하여 작용하다[움직이다]. — 자 (…에게) 복종하다, (…의) 말을 듣다(*to*).
~·a·ble 형 ~·er 명 ~·ing·ly 부
she who must be obeyed (구어) 거스르면 무서운 사람, (특히) 마누라; 산신(山神).
ob·fus·cate [ábfʌskèit, əbfʌskéit/ɔ́bfʌskèit] 타 1 …을 혼란시키다, 당황하게 하다(confuse), 어리둥절케 하다. 2 …을 알기 어렵게 만들다, 까다롭게 하다. 3 …을 어둡게 하다(darken), (판단 따위를) 흐리게 하다. -cá·tor 명 혼란, 당혹, 어둠게 [하다.
ób géne (구어) 비판 유전자.
ob-gyn *obstetrical-gyne*cological; *obstetrician-gynecologist*(산부인과 의사); *obstetrics and gynecology*(산부인과). (또는 **ob/gyn, OB/GYN**)
o·bi [óubi] 명 =obeah. ~·ism 명
O·bie [óubi] 명 오비 상(賞)(~ *Award*)(off-Broadway 상연 작품을 대상으로 하는 연극상).
o·bi·it [óubiit, áb-/ɔ́b-] 그[그녀는] 죽었도다(* 묘비·비문에서 이름에 연도 앞에 쓴다; 약 ob.). ¶ *Ob.* 2001 2001년 사망. [<L *he* or *she died*]
o·bit [óubit, áb-/əbít] 명 1 사망, 기일(忌日). 2 (구어) = obituary. 3 (고어) 기일의 미사, 추도식.
ob·i·ter [ábitər/ɔ́b-, óub-] 하는 김에, 부수적으로. — 명 =~ *dictum*. [<L *by the way*]
óbiter díc·tum [-díktəm] 명 (pl. ***o- -ta*** [-tə]) 1 하는 김에 덧붙인 말, 부언. 2 [법률] (판결 때 판사가 하는) 부수적 의견. [<L *word(s) said by the way*]
o·bi·to·ri·um [òubitɔ́ːriəm] 명 자살 센터(고통당하는 말기 환자의 자살을 의사가 도와주는 시설).
o·bit·u·ar·ese [oubìtʃuə́riːz/əbìtju-] 명 사망 사적 문체[어법]. 「사 담당 기자.
o·bit·u·a·rist [oubítʃuərist, -tjuə-] 명 사

o·bit·u·ar·y [oubítʃuèri/əbítjuəri] 명 1 (신문·잡지의) 사망[부고] 기사; 부고 (광고); 고인[사망자] 약력. 2 [교회] 과거장(過去帳). — 형 사망(자)의; 사망을 기록하는. ¶ an ~ *notice* 부고 (기사).
obj. *object(ion); objective*.
‡**ob·ject** [ábdʒikt, -dʒekt/ɔ́b-] 명 1 물체, 사물, 물건. ¶ an ~ *in the distance* 먼 곳에 있는 것. 2 (~, the ~) (사상·감정·행위 따위의) 대상 (인물, 사물) (*of, for*). ¶ an ~ *of study* 연구 대상. 3 (an ~, the ~, one's ~) (행위 따위의) 목적, 목표(*of, in*). ⇒ PURPOSE 유의어 ¶ her ~ *in visiting Rome* 그녀의 로마 방문 목적. 4 (구어) [이상한] 사람[물건]; [싫은, 이상한] 녀석[물건]. ¶ *What a disgusting* ~ 참으로 지긋지긋한 녀석이다. 5 [문법] 목적어. ¶ a direct [an indirect] ~ 직접[간접] 목적어. 6 [철학] 대상, 객체; 객관(⇔ subject). 7 [法律] 물건(物件); 목적. 8 [컴퓨터] = ~ *code*.
 attain one's object 목적을 달성하다.
 for that object 그런 취지로, 그것을 목표로.
 have an object in view 계획을 가지고 있다.
 no object (종종 광고문에서) (비용·시간·거리 등은) 불문의; (…에게는) 아무래도 좋은(*to, with*). ¶ *Expense is no* ~, 비용 불문.
 see no object in …해도 소용없다고 생각하다(*doing*).
 with the object of …할 목적으로.
— [əbdʒékt] 타 (…에) 이의를 제기하다, 반대하다; (…을) 싫어하다(*to*); 거절하다, 거부하다. ⇒ OPPOSE 유의어 ¶ I ~. 이의 있습니다 // (~+전+(대)) Do you ~ *to my smoking?*—No, not at all. 담배를 피워도 괜찮겠습니까?—네, 상관없습니다. — 자 1 (…에) 반대하다(*to, against*); (…라고) 반대론을 펴다(*that* 절). 2 (고어) 반대하는 수단으로 말하다; 반증을 대다.
~·less **ob·jéc·tor** 명 반대자, 항의자.
óbject báll [당구] 맞힐 공, 표적구.
óbject códe [컴퓨터] 목적 코드.
óbject cómplement [문법] 목적(격) 보어.
óbject dístance 명 (사진) 촬영 거리.
ob·ject·find·er [ábdʒiktfàindər/ɔ́b-] 명 (현미경의) 대상 파인더, 탐물경(探物鏡). 「eye-glass
óbject gláss [léns] 명 (광학) 대물(對物) 렌즈. ⇔
ob·jec·ti·fy [əbdʒéktəfài] 타 1 …을 객관화하다, 대상화하다. 2 구체화하다. **-fi·cá·tion** 명
‡**ob·jec·tion** [əbdʒékʃən] 명 (pl. ~**s** [-z]) 1 UC (…에) 대한 반대, 항의, 이의, 불복, 거부; 혐오, 싫어함(*to, against*). ¶ *address an* ~ *to* …에 대하여 이의를 말하다 / *I feel an* ~ *to his idling his time away.* 나는 그가 빈둥빈둥 노는 게 마음에 들지 않는다. 2 (…의) 흠, 결점, 난점(*to*); (…에 대한) 반대의 이유(*to, against*). ¶ *The chief* ~ *to this story is of its great length.* 이 이야기의 주된 흠은 너무 길다는 것이다. 3 (…의) 장애, 고장, 지장(*to*).
 by objection 이의를 제기하여.
 have no objection to …에 이의가 없다.
 see no objection [or *not see any objection*] *to* …에 반대할 이유가 없다.
 take [or *make (an), raise (an)*] *objection to* …에 반대하다.
*__ob·jec·tion·a·ble__ [əbdʒékʃənəbl] 형 1 반대가 나올 듯한, 이의를 말할 여지가 있는. 2 불쾌한, 못마땅한; 예절에 어긋난, 발칙한. **-bíl·i·ty, ~·ness** 명 **-bly** 부
ob·jec·ti·val [àbdʒiktáivəl, -dʒek-/ɔ̀b-] 형 (문법) 목적어의; 목적어를 이루는.
‡**ob·jec·tive** [əbdʒéktiv] 명 (pl. ~**s** [-z]) 1 목적, 목표. ⇒ PURPOSE 유의어 2 [문법] 목적격, 목적격의 단어. 3 [광학] = object glass. 4 [철학] 객관(체), 인식의 대상, 외계. — 형 (*more* ~; *most* ~) 1 (노력·행위의) 목표[목적]의(에 관한). 2 개인적 감정[편견]이 없는, 객관적인; 사실에 기초한, 실증적인. 3 외면적 사실을 문제로 하는, 객관주의의; (미술) 구상적인. 4 지각(사고)의 대

objective case 1 물체의, 물질의; 존재하는, 실재의; 〔철학〕 객관적인. **6** 〔문법〕 **a)** (타동사 또는 전치사가) 목적어를 취하는. **b)** 〔영어 기타 언어에서〕 목적격의. **7** (투시도에서) 묘사되는 대상물의. **8** 〔의학〕 (증상이) 타각적 (他覺的)인. **9** 〔광학〕 (렌즈의) 대물(對物)의. ~**·ness** 명

objéctive cáse 명 〔문법〕 목적격.

objéctive cómplement 명 =object complement.

objéctive corrélative 명 〔문학〕 객관적 상관물

objéctive dánger 명 〔등산〕 객관적 위험(등산 기술과는 관계없는 눈사태·산사태 따위의 위험).

objéctive génitive 명 〔문법〕 목적격 소유격(father's supporters의 father's 따위). 「glass〕.

objéctive gláss 〔렌〕 〔광학〕 대물 렌즈(=object

***ob·jéc·tive·ly** [əbdʒéktivli] 부 객관적으로; 객관적인 견지에서.

objéctive póint 명 〔군사〕 목표 지점; 목표.

objéctive prísm 명 〔천문〕 대물 프리즘.

***ob·jéctive rélativism** 명 〔철학〕 객관적 상대론.

objéctive spírit 명 〔철학〕 객관적 정신.

objéctive tést 명 객관식 시험(OX 테스트 따위), 객관적 검사.

ob·jec·tiv·ism [əbdʒéktəvìzm] 명 ⓊⒸ 〔철학〕 객관주의, 객관성. **-ist** 명 **-tí·vís·tic** 형

ob·jec·tiv·i·ty [àbdʒiktívəti, -dʒek-/ɔ̀b-] 명 Ⓤ 객관성; 객관적 실재(external reality); 객관적 경향.

ob·jec·tiv·ize [əbdʒéktəvàiz] 타 (*(영)* **-ise**) 구체[객관]적으로 하다, 구체화하다. **-ti·vi·zá·tion** 명

Óbject Kó·wal [-kóuəl] 명 〔천문〕 코왈 행성(토성과 천왕성 사이의 행성).

óbject lànguage 명 **1** 〔논리〕 대상(對象) 언어(다른 언어에 의해 조사의 대상이 되는 언어). **2** 〔컴퓨터〕 =target language.

óbject lèsson 명 **1** 실물(實物) 교육, 실지 훈련. **2** (어떤 원리의) 구체적인 실례, 좋은 본보기.

óbject línking and embédding 명 〔컴퓨터〕

óbject màtter 명 =subject matter. 「=OLE.

óbject módule 명 〔컴퓨터〕 목적 모듈.

ob·ject-ob·ject [-àbdʒikt/-ɔ̀b-] 명 〔철학〕 객관적 대상(주체의 인식과 관계없이 존재하는 대상).

óbject of vírtue 명 =objet de virtu.

óbject óriented 명 〔컴퓨터〕 오브젝트 지향의(처리 절차와 데이터를 분리하지 않고 양자를 기능상의 단위로 묶어 소프트웨어 시스템을 구축하는 방법).

óbject pláte 명 (현미경의) 검경판(檢鏡板).

óbject prògram 명 〔컴퓨터〕 오브젝트 프로그램 (프로그래머가 쓴 프로그램을 compiler나 assembler에 의해 기계어로 번역한 것), 동 source program

óbject relátions théory 명 〔정신분석〕 대상(對象) 관계 이론.

óbject téaching 명 실물[직관(直觀)] 교수(법).

ob·jet d'art [ábʒei dár/-r/5b-] 명 (복 **-s d-**) 예술 작품, 골동품, 소품(小品). 〔<F object of art〕

ob·jet de ver·tu [F ɔbʒɛ də vɛrtý] 명 (복 **-s d-v-**) 〔미술〕 우수작, 일품(逸品). 〔<F object of virtue〕

ob·jet trou·vé [F ɔbʒɛ tʀuvé] 명 (복 **-s -s**) 사람의 손이 가지 않은 자연 상태; 미술품이 아니면서 미술품으로 취급되는 공예품. 〔<F found object〕

ob·jur·gate [ábdʒərgèit, əbdʒə́ːrgeit/5bdʒə-gèit] 타(동) ···을 몹시 질책하다 (심하게 꾸짖다.
-gá·tion 명 질책, 비난. **-gà·tor** 명 질책자, 비난자.

ob·jur·ga·to·ry [əbdʒə́ːrgətɔ̀ːri/-təri] 형 몹시 책망하는, 질책의, 비난의. **-ri·ly** 부

obl. obligation; oblige; oblique; oblong.

ob·lan·ce·o·late [ablǽnsiəlèt, -lèit/ɔb-] 형 〔식물〕 (잎 따위가) 거꾸로 된 피침형(披針形)의.

o·blast [áblæst/5bla:st] 명 (복 **~s, o·bla·sti**) (옛 소련의) 주(자치 공화국의 하위 행정 구역). **2** 지방, 지역. 〔<Russ〕

ob·late¹ [áblert, -́/5bleit] 형 〔기하〕 편원(偏圓)의, 편구(扁球)의. 형 prolate ¶an ~ spheroid[or sphere] 편구(扁球). ~**·ly** 부 ~**·ness** 명

ob·late² 명 (비성직자로서) 수도 생활에 몸을 바친 사람; 헌신자. 형 헌신의, 한 몸을 바친; 봉헌(奉獻)의.

ob·la·tion [ablɛ́iʃən/əb-, ɔb-] 명 (종종 ~s) 봉헌물, 공물(供物); (축성된) 빵과 포도주. **2** (봉헌된, 축성된) 성찬식. **3** Ⓤ 기증, 기부. **~al** 형

ob·la·to·ry [áblətɔ̀ːri/5blətəri] 형 봉헌의, 성찬식의; 공양의.

ob·li·gate 타(동) [áblagèit/5b-] **1** ···을 (계약 따위로) 속박하다 (to); (수동형·재귀용법으로) (법적·도덕적으로) (···할) 의무를 지우다 (to do). **2** 은혜를 느끼다, 감사하는 마음을 갖게 하다 (to); (be ~d) 고맙게 생각하다 (to). **3** (美) (빚을 갚기 위해) (재산 따위)를 담보에 넣다. 형 [áblagət, -gèit/5b-] **1** 의무에 묶인, 구속된. **2** 필요한, 필수적인. **3** 〔생물〕 절대의, 진정(眞正)의 (생물이 살아가는 데 있어서 어떤 특정한 환경을 필요로 하는 경우에 대해 말하다). ¶ ~ parasitism 진정 기생(眞正寄生). **-ga·ble** 형 ~**·ly** 부

óbligate rùnner 명 (美) (병적인) 조깅광(狂).

‡**ob·li·ga·tion** [àbləgéiʃən/ɔ̀b-] 명 (복 ~**s** [-z]) **1** ⓊⒸ (도덕·법률·협정 따위의) (···에 대한/···할) 책무, 의무, 구속 (to / to do). ⇒DUTY 〔유의어〕 ¶the ~ of tax 납세 의무/Every citizen has ~s to his community. 모든 시민은 자기가 속한 사회에 대해 의무를 가지고 있다. **2** ⓊⒸ (의무·책임 따위를 지우는) 약정, 협정, 계약(서); 부채(액), 채무(채권) 관계; 채권, 증권; 〔법률〕 채무 증서. **3** (···에 대한) 은혜, 의리; 감사 (to, toward). **4** ⓊⒸ 뒷바라지.

be [or lie] under (an) obligation to ···에 대해 의리가 있다; ···에게 은혜를 입고 있다.

holiday [or day] of obligation 〔가톨릭〕 (미사에 참석해야 하는) 의무적인 성일(聖日), 지켜야 할 축일.

meet one's obligations 채무를 이행하다; *be* ~ *of obligation* 의무적인. ¶다하다, 약속을 지키다.

put [or lay, place] *a person* **under (an) obligation** 남에게 의무[의리]를 지우다; 남에게 은혜를 입게 하다.

repay an obligation 은혜에 보답하다. 「하다.

under (an) obligation ① ···할 의무가 있어(*to do*). ② ···에게 은혜를 입어(*to*).

ob·li·ga·tion·al [àbləgéiʃənl/ɔ̀b-] 형 의무적인; 의무에 관한; 법적[재정적] 권한이 있는.

obligátional authórity 명 세출 의무 권한.

ob·li·ga·tive [ábləgèitiv/5b-] 형 의무를 동반하는, 강제적인.

ob·li·ga·to [àbligáːtou/ɔ̀b-] 형(동) (복 ~**s, -ti** [-tiː]) =obbligato. 「=obliger.

ob·li·ga·tor [áblagèitər/5b-] 명 **1** =obligor. **2**

ob·li·ga·to·ry [əblígətɔ̀ːri, ábli-/ɔblígətəri] 형 **1** (···에게) 의무로서 지워지는, 의무적인 (*for, on, upon*). ¶an ~ promise 꼭 이행해야 할 약속. **2** (학과 따위가) 필수의; 정해진, 상투적인, 당연한. ¶an ~ subject 필수 과목. **3** 〔문법〕 의무적인. **-ri·ly** 부 **-ri·ness** 명

‡**o·blige** [əbláidʒ] 타 (**-blíg·es** [-iz]; ~**d; -blíg·ing**) **1** (수동형·재귀용법으로) ···에게 강요하다, 억지로 시키다; 할 수 없이 ···하게 하다 (*to do*); (남)을 구속하다; ···에게 (도덕적·법률적인) 의무를 지우다. ⇒FORCE 〔유의어〕 ¶(~+目+*to do*) I was ~*d to go at once*. 나는 당장 가지 않을 수 없었다 // (~+目+前+명) *Necessity* ~*d him to that action.* 그는 불가피한 사정으로 그러한 행동을 취했던 것이다. **2** (···을) ···에게 은혜를 베풀다, ···을 기쁘게 해주다 (*with, by*); (수동형으로) ···을 고맙게 여기다. ¶(I am) Much ~*d.* 대단히 감사합니다(Thank you very much.) // (~+目+前+명) Will you ~ me *by opening the*

obligee

window? 문문을 열어 주시겠습니까? **3** 〔구어〕〔물건〕을 쓸 수 있게 해주다, 〔돈을〕 빌려주다; 〔완곡적〕 (남을 위해) 가사를 도와주다. **4** (여성이) 몸을 허락하다. …의 섹스의 상대가 되어 주다.

〔유의어〕 **oblige** 수고를 아끼지 않고 도와주다(남에게 은혜를 느끼게 하는 행위를 강조). **accommodate** 보살피다(편의 제공을 강조). **favor** 특정한 사람을 남보다 우대하다, 편애하다.

— ⓐ 〔구어〕 (…로) 즐겁게 하다, 호의를 나타내다(by doing, with). ¶(~ + 몸 + 웜) She ~d with a song. 그녀는 노래를 불러 주었다.
o·blíg·ed·ly 뛰 **o·blíg·ed·ness** 명 **~·ment** 〔스코〕 의무; 은혜, 친절, 호의. **o·blíg·er** 명
ob·li·gee [àblədʒíː/ɔ̀b-] 명 **1** 〔법률〕 채권자, 채무 증서상의 권리자(⇔ obligor). **2** 은혜를 입은 사람, 신세를 진 사람(⇔ obliger). 「주는 사람, obligee
o·blig·er [əbláidʒər] 명 은혜를 베푸는 사람, 돌봐
o·blig·ing [əbláidʒiŋ] 형 **1** 남을 잘 돌봐주는; (…에게) 친절한(to); (…에) 협조적인(on); 부지런한. ¶be ~ to others 남에게 친절하다 / be ~ on the project 계획에 협조하다. **2** 〔고어〕 = obligatory.
~·ly **~·ness** 명
ob·li·gor [àblǝgɔ́ːr, -́-/ɔ̀bligɔ́ː] 명 〔법률〕 채무자, 채무 증서상의 의무자. ⇔ obligee
*ob·lique** [əblíːk, oub-, 〔군사〕 -láik] 형 **1** 비스듬한, 기울어진. ¶an ~ glance 곁눈질 / an ~ line 사선(斜線). **2** (일정한 직선이나 코스에서) 벗어난; 갈라진, 분기한; (코스 따위가) 곧지 못한, 직진하지 않는. **3** (하) 사각(斜角)〔사선, 빗면, 빗변〕의; (입체가) 사체(斜體)의. ¶an ~ cone 빗원뿔. **4** (목적·표현 따위가) 간접의, 완곡한. ¶~ hints 완곡한〔에두른〕 암시. **5** (도덕적으로) 그릇된, 나쁜, 부정한. ¶~ dealings 부정한 거래. **6 a**) 〔문법〕 (화법이) 간접의. **b**) 사격(斜格)의. ¶the ~ case 사격(명사·대명사의 주격·호격 이외의 모든 격의 총칭). **7** 〔식물〕 (잎 따위가) 좌우 부등변(不等邊)의, 모양이 어울리지 않은, 비뚤어진. **8** 〔해부〕 (근육이) 비스듬히 뻗는. **9** 〔사진〕 (비행기에서) 카메라를 비스듬히 기울이고 촬영한.
— 뛰 〔군사〕 45도의 각도로. — ⓐ **1** 비스듬히 기울다. **2** 〔군사〕 비스듬히 행진하다. **~·ness** 명
oblíque ángle 명 사각(斜角)〔직각 이외의 각도〕.
oblíque cáse 명 〔문법〕 사격(斜格).
oblíque círcular cóne 명 빗원뿔(축이 밑면의 원과 직각으로 교차하지 않는 원뿔).
oblíque fáult 명 〔지질〕 사교(斜交) 단층(단층면의 주향(走向)이 지층면의 주향과 사교하는 단층).
ob·lique·ly [əblíːkli, oub-, 〔군사〕 -láik-] 뛰 비스듬히; 우회하여, 간접적으로; 부정하게. 「법.
oblíque orátion[**narrátion**] 명 〔문법〕 간접 화
oblíque sáiling 명 〔해양〕 사항(斜航)(정북(正北)〔남, 동, 서〕이외의 방향으로의 항해).
oblíque séction 명 비스듬한 단면.
oblíque stróke 명 사선(斜線)(/). (또는 **oblíque slásh**[**sólidus**]) 「을 포함하지 않는 삼각형).
oblíque tríangle 명 〔수학〕 사각(斜角) 삼각형(직각
ob·liq·ui·tous [əblíkwǝtǝs, oub-] 형 (도덕적으로) 옳지 못한, 비뚤어진, 부정(不正)한.
ob·liq·ui·ty [əblíkwǝti, oub-] 명 □ **1** 경사져 있음, 경사(도(度))의. **2** 부정, 부덕, 사악(邪惡); ⓒ 부정 행위, 비행(moral delinquency). ¶~ of judgment 재판의 부정. **3** (의미의) 애매한 진술, 의미를 알 수 없는 문장. **4** 〔천문〕 황도(黃道) 경사(도). ¶the ~ of the ecliptic 황도의 경사.
*ob·lit·er·ate** [əblítǝrèit] 튀(라) 명 **1** 〔흔적을〕 말소하다, …을 제거하다; (기억에서) …을 지우다. ¶~ landmarks (역사상) 획기적인 사건을 말소하다. **2** 〔문자·기호 따위를〕 지우다, 삭제하다, 무효화하다.
ob·lit·er·at·ed [əblítǝrèitid] 형 (美속어) 술 취한.

obscuration

ob·lit·er·a·tion [əblìtǝréiʃən] 명 □ 말소, 제거, 삭제; 소멸. 「지우는 힘이 있는.
ob·lit·er·a·tive [əblítǝrèitiv/-rǝtiv] 형 말소하는,
*ob·liv·i·on** [əblíviǝn] 명 □ **1** (세상에서) 잊혀져 있는 상태, 망각. ¶sink [or fall, pass] into ~ 잊혀지다. **2** 잊기 쉬움, 건망; 〔구어〕 무의식; 인사불성. **3** 〔법률〕 대사(大赦). ¶act of ~ 대사령.
the river of oblivion 〔그리스 신화〕 (황천의 나라에 있다는) 망각의 강, 레테(Lethe).
*ob·liv·i·ous** [əblíviǝs] 형 **1** (…가) 염두에 없는, (…을) 깨닫지 못하는; 잘 잊어버리는; 잊어버리고 있는 (of, to). ¶be ~ of one's former failure 그전의 실패를 잊어버리고 있다. **2** 부주의한; 명한, 명청한(of, to). ¶be ~ of one's surroundings 주변에 주의를 기울이지 않다. **3** 〔고어〕 (잠 따위가) 잊게 해주는.
~·ly **~·ness** 명 「잊기 쉬움.
ob·li·vis·cence [àblǝvísǝns/ɔ̀b-] 명 망각 (상태).
Ob·lo·mov·ism [əblóumǝvìzm/ɔ̀b-] 명 □ 무기력, 나태; 〈러시아의 작가 I.A. Goncharov(1812-91)의 소설 *Oblomov*의 주인공 이름).
*ob·long** [ábluŋ, -lɔ̀ŋ/ɔ́blɔŋ] 형 **1** (사각형·원·공 따위가) 늘어난, 가늘고 긴, 장방형의, 직사각형의. — 명 장방형, 직사각형, 타원형, 장타원형.
~·ish **~·ly** 뛰 **~·ness** 명
ob·lo·quy [ábləkwi/ɔ́b-] 명 □ **1** (고어) 오명, 불명예; 비난, 책망, 욕설; 비방, 악평. **ob·ló·qui·al** 형
ob·mu·tes·cence [àbmjutésns/ɔ̀b-] 명 〔고어〕 완고한 침묵, 묵비(黙秘). **-cent** 형
ob·no [óubnou] 명 (美속어) 비위에 거슬리는, 불쾌한(obnoxious). (또는 **obnoc**)
ob·nox·ious [əbnákʃǝs/-nɔ́k-] 형 **1** 아주 싫은, 불쾌한, 역겨운, 추악한, 미움받고 있는(to). ¶a man ~ to his associates 동료들로부터 미움받고 있는 사람. **2** (해 따위를) 받기 쉬운, …을 면할 수 없는(to). ¶be ~ to censure 비난을 면할 수 없다. **3** 〔폐어〕 비난 받을 만한, 책임을 져야 할. **~·ly** 뛰 **~·ness** 명
ob·nu·bi·late [əbnjúːbəlèit/ɔbnjú-] 른 …에 구름이 덮이다; …을 흐리게 하다. **-lá·tion** 명
o·boe [óubou] 명 **1** 오보에(목관 악기); 오보에 연주자. **2** (오르간의) 오보에 음전(音栓).
o·bo·ist [óubouist] 명 오보에(oboe) 연주자. (또는 **oboeist**) 「(1/6 drachma).
ob·ol [ábǝl/ɔ́b-] 명 (고대 그리스의) 오볼로스 은화
ob·o·lus [ábǝlǝs/ɔ́b-] 명 (**-li** [-lài]) 오볼로스(0.1그램에 해당하는 그리스의 중량 단위)
ob·o·vate [abóuveit/ɔb-] 형 (잎 따위가) 거꿀달걀 모양의. 「거꿀달걀 모양의.
ob·o·void [abóuvɔid] 형 (무화과 따위의 과일이)
ob·ro·gate [ábrǝgèit/ɔ́b-] 튀 〔법률〕 을 수정[개정, 폐지]하다. **-gá·tion** 명 (기존법의) 개정[수정, 폐지].
OBS 〔우주〕 operational bioinstrumentation system (생체(生體) 계측 시스템). **obs.** obscure; observe(r); obstetric; obstetrician; obstetrics. **obs., Obs.** observation; observatory; obsolete.
ob·scene [əbsíːn] 형 **1** 외설의, 음란한; 저속한, 상스러운. ¶an ~ book 음란 도서. **2** 〔구어〕 불쾌한, 불결한, 아니꼬운. **3** 〔美〕 〔법률〕 (출판물이) 풍기를 문란케 하는; 미풍 양속에 반하는. **~·ly** 뛰 **~·ness** 명
ob·scen·i·ty [əbsénǝti, -síːn-] 명 (**-ties**) 외설, 음란; 외설 행위〔언어〕; 음담패설.
ob·scu·rant [əbskjúərǝnt] 명 형 반(反)계몽주의자, 몽매주의자; 고의로 애매한 말을 하는 사람; 반계몽주의(자)의, 반계몽주의적인.
ob·scu·rant·ism [əbskjúːrǝntìzm/ɔ̀bskjuǝrǽntizm] 명 □ **1** 반(反)계몽주의, 몽매주의. **2** (문학·예술상의) 애매 모호. **-ist** 명
ob·scu·ra·tion [àbskjuǝréiʃǝn/ɔ̀b-] 명 **1** □ 검게 하기, 검어지기; 반계몽. **2** □ 희미하게[애매하게] 하기,

3 ⓤⓒ 〔천문〕 엄폐(掩蔽), 식(蝕)(eclipse).

‡ob·scure [əbskjúər] (*-scur·er*; *-scur·est*) **1** (의미·문체·발음 따위가) 분명하지 않은, 애매한: (…에게) (복잡해서) 알기 어려운(*to*). ⇨ AMBIGUOUS 유의어 ¶ an ～ explanation 애매한 설명. **2** (사람이) 무명인, 잘 알려지지 않은; 신분이 낮은.¶ a ～ writer 무명 작가. **3** (장소 따위가) 눈에 띄지 않는, 궁벽한, 벽촌의; 숨겨진, 잘 보이지 않는.¶ an ～ village 벽촌/an ～ path 비밀 통로. **4** 뚜렷하지 않은, 희미한; (색깔 따위가) 칙칙한, 광택이 없는.¶ an ～ figure 희미한 사람 그림자. **5** 어두운, 어둑어둑한; 구름낀, 흐린.¶ an ～ corner 컴컴한 구석/an ～ day 흐린 날/an ～ brown 거무스름한 갈색. **6** 잘 알아들을 수 없는; (모음이) 애매 모호한.¶ ～ sounds 희미한 소리. **7** (상처 따위가) 가벼운 (slight). **8** (美해커 속어) 설명서[자료]에 씌어 있지 않은. **9** (美속어) 이상한, 기묘한.
─⑤ (～*d*; *-scur·ing*) ⑮ **1** …을 (…로부터) 숨기다, 가리다, 덮어 감추다(*from*).¶ Dense fog ～*d* everything. 짙은 안개가 모든 것을 가려버렸다. **2** (의미·발음 따위)를 애매하게 하다. **3** …을 어둡게 하다, 흐리게 [희미하게] 하다.¶ ～*d* glass 젖빛 유리. **4** (명성 따위)를 빼앗다, 무색하게 하다. ⓐ 알기 힘들게 하는.
── 围 (드물게) =obscurity.
-scúr·ed·ly, *～·ly* 围 *～·ness* 阁

*ob·scu·ri·ty** [əbskjúərəti] 阁 围 **1** 어둠, 몽롱(dimness). **2** 분명하지 않음, 애매; 난해(難解); ⓒ 이해할 수 없는 사물, 명확하지 않은 곳. **3** 세상에 알려지지 않음, 무명; 미천(함), 비천; ⓒ 무명의 사람[사물, 장소]. ¶ rise from ～ to fame 무명에서 출발하여 유명해지다. *live in obscurity* 무명으로[세상에 파묻혀] 살다. 「하다. *retire* [or *sink*] *to obscurity* 은퇴하여, 초야에 묻 *throw light on obscurities* 애매한 점을 밝히다.

ob·scúr·um per ob·scú·ri·us [ɔbskjúərəm pèə əbskjúəriəs] 모르는 것을 더 어려운 말로 설명하려는 것. [<L obscure by the still more obscure]

ob·se·crate [ábsəkrèit/ɔ́b-] ⓣ …에게 탄원하다(beseech), 애원하다.

ob·se·cra·tion [àbsəkréiʃən/ɔ̀b-] 围 **1** 탄원, 애원. **2** (교회) 탄원 문구.

ob·se·quence [ábsəkwəns/ɔ́b-] 围 아첨, 아양, 추종. (또는 **obséqueence**)

ob·se·qui·ous [əbsí:kwiəs] ⓐ 아부하는, 아첨하는. *～·ly* 围 *～·ness* 围

ob·se·quy [ábsəkwi/ɔ́b-] 围 (*-quies*) (성대한) 장례식, (특히) 매장식.

ob·sé·qui·al [əbsí:kwiəl] ⓐ

ob·serv·a·ble [əbzə́:rvəbl] ⓐ **1** 관찰할 수 있는, 눈에 보이는; 식별할 수 있는; 눈길을 끄는.¶ The difference is sufficiently ～. 그 차이는 충분히 알 수 있다. **2** 주목할, 주목할 만한. **3** (관습·예의 따위를) 지켜야 할; 축하해야 할.¶ an ～ good custom 지켜야 할 좋은 습관. ── 围 관찰[감지]할 수 있는 것.
-bíl·i·ty, *～·ness* 围 *-bly* 围

ob·serv·ance [əbzə́ːrvəns] 围 (ⓟ *-anc·es* [-iz]) **1** Ⓤ (법률·관례 따위의) 준수, 따르기; (축제일을) 경축하기.¶ the ～ of laws 법률 준수. **2** ⓤⓒ 관습; 행사. **3** (종종 ～*s*) 의식, 식전. **4** (카톨릭) (수도회)의 계율, 회칙. **5** Ⓤ 관찰, 관측. **6** Ⓤ (古어) 경의, 공경.
for the observance of

ob·serv·ant [əbzə́ːrvənt] ⓐ **1** (…에) 주의깊은, 빈틈없는 (*of*, *about*); 관찰력이 날카로운, 눈이 밝은; (…하도록) 주의하는 (*to do*).¶ be ～ *to* avoid accidents 사고가 일어나지 않도록 주의하다. **2** (법률·관습 등을) 엄수하는, 지키는 (*of*).¶ be ～ *of* the traffic rules 교통 규칙을 엄수하는 사람. **2** (O-) (프랜체스코 수도회(會) 중의) 엄수회(嚴修會) 수도사. (또는 **Observantine**) **3** 충실한 [순종스러운] 한인. *～·ly* 围

‡ob·ser·va·tion [àbzərvéiʃən/ɔ̀b-] 围 *～s* [-z] **1** Ⓤ 관찰, 주시, 주의깊게 살핌; 감시; 주목; 간호. ¶ escape a person's ～ 남의 눈에 띄지 않다. **2** Ⓤ 관찰력.¶ a man of keen [narrow] ～ 관찰력이 날카로운[모자라는] 사람. **3** Ⓤ (과학상의) 관측, 관측(법); 〔측〕 진찰; 〔해사〕 (항해중인 배의 위치를 알기 위한) 측측(天測); 〔군사〕 (적의 행동을 알기 위한) 정찰, 감시. ¶ take an ～ 관측하다/make a meteorological ～ 기상을 관측하다. **4** (～*s*) (…에 관한) (관측 결과로 얻은) 정보, 기록, 보고, 결과 (*of*, *on*). **5** (…에 대한) (관찰의) 판단, 의견, 소견; 비평, 발언 (*about*, *of*, *on*). ⇨ REMARK 유의어 **6** (메어) (법률 따위의) 준수.
be under observation 감시받고 있다. 「준중.
fall [or *come*] *under* a person's *observation* 남의 눈에 띄다. 「깊게 관찰하다.
keep a person *under observation* (남)을 주의
keep observation on …을 주시하다.
── 围 (한정용법) 관찰[관측]용의.

observation aircraft (군사) 관측기, 정찰기.

ob·ser·va·tion·al [àbzərvéiʃənəl/ɔ̀b-] ⓐ 관측 [측정]의; 관찰에 의한; 감시의, 시찰의. *～·ly* 围

observátional stùdy (병리) (질병 따위의) 관찰 연구.

observátion ballòon 관측 기구(氣球).

observátion càr 전망차(展望車).

observátion dèck (공항 따위의) 전망대.

observátion pòst (군사) 감시소, 관측소.

observátion tòwer 관측탑, 전망탑. 「차.

observátion tràin (조정 경기 관람용) 강변 열

*ob·serv·a·to·ry** [əbzə́ːrvətɔ̀ːri/-təri] 围 **1** 관측소, 기상대, 천문대. **2** 전망대; 감시소; 망루.

‡ob·serve [əbzə́ːrv] ⓥ (～*s* [-z]; ～*d* [-d]; *-serv·ing*) ⓣ **1** …을 관찰하다, 관측하다; …을 지켜보다, 감시하다.¶ ～ an eclipse 일식[월식]을 관측하다// (～+*wh*. 匩) O— how the machine works. 기계가 어떻게 움직이는지 지켜보세요. **2** …을 보다 (본위로) …을 눈치[알아]채다, 깨닫다. ⇨ NOTICE 유의어 (～+*that* 匩) I ～*d that* he became very pale. 나는 그가 새파랗게 질린 것을 알았다. // (～+⓪+*do*) (～+⓪+*-ing*) He ～*d* the thief *open* [or *opening*] the lock of the door. 그는 도둑이 문의 자물쇠를 여는 것을 보았다. **3** …을 비평하다, (소견으로서) 말하다.¶ (～+*that* 匩) He ～*d that* the plan would work well. 그는 그 계획이 잘될 것이라고 평했다. **4** 〔행동 따위〕를 계속하다, 유지하다: 〔규칙·습관〕에 따르다, …을 지키다, 준수하다.¶ ～ silence 침묵을 지키다 / ～ good manners 예절을 지키다 / ～ the Sabbath 안식일을 지키다. **5** 〔축제일 따위〕를 경축하다; 〔제례(祭禮)·의식〕을 거행하다, 집행하다.¶ ～ a holiday 축제일을 경축하다.
── ⓘ **1** 관찰[감독]하다: 주의[조심]하다. **2** (…에 관해) 비평하다, 소견을 말하다 (*on*, *upon*). **3** 입회하다, 업저버로 참석하다.

the observed of all observers 뭇 사람의 주목을 받는 사람(←Shakespeare작 *Hamlet* Ⅲ. i. 162).

‡ob·serv·er [əbzə́ːrvər] 围 (～*s* [-z]) **1** (…의) 관찰자, 관측자, 감시자 (*of*). **2** (회의 따위의) 입회인, 업저버, 방청인; (분쟁 지역에 파견되는) 감시 단원. **3** 의견을 말하는 사람, 평자(評者). **4** (법률·의무 따위의) 준수자. **5** (군사) 비행 정찰자. *～·ship* 围

ob·serv·ing [əbzə́ːrviŋ] ⓐ **1** 관찰적인, 관찰력이 날카로운. **2** 주의 깊은, 빈틈없는.

ob·sess [əbsés] ⓥⓣ (수동형으로) (귀신·망상 따위가)…에 들다, 달라붙다, …에 붙어 괴롭히다 (*by*, *with*). ¶ be ～*ed by* [or *with*] a fixed idea 고정 관념에 사로잡히다. (美구어) 끙끙거리며 걱정하다.
～·ing·ly 围 *-sés·sor* 围

ob·ses·sion [əbséʃən] 围 **1** (관념·망상 따위의) 사로잡힘, 강박 현상 (*about*, *with*); (악령이) 달라붙

음, 신들린 상태. **2** 망념(妄念), 집념; 〔심리〕 강박 관념.
have an obsession about [or ***with***] …에 집착하다; …에 짓눌리다.
under an obsession of …에 사로잡혀[짓눌려].
ob·ses·sion·al [əbséʃənl] 형 =obsessive.
— 명 강박 관념을 가진[강박 신경증의] 사람, 편집광(偏執狂). **~·ly** 부 ~**·ness** 명
obséssional neurósis 〔정신의학〕 강박 신경증.
ob·ses·sive [əbsésiv] 형 **1** 강박 관념의, 망상의; (경멸적) (…에) 사로잡힌, 들린(*about*); 〔병적으로〕 집요한, 집착하는. **2** 과도한, 극단적인. — 명 망상[강박 관념]에 사로잡힌 사람, 강박 신경증인 사람. **~·ly** 부 **~·ness** 명
ob·ses·sive-com·pul·sive [-kəmpʌ́lsiv] 〔정신의학〕 형 강박성 신경증의.
obséssive-compúlsive disórder 〔정신의학〕 강박 신경증(장애)(약 OCD). 〔오석(烏石).
ob·sid·i·an [əbsídiən] 명 흑요암(黑曜巖).
obsídian dáting 〔지질〕 흑요석 연대 측정법.
ob·so·lesce [ὰbsəlés/ɔ̀b-] 자 쇠퇴하다, 시대에 뒤떨어지다; 〔생물〕 (기관 따위가) 퇴행(退行)하다.
ob·so·les·cence [ὰbsəlésns/ɔ̀b-] 명 U **1** 없어져[스러져]감, 쇠퇴. **2** 〔생물〕 (기관의) 쇠퇴, 퇴화, 노쇠, 위축. **3** 〔상품의〕 진부화, 구식화.
ob·so·les·cent [ὰbsəlésnt/ɔ̀b-] 형 **1** 쇠퇴하고 [스러져가고] 있는, (기계 따위가) 시대에 뒤진, 구식인. ¶an ~ word 사라져 가고 있는 말. **2** 〔생물〕 (기관 따위가) 퇴행성(退行性)의. — **·ly** 부
*****ob·so·lete** [ὰbsəlíːt, ∠–∠ /ɔ́bsəliːt] 형 **1** 못쓰게 된, 사라진, 스러진, 폐어. ¶an ~ word 폐어. **2** (사물의) 시대(유행)에 뒤떨어진, 구식의. **3** 〔생물〕 발달이 불완전한, (기관이) 퇴화한. — 명 시대에 뒤진[진부한] 사람; 폐어, 폐물. — 타 …을 쇠퇴하게[스러지게] 하다; 구식이 되게 하다. **~·ly** 부 **~·ness** 명
ob·so·let·ism [ὰbsəlíːtizm/ɔ̀b-] 명 시대 착오; 사라진 습관; (언어·표현 따위의) 폐지, 폐어.
ob.s.p. 〔라틴〕 *obiit sine prole*(=he [she] died without issue)(후사 없이 죽다).
‡**ob·sta·cle** [ὰbstəkl/ɔ́b-] 명 〔복 ~s [-z]〕 (…에 대한) 장애(물), 지장, 방해(물); 고장(*to*). ¶an ~ to progress 발전의 장애.
put [or ***place, throw***] ***obstacles in the way of*** …을 방해하다; …에 훼방놓다

〔유의어〕 **obstacle** 앞길을 가로막는 유형·무형의 것.
obstruction 통로나 흐름을 거의 봉쇄하는 것. **hindrance** 간섭하거나 만류하여 진행을 지연시키는 것. **impediment** 정상적인 기능의 장애가 되는 것.

óbstacle còurse 명 **1** (군대의) 장애물 통과 훈련장. **2** (구어) 타개하기 어려운 사태, 난관.
óbstacle ràce 명 (육상·경마의) 장애물 경주; (비유적) 아주 어려운 일(상황).
obstet. obstetric(al); obstetrician; obstetrics.
ob·stet·ric [əbstétrik/ɔ̀b-] 형 **1** 조산(助産)의, 산과(産科)의. ¶an ~ nurse 산파 간호사. **2** 산과학의(에 관한). (또는 **obstetrical**) **-ri·cal·ly** 부
ob·ste·tri·cian [ὰbstətríʃən/ɔ̀b-] 명 산과 의사.
ob·stet·rics [əbstétriks/ɔ̀b-] 명 (단수취급) 산과학(産科學), 조산술(助産術)(약 OB, ob).
***obsti·na·cy** [ὰbstənəsi/ɔ́b-] 명 **1** U 고집, 완고, 집요, ¶*with* ~ 고집스럽게. **2** 〔질병·습관 따위의〕 난치(難治), 뿌리 깊음. **3** (-cies) 완고[집요]한 언동.
‡**ob·sti·nate** [ὰbstənət/ɔ́b-] 형 (*more* ~; *most* ~) **1** 고집센, 완고한, 집요한, ⇒STUBBORN **2** 감당하기 어려운, (저항 따위가) 완강한. ¶the ~ growth of weed 무성한 잡초의 번식. **3** (병이) 난치의. ¶an ~ fever 좀체 내리지 않는 열.
~·ly 부 ~**·ness** 명

ob·sti·pant [ὰbstəpənt] 명 (약학) 설사약.
ob·sti·pa·tion [ὰbstəpéiʃən/ɔ̀b-] 명 (병리) 변비.
ob·strep·er·ous [əbstrépərəs] 형 **1** 시끄러운, 떠들썩한. ¶an ~ merriment 떠들썩한 환락. **2** 다루기 힘든, (반항하며) 사납게 날뛰는, 난폭한. (또는 **obstrópolous**)
-e·rós·i·ty 명 **~·ly** 부 **~·ness** 명
*****ob·struct** [əbstrʌ́kt] 타 자 **1** (도로·수로 따위)를 막다, 차단하다. ¶~ a road 길을 막다. **2** (일의 진행이나 사람의 활동)을 방해하다, 훼방 놓다. ¶(~+目+前+名) The crowd ~ed the police *in* the discharge of their duties. 군중이 경찰관의 공무(집행)을 방해했다. **3** (빛·소리·전망 따위)를 차단하다(interrupt). — 방해하다. **—·ed·ly** 부 **—·er** 명 **—·ing·ly** 부 **-strúc·tor** 명 방해자, 장애물.
*****ob·struc·tion** [əbstrʌ́kʃən] 명 **1** UC 방해, 훼방, 장애(*to*) ⇨ OBSTACLE 〔유의어〕; 의사(議事) 방해, 반대. ¶It caused no ~ *to* traffic. 그것은 교통에는 아무런 지장도 주지 않았다. **2** 방해물, 장애물. **3** 〔병리〕 폐색(閉塞)[폐쇄](증), 차단. ¶intestinal ~ 장폐색. **4** 〔스포츠〕 (반칙이 되는) 방해 행위; 〔야구〕 주루 방해.
obstrúction guàrd 명 〔철도〕 (기관차의 맨 앞에 설치하는) 배장기(排障器). 〔(議事) (진행) 방해.
ob·struc·tion·ism [əbstrʌ́kʃənizm] 명 U 의사
ob·struc·tion·ist [əbstrʌ́kʃənist] 명 (회의의) 의사 (진행) 방해자. **-ís·tic** 형 〔판 방해.
obstrúction of jústice 명 〔법률〕 사법 방해, 재
ob·struc·tive [əbstrʌ́ktiv] 형 **1** (…을) 방해하는, 훼방 놓는(*of, to*); 방해하려고 하는; 의사(議事) 방해의. **2** 〔병리〕 폐색성(閉塞)의. **—** 방해자, 장애물; 의사 방해자. **~·ly** 부 **~·ness, -strúc·tív·i·ty** 명
ob·stru·ent [ὰbstruənt/ɔ́b-] 형 **1** 〔병리〕 폐색성 (閉塞性)의, 폐쇄성의. **2** 〔음성〕 폐쇄적인. — 명 **1** 〔약학〕 변비약, 설사약, 폐쇄약. **2** 〔음성〕 폐쇄음.
ob·stu·pe·fy [əbstjúːpəfὰi, əbz-/ɔbstjúː-] 타 =STUPEFY.
‡**ob·tain** [əbtéin] 타 〔~s [-z]〕 (노력하여) 얻다, 손에 넣다, 획득하다; 사들이다. ⇨ GET 〔유의어〕 ¶~ a possession of the land 그 토지의 소유권을 입수하다 // (~+目+前+名) ~ a loan *of* a person 남에게 돈을 꾸다. **2** …에게 (사물)을 얻게 하다. ¶The new album ~ed him a fortune. 그는 새 앨범으로 큰 돈을 벌었다. **3** (고어) (이상·목적 따위)를 달성하다. — 자 **1** (관습·법규 따위가) …에서나 사람들 사이에서) 통용되다, 행해지다(*in*/*with, for*), 보급되다. **2** (의견 따위가) 인정받다. ¶These views no longer ~. 이 견해들은 이젠 일반적으로 인정되지 않는다. **3** (관계 따위가) 성립되어 있다. **4** (고어) 성공하다.
~·er, ~·ment 명
*****ob·tain·a·ble** [əbtéinəbl] 형 입수할 수 있는, 획득할 수 있는. **-a·bíl·i·ty** 명
ob·táin·ing by decéption [əbtéiniŋ-] 명 〔법률〕 사기죄.
ob·tect [ὰbtékt/ɔ̀b-] 형 〔곤충〕 (번데기 따위가) 피각(皮殼)이 있는; (촉각·다리·날개가) 각질화된 껍질로 덮힌. (또는 **obtected**)
ob·ten·tion [əbténʃən] 명 입수, 획득.
ob·test [əbtést/ɔ̀b-] 타 **1** …을 증인으로 부르다. **2** …에게 탄원[간청]하다. — 자 항의하다.
ob·trude [əbtrúːd] 타 자 **1** (의견 따위)를 (…에게) 강요하다, 억지로 떠밀다(*on, upon*). ¶~ one's opinions *upon* others 자기 의견을 남에게 강요하다. **2** (재귀법으로) …을 참견하다(*on, upon*), (…에) 끼어들다(*into*). **3** …을 내밀다. ¶~ one's head 머리를 내밀다. — 자 주제넘게 나서다; 밀고 들어가다.
-trúd·er 명
ob·trun·cate [əbtrʌ́ŋkeit/ɔ̀b-] 타 **1** (나무 따위)의 윗동을 잘라내다.
ob·tru·sion [əbtrúːʒən] 명 UC (의견 따위의) (…에

ob·tru·sive [əbtrúːsiv] 웹 강요하는; 주제넘게 나서는; 몹시 눈에 띄는; 돌출한. ~**·ly** 용 ~**·ness** 명

ob·tund [əbtʌ́nd/ɔb-] 타 《병리》 (감각·기능 따위)를 무디게 하다, 활발치 못하게 하다(blunt, dull); (아픔 따위)를 완화하다, 억제하다. **-tún·di·ty** 명

ob·tund·ent [əbtʌ́ndənt/ɔb-] 웹 《병리》 고통을 경감하는. ― 명 마취약, 진통제.

ob·tu·rate [ábtjuəreit/ɔ́btjuər-] 타 1 (구멍 따위)를 막다. 2 《군사》 (발포할 때) 〖포미(砲尾)〗를 밀폐하다. **òb·tu·rá·tion** 명 밀폐, 폐색.

ob·tu·ra·tor [ábtjuəreitər/ɔ́btjuər-] 명 밀폐 기구; 〖포의〗 밀폐 장치; 《해부》 폐쇄근(閉鎖筋).

ob·tuse [əbtjúːs/-tjúːs] 웹 1 (날·각(角) 따위가) 무딘, 뾰족하지 않은(blunt). ¶an ~ weapon 둔기(鈍器). 2 〖수학〗 둔각(鈍角)의(⇔ acute). 3 〖식물〗 (잎·꽃잎 따위의) 끝이 둥그스름한. 4 (감각·머리 따위가) 둔한(dull), 둔감한(in). ¶an ~ person 감각이 둔한 사람. 5 (고통·소리 따위가) 잘 느껴지지 않는.
~**·ly** 용 ~**·ness** 명

obtúse ángle 〖수학〗 둔각(鈍角).

obtúse tríangle 〖기하〗 둔각 삼각형.

ob·tu·si·ty [əbtjúːsəti/ɔbtjúː-] 명 ① 둔감, 둔함. ② 우둔한 행동.

ob·um·brate [əbʌ́mbreit/ɔb-] 타 어둡게 하다, 흐리게 하다. ― 웹 《폐어》 그늘진, 어두워진.

obv. obverse.

ob·verse 웹 [ábvəːrs/ɔ́b-] 1 (the ~) (메달·화폐 따위의) 표면, 앞면(⇔ reverse); (일반적으로) 앞면, 전면(⇔ back). 2 (한 쌍의) 한쪽(사물의 상응하는 것, 역(逆), 반면(反面). 3 《논리》 환질 명제(換質命題). 4 《수학》 (정리의) 이(裏). ― 웹 [əbvəːrs, ábvəːrs/ɔ́bvəːs] 1 표면의(⇔ reverse). 2 대응하는, 상대되는. 3 《식물》 (잎이) 도란형(鈍狀形)의, 끝이 넓은. ~**·ly** 용

ob·ver·sion [əbvə́ːrʒən, -ʃən/ɔbvə́ːʃən] 명 ① (앞면이 보이도록) 뒤집기; 《논리》 환질법(換質法).

ob·vert [əbvə́ːrt/ɔb-] 타 1 …을 뒤집다. 2 《논리》 명제)를 환질하다.

ob·vi·ate [ábvieit/ɔ́b-] 타 (곤란·위험·장애 따위)를 제거하다, 없애다; …을 미연에 방지하다. ¶~ danger 위험을 회피하다. **-a·ble** 웹 **-á·tion** 명

ob·vi·os·i·ty [àbviásəti/ɔ̀bviɔ́s-] 명 (의견·결론 따위가) 자명한 일.

‡**ob·vi·ous** [ábviəs/ɔ́b-] 웹 (**more** ~; **most** ~) 1 (…에 대해서/…에게) 뚜렷한, 명백한; 알기 쉬운(*about*/*to*). ⇒CLEAR 유의어 ¶~ *to* everybody 누가 보기에도 명백한. 2 (경멸적) (의도·감정 따위가) 빤히 들여다 보이는, 노골적인. ¶an ~ joke 노골적인 농담. 3 (언행·색 따위가) 유난히 두드러진, 눈에 거슬리는, 아니꼬운. ¶His politeness was ~. 그의 예의바른 태도가 오히려 거슬렸다. 4 《고어》 방해하는, 앞길을 막고 있는.
state the obvious 당연한[말할 필요도 없는] 것을 말하다.
~**·ness** 명

‡**ob·vi·ous·ly** [ábviəsli/ɔ́b-] 부 《문장 전체를 수식》 명백하게; 뚜렷이; 아무리 보아도; 《대답으로》 물론이다.

ob·vo·lute [ábvəluːt/ɔ́b-] 웹 1 만, 돌돌 말린; 안으로 구부러진. 2 《식물》 (싹 속의 어린 잎이) 반쯤 겹쳐 있는. -**lú·tion** 명 -**lú·tive** 웹

OC officer commanding(부대 지휘관, 부대장); Old Catholic; oral contraceptive(먹는 피임약); organizational climate(조직 환경[풍토]). **oc., Oc.** ocean. **o/c, o.c.** overcharge. **O.C.** office copy; official classification(〖군사〗) on center.

oc- [ak, ək/ɔk] 접두 ⇒OB-.

OCA Olympic Council of Asia(아시아 올림픽 평의회).

oc·a·ri·na [àkəríːnə/ɔ̀k-] 명 오카리나(오지[금속]로 만든 달걀 모양의 관악기). [< It]

[ocarina]

O. Carm. Order of Carmelites. **O. Cart.** Order of Carthusians. **OCAS**, **O.C.A.S.** Organization of Central American States(중미(中美) 기구). **occ.** occasional; occasionally; occident; occidental; occupation.

Oc·cam [ákəm/ɔ́k-] 명 **William of ~** 오컴(?—1349?: 영국의 철학자; 근세 자연 과학 사상의 선구자). 《또는 Ockham》

Óccam's rázor 오컴의 면도날, 절감의 법칙(어떤 현상을 설명하는 데는 가장 단순한 가설로 시작해야 하며 가설을 필요 이상으로 정립하지 말라는 것).

occas. occasion; occasional(ly).

‡**oc·ca·sion** [əkéiʒən] 명 (~**s** [-z]) 1 (…의/…에 적당한) 때, 경우(*of*/*for*). ¶*on* another ~ 다른 기회에/*on* several [rare] ~s 여러 기회에 [드물게]/*on* this auspicious ~ 이 경사스러운 때에. 2 특별한 행사; 성대한 의식, 축전, 의식. ¶a gala ~ 축제일/*on* this annual ~ 해마다 있는 이 축전에. 3 ⓤⓒ (단수형) (…을 위한/…할) 시기; 기회, 호기(*for* (doing)/*to* do, *of* doing). ⇒OPPORTUNITY 유의어 ¶find an ~ *to* get into conversation 대화를 나눌 기회를 얻다. 4 ⓤⓒ (…의/…할) 계기, 유인(誘因); 근거, 이유(⇒ REASON 유의어) ¶need (*for* (doing)/*to* do). 5 (~s) 《폐어》 용건. ¶on one's private ~s 개인 일로.
as occasion demands 임기응변으로; 필요에 따라.
be equal to the occasion 상황을 파악하고 훌륭하게 행동하다, 임기응변으로 일을 처리하다.
for [or **on, upon**] a person's **occasion** 남을 위하여.
for the occasion 임시로.
give occasion to …을 불러일으키다. 「전념하다.
go about one's lawful **occasions** (고어) 본업에 종사하다.
have no occasion for [or **to** do] …의 필요가 없다. ¶You have no ~ *for* crying. 당신은 울 이유[필요]가 없다. 「면, 만약의 경우에는.
if the occasion arises [or **should arise**] 필요하면,
improve the occasion (모든) 기회를 이용하다.
in honor of the occasion 축하의 뜻을 나타내기 위해. 「에.
on all occasions; on every occasion 모든 경우
on [or **upon**] **occasion(s)** ① 호기에; 필요할 때에. ② 이따금, 때때로.
on one occasion 일찍이, 어느 때.
on the first occasion 되도록 빨리, 기회가 닿는 대로.
on the occasion of …에 즈음하여. 「로.
profit by the occasion 좋은 기회를 잡다.
rise to the occasion = be equal to the occasion.
take an occasion by the forelock 기회를 놓치지 않다.
take [or **seize**] **the occasion to** do …할 기회를 이용하다, 그 기회를 잡아 …하다.
― 타 (~**s** [-z]) 1 (걱정 따위)를 불러일으키다(cause), …의 원인이 되다. ¶(~+명+명) The boy's behavior ~ed his parents much anxiety. 그 소년의 행실이 부모를 크게 걱정하게 했다. 2 《남》 …하게 하다(*to* do). ¶(~+명+*to* do) ~ a person *to* do something 남에게 …하게 하다.

‡**oc·ca·sion·al** [əkéiʒənəl] 웹 (**more** ~; **most** ~) 1 이따금의, 가끔의, 때때로의; (간행물 따위가) 비정기적인. ¶an ~ visitor 가끔 찾아오는 사람. 2 임시의, 그때때의; 예비의, 보조용의. ¶~ decrees 임시 법령/an ~ table 예비 테이블. 3 특별한 경우[목적]를 위하여 마련한. ¶an ~ poem 특별한 경우를 위하여 쓴 시. 4 (이유·원인 따위가) 우연의, 부차적인; 유인(誘因)

occasional cause

이 되는. **5** (대학생이) 청강생의. ── 图 임시 사용물[고용인], 부정기적으로 나타나는 물건[사람].
-ál·i·ty, **~·ness** 图
occásional cáuse 图 [철학] 우인(偶因), 기회 원인.
oc·ca·sion·al·ism [əkéiʒənəlìzm] 图 U [철학] 우인론(偶因論), 기회 원인론. **-ist** 图 **-ís·tic** 图
occásional lícence 图 (英) (시간·장소를 제한한) 주류 판매 임시 허가.
oc·ca·sion·al·ly [əkéiʒənəli] 图 (more ~; most ~) 가끔, 때때로; (英방언) 임시로.
*Oc·ci·dent [áksədənt/ɔ́k-] 图 **1** (the ~) 서양, 구미(歐美)(閻) the Orient). **2** (the ~) 서반구(the Western Hemisphere). **3** (the o-) 서, 서쪽(the west).
*oc·ci·den·tal [àksədéntl/ɔ̀k-] 图 **1** (O-) 서양의, 구미의; 서양인의, 서양식의. ¶ oriental ¶ O- civilization 서양 문명. **2** 서방[서쪽]의. ── 图 서양 사람, 구미인. **-den·tál·i·ty** 图 **~·ly** 图
Oc·ci·den·tal·ism [àksədéntəlìzm/ɔ̀k-] 图 U 서양풍[식], 서양 기질, 서양 문화[정신].
Oc·ci·den·tal·ist [àksədéntəlist/ɔ̀k-] 图 图 서양 문화 연구가(의), 서양통(의); 구미화(歐美化)주의자(의).
Oc·ci·den·tal·ize [àksədéntəlàiz/ɔ̀k-] (* (英) **-ise**) 图 … 을 서양[구미]화하다. **-i·zá·tion** 图
oc·cip·i·tal [aksípət/ɔ́k-] 图 [해부] 후두골(後頭骨)의. ── 图 후두부의. ¶ ~ fracture 후두 좌상(挫傷) 후두부, (특히) 후두골. **~·ly** 图
occípital cóndyle 图 [해부] 후두과(顆).
occípital lóbe 图 [해부] 후두엽(葉).
oc·ci·put [áksəpʌ̀t, -pət/ɔ́k-] 图 [해부] 후두부(部).
oc·ci·sion [əkíʒən] 图 =slaughter.
oc·clude [əklúːd/ɔk-] 图 图 **1** (구멍·통로 따위를) 막다, 메우다. **2** (빛 따위를) 가두어 넣다, 가리다, 차단하다. ¶ ~ rays of light 광선을 차단하다. **3** (물·화학) [가스·액체 따위를] 흡수하다, 흡수 저장하다. **4** (치과) (위·아래턱의 이를) 맞물리게 하다. ── 图 (치과) (윗니와 아랫니가) 맞물리다; (기상) 폐색하다. **-clúd·ent** 图
oc·clúd·ed frónt 图 (기상) 폐색 전선(閉塞前線).
oc·clu·sion [əklúːʒən/ɔk-] 图 **1** 폐색, 폐쇄. **2** (화학) 흡장. **3** (치과) 교합(咬合), 맞물림. **4** (음성) 폐쇄. **5** (병리) 혈관 폐쇄. **6** (기상) 폐색(전선의 형성).
oc·clu·sive [əklúːsiv/ɔk-] 图 **1** 폐색하는, 폐쇄하는 경향이 있는. **2** (음성) 폐쇄적인, 폐쇄성(음)의. **3** (화학) 흡장하는. ── 图 **1** (음성) 무파열 폐쇄음, 불완전 파열음. **2** 폐쇄음, 폐색음. **~·ly** 图 **~·ness** 图
oc·cult [əkʌ́lt, ákʌlt/ɔkʌ́lt] 图 **1** 신비로운, 불가사의한. **2** 비밀의, 밀교(密敎)적인, 비전(秘傳)적의. **3** 마술적인, 비술적인. **4** 숨겨진, 눈에 보이지 않는. **5** 이해하기 어려운 (성질의); 자연의 성질을 다루는; 실험적인. **6** (의학) (눈에 보이지 않을 만큼) 소량으로 존재하는.
── 图 **1** (the ~) 비학(秘學), 비술(秘術); 초자연적 작용. **2** UC (the ~) 신비; 신비스러운 사상[作용](作용).
── 图 … 을 숨기다; (천문) 엄폐하다. ── 图 숨다; (빛이) 깜빡거리다. **~·er** 图 **~·ly** 图 **~·ness** 图
occúlt árts [scíences] 图 비학, 신비학(점성술·마술·연금술 따위).
oc·cul·ta·tion [àkʌltéiʃən/ɔ̀k-] 图 UC **1** (천문) 엄폐(掩蔽), 성식(星蝕)(천체가 다른 천체에 가려져서 지구로부터 보이지 않게 되는 일). **2** 숨기, 모습[종적]이 감추기.
occúlt bálance 图 불균형의 균형.
oc·cúlt·ing líght [əkʌ́ltiŋ-, ákʌlt-/ɔkʌ́lt-] 图 (등대의) 명멸등(明滅燈).
oc·cult·ism [əkʌ́ltizm/ɔ́kʌlt-] 图 U 신비학[술], 비학[론]; 신비 요법(기도 따위). **-ist** 图
oc·cu·pan·cy [ákjupənsi/ɔ́k-] 图 UC **1** (토지·가옥 따위의) 점유, 점거, 거주; 차용; 영유, 소유; (지위 따위의) 보유. **2** (토지·가옥 따위의) 점유 기간; 재직[재임] 기간. **3** (호텔·비행기 따위의) 점유[이용]율; 수용 능력. **4** (건물 따위의) 사용, 이용; 용도. **5** [법률] 선점, 점거. **6** [통신] (전화의) 발신에 걸리는 시간.
*oc·cu·pant [ákjupənt/ɔ́k-] 图 **1** (토지·가옥 따위의) 점유자; 거주자; (지위 따위의) 보유자. **2** (가옥·토지·사무소 따위의) 임차인. **3** [법률] 선점자, 점거자.
‡oc·cu·pa·tion [àkjupéiʃən/ɔ̀k-] 图 图 [-s [-z]] **1** C 직업, 일; 업무; 업(종). ¶a service ~ 서비스업.

─────
[유의어] **occupation** 직업·일의 뜻의 일반적인 말. **business** 보통은 상업 방면의 영리를 목적으로 하는 것. **calling** 적성이나 천분(分) 따위로 보아서 당연한 천직; occupation 대신에도 쓴다. **employment** 고용되어 임금을 받는 일자리. **profession** 고도의 학식·훈련을 요하는 전문적 직업. **trade** 목수처럼 몸과 손의 기술을 쓰는 직업. **vocation** 부업이나 여기(餘技)가 아니라 생계를 위한 본업. **work** 이상의 모든 말을 대신할 수 있는 넓은 의미의 말.
─────

2 U (the ~) (토지·가옥 따위의) 점유, 거주; (군대에 의한) 점령, 점거; (직무 따위의) 보유, 재직; C 점유[점령, 재직] 기간. ¶a territory under hostile ~ 적에게 점령 당해 있는 영토/during one's ~ of office 재직중에. **3** (일반적으로) 종사하고 있는 활동(일·취미 따위); 심심풀이. **4** (종종 the O-) 점령군(의 정책).

by occupation 직업으로. ¶be a farmer by ~ 직업이 농업이다. ┌men out of ~ 실업자.
out of occupation 실업(失業)중인, 직업이 없는. ¶
── 图 점령[점거]의; 전용의. ¶an ~ army 점령군.
*oc·cu·pa·tion·al [àkjupéiʃənəl/ɔ̀k-] 图 **1** 직업의, 직업에 의한[에서 생기는]. ¶ ~ guidance 직업 지도. **2** 점령의. ¶ ~ troops 점령군. **~·ly** 图
occupátional diséase 图 직업병.
occupátional fatígue 图 직업상의 과로. ┌위험.
occupátional házard 图 (직종 고유의) 직업상의
occupátional médicine 图 직업(병) 의학.
occupátional pénsion 图 직업[직장] 연금(기업·고용주 등이 운영하는 연금).
occupátional psychólogy 图 직업 심리학.
occupátional thérapy 图 (의학) 작업 요법.
occupátion brídge 图 사유지 연락교(橋).
oc·cu·pa·tion·er [àkjupéiʃənər/ɔ̀k-] 图 (美속어) 점령군 병사; (~s) 점령군. ┌군 용어.
oc·cu·pa·tion·ese [àkjupèiʃəníːz/ɔ̀k-] 图
occupátion fránchise 图 (英) 부동산 임차인 투표권(1832~1928).
occupátion gróupings 图 (상업) 직업별 분류.
occupátion láyer [lével] 图 문화층(유적에서 특별한 문화적 특징을 나타내는 발굴상의 층위).
occupátion móney 图 점령군 통화.
oc·cu·pa·tion·naire [àkjupèiʃənéər/ɔ̀k-] 图 점령군 당국자.
occupátion róad 图 (토지 소유주의) 사설 전용 도로.
oc·cu·pi·er [ákjupaiər/ɔ́k-] 图 **1** (英) (일시적인) 토지[건물] 소유자; 임차인. **2** 점유자, 점령 군인.
‡oc·cu·py [ákjupai/ɔ́k-] 图 (**-pies** [-z]; **-pied**) 图 **1** (토지·가옥 따위를) 차지하다, 점유하다, 사용[차용]하다, 거주하다; (시간을) 차지하다. ¶The building occupies an entire block. 그 건물은 한 블록 전체를 차지하고 있다 / His speech occupied more than half an hour. 그의 연설은 30분 이상이나 걸렸다. **2** (군대 따위가) … 을 점령하다, 점거하다. ¶German forces occupied Poland in 1939. 독일군은 1939년에 폴란드를 점령했다. **3** (지위·직책 따위를) 차지하다, … 에 취임하다. ¶ ~ an important position in the company 그 회사에서 요직을 차지하고 있다. **4** (근심 따위가) (마음을) 차지하다, 자리잡다; (주의 따위를) 끌다, 빼앗다(with, by). ¶Sports often ~ boys' attention. 스포츠는 종종 소년들을 열중시킨다. **5** [수동형·재귀용법으로] (남을) 종사시키다, 전념시키다(in,

occur ... *with*). ¶ (~+目+前+名) He was deeply *occupied in* translating a French novel. 그는 프랑스 소설의 번역에 몰두하고 있다. **6** (고어) …와 교역하다. ― ⓐ (페어) 영유하다, 내 것으로 삼다.
be occupied with [or *in*] *doing* …으로[하기에] 바쁘다, 여념이 없다.
occupy oneself by [or with] doing …에 빠지다.
-pi·a·ble 형 몰두[전념]하다.

‡**oc·cur** [əkə́ːr] 자 (~**s** [-z] ; **-rr-**) **1** (사건 따위가) 일어나다, 생기다. ⇨ HAPPEN [유의어] Several fires have ~red in succession. 수 건의 화재가 잇따라 발생했다. **2** (생각 따위가 머리에) 떠오르다, 생각나다(*to*). ¶A fresh idea ~red to me. 나에게 참신한 생각이 떠올랐다. **3** (물건이 어떤 장소에) 존재하다, 보이다, 나타나다(appear)(*in, on*). ¶Fossils do not ~ *in* igneous rocks. 화석은 화성암에는 나오지 않는다.

****oc·cur·rence** [əkə́ːrəns, əkʌ́r-] 명 (복 **-rences** [-iz]) **1** ⓤ (사건 따위의) 발생, 일어남. ¶of frequent[rare] ~ 종종 일어나는[좀처럼 일어나지 않는]. **2** 사건, 생긴 일. ⇨ EVENT [유의어] an everyday ~ 일상적인 일 / an unexpected ~ 뜻밖의 일. **3** ⓤⓒ (천연 자원 등의) 존재, 산출.

oc·cur·rent [əkə́ːrənt/əkʌ́r-] 형 현재 일어나고 있는; 현재의; 우연의. ― 명 우연히 생긴 일; 사건.

OCD *obsessive-compulsive disorder*; *Office of Civil Defense*(민간 방위국); (컴퓨터) *online communications driver*. **OCDM** (美) *Office of Civil and Defense Mobilization*(민간 방위 동원 본부).

‡**o·cean** [óuʃən] 명 (복 ~**s** [-z]) **1** (the ~) 대양, 해양, 대해; 바다. ¶swim in the ~ 해수욕하다. **2** (the O-) …양(洋). ¶the Pacific [Atlantic, Indian] O- 태평[대서, 인도]양 / the Arctic [Antarctic] O- 북극[남극]해 (* Ocean은 생략되기도 한다). **3** (an ~) 망막한 넓이, 무한; (구어) (~s [*or* an ~] of) 많음, 다량. ¶an ~ of affairs 많은 일 / ~s of money[time] 막대한 돈[시간]. **4** (형용사적) 대양의, 대양산(産)의; 원양(遠洋)의. ¶an ~ bed 해저 / an ~ route [*or* lane] 원양 항로.
be tossed on an ocean of doubts 오리무중에서
Go (and) jump in the ocean. ⇨ JUMP. 1 꺼져라.

o·cea·nar·i·um [òuʃənɛ́əriəm] 명 (복 ~**s, -i·a** [-riə]) 해양 수족관. [탐험가(aquanaut).
o·cea·naut [óuʃənɔ̀ːt, -nɑ̀t] 명 잠수 전문가, 해저
ócean devélopment 명 해양 개발.
ócean dispósal 명 (폐기물 등의) 해양 투기(投棄).
ócean énergy 명 해양 에너지(조석(潮汐) 발전·해류 발전 등에 의한 에너지).
ócean enginéering 명 해양 공학.
ócean fárming 명 =mariculture.
ócean-floor spréading 명 (지질) 해양저 확대.
o·cean·front [óuʃənfrʌ̀nt] 명 임해지(臨海地); (휴양지 따위의) 해안 거리. ― 형 (한정용법) 바다에 면한, 임해의.
o·cean-go·ing [-gòuiŋ] 형 외양[원양] 항행의(seagoing).
ócean-gray [-gréi] 명형 연한 은회색(의).
ócean gréyhound 명 (英) 쾌속선(특히 정기 여객선).
O·ce·an·i·a [òuʃiǽniə/-ɑ́ːn-, -éin-] 명 오세아니아, 대양주(大洋洲). 또는 **Oceanica**.
O·ce·an·i·an [òuʃiǽniən/-ɑ́ːn-, -éin-] 명형 오세아니아(인)의. ― 명 오세아니아 주민.
o·ce·an·ic [òuʃiǽnik] 형 **1** 대양의, 대해의; 대양산(産)의; 원양의, 원양에 사는. **2** 대양 같은; 광대한. **3** (O-) 오세아니아의(Oceanian); 오세아니아 어족(語族)의. ― 명 (언어) 오세아니아 어족.
oceánic básement 명 (지질) 해저 기반.
oceánic boníto 명 (어류) 가다랭이.
oceánic climate 명 해양성 기후.
oceánic ísland 명 대양에 있는 섬. continental island
oceánic ridge 명 (지질) 해령(海嶺)(해저의 거대한 화산성 산맥). [학, 해양 공학.
o·ce·an·ics [òuʃiǽniks] 명 (단수취급) 해양 과
oceánic trénch 명 (지질) 해구(海溝).
O·ce·a·nid [ousíənid] 명 (그리스 신화) 오케아니스(바다의 님프; Oceanus의 딸). [상 소각.
ócean incinerátion[búrning] 명 폐기물의 해
o·ce·an·i·za·tion [òuʃənizéiʃən/-naiz-] 명
ócean láne 명 원양 항로. [로. 해양화 현상(작용).
ócean líner 명 원양 정기선. [바다.
Ócean of Stórms 명 (천문) (달 표면의) 폭풍의
o·ce·a·no·graph·ic [òuʃənəɡrǽfik] 형 해양학의 (또는 **oceanographical**) **-i·cal·ly** 부
o·ce·a·nog·ra·phy [òuʃənɑ́ɡrəfi, -ʃiə-/-nɔ́ɡ-] 명 ⓤ 해양학. **-ra·pher** 명 해양학자.
o·ce·an·ol·o·gy [òuʃənɑ́lədʒi, -ʃiə-/-nɔ́l-] 명 ⓤ 해양학, 해양 연구. **-gist** 명 해양학자.
ócean róute 명 대양[원양] 항로.
ócean státion véssel 명 (해사) 정점(定點) 관측선(略 O.S.V.).
ócean súnfish 명 (어류) 개복치.
ócean technólogy 명 해양 공학, 해양 기술.
o·cean-ther·mal [-θə́ːrməl] 형 (표면과 심해의) 온도차를 이용하는; 해양열(이용)의.
ócean trámp 명 원양 부정기 화물선.
O·ce·a·nus [ousíənəs] 명 (그리스 신화) **1** 오케아누스(대양의 신). **2** 대지를 둘러싸고 있는 대해류(大海流).
o·cel·lar [ousélər] 형 (동물) 홑눈[안점(眼點)]의.
oc·el·lat·ed [ásəlèitid, ousélèitid/ɔ́sil-] 형 (동물) (반점 따위가) 눈과 같은[비슷한](eyelike), 눈알 모양의; 홑눈이 있는. (또는 **ocellate**) [무늬.
oc·el·la·tion [àsəléiʃən, òu-/ɔ̀s-] 명 눈알 표시, 눈알
o·cel·lus [ouséləs] 명 (복 **-li** [lai]) **1** (곤충 따위의) 홑눈. **2** (하등 동물의) 안점(眼點). **3** (공작의 깃 따위의) 눈알처럼 생긴 무늬.
o·ce·lot [óusəlɑ̀t/ɔ́silɔ̀t] 명 오셀롯(중남미산(産)의 표범 비슷한 스라소니); 오셀롯의 모피. **-lòid** 형
och [ɑx/ɔx] 감 (스코·아일) 아아, 오오(놀라움·유감 따위를 나타낸다). (또는 **ogh**)
o·cher, (英) **o·chre** [óukər] 명 ⓤ **1** 황토(黃土)(그림 물감의 원료). **2** 황토색, 오커, 황갈색. **3** (페어) 금화(金貨). ― 타 …을 황갈색으로 칠하다. **~·ous, ó·chroid** 형
o·cher·y [óukəri], (英) **o·chry** [óukri] 형 황토(색)의(ochreous).
och·loc·ra·cy [ɑklɑ́krəsi/ɔklɔ́k-] 명 ⓤⓒ 폭민(暴民) 정치; 우민(愚民) 정치. [주의자.
och·lo·crat [ɑ́kləkrǽt/ɔ́k-] 명 폭민[우민] 정치
och·lo·crat·i·cal [ɑ̀kləkrǽtikəl/ɔ̀k-] 형 폭민[우민] 정치(가)의. (또는 **ochlocratic**) **~·ly** 부
och·lo·pho·bi·a [ɑ̀kləfóubiə/ɔ̀k-] 명 (정신의학) 군중 공포증. **-bist** 명
och·ra·tox·in [òukrətɑ́ksin, -tɔ́k-] 명 (생화학) 오크라톡신(누룩곰팡이가 만드는 독소).
o·chre [óukər] 명형동타 (英) =ocher.
OCI (美) *Overseas Consultants Incorporated*(해외 기술 고문단). [는 어미. ¶*hillock, bullock*.
-ock [ək, ɑk/ɔk] 접미 명사의 지소형(指小形)을 만드
ock·er [ákər/ɔ́k-] 명형 (濠구어) 교양 없는[전형적인] 오스트레일리아 남자(의 가진) 남성(의).
Ock·er·ism [ákərìzm/ɔ́k-] 명 (濠) (노동자의 독선적인 반항, 직선적인 반항.
Óckham's rázor 명 =Occam's razor.
OCLC *Online Computer Library Center*.
‡**o'clock** [əklɑ́k/əklɔ́k] 부 **1** …시, 시계로는. ¶at [by, till] two ~ 2시에[까지는, 까지] / What ~ is it? (고어·구어) 몇 시입니까?

[참고] (1) 「…시 …분」이라 할 경우에는 보통 o'clock을 쓰지 않는다. ¶ at ten minutes past five 5시 10분. **(2)** o'clock은 원래 of the clock이었는데, 후에 of clock, 다시 a clock으로 되고, a가 o'로 바뀌어져서 현재의 o'clock의 형이 생겼다. 현재도 정식적인 말투로서 eleven *of the clock*(11시)과 같은 표현이 남아 있다.

2 (위치·방향을 나타내어) …시 방향[위치]. ¶ a plane flying at nine ~ 9시 방향에서 나는 비행기.
know [or *find*] *what o'clock it is* 실정을 알고 있다, 사정을 알다, 만사를 다 이해하고 있다.
like one o'clock (속어) 곧, 빨리.

OCR (美) Office of Civil Rights; (컴퓨터) optical character reader [recognition] (광학식 문자 판독 장치[인식]).

oc·re·a [άkriə, óuk-/ɔ́k-] 명 **1** (식물) 엽초(葉鞘). **2** (로마 시대 무사의) 종아리 보호대. (또는 **ochrea**) -ate 형

OCS Office of Contract Settlement; (군사) officer candidate school(간부 후보생 학교); (컴퓨터) optical character scanner.

Oct. Octavius; October. **oct.** octagon; octavo.

oct- [akt/ɔkt] 연결 ⇒ OCTA-.

oc·ta-, oc·to- [άktə/ɔ́k-] 연결 eight라는 뜻(* 모음 앞에서는 oct-). ¶ *octa*hedron, *octo*pus, *oct*al.

oc·ta·chord [άktəkɔ̀:rd/ɔ́k-] 명 팔현금(八絃琴); 8음 음계, 전음계. **-chór·dal** 형

oc·tad [άktæd/ɔ́k-] 명 8개 한 벌; (화학) 8가(價) 원소[원자, 기(基)]. **-oc·tád·ic** 형

oc·ta·gon [άktəgàn, -gən/ɔ́ktəgən] 명 8각[변]형; 8각형의 물건[건물], 8각당[정]. [**~·ly** 부]

oc·tag·o·nal [aktǽgənl/ɔk-] 형 8각(형)의, 8변[변1]형의.

oc·ta·he·dral [àktəhí:drəl/ɔ̀k-] 형 8면을 가진; 8면체의. ¶ ~ *crystals* 8면 결정체.

oc·ta·he·dron [àktəhí:drən/ɔ̀k-] 명 (복 ~s, *-dra* [-drə]) 8면체. ¶ a regular ~ 정8면체.

oc·tal [άktl/ɔ́k-] 형 **1** 8진(법)의. (또는 **octonary**) **2** (디지털 컴퓨터용의) 8진법에 따라 기호화된. **3** (전자 장치에서) 전자적 접속을 위해 8핀이 있는. **4** 8행 연구(聯句)의. ¶ ~ *notation*) 8진법; 8행 연(聯).

oc·tam·er·ous [aktǽmərəs/ɔk-] 형 **1** 8개의 부분으로 이루어진[나누어진]. **2** (식물) 꽃잎이 여덟 장으로 이루어진. (또는 **octomerous**) **-er·ism** 명

oc·tam·e·ter [aktǽmətər/ɔk-] (운율) 명 8개의 운각(韻脚)(foot)으로 된, **-명** 8운각(음보) 시(詩).

oc·tan [άktən/ɔ́k-] 형 (열 따위가) 8일마다 일어나는[반복되는]. —명 (U) 8일열(熱).

oc·tane [άktein/ɔ́k-] 명 (화학) 옥탄. [(價)]
óctane nùmber [ràting, vàlue] 명 옥탄값[가]

oc·tan·gle [άktæŋgl/ɔ́k-] 명 8각형; 8각형의. —형 8각형의.

oc·tan·gu·lar [aktǽŋgjulər/ɔk-] 형 8각형의; 8각형의. **~·ness** 명 [탄산.]

oc·ta·nó·ic ácid [àktənóuik-/ɔ̀k-] 명 (화학) 옥

oc·ta·nol [άktənɔ̀:l, -nàl/-nɔ̀l] 명 (화학) 옥타놀 (octane에서 뽑는 무색의 액체 알코올). [자리.]

Oc·tans [άktænz/ɔ́k-] 명 (천문) 팔분의(八分儀)

oc·tant [άktənt/ɔ́k-] 명 **1** 8분원; 8분의(分儀); (천문) (어떤 천체가 다른 천체에 대해서) 이각(離角) 45도의 위치; (수학) 8분 공간. **oc·tán·tal** 형 [정치.]

oc·tar·chy [άkta:rki/ɔ́k-] 명 8두(頭) 정치; 8왕국

oc·ta·style [άktəstàil/ɔ́k-] (건축) 명 8주식(柱式) 건축. —형 8개의 원주가 있는.

Oc·ta·teuch [άktətjùːk/ɔ́ktətjùːk] 명 (성서) 8서(書)(구약 성서의 최초의 8권). ⇒ Pentateuch. [(價).]

oc·ta·val·ent [àktəvǽlənt/ɔ̀k-] 명 (화학) 8가

*****oc·tave** [άktiv, -teiv/ɔ́ktiv] 명 **1** (음악) 옥타브, 8도의 음정; 제8음; 8개의 음. **2** 파이프 오르간의 옥타브 음전(音栓). **3** 8개 한 벌. **4** (운율) 8행 연구(聯句)(특히 sonnet(14행시)의 처음의 8행). (또는 **octet**) **5** (어떤 연속된 것의) 8번째. **6** (교회) 제일(祭日)로부터 세어서 8일째; 그 8일 동안. **7** 옥타브(포도주의 액량 단위; (美) 15.75 갤런, (英) 13.5 갤런); 1옥타브가 들어가는 술통. **8** (펜싱) 제8의 (방어)자세. —형 **1** 옥타브가 높은; 8개[사람]의; 8행의.

óctave flùte 명 **1** 피콜로(piccolo). **2** (파이프 오르간의) 4피트의 플루트 음전(보통의 것보다 1옥타브 높다).

Oc·ta·vi·us [aktéiviəs/ɔk-] 명 1 옥타비우스(남자 이름). **2** 옥타비우스⇨ AUGUSTUS).

oc·ta·vo [aktéivou, -ɑ́:-/ɔk-] 명 **1** 8절판(전지의 8분의 1크기; 보통 6×9인치)(기호 **8vo, 8°, oct.**). ¶ *crown 8vo* 크라운의 8절판[사륙판]. **2** 8절판 책. —형 8절의; 8절판 책의.

oc·ten·ni·al [akténiəl/ɔk-] 형 8년의; 8년마다 일어나는: 8년간의. **~·ly** 부

oc·tet [aktét/ɔk-] 명 **1** (음악) 8중주[창](奏[唱])(곡, 단). **2** (운율) 8행의 시, 8행 연구. **3** 8개 한 벌인 것. **4** (화학) 옥텟(핵외 전자의 배치). **5** (물리) 8중항(項). (또는 **octette**)

oc·til·lion [aktíljən/ɔk-] 명 (美) **~s,** (수사 뒤에서는 ~) (美·프랑스) 10의 27승; (英·독일) 10의 48승. —형 [8백년제(祭).] **1 octillion**의.

oc·tin·gen·te·nar·y [àktindʒenti:nəri] 명 (英)

oc·to- [άktou, -tə/ɔ́k-] 연결 = octa.

‡Oc·to·ber [aktóubər/ɔk-] 명 **1** 10월(略 Oct.). **2** (英) 10월에 양조하는 맥주.

October Revolútion 명 (the ~) (러시아의) 10월 혁명. ⇨ RUSSIAN REVOLUTION.

Oc·to·brist [aktóubrist/ɔk-] 명 (러시아 역사) 10월당 당원(제정 러시아의 온건파).

oc·to·cen·te·nar·y [àktousenténəri/ɔ̀ktousenti:nəri] 명 (英) =octingentenary. —명 800년 (간)의: 800년제의. **-tén·ni·al** 형

oc·to·de·cil·lion [àktoudisíljən/ɔ̀k-] 명 (美) ~s, (수사 뒤에서는 ~) (美) 10의 57승; (英) 10의 108승. —형 (수치가) 1옥토데실리언의.

oc·to·dec·i·mo [àktoudésəmòu/ɔ̀ktou-] 명 (제본) 18절; 18절판 책(略 **18mo, 18°**). —형 18절(책)의.

oc·to·ge·nar·i·an [àktədʒənɛ́əriən/ɔ̀ktou-] 형 80대(代)의. —명 80 대 사람. (또는 **octógenàry**) **~·ism** 명 [(韻脚)의.]

oc·to·nal [άktənl/ɔ́k-] 형 8진법의; (운율) 8운각

oc·to·nar·i·an [àktənɛ́əriən/ɔ̀k-] (운율) 명 8운각의. —형 8운각의 시행(詩行)의. (또는 **octal**)

oc·to·nar·y [άktəneri/ɔ́ktənəri] 형 8의, 8로 이루어진; (또는 **octonal**) 팔진법의(八進法의). —명 여덟 개 한 벌; (운율) 8행시, 8행 연구(聯句). (또는 **octal**)

oc·to·pa·mine [àktóupəmi:n/ɔ̀k-] 명 (화학) 옥타파민(교감 신경흥분성 아민).

oc·to·ploid [άktəplɔ̀id/ɔ́k-] (생물) 형 8배성의, 기본수보다 8배의 염색체수를 가진. —명 8배체, 8배성인 세포[개체]. (또는 **octaplòid**)

oc·to·pod [άktəpàd/ɔ́ktəpɔ̀d] 명 8각류(脚類)의 동물(문어·낙지 따위).

***oc·to·pus** [άktəpəs/ɔ́k-] 명 (복 ~**es, -pi** [-pài]) **1** 낙지, 문어; 8각류 동물(octopod). **2** 광범위하게 세력을 뻗치고 있는 단체, 문어발 조직. [하키.]

oc·to·push [άktəpùʃ/ɔ́k-] 명 (英) (스포츠) 수중

oc·to·roon [àktərú:n/ɔ̀k-] 명 (흑인의 피를 8분의 1 받은) 흑백 혼혈아; 백인과 quadroon의 혼혈아.

oc·to·syl·lab·ic [àktousílæbik/ɔ̀k-] 형 8음절의. —명 8음절의 시구(詩句). [(詩句)].]

oc·to·syl·la·ble [άktəsìləbl/ɔ́k-] 명 8음절의 말

oc·to·thorp [άktəθɔ̀:rp/ɔ́k-] 명 넘버[번호] 기호 (#).

oc·troi [áktrɔi/ɔ́ktrwɑː] 圀 1 (프랑스·이탈리아 등에서 도시로 반입되는 식료품 따위에 부과되는) 입시세(入市稅). 2 입시세 징수소[징수원]. 3 칙허(勅許). 〔<F〕

OCTU, Oc·tu [áktjuː/ɔ́ktjuː-] (英) Officer Cadets Training Unit(사관 후보생 훈련대).

oc·tu·ple [áktjupl, aktjúː-/ɔ́ktju-] 圀 8 중의, 8배의; 8 요소로 이루어진. ― 圀 (8 명이 젓는) 경기용 보트; 8 배의 수. ― 瓲 …을 8배로 하다.

oc·tu·plex [áktjupleks-] 圀, 8중의.

oc·tu·pli·cate [aktjúːplikət, -kèit/ɔktjúːp-] 圀 8개 한 벌; 8개가 연속되는 것. ―瓲 8등분의, 8부로 이루어지는; 8배의. ― 圀 [aktjúːplikèit, -kət/ɔktjúːp-] …의 복사물을 8부 만들다; 8배로 하다.

OCTV open-circuit television(개(開)회로 TV).

oc·u·lar [ákjulər/ɔ́k-] 圀 1 눈의; 눈을 위한. ¶~ movements 안구 운동. 2 눈의 역할을 하는; 눈과 같은. ¶an ~ organ 시각 기관. 3 눈[시각]에 의한, 시각상의. ¶an ~ witness 목격자. ―圀 1 〔광학〕 접안경(接眼鏡)(eyepiece). 2 눈. ~·ly 瓲

oc·u·lar·ist [ákjulərist/ɔ́k-] 圀 의안(義眼) 제조자.

oc·u·late [ákjulət, -lèit/ɔ́k-] 瓲 눈 모양의 얼룩점[구멍]이 있는. (또는 **oculated**) 「안경상.

oc·u·list [ákjulist/ɔ́k-] 圀 안과 의사; 검안사; (美)

Óc·u·li Súnday [ákjulài-/ɔ́k-] 瓲 (기독교) 사순절의 제3일요일. ¶oculomotor. (또는 **ocul-**)

oc·u·lo- [ákjulou, -lə/ɔ́k-] 〔연결〕 eye, ocular의 뜻.

oc·u·lo·mo·tor [àkjuloumóutər/ɔ̀k-] 瓲 눈동자를 움직이는. 「3 뇌신경.

oculomótor nèrve 圀 〔해부〕 동안(動眼) 신경, 제

oc·u·lus [ákjuləs/ɔ́k-] 圀 (圀 **-li** [-lài]) 1 눈. 2 〔건축〕 둥근 창.

od [ad, oud/ɔd] 圀∪ 오드(독일 과학자 Karl von Reichenbach가 자력,화학 작용 따위의 설명을 위해 가정한 자연력). (또는 **odyl(e)**)

od on demand(요구불); outside diameter; outside dimensions; overdraft; overdrawn.

Od [ad/ɔd] 圀 〔고어〕 god의 단축형.

OD, o/d [òudíː] 圀 (圀 ~**s**, ~'**s**) 마약 따위의 과용. ―瓲 (~'**d**, ~**ed**; ~'**ing**, ~**ing**) (마약 따위를) 과용하다, 과용하여 병들다[죽다]. 〔<overdose〕

OD Officer of the Day(일직 사관); Old Dutch; on-demand publishing; ordnance datum; Ordnance Department(병기부); organization development(조직 개발); outside diameter. **O/D** on demand; overdraft; overdrawn. **o.d.** (라틴) oculus dexter (=the right eye); olive drab; on demand(요구불); outside diameter. **O.D.** Doctor of Optometry(검안 의사); (라틴) oculus dexter; Officer of the Day; Old Dutch; olive drab; ordinary seaman; outside diameter; overdraft; overdrawn(당좌 차월). **ODA** official development aid(정부 개발 원조); (英) Overseas Development Administration.

o·da(h) [óudə, oudɑ́ː] 圀 (圀 ~**s**, ~) (하렘 속의) 방; =odalisque.

o·da·lisque [óudəlìsk] 圀 1 (터키 황제의) 여노예, 첩. 2 (O-) 오달리스크(Matisse, Ingres 등이 그린 여성의 나체화). (또는 **odalisk**)

o·day [oudéi] 圀 《속어》 돈.

ODC Order of Discalced Carmelites.

‡**odd** [ad/ɔd] 圀 (~**·er**; ~**·est**) 1 묘한, 색다른, 야릇한, 이상한; 뜻밖의, 상식을 벗어난. ⇒STRANGE 유의어. ¶an ~ person[or 《구어》 fish] 괴짜; 연인. 2 호젓한, 외진, 외딴. ¶in some ~ corner 생각지도 않던 엉뚱한 구석에. 3 여분의, 나머지의, 우수리의; (美) (수사·수량을 나타내는 말 뒤에서) …남짓한, …여(餘)의. ¶~ change 거스름돈/an ~ player 대기 선수/50 years ~ 50년 남짓/fifty-~ years ago 50여년 전. 4 〔한정 용법〕 (쌍·벌 따위의) 외[한]짝의; (기구·장비·전집 따위의) 짝이 안 맞는, 낙질(落帙)인. ¶an ~ glove 외짝의 장갑. 5 홀수의, 기수의(圀 even). ¶~ numbers 기수, 홀수. 6 (한정용법) 임시의, 이따금의(occasional, casual); 짬짬이 하는. ¶~ jobs 짬짬이 하는 일. 7 정리되지 않은, 잡다한, 어중간한. ¶~ bits of information(knowledge) 단편적인 정보[지식].

at odd moments [or **times**] 여가에; 때때로, 가끔.
It is odd (that) a person (**should**) do; **It is odd for** a person **to.** …하다니 이상하다. 「묘한 사람.
odd man [or **one, woman**] **out** ⇒ODD MAN OUT. ―圀 1 자투리; 여분의 것; 나머지; 기묘한 일[짓]. ¶this ~ and that end 이것저것 잡동사니[자질구레한 것], 파치나 끄트러기. 2 〔골프〕 상대방보다 리드하는 1점; (英) 계산에 넣지 않는 1타(약한 편의 타자에게 핸디캡으로 1홀을 허용한다). 3 =odds.

odd and [or **or**] **even; odds or evens** ① 홀수·짝수놀이(일종의 알아맞히기 놀이). ② 누구라도[든지]; (기수·우수) 어느 쪽이든.
~**·ness** 圀 기묘(함), 색다름.

odd·ball [ádbɔ̀ːl/ɔ́d-] 圀 《美속어》 괴짜, 괴벽스러운 사람. ―瓲 괴짜의, 괴벽스러운; 변덕스러운.

odd bírd 圀 《구어》 이상한[별난] 사람.

odd-bod [ˈɑ̀bɑd/ˈɔ̀bɔd] 圀 《속어》 별난[이상한] 체격(을 가진) 사람.

odd-come-short [ˈkʌmʃɔ̀ːrt] 圀 《고어》 1 (헝겊) 조각. 2 근일간. 3 (~**s**) 나머지 것, 찌꺼기.

odd-come-short·ly [ˈkʌmʃɔ̀ːrtli] 圀 (圀 ~**s, -short·lies**) 《고어》 근일간, 근간. ¶one of these odd-come-shortlies 근간에.

odd-e·ven [ˈiːvən] 瓲 (석유 부족시 차량 번호에 따른) 짝수·홀수별 판매[운행] 방식의.

Ódd Fèllow 圀 상호 부조 단체(18세기 영국의 비밀 공제 조합 Independant Order of Odd Fellows)의 회원. (또는 **Óddfèllow**)

ódd fìsh 圀 =oddball.

odd·ish [ádiʃ/ɔ́d-] 瓲 좀 괴상한(queer).

odd·i·ty [ádəti/ɔ́d-] 圀∪ 괴벽스러움, 기이(奇異), 괴벽, 편벽; 기인, 괴짜; 기묘한 사물[사건].

odd-job [ˈdʒàb/ˈdʒɔb] 瓲瓲 (**-bb-**) 여러 가지 잡일[아르바이트]을 하다.

odd-job·ber [ˈdʒàbər/ˈdʒɔb-] 圀 =odd-job man.

ódd-jòb màn 圀 (돈 때문에) 여러 가지 뜨내기 일을 하는 사람, 임시 고용인.

odd-look·ing [ˈlùkiŋ] 瓲 (모습이) 괴상한.

ódd lót 圀 《증권》 단주(端株).

odd-lot·ter [ˈlàtər/ˈlɔt-] 圀 《증권》 단주(端株) 매입[투자]자. (또는 **ódd lótter**)

‡**odd·ly** [ádli/ɔ́d-] 瓲 1 묘하게, 이상하게. 2 여분으로, 어중간하게; 짝이 맞지 않게, 기수[홀수]로.

oddly enough 《구어》 묘한 이야기지만, 이상하게도(strange to say).

ódd màn 圀 1 임시 고용인(odd hand). 2 (the ~) (찬부(贊否) 동수일 때의) 결정 투표자. (또는 **ódd òne [pèrson]**) 3 = ~ out.

ódd màn óut 圀 1 (the ~) ∪ (주화 따위를 던져 그들 중에서 한 사람을 선택[제외]하는 일; ⓒ 이 방법으로 뽑힌[제외된] 사람. 2 《구어》 따돌림[왕따]당하는 사람; 팀에 융화되지 않는 사람, 이단자. 3 1의 방법에 의한 게임. (또는 **ódd-màn-óut**)

odd·ment [ádmənt/ɔ́d-] 圀 1 남은 물건; 자투리, 끄트러기; (~**s**) 잡동사니. 2 〔인쇄〕 (책의) 본문 이외의 것(책 머리그림·차례 따위).

ódd mònth 圀 (큰 달(양력으로 31일인 달).

ódd párity 圀 〔컴퓨터〕 홀수 패리티.

ódd prícing 圀 〔상업〕 단수(端數) 가격(소매 단계에서 흔히 활용되는 심리 가격의 하나, 100원보다 99원을 싸게 느끼는 고객의 구매 심리를 이용).

odds [ɑdz/ɔdz] 图 (보통 복수취급) **1** 가망, 공산, 가능성; 확률; 승산, 이길[성공할] 기미.¶The ~ are that he will come soon. 그는 곧 올 것이다/The ~ are fifty-fifty (against our team). (우리 팀이) 이길 확률은 반반이다. **2** (종종 단수취급) (우열·선악 따위의) 차(差), 차이; 불평등, 불균등, 우열.¶Death makes the ~ all even. 죽음은 모든 것을 평등하게 만든다. **3** (경기에서 약한 쪽에 주어지는) 유리한 조건, 핸디캡(handicap); 특별한 배려, 후대. **4** (내기·노름에서) 배당률, 오즈.¶(…에게) 터무니없는 값을 지불하다.
a bit over odds 터무니없이. ¶ pay *a bit over* ~
against (all) the odds; against all odds 곤란[크게 불리함, 강한 저항]을 무릅쓰고.
against longer [or *fearful*] *odds* 강적에 맞서서.
ask no odds (美) 후원을 원하지 않다.
as near as makes no odds (英구어) 거의, 대체로.
at odds (…와) 다투어, 불화하여; (…와) 조화(調和)하지 못하는(with).¶be *at* ~ *with* each other 서로 반목하다.
by (long [or *all*]) *odds* 훨씬, 뛰어나게; 확실히.
even odds 반반의 확률.
have the odds on one's side 가망[승산]이 있다.
in the face of…odds …한 곤란에도 불구하고.
lay heavy odds that… …이라고 단언하다.
lay [or *give*] *odds* (…의) 유리한 조건을 주다; (…의 비율로) 내기에 걸다 (of).
long odds 전혀 일어날 것 같지 않은 (일).¶It's *long* ~ against catching the train. 그 시간에 댈 가망은 전혀 없다. └「없다; 균형을 이루고 있다.
make [or *be*] *no* [or *little*, *less*] *odds* 큰 차이가
make odds even 비등하게 하다.
over [or (㗲子어) *above*] *the odds* (英구어) (값이) 한도를 초과하여, 예상보다 비싸게, 여분으로; 터무니없이.
play the odds 노름[내기]하다. └「니없이.
short odds 확률이 높을 듯한 (것).
shout the odds 자랑스럽게 지껄이다, 떠들고 다니다.
stack the odds (수동형으로) 사전 준비를 하다.
take [or *receive*] *odds* 내기에 응하다, (내기에서) 유리한 조건이 붙은 제의를 받아들이다.
The odds are against [*in favor of*] *…* …할 가능성이 없다[있다].¶*The* ~ *are against* his returning safe. 그가 무사히 돌아올 가능성은 없다.
What's the odds? (구어) 그래서 어쨌다는 거야?, 알게 뭐야(What does it matter?).
What's the odds that…? …의 가능성은 어떨까?
within the odds (구어) 그럭저럭 가망이 있는.
─ 图(丞) (속어) 교묘하게 도망치다, 피하다, 회피하다.
─ 围 (속어) (경찰용어) …을 하늘[운]에 맡겨 보다.
odds it (속어) 한 번 해보이다. └「꺼지, 쓰레기.
ódds and énds 여러 가지 잡다한 일, 여분, 찌
ódds and sóds[**bóbs**] 图⓸ (구어) = odds and ends; 잡다한 사람들, 유상 무상(有象無象).
odds·mak·er [ɑ́dzmèikər/ɔ́dz-] 图 (도박·내기 따위에서) 거는 비율을 설정하는 사람.
odds-on [-ɑ́n/-ɔ́n] 图 (절반 이상의) 승산(가능성)이 있는; 아주 확실[안전]한; (美) (…할) 가능성이 있는 (to do).¶an ~ bestseller 베스트셀러가 될 가능성이 큰 책. ─ 图⓾ 승산, 가능성.
ódds-ón fàvorite 图 승산이 있는 사람(후보); (경마) 승리가 예상되는 말[팀]. └「종 승부).
ódd tríck 图 오드 트릭(카드놀이에서 열세 번째의 최
*ode [oud] 图 **1** 오드, 송시(頌詩)(특정 인물이나 사물을 읊는 형식의 고상한 서정시). **2** 노래부르기 위한 시.
-ode [oud] (連) **1** 「길, 도로」의 뜻.¶an*ode*. **2** (전자)「전극」의 뜻.¶electr*ode*.
O·dé·on [F ɔde5] 图 **1** 오데온 극장(파리에 있는 프랑스 국립 극장). **2** (상표) 오데온(영국의 영화관 체인).
Ó·der-Néis·se Line [óudərnáisə-] 图 (the ~) 오데르·나이세 선(폴란드와 독일과의 국경선).
Odes·sa [oudésə] 图 오데사(우크라이나 남부의 흑해안 항구 도시). (또는 **Odesa**)
ODESSA [oudésə] 图 오데사(제2차 세계 대전 후 나치스 요인을 도망시킨 비밀 조직).
o·de·um [oudí:əm] 图 (*pl.* **-de·a** [-dí:ə]) 음악당, 극장; (고대 그리스·로마의) 주악당(奏樂堂).
od·ic [óudik] 图 ode의. **-i·cal·ly** 凰
O·din [óudin] 图 (북유럽 신화) 오딘(지식·문화·군사를 관장하는 최고신). (또는 **Othin**) **O·dín·ic** 图
*o·di·ous [óudiəs] 图 (경멸적) 미운, 싫은, 밉살스러운; (…에게) 불쾌한, 추악한, 비위에 거슬리는(to).
~·ly 凰 ~·ness 图
od·ist [óudist] 图 송시(頌詩) 작가.
o·di·um [óudiəm] 图 증오, 혐오; ⓒ 미움받는 사람; ⓤ 비난, 악평, 불신; 오명.
ódium the·o·ló·gi·cum [-θì:əládʒikəm/-lɔ́dʒ-] 图 (주창이 다른) 신학자 사이의 증오[반감]. [＜L]
ODM (英) *M*inistry *o*f *O*verseas *D*evelopment(해외 개발부; ODA의 전신); (상업) *o*riginal *d*esign *m*anufacturing (제조자 디자인 생산) (略 OEM).
o·do·graph [óudəgrὰef, -grὰ:f] 图 (차의) 주행(走行) 기록계; (배의) 항행 기록계; 보행 기록계.
o·dom·e·ter [oudámətər/-dɔ́m-] 图 (차의) 주행 거리계(英) mileometer). (또는 **hodometer**)
ò·do·mét·ri·cal -**try** 图 └「리류의 (각종 곤충).
O·do·nate [óudənèit, oudənèit] 图圈 (곤충) 잠자
o·don·tal·gia [òudəntǽldʒə, -dʒiə/-dʒə-] 图 ⓤ (치과) 치통(toothache). -**gic** 图
o·don·to- [ədántou, -tə, -ou/-dɔ́n-] 「이, 치아」의 뜻(＊모음 앞에서는 odont-).¶*odont*ology, *odont*algia.
o·don·to·glos·sum [oudàntəglásəm/-dɔ̀ntəglɔ́s-] 图 오돈토글로섬속(屬)의 난초류(남미산(産)).
o·don·to·graph [oudántəgrὰef, -grὰ:f/-dɔ́n-] 图 (기계) 치행차(기어의 윤곽을 그리는 기계).
o·don·toid [oudántɔid/-dɔ́n-] 图 (해부) 이의; 이 모양의, 치형의; 치상(齒狀) 돌기의. ─ 图 (해부·동물) 치상 돌기(= ~ *process*). 图 치과 의학자.
o·don·tol·o·gist [òudantάlədʒist, àd-/ɔ̀dɔntɔ́l-]
o·don·tol·o·gy [òudantάlədʒi, àd-/ɔ̀dɔntɔ́l-] 图 ⓤ 치과 의술; 치아 의학. **o·dòn·to·lóg·i·cal** 图
o·don·to·phore [oudántəfɔ̀:r/oudɔ́n-] 图 (동물) (연체 동물의 치설(齒舌)을 떠받치는) 치설 돌기.
*o·dor, (英) -dour [óudər] 图 (*pl.* ~s [-z]) **1** 냄새, 향기, 향내. ─ SMELL 유의어.¶an ~ of cigar smoke 담배 연기 냄새. **2** 향(香), 방향(芳香); (포도주의) 향, 오더. **3** (m…)의 기미, 낌새, 기운 (of).¶an ~ of spring 봄 기운/an ~ of suspicion 의혹의 낌새. **4** ⓤ 평판, 인기, 명성(with). **5** 이상한 냄새, 악취. **6** (~s) (고어) 향내를 풍기는 것.
be in good [*bad, ill*] *odor with* …에게 평판이 좋[나쁘다], 인기가 있다[없다].
~·ful 图 ~·less 图
o·dor·ant [óudərənt] 图 (가스 누출 감지를 위해 혼입하는) 착취제(着臭劑). ─ 图 =odoriferous.
o·dor·if·er·ous [òudərífərəs] 图 **1** 냄새가 나는 [를 발산하는], (특히) 향내가 나는. **2** (도덕적으로) 부패[불쾌]한, 쾌씸한. **-er·ós·i·ty** 图 **-·ly** 凰 ~·ness 图
o·dor·im·e·try [òudərímətri] 图 (화학) 취도(臭度) 측정(냄새의 강도·지속성 측정).
o·dor·ize [óudəràiz] 图⓸ …에 냄새를 첨가하다.
ódor of sánctity 图 (경멸적·익살) 성자의 향기(신앙심이 깊은 체하는 것.
o·dor·ous [óudərəs] 图 (문어) =odoriferous.
~·ly 凰 ~·ness 图 [(＜olive *drabs*)
ODs [óudí:z] 图 (美육군 속어) 옛 카키색 군복[바지].
ODT *O*ffice *o*f *D*efense *T*ransportation.

-o·dus [ədəs] 〖연결〗〔동물〕「…치속(齒屬)」의 뜻. ¶cerat*odus*.

O.D.V. 〖英俗語〕브랜디(eau de vie).

od·yl(e) [ádil, óud-/ɔ́d-] 📖 =od. [*dynia*

-o·dyn·i·a [ədiniə, ou-] 〖연결〗pain의 뜻. ¶podo-

O·dys·se·us [oudísiəs, -sjus/ədísjuːs, -siəs] 📖〔그리스 신화〕오디세우스(지(知)·용(勇)을 겸비한 그리스의 지도자; 라틴명은 Ulysses).

Od·ys·sey [ádəsi/ɔ́d-] 📖 **1** (**the ~**) 오디세이(Odysseus의 방랑의 모험을 그린 Homer의 서사시)(® Iliad). **2** (종종 o-) 장기간의 방랑(모험) 여행, 고난의 여행; 지적 탐구 여행, 정신적 방황.

Od·ys·se·an [àdəsíːən/ɔ̀d-] 🔤

œ [iː] o와 e가 합친 글자. ¶am*œ*ba, ph*œ*nix. ＊œ로 띄어서 쓰기도 하며 특히 (美)에서는 줄여서 e로도 쓴다.

OE, O.E. *Old English*. **o.e.** *omissions excepted* (탈락은 제외). **OEC** *Office of Economic Coordinator*(경제 조정위). **OECD, O.E.C.D.** *Organization for Economic Cooperation and Development*(경제 협력 개발 기구). **OECD/NEA** *OECD Nuclear Energy Agency*(OECD 원자력 기관).

oe·cist [íːsist] 📖 식민지 개척자(colonizer). (또는 **oekist**)

oe·col·o·gy [iːkálədʒi/-kɔ́l-] 📖 =ecology.

oec·u·men·i·cal [èkjuménikəl/iːk-] 🔤 =ecumenical. (또는 **oecumenic**) 「의) 방, 식당.

oe·cus [íːkəs] 📖 (*pl.* **-ci** [-sai]) (고대 로마 주택

O.E.D., OED *The Oxford English Dictionary*.

oe·de·ma [idíːmə] 📖 (*pl.* **~ta** [-tə]) =edema.

oed·i·pal [édəpəl/íːd-] 🔤 (종종 O-) 오이디푸스 콤플렉스의(에 의한).

Oed·i·pus [édəpəs/íːd-] 📖〔그리스 전설〕오이디푸스(숙명에 의하여 부자 관계인 줄 모르고 아버지를 살해한 뒤, 어머니를 아내로 삼은 테베(Thebes)의 왕).

Oedipus cómplex 📖〔정신분석〕오이디푸스 콤플렉스(자녀가 이성의 부·모에게는 성적 사모, 동성의 부·모에게는 반발심을 무의식적으로 품는다는 심적 경향).

OEEC, O.E.E.C. *Organization for European Economic Cooperation*(유럽 경제 협력 기구). **OEIC** (전자) *optoelectronic integrated circuit*(광전자(光電子) 집적 회로).

oeil [F œj] 📖 (*pl.* **yeux** [F jøː]) 눈(眼). 〔<F〕

oeil-de-boeuf [F œjdəbœ́f] 📖 (*pl.* **oeils-**) 자그마한 둥근 창. 〔<F *eye of ox, bull's eye*〕

oeil·lade [F œjád] 📖 추파, 음탕한 시선. 〔<F〕

OEM *Office for Emergency Management*(비상시 관리국); *original equipment manufacturer*(주문자 상표에 의한 제품 생산자(기업)).

Oe·ne·us [íːniəs/-njuːs] 📖〔그리스 신화〕오이네우스(Calydon의 왕; 포도 재배·포도주 제조의 시조).

oe·nol·o·gy [iːnálədʒi/-nɔ́l-] 📖 포도주 양조학, 포도주 연구, (또는 **enology**) **·no·lóg·i·cal** 🔤 **-gist**

oe·no·mel [íːnəmèl/én-] 📖 **1** (고대 그리스의) 포도주에 꿀을 탄 음료수. **2** (문어) 힘과 아름다움을 겸한 것; 힘과 사랑의 원천.

Oe·no·ne [iːnóuni] 📖〔그리스 신화〕오이노네(Ida 산의 님프; Paris의 아내로 Helen 때문에 버림받음).

oe·no·phile [íːnəfàil/íːnou-] 📖 포도주 통(通)(감정가, 애호가). (또는 **oenóphilist**)
·phíl·i·a **·phíl·ic** 🔤

OEO *Office of Economic Opportunity*. **OEP** (美) *Office of Emergency Preparedness* (비상 계획국).

o'er [ɔːr] 🔤🔤 (문어) =over.

Oer·li·kon [ɔ́ːrləkàn] 📖 엘리콘(대함정(對艦艇)·대공(對空) 유도탄; 비행기용 기관포). (또는 **Ericon**)
〔<*Oerlikon*: 스위스 Zurich 교외의 병기 제조로 알려진 지명〕

oer·sted [ə́ːrsted] 📖〔전기〕에르스텟(자계(磁界) 강도의 C.G.S. 전자(電磁) 단위; 😀 Oe).

Oer·sted [ə́ːrsted] 📖 **Hans C. ~** 에르스텟(1777-1851; 덴마크의 물리학자·화학자; 전자기학의 선구자).

OES *Office of Economic Stabilization*(경제 안정국); *Order of the Eastern Star*.

oe·soph·a·gus [i(ː)sáfəgəs/iːsɔ́f-] 📖 (*pl.* **-gi** [-dʒài, -gai]) =esophagus.

oes·tro·gen [éstrədʒən/íːs-] 📖 =estrogen.

oes·tro·gen·ic [èstrədʒénik/íːs-] 🔤 =estrogenic.

oes·trone [éstroun/íːs-] 📖 =estrone.

oes·trous [éstrəs/íːs-] 🔤 =estrous. [**trum**

oes·trus [éstrəs/íːs-] 📖 =estrus. (또는 **oes-**

oeuf [F œf] 📖 (*pl.* **~s** [-]) 달걀(egg). ¶~*s* à la coque 계란 반숙.

oeu·vre [F œːvR] 📖 (*pl.* **~s**) (한 작가·예술가 등의) 일생의 일, 전 작업, 전 작품; (하나의) 예술 작품. 〔<F

‡of¹ ⇒OF. 〈p.1912〉

of² [əv] (무성 자음 앞에서) əf] 🔤 (구어) =have. **OF, OF., O.F.** *Old French*.

of- [əf, ɔf/ɔf, əf] 〖접두〗 ⇒OB-.

o·fay [óufei] 📖〖美흑인 속어〗백인.

ofc., Ofc. *office*.

‡off ⇒OFF. 〈p.1914〉

off. *offer*; *offered*; *office*; *officer*; *official*.

óff-áir [´ɛər] 🔤 **1** 유선 방송의(에 의한); 무선 방송의. **2** (녹화·녹음 따위가) 직접 방송의. ─ 🔤 방송외.

of·fal [ɔ́ːfəl, áf-/ɔ́f-] 📖🔤 **1** 찌꺼기 고기; 썩은 고기. **2** 작은 물고기, 하치의 물고기. **3** (종종 ~s) 겨, 왕겨, 기울. **4** (일반적으로) 쓰레기, 폐물. **5** 〖집합적〕인간 쓰레기.

óff-agáin ón-agáin [´əgèn ánəgèn] 🔤 마음이 갈팡질팡(오락가락)하는, 결심을 못하는.

óff-and-ón [´ənán, -ɔ́n] 🔤 불규칙한, 단속적인.

óff ártist 📖〖美俗語〗도둑, 사기꾼.

óff-bál·ance [´bǽləns] 🔤 **1** 균형을 잃은, 균형이 깨진. **2** 허를 찔린, 쩔쩔매는.

óff-bálance shéet resérve 📖〔회계〕(회사의) 대차 대조표외(外) 적립금, 은닉 적립금.

óff-báse [´béis] 🔤 잘못된, 착각된; 군사 기지 밖의.

óff-béat [ɔ́ːfbíːt/ɔ́f-] 🔤 **1** 보통과 다른, 기묘한, 파격적인. **2** 〖음악〕오프비트의. ── [´´] 〔음악〕오프비트(강세를 붙이지 않는 박자). 「비자금.

óff-bóok fúnd [´bùk-] 📖 장부외(外) 비밀 자금.

óff-bránd [´brǽnd] 📖 (상품·회사가) 유명 브랜드가 아닌, 무명의. **2** 싸구려의, 3류 브랜드의. ── 📖 무명 상품(회사); 조잡품, 싸구려; 3류 브랜드.

óff-bránd cigarétte 📖〖俗語〗마리화나 담배.

óff Bróadway 📖 오프브로드웨이 연극(뉴욕의 극장가인 브로드웨이의 연극에 대항, 그 주변에서 상연하는 연극의 총칭; 실험적·실험적 연극이 특징), 「의)에서.

óff-Bróad·way [´brɔ́ːdwèi] 🔤🔤 오프브로드웨이

óff-cám·er·a [´kǽmərə] 🔤 (영화·TV 등에서) 카메라에 촬영되지 않은. ── 🔤 **1** 카메라의 시야 밖에. **2** (배우의) 사생활면에서.

óff·cast [ɔ́ːfkæ̀st/ɔ́fkɑ̀ːst] 🔤📖 =castoff.

óff-cén·ter [´-], (英) **-tre** [´séntər] 🔤 중심(핵심)에서 벗어난, 균형을 잃은. (또는 **óff-céntered**) ── 🔤 중심에서 벗어나, 균형이 잡히지 않아서.

óff-chánce [´tʃǽns/-tʃáːns] 📖 쉽사리 있을 성싶지 않은 기회, 만일의 가능성, 요행. ¶on the ~ 요행을 바라고, 행여나 하고. (또는 **óff chánce**)

óff-chíp [´tʃíp] 🔤〔전자〕반도체 칩 밖의.

óff-cól·or, -our [´kʌ́lər] 🔤 **1** 보통〔표준〕색깔이 아닌. **2** (예의·취미 따위가) 천한, 상스러운. ¶an ~ joke 상스러운 농담. **3** 안색이 좋지 않은.

óff·cut [ɔ́ːfkʌ̀t/ɔ́f-] 📖 (종이·헝겊 따위의) 자투리; (목재의) 부스러기, 나무 조각.

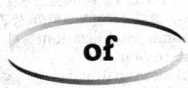

at와 더불어 오로지 전치사로만 쓰이는 전치사 전용의 기능어 가운데 하나이다. 본래는 off와 같은 말로, 「···으로부터 떨어져」의 뜻으로 쓰였다. 거기서 「근원·속성」의 뜻과 떨어지는 「원인·이유」의 뜻이 생기고, 다시 「분리·속성」으로부터 「부분」의 뜻을, 「원인·이유」로부터 「관련」의 뜻을 나타내게 되었다. 현재는 특정한 연어(連語) 관계를 제외하고는 「분리·근원」은 from, 「관련」은 about으로 대체되고 of는 주로 「속성·부분」의 용법으로 한정되는 경향을 보이고 있다.

‡**of** [강 ɑv, ʌv/ɔv; 보통 약하게 əv; 자음 앞에서 ə; 무성 자음 앞에서는 f] 젠 **I. 속성**

1 (소속·소유관계) ···의 (소유인), ···에 속하는, ···에 관계되는. ¶the top *of* the hill 산의 정상/the son *of* my friend 친구의 아들/rulers and subjects *of* a state 한 나라의 통치자와 피통치자/the property *of* the church 그 교회 소유의 재산/the state[city] University *of* New York 뉴욕 주립[시립]대학교/a friend *of* the lawyer's 그 변호사의 친구 중 하나(=one *of* the lawyer's friends)/men *of* that time 당시의 사람들/cancer *of* the lung 폐암/at the end *of* the train 열차의 후미에. 이 약의 맛이 싫다/At this time *of* the year farmers plow their fields. 일년 중 이 시기에는 농부들은 밭을 간다/*The true value of a man can be estimated after his death.* (속담) 사람의 진가는 죽은 다음에야 알 수 있다/*At the foot of the candle it is dark.* (속담) 등잔 밑이 어둡다/*The bad end of a bad beginning.* (속담) 시작이 좋아야 끝이 좋다.

> [USAGE]¹ (1) 보통 소유의 of는 무생물에, 's는 생물에 대해서 쓴다. 그러나 무생물이라도 신문영어나 시에서는 's를 쓰는 수가 있다: Korea's history(한국의 역사). 또 무생물이라도 시간·단위·지명·탈것 따위를 나타내는 명사에는 's의 형이 쓰인다: a day's work (하루의 일)/the train's window(열차의 창). (2) that nose *of* his(그의 저 코) 따위도 원래는 「부분」을 뜻했는데, 나중에 「동격·소유·기원」 따위의 뜻과도 결부된 것으로 보인다. (3) a friend *of* mine은 불특정의 친구를 가리키고, my friend는 특정의 친구를 가리킨다. (4) a portrait *of* my mother's는 「어머니가 소유하고 있는 초상화」, a portrait *of* my mother는 「어머니를 그린 초상화」, my mother's portrait는 「어머니가[를] 그린 초상화」 또는 「어머니가 소유하고 있는 초상화」의 뜻이 된다. (5) 오늘날에는 this, that 과 my, your, his 따위는 병렬하지 않고 of를 쓴다: *that bad temper of his* (그의 저 고약한 성미).

2 (성질·상태) ···의, ···을 지닌, ···풍의. ¶a man *of* ability 유능한 사람(an able man)/a man *of* sense [tact] 센스[재치]가 있는 사람/a man *of* property 재산가/a man *of* importance 중요 인물/a look *of* pity 연민의 빛을 띤 표정[눈초리]/The matter is *of* great importance. 그 일은 매우 중대하다/Most houses are small and *of* a contemporary design. 대부분의 집들은 조그마하고 현대적인 설계로 되어 있다/I am not *of* your creed. 나는 당신하고는 신념이 다르다/She is a girl *of* his own choice. 그녀는 그 자신이 선택한 여자다/His accent was *of* the country. 그의 말씨에는 시골 사투리가 있었다.

3 (동격 관계) ···이라는, ···인, 즉, 다시 말하면(that is). ¶the city *of* Paris 파리시/the continent *of* Africa 아프리카 대륙/an angel *of* a woman 천사 같은 여성/poor four *of* us 불쌍한 우리 네 사람/in the month *of* June 6월에/the fact *of* your meeting him 네가 그를 만났다는 사실.

II. 분리

4 a) (방향·거리·위치) ···의, ···의 방향으로, ···으로부터, ···에서 (떨어져)(away from). ¶on this side *of* the river 강의 이쪽 편에/(to) the north *of* London 런던 북쪽에/within a mile *of* the church 교회에서 1마일 이내의 곳에/within ten minutes' walk *of* my house 집에서 도보로 10분 이내의 곳에/The arrow fell short *of* the mark. 화살은 과녁에 미치지 못했다. **b)** (사물의 배제) ¶cure[or heal] a person *of* a disease 남의 병을 고치다/ease a person *of* pain 남의 고통을 완화하다/clear the pavement *of* snow 포장 도로의 눈을 치우다/be robbed *of* one's money 돈을 빼앗기다/He was relieved *of* his duties. 그는 임무에서 면제되었다/She was deprived *of* reason. 그녀는 이성을 잃었다/You must get rid *of* the cold. 네 감기가 떨어지도록 해야지.

5 (때) (구어) (때의 부사구를 만들어) ···(인 때)에, ···의 동안에. ¶*of* late 요즈음/*of* old 옛날에는/*of* late years 근년에/*of* an evening[a morning] (구어) 거의 매일 저녁[아침]; 해질녘[아침결]에/play golf *of* a Sunday 일요일 같은 때 골프를 치다(*습관적인 행위를 나타내는 글에 쓴다).

6 (시각) (美) ···전에(before). ¶ten minutes *of* six 6시 10분 전/a quarter [or fifteen] *of* seven 7시 15분 전(*(英)에서는 to를 쓴다).

III. 근원

7 (유래·기원·출처) ···에서 (나온)(from, out of); (사람)에게. ¶a man *of* Oregon 오리건 주 출신의 사람/a man *of* good family 집안이 좋은 사람/be [or come] *of* noble birth 명문 출신이다/He is *of* Irish stock. 그는 아일랜드 계통이다/The idea was born *of* Faraday's brain. 그 아이디어는 패러디의 머리에서 나온 것이다/See what comes *of* being in such a hurry. 거 봐, 그렇게 서두르니까 이런 꼴이 되지 않는가/I have a favor to ask *of* you. 부탁이 하나 있는데요/Don't expect too much *of* her. 그녀에게 너무 큰 기대를 하지 마시오 (*현재는 제외하고는 현재는 from을 쓴다.).

8 (원인·이유·동기) ···으로, ···때문에. ¶sick *of* delays 꾸물거리는데 진절머리나서/die *of* hunger[cancer] 굶어[암에] 걸려 죽다(*직접적·근인(近因)일 경우 of, 외부적·원인(遠因)일 경우 from을 쓴다)/I went there *of* necessity. 부득이해서 거기에 갔다/She did so *of* her own will. 그녀는 자유 의사로 그렇게 했다/The door opened *of* itself. 문이 저절로 열렸다.

9 (재료·요소) ···으로 된[만든], ···의; (분량·내용) ···한 양의; ···이 든. ¶made *of* gold 금으로 된/a house *of* brick [stone, wood] 연와조[석조, 목조] 가옥/a pair *of* gloves 장갑 한 켤레/a cup *of* coffee 한 잔의 커피/a package *of* cheese 치즈 한 통/a dress *of* silk 비단 드레스/a family *of* seven 7인 가족/an apartment *of* three rooms 방 셋인 아파트/a little city *of* sixty thousand 인구 6만의 소도시/This book consists *of* five chapters. 이 책은 5장(章)으로 되어 있다/*Adversities will make a jewel of you.* (속담) 사람은 많은 고난을 겪어야 비로소 훌륭한 사람이 된다.

> [USAGE]² **of it**의 용법 ― I had a happy time *of it*. (나는 즐거운 시간을 보냈다)의 of it은 어조를 조정하기 위하여 부가된 어구이며, 현재는 생략하는 것이 보통. 이 of는 기원·재료를 나타내고, it은 그 때의 상황·상태를 막연하게 나타내는 용법일 것이다.

IV. 부분

10 (포함 관계) ···(중)의, ···가운데에서. ¶members *of*

the team 팀의 멤버들／one of my brothers 내 형제 가운데 한 사람／some of my money[property] 내 돈 [재산]의 일부／a quarter of an hour 15분／the best of men 최상의 인간／the bravest of the brave 용사 중의 용사／Though they were in the crowd they were not of it. 그들은 군중 속에 있었으나 군중의 일부가 되지는 못했다／One of these days, I'd like to take a vacation. 일간 휴가를 얻고 싶다／Of two evils, the less is always to be chosen. (속담) 두 가지 나쁜 일 가운데 항상 비교적 덜 나쁜 쪽을 선택해야만 한다.
11 《수식·비유》《「명사＋of a＋명사」의 형식으로 앞 부분의 요소가 끝의 명사와 ...》과 같은. ¶a brute of a man 짐승 같은 사나이／a jewel of a girl 보석 같이 아름다운 소녀／a mountain of a wave 산더미 같은 파도／What a horror of a woman! 참으로 무서운 여자로구나!

V. 관련
12 《주제》...에 대하여, ...에 관한. ¶stories of adventure 모험 이야기／the talk of peace 평화 회담／the truth of the matter 그 사건의 진상.
13 《관계》...의 점에서, ...에 있어서(in respect to). ¶fleet of foot 발이 빠른／hard of hearing 귀가 어두운／red of hands and face 손과 얼굴이 붉은／blind of an eye 한 쪽 눈이 보이지 않는／he twenty of age 나이는 20／It will be a fine child, straight of limb, quick of mind. 팔다리가 곧고, 머리 회전이 빠른 훌륭한 아이가 될 것이다.

VI. 문법적 의미
14 《주격 관계》 a) 《행위자·작가》 ...이, ...의(on the part of). ¶the love of God 하느님의 사랑(＊이 뜻으로는 God's love가 일반적이다)／the revolt of the oppressed 피압박자의 반역／the appearance of a ghost 유령의 출현／the works of Hemingway 헤밍웨이의 (전)작품／Ceremony is the invention of wise men to keep fools at a distance. 예의는 어리석은 자를 멀리하기 위하여 현자들이 창안해 낸 것이다. ¶How foolish of me! 나는 정말 어리석었다! b) 《it is＋형용사＋of＋명사＋to do 형식》《명사》가 ...하는 것은 (형용사)이다 (＊ 형용사는 foolish, kind, mean, nice, polite 따위 사람의 성질을 나타내는 말을 쓴다). ¶It's very kind of you to come. 와 주셔서 대단히 감사합니다／It was very mean of you to insult her. 그녀를 모욕하다니 자네는 너무 비열했어／So sweet of you to come. 와 주셔서 정말 감사합니다.
15 《목적격 관계》...(의 일)을, ...의, ...에 대한. a) 《명사 뒤에서》¶a teacher of English 영어 교사／the love of nature 자연을 사랑하기／the fear of God 하느님에 대한 두려움／the care of children 아이들을 뒷바라지 하기／an exchange of ideas 의견 교환／an offer of a job 일자리의 제공／the education of the young 청소년 교육／the collection of stamps 우표 수집／the ringing of bells 종을 울리기／the manufacturing of automobiles 자동차의 제조／Every man is the architect of his own fortune. (속담) 사람은 누구나 자기 운명의 설계자다. b) 《동사 뒤에서》¶He writes her of home. 그는 그녀에게 고향 이야기를 써 보낸다／I have never heard of it. 그 일을 들은 적이 없다／She complains of a headache. 그녀는 두통을 호소한다／They suspected her of sending those anonymous letters. 그들은 그 익명의 편지들을 보낸 것이 그녀인 것으로 의심하였다. c) 《형용사 뒤에서》¶productive of iron 철을 생산하는／wasteful of life 쓸데없는 살생을 하는／He is proud of his daughters. 그는 딸들을 자랑스럽게 여기고 있다／He is greedy of gold [fame]. 그는 황금[명성]을 탐하다／He is desirous of going abroad. 그는 외국에 나가기를 갈망하고 있다／The year was fruitful of new works. 그 해는 새로운 작품들이 많이 만들어졌다.
16 《고어》《동작의 주체》...에 의하여(by). ¶be consumed of worms 벌레 먹다／She is beloved [forsaken] of all. 그녀는 모든 사람에게 사랑[버림]을 받고 있다／He seemed to be possessed of a devil. 그는 악마에게 홀린 것 같았다.
of all men [people] ① 누구보다 먼저. ② 하필이면. ¶They came to me, *of all people*, for advice. 그들은 하필이면 내게 상의하러 왔다.
of all others 모든 것 중에서.
of all things 하필이면.

óff dày 명 비번인 날, 휴일; 《구어》 (one's ~) 액일 (厄日), 일진(日辰)이 사나운 날; 상태가 나쁜 날.
off-du·ty [´ɔ:fdjú:ti／-djú:-] 형 비번의, 쉬는.
‡**of·fence** [əféns] 명 《英》＝offense.
‡**of·fend** [əfénd] 동 ～**s** [-z] 타 **1** ...의 감정을 (...으로) 해치다(*with*); 《수동형으로》 (...으로) ...을 화나게 하다(*at, by, with*). ➪INSULT 유의어 ¶(～＋목＋전＋명) I am ～*ed by* [or *at*] his blunt speech. 그의 버릇없는 말에 화가 난다／She was deeply ～*ed with* [or *by*] her companion. 그녀는 동료에게 몹시 화를 냈다. **2** (눈·귀·감각 따위에) 불쾌감을 주다, ...의 비위를 건드리다. **3** ...을 위반하다, ...을 범하다. ¶～ a statute 규칙을 위반하다. **4** 《성서》 ...에게 죄를 짓게 하다, 실족케 하다. ─ 자 **1** 남의 비위를 거스르다. **2** 죄[잘못]를 저지르다. (도덕적으로) 범하다, (법률·관습을) 어기다(*against*). ¶(～＋전＋명) ～ *against* the custom 관습을 어기다.
be offended with *a person* 남에게 성을 내다(*for*).
offend the eye [*ear*] 눈[귀]에 거슬리다.
～**·a·ble**, ～**·i·ble** 형 ～**·ed·ly** 부 ～**·ness** 명
＊**of·fend·er** [əféndər] 명 **1** 범죄자, 위반자. ¶a first ～ 초범자／an old ～ 상습범. **2** 무례[불쾌]한 사람[것].
of·fend·ing [əféndiŋ] 형 (종종 익살) 불쾌감을 주는, 불편을 느끼게 하는; 성가신.
‡**of·fense** [əféns] 명 《복 -**fens·es** [-iz]) **1** (사회적·도덕적 규범·습관 따위의) 위반, 반칙, 죄; 법률을 위반, 범죄, (특히) 경범죄(*against*). ➪CRIME 유의어 ¶an ～ *against* decency 버릇 없음／a traffic ～ 교통위반／a civil[criminal] ～ 민사[형사]범／a first [previous] ～ 초범[전과]. **2** (...의) 기분을 상하게 하는 것, 불쾌한 것(*to*). ¶an ～ *to* the eye[ear] 눈[귀]에 거슬리는 것. **3** ⓤ 모욕, 감정을 해치기; 불쾌, 화냄. ¶*without* ～ 상대방의 기분을 건드리지 않고／No ～ *was meant*. 악의는 없었다. **4** ⓤ 공격 (행위); 공격측[군]; 공격법(↔ defense). ¶weapons *for* ～ 공격용 무기／The best defense is ～. 공격은 최선의 방어. **5** 《고어》《성서》 실족케 하는 일, 죄의 근원. ¶Woe to that man by whom the ～ cometh! 실족케 하는 그 사람에게는 화가 있도다(←마태 복음(Matt.) 18 : 7). (또는 《英》offence).
commit an offense against ...을 위반하다.
give [or ***cause***] ***offense*** (...을) 성나게 하다; (...의) 감정을 해치다[상하게 하다](*to*).
(I meant) No offense. 《구어》 악의는 없었다.
take offense (...에) 화를 내다(*at*).
of·fense·ful [əfénsfəl] 형 무례한, 괘씸한.
of·fense·less [əfénslis] 형 **1** 남의 감정을 건드리지 않는, 악의가 없는; 죄가 없는. **2** 공격력이 없는. (또는 **offenceless**) ～**·ly** 부
‡**of·fen·sive** [əfénsiv] 형 (*more* ～; *most* ～) **1** 화나게 하는, 안달나게 하는. ¶～ television commercials 짜증나는 TV의 광고 방송들. **2** (...에게) 불쾌한, 싫은, 비위에 거슬리는(*to*). ¶a sight ～ *to* the eye 눈에 거슬리는 광경. **3** 무례한, 무엄한, 모욕적인. ¶～

(1) 반의어인 on이나 up, down 등과 함께 전치사와 부사 양쪽으로 쓰이는 중요한 전치사적 부사(prepositional adverb)의 하나다. ¶떨어져서가 원뜻으로 본래 같은 말이었던 of로부터 분화된 이후 여러 가지 뜻이 파생되었다.
(2) get, go, make, put, set, take, turn 따위의 동사와 결합하여 많은 중요한 동사구를 이루는데, 특히 타동사적으로 쓰일 경우의 어순에 주의해야 한다.
(3) 또한 off는 부사일 때는 물론이고 전치사일 때도 강하게 발음된다는 발음상의 특징이 있다.

‡**off** [ɔːf/ɒf] 튀 **1** 《분리》 떨어져서, 빠져, 떼어져, (위에서 아래로) 떨어져. ¶get ~ (차·말 따위에서) 내리다/shake ~ 털어내다/take ~ one's hat; take one's hat ~ 모자를 벗다/He took it ~. 그는 그것을 벗었다 (*He took off it.는 안됨)/The buttons have come ~. 단추가 떨어졌다/The gilding is ~. 도금이 벗겨져 있다.
2 《방향·운동·출발》 멀리, 저쪽으로, 떠나서. ¶fly ~ 날아가 버리다/run ~ 달려가 버리다/see a friend ~ on a journey 여행길에 오르는 친구를 전송하다/He moved ~ toward the door. 그는 문쪽으로 떠나갔다.
3 《단절》 (…과의 관계가) 끊어져, (교제가) 두절되어. ¶cast ~ one's son 아들을 버리다/marry ~ one's daughter 딸을 치우다[시집보내다]/She is ~ with him. 그녀는 그와의 인연을 끊었다.
4 《위치》 (시간·거리에 관하여) 떨어져, 전에. ¶far ~ 아득히 멀리/two years ~ 2년 전에/The station is two miles ~. 역은 2마일 떨어진 곳에 있다.
5 《이탈》 (길이) 옆으로[에], (길에서) 빗나가서(aside). ¶This road branches ~ to Grove City. 이 길은 갈라져서 그로브 시티로 통한다/The road turns ~ on the left hand. 길은 왼쪽으로 갈라진다.
6 《정지》 (전기·수도·가스 따위가) 끊어져, 작동하지 않아; (식량 따위가) 떨어져, ¶cut ~ the water 수돗물을 끊다/switch [or turn] ~ the light 전등을 끄다/turn ~ the motor ~ 모터를 정지시키다/The gas is ~. 가스가 끊어졌다/Asparagus is ~. 아스파라거스는 품절이다.
7 《일탈》 (정상·정규의 상태에서) 떨어져서, 벗어나서, 빗나가서. ¶go ~ on a tangent (생각·행위 따위가) 갑자기 빗나가다/He has gone ~ from the subject. 그는 주제에서 벗어났다.
8 《중단》 중지하여, 그만두어. ¶break ~ negotiations 교섭을 중단하다/lay ~ workmen 직공을 일시 해고하다/leave ~ work 일을 그만두다/The negotiation is now ~. 교섭은 중단 상태에 있다.
9 《해방》 쉬어서, 휴가[휴무]로. ¶We were ~ for the morning. 우리는 오전 중에 일이 없었다/We have Saturday ~. 우리는 토요일은 휴무이다.
10 《할인·공제》 공제하여, 감하여; 떨어져. ¶He took 10 percent ~ for all cash purchases. 그는 현금 구매는 모두 1할을 할인하였다/The flaw took ~ very much from the value of the stone. 그 흠집으로 보석의 가치는 크게 줄어들었다.
11 《완료》 아주, 온통, 완전히, 최후까지. ¶drink ~ 다 마시다/finish ~ 마무리하다/clear ~ the table 식탁을 치우다/The pain passed ~. 통증은 말끔히 가셨다.
12 《강조》 즉석에서, 단숨에, 바로, 곧. ¶dash a letter ~ 편지를 단숨에 쓰다.
13 《이행·실시》 …해버려, …으로 되어. ¶come ~ a victor [loser] 승자[패자]가 되다/The prediction came ~. 예언이 들어맞았다.
14 《감소·저하》 **a)** 쇠퇴하여, 줄어서; 끊어져, 없어져. ¶cool ~ (정열·노여움 따위가) 식다, 가라앉다/The novelty has gone ~. 신기함이 없어져 버렸다/The number of customers dropped ~. 손님의 수가 줄어들었다. **b)** 의식을 잃어서. ¶drop ~ 잠들다.
15 《분할》 갈라져, 분배하여. ¶Mark it ~ into three equal parts. 그것을 3등분해라.
16 《해상》 (육지·다른 배·풍향에서) 멀어져서, 떨어져서. ¶The ship stood ~. 배는 먼 바다에 떨어져 있었다.
17 《연극》 무대 뒤로[에서](off stage). ¶Hamlet turns and goes ~ left. 햄릿, 돌아서서 좌측으로 퇴장.

be off on ① 《…로》 출발하다(depart). ¶*be* ~ *to* America on Sunday 일요일에 미국으로 떠나다/Where *are* you ~? 어디로 가니? ② 떨어져[벗겨져] 있다. ¶My hat *is* ~. 모자가 벗어졌다. ③ (인연이 끊어져) 있다. ⇨3. ④ 멈추어[끊어져] 있다. ⇨6. ⑤ 중단되어 있다. ⇨8.
be off on ① 《계산 따위》가 잘못되다. ② 《일 따위》를 하고 있다, …을 떠벌리고 있다. ③ …에 화를 낸다.
either off or on 어떻든, 아무튼, 하여간.
go off 떠나 버리다, 가버리다. (권총 따위가) 발사되다.
go off and do 갑자기 …하다.
go off (into faint) 기절하다, 까무러치다.
go off (to sleep) 잠들어 버리다.
neither off nor on 우유부단한, 변덕스러운, 미결정의.
off and… 《구어》 갑자기, 아닌 밤중에 홍두깨처럼.
off and on; on and off 때때로, 불규칙적으로, 단속적으로. ¶We don't go to the movies regularly, just ~ *and on*. 우리는 규칙적으로 영화구경하러 가는 것은 아니다, 어쩌다 갈 뿐이다.
off of… 《구어》 …에서, …로.
off to one side 곁으로, 한쪽으로, 조금 떨어진 곳으로.
Off we go! 《구어》 출발!
Off with…! …은 가라; …을 떼라[벗어라]. ¶*Off with* you! 썩 꺼져!/*Off with* his head! 그의 목을 쳐라!/*Off with* your hat. 모자를 벗어라.
right [or straight] off 즉각, 곧. ¶I'll do the job *right* ~. 곧 그 일을 하겠다/He married her *straight* ~. 곧바로 결혼했다.
take a day off 《미》 하루 휴가를 얻다.
take oneself off 떠나다, 달아나다.

─전 **1** 《분리·이탈》 …으로부터, …에서 떨어져; …에서 벗어나. ¶~ the track 탈선하여/fall ~ a horse 말에서 떨어지다/step ~ the platform 단에서 내려오다/The blanket slipped ~ the bed. 담요가 침대에서 미끄러져 내렸다/Keep ~ the grass. 《게시》 잔디밭에 들어가지 말 것/The ice has melted ~ (of) the stream. 개울의 얼음이 완전히 녹았다 (*《미》에서 off를 쓰면 off 는 부사)/You are ~ course. 너는 코스에서 벗어나 있다; (말이) 빗나가고 있다.
2 《비정상》 **a)** 《평상시의 상태》를 잃고, ¶~ one's balance 평형을 잃고/~ one's head 미쳐서.
b) …의 상태가 나빠져, …과 소원해져, ¶I was ~ my golf game and finished in the 90's. 골프의 컨디션이 나빠져 90대로 마쳤다/He's certainly ~ Nancy. 그는 낸시와 사이가 나빠져 있는 게 확실하다.
3 《감소》 …을 할인하여. ¶20 per cent ~ the list price 정가(定價)의 20% 할인/three years ~ fifty 50살에서 3년이 모자라.
4 《해방》 《의무·일》에서 떠나서, 쉬어서. ¶~ duty 비번으로/be ~ work 일을 쉬고 있다.
5 《단절》 《구어》 …을 그만두고서, …을 끊고서. ¶I am

offensive guard 1915 **offer**

~ gambling. 도박을 끊었다 / He is ~ liquor. 그는 술을 끊었다.
6 (위치) (골목길 따위가) …에서 갈라져 나가, 벗어나서; …에서 들어가서. ¶a town some miles ~ the main road 간선 도로에서 몇 마일 들어간 소도시 / an alley ~ the 15th street 15번가에서 들어간 골목길.
7 (방향) (눈·시선이) …으로부터 떨어져, …에서 벗어나. ¶His eyes weren't ~ the king for a moment. 그의 눈은 잠시도 국왕으로부터 떠나지 않았다 / I wasn't able to keep my eyes ~ him. 그에게서 눈을 뗄 수가 없었다.
8 (근원) (구어) …으로부터(*buy, borrow 따위 특수한 동사와 함께). ¶borrow ten dollars ~ her 그녀에게서 10달러를 빌리다 / I bought this ~ him. 그에게서 이것을 샀다.
9 (의존) …에 의존하여, …을 희생하여; …에서 취하여. ¶live ~ the land 땅에서 나는 것으로 생활하다 / dine ~ cold tea and bread 냉차와 빵으로 식사를 하다 / He lives ~ his brother. 그는 동생의 신세를 지고 있다 / He makes a living ~ the tourists. 그는 관광객을 상대로 살아가고 있다.
10 (해사) …의 앞바다에. ¶a mile ~ shore 1마일 앞바다에 / ~ the coast of …의 앞바다에서 / stand ~ and on the shore (배가) 해변에 가까워졌다가 멀어졌다 하다.
be off one's *feed* 식욕이 없다; 고기를 먹지 않다.
from off (구어) …으로부터. ¶pick a wallet *from* ~ a person's pocket 남의 호주머니에서 지갑을 빼내다 / rise *from* ~ the ground 땅바닥에서 일어서다.
play off side (축구·하키) 오프사이드의 반칙을 범하다.
take [or *knock*] *...off the price* (물건)의 값을 깎다.
— 형 **1** (큰길을) 벗어난, 갈라진; 지엽적인. ¶an ~ street 샛길 / an ~ issue 지엽적인 문제.
2 먼, 떨어진; 잘못된, 틀린. ¶You are ~ in your calculation. 너의 계산이 틀렸다.
3 (상태가) 이상한; (신체 따위가) 컨디션이 이상한; (음식물 따위가) 상한, 신선하지 않은. ¶The fish is a bit ~. 그 생선은 약간 상했다.
4 (한정용법) 임무를 벗어난, 쉬는; 마음이 내키지 않는. ¶an ~ day 휴일 / an ~ afternoon 일이 없는 오후, 일할 마음이 내키지 않는 오후 / pastime for one's ~ hours 쉬는 시간의 심심풀이.
5 철이 지난, 비활동의; 한산한. ¶the ~ season 한산한 시기, 시즌 오프.
6 흉작의; 불황의, 쇠퇴한. ¶an ~ year for oranges 귤 흉년 / Profits are ~ this year. 금년의 이익이 적다 / The market is ~. 시장은 불황이다.
7 (기회 따위가) 있을 법하지 않은. ¶He applied on the ~ chance. 혹시나 하고 그는 응모했다.
8 (the ~) (英) **a)** 먼 쪽의, 저쪽의, 저기의. ¶on the ~ side of the river 강의 저쪽 기슭에. **b)** (말·차 따위의) 오른쪽의, 반 near. ¶the ~ hind wheel[leg] 오른쪽의 뒷바퀴[다리] / an ~ horse (쌍두 마차의) 오른쪽 말(마부로부터 떨어진 쪽).
9 떠나는, 출발하는(starting); 시작하는, 시작되어 있는. ¶Where are you ~ to? 어디로 가십니까? / They were ~ on a spree. 그들은 술판을 벌이러 나섰다.
10 (모아둔 돈·물건 따위가) …한 상태에[지경에] 있는; 살림이 …한. ¶He would be worse ~ 전보다 형편이 더 나쁘다.
11 (구어) (…에게) 서먹서먹한, 쌀쌀한; 무례한(with) (*보통 rather, slightly, very, a bit 등의 뒤에 쓰인다).
12 (배의) 해안에서 먼 쪽의, 먼 바다 쪽으로 있는. ¶the ~ side of the ship 배의 먼 바다 쪽.
13 (크리켓) (타자의) 오른편 앞쪽의. **14** (빛깔이) 순도가 낮은, 탁한. **15** (英) (주류 판매에 관해) 가게 안에서의 음주는 허용되지 않는 (레스토랑 따위에서 요리가) 다 팔린. **16** (동물이) 일정한 나이를 넘은. ¶a mare four ~ 네 살이 넘은 암말.
a bit off (구어) (거동 따위가) 상식을 벗어난, 좀 곤란한, 부당한. ¶It's[That's] *a bit* ~. 그건 좀 지나치다.
be off for [비축해둔 돈·물건 따위]이 있다. ¶How *are* you ~ *for* money? 돈은 얼마나 있습니까?
be well [*badly*] *off* 유복하게[궁색하게] 지내다.

— 부 **1** 떨어져 있는 상태. **2** (the ~) (크리켓) (타자의) 오른편 앞쪽. **3** (英구어) 출발 (신호); (경마의) 스타트, 출주(出走). **4** (해사) 앞바다, 먼바다. **5** (컴퓨터) 끄기.
from the off (英) 처음부터.

— 통타 **1** (구어) (교섭·약속 등)의 중단을 통고하다, (남)과의 교섭을 단절하다. **2** (美속어) …을 죽이다. **3** (물건)을 없애다; (의복 따위)를 벗다. ¶He ~ed his hat. 그는 모자를 벗었다. **4** (속어) (성관계)를 갖다; (여자)와 동침하다. — 재 **1** (주로 명령문) 떠나라, 나가라; 물러가라. ¶*Off*, or I shoot! 꺼져, 안 꺼지면 쏜다! **2** (해사) (배가) 육지를 떠나다, 먼 바다로 나가다. **3** (美속어) 죽다.
off it 출발하다; (美흑인 속어) 죽다.
off with (구어) …을 제거하다, 벗다. ¶She ~ed *with* her coat. 그녀는 외투를 벗었다.

manners[words] 모욕적인 태도[말]. **4** 공격[공세]적인, 적극적인; 공격용의. ¶an ~ battle 공격전 / ~ movements 공세(를 취하는 행동). — 명 (종종 the ~) 공격, 공세; 공격[공세]측. ¶a peace ~ 평화 공세 / give up the ~ 공격을 포기하다.
assume [or *act on, go on, go over to, take*] *the offensive against* …에 대해 공세를 취하다.
~·ly 부 **~·ness** 명
offensive guard 명 (미식축구) 가드(약 OG).
offensive line 명 (미식축구) 공격 라인.
offensive tackle 명 (미식축구) 공격 태클.
‡**of·fer** [ɔ́:fər, ɑ́f-/ɔ́f-] 통 (~s [-z]) 타 **1** (남)에게 …을 제공하다, 권하다, 내밀다(to). ¶(~+目+目) (~+目+图) ~ her a job 그녀에게 일자리를 제공하다 / ~ a person a book; ~ a book *to* a person 남에게 책을 권하다. **2** (의견 등)을 제시하다, 제안[제의]하다. ¶hum one's opinion; ~ one's opinion *to* him 그에게 의견을 제시하다. **3** (…하자고) 제의하다[말하다], 권고하다(*to do*). ¶She kindly ~ed *to* go with me. 그녀는 친절하게도 나와 같이 가 주겠다고 말했다. **4** (재귀용법으로) 몸[일신]을 바치다(*to*); (…에게) 결혼을
신청하다, 청혼하다(*to*). ~ *oneself as a candidate for* state governor 주지사에 입후보하다. **5** (기도 따위)를 (신 등에게) / 건강 따위의 회복을 위해) 바치다(*up*) (*to* / *for*). ¶(~+目+图) ~ *up* a prayer 기도를 드리다. **6** (저항 따위)를 (…에게) 꾀하다, 기도하다(*to*); (고통·벌·상해) 를 가할 기미를 보이다, 가하려고 하다; …하려고 하다(*to do*). ¶~ battle 싸움을 걸다 / He didn't ~ *to* go at once. 그는 즉시 가려고는 하지 않았다. **7** (의향·의도 따위)를 나타내다, 보이다. ¶Every age ~s new styles. 어느 시대에나 새로운 형이 보인다. **8** (물건)을 (…의 가격에 팔려고) 내놓다(*for, at*); (물건)을 (가격)에 살 값을 매기다. ¶(~+目+前+名) ~ goods *for* sale 물품을 팔려고 내놓다 / ~ (her) the car *at* reduced prices[*for*] ~ $200,000 *for* a house 20만 달러로 집을 사겠다고 하다. **9** (경의·감사 따위)를 (…에게) 나타내다, 보이다 (*to*). ¶~ homage[thanks] 경의[감사의 뜻]를 표하다. **10** (남에게) …을 주다; 행하다; ~을 약속하다. ¶~ no response 전혀 대답을 안하다. **11** 전시하다, 공연하다, 상연하다. ¶~ a new play 새 연극을 공연하다. **12** (강좌·과목 따위)를 설치하다, 개강하다(*to*); (학생 등)이

offer document 1916 **officeholder**

[과목]을 (이수 과목으로) 신청하다.¶ ~ Japanese as a second foreign language 제2외국어로 일본어를 수강 신청하다. **13** (전화) (통화를) (어느 회선으로) 보내다. —㉠ **1** 신청하다, 제안하다. **2** (…에게) 구혼[청혼]하다. ¶(~+前+名) ~ *to* a lady 숙녀에게 청혼하다. **3** 나타나다, 일어나다.¶I will come if the opportunity ~s. 기회가 있으면 오겠다. **4** 제물[공물]을 바치다. **5** (고어) (…을) 시도하다 (*at*).
as opportunity [or *chance, occasion*] *offers* 기회가 있을 때.
have something [*nothing*] *to offer* (상대에게) 가치・매력 있는 것으로), 줄 것이 있다[없다].
offer... (*a*) *round* (음식 따위)를 (사람에게) 집어주다.
offer itself to view 나타나다: 기회가 오다.
offer one's hand (악수를 위해) 손을 내밀다: 결혼을 신청하다.
offer up [기도]를 드리다, [제물]을 바치다.
You offer. 당신이 먼저 값을 말하시오.
—㉢ (㉣) ~*s* [-z] **1** (…의/…에의) 신청 (*of*/*to*); (… 하자는) 제안, 권유 (*to do*).¶an ~ *of* help; an ~ *to* help 원조하겠다는 제의/accept [cancel, refuse] an ~ 제의를 수락[취소, 거절]하다. **2** 청혼 [구혼]. **3** (매물 따위에) 매긴 값, 호가 (呼價): 가격 할인.¶No reasonable ~ refused. (광고) 맞갖은 값이면 매긴 값에 응하겠음. **4** (팔 물건으로서의) 제공: (상업) 매매 제의, 오퍼: 매물.¶special ~s 특별 매출[제공품]/an ~ *for sale* 발매(發賣); 매물. **5** (법률) (계약 따위의) 신청. **6** (드물게) 시도, 기도; 거동; 노력.
accept [*decline*] *an offer* 제안을 승낙[거절]하다.
be open to an offer 제안을 받아들일 용의가 있다.
best offer (증권) (英) 시가(時價)대로.
make [*get*] *an offer a person* [*one*] *can't refuse* (美구어) 거절할 수 없는 제의를 하다[받다].
on offer ① 매물로 내놓아. ② (가격을) 내려.
(*or*) *the nearest offer* (또는) 내정[희망] 매도 가격에 가장 가까운 값.
under offer (英) (집의 매매 따위가) 계약이 끝난.
What's your offer? (상담 등에서) 값을 불러보시오.
~*・able* 형, ~*・er*, ~*・or* 명 제공자, 제안자.
óffer dòcument 명 (증권) (기업 매수가 목적인) 주식 공개 매입 공시 문서.
of・fer・ing [5:fəriŋ, áf-/5f-] 명 **1** ⓤ (신에 대한) 봉납 (奉納), 헌납; ⓒ 봉납물, 공물 (供物).¶Easter ~ 부활절 때 목사에게 전하는 선물[헌금]. **2** (교회에의) 헌금, 연보. **3** 선사품, 선물. **4** ⓤ 신청, 제공. **5** ⓤ 매출, 방매 (sale); 판매, 매각; ⓒ 매물. **6** (학교의) 강의 과목, 강좌. **7** ⓤ (연극의) 공연.
óffering price 명 (증권) 매출 가격.
of・fer・to・ry [5:fərtɔ̀:ri, áf-/5fətəri] 명 (가톨릭) (매로 O-) 봉납, 헌금; (교회) 봉헌송(奉獻誦), 봉납창 (奉納唱) (봉헌・봉납・헌금하는 동안에 부른다).
off-floor [5:flɔ́:r] 명 (상업) 거래소 [매장] 밖의, 장외의.¶~ *order* 장외 주문.
off-glide [´glàid] 명 (어떤 음[음]에서 휴지 또는 다음 음 (音)으로 옮아갈 때 나오는 경과음 (經過音). ⇔ on-glide
off-grade [´gréid] 형 평균의, 평균 이하의 (high-grade와 low-grade의 중간에 해당하는 평가).
off-guard [´gɑ́:rd] 형 경계가 태만한, 부주의한.
off・hand [5:fhǽnd/5f-] 분 **1** 준비 없이, 즉각: 즉석에서, 그 자리에서. **2** 선 채로.¶decide ~ 즉결하다 /answer ~ 즉답하다. **2** (…에 대해) 오만하게, 퉁명스럽게, 무뚝뚝하게 (*with*).¶speak ~ 퉁명스럽게 말하다.
—형 **1** 즉답[즉석]의. **2** (…에 대해) 대수롭지 않은, 무뚝뚝한 (*with*). **3** 형식에 구애되지 않는. **4** (유리 제조에서) 거푸집을 사용하지 않는. **5** 손으로 만든, 수제 (手製)의. **6** 선 채로의.
off・hand・ed [5:fhǽndid/5f-] 형 =offhand.

~*・ly* 분 ~*・ness* 명
off-hour [5:áuər] 명형 (美) 근무 외 시간 (의): (사무・교통이) 한산한 [바쁘지 않은] 시간 (의).¶the ~ traffic 한산할 때의 교통. ⇨ rush hour
ⁱof・fice [5:fis, áf-/5f-] 명 (㉣ *-fic・es* [-iz]) **1** (개인 경영의) 사무실[소]; (美) 진료소, 의원; (대학 교수의) 연구실.¶an accountant's ~ 공인 회계사 사무소/a lawyer's ~ 법률 [변호사] 사무소/a dentist's ~ 치과 의원. **2** (학교・병원 따위의) 사무실[소]; (특수 사무의) 취급소.¶a ticket ~ 매표소 (*=* (英) a booking ~)/a box ~ (극장의) 매표소/an inquiry ~ 안내소/a baggage ~ 수화물 취급소. **3** 회사, 사업소, 영업소; (英) 보험 회사; 직장, 근무처.¶the head [or main] ~ 본점 /a branch ~ 지점. **4** 관청; (O-) (주로 복합어로) (英) 연방 정부의 부 (部) 산하 (省), 청; (美) (중앙 정부의) 부.¶the Foreign O- (英) 외무부 /the Patent O- (美) 특허국 /a post ~ 우체국. **5** (the ~) (집합적: 단수취급) (부서・사무실의) 전직원, 전사원 (staff); the whole ~ 전 (全) 직원. **6** ⓤⓒ 지위, 직 (職); 관직; 공직; 임원, 관리직; 정권. ⇨ POSITION 유의어¶judicial ~ 사법직 /hold ~ under the government 정부의 관리직에 있다. **7** (the ~) (…의) 역할, 임무, 일; 기능 (*of*).¶the ~ *of* the brain 뇌의 역할 /the ~ *of* host 주인의 역할. **8** (the ~) 암시, 신호; 경고.¶give the ~ 신호를 하다. **9** (종종 ~s) 친절, 돌봄, 진력; 알선, 주선, 중매 (인).¶an ill ~ 불친절, 홀대. 폐사. **10** (교회) **a**) (성찬식・세례식・장례식 등의) 공식 전례문 (典禮文).¶the ~ *of* the mass 미사 전례문. **b**) 예배식. **c**) 성무 일과 (聖務日課), 교회의 기도 (아침・저녁의 기도); (주로 국교회의) 아침 기도와 저녁 기도.¶say one's ~ 성무 일과 [교회의 기도]를 외다. **d**) 의식, 장례식.¶perform the last ~s 장례식을 집전하다. **11** (~s) 가사실 (부엌・식료품실・세탁실 따위); (농가의) 마구간, 헛간, 외양간: 변소. **12** (항공) (속어) 조종실.
be in an office 근무하다, 재직하다.
be in [*out of*] *office* 재직하고 있다[있지 않다]; 정권을 쥐고 있다[있지 않다].
by [or *through*] *the good* [or *kind*] *offices of* …의 호의로; …의 중매[알선]로.
carry [or *have*] *one's office in one's hat* (美) 정식 사무실을 갖지 못하다, (사무실이 없이) 뜨내기로 일을 하다.
do a person kind offices 남에게 친절을 다하다.
do [or *perform*] *the office of* …의 역할을 하다.
force a person out of office 남을 파면하다.
go out of office 정권을 내놓다.
go out of one's office; *leave* [or *resign* (*from*)] *one's office* 공직에서 물러나다, 사임하다.
go to the [or *one's*] *office* 출근하다.
hold [or *fill*] *office* 재직하다.
retire from office (공직에서) 은퇴하다.   「하다.
take [or *come into, enter* (*upon*)] *office* 취임
work in [or *at*] *an office* 회사에 근무하고 있다.
—㉢㉣ 회사[사무소]에서 일하다. —㉠ (美속어) (남)에게 신호를 보내다, 신호하다. —형 회사의, 사무소의; 관직의.
óffice aménity 명 오피스 어메니티 (오피스의 쾌적성을 추구하는 개념).   「(별 없이).
óffice assístant[**hélper**] 명 사환, 사무실 남녀 구
óffice automátion 명 사무 처리 자동화 (㉣ OA).
of・fice-bear・er [-bɛ̀ərər] 명 (英) =officeholder.
óffice blòck 명 (英) =office building.
óffice bòy[**gírl**] 명 (사무실의) 사환, 사동.
óffice building 명 (美) 사무실용 (대형) 건물, 사무실을 세놓는 건물.
óffice còpy 명 (관청이 작성한) 공인 등본, 공문서.
of・fice-hold・er [5:fishòuldər, áf-/5f-] 명 공무원.

óffice hòurs 명 집무[근무] 시간; 영업 시간; (美) 진료[진찰] 시간: (대학 연구실에서의) 질문 접수 시간.
óffice jùnior 명 = office boy.
óffice làwyer 명 법률 고문, 사무소 변호사(사무적인 일을 주로 하는 변호사).
Óffice of Fáir Tráding (the ~) (英) 공정 거래청(소비자 보호 정부 기구) (약 OFT).
Óffice of Mánagement and Búdget 명 (the ~) (美) 행정 관리 예산국(대통령 직속의 연방 예산 편성·재정 계획 수립 기구) (약 OMB).
Óffice of Technólogy Asséssment 명 (the ~) (美) 기술 평가국(약 OTA).
Óffice of the United Nátions Hígh Commìssioner for Réfugees 명 (the ~) 유엔 난민 고등 판무관 사무소(약 UNHCR).
óffice pàper 명 상업 통신 용지.
óffice pàrk [plàza] 명 복합 상업 지구.
óffice pàrty 명 오피스 파티(기업 따위에서 특히 크리스마스 이브에 개최하는 파티).

‡**of·fic·er** [ɔ́:fisər, áf-/ɔ́f-] 명 (복 ~s [-z]) 1 장교, 사관. ¶a commanding ~ 지휘관/a military [naval] ~ 육[해]군 장교. 2 경(찰)관. ¶an ~ of the law 경찰관. 3 (해사) (상선의) 고급 선원(선장·항해사 등)(별칭). ¶a first [second] ~ 1등[2등] 항해사. 4 공무원, 관리; 집달리. ¶a public ~ 공무원/a custom house ~ 세관 관리. 5 (회·단체 등의) 임원, 간사(幹事); (기업체의) 간부, 중역. ¶chief executive ~ 최고 경영 책임자, 회장 (CEO).
an officer and (a) gentleman (英) 장교로서의 (신사다운) 자질: 직능에 적합한 훌륭한 인격.
—통타 (수동형으로) 1 …에 장교[고급 선원]를 배속하다. 2 (장교로서) …에게 명령[지휘]하다: …을 통솔하다. ¶The recruits were well ~ed. 신병들은 잘 통솔되고 있었다. 3 …을 감독[지휘]하다.
óffice revolútion 명 = office automation.
ófficer of [at] árms 명 문장관(紋章官)(문장의 의장 설정·수여·확인 등을 행함).
ófficer of the dáy 명 (군사) (육군의) 당직 사관[장교] (약 OD, O.D., O.O.D.). [장교] (약 O.O.D.).
ófficer of the déck 명 (군사) (해군의) 당직 사관
ófficer of the guárd 명 (군사) 위병 사령 (약 OG, O.G.). [선원].
ófficer of the wátch 명 (군사·해사) 당직 사관
of·fi·cer·ship [ɔ́:fisərʃip, áf-/ɔ́f-] 명 U officer 의 지위[직].
ófficers' quárters 명 (복) (주둔지 따위에서의) 장교 숙사. [장교 훈련대] (약 OTC).
Ófficers' Tráining Còrps (英) 장교 교육부.
óffice sèeker 명 공직 희망자, 엽관배(獵官輩).
óffice wòrker 명 회사[사무]원, 사무 종사자, 샐러리맨; (관청의) 사무 직원.

‡**of·fi·cial** [əfíʃəl] 명 1 공무원, 관리; (회·단체 따위의) 임원, 직원. 2 (기관명과 함께 쓰여) 당국자, 관계자; 고위 관리. ¶a State Department official 미국무부 당국자. 3 (美) (미식축구 따위의) 심판. 4 (英) 《종교》 교구 재판소 판사(~ principal).
—형 1 직무상의, 공무상의; 관(공)의. ¶~ duties 공무/an ~ position 관직, 공직/~ documents 공문서. 2 공식의, 정식의; (당국으로부터) 공인받은. ¶an ~ announcement 공식 발표 / the ~ result of the election 선거의 공식 결과. ¶in an ~ manner 격식을 차려서. 4 공표된; 외관상의. 5 (약학) 약전(藥典)에 근거한. ¶~ drugs 약전에 근거한 약. [생일.
offícial bírthday 명 (the ~) (英) (왕의) 공식 탄
of·fi·cial·dom [əfíʃəldəm] 명 U 1 관계(官界); (집합적) 공무원. 2 (경멸적) 관료주의, 관공서식.
of·fi·cial·ese [əfìʃəlíːz, -líːs] 명 U (경멸적) 관공서 말씨[문체], 관청 용어.
offícial fámily (단체·정부의) 수뇌진, 간부진.
offícial gazétte 명 관보(官報).
of·fi·cial·ism [əfíʃəlìzm] 명 U 1 관청 조직[제도], 관제(官制). 2 관료주의, 관청식. 3 (집합적) 공무원, 관리.
of·fi·cial·ize [əfíʃəlàiz] (* (英) -ise) 통타 …을 관공서[관청]식으로 하다; …을 관청의 관리[통제]하에 두다. -i·zá·tion 명

*of·fi·cial·ly [əfíʃəli] 부 1 직무상, 공무상; 공무원으로서. 2 (공)식으로; 겉으로는.
offícial óath 명 공직 취임 선서. 「(당, (최대) 야당.
offícial oppósition 명 (the ~) (英) (의회의) 제2
Offícial Recéiver 명 (the ~) (종종 O~ R~) (英법률) (법원의 중간 명령에 의한) 파산 관재인(管財人).
Offícial Referée 명 (英법률) (고등 법원의) 보호법.
중재인.
Offícial Sécrets Àct (the ~) (英) 국가 기밀
Offícial Solícitor 명 (英) (고등 법원의) 관청 사무 변호사(정신 박약자 등의 권익을 보호하는 변호사).
offícial stríke 명 (노동 조합이 공인하는) 공식 스트라이크, 동맹 파업. 「자, 사회자.
of·fi·ci·ant [əfíʃiənt] 명 사제; (의식 따위의) 집행
of·fi·ci·ar·y [əfíʃièri/-ʃiəri] 명 관직명을 가지는. —명 공무원, 관료, 관리.
of·fi·ci·ate [əfíʃièit] 통자 1 (…로서) 직무를 수행하다, 임무[책임]를 다하다, 직권을 행사하다(as); (…에서) 직무를 행하다, 사회를 보다(at). ¶(~+as+명) ~ as chairman 의장으로서 사회하다. 2 …의 사제직을 맡다; (목사가) (…에서의) 식을 집행하다(at). ¶(~+前+명) ~ at a wedding 결혼식을 주관하다. 3 (심판원으로 운동 경기를) 진행시키다(at). —타 1 …의 직무[소임]를 다하다. 2 …의 사제직을 맡다, (식)을 주관하다. 3 (운동 경기)의 심판이 되다.
-á·tion 명 -à·tor 명 직무 집행인, 사제.
of·fic·i·nal [əfísənl/ɔ̀fisáinl] 형 《약학》 1 약전에 의한. 2 약용의. ¶~ herbs 약초(藥草). —명 약전에 따른 처방약; 매약(賣藥); 약용 식물. ~·ly 부
of·fi·cious [əfíʃəs] 형 1 (경멸적) (…의 점에서) 말참견하는, 주제넘은(in). 2 (외교) 비공식의; 솔직한(반 official). ¶an ~ talk 비공식 회담. 3 (관리 등이) 거만한, 잔혹적인. ~·ly 부 ~·ness 명
off·ing [ɔ́:fiŋ, áf-/ɔ́f-] 명 앞바다, 난바다(의 위치).
gain [or *get, take*] *an offing* 앞바다로 나가다.
in the offing ① 앞바다에, 난바다에. ② 떨어져 있기는 하나 보일 만한 곳에. ③ 금방이라도 일어날 듯이[나타날 듯이]; 머지 않아서.
keep an offing 앞바다를 항행하다.
make an offing 앞바다에 정박하다.
off·ish [ɔ́:fiʃ/ɔ́f-] 형 (구어) 데면데면한, 새침한, 쌀쌀한; 몸의 상태가 별로 좋지 않은. ~·ly 부 ~·ness 명
off·is·land [ɔ́ːàilənd] 명 1 섬 앞바다의. 2 (美) 섬의 주민이 아닌, 섬을 찾아온, 잠시 섬에 머무는. —명 섬의 앞바다의 섬. 앞바다의 섬.
off·is·land·er [ɔ́ːàiləndər] 명 (美) 1 섬의 외지 사람, 섬의 단기 방문객. 2 앞바다의 섬에 사는 주민.
OFF-JT *off-the-job training*(직장외 훈련(직무 현장에서 잠시 떠나 받는 집단 교육)). 약 OJT
off·key [ɔ́ːkiː] 형 1 (음) 가락이 고르지 못한; 조화를 이루지 못한, 불규칙적인. 2 (구어) 약간 변칙적인, 비정상적인. 3 (장소에) 부적당한, 어울리지 않는.
—부 불규칙적으로.
off·kil·ter [ɔ́ːkíltər] 형 상태가 나쁜, 고장난; 원기가 없는; (약간) 기운, 비스듬한.
óff·la·bel úse [ɔ́ːléibl] 명 (병리) 약품의 라벨 표시 효능 이외의 질병에 대한 사용.
off·let [ɔ́:flìt/ɔ́f-] 명 방수관, 배수관.
off·li·cence [ɔ́ːlàisəns] 명 (英) (점포내 음주가 허용되지 않는) 주류 판매 면허(가 있는 가게). —명 주류

off-lim·its [-límits] 〖형〗 (…에게) 출입 금지의(to); 사용[언급]이 금지된. ─〖명〗 출입 금지 구역에서. 〖美〗 on-limits

off-line [-láin] 〖형〗 **1** 〖컴퓨터〗 오프라인의(중앙 처리 장치에 직접되지 않은). 〖反〗 on-line **2** 철도에서 떨어진. **3** (방송국 라디오 프로그램 제도의); 〖비디오 녹화 프로그램이) 기획중인. **4** 〖철도·항공기〗 정기 운항 노선 밖의. (또는 **óff line, óffline**) 〖밀리에〗 이야기하다.
take something **off-line** ─에 대해 개인적으로[비

off-load [-lóud] 〖동〗〖타〗=unload. **~·er**

off-mike [-máik] 〖형〗 마이크에서 떨어진, 방송을 중단하고 있는; 직접 마이크로는 들어가지 않는; 음량을 줄여서 녹음한.

óff óff Bróadway 〖명〗 오프오프브로드웨이의 연극 (off-Broadway보다 더 전위적인 실험 연극).

óff-òff Bróadway 〖형〗

off-peak [-píːk] 〖형〗 피크를 지난, 한산할 때의.

off-pre·mis·es [-prémisiz] 〖형〗 알코올 음료를 사가지고 가는 식(판매)의. ¶ **~ outlet** 할인 판매점.

off-price [-práis] 〖형〗 할인 판매의, 싸게 파는. ¶ **an**

off-pric·er [-práisər] 〖명〗 할인 판매점[상점].

off-print [ɔ́ːfprìnt/ɔ́f-] 〖명〗 (잡지·논문 따위의) 별쇄[발췌] 인쇄(물). ─〖동〗 …을 별쇄[발췌] 인쇄하다.

off·put [ɔ́ːfpùt/ɔ́f-] 〖동〗〖타〗(英구어) 당혹케 하다, 낭패하게 만들다. 〖불쾌하게 하는. **~·ly** 〖부〗

off-put·ting [-pùtiŋ] 〖형〗(英) 어리둥절하게 하는; 불

off-ramp [-ræmp] 〖명〗 (고속 도로에서 일반 도로로의) 출구 차선. (또는 **offramp**)

off-road [-róud] 〖형〗 **1** (차량·타이어 따위가) 오프로드의(일반 도로 외의 장소에서도 사용되는). ¶ **~ vehi-cles** 오프로드 차. **2** (경기 따위가) 일반 도로 외의 곳에서도 행해지는. ¶ **~ driving** 오프로드 드라이브. ─〖부〗 일반 도로 외의 장소에서. **~·er**

off·road·ing [ɔ́ːfróudiŋ/ɔ́f-] 〖명〗 오프로드 경주(비포장 도로에서 벌이는 오토바이 따위의 경주)

off-sale [-sèil] 〖명〗 사가지고 가는 식의 주류 판매. 〖美〗

off-scene [-síːn] 〖형〗 장면(화면) 외의. [off-license]

off·scour·ing [ɔ́ːfskàuəriŋ, áːf-/ɔ́f-] 〖명〗(종종 **~s**) **1** 오물; 쓰레기, 폐물. **2** 인간 쓰레기, 낙오자.

off-screen [ɔ́ːfskríːn/ɔ́f-] 〖형〗 스크린(화면)에 비치지 않는 곳에서의, 화면에 나타나지 않는; 사생활의. ─〖부〗 스크린에 비치지 않는 곳에서의; 사생활로. ─〖명〗 (연예인의) 화면 밖 생활활동), 사생활.

off·scum [ɔ́ːfskʌ̀m/ɔ́f-] 〖명〗 찌꺼기, 앙금; (비유적) 가치 없는 것.

*off·sea·son [-síːzn] 〖명〗 철 아닌. ─〖부〗 제철 아니게, 철이 지나서. ─〖명〗 제철 아닌 때, 시즌 오프.

*off·set [-sèt/-sét] 〖명〗 **1** (…을) 상쇄하는 것; (부채 따위의) 차감 계산; 벌충, 보충(for, to). ¶ **an ~ to a loss** 손실 보충. **2** (고어) 출발, 시초. ¶ **at the ~** 시초 [최초]에. **3** 〖식물〗 분파, 분가; (산물) 결가지, 측생아(芽). **4** 〖인쇄〗 오프셋 인쇄(술, 판). **5** 〖기계〗 (파이프 위 심의) 한쪽으로 치우치기. **6** 〖건축〗 (상부가 후퇴하여 이루어진) 벽면의 선반, 내리턱. **7** 〖측량〗 지거(支距). **8** 〖광산〗 (주갱도로부터) 세로로 들어가는 갱도(抗道). **9** (산의) 지맥(支脈). ─〖동〗〖타〗 **1** …을 차감 계산하다, 상쇄하다, 보충하다, 벌충하다. ¶ (~+목+前+명) **~ losses by gains** 손실과 이익을 상쇄하다. **2** (장점으로) 단점을 보완하다. **3** 〖인쇄〗 …을 오프셋 인쇄하다. **4** 〖건축〗 …을 벽단에 세우다. ─〖자〗 **1** 갈라져 나오다, 파생하다. **2** 〖인쇄〗 오프셋 인쇄를 하다. ─[-́ -̀] 〖형〗 오프셋(인쇄법)의; 한쪽으로 치우친.

óffset préss 오프셋 인쇄기. 〖셋 인쇄(술).

óffset prínting [lithógraphy] 〖명〗〖인쇄〗 오프

off·shoot [ɔ́ːfʃùːt/ɔ́f-] 〖명〗 **1** 〖식물〗 분지(分枝), 결가지. **2** (일반적으로) 갈라져 나온 것, 파생물, 부산물, 지

류; 지선. **3** (**~s**) 〖동물〗〖집합적〗 자손; (가족의) 분가, (종족의) 분파; 지사, 자회사; 분교.

off-shore [ɔ́ːfʃɔ́ːr/ɔ́f-] 〖형〗 **1** 앞바다의, 앞바다에서 조업하는. **2** (해안에서) 앞바다로 향하는. **3** 국외[외국] 에서의; 조세 우대국[피난처](tax haven)에 적을 둔(에서 활동하는), 오프쇼어의. ─〖부〗 **1** 앞바다로, 기슭을 떠나서. **2** 해안과 떨어진 곳에서, 앞바다에서. **3** 해외[외국]에서. 〖국외에서의〗 금융 (거래).

óffshore bánking 〖명〗〖금융〗 오프쇼어 뱅킹 〖국제 금

óffshore cénter 〖명〗〖금융〗 오프쇼어 센터, 국제 금융시장(국내에 있으면서 그 나라의 금융 거래·상관습·세제 등의 규제를 받지 않는 비교적 자유로운 상태).

óffshore drílling 〖명〗 (석유의) 해양 굴착.

óffshore fúnd 〖명〗〖증권〗 해외 투자 신탁(조세 우대국에 적을 두어 본국의 규제·과세 회피를 노리는 투자 신탁). 〖…의 생산 (방식).

óffshore índustry 〖명〗〖경제〗 수출 자유 지역에서의

óffshore óil 〖명〗 해저 석유(해저에서 생산되는 석유).

óffshore patról 연안 경비[초계].

óffshore púrchases 〖명〗〖美〗 역외(域外) 조달(구매)(미국의 원조 자금으로 미국외 지역에서 물자, 특히 군수품을 조달하는 것).

óffshore technólogy 〖명〗 해양 공학[기술].

off·side [ɔ́ːfsáid/ɔ́f-] 〖형〗 **1** 〖축구·하키〗 오프사이드의[로]. **2** 저속한[하게], 외설적인[으로]. 〖(英)〗 (차길 따위의) 오른쪽의[으로]. ─〖명〗 **1** 〖스포츠〗 오프사이드. **2** (英) (차길 따위의) 오른쪽.

off·sid·er [ɔ́ːfsáidər/ɔ́f-] 〖명〗〖濠·뉴질〗 **1** 견습생, 동료, 파트너. **2** 지지자, 신봉자, 추종자.

óffside tráp 〖명〗〖축구〗 오프사이드 트랩(공격자의 오프사이드 반칙을 유도하는 작전).

off-site [-sáit] 〖형〗 (…에서) 떨어진, 부지 밖의. 〖는.

off-speed [-spíːd] 〖형〗 보통[예상]보다 스피드가 없

*off·spring [ɔ́ːfsprìŋ/ɔ́f-] 〖명〗(**pl. ~(s)** [-(z)]) 〖집합적; 단·복수 양용〗 자식, 자손; (동물의) 새끼. ¶ **produce ~** 아이를 낳다. **2** 파생물; 결과, 성과; 소산. ¶ **the ~ of modern science** 현대 과학의 소산.

off-stage [ɔ́ːfstéidʒ/ɔ́f-] 〖형〗 **1** 〖연극〗 무대 뒤의, 관객이 볼 수 없는. **2** 사생활의; 비공식적인. ─〖부〗 무대 밖으로부터(에)의; 무대 밖에서[를 떠나]; 사생활로.

off-street [-strìːt] 〖형〗 골목의, 큰길에서 떨어진.

óff stùmp 〖명〗〖크리켓〗 오프 스텀프(타자의 반대쪽 위치에 있는 기둥). 〖내는〗 유통관[로].

off·take [ɔ́ːftèik/ɔ́f-] 〖명〗 (연기·공기를 통풍로로 보

off-the-books [-ðəbúks] 〖형〗 정부에 기장되지 않은. ¶ **~ trading** 장부외 거래. 〖간외(봉사)이.

off-the-clock [-ðəklɑ́k/-klɔ́k] 〖형〗(구어) (근무) 시

off-the-cuff [-ðəkʌ́f] 〖형〗(구어) 그 자리에서의, 즉석의, 준비 없이 바로 하는(impromptu).

off-the-face [-ðəféis] 〖형〗 **1** (모자가) 차양이 없는 [작은]. **2** (머리카락·모자가) 얼굴을 가리지 않는.

off-the-job [-ðədʒɑ́b/-dʒɔ́b] 〖형〗 **1** 일 이외의, 취업 [근무] 시간 외의. **2** 직장을 떠난; 실직한; 일시 휴직의.

off-the-peg [-ðəpég] 〖형〗 (英) =off-the-rack 1.

off-the-rack [-ðərǽk] 〖형〗 **1** (옷이) 기성품인. **2** (속어) 영통한, 통상적이 아닌, 형식에 얽매이지 않는.

off-the-rec·ord [-ðərékərd/-kɔ́ːd] 〖형〗〖부〗 기록에 남기지 않는[않고], 비공식적[으로], 오프 더 레코드의 [로]; 비밀의[로]. 〖출하를 기다리는; 기성품의.

off-the-shelf [-ðəʃélf] 〖형〗 (제품이) 재고(在庫)의.

off-the-wall [-ðəwɔ́ːl] 〖형〗(美구어) 비관례적인, 상례(常例)에 어긋난; 즉흥적, 즉석의.

off-time [-tàim] 〖명〗 한가할 때, 불경기인 때.

off-track [-trǽk] 〖형〗 **1** (경마 도박 따위가) 장외에서 행해지는. **2** 벽지의, 인가에서 떨어진. **3** 철도 회사가 본래의 철도 사업 이외로 행하는. (또는 **ófftráck**)

ófftrack bétting 〖명〗(美) 장외 경마 도박, 장외 마권 매장(略 OTB).

off·ward [ɔ́ːfwərd, ɑ́f-/ɔ́f-] 〔부〕 어느 곳으로부터 떨어져; (특히) 앞바다에서 떨어져, 앞바다로.
off-white [ˊhwáit/-wáit] 〔형〕 회색[황색]을 띤 백색의; 표준적이 아닌. — 〔명U〕 회색[황색]을 띤 백색.
off-work [ˊwəːrk] 〔형〕 일에서 벗어난, 근무하지 않을 때의. ¶ ~ clothes 평상복, 사복.
óff year 〔명〕 〔美〕 **1** 불경기인 해; 흉년이 든 해. **2** (대통령 선거와 같은) 큰 선거가 없는 해.
óff-year eléction [ˊjiər-] 〔명〕 〔美〕 중간 선거.
Of·gas, OFGAS [ɔ́(ː)fɡӕs, ɑ́f-] 〔英〕 오프가스(민영화된 가스 공급 사업을 감독하는 정부 기관). [< Office of Gas Supplies] 「수용소.
of·lag [ɔ́ːflɑːɡ/ɔ́flӕɡ] 〔명〕 (나치스 독일의) 장교 포로
O.F.M. 〔라틴〕 Ordo Fratrum Minorum(= Order of Friars Minor)(프란시스코 수도회).
OFr, OFr. Old French.
oft [ɔːft, ɑft/ɔft] 〔부〕 〔시〕 = often.
OFT 〔英〕 Office of Fair Trading; 〔우주〕 orbital flight test(궤도 비행 테스트).
‡**of·ten** [ɔ́ːfən, ɑ́f-, ɔ́ːftən/ɔ́fən, ɔ́ftən] 〔부〕 (~·er, more ~; ~·est, most ~) 종종, 자주, 여러 번(* 일반 동사 앞, be동사 및 조동사 뒤에 놓인다). ¶ ~ enough 꽤 자주 / We ~ have a very severe winter. 이곳의 겨울철은 대단히 추울 때가 많다 / I am ~ puzzled at his words. 나는 그가 하는 말에 가끔 당황한다.

〔유의어〕 often 횟수가 많음을 강조하는 말. frequently 짧은 간격을 두고 되풀이됨을 강조하는 말.

as often as ① …할 때마다. ② …번이나 (자주). ¶As ~ as five times 다섯 번이나.
as [or so] often as not; more often than not 종종, 두 번에 한 번은; 대개, 보통. ¶As ~ as not he ran away from home. 그는 자주 가출했다.
every so often (보통 문미에서) 때때로.
How often…? 몇 번(차례) …?, 얼마만큼 자주 …?
not often 좀처럼, 드물게(seldom).
often and often [or again] 몇 번이고 자주.
once too often (하지 말았어야 하는 것을) 한 번 더, ~·**ness** 「도를 지나쳐서.
of·ten·times [ɔ́ːfəntàimz/ɔ́fən-] 〔부〕 〔고어〕 = often.
oft·times [ɔ́ːfttàimz/ɔ́ft-] 〔부〕 〔고어〕 = oftentimes.
O.G. Officer of the Guard(근위병 장교); Olympic Games; 〔美속어〕 original gangster(로스앤젤레스의 갱 두목). **O.G., o.g.** original gum(우표 뒷면에 칠한 접착제).
og·do·ad [ɑ́gdouæ̀d/ɔ́g-] 〔명〕 (숫자의) 8; 8개 1벌.
o·gee [oudʒíː/ˊ-] 〔명〕 **1** 반곡선(反曲線), 파꽃 모양의 선, S자(선)(역(逆) S형의 곡선). **2** 〔건축〕 오지(형)(2형); 오지 아치(~ arch). — 〔형〕 (단면이) 파꽃 선 모양인. (또는 **OG**) **o·geed** [-d] 〔형〕
og·fray [ɑ́gfrei] 〔명〕 〔英〕 〔경멸적〕 프랑스인. 「수로.
og·gin [ɑ́gin/ɔ́g-] 〔명〕 (the ~) 〔英속어〕 바다, 운하,
og·ham [ɑ́gəm, ɔ́ːg-/ɔ́g-] 〔명〕 오검 문자(5~10세기경에 영국·아일랜드에서 사용된 문자); © 오검 문자의 비명(碑銘). — 〔형〕 오검 문자의. (또는 **ogam**)
OGIS 〔美〕 〔경멸적〕 (우울한) 일요일이군. 〔참〕 TGIF [< Oh God it's Sunday]
o·give [óudʒaiv, -ˊ] 〔명〕 **1** 〔건축〕 둥근 천장의 맞모; 첨두 아치. **2** 역(逆) S자 곡선. **3** (미사일 따위의) 둥근 머리 부분. **4** 〔통계〕 누적 도수 (분포) 곡선[분포도]. **o·gí·val** 〔형〕 「(가제).
OGL Open General Licence System(포괄 수입 허
o·gle [óugl] 〔경멸적〕 〔명〕〔타〕 **1** …에게 곁눈질하다, 추파를 던지다. **2** …을 자세히 보다, 바라보다. — 〔자〕 (…에게) 추파를 던지다(at). — 〔명〕 곁눈질, 추파. (또는 **oggle**)
o·gler [óuglər] 〔명〕 추파를 던지는 사람.

OGO Orbiting Geophysical Observatory(지구 물리관측 위성). 「련의 비밀 경찰 기구). [< Russ]
OGPU, Og·pu [ɑ́gpuː/ɔ́g-] 〔명〕 게페우(GPU)(옛 소
o·gre [óugər] 〔명〕 (동화 중의) 사람 잡아먹는 귀신; 추한(가혹한) 사람. ~·**ism, ó·grism** 〔명〕
o·gre·ish [óugriʃ] 〔형〕 귀신과 같은. (또는 **ógrish**)
o·gress [óugris] 〔명〕 ogre의 여성형. 「~·**ly** 〔부〕
‡**oh**[1] [ou] 〔감〕 **1** 아아, 오오, 어허, 아이쿠, 저런, 어머나, 아이 참(놀라움·공포·고통·즐거움·소망·호칭 따위의 발성)(* O와 달리 보통 comma나 !가 있다). ¶Oh, what a car! 오오 정말 멋진 차로구나! / Oh, dear (me)! 이것 참!(실망·놀라움) / Oh, my! 어머나!, 저런! / Oh, boy! 〔美속어〕 이것 참!, 야 이것 봐라! ¶ Oh, I say! (잠깐(직접 부르는 말로)). ¶Oh, Bill! 이봐 빌! **3** 그렇군, 응(상대의 말을 알아들었을 때). **4** 그런데(예를 들거나 마무리할 때).

Oh for…! …하면(이 있으면) 얼마나 좋을까. ¶Oh for a rest! 아, 쉬고 싶어. 「세!) 아이 끔찍해!
Oh, no! ① (어머 강세) 천만에!, 전혀! ② (no에 강
Oh, sure! 그래?, 잘해 봐!(* 비꼬는 말투).
Oh, well! 괜찮아!, 그럴 수도 있지!, 어쩔 수 없지!
Oh, yeah! 〔구어〕 ① (Oh에 강세) 아하 그대로야! 말하면 잔소리지! (또는 **Oh, yes!**) ② (yeah에 강세) 설마! 그럴 리가!
— 〔명〕 (~'s, ~s) oh라고 외치는 소리.
oh[2] 〔명〕 제로(zero)(전화 번호 따위를 말할 때). ¶My number is double ~ five eight. 번호는 0058입니다.
OH 〔美우편〕 Ohio. 「세계 최대 공항).
O'Hare [ouhɛ́ər] 〔명〕 오헤어 국제 공항(미국 시카고의
OHC, o.h.c. 〔자동차〕 overhead camshaft.
oh-dee [óudíː] 〔명〕〔속어〕 맥을 못추는, 약해지다; (마약 따위를) 지나치게 복용하다.
O. Hen·ry [óu hénri] 〔명〕 오 헨리(1862-1910: 미국의 작가; 본명 William S. Porter).
OHG, OHG., O.H.G. Old High German.
*****O·hi·o** [ouháiou] 〔명〕 **1** 오하이오(미국 동북부의 주; 주도 Columbus; 〔생〕 O.). **2** (the ~) 오하이오 강. **3** 〔군사〕 오하이오호(미 해군의 전략 미사일 잠수함).
O·hi·o·an [ouháiouwən] 〔형〕 Ohio 주 (사람)의. 「〔Ω〕.
ohm Ohio 주의 사람.
ohm [oum] 〔명〕 〔전기〕 옴(전기 저항의 mks 단위)
Ohm [oum] 〔명〕 **Georg Simon ~** 옴(1787-1854: 독일의 물리학자; 옴의 법칙 발견).
ohm·age [óumidʒ] 〔명〕 〔전기〕 옴 수(數).
ohm-am·me·ter [ˊӕmìːtər] 〔명〕 〔전기〕 옴 전류계.
ohm·ic [óumik] 〔형〕 옴의, 옴으로 잰.
óhmic resístance 〔명〕 〔전기〕 옴 저항. 「항계.
ohm·me·ter [óummìːtər] 〔명〕 옴계, 전기 저
O.H.M.S. 〔英〕 On His [or Her] Majesty's Service (공용(公用)); 공문서 따위의 무료 배달 표지).
Ohm's láw 〔명〕 〔전기〕 옴의 법칙.
o·ho [ouhóu] 〔감〕 오오, 야아, 아이쿠(놀라움·기쁨·우롱 따위를 나타낸다).
-o·hol·ic [əhɔ́ːlik, əhɑ́l-/əhɔ́l-] 〔연결〕 ⇨ -AHOLIC.
O horizon 〔지질〕 O층(낙엽·유기물 퇴적층).
OHP overhead projector(두상(頭上) 투영기). **OHS** Office of Highway Safety; open hearth steel.
OHV, o.h.v. 〔자동차〕 overhead valve(두상 밸브).
oh-wow [óuwáu] 〔감〕 〔구어〕 우아(wow의 강조어).
oi [ɔi] 〔감〕 〔구어〕 어이(사람의 주의를 끌 때 내는 소리).
〔명〕 시끄러운, 떠들썩한.
OIC 〔美〕 Office of International Culture(국제 문화 제국); Organization of the Islamic Countries(이슬람 제국(諸國) 회의 기구). 「시골 사람. (또는 **oik**)
oick [ɔik] 〔명〕 〔속어〕 〔경멸적〕 천한[막된] 놈, 하층민;
-oid [ɔid] resembling, like의 뜻. ¶alkaloid, cuboid. (또는 **-oidal**)
oid·i·um [ouídiəm] 〔명〕 (옛 -i·a [-iə]) 〔세균〕 오이

‡**oil** [ɔil] 명 (⑧ ~s [-z]) 1 ⓤ (종류를 가리킬 때는 ⓒ) 기름, 유성물(油性物). ¶ animal [vegetable] ~ 동물성[식물성] 기름/essential ~ 식물성 정유(精油)/fixed ~ 비휘발유(非揮發油)/volatile ~ 휘발유/holy ~ 성유(聖油)/machine ~ 기계유. 2 ⓤ 〖美〗석유; 〖英〗등유; (~s) 석유 회사의 주식; 〖美〗crude ~ 원유/heavy [light] ~ 중[경]유. 3 ⓤ 기름기가 있는 것. 4 (보통 ~s) 유포(油布); 유포제 의복, 방수복. 5 용제(溶劑); (종종 ~s) 〖그림〗 유화 물감; (an ~) 유화. 6 ⓤ 〖美구어〗 아부, 아첨; 능력, 기능. 7 (濠·뉴질) (the ~) (수식어와 함께) 정보; 진상, 사실. 8 〖美구어〗 돈, 뇌물; 술, (특히) 와인.

add [or *put*] *oil to the fire* [or *flames*] 불에 기름을 붓다; 더욱 화나게 하다.
be no oil painting (구어) 볼품이 없다, 보기가 싫다.
burn [or *consume*] *the midnight oil* 밤늦게까지 공부[독서, 일]를 하다. 「(사람).
oil and vinegar [or *water*] 서로 어울리지 않는 것
on the oil (英속어) 술자리가 절정에 달한.
pour [or *throw*] *oil on the fire* [or *flame*] →FIRE.
pour oil on (the) *troubled waters* [or *on the waters*] 분쟁을 가라앉히다, 노여움을 달래다.
smell of (*the midnight*) *oil* 고심한 흔적이 보이다.
strike oil ① 유맥(油脈)을 찾아내다. ② 돈벌이될 줄을 잡다. ③ (투기 따위로) 벼락 부자가 되다.
———동(타) 1 …에 기름을 바르다[칠하다], 기름을 치다 (*over, up*); 기름에 담그다. 2 …에게 뇌물을 쓰다, 매수하다. 3 …에게 아첨하다 (英속어) …을 속이다. 4 (이야기 따위)를 매끄럽게 하다; (얼굴)을 온화하게 하다; …을 원활하게 하다. 5 (버터 따위)을 녹이다, 기름으로 만들다. 6 〖美속어〗…을 때리다. ———자 ① (버터 따위가) 녹아서 기름으로 되다. 2 (배·기관차 따위가) 연료를 싣다; 기름으로 하다.
have a well-oiled tongue 아첨을 잘하다.
oil a person's hand [or *palm*] 남에게 뇌물을 쓰다.
oil it (美구어) 철야로 공부하다.
oil one's [or *the*] *tongue* 아첨하다.
oil out [*in*] (英구어) (몰래) 빠져나가다[들어오다].
oil the knocker (英속어) 도어맨에게 팁을 주다.
oil the wheels [or *works*] ① 차바퀴[기계]에 기름을 치다. ② 뇌물을 써서 일을 원활하게 되게 하다.
oil things 만사를 형편대로 하다.
oil up to (英속어) (사람)을 매수하다; 아첨하다.
óil báron 명 석유 재벌(부호).
oil-based [-béist] 형 유성(油性)인.
óil-base páint [-bèis-] 명 유성 도료(塗料).
oil·bear·ing [ɔ́ilbɛ̀əriŋ] 형 석유를 함유하는, 석유가 나는. ¶ ~ rocks 함유(含油) 암반.
oil·berg [ɔ́ilbə̀ːrg] 명 초대형 탱커.
óil bómb 명 유지(油脂) 소이탄.
óil bùrner 명 유류 버너; 중유를 써서 달리는 배.
óil cáke 명 기름 찌꺼기(비료·사료용).
oil·can [ɔ́ilkæ̀n] 명 1 기름통; 주유기. 2 〖美속어〗 탱크차. 3 〖英구어〗 (독일군의) 박격포.
Óil Cíty 오일시티(미국 Pennsylvania 주 서북부의 도시; 세계 최초의 유정이 있다).
*****oil·cloth** [ɔ́ilklɔ̀ːθ/-klɔ̀θ] 명 (⑧ ~s [-klɔ́ːðz, -klɔ́θs]) ⓤⓒ 유포(油布).
óil cólor 명 (보통 ~s) 유화 물감(oil paint).
óil concéssion 명 석유 채굴권. 「式)의.
oil-cooled [-kúːld] 형 (엔진 따위가) 유냉식(油冷
óil crísis [crúnch] 명 석유 파동[위기].
óil·cup [ɔ́ilkʌ̀p] 명 기름 치개, 기름통.
óil diplómacy 명 (석유 수출입국간의) 석유 외교.
óil-dól·lar recýcling [-dɑ́lər-/-dɔ́l-] 명 오일 달러 환류(還流)(아랍 등 산유국의 잉여 달러 자금이 석유 수입국의 금융·자본 시장에 유입되는 일).

óil dóllars 명 오일 달러(중동 산유국이 석유 수출로
óil drúm 명 (석유) 드럼통. 「벌어들인 달러).
oil-dry [ɔ́drài] 명 유류 건조제(자동차 경주에서 트랙에 흘린 유류 처리용; 모래·시멘트 따위 배합).
oiled [ɔild] 형 1 기름을 바른; 기름을 친. 2 (비유적) (기름을 바른 듯이) 매끄러운. 3 (속어) 술이 거나하게 취한.
óil éngine 명 석유 엔진.
oil·er [ɔ́ilər] 명 1 급(주)유하는 사람; (기계의) 기름치개, 급유 장치; =oilcan 1. 2 (~s) 유포제(油布製)의 복(특히 레인코트). 3 유조선, 탱커. 4 유정(油井). 5 (속어) 아첨꾼; 사기꾼; (경멸적) 멕시코인.
óil facílity 명 (금융) 석유 자금 특별 융자(제)(IMF의 석유 파동 피해국 지원 처리 융자).
óil fénce 명 오일 펜스(수면으로 유출된 기름을 막는
óil field 명 유전; 석유 생산 지역. 「울타리).
oil-fired [ɔ́fàiərd] 형 기름을 연료로 쓰는.
oil-fla·tion [ɔ́ilfléiʃən] 명 석유 가격 상승에 의한 인플레이션. (<*oil*+*inflation*)
óil·gas [ɔ́ilɡæ̀s] 명 오일 가스(경유 따위를 증류하여 얻는 연료용 가스).
óil-gauge [-ɡèidʒ] 명 유 유지(油脂) 농도계; (자동차 따위의) 유량계.
óil glánd 명 (조류의) 지방 분비선. 「따위의) 유량계.
óil glút 명 석유의 공급 과잉.
oil·head [-hèd] 명 (美속어) 모주꾼, 알코올 중독자.
óil héater 명 석유 히터(스토브).
oil-hole [-hòul] 명 (기계) (윤활유의) 주유구(注油口).
oil·ie [ɔ́ili] 명 (美속어) (정치) 석유업계 로비스트.
óil·ing [ɔ́iliŋ] 명 (바다·바닷새 따위의) 석유 오염.
oil·i·tics [ɔ́ilitiks] 명⑧ (단수취급) 석유 정책. (<*oil*+*politics*)
óil lámp 명 석유 램프.
oil·less [ɔ́ilis] 형 기름이 없는, 기름을 넣지 않은; 주유할 필요가 없는. ~·ness 명
óil májors 명 (the ~) (주요) 국제 석유 자본(회사).
oil·man [ɔ́ilmæ̀n, -mən] 명 석유업자, 기름 장수; 기름 공장의 직공; 주유하는 사람, 기름 치개(치는 사람).
óil méal 명 기름 찌꺼기의 가루(사료 또는 비료용).
óil míll 명 착유기(搾油機); 착유 공장.
óil mínister 명 (산유국의) 석유상(石油相).
óil móney 명 =oil dollars.
óil nút 명 (땅콩·코코아자 따위) 견과(堅果).
óil of catechúmens 명 세례 지원자용 성유(聖油).
óil of lávender 명 라벤더 기름(향수의 원료).
óil of túrpentine 명 테레빈 유(油)(구충제·거담제 따위의 약제에 이용).
óil of vítriol 명 (화학) 황산.
óil of wíntergreen 명 (화학) 살리실산(酸) 메틸.
óil páint 명 유화 물감(oil color); 유성 도료, 페인트.
óil páinting 명 1 유화 화법. 2 유화. 3 (구어) 그림이 될(아름다운) 사람(풍경).
óil pálm 명 기름 야자(열매에서 야자유를 채취).
óil pán 명 (美) (기계) 기름받이(sump).
oil·pa·per [ɔ́ilpèipər] 명ⓤ 유지(油紙).
óil pátch 명 (속어) 석유 산출 지대; 석유 사업.
óil-plant [-plæ̀nt] 명 유지(油脂) 식물(씨에서 기름을 짜는 각종 식물).
óil plátform 명 (바다 위의) 석유 굴착용 플랫폼.
oil-poor [-púər] 명 석유가 나지 않는 석유 자원이
óil préss 명 착유기. 「없는.
oil-pro·duc·ing [prəd*j*úːsiŋ/-*d*júː-] 명 석유를 산출하는. ¶ ~ countries 산유국(産油國).
oil·proof [ɔ́ilprùːf] 명 내유성(耐油性)의. ——동 내유화(耐油化)하다.
óil refínery 명 정유 공장. 「호의.
oil-rich [-rítʃ] 명 석유를 풍부하게 산출하는; 석유 부
óil-rig [-rìɡ] 명 석유 굴착 장치.
óil sánd 명 (지질) 유사(油砂)(원유를 함유하는 다공성 사암(多孔性砂岩)).

óil sèal 명 [기계] 오일 실(윤활유가 새는 것을 막는 것).

oil·seed [ɔ́ilsìːd] 명 지방 종자(기름을 짤 수 있는 식물).

óil shàle [지질] 유모 혈암(油母頁岩), 석유 혈암.

óil shóck (the ~) 오일 쇼크, 석유 파동.

óil sílk 견유포(絹油布)(oiled silk).

oil·skin [ɔ́ilskìn] 명 1 유포; 방수포. 2 (~s) 방수포 의복(웃옷과 바지); (유포제) 레인코트.

óil slíck 수면에 유출된 기름, 기름띠, 유막(油膜).

óil spíll (탱커의 좌초·해중 파이프라인의 파손 따위에 의한) 석유 누출; 해상 오염.

óil spót [식물] (포도 잎의) 유점(油點).

óil spríng 오일 스프링(간단한 굴착으로 원유가 용출하는 유전(油田)), 광유천(鑛油泉).

óil státion =gas [filling] station.

oil·stone [ɔ́ilstòun] 명 기름 숫돌.

oil·stove [ɔ́ilstòuv] 명 석유 난로[곤로].

óil súmp [기계] (크랭크실 (室) 하부의) 기름통.

óil tánker 명 유조선; 유류 수송차[탱커].

oil-tight [ɔ́iltáit] 형 기름을 통과시키지 않는, 기름이 새지 않는.

óil trèe 명 기름을 짜는 나무.

óil wèapon 명 (산유국이 행사하는) 무기로서의 석유, 석유를 무기로 한 외교, 석유 공세.

óil wèll 유정(油井).

*oil·y [ɔ́ili] 형 1 기름의, 유성의; 기름기가 있는, 기름 투성이의; 기름을 바른; 기름 모양의. 2 (경멸적) 잘 지껄이는, 입담이 좋은. ~·ly (또는 **oilily**) (경멸적) 구변 좋게, 사근사근하게. **óil·i·ness** 명

óily wád 명 (속어) (전문 기능을 가지지 않은) 수병 [선원]; 어뢰정(torpedo boat).

oink¹ [ɔiŋk] 명 돼지 울음 소리. ── 자 (돼지가) 꿀꿀거리다.

oink² (美구어) 오잉크 족(한쪽이 벌고 자녀가 없는 부부). (또는 **OINK**) [<*o*ne *i*ncome, *n*o *k*ids]

oink·er [ɔ́iŋkər] 명 (속어) 돼지처럼 살찐 사람; 돼지.

oint·ment [ɔ́intmənt] 명UC 연고; 화장 크림.

a fly in the ointment ⇒ FLY.

OIr, Olr., O.Ir., OIrish. Old Irish.

Oir·each·tas [érəktəs] 명 (아일랜드의) 의회.

OIT (美) Office of International Trade(국제 통상국). **O.J., o.j.** opium joint; orange juice.

O·jib·wa(y) [oudʒíbwei, -wə] 명 (복 ~(s)) 오지브웨이족(최대의 아메리카 인디언 종족의 이) ; ㅁ 오지브웨이어(語). ── 형 직장내 훈련.

OJT, O.J.T. on-the-job training(현장 직무 교육).

‡**OK**¹ [óukéi, ˌˌ] 형 1 훌륭한, 만족스러운. ¶*That's ~ (with [or by] me).* 그것으로 됐다, 좋았어. 2 바른, 틀림없는. 3 기분이 좋은, 정상인. ¶*She seems ~ now.* 그녀는 이제 괜찮은 것 같다. 4 그저 그런, 적절한, 허용할 수 있는. 5 (한정용법) 신뢰할 수 있는.

── 감 1 네(yes), 좋아(all right). ¶~, *I'll do it.* 좋아, 내가 해보지. 2 잘, 틀림없네. ¶*I think I did ~.* 잘 했던 것 같아. 3 (화제를 바꿔) 그러면. ¶~, *now* (美구어) 자, 그럼.

rule OK (포스터 따위에) …이 최고다, 최강이다.

── 동 (~'s [-z]; ~'d; ~'ing) …에 OK라고 쓰다; (OK라고 써서) …을 승인하다, 검사필[교정 완료로] 하다; …에 동의[찬성]하다. ¶*He ~'d my proposal.* 그는 나의 제안에 동의했다.

── 명 (복 ~'s [-z]) 승인, 시인, 허가. ¶*get an ~ on the document* 서류의 승인을 얻다.

── 감 (상대방의 주의를 촉구하여) 에, 그럼.

(또는 **o.k., O.K.**)

OK² (우편) Oklahoma.

o·ka·pi [oukɑ́ːpi] 명 (복 ~(s)) (동물) 오카피(아프리카산(産); 모습이 기린과 비슷하나 훨씬 작다). [okapi]

o·kay [óukéi] 형부동명감 =OK¹. (또는 **ó·kéh, ó·kéy**)

oke [ouk] 명 (터키·이집트의) 무게의 단위(2.75 파운드). (또는 **oka**)

O·ke·fe·nó·kee Swámp [òukəfənóuki-] 명 (the ~) 오키페노키 습지(미국 Georgia 주 남동부에서 Florida 주 동북부에 걸친 거대한 늪지대).

o·key-doke [óukidóuk] 형명감 (구어) =OK¹. (또는 **-dó·key, okìe-dókie**) 「호츠크해(海).

O·khotsk [oukátsk/-kɔ́tsk] 명 **the Sea of ~** 오

O·kie¹ [óuki] 명 (경멸적) 1 Oklahoma 주 사람. 2 (美구어) (특히 Oklahoma 주로부터의) 이동 농업 노동자.

O·kie² [óuki] 명 (경멸적) 오키나와인(의).

Oki·na·wan [òukənɑ́ːwən, -nauən] 명 오키나와인(人). ── 형 오키나와(인)의.

Okla. Oklahoma.

*****O·kla·ho·ma** [òukləhóumə] 명 오클라호마(미국 중부의 주: 주도 Oklahoma City; 약 **Okla.**). **-man** 명형

ó·klo phenòmenon [óuklou-] [지질] 오클로 현상(선캄브리아 시대에 우라늄 원광이 축적되는 과정에서 생긴 천연 핵분열 연쇄 반응).

o·kra [óukrə] 명 1 (식물) 오크라(아욱과 닥풀의 일종); ㅁ 오크라의 깍지. 2 ㅁ 오크라 요리.

ok·ta [ákta/ɔ́k-] 명 (기체) 옥타 (운량(雲量)의 단위; 온 하늘의 1/8을 덮는 양). (또는 **octa**)

Ok·to·ber·fest [aktóubərfèst/ɔk-] 명 (특히 Munich의) 10월제(祭). [<G *October feast*]

O·kun's làw [óukənz-] 명 [경제] 오컨의 법칙(실업률 증가와 국민 총생산 하락의 상관 관계를 나타낸 공식). [<미국 경제학자 Arthur M. Okun(1928–80)] [okra]

OL, OL., O.L. Old Latin; (전기) overload. **Ol.** (라틴) *oleum*(처방전에서) 기름); Olympiad; Olympic. **O.L., o.l.** (라틴) *oculus laevus*(처방전에서) 왼쪽 눈). ¶*naphthol, phenol*.

-ol [ɔːl, ɑl/ɔl] 접미 alcohol, phenol의 뜻. ¶*glycerol*.

OLC (美) oak-leaf cluster.

‡**old** [ould] 형 (~·er, eld·er; ~·est, eld·est) 1 a) (사람·동식물의) 나이 먹은, 나이 많은, 늙은, 노령의, 고령의. ¶a ~ *pine trees* 노송(老松)/*grow* ~ 나이를 먹다/*She is* ~ *enough to get married.* 그녀는 결혼하기에 알맞은 나이이다/*A man is as* ~ *as he feels, and a woman (is) as* ~ *as she looks.* (속담) 남자의 나이는 생각, 여자의 나이는 얼굴. b) 나이들어[늙어] 보이는, 조숙한; (구어) (수사 앞에서) 늙어빠진. ¶*She is prematurely* ~. 그녀는 조숙해 있다/*He's an* ~ *fifty.* 그는 쉰 나이로는 너무 늙어보인다.

[유의어] **old** 단순히 「나이든」; 반드시 노쇠를 암시하는 것은 아니다. **aged** 매우 old하여 노쇠한. **elderly** 장년을 넘긴.

2 (비교의 뜻으로) 연상의, 연장(年長)의. ¶*one's* ~ *brother* (구어) 형/*be* ~ *enough to be one's father* 아버지라고 해도 될 정도로 연상이다.

[USAGE] **older**와 **elder** ── (1) 둘 다 어느 것이나 old의 비교급이지만, **older**는 younger의 반대어으로 「더 나이를 먹은」의 뜻을 나타내고, **elder**는 주로 형제·자매 관계의 장유의 순서를 가리키며, 한정적 용법에만 쓰이는 낱말: *My elder sister is two years older than I.* (2) (美구어)에서는 elder 대신에 older를 쓰는 경향이 있으며 big을을 쓰기도 한다: *My older [or big] sister is married.*

3 …살[세]의, (몇 살) 나이를 먹은. ¶a *child three years ~; a three-year-~ child* 3살된 아이/*How ~*

old Adam

are you?—I am twenty years ~. 너는 몇 살이니?—스무 살이다 / She is two years ~er than I am[or 《구어》 me]. =She is ~er than I am by two years. 그녀는 나보다 두 살 많다.
4 오래된, 고래의, 햇수를 거듭한; 헌, 써서 낡은. ¶ ~ countries 역사가 오래된 나라 / an ~ joke 케케묵은 신소리[농담].
5 (친숙한이) 오래된, 오래 사귄. ⇨ANCIENT 유의어 ¶ an ~ friend 옛 친구, 오랜 친구. **6** 옛날의, 왕년의, 고대의, 구식의; 시대 착오적인. ¶ ~ pupils of mine 옛날에 가르친 나의 제자 / ~ kingdoms 고대 왕국 / the ~ year 지난 해 / in ~ times 옛날, 왕년. **7** (…에) 노련한, 노회한, 경험이 많은; (…을) 겪은, 노련한 사람이)¶be ~ in diplomacy 노련한 외교가이다. **8** 분별있는, 사려깊은; 침착한, 현명한. ¶have an ~ head on young shoulders 젊은이답지 않게 분별이 있다. **9** 《구어·속어》《흔히 부를 때》 친한, 그리운. ¶my ~ man[woman] 우리 집 영감[님]/ Never mind, ~ boy[or chap]. 걱정마, 이 사람아. **10** 《구어》《강조용법》 대단한, 굉장한, 근사한, 엄청난(great). ¶kick up a jolly ~ row 엄청난 소동을 일으키다. **11** (색깔이) 흐린, 바랜. **12** (작물이) 예년보다 늦게 수확되는.

any old ① 어떤 …이라도. ¶any ~ color 어떤 색깔이라도. ② (not any old) 단순한 …가 아닌.
(as) old as the hills [or *Adam*] 매우 오래된.
(as) old as time 매우 오래된, 아주 옛날부터 있는.
be old before one's time 노인 같다.
dress old 노인 같은 복장을 하다.
for an old song 헐값으로.
for old sake's sake 옛정으로.
have a good old time 아주 재미있는 시간을 보내다.
old and young; young and old (alike) (남녀) 노소, 늙은이도 젊은이도.
old beyond one's years 나이보다 성숙한[현명한].
old enough to be a person's father[*mother*] 아버지[어머니] 정도의 나이로, 즉, 대단한 고령으로.
older than God[or *baseball*] 《美속어》 아주 낡은.
old, unhappy, far-off things 지난날의 비극.
the good old days 좋았던 옛날.
 ── 图 **1** ① 옛날, 옛적. * 보통 of old라는 숙어로 쓰인다. **2** (the ~) 《복수취급》 노인들, 늙은이. ¶hospitals for the ~ 노인 (전용) 병원. **3** 《복합어를 만들어 생각적으로》 …살[세]이 사람[동물]. ¶a four-year-~ 4살된 아이; 《경마의》 4년생 말. **4** (of ~) 《문어》 옛날, 이전.
as of old 왕년, 고대.
from of old 옛날부터.
in days of old 옛날에는.
of old 옛날의, 이전의. ¶the heroes [our fathers] of ~ 옛날의 영웅[우리들의 조상].
 ~·ness 图

óld Ádam 图 (the ~) 《신학》 그 옛날의 아담, (그리스도를 통해 죄를 회개하지 않은 상태의) 악한 인간성.
óld áge 图 노년, 노령(기), 만년.
old-age [-éidʒ] 图 노년의; 늙은이를 위한. ¶an ~ pension [pensioner] 노령 연금[연금 수령자].
óld and bítter 图 《英속어》 시어머니.
óld ármy gáme 图 (the ~) 《美속어》 사기, 신용사기, 사기 도박.
óld báchelor 图 굳게 독신으로 지내는 남자.
óld bág 图 《속어》 할머니, 노파.
Óld Bái·ley [-béili] 图 (the ~) (영국의) 중앙 형사 법원(London의 Old Bailey가에 위치).
óld bát 图 《속어》 노파, 할멈.
Óld Bíll 图 《英속어》 경찰.
óld bírd 图 조심성 많은 사람; 노련한 사람.
óld bóot 图 《속어》 마누라, 할멈.
óld bóy 图 **1** 《美구어·경멸적》 (특히 남부의) 성인 남자. **2** (an ~) 《구어》 쾌활한 중년 남성[노인]. **3** 과거의 사람; 명문 출신인 사람. **4** 《英》 (public school의) 졸업생, 교우, 동창생《美》 alumnus). ¶an ~'s association 동창회, 교우회. **5** (O- B-) 《익살》 악마(Old Nick). **6** 《英》 《친밀감을 나타내어 부르는 말》 여보게, 이봐(old chap, old fellow), ── 图 동창생의, 학벌의.

óld-bóy('s) nétwork[**sýstem**] 图 《英》 《집합적; 단·복수 양용》 동창[교우] 연락·친목 조직, OB 모임; 《경멸적》 학벌의 학벌(學閥), 학연 (연고)주의.
óld cíty 图 옛 도시, 오래 된 도시; (the ~) 구시가(舊市街), 성내(城內).
old-clothes-man [-klóuðzmæn, -mən] 图 헌옷 장수.
óld cócker 图 《남자》 노인, 남자 늙은이. [프리카).
Óld Cóntinent 图 (the ~) 구대륙(유럽·아시아·아
óld cóuntry 图 (the ~) 모국; (이민의) 고국《美》 이민의) 고향(특히 유럽 국가들). **old-còun·try** 图
óld cróck 图 노인, 병자; 고물차, 고장차.
Óld Dárt 图 (the ~) 《濠속어》 모국, 영국. [살] 장수.
óld déar 图 할머니, 할머니《늙은 여자의 경칭》; 《익
Óld Domínion 图 (the ~) 미국 Virginia주의 별칭.
óld ecónomy 图 구경제(제조업 중심의 경제 체제). ⇨ **new economy**

*old·en [óuldən] 图《英고어》 고대의, 옛날의(old). ── 图 늙게 하다; 늙다, 나이들 먹다.
Óld Énglish 图 **1** 고대 영어, 앵글로색슨어(450-1150년경까지의 영어); @ OE)(Anglo-Saxon). **2** 《인쇄》 흑자체 인쇄 문자(black letter). [세월이 지난].
old-established [-ístǽbliʃt] 图 옛날부터의, 많은
Óld Fáithful 图 **1** 올드 페이스풀《미국 옐로스톤 국립 공원에 있는 간헐천》. **2** 《비유적》 간헐적으로 활동하는 것(지진 따위); 월경.
old-fan·gled [óuldfǽŋɡld] 图 =old-fashioned.
óld fárt 图 《속어》 어리석은 놈, 실성한 녀석.
old-fash·ioned [-fǽʃənd] 图 (*more* ~; *most* ~) **1** 옛날 유행했던, 고풍의. ⇨ANCIENT 유의어 **2** 구식의, 낡은, 옛 냄새가 풍기는, 진부한. ── 图ⓒ 《종종 Old-Fashioned》 올드패션드《위스키 칵테일의 일종》.
~·ly ~·ness

óld fíeld 图 (현재는 경작하지 않는) 예전의 경작지.
óld fláme 图 옛 애인.
óld fóg(e)y 图 구식인 사람, 시대에 뒤진 사람.
old-fo·gy·ish [-fóugiiʃ] 图 구식이고 완고한, 시대에 뒤진, 완미 고루한. 《또는 **old-fogeyish**》
óld fólk's[**péople's**] **hóme** 图 양로원. [당.
óld foundátion 图 종교 개혁 이전에 건립된 대성
Óld Géntleman 图 (the ~) 《구어》 악마(Satan).
óld gírl 图 《英》 **1** 여자 졸업생[동창생] (《美》 alumna). **2** [~] 《구어》 《친근하게 부르는 말로》 이봐, 당신, 자기. **3** 《구어》 (the ~, one's ~) 마누라; 어머니; 여사장, 여주인. **4** 《고어》 중년 여성, 늙수그레한 여자.
óld-gírl's nétwork [-ɡə́ːrl(z)-] 图 여성 동창 모임 (친목 조직), 여성 OB모임; (the ~) 《경멸적》 (여성의) 동창 의식, 학벌.
Óld Glóry 图 《美구어》 미국 국기, 성조기(the Stars and Stripes). [한 늙은이.
óld góat 图 《구어》 미움받는[심술궂은] 늙은이; 음탕
óld góld 图 (때로 a ~) 고(古) 금색(무광택 적황색).
óld gróth 图 **1** 오래된 나무 숲. **2** 처녀림.
Óld Gúard 图 (the ~) **1** Napoleon 1세의 친위대 (1804년 창설). **2** 《美》 공화당의 극렬 보수파. **3** (o- g-) 《단·복수 양용》 《정당 등의》 극단적인 보수파.
óld hánd 图 **1** (산전수전 다 겪은) 노련한 사람, 숙련가, 베테랑. **2** 《濠》 (식민지 시대의) 유형자, 전과자.
Óld Hárry 图 (the ~) 악마(Satan).
play Old Harry with …을 엉망으로 만들다, 때려 부수다, 혼란케 하다.
óld hát 图 《구어》 시대에 뒤진, 구식의; 낡은, 진부한. ── 图 시대에 뒤떨어진[진부한] 것[사람].

Old High German 몡 고대 고지(高地) 독일어 (1100년 이전); 약 OHG, OHG., O.H.G.).
old home 몡 (the ~) =old country.
Old Hundred(th) 몡 (the ~) 찬송가 제100편(시편 제100편에 곡을 붙인 찬송가).
old·ie [óuldi] 몡 《구어》 1 옛것, 오래 된 것, 먼 옛날의 것; (특히) 플러간(옛날 유행했던) 유행가[만남, 속담, 영화 따위]. 2 늙은이, 부모, 곤대. (또는 **oldy**)
oldie but goodie 《美구어》 낡았지만 좋은 것[사람]; 옛날을 그립게《생각나게》 하는 것[사람].
old·ish [óuldiʃ] 몡 늙수그레한; 예스러운.
Old Jóe 몡 《美속어》 성병, 매독.
old lády 몡 《구어》 1 (the ~, one's ~) 아내, 마누라; 어머니; (특히 동거하는) 여자 친구, 룸메이트. 2 잔소리꾼(old maid).
Old Lády of Thréadnee·dle Stréet 몡 (the ~) 《英구어》 잉글랜드 은행(Bank of England).
òld lág 몡 《구어》 상습범; 전과자.
Old Látin 몡 고대 라틴어(기원전 7-1세기); 약 OL, OL., O.L.).
Old Léft 몡 (the ~) 구(舊)좌익. 참 New Left **Old**
old-line [⁴láin] 몡 오래된; 낡은, 시대에 뒤진; 역사가 오랜, 전통이 있는. **~er** 몡 「⋯의 별칭」.
Old Líne Státe 몡 (the ~) 미국 Maryland주(州)
old máid 몡 1 (경멸적) 노처녀, 올드 미스. 2 깐깐하고 잔소리 많은 사람. 3 [카드놀이] 도둑 뽑기[잡기].
old-maid·ish [⁴méidiʃ] 몡 올드 미스와 같은; 지나치게 꼼꼼한, 잔소리가 심한(fussy). **~ness** 몡
òld mán 몡 1 노인. 2 《구어》 (one's ~, the ~) 아버지; 남편; (동거인) 남자 연인, 정부(情夫); 《속어》 (첩·매춘부의) (기둥) 서방. 3 《구어》 (종종 O- M-) (the ~) 두목, 보스, 대장, 지휘관; 고용주, 사장, 상사; 선(함)장, 기장, 교장; 《속어》 대통령. 4 《구어》 (종종 O- M-) 《속》 경험 많은 사람, 베테랑, 선배, 장로; 대가, 권위자. 5 《구어》 (친한 친구에게) 자네, 여보게. 6 [성경] (the ~) =old Adam. 7 《구어》 (the ~) 신(神). 8 《濠구어》 성장한 캥거루의 수컷; 9 《속어》 음경.
So's your old man! 《美구어》 ① (반감·적의를 나타내어) 그것은 내가 할 말이다. ② (부정·거절의 뜻으로) 시끄러워, 헛소리 그만둬.
— 몡 《濠구어》 (같은 종류 중에서) 유달리 큰.
Old Mán of the Séa 몡 (the ~) 1 (아라비안 나이트에서 Sindbad를 따라다니던) 노인. 2 무거운 짐, 걱정거리; 귀찮은 사람.
Old Màn River 몡 (the ~) 미국 미시시피강의 별칭.
old mássa 몡 《흑어》 백인.
òld máster 몡 (the ~s) (15-18세기 유럽의) 대화가(大畫家), 거장(巨匠); 그 작품.
old-mon·ey [⁴mʌni] 몡 조상 전래의 재산이 있는.
Old móody 몡 《英속어》 1 거짓말, 사기. 2 (죄수에 대한) 진심으로부터의 설득. 「ing moon).
òld móon 몡 기울어가는[만월(滿月)이 지난] 달(wan-
Old Nick 몡 (the ~) 《구어》《익살》 악마(Satan).
full of (the) Old Nick 《美구어》 걸핏하면 문제를 일으키는. 「주(州)의 별칭.
Old Nòrth Státe 몡 (the ~) 미국 North Carolina
Old Óne 몡 (종종 O- O-) (the ~) 악마(Satan); 널리 알려진 익살.
Old Pals Áct 몡 《英》 친구 상호 부조 조례(條例).
Old Párr 몡 《상표》 올드파(영국산 스카치 위스키); [<1635년 152세로 죽었다는 영국의 장수자 Thomas Parr의 이름].
old párty 몡 《英구어》 노인, 나이가 지긋한 사람.
òld pót 몡 《속어》 아버지, 부친.
òld pró 몡 《美속어》 베테랑, 제1인자, 숙련자. 「복.
old retáiner 몡 《英》 《익살》 늙고 충실한 사용인, 충**old rópe** 몡 《美軍속어》 독한 냄새가 나는 담배.
old róse 몡 1 보라색[회색]이 섞인 장밋빛. 2 올드 로

즈(향기롭고 작은 꽃이 피는 장미). **old-róse** 몡
old sált 몡 《구어》 숙련된 뱃사람, (은퇴한) 선원.
òld sáw 몡 옛 속담, 격언; 《속어》 케케묵은 농담.
Old Sáxon 몡 고대 색슨어(9-10세기에 사용되던 게르만어의 한 방언; 약 O.S.).
old school 몡 1 (the ~) 보수[전통]주의자들, 보수파. 2 (one's ~) 모교, 출신교. **old-schóol** 몡
old schòol tíe 몡 《英》 1 public school을 표시하는 색깔의 넥타이; public school 출신자. 2 (the ~) (경멸적) 《집합적》 (public school 출신의 어조, 복장, 태도); 파벌[학벌, 당파] 의식; 극단적인 보수주의.
Old Scrátch 몡 (the ~) 악마(Satan).
òld shíp 몡 《英해군 속어》 같은 배에 탄 동료.
old shóe 몡 《구어》 스스럼없는 사람, 마음을 털어놓을 수 있는 사람; 눈에 익은[그리운] 것. **old-shóe** 몡
Old Smóky [Spárky] 몡 《美속어》 전기 의자.
old sód 몡 태어난 고향.
Old Sól 몡 《美속어》 태양. ¶ ~'s acne 태양 흑점.
old sóldier 몡 《美속어》 1 노병, 고참병; (비유적) (그 방면의) 베테랑, 대가. ¶ *Old soldiers never die; they only fade away.* 노병은 죽지 않고, 다만 사라질 뿐이다. 2 빈 병, 빈 술병. 3 꾀병.
come [or *play*] *the old soldier* ① 체험담을 자랑스럽게 늘어놓다(over). ② (일하지 않으려고) 꾀병을 앓다. ③ 술이나 돈을 강요하다; 속이다.
Old Sóuth 몡 (the ~) (남북 전쟁 전의) 미국 남부.
old stáger 몡 《英구어》 노련한 사람, 고참, 베테랑.
old·ster [óuldstər] 몡 《구어》 1 늙은이; 《美구어》 (年上)의 사람(⇔ youngster). 2 (영국 해군의) 복무 4년째의 사관 후보생. 「노인].
old stíck 몡 《英속어》 완고하지만 호감이 가는 사람
Old Stóne Áge 몡 (the ~) 구석기 시대.
òld stóry 몡 (the ~, an ~) 흔히 있는 일, 언제나와 같은 일[평례]. 평범한 이야기.
the same old story 또[늘 하는] 그 이야기[일, 평례].
òld stúff 몡 《구어》 잘 알려진; 낯익은, 흔한.
òld stýle 몡 1 고문체. 2 [인쇄] 구체(舊體) 활자. 3 (the O- S-) 구력(舊曆)(율리우스력(Julian calendar)에 의한다). 참 New Style
old swéat 몡 《英구어》 1 (정규군의) 노병, 고참병. 2 (어느 분야의) 베테랑, 전문가.
Old Test. Old Testament. 「New Testament」
***Old Téstament** 몡 (the ~) [성서] 구약. 성서. 참
***old-time** [⁴táim] 몡 옛날의, 과거의; 예전부터의; 구식의; 경험을 쌓은, 노련한.
old-tim·er [⁴táimər] 몡 《구어》 고참; 구식 사람; 노인; 시대에 뒤떨어진 사람.
old-tim·(e)y [⁴táimi] 몡 1 시대에 뒤진, 케케묵은, 구식의; 예로부터의. 2 베테랑의.
old tówn 몡 올드 타운(도시의 가장 오래된 지구).
òld tróut 몡 《英속어》 (매력 없는) 중년[초로] 여성.
old túrkey 몡 《속어》 진부한 옛날 이야기, 케케묵은 노래.
Old Víc 몡 (the ~) 영국 London에 있는 극장 Royal Victoria Hall의 별칭(Shakespeare극 상연으로 유명).
Old Wést 몡 옛 서부(19세기 개척 시대에 개발된 서부식; 경험을 쌓은, 노련한. 「부).
old wífe 몡 수다스런 노파; 굴뚝의 검댕막이. 「부).
old-wife [óuldwàif] 몡 (몡 **-wives**) 1 청어류(類)의 물고기(alewife, menhaden 따위). 2 바다락(북해에 사는 바다오리의 일종). 「뜻한 날씨.
Old Wíves' súmmer 몡 (유럽의) 음력 10월의 따
old wíves' tále[stòry] 몡 미신, 시시한 이야기.
òld wóman 몡 1 노파. 2 (the ~, one's ~) 《구어》 마누라; 어머니. 3 《구어》 (the ~) 여사장, 여주인; 소심한 남자[여자]. 잔소리가 심한 사람.
old woman who lived in a shoe 좁은 곳에 모여 사는 사람들; 대가족.
old-wom·an·ish [⁴wúməniʃ] 몡 노파의; 노파 같

Old World 图 **1** (the ~) 구(舊)세계(유럽·아시아·아프리카)(⇔ New World): (美) 유럽 대륙. **2** 동반구(東半球).

do the Old World (미국인이) 유럽 여행을 하다.

old-world [´w´ə:rld] 图 **1** 태고의, 고대의; 태고의 세계의. **2** 고풍인, 예스럽고 매력적인; 구식인. **3** 구세계의; 동반구의, (특히) 유럽의.

óld yéar 图 (종종 O- Y-) 묵은 해; 연말. ¶ play the ~ out 묵은 해를 축하하며 보내다.

Óld Yéar's Dày 图 섣달 그믐날(New Year's Eve).

óld yóung 图 (구어) (the ~) 애늙은이.

ole [oul] 图 =OLD.

o·lé [ouléi] 图 힘내라(투우나 플라멩코에서 지르는 고함 소리).

OLE 图 [컴퓨터] 문서 중에, 다른 어플리케이션으로 작성된 도표 따위(object)를 넣기 위한 규격. [<object linking and embedding]

-ole [oul] 图미 oil의 뜻. ¶ anisole(아니졸).

o·le·a·ceous [òuliéiʃəs] 图 [식물] 목서과(科)에 속하는.

o·le·ag·i·nous [òuliǽdʒənəs] 图 유질(油質)의, 기름기가 있는, 기름이 나오는; 말솜씨가 좋은, 아첨하는, 알랑거리는. **~·ly** 图 **~·ness** 图

o·le·an·der [óuliæ̀ndər/`´−´−] 图 [식물] 서양협죽도(夾竹桃).

o·le·as·ter [òuliǽstər] 图 [식물] 보리수나무과(科)의 식물(남유럽산(産)); 야생 올리브.

o·le·ate [óulièit] 图 **1** [화학] 올레산(oleic acid)에스테르, 올레인산염, 황산염(黃酸塩). **2** [약학] 올레인산 유도체를 함유한 약제.

o·le·fin(e) [óuləfin] 图 [화학] 올레핀(에틸렌계(系) 탄화 수소 화합물). **-fín·ic** 图

ólefin séries 图 [화학] 올레핀열(列).

o·le·ic [ouli:ik, óuli-] 图 **1** 기름의[에서 얻은]. **2** [화학] 올레인산(~ acid)의[에서 얻은].

oléic ácid 图 [화학] 올레인산.

o·le·if·er·ous [òuiifərəs] 图 [종자·균사가) 기름[유지)을 함유한.

o·le·in [óuliin] 图미 [화학] **1** 올레인. **2** 지방의 액상부(液狀部).

o·le·o [óuliòu] 图 (구어) =oleomargarine.

o·le·o- [óuliou, -liə] 연결 oil이라는 뜻. ¶ *oleo*graph.

o·le·o·graph [óuliəgræ̀f/-grà:f] 图 유화풍의 석판화. **·gráph·ic** 图 **·óg·ra·phy** 图

o·le·o·mar·ga·rin(e) [òuliouma:rdʒərí:n] 图미 동물성 마가린. **·mar·gár·ic** 图

o·le·om·e·ter [òuliámətər/-óm-] 图 기름 비중계.

óleo òil 图 올레오유(油)(수지(獸脂)에서 빼낸 마가린 용 기름).

o·le·o·phil·ic [òulioufílik] 图 [화학] 친유성(親油性)의.

o·le·o·res·in [òuliourézin] 图미 올레오레진, 함유(含油) 수지.

óleo strut 图 [항공] 올레오 완충 지주(支柱)(장치). (유압(油壓)을 이용하여 착륙시의 충격을 완화함).

o·ler·i·cul·ture [álərəkλ̀ltʃər/ól-] 图 야채 재배.

O·les·tra [əléstrə] 图 (종종 O-) (상표) 얼레스트러(저칼로리로 콜레스테롤을 함유하지 않은 지방 대체품·다이어트용 합성 식용유).

o·le·um [óuliəm] 图 **1** (복 **-le·a** [-liə]) [약학] 기름, 유제(油劑). **2** (복 **~s**) [화학] 발연(發煙) 황산.

Ó lèvel 图 (英) 중등 학생 때 치르는 국가 시험. (또는 **Ó-lèvel**)

ol·fac·tion [alfǽkʃən, oul-/ɔl-] 图미 후각(嗅覺) 작용; 후각. **-tive** 图

ol·fac·tol·o·gy [àlfæktálədʒi, òul-] 图 =osmics.

ol·fac·tom·e·ter [àlfæktámətər, òul-] 图 후각계(嗅覺計).

ol·fac·to·ry [alfǽktəri, oul-/ɔl-] 图 후각의.
——图 (보통 -ries) 후각 기관. **-ri·ly** 图

olfáctory lòbe 图 [동물] (뇌의) 후엽(嗅葉).

olfáctory nèrve 图 [해부] 후각 신경.

olfáctory òrgan 图 [해부] 후각기(器).

ol·fac·tron·ics [àlfæktrániks/òlfæktrón-] 图 (단수취급) 취기(臭氣) 분석법, 취기 분석법.

o·lib·a·num [oulíbənəm] 图 유향(乳香)(frankincense).

ol·id [álid/ɔ́l-] 图 심한 악취가 나는.

o·lig- [álig, álig/ɔ́lig, ɔ́lig] 연결 ⇒OLIGO-.

ol·i·garch [áləgà:rk/ɔ́l-] 图 과두 정치의 집정자[독재자]; 과두제 지지자; 독점 재벌.

ol·i·gar·chic [àləgárkik, -tʃi-/òl-] 图 과두 정치의, 소수 독재 정치의; 과두 독재국의. (또는 **oligarchical**) **-chi·cal·ly** 图

ol·i·gar·chy [áləgà:rki/ɔ́l-] 图 **1** 미ⓒ 과두 정치(국), 소수 독재 정치(국); 과두제 사회(단체, 기업, 교회) (참 polyarchy). **2** [집합적; 단·복수 양용] 소수 독재자, 과두 정치 집정자. **3** (美) 암흑가의 실력자.

ol·i·ge·mia [àləgí:miə, òl-] 图 [병리] 혈액 감소[소](증), 빈혈(증). (또는 **oligaemia**)

ol·i·gid·ic [àləgídik, -dʒíd-, òu-/ɔ́-] 图 (생화학) (식이(食餌) 따위) 화학적으로 잘 알려져 있지 않은 성분을 가진.

ol·i·go- [áligou, -gə, álig-/ɔ́l-] 연결 few, little의 뜻.* 모음 앞에서는 olig-). ¶ *oligo*poly, *olig*arch.

Ol·i·go·cene [áligousì:n/ɔ́l-] 图 (지질) 점신세(漸新世)의. ——图 (the ~) 점신세(통).

ol·i·go·cy·the·mia [àligousàiθí:miə, òul-/ɔ̀l-] 图 [병리] 적혈구 감소[소]증.

o·lig·o·mer [əlígəmər] 图 (화학) 올리고머(구조 단위의 반복이 2~20 정도의 중합체(重合體)). **·mér·ic** 图

ol·i·gom·e·rous [àləgámərəs, òul-/ɔl-] 图 [식물] 감수성(減數性)의.

ol·i·go·my·cin [àligoumáisn/òl-] 图 [약학] 올리고마이신(피부 질환에 유효한 항생 물질).

ol·i·go·pep·tide [àligoupéptaid, òul-/ɔ̀l-] 图 [생화학] 올리고펩티드(10개 미만의 아미노산으로 구성됨).

ol·i·go·phre·ni·a [àligoufrí:niə, əligə-/ɔ̀ligou-] 图 [병리] 정신 쇠약.

ol·i·gop·o·ly [àligápəli/òligóp-] 图 (경제) 소수에 의한 시장 독점, 과점(寡占). **·lís·tic** 图 **-list** 图

ol·i·gop·so·ny [àligápsəni/òligóp-] 图 (경제) 소수에 의한 구매 독점, 수요 독점. **·nís·tic** 图

ol·i·go·sac·cha·ride [àligousǽkəraid, òul-, -rid/ɔ̀l-] 图 올리고당(糖).

ol·i·go·sper·mia [àligouspə́:rmiə/ɔ̀l-] 图 [병리] 정자 과소(감소)증.

ol·i·go·tro·phic [àligoutráfik/òligoutrɔ́f-] 图 (생태) (호수(湖水)가) 빈(貧)영양의, eutrophic

ol·i·got·ro·phy [àligátrəfi/òligɔ́t-] 图 [생태] (호수 따위의) 빈영양(貧營養).

ol·i·gu·ria [àləgjúəriə/ɔ̀l-] 图 [병리] 핍뇨(乏尿)증, 요량(尿量) 감소[소]증.

o·lim [oulí:m] 图복 (이스라엘로의) 유대인 이주자.

o·lin·go [oulíŋgou, álíŋgòu/ɔ́liŋ-] 图 [동물] 올링고(중남미산의 육식 동물).

o·li·o [óuliòu] 图 (복 **~s**) **1** 미 (유류·야채를 뒤섞어 넣은) 일종의 잡탕 요리, 스튜, 잡탕. **2** (잡다한 요소의) 혼합, 뒤범벅. **3** 잡록(雜錄), 잡곡집(雜曲集)(miscellany). **4** [연극] 막간극; 막간에 연주되는 곡.

ol·i·va·ceous [àləvéiʃəs/ɔ̀l-] 图 올리브색의.

ol·i·va·ry [áləvèri/ɔ́liveri] 图 [해부] 올리브형의.

‡ol·ive [áliv/ɔ́l-] 图 (복 **~s** [-z]) **1** 올리브나무의 열매; 올리브나무의 잎; 올리브나무 잎으로 엮은 고리; 올리브 나무 가지(⇒OLIVE BRANCH 1); 미 올리브 재목. **2** 미ⓒ 올리브색. **3** (~s) 얇게 저민 쇠고기를 야채로 싸서 찐 요리. **4** [둥글] 달걀 모양의 단추[장식]. ——图 **1** 올리브의, 2 올리브색의.

ólive bèrry 图 올리브 열매[과실].

ólive brànch 图 **1** (the ~, an ~) 올리브 가지(평화의 상징); 화해의 선물. **2** (보통 **~es**) [익살] 아이, 자식,

hold out the [or an] olive branch 화의를 제의하다.
ólive crówn 圀 올리브 잎의 관(승리의 상징).
ólive dráb 圀 1 (때로 an ~) 진한 황록색. 2 진한 황록색을 띤 미국 육군의 제복용 천; (~s) 미국 육군의 격을철 제복.
ol·ive-green [-gríːn] 圀 황록색의.
ólive óil 圀 올리브유(식용·의약용). 「하는 쇠망치.
Ol·i·ver [áləvər/-l-] 圀 (대장간의) 발로 밟아 사용
Ol·i·ver [áləvər/-l-] 圀 1 올리버(남자 이름). 2 Charlemagne 대제의 12용사 가운데 한 사람(황 Roland¹). 3 (英속어) 달(moon).
(give) a Roland for an Oliver 보복하다.
put the Oliver on it …을 부정하게 다루다, 속이다.
Óliver Twíst 圀 올리버 트위스트(Dickens의 소설의 동명의 주인공; 가혹한 운명에 농락되는 고아).
Ol·ives [álivz/-l-] 圀 **the Mount of ~** (성서) 올리브산(예루살렘 동쪽의 작은 언덕. ←마태 복음(Matt.
ólive trèe 圀 올리브 나무. [26 : 30).
ol·i·vet(te) [àləvét/òlivét] 圀 1 (연극) 일광 조명등(溢光照明). 2 (인디언과의 교역용) 모조 진주.
Ol·i·vet·ti [àləvéti/òli-] 圀 (상표) 올리베티(이탈리아의 사무기기 브랜드).
ol·ive·wood [álivwùd/-l-] 圀ⓊC 올리브 재목.
O·liv·i·a [oulíviə/ɔl-] 圀 올리비아(여자 이름; Olive의 별칭).
Olivier 圀 (1907–89: 영국의 배우·연출가).
Oliv·i·er [oulívièi] 圀 **Laurence** ~ 올리비에
ol·i·vine [áləvìːn/òliví·n] 圀Ⓤ (광물) 감람석.
ol·la [álə/ɔ́lə] 圀 (~s) (스페인에서) 질그릇으로 만든 물항아리[독], (스튜용의) 흙 냄비. 2 = ~ podrida.
ólla po·drí·da [-pədríːdə/-pɔ-] 圀Ⓤ 1 (스페인풍의) 스튜, 육류와 야채의 잡탕. 2 혼합물. (<Sp)
Ol·lie [áli/ɔ́li] 圀 올리. 1 남자 이름(Oliver의 별칭). 2 여자 이름(Olive의 별칭). 「학자(님).
ol·o·gist [áləʤist/-l-] 圀 (구어) (익살) …학자, 전문가,
-ol·o·gist [áləʤist/-l-] 연결 나라 이름, 또는 그 나라 정치의 중심 도시 뒤에 붙어「…문제 전문가, …통(通)」이라는 뜻의 명사를 만든다. ¶ *Egyptologist*, *Japanologist*, *Peking*ologist.
ol·o·goan [àləgóːn] 圀재 (아일) (이유도 없이) 높은 목소리로서 불평을 말하다.
ol·o·gy [áləʤi/-l-] 圀 (구어) (익살) 과학, 학문 (분
-ol·o·gy [áləʤi/-l-] 연결 「…학(學), …론(論)」의 뜻. ¶*geology, zoology*.
O.L.T. *overland transport*(육로 수송).
O·lym·pi·a [əlímpiə, ou-] 圀 올림피아. 1 그리스 남부에 있는 고대 그리스인의 성지(고대 올림픽 경기가 개최되었다). 2 미국 Washington주의 주도. 3 (런던에 있는) 대형 전시장. 4 여자 이름.
O·lym·pi·ad [əlímpiæd, ou-] 圀 (종종 o-) 올림피아드. 1 (고대 그리스 올림피아 경기대회의) 4년간(紀)(4년 간격). 2 (현대의) 국제 올림픽 대회(the Olympic Games). 3 (정기적인) 국제 경기 대회. **-ád·ic**
O·lym·pi·an [əlímpiən, ou-] 圀 1 Olympus산(山)의; 고대 그리스인의 성지 Olympia의. 2 Olympus산의 신과 같은; 숭고한, 위엄이 있는, 당당한. — 圀 1 Olympus산의 신. 2 올림픽 대회 출전 선수. 3 Olympia의 주민. **~·ly** 부
‡O·lym·pic [əlímpik, ou-] 圀 1 (고대 그리스의) 올림피아 경기 대회의; (현대의) 국제 올림픽 대회의. 2 (고대 그리스의) 성지 Olympia의. — 圀 1 Olympus산의 신. 2 (the ~s) =Olympic Games.
Olýmpic émblem 圀 올림픽 대회의 심벌 마크.
Olýmpic fláme [fíre] 圀 올림픽 대회의 성화.
Olýmpic Gámes 圀 (the ~) 1 (고대 그리스의) 올림피아 경기 대회. 2 (현대의) 국제 올림픽 대회.
Olýmpic máscot 圀 올림픽 마스코트.
Olýmpic póol =Olympic-size pool.
O·lym·pic-size [-sàiz] 圀 (경기장 시설이) 올림픽 규격의[인]. (또는 **Olýmpic-sìzed**) 「폭 21m 이상).
Olýmpic-size póol 圀 올림픽 규격 풀(길이 50m,
Olýmpic spónsor 圀 올림픽 스폰서.
Olýmpic sýmbol 圀 올림픽 심벌(5륜 마크).
Olýmpic víllage 圀 (올림픽 대회의) 선수촌.
Olýmpic voluntéer 圀 올림픽 대회의 자원 봉사자.
O·lym·pus [əlímpəs, ou-] 圀 **Mount ~** (그리스 북쪽의) 올림포스산; (신들이 사는) 높은 곳, 하늘.
Om [oum, ɔm] 圀 《힌두교》 옴(그렇게 되기를 바라다는 의미를 가진 신성한 주어(呪語)). (또는 **Aum**)
OM *otitis media*. **o.m., O.M.** *old measurement*.
O.M. (英) *Order of Merit*(대훈공장(大勳功章)); *ordnance map*. **OMA** (美) *orderly marketing agreement*.
-o·ma [óumə] 접미 (복 ~s, ~ta [-tə]) 「종(腫), 류(瘤)」의 뜻. ¶*carcinoma, sarcoma*.
o·ma·dhaun [ámədɔ̀n/-m-] 圀 (아일) 바보, 천치.
O·mah [óumɑː] 圀 =Bigfoot.
O·ma·ha [óuməhɔ̀ː/-hɑ̀ː] 圀 1 오마하(미국 Nebraska주 동부의 도시). 2 (~s) (집합적) 오마하 족(族)(수어족의 북미 인디언).
O·man [oumɑ́ːn] 圀 1 오만 토후국(아라비아 반도 동남단에 위치; 수도 Muscat). **O·má·ni** 圀형
o·ma·sum [ouméisəm] 圀 (복 *-sa* [-sə]) 《동물》 겹주름위(반추 동물의 제3위(胃)).
OMB, O.M.B. (美) *Office of Management and Budget*(행정 관리 예산국).
om·ber, -bre [ámbər/ɔ́m-] 圀 Ⓤ 옴버(17-18세기의 카드놀이). 「(染)의 (옷감). (<F)
om·bré [ambréi, ◁-/ɔmbréi] 圀형 〔방직〕 선염(渲
om·bro·ge·nous [ambrádʒənəs/ɔm-] 圀 (식물) 습원(濕原地)에서 생육될 수 있는. 「량계.
om·brom·e·ter [ambrámitər/ɔmbrɔ́m-] 圀 우
om·broph·i·lous [ambráfələs/ɔm-] 圀 (식물) 습윤을 좋아하는, 습윤에 견디는.
om·broph·o·bous [ambráfəbəs/ɔm-] 圀 (식물) 습윤을 싫어하는.
om·buds·man [ámbədzmən/ɔ́mbudz-] 圀 1 옴부즈맨, 민원 처리 감찰관[조사관], 행정 감찰관. 2 (기업 노사간의) 고충 처리 담당자; (신문의) 기사[지면] 심의위원; 인권 옹호자.
om·buds·per·son [ámbədzpə̀ːrsn/ɔ́mbudz-] 圀 =ombudsman. 「 圀 여성 행정 감독관.
om·buds·wom·an [ámbədzwùmən/ɔ́mbudz-]
OMD *optical memory disk*(광(光) 디스크).
***o·me·ga** [oumíːgə, -mei-/ɔ́umiːgə] 圀Ⓤ 1 오메가(그리스어 알파벳의 스물넷째 자(Ω, ω)의 명칭; 영어의 O, o의 장음에 해당한다). 2 최후, 마지막(황 alpha). 3 (물리) 오메가 중간자(~ *meson*).
oméga-minus pàrticle 圀 (물리) 오메가 (마이너스) 입자(기호 Ω⁻). 「파 협법 시스템.
oméga sýstem 圀 (항공·해사) 오메가 시스템, 전
omeg·a·tron [oumíːgətrɔ̀n] 圀 (물리) 오메가트론 (질량 분석계의 하나).
om·e·let(te) [áməlit/ɔ́mlit] 圀 오믈렛. ¶ *ham* ~ 햄 오믈렛./*You cannot make an* ~ *without breaking eggs*. (속담) 달걀을 깨지 않고는 오믈렛을 만들 수 없다, 희생 없이는 목적을 달성할 수 없다.
***o·men** [óumən/-men] 圀ⒸⓊ 1 전조(前兆), 조짐, 징조. ¶ *a bad* ~ *an evil, an ill*) ~ 불길한 징후/*an* ~ *of success* 성공의 조짐. 2 예언, 예보, 예지, 예측. ¶ *an* ~ *of disaster* 재해 예보[전조].
be of good [bad] omen 징조가 좋다[나쁘다].
— 타재 1 …의 전조가 되다, …을 예고하다. ¶ *Fog* ~*s a good weather*. 안개가 끼면 날씨가 좋아진다. 2 (전 ~ed) 「조 따위로」 …을 미리 알다, 예측하다.
o·men·tal [ouméntl] 圀 〔해부〕 망(omentum)의.
o·men·tum [ouméntəm] 圀 (복 *-ta* [-tə]) 〔해부〕

omertà [ouméərtə] 圀 침묵의 규율, 맹세코 비밀
O.M.I. (라틴) *Oblati Mariae Immaculatae*(=Oblates of Mary Immaculate)(원죄 없는 마리아 수도회).
om·i·cron [ámәkràn, óum-/ouмáikrɔn] 圀 오미크론(그리스어 알파벳의 열다섯째 자O, o)의 명칭; 영어의 O, o의 단음에 해당한다).
*__om·i·nous__ [ámənəs/óm-] 톙 1 (…에게) 불길한, 조짐이 나쁜(*for*); 기분이 나쁜, 험악한.¶~ silence 기분 나쁜 침묵. **2** (…의) 전조[조짐]가 되는(*of*).¶be ~ *of* failure 실패의 전조이다. ~**·ly** 튀 ~**·ness** 圀
o·mis·si·ble [ouмísəbl] 톙 생략[삭제, 할애]할 수 있는.
*__o·mis·sion__ [ouмíʃən] 圀ⓊⒸ **1** 생략(된 것); 탈락(된 것); 누락, 간과. **2** 실수, 소홀, 태만; [법률] 부작위(不作爲).¶sins of ~ 태만 죄.
through an omission 실수로.
o·mis·sive [ouмísiv] 톙 태만한, 실수의. ~**·ly** 튀
‡**o·mit** [oumít] 타 (*-tt-*) **1** …을 생략하다, 빠뜨리다(*in, from*).¶~ the name *from* the list 명부에서 그 이름을 빼다. **2** (…하는 것)을 잊다, 게을리하다, (…하기) 싫다 ▷ NEGLECT 유의어.¶(~+*to do*) ~ *to* write one's name 이름 쓰는 것을 잊다//(~+*-ing*) He ~*ted locking* the door. 그는 문을 잠그는 것을 잊었다. **3** (폐어) 무시하다. **-ter** 圀 ▷ *omissient*.
om·ni- [ámni/óm-] [연결] all의 뜻.¶*omni*potent.
*__om·ni·bus__ [ámnibʌs, -bəs/ómnibəs] 圀 **1** (옛날의) 합승 마차, (현재의) 버스(bus); (호텔 등의) 전용 버스. **2** (보급판) 선집, 작품집(~ book). **3** =busboy.
── 톙 많은 것을 포함하는, 총괄적인, 여러 가지 대상을 다루는.
ómnibus bill 圀 일괄 법안.
ómnibus bòok [vòlume] 圀 (한 작가의) 작품집, 작품 선집(選集). 「께 앉는 좌석.
ómnibus bòx 圀 (극장·오페라 하우스의) 여럿이 함
ómnibus clàuse 圀 [보험] 총괄적 조항, 피보험자
ómnibus resolùtion 圀 일괄 결의. 「추가 조항.
Omnibus Tráde and Compétitiveness Act 圀 (the ~) (미) 포괄 통상(경쟁력)법(미국 경제의 경쟁력 강화와 불공정 무역국에 대한 보복 조치에 관한 법률). 「차.
ómnibus tràin 圀 (영) 역마다 서는 열차, 완행 열
om·ni·cide [ámnisàid/óm-] 圀 (핵전쟁 따위에 의한) 생물의 절멸[멸망].
om·ni·com·pe·tent [àmnikámpətənt/ɔ̀mnikɔ́m-] 톙 전권(全權)[절대적 권능]을 가진.
om·ni·di·rec·tion·al [àmnidirékʃənl/ɔ̀m-] 톙 [전자] (송·수신이) 전(全)방향성의, 전방위의. 「range.
omnidiréctional (rádio) ránge 圀 =omni-
om·ni·fac·et·ed [àmnifǽsitid/ɔ̀m-] 톙 (연구·고찰 등의) 모든 면에 걸친, 전면적인.
om·ni·far·i·ous [àmnifɛ́əriəs/ɔ̀m-] 톙 다종다양한, 잡다한, 다방면에 걸친. ~**·ly** 튀 ~**·ness** 圀
om·nif·i·cent [amnífəsənt/ɔm-] 톙 만물을 창조하는, 무한한 창조력이 있는. (또는 **omnific**) **-cence** 圀
om·ni·fo·cal [àmnifóukəl/ɔ̀m-] 톙 (렌즈가) 전(全)초점의.
om·ni·fu·tuant [àmnifjúːtʃənt/ɔ̀m-] 톙 (구어) (성교의) 상대를 가리지 않는, 아무나와도 성교하는.
om·nig·e·nous [amnídʒənəs/ɔm-] 톙 모든 종류의를 포함하는.
om·ni·par·i·ty [àmnipǽrəti/ɔ̀m-] 圀 완전 평등.
om·ni·po·tence [amnípətəns/ɔm-] 圀Ⓤ 전능, 무한한 힘의 구비; (O-) 전능하신 신(God).
om·nip·o·tent [amnípətənt/ɔm-] 톙 전능한, 무엇이든 할 수 있는. ── 圀 무한한 힘을 가진 자; (the O-) 신(God). ~**·ly** 튀
om·ni·pres·ent [àmniprézənt/ɔ̀m-] 톙 편재(遍在)하는, 동시에 어디에나 존재하는. **-cence** 圀

om·ni·range [àmniréindʒ/ɔ̀m-] 圀 [항공] 옴니레인지, 전(全)방향식 무선 표시. 約 VOR
om·nis·cience [amníʃəns/ɔmníʃəns] 圀Ⓤ 전지(全知); (O-) 신(God).
om·nis·cient [amníʃənt/ɔmníʃənt] 톙 전지의; 박식한. ── 圀 박식한 사람; (the O-) 신(God). ~**·ly** 튀
om·ni·sex [ámniseks/ɔ́m-] 톙 갖가지 성적 취미의를 가진 사람들이 관계하는. **-séx·u·ál·i·ty** (또는 **omnisexual**) 「"목적 핵파괴 장치".
om·ni·tron [ámnitràn/ɔ́mnitrɔ̀n] 圀 옴니트론(≒
om·ni·um [ámniəm/ɔ́m-] 圀 총액.
om·ni·um-gath·er·um [-gǽðərəm] 圀 (잡다한 물건·사람의) 뒤범벅, 뒤섞인 것; 무차별 초대 회합.
om·niv·o·ra [amnívərə/ɔm-] 圀 잡식(성) 동물.
om·ni·vore [ámnivɔ̀ːr/ɔ́m-] 圀 무엇이나 섭취하는(탐식)하는 사람; 잡식(성) 동물.
om·niv·or·ous [amnívərəs/ɔm-] 톙 **1** 무엇이나 먹는, 잡식성의(圏 carnivorous). **2** 취사 선택하지 않는, 닥치는 대로의; 남독(濫讀)하는.¶an ~ reader 남독가. ~**·ly** 튀 ~**·ness** 圀 「견통(肩痛).
om·o·dyn·i·a [òumoudíniə, àm-/ɔ̀m-] 圀 [의학]
o·mo·pha·gia [òuməféidʒə, -dʒiə] 圀 생식(, 특히) 생육을 먹는 일. (또는 **omóphagy**) 「(輝)).
om·pha·cite [ámfəsàit/ɔ́m-] 圀 [광물] 녹휘석(綠
Om·pha·le [ámfəli:/ɔ́m-] 圀 [그리스 신화] 옴팔레 (Hercules가 3년간 섬긴 Lydia의 여왕).
om·pha·los [ámfələs/ɔ́mfəlɔ̀s] 圀 (圏 -**li** [-lài, -liː]) **1** (圏뷔) 배꼽. **2** 중심(점). **3** 옴팔로스(고대 그리스의 Apollo 신전에서 세계의 중심으로 여겨졌던 원추형 돌).
om·pha·lo·skep·sis [àmfəlousképsis/ɔ̀m-] 圀 옴팔로스켑시스(신비주의에서 자기 배꼽을 응시하면서 하는 명상).
om·pha·lot·o·my [àmfəlátəmi/ɔ̀mfəlɔ́t-] 圀 [의학] (분만 후의) 탯줄 절단(술).
OMR [전자] *optical mark reader*(광학적 표시 판독 장치); *optical mark recognition* (광학식 표시 판독, 판독).
OMS (우주) *Orbital Maneuvering System* ((NASA의) 우주선[위성] 궤도 수정 시스템).
‡**on** ⇒ON. (p. 1927)
ON *octane number*; *Old Norse*(또는 **ON.**, **O.N.**); Ontario.
on- [an, ɔn/ɔn] [접두] 부사 on을 동반하는 동사 앞에 놓여 분사적 명사 또는 형용사를 만든다.¶*on*coming, *on*looker.
-on¹ [an/ɔn] [접미] 「소립자」「단위」「양자(量子)」의 뜻.¶neutr*on*, prot*on*.
-on² [an/ɔn] 「불활성 기체 원소」의 뜻.¶ne*on*.
on-a·gain, off-a·gain [ánəgènɔ́ːfəgèn, ɔ́ːn-/ɔ́nəgènɔ́fəgèn] 톙 발작적인, 종잡을 수 없는; 단속적(斷續的)인, 일시적인. (또는 **ón-agàin-óff-agàin**)
on·a·ger [ánədʒər/ɔ́n-] 圀 (圏 -**gri** [-grài], ~**s**) **1** (서남 아시아산의) 야생 당나귀. **2** (고대·중세의) 투석기(投石器). 「해] 무선(방송)의.
on-air [ɛ́ər] 톙 (실황) 방송(중계)(중)의; (유선에 대
on-and-off [ǝnɔ́(ː)f] 톙 단속적인.
o·nan·ism [óunənìzm] 圀Ⓤ **1** 성교 중절(中絶). **2** 수음(手淫), 자위, 오나니. 「拍).
-ist 圀 **-ís·tic** 톙
on·beat [ánbìːt/ɔ́n-] 圀 [음악] (4박자의) 강박(強
on-board [ⁿbɔ́ːrd] 톙 선상(기상(機上)]의에 장치된; (인공 위성 따위에) 탑재된; [컴퓨터] 회로 기판 상의[에 장치된].
ón-bóard mémory 圀 [컴퓨터] 온 보드 메모리 (프린트 회로반 위에 만들어진 메모리).
ONC (영) *Ordinary National Certificate*.
on-cam·er·a [⁴kǽmərə] 톙 (영) TV 카메라를 향해 직접 이야기하는 (장면).

「접촉」이 원뜻으로, 표면의 상하좌우를 불문하고 부착되어 있는 상태를 가리킨다. 따라서 「위에」라고 새기면 안될 경우가 많다. 「떨어져」를 뜻하는 off의 반의어인 만큼 「근접」의 뜻도 본래부터 가지고 있었으며, 이 접촉·근접의 뜻으로부터 접촉면에 작용하는 관계, 움직이는 방향이나 시간 관계도 가리키게 되었다. 역시 off와 더불어 중요한 전치사적 부사(prepositional adverb)의 하나다.

‡**on** [ɑn, ɔ:n/ɔn; 약 ən, n] 〖전〗 **I. 접촉**

1 (접촉) ···의 위에, ···의 표면에, ···에 접촉하여, ···을 타고, ···에 달아 매어져. ¶a cat *on* the roof 지붕 위의 고양이/ a fly *on* the ceiling 천장에 앉아 있는 파리/ go *on* a bicycle 자전거로 가다/ Hang your hat *on* the hook. 모자를 모자걸이에 걸어라.

> [유의어] **on** ···에 접촉하여(⊕ beneath, under): dust *on* the floor 마룻바닥의 먼지. **upon** on의 형식을 차린 말. **above** ···보다 위치가 높은, 위쪽의(⊕ below): 1,000 meters *above* sea level 해발 1,000 미터. **over** ···의 전면(全面)을 뒤덮고서; ···의 바로 위에; ···을 넘어서(⊕ under): the carpet *over* the floor 바닥 전면에 깔린 융단/ a lamp *over* the desk 책상 바로 위에 있는 램프. **up** ···을 따라서 위로 (⊕ down): go *up* a river 강을 거슬러 올라가다.

2 (부착·고착) ···에 붙여서. ¶a tag *on* the package 꾸러미에 붙어 있는 꼬리표/ a picture *on* the wall 벽에 걸려 있는 그림/ a handle *on* the door 문의 손잡이/ Keep the dog *on* the chain. 개를 쇠사슬에 매어 두어라/ Glue *on* the broken part. 망가진 곳을 아교로 붙여라.

3 (피복(被覆)·착용·소지(所持)) ···을 걸치고, ···에 씌우서; (구어) ···을 소지하고. ¶a glove *on* his left hand 그의 왼손에 낀 장갑/ She put a ring *on* her finger. 그녀는 반지를 끼었다/ Put the blanket *on* the baby. 이 담요를 갓난아기에게 덮어주거라/ I have no money *on* me. 가진 돈이 없다/ A gun was found *on* him. 뒤져 보니 그는 권총을 몸에 지니고 있었다(그의 몸에서 권총이 나왔다.

4 (상태) ···의 상태로, ···으로, ···중. ¶(on the + 형용사) *on* the cheap 값싸게/ take a few sweets *on* the sly 몰래 사탕을 몇 개 집다/ They were married *on* the quiet. 두 사람은 몰래 결혼했다(* on the cheap [sly, quiet]은 cheaply[slyly, quietly]와 거의 같은 의미이지만, 전자에는 보통 비난의 뜻이 담겨 있다)/ *on* (the) + 명사) a policeman *on* duty [guard] 당직[경계]중인 경관/ *on* the move 움직여서, 이동 파업중에/ *on* loan 대부하여; 빌어서/ *on* a trip 여행중으로/ be *on* fire 불타고 있다/ be *on* sale 판매되고 있다/ be *on* the watch 망을 보고 있다/ be *on* the increase [decrease] 증가[감소]하고 있다.

5 (누적·가중) ···에 더하여. ¶loss *on* loss 손해에 손해를 거듭하여/ heaps *on* heaps 쌓이고 쌓여, 중첩하여/ I have had ill-luck *on* ill-luck. 나는 거듭되는 불운을 겪었다.

6 (소속) ···의 일원으로; ···에 관여하여, ···에 참여하여. ¶be *on* the team[committee, staff] 팀[위원회, 직원]의 일원이다/ He is a reporter *on* the New York Times staff. 그는 뉴욕타임즈지(紙) 기자이다.

II. 근접(近接)

7 (근접) ···의 가까이에; ···에 접하여, ···에 면하여, ···을 따라서, ···쪽에. ¶the houses *on* the road 도로를 따라서 있는 집들/ *on* the outskirts of the town 소도시의 교외[변두리]에/ *on* both sides 양쪽에/ *on* the right hand 오른쪽에/ Turkey borders *on* Iran to the east. 터키의 동쪽은 이란과 경계를 이루고 있다/ They were *on* the verge of falling. 그들은 금방 쓰러질 것만 같았다/ Such a reform borders *on* absurdity. 그 개혁은 거의 어리석은 짓이다.

8 (우연한 만남) ¶happen *on* a person 우연히 남과 만나다/ The pickpocket crept up *on* a victim. 소매치기가 목표물을 노리고 살금살금 다가갔다.

III. 지지(支持)

9 (기초·소지(素地)·지지) ···에 지탱되어[떠받쳐져], ···을 바탕[배경]으로 하여. ¶a painting *on* canvas 캔버스에 그린 그림/ legs *on* a chair 의자 다리/ walk *on* tiptoe 발끝으로 걷다/ lie *on* one's back [face] 반듯이 눕다[엎드리다]/ He fell *on* his knees to thank God. 그는 하느님께 감사하기 위해 무릎을 꿇었다/ He fell down, but was *on* his feet again in a second. 그는 넘어졌으나 곧바로 일어섰다/ The earth turns *on* its axis. 지구는 자전(自轉)한다.

10 (운반·운동·지지 따위의 방법·수단) ···으로, ···에 의하여. ¶*on* the wing 날아서, 비행중에; (비유적) 돌아다녀, 뛰어[날아] 다녀/ go *on* foot [horseback] 걸어서[말을 타고] 가다/ go about *on* one's hands and knees 네 발로 기어다니다/ The car runs *on* gas. 자동차는 휘발유로 달린다/ Can you walk *on* your hands? 너는 물구나무 서서 걸을 수 있느냐?/ I'll be there *on* the noon plane. 그곳에는 정오의 비행기로 가겠습니다.

11 (매개) ···으로써, ···에 의해. ¶play a tune *on* the guitar 기타로 한 곡 치다/ talk *on* the phone 전화로 이야기하다/ I saw it *on* television. 나는 그것을 텔레비전에서 보았다/ Do you cook *on* wood?―No, we cook *on* coal. 장작으로 요리를 하십니까?―아닙니다, 석탄으로 합니다.

12 (출처·의존 관계) ···에서 나오는, ···에 의존하여; ···을 먹고서. ¶a duty *on* imported goods 수입품에 매기는 과세/ He lived alone *on* his old-age pension. 그는 노령 연금을 받고 혼자 살았다/ She depends *on* her father for money. 그녀는 아버지에게서 돈을 받고 있다/ Many people in East Asia live *on* rice. 동아시아에는 쌀을 상식하는 사람이 많다.

13 (근거·입각·이유·조건) ···에 의거[근거]하여, ···을 바탕으로 하여; ···의 이유로; ···의 조건으로. ¶*on* my word of honor 명예를 걸고 말하지만, 맹세코/ *on* account of old age 노령 때문에/ *on* pain of death 위반하면 사형에 처한다는 조건으로/ The movie is based *on* this book. 그 영화는 이 책에 근거를 두고 있다/ The news is *on* good authority. 그 뉴스는 믿을 만한 소식통에서 나온 것이다/ He did it *on* the instructions of his superiors. 그는 상사의 지시에 따라서 그것을 했다.

14 (구어) [술 따위를] 좋아하는; [약 따위를] 복용하여, 상용하여, [맥주 따위]에 중독되어. ¶He is much *on* beer. 그는 맥주를 아주 좋아한다/ He was *on* drugs for two years. 그는 2년 동안 마약을 상용하고 있었다.

IV. 방향·대상

15 (방향·대상) ···에, ···을[으로] 향하여, ···을 겨냥하여, ···에 대하여. ¶march *on* ···을 향하여 진군하다/ go shopping *on* the Myeongdong 명동에 쇼핑하러 가다/ turn one's back *on* the wall 벽을 등지고 있다/ a hotel facing *on* the lake 호수에 면한 호텔/ call *on* a person 남을 방문하다/ attack *on* a person 남을 공격하다/ hit *on* a person *on* the head 남의 머리를 치다/ smile *on* a person 남에게 미소를 보내다/ be mad *on* religious matter 종교적인 일에 몰두하다/ inflict damage *on* a person 남에게 손해를 끼치다/ The joke

was *on* me. 그 농담은 나를 빗대어 한 것이다.
16 《행동의 목적》 …의 용무로; …의 도중에. ¶go *on* an errand 심부름을 가다 / go *on* business 업무를 보러 가다 / go *on* hunting 사냥하러 가다 / set forth *on* an expedition to the South Pole 남극 탐험의 장도에 오르다 / He was *on* the way to school. 그는 학교에 가는 도중이었다.
17 《관계·관련》 …에 관하여, …에 대하여. ¶*on* foreign affairs 외무에 관하여 / speak *on* finance 재정에 관해 연설하다 / take notes *on* the lecture 강의를 노트하다.
18 《부담》 《구어》 《음식값의 계산 따위가》 …의 부담[비용]으로. ¶Have a drink *on* me. 내가 한턱 낼 테니 한잔하게나 / The dinner is *on* me. 식사는 내가 내겠다.
19 《불이익》 《美구어》 …이 곤혹스럽게, …에게 손해[폐]를 끼치어, …을 버리고. ¶walk out *on* one's family 가족을 버리다 / Once again he raised the rent *on* us. 또다시 그는 우리의 집세를 올렸다.

V. 때
20 《때·날·기회》 …에, …일 때. ⇒AT USAGE² ¶*on* Sunday 일요일에 / *on* a weekend 주말에 / *on* New Year's Day 정월 초하루[설날]에 / *on* the 3rd of January; *on* January 3rd 1월 3일에 / *on* the morning[night] of the 5th 5일 아침[밤]에 / *on* the following [previous] day 그 이튿날 [전날]에 / Do you go to church *on* this occasion 이 기회에 / Do you go to church *on* Sundays? 당신은 일요일에[마다] 교회에 가십니까? / Washington's birthday falls *on* a Sunday this year. 금년의 워싱턴 탄생일은 일요일이 된다.

USAGE **on Sunday, on Sundays와 on a Sunday**
── on Sunday는 과거형의 문장 속에서는 「지난 일요일(last Sunday, on Sunday last)」의 뜻을 나타내고, 미래형의 문장에서는 「다음 일요일(next Sunday, on Sunday next)」의 뜻이 된다. 또 on Sunday에는 Do you usually go to church *on Sunday*?와 같이 일반적으로 일요일을 가리킬 때도 있으나 이 경우엔 on Sundays라고 하는 것이 일반적이다. on a Sunday는 any Sunday의 뜻으로 on Sunday와 뜻은 같으나 형식을 갖춘 용법: The Children's Day falls *on a Sunday*. (어린이날은 일요일과 맞먹어진다.) 또 on the Sunday는 on Sunday보다도 더 떨어진 「그 다음[전] 일요일」의 뜻으로도 쓰인다. 또 of a Sunday는 「일요일 따위에는」의 뜻.

21 《시간적 근접·동시(同詩)》 …가까이에, 거의…; 《동명사·동작을 나타내는 명사와 함께》 …과 동시에, …의 뒤[직후]에, …의 결과. ¶It's just *on* 6 o'clock. 대략 6 시이다 / *on* arriving at Busan 부산에 도착하는 대로 / We demand cash *on* delivery. 배달과 동시에 대금을 지불해 주십시오 / *On* going into a dark room from the light we see very little. 밝은 곳에서 어두운 방으로 들어간 직후는 거의 눈이 보이지 않는다 / *On* second thought, I changed my plan. 나는 다시 생각한 끝에 계획을 변경했다.
be on (돈이) …에 걸려 있다. ┃ …마시고 있다.
be on it 할 마음이 있다; 고수(高手)다; 《漆구어》 술을 마시고 있다.
just on 대충, 약…, 거의…; 이제 곧(nearly). ¶just *on* three years ago 3년쯤 전에.
on and after …이후, 이래. ¶*on and after* April 1 4월 1일 이후로.
on it 《속어》 최고로, 멋지게.
──🖊️ **1** 《…의》 위에, 표면에; 타고. ¶get *on* 타다 / jump *on* to the shore 물가로 뛰어내리다. ⇒ONTO / She put the pan *on*. 그녀는 냄비를 얹었다.
2 입고, 몸에 지니고. ¶have nothing *on* 실오리 하나 걸치지 않고 있다 / draw one's boots *on* = draw *on* one's boots 장화를 신다 / Put your clothes *on*. 옷을 입어라.

참고 Put your clothes *on*.은 Put *on* your clothes.로 써도 괜찮으나, your clothes 대신 대명사를 쓰면, 항상 Put them *on*.의 어순(語順)이 된다.

3 붙어서, 떨어지지 않고, 단단히. ¶hold *on* 단단히 붙잡다 / cling [or hang] *on* 매달리다, 붙들고 늘어지다.
4 (어떤 장소를) 향하여, 앞으로; 자꾸자꾸, 계속해서, 이어서; (시간적으로) 잇따라, 보다 앞서서. ¶further *on* 더욱 나아가 / later *on* 나중에 / from that day *on* 그날부터 줄곧 / walk *on* 계속 걷다 / hurry *on* 계속 서두르다 / be well *on* 척척 진행되고 있다 / Time is getting *on*. 시간은 자꾸자꾸 흐르고 있다 / It was well *on* in the afternoon. 오후도 꽤 지났다 / It came *on* to rain. 비가 내리기 시작했다.
5 《강조》 자…, 어서…. ¶Come *on* in! 자, 들어오시오! / Come *on*, Mary! 자 메리야, 이리 온!
and so on ⇒AND.
either off or on ⇒OFF.   **later on** 나중에.
neither off nor on ⇒OFF.
on and off; off and on ⇒OFF.
on and on 계속하여, 쉬지 않고. 참 🖊️ 4
On, on. 《구어》 계속해! 계속 전진! ; 자 (좀더) 힘내!
on to... ⇒ONTO.
On with...! 《구어》 ① (옷·모자 따위를) 입으시오!, 쓰시오! ② …시작하시오!, …시작하자!
──🖊️ 《서술적》 (* 부사로도 취급된다.) **1** (일이) 진행중인, 시작된; (연극·영화 따위가) 상연[상영]중인; (시합·파업 따위가) 예정[계획]된; (법률) (사건·소송 따위가) 진행중인. ¶'Macbeth' is *on*. 「맥베스」가 상연되고 있다 / The race is *on*. 경마가 시작되고 있다 / What's *on*? 무엇이 상연되고 있나? ; 도대체 무슨 일이 났지?
2 (가스·수도·전기·라디오 따위가) 나오는, 통하는, 들어오고 있는; (기계·브레이크 따위가) 작동하고 있는. ¶Is the gas *on*? 가스는 나옵니까? / The water is not *on*. 물이 안 나온다 / The radio is *on*. 라디오가 켜져 있다.
3 《美속어》 마약에 중독된; 《英속어》 취한. ¶He was now slightly *on*. 그는 이제 알딸딸하게 취했다.
4 《英구어》 (…에) 기꺼이 참가하는, 찬성하는. ¶I'm *on*! 좋다!; 찬성이다! / There is a party tomorrow night. Are you *on*? 내일 밤 파티가 있는데, 오시겠습니까?
5 《英속어》 《부정문에서》 (계획 따위가) 실행 가능한, 받아들일 수 있는; 내기를 하여, 내기에 응하는.
6 (배우가) 무대에 서는, 나갈 차례의; 근무중의. ¶He has been *on* for three years here. 그는 3년째 여기서 일하고 있다.
7 《구어》 (남의 기분·사정을) 이해하는, 잘 알아.
8 〔크리켓〕 (타자의) 왼쪽의; 〔야구〕 누상의. ¶They had two men *on* when he hit the home run. 그가 홈런을 칠 때 주자가 둘 있었다.
be not on 《英구어》 ① (제안 따위가) 있을 수 없다, 불가능하다. ② 보기 흉하다, 부적당하다.
be on ① 찬성하다. ② …을 두둔하다. ② 《속어》 내기에 응하다. ③ 《英속어》 술에 취하다.
be on about 《구어》 …에 대해 계속 투덜거리다; …에 불만을 품다.
be on at 《구어》 〔남〕에게 (…하라고) 잔소리[불평]하다.
be on to 《구어》 ① (사건의 진상이나 진짜 동기 따위)를 눈치채고 있다, 잘 알고 있다. ② (남의 기분 따위)를 잘 헤아리고 있다. ¶I'm *on to* your little game. 네 수작은 다 알고 있어. ② …과 접촉하다, 연락을 취하다. ③ …을 나무라다, 비난하다.
be on with a person 남과 관계를 갖고 싶어하다. ¶ He is *on with* Mary. 그는 메리에게 열중해 있다.
be well on ⇒WELL.
── 🖊️ **1** (일이) 행해지고 있는 상태. **2** (the ~) 〔크리켓〕 (타자의) 왼쪽 전방(on side). 世 off
── 🖊️자 《美방언》 (앞으로) 가다, 나아가다.

once [wʌns] 부 **1** 일찍이, 이전에 (한 번), 한 때, 그 날에.¶a ~ happy man 일찍이 행복했던 사나이／We ~ have seen it. 우리는 전에 그것을 본 적이 있다. (* 「일찍이」의 뜻으로는 원칙적으로 글머리 또는 동사의 앞에 위치한다.

2 한 번, 1회.¶~ a day 하루에 한 번／I have been there ~. 나는 거기에 한 번 간 적이 있다(* 「한 번」의 뜻으로는 원칙적으로 동사 뒤에 위치한다)／O- bit [or bitten], twice shy. (속담) 한 번 혼나면 두 번째는 겁낸다, 자라 보고 놀란 가슴 소댕 보고 놀란다／We die but ~. (속담) 인간은 한 번 죽지 두 번 죽지 않는다.

3 (장차) 언젠가 한 번은.¶I should like to see Rome ~ before I die. 죽기 전에 한 번 로마를 보고 싶다. **4** (조건문에서) 한 번(일단) (…하면), (부정문에서) 한 번도 (…하지 않다).¶I have not seen him ~. 나는 한 번도 그를 만난 적이 없다／Three ~s are three. 3 곱하기 1은 3. **6** (~ removed) 한 단계(등급, 촌수) 떨어져.¶a cousin ~ removed 재종(再從).
every once in a way (미속어) 때때로. [6촌 형제].
if [or *when*] *once* 일단 …하면, 한 번이라도 …하면.
more than once 한 번만이 아니라, 몇 번이고.
not [or *never*] *once* 한 번도.
not once or twice (시) 한두 번이 아니라 몇 번이고.
once again [´´] 한 번 더; [`´] 원래대로.
once and again ⇒ AGAIN. [(and) *for all*①.
once and away ① 이따금, 때때로. ② =*once*
once (*and*) *for all*; *once and all* ① 단 한 번만, 한 번뿐, 이번만. ② 단호하게.¶Tell him so ~ *for all*. 그에게 딱 부러지게 그렇게 말하세요.
once in a blue moon ⇒ MOON.
once in a while (英) *way*] ⇒ WHILE.
once more ① =*once again*. ② 전처럼.
once or twice 한두 번; 몇 번인가; 극히 드물게.
once over 다시 한 번. [옛적에, 먼 옛날에.
once upon a time (옛날 이야기의 첫머리에) 옛날
―― 접 일단[한 번] …하면, …하자마자.¶O- the first trial is made, the rest is easy. 일단 손을 대면 그 다음은 간단하다／O- a beggar[*thief*], always a beggar [*thief*]. (속담) 한 번 거지[도둑]이 평생 거지[도둑].
―― 명 ① 한 번, 1회.¶O- is enough for me. 한 번이면 족하다. **2** (the [*this, that*] ~) (부사적) (이번[그때])
all at once ① 갑자기. ② 전부, 한꺼번에. [번뿐.
at once ① 곧, 즉시, 당장.¶I'll do it *at* ~. 곧 그것을 하겠습니다. ② 같이, 동시에.¶You cannot be in two places *at* ~. 동시에 두 곳에 있을 수는 없다.
at once…and …이기도 (하고) …이기도 (하다) (* 주로 문어).¶He is *at* ~ stern *and* tender. 그는 엄격하기도 하고 또 상냥하기도 하다.
(*every*) *once in a while* [or *way*] 때때로, 종종.
every once (*in*) *so often* 언제나, 항상.
for once in while [or *way*] (다른 경우는 몰라도)
for that once 그때에 한하여. [이번만은.
(*for*) *this once* 이번만은, 이번에 한하여.
(*just*) *for once*; *just the once* 이번만은, 한 번만은.
―― 형 이전의, 옛날의(former); 지난날의.¶my ~ friend 옛 친구.

once-in-a-life-time [⁴inəláiftaim] 형 (구어) 평생에 단

once-o·ver [⁻ðuvər] 명 (구어) **1** (the ~) 대충(대강) 훑어보기, 개략 조사. **2** (a ~) (청소·정돈 따위의) 날림. **3** 타격, 구타.
give…a [or *the*] *once-over* …을 대충 훑어보다; …을 대략 정돈[청소]하다; …을 때리다.
―― 형 엉성한, 거친.

once-o·ver·light·ly [⁻láitli] 명 (구어) 급히 처리하는 일, 대강 훑어보는 일; 엉성한 일, 급히 하는 날림.
―― 형 재빠른; 엉성한; 표면적인. ―― 부 후다닥, 대충.

onc·er [wʌnsər] 명 **1** (의무적인 일을) 한 번만 하는 사람. **2** (英구어) 일요일에만 교회에 가는 사람. **3** (美속어) 평생 한 남자에게 지조를 지키는 여자. **4** (英속어) 1 파운드 지폐. **5** (또는 **oner**) (구어) 걸물, 뛰어난 사람. **6** (濠속어) 재선 가능성이 없는 의원.

on-chip [⁴tʃíp] 형 (전자) 반도체 칩의, 반도체 칩에 회로를 집적한.

on·co- [áŋkou, -kə/ɔ́ŋ-] 연결 **1** 「종양(tumor), 부스럼」의 뜻. **2** 「양, 용적, 덩이」의 뜻.¶oncology 종양학／oncometer 용적[체적] 기록계.

on·co·gene [áŋkədʒiːn/ɔ́ŋ-] 명 발암(發癌) 유전자.

on·co·gen·e·sis [àŋkədʒénəsis/ɔ̀ŋ-] 명 (U) (병리) 종양(腫瘍) 형성, 발암(發癌). -**gén·ic** 형

on·co·ge·nic·i·ty [àŋkədʒəníseti/ɔ̀ŋ-] 명 (U) 종양 형성력[성], 발암성.

on·co·log·ic [àŋkəládʒik/àŋkəlɔ́dʒ-] 형 종양학의, 암 연구의. (또는 **oncological**) -**i·cal·ly** 부

on·col·o·gy [aŋkálədʒi/ɔŋkɔ́l-] 명 (의학) 종양학, 암 연구. -**gist** 명

on·com·ing [áŋkʌmiŋ/ɔ́ŋ-] 형 다가오는, 등장하는, 오는, 이번, 장래의.¶the ~ generation 신세대.
―― 명 (U) 접근, 도래, 시작.

on·cor·na·vi·rus [aŋkɔ́ːrnəvàiərəs, --́-⁻/ɔ́ŋ-] 명 (병리) 옹코르나바이러스(종양 생성에 관여하는 RNA를 가진 바이러스).

on-cost [⁴kɔ̀ːst] 명 (英) (회계) 간접비(overhead).

ón-dèck cìrcle [⁴dek-] 명 (the ~) 다음 타자석, 웨이팅 서클(다음 타자가 기다리는 자리).

on-de·mand [⁻dimǽnd/-máːnd] 형 온디맨드(주문식)의(이용자의 요구에 따라 네트워크를 통해 필요한 정보를 제공하는 방식). [라 만드는 값 비싼 책].

ón-demand bòok 명 (출판) 주문 도서(주문에 따

on·ding [ándiŋ/ɔ́n-] 명 (스코) 한없이 흘러나오는 [낙하하는 것; (비 따위가) 억수로 퍼붓는 것.

on-dit [F ɔ̃dí] 명 소문, 평판. (<F they say)

‡**one** → ONE. ⟨p. 1930⟩

one- [wʌn] 연결 「1」의 뜻.¶*one*-armed.

-one [oun] 접미 (화학) 「유도체」, 특히 「ketone 화合」의 뜻의 명사를 만든다.¶acetone. [합격(자).

1-A [wánéi] 형 (美) **1-A's**) 명 (징병 검사에서) 갑종

one-act·er [⁴æktər] 명 (구어) 단막극(오페라).

óne-a·dáy màn (美속어) 섹스를 좋아하는 남자.

óne-and-a-hálf striper (美해군 속어) 중위.

1-A-O [wánéióu] 형 (美) (징병 검사에서) 비전투원으로만 복무하는 양심적 참전 거부자를 나타내는 구분.

one-armed [⁴áːrmd] 형 외팔의, 외팔인 사람용의.

óne-arm(ed) bándit 도박용 슬롯머신(slot machine). [hit.

one-bag·ger [⁻bǽgər] 명 (야구속어) 1루타, =one-base

óne-base hít [⁻béis-] 명 (야구) 단타, 1루타.

1-C [wánsí] 명 (美) (징병 검사에서) 3군·연안 경비대·지구물리 조사대·공중 위생부 근무에 적합한 등급.

one-celled [⁻séld] 형 (생물) 단세포의.

1-D [wándí] 명 (美) (징병 검사에서) 예비군 요원 또는 군사 훈련을 받고 있는 학생을 나타내는 구분.

one-di·men·sion·al [⁻diménʃənl] 형 **1**차원의; (생각 따위가) 깊이가 없는, 시야가 좁은.

one-eighty [⁻éiti] 명 (구어) 180도 회전(변전).

one-eyed [⁻áid] 형 **1** 외눈(애꾸눈)의; 시야가 좁은, 일면적인. **2** 불공평한. **3** 작은, 하찮은, 열등한.

óne-eyed mónster 명 (美속어) 텔레비전. [완전한.

one-fold [wʌ́nfòuld] 형 한 겹(외겹)의; 전반적인,

one-for-one [⁴fərwʌ́n] 형 =one-to-one.

one-hand·ed [⁻hǽndid] 형 한 손(용)의; 한쪽 손만을 쓰는. [한 손으로.

one-hand·er [⁻hǽndər] 명 **1** 인극. [가수.

óne-hit wónder [-hit-] 히트곡 하나뿐인 팝가수·

one-horse [⁻hɔ̀ːrs] 형 **1** (말) 한 필이 끄는.¶a ~ sleigh 한 필의 말이 끄는 썰매. **2** (美구어) 2류의(second-rate); 하찮은, 사소한, 빈약한; 한정된.

one은 고대 영어에서 부정관사 a, an과 동일어이었으며, 그렇기 때문에 현재도 일차적으로는 「한 개(의)」, 「한 사람(의)」라는 뜻으로 쓰이고 있다. 이 수사(數詞)로서의 용법 이외에 one에는 중요한 용법이 두 개 더 있다. 그 하나는 일반적으로 사람을 나타내는 「총칭의 one」으로서의 용법이고, 또 하나는 이미 나온 가산(可算) 명사의 반복을 피하기 위한 대명사로서의 용법이다. 전자의 경우에는 one을 받는 대명사가 무엇이 되느냐가 중요하며(⇨ USAGE¹, USAGE²), 후자의 경우에는 it와의 관계 및 another, the other 따위와의 호응 관계를 잘 알아둘 필요가 있다.

‡**one** [wʌn] 웹 **1** 하나의, 한 개의; 한 사람의; 단일의(a single). ¶~ apple 한 개의 사과 /~ dollar and a half 1달러 50센트 / ~ member of the party 일행 중의 일원 / the principle of '~ man ~ vote' '1인 1표'의 원칙 / ~ man in a thousand 천에 한 사람 / in ~ line 한 줄이 되어 / in ~ [or a] word 한마디로 말하면, 요컨대 / with ~ stroke 일격에, 일필(一筆)로. ¶*O~ swallow does not make a summer.* (속담) 제비 한 마리 왔다고 해서 여름이 되는 것은 아니다; 좋은 징조가 보인다고 무턱대고 좋아해서는 안된다 / *O~ man is no man.* (속담) 세상은 혼자서는 살아갈 수가 없다.
2 (미래 또는 과거의) 어느, 어떤, 언젠가. ¶~ morning 어느 날 아침 / You will see him again ~ day. 너는 언젠가 다시 그를 만나게 될 것이다 / I met him ~ evening last month. 나는 지난달의 어느 날 저녁에 그를 만났다.
3 하나의[한 몸의] 된, 불가분의; 일치한. ¶with ~ accord 일치하여, 일제히 / be of ~ accord (모두가) 일치되어 있다 / All were of ~ mind. 모두가 한마음이 되어 있었다.
4 (…와) 같은 종류[성질, 상태 따위]의, 같은, 동일한 (the same). ¶We both belong to ~ team. 우리 둘은 같은 팀에 소속되어 있다 / They held ~ opinion. 그들은 같은 의견을 가지고 있었다 / All our pomp of yesterday is ~ with Nineveh and Tyre! 어제 누린 우리의 모든 영화도 니네베나 티레의 그것이나 다름없다.
5 (내용·결과 따위에 대해서) 중요치 않은, 아무래도 좋은. ¶It's all ~ to me whether they go or not. 그들이 가든 안가든 나는 아무래도 좋다.
6 (사람 이름에 붙여서) …이라는 (사람)(a certain). ¶*O~* John Smith was chosen. 존 스미스라는 사람이 선출되었다 / *O~* Mr. Smith came in your absence. 부재중에 스미스씨라는 분이 찾아 왔었습니다.
7 (the ~, one's ~) 단 하나의, 유일한(only)(* 강세를 주어 발음한다). ¶the ~ way to do it 그것을 할 수 있는 단 하나의 방법 / my ~ and only aim 나의 유일한 목적 / He's the ~ man I trust. 그는 내가 믿는 단 하나의 사나이다.
8 (another, (the) other와 상관적으로 써서) 한쪽의, 한편의. ¶on ~ hand…, on the other hand… 한편에서는…, 또 다른 한편에서는…/ from ~ end to the other 한쪽 끝에서 다른 쪽 끝으로 달리다 / *O~ man's meat is another man's poison.* (속담) 갑의 약은 을의 독.
9 a) (美구어) (뒤에 오는 형용사를 강조하여) 굉장한, 유달리. ¶~ wonderful girl 최고로 멋진 여자. b) (구어) (~ hell of a…로 강의적) 굉장한, 대단히. ¶~ hell of a (good) concert 아주 훌륭한 콘서트.
as one man 일제히, 다 함께.
at one time 한꺼번에, 동시에; 일찍이.
be all one ① (it를 주어로) (…에는) 변함이 없다, 아무래도 좋다(with). ② 모두 같은 의견이다, 의견이 일치하다. 「체하다(with); 결혼하다.
become one; be made one (…와) 합쳐지다, 합
be one [or *of one mind*] *with* …와 같은 의견이다
for one thing ⇨ THING.
If there is one thing a person does, it is… 딱히 (싫어하는 것 따위) 하고 있다면 그것은….
neither one thing nor the other 명확하지 않은.

one and only ① (the ~, one's ~) 유일무이한. ⇨ 웹 7. ② (the ~) (약칭) 진짜의, 거짓 없는.
one and the same ⇨SAME.   「미래에만).
one day (과거 또는 미래의) 어느 날 (* some day는
one or two 하나 또는 둘의; (구어) 두서넛의.
one way or another ⇨ WAY.
(what with) one thing or [and] another (구어)
with one voice 이구동성으로.   「이런저런 일로.
── 웹 **1** ⓤⓒ (무관사) (기수의) 1; (단수취급) 하나, 한 개, 한 사람. ¶~ or two 한두 개 / ~ at a time 한 번에 한 사람 / *O~* from four leaves three. 4-1=3.
2 (시계의) 한 시, 1분; (나이의) 한 살; 1달러[파운드]의 (지폐). ¶at ~ twenty-five 1시 25분에 / She is ~(-) and(-)twenty. 그녀는 21세다. * *one(-)and(-)twenty* 식의 표현은 현재는 아주 드물며, 특히 (美)에서는 희소하다. 사용하는 경우는 거의가 시간·연령을 나타낼 뿐이고, 그것도 50대 이하에 많다.
3 (명사 뒤에 붙어서 순서를 나타내어) 제1의… ¶page ~ 1페이지 / *number ~* 1번, 최고 / Book [Chapter, Section] *O~* 제1권[장, 절].
4 1의 숫자, 활자(1,Ⅰ,ⅰ). ¶a Roman ~ 로마 숫자의 I / He wrote down three ~s. 그는 1자를 석 자 썼다.
5 (주사위·도미노 골패의) 1의 눈 [점수].   「다.
6 (the *O~*) (수식어와 함께) (철학) 우주의 제1 원인, 근본 실재(實在), 만물의 본원(本源); 초월적 존재, 신(神), 절대자. ¶the Holy *O~*; *O~* above 신(God) / the Evil *O~* 악마.
7 (a ~) 예사롭지 않은[희한한, 별난] 사람, 괴짜. ¶His wife is a ~, isn't she? 그의 아내는 좀 별나잖아? / He is quite the ~. 그는 참 괴짜다.
8 (종종 a ~) (구어) 열애가, 예찬자, 열렬한 팬. ¶a ~ for football 풋볼 팬 / I was always a ~ for flowers on my hat. 나는 늘 모자에 꽃을 꽂기를 좋아했다.
9 ⓤ 일격(blow); 술 한 잔. ¶give a person ~ on the jaw 턱에 한 방 먹이다.
10 (…에 대한) 농담(joke); 허풍(about). ¶That's ~ on you. 그것은 너를 속인 것이니 / That was a nasty ~. 그것은 치사한 수법이었다.
all in one ① 결합하여, 하나로 뭉뚱그려. ¶I need them *all in* ~. 그것들을 모두가 필요하다. ② (단) 한
a one (부정문에서) 단 하나(도).   「번에.
as one 일제히(all together).
at one (…와) 일치하여, 협력하여(with). ¶I am *at* ~ *with* you on that point. 그 점에 관해서는 자네와 같은 의견이다.
by [or *in*] *ones and twos* 하나 둘[한 사람 두 사람]씩, 드문드문. ¶They came *by* ~s *and twos*. 그들은 삼삼오오 찾아왔다.
do ones (속어) 소변 보다.
for one 한 예로서, 한 개인으로서는. ¶I, *for* ~, do not believe it. 나 개인으로서는 그것을 믿지 않는다.
get…in one (구어) …을 곧 이해하다.
get one over (구어) …보다 유리하다.
have one over the eight 과음하다.
in one 한 몸[일체]이 되어; 하나로써 모두를 겸하여. ¶She was my mother and my teacher *in* ~. 그녀는 내 어머니이고 하고 선생님이기도 했다.
in ones 하나하나로, 하나씩으로.
in the year one 아주 옛날, 훨씬 이전에.

just one of these things 흔히 있는 일, 어찌할 수 없는 일. 「부부가 되다.
make one (구어) (무리의) 일원이 되다; 결합하다;
never a one 한 사람[하나]도 …하지 않다(none).
one and all ⇨ALL.
one by one 하나[한 사람]씩 (차례로). 「후의 한 잔.
one for the road (친한 사람과 이별할 때 마시는) 최
one of these days 근간에, 언젠가는, 근일 중에.
one of those… ⇨THOSE.
one on one 1대 1로, 맨투맨으로. 「는 사람.
one's ***one and only*** (구어) 가장 사랑하는[귀여워하
one too many (구어) ① 하나가 더 많은[남는], 쓸데 없는. ¶have ~ *too many* (drinks) 과음하다. ② (…에게는) 벅찬, 한 수 위인(*for*). ¶be ~ *too many for me* 나보다 한 수 위다.
one up on …보다 유리한, 한발 앞선. ¶A student of physics who is good at mathematics is ~ *up on* a student who is not. 물리학 전공에서 수학을 잘 하는 학생은 뒤지는 학생보다 유리하다.
one with another 평균해서, 대개(on the average).
since the year one 아득한 옛날부터, 태곳적부터.
ten to one 십중팔구.

── 때 1 (특정한 종류·무리 중의) 한 사람, 하나 (따위). ¶~ of the artists 그 화가 중의 한 사람/There are some apples. You may take ~. 사과가 몇 개 있다. 하나 집어라/He is ~ of the Frosts. 그는 프로스트 집안의 사람이다.

(USAGE)¹ 대명사 **one**의 용법── 이때 one은 he, she, it 및 그 변화형으로 받는다: *One* of the party broke one leg, and *he* had to remain. 일행 중 한 사람이 한쪽 발의 골절로 남지 않으면 안되었다/*One* of our cats can wag *its* tail. 우리 고양이 중 한 마리는 꼬리를 흔들 수 있다.

2 ⓊⒸ (수식 절·어구를 수반하여) 사람(person); 것(thing)(* 의인화된 것도 포함). ¶many a ~ 많은 사람들/such a ~ 그러한 사람[것]/my loved ~s 내가 사랑하는 사람들(자식·가족 등)/the evil ~ 악마/lie like ~ dead 마치 죽은 사람처럼 드러눕다/A hero is ~ who does what he can. 영웅이란 자기가 할 수 있는 일을 하는 사람이다. * 이 용법의 one, ones을 받는 것은 he, she, it, they 및 그 변화형이다.

3 Ⓤ (부정(不定)·임의의) 사람(은 누구든지), 우리. ¶as good as ~ would desire 누구나 탐낼 만큼 좋은/*O-* can be glad and sorry at the same time. 사람은 동시에 기쁨과 슬픔을 맛볼 때가 있다/*O-* cannot have ~'s cake and eat it. =*O-* cannot eat ~'s cake and have it. (속담) 과자는 먹으면 없어지는 법; 동시에 할 수 없는 일은 한 쪽을 희생하지 않으면 안된다/*One's* home is ~'s *capital*. (속담) 정들면 고향.

(USAGE)² (1) 이 종류의 one에 호응하는 대명사는 위에서 든 예의 (속담)에서 보는 바와 같이 one 및 그 변화형(one's, oneself)을 쓰는 경우도 있으나, (美)에서는 he (때로 she) 및 그 변화형을 쓰며, 또 그렇게 하는 것이 역사적으로 옳다는 의견이 유력하다: *One* always does *himself* and *his* audience an injustice when *he* speaks merely for the sake of speaking. 단순히 지껄이고 싶어서 말을 하는 경우, 사람은 항상 자기뿐만 아니라 듣는 이에게도 부당한 행위를 하고 있는 셈이 된다. (2) 구어적인 부가 의문에서는 one을 쓰면 딱딱하고 때로는 우스꽝스러운 느낌을 주기 때문에, 그 대신 you, we를 쓰는 경우가 있다: *One* can't be too careful, can *you*? 사람은 아무리 주의를 기울여도 지나치는 법이 없다. 안 그런가요? (3) 동물·신 등과 구별하여 「인간」을 나타내는 경우는 one이 아니라 man을 쓴다: *Man* is mortal. 사람은 언젠가는 죽는다.

4 Ⓤ (英) (점잔빼며 일컫는 말로) 나, 자신(I, me, we). ¶to press ~'s own claim 감히 내 자신의 요구를 말씀 드리자면/*O-* supposes you will come. 당신은 오리라고 생각하오.

5 (이미 나온 명사나 종류의 것을 가리켜) (그 중) 하나, 한 사람. ¶Have you a watch?—Yes, I have ~. 시계를 가지고 계십니까?—예, 가지고 있습니다/There are many misers in this town, and John is ~, too. 이 마을에는 구두쇠가 많은데, 존도 그 중의 한 사람이다/The issue is ~ for us students to discuss. 그 문제는 우리 학생들이 검토할 것 중의 하나다/These qualities are good ~*s* to have. 이러한 특질들은 갖추고 있어서 좋은 것들이다/An old fool is infinitely more tiresome than a young ~. 어리석은 늙은이는 젊은 바보보다 매우 성가신 존재이다.

(USAGE)³ (1) 형용사 어구를 수반할 경우에는 복수형 ones의 형태를 취할 수도 있으며, 또한 단수일 경우에는 부정관사를 수반한다. the를 붙여서 한정하는 경우도 있다. 또, 경우에 따라서는 형용사 다음에 오는 one[ones]을 생략하는 경우도 있다: He was more accustomed to sick people than to healthy (*ones*). 그는 건강한 사람들보다는 환자들에게 더 익숙해져 있었다. (2) 소유격 다음에서는 수식어가 붙지 않는 한 쓰지 않는다: My hat is smaller than yours. =My hat is smaller than your new *one*. (3) 이미 나온 명사와 동일한 것을 받을 경우, 또는 이미 나온 명사의 그 종류 전체를 대표하고 있을 경우에는 쓸 수 없다: He gave me a *watch* but I lost *it*. 그는 나에게 시계를 주었는데, 나는 그것을 잃어버렸다. (4) 불가산(不加算) 명사의 대용으로는 쓸 수 없다: Gamblers are pursuing money, and most of them lose *it* instead. 노름꾼들은 돈을 얻고자 쫓아다니지만, 대개는 반대로 돈을 잃고 만다.

6 (the other, another와 호응하여) 한쪽의 것[사람]. ¶two of the rescued, ~ Japanese and *the other* Chinese 구출된 사람들 중 일본인과 중국인 한 사람씩 두 사람/Some said ~ and some said *another*. 어떤 사람은 이렇게 말하고, 또 어떤 사람은 저렇게 말했다/They strove ~ against *another*. 그들은 서로 싸웠다.

7 Ⓤ (the를 붙여, the other와 호응하여) (양자 중의) 전자(前者)(* 때로 「후자」의 의미로 쓰이기도 한다). ¶Virtue and vice are before you; *the* ~ leads to misery, *the other* to happiness. 미덕과 악덕이 눈 앞에 있다. 후자는 사람을 불행으로, 전자는 사람을 행복으로 이끈다.

(USAGE)⁴ 단순히 대조의 느낌을 강조하기 위한 one… the other… 의 강조형으로도 쓰인다: Mental and physical health are so intertwined that *the one* inevitably influences *the other*. 정신적인 건강과 육체적인 건강은 밀접하게 결합되어 있어 한쪽이 반드시 다른 쪽에 영향을 미치게 되어 있다.

8 Ⓤ (any, every, no, some의 뒤에서) 사람, 것. ¶Every[No] ~ but her met him. 그녀 이외에는 모두가 그를 만났다(만났다).

9 Ⓤ (사전 따위에서 인칭대명사의 대표형으로) 사람, 것. ¶as fast as ~ can 가능한 한 빨리(* 주어에 따라 one이 I, you, her 등이 됨을 나타낸 것).

be a new one on …으로서는 처음이다, …은 지금까지 몰랐던 것이다.
be one for (*doing*) …(하는 것)이 능한 사람이다.
if ever there was one 틀림없이, 분명히.
I owe you one. (구어) (너한테) 은혜를 입게 되었구나, 신세졌다(* 여기서의 one은 a favor의 뜻).
one after another 속속, 차례로, 차례차례. ¶*O- after another* all his plans have failed. 그의 계획

Oneida

은 잇따라 모두 실패했다.
one after the other (두 사람, 두 개가) 번갈아, 교대로; (3개 이상이) 차례로.
one another 서로.¶We helped ~ another. 우리는 서로 도왔다.
one of those (구어) 호모(homosexual).
one of those things (구어) 할 수 없는[부득이한] 일.
one on top of the other (부사적) 차례로 쌓아.

She stacked the books ~ on top of the other. 그녀는 책을 차곡차곡 쌓았다.
(taking [or **taken**]) **one with another** 이것저것 합쳐 생각하면; 통틀어 말하면.
tell one from the other 둘을 구별하다.
the one that got away (구어) 놓쳐서 유감인 것 [사람]; 달아난 물고기[기회]; (운송계) 위험[죽음 따위]을 모면한 사람.

O·nei·da [ounáidə] 圀ⓒ 오나이더족(북미 인디언 Iroquois족의 한 부족); Ⓤ 그 언어.
one-i·de·aed [-áidiːəd] 圀 한 가지 생각에만 사로잡힌, 편협한. (또는 **one-idea'd**)
O'Neill [ouníːl] 圀 **Eugene (Gladstone)** ~ 오닐 (1888-1953: 미국의 극작가).
o·nei·ric [ounáiərik/-náiər-] 圀 꿈의, 꿈에 관한; 몽상적인, 신비적인.
o·nei·ro- [ounáiərə] 연결 「꿈」의 뜻.¶oneirocritic
o·nei·ro·crit·ic [ounàiərəkrítik] 圀 꿈점 치는 사람, 해몽가. **-i·cal** 圀 **-i·cal·ly** 위
o·nei·rol·o·gy [ounairálədʒi/-ról-] 圀 꿈학, 해몽학.
o·nei·ro·man·cy [ounáiərəmǽnsi] 圀Ⓤ 꿈점, 해몽.
one-legged [-légd, -légid] 圀 1 다리가 하나인, 외다리의. 2 치우친, 편벽된, 불공평한, 편파적인; 불완전한, 미비된.
one-lin·er [-láinər] 圀 (美) (재치있는) 짤막한 농담; 일행(一行) 제목.
one-lung [-lʌ́ŋ] 圀 1 폐가 하나밖에 없는. 2 (속어) (엔진·자동차 따위) 1기통의.
one-lung·er [-lʌ́ŋər] 圀 (속어) 1기통 엔진; 1기통인 탈것(오토바이 따위); 가짜 고급 손목시계.
one-man [-mǽn] 圀 1 한 사람만의[으로 된], 개인의.¶a ~ company 개인 회사/a ~ show 원맨 쇼; (그림 따위의) 개인전. 2 (동물 따위가) 한 사람만 따르는; (여자가) 한 남자밖에 사랑하지 않는.¶a ~ woman 절개가 굳은 여자.
óne-man bánd (여러 악기를 혼자서 연주해 보이는) 거리의 악사; (비유적) 혼자서 다 하기, 1인 활동.
óne-man óne-vote 圀 1인 1표의.¶~ rule 1인 1표제.
óne-man pláy (연극) 1인극.
one-min·ute [-mínit] 圀 (美) 하원 의원이 매일 아침 집무시간 전에 행하는 짤막한 담화.
one·ness [wʌ́nnis] 圀Ⓤ 1 단일성, 단독; 동일성; 통일성, 완전; (사상 등의) 일치, 합일. 3 일체감, 친화감.
one-night·er [-náitər] 圀 (美) =one-night stand.
óne-night stánd [-náit-] 圀 1 (美) 하룻밤 흥행; 그것을 행하는 곳. 2 (美속어) 하룻밤[한 번] 정사[관계] (의 상대); 순간적인 사랑.
óne-núm·ber sérvice [-nʌ́mbər-] 圀 (어디로 이동해도 연락이 가능한) 특정 개인 번호 전화.
1-O [wʌ́nóu] 圀 (美) (징병 검사에서) 양심적 병역 거부자 중 국익상 민간 업무에 적합한 자를 나타내는 구분.
one-of-a-kind [-əvəkáind] 圀 특별한, 독특한.
one-off [-ɔ́ːf/-ɔ́f] 圀圀 (英) 한 사람[1회]에 한한 (것).
one-on-one [-ʌnwʌ́n/-ɔn-] 圀圀 (…와) 맨투맨의 [으로], 1:1의[로].¶go ~ with …와 1:1로 맞서다. —圀 1:1의 대결; 맨투맨에 의한 지도.
101 [wʌ́nouwʌ́n] 圀 (美) (대학의) 기초 과정의, 입문의, 개론의; (비유적) 초보의, 기본의, ABC의(* 명사 뒤에 쓰인다).¶Economics ~ 경제학 입문/Marriage ~ 결혼 생활 ABC.
101-key kéyboard [-kìː-] 圀 (컴퓨터) 101 키보드(enhanced keyboard)(IBM의 표준 키보드).
one-pair [-pɛ́ər] 圀 (英) 2층의.¶~ back [front] 2층 뒷방[앞방]. —圀 2층 방.
one-par·ent [-pɛ́ərənt] 圀 (한정용법) 한 쪽 부모 의[만 있는], 편친(偏親)의.¶a ~ family 편친 가정.

one-piece [-píːs] 圀 (옷 따위가) 원피스인.¶a ~ bathing suit 원피스 수영복. —圀 (또는 **óne-píecer**) 원피스.
one-pip·er [-páipər] 圀 (英軍속어) 소위.
on·er [wʌ́nər] 圀 (英) 1 비길 데 없는 사람[것], 명인 (at).¶a ~ at eating 다시 없는 대식가. 2 (속어) 강렬한 일격. 3 (속어) 엄청난 거짓말. 4 (크리켓의) 1점타.
down it in a oner (속어) 단번에, 단숨에.
on·er·ous [ánərəs, óun-/ɔ́n-] 圀 1 성가신, 번거로운, 귀찮은. 2 (법률) 유상(有償)의, 부담이 따르는.
~·ly 위 **~·ness** 圀
‡**one's** [wʌnz] 1 one의 소유격. 2 one is의 단축형.
óne-seat·er [-síːtər] 圀 1인승 자동차[비행기].
‡**one·self** [wʌnsélf, wʌnz-] 圀 (複 **-selves**) 1 (강조용법) 스스로, 자기 자신이.¶do a thing ~ 몸소 일하다. 2 (one의 재귀형) 자기 자신을[에게].¶talk to ~ 혼잣말을 하다/absent ~ from school 학교를 결석하다 / pride ~ on …을 자랑하다/teach ~ 독학하다. 3 본래의[평소의, 정상적인, 건전한] 상태(자신).
be oneself ① 정상이다, 자제하다. ② 자연스럽게 거동하다.
beside oneself 자제심을 잃고, 미쳐서.¶He was beside himself with rage. 그는 화가 나 제정신을 잃고 있었다.
by oneself ① 혼자서, 외톨이로. ② 혼자 힘으로.
come to oneself 정신을 되찾다, 정신이 들다.
dress oneself 치장하다.
exert oneself (스스로) 노력하다.
for oneself ① 남에게 의지하지 않고, 혼자 힘으로. ¶You must judge for yourself. 너는 스스로 판단하지 않으면 안 된다. ② 자기를 위하여.¶You can keep this one for yourself. 이것은 네 몫으로 차지해도 괜찮다.
have oneself (방언) 즐기다, (충분히) 가지다.
in oneself 원래, 본질적으로, 그 자체로는, 실제.
in spite of oneself 자기도 모르게.
keep oneself to oneself 남과 어울리지 않다.
leave a person to himself 남을 자기 좋은 대로 하게 하다, 자기 생각에 맡기다.
of oneself (딴 데 원인이 없이) 저절로, 제 스스로.¶The door opened of itself. 문이 저절로 열렸다.
to oneself 자기 자신에게, 자신에게만; 혼자만, 마음 속으로.¶keep a secret to ~ 비밀을 자기 혼자서 간직하다.
unto oneself 그 자체로.
one-shot [-ʃɑ́t/-ʃɔ́t] 圀 1 한 번뿐인 것[일]; (잡지의) 특집호; 1회로 완결되는 소설[기사, 프로그램]; 한 번만의 연주, (다음 호의 예정이 없는) 잡지. 2 (배우의) 1회뿐인 출연. 3 (속어) 그 자리에 한하여 1회만 섹스를 허용하는 여자. (또는 **óne shòt**) —圀 1회만의, 한 번으로 유효한[유효한], 단발의.¶a ~ deal[sale] 단 한 번뿐인 거래[세일].
one-sid·ed [-sáidid] 圀 1 한 면만을 생각하는, 편파적인; 불공평한(partial).¶a ~ view 편견. 2 (법률) 편무적(偏務的)인(bilateral). ¶a ~ contract 편무계약. 3 (승부 따위가) 일방적인.¶a ~ fight 일방적인 싸움. 4 한쪽만의, 한쪽뿐인.¶a ~ street (한쪽에만 집이 선) 외쪽 가로(街路). 5 (식물의 기관(器官) 따위가) 한쪽만 발달한. **~·ly** 위 **~·ness** 圀
óne-sided tést 圀 =one-tailed test.

one-speed [ˊspiːd] 형 변속 장치[기어]가 없는.
óne-spót [ˊspɑt/-spɔt] 형 주사위에서 1의 눈금이
óne's sélf 대 (美) =oneself. 「있는 면.
one-star [ˊstɑːr] 형 (계급·등급을 나타내는) 별 하나의; (광의로) 저급의.
one-step [ˊstèp] 명 (the ~) [춤] 원스텝(4분의 2박자의 사교 댄스); 그 음악. 통 원스텝으로 춤추다.
one-stop [ˊstɑp] 형 한 군데에 모든 것이 구비된; 한 곳[창구]에서 모든 일을 처리하는.
óne-stop shópping 명 한 점포에서 여러 가지 상품을 다 살 수 있는 쇼핑. 「(육군) 일병.
one-strip·er [ˊstraɪpər] 명 (속어) (해군) 소위;
óne-tail(ed) tést [ˊtèɪl(d)-] 명 (통계) 편측(片側) 검정. (또는 **óne-sided tést**)
one-time [ˊtàɪm] 형 1 옛날의, 이전의(former). 2 한 번만의. 부 옛날에, 전에. 「창 수열.
óne-time pád 명 1회밖에 사용하지 않는 암호용 무
one-to-one [ˊtəwʌn] 형 1 1대1의, 상관적인; 두 사람의. 2 (수학) (집합론의) 1대1의.
one-track [ˊtræk] 형 1 (철도가) 단선의. 2 (구어) (비유적) 한 가지 일만 생각하는; 마음이 좁은, 편협한.
one-two [ˊtuː] 명 1 (권투) 좌우 (두 주먹의) 연타, 원투 (펀치) (~ punch[blow]). (구어) 강력한 연대; 격렬한 공격[비판]; 재빠른 반격. 3 (펜싱) 원투(2가지 동작을 결합시킨 공격); (축구) 1대1 패스, 4 (속어) 투파, 성적 유혹의 눈길. 「타를 퍼붓다.
give...the old one-two (사람·제안 등에) 좌우 연
── 통 강력한 결합의. ──통타 (권투) (상대에게) 원투 펀치를 날리다.
one-two-three [ˊtuːθriː] 명 (권투) 원투스리(3회 연속 펀치를 가하는 공격). 형 매우 쉬운, 효과적으로
「로. 부 뛰어드는 자살자.
one-un·der [ˊʌndər] 명 (英속어) 지하철[철도]에
óne úp (부사적) 1 (구어) 상대보다 한 걸음 앞서. 2 (구어) 1점차로 리드하고 있는. 3 각각 하나씩, 각 1점씩. 4 (인쇄) 1장씩 다른 것을 인쇄하는. 「다.
one-up [ˊʌp] 통타 …보다 한 발 앞서다, …을 능가하
one-up·man [ˊʌpmən] 통타 =one-up.
one-up·man·ship [ˊʌpmənʃɪp] 명U 상대보다 한 발(수) 앞섬[앞서는 방책]. (또는 **óne-úpsmanship**)
one-way [ˊweɪ] 형 1 일방 통행[교통]의, 편도의, 일방적인, 한 방향만의. ¶a ~ friendship 일방적인 우정. 3 (병 따위가) 사용하고 버리는, 재활용하지 않는.
óne-way gúy (美속어) 정직하고 예의바른 남자.
óne-way mírror 명 반투명 거울.
óne-way páckaging 명 1회용 포장.
óne-way póckets 명 (英속어) 인색(함).
óne-way strêet 명 일방 통행로.
óne-way tícket 명 1 (美) 편도 승차권(口) single ticket). 2 (익살) (…에게) 피하기 어려운 사태의 원인 [불씨]; 도망칠 구멍을 주지 않는 확실한 방법(to).
one-with [ˊwɪð] 명 양파가 든 샌드위치.
one-wom·an [ˊwʊmən] 형 여성 혼자 운영하는; 여성 1인용의; (남성이) 한 여성과만 교제하는.
óne wórld 명 (종종 O- W-) (국제 협조에 의한) 세계 통합, 하나의 세계. 「세계 정부 주의자. -**ism**
one-world·er [ˊwəːrldər] 명 국제(협조)주의자가.
on·fall [ɑnfɔːl, ɔ(ː)n-] 명 공격, 습격. 「(류)(奔流).
on·flow [ɑnflou, ɔ(ː)n-] 명 (물살의 세찬) 흐름, 분
on-glide [ˊglaɪd] 명 온글라이드(발성 기관이 다음 음으로 이동할 때 나는 경과음). *off-glide*
on·go·ing [ɑŋgouɪŋ, ɔ(ː)n-] 형 전진의, 발달 중인; 진행중의(developing). ── 명U 전진, 진행; (~s) 행동, 소행, 행위; 생긴 일(goings-on). ~ **ness**
on-hold [ˊhould] 형 (전화의) 통화를 기다리는 동안의. ¶ ~ dead time 통화 대기 시간 / ~ messages 통화 대기중에 제공하는 메시지[정보].
ONI (美) Office of Naval Intelligence(해군 정보국).

‡**on·ion** [ˊʌnjən] 명 (美 ~s [-z]) 1 UC (식물) 양파, 양파의 구근(球根)(식용); 양파의 비늘꼴 줄기(~ bulb); (광의로) 파류의 식물. 2 U 양파 냄새. 3 (속어) 사람(person); 머리. ¶a tough ~ 지칠 줄 모르는 놈. 4 (속어) 1달러. 5 (美속어) (음식점의) 신참 점원.
know one's onions (속어) 자기 일에 정통하다, 유
off one's onion(s) (英속어) 머리가 돈다. 「능하다.
── 통 1 …에 양파로 맛을 내다. 2 (눈을) 양파로 비벼서 눈물을 내다. ── 형 양파가 들어 있는.
~·like, ~·y 형 「근 지붕.
ónion dóme 명 (교회·궁전 따위의) 양파 모양의 둥
on·ion·skin [ˊʌnjənskɪn] 명U 얇은 반투명지(紙)
on-is·land·er [ˊaɪləndər] 명 (美) 섬의 토착민. 「장난, 쓸모없는.
on·kus [ɑŋkəs/ɔŋ-] 형 (濠속어) 나쁜, 매력없는; 고
on·lend [ɑnlend, ɔ(ː)n-] 통 (차입금을) 다시 빌려 [유자하다].
on·li·cence [ˊlaɪsns] 명U (英) 점내(店內) 주류 판매 허가; 주류 판매 허가점. *off-licence* 「limits
on-lim·its [ˊlɪmɪts] 형 출입 허가[자유]의. *off-*
on-line [ˊlaɪn] 형 (컴퓨터) 온라인. 1 통신 회선 따위를 이용하여 정보를 보낼 수 있는 상태. 2 컴퓨터 시스템에서 주변·외부 장치가 중앙 처리 장치(CPU)의 직접 제어하에 있는 상태. ── 형 1 (컴퓨터) 온라인(식)의, CPU에 접속된; 인터넷[컴퓨터] 이용의. 2 (라디오) (네트워크·방송국의) (계열국에) 프로그램 공급중의. 3 (TV) (비디오 녹화 프로그램이) 최종적으로 편집중의. 4 작동중의(운전중의). 5 (도로·철도의) 주요 노선 부근에 있는. 6 (통신) 암호 통신의.
── 부 (컴퓨터) 온라인으로. ¶shop ~ at Amazon.com 아마존 닷컴을 통해 온라인 쇼핑을 하다. (또는 **ónline**)
ón-line bánking 명 온라인 뱅킹(은행 거래).
ón-line búddy 명 온라인 친구(인터넷상의 친구).
ón-line cásino 명 온라인(인터넷) 카지노.
ón-line chát 명 온라인 채팅(chatting).
ón-line cómmerce 명 전자[인터넷] 상거래(e-commerce). 「업서비스).
ón-line dáting sèrvice 명 인터넷 중매
ón-line delàyed-time sýstem 명 온라인 딜레이드 타임 방식(데이터 즉시 불처리 방식).
ón-line mágazine 명 Webzine.
ón-line pórn 명 인터넷 포르노(물).
ón-line réal-time sýstem 명 온라인 리얼 타임 방식(직결 실시간(實時間) 처리 방식).
ón-line séarching 명 자동 검색; 인터넷 검색.
ón-line shópping 명 온라인[인터넷] 쇼핑.
ón-line stórage 명 온라인 기억 장치.
ón-line súrfer 명 인터넷 서퍼[무작위 검색자].
ón-line súrfing 명
ón-line sýstem 명 온라인 시스템[방식].
ón-line wríting 명 온라인 메시지 작성.
on·look·er [ɑnlʊkər, ɔ(ː)n-] 명 (스쳐가는) 구경꾼, 방관자(looker-on); 관찰자, 목격자.
on·look·ing [ɑnlʊkɪŋ, ɔ(ː)n-] 형 1 방관하는, 방관적인; 구경하는. 2 앞길을 내다보는, 예감이 드는.
‡**on·ly** ⇨ONLY. (p. 1934)
o.n.o. (英) or nearest offer(또는 그에 가까운 값으
on-off [ˊɔːf] 형 (전기) (스위치 따위가) 온오프식의.
ón-óff contról 명 (컴퓨터) 온오프[점멸]제어.
on·o·man·cy [ɑnəmænsi/ɔn-] 명 성명 판단.
on·o·mas·tic [ànəmæstɪk/ɔn-] 형 1 고유명사의; 이름의. 2 고유명사학의. 3 (법률) (서명이) 손수로 쓰인, 자서(自署)가 있는. -**ti·cal·ly**
on·o·mas·ti·con [ànəmæstɪkɑn/ɔn-] 명 고유명사집; 고유명사 전문 용어집.
on·o·mas·tics [ànəmæstɪks/ɔn-] 명 (단수급) 고유명사학; (특정 분야의) 전문 어휘 체계[연구].
on·o·mat·o·poe·ia [ànəmætəpíːə/ɔn-] 명U 의

부사·형용사·접속사로 쓰이며. 부사와 형용사로서는 「오직」과 「유일한」이라는 그 의미상 비교 변화가 없는 것이 특징이다. 또한 그 위치에 따라 문장의 뜻이 달라지는 수가 있으므로 주의하지 않으면 안된다. 예 Only he sees the book.(그만이 그 책을 보고 있다)/He only sees the book.(그는 책을 보고 있을 뿐이다)/He sees only the book.(그는 그 책만을 보고 있다)/He sees the only book.(그는 그 하나밖에 없는 책을 보고 있다).

‡on·ly [óunli] 🄫 **1** 오직, 단지, 다만 …뿐[만]; …에 지나지 않아, …밖에 없는. ¶I can tell you ~ what I know. 알고 있는 것밖에 말할 수 없다/I have ~ thirty dollars left. 30달러밖에 남지 않았다/O~ he remained. 그만이 남았다/O~ you [or You ~] can guess. 당신만이 추측할 수 있다/You can ~ guess [or guess ~]. 오직 추측할 수밖에 없다/You will succeed ~ [or ~ succeed] if you do your best. 최선을 다해야 비로소 성공하는 법이다.
2 (때를 가리키는 부사(구)를 강조하여) 바로…, 겨우…. ¶I heard it ~ yesterday. 바로 어제 그것을 들었다/I have ~ just finished the work. 이제야 겨우 그 일을 끝냈다.

USAGE 부사 only의 위치 — (1) 한 단어를 수식하는 경우는 그 앞뒤, (2) 절을 수식하는 경우는 주로 그 앞뒤, (3) 문(文)을 수식하는 경우는 동사의 앞에 놓이는 수가 많다. 일반적으로는 only를 동사 앞에 놓는 경향이 강하므로, 또 특히 강조할 경우를 제외하고는 부사 only가 문두에 오는 일은 드물다.

3 (명령법에 써서) 좀, 잠깐. ¶O~ think! 생각 좀 해보렴!/O~ fancy! 좀 상상해봐! **4** 마지막에는, 결과적으로. ¶He tried ~ to fail. 그는 해보았지만 결국 실패로 끝났다/You will ~ regret your harsh words to him. 그에게 지독한 말을 한 것을 너는 결국 후회하게 될 것이다. **5** 유일하게, 오직 한 사람(하나)만. ¶the ~ begotten Son of God 하느님의 독생자, 예수 그리스도.
have only to *do*; (구어) **only have to** *do* …만 하면 된다.
if only ① 오직 …이기만 하면 (좋으련만). ¶If ~ it would stop raining! 비가 그치기만 한다면 말야! ② 단지 …만 하고 있으면. ¶You will succeed if you ~ do your best. 전력을 다하기만 한다면 성공하게 마련이다.
not only…but (**also**) ~ ⇨NOT.

only just ① 간신히, 겨우; 거의 …않는. ¶ ~ just enough money 겨우겨우 채운 돈. ② 지금 막, 방금. ¶I've ~ just got out of bed. 지금 막 일어났다.
only not 거의, 마치 …이나 할 것 같이(all but, almost). ¶The fortress was ~ not abandoned to the enemy. 요새는 거의 적의 손에 넘어갈 지경이었다.
only to *do* ① 그 결과는 …뿐(※ 결과를 나타내는 부사구). ② 단지 …하기 위해(※ 목적을 나타내는 부사구). 참 **4**
only too ⇨TOO.
— 🄫 **1** (the ~, one's ~) (단수 명사와 함께) 유일한, 단 하나뿐인; (복수 명사와 함께) (단지) …뿐인. ¶an ~ son 외아들/my one and ~ friend 나의 유일 무이한 친구/This is the ~ example I can give you. 이것이 당신에게 보일 수 있는 유일한 예입니다. ¶Her ~ answer was sobbing. 그녀의 대답은 울음뿐이었다.

유의어 **only** 그것에만 한정하고 그 이상은 없음을 강조하는 말. **sole** 현재 관계가 있고, 고려의 대상이 되는 것은 그것뿐이라는 것을 강조하는 말; only보다 형식적이고 뜻이 강하다. **single** 수가 하나이고 딴 것과 결합·수반 관계가 없음을 강조하는 말. **unique** 같은 종류의 것은 그것밖에 없거나 그 특징이 두드러져 있는 것을 강조하는 말.

2 (the ~) (구어) 최상의, 제일의, 무쌍(無雙)한; 가장 알맞은. ¶our ~ novelist 우리 나라 최고[제일]의 소설가/He is the ~ man for the honor. 그야말로 그 영예에 어울리는 인물이다.
— 🄫 (구어) **1** 다만, 그러나, …이기는 하나, 그렇지만. ¶The day is pleasant, ~ rather cold. 날씨는 좋지만 좀 춥다/I would help you with pleasure, ~ I am too busy. 기꺼이 도와드리고 싶지만 공교롭게도 몹시 바빠서요. **2** (종종 that을 수반하여) …을 제외하고는, …만 아니면. ¶I would come, ~ (that) I am engaged. 바쁜 일만 없으면 가겠습니다.

성(擬聲)(법); ⓒ 의성어; [수사] 성유법(聲喩法).
on·o·mat·o·poe·ic [ànəmǽtəpíːik/ɔ̀n-] 🄫 성적인; 성유적인. **-i·cal·ly** 🄫
on·o·mat·o·po·et·ic [ànəmǽtəpouétik/ɔ̀n-] 🄫 =onomatopoeic. **-i·cal·ly** 🄫
ONR (美) *Office of Naval Research*(해군 조사부).
on-ramp [́-rǽmp] 🄫 (고속도로의) 진입 차선.
on-rec·ord [́-rékərd] 🄫 =on-the-record.
on·rush [ánrʌ́ʃ, ɔ́(ː)n-] 🄫 (an ~, the ~) 돌격, 돌진; 분류(奔流). **~·ing** 🄫
on-scene [́-síːn] 🄫 현지의, 현장의.
on-screen [́-skríːn] 🄫 (영화·TV·모니터) 스크린에 등장하는[하여]; (영화·TV) 출연중의[에].
on-sea·son [́-síːzn] 🄫🄫 시즌 중의[에]. — 🄫 (행락 따위의) 시즌; (장사 따위의) 대목.
on·sell [ánsèl, ɔ́(ː)n-] 🄫🄫 …을 제3자에게 팔다. 전매(轉賣)하다. ¶buy some works and ~ them 작품 몇 점을 사서 전매하다.
*****on·set** [ánsèt, ɔ́(ː)n-] 🄫 (the ~) **1** 착수, 시작, 개시. **2** 공격, 습격; (병의) 발병. **3** [음성] 어두 자음군(群). **4** [인쇄] 전자 사진술.
at the first onset 시작[개시]으로.
ónset póint 🄫 개시[착수] 지점.
on·shore [ánʃɔ̀ːr, ɔ́ːn-/ɔ́nʃɔ̀ː] 🄫 육지[물가]를 향해; 육상에서. — 🄫 육지로 향하는; 물가의, 가까운; 육상의; 국내에서의. [부적합한
ónshore wínd 🄫 (서핑) 해풍(파도타기에
on·side [ánsáid, ɔ́(ː)n-] 🄫 [축구·하키] 🄫🄫 온사이드[규정 구역내]의[에]. — 🄫 온사이드.
ónside kíck 🄫 [미식축구] 온사이드 킥(킥 오프한 팀이 다시 공격권을 얻기 위해 일부러 공을 짧게 차는 일).
on-site [́-sàit] 🄫 현지의[에서], 현장의[에서]. ¶ ~ inspection 현지 시찰.
ón-site mássage 🄫 출장 마사지 (서비스).
on·slaught [ánslɔ̀ːt, ɔ́(ː)n-] 🄫 (…에 대한) 맹공격, 급습, 맹습(*on*).
on·stage [ánstèidʒ, ɔ́(ː)n-] 🄫🄫 (연극) 무대(위)의[에서]; 공연중의[에].
on·stream [́-stríːm] 🄫 조업(가동)(중(개시 직전))의. — 🄫 (특히 일괄 작업에서) 조업하여, 활동[가동]하여; 조업 개시 직전에. — 🄫 조업, 가동.
on-street [́-stríːt] 🄫🄫 (특히 차가) 노상의[에

¶ ~ parking 노상 주차. [참] off-street
Ont. Ontario.
-ont [ɑnt] [연결] 「세포, 유기체」의 뜻. ¶dipl*ont*.
on·tal [ɑ́ntl/ɔ́n-] [형] 〔철학〕 =ontic. 「대로의(*for*).
on-tar·get [ˊtɑ́ːrgit] [형] 정확한; (…에) 적중한, 예상
***On·tar·i·o** [ɑntέəriòu/ɔn-] [명] **1** 온타리오(캐나다 남부의 주; 주도(州都) Toronto). **2 Lake** ~ 온타리오호(북미의 5대호 중 가장 작은 호수). **-i·an** [형][명]
on-task [ˊtæsk] [형] 명령받은 대로의, 형식대로의.
on-the-cuff [ˊðəkʌ́f] [형][부] 《美구어》 외상의[으로].
on-the-job [ˊðədʒɑ́b/-dʒɔ́b] [형] 근무중의; 직장에서의, 실습으로 익힌. **—** [명] =on-the-job training.
ón-the-jób tràining [명] 현장[직장] 연수, 작업을 통한 교육 훈련([약] OJT).
on-the-rec·ord [ˊðərèkərd/-rèkɔːd] [형][부] **1** (발언 따위가) 보도를 전제로 한[하여]. **2** 공개의[적으로]; 공식적인[으로]. (또는 **ón-rècord**)
on-the-run [ˊðərʌ́n] [형] 바쁜, 분주한.
on-the-scene [ˊðəsìːn] [형] 현장에서의, 현장의.
on-the-spot [ˊðəspɑ̀t/-spɔ̀t] [형] 《구어》 즉석의; 맞돈의; 현장에서의. 「로 실재하는. **on·ti·cal·ly** [부]
on·tic [ɑ́ntik/ɔ́n-] [형] 〔철학〕 존재와 관련된, 진정으
on-time [ˊtaim] [형] 정기적인; (시간에) 어김없는.
‡on·to [ɑ́ntuː, ɔ́ːn-, 약 -tə/ɔ́n-] [전] (＊《英》에서는 보통 on to; 또 on에 부사적 뜻이 강할 때도 on to로 쓴다. [참] on) **1** 《美》 …의 위에; …쪽으로, …을 향하여. ¶get ~ a plane 비행기에 타다. **2** …의 자세로. ¶set down ~ one's knees 무릎을 꿇다. **3** 《美구어》 …을 알아차리고, 알고, …에 정통하여. ¶get ~ a new job 새 일에 익숙해지다. **4** …와 연락[접촉]하여; …의 뒤를 밟아. **5** 《英》 …와 (…에 대해) 이야기[상의]하여(*about*). **6** 발견할 것 같아. 「을 찾아내다.
be onto a good thing 《구어》 횡재하다, 유리한 것
***be onto** a person* 《구어》 ① 남의 생각[속셈]을 알고 있다; 남의 부정을 발견하다. ② 《英》 남과 연락[접촉]
***hold onto** a person* 남에게 달라붙다. 　　　⌊하다.
You'll get onto it. 《구어》 걱정 마(Don't worry.), 곧 좋아질거야. 　　　「*tology*.
on·to- [ɑ́ntə/ɔ́n-] [연결] being, existence의 뜻. ¶*on-*
on·to·gen·e·sis [ɑ̀ntədʒénəsis] [명] =ontogeny.
on·tog·e·ny [ɑntɑ́dʒəni/ɔntɔ́dʒ-] [명][U] 〔생물〕 개체 발생. **on·to·ge·net·ic** [ɑ̀ntoudʒənétik/ɔ̀n-] [형]
on·to·log·i·cal [ɑ̀ntəlɑ́dʒikəl/ɔ̀ntəlɔ́dʒ-] [형] 〔철학〕 존재론(상)의; 존재론적인. (또는 **ontologic**)
-cal·ly [부] 　　　「[본체론]적 증명.
ontológical árgument [명] 〔철학〕 (신의) 존재론
on·tol·o·gism [ɑntɑ́lədʒìzm/ɔntɔ́l-] [명] 〔신학·철학〕 본체[존재]론주의. **-gìze** [동][타]
on·tol·o·gy [ɑntɑ́lədʒi/ɔntɔ́l-] [명] **1** 〔신학·철학〕 존재[본체]론, 존재학. **2** 형이상학. **-gist** [명] **-gís·tic** [형]
o·nus [óunəs] [명] (the ~) **1** 부담, 무거운 짐; (…에의) 책임, 의무(*on*). **2** 치욕, 오명. 〔<L burden〕
o·nus pro·ban·di [óunəs proubǽndai, -diː] [명] 〔법률〕 입증(立證) 의무[책임]. 〔<L burden of proof〕
‡on·ward [ɑ́nwərd, ɔ́(ː)n-] [부] 앞으로[에], 전방으로[에], 나아가서. ⇨FORWARD [유의어] ¶from now ~ 지금 이후/move ~ 전진하다/*Onward!* 《구령》 전진!, 앞으로! (또는 《英》 **onwards**) **—** [형] 전방으로의, 전진적인. ¶an ~ movement 전진. 　　　「해.
on-year [ˊjìər] [명] (격년 결실 과수의) 열매 열리는
-o·nym [ˊənim] [연결] name, word의 뜻의 명사를 만든다. ¶ant*onym*, syn*onym*.
on·y·mous [ɑ́nəməs/ɔ́n-] [형] 익명이 아닌, (책·기사 따위에) 저자 이름을 밝힌. [반] anonymous
on·yx [ɑ́niks, óun-/ɔ́n-] [명] **1** [U] 〔광물〕 줄 마노(瑪瑙), 오닉스; 줄 대리석(~ marble). **2** [U] 흑색, 칠흑. **3** 〔의학〕 손[발]톱. **—** [형] 칠흑의(jet black).
OO, O.O. [dʌ́blóu] =double-O; =once-over.
oo- [óuə] [연결] egg의 뜻. ¶*oo*logy. 「off-*B*roadway.
o/o, o.o. 〔상업〕 order *of*(…의 지시). **OOB** off-
o·o·blast [óuəblæ̀st] [명] 〔생물〕 난원(卵原) 세포.
O.O.C. *O*lympic *O*rganizing *C*ommittee.
oo·chie [úːtʃi] [명] 《美속어》 귀여운 사람.
o·o·cyte [óuəsàit] [명] 〔생물〕 난모 세포(卵母細胞).
O.O.D. *o*fficer *o*f the *d*ay[*d*eck].
OODA lóop [úːdə-] [명] (the ~) OODA 주기, 우다 사이클(전쟁·비즈니스 등의 효율적 의사[전략·전술] 결정·지휘 통제 과정 (고리); 적[목표]을 관찰하여(observe) 대응 방향을 정하고(orient) 최선의 대응책을 결정하여(decide) 행동에 나선다(act)는 전략). (또는 **OODA** (**Boyd**) **Cycle**)
oo·dles [úːdlz] [명][복] 《때로 단수취급》 《구어》 대단한 수량, 다량, 풍부. ¶~ of books 수많은 책.
oof [uːf] [명] 《속어》 **1** 돈, 현금. (또는 **~s, ooks**) **2** 〔권투〕 펀치력. **3** (술의) 알코올 도수. **—** [감] 으윽(놀람·고통·불쾌 따위). **óof·y** [형] 《속어》 부자의.
oof·bird [úːfbə̀ːrd] [명] 《英속어》 돈낳는 거위; 부자.
have an egg from the oofbird 유산을 받다.
oof·tish [úːftiʃ] [명][U] 《속어》 금전, 현금, 돈. 「우자.
oo·gam·ete [òuəgǽmiːt] [명] 〔생물〕 이형(異形) 배
o·og·a·mous [ouɑ́gəməs/-ɔ́g-] [형] 〔생물〕 **1** 이형 배우자의[를 가진]. **2** 난자[난(卵)접합] 생식의. **-my** [명]
o·o·gen·e·sis [òuədʒénəsis] [명][U] 〔생물〕 난형성(卵形成). **-ge·nét·ic** [형]
o·o·go·ni·um [òuəgóuniəm] [명] ([복] ***-ni·a*** [-niə], **~s**) 〔생물〕 난원(卵原) 세포; 생란기(生卵器). **-ni·al** [형]
ooh [uː] [감] 《구어》 어!, 어허!, 하!, 야!(놀람·경탄·기쁨·공포 따위). **—** [동][자] 야[하] 하고 외치다.
ooh and aah [or ***ah***] 놀람[경탄]의 소리를 지르다.
o·o·lite [óuəlàit] [명][U] 〔지질〕 **1** 어란암(魚卵岩). **2** (O–) (유럽 쥐라기 상층부의) 어란상 석회암. **-lít·ic** [형]
o·ol·o·gy [ouɑ́lədʒi/-ɔ́l-] [명][U] 조란학(鳥卵學).
oo·long [úːlɔ̀(ː)ŋ, -lɑ̀ŋ] [명][U] 우롱차(烏龍茶).
oom [uːm] [명] 《남아공》 백부, 숙부(uncle).
oo·mi·ac [úːmiæ̀k] [명] =umiak.
oom·pah [ú(ː)mpɑː] [명] 뿜빠뿜빠(악대에서 튜바 따위의 소리). (또는 **oompahpah**)
oomph [umf] [명][U] 《속어》 정력, 활력; (성적) 매력(sex appeal). **—** [감] 《속어》 으흠, 흐흥(콧소리 따위).
óomph gìrl [명] 《속어》 성적 매력이 있는 여자[여배우].
oont [unt] [명] 《인도》 낙타(camel). 〔<Hind〕
OOP 〔출판〕 *o*ut *o*f *p*rint(절판).
o·o·pho·rec·to·my [òuəfəréktəmi] [명] 〔외과〕 난소 절제[적출]술(ovariectomy). 「巢炎).
o·o·pho·ri·tis [òuəfəráitis] [명][U] 〔병리〕 난소염(卵
ooph·o·ro- [ouɑ́fərou] [연결] 「알, 난소」의 뜻(＊모음 앞에서는 oophor-).
ooph·o·ron [ouɑ́fərən/-ɔ́f-] [명] 〔동물〕 난소.
o·o·phyte [óuəfàit] [명] 〔식물〕 (이끼류의) 배우체.
oops [u(ː)ps] [감] 저런저런, 어럽쇼, 아뿔싸, 아차, 실례(놀라움·낭패·가벼운 사죄 따위). **—** [동][자] 토하다(*up*).
oops-a-dai·sy [ˊədéizi] [감] 《英구어》 《익살》 **1** (오르는 사람을 밀어주며) 여이샤! **2** =oops.
Óort('s) clòud [ɔ́ːrt(s)-] [명] 〔천문〕 오르트의 구름(명왕성 바깥쪽의 궤도를 돌고 있는 작은 행성의 떼).
OOS *o*ut *o*f *s*tock. 　　　「물) =zygote.
oo·sperm [óuəspə̀ːrm] [명] 〔식물〕 =oospore; 〔생
oo·sphere [óuəsfìər] [명] 〔식물〕 (이끼류의) 난구(卵球). 　　　「(卵胞子).
o·o·spore [óuəspɔ́ːr] [명] 〔식물〕 (이끼류의) 난포자
OOT, O.O.T. *o*ut *o*f *t*own.
o·o·tid [óuətìd] [명] 〔생물〕 오티드(감수 분열로 생긴 성숙란(成熟卵)과 극체(極體)).
***ooze¹** [uːz] [동][자] **1** (물·수분이) 배어[스며]나오다, 줄줄[질척질척] 흘러나오다(*from*/*through*). ¶(~+[前]+[名]) Water ~*d through* the paper bag. 종이 봉지에

ooze 서 물이 스며나왔다. **2** (기체·소리·빛 따위가) 새다. **3** (물건이) 수분을 내다, 질척거리다.¶My back ~d with sweat. 등에 땀이 배었다. **4** (비밀 따위가) 누설되다(out).¶(~★) The secret ~d out. 비밀이 샜다. **5** (용기·흥미 따위가) 차츰 사라지다, 어느 틈에 스러지다(away). **6** (군중 따위가) 서서히 나아가다, (사람이) 천천히 다가오다. **7** (감정 따위가) 우러나오다. **(**경멸적**)** (…을) 과장해 나타내다(with). ― ◉ **1** [수분]을 질척질척 내다, 배어 나오게 하다.¶~ sweat 땀을 흘리다. **2** …을 과장해 말하다. ― ◉ **1** 새어나옴[스며나옴, 삼출(滲出), 분비(물). **2** (무두질용의) 타닌액, 삼출액. 「(marsh).

ooze² 명Ⓤ (못·강 등 바닥의) 개흙(slime); 늪지, 습지

ooz·y¹ [úːzi] 형 배어[스며]나오는, 질질[줄줄] 흐르는; 질척질척한, 진흙의. **óoz·i·ly** 부 **óoz·i·ness** 명

ooz·y² 명Ⓤ(의 같은). **óoz·i·ly** 부 **óoz·i·ness** 명

op [ɑp/ɔp] 명 **1** =~ art. **2** (구어) 수술. **3** 탐정, 형사, 첩보원. **4** (美속어) 전신 기사(技士). **5** (종종 ~s) (英속어) 군사 작전.

OP (군사) observation post; original program; out of print; outpost. **op.** opera; operation; operator; opposite; optical; optime; opus. **Op.** opus. **o.p.** (英속어) observation post[point]; out of print(절판되어); overproof. **O.P.** observation post; (연극) opposite prompt(prompter의 반대쪽에); overproof.

op- [ɑp, əp/ɔp] 접두 ➡OB-.

OPA (美) Office of Price Administration(물가 관리국); optical plotting attachment. **OPAC** On-line Public Access Catalogue ((도서관의) 이용자 단말기).

o·pac·i·ty [oupǽsəti] 명 **1** 불투명; (사진) 불투명도. **2** Ⓒ 불투명체[부]. **3** 불명료, 의미가 모호함. **4** 우둔, 우매, 둔감.

o·pah [óupə] 명 (어류) 붉은개복치(대서양산).

*o·pal [óupəl] 명ⒸⓊ **1** (광물) 오팔, 단백석(蛋白石). **2** =~ glass. **~like** 형

o·pal·esce [òupəlés] 자 (오팔과 같이) 단백광(蛋白光)[유백광(乳白光)]을 내다.

o·pal·es·cent [òupəlésnt] 형 오팔 색으로 빛나는, 유백광을 내는. **-cence** 명 Ⓤ 단백[유백]광. **-ly** 부

o·pal·esque [òupəlésk] 형 =opalescent.

ópal glàss 유백색 유리.

o·pal·ine [óupəlin, -liːn/-lain] 형 오팔 같은; 단백광[유백광]을 내는(opalescent).
― [óupəliːn] Ⓤ **1** =milk glass. **2** 유백색.

Op Amp, op-amp (전자) operational amplifier(연산 증폭기)(演算増幅器).

*o·paque [oupéik] 형 **1** 불투명한, 빛을 통하지 않는. ¶an ~ body 불투명체. **2** (빛·소리 따위를) 통과시키지 않는, 부전도성의(to). **3** 광택 없는, (…으로) 흐릿한(with); 어두운(dark). **4** 알기 힘든, 까다로운; 명확하지 않은(obscure). **5** 우둔한, 어리석은(dull, stupid).
― 명 불투명체; (사진) 불투명액. **2** (the ~) 암흑.
―동 **1** (사진) [제판용 네가의 홈집]을 불투명액으로 수정하다. **2** …을 불투명하게 하다.
~·ly 부 **~·ness** 명

óp árt (종종 O- A-) (구어) 옵 아트(1960년대에 유행한 전위 예술의 한 경향). **óp àrtist** 명

OPC, opc ordinary Portland cement.

op. cit. [ɑp sit/ɔp-] 앞에 든 저서 중에.¶Thomas, ~, p.31 토마스 저(著), 앞에 든 저서 31페이지.
[< L *opere citato* in the work cited]

OP códe (컴퓨터) 연산(演算)[조작] 코드.

op-con [ɑpkɑ̀n/ɔ́pkɔ̀n] 명 (美) **1** (군사) 작전 통제; (작전에 의한) 병참 지휘. **2** 컴퓨터에 의한 작업(운영) 통제. (또는 **óps-còn**)

OPCW Organization for the Prohibition of Chemical Weapons(화학 무기 금지 기구).

ope [oup] 형동 (고어) =open.

OPEC [óupek] 명 석유 수출국 기구. (또는 **Ó·pec, O.P.E.C.**) [<Organization of Petroleum Exporting Countries]

OPECNA Organization of the Petroleum Exporting Countries News Agency(OPEC 통신).

Op-Ed [ápéd/ɔ́p-] 명 (美) 기명 논평 페이지(신문의 사설 반대쪽 면 맞은편 페이지). (또는 **Óp-Ed pàge**) [<opposite+editorial]

Opel [óupl/G óupl] 명 오펠(독일의 자동차 메이커 Adam Opel사; 그 회사제 자동차).

‡o·pen [óupən] 형 (**~·er; ~·est**) **1** 열린, 열려 있는, 열어 젖힌.¶an ~ gate 열려 있는 문/pull [push] the window ~ 창문을 당겨[밀어] 열다/throw ~ the door 문을 홱 열다.
2 널따란, 훤히 트인, 막히지 않은, 전망이 좋은; 장애물이 없는.¶an ~ field 널따란 들판/an ~ view 널리 내다보이는 조망/in the ~ air ➡OPEN AIR.
3 뚜껑이 없는, 덮개가 없는, 지붕이 없는.¶an ~ car 오픈카, 무개차(無蓋車).
4 벌어진, 펼쳐진; (상처 따위를) 덮지 않은.¶~ treatment of burns 붕대를 쓰지 않는 화상 치료.
5 공개의, 출입이 자유로운(to); (시합이) 아마·프로의 구별이 없는.¶an ~ court 공개 법정/be ~ to the public 일반에게 공개되어 있다.
6 (학교·상점·병원 등이) 열려 있는, (전람회·의회·연극 등이) 개최중인.¶The store is ~ even on Sunday. 그 가게는 일요일에도 연다. **7** 솔직한, 숨김없는, 편견 없는, 터놓고 대하는. ➡FRANK¹ [유의어]¶an ~ manner 솔직한 태도/an ~ mind 편견 없는 마음. **8** 이용[입수]할 수 있는, 채용할 수 있는.¶There was only one course ~ to me. 내가 취할 수 있는 길은 하나밖에 없었다. **9** (지위·자리 등이) 비어 있는, 공석의(for).¶The position is still ~. 그 자리는 아직 공석이다. **10** 제한이 없는, 금지되지 않은, (어획기가) 해금(解禁)의; (美구어) 주류 판매·도박이 허용되어 있는.¶an ~ season 해금기. **11** (기후가) 온화한(mild), 얼지 않는, 부동(不凍)의, 서리가 내리지 않는.¶an ~ winter 온화한 겨울/The harbor is ~. 그 항구는 부동항이다. **12** 미해결의, 미결정의; 미결산의.¶an ~ question 미해결 문제. **13** (…을) 받기 쉬운, 초래하기 쉬운, 면할 수 없는; (…에) 노출되어 있는, 무방비의(to). **14** 공공연한, 공개된.¶an ~ scandal 세상이 다 아는 추문. **15** 촘촘하지 않은; (직물이) 올[발]이 성긴, 구멍난; (군사) (대형이) 산개한, 광야에서 실시되는; (흙이) 푸석푸석한. ¶~ teeth 사이가 뜬 이, 성긴 이. **16** 활수한, 너그러운, 대범한, 관대한.¶He has an ~ purse. 그는 돈에 관해 대범하다. **17** 자유(항)의, 항행에 위험이 없는; 공해(公海)의.➡OPEN PORT¹, OPEN SEA. **18** (시간이) 비어 있는, (예약 따위로) 꽉 짜여 있지 않은.¶an ~ day 손이 비어 있는 날. **19** (경제) 개방의; (항구가) 해외 무역에 개방된. **20** (사상·제안 따위를) 받아들이기 쉬운; (인정에) 흐르기 쉬운; (사회가 변화에) 관용적인; 진보적인. **21** (가축의 암컷이) 임신하지 않은. **22** (인쇄) (활자가) 아웃트라인형의; 자간(字間)[단어 사이]이 성긴. **23** (음악) (오르간의 파이프가) 개관(開管)의; (현이) 개방의. **24** (의학) 변통(便通)이 순한. **25** (음성) **a)** (모음이) 개모음(開母音)의(⇔ close). **b)** (음절이) 개음절(開音節)의, 모음으로 끝나는. **c)** (자음이) 개구성의, 마찰[연속]음의([f] [s] [v] [z] [ð] 따위).¶an ~ consonant 개구 자음. **26** (마이크 따위가) 정상적으로 기능하는. **27** (형상·윤곽 따위의) 경계가 정해지지 않은. **28** (수표 따위가) 지참인에게 지불되는. **29** (병균 따위가) 전염될 우려가 있는, 개방성인. **30** (생물) (순환계가) 개방된. **31** (군사) (도시·국가 따위가) 영세 중립의, 비무장의, 무방어의. **32** (화학) (분자 구조가) 개쇄(開鎖)의.

be open about …에 대해 숨기지 않다.

be open to ① …의 여지가 있다. ② …을 순순히 받아들이다. ③ …에 개방되어 있다, 무방비이다.
be open with *a person* 남에게 숨기지 않다.
blow (wide) open ① (사람·일 따위가) …을 잡쳐 버리다; (비밀·부정 따위를) 널리 알리다, 폭로하다. ② (승패를 전혀 알 수 없게 하다.
have an open hand 손이 크다, 인색하지 않다.
keep one's eyes [ears] open 정신차리고 보다(귀를 기울이다).
keep one's mouth open 걸신들려 있다.
keep open house 내객을 환영하다.
lay oneself (wide) open to (구어) 공격·비판 따위의) 목표가 되어 있다.
lay...(wide) open ① …을 폭로하다, 드러내다. ② [상처 따위를] 절개(切開)하다; [몸·장소 따위를] 드러내다.
leave open ① 개방된 채로 두다. ② 미해결 상태로 두다.
open and above-board 매우 솔직히[하게].
open and shut (구어) (일이) 명백한, 단순 명쾌한, 쉽게 해결될 수 있는, 식은 죽 먹기의.
with (an) open hand 손을 벌리고; 관대하게, 후하게.
with open arms 두 팔을 벌리고, 크게 환영하여.
with open eyes 눈을 크게 뜨고.
with open mouth 어안이 벙벙하여.

— 타 (~s [-z]) 타 1 …을 열다; (보자기를) 풀다; …을 펼치다(unfold)(*out*, *up*). ¶ ~ a window 창문을 열다 / ~ a letter 편지를 개봉하다 // (~+目+副) ~ *out* a newspaper 신문을 펼치다.
2 (땅)을 개척[개간]하다, (길)을 내다(*out*, *up*); (교량 따위)를 개통시키다; (가능성)을 열다(*up*). ¶ ~ ground 개간하다 / ~ a chasm 깊은 굴을 파다 // (~+目+前+名) ~ a way *through* woods 삼림을 벌채하여 길을 내다 / (~+目+副) ~ *up* a mine 광산을 개발하다.
3 (공공 시설 따위)를 개방하다, 공개하다; (~+目+副) ~를 열다, 개업하다(*up*)(*with*). ¶ ~ a garden 정원을 개방하다 / (~+目+前+名) ~ (*up*) a country *to* trade 타국과 통상을 트다.
4 (교류·전투 따위)를 시작하다, 개시하다(*up*); (법률) …의 모두(冒頭) 진술을 하다; (회의의) 개회를 선언하다; (계좌 따위)를 개설하다. ¶ ~ (*up*) a campaign 캠페인을 시작하다 / ~ the case (변호사가) 모두 진술을 하다.
5 (변)을 통하게 하다; (종기 따위)를 째다(*up*).
6 …을 털어놓다, (비밀 따위)를 누설하다, 폭로하다 (*out*, *up*)(*to*). ¶ (~+目+前+名) ~ (*out* or *up*) one's mind *to* one's friend 친구에게 심중을 털어놓다. 7 …을 계발하다, …의 편견을 없애다; [마음]을 열다. ¶ ~ one's understanding 이해력을 넓히다 // (~+目+前+名) a person's eyes *to* the fact 남에게 사실을 인식시키다. 8 (대형 따위)를 산개(散開)시키다. ¶ ~ ranks 산개(散開)하다. 9 (해사) …이 잘 보이는 곳으로 나오다. 10 (들어갈 곳)에 침입하다; …에 herë놓다. 11 헝클어진 것을 풀다; (굳은 흙 따위를) 부수다. 12 (법률) (판결·포고·명령 따위를) 취소하다, 철회하다. 13 (야구) …의 돌파구를 열다. 14 (컴퓨터) (파일·윈도우)를 열다.

— 자 1 열리다, 벌어지다; 넓어지다; (책·신문 따위)를 펴다; (꽃이) 피다; 터지다(*out*, *up*). ¶ The door won't ~. 그 문은 아무리 해도 열리지 않는다 // (~+前+名) Please ~ *to* [or 英 *at*] page 20. 20페이지를 펴시오.
2 (문·창이 열려서) 향해[면해] 있다 (*into*, *onto*, *to*, *upon*). ¶ (~+前+名) ~ *upon* a little garden 작은 뜰에 면해 있다. 3 (홍행·공연 따위가) 시작되다; (의회의 따위가) 개막하다; 개업하다; (활동·행동 따위가) 개시되다(*up*); (학기가) 시작되다. ¶ The store ~s at 10 a.m. 그 가게는 오전 10시에 문을 연다 // (~+副) The market ~ed strong. 시황(市況)은 강세로 시작되었다. 4 …이 보이기 시작하다, (경치가) 펼쳐지다(*out*, *up*). ¶ (~+前+名) The beautiful views ~ed (*out*) *before* our eyes. 아름다운 경치가 눈앞에 전개되었다. 5 (마음이) 넓어지다, 발달하다; (미지의 것·일이) 알게 되다 (*to*). ¶ (~+前+名) His heart ~s *to* my words. 그는 내가 말하는 것을 알게 되어 있다. 6 (상처 따위가) 벌어지다; (손·부채 따위가) 퍼지다. 7 (대형이) 산개하다; (군이) 생기다, 성기어지다; 발이 자어지다. ¶ Ranks ~. 대형이 산개해 있다. 8 (사냥) (사냥개가 사냥감을 냄새 맡고) 짖기 시작하다. 9 (비밀 따위가) 밝혀지다, 폭로되다 (*to*). 10 (마음·기분 따위를) 털어놓다, 밝히다. 11 (경멸적) 마구 지껄이기 시작하다.
open an account with …와 거래를 시작하다.
open fire 공격을 시작하다 (*on*, *at*).
open into (문 따위가) …쪽으로 통하다.
open one's eyes 눈이 휘둥그래지다.
open one's lips 입을 열다, 말하다.
open one's plan 계획을 누설하다.
open out ① 열리다, 통하다, 보이다, 펼쳐지다. ② 자유롭게 지껄이다; 친해지다 (*to*). ③ (사업 따위를) 시작하다 (*in*); (일·생활 따위가) 순조롭다.
open up ① 열다, 개방하다; (꽃이) 피다. ② 행동을 시작하다; (군사) (…에게) 포격[총격]을 개시하다 (*on*, *at*). ③ (…에게) 마음을 터놓다 (*to*). ④ 비밀을 밝히다, 자백하다. ⑤ (경치 따위가 시야에) 펼쳐지다. ⑥ (명령형으로) 문을 열다. ⑦ (구어) (차가) 속력을 올리다. ⑧ 청중(카메라)에 얼굴을 향하다. ⑨ (직위·자리가) 비다.
open up a channel to ① …로의 길을 트다. ② …의 실마리(단서)가 되다.

— 명 1 (the ~) 널따란 장소, 공터, 광장. 2 (the ~) 옥외, 야외, 노천; 평야. 3 (the ~) 노숙하다. 3 널따란 바다(강, 호수). 4 (the ~) 공표; 주지의 사실, 공공연한 것. 5 (the O—) (프로·아마의 구별이 없는) 오픈 (경기 대회). 6 (the O—) ~ *university*. 7 (컴퓨터) 열기. 8 (美俗) 여는 괄호 ("(", "[", "(" 따위).
bring into the open 밝히다, 털어놓다.
come out into the open 밝혀지다, 알려지다.
in the open 공공연하게, 널리 알려져.
o·pen·a·ble [óupənəbl] 형 열려지는, 열 수 있는.
ópen áccess 명 (도서관의) 개가(開架).
o·pen-ac·cess [-ækses] 형 1 (英) = open-shelf. 2 누구나 들어갈 수 있는; 무시험의.
ópen accóunt (경제) 청산 계정(정기적으로 대차 차액만을 현금 결제하는 방식). [입학제.
ópen admíssions 명(복) (美) 대학 (무시험) 자유
ópen adóption 명 =independent adoption.
ópen áir 1 (the ~) 옥외, 야외. ¶ *in the* ~ 옥외에서, 야외에서. 2 외기(外氣).
ɟo·pen-air [-ɛər] 형 야외(옥외)의[에서 하는], 노천의; 옥외파의. ¶ an ~ game 옥외 경기.
~ish 형, **~ish·ness**, **~ness** 명
o·pen-and-shut [-ənʃʌt] 형 (구어) 첫눈에 알 수 있는, 명백한. ¶ an ~ case 이내 해결이 되는 사건.
o·pen-armed [-áːrmd] 형 양팔을 벌린; 마음으로부터의. ¶ an ~ welcome 마음으로부터의 환영.
ópen báck (제본) =hollow back.
ópen bállot 명 기명 투표, 공개 투표.
ópen bár (피로연·회합 따위를 하면) 무료로 음료 [를 제공하는 술집.
ópen bíd 명 공개 입찰.
ópen bóat 명 갑판이 없는 배.
ópen bóok 명 펼쳐놓은 책; 쉽게 이해할 수 있는 것[사람], 다 잘 알려진[아는 것(일).
ópen-book examinátion 명 참고서·사전류를 마음대로 보아도 좋은 시험.
ópen bús (컴퓨터) 오픈 버스(외부 기기에 자유롭게 접속할 수 있는 버스).
ópen cáll (특히 배우·댄서의) 공개 모집 오디션.
o·pen·cast [óupənkæst/-kàːst] (英) 명 형 부 =

opencut. 「경기 대회의 우승자.
ópen chámpion 〖명〗 참가 자격의 제한이 없는 오픈
ópen chámpionship 〖명〗 (프로·아마가 모두 참가하는) 오픈 선수권 대회.
ópen chéck 〖명〗〖英〗 보통 수표. 〖반〗 crossed check
ópen círcuit 〖명〗〖전기〗 개회로(開回路), 개방 회로. 〖반〗 closed circuit **ópen-círcuit** 〖형〗
ópen cíty 〖명〗 1 무방비[비무장] 도시. 2 자유 도시(국적·인종·신앙에 차별을 두지 않는 도시(국가)).
ópen clássroom 〖명〗〖美〗 (초등 학교의) 토론·개인 학습을 중심으로 하는 자유 수업.
o·pen-col·lar [-kálər-kɔ́l-] 〖美구어〗 재택 근무의. ¶an ~ worker 재택 근무자. 〖반〗 white-[blue-]collar
Ópen Cóllege 〖 (the ~) 〖英〗 (국영의) 방송 대학.
ópen commúnion 〖명〗〖교회〗 공개 성찬식.
ópen competítion 〖명〗 (누구나 참가할 수 있는) 공개 경쟁.
ópen cóntract 〖명〗〖속어〗 시행자[하수인]를 지정하지 않는 살인 지령. 「공개 법정.
ópen cóurt 〖명〗〖법률〗 (일반인의 방청이 허용되는)
o·pen-cut [-kʌ̀t] 〖형〗 1 노천(露天) 채굴. 2 개착(開鑿). ─〖명〗 노천 채굴의. ─〖부〗 노천 채굴로.
o·pen-date [-déit] 〖형〗〖종종 형용사적〗 (포장 식품의) 날짜 표시, 포장 연월일 표시; (식품의) 보존 (가능) 기간. ─〖타〗 (포장된 식품에) 제조 연월일[보존 기한]을 표시하다.
ópen dáting 〖명〗 (식품의) 신선도 보증 기간.
ópen dáy 〖명〗〖英〗 (학교·수업·시설 따위의) 일반 참관일((美) open house).
ópen díe 〖명〗〖금속〗 개방 금형(金型).
ópen dóor 〖 (the ~) 1 (통상상의) 문호 개방 (정책), 기회 균등. 2 입장 허가, 무료 입장; 공개; (성공에의) 문호. 3 진실 어린 환영.
force an open door 모처럼 호의를 베푼 사람에게 무리한 요구를 하다.
o·pen-door [-dɔ́ːr-] 〖형〗 문호 개방의, 기회 균등의; 공개의. ¶an ~ policy 문호 개방 정책.
o·pen-eared [-íərd] 〖형〗 1 귀를 기울이는. 2 (제안 따위의) 개방 경제.
ópen ecónomy 〖명〗 (등에) 응하는.
ópen educátion 〖명〗 개방 교육(개성을 발휘할 수 있는 활동과 자유 토론을 중시하는 교육법).
o·pen-end [-énd] 〖형〗 1 한도가 없는. 2 (투자 신탁이) 오픈식의. 3 넓은[일반적] 해석을 인정하는. 4 (녹음테이프가) 광고 넣을 여지를 남겨 놓은. 〖반〗 close-end
ópen-énd bónd fúnd 〖명〗〖증권〗 개방형 채권 펀드.
open-end·ed [-éndid] 〖형〗 1 (기간·수량 따위에) 제한[제약]이 없는, (허용 범위가) 넓은. 2 (정정·추가 따위) 중도 변경[조정]이 가능한, 재고(再考)의 여지가 있는. 3 (시험·앙케이트 따위가) 자유 해답식의, 다지 선택법에 의하지 않는. 4 (정부 따위가) 24시간 영업의.
ópen-end invéstment [mánagement] còmpany 개방형 투자 신탁 회사(mutual fund).
ópen-end invéstment trùst 〖명〗 개방형 투자 신탁.
ópen-end mòrtgage 〖명〗 개방형 담보(추가 차입에도 적용될 수 있는 담보). 「 전 (全) 학구제.
ópen enróllment 〖명〗〖美〗 = open admission.
o·pen·er [óupənər] 〖명〗 1 (복합어로) 여는 사람; 개시하는 사람; 여는 물건[도구], 병[깡통] 따개. ¶a can ~ 깡통 따개. 2 (연극·무대의) 최초의 공연물; (스포츠의) 개막전. ¶We won the ~. 우리는 첫 시합을 이겼다. 3 (~s) (카드놀이) 포커에서 내기를 시작하기에 충분한 끗수의 패. 4 [방적] 면면기(開綿機)(솜 덩어리를 풀고 불순물을 제거하는 기계).
for openers 먼저, 우선, 시작으로(to begin with).
o·pen-eyed [-áid] 〖형〗 1 눈을 뜬; (놀라서) 눈을 동그렇게 뜬. 2 경계하는, 빈틈없는, 주의 깊은. ¶with ~ attention 세심한 주의를 기울여. 3 알면서 한, 고의의. ¶an ~ commission of a crime 고의 범죄.
ópen fáce 〖명〗 1 사심(邪心) 없는 얼굴, 정직한 얼굴. 2 (시계의) 유리로만 덮인 문자판.
o·pen-faced [-féist] 〖형〗 1 순진[정직]한 얼굴의. 2 (시계가) 표면이 유리로 덮인. 3 (파이 따위에) 윗 껍질이 없는. (샌드위치에) 위에 빵이 얹혀 있지 않은.
o·pen-field [-fíːld] 〖형〗 (토지가) 공동 경작의.
ópen-field sýstem 〖명〗 (유럽 봉건 사회의) 개방 경작 제도.
ópen fráme 〖명〗 〖볼링〗 오픈 프레임(스트라이크 또는 스페어 처리가 되지 않은 프레임).
ópen góvernment 〖명〗 열린[개방] 정치.
ópen hánd 〖명〗 통이 큼, 활수함, 대범함.
with (an) open hand 통이 크게, 후하게, 활수하게.
o·pen-hand·ed [-hǽndid] 〖형〗 손이 큰, 인심이 좋은, 아끼지 않는(generous). ~·ly 〖부〗 ~·ness 〖명〗
ópen hármony 〖명〗〖음악〗 벌린 화성(和聲). 〖반〗 close harmony
o·pen-heart [-háːrt] 〖형〗 심장 절개의, 개심(開心)의. ¶~ surgery 심장 절개 수술.
o·pen-heart·ed [-háːrtid] 〖형〗 1 속을 터놓은, 솔직한, 숨기지 않는. 2 친절한. ~·ly 〖부〗 ~·ness 〖명〗
o·pen-hearth [-háːrθ] 〖형〗 평로(平爐)의, 평로로 제작한. ¶~ process 평로 제강법.
ópen hóuse 〖명〗 1 자택 공개 (파티). 2 〖美〗 (학교 따위의) 공개 수업 참관일; 견학일; 개방일. 3 손님을 환대하는 집. ¶keep ~ 언제든지 손님을 환대하다.
ópen hóusing[óccupancy] 〖명〗〖美〗 주거 개방 (인종·종교에 의한 주택 판매 차별의 금지).
ópen íce 〖명〗 (바다·강 따위의) 항해 가능한 빙면(氷面).
‡**o·pen·ing** [óupəniŋ] 〖명〗 (~s [-z]) 1 〖U〗 열기, 열리기, 벌리기, 개방. 2 공지, 공터, 광장; 숲 사이의 빈터. 3 (…으로/…에 통하는) 틈, 깨진 틈(gap), 구멍; 통로 (in/into). ¶an ~ in the wall 벽의 벌어진 틈. 4 〖C〗 개시, 시작, 발단, 모두(冒頭). ¶the ~ of the day 새벽. 5 〖U·C〗 (시즌의) 개막; (연극의) 개막, 서막, 개장, 초연; 개점, 개회, 개원, 개통; 개통식. 6 (…의) 공석, 결원(缺員), 취직 자리(at, in, for). ¶look for an ~ 취직 자리를 찾다. 7 (…의/…할) 기회, 호기(for/to do). ¶an ~ for a trade 교역의 호기. 8 〖U·C〗 〖증권〗 (거래소의 전·후장) 첫 입회[거래] (시세). 9 〖U·C〗 〖법률〗 개정 진술. 10 (게임의) 시작; 초반전. 11 〖U·C〗 (계절 상품의) 첫 매출. 12 〖속어〗 강도, 강탈; 금고털이. 13 넓이, 폭. 14 (책의) 좌우 양면(의 인쇄면). ─〖형〗 처음의, 개시의, 시작[발단]의. ¶an ~ ceremony 개회식/an ~ address 개회사.
ópening bátsman 〖명〗〖크리켓〗 선두 타자.
ópening gún 〖명〗〖구어〗 (대규모 사업·행사 따위의) 제1보, 제1단계, 시작. 「날 밤 공연.
ópening níght 〖명〗 (연극·영화의) 첫 공연날 밤, 첫
ópening príce 〖명〗〖증권〗 개장 순가격.
ópening státement 〖명〗 개막[개회] 성명; 〖법률〗 (재판에서의) 모두 진술. 〖반〗 closing time
ópening tíme[hóurs] 〖명〗 개점[개관, 영업] 시간.
ópen ínterest 〖명〗〖상업〗 미(未)결제 거래 잔고.
ópen léarning 〖명〗 독학, 독습; (특히) 통신 교육.
ópen létter 〖명〗 공개장[서한], 공개 질문서.
o·pen-line [-láin] 〖형〗 (라디오·TV 프로그램이) 시청자가 전화로 참여할 수 있는.
ópen lóop 〖명〗〖컴퓨터〗 개회로(開回路), 개방 루프(피드백이나 자동 수정 장치가 없는 제어 시스템). 〖반〗 closed
ó·pen-lóop 〖명〗 「loop
‡**o·pen·ly** [óupənli] 〖부〗 1 (more ~; most ~) 공공연히, 공적으로. 2 솔직하게, 내놓고(frankly).
ópen márket 〖명〗 자유[공개] 시장; 개방 경제.
ópen-márket operátions 〖명〗〖경제〗 (중앙 은행이 채권 따위의 매매를 통한) 공개 시장 조작.

ópen-market pólicy 공개 시장 정책.
ópen márriage 개방[자유] 결혼. 타 contract marriage
o·pen-mínd·ed [-máindid] 마음이 넓은, 허심 탄회한; 편견 없는. **~·ly** 부 **~·ness** 명
o·pen-mouthed [-máuðd, -máuθt] 1 입을 벌린; 어리둥절한. 2 탐욕스러운, 게걸스러운(greedy). 3 (사냥개가) 짖어대는; 떠들어대는, 시끄러운. 4 (그릇 따위가) 입이 큰[넓은].
o·pen·ness [óupənnis] 명 U 1 열려 있음, 널찍함. 2 숨김 없음, 솔직. 3 편견이 없음, 관대.
ópen órder 명 1 (군사) 산개 대형(extended order). 2 (상업) 무조건 주문(수량·가격을 파는 쪽의 재량에 맡기는 주문).
o·pen-pit [-pit] 형 =open-cut.
ópen plán 명 (건축) (각종 용도에 대응할 수 있도록) 칸막이를 최소화한 설계(방식).
ópen pólicy 명 (보험) 포괄 예정 보험 계약(증권).
ópen pollinátion 명 (인공 수분(受粉)이 아닌) 자연 수분, 방임 수분.
ópen pórt 명 1 자유항. 2 부동항(不凍港).
ópen prímary 명 (美) 개방 예비 선거(소속 정당을 명시하지 않고 유권자가 자유로 투표할 수 있는 예비 선거).
ópen príson 명 (쇠창살 따위가 없는) 개방 교도소.
ópen punctuátion 명 구두점을 별로 사용하지 않는 서식(書式).
ópen quéstion 명 1 미해결 문제, 미결 안건. 2 정당이 입장을 밝히지 않고 있는 문제. 3 (선택식이 아니라) 의견의 자유로운 표명을 요구하는 문제.
o·pen-reel [-ríːl] 형 =reel-to-reel.
ópen sándwich 명 오픈 샌드위치(소 위에 빵을 덮지 않은 것). 비교 open-faced 3
ópen scóre 명 (음악) 오픈 스코어(각 파트가 따로 따로 쓰여진 총보(總譜)).
ópen séa 명 (the ~) 공해(公海), 외양(外洋), 외해.
ópen séason 명 (the ~) 1 수렵[어획] 해금기. 2 (인물·사물에 대한) 비판[공격]의 적기[호기]. 3 (美) (경찰의) 단속 강화 기간.
ópen séat 명 현직 의원이 재출마하지 않는 선거구의 의석(議席).
ópen sécret 명 공공연한 비밀.
ópen sésame 명 (종종 O- S-) 열려라 참깨(난관을 빠져나가는 주문); (비유적) (성공 위한) 열쇠, 유효[확실]한 수단 (to). [< *The Arabian Nights* 중의 「알리바바와 40인의 도적」]
o·pen-shelf [-ʃélf] 형 (美) (도서관의) 개가식(開架式).
ópen shírt 명 오픈 셔츠.
ópen shóp 명 오픈 숍(노동 조합원이 아닌 사람도 고용하는 사업소). 비교 closed shop, union shop
ópen skíes 명 (단수취급) 영공 개방. ¶the ~ agreement[*or* arrangement] 영공 (상호) 자유 사찰 협정(略 OSI).
ópen socíety 명 개방 사회.
o·pen·space [óupənspéis] 명 (건물이) 벽이 없는 구조로 된, (방이) 이동 칸막이를 한.
Ópen Spáce Tréaty 명 (the ~) 우주조약(우주 공간의 탐사·활용·영유권 금지 등을 규정; 1967년 발효).
o·pen-stack [-stǽk] 형 =open-shelf.
ópen stóck 명 세트 상품의 결손분 보충용 낱개 상품(도자기·은·유리 그릇 따위).
ópen sýllable 명 (음성) 열린 음절, 개음절(開音節) (모음으로 끝나는 음절). 비교 열린 체계.
ópen sýstem 명 (열역학) 개방계(開放系); (컴퓨터)
ópen sýstems interconnéction 명 (컴퓨터·통신) 개방 시스템 상호 접속.
ópen téxture 명 1 (미학) (콘텍스트 이론에서) 열린 구조. 2 (발이) 거친 직물.
open-to-buy [-təbái] 명 (상업) 자유 재량 구입 예산.
ópen tówn 명 (美) (술집·도박 등을 허용하는) 방임 도시(Las Vegas 따위); (구어) 무방비[비무장] 도시.
ópen tráiler 명 짖으면서 사냥감을 쫓아가는 개.

ópen únion 명 개방 조합.
ópen úniverse 명 (천문) 열린 우주(우주가 영원히 팽창을 계속한다고 믿는 우주 모델).
ópen univérsity 명 (美) 통신 대학; (英) (the O- U-) 방송[개방] 대학.
ópen vérdict 명 (법률) 사인(死因) 불명의 판결.
ópen vówel 명 (음성) 광모음(廣母音).
ópen wáter 명 얼음이 얼지 않는 바다면.
o·pen-weight [-wèit] 형 (유도의) 무제한급.
o·pen·work [óupənwə̀ːrk] 명 1 (건축·조각·레이스 따위의) 투명 세공. 2 (건축) 노출 (배선) 공사. 3 (광산) 노천 채굴. **-wórked** 형
‡op·er·a¹ [ápərə] 명 ~s [-z] UC 1 가극, 오페라. ¶perform an ~ 오페라를 공연하다. 2 오페라의 총보(總譜). 3 (때로 O-) C 오페라 극장.
The opera's never over till the fat lady sings. (美속어) 일은 아직 끝나지 않았다, 승부는 끝나봐야 안다.
o·pe·ra² [óupərə, áp-/óp-] 명 opus의 복수형.
op·er·a·ble [ápərəbl/ɔ́p-] 형 1 실시할 수 있는, 사용 가능한. 2 수술이 가능한. **-bly** 부
ópera bóuffe [-búːf] 명 희가극(comic opera). [< F farcical opera] 〔탈리아 희가극〕
ópera búf·fa [-búːfə] 명 오페라 부파(18세기의 이탈리아 희가극).
ópera clóak 명 (관극·야외용) 여자 외투.
ópera co·míque [-kamíːk/F ɔpera kɔmik] 명 오페라 코미크(대화를 포함한 프랑스 가극; 비극도 있다). [< F comic opera] 〔쌍안경〕
ópera glàss 명 (보통 ~es) 오페라 글라스(관극용 쌍안경).
ópera hàt 명 오페라 해트(접을 수 있는 실크 해트).
ópera hòod 명 여자의 관극[야회]용 두건.
ópera hòuse 명 1 오페라 극장. 2 (美방언) 극장 (theater); 전시회장(exhibition hall). 〔수(演算數)〕
op·er·and [ápərænd/ɔ́p-] 명 (수학·컴퓨터) 연산수.
op·er·ant [ápərənt/ɔ́p-] 형 1 움직이는, 작용하는; 효력 있는. 2 (심리) 자발적인. — 명 직공, 숙련공, 일하는 사람. 〔리아 가극.〕
ópera sé·ri·a [-síəriə] 명 정(正)가극(18세기 이탈
‡op·er·ate [ápəreit/ɔ́p-] 형 (**-at·ed; -at·ing**) 자 1 (기계·기관 등이) 움직이다, 일[작동]하다. ¶This machine ~s night and day. 이 기계는 주야로 움직인다. 2 (…에) 작용하다, 영향을 미치다; (…에) (약이) 듣다, 효과를 나타내다(*on*, *upon*); …에 (유리[불리하게) 작용하다(*in favor of/against*). ¶(~+ 전+명) These factors ~d against his business. 이들 요인이 그의 사업에 불리하게 작용했다 // (~ +*to* do) Several causes ~d to begin the war. 몇 가지 원인으로 전쟁이 일어났다. 3 (…의) 처치[처리]를 하다 (*on*); 거래를 하다. ¶(~+전+명) The sculptor ~s on the clay or marble. 조각가는 점토나 대리석을 가지고 일을 한다. 4 (외과) (…의) 수술을 하다(*on*, *upon*). ¶(~+전+명) ~ on a patient for a tumor 환자의 종기 수술을 하다. 5 (군사) 작전을 세우다; (…에 대해) 군사 행동을 취하다(*against*). 6 (시세 변동을 노리고) 주가를 조작하다, 투기하다. 7 (회사 따위가) 경영[관리]되다. 8 (구어) (남을) 교묘히 다루다(*with*). ¶know how to ~ *with* the ladies 여성을 잘 다루다.
— 타 1 (기계 따위를) 움직이다, 운전하다. ¶~ a lathe 선반을 조작하다. 2 (美) (공장 따위를) 운영하다, 경영하다, 관리하다(manage). 3 (효과·결과)를 초래하다, (변화)를 일으키다(bring about), 결정하다. ¶~ remarkable changes 두드러진 변화를 가져오다. 4 …을 수술하다. ¶an ~d arm 수술한 팔.
op·e·ra·teur [àpərətə́ːr/ɔ̀p-] 명 (경영) 가격비(比) 효과 중시 경영자.
op·er·at·ic [àpərǽtik/ɔ̀p-] 형 오페라(풍)의, 오페라[가극]에 맞는. — 명 (보통 ~s) (단·복수 양용) 오페

라 상연[연출, 제작]; 과장된 몸짓. **-i·cal·ly** 튀

***op·er·at·ing** [ápərèitiŋ/ɔ́p-] 튀 1 경영(운영)상의. ¶~ expense 운영비. 2 수술(용)의. ¶an ~ table 수술대. 3 움직이고 있는, 작용[작동]하는; 운전[가동]중인. 4 (기계·설비의) 조작상의, 운전상의. 5 [금융] 영업 활동의.

óperating búdget 튀 [회계] 업무[영업] 예산.
óperating cóst 튀 운영비, 영업 경비, 경상 경비.
óperating íncome 튀 영업 수입.
óperating prófit 튀 영업 이익, 이윤.
óperating róom 튀 수술실(약 OR). (또는 《英》 operating theatre)
óperating sýstem 튀 [컴퓨터] 오퍼레이팅 시스템(컴퓨터 운영 프로그램[소프트웨어]; 약 OS).

‡**op·er·a·tion** [àpəréiʃən/ɔ̀p-] 튀 (복 ~s [-z]) 1 ⓊⒸ 제작·제조 따위의 공정, 방법; (기계의) 조작, 운전. ¶get a machine in ~ 기계를 작동시키다. 2 Ⓤ 사업, 계획; 공사; 운영, 경영. ¶the ~ of a railroad 철도의 운영. 3 Ⓤ (기관[器官]·마음의) 기능, 작용. ¶the ~ of breathing 호흡 작용. 4 Ⓤ (…에의) 효력, 효능, 영향(력)(on, upon); 유효 범위[기간]. 5 Ⓤ [법령·제도 따위의] 실시, 시행; 운용 (in, into). ¶put a law into ~ 법을 시행하다. 6 [외과] (질병에 대한 / 환자·환부의) 수술(for / on). ¶ perform an ~ on a patient for a tumor 환자의 종양 수술을 하다. 7 투기 매매[매입], 조작. ¶~s in cotton 면화의 투기 매입. 8 [수학] 운산, 연산. ¶four ~s 가감승제(加減乘除). 9 [군사] 작전, 〔복수〕 작전[군사] 본부[사령부]; (O-; 명사 앞에서) …작전[계획]. ¶a base of ~s 작전 기지. 10 (보통 ~s) (영업·판매의) 전략, 작전. 11 (~s) (비행기의) 이착륙 관제실. 12 [컴퓨터] 연산, 작업. ¶a direct[reverse] ~ 정(正)[역(逆)]산.

*****op·er·a·tion·al** [àpəréiʃənəl/ɔ̀p-] 튀 1 기능을 다하는; (기계 따위가) 운전[운용] 가능한. 2 조작상의, 작업의; 사용중의, 운전중의. 3 [군사] 작전상의. **-ly** 튀
operátional ámplifier 튀 [전자] 연산 증폭기.
operátional cálculus 튀 [수학] 연산법.
operátional contról 튀 [군사] 작전 통제.
operátional cósts[expénditure] 튀 운전 비.
operátional fatígue 튀 =battle fatigue.
op·er·a·tion·al·ism [àpəréiʃənəlìzm/ɔ̀p-] 튀 〔철학〕 조작주의. (또는 **operationism**) **-ist** 튀
op·er·a·tion·al·ize [àpəréiʃənəlàiz/ɔ̀p-] 튀 〔통사〕 …을 조작[운영, 연산]할 수 있게 하다, 조작[운용, 연산] 화하다. **-i·zá·tion** 튀
Operátion Bárbarossa 튀 바르바로사 작전 (1941년 독일의 소련 침공 작전의 암호명).
operátion códe 튀 [컴퓨터] 연산 부호.
Operátion Désert Stòrm 튀 사막의 폭풍 작전 (1991년 걸프 전쟁 때의 작전명). |ationalism|.
op·er·a·tion·jsm [àpəréiʃənìzm/ɔ̀p-] 튀 =operationalism.
Operátion Overlòrd 튀 오버로드 작전(노르망디 상륙 작전의 연합군측 암호명).
operátions reséarch 튀 《美》 오퍼레이션즈 리서치(정부·군대·기업 등의 복잡한 시스템에 관한 문제를 과학적·수학적으로 분석하는 기법; 약 OR). (또는 《英》 operational research)
operátions róom 튀 〔군사〕 작전 지령실.

*****op·er·a·tive** [ápərətiv, ápəréit-/ɔ́p-] 튀 1 활동하는; 작용하는, 영향을 끼치는. 2 (법률 따위가) 효력이 있는; (…에) 실시되는(in). ¶This law became ~ today. 이 법률은 오늘 발효했다. 3 (약 따위가) 효력이 있는. ¶an ~ dose of medicine 약의 유효한 1회 분량. 4 작업[생산 활동]에 종사하는, 작업의. ¶~ arts 수공업. 5 [외과] 수술(에 의한)의. ¶~ treatment 수술. 6 (언어 따위가) 적절한; 중요한. ── 튀 1 직공, 노동자, 숙련공. 2 《美語》 형사, 탐정; 스파이, 비밀 첩보원(secret agent). **~ly** 튀 **~ness** 튀

óperative wórds 튀[복] 중요어; [법률] 효력 발생 문언(文言).
‡**op·er·a·tor** [ápərèitər/ɔ́p-] 튀 (복 ~s [-z]) 1 (기계·장치 따위의) 조작자, 기사, 오퍼레이터; 운전사. 2 (전화국의) 교환원; (무선) 통신사. 3 경영자, 관리자. 4 [증권] (대규모적인) 투기꾼; 주식 중개인. 5 수술자, (수술의) 집도의(醫), 외과 의사. 6 [수학·컴퓨터] 연산자(演算子), 연산 기호. 7 《美語》 (경멸적) 사기꾼, 모략가; 요령이 좋은 사람; 벼락부자; 주색에 빠진 남자, 바람둥이. 8 《美俗어》 약장수; (학교에서) 뛰어난 학생. 9 비밀 첩보원, 공작원. 10 〔유전〕 작동 유전자. 11 〔언어〕 기능어; 작용어.

op·er·a·to·ry [àpərətɔ̀:ri/ɔ́pərətəri] 튀 (치과 치료실·과학 실험실 따위의) 특수한 기구·설비가 갖추어진 작업실. ── 튀 =operative. |창문.
ópera window 튀 (승용차의 뒷좌석 양 옆의) 작은
o·per·cle [óupərkl] 튀 1 (물고기의) 아감딱지. 2 아감딱지 뒷부분의 뼈. |개상 기관이 있는.
o·per·cu·late [oupə́:rkjulət, -lèit] 튀 뚜껑 같은 / 아
o·per·cu·lum [oupə́:rkjuləm] 튀 (복 **-la** [-lə], ~s) 1 [식물] 선개(蘚蓋). 2 〔동물〕 아감딱지. **-lar** 튀
o·pe·re ci·ta·to [óupəri: saitéitou/ɔ́p-] 앞에 든 책에서 (약 op. cit.). 〔<L in the work cited〕
op·er·et·ta [àpərétə/ɔ̀p-] 튀 오페레타. 경(輕)가극.
op·er·on [ápərɑn/ɔ́pərɔn] 튀 〔유전〕 오페론(유전자의 형질 발현에 관여하는 유전 단위).
op·er·ose [ápəròus/ɔ́p-] 튀 근면한, 일 잘하는; 힘드는, 어려운. **~·ly** 튀 **~·ness** 튀
OPF orbiter processing facility.
O·phe·lia [ouí:ljə/ɔ-] 튀 오필리아. 1 여자 이름. 2 셰익스피어 작 Hamlet의 비극적 등장 인물.
oph·i·cleide [áfəklàid/ɔ́f-] 튀 [음악] 오피클라이드(저음의 금관악기). |── 튀 뱀(snake).
o·phid·i·an [oufídiən/ɔf-] 튀 뱀류(蛇類)의; 뱀 같은.
oph·i·ol·a·try [àfiɑ́lətri, òuf-/ɔ̀fiɔ́l-] 튀 뱀 숭배. **-ter** 튀 뱀 숭배자. **-trous** 튀
oph·i·ol·o·gy [àfiɑ́lədʒi, òuf-/ɔ̀fiɔ́l-] 튀 ⓊⒸ 뱀학(學), 뱀 연구. **-o·lóg·i·cal** **-gist** 튀
oph·i·oph·a·gous [àfiɑ́fəgəs, òuf-/ɔ̀fiɔ́f-] 튀 뱀을 먹이로 하는.
O·phir [óufər] 튀 〔성서〕 오빌(Solomon이 금·보석·백단향을 얻은 땅. ──열왕기 (상)(1 Kings) 10 : 11).
oph·ite [áfait, òuf-/ɔ́f-] 튀Ⓤ 〔광물〕 휘록암(輝綠岩). |뱀주인자리.
Oph·i·u·chus [àfjú:kəs, òuf-/ɔfjú:-] 튀 〔천문〕
oph·thal·mi·a [ɑfθǽlmiə, ɑp-/ɔf-] 튀Ⓤ 〔안과〕 안염(眼炎).
oph·thal·mic [ɑfθǽlmik, ɑp-/ɔf-] 튀 눈의 (ocular), 안과의; 안염의. ¶an ~ hospital 안과 병원.
oph·thal·mo- [ɑfθǽlmou, -mə, ɑp-/ɔf-] 〔연결〕 eye의 뜻(* 모음 앞에서는 ophthalm-). ¶ophthalmology.
oph·thal·mo·log·ic [àfθælmələ́dʒik, ɑp-/ɔfθèlməlɔ́dʒ-, ɔ̀p-] 튀 안과학의. (또는 **ophthalmological**)
oph·thal·mol·o·gy [àfθəlmɑ́lədʒi, -θæl-, ɑ̀p-/ɔ̀fθælmɔ́l-, ɔ̀p-] 튀Ⓤ 안과학(眼科學). **-gist** 튀 안과 의사.
oph·thal·mo·scope [ɑfθǽlməskòup, ɑp-/ɔf-] 튀 검안경(檢眼鏡).
oph·thal·mos·co·py [àfθælmáskəpi, -θəl-, ɑ̀p-/ɔ̀fθælmɔ́s-, ɔ̀p-] 튀ⓊⒸ 검안, 검안경 검사(법).
-o·pi·a [óupiə] 〔연결〕 eye, vision, sightedness의 뜻. ¶amblyopia.
o·pi·ate [óupiət, -pièit] 튀 1 아편제(劑); 《구어》 마취제. 2 정신을 안정시키는 것; 진정제. ── 튀 1 아편이 함유된. 2 최면의, 마취시키는, 진정의. ── 튀[타] [óupièit] 1 …을 아편으로 처리하다; …에 아편을 섞다. 2 …을 마취시키다; 감각을 둔화시키다(dull).

OPIC (美) Overseas Private Investment Corporation(해외 민간 투자 회사).

o·pine [oupáin] [약살] [동]타 …이라고 생각하다[말하다]. —㊈ 의견을 말하다.

‡**o·pin·ion** [əpínjən] 명 (複) ~s [-z] 1 ⓊⒸ (종종 one's ~) (…에 관한) 생각, 의견, 견해; (~s) 지론, 소신(*on, about, of*). ¶ *personal ~* 개인 생각 / *one's ~ on the matter* 그 문제에 대한 견해.

> 유의어 **opinion** 절대적인 확신과 뒷받침이 없는 신념이나 판단; 오류와 이의의 여지가 있다. **sentiment** (보통 ~s) 심사 숙고 끝에 도달한 신념을 나타내는 의견이나 판단; 흔히 감정적 색채를 띤다. **view** 특히 공적인 문제에 대한 검토 결과에 기초하여 행하는 평가·판단·비판.

2 (사람들의) 생각, 태도; 세론, 여론(*public ~*).¶ *We are all slaves of ~.* (속담) 인간은 여론의 노예이다. 3 Ⓒ (재판관·변호사·의사 등의) 전문적 의견, 감정(鑑定); 〔법률〕(법원·재판관의) 의견, 판결 이유. ¶ *get the good ~ of critics* 비평가의 호평을 얻다. 4 (보통 have+a[an]+형용사+~ 형으로) (인물·사물에 관한) 평가, 판정, (선·악의) 판단(*of, about*). ¶ *a second ~ about her* 그녀에 관한 또 하나의 판단 / *What is your ~ of him?* 그를 어떻게 생각합니까?

act up one's *opinions* 신념에 따라 행동하다.

a matter of opinion 의견이 갈리는 곳[일치하지 않는 점]; 견해상의 문제.

be of (*the*) *opinion that; It is* one's *opinion that…;* One's *opinion is that…* …라 생각하다.

form one's *own opinions on* …에 대한 의견을 가지다. …하다(*on, upon*).

give [or *express*] one's *opinion* 자기의 견해를 말하다.

have [or *get, form*] *a bad* [or *low*] *opinion of* …을 나쁘게 생각하다; 깔보다.

have a good [or *high*] *opinion of* …을 좋게 생각하다

have no opinion of …을 별로 탐탁하게 여기지 않다.

have the courage of one's *opinions* 용기있게 소신을 밝히다.

in my opinion 내 생각에는, 내가 보기에는.

in the opinion of …의 주장에 따르면.

rise a step in a person's opinion 남으로부터 재평가 받다.

o·pin·ion·at·ed [əpínjəneitid] 형 자설(自說)을 굽히지 않는, 고집이 센, 독선적인. ~·ly 부 ~·ness 명

o·pin·ion·a·tive [əpínjəneitiv] 형 의견[신념] 상의; =opinionated. ~·ly 부 ~·ness 명

o·pin·ioned [əpínjənd] 형 1 (특별한) 의견을 가진. 2 =opinionated.

o·pin·ion-form·er [-fɔ̀ːrmər] 명 =maker.

o·pin·ion·ist [əpínjənist] 명 자기 주장을 굳게 지키는 사람; 이설(異說) 주창자; 분리파 교도.

opínion lèader 명 여론 주도자(者).

opínion magazìne 명 논평 잡지, 평론지(誌).

opínion màker 명 여론 형성자, 여론 주도자.

opínion mònger 명 (경멸적) 여론을 들먹이는 사람.

o·pin·ion·naire [əpinjənέər] 명 (여론조사의) 질문표, 앙케트. [<*opinion*+question*naire*]

opínion pòll [**súrvey**] 명 여론 조사.

o·pi·oid [óupiɔid] 형 〔약학〕합성 진통·마취제.

op·i·som·e·ter [ɑ̀pəsɑ́mətər/ɔ̀pismɔ́-] 명 곡선계(曲線計)(지도 위에서 곡선의 거리를 재는 기구).

o·pis·the·nar [əpísθənɑ̀r] 명 〔해부〕 손등.

o·pis·tho- [əpísθou, -θə] 〔연결〕 「뒤로, 뒤에, 뒤쪽의」(* 모음 앞에서는 opisth-). ¶ *opisthograph* (양면 서사(書寫) 사본).

*****o·pi·um** [óupiəm] 명ⓊⒸ 아편; (일반적으로) 아편 같은 것, 마비 증상을 일으키는 것, 도취시키는 것.

ópium dèn 명 아편굴.

ópium èater [**smòker**] 명 아편 상용자(常用者), 아편쟁이.

ópium hàbit 명 아편 상용벽(常用癖)[중독].

ó·pi·um·ism [óupiəmìzm] 명Ⓤ 아편 상용(常用), 아편 중독 (증상).

ópium pòppy 명 〔식물〕 양귀비(양귀비과)의 2년초.

Ópium Wàr 명 (the ~) (중국의) 아편 전쟁(1839-42).

OPM (美) Office of Personnel Management((연방 정부의) 인사국); (구어) *o*ther *p*eople's *m*oney(남의 돈); *o*utput *per m*an(1인당 생산량).

o·pop·a·nax [əpɑ́pənæ̀ks/əpɔ́p-] 명Ⓤ 〔약학〕 오포파낙스(향료·약제용의 방향성 수지).

o·pos·sum [əpɑ́səm, -pɑ́s-/əpɔ́s-] 명 (複 ~s) (북미산) 주머니쥐. (또는 **possum**)

play opossum (美俗) 죽은 체하다.

opp. *opp*ortunity; *opp*osed; *opp*osite; *opp*osition.

Op·pen·hei·mer [ɑ́pənhàimər/ɔ́p-] 명 **Julius Robert ~** 오펜하이머(1904-67: 미국의 물리학자; 세계 최초의 원자폭탄 제조를 지휘).

op·pi·dan [ɑ́pədən/ɔ́p-] 명 소도시(town)의, 도시의. ㅡ명 도시인, 시민; (英) (Eton교의) 교외 기숙생.

op·pi·late [ɑ́pəlèit/ɔ́p-] 동타 (관·파이프 따위를) 막다; 막히게 하다. **-lá·tion** 명

op·po [ɑ́pou/ɔ́p-] 명 (複 ~s) 1 (英속어) 동료, 친구. 2 (英구어) =opposite number.

op·po·nen·cy [əpóunənsi] 명 1 반대하는 일, 저항, 적대. 3 (英軍속어) 군사 작전.

op·po·nens [əpóunenz] 명 **-nen·tes** [əpənéntiːz/ɔ̀p-] 〔해부〕 대립근(筋).

‡**op·po·nent** [əpóunənt] 명 1 (논쟁·경쟁·경기 따위의) 대항자, 상대, 적수; 반대자, 대항 세력, =ENEMY

> 유의어 ¶ *an ~ in a debate* 논적(論敵). 2 〔해부〕 대립근(筋), 길항근(拮抗筋). ㅡ형 1 대항하는, 맞은 편의. 2 대립하는, 반대의. 3 〔해부〕 길항적(拮抗的)인.

*****op·por·tune** [ɑ̀pərtjúːn/ɔ̀pətjúːn] 형 1 (때가) (…에) 적당한, 시기가 좋은(*for*). ¶ *at the most ~ moment* 가장 계제가 좋은 때에. 2 (일·동작 따위가) 때를 얻은, 시의(時宜) 적절한. ¶ *~ remark* 시의 적절한 논평.

> 유의어 **opportune** 그 때 그 자리의 필요에 꼭 도움이 되는. **seasonable** 계절·입장·처지에 어울리는. **timely** 필요를 충족시킬 만한 적절한 시기에 일어나는(행해지는). **well-timed** timely되도록 배려·계획된. 그렇게 되었다고 여겨질 만큼 timely한. **pat** 그 자리에 딱 맞는, 안성맞춤한.

~·ly 부 ~·ness 명

op·por·tun·ism [ɑ̀pərtjúːnizm/ɔ̀pətjúːn-] 명Ⓤ 기회주의, 적당주의, 편의주의; 편의주의적 행동[판단]. **-ist** 명 기회주의자.

op·por·tun·is·tic [ɑ̀pərtjuːnístik/ɔ̀pətjuːn-] 형 1 편의주의적인; 기회주의의; 좋은 기회를 노리는. 2 (병리) (병원체가) 어떤 조건하에서만 질병을 일으키는.

‡**op·por·tu·ni·ty** [ɑ̀pərtjúːnəti/ɔ̀pətjúː-] 명ⓊⒸ (複 **-ties** [-z]) 1 (…의[을 위한] /…할) (좋은) 기회 (chance), 호기(*for* / *for doing, of doing, to do*). ¶ *equal opportunities for education* 교육의 기회 균등 / *find* [*make, have, get*] *an ~* 기회를 찾아내다[만들다, 가지다, 얻다] / *afford* [or *furnish, give, offer*] *an ~ to speak* 말할 기회를 주다 / *I have little ~ for hearing good music.* 좋은 음악을 들을 기회가 거의 없다. 2 향상[성공, 목표 달성]의 가능성[가능성]; 행운.

> 유의어 **opportunity** 「기회」라는 뜻의 가장 일반적인 말; 특히 희망·목적 따위의 달성을 위한 기회. **chance** opportunity와 같은 뜻이지만, 우연 또는 운이 가져다 주는 기회에 대해서도 쓴다. **occasion** 어떤 기회를 주거나 또는 어떤 행동을 필요로 하는 시기.

at [or **on**] **the first opportunity** 기회가 닿는[있는] 대로.
lose [or **miss, neglect**] **an opportunity of** …할 기회를 놓치다, 실기하다.
Opportunity makes the thief. (속담) 기회가 생기면 도둑질할 마음이 생긴다, 견물생심(見物生心).
take [or **seize**] **an** [**the**] **opportunity of doing** [or **to do**] 어떤[그] 기회를 이용하여 …하다.
opportúnity còst 图 [경영] 기회 비용(원가).
opportúnity gròup 图 신체 장애자 원조 단체.
opportúnity shòp 图 (濠·뉴질) 교회나 자선 단체가 운영하는 중고품 판매점.
op·pos·a·bil·i·ty [əpòuzəbíləti] 图⓪ 반대[대항]할 수 있음: (엄지와 다른 손가락과 같은) 대항성(對抗性).
op·pos·a·ble [əpóuzəbl] 囿 1 반대[대항]할 수 있는. 2 (엄지·원숭이처럼) (엄지가 다른 손가락을) 마주보게 할 수 있는 (to).
‡**op·pose** [əpóuz] 囲 (**-pos·es** [-iz]; **~d**) 围 1 …에 반대[저항, 적대]하다, …와 싸우다; …을 방해하다, 훼방하다; (…에 대해) …을 방해물로서 놓다(*against*), 대항[대립]시키다(*to*). ¶~ the enemy 적과 싸우다 // (~ +围+前+名) ~ a barrier *against* a flood 홍수를 방벽으로 막다 / ~ anger *with* good nature 성난 사람에게 상냥하게 대하다. 2 …에 대비[대조]시키다 (*to, against*). ¶(~ +围+前+名) ~ white to black 백을 흑에 대비시키다. 3 (엄지와 다른 손가락 따위를) 마주보게[대하게] 하다. 4 …와 (개념·의미가) 대립하다.
— 囲 대립[대립]하다; 대항하다.
유의어 **oppose** 「반대하다」의 뜻의 넓은 의미의 말. **object** 혐오·반감의 뜻이 강하며, 반드시 적극적인 반대 행위를 뜻하지는 않는다. **protest** 강하게 object하고 그 사실을 구두 또는 문서로 표명하다. **resist** 자기를 위협하는 것에 저항하다. **withstand** resist하여 잘 견디다.
~·less 囿 저항하기 어려운. **op·pós·er** 图
*op·posed** [əpóuzd] 囿 1 반대하는; 적대하는, 대립하는 (*to*). I am very much ~ *to* your plan. 네 계획에는 아주 반대이다. 2 대비되는, 대조적인(*to*). ¶Black is ~ *to* white. 흑은 백의 반대이다. 3 마주보는, 마주 선.
as opposed to …와는 대조적으로.
be [or **stand**] **opposed to** …에 반대하다, …의 반대편에 서다.
op·pos·ing·ly [əpóuziŋli] 囲 대항[대립, 대조]하여, 마주보고, 맞서서.
‡**op·po·site** [ápəzit, -sit/ɔ́p-] 囿 1 (the ~ +단수 명사로, 무관사 ~ + 복수 명사로) (…와) 반대쪽의[에 있는]; 마주보는, 맞은쪽[편]의(*to*). ¶the house ~ to ours 우리집의 맞은편 집 / on the ~ side of …의 반대편[쪽]에 / in the ~ direction 반대 방향으로. 2 (성질·방향·의미 따위가) (…와) 정반대인, 역의, 서로 용납되지 않는 (*to, from*). ¶the ~ sex 이성(異性).
유의어 **opposite** 위치·방향·행동·성질 등이 대조적으로 정반대의. **contrary** opposite의 의미에 적대·투쟁의 뜻을 내포하는 수가 많다. **contradictory** 한편을 긍정하면 다른 편은 부정하지 않으면 안 되는, 양립할 수 없는. **reverse** 반대 방향으로 향한[면한].
3 [식물] (잎이) 대생(對生)의(囿 alternate). ¶~ leaves 대생엽. 4 [수학] (2개의 변·각·원주상의 점이) 서로 마주보는. 5 기억하는; 적대하는, 반목하는. 6 (구어) (타구가) (타석과) 반대 방향의. ¶the ~ field (우[좌]타자의) 라이트[레프트] 필드.
— 图 — 1 반대의 물건[사람, 일]; 역(逆). ¶Light is the ~ *of* darkness. 빛은 어둠의 역이다. 2 반대말 (antonym). 3 [식물] 대생. 4 [고어] 반대[적대]자.
— 囲 맞은쪽[편]에; 반대의 위치에.
sit opposite to …와 마주 앉다, 대좌하다.
— 前 1 …의 맞은편에[의], …의 반대 위치[장소, 방향]에. ¶I live ~ the post office. 나는 우체국 맞은편에 살고 있다. 2 [연극] …의 상대역을 하다.
play opposite …의 상대역을 하다.
~·ly 囲 **~·ness** 图
ópposite ángle 图 [수학] 대각(對角).
ópposite númber 图 (구어) (one's ~) (다른 나라·조직·직장 따위에서) 대등한 사람[직함, 임무]; (다른 나라의) 동등 직원, 대응물(제도·기구·간행물 따위).
‡**op·po·si·tion** [àpəzíʃən/ɔ̀p-] 图 (圓 **~s** [-z]) ⓒ 1 (…에 대한) 반대, 저항; 적대, 대립, 항쟁; 방해, 대항 (*to*), 대립; 적대; 반감; 적의 ¶ ~ 에 저항을 받다 / The Democratic Party was in ~. 민주당이 야당이었다. 2 (…에 대한) 반목, 반감, 적의(*to*). ¶young people's ~ *to* their elders 젊은이들의 연장자들에 대한 반발. 3 [집합적; 단·복수 양용] 반대[적대]자, 적대 세력; 대전법[상대]; (종종 (the) O-) (여당에 대한) 반대당, 야당. ¶ the [or His, Her] Majesty's Loyal O- (英) 야당. 4 (…와) 반대의 위치에 둠[있음]; 마주보기, 맞서기, 대위 (對位); 대조, 대비(*to*). 5 [논리] 대당(對當). 6 [천문] 충(衝)(행성 따위가 지구에 대해 태양과 정반대의 위치로 오는 것).
have an opposition to …에 반대이다.
in opposition to …에 반대[저항·대립]하여, …와 대비하여.
offer opposition to …에 반대[저항]하다.
— 囿 반대의, 반대파의.
~·al, ~·ar·y, ~·less 囿
op·po·si·tion·ist [àpəzíʃənist/ɔ̀p-] 图 야당의 일원.
op·pos·i·tive [əpázətiv/əpóz-] 囿 대항하는, 대립적인. **~·ly** 囲
‡**op·press** [əprés] 圉囲 (**~·es** [-iz]; **~ed** [-t]) 1 (국민 등)을 (권력·세금 따위로) 압박하다, 학대하다, 박해하다; 탄압하다; 크게 차별하다. ¶~ the ethnic group 소수 민족을 탄압하다. 2 (수동형으로) (걱정·슬픔 따위가) (남)에게 중압감을 주다, 괴롭히다, 답답하게 하다, 짓눌러 누르다(*by, with*). ¶(~ +围+前+名) be ~ed *with* trouble [the debt] 고뇌[빚]에 시달리다. 3 (고어) …을 눌러 으깨다, 압도하다. 4 (고어) (폭동 따위)를 진압하다, 진정시키다.
유의어 **oppress** 가해지는 압박과 그 영향을 강조하는 말: 때로는 depress의 강조적인 말로서도 쓰인다. **depress** 주로 의기 소침한 상태로 하다.
~·i·ble 囿 **~·ing·ly** 囲
‡**op·pres·sion** [əpréʃən] 图 (圓 **~s** [-z]) ⓤⓒ 1 압박, 압제, 학대, 부당한 권력 행사. ¶struggle against ~ 압제와 싸우다. 2 압박감, 우울. ¶a feeling of ~ 압박감. 3 [법률] 직권 남용죄.
*op·pres·sive** [əprésiv] 囿 1 포학한, 압제적인; (법규·조치 따위가) 가혹한, (…을) 짓누르는(*of*). ¶~ taxes 가혹한 과세. 2 답답한, 압박감이 있는; (날씨 따위가) 찌무룩한; (슬픔 따위가) 숨막힐 듯한. ¶~ weather 찌무룩한 날씨. **~·ly** 囲 **~·ness** 图
*op·pres·sor** [əprésər] 图 압박자, 박해자; 폭군.
op·pro·bri·ous [əpróubriəs] 囿 1 입이 더러운, (말씨 따위가) 모욕적인, 무례한. 2 (드물게) 면목 없는, 부끄러운. **~·ly** 囲 **~·ness** 图
op·pro·bri·um [əpróubriəm] 图ⓤ 1 불명예, 면목 없음(infamy); 오명, 치욕; 비난. 2 불명예의 씨앗[원인].
op·pugn [əpjú:n] 圉 1 …을 비난하다, 공격하다. 2 (문어) …에 이의를 제기하다, 반박하다. **~·er** 图
op·pug·nant [əpʌ́gnənt] 囿 (드물게) 반대[대립]하는, 용납하지 않는. **-nance, -nan·cy** 图
opr. operate; operator. [ops.)
ops [ɑps/ɔps] 图囲 (구어) =operations. (또는
Ops [ɑps/ɔps] 图 [로마 신화] 옵스(Saturn의 아내; 결실[수확]의 여신).

OPS Office of Price Stabilization(물가 통제국).
OP's, o.p.'s (구어) other people's(남의 것).
op·si·math [ápsəmæθ/ɔ́p-] 명 (문어) 만학도(晚學徒). **op·si·math·y** [apsímǝθi/ɔp-]
-op·sis [ápsis/ɔ́p-] 연결 1 「…와 유사한 조직(유기체)」의 뜻. ¶ coreopsis. 2 「…시(視)」의 뜻. ¶ stereopsis.
op·son·ic [apsánik/ɔpsɔ́n-] 형 (면역) 옵소닌의 (영향을 받은). ¶ ~ index (병리) 옵소닌 지수.
op·son·i·fy [ápsənəfài/ɔpsɔ́n-] 통타 (면역) (미생물 따위를) 옵소닌화(化)하다. **-fi·cá·tion** 명
op·so·nin [ápsənin/ɔ́p-] 명 (면역) 옵소닌(혈청 내에서 백혈구의 식균(食菌) 작용을 돕는 물질). **-nòid** 형
op·ster [ápstər/ɔ́p-] 명 (미국어) 옵아트 예술가(op artist).
-op·sy [àpsi, ǝp-/ɔ́p-] 연결 「의학 검사」의 뜻. ¶ biopsy.
opt [apt/ɔpt] 통자 1 (…중에서) 선택하다, 고르다 (*between*). 2 (…을 / …하는 쪽을) 택하다 (*for, in favor of / to do*). ¶ ~ to retain one's nationality 국적을 바꾸지 않기로 하다.
opt in (구어) (…에) 가입을 결정하다 (*to*).
opt out (활동·단체 따위에서) 손을 떼다, 탈퇴하다 (*of*); (英) (학교·병원 따위가) 지방 자치체 관리에서 자진 벗어나다. 「mum; option(al).
opt. optative; optician; optics; opts.
Op·ta·con [áptəkàn/ɔ́ptəkɔ̀n] 명 (상표) 옵타콘 (맹인용 문자 해독기). [<*optical*-to-*tac*tile converter] 「선택자.
op·tant [áptənt/ɔ́p-] 명 선택하는 사람; 국적 자유
op·ta·tive [áptətiv/ɔ́p-] 형 (문법) 소망(소원)을 나타내는. ¶ the ~ mood 기원법(新願法) / an ~ sentence 기원법 기원문. —명 기원법(의 동사). **-ly** 부
***op·tic** [áptik/ɔ́p-] 형 1 눈의, 시력의, 시각의. 2 =optical. 3 =optical 4. —명 1 (~s) (구어) 눈. 2 렌즈. 3 (英) (술병목에 달린) 되.
***op·ti·cal** [áptikəl/ɔ́p-] 형 1 광학(光學)(상)의; 광학적. ¶ an ~ instrument 안경, 광학 기계. 2 시력을 돕는; 시각상의, 눈에 의한. ¶ an ~ defect 시력의 결함. 3 검안사, 안경점의, 광학 기계 제조(판매)업자의. 4 op art[에 관한].
óptical activity 명 (물·화) 광학 활성(活性).
óptical árt 명 =op art. **óptical ártist** 명
óptical astrónomy 명 광학 천문학.
óptical áxis 명 1 광축(光軸). 2 (해부) 시축(視軸).
óptical bénch 명 광학대(臺). 「(發光劑).
óptical bríghtener 명 (세탁물의 광도 높이는) 형광
óptical cénter 명 1 (안경) 시각 중앙. 2 (물·화) 광학적 중심. 「문자 판독기(영 OCR).
óptical cháracter rèader 명 (컴퓨터) 광학식
óptical cháracter recognìtion 명 (컴퓨터) 광학식 문자 인식(영 OCR).
óptical communicátion 명 광통신.
óptical compúter 명 광(光)컴퓨터.
óptical crówn 명 광학 크라운(crown glass).
óptical dísk[dísc] 명 (컴퓨터) 광(光)디스크 (laser disk) (CD-ROM 따위의 광학식 데이터 기억 매체).
óptical fíber 명 광(光)섬유.
óptical gláss 명 (광학) 광학 유리.
óptical illúsion 명 (심리) (눈의) 착각, 착시(錯視); 착시 현상을 일으키는 것. 「적 회로(영 OIC).
óptical integráted círcuit 명 (물리) 광학 집적
op·ti·cal·ly [áptikəli/ɔ́p-] 부 시각적으로. ¶ ~ inconvenienced[or challenged] (美) 시각 장애의.
óptical márk rèader 명 (전자) 광학식 표시 판독기(영 OMR). 「판독.
óptical márk rèading 명 (컴퓨터) 광학식 표시
óptical márk recognìtion 명 (전자) 광학식 표시 인식(영 OMR).

óptical máser 명 (물리) =laser.
óptical mémory 명 (컴퓨터) 광(光)메모리.
óptical microscope 명 광학 현미경.
óptical módulator 명 (통신) 광(光)변조기.
óptical móuse 명 (컴퓨터) 광(光)마우스.
óptical páth 명 광학거리(매질 속으로 빛이 통과하
óptical prínter 명 광(光)프린터. 「는 거리).
óptical prócessor 명 광(光)프로세서(실리콘 회로 대신 빛을 신호 매체로 하는 슈퍼 컴퓨터).
óptical pyrómeter 명 (공학) 광학 고온계.
óptical recórding sýstem 명 광학적 기록 장치.
óptical scánner 명 광학식 주사기(走査機)(빛을 주사하여 문자·영상·숫자를 판독하는 기기). 「체.
óptical scánning 명 광학적 주사(走査).
óptical semicondúctor 명 (전자) 광(光)반도
óptical sóund 명 (영화) 광학 음향.
óptical sóundtrack 명 광학 사운드트랙.
óptical tóoling 명 광학적 공구 세팅.
óptical transíster 명 광(光)트랜지스터.
óptic ángle 명 (광학) 시각(視覺); 광축각(光軸角).
óptic áxis 명 광축(光軸); =optical axis.
óptic chiásma 명 (해부·동물) 시(신경) 교차.
óptic dísk[dísc] 명 (안구의) 시신경 원반.
op·ti·cian [aptíʃən/ɔp-] 명 1 안경사; 검안사, 시력 교정사. 2 안경기재(器械) 제작(판매)업자.
op·ti·cist [áptəsist/ɔ́p-] 명 광학자, 광학 연구자.
óptic lóbe 명 (해부) 시엽(視葉).
óptic nérve 명 (해부) 시신경.
***op·tics** [áptiks/ɔ́p-] 명 1 (단수취급) 광학. 2 (단·복수 양용) 광학적 특성; 광학 기기 구성 부분 (전체).
op·ti·ma [áptimə/ɔ́p-] 명 optimum의 복수형.
op·ti·mal [áptəməl/ɔ́p-] 형 최선의, 최적의 (optimum). **~·ly** 부 **òp·ti·mál·i·ty** 명
op·ti·me [áptəmi/ɔ́ptəmi] 명 (英) (Cambridge 대학의) 수학 우등 졸업 시험의 제 2, 3급 합격자 (영 op).
***op·ti·mism** [áptəmìzm/ɔ́p-] 명 [U] 1 낙천[낙관]주의, 희망적 관측. 2 (윤리) 낙관론; (철학) 최선관(最善觀). ◇ pessimism
***op·ti·mist** [áptəmist/ɔ́p-] 명 낙천가, 태평인 사람; 낙천주의자, 낙관설 신봉자. ◇ =optimistic.
***op·ti·mis·tic** [àptəmístik/ɔ̀p-] 형 (…에 대해) 낙관적인, 낙천적인, 쉽게 여기는 (*about, of*); 낙천주의의. (또는 **optimistical**) ◇ pessimistic **-ti·cal·ly** 부
op·ti·mi·za·tion [àptəmizéiʃən/ɔ̀ptimaiz-] 명 1 최대한의 이용[활용]. 2 최적화(最適化), 가장 적합한 조건, 가장 효과적인 상태. 3 (수학) 최적화.
op·ti·mize [áptəmàiz/ɔ́p-] (* (英) **-mise**) 통타 1 …을 가장 효과적으로 하다, 최대한 활용하다. 2 (컴퓨터) (프로그램 따위를) 최적화하다. 3 (수학) (함수의) 가장 적절한 값을 구하다. —자 낙관하다 (*about*). **-mìz·er** 명
op·ti·mum [áptəməm/ɔ́p-] 명 (복 **-ma, ~s**) (생물) (생장의) 최적(最適) 조건; (일반적으로) 최적도량, 조건; (한정된 조건 아래서 얻을 수 있는) 최대량. —형 (한정된 조건 아래에서) 최선의, 최고의; 최적의. ¶ the ~ conditions 최적 조건. 「최적[최정] 인구.
óptimum populátion 명 (경제) (경제 활동적)
opt·ing [áptiŋ/ɔ́p-] 명 (英) =op-out.
***op·tion** [ápʃən/ɔ́p-] 명 1 선택권, 선택의 자유; (…하는) 선택 (*of doing, to do*). ◇ CHOICE 유의어 ¶ You have the ~ of marrying her or not. 그녀와 결혼하든 안하든 너의 자유다. 2 취사, 선택 행위, 선택할 수 있는 것, 선택지(肢); (英) 선택 과목. 3 (상업) (…에 대한) 선택 매매권, 옵션(*on*). ¶ take (out) an ~ on … 의 옵션을 얻다. 4 (보험) 보험금 지불 형태, 선택권, 옵션 5 (제품 따위의) 옵션, 선택 사양(표준 사양 이외에 추가·교환할 수 있는 부품). 6 (미식축구) ¶ = ~ play.
a [or the] soft option 무난한 선택, 안이한 길.

optional

at one's *option* 임의로, 자유로.
have no option but to …하는 수밖에 없다.
keep [or *leave*] *one's option open* 선택[태도 결정]을 보류하다.
leave...to a person's *option* …을 남의 자의로 맡기다.
make one's option 선택하다.
── 타 (美) 1 …의 (출판권·영화화권 따위의) 옵션을 얻다[주다]. 2 (자동차 따위)에 옵션을 달다.
~·**a·ble** 형

***op·tion·al** [ápʃənl/ɔ́p-] 형 임의의, 수의(隨意)의, 선택 자유의; (英) (학과가) 선택의(美) elective). ¶ an ~ subject 선택 과목/It's ~ with you. 그것은 네 자유다. ── 명 (英) 선택 과목((美) elective).
~·**ly** 부 **òp·tion·ál·i·ty** 명

óptional càrd 명 특정 상점 신용카드; (컴퓨터) 확장 카드(expansion card).

óptional tóur 명 옵셔널 투어(패키지 투어 중 현지에서 자유 시간을 이용한 선택적 개인 여행).

óption bòard 명 (컴퓨터) 선택 기능 회로.

óption dèaler 명 (상업) 옵션 거래인(옵션 거래를 하는 주식 상품 브로커).

op·tion·ee [àpʃəní:/ɔ̀p-] 명 (상업) 선택권 보유자.

óption play 명 (미식축구) 옵션 플레이(공을 패스 할 것인지 자신이 갖고 달릴 것인지를 선택할 수 있는 플레이). 「자가 매도자에게 지불하는 옵션료.

óption prèmium[mòney] 명 (상업) (옵션 매입

óption rúnning 명 (미식축구) 옵션 러닝(공을 가진 선수가 스스로 주로를 택하여 달리는 것).

op·to- [áptou, -tə/ɔ́p-] 연결 「시력, 시각, 광학상」의 뜻. ¶ *optometry*.

op·to·a·cous·tic [àptouəkú:stik/ɔ̀p-] 형 음향광학의, 음파에 의한 광에너지의 변조 측정의.

op·to·e·lec·tron·ics [àptəilektrániks/ɔ̀ptəilektrɔ́n-] 명 (단수취급) 광전자 공학.

op·tom·e·ter [aptámətər/ɔptɔ́m-] 명 굴절계, 시력 측정 장치. 「사(검정)의(醫), 검안사.

op·tom·e·trist [aptámətrist/ɔptɔ́m-] 명 시력 검

op·tom·e·try [aptámətri/ɔptɔ́m-] 명 UC 시력 검사[측정](법), 검안; 검안업(檢眼業)

op·to·phone [áptəfòun/ɔ́p-] 명 청광기(聽光器) (빛을 소리로 변환하여 문자를 소리로 들려 주는 맹인용 전자 장치). 「글자 (따위).

op·to·type [áptətàip/ɔ́p-] 명 (안과) 시력 검사표의

opt-out [ˈaut] 명 (英) (조약 따위로부터의) 선택적 이탈; (지방 자치체 관리로부터의) 독립. (또는 **ópting out**)

op·u·lence [ápjuləns/ɔ́p-] 명 UC 1 부(富)(wealth); 부유. 2 (물질의) 풍부(abundance), 다량; 풍만. 3 (표현 따위의) 다양함, (상상 따위의) 화려함.

op·u·lent [ápjulənt/ɔ́p-] 형 1 가멸진, 부유한; 호사스러운. ⇒ RICH 유의어 2 풍부한, 윤택한(abundant). ¶~ sunshine 넘치는 햇빛. 3 (문장 표현 따위가) 다양한, (음악 따위가) 화려한. ~·**ly** 부

o·pus [óupəs] 명 (복 ~·**es**, 〔음악〕 *o·pe·ra* [óupərə, áp-/ɔ́p-]) (단수형으로) 〔문학〕 작품; (종종 O-) 음악 작품 번호(약 Op., O.). ¶ Beethoven op. 47 베토벤의 작품 제47번/magnum ~; magnum 대작, 주요 작품. ⟨L work⟩

o·pus·cule [oupáskju:l/ɔp-] 명 (문학·음악 따위의) 소(작)품, 소곡.

o·pus·cu·lum [oupáskjuləm/ɔp-] 명 (복 -la) = opuscule.

O·pus Dei [óupəs déiiː] 명 1 (o- Dei) = devine office. 2 오푸스 데이회(會)(일반 직업을 가지면서 사도적 활동을 하는 가톨릭 신자의 모임).

-o·py [óupi] 연결 = -OPIA.

‡**or**¹ ⇒ OR. 〈p. 1945〉

or² 접접 〔고어〕 (…보다) 앞에.(* 다음 숙어로)
or ever; or e'er (시) (…보다) 앞에(before), (…보

다) 빨리.

or³ 〔문장〕 명 금빛, 황색. ── 형 금빛[황색]의. ⟨F⟩

or 〔인터넷〕 organization(공공 기관을 나타내는 domain명의 하나).

OR [ɔːr] 명 〔컴퓨터〕 오어, 논리화(和)(둘 중 어느 쪽이 참으로 된 참으로 하고, 양쪽이 다 거짓이면 거짓으로 하는 논리 연산.

OR 〔법률〕 on (one's own) recognizance; operating room; operations(英) operational) research; (우편) Oregon; owner's risk. **Or.** Oregon; Orient(al); Orientalist; original. **O.R.** official receiver[referee]; on request; other ranks; owner's risk.

-or¹, (英) **-our** [ər] 접미 「동작·성질·상태」라는 뜻의 명사를 만든다. ¶ color((英) colour); error; honor((英) honour); labor((英) labour).

-or² 접미 주로 라틴 기원(起源)의 동사나 라틴 어근(語根)에 붙어서 「…하는 사람[것]」의 뜻의 명사를 만든다. ¶ actor, elevator.

o·ra [ɔ́ːrə] 명 *os*²의 복수형.

***or·a·cle** [ɔ́ːrəkl, ár-/ɔ́r-] 명 1 (고대 그리스 등에서의) 신탁(神託), 탁선(託宣). 2 신탁소, 탁선소. 3 하느님의 말씀, (신탁처럼) 권위있는 말. 4 (~s) 성서(Scriptures). 5 (유대교·기독교) (예루살렘 성전 내의) 지성소(至聖所). 6 신탁을 전하는 사람, 제사장(祭司長), 무녀(巫女). 7 (일상) 현인, 예언자; 컴퓨터. ¶ Sir O- 독단적인 사람. 8 권위있는 발언; 현인의 충고. 9 (O-) (상표) 영국의 문자 다중 방송 시스템.

work the oracle ① (이면 공작으로) 자기에게 유리한 결과를 얻어내다; (그럴듯한 구실로 돈을 마련하다. ② 〔英속어〕 자백만으로 죄를 씌우다.

o·rac·u·lar [ɔːrǽkjulər/ɔr-] 형 1 신탁의[과 같은]. 2 (신탁처럼) 권위 있는; 예언자 같은; 거드름 피우는; 과장된. 3 수수께끼 같은, 모호한. 4 불길한.
~·**i·ty** [-rækjulǽrəti] 명 ~·**ly** 부 ~·**ness** 명

o·ra·cy [ɔ́ːrəsi] 명 (英) 구어(口語)에 의한 표현 능력.

***o·ral** [ɔ́ːrəl] 형 1 구두(口頭)의, 구술(口述)의. ¶ an ~ examination 구술 시험/~ traditions 구전(口傳), 구비(口碑). 2 입의, 입 부분의. ¶ the ~ cavity 구강(口腔). 3 경구(經口)의, 입으로부터의[을 통한]. 4 회화(에 관한). 5 〔음성〕 구음(口音)의(反 nasal). 6 〔정신분석〕 구순기(口脣期)의(~ period); 구순애(口脣愛)의. ── 명 (통상 등의) 구두(구술) 시험.

óral appróach 명 (the ~) (교육) (외국어 교육에 있어서의) 구두 도입 교수법.

óral árgument 명 (재판에서의) 구두 변론.

óral biógraphy 명 구술 녹취 전기(傳記).

óral contracéptive 명 경구(經口) 피임약(약 OC).

óral history 명 (증언을 모은) 구술 역사 (자료(증언), 녹음 사료(史料)); (녹음 사료에 의한) 역사 해석, 증

óral hýgiene 명 구강 위생. 「언 구성사(史).

o·ral·ism [ɔ́ːrəlìzm] 명 구화(口話)주의, 구화법.

o·ral·i·ty [ɔːrǽləti] 명 〔정신분석〕 구순애(口脣愛).

Óral Láw 〔유대교〕 구전(口傳) 율법.

o·ral·ly [ɔ́ːrəli] 부 구두로, 구두에 관해서. ¶~ challenged (美) (완곡하게) 언어 장애의 (사람).

óral méthod 명 (외국어의) 구두 교수법.

óral rehydrátion sàlts 명 복 경구 보급염(塩) (탈수증 치료용; 약 ORS).

óral rehydrátion thèrapy 명 (병리) 경구 수분 보충 요법(설사로 인한 탈수증 완화 요법; 약 ORT).

óral séx 오럴 섹스(fellatio, cunnilingus 따위).

óral society 명 구두(口頭) 사회(문자가 없는 사회).

óral súrgeon 명 구강 외과 의사.

óral súrgery 명 (의학) 구강 외과.

-o·ra·ma [ərǽmə/əráːmə] 연결 1 「…전(展); …관(館)」의 뜻. ¶ panorama. 2 「성대한 것, 마구 먹는 것」의 뜻. ¶ grossorama.

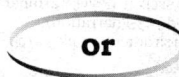

and와 짝을 이루는 등위접속사인데. A and B에서는 A와 B가 공존하는 데 대하여 A or B에서는 둘 중 하나가 선택된다는 차이가 있다. 다만 이 선택에 있어서 (1) Answer yes or no.(예스냐 노냐 분명히 대답해라)와 같이 A와 B가 서로 배제하는 경우와. (2) a day or two(하루 이틀)와 같이 서로 배제하지 않는 경우가 있다. (1)의 경우에는 흔히 억양이 중요한 요소가 된다. (2)의 다른 예로 Europeans like Frenchmen or Germans(프랑스인이나 독일인과 같은 유럽 사람들)에서는 or와 and 사이에 별 차이가 없게 된다.

‡**or**¹ [ɔːr, 약 ər] 접 **1** (2개 이상의 선택해야 할 낱말·구·절을 연결해서) **a)** (긍정문·의문문에서) …이든지…, 또는 …, 혹은 …. ¶red or white 적이나 백 / Mary, Elizabeth, or Virginia 메리, 엘리자베스 또는 버지니아 / four or five miles 4, 5마일 / ten or more 열이나 그 이상 / there or thereabouts 거기나 그 부근에 / two miles or so 2마일 가량, 2마일 안팎 / in a day or two 하루나 이틀 지나면 / You or he is to stay. 너 또는 그가 집에 남아 있지 않으면 안된다 / Which do you prefer, farm life or city life? 농촌 생활과 도시 생활 중 어느 쪽이 좋은가? / To be, or not to be: that is the question. 죽느냐, 죽느냐 그것이 문제로다(←Shakespeare작 *Hamlet* 3:1) / We are anxious about whether you listen to us or whether you don't. 우리가 하는 말을 당신이 들어줄 것인지 아닌지가 걱정이다.

[USAGE] (1) 선택의 각 요소를 강조적으로 표현하기 위해 or를 반복하는 경우가 있다: They are good ones or brave ones or calm ones. 그들은 착한 사람이거나 아니면 용사이거나, 그렇지 않으면 냉정한 사람들이다. (2) or로 접속된 주어가 모두 단수일 경우에는 동사는 단수형이 오는 것이 원칙: John or Tom is coming. 존 아니면 톰이 오기로 되어 있다. 그러나 종합적으로 다루어 복수 동사로 받는 수가 있다: Disobedience, desertion, mutiny, or theft were visited with death. 배반·탈주·하극상(下剋上)·절도는 사형에 처해졌다. (3) 인칭·수가 일치하지 않을 경우, 동사는 그것에 가까운 쪽과 일치한다: You or I am to blame. 네가 아니면 내가 잘못이다. 그러나 다음 예처럼 괄호 안의 표현을 피하는 경우도 많다: (Were you or he there?) Were you there, or was he? 거기에는 네가 갔느냐, 그가 갔느냐? (4) 성(性)을 달리하는 단수 명사·대명사의 경우, his 또는 her 따위의 표현을 피하는 경우가 있다: Who wishes to have their [or his, her] house repaired, he or she? 집을 수리해 달라는 것은 바깥 주인이더냐 안주인이더냐? (5) Will you have tea or coffee?에서, ↗ or ↘(상승조+하강조)의 경우에는 「홍차를 드실까요, 아니면 커피로 드실까요.」라는 뜻이지만, (↗) or ↗(전체가 상승조)인 경우에는 「홍차나 커피 (그렇지 않으면 다른 것)을 드시겠습니까?,라는 뜻이 된다. or의 발음은 전자에서는 [ɔːr], 후자에서는 [ər]이다. 일반적으로 [ə]로 발음하면 선택의 뜻이 약해진다: two or [ə] three hours 두세 시간, 몇 시간.

b) (종종 else를 수반: 특히 명령문에서) (긍정문) 그렇지 않으면(if not); (부정문) 그렇다면(if so)(참 and). ¶Hurry up, or (else) you will miss the train. 서둘러라 그렇지 않으면 기차를 놓친다 / He must be joking or else he is mad. 그는 농담을 하고 있거나 아니면 미쳐 있는 것이 틀림없다 / I am engaged, or I would accept. 약속이 있습니다, 그렇지 않으면 받아들이겠습니다만 / Don't move, or I'll shoot you. 꼼짝 마, 움직이면 쏜다.

c) (부정문에서) …도 …도 아니다(* A and B의 부정형: either를 붙여, not either A or B로 쓰기도 한다). ¶He cannot read or write. 그는 읽을 줄도 쓸 줄도 모른다 / Wolves or bears are never seen in that part of the country. 그 지방에는 이리도 곰도 전혀 없다.

d) (명령문에서) …하거든 …하라. ¶Rain or shine, I'll go. 비가 오건 해가 나건 나는 가겠다 / Sink or swim, I am determined to go to Paris. 잘 되건 안 되건 나는 파리로 갈 작정이다.

2 (근사성·불확실성 따위를 나타내어) …내지(는)…, …하거나 그렇지 않으면. ¶ten years or so ago 10년쯤 전 / in five or six days 5, 6일 안에 / I have heard it somewhere or another. 나는 그것을 어디선가 들은 일이 있다.

3 (동격적인 어구를 접속·설명하여) (종종 or rather) 즉…, 다시 말해서 …(that is). ¶the Hawaiian, or Sandwich, Islands 하와이, 즉 샌드위치 제도 / an escalator or a moving staircase 에스컬레이터, 즉 움직이는 계단 / acrophobia, or fear of great heights 고소 공포증, 다시 말해서 높은 곳을 무서워하는 것.

4 (앞서 말한 내용을 정정·보충하여) …이라기보다는 차라리 (오히려) …, 아니 …. ¶He is enjoying himself, or at least he appears to be enjoying himself. 그는 즐겁게 지내고 있다. 아니 적어도 즐겁게 지내고 있는 것처럼 보인다 / Its diameter is two feet—or perhaps it's three. 그 지름은 2피트, 아니 아마도 3피트는 될 것이다.

5 (고어) (새로이 문장을 시작하거나 화제를 바꾸기 위해 써서) 그런데, 그래서. ¶Or would you give him a snake when he asks for a fish? 생선을 달라는데 뱀을 줄 사람이 어디 있겠느냐?(←마태 복음.(Matt.) 7:10) **6** (앞서 한 말에 대한 의념(疑念)을 나타내어) 아니…. ¶She is seventeen already. Or is she? 그녀는 벌써 열일곱 살이다. 아니 그런가?

and/or (법규·계약 따위에서) 그 양쪽 또는 한쪽. ¶a person who has a father and/or a mother 부모 또는 부모 중의 어느 한 분이 있는 사람.
either…or ⇨ EITHER 접.
or else ⇨ ELSE. (접 1 b)…든 아니든.
…or no …이든 아니든. ¶family or no family 가족이든.
or…or (고어·시) …이거나 또는(either…or …). ¶Learn that to love is the one way to know or God or man. 사랑한다는 것은 신 또는 인간을 잘 아는 유일한 길임을 알아라.
…or rather …이라기보다는, 아니 좀더 정확히 말하면.
or so ① …쯤, …정도, …가량. ¶a week or so 1주일 정도 / She must be thirty or so. 그녀는 30세 가량임에 틀림없다. ② …같은[비슷한] 것. ¶It must have been a ghost or so. 그것은 유령 같은 것이었음에 틀림없다.
or something [somebody, somewhere] (구어) …인가가 무엇이/누구, 어디인가. ¶There's a mouse or something in the kitchen. 부엌에 쥐가 뭔가가 있어요.
…or [or and] such …따위, …등등. ¶tools, machines, or such 공구, 기계 등등.
somebody [something, somewhere] or other 누구[무엇, 어디]인가. ¶It's *somewhere or other* in the living room. 그것은 거실의 어딘가에 있다.
whether…or ⇨ WHETHER 접.

o·rang [ɔːræŋ] 명 (구어) =orangutan.

‡**or·ange** [ɔ́ːrindʒ, ɑ́r-/-ɔ́r-] 명 (*-ang·es* [-iz]) 1 오렌지(sweet ~); (굴·등자(橙子) 따위의) 귤나무속(屬)의 과실: 그 나무. ¶a bitter ~ 등자나무. 2 오렌지주스 (한 잔)(~ juice[英] squash). 3 ⓤ 오렌지색, 적황색(赤黃色). 3 오렌지색 물감[안료]; 오렌지색 천[의복]. 4 (美俗) 암페타민, LSD.
a squeezed orange 오렌지의 즙을 짜낸 찌꺼기; (비유적) 이용당할 대로 당한[이용 가치가 없어진] 사람.
oranges and lemons 어린이 놀이의 일종. [립[것].
squeeze [or *suck*] *the orange* (비유적) 단물을 다 빨아먹다, 이익[좋은 부분]을 다 빼내다.
— 형 1 오렌지의; 오렌지로 만든, 오렌지 맛이 나는. 2 오렌지색의, 적황색의. 3 (O-) 오렌지 당원(Orangeman)의.

Or·ange [ɔ́ːrindʒ, ɑ́r-/-ɔ́r-] 명 1 오렌지 왕가(1815년 이래로 네덜란드를 통치한 유럽의 왕가). 2 (the ~) 오렌지 강(남아프리카 공화국을 서쪽으로 흘러 대서양으로 유입되는 강).

or·ange·ade [ɔ̀ːrindʒéid, ɑ̀r-/-ɔ̀r-] 명ⓤ 오렌지에이드(오렌지즙에 설탕·물을 섞은 청량 음료).

órange bàdge 명 (英) 오렌지 배지(장애차 차량에 부착하는 배지). [때 신부의 머리에 꽂는다.

órange blóssom 명 오렌지꽃(순결의 상징; 결혼식 *gather orange blossoms* 신부를 얻다.

órange bòok 명 오렌지서(書). 1 (英) 농림수산부의 시장 조사 보고서. 2 (美) 국방부 발행의 Evaluation Criteria for Trusted Computer(컴퓨터 안전성 평가 기준)의 통칭.

Órange Bówl 명 [미식축구] 오렌지볼(4대 볼의 하나로 매년 1월 1일에 미국 Florida 주 마이애미 Orange Bowl에서 열림). □ Cotton[Sugar, Rose] Bowl

órange crúsh 명 (美俗) 경찰[교도소]의 폭동 진압 특별반(오렌지색 jump suit를 입는 데서).

órange fín 명 새끼 송어.

ór·ange-flów·er wàter [-flàuər-] 등화수(橙花水)(neroli의 수용액으로 향수의 원료).

órange góods 명 오렌지 상품(의류 따위의 소비량·생산비·이익을 따위가 중간 정도인 상품).

Or·ange·ism [ɔ́ːrindʒìzm, ɑ́r-/-ɔ́r-] 명 오렌지당(黨)의 (운동). **-ist** 명

Or·ange·man [ɔ́ːrindʒmən, -mæ̀n, ɑ́r-/-ɔ́r-] 명 오렌지 당원(☆ Orange Society); 북아일랜드의 신교도(新敎徒).

Órange Òrder (the ~) =Orange Society.

órange pàper 명 오렌지 페이퍼(영국 정부가 발표하는 정책 개선안을 밝힌 공문서).

órange péel 명 오렌지 껍질.

órange pékoe 명 인도·실론산(産)의 고급 홍차.

or·ange·ry [ɔ́ːrindʒəri, ɑ́r-/-ɔ́r-] 명 오렌지 밭; 오렌지 재배용 온실.

Órange Socíety 명 (the ~) 오렌지당(1795년 북아일랜드 신교도들의 비밀 결사). ☆ Orangeman

órange stíck 명 오렌지 막대기(매니큐어용).

órange súnshine 명 (美俗) LSD의 일종.

órange típ 명 (곤충) 오렌지색 무늬 나비.

or·ange·wood [ɔ́ːrindʒwùd, ɑ́r-/-ɔ́r-] 명ⓤ 오렌지 목재(상감(象嵌)·조각·가구용).

Or·ang·ism [ɔ́ːrindʒìzm] 명 =Orangeism.

o·rang·u·tan [ɔːræ̀ŋətæ̀n, əræ̀ŋəːtǽn] 명 오랑우탄, 성성이(보르네오·수마트라 섬에 서식하는 유인원(類人猿)). (또는 **orang-utan, orangutang, orang-outang**) [<Malay *wild man*]

or·ang·y [ɔ́ː(ː)rindʒi, -ɔ́-] 형 (모양·맛·색깔 따위가) 오렌지와 비슷한, 오렌지 같은.

o·rant [ɔ́ːrənt] 명 [미술] (초기 그리스도교 미술에서 볼 수 있는) 기도상(像).

o·rate [ɔːréit, ←-/←-] 자타 (익살·경멸적) 연설하다;

연설조로 말하다, 거드름을 피우며 말하다.

*o·ra·tion** [ɔːréiʃən] 명 1 (의식(儀式)·행사 따위에서의) 연설, 식사(式辭). □SPEECH 유의어 ¶a funeral ~ 추도사. 2 [문법] 화법(話法)(narration).

ora·ti·o ob·li·qua [ɔːréiʃiòu əbliːkwə/-ɔb-] 명 [문법] 간접 화법. [<L]

orátio réc·ta [-réktə] 명 [문법] 직접 화법. [<L]

*or·a·tor** [ɔ́(ː)rətər, ɑ́r-] 명 1 연설자; 웅변가. ¶the *public* ~ (英) (옥스퍼드·케임브리지 대학의) 대표 연설자. 2 (古語) [법률] 원고(原告). ① oratrix 또는 oratress ~·like 형 ~·ship 명

Or·a·to·ri·an [ɔ̀(ː)rətɔ́ːriən] 명형 [카톨릭] 오라토리오회(Oratory)(수도사(修道士))(의).

or·a·tor·i·cal [ɔ̀(ː)rətɔ́ːrikəl, ɑ̀rətɑ́r-/-ɔ̀r-] 형 연설(가)의; 웅변의; 웅변조의. ¶an ~ *contest* 웅변 대회. 2 수사적(修辭的)인, 미사여구의. ~·ly 부

or·a·to·ri·o [ɔ̀(ː)rətɔ́ːriòu, ɑ̀r-] 명ⓒⓤ (복 ~*s*) 오라토리오(종교 음악의 일종), 성담곡(聖譚曲).

*or·a·to·ry¹** [ɔ́(ː)rətɔ̀ːri, ɑ́r-/-ɔ́rətəri] 명ⓤ 1 웅변, 능변; 웅변[변론]술. 2 (종종 경멸적) 수사, 과장된 문체.

or·a·to·ry² [ɔ́(ː)rətɔ̀ːri, ɑ́r-/-ɔ́rətəri] 명 1 작은 예배당, (개인용) 기도실. 2 (the O-) [카톨릭] 오라토리오회(수도회의 하나). ¶the *Fathers of the O-* 오라토리오회 수도사(修道士).

or·a·tress [ɔ́(ː)rətris, ɑ́r-] 명 orator의 여성형.

or·a·trix [ɔ́(ː)rətriks, ɑ́r-] 명 =oratress.

*orb** [ɔːrb] 명 1 천체. ¶the ~ *of the day* 일륜(日輪), 태양. 2 (구형의) 구체(球體). 3 (~s) 안구(眼球), 눈. 4 (왕위를 상징하는) 십자가를 얹은 보주(寶珠). 5 (古語) 원, 원형의 것; 지구. 6 (페어) [천문] (천체의) 궤도. 7 유기적 집합체. — 타 1 …을 둥글게[구형(球形)으로] 하다. 2 (古語) …을 둘러싸다. — 자 1 궤도를 운행하다. 2 (詩) 공 모양으로 되다. ~ed, ∠·less, ∠·like 형

or·bic·u·lar [ɔːrbíkjulər] 형 1 공 모양의, 구상(球狀)의 원형의, 고리 모양의(circular). 2 (비유적) 완벽한, 완결된. ~·ly 부 [(또는 **orbiculated**)

or·bic·u·late [-lèit] 형 공 모양의, 원형의.

*or·bit** [ɔ́ːrbit] 명 1 [천문] (천체·인공 위성·우주선의) 궤도. ¶send [or put] a satellite in(to) the lunar ~ 인공 위성을 달 궤도에 올려놓다. 2 (비유적) 인생 행로, 궤적(軌跡). 3 (지식·경험·세력·활동·영향 따위의) 범위. 3 [해부] 안와(眼窩)(eye socket); 눈. 4 [동물] (새·곤충의) 안검부(眼瞼部), 눈 주위의 피부. 5 구(球). 6 [물리] (원자핵 주위의) 전자 궤도. 7 [항공] (착륙 대기중의) 선회 코스.

go into orbit (美俗) ① (일 따위가) 잘 풀리다, 궤도에 오르다. ② 몹시 흥분하다; 격노하다. ③ 아주 높은 곳에 다다르다.

in orbit (美俗) ① 궤도로[에 들어서서]. ② 흥분한, 우쭐해진; (술·마약 따위에) 취한.

out of orbit 궤도 밖으로[을 벗어나서].

within [*outside*] *the orbit of* …의 (세력·영향 따위) 범위 안[밖]에.

— 자타 1 …의 주위를 궤도를 그리며 돌다, 선회하다. ¶The moon ~*s the earth.* 달은 지구의 둘레를 돈다. 2 [인공 위성 따위를] 궤도에 올려놓다. — 자 1 궤도를 돌다, 궤도에 오르다. 2 (항공기가) 선회 비행하다.
~·àr·y 형

*or·bit·al** [ɔ́ːrbitl] 형 1 궤도의. 2 안와(眼窩)의, 눈의. 3 (도시 교외의 도로·철도의) 환상(環狀)의. — 명 1 (물·화) 궤도 (함수), 전자 궤도. 2 (英) 교외의 환상 도로. ~·ly 부

órbital eléctron 명 [물리] 궤도 전자.

órbital inclinátion 명 [우주] (인공 위성의) 지구 공전면에 대한 궤도 경사.

órbital maneúvering sýstem 명 [우주] (인공 [위성) 궤도 조정 시스템. [장.

órbital períod 명 [우주] 궤도 주기(周期).

órbital spáce státion 명 [우주] 우주 궤도 정거장.

órbital spéed[**velócity**] 명 [물리] 궤도 속도(물

órbital stéering 〖생화학〗 궤도 조정.
órbital télescope 〖천문〗 궤도 망원경.
or·bit·er [ɔ́ːrbitər] ⓝ 궤도를 도는 것; (특히) 인공 위성, 우주 왕복선(space shuttle).
or·bit·ing [ɔ́ːrbitiŋ] 궤도를 도는.
Órbiting Astronómical Obsérvatory ⓝ (미국의) 천체 관측 위성(약 OAO).
Órbiting Geophýsical Obsérvatory ⓝ (미국의) 지구 물리 관측 위성(약 OGO).
Órbiting Sólar Obsérvatory ⓝ (미국의) 태양 관측 위성(약 OSO).
orc[1] [ɔːrk] ⓝ 범고래; (상상의) 바다 괴물.
orc[2] ⓝ 〖美口語〗 =orchestra.
O.R.C., ORC 〖美〗 Officers' Reserve Corps(예비 장교단); Organized Reserve Corps.
or·ca [ɔ́ːrkə] ⓝ 범고래(killer whale).
Or·ca·di·an [ɔːrkéidiən] ⓐ (스코틀랜드 북부의) Orkney제도(諸島)(사람)의. — ⓝ Orkney 제도의 사람.
orch. orchard; orchestra(l); orchestrate; orchestrated by; orchestration.
‡**or·chard** [ɔ́ːrtʃərd] ⓝ (覆 ~s [-z]) 1 과수원. ¶ an apple ~ 사과밭. 2 (the ~) 〖집합적〗 (과수원 안의) 모든 과일 나무. 3 〖야구〗 야구장; 외야. — ⓐ 과수원.
órchard bùsh ⓝ (서아프리카의) 광대한 사바나.
órchard gràss ⓝ 〖식물〗 오처드그래스, 오리새(목초).
or·chard·ing [ɔ́ːrtʃərdiŋ] ⓝ 과수 재배; 〖집합적〗 과수원.
or·char·dist [ɔ́ːrtʃərdist] ⓝ 과수 재배자, 과수원 주인. (또는 **orchardman**)
orchd orchestrated by.
or·ches·tic [ɔːrkéstik] ⓐ 댄스의, 무도(舞踏)의.
or·ches·tics [ɔːrkéstiks] ⓝ 〖단수취급〗 무도법.
‡**or·ches·tra** [ɔ́ːrkəstrə] ⓝ (覆 ~s [-z]) 1 오케스트라, 관현악단. 2 오케스트라용 악기 세트. 3 (무대와 관객 사이의) 1층, 아래층의 관객석 전체, (일층 앞쪽의) 1등석. 4 (고대 그리스 극장의) 무대 앞의 반원형 합창대석. 5 (고대 로마 극장의) 귀빈석.
or·ches·tral [ɔːrkéstrəl] ⓐ 오케스트라의, 관현악의; (곡이) 관현악용(用)의, 오케스트라 연주용의. ¶ an ~ music 관현악. **~·ly** ⓐ
órchestra pìt ⓝ (극장 무대 바로 앞쪽의) 악단석.
órchestra stàlls ⓝ 〖英〗 극장의 1층; 무대 앞의 특등석.
or·ches·trate [ɔ́ːrkəstreit] ⓥ 1 (…을) 오케스트라용으로 작곡[편곡]하다. 2 (최대의 효과를 올리도록) 편성[기획, 연출]하다, 마무리하다; 조정을 하다.
-trà·ter, -trà·tor
or·ches·tra·tion [ɔ̀ːrkəstréiʃən] ⓝ ⓤⓒ 1 관현악 작곡[편곡](법); 악기 편성법, 2 편성, 통합, 조직화.
or·ches·tri·na [ɔ̀ːrkəstríːnə] ⓝ =orchestrion.
or·ches·tri·on [ɔːrkéstriən] ⓝ 오케스트리온(오케스트라처럼 여러 음을 내는 barrel organ 비슷한 악기).
or·chid [ɔ́ːrkid] ⓝ 1 (온실 재배의) 난초(愛 orchis). 2 ⓤ 연보라색. 3 (~s) 찬사. — ⓐ 연보라색의. **~·ist** ⓝ 난 재배자[애호가].
or·chi·da·ceous [ɔ̀ːrkədéiʃəs] ⓐ 난초과(科)의. 난초 비슷한; 화려한, 현란한.
or·chi·dec·to·my [ɔ̀ːrkədéktəmi] ⓝ 〖외과〗 『orchiectomy.
órchid fàmily ⓝ 〖식물〗 난초과(科).
or·chi·do- [ɔ́ːrkidou/-də] 〖연결〗 "난초; 고환』의 뜻. ¶ orchidology, orchidotomy. 〖예, 난 재배법〗.
or·chid·ol·o·gy [ɔ̀ːrkidɑ́lədʒi/-dɔ́l-] ⓝ 난초학(學).
or·chi·dot·o·my [ɔ̀ːrkidɑ́təmi/-dɔ́t-] ⓝ 〖외과〗 고환 절개술(切開術). (또는 **orchotomy**)
or·chi·ec·to·my [ɔ̀ːrkiéktəmi] ⓝ 〖외과〗 고환 절제(切除)(술); 거세(去勢). (또는 **orchectomy**)
or·chil [ɔ́ːrkil, -tʃil] ⓝ 연보라색 물감; ⓒ 그 염료를 만드는 이끼.
or·chis [ɔ́ːrkis] ⓝ (야생의) 난초; 난초류(科) 식물.
or·chi·tis [ɔːrkáitis] ⓝ 〖병리〗 고환염(炎).
or·ci·nol [ɔ́ːrsənɔ̀ːl, -nɑ̀l/-nɔ̀l] ⓝ 〖화학〗 오르시놀(지의류(地衣類)에서 채취하는 무색의 결정(結晶) 물질; 의약·염료용). (또는 **orcin**) 〖로(ROR gate).
ÓR cìrcuit ⓝ 〖컴퓨터〗 논리화(論理和) 회로, OR 회
Or·cus [ɔ́ːrkəs] ⓝ 〖로마 신화〗 저승, 황천; 오르쿠스, 저승의 주재신(主宰神)(그리스 신화의 Pluto, Hades).
ord. ordained; order(ly); ordinal; ordinance; ordinary; ordnance.
*__**or·dain**__ [ɔːrdéin] ⓥ ⓣ 1 〖교회〗 …을 (감독·목사로) 임명하다, …을 (사교(司敎)·사제(司祭) 등으로) 서위(敍位)하다, …에게 성직을 주다. ¶ (~+愚+餔) ~ a person priest 남을 사제로 임명하다. 2 …을 (법률에 따라) 정하다, 제정하다. 3 (신·운명 등이) …을 (…라고) 정하다(as, that절); 〖남〗에게 (…하도록) 운명지우다 (to do, to). 4 (법규 따위가) …을 명령하다, (…하도록) 명령하다(to do). — ⓥ 1 명령을 내리다. 2 (어떤 직책에) 임명하다; 성직을 주다. **~·ment**
or·dain·ee [ɔ̀ːrdéini:] ⓝ 신임 성직자.
or·dain·er [ɔːrdéinər] ⓝ 임명자; 규정자; 제정자.
*__**or·deal**__ [ɔːrdíːl, -díːəl, ɔ́ːrdiːl] ⓝ 1 호된 시련, 고통스러운 체험. 2 ⓤ 신의 심판, (옛날의) 시련 재판(神裁判)(육체적 위해(危害)를 가해서 그것을 이겨내는 사람은 무죄로 한 시죄법(試罪法)).
‡**or·der** [ɔ́ːrdər] ⓝ (覆 ~s [-z]) 1 (종종 ~s) 〖…의/…하라는〗 명령, 지휘, 지령; (권위 있는) 지시; 〖법률〗 (법원의) 명령[결정]; (군 사령관이 내리는) 지령(for/to do). ¶ I gave ~s that it (should) be done. 나는 그것을 하라고 명령했다(* 〖美〗에서는 주로 that 절의 should를 생략)// receive ~s to do …하라는 지시를 받다/a Cabinet ~ 각령/an Executive ~ 〖美〗 대통령령(令).
2 ⓤⓒ (…의/에서의) 주문(for/from); ⓒ 주문서; 〖집합적〗 주문품; (레스토랑 따위에서의) (1인분의) 주문 요리. ¶ receive an ~ from …으로부터 주문을 받다/an ~ of fruit salad 과일 샐러드 1인분/My ~ didn't arrive. 주문한 것이 도착하지 않았다/May I take your ~ (now)? = (Are you) Ready to ~? 무얼 드시겠습니까? 주문하시죠.
3 ⓤ 순서, 차례; 순위, 서열. ¶ in alphabetical [chronological] ~ ABC[연대]순으로/in (the) ~ of application[arrival, age] 신청[도착, 연령]순으로.
4 ⓤ a) 정리, 정돈, (질서 정연한) 배열. ¶ set one's life in ~ 생활을 정리하다. b) 〖군사〗 대형(隊形), 군장(軍裝); (the ~) 앞에 총 자세. ¶ battle [or fighting] ~ 전투 대형.
5 ⓤ 상태, 상황, 형편; 정상적[건강한] 상태, 정상(正常); 〖문어〗 일반적 경향, 풍조, 유행. ¶ His business affairs are in poor ~. 그의 사업은 어려운 상태에 있다/The machine is in proper[or in good working] ~. 기계는 제대로 잘 정비되어 있다.
6 ⓤ (자연의) 도리, 조리, 이치, 질서. ¶ the ~ of nature 자연의 이치/moral ~ 도덕적 질서.
7 ⓤ a) (사회의) 규율, 질서, 치안, 공안. ¶ law and ~ 법 질서/public ~ 공공 질서/restore ~ 질서를 회복하다. b) (a ~, the ~) (확립된) 제도, 체제; 정체(政體), 기구(機構). ¶ the established ~ (기존) 체제.
8 ⓤ 관례, 관습, 선례; 의사[회의] (진행) 규칙[관례]; 규정의 준수, the standing ~ 의사 규칙/Order! Order! 규칙 위반이다!, 조용히!(의사 규칙 위반에 대한 항의).
9 종류, 등급; 지위, (사회) 계급, 계층; (같은 직업·목적을 가진 사람들의) 집단, …사회; 교단(敎團), 수도회. ¶ the lower [higher] ~s 하층[상층] 계급/the clerical ~ 성직계(聖職界)/a different ~ of ideas 다른 사고 방식/an actor of the first ~ 일류 배우.

10 a) 환(換), 환어음; 지불 명령(서, 인). ¶ a postal [banker's] ~ 우편환[은행 환어음]. **b)** (극장·박물관 등의) 무료[할인] 입장권, 패스; 입장(허가), 입장[통행] 허가(서). **11** 성직자의 위계[지위]; (~s) 성직; (보통 ~s) 서계식(敍階式), 성직 서임식. ¶ major ~s 상급 성품(聖品) / minor ~s 하급 성품(시제(侍祭)·독사(讀師)·기도사 따위) / take ~s 성직에 취임하다 / be in ~s 성직에 취임[서임]되어 있다. **12** 천사의 계급(천사의 9가지 계급을 각각 가리킴). **13** (종교적 의식 등의) 관례, 규정 양식; 종교적 의식, 전례(典禮). **14** [역사] (중세의) 기사단(騎士團). **15** (종종 the O-) 훈위(勳位); 훈장. **16** ⓤ [문법] 어순(語順)(word ~). **17** [생물] (동·식물 분류상의) 목(目). ⇒CLASSIFICATION. **18** (the ~) [건축] 기둥 양식. **19** (수학) 위수(位數); 차수(次數).

a large [or *big, strong, tall*] *order* ① 대량 주문. ② (구어) 어려운 일, 난제(難題), 부당한 요구.
be in good [*bad*] *order* ① 질서정연하다[어지럽다]. ② 상태가 좋다[나쁘다].
be under order to do …의 명령을 받고 있다.
by order of …의 명령에 따라.
caliber of higher order 뛰어난 재능.
call…to order ① (의장이) (회의)를 시작하다, …의 개회를 선언하다. ¶ The meeting was *called to* ~. 회의가 시작되었다. ② (의장이) (발언자)에게 규칙을 지키도록[조용히 하라고] 명하다. 「숙페하다.
come to order (회의가) 열리다, 개회되다; (美) 정
disturb [or *break up*] *law and order* 치안을 문
draw in order 정렬하다[시키다]. 「란케 하다.
fill an order 주문을 충족시키다.
get out of order 문란하다.
give [or *put in, make*] *an order for* (…에게) …을 주문하다(*to, with*).
give [or *issue*] *orders that* …하라고 명령하다.
in order ① 순서에 따라, 차례대로. ¶ I will answer your three questions *in* ~. 너의 3가지 질문에 대하여 차례대로 대답하겠다. ② 정연하여, 질서있게. ③ (회의 진행 절차 따위) 규칙대로. ④ (美구어) 적절한, 적당한. ⑤ 건강하여; 순조롭게, 정상적으로; 유효하여. ⑥ 유행하여; 만연하여.
in order that… …하기 위하여, …할 목적으로.

USAGE *in order that* + 조동사 — *in order that* 다음에 오는 조동사로는 may, might; can, could 외에 shall, should가 쓰일 때도 있다. *in order that…* may [might]는 문어체(文語體)이고, (美)에서는 can [could]을 쓰는 경우가 많다. 또한 shall [should]은 특히 부정문에 사용되는 경우가 많다.

in order to do …하기 위하여, …할 수단으로서.
in regular [or *right*] *order* 순서 바르게.
in [or *at, on*] *short* [or *quick*] *order* 곧, 바로. ¶ I dressed myself *in short* ~. 나는 급히 옷을 입었다.
in the person named 그 순서대로, 열거한 순서대로.
in the wrong order 순서가 틀리게.
leave [or *put, set*] *one's affairs in perfect order* (죽기 전에) 신변 문제를 완전히 정리해 두다.
made to order 주문한, 맞은; 꼭 맞는.
of the first order (구어) 제1급의, 일류의. 「(등)의.
of [or *in*] *the order of* (英) 약 …정도의, …의
on order (물건이) 주문중인, 발주가 끝난. ¶ The book is *on* ~. 그 책은 주문중이다.
on the order of [or *in* [or *of*] *the order of*] ① …의 명령에 따라[의해] ② …와 비슷한, 유사(類似)한. ③ 약 …, 대략 ….
out of order ① 순서가 뒤바뀌어, 문란하여. ② 부적절한, 어울리지 않는. ③ (회의 절차 등이) 규칙에 위반되어. ④ (기계·신체 따위의) 상태가 안 좋은[나쁜], 고장난. ¶ My watch is *out of* ~. 내 시계는 고장났다.
place an order with a person for (*an article*)

[남]에게 (물건을) 주문하다. 「하다.
put (*one's ideas*) *into order* (생각을) 정리[정돈]
rise to (*a point of*) *order* (의원이) 일어나서 의사·발언의 위법성을 항의하다.
send for orders 주문을 받기 위해 사람을 보내다.
take orders from a person; take a person's orders 남의 명령을 받다.
take order to do …하도록 적절한 수단을 취하다.
take order with …을 처치하다, 정리하다.
take things in order 일을 순서대로 하다.
to order 주문에 따라; 필요[요구]에 따라.
under orders to do …하라는 명령을 받고.
under the orders of …의 명령으로; …의 휘하에서. 「지.
until [or *till*] *further orders* 추후 지시가 있을 때까
— ⓥ (~s [-z]) ⓣ **1** …에게[을] 명령하다, 지시하다, 지령하다; (특정한 장소에 가도록[오도록]) …에게 명령하다. ¶ (~ + 图 + *to do*) I ~ed him to leave the room. 그에게 방에서 나가라고 명령했다 // (~ + 图 + 图) ~ a person *abroad* 남에게 해외 출장을 명하다 // (~ + 图 + 前 + 图) ~ a person to a distant place 남을 먼 곳으로 가게 하다 // (~ + *that* 图) He ~ed that the work (should) be done. 그는 그 일을 하라고 명령했다.

유의어 **order**「명령하다」의 뜻의 가장 일반적인 말. **command** 권위자가 정식으로 명령하여 복종을 요구하다. **direct** 업무상의 지시를 뜻하며, order나 command보다 명령의 의미가 약한 말. **instruct** 세부적인 지시까지 구체적으로 지시하다. **enjoin** 명령 내용이 긴급·경고의 뜻을 암시하는 말. **bid** 구두로 명령하는 뜻의 문어적인 말. **tell** 구어적이며 명령의 뜻이 가장 약한 말.

2 (의사가 환자에게) …을 지시[처방]하다. ¶ (~ + 图 + 图) The doctor ~ed my aunt a rest. 의사는 숙모에게 정양(靜養)하라고 지시했다. **3** …을 주문하다(*up*). ¶ (~ + 图 + 图) I've ~ed lunch *for* eleven o'clock. 나는 점심 식사를 11시에 할 수 있도록 시켜 놓았다 // (~ + 图 + 图) I ~ed him new shoes from the shoemaker. 나는 그에게 새 구두를 구둣방에 주문하였다. **4** …을 정리[정돈]하다, 처리하다; 배열하다; …에 질서를 세우다. ¶ ~ one's troops 병력을 배치하다. **5** (신·운명이) …을 정하다. ¶ God ~s all things in heaven and earth. 신은 삼라 만상의 질서를 세우신다. **6** …을 (사교·사제 등으로) 서계(敍階)하다, …을 서임(敍任)하다, 성직에 임명하다. **7** 규정하다, 규제하다; …을 관리하다.
— ⓥ **1** 명령을 내리다(direct). **2** 주문하다(*up*), (물품의) 주문이 있다. **3** (구어) 배달을 부탁하다[의뢰하다].
just what the doctor ordered (구어) (마침) 필요한 것, (바로) 원하던 것. 「명령하다; 흡사하다.
order a person about [or *around*] 남에게 마구
Order arms! (구령) 세워 총! 「(입수하다.
order in ① 들어오라고 명하다. ② (물건을 주문하여)
order off (*the field*) [스포츠] (심판이 선수에게) 퇴장을 명하다.
order out [남]에게 나가도록 명령하다; (군대 따위를) 출동시키다. 「동을 명하다(*to*).
order up (…을) 주문하다; (군사) (부대 따위에게) 출
~·a·ble 혭 ~·er 명 ~·less 형
órder blánk 명 주문 용지.
órder bòok 명 **1** (상업) 주문 대장, 주문장 철. **2** (종종 O- B-) (英) (하원의) 의사 일정표. **3** (군대의) 명령 기록부.
órder cancellátion dàte 명 (상업) 주문 취소 기일(주문품이 조달되지 않았을 때 그날로 주문이 취소되는 날짜). 「(수주계(受注係).
or·der-clerk [-klə̀ːrk/-klɑ̀ːrk] 명 주문 담당계원
or·dered [ɔ́ːrdərd] 형 **1** 정연한, 정돈된, 질서가 잡

한, 규율이 선. **2** 명령[규정]된. ~**ness** 명
or·der-form [-fɔːrm] 명 주문서[용지].
órder fulfíllment prócess 명 〔상업〕 주문 조달 과정(수주로부터 출하·입금까지의 전과정).
órder in cóuncil 명 〔英〕 추밀원령(令).
*__or·der·ly__ [ɔ́ːrdərli] 형 **1** 순서 바른, 정연한, 정돈된, 단정한. ¶an ~ room 정돈된 방. **2** 질서[규칙]를 중히 여기는, 규율 바른; 법을 지키는, 순종하는, 예의바른. ¶an ~ community 질서 있는 사회 / ~ conduct 합법적 행위. **3** 〔군사〕 명령[전령]의; 명령을 전달[집행]하는; 당번의. ¶an ~ man 전령. — 부 정연하게, 질서 〔규율〕있게. **1** 〔군사〕 전령; 〔장교의〕 당번병. **2** 〔육·해군의〕 간호병; 〔보통 병원의〕 잡역부. **3** 〔英〕 환경미화원. -**li·ness** 명 질서 정연; 순종.
órderly bín 명 〔거리의〕 쓰레기통.
órderly bóok 명 〔英군사〕 명령 기록부.
órderly dóg 명 〔英군속어〕 당직 하사.
órderly márketing agréement 명 〔美〕 시장 질서 유지 협정(OMA).
órderly ófficer 명 〔군사〕 당직[일직] 장교.
órderly píg 명 〔英군속어〕 당직 사관.
órderly róom 명 중대[대대] 본부실.
órder of búsiness 명 **1** 과제, 할당된 일. **2** 의제의 순서; 의사(議事).
órder of mágnitude 명 **1** 대규모; (수량의) 어느 단위에서 그 10배까지의 범위. **2** 자릿수.
Órder of Mérit 명 (the ~) 〔英〕 메리트 훈위[훈장]. (o- of m-) 공로 훈장.
Órder of the Brítish Émpire 명 (the ~) 〔英〕 대영제국 훈위[훈장].
órder of the dáy 명 (the ~) **1** (의사) 일정. **2** 〔군사〕 통달, 시달. **3** 시대의 풍조; 유행; 가장 중요한 행사.
Órder of the Gárter 명 〔英〕 가터 훈장[훈위].
órder pàper 명 (종종 O- P-) (the ~) 〔英〕 = order book 2.
órder státistic 명 〔수학〕 순서 통계량.
or·di·nal¹ [ɔ́ːrdənl] 형 **1** 〔생물〕 (동·식물 분류상의) 목(目)(order)의. **2** 순서를 나타내는; 서수(序數)의. — 명 = 순서수(~ number). ⇒ cardinal ~**ly** 부
or·di·nal² 명 〔교회의〕 예배 규칙서; 〔영국 교회의〕 성직 수여〔서계(敍階)〕식.
órdinal númber 명 **1** 서수(ordinal numeral) (first, second 따위). **2** 〔수학〕 서수, 순서수, 번호수.
órdinal scále 명 〔통계〕 순서 척도.
*__or·di·nance__ [ɔ́ːrdənəns] 명 **1** (국왕·정부가 발하는) 법령, 포고, 명령. **2** 〔美〕 (지방 자치체의) 규정, 조례(條例). ⇒LAW〔유의어〕¶a city ~ 시(市) 조례. **3** 〔교회〕 의식; 성찬식. **4** 숙명(적인 것), 신의 섭리, 운명. **5** 기존의 관례, 관례.
or·di·nand [ɔ́ːrdənǽnd] 명 〔교회〕 (사교·사제·사제로의) 서계(敍階) 후보자, 성직 수임 후보자.
*__or·di·nar·i·ly__ [ɔ̀ːrdənɛ́rəli, ɔ́ːrdənèr-/ɔ́ːdənərəli] 부 보통(은), 대개; 보통으로, 평범하게.
*__or·di·nar·y__ [ɔ́ːrdəneri/ɔ́ːdənəri] 형 (more ~; most ~) **1** 보통의, 통상의; 〔경멸적〕 평범한, 흔한. ¶more than ~ (수량·색수가) 보통 이상으로 많은, 아주 많은. **2** (완곡적) (오히려) 보통 이하의, 좀 못한. ¶one's ~ appearance 보통 이하의[못난] 용모. **3** 여느 때와 같은, 통상적인, 일상의. ⇒COMMON 〔유의어〕¶an ~ day's work 평상시의 일과. **4** 〔법률〕 직접 관리하는, 직할의, 관할권이 있는. **5** (관리 등이) 정규의, 상임(常任)의, 전임의, 직속의. **6** 〔英〕 (주식·공채 따위로) 통상의. **7** 〔수학〕 상미분 방정식의.
in an ordinary way 여느 때처럼; 보통으로는.
— 명 (복 ~-nar·ies [-z]) **1** 보통 사람[물건]; (the ~) 보통의 일〔상태, 정도〕. **2** 〔교회〕 예배 순서, 규정서, 의식[의사문]; 보통 미사문. **3** 〔英역사〕 (사형수의) 교회사(敎誨師). **4** 〔교회〕 (the O-) (직권적을 가진) 교구장,

주교, 수도회의 장(長). **5** 〔美〕 유언 검인 판사. **6** 〔英〕 (레스토랑 따위의) 정식(定食); 정식 식당; 정식에 따라 나오는) 여관. **7** (앞바퀴가 크고 뒷바퀴가 작은) 옛날 자전거. **8** 〔문장〕 보통문(紋).
by ordinary 보통, 대강.
in ordinary ① 상임의; 직속의. ¶a physician *in ~* to the President 대통령 주치의(主治醫). ② 〔해사〕 (함선이) 도크에 들어 있는; 취역하지 않는, 예비의.
out of the ordinary 남다른, 보통이 아닌, 예외적인; 매우 뛰어난. -**nàr·i·ness** 명
órdinary íncome 명 〔경제〕 경상 소득.
órdinary Jóe 명 〔속어〕 보통 사람(남자), 평균적인 남자.
Órdinary lèvel 명 〔英〕 보통 과정; 중학교 보통 과정 (종료) 시험. 약 General Certificate of Education
órdinary life insùrance 명 보통 생명 보험.
órdinary scále 명 십진법.
órdinary séaman 명 〔英해군〕 수병; 〔해사〕 2등 [견습] 수부(약 OS). [common stock).
órdinary stóck [sháre] 명 〔英〕 보통주(株)(〔美〕
or·di·nate [ɔ́ːrdənət, -nèit] 명 〔수학〕 종좌표(縱座標). ⇒ abscissa 형 〔드물게〕 규칙 바른, 질서 잡힌.
or·di·na·tion [ɔ̀ːrdənéiʃən] 명 U C **1** 성직 서임식(敍任式); 성직 안수(임명)(식). **2** (신의) 섭리, 율법. **3** 정돈, 정리; 배치, 배열. **4** 법령 발포.
or·di·nee [ɔ̀ːrdəníː] 명 〔교회〕 신임 집사.
ord·nance [ɔ́ːrdnəns] 명 U **1** (집합적) 포(砲), 대포. **2** 무기류(weapons), 군수 물자. **3** (the ~) 군수품부(部), 병참 업무. ¶Army O— Corps 육군 병기 병과(兵科) / the O— Corps 〔美〕 보급 부대.
órdnance ófficer 명 병참(兵站) 장교.
Órdnance Sùrvey 명 (o- s-) 육지 측량(도); (the ~) 영국 육지 측량부.
or·don·nance [ɔ́ːrdənəns/F ɔRdɔnɑ́ːs] 명 **1** (건물·회화·문학 작품 따위의) 부분 배치, 배열, 구성. **2** 법령, 포고, 조례. [스키(紀)[에](의).
Or·do·ví·cian [ɔ̀ːrdəvíʃən] 명 형 〔지질〕 오르도비
or·dure [ɔ́ːrdʒər, -djuər/-djuə] 명 **1** U 오물, 똥, 배설물; 비료. **2** 천한 말.
‡__ore__ [ɔːr] 명 **1** U C 광석, 원광(原鑛). ¶iron ~ 철광석. **2** (시) 금속, (특히) 귀금속.
ö·re [ə́ːrə] 명 (복 ~) 외레(덴마크·노르웨이·스웨덴의 화폐 단위; 1/100 krone); 1외레짜리 동전.
ore·ad [ɔ́ːriæd] 명 〔그리스·로마 신화〕 (종종 O-) 오레아스(산의 요정). [구의; 식욕이 있는.
o·rec·tic [ɔːréktik/ər-, ɔr-] 형 〔철학〕 욕망의, 욕
óre dréssing 명 〔광업〕 선광(選鑛).
Oreg., Ore. Oregon.
*__Or·e·gon__ [ɔ́ːrigən, -gɑ̀n, ɑ́r-/ɔ́rigən] 명 오리건(미국 서북부의 주; 주도 Salem; 약 Oreg., Ore.).
Or·e·go·ni·an [ɔ̀ːrigóuniən, ɑ̀r-/ɔ̀r-] 형 Oregon 주의. — 명 Oregon 주 사람.
Óregon píne 명 = Douglas fir.
Óregon Tráil 명 (the ~) 〔美역사〕 오리건 통로(미국 Missouri 주에서 Oregon 주에 이르는 약 3,200km의 길; 19세기 중엽 서부 개척민들이 많이 이용).
óre hèarth 명 광석 취상(吹床)(강한 바람을 보내 납 따위의 광석을 용해·제련하는 소규모의 용광로).
o·re·ide [ɔ́ːriæd] 명 = oroide.
O·re·o [ɔ́ːriou] 명 (복 ~**s**) 〔美속어〕 〔경멸적〕 백인처럼 구는 흑인, 백인에게 영향을 받는 흑인.
O·res·tes [ɔːréstiːz/ɔrés-] 명 〔그리스 신화〕 오레스테스(Agamemnon과 Clytemnestra와의 아들로 아버지를 살해한 어머니를 죽여 아버지의 원수를 갚음).
Oréstes còmplex 명 〔정신분석〕 오레스테스 콤플렉스(어머니를 죽이려는 아들의 무의식적 욕구).
óre tànker 명 광석 수송 전용선(船). [orexia.
-o·rex·i·a [əréksiə] 연결 「욕망, 식욕」의 뜻. ¶an-
o·rex·is [əréksis] 명 〔심리〕 욕망의 충동.

org [ɔ́ːrg] [명] **1** 《구어》 =organization. **2** 《美속어》 파이프 오르간, 전자 오르간. 〔< *organ*〕 **3** 《美속어》 (강력한 마약에 의한) 급속한 황홀감. 〔< *orgasm*〕

org [명] 〔컴퓨터〕 organization(인터넷 도메인명의 하나; com, gov 따위에 속하지 않은 기구를 나타냄).

org. organ(ic); organism; organist; organization; organized.

‡**or·gan** [ɔ́ːrgən] [명] ([복] **~s** [-z]) **1** 오르간, 파이프 오르간(pipe ~); 리드[수동식] 오르간(reed [barrel] ~). **2** (생물의) 기관(器官); 《비유적》 남근, 음경(penis). ¶internal ~*s* 내장(內臟) / ~*s* of digestion 소화(消化) 기관. **3** 목소리, 성량. ¶have a fine ~ 목소리가 좋다. **4** (정부 등의) 기관(機關), 조직; (종종 ~s) 정보 전달 기관, 기관지(紙[誌]). ¶the ~*s* of government 행정 기관. **5** 《고어》 (취주) 악기. **6** 도구, 수단.

órgan bànk [명] (오르간의) 건반열(列); (이식용의) 장기(臟器) 은행.

or·gan-build·er [-bìldər] [명] 파이프 오르간 제조 「기술자.

órgan dònor [명] (이식 수술의) 장기(臟器) 제공[기증]자.

órgan donátion [명] 「물). (또는 **organdie**)

or·gan·dy [ɔ́ːrgəndi] [명][U] 오건디(얇은 모슬린 직

or·gan·elle [ɔ̀ːrgənél] [명] 〔생물〕 세포 기관. 「사.

órgan grìnder [명] 수동식 오르간 연주자, 거리의 악

***or·gan·ic** [ɔːrgǽnik] [형] **1** 유기체의, 생물의; 생물체에서 생기는, 생물체 특유의. ¶an ~ body 유기체 / ~ life 생물. **2** 기관(器官)의, 장기(臟器)의; 〔병리〕 기질성(器質性)의. ¶~ actions 기관의 작용 / an ~ disorder 기질성 장애. **3** (식품이) 화학 첨가물이 들어 있지 않은, 자연의; (곡물·야채가) 무공해의, 유기 농법의[에 의한]. ¶~ vegetables 무공해 야채. **4** 〔화학〕 유기(有機)의, 탄소를 함유한. ¶~ compound 유기 화합물. **5** 유기적인, 조직적인, 체계적인, 통합된. ¶~ unity 조직적 통일 / the ~ view of the world 유기적 세계관. **6** (…에) 기본적인, 본질적인; 고유의(*to*). **7** 구조상의; 〔법률〕 기본 법인. ¶~ parts of drama 연극의 기본 요소. **8** (생체처럼) 생성 발전하는; (사회) 유기체적 발달설의. **9** 〔건축〕 유기적 건축의. **10** 〔언어〕 (어느 언어 요소가) 어원적으로 어떤 구조에 속해 있는. **11** 《속어》 최고의, 멋있는. **12** 《고어》 도구의 역할을 하는. ── [명][U] 유기 화합물; 유기 비료, 유기 살충제. **-i·cal·ness, or·ga·nic·i·ty** [ɔ̀ːrgənísəti] [명]

orgánic ácid [명] 〔화학〕 유기산(酸).

or·gan·i·cal·ly [ɔːrgǽnikəli] [부] **1** 유기적으로, 조직적으로. **2** 〔병리〕 기질(器質)적으로. **3** 구조[조직, 체제]상으로; 기본[근본]적으로. **4** 〔농업〕 유기 재배로.

orgánic chémistry [명] 유기 화학. 「성 금속].

orgánic condúctor [명] 〔물리〕 유기 도체(導體)[합

orgánic diséase [명] 〔병리〕 기질성(器質性) 질환.

orgánic fárming [명] 유기 농법[농업].

orgánic fóod [명] 자연 식품.

or·gan·i·cism [ɔːrgǽnəsìzm] [명] **1** 〔철학〕 유기체설. **2** 〔병리〕 장기병설(臟器病說), 기관설(器官說). **3** 사회 유기체설. **-cís·mal, -cís·tic** [형] **-cist** [명]

orgánic láw [명] (국가 등의) 구성법, 기본법.

orgánic métal [명] 〔화학〕 유기 금속.

orgánic psychósis [명] 〔정신의학〕 기질성 정신병.

orgánic solidárity [명] 〔사회〕 유기적 연대.

***or·gan·ism** [ɔ́ːrgənìzm] [명] **1** 유기체; 생물, 미생물; 인간. ¶a microscopic ~ 미생물. **2** (사회·우주 따위) 유기적인 조직체. **-is·mal** [-ízməl], **-is·mic** [형]

***or·gan·ist** [ɔ́ːrgənist] [명] 오르간 연주자.

‡**or·gan·i·za·tion** [ɔ̀ːrgənizéiʃən/-naiz-] (* 《英》 **-sa·tion**) [명] ([복] **~s** [-z]) **1** [U][C] 조직, 기구, 구성, 구조(structure); 계통화, 조직화. **2** [U] 조직화[편성화]된 것[되기], 유기적 구조; 체계, 체제, 기구, 질서; (미술 작품의) 구성. **3** (어떤 목적을 가진) 조직체; 단체, 조합, 협회. ¶a nonprofit ~ 비영리 단체. **4** 《집합적》 (기업의) 관리 기관(직원), 경영진; (정당의) 간부(회); 임원회. **5** 유기체; 생물; 유기적 조직체. ── [형] **1** 조직의[에 관한]. **2** 《구어》 (사람 등이) 조직에 완전히 물든. **~·al** [형] **~·al·ly** [부]

organizátional clímate [명] 조직 환경[풍토].

organizátional psychólogy [명] 조직 심리학.

organizátional trèe [명] **1** 조직 계통도, 조직 일람표. **2** (작업·가공 따위의) 공정도(工程圖).

organizátion chàrt [명] (회사 등의) 조직[기구]도.

Organizátion for Ásian Económic Coöperátion [명] (the ~) 아시아 경제 협력 기구([약] OAEC).

Organizátion for Económic Cooperátion and Devélopment [명] (the ~) 경제 협력 개발 기구(1961년 발족; 사무국 Paris; [약] OECD).

Organizátion for Européan Económic Cooperátion [명] (the ~) 유럽 경제 협력 기구(OECD의 전신; [약] OEEC).

organizátion màn [명] (주체성을 잃은) 조직[회사] 인간, 조직 순응자(보통 관리직); 조직 전문가.

Organizátion of Áfrican Únity [명] (the ~) 아프리카 통일 기구(AU의 전신; [약] OAU).

Organizátion of Américan Státes [명] (the ~) 미주(美洲) 기구(1948년 발족; [약] OAS).

Organizátion of Árab Petróleum Expórting Cóuntries [명] (the ~) 아랍 석유 수출국 기구(1968년 발족; [약] OAPEC).

Organizátion of Petróleum Expórting Cóuntries [명] (the ~) 석유 수출국 기구, 오펙(1960년 발족; 본부 Vienna; [약] OPEC).

‡**or·gan·ize** [ɔ́ːrgənàiz] (* 《英》 **-ise**) [동] (**-iz·es** [-iz]; **~d**; **-iz·ing**) [타] **1** …을 조직하다, 편성(編成)하다; 〔사람〕을 조직하여 (…을) 만들다(*into*). ¶(~+[目]+[前]+[名]) ~ students *into* three groups 학생들을 3그룹으로 편성하다. **2** …을 계통지우다, 체계화하다; …을 모아 정리하다. ¶~ an essay 평론을 집대성하다. **3** 〔회사 따위〕를 창설하다, 설립하다. ¶~ a venture business 벤처 기업을 설립하다. **4** 〔남〕을 (노동 조합에) 가입시키다(*into*); …에 노동 조합을 만들다. ¶~ a factory 공장에 노동 조합을 만들다. **5** 〔계획·회합 따위〕를 준비하다. ¶~ an expedition to the North Pole 북극 탐험을 준비하다. **6** 유기물[생명체]화하다. ¶an ~*d* matter 유기체. **7** 《재귀용법으로》 《구어》 마음의 준비를 하다, 기분을 가라앉히다. **8** 《美속어》 …을 가로채다, 손에 넣다, 훔치다. **9** 《英구어》 (필요한 사람을 급히) 구하다, 찾다. ── [자] **1** 조직화하다; 유기체로 되다. **2** 노동 조합을 결성하다, 노동 조합에 가입하다. **-iz·a·ble** [형] **-iz·a·bíl·i·ty** [명]

or·gan·ized [ɔ́ːrgənàizd] [형] **1** 노동 조합으로 조직된; 조직체를 이룬; 조직적인; 유기적인. **2** 정리된; 비품 따위를 갖춘. **3** (…에) 유능한, 재빠른(*in*). **4** 《美속어》 술에 취한. 「죄 조직.

órganized críme [명] 조직 범죄; (Mafia 따위의) 범

órganized férment [명] 〔생화학〕 효소(酵素), 효모.

órganized lábor [명] (the ~) 《집합적》 조직 노동자; (정치 세력으로서의) 노동 조합.

***or·gan·iz·er** [ɔ́ːrgənàizər] (* 《英》 **-is·er**) [명] **1** 조직자; (회사 등의) 설립자, (노동 조합 등의) 창설자; (흥행 따위의) 주최자; (모임 따위의) 간사, 뒷치닥거리하는 사람. **2** 서류꽂이[정리함]; 다이어리, (전자) 수첩 (personal ~). **3** 〔발생〕 형성체(形成體).

órganizer bàg [명] (갖가지 정리용 주머니가 달린) 다기능 백. 「을 비치한 2층(gallery).

or·gan·loft [ɔ́ːrgənlɔ̀ːft/-lɔ̀ft] [명] (교회의) 오르간

or·ga·no- [ɔ́ːrgənou, -nə, ɔːrgǽn-] [연결] organ, organic의 뜻. ¶*organo*graphy((동·식물의) 기관학).

or·ga·no·chlo·rine [ɔ̀ːrgənouklɔ́ːrin, ɔːrgæ̀nə-] [명][형] 〔화학〕 유기 염소계 살충제(의)(DDT 따위).

or·ga·no·gen·e·sis [ɔ̀ːrgənoudʒénəsis, ɔːrgæ̀-

nə-] 图 〖생물〗 기관 형성, 기관 발생.
or·ga·no·hal·o·gen [ɔːrgənouhǽlədʒən, ɔːrgǽ-nə-] 图 〖화학〗 할로겐 원소를 함유한 유기 화합물.
or·ga·no·lep·tic [ɔːrgənouléptik, ɔːrgǽnə-] 웹 **1** 감각을 자극하는, 감각 기관이 느낄 수 있는. **2** (테스트 따위가) 감각 기관에 의한. **-ti·cal·ly** 甲.
or·ga·nol·o·gy [ɔːrgənálədʒi/-nɔ́l-] 图 **1** 〖생물〗기관학(器官學), 장기학(臟器學). **2** 악기(사) 연구. **3** 골상학(骨相學). **-no·lóg·ic, -no·lóg·i·cal** 웹 **-gist** 图.
or·ga·no·mer·cu·ri·al [ɔːrgənoumərkjúəriəl, ɔːrgǽnə-] 웹 图 〖화학·약학〗유기 수은 화합물[약제].
or·ga·no·me·tal·lic [ɔːrgənoumətǽlik, ɔːrgǽnə-] 웹 图 〖화학〗유기 금속의. (또는 **metallo-organic**)
or·ga·non [ɔ́ːrgənàn/-nɔ̀n] 图 (圈 **-na** [-nə], **~s**) **1** (사고의) 수단, 고찰[연구]법, 오르가논 (과학과 철학의 방법론적 원리). **2** (고어) 감각 기관.
or·ga·no·phos·phate [ɔːrgənoufásfeit, ɔːrgǽnə-] 图 〖생화학〗유기 인산 화합물.
or·ga·no·ther·a·py [ɔːrgənouθérəpi, ɔːrgǽnə-] 图 Ⓤ 〖의학〗장기(臟器) 요법.
órgan pipe 图 (음악) (파이프 오르간의) 파이프, 관(音管).
órgan recítal 图 **1** (파이프) 오르간 독주회. **2** (美속어) 성교육.
órgan scréen 图 〖건축〗(교회의) 오르간실을 칸막이하는 장식 막(幕).
órgan snátching 图 장기(臟器) 도둑(질).
órgan tránsplant 图 장기(臟器) 이식.
or·ga·num [ɔ́ːrgənəm] 图 (圈 **-na** [-nə], **~s**) **1** =organon. **2** (음악) 화성적 중창; 그 제2성부(聲部); 중세 유럽의 다성(多聲) 음악.
órgan whístle 图 (증기나 공기를 분출시켜 울리는) 기적(汽笛).
or·gan·za [ɔːrɡǽnzə] 图 오간자(얇고 투명한 실크·레이온 따위의 평직 옷감).
or·gan·zine [ɔ́ːrɡənziːn] 图 꼰 실(고급 견직물용의 날실).
or·gasm [ɔ́ːrɡæzm] 图 오르가슴 (性), (성행위에서의) 절정감; 극도의 흥분, 격정. ¶achieve ~ 오르가슴에 도달하다. — 圈卧 오르가슴에 도달하다; (美속어) 흥분하다.
or·gas·mic [ɔːrɡǽzmik] 웹 오르가슴의. (또는 **or·gas·tic) -mi·cal·ly** 甲.
OR gáte 图 (컴퓨터) =OR circuit.
or·geat [ɔ́ːrʒæt, -ʒɑː] 图 Ⓤ 아몬드 시럽. (<F)
or·gi·as·tic [ɔːrdʒiǽstik] 웹 주신제(酒神祭) 같은; 부어라 마셔라 법석대는, 야단법석을 떠는; 난교(亂交)(파티)의. **-ti·cal·ly** 甲. [man.]
org·man [ɔ́ːrɡmæn] 图 (美구어) =organization
or·gu·lous [ɔ́ːrɡjuləs/-ɡju-] 웹 (고어) 오만한, 횡포스러운; 고답적인. **~·ly** 甲.
*****or·gy** [ɔ́ːrdʒi] 图 (圈 **-gies**) **1** 진탕 마시고 떠들기, 주연. **2** (-gies) (고대 그리스·로마에서) Dionysus [Bacchus]를 모시는 비밀 주신제. **3** 법석대기, 난행; (美속어) 난교 파티, 섹스 파티. (또는 **orgie**)
-o·ri·al [ɔ́ːriəl] 젭미 '…의, …에 속하는, …와 관계가 있는'의 뜻 (* -or 또는 -ory로 끝나는 명사에서 형용사를 만든다). ¶profess*orial*.
o·ri·el [ɔ́ːriəl] 图 〖건축〗(보통 2층의) 밖으로 내민 창문.
*****o·ri·ent** 图 [ɔ́ː(ː)riənt, -ènt] **1** (the O-) 동양(the East); (고어) 지중해 동쪽 지역, 동반구. **2** (아시아산(産)) 고급 진주; Ⓤ 진주 특유의 광택. **3** (보통 the ~) 图 (東) 동천(東天), 동방 지역. **4** (고어) 새벽, 해돋이.
— 웹 [ɔ́ː(ː)riənt, -ènt] **1** (보석·진주가) 반짝이는, 질 좋은. **2** (시) 동방의, 동양의. **3** (고어) (지평선에) 떠오르는, 나타나는. ¶the ~ sun 솟아오르는 아침 해.
— 围 [ɔ́ː(ː)rìent] 卧 **1** …을 동향으로 하다; 제단을 동향으로 하여 〖교회당〗을 세우다. **2** …을 일정 방향[어떤 대상물]으로 향하게 하다. ¶(~+围+剛) ~ a building east 건물을 동향으로 세우다 // (~+围+前+图) ~ a building toward the south 전물을 남향으로 하다. **3** (자석 따위로) …의 위치를 확정하다, …의 방위(方位)를 바로 맞추다[알다], 방위각을 정하다. **4** …을 (환경 따위에) 적응시키다 (to, toward). ¶(~+围+前+图) help freshmen to ~ themselves to college and to life 신입생이 대학과 그 생활에 적응할 수 있도록 도와주다. **5** (수학) 방향짓다. **6** (화학) (분자를) 특정 방향에 우선적으로 배열하다. — 卧 **1** (환경에) 순응하다. **2** 동쪽으로 향하다, 어떤 방향으로 향하다.
orient *oneself* ① (…에) 순응하다 (to). ② 자기 위치[입장]를 알다. ③ 사태[진상]를 파악하다, 정확하게 판단하다; 태도를 분명히 하다.
‡**o·ri·en·tal** [ɔ̀ː(ː)riéntl] 웹 **1** 동양의; 동양(풍)의, 동양적인; 동양인[민족, 언어, 문명]의. **2** 동쪽의, 동방의. **3** (O-) 〖지리〗동양아구(亞區)의. **4** (보통 O-) (질 좋은) 강옥석(鋼玉石)의. — **~s** [-z] **1** (보통 O-) (종종 경멸적) 동양인. **2** (O-) = ~ Jew. **~·ly** 甲.
Oriéntal cát's-eye 图 동양 묘안석(猫眼石).
oriéntal gíant squírrel 图 〖동물〗 인도 큰다람쥐 (세계 최대). [(誌).]
O·ri·en·ta·li·a [ɔ̀ː(ː)riəntéiliə, -ljə] 图 동양(문화)
O·ri·en·tal·ism [ɔ̀ː(ː)riéntəlìzm] 图 (종종 o-) Ⓤ 동양(인품), 동양인의 특수성[특이성]; 동양인의 특질[특징]; 동양학. **-ist** 图.
O·ri·en·tal·ize [ɔ̀ː(ː)riéntəlàiz] (* (英) **-ise**) 卧 (종종 O-) …을 동양식으로 하다, 동양화하다. — 卧 동양식으로 되다; 동양학을 공부하다. **-i·zá·tion** 图.
Oriéntal Jéw 图 (유럽 출신자와 구별하여) 중동에서 태어나고 자란 (이스라엘) 유대인. (또는 **Oriental**)
Oriéntal lóok 图 (유럽에서 본) 동양의 복식 스타일.
Oriéntal Órthodoxy 图 동방 정교회(正教會).
Oriéntal rúg[cárpet] 图 동양 융단.
o·ri·en·tate [ɔ́ːriəntèit/ɔ̀ːrien-] 卧 围 =orient.
o·ri·en·ta·tion [ɔ̀ː(ː)riəntéiʃən/ɔ̀ːrien-] 图 **1** (환경 따위에) 적응시키기; 순응, 적응; 방위[위치]의 확정; (어느 방위·위치에) 놓인 상태; 동향(東向). **2** (美·캐나다) (교육) 오리엔테이션, 진로[입문] 지도, ¶~ course (대학의) 오리엔테이션 과정. **3** (시체의 발, 교회의 주(主) 제단 따위를) 동쪽으로 향하게 하기. **4** (심리) 정위(定位), 지남력(指南力). **5** (건물·사람 따위의) 위치, 방위, 배치. **6** 정세[상황] 판단, 태도 결정, 방향 감각; 태도, 관심, 대응. **7** (철새 따위의) 귀소 본능. **~·al** 웹.
-o·ri·en·ted [ɔ́ːriəntid/ɔ́(ː)ri-] 젭미 '동향적인; …위주[우선]의'의 뜻. ¶export-*oriented* (수출 지향적인).
o·ri·en·teer·ing [ɔ̀ːrientíəriŋ/ɔ̀(ː)ri-] 图 오리엔티어링(지도와 자석만으로 목적지를 찾아가는 경기).
Órient Expréss 图 (the ~) 오리엔트 특급 (Paris 와 Istanbul을 잇는 호화 열차(1883-1977); 현재는 London-Venice 정기 운행).
*****or·i·fice** [ɔ́ːrəfis, ɑ́r-/ɔ́r-] 图 (굴뚝·관(管) 따위의) 입구, 구멍. **-fí·cial** 웹.
or·i·flamme [ɔ́ː(ː)rəflæm, ɑ́r-] 图 **1** (고대 프랑스의) 붉은 왕기(王旗). **2** 군기(軍旗), (충성·단결의) 기치(旗幟).
orig. original(ly); originate(d); originator.
or·i·gan [ɔ́ː(ː)rigən, ɑ́r-] 图 〖식물〗(아시아·유럽산 (産)) 야생 마저럼. ➪ MARJORAM.
‡**or·i·gin** [ɔ́ː(ː)rədʒin, ɑ́r-/ɔ́r-] 图 (圈 **~s** [-z]) **1** Ⓤ 근원, 기원, 출처, 원천; 유래, 발단; 시초, 시작; 원인. ¶a country of ~ (상업) 원산국 / games of ancient ~ 기원이 오래된 경기 / the ~ of the quarrel 싸움의 원인 / the ~ of the river 하천의 발원지.

유의어 **origin** 어떤 것이 발생한 원인, 처음 시작한 사람 등. **beginning** 어떤 일의 개시[시작]. **source**

어떤 것의 발생점; 정보 따위의 출처. **root** 겉보기로는 나타나지 않는 근본적인 원인; 근원.

2 ⓤ (종종 ~s) 태생, 가문, 혈통, 출신.¶a man of noble[humble] ~ 태생이 고귀[미천]인 사람. **3** ⓤⓒ [해부] (근육·신경의) 기점(起點), 시점(始點); [지질] 진원(震源); (the ~) [수학] (좌표의) 원점.
by origin 태생은, 뿌리[기원]는.

‡**o·rig·i·nal** [ərídʒənl] ⓐ (*more* ~; *most* ~) **1** 최초의, 원시의; 본래의; 초기의.¶the ~ inhabitants 원주민. **2** 독자적인, 독창적인, 창의성이 풍부한; 새로운, 참신한, 신기한, 기발한; [구어] 흥미진진한.¶an ~ writer 독창적인 작가/~ research 독창적인 연구. **3** (복제품·번역물이 아닌) 원작[원화]의, 원문의, 원형의.¶an ~ bill 원안/an ~ edition 원판.
── ⓝ (~ [-z]) **1** (the ~) 원물(原物), 원형; (사진 따위의) 본인, 실물; (미술품·문학 작품의) 원작; 원서, 원문, 원어; [수학] (좌표의) 원점. **2** 신작, 창작품. **3** 독창적인 사람; [구어] 괴짜, 기인(奇人). **4** [고어] 근원, 기원; 창조[창시]자, 저자; 신원, 태생.
in the original 원문[원서, 원어]으로.
original equipment manufacturing ⓝ [상업] 주문자 상표에 의한 제품 제조(略 OEM).
original gúm ⓝ 우표 뒷면에 칠해진 풀.
***o·rig·i·nal·i·ty** [ərìdʒənǽləti] ⓝⓤ **1** 독창성, 창의; 독창력, 창조력.¶a man of great ~ 독창력이 풍부한 사람. **2** 참신함, 새맛; 신기함, 기발함; 남다름. **3** ⓒ 민간; 진품(珍品). **4** 원물건[진짜]임; ⓒ 진짜자.
***o·rig·i·nal·ly** [ərídʒənəli] ⓐⓓ **1** 원래는, 본래는.¶a plant ~ tropical 열대 지방 원산의 식물. **2** 처음은; 처음부터. **3** (동사 뒤에서) 독창적으로; 기발하게. [자].
original manufácturer ⓝ 정규 메이커[제조업
original prínt ⓝ [미술·사진] 오리지널 프린트(작가 자신이 찍어낸[현상한] 판화[사진, 원화]).
original prócess ⓝ [법률] 초심(初審) 영장.
original scenário ⓝ 창작 시나리오. [의 상실.
original sín ⓝ (the ~) [신학] 원죄; [가톨릭] 성총
original tríal ⓝ 원심(原審), 제1심. [process.
original wrít ⓝ [법률] 소송 개시 영장; =original
‡**o·rig·i·nate** [ərídʒənèit] ⓥ (*-nat·ed; -nat·ing*) ⓥ **1** (…에서) 일어나다, 발원하다, 시작되다⟨*from, in, with*⟩.¶(~+前+名) Coal has ~*d from* the decay of plants. 석탄은 식물이 썩어서 생긴 것이다/The practice has ~*d with* the Chinese. 그 관습은 중국인에게서 시작되었다. **2** (열차 따위가) (…에서) 시발하다⟨*at, in*⟩. ── ⓥ …을 시작하다, 일으키다; …을 창작[창설]하다, 발명[고안]하다. **-na·ble** ⓐ
o·rig·i·na·tion [ərìdʒənéiʃən] ⓝⓤ **1** 개시, 시작, 발생; 기원, 기인. **2** 창작, 창시; 발명.
o·rig·i·na·tive [ərídʒənèitiv] ⓐ 독창적인; 발명의 재능이 있는, 창조력이 있는; 신기한. **~·ly** ⓓ
o·rig·i·na·tor [ərídʒənèitər] ⓝ 창작자; 창시자; 발기[인]인 원(元祖). [『화본을 체계화한 Darwin의 저작).
Origin of Spécies ⓝ (the ~) 『종(種)의 기원』(진
ori·na·sal [ɔ̀ːrinéizl] ⓐ 입과 코의; [음성] 입과 코로 발하는. ── ⓝ [음성] 구비(口鼻) 모음. **~·ly** ⓓ
O-ring [óuriŋ] ⓝ (포장용의) O형 링.
o·ri·ole [ɔ́ːriòul] ⓝ 오리올(꾀꼬리의 일종); 미국산 찌르레기과(科)의 작은 새.
*****O·ri·on** [əráiən] ⓝ **1** [그리스 신화] 오리온(Artemis에게 사랑받고 살해된 거대한 미남 사냥꾼). **2** (the ~) [천문] 오리온자리. **3** [군사] 오리어온(미해군의 해상 발진 대 잠수함 초계기(機) P-3). [『성군(星群)』.
O·ri·o·nids [əráiənìdz, ɔ̀ːrióu-] ⓝ 오리온자리 유
Oríon Nèbula ⓝ [천문] 오리온 대성운(大星雲).
Oríon's Bélt ⓝ [천문] 오리온자리의 세 별.
Oríon's Hound ⓝ [천문] 큰개자리(Canis Major); 시리우스, 천랑성(天狼星)(Sirius).

or·i·son [ɔ́ːrəzən, ár-/-ɔ́r-] ⓝ (~s) 기도(prayer).
-o·ri·um [ɔ́ːriəm] ⓢ 「…의 장소, …의 수단」의 뜻.¶emporium.   [**orc, orch**]
ork [ɔːrk] ⓝ [구어] 오케스트라(orchestra). (또는
ork-orks [ɔ́ːrkɔːrks] ⓝ(the ~) [구어] =delirium tremens.
Or·lan·do [ɔːrlǽndou] ⓝ 올랜도. **1** 남자 이름. **2** Disney World가 있는 미국 Florida 주 중부의 도시.
or·li·stat [ɔ́ːrləstæt, ɑːr-/-ɔ́ːr-] ⓝ [약학] 비만 방지약, 다이어트약(diet pill).
Or·lon [ɔ́ːrlɑn/-lɔn] ⓝ [상표] 올론(합성 섬유).
or·lop [ɔ́ːrlɑp/-lɔp] ⓝ [해사] (배의) 최하 갑판.
Or·ly [ɔːrli, ɔːrlí] ⓝ 오를리(Paris 교외의 국제 공항).
Or·man·dy [ɔ́ːrmɑndi] ⓝ Eugene 오르만디 (1899-1985: 헝가리 태생의 미국의 지휘자).
Or·mazd [ɔ́ːrmæzd] ⓝ [조로아스터교] 오르마즈다(선과 빛의 최고신)(Ahura Mazda).
or·mer [ɔ́ːrmər] ⓝ 전복(abalone). ⟨<F⟩
or·mo·lu [ɔ́ːrməlùː] ⓝⓤ **1** 오르몰루(대용(代用) 금박; 동·아연의 합금). **2** [집합적] 오르몰루 제품. **3** 겉보기에만 훌륭한 것.
‡**or·na·ment** [ɔ́ːrnəmənt] ⓝ **1** 장식품, 장신구; ⓤ 장식, 치장; 장식법.¶architectural ~s 건축용 장식물. **2** (…에) 빛을 더해주는 사람[것], 자랑스러운 사람⟨*to*⟩. **3** ⓤⓒ 아름다운 의견(추상물). **4** (~s) (교회의) 예배용품, 부속품. **5** [음악] 장식음. **6** [美속어] 역장(驛長).
by way of ornament 장식(품)[치장]으로서.
── [-mènt, -mənt] ⓥ …을 (…으로) 장식하다⟨*with*⟩. ⇒DECORATE ⚠️¶(~+目+前+名) ~ the table *with* a bunch of flower 꽃다발로 테이블을
-er ⓝ 장식하는 사람[것]. [장식하다.
*****or·na·men·tal** [ɔ̀ːrnəméntl] ⓐ 장식용의, 장식적인; (경멸적) 장식에 불과한. ── ⓝ (보통 ~s) 장식품; 장식[관상]용 식물(~ plant). **-men·tal·i·ty** [-məntǽləti, -men-] ⓝ **~·ly** ⓓ **~·ness** ⓝ
or·na·men·tal·ism [ɔ̀ːrnəméntlìzm] ⓝ 장식주의.
-ist ⓝ 장식주의자, 장식가   [의.
or·na·men·tal·ize [ɔ̀ːrnəmentəlàiz] ⓥⓥ …을 장식하다. **-i·zá·tion** ⓝ
or·na·men·ta·tion [ɔ̀ːrnəmentéiʃən, -mən-] ⓝⓤ 장식, 치례; [집합적] 장식품.
or·na·ment·ed [ɔ́ːrnəmèntid, -mənt-] ⓐ [인쇄] 무늬의 화려한, 장식체의.
or·nate [ɔːrnéit] ⓐ (종종 경멸적) 꾸민, 화려하게 장식한; (문체가) 화려한, 미문의. **~·ly** ⓓ **~·ness** ⓝ
or·ner·y [ɔ́ːrnəri] ⓐ [美구어] [악성] 심술궂은; 완고한, 고집 센(stubborn). **2** 비열한, 저속한. **3** [방언] 평범한, 흔한(ordinary). **-ner·i·ness** ⓝ
or·nith ornithological; ornithology.
or·nith·ic [ɔːrníθik] ⓐ 조류(특유)의.
or·ni·tho- [ɔ́ːrnəθou, -θɔ-] 「새, 조류」의 뜻 (* 모음 앞에서는 ornith-).¶ornithology.
or·ni·thoid [ɔ́ːrnəθɔ̀id] ⓐ 새를 닮은, 새 모양의.
or·ni·tho·log·i·cal [ɔ̀ːrnəθəlɑ́dʒikəl/-lɔ́dʒ-] ⓐ 조류학의. (또는 **ornithologic**) **-i·cal·ly** ⓓ
or·ni·thol·o·gy [ɔ̀ːrnəθɑ́lədʒi/-θɔ́l-] ⓝⓤ 조류학. **-gist** ⓝ 조류학자.   [새 점(占).
or·nith·o·man·cy [ɔːrníθoumænsi/ɔ́ːrnìθou-] ⓝⓤ
or·ni·thoph·i·ly [ɔ̀ːrnəθɑ́fili/-θɔ́f-] ⓝ 조매(鳥媒)(조류에 의한 수분(受粉)의 매개).
or·ni·tho·pod [ɔ́ːrnəθɑ̀pəd, ɔ́ːrnáiθə-/ɔ́ːniθə-pɔ̀d] ⓝ [동물] 조각류(鳥脚類) 동물.
or·ni·thop·ter [ɔ́ːrnəθɑ́ptər/-θɔ́p-] ⓝ (초기의 수동식) 날개치기 비행기.   [bill.
or·ni·tho·rhyn·chus [ɔ̀ːrnəθərínkəs] ⓝ =duck-
or·ni·thos·co·py [ɔ̀ːrnəθɑ́skəpi/-θɔ́s-] ⓝ **1** 야생조 관찰. **2** =ornithomancy.
o·ro [*Sp* óro] ⓝ 금, 황금. ⟨<Sp⟩

o·ro-¹ [ɔ́:rou, -rə/ɔ́r-] 〔연결〕 mountain의 뜻. ¶ *oro*graphy.

o·ro-² 〔연결〕 mouth의 뜻. ¶ *oro*pharynx (구강 인두)

or·o·gen [ɔ́:rədʒen, -dʒən] 〔지질〕 조산대(造山帶)

or·o·gen·ic [ɔ̀:rədʒénik, àr-/ɔ̀r-] 〔지질〕 조산(造山) 운동[작용]의. ¶ ~ movement 조산 운동[작용].

o·rog·e·ny [ɔːrɑ́dʒəni/ɔrɔ́dʒ-] 〔지질〕 조산 운동[작용]. (또는 orogenesis, orogenics)

or·o·graph·ic [ɔ̀:rəgrǽfik, àr-/ɔ̀r-] 〔1〕 산악학(山岳學)의, 산악지(山岳誌)의. 2〔기상〕 지형성의. (또는 orographical) **-i·cal·ly** [지.

o·rog·ra·phy [ɔːrɑ́grəfi/ɔrɔ́g-] 〔U〕 산악학, 산악지.

o·ro·ide [ɔ́:rouàid] 〔U〕 오로이드(동·아연·주석의 금빛 합금). (또는 oreide)

o·rol·o·gy [ɔːrɑ́lədʒi/ɔrɔ́l-] 〔U〕 산악학(山岳學).

o·rom·e·ter [ɔːrɑ́mətər/ɔrɔ́m-] 〔명〕 산악 고도[기압계]. ; 산악 고도[기압계의]에 의한].

o·ro·met·ric [ɔ̀:rəmétrik/ɔ̀r-] 〔명〕 산악 측량에 의한.

o·rom·e·try [ɔːrɑ́mətri/ɔrɔ́m-] 〔U〕 산악 측량.

O·ro·mo [ɔːróumou] 〔명〕 1 (둘 ~s) (집합적) 오로모 족(에티오피아·케냐의 유목 민족). 2 〔U〕 오로모어(語).

ÓR operátion 〔명〕 (컴퓨터) OR 연산, 논리화(論理和) 연산.

or·o·pe·sa [ɔ̀:rəpéisə/ɔ̀r-] 〔명〕 소해(掃海) [일종.

o·ro·tund [ɔ́:rətʌ̀nd/ɔ́r-] 〔형〕 1 (목소리가) 잘 울리는, 낭랑한. 2 (말투 따위가) 과장된, 거드름 피우는.

o·ro·tun·di·ty [ɔ̀:rətʌ́ndəti/ɔ̀r-] 〔U〕 1 (목소리가) 잘 울림; (말투 따위가) 과장됨.

o·ro y pla·ta [ɔ́:rou iː plɑ́:tə] 〔명〕 금과 은(미국 Montana 주의 표어). 〔<Sp gold and silver〕

‡**or·phan** [ɔ́:rfən] 〔명〕 ~s [-z] 1 고아, (둘째) 한쪽 부모가 없는 아이. 2 어미를 잃은[가 버린] 어린 동물. 3 의지할 데 없는 사람, 잊혀진 존재. 4 (美어원) (차·컴퓨터 따위의) 제조 중지가 된 기종. —〔형〕 1 고아의, 어미 없는; 고아용의. ¶ an ~ asylum 고아원. 2 (계획 따위가) 재정적 지원이 없는; 버려진; 스폰서[고용주]가 없는. 3 중요도가 낮은.

—〔타〕 (~s [-z]) (수동형으로) 1 ···을 고아로 만들다. ¶ The poor boy was ~ed by the war. 가엾게도 그 아이는 전쟁으로 고아가 되었다. 2 (파티 따위에서) 외톨이로 만들다; (노동자 등을) 실업자로 만들다, 실업·~hòod 〔명〕 고아 신세, 고아임. [시키다.

or·phan·age [ɔ́:rfənidʒ] 〔명〕 〔C〕 고아원; 〔U〕 고아 신세, 고아임. 〔집합적〕 고아.

órphan drúg 〔명〕 (약학) 고아 약(이익이 적어 개발·조사 따위가 거의 되지 않는 약).

órphans' cóurt 〔명〕 고아 재판소(미국의 일부 주에 있는 유언 검인 재판소). 〔의 바이러스).

órphan vírus 〔명〕 (병리) 고아 바이러스(병원성 불명

Or·phe·an [ɔːrfíːən, ɔ́:rfiən] 〔명〕 오르페우스 (Orpheus)의; (오르페우스의 음악처럼) 선율이 아름다운, 절묘한; 황홀하게 하는(entrancing).

Or·phe·us [ɔ́:rfiəs, -fjuːs] 〔명〕 (그리스 신화) 오르페우스(동·식물까지도 매료시켰다는 하프의 명인).

Or·phic [ɔ́:rfik] 〔형〕 1 =Orphean. 2 오르페우스교 (Orphism)의. 3 (종종 o-) 신비스러운, 밀교적인. **-phi·cal·ly**

Or·phism [ɔ́:rfizm] 〔U〕 1 오르페우스교(Dionysus를 숭배하며 영혼 불멸을 믿음). 2 (때로 o-) (미술) 오르피즘(20세기초 큐비즘에서 발달한 기법). **-phist** 〔명〕 **Or·phís·tic** 〔형〕

or·phrey [ɔ́:rfri] 〔명〕〔U〕〔C〕 1 (성직자가 법의(法衣) 등의 위에 두르는) 장식 띠. 2 금실로 놓은 수, 호화로운 수(= ~ **lace**).

or·pi·ment [ɔ́:rpəmənt] 〔U〕 석웅황(石雄黃)(황색 안료).

or·pin(e) [ɔ́:rpin] 〔명〕 (식물) 자주꿩의 비름.

Or·ping·ton [ɔ́:rpiŋtən] 〔명〕 오르핑턴의 대형 닭.

or·rer·y [ɔ́:rəri, ár-/ɔ́r-] 〔명〕 오러리, 태양계의(儀).

or·ris¹ [ɔ́:ris, ár-/ɔ́r-] 〔명〕 흰붓꽃. (또는 orrice)

or·ris² [ɔ́:ris] 〔U〕 금[은]의 레이스[자수]. 〔향료·약용〕

or·ris·root [ɔ́:risrùːt, ár-/ɔ́r-] 〔명〕 흰붓꽃의 뿌리

ORS oral rehydration salts.

ort [ɔːrt] 〔명〕 (보통 ~s) (방언·고어) 1 음식 찌꺼기; 쓰레기; 쥐똥. 2 (美속어) 보기 싫은 사람.

ORT oral rehydration therapy.

Or·te·ga y Gas·set [ɔːrtéigɑː iː gɑːsét] 〔명〕 Jose ~ 오르테가이 가셋(1883-1955: 스페인의 철학자·문명 비평가).

or·thi·con [ɔ́:rθikàn/-kɔ̀n] 〔명〕 (TV) 오르시콘(TV 활상관(撮像管)의 일종). 〔<ortho+iconoscope〕

or·tho- [ɔ́:rθou, -θə] 〔연결〕 '옳은, 똑바른, 직립의, 수직의'의 뜻 (* 모음 앞에서는 orth-). ¶ *ortho*dox, *ortho*dontia, *orth*icon. 〔의〕 수심(垂心).

or·tho·cen·ter [ɔ́:rθəsèntər] 〔명〕 (기하) (삼각형

or·tho·chro·mat·ic [ɔ̀:rθəkroumǽtik] 〔형〕 (사진) 정색성(整色性)의. 〔정석(正長石).

or·tho·clase [ɔ́:rθəklèis, -klèiz] 〔U〕 (광물) 정

or·tho·clas·tic [ɔ̀:rθəklǽstik] 〔형〕 (수정이) 직교하는 벽개면(劈開面)이 있는. 〔orthodontics.

or·tho·don·tia [ɔ̀:rθədɑ́nʃə, -ʃiə/-dɔ́ntiə] 〔명〕 =

or·tho·don·tics [ɔ̀:rθədɑ́ntiks/-dɔ́n-] 〔명〕〔단수취급〕 치열 교정술, 치과 교정학. 〔정 의사.

or·tho·don·tist [ɔ̀:rθədɑ́ntist/-dɔ́n-] 〔명〕 치열 교

*or·tho·dox [ɔ́:rθədàks/-dɔ̀ks] 〔형〕 1 (종교상의 교의가) 정통의, 정설(正說)의, 정통 신앙의(↔ heterodox). 2 (O-) 그리스 정교회의; 동방 정교회의의 유대교도의. 3 (일반적으로) 정통의, 옳다고 인정된, 공인된. ¶ an ~ form of ···의 표준판. 4 전통적인, 보수적인, 인습적인; 진부한, 평범한. ◇ 〔명〕 ~ (es)) 1 정통파인 사람. 2 (그리스) 정교도. **~·ly** 〔부〕 **~·ness**

Órthodox Chúrch 〔명〕 (the ~) 동방 정교회; 그리스 정교회.

Órthodox Jéw 〔명〕 정통파 유대교도. 〔스 정교회.

Órthodox Júdaism 〔명〕 정통파 유대교.

órthodox sléep 〔명〕 (생리) 정상 수면(꿈을 꾸지 않는 상태의 수면). ↔ paradoxical sleep

or·tho·dox·y [ɔ́:rθədàksi/-dɔ̀ksi] 〔명〕 1 정통파적 신념[학설, 관행]; 정교적(正敎的) 신앙[관행]. 2 정통성; (신앙의) 정교성. 3 통설(通說)(따르기). 4 (O-) 정통파 유대교; (O-) 동방 정교.

or·tho·ep·ic [ɔ̀:rθouépik] 〔형〕 정음학(正音學)의, 바른 발음의. (또는 **orthoepical**) **-i·cal·ly** 〔부〕

or·tho·e·py [ɔ́:rθouèpi, ɔːrθóuəpi] 〔명〕 정음학(正音學); 올바른 발음(법). **-pist** 〔명〕 정음학자.

or·tho·fer·rite [ɔ̀:rθouférait] 〔명〕 오르토페라이트 (컴퓨터의 데이터 보존과 전달에 쓰이는 결정형 물질).

or·tho·gen·e·sis [ɔ̀:rθoudʒénəsis] 〔명〕〔U〕 (생물) 정향 진화(定向進化); (사회) 계통 발생설.

or·tho·ge·net·ic [ɔ̀:rθoudʒənétik] 〔형〕 (생물) 정향 진화적[적인]; (사회) 계통 발생설의[적인].

or·tho·gen·ic [ɔ̀:rθoudʒénik] 〔형〕 1 =gifted 지진아·장애아 치료에 관한, 적응 지도의. 2 =orthogenetic.

or·thog·o·nal [ɔːrθɑ́gənl/-θɔ́g-] 〔형〕 (수학) 직각의, 직교(直交)하는. **~·ly** 〔부〕

orthógonal projéction 〔명〕 (수학) 정사영(正射影); (지도) 정투영(正投影) (측량); (기계) 직각 투영.

orthógonal trajéctory 〔명〕 (수학) 직교(直交) 궤도, 직교 절선(切線).

or·tho·grade [ɔ́:rθəgrèid] 〔형〕 (동물) 직립 보행의.

or·tho·graph [ɔ́:rθəgrǽf/-grɑ̀ːf] 〔명〕 (건축) (건물 따위의) 정사도(正射圖).

or·thog·ra·pher [ɔːrθɑ́grəfər/-θɔ́g-] 〔명〕 정자법(正字法)에 정통한 사람, 정자법 학자; 철자법이 바른 사람. (또는 **orthographist**)

or·tho·graph·ic [ɔ̀:rθəgrǽfik] 〔형〕 1 정자법의, 철자법이 바른, 정서법(正書法)의. 2 (수학) 직각의, 직교하는. (또는 **orthographical**)

orthographic projection — oscitation

orthográphic projéction 명 정사영(正射影), 정투영(正投影), 직각 투영(orthogonal projection).

or·thog·ra·phize [ɔːrθágrəfàiz/-θóg-] (*英* **-phise**) 동 & 옳은 철자법에 따르다.

or·thog·ra·phy [ɔːrθágrəfi/-θóg-] 명 1 바른 철자법, 정자법; 철자법; 문자론; 철자론(論). 2 문자 체계. 3 [수학] 정사영(正射影)(법).

or·tho·ker·a·tol·o·gy [ɔːrθòukèrətáledʒi/-tɔ́l-] 명 [안과] 각막 교정 치료(학).

or·tho·mo·le·cu·lar [ɔ̀ːrθoumələ́kjulər] 명 [의학] 분자 농도 조정론의(자연 식품, 특히 비타민류의 섭취량을 가감하여 질병을 치료하는).

or·tho·pe·dic [ɔ̀ːrθəpíːdik] 명 1 정형 외과(학)의. ¶~ treatment 정형 외과 수술. 2 기형의, 지체 이상의. (또는 **orthopaedic**) **-di·cal·ly** 부

or·tho·pe·dics [ɔ̀ːrθəpíːdiks] 명 (단수취급) [의학] (어린이의) 골격 정형, 정형 외과(학). (또는 **orthopaedics, orthop(a)edy**)

or·tho·pe·dist [ɔ̀ːrθəpíːdist] 명 [의학] 정형외과 의사. (또는 **orthopaedist**) 의사.

or·tho·pod [ɔ́ːrθəpàd/-pɔ̀d] 명 (속어) 정형 외과

or·tho·prax·i·a [ɔ̀ːrθəpræksiə] 명 [의학] 기형 교정; 정형 외과학. (또는 **orthopraxy**)

or·tho·psy·chi·a·try [ɔ̀ːrθousaikáiətri] 명 [의학] 교정 정신 의학, 정신 교정학(특히 청소년의 행동 장애 연구와 치료에 관한 정신 의학).

or·thop·ter [ɔːrθáptər/-θóp-] 명 1 =ornithopter. 2 (곤충) 직시류(直翅類)의 곤충.

or·thop·ter·an [ɔːrθáptərən/-θóp-] 명 (곤충) = orthopterous. 명 (곤충) =orthopteron.

or·thop·ter·on [ɔːrθáptərən, -rən/-θóptərən] 명 (-**ter·a**) =orthopter 2.

or·thop·ter·ous [ɔːrθáptərəs/-θóp-] 형 직시류(直翅類)의; (에) 속하는.

or·thop·tic [ɔːrθáptik/-θóp-] 형 [안과] 양안시(兩眼視)의; [시각에 관한]; 시력 교정의, 사시 교정의.

or·thop·tics [ɔːrθáptiks/-θóp-] 명 (단수취급) [안과] 시력 교정(학). **-tist** 명 시력 교정 의사.

or·tho·rhom·bic [ɔ̀ːrθərámbik/-rɔ́m-] 형 [결정] 사방정계(斜方晶系)의.

or·tho·scop·ic [ɔ̀ːrθəskápik/-skɔ́p-] 형 [안과] 정시(正視)의; 정상적인 시력을 가진. 2 [광학] 왜곡이 없는. [orthotic.

or·tho·sis [ɔːrθóusis] 명 1 [의학] 정형술. 2 =

or·tot·ic [ɔːrθátik/-θót-] 형 [외과] (보조 기구에 의한) 지지대(支持帶)의. 명 (보조 기구에 의한) 교정·기능 회복의.

or·thot·ics [ɔːrθátiks/-θót-] 명 (단수취급) 1 [의학] 장구학(裝具學). 2 [의학] (보조 기구에 의한) 근육·관절 따위의) 기능회복 훈련(법). 3 [치과] 치열 교정학.

or·tho·wa·ter [ɔ̀ːrθóuwɔ̀tər] 명 =polywater.

or·to·lan [ɔ́ːrtələn] 명 1 멧새류의 작은 새. 2 bobolink.

Or·well [ɔ́ːrwel, -wəl] George ~ 오웰(1903-50: 영국의 소설가·비평가: *Animal Farm*, *1984*의 저자). **Or·well·ian** [ɔːrwélian] 형 [조작.

Or·well·ism [ɔ́ːrwelìzm, -wəl-] 명 사실의 왜곡·

or·y [ɔ́ːri] 명 광석의(같은), 광석을 함유하는.

-o·ry¹ [ɔ́ːri, əri/əri] 접미 동사·명사에 붙여서 「…의 성질이 있는, …와 같은」의 뜻의 형용사를 만든다. compuls*ory*.

-o·ry² [ɔ́ːri, əri/əri] 접미 place, instrument의 뜻의 명사를 만든다. ¶ laborat*ory*, dormit*ory*, direct*ory*.

o·ryx [ɔ́ːriks/ɔ́r-] 명 (~·**es**) 오릭스(아프리카산 (産) 큰 영양(羚羊)).

or·zo [ɔ́ːrzou, ɔ́ːrtsou] 명 [요리] 오르조(수프에 넣는 작은 파스타의 일종). [<Gk]

os¹ [ɑs/ɔs] 명 (명 **os·sa** [ɑ́sə/ɔ́sə]) [해부·동물] 뼈 (bone). [<L]

os² 명 (명 **o·ra** [ɔ́ːrə]) [해부] 입(mouth), 구멍. [<L]

Os 기 [화학] osmium. **OS** (상업) on sample(또는 **O/S, o/s**); out of stock (또는 **OOS**); Austrian Airlines; [운행] outstanding. **OS, OS.** Old Saxon; [컴퓨터] operating system (관리 프로그램); [英] Ordnance Survey; outsize. **o/s** (달력의) Old Style; out of stock; [운행] outstanding. **O. S.** (라틴) oculus sinister(=left eye)((처방전에서) 왼쪽 눈) (또는 **O.S.**); off-scene; [상업] on sample; ordinary seaman; out of stock. **O.S.** Old Saxon(고대 색슨어); Old School(보수파); Old Series; Old Style(구력(舊曆)); ordinary seaman. **OSA** Order of St. Augustine(아우구스틴회).

O·sage [óuseidʒ, -́] 명 1 오세이지족(族)(본래 Missouri 주 Osage 강변에 살고 있던 북미 원주민의 한 족속). 2 ① 오세이지족의 언어.

Ósage órange 오세이지 오렌지(미국 중남부 원산의 뽕나무과(科) 관상 식물로 산울타리에 쓴다).

O.S.B. Order of St. Benedict(ine)(베네딕트 (수도)회). **OSC** (美) Office of Space Communications (of NASA).

Os·can [áskən/ɔ́s-] 명 1 오스컨 사람(이탈리아 남부·중부에 살던 고대 민족). 2 ① 오스컨어(語).

os·car [áskər/ɔ́s-] 명 (美속어) 권총; 용수철. —— (英속어) 사정없는, 감당할 수 있는.

Os·car [áːskər/ɔ́s-] 명 1 [영화] 오스카(아카데미상 수상자(작)에게 수여되는 소형 황금 입상(立象)); (the ~s) 아카데미상 (수상식). 2 (일반적으로) 최우수상. 3 오스카(남자이름). 4 ① (o-) (濠속어) 돈, 현금

OSCAR [áskər/ɔ́s-] 명 [우주·통신] 오스카(미국의 아마추어 무선가용 전파 전파(電波傳播) 실험 위성). [<*O*rbiting *S*atellite *C*arrying *A*mateur *R*adio]

OSCE Organization for Security and Cooperation in Europe(유럽 안보 협력 기구).

os·cil·late [ásəlèit/ɔ́s-] 동재 1 (진자(振子)와 같이) 흔들리다, 왕복하다; 진동하다(*about*, *around*). ⇒SWING 유의어 2 (의견·목적 따위가) 흔들리다; 갈팡질팡하다(*between*); ¶ He always ~s *between* different ideas. 그는 언제나 여러 가지 생각으로 갈팡질팡한다. 3 [물리] 진동하다, 진동을 일으키다, 발신하다. ── 을 진동[동요]하게 하다; 동요시키다.

óscillating cùrrent [전기] 진동 전류.

óscillating úniverse [천문] 진동 우주(팽창과 수축을 반복하는 우주 모델). ¶ ~ theory 진동 우주론.

os·cil·la·tion [àsəléiʃən/ɔ̀s-] 명 ① 1 진동; (한 방향으로의) 한 번의 진동. 2 (마음 따위의) 동요, 망설임. 3 [물리] 진동. 4 [수학] 진동, 진폭. ~·**al** 형

os·cil·la·tor [ásəlèitər/ɔ́s-] 명 1 [전기] 발진기(發振器); [물리] 진동자(振動子). 2 동요하는 사람, 흔들리는 사람[것]. [동요하는.

os·cil·la·to·ry [ásələtɔ̀ːri/ɔ́silətri] 형 진동하는,

os·cil·lo·gram [əsíləgræ̀m] 명 [전기] 오실로그램 (오실로그래프로 기록한 진동 전기 도형).

os·cil·lo·graph [əsíləgræ̀f, -grɑ̀ːf] 명 1 진동 기록기. 2 [전기] 오실로그래프(전류·전압 따위의 변화를 가시 곡선으로 기록하는 장치).

os·cil·lom·e·ter [àsəlɑ́mətər/ɔ̀silɔ́m-] 명 [의학] 진동계, 진동 측정기.

os·cil·lo·scope [əsíləskòup] 명 [전기] 역전류 검출관(管), 오실로스코프(브라운관을 이용한 oscillo-graph). **-scóp·ic** [-skápik] 형 **-scóp·i·cal·ly** 부

os·cine [ásn, ásain/ɔ́s-] 형명 [조류] 명금류(鳴禽類)의.

os·ci·tant [ásətənt/ɔ́s-] 형 1 하품하는; 일을 명하니 벌린. 2 졸린 (듯한); 멍청한. 3 활기 없는, 나른한.

os·ci·ta·tion [àsətéiʃən/ɔ̀s-] 명 (문어) 1 하품; 기

지개; 좋음. 2 (좋음에 의한) 부주의; 태만.
os·cu·lant [áskjulənt/ɔ́s-] 형 (두 생물종간에) 공통된 특징이 있는; 중간성의; 밀착한.
os·cu·lar [áskjulər/ɔ́s-] 형 1 (동물) osculum의. 2 입의; (익살) 입맞춤의.
os·cu·late [áskjuleit/ɔ́s-] 타자 1 접촉(상접)하다; 결합하다. 2 (익살) 키스하다. 3 (수학) (곡선이) 접촉하다. 4 공통성이 있다. —타 1 접촉시키다; 결합시키다. 2 (곡선이) 다른 곡선과 접촉하다. 3 (익살) …에 키스하다. **-la·to·ry** [-lətɔ̀:ri/-lətəri] 형
ósculating órbit 명 (천문) 접촉 궤도.
ósculating pláne 명 (수학) 접촉 평면.
os·cu·la·tion [àskjuléiʃən/ɔ̀s-] 명U 1 (익살) 입맞춤, 키스; 밀착. 2 (수학) 접촉. ¶points of ~ 접점.
os·cu·lum [áskjuləm/ɔ́s-] 명 (pl. **-la** [-lə]) (동물) 1 (하등 동물의) 입, 배수공. 2 (촌충류의) 흡반, 흡착기관.
OSE operational support equipment.
-ose[1] [ous] 접미 「…로 가득한, …이 많은; …성(性)의; …모양의」의 뜻. ¶glob*ose*, verb*ose*.
-ose[2] 접미 (화학) 「당(糖), 탄수화물; 단백질 (화합물)」의 뜻. ¶amyl*ose*, cellul*ose*.
O.S.F. Open Software Foundation; Order of St. Francis(프란시스코 수도회). **OSFCW** Office of Solid Fuels Coordinator for War.
Ós·good-Schlát·ter diséase [ázgudʃlǽtər-/ɔ́z-] 명 (병리) 오즈굿병(운동을 하는 성장기 어린이에 생기는 무릎 통증·부기; 과도한 사용이 원인).
OSHA [óuʃə] 명 (미) 직업 안전 위생 관리국. [<Occupational Safety and Health Administration].
OSI (컴퓨터·통신) open systems interconnection.
o·sier [óuʒər] 명 (영) (세공용) 버드나무의 총칭(고리버들 따위); 그 나뭇가지; =dogwood. —형 (한정용법) 버드나무(세공)의. **~·like** 형
o·sier-bed [-bèd] 명 버드나무가 자라는 곳, (고리) 버들밭. 「을 지배하는 신; Isis의 남편.」
O·si·ris [ousáiəris] 명 (이집트 신화) 오시리스(저승
-o·sis [óusis] 접미 action(작용), process(과정), condition(상태)의 뜻(병명에 많이 쓰인다). ¶neur*osis*, tubercul*osis*.
-os·i·ty [ásəti/ɔ́s-] 접미 -ose, -ous로 끝나는 형용사에서 명사를 만든다. ¶verb*osity*, gener*osity*.
Os·lo [ázlou, ás-/ɔ́z-] 명 오슬로(노르웨이의 수도; 옛 이름 Christiania).
osm- [azm/ɔzm] 연결 「냄새」의 뜻. ¶*osm*ics.
Os·man [ázmən/ɔ́s-] 명 오스만 1세(1259-1326: 오스만 투르크의 초대 황제). (또는 **Othman**)
Os·man·li [azmǽnli, as-/ɔz-, ɔs-] 명 1 (오스만 족의) 터키 사람(Ottoman). 2 터키어(語). —형 터키(사람)의, 터키어의; 오스만 제국의.
os·mat·ic [azmǽtik/ɔz-] 형 후각의[에 관한]; 후각이 예민한.
os·mic [ázmik/ɔ́s-] 형 (화학) 오스뮴(osmium)의. 「오스뮴을 함유한.」
os·mics [ázmiks/ɔ́s-] 명 (단수취급) 후각학, 향기학. [원소: 기호 Os].
os·mi·um [ázmiəm/ɔ́s-] 명U (화학) 오스뮴(금속 원소).
os·mo- [ázmou, -mə, ás-/ɔ́z-] 연결 osmosis(삼투)의 뜻. ¶*osmo*regulation.
os·mol [ázmoul/ɔ́s-] 명 (화학) 오스몰(삼투압의 규준 단위). **os·mól·al** 형 **~·ál·i·ty** 오스몰 농도.
os·mo·lar [azmóulər/ɔz-] 형 =osmotic.
os·mom·e·ter [azmámətər/ɔzmɔ́m-] 명 삼투압계(計). 「삼투압 측정.」
os·mom·e·try [azmámətri/ɔzmɔ́m-] 명 (물·화)
os·mo·reg·u·la·tion [àzmourègjuléiʃən/ɔ̀z-] 명 삼투압 조절.
os·mose [ázmous, ás-/ɔ́z-] 자타 삼투하다[시키다]. 명 =osmosis.

os·mo·sis [azmóusis, as-/ɔz-] 명U 1 (물·화) (생물) 삼투(성). 2 (비유적) (조금씩) 흡수하기, 침투.
os·mot·ic [azmátik, as-/ɔzmɔ́t-] 형 (물·화) 삼투의, 삼투성의. **-i·cal·ly** 부
osmótic préssure 명 (물·화) 삼투압.
osmótic shóck 명 (생리) 삼투압 충격(생체 조직에 영향을 주는 삼투압의 급변).
os·mund [ázmənd/ɔ́z-] 명 (식물) 고비속(屬) 양치류의 총칭. (또는 **osmunda**)
OSO Orbiting Solar Observatory(태양 관측 위성).
os·prey [áspri/ɔ́s-] 명 1 (조류) 물수리(fish hawk). 2 백로의 깃(여성용 모자 장식용). 3 (O-) (군사) 오스프리(수직 이착륙기의 일종).
OSRD (미) Office of Scientific Research and Development(과학 연구 개발국). **OSS, O.S.S.** (미) Office of Strategic Services (전략 사무국; 제2차 세계 대전 때 정보 기관으로 CIA의 전신).
os·se·ous [ásiəs/ɔ́s-] 형 1 뼈로 이루어진; 뼈 비슷한(bony); 뼈를 함유하는, 골성(骨性)의. 2 =ossiferous. **~·ly** 부
Os·sian [áʃən, ásiən/ɔ́siən] 명 오시안(3세기에 생존했다는 스코틀랜드의 전설적 영웅·시인). 「장편.
Os·si·an·ic [àsiǽnik, ɔ̀ʃ-/ɔ̀s-] 형 Ossian풍의; 그
os·si·cle [ásikl/ɔ́s-] 명 (해부·동물) 소골(小骨).
Os·sie [ázi/ɔ́zi] 명 (영속어) 오스트레일리아인(의).
os·sif·er·ous [asifərəs/ɔs-] 형 (지층 따위가) 뼈를 함유하는, 화석뼈가 많은.
os·si·fi·ca·tion [àsəfikéiʃən/ɔ̀s-] 명U 1 (생리) 골화(骨化)(작용·과정); 골화된 부분. 2 (비유적) (감정·습관 따위의) 경직화, 고정화. **os·sif·i·ca·to·ry** 형
os·si·frage [ásəfridʒ/ɔ́s-] 명 (조류) 수염수리.
os·si·fy [ásəfài/ɔ́s-] 타 1 (생리) …을 골화하다. 2 (경멸적) (생각·감정)을 경화(硬化)시키다. —자 1 (생리) 뼈가 되다. 2 (의견·태도 따위가) 완고해지다. **-fied** 형 「[<G]
Os·sis [ásis/ɔ́s-] 명 (옛) 동독 사람. 참 Wessis
os·so·bu·co [àsoubú:kou, òus-/ɔ̀s-] 명 오소부코(송아지 정강이살을 와인·토마토·양파 따위와 같이 찐 이탈리아 요리). [<It]
os·su·ar·y [áʃueri, ás-/ɔ́sjuəri] 명 1 납골당(納骨堂). 2 뼈를 넣어 두는 단지.
OST (미) Office of Science and Technology(과학기술부); Outer Space Treaty(우주 (천체) 조약).
os·te·al [ástiəl/ɔ́s-] 형 =osseous.
os·te·i·tis [àstiáitis/ɔ̀s-] 명U (병리) 골염(骨炎).
os·tend [asténd, -/ɔs-] 타 (폐어) 직접 지시하다.
os·ten·si·ble [asténsəbl/ɔs-] 형 1 표면상의, 외양만의, 겉으로만의, 겉치레의. ¶one's ~ purpose 표면상의 목적. 2 명백한, 분명한. ¶an ~ mistake 명백한 잘못. **-bíl·i·ty** 명 **-bly** 부
os·ten·sive [asténsiv/ɔs-] 형 1 분명히 나타내는, 명시하는. 2 표면상의(ostensible). **~·ly** 부
osténsive definítion 명 (언어) 실물 지시적 정의 (구체적 예를 제시하여 정의하는 방법).
os·ten·so·ry [asténsəri/ɔs-] 명 (가톨릭) 성체 현시대(聖體顯示臺)(monstrance). (또는 **ostensorium**)
os·ten·ta·tion [àstentéiʃən/ɔ̀s-] 명U (경멸적) (부·지식 따위의) 자랑함, 겉치레, 허식.
os·ten·ta·tious [àstentéiʃəs/ɔ̀s-] 형 (경멸적) 허세부리는; (행위·태도 따위가) 과시하는, 자랑해 보이는; 야한, 난한, 화려한. **~·ly** 부 **~·ness** 명
os·te·o- [ástiou/ɔ́s-] 연결 bone(뼈)의 뜻(* 모음 앞에서는 oste-). ¶*osteo*logy.
os·te·o·ar·thri·tis [àstiouɑ:rθráitis/ɔ̀s-] 명U (병리) 골(骨)관절염.
os·te·o·blast [ástiəblǽst/ɔ́s-] 명 (해부) 골아(骨芽) 세포, 조골(造骨) 세포.
os·te·oid [ástiɔid/ɔ́s-] 형 뼈 같은, 뼈 모양의.

형용사로서 「다른, 그밖의」와 대명사로서 「다른 사람, 딴 것, 나머지」의 뜻으로 주로 쓰이는데, 본래 another에서 an을 떼어낸 것을 말이므로 나머지가 몇인에 따라 단수로도 복수로도 취급된다. 나머지 전부를 가리킬 때는 형용사이든 대명사로서나 그 앞에 정관사 the가 붙는다는 점과, 본래가 비교급이므로 than을 수반할 수 있다는 점도 유념해야 할 사항이다.

‡**oth·er** [ʌ́ðər] 〖형〗 **1** 그밖의, 딴, 다른, 틀린(* 한정어(限定語)가 붙지 않는 셀 수 있는 단수 명사에는 another를 쓴다). ¶he and one ~ person 그와 또 다른 한 사람 / I have ~ books besides these. 책은 이외에도 있다 / I have some ~ things to do. 또 그밖에 할 일이 몇 가지 있다 / Have you any ~ questions? 그밖의 질문은 없나? / We have no ~ business before us. 우리는 우선은 달리 할 일이 없다.
2 (같은 무리의 사람·물건 중에서) 딴, 다른(different). ¶in some ~ city 어딘가 다른 도시에서 / O— things being equal, I would choose this one. 다른 조건이 같다면 나는 이것을 택하겠다 / Call me some ~ time. 나중에 다시 전화하십시오 / I craved for a dictionary more than any ~ book in the world. 이 세상의 그 어떤 책보다도 나는 사전이 몹시 갖고 싶었다 / O— times, ~ manners. 《속담》 시대가 바뀌면 풍습도 바뀐다.

USAGE 비교급의 형태로 최상급의 뜻을 나타내는 경우, than의 다음에 any other를 쓰는 경우가 보통이다: She is more beautiful than *any other* girl in her class.(=She is more beautiful than (all) the other girls in her class.)(그녀는 학급 내에서 가장 아름답다).

3 (than과 함께) (성질·종류가) 틀리는, 다른, 이외의 (different). ¶some ~ book *than* fiction 소설 이외의 어떤 책 / a planet ~ *than* the earth 지구와는 다른 행성 / No person ~ *than* a graduate will be fit. 졸업생 이외는 부적격 / I would not have him ~ *than* he is. 지금과 다른 그의 모습은 원치 않는다(지금의 그로서 만족이다) / The result was quite ~ *than* what they expected. 결과는 그들의 기대와는 판이했었다 / (* 〈고어〉에서는 from을, 드물게는 but을 수반하기도 한다) There's none ~ *but* you to whom I can leave this. 이것을 맡길 수 있는 사람은 당신 이외는 아무도 없습니다.
4 (the ~) (둘이) 다른 하나의, 다른 한쪽의: (셋 이상 가운데서) 나머지 전부의, 그밖의 모든. ¶the ~ party 〖법률〗 상대방 / Now, shut the ~ eye. 자, 다른쪽 눈을 감아라 / The ~ five passengers were women. 나머지 승객 5명은 여자이다.
5 (the ~) 저편[쪽]의, 반대의: (종이 따위의) 뒷면의. ¶a red house on the ~ side of street 길 맞은편의 빨간 집 / the ~ side of the moon 달의 뒷면 / She is really active and cheerful, but I am quite the ~ way. 그녀는 활발하고 명랑하지만 나는 전혀 그 반대이다.
6 (시대·세대 따위가) 이전의, 옛날의(former). ¶in ~ times 이전에, 옛날에(에) / the houses of ~ days 그 옛날의 집들.
among other things ⇨AMONG.
as in other years 예년과 같이.
at other times ⇨TIME.
be not as other men are 〔성서〕 다른 사람과는 다르다, 범인(凡人)이 아니다(← 누가복음(Luke) 18:2).
every other... 하나 걸러서. ¶a meeting *every* ~ day[week] 하루[일주일] 걸러서의 회합.
in other words 바꿔 말하면.
none [or no] other than 다름 아닌 바로…. ¶The gentleman was none ~ *than* the president. 그 분은 다름 아닌 바로 대통령 그 사람이었다.
of other days [years] 이전[왕년]의.

on the other hand ⇨HAND.
other than [or (고어) **from**] ① …이외의[로](besides); …을 제외하여[하고](except). ② …과 달리다[는]. 〖형〗3「(⇨2).
other things being equal 기타 조건이 동일하면
the other day [night, etc.] 〖부사적〗 일전[전날 밤]에. ¶I met him *the* ~ *day*. 나는 일전에 그를 만났다.
the other way [about [or around]] 거꾸로, 반대로, 역으로. ¶to put it *the* ~ *way around* 반대로 말하면 / This is true *the* ~ *way*. 이것은 반대의 경우에도 들어맞는다.
— 〖대〗 **1** (the ~) (둘 중에서) 다른 한쪽, 나머지의 하나, 후자(the latter); (the ~s) (셋 이상 중에서) 나머지 것 (전부). ¶Each praises the ~. 서로 칭찬한다 / He has two sons; one is a doctor, *the* ~ a painter. 그에게는 두 아들이 있다. 한 사람은 의사이고 다른 한 사람은 화가이다 / One of the announcers was a woman, but *the* ~s were men. 아나운서들 중 한 사람만 여자이고 다른 사람들은 모두가 남자였다.
2 다른 사람[것], 틀리는 사람[것]; (~s) (some과 호응하여) (…하는) 사람들(도 있다). ¶I don't care for these shoes. Show me some ~s. 이 구두들은 맘에 안 드니 다른 것을 보여주시오 / Some are kind, and ~s are unkind. 친절한 사람들이 있는가 하면 불친절한 사람들도 있다.
3 (~s) 〖무관사로〗 남, 다른 사람들. ¶Do good to ~s. 남에게 친절해라 / He has no understanding of ~s' pain. 그는 다른 사람들의 고통을 모른다.
4 a) the (~) 반대의 것). ¶Hate is the ~ of love. 미움은 사랑의 반대. **b)** (the ~) 〖명사적〗 〖속어〗 섹스; 호모 행위.
among others ⇨AMONG.
...and others …따위, …등.
each other ⇨EACH.
of all others 그 중에서도, 특히; 모든 것[사람] 중에서. ¶on that day *of all* ~s 공교롭게도 (바로) 그날에 / You are the man *of all* ~s for the work. 너야말로 그 일에 가장 적임자다.
one after the other (둘이) 번갈아, 교대로. ¶He raised his hands *one after the* ~. 그는 좌우 교대로 손을 올렸다.
one from the other 둘을 구별하여. ¶Can you tell the twins *one from the* ~? 너는 그 쌍둥이를 구별할 수 있느냐?
one way or the other (둘 중) 어느 쪽으로도, 어떻게 되든지.
or other ① =*some...or other*. ② (one ~) 하나[한 사람] 이상.
some day or other 언젠가, 후일.
some one or other 누군가.
some...or other 무엇인가, 누구인가, 어딘가(* some 뒤의 명사는 보통 단수). ¶for *some* purpose *or* ~ 무엇인가 목적이 있어서.
sometime or other 언젠가, 후일.
this, that, and [or or] the other 이것저것, 여러 가지 잡다한 것[사람].
— 〖부〗 (보통 부정문에서) (…와) 틀리게, 다르게, 다른 방법으로(otherwise, differently) (*than*). ¶if you think ~ *than* rationally 만일 합리적으로 생각하지 않으면 / We can't collect the loan ~ *than* by suing him. 우리는 그를 고소하지 않고는 대출금을 회수할 방법이 없다.

os·te·ol·o·gy [ɑ̀stiɑ́lədʒi/ɔ̀stiɔ́l-] 명 1 골(骨)해부학, 골학(해부학의 한 분야). 2 골조직, 골격. **-o·lóg·ic, -o·lóg·i·cal -o·lóg·i·cal·ly -gist** 골학자.

os·te·o·ma [ɑ̀stióumə/ɔ̀s-] 명 (복 ~s, ~ta [-tə]) 〔병리〕 골종(骨腫).

os·te·o·my·e·li·tis [ɑ̀stioumàiəláitis/ɔ̀s-] 명U 〔병리〕 골수염.

os·te·o·path [ɑ́stiəpæ̀θ/ɔ́s-] 명 정골사(整骨師).

os·te·op·a·thist [ɑ̀stiɑ́pəθist] 명 =osteopath.

os·te·op·a·thy [ɑ̀stiɑ́pəθi/ɔ̀stiɔ́p-] 명U 1 정골요법; 안마술[치료]. 2 골 장애, 골병(骨病). **-o·páth·ic** 형

os·te·o·plas·tic [ɑ̀stiəplǽstik/ɔ̀s-] 형 〔외과〕 뼈 성형술의; 〔생리〕 조골(造骨)의, 뼈 형성의.

os·te·o·plas·ty [ɑ́stiəplæ̀sti/ɔ́s-] 명U 〔외과〕 (뼈의 이식에 의한) 골 성형술.

os·te·o·po·ro·sis [ɑ̀stiouparóusis/ɔ̀s-] 명 〔의학〕 골다공증(骨多孔症). 〔병리〕 골육종(骨肉腫).

os·te·o·sar·co·ma [ɑ̀stiousɑ:rkóumə/ɔ̀s-] 명 〔병리〕 골육종(骨肉腫).

os·ti·ar·y [ɑ́stièri/ɔ́stiəri] 명 〔가톨릭〕 (최하위 성직자) 문지기; (교회 등의) 문지기(doorkeeper).

os·ti·na·to [ɑ̀stinɑ́:tou/ɔ̀s-/*It* ostinɑ́:to] 명 〔음악〕 오스티나토(어떤 음형을 동일 성부로 반복하는 것).

os·ti·ole [ɑ́stiòul/ɔ́s-] 명 〔생물〕 작은 구멍, 작은 입.

os·ti·um [ɑ́stiəm/ɔ́s-] 명 (복 **-ti·a**) 1 〔해부·동물〕 입, 작은 구멍. 2 〔동물〕 심문(心門).

ost·ler [ɑ́slər/ɔ́slə] 명 =hostler.

ost·mark [ɔ́:stmɑ̀:rk, ɑ́st-/ɔ́st-] 명 오스트 마르크(옛 동독의 화폐 단위) ⑦ OM, Om). @ mark

os·to·my [ɑ́stəmi/ɔ́s-] 명 〔의학〕 (배설을 위한) 개구(開口) 수술(인공 항문 성형술 따위).

os·to·sis [ɑstóusis/ɔs-] 명 〔생리〕 골(조직) 형성.

Ost·po·li·tik [ɔ́:stpouli:ti:k] 명U (독일의) 동방 정책, 동방 외교. 1 1930년대 히틀러에 의한 동유럽으로의 영토 확장 정책. 2 1960~70년대에 서독 정부가 행한 소련·동구권 접근 정책.

os·tra·cism [ɑ́strəsìzm/ɔ́s-] 명U 1 추방, 배척, 유형(流刑); (사회적으로) 따돌림, 「왕따」. ¶the ~ in high school of a working-class girl 고등학교에서의 근로자 계급 여학생, 왕따/suffer political ~ 정치적으로 매장되다. 2 (고대 그리스의) 오스트라시즘, 도편(陶片) 추방(시민 투표에 의해 일시적으로 국외 추방하는 일).

os·tra·cize [ɑ́strəsàiz/ɔ́s-] 명 (* (英) -**cise**) 명他 1 …을 국외로 추방하다; …을 배척하다, 따돌리다, 「왕따」시키다. 2 (고대 그리스에서) …을 도편 투표로 추방하다.   〔식(法)〕.

os·tre·i·cul·ture [ɑ̀striəkʌ̀ltʃər/ɔ̀s-] 명U 굴 양식

***os·trich** [ɔ́:stritʃ, ɑ́s-/ɔ́s-] 명 1 타조; =**rhea**; 타조 가죽. 2 현실 도피자, 무사 안일주의자.
bury one's head in the sand like an ostrich 머리만 감추고 꽁무니는 감출 줄 모르다, 바보 같은 짓을 하다, 눈 감고 아옹하다.
have the digestion of an ostrich 위장이 아주 튼튼하다.
ostrich belief [policy] 눈 가리고 아옹하기, 자기기만의 얕은 꾀.
— 형 타조와 같은; 얄팍진.
~·like 형

os·trich-farm [-fɑ̀:rm] 명 타조 사육장. (또는 **óstrich fàrm**)

os·trich·ism [ɔ́:stritʃìzm, ɑ́s-/ɔ́s-] 명 (현실·닥쳐오는 위험 따위에) 맞서기를 거부하는, 현실 도피, 눈 가리고 아옹하기.

OT, O.T. occupational therapy; 〔미식축구〕 offensive tackle; off time; Old Testament; (濠) Overland Telegraph; overnight telegram; overseas trade; overtime. **o.t.** on time; overtime.

ot- [out] 연결 =**oto-**.

OTA (美) Office of Technology Assessment.

o·tal·gi·a [outǽldʒiə, -dʒə] 명U 〔병리〕 귀앓이. **-gic** 형

OTB (美) offtrack betting(장외 경마 도박, 장외 마권 구입). **OTC** over-the-counter. **O.T.C.** Officers' Training Camp(장교 훈련소); Officers' Training Corps(예비 장교 훈련대); Organization for Trade Cooperation(무역 협력 기구).

OTEC [óutèk] 명 (美) 해양 온도차 발전 시스템[계획, ◁*ocean thermal energy conversion*] 〔선〕.

OTH 〔통신〕 over-the-horizon(레이더의) 초(超) 수평

O·thel·lo [ouθélou, -əθ-] 명 오셀로. 1 Shakespeare작 4대 비극의 하나; 그 주인공. 2 베르디(Verdi)의 오페라.

‡**oth·er** ⇨OTHER. 〈p. 1956〉

oth·er·di·rect·ed [-diréktid] 형 타인(他人) 지향의, 타율적인, 자주성이 결여된. **~·ness** 명

oth·er·guess [ʌ́ðərgès] 형 (고어) 다른, 별종의.

óther hálf 명 (the ~) (경제적·사회적 처지가) 정반대의 입장에 있는 계급[집단]; 혜택 받지 못한 사람들. 2 (美구어) 배우자, 남편, 아내; 일행. 3 (the ~) (美속어) 두 잔째술.

oth·er·ly [ʌ́ðərli] 부 다른 방법으로.

ótherly ábled 형 다른 능력을 가진(신체 장애의).

óther mán 명 (the ~) (기혼 여성의) 애인, (연인이 있는 여성의) 다른 연인.

oth·er·ness [ʌ́ðərnis] 명U 다름; 딴 사람, 별개

óther párty 명 (법률) 상대방.   의 것.

óther ránks 명 (英) 하사관.

óther wáy 명 (the ~) (美속어) 동성애.

oth·er·where [ʌ́ðərhwÈər] 부 (고어) =**elsewhere**.

oth·er·while [ʌ́ðərhwàil] 부 (고어) 1 다른 때에. 2 때때로. (또는 **otherwhiles**)

‡**oth·er·wise** [ʌ́ðərwàiz] 부 1 다른 사정[상황] 아래에서는, 다른 경우라면; 그렇지 않다면(if not). ¶*O— I would accept your invitation.* 다른 경우라면 초대에 응하겠습니다만/*Learn to save now, ~ you may want in old age.* 지금 저축하는 습관을 길러라, 그렇지 않으면 늙어서 곤란해질지도 모르니(* 명령문 뒤에서 or (else)의 뜻으로 접속사). 2 (…와는) 다른 방법으로, 다르게(*than*). ¶*I can't think ~.* 달리는 생각할 수가 없다. 3 다른 점에서는, 그밖에는. ¶*He is noisy but ~ a very nice boy.* 그 아이는 잘 떠들기는 하지만 다른 점에서는 아주 착한 아이다.
— 형 1 〔서술용법〕 다른, 틀린. ¶*Some are wise, but some are ~.* (속담) 슬기로운 사람도 있지만 그렇지 않은 사람도 있다. 2 〔한정용법〕 다른 점에서 본, 다른 경우라면 …의. ¶*His rival was also his ~ intimate friend.* 그의 라이벌은 한편 그의 친한 친구이기도 했다.
…and otherwise 그 밖의. ¶*the workers, industrial and ~* 공업과 기타 부문의 노동자들.
…or otherwise ① 또는 그 반대. ¶*the merits or ~ of her character* 그녀 성격의 장점과 단점. ② 또는 다른 방법으로. ③ 그렇지 않더라도(or not). ④ =**…and otherwise**.

oth·er·wise-mind·ed [-máindid] 형 성미[의견, 취미]가 다른; 여론에 반대하는.

óther wóman 명 (the ~) (기혼 남성의) 애인, (연인이 있는 남성의) 다른 애인.

óther wórld 명 (the ~) 저승, 내세(來世); 별세계.

oth·er·world·ly [ʌ̀ðərwə́:rldli] 형 (종종 경멸적) 내세의, 저승의, 상상적 세계의, 비현실적인, 공상적인; 초자연적인; 별세계의. **-li·ness** 명

Oth·man [ɑ́θmən/ɔ́θmən, əθmɑ́:n] 명형 1 =**Osman**. 2 =**Ottoman**.

OTHR over-the-horizon radar(초(超)지평선 레이더).

o·tic [óutik] 형 〔해부〕 귀의.

-ot·ic [ɑ́tik/ɔ́t-] 접미 1 producing, suffering from 의 뜻. -**osis**로 끝나는 명사에 대응하는 형용사를 만든다. ¶*narcotic*. 2 resembling 의 뜻. ¶*exotic*.

o·ti·ose [óu(ʃi)òus, òuti-] 형 **1** 한가한; 게으른(idle). **2** 불필요한, 쓸모 없는; 무익한. **~·ly** 부 **~·ness** 명

o·ti·os·i·ty [òuʃiásəti, òuti-/-ɔ́s-] 명 ① 나태, 태만; 불필요.

o·ti·tis [outáitis] 명 ① 〔병리〕 귀앓이, 이염(耳炎).

otítis ex·tér·na [-ikstə́ːrnə] 명 〔병리〕 외이염.

otítis in·tér·na [-intə́ːrnə] 명 〔병리〕 내이염.

otítis mé·di·a [-míːdiə] 명 〔병리〕 중이염.

o·ti·um cum dig·ni·tá·te [óuʃiəm kʌm dìgnətéiti] 명 유유자적. 〔<L leisure with dignity〕

OTL, o.t.l. [óutiél] 명 〔美속어〕 정신 나간, 얼빠진, 부주의한. 〔<out to lunch〕 〔ot-〕. ¶otology, otoscope.

o·to- [óutou, -tə] 〔연결〕 「귀의 뜻 * 모음 앞에서는 **OTOH** on the other hand.

o·to·lar·yn·gol·o·gy [òutoulæ̀riŋɡɑ́lədʒi/-gɔ́l-] 명 ① 이비인후과학(耳鼻咽喉科學). **-gist** 명

o·to·lith [óutəlìθ] 명 〔해부·동물〕 이석(耳石)(귀 속에서 평형 감각에 관여한다).

o·tol·o·gy [outálədʒi/-tɔ́l-] 명 ① 이과(耳科) 의학.

o·to·plas·ty [óutəplæ̀sti] 명 귀 성형술. **|-gist**

o·to·rhi·no·lar·yn·gol·o·gy [òutouràinoulæ̀riŋɡɑ́lədʒi/-gɔ́l-] 명 ① = tolaryngology. 〔진판.

o·to·scope [óutəskòup] 명 〔의학〕 이경(耳鏡); 이청

OTR Occupational Therapist, Registered.

OTS, O.T.S. Officers' Training School(장교 훈련학교). **Ott.** Ottawa.

OTT, o.t.t. [óutiːtíː] 명 〔美속어〕 상식을 벗어난, 지나친; 오르가슴에 도달한. 〔<over the top〕

ot·ta·va [outɑ́ːvə/It ottɑ́ːva] 형부 〔음악〕 오타바로〔의〕, 1옥타브 높게〔낮게〕, 1옥타브 높은〔낮은〕(8va).

ot·ta·va ri·ma [outɑ́ːvə ríːmə] 명 〔운율〕 8vna.(八行詩體)〔각 행이 11음절로 되어 있다〕. 〔<It eighth rhyme〕

Ot·ta·wa [átəwə/ɔ́t-] 명 오타와. **1** 캐나다의 수도. **2** 북미 인디언의 부족; ①그 언어.

*****ot·ter** [átər/ɔ́t-] 명 (복 **~(s)**) **1** 수달; ① 수달피. **2** 낚시 도구의 일종. **3** 기뢰(機雷) 방어기.

ótter bòard 〔어업〕 오터보드(저인망의 입구를 크게 벌어지게 하기 위한 직사각형의 판).

ot·ter·hound [átərhàund/ɔ́t-] 명 수달사냥개(수영에 능한 영국산). (또는 **ótter dòg**)

ótter tràwl otter board를 장치한 저인망.

ot·to [átou/ɔ́t-] 명 장미유(油)(attar).

Ot·to [átou/ɔ́t-] 명 오토. **1** = **the Great** 오토 대제 (912-973: 신성 로마 제국 초대 황제). **2** 남자 이름.

Ot·to·man [átəmən/ɔ́t-] 형 **1** (터키의) 오스만 왕조의; 오스만 사람의. **2** 터키(민족)의. 명 **1** 터키 사람(Turk); 오스만 사람. **2** (o-) 오토만. **a)** (쿠션을 넣은) 발받침(footstool); 등·팔걸이 없는 낮은 의자. **b)** ⓤ 가로 골지게 짠 견직(모직)물.

Óttoman Émpire (the ~) 오스만 제국, 터키 제국(13세기말-1922년 유럽 남동부·서아시아·북아프리카를 지배했던 터키족의 회교 왕조).

OTV (로켓) orbital transfer vehicle(궤도간 수송기).

O.U. (英) Open University; Oxford University.

Oua·ga·dou·gou [wɑ̀ːgədúːgu] 명 와가두구(서아프리카의 내륙국 부르키나파소의 수도).

ou·bli·ette [ùːbliét] 명 〔역사〕 지하 감옥, 비밀 감옥.

ouch¹ [autʃ] 감 아야. ── 명 〔속어〕 상처 ¦ 욱. 〔<F

ouch² 명 〔고어〕 **1** (장식용의) 핀, 브로치. **2** 보석 끼우

óuch wàgon 〔속어〕 구급차. 〔는 받침〔거미발〕.

oud [uːd] 명 우드(중동 및 아프리카 북부에서 사용하는 만돌린 비슷한 악기).

ouf [auf] 명 으앗, 악(고통·불쾌감·놀라움 따위의 표시).

*****ought¹** [ɔːt] 조 (부정 단축형 **ough·n't** [ɔ́ːtnt])〔* ought to 〔tə〕 do형으로 쓰이다.

〔USAGE〕¹ **ought**의 용법 ── ought에는 **(1)** 과거·분사

형이 없다. **(2)** 3인칭 단수 현재의 s가 붙지 않으며, 과거를 나타내려면 완료형 부정사를 함께 쓴다. **(3)** 언제나 부정사가 수반된다. **(4)** 부정형(否定形)은 ought not 또는 oughtn't. **(5)** 의문문에서는 ought가 주어 앞에 온다: O– I to go?—Yes, you ~ to. 가야만 합니까?—네, 그래야 합니다.

1 (의무) …해야 한다. ¶He ~ to pay his debts. 그는 부채를 갚아야 한다 / You ~ not to say it. 너는 그것을 말해서는 안 된다 (* 〔美〕 부정문에 to를 쓰지 않고 You ~ not say it.라 말하는 경우도 있다).

〔USAGE〕² **ought to** and **should** ── 어느 쪽이나 의무·도덕적 요구·당부(當否)·기대 따위를 나타내며 전자가 후자보다 강한 뜻을 가졌으나 구별하지 않고 사용해도 좋다: You ~ to 〔or should〕 obey the law. (법률에 따르지 않으면 안 된다). 또 구어에서는 ought to가 바람직하며 양자를 나란히 사용하는 경우에는 ought to를 먼저 놓는 것이 보통으로 되어 있다.

2 (당연·소망) …하는 것이 마땅하다〔옳다〕, 당연하다. ¶ You ~ to go before it rains. 비가 오기 전에 가는 것이 좋다 / At her age she ~ to know better. 그녀의 나이라면 더 분별이 있어야 한다.

3 (ought to have done으로) (과거의 의무·당연성·충고를 나타내어) …해야만 했으나 (하지 못했다), …했으면 좋을 뻔했다. ¶You ~ to have informed me at once. 곧 가르쳐 주었으면 좋을 텐데 / That step ~ not to have been taken. 그 수단은 피했어야 했는데.

4 (예기·추정) …일 듯하다, …임에 틀림없다. ¶They ~ to win. 그들은 이길 것이 틀림없다 / He ~ to have arrived now. 그는 지금쯤 도착했을 것이다.

〔USAGE〕³ 부정사의 생략 ── 다음과 같은 문장에서 생략할 수 있다: She says you do not have to do it, but I think you ~ 〔to〕. (그녀는 네가 그 일을 할 필요가 없다고 하나, 나는 해야 한다고 생각한다). 또 to만은 종종 남겨지므로 ought to를 하나의 조동사처럼 다루게 되어 있다: I ~ to and can do it. (나는 그것을 해야 하고 또 할 수도 있다.

── 명 책임, 의무(duty).

ought² 명 〔속어〕 영(零)(nought, zero), 제로 기호 (0). 〔<a naught for an ought로 잘못 분석한 데서〕

ought³ 명 =aught¹.

oughta [ɔ́tə, ↗-] (구어) =ought to.

── 명 ought·**er**

ought·lins [ɔ́ːxtlinz] 부 〔스코〕 조금, 겨우, 약간.

ought·n't [ɔ́ːtnt] ought not의 단축형.

ou·gui·ya [uːgwíːjə] 명 우기야(모리타니의 화폐 단위).

oui [wiː/F wi] 부프 =yes. 〔<F 통화 단위〕

Oui·ja [wíːdʒə, -dʒi] 명 (종종 o-) 〔상표〕 (심령술에 쓰는) 점판(占板)(~ board). 〔<F oui, G ja =yes〕

ou·long [úːlɔŋ, -lɑŋ/-lɔ́ŋ] 명 =oolong.

*****ounce¹** [auns] 명 (복 **ounc·es** [-iz]) **1** 온스(무게의 단위; 28.3495g에 해당; 略 oz.). **2** 액량(液量) 온스 (〔美〕 29.573ml, 〔英〕 28.412ml; 略 oz.). **3** (보석·귀금속의 계량에 사용되는) 트로이온스(troy ~; 略 oz.t.); (약품 계량의 온스)(apothecaries' ~)(무게는 약 31g). **4** (an ~) (부정문·조건문에서) 소량. ¶He hasn't got an ~ of common sense. 그는 상식이 조금도 없다 / An ~ of practice is worth a pound of theory. (속담) 말보다 실천.

ounce² 명 **1** (중앙 아시아산(産)) 흰 표범. **2** 〔시〕 스라소니(lynx). **3** 〔고어〕 살쾡이(wildcat).

óunce màn 〔美속어〕 마약 밀매인(중개인).

OUP Oxford University Press(옥스퍼드 대학 출판국).

ouph(e) [áuf, úːf] 명 작은 요정; 악마.

*****our** [auər, 약 ɑːr] 대 (we의 소유격) **1** 우리의, 우리들의; 만인(모든 사람)의; (동명사 앞에 쓰여 의미상 주

반의어인 in이 부사와 전치사로 고르게 쓰이는데 반해 out은 거의 부사로만 쓰이고 전치사의 기능은 out의 전치사구인 out of가 맡는다. 그런 만큼 본항의 관용구 편에서 out of는 독립 항목 못지 않은 비중을 두어 다루었다. 반면 out의 형용사 용법은 한정적인 용법만 간단히 다루었는데, 실은 부사로 처리된 것 가운데 be 동사와 결합된 out은 모두 형용사로 보아도 무방하다.

out [aut] 凰 **I. 장소·위치**
1 a) 밖에, 밖으로; 외출하여, 부재중이어서; 육지를 떠나서, 먼바다로 나가서. **b)** 외국에, 외국으로; 출소[출옥]하여, 퇴장하여. ¶far ~ at sea 훨씬 먼바다로/drive ~ 드라이브하러 나가다/jump ~ 뛰어나가다/set ~ on a journey 여행을 떠나다/The fishing boats are all ~ at sea. 어선은 모두 출어중이다/The tide is ~ now. 조수가 빠지고 있다/She is ~ now. 그녀는 외출중입니다/I asked him ~ for a drink and explained. 그를 불러내 한잔 하면서 사정을 설명했다/Don't leave the chair ~ in the garden at night. 밤에는 이 의자를 뜰에 내놓은 채로 두지 말 것.
2 쑥 내밀어, 밖으로 뻗어; 펼쳐져. ¶branch ~ 가지를 뻗다/a cape jutting ~ into the sea 바다로 벋어나간 갑(岬)/spread ~ the blanket 담요를 펼치다/The baby reached ~ its hands. 아기가 손을 내밀었다/The tower was seen standing ~ against the sky. 탑이 하늘에 우뚝 솟아 있는 것이 보였다.
3 대출하여, 임대하여; (많은 사람에게) 분배하여. ¶put ~ one's money 돈을 빌려주다/rent ~ rooms 방을 임대하다/give ~ the presents 선물을 나눠주다/The librarian explained that the book was still ~. 그 책은 현재 대출중이라고 사서는 말했다.
4 골라내어, 집어 내어; 제외하여. ¶find ~ a mistake 잘못을 찾아 내다/single a person ~ for the job 그 일을 맡길 사람을 선출하다/leave a word ~ 말을 생략하다/Choose ~ the biggest orange for him. 그에게 제일 큰 오렌지를 골라 주어라/He picked ~ the most expensive pair of shoes. 그는 가장 값비싼 구두를 골랐다.
5 a) 축출하여; (정권·현직에서) 떠나서, 직을 물러나, 실직하여. ¶vote him ~ 그를 선거로 축출하다/The Democrats went ~. 민주당은 퇴진했다/The former member was turned ~. 전(前)의원은 의석을 잃었다. **b)** (일 따위를) 쉬어, 동맹 파업을 하여. ¶He is ~ on account of illness. 그는 병으로 일을 쉬고 있다/They came ~ on Monday. 그들은 월요일에 파업했다.
6 …을 획득하려고 노력하면서(for), 줄곧 …하고 싶어서[하려고 애써서](to do). ¶be ~ for oneself 자기 일만 생각하고 있다/I am ~ for big results. 나는 큰 성과를 위해 진력중이다/They were ~ to beat us. 그들은 우리에게 이기려고 기를 썼다.

II. 출현·발생
7 세상에 알려져서, 발표되어; (비밀 따위가) 탄로나서; (책 따위가) 출판되어. ¶The new car models have come ~. 신형 차가 발표되었다/The truth is ~ at last. 드디어 사실이 밝혀졌다/When will your new book be ~? 새 저서는 언제 출판됩니까?
8 사교계에 나가. ¶a debutante who will be coming ~ this season 이번 시즌에 처음 사교계에 진출할 소녀.
9 나타나서; 활동하여; (일이) 일어나. ¶in and ~ 나타났다가 숨었다가/The moon came ~. 달이 떴다/A rash broke ~ on her arm. 그녀 팔에 발진(發疹)이 났다/Bloody riots broke ~. 유혈 폭동이 발생했다.
10 큰 소리로; 똑똑히; 떳떳이. ¶sing ~ 큰 소리로 노래하다/Someone called ~ my name. 누군가 나의 이름을 큰 소리로 불렀다/Speak ~! 큰 소리로 말해라!

III. 정상 상태로부터의 이탈
11 침착성을 잃고, 갈팡질팡하여. ¶be put ~ over trifles 사소한 일로 허둥지둥하다/He was a very good driver, but that day the storm threw him ~. 그는 운전이 능숙했는데, 그날은 폭풍우 때문에 제정신이 아니었다.
12 (…와/…의 일로) 다투어서, 사이가 틀어져서, 불화가 되어(with/about, over). ¶fall ~ about trifles 사소한 일로 사이가 틀어지다.
13 (속어) 의식을 잃고; (관절 따위가) 삐어; 틀려서, 부정확하여; (구어) 손해를 보아. ¶He passed ~. 그는 의식을 잃었다/Two drinks and he's usually ~. 두 잔 마시면 그는 언제나 곤드레만드레가 된다/His calculations are ~. 그의 계산은 틀렸다/Your watch is five minutes ~. 너의 시계는 5분 틀린다.
14 (구어) (생각·계획 따위가) 실행 불가능하여, 문제를 벗어나; 금지되어 하면 안되어. ¶The plan is ~. 그 계획은 실행 불가능하다/Drinking on duty is ~. 근무중 음주는 금지되어 있다.

IV. 기능의 정지·종료
15 없어져서, 사라져서; 다하여, 꺼져; 품절되어; (기한 따위가) 끝나서; (기계 따위가) 못쓰게 되어. ¶pump a well ~ 우물물을 다 퍼내다/blow ~ a candle 촛불을 불어서 끄다/The lamp went ~. 램프가 꺼졌다/We sold ~ yesterday. 어제로 매진되었습니다.
16 돌아보지 않게 되어, 쓰이지 않게 되어; 퇴색되어, 유행하지 않게 되어. ¶That style has gone ~. 그 스타일은 이제 유행에 뒤졌다.
17 흔적이 없어질 만큼. ¶paint ~ 페인트로 빈틈없이 칠하다/ink ~ 잉크칠을 해서 읽지 못하도록 하다/Cross my name ~, please. 내 이름을 지워 주십시오.
18 (무선 통신에서) (이상) 통신 끝. ¶Hear me ~. 내 말을 끝까지 들으시오. 참 over 凰 13
19 (스포츠) 출장 정지가 되어; (야구·권투 따위에서) 아웃이 되어; (볼이) 아웃이 되어. ¶fly ~ 플라이 아웃이 되다/They got the batter ~ on a fly ball. 타자를 플라이로 잡았다/He was knocked ~ in the second round. 그는 2라운드에서 녹아웃이 되었다.

V. 철저·완전
20 끝까지, 결말이 날 때까지; 철저히, 완전히; 만족할 때까지, 결말이 날 때까지. ¶think ~ 심사 숙고하다/fight it ~ 끝까지 싸우다/see a crisis ~ 위기가 사라질 때까지 확인하다/We've argued this ~ before. 이 문제는 이제 종결되었어/I am going to try the car ~ before I buy it. 이 차를 사기 전에 철저히 시험해 볼 작정이다.
21 (노력해서) 완전히, 틀림없이, 충분히, 유효하게. ¶fill ~ 가득 채우다/wash ~ 깨끗하게 씻다/dry ~ 완전히 말리다/carry ~ an order 명령을 완수하다.
22 (결과적으로) 철저하게, 완전히, 아주. ¶The children tired me ~. 아이들 때문에 나는 완전히 녹초가 되었다/The machine may be worn ~. 기계가 완전히 마멸되어 버렸는지도 모른다.
23 (최상급을 강조) 현존하는[알고 있는] 것 중, 지금까지 중. ¶the best player ~ 지금까지 중 최고의 선수.
all out ⇨ ALL.
down and out 거덜이 나.
from this [or **now**] **out** 앞으로는(henceforth).
just out 갓 나온[발표된, 발간된].
out and about (환자가) 병상에서 일어나 외출할 수 있게 되어, 건강해져. ¶You'll be ~ and about in a week. 당신은 1주일이 지나면 일어나서 걸어다닐 수 있게 됩니다.

out and away 뛰어나서, 단연(by far).¶It was ~ and away the best apple pie she had ever eaten. 그것은 그때까지 그녀가 먹은 것 중에서 맛이 단연 최고인 애플 파이였다.

out and home 갈 때나 올 때나.

out and out 철저히(thoroughly), 완전히. ※ out-out for …을 열심히 얻으려고. ⇒6. └and-out

out from under (구어) 해방되어, 끝이 나서: 곤경[위험·빚 따위]를 벗어나서.¶He tried to get ~ from under. 그는 곤경에서 벗어나려고 애썼다.

out front ① 정면에, 전면에: (군사) 전선에: (연극) 무대 앞에, 관객석에. ② (구어) 단도직입적으로, 솔직히.

out here (濠구어) 오스트레일리아에서; 변방에서.

out of ① (운동) …의 안에서 밖으로, …의 밖으로. ¶go ~ of town 도시에서 나가다 / Please keep ~ of that room. 저 방에는 들어가지 마세요. ② (위치) …바깥에, …을 떨어져서.¶go a little ~ of one's way 길을 좀 돌아가다 / We usually eat ~ of doors in the summer. 우리는 여름에는 대개 옥외에서 식사를 한다. ③ (행위·능력 따위의) 범위 밖에(beyond).¶get ~ of sight 보이지 않게 되다 / He is ~ of hearing. 그는 불러도 들리지 않는 곳에 있다 / You had better put the knife ~ of the baby's reach. 그 칼을 아기 손이 닿지 않는 곳에 두는 것이 좋다. ④ (제약·조건 따위의) 범위 밖에. ¶~ of bounds 제한 외에; 출입 금지의 / ~ of the question 문제 밖의 / I consider her ~ of comparison the most beautiful girl I know. 내가 알고 있는 여성 중에서는 그녀가 단연 최고 미인이라고 생각한다. ⑤ (부분) …중에(서).¶in nine cases ~ of ten 십중팔구 / O- of these three books you may choose only one. 당신은 이들 세 권 중에서 한 권만 고를 수 있겠습니다 / We rest one day ~ of seven. 우리는 일주일 중 하루를 쉰다. ⑥ (근원·출처) …에서(from).¶arise ~ of a trifle 사소한 일에서 일어나다 / drink ~ of a bottle 병째 그대로 마시다 / The disappointment took all the heart ~ of him. 그 실망이 원인이 되어 그에게서 정이란 것이 완전히 없어졌다. ⑦ (수단·재료) …으로, …에 의해.¶a building made ~ of stone 석조 건물 / She made a blouse ~ of an old shirt of her father's. 그녀는 아버지의 낡은 와이셔츠로 블라우스를 만들었다 / Did you make a profit ~ of that deal? 당신은 그 거래에서 이익이 많았습니까? ⑧ (동기·원인) …에서.¶She did it ~ of pity [curiosity, kindness]. 그녀는 동정심[호기심, 친절한 마음]에서 그렇게 했다 / He stole it ~ of sheer necessity. 그는 만부득이 그것을 훔쳤다. ⑨ (상태 따위가) …와 틀려서, …에서 벗어나서.¶~ of fashion 유행에 뒤져서 / ~ of common 이상해서, 비범해서 / be ~ of print 절판(絶版)이다 / be ~ of sorts (구어) 기분이 언짢다 / feel ~ of place 장소에 어울리지 않는 느낌을 갖다 / Very sorry, it's ~ of hours. 미안합니다만 영업 시간이 끝났습니다 / I am ~ of patience with him. 나는 그에 대해 더 이상 참을 수가 없다. ⑩ (어떤 성질·상태를) 잃어.¶be twisted ~ of shape 일그러져서 형태가 없어지다 / She was startled almost ~ of her self-possession. 그녀는 정신을 잃을 정도로 놀랐다. ⑪ (필요한 물건이) 떨어져서, 동나서, 부족되어.¶~ of cash 현금이 떨어져서 / He ran ~ of words. 그는 이제 할 말이 없었다 / She walked slowly, for she did not wish to get ~ of breath. 그녀는 천천히 걸었다. 숨 차는 것이 싫어서였다. ⑫ …을 빼앗겨.¶She was bullied and cheated ~ of her money. 그녀는 협박당하여 돈을 빼앗겼다 / He was going to do me ~ of credit. 그는 나의 신용을 떨어뜨릴 계획이었던 것이다. ⑬ (어떤 상태를) 벗어나, …와 관계가 없어.¶The woman has never been ~ of grumbling. 저 여인은 불평하지 않은 적이 없다 / You are well ~ of that business now. 너는 이제 그 일과는 아무 관계가 없는 거야. ⑭ (경주마 따위가) …에서 태어난.¶Gray Dancer ~ of Lady Gray 레이디 그레이의 새끼 그레이 댄서.

out of it [or **things**] (구어) ① (be, look, feel 따위의 보어로) 무관계한; 제외되어; 고립되어.¶She felt ~ of it because none of her friends were at the party. 친구가 아무도 파티에 오지 않았기 때문에 그녀는 따돌림 받은 기분이었다. ② (속어) 의식이 없이; 술[마약]에 취해; 머리가 돌아버려. ③ 성공[승리]의 가망이 없어. ④ 득의 만면하여, 기뻐서 어쩔 줄 몰라.¶He's been ~ of it since Jenny started going steady with him. 제니가 자기하고만 어울리기 시작하자 그는 세상에 부러운 것이 없을 지경이다. ⑤ 시대[유행]에 뒤진, 고지식한. ⑥ 어리석은, 분별력이 없는. ⑦ 진실로는 좀 먼.¶Oh, there you are ~ of it. 바로 그거야, 네가 잘못된 점은.

out of trim (해사) (배가) 한쪽이 무거워.

Out, please. (구어) 좀 나가겠습니다 (* 승강기 따위 out **there** 저쪽에; (속어) 싸움터에. [에서 내릴 때).

out to (do) ⇒6.

out to it (豪속어) 만취하여, 의식을 잃어, 잠에 푹 빠져.

out to lunch 점심 먹으러 외출하여; (구어) 미친.

Out you go! (구어) (손으로 밀어내면서) 나가!

Out with it! (구어) 말해!, 이야기 해봐!

── 形 (한정용법) 1 밖의, 외부의; 떨어져 있는; 정권에서 떠난.¶an ~ match 원정 시합 / an ~ island 낙도(落島) / a member of the ~ party 야당의 한 사람. 2 (야구·크리켓) 수비의.¶the ~ side 수비측. 3 (의복 따위가) 유별나게 큰.¶an ~ size 특대형. 4 밖으로 나가는.¶the ~ train 출발 열차 / an ~ box for mail 발송 우편물을 넣어두는 상자. 5 (골프) (18홀의 골프 코스에서) 전반 9홀의 경기의, 아웃(코스)의(⑳ in).¶ His ~ score on the second round was 33. 그의 제2라운드에서의 아웃(코스)의 스코어는 33이었다.

── 他 1 (美) (창·문 따위)에서 밖으로(을), …을 뚫고 (through, out of).¶She looked ~ the window. 그녀는 창 밖을 보았다. 2 (美) …에 따라서(out along), …의 변두리에; …의 밖으로; …을 넘어서(beyond).¶Drive ~ the main street. 그 거리를 쭉 달려라 / He lives ~ Elm Street. 그는 엘름가(街)의 변두리에 살고 있다. 3 (시) …에서, …으로부터(out of) (* 보통 from out의 형으로 쓴다).¶From ~ the dungeon came a groan. 지하 감옥에서 신음 소리가 들려왔다.

out one's way (구어) 가까이(근처)에.

── 間 1 나가라!(begone), 저리 가라!(away). 2 (고어) 분개·비난 따위를 나타내는 소리(upon).

Out upon you! 바보 자식!, 고얀 놈!

Out you go! 썩 나가(꺼져)!

── 囤 1 외부, 바깥쪽; 돌기, 모퉁이. 2 (야구) 아웃(put-out); (the ~s) 수비측; (테니스·핸드볼 따위의) 아웃의 볼. 3 (~s) 야당; 직업[지위·세력]을 잃은 사람; (구어) 외래 환자; (영) 외래 환자 병동(⑳ ins). 4 (인쇄) 빠뜨리고 식자하기, 탈자. 5 (속어) 변명, 핑계, 구실. 6 (속어) 외출, 소풍(outing); 외출 허가. 7 (~s) (英) 지불한 돈, (특히) 세금. 8 (美구어·방언) 결점, 흠, 불리. 9 재고가 없어진 물건, 절품된 물품.

at [or **on the**] **outs with** …와 불화로, 사이가 나빠.

from out to out 끝에서 끝까지, 전장(全長)으로.

make a poor out 성공하지 않다, 잘 되지 않다, 신통치 않다.

the ins and outs ① 구석구석, 자세히. ② 여당과 ── 他自 나타나다(come out); 드러나다.¶Murder *will* ~. (속담) 나쁜 짓은 꼭 드러난다. ── 타 1 …을 쫓아내다. 2 (英속어) …을 죽이다; (야구) …을 아웃시키다; (권투) (상대)를 녹아웃시키다.

어로) 우리가[들이]. ¶She doesn't like ~ arriving late. 2 (군주가 my 대신 써서) 짐(朕)의. 3 (신문 다위에서) 우리 (사(社))의, 필자의. ¶in ~ opinion 우리가 보기에. 4 (이름 앞에서) 우리의 (회사·탈것 다위 앞에서) 우리가 일하고[타고, 다니는] 있는. ¶~ school[country] 우리 학교[나라]. 5 (아이·환자 등에게 말을 걸 때) (구어) 당신[너]의. ¶It's time for ~ medicine. 약 먹을 시간입니다. 6 (주로 day와 함께) 우리에게 의미가 있는. ¶Yesterday was ~ day. 어제는 우리에게 좋은 날이었다. 7 (화제가 되어 있는) 문제의, 예(例)의. ¶O– man didn't turn up. 문제의 인물은 나타나지 않았다.

-our [*ər*] 접미 ⇨-OR¹.
Our Fáther 명 1 신, 하느님. 2 (성서) 주기도문 「(Lord's Prayer).
Our Lády 명 성모 마리아(Virgin Mary).
Our Lórd 명 1 예수 그리스도. 2 신.
‡**ours** [auərz, 약 ɑːrz] 때 (we의 소유 대명사) 1 우리들의 것, 우리의 것. ¶Which car is ~? 어느 차가 우리 차냐? 2 (전치사 of와 함께) 우리의, 우리의. ¶a friend of ~ 우리들의 친구/It is no business of ~. 그건 우리가 알 바 아니다.

our·self [ɑːrsélf, àuər-] 때 1 (다른 사람과 구별하여) 나, 자신, 자기. 2 (제왕·작가 등이 myself 대신 사용하여) (짐) 자신, (필자) 자신. ¶"We will ~ reward the victor," said the king. "승자에게는 짐(朕)이 친히 포상할 것이다"라고 왕은 말했다.

‡**our·selves** [ɑːrsélvz, àuər-] 때 1 (재귀용법으로) 우리들 자신을[에게]. ¶We must not flatter ~. 우리는 자만해서는 안 된다. 2 (강조; 주어와 동격) 우리들 자신, 우리 스스로. ¶We made a radio set ~. 우리들이 직접 라디오 수신기를 조립했다. 3 (us의 대용, 강조) 우리들 자신을[에게]. ¶This happening displeased ~ but no one else. 이 사건은 딴 사람 아닌 우리들 자신을 불쾌하게 했다. 4 (we, us의 대용, 강조) 바로 우리들. ¶The ones who really want freedom are ~. 진실로 자유를 바라는 사람은 바로 우리다. 5 (구어) 평소의[정상적인] 우리, 건강한 우리. ¶After a good rest, we are ~ again. 충분히 쉬고 나서 우리는 평소의 기운을 되찾았다.
(*all*) *by ourselves* 우리들만으로, 우리의 힘으로.
for oneselves =for oneself[myself]. 「로, 비밀로.
(*strictly*) *between ourselves* 우리끼리의 이야기「

-ous [əs] 접미 1 full of, having, characterized by(…의 특징이 있는 따위의 뜻)의 형용사를 만든다. ¶joyous, nervous. 2 (화학) '아(亞)」의 뜻의 형용사를 만든다.
ou·sel [úːzl] 명 =ouzel. 「만든다. ¶nitrous acid.
*****oust** [aust] 타 1 (장소·지위 따위에서) …을 내쫓다; 축출하다(*from*). ¶(~+图+前+图) He was ~ed from his post. 그는 그 지위에서 쫓겨났다. 2 (법률) (남)에게서 (재산을) 빼앗다, 몰수하다.
oust·er [áustər] 명 1 축출, 추방; (법률) (토지의) 점유, 박탈, (특히) 불법 침탈.

‡**out** ⇨OUT. (p. 1959)
out. outlet; output.
out- [aut] 접두 (동사·명사 따위의 앞에서) 1 「바깥(쪽)에, 외부의, 떨어져서」의 뜻. ¶*outcast*, *outcome*, *outside*. 2 「…을 넘어, …을 능가하여」의 뜻. ¶*outbid*, *outdo*, *outlast*. 3 「시작, 개시」의 뜻. ¶*outbreak*. ※악센트는 명사·형용사에서는 óutdoor처럼 앞에, 동사에서는 óutlíve처럼 양(兩)쪽 또는 뒤에 오는 것이 보통이다.

out·a [áutə] 전 (美구어) (발음철자) =out of.
out·a·chieve [àutəʧíːv] 타 (남)을 능가하다, 추월하다.

out with ① …을 공개하다(bring out), 말하다(utter). ¶*O– with the truth!* 사실을 말해라. ② 쫓아내다 ¶*O– with him!* 그 녀석을 쫓아내라!

out·age [áutiʤ] 명UC 1 (전력·가스·물 따위의) 공급 정지, (특히) 정전. 2 공급 정지[정전] 기간. 3 (정전 따위의 원인이 되는 기계의) 사용 불능. 4 (항공) (항공기의) 연료 소비량. 5 (운반·보관 중에 생긴 상품의) 감량.
out-and-out [⌐ənáut] 형 1 완전한, 철저한(complete), 순전한. ¶He is an ~ fool. 그는 완전한 바보이다. 2 공공연한, 노골적인. ── 부 아주, 철저히.
out-and-out·er [⌐ənáutər] 명 (구어) 다루기 힘든 사람[것]; 철저하게 하는 사람, 완벽주의자; 발군의 인물[사물].
out·ar·gue [àutɑ́ːrgjuː] 타 …을 논파하다, 설파하다, …와의 론론에서 이기다.
out·a·site [áutəsàit] 형 (美속어) (발음철자) =out-of-sight, the ~ is outasight).
out·back [áutbæ̀k] 명 (濠) (종종 O–) (보통 the ~) 오지(奧地), 오지의 부락; 미개간지. 2 갈 가치가 없는 곳. ── 형 [⌐⌐] 오지의, 오지에 있는; 미개간지의. ¶~ settlements 오지의 부락. ── 부 [⌐⌐] 오지로, 마을에서 떨어져서. ~**·er** 오지의 토착민. ~**·er·y** 오지의 생활 양식[가치관].
out·bal·ance [àutbǽləns] 타 …보다 무겁다; …보다 뛰어나다, …을 능가하다, 압도하다.
out·bid [àutbíd] 타 1 (입찰·경매에서) …보다 비싼 값을 매기다(*for*). 2 (상대)를 능가하다, 상회하다. ~**·der**
out·blaze [àutbléiz] 재 (감정 따위가) 격해지다.
out·blaze 타 1 (빛)이 …보다 강하다. 2 (재능 따위가) …을 훨씬 능가하다.
out·board [áutbɔ̀ːrd] 형 (선체나 기체의) 바깥쪽에 있는, 배 밖의. ── 부 배 밖에[으로], 뱃전에[으로].
óutboard mótor 선외(船外) 모터.
out·bound [áutbáund] 형 (선박·비행기가) 외국행의; (교통 기관이) 시외로 가는, 하행(下行)의; (美) (열차가) 주(州) 밖으로 나가는. ── 명 외국행 선박, 하행 열차. ¶an ~ plane 국제선 비행기.
out-box [⌐bɑ̀ks] 명 (탁상의) 우편물 발송 상자.
out·box [àutbɑ́ks] 타 …보다 뛰어나게 권투하다.
out·brag [àutbrǽg] 타 허풍을 떨어 (남)을 이기다[누르다].
out·brave [àutbréiv] 타 1 용감하게 …에 맞서다; …을 대수롭지 않게 여기다. 2 …보다 용감하다. 3 (고어) …보다 화려하다[멋지다].
‡**out·break** [áutbrèik] 명 1 (폭동·전쟁·유행병 따위의) 발발, 발생. ¶the ~ of World War II 제2차 세계 대전의 발발. 2 돌연한 출현[발생]; (해충 따위의) 급격한 증가. 3 (감정 따위의) 폭발(*of*). 4 반역, 모반; 반란.
out·breed [àutbríːd] 자타 1 이계 교배(異系交配)시키다. 2 (사회) 결혼을 시키다, 이부족(異部族)과 결혼시키다. ── 자 (사회) 족외(族外) 결혼을 하다.
out·breed·ing [áutbrìːdiŋ] 명UC 이계 교배.
out·build [àutbíld] 타 …을 보다 견고하게[오래가게] 세우다[짓다]; …보다 많이 짓다.
out·build·ing [áutbìldiŋ] 명 부속 건축물, 딴 채.
out·burn [àutbə́ːrn] 타 1 …보다 오래 타다. ── 자 …보다 밝게[오래] 타다; (태워서) …을 없애다.
*****out·burst** [áutbə̀ːrst] 명 1 (감정의) 격발; 분출; (화산·에너지 따위의) 폭발. ¶an ~ of anger 발끈 화를 내기. 2 (활동이) 갑자기 활발해지기, (정력 따위가) 치오름. 3 폭동, 반란; 돌발.
out·by(e) [áutbái, úːtbái] 부 (스코) 옥외[야외]에. 2 밖에, 바깥쪽으로. 3 약간 떨어져서.
out·cast [áutkæ̀st/-kàːst] 명 1 (사회·가족으로부터) 버림받은 사람, 따돌림을 당한 사람, 추방자; 부랑자(*from*, *of*). 2 쓰레기. ── 형 버림받은, 추방된; 집 없

out·caste [áutkæst/-kàːst] 명 1 (인도에서) 자기의 계급에서 추방된 사람; 사성(四姓) 이외의 천민. 2 사회적 지위가 낮은 사람. — 형 사회적 지위가 없는, 아무 계급에도 속하지 않은. — 타 사회적 지위를 박탈하다, 사회에서 매장하다.

out·class [àutklǽs/-klάːs] 타 …보다 훨씬 뛰어나다, (경쟁자 등)을 훨씬 능가하다; …을 큰 차이로 이기다.

out-clear·ing [áutklìəriŋ] 명U (영) (어음 교환소의) 교환 어음. 형 in-clearing

out-col·lege [áutkálidʒ/-kɔ́l-] 명 (영) 대학 기숙사 밖에 사는.

‡**out·come** [áutkʌm] 명 (복 ~s [-z]) (the ~, an ~) 1 결과, (구체적) 성과. ⇒EFFECT [유의어] ¶watch the ~ of the affair 사건의 귀추를 지켜보다. 2 결론. 3 출구, 배출구(outlet).

out·cor·ner [áutkɔ̀ːrnər] 명 (야구) 아웃코너, 외각.

out·coun·try [áutkʌ̀ntri] 명 오지, 벽지. — 형 외국의, 이국의; 전원의.

out·crop [áutkrɑp/-krɔp] 명 1 (지층·광맥 따위의) 노출(부), 노두(露頭). 2 돌발 사건, 발생, 나타남. ¶an ~ of student demonstrations 학생 데모의 발생. — 자 [-́-́] 노출되다, 나타나다.

out·cross [áutkrɔ̀ːs/-krɔ̀s] 타 (이계(異系) 교배로) (잡종)을 만들다. — 명 [-́-́] 1 (동물·식물의) 잡종. 2 이계 교배.

out·cross·ing [áutkrɔ̀ːsiŋ/-krɔ̀s-] 명 (동물·식물의) 이계 교배.

*‡**out·cry** [áutkrài] 명 (복 **-cries**) 1 비명; 고함; 외침 (소리). 2 (…에 대한) 강한 항의(at, against, over). 3 (구) 경매. — [-́-́] 자 …보다 큰 소리로 외치다, …을 야유로 압도하다. — 자 외치다.

out·curve [áutkə̀ːrv] 명 (야구) 아웃커브.

out·dare [àutdɛ́ər] 타 …보다 대담한 짓을 하다; …을 대수롭지 않게 여기다, 무시하다.

out·date [àutdéit] 타 …을 시대에 뒤지게 하다, 구식이 되게 하다. 진부하게 하다, 쇠퇴하게 하다.

out·dat·ed [àutdéitid] 형 시대에 뒤진, 구식의, 진부한. ¶an ~ building 구식 건물.

out·dis·tance [àutdístəns] 타 (경주에서) …을 훨씬 리드하다(앞서다), …을 이기다.

*‡**out·do** [àutdúː] 타 (**-did**; **~ne**) (행위 따위가) …을 능가하다, …보다 낫다, …을 이기다. ⇒EXCEL [유의어] ¶을 앞지르다, …을 이겨내다(in). ¶not to be **~ne** 남에게 지지않도록 (/~+图+前+图) ~ a person in patience 인내력에서 남을 앞지르다.

outdo oneself 이제까지보다 잘 하다, 크게 노력하다.

‡**out·door** [áutdɔ̀ːr] 형 1 집 밖의, 옥외의, 야외의 (형 indoor). ¶~ games 옥외 경기/an ~ dress 외출복. 2 (영) (원조가 구호기관·병원 따위) 시설 밖의; (의원(議員)이) 원외의. ¶an ~ agitation 원외(院外) 활동.

‡**out·doors** [àutdɔ́ːrz] 부 옥외에(서)[로], 야외에서. ¶I slept ~. 나는 노숙했다. — 명 (the ~) [단수취급] 옥외, 야외; 세상. 〈out (of) doors〉

all outdoors (구어) 터무니[어이]없이 … 대단.

as…as all outdoors (구어) 몹시 …한. ¶a woman *as* tall *as all* ~ 키가 엄청나게 큰 여자.

out·doors·man [àutdɔ́ːrzmən] 명 (사냥꾼·낚시꾼 등) 주로 옥외에서 시간을 보내는 사람; 옥외 스포츠를 즐기는 사람. ~·**ship**

out·doors·wom·an [àutdɔ́ːrzwùmən] 명 여성의 야외 스포츠맨; 여성 야외 생활자.

out·doors·y [àutdɔ́ːrzi] 형 야외용의, 야외에 알맞은; 야외 생활을 몹시 즐기는.

out·draw [àutdrɔ́ː] 타 (권총·칼 따위)를 더 빨리 뽑다; (인기·청중)을 더 많이 끌다, 더 매력있다.

out·drop [áutdràp/-drɔ̀p] 명 (야구) 아웃드롭.

out·dwell·er [áutdwèlər] 명 (어떤 장소에서) 떨어져 사는 사람, 원거리 거주자.

out·ed [áutid] 형 (미속어) 죽은, 살해된.

‡**out·er** [áutər] 형 1 밖의, 외부의, 외면의(external) (형 inner); 중심부에서 떨어진. ⇒OUTSIDE [유의어] ¶an ~ garment 겉옷/the ~ regions 원격지. 2 객관적인, 외계의, 물질적인. — 명 1 과녁의 맨 바깥쪽 원. 2 (濠 속에) (경기장의 보통 지붕 없는) 옥외 관람석, 외야석. 3 야외용 의복.

on the outer (濠·뉴질 속어) ① 무일푼으로. ② 무시 당하여.

óuter bár 명 (영법률) 하급 변호사단.

óuter cíty 명 (미) 도시의 근교, 교외. [útter bár]

out·er·coat [áutərkòut] 명 외투(overcoat, top-coat 따위).

óuter cóurse 명 간접 성교 (행위) (진한 아무 때 따위 에이즈 위험이 없는 대체 성행위). 형 intercourse

out·er·di·rect·ed [-diréktid] 형 외향적인, 사교적인.

óuter éar 명 (해부) 외이(外耳).

óuter gárment 명 (~s) (옷 위에 걸치는) 겉옷.

Óuter Hóuse 명 (스코) (the ~) 단독 심리부 (민사 재판소의 제1심).

óuter mán 명 (the ~) 1 (익살) 외관, 풍채, 옷차림. 2 (inner man에 대하여) 육체(body).

óuter márker beacon 명 (항공) 계기 착륙 시스템.

Óuter Mongólia 명 외몽골(Mongolian People's Republic의 옛 이름).

out·er·most [áutərmòust, -məst] 형 가장 바깥의, 가장 먼.

óuter plánet 명 (천문) 외행성(혹성)(목성·토성·천왕성·해왕성·명왕성 등). 형 inner planet

óuter spáce 명 (지구의 대기권 밖 공간; 행성간 공간; 태양계 밖의 우주 공간.

Óuter Spáce Trèaty 명 (the ~) 우주 조약, 우주 천체 조약(우주 공간의 평화적 이용을 규정한 국제 조약).

out·er·wear [áutərwɛ̀ər] 명 겉옷, 외투. [약].

óuter wóman 명 (the ~) 여성의 복장[옷차림]; 외모.

out·face [àutféis] 타 1 …을 노려보아 꼼짝못하게 하다, 위협하다; 낯을 붉히게 하다. 2 …에 대담하게 맞서다, …을 대수롭지 않게 여기다.

out·fall [áutfɔ̀ːl] 명 강어귀, 하구(河口); 배수구, 유출구, 수챗구멍(outlet).

*‡**out·field** [áutfìːld] 명 1 (the ~) (야구·크리켓) 외야 (형 infield). (집합적; 단·복수 양용) 외야수 (outfielders). 2 떨어진 곳에 있는 밭; (울타리가 없는) 텃밭. 3 원격지, 변경; 미지의 세계, 미지의 분야.

*‡**out·field·er** [áutfìːldər] 명 (야구·크리켓) 외야수. 형 infielder

out·fight [àutfáit] 타 (**-fought**) …와 싸워 이기다, (상대)를 패배시키다(defeat).

out·fight·ing [áutfàitiŋ] 명U 거리를 두고 하는 싸움, 원거리전(戰). 2 (권투) 아웃복싱.

*‡**out·fit** [áutfit] 명 1 (여행 따위의) 채비, 준비, 장비; 여행 용품, 장비 일습; (배의) 의장품(艤裝品). ¶a ski ~ 스키 용품 (한 벌)/a sailor's ~ 선원의 비품 일습. 2 용품, 도구 한 벌. ¶a bride's ~ 신부의 혼수/a carpenter's ~ 목공 도구[연장]. 3 의복; (특히 여성의) 의상 일습. 4 (용구의) (집합적; 단·복수 양용) 일행, 일단(탐험대·여행 단체·부대 따위). 5 조직; 기업, 회사. ¶a publishing ~ 출판사. 6 (정신·육체·도덕적) 능력, 체력; 소양, 인덕. 7 (속어) (경멸적) 놈팽이(들), 패거리(들). — 자 (**-tt-**) 채비(준비)하다, 공급하다(with). — 타 …에게 (…을/…을 위해) 준비하다; …에게 공급하다(with/for). ¶(~+图+前+图) ~ a person with money for his trip 남에게 여비를 마련해 주다.

óutfit càr 명 공용 숙박차(철도 노선 공사 작업원 등이 숙박하는 철도 차량).

out·fit·ter [áutfitər] 명 1 장신구상, 여행용품상, 운동구점. ¶a gentlemen's ~ 신사 용품점. 2 (캐나다·미) (여행·탐험대의) 가이드. [비, 준비, 장구]

out·fit·ting [áutfitiŋ] 명U (특히 항해 따위의) 채

out·flank [àutflǽŋk] 图㉠ [적]의 측면을 포위하다; (비유적) (상대)의 의표(意表)를 찌르다, …을 앞지르다. ~**er** 图 책략가.

out·flow [áutflòu] 图 1 유출, 범람. 2 유출물, 유출량. 3 (감정·언어 따위의) 분출, 솟구침. ¶an ~ of sympathy 솟구치는 동정심. — 图㉠ [~] 유출하다.

out·flux [áutflʌks] 图 유출; 유출구, 유출구.

out·fly [àutflái] 图㉠ …보다 빨리 날다; …보다 멀리 날다. — ㉠ (문어) 뛰어나다.

out·foot [àutfút] 图㉠ (경주·보행 따위에서) …보다 빨리 달리다(걷다); (배가) (다른 배)보다 빨리 항행하다.

out·fought [àutfɔ́ːt] 图㉠ outfight의 과거·과거분사.

out·fox [àutfáks/-fɔ́ks] 图㉠ (구어) …의 의표를 찌르다; (계략에서) …을 앞지르다; …보다 한 수 위다.

out·front [áutfrʌnt] 图 (美구어) (정치 운동 따위의) 맨 앞에 선, 진보적인; 솔직한, 개방적인.

out·frown [àutfráun] 图㉠ (고어) (노려보아서) (남)을 말 못하게 하다[위압하다]. [(가스)가 없어지다.

out·gas [àutɡǽs] 图㉠ 图 기체(가스)를 제거하다, 기체

out·gen·er·al [àutdʒénərəl] 图㉠ (전술에서) …에 앞서다, (적)의 의표(意表)를 찌르다.

out·giv·ing [áutɡìviŋ] 图 사교적인, 외향적인; 호의적인. — 图 1 (고어) 발표, 포고. 2 (~s) 지출 비용.

out·go [àutɡóu] 图 1 출발, 외출; 퇴거. 2 (美) 출비(出費), 지출(物) 图 ¶a list of income and ~ 수지(收支) 명세서. 3 유출; 유출물, 유출품. 4 출구. — 图㉠ [~] 1 …을 상회하다; 훨씬 앞지르다. ¶Expenditure ~es income. 지출이 수입보다 훨씬 많다. 2 (남)을 이기다. 능가하다. 3 (고어) …보다 빨리 *outgo oneself* 지금까지보다 훨씬 잘 하다. ~**er** [가다.

***out·go·ing** [áutɡòuiŋ] 图 1 (장소·지위 따위를) 떠나가는, 나가는, 출발하는(⇔ ingoing).¶an ~ ship 출항선 / the ~ tide 썰물. 2 퇴직[퇴임]하는, 물러나는. ¶the ~ president 퇴직 대통령. 3 (우편물이) 발송 준비가 된. 4 (음식물이) 집에 가져갈 수 있게 된. 5 외향적인; 적극적인.¶~ foreign policy 적극적외교 정책 /an ~ boy 외향적인 소년. — 图㉰ 1 출발, 외출; 유출. 2 (보통 ~s) (단수취급) (英) 출비(出費), 비용, 지출; 유출물, 유출량, 유출품. ~**ness** 图

out·group [áutɡrùːp] 图 (사회) 외집단(外集團)(⇔ ingroup)

out·grow [àutɡróu] 图㉠ 1 (몸이) 커져서 (옷 따위를) 입지 못하게 되다.¶~ (one's) clothes 몸이 커져서 옷이 맞지 않다. 2 …보다도 크게[빨리] 성장하다. ¶~ one's strength 몸이 커지고 체력이 뒤따르지 않다. 3 (나이가 들어서) …이 없어지다, 벗어나다.¶~ a bad habit 자라서 나쁜 버릇이 없어지다. — 图 (고어) (식물)이 웃자라다.

out·growth [áutɡròuθ] 图 1 자연적인 흐름, (당연한) 결과.¶Inflation was an ~ of war. 인플레는 전쟁의 결과였다. 2 부수적인 소산; 부산물. 3 (나무의 부위가) 벋어나옴, 생장; 생육. ~ 벋어나오는 것; 생성물; 증식물; 어린 가지; 곁가지, 분지(分枝); 응이.

out·guard [áutɡɑ̀ːrd] 图㉠ (軍) 전초병(前哨兵).

out·guess [àutɡés] 图㉠ (상대의 의도)를 미리 짐작하다, 간파하다; 꼭뒤지르다; …을 앞지르다.

out·gun [àutɡʌ́n] 图㉠ 1 (군사) …보다 화력이 우세하다. 2 …을 이기다, 해치우다.

out·gush [àutɡʌ́ʃ] 图㉰ 흘러나오다, 유출(분출)하다. — [áutɡʌ̀ʃ] 图 [~] 분출. [게 몹시 빠지다.

out·hec·tor [àuthéktər] 图㉠ 을 위압하다, …에

out·Her·od [-hérəd] 图㉠ …보다 잔학(난폭)하다.
(* 다음 숙어로)
out-Herod Herod 포학한 점에서 헤롯 왕을 능가하다.¶It ~s Herod. 그 포학함이 헤롯 왕을 능가한다(← Shakespeare 작 *Hamlet* 3 : 2).

out·hit [àuthít] 图㉠ (상대 팀)을 이기다; (야구) …

보다 안타를 많이 치다.

out·house [áuthàus] 图 (英) 부속 건물, 바깥채(outbuilding); (美) (옛 주택의) 옥외 화장실. [람.

out·ie [áuti] 图 불거진 배꼽, 불거진 배꼽을 가진 사

***out·ing** [áutiŋ] 图 1 소풍, 행락; 산책; 피크닉. 2 (경기·시합의) 출장(出場). 3 앞바다. 4 스스로 호모임을 밝힘.
go for [or *on*] *an outing* (…으로) 소풍가다(*to*).

out·ing flan·nel 图 면(綿)플란넬.

out·is·land [-àilənd] 图 (지리) 낙도(落島). ~**er** 图

out·jock·ey [àutdʒáki/-dʒɔ́ki] 图㉠ …을 속이다; 앞지르다, (계략을 써서) 상대를 이기다. [다.

out·jump [àutdʒʌ́mp] 图㉠ …보다 높이[더 잘] 뛰

out·land [áutlæ̀nd] 图 1 (봉건 영주나 지주가 소작인에게 준) 바깥 토지. 2 (보통 ~s) 원격지, 지방. 3 (고어) 외지, 외국. — 图 1 경계 밖의, 원격의, 멀리 떨어진, 변경의. 2 (고어) 외지의, 외국의, 이국의.

out·land·er [áutlæ̀ndər] 图 1 외국인. 2 국외자(局外者); 외부 사람, 문외한; 낯선 사람.

out·land·ish [àutlǽndiʃ] 图 이국풍의; 색다른, 기이한; 외진, 벽촌의. ~**ly** 图 ~**ness** 图

out·last [àutlǽst/-lɑ́ːst] 图㉠ 1 …보다 오래 가다[견디다, 살다], …보다 뒤에까지 남다. 2 (야구) …에게 연장전에서 이기다.

***out·law** [áutlɔ̀ː] 图 1 무법자, 무뢰한; 상습범. 2 법익(法益) 피탈자(법의 보호를 박탈당한 사람), (사회에서의) 추방자. 3 사회 규범을 지키지 않는 자, 반역자. 4 다루기 힘든 동물, 난폭한 말. — 图㉠ 1 비합법화하다. 2 …에게서 법률상의 은전과 보호를 빼앗다, …을 사회에서 매장하다. 3 …의 법적 효력을 잃게 하다.¶an ~*ed* debt 시효에 걸린 채무. 3 …을 금지하다.¶an ~ smoking in a theater 극장 안에서의 흡연을 금지하다. — 图 1 outlaw의[에 관한]. 2 (美속어) (10대 중에서) 특히 눈에 띄는.

óutlaw cóuntry 图 =progressive country.

out·law·ry [áutlɔ̀ːri] 图㉰ 1 법익 박탈; 공권 상실; (사회적) 추방. 2 법률 무시, 무법 (행위), 불법. 3 무법 상태, 무법 천지.

óutlaw strìke 图 불법 파업. [화, 불법화, 금지.

***out·lay** [áutlèi] 图 (an ~, the ~) (돈의) 지출(액), 경비(*on, for*).¶a large ~ *for* [or *on*] education 교액의 교육비. — [̀] 图㉠ (…에) 지출하다, 소비하다(*on, for, in*). ¶ ~ money *in* an enterprise 기업에 돈을 지출하다.

out·leap [àutlíːp] 图㉠ 1 (장애물보다) 앞뒤으로 뛰어넘다. 2 …보다 멀리[위쪽으로] 뛰어넘다. — 图 뛰어나가는, 급히 나가는.

***out·let** [áutlet, -lit] 图 1 출구, 배수구, 방출구(*for*)(⇔ intake).¶an ~ of a lake 호수의 유출구. 2 (美) (전기) 콘센트(《英》 power point). 3 (상업) 판로; (제조업자·도매업자의) 판매 대리점, 직판점, 아울렛, 소매점.¶a retail ~ 소매(직판)점. 4 (TV·라디오의) 지방국. 5 하구(河口), 강어귀, 수로(水路). 6 (표현·감정 따위의) 배출구, 표현 수단(*for*); (작품·의견 따위의) 발표란(欄)(신문·잡지 따위). 7 (해부) 배설구.

óutlet màll 图 (상업) 아웃렛 몰(outlet store가 모여 있는 쇼핑 센터).

óutlet stòre 图 아웃렛 점(店), 직매점.

out·lie [àutlái] 图㉰ 1 밖에서 자다, 야영하다. 2 넓어지다, 퍼지다.

out·li·er [áutlàiər] 图 1 옥외에서 자는 사람; 우리 밖에서 자는 동물. 2 사외(社外)(점포 밖) 거주자, 임지(任地)에서 거주하지 않는 사람. 3 국외자, 문외한. 4 (지질) 외측층(外側層). 5 (통계) 이상치(異常值).

‡**out·line** [áutlàin] 图 1 [C][U] 윤곽, 외형; 외형선, 외곽선(contour); ⇔FORM 유의어 the ~s of the mountains 산맥의 능선. 2 윤곽도, 외형도, 약도; 초상.¶the ~ of a building 건물의 윤곽도. 3 개론, 대요, 개요; 요점, 요강; (~s) 주요

특징, 골자. 원칙. ¶an ~ of a discourse 이야기의 줄거리.
give an outline of …의 줄거리를 말하다.
in outline 개략적인, 개요를 나타낸; 개략적으로.
— 타 (~s [-z]; ~d; -lin·ing) …의 윤곽을 그리다, …의 개요를 말하다, 약술(略述)하다; …의 경계선을 명시하다[더듬어가다].

*out·live [àutlív] 타 1 …보다도 오래 살다, …후에까지 살아 남다(투쟁·경쟁에서) [적]을 물고 늘어져 살아남다. ⇨SURVIVE 유의어 ¶ ~ one's brothers 형제보다 오래 살다. 2 (오래 살아서) …을 잃다, …을 벗어나다. ¶ ~ one's fame 만년이 되어서 명성을 잃다. 3 …을 무사히 극복하다[견뎌 내다]. ¶ The ship ~d the storm. 배는 폭풍우를 무사히 견뎌 냈다.

‡out·look [áutlùk] 명 1 (an ~, the ~) 1 (장소에의/장소에의) 경치, 광경, 전망, 조망(*on, on to, over/from*). ¶ a beautiful ~ on Mt. Halla 한라산의 아름다운 경치/have a pleasant ~ 전망이 좋다. 2 (사물에 대한) 시야, 견지, 견해, …관(觀) (*on*). ¶ a man of wide [narrow] ~ 시야가 넓은[좁은] 사람/one's ~ *on* life 사람의 인생관. 3 (사물의) 예상, 장래성, 전도 (*for*). ¶ a political ~ 정치적 전망. 4 감시, 경계; 감시소, 망루.
on the outlook 감시하고, 경계하고, 대기하고 (*for*).
— 자 [´ ´] …보다 용모[외모]가 뛰어나다; (고어) …을 위압하다.

óutlook ènvelope 명 =window envelope.

out·ly·ing [áutlàiiŋ] 형 1 중심(부)에서 떨어진, 원격의, 외진(out-of-the-way). 2 범위 밖의, 경계 밖의; 외부의. 3 비본질적이고, 지엽적인.

óutlying báse (美군사) 해외 기지.

out·ma·chine [àutməʃíːn] 타 (군사) 기계 장비 [기갑 부대에서 [적]을 능가하다.

out·ma·cho [àutmáːtʃou/-mǽ-] 타 남자 뽐내게 남자처럼 굴다.

out·man [àutmǽn] 타 1 …보다 인원수가 많다. 2 (고어) …보다 남자답다.

out·ma·neu·ver, (英) **-noeu·vre** [àutmənúːvər] 타 책략으로 …에게 이기다[…을 능가하다]; …의 의표 (意表)를 찌르다, 한 술 더 뜨다(outwit).

out·march [àutmáːrtʃ] 타 …보다 빨리[멀리] 나아가다; …을 앞지르다, 추월하다. 「게 이기다(outdo).

out·match [àutmǽtʃ] 타 …보다 뛰어나다, …에

out·meas·ure [àutméʒər] 타 …보다 양[넓이, 크기, 길이]에서 낫다. 「이주자.

out·mi·grant [´màigrənt] 명 (외국·타지역으로의)

out·mi·grate [´màigreit] 자 (외국·타지역으로의) 이주하다, 인구 유출하다(⇔ in-migrate).

out·mode [àutmóud] 타 …을 유행에 뒤떨어지게 하다. — 자 유행에 뒤지다, 구식이 되다.

out·mod·ed [àutmóudid] 형 유행에 뒤떨어진, 구식의; 무용지물이 된. **~·ly** 부 **~·ness** 명

out·most [áutmòust] 형 제일 바깥의, (중심부에서) 가장 먼. 「[이기다.

out·mus·cle [àutmʌsl] 타 …을 힘으로 압도하다

out·ness [áutnis] 명 (정신 또는 의식의) 밖에 있음, 외부성(externality); 객관성(objectivity).

out·num·ber [àutnʌmbər] 타 …보다 수가 많다.

out-of-body [áutbádi/bódi] 형 자기 육체를 벗어난; 체외 유리(遊離)의. 「탈] 체험(略 OBE).

óut-of-bódy expérience 명 체외 유리[육체 이

out-of-bounds [´əvbàundz] 형 1 (스포츠) 경계선[라인] 밖의[에], 경계선을 넘은[넘어] (골프에서 OB가 된[되어]). 2 인정된[규정의] 한계를 넘은[넘어], 금지된[되어]. 3 (행동·사상 따위가) 엉뚱한[하게]. 4 예상이상의[으로].

out-of-box [´əvbáks/-bóks] 형[부] 창조적인[으로], 독창적인[으로] (* 보어로서 쓸 경우 out of box). ¶ an ~ thinker 독창적 생각을 가진 사람.

out-of-court [´əvkɔ́ːrt] 형 (법률) 법정 밖의, 소송에 이르지 않은, 화해에 의한. 「…의 화해.

óut-of-cóurt sèttlement 명 (법률) 법정 밖의

out-of-date [´əvdéit] 형 시대에 뒤떨어진, 구식의 (old-fashioned); 케케묵은 (보어로서 쓸 경우 out of date). ⇔ up-to-date

out-of-door(s) [´əvdɔ́ːr(z)] 형 집 밖의, 옥외의.
— 명 (단수취급) 야외, 옥외.

out-of-dots [´əvdáts/-dóts] 형 =out-of-box.

out-of-hand [´əvhǽnd] 형 감당할 수 없는. ¶ a ~ situation 감당하기 어려운 상황. 「지친.

out-of-it [´əvít] 형[부] (구어) 정상(컨디션)이 아닌,

out-of-pock·et [´əvpákit/-pɔ́k-] 형 1 현금으로 지불하는, 현금의. 2 자금[재산, 가진돈]이 없는. 3 자신이 변상[부담]하는. — 명 호주머니 돈의 지출.

out-of-print [´əvprínt] 형 절판의. — 명 절판본.

out-of-reg·is·ter [´əvrédʒistər] 형 (인쇄) (컬러 인쇄에서의) 색의 가늠이 어긋난.

out-of-school [´əvskúːl] 형 (英) 과외의. ¶ ~ activities 과외 활동.

out-of-sight [´əvsáit] 형 (美속어) 매우 진보한, 유례 없는; 뛰어난, 발군의.

out-of-state [´əvstéit] 형 (미국에서) 다른 주의[로부터의]. 「로부터의 방문객[관광객].

out-of-stat·er [´əvstéitər] 명 (미국에서) 다른 주

óut of stóck (일시적인) (재고) 품절.

out-of-sync [´əvsíŋk] 형 (영화) 음이 화면과 안 맞는; 동시적이지 않는.

out-of-the-box [´əvðəbáks/-bóks] 형 (濠구어) 발군의, 격이 다른.

out-of-the-money [´əvðəmʌ́ni] 형 (경기 따위에서 등외로 밀려나) 상금이 없는.

out-of-the-way [´əvðəwéi] 형 1 원격의, 외딴; 마을에서 떨어진. ¶ an ~ cottage 외딴 오두막 집. 2 별난, 진기한; 엉뚱한, 기이한. ¶ an ~ style of writing 진기한 서체. 3 무례한, 불쾌한 느낌을 주는. ~ place 떨어진, 기상천외의, 엉뚱한 「가로 떨어진 곳, 벽지.

out-of-this-world [´əvðiswɔ́ːrld] 형 현실과 동

out-of-town [´əvtáun] 명 다른 마을[도시]의[에 관한]; …로부터[에서] 행해지는].

out-of-town·er [´əvtáunər] 명 다른 마을[도시]에서 온 사람, 타향 사람, 외래자.

out-of-work [´əvwɔ́ːrk] 형 실직중인.

out·pace [àutpéis] 타 …보다 빨리 걷다, …을 앞지르다; …보다 발전[성장]이 눈부시다.

out·par·ty [´páːrti] 명 야당(⇔ in-party).

out·pa·tient [áutpèiʃənt] 명 (병원의) 외래 환자; 외래 진료실. 형 inpatient

out·pen·sion [áutpènʃən] 명 (자선 시설 밖의 사람에게 주는) 원외(院外) 부조금, 원외 연금. ~·er 명

out·per·form [àutpərfɔ́ːrm] 타 (기계 따위가) …보다 성능이 뛰어나다; (…에서) …보다 기량이 뛰어나다.

out·place [àutpléis] 타 (美) 1 (해고 대상 종업원에게) 새로운 일자리를 알선하다. 2 …으로 대신하다.

out·place·ment [àutpléismənt] 명[형] 재취직 알선, 전직 알선; (완곡히) 해고(discharge).

out·plan [àutplǽn] 타 (…보다) 낫게 계획을 세우다.

out·play [àutpléi] 타 …보다 능숙한 플레이를 하다; (상대)를 경기에서 이기다.

out·point [àutpɔ́int] 타 1 …보다 많은 점수를 따다; (권투) 판정승으로 이기다. 2 (해사) (다른 배)보다 이물을 바람 불어오는 쪽으로 더 돌려서 범주(帆走)하다.

out·poll [àutpóul] 타 (여론 조사·선거 따위에서) 더 많은 지지를 얻다.

out·port [áutpɔ́ːrt] 명 (세관·거래지에서 떨어진) 외항(外港); 수출항; 출항지; (캐나다) 고립된 어촌.
~·er 명 outport의 주민.

out·post [áutpòust] 명 1 (군사) 전초지(前哨地)

전초 부대: (美) (조약·협정 등에 의해 설치된) 재외 기지. ¶the ~ of civilization 문명의 전초지. **2** 변경의 식민지. **3** 지점, 출장소.

out·pour [áutpɔ̀ːr] 图 =outpouring. ─ 타 …을 흘려 내보내다, 유출하다. ─ 자 흘러나오다.

out·pour·ing [áutpɔ̀ːriŋ] 图 **1** 유출(물), 유출(량)(*of*): (감정·사상 따위의) 분출, 흘러나옴(*of*). ¶the ~s *of* one's heart 심정의 토로.

out·preach [àutpríːtʃ] 타 …보다 낫게 설교하다.

out·pro·duce [àutprədjúːs/-djúːs] 타 (다른 회사 따위)를 생산량으로 능가하다.

out·pull [àutpúːl] 타 …보다 많은 주목을 끌다; (영화 따위에서) 보다 많은 관객을 모으다.

‡**out·put** [áutpùt] 图 ⓊⒸ **1** (경제) 생산, 산출; (일정 기간 중의) 생산[고]; (광산 따위의) 산출량[물]. ¶the daily ~ of automobiles 하루 자동차 생산량. **2** (지적[예술적] 생산 활동의) 산물, 작품(수); 생산[예술] 활동; (힘 따위를) 내기. **3** (전기) 발전량, 출력. **4** (컴퓨터) 출력; 출력한 데이터: 출력 장치 (⇒ input). **5** (생리) 배설물. ─ 타 (~·*ted*; ~·*ting*) (컴퓨터) **1** (정보를) 출력하다. **2** 산출[산출]하다.

óutput dàta 图 (컴퓨터) 출력 자료.
óutput dèvice 图 (컴퓨터) 출력 장치.

‡**out·rage** [áutreidʒ] 图 (~·*es* [-z]) ⓊⒸ (격멸적) **1** (법질서·인륜 따위를) 짓밟기, 유린, 침해, 불법 행위; 비행, 폭행(*against, on, upon*). ¶an ~ *against* [or *on*] humanity 인륜에 어긋나는 행위 / commit an ~ *on* [or *upon*] a woman 여성에게 폭행을 가하다. **2** 무례, 비례; 모욕. ¶an ~ *upon* decency 예절을 무시한 행위. **3** (美) 격심한 폭행에 대한) 격분, 분개(*at, over*). ¶feel ~ *at* the scandal 그 스캔들에 격분하다. **to the point of outrage** 무례하게 생각할 정도로, 방약무인하다.

─ 타 (-*rag·es* [-z]; ~*d*; -*rag·ing*) **1** …에게 폭력을 휘두르다, 난폭한 짓을 하다; (부녀자)를 폭행하다, 강간하다. **2** (법률·질서·인륜 따위)를 어기다, 해치다. **3** …을 분개하게 하다, 모욕하다. ⇨ INSULT 유의어 ¶I was ~*d* by his shameless behavior. 나는 그의 파렴치한 행위에 분개했다.

***out·ra·geous** [autréidʒəs] 圈 **1** 난폭한, 악의에 찬, 언어도단의, 도리에 어긋난, 극악한. ¶an ~ murder 잔학하기 짝이 없는 살인. **2** 터무니없는, 도가 지나친; 참을 수 없는, 괘씸한. ¶an ~ price 터무니없는 값. **3** 엉뚱한, 비정상인. **4** (美속어) 멋진, 훌륭한.
~·**ly** 分 ~·**ness** 图

ou·trance [uːtrɑ́ːns] 图 (싸움 따위의) 최후, 끝. ¶fight at [or to the] ~ 최후까지[철저하게] 싸우다.
〔＜F extremity〕

out·range [àutréindʒ] 타 **1** …보다 사정 거리가 길다. **2** (배가) (대포의) 사정 거리 밖으로 나가다. **3** (다른 비행기·선박)보다 항속 거리가 길다. **4** …에 앞서 다. 능가하다. **5** …보다 중요하다.

out·rank [àutrǽŋk] 타 …보다 지위[신분]가 높다.

ou·tré [uːtréi/´-/*F* utRe] 圈 (경멸적) 상궤를 벗어난, 과도한, 터무니없는; 색다른, 엉뚱한. 〔＜F〕

out·reach [àutríːtʃ] 타 **1** …보다 멀리 미치다; …을 넘다, …보다 뛰어나다, 능가하다. **2** (고어) (팔·손 따위)를 내밀다, 벌리다. **3** …을 속이다, 앞지르다.
─ 자 **1** 지나치다, 넓어지다. **2** (손·팔 따위가) 뻗다.
─ 图 ［´-］ⓊⒸ 넓어짐, 도달; (팔·손 따위를) 내밀기; 도달 거리. **2** (지역 사회에 대한) 봉사[복지], 구제] 활동: 소비자와의 접촉과 대응. **3** 지부(支部)[지점(支店)]의 업무.

out·re·lief [áutrilìːf] 图 (英) (빈민 구제) 시설 외의 빈민 구조(救助), 원외(院外) 구조.

ou·tre·mer [*F* utRəmɛːR] 圈[分] 해외의[에]. 〔＜F〕

out·ride [àutráid] 타 (승마에서) …에게 이기다, …보다 빨리[멀리, 능숙하게] 타고 가다. **2** (배가) (폭풍)을 뚫고 나아가다. **3** (말을) 타고 나가다.

out·rid·er [áutràidər] 图 **1** (경호 오토바이를 탄) 선도자, 선구자; (마차의) 승마 시종(侍從). **2** (특히) 척후; (美) 카우보이. **3** (방언) 지방 순회 세일즈맨.

out·rig·ger [áutrìgər] 图 **1** 아우트리거, 현외 부재(舷外浮材)(카누의 뱃전 밖에 나온 안정용 부재); 이런 종류의 카누. **2** (경주용 보트의 뱃전에 내민 클러치 받침의 가로대; 이런 종류의 경주용 보트. **3** (건축) 쑥 내민 들보[대들보], 툇보, 툇도리. **4** (비행기의) 꼬리날개 지주(支柱).
-ged

[outrigger]

***out·right** [áutràit] 圈 **1** 명백한; 솔직한, 노골적인. ¶an ~ expression of opinion 기탄없는 의견 표명 / give an ~ denial 딱잘라 거절하다. **2** 완전한; 전체의. **3** 완전한, 철저한. ¶an ~ lie 새빨간 거짓말. **3** (고어) 똑바로 나아가는. **4** 더 이상 지불할 의무가 없는; (외상·할부가 아닌) 맞돈의, 무조건의. ─ 分 [´-] **1** 모두, 깡그리, 완전히. ¶He is mad. ~. 그는 완전히 미쳤다. **2** 거리낌없이, 공공연히, 터놓고. **3** 즉석에서, 즉각, 곧. ¶be killed ~ 즉사하다. **4** 맞돈으로; 무조건. ¶buy ~ 맞돈을 주고 사다. ─ 타 [´-］ (美속어) (스포츠) (선수)를 무조건 이적시키다, 방출하다.
~·**ly** 分 ~·**ness** 图

out·ri·val [àutráivəl] ((英) **-vall**) 타 (경쟁에서) …에게 능가하다(defeat).

out·ro [áutrou] 图 (방송) 아우트로(방송·영화 따위의 마지막 몇 분[초]); (음악) (노래·곡 따위의) 종주(終奏). 图 intro

out·roar [àutrɔ́ːr] 타 …보다 큰 소리로 짖다.
out·root [àutrúːt] 타 …을 뿌리째 뽑다, 근절하다.

***out·run** [àutrʌ́n] 타 (**-ran**; ~; **~·ning**) **1** …보다 빨리[멀리까지] 달리다, …을 앞지르다. **2** …에서 (달려) 도망치다. ¶He managed to ~ the established law. 그는 가까스로 법망을 빠져나갈 수가 있었다. **3** …을 초과하다, 웃돌다. ¶Expenses outran income. 지출이 수입을 초과했다. **4** …보다 많은 표를 얻다. ─ 图 [´-] (목장주 집에서 멀리 떨어진 곳에 있는 목장.

out·run·ner [áutrʌnər] 图 **1** 앞지르는[추월하는] 사람; 달려나가는 사람[것]. **2** (마차의 앞 또는 옆을 달리며 수행하는) 마부. **3** (개썰매의) 선도견. **4** 선구자.

out·rush [áutrʌ̀ʃ] 图 분출(噴出), 분류(噴流), (갑작스레) 뿜어나옴. ─ 图자 분출하다.

out·sail [àutséil] 图타 **1** …을 앞지르다[추월하다]; …보다 빨리 범주(帆走)하다.

out·score [àutskɔ́ːr] 타 …보다 많이 득점하다.
out·sea [áutsìː] 图 공해(公海).

out·seg [àutség] 타 (-**gg**-) (美속어) (남보다) 심하게 인종 차별을 하다. 〔＜outsegregate〕

out·sell [àutsél] 타 **1** …보다 많이[비싸게, 빨리] 팔다. **2** (상품이) …보다 많이 팔리다. ¶~ all (of the) other brands 다른 어느 브랜드보다도 더 많이 팔리다.

out·sert [áutsəːrt] 图 **1** (제본) 바깥 접장. **2** (잡지의) 별책 부록. 图 insert

***out·set** [áutsèt] 图 (the ~) 착수, 시작, 최초, 발단. ¶from the ~ 최초에[부터]. **2** (제본) =outsert.

out·set·tle·ment [áutsètlmənt] 图 변경의 거주지, 벽지의 부락. **-tler** 图

out·shine [àutʃáin] 타 **1** …보다 밝게 빛나다. **2** …보다 더 강하다. **2** …보다 뛰어나다, …보다 더 광채를 띠다. ─ 图 (드물게) 빛을 발하다, (빛이) 비치다.

out·shoot [àutʃúːt] 타 **1** …보다 사격을 잘하는; …보다 멀리 쏘다. **2** (싹·가지 따위)를 내다. **3** (비유

outshot

적) …을 앞서가다, 능가하다. **4** 《美》 (상대팀 선수보다) 훨씬 많은 득점을 올리다. ── 图 (싹·가지 따위가) 나오다. ── [⌒⌒] **1** 나와[돌아나오기, 돌출; 발사. **2** 돌아나온[돌출한] 것(가지·싹 따위). **3** 《야구》 아웃슈트(outcurve)(반 inshoot).

out·shot [áutʃɑ̀t/-ʃɔ̀t] 뛩 (구조상 독립된) 부속 가옥.

out·shout [àutʃáut] 됨 …보다 큰 소리로 외치다; …보다 강력히 주장[변호]하다.

‡**out·side** [áutsáid, ↙↙] 뛩 (웡 ∼s [-z]) (the ∼) **1** 바깥쪽, 외부, 외면(반 inside). ¶ the ∼ of a gate 문의 바깥쪽. **2** (사람의) 외관, 겉보기. ¶ Don't judge a man from his ∼. 외관으로 사람을 판단하지 마라. **3** (그릇 따위의) 밖, 국외(자), 부외(部外); 외계, 외부 세계; (교도소·군대의) 바깥 세계. **4** (때로 O∼) 《캐나다》 사람이 정주하는 지역; (濠) 오지. **5** 《펜싱》 (자세를 취했을 때의) 검의 왼쪽; 《야구》 (타자에 대해) 외각(外角). **6** 《수학》 (곡선의) 바깥쪽. **7** 《英구어》 (합승 마차·버스 따위의) 지붕 위의 승객). **8** (∼s) 종이 한 연 묶음의 양 바깥쪽에 댄 종이.

at the (*very*) *outside* 기껏해서, 많아야, 고작.
on the outside ① 외관상, 겉으로. ② 바깥쪽[추월] 차선으로.
outside and in 바깥쪽과 안쪽, 안팎.
outside in 뒤집어서. ¶ He wears his sweater ∼ *in*. 그는 스웨터를 뒤집어서 입고 있다.
those on the outside 국외자(局外者), 문외한.

── 뛩 [⌒⌒] **1** 바깥쪽의, 바깥쪽의; 외면의; 외의의; 경계선 밖에 있는; 밖으로부터의, 밖으로 통하는. ¶ ∼ work 바깥 일 /an ∼ TV antenna TV의 옥외 안테나 / the ∼ world 외계 / ∼ noises 바깥의 소음.

⟨유의어⟩ **outside** 어떤 물건의 표면이; 어떤 것의 한계[범위] 밖의. **outer** 어떤 것보다 한층 중심에서 먼. **outward** 방향이 외향인. **external** 어떤 것에서 떨어져서 저쪽에 위치하는. **exterior** 어떤 것의 표면 또는 외면(=outside).

2 원외(院外)의; 문외한의; 국외(局外)(자)의, 관계없는. ¶ an ∼ opinion 외부의 의견, 원외 여론. **3** 《구어》 최고의, 극단의, 최대한의. ¶ an ∼ estimate 최대한의 평가 / an ∼ price 최고의 값. **4** 《구어》 만에 하나의, 가능성이 거의 없는(slight). **5** 본업(직무) 이외의; 수업 이외의. **6** 밖에서 일하는, 외근의. **7** 《야구》 (투구가) 외각(外角)의. **8** 《英구어》 (합승 마차·버스의) 옥상층(屋上層)의. **9** 《캐나다·알래스카》 별세계[도시]의, 도시에서 온; (濠) 오지의. **10** 《英》 (라디오·TV 방송이) 스튜디오 밖의. **11** 《美속어》 사생아의.

── [⌒⌒] **1** 밖에[으로], 바깥쪽에[으로], 외부에[로]; 집밖에서[으로]; 해상으로[에서]. ¶ Come ∼! 밖으로 나와! (도전하는 말) / paint one's house green ∼ 집 외벽을 녹색으로 칠하다. **2** 《英구어》 위층석에서. **3** (특정 지역·장소)에서 떨어진 곳에[으로]. **4** 《英속어》 출옥하여. **5** 《캐나다·알래스카》 도시[마을]로, 마을에; (濠) 오지로[에서], 내륙으로[에서].
come [or *step*] *outside* 방에서 밖으로 나가다.
get [or *be*] *outside of* ① 《美》 …을 이해하다. ② …을 삼키다, 먹다.
outside of ① …의 바깥쪽에, 밖에[으로]. ② …의 범위·한계를 넘어서. ③ 《美구어》 …이외에(except).
outside of a horse 《속어》 말을 타고.

── 젠 [⌒⌒/⌒⌒] **1** …의 밖에[으로, 의]. **2** …의 범위를 넘어서, …이상으로. **3** 《美구어》 《부정문·의문문에서》 …을 제외하고, …외에. ¶ Nobody knows the fact ∼ me. 나 이외에는 아무도 그 사실을 모른다.

óutside bróadcast 뛩 야외 방송.
óutside bróker 뛩 《증권》 장외(비회원) 브로커.
óutside chánce 뛩 실낱 같은 가능성.
óutside diréctor 뛩 사외(社外) 중역(이사).
óutside édge 뛩 **1** 《스케이트》 바깥날(로 타는 활주). **2** 《속어》 최고의 모욕.

óutside jób 뛩 외직, 외근; 《속어》 외부인 소행[범행].
óutside láne 뛩 외측(外側) 차선.
óutside léft 뛩 《축구·하키》 레프트 윙.
óutside líne 뛩 (전화의) 외선.
óutside mán 뛩 《美속어》 사기[강도]의 앞잡이.
óutside píece 뛩 《美속어》 너무 커서 우편낭에 들어가지 않는 소포.

*__outsid·er__ [àutsáidər] 뛩 **1** 외부 사람, 조합[정당]에 속하지 않은 사람; 국외자, 제3자; 문외한; 비전문인 (반 insider). ¶ a political ∼ 정치적인 문외한 / *The* ∼ *sees the best* [or *most*] *of the game*. 《속담》 구경꾼이 한 수 더 본다. **2** (사회에서) 고립된 사람, 따돌림 받는 사람, 이단자; 《구어》 천한 사람, 상스러운 사람. **3** 《英》 (경마·스포츠에서) 승산이 없는 말[팀, 선수].

óutside ríght 뛩 《축구·하키》 라이트 윙.
óutside tráck 뛩 《스포츠》 아웃코스.
outsíder únion 뛩 외 조합(法外組合).
óutside wórk 뛩 아르바이트; 외근.

out·sight [áutsàit] 뛩⓾ 외계 사물의 관찰[지각](능력), 觀 insight.

out·sing [àutsíŋ] 됨타 **1** …보다 노래를 잘 부르다. **2** …보다 큰 소리로 노래하다. ── 图 (별안간) 노래하기 시작하다, 갑자기 지저귀다; 큰소리로 노래하다.

óut síster 뛩 섬외 수녀(수녀원에서 외부 일을 보는).
out·sit [àutsít] 됨타 (남)보다 오래 머무르다, 자리에 남다; 지나치게 오래 머물다.
out·size [áutsàiz] 뛩 **1** 표준외의 치수, 특대형(의 사람, 여자); 특대의 의복. **2** 장족의 진보, 놀라운 발달.
── 뛩 (또는 **outsized**) 특대의; 특히 넓은; 지나치게 큰.
∼·ness 뛩

*__out·skirts__ [áutskə̀ːrts] 뛩몡 《종종 단수취급》 (도시) 변두리, 교외 (⟨유의어⟩ SUBURB) ; (비유적) 주변부. ¶ on [or at, in] the ∼s of a town 소도시의 변두리에 / the ∼s of civilization 문명의 변두리. **2** 한계, 한도.

out·sleep [àutslíːp] 됨타 《일정한 시간·남》보다 오래 자다; …이 끝날 때까지 자다.
out·slick [àutslík] 됨타 《속어》 …을 앞지르다, …보다 한 수 위다.
out·smart [àutsmɑ́ːrt] 됨타 《구어》 …보다 약다, 한 수 위다; …을 속이다, 앞지르다(outwit). ¶ ∼ oneself 제꾀에 넘어가다.
out·soar [àutsɔ́ːr] 됨타 …보다 높이 날아오르다.
out·sole [áutsòul] 뛩 (구두의) 바깥창.
out·source [àutsɔ́ːrs/-sɔ́ːs] 됨타 《경영》 외주(外注) 제작[조립]하다, 외부 자원을 활용하다.
out·sourc·ing [àutsɔ́ːrsiŋ] 뛩⓾ 《경영》 외주 제작, 조립 부품의 외부 조달; (업무의) 외부 위탁.
out·span [àutspǽn] (남아공) 됨타 (소 따위)를 수레에서 끄르다 (unhitch). ── 图 (마소 따위에서) 명에[끄는 장비, 마구 따위]를 벗기다. ── 뛩 [⌒⌒] (마소 따위의) 멍에에 따위를 끄르는[벗기는] 일[장소].
out·speak [àutspíːk] 됨타 **1** …을 말로 이기다; …보다 길게[크게, 잘] 말하다. **2** …을 대담[솔직]하게 말하다. ── 图 의견을 확실히 말하다; 큰 소리로 말하다.
out·spend [àutspénd] 됨타 …보다 경비[돈]를 많이 쓰다; …을 한계 이상으로 소비하다[쓰다].
out·spent [àutspént] 뛩 몹시 지친(exhausted).
out·spo·ken [àutspóukən] 뛩 (하는 사람에) 거리낌 없는, 솔직한; 솔직하게 말하는, 거침없이 마구 말하는; (병의) 증상이 명확한. ⇒ FRANK ⟨유의어⟩ ¶ an ∼ person 솔직한 사람.
∼·ly 뛩 ∼·ness 뛩
out·spread [àutspréd] 됨 퍼지게 하다[퍼지다]; 넓히다[넓어지다]; 늘이다[늘어나다]. ── [⌒⌒] 펼쳐진, 퍼진, 펼친, 늘어진, 유포된. ¶ stand with ∼ arms 양팔을 벌리고 서다.
── 뛩 [⌒⌒] ⓤⓒ 펼침; 퍼짐, 확대, 신장.
out·stand [àutstǽnd] 됨자 **1** 눈에 띄다, 돌출하다; (배가) 바다로 나가다. ── 타 《고어》 (시간이 지나도록)

남아 있다: (英방언) (…에) 저항[반대]하다.

‡out·stand·ing [àutstǽndiŋ] 혱 (more ~; most ~) 1 눈에 띄는, 현저한, 우수한; (…ело) 남의 눈을 끄는(for); (…에서) 걸출한(in). ¶ an ~ person [or figure] 뛰어난[탁월한] 인물.

> 유의어 outstanding 같은 종류 중에서 다른 어느 것보다 월등하게 뛰어난. conspicuous 못보고 놓칠 수 없을 정도로 분명한, 현저한. noticeable 남의 눈에 띄기 쉬운. prominent 주위의 것에서 명백히 뛰어나게 인정되는. remarkable 특이하고 보통이 아닌 noticeable. striking 딴 것과 특히 다르기 때문에 남에게 강렬한 인상을 주는.

2 남아 있는, 미결제의, 미불의; 미해결의, 미결의. ¶ ~ debts 미불 채무 / ~ accounts 미불 계정. 3 [수] 돌출한, 뛰어나온; 떨어져나온. 4 (유가 증권 따위가) 발행된. 5 (천·종이 따위가) 빳빳한. 6 [고어] 저항[대항]하는.
── 몡 (~s) 갚지 못한 부채.
~·ly 븧 ~·ness 몡

out·stare [àutstɛ́ər] 티 …을 노려보아 압도하다 [당황하게 하다].

out·sta·tion [áutstèiʃən] 몡 (본대에서 멀리 떨어진) 주둔지; (대도시에서 먼) 출장소, 지소(支所).

óutstation móvement 몡 (濠) 원주민의 고향 재정주(再定住) 운동.

out·stay [àutstéi] 티 (남)보다 오래 머무르다, …의 한도를 넘어서 체류하다; …보다 오래 버티다. ¶ ~ one's welcome 오래 머물러서 미움을 사다. 「침범하다.

out·step [àutstép] 티 …의 한계[도]를 넘다; …을

out·stretch [àutstrétʃ] 티 1 …을 뻗다, 펴다; 확장하다, 넓히다. ¶ ~ one's hand in welcome 환영하여 손을 내밀다. 2 …의 한도를 넘어서 펴다[넓히다]. ¶ This explanation ~es common sense. 이 설명은 상식의 테두리를 벗어나고 있다. ~·er 몡

*out·stretched [àutstrétʃt] 혱 펼친, 뻗친, 내민. ¶ with ~ arms 양팔을 벌리고.

out·strip [àutstríp] 티 1 …을 능가하다, …을 추월하다. 2 (경주 따위에서) …에 이기다, …을 앞서다. ¶ The hare was ~ped by the tortoise. 토끼는 거북에게 앞질렸다. 3 (경쟁에서) …을 훨씬 뒤로 제치다. 4 옷들보다 초과하다.

outstrip oneself 지금까지 없을 정도로 잘 하다.

out·stroke [áutstròuk] 몡 바깥쪽으로 향한 운동; (피스톤의) 외향 행정(行程), 외향정(外行程).

out·swear [àutswɛ́ər] 티 …보다 심하게 욕하다; …보다 상스러운 말을 하다; [상대]를 악담으로 누르다.

out·take [áutteik] 몡 1 (녹화·녹음의) 삭제된 부분. 2 (美속어) 인용(문), 발췌. ▶ 씨름으로 이기다.

out·talk [àuttɔ́ːk] 티 …을 마구 지껄이다; …을 말로 이기다.

out·task·ing [ˊtǽskiŋ/-táːsk-] 몡 U (종래 사내에서 하던) 업무 외주.

out·tech [ˊték] 티 …에 대해 기술적 우위에 서다; …을 기술적으로 압도하다.

out·tell [àuttél] 티 …을 털어놓고[분명히] 말하다, 솔직하게 말하다; 끝까지 말하다; …보다 말을 잘하다.

out·think [àuθíŋk] 티 1 …보다 생각이 뛰어나다; …보다 빨리[정확히] 생각하다. 2 (재치로) [상대]를 이기다, 기선을 제압하다.

out·throw [àuθróu] 티 내던지다; [팔 따위]를 벌리다; …보다 멀리[힘있게] 던지다.

out·thrust [àuθrʌ́st] 티 떼밀다, 넓히다, 넓어지다, 퍼지다, 돌출된. ── 혱 [수] 돌출한, 내민(손 따위). ── 몡 [수] 돌출물, 돌출(눈에 띄는) 행위.

out·to-lunch [ˊtəlʌ̀ntʃ] 혱 (속어) 부주의한, 머리 회전이 느린(영 OTL).

out·top [àutтáp/-tɔ́p] 티 …보다 높이 솟다, …보다 더 뛰어나다.

out·tough [àuttʌ́f] 티 [경쟁 상대]를 단호한 태

도로 압도하다. 「다, 속이다.

out·trade [àuttréid] 티 (매매에서) …보다 한 수 위우

out·trav·el [àuttrǽvl] 티 (경계선 따위를) 넘어 여행하다; (남)보다 걸음이 빠르다; 멀리 여행하다.

out·tray [ˊtrèi] 몡 기결 서류함. 혱 in-tray

out·turn [àuttə́ːrn] 몡 U C 1 생산액, 산출액, 생산량. 2 (산물·제품의) 품질, 상태. 3 (일의) 경과, 결과.

out·val·ue [àutvǽlju:] 티 …보다 가치가 있다.

out·vie [àutvái] 티 …와 경쟁해서 …을 이기다.

out·voice [àutvɔ́is] 티 …보다 큰 목소리로 이야기하다; …을 큰 목소리로[설득력]로 이기다.

out·vote [àutvóut] 티 …보다 많은 표를 얻다, …에게 투표[득표]로 이기다.

out·vot·er [áutvòutər] 몡 (英) 비거주(부재) 유권자.

out·wait [àutwéit] 티 …보다 오래 기다리다; (고어) …보다 오래 매복하다.

out·walk [àutwɔ́ːk] 티 …보다 멀리까지[빨리, 오래] 걷다; …을 지나쳐 걷다(지나서 나아가다.

‡out·ward [áutwərd] 혱 1 밖으로의, 밖으로 향하는 [가는]; 국외[해외]로의; 외향적인. ¶ an ~ flow of brain 두뇌의 해외유출. 2 외면의, 겉보기의, 피상적인; 표면[행동]에 나타난, 눈에 보이는 (혱 inward). ¶ an ~ appearance 외관. 3 (정신·영혼에 대하여) 육체의; (정신계에 대한) 물질계의, 외계의. ¶ ~ things 외계 사물, 주변 세계. 4 직접 관계가 없는. 5 외부[외계]로부터의. 6 바깥쪽의, 외부에 있는. ⇒OUTSIDE 유의어 7 (약 따위가) 외용의; 도포용(塗布用)의.

to all outward appearances; to outward seeming 걸보기에는, 외견상.

── 몡 1 외부, 외부의 것; 외견, 외관. 2 (the ~) 물질 세계; (~s) 외계.

── 위 (또는 outwards) 1 밖으로, 밖을 향하여. ¶ This city stretches ~ for ten miles. 이 도시는 10마일에 걸쳐 뻗어 있다. 2 외견상, 표면상은; 표면에, 눈에 보여. 3 국외로, 해외로(혱 homeward). ¶ a ship bound ~ 외국행 배.

out·ward-bound [-báund] 혱 (배·승객이) 외국행의; 외항(外航)의. 혱 homebound

out·ward-bound·er [-báundər] 몡 외항선.

óutward éye (the ~) 육안(肉眼). 혱 mind's

óutward fórm 몡 외관, 외형. 「eye

out·ward·ly [áutwərdli] 븧 1 외견상, 표면상, 걸보기에는. 2 밖으로, 밖으로 향하여. 3 외부에서, 표면에서. 「객관성; 객관적 존재.

out·ward·ness [áutwərdnis] 몡 U 1 외면성. 2

out·wards [áutwərdz] 븧 ⇒OUTWARD.

out·wash [áutwàʃ/-wɔ̀ʃ] 몡 [지질] 빙하에서 흘러내린 퇴적물.

out·watch [àutwátʃ/-wɔ́tʃ] 티 …보다 오래 감시하다[망보다]; …을 최후까지 지켜보다.

out·wear [àutwɛ́ər] 티 1 …보다 오래가다. ¶ This cloth ~s the other. 이 천은 딴 것보다 질기다. 2 …을 입어서[써서] 낡게 하다. 3 [정력 따위]를 소모시키다, 피로에 지치게 하다. 4 (시간)을 보내다.

out·weigh [àutwéi] 티 1 (가치·중요성·영향력이) …보다 크다, …의 결점을 메우기에 충분하다. 2 …에 대하여(비하여) 너무 무겁다; …보다 무겁다.

out·went [àutwént] 티 outgo의 과거.

out·wind [àutwínd] 티 숨막히게 하다.

out·wit [àutwít] 티 (-tt-) 1 의 의표를 찌르다, …을 속이다. 2 (고어) …보다 지식이 있다.

out·work [àutwə́ːrk] 티 1 …보다 일을 잘[열심히, 빨리] 하다. 2 …을 완성하다(finish). ── 몡 [áˊ] 1 (성(城)의) 외보(外堡). 2 U 옥외[직장외] 작업, 바깥 일, 출장 작업. ~·er 사외(社外) 근무자, 옥외 작업자.

out·worn [áutwɔ̀ːrn] 혱 1 (의견·생각 따위가) 진부한, 시대에 뒤진, 낡아빠진. ¶ ~ quotations 케케묵은

예문 The balloon was directly *over* (his head). (기구가 바로 (그의 머리) 위에 있었다)로 알 수 있듯이 전치사와 부사의 양쪽으로 쓸 수 있는 소위 전치사적 부사 (prepositional adverb)의 하나이다.
over는 「덮듯이 위에」라는 위치적 의미에서 「우위」「지배」「초과」따위 비유적인 의미로 발전했다. 대응어는 under이며, on 및 above와의 의미 차이를 잘 알아둘 필요가 있다(⇨on 유의어).

‡o·ver [óuvər] 전 **I. 공간 관계**
1 (위쪽의 위치) (떨어져서) …의 위에, …의 머리[바로] 위에[의](⇨on 유의어). ¶the roof ~ one's head 머리 위의 지붕/the moon ~ the horizon 수평선 위의 달/a bridge ~ a river 강에 놓인 다리/hang a picture ~ a mantelpiece 벽난로 위에 그림을 걸다/warm one's hands ~ the fire 불을 쬐어 손을 녹이다.
2 (넘어가는 움직임) …의 위를 넘어서 저쪽(편)에; …너머로. ¶leap ~ a wall 담을 뛰어넘다/glance ~ one's shoulder 어깨 너머로 흘끗 보다/He peered at her ~ his spectacles. 그는 안경 너머로 그녀를 응시했다.
3 a) (접촉한 위치) …의 위에 접촉하여, …을 덮어서. ¶a shawl (thrown) ~ one's shoulders 어깨에 (휙) 걸친 숄/a rug ~ the floor 마루 위에 깐 융단/a coat of varnish ~ the woodwork 목공품에 칠한 니스/She put her hands ~ her face. 그녀는 손으로 얼굴을 가렸다. **b)** (덮은 위치) …을 덮어 가려서; …으로 튀어나와. ¶a balcony projecting ~ the entrance 현관 위로 튀어나온 발코니/pull one's hat ~ one's eyes 모자를 푹 눌러 쓰기/bend [or stoop] ~ a baby 갓난아기 위로 몸을 굽히다/Don't lean ~ the book too much. 책 위로 너무 바싹 대지 말아라.
4 …의 여기저기에, 사방에, 이곳저곳으로. ¶at various places ~ the country 국내 여러 곳에/scatter books ~ the floor 마루의 여기저기에 책을 흩어 놓다/tour [or travel] ~ Europe 유럽을 두루 여행하다.
5 …의 전면에 걸쳐서, …의 곳곳에[을]. ¶with a smile all ~ one's face 얼굴에 미소를 띄고/roam ~ the estate 토지의 구석구석까지 돌아다니다/show a person ~ the house 남에게 집안을 두루 보여 주다/The rumor was all ~ London. 그 소문은 런던에 쫙 퍼졌다/The evening was deepening ~ the earth. 땅거미가 온 누리에 짙어가고 있었다.
6 …을 가로질러, …을 횡단하여, …을 건너서; …의 건너편에로, (비유적) (난관 따위)를 돌파[극복]하여. ¶go ~ a bridge 다리를 건너다/cross ~ a river 강을 건너다/He helped the old lady ~ the crossing. 그는 노부인을 도와서 횡단 보도를 건너게 했다/We are ~ the worst difficulties. 우리는 최악의 난관을 극복했다.
7 (넘은 위치) …의 건너편에 (있는), …을 넘는 곳에. ¶lands ~ the sea 바다 건너의 나라들/~ the hills and far away 산너머 먼 곳에.

II. 우위
8 (지배) …을 지배하여, 제압하여. ¶rule ~ a country 나라를 지배하다/preside ~ a meeting 사회를 보다/have no command [or control] ~ oneself 자제력이 없다/He is the king ~ fifty million people. 그는 5천만 국민의 왕이다/He has a great influence ~ them. 그는 그들에 대하여 큰 영향력을 가지고 있다.
9 (우월) (능력 따위가) …보다 위에서, …을 능가하여; (지위 따위가) …보다 위에서, 높아. ¶He is ~ me in the office. 그는 회사에서 나의 상사이다.
10 (영향) (변화 따위가) …에 닥쳐서, …을 엄습하여. ¶I can't imagine what has come ~ her. 무슨 일이 그녀에게 일어났는지 상상할 수도 없다.
11 (동작을 받는 쪽) …의 위에서[를]. ¶hit a person ~ the head 남의 머리를 때리다/rap a child ~ the knuckles (벌로서) 아이의 손가락 마디를 때리다; 아이를 몹시 꾸짖다.
12 (우선) …에 우선하여. ¶be chosen ~ another applicant 다른 지원자에 우선해서 뽑히다/Spoken language should be preferred ~ written language. 문어(文語)보다 구어(口語)를 우위에 두어야 한다.

III. 초과
13 (물 따위가) …의 위까지 차서. ¶The water is ~ his shoulders. 물은 그의 어깨 위까지 와 있다/The child fell into the water which was ~ his head. 그 아이는 자기 키를 넘는 물 속에 빠졌다.
14 (수(數)) …을 넘어서, …이상. ¶~ a mile 1마일 이상/not ~ five dollars 5달러를 넘지 않는/She might have been any age ~ thirty. 아무리 봐도 그녀는 서른 살은 넘었다.
15 (분량·정도) …을 넘어서, …에 더하여. ¶a big improvement ~ last year's turnout 작년의 생산고를 훨씬 상회하는 증산/My expenditure is not ~ my income. 내 지출은 수입을 넘지 않는다/He gave the man a dollar ~ his fare. 그는 운전기사에게 요금보다 1달러를 더 주었다.

IV. 간격
16 (거리) …동안 쭉, …내내, …을 통하여; (길)을 따라서 (끝에서 끝까지)(along). ¶The message was sent ~ a great distance. 그 메시지는 아주 먼 곳까지 전해졌다/drive ~ the new road 새 도로를 차로 달리다.
17 (시간) …이 끝날 때까지. ¶adjourn ~ the holidays (회의 따위를) 휴가가 끝날 때까지 연기하다/This fish will not keep ~ night. 이 생선은 내일 아침까지 가지 못할 것이다.
18 (기간) …동안, …에 걸쳐. ¶~ a long period of years 여러 해에 걸쳐서/stay ~ the weekend 주말이 끝날 때까지 머무르다/You have only to pay the six hundred dollars ~ the next twelve months in monthly installments. 당신은 그 600달러를 앞으로 12개월에 걸쳐 월부로 지불하면 됩니다.

V. 관련
19 (관계) …에 관해서, …에 대하여. ¶quarrel ~ a matter 어떤 일로 싸우다/He flew into rages ~ nothing. 그는 아무 것도 아닌 일로 발끈했다/He was unhappy ~ his wife's death. 그는 아내의 죽음을 슬퍼했다/It is no use crying ~ spilt milk. (속담) 엎지른 물, 깨어진 독.
20 (종사) …하면서, …에 종사하여. ¶fall asleep ~ one's work 일을 하면서 잠이 들다/He insisted on doing business ~ lunch. 그는 점심을 들면서 상담(商談)을 하자고 우겼다/He grew tense ~ the wheel. 그는 핸들을 잡자 긴장하게 되었다.

VI. 수단
21 (넘기는 방법) …너머로. ¶hand something ~ the table 너머로 물건을 건네주다/sell drugs ~ the counter 카운터 너머로 약을 팔다.
22 (연락·전달의 방법) …으로, …을 통하여, …을 매체로 하여. ¶He told me ~ the phone. 그는 전화로 나에게 알렸다/I heard it ~ the radio. 나는 라디오로 그것을 들었다.
23 (수학) …으로 나눠서 (divided by). ¶16 ~ 4 16 나누기 4.
be all over *a person* (英속어) 남에게 홀딱 반해 있다. ¶They're all ~ each other. 그들은 서로 홀딱 반해 있다.

over all 전체에 걸쳐, 전반적으로; 끝에서 끝까지.
over and above (전치사적) 훨씬 …이상, …에 더하여
over** a person's **head ⇒HEAD.
over head and ears ⇒EAR.
—[부] **1** 위쪽으로, 머리 위로(above); 위에서 아래로, 돌출하여. ¶The balloon is directly ~. 기구가 바로 머리 위에 있다/The eaves hang ~. 처마가 지붕에서 내밀고 있다. **2** 전면을 뒤덮듯이, 온통. ¶be wet all ~ 온몸이 흠뻑 젖다/cover it ~ with cloth 그것을 천으로 덮다.
3 도처에, 구석구석까지. ¶all the world ~ 온 세계(all over the world)/travel all ~ in Europe 유럽을 방방곡곡 여행하다.
4 떨어진 곳으로, 저편[쪽]으로. ¶~ there 저쪽에/He lives ~ by the hill. 그는 저쪽 언덕 옆에 살고 있다.
5 건너서, 넘어서, 저쪽(편)으로; (건너) 저쪽으로, 이쪽으로. ¶come ~ 건너오다/go ~ to America 도미하다/sail [or fly] ~ to England 영국에 도항하다/Ask him ~. 그에게 건너오라고 전해 다오/Our friends were ~ yesterday. 우리의 친구들이 어제 와 있었다.
6 처음부터 끝까지, 전부, 모조리(through). ¶read a newspaper ~ 신문을 샅샅이 읽다/take out one's money and count it ~ 돈을 꺼내어 일일이 세다.
7 건네 주어서, 넘겨 주어서, 물려 주어서; (소속 따위가) 바뀌어서. ¶Hand the money ~. 그 돈을 이쪽으로 넘겨 다오/He has made ~ all his property to his sons. 그는 전재산을 아들들에게 물려 주었다/go ~ to the enemy 적의 편으로 넘어가다, 적에게 붙다.
8 넘어져서, 거꾸로; 젖혀져서. ¶fall ~ 자빠지다/turn ~ in bed 자다가 몸을 뒤치다/bend ~ 구부리다/turn a page ~ 페이지를 넘기다/push [knock] a person ~ 남을 밀어 쓰러뜨리다[때려 눕히다].
9 되풀이하여, 다시 한 번. ¶many times ~ 몇 번이고 되풀이하여/read the book ~ 그 책을 다시 한 번 읽다.
10 남아서, 더; 초과하여. ¶There are ten students and ~. 10명 이상의 학생이 있다/After paying my bill, I have 2,000 won ~. 셈을 치르고도 아직 2천 원이 남아 있다.
11 과도하게, 너무나; (복합어로) …이 지나치게. ¶We are ~ tired. 우리는 너무나 지쳐 있다/He's ~ fed. 그는 과식한다/be ~-polite 지나치게 공손하다.
12 (서술용법) 끝나서, 끝마쳐서, 마감하여, 지나서 (* 형용사로 보는 견해도 있다). ¶The war is ~. 전쟁은 끝났다/The meeting was ~ at 10 o'clock. 회의는 10시에 끝났다/It's never ~ till it's ~. (속담) 끝날 때까지는 끝난 게 아니다; 끝까지 체념하지 마라.
13 (어떤 기간) 중; (어떤 기간을) 지나서. ¶all the year ~ 1년중/stay ~ till Sunday 일요일까지 쭉 머물다.
14 (통신) (이상) 교신 끝; 송신하시오.
15 (계란 프라이가) 양면을 프라이하여.
all over ⇒ALL.
(all) over again 다시 한 번, 되풀이해서.
all over with …은 이제 끝나서[가망이 없어져서]. ¶It's *all* ~ *with* her. 이제 그녀도 끝장이다.
and [or ***or***] ***over*** 또는[및] 그 이상.
be over ... (구어) (사람이) (질병 따위)에서 회복되다.
get over with …을 끝내지다. ¶We'd better *get* this ~ *with*. 이것을 마무리짓는 것이 좋을 듯하다.
not over well 별로 잘 …하지 않다. ¶Do you understand now? — *Not* ~ *well*. 이제 알겠습니다
over against ⇒AGAINST. [까? — 잘 모르겠습니다.
over and above (부사적) 그 위에, 게다가.
over and done with (구어) 완전히 끝나서; 완전히
Over and out! (무선 교신에서) 통신 끝. [밀쳐져서.
over and over (***again***) 몇 번이고 되풀이하여.
over here 이쪽으로; 이곳에서는.
over there 저쪽에; 저기에서는; (미구어) 유럽에서(는); (군사) 전지(轉地)에서는.
Over (***to you!***) (무선 교신에서) 응답 바란다.
—[형] **1** 위의, 위쪽의[상부, 상위의]; 뛰어난; 바깥쪽의 (outer). ¶the ~ crust of a pie 파이의 외피(外皮). **2** (종종 복합어로) 여분의, 과도한. ¶an ~ pen 여분의 펜/~-care 지나친 조심, 기우. **3** (계란을 뒤집어) 양면을 프라이한.
— [명] U 여분, 과잉, 과도(extra). **2** (크리켓) (심판이 'over'라고 말할 때까지 허용되는) 투구수(投球數)(보통 6구); 그 사이의 시합. **3** (군사) 원탄(遠彈) (목표 후방에의 착탄).
— [통] **1** …을 넘다, 건너다; 뛰어넘다. ¶~ a fence 울타리를 뛰어넘다. **2** (방언) …에서 회복되다. **3** (英방언) …을 끝내다. — [자] (英방언) 지나다, 끝나다.

인용 어구. **2** (정력·기력 등이) 소모된, 지친. **3** (의복 따위가) 입어서 낡은. —[통] [~] outwear의 과거분사.
out·yield [àutjíːld] [통] [타] …보다 많이 산출[생산]하다.
ou·zel [úːzəl] [명] (조류) 지빠귓과(科)의 새.
ou·zo [úːzou] [명] 우조 aniseed로 맛을 낸 그리스의 [술].
ov ovary; overture. **OV** *over voltage*.
o·va [óuvə] [명] *ovum*의 복수형.
‡**o·val** [óuvəl] [형] 달걀 모양의; 타원형의. — [명] **1** 난형(卵形)(의 것), 타원형. **2** 타원형 경기장[경주로]. **3** (구어) (럭비의) 공. **4** (the O~) (英) 오발(런던 Kennington의 크리켓 경기장). **~·ly** [부] **~·ness** [명]
Óval Óffice [**Róom**] (美) (the ~) (백악관의) 대통령 집무실; 미국 대통령, 미국 정부.
Óval Ófficer (美) 대통령 보좌관[측근].
o·var·i·an [ouvɛ́əriən] [형] 난소의, 씨방의.
o·var·i·ec·to·my [ouvɛ̀əriéktəmi] [명] (외과) 난소(卵巢) 절제[적출]술.
o·var·i·ot·o·my [ouvɛ̀əriátəmi/-ɔ́t-] [명] U (외과) 난소 절개술, 난소 절제[적출]술. **-mist** [명]
o·va·ri·tis [òuvəráitis] [명] (병리) 난소염.
o·va·ry [óuvəri] [명] **1** (해부) 난소. **2** (식물) 씨방.
o·vate[1] [óuveit] [형] 달걀 모양의; (식물) 달걀 모양의. **~·ly** [부] **~·ness** [명]
o·vate[2] [óuveit] [통][자] 크게 박수 갈채하다.
o·va·tion [ouvéiʃən] [명] **1** 열렬한 환영, 박수 갈채. **2** (역사) (고대 로마의) 약식 개선식(凱旋式).
‡**ov·en** [ʌ́vən] [명] (복) **~s** [-z] **1** 오븐; 화덕; 솥, 가마
2 (비유적) 자궁(womb).
have a bun in the oven (구어) 속에 아이가 들어 있다, 임신중이다.
hot from the oven 갓 구워낸, 따끈따끈한.
in the same oven 같은 처지[상태]로[에].
ov·en·a·ble [ʌ́vənəbəl] [형] (요리 도구 따위를) 오븐에 넣어 사용할 수 있는.
óvenable páperboard 오븐(전자 레인지)용 내열지(耐熱紙).
ov·en·bird [ʌ́vənbə̀ːrd] [명] (조류) 토굴둥지새.
ov·en-cook [-kúk] [통][타] …을 오븐으로 조리하다.
óven glòve [**mìt(t)**] (오븐용) 내열 장갑.
ov·en·proof [ʌ́vənprùːf] [형] (식기·용기가) 오븐에서 사용이 가능한, 오븐 내열성(耐熱性)의.
ov·en-read·y [-rèdi] [형] 오븐에 넣으면 곧 요리가 되는.
ov·en·ware [ʌ́vənwɛ̀ər] [명] (집합적) (오븐용) 내열 (耐熱) 접시.
‡**o·ver** ⇒OVER. 〈p. 1968〉
o·ver- [óuvər, -́] [접두] **1** 「위(에), 위쪽에, 위에서」의 뜻, ¶*over*board, *over*hang, *over*lap. **2** 「…의 한도를 넘어, 과대하게, 극단으로」의 뜻, ¶*over*act, *over*-crowd, *over*full. **3** 「…을 가로질러」의 뜻, ¶*over*seas, *over*run. **4** 「바깥쪽의」의 뜻, ¶*over*coat, *over*shoes.
o·ver·a·bound [òuvərəbáund] [통][자] (…이) 지나치게 많다, 남아돌다 (*in*, *with*).
o·ver·a·bun·dance [òuvərəbʌ́ndəns] [명]U (종

overachieve / **overcast**

종 an ~) 과다, 과잉, 남아돌기. **-dant** 형
o·ver·a·chieve [òuvərətʃíːv] 자 기대 이상으로 좋은 성적을 올리다. 반 underachieve
~**ment**, ~**er** 명
o·ver·act [òuvərǽkt] 자타 (연기 따위를) 과장되게 하다, 과장 연기하다; 지나치게 하다. 「(연기의) 과장.
o·ver·ac·tion [òuvərǽkʃən] 명 과도한 행동;
o·ver·ac·tive [òuvərǽktiv] 형 활약[활동]이 지나친. ~**ly** 부 ~**ness** 명 「동[활약].
o·ver·ac·tiv·i·ty [òuvəræktívəti] 명 과도한 활동[활약].
o·ver·age[1] [óuvəréidʒ] 형 1 나이가 너무 많은, 적령을 넘은; (…의) 규정[제한] 연령을 초과하는(for). 2 노후한, 낡은. (또는 **overaged**)
o·ver·age[2] [óuvəridʒ] 명UC 1 (상업) (상품의) 과잉 (생산(공급)); (표시를 넘는) 과다량. 2 (규정 이상의 일에 대한) 보수, 잔업 수당. 3 재고품의 과대 평가액, 매출[매입] 과다.
*__o·ver·all__ [óuvərɔ̀ːl] 형 1 (끝에서 끝까지) 전부[전체]의, 전장(全長)의. ¶the ~ length of a sword 칼의 전체 길이. 2 총체적인, 전반적인, 종합적인, 일반적인. ¶an ~ view 전경. — 부 [ˋ-ˊ] 1 도처에서, 어느 곳에서나. 2 전체적으로; 종합적으로, 일반적으로. ¶consider a plan ~ 종합적으로 계획을 짜다. 3 끝에서 끝까지. — 명 [ˋ-ˊ] 1 (~s) (가슴받이가 달린) 작업 바지. 2 (~s) 방수 각반. 3 (英) (의사·아이 등의) 겉옷, 작업복.
óverall búdget prínciple 명 일괄 예산 방식.
óverall majórity 명 절대 다수.
óverall páttern 명 (언어) 종합형(어떤 언어의 모든 방언의 음소를 기술하는 데 필요한 충분한 음소의 체계).
o·ver·anx·i·e·ty [òuvərænzáiəti] 명UC 지나친 걱정.
o·ver·anx·ious [òuvərǽŋkʃəs] 형 지나치게 걱정하는. ~**ly** 부 ~**ness** 명
o·ver·arch [òuvəráːrtʃ] 자타 1 …에 아치를 걸치다, …의 위에 아치 모양으로 걸치다. ¶a bridge ~ing the stream 시내 위에 걸친 아치형 다리. 2 …의 중심이 되다, 전체를 지배하다. — 자 아치 모양이 되다.
o·ver·arch·ing [òuvəráːrtʃiŋ] 형 1 머리 위에서 아치 모양으로 되어 있는. 2 무엇보다 중요한, 모든 것에 앞서는, 모든 것을 포함하는. 「hand.
o·ver·arm [óuvərɑ̀ːrm] 형 (야구·수영) =over-
o·ver·as·sess·ment [òuvərəsésmənt] 명 과대 평가(사정(査定)).
o·ver·awe [òuvərɔ́ː] 타 위압하다, 몹시 위협하다. ¶be ~d into submission 위협받아 복종케 되다.
o·ver·bal·ance [òuvərbǽləns] 타 1 …보다 무겁다[가치가 있다]. ¶The gains ~ the losses. 그 수익은 손실을 보충하고도 남는다. 2 평균[평형]을 잃게 하다, 뒤엎다. — 자 (英) 평균[평형]을 잃다, 넘어지다. — 명UC (가치·중량의) 초과, 초과량; 잔액 초과. ¶an ~ of exports 수출 초과.
o·ver·bear [òuvərbέər] 타자 1 (수동형으로) …을 짓이기다, 압도하다, 이겨내다; …을 위압하다; 지배하다. 2 …보다 중요성[설득력, 성능]에서 우세하다. — 자 (건강을 해칠 정도로) 아이를 많이 낳다; 과일이 지나치게 많이 열리다.
o·ver·bear·ing [òuvərbέəriŋ] 형 1 (경멸적) 뽐내는, 거만한, 횡포한. ⇨PROUD 유의어 2 압도적인, 결정적으로 중요한, 최우선의. ~**ly** 부 ~**ness** 명
o·ver·bid [òuvərbíd] 타 1 (경매에서) 남보다[물건] 에 높은 값을 매기다. 2 (카드놀이) (자신의 패 이상으로) 올려 부르다. — 자 최우선의 비싼 값, 높이 부른 값; 에누리.
o·ver·bite [óuvərbàit] 명U (치과) 피개 교합(被蓋咬合)(아랫니 위에 윗니가 겹쳐지는 상태).
over·blouse [óuvərblàus/-blàuz] 명 오버블라우스(옷자락을 스커트 밖으로 나오게 입는 블라우스).
o·ver·blow [òuvərblóu] 타자 1 …을 극도로 높이 평가하다. 2 (바람 따위가) …의 위를 불고 지나가다, 불어지다, 불어 날려버리다, 불어 흩뜨리다. 3 지나치게 부풀리다: (이야기 따위를) 과장하다. 4 (음악) (악기를) 배음(倍音)이 나도록 불다. — 자 1 (음악) 세게 불어서 배음을 내다. 2 (고어) (폭풍우 따위가) 자다, (위험·노여움 따위가) 가라앉다.
o·ver·blown[1] [òuvərblóun] 형 1 과도한, 극단의; 과장된. 2 (폭풍우 따위가) 잔, 가라앉은.
o·ver·blown[2] [òuvərblóun] 형 활짝이 개화기가 지난.
*__o·ver·board__ [óuvərbɔ̀ːrd] 부 배 밖으로[에], 물 속으로. ¶fall ~ 배에서 물 속으로 떨어지다.

go [or fall] overboard ① (찬부(贊否)에서) 극단에 흐르다, 도를 넘다. ¶Don't go ~! 적당히 해둬! ② (…에) 열중하다; (…에) 매우 마음에 들다.
throw overboard ① 배에서 물 속으로 버리다. ② (구어) 버리다, 포기하다; (규칙·원리 따위를) 파기하다. ③ 거절[거부]하다.
— 형 (미속어) 열광적인; (…에) 열중한(for). 「모한.
o·ver·bold [òuvərbóuld] 형 지나치게 대담한, 무
o·ver·book [òuvərbúk] 타자 …의 예약을 너무 많이 받다.
o·ver·boot [óuvərbùːt] 명 =overshoe.
o·ver·borne [òuvərbɔ́ːrn] 형 짓눌린, 압도된.
— overbear의 과거분사.
o·ver·bought [òuvərbɔ́ːt] 형 (매점(買占)으로) 물가가 오른, 과잉 구매의. — overbuy의 과거·과거분사.
o·ver·bridge [óuvərbrìdʒ] 명 (英) =overpass.
— 명 [ˋ-ˊ] …의 위에 다리를 놓다.
o·ver·brim [òuvərbrím] 자타 (액체가 용기에서) 넘쳐 흐르다[나오게 하다], …을 넘치게 하다.
o·ver·budg·et [òuvərbʌ́dʒit] 형 예산[할당액] 초과의. — 타 예산을 초과하다. ~**ed**, ~**ing**
o·ver·build [òuvərbíld] 타자 1 집을 너무 많이 짓다. 2 [어떤 지역에] 건물을 너무 많이 짓다. 3 …에게 너무 크게[호화롭게] 집을 짓다. ¶ ~ oneself 분수에 넘치는 집을 짓다. 4 …을 필요 이상으로 세우다.
o·ver·built [òuvərbílt] 형 건물을 지나치게 많이 지은.
o·ver·bur·den [òuvərbə́ːrdn] 타 …에게 짐을 너무 많이 지우다; 과중한 부담[책임]을 지우다. 「(土).
— 명 [ˋ-ˊ] 1 과중한 짐[부담]. 2 (채광) 표토(表
o·ver·bur·den·some [òuvərbə́ːrdnsəm] 형 짐[책임]이 너무 무거운, 과중한; 아주 번거로운[성가신].
o·ver·bus·y [òuvərbízi] 형 1 너무 바쁜. 2 지나치게 참견하는.
o·ver·buy [òuvərbái] 타자 …을 너무 많이 사다.
— 자 자본 능력 이상으로 사다. 「overbold.
o·ver·call [òuvərkɔ́ːl, ˋ-ˊ] 명타 (카드놀이) [overbold.
*__o·ver·came__ [òuvərkéim] 타 overcome의 과거.
o·ver·can·o·py [òuvərkǽnəpi] 타자 …을 닫집[천개(天蓋)]으로 덮다.
o·ver·ca·pac·i·ty [òuvərkəpǽsəti] 명 과잉 능력; (경제) 과잉 생산 능력, 설비 과잉.
o·ver·cap·i·tal·ize [òuvərkǽpətəlàiz] (* (英) **-ise**) 타자 1 (기업)을 과대 자본화하다. 2 (기업)의 자본 가치를 과대 평가하다. 3 (기업)에 자본을 과잉 투자하다. **-càp·i·tal·i·zá·tion** 명 과잉 투자. 「한 조심.
o·ver·care [óuvərkὲər] 명U 쓸데없는 걱정, 과도
o·ver·care·ful [òuvərkέərfəl] 형 쓸데없이 걱정하는, 지나치게 걱정하는. ~**ly** 부 ~**ness** 명
*__o·ver·cast__ [óuvərkæ̀st, ˋ-ˊ-kɑ́ːst] 형 1 흐린, 구름으로 덮인. ¶an ~ sky 흐린 하늘. 2 어두운; (슬픔에) 싸인. ¶an ~ face 음울한[어두운] 얼굴. 3 (재봉) 가장자리를 감친. — 타 [ˋ-ˋ, ˋ-ˊ] 1 (구름이) …을 덮다. ¶Clouds began to ~ the sky. 구름이 하늘을 덮기 시작했다. 2 …을 어둡게[음산하게] 하다. 3 (재봉) (가장자리를) 감치다, 휘갑치다. 4 (낚싯줄을) 목표 이상으로 멀리 던지다. — 자 1 흐리다. 2 어두워지다, 음산해지다. — 명 [ˋ-ˊ] U (the ~) (구름이) 하

늘을 온통 뒤덮음, 날씨가 아주 흐림.

o·ver·cast·ing [óuvərkǽstiŋ/-kɑ̀:st-] 영ⓊⒸ 〔재봉〕 휘갑치기.

o·ver·cau·tion [òuvərkɔ́ːʃən] 명Ⓤ 지나친 조심.

o·ver·cau·tious [òuvərkɔ́ːʃəs] 형 지나치게 조심하는. ~·**ly** 부

o·ver·cen·tral·ize [òuvərséntrəlaz] 타자 필요 이상으로[과도하게] 집중하다; 〔행정 기능 따위〕를 지나치게 중앙 집권화하다. -**cèn·tral·i·zá·tion** 명

o·ver·cer·ti·fy [òuvərsə́ːrtəfài] 타 〔美〕 (은행이) 〔수표〕의 초과 지급을 보증하다.

o·ver·charge [òuvərtʃɑ́ːrdʒ] 타자 1 …에게 (…에 대해) 과잉 청구하다, 부당한 대금을 요구하다 (for).¶ (~+目+前+名) He ~d me for repairing the television set. 그는 나에게 TV 수리비를 과도하게 청구했다. **2** …에 (짐을) 너무 많이 싣다, …을 너무 가득 채우다(with),…에 과충전하다; 〔총〕에 탄약을 너무 많이 장전하다. **3** …을 과장하다. ― 자 부당한 대금을 요구하다, 값을 턱없이 비싸게 부르다.
― 명 [-́-] (an ~, the ~) 1 부당한 값, 바가지 요금. 2 과적재(過積載); 탄약의 과다 장전; 과충전.

o·ver·check [óuvərtʃèk] 명 1 (말이 머리를 숙이지 못하게 하는) 고삐. 2 (옷감 따위의) 이중 격자 무늬.

o·ver·cit·ed [òuvərsáitid] 형 지나치게 언급[인용]한; 과도하게 칭찬받은.

over·class [òuvərklǽs/-klɑ́s] 명 〔美〕 상부 계층 (고학력·고소득의 중류층).

o·ver·clas·si·fy [òuvərklǽsəfài] 타 (서류 따위를) 필요 이상으로 기밀 취급하다, 과도하게 기밀 지정하다.

o·ver·clothes [óuvərklòuðz] 명복 (옷 위에 입는) 덧옷.

o·ver·cloud [òuvərkláud] 타 〔수동형으로〕 1 (구름이) …을 가리다, 그늘지게 하다. **2** (비유적) …을 어둡게[슬프게] 하다, …에 그늘지게 하다. ― 자 (하늘에) 구름이 끼다; (기분·표정 따위가) 어두워지다; 음울해[슬퍼]지다. 진절머리나게 하다.

o·ver·cloy [òuvərklɔ́i] 타 …을 싫증나게 하다.

‡**o·ver·coat** [óuvərkòut] 명 1 외투, 오버코트. **2** (페인트·니스 따위의) 보호막, 코팅. **3** 〔美공군 속어〕 낙하산. **4** (비유적) 시체를 감싸는 것. ― 타 [-́-, -̀-] …에 (보호용의) 코팅을 하다.

o·ver·coat·ing [óuvərkòutiŋ] 명Ⓤ 1 코트복지 (외투용의 두꺼운 옷감). **2** =overcoat 2.

o·ver·col·or, (英) -col·our [òuvərkʌ́lər] 타 …을 지나치게 색칠[채색]하다: 〔서술 따위〕를 지나치게 윤색하다, 과장하다.

‡**o·ver·come** [òuvərkʌ́m] 동 (~s [-z]; -came; ~; -com·ing) 타 1 …을 압도하다, …에 이기다, 정복하다. ⇒DEFEAT 유의어 ¶ ~ one's enemy 적에게 이기다. **2** …을 극복하다, 이겨내다. ¶ ~ obstacles 장애를 극복하다. **3** 〔수동형으로〕 (…으로) 무력화시키다, 압도하다 (with, by). ¶ (~+目+前+名) be ~ with [or by] grief 슬픔에 짓눌리다, 비탄에 잠기다. ― 자 이기다, 정복하다.
we shall overcome (종종 W- S- O-) 승리는 우리 손에(흑인 해방가의 첫 구절; 데모용 슬로건).

o·ver·com·mit [òuvərkəmít] 타자 (필요·기대 이상으로) 너무 많이 관여[개입]하다, 지나치게 언질을 주다; 과도하게 사용하다. 낭비하다. ~·**ment** 명

o·ver·com·mit·ted [òuvərkəmítid] 형 지나치게 깊이 들어간[관여한], 힘들게 할 수 없는 것.

o·ver·com·pen·sate [òuvərkɑ́mpənsèit/-kɔ̀m-] 타자 …에게 지나치게 보수를 주다[보상하다]. ― 자 〔정신분석〕 (…의) 과잉 보상을 하다 (for).

o·ver·com·pen·sa·tion [óuvərkɑ̀mpənséiʃən/-kɔ̀m-] 명Ⓤ 과잉 보수[보상]; 〔정신분석〕 (약점·죄의식을 메우기 위한) 과잉 보상.

o·ver·con·fi·dent [òuvərkɑ́nfədənt/-kɔ́n-] 형 자신 과잉의, 자만심이 센. -**dence** 명 ~·**ly** 부

o·ver·con·sci·en·tious [òuvərkɑ̀nʃiénʃəs/-kɔ̀n-] 형 지나치게 양심적인.

o·ver·con·tain [òuvərkəntéin] 타 〔감정 따위〕를 지나치게 억제하다.

o·ver·cook [òuvərkúk] 타자 …을 지나치게 삶다[굽다]. -**cooked** [-kúkt] 형

o·ver·cre·du·li·ty [òuvərkrədʒúːləti/-djúː-] 명Ⓤ 경솔한 과신(過信), 너무 쉽게 믿기. 〔게 믿는.

o·ver·cred·u·lous [òuvərkrédʒuləs] 형 너무 쉽

o·ver·crit·i·cal [òuvərkrítikəl] 형 지나치게 비판적인, 혹평하는. ~·**ly** 부 ~·**ness** 명

o·ver·crop [òuvərkrɑ́p/-krɔ́p] 타 〔농업〕 (땅)에 작물을 너무 많이 경작하다; (너무 다작해서) 〔땅〕의 지력(地力)을 소모하다. ― 명 [-́-] (소 따위의 귀에 붙인) 인식표. 〔overpass.

o·ver·cross·ing [òuvərkrɔ́ːsiŋ/-krɑ̀s-] 명 =

o·ver·crow [òuvərkróu] 타자 …에 이겨서 뽐내다; …을 압도하다[이기다].

*o·ver·crowd** [òuvərkráud] 타자 …에 (…을) 너무 많이 넣다[들이다], …을 (…으로) 혼잡하게 하다. ¶ (~+目+前+名) be ~ed with …으로 혼잡하다. ― 자 초만원이 되다, 혼잡해지다.

*o·ver·crowd·ed** [òuvərkráudid] 형 (…으로) 초만원의 (with); 과잉 수용의; 사람이 넘치는. ¶ an ~ city 인구 과잉 도시. ~·**ly** 부 ~·**ness** 명

o·ver·crowd·ing [òuvərkráudiŋ] 명Ⓤ 초만원, 과밀, 혼잡. 〔싸다.

o·ver·crust [òuvərkrʌ́st] 타 …을 외피(外皮)로

o·ver·cul·ture [òuvərkʌ́ltʃər] 명 (대립적 문화가 존재하는 상황에서의) 지배적인 문화, 상위(上位) 문화.

o·ver·cun·ning [òuvərkʌ́niŋ] 형 지나치게 교활한. ― 명Ⓤ 지나치게 교활함. ~·**ly** 부 ~·**ness** 명

o·ver·cu·ri·ous [òuvərkjúəriəs] 형 지나치게 캐묻는, 호기심이 너무 강한. ~·**ly** 부 ~·**ness** 명

o·ver·cur·rent [óuvərkə̀rənt] 명 〔전기〕 과(過)전류. 〔하게 하는.

o·ver·cur·tain [òuvərkə́ːrtən] 타자 덮다; 불명료

o·ver·dar·ing [òuvərdɛ́əriŋ] 형 지나치게 대담한; 분별없는.

o·ver·dear [òuvərdíər] 형 너무 비싼[비용이 드는]. ~·**ly** 부 ~·**ness** 명

o·ver·del·i·cate [òuvərdélikət] 형 신경 과민한, 지나치게 섬세한. -**ca·cy** 명 ~·**ly** 부 ~·**ness** 명

o·ver·de·vel·op [òuvərdivéləp] 타 1 지나치게 발달시키다[하다]. **2** (사진을) 지나치게 현상하다. ~·**ment** 명

o·ver·do [òuvərdúː] 타자 (~s) 1 …을 지나치게 하다. ¶ ~ one's exercise 운동을 지나치게 하다. **2** 〔연기 따위〕를 과장하다; …을 과장[허풍]하다. **3** 〔수동형·재귀용법으로〕 …을 지나치게 사용하다, 피곤하게 하다, 소모하다. ¶ ~ oneself 무리하다. **4** (음식)을 너무 익히다[굽다]. ― 자 지나치다, 도를 넘다, 극단으로 흐르다.
overdo it [or **things**] 도를 넘다, 지나치게 하다; (목적 수행을 위해) 끝까지[철저히] 하다; 몸을 혹사하다. ~·**er** 명 〔다[놓다].

o·ver·dog [óuvərdɔ̀ːg/-dɔ̀g] 명 싸움에서 이긴 개; 승리가 예측되는 후보자; 지배[특권] 계급의 일원. 참 underdog

o·ver·dom·i·nance [òuvərdɑ́mənəns/-dɔ́m-] 명 〔유전〕 초우성(超優性), 과(過)우성.

o·ver·done [òuvərdʌ́n] 동 overdo의 과거분사.
― 형 **1** 지나치게 삶은[구운]. **2** 도를 지나친, 과도한. **3** 몹시 지친, 과로한. 참 underdone

o·ver·door [òuvərdɔ́ːr] 형 (장식 따위가) 출입구의 상부에 있는. ― 명 출입구 상부의 장식.

o·ver·dose [òuvərdóus] 명 (약의) 과량, 유해량, 치사량; 과잉 복용[투여]. ― 타자 [-́-] …에게 약을 너

무 많이 먹이다(*on, with*). ¶ ~ oneself *with* aspirin 아스피린을 과다 복용하다. — [자] 〔약물〕을 과다 복용하다[하여 죽다, 이상 증세를 보이다](*on*)(약 OD).
-dós·age [명][U] (약물) 과잉 투여[복용](에 의한 증상).
o·ver·draft [óuvərdræ̀ft/-drɑ̀:ft] [명] **1** 〔금융〕 당좌 대월(액), 어음의 초과 발행, 당좌 대월 어음. **2** (또는 **overdraught**) (가마를 지나는) 하향 통풍, (난로 따위의) 불 위의 통풍. **3** 〔야금〕 압연 휘기.
óverdraft chécking accòunt [명] 〔금융〕 당좌 대월 수표 계정. 「약정.
óverdraft facìlity [명] 〔금융〕 (보통 -ties) 당좌 대월
o·ver·draw [òuvərdrɔ́:] [동][타] **1** 〔금융〕 〔예금 따위〕를 초과 인출하다, 너무 많이 찾다, 차월(借越)하다; 〔어음 따위〕를 지나치게 발행하다. **2** 〔활 따위〕를 너무 당기다. **3** 〔묘사·서술 따위〕를 과장하다, 보태어 말하다.
o·ver·dress [òuvərdrés] [동] 《수동형·재귀용법으로》 《경멸적》 옷을 너무 두껍게 입다[입히다], 옷치장을 지나치게 하다. — [명] [´-`] (얇은) 겉옷.
o·ver·drink [òuvərdríŋk] [동] 《수동형·재귀용법으로》 과음하다. ¶ ~ oneself 과음해서 탈이나다.
o·ver·drive [òuvərdráiv] [동][타] …을 너무 부리다, 혹사하다. — [명][C][U] [´-`] **1** 〔기계〕 (자동차 기어의) 오버드라이브 장치. **2** 《구어》 (생산·활동 따위의) 과열 상태. 「히 일하다.
go into overdrive ① 오버드라이브로 하다. ② 열심
o·ver·dub [òuvərdʌ́b] [동][타] (녹음된 테이프에) 〔녹음〕을 겹쳐 넣다, 다중 녹음하다. — [명] [´-`] 다중 녹음; 다중 녹음으로 겹치게 한 소리.
o·ver·due [òuvərdjú:/-djú:] [형] **1** (기차 따위가) 늦은, 연착한. **2** (지급) 기한이 지난. ¶ an ~ bill 지급 기한이 지난 어음. **3** (여성의) 생리가 늦은; 출산 예정이 지난. **4** 기회가 무르익은; 전부터의 현안인, 오랫동안 기다려온. **5** 과도한, 지나친. **6** (…을) 필요로 하는 (*for*). **~·ness** [명]
o·ver·dye [òuvərdái, ´-`] [동][타] **1** …을 지나치게 염색하다. **2** …을 고쳐 염색하다, …에 다른 색을 염색하다.
o·ver·ea·ger [óuvərí:gər] [형] 지나치게 열심인.
***o·ver·eat** [òuvərí:t] [동] 《재귀용법으로》 과식하다. ¶ ~ oneself 과식하다[하여 탈이 나다]. **~·er** [명]
o·ver·ed·u·cate [òuvərédʒukeit] [동][타] 필요 이상으로 교육시키다, 과잉 교육을 하다.
o·ver·e·lab·o·rate [óuvərilǽbərit] [형] 지나치게 공들인, 너무 꼼꼼한. — [동] [`-´--èit] [타] …에 지나치게 손을 대다. — [자] (문장·언어 따위가) 지나치게 꼼꼼하다. **~·ly** [부]
o·ver·e·mo·tion·al [-imóuʃənl] [형] 지나치게 정서적인, 감정적으로 되기 쉬운.
o·ver·em·pha·sis [òuvərémfəsis] [명] 지나친 강조.
o·ver·em·pha·size [òuvərémfəsàiz] (* 《英》 **-sise**) [동] (…을) 지나치게 강조[중시]하다. 「과잉 고용.
o·ver·em·ploy·ment [òuvəremplɔ́imənt] [명][U]
o·ver·en·thu·si·asm [òuvərenθú:ziæzm] [명] 과도한 열중[감격, 열의]. **-en·thu·si·ás·tic** [형]
o·ver·es·ti·mate [òuvəréstəmèit] [동][타] …을 과대하게 어림치다, 과대 평가하다. — [명] [`-´--] =overestimation.
o·ver·es·ti·ma·tion [óuvərèstəméiʃən] [명][U][C] 과대 평가, 과대하게 어림침.
o·ver·ex·cite [òuvəriksáit] [동][타] …을 지나치게 자극하다[흥분시키다]. **~·ment** [명] **-cít·ed** [형]
o·ver·ex·er·cise [òuvəréksərsaiz] [동][타] 운동[연습]을 지나치게 하다, 권력[권한]을 남용하다. — [자] 운동[연습]을 너무 하다. — [명] 지나친 운동.
o·ver·ex·ert [òuvərigzə́:rt] [동][타] 〔정력·지력 따위〕를 과도하게 내다; 너무 노력하다. ¶ ~ oneself 무리한 노력을 하다. **-ér·tion** [명] 「치게 개발하다.
o·ver·ex·ploit [òuvəriksplɔ́it] [동][타] (자원을) 지나
o·ver·ex·ploi·ta·tion [òuvərèksplɔitéiʃən] [명][U] (자원의) 과도한 개발; (물고기 등의) 남획(濫獲).
o·ver·ex·pose [òuvərikspóuz] [동][타] **1** 《재귀용법으로》 (태양·추위 등에) …을 지나치게 노출하다. ¶ You'd better not ~ *yourself* to the sun. 너무 햇볕을 쬐지 않는 것이 좋다. **2** 〔사진〕 …을 과다 노출하다.
o·ver·ex·po·sure [òuvərikspóuʒər] [명][U][C] **1** 〔사진〕 노출 과다. **2** (피부 등의) 과잉 노출; 속옷을 겉옷으로 입는 스타일.
o·ver·ex·tend [òuvəriksténd] [동][타] **1** 지나치게 확장[확대]하다. **2** 〔기한 따위〕를 연기하다. **3** 〔남〕에게 능력 이상의 일을 시키다.
overextend oneself ① (일을) 과도하게 하다. ② 능력 이상의 일을 하려 하다. ③ 능력 이상으로 빚지다.
o·ver·fall [óuvərfɔ̀:l] [명] **1** (~s) 역랑(逆浪)(역류나 역풍으로 인한 해면의 물보라 파도). **2** (운하·수문 따위의) 낙수하는 곳. **3** (해저의) 갑자기 깊어지는 곳.
o·ver·fa·mil·iar [òuvərfəmíljər] [형] 지나치게 친한.
o·ver·fa·tigue [òuvərfətí:g] [동][타] …을 과로하게 하다. — [명][U] 과로.
o·ver·feed [òuvərfí:d] [동][타] …에게 너무 많이 먹이다, 먹이를 지나치게 주다. — [자] 과식하다.
o·ver·fill [òuvərfíl] [동][타] …을 넘칠 정도로 채우다, 지나치게 넣다. — [자] 넘칠 정도가[로 가득차게] 되다.
o·ver·fish [òuvərfíʃ] [동][타] …의 물고기를 남획하다.
o·ver·flight [óuvərflàit] [명] 〔항공〕 상공[영공] 통과[비행]; 영공 침범.
‡o·ver·flow [òuvərflóu] [동] (**~s** [-z]; **~ed**; **~n**) [자] **1** (…으로) 범람하다, 넘쳐흐르다(*with*), 홍수가 지다; (물 · 사람 따위가) 넘쳐 나오다(*in, into*); (그릇 따위에) 넘치다. ¶ This river often ~*s*. 이 강은 자주 범람한다. **2** 남아 돌아갈 만큼 많이 있다; (감정이) 충만하다 (*with*). ¶ (~+[前]+[名]) Her heart is ~*ing with* gratitude. 그녀의 가슴은 감사한 마음으로 가득 차 있다. — [타] **1** …에 범람하다, 침수하다, …을 물에 잠기게 하다; 〔제방 따위〕에서 넘쳐 흐르다. ¶ The river ~*ed* its banks. 강물이 범람했다. **2** (군중·관객 따위가) …에 가득차다; 넘쳐 나오다(*in, into*).
— [명] [´-`] ([복] **~s** [-z]) **1** 범람, 유출, 홍수. **2** 과잉, 과다, 과도. ¶ an ~ of population 인구 과잉. **3** 넘쳐 나오는 물[군중 따위]. **4** 배수구, 방출구. **5** 〔컴퓨터〕 오버플로(연산 결과가 연산·기억 용량을 초과하는 것).
— [형] [´-`] 초만원의, 넘칠 정도의.
óverflow méeting [명] (만원으로 본회장에 들어가지 못한 사람들을 위한) 별도 집회[모임].
o·ver·fly [òuvərflái] [동][타] **1** …의 상공을 날다; …의 영공을 침범하다. **2** …을 넘어서 날다; 〔착륙 예정지〕를 통과하다. **3** 보다 높이[빨리, 멀리] 날다. **4** 〔규정 비행 시간〕을 초과하여 날다. — [자] 영공을 침범하다, 특정 영공을 비행하다.
o·ver·fond [óuvərfánd/-fɔ́nd] [형] (…을) 지나치게 좋아하는, 지나치게 귀여워하는(*of*). **~·ly** [부]
o·ver·free [óuvərfrí:] [형] 지나치게 자유로운; 뻔뻔스러운; 사양할 줄 모르는.
o·ver·freight [òuvərfréit] [동][타] …에 짐을 지나치게 싣다. — [명] [´-`] 과중한 짐.
o·ver·ful·fill, 《英》 **-fil** [òuvərfulfíl] [동][타] …을 기한 전에 완료[달성]하다; …을 목표[표준] 이상으로 달성하다. **~·ment** [명] 조기 완성[달성].
o·ver·full [óuvərfúl] [형] 너무 가득한, 충만한.
o·ver·fund·ing [òuvərfʌ́ndiŋ] [명][U] 〔경제〕 재정 자금 과잉 조달.
o·ver·geared [òuvərgíərd] [형] (회사가) 채무 초과의.
o·ver·gen·er·al·ize [òuvərdʒénərəlaiz] (* 《英》 **-ise**) [동] 지나치게 일반화하다; 과도하게 법제화하다.
o·ver·gen·er·ous [óuvərdʒénərəs] [형] 지나치게 관대한, 너무 후한. **~·ly** [부]
o·ver·gild [òuvərgíld] [동][타] …의 전체에 금(金)도금하다; …을 금색[금빛]이 되게 하다.

o·ver·glaze [óuvərglèiz] 형U (도자기의) 이중 덧칠, 덧칠하기. —타 [‒ ´‒] …에 덧칠하다.
o·ver·gov·ern [òuvərɡʌ́vərn] 타 …을 지나치게 통제하다, 과도하게 간섭하다, 지나치게 규칙으로 얽매다. ~**ment** 명 「계 많이 방목하다.
o·ver·graze [òuvərɡréiz] 자타 (목초지)에 지나치
o·ver·ground [óuvərɡràund] 형 지상의[에서], 야외의[에서]. 2 《美속어》 기성 사회의, 체제적인[으로]. —부 《美속어》 기성 사회, 체제. 창 underground
o·ver·grow [òuvərɡróu] 타 1 …의 위에 자라다. …에 우거지다. ¶The garden is ~n with weeds. 그 뜰은 잡초가 우거져 있다. 2 …보다 잘 자라다, …보다 커지다. ¶~ one's coat 너무 커져서 웃옷을 입지 못하게 되다. —자 너무 커지다; (잡초 따위가) 우거지다.
o·ver·grown [òuvərɡróun] 형 overgrow의 과거분사. — (잡초 따위가) 무성한; 지나치게 성장한.
o·ver·growth [óuvərɡròuθ] 명 (an ~) (뒤덮듯이) 자란 것[풀]; U 과도한 성장, 우거짐, 무성; 비대(肥大), 이상 중식.
o·ver·hand [óuvərhænd] 형 1 손을 어깨보다 위로 올리고 가하는; [야구] 손을 어깨 위로 올렸다가 내려던지는; (수영) 손을 교대로 물 위에 내뻗는, 팔매 헤엄의. 2 〔재봉〕 휘갑치는. —부 1 손을 치켜올리고, 위에서 아래로 내려던져서; 손을 교대로 물 위에 내뻗어서. 2 휘갑쳐서. —명 1 위에서 아래로 내려던지기, 내려치기(의 솜씨). 2 〔방언〕 유리한 입장[형세]. —타 휘갑치다.
o·ver·hand·ed [óuvərhǽndid] 형부 =overhand.
óverhand knót 외벌 매듭.
***o·ver·hang** [òuvərhǽŋ] 타 (~**s** [-z]; **-hung**; **-hang·ing**) 1 …의 위에 걸리다[걸치다]. 2 …의 위에 돌출하다, 쑥 내밀다. ¶A wide balcony ~s the garden. 넓은 발코니가 뜰 위로 쑥 나와 있다. 3 (위험 따위가) …에 닥치다, 절박하다, 위협을 주다. ¶The threat of war overhung the Middle East. 중동에 전운(戰雲)이 감돌았다. 4 (전체에) 퍼지다, 충만하다, 가득차다. —자 1 쑥 내밀다, 돌출하다. 2 닥치다, 임박하다, 위협이 되다.
—명 [‒ ´‒] 1 쑥 내민 것, 돌출한 것. 2 《구어》 (유가증권·통화·원자력 따위의) 과잉. 3 위험, 위협. 4 〔항공〕 (쌍엽기의) 윗날개가 아랫날개보다 더 내민 부분. 5 〔등산〕 오버행(경사 60도가 넘는 암벽).
o·ver·haste [òuvərhéist] 명U 성급, 경솔, 무모.
o·ver·hast·y [òuvərhéisti] 형 지나치게 신속한; 지나치게 성급한. **-hást·i·ly** 부 **-hást·i·ness** 명
***o·ver·haul** [òuvərhɔ́ːl] 타 1 …을 철저[정밀]하게 조사하다; (기계)를 분해 검사(수리)하다. ¶My truck was ~ed by an expert mechanic. 트럭을 숙련공에게 철저히 정비하게 했다. 2 《구어》 〔병리〕 …을 정밀 진찰하다. 3 (경주 따위에서) 따라붙다, 추월하다. 4 〔해사〕 〔삭구(索具)〕를 늦추다. —명 [‒ ´‒] UC 철저한 조사, 분해 검사(수리), 정비; 건강 진단.
‡o·ver·head [óuvərhéd] 부 1 머리 위에, 하늘 높이, 높은 곳에; 위층에. ¶There was a cloud ~. 하늘에는 구름이 떠 있었다. 2 머리가 물에 잠기도록. ¶plunge ~ into the water 물 속으로 자맥질하다. —형 [‒ ´‒] 1 머리 위를 지나는, 고가(高架)의. ¶an ~ crossing 입체 교차. 2 전반적인, 총체적인; 평균의; 〔상업〕 모든 경비를 포함한. ¶~ wages 고정 급료. —명 1 (英) ~s) (집합적) 〔상업〕 간접비, 공통 경비. 2 〔해사〕 선실 천장; 천장(의 조명). 3 〔테니스·배드민턴〕 스매시. 4 머리 위의 공간.
óverhead bín 명 (여객기의 객석 위에 있는) 짐 넣
óverhead cósts 명복 〔상업〕 간접비. 「는 곳.
óverhead dóor 오버헤드 도어(위로 밀어올리는 차고 따위의 문). 「반 경비, 간접비.
óverhead expénses 명복 〔상업〕 제(諸)경비, 일
óverhead projéctor 명 오버헤드 프로젝터(도형 따위를 투영하는 칠판 대용의 교육 기기); 약 OHP.

óverhead ráilway 명 《英》 고가 철도(《美》 elevated railroad).
óverhead tíme 명 〔컴퓨터〕 오버헤드 타임(시스템 제어 프로그램이 작동하고 있는 시간). 「도청하다.
***o·ver·hear** [òuvərhíər] 타 우연히 듣다; 엿듣다.
o·ver·heat [òuvərhíːt] 타 1 …을 과열시키다. 2 (수동형으로) …을 완전히 열중시키다; 몹시 흥분시키다; 선동하다. —자 과열하다. —명U 과열 (상태); 과도한 흥분.
o·ver·heavy [òuvərhévi] 형 아주[지나치게] 무거운.
o·ver·hit [òuvərhít] 타자 (스포츠) (테니스 따위에서) 공을 너무 세게[멀리] 치다.
o·ver·hours [óuvəràuərz] 명복 =overtime.
o·ver·housed [òuvərháuzd] 형 집이 너무 넓은, 너무 큰 집에서 사는.
o·ver·hung [òuvərhʌ́ŋ] 형 overhang의 과거·과거분사. —형 [‒ ´‒] 1 위에 매단. ¶an ~ door 위에 매단 문. 2 〔美속어〕 숙취의.
o·ver·in·dulge [òuvərindʌ́ldʒ] 형타 (재귀용법으로) …을 지나치게 응석받다, 지나치게 방임하다. ¶~ oneself 제멋대로 행동하다. —자 하고 싶은 대로[제멋대로] 행동하다; 지나치게 탐닉하다.
o·ver·in·dul·gent [òuvərindʌ́ldʒənt] 형 제멋대로 구는, 지나치게 응석을 받아 주는; 지나치게 탐닉하는. **-gence** 명 **-ly** 부 「(돈)팽창한[된].
o·ver·in·flat·ed [òuvərinfléitid] 형 지나치게 부
o·ver·in·fla·tion [òuvərinfléiʃən] 명U 극단적으로 부풀게 하기; 극단적인 통화 팽창.
o·ver·in·flu·ence [òuvərínfluəns] 명타 …에 너무나 큰 영향을 미치다; …에 권력을 지나치게 휘두르다.
o·ver·in·sur·ance [òuvərinʃúərəns] 명U 초과 보험(보험 금액이 보험 목적물의 평가액을 초과하는 것).
ò·ver·in·súre 타자
o·ver·in·ter·pre·ta·tion [òuvərintəːrprətéiʃən] 명U 지나친[확대] 해석.
o·ver·in·vest [òuvərinvést] 타자 …에 과도하게 투자하다. —타 2 과도하게 투자하다. 「다.
o·ver·in·voice [òuvərínvɔis] 명자 과다 청구서
o·ver·is·sue [òuvəríʃuː] 명UC (지폐·주권(株券)·채권의) 남발, 한외(限外) 발행(고); (과다 인쇄로 남은 인쇄물. —타 [‒ ´‒] 〔지폐·채권 따위〕를 남발하다, 한외 발행하다.
o·ver·jolt [òuvərdʒóult] 명 마약[헤로인]의 과다 복용. —타 [‒ ´‒] 마약[헤로인]을 과다 복용하다.
o·ver·joy [òuvərdʒɔ́i] 타 …을 크게[미칠 듯이] 기쁘게 하다.
o·ver·joyed [òuvərdʒɔ́id] 형 (…에/…하여) 매우 기쁜(at, with / to do).
o·ver·jump [òuvərdʒʌ́mp] 타 뛰어넘다; 너무 멀리 뛰다.
o·ver·kill [óuvərkìl] 명U 1 (핵무기에 의한) 과잉 살상; 대량 파괴[살상]력. 2 (열의·판단 착오로 인한) 과잉, 지나침. 타 (…에 대해) 과잉 살상하다.
o·ver·kind [òuvərkáind] 형 지나치게 친절한; 참견하는. **-ly** 부 **-ness** 명 「까지 올라오는.
o·ver·knee [òuvərníː] 형 (구두·양말 따위가) 무릎
o·ver·la·bor, (英) **-bour** [òuvərléibər] 명타 1 …을 혹사하다, 지나치게 일시키다. 2 …을 너무 공들이다.
o·ver·lade [òuvərléid] 타 …에 지나치게 싣다, 과중한 짐[부담]을 지우다.
o·ver·lad·en [òuvərléidn] 형 (짐을) 너무 많이 실은, (부담 따위를) 너무 많이 맡은; (…을) 지나치게 장식한(with). ¶a room ~ with ornament 장식품으로 지나치게 꾸민 방.
o·ver·laid [òuvərléid] 형 overlay의 과거·과거분사.
o·ver·lain [òuvərléin] 형 overlie의 과거분사.
***o·ver·land** [óuvərlǽnd, -lənd] 부 육상으로; 육로로. ¶travel ~ 육로로 여행하다. —형 육상의; 육로의.

―圓(濠)(가축떼를 몰고) 육로로 가다.
o·ver·land·er [óuvərlǽndər] 圓 **1** (濠·뉴질) (가축떼를 몰고) 평원을 이동하는 사람. **2** (濠) 방랑자; 부
óverland máil 圓 (美역사) 대륙 횡단 우편. 낙랑자.
óverland róute 圓 **1** 육로; (the ~) (美) 대륙 횡단 도로. (英) 영국에서 지중해를 경유하여 인도에 이르는 길. **2** (속어) (일상) 가장 시간이 많이 걸리는 길.
óverland stáge 圓 (19세기 중엽 미국 서부의) 역마차(stagecoach).
óverland tòur 圓 육상 관광 여행.
óverland tróut 圓 (美속어) 베이컨.
*__o·ver·lap__ [ðuvərlǽp] 圓 (**-pp-**) 卧 **1** …을 겹치다. (비늘 모양으로)…을 포개다; …보다 불거져 나오다. ¶Tiles are laid ~ping each other. 기와는 서로 겹쳐 이어져 있다. **2** …와 중복하다; (시간 따위가) …와 중복되다. …와 (…과) 겹치다, 공통되다, 부분적으로 일치하다; (시간 따위가) 겹치다 (with). ¶(~+图+图) His free time didn't ~ with mine. 그의 자유 시간은 나와 일치하지 않았다. ―圓 [4-4] UC **1** 중복, 부분적 일치; 중복 부분[범위, 장소]. **2** 불거져 나온 부분. **3** (영화) 오버랩(화면의 중복).
o·ver·large [óuvərláːrdʒ] 圐 지나치게 큰, 특대의.
o·ver·lay¹ [òuvərléi] 卧 **1** (수동형으로)…에 (…을) 씌우다; …으로 위에 깔다; …을 도금하다, 입히다 (with); (덧칠 따위를 하여) …을 마무르다. ¶The wood was overlaid with gold. 나무에는 금박(金箔)이 씌워져 있었다. **2** …을 희미하게 하다, 덮어서 어둡게 하다. **3** …을 도포하다, 압제하다. **4** (인쇄) …에 얼룩없애는 종이를 붙이다.
―圓 [4-4] **1** 걸쳐진 것; 위에 덮는(바르는, 까는) 것; 이면에(감회하는) 것. **2** (인쇄) 얼룩을 없애기 위해 붙이는 종이. **3** 오버레이(지도·도표·사진 따위의 위를 덮는 투명지). **4** (스코) 넥타이. **5** (컴퓨터) 오버레이(주기억 장치에 현재의 프로그램이나 데이터를 덧씌우는 일).
o·ver·lay² 圐 overlie의 과거.
o·ver·leaf [óuvərlíːf] 囝 뒷면에, 다음 페이지로.
o·ver·leap [òuvərlíːp] 卧 **1** …을 뛰어 넘다; …을 능가하다. **2** 너무나 멀리 뛰어넘다. ¶~ oneself (목표를) 지나치게 뛰어넘다, 지나쳐서 실패하다. **3** …을 빠뜨리고 넘어가다, 못 보고 넘어가다; 생략하다, 누락하다; 무시하다. **4** (고어) …을 뛰어넘다.
o·ver·learn [òuvərlɔ́ːrn] 卧 (교육) 숙달된 후에도 계속 연습[공부]하다.
o·ver·lie [òuvərlái] 卧 **1** …의 위에 가로눕다. **2** (아기)를 끼고 자다가 질식시키다.
o·ver·line [óuvərláin] 圐 (사진·만화 따위에 다는 1행의) 설명문; (큰 제목 밑에 결들이는) 작은 제목.
o·ver·live [òuvərlív] 卧 (고어) …보다 오래 살다. ―圐 살아 남다, 너무 오래 살다.
*__o·ver·load__ [òuvərlóud] 卧 **1** …에 (짐 따위를) 너무 많이 싣다; …에게 지나치게 부담시키다; (총포에) 화약(실탄)을 너무 많이 재다. **2** (전기) …에 너무 많이 충전하다. ―圐 [4-4] (an ~, the ~) 과중한 짐, 과적. **2** (전기) 과부하(過負荷).
óver lòan 圐 (경제) 대출 초과.
o·ver·long [òuvərlɔ́ːŋ] 圐 너무 긴. ―圐 너무 길게, 너무 오래, 너무 오랫동안.
‡__o·ver·look__ [òuvərlúk] 卧 (~**ed** [-t]) **1** 간과하다, …을 못보고 넘어가다; …을 너그럽게 봐주다, 눈감아주다. ⇨ NEGLECT 有의어. ¶~ a person's mistake 남의 실수를 눈감아 주다. **2** …을 내려다보다, 멀리 바라보다; …을 내려다보는 위치에 있다. ¶a house ~ing the ocean 바다가 내려다보이는 집. **3** (비유적) …위에 우뚝 솟다, …을 조사하다, 훑어보다; …을 감시[감독]하다. ¶~ men at work 현장의 노동자를 감독하다. **4** 5 (저주하는 눈으로) …을 노려보다, 노려보아 홀리다. ―圐 [4-4] **1** (美) 전망이 좋은 장소, 높은 곳; (높은 곳에서의) 전망. **2** 간과, 누락.

o·ver·look·er [óuvərlùkər] 圐 (英) 감독.
o·ver·lord [óuvərlɔ̀ːrd] 圐 **1** (역사) (봉건 체제에서의) 상급 영주; 대군주, 대군. **2** 천제(天帝), 신; 거물, 거두, …을 쥐고 흔드는 사람 (of). **3** (O-) 오버로드 작전(제2차 세계대전 때 미·영 연합군의 노르망디 상륙 작전). ―卧 전제적으로 지배하다; 혼자 잘난 체하다.
~**ship** 圐 대군주의 신분[지위].
o·ver·lusty [òuvərlʌ́sti] 圐 지나치게 왕성[활발]한.
o·ver·ly [óuvərli] 囝 (美·스코) (부정문에서) 과도하게, 지나치게, 너무. ¶a voyage not ~ dangerous 그다지 위험하지 않은 항해.
o·ver·man [óuvərmǽn] 圐 **1** 감독, 반장, 갱내(坑內)감독, 십장. **2** (스코) 재정(裁定)자, 심판자, 조정자. **3** [-mǽn] (철학) (니체 철학에서) 초인(超人). ―圐卧 [òuvərmǽn] …에 필요 이상의 인원을 두다(배치하다).
~**ned** 圐 ~**ning** 圐
o·ver·man·tel [óuvərmǽntl] 圐 벽난로 위의 장식(거울·조각 따위). ―圐 벽난로 위에 있는.
o·ver·man·y [òuvərméni] 圐 지나치게 많은.
o·ver·mark [óuvərmáːrk] 圐卧 …에 너무 관대한 점수를 매기다. 「무 긴 돛대를 세우다.
o·ver·mast [óuvərmǽst/-máːst] 圐卧 (배에) 너무 긴 돛대를 세우다.
o·ver·mas·ter [òuvərmǽstər/-máːs-] 卧 …을 압도하다, 지배하다; …을 이기다, 제압하다, 극복하다. ~**ing** 圐 압도적인. ~**ing·ly** 囝
o·ver·match [òuvərmǽtʃ] 卧 …보다 우세하다, …에 이기다, …을 압도하다. ―圐 [4-4] 보다 뛰어난 사람, 강적; 우열의 차가 심한 승부.
o·ver·mat·ter [óuvərmǽtər] 圐 (남아서) 다음 호로 넘어가는 기사(원고); (인쇄) 과잉 조판된 것.
o·ver·ma·ture [òuvərmətʃúər] 圐 지나치게 익은, 성숙기가 지난. -**túr·i·ty** 圐 「림짐작, 잉여.
o·ver·meas·ure [òuvərméʒər] 圐UC 과대평가
o·ver·mike [òuvərmáik] 圐卧 (美) (마이크·음량)을 너무 증폭[크게] 하다.
o·ver·mod·est [òuvərmádist/-mɔ́d-] 圐 지나치게 겸손한[내성적인]. ~**·ly** 囝 ~**·y** 圐
o·ver·much [òuvərmʌ́tʃ] 圐 너무 많은; 과도한. ―囝 과도하게; (부정문에서) 너무 (…하지 않다). ¶I don't like it ~. 나는 그것을 별로 좋아하지 않는다.
―圐卧 과도, 과다, 과잉.
over·nerv·ous [òuvərnə́ːrvəs] 圐 지나치게 신경질적인, 신경 과민의.
o·ver·nice [òuvərnáis] 圐 지나치게 까다로운[깔끔한]; 지나치게 신경질적인, 지나치게 결벽한.
*__o·ver·night__ [òuvərnáit] 囝 **1** 하룻밤 동안, 밤새동안. ¶stay ~ 일박하다, 하룻밤 묵다. **2** 전날 밤에. ¶make preparations ~ 전날 밤에 준비를 하다. **3** 하룻밤 사이에, 갑자기, 별안간. ¶Her mind changed ~. 그녀의 마음은 갑자기 변했다. ―圐 **1** 밤새동안의. ¶an ~ talk 밤새도록 나눈 이야기. **2** 전날 밤의. ¶an ~ decision 전날 밤의 결정. **3** 일박의, (짧은) 숙박 여행용의. **4** 하룻밤 사이의, 갑자스런. ¶an ~ millionaire 벼락 부자. ―圐 [4-4] **1** 하룻밤 여행[묵기]; (구어) (하룻밤의) 외박 허가증. **2** (口) 전날 밤. **3** (美구어) 간단한 일. **4** (美) (라디오·TV의) 심야 시청률. ―圐卧 [4-4] 일박하다 (at, in); 일박 여행을 하다.
óvernight bàg [càse] 圐 간단한 여행 가방.
o·ver·night·er [òuvərnáitər] 圐 **1** 하룻밤 여행[숙박]; 하룻밤 묵는 손님. **2** 야간 여행자. **3** 간단한 여행 가방.
óvernight lètter 圐 (美) 이튿날 배달하는 우편물.
óvernight pòll 圐 심야 여론 조사.
óvernight tèlegram 圐 다음날 아침 배달하는 전보(요금이 싸다). 「양 과다, 과잉 영양.
o·ver·nu·tri·tion [òuvərnjuːtríʃən/-njuː-] 圐
o·ver·oc·cu·pied [òuvərákjupàid/-ɔ́k-] 圐 거주자가 너무 많은; 지나치게 조밀한.

o·ver·op·ti·mism [òuvəráptəmìzm] 圀 지나친 낙관, 초낙관주의. **-mist** 圀 **-òp·ti·mís·tic** 圀

o·ver·or·gan·ize [òuvərɔ́:rɡənaiz] (* (英) **-ise**) 围 지나치게 조직화하다, 직제(職制)를 편중하다.
— 困 지나치게 조직화되다.

o·ver·part·ed [òuvərpá:rtid] 圀 (배우의 능력 이상으로) 연기력을 요구하는.

o·ver·pass [óuvərpæ̀s/-pà:s] (美) 고가 도로, 고가 철도; (도로·철도 따위의 위에 놓여진) 육교((英) flyover)). 困 underpass. — 围 [-´-] 围 1 …을 넘다, 넘어가다; [한계 따위]를 넘어서다, 침범하다. ¶ ~ a frontier 월경하다 / ~ the bounds of good sense 양식을 벗어나다. 2 [곤란 따위]를 극복하다; …을 초월하다; …을 능가하다; [기간·경험]을 마치다, 끝내다. ¶ ~ one's apprenticeship 도제(徒弟) 기간을 마치다. 3 …을 못보고 넘기다, 빠트리다, 무시하다. ¶ ~ a fault 잘못을 못보고 넘기다. — 困 지나가다, 통과하다.

o·ver·passed [òuvərpǽst/-pá:st] 圀 이미 지나간, 과거의; 이미 폐지된. (또는 **overpast**)

o·ver·pay [òuvərpéi] 围 …을 초과 지불하다; [임금 따위]를 과불(過拂)하다; …을 충분히 보상하다 (for). **~·ment** 圀 과다 지불.

o·ver·peo·ple [òuvərpí:pl] 围困 [마을 따위]를 인구 과잉으로 만들다. **-peo·pled** [-pí:pld] 圀

o·ver·per·form [òuvərpərfɔ́:rm] 围困 …을 (악보에 따르지 않고) 멋대로 연주[연기]하다.

o·ver·per·suade [òuvərpərswéid] 围困 …을 억지로 설복시키다. **-suá·sion** 圀

o·ver·pitch [òuvərpítʃ] 围困 (크리켓) (공)을 삼주문(三柱門)에 너무 가깝게 던지다; (비유적) …을 과장하다.

o·ver·play [òuvərpléi] 围困 1 [말의 역]을 과장해서 연기하다, 과장해서 말하다[표현하다]. 2 [고어] (경기·놀이에서) 이기다. 3 [골프] (너무 세게 쳐서) [공]을 그린 밖으로 날려보내다. 4 [주먹놀이] (자신의 패)를 과신하다. 5 [가치·중요성]을 지나치게 평가하다. *overplay* one's *hand* 자기 역량을 과신하다; 우쭐대다가 큰 코를 다치다.

o·ver·plus [óuvərplʌ̀s] 圀 여분, 과잉, 나머지.

o·ver·poise [òuvərpɔ́iz] 围困 …보다 무게가 나가다; …보다 중요하다.

o·ver·pop·u·late [òuvərpápjuleit/-pɔ́p-] 围困 …을 인구 과잉이 되게 하다. **-lat·ed** 圀

o·ver·pop·u·la·tion [òuvərpàpjuléiʃən/-pɔ̀p-] 圀回 인구 과잉[과밀]. 「(過)전압.

o·ver·po·ten·tial [óuvərpətènʃəl] 圀回 (전기) 과

***o·ver·pow·er** [òuvərpáuər] 围困 1 (수동형으로) …을 압도하다, 억누르다, 제압하다; [남]을 깊이 감동시키다. ¶ Her emotions ~ed her. 그녀는 자기의 감정을 억누를 수가 없었다. 2 …에 이기다, …을 눌러 복종케 하다, 지우다. 3 (육체적·정신적 기능)을 못쓰게 만들다. 4 (기계)에 너무 강한 동력을 달다.

o·ver·pow·er·ing [òuvərpáuəriŋ] 圀 압도적인, 강력한, 당해낼 수 없는; 고압적인. **~·ly** 閈 **~·ness** 圀

o·ver·praise [òuvərpréiz] 围困 …을 지나치게 칭찬하다. — [-´-´-] 圀回 지나친 칭찬, 과찬.

o·ver·pre·scribe [òuvərpriskráib] 围困 (병리) (약)을 과다하게 처방하다. **-pre·scríp·tion** 圀

o·ver·pres·sure [òuvərpréʃər] 圀回 1 과도한 압박, 중압; (정신적) 과로. 2 초과[과밀도] 기압. — 围困 1 초과 기압으로 만들다. 2 과도한 요구를 하다.

o·ver·price [òuvərpráis] 围困 너무 비싸게[실제 가격보다 높게] 값을 매기다.

o·ver·print [òuvərpríŋt] 围困 1 (인쇄) (한 번 인쇄한 것에 다시) …을 덧붙여[겹쳐] 인쇄하다. 2 (필요한 부수 이상으로) …을 인쇄하다, 지나치게 인쇄하다. 3 (사진) 인화(印畵)를 너무 진하게 하다. — [-´-´] 圀回 (인쇄) 겹쳐서 인쇄하기; 필요 이상의 인쇄. 2 回 (우표 따위의) 덧붙여 인쇄한 문자; ⓒ 그 우표.

o·ver·prize [òuvərpráiz] 围困 …을 너무 비싸게 어림잡다, 과대 평가하다. **-príz·er** 圀

o·ver·pro·duce [òuvərprədjú:s/-djú:s] 围 과잉 생산하다.

***o·ver·pro·duc·tion** [òuvərprədʌ́kʃən] 圀回 과잉 생산, 생산 과잉.

o·ver·pro·nounce [òuvərprənáuns] 围 [말·음절 따위]를 과장하여 발음하다; 거드름을 떨며 발음하다.

o·ver·proof [òuvərprú:f] 圀 표준 도수 이상의 알코올을 함유한. 困 proof spirit.

o·ver·pro·por·tion [òuvərprəpɔ́:rʃən] 围困 …의 비율을 지나치게 크게 하다. — 圀回 어울리지 않게 큼, 과도, 불균형.

o·ver·pro·tect [òuvərprətékt] 围困 …을 과보호하다. **-téc·tion** 圀 과보호. **-téc·tive** 圀

o·ver·proud [òuvərpráud] 圀 지나치게 자랑하는, 너무 자만하는. **~·ly** 閈

o·ver·qual·i·fied [òuvərkwáləfàid/-kwɔ́l-] 圀 필요 이상으로 교육[훈련]을 받은, 자격 과잉의.

o·ver·quick [òuvərkwík] 圀 지나치게 성급한, 너무 빠른. **~·ly** 閈

o·ver·rate [òuvəréit] 围困 …을 지나치게[너무] 높이 평가하다, 과대 평가하다.

o·ver·reach [òuvərí:tʃ] 围困 1 …의 끝까지 다다르다; …에까지 널리 미치다, …의 위로 퍼지다. 2 (목표·목적물)을 뛰어넘다; 벗어나다, 멀리 지나치다. 3 (재귀 용법으로) 도를 지나쳐 …을 그르치다; [손발 따위]를 지나치게 뻗다. ¶ ~ oneself 몸을 지나치게 뻗어 명형을 잃다; 도를 지나쳐 실패하다. 4 (남)을 속이다; [~] 앞지르다, 선수치다. — 困 1 위로 퍼지다, 끝까지 다다르다. 2 몸을 지나치게 뻗다. 3 (말)이 4 (말)이 뒷발로 앞발을 차다. — [-´-´] 圀 1 범위[세력]의 과대 확대[확장]. 2 (말) 뒷발로 앞발을 차기. 3 (장사 따위에서) 선수치기. **~·er** 圀

o·ver·re·act [òuvəriǽkt] 围困 과잉 반응하다, 지나치게 감정을 나타내다. **-ác·tion** 圀

o·ver·read [òuvərí:d] 围困 (재귀용법으로) 책을 지나치게 읽다; (페어)…을 대충 읽다.

o·ver·re·fine [òuvərifáin] 围 지나치게 정제(精製)하다; 지나치게 세밀히 구별하다; 지나치게 세련하다. **~·ment** 圀

o·ver·rent [òuvərént] 围困 …의 땅세[집세, 소작료 따위]를 너무 많게 하다.

o·ver·rep·re·sent·ed [òuvərèprizéntid] 圀 대표가 지나치게 많은: (특히) 대의원이 너무 많은.

o·ver·ride [òuvəráid] 围 1 (남)보다 우위에 서다; …에 대하여 최종 결정권을 갖다. 2 [결정 따위]를 무시하다, 무효화하다; 번복하다. ¶ ~ one's commission 직권을 남용하다 / ~ the President's veto 대통령이 발동한 거부권을 무효화시키다. 3 …에 우선하다, 앞서다. 4 …을 넘어 퍼지다; …의 위에 겹치다. 5 [자동 제어 장치]를 (수동으로 바꾸기 위해) 변경하다, 떼다. 6 …을 짓밟다, 유린하다. 7 (말)을 너무 타서 지치게 하다. 8 (외과) (골절 부위)를 겹쳐 맞추다. 9 (美) (상업) 할증 수수료를 지불하다. — 圀 [-´-´] 1 (매상·이익에 대한) 수수료. 2 (예산지출의) 증가; 코스트 인상으로 인한 작업 정지. 3 무효화함; 철회, 무시. 4 제어 정지 장치[시스템]. 5 (속어) (라디오·TV) (프로그램·연속극 따위의) 중심 테마. **4rid·er** 圀

o·ver·rid·ing [òuvəráidiŋ] 圀 최우선의, 가장 중요한; 압도적인, 결정적인, 지배적인; 횡포인. ¶ be of ~ importance 가장 중요하다.

o·ver·ripe [òuvəráip] 圀 너무 익은, 난숙한; 퇴폐적인. **~·ly** 閈 **~·ness** 圀

o·ver·rule [òuvərú:l] 围困 1 (권력으로) …을 무효로 하다, …을 기각하다, 파기하다; …에 반대하다. ¶ All the claims were ~d. 모든 청원이 기각됐다. 2 …을 지배하다, 제압하다, 좌우하다. 3 (방해하여) 변경을 불

가피하게 만들다. ─㉿ 지배하다, 군림하다; (권위로) 결정하다.

o·ver·run [òuvərʎ́n] 동 (**-ran; -run; ~·ning**) 타 1 …을 침략하다, 황폐하게 하다; …을 쳐부수다. 2 (수동적으로) (해수(害獸)·해충 따위가) …에 들끓다; (잡초 따위가) …에 우거지다(with, by). ¶The warehouse was ~ with rats. 그 창고에는 쥐가 우글거렸다. 3 (새로운 사상·병 따위가) …에 급속히 퍼지다. 4 …을 초과하다, (범위를) 넘다; …을 지나쳐 달리다; [야구] (주자가) (베이스)를 달려 지나가다, 오버런하다. ¶~ the allotted time 할당된 시간을 초과하다. 5 …을 압도하다; …에 범람하다, 넘치다. 6 …을 방향[배회]하다, 서성거리다. 7 [인쇄] …을 중쇄(增刷)하다; [활자·문자]를 다른 행[난(欄), 페이지]으로 넘기다. ─ 자 1 범람하다, 넘치다, 홍수가 지다. 2 지나쳐 달리다, 통과하다. 3 (범위를) 넘다, 퍼지다. ─ 명 [ʹ-ʹ] 1 지나쳐 달리기, 통과. 2 범람; 만연, 무성. 3 (an ~) 기한 경과, 초과 (시간); 이월(移越)(액), 잉여; [인쇄] (다음 난·페이지로) 넘기기. 4 자동차의 폭주 상태. 5 [항공] 보조 활주로, (공항의) 긴급 피난친. 6 [야구] 오버런.

òver sáiling 명 (건축물의 일부가) 하부보다 튀어나온.

over·scale [óuvərskèil] 형 특대의. (또는 **óverscàled**)

o·ver·scan [òuvərskǽn] 명 [컴퓨터] 오버스캔(브라운관에서 화상의 끝부분이 화면에 들어오지 않는 일).

o·ver·score [òuvərskɔ́ːr/-skɔ́ː] 동타 [점·선 따위로] …위에 표시를 하다, …을 선을 그어 지우다. (문자·그림 따위의) 위에 그어진 선.

o·ver·scru·pu·lous [òuvərskrúːpjuləs] 형 지나치게 세심[꼼꼼]한, 지나치게 용의 주도한; 지나치게 까다로운. **~·ly** 부 **~·ness** 명

o·ver·sea [òuvərsíː] 형부 (英) =overseas.

***o·ver·seas** [òuvərsíːz] 부 해외로, 외국으로. ¶go ~ 해외로 가다. ─ 형 [ʹ-ʹ] 1 해외로 가는, 외국행의, 외래(外來)의. ¶an ~ broadcast program 대외 방송 프로그램. 2 외국(으로부터)의, 해외에 있는, 외지 근무의, 대외적인, 국제적인. ¶an ~ possession [or territory] 해외 영토. ─ 명 (단수취급) (구어) 해외, 외국. ¶come from ~ 해외로부터 돌아오다.

óverseas blúe 명 (영국 공군 제복의) 청회색(青灰色).

óverseas càp 명 (美육군) (챙 없는) 주형(舟形) 군모.

óverseas chínese 명 화교(華僑), 해외 거주 중국인.

o·ver·see [òuvərsíː] 동타 1 [작업원·일 따위를] 감독[감시]하다, 단속하다. 2 …을 두루 살피다, …을 얼핏 보다. 3 (고어) 조사하다, 검사하다.

o·ver·se·er [óuvərsìːər] 명 1 감독관, 관리인, 지배인; (濠) 농장[목장] 감독; (美역사) 노예 감시인. 2 (영국의) 교구 민생(民生) 위원. **~·ship** 명 감독직.

o·ver·sell [òuvərsél] 동타 1 너무 많이 팔다 (주식·상품 등을) 현품 없이 팔다, 공매(空賣)하다; 강제로 팔다. 2 (비유적) …의 이점[장점]을 지나치게 강조하다, …을 과대 선전[평가]하다. ─ 명 [ʹ-ʹ] 강매(공세).

o·ver·sen·si·tive [òuvərsénsətiv] 형 지나치게 민감[예민]한, 신경 과민의. **~·ness** 명

o·ver·set [òuvərsét] 동타 1 …을 뒤집어엎다, 전복시키다; 파괴하다. ¶~ one's plan 계획을 뒤집어엎다. 2 …을 교란시키다, …의 상태를 뒤틀리게 하다. 3 [인쇄] 지나치게 빽빽이 조판하다. ─ 자 뒤집어지다, 혼란에 빠지다. ─ 명 [ʹ-ʹ] 전복; 교란, 혼란; [인쇄] 오버세트(활자가 넘쳐 지면에 수용할 수 없는 부분).

o·ver·sew [óuvərsòu, ʹ-ʹ] 동타 …의 가장자리를 감치다, 감쳐 꿰매다.

o·ver·sexed [òuvərsékst] 형 성욕 과잉의, 성적 관심이 지나치게 많은.

o·ver·shade [òuvərʃéid] 타 =overshadow.

***o·ver·shad·ow** [òuvərʃǽdou] 동타 1 그늘지게 하다, …위에 그림자를 던지다. …을 어둡게 하다. 2 (비유적) …의 모습을 희미하게 하다, …을 못해 보이게 하다. 3 (비유적) …에 어두운 그림자를 던지다, …을 우울하게 하다. 4 (고어) …을 보호하다.

o·ver·sharp [òuvərʃɑ́ːrp] 형 매우 예민[예리]한.

o·ver·shine [òuvərʃáin] 동타 1 …보다 강하게[밝게] 빛나다. 2 (다른 것을) 능가하다, 압도하다. 3 (고어) …을 내리쬐다.

o·ver·shirt [óuvərʃə̀ːrt] 명 오버셔츠(다른 셔츠 위에 걸치는 머리부터 뒤집어써서 입는 스포츠 셔츠).

***o·ver·shoe** [óuvərʃùː] 명 (보통 ~s) (방수·방한용의) 덧신.

o·ver·shoot [òuvərʃúːt] 동타 1 [표적·목적 따위]를 넘겨 쏘다, 빗맞히다, 지나쳐 가다; (비행기가) [활주로]를 지나쳐서 착륙하다. 2 (재귀용법으로) …을 지나치게 하다, …의 도를 지나치다; …도를 지나쳐 실패하다. ¶~ oneself in making an estimate (지나쳐서) 빗나간 견적을 내다. 3 (물이) …에서 기세있게 흘러 떨어지다. ¶~ a water wheel 물방아에 물이 흘러 떨어지다. 4 …보다 사격이 뛰어나다. ─ 자 1 과녁에서 빗나가다, 멀리 지나쳐 날아가다. 2 도를 넘다. ─ 명 [ʹ-ʹ] ⓤ 1 (비행기의) 착륙 지점을 지나친 착륙; 목표 지점을 지나치기, 오버런. 2 사정 거리의 초과. 3 [전기] 초과량(제어량이 목표치를 초과하는 것). 4 실패.

o·ver·shot [òuvərʃát/-ʃɔ́t] overshoot의 과거·과거 분사. ─ 형 1 (개 따위처럼) 위턱이 아래턱보다 튀어나온. 2 (물방아 따위가) 상사식(上射式)의. undershot

óvershot whèel 명 상사식 물레방아.

o·ver·side [óuvərsàid] 부 1 뱃전에서. ¶load [unload] a vessel ~ 뱃전에서 화물을 싣다[내리다]. 2 (레코드의) 뒷면에. ─ 형 뱃전에서의. ¶~ delivery 현측도(舷側渡). ─ 형 (부) (레코드의) 뒷면의.

o·ver·sight [óuvərsàit] 명 1 ⓤⓒ 간과, 못보고 넘김; 실수, 과실; 누락, 빠뜨림. 2 통제, 부주의. 3 ⓤ 감시, 감독, 단속. [여, 무심결에.
by [or **through**] **an oversight** 실수하여, 깜빡하
under the oversight of …의 감독 아래.

o·ver·signed [óuvərsàind] 형 문서·편지·기사 따위가) 서두에 서명이 있는. ─ 명 [ʹ-ʹ] 서두 서명자.

o·ver·sim·ple [òuvərsímpl] 형 지나치게 단순한.

o·ver·sim·pli·fy [òuvərsímpləfài] 동타 …을 지나치게 간소화하다. **-sim·pli·fi·cá·tion** 명

o·ver·sing [òuvərsíŋ] 동자 (가수가) 너무 큰 소리로 노래하다; 지나치게 감정을 넣어 노래하다.

o·ver·size [òuvərsáiz] 형 너무 큰; 특대(特大)의. (또는 **oversized**) ─ 명 [ʹ-ʹ] 특대형의 것; 특대형.

o·ver·skirt [óuvərskə̀ːrt] 명 오버스커트.

o·ver·slaugh [óuvərslɔ̀ː] 명 1 ⓤ (英군사) (중대한 임무를 부여하기 위한) 현직 해임. 2 (美) (항행을 방해하는) 모래톱, 여울; 장해물. ─ 타 [ʹ-ʹ] 1 (英군사) (더 중요한 임무를 부여하기 위하여) …을 해임하다. 2 (법안 따위의) 통과를 저지하다. 3 (美) (임명·승진 등) 누락시키다.

***o·ver·sleep** [òuvərslíːp] 동자 지나치게 자다, 늦잠 자다. ─ 타 1 (재귀용법으로) 늦잠 자다. 2 (일정한 시간)보다 오래 자다.

o·ver·sleeve [óuvərslìːv] 명 소매 덮개, 토시.

o·ver·slip [òuvərslíp] 동타 1 …을 미끄러져 지나치다; …을 놓치다, 못보고 빠뜨리다. 2 무시하다, 생략하다; 회피하다.

o·ver·smoke [òuvərsmóuk] 동자 담배를 너무 피우다, 연기를 너무 내다. ─ 타 (재귀용법으로) 담배를 너무 피우다. [분사. ¶과잉 판매의.

o·ver·sold [òuvərsóuld] 동 oversell의 과거·과거

o·ver·so·lic·i·tous [òuvərsəlísətəs] 형 지나치게 열심인, 지나치게 신경 쓰는[염려하는].

o·ver·so·phis·ti·cate [òuvərsəfístəkèit, -kèit] 명 지나치게 세련된[고상한] 사람.

o·ver·soul [óuvərsòul] 명 (종종 O-) (the ~) [철

학) 대령(大靈), 신(神)(Emerson 사상에서 우주의 근원).

o·ver·spe·cial·i·za·tion [òuvərspèʃəlizéiʃən] 명 1 지나친 특수[전문]화, 과도한 전문화. 2 (생물) 생물 진화에 있어서 형태의 과대 특수화.

o·ver·spe·cial·ize [òuvərspéʃəlaiz] 자 (…을 지나치게 특수화하다, 지나치게 전문화하다.

o·ver·spend [òuvərspénd] 자타 (…에) 지나치게 돈을 쓰다, 낭비하다(on). — 타 1 …이상으로 쓰다. 2 (재귀용법으로) 돈을 너무 쓰다, 낭비하다. — 명 (英) 낭비, 돈의 탕진.

o·ver·spill [òuvərspíl] 자 1 넘쳐흐르다, 흘러떨어지다, 쏟아지다, (특히 과잉 인구를) 도시 밖으로 옮기다. — 명 [4-4] U(C (an ~, the ~) 1 넘쳐 흐름. 2 넘쳐 나온 것. 3 여분, 잉여. (교외에 사는) 과잉 인구. 4 (英) 홍수.

***o·ver·spread** [òuvərspréd] 타 …의 위에 (가득) 펴다, …을 온통 뒤덮다; …에 가득히 흩어지다; (수동형으로) …에 (…으로) 바르다(with, by). ¶ (~ + 명+전+명) slices of bread ~ with butter 버터를 가득 바른 몇 조각의 빵. — 자 가득 퍼지다; (풀 따위가) 우거지다.

o·ver·sta·bil·i·ty [òuvərstəbíləti] 명 (환경·조직 따위가) 고도로 안정되기, 고정(성).

o·ver·staff [òuvərstǽf/-stáːf] 타 …에 필요 이상의 많은 직원을 두다. — ed 형

o·ver·stand [òuvərstǽnd] 자 (해사) 자 (배가) 일정한 방향으로 너무 오래 가다. — 타 (목표를) 지나 너무 달리다.

o·ver·state [òuvərstéit] 자타 …을 과장해서 말하다, 허풍을 떨다; 실제보다 좋게[나쁘게] 보여주다. ¶ ~d figures 분식 숫자. ~·ment 명

o·ver·stay [òuvərstéi] 타 1 (…에) 너무 오래 머무르다. 2 (英·濠·뉴질) (외국인이) 불법으로 장기 체류하다.
overstay *one's market* (구어) (상업) 매석(賣惜)하다가 팔 시기를 놓치다.
overstay *one's welcome* 너무 오래 머물러 미움을 사다. ~·er 명

o·ver·steer [óuvərstìːər] 명 오버스티어(자동차가 핸들을 꺾은 각도에 비해서 더 안쪽으로 회전하는 특성[경향]). — 자 [4-4] (자동차가) 오버스티어하다.

o·ver·step [òuvərstép] 타 (-pp-) …을 딛고 넘다; …을 지나가다, (한도)를 넘다.

o·ver·stock [òuvərstάk/-stɔ́k] 타 1 지나치게 사들이다; …에 (…을) 과잉공급하다, …을 (…으로) 남아돌게 하다(with). ¶ (~+명+전+명) ~ a show window with various merchandise 진열장에 여러 가지 상품을 너무 많이 늘어놓다. — 명 [4-4] U(C) 재고 과잉, 공급 과다.

o·ver·strain [òuvərstréin] 자타 1 …을 지나치게 팽팽하게 하다; …을 극도로 긴장시키다; …을 무리하게 쓰다. ¶ ~ oneself 지나치게 긴장하다[일하다] / ~ one's eyesight 눈을 혹사하다. — 자 무리를 하다, 지나치게 긴장하다. — 명 [4-4] 무리한 노력, 과도한 긴장; 과로.

o·ver·stress [òuvərstrés] 자타 1 지나치게 강조하다. 2 심한 압력[긴장]을 주다. 3 (금속) (금속)에 변화점까지 압력을 가하다. — 명 [4-4] 과도한 긴장[압력].

o·ver·stretch [òuvərstrétʃ] 자타 1 지나치게 잡아당기다, 지나치게 늘이다; …을 지나치게 긴장시키다. — 명 [4-4] 1 지나치게 늘어남. 2 (군사) 군사력의 지나친 확장, 과잉 산개(散開).

o·ver·strew [òuvərstrúː] 자타 …의 위에 가득히 뿌리다[흩트러뜨리다].

o·ver·strict [óuvərstríkt] 형 너무 엄격하다, 매우 꼼꼼한, 너무 딱딱[거북]한, 너무 어려운.

o·ver·stride [òuvərstráid] 자 1 …을 능가하다. 2 …에 걸터타다[앉다]. 3 …을 타고 넘다, 가로지르다. 4 …보다 빨리[멀리] 걷다; (육상) 보폭을 크게 하고 달리다. 5 지배하다, 좌우하다.

o·ver·struc·tured [òuvərstrʌ́ktʃərd] 형 지나치게 조직화된, (직제·규칙 따위가) 지나치게 정비된.

o·ver·strung [òuvərstrʌ́ŋ] 형 1 지나치게 (극도로) 긴장한, 신경 과민의. 2 (활의 시위가) 지나치게 팽팽한. 3 (피아노의) 현(絃)을 비스듬히 교차해서 친.

o·ver·stud·y [òuvərstʌ́di] 자타 1 (재귀용법으로) 지나치게 공부하다. 2 …을 지나치게 연구[조사]하다. — 명 [4-4] U 지나친 공부.

o·ver·stuff [òuvərstʌ́f] 자타 1 …에 지나치게 채워넣다. 2 (의자 따위)에 속을 두둑하게 채우다. ~ed 형

o·ver·sub·scribe [òuvərsəbskráib] 자타 (수동형으로) (공채·기부 따위)를 모집액 이상으로 신청하여 사다. -scríbed 형 -scríp·tion 명 「나치게 민감한.

o·ver·sub·tle [óuvərsʌ́tl] 형 지나치게 미묘한, 지

o·ver·sup·ply [òuvərsəplái] 자타 U(C) 공급 과잉. — 명 [4--4] …을 과잉 공급하다.

o·ver·sus·cep·ti·ble [óuvərsəséptəbl] 형 영향 받기 쉬운; 상처받기 쉬운, 지나치게 쉬운.

o·ver·sweet [óuvərswíːt] 형 지나치게 달콤한. ~·ly 부 ~·ness 명

o·ver·swell [òuvərswél] 자타 지나치게 부풀리다; …에서 넘쳐나오다. 「크게 휘두르다.

o·ver·swing [òuvərswíŋ] 자타 (야구·골프) 너무

o·vert [ouvə́ːrt, 4-] 형 1 공공연한, 명백한; 공개적인(↔ covert). ¶ ~ hostility 공공연한 적의. 2 (지갑 따위가) 열린; (문장) (날개 따위가) 펼쳐진. ~·ly 부 ~·ness 명

‡**o·ver·take** [òuvərtéik] 타 (-*took*; -*tak·en*; -*tak·ing*) 1 …을 따라잡다; (英) (다른 차)를 추월하다. ¶ His car *overtook* the train. 그의 차는 열차를 따라잡았다. 2 (일 따위의 늦어진 것)을 만회하다; …을 앞지르다. 3 (재난 따위)가 …을 갑자기 덮치다, …의 허를 찌르다. ¶ He was ~n with [or by] surprise. 그는 허를 찔려 깜짝 놀랐다. — 자 (英) 다른 차를 추월하다. ¶ No *overtaking*. (게시) 추월 금지.
be overtaken in [*or with*] *drink* 만취하다.

o·ver·ták·ing làne [òuvərtéikiŋ-] 명 (英) 추월 차선(passing lane).

o·ver·talk [òuvərtɔ́ːk] 자 1 지나치게 수다, 다변.

o·ver·task [òuvərtǽsk/-táːsk] 타 …에게 무리한 일을 시키다, 과중한 부담을 지우다; …을 혹사하다.

*o·ver·tax** [òuvərtǽks] 타 …에게 중세(重稅)를 부과하다; …에게 무리하게 강요하다, 과중한 부담을 주다; (일에서) …을 혹사하다. ¶ ~ oneself 과로하다.
overtax one's strength 무리하여 노력하다.

o·ver·tech·nol·o·gize [òuvərteknάlədʒàiz/-nɔ́l-] 자타 …을 과도하게 기술화하다.

o·ver-the-air [-ðiέər] 형 (라디오·TV) 방송의[에 의한], 전파로 방송된.

o·ver-the-count·er [-ðəkáuntər] 형 1 (증권 따위가) 점두(店頭)[직접] 매매되는. 2 (약이) 의사 처방없이 팔리는, 직접[점두] 판매의(⑰ OTC).

óver-the-cóunter (stóck) màrket 명 점두 (주식) 시장. 「처방전 약.

óver-the-cóurter mèdicine 명 시판약, 비(非)

o·ver-the-hill [-ðəhíl] 형 1 인생의 전성기가 지난; (속어) 나이가 들어 성적 불능이 된.

o·ver-the-ho·ri·zon [-ðəhəráizən] 형 (통신) 가시거리 밖의(⑰ OTH). 「이더.

óver-the-horízon rádar 명 (군사) 초수평선 레

o·ver-the-road [-ðəróud] 형 장거리 도로[육로] 수송의. ¶ ~ trucks 장거리 트럭.

o·ver-the-shoul·der [-ðəʃóuldər] 형 1 어깨에 둘러메는. ¶ an ~ bag 어깨에 메는 가방, 숄더 백. 2 어깨 너머로 배우는. ¶ ~ work 어깨 너머로 배우는 일.

óver-the-shoulder bómbing 명 =loft bombing.

o·ver-the-top [-ðətáp/-tɔ́p] 웹 (구어) (행동·복장 따위가) 상식을 벗어난, 정도가 지나친; 오르가슴에 도달한.

o·ver-the-tran·som [-ðətrǽnsəm] 웹 의뢰의 [청]에 의한 것이 아닌.

‡**o·ver·throw** [òuvərθróu] 国 (~s [-z]; -threw; -thrown) 国 1 …을 뒤집어엎다. [정부·제도 따위)를 전복[타도]하다, 폐지하다. ⇒ DEFEAT 유의어. ¶ ~ the government 정부를 전복하다. 2 [공]을 지나치게 멀리 던지다; (야구) 폭투하다. 3 (고어) (마음의) 평정을 잃게 하다. [정신]을 착란시키다. — 画 지나치게 멀리(높이) 던지다; 폭투하다.
— 웹 [´-`] 1 (the ~) (권력으로부터의) 추방, 폐위; 타도[전복, 폐지](하기(시키기)). 2 패배; 파괴; 파멸. 3 [야구·크리켓] (공의) 폭투.
give [have] the overthrow 전복시키다(되다), 멸망시키다[하다].
~·er 웹 [上斷層].

o·ver·thrust [óuvərθrʌ̀st] 웹 (지질) 충상 단층(衝).

*o·ver·time [óuvərtàim] 图U 1 규정외 노동 시간; 시간외 근무[노동], 잔업; 초과 근무 수당. ¶ be paid extra for ~ 잔업 수당을 받다. 2 규정외 시간; [경기] 연장전 (시간). — 웹 (규정된) 시간외의. ¶ work two hours ~ 두 시간 잔업을 하다. — 웹 시간외의, 초과 근무의. ¶ ~ pay 초과 근무 수당 / ~ work 초과 근무.
— 图 [´-`] …에 시간을 지나치게 들이다. ¶ ~ an exposure 너무 오래 노출시키다.

o·ver·tire [òuvərtáiər] 国国 과로하게 하다; (재귀 용법으로) 지쳐 빠지다. — 困 과로하다, 녹초가 되다.

o·ver·toil [òuvərtɔ́il] 图 = overwork.

o·ver·tone [óuvərtòun] 웹 1 (음악) 상음(上音), 배음(倍音)(⇒ undertone). 2 (~s) 함축, 부대적 의미, (말 따위의) 함축. ¶ a reply full of ~s 함축성 있는 대답. 3 페인트[광택약]를 바른 표면의 반사광의 색.
— 图 [´-`] 1 (어떤 음이) (다른 음)을 압도하다. 2 (사진) [색조]를 지나치게 짙게 하다.

o·ver·ton·naged [òuvərtʌ́nidʒd] 웹 1 적재량 초과의, 2 (배가) 필요 이상으로 큰.

*o·ver·took [òuvərtúk] 图 overtake의 과거.

*o·ver·top [òuvərtɑ́p/-tɔ́p] 图国 (-pp-) 1 …보다 우뚝 솟다, (높이가) …을 넘다. 2 …보다 뛰어나다, …을 능가하다. — 图 머리 위에(overhead). — 웹 [´-`] 오버톱(셔츠나 드레스 위에 입도록 디자인된 상의).

o·ver·trade [òuvərtréid] 图困 자금 이상으로 거래를 하다, 지나치게 사들이다. — 图 [자금]을 초과해서 매매하다.

o·ver·train [òuvərtréin] 图 지나치게 연습시키다 (하다), 과도한 훈련으로 몸의 상태를 악화시키다[하다].

o·ver·trick [óuvərtrìk] 웹 (카드놀이) 초과트릭 (선언한 것 이상으로 획득한 트릭 수).

o·ver·trump [òuvərtrʌ́mp] 图 (카드놀이) (상대방보다) 끝수가 높은 패를 내다.

*o·ver·ture [óuvərtʃər, -tʃùər/-tjùə] 웹 1 (~s) 제의, 제안, 교섭의 개시, 예비 교섭(*of, for, to*). ¶ ~s of peace 강화 제의. 2 (음악) (오페라 따위의) 서곡, 전주곡; (시·글 따위의) 서장(序章)(*to*). 3 (장로 교회의) 건의, 야뢰. — 图 …을 제안하다, 교섭하다.
make overtures to a person 남에게 제안하다, 남과 교섭을 시작하다.

‡**o·ver·turn** [òuvərtə́ːrn] 图 (~s [-z]) 国 전복시키다, [세력 등]을 넘어뜨리다, (계획 등)을 좌절시키다; [물건]을 쓰러뜨리다; …을 뒤엎다. ⇨ UPSET 유의어. ¶ ~ a vase 꽃병을 쓰러뜨리다. — 困 뒤집히다. ¶ The boat ~*ed during* the storm. 폭풍 중에 보트가 뒤집혔다.
— 웹 [´-`] 1 타도, 전복; 와해; 정복; 멸망. 2 (지학) (온도차에 의한 표면과 바닥층 물의) 역전.

o·ver·use 图国 [òuvərjúːz] …을 지나치게 쓰다. — 웹 [óuvərjùːs] 지나치게 쓰기, 혹사, 남용.

overúse sýndrome 웹 운동 과다 증후군(지나친 운동·연습으로 인한 관절·근육·허벅지·인대 따위의 장애). (또는 *overutilizátion sýndrome*)

o·ver·val·ue [òuvərvǽlju:] 国国 …을 과대 평가하다, 지나치게 중시하다, 너무 높게 어림잡다. — 웹 과대 평가. -val·u·á·tion 웹

o·ver·view [óuvərvjùː] 웹 개관, 개요(概要), 총람.

o·ver·volt·age [óuvərvòultidʒ] 웹 (전기) 과전압 (*excess voltage*).

o·ver·walk [òuvərwɔ́ːk] 国国 (재귀용법으로) 너무 걸어서 지치다. — 困 지나치게 걷다.

o·ver·wash [òuvərwɑ́ʃ/-wɔ́ʃ] 国国 (물이) [토지 따위]을 씻어내리다, 침수시키다. — 웹 [´-`] 물을 뒤집어쓰기, 침수.

o·ver·watch [òuvərwɑ́tʃ/-wɔ́tʃ] 国国 감시하다. — 웹 (고어) 못 자게 해서 지치게 하다. ~·**er** 웹

o·ver·wa·ter [òuvərwɔ́ːtər, -wɑ́t-] 图国 수면 상공의(에서), 수면을 가로질러의. ¶ ~ flight 수면 상공 비행. — 图 …에 물을 지나치게 주다.

o·ver·wear [òuvərwɛ́ər] 国国 1 [옷 따위]를 입어서 낡게 하다, 써서 닳게 하다. 2 …을 지나치게 하다.

o·ver·wea·ry [òuvərwíəri] 웹 지칠 대로 지친, 피로에 지친. — 图 [´-`] …을 녹초가 되게 하다.

o·ver·weath·er [òuvərwéðər] 图 악천후를 피하기에 충분한 고도의. 「자만하다. ~·**er** 웹

o·ver·ween [òuvərwíːn] 图困 (고어) 우쭐하다.

o·ver·ween·ing [òuvərwíːniŋ] 웹 (경멸적) 자만심이 강한, 거만한; 허풍이 심한, 과장된; 지나친.

o·ver·weigh [òuvərwéi] 国国 …보다 무겁다(중요하다); …을 압박하다(*oppress*).

*o·ver·weight [óuvərwèit] 图U 중량 초과, 과중; 여분의 눈금); 비만. — 웹 [´-`] (…만큼) 중량 초과의, 지나치게 무거운(*by*). ¶ ~ baggage 중량 초과 수하물. — 图 [´-`] 1 …에 짐을 지나치게 싣다; 여분의 부담을 주다. 2 [진술·논의·계획 따위]을 지나치게 중시하다.

‡**o·ver·whelm** [òuvərhwélm/-wélm] 国国 (~s [-z]) 1 (정신적으로) …을 압도하다, 당혹[낙심]하게 하다(*with, by*). ¶ be ~*ed by*[or *with*] remorse[grief] 뉘우침으로 괴로워 하다[슬픔에 젖어 있다] // (~+图+前+图) ~ a person *with* questions 질문을 퍼부어 난처하게 하다. 2 (특히 우세한 힘·군사력으로) 제압하다, 전멸시키다, 궤멸시키다. ¶ be ~*ed by* superior forces 우세한 병력에 압도되다. 3 …을 덮어씌우다, …을 뒤덮다, 가라앉히다, 매몰시키다. 4 (수동형으로) (남에게) (감당하지 못할 정도로 짐)을 지우다 (*with*). 5 (고어) 뒤엎다, 전복시키다.

*o·ver·whelm·ing [òuvərhwélmiŋ/-wélm-] 웹 압도적인; 불가항력의; 굉장한, 극도의. ¶ *by an* ~ *majority* 압도적 다수로. ~·**ly** 閏 -**ness** 웹

o·ver·wind [òuvərwáind] 图国 [시계 태엽 등]을 지나치게 감다; [전기] …의 코일을 지나치게 감다.

o·ver·win·ter [òuvərwíntər] 图困 겨울을 나다 [지내다], 월동하다(*at, in*). — 图 …에게 겨울을 나게 하다. — 웹 겨울을 넘기는, 동기(冬期)의.

o·ver·wire [òuvərwáiər] 웹 코일 제본(한 책).

o·ver·wise [òuvərwáiz] 웹 남달리 현명한.

o·ver·with·hold [òuvərwiðhóuld/-wið-] 图国 1 …을 지나치게 억제하다. 2 (美) (세금)을 초과하여 (규정을 넘어) 원천 징수하다. ¶ ~ income tax 소득세를 초과 원천 징수하다.

o·ver·word [óuvərwə̀ːrd] 웹 후렴, 되풀이하는 말.

‡**o·ver·work** [òuvərwə́ːrk] 图 (~*ed* [-t]) 国国 1 (재귀용법으로) …을 과도하게 일시키다, 혹사하다, 과로하게 하다. ¶ He ~*ed* himself in that job. 그는 그 일에 지나치게 힘들였다[그 일로 과로했다]. 2 (특정어구·표현 따위]을 과도하게 사용하다. 3 …을 지나치게 흥분시키다. 4 …의 겉을 장식하다. 5 너무 열중[몰두]하

o·ver·world 다. —타 지나치게 일하다, 과로하다. —명 [~] ⓤ 1 과로, 과도한 노동. 2 여분의 일, 초과 근무.

o·ver·world [óuvərwə̀ːrld] 명 1 상류 사회, 상류 [특권] 계급 ; 부유층. 2 영계(靈界) ; 천국.

o·ver·worn [òuvərwɔ́ːrn] 형 overwear의 과거분 사. 그에게 입어서 해어진 ; 쓸모 없게 된 ; 지칠 대로 지친.

o·ver·wrap [óuvəræp] 명 겉포장.

o·ver·write [òuvəráit] 동(태) 1 …의 위에 쓰다. 2 …층 너무 꼼꼼하게[길게] 쓰다. 3 [테이프 따위]에 중복 녹음하다. 4 …을 과장해서 쓰다. —자 너무 장황하게 쓰다.

o·ver·wrought [òuvərɔ́ːt] 형 1 overwork의 과거·과거분사의 하나. 형 1 지나치게 팽팽해진[긴장된]; 극도로 흥분된. 2 지나치게 몰두한[신경을 쓴, 공들인]. ¶write in an ~ style 지나치게 공들인 문체로 쓰다. 3 온통 화려하게 장식한. 4 [고어] 과로한.

o·ver·zeal [òuvərzíːl] 명(U) 지나친 열성.

o·ver·zeal·ous [òuvərzéləs] 형 너무 열심인.
~·ly ~·ness

o·vi- [óuvi, -və] 연결 「알(egg)」의 뜻. ¶*oviform*.

o·vi·bo·vine [òuvibóuvain] 명(동물) 사향소(의).

o·vi·cide [óuvəsàid] 명 (해충 따위의 알을 죽이는) 살란제(殺卵劑).

Ov·id [ávid/ɔ́v-] 오비디우스(43 B.C.–A.D. 17?: 로마의 시인). **O·vid·i·an** [ouvídiən/ɔvíd-] 형

o·vi·duct [óuvədʌ̀kt] 명 (해부·동물) 난관(卵管), 수란관(輸卵管), 나팔관(Fallopian tube). [(을 낳는].

o·vif·er·ous [ouvífərəs] 형 (해부·동물) 알이 있는

o·vi·form [óuvəfɔ̀ːrm] 형 달걀 모양의.

o·vine [óuvain] 형 양(羊)의[같은]. —명 양.

o·vip·a·ra [ouvípərə] 명 (동물) 난생(卵生) 동물.

o·vip·a·rous [ouvípərəs] 형 (동물) 난생의, 알을 낳는. oviparously 부 ~·ness 명

o·vi·pos·it [òuvəpázit/òuvipɔ́z-] 동(자) (동물) (곤충이) 알을 낳다, 산란하다. **-i·tor** 명 산란관.

OVIR [óuviər] 명 (옛 소련의) 외국인 비자 등록국, 출입국 관리국. [<Office of Visas and Registrations]

o·vism [óuvizm] 명 (생물) 난자론(卵子論).

ovld. overload.

o·vo- [óuvou, -və] 연결 「알(egg), 난자(ovum)」의 뜻. ¶*ovogenesis* 난형성(卵形成). (또는 ovi-, ov-)

o·void [óuvoid] 형 난형의(egg-shaped). —명 난형의 것.

o·voi·dal [ouvɔ́idl] 형 =ovoid.

o·vo·lac·tar·i·an [òuvoulæktέəriən] 명 유제품과 달걀도 먹는 채식주의자.

o·vo·lo [óuvəlòu] 명 (pl. *-li* [-lai]) (건축) 둥그스름 [한 쇠시리.

O·von·ic [ouvánik/-vɔ́n-] 형 (종종 o-) (전자) 오브신스키 효과(Ovshinsky effect)의[에 관한].

O·von·ics [ouvániks/-vɔ́n-] 명 (단수취급) 오브신스키 효과를 응용하는 전자 공학의 분야.

ovo·tes·tis [òuvətéstis] 명 (동물) 난정소(卵精巢), 양성소(兩性巢).

o·vo·vi·vip·a·rous [òuvouvaivípərəs] 형 (동물) 난태생의.

ovpd. overpaid. [속 비밀 경찰.

Ov·ra [ávrə/ɔ́v-] 명 (이탈리아의) 반(反)파시스트 단

Óv·shin·sky effèct [áv∫inski-, ouv-/ɔ́v-] (전자) 오브신스키 효과(음양의 양쪽 극성(極性)에 동등하게 대응하는 특수한 스위치의 특성). [<미국의 물리학자 Stanford R. Ovshinsky(1923–)의 이름]

ov·u·lar [ávjulər, óuv-/ɔ́v-, óuv-] 형 1 (동물) 알의, 난자의. 2 발생의, 근본의 ; 생산적인. —명 여성이 출석하는 세미나.

ov·u·late [ávjulèit, óuv-/ɔ́v-, óuv-] 동(자) (생물) 배란(排卵)하다. **-la·tion** 명

ov·ule [ávjuːl, óuv-/ɔ́v-] 명 1 (식물) 배주 ; (동물) 수정되지 않는 난자. [<F]

o·vum [óuvəm] 명 (복 *o·va* [óuvə]) (생물) 알, 난자 ; (건축) 알 모양의 장식. [<L]

óvum trànsfer 명 (외과) 난자 이식. 「다.

ow [au] 감 아야, 아파, 앗(급격한 고통·놀람을 나타낸

O/W oil in water; one way(편도의).

‡**owe** [ou] 동 (~*s* [-z], ~*·ing*) 타 1 …을 (…에게) 신세지고 있다, 은혜를 입고 있다, …을 (…에) 돌리다, 덕택으로 하다 (*to*). ¶ (~+目+前+名) I ~ much *to* him. 그에게는 여러 모로 신세를 지고 있다/He ~*s to* his parents what he is. 그의 오늘이 있는 것은 양친 덕이다. 2 …을 (…에게) 빚지고 있다, 지불할 의무가 있다; …에게 빚이 있다 (*to*). ¶ (~+目+前+名) 目] She ~*s* fifty dollars *to* the grocer. =She ~*s* the grocer fifty dollars. 그녀는 식료품점에 50달러의 외상이 있다. 3 (남)에게 (어떤 감정)을 품고 있다, (감사·경의 따위)를 표시할 의무가 있다 (*for*). ¶ (~+目+目) I ~ him a grudge. 그에게는 원한이 있다. 4 (폐어) …을 소유하다. —자 (…의) 빚이 있다 (*for*). ¶ (~+前+名) He still ~*s for* his house. 그는 집에 대한 빚이 아직 남아 있다.

I owe you a lot. ① 큰 빚을 졌습니다. ② 대단히 감사합니다.

I owe you one. (구어) 고마워, 신세 졌어.

owe a person a living 남을 돌볼 의무가 있다.

owe a person one 남에게 은혜를 갚다.

owe it to oneself to do 자신에게 …할 의무가 있다.

ow·el·ty [óuəlti] 명 (법률) (특히 공유물의 소유에 대한) 평등.

Ow·en [óuən] 명 1 **Robert** ~ 오언(1771–1858: 영국의 공상적 사회주의자; 협동 조합 운동의 시조). 2 오웬(남자 이름). ~**·ism** 명(U) 오언주의. ~**·ist** 명

Ow·ens [óuənz] 명 **Jesse** ~ 오언스(1913–80: 미국의 흑인 육상 선수; 베를린 올림픽(1936) 육상 4관왕).

OWI, O.W.I. (美) Office of *W*ar *I*nformation(전시(戰時) 정보국).

‡**ow·ing** [óuiŋ] 형 (서술용법) 빚지고 있는, 미불의 (*to*). ¶ I paid what was ~ *to* him. 그에게 갚아야 할 것은 모두 갚았다.

owing to ① (서술) …의, 에 기인하는. ¶ His fame is ~ *to* his own efforts. 그의 명성은 그 자신의 노력에 의한 것이다. ② (전치사구로서) …때문에. ¶ *O*— *to* a heavy snowfall the train was delayed. 폭설로 기차가 연착되었다.

‡**owl** [aul] 명 (복 ~*s* [-z]) 1 올빼미. 2 (머리가 올빼미 비슷한) 집비둘기의 일종 (~ pigeon). 3 밤잠을 안 자는 사람, 밤에 나다니는[일하는] 사람. 4 점잔 빼는 사람, 영리한 것 같으면서 멍청한 사람.

(as) blind as an owl 전혀 안 보여.

(as) drunk as an owl (구어) 곤드레만드레 취해.

(as) solemn as an owl 몹시 근엄하게.

(as) stupid as an owl 매우 아둔해[어리석이].

(as) wise as an owl 아주 현명한[똑똑한].

be as grave as an owl 시치미를 떼다, 점잔을 빼다.

carry [or *send*] *owls to Athens* 쓸데없는 짓을 하다, 사족(蛇足)을 달다.

fly with the owls 밤에 나돌아다니다, 밤에 나다니는 버릇이 있다. [(드레 취하여.

like [or *as*] *a boiled owl* (美) 만취하여, 곤드레만

—형 야간[심야, 철야] 영업의, 철야 운전의. ¶ an ~ ✲·like [train 야간 열차.

owl·et [áulit] 명 1 올빼미 새끼. 2 작은 올빼미[유럽 산(産) 금눈쇠올빼미].

owl-eyed [-áid] 형 올빼미 같은 눈을 한; 밤눈이 밝은; (美속어) 몹시 취한, 취한 눈의.

owl·ish [áuli∫] 형 올빼미 같은 ; 야행성의 ; 영리한 체하나 사실은 어리석은 ; 눈이 크고 얼굴이 둥근.
~**·ly** 부 ~**·ness** 명

owl·light [-làit] 명(U) 희미한 빛, 황혼.

ówl shòw (美속어) 심야 흥행.

‡**own** [oun] 형 1 (소유격 뒤에서 소유·이해 관계를 강

조) 자기 소유의, 자기 자신의.¶That's my ~ affair. 그것은 네가 알 바 아니다. **2** (소유격 뒤에서 자주성을 강조) 스스로 하는; 독자적인, 남의 간섭을 받지 않는. ¶She does her ~ housework. 그녀는 자신이 직접 가사를 돌본다. **3** (소유격 뒤에서 특이성을 강조) 고유한, 독특한, 특유의, 그 자체의.¶I have my ~ way of doing it. 나에게는 나대로의 방식이 있다. **4** (독립해서 명사적으로) 자신의 것, 독특한 것; 자기 가족, 사랑스러운 사람.¶my ~ (부르는 말로) 여보, 얘야, 나의 사랑하는 사람/He can speak several languages besides his ~. 그는 모국어 외에 몇 개 국어를 할 수 있다. **5** (혈연 관계를 강조) 피를 나눈, 직접적인.¶They are not ~ brothers. 그들은 친형제가 아니다.
all one's *own* 독특한, 그 나름의.
be one's *own man* [or *master*] 구속당하지 않다. 독립되어 있다: 자기 뜻대로 움직이다. ¶He *is his* ~ *man* [or *master*]. 그는 자유의 몸이다(독립해 있다).
call one's *own* 소유하다; 마음대로 할 수 있다.¶a moment to *call* one's ~ 자기 마음대로 쓸 수 있는 시간.
come into one's *own* 명예·신용을 얻다.¶In his latest exhibition he has *come into* his ~ as a leading sculptor. 최근의 전시회에서 그는 일류 조각가로서의 지위를 획득했다.
each to one's *own* 사람마다 좋아하는 것이 있다.
for its own sake 그 자신을 위해.
for one's (*very*) *own* 혼자서 차지하여.〔*on, for*〕.
get [or *have*] one's *own back* 복수하다, 보복하다
hold one's *own* ① 자기의 입장을 지키다; 굴하지 않다. ② (환자가) 기운을 차리다, 힘을 내다.
make... into one's *own* ...을 자기의 것으로 만들다.
of one's *own* ① 자기가 소유하는, 자기 자신의.¶She has some property *of* her ~. 그녀에게는 자기의 재산이 약간 있다. ② 그것[그 사람] 특유의.
of one's *own doing* 스스로[손수] ...한.¶It is a profession *of* her ~ choosing. 그것은 그녀 스스로 선택한 직업이다.
on one's *own* (구어) ① 혼자서, 단독으로(alone).¶ live *on* one's ~ 혼자서 지내다. ② 자력으로, 자기 책임 아래; 독립해서.¶I do one's work *on* one's ~ 자기 책임하에 일을 하다. ③ 훌륭한; 현저한.
reap the harvest of one's *own sowing* 자기가 뿌린 씨는 자신이 거둔다; 자업자득이다.
— ⑤ (~s [-z]) ⑪ **1** ...을 소유하다. ⇒HAVE 유의어 ¶Who ~s this land? 이 땅은 누구 소유인가? **2** [사실·존재·가치]를 인정하다; ...으로 자기 것(자식)이라 인정하다. 〔결점·죄 따위〕를 자인하다, 고백하다. ⇒ADMIT 유의어¶~ one's fault [guilt] 자기의 과실[죄]을 인정하다// (~+图+(*to be*) 图) He ~ed himself (*to be*) in the wrong. 그는 자기가 잘못이라는 것을 인정했다// (~+图+*as* 图) They ~ed him *as* their master. 그들은 그를 주인으로 인정했다// (~+图+*done*) She ~ed herself *indebted*. 그녀는 은혜를 입었다고 말하고 있었다. **3** 복종하다. —ⓐ 인정하다, 자백하다 (*to*). ¶(~+图+图) I ~ *to* being at fault. 나는 내가 잘못임을 인정한다.
own... body and soul (구어) ...을 (몸도 마음도) 완전히 지배하다; 죽일 수도 살릴 수도 있다.
own oneself 자인하다, 인정하다.
own up 숨김없이[깨끗이] 인정하다 (*to*).
own-brand [-brǽnd] ⓐ (제조자가 아닌) 판매점 상표가 붙은 (상품), 판매점[자기] 브랜드의 (상품). (또는 **ówn-lábel**)
-owned [óund] ⓐ (복합어로) ...이 소유하는.¶ the state~ railroads 국유 철도 회사.
‡**own·er** [óunər] 图 (~s [-z]) **1** 임자, 소유자.¶a part ~ of a factory 공장의 공동 소유주의 한 사람. **2** (英속어) 선장; 선주; 〔상업〕 화주(貨主); 발주자(發注者).¶*at* ~'*s risk* 화주 책임하에. ~**·less** ⓐ
own·er-driv·en [-drívən] ⓐ 자가 운전의. ¶an ~ cab 개인 택시/an ~ car 자가용 차.
own·er-driv·er [-dráivər] 图 (英) 자가 운전자; 마이카 족(族), 개인 택시 기사.
own·er-oc·cu·pa·tion [ðunərɑkjupéiʃən/-ɔ́k-] 图 (英) 자택 거주(소유); 자가(自家), 마이 홈.
own·er-oc·cu·pied [ðunərɑ́kjupàid/-ɔ́k-] ⓐ (英) 자가(自家) 거주의.
own·er-oc·cu·pi·er [ðunərɑ́kjupàiər/-rɔ́kju-] 图 (英) 자택 거주자.
own·er-op·er·a·tor [ðunərɑ́pərèitər/-ɔ́p-] 图 개인 트럭 소유자, 개인 택시 기사; 자영 업자.
***own·er·ship** [óunərʃip] 图⓪ 소유자임, 소유; 소유권(proprietorship).¶claim ~ of ...의 소유권을 주장하다. 〔美경찰 용어〕
ówn góal 图 자살[자책]골; 자업자득의 실패; 실언.
own-la·bel [-léibəl] 图 (英) (소매점이 상품에) 자기 상표를 단, (상품이) 자가 상표인.
own·some [óunsəm] ⓐ * 다음 숙어로만 쓴다.
on one's *ownsome* (英속어) 혼자(alone).
OWS Ocean Weather Service.
Ows·ley [áuzli] 图 (때로 o-) (속어) 고순도(高純度)의 LSD. (또는 ← *ácid*) (<최초의 제조자인 약제사 Augustus Owsley의 이름)
‡**ox** [ɑks/ɔks] 图 (图 ~·**en**) **1** 황소; (식용·노역용의) 거세한 수소.¶strong as an ~ 아주 힘이 센.

유의어 **ox** 노역·식용으로 거세된 수소. **bull** 거세하지 않은 수소. **bullock** 수송아지. **steer** 식육 전용의 거세된 수소. **cattle** 가축, 특히 oxen, cows, bulls, calves 따위. **cow** 암소. **heifer** 새끼를 낳지 않은 어린 암소. **calf** 한 살 미만의 송아지.

---

2 소과(科)의 동물(물소·들소 따위). **3** (图 ~·**en**, ~·**es**) 바보, 아둔패기; 힘이 세나 쓸모없는 덩치 큰 남자, 동작이 느린 사람.
play the giddy ox 경솔한 짓을 하다.
The black ox has trod on one's *foot* [or *trampled on one*] 불행[노령]이 사람을 덮치다, 불운이 ←·*like* 图 .〔닥치다.
Ox. Oxford; Oxfordshire. (또는 **OXf.**)
ox- [ɑks/ɔks] 연결 (화학)「산소를 함유하는」의 뜻. (또는 **oxo-**)
ox·a·cil·lin [ɑ̀ksəsílin/ɔ̀k-] 图⓪ (약학) 옥사실린 (반(半)합성 페니실린).
ox·a·late [ɑ́ksəlèit/ɔ́k-] 图 (화학) 옥살산염(酸鹽).
ox·al·ic [ɑksǽlik/ɔk-] ⓐ **1** 〔식물〕 괭이밥(oxalis)의; 괭이밥에서 채취한. **2** 〔화학〕 옥살산의.
oxálic ácid 图 〔화학〕 옥살산. 〔밥.
ox·a·lis [ɑ́ksəlis, ɑksǽlis/ɔ́ksə-] 图 〔식물〕 괭이
ox·az·e·pam [ɑksǽzəpæm/ɔk-] 图 〔약학〕 옥사제팜(정신 안정제). (<hydr*ox*y+benz*o*diaz*ep*in+*am*ide)
óx báll 图 (美) (깃대 끝의) 깃봉.
ox·bird [ɑ́ksbə̀ːrd] 图 〔조류〕 민물도요새.
ox·blood [ɑ́ksblʌ̀d/ɔ́ks-] 图⓪ 검붉은색.
ox·bow [ɑ́ksbòu/ɔ́ks-] 图 **1** (소에게 매우는) U자형의 멍에. **2** (강의) U자형의 굽이[만곡부]; 만곡부에 둘러싸인 땅. **3** 초승달 모양의 것. —ⓐ U자형의.
Ox·bridge [ɑ́ksbridʒ/ɔ́ks-] 图 (英) **1** Oxford 대학과 Cambridge 대학; 일류 대학. **2** (두 대학의 영향을 받은) 영국의 상류의 사회. —ⓐ Oxford 대학과 Cambridge 대학의; 일류 대학의.
Ox·bridge·an [ɑ́ksbridʒiən] ⓐ图 Oxford와 Cambridge 대학의 (출신자). (또는 **Oxbridgian**)
ox·cart [ɑ́ksɑ̀ːrt/ɔ́ks-] 图 소달구지.
ox·en [ɑ́ksən/ɔ́k-] 图 ox의 복수형.
ox·er [ɑ́ksər/ɔ́ks-] 图 =ox-fence.
ox·eye [ɑ́ksài/ɔ́ks-] 图 **1** 소의[같은] 눈, (사람의)

ox-eyed [-àid] 📖 (소처럼) 눈이 크고 둥근.
Oxf. Oxford; Oxfordshire.
Ox·fam [áksfæm] 📖 옥스팸(Oxford에 본부를 둔 세계적 빈민 구제 기구). (또는 **OXFAM**) 〔<*Ox*ford Committee for *Fam*ine Relief〕
ox-fence [⁴fèns] 📖 (英) 소 우리(울타리 따위).
*__Ox·ford__ [áksfərd/ɔ́ks-] 📖 **1** 옥스퍼드(London의 서북쪽에 있는 도시로 옥스퍼드 대학의 소재지; ⓔ Ox., Oxf.) **2** 옥스퍼드 대학(~ University). **3** 영국산 (産)의 뿔 없는 큰 양. **4** =~ Down. **5** =~ shoe.
Oxford áccent 📖 옥스퍼드 사투리, 점잔 빼는 말씨.
Oxford bág 📖 **1** 보스턴 백과 비슷한 대형 가방. **2** (~s) (英) 폭이 넓은 바지.
Oxford blúe 📖 **1** 짙은 감청색(옥스퍼드 대학의 교색(校色)). **2** (교색 유니폼을 입은) 옥스퍼드 대학 대표(선수). **3** (옥스퍼드 대학) 스포츠 선수에게 주는 감청색 상(유니폼, 배지 따위). 「부 지방의 점토질 지층.
Oxford cláy 📖 [지질] 옥스퍼드 점토층(잉글랜드 중
Oxford Dówn 📖 [축산] 옥스퍼드(다운) 종(의 양)(영국의 뿔 없는 양).
Oxford Énglish 📖 옥스퍼드 영어(옥스퍼드 대학에서 사용되는 점잖 빼는 영어).
Óxford Énglish Díctionary 📖 (the ~) 옥스퍼드 영어 사전(Oxford 대학 출판부 발행의 영영 사전; 略 OED).
Óxford fráme 📖 정(井)자 모양의 액자.
Óxford gráy 📖 짙은 회색(dark gray).
Óxford Gróup 📖 옥스퍼드 그룹(F. Buchman이 1921년 런던에서 결성한 기독교의 도덕 혁신 운동 조직). ⓔ Moral Re-Armament
Ox·for·di·an [aksfɔ́:rdiən/ɔks-] 📖|📖 =Oxonian.
Óxford mán 📖 옥스퍼드 대학 출신자.
Óxford móvement 📖 (the ~) 옥스퍼드 운동(1833년 Oxford 대학에서 일어난 영국 국교에 가톨릭의 교의·법식을 부활시키려고 한 운동). ⓔ Tractarianism
Óxford shóe 📖 발등을 끈으로 매는 신사화.
Óxford Trácts 📖|📖 (the ~) 옥스퍼드 소책자(Oxford Movement를 옹호하는 90권의 논설집 *Tracts for the Times*를 가리킴).
Óxford Univérsity 📖 (영국의) 옥스퍼드 대학.
ox·gall [áksgɔ̀ːl/ɔ́ks-] 📖 **1** 황소의 담즙(도료·약용). **2** 밝은 노란색.
ox·goad [áksgòud/ɔ́ks-] 📖 소몰이용 막대.
ox·heart [ákshà:rt/ɔ́ks-] 📖 **1** 버찌의 한 품종. **2** 양배추의 일종(~ cabbage).
ox·herd [ákshə̀:rd/ɔ́ks-] 📖 소치는 사람.
ox·hide [áksháid/ɔ́ks-] 📖|📖 쇠가죽; 무두질한 (쇠)가죽. 「化劑).
ox·i·dant [áksədənt/ɔ́k-] 📖 옥시던트, 산화제(酸
ox·i·dase [áksədèis, -dèiz/ɔ́k-] 📖 (생화학) 산화 효소.
ox·i·date [áksədèit/ɔ́k-] 📖 =oxidize.
ox·i·da·tion [àksədéiʃən/ɔ̀k-] 📖|📖 (화학) 산화.
oxidation énzyme 📖 (생화학) =oxidase.
oxidátion númber 📖 =oxidation state.
oxidátion poténtial 📖 [물리] 산화 전위(酸化電位).
ox·i·da·tion-re·duc·tion [-ridʌ́kʃən] 📖 [화학] 산화 환원. —📖 산화 환원의[에 관한].
oxidátion-redúction poténtial 📖 [화학] 산화 환원 전위.
oxidátion státe 📖 [화학] 산화 상태.
ox·i·da·tive [áksədèitiv] 📖 [화학] 산화의, 산화력이 있는. ~·ly 📖 「nitrogen ~ 산화 질소.
*__ox·ide__ [áksaid, -sid/ɔ́ksaid] 📖 [화학] 산화물. ¶
ox·i·dim·e·try [àksədímətri/ɔ́k-] 📖 산화 적정(산화 (작용); 산화물.
ox·i·di·za·tion [àksidəzéiʃən/ɔ̀k-] 📖|📖 (화학)

*__ox·i·dize__ [áksədàiz/ɔ́k-] (*(英) -dise**) 📖|📖 **1** ...을 산화시키다, 산소와 결합시키다. **2** (은(銀)) 따위)를 그슬리다; 녹슬게 하다(rust). ¶ ~*d* silver 그슬린 은. **3** (산소의 작용 따위에 의해서) ...에서 수소를 제거하다; ...에 산소[비금속]를 가하다. **4** (원자나 분자로부터 전자를 제거함으로써) 원자가(價)를 늘리다. —📖 산화하다; (와인이) 시게 되다.
ox·i·diz·er [áksədàizər/ɔ́k-] 📖 [화학] 산화제.
óxidizing ágent 📖 [화학] 산화제. 「꽃.
óxidizing fláme 📖 [화학] 산화염(焰); 산화성 불
ox·i·do·re·duc·tase [àksədouridʌ́kteis, -teiz/ɔ̀k-] 📖 (생화학) 산화 환원 효소.
ox·im·e·ter [aksímətər/ɔk-] 📖 [병리] (헤모글로빈의) 산소 농도계.
ox·im·e·try [aksímətri/ɔk-] 📖 [병리] 산소 측정법.
ox·i·sol [áksəsɔ̀ːl, -sɑ̀l/-sɔ̀l] 📖 [지질] 열대 산화 토.
ox·lip [ákslip/ɔ́ks-] 📖 [식물] 앵초의 일종. 「토양.
Ox·on [áksɑn, -sən/ɔ́ksɔn-] 📖 **1** =Oxford. **2** = Oxford University. **3** (라틴) *Oxoniensis* (=of Oxford) (*Bishop of Oxford의 서명). 📖 (학위 뒤에 쓰여) 옥스퍼드 대학의. ¶ M.A. ~ 옥스퍼드 대학 석사.
Ox·o·ni·an [aksóuniən/ɔk-] 📖 Oxford(대학)의. —📖 Oxford 대학생[졸업생]; Oxford의 시민.
ox·o·trem·o·rine [àksoutrémərìːn/ɔ̀k-] 📖 [약학] 옥소트레모린(부교감 신경 작동제).
ox·tail [ákstèil/ɔ́ks-] 📖 (수프용) 쇠꼬리.
ox·ter [ákstər/ɔ́ks-] 📖 (스코) 겨드랑이. —📖|📖 ...을 팔로 부축하다; 겨드랑이에 끼다, 끼어 안다.
ox·tongue [ákstʌŋ/ɔ́ks-] 📖 **1** (요리용) 소 혓바닥. **2** [식물] 소의 혀 모양 잎을 가진 식물.
ox·y-¹ [áksi/ɔ́k-] 📖 sharp, acute, acid의 뜻. ¶ *oxy*moron.
ox·y-² [ ] 📖 「산소, 산소를 함유하는」의 뜻(때로는 hydroxy-와 동의어). ¶ *oxy*chloride.
ox·y·a·cet·y·lene [àksiəsétilìːn/ɔ̀ks-] 📖|📖 [화학] 산소아세틸렌(의). ¶ ~ flames 산소아세틸렌 불꽃.
oxyacétylene wélding 📖 산소아세틸렌 용접.
ox·y·ac·id [áksiæ̀sid/ɔ́ks-] 📖|📖 (화학) 산소산(酸), & hydracid (또는 **óxygen ácid**).
ox·y·chlo·ride [àksiklɔ́ːraid/ɔ̀ks-] 📖 [화학] 산 염화물(鹽化物). 「시던트.
ox·y·dant [áksidənt/ɔ́ks-] 📖 [화학] (광화학) 옥
*__ox·y·gen__ [áksidʒən/ɔ́ks-] 📖|📖 [화학] 산소(비금속 원소로; 기호 O).
óxygen ácid 📖 =oxyacid.
ox·y·gen·ase [áksidʒənèis, -nèiz/ɔ́ks-] 📖 (생화학) 산화 효소, 산소 첨가 효소.
ox·y·gen·ate [áksidʒənèit/ɔksídʒən-] 📖|📖 ...을 산소로 처리하다, 산소와 화합시키다, 산화하다.
-**á·tion** 📖 [화학] 산소 첨가제, 산화제(劑).
ox·y·gen·a·tor [áksidʒənèitər/ɔksídʒən-] 📖 산소 첨가 장치; (개심 수술(開心手術) 수술시 등의) 산소 공급기.
óxygen céll 📖 [생태] 산소 순환.
óxygen cýcle 📖 [생태] 산소 순환.
óxygen débt 📖 [생리] 산소 부채(심한 운동으로 체내의 산소가 부족해진 상태).
óxygen demánd 📖 [화학] 산소 소비량.
óxygen efféct 📖 [생물] (생체가 방사선을 받을 때의) 산소 효과.
ox·y·gen·hý·dro·gen wélding [-háidrodʒən-] 📖 산수소 용접.
ox·y·gen·ic [àksidʒénik/ɔ̀ks-] 📖 산소의, 산소성의
ox·y·gen·ize [áksidʒənàiz/ɔ́ks-] (*(英) -ise*) 📖|📖 =oxygenate.
óxygen lánce 📖 산소창(槍)(강철·콘크리트 따위를 절단하기 위해 가압 산소를 불어넣을 때 쓰는 관).
óxygen másk 📖 산소 마스크.

óxygen tènt 图 (중환자용) 산소 (보급용) 텐트.
óxygen wàlker 图 휴대용 산소 흡입기.
ox·y·hem·o·glo·bin [àksihí:məglòubin/ɔ̀k-] 图 〔생화학〕 산화 헤모글로빈.
ox·y·hy·dro·gen [àksiháidrədʒən/ɔ̀ks-] 〔화학〕 图凰 산수소 가스. ― 图 산수소 가스의. ¶ ~ torch 산수소 용접 토치.
ox·y·mel [áksimèl/ɔ́k-] 图 (심폐 질환자를 위한)
ox·y·mo·ron [àksimɔ́:rɑn/ɔ̀ksimɔ́:rɔn] 图 (수사) 모순(矛盾)[당착(撞着)] 어법(양립할 수 없는 말을 서로 짜맞추어 수사적 효과를 올리려는 어법. 예: polite discourtesy 정중한 무례 / an open secret 공공연한 비밀).
ox·y·mo·ron·ic [àksimərɑ́nik, -mɔ:-/ɔ̀ksimərɔ́n-] 图 모순(어법)의. **-i·cal·ly** 图 [(증).
ox·y·o·pi·a [àksióupiə/ɔ̀ks-] 图凰 〔의학〕 시력 예민
ox·y·salt [áksisɔ̀:lt/ɔ́ks-] 图 〔화학〕 산소산염.
ox·y·sul·fide [àksisʌ́lfaid, -fid/ɔ̀ks-] 图 〔화학〕 산황화물(酸黃化物).
ox·y·tet·ra·cy·cline [àksitetrəsáikli(:)n/ɔ̀k-] 图 〔약학〕 옥시테트라사이클린(항생물질).
ox·y·to·cic [àksitóusik/ɔ̀ksitóu-] 图 〔의학〕 자궁 수축성의; 분만 촉진성의. ― 图 분만 촉진제; 자궁 수축제. [신(진통 촉진제).
ox·y·to·cin [àksitóusn/ɔ̀ks-] 图 〔약학〕 옥시토신(진통 촉진제).
ox·y·tone [áksitòun/ɔ́ks-] 图 〔고전 그리스 문법〕 마지막 음절에 강한 악센트가 있는 (말).
ox·y·u·ri·a·sis [àksijuráiəsis/ɔ̀ksijuərái-] 图 〔의학〕 요충증(蟯蟲症).
oy¹ [ɔi] 图 (놀람·고통·당황·슬픔 따위를 나타내어) 아
oy² 图 〔스코〕 1 손자. 2 (폐어) 조카.
OY (수산) *o*ptimum *y*ield(최적 어획량).
o·yer [óujər, ɔ́iər/ɔ́iə] 图 〔법률〕 1 (형사 사건의) 심리. 2 = ~ and terminer. 3 증서 낭독 절차. 4 (상대에게 보낸) 송달 증서 등본.
óyer and tér·mi·ner [-tə́:rmənər] 图 〔법률〕 1 (美) (몇몇 주의) 제1심 형사 재판소. 2 (英) 순회 재판 지령서; 순회 재판소.
o·yez [óujes, -jez] 图 들어라, 근청, 정숙(법정의 정리가 주의를 환기하기 위해서 보통 3번 되풀이하는 목소리). ― 图 그 외치는 목소리. (또는 **oyes**)
‡**oys·ter** [ɔ́istər] 图 (복 ~**s** [-z]) 1 〔조개〕 굴. 2 (닭·칠면조 따위의 골반 양쪽 오목한 곳에 붙어 있는) 맛 좋은 살점. 3 (속어) 말이 없는 사람, 입이 무거운 사람. 4 이익이 되는 것. 5 = ~ white. 6 (英속어) 가래침, 끈적끈적한 콧물.
an oyster of a man 말이 없는 사람. [지 않는.
as close as an oyster 매우 과묵한, 비밀을 누설하
as dumb as an oyster 좀처럼 말이 없는.
as like as an apple to an oyster 전혀 닮지 않은.
The world is one's oyster. (구어) 세상은 (사람이) 자유롭게 무엇이든 할 수 있다, 세상사는 생각하기에 [달렸다.
― 图迅 굴을 따다, 굴을 상식(常食)하다.
óyster bàr 图 (바 형식의) 굴 식당, 굴 요리점.
óyster bày 图 굴 요리점, 해산물 요리점.
óyster bèd[bànk] 图 굴 양식장.
oys·ter·ber·ry [-bèri] 图 (美속어) 진주.
oys·ter·bird [ɔ́istərbə̀:rd] 图 = oyster catcher.
oys·ter·catch·er [-kæ̀tʃər] 图 검은머리물떼새.
óyster cràb 图 〔동물〕 굴속살게(굴 껍질 속에서 굴과 공생).
óyster cràcker 图 소금기가 있는 작은 크래커(굴 [수프에 곁들인다).
óyster cùlture 图 굴 양식.
óyster fàrm 图 굴 양식장. **óyster fàrmer** 图
óyster fòrk 图 (어패류 식사용) 작은 포크.
oys·ter·house [ɔ́istərhàus] 图 굴 음식점.

oys·ter·ing [ɔ́istəriŋ] 图 굴을 따는[양식하는]. ¶ ~ grounds 굴 양식장. ― 图 1 U 굴 채취(업). 2 굴껍질
óyster knìfe 图 굴 까는 칼. [무늬의 미장 합판.
oys·ter·man [ɔ́istərmən] 图 1 굴 따는 사람, 굴 양식하는 사람; 굴 장수. 2 U 굴 따는 배.
óyster pàrk 图 = oyster bed.
óyster pátty 图 굴이 든 파이. [채. 3 갯지초.
óyster plànt 图 〔식물〕 1 선모(仙茅)(2년초). 2 양쇠
óyster ràke 图 굴 채취용 갈퀴.
oys·ter·shell [ɔ́istərʃèl] 图 빻은 굴 껍질(사료용).
óysters Róckefeller 图 〔요리〕 오이스터록펠러 (굴·시금치·버터 따위에 빵가루를 뿌리고 굴껍질에 얹어 구운 요리).
óyster stèw 图 오이스터 스튜(굴이 든 크림 스튜).
óyster white 图 잿빛 도는 백색, 회백색.
oys·ter·wom·an [ɔ́istərwùmən] 图 굴을 양식[채
*★**oz, oz.** *o*unce. [취]하는 여자.
Oz¹ [ɑz/ɔz] 图 오즈(미국 작가 F. Baum의 동화 *The Wonderful Wizard of Oz*에 나오는 마법의 나라).
Oz² (濠속어) = Australia(n). ― 图 = Australian.
Oz *o*zone. [코드).
OZ 图 Asiana airlines(아시아나 항공사의 국제 항공
O.Z. [óuzi:] 图 (속어) 1온스의 마리화나(마약).
o·zo·ce·rite [ouzóukəràit, -səràit/-kərit] 图凰 (광물) 지랍(地蠟). (또는 **ozokerite**)
o·zon- [ouzoun] 〔연결〕 ⇒ OZONO-. [오존 처리.
o·zo·na·tion [ðuzounéiʃən] 图 〔화학〕 오존화(化).
o·zone [óuzoun, ‑‑́] 图 1 〔화학〕 오존. 2 (구어) 신선한 공기. 3 (美학생 속어) 환각 상태.
o·zon·ic [ouzɑ́nik, ‑zóu-] 图
ózone alèrt 图 오존 발생 경보.
ózone deplètion 图 오존 감소, 오존층 파괴
ózone-frìend·ly [-fréndli] 图 (제품이) 오존층을 파괴하지 않는 (↔ ozone-unfriendly).
ózone hòle 图 〔기상〕 오존 홀, 오존층 구멍(오존층 중에서 극도의 오존 감소가 관측되는 지역).
ózone làyer 图 오존층(層)(ozonosphere).
o·zon·er [óuzənər] 图 (美속어) 야외 극장, 드라이브인 영화관.
ózone shìeld 图 = ozone layer.
ózone sìckness 图 오존병(고공에서 오존에 과잉 노출되어 발생하는 눈병·두통·졸음 따위).
o·zone·sonde [óuzounsɑ̀nd/-sɔ̀nd] 图 오존존데(상공의 오존 분포를 조사하는 기구(氣球) 탐측기).
o·zon·ic [ouzɑ́nik/-zɔ́n-] 图 오존(성)의[을 함유한 [물).
o·zo·nide [óuzənàid, -zou-] 图 〔화학〕 오존화물(化
o·zo·nif·er·ous [òuzəníf*ə*rəs, -zou-] 图 오존을 함유하는; 오존을 발생하는.
o·zon·ize [óuzənàiz, -zou-] (* (英) **-ise**) 图迅 1 오존으로 포화(飽和)시키다, 오존으로 처리하다; (산소)를 오존화하다. ― 图 (산소가) 오존화되다. **-i·zá·tion**
o·zon·iz·er [óuzənàizər, -zou-] 图 〔화학〕 오존 발생기, 오존관(管).
o·zo·no- [ouzóunou, -nə] 〔연결〕 「오존」의 뜻(* 모음 앞에서는 ozon-). ¶ *ozono*sphere.
o·zo·nol·y·sis [òuzənɑ́ləsis, -zou-/-nɔ́l-] 图 〔화학〕 오존 분해(탄화수소에 대한 오존의 반응).
o·zo·nom·e·ter [òuzounɑ́mətər/-nɔ́m-] 图 오존계(計). [층(層)(지상 13~48km).
o·zo·no·sphere [ouzóunəsfìər] 图 (the ~) 오존
o·zo·nous [óuzənəs, -zou-] 图 오존의, 오존을 함유하는. [臭症); 입냄새.
o·zos·to·mi·a [òuzəstóumiə] 图 〔병리〕 구취증(口
ozs, ozs. *o*unces. **oz.t., ozt., ozT** *o*unce troy.
Oz·zie [ázi/ɔ́zi] 图图 (구어) = Aussie.

P

P, p [piː] 명 (복 **P's, Ps; p's, ps**) **1** 영어 알파벳의 열여섯째 자. ¶P for Peter Peter의 P(국제 전화 통화 용어). **2** P[p]가 나타내는 소리. **3** P[p]자형의 물건.

mind [or **watch**] one's **p's and q's** [or **P's and Q's**] 언행에 신경쓰다. ¶He was told to mind his p's and q's. 그는 언행을 조심하라는 말을 들었다.

p pence; penny; piano.

P (교육) passing; (서양장기) pawn; (전자) plate; poor; (문법) predicate; protestant.

P ⑦ **1** (차례·연속된 것의) 열여섯 번째(의 것)(I 또는 J를 계산에 넣지 않을 경우는 열다섯 번째의 것). **2** (중세 로마 숫자의) 400. **3** (유전) =parental. **4** (화학) =phosphorus. **5** (물리) =power; pressure; proton; poise²; parity; momentum. **6** (생화학) = proline. **7** =parking. **8** (국제 자동차 식별 기호) Portugal. **p.** page(복 pp.); part; participle; past; (라틴) pater(=father); (서양장기) pawn; pence; penny; per; peseta; peso; (음악) piano; pint; pipe; (야구) pitcher; pole; population; (라틴) post(=after); principal; (라틴) pro(=for). **P.** pastor; (라틴) Pater(=father); peseta; peso; post; president; pressure; priest; prince; progressive.

pa¹ [paː, pɔː] 명 (구어) =papa. 「덕 위의 마을.
pa² [paː] 명 (뉴질) (Maori족의 방책(防柵)을 두른 언
Pa ⑦ (화학) protactinium. **PA** (美) Petroleum Administration. **Pa.** Pennsylvania. **p.a.** participial adjective; per annum; press agent. **P.A.** passenger agent(여객 담당); post adjutant(수비대 부관); power of attorney(대리권); Press Association; purchasing agent; public-address (system).

pa'an·ga [páːŋgə, paːáːŋ-] 명 (복 ~) 파앙가 (Tonga의 화폐 단위; =100 seniti). 「acid.
PABA [páːbə] 명 (약학) =para-aminobenzoic
Pab·lum [pǽbləm] 명 **1** (상표) 패블럼(유아용 식품 이름). **2** (p-) 무미건조한 책[사상]. **3** (p-) ⓤ 영양물.
pab·u·lum [pǽbjuləm] 명 ⓤ **1** 영양, 음식물; 마음의 양식(책 등의). (토의 등의) 기초 자료. **2** =Pablum 2.
PABX (통신) private automatic branch exchange (자동식 구내 교환 (기)).
pac¹ [pæk] 명 **1** =pack¹
pac² 명 팩(부츠 안에 신는 부드러운 신발).
Pac. Pacific. **P.A.C., PAC** Pan-Africanist [-American] Congress; (심리) Parent, Adult, Childhood; (美) Political Action Committee(정치 활동 위원회). 「원산).
pa·ca [pάːkə, pǽkə] 명 ⓒ 파카 마멋의 일종(중·남미
PACAF (美) Pacific Air Forces.
‡pace¹ [peis] 명 (복 **pac·es** [-iz]) **1** 걸음 속도, 보조(步調); 운동의 속도, 페이스. ¶hike at a ~ of four miles an hour 시속 4마일의 속도로 걷다. **2** 한 걸음(의 거리), 보폭(步幅)(보통 약 2.5피트); 걸음, 한 발짝, 큰 걸음. **3** 걷는 모양, 걸음걸이. **4** (말의) 걸음 걸이, 걷는 방식(amble, canter, trot, gallop 따위); 측대보(側對步)(amble)(말이 같은 쪽의 앞뒤 다리를 동시에 놀려 걷는 걸음. **5** (계단의) 층계참(層階站); (계단의) 넓은 단. **6** (야구) 투수의 구속(球速). **7** (영화·문학) (극적 효과를 위한) 템포(tempo), 속도.

at a foot's pace 보통 걸음으로
at a good pace 상당한 속도로, 활발하여.
force the pace (무리를 하여) 서두르다.

go [or **hit**] **the pace** ① 전속력으로 나아가다. ② 사치스럽게 살다; 방종한 생활을 하다. 「보여주다.
go through one's **pace** (구어) 솜씨[역량, 실력]를
keep pace with …와 보조를 맞추다, …에 따라가다.
make one's **pace** 걸음을 재촉하다, 서두르다.
mend one's **pace** 보조를 빠르게 하다, 서두르다.
off (**the**) **pace** (속어) 선두보다 뒤떨어져서. ¶His car is about one lap off the ~. 그의 차는 선두보다 한 바퀴 가량 뒤떨어져 있다. 「험해 보다.
put a person **through** his **paces** 남의 역량을 시
set [or **make**] **the pace** ① (경주에서) 선두로 달리다, 보조를 정하다(for). ② 모범을 보이다.
show one's **paces** ① (말의) 걸음걸이를 보이다. ② (사람의) 자기 역량[솜씨]을 보이다.
stand [or **stay**] **the pace** 뒤지지 않고 따라가다.
try a person's **paces** 남의 역량을 시험해 보다; 남의 됨됨이[인품]를 보다.

— 타 (**pac·es** [-iz]; ~**d** [-t]; **pac·ing**) 탭 **1** …을 천천히 걷다. **2** (경주에서) (남)을 리드하는 속도로 달리다. **3** (거리)를 걸음으로 재다(off, out). ¶He ~d off the distance. 그는 걸음으로 거리를 쟀다. **4** (일정한 보조·속도로) …을 훈련하다, 조정하다, …에 보조를 맞추다; (말)을 일정한 속도로 달리게 하다. **5** (의학) (전기적 충격을 주어) (심장)을 고동시키다. — 자 **1** (같은 보조로) 천천히 걷다(on, about); (초조한 듯이) 왔다가다하다(up and down, to and fro). ¶~ up and down the room 방안을 서성거리다. **2** (말이) 측대보로 걷다.

유의어 **pace** 확실하고 규칙적인 걸음걸이로 걷다.
plod 피로한 듯 천천히 걷다. **trudge** 기운은 없지만 열심히 걷다.

pace away (시간)을 빈둥거리며 보내다.
pace it 천천히 하다(말하다).
pa·ce² [péisi, pάːtʃei] 전 …에게는 실례입니다만. ¶~ Mr. George 조지 씨에게는 실례입니다만.
PACE [peis] 명 (美) 페이스((연방 정부 각 기관의) 전문직·행정직 채용 시험). (<Professional and Administrative Career Examination).
páce bòwler 명 (크리켓) 속구(速球) 투수.
páce càr 명 **1** 선도차(자동차 경주에서 엔진의 웜업을 위해 스타트 전에 코스를 일주하는 레이스 카를 선도하는 차). **2** (마라톤 따위에서) 선도차.
paced [peist] 형 **1** (복합어로) …걸음의. ¶slow-~ 느린 걸음의/fast-~ 빠른 걸음의. **2** 걸음으로 잰. **3** (경마) pacesetter가 정한 페이스의.
páce làp 명 ⓤ 페이스 랩(자동차 경주에서 레이스 카가 스타트 전에 pace car의 선도로 코스를 일주하는 일).
pace·mak·er [péismèikər] 명 **1** 속도 조정자, 페이스메이커(경주 등에서). **2** (의학) 심장의 고동 속도를 조정하는 선수). **2** 지도자, 주도자. **3** (의학) 맥박 조정기.
pace·mak·ing [péismèikiŋ] 명 형 보조(步調) 조정
páce màn 명 =pace bowler. 「(의).
pac·er [péisər] 명 **1** 보행자; 보측자(步測者). **2** =pacemaker 1, 2. **3** 측대보로 걷는 말.
pace·set·ter [péissètər] 명 =pacemaker 1, 2.
-ting 형 「류에 맞는, 최신의.
pac·ey [péisi] 형 스피드가 있는, 활기 있는; (美) 시
pa·cha [páːʃə, pǽʃə, pəʃάː] 명 =pasha. **~·dom** 명
pa·cha·lic [pəʃάːlik, pάːʃə-] 명 =pashalik.

pa·chi·si [pətʃíːzi, pɑː-] 명 =parcheesi.
pa·chu·co [pətʃúːkou] 명 (~s) (멕시코계 미국인 중) 복장이 요란한 10대의 불량 소년.
pach·y- [pǽki] 연결 「두꺼운」의 뜻.
pach·y·ce·pha·lo·saur [pækəsəfǽləsɔːr] 명 〔고생물〕 파키세팔로사우루스(백악기의 초식성 공룡).
pach·y·derm [pǽkidə̀ːrm] 명 후피(厚皮) 동물(코끼리·하마 따위); 철면피; 둔감한 사람.
pach·y·der·ma·tous [pæ̀kidə́ːrmətəs] 형 후피 동물의, 후피의; 철면피의, 둔감한. ~·**ly** 부
pach·y·der·mous [pæ̀kidə́ːrməs] 형 1 =pachydermatous. 2 두터운 벽이 있는. ~·**ly** 부
pa·chym·e·ter [pəkímətər] 명 후도계(厚度計).
pach·y·san·dra [pæ̀kisǽndrə] 명 〔식물〕 수호초.
***pa·cif·ic** [pəsífik] 형 1 평화적인, 화해적인. ¶ ~ propositions 화해적인 제안. 2 평화를 사랑하는; (성질 따위가) 온화한. 3 (시대·상태가) 평화로운, 태평한. 4 (날씨·바람·강 따위가) 잔잔한; (시골이) 조용한.
유의어 **pacific** 평화·화해를 조장[유지]하는 (경향의).
peaceable 평화를 애호하고 싸움을 싫어하는.
peaceful 평화·평온한 상태로 있는. **placid** 흥분·혼란 따위가 없이 조용히 만족하는.
‡**Pa·cif·ic** 형 태평양의, 태평양 연안의. ¶ the ~ States 미국 태평양 연안 제주(諸州)(Washington, Oregon 및 California). —명 (the ~) 태평양(the ~ Ocean). 2 (美) (옛날의) 「퍼시픽랜」 급행 증기 기관차.
Pacific Age (the ~) 태평양 시대.
pa·cif·i·cal·ly [pəsífikəli] 부 화해적, 평화적으로, 평온하게, 태평하게.
pa·cif·i·cate [pəsífəkèit] 타 =pacify.
-**cà·tor** [-kèitər] 명 -**i·ca·to·ry** [-ikətɔ̀ːri/-təri] 형
pac·i·fi·ca·tion [pæ̀səfikéiʃən] 명 1 ⓤ 화해, 조정; 진압, 평정(平定); (건물 파괴나 식량 공급의 단절 등에 의한) 게릴라 행동의 진압. 2 평화(강화) 조약.
Pacific Basin [-béisn] 명 (the ~) 태평양 해역.
pacific blockáde 명 〔국제법〕 평시(平時) 봉쇄(간섭이나 보복의 수단으로서 타국의 항구를 봉쇄하는 일).
Pacific dáylight tìme (美) 태평양 여름 시간 (Pacific time의 여름 시간; 略 PDT).
Pacific hígh 명 태평양 고기압.
Pacific Íslands (the ~) 태평양 신탁 통치 제도(諸島)(Trust Territory of the ~)(미국의 신탁 통치령이었던 Marshall, Mariana, Caroline 군도).
pa·cif·i·cism [pəsífəsìzm] 명 (英) =pacifism.
-**cís·tic** 형 -**cís·ti·cal·ly** 부
pa·cif·i·cist [pəsífəsist] 명 =pacifist.
‡**Pacific Ócean** 명 (the ~) 태평양.
Pacific Rím (the ~) 환(環)태평양 지역[국가].
Pacific Stándard Tìme 명 =Pacific time.
Pacific Tén (美) 태평양 연안 10개 대학 경기연맹. (또는 **PAC 10**) 〔GMT보다 8시간 늦음〕.
Pacific tìme 명 태평양 표준시(미국 표준시의 하나).
pac·i·fi·er [pǽsəfàiər] 명 1 달래는 사람[것], 조정자. 2 (유아용) 고무[플라스틱] 젖꼭지, 갓난 아기에게 빨리는 장난감. 〔전론〕
pac·i·fism [pǽsəfìzm] 명 ⓤ 평화주의, 평화론.
*‡**pac·i·fist** [pǽsəfist] 명 평화주의자[론자], 양심적 병역 거부자, 반전론자(反戰論者). — 형 =pacifistic.
pac·i·fis·tic [pæ̀səfístik] 형 평화[주의론]의, 평화론자의. **-ti·cal·ly** 부
pácifist móvement 명 평화 운동.
*‡**pac·i·fy** [pǽsəfài] 타 타 1 〔화난 사람 등을〕 달래다, 진정시키다, 가라앉히다. 2 〔나라 등을〕 평화롭게 하다, …에 평화를 회복시키다. 3 〔식욕 따위를〕 채우다.
pac·ing [péisiŋ] 명 ⓤ 보측(步測).

Pa·ci·no [pətʃíːnou] 명 **Al(fredo James)** ~ 파치노(1940- : 미국의 영화 배우).
‡**pack¹** [pæk] 명 1 꾸러미, 짐, 다발. ⇒ BUNDLE 유의어 ¶ a mule ~ 노새의 짐. 2 팩(거래를 위한 양의 단위; 양모는 240 파운드, 곡물은 280파운드, 석탄은 3 부셸 등); (美) (판매용으로 일정량을 채운) 한 상자[팩, 꾸러미]. ¶ a six-~ of beer 6병들이 맥주 한 상자. 3 (연간·한 철의 과일·어물 따위의) 통조림[포장] 출하량(出荷量). ¶ last year's crab ~ 작년의 게 통조림 출하량. 4 (악당 따위의) 일당, 한패, …의 어중이떠중이(of); (보이 적) 보이(걸) 스카우트의 연소 집단(cub scouts [Brownies]); 〔사냥〕 사냥개의 한 무리[떼]; (같은 종류의) 무리⇒ FLOCK 유의어. 〔경멸적〕 다수. ¶ a ~ of thieves 도적의 한 떼 / a ~ of wolves 이리 떼 / a ~ of lies 거짓말투성이. 5 트럼프의 한 벌(보통 52매) (deck); (담배 따위의) 한 갑; 한 상자. ¶ a ~ of matches 성냥 한 통. 6 큰 부빙군(浮氷群) (~ ice). 7 〔의학〕 찜질 요법; 습포(濕布); 건포(乾布); 얼음주머니; (미용술의) 팩; (수술·치료시 상처 따위에 넣는) 사각 거즈[탈지면]. 8 〔집합적〕 (럭비·축구의) 전위. 9 〔컴퓨터〕 팩 (데이터를 압축하여 기억시킨 것). 9 〔채광〕 버력 더미, 충전벽(充塡壁); 갱도의 버팀 (구조물). 10 〔사진〕 (필름) 팩, 필름 한 통. 11 〔연극〕 플래츠(flats)의 묶음.
go to the pack (濠·뉴질 속어) 의욕을 잃다; 쓰러지다.
have a pack (속어) 이가 꾀다, 곤드레가 되다.
in packs 떼지어, 무리를 이루어.
— 타 (~ed [-t]) 타 1 짐을 꾸리다, 포장하다, 싸다, 묶다, 꾸리다(away, up); …에을 채워넣다(with). ¶ (~+目+前+名) He ~ed the trunk with the clothes. 그는 트렁크에 의류를 빽빽이 채웠다. 2 (사람이) …을 꽉 메우다[채우다]. ¶ The audience ~ed the hall. 청중이 홀을 꽉 메웠다 / The bus was ~ed with skiers. 버스는 스키 타는 사람으로 만원이었다. 3 (용기 따위에) …을 채우다, 통조림으로 만들다. ¶ ~ meat 고기를 통조림하다. 4 (증기·물·공기 따위가 새지 않도록) …에 틈막이를 하다, 패킹을 대다, …을 봉하다, 틀어막다. 5 …을 굳히다(down); …의 둘레를 채우다. ¶ ~ the ground 땅을 굳히다 // (~+目+前+名) ~ dishes in straw 접시 둘레를 짚으로 채우다. 6 (말 따위에) 짐을 싣다(load). ¶ We ~ed the mules. 우리는 노새에 짐을 지웠다. 7 (상비품으로) …을 갖고 다니다, 휴대하다. ¶ ~ a gun 총을 휴대하다. 8 …을 쫓아내다; …을 해고하다(off, away). ¶ (~+目+前) ~ a servant off 하인을 쫓아내다 / They ~ed him off to school. 그들은 그를 학교로 쫓아 보냈다. 9 …을 끝내다. 10 (속어) 〔강타〕를 가하다(먹이다). 11 〔의학〕 (환자)를 습포로 싸다; 찜질하다; (얼굴 따위에) 미용 팩을 하다. 12 〔컴퓨터〕 〔정보〕를 압축하다.
— 재 1 짐을 꾸리다, 포장하다(up); 짐을 꾸리기가 …하다. ¶ (~+副) These articles ~ well. 이 물품들은 포장하기 쉽다. 2 (사람이) 몰려들다, 떼지어 오다(into). 3 (동물이) 무리를 이루다. 4 (짐을 꾸려) 급히 나가다(off, away). 5 그만두다 (stop). 6 〔럭비〕 스크럼을 짜다(down).
be packed to the limit 만원이다.
pack a punch [or **wallop**] ① 강편치력이 있다, 펀치가 세다. ② 큰 효험이 있다, 매우 잘 듣다.
pack away ① 〔식품 등〕을 모아 두다, 저장하다. ② (음식물)을 먹다, 먹어 치우다. ¶ …휴대하다.
pack guns [or **heat**] (美속어) (학교 등에서) 총기를 휴대하다.
pack in ① (사람·동물 등이) 무리 짓다, 들어차다. ② (사람이) 일을 그만두다, 퇴직하다; (기계 등이) 멈추다. ③ (많은 관중을) 끌다.
pack it up [or **in**] (속어) ① 끝내다(finish). ② (美) 패배를 인정하다; 유리한 입장을 충분히 이용하다.
pack on all sails 〔해사〕 돛을 모두 올리다[펴다].
pack one's bags (구어) 짐을 꾸리다; 출발 준비를 하다; 그만 두다.

pack oneself off (짐을 싸서) 허둥지둥 나가버리다.
pack out ① …에 (…으로) 패킹하다 (with). ② (건물·장소 등을) 만원이 되게 하다.
pack up [or **in**] ① 짐을 꾸리다. ② 일을 그만두다. ③ 〔英〕 《명사·동명사와 함께》 …을 그만두다. ¶~ *up* smoking [drinking] 담배[술]을 끊다.
send *a person* **packing** (즉석에서) 남을 해고하다.
── 웹 1 (동물이) 운반용의. 2 꽉 채워진[찬]. 3 포장[짐꾸리기]용의. 4 〔스코〕 (동물이) 길들여진; 아주 친한.
pack² 웹 1 …을 자기에게 유리하게 선발하다. ¶~ *a* jury 배심원을 자기에게 유리하도록 선발하다. 2 〔美〕 (할인율을 높이려고) 〔자동차 가격을〕 부당하게 올리다.
pack³ 웹 〔속어〕 당밀로 빛은 술.
pack·a·ble [pǽkəbl] 웹 짐꾸리기에 쉬운, (슈트케이스 따위에) 넣기에 알맞은.
‡**pack·age** [pǽkidʒ] 웹 (욕 **-ag·es** [-iz]) 1 Ⓤ 짐꾸리기, 포장. 2 꾸러미, 소포, 짐, 다발; 포장한 상품. ⇒ BUNDLE 〔유의어〕 3 (짐꾸리기 위한) 상자, 주머니, 용기. 4 (당장 설치·조작할 수 있도록 조립된 기계·기구류의 단위 완성품. 5 (언제든지 방송 가능한) 라디오[TV] 완성 프로; 〔컴퓨터〕 시판(市販) 패키지 소프트, 기성 프로그램. 6 세트 판매(tie-in). 7 일괄 계약[거래]. 8 〔경제〕 (경제상의) 이익, 편익. 9 〔美〕 일괄[종합] 대책[법안]. ¶economic ~ 종합 경기 대책. 10 (여행사의) 패키지 여행(~ tour). 11 〔美속어〕 작고 아담한 것[사람], 작고 귀여운[성적 매력이 있는] 여자.
── 웹떼 (-ag·es [-iz]; ~d; -ag·ing) 1 〔물건〕을 포장하다, 용기에 넣다; (눈에 띄도록) 포장하다, (상품의) 포장을 디자인하여 만들다. 2 (관련된 것을) 일괄하다; 〔TV〕 …을 일괄 프로로서 제작[제공]하다; (여행·행사 등의) 내용을 세트로 팔다.
── 웹 〔한정용법〕 (제안·계획 따위가) 일괄적인, 여행 따위가 패키지의. ¶a ~ proposal 일괄안. **~·a·ble** 웹
páckage déal 웹 일괄[패키지] 계약, 일괄 거래, 세트 판매; 일괄 계약[제공] 상품. 2 일괄 교섭, 일괄 교섭.
páck·age-de·lív·er·y sèrvice [-dilívəri-] 웹 택배(宅配)편[서비스].
páckage plàn 웹 =package deal 1.
páck·ag·er [pǽkidʒər] 웹 1 포장업자. 2 (상품 생산·여행·흥행 따위의) 일괄 취급 업자.
páckage stòre 웹 〔美〕 (통술·병술 따위의) 주류 소매점 (상점내의 음주는 금지되어 있다).
páckage tòur 웹 패키지 여행.
páckage vacátion [〔英〕 hóliday] 웹 (여행사가 기획하는) 휴일 여행.
pack·ag·ing [pǽkidʒiŋ] 웹 1 Ⓤ 포장, 짐꾸리기; 포장 작업. 2 (상품을 넣는) 상자, 용기; 포장. 3 포장지[상자] 디자인. 4 (사람·상품·방송 프로 등의) 대중에게 호감을 주는 소개.
páck ánimal 웹 (소나 말 따위) 짐 싣는 동물.
páck drìll 웹 〔군사〕 1 말의 군수품 수송 훈련. 2 징벌 군장(軍裝) 행진.
no names, no pack drill 〔英구어〕 ① 이름을 대지 않으면 아무도 벌을 받지 않는다. ② (but절과 함께) (번거롭지 않게 하려고) 이름은 안대겠지만….
packed [pækt] 웹 (건물·방 따위가) 사람으로 꽉 차, 혼잡한; 빽빽하게 압축된; (식품이) 팩[상자]에 든.
pácked méal 웹 포장 식품[도시락].
packed-out [ᐴaut] 웹 〔속어〕 (방 따위가) 만원인.
*****pack·er** [pǽkər] 웹 1 포장하는 사람, 짐꾸리는 사람; 짐꾸리는 기계. 2 통조림업자. 3 〔美〕 식료품을 포장해서 납품하는 도매업자. 4 짐 운반업자.
*****pack·et** [pǽkit] 웹 1 (편지 따위의) 다발, 묶음; 소포, 소화물(小貨物). ⇒ BUNDLE 〔유의어〕¶ a ~ of letters 편지 한 묶음. 2 우편선, 정기선(~ boat), 배. 3 〔英속어〕 상당히 많은 돈; (내기 따위에서 딴[잃은]) 상당한 금액; 급료, 월급 봉투; 대량, 다수. 4 〔英속어〕 일격, 강타; 무거운 벌. 5 〔英속어〕 불운, 실패. 6 〔컴퓨터〕 패킷

(1회에 전송하는 정보[데이터] 조작 단위).
cop [or **catch, get, stop**] *a packet* 〔英속어〕 총알에 맞다: 불의의 재난을 당하다; 혼이 나다.
cost a packet 〔英구어〕 큰 돈이 들다.
make a packet 떼돈을 벌다.
sell *a person* **a packet** 〔속어〕 남에게 거짓말을 하다.
── 웹떼 1 …을 소포[소화물]로 만들다; …을 우편선으로 보내다. 2 (컴퓨터 정보[데이터] 통신을 위해) 정보·데이터를 조작 단위(량)로 나누다.
pácket bòat [shìp] 웹 =packet 2.
pácket dày 웹 우편선 출항일; (우편선의) 우편물 마감일.
pácket drìver 웹 〔통신〕 패킷 드라이버(패킷 형식의 데이터 전송 프로그램).
pack·et-switched [-switʃt] 웹 〔통신〕 패킷 교환 방식(packet-switching)의.
pack·et-switch·ing [-switʃiŋ] 웹 〔통신〕 패킷 교환 (방식)(패킷 단위의 데이터 교환 방식). 〔일종.
páck·frame [pǽkfrèim] 웹 금속 틀로 된 지게.
páck·horse [pǽkhɔ̀ːrs] 웹 1 짐 운반용 말. 2 〔고어〕 (짐나르는 말처럼) 뼈빠지게 일하는 사람.
pack·house [pǽkhàus] 웹 (욕 **-hous·es** [-hàuz-]) 창고; (상품의) 포장 공장.
páck ice 총빙(叢氷)(ice pack)(부빙(浮氷)이 한 곳에 몰려 얼어붙은 상태).
*****pack·ing** [pǽkiŋ] 웹 1 포장, 짐꾸리기. 2 식료품의 통조림 제조(업). 3 포장 재료[물], 4 (포장용) 충전물; (방수용) 패킹; 〔건축〕 틈 메우기. 5 〔인쇄〕 인쇄면을 고르게 하기 위한 통바르기. 6 〔의학〕 (상처 따위에) 거즈를 메워 넣기.
pácking bòx[càse] 웹 (저장·운반용) 나무 상자, (포장용에 쓰이는) 나무틀; 화물 상자.
pácking dénsity 웹 〔전자〕 (전자 부품의) 실장(實裝) 밀도, 〔컴퓨터〕 기록 밀도.
pácking efféct 웹 〔물리〕 (원자 결합 에너지 척도로서의) 질량 결손(mass defect).
pack·ing·house [pǽkiŋhàus] 웹 〔식품의〕 가공[포장] 공장; 통조림 공장. (또는 **pácking plànt**)
pácking lìst 웹 포장 (내용) 명세서. 〔바늘.
pácking nèedle 웹 (마대(麻袋) 따위를 꿰매는 돗
pácking plànt 웹 =packinghouse.
pácking prèss 웹 포장용 압축기.
pácking shèet 웹 포장지, 포장용 천; 〔의학〕 습포.
páck jóurnalism 웹 〔美〕 〔경멸적〕 획일적 보도[저널리즘]; 스캔들 위주 보도 (경쟁); 취재[출입] 기자단.
pack·man [pǽkmən] 웹 행상인.
pack·plane [pǽkplèin] 웹 화물실 분리식 수송기.
páck ràt 웹 (북미산(産)) 큰 쥐의 일종(굴 속으로 물건을 날라 모으는 습성이 있다). (또는 **páckràt**) 2 (비유적) 무엇이나 모으려고 하는 사람; 〔美속어〕 좀도둑.
pack·sack [pǽksæk] 웹 〔도보 여행용〕 배낭.
pack·sad·dle [pǽksædl] 웹 (말 따위의) 길마.
pack·thread [pǽkθrèd] 웹 Ⓤ 짐꾸리는 끈, 삼노끈.
pack·train [pǽktrèin] 웹 (마차가 쓰이지 않는 지역에서) 짐을 나르는 동물의 열(列).
pack·trip·per [pǽktrìpər] 웹 〔美속어〕 배낭을 메고 여행하는 사람(backpacker). 〔떠받치는 돌벽.
páck wàll 웹 〔채광〕 충전벽(充塡壁)(갱도의 천장을
pack·wood [pǽkwùd] 웹 〔美속어〕 (정치적 입장·주장 따위의) 갑작스런 변경. 〔< 미국의 정치가 Bob Packwood〕
Pac-Man [pǽkmæn] 웹 〔상표〕 패크맨(비디오 게임의 일종〕.
Pác-Man defénse [manéuver] 웹 〔경영〕 적대적 기업 매수 대항책[전략], 역(逆)매수 전략.
PACOM 〔美〕 *Pacific Command*(미군 태평양 지구 사령부).
PACS 〔프랑스〕 *pacte civil de solidarite*
pact [pækt] 웹 (개인간의) 약속; 계약; 〔美속어〕 고용 계약; (국가간의) 협정, 조약. ¶a trade ~ 통상 협정 / the Washington *P*– 워싱턴 조약. ── 웹떼 …와 계약

paction / **paean**

pac·tion [pǽkʃən] 명 =pact. —통자 …에 동의하다; 계약하다; 협정하다. ~·al 형 ~·al·ly 부
‡**pad**[1] [pæd] 명 (복 ~s [-z]) 1 (마찰·손상 따위를 방지하기 위하여) 덧대는 것, 메워(채워) 넣는 것; (말)안장 밑깔개; (구기) 가슴받이, 정강이받이(싸개); (양복 어깨 따위의) 패드, 심; (의자 따위의) 방석, 깔개. ¶a shoulder ~ 어깨심. 2 (종이의) 한 철(綴), 한 장씩 떼어내서 쓰는 편지지(부전지), 메모장, 리포트 용지. ¶a sketch ~ 스케치 용지/a writing ~ 편지지. 3 스탬프 잉크대(臺); (책상 따위의) 깔판. 4 (헬리콥터 따위의) 이착륙장; (비행기의) 발착 구역; [로켓] 발사대(launching) ~). 5 (동물의) 발바닥의 살, 육지(肉趾); (여우·토끼 따위의) 발; (곤충) 부착반(付着盤). 6 (수련(睡蓮)의) 부엽(浮葉). 7 (조선) 갑판받이 (나무); 이물 방충재; (미속어) (자동차의) 번호판. 8 (양모 또는 실의) 꾸러미, 다발(bunch). 9 (미속어) 침대, 잠자리; 방, 주거; (속어) 마약 상용자 소굴, 아편굴; (미속어) 갈보집; (속어) 이상향. 10 [기계] 공작 공구를 끼워 넣는 자루, 손잡이, 핸들; [목공] 비트(bit)를 찔러 넣는 구멍. 11 (노면에 박아 놓은) 교통 신호 변환 장치; [전기] 고정 감쇠기, 패드. 12 (英) 패드(주물의 부풀어 오른 표면). 12 [컴퓨터] 매립(埋立), 패드(자료 기록란의 불필요한 부분을 빈자리 따위로 채우는 일). 13 (the ~) (미속어) (경찰관이 받는) 뇌물.
hit [or *knock*] *the pad* (미속어) 잠자리에 들다. 자다.
on the pad (미속어) 뇌물을 받는 경찰의 한패가 되어.
—통 (~*s* [-z]; -*dd*-) 1 …에 메워[채워] 넣다. …(옷)에 솜(심)을 넣다. 2 (문장·이야기 따위를) 길게 늘이다(*out*). ¶ (~+目+图) ~ *out* a speech 연설을 질질 끌다. 3 (장부 따위에) 부정한 경비를 써넣다; …을 불리다. ¶ ~ one's expense account 지출 장부를 불려서 만들다. 4 (주조) …을 부풀어 오르게 하다. —자 (주조) 부풀어 오르게 하여 주조하다.
pad down (미속어) ① 자다. ② (무기를 가졌는지) 몸
pad out (미속어) 잠자다. ┌수색을 하다(frisk).
pad[2] 명 1 둔한 소리(발소리 따위). 2 느리게 걷는 말, 여행용 말. 3 (고어) 노상 강도. 4 (英속어) 도로, 통로. ¶ a gentleman [or knight] of the ~ 노상 강도. —통 (타) (길을) 걸어가다, …을 도보 여행하다, 터벅터벅 걸어가다; …을 밟아 다지다. —자 도보 여행하다, 터벅터벅 걷다(*along*); 조용히 걷다. ┌다.
pad it [or *the hoof*] (속어) 걸어가다, 터벅터벅 가
pad[3] 명 (구어) (과실 따위를 저울질하는) 바구니.
PAD [pæd] [컴퓨터] *p*acket *a*ssembler / *d*isassembler.
pad·cloth [pǽdklɔ̀:θ/-klɔ̀θ] 명 =saddlecloth.
pad·ded [pǽdid] 형 (미속어) 1 (문장 따위가) 불필요하게 장황한. 2 속을 채워[메워] 넣은; 푹신한(cushiony). 3 부풀은, 분식(粉飾)한. ¶ ~ *figures* 부풀은 숫자. 4 살찐, 살집이 좋은. 5 (밀수품·마약 따위를) 테이프로 몸에 붙인.
pádded bàg 명 소포용의 쿠션 봉투. ┌을 댄 방.
pádded céll 명 (정신 병원·교도소에서) 벽에 완충물
pádded socíety 명 온실 사회, 안락 사회(일의 능률과는 무관하게 노동자에게 자동적으로 승급이나 여러 수당을 추가 지급하는 경제 조직의 사회 또는 국가).
pad·ding [pǽdiŋ] 명 ① 1 심, 속에 메워 넣는 물건 (헌 솜·털·짚 따위); 메워 넣기, 메워 넣음, 채움. 2 (문장·연설 따위를 늘이기 위한) 불필요한 삽입구(삽입 句), 빈 자리를 메우는 글.
‡**pad·dle**[1] [pǽdl] 명 (복 ~*s* [-z]) 1 (짧고 넓적한) 노. 2 (기선의 외륜(外輪) 따위의) 물갈퀴(판). 3 주걱 (모양의 것). 4 =flipper. 5 (탁구의) 라켓. —통 (~*s* [-z]; -*d*; -*dling*) 자 노를 저어 나아가다; 물장구 치다; (기선이) 외륜으로 움직이다. —타 (카누 따위를) 노로 젓다; (주걱 따위로) …을 휘젓다; (주걱 따위로) …의 엉덩이를 때리다. …을 치다, 섞다; (탁구공 따

위)를 라켓으로 치다.
paddle one's own canoe ⇒ CANOE.
pad·dle[2] 자 (얕은) 물을 철벅거리다; 철벅철벅 물을 튀기다. (고어) (손가락으로) 만지작거리다; (아기가) 아장아장 걷다. **-dler** 명
pad·dle·ball [pǽdlbɔ̀:l] 명 패들볼(라켓으로 공을 코트의 벽에 치는 게임).
pad·dle·board [pǽdlbɔ̀:rd] 명 1 파도타기판, 서프보드(surfboard). 2 외륜선의 물갈퀴.
pad·dle·boat [pǽdlbòut] 명 1 외륜선(外輪船). 2 =pedal boat. 3 =paddlesteamer.
páddle bòx 명 (외륜선의) 외륜 덮개.
pad·dle·fish [pǽdlfiʃ] 명 (어류) (복 ~(·*es*)) 철갑상어의 일종.
páddle fòot 명 (미군속어) 보병. ┌선수.
pad·dler [pǽdlər] 명 (미) 탁구 선수; 카누(카약)
pad·dle·steam·er [pǽdlstì:mər] 명 외륜선.
páddle tènnis 명 (미) 목재 패들로 치는 어린이들
páddle whèel 명 (기선의) 외륜.
pad·dle·wheel·er [pǽdl/wì:lər/-wì:l-] 명 외륜(증기)선(paddlesteamer). (또는 **páddle-whèeler**)
pád·dling pòol [pǽdliŋ-] 명 (英) (공원 따위의) 어린이용 물놀이터 (미) wading pool.
pad·dock[1] [pǽdək] 명 1 (英) (마구간 근처의) 방목장. 2 (경마장의) 울타리를 두른 잔디밭, (경마 전에 말을 집합시키는) 대기소; (자동차 경주장의) 패덕(경주차의 정비·검사·대기소). 3 (濠) (방목용 따위의) 울타리를 두른 곳; 운동장. —타 (말 따위를) 울타리를 두른 곳에 넣다, 가두다; (濠) (땅)을 울타리로 두르다.
pad·dock[2] 명 (고어·방언) 개구리, 두꺼비.
pád dùty 명 (미속어) 수면시간, 휴게.
pad·dy [pǽdi] 명 1 논(rice field). (또는 ~ *field*) 2 ① (수확하지 않은) 벼(rice plant). 3 (또는 ~ *rice*) 쌀, 왕겨가 붙은 벼.
Pad·dy [pǽdi] 명 1 (속어·경멸적) 아일랜드인, 아일랜드계 사람; (p-) 아이리시 위스키; (아일랜드계의) 경찰관. 2 (p-) (英구어) 성냄, 격노; (속어) 쓸모없는 녀석, 번번치 않은 사람. 3 남자 이름(Patrick의 애칭).
pad·dy·bird [pǽdibə̀:rd] 명 (조류) 홍오리, 문조.
páddy field 명 논, 무논.
páddy's húrricane 명 (해사) (해상의) 무풍 상태.
Páddy's lánd 명 아일랜드(Ireland). ┌wagon).
páddy wàgon 명 (미속어) 죄수 호송차(patrol
pad·dy·whack [pǽdihwæk/-wæk] 명 1 (英구어) 격노, 울화통. 2 (종종 P-) (미속어) 아일랜드인. 3 (미속어) 손바닥으로 찰싹찰싹 때리기. —통 (미구어) 때리다. (또는 **paddywack**)
Pa·di·shah [páːdiʃɑ̀ː, -ʃɔ̀ː] 명 (칭호) 이란의 대왕(Shah), (옛) 터키 황제(Sultan); (인도) 영국 왕.
pad·lock [pǽdlàk/-lɔ̀k] 명 맹꽁이 자물쇠. —타 …을 맹꽁이 자물쇠로 잠그다; (비유적) (언론 등)을 단속하다; (호텔·공장 등을) (법으로) 출입 금지시키다.
pad·nag [pǽdnæ̀g] 명 움직임이 둔한 말, 늙은 말.
pa·dre [páːdrei/-dri] 명 (이탈리아·스페인 등지의) 카톨릭 사제, 신부; 종군 사제(목사), 군목.
pa·dro·ne [pədróuni] 명 1 (이탈리아의) (노예들의) 주인(master), 두목(boss); 노름꾼 두목. 2 (미국의) 이탈리안 노동자의 두목. 3 (지중해의) 작은 배 선장. 4 (이탈리아의) 여관 주인; 거지 아이(거리의 악사) 두목.
pád ròom 명 (미속어) 침실; 아편굴. ┌왕초. (<It)
pád sàw 명 작은 실톱.
pad·u·a·soy [pǽdjuəsɔ̀i/-djuə-] 명 1 ① (18세기에 널리 사용되었던) 일종의 견직물. 2 그 직물로 만든 옷. —형 그 견직물로 만든.
pae·an [píːən] 명 1 찬가, 기쁨(승리)의 노래. 2 (그리스의 여러 신(神), 특히 Apollo에 대한) 기도(감사)의 노래. (또는 **pean**) 3 (P-) (그리스 신화) 파에온(올림포스 신들의 의사로, 후에 Apollo와 동일시되었다). (또는

Paeon 4 〔운율〕 =paeon 1.
paed- [piːd, ped] 〔연결〕 ⇒PEDO-¹.
paed·er·ast [píːdəræst, péd-] 〔英〕 =pederast.
pae·di·at·ric [pìːdiǽtrik, pèd-] 〔英〕 =pediatric.
pae·di·a·tri·cian [pìːdiətríʃən, pèd-] 〔英〕 = pediatrician.　〔diatrics.
pae·di·at·rics [pìːdiǽtriks, pèd-] 〔英〕 =pe-
pae·do- [píːdou, -də, péd-] 〔연결〕 ⇒PEDO-¹.
pae·do·bap·tism [pìːdoubǽptizm] 명 =pedobaptism.
pae·dol·o·gy [pidáládʒi/-dɔ́l-] 명 =pedology².
pae·do·phile [píːdəfail] 명 =pedophile.
pa·el·la [paːéiljə, paːjélə] 명 파엘랴(쌀·고기·어패류·야채에 사프란으로 향미를 낸 스페인식 찐밥).
pae·on [píːən, -ɑn] 명 1 〔운율〕 장음절 1개와 단음절 3개로 이루어진 4음절의 시각(詩脚). 2 (P-) 〔그리스 신화〕 =Paean 3. **pae·on·ic** [piánik] 형
pae·o·ny [píːəni] 명 〔英〕 =peony.

*****pa·gan** [péigən] 명 1 (유대교·기독교에서 본) 이교도, 이단자. 2 (기독교에서 볼 때) 믿음이 없는 사람; 〔고대 그리스·로마의〕 다신교도. ⇒HEATHEN 〔유의어〕 3 종교신앙(관)이 없는 사람, 속물, 쾌락주의자. ― 형 이교도의; 믿음이 없는 사람의; 무(無)종교의. ~·ly 부
pa·gan·dom [péigəndəm] 명|U 이교권(異敎圈), 이교 세계; 〔집합적〕 이교도.
Pa·ga·ni·ni [pǽgəníːni, pɑ̀ːg-/pǽg-/It paganíːni] 명 Niccolò ~ 파가니니(1784-1840: 이탈리아의 바이올린 연주가·작곡가).　「이 없는 사람의.
pa·gan·ish [péigəniʃ] 형 이교의, 이교도를 믿는; 믿음
pa·gan·ism [péigənìzm] 명|U 이교 신앙[신앙]; 우상 숭배, 무신앙; 속물근성. -**is·tic** -**is·tic** 형
pa·gan·ize [péigənàiz] (* 〔英〕 -ise) 타자 …을 이교도로 만들다, 이교화하다; 무신앙자로 만들다. ― 자 이교도가 되다, 이교화하다; 이교도처럼 행동하다; (생활 양식이) 이교적으로 되다. -i·zá·tion, -iz·er 명

‡**page¹** [peidʒ] 명 (복 **pag·es** [-iz]) 1 페이지, 쪽(약 p., 복수형 pp.) (책 따위의) 난(欄), 면(面). ¶the funny 〔sports〕 ~s 만화 〔스포츠〕란/Open your book to 〔or 〔英〕 at〕 ~ 203. 203페이지를 펴시오.

〔USAGE〕 to 〔at〕 a page, in a page, on a page의 용법—to 〔at〕 a page는 「몇 페이지」 또는 「몇 페이지부터」와 같이 페이지의 수를 가리킨다. in a page는 페이지 속에 쓰인 내용에 중점이 두어지며, on a page는 페이지의 표면이라는 개념을 제1차적의미로 나타내고 있다. 다만 최근에는 a page가 「몇 페이지에서부터」의 뜻을 제외하고는 at a page, in a page 대신에 쓰이는 경향이 있다: You will find the information you want on ~ 138. 네가 알고자 하는 정보는 138페이지에 있다.

2 (종종 ~s) 책, 기록, 문서. ¶in the ~s of Orwell 오웰의 작품 중에. 3 (역사적인) 사건, 한 시기, 한 장면[토막]; (인생·일생의) 일화; (~s) 중요한 한 구절 (passage). ¶one of the brightest ~s in English history 영국 역사에 빛나는 한 토막. 4 〔인쇄〕 한 페이지의 조판. 5 〔컴퓨터〕 페이지. a) 약 1,024이(bytes)까지의 번지. b) 주·보조 기억 장치에 격납되는 프로그램 명령어 또는 데이터의 블록. c) (워드 프로세서에서) 기록 문서의 일부.
be on the same page (…에 대해) 이해하고 있는 내용이 같다.　　　「따르다, 남을 모방하다.
take a page from a person's book 남의 선례를
― 타 (**pag·es** [-iz]; ~d; **pag·ing**) 타 1 …에 페이지를 매기다(paginate). 2 〔책 따위를〕 쭉 훑어보다; 〔컴퓨터〕 페이징(paging)을 하다. ~ in 〔out〕 메모리를 삽입〔삭제〕하다. ― 자 1 (…의) 페이지를 훌훌 넘기다 (through). ¶ ~ through a book 책장을 훌훌 넘기다. 2 〔컴퓨터〕 페이징을 하다.

*****page²** 명 1 〔역사〕 (귀인에게 시중들던) 아이 종, 시동 (侍童) 명; 수습 기사(騎士). 2 (결혼식에서) 신부의 들러리서는 어린 사내아이; (호텔·클럽 따위의 제복 입은) 급사, 보이; (미국 의회의) 의원 수행원; 잔심부름꾼[사동]. ― 타 1 …에 보이로서 시중들다; (호텔·공항 따위에서) …의 이름을 불러 찾게 하다. ¶I'll have him ~d over the loudspeaker. 확성기로 그를 찾아 달라고 해야겠다. 2 …을 삐삐(pager)로 호출하다; 〔전기 기구〕를 리모컨으로 조작하다.

*****pag·eant** [pǽdʒənt] 명 1 장대한 구경거리[쇼, 행사, 전시회]; 야외극, 가장 행렬, 축제의 가장 행렬, 퍼레이드(parade), 행렬의 장식 수레(float). ¶a Miss Korea ~ 미스 코리아 (선발) 대회. 2 (어느 지역·시설의 역사적 사적을 다룬) 야외극, 패전트. 3 아름다운 광경, 장관(壯觀). 4 명 허식, 겉치장.
pag·eant·ry [pǽdʒəntri] 명|UC 1 화려한 행렬[구경거리], 눈부신 전시(展示), 장관(pomp). ¶the ~ of war 전쟁을 그린 웅대한 그림 두루마리. 2 겉치장, 허식. 3 〔집합적〕 야외극; 구경거리.
page·boy [péidʒbɔ̀i] 명 1 사동, 급사. 2 (어깨 부근에서 안으로 마는 여성의 머리 모양. (또는 **páge bòy**)
páge finder 명 (사용 후 버리는) 서표(書標).
páge hèad 명 면(面) 제목.
páge·hood [péidʒhùd] 명|U 급사(사환)의 직[신분].
page-one [-wʌ́n] 〔美俗〕 형 재미있는, 사람의 눈을 끄는; 마음 설레게 하는. ― 명 =page-oner.
page-on·er [-wʌ́nər] 명|U 1 (신문의) 제1면 기사; 센세이셔널한 뉴스. 2 신문에 자주 화제로 등장하는 유명인 인사.
PAGEOS passive geodetic satellite(측지(測地)용
páge prèviewing 명 〔컴퓨터〕 페이지 이미지 표시 (인쇄했을 때의 체재를 화면에 나타내 보이기).
páge prìnter 명 〔컴퓨터〕 페이지 인쇄기[프린터].
páge pròof 명 〔인쇄〕 페이지 조판 교정쇄.
pag·er¹ [péidʒər] 명 무선 호출기, 삐삐(beeper).
pag·er² (복합어) …페이지의 책(자). ¶His latest report was a 10-~. 그의 최신 보고서는 10페이지였다.
page·ship [péidʒʃìp] 명 =pagehood.
page-turn·er [-tə̀ːrnər] 명 (모험·공상 과학·탐정 물 따위) 숨막히게 재미있는 책[소설].
páge vìew 명 〔컴퓨터〕 페이지 뷰(특정 web 페이지에 접속하여 그 내용이 browser에 나타나는 것).
pag·i·nal [pǽdʒənl] 형 페이지의[에 관한]; 페이지로 되어 있는, 페이지마다의, 각 페이지에 대응하는.
pag·i·nar·y [pǽdʒənèri/-nəri] 형 =paginal.
pag·i·nate [pǽdʒənèit] 타자 〔책〕에 페이지수를 매기다. ― 자 〔컴퓨터〕 워드 프로세서(word processor)로 페이징을 작성하다.
pag·i·na·tion [pǽdʒənéiʃən] 명|UC (한 책의) 페이지수; 페이지 표시 문자; (책 따위의) 페이지 매기기.
pag·ing [péidʒiŋ] 명 1 =pagination. 2 〔컴퓨터〕 페이징. a) 주기억 장치의 페이지 블록화. b) 주·보조기억 장치간의 교환. 3 무선 호출기에 의한 호출.
páging sèrvice 명 무선 호출 서비스(업).
pag·od [pǽgəd] 명 〔고어〕 =pagoda.
pa·go·da [pəgóudə] 명 1 (불교 사원의) 탑, 파고다. ¶a nine-storied ~ 9층탑. 2 (파고다식의) 정자. 3 (파고다 무늬의) 옛 인도의 금화·은화. ~·**like** 형
pagóda trèe 명 회화나무(콩과)의 낙엽 교목.
shake the pagoda (tree) 〔英〕 (인도 등 동양에 가서) 손쉽게 큰 돈을 벌다, 벼락 부자가 되다.
Pa·go Pa·go [páːŋou páːŋou, páːɡou páːɡou] 명 파고파고(미국령 Samoa의 항구 도시; 수도). (또는 **Págopágo, Pángo Pángo**)
pah [pɑː] 감 흥, 체, 에헴(불쾌·경멸·불신·혐오 따위의 감정을 나타내는 소리).
Pah·la·vi [páːləvìː/-vi] 명 팔레비. 1 Riza Shah Pahlavi가 1925년에 건국한 이란의 왕조. 2 Mu-

hammad [or **Mohammed**] **Reza** [or **Riza**] ~ 이란의 국왕(1919-80). **3** (p-) 이란의 옛 금화.

Pah·la·vi² 팔레비어(語)(3-10세기에 쓰인 중기 페르시아어); 팔레비 문자.

pa·ho·e·ho·e [pəhóuihòui] 圈 파호이호이 용암(표면이 매끈하고 점성(粘性)이 낮은 현무암질의 용암).

PAI personal accident insurance.

‡**paid** [peid] 圈 pay의 과거·과거분사. —圈 **1** 유급의; (도로 따위가) 유료의.¶a ~ worker 임금 노동자. **2** 지급필(畢), 이미 지급[지불]한(약 pd.). **3** 현금화된.

put paid to (英口) (사건 따위)를 처리하다. …으로 결말을 짓다; [희망·계획 등]을 틀어지게 하다, 수포로 돌아가게 하다.

Pai·dei·a [paidéiə] 圈 (종종 p-) (교육) **1** 고전적 교육 이념. **2** (美) 전교과 필수 커리큘럼(core curriculum); 학교 교육 개혁안. [<Gk [leave]).

paid holiday 유급 휴가((美) paid vacation

paid-in [ín] 圈 (회원 등이) 회비[입회금 등]를 납부한.¶a ~ membership of 60,000 회비를 납입 완료한 6만 명의 회원.

páid média 圈 (美) 유료 미디어(후보자가 정견 발표를 위해 유료로 확보한 TV 따위의 매체).

paid-up [⌐ʌp] 圈 납입필의, 이미 납입한.¶~ capital 납입 자본금.

‡**pail** [peil] 圈 (~s [-z]) **1** 양동이(bucket). **2** 양동이 가득한 양(pailful).¶a ~ of water 물 한 양동이.

pail·ful [péilfùl] 圈 양동이 하나 가득한 분량).

pail·lasse [pǽliǽs, ⌐-/pǽliǽs] 圈 (英) 짚으로 만든 잠자리, 짚을 넣은 요.

pail·lette [paijét, pǽlét] 圈 **1** (무대 의상·숙녀복 등의) 번쩍번쩍하는 장식용 쇳조각, 반짝이, 스팽글(spangle); 번쩍거리는 옷감. **2** (에나멜을 칠할 때 쓰는) 얇은 **-lét·ed** 圈 스팽글이 달린. 쇳조각.

‡**pain** [pein] 圈 (복~s [-z]) **1** ⓤ (상해·질병에 의한) 아픔, 고통.¶I feel no ~ 조금도 아프지 않다 / She cried with ~. 그녀는 아파서 울었다. **2** ⓒ (국부적인) 아픔, 고통.¶a back ~ 등의 통증 / stomach ~s 복통

[유의어] **pain** '아픔'의 뜻의 가장 일반적인 말. **ache** 계속적인 둔한 아픔; 내부적인 원인이 있는 수가 많다. **agony** 계속적으로 몸을 괴롭히는 참기 어려운 아픔. **anguish** 매우 오래 계속되어 절망적이 되는 쓰라림; 주로 정신적인 고뇌에 쓰인다. **pang** 짧기는 하나 경련을 수반하는 갑작스런 강렬한 아픔. **throe** 복수형으로 쓰이며 진통처럼 발작적으로 반복되는 격렬한 아픔. **twinge** 갑작스런 찌르는 듯한 짧은 아픔.

3 ⓤ (정신적인) 괴로움, 근심, 고민, 비탄(grief).¶I am sorry my illness has caused you such ~, 제가 병들어 당신에게 이처럼 걱정을 끼쳐드려 죄송합니다. **4** (~s) 고생, 노고, 노력.¶All these ~s were for nothing. 이 수고는 모두가 허사였다 / No ~s, no gains. (속담) 뿌리지 않은 씨는 돋아나지 않는다, 수고 없이 소득 없다. **5** (~s) 산고(産苦), 진통. **6** (a ~) (구어) 진절머리가 나는 것; 귀찮은 사람, 애물.¶He is a real ~. 그 녀석에게는 정말 진절머리가 난다. **7** (~s) 형벌(~s and penalties).

a (real, royal) pain in the neck [or (속어) **ass, backside, butt, rear**] 눈엣가시, 골칫거리, 성가신 것[사람].¶give a person a ~ in the neck 남을 괴롭히다[성가시게 하다].

be at the pains of doing; **take** [or **go to**] **pains with** [or **over, to** do] …하는 수고를 하다, 애써 …을 하다.¶They were at the ~s of making the party a success. 그들은 파티를 성공시키고자 무척 애썼다.

be in pain 괴로워하다, 아파하다.

feel no pain (진행형으로) ① (감각이 없을 정도로) 취하다. ② (속어) 감각이 없다, 죽어 있다.

for one's **pains** [or **troubles**] (반어적) 애써 노력한 보람도 없이.

have [or **feel**] **a pain in** …이 아프다.¶I have a ~ in my knee. 무릎이 아프다.

on [or **under**] **pain of** …을 각오하고.

pains and penalties 형벌.

spare no pains to do 수고를 아끼지 않고 …하다.

take [or **go to**] (**much** [or **great**]) **pains** (몹시) 수고를 하다[애쓰다], 전력을 다하다.

—⓶ 圈 **1** …에게 고통을 주다, 괴롭히다; ~을 근심[걱정]하게 하다.¶My leg ~s me. 난 다리가 아프다. —ⓘ 아프다, 괴로워하다.

páin drùg 圈 진통제(analgesic, painkiller).

Paine [pein] 圈 **Thomas** ~ 페인(1737-1809): 영국 태생의 미국의 사상가·작가). [비통한; 성이 난.

pained [peind] 圈 아파하는, 괴로워하는; 상처받은.

‡**pain·ful** [péinfəl] 圈 (**more ~; most ~**) **1** (상처·몸의 국소가) 아픈, (수술·병 따위가) 아픔을 수반하는.¶a ~ wound 아픈 상처. **2** (기억·경험·뉴스 따위가) 불쾌한, 싫은, 가슴 아픈; 지겨운.¶a ~ night 불쾌한 밤 / a ~ memory 가슴 아픈 추억. **3** (생활·문제·임무 따위가) 괴로운, 힘든, 곤란한, 어려운. **4** (고어) (사람) (근면한; (작품 따위가) 공들인. **~·ness**

‡**pain·ful·ly** [péinfəli] 凰 아파서; 아픈 듯이, 비통할 정도로; 과도하게, 아주 힘; 힘들여서.

pain·kill·er [péinkìlər] 圈 (구어) 고통을 없애주는 [완화하는] 것; (구어) 진통제(analgesic).

pain·kill·ing [péinkìliŋ] 圈 (구어) 고통을 덜어 주는, 진통의.¶a ~ drug 진통제.

pain·less [péinlis] 圈 **1** 무통의, 아픔[고통]이 없는.¶~ childbirth [dentistry] 무통 분만[치과 의술]. **2** (구어) 쉬운, 힘이 들지 않는. **~·ly** — **~·ness**

‡**pains·tak·ing** [péinztèikiŋ, péins-/pǽinz-] 圈 **1** 힘이 드는, 어려운.¶a ~ work 수고한 작품, 노작(勞作). **2** 근면한, 애쓰는, 공들이는.¶She is ~ in her work. 그녀는 일에 몸을 아끼지 않는다. —圈ⓤ 근면, 공들이기, 정성. **~·ly** 凰 **~·ness, -tak·er**

‡**paint** [peint] 圈ⓤ (종류를 나타낼 때에는 ⓒ) **1** 물감, 페인트, 도료, 안료; 착색제; (~s) 그림 물감 세트.¶He scraped the ~ off the door. 그는 문짝의 페인트를 벗겨냈다. **2** 연지, 화장품.¶powder and ~ 분과 연지. **3** ⓒ (美서부) (흑백의) 얼룩말. **4** 착색, 채색.

(as) fresh [**pretty, smart**] **as paint** 아주 싱싱한 [예쁜, 기민한].

Wet [or **Damp, Fresh**] **Paint.** (게시) 페인트 주의.

—⓶ 圈 **1** …에 페인트를 칠하다.¶He ~ed the gate. 그는 문에 페인트를 칠했다 // (~+圉+圛) He ~ed the door white. 그는 문짝을 백색으로 칠했다. **2** (그림 물감으로) …을 그리다; 그림으로 나타내다(in).¶(~+圉+前+冏) ~ a portrait in oils 초상화를 유화로 그리다. **3** …을 착색하다, 채색하다. **4** (말로) …을 생생하게 묘사하다.¶~ a candidate as a free trader 후보자를 자유 무역주의자로 명확히 묘사하다. **5** (약)을 바르다(with, on).¶(~+圉+前+冏) ~ a cut with iodine; ~ iodine on a cut 베인 상처에 요오드팅크를 바르다. **6** …에 화장하다, 연지를 바르다.¶She ~ed her face thickly. 그녀는 얼굴 화장을 짙게 했다. —ⓘ **1** 페인트를 칠하다. **2** (그림 물감으로) 그림을 그리다 (in).¶(~+前+冏) ~ in oils [watercolors] 유화[수채화]를 그리다 / ~ on a wall 벽화를 그리다 / (~+圛) She ~s well. 그녀는 그림을 잘 그린다. **3** 화장하다.

(as) painted as a picture 짙은 화장을 한.

not so black as one **is painted** 남이 말하는 것처럼 악인이 아닌. [낙관]적으로 말하다.

paint a black [**rosy**] **picture of** …을 매우 비관

paint a person black 남을 나쁘게 말하다.

paint a person **in his proper colors** 남을 있는 그대로 표현[비평]하다.

paint from life 사생(寫生)하다. 「…을 그려 넣다.
paint in …을 색칠로 두드러지게 나타내다; (그림에)
paint it red (美俗) 기사를 선정적으로 쓰다.
paint oneself (교정쇄에서) 틀린 것을 고치다; (일반적으로) 잘못을 고치다[바로잡다].
paint out [or **over**] 페인트칠로 지우다.
paint the lily 인공을 가하여 자연미를 손상시키다.
paint the town (red) (구어) (술집을 순례하며) 마
paint. painting. 「시고 호기를 부리다.
paint·ball [péintbɔ̀ːl] 圓 (형광 도료를 넣은 탄환).
paintball game [combat] 圓 (페인트볼을 서로 쏘는) 전투 시뮬레이션 게임, 서바이벌 게임.
paint-box [péintbɑ̀ks/-bɔ̀ks] 圓 1 그림 도구 상자. 2 화장용구 세트 상자.
paint·brush [péintbrʌ̀ʃ] 圓 1 화필; 페인트용 솔. 2 (식물) 현삼과(玄蔘科)의 초본(草本).
páint càrd 圓 1 (~s) (美俗) (트럼프 한 벌 중의) 그림패. 2 (규칙적으로 배열된) 색상(色相) 카드.
paint·ed [péintid] 圓 1 그린; 색칠한, 채색의. ¶a ~ portrait 색칠한 초상. 2 페인트를 칠한. ¶a ~ bench 페인트칠을 한 벤치. 3 겉치레의(sham); 허식적인. 4 짙은 화장을 한. 5 (복합어로) 화려한 채색의; 다채로운.
páinted búnting 圓 [조류] (미국 남부산(產)) 피리 새류(類)의 우는 새.
páinted cát (美俗) 술집 여자.
páinted cúp = paintbrush 2.
Páinted Désert (the ~) 페인티드 사막(미국 Arizona 주의 침식 지대로 암석의 색깔이 다채롭다).
páinted lády 圓 1 (곤충) 작은 멋쟁이나비. 2 화류계 여자, 매춘부.
páinted wóman 圓 행실이 나쁜 여자, 매춘부.
‡**paint·er**[1] [péintər] 圓 (여성 ~s [-z]) 1 화가. ¶a lady [or female] ~ 여류 화가 / a ~ in oils 유화 화가. 2 페인트공, 칠장이, 도장공.
paint·er[2] 圓 (해사) 배를 매는 밧줄.
cut [or **slip**] **the** [or **one's**] **painter** ① 배를 표류시키다. ② 속박을 끊다, 손을 끊다: (식민지)와의 관계를 끊다, 독립하다. ③ 재빨리 도망하다.
paint·er[3] 圓 퓨마. (<panther의 변형)
paint·er·ly [péintərli] 圓 화가(특유)의; 회화(예술)의; 선부다 색채를 강조하는. 「痛]
páinter's cólic 圓 (병리) 납중독으로 인한 산통(疝
páinter stáiner 圓 문장의(紋章) 그리는 화공; 그 조합원.
páint hòrse [pòny] 圓 얼룩말(pinto).
paint-in [´in] 圓 페인트인(건물 벽·담에 집단으로 그림을 그리거나 페인트를 칠하는 일).
‡**paint·ing** [péintiŋ] 圓 (여성 ~s [-z]) 1 그림, 유화, 수채화. ¶a ~ in oils [watercolors] 유화[수채화]. 2 (미) 그림 그리기, 화법(畵法), 화법(畵法). 3 (미) 페인트 칠하기; (얼굴에) 화장하기; (도자기에) 그림 그려 넣기; 채색. 4 그림 물감, 페인트, 도료.
páint pòt 圓 「위스키(커피).
páint remòver 圓 1 페인트제거제. 2 독한 (싸구려).
paint·ress [péintris] 圓 여류 화가.
páint ròller 圓 (자루가 달린 페인트[도료] 롤러.
páint shòp 圓 (공장의) 도장(塗裝) 부문.
paint·y [péinti] 圓 1 그림 물감[페인트, 도료]의. 2 그림 물감을 지나치게 칠한. 3 페인트를 칠한, 페인트로 더럽혀진, 페인트투성이의.
‡**pair** [pɛər] 圓 (여성 ~(s) [(-z)]) 1 (같은 종류의 것이 2개로 이루어진 한 쌍(켤레, 벌). ¶a ~ of gloves 장갑 한 켤레 / two ~(s) of shoes 구두 두 켤레.

USAGE **two pair of**와 **two pairs of** — 2 켤레의 장갑이라고 할 경우 *two pair of gloves* 또는 *two pairs of gloves*라 한다. 전자는 옛날부터 내려오는 용법으로, pair가 원래는 단·복수 동형이었던 데서 생겨난 표현. 이것은 현재는 구어에 남아 있으나, 일반적으로는 후자가 보통이다. 또한 pair는 단수 취급이나, 원래 따로따로된 것이 한 벌로 되어 있는 경우는 복수로 취급한다: A ~ of thieves *were* conspiring to rob the bank. 2인조 도둑이 은행 강도 계획을 꾸미고 있었다.

2 (같은 모양의 것이 두 부분으로 이루어지는) 한 개, 한 자루, 한 벌. ¶a ~ of scissors 가위 한 자루 / a ~ of slacks 바지 한 벌 / a ~ of spectacles 안경 한 개.

유의어 **pair** 한 쪽이 없으면 다른 쪽도 쓸모가 없어지는 상보(相補) 관계에 있는 2부분으로 이루어지는 것. **couple** 상보 관계가 없는 같은 종류의 2개.

3 한 쌍의 남녀, 부부, 약혼중인 남녀, 데이트중인 남녀; 한 쌍의 동물. **4** (공동으로 있는) 두 사람, 2개조. ¶a ~ of horses 2마리로 짝지워진 말. **5** (드물게·방언) (계단의) 연속된 부분(flight), 층. ¶up five ~ of stairs [or steps] 5층에. **6** [정치] 투표 기권을 담합한 반대 양당의 의원 두 사람; 그 담합. **7** (카드놀이) 동점의 패 2장, 페어; (경기) 두 사람의 한 조(組); (크리켓) (타자의) 두 타석 무득점. **8** (기계) (서로 제한되어 움직이는) 대우 (對偶), 짝. **9** (우표수집) (이어져 있는) 우표 2장. **10** (방언) 개 이상으로 이루어진 한 벌, 짝 한 조(string). ¶a ~ of arrows (3개 이상으로 된) 한 벌의 화살 / a ~ of beads 염주알 한 줄. **11** (속어) 유방. **12** = ~·oar. **13** (방언) 한쪽. ¶Where is the ~ to this earring? 이 귀고리의 짝은 어디 있지?

another [or **a different**] **pair of shoes** [or **boots**] 전혀 별개의 문제. 「의 신분.
a pair of colors (군사) 국기와 연대기; 기(旗)手)
a pair of lawn sleeves (구어) 감독(bishop).
be a pair (사람의) 동류이다. 「점으로 끝난다.
beg [or **get, make**] **a pair** (크리켓) 두 타석 무득점
I have only (got) **one pair of hands.** (구어) 손이 둘뿐이야!, 내가 할 수 있는 일에도 한계가 있다.
in pairs [or **a pair**] 2개가 한 벌로 되어, 두 사람씩 짝져. 「되다.
make a pair 짝을 이루다, 짝이 되다: 한 쌍(부부)이
one [**two, three, etc.**] **pair front** [**back**] 2[3, 4]층 앞[뒤]쪽 방 (거주자).
— 재 (~s [-z]) 태 1 …을 2개 한 벌로 하다, 두 사람씩 짝지게 하다. ¶~ dancers 댄서를 두 사람씩 짝지게 하다. **2** …을 결혼시키다. (동물을) 짝지우다. **3** (미) 흑·백 공학제로 하다. **4** (정치) 반대당 의원과 짝고 투표를 기권시키다. — 재 **1** 한 쌍이 되다(off, up). **2** 부부가 되다; (동물이) 짝짓다(with). **3** (정치) 반대당 의원과 짝고 투표에서 기권하다(with).
pair off ① 두 사람씩 짝짓다; 두 사람씩 떠나다[떨어지다]. ② 두 사람씩 헤어지다, 2개씩 나누다. ③ (속어) 결혼하다(with). 「로 되다.
pair up (일·스포츠 따위에서) 두 사람씩 조(組)이 되다.
páir annihilàtion 圓 (물리) 쌍소멸(雙消滅)(소립자와 그 반입자(反粒子)가 결합하여 다른 소립자 또는 에너지로 전환하는 일).
páir bònd 圓 (동물) 자웅(雌雄) 집단(한 쌍의 암수 관계). (또는 **páir-bònd**)
páir bònding 圓 (동물) 한 쌍의 암수 관계의 형성, 그 습성. (또는 **páir-bònding**) 「tion.
páir creàtion [formàtion] 圓 =pair produc-
páired-as·só·ci·ate léarning [pɛ́ərdəsóuʃièit-, -si-] 圓 쌍연합(雙聯合) 학습(짝지어진 숫자·단어 따위의 한 쪽을 배우면 다른 쪽을 연상·상기시키도록 하는 학습). 「두의.
pair-horse [`hɔ̀ːrs] 圓 (마차의) 말 두 필이 끄는, 쌍
páir·ing sèason [pɛ́əriŋ-] 圓 (새 따위의) 교미기.
pair-oar [pɛ́ərɔ̀ːr] 圓 페어(두 사람이 각자 노 하나씩을 가지고 젓는 보트). — 圓 (또는 **~ed**) 페어의.

páir prodùction 〖물리〗 대생성(對生成)(입자와 반(反)입자의 동시 생성).

páir róyal 图 1 〔카드놀이〕 트럼프의 동점패 3장. 2 같은 수의 주사위 3개. 3 〔같은 것의〕 3개(의) 1조.

páir skàting 图 페어 스케이트(남녀가 짝을 이뤄 하는 피겨 스케이트. (또는 **páirs (skàting)**.

pai·sa [paisá:] 图 파이사(인도·파키스탄·네팔·부탄·방글라데시의 화폐 단위).

pais·ley [péizli] 图 **1** ⓤ 페이즐리 직물(부드러운 모직물로서 정교한 무늬가 있다). **2** 그 제품(숄·스카프 따위). —图 페이즐리 직물의. (<Paisley(스코틀랜드 서남부의 도시)〕

Pai·ute [paijú:t, ⌐-] 图 (图 ~**s**) (북미 인디언의) 파이우트족(의 사람); ⓤ 파이우트어(語).

pa·ja·ma [pədʒá:mə, -dʒǽm-] 图 파자마의[비슷한]. ¶a ~ top 파자마 윗도리 / ~ trousers 파자마 바지.

pajáma pàrty 图 = slumber party.

*p**a·ja·mas** [pədʒá:məz, -dʒǽm-]—dʒá:m-] 图 1 잠옷, 파자마. **2** (보통 명주 또는 면 제품으로 인도 등의 남녀가 입는) 느슨한 바지. (또는 (英) **pyjamas**)

wear the pajamas (美구어) 주도권을 쥐다, 결정하는 입장이다; 중심인물이다; 가장(家長)이다.

Pak [pæk, pa:k] 图 = Paki.

PAK (국제 자동차 식별 기호) Pakistan.

Pak·i [péki, pá:ki] 图 《英속어·경멸적》 (영국 및 영연방 거주의) 파키스탄 사람.

Pa·ki·stan [pǽkistǽn/pà:kistáːn] 图 파키스탄 (인도와 인접하는 회교 공화국; 수도 Islamabad).

Pa·ki·sta·ni [pækistǽni/pà:kistá:ni] 图 파키스탄(사람)의. —图 (图 ~**s**) 파키스탄인.

‡**pal** [pǽl] 〔구어〕 图 (图 ~**s** [(-z)]) **1** 동료, 친구 (chum). ⇨ FRIEND 유의어 ¶a pen ~ 편지 친구, 펜팔. 2 공범자(accomplice). **3** (英) (부르는 말로) 이봐, 자네.

the old pals act 〔구어〕 (옛 친구처럼) 허물없이 굴기. —图 (-ll-) 친해지다, 친구가 되다(*up*, *around*) (*with*).

pal around (美구어) …와 친해지다.

pal up with (英) …와 친해지다.

PAL [pǽl] 图 《美》 군사 항공 (우편) 소포. (<*Parcel Air Lift*〕

PAL (TV) *phase-alternating line*(팔 방식); *Philippine Airlines*(필리핀 항공); (군사) *permissive action link*(대통령 허가제 핵탄두 안전 장치 해제 기구).

Pal. Palestine.

‡**pal·ace** [pǽlis] 图 (图 -**ac·es** [-iz]) **1** 궁전 (대주교·주교의) 관저. **2** 대저택. **3** (오락·전람용) 호화 건물; 전당. ¶a movie ~ 영화의 전당. **4** (the ~) 측근, 궁정의 유력자들. **5** (the P—) (英구어) 버킹엄 궁전 (Buckingham P—). —图 **1** 궁전의; (정치·반란 따위가) 측근에 의한. **2** (차·건물 따위가) 호화로운, 사치스러운.

pálace càr 〔철도〕 호화 특별 열차.

pálace guárd 图 (국가 원수 따위의) 측근; 친위대.

pálace revolùtion 图 친위(親衛) 쿠데타, 궁정(宮廷) 혁명. (또는 **pálace revólt** (cóup))

pal·a·din [pǽlədin] 图 **1** Charlemagne 대제의 전설적인 12기사의 한 사람. **2** 협객, 영웅적 전사. **3** (주의·주장의) 주창[옹호자].

pa·lae- [péili, pǽli] 〔연결〕 ⇨ paleo- (* 자음 앞에서는 palaeo-).

pa·lae·o- [péiliou, -liə, pǽl-] 〔연결〕 ⇨ paleo- (* 어떤 모음 앞에서는 palae-).

pal(a)e·og·ra·pher [pèiliágrəfər, pǽl-] 图 고문서(古文書)학자.

pa·laes·tra [pəléstrə] 图 = palestra.

pa·lais [pǽléi, ⌐-/F pɑlɛ] 图 (图 ~) **1** 궁전; (프랑스 정부의) 관저. **2** (넓은 댄스홀(~ de danse)).

Pal·a·me·des [pæləmí:di:z] 图 〔그리스 신화〕 팔라메데스(트로이 전쟁 때 그리스의 용장).

pal·an·quin [pæləŋkí:n-] 图 (인도·동양의) 1인승 가마. —图图 가마로 여행하다. (또는 **palankeen**) ~**·er** 图 ~**·ing·ly** 副

pal·at·a·ble [pǽlətəbl] 图 **1** 입에 맞는, 맛이 좋은. 2 기분에 맞는, 기분이 좋은. -**bil·i·ty**, ~**·ness** 图 -**bly** 副

pal·a·tal [pǽlətl] 图 **1** 〔해부〕 구개(口蓋)의. 2 〔음성〕 구개음의. —图 **1** 〔해부〕 구개골. **2** 〔음성〕 구개음 ([j], [ç] 따위).

pal·a·tal·ize [pǽlətəlàiz] 图 〔음성〕 구개음화(口蓋化)하다. **-i·zá·tion** 图

*p**al·ate** [pǽlət] 图 **1** 〔해부〕 구개(口蓋), 입천장, 위턱 (*the hard* [*soft*] ~ 경(硬)[연(軟)]구개. **2** 미각, 기호, 맛의 식별력(*for*). ¶suit one's ~ 입[기호]에 맞다 / He has a delicate ~ *for* liquors. 그는 술을 잘 감별한다. **3** 감식안, 심미안, (…에 대한) 지적[미적] 취미.
~**·less**, ~**·like** 图

pálate bòne 〔해부〕 구개골(口蓋骨).

pa·la·tial [pəléiʃəl] 图 궁전의[같은]; 궁전에 어울리는; 호화로운; 웅대한, 당당한. ~**·ly** 副 ~**·ness** 图

Pa·lat·i·nate [pəlǽtinət, -nèit] 图 **1** (the ~) 팔츠 (Rhine 강 서부의 한 지방; 독일명 Pfalz). **2** 팔츠의 주민. **3** (p—) 팔라틴 백작의 영지(領地).

pal·a·tine¹ [pǽlətàin, -tin] 图 **1** 왕권과 같은 권한을 가진. **2** 팔라틴 백작의. **3** (건물이) 궁전과 같은 (palatial). **4** (P—) Palatinate의. —图 **1** 팔라틴 백작 (자기 영토 안에서 왕권의 행사가 허락된 백작). **2** (궁전·제국(帝國)의) 고관. **3** (P—) Palatinate의 주민. **4** (the P—) 팔라틴 언덕(고대 로마의 일곱 언덕 중 하나). **5** 여성용 모피 목도리. (bones).

pal·a·tine² 图 구개의. —图 (图 ~**s**) 〔해부〕 구개골(~bones).

pal·a·to- [pǽlətou, -tə] 〔연결〕 palate(구개)의 뜻.
¶*palato*gram

pal·a·to·gram [pǽlətəgrǽm] 图 〔음성〕 구개도(圖).

pal·a·tog·ra·phy [pælətágrəfi/-tɔ́g-] 图 〔음성〕 구개 도법.

Pa·láu Íslands [pɑːláu-] 图圈 (the ~) 팔라우 제도(Belau 공화국의 옛 이름). (또는 **Peléw Íslands**)

pa·la·ver [pəlǽvər/-lá:v-] 图 **1** (원주민과 외국인 사이의) 긴 상담(商談), 교섭. **2** 회의, 긴 토론. **3** 잡담, 수다, 재잘거리기. **4** ⓤ 아첨, 감언. **5** (속어) 사건; 일. —图 잡담하다; 상담[교섭]하다. —图 …에게 아첨하다; …을 설득하다; …을 구슬리다.

pa·laz·zo [pəlá:tsou] 图 (图 -**zi** [-tsi:]) (인상적인) 공공 건물, 개인 주택; 궁전. (<It *palace*〕

palázzo pajámas 图 반(半)정장의 여성복(낙낙한 바지와 블라우스로 이뤄진다). (탈롱).

palázzo pànts 图 (여자용의 폭이 넓고 낙낙한 여성용 판츠.

PALC 〔전자〕 *Plasma Addressed Liquid Crystal*(플라스마를 이용한 액정 디스플레이 방식).

PAL cólor télevision sỳstem 图 (컬러 TV의) 팔 방식(주로 유럽에서 채용되고 있다).

‡**pale¹** [peil] 图 (**pál·er**; **pál·est**) **1** (얼굴이) 핏기 없는, 창백한, 파랗게 질린, 파리한. ¶turn ~ 창백해지다.

〖유의어〗 **pale** 색깔이 옅은; 부자연스럽게[일시적으로] 핏기가 가셔 생기가 없다. **pallid** pale에 허약·피로·병 따위 이상 상태의 뜻이 가미된다. **wan** 오랜 병 따위로 창백하고 약한.

2 (색깔이) 옅은; (포도주(飽和度) 따위가) 낮은. ¶~ *yellow* 옅은 황색. **3** (빛이) 어슴푸레한, 어렴풋한. ¶the ~ *moon* 으스름달. **4** 약한, 활기 없는, 맥없는.

turn [or *grow*] *pale* 핏기가 가시다, 파랗게 질리다.
—图 ~**s** [-z]; ~**d**; **pál·ing**) 国 창백해지다, 새파랗게 질리다, 핏기가 가시다; 어슴푸레해지다; (색이) 엷어지다. —图 …을 창백하게 하다, 어슴푸레하게 하다; (색)을 엷게 하다.

pale before [or *beside, in comparison with*] …앞에서 무색해지다, …에 비해 못해 보이다[떨어지다].

pale into insignificance 빛이 바래다, 중요성을 잃다.

pale —國 《美흑인 속어》 백인.
~·ly 團 ~·ness
pale² 國 1 (울타리용) 말뚝(picket). 2 울, 울타리, 구짱. 3 (울타리로 둘러싸인) 구역; (경계 안의) 지역, 영역. 4 한계(limits); 경계(boundary). 5 (the P-) 12세기 이후 영국 통치 아래 있었던 아일랜드 동부 지방. 6 〔문장〕 방패 중앙의 세로串. 7 〔조선〕 (건조중인 선체의 갑판을 받치는) 지주(支柱).
beyond the pale 범위를 넘은; 조심성 없는, 상궤를
outside [or *out of*] *the pale of* …의 범위 밖에.
within [or *inside*] *the pale of* …의 범위 안에.
—國(동) 1 …을 말뚝[울타리]으로 두르다(fence). 2 …을 둘러싸다(encircle), 싸다.
pa·le· [péili, pæli] 國 ⇒PALEO-.
pále ále [(英) 알코올 도수가 낮은 에일(light ale).
paled [peild] 國 울타리를 두른, 말뚝으로 둘러싸인.
pale·eth·nol·o·gy [pèileθnáladʒi/-nɔ́l-] 國 선사 인류학.
pale-eyed [-áid] 國 눈이 흐릿한.
pale·face [péilfèis] 國 1 (美인디언·경멸적》 백인, 흰둥이. a ~ nigger《美흑인 속어》 비열한 백인. 2 (美속어) 서커스의 광대.
pale-heart·ed [´-há:rtid] 國 겁 많은.
Pále Hórse 청백색(창백한) 말(문학·성서에서 사신(死神)(Death)의 상징).
Pa·lem·bang [pɑ̀:lembɑ́:ŋ] 國 인도네시아 Sumatra 섬 남동부의 항구 도시; 이 나라 최대의 석유기지.
pa·le·o- [péiliou, -liə, pǽl-] 〔연결〕 old의 뜻(* 모음 앞에서는 pale-). paleography.
pa·le·o·an·thro·pol·o·gy [pèiliouænθrəpɑ́lədʒi, pæl-/-pɔ́l-] 國 고인류학(古人類學).
pa·le·o·bi·o·chem·is·try [pèiliobàiəkémǝstri, pæl-] 國 고(古)생화학.
pa·le·o·bi·ol·o·gy [pèiliobaiɑ́lədʒi, pæl-/-ɔ́l-] 國 순(純) 고생물학.
pa·le·o·bot·a·ny [pèiliobɑ́təni, pæl-/-bɔ́t-] 國 고(古)식물학.
Pa·le·o·cene [péiliəsì:n, pǽl-] 〔지질〕 國 팔레오세(世)의. — (the ~) 팔레오세(신생대(新生代)) 제 3기에서 가장 오래된 지질대).
pa·le·o·cli·mate [pèiliouklɑ́imət, -mət] 國 고(古)기후(지질시대의 기후).
pa·le·o·e·col·o·gy [pèiliouikɑ́lədʒi, pæl-/-ikɔ́l-] 國 고(古)생태학(고생물의 생활과 환경의 관계를 연구한다. ¶ paleography.
pa·le·o·en·to·mol·o·gy [pèiliouèntəmɑ́lədʒi, pæl-/-mɔ́l-] 國 화석 곤충학(곤충의 화석을 연구).
pa·le·o·en·vi·ron·ment [pèiliouinváiərənment, -en-, pæl-] 國 고(古)환경, 인류 출현 전의 자연 환경.
Pa·le·o·gene [péiliədʒì:n, pǽl-] 國(形)〔지질〕 고(古) 제 3 기(의).
pa·le·o·ge·net·ics [pèilioudʒənétiks, pæl-] 國(⋅(단수취급) 고(古)유전학(화석 생물의 유전 연구).
pa·le·o·ge·og·ra·phy [pèilioudʒiɑ́grəfi, pæl-/-ɔ́g-] 國 고(古)지리학.
pa·le·o·ge·ol·o·gy [pèilioudʒiɑ́lədʒi/-ɔ́l-] 國 고지질학(古地質學).
pa·le·og·ra·phy [pèiliɑ́grəfi, pæl-/-pǽliɔ́g-] 國 고문서(古文書); 고문서학; 고자체(古字體). -pher
-o·gráph·ic, **-o·gráph·i·cal** 國 **-o·gráph·i·cal·ly** 風
pa·le·o·hab·i·tat [pèiliouhǽbitæt, pæl-] 國 선사 시대 동물의 서식 환경.
pa·le·o·ich·thy·ol·o·gy [pèiliouìkθiɑ́lədʒi, pæl-/-ɔ́l-] 國 화석 어류학(魚類學).
pa·le·o·lat·i·tude [pèilioulǽtətjù:d, pæl-/-tjùd-] 國 〔지구물리〕 고위도(古緯度)(지괴(地塊)(landmass)가 형성된 시점의 위도).
pa·le·o·lim·nol·o·gy [pèilioulimnɑ́lədʒi/-nɔ́l-] 國 고육수학(古陸水學).
pa·le·o·lith [péiliəliθ, pǽl-] 國 구석기(舊石器).
Pa·le·o·lith·ic [pèiliəliθik, pǽl-] 國 (때로 p-) 구석기 시대의. ¶ the ~ era 구석기 시대. (또는 **Palae-Paleolíthic mán** 구석기 시대인. [olithic)
Pa·le·ol·o·gy [pèiliɑ́lədʒi, pæl-/-ɔ́l-] 國 (유사 이전의) 고유적(古遺跡) 연구; 고대학(古代學).
pa·le·o·mag·net·ism [pèilioumǽgnətìzm, pæl-] 國 고자기(古磁氣), 고자기학.
pa·le·on·tol·o·gy [pèiliəntɑ́lədʒi, pæl-/-pæliɔ́ntɔ́l-] 國(古)생물학. **-gist** 國
Pa·le·o·zo·ic [pèiliəzóuik, pæl-] 〔지질〕 國 고생대(古生代)의. — (the ~) 고생대.
pa·le·o·zo·ol·o·gy [pèiliouzouɑ́lədʒi, pæl-/-ɔ́l-] 國 고(古)동물학(화석 동물의 변천을 연구). **-gist**
Pa·ler·mo [pǝlɝ́rmou, -lɛ́ər-/It palɛ́rmo] 國 팔레르모(이탈리아 Sicily섬 북부의 항구·주도(州都)).
*Pal·es·tine** [pǽləstàin] 國 팔레스타인 1 서남아시아의 지중해에 면한 고대 국가(성지(Holy Land)라고도 불리며 성서에서 많게는 Canaan; 1948년 이스라엘과 아랍 지구로 분할). 2 1994년 자치가 허용된 가자 지구와 요르단 강 서안 지역.
Palèstine Liberátion Organizàtion 國 (the ~) 팔레스타인 해방 기구(略 PLO).
Pal·es·tin·i·an [pæləstíniən] 國 팔레스타인 사람(주민); 팔레스타인계 아랍인. —國 팔레스타인(사람)의; 팔레스타인 해방주의자의.
pa·les·tra [pəléstrə] 國 (戮 **-trae** [-tri:], **~s**) (고대 그리스의) 체육관(레슬링 따위의 연습장).
pal·e·tot [pǽlətòu/pǽltou] 國(F) (19세기에 많이 입었던 일종의) 헐렁한 외투.
pal·ette [pǽlit] 國 1 (화가가 쓰는) 팔레트, 조색판(調色板). 2 (팔레트 위의) 그림 물감. 3 (특정한 화가의) 그림 물감[색채]의 범위. 4 (갑옷의) 겨드랑이받이. **~·like**
pálette knífe 팔레트 나이프(물감 혼합용); 팔레트 나이프 모양의 조리 기구(pallet knife).
pal·frey [pɔ́:lfri] 國 〔고어〕 승용마(riding horse), 여성 승용마의 작은 말.
Pa·li [pɑ́:li] 國(形) 팔리어(語)(불교 성전(聖典)에 쓰이는 고대·중세 인도어). [< Skt *pāli canon*]
pal·i·mo·ny [pǽləmòuni] 國 《美구어》 동거하다 헤어진 여성에게 주는 돈·재산. [< *pal*+*alimony*]
pal·imp·sest [pǽlimpsèst] 國 거듭 쓴 양피지(羊皮紙)(쓰여 있던 글자를 지우고 그 위에 다시 쓴).
pal·in·drome [pǽlindròum] 國 회문(回文)(앞뒤 어느 쪽에서 읽어도 같은 말·구·문. 예: eye; Madam, I'm Adam. 따위). [둑, 울짱.
pal·ing [péiliŋ] 國 말뚝을 둘러 박기; 〔집합적〕 말
pal·in·gen·e·sis [pǽlindʒénəsis] 國(U) 1 신생(新生), 재생(再生). 2 〔생물〕 반복(원형) 발생(개체 발생에 있어서의 진화의 모든 단계를 재현하는 일)(맞 cenogenesis). 3 〔종교〕 재생(再生), 세례. 4 윤회(輪廻). **-ge·nét·ic** **-ge·nét·i·cal·ly** 風
pal·i·node [pǽlənòud] 國 1 (앞의 시 내용을) 취소하는 시, 개영시(改詠詩). 2 (앞서 한 말의) 취소, 철회(recantation). **-nòd·ist** 國
pal·i·sade [pæ̀ləséid] 國 1 말뚝, 목책(木柵), 울짱; 대나무 울타리. 2 (~s) (강변의) 단애, 벼랑, 암벽.
—國(동) ~에 울짱[울타리]을 두르다[치다].
Pal·i·sades [pæ̀ləséidz] 國 (the ~) 팰리세이즈 협곡(미국 Hudson강 하류의 서안에 있는 절벽).
pal·i·san·der [pæ̀ləsǽndǝr, ʌ-ʌ-] 國〔식물〕 자단(紫檀)(남비의 상록 활엽 교목).
pal·ish [péiliʃ] 國 좀 창백한, 파리한.
pall¹ [pɔ:l] 國 1 관 덮는 보(검정색·흰색·자주색의 우단). 2 덮개, 포장, 장막. 3 a ~ of darkness 밤의 장막. 3 〔교회〕 파라(성배(聖杯)를 덮는 아마), 성배 덮개;

pall¹ (고어) 제단포(祭壇布). 4 〔교회〕 영대(領帶), 팔리움(교황·대주교가 제복 위에 쓰는 직장(職章)) ⓟ pallium. 5 〔문장〕 Y자형 문장. 6 (고어) 외투. ─ⓣ …에 관보를 씌우다. …을 덮다. ⌐**like**

pall² ⓘ 1 싫증이 나다, 물리다, 흥미가 없어지다, 시시해지다 (on, upon). ¶ (~ + 전 + 명) The lengthy lecture ~ed upon me. 강연이 길어서 나는 지루함을 느꼈다. 2 (술 따위가) 김이 빠지다, 맛이 나빠지다.
─ⓣ …에 물리게 하다. …의 맛을 없게 하다.

Pal·la·di·an¹ [pəléidiən, -láː-] ⓐ 〔건축〕 팔라디오식(式)의(16세기 이탈리아·17세기 영국의 건축 양식). [<이탈리아 건축가 Andrea Palladio의 이름]

Pal·la·di·an² [pəléidiən] ⓐ 1 그리스 여신 팔라스 (Pallas)의. 2 지혜의, 지식의, 학문의.

pal·la·di·um [pəléidiəm] ⓝⓤ 〔화학〕 팔라듐(백금족의 희금속 원소; 기호 Pd).

Pal·la·di·um [-] (ⓟ -di·a) 1 팔라디온(Troy의 Pallas Athena 여신상). (또는 **Palladion**) 2 (보통 p-) 수호신; 보장, 방어물.

Pal·las [pǽləs/-ӕs] ⓝ 1 〔그리스 신화〕 팔라스 (Athena의 별칭; 지혜·공예의 여신). (또는 ⌐ **Athéna**) 2 〔천문〕 팔라스 소행성(小行星).

páll·bear·er [pɔ́ːlbɛ̀ərər] ⓝ (장례식에서) 관을 메는[따라가는] 사람.

pal·let¹ [pǽlit] ⓝ 1 짚자리, 짚이불[요]. 2 초라한 잠자리. 3 (美남부) 침대 대신에 마룻바닥에 편 모포.

pal·let² [pǽlit] ⓝ 1 도공의 주걱; 미장공의 흙손. 2 〔톱니바퀴의〕 미늘; 바퀴 멈추개. 3 (창고·공장의) 짐나르는 대, (지게차용) 화물 깔판, 팔레트. 4 (화가의) 팔레트 (palette). 5 (풍음의) 조절판. ─ⓣ = palletize.

pal·let·ize [pǽlitàiz] ⓣ …의 수송[입고(入庫)]을 팔레트화하다, …을 팔레트로 운반하다. **-iz·er** ⓝ

pállet knife ⓝ 〔요리〕 팔레트 나이프(케이크·빵 따위를 만들 때 쓰는 평평한 주걱).

pal·lette [pǽlit] ⓝ = palette 4.

pal·liasse [pǽljæs] ⓝ (英) = paillasse.

pal·li·ate [pǽlièit] ⓣ 1 (죄 따위를) 가볍게 하려고 하다, 변명하다, (과실 따위를) 참작하다. 2 (병·고통 따위를) 누그러지게 하다, 일시적으로 완화하다.

pal·li·a·tion [pæ̀liéiʃən] ⓝⓤ 1 (죄 따위의) 경감 (輕減); 변명, 구실. 2 (병·고통 따위의) 완화.

pal·li·a·tive [pǽlièitiv/-liə-] ⓐ 1 (죄 따위를) 경감하는; 변명하는. 2 (병·고통 따위를) 완화하는, 누그러지게 하는. ─ⓝ 1 (참작해야 할) 사실[정상(情狀)]; 변명, 구실. 2 (병·고통 따위의) 일시적 완화제. 3 고식적 수단, 땜질.

pálliative cáre ⓝ 말기 환자 간병, 고통 완화 처치.

pálliative cáre ùnit ⓝ (캐나다) 말기 환자 간병 시설(병동)(⊕ PCU).

pal·li·a·tor [pǽlièitər] ⓝ (병 따위의) 일시적 억제; 고식적인 수단; 완화[경감]하는 사람[것].

pal·lid [pǽlid] ⓐ (안색이) 창백한, 해쓱한, 핏기가 가신. ⇨ **PALE** 유의어. 2 활기가 없는. **~·ly** ⓟ **~·ness** ⓝ

pal·li·um [pǽliəm] ⓝ (ⓟ ~s, -li·a [-liə]) 1 (고대 그리스·로마 사람들이 입던) 큰 장방형의 망토. 2 (교회) 영대(領帶), 팔리움(교황이나 대주교가 제복(祭服) 위의 어깨에 걸쳤던 흰 양털로 짠 직장(職章)). 3 제단 덮개; 관보(pall). 4 (해부) (뇌의 외피(外皮)). 5 (동물) 외투막(연체 동물의 각(殼) 내부에 있는 막).

pall-mall [pǽlmǽl, pélmél] ⓝ 1 ⓤ 펠멜 구희(球戲)(17세기에 유행했던 나무공을 치는 구희). 2 펠멜 희장.

Pall Mall [pǽl mæ̂l, pél mé́l] ⓝ 1 펠멜가(街)(영국 London의 거리 이름; 클럽이 많기로 유명함). 2 영국 육군부(본디 펠멜가에 있었음).

pal·lor [pǽlər] ⓝ ⓤ (안색의) 해쓱한, 창백.

pal·ly [pǽli] ⓐ 친한, 사이가 좋은.

*palm¹ [paːm, paːlm/paːm] ⓝ (ⓟ ~s [-z]) 1 손바닥; (네발 동물의) 앞 발바닥. 2 장갑의 손바닥. 3 (돛을 꿰맬 때 골무 대용으로 사용하는 손바닥에 대는 가죽 (sailmaker's ~). 4 뼘(폭 7.6-10cm, 길이 18-25cm). 5 (사슴 뿔의) 손바닥 모양의 부분. 6 손바닥 모양의 물건[부분]. 7 〔해사〕 노의 넓적한 부분; 닻혀.
cross a person's palm [or hand] with silver (익살) (점쟁이·정보 제공자에게) 돈을 주다.
grease [or oil] a person's [or the] palm [or hand] (구어) …에게 뇌물을 주다; …을 매수하다.
have an itching [or itchy] palm 욕심이 많다, 뇌물을 좋아하다.
hold [or have] a person in the palm of one's hand 남을 손아귀에 쥐다, 완전 장악하다.
know...like the palm [or back] of one's hand …을 속속들이 (잘) 알고 있다.
read a person's palm 남의 손금을 보다.
─ ⓣ 1 …을 손바닥에 숨기다. 2 …을 몰래 줍다[훔치다]. 3 남을 속여서 …을 떠맡기다[내게 하다](*off*)(*on, upon*). 4 …을 손바닥으로 만지다, 쓰다듬다. 5 …와 악수하다. 6 (농구) (드리블할 때) (공)을 순간적으로 잡다. 7 …에게 뇌물을 주다.
palm off (가짜 따위)를 떠맡기다(*upon*); …을 속이다.

*palm² ⓝ 1 야자과(科)의 식물(야자수·종려나무 따위) (~ tree). 2 종려의 가지[잎](승리의 상징). 3 (the ~) 승리, 전승(戰勝); 영예.
bear [or carry off, hold] the palm (고어·폐어) 이기다, 우승하다.
yield [or give] the palm to …에게 패배를 인정하다. 지다.

pal·ma·ceous [pælméiʃəs] ⓐ 야자과(科)의; 야자 비슷한.

pál·ma Chrís·ti [pǽlmə krísti] ⓝ 〔식물〕 아주까리.

pal·mar [pǽlmər, páː-] ⓐ 손바닥의; (네발 동물의) 앞 발바닥의.

pal·ma·ry [pǽlməri, páː-] ⓐ (승리·영예의 표지로서의) 종려 가지[잎]를 받을 자격이 있는; 칭찬받을 만한.

pal·mate [pǽlmeit, -mət, páː-] ⓐ 1 손바닥 모양의. 2 〔식물〕 장상(掌狀)의. 3 〔동물〕 물갈퀴가 있는. (또는 palmated) **~·ly** ⓟ 장상; 장상 구조.

pal·ma·tion [pælméiʃən, paː-] ⓝ 손바닥 모양.

Pálm Béach ⓝ 팜 비치(미국 Florida 주 동남 해안의 피한지(避寒地)).

pálm bránch ⓝ = palm² 2.

pálm bútter ⓝ 야자 기름(palm oil).

pálm cìvet [càt] ⓝ 〔동물〕 사향고양이.

pálm cràb ⓝ 〔동물〕 야자 게. (또는 púrse cràb)

Pálm d'Ór [pælm doːr] ⓝ 황금 종려상(칸 국제 영화제의 대상). [<F palm of gold]

*palm·er¹ [páːmər/páːm-] ⓝ 1 (중세의 성지 순례자)의 표시로 종려 가지를 가지고 돌아왔다). 2 (일반적으로) 순례자. 3 = palmerworm. 4 제물낚시의 일종. ─ⓘ (스코·北英) 헤매다, 방랑하다.

palm·er² [páːmər] ⓝ (카드놀이 따위에서) 속임수를 쓰는 사람; 요술쟁이.

Pálm·er Archipélago [páːmər-/páːmə-] ⓝ 파머 제도(南極 대륙과 남극 대륙 사이 남극해의 제도; 옛 이름 Antarctic Archipelago).

palm·er·worm [páːmərwə̀ːrm] ⓝ 모충의 일종 (사과나 기타 과수의 잎을 먹어 해친다).

pal·met·to [pælmétou] ⓝ (ⓟ ~(e)s) (잎이 부채 모양인) 야자의 총칭.

Palmétto Státe ⓝ (the ~) 미국 South Carolina 주의 별칭.

pálm fámily ⓝ 〔식물〕 야자과(科).

pálm·ful [páːmfùl] ⓝ 손바닥 가득(한 분량); 한줌.

pálm hòuse ⓝ 야자 재배용 온실.

pal·mi·ped [pǽləmpèd] ⓐ 물갈퀴가 있는. ─ⓝ (고어) 물갈퀴가 있는 새, 물새. (또는 **palmipede**)

palm·ist [páːmist] ⓝ 손금쟁이, 수상가(手相家).

palm·is·try [páːməstri, páːl-] ⓝ 1 수상술(手相術)(chiromancy, palm reading). 2 (소매치기의) 손재

palmitate / **pan**

주(의 교묘함); 요술. ┌「염(酸塩).
pal·mi·tate [pǽlmətèit, pá:/-] 图 〔화학〕 팔미트산염.
pal·mit·ic [pælmítik] 圈 〔화학〕 팔미트산(의)에서 유도되는]; 야자유에서 추출한.
palmític ácid 图 〔화학〕 팔미트산(비누 제조용).
pal·mi·tin [pǽlmitin, pá:/-] 图 U 〔화학〕 팔미틴.
pálm lèaf 图 종려잎(부채나 모자를 만드는 데 사용).
pálm òil 图 1 야자 기름. 2 《美俗》뇌물[팁]로 주는 돈.
pálm prìnt 图 장문(掌紋).
Pálm Sprìngs [pá:m-] 图 팜스프링스(미국 Los Angeles 동쪽의 보양지).
pálm sùgar 图 종려당(糖).
Pálm Súnday 图 〔교회〕 종려 주일(부활제 직전의 일요일; 그리스도가 예루살렘에 들어간 기념일).
palm-top [‹tàp/-tòp] 图 〔컴퓨터〕 손바닥에 올려 놓을 수 있는 크기의. — 图 초소형 컴퓨터(~ computer).
pálm wìne 图 종려주(酒).
palm·y [pá:mi, pá:lmi] 圈 1 빛나는, 번영하는, 의기 양양한. ¶one's ~ days 전성 시대. 2 종려의, 종려와 같은; 종려가 무성한.
pal·my·ra [pælmáiərə] 图 〔식물〕 팔미라야자(열대 아시아산(產)). (또는 ‹ pàlm [trèe]).
Pál·o·mar (Móuntain) Obsérvatory [pǽlə-mà:r/-] 图 팔로마 (산) 천문대(미국 California 주 Palomar산에 있는 천체 관측소; 세계 최대의 반사 망원경(구경 508cm)이 있다).
pal·o·mi·no [pæ̀ləmí:nou] 图 (미국 서남부산(產)) 황갈색의 말(갈기와 꼬리는 아마색(亞麻色)).
pa·loo·ka [pəlú:kə] 图 《美俗》 1 약한[풋내기] 선수(특히 권투 선수). 2 (덩치 큰) 바보, 얼간이; 버릇 없는 놈. ┌는 놈.
palp[1] [pælp] 图 =palpus.
palp[2] [pælp] 图 …에 손을 대다, 어루만지다.
pal·pa·ble [pǽlpəbl] 圈 1 쉽게 지각할 수 있는; 명 백한. ⇨CLEAR 《유의어》. ¶a ~ lie 빤한 거짓말. 2 감지 할 수 있는, 3 〔의학〕 촉진(觸診)할 수 있는.
-bíl·i·ty, **~·ness** **-bly** 图.
pal·pal [pǽlpəl] 圈 (곤충 따위의) 촉수의.
pal·pate[1] [pǽlpeit] 图⑩ (손으로) …을 만지다; (의사 등이) …을 촉진(觸診)하다.
pal·pá·tion 图 촉진. **-pa·to·ry** [-tò:ri/-təri] 圈.
pal·pate[2] 圈 (동물) 촉수(觸鬚)가 있는.
pal·pe·bra [pǽlpəbrə, pælpíb:-, -péb-] 图 (해 부) 눈꺼풀, 안검(眼瞼).
pal·pe·bral [pǽlpəbrəl, pælpíb:-b-] 圈 눈꺼풀의.
pal·pi [pǽlpai] 图 palpus의 복수형.
pal·pi·tant [pǽlpətənt] 圈 심장이 두근거리는; 떨고 있는.
pal·pi·tate [pǽlpətèit] 图⑩ 1 (맥박이) 세게[빨리] 뛰다, (심장이) 몹시 고동치다(기대로) 가슴이 설레다, 두근거리다. ⇨PULSATE 《유의어》. 2 떨리다(tremble).
pal·pi·tá·tion [pæ̀lpətéiʃən] 图 U C 《종종 ~s》 가슴이 두근거림, 동계(動悸). ¶heart ~s 심장의 고동. 2 (병리) 심계 항진(心悸亢進). ┌촉수, 더듬이.
pal·pus [pǽlpəs] 图 (pl. **-pi** [-pai]) (곤충 따위의)
pals·grave [pɔ́:lzgrèiv, pælz-] 图 (옛 독일의) 팔 라틴 백작. ⇨PALATINE[1].
pals·gra·vine [pɔ́:lzgrəví:n, pælz-] 图 palsgrave 의 아내[미망인].
pal·ship [pá:lʃip] 图 《俗》사이가 좋음, 친밀한 사이.
pal·sie [pǽlzi] 圈 =palsy-walsy. (또는 ‹-wálsie).
pal·sied [pɔ́:lzid] 圈 반신 불수의, 마비된.
pal·stave [pɔ́:lstèiv, pǽl-] 图 (고고) (나무 자루를 끼운) 청동 도끼. (또는 **pálstàff**).
pal·sy [pɔ́:lzi] 图 U 마비, 저림, 중풍; 마비 상태; 무기력, 무능. — 图 …을 마비시키다, 저리 게 하다; (공포 등이) …을 무(無)기력하게 하다.
pal·sy-wal·sy [pǽlziwɔ́:lzi] 圈 《美俗》친밀한, 우호 적인(with).
pal·ter [pɔ́:ltər] 图⑩ 1 적당히 말하다[하다], 말끝을

흐리다[얼버무리다]; 속이다(with). ¶(~+ 前+名) Don't ~ with serious matters. 중요한 문제를 경시하 지 마라. 2 (값을) 깎다, 흥정하다(with, about). ¶(~+ 前+名) ~ with a person about a price 남과 가격을 흥정하다.
pal·try [pɔ́:ltri] 圈 1 (금액 따위가) 얼마 되지 않는. ⇨PETTY 《유의어》 2 (일·물건 따위가) 하찮은, 무가치한. 3 천한, 비열한. **-tri·ly** 图 **-tri·ness** 图.
pa·lu·dal [pəlú:dl, pǽlju-/pəljú:-] 圈 1 소택지의, 늪이 많은, 습지(濕地)의. 2 (병·독기 따위가) 늪에서 발생하는; 말라리아의. ┌늪지성 식물.
pal·u·dism [pǽljudìzm] 图 〔병리〕 말라리아.
pal·y [péili] 圈 〔고어〕 창백한, 해쓱한(pale).
Pal·y·nol·o·gy [pæ̀lənálədʒi/-nɔ́l-] 图 〔고생물〕 화분(花粉)[포자(胞子)]학.
pam[1] [pæm] 图 〔카드놀이〕 1 (loo 승부에서) 클럽의 잭. 2 나폴레옹 비슷한 게임(클럽의 잭이 최고점).
pam[2] 图 《美俗》 =pamphlet.
Pam [pæm] 图 팸(여자 이름; Pamela의 애칭).
PAM payload assist module(통신 위성을 정지 궤도 에 투입하는 추진 로켓); pulse amplitude mod-ulation(펄스 진폭 변조). **pam.** pamphlet.
Pam·e·la [pǽmələ] 图 패멀러(여자 이름).
Pa·mirs [pɑ:míərz] 图 (the ~) 파미르 고원(아시아 중부의 고원; 세계의 지붕이라고 부른다).
pam·pas [pǽmpəz, -pəs] 图 팜파스(특히 아르헨티나의 광대한 초원). ┌숫한 풀).
pámpas gràss 图 팜파스풀(남미 원산의 참억새 비
pam·per [pǽmpər] 图⑩ 1 지나치게 소중히[애지중 지] 하다; (욕망 따위)를 충분히 만족시키다. ¶~ oneself 제멋대로 행동하다. 2 (고어) 포식시키다(glut). …을 음식물받이로 자람. **-ed·ly** 图. **-er** 图.
pam·pe·ro [pɑ:mpɛ́ərou, pæm-] 图 팜페로(Andes 산에서 브라질 해안 방면으로 내리부는 차가 ┌운 남풍).
pamph. pamphlet.
‡**pam·phlet** [pǽmflət] 图 1 소책자, 2 (시사 문제에 관한) 소논설, 소논문. — 图 팸플릿을 쓰다, 팸플릿을 배포하다.
pam·phlet·eer [pæ̀mflətíər] 图 팸플릿 집필자(출판자). — 图 팸플릿을 (써서) 내다[배포하다]. — 图 …에게 팸플릿으로 영향을 주다[설득하다].
‡**pan**[1] [pæn] 图 (图 ~**s** [-z]) 1 (자루 달린) 납작한 냄 비. ¶a frying ~ 프라이팬/a stew ~ 스튜 냄비. 2 (저 울 따위의) 접시, 증발 접시. 3 (은광을 부수어 아말감화 하기 위한) 선광 냄비. 4 (사금 따위를 물로 가려내는) 선광 용 냄비. 5 《俗》얼굴, 상판. ¶a dead ~ 무표정한 얼 굴. 6 작은 부빙(浮氷). 7 접시 모양으로 꺼진 땅, 늪지 대; 염전(塩田). 8 (무른 땅 아래 있는) 경반(硬盤), 경질 지층(硬質地層)(hardpan). 9 (구식 총의) 약실(藥室). ⇨FLINTLOCK 그림. 10 (돌쩌귀의) 구멍, 암[수]돌쩌귀.
a flash in the pan ⇨ FLASH. ┌11 냉엄한 비평.
go down the pan 쓸모없는 것[무용지물]이 되다.
leap [or fall] out of the pan into the fire 작은 어려움을 피하여 큰 어려움을 만나다.
on the pan 내리깎이어, 혼돕다니.
savor of the pan 본성을 드러내다.
shut one's pan 입을 다물다. 아무 말 하지 않다.
turn the cat in the pan 변절하다, 배신하다.
— 图 (~**s** [-z]; ~**nn**-) 图 1 (사금 따위를 가려내기 위 하여) 냄비로 일다. 2 (사금 따위)를 냄비로 가려내 다. 3 (냄비로) …을 요리하다. 4 《구어》…을 혹평하 다; 깎아내리다, 혈뜯다. ¶The critic ~ed the play. 그 비평가는 그 연극을 혹평했다. — 图 1 (선광용 냄비로) 흙·모래를 일다. 2 (흙·모래를 일어) 금을 산출하다.
be panned out 《美俗》기진맥진하다, 파산하다.
pan out ① (금(金)이 나오다. 2 (…의) 결과가 되 다(turn out). ¶The peace talks did not ~ out well. 평화 회담은 잘 성사되지 않았다.

pan² [pæn] 〖*-nn-*〗 〖타〗 (파노라마적인 효과나 움직이는 피사체를 좇아) 카메라를 상하·좌우로 돌리다, 팬하다. (카메라를 돌리며) …을 촬영하다. ── 〖자〗 (카메라의 상하[좌우] 이동, 팬 〖촬영〗.

pan³ [pɑːn] 〖명〗 1 구장(betel)의 잎. 2 판(빈랑나무의 열매(betel nut)를 구장의 잎으로 싸서 씹는 것).

pan⁴ [pæn] 〖사진〗 팬크로매틱 필름.

Pan [pæn] 〖명〗〖그리스 신화〗 판, 목신(牧神).

PAN peroxyacetyl nitrate: polyacrylonitrile(폴리아크릴로니트릴). **Pan.** Panama.

pan- [pæn] 〖연결〗 all, universal의 뜻. ¶*panacea*, *panhellenic*, *Pan-Slavism*.

pan·a·ce·a [pæ̀nəsíːə/-síə] 〖명〗 만병 통치약(cure-all); 모든 문제[난제]의 해결책.

pa·na·che [pənǽʃ, -nɑ́ːʃ] 〖명〗 1 (투구·모자의) 깃털 장식. 2 과시, 걸치레, 허세; 관록. ¶have ~ 관록이 있다. [<F]

pa·na·da [pənɑ́ːdə, -néi-] 〖명〗UC〗 빵 죽.

Pan-Af·ri·can [-ǽfrikən] 〖형〗 전(全)아프리카의; 범(汎)아프리카주의의. ── 〖명〗 범아프리카주의자.

Pan-Af·ri·can·ism [-ǽfrikənìzm] 〖명〗UC〗 전(全)아프리카(통일)주의, 범(汎)아프리카주의. **-ist** 〖명〗

Pan-Am [-ǽm] 팬아메리칸 항공사(1986년 파산).

***Pan·a·ma** [pǽnəmɑ̀ː, -mɔ̀ː/pæ̀nəmɑ́ː, -ɑ́ː] 〖명〗 1 파나마(중미 남부의 공화국; 수도 ~ City). 2 the Isthmus of ~ 파나마 지협(地峽)(남·북미를 잇는다). 3 the Gulf of ~ 파나마 만. 4 (때로 p-) 파나마 모자.

Pánama Canál (the ~) 파나마 운하.

Pánama Canál Zòne (the ~) 파나마 운하 지대. 〖대. □ CANAL ZONE.

Pánama hát 파나마 모자.

Pan·a·ma·ni·an [pæ̀nəméiniən] 〖형〗 파나마의, 파나마 사람의. ── 〖명〗 파나마 사람, 파나마 원주민.

Pánama réd 〖명〗 파나마 레드(효력이 강한 파나마산 (産) 붉은 마리화나).

Pan-A·mer·i·can [-əmérikən] 〖형〗 전미(全美)의, 범미(汎美)의(주의)의(북·중·남미 포함).

Pàn Américan Gámes 〖명복〗 (the ~) 범미주 경기대회(1951년 창시; 4년마다 개최; 〖약〗 PAG).

Pàn Américan Híghway 〖명〗 (the ~) 팬아메리칸 하이웨이(Alaska의 Fairbanks에서 아르헨티나 남단의 Fuego섬까지 남북 아메리카를 종단하는 국제 도로).

Pan-A·mer·i·can·ism [-əmérikənìzm] 〖명〗 전미(全美)주의.

Pàn Américan Únion 〖명〗 (the ~) 범미 동맹(〖약〗 P.A.U.).

Pan-An·gli·can [-ǽŋglikən] 〖형〗 범(汎)영국 국교회주의의.

Pan-Ar·ab·ism [-ǽrəbìzm] 〖명〗UC〗 범아랍주의. **-Ar·ab, -Ár·a·bic** 〖형〗

Pan-A·sian [-éiʒən, -ʃən] 〖형〗 1 범아시아의, 전 아시아 인민의. 2 범아시아주의(Pan-Asianism)의. **~·ism** 〖명〗 범아시아주의.

pan·a·tel·(l)a [pæ̀nətélə] 〖명〗 패너텔라(가늘게 만 엽궐련).

pan·a·the·ism [pǽnəθìːizm] 〖명〗 범(汎)무신론(신은 존재하지 않으므로 성스러운 것은 아무것도 없다는 신념).

pan·a·trope [pǽnətròup] 〖명〗 패너트롭(확성기를 갖춘 전축).

Pan·a·vi·sion [pǽnəvìʒən] 〖명〗 〖상표〗 파나비전(대형 스크린 영화의 일종). 〖팬으로 얼은 급다.

pan-broil [-brɔ̀il] 〖타〗 기름을 거의 치지 않은 프라이

***pan·cake** [pǽnkèik] 〖명〗 1 팬케이크(griddle cake, flapjack)(우유·달걀·밀가루를 재료로 하여 프라이팬에 얇게 구운 일종의 핫케이크). 2 (비행기의) 수평 낙하(착륙). 3 〖미〗 팬케이크 화장(메이크업의 일종). 4 〖미속어〗 아직 여자아이 태가 없는 소녀[처녀]. 5 (극양(極洋) 위의 원형의) 얇은 얼음. 〖(as) flat as a pancake 납작한 〖구어〗 재미없는. toss the pancake 팬케이크를 던지다(*Shrove Tuesday에 행하는 영국의 전통적 행사). ── 〖자〗 수평 낙하(착륙)을 하다. ── 〖타〗 〖비행기〗를 수평 낙하(착륙)시키다.

Páncake Dày 〖영〗 =Shrove Tuesday.

páncake íce 연엽빙(蓮葉氷)(극지(極地) 바다에 떠도는 원형의 얇은 얼음).

páncake lànding 〖명〗 =pancake 2.

páncake màkeup 〖명〗 팬케이크 화장(품). [roll].

páncake ròll 〖명〗 춘권채(春卷菜)(egg [spring]

páncake túrner 〖미속어〗 디스크 자키.

Pan·cha Si·la [pǽntʃə síːlə] 〖명〗 1 〖불교〗 5계문(五戒文). 2 (또는 Pancasila) (인도네시아인의) 건국 5원칙, 판차실라(유일신 신앙, 인도주의, 민족주의, 민주주의, 사회주의 등).

Pán·chen Láma [pɑ́ːntʃen-] 〖명〗 판첸 라마(Dalai Lama에 다음 가는 라마교의 부교주(副敎主)).

pan·chres·ton [pænkréstn] 〖명〗 모든 경우에 들어맞는 설명; 지나치게 단순화하여 실제적으로는 도움이 안되는 설명.

pan·chro·mat·ic [pæ̀nkroumǽtik] 〖형〗 〖사진〗 (감광판(感光板) 등이) 전색(全色)의, 전정색(全整色)의. **-ma·tism** [-mətìzm] 〖명〗UC〗 〖사진〗 전정색(성).

pan·cos·mism [pænkázmizm/-kɔ́z-] 〖명〗UC〗 〖철학〗 범우주론, 물질 우주설.

pan·crat·ic [pænkrǽtik] 〖형〗 1 (고대 그리스의) 권투 씨름의. 2 (렌즈 따위가) 배율을 조절할 수 있는.

pan·cra·ti·um [pænkréiʃiəm] 〖명〗 (〖복〗 *-ti·a* [-ʃiə]) (고대 그리스의) 권투 씨름(권투와 레슬링을 합친 격투기).

pan·cre·as [pǽnkriəs/pǽŋ-] 〖명〗 〖해부·동물〗 췌장. ⇒ ABDOMEN, ALIMENTARY CANAL 그림. **-át·ic** 〖형〗

pan·cre·at·ic júice [pæ̀nkriǽtik-/pæ̀ŋ-] 〖명〗 췌액(膵液).

pan·cre·a·tin [pǽnkriətin/pǽŋ-] 〖명〗UC〗 〖생화학〗 판크레아틴, 췌액소(膵液素)(동물 췌장 속의 효소로 만드는 일종의 소화제). 〖리〗 췌장염.

pan·cre·a·ti·tis [pæ̀nkriətáitis/pæ̀ŋ-] 〖명〗 〖병리〗 췌장염.

pan·da [pǽndə] 〖명〗 1 〖동물〗 판다. ⇒ LESSER PANDA, GIANT PANDA. 2 〖영구어〗 = ~ car.

P&A 〖경영〗 purchase of assets *and* assumption (of liabilities)(자산·부채 인수 방식; 우량 금융 기관이 부실 금융 기관의 자산·부채를 인수하고 흡수 통합하는 방식).

pánda càr 〖영〗 (경찰의) 순찰차.

pánda cròssing 〖영〗 (신호등이) 보행자 작동식 횡단 보도. 〖누스(열대성 상록 교목).

pan·da·nus [pændéinəs, -dǽn-] 〖명〗 〖식물〗 판다

P&E plant *and* equipment(플랜트 및 장비).

Pan·de·an [pændíːən] 〖형〗 목신(牧神) Pan의(과 같은).

Pandéan pípes 〖명복〗 목신 Pan의 피리(panpipe).

pan·dect [pǽndekt] 〖명〗 1 (~s) 법전, 법령 전서. 2 총람, 요람. 3 (P-s) 〖로마 법률〗 로마 유스티니아누스 법전(6세기에 편찬된 50권의 로마 민법 총람).

pan·dem·ic [pændémik] 〖형〗 1 (병이) 전국적[대륙적·세계적]으로 유행하는(〖참〗 *endemic*). 2 일반적인, 보편적인. ── 〖명〗 전국[전대륙, 세계]적인 유행병. **-de·mi·a, -de·mic·i·ty** [-dəmísəti] 〖명〗

pan·de·mo·ni·um [pæ̀ndəmóuniəm] 〖명〗 1 (보통 P-) 모든 악마의 소굴, 복마전. 2 (음부 Pan의) 지옥, 2 혼란 상태, 수라장; 무법 지대. 4 〖UC〗 대혼란, 혼돈.

pan·der [pǽndər] 〖명〗 1 뚜쟁이; 갈보집 주인, 포주(pimp). 2 남의 약점을 이용하는 사람; 나쁜 짓을 중개하는 사람. (또는 **panderer**) ── 〖자〗 …에게 매춘을 중개하다; …의 나쁜 짓을 돕다. ── 〖타〗 뚜쟁이짓을 하다; (나쁜 일 따위에) 방조를 하다, 선동하다, 사주하다 (*to*). ¶ (~ + 명 +전 +명) ~ *to* a person's low tastes 남의 저속한 취미에 영합하다. **~·age ~·ly** 〖명〗

p&h postage *and* handling.

pan·dit [pǽndit, pʌ́ndit] 〖명〗 1 (인도의) 현인, 학자. 2 (P-) 〖존칭으로〗 …선생, …사(師). (또는 **pundit**).

P&L, P. and L., p. and l. profit *and* loss.

pan·door [pǽnduər] 〔영〕 (英) =pandour.
pan·do·ra [pændɔ́:rə] 〔영〕 판도라(기타 비슷한 현악기). (또는 **pandore**)
***Pan·do·ra** [pændɔ́:rə] 〔영〕 〔그리스 신화〕 판도라 (Prometheus가 천국의 불을 훔쳐서 인류에게 주었기 때문에 인류를 벌하기 위하여 Zeus가 지상에 보낸 최초의 여성).
Pandóra's bóx 〔영〕 〔그리스 신화〕 판도라의 상자 (Pandora가 열지 말라는 뚜껑을 열었더니 그 속에서 온 갖 재앙과 죄악이 뛰쳐나와 세상에 퍼지고, 상자 속에는 희망만이 남았다고 한다): 뜻밖의 재앙의 근원.
open Pandora's box 뜻하지 않은 재앙을 초래하다; 긁어 부스럼을 만들다, 사태[문제]를 더욱 악화시키다.
pan·dore [pændɔ́, ⌞⌟] 〔영〕 =pandora.
pan·dour [pǽnduər] 〔영〕 **1** 〔역사〕 판두르병(兵)(18세기의 Croatia 병사). **2** 잔인한 약탈병. 〔파이.
p.& p. (英) *postage and packing*. **P&S** (증권) *purchase and sales*.
pan·du·rate [pǽndjureit, -rət/-dju-] 〔영〕 〔잎 따위가〕 바이올린 모양의.
pan·dy [pǽndi] (스코) 〔영〕 (학교에서 벌로 매·가죽끈 따위로) 손바닥을 때리기. — 〔다〕 손바닥을 때리다.
‡**pane** [pein] 〔영〕 (~**s** [-z]) **1** (유리 한 장분의) 창살, 창의 칸막이. **2** (한 장의) 창유리. **3** (천장·문 따위의) 장식 판자, 판벽널(panel). **4** (볼트·너트 따위의) 애플 면. (네모꼴 무늬의) 1구획 (바둑판의) 1눈. **5** 우표의 1시트. — 〔영·타〕 (수동형으로) (창)에 창유리를 끼우다. ~·**less** [옷 따위]를 조각조각을 이어서 만들다.
paned [peind] 〔영〕 (복합어로) 창유리를 끼운; 조각을 이어서 만든.
pan·e·gyr·ic [pæ̀nədʒírik, -dʒáir-] 〔영〕 찬사(eulogy), 송덕문; 칭찬, 격찬(on). **-i·cal** **-i·cal·ly**
pan·e·gyr·ist [pǽnədʒirist, ⌞ ⌟ ⌞] 〔영〕 찬사를 기초로 하는[쓰는] 사람; 칭찬하는 사람(eulogist).
pan·e·gy·rize [pǽnədʒəràiz] (*(英) -rise*) 〔영·타〕 …에게 칭찬 연설[찬사]문을 쓰다[읽다], …을 칭찬하다 (eulogize). — 〔자〕 칭찬하다 (on, upon).
‡**pan·el** [pǽnl] 〔영〕 (~**s** [-z]) **1** 패널(천장·벽 따위의 한 칸[구획]). **2** (창 따위의) 유리(pane); 장식 판자, 판벽널, 패널. **3** (캔버스 대용의) 화판, (그것에 그린) 패널화, (연속) 만화(comic strip)(의 한 토막). **4** 장방형의 사진, (사진의) 패널형[판]. **5** 드레스·스커트에 세로로 대는 천; a ~ *skirt* 패널 스커트. **6** 〔법률〕 배심원 명부, 배심원단; (스코 법률) 형사 피고인; (英) (예전 보험법 규정에 의한) 건강 보험 의사 명부. **7** (집합적) 전문 위원회; (좌담회 따위의) 연사단(團), 토론자단; (퀴즈 프로그램 따위의) 해답자단. ⇒ ~ **discussion**. **9** (경영) 패널 조사. **10** (항공) (비행기 날개의) 한 구획; (전기) 배전반(配電盤)의 한 구획; 전화 교환대의 번호판. **11** 안장 깔개, (안장 대신에 쓰는) 방석. **12** (한 장의) 양피지. **13** (채광) 구획. **14** = ~ **truck**.
go on the panel (英) 건강 보험 의사의 진찰을 받다.
on the panel ① 토론인단[사회단, 퀴즈 해답자단]의 일원으로 되어. ② 배심원으로 되어. ③ (英) (의사가) 건강 보험 의사 명부에 등록되어.
— 〔영·타〕 (~**s** [-z] ~**ed**; -**ll**-) **1** …에 장식 판자[판벽널]를 붙이다; …을 장식 판자로 꾸미다(*in, with*). 〖(~+目+前+名) ~ *a room with rosewood* 방에 자단(紫檀)으로 장식 판자를 붙이다. **2** …을 틀에 끼우다. **3** …에 좁다란 장식용 헝겊을 세로로 대다. **4** (배심원을) 선정하다; …을 배심원 명부에 올리다. **5** …에 안장 깔개를 대다. **6** (스코 법률) …을 기소하다.
pa·ne·la [pənéilə] 〔영〕 파넬라(사탕무로 만든 중남미산 조당(粗糖)). 〔금工〕.
pan·el·beat·er [-bì:tər] 〔영〕 (자동차의) 판금공(孔).
pan·el·board [pǽnlbɔ̀:rd] 〔영〕 (틀 따위에 끼우는) 널빤지, 장식 판자; (전기) 배전반.

pánel discússion 〔영〕 패널 토론회(예정된 의제로 몇 명의 연사가 청중 앞에서 하는 공개 토론회).
pánel dóctor 〔영〕 (英) (보험법 규정에의 의한) 건강 보험 의사. 〔flush door.
pánel dóor 〔영〕 패널 도어(장식 판자를 붙인 문). ⇨
pánel gáme 〔영〕 **1** 매춘굴에서의 도둑질. **2** =panel show. 〔난방.
pánel héating 〔영〕 패널 히팅, (건물의) 복사(輻射)
pánel hóuse 〔영〕 (벽의 판자에 손님의 금품을 훔칠 수 있는 비밀 입구가 설치된) 매춘굴.
pan·el·ing, (英) **-el·ling** [pǽnəliŋ] 〔영〕〔U〕 (집합적) 장식 판자, 판벽널; 패널용(用)재; 장식 판자 붙이기.
pan·el·ist, (英) **-el·list** [pǽnəlist] 〔영〕 **1** (패널 디스커션의) 토론 참가자. **2** (라디오·TV 퀴즈 프로그램 따위의) 참가자, 해답자. **3** (美) =panel doctor.
pánel lighting 〔영〕 패널 조명(형광 물질을 바른 금속 패널을 전기적으로 빛을 발하게 한다).
pánel pín 〔영〕 소목 일에 쓰는 가늘고 긴 못.
pánel sáw 〔영〕 널빤지용 가는 톱.
pánel shów 〔영〕 (고정 출연자들로 방송하는 TV의) 퀴즈 프로.
pánel trúck 〔영〕 (美) 라이트 밴, 소형 트럭.
pánel wáll 〔영〕 **1** (광산의) 두 구획 사이. **2** (건물의) 엷은 칸막이 벽(curtain wall).
pan·el·work [pǽnlwə̀:rk] 〔영〕 **1** 판벽널 공사. **2** (광산) 칸막이 작업; 채굴[채탄] 구획 안에서의 작업.
pan·en·the·ism [pæ̀nénθìizm] 〔영〕 만유 내재신론(萬有內在神論)(세계는 신 안에 있다고 하는 설).
pan·e·tel·la [pæ̀nətélə] 〔영〕 =panatel(l)a.
Pan-Eu·ro·pe·an [⌞-jùərəpìən, -dʒi:r-/-jùər-] 〔영〕 범(汎)유럽(주의)의.
pan·fish [pǽnfiʃ] 〔영〕 (~ *or* ~**es**) 통째로 튀기는[프라이용] 작은 물고기 (민물 고기).
pan-fry [-fràì] 〔영·타〕 …을 프라이팬에 튀기다.
pan·ful [pǽnfùl] 〔영〕 냄비[접시] 하나 가득(의 양).
*pang [pæŋ] 〔영〕 **1** 마음의 아픔, 비통, 고민. 〖*the* ~ *of conscience* 양심의 가책. **2** (발작적인) 격통, 고통. ⇒PAIN 〔유의어〕 〖*the* ~ *of death* 죽음의 고통.
pan·ga [pɑ́:ŋgə] 〔영〕 (동아프리카인의 쓰는) 단도.
pan·gen·e·sis [pæ̀ndʒénəsis] 〔영〕〔U〕 (생물) 범생설(汎生說)(Darwin의 유전에 관한 가설(假說), 현재는 폐설(廢說)). **-ge·nét·ic**
Pan-Ger·man [-dʒə́:rmən] 〔영〕 전(全)(범)독일(게르만)주의의. — 〔영〕 범독일(게르만)주의자.
-Ger·man·ic [dʒɜ(:)rmǽnik] 〔영〕 =Pan-Germanism. ~**ism**
Pan·gloss·i·an [pænglásiən, -glɔ́s-/-glɔ́s-] 〔영〕 극단적으로 낙천적인 (사람). 〔Voltaire 작 *Candide*의 등장 인물 Pangloss의 이름〕
pan·go·lin [pǽŋgəlin, pæŋgóulin] 〔영〕 〔동물〕 천산갑(穿山甲)(아프리카·남아시아산(産); 개미를 먹는다.
pan·gram [pǽŋgrəm] 〔영〕 알파벳의 모든 문자를 (되도록이면 하나씩) 포함하는 짧은 글(말놀이의 일종).

(pangolin)

pan·han·dle[1] [pǽnhændl] 〔영〕 **1** 납작 냄비[프라이팬]의 손잡이. **2** (때로 P-) (美) (다른 주 사이에) 좁고 길게 끼어 든 지역.
pan·han·dle[2] 〔영〕 (美구어) (대로에서) 구걸하다, 비럭질하다. **-dler** 〔영〕 거지.
Pánhandle Státe 〔영〕 (the ~) 미국 West Virginia 주의 별칭.
Pan·hel·len·ic [pæ̀nhelénik/-lì:n-] 〔영〕 **1** 전(全)(범)그리스(사람)의, 전(범)그리스주의의. **2** (美) (대학의) 그리스 문자 클럽의; 학생 사교 클럽의.
Pan·hel·len·ism [pæ̀nhélənìzm] 〔영〕〔U〕 전(범)그리스주의. **-ist** 〔인류애(에) 관한〕.
pan·hu·man [pænhjú:mən, -ju:-/-hjú:-] 〔영〕 전

pan·ic¹ [pǽnik] 图ⓊⒸ **1** 당황, 겁먹음; 공포. ⇨ FEAR 〖유의어〗 be seized with ~ 당황하다, 공포에 사로잡히다. **2** 〖경제〗공황, 패닉. **3** 〘속어〙 아주 우스꽝스러운[유쾌한] 사람[것].
get up [or *start*] *a (financial) panic* (금융) 공황을 일으키다.
in a panic 허둥지둥, 공황을 일으켜.
— 圈 **1** 당황한, 당황하여 절절매는. **2** 도가 지나친, 터무니없는. **3** (P-) 목신(牧神) Pan의.
push the panic button ⇒ PANIC BUTTON.
— 働 (*-icked* [-t]; *-ick·ing*) 卽 **1** …을 당황케 하다; …의 공황을 일으키게 하다. **2** 〘속어〙 (관중 등을) 열광케[와자지껄] 하다. — 卽 당황하다; 공황을 일으키다.

pan·ic² 图 〖식물〗 수수·피·기장·피류(類). 또는 **~ gràss**).
pánic attáck 图 〖정신의학〗 패닉 발작.
pánic bàr [**bòlt**] 图 (비상구의) 비상용 빗장.
pánic bùtton 图 **1** (항공기 따위의) 비상 버튼 [스위치]. **2** (비유적) 최후[비상] 수단.
push [or *press, hit*] *the panic button* [or *switch*] 图 ① 당황하여 절절매다. ② 비상 수단을 쓰다. ③ 비상 사태를 선포하다.
pánic dèck 图 〘美속어〙 (조종사의) 긴급 낙하산 탈출용 좌석.
pánic disòrder 图 〖정신의학〗 공포 장애(恐怖障礙).
pan·ick·y [pǽniki] 图 〘구어〙 공황의; 당황한, 겁에 질린.
pan·i·cle [pǽnikl] 图 〖식물〗 원추꽃차례.
pan·ic-mon·ger [-mʌ̀ŋɡər, -mə̀ŋ-] 图 공포[공황]를 일으키는 사람.
pánic ràck 图 〘美공군 속어〙 (조종사의) 사출(射出) 좌석.
pánic stàtions 图 〘英구어〙 공황 상태, 위기.
be at panic stations 〘구어〙 ① …을 서둘러 해치워야 하다. ② 당황하여 부산을 떨다.
pan·ic-strick·en [-strìkən] 图 공황에 빠진; 당황한, 당황하여 절절매는. 또는 **pánic-strùck**).
pa·nic·u·late [pəníkjulèit, -lət] 图 〖식물〗 원추꽃차례를 연속적으로 보내 주는 장치); 파노라마관(館).
pan·ier [pǽnjər] 图 =pannier.
pan·i·fi·ca·tion [pæ̀nəfikéiʃən] 图Ⓤ 빵 제조(製造), 빵화(化).
Pan-Is·lam·ic [-isláemik/-iz-] 图 범(汎)회교계의, 범회교(주의)의.
Pan-Is·lam·ism [-islá:mizm/-iz-] 图Ⓤ 전[범]회교주의.
Pan·ja·bi [pʌndʒáːbi] 图 =Punjabi.
pan·jan·drum [pændʒǽndrəm] 图 (부르는 말로) (거만한[빼기는] 관리를 조롱하여) 영감님, 나리, 대장.
pán juice 图 (종종 ~s) (고기를 구울 때 나오는) 육즙(肉汁).
pan-lift·er [-lìftər] 图 냄비 집게(potholder).
pan·lo·gism [pǽnlədʒìzm] 图 〖철학〗 범(汎)논리주의(우주 만물은 로고스(logos)의 실현 또는 전개라는 설; 그 전형적 체계는 헤겔 철학). **-gist** 图
pan·mix·i·a [pænmíksiə] 图 〖생물〗 잡혼(雜婚) 번식. 또는 **panmixis** -**míc·tic** 图
Pan·mun·jom [páːnmúndʒám/-dʒɔ́m] 图 〖한국〗판문점(板門店).
pan·nage [pǽnidʒ] 图Ⓤ **1** (공동 관리지인) 숲에서의 돼지 방목. **2** 돼지 방목권, 돼지 방목료. **3** 돼지 먹이 (도토리·너도밤나무 열매 따위).
panne [pæn] 图 부드럽고 윤이 나는 우단의 일종.
pan·ner [pǽnər] 图 **1** 금 선광자(選鑛者). **2** 빵 제조인.
pan·nier [pǽnjər, -niər] 图 **1** 큰 바구니; 멜빵 광주리; (소·말 따위의 등 양쪽에 붙이는) 옹구. **2** 패니어(옛날에 스커트를 퍼지게 하기 위하여 허리에 두르던 고래수염 따위로 만든 테); 패니어 스커트(패니어로 허리 부분을 펼친 스커트).
pan·ni·kin [pǽnikin] 图 〘英〙 작은 접시[냄비]; (금속제의) 작은 잔.
pan·ning¹ [pǽniŋ] 图 〘광산〙 패닝(모래·흙 따위를 패닝 접시로 일어 광물을 선별하는 방법).
pan·ning² 图 심한 비난[비판].
pánning shòt 图 =pan².
pa·no·cha [pənóutʃə] 图 **1** 흑사탕 캔디. **2** (멕시코산(産)) 조제(粗製) 설탕. (또는 **panoche**)
pan·o·ply [pǽnəpli] 图 **1** 장대(壯大)한 진용[대형]; 장관, 장려. **2** (한 벌의) 갑옷과 투구; 완전한 장비. **3** 구(具)의 한 벌. ¶ *a* ~ *of kitchen utensils* 한 벌의 주방용품. **4** 덮개; 방어물. **5** 정장(正裝), 성장, 아름다운 차림새; 훌륭한 장식(품). **-plied** 图 갑옷·투구로 무장한.
pan·op·tic [pænáptik/-nɔ́p-] 图 한눈에 모두 볼 수 있는 [요소)을 볼 수가 있는; 모두를 포함한, 포괄적인. (또는 **panoptical**) **-ti·cal·ly** 副
pan·op·ti·con [pænáptikàn/-nɔ́ptikɔ̀n] 图 **1** 망원현미경. **2** 원형 교도소(병원 따위)(한 지점에서 내부의 모든 부분을 볼 수 있도록 지은 건물).
‡**pan·o·ram·a** [pæ̀nərǽmə, -ráːmə/-ráːmə] 图 **1** 전경(全景), 광대한 조망. ¶ *The hill commands a fine* ~ *of the city below.* 그 언덕에서는 도시의 아름다운 전경을 내려다볼 수 있다. **2** 파노라마(풍경·역사적 사건 따위를 연속적으로 보내 주는 장치); 파노라마관(館). **3** 연속적으로 바뀌는 광경[영상(映像)]; 사건의 전개. **4** (주제·문제 따위의) 대관(大觀), 개관(槪觀). ¶ *a* ~ *of Korean history* 한국사의 개관.
pan·o·ram·ic [pæ̀nərǽmik] 图 파노라마의[와 같은], 파노라마식의. ¶ *a* ~ *view* 전경. **-i·cal·ly** 副
panorámic cámera 图 파노라마 사진기(촬영중에 렌즈가 수평 방향으로 이동한다).
panorámic síght 图 (군사) 파노라마 조준경(수평으로 360° 회전시킬 수 있는 대포의 조준 기구).
Pan-Pa·cif·ic [-pəsífik] 图 범(汎)태평양의.
Pàn-Pacífic Cóncept 图 환(環)태평양 구상.
pan·pipe [pǽnpàip] 图 (종종 P-) 팬(Pan)의 피리, 팬파이프(관악기). 또는 **pánpipes**).
pan·ple·gi·a [pænpliːdʒiə] 图 〖의학〗 범(汎)마비, 전(全)마비.
pan·psy·chism [pænsáikizm] 图 〖철학〗 범심론(汎心論)(만물에 마음[영혼]이 있다고 하는 설).
Pan-Slav·ism [-slάːvizm, -slǽv-] 图 전[범]슬라브주의, 슬라브 민족 통일 운동. **-Sláv**, **-Sláv·ic** 图

panpipe

pan·soph·ic [pænsǽfik/-sɔ́f-] 图 전지(全知)의; 박식한, 백과사전적 지식의. (또는 **pansophical**) **-i·cal·ly** 副
pan·soph·ism [pǽnsəfìzm] 图 박식, 백과사전적 지식(의 과시). **-so·phist** 图
pan·so·phy [pǽnsəfi] 图 전지식(全知識), 모든 지식의 집대성; 박식한 지식 체계.
pan·sper·mi·a [pænspə́ːrmiə] 图Ⓤ 〖생물〗 배종(胚種) 발달설, 원자론. (또는 **pan·sper·ma·tism** [pænspə́ːrmətìzm])
Pan's pípes 图 =panpipe.
‡**pan·sy** [pǽnzi] 图 (pl. **-sies** [-z]) **1** 〖식물〗 팬지. **2** 팬지 색, 짙은 보라빛. **3** 〘속어〙 (또는 *~ bòy*) 동성애하는 남자; 여자 같은 남자. — 图 **1** 동성애의; 뽐내는; (물건이) 정교한, 멋있는. **2** 〘美〙 (속어) (재귀용법으로) 여자처럼 사치스럽게 차리다, 한껏 멋내다. — 卽 여자처럼 행동하다[걷다].
‡**pant¹** [pænt] 卽(图) **1** 숨차다, 헐떡거리다. ¶ *The dog lay* ~*ing.* 개는 헐떡거리며 누워 있었다.

〖유의어〗 **pant** 재빨리 발작적으로 호흡하다. **gasp** 놀람·공포 따위로 숨이 막히다.

2 증기 따위를 뿜어내다. **3** 열망[갈망]하다; 동경하다, 그리워하다 (*for*, *after*). ¶ (~ *for*+图) ~ *for liberty* 자유를 갈망하다 // (~ +*to do*) ~ *to acquire knowledge* 지식욕에 불타다. **4** 몹시 두근거리다(throb). **5**

〔해사〕 (이물·고물이) 파도에 부딪쳐 계속 진동하다. ― [타] …을 헐떡거리며 말하다(*out*, *forth*). ¶ (~+[目]+[副]) She ~*ed out* her message. 그녀는 헐떡거리며 전갈을 전했다. ― [명] **1** 헐떡거림, 숨막힘. **2** (엔진 따위의) 배기(음). **3** (심한) 동계(動悸)(throb). **~·ing·ly** [부]

pant² [형] 바지(pants)의. ― [명] 바지의 한쪽 가랑이.

pant- [pænt] [연결] ⇨PANTO-.

pan·ta·graph [pǽntəgræ̀f, -grɑ̀ːf] [명] =pantograph.

Pan·tag·ru·el [pæntǽgruèl, pæ̀ntəgrúːəl] [명] 팡타그뤼엘(프랑스 작가 Rabelais의 작품에 나오는 거칠고 풍자적인 유머가 풍부한 사람). **~·i·an** [형] **~·i·cal·ly** [부]

Pan·ta·gru·el·ism [pæ̀ntəgrúːəlìzm, pæntǽgruəl-] [명][U] 팡타그뤼엘풍(風); 거칠고 풍자적인 유머. **-ist** [명]

pan·ta·let(te)s [pæ̀ntəléts] [명][복] **1** 판탈렛(19세기의 헐겁고 긴 여성용 속바지). **2** 드로즈(drawers) 자락에 단 주름 장식.

***pan·ta·loon** [pæ̀ntəlúːn] [명] **1** (~s) (19세기의) 통이 좁은 남자용) 바지; 《美》 바지. **2** (현대의 무언극(pantomime)에서 clown의 상대역이 되는) 늙은 어릿광대. **3** (또는 **Pantalone**) (보통 P-) (옛날 이탈리아 가면극의) 말라깽이 노인 역.

pant·dress [pǽntdrès] [명] 아래쪽이 바지로 된 여자용 원피스.

pan·tech·ni·con [pæntéknikɑ̀n/-kən] [명] 《英》 가구 운반차(《美》 moving van); 가구 창고.

pan·the·ism [pǽnθiìzm] [명][U] **1** 범신론(汎神論). **2** 자연 숭배; 다신교(多神敎). **-ist** [명]

pan·the·is·tic [pæ̀nθiístik] [형] 범신론의[적인], 자연 숭배의, 다신교의. (또는 **pantheistical**) **-ti·cal·ly** [부]

Pan·the·on [pǽnθiɑ̀n, pǽnθiən] [명] **1** (그리스·로마의) 만신전(萬神殿); (the ~) (로마의) 판테온(기원 전 27년에 로마의 신들을 모시기 위하여 세운 신전). **2** (the ~) (한 나라의 위인들을 한데 모셔 놓은) 합사전(合祀殿). **3** (p-) 《집합적》 (한 국민이 믿는 민족·신화 따위의) 모든 신. **4** (집단·운동·정당 따위의) 영웅, 우상; 그 지위.

Pan·thé·on [*F* pɑ̃teɔ̃] [명] 판테온(파리의 Church of Sainte-Geneviève).

***pan·ther** [pǽnθər] [명] **1** 《美·캐나다》 퓨마(puma); 표범; 아메리카 표범(jaguar); 흑표범. **2** 《구어》 사나운 사람. **3** (P-) 흑표범 당원(Black P-)(미국 흑인 정치 결사의 당원). **4** 《美속어》 싸구려 위스키, 진, 밀조주(密造酒). ― [형] 흉포한, 사나운.

pan·ther·ess [pǽnθəris] [명] panther의 암컷.

pant·ies [pǽntiz] [명][복] 팬티(여성·아동용). (또는 **pantie, panty**)

pant·ies-belt [-bèlt] [명] 《英》 =panty girdle.

pánties gìrdle [명] 《美》 =panty girdle.

pan·ti·hose [pǽntihòuz] [명] =pantyhose.

pan·tile [pǽntàil] [명] 〔건축〕 왜(倭)기와(보통 기와).

pan·ti·slip [pǽntislìp] [명] 팬티 슬립(팬티와 슬립이 하나로 이어져 있는 여성용 내복).

pant·i·soc·ra·cy [pæ̀ntəsɑ́krəsi, -tai-/-tisɔ́k-] [명][U] 이상적 만민 평등 사회, 만민 동권 정체(政體).

pánt lèg [명] 바짓가랑이의 한쪽. (또는 **pant**)

pan·to [pǽntou] [명] (복) ~**s**) =pantomime.

pan·to- [pǽntou-, -tə] [연결] all, universal의 뜻 (* 모음 앞에서는 pant-). ¶ *panto*logy, *panto*graph.

pan·to(f)·fle [pǽntəfl, pæntɑ́fl, -túːfl] [명] (침실용) 슬리퍼(slipper).

pan·to·graph [pǽntəgræ̀f, -grɑ̀ːf] [명] **1** (신축 자재의) 사도기(寫圖器); 축도기(縮圖器). (또는 **pantagraph**) **2** 〔전기〕 (전차의) 집전기(集電器), 팬터그래프. **~gráph·ic, ~gráph·i·cal** [형] **~gráph·i·cal·ly** [부]

pan·tog·ra·phy [pæntɑ́grəfi/-tɔ́g-] [명][U] **1** (pantograph에 의한) 전사법(全寫法), 축사법; 전도(全圖). **2** 개론, 총론. **-pher** [명]

pan·tol·o·gy [pæntɑ́lədʒi/-tɔ́l-] [명][U] 인간의 지식 전체의 체계(적 개관(槪觀)), 백과 사전적 종합 지식. **~to·lóg·ic, ~to·lóg·i·cal** [형] **-gist** [명]

***pan·to·mime** [pǽntəmàim] [명][U][C] **1** 무언극(無言劇), 팬터마임. **2** (크리스마스 때의) 동화극. **3** [C] (고대 로마 등의) 무언극 배우. **4** (무언의) 몸짓, 손짓. ¶ express oneself in ~ 몸짓으로 표현하다. ― [동][타] 몸[손]짓으로 …을 나타내다. ― [자] 몸[손]짓으로 뜻을 나타내다[전하다]; 무언극을 하다. **-mim·ist** [명] 무언극 배우[작가].

pan·to·mim·ic [pæ̀ntəmímik] [형] 무언극의[과 같은]; 〔댄스〕 (사실[상징]적인) 몸짓을 하는. **-i·cal** [형] **-i·cal·ly** [부]

pan·to·mor·phic [pæ̀ntəmɔ́ːrfik] [형] 온갖 모습[모양, 형태]으로 되는, 마음대로 둔갑하는.

pan·to·scope [pǽntəskòup] [명] 〔사진〕 파노라마 사진기; 광각(廣角) 렌즈.

pan·to·scop·ic [pæ̀ntəskɑ́pik/-skɔ́p-] [형] 넓은 시계(視界)를 가진; (카메라 따위가) 광각도(廣角度)의.

pan·to·thén·ic ácid [pæ̀ntəθénik-] [명] 〔생화학〕 판토텐산(酸)(비타민 B 복합체; 세포 성장 촉진).

pan·trop·ic¹ [pæntrɑ́pik/-trɔ́p-] [형] (바이러스가) 여러 조직에 친화성이 있는[영향을 주는].

pan·trop·ic² [형] 열대 전역에 분포하는. ¶ ~ plants 열대 전역에 분포하는 식물. (또는 **pantropical**)

***pan·try** [pǽntri] [명] 식품 저장실; 찬방(饌房); 식기실(食器室)(butler's ~).

pan·try·man [pǽntrimən] [명] (배·병원 등의) 식품[식사] 담당원; 집사.

‡pants [pænts] [명][복] **1** 《美》 바지(trousers). * 본래 pair of ~라고 하는 것이 옳은 용법이지만, one ~, two ~로 세는 수도 있다. **2** 《英》 (남성용) 팬츠, 속바지. **3** (여자·아동용) 팬티(panties).

be in long* [*short*] *pants 《美구어》 (사람이) 성숙[미숙]하다.

by the seat of one's pants ① 《美》 가까스로, 아슬아슬하게. ② 감으로. ¶ fly *by the seat of* one's ~ 감에 의존해 비행기를 조종하다.

catch a person with his pants [or ***trousers***] ***down*** 《구어》 남의 의표를 찌르다; 남을 불의에 기습하다, 현행범으로 체포하다.

charm the pants off a person 《美속어》 남에게 아첨하다, 남의 비위를 맞추다.

get in [or ***into***] ***a person's pants*** 《속어》 남과 섹스를 하다.

have ants in one's pants 《美속어》 ⇨ANT.

have lead in one's pants 《美속어》 몹시 둔하다; 게으르다.

keep one's pants on 침착하다, 냉정을 유지하다.

pants on fire 꽁무니에 불이 붙어, 당황해 어쩔 줄 몰라.

run one's pants off 빼빠지게 일하다.

the pants off 《구어》 《동사와 함께》 철저하게, 지독히. ¶ beat *the ~ off* …을 완패시키다 / have [*or* take] *the ~ off* a person 남을 몹시 비난[질책]하다 / bore [frighten] *the ~ off* a person 남을 몹시 진력나게[겁나게] 하다.

wear the pants [or ***breeches***, 《英》 ***trousers***] (아내가) 남편을 깔고 뭉개다, 내주장하다.

with one's pants down (긴급 사태 따위로) 난처하여.

― [동][타] 《英속어》 (장난으로) 〔남〕의 바지를 벗기다.

pant·skirt [pǽntskə̀ːrt] [명] 팬트스커트(바지형 스커트); 퀼로트.

pánts ràbbit [명] 《美속어》 이(louse).

pant·suit [pǽntsùːt/-sjùːt] [명] 여자용 바지와 상의의 슈트.

pant·y [pǽnti] [명] =panties.

pánty gìrdle [명] 《美》 팬티(형) 거들.

pant·y·hose [pǽntihòuz] [명] 팬티스타킹.

pánty ràid [명] 《美》 팬티 훔쳐오기(남학생들의 장난).

pant·y·waist [pǽntiwèist] [명] **1** 팬츠와 셔츠를 단추로 채우게 된 아동용 내복([참] underwaist). **2** 《구어》

Panza

연약한 남자, 뱅충이(sissy). ── 1 **(구어)** 어린애 같은(childish). 2 연약한, 뱅충맞은.
Pan·za [pænzɑ] **명** Sancho ~. ⇨SANCHO PANZA.
pan·zer [pǽnzər] **(군사) 형** 장갑(裝甲)의; 기갑 사단[부대]의. ¶a ~ unit 기갑 부대. ── **명** 전차(tank); (~s) 기갑 부대.
pap¹ [pæp] **명 U** 1 (환자·유아용의) 부드러운 음식, 빵죽; 빵죽 모양의 것(과일의 연한 살 따위). 2 **(美속어)** 정치적 지위에 의한 특권, 수회, (공무원의) 부수입, 특권. 3 **(美구어)** 뻔한 속임수; (내용·가치가 없는) 생각[이야기, 책 따위], 책 따위].
pap² [고어·방언] 1 (보통 ~s) 젖꼭지(nipple). 2 젖꼭지 모양의 것(늘어선 원추형의 언덕[산] 따위).
pap³ **(美방언)** 아빠(papa).
‡**pa·pa¹** [pɑ́:pə, pəpɑ́:/pəpɑ́:] **명** (**복** ~s [-z]) (구어·어린이말) 아빠(dad, daddy). **영** mamma¹
Come to papa! **(美)** 자 나와라!(* 도박에서 주사위
Tell papa. 자, (믿고) 말해 봐. └던질 때의 외침).
pa·pa² **명** (the P-) 로마 교황(Pope)(* 현재는 주로 부르는 말로 쓰는 호칭).
pa·pa·cy [péipəsi] **명** (교회) 1 **UC** 교황의 직[권한, 지위, 임기]. 2 (보통 P-) **U** 교황 정치[제도]. 3 (the ~) (집합적) 교황, 역대 전(全)교황.
pa·pa·in [pəpéiin, -páiin] **명** (화학) 파파인(파파야의 열매에 함유되어 있는 효소). 2 (약학) (파파인으로 만든) 소화제.
*‡**pa·pal** [péipəl] **형** 1 교황의. 2 교황의 직[권력, 지위, 임기]의. 3 로마 가톨릭 교회의. ~·**ly**
pápal cróss **명** (횡봉이 3개인) 교황 십자가.
pápal infallibílity **명** (가톨릭) 교황 무류설(無謬 說)(교황이 신앙 및 도덕상의 문제에 관하여 내린 정의에는 오류가 없다는 설).
pa·pal·ism [péipəlizm] **명U** 교황 중심주의; 교황제 지지, 교황 정치. **-ist** **명** **-ís·tic** **형**
pa·pal·ize [péipəlàiz] **동** (···을) 교황 제도[정치]화하다; 가톨릭으로 개종하다[시키다]. **-i·zá·tion** **명**
pápal núncio **명** (종종 P- N-)=nuncio.
Pápal Státes **명** (the ~) 교황령(755년부터 1870년까지 교황이 통치한 이탈리아 중부의 지역; the States of the Church라고도 불린다.
Pa·pa·ni·co·láou test [pɑ̀:pəni:kəláu-, pæ̀pə-níkəlàu-] **명** =Pap test.
pa·pa·raz·zi [pɑ̀:pərɑ́:tsi:] **명** 파파라치(paparazzo 의 복수형).
pa·pa·raz·zo [pɑ̀:pərɑ́:tsou] **명** (**복** **-zi** [-tsi]) 파파라초(유명인을 뒤쫓는 자유 계약 사진가). 〔<이탈리아 영화 감독 Federico Fellini의 작품 *La dolce vita*에 나오는 사진사 이름〕
pa·pav·er·a·ceous [pəpæ̀vəréiʃəs/-pèiv-] **형** (식물) 양귀비과(科)의.
pa·pav·er·ine [pəpǽvəri:n, -péi-] **명U** (약학) 파파베린(아편에 함유되어 있는 알칼로이드의 일종).
pa·pa·ver·ous [pəpéivərəs] **형** **(英)** 1 양귀비의[같은]. 2 (비유적) 졸음을 오게 하는, 최면의.
pa·paw [pɔ́:pɔ:/pəpɔ́:] **명** (식물) (북아메리카산(產)) 포포나무; 그 열매(식용). (또는 pawpaw)
pa·pa·ya [pəpɑ́:jə/-páiə] **명** (식물) 파파야(열대 아메리카산 과수(果樹)); 그 열매.
‡**pa·per** [péipər] **명** (**복** ~s [-z]) 1 **U** 종이; 종이 모양의 것(파피루스 따위). ¶art ~ 아트지 /a piece of ~ 종이 (한) 쪽 /a sheet of ~ 종이 한 장. 2 **U**, 증권, 어음. ¶commercial ~ 상업 어음. 3 (종종 ~s) 신문 증명서; (신임장; 선적[회적) 증명서; 신문 기사, 기록, ¶valuable ~s 중요 서류 /state ~s 공문서. 4 시험 문제; 답안. ¶a question ~ 문제지 /mark examination ~s 답안을 채점하다. 5 짧은 논문, 평론, (연구) 논문; (학생의) 리포트(term ~). ¶collected ~s 논문집. 6 신문; 잡지. ¶a daily ~ 일간 신문. 7 **U** 지폐(coin). 8 **U** 포장지, **C** (그의) 한 묶음, (몇 개의 핀·추 등을 꽂아 놓은) 대지(臺紙); **U** 벽지(壁紙), 편지지. ¶a ~ of sandwiches 한 꾸러미의 샌드위치. 9 **U** (속어) 무료 입장권; (집합적) 무료 입장자. 10 (속어) 마약 한 봉지(1회 사용분). 11 (美속어) 주차(속도) 위반 딱지. 12 =paperback.
be on a paper 신문 기자이다.
commit...to paper; get...down on paper ···을 적어[써] 두다, 종이에 쓰다. ── (위) 서류를 발부하다.
cut a person's papers (속어) 남에 대한 (영장 따
get into papers (속어) 신문에 실리다, 신문 기사가 되다.
go round the papers 신문지상에 널리 알려지다.
lay paper (속어) 공수표를 떼다, 위조 화폐를 사용하다. └탁자 위에 내놓다.
lay the papers (장관이 의회 보고를 위하여서) 서류를
make the paper 신문에 나다, 신문 보도로 알려지다.
not worth the paper it is [or they are] written [or printed] on (계약서 따위가) 전혀 무가치한, 휴지나 다름없는.
on paper ① 쓴[인쇄된] 것으로. ② 문서로, 서류상으로; 지상(紙上)에서는. ③ 이론[통계]상으로는. ④ 계획[입안]중인. └보다.
push paper (구어) 사무직으로 일[근무]하다, 사무를
put one's papers in (속어) 입학[입대]을 지원하다[이] 사직하다.
사임하다, 물러나다.
send [or hand] in one's papers (英구어) (군인
set a paper 문제를 내다. └다.
set [or put] pen to paper 쓰기 시작하다, 붓을 들
── **타** 1 ···을 종이에 싸다; ···을 써서 나타내다. 2 ···을 종이로 싸다(*up*); ···에 종이[벽지]를 바르다(*in*, *with*); ···을 배접하다. 3 (구어) (법적 수속에 응하도록) ···에 문서 공세를 벌이다. 4 [포스터 따위] ···에 나붙이다. 5 **(美속어)** (극장 따위)를 무료 입장권을 발행하여 만원이 되게 하다. ── **자** 벽지를 바르다.
paper over ① ···위에 종이를 바르다[덮어 씌우다. ② (문제점·결함 따위)를 은폐하다, 호도하다; ···을 속
paper up ···에 종이를 씌우다[덮다]. └이다.
── **형** 1 종이의, 종이로 만든. ¶a ~ bag 종이 봉지. 2 종이 같은; 얇은(thin); 무른. 3 편지[논설, 책 따위]에 관한[따위로 하는]. ¶a ~ war 필전(筆戰), 논전. 4 종이에 쓰인, 인쇄된. 5 장부상의; 명목상의(nominal). 6 (속어) 무료로 입장한, 주로 무료 입장자로 이루어지는.
~·**like** **형** └린 종이(blotter).
páper ácid **명** (속어) 액상(液狀) LSD이 담긴 퍼프
pa·per·back [péipərbæk] **명** 페이퍼백, 종이 표지책; 문고(文庫)(판). ── **형** 종이 표지의. ── **타** **(英)** [책]을 페이퍼백으로 출판하다. ~·**ed** **형**
páper birch **명** (북미산(產)) 자작나무. └봉함.
páper blockáde **명** (선언(宣言)에 그친) 지상(紙上)
pa·per·board [péipərbɔ̀:rd] **명** 두꺼운 종이, 판지, 보드지. ── **형** 두꺼운 종이[판지, 보드지]로 만든.
páper bóok **명** 소송 서류[기록서].
pa·per·bound [péipərbáund] **형** =paperback.
pa·per·boy [péipərbɔ̀i] **명** 신문 배달[팔이] 소년.
páper cháse **명** 1 토끼 사냥 놀이(종이를 뿌리면서 하는 슬래잡기) (hare and hounds). 2 **(美)** (학위 취득에 필요한) 논문 집필; (응자 받는 데 필요한) 서류 작성; 자격[면허] 취득 준비 작업. **páper chás·er** **명**
páper clámp **명** 종이 끼우개.
páper clíp **명** 종이 집게, 클립.
pa·per·cov·er [kʌ́vər] **명** =paperback.
páper crísis **명** 1 종이 부족, 용지난(paper shortage). 2 유가 증권 홍수(채권·주식 거래 급증으로 인한 작업량의 증가).
páper cúp **명** 종이 컵.
páper cúrrency **명** =paper money.
páper cúrtain **명** 종이 커튼, 관료[관청]의 비밀주의 (정보의 흐름이나 공개 등을 방해하는 관료주의의 벽).

páper cùtter 〘명〙 종이 자르는 작은 칼; (종이) 재단기.
páper dóll 〘명〙 종이 인형; (보통 ~s) 접은 종이를 잘라서 만든 인형.
pa·per·er [péipərər] 〘명〙 1 =paperhanger 1. 2 종이로 배접하는(싸는, 바르는) 사람.
páper fáctor 〘명〙〔화학〕(balsam fir에서 채취하는) 테르펜(terpene).
páper fástener 〘명〙 서류철 끼우개.
páper file 〘명〙 종이 끼우개; (신문) 철; 서류꽂이.
pa·per·girl [péipərgə̀:rl] 〘명〙 신문 배달(팔이) 소녀.
páper góld 〘명〙 =Special Drawing Rights.
pa·per·hang·er [péipərhæ̀ŋər] 〘명〙 1 도배장이; 표구사. 2 〘美속어〙 위조 수표 사용자, 화폐 위조자.
pa·per·hang·ing [péipərhæ̀ŋiŋ] 〘명〙 1 〘U〙 도배(직); 광고·삐라 붙이기. 2 〘美속어〙 수표 위조, 위조 수표 사용. 3 (~s) 〘고어〙 벽지.
páper hóuse 〘美속어〙 (무료) 초대 손님으로 만원인 극장(서커스).
páper knìfe 〘명〙 종이 자르는 칼.
pa·per·less [péipərlis] 〘형〙 정보나 자료를 종이를 쓰지 않고 전달하는. ¶ ~ service (은행 따위의) 컴퓨터에 의한 사무 처리. 「사무 자동화 시스템.
páperless óffice 〘명〙 종이를 쓰지 않는 사무(실).
pa·per·mak·er [péipərmèikər] 〘명〙 제지업자.
pa·per·mak·ing [péipərmèikiŋ] 〘명〙〘U〙 제지(製紙).
páper màn 〘美속어〙 즉흥 연주에 서투른 연주가.
páper mìll 〘명〙 제지 공장.
páper móney 〘명〙 지폐.
páper mò(u)ld 〘명〙 지형(紙型).
páper múlberry 〘명〙〔식물〕꾸지나무.
páper náutilus 〘명〙〔동물〕집낙짓과(科)의 낙지.
páper prófit 〘명〙 가공 이익(unrealized profit), 장부상 이익.
páper púlp 〘명〙 제지용 펄프.
pa·per·push·er [-pùʃər] 〘명〙 1 〘구어〙 사무직 종사자; 하급 관리, 관료. 2 〘美속어〙 =paperhanger 2.
páper qualificátion 〘명〙 (실제 경험에 기초를 두지 않은) 자격 증명서.
páper rèed [plànt, rùsh] 〘명〙 =papyrus.
pa·per·rock·scis·sors [-ráksìzərz/-róuk-] 〘명〙 가위 바위 보. 「route); 신문 배달 일.
páper róund 〘명〙 신문 배달 담당 구역(〘美〙 paper
pa·per·shelled [-ʃéld] 〘형〙 얇고 깨지기 쉬운 껍질의. ¶ a ~ crab (탈피 직후의) 딱지가 얇은 게.
páper shóp 〘명〙 신문 판매점.
pa·per·stain·er [-stèinər] 〘명〙 도배지 제조업자; 3류 문인(文人).
páper stándard 〘경제〙 지폐 본위 (화폐 제도).
páper tápe 〘명〙 종이 테이프; 〔컴퓨터〕 천공 테이프.
pa·per·thin [-θín] 〘형〙 1 종이처럼 얇은 (승리 따위가 아슬아슬한, 가까스로의. 2 (구실·이유 따위가) 근거가 희박한, 설득력이 없는. 「는 사람.
páper tíger 〘명〙 종이 호랑이; 엄포, 허세; 허세 부리
páper tràil 〘명〙 문서 족적(개인의 과거를 살펴보는 실마리가 되는 기록). 「변하도록 훈련하다.
pa·per·train [-trèin] 〘동〙〘타〙〔개 따위를〕종이에 배
páper trée 〘명〙 =paper mulberry.
páper wágon 〘명〙 역마차(우편물을 운반한 데서).
pa·per·ware [péipərwɛ̀ər] 〘명〙 종이 제품, 종이 그릇(종이 컵, 종이 접시 따위).
páper wédding 〘명〙 지혼식(紙婚式)(결혼 1주년).
pa·per·weight [péipərwèit] 〘명〙 서진(書鎭), 문진.
pa·per·work [péipərwə̀:rk] 〘명〙〘U〙 탁상 사무, 문서 업무; 사무 절차. 「maker.
pa·per·work·er [péipərwə̀:rkər] 〘명〙 =paper
pa·per·y [péipəri] 〘형〙 종이 같은; 얇은(thin), 무른. ¶ the ~ petals of a poppy 양귀비의 얇은 꽃잎.
pap·e·terie [pǽpətri] 〘명〙 서류함, 문갑. [<F]
Pa·phi·an [péifiən] 〘명〙 1 파포스(Paphos)의. 2 (부정한) 연애의, 성애(性愛)의. 3 아프로디테(Aphrodite)의. — 〘명〙 1 파포스 사람. 2 (the ~) 아프로디테. 3 아프로디테 숭배자; (p-) 매춘부.
Pa·phos [péifɑs/-fɔs] 〘명〙 파포스(Aphrodite의 신전이 있던 Cyprus 남서부의 옛 도시).
PAPI 〘항공〙 precision approach path indicator(정밀 진입 경로 지시기).
pa·pier-mâ·ché [pèipərməʃéi/pæpjeimǽʃei] 〘명〙〘U〙 걸죽한 종이 반죽; 그것으로 만든 세공물. — 〘형〙 1 종이 반죽으로 만든. 2 모조의; 기만적인. [<F]
pa·pil·i·o·na·ceous [pəpìliənéiʃəs] 〘형〙 나비 같은; 〔식물〕 나비 모양의 (화관(花冠)이) 있는; 콩과(科)의.
pa·pil·la [pəpílə] 〘명〙 (〘복〙 **-lae** [-li:]) 1 젖꼭지, 유두 (乳頭). 2 〔해부〕 유두상 돌기; (혀의) 미뢰(味蕾). 3 〔식물〕 유두 돌기, 유모돌기(毛). 4 부스럼, 여드름, 종기.
pap·il·lar [pǽpələr], **pap·il·lar·y** [-lèri] 〘형〙 유두(상)의, 유두상 소돌기의.
pap·il·late [pǽpəlèit, pəpílit] 〘형〙 유두상 소돌기가 있는[로 덮인]; =papillary.
pap·il·lo·ma [pæ̀pəlóumə] 〘명〙 (〘복〙 **-ta** [-tə], ~s) 〔병리〕 유두종(乳頭腫); 티눈, 사마귀. [<F]
pap·il·lon [pǽpəlɑn/-lɔ̀n] 〘명〙 spaniel 종 애완견.
pap·il·lose [pǽpəlòus] 〘형〙 =papillate.
pap·il·lote [pǽpəlòut] 〘명〙〘U〙 (잡고 뜯어먹을 수도 있도록 살 붙은 뼈 끝에 감는) 장식용 종이; (재료를 싸서 요리하는) 기름 종이, 포일(foil). 「돌림교.
pap·ism [péipizm] 〘명〙 〘경멸적〙 교황 제도; 로마 가
pa·pist [péipist] 〘명〙 〘경멸적〙 로마 가톨릭 교도, 교황 절대호자; 교황주의자. — 〘형〙 =papistical. ~·like, ~·ly 〘부〙
pa·pis·ti·cal [peipístikəl, pə-] 〘형〙 〘경멸적〙 로마 가톨릭교의; 그 제도[교리, 의식, 관습]의. 〘papistic〙 ~·ly 〘부〙 「의 제도[교리, 의식].
pa·pist·ry [péipistri] 〘명〙〘U〙 〘경멸적〙 로마 가톨릭교
pa·poose [pæpú:s/pə-] 〘명〙 1 북미 인디언의 젖먹이; (일반적으로) 젖먹이, 유아. 2 〘美속어〙 (조합이 획득한 이익을 누리는) 비조합원 노동자. (또는 **pappoose**)
pap·pose [pǽpous] 〘형〙 〔식물〕 관모(冠毛)가 있는, 관모가 나는. 솜털의(downy).
pap·pus [pǽpəs] 〘명〙 (〘복〙 **-pi** [-pai]) 〔식물〕 (엉겅퀴 따위의) 관모. 「처럼) 부드러운.
pap·py¹ [pǽpi] 〘형〙 빵죽 모양의, 부드러운(soft), (죽
pap·py² [pǽpi] 〘명〙 〘美중·남부〙 =papa. 「책임자.
páppy gúy 〘명〙 (공장·회사의) 고참; (길의) 대선배.
pa·preg [péipreg] 〘명〙 수지(樹脂)를 먹여 여러 장 겹쳐 압축시킨 두꺼운 종이. [<paper+impregnated]
pap·ri·ka [pæprí:kə, pə-] 〘명〙〘U〙 파프리카(고추의 일종으로 만든 향신료). 「파프리카로 맛을 낸.
Páp tèst [smèar] [pæ̀p-] 〘명〙 팹 테스트(자궁암 검사법의 하나). (또는 **Papanicoláou tèst [smèar]**) [<창시자인 George Papanicolau(1883-1962)의 이름]
Pap·u·a [pǽpjuə, pɑ́:puɑ̀:] 〘명〙 **Territory of ~** 파푸아(New Guinea 동남부의 오스트레일리아령(領)).
Pap·u·an [pǽpjuən] 〘명〙 파푸아의; 파푸아인[어]의; 뉴기니 토인의. — 〘명〙 파푸아인; 뉴기니 토인.
Pápua Nèw Guínea 〘명〙 파푸아뉴기니(오스트레일리아 북쪽 New Guinea 섬 동반부를 차지하고 있는 독립국; 수도 Port Moresby).
Pápua Nèw Guínean 〘명〙 파푸아뉴기니 사람[말]. — 〘형〙 파푸아뉴기니(사람, 말)의.
pap·u·la [pǽpjulə] 〘명〙 (〘복〙 **-lae** [-li:]) 1 극피(棘皮) 동물의 체표에 있는 작은 용기. 2 =papule.
pap·ule [pǽpju:l] 〘명〙 〔병리〕 구진, 부스럼, 여드름. **-u·lar** 구진(성)의. **-u·lose** [-lòus] 〘형〙 구진이[으로 덮인].
pap·y·ra·ceous [pæ̀pəréiʃəs] 〘형〙 =papery.
pa·pyr·o·graph [pəpáiərəgrǽf, -grɑ̀:f] 〘명〙 등사판(의 일종), 복사기.

pap·y·rol·o·gy [pæpəráləʤi/-rɔ́l-] 명U 파피루스 사본(寫本) 연구, 파피루스 고문서학(古文書學).
-gist 명 파피루스 학자.
pa·py·rus [pəpáiərəs] 명 (통 **-ri** [-rai, -ri], **~·es**) 1 파피루스(고대 이집트 등지에서 제지 원료로 썼던 식물). 2 ① 파피루스 종이. 3 (보통 -ri) 파피루스 사본[고문서]. **-ral, -pyr·i·an** [-píəriən]

*__par__[1] [pɑːr] 명U (대로 a ~) 1 동가(同價), 등가, 동등(equality). 2 평균, 평가(standard), 기준액[량]; (심신의) 정상 상태. 3 (금융) 평가(平價), 환평가; (주식·채권의) 액면 (가격). ¶the issue ~ 발행 가격／the nominal [or face] ~ 액면 가격. 4 (골프) 기준 타수.
 above [or *over*] *par* (*value*) 표준 이상으로; (유가 증권이) 액면 이상으로. 「평가로.
 at par (주가) 액면(額面)가 액면 가격으로, 화폐가
 below [or *under*] *par* (*value*) ① 표준 이하로; 액면 이하로. ② 몸이 쇠약하여.
 on a par (…와) 동등한, 같은 수준의(*with*). ¶He is on a ~ *with* his classmates in ability. 그는 급우들과 능력이 대등하다. 「전형적인.
 par for the course (구어) 당연한, 보통[예사]의;
 up to par ① 표준에 미쳐. ② (보통 부정문에서) 몸의 상태가 보통[정상]인.
 ― 형 1 (한정용법) 평균의, 표준의, 정상의. 2 (금융) (주가 따위가) 평가[액면]의. ¶the ~ value 액면 가격.
 ― 타 (-rr-) (골프) (홀)을 파(기준 타수)로 돌다.
par[2] [pɑːr] 명 (英구어) (신문의) 짧은 기사, 단신. (또는 **para**) (< *paragraph*)
PAR parabolic aluminized reflector; (전자) perimeter acquisition radar(주변 포착 레이다); phased-array radar(위상 단열(位相段列) 레이다); (공) precision approach radar(정밀 측정 진입 레이다).
par. paragraph; parallel; parenthesis; parish.
par- [pær] 접두 ⇒PARA-[1].
par·a [pǽrə] 명 (구어) 1 =parachutist. 2 =paragraph. 3 =paratroops.
Pa·rá [pɑːrɑ́ː] 명 =~ rubber.
Para. Paraguay.
par·a-[1] [pǽrə] 접두 (* 모음 앞에서는 par-) 1 beside, beyond, aside, amiss의 뜻. ¶*paragraph, parody*. 2 (화학) 「이성체(異性體)」의 뜻. ¶*parathion* (파라티온). 3 변(變) (異狀), 결함, 부(副), 의사(擬似)」의 뜻. ¶*paranoia, paratyphoid*.
par·a-[2] [연결] 1 guard against의 뜻. ¶*parachute, parasol*. 2 「낙하산을 장비한」의 뜻. ¶*paratroops*.
-pa·ra [pərə] [연결] 「…산부(産婦)」의 뜻. ¶*multipara, primipara*.
pár·a·mi·no·ben·zó·ic ácid [-əmiːnoubenzóuik-] 명 (화학·생화학) 파라아미노벤조산(비타민 B 복합체의 하나; 국소 마취제 등의 제조용).
pár·a·mi·no·sal·i·cýl·ic ácid [-əmiːnousæləsílik-] 명 (화학) 파라아미노살리실산(酸), 파스(결핵 치료제; 약 PAS).
par·a·bi·o·sis [pærəbaióusis, -bi-] 명U 1 (생물) 병체(並體) 결합(유합(癒合))(살아 있는 두 동물이 결합되어 혈액이 교류하는 일). 2 (생리) 패러바이오시스 (신경 세포가 일시적으로 전도성·흥분성을 잃는 일).
 -bi·ót·ic **-bi·ót·i·cal·ly** 부
par·a·ble [pǽrəbl] 명 우화(寓話), 비유(담).
pa·rab·o·la [pəræbələ] 명 1 (수학) 포물선. 2 포물선 모양의 것(파라볼라 안테나 따위).
par·a·bol·ic[1] [pærəbɑ́lik/-bɔ́l-] 형 포물선(모양)의.
par·a·bol·ic[2] [pærəbɑ́lik/-bɔ́l-] 형 우화적인, 비유적인. (또는 **-i·cal**) **-i·cal·ly** 부 「면 안테나.
parabólic anténna [áerial] 명 파라볼라[포물
pa·rab·o·lize[1] [pəræbəlàiz] 타(과) 우화[포물선]로 이야기하다. 「담으로 이야기하다.
pa·rab·o·lize[2] 타(과) …을 우화화(寓話化)하다, 비유

pa·rab·o·loid [pərǽbəlɔ̀id] 명 (수학) 포물면(面).
 -lói·dal 형 「한 폭탄.
par·a·bomb [pǽrəbɑ̀m/-bɔ̀m] 명 낙하산 투하
par·a·brake [pǽrəbrèik] 명 =parachute brake.
par·a·ce·ta·mol [pærəsíːtəmɔ̀l, -mɑ̀l] 명 (약학) 파라세타몰(해열 진통제의 일종).
pa·rach·ro·nism [pærǽkrənìzm, pə-] 명UC 연대(날짜) 기록 착오(연대[연월일]을 실제보다 뒤로 적기). **prochronism**
*__par·a·chute__ [pǽrəʃùːt] 명 1 낙하산, 파라슈트. ¶~ troops 낙하산 부대／come down in a ~ 낙하산으로 뛰어 내리다. 2 =~ **brake**. 3 (시계의) 내진(耐震) 장치. 4 (식물의) 산송(風送) 종자. 5 (동물) (날다람쥐 따위의) 비막(飛膜). ― 형 낙하산의[에 의한]. ¶make a ~ jump 낙하산 강하를 하다. ― 타 …을 낙하산으로 강하시키다. ― 자 낙하산으로 강하하다. 「형
 -chút·al **-chút·er** 명 =parachutist. **-chút·ic**
párachute bràke 명 (항공) (착륙시의) 감속[제동] 낙하산.
párachute flàre 명 낙하산 조명탄.
párachute rìgger 명 (항공) 낙하산 정비원.
párachute spínnaker 명 (해사) 초대형 삼각돛. (또는 **dóuble spínnaker**)
par·a·chut·ist [pǽrəʃùːtist] 명 낙하산을 타는 사람, 낙하산병(兵) (또는 **parachuter**); (~s) 낙하산 부대.
par·a·clete [pǽrəklìːt] 명 1 보조원, 변호인, 조정자(intercessor). 2 (the P-) 성령(聖靈)(the Holy Spirit).
par·a·com·man·do [pærəkəmǽndou/-mɑ́ːn-] 명 낙하산 돌격대원.
‡**pa·rade** [pəréid] 명 (통 **~s** [-z]) 1 CU 행렬, 시위 행진, 퍼레이드. ¶march in ~ 줄을 지어 행진하다. 2 C 열병; C 열병식; 열병장(~ **ground**). ¶a dress [an undress] ~ 정식(약식) 열병식. 3 전시; 과시(display), 자랑; (사건 등을) 열거하여 기술하는 것; (히트곡 등을) 연달아 노래하기. 4 (英) 광장; (축성) (요새 내외의) 안뜰. 5 (英) 산책하는 사람의 떼[물결]; 산책로. 6 (펜싱) 받아 넘기기, 피하기(parry). 7 (P-) …가(街).
 make a parade of …을 자랑해 보이다.
 on parade ① (배우 등이) 총출연으로. ② 과시하여, 뽐내어. ③ 행진하여; 열병식 대형으로. 1 막을 마치다.
 rain on a person's parade 남의 하루[행사, 기회]
 ― 자 (~s [-z]; -rad·ed; -rad·ing) 자 1 (거리 따위)를 누비고 다니다. 2 …을 과시하다, 뽐내다. ⇒SHOW 유의어 3 …을 줄지어 행진하게 하다. 4 (군대)를 열병하다, 집합·정렬시키다. ― 자 1 줄을 지어 행진하다, 누비고 다니다. 2 산책하다, 뽐내며 걷다. 3 (군대가 열병을 위하여) 집합·정렬하다.
paráde gròund 명 열병장, 연병장. 「람.
pa·rad·er [pəréidər] 명 행진하는[누비고 다니는] 사
paráde rèst 명 (美군사) 「쉬어」의 자세(구령).
par·a·di·chlo·ro·ben·zene [-dàiklɔ̀ːroubènziːn] 명U (화학) 파라디클로로벤젠(의류 방충제; 약 PDB).
par·a·digm [pǽrədàim, -dìm] 명 1 (특정 시대·영역의 지배적인) 사고(이론)의 틀(체계], 패러다임, 방법론; (막연한) 상황(situation). 2 모범, 범례, 실례(pattern, example). 3 (문법) 활용례, 어형 변화표.
par·a·dig·mat·ic [pærədigmǽtik] 형 1 패러다임의[에 관한], 틀의[에 의한], 전형적인. 3 (문법) 어형 변화(표)의, 활용례의. **-i·cal·ly** 부
páradigm shíft 명 패러다임[사고틀]의 변화.
par·a·di·sa·i·cal [pærədiséiikəl] 형 =paradisiacal. (또는 **paradisaic**)
‡**par·a·dise** [pǽrədàis, -dàiz] 명 (통 **-dis·es** [-iz]) 1 UC 천국, 극락, 파라다이스(heaven). 2 (the P-) 에덴 동산. 3 지상의 낙원, 도원경; 절경지; U 지복(至福). ¶an earthly ~ 지상의 낙원. 4 (드물게) (건축)

(교회의) 앞뜰; (울타리 따위로) 둘러싼 땅. **5** (동양의) 유원지; 동물원. **6** (속어) (극장 따위의) 꼭대기 좌석. **7** (종종 P-) 사과의 한 품종(~ apple). 「의.
par·a·dis·e·an [pǽrədìsiən, -dáis-] 〖형〗 극락조
páradise fish 〖어류〗 파라다이스 피시, 극락어(열대어). 「서사시(1667)).
Paradise Lost 〖명〗 실낙원(失樂園)(John Milton의
par·a·di·si·a·cal [pæ̀rədisáiəkəl, -zái-] 〖형〗 천국[낙원]의(같은). (또는 **paradisiac**)
par·a·di·si·al [pæ̀rədísiəl] 〖형〗 =paradisiacal.
par·a·doc·tor [pǽrədàktər/-dɔ̀k-] 〖명〗 낙하산 (강하) 의사(고립 지역에 낙하산으로 가는 의사).
par·a·dog [pǽrədɔ̀ːg/-dɔ̀g] 〖명〗 낙하산 강하견(犬).
pa·ra·dor [pɑ́ːrədɔ̀ːr] 〖명〗 ~**s**, *Sp* **-do·res** [-ðóres] (고)(古)건물 등을 개조한 스페인의 국영 호텔.
par·a·dos [pǽrədɑ̀s/-dɔ̀s] 〖명〗 〖축성〗 배장(背墻) (참호 배후의 구축물).
‡**par·a·dox** [pǽrədɑ̀ks/-dɔ̀ks] 〖명〗 (복 ~**·es** [-iz]) ⓤⓒ **1** 역설(逆說), 패러독스. **2** 자기 모순의 말, 모순된 사람, 앞뒤가 맞지 않는 일[사태]. **3** 세상의 일반론과 모순된 설, 기설(奇說), 기론(奇論). ~**·er**, ~**·ist** 〖명〗
par·a·dox·i·cal [pæ̀rədɑ́ksikəl/-dɔ́k-] 〖형〗 **1** 역설적인; 역설을 좋아하는, 설법(說法)하는, 모순된. **2** (현상·상황 따위가) 기묘[기이]한. ~**·ly** 〖부〗 ~**·ness** 〖명〗
paradóxical sléep 〖생리〗 역설[이상] 수면. 〖동〗 REM sleep
par·a·dox·ure [pæ̀rədɑ́kʃər/-dɔ́k-] 〖명〗 긴꼬리사향고양이(palm cat). 「불합리성.
par·a·dox·y [pǽrədɑ̀ksi/-dɔ̀k-] 〖명〗 역설적임;
par·a·drop [pǽrədrɑ̀p/-drɔ̀p] 〖명〗〖타〗 =airdrop.
par·aes·the·sia [pæ̀rəsθíːʒə, -ʒiə, -ziə/-ziə] 〖명〗 [병리] =paresthesia.
par·af·fin(e) [pǽrəfin] 〖명〗 **1** ⓤ 파라핀, 석랍(石蠟) (~ wax). **2** 〖화학〗 메탄계 탄화수소. **3** ⓤ 〖영〗 등유(~ oil). — 〖동·타〗 …에 파라핀을 바르다; …을 파라핀으로 처리하다.
paráffin óil 〖명〗 파라핀유; 〖영〗 등유(〖미〗 kerosene).
paráffin séries 〖명〗 〖화학〗 =alkane series.
par·a·foil [pǽrəfɔ̀il] 〖명〗 조종 가능한 낙하산.
par·a·gen·e·sis [pæ̀rədʒénəsis] 〖명〗 ⓤ 〖지질〗 공생(共生)(몇 종류의 광물이 함께 형성되는 현상).
par·a·glid·er [pǽrəglàidər] 〖명〗 패러글라이더(3각연 모양의 활공 장치; 우주선·로켓 따위의 착륙시 감속이나 공중 활공 스포츠용으로 쓰인); 이것을 타는 사람.
par·a·glid·ing [pǽrəglàidiŋ] 〖명〗 패러글라이딩(paraglider 타기).
par·a·go·ge [pæ̀rəgóudʒi] 〖명〗 ⓤⓒ 〖음성〗 어미음 첨가(어미에 무의미한 자음(字音) 첨가; 예: amids*t*< amid). (또는 **paragogue**)
par·a·gon [pǽrəgɑ̀n/-gən] 〖명〗 **1** 모범, 전형, 본보기; 매우 우수한 사람; 일품(逸品). ¶a ~ of beauty 미의 전형, 절세의 미인. **2** ⓤ 〖인쇄〗 파라곤 활자(20포인트 활자). **3** 완전 원형의 특대형 진주; (100캐럿 이상의) 완전한 형태의 다이아몬드. **1** 〖고어〗 **1** …을 비교하다(with). **2** …에 필적하다. **3** 〖고어〗 능가하다.
‡**par·a·graph** [pǽrəgræ̀f/-grɑ̀ːf] 〖명〗 **1** 절, 단락(段落), 항(項). **2** 단락표(段落標), 참조 부호(¶). **3** (신문·잡지의) 단평, 짧은[단편] 기사. ¶miscellaneous ~s 잡보(雜報). — 〖타〗 **1** …을 단락을 짓다, …을 절로 나누다. **2** …을 짧게 기사로 쓰다, 간결하게 서술하다.
~**·ism** 〖명〗 ~**·ist** 〖명〗 =paragrapher.
par·a·graph·er [pǽrəgræ̀fər, -grɑ̀ːf-] 〖명〗 (신문의) 잡보 기자, 단신 집필자.
par·a·graph·i·a [pæ̀rəgrǽfiə] 〖명〗 〖정신의학〗 착어 증(錯語症), 서자(書字) 착오.
par·a·graph·ic [pæ̀rəgrǽfik] 〖형〗 **1** 절(節)[단락] 의, 절[단락]을 구성하는; 절로 나눈. **2** =paragraphia. (또는 **paragraphical**) **-i·cal·ly** 〖부〗

páragraph màrk 〖명〗 =paragraph 2.
Par·a·guay [pǽrəgwài, -gwèi] 〖명〗 파라과이(남아메리카 중부의 공화국; 수도 Asunción). — 〖형〗 파라과이(인)의. **Par·a·guay·an** [pæ̀rəgwáiən] 〖명〗〖형〗 파라과이의; 파라과이 사람(의). 「〖형〗 고양이).
Paraguáyan cát 〖동물〗 파라과이 고양이(초소
Páraguay téa 〖명〗 =maté.
par·a·gun [-gʌ̀n] 〖명〗 마취총.
par·a·in·flu·én·za vírus [pǽrəinfluènzə-] 〖명〗 파라인플루엔자 바이러스(전염성 호흡기 질환을 일으킨다).
par·a·jour·nal·ism [pæ̀rədʒə́ːrnəlìzm] 〖명〗 ⓤ 준(準)저널리즘(기자나 편집자의 주관적인 보도가 특색). 〖동〗 New Journalism **-ist** 〖명〗
par·a·judge [pǽrədʒʌ̀dʒ] 〖명〗 〖미〗 (경범죄 전문의) 준(準)판사.
par·a·keet [pǽrəkìːt] 〖명〗 =parrakeet.
par·a·kite [pǽrəkàit] 〖명〗 낙하산연(스포츠용 따위). **2** (기상 관측 따위에 쓰는) 꼬리 없는 연.
par·a·kit·ing [pǽrəkàitiŋ] 〖명〗 파라카이팅(자동차나 모터 보트가 끄는 낙하산연으로 하늘을 나는 스포츠).
par·a·lan·guage [pǽrəlæ̀ŋgwidʒ] 〖명〗ⓤⓒ 준언어(몸짓이나 표정·성량 따위를 포함한다).
par·al·de·hyde [pərǽldəhàid] 〖명〗ⓤ 〖화학·약학〗 파라알데히드(진정·최면제).
par·a·le·gal [pǽrəlìːgəl] 〖명〗〖형〗 법률가 보조원(의).
par·a·leip·sis [pæ̀rəláipsis] 〖명〗 (복 **-ses** [-siːz]) 〖수사〗 역언법(逆言法)(주부를 생략함으로써 오히려 뜻을 강조하는 법. 예: not to mention …은 말할 것도 없다). (또는 **paralepsis, paralipsis**) 「다].
par·a·lep [pǽrəlìp] 〖명〗 역언법을 쓰다[써서 강조하
par·a·lin·guis·tics [pæ̀rəliŋgwístiks] 〖명〗〖복〗 〖단수취급〗 언어학(paralanguage의 연구).
par·al·lac·tic [pæ̀rəlǽktik] 〖형〗 변위(變位)의; 〖천문〗 시차(視差)의. (또는 **parallactical**)
par·al·lax [pǽrəlæ̀ks] 〖명〗ⓒ **1** (관찰자의 위치 이동에 의한 물체의) 변위. **2** 〖천문〗 시차(視差). **3** (카메라의 파인더와 렌즈면과의) 시차, 패럴랙스.
‡**par·al·lel** [pǽrəlèl, -ləl] 〖형〗 **1** 같은 방향[경향, 목적, 종류]의; 일치[해당]하는, 대응하는; 같은 모양의, 유사한. ¶a ~ instance 유사한 경우, 유례. **2** 평행[병행]의[하는](*to, with*). ¶~ lines 평행선 // ~ rows of poplars 줄지어 늘어선 포플러 가로수 // The highway runs ~ *with* the railroad. 그 고속 도로는 철로와 나란히 뻗어 있다. **3** 〖음악〗 (2성부(聲部)·주조(主調) 따위의) 평행의. **4** 〖전기·컴퓨터〗 병렬(並列)의.
— 〖명〗 (복 ~**s** [-z]) **1** 평행인 것; 평행선[면]; ⓤ 평행 상태. **2** 〖지리〗 (지도상의) 위도선(緯度線); 위선. ¶the 38th ~ 38도선, 삼팔선. **3** 필적하는 사람[것], 필적하는 사람[것](counterpart)(*to*). ¶There is no ~ *to* him. 그와 견줄 만한 사람은 없다. **4** 상사(相似), 유사; 상사[유사]물; 대비, 비교. **5** 〖인쇄〗 평행표[부호](‖); 〖전기〗 (회로 따위의) 병렬(並列). **6** 〖군사〗 평행호(壕).
bear a close parallel to …와 꼭 닮다. 「교하다.
draw a parallel with [between] …와 (…을) 비
have no parallel 유례가 없다, 비할 데 없다.
in parallel ① (…와) 병행으로[하여], 동시에(*with*). ② 〖전기〗 병렬식으로. **in series**
without (a) parallel 유례 없이.
— 〖동·타〗 (~**s** [-z]; **-l-,** 〖영〗 **-ll-**) **1** …에 평행시키다. **2** …에 필적[유사]한 것과 같다. ¶(~ + 〖명〗+〖전〗+〖명〗) Nobody ~s him *in* swimming. 수영에서는 그와 견줄 만한 사람은 없다. **3** …에 유사[필적, 상당]하다. **4** …에 연결시키다. ¶The avenue ~s the river. 그 거리는 강과 나란히 뻗어 있다. **5** …을 (…와) 비교하다(*with*).
párallel bárs 〖명〗〖복〗 (체조의) 평행봉. 「port용).
párallel cáble 〖명〗 〖컴퓨터〗 병행 케이블(parallel
párallel círcuit [connéction] 〖명〗 〖전기〗 병렬

회로.
párallel computátion 图 〔컴퓨터〕 병렬 계산.
párallel compúter 图 〔컴퓨터〕 병렬식 컴퓨터.
párallel cóusin 图 병행 사촌(부친끼리가 형제이거나 모친끼리가 자매인 사촌). → cross-cousin
párallel cúrrency 图 병행 통화(타국의 통화와 병행 사용되는 통화).
par·al·lel·e·pi·ped [pæ̀rəlèləpáipid, -pípid/-lelépipèd] 图 평행 6면체. (또는 **parallelopiped**)
párallel evolútion 图 〔생물〕 평행 진화.
párallel ímport 图 〔상업〕 병행 수입(총대리점 등 메이커 승인 판매 경로 이외의 경로를 통한 수입(품)).
par·al·lel·ism [pǽrəlelìzm, -ləl-] 图Ⓤ 1 평행(성·상태). 2 (방향·경향·성격의) 유사; 일치. 3 비교, 대비. 4 〔철학〕 (심신의) 병행론. 〔수사〕 대구법(對句法). 5 〔컴퓨터〕 병렬 처리[조작]. 6 〔음악〕 평행 진행.
par·al·lel·ist [pǽrəlelist, -ləl-] 图 1 비교하[는] 고 싶어하는 사람. 2 (형이상학의) 병행론자.
par·al·lel·is·tic [pæ̀rəlelístik, -ləl-] 图 평행 위치[관계]의; 병행론(자)의; 서로 유사한 관계[성질]를 가진.
par·al·lel·ize [pǽrəlelàiz, -ləl-] 图 …을 평행으로 하다; 평행이 되도록 …을 놓다. **-i·zá·tion** 图
par·al·lel·o·gram [pæ̀rəlélegrǽm] 图 평행 4변형. **-lèl·o·gram·mát·ic, -lèl·o·grám·mic** 图
párallel operátion 图 〔컴퓨터〕 병렬 조작.
par·al·lel-park [-pà:rk] 图 (-를) 평행 주차시키다.
párallel párking 图 평행 주차.
párallel pórt 图 〔컴퓨터〕 병렬 포트(동시에 복수의 비트를 전송(傳送)하는 입출력 포트).
párallel prócessing 图 〔컴퓨터〕 병렬 처리 [연산].
párallel rúlers 图(복) 평행자[척].
párallel slálom 图 〔스키〕 패럴렐 슬랄롬(ալ파인 종목의 하나로, 두 명의 경기자가 동시에 출발하는 회전 경기).
párallel transmíssion 图 〔통신〕 병렬 전송.
párallel túrn 图 〔스키〕 패럴렐 턴(스키를 평행으로 둔 채 중심을 옮기면서 방향 전환을 하는 기술).
pa·ral·o·gism [pərǽlədʒìzm] 图Ⓤ 〔논리〕 오류 추리; 배리(背理); 잘못된 결론. **-gist** 图 **-gís·tic** 图
pa·ral·o·gize [pərǽlədʒàiz] 图 (*英* **-gise**) 잘못된[불합리한] 추리를 하다.
Paralýmpic Gámes 图(복) (the ~) =Paralympics
Par·a·lym·pics [pæ̀rəlímpiks] 图(복) (the ~) 파 랄림픽, 국제 신체 장애자 올림픽. **-pic** 图 **-pi·an** 图 파랄림픽 출전 선수. 〔<*para*plegia + *Olympics*〕
‡**par·a·lyse** [pǽrəlàiz] 图 (*英*) =paralyze.
*‡**pa·ral·y·sis** [pərǽləsis] 图 (*복* **-ses** [-si:z]) 1 Ⓤ 〔병리〕 마비, 중풍(中風), 불수. ¶cerebral[infantile] ~ 뇌성[소아] 마비. 2 ⓊⒸ 무(기)력, 불능; (활동·능력 따위의) 정체, 마비 상태. ¶a ~ of traffic 교통 마비.
parálysis á·gi·tans [-ǽdʒətænz] 图Ⓤ 〔병리〕 진전(震顫) 마비, 파킨슨병(Parkinson's disease).
par·a·lyt·ic [pæ̀rəlítik] 图 중풍[마비] 환자; 중풍의 발작. — 图 1 중풍인[에 걸린], 마비된, 마비성의. 2 (법을 따위가) 무력한; (웃음 따위가) 힘없는. 3 (*英*속어) 만취한. 〔시키는; 무력화.
par·a·ly·zá·tion [pæ̀rələzéiʃən/-lai-] 图 마비
‡**par·a·lyze** [pǽrəlàiz] 图Ⓣ (**-lyz·es** [-iz]; **~d**; **-lyz·ing**) 1 …을 마비시키다, 저리게 하다. (~ + 图) + *전* + 图) be ~*d in* both legs 두 다리가 마비되다. 2 (비유적) …을 무력[무능]하게 하다, 마비 상태로 만들다. ¶a strike that ~s traffic 교통을 마비시키는 파업. **-lỳz·er** 图   〔망태가 된.
par·a·lyzed [pǽrəlàizd] 图 마비된; (*美*속어) 고주
par·a·mag·net [pæ̀rəmǽgnit, ꞌ--ꞌ] 图 〔물리〕 상자성체(常磁性體). **-ism** 图 상자성, 정자기(正磁氣).
par·a·mag·net·ic [pæ̀rəmægnétik] 图 ↔diamagnetic — 图 =paramagnet. **-i·cal·ly** 图

paramagnétic résonance 图 〔물리〕 (전자) 상자성 공명.
Par·a·mar·i·bo [pæ̀rəmǽrəbòu] 图 파라마리보 (남미 Surinam 공화국의 수도).
par·a·mat·ta [pæ̀rəmǽtə] 图Ⓤ 파라마타 직물(면과 모(毛) 또는 견과 모의 능직). 〔<그 원산지인 오스트레일리아의 Parramatta〕 (또는 **parramatta**)
par·a·me·ci·um [pæ̀rəmí:ʃiəm/-siəm] 图 (*복* **-ci·a** [-ʃiə/-siə]) 짚신벌레(짚신꼴의 원생 동물).
par·a·med·ic[1] [pæ̀rəmédik] 图 1 (군사) 낙하산 부대 위생병. 2 =paradoctor.
par·a·med·ic[2] 图 의료 보조원(간호사·검사기사 등); 구급 의료사. — 图 =paramedical.
par·a·med·i·cal [pæ̀rəmédikəl] 图 준의료 활동의. → paramedic[2].
par·a·men·stru·um [pæ̀rəménstruəm] 图 〔병리〕 파라 월경기(월경 전후 4일씩의 8일간). **-stru·al** 图
par·a·ment [pǽrəmənt] 图 (*복* **~s, -men·ta** [-méntə]) (벽걸이·융단 따위의) 실내 장식품; (종교상의) 제복(祭服), 제식(祭式) 장식, 법의(法衣).
pa·ram·e·ter [pərǽmətər] 图 1 〔수학〕 파라미터, 매개 변수, 보조 변수. 2 〔통계〕 모수(母數). 3 (보통 ~s) 한계, 제한(으로), 지침. ¶the basic ~*s* of our foreign policy 우리 외교 정책의 기본 자세. 4 (종종 ~s) 한정[규정] 요소, 요인, 특성, 특질. ¶the ~*s* of the job 업무의 특성. 5 〔컴퓨터〕 파라미터, 매개 변수.
par·a·met·ric [pæ̀rəmétrik], **pàr·a·mét·ri·cal** 图 **pàr·a·mét·ri·cal·ly** 图
pa·ram·e·ter·ize [pərǽmətəràiz] 图Ⓣ 〔수학〕 (현상·곡선·곡면(曲面) 등)을 매개 변수로 나타내다.
paramétric ámplifier 图 〔전자〕 파라메트릭 증폭기(고주파의 입력 신호를 증폭하는 것).
paramétric equátion 图 〔수학〕 매개 변수 방정식(점의 각 좌표를 매개 변수로 나타내는 방정식).
par·a·me·tron [pǽrəmətràn, -rən/-rɔn] 图 〔전자〕 파라메트론(컴퓨터의 회로 소자(素子)).
par·a·mil·i·tar·y [pæ̀rəmílitèri/-təri] 图 준군사적인, 군(軍) 보조적인. — 图 (*복* **paramilitarist**) 준군사 조직의 한 사람. **-ta·rism** 图 준군국주의.
par·am·ne·sia [pæ̀rəmní:ʒə/-ziə] 图 〔정신의학〕 기억 착오.
*‡**par·a·mount** [pǽrəmàunt] 图 1 (지위·권위 따위가) 남보다 위인, 최고 권력을 쥔. ⇒ DOMINANT 〔유의어〕 ¶a lady ~ 여자 군주/a lord ~ 최고 권력자, 국왕. 2 가장 중요한, 최고의, 지상의(supreme); 탁월한, (…보다) 앞서는(*to*). ¶That is a matter of ~ importance. 그것이 가장 중요한 일이다. — 图 대군주, 주권자 (overlord), 최고 지배자. **~·ly** 图 **~·ship** 图
par·a·mount·cy [pǽrəmàuntsi] 图Ⓤ 최고권, 최고위, 주권; 가장 중요함, 최상, 지상(至上), 탁월.
par·a·mour [pǽrəmùər] 图 정부(情夫), 정부(情婦), 간부(姦夫), 간부(姦婦); 애인, 연인(lover). 〔F〕
par·a·myx·o·vi·rus [pæ̀rəmíksəvàiərəs] 图 파라믹소바이러스(항아리손님(유행성 이하선염)을 발병).
par·a·neph·ros [pæ̀rənéfras/-rəs] 图 (*복* **-roi** [-rɔi]) 〔해부〕 부신(副腎). **-ric** 图
par·a·noi·a [pæ̀rənɔ́iə] 图 〔정신의학〕 파라노이아, 편집병(偏執病), 망상증; (구어) (근거 없는) 심한 의심[불안]. (또는 **paranoea**) **-noi·ac, -noic** 图
par·a·noid [pǽrənɔ̀id] 图 편집병(偏執病)의[같은], 편집병에 걸린. — 图 편집병 환자. **↔nói·dal** 图
páranoid schizophrénia 图 〔정신의학〕 망상형 편집병/정신 분열병.
par·a·nor·mal [pæ̀rənɔ́:rməl] 图 과학적으로 알[인식할] 수가 없는. — 图 1 초능력을 가진 사람. 2 (the ~) (집합적) 심령 현상. **-nor·mál·i·ty** 图
par·a·nymph [pǽrənìmf] 图 신랑[신부]의 들러리.
*‡**par·a·pet** [pǽrəpit, -pèt] 图 1 〔축성〕 흉벽(胸壁),

성가퀴. ⇨BASTION, RAMPART 그림. **2** (발코니·지붕·다리 따위의) 난간. ~**ed** 휑 흉벽[난간]이 있는.
par·aph [pǽrəf, pərǽf] 圀 서명 뒤의 끝 장식(위조를 방지하기 위해 썼다). ── 国 〈착어(錯語)〉(중).
par·a·pha·si·a [pæ̀rəféiʒiə, -ʒə/-ziə] 圀 〔의학〕
par·a·pher·na·lia [pæ̀rəfərnéiljə] 圀圀 **1** (개인의) 소지품 (〔법률〕 아내의 소유물(의복·장식품 등). **2** (단위취급) 장비, 비품 한 벌, 장치(apparatus), 설비; (속어) 마약 매매에 필요한 장구(裝具).
par·a·phil·i·a [pæ̀rəfíliə] 圀 〔정신의학〕 성적도착(性的倒錯).
‡**par·a·phrase** [pǽrəfrèiz] 圀 (倰 **-phras·es** [-iz]) (알기 쉽게 자세한 설명으로) 바꾸어 말하기[쓰기], 부연, 의역, 패러프레이즈. ── (**-phras·es** [-iz]; **~d; -phras·ing**) 匤 …을 알기 쉽게 바꾸어 말하다, 패러프레이즈하다. ── 圀 알기 쉽게 바꾸어 말하다. 卿 metaphrase **-phràs·er** 圀
par·a·phras·tic [pæ̀rəfrǽstik] 휑 바꾸어 말하는, 석의(釋義)의, 의역의. **-ti·cal** 휑 **-ti·cal·ly** 图
par·a·phys·ics [pæ̀rəfíziks] 圀 (단위취급) 심령 물리학(물리 현상을 심령적인 능력과 연관시켜 연구); 초심리 물리학(parapsychology의 물리학적 측면).
pa·ra·plane [pǽrəplèin] 圀 파라플레인(공기압을 이용한 낙하산에 엔진을 단 것).
par·a·plan·ner [pǽrəplæ̀nər] 圀 (美) 행정 서기관(사무관, 비서관, 준행정 계획 담당자.
par·a·ple·gi·a [pæ̀rəplí:dʒiə, -dʒə] 圀圀 〔병리〕 대마비(對痲痺). **-gic** 휑圀 대마비의(에 걸린) (환자).
par·a·po·lit·i·cal [pæ̀rəpəlítikəl] 휑 의사(擬似) 정치적인, 정치[행정]를 닮은.
par·a·prax·is [pæ̀rəprǽksis] 圀 (倰 **-prax·es** [-si:z]) 〔심리〕 착오 행위(잘못 말하기[쓰기], 착각 등).
par·a·pro·fes·sion·al [pæ̀rəprəféʃənl] 휑圀 (의사 등의) 전문가를 보조하는 (사람); 조수(의).
par·a·psy·chol·o·gy [pæ̀rəsaikálədʒi/-kɔ́l-] 圀圀 초심리학(超心理學)(심령 현상의 과학적 연구 분야). **-cho·lóg·i·cal** 휑 **-gist** 圀 [제].
par·a·quat [pǽrəkwòt/-kwɔ̀t] 圀 패러콰트(제초의) 낙하산에 이용하는 스포츠.
par·a·quet [pǽrəkèt] 圀 =parrakeet.
par·a·res·cue [pæ̀rəréskju:] 圀圀匸 (조난자 등의) 낙하산에 의한 구조.
-cu·er 圀 특수[공수] 구조 요원.
Pará rúbber 圀 파라 고무(남미산(産) 파라 고무나무(~ tree)에서 채취하는 탄성 고무).
par·as [pǽrəz] 圀圀 (구어) 낙하산 부대(paratroops).
par·a·sail [pǽrəsèil] 圀 패러세일(모터보트 따위로 끌어 공중을 나는 스포츠용 낙하산). ── 国 패러세일 비행을 하다. **~ing, ~or** 圀
par·a·sang [pǽrəsæ̀ŋ] 圀 파라상(고대 페르시아의 거리의 단위; 약 5.5km).
par·a·scend·ing [pǽrəsèndiŋ] 圀 패러센딩(펼쳐진 낙하산을 달고 쾌속 모터보트 등으로 끌게 하여 충분한 고도에 달한 후 낙하하는 스포츠).
par·a·sci·ence [pǽrəsàiəns] 圀 초(超)과학(영능(念力)·심령 현상 따위의 영역을 연구하는 분야).
par·a·se·le·ne [pæ̀rəsilí:ni] 圀 (倰 **-nae** [-ni:]) 〔기상〕 환월(幻月)(달무리에 나타나는 광륜(光輪)). 휑 parhelion **-nic** 휑
par·a·sex·u·al [pæ̀rəsékʃuəl/-sju-] 휑 〔생물〕 의사유성(擬似有性)적인(수정(授精)에 의한 감수 분열이나 생식 세포의 접합 없이 생식한다). **-sex·u·ál·i·ty** 圀
*‡**par·a·site** [pǽrəsàit] 圀 **1** 〔생물〕 기생 동물, 기생충(菌); 기생 식물, 겨우살이(의 host¹). **2** 기생충적인 존재; 식객, 기식자. **3** (고대 그리스의) 식탁을 즐겨하는 이; (언어) 기생음(晉)(발음의 용이성을 위해서 생긴 음). ── 国 …에 기생[기식]하다.
párasite dràg 〔항공〕 유해(有害) 항력[저항](양력(揚力)을 막는 표면 마찰과 날개형에 의해 생기는 항력).

párasite stòre 圀 〔경영〕 기생형 상점(대형 상점·시설 내의 구내 매점 따위).
par·a·sit·ic [pæ̀rəsítik] 휑 **1** 기생의; (…에) 의존(기생)하는(on). ¶ be ~ on …에 기생(의존)하다. **2** 기생 동물[식품, 충, 균]의. **3** 기식하는, 식객의; 아첨하는. **4** (병이) 기생충에 의한. (또는 **parasitical**) **-i·cal·ly** 图
par·a·sit·i·cide [pæ̀rəsítəsàid] 圀 기생충을 구제(驅除)하는 것(약).
par·a·sit·ism [pǽrəsàitizm] 圀圀 **1** 기식, 식객 생활. **2** (동·식물) 기생. **3** 〔병리〕 기생충 감염.
par·a·si·tize [pǽrəsàtaiz, -sai-] 匤 (수동형으로) …에 기생[기식]하다; 기생[기식]하여 …을 괴롭히다, (다른 새의 둥지에) 탁란(托卵)하다. **-sit·i·zá·tion** 圀
par·a·si·tol·o·gy [pæ̀rəsaitálədʒi, -si-/-tɔ́l-] 圀圀 기생충학. **-si·to·lóg·i·cal** 휑 **-gist** 圀
par·a·si·to·sis [pæ̀rəsaitóusis, -sit-] 圀 〔병리〕 =parasitism 3.
par·a·ski·ing [pǽrəskì:iŋ] 圀 패러스키잉(날개형의 낙하산을 달고 높은 곳에서 스키로 뛰어내리는 스포츠).
‡**par·a·sol** [pǽrəsɔ̀:l, -sɑ̀l/-sɔ̀l] 圀 (倰 ~**s** [-z]) (여자용) 양산, 파라솔. ── (직), 준국영의 (회사).
par·a·sta·tal [pæ̀rəstéitl] 휑圀 반관(半官)의 (조직·생리) 준 부교감 신경의.
par·a·sym·pa·thet·ic [pæ̀rəsìmpəθétik] 〔해부·생리〕 휑 부교감 신경의. ── 圀 부교감 신경.
parasympathetic (nérvous) sýstem 圀 부교감 신경계.
par·a·syn·the·sis [pæ̀rəsínθəsis] 圀圀 〔문법〕 병치(倂置) 종합(구나 합성어에 접미사를 붙여서 다른 파생어를 만드는 일. 예: kind-hearted < kind heart+ed). **-syn·thét·ic** 휑
par·a·tac·tic [pæ̀rətǽktik] 휑 병렬(並列)의, 병렬을 이루는. (또는 **paratactical**) **-ti·cal·ly** 图
par·a·tax·is [pæ̀rətǽksis] 圀 〔문법〕 병렬(접속사 없이 문장·절·구 따위를 늘어놓기). 예: Look up, the stars are twinkling. 휑 hypotaxis [약].
par·a·thi·on [pæ̀rəθáiən/-nɔn] 圀 파라티온(유기인제 살충제).
par·a·thy·roid [pæ̀rəθáirɔid] 〔해부〕 휑 상피 소체(上皮小體)의, 부갑상선(副甲狀腺)의. ── 圀 = ~ gland.
parathýroid glánd 〔해부〕 상피 소체, 부갑상선.
par·a·tran·sit [pæ̀rətrǽnsit, -zit] 圀 (도시의) 보조 교통 수단(합승 택시, 소형 버스, car pool 따위).
par·a·troop [pǽrətrù:p] 휑 낙하산[부대]의. ¶ ~ boots 낙하산병용 군화. ── =paratrooper
par·a·troop·er [pǽrətrù:pər] 圀 (군사) 낙하산[공정] 부대원; 낙하산[공정] 부대 수송기.
par·a·troops [pǽrətrù:ps] 圀圀 낙하산[공정] 부대.
par·a·ty·phoid [pæ̀rətáifɔid] 〔병리〕 圀 파라티푸스. (또는 ~ **féver**) ── 휑 파라티푸스의, 장티푸스와 비슷한. ¶ a ~ bacillus 파라티푸스균.
par·a·vane [pǽrəvèin] 圀 방뢰구(防雷具), 기뢰 방어 장치(기뢰의 수중 케이블을 절단하는 장치).
par avion [pɑ̀rɑvjɔ́ŋ] 圀 항공편으로(항공 우편물의 표기). (<F by airplane)
par·a·wing [pǽrəwìŋ] 圀 =paraglider.
par·boil [pɑ́:rbɔ̀il] 匤 **1** (고기·야채를) 살짝 삶다 (데치다); 미리 조리해 두다. **2** (남)을 뜨거워서 견딜 수 없게 하다.
par·buck·le [pɑ́:rbʌ̀kl] 圀 통나무 밧줄(통나무·통 양기(捲揚機), 원치(winch). ── 匤 통나무 밧줄 [권양기]로 올리다[내리다](up, down).
Par·cae [pɑ́:rsi:, -kai] 圀圀 (倰 **-ca** [-kə]) 〔로마 신화〕 파르카(운명의 3여신)(the Fates).
‡**par·cel** [pɑ́:rsəl] 圀 (倰 ~**s** [-z]) **1** 꾸러미, 소포, 소화물. **2** (품 따위의) 한 무더기, 한 벌. ⇨BUNDLE 유의어. **3** 〔경멸적〕 (사람·물건의) 한 떼, 한 무리. ¶ a ~ of fools 바보떼들. **4** (분할할 수 있는 것의) 한 구분; (넓은 땅의) 한 구획. ¶ a ~ of land 땅의 한 구획. **5**

parcel bomb / **parenthesize**

(고어) 일부분. 「것, 하찮은 것.
a parcel of rubbish 잡동사니 한 무더기; 시시한
blue the parcel (英속어) 돈을 모조리 써버리다.
by parcels 조금씩.
part and parcel ⇨ PART.
── 卽 (~s [-z] ; -*l*-, (英) -*ll*-) 1 …을 다발[꾸러미]로 나누다; (시간·일·물건 따위를) 나누다[배분하다] (*out*). 2 (해사) (밧줄)을 꾸리다, 한데 뭉뚱그리다(*up*). 3 (해사) (밧줄)을 가느다란 범포(帆布)로 감다.
── 副 (고어) 부분적으로, 얼마간(partly).
── 形 부분적인; 불완전한; 비상근의, 파트타임의.
pár·cel bòmb 名 (테러 따위의) 소포 폭탄; 우편 폭탄(mail[letter] bomb). 「문.
Párcel Fòrce 名 (영국 우편공사의) 소화물 취급 부
pár·cel-gilt [-gílt] 形 부분 금 도금한, 안쪽에만 금 도금한. ── 名 안쪽에만 부분 금 도금한 그릇.
par·cel·(l)ing [pá:rsəliŋ] 名 1 분배, 구분, 할당; 포장, 짐 꾸리기. 2 (해사) (밧줄을 싸는) 가늘고 긴 범포(帆布).
párcel póst 名 소포 우편(계)(⑰ P.P., p.p.).
párcel póst zòne 名 (미국을 8개 구역으로 나눈) 동일 소포 요금 지역.
párcel tànker 名 (해사) 구획식 탱커. 「재산 공유.
par·ce·nar·y [pá:rsəneri/-nəri] 名 (법률) 상속
par·ce·ner [pá:rsənər] 名 (법률) 상속 재산 공유자, 공동 (법정) 상속인.
***parch** [pa:rtʃ] 他 1 (열·햇빛 따위가) …을 바싹 마르게 하다, 바싹 말리다. 2 (신열 따위가) (사람)에게 갈증나게 하다, …을 타게 하다. 3 (곡식 따위)를 볶다, 굽다. 4 (추위가) …을 말라죽게 하다, 시들게 하다.
── 自 1 시들다, 바싹 마르다(*up*). 2 (입·혀 따위가) 마르다. ∠·a·ble 形 타다, 타다.
parched [pa:rtʃt] 形 1 말라 붙은, 바싹 마른, 볶은, 구운(roasted). **párch·ed·ly** [pá:rtʃidli, -tʃt-] 副 **párch·ed·ness** 名 「숯한 것.
par·chee·si [pa:rtʃí:zi] 名Ⓤ 인도 주사위; 그와 비
parch·ing [pá:rtʃiŋ] 形 말라 붙게 하는, 바싹 마르게 하는, 태우는 듯한. ∠·**ly** 副 ~ heat 불볕 더위.
***parch·ment** [pá:rtʃmənt] 名Ⓤ 1 양피지(羊皮紙). 2 Ⓒ 양피지에 쓴 문서(사본). 3 양피지 비슷한 종이. 4 Ⓒ 증서, 면허장. 5 커피콩의 껍질. 6 담황록색, 회색을 띤 노랑. ~·**like** 形 「지).
párchment pàper 名 파치먼트지(紙)(방수용 황산
par·course [pá:rkɔːrs] 名 (美) 파코스(체중 감량을 위한 운동 시설을 갖가에 설치한 건강 산책로).
pard[1] [pa:rd] 名 (고어) 표범(leopard).
pard[2] [pa:rd] 名 (美방언) 동료, 패거리(partner).
pard·ner [pá:rdnər] 名 (美방언) 1 (부르는 말로) 자네. 2 동료, 패거리, 짝패.
‡**par·don** [pá:rdn] 名 (~s [-z]) 1 Ⓤ Ⓒ 용서, 관용, 관대. ¶ *ask a person's* ~ 남의 용서를 빌다. 2 Ⓒ (법률) 죄의 경감, 사면; Ⓒ 사면장. ¶ (a) *particular* [*or special*] ~ 특사 / (a) *general* ~ 대사(大赦). 3 Ⓤ (페어) 교황의 면죄(부). ── 名 면죄부(免罪符).
A thousand pardons for …하여 대단히 죄송합니다. ¶ *A thousand* ~*s for* my fault. 잘못을 거듭거듭 사과드립니다.
I beg your pardon. ① 미안합니다. ② 실례입니다만(※ 상대방의 말과 의견에 뜻을 나타낼 때나, 모르는 사람에게 말을 걸 때 쓴다). ¶ *I beg your* ~ , *but I don't think so.* 실례입니다만 저는 그렇게 생각하지 않습니다. ③ 죄송합니다만 다시 한번 말씀해 주십시오(※ 상대방의 말을 되물을 때 쓰며 말끝을 올린다. *Beg your* ~? 또는 *Pardon*?으로 생략하기도 한다).
── 他 (~ed [-z]) 1 (죄 따위)를 용서하다. ② EXCUSE 유의어 ¶ He will not ~ your transgressions. 그는 너의 위반을 용서하지 않을 것이다. 2 (죄수)를 사면하다. ¶ (~+目+目) ~ *a person an offense* 죄수를

사면하다. 3 (행위·사람 따위)를 너그러이 봐주다 (*for*). ¶ P- me *for being late*. 늦어서 죄송합니다.
Pardon me. =*I beg your pardon.*
Pardon me all to hell. (비어) 죽을 죄를 지었습니다 (※ 지나친 질책 따위에 대해서).
Pardon me for living [or *breathing, existing*]. (구어·비어) 면목 없습니다, 정말 죄송합니다.
Pardon my French. (속어) 아 실례했습니다 (※ 상스런 말 따위를 입에 담았을 때).
There is nothing to pardon. 천만의 말씀(입니다).
¶ (상승조로) 실례하셨지요; (하강조로) 실례합니다 (※ I beg your ~.의 생략).
~·**less** 形
par·don·a·ble [pá:rdnəbl] 形 용서할 수 있는(excusable), 어쩔 수 없는. ~·**ness** 名 -**bly** 副
par·don·er [pá:rdnər] 名 1 용서하는 사람, 사면자 (赦免者). 2 (페어) (중세의) 면죄부(免罪符) 판매인.
***pare** [pɛər] 他 1 …의 껍질을 벗기다. ⇨ PEEL[1] 유의어 ¶ ~ *an apple* 사과의 껍질을 벗기다. 2 …을 잘라내다, 깎아내다(*off, away, down*). 3 (비용 따위)를 조금씩 줄이다(*away, down*). ¶ (~+副) ~ *down one's living expenses* 생활비를 줄이다.
pare and burn (재거름을 만들기 위해) 들불을 놓다.
∠·a·ble 形
par·e·gor·ic [pӕrəgɔ́:rik/-gɔ́r-] 形 (약학) 진정제, 진통제; (소아용) 지사제. ── 名 진통제, 진정제.
pa·rei·ra [pəréərə] 名Ⓤ 파레이라(브라질산(産) 덩굴 식물의 뿌리; 화살촉의 독·이뇨제). (또는 ∠ bráva)
paren. parenthesis.
pa·ren·chy·ma [pəréŋkəmə] 名Ⓤ 1 (식물) 유조직(柔組織). 2 (해부·동물) 실질(實質) (조직). -·**mal**, **par·en·chym·a·tous** [pӕrəŋkímətəs] 形 **pàr·en·chým·a·tous·ly** 副
pa·rens. parentheses.
‡**par·ent** [pɛ́ərənt, pӕ́r-/pɛ́ər-] 名 1 어버이(아버지 또는 어머니); 조상, 선조. ¶ our first ~s 인류의 시조(Adam과 Eve). 3 근원, 기원, 원인. 4 수호자, 보호자. 5 (생물) 모체(母體). 6 = ~ company. ── 形 근원[모체]의; 모(母)-. ¶ a ~ship 모선/ a ~ bird 어미새. ── 他 …의 어버이 구실을 하다; ── 自 어버이가 되다; 자녀를 양육하다. ~·**less**, ~·**like** 形
***par·ent·age** [pɛ́ərəntidʒ, pӕ́r-/pɛ́ər-] 名Ⓤ 1 태생, 신원, 혈통. ¶ *distinguished* ~ 훌륭한 가문. 2 어버이임.
***pa·ren·tal** [pəréntl] 形 1 어버이(로서의), 어버이의. ¶ ~ *love* 어버이의 사랑 / ~ *feelings* 어버이다운 감정. 2 (유전) (잡종의) 어버이의(⑰ P). 3 근원의, 모체의. -·**ly** 副 「P[2].무으로 표시).
paréntal generátion 名 (유전) 어버이 세대의(P[1].
paréntal hóme 名 문제아 수용[교정] 시설[학원].
paréntal léave 名 육아 휴가.
pa·rén·tal-rìghts làw [-ráits-] 名 (美) 친권법(親權法) (자녀 교육에 대한 부모의 권리를 규정한 법규).
paréntal únits 名圀 (美속어) (10대 사이에서) 양친, 부모.
párent còmpany [fìrm] 名 모(母)회사. ※ *holding company* 「방이 속하는 상위의 자료(방).
párent diréctory 名 (컴퓨터) 윗자료방(어느 자료
párent èlement 名 (물리) 어미핵 원소.
par·en·ter·al [pӕréntərəl] 形 (의학) 장관(腸管) 이외의, 비경구적(非經口的)인 (피부·정맥·근육 따위를 통한). ── 名 비경구 약품. ~·**ly** 副
***pa·ren·the·sis** [pərénθəsis] 名 (pl. -**ses** [-si:z]) 1 (보통 -ses) 괄호, (일반적으로) 둥근 괄호(( )). 2 (문법) 삽입구. 3 삽화(揷話), 여담; (연극의) 막간(극).
by way of parenthesis 말하는 김에, 말이 났으니 말이니까.
in parenthesis 괄호 속에 들어가; 덧붙여 (말하면).
pa·ren·the·size [pərénθəsaiz] (※ (英) -**sise**) 他

par·en·thet·ic [pærənθétik] 〖형〗 1 삽입 어구의, 삽입 어구적인; 삽화적의. 2 활꼴의, 호형(弧形)의.

-thet·i·cál·i·ty 〖명〗 **~·ly** 〖부〗 **~·ness** 〖명〗

par·en·thet·i·cal [pærənθétikəl] 〖형〗 =parenthetic. ── 〖명〗 삽입구.

par·ent·hood [pέərənthùd/péər-] 〖명〗〖U〗 어버이임 (parentage); 친자(親子) 관계. (또는 **parentship**)

pa·ren·ti·cide [pəréntəsàid] 〖명〗 존속 살해(자).

par·ent·ing [pέərəntiŋ, pǽr-/péər-] 〖명〗 1 육아, 양육. 2 〖U〗 육아법. 3 〖U〗 부모의 지위. 4 임신; 출산.

par·ent-in-law [-inlɔ̀ː] 〖명〗 (복 **par·ents-**) 장인 〔장모〕; 시부모.

párent lánguage 〖명〗 〔언어〕 조어(祖語).

párent pláne 〖명〗 (유도 미사일을 발사하는) 모기(母機).

Pár·ent-Téach·er Associátion [-tiːtʃər-] 〖명〗 사친회(師親會) ⑧ P.T.A.).

par·er [pέərər] 〖명〗 껍질을 벗기는 사람〔기구〕.

par·er·gon [pærɔ́ːrgɑn/-gɔn] 〖명〗 (복 **-ga** [-gə]) 1 부수적인 것; 장식, 액세서리. 2 부업. 3 (대작에서) 파생된 작품〔곡〕; 소품, 소곡(小曲).

pa·re·sis [pəríːsis, pǽrə-] 〖명〗〖U〗 〔병리〕 부전(不全)〖부〗 마비, 경도(輕度) 마비; 매독성 진행 마비.

par·es·the·sia [pærəsθíːʒə/-ziə] 〖명〗〖병리〕 각 이상(知覺異常), 이상 감각. **-thét·ic** 〖형〗

pa·ret·ic [pərétik, -ríːt-] 〖명〗〔병리〕 부전〖부〗마비 환자. 〖형〗 마비에 걸린.

Pa·re·to [pəréitou] 〖명〗 **Vilfredo ~** 파레토(1848-1923; 이탈리아의 경제학자·사회학자).

Paréto('s) láw 〖명〗 (the ~) 파레토의 법칙(소득 불평등도를 나타내는 법칙.

pa·re·u [pɑ́ːreiuː] 〖명〗 파레우(폴리네시아 사람이 허리에 두르는 직사각형의 천).

par ex·cel·lence [pɑːr eksəláːns, -éksələns] 〖부〗 탁월하게〔한〕, 뛰어나게〔난〕; 특히 (훌륭한). 〈F〉

par ex·em·ple [pɑːregzɑ́ːmpl] 〖부〗 예컨대. 〈F〉

par·fait [pɑːrféi] 〖명〗 파르페(아이스크림에 시럽이나 과일을 섞은 것). 〈F perfect〉 〔일 초점의〕

par·fo·cal [pɑːrfóukəl] 〖형〗 〔광학〕 (접안 렌즈가) 동

par·fum [F pɑrfœ̃] 〖명〗 향수(perfume). 〈F〉

par·get [pɑ́ːrdʒit] 〖명〗 회반죽, 석고; 회반죽 바르기, 장식 바르기. ── (**-t-**, 〈英〉 **-tt-**) 〖타〗 벽에 회반죽을 바르다, 회반죽으로 장식 바르기를 하다. 〔공.

par·get-work [-wə̀ːrk] 〖명〗〖U〗 회반죽 세공, 석고 세

par·gy·line [pɑ́ːrdʒəlìːn] 〖명〗〔화학〕 파르길린(모노아민 산화 효소 억제제, 우울증 치료제).

par·he·li·a·cal [pɑ̀ːrhiláiəkəl] 〖형〗 환일(幻日)의. (또는 **parhelic**)

parheliacal ríng 〖명〗 =parhelic circle. 〔테.

par·hé·lic círcle [pɑːrhíːlik-] 〖명〗 〔기상〕 햇무리

par·he·li·on [pɑːrhíːliən, -ljən] 〖명〗 (복 **-li·a** [-liə, -ljə]) 〔기상〕 환일(幻日)(햇무리 위에 나타나는 광륜(光輪). ⑧ paraselene). 〔labic.

pari- [pǽrə] 〖연결〗 equal, equally의 뜻. ¶**parisyl-**

pa·ri·ah [pəráiə, pǽriə] 〖명〗 1 떠돌이, 부랑자, 세상이 받은 사람(outcast); 들개, 들고양이. 2 (P-) (인도의) 하층민. **~·dom, ~·hood, ~·ism, ~·ship** 〖명〗

pàriah dòg 〖명〗 (인도) (쓰레기통 등을 뒤지는) 들개.

Par·i·an [pέəriən, pǽr-/péər-] 〖명〗 1 백색 대리석 산지로 유명한 파로스(Paros) 섬의. 2 파로스 도자기의. 3 파로스섬 사람의. ── 〖명〗 1 파로스섬 사람. 2 (**=~ wáre**) 〖U〗 (백색 대리석 비슷한) 파로스 도자기.

pa·ri·e·tal [pəráiətl] 〖명〗 1 〔해부〕 정수리(頭頂)의〔골〕의. 2 〔동물〕 체벽(體壁)의, 체강벽(體腔壁)의. 3 〔미국 대학생 속어〕 대학 구내에 사는 (사람)의. ── 〖명〗 1 〔해부〕 두정골. 2 (~s) 〔미국〕 대학 기숙사의 이성 방문자용 규칙.

pariétal bòne 〖명〗〔해부〕 두정골(頭頂骨).

pariétal cèll 〖명〗〔해부〕 벽세포(염산을 분비하는 위의 점막 세포).

par·i·mu·tu·el [pærimjúːtʃuəl] 〖명〗 1 〖UC〗 〔경마〕 (이긴 말에 건 사람들에게) 건 돈[배당금]을 분배하는 방법. 2 (또는 ≠ **machíne**) 건 돈[배당금, 환불금] 표시기.

par·ing [pέəriŋ] 〖명〗 1 〖U〗 껍질을 벗기기, 깎아내기. 2 얇게 벗긴 껍질; 깎은[자른] 부스러기.

páring íron 〖명〗 (편자공이 쓰는) 말굽 깎는 칼.

páring knífe 〖명〗 과일 칼.

pa·ri pas·su [pέərai pǽsuː, péəri-] 〖부형〗 1 같은 보조로[의], 나란히[한], 동시에[의]. 2 공평하게[한]. 〈L with equal pace〉

‡Par·is[1] [pǽris] 〖명〗 파리(프랑스의 수도).

Par·is[2] 〖명〗〔그리스 신화〕 파리스(스파르타 왕비 Helen을 유괴하여 Troy 전쟁의 원인을 만들었다).

Páris blúe 〖명〗 쪽빛, 감청색(의 안료).

Páris Clùb 〖명〗 파리 클럽. 1 주요 채권국들의 개도국 외채 문제 협의 기구. 2 IMF(국제 통화 기금)의 선진 10개국 그룹.

Páris colléction 〖명〗 파리 컬렉션(파리에서 열리는 신작 패션 발표회; 매년 춘·하복, 추·동복 두 차례 열림).

Páris Cómmune 〖명〗 (the ~) 파리 코뮌.

Páris Convéntion 〖명〗 (the ~) 파리 조약(1919년에 체결된 국제 항공의 완전 자유권 조약).

Páris-Dákar Rálly [-dəkɑ́ːr-, -dɑ́ːkɑːr/-] 〖명〗 (the ~) 파리-다카르 랠리(파리에서 세네갈의 다카르까지의 장거리 자동차 경주). 〔는) 인체 모형.

Páris dóll 〖명〗 (양장점의) 마네킹, (디자이너가 사용하

Páris gréen 〖명〗 〔화학〕 패리스 그린(선록색(鮮綠色)의 유독성 분말; 선박 도료·살충제·목재 방부재용).

‡par·ish [pǽriʃ] 〖명〗 1 소교구(小敎區), 지역 교구. 2 (英) 행정 교구(교구를 기본으로 한 행정구). 3 (미국 Louisiana주의) 군(county). 4 (the ~) 〖집합적〗 소교구민; (英) 한 교회의 전(全)신자. 5 (英구어) (경찰관·택시 운전 기사 등의) 담당[순회] 구역; 전문 분야.

all over the parish (英구어) 도처에, 어디에나.

on the parish (英) 교회의 신세를 지고; (구어) 救 간의 도움을 받아. ¶go *on the* ~ (英고어) 교구의 구세를 지다; (구어) 가난하게 살다.

párish chúrch 〖명〗 (英) 교구(敎區) 교회.

párish clérk 〖명〗 교회의 서무계. 〔관.

párish cóuncil 〖명〗 (英) 교구회(행정 교구의 자치 기

párish hóuse 〖명〗 1 신도집회(場) 회관. 2 (로마 가톨릭 교회의) 성직자의 주거, 사제관(館).

pa·rish·ion·er [pəríʃənər] 〖명〗 소교구민. **~·ship** 〖명〗

párish lántern 〖명〗 (英방언·속어) 달(moon).

párish príest 〖명〗 교구 목사[사제] (⑧ p.p.).

párish púmp 〖명〗 시골의 공동 우물; (英) (정치상의) 지방적 문제[관심].

par·ish-pump [-pʌ̀mp] 〖명〗 (英) (정치가·정치적 발언 등이) 지방 주의의, 쑥덕공론식의. **~·ish** 〖형〗

párish-pùmp pólitics 〖명〗〖단수취급〗 (우물가) 쑥덕공론식 정치.

párish régister 〖명〗〔기독교〕 소교구 기록부, 신자 명부(신도의 세례·결혼·장례 따위의 기록).

‡Pa·ri·sian [pərí(ː)ʒən, -ríziən/-ríziən] 〖명〗 파리(Paris)의, 파리 식의; 파리 토박이의, 파리 사람의; 표준 프랑스어의. ── 〖명〗 파리 토박이, 파리 사람; 표준 프랑스어; 파리 방언.

Pa·ri·si·enne [pəriːziːén] 〖명〗 파리 여자[아가씨], 파리 토박이 여자.

Páris white 〖명〗 정제 백악(白堊), 호분(胡粉)(안료).

par·i·syl·lab·ic [pærəsiléibik] 〖형〗 〔그리스·라틴 문법〕 (명사가) 동수(同數) 음절의.

par·i·ty[1] [pǽrəti] 〖명〗 1 동등, 동격, 동위(同位). 2 일치, 유사. 3 〖금융〗 (다른 나라 통화와의) 등가, 평가(平價); 비가(比價). 4 〖물리·수학·컴퓨터〕 패러티,

par·i·ty² 图 〔의학〕 출산 경력, 출산아 수.
párity bit 图 〔컴퓨터〕 패리티 비트(홀수 짝수 검사용 비트).
párity chèck 图 〔컴퓨터〕 홀수 짝수 검사(데이터 전송중 또는 컴퓨터 조작중의 오류를 발견하는 검사).
párity èrror 图 〔통신·컴퓨터〕 홀수 짝수 검사 오류.
párity price 图 〔경제〕 패리티 가격. 图 parity¹ 5
‡park [pɑːrk] 图 **1** 공원, 자연 공원; (美) 유원지 (amusement ~). ¶ a national ~ 국립 공원. **2** (美) (구기용) 운동장, 경기장; (英古) (the ~) 축구 경기장. ¶ a baseball ~ 야구장. **3** (美) (대저택의) 넓은 정원. **4** (英) 왕실 수렵지. **5** (美) (산맥으로 둘러싸인) 고원성 평원. **6** 주차장. **7** 〔군사〕 **a)** 군용지, 자동차 집결지. ¶ an artillery ~ 대포 집결지. **b)** 군용지에 집결한 전포 대(全砲隊).
── 他 (~ed [-t]) ⑩ **1** (차)를 세워 두다, 주차하다. **2** (口語) 놓아두다; (남에게) 잠시 맡기다; 〔재귀법용 또는 ~ it로〕 앉다, 머물다. **3** 〔포차(砲車) 따위〕를 집결지에 늘어세우다, (군수품)을 집결시키다. **4** ─을 공원 (수렵장)으로 하다, 공원(수렵장)으로 둘러싸다. **5** 〔인공 위성〕을 궤도에 진입시키다. ── 圓 **1** 차를 세워 두다, 주차하다. **2** (口語) (주차중인) 차 속에서 성행위를 하다, 카섹스를 하다; 앉다.
park a custard [or tiger] (美俗) 토하다, 게우다.
park oneself 잠시 머무르다, 앉다.
park on oil 잘〔빈틈없이, 멋지게〕 하다.
Park your course.; Park it. (美俗) 앉아라.
～*-er* 图 ～*-like* 图
par·ka [pɑ́ːrkə] 图 **1** (에스키모인 등이 입는) 두건이 달린 털가죽 상의, 파카, 아노락(anorak). **2** (일반적으로) 두건이 달린 재킷(상의, 코트).
par·kade [pɑːrkéid] 图 (캐나다) 주차 전용 빌딩.
park-and-ride [ənráid] 图 파크 앤드 라이드 방식(철도역이나 버스 터미널에 차를 주차해 두고 갈아타는 통근 방식). ¶ the 파크 앤드 라이드(방식)의(park-ride). ¶ ～ lots 파크 앤드 라이드 주차장 / ～ system 파크 앤드 라이드 방식(역(터미널) 주차 통근 방식).
Párk Ávenue 파크 애버뉴(미국 New York시 Manhattan 중앙부의 번화가).
párk bènch òrator 图 (美俗) 공적(公的)인 문제에 대해 발언하는 사람.
par·kin [pɑ́ːrkin] 图 (英方言) 오트밀·당밀·생강을 섞은 과자.
park·ing [pɑ́ːrkiŋ] 图 **1** 주차, 주차 허가; 주차일; 주차 장소. ¶ No ～. (게시) 주차 금지. **2** (口語) 카섹스. ¶ go ～ 카섹스를 하다. ── 围 주차의, 주차중인, 주차에 관한.
párking bràke 图 주차 브레이크, 보조 브레이크.
párking dìsc 图 (英) (주차장 안의) 주차 시간 표시판.
párking garàge 图 (美) 주차 빌딩.
párking light 图 (美) (자동차의) 주차등.
párking lòt 图 (美) (the ～) (유료) 주차장(car park).
párking mèter 图 주차 요금 징수기.
párking òrbit 图 〔우주〕 대기(待機) 궤도.
párking plàce 图 **1** 주차하는 장소. **2** (俗) 궁둥이.
párking ràmp 图 〔항공〕 주기장(駐機場)(apron).
párking spàce 图 주차 공간(스페이스).
párking ticket [tàg] 图 주차 위반 스티커(딱지).
párking violàtion 图 주차 위반.
párking violator 图
Par·kin·son [pɑ́ːrkinsən] 图 파킨슨. **1** Cyril N. ～(1909–93): 영국의 역사가·저술가). **2** James ～(1755–1824): 영국의 의사).
par·kin·son·ism [pɑ́ːrkinsənìzm] 图 =Parkinson's disease.

Pár·kin·son's disèase [pɑ́ːrkinsənz-] 图 Ⓤ 〔병리〕 파킨슨병, 진전마비(震顫痲痺)(paralysis agitans). (<영국의 의사 J. Parkinson의 이름)
Párkinson's láw 图 파킨슨의 법칙(공무원의 수는 일에 관계없이 늘어난다는 따위). 〔<영국의 역사가 C. N. Parkinson(1909–93)〕
Párkinson's sýndrome 图 〔병리〕 파킨슨 증후군(약물 남용·뇌막의 염증 등에 의해 나타나며, 권투 선수에게 흔히 발생).
párk kèeper 图 (英) =parky².
párk·land [pɑ́ːrklænd] 图 **1** 풍치 지구; 국립(주립) 공원. **2** 대저택을 둘러싼 정원. **3** (군데군데 수목이 있는) 초원 지대.
párk ràngar 图 (美) 공원 경비원.
park-ride [ráid] 图 =park-and-ride.
párk savànna 图 나무가 점점이 서 있는 사바나.
park·way [pɑ́ːrkwèi] 图 (美·캐나다) **1** (잔디나 가로수를 심은 중앙 분리대가 있는) 큰 길. **2** 공원 도로(공원 안의 승용차 전용 도로). **3** (도로의) 중앙 분리대. **4** (넓은 주택가로서의) 도시 근교의 철도역.
park·y¹ [pɑ́ːrki] 图 (英俗) 쌀쌀한, 차가운(chilly).
park·y² 图 (英俗) 공원 관리인.
parl., Parl. Parliament(ary).
par·lance [pɑ́ːrləns] 图 **1** 말투, 어조; 전문 용어(법). **2** 회담, 담판; (古) 의논.
in legal [common, medical] parlance 법률(일반, 의학) 용어로.
par·lay [pɑ́ːrlei/pɑːlí] 图 他 **1** (원금과 딴 돈)을 다음번 내기에 걸다. **2** (口語) (돈·재능 따위)을 이용하여 큰 부(富)·성공을 얻다. ── 图 원금과 딴 돈을 다음번 내기에 걸기. ~섭.
‡par·ley [pɑ́ːrli] 图 **1** 토의; 협의. **2** 〔군사〕 화평 교섭.
beat [or sound] a parley (북 따위를 울려) 화평 교섭 신호를 보내다.
hold a parley with …와 교섭(담판)하다.
── 圓图 교섭하다, 회담하다(with); 〔군사〕 (적과) 화평 교섭을 하다. ¶ (~+前+名) ~ with an enemy 적과 화평 교섭을 하다. ── 他 〔외국어 따위〕를 지껄이다, 말하다.
par·ley·voo [`-vúː] 图 图 (口語) (종종 ～s) (익살) **1** Ⓤ 프랑스어. **2** 프랑스인. ── 圓 프랑스어로 말하다.
‡par·lia·ment [pɑ́ːrləmənt, -ljə-] 图 **1** (보통 P-) (보통 무관사) Ⓤ (영국의) 의회, 국회(the House of Lords와 the House of Commons로 이루어진다). (영국 자치령 따위의) 의회. ⇨ CONGRESS. ¶ a Member of P- 하원 의원(略 M.P.) / convene [or summon] P- 의회를 소집하다 / dissolve P- 의회를 해산하다. **2** (보통 P-) (보통 무관사) (영국 이외의 나라의) 의회, 국회. **3** (혁명 전의) 프랑스 고등 법원. **4** (공공 또는 국가적 문제를 다루는 회의) 회의, 모임. **5** Ⓤ =fan-tan. **6** =cake.
enter [or go into] Parliament 하원 의원이 되다.
sit [or be] in Parliament 하원 의원이다.
Párliament Áct 图 (the ～) (英) 국회법(입법에 관하여 상원에 대한 하원의 우위를 확인한 법률).
par·lia·men·tar·i·an [pɑ̀ːrləmentɛ́əriən, -mən-, -ljə-] 图 **1** 의회법에 정통한 사람, 의회통, 법규통. **2** (때로 P-) (英) 국회 의원. **3** (P-) (영국왕 Charles 1세에 반대한) 의회 당원. ── 图 의회(정치)의.
par·lia·men·tar·i·an·ism [pɑ̀ːrləmentɛ́əriənìzm, -mən-, -ljə-] 图 의회 정치 (주의), 의회 제도.
par·lia·men·tar·ism [pɑ̀ːrləmént ərìzm, -ljə-] 图 =parliamentarianism.
*par·lia·men·ta·ry [pɑ̀ːrləméntəri, -ljə-] 图 **1** 의회의; 의회제의. ¶ a ～ correspondent 국회(의회) 출입(담당) 기자. **2** 의회에서 제정한. **3** 의회에 알맞은: (口語) 예의바른, 격식을 차린, 정중한. ¶ ～ language 의회 용어, 격식을 차린(딱딱한) 말. **4** 의회의 법규·관례에 입각한. ¶ ～ rules 의회 법규.

parliaméntary ágent 圖 (英) (정당의) 의회 대리인; 정당 고문 변호사.

parliaméntary bórough 圖 (英) 국회 의원 선거

Parliaméntary Commissioner for Administrátion 圖 (英) =ombudsman.

parliaméntary démocracy 圖 의회 민주주의.

parliaméntary góvernment 圖 의회 정치; 의원 내각제[내각 책임제] 정부.

parliaméntary láw 圖 의회법. 〔parl. proc.〕.

parliaméntary procédure 圖 의회 운영 절차(법)

Parliaméntary Sécretary 圖 (내각 책임제 정부에서 부처의) 정무 차관(통상 국회의원이 겸직한다.

parliaméntary sýstem 圖 의원 내각제, 내각 책임제. ⓐ presidential system

parliaméntary tráin 圖 (英) 노동자용 3등 (할인) 열차(19세기에 법령으로 정했다).

párliament cáke 圖 생강이 든 얇은 쿠키.

Párliament Hìll 圖 (캐나다) 팔러먼트 힐(언덕)(수도 Ottawa에 있는 언덕으로 국회 의사당 소재지); 캐나다 국회, 국회 의사당.

‡**pár·lor,** (英) **-lour** [pɑ́ːrlər] 圖 (複 ~s [-z]) 1 응접실, 거실(living room). 2 (호텔·클럽 등의) 휴게실 (lounge); (수도원의) 응접[면회]실. 3 (美) 가게. ¶a beauty ~ 미장원/an ice-cream ~ 아이스크림 가게. 4 (美語) (열차의) 승무원차(caboose). 5 착유소(搾乳所). ─圖 1 (가구 따위가) 객실용의; (게임·스포츠 따위가) 실내의. 2 말뿐인, 겉으로만의.

párlor bòarder 圖 (英) 특별 기숙생(교장댁에 기숙하는 학생).

párlor càr 圖 (美) (철도의) 특등 객차.

párlor gàme 圖 실내 놀이(word game 따위).

párlor hòuse 圖 (속어) (옛날의) 고급 매춘부집.

párlor jùmper 圖 침입 강도.

pár·lor·maid [pɑ́ːrlərmèid] 圖 몸종, 하녀((美) parlor-girl).

párlor pìnk 圖 말뿐인[행동은 하지 못하는] 사회주의자.

párlor trìck 圖 (비꼬아) 숨은 재주.

par·lous [pɑ́ːrləs] 圖 (고어·익살) 圖 위험한; 영리한, 빈틈없는. ─圖 아주, 대단히. **~·ly** 圖 **~·ness** 圖

parl. proc. parliamentary procedure.

Par·ma [pɑ́ːrmə] 圖 파르마(이탈리아 북부의 도시; 치즈 명산지).

Par·men·i·des [pɑːrménədìːz] 圖 파르메니데스 (BC 450년 경에 활약한 이탈리아 태생의 그리스 철학자).

Par·me·san [pɑ́ːrməzɑ̀n, -ː/pɑ̀ːmizǽn] 圖 Parma(산産)의. ─圖 (또는 ~ chéese) Ⓤ 파르마 산 치즈(Parma 원산; 보통 강판에 갈아서 요리에 넣는다.

par·mi·gia·na [pɑ̀ːrməʒɑ́ːnə] 圖 파르메산 치즈를 쓴[넣은]. (또는 **parmigiano**) 〔<It〕

Par·nas·si·an [pɑːrnǽsiən] 圖 1 (그리스의) Parnassus 산(山)의. 2 시(詩)의. 3 (프랑스의) 고답파 (高踏派)의. 4 (곤충) 모시나비족(屬)의. ─圖 1 고답파 시인; 시인. 2 (곤충) 모시나비.

Par·nas·sus [pɑːrnǽsəs] 圖 1 Mount ~ 파르나소스 산(Apollo 및 Muses들이 살았다는 산). 2 시집, 미문집(美文集). ¶climb ~ 시작(詩作)하다. 3 (집합적) 시인들, 시단(詩壇). 4 시·예술의 중심.

pa·ro·chi·al [pəróukiəl] 圖 1 소교구(小教區)의. 2 편협한, 한정된; 지방적인. ¶a ~ viewpoint 편협한 시각[시점]. **-ly** 圖 **-ness** 圖

pa·ro·chi·al·ism [pəróukiəlìzm] 圖Ⓤ 1 소교구의 특질[경향], 소교구 제도. 2 지방 근성, 애향심(愛鄉心), 편협. **-ist** 圖

pa·ro·chi·al·i·ty [pəròukiǽləti] 圖 =parochial ism.

pa·ro·chi·al·ize [pəróukiəlàiz] 圖(-) 1 ⋯을 소교구로 나누다, ⋯에 소교구제를 실시하다. 2 ⋯을 지방적으로 하다, 편협하게 하다. ─⑭ 소교구내에서 일하다; 교회를 위해 일하다. **-i·zá·tion** 圖

paróchial schòol 圖 (美) (가톨릭계의) 교구 학교.

pa·rod·ic [pərɑ́dik/-rɔ́d-] 圖 풍자 시문적[변곡적]인, 풍자적인, 패러디적인. (또는 **parodical**)

par·o·dist [pǽrədist] 圖 풍자적 시문(詩文)[패러디] 작가(풍자적 변곡(變曲) 작가.

-dís·tic 圖 =parodic. **-dís·ti·cal·ly** 圖

par·o·dy [pǽrədi] 圖 1 ⓊⒸ (작품의 문체나 작풍을 우스꽝스럽게 한) 풍자적 시문(詩文), 패러디. 2 풍자적 변곡(變曲). 3 우스꽝스러운 흉내: 서투른 모방. ─圖 1 〔시문·작가 따위〕를 풍자하여 비꼬다, 풍자하다. 2 서투르게 흉내내다. **-di·a·ble** 圖

pár of exchánge 圖 (the ~) (화폐의) 법정 평가

pa·rol [pəróul, pǽrəl] 圖 〔법률〕 圖 (고어) 진술, 설명. **by parol** 입으로, 구두로.

─圖 구두[구술]의. ¶~ evidence 증언, 구두 증거.

pa·role [pəróul] 圖 1 Ⓤ 가출옥, 가석방; 가출옥 기(旗). ⓒ 가출옥 허가증. 2 (포로의) 선서(다시 적대 행위를 하지 않겠다는) 포로[석방] 선서. b) 암호. 3 선서. 4 Ⓤ (미국 이민법에서) 일시적 입국 허가.

on parole ① 가석방[가출옥]하여. ¶put him *on* ~ 그를 가석방하여. ② 보호 관찰하에.

─圖 1 〔포로〕를 선서시킨 후 석방하다. 2 (美) ⋯을 가석방[가출옥]으로 (미국인)의 입국을 허가하다.

pa·rol·ee [pəroulíː, -́⟨-] 圖 가출옥자. 〔허가자.

par·o·mo·my·cin [pæ̀rəmoumáisin] 圖 〔약학〕 파로모마이신(항아메바제(劑)).

par·o·no·ma·sia [pæ̀rənouméiʒə, -ʒiə/-ziə] 圖Ⓤ (수사) (동음어(同音語)·유사음어를) 익살스럽게 쓰기, 말재롱, 재담.

par·o·nym [pǽrənìm] 圖 〔문법〕 어원[어근]이 같은 말(wise, wisely, wisdom 따위). **-nýn·ic** 圖

pa·ron·y·mous [pərɑ́nəməs/-rɔ́n-] 圖 어원이 같은.

par·o·quet [pǽrəkèt] 圖 =parrakeet.

Par·os [pɛ́ərɑs/-rɔs] 圖 파로스 섬(에게 해 남부 Cyclades 제도의 섬; 양질의 흰 대리석 산출지).

pa·rot·ic [pəróutik, -rɑ́t-/-rɔ́t-] 圖 〔해부·동물〕 귀 부근의, 이하(耳下)의.

pa·rot·id [pǽrətid/-rɑ́t-] 〔해부〕 圖 이하선(耳下腺)의. (또는 **~ glànd**) 圖 귀 가까이의; 이하선의.

par·o·ti·tis [pæ̀rətáitis] 圖Ⓤ 〔병리〕 (유행성) 이하선염, 항아리손님. **-tít·ic** 圖 ¶*oviparous*.

-pa·rous [pərəs] 圓 〔연결〕 bearing, producing의 뜻.

par·ox·ysm [pǽrəksìzm] 圖Ⓤ 1 (감정·행동의) 폭발; hysterical ~ 오르가슴. 2 〔병리〕 (주기적인) 발작. **-ýs·mal** 圖 **-ýs·mal·ly** 圖 **-ýs·mic** 圖 〔작.

par·ox·y·tone [pərɑ́ksitòun/-ɔ́k-] 圖圖 〔그리스 문법〕 끝에서 두 번째 음절에 강한 악센트가 있는(말).

pár pláy 〔골프〕 파 플레이(표준 타수 치기).

par·quet [pɑːrkéi/-́⟨] 圖 1 조각 나무 마루. 2 (극장의) 일반 관람석, 1층 좌석. ─圖 (마루 따위)를 조각 나무로 깔다[세공을 하다. 〔좌석.

párquet círcle 圖 (극장의 2층 발코니 밑의) 반원형

par·quet·ry [pɑ́ːrkətri] 圖Ⓤ 조각 나무 세공, (마루를) 조각 나무 세공으로 깔기.

parr [pɑːr] 圖 (複 ~ (s)) (바다로 나가기 전의) 새끼 연어; 대구 따위의 새끼.

par·ra·keet [pǽrəkìːt] 圖 앵무새의 일종.

par·ra·mat·ta [pæ̀rəmǽtə] 圖 =paramatta.

par·ri·cide [pǽrəsàid] 圖Ⓤ 1 부모[존속] 살해범. 2 부모[존속] 살해범. **-cíd·al** 圖 〔는 사람.

‡**par·rot** [pǽrət] 圖 1 앵무새. 2 뜻도 모르고 흉내내 *like a parrot* 앵무새처럼; 영문도 모르고.
play the parrot 남의 흉내를 내다.
sick as a parrot (익살) 몹시 낙담하여. 〔하다.

─圖⑭ ⋯을 뜻도 모르고 흉내내다, 건성으로 되풀이 **~·like**, **~·y** 圖 앵무새 같은.

par·rot·cage [pǽrətkèidʒ] 圖 앵무새장.

par·rot-cry [-krài] 圖 (입버릇처럼 쓰이나) 뜻이 불

párrot fàshion 〖형〗 (구어) 1 (뜻도 모르고) 되풀이하는 것. 2 (부사적) 앵무새처럼 되뇌어; (뜻도 모른 채) 기억만으로. (또는 **párrot-fàshion**)

párrot fèver [disèase] 〖병리〗 앵무병.

par·rot·fish [pǽrətfìʃ] 〖동〗 비늘돔류 물고기.

par·rot·ry [pǽrətri] 〖명〗 U 앵무새처럼 흥내내기; 비굴한 모방.

párrot's pérch 앵무새 횃대 고문; 그 도구.

par·ry [pǽri] 〖동〗타 1 (적의 공격·찌르기 따위를) 받아넘기다, 빗나가게 하다. 2 (토론·질문 따위를) 피하다. ── 〖자〗 (공격·토론 따위를) 받아넘기다, 회피하다. ── 〖명〗 1 (펜싱 따위에서 찌르기를) 받아넘기기. 2 회피.

pars. paragraphs; parentheses. 〖럽버머리〗

parse [pɑːrs, pɑːrz/pɑːz] 〖동〗타 1 〖문법〗 (단어·어군(語群)의) 품사·어미 변화·문법적 관계 따위를 문법적으로 설명하다; (문장)을 구성 요소로 분석하다. 2 〖컴퓨터〗 (문자열(列))을 구문 해석하다, 파스하다. ── 〖자〗 분석할 수 있다, 문법에 맞다.

par·sec [pɑ́ːrsèk] 〖명〗 〖천문〗 파섹(천체의 거리를 나타내는 단위; 3.26광년; ⓟ pc).

Par·see [pɑ́ːrsiː, -́-] 〖명〗 1 파시 교도(인도에 사는 페르시아인의 조로아스터 교도). 2 U 파시어(語)(중세 페르시아어 방언). (또는 **Parsi**) ∼·ism, -si·ism

Par·si·fal [pɑ́ːrsifəl, -fɑːl] 〖명〗 = Percival.

par·si·mo·ni·ous [pɑ̀ːrsəmóuniəs] 〖형〗 1 인색한, 쩨쩨한. 2 (지나치게) 검소한. 2 (질이) 빈약한, (양이) 모자란. ∼·ly 〖부〗 ∼·ness 〖명〗

par·si·mo·ny [pɑ́ːrsəmòuni/-mə-] 〖명〗U 지나친 검약; 인색; 〖논리〗 절감의 법칙(law of ∼).

pars·ing [pɑ́ːrsiŋ/pɑ́ːrziŋ] 〖명〗 〖문법〗 어구[문장]의 해부[분석].

pars·ley [pɑ́ːrsli] 〖명〗U 〖식물〗 파슬리. ── 〖동〗 파슬리를 곁들인[로 맛을 낸].

pars·nip [pɑ́ːrsnip] 〖명〗 양방풍나물; 그 뿌리(식용). ¶ *Fine* [or *Soft*, *Kind*] *words butter no ∼s.* (속담) 말만 고왔자 아무 소용이 없다.

***par·son** [pɑ́ːrsn] 〖명〗 1 목사, 성직자. 2 교구 목사. 3 검은 (무늬가 있는) 짐승. ∼·ish, ∼·like

par·son·age [pɑ́ːrsənidʒ] 〖명〗 교구 목사관, 사제관; 교구 목사의 성직록.

par·son·ess [pɑ́ːrsənis] 〖명〗 목사의 아내.

par·son·ic [pɑːrsɑ́nik/-sɔ́n-] 〖형〗 목사의, 목사다운. (또는 **parsonical**)

Parsons [pɑ́ːrsnz] 〖명〗 Talcott ∼ 파슨즈(1902-79; 미국의 사회학자). **-so·ni·an** [-sóuniən] 〖형〗

párson's nóse (닭·칠면조 따위의) 공무니살.

Pár·sons tàble [pɑ́ːrsnz-] 〖명〗 파슨즈 테이블(다리가 네 귀퉁이 끝에 곧게 달린 탁자).

‡part [pɑːrt] 〖명〗 1 (전체 중의) 일부(분), 일부(一部); (전체에서 분리된) 한 쪽, 단편, 구성 요소. ¶ *a ∼ of Asia* 아시아의 일부 / *the upper* [*lower*] *∼ of* ⋯의 상[하]부 / *Only a ∼ of his story is true.* 그의 이야기는 일부분이 진실이다.

> USAGE **a part of**와 **part of** ── 전체에서 분리한 일부분, 특히 작은 일부인 경우에는 **a part of**, 전체에서 분리되지 않은 부분일 경우에는 **part of**를 쓰는 것이 보통: *This is a ∼ of the city that I do not know well.* 이 곳은 이 도시 중에서 내가 잘 모르는 곳이다 / *I overheard ∼ of their conversation.* 나는 그들의 대화를 일부 엿들었다. 그러나 실제로는 리듬 관계와 그밖의 이유로 구별없이 쓰이는 수가 많다.

> 〖유의어〗 **part** 전체에 대한 「부분」을 가리키는 가장 넓은 뜻의 말. **piece** 전체에서 잘라낸, 종종 그 자체만으로 독립된 것으로 간주되는 part. **portion** 어떤 사람·목적 따위에 할당된 part. **division** 절단·분할 따위에 의해서 나누어진 part. **section** 비교적 작은 division. **segment** 자연히 생긴, 또는 구조·설계상 필요한 section. **fraction** 무시해도 될 만한, 중요하지 않은 part. **fragment** 조각난, 특히 대부분을 떼어낸 뒤에 남은 조각.

2 불가결한 속성[자질]; 주요 부분, 요소. ¶ *That forms no ∼ of our problem.* 그것은 우리 문제에서 중요한 일이 아니다. 3 (인간·동물의) 기관; (the ∼s) (몸의) 국부, 생식기. ¶ *the inner ∼s* 내장 / *the private ∼s* 음부(陰部). 4 (전체의) ⋯분의 1; (배합 따위의) 비율. ¶ *a fifth ∼* 5분의 1 / *Take seven ∼s of flour and three ∼s of sugar.* 밀가루 7과 설탕 3의 비율로 하라. 5 (책 따위의) 부, 권, 분책; (연재물·방송 프로그램 따위의) 편, 부. ¶ *P-* One 제1편[권] / *a novel in four ∼s* 4부로 된 소설 / *be issued in monthly ∼s* 매월 분책으로 발간되다. 6 (∼s) 지역, 지방. ¶ *foreign ∼s* 외지 / *remote ∼s of the world* 세계의 벽지. 7 (경기·논쟁 따위의) 편, 측, 쪽. ¶ *take her ∼ in the discussion* 토론에서 그녀 편을 들다. 8 (머리의) 가르마, 〖영〗 parting. 9 (자체·기구의) 부분품, 부품; 〖컴퓨터〗 부품. ¶ *automobile ∼s* 자동차 부품 / *spare ∼s* 예비 부품. 10 〖음악〗 성부(聲部), 음부(音部)(의 곡); 합창의 일원. ¶ *an alto ∼* 알토 성부 / *sing in three ∼s* 3부 합창을 하다. 11 몫, 분담. 12 본분, 의무, 역할, 구실; 관여, 참가. ¶ *It is not my ∼ to interfere.* 내가 간섭할 일이 아니다. 13 (연극의) 등장 인물; 대사. ¶ *the ∼ of Shylock* 샤일록 역(役) / *know one's ∼* 대사를 외다. 14 (∼s) 재능, 자질, 수완. ¶ *a man of ∼s* 유능한 사람.

act the part (구어) 신분·지위를 너무 내세우다[과시하다.

act the part of ⋯의 역할[일]을 하다; ⋯역을 맡아하다.

a good [or ***large***] ***part of***; (***a***) ***great*** [***er***] ***part of*** ⋯의 대부분.

bear a part in ⋯에 참가하다.

do one's part = play one's part.

dress the part; ***be dressed for the part*** 역할[지위, 신분]에 어울리는 복장을 하다.

feel the part ⋯을 실감하다, 그 입장에 알맞은 기분이 되다.

for one's (***own***) ***part*** 자기로서는, 자기에 관한 한. ¶ *For my ∼ I know nothing about it.* 나로서는 그것에 관해서 아무것도 아는 바가 없다.

for the most part 대부분, 거의.

have neither part nor lot in; ***have no part in*** ⋯에 전혀 관계가 없다, ⋯에 관여하지 않다.

in good [***bad***, ***evil***, ***ill***] ***part*** 기분 좋게[나쁘게], 악의로.

in large [or ***good***, ***great***] ***part*** 주로, 대부분.

in part 일부분, 어느 정도.

in parts ① 나누어서; 부품으로. ② 여기저기.

look the part ⋯처럼 보이다, 아무리 보아도 ⋯이다, ⋯그대로이다.

on the part of one; ***on one's part*** ① ⋯쪽으로서는, ⋯측에서는. ¶ *We did everything* on *our ∼.* 우리 쪽으로서는 할 일을 다 했다. ② ⋯에 의한.

part and parcel ⋯의 부분, 본질적인 부분, 요점.

play [or ***act***] ***a part*** ① 역(할)을 하다[맡다]. ② 눈을 속이다, 시치미 떼다.

play one's part 자기의 역할[임무]를 다하다.

play the part of ⋯의 역을 맡아 하다.

take *a person's* ***part***; ***take part with*** *a person* 남의 편을 들다.

take part in ⋯에 참여[참가]하다, 가담하다; 협력하다. ¶ *take ∼ in the Olympics* 올림픽에 참가하다.

want no part of [***in***]; ***not want any part of*** [계획·제안 따위]에 관여하고 싶지 않다.

── 〖동〗타 (⇒ SEPARATE 〖유의어〗) 1 ⋯을 나누다, 분할하다; ⋯을 가르다, 찢다(break). ¶ (∼+图+前+명) *∼ a thing in two* 물건을 둘로 나누다. 2 (가르마)를 타

part.

다. ¶ ~ one's hair in the middle 머리 한가운데서 가르마를 타다. **3** …와 관계를 끊다, 헤어지게 하다. ¶ Nothing shall ~ us. 그 무엇도 우리를 떼어 놓지 못하리라. **4** …을 갈라[떼어] 놓다 (from). ¶ ~ a fight 싸움을 말리다 / ~ a crowd 군중을 헤치다 ¶ (~+目+前+名) The Strait of Dover ~s England from the Continent. 도버 해협은 영국과 유럽 대륙을 갈라 놓는다. **5** …을 구별하다 (from). ¶ (~+目+前+名) ~ error from crime 착오와 범죄를 구별하다. **6** 〔야금〕…을 분리시키다 (from). ¶ (~+目+前+名) ~ silver from gold 은을 금에서 분리시키다. **7** (고어) …을 분배하다, 나누다. **8** (고어) …에서 떠나다, 이별하다.
— ⓐ **1** 갈라지다, 째지다, 끊어지다, 흩어지다. ¶ The rope ~ed. 밧줄이 끊어졌다 // ~ into small fragments 잘게 부서지다. **2** 나누어지다; 헤어지다 (from). ¶ Let us ~ (as) friends. 사이좋게 헤어지자 // ~ from one's friends 친구들과 헤어지다. **3** (고어) 떠나다, 출발하다, 떨어지다 (from). **4** (고어) 죽다 (die). **5** (구어) 돈을 치르다; 빌린 물건을 돌려주다.

part company with ⇨ COMPANY. 「다.
part hence; part out of this life 저 세상으로 가
part with ① …을 단념[포기]하다, 버리다. ② …을 떠나다, …와 헤어지다. ③ …을 해고하다. ④ (구어) (돈)을 쓰다.
part with child [or ***bairn***] (스코) 유산하다.
till death do us part 죽음이 우리 두 사람을 갈라놓을 때까지 (* 결혼식에서 신랑 신부가 선서할 때의 기도 문구). 「owner 공동 소유자.
— ⓐ 부분적인, 일부의, 불완전한 (partial). ¶ ~
— ⓐ 부분적으로, 얼마간, 어느 정도로 (partly, in part).

part. participial; participle; particular; partner.

*par·take [pɑːrtéik] ⓥ (**-took; -tak·en**) ⓥ **1** (활동 등에) 참가[참여]하다; (성공·기쁨·책임 등을) 함께하다 (in, of). ¶ (~+前+名) ~ in a discussion 토론에 한몫 끼다 / ~ in each other's joys 서로 기쁨을 나누다. **2** 자기 몫을 받다; 함께 어울리다, (남과 함께) 먹다[마시다] (of). ¶ (~+前+名) He has no right to ~ of the money. 그에게는 그 돈을 받을 권리가 없다. **3** 얼마간 …의 성질이 있다, …의 기미[기색]가 있다 (of). ¶ (~+前+名) His manner ~s of insolence. 그의 태도에는 오만한 데가 있다. — ⓥ …을 함께 하다, …에 한몫 끼다; (식사를) 같이하다.

par·tak·er [pɑːrtéikər] ⓝ 분담자, 참가자, 동반자.
par·tan [pɑːrtn] ⓝ (스코) 게 (crab). 「(of, in).
part·ed [pɑːrtid] ⓐ **1** 부분으로 나뉜, 갈라진, 째진, 흩어진. **2** 〔식물〕 (잎이) 심렬 (深裂)의. **3** 〔문장〕 (방패가) 나뉘어진. **4** (고어) 죽은. **-ness** ⓝ
par·terre [pɑːrtéər] ⓝ (극장 따위의) 일반 관객석; 화단의 장식적 배치, 그러한 정원.
part-ex·change [ːikstʃèindʒ] ⓝ 대금의 일부로 중고품을 받고 새 제품을 팔기. ¶ give new products in ~ 〔英〕 새 제품을 중고품 인수 조건으로 출하하다.
— ⓥ 중고품 인수로 돈을 내고 판매하다.
par·the·no- [pɑːrθənou-, -nə] 〔연결〕 without fertilization (수정하지 않은)의 뜻 (* 모음 앞에서는 parthen-). ¶ parthenogenesis.
par·the·no·gen·e·sis [pɑ̀ːrθənoudʒénəsis] ⓝ 〔생물〕 단위 생식 (單爲生殖), 처녀 생식. ¶ artificial ~ 인공 단위 생식.
par·the·no·ge·net·ic [pɑ̀ːrθənoudʒənétik] ⓐ 단위 생식의, 단위 생식에 의한. **-i·cal·ly** ⓐⓥ
par·the·no·gen·one [pɑ̀ːrθənoudʒénoun] ⓝ 처녀 생식이 가능한 생물.
Par·the·non [pɑ́ːrθənɑ̀n/-nən] ⓝ (the ~) 파르테논 (기원전 438년경에 아테네의 Acropolis 언덕에 세워진 Doris식 건축물로 Athena신의 신전).
Par·thi·a [pɑ́ːrθiə] ⓝ 파르티아 (카스피 해 동남부에 있던 고대 국가; 현재의 이란 동북부에 위치).

Par·thi·an [pɑ́ːrθiən] ⓐ **1** 파르티아 사람. **2** ⓤ 고대·중세 파르티아어. — ⓐ **1** 파르티아 (사람)의. **2** (파르티아 기병의 전법에서) 달아나면서 뒤로 향해 쏘는, 최후의. ¶ a ~ glance 마지막 [작별 때의] 눈길.
Pár·thi·an shót [ʃɑ́ft] ⓝ (a ~) 마지막 쏘는 화살 (한 대): 떠나면서 내뱉는 독설 [협박]. (<파르티아의 기병이 도망치거나 도망치는 듯하면서 화살을 쏜 데서).
par·ti [pɑːrti/pɑːti] ⓝ (이상적인) 결혼 상대; 당파; 선택, 결단. (<F party)
‡**par·tial** [pɑ́ːrʃəl] ⓐ (*more ~; most ~*) **1** 일부분의, 부분적인, 불완전한: a ~ success 부분적 성공 / ~ payment 일부 지불 / ~ knowledge 어설픈 지식. **2** 〔식물〕 부(副)의, 부속의. **3** 구성 요소의, 성분의. **4** 불공평한, 치우친, 편파적인. ¶ a ~ opinion 편견. **5** 좋아하는, 편애하는 (to). ¶ I am very ~ to fruits. 나는 과일이라면 사족을 못 쓴다. **6** 〔수학〕 편(偏)….
— ⓝ ~ tone, ~ **ness** ⓝ
pártial dénture ⓝ 부분 틀니[의치].
pártial derívative ⓝ 〔수학〕 편도함수 (偏導函數).
pártial differéntial ⓝ 〔수학〕 편미분 (偏微分).
pártial differéntial equátion ⓝ 〔수학〕 편미분 방정식 (~ 함수를 구하기).
pártial differentiátion ⓝ 〔수학〕 편미분법 (편도 함수를 구하기).
pártial eclípse ⓝ 〔천문〕 부분식 (部分蝕).
pártial fráction ⓝ 〔수학〕 부분 분수.
par·ti·al·i·ty [pɑ̀ːrʃiǽləti, pɑːrʃǽl-] ⓝ **1** ⓤ 부분적임, 국부성. **2** ⓤ 불공평, 편파 [성]; 편견; 편들기, 역성 (*for, to*). ¶ the ~ of parents for their own children 부모의 자녀에 대한 역성. **3** (a ~) 강한 기호, 편애 (*for, to*). ¶ a ~ for poetry 시 (詩) 편애.
*par·tial·ly [pɑ́ːrʃəli] ⓐⓥ 부분적으로; 불완전하게; 불공평하게, 편파적으로.
pártially síghted ⓐ 약시 (弱視)의.
pártial préssure ⓝ 〔물·화〕 분압.
pártial próduct ⓝ 〔수학〕 부분적 (積).
Pártial Tést Bàn Tréaty ⓝ (the ~) 부분적 핵실험 금지 조약 (1963년 발효; ⓐ PTBT). ⓐ CTBT
pártial tóne ⓝ 〔음악·음향〕 부분음.
pártial vérdict ⓝ 〔법률〕 일부 무죄 평결 (評決).
par·ti·ble [pɑ́ːrtəbl] ⓐ 분할할 수 있는.
par·tic·i·pance [pɑːrtísəpəns] ⓝ = participation. (또는 participancy)
*par·tic·i·pant [pɑːrtísəpənt] ⓝ 참가자; 관계자.
— ⓐ 참여 [관계]하는, 한몫 끼는. 〔인류〕 관찰법.
particípant observátion ⓝ 〔인류〕 참여적 (현)
‡**par·tic·i·pate** [pɑːrtísəpèit] ⓥ (**-pat·ed; -pat·ing**) ⓥ **1** 가담하다, 참여하다, 함께 하다 (partake); (범죄 따위에) 관계하다 (*in*). ¶ (~+前+名) ~ in a debate 토론에 참가하다 / ~ in profits 이익에 한몫 끼다. **2** 얼마간 …의 성질이 있다 (*of*). — ⓥ …에 참여하다, 한몫 끼다, 함께 하다 (partake).
particípating insúrance ⓝ 〔보험〕 이익 배당부 보험. 「선주 (株).
particípating prefèrred ⓝ 〔증권〕 이익 배당부
*par·tic·i·pa·tion [pɑːrtìsəpéiʃən] ⓝ ⓤⓒ **1** 참가, 가입 (*in*). ¶ ~ in an enterprise 기업 참가. **2** (이익 따위의) 분배 받기 (*in*). ¶ ~ in a pension plan 연금 수령. — ⓐ 관계하는, 협조하는. 「〔건축〕 참여식
par·tic·i·pa·tion·al [pɑːrtìsəpéiʃənəl] ⓐ 관객이
particípation lòan ⓝ 〔경제〕 협조 융자.
particípation spórt ⓝ 참가하여 [하면서 즐기는] 스포츠.
par·tic·i·pa·tor [pɑːrtísəpèitər] ⓝ = participant.
-pa·to·ry [-pətɔ̀ːri] ⓐ 참여하는, 참가하는.
particípatory demócracy ⓝ 참여 민주주의.
particípatory théater ⓝ 관객 참가 연극.
‡**par·tic·i·pi·al** [pɑ̀ːrtəsípiəl] ⓐ 〔문법〕 분사의 [에 관한]; 분사에서 나온, 분사를 닮은. ¶ a ~ phrase 분사

participial adjective

구/a ~ preposition 분사 전치사(during, regarding 따위). ⇒=participle. **-cip·i·al·i·ty** 명 **~·ly** 부

par·ti·cíp·ial ádjective 명 [문법] 분사 형용사.
participial constrúction 명 [문법] 분사 구문.
‡**par·ti·ci·ple** [pɑ́ːrtəsipl, -sə-/-si-] 명 (~s [-z]) [문법] 분사(分詞). ¶ a present [past, perfect] ~ 현재[과거, 완료] 분사/an absolute ~ 독립 분사.
par·ti·ci·pled [pɑ́ːrtəsipld] 형 (속어) 터무니없는, 어처구니없는, 엄청난. * damned, confounded 따위 분사의 완곡한 대용어로 쓴다.
‡**par·ti·cle** [pɑ́ːrtikl] 명 (~s [-z]) 1 미량(微量), 극소량, 작은 조각.¶I got a ~ of dust in my eye. 눈에 작은 먼지가 들어갔다/ He has not a ~ of patriotism. 그에게는 애국심이란 눈곱만큼도 없다. 2 [물리] **a)** 입자(粒子). ¶an elementary ~ 소립자. **b)** 질점(質點). 3 (서류 따위의) 조(條), 항(項). 4 [가톨릭] (미사용) 제병(祭餅)(Host)의 작은 조각. 5 [문법] 불변화사(不變化詞), 접사(接辭).
párticle accélerator 명 [물리] 입자 가속기.
párticle bèam 명 [물리] 입자(粒子) 빔, 입자선(線).
párticle-beam wéapon 명 [군사] 입자 빔 무기 (입자빔을 발사하는 광선 무기의 하나).
párticle bòard 명 파티클 보드(톱밥·나뭇조각 따위를 압축해서 만든 합판(合板)). [물리학.
párticle phýsics 명 (단수취급) 소립자(素粒子)
párticle velócity 명 [물리] 입자 속도.
par·ti-col·ored [pɑ́ːrtikʌ̀lərd] 형 여러 가지 빛깔의, 얼룩덜룩한; 다양한 색으로 염색한; 변화가 많은. 다채로운. 또는 **párti-còlor, párty-còlored**.
‡**par·tic·u·lar** [pərtíkjələr] 형 (**more ~; most ~**) 1 하나하나의, 개개의; …만의, 독특한, 특유한 (to). ¶ ~ stars of a constellation 성좌 내의 개개의 별들 /a ~ characteristic of the animal 그 동물의 특성 /a ~ do everything in one's ~ way 모든 일을 독자적인 방식으로 하다/ Such words are ~ to him. 그 같은 발언은 과연 그답다. 2 (수많은 것 중에서) 이, 다름 아닌, …에 한한. ¶He was absent on that ~ day. 그는 바로 그날 결석했다. 3 각별한, 특별한, 보통 이상의; 두드러진; 유다른. ⇒SPECIAL 유의어 ¶a ~ friend 각별한 친구/ take ~ pains 유달리 애를 쓰다/ I have nothing ~ to do. 이렇다 할 일이 없다. 4 상세한, 자세한 (detailed). ¶give a full and ~ account of …에 관하여 낱낱이 보고하다. 5 취미가 까다로운, 유별난, 까다롭게 가리는 (about, over).

유의어 **particular** 자질구레한 일까지 자기 생각대로 되지 않으면 직성이 풀리지 않는. **dainty** 취미가 세련되어 있어 쉽게 만족하지 않는. **fastidious** 높은 수준을 마음에 두고 있기 때문에 만족시키기 어려운.

6 (美) particular 특칭(特稱)의, 특수한. ¶a ~ proposition 특칭 명제. 7 [법률] (부동산 소유권의) 부분적인, 부분 부동산권(소유자)의.

be particular about [or **as to, over**] …에 까다롭게 굴다. ¶be ~ about [or over] one's dress 옷에 대해서 유별나게 굴다[까다롭다].
for no particular reason 이렇다 할 까닭도 없이.
—명 (~s [-z]) 1 개개의 일, 사항, 조목. ¶an essential ~ 주요 사항. 2 (보통 ~s) 상세, 명세(of, on, about). ¶The ~s of a case 사건의 상세한 내용/Full ~s will be announced later. 상세한 것은 추후에 알려드리겠습니다. 3 [논리] 특수, 특칭, 특칭 명제. 4 특색, 명물. ¶The London ~ 런던의 명물(안개).
give (the) particulars 상세히 설명하다, 상술하다.
go [or **enter**] **into particulars** 상세한 데에 이르다, 상세한 점에 관해 이야기하다.
in every particular 모든 점에서도. ¶be correct in every ~ 모든 점에서 옳다.
in particular 특히; 상세하게; 그 중에서도. ¶Have

you anything to say? — Nothing *in* ~. 할 말이 있니? — 아니, 별로.
partícular áverage 명 [보험] 단독 해손(海損)(~ loss)(약 P. A.). 형 general average
par·tic·u·lar·ism [pərtíkjələrizm] 명 ① 1 자기 [자당(自黨), 자국]의 이익에만 전념하기, 당파심, 배타주의. 2 (美) (각 주의) 주권(州權) 독립주의. 3 [신학] 특선설(特選說)(하느님의 은혜는 선택된 소수인에게만 주어진다는 설). **-ist** 명
par·tic·u·lar·i·ty [pərtíkjəlǽrəti] 명 ① 1 특색, 특징; 특이성; 특징성, 개별성, 독자성. 2 상세, 자세함, 기술(記述)의 상세함. 3 세부에 걸친 주의, 세심함. 4 까다로움. 5 (-ties) 특수[상세]한 사항. 6 사사로운 일; 비밀 이야기.
par·tic·u·lar·ize [pərtíkjələràiz] 타 1 …을 특수화하다. 2 …을 일반적으로 말하다; 열거하다. 3 …을 상술하다. — 자 상세히 말하다; 세심하게 배려하다.
-i·zá·tion 명 ① 특수화, 개별화; 열거, 상술(詳述).
Partícular Júdgment 명 (the ~) [기독교] 개별 심판(사람이 죽은뒤 즉시 받는 심판).
‡**par·tic·u·lar·ly** [pərtíkjələrli] 부 (**more ~; most ~**) 1 특히, 그 중에서도; 두드러지게, 심히. 2 개별적으로. 3 상세히.
par·tic·u·late [pərtíkjələt, -lèit, pɑːr-] 형 개개의 미립자[입자]로(로) 이루어지는, …에 관한. — 명 미립자(微粒子); 미립자로 이루어진 물질(보통 ~s) 미립자군(群).
particulate inhéritance 명 [유전] 입자 유전.
par·tie car·rée [F pɑrti kɑRe] 명 (남녀 둘씩으로 이루어진) 4인 1조. [< F party of square]
*‡**part·ing** [pɑ́ːrtiŋ] 명 ① ⓒ 1 분할, 구분, 분리. 2 분할선, 분기점. ¶the ~ of two roads 두 도로의 분기점. 3 [이별], 헤어짐; 출발, 작별을 고함; 사별. ¶on ~ 이별에 즈음하여. — 형 1 이별의, 이별에 즈음한. ¶a ~ cup 작별의 술잔/ a ~ gift 이별의 선물. 2 출발하는, 떠나가는; (날이) 지나가는, 저물어 가는. ¶a ~ ship 떠나가는 배/ the ~ day 황혼, 해질녘. 3 분할하는.
párting shót =Parthian shot. [course]
párting prís [pɑːrtí: prí:] 형 선입편, 편견. [< F taken
Par·ti Qué·be·cois [F pɑrti: kebɛkwɑ] 명 퀘벡 독립당(캐나다 퀘벡주(州)의 분리 독립을 주장하는 프랑스계 정당; 1968년 결성).
*‡**par·ti·san**[1] [pɑ́ːrtizan, -sən/pɑ̀ːtizǽn] 명 1 (주의·정당 따위의) 열렬한 지지자, 열성 당원; 당파심이 강한 사람; 동지, 한패거리. ⇒FOLLOWER 유의어 2 [군사] 유격병, 게릴라, 빨치산. — 형 1 당파적인, 당파심이 강한. ¶~ politics [strife] 파벌 정치[싸움]. 2 유격대의, 게릴라의. (또는 **partizan**)
~·ism 명 도당적 행동. **~·ship** 명 당파심, 편들기.
par·ti·san[2] 명 쌍극(雙戟)의 장창. (또는 **partizan**)
par·ti·ta [pɑːrtíːtɑ] 명 (**~s, -te** [-tei]) [음악] 파르티타(17~18세기에 쓰인 조곡 또는 변주곡). [< It]
par·tite [pɑ́ːrtait] 형 1 (복합어로) …부로 이루어지는. ¶a tri-~ agreement 3부로 된 협약. 2 =parted 2.
*‡**par·ti·tion** [pɑːrtíʃən, pər-] 명 1 ① 분할, 구분 (division), 분배, 배분; 격리, 분리(separation); (국가의) 분할. ¶Korea before ~ 분할 전의 한국. 2 분할[분리]하는 것; 구획선; (분할된) 부분. 3 (건물 따위의) 칸막이; 경계벽. 4 (동·식물의) 격막, 격벽(隔壁). 5 [법률] 분할; (財) 분할; (財) 분급; (財政) 분할 매각(賣却). 6 ⓒⓤ [논리] 분할법; [수학] (양의 정수의) 분할; [수사] (연설의) 제2단. 7 [컴퓨터] 분할(멀티프로그램을 동시에 병행 처리하기 위해 주기억 장치를 분할하여 각 프로그램에 할당하는 장소).
— 타 1 …을 분할하다, 분배하다(out). ¶ ~ an estate *among* five brothers 땅을 5형제 간에 나누다. 2 …을 구분하다, 칸막이하다(off)(into/ with). ¶ ~ a house *into* rooms *with* walls 벽을 쌓아 집을 몇 개의 방으로 나누다. 3 [법률] [재산, 특히 토지]를

par·ti·tion·ist [pɑːtíʃənist, pər-] 명 분리 독립 주의자.
partition wáll 명 칸막이 벽, 격벽. 「주의자.
par·ti·tive [páːrtitiv] 형 1 분할하는, 구분하는. 〖문법〗 부분을 나타내는. ¶a ~ adjective 부분 형용사 (few, any, some 따위) / a ~ numeral 부분 수사(數詞). ― 명 〖문법〗 부분사(部分詞)(any, few, some 따위). ~·ly 부
pártitive génitive 명 〖문법〗 부분 속격(屬格)(물건의 일부를 나타내는 속격; 현재는 'of -phrase로 대용한다). 「배자(대개 깃이 있음).
part·let[1] [páːrtlit] 명 (16세기에 유행했던 여성용)
part·let[2] 명 (고어) 1 암탉. 2 (종종 Dame P-) (비유적) 안방 마님; (익살) 노파, 여자.
‡**part·ly** [páːrtli] 부 일부분은, 부분적으로; 어느 정도, 얼마간. ¶The report is ~ true. 그 보고[보도]는 부분적으로 사실이다.
  partly all (美속어) 거의 모두.
  partly because [or for] 부분적으로는 …때문에.
  párt músic 명 화성적(和聲的) 악곡, 다성(多聲) 합창음악.
‡**part·ner** [páːrtnər] 명 (~s [-z]) 1 (일·행동을) 함께 하는 사람; 동료, 짝패(in). ¶a ~ in crime 공범자. 2 (기업 따위의) 공동 출자자, 공동 경영자; (공동 출자한) 사원, 조합원. ¶a general ~ 일반[무한 책임] 사원 / a special ~ 특별[유한 책임] 사원 / a silent [or secret, sleeping, dormant] ~ 익명 사원. 3 배우자; (댄스의) 상대; (게임의) 자기편 (사람). 4 (~s) (해사) (갑판의 돛대 구멍을 보강하는) 나무틀. ― 타 1 …와 짝패가 되다, 짝지우다; …와 제휴하다; …와 짝을 짓다(조를 짜다). 2 …와 짝째 하다(사람, 사람, with). 3 (…와) 짝[파트너]이 되다(off, up) (with). ~·less 형
  pártner dáncing 명 =ballroom dance.
  pártners désk 명 대면 공용 책상(두 사람이 마주보고 앉는, 양쪽에 서랍이 달린 책상).
*****part·ner·ship** [páːrtnərʃip] 명 1 U 공동, 협력, 참가; 제휴. 2 a U C 공동 경영, 조합 계약. b) 조합; 합명 회사, 상회. ¶a limited ~ 합자 회사. c) (the ~) (집합적) 조합원, 사원.
  enter [or *go*] *into partnership with* ① …의 조합에 가입하다. ② …와 공동 경영을 시작하다, 제휴[협력]하다. 「와 합자[공동 경영]로.
  in partnership with ① …와 협력[제휴]하여. ② …
  Pártnership for Péace 명 평화를 위한 동반자 협정(옛 동구 공산권 국가를 NATO의 준회원국으로 가입시킨 협정; 1994년 발효; ⓟ PFP).
par·toc·ra·cy [pɑːrtάkrəsi] 명 U 일당 독재 정치.
párt of spéech 명 〖문법〗 품사(品詞).
par·ton [páːrtɑn/-tɔn] 명 파턴(핵자(核子)의 구성 요소로서의 가설적인 입자(粒子)).
par·took [pɑːrtúk] 동 partake의 과거.
párt ówner 명 (특히 선박의) 공동 소유자.
part-pay·ment [-péimənt] 명 U 〖상업〗 일부 지급, 선불금.
*****par·tridge** [páːrtridʒ] 명 (~(s)) 자고(鷓鴣)·메추라기·들꿩 따위의 엽조(獵鳥).
par·tridge·ber·ry [páːrtridʒbèri/-bəri] 명 호자덩굴(미산(美産)); 그 열매.
párt sínging 명 〖음악〗 (특히 무반주) 중창(법).
párt sóng 명 (보통 무반주) 합창[중창]곡.
párt tíme 명 파트 타임, 단시간 근무제, 비상근(非常勤); 규정[정규] 시간의 일부. 형 full time
*****part-time** [-táim] 형 파트 타임의, 규정 시간의 일부에 종사하는, 비(非)상근의, 시간제의 (full-time). ¶a ~ instructor 시간 강사. ― 부 시간제로, 비(非)상근으로. ¶work ~ 파트 타임으로 일하다, 아르바이트하다.
párt-time jób [**wórk**] 명 시간제 일; 부업, 아르바이트.
part-tim·er [-táimər/⌒⌒] 명 파트 타이머, 비(非)상근자, 시간제 근무자[사원].
par·tu·ri·ent [pɑːrtjúəriənt/-tjúər-] 형 1 아기를 낳는, 출산[분만]의; 출산[분만]을 눈 앞에 둔. ¶a ~ canal 산도(産道). 2 분만[출산]에 관한. 3 (사상·문학 작품 따위를) 배태(胚胎)하고 있는, 발표하려고 하는. ― 명 임산부. **-en·cy** 명
par·tu·ri·fa·cient [pɑːrtjùərəféiʃənt/-tjùər-] 형 출산을 촉진하는. ― 명 분만 촉진제(劑).
par·tu·ri·tion [pɑːrtjuəríʃən, -tjuər-/-tjuər-] 명 U 분만, 출산. 「느 정도.
párt·way [páːrtwéi, ⌒⌒] 부 도중까지, 도중에서; 어
párt·work [páːrtwəːrk] 명 (전집물의) 분책(分冊), 시리즈로 된 책 중의 책.
‡**par·ty** [páːrti] 명 (복 -ties [-z]) 1 (사교적) 모임, 회, 파티. ⇒MEETING ¶a cocktail ~ 칵테일 파티 / a dancing ~ 무도회 / give [or have, hold] a ~ 파티를 열다. 2 (집합적; 단·복수 양용) (공동의 목적을 가진) 일단, 일행, 단체; 한패, 동아리 (같은); (동물의) 무리. ¶a fishing ~ 낚시 동료 / an inspection ~ 시찰단 / a search ~ 수색대 / a rescue ~ 구조대. 3 (특별 임무로 파견된) 분대, 파견대. ¶an ambulance ~ 부상병 수송대 / a scouting ~ of five soldiers 5인조 척후대. 4 (종종 P-) (단·복수 양용) 정당; 당파, 파벌; U 당파심. ¶a political ~ 정당 / a conservative [progressive] ~ 보수[혁신] 정당 / join [leave] a ~ 입당[탈당]하다. 5 〖법률〗 (소송의) 당사자(원고 또는 피고); (계약·거래의) 당사자. ¶be a ~ to a suit [or in action] 소송 당사자이다 / a third ~ 제삼자. 6 관계자, 가담자, 한패, 공범 (to). ¶be a ~ to a conspiracy 음모에 가담하다. 7 (구어) (익살) 문제[화제]의 그 사람, 사람, 놈. ¶He is a queer ~. 그는 이상한 사나이다. 8 (전화의) 통화 상대. 9 파티 비슷한 행위, 야단법석; (일시적인) 즐거움, 행복한 순간.
  collapse of stout party 훌륭한 인물의 좌절(* 영국에서 19세기에 유행한 만화의 끝맺음 말에서).
  keep the party clean 책임 있는 행동을 하다; 용인된 행동 양식을 따르다.
  make one's party good 자기 주장[입장]을 관철하다.
  The party's over. 이제 즐거움도 끝났다.
  throw a party (구어) 파티를 열다.
  ― 형 1 정당의, 당파의; 당파심이 강한. 2 파티(용)의. 3 공동의, 공유[공용]의. ¶a ~ fence 공용 펜스. 4 …에 관여[관계]하는 (to). ¶be ~ to a conspiracy 음모에 가담하다. 5 〖문장〗 (바탕이) 분할되어 있는.
  ― 동 타 …을 파티로 대접하다. ― 자 1 (美구어) 파티에 가다[참석하다], 파티를 열다. 2 (美구어) 흥청망청 즐기다; 즐겁게 지내다; 술을 마시다, 마약을 하다. ¶Let's ~! 즐기자구 / P- on! (속어) 파티를 계속해!
  party down (美속어) (친구들과) 실컷 즐기다. 「즐겁.
  party out (美구어) 파티에서 지치도록 놀다.
párty ánimal 명 (美속어) 파티광(狂), 파티족(族).
párty bóat 명 낚싯배.
párty bóy 명 (美속어) 파티에만 다니는 젊은이, 놀기만 좋아하는 학생; 경박한 사람.
párty cáll 명 파티 후의 답례 방문.
par·ty-col·ored [-kʌ̀lərd] 형 =parti-colored.
párty decompósition 명 〖정치〗 정당의 부패·노화, 탈(脫)정당화.
par·ty·er [páːrtiər] 명 파티에 잘 가는 사람; 파티를 잘 여는 사람. (또는 **partier**)
párty fáithful 명 (the ~) (복수취급) 골수 당원.
párty gáme 명 파티에서 하는 놀이[게임].
párty gírl 명 파티의 접대역으로 고용된 여자; (속어) 파티에 다니는 일 외에는 관심이 없는 여자.
par·ty·go·er [páːrtigòuər] 명 파티에 잘 출입하는 사람.
párty góvernment 명 정당 정치. 「사람.
párty hát 명 (美속어) (순찰차·구급차 따위의 지붕

par·ty·ism [pάːrtiizm] 〖Ⓤ 당파심; 〖복합어로〗정당제〖정치〗. ¶ **two-~** 양당제〖정치〗. **-ist**

párty líne 1 (정당의) 강령, 당시(黨是); (~s) 정당의 기본 방침, 정책, 정치 노선. 2 〖┴┘〗 (전화의) 공동 가입선. 3 〖┴┴〗 (부지·대지 따위의) 경계선.

párty líner 〖 당의 방침에 충실한 당원.

párty líst 〖 (비례 대표제 선거의) 정당 명부.

párty màn 〖 당원, 당인, 당의 방침에 충실한 당원.

párty pìece 〖 〖구어〗 (파티에서의) 「18번」, 항상 써먹는 유일한 장기.

párty plàn sélling 〖 파티 상법(파티를 열어 판매하는 방식).

párty plátform 〖 정당 강령.

párty pólitics 〖 〖단수취급〗 당파 정치, 당략(黨略).

párty pòop(er) 〖 〖美속어〗 모임의 흥을 깨는 사람.

párty spírit 〖 1 당파심〖근성〗. 2 파티열.

par·ty-spir·it·ed [-spíritid] 〖 당파심이 강한.

párty vòte 〖 정당의 정책에 의한 투표.

párty wàll 〖 〖법률〗 (인접한 땅·가옥 따위의 사이의) 공유 벽, 경계벽.

párty whìp 〖 (의회의) 원내 총무.

párty wìre 〖 〖전화〗 공동 가입선.

párty wrècker 〖 정당의 결속을 깨는 사람.

pa·rure [pərúər] 〖 (몸에 지니는 한 벌의) 보석〖장신구〗 한 벌.

pár válue 〖 (증권 따위의) 액면 가격. 〖신구〗.

par·ve·nu [pάːrvənjùː, -nùː] 〖 〖 벼락부자(의), 벼락 출세한 사람(의). <F〗 〖 랑(柱廊).

par·vis [pάːrvis] 〖 교회의 앞뜰; 교회 정면의 주랑(柱廊).

par·y·lene [pǽrəliːn] 〖Ⓤ 〖화학〗 파릴렌(파라크실 렌에서 얻는 플라스틱의 일종).

pas [paː] 〖 (복 ~ [-z]) 〖 (댄스·발레의) 스텝; 무용, 무도, 걸음; (the ~) 선행권, 우선권, 상석(上席).
take 〖or **have**〗 **the pas of** … 의 앞에 서다, 상석에 앉다. <F step〗

***PAS, P.A.S.** Pan-American Society; 〖화학〗 paraminosalicylic acid(파스; 결핵 치료약).

pas·cal [pæskǽl, paːskάːl] 〖 〖물리〗 파스칼(압력의 국제 단위; =1 newton/m², =10μ bar; 〖 **Pa**, **pascal**).

Pas·cal [pæskǽl, paːskάːl] 〖 **Blaise ~** 파스칼 (1623-62; 프랑스의 철학자·수학자·물리학자).

PASCAL [pæskǽl, paːskάːl] 〖 〖컴퓨터〗 파스칼(고수준 프로그래밍 언어의 하나; ALGOL 형식을 본딴 것).
〖<Philips Automatic Sequence Calculator〗

Pascal's tríangle 〖 〖수학〗 파스칼의 3각형.

Pasch [pæsk] 〖 (교어) =Passover; Easter.

pas·chal [pǽskəl] 〖 유월절(Passover)의; 부활절(Easter)의. — 〖 부활절 양의 새끼(= **~ candle**).

páschal lámb 〖 1 (the ~) (유대인의) 유월절(Passover)에 잡는 양(→출애굽기(Ex.) 12 : 3-11). 2 (the P-L-) 그리스도; 그리스도의 상징(含 Agnus Dei).

pas de deux [F pa d dØ] 〖 (복 ~) 대무(對舞), 짝지어 추는 춤. 〖<F step of two〗

pas de qua·tre [F pa d katr] 〖 〖발레〗 4인 무도, 4인조 춤. 〖<F step of four〗

pas de trois [F pa d trwa] 〖 (복 ~) 3인 무도, 3인조 춤. 〖<F step of three〗

pa·se·o [paːséiou] 〖 (복 ~s) 산책, 산보; 산책길.

pash¹ [pæʃ] 〖 〖속어〗 열중, 열광; (10대 소녀의) 반함기(crunch); 그 대상. — 〖 정열적인(passionate).

pash² [英방언] 〖 … 을 (세차게) 집어넣다; 팽개치다; … 을 분쇄하다, 박살을 내다. — 〖 세차게 부딪치다, 돌진하다. — 〖 세차게 부딪치기; 호우, 폭설.

pash³ 〖 〖英방언〗 머리(head).

pa·sha [pάʃə, pǽʃə, pəʃάː] 〖 파샤(원래 터키 고관의 존칭; 이름 뒤에 붙여 쓴다). ¶ **the ~ of three tails** 〖two tails, one tail〗 제1〖2, 3〗급 파샤. (또는 **pacha**) **~·dom** 〖

pa·sha·lik [pəʃάːlik, -ʃǽ-/pǽʃə-] 〖 pasha의 관할구〖관할권(權)〗. (또는 **pashalic**)

Pa·siph·a·ë [pəsífəiː] 〖 〖그리스 신화〗 파시파에 (Minos의 아내로 Ariadne의 어머니).

pa·so do·ble [pάːsou dóubleɪ] 〖 파소도블레(투우장 따위에서 연주되는 활발한 행진곡; 그 곡에 맞춘 투스텝의 사교 춤). 〖<Sp double pace〗

pasque·flow·er [pǽskflàuər] 〖 〖식물〗 서양할미꽃(아네모네속(屬)).

pas·quin·ade [pæskwənéid] 〖 (눈에 띄는 곳에 게시된) 풍자문, 비꼬는 글; 정치 풍자. — 〖 … 을 풍자문으로 비난〖공격〗하다, 비꼬다. 〖<It〗

‡pass¹ [pæs, paːs/paːs] 〖 (~·**es** [-iz]; ~**ed** [-t]) 〖 1 통과하다. 지나가다; 나아가다 (on) (along, through). ¶ (~+前+名) ~ **along** a street 거리를 지나가다 / ~ **through** a village 마을을 가로지르다〖빠져 나가다〗 / ~ **over** a river 강을 건너다 / ~ **into** oblivion 잊혀지다 / ~ **beyond** something 어떤 것을 지나치다, 초과하다 / ~ **over** strings 현(弦)을 울리다 / The bullet ~**ed through** his shoulder. 탄환이 그의 어깨를 관통했다 // (~+副) Please ~ **on**, 지나가십시오/Let us ~ **on** to other items. 다른 항목으로 넘어갑시다.

2 떠나다, 없어지다, 사라지다, 끝나다, 죽다(off) (away, out, over). ¶ (~+前+名) ~ **out of** the world 세상에서 사라지다 / ~ **from** 〖or **out of**〗 use 쓰이지 않게 되다 / ~ **from** life 죽다 / (~+副) The storm ~**ed off** without causing much damage. 폭풍우는 큰 피해 없이 지나갔다.

3 (시간이) 흐르다, 지나다(away, by, off, on, over). ¶ Ages of time ~**ed**. 오랜 세월이 흘러 갔다 / Five years have ~**ed** since I saw him last. 그를 만난 지 5년이 지났다 / The time for decision has already ~**ed**. 결단의 시기는 이미 지나갔다.

4 (일이) 일어나다. ¶ What has ~**ed** in our absence? 우리가 없는 사이에 무슨 일이 일어났습니까?

5 (소문 따위가) 퍼지다, 유포되다; (화폐 따위가) 유통되다, 통용되다; (…으로) 받아들여지다, 인정되다, (…으로) 통하다 (as, for); 〖구어〗 (유색 인종이) 백인으로 행세하다. ⇒**pass for** ①.

6 관대히 다루어지다, 불문에 부쳐지다. ¶ He was unkind, but let it ~. 그는 불친절했지만 너그럽게 보아 주자. **7** (…의 손에) 넘어가다, 옮겨되다 (into, to). ¶ (~+前+名) The letter ~**ed from** hand **to** hand. 편지가 이 손에서 저 손으로 건너갔다 / His estate ~**ed to** his son. 그의 재산은 아들에게 물려졌다. **8** (말 따위가) 교환되다, 오가다. ¶ Few words ~**ed**. 말이라고는 거의 오가지 않았다 // (~+前+名) Many letters ~**ed between** them. 그들 사이에는 편지가 여러 차례 오갔다. **9** 변화하다, 바뀌어〖옮〗가다, (…으로) 되다 (into, to). ¶ (~+前+名) ~ **into** an adolescence 사춘기로 접어들다 / as summer ~**ed into** autumn 여름에서 가을로 넘어감에 따라 / His disease ~**ed into** a chronic state. 그의 병은 만성이 되었다. **10** (시험 따위에) 합격하다, 급제하다 (in); (…을) 무사 통과하다 (through). ¶ He ~**ed** first in the examination. 그는 시험에 1등으로 합격했다. **11** (법안·제안 따위가) 승인되다, 통과되다. ¶ The bill ~**ed**. 법안이 통과되었다. **12** 〖법률〗 판결을 내리다; (배심원이) 입회하다, (…에 대해) 평결하다; (일반적으로) 의견을 말하다 (on, upon). ¶ (~+前+名) The jury ~**ed upon** the case. 배심원이 그 사건에 평결을 내렸다 / The judgment ~**ed for**〖against〗 us. 우리에게 유리〖불리〗한 판결이 내려졌다. **13** 배설되다, 변이 나오다. **14** 〖스포츠〗 (공 따위를) 패스하다(off); 〖야구〗 4사구로 출루하다. **15** 〖카드놀이〗 패스하다; 자기 차례를 거르다. **16** 〖美구어〗 거절하다; 사퇴하다.

— 〖 1 …을 지나가다, 지나치다, 통과하다; 가로지르다, 건너다(cross). ¶ ~ **a** station 역을 통과하다 / ~ one's friend on the street 거리에서 친구를 지나쳐 가

다 / ~ a stream 개울을 건너다.
2 …을 들어오게 하다, 들이다, 통과시키다, 찌르다. ¶ (~+目+前+名) ~ a person *into* a theater 남을 극장 안으로 들어오게 하다 / ~ a belt *about* the waist 혁대를 허리에 두르다 / ~ a rope *through* a hole 구멍에 밧줄을 꿰다.
3 …을 (…에게) 건네주다, 돌리다, 전하다; [이야기·명령·안부 따위를] 알리다(*on, down*)(*to*). ¶ (~+目+目) Please ~ me the butter. (식탁에서) 버터를 좀 건네주십시오 // (~+目+前+名) Read this and ~ it *to* him. 이것을 읽고 나서 그에게 전하라 / They ~ed the news *to* their friends. 그들은 그 소식을 친구들에게 알렸다.
4 [시험 따위]에 합격하게 하다; [남]을 합격시키다. ¶ an examination 시험에 붙다 / ~ the customs 세관을 통과하다 / ~ the whole class 반 전원을 합격시키다.
5 …을 승인하다, [의안·법안 따위]를 가결하다, 비준하다; [의회 따위]를 통과하다. ¶ ~ a bill 법안을 가결하다 / ~ the National Assembly 국회를 통과하다.
6 …을 초과하다; 능가하다. ¶ ~ one's comprehension 이해가 안 되다 / ~ all expectation 예상[기대] 이상이다 / He has ~ed the age of seventy. 그는 70 고개를 넘었다. 7 …을 무시하다, …을 관대히 봐주다, 눈감아주다(*by, off, over*); (美) [배당 따위]를 지불하지 않다. ¶ ~ a dividend 무배당으로 하다 / Let's ~ the introduction and go to the main issue. 서론은 생략하고 본론에 들어가자. 8 [시간]을 보내다, 지내다; …을 경험하다. ¶ ~ a day pleasantly 즐겁게 하루를 보내다 / ~ one's time in idleness 하는 일 없이 시간을 보내다 / the perils he had ~ed 그가 겪었던 위험한 고비들. 9 [가짜 따위]를 떠넘기다, 통용[유통]시키다; [소문 따위]를 퍼뜨리다, 유포시키다, [재귀용법으로] (가짜) …로 행세하다. ¶ ~ rumors 소문을 퍼뜨리다 / He tried to ~ counterfeit money. 그는 위조 지폐를 써먹으려고 했다 / ~ himself as an American. 그는 미국인 행세를 했다. 10 [고어] …을 맹세하다(pledge). ¶ ~ one's word 맹세하다. 11 [의견]을 말하다, 표명하다; [판결·평]을 언도하다, 선고하다(*on, upon*). ¶ ~ a speech[criticism, censure] 연설[비판, 비난]하다 // (~+目+前+名) ~ a sentence *on* a criminal 범인에게 형을 선고하다. 12 [법률] [권리·재산 따위]를 문서에 의해) …에게 양도하다. 13 [변 따위]를 배설하다. ¶ ~ water 소변을 보다. 14 [요술에서] …을 바뀌치기하다. 15 [야구] [타자]를 4사구로 1루에 나가게 하다. 16 [스포츠] [공 따위]를 패스하다.
I pass. ① [퀴즈·트럼프 따위에서] 패스요. ② 아무것도 하고[알고] 싶지 않다.
pass along ① (…을 따라) 나아가다. ② …을 다음으로 전달하다, 일반에게 널리 알리다. ③ [증가분 따위]를 부담시키다, 떠넘기다. ④ (美속어) 훔친 물건을 감추다.
pass around …을 차례차례 돌리다.
pass away ① 끝나다, 없어지다; 죽다. ¶ He ~ed *away* after a long illness. 그는 오래 앓던 끝에 세상을 떠났다. ② (시간이) 지나다. [시간]을 보내다.
pass by ① …을 그냥 지나치다, 모른 체하고 지나가다; 지나쳐 가다, 피해가다. ¶ ~ *by* a friend 친구를 아는 체 않고 지나가다. ② = *pass by on the other side of*. ③ (시간이) 지나다.
pass by on the other side of …을 본 체 만 체하지 않다, 도와주지 않다.
pass by[or *under*] *the name of* …이라는 이름 으로 통하다.
pass current ⇒ CURRENT.
pass for ① (흔히 ~es *for* a German. 그는 너끈히 독일 사람으로 통한다. ② (구어) [직업을 나타내는 명사와 함께] …의 자격에 합격하다.
pass in ① 안에 들어가다. ② [수표 따위]를 건네다; [답안지 따위]를 제출하다. ¶ ~ *in* the check 수표를 건네다.
pass in one's checks (美구어) 죽다.

pass muster ⇒ MUSTER.
pass off ① 행하여지다, 이루어지다; (일이) 되어 가다. ¶ Everything ~ed *off* pleasantly. 매사가 잘 되었다. ② (아픔·피로 따위가) 차차 사라지다. ③ (속여서) …으로 통하게 하다[속게하다](*as*). ④ (가짜) 팔아 넘기다. ⑤ …을 흘려버리다.
pass on ① 계속 나아가다. ② 시간이 지나다. ③ 죽다(*to*). ¶ The news was ~ed *on* by word of mouth. 그 소식은 입에서 입으로 퍼져 나갔다. ⑤ …을 속이다; …을 기회로 삼다, 이용하다. ⑥ [이익 따위]를 환원하다; [증가분 따위]를 떠넘기다. ⑦ …을 승인하다; …에 판단을 내리다.
pass one's hand over …을 어루만지다, 쓰다듬다.
pass one's lips 무심코 지껄이다; (음식 따위가) 입에 들어가다.   [*for*).
pass one's word 맹세하다, 약속하다(*to do, that,*
pass out ① 나가다, 퇴장하다. ② (구어) 기절하다; 술취해 곤드레가 되다; 죽다. ③ (…이) 면제되다; (…으로부터) 진급하다(*of*). ④ (英) [사관 학교 따위]를 졸업하다. ⑤ [물건]을 (…에게) 나눠 주다 (*to*).
pass out of sight 보이지 않게 되다.
pass over ① …위를 지나가다. ② (시간·사건 따위가) 지나가다, (고통 따위가) 사라지다; 죽다. ③ …을 쭉 훑어보다; [문제 따위]를 일에 해치우다; …을 복습[공부]하다. ④ [악기 따위]를 연주하다. ⑤ [수동형으로] (승진 따위에서) 제외되다, 탈락되다. ⑥ [기회 따위]를 놓치다. ⑦ …을 나르다. ⑧ …을 무시하다; [기회 따위]를 관대하게 보아 넘기다.
pass the baby ⇒ BABY.
pass the buck to a person ⇒ BUCK[1].
pass the chair (의장·회장 등의) 임기가 끝나다.
pass the hat ⇒ HAT.
Pass the numbers to you. (美속어) 행운을 빈다.
pass the time of day ⇒ TIME.   [잘 해봐.
pass through ① …을 관통하다, 통과하다. ② [시험 따위]에 합격하다; [대학 따위]의 과정을 수료하다. ③ [위기·역경 등]을 겪다, 뚫고 나가다. ¶ ~ *through* dangers 위기를 극복하다.
pass up ① 오르다; 올라오다. ② …을 들어올려 (…에게) 주다(*to*). ③ (구어) …을 거절하다, 퇴짜 놓다; [기회]를 놓치다. ④ ~ *up* a request 부탁을 거절하다.

— 몧 (복) ~es [-iz] 1 통행, 통과(하기); 통행 허가(증), 입장 허가(증); 무료 입장[승차]권(*over, on, to*). ¶ a railroad ~ 철도 무임 승차권 / a free ~ to a theater 극장 무료 입장권. 2 (군사) a) (통제 구역 따위의) 출입 허가증. b) 외출 허가증. 3 (시험의) 합격; (英) (대학에서 우등이 아닌) 보통 합격. 4 (스포츠) 패스; 송구(送球); 패스하는 사람; (야구) (4구에 의한) 출루(walk); [펜싱] 찌르기. 5 (구어) 헛손질, 헛방. 6 [카드놀이] 패스(자기 차례를 그냥 넘기기). 7 (요술) 빠른 손놀림, 속임수; (최면술사 등의) 손놀림, 안수(按手). 8 (난처한) 단계, 사태, 사정, 형세; 위기, 고비. ¶ Things have come to a strange ~. 묘한 지경에 이르고 말았다. 9 통과, 지나가기. 10 이성의 마음을 끄는 몸짓[행위], 교태, 추파. 11 노력, 시도(try). 12 [항공] (특정 지역의) 상공 비행; 목표 지점에의 비행.
bring...to pass ① …을 야기시키다(bring about). ② …을 달성[성취]하다.   [처한 지경에 이르다.
come to a pretty [or *nice, fine*] *pass* (일이) 난
come to pass (문어) (일이) 일어나다, 생기다.
cut off...at the pass ① …을 도중에서 붙잡다, 가로채다; 매복하여 기다리다. ② [비유적] (결정적인 일이 일어나기 전에) [사람·행동 등]을 저지하다.
get a pass 급제[합격]하다.
make a pass[or *passes*] *at* ① …을 손으로 찌르다[찌르는 시늉을 하다]; …을 공격하다, …을 시도하다. ② …을 위해 노력하다. ③ (구어) [여자]에게 집적거

리다, 추파를 보내다, 〔여자〕의 꽁무니를 따라다니다.
make passes 최면을 걸다.

***pass**² [명] **1** 산길, 고갯길; (숲·늪 따위로 통하는) 길. **2** (강 어귀·삼각주 따위의) 수로(水路); (어살(weir) 위의) 어도(魚道). **3** 좁은 통로; 소로, 오솔길(lane). ⇨WAY [유의어] **4** 〔군사〕 요충로(要衝路), 관문(關門); 요충지.
hold the pass 주의(主義)[이익]를 지키다.
sell the pass 적에게 중요한 정보를 넘기다; 주의[나라 따위]를 배반하다; 지위를 이양하다.

pass. passage; passenger; 《라틴》 *passim*(=here and there); passive.

***pas·sa·ble** [pǽsəbl/pɑ́:s-] [형] **1** (길·숲·강 따위가) 통과할 수 있는, 지나갈[건널] 수 있는. **2** 보통의, 적당한, 상당한, 충분한. ¶a ～ knowledge of English 상당한 영어 지식. **3** (화폐 따위가) 통용되는, 유통될 수 있는. **4** (법안 따위가) 통과될 수 있는, 제정할 수 있는. ¶～ legislation 통과 가능성이 있는 의안[법안].
～**·ness** [명] **-bly** [부]

P

pas·sa·ca·glia [pɑ̀:səkɑ́:ljə/pæ̀səkɑ́:l-] [명] 〔음악〕 파사칼리아(3박자의 완만한 무용 또는 그 곡).

pas·sade [pəséid] [명] 〔馬術〕 회전보(回轉步)(말이 회전하며 같은 장소를 왕복하기).

⁑**pas·sage**¹ [pǽsidʒ] [명] (복) ***-sag·es*** [-iz]) **1** (문장·연설·시가(詩歌) 등의) 한 절(節); 〔음악〕 악절, 악구(樂句); 〔미술〕 (예술품 따위의) 일부, 일부분. ¶a ～ from *Hamlet* 햄릿의 한 절. **2** [U][C] 통행, 통과; 통행권, 통행 허가. ¶No ～ this way. 이 길은 통행 금지. **3** 통로, 도로; 수로(水路); 출[입]구; 《英》 복도. ⇨WAY [유의어] ¶a secret ～ 비밀 통로. **4** [U] (장소·상태 따위의) 변화, 추이, 변전(變轉); 이동, 이주; (시간 따위의) 경과; (사태의) 진전, 경과. ¶the ～ from life to death 삶에서 죽음으로의 추이/a bird of ～ 철새; 일시 체류자; 《속어》 떠돌이/the ～ of time 시간의 경과. **5** 항해, 여행; 도항, 항공. **6** [U] 도항권; 배삯, 항공 운임, (여객) 운임; 승선[승차]권; 좌석. ¶pay one's ～ 운임을 지불하다. **7** [U][C] (의안 따위의) 통과, 승인, 가결; 제정. **8** (～s) 교류, 어울림; (정보 따위의) 교환; 담화, 밀담, 교섭; 정교(情交). **9** [U] 치고받기; 입씨름; 논쟁, 토론. ¶have stormy ～ with a person 남과 심하게 말다툼하다. **10** [U] 이동, 운반, 양도. **11** 배설, 변통(便通). **12** 《고어》 사건; 죽음.
a passage of [or ***at***] ***arms*** 싸움; 논쟁, 말다툼.
book one's passage 배표를 예약하다.
have a rough passage 난항하다.
make a passage 항해하다.
on passage 〔해사〕 (상선이 화물을 싣고) 목적지로 항해중인.
work one's passage 배삯 대신 배에서 일하다.
— [자] 나아가다, 가로지르다, 통과[통행]하다, 항해하다; 칼싸움하다; 언쟁[논쟁]하다.

pas·sage² [pǽsidʒ, pəsɑ́:ʒ] 〔馬術〕 [명] 옆걸음치며 나아가기. — [동][자] (말이) 옆걸음치며 나아가다. — [타] 〔말〕을 옆걸음으로 나아가게 하다.

pássage bìrd [명] 철새(bird of passage).

pássage cèll [명] 〔식물〕 통과 세포.

***pas·sage·way** [pǽsidʒwèi] [명] **1** (건물 안의) 통로, 낭하; (건물 사이의) 좁은 길. **2** (건축 현장·비행기·현수교 등의) 좁은 통로; (배 안의) 낭하. ⇨WAY [유의어]

pass·a·long [pǽsəlɔ̀:ŋ/-lɔ̀ŋ] [명] **1** 차례차례로 넘겨 주기; (잡지 따위의) 회람, 돌려 읽기. **2** 《美》 〔경제〕 전가(轉嫁)(원가 인상분을 상품 가격에 포함시키기); 추가 요금(surcharge).

pássalong ràte [명] (광고·잡지 따위의) 회독률(回讀率).

pássalong rèaders [명][복] 회람 독자(남이 산 책을 빌려서 보는 독자).

pássalong rèadership [명] 《집합적》 (광고·잡지 따위의) 회독자.

pas·sant [pǽsənt] [형] 〔문장〕 (동물이) 왼쪽을 향하여 오른쪽 앞발을 치켜들고 있는.

pass·band [pǽsbæ̀nd] [명] 〔전기〕 (라디오 회로·여광기(濾光器)의) 통과대역(通過帶域).

páss-band filter [ˊbæ̀nd-] [명] 〔전자〕 =bandpass filter.

pass·book [pǽsbùk/pɑ́:s-] [명] 은행 (예금) 통장; 외상 장부; 《남아공》 유색인 신분증.

pássbook sávings accòunt [명] 통장식 예금계좌.

páss degrèe [명] 《英》 (대학에서 우등이 아닌) 보통 졸업 학위. [참] honors degree

pas·sé [pæséi, ˊ-/pɑ́:sei, pǽs-] [형] 쇠퇴한, 구식의, 시대에 뒤진; 과거의; 한물 간, 한창때가 지난. ¶a ～ woman 한물 간 여자. — [명] 〔발레〕 파세(한쪽 발을 다른 발의 앞 또는 뒤로 움직이는 동작). 〔<F past〕

passed [pæst/pɑ:st] [형] 지나간, 통과한; 시험에 합격한; 졸업[수료]한; 〔해군〕 (시험에 합격하여) 진급을 기다리는; 〔금융〕 (배당이) 미불(未拂)의, 무배당의.

pássed báll [명] 〔야구〕 패스트 볼. [참] wild pitch

pássed máster [명] 대가(大家), 거장(巨匠).

pássed páwn [명] 〔서양장기〕 앞길을 막는 적의 폰[졸]이 없는 폰[졸].

pass·ee [pæsí:/pɑ:-] [명] 휴가증[무료 입장권, 무료 승차권] 소지자.

pas·sée [pæséi, ˊ-/pɑ́:sei] [형] (여성이) 한창때가 지난. 〔<F〕

pas·sel [pǽsəl] [명] 《美구어·방언》 다수; 집단. ¶a ～ of boys 많은 소년들.

passe·men·terie [pæsméntri/*F* pɑsmɑ̃tʀi] [명] [U] 옷의 가두리 장식. 〔<F〕

⁑**pas·sen·ger** [pǽsəndʒər] [명] (복) **～s** [-z]) **1** 승객, 여객; 선객(船客). **2** 도보 여행자, 여행자. **3** 《구어》 (보트레이스 따위의) 무능 선수, (어떤 집단의) 짐스러운 존재. **4** 《드물게》 통행인. ¶a foot ～ 보행자, 통행인.

pássenger càr [명] (열차의) 객차; 승용차.

pássenger lìner [명] (대형) 여객선.

pássenger lìst [명] 승객[탑승자] 명부.

pássenger mìle [명] =seat mile.

pássenger pìgeon [명] 여행비둘기(1914년에 멸종된 북미산 비둘기).

pássenger pròduct [명] 여객용 좌석[객실].

pássenger('s) sèat [명] 승객석; 조수석.

pássenger tràin [명] 여객 열차.

passe-par·tout [pæ̀spɑ:rtú:] [명] **1** (사진·그림을 넣는) 장식 대지(臺紙). **2** 파스파르투(유리와 뒷판 사이에 그림·사진을 끼우고 가장자리를 테이프로 붙인 액자). **3** 맞쇠(master key); 어디에서나 통용되는 것. 〔<F〕

pass·er [pǽsər/pɑ́:s-] [명] **1** 통행인; 통과하는 사람[것]. **2** 시험 합격자; 시험에 합격시켜 주는 사람[교수]. **3** 품질 검사[관리]원. **4** (구기에서) 공을 패스하는 사람. **5** 《속어》 위조 지폐 사용자; 마약 밀매인.

pass·er·by [pǽsərbái, ˊ-ˋ] [명] (복) ***pass·ers·by***) 통행인. (또는 **pásser-bý**)

pas·ser·i·form [pǽsərəfɔ̀:rm, pəsér-] [형] 〔조류〕 참새목(目)의.

pas·ser·ine [pǽsərin, -ràin] [형][명] 참새목(目)의 (새)(대부분의 명금류가 여기에 속한다).

pas seul [pɑ:sə́:l/*F* pɑ sœl] [명] 〔발레〕 독무(獨舞), 솔로 댄스. 〔<F sole step〕

pass-fail [ˊfèil] [형] 합격·불합격만을 가리는 평가 방식의. — [명] 합격·불합격 평가제(A, B, C 따위 등급에 의한 성적 평가 대신 합격·불합격 사정만 하는 것).

pas·si·bil·i·ty [pæ̀səbíləti] [명][U] 감수성, 감동성.

pas·si·ble [pǽsəbl] [형] (특히 종교적으로) 감동받을 수 있는; 감수성이 강한.

pas·sim [pǽsim] [부] (인용한 책 따위의) 여기저기에, 도처에. 〔<L scattered〕

pas·sim·e·ter [pæsímitər] [명] 《英》 승차권 자동 판매기.

***pass·ing** [pǽsiŋ, pɑ́:s-/pɑ́:s-] [형] **1** 통과하는, 지나가는. **2** 경과하는, 흘러가는; 잠깐 동안의, 일시적인, 덧없는. ¶the ～ years 흘러가는 세월/a ～ fancy 일시적인 기분. **3** 지금 일어나고 있는, 현재의. ¶the ～ day [*or* time] 현대. **4** 우연한, 우발적인. ¶a ～ remark 무심코 한 말. **5** 합격의. ¶a ～ mark 합격점. — [부] 《고어》 매우, 대단히. — [명][U] **1** 통과, 통행. **2** (시간의) 경

passing bell

과; 죽음. **3** (법안 따위의) 가결, 통과. **4** 합격, 급제. **5** ⓒ 나루(터); (여울의) 건널목. **6** 못 보고 넘어가기, (사전 따위의) 발음. **8** (판결의) 언도, (형의) 선고. **9** 수송; 양도.
in passing 지나가는 길에; 무심코; 말이 난 김에.
~·**ly** 부 일시적[부수적]으로. ~·**ness** 명
páss·ing béll 명 조종(弔鐘), 죽음[장례식]을 알리는 종; (일반적으로) 종언을 알리는 징조[징후].
páss·ing gràde 명 =pass mark.
páss·ing láne 명 (도로의) 추월선.
páss·ing nóte [tóne] 명 [음악] 지남음, 경과음.
páss·ing-òut [-áut] 형 (시험·축제 따위가) 과정[훈련]의 마지막[종료시]에 실시되는.
páss·ing shót [stróke] 명 (테니스) 패싱 숏(네트 가까이 있는 상대 선수 옆으로 빠져나가는 타구).
‡**pas·sion** [pǽʃən] 명 (복 ~**s** [-z]) **1** ⓤⓒ 격렬한 감정, 격정, 열정. ⇒FEELING 〖유의어〗 *His* ~ overcame him. 격정이 그를 사로잡았다. **2** 감정의 격동[폭발]; 격노. ¶*burst into a ~ of tears* 왈칵 울음을 터뜨리다. **3** (남녀 간의) 정열, 연정 (*for*); ⓒ 연모의 대상, 연인, 애인. ¶*tender ~* 애정 / *conceive a ~ for …* 에게 연정을 품다. **4** ⓤ 정욕, 욕정; (구체적인) 애욕, 정교. ¶*sexual ~* 성욕. **5** (사물에 대한) 정열, 열망, 열광 같은 것 (*for*); 정열의 대상, 좋아하는 것[사람]. ¶*a ~ for glory* 영광에 대한 열망. **6** 수동(受動). **7** (종종 the P-) 예수의 수난, 수난기(劇). **8** ⓤ (고어) 수난, 순교.
be in a passion 성나 있다.
bring [or put] a person into a passion 남을 격노케 하다, 남의 부아를 돋우다.
fall [or fly (off), break, get, work oneself (up)] into a passion 화를 내다, 벌컥 성을 내다.
have a passion for … 을 매우 좋아하다; …을 열애하다.
with a purple passion (미속어) 열렬히, 광적으로.
— 타 (남)을 정열로 움직이다; (목소리·문장 따위)를 정열로 가득 차게 하다. — 자 (시) 정열에 움직이다; 정열을 나타내다.
~·**ful** 형 ~·**ful·ly** 부 ~·**ful·ness** 명 ~·**like** 형
pas·sion·al [pǽʃənl] 형 열정적인, 격정의; 정욕의; 열광의; 열정에 의한, 정욕에 불타는; 열광한 나머지의. — 명 순교자의 수난기(受難記).
pas·sion·ar·y [pǽʃənèri/-ənəri] 형 =passional.
‡**pas·sion·ate** [pǽʃənət] 형 (*more* ~; *most* ~) **1** 열렬한, 정열적인, 열성이 있는, 열의에 찬, 열심인. ¶*a ~ advocate* 열렬한 옹호자 / *a ~ nature* 정열적인 성질 / *a ~ speech* 열성 어린 연설. **2** (사람·성질이) 정욕적인, 육욕적인, 호색적인; 매우 관능적인. **3** (감정 따위가) 강렬한, 격렬한. ¶*~ grief [rage]* 격렬한 슬픔[분노]. **4** 격하기 쉬운, 화를 잘 내는, 성미가 급한.
~·**ly** 부 ~·**ness** 명
pas·sion·flow·er [pǽʃənflàuər] 명 〖식물〗 시계풀.
pas·sion·fruit [pǽʃənfrùːt] 명 시계풀의 열매.
Pas·sion·ist 명 〖가톨릭〗 (1720년에 창립된) 예수 수난회의 수사(修士).
pas·sion·less [pǽʃənlis] 형 열정이 없는, 감정이 동하지 않는, 냉철한, 침착한; 냉담한, 냉정한; 초연한.
~·**ly** 부 ~·**ness** 명
pássion màrk 명 (목 따위의) 키스 자국.
Pássion mùsic 명 〖음악〗 예수 수난곡.
pássion pìt 명 (미속어) 야외 영화 관람장(drive-in theater).
Pássion plày 명 예수 수난극.
Pássion Súnday 명 수난 주일(부활절 전전 주의 일요일).
Pas·sion·tide [pǽʃəntàid] 명 수난의 성절(聖節)(Passion Sunday로부터의 2주간).
pássion wàgon 명 (속어) (단기 휴가에 사병들을 거리[환락가]에 태워다 주는 트럭; (10대들) 여자를 태우고 연애하는 차.

Pássion Wèek 명 수난 주간(성주간(Holy Week); 전에는 그 전 주까지).
pas·si·vate [pǽsəvèit] 타 **1** (야금) (금속·합금)을 부동태화(不動態化)하다. **2** (반도체 등)에 보호막을 입히다. **-vá·tion, -và·tor** 명
‡**pas·sive** [pǽsiv] 형 (*more* ~; *most* ~) **1** 수동적인, 소극적인, 피동의, 다른 것에 작용하지 않는(⇔ active). **2** 활발하지 않은; 활기가 없는. ¶*a mind ~ through exhaustion* 지쳐서 활기를 잃은 마음. **3** (영향)을 외부로부터 받은; 외인(外因)에 의한; (항공) 엔진을 갖지 않은. **4** 무저항의, 복종적인. **5** [문법] 수동(태)의(⇔ active). **6** [금융] (증권·빚 따위가) 무이자의, 무이자 지급의. ¶*a ~ bond* 무이자 증권. **7** [화학] 부동(不動)의, 잘 화합하지 않는, 불활성(不活性)의. **8** (태양열이) 단순 이용의. **9** (군의) 부동(不動)의, 비활성화(非活性化)의, 잠복성의; (연역) 수동의, 피동의. **10** (우주) (위성 따위가) 수동(受動)의. ⇒BE ③ **2**. — 명 (the ~) [문법] 수동태, 수동형.
~·**ly** 부 ~·**ness** 명
pássive bélt 명 (자동차의) 자동 안전 벨트.
pássive euthanásia 명 〖의학〗 소극적 안락사 (빈사 상태에 있는 환자의 연명 치료를 중지하는 일).
pássive hóming 명 〖항공〗 수동 호밍(목표물로부터 오는 적외선(전파) 방사를 이용하는 미사일 유도).
pássive immúnity 명 〖면역〗 수동 면역.
pás·sive-má·trix LCD [-méitriks-, -mæt-] 명 〖전자〗 단순 매트릭스 (형) 액정(液晶) 표시 장치.
pássive nóun 명 〖문법〗 수동 명사(trainee, multiplicand 등 피(被)행위[작용]를 나타내는 명사).
pássive obédience 명 (절대) 복종, 묵종.
pássive resístance 명 소극적 저항.
pássive resíster 명 소극적 저항자.
pássive restráint 명 (자동차의) 자동[수동적] 안전 장치(자동 벨트나 에어백 등).
pássive sátellite 명 수동 위성(전파를 반사할 뿐인 통신 위성). ⓒ active satellite
pássive smóker 명 간접 흡연자.
pássive smóking 명 간접 흡연.
pássive termination 명 〖컴퓨터〗 수동 종단(終端).
pássive vóice 명 (the ~) [문법] 수동태.
pas·siv·ism [pǽsivìzm] 명 ⓤ 수동성; 수동적 태도, 수동[소극]주의; 소극적 저항주의.
pas·siv·i·ty [pæsívəti] 명 수동성, 소극성; 무저항, 복종.
pas·siv·ize [pǽsəvàiz] 타 [문법] 수동태가 되다
pass·key [pǽski; páːs-] 명 결쇠, 맞쇠(master key); 개인용 열쇠; (앞문의) 결쇠의 열쇠.
pass·less [pǽslis/páːs-] 형 통행증[여권]이 없는; 통행할 수 없는; 길이 없는.
pass·man [pǽsmæn, -mən] 명 (英) 보통 졸업생.
páss màrk 명 합격(급제)점.
pas·som·e·ter [pæsάmətər/-sɔ́m-] 명 보수계(步數計), 만보계(萬步計).
Pass·o·ver [pǽsòuvər/páːs-] 명 (the ~) (유대교) 유월절(逾越節); (p-) 유월절에 바치는 어린 양.
‡**pass·port** [pǽspɔːrt, páːs-/páːs-] 명 **1** (외국 여행용) 여권, 패스포트 (*for*). ¶*a multiple-exit ~* 복수 여권. **2** (전시에 중립국 선박에게 주는) 통항증(권). **3** 통행 허가증, 통행권; 입장권. **4** (승낙·애고(愛顧)·존경 따위를 얻기 위한) 수단, 방편, 보증 (*to*). ¶*a ~ to happiness [success]* 행복[성공]을 얻는 길.
pássport contròl 명 여권 발급·관리 규정; (공항 따위의) 여권 검사대[소].
pass-through [-θrùː] 명 (주방에서 식당으로) 음식을 내주는 창.
pas·sus [pǽsəs] 명 (복 ~·**es**) (이야기·시 따위의) 편, 절(section, canto).
pass·word [pǽswəːrd/páːs-] 명 암호(말), 군호; 〖컴퓨터〗 패스워드; 입장 허가 획득 수단, 통과 수단.
pas·sy [pǽsi] 명 (미속어) 갓난 아기가 빨고 노는 장

난감(pacifier).

past [pæst, pɑːst/pɑːst] 웹 (통틀어) pass의 과거·과거분사. — 웹 1 지나간, 과거의; 과거에 일어난.¶in days ~: in ~ days 전에는. 2 갓 지나간, 아주 최근의.¶for the ~ few hours 지난 몇 시간 동안. 3 (지금으로부터) …전(ago).¶some years ~ 몇 년 전. 4 임기를 마친, 전임(前任)의.¶a ~ chairman 전(前)회장. 5 〖문법〗과거의,¶the ~ tense 과거 시제.

for some time past 얼마 전부터, 최근 얼마 동안.
in times past 과거에는.

— 웹 1 (the ~) 과거, 옛날. ⇨*in the past.* 2 과거의 일; 과거의 역사, (어두운) 과거의 경력.¶a man with a ~ 과거가 있는 남자/Memories of the ~ filled her mind. 그녀의 마음은 과거의 기억으로 꽉 차 있었다. 3 〖문법〗과거 시제; 과거형.

in the past (과거형과 함께) 옛날, 이전에, 과거에; (완료형과 함께) 종래, 지금까지.

— 闸 지나서, 지나가서.¶go ~ 통과하다, 지나가다/run ~ 뛰어서 지나쳐가다.

— 웹 1 (시간의) …지나서, 넘어서(웹 to). ¶half ~ seven 7시 반/a girl ~ twelve 12세가 넘은 소녀¶Now it's ~ your bedtime. 자, 잘 시간이 지났어요. 2 (위치·장소가) …을 지나서, …너머. …보다 멀리에.¶the house ~ the church 저 교회 너머에 있는 집. 3 (수·양·정도·범위 따위가) …을 넘어서, …이상으로.¶be ~ comprehension 이해할 수 없다.

be [or *get*] *past it* (구어) (일 따위를) 예전처럼 안 되다[안 되게 되다].
be past praying for ① (사람이) 마음을 바로잡을 가망이 없다. ② (물건이) 수리될 가망이 없다.
get past …의 근처를 빠져나가다; (구어) (남의 질문 따위) 피하다.
get past oneself (구어) 화내다: 흥분하다.
go past oneself (英속어) 자기의 한도[분수]를 넘다.
past all belief 전혀 신용할 수 없는. 「생각하다.
put it past a *person to do* 남이 …을 할 수 없다고
pas·ta [pɑːstə/pǽstə] 웹 파스타(스파게티, 마카로니 따위의 면류); 파스타 요리. 〈It〉

‡**paste** [peist] 웹〖U〗1 (접착용) 풀. 2 풀 모양의 것, 연고.¶tooth ~ (튜브) 치약/shoe ~ 구두약. 3 (제과용) 밀가루 반죽, (물에서=)빻아서 만든 식품, 페이스트(어묵 따위); (낚시용) 떡밥. 4 ~pasta. 5 (도자기 제조용) 이긴 흙. 6 (모조 보석용) 납유리; 모조 보석. 7 〖속어〗(얼굴에 대한) 강타, 일격. 8 〖컴퓨터〗붙이기(buffer 내의 자료를 파일에 씌우는 것).

scissors and paste ⇨SCISSORS.

— 웹 (*past·ed*; *past·ing*) 1 …을 풀로 붙이다 (*down, up, together*).¶(~+目+冨) ~ *up* a notice 고지 사항을 내붙이다. 2 …에 (어떤 것을) 풀로 붙이다 [붙여 가리다].¶(~+目+前+名) ~ a window *with* paper 창문에 종이를 붙이다. 3 (속어) [얼굴 따위]를 치다, 때리다. 4 〖스포츠〗 (상대)를 때려 눕히다, 완패시키다: 〖야구〗(볼)을 강타하다. 5 (죄 따위)를 …에게 덮어 씌우다 (*on*).
paste a *person one* 남에게 한 대 먹이다. 「하다.
paste over the cracks (구어) 임시 땜질하다, 미봉
paste·board [péistbɔ̀ːrd] 웹 1 〖U〗두꺼운 종이, 판지(板紙). 2 (속어) 명함, 카드놀이의 패, 카드. 3 〖속어〗표, 입장권. — 웹 1 두꺼운 종이[판지]로 만든. 2 실질이 없는, 속이 빈; (진주 따위의) 가짜의.
paste·down [péistdàun] 웹 〖제본〗(책)의 면지(面紙) 바깥쪽면(표지에 붙이는 쪽).
páste jòb 웹 풀로 붙이고 가위로 하는 세공, 오려 붙이기 작품; 모방 작품(pastiche); 긁어 모은 것, 잡동사니.
pas·tel[1] [pæstél/pǽstəl] 웹 1 〖U〗광택을 없앤 부드러운 색조, 〖C〗 2 파스텔, 파스텔 그림; 〖C〗 ~ drawing. 4 (산문의 가볍고 짧은) 습작, 소품. 5 〖C〗1 (색채가) 부드러운, 파스텔풍의. 2 파스텔의, 파스텔화

(법)의. ~·ist, (英) -tel·list 웹 파스텔 화가.
pas·tel[2] 웹 〖식물〗대청, 숭람(woad); 〖U〗대청(청색 물감).
pástel dráwing 웹 파스텔화(畫).
pastél sháde 웹 부드러운 파스텔풍의 색조.
páste·pot [péistpɑ̀t/-pɔ̀t] 웹 풀그릇. — 웹 대충 끝마무리하는.
past·er [péistər] 웹 (뒷면에 고무풀을 칠한) 쪽지 종이, 스티커(sticker); 풀로 붙이는 사람, 풀질하는 기계.
pas·tern [pǽstərn] 웹 (소 따위의) 발목(⇨COW[1] 림); 발목 부분의 뼈.
Pas·ter·nak [pǽstərnæk/*Russ* pəsternák] 웹 *Boris Leonidovich* ~ 파스테르나크(1890-1960: 옛 소련의 시인·소설가; *Doctor Zhivago*).
paste-up [́↑p] 웹 1 〖인쇄〗제판 촬영용 교료(校了) 대지. 2 (신문 오려낸 것 따위를) 붙이는 용지, 붙인 그림. 3 콜라주(collage). 4 남의 것을 이것저것 모아 만든 작품[논문].
Pas·teur [pæstə́ːr/*F* pastœːR] 웹 *Louis* ~ 파스퇴르(1822-95: 프랑스의 화학자·세균학자). ~·**i·an** 웹
pas·teur·ism [pǽstərìzm, -tər-/pɑ́ːs-] 웹 파스퇴르 접종법; 광견병 예방 접종법; 저온 살균법, 파스퇴르 살균법. 〈*Louis Pasteur*의 이름〉
pas·teur·ize [pǽstəràiz, -tər-/pɑ́ːs-] 웹 (* (英) **-ise**) 1 (우유 따위)를 파스퇴르 살균법으로 살균하다, 저온 살균하다.¶~*d milk* 살균 우유. 2 …에 광견병 예방 접종을 하다. **-i·zá·tion** 웹 **-iz·er** 웹 저온 살균기(의 사람).
pást históric 웹 〖문법〗역사적 과거.
pas·tic·cio [pæstíːtʃou] 웹 (웹 **-tic·ci** [-tiːtʃiː]) =pastiche. 〈It〉
pas·tiche [pæstíːʃ, pɑːs-] 웹 1 (예술의) 혼성 작품; (일반적으로) 어중이떠중이, 뒤죽박죽; 모방 작품.
— 웹 …을 혼성하다. 〈F〈It pasticcio〉
past·ies [péistiz] 웹웹 (스트리퍼의) 젖꼭지 가리개.
pas·tille [pæstíːl, -stíl/pǽstəl] 웹 정제; 향정(香錠), 트로키(troche; (소용돌이 모양 또는 원추형의) 향(선향); 파스텔, 크레용; 둥근 꽃불. (또는 **pastil**)
pas·tille-burn·er [-bə̀ːrnər] 웹 (도자기) 향로.
*▼**pas·time** [pǽstàim, pɑ́ːs-/pɑ́ːs-] 웹〖U〗〖C〗기분 전환, 취미, 오락; 놀이, 유희, 운동. ⇨RECREATION 유의어 ¶play cards [or have] a ~ 기분 전환을 위해 카드놀이를 하다/Fishing is his favorite ~. 낚시질은 그가 가장 즐기는 취미이다.   「같은 성질.
past·i·ness [péistinis] 웹〖U〗풀처럼 끈끈함; 반죽
pást máster 웹 (협회 따위의) 전(前)회장[지부장], 전조합장; 거장(巨匠), 명인, 대가.
pást místress 웹 *past master*의 여성형.
*▼**pas·tor** [pǽstər, pɑ́ːs-/pɑ́ːs-] 웹 1 목사(minister); (美) 〖가톨릭〗주임 사제. 2 정신적[종교적] 지도자. 3 (종)찌르레기의 일종. ~·**less**, ~·**like**, ~·**ly** 웹
*▼**pas·to·ral** [pǽstərəl, pɑ́ːs-/pɑ́ːs-] 웹 1 양치기의; (토지가) 목장용의, 목축용의. 2 전원(생활)의; 전원 생활을 그린, 전원적인, 한가로운. ⇨RURAL 유의어¶the ~ life 전원 생활/~ poetry 전원시[곡]. 3 목사의 직무의. 4 목회(牧會)의, 사목(司牧)의. — 웹 1 목가(牧歌), 전원시; (음악) 전원곡; 전원화(畫)의 풍경. 2 (bishop이 사제에게 주는) 교서. 3 (교회) 목회, 사목. ~·**ly** 웹
pástoral cáre 웹 (종교·교육상 지도자가 신도·학생에게 주는) 조언, 주의 사항.
pástoral cóunseling 웹 교회 카운셀링(전문 훈련을 받은 성직자에 의한 심리 치료법).
pas·to·rale [pæ̀stərɑ́ːl, -rǽl] 웹 (웹 **~s, -ra·li** [-rɑ́ːliː]) 〖음악〗목가곡, 전원곡. 〈It〉
Pastoral Epístles 웹웹 목회 서신(신약 성서의 디모데서(書)(*Timothy*)와 디도서(*Titus*)).
pas·to·ral·ism [pǽstərəlìzm/pɑ́ːs-] 웹웹 목가적 취미, 목가조(調)[형식].

pas·to·ral·ist [pǽstərəlist/páːs-] 명 1 목가 작가[시인]. 2 (濠) 축산업자, 대규모 목장 소유자.
pástoral létter 명 =pastoral 2.
pástoral práyer 명 목회 기도.
pástoral stáff 명 주교장(主教杖)(crosier).
Pástoral Sýmphony 명 (the ~) 전원교향곡(베토벤의 교향곡 제6번).
pástoral theólogy 명 목회 신학, 사목 신학.
pas·tor·ate [pǽstərət/páːs-] 명 1 UC 목사[주임 사제]의 직[임기]. 2 목사단. 3 목사[사제]관(館).
pas·to·ri·um [pæstóːriəm/paːs-] 명 (美南部) 목사관(parsonage); (가톨릭) 사제관.
pas·tor·ship [pǽstərʃip/páːs-] 명U 목사[주임사제]의 직[임기].
‡**pást párticiple** 명 〔문법〕 과거분사.
‡**pást pérfect** 명형 〔문법〕 과거완료(의).
pas·tra·mi [pəstráːmi] 명U 파스트라미(소의 훈제 가슴살; 향기가 강함).
‡**pas·try** [péistri] 명U 1 (가루 반죽으로 만든) 파이 껍질; 가루 반죽. 2 UC 가루 반죽 과자.
pástry blénder 명 (밀가루 등을 반죽하는) 거품기.
pástry brúsh 명 과자류에 버터나 달걀 등을 바르는 작은 솔.
pastry-cook [-kùk] 명 (英) 파이류(類) 제조업자[직공], 과자 장수.
pástry créam 명 (eclair 등에 넣는) 크림 형태의 커스터드. (또는 pástry cùstard)
‡**pást ténse** 명 (the ~) 〔문법〕 과거 시제.
pas·tur·a·ble [pǽstʃərəbl/páːs-] 형 (토지가) 목장에 알맞은, 목축용의.
pas·tur·age [pǽstʃərid3/páːs-] 명U 1 =pasture. 2 방목(放牧); 목축(업). 3 (스코) 방목권.
‡**pas·ture** [pǽstʃər, páːs-/páːs-] 명 (목 ~s [-z]) 1 UC 목장, 목초지. 2 U 목초. 3 (복수형) 야구장의 외야.
newer [or *greener, lusher*] **pasture** 지금보다 매력적인 곳, 전보다 쾌적한 상황.
put [or *send*] (...) *out to pasture* ① (가축)을 목초지에 풀어 놓다. ② (노령 따위를 이유로) ...을 은퇴시키다[해고하다], 한직으로 내쫓다.
— 동 (~s [-z]; ~d; -tur·ing) 타 1 (소·양 따위)를 방목하다; (가축)에게 목초를 먹이다[공급하다]; [목초]를 먹다. 〔토지〕를 목초지로 쓰다. — 자 풀을 먹다.
-tur·al, ~·less 형 초지, 목장.
pas·ture·land [pǽstʃərlənd, -læ̀nd] 명UC 목초지.
pas·tur·er [pǽstʃərər/páːs-] 명 방목자, 목장주.
pas·ture·work·er [pǽstʃərwə̀ːrkər] 명 (美구어) (야구의) 외야수.
past·y¹ [péisti] 형 1 풀의[같은], 반죽의[같은]. 2 (안색이) 창백한, 기력[생기]이 없는. 3 축 늘어진, 맥이 풀린. — 명 =pasties.
pas·ty² [pǽsti] 명 (英) 파이, (특히) 고기 파이.
pasty-faced [péistiféist] 형 얼굴에 혈색이 없는, 창백한 얼굴을 한. ¶an awkward, ~ youth 어줍고 안색이 나쁜 청년.
PÁ sýstem 명 확성 장치(public-address system).
‡**pat¹** [pæt] 동 (-tt-) 타 1 (주걱·손바닥 따위로) ...을 가볍게 두드리다: 두드려 모양을 만들다(down)(into). ¶(~+목+전+명) I ~ted the dough *into* a flat cake. 반죽을 두드려 납작한 과자 모양을 만들었다. 2 (애정·찬성 따위를 나타내어) ...을 가볍게 두드리다. ¶(~+목+전+명) He ~ted her *on* the shoulder. 그는 그녀의 어깨를 툭툭 두드렸다. 3 (마루나 땅바닥)을 발로 가볍게 두드리다[치다], 탁탁 소리내다. — 자 1 가볍게 두드리다[치다], 쓰다듬다. 2 가볍게 발걸음으로 걷다[달리다]. — 명 1 가볍게 두드림; 칭찬하는 말. 2 가볍게 두드리는 소리, 가벼운 발소리. ¶give a cheering ~ on the head (위로·격려로서) 머리를 쓰다듬다. 2 (버터 따위의) 작은 덩어리.
a pat on the back (구어) 격려의 말; 칭찬.
give one*self a pat on the back* 혼자서 만족해하다, 자화자찬하다.
pat² [pæt] 형 1 (해답·설명 따위가) 적절한, 꼭 들어맞는, 안성맞춤의. ⇒OPPORTUNE 〔유의어〕 ¶a ~ solution to a problem 문제에 대한 적절한 해답. 2 (말솜씨가) 유창한, 거침없는. 3 완전히 알고 있는[익힌], 정확히 이해한. — 부 적절하게, 알맞게, 잘 어울리게; 준비가 되어, 유창하게; 완전히.
have...(down) pat; have [or *know*]*...(off) pat* (구어) ...을 완전히 알고[기억하고] 있다.
stand pat ① (결심 따위를) 바꾸지 않다, 고수하다 (*on*). ② (美구어) 처음 받은 패를 바꾸지 않다.
~·ly 부 ~·ness 명
Pat [pæt] 명 1 사람 이름. 2 (구어) 아일랜드인 (Irishman). (<Patrick)
PAT point(s) *a*fter touchdown. **pat.** patent(ed); patrol; pattern. **PATA** Pacific Area Travel Association(태평양 지역 관광 협회). **Pata.** Patagonia.
pa·ta·ca [pətɑ́ːkə] 명 파타카(마카오의 기본 화폐 단위).
pat-a-cake [-əkèik] 명U 짝자꿍 놀이, 세세세 놀이(아이들의 놀이로 둘 사이에 손뼉을 마주 치면서 노래하는 놀이; Pat a cake...로 시작되는 자장가를 부르면서 한다). (또는 **pátty-càke**)
pa·ta·gi·um [pətéidʒiəm] 명 (복 *-gi·a* [-dʒiə]) 〔동물〕 (박쥐·날다람쥐 따위의) 비막(飛膜).
Pat·a·go·ni·a [pæ̀təgóuniə, -njə] 명 파타고니아 (남미 아르헨티나 및 칠레 남부, 안데스 산맥 동쪽 지역). -an 명 파타고니아 사람[지방](의).
pat-ball [-bɔ̀ːl] 명UC (英) 1 (구어) 서투른 테니스[크리켓]. 2 라운더. ⇒ROUNDER 4.
‡**patch¹** [pætʃ] 명 (복 ~*es* [-iz]) 1 (해진 곳 따위에) 대는 헝겊[가죽, 금속] 조각. 2 (상처 따위에) 대는 것, 안대, 반창고; 안대. ¶an eye ~ 안대. 3 애교점(얼굴에 붙이는 검은 비단의 작은 조각). 4 반점 (천을 갖다 붙인 것처럼) 다른 표면과 달라 보이는 부분. ¶a ~ of sunlight on the lawn 잔디밭의 햇빛이 비친 부분. 5 작게 구획된 땅(plot), 좁은 땅; 밭. ¶a ~ of wheat 밀밭/a potato ~ 감자밭. 6 (구어) (경찰관·판매원 등의) 담당 구역; (폭력단 등의) 세력권. 7 (英) (수식어와 함께) 시기, 기간. ¶a bad ~ 나쁜 때. 8 (상의(上衣)·모자 따위에 붙이는) 기장(記章). 9 부스러기, 조각, 파편. 10 〔컴퓨터〕 패치(프로그램의 오류를 수정하는 일).
(a) little patch of 좁은 면적의, 고양이 이마만한.
in patches 군데군데, 부분적으로; 사이를 두고.
not a patch on ...와는 비교가 안 되는, 어림도 없는. ¶She is *not a ~ on* you for painting. 그녀는 그림 그리기에서는 너에게 어림도 없다.
strike [*be in, go through, have, hit, run into*] *a bad* [or *black, difficult, hard, sticky*] *patch* (구어) 재수없는 일[꼴]을 당하다, 고초를 겪다.
— 동 (~*es* [-iz]; ~*ed* [-t]) 타 1 ...에 헝겊[가죽, 판자, 금속] 조각을 대다, ...을 깁다. ⇒MEND 〔유의어〕 2 (급히) ...을 이어 맞추다(*up, together*), 이어 맞추어 대고 기워서] 만들다: 꾸며내다. ¶~ up a story 이야기를 꾸며내다. 3 (싸움·사건 따위)를 수습하다(*up*). 4 (얼굴에) 애교점을 붙이다. 5 (화장 따위)를 고치다. 6 〔컴퓨터〕 (프로그램)을 개조하다; 〔법률 따위〕를 개정하다. 7 (회선)을 패치코드로 잇다.
~·a·ble 형 ~·er 명
patch² 명 (궁정(宮廷) 등의) 어릿광대; (구어) 바보.

patch·board [pǽtʃbɔ̀ːrd] 명 〔컴퓨터〕 배선반(配線盤)(plugboard). 명칭이. 「달린 코드.
pátch còrd 명 〔전기〕 패치 코드(양 끝에 플러그가
patch·er·y [pǽtʃəri] 명U 깁기; 쪽매붙임; 그 재료; (일시적인) 미봉(책), 땜질.
patch·ou·li [pǽtʃuli, pətʃúːli] 명 패출리(동인도산 차조깃과(科)의 식물); 패출리 향유. (또는 **pachouli, patchouly**)
pátch pànel 명 〔전자〕 패치반(盤).
pátch pócket 명 겉주머니. 「산호초」
pátch rèef 명 이초(離礁)(고립하여 산재해 있는 작은
pátch tèst 명 〔의학〕 첩포(貼布) 시험(약제를 바른 천 따위를 피부에 붙여 알레르기 반응을 알아보는 시험).
patch-up [ʌ́p] 명 미봉, (일시적) 손질[땜질]; 수습.
── 형 임시 변통의, 미봉책의; 보수(補修)의.
patch·work [pǽtʃwə̀ːrk] 명U 쪽매붙임; 긁어 모은 것, 잡동사니. ── 형 쪽매붙임의; 긁어 모으는; 땜질식의, 미봉책의. ¶ a ~ **policy** 미봉책. ── 동타 …을 쪽매붙임 세공으로 만들다; …의 조각을 모아 (…을) 만들다(*into*).
patch·y [pǽtʃi] 형 누덕누덕 기운, 긁어 모은; 뒤죽박죽인, 조화가 안 된. **pátch·i·ly** 부 **pátch·i·ness** 명
PATCO 〔英〕 *Professional Air Traffic Controllers Organization*(항공 관제관 협의회). **patd.** patented.
pát-down (sèarch) [pǽdàun-] 명 (美) (무기 따위의 유무를) 옷 위로 더듬어 조사하는 검사.
pate [peit] 명 〔고어·익살〕 머리, 정수리; 두뇌.
pâte [pɑːt] 명 (도자기 제조용) 풀; 반죽한 흙(점토).
pâ·té [pɑːtéi/pǽtei] 명 고기 파이; 간 고기, 페이스트. 〔F *paste*〕
-pat·ed [péitid] 〔연결〕 pate의 뜻. ¶ shallow*pated*.
pâ·té de foie gras [-də fwɑː grɑ́ː] 명 살찐 거위의 간을 갈아서 만든 식품. 명 **foie gras**
pa·tel·la [pətélə] 명 (복 ~**s, -lae** [-liː]) 〔해부〕 슬개골(膝蓋骨), 종지뼈; 〔고고〕 작은 접시.
-lar [-lər] 형 슬개골의.
patéllar réflex 명 〔생리〕 슬개 반사.
pa·tel·late [pətǽlət, -leit] 형 슬개골 모양의(이 있는).
pat·en [pǽtn] 명 파테나(성체용 빵접시), (성찬식용) 접시; (금속제의) 얇은 접시.
pa·ten·cy [péitnsi, pǽt-] 명U 1 명백함, 명확함. 2 〔의학〕 개방성. 3 〔음성〕 개음(開音)(성).
‡**pat·ent** [pǽtnt, péit-/péit-/pǽt-] 명 1 (…의) 특허(권), 전매 특허; 특허증[장](*for, on*). ¶ take out [*or* get] a ~ *for* …의 특허를 얻다 / *P-* pending. 특허 출원중. 2 특허품, 특허를 받은 발명; 특허 제조법. 3 〔美〕 공유지(公有地) 양도 증서. 4 (비유적) (어떤 특질을 갖는) 표시, 특징, 독특한 방식. ¶ a ~ **of gentility** 명문 신사의 특징. 5 (구어) 교묘한 수법. 6 = ~ **leather**.
── 형 1 (전매) 특허의, 특허를 얻은, 특허권이 있는; 특허에 관한, 특허 문제를 다루는. ¶ ~ **drugs** 특허 약품. 2 (구어) 신안(新案)의, 독특한 고안의, 발상(發想)이 신기한. ¶ a ~ **method of lighting a fire** 새 점화 방법. 3 명백한, 분명한. ⇒ CLEAR 유의어 ¶ a ~ **lie** 새빨간 거짓말 / ~ **nonsense** 터무니없는 짓[말, 것]. 4 개방된, 열려 있는; 이용할 수 있는. 5 〔식물〕 벌어지는. 6 〔음성〕 (호기(呼氣)) 통로가 열린, 개음(開音)의.
── 동타 1 …의 (전매) 특허를 얻다. 2 〔드물게〕 …에 특허를 주다. 3 …을 특허품으로서 팔다. 4 (비유적) …을 독자 개발해 자기 것으로 삼다, 전매 특허로 하다. 5 〔공유지〕를 공유지 양도 증서에 의해 양도하다.
~·a·bíl·i·ty 명 **~·a·ble** 형 **~·a·bly** 부
pátent attòrney [àgent] 명 〔美〕 변리사(辨理士).
pat·ent·ed [pǽtəntid] 형 자신 만만한; (…에) 특징적인(특유한).
pat·ent·ee [pǽtntíː/péit-] 명 (전매) 특허권 보유자; 공유지 양도 증서 보유자.

pátent flóur 명 최상등품 밀가루.
pát·ent léather [pǽtnt-, pǽtnt-/péitnt-] (검은) 에나멜 가죽; 에나멜 구두.
pat·ent·ly [pǽtntli/péit-] 부 명백히, 분명히; 공공연히(openly).
pátent médicine 명 특허 의약품; 매약(賣藥).
pátent òffice (종종 the *P- O-*) 특허청(약 *PO, Pat. Off.*)
pat·en·tor [pǽtntər/péitntɔ́ː] 명 (전매) 특허 인가[수여]자; 공유지 양도 증서 수여자.
pátent right (발명) 특허권.
pátent rolls 명복 (英) 특허 목록[등기부]. 「가진].
pátent théatre 명 (英) 특허 극장(여왕의 칙허장을
pa·ter [péitər] 명 1 (英구어) 아버지. 2 [pǽt-] 주기도문(paternoster); 그것을 외기.
pa·ter·fa·mil·i·as [pèitərfəmíliəs, -æs] 명 1 (복 **-es**) 가장, 호주, **pa·tres-** [péitriːz-]) 〔로마법률〕 가부장(家父長); 자주권자(다른 가장권에 복종하지 않는 사람).
‡**pa·ter·nal** [pətə́ːrnl] 형 1 아버지의, 아버지로서의, 아버지다운(maternal). ¶ ~ **love** 부성애 / I am still under my ~ **roof**. 나는 아직도 아버지한테 얹혀서 산다. 2 (영어) 아버지쪽의. ¶ one's ~ **relative** 아버지쪽 친척. 3 아버지로부터 물려받은. ¶ the ~ **estate** 아버지로부터 물려받은 재산. **~·ly** 부
pa·ter·nal·ism [pətə́ːrnəlìzm] 명U (정치·경제·고용 관계 따위에 있어서의) 온정주의; 가부장적 태도. **-ist** 명형 **-ís·tic** 형 **-is·ti·cal·ly** 부
pa·ter·ni·ty [pətə́ːrnəti] 명 1 아버지임, 부성; 부권, 부계(父系). 2 저작자임(authorship); 출처, 기원.
patérnity lèave (아버지의) 출산·육아 휴가. 명 childcare leave, maternity leave
patérnity sùit 친부 확인 소송. (또는 **patérnity àction [procéedings]**)
patérnity tèst 명 (혈액형 등에 의한) 친부(親父) 확인 검사.
pa·ter·nos·ter [pèitərnɑ́stər/pǽtərnɔ́stə] 명 1 (종종 *P-*) (라틴어로 된) 주기도문. 2 **Páter Nóster**) 주기도문을 외기. 3 주기도문 구슬(묵주(默珠)의 11개째마다 있는 큰 구슬); 묵주, 로사리오. 4 기도의 말. 5 주문(呪文). ¶ the **black ~** 저주의 말. 6 (일정한 간격으로 바늘과 추를 매단) 낚싯줄. 7 순환 엘리베이터 (문이 없는 적재함이 연속적으로 오르내리는 승강기).
‡**path** [pæθ, pɑːθ/pɑːθ] 명 (복 **~s** [pæðz, pæθs/pɑːðz]) 1 (밟아서 생긴) 길, 소로(track). ¶ a ~ **through a wood** 숲 속의 오솔길. 2 좁은 보도, (정원·공원 따위의) 산책로; (자전거) 경주로. 3 (태풍·달 따위의) 진로, 궤도. ¶ the ~ **of a hurricane** 허리케인의 진로. 4 (행동·사상·문명 따위의) 방향, 진로, 방침; (인생의) 행로. ¶ the ~ **of progress** 진보의 방향 / off the **beaten ~** 상도(常道)를 벗어나다. 5 〔컴퓨터〕 파일 활용 경로.
beat a path to *a person's* **door** (구어) 남(특히 유명인)을 만나려고 몰려들다[쇄도하다].
cross *a person's* **path** (뜻밖에) 남과 마주치다; 남을 방해하다; 남에게 뜻밖에 닥치다.
PATH [pæθ/pɑːθ] 명 패스(New York의 World Trade Center 지하에서 Hudson 강 밑을 지나 New Jersey를 잇는 전차). (< *Port Authority Trans-***path.** pathological; pathology. 〔*Hudson*〕
path- [pæθ] 〔연결〕 ⇒ PATHO-.
-path 〔연결〕 「요법의(醫), …병(증) 환자」의 뜻. ¶ osteo*path*, psycho*path*.
Pa·than [pətɑ́ːn, péiθən] 명 파탄족(파키스탄 북서부 및 아프가니스탄 남동부에 산다). 「구자.
path·break·er [pǽθbrèikər/pɑ́ːθ-] 명 개척자, 선
path·break·ing [pǽθbrèikiŋ/pɑ́ːθ-] 형 새로 길을 내는; 새 분야를 개척하는, 선구의.
‡**pa·thet·ic** [pəθétik] 형 (**more ~; most ~**) 1 애

은한, 불쌍한, 가슴 아픈; 애수에 찬; 감동적인.¶a ~ scene (연극 따위에서) 가슴 아픈 장면. 2 정서적인, 감상적인; 감정에 의한. 3 (구어) (노력 따위가) 아주 부족한; (이자·수익 따위가) 얼마 안 되는, 아주 적은.¶a ~ return on investment 아주 적은 투자 이익. 4 (구어) 지독한, 비참할 정도의. (또는 **pathetical**) 비애의 표현; 비감(悲感). **-i·cal·ly** **-i·cal·ness**
pathétic fállacy (the ~) 유정화(有情化)의 오류 (무생물에 감정을 부여해서 생각하는 감상적 취의; J. Ruskin의 조어; 예:the *angry* sea, the *smiling* skies).
Pá·thet Láo [páːtet-, -θət-] 파테트 라오, 라오스 애국 전선(1975년 Laos에 공산 정권을 세운 공산주의 세력; 1979년 라오스 국가 건설 전선으로 변신).
path·find·er [pǽθfàindər/páːθ-] 1 길을 찾아내는 사람; 개척자, 탐험가. 2 (공격 목표 지점에 먼저 보내는) 강하(降下) 유도대원, 조명탄 투하 비행기, (폭격대의) 선도기(先導機); 폭격 지상 유도원; 지상 탐지용 레이더. 3 (美俗어) (경찰에 고용된) 정탐꾼. 4 (P-) 패스파인더(미국의 무인 화성 탐사선; 1997년 7월 화성 표면 착륙).
path·ic [pǽθik] 남색의 상대 (소년), 연동(戀童); 희생(피해, 수난)자.
-path·ic [pǽθik] 연결 -pathy로 끝나는 명사에서 형용사를 만든다.¶osteo*pathic*, psycho*pathic*.
path·less [pǽθlis/páːθ-] 길이 없는, 미개척의. **~·ness**
path·o- [pǽθou, -θə] 연결 suffering, disease, feeling의 뜻(※ 모음 앞에서는 path-).
path·o·bi·ol·o·gy [pæ̀θəbaiálədʒi/-ɔ́l-] 병리생물학.
path·o·gen [pǽθədʒən] 병원균(病原菌), 병원체. (또는 **path·o·gene** [pǽθədʒìːn])
path·o·gen·e·sis [pæ̀θədʒénəsis] UC 병인(病因); 발병; 발병학, 병원론(病原論).
path·o·ge·net·ic [pæ̀θədʒənétik] pathogenesis의; =pathogenic.
path·o·gen·ic [pæ̀θədʒénik] (병리) 병원(病原)(성)의, 발병시키는.¶~ bacteria 병원성 박테리아.
path·o·ge·nic·i·ty [pæ̀θədʒənísəti] 병원성(病原性)(미생물이 질병을 일으키는 능력).
pa·thog·e·nous [pəθádʒənəs] =pathogenic.
pa·thog·e·ny [pəθádʒəni/-θɔ́dʒ-] =pathogenesis.
path·og·no·mon·ic [pæ̀θàgnəmánik/-θɔ̀gnəmɔ́n-] (의학) (어떤 질병에) 특징적인.¶a ~ sign of pneumonia 폐렴 특유의 징후. **-i·cal·ly**
pa·thog·no·my [pəθágnəmi/-θɔ́g-] (의학) 질병 징후학, 진단학(diagnosis).
pathol. pathological; pathology.
path·o·log·i·cal [pæ̀θəládʒikəl/-lɔ́dʒ-] 1 병리학의, 병리상의. 2 병의, 병으로 인한, 비정상의, 불건전한.¶a ~ liar 병적인 거짓말쟁이. 4 질병을 다루는, 진료의. (또는 **pathologic**) **~·ly**
pa·thol·o·gy [pəθálədʒi/-θɔ́l-] 1 병리학. 2 병리, 병상(病狀). 3 비정상. **-gist** 병리학자.
*****pa·thos** [péiθas, -θous/-θɔs] UC 1 (문학·음악·이야기 등에서) 연민의 정을 자아내는 힘; 비애; 비감(悲感), 페이소스,¶an aria full of ~ 비애가 넘치는 아리아. 2 동정, 연민. 3 (철학) 정의(情意), 파토스.
path·o·type [pǽθətàip] (병리) 병원성(病原性) 생물.
*****path·way** [pǽθwèi, páːθ-/páːθ-] 좁은 길, 소로, 통로(¶…로 가는 진로, 길 (to).
-pa·thy [pəθi] 연결 feeling, suffering, disease, treatment of disease의 뜻.¶sym*pathy*, neuro*pathy*.
‡**pa·tience** [péiʃəns] U 1 인내, 인내력, 참을성 (*with*).¶the ~ of Job (욥과 같은) 대단한 참을성/ Have ~! 참아라!, 성급히 굴지 마라! 2 끈기, 분발, 끝까지 버티기; 근면.¶work with ~ 끈기있게 일하다.
[유의어] **patience** 인내를 나타내는 가장 일반적인 말. 고통·불행·성가심·지연 따위를 지긋이 참기. **endurance** 고민·고난 따위를 참고 버티는 내구력을 뜻하는 도덕적인 뜻은 없다. **fortitude** 고통·불행·고난 따위를 굳센 용기로 견디어 내는 성격적인 억셈. **forbearance** 비난·질책 따위에 대해서 일을 벌이지 않기 위해 자기를 억제하는 힘.

3 (英) 혼자서 하는 카드놀이의 일종((美) solitaire).
be enough to try the patience of a saint 성인군자라도 화나게 할 정도이다.
be out of patience with …에 정나미가 떨어지다.
have no patience with [or **toward**] …을 참을 수 없다.
My patience! (속어) 이런!, 저런!(놀람을 나타내는 말).
lose (all [or **one's**]**) patience with** …을 참을 수 없게 되다.
My patience! (속어) 이런!, 저런!(놀람을 나타내는 말).
‡**pa·tient** [péiʃənt] (more ~; most ~) 1 참을성 [인내심]이 있는, 성급하지 않은; 잘 견디는 (*with, of*); (얼굴·표정 따위가) 참을성이 있을 듯한.¶be ~ *with* others 남에게 짜증을 참다/be ~ *of* sufferings [hunger] 괴로움을 잘 참다[허기를 잘 견디다] // *P-men win the day.* (속담) 참는 게 이기는 것. 2 끈기 있는, 꾸준히 일하는, 부지런한(diligent).¶a ~ worker 말없이 일만 하는 사람. 3 (해석 따위를) 허용하는, 용납하는 (*of*).¶a passage ~ *of* various interpretations 여러 가지로 해석할 수 있는 귀절. 4 (드물게) 수동적인.
as patient as Job 인내심이 대단한. 한 Job
—— 1 (특히 통원중의) 병자, 환자. 2 (드물게) 수동자(受動者)(반) agent). 3 (고어) 수난자, 희생자.
pa·tient-day [-dèi] 환자일(患者日)(병원 경영에서 환자 1인의 일당(日當) 경비(의료비)).
*****pa·tient·ly** [péiʃəntli] 참을성있게, 꾸준히, 느긋하게.
pat·i·na[1] [pǽtənə, pətíːnə/pǽtinə] UC 녹, 동록(銅綠), 녹청; (석기 따위의) 고색(풍화의 자국); (오래된 가구 따위의) 손때에 전 윤기, 고색; (연륜을 느끼게 하는) 품격, 품위.
pat·i·na[2] ㉭ ~**nae** [-niː]) (고대 로마의 운두가 낮은) 큰 접시; =paten.
pa·ti·o [pǽtiòu, páː-] (~s) (스페인식 주택의) 안뜰, (옥외) 테라스. [Sp]
pátio cháir (접을 수 있는) 간이 의자.
pátio dóor patio로 통하는 미닫이 유리문.
pa·tis·se·rie [pətíːsəri/-tís-] 파티세리(프랑스풍의 과자 가게, 파이·과자점). [F]
Pat·na [pátnə/pǽt-] 파트나(인도 북동부 Bihar 주(州)의 수도; 고대 Maurya 제국의 수도).
Pátna ríce 파트나 쌀(인도산(産)의 길쭉한 쌀).
Pat. Off. *Patent Office*.
pat·ois [pǽtwaː, páːt-] (~ [-z]) (좁은 지역의) 방언, 지방 사투리; (특정 계층·직업 따위의 특수어, 은어(jargon). [F]
patri- [pǽtri, páːtri] 연결 father의 뜻(※ 모음 앞에서는 patr-).¶*patriarchy*.
pa·tri·al [péitriəl] 모국(母國)의; (단어가) 국민 [종족]을 나타내는; (英) 영국 거주권을 가진. —— 본국인, 현지인(native); (英) 귀화하여 영국민이 된 사람, 귀화인; 그 자손. **·al·i·ty**
pa·tri·arch [péitriàːrk] 1 가부장(家父長), 가장; 족장(族長) (⑪ matriarch). 2 (사회·단체의) 장로, 원로, 어른. 3 (학파·교단·사업 등의) 창시자, 원조(元祖), 개조(開祖). 4 (성서) (유대 민족의 조상(아브라함(Abraham), 이삭(Isaac), 야곱(Jacob) 및 그의 열두 아들). 5 (초기 교회의) 대주교. 6 (동방교회) 총주교(당 ecumenical ( ). 7 (가톨릭) 교부 교황; 대주교; 총대주교; (모르몬교) 대복사(Evangelist).
pa·tri·ar·chal [pèitriáːrkəl] patriarch의; 족장

[가부장]이 지배하는; 존경할 만한, 원로의. ~·ly 부

patriárchal cróss 《총대주교의 십자가(十字).

pa·tri·arch·ate [péitriɑ̀ːrkət, -kèit] 명UC patriarch의 직[지위, 권위, 관할 구역, 주거]; =patriarchy.

pa·tri·arch·ism [péitriɑ̀ːrkìzm, ﹏﹏] 명U 가부장[족장] 조직, 가부장 제도, 족장 정치.

pa·tri·arch·y [péitriɑ̀ːrki] 명 1 U 부권제(父權制), 부계(父系) 가족제; 가부장[족장]제; 가부장[부권] 정치. 2 부권[가부장] 사회. @ matriarchy

pa·tri·ate [péitrièit] 타명 1 …을 처음으로 본국에 보내다. 2 (캐나다) 영국 정부로부터 캐나다 정부에 이양하다. [으로 하는].

pa·tri·cen·tric [pæ̀trəséntrik] 형 아버지 중심의

Pa·tri·cia [pətríʃə] 여 퍼트리셔(여자 이름).

pa·tri·cian [pətríʃən] 명 1 (일반적으로) 고위 인사; 귀족(aristocrat); 명문 출신 인사. 2 (고대 로마의) 귀족 ⓐ plebeian). 3 (로마 제국 말기(領)의 태수(太守), 총독. 4 (중세 독일·스위스·이탈리아 자유 도시의) 지배 계급, 귀족. ─ 형 1 귀족의, 고위의; 귀족적인, 귀족 특유의. 2 비민주적인, 전체적인. ~·ly 부 ~·ship 명

pa·tri·ci·ate [pətríʃièit, -ʃièt] 명U 귀족 계급; 귀족의 지위.

pat·ri·cide [pǽtrəsàid, péit-] 명UC 부친 살해 (행위, 범). ⓐ matricide ·cíd·al 형

Pat·rick [pǽtrik] 명 패트릭. 1 **Saint ~** 성(聖) 패트릭(A.D. 389?-461?: 아일랜드의 수호 성인). 2 남자 이름.

pa·tri·fo·cal [pǽtrəfóukəl] 형 아버지 중심의 (patricentric). [계의.

pat·ri·lat·er·al [pǽtrəlǽtərəl] 형 아버지 쪽의, 부

pat·ri·lin·e·age [pǽtrəlíniidʒ] 명 부계(父系).

pat·ri·lin·e·al [pǽtrəlíniəl] 형 부계(父系)(제)의; 부계주의의. ~·ly 부

pat·ri·li·ny [pǽtrəlàini, péit-] 명 부계 제도.

pat·ri·lo·cal [pǽtrəlóukəl] 형 (인류) 시집살이의, 시가(媤家)에서 사는. **-lo·cál·i·ty** 명

pat·ri·mo·ni·al [pǽtrəmóuniəl] 형 세습(재산)의; 조상 전래(傳來)의. ~·ly 부

patrimónial séa[wáters] 명 영해(領海).

pat·ri·mo·ny [pǽtrəmòuni/-mə-] 명UC 1 조상 전래의 재산, 세습 재산, 2 부모로부터 물려받은 것[성질], 유전, 전승(傳承). 3 〖집합적〗전재산, 전소유물. 4 교회[사찰]의 재산.

‡pa·tri·ot [péitriət, -ɑ̀t/pǽtriət] 명 1 애국자, 우국 지사(志士). 2 (P-) (군사) 패트리어트 미사일(~ missile)(미국 육군의 미사일 요격용 지대공 미사일).

pa·tri·ot·eer [pèitriətíər] 명 사이비 애국자.

*pa·tri·ot·ic [pèitriátik/pǽtriɔ́t-] 형 애국적인, 애국심이 강한. **-i·cal·ly** 부

*pa·tri·ot·ism [péitriətìzm/pǽt-] 명U 애국심, 나라 사랑. 형 local ~ 향토애.

Pátriots' Dày 명 (美) 애국의 날(1775년 Lexington 및 Concord에서의 전투 기념일; Massachusetts 주 및 Maine 주에서는 법정 휴일; 4월 19일).

pat·ri·po·tes·tal [pǽtrəpoutéstl] 형 (인류) 부권(제)(父權制)의.

pa·tris·tic [pətrístik] 형 (초기 기독교의) 교부(敎父)의; 교부의 유저(遺著)(연구)의, 교부학의. (또는 **patristical**) **-ti·cal·ly** 부 **-ti·cal·ness** 명

pa·tris·tics [pətrístiks] 명 =patrology 1.

Pa·tro·clus [pətróukləs/-trɔ́-] 명 《그리스 신화》 파트로클로스(Troy 전쟁에서 Hector에게 살해당했으나 친구인 Achilles가 그 원수를 갚았다).

*pa·trol [pətróul] 타 (-**ll**-) 1 (일정한 구역·도로 따위)를 순회하다, 순찰하다. 2 (거리를) 행진하다. ─ 명 1 척후(斥候), 순찰병; 순시인[대], 정찰병[대]; 순찰차, 초계기, 초계정. 2 U 순찰, 정찰, 순시, 패트롤.¶a ~ plane 초계기(哨戒機). 3 (보이 스카우트 등의 8명 내외의) 반, 분대. 4 (美) = wagon.
on patrol 순회[순찰]중; 초계중.
~·ler 명

patról bòat 명 순시선; 초계정.

patról bòmber 명 초계 폭격기.

patról càr 명 (경찰의) 순찰차. 「사) 정찰대장.

patról lèader 명 (보이스카우트의) 패트롤 반장(연

*pa·trol·man [pətróulmən/-mæ̀n] 명 (복 **-men** [-mən]) (美) 순찰 경관, 패트롤 순경; 순찰자, 순시인; (美) 자동차 순회 서비스원.

pa·trol·o·gy [pətrɑ́lədʒi/-trɔ́l-] 명 1 교부학(敎父學), 교부 문헌학. 2 교부 문헌집. **pat·ro·lóg·ic** [pæ̀trəlɑ́dʒik], **pàt·ro·lóg·i·cal** 형 **-gist** 명

patról wàgon 명 (美) 죄수 호송차(police wagon).

pa·trol·wom·an [pətróulwùmən] 명 patrolman 의 여성형.

‡pa·tron [péitrən] 명 (복 **~s** [-z]) 1 (상점·호텔 따위의) 단골 손님, 고객. 2 (예술·사업 따위의) 후원[지원]자, 보호자, 패트런, 장려자, 은인. 3 (로마 역사) (노예·속주 평민의) 보호자; 변호인. 4 (英) (관직의) 임명권 소유자. 5 (영국 국교회) 성직 임명권 소유자. 6 =~ saint. 7 (조합 따위의) 지부장. 8 (프랑스 등지의) 주인. ~·al 형 수호 성인의; 보호[후원]자의. ~·dom 명 ~·ly 형 ~·ness, ~·ship 명

pa·tron·age [pǽtrənidʒ, péit-/pǽt-] 명U 1 (상점·호텔 따위의 고객에 대한) 밀어주기, 애고(愛顧), 애용.¶Thanks for your ~. 매번 고맙습니다(단골 손님에게). 2 @(집합적) 단골 손님, 고객. b) 장사, 거래. 3 (예술가 등에 대한) 보호, 후원. 4 (英) (관직) 임명권, 서임권(敍任權); (그 권한 내에 있는) 관직. 5 (영국 국교회) 성직 수여권. 6 친절을 베풀기; 생색내기, 은인인 체하기.¶an air of ~ 생색내는 듯한 태도.
under the patronage of …의 후원[보호] 아래.

pa·tron·ess [péitrənis] 명 patron의 여성형.

pa·tron·ize [péitrənàiz, pǽt-/pǽt-] 타 ((英) **-ise**) 타 1 (상점 따위)를 단골로 삼다; …와 거래하다. 2 …을 후원[지원]하다, 보호하다, 장려하다. 3 …에게 생색내다, 생색내는 듯한 태도를 취하다.
-iz·a·ble 형 **-i·zá·tion, -iz·er** 명

pa·tron·iz·ing [péitrənàiziŋ/pǽt-] 형 은인인 체하는; 생색내는; 거만한. 2 보살피는, 후원하는, 역성을 드는. ~·ly 부

pátron sáint 명 (사람·토지·직업 등의) 수호 성인; (정당 따위의) 창시자; (美) 성직 임명권자.

pat·ro·nym [pǽtrəním] 명 =patronymic.

pat·ro·nym·ic [pæ̀trəními k] 형 (이름이) 부친(조상)의 이름에서 딴, (접두사·접미사가) 부친[조상]의 이름을 나타내는. ⓐ metronymic ─ 명 1 부친[조상]의 이름에서 온 이름(*MacDonald* (=son of Donald), *Johnson*(=son of John) 등). 2 성(姓). **-i·cal·ly** 부

pa·troon [pətrúːn] 명 (美역사) (네덜란드 통치시대의 New York 주 및 New Jersey 주에서 봉건적 특권을 가진) 지주(大地主).

pat·sy [pǽtsi] 명 (속어) 억울한 누명을 뒤집어쓰는 사람; 잘 속는 사람, 어수룩한 사람, 봉; 비웃음거리가

pat·ten [pǽtn] 명 나막신. 되는 사람.

*pat·ter[1] [pǽtər] 자 1 가볍게 두드리는 소리를 내다, (비 따위가) 후두득 내리다, 타닥타닥 소리를 내다.¶(~·ed 명) The rain ~*ed on* the zinc roof. 비가 양철 지붕 위에 후두둑 내렸다. 2 경쾌하게[빨리] 움직이다, 타닥타닥 달리다[걷다](*across*).¶(~·ed 명) He ~*ed across* the garden. 그는 뜰을 잔걸음으로 타닥타닥 가로질렀다. ─ 타 …에 타닥타닥[후두둑] 소리나게 하다, (물 따위)를 철벅철벅 튀기다. ─ 명 타닥타닥[후두둑] 하는 소리, 1 **the ~ of rain on the roof** 지붕을 후두득 때리는 빗소리.
the patter of little [or **tiny**] **feet** 어린아이의 아장

pat·ter² 图⑪ⓒ 1 (호객꾼·세일즈맨 등이 지껄이는) 빠른 말. 2 (어떤 직업·집단의) 변말, 은어(jargon). 3 (가요 속에 집어넣은) 빠른 말투의 삽입구; (희극 따위의) 빠른 말투의 대사; 마술사의 주문(呪文). 4 잡담.
— 图 (기도문·주문 따위를) 빠른 말투로 외다; (생각없이) 빠른 말투로 지껄이다; (속어) 은어로 말하다.
~**·er**, ~**·ist**

pat·ter³ 图 (톡톡) 가볍게 두드리는[치는] 사람[것], 가벼운 발소리를 내는 사람. ⇒PAT¹.

‡**pat·tern** [pǽtərn/pǽtən] 图 (~**s** [-z]) 1 모양, 무늬, 도안, 디자인. ¶ ~s of frost on the window-panes 유리창의 성에 무늬. (행동 따위의) 형, 방침, 패턴; 모형; (주형(鑄型)의) 원형, 금형(金型). ¶ a sentence ~ 문형(文型) / a paper ~ for a dress 드레스의 옷본 / a ~ of brain activity 두뇌 활동의 한 형 / a car of a new ~ 신형 자동차 / after the ~ of …식으로, …을 본따서. 3 (옷감 따위의) 견본. 4 본, 모범, 귀감(龜鑑). ⇒EXAMPLE 〖유의어〗¶ set a ~ 모범을 보이다 / She is a ~ of virtue. 그녀는 부덕(婦德)의 귀감이다. 5 (같은 것의) 되풀이, 반복. ¶ He has a ~ of arrests. 그는 여러 차례 체포된 경력이 있다. 6 〖형용사적〗 모범적인. ¶ a ~ father 모범적인 아버지. 7 (산탄(散彈)의) 탄흔(彈痕)의 모양. 8 〖美·드물게〗 한 벌치의 옷감.
— 图 (~**s** [-z]) ㉠ 1 (형·본을 따라) …을 만들다 (after, on, upon). ¶ (~ + 目 + 前 + 名) ~ one's conduct on [or after] that of another 남의 행동을 본받아 행동하다 / Her dress was ~ed upon the latest fashion. 그녀의 드레스는 최신형을 따라 지어졌다. 2 …에 무늬를 넣다[박다](with). 3 〖英방언〗 …을 흉내내다. ⓐ 본받다; 형을 모방하다[이루다].
~**·a·ble**, ~**ed**, ~**·less**, ~**·like**, ~**·y** 图

páttern bàrgaining 图 (노사 협상에서 모델로 삼는) 단체 협약 모델.

páttern bòmbing 图 융단 폭격(carpet bombing), 패턴 폭격. ⓐ area bombing

pat·tern·er [pǽtərnər] 图 패터너(기성복 따위의 형지(型紙)를 만드는 전문직). ⓐ patternmaker

páttern glàss 图 패턴 글라스, 장식 문양이 있는 유리 제품.

pat·tern·ing [pǽtərniŋ/-tən-] 图 1 패터닝, 도안, 디자인, 장식. 2 (무용·체조의) 동작 패턴. 3 〖의학〗 뇌손상·신체 장애자에게 행하는 손발의 근육 운동 회복을 위한 물리 요법. 4 〖사회학〗 (관습 따위의) 양식.

pat·tern·ize [pǽtərnàiz/-tən-] 图㉠ …을 형(型)에 맞추다; 정형화하다.

pat·tern·mak·er [pǽtərnmèikər] 图 (주형)의 원형 제작자; (직물·자수의) 도안가. 「(식 학습).

páttern práctice 图 (외국어 학습에서) 문형 연습

páttern recognìtion 图 〖컴퓨터〗 패턴 인식(문자·도형·음성 등의 패턴을 자동 식별하는 일). 「[소].

páttern ròom [shòp] 图 (주물의) 원형 제작실

pátter sòng 图 (희가극 따위에서) 빨리 부르는 익살스러운 노래.

Pat·ton [pǽtn] 图 George Smith ~ 패튼(1885–1945: 미국의 장군; 전차[기갑] 군단을 지휘).

pat·ty [pǽti] 图ⓤⓒ 패티, 작은 파이; 파이 껍질.

Pat·ty [pǽti] 图 패티(여자 이름; Patricia의 별칭). (또는 **Pattie**).

pat·ty-cake [-kèik] 图 = pat-a-cake.

pátty mèlt 图 〖美〗 패티멜트(쇠고기 patty에 치즈를 얹어 구운 것; 빵에 얹어 먹는다).

pátty pàn 图 (patty를 굽는) 냄비, 과자 굽는 냄비.

pat·u·lin [pǽtjulin, -tʃu-] 图ⓤ 파툴린(항생 물질의 일종; 감기약).

pat·u·lous [pǽtʃuləs/-tju-] 图 열린; 입을 크게 벌린; 〖식물〗 (가지 따위가) 퍼진. ~**·ly** 图 ~**·ness** 图

patz·er [pɑ́:tsər, pǽt-] 图 체스가 서투른 사람.

P.A.U. Pan American Union(범미주(汎美洲) 연맹).

pau·ci·ty [pɔ́:səti] 图ⓤⓒ 소량; 소수; 부족, 불충분, 결핍.

Paul [pɔ:l] 图 1 Saint ~ 바울(?-A.D.67?: 예수의 사도; 신약 성서 중의 편지의 필자). 2 폴(남자 이름).

Pául Búnyan [-bʌ́njən] 图 〖美전설〗 폴 버니언 (미국 서북부의 벌목꾼들 사이에서 전해지는 힘이 장사인 거인 벌목꾼(lumberjack); 거인 장사.

paul·dron [pɔ́:ldrən] 图 (갑옷의) 견갑(肩甲).

Paul·ine¹ [pɔ́:lain, -li:n] 图 사도 바울(Paul)의.

Pau·line² [pɔ:lí:n] 图 폴린(여자 이름).

Paul·ist [pɔ́:list] 图 〖가톨릭〗 바울회(Missionary Society of St. Paul the Apostle(1858년 설립))의 수도자.

Pául Jónes 图 폴 존스(일정한 동작에 따라 파트너를 바꿔가는 댄스; 파트너 바꾸기).

paul·low·ni·a [pɔ:lóuniə] 图 오동나무.

Pául Prý [-prái] 图 꼬치꼬치 캐기 좋아하는 사람. [〈영국의 작가 John Poole(1786–1872)의 동명 희극(1853)의 주인공 이름].

paunch [pɔ:ntʃ, pɑ:ntʃ] 图 1 위(胃), 배(belly). ⇒ STOMACH 〖유의어〗 2 올챙이배, 장구통배(potbelly). 3 (반추 동물의) 제1위(rumen). 4 〖해사〗 = ~ mat.
— 图 …의 배를 째다, 창자를 빼내다. ~**-ed**

páunch màt 图 〖해사〗 폰치 매트(무거운 것을 끌어 올기거나 마찰 방지를 위해 대는 매트[거적]).

paunch·y [pɔ́:ntʃi, pɑ́:n-] 图 올챙이배의, 장구통배의.
páunch·i·ness 图   [의.

pau·per [pɔ́:pər] 图 생활 보호 대상자; 빈민, 영세민; 〖법률〗 (소송 비용이 면제되는) 극빈자. 图 빈민의(을 위한), 극빈자의. ¶ ~ costs 〖법률〗 빈민을 위해 준비된 소송 비용. ~**·age**, ~**·dom**

pau·per·ism [pɔ́:pərizm] 图ⓤ 극도의 빈곤[빈궁] (상태); 〖집합적〗 빈민, 생활 보호 대상자.

pau·per·ize [pɔ́:pəràiz] 图 (* 〖英〗 **-ise**) 1 …을 가난하게 하다, 극도로 궁핍케 하다. 2 …을 생활 보호 대상자로 지정하다. **-i·zá·tion, -iz·er** 图

paul·sal [pɔ́:zəl] 图 휴지(休止)의; 단락을 짓는.

‡**pause** [pɔ:z] 图 (图 **paus·es** [-iz]) 1 (이야기·행동 따위의 일시적) 중지, 휴지(休止), 중단, 끊김. ¶ make a ~ in one's talk 이야기를 잠시 중단하다. 2 지체; 망설임 (hesitation); 중단된 사이. 3 휴지, 단락, 구두(句讀) (점). 4 〖운율〗 휴지. 5 〖음악〗 연음(延音)(기호)(⌒ 또는 ♩). 〖컴퓨터〗 (프로그램 실행의 일시적) 중지.
come to a pause 끊어지다.
give [or ***put***] ***pause to*** *a person*; ***give*** [or ***put***] *a person* ***(a) pause*** (놀람·의심 따위가) (남)을 망설이게 하다, 잠시 중단시키다.
in [or ***at***] ***pause*** 중지[휴지]하여, 주저하여.   「리다.
make [or ***have, take***] ***a pause*** 잠시 쉬다, 한숨 돌
without pause 주저하지 않고.
— 图 (**paus·es** [-iz]; ~**d; paus·ing**) ㉠ 1 휴지하다, 한숨 돌리다 (⇒STOP 〖유의어〗); 끊기다, 기다리다 (for). ¶ ~ for breath 한숨 돌리다 / She ~d for his answer. 그녀는 그의 대답을 기다렸다. 2 한동안 멈추다, 주저거리다; 구러리다, 머뭇거리다 (on, upon). ¶ (~ + 前 + 名) ~ upon a word 말이 막혀 머뭇거리다. 3 〖음악〗 (음을) 계속하다, 끌다 (on, upon). ¶ ~ on the high note 높은 음을 길게 끌다. —ⓐ …을 멈추게 [쉬게] 하다; (남)을 머뭇거리게 하다.
~**·ful** 图 ~**·less** 图 ~**·less·ly** 图 **páus·er** 图

pav·age [péividʒ] 图ⓤ 포장세(稅); 도로 포장 (공사).

pa·vane [pəvǽn, -vɑ́:n/pǽvən] 图 파반(16세기에 유행했던 우아한 춤); 그 음악. (또는 **pavan, pavin**)

Pa·va·rot·ti [pæ̀vəróuti/-rɔ́t-] 图 Luciano ~ 파바로티(1935– : 이탈리아의 오페라 가수; 테너).

‡**pave** [peiv] 图ⓐ (~**s** [-z]; ~**d; pav·ing**) 1 (도로 따위)를 포장하다. ¶ (~ + 目 + 前 + 名) ~ a street *with*

asphalt 아스팔트로 도로를 포장하다. **2** 《비유적》 …을 덮다, …으로 가득 차다(*with*). ¶a career ~*d with* honors 명성으로 가득찬 생애.
be paved with gold 성공[입신 양명]이 보장되다.
pave the way for [or ***to***] ⇨WAY[1].
— [명] 《美방언》 포장 도로.
pa·vé [pəvéi/pǽvei] [명] **1** =pavement. **2** [U] (금속 바탕이 보이지 않을 정도로) 보석을 촘촘히 박기. 〔<F〕
‡**pave·ment** [péivmənt] [명] 포장 도로; [U] 포장면; 포상(鋪床); 포장 재료; 《英》 보도, 인도.
hit the pavement 《英속어》 ① …에서 쫓겨나다. ② 해고되다. ③ 거리로 나서다. 「버림받아.
on the pavement 거리를 걸어서; 잠자리가 없어,
push the pavement 《英속어》 노점 행상을 하다.
pávement àrtist [명] 《英》 거리의 화가; 거리의 초상 화가(《美》 sidewalk artist).
pávement lìght [명] =vault light.
Pave Paws [péiv pɔ́:z] [명] 〔美공군〕 페이브 포즈 (해상에서 발사된 탄도탄을 탐지하는 레이더 시스템). 〔<*P*recision *A*cquisition of *V*ehicle *E*ntry, *P*hased *A*rray *W*arning *S*ystem〕
pav·er [péivər] [명] 도로 포장 인부[기계]; 도로 포장용 돌[벽돌], 도로 포장 재료; 콘크리트 믹서.
‡**pa·vil·ion** [pəvíljən/-liən] [명] (복 ~***s*** [-z]) **1** 대형 천막. **2** (박람회장 따위의) 전시관, 가설[특설] 건축물(휴게소·각종 흥행장 따위); (야외 경기 따위의) 관람석, 선수석; (공원 등의) 정자; (여름철 바닷가의) 임시 숙박 시설. **3** (대건축물에서 돌출한) 장식적 구조물; (병원의) 별관 병동. **4** 브릴리언트 컷을 한 보석의 아랫 부분(girdle과 culet의 중간 부분). **5** 《문어》 닫집, 천개(天蓋)(canopy). **6** 〔해부〕 외이(外耳), 귓바퀴. — [동][타] …을 대형 천막에 수용하다; …을 대형 천막으로 덮다; …에 대형 천막을 치다. 「形) 지붕.
pavílion ròof [명] 〔건축〕 (피라미드 모양의) 방형(方
pav·in [pǽvən] [명] =pavane.
pav·ing [péiviŋ] [명][U] 도로 포장 (공사); 포장 재료; 포장 도로, 포도. — [형] **1** 포장(용)의. **2** 예비[준비]의.
páving brìck [명] 포장용 벽돌.
páving stòne [명] (포장용) 석재(石材), 포석(鋪石).
pav·ior, 《英》 **-iour** [péivjər] [명] =paver.
pav·is(e) [pǽvis] [명] 〔역사〕 (중세의 전신을 가리는) 큰 방패. **-is·er, -i·sor** [명]
Pav·lov [pǽvlɑv, -lɔ:f/-lɔv] [명] **Ivan Petrovich** ~ 파블로프(1849–1936: 러시아의 생리학자).
Pav·lov·i·an [pævlóuviən/-lɔ́v-] [형] 파블로프(학설)의, 조건 반사(설)의.
Pavlóvian condítioning [명] 조건 반응[반사].
Pa·vo [péivou] [명] 〔천문〕 공작(孔雀)자리.
pav·o·nine [pǽvənàin, -nin] [형] 공작의[같은], 공작의 목이나 꼬리 같은 색깔의, 무지개 색깔의.
‡**paw**[1] [pɔ:] [명] (복 ~***s*** [-z]) **1** (발톱이 있는 동물의) 발(참 hoof). **2** (일반적으로) 동물의 발(foot). **3** 《구어》 (사람의) 손. ¶Go and wash those ~*s* before dinner. 밥 먹기 전에 손을 씻고 오너라. **4** 《구어》 필적.
— [동] (~***s*** [-z]) [타] **1** …을 발로 긁다[치다]; (말 따위가) 앞발로 …을 차다[긁다]. **2** …을 거칠게[서투르게] 다루다; (여성에게) 손을 대다, 마음놓고 만지다(*about, around*). — [자] (말 따위가) 앞발로 땅을 차다; 거칠게[서투르게] 다루다(*at*).
paw[2] [명] 《구어》 아버지(father, pa).
pawk·y [pɔ́:ki] [형] 《英》 간교한, 교활한, 약삭빠른; 익살맞은. **páwk·i·ly** [부] **páwk·i·ness** [명]
pawl [pɔ:l] [명] (깔쭉 톱니바퀴(ratchet wheel)의 역회전을 막는) 멈춤쇠, 멈춤쇠. — [동][타] 〔깔쭉 톱니바퀴〕를 멈쇠[멈춤쇠]로 세우다.
***pawn**[1] [pɔ:n] [동][타] …을 저당잡히다, 담보로 넣다; …을 걸다; …을 걸고 맹세하다(pledge). ¶~ one's honor [life] 명예[생명]를 걸다.
pawn one's word 언질을 주다.
— [명][U] 전당(잡힌 상태); 저당물, 담보물; 인질.
at [or ***in***] ***pawn*** 저당[전당]잡혀.
give [or ***put***]***…in pawn*** 저당잡히다.
take [or ***get, redeem***] ***out of pawn*** 저당물을 찾아내다.
∠·a·ble [형]
pawn[2] [명] 〔서양장기〕 폰, 졸(卒); (남의) 앞잡이.
pawn·age [pɔ́:nidʒ] [명] 저당잡히기, 입질(立質).
pawn·bro·ker [pɔ́:nbròukər] [명] 전당포 (주인).
pawn·bro·king [pɔ́:nbròukiŋ] [명][U] 전당업.
paw·nee [pɔ:ní:] [명] 저당을 잡는 사람, 질권자(質權者).
Paw·nee [명] (복 ~(***s***)) 포니족(族)(북미 인디언의 일족); [U] 포니어(語). — [형] 포니족[어]의. 「pawnor)
pawn·er [pɔ́:nər] [명] 저당잡히는 사람. (또는
pawn·shop [pɔ́:nʃɑ̀p/-ʃɔ̀p] [명] 전당포(hockshop).
páwn tìcket [명] 전당표.
paw·paw [pɔ́:pɔ̀:] [명] **1** =papaw. **2** =papaya.
pax [pæks, pɑ:ks] [명] **1** 〔가톨릭〕 성상패(聖像牌)(중세 때 미사에서 사제나 신자가 입을 맞추었던 성상이 그려진 패). **2** 〔교회〕 평화의 인사; 친목의 입맞춤. **3** (P–) 〔로마 신화〕 평화의 여신. **4** (종종 P–) (강대국의 힘으로 유지되는) 평화 시기[체제]. ¶*P*– Atomica 핵억지력으로 유지되는 평화. **5** [U] 《英학생 속어》 친구; 우정. — [감] 《英학생 속어》 그만둬!, 조용히 해! 〔<L peace〕
PAX 〔전화〕 *p*rivate *a*utomatic e*x*change(사설 자동 교환대). 「평화.
Páx Americána [명] 미국(의 힘)에 의해 유지되는
Páx Británnica [명] (19세기의) 영국(의 힘)에 의해 유지되는 평화.
Páx Ro·má·na [-rouméinə] [명] **1** 고대 로마 제국 지배하의 평화. **2** 강대국 지배에 의한 평화; 불안한 평화. **3** 국제 가톨릭 학생 연맹. 「(neck ligament).
pax·wax [pǽkswæks] [명] 《英방언》 경인대(頸靭帶)
‡**pay**[1] [pei] [동] (~***s*** [-z]; ***paid***) [타] **1** 〔채무 따위〕를 상환하다, 갚다; 청산하다. ¶~ one's debts 빚을 갚다. **2** 〔대금·경비·비용·보수 따위〕를 지불하다, 치르다(*for*). ¶~ one's tailor 양복점에 옷값을 지불하다/be highly *paid* 많은 봉급을 받고 있다// (~+[目]+[前]+[名]) How much did you ~ *for* your watch? 시계 값으로 얼마를 치렀습니까?// (~+[目]+[目]) I *paid* him ten dollars. =I *paid* ten dollars *to* him. 나는 그에게 10 달러를 지불했다. **3** 〔사람〕에게 돈을 주어 …시키다(*to do*). ¶~ a hitman *to* kill her 살인 청부업자를 고용해 그녀를 살해하다. **4** …에게 도움[이익]을 (가져다) 주다; 보답[보상]이 있다; …의 벌이가 되다. ¶poorly *paid* work 별로 벌이가 안 되는 일거리/Submission will ~ you better. 복종하는 것이 너에게 이로울 것이다/This job ~*s* $400 a week. 이 일은 1주일에 400달러의 벌이가 된다// (~+[目]+[前]+[名]) Nothing can ~ him *for* his pains. 어떤 것으로도 그의 노고는 보상될 수 없다. **5** 〔은혜·원한 따위〕에 대갚음[보답]하다, 앙갚음하다, 보복하다; …을 혼내주다, 벌주다(*back, off,* 《英》 *out*)(*with*). **6** 〔주의·존경 따위〕를 기울이다, 표시하다; 〔방문 따위〕를 하다. ¶ (~+[目]+[前]+[名]) ~ attention *to* …에 주의하다/~ court *to* 〔여자〕에게 구애하다, 구혼하다. **7** 〔해사〕 〔밧줄〕을 늦추어 풀어주다(*out, away*).
— [자] **1** 돈 따위를 지불하다, 돌려주다; 빚을 갚다(*for*). ¶~ in full 전액을 지불하다. **2** 이익이 되다, 수지맞다, 애쓴 보람이 있다, 보답을 받다. ¶Honesty ~*s*. 정직해서 손해날 것 없다/This work doesn't ~. 이 일은 수지가 안 맞는다. **3** (…의) 대갚음[벌]을 받다, 대가를 치르다(*for*).
have the devil to pay 끔찍한 일을 당하다; 혼이 나다.
hell to pay ⇨HELL. 「영수함.
Paid with thanks. (영수증 따위에서) 대금 정히
pay as you go ① (외상이 아니고) 현금으로 지불하다; 빚을 지지 않고 해나가다. ② 세금을 원천 납부하

다. [참] pay-as-you-go
pay a visit [or ***call***] 방문하다.
pay away ① …을 지출하다. ② ⇨[타] 7.
pay back ① …을 상환(償還)하다. ② 갚다, 앙갚음하다. ⇨[타] 5. ¶ ~ a person *back* in his own coin 똑같은 방법으로 보복[앙갚음]하다. ③ 빌린 것을 돌려주다.
pay down ① …을 맞돈으로 지불하다. ② (월부 따위의) 계약금을 지불하다.
pay for ① 대금을 지불하다; 빚을 갚다. ② 〔손해 따위〕를 입다; 보복당하다, 벌을 받다. ¶ You shall ~ *for* it. 언젠가는 이 일로 혼날 줄 알아라.
pay for itself 채산[수지]이 맞다.
pay home 《고어》 …에 실컷 보복하다, 실컷 화풀이하다.
pay in (은행 따위에) 〔돈〕을 납입하다; 예금[기부]하다.
pay off ① 〔빚 따위〕를 전액 갚다, 청산[완불]하다. ② 〔남〕에게 급료를 청산해 주고 해고하다. ③ …에게 복수하다. ④ 〔해사〕 (배가) 바람 불어가는 쪽으로 향하다; 뱃머리를 바람 불어가는 쪽으로 돌리다. ⑤ 《구어》 소기의 성과가 나다, 잘 되어가다. ⑥ 《구어》 〔사람〕을 매수하다; 〔협박자 따위〕에게 입막음하기 위해 돈을 주다. ⑦ 뇌물을 주다.
pay *one's* ***college*** 고학해서 대학을 졸업하다.
pay *one's* [or ***its***] ***way*** 빚지지 않고 해나가다; 자활하다, 자기 몫을 내다; 수지가 맞다. ¶ The shop ~*s its way*. 그 가게는 수지를 맞추고 있다.
pay out ① …에게 앙갚음하다, 혼내주다. ② …을 지불[지출]하다. ③ 〔해사〕 =*pay away* ②.
pay over (…에) 돈을 건네다[치르다] (*to*).
pay the debt of nature; pay *one's* ***debt to nature*** 죽다.
pay through the nose ⇨NOSE.
pay up …을 완전히 갚다; 〔주(株)의 대금〕을 전액 납입하다.
What's to pay? 《구어》 어찌 된 거야?
— [명][U] **1** 지불(payment), 지출; 납입, 불입. ¶ ~ at sight [on demand] 〔상업〕 일람[청구]불. **2** 보수, 급료, 임금. ⇨SALARY [유의어] ¶ full ~ 본봉, 전액 봉급 / half ~ 휴직[반액] 봉급 / draw one's full ~ 봉급 전액을 받다. **3** (지불 능력·신용도 따위에서 본) 지불자; 지불 능력. **4** 고용. **5** 보상(報償), 벌; 보복, 앙갚음(requital). **6** (경제성이 있는) 금광(金鑛)[석유 부존층].
be good [***bad***] ***pay*** 지불이 좋다[나쁘다].
in the pay of (종종 나쁜 뜻으로) …에 고용되어.
without pay 무보수로.
— [형] **1** 동전을 넣어 사용하는; 유료의. ¶ a ~ telephone (동전 투입식) 유료[공중] 전화 / a ~ toilet 유료 화장실. **2** 자비(自費)의. ¶ a ~ student 자비 학생. **3** (지질·지층이) 채광상 유리한, 채산이 맞는.

pay² [동][타] 〔해사〕 …에 타르나 피치 따위를 바르다.

***pay·a·ble** [péiəbl] [형] **1** 지불[변제]해야 할. ¶ a bill ~ 지급 어음 / ~ on demand 청구불의. **2** 지불 가능한. **3** (광산·투자 따위가) 유리한, 이익이 나는. **4** 〔법률〕 지불해야 할, 지불 만기가 된; 갚을 수 있는. — [명] 지불액; (~s) (기업의) 지불 채무[계정], 외상 매입금, 미불금. ~·ness [명] -bly [부] 유리하게.

pay-as-you-earn [ˊəzjuə́ːrn] [명][U] 《英》 원천 과세 (제도)(약 PAYE).

pay-as-you-en·ter [ˊəzjuéntər] [명][U] 승차와 동시에 요금을 지불하는 방식(약 PAYE).

pay-as-you-go [ˊəzjugóu] [명] 《美》 **1** 현금 지불 (방식). **2** (소득세의) 원천 과세 (제도). — [형] 현금 지불의; 원천 과세[징수]의. ¶ a ~ plan 현금 지불주의; 원천 징수 방식.

páy-as-you-sée tèlevision [ˊəzjusíː-] [명] 유료 TV(pay television).

pay·back [péibæ̀k] [명] **1** 원금[자본] 회수. **2** (투자에 대한) 환급금, 환불금. **3** 대갚음, 보복. — [형] 환불[급]의; 원금 회수의; 보복의.

páyback agréement [명] 〔경영〕 환불 계약(신입 사원이 단기 근무 퇴직시 대체 사원 채용 비용의 환불 계약).

pay·bed [péibèd] [명] 《英》 (병원의) 유료 베드.

Páy Bòard [명] 《美》 (정부의) 임금 사정 위원회.

pay·book [péibùk] [명] 《美군사》 개인 급료 지불부.

páy bòost [명] 급료 인상.

pay·box [péibɑ̀ks/-bɔ̀ks] [명] 《英》 =box office 1.

pay-by-phone [ˊbaifóun] [명][형] 전화 대체(對替)(의)(전화·컴퓨터를 이용한 예금의 이체).

páy cáble [명] 《美》 유료 유선 TV 방송.

pay·check [péitʃèk] [명] 《美》 급료 지불 수표; 급료, 봉급.

páy clàim [명] 임금 인상[지불] 요구; 실업 보상 요구.

pay·day [péidèi] [명][U][C] **1** 지불일; 급료[봉급]일. **2** 《英》 (증권 거래소의) 청산일(settling day).

páy dìrt [***gràvel***] [명] 유망한 광맥; 《美구어》 노다지, 횡재; 성공, 부(富).
hit [or ***strike***] ***pay dirt*** 《구어》 노다지를 찾아내다, 횡재하다; 《구어》 기본적 사실을 파악하다.

PAYE *pay-as-you-earn*; *pay-as-you-enter*(입장[승차]시 요금 지불 방식).

pay·ee [peiíː] [명] (어음·수표 따위의) 수취인.

páy ènvelope [명] 급료[봉급] 봉투.

pay·er [péiər] [명] 지불인; (어음 따위의) 지불인.

pay-for-knowl·edge [ˊfərnɑ́lidʒ/-nɔ́l-] [명] 〔경영〕 성과급제(기술 숙련도·작업량 등을 기준으로 하는 임금 제도).

páy gràde [명] 〔군사〕 (군인의) 급여 등급.

pay-in [ˊìn] [명] 납입; 예금, 계좌 입금.

pay·ing [péiiŋ] [형] **1** (돈을) 지불하는. ¶ a ~ teller (은행의) 지불 담당원. **2** 돈이 벌리는, 이익이 나는(profitable). **3** 지불의. ¶ a ~ book 지불장.

páying guèst [명] (특히 여염집의) 하숙인.

páy·ing-in bòok [-ín-] [명] 《英》 예금 입금장, 예금 입금표철.

páying-ín slìp [명] 《英》 =deposit slip.

pay·load [péilòud] [명] **1** 유료 하중(荷重)(화물·승객 따위 운임 수입의 대상이 되는 것). **2** (기업의) 임금 부담, 인건비. **3** 유도탄의 탄두; 그 폭발력. **4** (우주선의) 적재물(관측기기와 승무원 따위).

pay·load·er [péilòudər] [명] 페이로더(가동식 수직 블레이드나 동력 삽이 달린 견인차).

páyload spècialist [명] **1** 우주 실험 전문가(우주선에 탑승하는 실험 전문가). **2** 화물 수송 전문가.

pay·mas·ter [péimæ̀stər/-mɑ̀ːs-] [명] 봉급 지불 담당원; 회계 담당원; 〔군사〕 경리관(약 P.M.).

páymaster géneral [명] (복 **-s g-**) 《英》 재무부 국고 국장; 《美》 해군[육군] 경리감. 약 PMG

‡**pay·ment** [péimənt] [명] **1** [U][C] 지불, 납부, 납입. ¶ advance ~ 선불 / part [*or* partial] ~ 일부 지불. **2** 지불 금액, 지급물. **3** [U][C] 상환; (…에 대한) 보수(reward), 보상(*for*). **4** (~s) 《구어》 국제 수지. **5** [U] (…에 대한) 보복, 앙갚음, 징벌(*for*).
in payment for …의 지불[보수]에[로서].
make payment 지불하다, 납부하다.
payment by results 능률급.
payment in advance [***part***] 선불[일부 (분할) 지불].
payment in [or ***at***] ***full*** 전액 지불[청산], 완불.
payment in installments [or ***on account***] 분할 지불.
payment in kind 현물 지불.
suspend [or ***stop***] ***payment*** 지불을 정지하다.

páyment bìll [명] 〔상업〕 지불 어음.

Paym. Gen. *Paymaster General*.

pay·mis·tress [péimìstris] [명] 여성 급료 지급 담당, 여성 경리 부장[과장].

pay·nim [péinim] [명] 《고어》 이교도; 회교도; 이교국[회교국].

pay·off [péiɔ̀ːf/-ɔ̀f] [명] **1** (급여·빚·외상값 따위의) 지불. **2** 지불일, 봉급날, 납입일. **3** (일련의 사건·행위·상황 따위의) 결말, 매듭; 결정적 사실[요소]. **4** 《구어》 (이야기 따위에서) 결정적 고비, 클라이맥스. **5** 보수, 대가; 보답, 앙갚음; (해고 때 주는) 급료, 퇴직금. **6** (도박의) 상금, 지불금; (도박 따위의) 이익, 벌이; 이익[장물]의 분배. **7** 《美구어》 뇌물, 입막음 돈, 「급행료」. **8** 《속어》 미끼(사기) 도박, 야바위. ── 형 (계획 따위가) 마지막에 결과를 낳는; 결정적인.

páyoff màn 명 《속어》 사기꾼, 야바위꾼; (범죄 조직의) 경리 (장부) 담당자. 금고직이. 「이트; 중회.
pay·o·la [peióulə] 명 《美구어》 뇌물(bribery), 리베
pay·out [péiàut] 명 **1** 지불, 지출; (투자의) 회수. **2** 지불[지출]금; 배당금, 상금.
payout ràtio 명 《증권》 배당 성향, 배당금 분배율.
páy pàcket 명 《英》 =pay envelope.
pay-per-use [´pəːrjúːs] 명형 이용 회수(시간)제 (요금)(의). ¶on a ~ basis 이용 회수[시간]제 요금으로.
pay-per-view [´pəːrvjúː] 명형 (TV) 프로그램별 시청료 납부 방식 《약 ppv, PPV》(의).
páy phòne 명 =pay station.
páy ràise 명 임금[급료] 인상. (또는 **páy bòost**)
pay·roll [péiròul] 명 (종업원의) 급료 지불 명부; (종업원의) 급료 지급 총액; 종업원 명부[총수].
on [off] the payroll 고용되어[실직해서].
── 동 …에 자금[보조금]을 지급하다.
páyroll còst 명 인건비, 「생활자, (특히) 공무원.
pay·roll·er [péiròulər] 명 《구어》 임금 노동자, 봉급
páyroll tàx 명 《美》 지급 급여세《종업원에게 지급된 임금·급여 총액을 기초로 고용주에게 과하는 세금》.
pay·sage [peisáːʒ, peizáːz] 명 경치, 풍경, (특히) 전원 풍경; 풍경화. **-sag·ist** 명
páy shèet 명 《英》 급료 지불(명부)(payroll).
páy slíp 명 봉급 명세표.
páy stàtion 명 공중 전화 (박스)(pay phone).
payt., pay't payment.
páy télephone 명 =pay station.
páy télevision 명 =pay-TV. 「호음.
páy tòne 명 (유료 전화의) 요금 추가 지시 신
pay-TV [´tiːvíː] 명U 유료 TV (프로)(fee-vee).
páy wing 명 《美속어》 투수의 공 던지는 팔.
Paz [pɑːs, pɑːz] 명 **Octavio ~** 파스《1914-98: 멕시코의 시인·비평가; 노벨 문학상(1990)》.
pa·za·za [pəzéezə] 명 《美속어》 =piazza.
pa(z)·zazz [pəzéez] 명 《美속어》 =pizazz.
Pb 기호 《화학》 lead. 〔〈L *plumbum*〕 **PB** 《물리》 *p*article *b*eam(입자 빔); *p*olice *b*ox; *p*ower *b*rakes; *p*rivate *b*rand(자가(自家) 상표). **p.b.** 《야구》 *p*assed *b*all(s). **P.B.** *p*assbook; 《라틴》 *Pharmacopoeia Britannica*(=*British Pharmacopoeia*)(영국 약전(藥典)); *P*lymouth *B*rethren; *p*ocket *b*ook; *P*rayer *B*ook. **PBAB** *P*lease *b*ring *a b*ottle. **PB & J** *p*eanut *b*utter *and j*elly (sandwich)(어린이용 점심 메뉴). **PBB** *p*oly*b*rominated *b*iphenyl. **PBEC** *P*acific *B*asin *E*conomic *C*ouncil(태평양 경제 협의회). **PBI** *p*lant *b*reeding *i*nstitute; 《英구어》 *p*oor *b*loody *i*nfantry(man). **pbk** *p*aper*b*ac*k*. **PBS** 《美》 *P*ublic *B*roadcasting *S*ervice(공공 방송 프로 제공 협회). **PBW** *p*article-*b*eam *w*eapon(입자 빔 무기). **PBX** *p*rivate *b*ranch e*x*change(구내 (전화) 교환 (설비)). **pc** *p*icocurie(s); 《천문》 *p*arsec.
PC [píːsíː] 명 《美해군》 고속 초계정. 〔〈*p*atrol *c*raft〕
PC *P*eace *C*orps; *p*ersonal *c*omputer; 《美》 *p*olitical *c*orrectness; 《美》 *p*olitically *c*orrect; 《전자》 *p*rinted *c*ircuit; *p*rofessional *c*orporation; *p*ublic *c*orporation. **pc.** *p*ica(s); *p*rice(s). **P/C, p/c** *p*etty *c*ash; *p*rice *c*urrent. **p.c.** *p*er*c*ent(age); *p*etty *c*ash; *p*ostal *c*ard; *p*ost*c*ard; 《라틴》 *post cibum*(=after eating [or meals])(처방전에서) 식후에). **P.C.** *P*anama *C*anal; *P*ast *C*ommander; 《美》 *P*olice *C*onstable; 《英》 *P*rince *C*onsort; 《英》 *P*rivy *C*ouncil [Councillor]; *p*rofessional *c*orporation. **PCA** 《약학》 *p*atient *c*ontrolled *a*nalgesia(자가 통증 조절법); *P*artnership and *C*ooperation *A*greement(EU·러시아) 제휴 협력 협정). **PCB** *p*oly*c*hlorinated *b*iphenyl; 《전자》 *p*rinted *c*ircuit *b*oard(인쇄 회로 기판).
PC bóard 명 《전자》 =printed board. 「조업자.
PC bráinmaker 명 PC용 중앙 연산 장치(CPU) 제
PC cárd 명 《컴퓨터》 PC카드 《노트북 컴퓨터용》. 《또는 **PCMCIA card**》.
PC-com·pat·i·ble [píːsìːkəmpǽtəbl] 명 《컴퓨터》 IBM PC 호환 기종.
PC-DOS [píːsìːdás/-dɔ́s] 명U 《IBM 컴퓨터용의》 MS-DOS. 〔〈*P*ersonal *C*omputer-*d*isk *o*perating *s*ystem〕
PCE *p*ersonal *c*onsumption *e*xpenditure(개인 소비 지출). **PCI** 《컴퓨터》 *p*eripheral *c*omponent *i*nter*f*ace(주변 구성 요소 인터페이스).
PC líteracy 명 《컴퓨터》 PC 사용 능력; 컴퓨터 관련 지식.
PCM *p*lug-*c*ompatible *m*anufacturer; 《통신》 *p*ulse-*c*ode *m*odulation. **PCMCIA** *P*ersonal *C*omputer *M*emory *C*ard *I*nternational *A*ssociation(개인용 메모리 카드 국제 협회; PC card 규격 제정 기구).
PC móvement 명 정치적 공정 운동, 차별[편견] (용어) 철폐 운동. 〔〈*p*olitically *c*orrect〕
PCP *p*enta*c*hloro*p*henol(방부제); *p*hen*c*yclidine *p*ill(합성 헤로인), (속어) 마약의 일종. **PCS** *p*un*c*h(ed) card *s*ystem(펀치 카드 방식); *p*ersonal *c*ommunications *s*ystem.
pct. 《美》 *p*er*c*en*t*. **PCV** 《자동차》 *p*ositive *c*rank*c*ase *v*entilation. **P.C.V.** 《英》 *P*eace *C*orps *V*olunteers(평화 봉사단). **Pd** 기호 《화학》 *p*alladium. **pd.** *p*ai*d*; *p*asse*d*; *p*oun*d*. **p.d.** 《라틴》 *per diem*(=by the day); *p*ort *d*ues; *p*osition *d*oubtful(위치 미상); *p*otential *d*ifference(전위차). **P.D.** 《라틴》 *per diem*; 《美》 *P*olice *D*epartment(경찰청); *p*ostal *d*istrict(우편구). **PDA** *p*ersonal *d*igital *a*ssistant(개인 휴대용 정보 단말기). **PDB** 《화학》 *p*ara-*d*ichloro*b*enzene; 《美》 *p*resident's *d*aily *b*riefing(대통령의 일일 정보 청취 회의). **PDF** 《컴퓨터》 *p*ortable *d*ocument *f*ormat(포터블 도큐먼트 방식). **pdl** *p*oun*d*a*l*. **PDL** *p*overty *d*atum *l*ine(빈곤선); 《컴퓨터》 *p*age *d*escription *l*anguage(페이지 기술(記述) 언어). **PDN** 《컴퓨터》 *p*ublic *d*ata *n*etwork. **PDP** 《전자》 *p*lasma *d*isplay *p*anel(플라스마 디스플레이 판: 벽걸이 TV용 영상 장치).
PDQ, pdq [píːdìːkjúː] 《美속어》 **1** 재빨리, 즉각. 〔〈*p*retty *d*amn(ed) *q*uick〕 **2** 몹시 귀여운, 앙증맞은. 〔〈*p*retty *d*amn(ed) *c*ute〕 〔*d*ividend *r*atio〕
P/D rátio 명 《증권》 주가(株價) 배당률. 〔〈*p*rice-
PDS 《컴퓨터》 *p*ortable *d*ocument *s*oftware.
PDT *P*acific *D*aylight *T*ime. **p/e, P/E** *p*rice-*e*arnings (ratio). **p.e.** *p*rinter's *e*rror. **P.E.** *p*etroleum *e*ngineer(석유 기사); *p*hysical *e*ducation; *p*ocket *e*dition; *p*otential *e*nergy; *p*residing *e*lder((감리 교회의) 장로); *p*rinter's *e*rror(오식); *p*robable *e*rror(확률 오차); *P*rotestant *E*piscopal.

‡**pea** [piː] 명 (복 ~s [-z]) **1** 완두, 완두콩; 완두의 모종(을 bean). ¶garden ~s 청대완두(완두의 껍질을 까서 말린 완두(수프용). **2** 완두 비슷한 것[식물]. **3** 콩알만한 (크기의) 것; 《속어》 (야구·골프의) 공. **4** 《濠구어》 (the ~) 우승이 유력한 말[사람]; 권력자.
(as) like [or *alike*] *as two peas (in a pod)* 꼭 닮은, 꼭 닮아.
(as) small as a pea 콩알만한, 아주 작은.
eat peas off one's knife 버릇없이 굴다.
not worth a pea 전혀 쓸모[가치]가 없는.
row of peas 거의 쓸모없는[무가치한] 것; 아주 소량.
── 형 완두콩 같은, 완두콩만한 크기의. 「head〕
pea·brain [píːbrèin] 명 《美속어》 바보. (또는 **pea-**

‡**peace** [piːs] 명U (종종 a ~) 1 평화, 태평, 평화로운 시기(상태) ¶armed ~ 무장 평화/a ~ advocate 평화론자. 2 강화, 화평; (보통 P-) 강화 조약. ¶with honor 명예로운 화평/The P- of Paris 파리 강화 조약. 3 화해; 친목, 화합 (with). ¶live in ~ with neighbors 이웃과 사이좋게 지내다. 4 (the ~) 치안, 질서, 안녕. ¶a breach of the ~ 치안 문란(방해)/a justice of the ~ 치안 판사/the king's (or queen's) ~ 〖英〗 국가의 안녕, 치안. 5 평온, 무사; 안심, 평안. ¶~ of mind 마음의 평안/~ of conscience (꺼림칙함이 없는) 양심의 편안함. 6 고요, 적막.
at peace 평화롭게; 안심하고; 의좋게 (with); 죽어.
be sworn of the peace 치안 판사로 임명되다.
break [or **disturb**] **the peace** 치안을 어지럽히다.
hold [or **keep**] one's **peace** 침묵을 지키다, 항의하지 않다.
keep the peace 치안을 유지하다.
leave a person **in peace** 남을 방해하지 않다, 조용히 놓아 두다.
let a person **go in peace** 남을 놓아[풀어]주다.
make one's **peace with** …와 화해하다.
make peace ① (…와) 화해하다. ② (…사이를) 중재하다 (between).
peace and quiet (소동 뒤의) 평온, 고요함.
peace at any price (영국 의회에서의) 절대 평화주[의].
Peace be with you! 무사하기를 빕니다!
Peace to his ashes [or **memory, soul**]! 그의 영혼이여 고이 잠드소서!
Rest in Peace. (묘비명) 편히 잠드소서(약 RIP).
smoke the pipe of peace 화해를 하다 (북아메리카 원주민이 화해할 때 함께 담뱃대를 피운 데서).
swear the peace against a person 남에게서 위해(危害)를 당할 염려가 있다고 선서하다.
―감 조용히 (해라), 입닥쳐; 안녕, 잘 가. ¶P- there! 이봐 조용히 해/Peace! 안녕히, 잘 가.

***peace·a·ble** [píːsəbl] 형 평화로운, 평화를 사랑하는; 온화한; 평온한. ⇨PACIFIC 유의어 **~ness** 명 **-bly** 부

peace·break·er [píːsbrèikər] 명 평화 교란자, 치안 방해자.

péace bròker 명 평화(평) 중개자.

péace cámp 명 평화 캠프(군비 증강 항의·반대를 위해 평화 운동 단체들이 군사 시설 밖에 치는 캠프).

péace cónference 명 평화 회담, 화평 회의.

Péace Còrps 명 (the ~) 평화 봉사단(미국 정부가 개발 도상국에 파견하는 청년 봉사 기구; 1961년 발족).

Péace Còrpsman 명 평화 봉사단 단원(Peace Corps volunteer).

péace dividend 명 평화 배당금, 군사비 삭감.

péace dòve 명 (구어) (공직자 중의) 평화주의자, (특히) 비둘기파 의원.

péace estáblishment 명 (군사) 평시 편제(平時編制).

péace fèeler 명 (외교 루트에 의한) 평화 탐색(타진, 공작).

‡**peace·ful** [píːsfəl] 형 (**more ~; most ~**) 1 평화로운, 평온한 (calm); 평화의. ⇨PACIFIC 유의어 ¶a ~ death 편안한 죽음. 2 평시의, 평화적인. ¶~ uses of atomic energy 원자력의 평화적 이용. 3 평화를 사랑하는. **~·ly** 부 **~·ness** 명

péaceful coexistence 명 평화 공존.

peace·keep·er [píːskìːpər] 명 조정자, 중재인 (mediator); 평화 유지군.

peace·keep·ing [píːskìːpiŋ] 명 평화 유지(특히 적대국 간의 휴전 상태를 국제적 감시에 의해 유지하는 일); (유엔군의) 평화 유지 활동. ―형 평화 유지의.

péacekeeping fórces 명복 (단수취급) (the ~) (특히 유엔의) 평화 유지군 (약 PKF).

péacekeeping operátions 명복 (특히 유엔의) 평화 유지 활동 (약 PKO).

peace·lov·ing [-lλviŋ] 형 평화 애호의, 우호적인.

peace·mak·er [píːsmèikər] 명 1 조정자(調停者), 중재자; (유엔) 평화 유지군; 중해 당사자. 2 〖美〗 (익살) 권총(revolver).

peace·mak·ing [píːsmèikiŋ] 명U 조정(調停), 중재; 화해. ―형 조정의, 중재의; 화해하는.

péace márch 명 평화를 위한 행진.

péace màrcher 명 평화 행진 참가자.

peace·mon·ger [píːsmʌŋgər, -màŋ-] 명 (美) (경멸적) (매명(賣名)을 노리는) 평화론자.

peace·nik [píːsnik] 명 (美속어) (경멸적) 반전(反戰) 운동가.

péace offénsive 명 평화 공세.

péace óffering 명 1 (신에 대한) 감사의 제물(←출애굽기(Ex.) 20 : 24). 2 화해의 선물.

péace ófficer 명 보안(치안)관, 경찰관.

péace pàct 명 =peace treaty.

Péace Péople 명 (가톨릭·프로테스탄트 양파로 이루어진) 북아일랜드 평화 운동의 하나.

péace píll 명 (美속어) LSD와 Methedrine을 혼합한 정제(錠劑) 또는 PCP(phencyclidine)정(錠).

péace pipe 명 =calumet.

péace sign 명 1 평화의 손짓(평화를 상징하여 손가락으로 표시하는 V자형). 2 =peace symbol.

péace stùdies 명복 (단수취급) 평화 연구, 평화학.

péace sýmbol 명 평화 반전의 심벌(평화와 반전의 심벌).

péace tàlks 명복 (美) 화평[평화, 휴전] 회담(협상).

peace·time [píːstàim] 명U 평(화)시. 형 wartime — 명 평(화)시의. ¶~ industries 평화 산업.

péace trèaty 명 평화[화평] 조약.

péace wòmen 명 (英) 핵무기 반대 여성 항의 집단.

[peace symbol]

‡**peach**¹ [piːtʃ] 명 (복수 **~·es** [-iz]) 1 복숭아, 복숭아나무 (~ tree). 2 U 복숭아빛. 3 (속어) 멋진 사람(것), 미인, 예쁜 소녀. ¶That's a ~ of a car. 그건 아주 멋진 차다.

peaches and cream (형용사적) ① 핑크 빛깔에 매끈한 (살결, 얼굴). ② 멋있는(굉장한) (사람, 것).
―명 복숭아빛; 복숭아 맛[냄새]의; 복숭아빛의.

peach² 자타 (속어) 밀고[배반]하다 (betray) (against, on, upon). ¶~ on him 그를 밀고하다.

péach blòom 명 =peachblow.

peach·blow [píːtʃblòu] 명U 1 연한 자주색. 2 (특히 중국의) 연한 자주색 유약(釉藥); 그 유약을 바른 도자기.

péach brándy 명 복숭아즙을 증류해서 만든 브랜디.

pea·chick [píːtʃìk] 명 새끼 공작.

péach Mél·ba [-mélbə] 명 피치 멜바(복숭아에 바닐라 아이스크림과 딸기잼을 얹은 디저트). (또는 **pêche Melba**)

Péach Stàte 명 미국 Georgia 주의 별칭.

péach trèe 명 복숭아나무.

peach·y [píːtʃi] 형 1 (색·모양이) 복숭아 같은. 2 (구어) (종종 비교의) 멋들어진, 훌륭한; 아름다운.

péa còal 명 조개탄.

‡**pea·cock** [píːkɑk/-kɔk] 명 (복 **~(s)**) 1 공작의 수컷(함 peahen), (일반적으로) 공작(peafowl). ¶a ~ in his pride or ~ in his train 꼬리를 활짝 편 공작새; 거만한 사람. 2 허영꾼, 겉치레꾼. 3 〖천문〗 (the P-) 공작좌.

(as) proud [or **vain**] **as a peacock** 의기양양하게, 아주 거만하게.

play the peacock 허세를 부리다, 으스대다.
―자 뽐내며 걷다, 허세를 부리다, 거만하게 굴다.
―타 (재귀용법으로) …을 자랑한다, 과시하다.
~·er·y 명 허영, 겉치레. **~·ish** 형 **~·ish·ly** 부 **~·ish·ness** 명 **~·like** 형

péacock blúe 명 (때로 a ~) (공작의 날개처럼) 윤이 나는 청록색.

péacock bútterfly 명 (곤충) 공작나비.

peacock ore 〖광물〗 =bornite.
Peacock Revolútion 〖명〗 남성의 멋내기 혁명(1960년대 남성들이 공작새처럼 몸치장을 한 데서).
Péacock Thróne 〖명〗 공작 왕좌(옛 이란 국왕의 왕좌).
péa cràb 〖명〗〖동물〗 속갈이게.
pea·fowl [piːfaul] 〖명〗 (~**s**) 공작(암수의 총칭).
peag(e) [piːg] 〖명〗 =wampum.
péa gréen 〖명〗 황록색(yellowish green).
pea·head [piːhèd] 〖명〗〖美속어〗 바보, 얼간이.
pea·hen [piːhèn] 〖명〗 공작의 암컷. 〖명〗 peacock
péa jàcket 〖명〗 (선원용) 두꺼운 모직의 짧은 상의.
‡**peak**¹ [piːk] 〖명〗 **1** (뾰족한) 산꼭대기, 봉우리(⇨TOP 유의어); 꼭대기가 뾰족한 산. ¶a ~ of a mountain 산봉우리. **2** 첨단, 뾰족한 끝. ¶the ~ of a roof 지붕 꼭대기. **3** (the ~) 절정, 최고점[도], 정점; 최대량, 최대 한도; (수요·교통량 따위의) 가장 많은 때, 피크. ¶reach one's ~ 최고[절정]에 이르다/at the ~ of the boom 호경기의 절정에서. **4** (시즌의) 활동 요금. **5** 〖물리〗 피크(급격한 부분적 중량(增量)의 최고 상승점). ¶a ~ voltage 피크 전압. **6** =widow's ~. **7** 바이저, 앞 챙. **8** [해사] (선수·선미의) 뾰족하고 좁은 끝부분; (세로돛의) 상부 바깥끝, 사형(斜桁)(gaff)의 바깥끝. **9** 갑(岬), 곶(cape).
 peaks and valleys 부침(浮沈), 성쇠(盛衰).
 ──〖동〗〖타〗 [해사] (활대·노 따위를) 세우다, (고래가) (꼬리를) 세우다. ──〖자〗 **1** 뾰족해지다, 우뚝 솟다. **2** 최고한도에 이르다. **3** (고래가) 꼬리를 세우다. 〔이다.
 peak out 정상[정점]에 이르다[이르러 하강 기미를 보 ──〖동〗 최고의, 최대의, 피크의. ¶the ~ year (통계상) 최고 기록의 해/at ~ periods 피크 때에.
peak² 〖동〗〖자〗 말라빠지다, 앙상하게 여위다.
 peak and pine (상사병 따위로) 수척해지다.
Péak Dístrict 〖명〗 (the ~) 피크 지방(잉글랜드 Derbyshire 주 북부의 연봉(連峰) 지대).
peaked¹ [piːkt, piːkid] 〖명〗 끝이 뾰족한, 머리[봉우리]가 뾰족한; (모자의) 앞챙이 있는.
peak·ed² [piːkid/piːkt] 〖명〗 야윈(thin), 초췌해진; 〖구어〗 허약한, 건강하지 않은. ~·**ly** ~·**ness**
peak expérience 〖명〗 (성자(聖者) 등의) 신비적 체험, 지고(至高) 체험 계시. 〔하는 시간.
péak hòur 피크 아워(전력 수요 따위가 최고에 달 **péak lòad** (발전소·철도·전신 등의) 일정 시간대 최대 가동량(수송량, 하중), 피크 부하(負荷).
péak sháving (공급 피크 때를 대비하여 비축함) 천연 가스의 일부 저장.
péak tíme 〖英〗 =prime time. 〔음.
peak·y¹ [piːki] 〖명〗 봉우리 같은, 뾰족한; 봉우리가 많 **peak·y**² 〖명〗 수척한; 쇠약해 보이는. ¶a ~ face 수척해진 얼굴. **péak·i·ly péak·i·ness**
*****peal** [piːl] 〖명〗 **1** 종소리; (대포·천둥 따위의) 울리는 소리, 굉음; (웃음 소리 따위의) 떠들썩한 소리. ¶a ~ of thunder [laughter] 천둥 울리는 소리[떠들썩한 웃음 소리]/The bell rings a joyous ~. 종소리가 즐거운 듯이 울려 퍼진다. **2** 연속적인 운율의 일련의 종소리; 종곡(鐘曲), 종악. ¶a wedding ~ 결혼식 종소리.
 in peal (종이) 선율을 타고, 가락을 맞추어.
 ──〖동〗〖타〗 (종 따위를) 울려 퍼지게 하다; (소문 따위를) 퍼뜨리다. ──〖자〗 울려 퍼지다, 크게 울리다.
pea·like [piːlàik] 〖명〗 완두콩 크기[모양]의; (꽃이) 나
pe·an [piːən] 〖명〗 〖美〗 =paean. 〔비 모양으로.
‡**pea·nut** [piːnʌ̀t, -nət/-nʌ̀t] 〖명〗 **1** 땅콩, 낙화생; 그 열매[콩]. **2** (속어) 시시한 사람[것]. **3** (~s) 〖美구어〗 아주 적은 금액, 푼돈. ¶work for ~s 푼돈을 벌려고 일하다. **4** (구어·부르는 말로) 여보, 당신(honey). ──〖명〗 **1** 낙화생의, 땅콩의; 땅콩으로 만든. **2** (속어) 얼마 안 되는, 시시한, 하찮은.
péanut áirline (운임이 싼 대신에 최소한의 기내 서비스를 하는 항공 회사).

péanut bríttle 〖명〗 (캐러멜 맛이 나는) 땅콩 캔디.
péanut bùtter 〖명〗 땅콩 버터; (속어) 강력한 검은 헤로인.
péanut gàllery 〖명〗 〖美속어〗 (극장의) 가장 싼 좌석; (속어·비유적) 시시한 비평을 하는 무리들.
péanut òil 땅콩 기름.
péanut pòlitics 〖명〗 〖美속어〗 비열한 술수.
péanut ròaster 〖명〗 〖철도〗 소형 기관차.
péa pàtch 콩밭.
 tear up the pea patch (美속어) 날뛰다.
pea·pod [piːpɑ̀d/-pɔ̀d] 완두 꼬투리; 완두 꼬투리 모양의 낚싯배.
‡**pear** [pɛər] 〖명〗 (~**s** [-z]) **1** 서양 배나무(~tree); 그 열매. **2** 서양배 비슷한 나무[열매]의 속칭(아보카도 따위). **3** (~s) 〖濠속어〗 여성의 젖(통이).
 not worth a pear 전혀 쓸모없는.
 ~·**like** 〔양의 캔디.
péar dròp 〖명〗 서양배 모양의 보석[펜던트]; 서양배 모
‡**pearl**¹ [pəːrl] 〖명〗 (~**s** [-z]) **1** 진주; (~s) 진주 목걸이; 진주층(層)(mother-of-~). ¶a seed ~ 작은 진주알/an artificial [or imitation] ~ 모조 진주/a culture(d) ~ 양식 진주. **2** 진주 같은 것(이슬·눈물·이 따위). ¶~s of dew 진주 같은 이슬. **3** (진주처럼) 귀중한 것; 전형, 정수, 정화. ¶a ~ among women 여성의 귀감이라 할 만한 여자. **4** 〖U〗 진주빛. **5** 〖U〗 〖인쇄〗 펄 활자(5포인트). **6** 〖의학〗 상피(上皮) 진주.
 cast [or throw] pearls before swine 돼지 앞에 진주를 던지다, 개발에 편자(←마태 복음(Matt.) 7 : 6).
 ──〖동〗〖타〗 **1** …을 진주로 장식하다, …에 진주를 박다. **2** …을 진주 모양[빛]으로 만들다. **3** (쌀·보리 따위를) 작은 알갱이로 만들다, 도정(搗精)하다, 대끼다. **4** (이슬 따위를 진주처럼) …에 붙이다. ¶Perspiration ~ed his brow. 구슬 같은 땀이 그의 이마에 맺혔다. ──〖자〗 **1** 진주를 채취하다. **2** 진주 모양[빛]이 되다.
 ──〖명〗 **1** 진줏빛의, 진주 같은; 진주를 박은; 진주 모양의. **2** (보리 따위가) 둥글고 작은.
 ~·**ish**, ~·**like**
pearl² 〖명〗 **1** =purl¹. **2** =picot.
pearl·ash [pəːrlæ̀ʃ] 〖명〗〖化〗 진주회(灰).
péarl bàrley 〖명〗 정맥(精麥)(수프용).
péarl blúe 〖명〗 엷은 회청색(灰靑色), 진줏빛.
péarl bùlb 〖명〗 젖빛[불투명] 전구.
pearl-but·ton [-bʌ́tn] 〖명〗 진주조개로 만든 단추.
péarl dìver 〖명〗 진주조개 채취 잠수부; (속어) 레스토랑의 접시닦이.
pearled [pəːrld] 〖명〗 **1** 진주로 장식한, 진주를 박은. **2** 진주 같은, 작은 알[구슬]이 된, 이슬이 맺힌. **3** 진주 같은(광택이 나는), 진줏빛의.
pearl·er [pəːrlər] 〖명〗 진주 채취자[선(船)].
pearl·es·cent [pəːrlésnt] 〖명〗 진주 광택이 나는, 무지개 빛으로 빛나는.
péarl éssence 〖명〗 진주정(精)(모조 진주 제조용).
pearl-fish·er [-fíʃər] 〖명〗 진주조개 채취업자. 〔장.
pearl-fish·er·y [-fíʃəri] 〖명〗 진주조개 채취[양식]
pearl-fish·ing [-fíʃiŋ] 〖명〗 진주조개 채취업.
péarl gráy 〖명〗 진주색(약간 푸른 빛을 띤 엷은 회색).
Péarl Hárbor 〖명〗 진주만(미국 Hawaii 주 Oahu 섬의 군항; 1941년 12월 7일 일본군의 기습 공격으로 태평양 전쟁 발발); 기습 공격, 갑작스런 대파괴(손실). ¶atomic ~s 핵 기습 공격. ──〖동〗〖타〗 (p- h-) …에 기습 공격을 가하다.
pearl·ies [pəːrliz] 〖명〗〖복〗 ⇨PEARLY 〖명〗 **1**.
pearl·ite [pəːrlait] 〖명〗 **1** 〖야금〗 펄라이트(ferrite와 cementite의 공석정(共析晶) 조직). **2** 〖암석〗 =perlite.
péarl làmp 〖명〗 젖빛[불투명] 전구.
péarl ònion 〖명〗〖식물〗 알이 진주만한 양파.
péarl òyster [shéll] 〖명〗 진주조개.
Péarl River 〖명〗 (the ~) **1** 펄 강(미국 Mississippi

(州) 중부에서 발원하여 멕시코 만으로 흘러든다). 2 = Zhu Jiang.

péarl wédding [명] 진주혼식(결혼 30주년 기념).
péarl whíte [명] 1 화장용 분의 일종. 2 (모조 진주 제조용) 진주 팽택의 물질. 3 진줏빛.
péarl·y [pə́ːrli] [형] 1 진주(층) 같은, 진줏빛의. 2 진주를 박은, 진주로 장식한. 3 진주가 나는. — [명] (英) 1 (보통 -ies) (호객 행상인의) 진주조개 단추로 장식한 옷; 그 단추. 2 호객 행상(활) ~ king [queen].
péarl·i·ness [명]
Péarly Gátes [명복] 1 (구어) (the ~) 천국의 문(진주로 된 천국의 열두 문)(← 요한계시록(Rev.) 21:21). 2 (p- g-) [명] (英속어) 이(teeth).
péarly kíng (英) 진주조개 단추의 왕(축제 따위에서 진주조개 단추로 장식한 옷을 입은 London의 호객 행상(costermonger); 여성은 pearly queen).
péarly náutilus [명] = nautilus 1.
péarly quéen (英) 「진주조개 단추의 여왕」.
⇒ PEARLY KING.
péarly whíte [형] 진주처럼 흰 광택이 있는. — [명] (~s) (속어) 흰 이(teeth). 「품종」.
pear·main [pέərmein/péə-] [명] 페어메인(사과의 한
pear-shaped [-ʃeipt] [형] 1 서양 배 모양의. 2 (성량이) 풍부한, 낭랑한.
peart [piərt, pəːrt] [형] (방언) 쾌활한, 씩씩한; 영리한(clever). ~·ly [부] ~·ness [명]
péar trèe [명] 서양 배나무.
Pea·ry [píəri] [명] Robert Edwin ~ 피어리(1856-1920; 미국의 탐험가; 최초로 북극점에 도달(1909)).
‡**peas·ant** [péznt] [명] 1 농부, 소작인, 농장 노동자 ((美) share cropper)((활) farmer). 2 (구어) 경멸적 촌뜨기; 촌 무지렁이. — [형] 1 농민의; 농민 특유의. 2 촌뜨기의; 무지렁이의. 3 (의상이) 민속풍의. ~·like [형]
Péasant Bárd [명] (the ~) 농민 시인(Robert Burns의 속칭). 「農」
péasant propríetor [fármer] [명] 자작 소농(小
peas·ant·ry [pézntri] [명] (the ~) (집합적) 소작인; 소작인(소농) 계급; 소작인의 신분[지위, 기질]; 촌스러움, 투박함.
pease [piːz] [명] pea의 복수형. ~·like [형]
péase·còd [píːzkɑ̀d/-kɔ̀d] [명] 완두콩 꼬투리.
péase púdding [명] (英) 콩가루에 계란을 섞어서 만든 푸딩.
pea·shoot·er [píːʃùːtər] [명] (콩을 쏘는) 장난감 총; (속어) 권총; (美군속어) 전투기의 파일럿.
péa sòup [명] 1 완두콩 수프. 2 (구어) (옛날 London의) 노란색 짙은 안개.
pea-soup·er [-súːpər] [명] 1 (英구어) = pea soup 2. 2 (캐나다 속어) 프랑스계 캐나다 사람.
peat¹ [piːt] [명] [U] 이탄(泥炭); [C] 이탄 덩이리.
peat² [명] (폐어) 귀여운 사람, 사랑하는 사람.
péat bòg [명] 이탄(습)지(地), 이탄 늪[습원].
péat·er·y [píːtəri] [명] 이탄지[늪]; 이탄 산지[채굴지].
péat hàg [명] 이탄을 파내는 장소.
péat mòor [명] = peat bog.
péat mòss [명] 이탄 이끼; (英) = peat bog.
peat-reek [-rìːk] [명] [U] 이탄 연기; (이탄을 연료로 하여 증류한 스카치 위스키의 향기).
peat·y [píːti] [형] 이탄질의, 이탄을 함유하는, 이탄 같은.
pea·vey [píːvi] [명] 갈고리의 일종(통나무를 굴릴 때 쓰는 두 갈래로 갈라진 갈고리). (또는 **peavy**)
‡**peb·ble** [pébl] [명] (복 ~s [-z]) 1 조약돌; 자갈. 2 [U] (가죽·종이 따위의) 자갈 무늬; 자갈 무늬 가죽(~ leather). 3 (안경용) 투명 수정(水晶); 수정 렌즈; (구어) 도수 높은 안경. 4 (광물) 마노(瑪瑙).
(**as**) **game as a pebble** 끈기 있는.
be not the only pebble on the beach 많은 사람[것] 중 하나에 불과하다; 특별한 사람[것]이 아니다.

— [명] [타] 1 (가죽·종이 따위)에 자갈 무늬를 넣다. 2 (조약돌)을 던지다. 3 (길 따위)를 자갈로 포장하다.
pébble dásh [명] (외벽·바닥 따위의) 자갈박이 모르타르 마무리. 「은 화약」.
pébble pòwder [명] (연소 속도가 느린) 알갱이가 굵
péb·ble·stone [péblstòun] [명] [U] [C] 자갈(류).
péb·ble·ware [péblwɛ̀ər] [명] [U] 페블웨어(잠색의 점토를 섞어서 구운 도자기; 푸른 빛에 얼룩이 있다).
peb·bly [pébli] [형] 1 자갈투성이의, 자갈이 많은; 자갈의. 2 (소리가) 귀에 거슬리는. 「病」. 〈F〉
pe·brine [peibríːn] [명] [U] (벼룩의) 미립자병(微粒
pec [pek] [명] (美구어) 가슴 근육(pectoral muscle).
p.e.c., PEC photoelectric cell; 광(光)전기 전지.
pe·can [piká:n/pikǽn] [명] (식물) 피칸(북미 온대 지역 원산의 hickory의 일종); 그 열매(식용).
pec·ca·ble [pékəbl] [형] (도덕적인) 죄를 범하기 쉬운, 잘못을 저지르기 쉬운. ¶Man is ~ by nature. 인간은 본래 죄를 범하기 쉽다. ⇒**bíl·i·ty** [명]
pec·ca·dil·lo [pèkədílou] [명] (복 ~(e)s) 가벼운 죄, 사소한 잘못(trifling fault), 가벼운 실수. 〈Sp〉
pec·cant [pékənt] [형] 1 죄가 있는, 죄많은; 잘못을 저지르는. 2 규칙[법도]에 어긋나는; 잘못된. 3 (드물이) 병의 원인이 되는; 병적인. **-can·cy** [명] [C] 위반, 죄; [U] 병적임. ~·**ly** [부] ~·**ness** [명]
pec·ca·ry [pékəri] [명] 페커리(남미산(産) 멧돼지).
pec·ca·vi [pekéivai/-káːvi] [명] 죄의 고백[참회]. ¶ **cry** ~ 죄를 고백하다, 사죄하다. 〈L I have sinned.〉
pêche Mel·ba [pè:ʃ mélbə, péʃ-] [명] = peach Melba.
peck¹ [pek] [명] 1 펙(곡식의 계량 단위; 8 quarts, 1/4 bushel; 약 9 l; (略) pk, pk.). * 액체에는 쓰지 않는다. 2 1 펙들이. 3 (구어) 많음, 다량 (of). ¶a ~ of trouble 엄청난 고생.
‡**peck²** [명] (~ed [-t]) [타] 1 (부리 따위로) …을 쪼다. 2 (구멍 따위)를 쪼아서 파다. ¶Woodpeckers ~ holes in trees. 딱따구리는 나무를 쪼아 구멍을 뚫는다. 3 (모이 따위)를 쪼아서 먹다; (맛이 없는 듯이) …을 조금씩 먹다(out). ¶~ up) ~ a corn out 옥수수를 쪼아먹다. 4 (형식적으로)(이마·볼)에 가볍게 키스하다. ¶~ her cheek 그녀의 볼에 가볍게 키스하다. 5 (타자기로) …을 타자하다(out). — [자] 1 (부리 따위로) 쪼다. 2 (땅바닥 따위를) 후벼파다 (up, down). 3 (식욕이 없는 듯이) 조금씩 먹다; (모이)를 쪼아 먹다 (at). 4 홈을 찾다, 귀찮게 잔소리하다 (at). 5 (타자기·피아노 따위의 키)를 치다 (at). — [명] 1 (부리·뾰족한 것으로) 쪼기. 2 쫀 흔적. 3 가벼운 키스. 4 (속어) 음식.
peck·er [pékər] [명] 1 딱따구리. 2 쪼는 사람[것, 연장]; (英) 곡괭이. 3 (새 따위의) 부리; (英속어) (사람의) 코. 4 (one's ~) (英속어) 원기, 용기. 5 (美비어) 음경(penis).
keep one's **pecker up** 기운을 내다.
put [or **get**] a person's **pecker up** (구어) 남의 비위를 건드리다, 불쾌하게 하다; 발기시키다.
pécker chécker [명] (美속어) 성병 검사[치료] 담당 군의관[위생병]; 비뇨기과 의사.
péck·er·wòod [pékərwùd] [명] 1 딱따구리. 2 (남부의) 가난뱅이 백인. 3 제재용 톱.
péck·ing òrder [pékiŋ-] [명] (the ~) (새의) 쪼는 순위; (조직·사회의) 서열, 계층 (조직). (또는 **péck òrder**)
peck·ish [pékiʃ] [형] 1 (英구어) 배가 고픈. 2 딱딱거리는, 잔소리가 많은. ~·**ly** [부] ~·**ness** [명]
Péck's Bád Bóy [pèks-] [명] (보통 P- b- b-) 악동, 망나니, 분별없이 행동하는 사람; 반항적인 사람[단체]. 〈미국 작가 G.W. Peck(1840-1916)의 신문 소설 *Peck's Bad Boy and His Pa*에서〉
Peck·sniff [péksnif] [명] (경건한 체하는) 위선자.
~·**i·an** [형] 위선적인. ~·**i·an·ism**, ~·**ism** [명]
〈Dickens의 소설 *Martin Chuzzlewit*에 등장하는

위선자 이름)

Pe·cos Bill [péikəs-, -kous-] 〖美민속〗 페코스빌(미국 서부의 전설적인 카우보이).

pec·tase [pékteis/-teiz] 〖U〗〖화학〗 펙타아제(과실에서 얻어지는 효소).

pec·ten [péktən] 〖⦿ ~s, -ti·nes [-təniːz]〗〖동물·해부〗 빗 모양의 돌기(기관(器官)); 가리비(scallop).

pec·tic [péktik] 〖⦿〗〖생화학〗 펙틴의. 〖다당류〗.

pec·tin [péktin] 〖U〗〖생화학〗 펙틴(익은 과일 속의).

pec·ti·nate [péktənèit] 〖⦿〗 빗 모양의, 빗살 모양의. (또는 **pectinated**) **=ná·tion** 〖⦿〗 빗살 모양의 구조).

pec·to·ral [péktərəl] 〖⦿〗 **1** 가슴의, 흉부의. ¶a ~ girdle (척추 동물의) 흉대(胸帶); (사람의) 견대(肩帶). **2** 가슴에 다는[을 장식하는]. **3** 호흡기 질환의[에 듣는]. ¶a ~ remedy 폐병약. **4** (성량이) 풍부한. —〖⦿〗 **1** (유대교 고위 성직자의) 가슴 장식; =~ cross; (갑옷 따위의) 가슴받이. **2** (~s) 〖동물〗 = fin. 〖해부〗 = pectoralis. **3** 흉부 질환 치료법[약].

péctoral cróss 〖⦿〗 (고위 성직자가 가슴에 다는[목에 거는]) 패용(佩用) 십자가.

péctoral fín 〖⦿〗 (물고기의) 가슴지느러미.

pec·to·ra·lis [pèktəréilis, -réil-] 〖⦿〗 **-ra·les** [-liːz] (해부) 흉근(胸筋).

péctoral múscle 〖⦿〗 =pectoralis.

pec·tose [péktous] 〖U〗〖생화학〗 펙토오스(설익은 과일에 함유되어 있는 다당류(多糖類)의 일종).

pec·u·late [pékjulèit] 〖⦿匪〗〖공금 따위를〗 사사로이 쓰다, 착복하다, 횡령하다. **-lá·tion, -là·tor**

***pe·cu·liar** [pikjúːljər] 〖⦿〗 (**more ~**; **most ~**) **1** 기묘한, 괴상한, 별난. ⇨STRANGE 〖類義語〗 ¶~ ways 괴상한 버릇. **2** 이상한; 남다른, 특별한. ¶a ~ talent for writing 남다른 글재주. **3** 독특한, 고유의, 특유의 (to). ⇨SPECIAL 〖類義語〗 ¶a style ~ to the 18th century 18세기 특유의 스타일/an expression ~ to Dickens 과연 디킨스다운 표현. **4** 한 개인[단체]에 속하는, 전용의. ¶his own ~ property 그의 사유 재산. **5** 〖구어〗 머리가 이상한; 〖英〗 기분이 나쁜[언짢은]. ¶She is a bit ~ today. 그녀는 오늘 좀 이상하다.
—〖⦿〗 (the ~, one's ~) **1** 특유[사유] 재산, 특권. **2** 〖英〗(다른 관구의 감독을 받지 않는) 특수 교구. **3** (~s) 〖英〗〖인쇄〗(발음 기호·수학 기호 따위) 특수 활자.

pecúliar institútion 〖⦿〗 〖美어〗 (남북 전쟁 전의) 남부의 노예 제도.

***pe·cu·li·ar·i·ty** [pikjùːliǽrəti, -ljǽr-/-liǽr-] 〖UC〗 **1** 특이한 태도[버릇], 별난 습관, 특징. ⇨FEATURE 〖類義語〗 **2** 특이성, 별남. **3** 〖U〗 특성, 특색, 독자성; 〖C〗 특유[독특]한 것.

***pe·cu·liar·ly** [pikjúːljərli] 〖⦿〗 **1** 기묘하게, 별나게; 비정상적으로. **2** 특히, 특별히(especially); 독자적으로.

pecúliar péople 〖⦿〗 (the ~) **1** (신의 선민(選民)으로서의) 유대인(Jews)(←신명기(Deut.) 26 : 18. **2** (광신적인) 기독교도; 근본주의를 내세우는 기독교도. **3** (P–P–) 1838년 영국에서 일어난 신교도의 한 파.

pe·cu·li·um [pikjúːliəm] 〖⦿〗 **1** 사유 재산. **2** 〖로마법〗 (가족이 가족에게 또는 주인이 노예에게 준) 개인 재산. 〖<L〗 〖전상으로, 재정상으로.

pe·cu·ni·ar·i·ly [pikjùːniǽrəli/-kjúːnjər-] 〖⦿〗 금
pe·cu·ni·ar·y [pikjúːnièri/-njəri] 〖⦿〗 **1** 금전(상)의, 재정상의. ⇨FINANCIAL 〖類義語〗 ¶~ loss 금전적 손실. **2** (죄·위반 따위가) 벌금[과료]에 해당하는. ¶~ penalty 벌금/a ~ offense 벌금형에 해당하는 범죄.

pecúniary advántage 〖⦿〗 〖법률〗 (부정 행위에 의한) 금전적 이익.

ped[1] [ped] 〖⦿〗 페드, 단립(團粒)(자연의 토양 생산 과정에서 형성된 토양 입자의 집합체).

ped[2] 〖⦿〗 =pedestrian.

ped[3] 〖⦿〗 〖구어〗 =pedagogic. ¶~ grammar 학습 문법.

ped, ped. pedal; pedestal; pedestrian.

ped-[1] [piːd, ped] 〖연결〗 ⇨PEDO-[1].

ped-[2] [ped, piːd] 〖연결〗 ⇨PEDI-[1].

ped-[3] [ped] 〖연결〗 ⇨PEDO-[2].

-ped [ped, pəd] 〖연결〗 foot의 뜻, 형용사 및 명사를 만든다. ¶ biped, quadruped. (또는 **-pede**)

ped·a·gog [pédəgàg, -gɔ̀ːg] 〖⦿〗 =pedagogue.

ped·a·gog·ic [pèdəgɑ́dʒik, -góudʒ-/-gɔ́dʒ-] 〖⦿〗 **1** 교육학의, 교수법의. **2** 교육자의, 선생의; 학자연하는 (pedantic). (또는 **pedagogical**) **-i·cal·ly** 〖⦿〗

ped·a·gog·ics [pèdəgɑ́dʒiks, -góudʒ-/-gɔ́dʒ-] 〖⦿〗 (단수취급) 교육학, 교수법(pedagogy).

ped·a·gog·ism [pédəgàgizm, -gɔ̀ːg-/-gɔ̀g-] 〖⦿〗 **1** (특히 현학적인) 선생 기질, 학자연하기. **2** 현학. **3** (현학적) 교수법. (또는 **pedagoguism**)

ped·a·gogue [pédəgàg, -gɔ̀ːg/-gɔ̀g] 〖⦿〗 **1** 선생, 교사(schoolteacher), 교육자. **2** (경멸적) 현학자, 독단적인 사람, 잔소리가 많은 선생. (또는 〖美〗 **pedagog**)

ped·a·go·gy [pédəgòudʒi, -gɑ̀dʒi/-gɔ̀dʒi] 〖⦿〗〖U〗 **1** 교육학, 교수법. **2** 교육, 교직.

***ped·al** [pédl] 〖⦿〗 **1** (재봉틀·자전거 따위의) 페달, 발판; (기계·자동차 따위의) 페달. **2** (풍금·하프·피아노 따위의) 페달, 발판. **3** the soft ~ 약음(弱音) 페달. **3** 〖수학〗 수족선(垂足線)(면). **4** (음악) = ~ point.
—〖⦿〗 (**-l-**, 〖英〗 **-ll-**) (…의) 페달을 밟다, 페달을 발아 (…을) 움직이다. ¶~ a bicycle 자전거의 페달을 밟다 // (~ +前+名) ~ (on) an organ 페달을 밟아 풍금을 연주하다 / ~ up a slope 자전거로 비탈을 오르다.
—〖⦿〗 [piːd] **1** 〖동물〗 발의. ~ power 발의 힘 / ~ extremities 발(feet). **2** 페달의, 발판의; 페달을 사용한. ¶a ~ piano 페달 피아노. **3** 〖수학〗 수족선의, ~ a curve [surface] 수족 곡선(곡면). **4** 〖음악〗 **~·er** 자전거 타는 사람[이용자]. 〖지속음의.

pédal bín 〖⦿〗 페달로 뚜껑을 여닫는 휴지통.

pédal bóat 〖⦿〗 페달식 보트, 수상 자전거.

pédal cýcle 〖⦿〗 자전거(bicycle).

pe·dal·fer [pidǽlfər] 〖⦿〗〖U〗 페달퍼(철 알루미나 토양).

ped·a·lo [pédəlòu] 〖⦿〗 =pedal boat.

pédal póint 〖⦿〗〖음악〗 (저음의) 지속음(페달을 밟고 있는 동안 지속된다). 〖여성용 스포츠 바지.

pédal púshers 〖⦿匪〗 (장딴지 중간까지 내려오는)

pédal stéel (guitár) 〖⦿〗 페달 스틸 기타(페달로 변조(變調)하면서 연주하는 전기식 스틸 기타).

ped·ant [pédənt] 〖⦿〗 학자연하는 사람, 현학자(衒學者); 공론가(空論家); 규정만 따지는 사람: 〖고어〗 교사. **~·esque** [-ésk] 〖⦿〗 **~·hood** 〖⦿〗

pe·dan·tic [pədǽntik] 〖⦿〗 학자연하는, 현학적인, 박식한 체하는. (또는 **pedantical**)
-ti·cal·ly 〖⦿〗 **-ti·cal·ness** 〖⦿〗

ped·an·ti·cism [pədǽntəsizm] 〖⦿〗 =pedantry. (또는 **pedantism**) 〖자에 의한 지배.

ped·an·toc·ra·cy [pèdəntɑ́krəsi/-tɔ́k-] 〖⦿〗 현학
ped·an·try [pédəntri] 〖⦿〗〖UC〗 **1** 학자연함, 박식한 체함; 현학적임. **2** 규칙·선례 따위에 얽매임. **3** (-ries) 현학적인[학자연하는] 행동[말].

ped·ate [pédeit] 〖⦿〗 **1** 발이 있는, 발과 같은(apodal). **2** 〖식물〗 (잎이) 새발 모양의. **~·ly** 〖⦿〗

Ped. D. *Doctor of Pedagogy*.

ped·dle [pédl] 〖⦿〗 **1** …을 행상하다, 팔고 다니다; …을 소매하다. **2** (남의 생각·의견 따위를) 자기 것인 양 그대로 옮기다; (남의 소문 따위를) 퍼뜨리다. **3** (약 따위를) 불법 판매하다. —〖⦿〗 행상하다, 팔고 다니다; 하찮은 일에 안달하다[구애되다].

peddle (*one's*) **áss** 〖美속어〗 매춘하다.

peddle *one's* **pápers** 〖美속어〗 ① 자기의 일을 하다. ② 〖명령형으로〗 방해하지 마라, 저리 가라.

***ped·dler** [pédlər] 〖⦿〗 **1** 행상인. **2** (소문 따위를 퍼뜨리는 사람; (사상·주장 따위를) 전파하는 사람. **3** (마

약 따위의) 밀매인. **4** 쓸데없는 일에 안달하는 사람. **5** (美俗) 역마다 서는 열차. (또는 **pedlar, pedler**)
péddler's Frénch 명 (英俗) (도둑 따위의) 은어; 뜻을 알 수 없는 말.
péddler's néws 명 진부한 이야기, 구문(舊聞).
péd·dler·y [pédləri] 명UC **1** 행상, 소리치며 팔기. **2** 행상품. **3** 겉만 번드르르한 싸구려 물건. (또는 **pedlary, pedlery**)
péd·dling [pédliŋ] 형 행상의, 팔고 다니는; 하찮은 일에 안달하는; 시시한. **~·ly** 부
-pede [piːd] 연결 foot의 뜻. ¶*centipede*.
péd·er·ast [pédəræst, píː-] 명 남색꾼.
péd·er·as·ty [pédəræsti, píː-] 명UC (소년과의) 남색. **·ás·tic** 형 **·ás·ti·cal·ly** 부
****péd·es·tal** [pédəstl] 명 **1** (기둥·조각상(像)·꽃병 따위의) 받침돌, 대좌(臺座); 주각(柱脚). **2** 기초, 근거. **3** (기계) 굴대받이, 대(臺). **4** (책상의) 양쪽 서랍 (부분). **5** 중요한 지위. **6** (英) 변기.
knock a person off his pedestal 남을 깎아 내리다, 코를 납작하게 만들다.
set [or *put, place*] *a person upon* [or *on*] *a pedestal* 남을 숭배(이상화)하다, 받들어 모시다.
— 타 (*-l-*, (英) *-ll-*) …을 대에 올려놓다, 대로 받치다.
pédestal bóoth 칸이 공중 전화 박스.
pédestal désk 양옆에 서랍이 달린 책상.
pédestal táble 외다리 탁자(중앙에 다리가 하나 있는 탁자).
****pe·des·tri·an** [pədéstriən] 명 보행자(walker); 도보 여행자, 도보주의자. 형 **1** 도보의, 보행의. ¶a ~ *bridge* 보도교(步道橋). **2** (문체 따위가) 평범한, 진부한, 시취(詩趣)가 없는. ¶a ~ *speech* 평범한 연설.
pedéstrian cróssing (英) 횡단 보도((美) *crosswalk*).
pedéstrian ísland 명 보행자용 안전 지대.
pe·des·tri·an·ism [pədéstriənìzm] 명U **1** 도보, 도보주의. **2** (문체 따위의) 평범함, 진부함.
pe·des·tri·an·ize [pədéstriənàiz] ((*英*) *-ise*) 자 도보로 가다; 도보 여행을 하다. — 타 (도로를) 보행자 전용으로 만들다. **-i·zá·tion** 명
pedéstrian máll 보행자 전용 도로(구역).
pedéstrian précinct 보행자 천국(전용 구역).
pedéstrian wáy =pedway.
ped·i-[1] [pédi, píːdi] foot의 뜻(* 모음 앞에서는 ped-). ¶*pedicure, pedal*.
ped·i-[2] 연결 ⇒PEDO-[1].
pe·di·at·ric [pìːdiǽtrik, pèd-] 형 소아과의, 소아과 의사의.
pe·di·a·tri·cian [pìːdiətríʃən, pèd-] 명 소아과 의사. (또는 **pe·di·at·rist** [pìːdiǽtrist, péd-])
pe·di·at·rics [pìːdiǽtriks, pèd-] 명복(단수취급) 소아과(학). (또는 (英) **paediatrics**)
péd·i·cab [pédikæb] 명 (동남아 등지의 지붕 있는) 승객용 3륜 자전거(trishaw).
ped·i·cel [pédəsəl/-sèl] 명 (식물) 작은 꽃자루; (동물·해부) 경절(梗節), 자루, 육경(肉莖)(peduncle).
ped·i·cel·late [pèdəsəlèt, -leit] 형 (식물) 작은 꽃자루가 있는; (동물) 육경(肉莖)(자루)이 있는. **-cel·lá·tion** 명
ped·i·cle [pédikl] 명 =pedicel.
pe·dic·u·lar [pədíkjulər] 형 이의, 이투성이의.
pe·dic·u·late [pədíkjulət, -lèit] 형 (동·식물) 작은 꽃꼭지(육경(肉莖))가 있는.
pe·dic·u·lo·sis [pədìkjulóusis] 명U (병리) 이 기생증.
pe·dic·u·lous [pədíkjuləs] 형 =pedicular.
péd·i·cure [pédikjùər] 명U **1** 발톱 가꾸기, 페디큐어(② manicure); C 발의 치료; C 발 치료 전문 의사(chiropodist). **-cùr·ist** 명
péd·i·form [pédəfɔ̀ːrm] 형 발 모양의, 발 같은.
péd·i·gree [pédəgriː] 명 **1** UC 가계(家系), 혈

통. ¶a *family* ~ 가계도. **2** 족보, 계도(系圖); (순종 동물의) 혈통표; (美俗) 범인의 전과 경력(기록). ¶*vouch for a horse's* ~ 말의 혈통을 보증하다. **3** U (오래된) 가문. ¶a *family of* ~ 대대로 내려오는 가문, 명문. **4** U 유래, 기원: 어원. — 형 =pedigreed.
Pédigree Chúm 명 (상표) 통조림 개밥(고양이밥).
péd·i·greed [pédəgriːd] 형 유서 깊은, 가문이 좋은; (동물이) 혈통이 분명한. ¶a ~ *dog* 혈통이 확실한 개.
péd·i·ment [pédəmənt] 명 (건축) 박공(牔栱), 박공벽. **2** (지질) 산기슭의 완사면(緩斜面), 토대, 기반.

(pediment 1)

-mén·tal, -mént·ed 형
****péd·lar** [pédlər] 명 =peddler.
péd·lar·y [pédləri] 명 =peddlery.
pe·do-[1] [píːdou, -də, péd-] 연결 child의 뜻(* 모음 앞에서는 ped-). ¶*pedology*.
pe·do-[2] [pédou, -də] 연결 soil의 뜻(* 모음 앞에서는 ped-). ¶*pedologist*.
pe·do·bap·tism [pìːdoubǽptizm] 명U 유아 세례.
pe·do·bap·tist [pìːdoubǽptist] 명 유아 세례론자.
pe·do·chem·i·cal [pèdəkémikəl] 형 토양화학의.
pe·do·don·tics [pìːdədántiks/-dɔ́n-] 명 소아치과학. (또는 **pedodontia**) **-tic** 형 **-tist** 명
pe·dol·o·gy[1] [pidálədʒi/-dɔ́l-] 명U 토양학. **pèd·o·lóg·ic, pèd·o·lóg·i·cal** 형 **-gist** 명
pe·dol·o·gy[2] 명U 아동학, 육아학; (의학) 소아과. **pèd·o·lóg·ic, pèd·o·lóg·i·cal** 형 **-gist** 명 (數計)
pe·dom·e·ter [pədámətər/-dóm-] 명 보수계(步數計).
pe·do·phile [píːdəfàil] 명 (정신의학) 소아 성애자(性愛者)(소아 대상의 성도착(性倒錯)). **·phíl·ic** 형
pe·do·phil·i·a [pìːdəfíliə] 명 (정신의학) 소아에 대한 이상 성욕세(性도착).
péd·rail [pédrèil] 명 무한 궤도(차)(caterpillar).
pe·dun·cle [pidʌ́ŋkl, pídʌŋkl-] 명 **1** (식물) 꽃자루(flower stalk); (⇨ PEDICEL 그림); (버섯의) 줄기. **2** (동물) (기관의) 자루, 육경(肉莖)(해파리의 입자루, 새우·게의 눈자루처럼 생긴 부분). **-cu·lar** 형
pe·dun·cu·late [pidʌ́ŋkjulət, -lèit] 형 (식물) 꽃자루가 있는; 꽃자루에 생기는; (동물) 육경이 있는. (또는 **pedunculated**) **-lá·tion** 명
péd·way [pédwèi] 명 (보통 벽으로 싸여서, 차도를 지나지 않고 건물과 건물 사이를 오갈 수 있는) 보행자용 통로. (또는 **pedestrian way**)
ped-Xing [péd krǽsiŋ/-krɔ́-] 명 (美) 횡단 보도. [<*pedestrian crossing*]
pee [piː] 자 (속어·어린이말) 명 오줌 누다, 쉬하다.
Don't pee [or *piss, shit*] *in your pants.* (구어) 진정해, 걱정마.
peed off 짜증(신경질)이 난다. * *pissed off* 의 완곡 어법.
pee in the same pot (속어) 같은 생활 기반을 가지다, 공동 사업을 하다.
pee oneself laughing 너무 웃다가 오줌을 지리다, 자지러지게 웃어대다.
— 명UC 오줌(piss); 오줌 누기(싸기).
pée-eye [-ài] 명 (美俗) =pimp.
pée hòle [-hòul] 명 (美俗) (여성의) 질(膣); 오줌 구멍.
peek [piːk] 자 **1** 엿보다, 몰래 들여다보다(*in, out*). (⇨ PEEP[1]) (유의어) **2** (경마) (속어) 3위로 들어오다. **3** (컴퓨터) (보통 PEEK) PEEK의 명령을 실행하여 메모리를 검색하다. — 명 **1** 엿보기, 몰래 들여다보기. ¶*take* [or *get*] *a* ~ *through a keyhole* 열쇠 구멍으로 들여다보다. **2** (경마) 3위. **3** (컴퓨터) (BASIC 언어의) PEEK 명령(메모리 안의 어떤 특정한 주소 내용을 읽도록 허용하는 조치).
peek-a-boo [píːkəbùː] 명U (숨어 있다가) 깍짝 하고 아이를 놀래주는 장난(⑮ bopeep). (또는 **péek-a-bòo**) — 형 (옷이) 투명 자수 장식의; (블라우스 따위가) 투명한 천으로 만들어진.

péek fréak 명 《美속어》 옛보기 좋아하는 치한.
‡peel¹ [piːl] 타 (~s [-z]) 타 1 …의 껍질을 벗기다 [strip] (*from, off*). ¶ ~ an orange 귤의 껍질을 벗기다 // (~+目+前+名) ~ the bark *from* a tree 나무 껍질을 벗기다.

〖유의어〗 **peel** 손으로 껍질을 벗기다. **pare** 칼을 써서 껍질을 벗기다. **skin** 방법 여하를 불문하고 동·식물의 껍질을 벗기다.

2 (구어) 《옷》을 (재빠르게) 벗다, 벗기다(*off*).
─ 재 1 (표면이) 벗겨지다, 벗겨 떨어지다 (*away, off*). ¶ He got sunburned and his skin ~ed. 그는 햇볕에 타서 피부가 벗겨졌다 // (~+副) The walls are ~*ing* (*off*). 벽이 벗겨져 가고 있다. **2** (뱀 따위가) 허물을 벗다. ─하고 있다.
keep one's *eyes peeled* [or *skinned*] 계속 경계.
peel back (바지 자락 따위를) 접어 올리다.
peel eggs 《英속어》 형식을 차리다, 삼가다.
peel it 《英속어》 전속력으로 달리다.
peel off ① …의 껍질을 벗기다; (표면이) 벗겨지다. ② 〖항공〗 (끝에서부터 차례로) 편대를 벗어나 급강하 폭격[착륙 태세]으로 들어가다. ③ 《군사》 (호위함이) 선단에서 이탈하다. ④ 헤어지다.
peel out 《美속어》 ① (인사도 없이) 급하게 가버리다. ② 타이어 자국이 날 정도의 속력으로 달려 나가다; 갑자기 가버리다.
peel rubber [or *tires*] 《속어》 갑자기 차를 가속하다.
─ 명 (종 ~s [-z]) UC (과일·야채 따위의) 껍질.
⇨SKIN 〖유의어〗 ¶ candied lemon ~ 설탕에 절인 레몬 껍질.
peel² 명 빵 구울 때 쓰는) 자루가 긴 나무주걱.
peel³ 명 (16세기에 영국과 스코틀랜드의 국경 지역에 세운) 탑이 있는 석조 성채; 작은 성.
peel·er¹ [píːlər] 명 1 껍질을 벗기는 사람[기구]. 2 《속어》 스트리퍼(stripteaser). 3 민완가, 꾼(hustler). 4 《美》 섬유가 긴 면화, 허물 벗을 시기의 게.
peel·er² 명 《英俗어》 아일랜드의 경찰관; 《英고어·속어》 경찰관. 〖<경찰 제도를 확립한 Robert Peel (1788–1850)의 이름〗 ─감자의] 벗긴 껍질.
peel·ing [píːliŋ] 명U 껍질 벗기기; (~s) (과일이나
peel-off [píːlɔ̀ːf, -ɔ̀f] 명 (라벨 따위가) 대지(臺紙)에서 떼어 붙이는 방식의. (또는 **péel-and-stíck**)
peen [piːn] 명 쇠망치의 뾰족한 대가리(못을 두드리는 납작한 부분의 반대쪽). ─ 타 …을 쇠망치의 대가리로 치다.
‡peep¹ [piːp] 재 (~ed [-t]) 재 1 (구멍·틈 따위로) 들여다보다, 엿보다; 몰래 훔쳐 보다 (*at, into*); (…을) 진귀한 듯이 들여다보다 (*at*). ¶ (~+前+名) He ~ed *at* her over the wall. 그는 담 너머로 그녀를 몰래 훔쳐 보았다.

〖유의어〗 **peep** 호기심 또는 장난으로 작은 구멍이나 틈으로 몰래 보다. **peek** peep와 같은 뜻이나, 보다 더 어린애 같은 행위.

2 (차차) 보이기 시작하다, (태양·초목 따위가) 얼굴[싹]을 드러내다; (성질이) 나타나다, 본성이 드러나다(*out*). ¶ The stars ~ed *through* the clouds. 별이 구름 사이로 나타나기 시작했다 // (~+副) Our selfishness ~*s out* now and then. 우리의 이기심은 때때로 나타난다.
─ 타 …을 조금 나타내다, 드러내다(*out*). ¶ He ~ed *out* a bit of his head from the hole. 그는 구멍으로 머리를 조금 내밀었다.
─ 명 1 엿보기, 훔쳐보기; 흘끗 보기, **2** 잠깐 보이기. 3 보이기 시작함, 최초의 출현. 4 들여다보는 구멍.
at the peep of dawn [or *day, the morning*] 새벽에.
get [or *have, take*] *a peep at* 흘끗[슬쩍] (들여─다) 보다.
peep² 명 1 (새·쥐 따위의) 삑삑[찍찍]하는 울음소리 (⊕ chirp). 2 삑삑 지저귀는 작은 새(sandpiper 따위). 3 (a ~) 《경멸적》 (불평·불만·항의 따위의) 투덜거림, 불평, 우는 소리. ¶ hear a ~ out of crowd 군중들의 불평하는 소리를 듣다. 4 (美) 경적. ─ 재 삑삑[찍찍] 울다; 작은 소리로 말하다; 《美》 (차의) 경적을 울리다.
peep-bo [ˈbòu] (英) =peekaboo.
pee-pee [ˈpíː] 명 《美》 병아리, (자메이카의) 칠면조.
pee-pee [píːpiː] 명 (어린이말) =pee. ─ 명 1 = pee. 2 (어린 아이의) 잠지.
peep·er¹ [píːpər] 명 1 들여다보는 사람, (특히 성적 호기심에서) 훔쳐보기 좋아하는 사람; 꼬치꼬치 캐기 좋아하는 사람. 2 (~s) 《속어》 눈(eye); 안경, 선글라스. 3 《속어》 거울, 작은 망원경. 4 《美속어》 사립 탐정; 경찰관.
peep·er² 명 1 삑삑 우는 새, 찍찍 우는 동물. 2 (닭·비둘기 따위의) 새끼. 3 《美》 청개구리.
peep·hole [píːphòul] 명 들여다보는 구멍, 옹이 구멍.
Péep·ing Tóm [piːpiŋ-] 명 (종종 p-T-) (성적 호기심에서) 들여다보기 좋아하는 호색가, 관음증 남자; 《속어》 캐기[파고 듣기] 좋아하는 사람.
péep shòw 명 음란 영화[쇼]; 요지경(瑤池鏡).
péep sight 명 (총의) 가늠 구멍.
peep-toe [píːtòu] 명 (신발의) 발가락이 보이는 (또는 **péep-tòed**) 명 (~s) 발가락 끝이 보이는 신발.
pee-pul [píːpəl] 명 =pipal.
*peer¹ [piər] 명 1 (사회적·법적으로) 지위가 동등한 사람, 필적하는 사람; (가치·질이) 동등한 것; (능력 따위가) 동등한 사람; (고어) 동료, 친구. 2 (영국의) 귀족 (duke, marquis, earl, viscount, baron 따위 칭호를 가진 사람), 상원 의원; (일반적으로) 귀족(nobleman).
a peer of the Realm [or *the United Kingdom*] 영국 상원에 의석을 가지는 귀족.
without a peer 비길 데 없는, 무류의.
─ 명타 (고어) …와 어깨를 나란히 하다, 비견하다; (남)을 귀족으로 만들다. ─ 재 (고어) 필적하다.
‡peer² 재(타) 1 (확인하기 위하여) 응시하다, 뚫어지게 보다 (*at, into*). ¶ (~+前+名) I ~ed *into* every window to find a clue. 단서를 찾기 위하여 모든 창문 안을 자세히 보았다. **2** (보일 듯 말 듯) 나타나다; 보이기 시작하다(*out, up*). ¶ The moon began to ~ from behind the clouds. 달이 구름 사이에서 나타나기 시작했다 // (~+副) A headland ~ed *up* on the left side. 왼편으로 갑(岬)이 보이기 시작했다. ~·**ing·ly** 부
peer·age [píəridʒ] 명 1 U (집합적) 귀족의 지위]. 2 (the ~) (집합적) (한 나라의) 귀족 계급, 귀족 사회 (nobility). ¶ raise to [or on] the ~ 귀족의 신분이 되다. 3 귀족 명감(名鑑).
peer·ess [píəris] 명 귀족 부인; 여자 귀족.
péer gròup 명 〖사회〗 동류(同類) 집단(연령·경력·사회적 지위·지향성 따위가 비슷한 집단).
*peer·less [píərlis] 형 비길 데 없는, 무비(無比)의 (matchless, unequaled). ~·**ly** 부 ~·**ness** 명
péer prèssure 명 〖사회〗 동류 집단 압력; 동료와의 경쟁심.
péer revìew 명 동업자의 평가; (연구비 신청서 등에 대한) 같은 분야 학자의 심사; (학술지 게재) 논문 심사.
peer-to-peer network [ˌtəpíər-] 명 〖컴퓨터〗 피어 투 피어 네트워크(네트워크를 구성하는 각 node가 동등한 기능과 자격을 갖는 네트워크).
peeve [piːv] 타(재) …을 짜증나게 하다, 괴롭히다, 화나게 하다(annoy). ─ 명 짜증, 기분이 언짢음. ¶ be in a ~ 짜증이 나 있다.
peeved [piːvd] 형 짜증이 나 있는, 기분이 언짢은.
pee·vish [píːviʃ] 형 1 (불평·고민 따위로) 기분이 언짢은(cross), 역정내는, 짜증나 있는. **2** (퇴어) 성격이 비뚤어진, 고집스러운. ~·**ly** 부 ~·**ness** 명
pee·wee [píːwiː] 명 (구어) 1 (유난히) 작은 사람[물], 난쟁이, 꼬마. 2 〖조류〗 =pewee. 3 놀이용 유리

구슬. **4** 《어린이말》 쉬, 오줌(pee). **5** 《美》 피위 인형(~ doll)(1980년대말 미국에서 유행한 말하는 인형). ─ 《형》 《구어》 작은(tiny), 꼬마의.

pee·wit [píːwit, pjúːit] 《명》 =pewit.

‡peg [peg] 《명》 ─**s** [-z] **1** (나무·대·금속 따위의) 못; 쐐기(못); 《통의》 마개(plug); (천막줄을 매는) 말뚝; 걸이못. ¶a hat ~. **2** (현악기의) 줄감개(pin). **3** 카드놀이의 득점을 세는 데 쓰는》 산(算)가지. **4** 《구어》 발, 다리(leg); 《목제》 의족: 《방언》 (어린이의) 이, 치아. **5** 구실, 이유, 계기. ¶a good ~ to hang a sermon [discourse] on [or upon] 잔소리[토론]를 시작할 좋은 계기. **6** 《구어》 평가, 감정, 판정: (판정 따위의) 단계, 등급. ¶the topmost ~ 최고 등급. **7** 《美》 페그(임금·물가·환율 따위의 설정 기준). **8** 《英》 위스키[브랜디] 소다, 하이볼. **9** 《英》 빨래 집게. **10** 《속어》 《구어》 야구의 송구(送球).

a round peg in a square hole; a square peg in a round hole 적임이 아닌 사람, 부적격인 것.
be on the peg 《구어》 야단맞다, 벌을 받다; 구류되다.
come down a peg 겸허해지다; 높은 콧대가 꺾이다.
off the peg 《英》 《의복이》 맞춤이 아닌, 기성(旣成)의.
put a person on the peg 《軍어》 (벌을 주기 위하여) 남을 상관 앞으로 끌고 가다.
take [or *bring*] *a person down a peg (or two)* 《구어》 남의 콧대를 꺾어 놓다, 끽소리 못하게 하다.

─ 《동》 (~**s** [-z], -**gg**-) 《타》 **1** …에 나무못[말뚝]을 박다. 마개로 고정시키다. 나무못으로 고정시키다. 마개로 조이다(*down, in, out*). **2** (임금·물가)를 어떤 가격으로 안정시키다, 시세의 안정을 꾀하다; 《시세·가치 따위를》 (외부 기준에) 연동[연계]시키다 (*to*). ¶~ *its currency to the U.S. dollar* 통화를 미 달러화에 연계시키다. **3** 《카드놀이》 산(算)가지로 점수를 매기다. **4** 《속어》 《야구》 《공》을 던지다. ─ 《자》 **1** 말뚝 따위로 박다: (말뚝 따위에) 겨누다 (*at*). ¶(~+前+名) She ~*ged at* John with her umbrella. 그녀는 우산을 존에게 들이댔다. **2** 활발하게 움직이다, 활동하다(*away*)(*at, on*). ¶(~+前) (~+前+名) He kept on ~*ging away* at the box he was making. 그는 상자 만드는 작업을 열심히 계속했다. **3** (산(算)가지로) 점수를 기록하다. **4** 《속어》 죽다, 파멸하다(*out*).

peg down ① (지면에) 말뚝으로 고정시키다. ② (규칙에) 묶어 놓다 (*to*). ③ (가격 따위)를 억제하다, 고정시키다.
peg it 《속어》 죽다(peg out).
peg out ① (경계를 말뚝 따위로 박아) 표시를 하다; 천막을 치다. ② 《속어》 힘이 다하다, 죽다, 파멸하다. ③ (엔진 따위가) 멈추다, (물가 따위가) 되다, 떨어지다. ④ 《크로케》 공을 풋볼에 맞혀 이기다.

peg·a·moid [pégəmɔid] 《명》U 모조 가죽, 인조 피혁.
Peg·a·sus [pégəsəs] 《명》 **1** 《그리스 신화》 페가수스 (영웅 Perseus가 Medusa를 살해했을 때 그 피가 땅속에 들어가서 태어났다는 날개 달린 천마(天馬)). **2** U 시적(詩的) 감흥, 시재(詩才). **3** 《천문》 페가수스자리. **4** 《우주》 페가수스(미국의 유성진(流星塵) 관측용 위성).
Pe·ga·si·an [pəgéisiən] 《형》 …못 말람. **2** 해어 보드.
peg·board [pégbɔːrd] 《명》 **1** (게임 따위에) 나무못판.
peg·box [pégbàks/-bɔ̀ks] 《명》 (현악기의) 줄감개집.
pég clìmbing 《명》 =aid climbing.
Peg·gy [pégi] 《명》 **1** 페기(여자 이름: Margaret의 별칭). **2** 《美속어》 외다리 (거지). **3** 《어린이말》 이(teeth).
peg·house [péghàus] 《명》 **1** 《美속어》 남창(男娼) 매음굴, 호모 소굴. **2** 《英》 =public house.
pég lèg 나무 의족(을 단 사람). (또는 *pég-lèg*)
peg·leg·ged [péglègd, -lègd] 《형》
peg·ma·tite [pégmətàit] 《명》 《지질》 페그마타이트(굵은 결정을 가진 화성암의 총칭).
pég pànts 《명》《複》 《美》 끝이 좁은 바지.
pég tòp 《명》 (서양배 모양의) 나무 팽이; (~s) 팽이 모양의 바지(peg-top trousers).
peg-top [ˈtʰap/-tɔ̀p] 《형》 팽이 모양의. ¶~ *pants* 팽이 모양의 바지. 「의).
PEI 《화학》 *polyether imide*(고(高)내성성 특수 수지
P.E.I. *Prince Edward Island* (캐나다의 세인트로렌스 만에 있는 섬).
peign·oir [peinwáːr, pen-/péinwaː] 《명》 페뇨아르. **1** (여성용) 화장옷. **2** 수영[목욕] 가운. 〈F〉
pein [pim] 《명》 =peen.
Pei·ping [péipìŋ, béipìŋ] 《명》 베이핑(北平)(Beijing의 옛 이름). (또는 *Beiping*)
pe·jer·rey [pèiʃərèi] 《명》 페헤레이(물고기 이름).
pe·jo·rate [pédʒəreit/piːdʒ-] 《동》 《타》 《질 따위》를 악화시키다: 《가치 따위》를 하락시키다; 타락시키다.
pe·jo·ra·tion [pèdʒəréi∫ən/piːdʒ-] 《명》 **1** 악화(惡化), 저하(低下): (가치의) 하락. **2** 《언어》 어의(語義)의 타락. ® amelioration
pe·jo·ra·tive [pidʒɔ́ːrətiv, -dʒár-/pidʒɔ́rət-] 《형》 **1** 가치를 떨어뜨리는, 악화시키는(® (a)meliorative). **2** (말 따위가) 경멸적인[의 뜻을 가진]. ─ 《명》 《언어》 비방어, 경멸어(poet에 대하여 poetaster, poeticule 따위). ~·**ly** 《부》
pek·an [pékən] 《명》 《북미산(産)》 담비: U 그 모피.
peke [piːk] 《명》 《구어》 《종종 P-》 =Pekingese 3.
pe·kin [piːkin] 《명》 《종종 P-》 U 공단 견직물; 《경멸적》 일반 시민, 평민(civilian).
Pe·kin [piːkin] 《명》 《중국산(産)》 집오리의 일종.
Pe·kin·ese [piːkəníːz, -s] 《명》 =Pekingese.
***Pe·king** [piːkíŋ, pèi-/piːkíŋ] 《명》 베이징(北京).
⇒BEIJING.
Péking dúck 《명》 《요리》 베이징 덕[오리 구이].
Pe·king·ese [piːkiniːz, -níːs, pìːkiŋíːz] 《명》 (pl. ~) **1** U 베이징 관화(官話)(중국 표준어), 베이징 방언. **2** 베이징인(Beijinger). **3** 《종종 p-》 페키니즈(애완용 작은 개). ─ 《형》 베이징의; 베이징인의.
Péking mán 《명》 베이징 원인(原人)(1927년 발견).
Pe·king·ol·o·gy [pìːkiŋálədʒi/-ɔ́l-] 《명》 중국 문제 [정책] 연구. (또는 *Pekinology*) -**gist**
Péking Ópera 《명》 경극(京劇)(중국의 전통 연극).
pe·koe [píːkou] 《명》U (인도·실론산(産))의 고급 홍차.
pel·age [pélidʒ] 《명》U (네발짐승의 모피(fur).
pe·la·gi·an [pəléidʒiən, -dʒən] 《형》 =pelagic.
─ 《명》 원양(遠洋) 동물.
Pe·la·gi·an [pəléidʒiən, -dʒən] 《명》 펠라기우스 파, 펠라기우스의 교리 신봉자. ─ 《명》 펠라기우스(신봉자)의. -**ism** 《명》 U 펠라기우스 교리(원죄를 부인).
pe·lag·ic [pəlǽdʒik/pe-] 《형》 원양의[에 살고 있는]; 원양에서 하는(® littoral). ¶~ *fishery* 원양 어업.
Pe·la·gi·us [pəléidʒiəs] 《명》 펠라기우스(360?-420?: 영국의 수도자·신학자).
pel·ar·go·ni·um [pèlaːrgóuniəm, -lər-] 《명》 양아욱속(屬)의 식물, 제라늄.
Pe·las·gi [pəlǽzdʒai/pelǽzgai] 《명》《複》 펠라스기족(族)(유사 이전에 그리스, 에게해, 지중해 연안에 살던 민족). ~·**an** 《명》《형》 펠라스기족(어)(의). -**gic** 《형》
Pe·lé [peiléi, ˊ-] 《명》 펠레(1940- : 브라질의 축구 선수: 본명 Edson Arantes do Nascimento).
pel·er·ine [pèlərìn, péləriːn/péləriːn] 《명》 (여성용) 좁고 긴 모피 케이프. (또는 *pèl·e·rìne*)
Pé·le's háir [péileiz-, píːliːz-] 《명》 《지질》 화산모(火山毛), 펠레의 털(분출된 용암이 급히 냉각하여 양털 모양의 유리 섬유로 굳어진 것: Pele는 화산의 여신).
Pé·le's téars [péileiz tíərz] 《명》 《지질》 화산루(火山淚), 펠레의 눈물(용암의 비말(飛沫)이 굳은 유리질 알갱이).
pelf [pelf] 《명》U 금전; 부정한 돈; C 《英방언》 쓰레기; 쓸모없는 사람.
***pel·i·can**[1] [pélikən] 《명》 **1** 《조류》 펠리컨, 사다새. **2** 증류기(蒸溜器)의 일종. **3** (P-) 《美속어》 루이지애나 주

pelican 사람. 4 (종종 P-) (美속어) 먹보; 매춘부.
a pelican in her piety 《문장》 자기 가슴을 상처내어 그 피로 새끼를 기르는 펠리컨(의 그림). * 미국 Louisiana 주의 문장.

pel·i·can² (英) ⓝ = ~ crossing.

pélican cróssing (英) 보행자가 신호등을 조작하는 횡단 보도. [<*pedestrian light controlled crossing*]

Pélican Státe ⓝ 미국 Louisiana 주의 별칭.

pe·lisse [pəlíːs/pe-] ⓝ 1 (안에 털을 댄) 여성[어린이]용 외투. 2 용기병(勇騎兵)의 털을 댄 재킷. [<F]

pe·lite [píːlait] ⓝ (지질) 이토암(泥土岩)(clay rock). **pe·lit·ic** [pilítik] ⓐ

pell [pel] ⓝ ⓤⓒ 생가죽, 모피, 양피지 두루마리.

pel·la·gra [pəláɡrə, -lǽɡ-, -láːɡ-] ⓝ (병리) 펠라그라(비타민 B₂, B₆의 결핍에 의한 피부병·신경 장애). **-grin** [-grin] ⓝ 펠라그라병 환자. **-grose** [-grous], **-grous** [-grəs] ⓐ

pel·let [pélit] ⓝ 1 (종이·식품·약품 따위를 둥글게 뭉친) 작은 알, 작은 알약; (야구·골프 따위의) 공; (토끼·쥐 따위의) 작고 둥근 똥덩어리. 2 돌팔매; 작은 산탄, 총알. 3 펠리트(철광석 분말을 작은 알로 뭉쳐 구운 것); 플라스틱 입상체(粒狀體)(플라스틱 성형품의 소재). 4 (동전 표면 등의) 둥근 돋을새김. 5 토해낸 것(육식성 새가 토해 내는 뼈·털 따위). ── ⓥⓣ 1 …을 작은 알로 만들다. 2 (농업) (종자)에 생장 촉진제·농약 따위를 섞은 얇은 코로 피막 처리를 하다. 3 …에 (작은 종이 뭉치 따위의) 알갱이를 던지다. **~·like** ⓐ

péllet bómb 볼 폭탄(일종의 산탄 폭탄)(canister [fragmentation] bomb).

péllet gún 공기총(air gun).

pel·let·ize [pélətàiz] ⓥⓣ …을 펠리트[작은 알로 만]들다. **-i·zá·tion, -i·sá-** ⓝ

pel·le·tron [pélətràn/-tròn] ⓝ (물리) 펠레트론 (입자 가속 장치의 일종).

Péll Gránt ⓝ (美) (연방 정부의) 무상(無償) 장학금.

pel·li·cle [pélikl] ⓝ 1 (동물의) 상피(上皮), 막피(膜皮); (버섯갓의) 표피; (배양액 표면의) 균막(菌膜); (액체 표면의) 박막. 2 (사진) 펠리클(빛의 일부를 반사하거나 일부는 투과시키는 박막[필름]).

pel·líc·u·lar, pel·líc·u·làte ⓐ

pell-mell [∠mél] ⓐⓥ 1 난잡하게, 엉망진창으로, 뒤범벅으로. ¶ The dead and the dying were lying ~ in the battlefield. 전쟁터에는 죽은 자와 죽어가는 자가 뒤범벅으로 누워있었다. 2 허겁지겁, 무턱대고. ── ⓐ ⓤⓒ 난잡, 혼란, 뒤범벅; 황급. ── ⓥⓣ …와 뒤범벅이 되게 하다 (*with*). ── ⓐ 황급히 가다. (또는 **péllmèll**)

pel·lu·cid [pəlúːsid/pe-] ⓐ 1 투명한, 맑은. ¶ a ~ brook 맑은 시내. 2 명백한, 알기 쉬운. 3 명석한. ¶ a ~ explanation 명백한 설명. **-lu·cíd·i·ty** ⓝⓤ 투명; 명석. **-·ly** ⓥ **-·ness** ⓝ

Pel·man·ism [pélmənìzm] ⓝⓤ 펠만식(式) 기억법. [<영국의 교육 기관 Pelman Institute]

Pel·man·ize [pélmənàiz] ⓥⓣ 펠만식 기억술로 암기하다.

pel·met [pélmit] ⓝ (커튼의) 쇠장식 덮개, 윗장식.

Pel·on·ne·sian [pèləpəníːʒən/-ʃən] ⓐ 펠로폰네소스 반도의. ── ⓝ 펠로폰네소스인(人).

Peloponnésian Wár ⓝ (the ~) 펠로폰네소스 전쟁(431-404 B.C.; 아테네와 스파르타 간의 전쟁).

Pel·o·pon·ne·sus [pèləpəníːsəs] ⓝ (the ~) 펠로폰네소스 반도(그리스 남부의 반도; 초기 미케네 문명의 중심지). (또는 **Peloponnese, Peloponnesos**)

Pe·lops [píːlɑps, pél-/píːlɔps] ⓝ (그리스 신화) 펠롭스(Tantalus의 아들; 아버지에게 살해되어 그 살은 신들의 식탁에 올랐으나 뒤에 신들이 그를 부활시켰다).

pe·lo·ri·a [pəlɔ́ːriə/pe-] ⓝ (식물) 펠로리아, 정화(正化)(본래는 부정형(不整形)인 꽃이 정형으로 피는 현상).

-an, -lór·ic ⓐ

pel·o·rize [pélərài̇z] ⓥⓣ (식물) …에 펠로리아를 [공격하다, 습격하다].

pe·lo·rus [pəlɔ́ːrəs] ⓝ 방위의(方位儀), 방위반(方位盤)(dumb compass).

pe·lo·ta [pəlóutə] ⓝ 펠로타(스페인이나 남미에서 하는 핸드볼 비슷한 구기), 하이알라이(jai alai); ⓒ 그 구기에 사용되는 공. [<Sp]

pel·o·ton [pélətən/pèlətɔ́n] ⓝ 펠로톤(유리)(19세기 후반의 보헤미아 장식 유리). (또는 **~ gláss**) [<F]

*****pelt¹** [pelt] ⓥⓣ 1 (돌 따위로) …을 연속적으로 치다[공격하다, 습격하다]. (돌 따위)를 던지다. ¶ (~+ⓝ+前+ⓝ) ~ a *dog with stones* 개에게 돌을 던지다 / The angry mob were ~*ing stones at* the windows. 성난 군중은 창문에 투석을 하고 있었다. 2 (질문·욕설 등)을 퍼붓다. ¶ (~+ⓝ+前+ⓝ) He ~*ed* me *with* repeated insults. 그는 계속해서 모욕적인 말을 내게 퍼부었다. 3 (동물)을 몰아대다. ── ⓥⓘ 1 (돌 따위)를 던지다 (*at*). 2 (비 따위가) 세차게 오다. ¶ a ~*ing* rain 억수같이 퍼붓는 비. 3 서두르다(hurry). 4 (드물게) 욕설을 퍼붓다.
── ⓝ 1 ⓤ 던지기; 강타. 2 ⓤ 속력. 3 (비가) 억수같이 (*at*) *full pelt* (구어) 전속력으로. ── ⓘ 쏘아대요.

pelt² ⓝ 1 (양 따위의) 생가죽, 모피(⇒SKIN 유의어). 2 (익살) (털이 많은 사람의) 피부. ¶ in one's ~ 나체로. ── ⓥⓣ (동물)의 가죽을 벗기다. **~·ish, ~·less** ⓐ

pel·tate [péltei̇t] ⓐ (식물) (잎이) 방패 모양의.

pelt·er [péltər] ⓝ 1 돌·날아가는 무기 따위를 던지는 사람. 2 (구어) 억수 같은 비. 3 (익살) 총, 권총. 4 (美속어) 빠른 말; (美구어) (늙어) 발이 느린 말.
in a pelter 급히, 서둘러; (英방언) 화나서.

pelt·er·er [péltərər] ⓝ 피혁 상인.

Pél·tier efféct [péltjei-] ⓝ (물리) 펠티에 효과(두 금속의 접촉면에 전류가 흐를 때 열이 발생되거나 흡수되는 현상). [<발견자인 프랑스의 물리학자 Jean C. A. Peltier (1785-1845)의 이름]

Péltier élement ⓝ (전자) 펠티에 소자(素子)(펠티에 효과를 이용한 전자 냉동에 쓰이는 열전(熱電) 소자).

Péltier héat ⓝ (물리) 펠티에 열(량)(펠티에 효과에 의하여 흡수 또는 발생되는 열). **~·ly** ⓥ

pelt·ing [péltiŋ] ⓐ (고어) 가치없는; 하찮은; 천한.

Pél·ton whèel [péltən-] ⓝ (수력 발전소의) 펠턴 수차(水車)(수력 터빈). [<미국의 기술자 L.A. Pelton (1829-1908)의 이름] ⓝ 가죽.

pelt·ry [péltri] ⓝⓤ (집합적) 모피; ⓒ (한 장의) 생

pel·vic [pélvik] ⓐ (해부) 골반의. ── ⓝ = ~ fin.

pélvic fín ⓝ (물고기의) 배지느러미.

pélvic gírdle [árch] ⓝ (척추 동물의) 요대(腰帶), (인간의) 골반대(帶).

pélvic infláMMAtory diséase ⓝ (병리) 골반 내 염증성 질환(IUD 사용자에 많음) PID).

pel·vim·e·try [pelvímətri] ⓝ 골반 측정, (특히) 산도(産道) 측정.

pel·vis [pélvis] ⓝ (pl. ~*es, -ves* [-viːz]) (해부) 1 골반. ¶ the ~ major[minor] 대[소]골반. 2 신장강(腎臟腔).

pel·y·co·saur [pélikəsɔ̀ːr] ⓝ 펠리코사우르, 반룡(盤龍)(페름기(紀)의 공룡 중 하나).

PEM (컴퓨터) Privacy Enhanced Mail(프라이버시 강화 우편; 전자 메일의 비밀 보호 규격).

Pem·broke [pémbruk, -brouk] ⓝ 펨브루크(꼬리를 짧게 자른 코르기견(犬)(corgi)의 일종).

Pémbroke táble 양쪽에 경첩을 달아 접어 내릴 수 있게 된 탁자.

pem·mi·can [pémikən] ⓝ 1 ⓤ 페미컨(말린 고기 완자). (또는 **pemican**) 2 (비유의) 적요, 요약.

pem·o·line [péməliːn] ⓝ (약학) 페몰린(각성제).

pem·phi·gus [pémfigəs, pemfái-] ⓝⓤ (병리) 천포창(天疱瘡).

‡**pen**¹ [pen] 명 (복 ~s [-z]) 1 펜, 깃촉펜, 붓; 만년필, 볼펜. ¶a fountain ~ 만년필/write with a [or in] ~ 펜으로 쓰다.

> USAGE: **in pen** 과 **with a pen**──in은 재료를 나타내는 명사, with는 도구를 나타내는 명사와 함께 쓰인다. 따라서 pen을 책상 잉크로 생각한다면 in pen, 보통명사인 도구로 생각한다면 with a pen이 된다. 또한 실제로는, pen is The letter is written *in* ~.처럼 수동형 문장에, 그리고 with a pen은 He wrote the letter *with a* ~.처럼 능동태 문장에 사용되는 경우가 많다.

2 펜촉(nib). 3 (the ~, one's ~) (저작 용구로서의) 펜, 붓; 문필, 저술; 문필[저술]업. 4 (the ~) 문체(style), 문장; 필치, 필적. ¶a master of the ~ 저술가가/*The ~ is mightier than the sword.* (속담) 문(文)은 무(武)보다 강하다. 5 (a ~) 문필[저술]가, 작가, 저자. ¶ the best ~ of the day 당대의 일류 작가. 6 (동물) 오징어의 뼈. 7 깃털; (~s) 날개.
dip one's *pen in gall* 독필(毒筆)을 휘두르다.
draw the [or *one's*] *pen* [or *quill*] *against* …을
drive a pen 쓰다, 집필하다. [글로써 공격하다.
live [or *make*] *one's living* [or *with*] *one's pen* 문필로 생활하다.
pen and ink ① 필기 용구, 필묵(筆墨). ② 쓰는 것; 기술, 저술; 문필, 문학.
push a pen (美속어) 사무[서류] 일을 하다.
put [or *set*] *pen to paper*; *take up one's pen wield* one's *pen* 문필을 휘두르다. [붓을 잡다.
yell pen and ink (英속어) 대소동[물의]을 일으키다.
─동타 (~s [-z]; -*nn-*) (펜으로) …을 쓰다(write), 짓다; (작품 등)을 저술하다. ¶ ~ a few lines to a person 남에게 짧은 편지를 쓰다/I ~ned down what he said. 그가 한 말을 적어 두었다.

‡**pen²** 명 (복 ~s [-z]) 1 (가축·가금(家禽) 따위의) 우리. 2 (the ~) (집합적) 우리 속의 동물. 3 울을 친 곳; (농작물의) 저장소. 4 (야구) 불펜(bull ~)(구원 투수의 연습장). 5 (서인도 제도의) 농장, 경작지. 6 잠수함 수리독. ─동타 (~s [-z]; ~*ned*, ~*t*; ~*ning*) …을 울[우리] 안에 넣다, 가두다(*in*, *up*); (감정 따위)를 억제하다(control)(*up*).

pen³ 명 (美속어) 교도소, 구치소(penitentiary).
pen⁴ 명 백조의 암컷. 맫 cob¹
PEN, P.E.N. [pen] (International Association of) *P*oets, *P*laywrights, *E*ditors, *E*ssayists, and *N*ovelists(국제 펜클럽). **Pen., pen.** penicillin; peninsula; penitent(iary).
pen·aids [pénèidz] 명 (군사) 펜에이즈(전파 방해용 jammer; 레이더 따위에 대한 각종 교란 수단의 총칭). [< *pen*etration + *aids*]
pe·nal [pí:nl] 형 1 형(刑)의, 형벌의. 2 형법의, 형사상의. ¶the ~ law 형법. 3 형벌에 처할 만한, 처벌해야 할, 처벌해야 할. ¶a ~ offense 형사 범죄. 4 형벌 집행지[형장]로 쓰인. 5 벌로서 지불해야 할. ¶a ~ sum 위약금(違約金). ~·ly 부
pénal códe 명 (the) (법률) 형법전(刑法典).
pénal cólony [séttlement] 명 죄수 유형지, 범죄자 식민지.
pe·nal·ize [pí:nəlàiz, pén-] (* (英) -ise) 동타 1 …을 벌하다, 형에 처하다 (*for*); …에게 유죄를 선언하다. 2 (경기에서) (반칙자)에게 벌을 주다. ¶~ the team ten yards for roughness 난폭 행위에 대한 벌로서 팀을 10야드 물러나게 하다. 3 …을 불리[난처]하게 하다. -*iz·a·ble* 형 -i·zá·tion 명U 형벌; 유죄.
pénal sérvitude 명 (英法률) (중노동이 따르는) 징역형(1853년 유형(流刑) 대신에 시행).
pénal súm 명 (상업) 위약금(액).
‡**pen·al·ty** [pénlti] 명UC (복 -*ties* [-z]) 1 형벌,

처벌(*for*). ¶the ~ *for* theft 절도죄에 대한 형벌/impose a ~ on [or upon] a person 남에게 형벌을 과하다. 2 벌금, 위약금 (*for*). ¶~ *for* breaking traffic rules 교통 범칙금. 3 천벌, 인과응보; (어떤 행위·상태에 따르는) 불이익, 손실. ¶pay the ~ of fame 유명세를 치르다. 4 (스포츠) 페널티, 반칙에 대한 벌; (전회 승자에게 주는) 핸디캡; = ~ goal. 5 (카드놀이) 브리지의 벌점.
on [or *under*] *penalty of* 위반하면 …의 형벌을 받
pénalty àrea 명 (축구) 페널티 에어리어(벌칙 구역).
pénalty bòx 명 (아이스하키) 페널티 박스(반칙자석); (축구) = penalty area.
pénalty cláuse 명 (상업) (계약서의) 위약 조항.
pénalty gòal 명 (럭비·축구) 페널티 골.
pénalty kìck 명 (럭비·축구) 페널티 킥.
pénalty lìne 명 (럭비) 페널티 라인.
pénalty pòints 명(복) 교통 위반 벌점제.
pénalty shòt 명 (아이스하키) 페널티 샷.
pénalty stròke 명 (골프) 벌타(罰打).
***pen·ance** [pénəns] 명UC 1 회개, 참회, 속죄 (행위), 고행(苦行). ¶do ~ 속죄하다. 2 (가톨릭) 고해 (성사). 3 고통, 비통. ─동타 …에게 고행을 시키다, 속죄시키다.
~·less 형 [(畵)(~ *drawing*).
pen-and-ink [´-əndíŋk] 형 펜으로 쓴. ¶~ 펜화
Pe·nang [pinǽŋ] 명 (PINANG).
pen·an·nu·lar [pénǽnjulər] 형 환상(環狀)[고리 모양]에 가까운.
pe·na·tes [pənéitiːz/penáː-] 명(복 P-) 1 (로마 신화) 페나테스(가정의 수호신). 2 중요 가재 도구.
pen-based [´bèist] 형 (소형 휴대용 컴퓨터에) 전자 펜으로 써 넣어 입력하는.
‡**pence** [pens] 명 (英) penny의 복수형.
pen·chant [péntʃənt] 명 (a ~) 강한 경향, 취미, 기호 (*for*). ¶He shows a ~ *for* jazz music. 그는 재즈 음악을 좋아한다.
‡**pen·cil** [pénsəl] 명 (복 ~s [-z]) 1 연필; U 연필의 심. ¶write in ~ 연필로 쓰다. 2 (one's ~, the ~) 화풍(畵風), 화법. 3 연필처럼 생긴 것; (화장·의료용의) 연필 모양의 것. ¶an eyebrow ~ 눈썹 (그리개) 연필/a styptic ~ 막대기 모양의 지혈제. 4 (광학) 선속(線束), 광속(光束). 5 (수학) 선속, 선속형. 6 (연필처럼) 가는 선. 7 (美비어) =penis.
push a pencil 사무(서류)일을 하다.
sharpen pencils over …을 다듬다.
─동타 (~s [-z]; -*l-*, (英) -*ll-*) 1 …을 연필로 쓰다, 그리다. 2 (의학) (상처에 붓 따위로) (약)을 바르다; (눈썹 연필로) (눈썹)을 그리다. 3 (英) (경마에서) (말의 이름)을 내기 장부에 기입하다.
pencil in …을 일단 예정에 넣다.
~·*er* 명 연필로 쓰는 사람; (경마) = bookmaker 2.
~·*like* 형
péncil bòx [càse] 명 (연)필통.
pen·ciled [pénsəld] 형 1 연필로 [눈썹 그리개]로 쓴 [그린]. 2 우아하게 [곱게] 쓴 [그린]. 3 (동·식물) 다발털이 있는; (광학) 광속(光束) 모양의.
pen·cil·ing [pénsəliŋ] 명 연필로 쓰기, 가는 선 긋기; U 연필화, 세선화(細線畵); 연필 뎃생.
péncil prèss 명 (the ~) (집합적) (신문·잡지 따위) 활자 미디어 기자.
péncil pùsher [drìver] 명 (구어) 사무직 근로자 (pen pusher); (英) 기자.
péncil shàrpener 명 (회전식) 연필깎이.
péncil shòver 명 (속어) =pencil pusher.
péncil skétch 명 연필 스케치.
péncil strìpe 명 펜슬 스트라이프(어두운 바탕에 밝은 색의 가는 줄무늬); 그 무늬 모양; 그 옷(감).
péncil whìpping 명 (美) 가짜 증명서를 만드는 버릇, 부실한 것을 묵인하는 습관.

P.E.N. Club [pénklλb] 명 =PEN.
pen·craft [pénkræft/-krὰːft] 명 U 1 서법(書法), 필법; 필적(penmanship). 2 문체. 3 저술(업).
pend [pend] 통 R 미결인 채로 있다; 매달려 있다. (폐어) 의지하다, 의존하다. — 타 미결인 채로 두다.
***pend·ant** [péndənt] 명 1 (귀고리·목걸이 따위의) 늘어뜨린 장식, 펜던트. 2 (지붕·천장 따위에서) 늘어뜨린 장식. 3 매다는 램프, 샹들리에. 4 (회중 시계의) 용두의 고리. 5 (그림 따위의) 한 쌍의 한쪽; 상대방, (…의) 한패, 무리 (to). 6 (해사) 짧은 밧줄; (英) 삼각기 (pennant). ¶ a broad ~ 작은 연미(燕尾)형 깃발. 7 부록, 부속물. — 형 =pendent. ~ed, ~like
pen·den·cy [péndənsi] 명 U 1 아래로 드리워짐, 현수(懸垂). 2 미결, 미정; [법률] 소송 계속(繫屬).
during the pendency of …이 미결(繫屬)인 동안.
pend·ent [péndənt] 형 1 늘어진[드린], 매달린. ¶ A beautiful chandelier is ~ from the ceiling. 아름다운 샹들리에가 천장에 매달려 있다. 2 쑥 내민, 뛰어나온. ¶ a pass with ~ rocks 바위가 뛰어나와 있는 산길. 3 임박한, 절박한. ¶ a ~ tempest 금방 닥칠 것 같은 폭풍우. 4 미결정의, 현안의. ¶ a ~ lawsuit 미결의 소송. 5 [문법] 불완전 구문의, (분사가) 현수적(懸垂的)인. — 명 =pendant. -ly 부 [계속(繫屬)중. [L]
pen·den·te li·te [pendénti láiti] (법률) 소송
pen·den·tive [péndéntiv] 명 [건축] 펜덴티브(돔 건축에서 돔과 지주 사이의 아치형 부분).
***pend·ing** [péndiŋ] 형 1 …을 기다리는 동안, …까지. ¶ P- his arrival we had to wait two hours. 우리는 그가 도착할 때까지 2시간 기다려야만 했다. 2 …의 사이, …중. ¶ ~ fishery negotiations 어업 협상중. — 형 1 미결정의, 심리중의. ¶ a ~ question between Korea and U.S. 한미간의 현안 문제 / patent ~ 특허 출원중. 2 (문제·재해 따위가) 곧 일어날[닥칠]듯한, 박두한. 3 매달려 있는.
pénding tràY 미결 서류함.
Pen·drag·on [pendrǽgən] 명 1 펜드라곤(고대 영국의 아서왕 전설 속의 두 왕의 이름). 2 (p-) 왕, 수령 (首領)(고대 영국 추장의 칭호). [작가.
pen·driv·er [péndràivər] 명 서기; 문필가; 기자,
pen·du·lar [péndʒulər/-dju-] 형 진자[흔들이]의, 진자[흔들이]처럼 운동하는.
pen·du·late [péndʒuleit/-dju-] 자 1 (진자처럼) 흔들리다(swing). 2 마음이 동요하다, 망설이다.
pen·du·line [péndʒulin, -làin/-dju-] 형명 (가지 끝에) 매달린 둥지를 짓는 (새).
pen·du·lous [péndʒuləs/-dju-] 형 1 드리웅다리 매달린, 흔들거리는(swinging). 3 (마음이) 팡질팡하는; 미정[미결]의. ~ly 부 ~ness 명
***pen·du·lum** [péndʒuləm/-dju-] 명 1 (시계 따위의) 추, 진자, 흔들이. 2 흔들리는 것; 마음이 흔들리는 사람. 3 추세, 동향.
the swing of the pendulum ① 추의 움직임[운동]. ② (민심·여론 따위의) 변화, 동향. ③ (정당 따위의) 세력 이동(교체), 성쇠.
— 자 진자처럼 흔들리다[매달리다].
Pe·nel·o·pe [pənéləpi] 명 1 (그리스 신화) 페넬로페 (정절을 지킨 Odysseus의 아내). 2 정숙한 아내, 열녀. 3 페넬로프(여자 이름; 애칭 Pen, Penny).
pe·ne·plain [píːniplein, -] 명 (지질) 준평원(準平原)(침식 작용에 의하여 거의 평원이 된 땅). — 타 …을 준평원으로 만들다.
pen·e·tra·ble [pénətrəbl] 형 1 침투할[들어갈] 수 있는, 관통할 수 있는. 2 간파할 수 있는. 3 (…에) 영향 받기 쉬운; (…을) 이해할 수 있는 (to). ¶ ~ to emotion 정에 약한. -bíl·i·ty 명 ~·ness 명 -bly 부
pen·e·tra·li·a [pènətréiliə] 명복 (the ~) 1 가장 깊숙한 곳, 내부; 심저(心底). 2 (궁전·신전의) 내전. 3 최고 비밀, 극비. **-an** 형

pen·e·tra·li·um [pènətréiliəm] 명 건물의 내부; (비유적) 극비[감추어진] 부분; 마음 속. 형 penetralia
pen·e·tram·e·ter [pènətrǽmətər] 명 (X선의) 투과도계(透過度計). [침투도. 2 (물리) 투과.
pen·e·trance [pénətrəns] 명 1 [유전] 유전자의
pen·e·trant [pénətrənt] 형 1 침투[침입]하는 사람 [것]; 통찰자. 2 침투제(화장수·크림 따위), 표면 활성제(活性劑). 3 (동물) (강장(腔腸) 동물의) 큰 자포(刺胞). — 형 =penetrating.
‡pen·e·trate [pénətrèit] 타 (**-trat·ed; -trat·ing**) 1 (빛·소리·탄환 따위가) …을 관통하다, 꿰뚫다, 투과하다 (⇒PIERCE 유의어); (전선·적지 따위)를 돌파하다. ¶ The bullet could not ~ the wall. 총알은 벽을 관통하지 못했다 / The lights ~d the fog. 불빛이 안개를 통해서 보였다. 2 …의 내부로 들어가다, 침입하다; (조직 따위)에 잠입하다. ¶ A forest was ~d by a spy / the organization ~d by a spy 스파이가 잠입한 조직. 3 (풍우·액체·냄새 따위가) …에 스며들다, 충만하다; (사상 따위)에 젖다 (*with*). ¶ ~ one's bones 골수까지 스며들다 / a room ~d with the odor of paint 페인트 냄새가 밴 방. 4 (기업·상품 따위가) …에 침투하다, 진출하다; (문화·관습 따위)에 영향을 미치다, 침투하다. 5 …을 꿰뚫어 보다; (구어) (진리·뜻 따위)를 파악[이해]하다; …을 통찰하다. ¶ I could ~ his disguise at once. 나는 즉각 그의 속임수를 간파할 수 있었다. 6 (수동형으로) …으로 크게 감동시키다, 큰 감동을 주다, 깊은 인상을 남기다; …으로 가득차다, 충만하다 (*with*). ¶ be ~d with respect 존경심으로 가득차다. 7 (컴퓨터) (시스템)에 불법 침투하여, 부당한 정보를 입력시키다.
— 자 1 통과하다, 꿰뚫다 (*through*); 스며들다, 침투하다 (*in, into*). ¶ (~+전+명) The idea ~d slowly *in* this country. 그 사상은 서서히 이 나라에 침투했다 / The sunshine ~s deeply *into* the woods. 햇빛이 숲 속 깊이 비친다. 2 감각[감정]에 강하게 호소하다, 강한 인상을 주다, 큰 감동을 주다. 3 (구어) (…을) 꿰뚫어 보다; 간파하다, 이해하다, 뜻이 통하다 (*to, into*).
***pen·e·trat·ing** [pénətrèitiŋ] 형 1 침투하는, 관통하는; (추위 따위가) 파고드는. 2 예민한, 통찰력이 있는(discerning); 현명한, 이해가 빠른. ¶ a ~ mind 통찰력이 뛰어난 두뇌. 3 (외침) (상대가 내장에 미칠 정도로) 깊은. 4 강한 인상을 주는, 감동적인. **-ly** 부 **~·ness** 명
***pen·e·tra·tion** [pènətréiʃən] 명 1 파고[뚫고] 들어가기, 관통(력); 침투(도), 보급(도). 2 안광(眼光), 안식(眼識). ¶ a diplomat of great ~ 통찰력이 예리한 외교관. 3 세력 침투[확장]; (시장 따위에 대한) 진입, 진출, 침투; (경제·문화 따위에 대한) 영향력. ¶ America's commercial ~ *in* Europe 미국의 유럽에의 대한 상업 진출. 4 (군사) (적지 따위의) 돌파, 돌파구[부대]; 침입, 침공; (포탄의) 관통력. 5 (성기의) 삽입. 6 (렌즈의) 초점 심도. 7 (컴퓨터) 침투.
pen·e·tra·tive [pénətrèitiv/-trə-] 형 1 관통력이 있는, 침투성이 있는. 2 (사람·발언 등이) 예리한; 명민한(acute), 통찰력이 있는. 3 감명적인(impressive), 몸[마음]에 와닿는. **-ly** 부 **~·ness** 명
pen·e·tra·tor [pénətrèitər] 명 파고[뚫고] 들어가는 사람; 침투자; 통찰자.
pen·e·trom·e·ter [pènətrɔ́mətər/-trɔ́m-] 명 1 X선 투과도계(透過度計). 2 침입도계(針入度計), 경도 (硬度) 측정계(고체의 침투성을 측정). (meson).
pen·e·tron [pénətrɑ̀n/-trɔ̀n] 〔물리〕 중간자
pén fèather 명 펜깃(quill feather).
pen·friend [-frènd] 명 (英) =pen pal.
pen·ful [pénful] 명 펜 가득인 (잉크).
Peng·hu [pʌ́ŋhúː] 명 평후(澎湖) 제도(대만 해협에 있는 소군도(小群島); 영어명 Pescadores).

‡pen·guin [péŋgwin, pén-/-péŋ-] 명 1 펭귄. 2 (美속어) (공군의) 지상 근무원; 지상 훈련용 비행기. 3 (美속어) 성장(盛裝)은 했으나 군중의 한 사람으로만 나오는 배우. 4 (美속어) 수녀.
pénguin sùit 명 (美속어) (우주 비행사의) 우주복; 턱시도; 수녀복.
pen·hold·er [pénhòuldər] 명 1 펜대. 2 펜 꽂이.
pénholder grip 명 펜을 쥐듯이 (탁구) 라켓을 쥐는 법. 왜 shakehand grip
pe·ni·al [pí:niəl] 명 =penile.
pen·i·cil [pénəsil] 명 (동물) (송충이 따위의) 다발 털, 방모(房毛).
pen·i·cil·late [pénəsilət, -lèit] 형 방모가 있는. ¶ ~·ly 부
pen·i·cil·lin [pènəsílin] 명ⓤ (약학) 페니실린(항생 물질의 하나). 〈penicillium+-in〉
pen·i·cil·li·um [pènəsíliəm] 명 (복 ~s, -li·a [-liə]) 푸른 곰팡이(페니실린의 원료). 〈L〉
pe·nile [píːnail, -nil] 형 음경(penis)의. ¶ ~ implants 남성 성기 정형 (수술).
penin. peninsula.
‡pen·in·su·la [pənínsjulə/-sju-] 명 (복 ~s [-z]) 1 반도. 2 (the P—) 이베리아 반도(the Iberian P—) (스페인과 포르투갈). b) (터키의) Gallipoli 반도(제1차 세계 대전의 전장터). 3 반도 모양의 돌기물.
pe·nin·su·lar [pənínsjulər/-sju-] 형 1 반도의, 반도 모양의, 반도를 이루는. 2 (P—) 이베리아 반도의; 반도 전역의. — 명 반도의 주민.
pen·in·su·lar·i·ty [pənìnsjulǽrəti/-sju-] 명ⓤ 1 반도 모양(性)이 2 편협한 생각(사고). ¶ ~ insularity
Penínsular Státe 명 (the ~) 미국 Florida 주의 별칭. (半島化)하다.
pe·nin·su·late [pənínsjulèit/-sju-] 타 반도화하다
Península Wàr 명 (the ~) 반도 전쟁(영국·스페인·포르투갈 연합군이 이베리아 반도에 침입한 Napoleon 군대와 싸운 전쟁(1808–14)).
pe·nis [píːnis] 명 (복 -nes [-niːz], ~·es) 음경, 남근, 페니스.
pénis ènvy 명 (정신분석) 남근 선망(남근을 갖고 싶어하는 여성의 억압된 욕구).
pen·i·tence [pénətəns] 명ⓤ 회개, 후회, 뉘우침, 참회(for). ¶ REGRET 유의어 ¶ with ~ 후회하여.
*pen·i·tent [pénətənt] 형 뉘우치는, 후회(참회)하는, 회개하는(for). — 명 1 회개자, 참회자, 죄를 뉘우치는 사람. 2 (가톨릭) 고해자, 죄를 고백하는 자; 수행을 위해 연합한 제교단(諸敎團). ~·ly 부
pen·i·ten·tial [pènətén∫əl] 형 회개(참회), 고해)의, 죄를 뉘우치는. ¶ ~ tears 참회의 눈물. — 명 1 회개자, 참회자. 2 (가톨릭) 고해 의식서(儀式書). ~·ly 부
peniténtial Psálm 명 (보통 the ~s) 회개(참회) 시편(詩篇)(기독교 예배에서 쓰이는 참회와 용서를 비는 시편 6, 32, 38, 51, 102, 130, 143의 7편의 총칭).
pen·i·ten·tia·ry [pènəténʃəri] 명 1 (가톨릭) 고해 신부, 청죄사(聽罪師) ⓤ 내사원(內赦院). 2 (美) 교도소, 고행소. 3 (美) (중죄자를 수용하는) 주(연방) 교도소; (英) 감화원. — 형 1 후회의, 참회의, 회개의. 2 징벌의. 3 (美) 감화원의(에 관한).
pen·knife [pénnàif] 명 (복 -knives) (소형) 나이프, 주머니칼(원래는 깃펜 깎이용). 「penlite」
pen·light [pénlait] 명 만년필형 회중 전등. (또는 penlite)
pen·man [pénmən] 명 필자, 필기하는 사람; 글씨 잘 쓰는 사람, 서예가; 문인, 저작가(author).
pen·man·ship [pénmənʃip] 명ⓤ 습자, 서법(書法); 필적. ¶ poor ~ 악필.
Penn., Penna. Pennsylvania.
pén nàme 명 필명, 아호(雅號)(nom de plume).
*pen·nant [pénənt] 명 1 페넌트(삼선용의 신호(표지) 기(旗); 길쭉한 삼각형 또는 연미형(燕尾形)(pennon); (일반적으로) 길쭉한 삼각기. 2 (해사) 짧은 밧줄. 3 (음악) (음표의) 훅(hook) (♪♪ 따위의 갈고리 모양 부분). 4 (美) 우승기; 교기. ¶ a school ~ 교기. 5 (the ~) 우승, 선수권.
win [or clinch] the pennant 우승하다.
pénnant ràce 명 페넌트 레이스(우승을 다투는 경기).
pen·nate [péneit] 형 날개가 있는, 깃털이 있는.
pen·nat·ed [péneitid] 형 =pennate.
pen·ni [péni] 명 (복 ~·a [-ə], ~s) 핀란드의 화폐 단위(markka의 100분의 1).
pen·ni·form [pénifɔːrm] 형 깃털 모양의.
*pen·ni·less [pénilis] 형 (일시적으로) 무일푼의; 아주 가난한. ⇒ POOR 유의어 ¶ be left ~ 무일푼이 되다. ~·ly 부 ~·ness 명
pen·nill [pénil] 명 pe·nil·i·on [péniljən]) 1 하프(harp) 반주로 노래하는 즉흥시. 2 그 시의 한 절.
Pén·nine Álps [pénain-] 명 (the ~) 페나인 알 프스(스위스와 이탈리아 접경, 알프스 산맥의 한 계열).
pen·non [pénən] 명 1 창기(槍旗)(중세의 기사나 근세의 창기병(槍騎兵)이 창 끝에 달았던 3각형의 기). 2 (일반적으로) 기(flag, banner). 3 (해사) =pennant 1. 4 (시) 날개(wing), 깃. ¶ ─를 가진.
pen·noned [pénənd] 형 창기(槍旗)를 단, 작은 기
pen·n'orth [pénərθ] 명 (복 ~s)(=pennyworth.
*Penn·syl·va·nia [pènsəlvéinjə, -niə] 명 펜실베이니아(미국 동부의 주; 주도 Harrisburg; 略 Pa., Penn., Pennsylvania).
Pennsylvánia Ávenue 명 (美) 펜실베이니아 가(街)(Washington D.C.의 대통령 관저가 있는 관청가); 대통령 관저(1600 ─): 위싱턴 정가.
Pennsylvánia Dútch (the ~) (복수취급) 1 독일계 펜실베이니아인(17–18세기에 Pennsylvania 동부로 이주해 온 독일인 자손). 2 ⓤ 펜실베이니아인이 쓰이는 영어가 섞인 독일어 사투리. 「Dutch 2.」
Pennsylvánia Gérman 명 =Pennsylvania
Penn·syl·va·ni·an [pènsəlvéinjən, -niən] 형 1 펜실베이니아 주(사람)의. 2 (지질) 펜실베이니아계(系)의. — 명 1 펜실베이니아 주 사람(주민). 2 (지질) 펜실베이니아계.

*pen·ny [péni] 명 (복 -nies [-z], pence) (*pennies 는 화폐의 개수(個數)에, pence는 금액에 쓴다) 1 페니(영국의 화폐 단위; 《옛》 페니와 구별하여 new penny(신 페니)라고도 함. 1/100 파운드; 청동 화폐)(*twopence [tápəns]에서 elevenpence까지와 twentypence는 한 단어로 쓰고, -pence는 [-pəns]로 발음하며, 기타는 두 단어로 떼어 쓰거나 하이픈을 넣어 [-pèns]로 발음한다. 숫자 뒤에서는 p.로 줄여 쓰나, 옛 단위에서는 d.로 줄여 쓴다. 옛 1 실링으로서 1/240 파운드이다.) ¶ Give me my change in pennies. 거스름돈은 동전으로 주시오 / A ~ saved is a ~ earned. (속담) 1전을 절약하면 1전을 번다 / In for a ~, in for a pound. (속담) 한 번 시작한 일은 끝장을 내라. 2 (美·캐나다) 1센트 동화(銅貨). 3 (a ~) (일반적으로) 금전, 금액. ¶ cost a pretty ~ 상당한 돈이 들다. 4 (a ~) (부정문에서) 푼돈, 한 푼. ¶ not worth a ~ 한 푼어치의 가치도 없다. 5 데나리(고대 로마의 은화)(denarius). 6 (증권) ⇒ stock.
a bad penny 달갑지 않은 사람(것).
A penny for your thoughts.; (속어) A penny for 'em. (생각에 잠긴 사람을 조롱하여) 무엇을 골똘히 생각하는가 (*원뜻은 「1 페니를 줄 테니 무슨 생각을 하는지 말해줘」).
a penny plain and twopence colored 빛깔 낸 것은 1전, 빛깔 없는 것은 2전(겉만 번지르르한 싸구려 물건을 조롱하는 말).
a pretty penny (구어) 큰 돈, 꽤 많은 돈.

-penny

count [or (美) *pinch*] *pennies* (英구어) 최대한 절약하다, …에 지독히 인색하다 (*on*).
cut a person off with [or *without*] *a penny* = *cut a person off with* [or *without*] *a* SHILLING.
have not a penny (*to bless oneself with*) 무일푼이다, 찢어지게 가난하다.
not a penny the worse 조금도 나빠지지[손해보지] 않은.
not have two pennies to rub together (英) 빈털터리라서 아무것도 못 사다.
not know where one's next penny is coming from = *not know where one's next* MEAL *is coming from*. 「횡재.
pennies from heaven (구어) 생각지도 않은 행운.
Penny in the slot. (英구어) 예상[생각]했던 대로이다.
spend a penny (英구어) (공중)변소에 가다. 「다.
take care of the pence [or *pennies*] 몇 푼 안되는 돈[작은 것]을 소중히 다루다.
The penny (*has*) *dropped.* (英구어) 이제 알겠다[뜻이 통했다]: 잘 되었다 (*「자동 판매기에 동전이 들어갔다」*에서).
think one's penny silver 우쭐하다, 자만하다.
turn [or *earn, make*] *an honest penny* 정직하게 일하여 돈을 벌다.
turn up like a bad penny (귀찮은 사람이) 안 왔으면 할 때 언제나 나타나다[찾아오다].
two [or *ten*] *for* (*for*) *a penny* (英) 싸구려, 지천으로 널려 있는 것(美) a dime a dozen).
watch every penny 잘 생각해서 돈을 쓰다, 지출을 조심하다.
— 형 1 페니의; 싸구려, 보잘것 없는; (증권) 저가주(低價株). ¶ a ~ *book* (구어) 싸구려 모험 소설.
in penny numbers ⇨ PENNY NUMBER.

-pen·ny [péni, pəni] 연결 『…페니[펜스]의』의 뜻. ¶ a nine*penny* magazine 9 펜스의 잡지.

pen·ny-a-line [-əláin] 형 1 1행에 1페니의. 2 (서적·신문의 논설 등이) 싸구려의.
-lin·er [-láinər] 명 3류 작가(hack writer).
pénny ánte 명 1 판돈이 1센트인 포커 놀이. 2 소액 거래[상담, 계약], 째째한 장사. 「없는.
pen·ny-an·te [-ǽnti] 형 소액의; 하찮은, 보잘것
pénny arcáde 명 (美) 전자 오락장, 게임센터. (또는 英) amusement arcade.
pénny blóod 명 (英속어) =penny dreadful.
pénny dréadful 명 3류 폭력[범죄] 소설, 통속[대중] 소설[잡지]; dime novel, shilling shocker
pen·ny-far·thing [-fáːrðiŋ] 명 (英) 구식 자전거의 일종(앞바퀴가 크고 뒷바퀴가 작다).
pénny gáff 명 (英속어) 싸구려 극장, 3류 극장.
pen·ny-half-pen·ny [-héipəni] 형 =three-halfpence.
pen·ny-in-the-slot [-inðəslàt/-slɔ̀t] 명 (英) (동전을 사용하는) 자동 판매기. — 형 동전으로 작동하는; 자동식의.
pénny lòafer 명 (美·캐나다) 페니 로퍼(구두의 앞닫이에 동전을 넣게 되어 있는 로퍼(loafer) 신발).
pénny númber 명 (1페니로 살 수 있는) 정기 간행 탐정 소설의 1회분.
in penny numbers 조금씩, 짤끔짤끔, 토막토막으로 (piecemeal).
pen·ny-pinch [-pìntʃ] 동타 …에 돈을 째째하게 분배하다, 인색하게 굴다.
pénny pìncher 명 구두쇠, 노랑이.
pénny pòol 명 (美속어) 하찮은 일; 시시한 이야기.
pen·ny-roy·al [pèniróiəl] 명 박하류의 식물.
pénny stóck 명 싸구려 주식, 투기적 저가주(低價株)(주당 1–5달러 이하의 주)(英) penny shares).
pen·ny·weight [péniwèit] 명(U|C) 페니웨이트(영국의 귀금속·보석의 중량 단위; 24 grains, 1/20 온스; 약 dwt.).
pen·ny·whis·tle [pénihwìsl/-wìsl] 명 장난감
pen·ny-wise [-wáiz] 형 푼돈을 아끼는. ¶ *P- and pound-foolish.* (속담) 한 푼 아끼려다 열 냥 잃는다.
pen·ny·wort [péniwə̀ːrt] 명 바위솔속(屬)·피막이 풀속(屬)의 식물.
pen·ny·worth [péniwə̀ːrθ] 명 1 1페니어치(의 양). ¶ a ~ *of salt* 소금 1페니어치. 2 (a ~) (부정문에서) 조금, 소량. 3 거래, 거래 액수(bargain); 매물.
a good [*bad*] *pennyworth* 유리[불리]한 거래, 싸 리[불리]하게 산 물건.
get one's pennyworth =get one's MONEY'S worth.
not a pennyworth of 조금도 …아닌.
penol. penology.
pe·no·log·i·cal [pì:nəládʒikəl/-lɔ́dʒ-] 형 형벌학의, 행형학의; 교도소 관리학의.
pe·nol·o·gy [pi(ː)nálədʒi/-nɔ́l-] 명(U) 형벌학, 행형학(行刑學); 교도소 관리학. **-gist** 명
pen·orth [pénərθ] 명 =pennyworth.
pén pàl 펜팔, 편지로 사귄 친구(英) pen-friend).
pén picture [pòrtrait] 명 1 펜화(畵). 2 (인물·사건의) 간단한 기술, 묘사.
pen·point [pénpɔ̀int] 명 펜촉(nib).
pén pùsher 명 (구어) =pencil pusher.
pen-push·ing [-púʃiŋ] 명 (구어) pencil pusher 의 일. 「기록 장치.
pén règister 명 (전화국의) 가입자 전화 이용 (상황)
pen·sée [F pɑ̃se] 명 (록 ~s [-séi]) 1 사상, 생각, 회상(reflection). 2 회고록; 상상록. 3 경구(警句), 금언 (金言). [< F thought].
pén shéll 명 키조갯과의 조개.
pen·sile [pénsail, -sil] 형 1 (새둥지 따위가) 매달린(hanging), 늘어진. 2 (새가) 매달린 둥지를 짓는.
*****pen·sion**[^1] [pénʃən] 명 (록 ~s [-z]) 1 연금, 생활 보조금. ¶ an old-age ~ 양로[노령] 연금. 2 (예술가·학자 등에 대한) 보조금, 장려금; (고용인 등에 대한 임시) 수당, 『(런던의) Gray's Inn 법학원의 평의원회.
draw one's pension 연금을 타다.
live on one's pension 연금을 받고 퇴직하다.
retire on a pension 연금을 받고 퇴직하다.
— 동타 (~s [-z]) …에게 연금을 주다.
pension off (수동형으로) …에게 연금을 주어 퇴직시키다; …을 해고하다.
pen·sion² [F pɑ̃sjɔ̃] 명 (프랑스의) 하숙집, 기숙 학교; 하숙비; (유럽 대륙의) 식사를 제공하는 하숙.
live en pension 하숙 생활을 하다.
pen·sion·a·ble [pénʃənəbl] 형 연금을 받을 자격이 있는. ¶ ~ *age* 연금을 받을 수 있는 연령. **-bly** 부
pen·sion·ar·y [pénʃənèri/-ʃənəri] 형 1 연금 수령자. 2 고용의(hireling). — 명 1 연금 수령자. 2 연금을 받는, 연금으로 생활하는.
pénsion bènefit 명 (때로 ~s) 연금 수당. (또는 英) pénsion còver.
pénsion bòok 명 (英) 연금 수급장.
pen·sion·er [pénʃənər] 명 1 연금 수령자. 2 고용인. 3 (英) (Cambridge 대학의) 자비생 (* Oxford 대학에서는 commoner라고 한다). 4 하숙생. 5 (英속어) (국왕의) 의장병(儀仗兵); 호위병, 가신(家臣). ~**ship** 명
pénsion fùnd 명 (민간의) 연금 기금.
pen·sion·less [pénʃənlis] 형 연금이 없는; (관직 따위가) 연금권이 없는.
pénsion mòrtgage 명 (금융) 연금 기금 주택 담보부 융자.
pénsion plàn [schéme] 명 1 (기업·노조 등의) 연금 제도[계획]. 2 =retirement plan 1.
***pen·sive** [pénsiv] 형 1 깊은 생각에 잠긴, 명상에 잠긴, 수심에 잠긴. ¶ a ~ *mood* 수심에 잠긴 기분. ¶ ~ *soul* 수심 가득한 사람.

(유의어) **pensive** 몽상적으로 막연히 생각에 잠겨 있는. **contemplative** 어떤 (종종 추상적인) 대상에 생각을 집중시키고 있는, 또는 그러한 사색에 잠기는 습관이 있는. **meditative** 반드시 이해·결론에 도달하는 것을 목적으로 하지 않고 종종 사색 그 자체를 즐기며 생각에 잠기는. **reflective** 이해에 도달하고자 분석적·논리적·비판적인 사고를 하는.

2 애수를 띤, 구슬픈. ¶ a ~ look 애수에 잠긴 눈빛. ~·ly 用 ~·ness 囲

pen·ste·mon [penstíːmən, pénstə-] 囲 =pent- stemon.

pen·ster [pénstər] 囲 대필작가, 3류 문필가.

pen·stock [pénstàk/-stɔ̀k] 囲 1 수문(水門). 2 (美) (수문으로부터 수차(水車)에 물을 끌어들이는) 수압관. 3 (물받이 따위의) 홈통, 도수관(導水管); (발전소의) 도수로(導水路). 4 (美) 소화전(消火栓).

pent [pent] 甬 pen²의 과거·과거분사. ── 囲 갇힌 (shut in), 유폐된(confined)(up, in).

pent. (수학) pentagon; (시) pentameter. **Pent.** (성서) Pentateuch; Pentecost.

pen·ta- [péntə] (연결) five의 뜻(* 모음 앞에서는 pent-). ¶ pentagon, pentode. 「(음악) 5음 음계.

pen·ta·chord [péntəkɔ̀ːrd] 囲 1 5현금(弦琴). 2

pen·ta·cle [péntəkl] 囲 1 별표(☆표)(옛날에는 마귀를 쫓는 힘이 있다고 믿었다). 2 그와 비슷한 모양 (hexagram 따위).

pen·tad [péntæd] 囲 1 5년간; (기후) 5일간. 2 (화학) 5가(價) 원소. 3 5, 5개 1조.

pen·ta·dac·tyl [pèntədǽktl, -til] 囲 손가락이 다섯 있는, 오지(五指)의. ~·ism 囲 오지상(五指狀).

pen·ta·dac·ty·late [pèntədǽktəlàt, -lèit] 囲 = pentadactyl. 「tadactyl.

pen·ta·dac·tyl·ic [pèntədæktílik] 囲 =pen-

pen·ta·dec·a·gon [pèntədékəgàn/-gən] 囲 (기하) 15각형.

***pen·ta·gon** [péntəgàn/-gən] 囲 1 5각형, 5변형. 2 (the P-) 펜타곤(미국의 미국 국방부 건물); 미국 국방부(군부). 3 (축성) 오능보(五稜堡), 오릉곽(五稜郭). **pen·tag·o·nal** [pentǽgənl] **pen·tág·o·nal·ly** 用체.

Péntagon blúes 囲 (美) 방위 산업체의 (경기) 침

Pen·ta·gon·ese [pèntəgəníːz, -níːs] 囲 (美구어) 군관계자 용어, 국방부식 문체. 「직원.

Pen·ta·go·ni·an [pèntəgóuniən] 囲 (美) 국방부

pen·tag·o·noid [pentǽgənɔ̀id] 囲 5각형 모양의.

Péntagon Pápers 囲(왕) (the ~) 국방부 비밀 보고서, 펜타곤 페이퍼(Pentagon이 작성한 미국의 베트남전 개입 극비 문서).

pen·ta·gram [péntəgræ̀m] 囲 1 =pentacle 1. 2 연속된 5개의 문자(숫자). 「graph.

pen·ta·graph [péntəgræ̀f, -grɑ̀ːf] 囲 =panto-

pen·ta·he·dron [pèntəhíːdrən] 囲 (복 ~s, -dra [-drə]) 5면체. **-dral** 囲

pen·tam·er·ous [pentǽmərəs] 囲 1 5개 부분으로 된. 2 (식물) (꽃잎이) 5개로 된, 5판화(五瓣花)의; (동물) (곤충의 다리 따위의) 5관절로 된. **-er·ism, -er·y** 囲

pen·tam·e·ter [pentǽmətər] 囲 (운율) 1 오보격(五步格), 오보격의 시. ¶ iambic pentameter. ── 囲 5보격의. (또는 **pentametric**)

pen·tam·i·dine [pentǽmidìːn, -dìn] 囲 (약학) 펜타미딘(항원충성 抗原蟲性) 물질; 폐렴 등의 치료제).

pen·tan·drous [pentǽndrəs] 囲 (식물) (꽃이) 5개의 수술을 가진. 「수소의 하나).

pen·tane [péntein] 囲(U) (화학) 펜탄(메탄계 탄화

pen·tan·gle [péntæŋgl] 囲 =pentagram.

pen·tan·gu·lar [pentǽŋgjulər] 囲 5각형의.

pen·ta·prism [péntəprìzm] 囲 (물리) 5각 프리즘.

pen·tar·chy [péntɑːrki] 囲 1 (U) 5두(頭) 정치; (C) 5두 정부. 2 5개국 연맹, 5개국 연합. 「(연맹).

pen·ta·stich [péntəstìk] 囲 (운율) 5행시, 5행 1

pen·ta·style [péntəstàil] 囲 (건축) 5주식(柱式)의; 5주식 현관의. ── 囲 5주식 건축.

pen·ta·syl·la·ble [péntəsìləbl] 囲 5음절(어); 5음절 시행(詩行)

Pen·ta·teuch [péntətjùːk/-tjùːk] 囲 (the ~) (성서) 모세 5경(經)(구약 성서의 처음의 5편 Genesis, Exodus, Leviticus, Numbers, Deuteronomy).

pen·tath·lete [pentǽθliːt] 囲 5종 경기 선수.

pen·tath·lon [pentǽθlən, -lɑn] 囲 (the ~) 5종 경기. (참 decathlon ~·ist 5종 경기 선수.

pen·ta·tom·ic [pèntətámik/-tɔ́m-] 囲 (화학) 5원자의[로] 이루어지는.

pen·ta·ton·ic [pèntətánik/-tɔ́n-] 囲 (음악) 5음으로 이루어지는, 5음 음계의.

pentatónic scále 囲 (음악) 5음 음계.

pen·ta·va·lent [pèntəvéilənt, pentǽvə-] 囲 (화학) 5가(價)의. ¶ ~ arsenic 5가 비소.

Pen·te·cost [péntikɔ̀ːst, -kàst/-kɔ̀st-] 囲 1 (기독교) 성령 강림절(부활절(Easter) 후의 제7 일요일) (Whitsunday). 2 (유대교) 오순절(五旬節)(五祭)(유월절(逾越節)(Passover)의 제2일부터 50일째에 행하는 수확제; 후에 이 날을 시내산에서 십계(十戒)를 받은 날로 다시 해석했다)(Shabuoth).

Pen·te·cos·tal [pèntikɔ́ːstl, -kástl/-kɔ́s-] 囲 1 성령 강림절[오순절]의. 2 펜테코스트파(派)(20세기초 미국에서 시작한 근본주의(fundamentalism)에 가까운 일파)의. 3 (또는 **Pentecostalist**) 펜테코스트파의 신자. ~·ism 囲 성령 강림 운동.

pent·house [pénthàus] 囲 1 (빌딩 따위 옥상의 테라스가 달린) 고급 옥상 주택. 2 옥탑(屋塔). 3 벽에 붙여 비스듬히 내단 지붕, 달개 지붕. 4 처마, 차양.
make a penthouse of the eyebrows 눈썹을 여덟 팔자로 찌푸리다.   「을 달다.
── 囲 …에 옥탑을 설치하다, 달개 지붕을 달다, 차양

Pen·ti·um [péntiəm] 囲 (상표) (컴퓨터) 펜티엄 (Intel사가 개발한 32비트 CPU; 486의 후계 제품).

Péntium Pró 囲 (상표) 펜티엄 프로(Intel 사의 마이크로프로세서).

pen·to·bar·bi·tal [pèntoubɑ́ːrbətɔ̀ːl/-tæ̀l] 囲 (약학) 펜토바르비탈(최면·진통·진정제).

pentobárbital sódium 囲 (약학) 펜토바르비탈나트륨(진정·최면·항경련약).

pen·tode [péntoud] 囲 (전자) 5극 진공관.

pen·tom·ic [pentámik/-tɔ́m-] 囲 (군사) 펜토믹 편성(핵장비를 갖춘 5개 전투 사단)의. ¶ a ~ infantry division 펜토믹형 핵장비 보병 사단.

pen·top [péntɑp/-tɔ̀p] 囲 (컴퓨터가) 키보드와 전자펜 양용(兩用)의.

Pen·to·thal [péntəθɔ̀ːl/-θæ̀l] 囲 (상표) 펜토탈(전신 마취약).

pén tray 囲 펜 접시.   「신 마취약).

pént roof 囲 (건축) 달개 지붕, 차양(shed roof).

pent·ste·mon [pentstíːmən, péntstə-/-pentsté-m-] 囲 현삼속(屬)의 식물(Penstemon(屬)).

pent-up [ʹʌp] 囲 억제된, 억압당한; (감정 따위가) 억눌려 있는, 갇힌. ¶ ~ emotion 억압된 감정.

pe·nult [píːnʌlt, pinʌ́lt/penʌ́lt] 囲 어미에서 두번째 음절. 2 =penultimate.

pe·nul·ti·ma [pinʌ́ltəmə] 囲 =penult.

pe·nul·ti·mate [pinʌ́ltəmət] 囲 어미에서 두번째의 (음절에 있는). ── 囲 =penult.

pe·num·bra [pinʌ́mbrə] 囲 (복 **-brae** [-briː], ~s) 1 (천문) (일식·월식 때의 반음영(半陰影)). 2 (천문) (태양 흑점 주변의) 반암부(半暗部). 3 (사진) 명암·농담(濃淡)이 흐릿한 부분. 4 (정서·의미 따위의) 두 가지가 섞인 모호한 경계부. **-bral, -brous** 囲

pe·nu·ri·ous [pənjúəriəs/-njúər-] 형 **1** 인색한 (stingy); 몹시 아끼는, 가난한; (…이) 부족한, 결핍된(of). ~**·ly** 부. ~**·ness** 명

pen·u·ry [pénjuri] 명 ⓤ 극빈, 빈곤; 부족, 결핍.

pen·wip·er [pénwàipər] 명 펜 닦기; (속어) 손수건.

pen·wom·an [pénwùmən] 명 여류 작가.

pe·on[1] [pí:ɑn, -ɑn] 명 **1** (중남미의) 날품팔이 노동자(day laborer); 소작농, 말 지키는 사람; (투우사의) 조수. **2** (미국 남서부·멕시코에서) 빚 때문에 채권자의 노예로 일하는 사람. **3** 하류층 사람, 궂은 일 하는 사람.

pe·on[2] [pí:ɑn, -ɑn/pjúːn] 명 **1** (인도·스리랑카의) 보병; 토민병. **2** (인도·스리랑카의) 사환, 종복(從僕).

pe·on·age [pí:ənidʒ] 명 ⓤ **1** (중남미에서) 일용 노동자임; 그 작업. **2** (멕시코에서) 빚 때문에 노예가 되어 일하기; 그 제도. **3** (미국 서남부에서) 죄수의 노동 (제도).

pe·on·ism [pí:ənìzm] 명 =peonage.

pe·o·ny [pí:əni] 명 작약, 모란, 함박꽃; ⓤ 암적색(暗赤色). *blush like a peony* (부끄러워) 얼굴이 빨개지다.

‡**peo·ple** [pí:pl] 명 (복 ~s [-z]) (2, 10 외에는 복수취급) **1** (일반적으로) 사람들 (* persons 대신으로 흔히 쓰인다). ¶Some ~ are militant. 사람들 중에는 호전적인 사람도 있다 / The hall is full of hundreds of ~. 홀은 수백명의 사람들로 가득 차 있다.
2 국민; 민족(* 두 국민·민족 이상일 때는 복수취급) four ~s 네 민족). ⇒RACE[2] 유의어 ¶the English ~ 영국민 / the English speaking ~ 영어를 하는 국민.
3 (the ~) (단·복수 양용) 국민, 인민, 일반 민중; 유권자, 공민. ¶the voice of the ~ 국민의 소리 / government of the ~, by the ~, for the ~ 국민의, 국민에 의한, 국민을 위한 정치(←Lincoln).
4 (the 또는 수식어와 함께) (특정 지역·직업·계층·단체 따위에) 속하는 사람들: (one's ~) 신하, 백성; 부하; 교구민; 종업원. ¶village ~ 마을 사람들 / working ~ 노동자 / newspaper ~ 신문 관계자 / his faithful ~ 그의 충실한 부하 / the king and his ~ 왕과 백성.
5 (보통 one's ~) (구어) 가족, 집안 사람; 양친; 근친자; 선조. ¶her ~ 그녀의 가족들 / His ~ are farmers. 그의 집안은 농업에 종사하고 있다.
6 (the ~) 서민, 평민, 하층 계급. ¶a man of the ~ 평민 / the nobles and the ~ 귀족과 서민.
7 세인, 세상 (they). ¶He's afraid of what ~ say. 그는 세상의 소문을 두려워하고 있다. **8** (동물과 구별해서) 인간. ¶There are many sheep in the fields, but few ~. 들판에 양은 많으나 사람은 별로 없다. **9** (특정한 종(種)의 환경에 사는) 동물, 생물. ¶monkey ~ of the forest 숲 속의 원숭이들. **10** (무관사로) (美속어) 사람, 모르는 사람. **11** (the P-) (美) (법률) (형사 사건에서) 검찰측. ¶The P- vs. Gardner 검찰측 대 가드너 (사건).
as people go 일반적으로 말하면.
be gathered to one's people 죽어서 묻히다.
go to the people (정치 지도자가 선거·국민 투표 따위로) 국민의 신임을 묻다[호소하다].
of all people ① (삽입구로) 많은 사람 가운데 하필이면. ② (명사·대명사 뒤에서) 누구보다도 먼저.
People [or *They*] *say that…; It is said that…* …이라고들 말한다, 세상에서는 …이라고 말들을 한다.
the best people (구어) 상류 사회의 사람들.
— 타 (~s [-z]) **1** …에 사람을 살게 하다, 식민하다; (동·식물)을 서식시키다 (with). ¶a wood ~d with birds 새가 모여 사는 숲. **2** (사람)이 …에 살다, 거주하다. ¶be sparsely ~d 인구가 매우 적다.
~**·less** 형 ~없는, 무인의. 「식.

peo·ple·hood [pí:plhùd] 명 민족성; 민족 귀속 의

péople jòurnalism (명사나 화제 인물을 다룬) 인물 사진 중심의 잡지 저널리즘. ¶The 수상기기를 탄

péople méter (美) (TV의) 시청률 조사 장치[기].

péople mòver 명 여객 대량 수송 수단(공항 등의 자동 보도 등).

peo·ple-or·i·ent·ed [-ɔ̀:rientid/-ɔ̀r-] 형 인간 중심의, 인간 우선의. (또는 **péople-òrientated**)

péople pówer 명 **1** 인력. **2** 민중의 힘 [소리].

Péople's Cómmissar 명 (옛 소련의) 인민 위원.

péople's cómmune 명 (중국의) 인민 공사.

Péople's Dáily 명 (the ~) (중국의) 인민일보(人民日報)(공산당 기관지).

péople's demócracy 명 인민민주주의.

péople's frónt 명 (the ~) 인민 전선.

péople shàper 명 인간 조작[행동 개조] 기술자 (심리학자·유전자 조작 생화학자 등).

Péople's Liberátion Ármy 명 (the ~) (중국의) 인민 해방군(정규군의 공식 명칭; 약 PLA).

péople sníffer 명 후각성 인간 탐지기(숨어 있는 사람을 냄새로 찾아내는 전자 장치).

Péople's Pálace 명 (英) (London의) 노

péople's párk 명 (美) 서민 공원. 「동 회관.

Péople's Párty 명 (美정치) 인민당(1891–1904).

péople's repúblic 명 (종종 P- R-) 인민 공화국.

Péople's Repúblic of Chína 명 (the ~) 중화인민 공화국, 중국(China)(약 PRC).

péople tásk 명 인적(人的) 업무(개인의 인간성이 주요소가 되는 업무; 간호사·교사 등).

peo·ple-to-peo·ple (**nétwork**) [⁴təpì:pl(-)] 명 [컴퓨터] 피플 투 피플 네트워크(인터넷상에서 전문가와 일반인을 직접 연결해 주는 네트워크; 약 P2P).

peo·ple-watch·ing [-wɑ̀tʃiŋ/-wɔ̀tʃiŋ] 명 (美구어) 인간 관찰, 사람들의 갖가지 행동 관찰을 좋아하기.

Pe·o·ri·a [pió:riə] 명 피오리아 (미국 Illinois주 중부의 중소 도시); (美) 평균적 미국 마을, 보통 지방 도시. *play in Peoria* (美) (정책 따위가) 중류 계층에게 받아들여지다 [인정받고 있다]. ¶Will it *play in* ~? 국민들이 그것을 납득할까?

pep [pep] (美구어) 명 원기, 기력, 활기. ¶full of ~ 원기왕성한. — 타 (-*pp*-) …을 기운나게 하다, 활기[활력]를 불어넣다 (*up*). ~**·less** 형

PEP (英) *personal equity plan* (개인 주식 투자 촉진 계획). **P.E.P.** (英) *Political and Economic Planning*. 「(岩)의 일종.

pep·er·i·no [pèpərí:nou] 명 [지질] 응회암(凝灰岩)

pep·los [péplɑs] 명 페플로스 (고대 그리스 여성들이 어깨에 걸쳐 입던 주름잡힌 긴 상의). (또는 **péplus**)

pep·lum [pépləm] 명 (복 ~s, -*la*) **1** (스커트의) 주름 장식. **2** (허리 둘레를 싸는) 짧은 장식 스커트. **3** (페어) =peplos. 「멜론·호박·오이 따위).

pe·po [pí:pou] 명 (복 ~s) 박과(科) 식물의 열매 (박·

pepped [pept] 형 (美구어) (완곡적) 몹시 취한 (perked). ¶~ *out* 지쳐버려.

‡**pep·per** [pépər] 명 (복 ~s [-z]) **1** 후추; 〖식〗 후추류(類)의 식물. ¶black [white] ~ 검은 [흰] 후추. **2** 고추, 고추류(類)의 식물 (red ~). ¶a green [or sweet] ~ 피망. **3** ⓤ 신랄함, 혹평, 성미가 급함. **4** (농구·야구) 시합 전 연습 (~ game). **5** (美속어) (정벌적) 멕시코인. *grow* [or *snuff*] *pepper; take pepper in the nose* 성을 내다.
throw pepper in the eye of …을 속이다.
— 타 (~s [-z]) 타 **1** …에 후춧가루를 뿌리다, …을 후춧가루로 양념하다. **2** …에게 (…을) 온통 뿌리다, 흩뿌리다 (with). ¶(~+目+전+명) The hide was ~ed with splashes. 그 가죽은 반점투성이였다. **3** (탄환·질문·욕설 따위)를 퍼붓다 (with); (美속어) (강속구)를 던지다. ¶They ~ed him with difficult questions. 그들은 그에게 어려운 질문을 퍼부었다. **4** (美속어) …을 때려눕히다; …을 욕[엄벌]하다. — 자 **1** 후추로 맛을 내다. **2** 비·우박 따위가 세차게 내리다.
~**·er** 명 ~**·ish** 형 ~**·ish·ly** 부.

pep·per-and-salt [-ənsɔ́:lt] 명 **1** (옷감이) 희고 검은 점이 뒤섞인; (머리가) 희끗희끗한, 반백의. **2**

pep·per·box [pépərbὰks/-bɔ̀ks] 명 1 (식탁용의) 후춧가루통. 2 까다로운 사람, 성미가 급한 사람.

pépper càster [càstor] 명 (英) 후춧가루통[병].

pep·per·corn [pépərkɔ̀ːrn] 명 1 말린 후추 열매. 2 시시한 것[일]. 3 (털이) 선모(旋毛)형으로 난.

péppercorn rént 1 (중세에) 지대(地代) 대신 지주에게 바쳤던 말린 후추 열매. 2 명색뿐인 지대[집세].

Pépper Fòg 명 (상표) 최루 가스(pepper gas).

pépper gàme 명 〔농구·야구〕 (가벼운) 시합 전 연습.

pépper gàs 명 최루(催淚) 가스.

pep·per·grass [pépərgræ̀s/-grὰːs] 명 다닥냉이

pépper mìll 명 후추 분쇄기. ┌류의 식물.

pep·per·mint [pépərmint, -mənt] 명 〔식〕 서양박하, 페퍼민트; 명 U 박하주; U C 박하 사탕.

péppermint spírit 명 박하정(精), 페퍼민트(박하유를 알코올에 녹인 용액).

pep·per·o·ni [pèpəróuni] 명 페페로니(향신료를 듬뿍 넣은 쇠고기[돼지고기]의 말린 소시지). (또는 peperoni) ⟨<It⟩

pépper pòt 명 1 (英) 후춧가루통[병](pepperbox). 2 서인도식 스튜(후추로 조리한 고기와 야채 스튜).

pépper shàker 명 1 (금속제의) 후춧가루통. 2 (속어) 결빙된 노면에 재를 뿌리는 트럭.

pépper trèe (남미 원산의) 옻나무과(科)의 식물; (뉴질랜드 원산의) 목련과(科)의 식물.

pep·per-up·per [pépərʌ̀pər] 명 (구어) 1 정력 강장제[식], 활력 증강제[식]. 2 입맛내는 곁들임 요리. 3 힘을 북돋우는 말, 격려사.

pep·per·wort [pépərwə̀ːrt] 명 =peppergrass.

pep·per·y [pépəri] 형 1 후추의, 후추 같은; 매운, 얼얼한. 2 (말 따위가) 신랄한, 격렬한. 3 화 잘 내는, 성미가 급한, 안달하는. **-per·i·ly** 부 **-per·i·ness** 명

pép pìll (구어) (~s) 각성제, 흥분제.

pep·py [pépi] 형 (구어) 원기왕성한, 활기찬. **-pi·ly** 부 **-pi·ness** 명

pép rálly 환송회, 장도 축하회; 격려 모임.

Pep·si [pépsi] 명 (美속어) 1 =~-Cola. 2 프랑스계 캐나다인. ┌회사).

Pep·si·Co [pépsikou] 명 펩시코(Pepsi-Cola 제조

Pep·si·Co·la [-kóulə] 명 (상표) 펩시콜라(미국 PepsiCo사(社)의 청량 음료). ⟨<dyspepsia+cola⟩

Pep·si·fi·ca·tion [pèpsifikéiʃən] 명 (특히 패스트 푸드 산업에서 볼 수 있는) 미국식 상업주의.

pep·sin [pépsin] 명 U 〔생화학〕 1 펩신(위액에 있는 단백질 분해 효소). 2 펩신제(소화제).

pep·sin·o·gen [pepsínədʒən, -dʒèn] 명 〔생화학〕 펩시노겐(펩신의 효소 원질(原質)).

pép tàlk (구어) 격려 연설, 격려의 말. ┌하다.

pep·talk [péptɔ̀ːk] 타 ...을 격려하다. — 자 격려

pep·tic [péptik] 형 1 소화의, 소화를 돕는(digestive); 소화력이 있는. ~ glands 소화용 분비선. 2 펩신의. — 명 소화제, 전위제; (~s) 소화기관.

péptic úlcer 〔병리〕 (위·십이지장의) 소화성 궤양.

pep·ti·dase [péptədèis, -dìz] 명 〔생화학〕 펩티다아제(펩티드나 펩톤을 아미노산으로 가수분해하는 효소).

pep·tide [péptaid] 명 〔생화학〕 펩티드.

pep·tize [péptaiz] (* (英) **-tise**) 타 〔화학〕 ...을 콜로이드 모양[교질]으로 용액화하다. **pep·tíz·a·ble** 형 **-ti·zá·tion, -tìz·er** 명

pep·tone [péptoun] 명 U 〔생화학〕 펩톤(단백질이 펩신에 의해 가수분해된 것).

pep·to·nize [péptənàiz] (* (英) **-nise**) 타 〔단백질)을 펩톤화하다. **-ni·zá·tion, -nìz·er** 명

‡per [pəːr, pər] 전 (뒤에 오는 명사는 단수이며 무관사) 1 ...에 의하여, ...으로써. ~ bearer 인편에 / ~ post 우편으로 / ~ rail [steamer] 기차[기선]로.

2 ...에 대하여(for), ...마다. ¶ ~ head [or man] 1인당 (~ capita) / twenty dollars ~ barrel 배럴당 20달러. * per는 전문 용어로서 상업 영어에 쓴다. 보통 three dollars *a* yard처럼 a를 사용한다. ┌계산서에 따라.

as per ...에 따라. ¶ ~ enclosed account 동봉하 **as per usual** [or **normal**] (구어) 여느 때와 같이, ...대로처럼.

per each (구어) 하나에 대하여, 각기(* 상업 용어를 흉내낸 표현).

— 부 (美구어) 하나[한 사람] 당 (* 단위는 문맥에 따른다), 각자, 각기. ⟨<L through, by⟩

PER price earnings ratio(주가 수익률); Professional Employment Register; (컴퓨터) program event recording(프로그램 사상(事象) 기록). **per.** percentile; period; person. **Per.** Persia(n).

per- [pəː(ː)r] 〔접두〕 1 through, thoroughly, utterly, very의 뜻. ¶ *per*vade, *per*vert. 2 (화학) 「과(過)…」의 뜻. ¶ *per*oxide, *per*manganic acid.

per·ac·id [pəːræ̀sid] 명 〔화학〕 과산(過酸).

per·a·cid·i·ty [pə̀ːrəsídəti] 명 (위(胃) 등의) 산(酸)

per·ad·ven·ture [pə̀ːrədvéntʃər, pèr-] 부 (고어) 아마도(perhaps, possibly), 어쩌면(by chance). ¶ *P*-it will rain. 어쩌면 비가 올지도 모르겠다.

if peradventure (he fails) 혹시 (그가 실패)한다면.

lest peradventure ...하는 일이 없도록.

unless peradventure ...하지 않는다면.

— 명 1 (때로 a ~) 의심, 의문(doubt); 우연 (chance); 불안. 2 추측, 측량(surmise). ┌이, 꼭.

without [or **beyond**] **(a) peradventure** 틀림없

per·am·bu·late [pəræ̀mbjulèit] 타 1 ...을 순회[순시]하다. 2 (경계를 정하기 위하여) ...을 답사하다. 3 (어린이)를 유모차에 태우고 다니다. — 자 돌아다니다, 거닐다(stroll).

per·am·bu·la·tion [pəræ̀mbjuléiʃən] 명 1 U 거닐기, 순회, 순시, 답사. 2 C 순회 구역, 측량 구역. 3 C 답사 보고서.

***per·am·bu·la·tor** [pəræ̀mbjulèitər] 명 1 (英) 유모차(구어) pram). 2 (측량 기사가 쓰는) 바퀴 달린 거리 측정기, 주행 거리계. 3 순회[순시]자.

per an. *per* annum.

per an·num [pə(ː)r ǽnəm] 1년마다, 1년에, 1년에 대하여(annually). ⟨<L by the year⟩

P/E ratio price-earnings ratio(주가(株價) 수익률).

per·bo·rate [pəːrbɔ́ːreit] 명 〔화학〕 과붕산염(過硼酸鹽)(표백·소독제용). ┌롬산염.

per·bro·mate [pəːrbróumeit] 명 〔화학〕 과(過)브

per·cale [pəːrkéil] 명 U 퍼케일 무명(배게 쪽 판명), ┌얇고 가벼운 무명).

per·ca·line [pə́ːrkəlìːn] 명 U 퍼컬린 직물(안감용의

per cap·i·ta [pə(ː)r kǽpitə] 명 1인당, 각자, 머릿수로 나눠서. ¶ $20 for two men is $10 ~. 2명에 20달러면 1인당 10달러가 된다. — 형 1인당의, 머릿수로 나눈. ¶ ~ income 1인당 소득. ⟨<L by heads⟩

per·ceiv·a·ble [pərsíːvəbl] 형 지각[감지, 인지]할 수 있는. **-bíl·i·ty, ~·ness** 명 **-bly** 부

‡per·ceive [pərsíːv] 타 (~s [-z]; **~d; -ceiv·ing**) 타 1 (오관(五官)으로) ...을 지각하다, 인지하다, 알아채다. ⟹ NOTICE (유의어) ¶ (~ + 명 + *ing*) I ~d him *going* out with her. 나는 그가 그녀와 외출하는 것을 알아챘다 (~ + 명 + *do*) You will ~ the fish *rise* out of the water. 물고기가 수면 위로 뛰어 오르는 것을 보게 될 것입니다. 2 ...을 이해하다, 납득하다; (의도 따위)를 간파하다; 깨닫다. ¶ (~ + *that* 절) We ~d by his face *that* he had failed in the attempt. 그의 얼굴에서 그 시도가 실패했음을 알아 챘다. — 자 감지(感知)하다. ¶ ~ by the ear [eye] 귀[눈]로 알다.

-ceiv·ed·ly [-síːvidli, -síːvd-] 부 **-céiv·ed·ness, -céiv·er, -céiv·ing·ness** 명

per·céived nóise dècibel [pərsíːvd-] 명 지각(知覺) 소음 데시벨(雪 PNdB, PNdb).

‡**per·cent** [pərsént] 명 (쑝 ~) **1** 퍼센트, 100분의 (기호 %; 雪 p.c., pct., per ct.). ¶tens of ~ 다량(多量)/a [or one] hundred ~ 100퍼센트 / Fares are increased by 45 ~. 요금은 45퍼센트 인상된다.

> USAGE **percent**와 **per cent**── (1) 영국에서는 주로 per cent가 쓰이나 최근에는 percent로 쓰는 경향이 두드러진다. (2) 법률 용어에서는 라틴어 그대로인 per centum으로 쓰인다. (3) 기호(%)는 도표나 통계·과학 문헌에서 「수사+%」로 쓰인다.

2 ①ⓒ 율, 비율, 백분율(percentage). ¶Only a small ~ of the class was [or were] there. 그 반 학생 중 몇 몇만이 그곳에 있었다 / A large ~ of their apple crop was ruined. 그들의 사과는 상당수가 못쓰게 되었다. ─ (~s) (英) 〔금융〕 이자부(附) 주식, 사채, 공채(bond). ¶invest money in the four ~s 4퍼센트 이율의 공채에 투자하다. ─ 형 (이율·비율을 나타낼 때 수자와 함께) …퍼센트의. ¶get 5 ~ interest 5퍼센트의 이자를 받다 / make 15 ~ discount for cash 현금 지불이면 15퍼센트 할인해 주다. ─ 부 …퍼센트만큼 (수사(數詞)와 함께 부사구를 만든다). ¶You are one ~ responsible for the accident. 너는 그 사고에 대해서 1%만(약간) 책임이 있다. (또는 **per cent**)

***cent·age** [pərséntidʒ] 명 ①ⓒ **1** (단수취급) 백분율, 백분비, 퍼센티지. ¶a ~ of 5 5퍼센트. **2** (a ~) 비율, 율(proportion); 몫, 배당. ¶a small ~ of oxygen 작은 비율의 산소 / the ~ of risk 위험률.

> USAGE **percent**와 **percentage**── (1) 일반적으로 percent는 「수사+percent」, percentage는 「수량을 나타내는 형용사(small, large, high, overwhelming 따위)+percentage」로 쓰인다. (2) 그러나 최근, 특히 구어체에서는 두 말이 구별없이 쓰이는데 percentage 쪽이 우세하다.

3 (백분율로 표시한 이익·세금 따위의) 액수; 수수료, 구전. ¶a ~ contract 비율 청부. **4** (구어) (부정문에서) 효용, 이익, 이득; 부당 이득. ¶There is no ~ in worrying about it. 그 일을 걱정해도 소용없다. **5** (~s) (구어) (성공의) 확률, 가능성, (도박 따위의) 승산.

in percentage terms 비율로 따져서(말하면).

play the percentages (속어) 안전하게(승산을 따져) 행동하다. 「무엇이 문제야?」

What's the percentage? (속어) 도대체 왜 그래?

percéntage bàseball 명 〔야구〕 확률(정석) 야구.

percéntage pòint 명 퍼센트 포인트. ¶raise interest rates by two ~s from 10% to 12% 금리를 10%에서 12%로 2퍼센트 포인트 올리다. 「로 말하면,

per·cent·age·wise [pərséntidʒwàiz] 부 퍼센트

per·cent·er [pərséntər] 명 (배우·작가 등의) 대리인, 매니저(agent); (보통 복합어로) …퍼센트의 수수료를 받는(요구하는) 사람; …퍼센트의 기여를 하는 사람(것).

per·cen·tile [pərséntail, -tl] 명 〔통계〕 백분위수(百分位數). ─ 형 백분위수의(를 쓰는).

per cent·um [pər séntəm] 명 =percent 1.

per·cept [pəːrsept] 명 지각(知覺)된 것; 지각에 의한 인식 결과; 지각의 대상.

***per·cep·ti·ble** [pərséptəbl] 형 **1** 지각[감지, 인식]할 수 있는. ¶The ships are distinctly ~ in a fog. 그 배들은 안개 속에서도 확실히 보인다. **2** 감지할 수 있는 정도의, 알아챌 수 있는; 상당한, 눈에 띄는. ¶a ~ change in her tone 그녀 목소리의 희미한 변화.

~·**bíl·i·ty**, ~·**ness** 명 **-bly** 부

***per·cep·tion** [pərsépʃən] 명 ①ⓒ **1** 지각 (작용), 지각(력); 인식(력), 이해. ¶a man of clumsy [keen] ~s 지각력이 둔한(예리한) 사람 / His ~ of the change came in a flash. 그는 그 변화를 즉시 알아챘다. **2** ⓤ 직관, 직각(直覺). **3** 지각(감지)된 것, 지각 대상, 개념. **4** ⓤ 〔심리〕 지각. **5** 〔법률〕 (임대료·수확물 등의) 징수. ─ ~·**al** 형

percéption ánalyzer 명 (TV) (정치인의 연설·강견에 대한) 시청자 반응 조사 분석 장치.

percéption gáp 명 (어떤 사물에 대한) 인식의 차이(격차), 견해의 차이. 준 communication gap

percéption mánagement 명 지각(인식) 조정 (허위 정보를 진짜로 믿게 하는 정보 조작).

per·cep·tive [pərséptiv] 형 **1** 지각력이 있는; 지각(감지)하는, 인식하는. ¶a ~ organ 지각 기관. **2** 예민한, 통찰(이해)력이 날카로운; (…에) 잘 알려져 있는 (of). ~·**ly** 부 ~·**ness**, **pèr·cep·tív·i·ty** 명

per·cep·tu·al [pərséptʃuəl] 형 지각(력)의. ~·**ly** 부

percéptual defénse 명 〔심리〕 지각적 방어(바람직하지 않은 것을 무의식적으로 외면하는 것).

percéptual strátegy 명 〔언어〕 지각 처리 방식, 지각의 방책(듣는 사람이 발언(發言)을 이해할 때 구사하는 심리적 처리 조작).

perch¹ [pəːrtʃ] 명 (쑝 ~**es** [-iz]) **1** (새의) 횃대, 횃대(가로 나무(나뭇가지 따위)); (동물의) 쉬는 곳(창틀·울타리 위 따위). **2** 높은[안전한] 장소; (높은 곳에 있는) 휴게소; (구어) 높은 지위, 안정된 지위. ¶the ~ of fame 명성의 자리. **3** (英) 퍼치. **a)** 길이 단위(5.03m). **b)** 면적 단위(25.3 m²). **c)** 석재(石材) 따위의 체적 단위(0.7m³). **4** (마차의) 채나무, 연간(連桿); 막대기, 장대(rod, pole). **5** 〔야구〕 좌석, 관객석.

Come [or *Get*] *(down) off* [or *of*] *your perch.* (구어) 거만하게(건방지게) 굴지 마. 「열하다.

hop [or *tip over*, *drop off*] *the perch* 죽다, 파

knock a person off his perch 남을 해치우다, 패배시키다, 콧대를 꺾어놓다(destroy, ruin).

take one's perch ① (새가) 횃대에 앉다(alight). ② 높은 지위에 앉다, 승진하다.

─ 통 (~**es** [-iz]; ~**ed** [-t]) 자 **1** (새·사람 등이) (…에) 앉다, 자리잡다 (*on, upon*). ¶(~+前+图) A bird ~ed on a twig. 새가 가지에 앉았다. **2** (속어) 애무하다. ─ 타 **1** (새)를 앉게 하다; (수동형으로) (높은 곳에) 놓다, 앉히다 (*on, upon*). ¶(~+图+前+图) a house ~ed on a hill 언덕 위의 집. **2** (직물)을 검사하다. **3** (속어) …을[에게] 애무하다.

~·**a·ble** 형 「류(類)의 물고기.

perch² 명 (쑝 ~(·**es**)) (지느러미에 가시가 많은) 농어

per·chance [pərtʃǽns, -tʃɑ́ːns] 부 (문어) 아마, 어쩌면(perhaps, possibly); (고어) 우연히(by chance).

perch·er [pəːrtʃər] 명 높은 곳에 앉는[놓이는] 사람[것]; (물·음식과 구별하여) 나무에 앉는 새.

Per·che·ron [pəːrtʃərɑn, -ʃə-/-ʃərɔn] 명 페르슈롱 종(種)의 말(프랑스 북부 Perche산(産)의 짐마차용 말).

per·chlo·ric [pərklɔ́ːrik] 형 ①ⓤ 〔화학〕 과염소산의[에서 유도된]. ¶~ acid 과염소산. 「화물.

per·chlo·ride [pərklɔ́ːraid, -rid] 명 〔화학〕 과염

per·cip·i·ence [pərsípiəns] 명 ⓤ 지각(력), 인지(력), 인식. (또는 **percipiency**)

per·cip·i·ent [pərsípiənt] 형 지각하는; 지각력이 있는, 식별력(통찰력)이 있는. ─ 명 지각하는 사람; (영신 감응술에서) 감응자(靈通者), 천리안.

Per·ci·val(e) [pə́ːrsəvəl] 명 퍼시발. **1** 아서왕 전설에서 Arthur왕 궁정(宮廷)의 기사로 성배(聖杯)(the Holy Grail)를 찾아낸다는 영웅. (또는 **Perceval**) **2** 남자 이름(애칭 Percy).

per·co·late [pə́ːrkəlèit] 타 **1** (액체)를 (…으로) 여과하다, 거르다(filter) (*through*). **2** (액체)가 …에 스며들다, …에서 스며나오다. ¶Water ~s sand. 물이 모래에 스며든다. **3** (커피)를 퍼컬레이터로 끓이다. ─ 자 **1** (액체가) (…에) 스며나오다, 배어나오다(들어가다) (*through*); 여과되다. ¶The coffee will soon begin to ~. 커피는 곧 나옵니다. **2** (구어) (사람이) 활기를 띠다, 활발해지다. **3** (뉴스 따위가) 서서히 퍼지다(전파되

다). —⑨ [pə́:rkələt, -lèit] 삼출액(滲出液), 여과액.
per·co·la·tion [pə̀:rkəléiʃən] ⑨ ⓤ 1 여과, 침출, 침투. 2 (뉴스 따위의) 전파, 보급. 3 (여과식 커피 메이 커로) 커피 뽑기. 4 (음악) 투수(透水).
per·co·la·tor [pə́:rkəlèitər] ⑨ 1 여과하는 사람; 여과기. 2 퍼컬레이터, 여과식 커피 메이커.
per con·tra [pə:r kántrə/-kɔ́n-] 휭 1 이에 반하여, 2 (거래 따위에서) 상대편에서[에게]. 3 (계산·사정 따위가) 서로 틀려, 어긋나. [<L on the contrary]
per cu·ri·am [pə:r kjúəriæ̀m/-riəm] 휭 [법률] 전 재판관에 의한; 전원일치의. [<L through the court]
per·cuss [pərkʌ́s] ⑤ 1 …을 치다, 쳐서 올리다. 2 (의학) (치아·악기 따위를) 타진(打診)하다.
per·cus·sion [pərkʌ́ʃən] ⑨ⓤⓒ 1 충돌, 충격 (blow). 2 (충돌에 의한) 진동, 격동; 음향. 3 (병리) 타진(打診). 4 (음악) 타악기를 쳐서 소리 내기; (~s) (악단의) 타악기부. 5 (총의) 격발. **~·al**
percússion cáp ⑨ (소총 따위의) 격발뇌관(종이 화약을 쓰는) 장난감 격총.
percússion fúse ⑨ (탄환의) 격발 신관(信管).
percússion ínstrument ⑨ (음악) 타악기.
per·cus·sion·ist [pərkʌ́ʃənist] ⑨ 타악기 연주자.
percússion lóck ⑨ 뇌관 장치, 격발전(栓).
per·cus·sive [pərkʌ́siv] 휭 충격의, 충돌의; 충격적인. ¶ ~ noises 부딪치는 듯한 소리. 2 (화기가) 격발식의. 3 (병리) 타진의. **~·ly** 휭 **~·ness** ⑨
per·cus·sor [pərkʌ́sər] ⑨ (병리) = plexor.
per·cu·ta·ne·ous [pə̀:rkjutéiniəs] 휭 (의학·외과) 경피적(經皮的)인, 피부를 통해서 투여하는[흡수시키는] (주사·약제 따위). **~·ly** 휭
Per·cy [pə́:rsi] 휭 퍼시(남자 이름; Percival의 별칭).
Pércy bóy (美속어) 계집애 같은[연약한] 사내, 남자답지 않은 남자. (또는 **Pércy-pànts**)
per di·em [pə:r dí:əm, -dáiəm] 휭 하루에 대하여 당으로. —⑨ (출장중의) 일당, 일급. [<L]
per·di·tion [pərdíʃən] ⑨ⓤ 1 영원한 죽음, 지옥에 떨어짐, (정신적) 파멸; 멸망, 2 지옥(hell).
Go to perdition! 이 벼락 맞을 놈!   [잠복한.
per·du(e) [pə:rdjú:/pə:rdjú:] 휭 숨은, 보이지 않는, *lie perdu* 잠복해[숨어] 있다.
per·dur·a·ble [pə:rdjúərəbl/-djúər-] 휭 불변[불멸]의, 오래 가는. **~·bíl·i·ty, ~·ness -bly** 휭
per·dure [pərdjúər/-djúə] ⑤⑨ 영속하다, 견디다, 오래 가다(endure).
père [pɛər/F pɛːr] ⑨ 1 아버지. 2 연장자, 선배(* 부자(父子)의 이름이 같을 때 이를 구별하여 아버지의 성 뒤에 붙임; 영어의 senior)의 (휭 fils). ¶ Dumas ~ 대(大) 뒤마. 3 (P-) 신부(* 성 앞에 붙인다). [<F father]
per·e·gri·nate [pérəgrinèit] ⑨ (도보로) (…을) 여행하다, 편력(遍歷)하다. **-nà·tor** ⑨
per·e·gri·na·tion [pèrəgrinéiʃən] ⑨ 1 ⓤⓒ 편력, 여행. 2 (하나의) 여정.
per·e·grine [pérəgrin, -gri:n] 휭 1 외국의(foreign), 외래의. 2 (새 따위가) 이주하는. 3 떠도는, 방랑하는. 4 여행(편력)중의. —⑨ 1 = ~ falcon. 2 외지 [외국] 체류자. 3 (고어) 여행자, 순례자.   [매.
péregrine fálcon ⑨ (옛날 매사냥에 사용된) 송골
pe·rei·ra bárk [pəréərə-] ⑨ 브라질산 소방(蘇枋) 껍질(강장 해열제의).   [bark에서 추출; 해열제].
pe·rei·rine [pəréəriːn] ⑨ⓤ (화학) 페레이린(pereira
per·emp·to·ry [pərémptəri, pèrəmptɔ́:ri] 휭 1 (명령 따위가) 거부할 틈 없는, 위압적(威壓的)인, 단호한. ¶ a ~ order 절대적인 명령. 2 (말씨·태도 따위가) 전제적인, 위압적인, 거만한. ¶ a ~ manner 거만한 태도. 3 (생각·태도·수속 따위가) 확신에 찬; 독단적인, 단정적인. ¶ in a ~ tone 단정적인 어조로. 4 (법률) 결정적인, 최종적인; 절대적인, 강제적인. ¶ a ~ edict 절대적인 칙령(勅令). **-ri·ly** 휭 **-ri·ness**

perémptory writ ⑨ (법률) 강제 소환장, 절대[무조건] 영장(令狀).
*****per·en·ni·al** [pəréniəl] 휭 1 연중 계속되는, (샘 따위가) 연중 마르지 않는. 2 (상당 기간) 지속되는, 영속적인; 영구히 계속하는 : 영원한. ¶ ~ youth 영원한 젊음. 3 (식물) 다년생의(휭 annual, biennial). —⑨ 다년생 식물; 영속하는[영속적인] 것. **-ál·i·ty ~·ly** 휭
pe·ren·ni·ty [pərénəti] ⑨ⓤ 영속(성), 영구(성); 끊임 없이 계속됨.
pe·res·troi·ka [pèrəstrɔ́ikə] ⑨ 페레스트로이카 (옛 소련 대통령 M. Gorbachev의 개혁 정책); (일반적으로) 개혁 (정책). 휭 glasnost [<Russ restructure]
perf. perfect; perforated; perforation; performance.
‡per·fect [pə́:rfikt] 휭 (* 현재는 perfect를 상대적으로 사용하여 more, most를 붙여서 비교급·최상급을 만들기도 한다) 1 완전한, 결점이 없는, 더할 나위 없는, 완벽한. ➪COMPLETE 유의어 ¶ a ~ character 완전무결[원만한] 인격 / a ~ wife 더할 나위 없는 아내 / the ~ day 온종일 즐거웠던 날 / More ~ coloring cannot be imagined. 더할 나위 없는 채색이다. 2 (…을) 완전히 습득한, 숙달한 (*in); (구어) 우수한, 뛰어난. ¶ a golfer 골프의 달인 / He is ~ in his duties. 그는 자기 직무에 완전하다 / *Practice makes* ~. (속담) 연습하면 완전해진다. 3 (…에) 안성맞춤의, 꼭 들어맞는, 이상적인 (*for*); 전형적인. ¶ a ~ gentleman 신사 중의 신사 / The man is ~ *for* you. 그는 너에게 꼭 맞는 남성이다. 4 정확한, 완전한. ¶ a ~ square 정사각형 / a ~ copy 진짜와 똑같은 복제[복사]품. 5 순전한, 전적인; 철저한. ¶ a ~ fool 천치 바보 / He is a ~ stranger to us. 그는 우리와는 전혀 남이다. 6 (권위 따위가) 절대적인, 무조건적인; (법률) (법적으로) 완전한, 유효한. 7 (식물) 양성화(兩性花)의, 완전화의, 암수의 꽃술을 갖춘. 8 (종종 the ~) (문법) 완료의. ¶ the ~ tense 완료 시제. 9 (음악) (음정이) 완전한; (종지(終止)가) 완전한. ¶ a octave 완전 8도 음정.
—⑨ 1 (문법) 완료 시제[형]. ➪BEEN. ¶ the future[past, present] ~ 미래[과거, 현재] 완료. 2 완성품, 합격품. ¶ the ~s and the rejects 합격품과 불량품.
—⑤ [pərfékt] 1 …을 완전하게 하다. 2 …을 완성하다, 마무르다. 3 …을 개선[개량]하다. 4 (재귀용법으로) …으로 숙달시키다 (*in*). 5 (남)에게 완전한 정보를 전하다. 6 (인쇄) (인쇄된 종이의) 이면에 인쇄하다.
perfect oneself in …에 숙달하다.
~·ness
per·fec·ta [pərfékta] ⑨ = exacta.
pérfect bínding ⑨ (제본) 무선철(無線綴).
pérfect cádence ⑨ (음악) 완전 종지(법).
pérfect competítion ⑨ (경제) 완전 경쟁.
pérfect críme ⑨ 완전 범죄.   [없이.
per·fect·ed·ly [pərfíktidli] 휭 완전히, 더할 나위
per·fect·er [pərféktər] ⑨ = perfector.
pérfect gáme ⑨ (야구·볼링) 완전 시합, 퍼펙트 (게임). ¶ pitch a ~ 퍼펙트 게임을 하다.
pérfect gás ⑨ (물리) 이상(理想) 기체, 완전 기체
per·fect·i·ble [pərféktəbl] 휭 완전하게 할[될] 수 있는, 완성시킬 수 있는, 원만해지는. **-bíl·i·ty** ⑨
perfécting préss ⑨ 양면 인쇄 윤전기.
pérfect ínterval ⑨ (음악) 완전 음정(音程).
‡per·fec·tion [pərfékʃən] ⑨ 1 ⓤ 완성, 마무리, 2 ⓤ 완전, 완벽; 원숙, 숙달. 3 완전한 사람[것]; (…의) 화신(化身). 모범, 전형 (*of*). ¶ the ~ of rudeness 무례의 표본 / She is the very ~ of love. 그녀는 사랑의 화신이다. 4 (~s) 기예(技藝), 교양. 5 (보통 the ~) 가장 뛰어난 성질[특색], 최고 품질; (a ~, the ~) (성질·특성의) 극치 (*of*). 6 (종교적·도덕적인) 완전한, 신성함.
attain [*or achieve*] *perfection in* …에 숙달하다, 원숙한 경지에 달하다.   [숙해지다[하게 하다].
come [*bring*] *to perfection* 완성하다[시키다], 원

to perfection 완전히, 더할 나위 없이. ¶She cooks *to* ~. 그녀는 완벽하게 요리를 한다.

per·fec·tion·ism [pərfékʃənizm] 명 ① (철학) 완전론(사람은 현세에서 도덕·종교·사회·정치상 완전의 경지에 도달할 수 있다는 학설). ② (P-) (19세기 미국 오나이다 공동체(Oneida Community)의) 종교적 완전주의. ③ 완전[완벽]주의; 완벽(癖).

per·fec·tion·ist [pərfékʃənist] 명 ① 완전론자. ② Perfectionism의 회원. ③ (종종 경멸적) (자기 자신·일에 대한) 완전[완벽]주의자. — 형 완전론[주의]의.

per·fec·tive [pərféktiv] 형 ① 완전하게 하는(completing). ② (문법) 완료상(相)의. — 명 (문법) 완료상(동사). ~·ly 부 ~·ness, pèr·fec·tív·i·ty 명

‡**per·fect·ly** [pə́ːrfiktli] 부 (more ~; most ~) ① 완전히, 더할 나위 없이, 완벽하게; 멋지게. ② (불쾌감·불만을 나타내어) 전혀; 아주(completely). ③ 정확히.

pérfect númber 명 (수학) 완전수(자신을 제외한 약수들의 합이 자신과 동일한 자연수. 예: 6(=1+2+3), 28(=1+2+4+7+14)). 「중간 크기의 여송연.

per·fec·to [pərféktou] 명 (pl. ~s) 양끝이 뾰족한┘

per·fec·tor [pərféktər] 명 ① 완성자, 완벽하게 마무리하는 사람. ② (인쇄) (평판) 양면 인쇄기(~ press).

pérfect párticiple 명 (문법) = past participle.

pérfect pítch 명 (음악) 절대 음감(音感).

pérfect rhýme 명 (운율) 완전 각운(脚韻)(같은 음 또는 같은 철자로서 뜻이 다른 것. 예컨대 rain, reign; dear, deer). 「이 없는 것.

pérfect 10 명 (美구어) 10점 만점, 완벽한 것, 이론┘

pérfect yéar 명 (the ~) (유대 달력의 355일인 평년, (또는) 385일인 윤년.

per·fer·vid [pərfə́ːrvid] 형 열정적인, 열렬한, 대단히 열심인. ~·fer·víd·i·ty 명 ~·ly 부 ~·ness 명

per·fid·i·ous [pərfídiəs] 형 불신의, 불성실한(faithless); 딴 마음이 있는, 배반하는(treacherous). ¶a ~ lover 부정한 연인. ~·ly 부 ~·ness 명

per·fi·dy [pə́ːrfədi] 명 ① ① 불신, 배신, 불성실, 배반. ⇨DISLOYALTY 유의어 ② 불신[배반] 행위.

per·flu·o·ro·chem·i·cal [pərflùərəkémikəl, -flùər-] 명 (화학) 플루오르 화합물(의)(탄화수소의 수소 전부를 플루오르로 치환한 화합물).

per·fo·li·ate [pərfóuliət, -èit] 형 ① (식물) 줄기가 잎을 꿰뚫고 자라는. ¶a ~ leaf 관천엽(貫穿葉). ② (곤충) (더듬이) 잎 모양의.

per·fo·rate [pə́ːrfərèit] 타 ① …에 구멍을 뚫다, [종이]에 바늘 구멍을 내다. ¶~ stamps 우표에 바늘 구멍을 내다. ② …을 꿰뚫다, 관통하다. — 자 ① 구멍을 뚫다, 꿰뚫다, 관통하다 (into, through). — 형 [pə́ːrfərət, -rèit] = perforated. **-rà·tive -rà·tor** 명

per·fo·rat·ed [pə́ːrfərèitid] 형 ① 구멍이 뚫린. ② (우표수집) 바늘 구멍이 나 있는.

pérforated tápe 명 (美) 천공 테이프(paper tape).

pérforated úlcer 명 (의학) 천공성 궤양.

per·fo·ra·tion [pə̀ːrfəréiʃən] 명 ① 바늘 구멍, 구멍(hole, passing), 절취선. ② ① 구멍을 뚫기, 관통.

per·force [pərfɔ́ːrs] 부 ① 필연적으로(necessarily), 억지로, 강제로. ② (드물게) 필연, 강제.

by perforce 억지로, 강제적으로.
of perforce 필연적으로, (당시의) 추세로.

‡**per·form** [pərfɔ́ːrm] 타 (~s [-z]) ① (임무 따위)를 다하다, 행하다, 수행하다 ⇨ DO 유의어 ② [약속·명령 따위]를 실행하다, 이행하다, 완수하다. ¶~ a duty 의무를 다하다 / ~ an operation 수술을 하다 / ~ a promise 약속을 이행하다. ② (의식 따위)를 거행[집행]하다, 올리다, 치르다. ¶~ a marriage ceremony 결혼식을 올리다. ③ (연극 따위) 공연[상연]하다; (역)을 연기하다(act, play); [음악]을 연주하다; (관객 앞에서) (재주)를 부리다. ¶~ a play 연극을 공연하다 / ~ Hamlet in a play 연극에서 햄릿 역을 하다. ④ …을

완성[완료]하다.

— 자 ① 행하다, 하다, 이루다, 수행[성취]하다; (기계·무기·자동차 따위가) 잘 작동하다. ¶The rocket ~ed flawlessly. 로켓은 완벽하게 작동했다. ② 연기하다 (on, in); 연주하다(play), 노래하다(sing). ¶~ before a large audience 많은 관중 앞에서 연기[연주, 노래]를 하다 // (~+전+명) ~ in the role of Hamlet 햄릿역을 연기하다 / ~ on the violin 바이올린을 켜다. ③ (동물 따위가) 재주를 부리다. ~·a·ble 형

‡**per·for·mance** [pərfɔ́ːrməns] 명 (pl. -manc·es [-iz]) ① ⓒ (관객 앞에서의) 연주, 연기; 상연, 흥행; (의식 따위의) 거행; (동물의) 재주. ¶a musical ~ 음악 연주 / an afternoon [evening] ~ 주간[야간] 흥행 /The show closed after twenty ~s. 그 쇼는 20회의 흥행을 하고 끝났다. ② ⓤ 실행, 수행, 이행, 성취. ¶the ~ of one's duty 의무의 수행. ③ ⓤ 선향, 곡예, 구경거리. ④ ⓤⓒ 성과, 성적, 일, 작업; (기계)의 성능, 효율; (발동기의) 운전. ¶a fine [wretched] ~ 좋은[형편없는] 성과 / improve the car's ~ 자동차 성능을 개선하다. ⑤ (구어) 이상한 행동, 바보짓; 뛰는 행동, 엉뚱한 구경거리. ¶It was quite a ~. 아주 볼 만한 구경거리였어. ⑥ (언어) 언어 운용. ⑥ (구어) 성마른 행동; 귀찮은 것.

give [or *deliver*] *a performance of (Hamlet)* (햄릿)을 상연하다. 「잘했다.

What a performance! (구어) 꼴 좋다, 대단하다!┘

performance appráisal 명 (정기적인) 근무 평가[고과].

performance árt 명 (예술) 퍼포먼스 아트(춤이나 연기 등의 육체적인 동작과 사진·영상·음악 등의 예술을 하나의 연극 속에 통합하려는 새로운 예술; body art, video art 같은 예술 양식). **performance ártist** 명

performance áudit 명 (상업) 업무 감사.

performance páy 명 능력 급부(작업 효율에 따른 추가 임금).

per·form·ance-re·lat·ed [-riléitid] 형 (임금 따위가) 능력에 의한, 능력(급) 관련의. ¶the ~ pay 성과급.

performance tést 명 성능 검사; (심리) 작업 검사(도구를 이용해서 하는 비(非)언어식 지능 검사).

performance théater 명 실험 연극(배우의 즉흥 연기나 배우 중심으로 연출되는 새로운 형식의 연극).

per·for·ma·tive [pərfɔ́ːrmətiv] 형 (철학·언어) 수행문(遂行文)(그 문장으로 표현하면 그 문장이 나타내는 행위의 수행이 되는 문장. 예: I promise to marry you.). — 명 수행적인. ¶~ verbs 수행 동사(promise, sentence, christen 따위). ② 수행적 발화(發話).

*per·form·er [pərfɔ́ːrmər] 명 ① 행위자, 실행자. ② 연기자, 연주자, 가수, 연예인, 곡예사. ③ 명인, 명수. ¶a good ~ at the cricket 크리켓의 명수.

per·form·ing [pərfɔ́ːrmiŋ] 형 실행[성취]하는; (동물이) 재주를 배운(부리는). 「(극·음악·무용 등).

perfórming árt 명 (종종 ~s) 공연[무대] 예술(연┘

‡**per·fume** [pə́ːrfjuːm, pərfjúːm/pə́ːfjuːm] 명 (~s [-z]) ① ⓤⓒ 향료(를 나타낼 때는 ~s) 향수, 향료 (scent). ② ⓤ 향기, 방향. ⇨ SMELL 유의어

— 타 [pərfjúːm] (~s [-z]; ~d; -fum·ing) ① …을 향기로 채우다. ¶Flowers ~ the room. 꽃으로 방 안은 향기가 난다. ② …에 향수를 뿌리다. ¶~ oneself 몸에 향수를 뿌리다. ~·less, -fum·y 형

per·fum·er [pərfjúːmər] 명 향기를 풍기는 사람[물건]; 향수[향료] 제조자, 향수 상인.

per·fum·er·y [pərfjúːməri] 명 ① ⓤ (집합적) 향수류, 향료. ② 향수(향료)상; ③ ⓤ 향수 제조(법), 향수 제조업[소]. ④ 향수[향료] 판매점[가게].

per·fum·i·er [pərfjúːmiər] 명 (英) =perfumer.

per·func·to·ry [pərfʌ́ŋktəri] 형 형식적인, 마지못해, 기계적인; 겉치레만의; 열의가 없는, 되는 대로의. ¶a ~ speaker 열의 없는 연사. **-ri·ly** 부 **-ri·ness** 명

per·fus·ate [pərfjúːzeit, -zət] 명 (의학) 관류액

(灌流液)(기관이나 조직에서 뽑아내거나 유출하는 액체).
per·fuse [pərfjúːz] 图 1 [액체·색 따위]를 흩뿌리다, 살포하다, 온통[전면에] 쏟다; [빛 따위]를 넘치게 하다, 가득 채우다. 2 [의학] [기관]에 [액체를] 관류시키다 (with).

per·fu·sion [pərfjúːʒən] 명[U] 1 흩뿌리기, 살포. 2 살수식 세례. 3 [의학] (국소) 관류(灌流).
~·ist 명 [의학] 관류 기사(技師).

per·fu·sive [pərfjúːsiv] 형 흩뿌리는[살포하는]; 살수용의.

per·go·la [pə́ːrgələ] 명 (담쟁이덩쿨 따위를 올린 시렁을 기둥으로 받친) 정자, 덩굴 시렁, 페르골라. 〔It〕

perh. perhaps.

‡**per·haps** [pərhǽps, præps] 图 1 어쩌면, 혹시나 (possibly): 아마도, 〔*P*- it will snow tomorrow. 어쩌

(pergola)

면 내일은 눈이 올지도 모르겠다/*P*- he will not come. 그는 아마 오지 않을 것이다. 2 …인 듯하다, (정중한 부탁) …해 주었으면. 〔*P*- you've put on a little weight. 조금 살이 찐 것 같군요/*P*- you would read this. 이걸 좀 읽어 주시겠어요.

USAGE 추정을 나타내는 부사들—— (1) 쓰는 사람의 확신도는 probably, maybe, perhaps, possibly의 순으로 낮아진다. (2) 확신도의 비율에 따라 분류하면 대체로 다음과 같다. a) 50% 이하: possibly, conceivably, perhaps, maybe. b) 50~90%: likely, presumably, doubtless, probably. c) 90% 이상: inevitably, necessarily, definitely, unquestionably, certainly, undoubtedly.

— 명 가정(supposition), 불확실한 일; 추측. 〔worry about ~es 확실하지도 않은 일을 가지고 걱정하다.

pe·ri [píəri] 명 1 〔페르시아 신화〕 페리(아름다운 요정). 2 사랑스럽고 기품있는 여자[사람], 요정 같은 여자.

per·i- [péri] 연결 around, about, surrounding, beyond, near의 뜻. ¶*periscope, perigee*.

per·i·anth [périænθ] 명 [식물] 꽃덮이, 화피(花被).

per·i·ap·sis [píriǽpsis] 명 (복 *-si·des* [-sədìːz]) [천문] 근점(近點).

per·i·apt [périæpt] 명 부적(amulet).

per·i·ar·te·ri·tis [pèriɑːrtəráitis] 명[U] [병리] 동맥 주위염.

per·i·car·di·al [pèrəkɑ́ːrdiəl] 형 [해부] 심낭의, 심막의; 심장 주위의. (또는 **pericardiac**)

per·i·car·di·tis [pèrəkɑːrdáitis] 명[U] [병리] 심낭염, 심막염. -**dít·ic** 형

per·i·car·di·um [pèrəkɑ́ːrdiəm] 명 (복 *-di·a* [-diə]) [해부] 심낭(心囊), 심막(心膜).

per·i·carp [pérəkɑ̀ːrp] 명 [식물] 과피(果皮).

per·i·car·pi·al [pèrəkɑ́ːrpiəl] 형 [식물] 과피의. (또는 **pericarpic**)

per·i·cen·ter [périsèntər] 명 [물리] 근점(近點)(인력의 중심에 가장 가까운 궤도상의 한 점).

Per·i·cle·an [pèrəklíːən] 형 페리클레스(시대)의.

Per·i·cles [pérəklìːz] 명 페리클레스(495?~429 B.C.: 아테네의 정치가; 아테네 민주정치의 완성자).

per·i·cra·ni·um [pèrəkréiniəm] 명 (복 *-ni·a* [-niə]) [해부] 두개골막(膜); 〔고어·익살〕 머리, 두뇌 **-ni·al** 형 〔(brain)

per·i·cyn·thi·on [pèrəsínθiən] 명 = perilune.

per·i·derm [pérədə̀ːrm] 명 [식물] 주피(周皮); 〔발생〕 태아 표피(表皮). -**dér·mal, -dér·mic** 형

per·i·dot [pérədòu, -dɑ̀t/-dɔ̀t] 명[U] [광물] (투명한 녹색의) 감람석(보석용).

per·i·do·tite [pérədòutait, pərídətàit/pèridóutait] 명 [광물] 감람암(巖).

per·i·ge·an [pèrədʒíːən] 형 [천문] 근지점(近地點)의. (또는 **perigeal**)

perigéan tíde 명 (보통 the ~) 근지점 조석(潮汐).

per·i·gee [pérədʒìː] 명 [천문] 근지점(近地點)(달이나 인공 위성이 궤도상에서 지구에 가장 가깝게 접근하는 점). 반 apogee

per·i·gon [pérəgɑ̀n/-gɔ̀n] 명 360°의 각도, 주각(周角).

pe·rig·y·ny [pərídʒəni] 명[U] [식물] 중위(中位) 씨방. -**nous** [-nəs] 형

per·i·he·li·on [pèrəhíːliən, -ljən] 명 (복 *-li·a* [-liə, -ljə]) (the ~) [천문] 근일점(행성 또는 혜성이 궤도상에서 태양에 가장 가까이 접근하는 점). 반 aphelion

‡**per·il** [pérəl] 명 [U] 1 위난(危難), 위해, 위험: 모험. ⇨DANGER 유의어 〔avoid the ~ of death [or being killed] 죽음의 위험을 피하다/*Glory is the fair child of ~*. 《속담》 호랑이굴을 잡으려면 호랑이굴에 들어가야 한다. 2 (보통 ~s) 위험을 가져오는 것, 위험물.

at all perils 온갖 위험을 무릅쓰고라도.

at [or *to*] *one's peril* 위험을 각오하고, 책임질 각오로, 목숨을 걸고. 〔Tell it to him *at your ~*. 그 말을 그에게 할 테면 해봐라(가만두지 않을 테다).

at the peril of; at peril to; on peril of …을 걸고, 각오하고.

by [or *for*] *the peril of my soul* 《고어》 맹세코.

in peril (of) (…의) 위험에 직면하여. 〔She is *in ~* of her life. 그녀는 생명이 위험하다.

— 图 (~s [-z]; -*l-*, (영) -*ll-*) …을 위험에 빠뜨리다, 위태롭게 하다; (목숨)걸다.

~·**less** 형

‡**per·il·ous** [pérələs] 형 (*more* ~; *most* ~) 위험한, 위험을 내포한; 모험적인. -**ly** 부 -**ness** 명

péril póint 명 [경제] 임계점(臨界點)(국내 산업 보호를 위한 관세율의 최저 한계 수준).

per·i·lune [pérəlùːn] 명 (the ~) [천문] (달의 주위를 도는 인공 위성의) 근월점(近月點). 반 apolune

pe·rim·e·ter [pərímətər] 명 1 [수학] (평면 도형의) 주변; 주변의 길이. 2 (어떤 지역의) 경계선. 3 [군사] (진지 주변의) 방어선[지역], 외곽 지대. 4 [안과] 시야계(視野計). 5 (일반적으로) 한도, 한계.

perímeter acquisítion rádar 명 [군사] 주변 포착 레이더(略 PAR).

perímeter defénse 명 [군사] 방위선내 방어.

per·i·met·ric [pèrəmétrik] 형 주변의, 주위의; 외곽의. (또는 **perimetrical**) -**ri·cal·ly** 부

pe·rim·e·try [pərímətri] 명[U] 시야 측정.

per·i·morph [pérəmɔ̀ːrf] 명 [광물] (타 광물의) 외포(外包) 광물. ᐞ**-mór·phic** ᐞ**-mór·phism** ᐞ**-mór·phous** 형

per·i·na·tal [pèrənéitl] 형 주산기의(周産期)(임신 20주째로부터 분만 후 28일째까지의), 출산[분만 전후의. ~·**ly** 부 〔기 의료, 출산[분만 의료학.

per·i·na·tol·o·gy [pèrəneitɑ́lədʒi/-tɔ́l-] 명[U] 출산

per·i·ne·um [pèrəníːəm] 명 (복 *-ne·a* [-níːə]) [해부] 회음(會陰). -**né·al** 형 〔의에 있는.

per·i·nu·cle·ar [pèrənjúːkliər] 형 [생물] 핵 주위

‡**pe·ri·od** [píəriəd] 명 (~s [-z]) 1 기간, 시기, 기(期); (어떤 일·현상이 반복되는 주기. 〔for a long [short] ~ 오랫[잠깐]동안/*The report covers a ~ of five years*. 그 보고서는 5년의 기간을 다루고 있다.

유의어 **period** 단지 어느 시기. **age** 중심적인 인물·명확한 특색이 지배적인 시대; 종종 era와 교환 가능. **era** 특정한 상태에 들어가는 시대. **epoch** 현저한 변화로 상징되는 era의 개막 또는 그 era.

2 a) (the ~) (역사상 특색이 있는) 시대, 시기; (발전 따위의) 단계, 기(期). 〔the Socratic ~ 소크라테스 시

periodic

대/at the ~ of adolescence 청년기에. b) (the ~) 현대, 당대(當代). ¶ the young men of the ~ 현대의 젊은이들/the greatest poet of the ~ 당대 제1의 시인. **3** 결말, 종결, 말기(end). **4** 〔교육〕 수업 시간; 쉬는 시간. ¶ We have six ~s on Monday. 월요일에는 6시간 수업이 있다. **5** 〔스포츠〕 (시합의 전·후반 따위의) 구분, 피리어드. ¶ a rest between ~s 피리어드 사이의 휴식. **6** 〔천문〕 주기(週期); 자전[공전] 주기; 〔물리〕 (진동 등의) 주기; 〔화학〕 (원소의) 주기. **7** 〔지리〕 기(紀)〔지질 시대의 연대 구분 단위; 대(代)의 하위 구분〕. ¶ the Cambrian ~ 캄브리아기. **8** 〔수학〕 (순환 소수의) 순환절, 주기. **9** 〔병리〕 (병의) 과정, 주기; (때로 one's ~s) 월경(menstrual ~), 생리. ¶ miss one's ~ 생리를 거르다. **10** 〔문법〕 종지부, 마침표.

〔주의〕 종지부──(1) 의문문·감탄문 이외의 문장 끝에 찍는 것을 원칙으로 하나, 의문문·감탄문에 있어서도 의문문이 의문의 뜻을 갖지 않거나 감탄문의 어조가 약할 때는 의문 부호·감탄 부호가 아니라 종지부를 쓴다: Is it not natural that he should be angry. 그가 화 내는 것도 무리가 아니다/How gentle she is. 그녀는 정말 상냥하다. (2) period를 찍은 약어가 문미에 있을 경우에는 중복해서 종지부를 찍지 않는다: He was born in 75 B.C.

11 (~s) 문장, 명문, 미문(美文). ¶ the stately ~s of Churchill 처칠의 당당한 명문. **12** 〔수사〕 종합문, 완성문; =periodic sentence. **13** 〔음악〕 완전 악장(8 또는 16소절로 이루어지며, 전악절·후악절로 구분되고 완전 종지법으로 끝난다).

at fixed [or *stated*] *periods* 정기적으로, 일정 간마다.
be on one's period 생리중이다.
by periods 정기적으로.
come to a period 종결되다, 끝나다.
put a period to …을 종결짓다, …에 종지부를 찍다, 마무리짓다.

── 〔문미에서〕 바로 그대로임, 이상(以上) 끝. ¶ I forbid you to go, ~. 가면 안돼, 이상이야/I won't go. Period. 나는 안 가겠어, 절대로!

── 어떤 시대의[에 독특한], 역사물(物)의. ¶ ~ furniture 어떤 시대의 가구/a ~ novel 역사 소설.

*pe・ri・od・ic [pìəriádik/-ɔ́d-] 혱 **1** 주기적인[으로 일어나는], 정기적인. ¶ ~ meetings 정기 집회. **2** 〔물리·수학·천문〕 주기(성)의[적인]. ¶ a ~ time 일주 기간/a comet 주기 혜성/a ~ wind 계절풍. **3** 간헐적인, 단속적인. **4** 완전문의; 미문(美文)의; 도미문(掉尾文)의.

per・i・ód・ic ácid [pə̀:raiɔ́dik-/-ɔ́d-] 〔화학〕 과(過)요오드산.

*pe・ri・od・i・cal [pìəriɑ́dikəl/-ɔ́d-] 명 〔일간 이외의〕 정기 간행물, 잡지. ── 혱 **1** 정기 간행물의, 잡지의. **2** =periodic 1, 3. **~・ly** 〔뷰〕 **~・ness** 〔명〕

pe・ri・od・i・cal・ism [pìəriɑ́dikəlìzm/-ɔ́d-] 명 정기 간행물[잡지] 집필[출판]업. **-ist** 명

periódic fúnction 〔수학〕 주기 함수.

pe・ri・o・dic・i・ty [pìəriədísəti] 명 ① **1** 주기성, 정기성, 일정한 시간마다 일어나기. **2** ① 〔화학〕 주기성; (원소의) 주기율표상의 위치. **3** 〔전기〕 주파(수)(frequency). **4** ① 〔천문〕 주기 현상.

periódic láw (the ~) 〔화학〕 주기율.
periódic mótion 〔물리〕 주기 운동.
periódic séntence 〔문법〕 도미문(掉尾文)(의미·문법상으로 문미에 가서야 완결되는 문장).
periódic sýstem (the ~) 〔화학〕 주기계(系)(주기율에 의해 분류된 원소의 체계).
periódic táble (the ~) 〔화학〕 주기(율)표.
periódic variátion 〔천문〕 주기 변화.
per・i・o・dide [pəriáiədàid, -did] 〔화학〕 과(過)요오드화물(化物). 〔시대 구분[분류]〕
pe・ri・od・i・za・tion [pìəriədìzéi∫ən/-daiz-] 명 ①

periscopic

per・i・o・don・tal [pèriədɑ́ntl/-dɔ́n-] 혱 치주(齒周)의, 치근막의[에 생기는]. ¶ ~ disease 치주 질환(치주염 따위). **~・ly** 뷰
per・i・o・don・tics [pèriədɑ́ntiks/-dɔ́n-] 명 〔단수취급〕 치주병(학). **-tic** 혱 **-tist** 명
per・i・o・don・ti・tis [pèrioudɑntáitis/-dɔn-] 명 치주염, 치근막염. **-tia** [-ʃiə] 명 치주 조직.
per・i・o・don・ti・um [pèriədɑ́n∫əm/-dɔ́n-] 명
périod píece 1 시대물(역사상 특정 시대의 특징을 다룬 작품). **2** (구어) 시대에 뒤진 사람[것].
per・i・os・te・um [pèriɑ́stiəm/-ɔ́s-] 명 (복 -te・a [-tiə]) 〔해부〕 골막(骨膜). **-te・al** 혱 〔막염.
per・i・os・ti・tis [pèriastáitis/-ɔs-] 명 ① 〔병리〕 골
per・i・o・tic [pèriɑ́utik, -át-/-ɔ́t-] 혱 〔해부〕 내이(內耳) 주위의, 내이 주변의; 위이골(圍耳骨)의.
per・i・pa・tet・ic [pèrəpətétik] 혱 **1** (P-) 〔철학〕 소요학파(逍遙學派)의(아리스토텔레스가 Lyceum의 동산을 소요하면서 제자를 가르친 일에서); 아리스토텔레스 학파[철학]의. **2** 걸어다니는, 돌아다니는, 순회하는; 행상의. ¶ a ~ habit 걸어 돌아다니는 습관/a ~ vender 행상인, 도붓장수. ── 명 **1** (P-) 〔철학〕 소요학파의 인물, 아리스토텔레스의 제자. **2** 돌아다니는 사람; 행상인; 철새. **3** (~s) 소요; 왕복 여행. **-i・cal・ly** 뷰
per・i・pa・tet・i・cism [pèrəpətétisìzm] 명 ① **1** (P-) 소요학파, 아리스토텔레스 학파. **2** 소요(벽), 편력.
per・i・pe・tei・a [pèrəpətáiə, -tí:ə] 명 예기치 않은 사태(운명)의 역전[급변]; (특히 문학 작품에서) 사건[줄거리]의 급변[반전].
pe・riph・er・al [pərífərəl] 혱 **1** 주위[주변]의[에 있는]. **2** (문제 따위가) 말초적인, 중요하지 않은, 지엽 단의. ¶ talk about ~ affairs 지엽적인 문제를 이야기하다. **3** 〔해부〕 (신경의) 말초의. **4** 〔컴퓨터〕 주변 장치[기기]의. ¶ ~ equipment 주변 기기. ── 명 〔컴퓨터〕 주변 장치[기기](~ device). **~・ly** 뷰
peripheral device [únit] 〔컴퓨터〕 주변 장치[기기](중앙 처리 장치에 대해 입출력 장치·보조 기억 장치의 총칭). 〔신경계.
peripheral nérvous sýstem 〔해부〕 (the ~) 말초
peripheral vísion 주변 시야; 주변시(력).
pe・riph・er・y [pərífəri] 명 **1** (the ~) 주변, 주위, 외연(外緣). **2** (the ~) (도시의) 주변부, 교외; (정당 따위의) 비주류파, 주변층 그룹. **3** (둥근 것의) 외면, 외부, 표면; (몸의) 허리 둘레. **4** (문제의) 피상적인 면, 외면, 표면. **5** 〔해부〕 (신경·혈관 따위의) 말초. **6** 〔수학〕 원주(圓周). **7** 〔사회·인류〕 주연(周緣).
periphery théory 명 (the ~) 종속(從屬) 이론.
per・i・phon・ic [pèrəfɑ́nik/-fɔ́n-] 혱 전방향적 음향 시스템의, 다중(多重) 채널의. @ multichannel
per・i・phrase [pérəfrèiz] 명 에둘러[완곡하게] 말하다, 넌지시 암시하다. ── 명 =periphrasis.
pe・riph・ra・sis [pərífrəsis] 명 (복 -ses [-sìːz]) **1** ① 〔문법〕 완곡법(婉曲法), 에둘러 말하기, 우회적 표현법. **2** 우회적인 표현[문구].
per・i・phras・tic [pèrəfrǽstik] 혱 **1** 우회적인, 완곡한. **2** 〔문법〕 우회적인(* a son of Mr. Smith는 Mr. Smith's son의 periphrastic 이다). ¶ ~ comparison 우회적 비교 변화(원급 앞에 more, most를 붙여 비교급·최상급을 만드는 것). **-ti・cal・ly** 뷰
per・i・plast [pérəplæst] 명 〔생물〕 원형질막; 〔식물〕 외피(外皮).
per・ip・ter・al [pəríptərəl] 혱 〔고대 신전 따위가〕 일렬의 둥근 기둥으로 둘러싸인.
pe・rique [pəríːk] 명 ① 페리크(미국 Louisiana주 산(產)의 향기가 강한 담배).
per・i・scope [pérəskòup] 명 (잠수함 따위의) 잠망경, (참호 따위에서 쓰는) 전망경; 그 렌즈.
per・i・scop・ic [pèrəskɑ́pik/-skɔ́p-] 혱 **1** (렌즈가) 사방을 볼 수 있는, 전망이 좋은. **2** 잠망경(용)의, 잠망

경에 의한. (또는 **periscopical**) 〔경〕.
peri·scópic léns 명 균등 굴절 렌즈, 잠망경〔전망 경〕.
***per·ish** [périʃ] 자 (~·es [-iz]; ~ed [-t]) 1 (폭력·재난·궁핍 따위 때문에 천수를 다하지 못하고) 죽다, 비명에 가다. ¶ ~ with famine 굶어죽다 / Many birds ~ed of cold. 많은 새가 얼어죽었다. 2 사라지다, 썩어 없어지다, 없어지다; 무너지다, 괴멸하다(*in*). ¶ All the buildings ~ed *in* flames. 모든 건물이 불길에 싸여 붕괴했다. 3 (정신적으로) 타락하다, 부패하다; (英) (물건의 질이) 나빠지다, 떨어지다. ── 타 (英) 1 (추위가) (농작물 따위를) 해치다, 얼어죽게 하다. 2 (수동형으로) (추위·굶주림 따위가) …을 죽게 하다, 다치게 하다, 몹시 괴롭히다(*with*). ¶ We were all ~ed *with* hunger. 우리는 모두 굶주림에 지쳐 있었다.
be perishing for (구어) …하고 싶어 견딜 수 없다. ¶ I am ~*ing for* you. 너가 그리워 견딜 수 없다.
Perish the thought! 그만둬!, 집어치워!; 알게 뭐야!
── 명 (麿 ~·es [-iz]) (濠구어) (죽을 정도의) 궁핍 상태. ¶ do a ~ 죽다; (특히 굶주리거나 목말라서) 거의 ~·less ~·ment 〔경〕이 되다.
per·ish·a·ble [périʃəbl] 형 사멸하기 쉬운, 부패하기 쉬운, 말라죽기 쉬운. ── 명 (보통 ~s) 부패하기 쉬운 것 [식품], 생선 식품. -**bíl·i·ty**, ~·**ness** -**bly**
per·ished [périʃt] 형 (구어) (사람·몸이) 몹시 찬; 지친, 초췌한.
per·ish·er [périʃər] 명 1 사멸(하게)하는 사람[것]. 2 (濠속어) 야비한 남자(bounder), 보기 싫은 놈.
per·ish·ing [périʃiŋ] 형 1 사멸하는, 죽는, 썩는, 말라죽는. 2 (추위 따위가) 극심한, 혹독한. 3 지독한, 형편없는(confounded). ── 부 (구어) 몹시, 지독히.
~·**ly** 〔胚아〕.
per·i·sperm [pérəspə̀ːrm] 명 〔식물〕 외배유(外
pe·ris·so·dac·tyl [pərìsoudǽktəl] 형 〔동물〕 발가락이 홀수인, 기제(奇蹄)류의. ── 명 기제류의 동물 (무소·말·맥 따위). -**ty·lous**
per·i·stal·sis [pèrəstɔ́ːlsis/-stǽl-] 명 (복 -*ses* [-siːz]) UC 〔생리〕 연동(蠕動)(장 따위의 운동).
per·i·stal·tic [pèrəstɔ́ːltik/-stǽl-] 형 〔생리〕 연동하는, 연동의.
peristáltic púmp 명 연동 펌프.
per·i·stome [pérəstòum] 명 1 〔식물〕 (이끼류의) 치모(齒毛). 2 〔동물〕 (강장(腔腸) 동물의) 입 언저리, 입 -**stó·mal**, -**sto·mát·ic**, -**stó·mi·al** 〔가.
per·i·sty·lar [pèrəstáilər] 형 〔건축〕 열주식(列柱式)의, 페리스타일의.
per·i·style [pérəstàil] 명 〔건축〕 1 열주랑(列柱廊), 열주(列柱). 2 열주로 둘러싼 안마당.
per·i·to·ne·um [pèrətəníːəm] 명 (복 ~*s*, -*ne·a* [-níːə]) 〔해부〕 복막(腹膜). -**né·al** 형
per·i·to·ni·tis [pèrətənáitis] 명 U 〔병리〕 복막염. -**nít·al**, -**nít·ic** 형
pe·ri·tus [pəríːtəs] 명 (복 -*ti* [-tiː]) 숙달된 전문가; (주교의 조언자 역할을 하는) 고문 신학자.
per·i·wig [périwig] 명 =peruke. 〔작은 고둥.
per·i·win·kle[1] [périwìŋkl] 명 〔동물〕 총알고둥류;
per·i·win·kle[2] [périwìŋkl] 명 빙카(협죽도과(科)의 식물).
per·jure [pə́ːrdʒər] 타 (재귀용법으로) …에게 위증(僞證)시키다. ¶ ~ *oneself* 위증하다. -**jur·er** 명
per·jured [pə́ːrdʒərd] 형 위증의; 위증죄를 범한. ¶ ~ testimony 허위 증언. ~·**ly** 부 ~·**ness** 명
per·ju·ri·ous [pərdʒúəriəs] 형 위증의, 거짓 맹세의.
~·**ly** 부 ~·**ness** 명
per·ju·ry [pə́ːrdʒəri] 명 UC 1 〔법률〕 위증; 위증죄. ¶ commit ~ 위증죄를 범하다. 2 거짓; 서약[약속] 을 깨기, 파약(破約).
perk[1] [pə́ːrk] 자 1 머리를 거만하게 쳐들다, 몸을 뒤로 젖히다, 어깨를 으쓱거리다; 젠체하다; 주제넘게 나서다. ¶ (~+전+명) He ~s *over* his neighbors. 그

는 이웃 사람들한테 으스댄다 // (~+부) She ~*ed away* from him. 그녀는 새침하게 그에게서 떠나갔다. 2 (낙심·병 따위에서) 기력을 회복하다; 활기를 띠다, 발랄해지다(*up*). ¶ (~+부) He has ~*ed up* considerably. 그는 상당히 기력을 회복했다. 3 (英구어) 치장하다. ── 타 1 (머리 따위) 오만하게 쳐들다; …을 의기양양하게 하다(*up, out*). ¶ (~+目+부) ~ one's head *up* 의기양양해하다 / The bird ~s its tail *up*. 그 새는 꼬리를 한껏 치켜 든다. 2 …에게 (…으로) 멋부리게 하다, 을 치장시키다(*up, out*) (*with*). 3 …에게 기운을 차리게 하다[되찾게] 하다(*up*).
perk it 뽐내다, 젠체하다, 주제넘게 나서다.
perk oneself up ① 치장하다, 깔끔하게 차려 입다. ② 기운을 되찾다.
perk out 치장하다, 멋부리다, 장식하다.
── 명 =perky.
perk[2] 자타 (구어) 1 =percolate. 2 착실히[순조롭게] 움직이다[발전하다](*along*). ¶ The economy has been ~*ing along* all year. 경제는 연중 착실히 발전해 왔다. ── 타 =percolate 3.
perk over (속어) 천천히 움직이다.
── 명 (구어) =percolator.
perk[3] 명 (보통 ~s) 1 (구어) = perquisite. 2 (美) (직책에 따르는 급여 이외의) 편익, 수입; 특전, 특권; 이권. 〔*up*).
perked [pə́ːrkt] 형 (美구어) 곤드레만드레 취한(~
perk·man [pə́ːrkmən] 명 가외 수입이 많은 사람.
perk·meis·ter [pə́ːrkmàistər] 명 (美속어) (정치 기구에서) 인사나 이권 배분·자금 등을 주무르는 사람.
pérk-úp cálendar [스́-p-] 명 생일·기념일에 스티커를 붙여 장식하는 달력.
perk·y [pə́ːrki] 형 건방진, 주제넘은, 의기양양한; 활발한, 원기왕성한. **pérk·i·ly** 부 **pérk·i·ness** 명
per·lite [pə́ːrlait] 명 U 〔암석〕 진주암, 펄라이트. (또는 **pearlite**) **per·lít·ic** 형
per·lo·cu·tion [pə̀ːrləkjúːʃən] 명 〔철학·언어〕 발어 때 매개(發話媒介) 행위(말하는 사람이 듣는 사람에게 영향을 주는 일). ~·**ar·y** [-ɛ̀ri/-əri] 형 발어 매개적인.
perlocútionary áct 명 발어 매개적 행위.
perm [pə́ːrm] (구어) 명 (머리의) 파마(permanent wave). ── 타 (머리를) 파마하다. ● 명 파마하다.
perm. permanent; permission; permutation.
per·ma·frost [pə́ːrmfrɔ̀(ː)st, -frɑ̀st] 명 U (극지(極地) 따위의) 영구 동토층.
Perm·al·loy [pə́ːrmǽloi, pə́ːrmǽlɔ̀i/pə̀ːrmǽloi] 명 《상표》 퍼멀로이(철 20~25%를 함유한 니켈 합금).
per·ma·nence [pə́ːrmənəns] 명 U 영구, 불변; 영속(성), 내구(성).
per·ma·nen·cy [pə́ːrmənənsi] 명 1 =permanence. 2 영구적인 것[사람]; 종신관(官)[고용].
***per·ma·nent** [pə́ːrmənənt] 형 영구(永久)한, 영원의, 불변의(⇒ETERNAL 유의어); 영속하는. ¶ one's ~ address 본적 / ~ peace 영구 평화. 2 상설(常設)의, 상임의; 종신의. ¶ the ~ arm of an organization 조직의 상설 부서 / ~ employment 종신 고용. 3 오래 지속되는; 퇴색(변색)하지 않는; 상록의. ── 명 영구 불변의 것; (구어) = ~ wave. ~·**ness** 명
pérmanent ássets 명복 〔회계〕 고정 자산.
pérmanent commíttee 명 상임 위원회(standing committee).
Pérmanent Cóurt of Arbitrátion 명 (the ~) 상설 중재 재판소(Hague Tribunal의 공식 명칭).
pérmanent dúrable pàper 명 중성지(中性紙) (acid-free paper).
Pérmanent Fíve (mèmbers) 명 (the ~) (UN 안전 보장 이사회의) 5개 상임 이사국(미국·영국·러시아·프랑스·중국; 略 P-5).
pérmanent gás 명 〔물리〕 영구 가스(압축만으로는

per·ma·nent·ly [pə́ːrmənəntli] 〔부〕 영구[영원]히, 불변하게; 영속하는; 상설[상임]으로.
pérmanent mágnet 〔물〕 영구 자석.
pérmanent mémber 〔명〕 **1** 상임[상근] 위원; (유엔 안전 보장 이사회의) 상임 이사국. **2** 종신 회원.
pérmanent préss (바지 주름의) 영구 가공, 퍼머넌트 프레스 가공.
pérmanent résident 〔명〕 (美) 영주권 취득자; (호텔 따위의) 장기 투숙자.
pérmanent sécretary [undersécretary] 〔명〕 (英) 사무 차관. (英) parliamentary secretary
pérmanent sét [stréss] 〔명〕 〔물리〕 영구 변형.
pérmanent tóoth 〔명〕 영구치.
pérmanent wáve 〔명〕 (머리의) 퍼머넌트 웨이브, 파머넌트.
pérmanent wáy 〔명〕 (英) 철도 선로, 궤도.
per·man·ga·nate [pərmǽŋɡənèit] 〔명〕 〔화학〕 과망간산염.
per·man·gán·ic ácid [pərmǽŋɡǽnik-] 〔명〕 〔화학〕 과망간산.
per·ma·temp [pə́ːrmətèmp] 〔명〕 (美口) 영구적 임시직(원). [<*perma*nent+*temp*orary]
per·me·a·bil·i·ty [pə̀ːrmiəbíləti] 〔명〕 **1** 침투성, 투과성. **2** 〔물리〕 투자성(透磁性), 투자율(透磁率). **3** 〔항공〕 (기구 따위 가스의) 삼출(渗出)량[률].
per·me·a·ble [pə́ːrmiəbl] 〔형〕 투과[침투]할 수 있는, 침투성이 있는(*to, by*). **~·ness** 〔명〕 **-bly** 〔부〕
per·me·ance [pə́ːrmiəns] 〔명〕 **1** 침투, 투과. **2** 〔물리〕 투자도(透磁度).
per·me·ant [pə́ːrmiənt] 〔형〕 침투하는, 스며드는.
per·me·ase [pə́ːrmièis, -èiz] 〔명〕 〔생화학〕 투과(透過) 효소.
per·me·ate [pə́ːrmièit] 〔동〕㊀ **1** …에 스며들다, …을 투과하다, …에 침투하다. ¶ The rain has ~d the sand. 비는 모래 속에 스며들었다. **2** …에 가득 차다, 자욱해지다, …에 퍼지다, 충만하다(⇒PERVADE 〔유의어〕). (사상·주의·영향 따위가) …에 퍼지다; …에 보급되다. ¶ Smoke ~d the room. 연기가 방 안에 자욱했다. ㊁ 침투하다, 두루 스며들다; 널리 퍼지다, 보급되다 (*in, into, through, among*). ¶ Water ~d into the soil. 물이 흙 속으로 스며들었다. **·á·tion** 〔명〕Ⓤ 침투, 충만. 〔< L per *through*〕 〔다.
per mén·sem [pər ménsəm] 〔부〕 한 달에, 달마 〔< L *per month*〕
Per·mi·an [pə́ːrmiən] 〔형〕 〔지질〕 페름기(紀)[계(系)]의. ¶ the ~ period [system] 페름기[계]. ― 〔명〕 **1** 페름기[계](고생대의 마지막 기(紀); 2억 8천만년 전으로부터 2억 3천만년 전까지). **2** Ⓤ =Permic.
Per·mic [pə́ːrmik] 〔명〕Ⓤ 페름어파(語派)(우랄 어족의 한 파).
per mil(l) [pər mil, pər-] 〔부〕 천(千)에 대하여, 천분의. 〔< L *by the thousand*〕
per·mil·lage [pərmílidʒ] 〔명〕ⓊⒸ 천분율(千分率).
per·mis·si·ble [pərmísəbl] 〔형〕 허용할 수 있는, 무방한(*allowable*); (…에) 허용된(*to*).
·bíl·i·ty 〔명〕 허용됨, 무방함. **~·ness** 〔명〕 **-bly** 〔부〕
permíssible lèvel [límit] 〔명〕 허용 수준[한도].
‡**per·mis·sion** [pərmíʃən] 〔명〕 (⁓ ~s [-z]) **1** Ⓤ 허락, 허가, 인가 (*to do*). ¶ You have my ~ *to* go. 가도 좋다. **2** ⓊⒸ 승낙, 허용, 용인. ¶ a written ~ 허가증.
ask for (*written*) *permission* 허가를 신청하다.
by (*a person's*) *permission* (남의) 허가를 얻어서.
grant [or *give*] *permission* 허가해 주다.
without permission 허가 없이 하다.
with your permission 허락해 주신다면, 괜찮으시 〔다면.
~ed, -so·ry 〔형〕
per·mis·sive [pərmísiv] 〔형〕 **1** 허락하는, 허가를 나타내는(*allowing*). ¶ a ~ nod 허락하는 끄덕임. **2** 허용된, 자유로운. **3** 관대한, 관용의, 자유방임적인. ¶ ~ parents 자녀에게 관대한 부모. ― 〔명〕 (특히 성문제에

대한) 관용론자. **-·ly** 〔부〕 **~·ness** 〔명〕
permíssive legislátion 〔명〕 〔법률〕 소극적 입법 (권한만 부여하고 그 행사는 명하지 않은 제정법).
permíssive socíety 〔명〕 용인(容認)[관용] 사회, 기강이 해이된 사회. (또는 **tólerant socíety**)
per·mis·siv·ism [pərmísəvìzm] 〔명〕 방임주의, 관용적 태도. **-ist**
‡**per·mit** 〔동〕 [pərmít] (**-tt-**) ㊀ **1** (남)에게 (…하는 것을) 허락하다(*to do*); (…에게) …을 허가하다, …에 동의하다. ⇒ALLOW 〔유의어〕 ¶ (~+〔목〕+*to do*) Will you ~ me *to* smoke? = Will you ~ my smoking? 담배 좀 피워도 되겠습니까? / *P-* me *to* interrupt you, but…. 말씀중에 죄송합니다만…. **2** (어떤 행위·사물 따위)를 묵인하다, 용인하다; …을 방임하다, …하는 대로 내버려두다(*tolerate*). ¶ Smoking is not ~ted here. 여기는 금연 구역이다 // (~+〔목〕+〔전〕+〔명〕) He never ~ted himself *in* extravagance. 그는 결코 사치에 흐르는 법이 없었다. **3** …을 가능하게 하다, …의 여지가 있다, …의 기회를 주다. ¶ This sentence ~s no doubt. 이 문장은 의문의 여지가 없다. ㊁ 허락[허용]하다; 용납[용인]하다; 기회를 주다, 여지가 있다 (*of*). ¶ weather ~*ting* 날씨만 좋다면 / so far as health ~s 건강이 허락하는 한 // (~+〔전〕+〔명〕) The situation ~s *of* no delay. 한시도 지체할 수 없는 상황이다.
― 〔명〕 [pə́ːrmit/pəmít] Ⓤ 인가, 허가; Ⓒ 허가증, 감찰, 면허장; 인가서; (美) 주차증; 증명서 (*for, to do*).
~·ted·ly 〔부〕 **pèr·mit·tée**, **~·ter**, **pèr·mit·tív·i·ty** 〔명〕
per·mut·a·ble [pərmjúːtəbl] 〔형〕 변경[교환]할 수 있는, 순서를 바꿀 수 있는. **~·ness** 〔명〕 **-bly** 〔부〕
per·mu·tate [pə́ːrmjutèit, pərmjúːteit] 〔동〕㊀ 교체하다, 교환하다; (순서를) 바꿔 놓다.
per·mu·ta·tion [pə̀ːrmjutéiʃən] 〔명〕 **1** 〔수학〕 순열. **2** (순서의) 변화, 치환(置換); 변형, 변경. **~·al** 〔형〕
permutátion gròup 〔명〕 〔수학〕 치환군(置換群).
per·mute [pərmjúːt] 〔동〕㊀ **1** …의 순서를 바꾸다, …을 변경하다, 교환하다, 갈아 넣다. **2** 〔수학〕 …의 순열을 만들다, …을 치환하다. **-mút·er**
‡**per·ni·cious** [pərníʃəs] 〔형〕 **1** 해로운, 유독한, 파괴적인; 치명적인 (*to*). ¶ a ~ lie 악의에 찬 거짓말 / a ~ disease 불치의 병 / a habit ~ *to* a person 남에게 해로운 습관. **2** (드물게) 사악한. **-·ly** 〔부〕 **~·ness** 〔명〕
pernícious anaémia 〔명〕 〔병리〕 악성 빈혈.
per·nick·et·y [pərníkəti] 〔구어〕 **1** 꾀까다로운; 곰상스러운. **2** 다루기 어려운, 힘이 드는.
per·noc·ta·tion [pə̀ːrnɑktéiʃən/-nɔk-] 〔명〕ⓊⒸ 철야, (초상집에서의) 밤샘; 철야 기도.
Pe·rón [pəróun] 〔명〕 페론. **1** Eva ~ (1919-1952: Juan ~ 의 아내; 애칭 Evita). **2** Juan ~ (1895-1974: Argentine의 정치가, 대통령). **-ro·nism** 〔명〕 페론 주의[정책]; 대중 영합주의(정책). **-ró·nist**
per·o·ral [pəróːrəl] 〔형〕 경구(經口)용의; 입 주위의.
per·o·rate [pérərèit] 〔동〕㉠ **1** 열변을 토하다, 논평하다, 연설하다. **2** 연설을 끝맺다, 결론짓다. **-rà·tor**
per·o·ra·tion [pèrəréiʃən] 〔명〕ⓊⒸ **1** (알맹이 없는) 긴 연설, 열변. **2** (수사) 결론, 결미(結尾), 맺는 말.
~·al, -a·tive 〔형〕
per·ox·ide [pəráksaid/-rɔ́k-] 〔명〕 〔화학〕 과산화물; 과산화 수소. ― 〔동〕㊀ …을 과산화 수소로 표백하다.
peróxide blónde 〔명〕 금발 여성.
per·ox·y·a·cé·tyl nítrate [pərɑ̀ksiəsíːtl-] 〔명〕Ⓤ 질산 과산화 아세틸(스모그에 함유된 강한 독성 물질).
peróxy rádical [gròup] 〔명〕 〔화학〕 과산화기(基).
perp [pəːrp] 〔명〕 (美·속어) 범죄자, 범인.
perp. perpendicular; perpetual.
per·pend[1] [pə́ːrpənd] 〔명〕 〔석공〕 관석(貫石)(벽을 뚫고 양쪽으로 내민 돌).
per·pend[2] [pərpénd] 〔동〕㊀ …을 심사숙고하다(*ponder*). ― ㊁ 심사숙고[궁리]하다(*reflect*).

*per·pen·dic·u·lar [pə̀ːrpəndíkjulər] 형 1 수직의, 연직(鉛直)의, 직립한. ⇨UPRIGHT 유의어 2 (…와) 수직의, (선·면 따위에) 직각을 이루는(to). ¶draw a line ~ to a given line 주어진 선에 수직선을 긋다. 3 (P-) 수직식 건축의. 4 몹시 가파른, 급경사의(steep). —— 명 1 수(직)선, 수직면. 2 수직 측정기. 3 Ⓤ (the ~) 수직의 위치[상태, 자세]. 4 급경사, 절벽. 5 Ⓤ 품행 방정. 6 [英속어] 서서 먹기[마시기] (파티).
out of (*the*) *perpendicular* 기울어져, 경사져서.
-dic·u·lár·i·ty 명 수직, 직립. -ly 부 ~·ness 명
per·pent [péːrpənt] 명 =perpend¹.
per·pe·tra·ble [péːrpətrəbl] 형 (나쁜 짓을) 할 수 있는, (죄를) 범할 수 있는.
per·pe·trate [péːrpətrèit] 타동 1 (나쁜 짓을) 하다, [죄·잘못]을 저지르다. ¶~ a crime[murder] 범죄[살인]를 저지르다. 2 (…에게) [장난·농지거리 따위]를 하다 (*on, upon*). ¶~ a joke on her 그녀에게 농을 걸다.
perpetrate a fraud on a person [美속어] [남]에게 본심을 털어놓지 않다[기분을 숨기다], [남]에 대해서 정직하게 말하지 않다.
-trá·tion 명 -trà·tor 명 가해자, 범인.
‡per·pet·u·al [pərpétʃuəl] 형 1 영원한, 영속하는, 불후(不朽)의, 무궁한. ⇨ETERNAL 유의어 ¶~ existence 영원한 존재 / ~ snow 만년설. 2 끊임없는, 그칠 새 없는, [구어] 계속 반복하는, 잦은, 빈번한. ⇨CONTINUAL 유의어 ¶~ chatter 쉴새없이 지껄임. 3 (지위·권리 따위가) 종신의; 무기한 유효한. ¶a ~ insurance policy 종신 보험 계약 / ~ imprisonment 종신 징역. 4 [원예] 사철 꽃피는. ¶~ 1 다년생 식물. 2 사철 피는 장미(~ rose). -ál·i·ty, ~·ness 명
perpétual cálendar 명 만세력(曆).
perpétual chéck 명 [서양장기] 빅장수, 영구 장
*per·pet·u·al·ly [pərpétʃuəli] 부 1 영구[영원]히, 불후하게. 2 계속적으로, 끊임없이(incessantly).
perpétual mótion 명 [역학] (기계·기관 따위의) 영구 운동.
perpétual mótion machine 명 [물리] 영구 기관(機關).
per·pet·u·ate [pərpétʃuèit] 타동 1 영속시키다, 끊이지 않게 하다; [명성 따위]를 불후[불멸]하게 하다. ¶~ one's name in history 역사에 이름을 남기다.
-a·ble 형 -ance, -a·tion 명
per·pe·tu·i·ty [pə̀ːrpətjúːəti/-tjúː-] 명 1 Ⓤ 영속, 영구; 불후, 불멸. 2 영속하는 것; 종신 지위; 종신 연금. 3 Ⓤ [법률] (재산의) 영구 구속(양도 금지가 일정 기간 이상에 걸쳐 있는 것); 영구 재산[소유권, 소유지]. 4 단리(單利)가 원금과 동일하게 되는 시기.
in [or *to, for*] *perpetuity* 영원히, 영구히, 불멸하게.
‡per·plex [pərpléks] 타동 (~*es* [-iz]; ~*ed* [-t]) 1 [남]을 (…으로) 갈피를 못잡게 하다, 당황하게 하다 (*with*), [수동형으로] (…에/…하는 데) 난처[곤란]하게 하다, 쩔쩔매게 하다 (*at, by, with / to do*). ⇨EMBARRASS 유의어 ¶His strange silence ~*es* me. 그 이상한 침묵이 나를 당황하게 만든다 / He was ~*ed over* [or *at*] the situation. 그는 그 사태에 어찌할 바를 몰랐다. 2 [사물]을 복잡하게 만들다, 뒤얽히게 하다, 혼란시키다, 이해하기 어렵게 만들다. ¶Don't ~ the problem. 문제를 복잡하게 만들지 마라. 3 [남]을 (분규·혼란·불안 따위로) 난처하게 하다, 방해하다. ~·er 명
per·plexed [pərplékst] 형 1 당황한, 난처한, 어쩔 줄 모르는. ¶a state of mind 갈피를 잡지 못하는 정신 상태. 2 [문제 따위가] 뒤얽힌, 까다로운, 복잡한.
-plex·ed·ly [-pléksidli] 부 ~·ness 명
per·plex·ing [pərpléksiŋ] 형 1 당황하게 하는, 난처하게 하는. 2 뒤얽힌, 복잡한, 까다로운. ~·ly 부
*per·plex·i·ty [pərpléksəti] 명 1 Ⓤ 당황, 곤혹, 난처, 혼란. 2 당황한 일, 곤혹스러운 것, 뒤얽힌 것; 혼잡, 혼란.
in perplexity 당황[당혹]하여.

to one's perplexity 난처하게도.
per pro(c). *per* procurationem.
per proc·u·ra·ti·o·nem [pəːr pràkjurèiʃóunem, -prɔ̀k-] [법률] 대리하여[로서], 대리인을 통해서(⊕ p.p.). (<L by proxy)
per·qui·site [pə́ːrkwəzit] 명 1 임시 수입, 초과 이득; (합법적인) 부수입, 수당, 상여금; 급료 외의 급부. 2 (지위·직책에 따르는) 특전, 특권. 3 [英] 팁, 축의금. 4 [법률] (영국의) 장원(莊園) 영주의 부정적 소득.
per·qui·si·tion [pə̀ːrkwizíʃən] 명 철저 수사.
per·ron [péran] 명 [건축] 바깥 계단; 승강구의 층계.
per·ry [péri] 명Ⓤ (英) 배로 빚은 술.
Pérry Prócess 명 (the~) 페리 방식[프로세스] (북한의 대량 살상 무기 개발·배치 종식의 대가로 경제 원조·관계 정상화를 실현한다는 미국의 대북한 정책안). (<미국의 전 국방장관 William Perry)
pers. person; personal(ly); personnel; perspective. Pers. Perseus; Persia; Persia(n).
per se [pəː(ː)r séi, -síː] 스스로, 그 자체는; 본질적으로. (<L by itself)
perse [pəːrs] 명 짙은 청[자]색(의).
*per·se·cute [pə́ːrsikjùːt] 타동 1 (종교·정치·인종상의 이유로) [남]을 박해하다, 괴롭히다, 학대하다 (*for*). ¶~ pagans 이교도를 박해하다. 2 (…으로) …을 짓궂게 괴롭히다, …에게 집요하게 졸라대다; (동물 따위)를 혹사하다 (*with, by*). ¶(-+图+前+图) The boy ~*d* me *with* questions. 그 소년은 내게 귀찮을 정도로 질문했다. -cùt·ing·ly 부 -cù·tive 형
per·se·cu·tor [pə́ːrsikjùːtər] 명 박해자, 학대자.
-cu·to·ry [-kjùːtəri, -kjùːtɔ̀ri] 형
*per·se·cu·tion [pə̀ːrsikjúːʃən] 명Ⓤ (특히 종교상의) 박해, 학대, 책망; 끈덕지게 졸라대기[졸리기]; Ⓒ (역사 등에서의) 박해[학대]의 사실. ¶suffer ~ 박해를 받다 / the ~s of the Jews by the Nazi Germans 나치 독일의 유대인 박해. ~·al 형
persecútion cómplex [mània] 명 피해[박해] 망상.
Per·se·ids [pə́ːrsiidz] 명복 [천문] 페르세우스자리의 유성군(매년 8월 11일경 나타난다).
Per·seph·o·ne [pərséfəni] 명 1 [그리스 신화] 페르세포네(Zeus와 Demeter의 딸). 2 봄의 여신.
Per·sep·o·lis [pərsépəlis] 명 페르세폴리스(고대 Persia의 수도; 현재의 Iran 남부에 유적이 있다).
Per·se·us [pə́ːrsiəs, -sjuːs] 명 1 [그리스 신화] 페르세우스(Zeus와 Danaë의 아들로서 Medusa를 죽인 영웅). 2 [천문] 페르세우스자리.
‡per·se·ver·ance [pə̀ːrsəvíərəns] 명Ⓤ 인내(력), 참을성, 버팀, 불굴[견인 불발]의 노력. ¶with ~ 참을성 있게. 2 [신학] 견인(堅忍), 궁극 구제(영원한 구원에 이르기까지를 말함) Calvin 신학의 사상).
per·se·ver·ant [pə̀ːrsəvíərənt] 형 불요불굴의, 참을성 있는. ⇨STUBBORN 유의어
per·sev·er·ate [pərsévərèit] 타동 (…을) 집요하게[지나치게] 되풀이하다 (*in*). per·sév·er·à·tive 형
per·sev·er·a·tion [pərsèvəréiʃən] 명 1 고집; 집요하게 반복하는 행위[과정]. 2 [정신의학] 말·몸짓·행위를 병적으로 집요하게 반복하는 것.
*per·se·vere [pə̀ːrsəvíər] 자동 참다, 인내하다; …에 굴하지 않고 꾸준히 하다, 끝까지 해내다; (…을) 계속 고집하다 (*at, in, with*); (…을) 계속 신뢰하다 (*with*). ¶~ *in* [or *with*] one's studies 꾸준히 연구해 나가다. —— 타동 을 유지(維持)하다, 지탱하다. ¶~ *in* the right 끝까지 정의를 옹호하다.
per·se·ver·ing [pə̀ːrsəvíəriŋ] 형 참을성 있는, 끈기 있는, 불굴[굳센]의(persistent). ~·ly 부
Pér·shing II [pə́ːrʃiŋ túː] 명 [육군] 퍼싱 II형 미사일(2단계 지대지(地對地) 핵탄두 미사일).
*Per·sia [pə́ːrʒə, -ʃə/-ʃə] 명 1 페르시아(1935년

Iran으로 개칭). 2 =Persian Empire.

‡**Per·sian** [pə́ːrʒən, -ʃən/-ʃən] [형] 페르시아의; 페르시아인[어]의. —[명] ([복] **~s** [-z]) 1 이란인; 고대 페르시아인. 2 [U] 페르시아어, 이란어. 3 (~s) =~ blinds.

Pérsian blínds [명][복] (널빤지로 엮은 발 모양의) 미늘창.

Pérsian cárpet [명] 페르시아 융단(Persian rug).

Pérsian cát [명] 페르시아 고양이(털이 길고 곱다).

Pérsian Émpire [명] (the ~) 페르시아 제국(기원전 6세기경 Cyrus왕이 서아시아·서남 아시아에 건설한 제국).

Pérsian gréyhound [명] =Saluki.

Pérsian Gúlf [명] (the ~) 페르시아 만(Arabia 해의 Arabia 반도와 Iran 사이의 부분; 세계적 산유 지대).

Pérsian Gúlf Státes [명][복] (the ~) =Gulf States 2.

Pérsian lámb [명] 페르시아 새끼양; [U] 그 모피(caracul).

Pérsian lílac [명] 멀구슬나무.

Pérsian rúg [명] =Persian carpet.

Pérsian wálnut [명] 페르시아 호두.

Pérsian whéel [명] 양수용(揚水用) 물레방아의 일종.

per·si·ennes [pɜ̀ːrziénz/-si-] [명][복] =Persian blinds.

per·si·flage [pə́ːrsəflɑ̀ːʒ, pέər-] [명][U] 익살, 농담, 야유, 조롱; (일을 다룰 때의) 경박스러움.

*__per·sim·mon__ [pərsímən] [명] 감나무; 감.

‡**per·sist** [pərsíst, -zíst/-síst] [동][자] 1 (반대·항의 등에도 불구하고) (…을) 끝까지 해내다[주장하다], 관철[고집]하다 (*in*). ¶ (~+[前]+[名]) ~ *in* one's project [opinion] 자기의 계획[의견]을 고집하다. 2 지속[존속]하다, 살아남다. ⇨CONTINUE [유의어] ¶I hope the good weather will ~ for our holiday. 휴일에 좋은 날씨가 계속되었으면 좋겠다. 3 (질문·요구 따위를) 끈질기게 되풀이하다, 우겨대다 (*in*); (일을) 계속하다 (*with*). ¶~ *in* one's denial 끝까지 부인하다.
~·er [명] **~·ing·ly** [부] **-sís·tive** [형] **-sís·tive·ly** [부] **-sís·tive·ness** [명]

*__per·sist·ence__ [pərsístəns, -zíst-/-síst-] [명][U] 1 고집, 집요함; 인내력, 불굴. ¶a person without ~ 인내력이 없는 사람. 2 지속; 영속; 결과[효과]의 지속. (또는 **persistency**)
with persistence 집요하게, 끈기있게, 고집스럽게.

persístence of vísion [명] 잔상(殘像).

‡**per·sist·ent** [pərsístənt, -zíst-/-síst-] [형] (**more** ~; **most** ~) 1 고집하는(*in*), 집요한, 끈기 있는; 완고한 ⇨STUBBORN [유의어] ¶a ~ worker 꾸준히 일하는 노동자. 2 지속성의; 끊임없는. ¶~ efforts 끊임없는 노력. 3 〔식물〕 잎이 지지 않는, 상록(常綠)의; 다년생의. 4 〔동물〕 (기관 따위가) 소멸하지 않는([반] deciduous). 5 (화학 약품 따위가) 분해하기 어려운, 안정된; 〔세균〕 (바이러스 따위가) 잠복기가 긴. **~·ly** [부]

persístent crúelty [명] 〔英법률〕 배우자에게 신체의 위험을 느끼게 하는 행동.

per·snick·et·y [pərsníkəti] [형] 《美구어》 =pernickety.

‡**per·son** [pə́ːrsn] [명] ([복] **~s** [-z]) 1 사람, 인간. ¶a kind ~ 친절한 사람 / a young ~ 젊은 사람(＊특히 젊은 여성에 대하여 woman, lady 중 어느 쪽을 써야 할지 모를 때 따위, 여러 가지 점에서 구별하기 어려울 때 쓰는 수가 많다) / There were three ~*s* in the room. 그 방에는 세 사람이 있었다. 2 (this ~, that ~) 《英》 《경멸적》 놈, 녀석; 《구어》 《명사 뒤에서》 …을 좋아하는 사람, …당(黨)(type). ¶Who's that ~? 저 놈은 어떤 놈이야? / I'm a coffee ~. 나는 커피당이다. 3 [U] 사람됨, 인품, 개성; 《고어》 인물, 명사. ¶an important ~ 중요 인물. 4 (a ~, the ~, one's ~) 신체, 몸; 옷차림, 풍채, 모습. ¶an agreeable ~ 호감이 가는 용모[자태] / have a fine ~ 몸매[옷차림]가 좋다 / offenses against a ~ 신체에 대한 위해(危害) / a woman of a comely ~ 용모[자태]가 아름다운 여성. 5 〔법률〕 (권리·의무의 주체로서의) 인(人). ¶an artificial [*or* a juridical] ~ 법인 / a natural ~ 자연인 / a ~ of capacity (법률의 대상이 되는) 능력자. 6 (the ~) 〔문법〕 인칭. ¶the first [second, third] ~ 1 [2, 3]인칭. 7 (종종 P–) 〔신학〕 (삼위일체의) 페르소나, 위격(位格)([참] the Trinity). ¶the three ~*s* of the Godhead 신의 3위(성부와 성자와 성령). 8 《고어》 (이야기·연극 따위의) 역(part); (소설·연극 따위의) 등장 인물. 9 〔생물〕 개체. 10 〔철학〕 인격, 이성인(理性人); 〔사회〕 개인. 11 (the ~) 《완곡적》 성기.
be no respecter of persons (법률·신·죽음 따위가) 사람을 (재산·신분으로) 차별하지 않다.
be one's own person 자유의 몸이다, 구속 받지 않다.
I'd be the first* [*last*] (*person*) *to do 《구어》 마음 속으로부터[결코] …하고 싶다[하고 싶지 않다].
in* (*one's own*) *person ① (대리 등이 아니고) 자신이, 본인이 직접([참] by attorney); 몸소, 친히. ② 실물은. ¶She looks younger *in* ~ than on television. 그녀는 TV에서보다 실물이 더 젊어 보인다.
in the person of …이라는; …의 이름을 빌어; …으로 분장하여; …역(役)으로; …의 모습으로; …대신. ¶A rescuer appeared *in the* ~ *of* Jones. 존스라고 하는 구조자가 나타났다.
on* [*or about*] *one's person 몸에 지니고, 휴대하여.

per·son- [pɜ̀ːrsn] [연결] man, woman의 뜻(＊성차별적인 뜻을 피하기 위해 쓴다). ¶*person*kind.

-per·son [pɜ̀ːrsn] [연결] man, woman, lady 의 뜻(＊성차별적인 뜻을 피하기 위해 쓴다). ¶chair*person*, spokes*person*.

per·so·na [pərsóunə] [명] ([복] ***-nae*** [-niː], **~s**) 1 사람(person). 2 (-nae) (연극·소설 따위의) 등장 인물. 3 〔심리〕 (융 심리학에서) 페르소나, 가면(假面). 〔<L〕

per·son·a·ble [pə́ːrsənəbl] [형] 모습[용모]이 아름다운; 품위있는; 매력적인. **~·ness** [명] **-bly** [부]

*__per·son·age__ [pə́ːrsənidʒ] [명] 1 명사, 저명 인사, 유명 인사; 귀인(貴人). 2 사람(person). 3 (연극·이야기 따위의) 등장 인물, 역. 4 [U] 《고어》 모습, 풍채.

per·so·na gra·ta [pərsóunə grɑ́ːtə, -gréi-] [명] ([복] ***-e -e*** [pərsóuniː grɑ́ːtiː]) 호감이 가는 인물(특히 주재국 정부에게 환영받는 외교관). [참] persona non grata 〔<L person that is well liked〕

‡**per·son·al** [pə́ːrsənl] [형] (**more** ~; **most** ~) 1 개인의, 개인적인; 일신상의, 사적인, 사사로운([참] public); 주관적인. ¶~ affairs [*or* matters] 개인적인 일 / a ~ history 이력, 경력 / This is ~ to myself. 이것은 내 개인 문제다. 2 인간성의, 인격의[을 갖춘]; (물건이나 추상(抽象)과 구별하여) 사람의. ¶~ factors 인간적 요소 / a ~ God 인격신. 3 개인(사)에 관한(*with*, *to*); 인신 공격의. ¶~ affront [*or* abuse] 인신 공격 / become ~ in a dispute 논쟁에서 인신 공격을 하기 시작하다. 4 개인용의, 사용(私用)의; 개인 특유의, 독자적인. ¶a ~ car 자가용차 / ~ touches 독자적인 맛내기, 개성적인 취급. 5 본인의, 직접의. ¶a ~ interview 직접 면담[면접] / a ~ acquaintance 직접 아는[안면이 있는] 사람. 6 신체의, 모습의, 풍채의. ¶~ appearance 용모와 자태, 풍채 / ~ beauty 모습의 아름다움 / ~ injury 신체에 대한 위해. 7 (재산 따위가) 사람에 속하는, 동산(動産)의([반] real). 8 〔문법〕 인칭의[을 나타내는]. 9 (편지 따위가) 친전(親展)의. ¶a ~ letter 친전 서신 / mark "*P–*" on a letter 편지에 「친전」이라고 적다.
Nothing personal! 언짢게[나쁘게] 생각 마!, 악의[개인적 감정]는 없어!
—[명] ([복] **~s** [-z]) 1 《美》 a) (신문의) 명사(名士) 소식 기사. b) (신문·잡지의) 사람 찾는 공고, 개인 광고. c) (보통 ~s) 인사(人事) 소식[개인 광고]란(《英》 ~ column). 2 인물 비평. 3 《구어》 〔스포츠〕 =~ foul. 4 (~s) 〔법률〕 동산(~ estate). 5 《속어》 (배우의) (선전을 위한) 무대 인사.

pérsonal áction 圀 〔법률〕 대인 소송(동산 약탈·불법 행위 따위에 대한 소송). 魯 real action
pérsonal ád 圀 (=personal 1 b). 「초 공제.
pérsonal allówance 圀 (英) (개인의) 소득세 기
pérsonal assístant 圀 (개인) 비서(secretary).
pérsonal cáll 圀 지명 통화(person-to-person call).
pérsonal chéck 圀 개인 수표. 「고]란.
pérsonal cólumn 圀 (신문의) 인사 소식[개인 광
pérsonal communicátions sýstem 圀 개인 휴대 통신망(魯 PCS); =personal communicator.
pérsonal commúnicator 圀 개인 휴대 통신기.
pérsonal compúter 圀 〔컴퓨터〕 1 (상표) (the P– C–) 퍼스널 컴퓨터(미국 IBM사의 업무용 컴퓨터). 2 개인용 컴퓨터(魯 PC).
pérsonal consúmption 圀 개인 소비.
pérsonal dígital assístant 圀 〔컴퓨터〕 개인 휴대 정보 단말기(이동 전화·무선 호출·개인 생활 정보 처리 등이 가능한 단말기; 魯 PDA). 「구 따위).
pérsonal efféct s 圀㉯ 개인 소지품(의복·화장 도
pérsonal equátion 圀 〔천문〕 (관측상의) 개인 오차; (일반적으로) 개인차(差), 개인적 성향, 개성.
pérsonal estáte 圀 =personal property, personalty.
pérsonal flotátion devìce 圀 수중 구명 장비, 수상 구명구(魯 PFD).
pérsonal fóul 圀 〔스포츠〕 방해, 신체가 접촉하는 반칙. 「념.
pérsonal hýgiene 圀 몸을 청결히 하기; 위생 관
per·so·na·li·a [pə̀ːrsənéiliə, -ljə] 圀㉯ 1 개인 소지품; 개인적인 일. 2 전기(傳記) 자료, 개인적 일화[회고록], 인물론.
pérsonal identificátion nùmber 圀 〔컴퓨터〕 개인 식별 번호(魯 PIN).
per·son·al·ism [pə́ːrsənəlìzm] 圀㉯ 개성주의, 인격주의; 인물주의, 개인주의.
‡**per·son·al·i·ty** [pə̀ːrsənǽləti] 圀 (㉴ **-ties** [-z]) 1 ㉰㉯ 개성, 인격, 성격, 인품. ⇒CHARACTER 유의어 ¶ strong ~ 강한 개성 / double [or dual] ~ 이중 인격 / a man with ~ 개성있는 사람. 2 개성있는 사람, 인물; 저명 인사, 명사; 연예계 명사, 탤런트, 유명 연예인. ¶ a movie [TV] ~ 영화 스타[TV 탤런트] / a genial [pleasing] ~ 온화한[호감 가는] 인물. 3 그 사람임; 사람으로서의 존재. ¶ suspect the ~ of Homer 호머의 존재를 의심하다. 4 (보통 -ties) 인물 비평; 인신 공격, 남의 흠을 들추어내기. 5 (장소의) 독특한 분위기; (물건의) 물성(物性). 6 ㉰㉯ 〔지리〕 지세, 지상(地相). 7 ㉰ (드물게) 동산(動産).
personálity cùlt 圀 (경멸적) 개인 숭배.
personálity disòrder 圀 〔정신의학〕 인격 장애.
personálity ìnventory 圀 〔심리〕 인격 목록표, 성격 특성 항목표. 「sip) 잠재계.
personálity jóurnalism 圀 (완곡적) 가십(gos-
personálity stòry 圀 (신문·잡지 등의) 인물평기사, 인물 평론. 「검사.
personálity tèst 圀 〔심리〕 성격 검사, 정의(情意)
personálity týpe 圀 〔심리〕 성격형(型).
per·son·al·ize [pə́ːrsənəlàiz] (* (英) **-ise**) 圄㉮ 1 …을 개인화하다, [비평 따위] 자기 일로 받아들이다. 2 …을 인격화하다, 의인화하다. ¶ ~ death 죽음을 의인화하다. 3 …에 자기의 이름[이름 머리글자, 주소 따위]을 붙이다[인쇄하다]. ¶ ~ stationery 편지에 이름 [주소 따위]을 인쇄하다. 4 (경멸적) [발언 따위]를 특정 개인[자신]을 빗댄 것으로 여기다; [논의 따위]를 인신 공격으로 흐르게 하다. **-i·zá·tion**
‡**per·son·al·ly** [pə́ːrsənəli] 㙟 1 (문두에 쓰여) 자기 생각으로는, 자기로서는. ¶ P–, I don't want to go. 나로서는 가고 싶지 않다. 2 (문중·문미에 쓰여) 개인적[인간적]으로는, 한 인간으로서는. ¶ I like him ~, but not as a teacher. 나는 그를 한 인간으로서는 좋아하지만 교사로서는 좋아하지 않는다. 3 직접, 친히, 몸소. ¶ thank her ~ 직접 그녀를 만나 감사를 표하다. 4 자기 개인을 빗댄 것처럼. ¶ She took his remarks ~. 그녀는 그의 말을 자기를 빗대어 한 것으로 생각했다.
take it personally 감정적이 되다, 감정적으로 받아들이다.
pérsonal mánagement análysis 圀 인사 관리 분석(魯 PMA). 「수첩; 전자 수첩.
pérsonal órganizer 圀 다이어리, (첨삭식) 복합
pérsonal pénsion plàn 圀 개인 연금 계획(魯 PPP).
pérsonal prónoun 圀 〔문법〕 인칭 대명사.
pérsonal próperty 圀 〔법률〕 동산, 인적 재산. 魯 real property
pérsonal rápid tránsit 圀 (자동 운전) 궤도 수송차(유원지·공항 등에서 고가 궤도상을 달리는 소수 정원의 탈것; 魯 PRT).
pérsonal representátive 圀 〔법률〕 인격 대리인(유언 집행자 또는 유산 관리인). 「rescue ball.
pérsonal réscue enclósure 圀 〔우주〕 =
pérsonal ríghts 圀㉯ 인적 권리(개인의 안전·자유·재산 등의 권리).
pérsonal sáving 圀 개인 저축.
pérsonal sérvice 圀 〔법률〕 (우편이나 공시(公示) 송달이 아닌) 교부 송달(送達).
pérsonal shópper 圀 (美) (백화점 따위의) 구매 상담계; (우편 주문이 아닌) 개인 고객.
pérsonal spáce 圀 (개인 공간, 사유 공간.
pérsonal stáff 圀 〔군사〕 (지휘관의) 전속 부관; 개인 보좌관.
pérsonal státement 圀 개인 성명.
pérsonal stéreo 圀 휴대용 미니 스테레오.
pérsonal táx 圀 대인세(對人稅)(소득[법인·주민·상속]세 등의 직접세).
pérsonal tíme 圀 〔경영〕 개인 시간(휴가·병 결근으로 처리되지 않는 유급 시간.
pérsonal tráiner 圀 (가정을 방문 지도하는 계약제의) 스포츠[건강 체조] 트레이너. 「產). 魯 realty
per·son·al·ty [pə́ːrsənəlti] 圀㉰㉯ 〔법률〕 동산(動
pérsonal wátercraft 圀 수상 모터바이크, 제트스키.
per·so·na non gra·ta [pərsóunə nan grɑ́ːtə, -gréi-/-nɔn-] (㉴ **e n– –e** [pərsóuniː nan grɑ́ːtiː/-nɔn-]) 달갑지 않은 인물(특히 주재국 정부에게 환영받지 못하는 외교관의 호칭). 魯 persona grata [<L person that is not well liked]
per·son·ate[1] [pə́ːrsənèit] 圀㉮ 1 〔극중 인물을〕 연기하다(act). 2 〔남〕을 가장하다, 흉내내다, …인 체하다, …으로 행세하다. 3 (시 따위에서) …을 인격화[의인화]하다(impersonate); …을 구체화하다. ── ㉯ (연극에서) 역을 연기하다.
-á·tion 圀㉰㉯ 연기하기; (신분) 사칭. **-à·tive** 쥉 역을 연기하는. **-à·tor** 연기자; (신분) 사칭자.
per·son·ate[2] [pə́ːrsənət, -nèit] 쥉 1 〔식물〕 (순형(脣形) 화관이) 가면(假面)형의(mask-like). 2 〔동물〕 (유충 따위가) 위장한. **~·ly** 㙟
per·son-day [-dèi] 圀 〔통계〕 인일(人日)(한 사람의 표준적인 하루 작업량의 단위).
per·son-hole [pə́ːrsnhòul] 圀 (도로의) 맨홀(manhole)(* 비(非)성차별 용어).
per·son-hood [pə́ːrsnhùd] 圀㉰ 1 사람임. 2 개인적 특질, 개성, 인간성.
per·son-hour [-àuər] 圀 〔통계〕 인시(人時)(1인 1시간분의 작업량의 단위).
*****per·son·i·fi·ca·tion** [pərsànəfikéiʃən/-sɔ̀n-] 圀 1 ㉰ 인격화; 의인화. 2 (보통 the ~) 권화(權化), 화신; 전형. ¶ the ~ of love 사랑의 화신. 3 ㉰ (문학 작

personify

품에서의) 성격 묘사; (미술 작품 따위에서 사물·추상적 개념의) 구현, 체현(體現). 4 ⓤⓒ (수사) 의인법(the sun he로, the moon을 she로 받는 따위).

per·son·i·fy [pərsánəfài/-sɔ́n-] 🕮 ❶ …에 인간적 성질[특징]을 부여하다; …을 인격화하다. 1 ~ nature 자연을 의인화하다. ❷ (관념 따위)를 체현하다, 구현하다; …의 화신[권화]이다, …을 상징하다, …의 전형[예증]이 되다. ¶He *personifies* the law. 그는 법률의 화신이다. ❸ =PERSONATE. **-fi·er** 🕮

per·son·kind [pə́ːrsnkáind] 🕮 **(집합적) 인간; 인류(* 성차별을 피해서 mankind 대신 쓰는 말).**

***per·son·nel** [pə̀ːrsənél] 🕮ⓤ **(집합적; 복수취급) ❶** (조직·직장 따위의) 총인원, 전(全)직원. ¶All ~ are asked to participate. 전직원이 참가 요청을 받고 있다. ❷ (복수취급) 사람들(persons). ❸ (군사) 병원(兵員), 요원. ¶army[naval] ~ 육군[해군] 요원. ❹ (단·복수 양용) ⓐ ~ department. ⓑ matériel — 🕮 인사의; 직원의. ¶ ~ administration 인사 관리/a ~ manager[officer] 인사 담당 중역[부장].

personnel ágency 🕮 직업 소개소[안정소].

personnél cárrier 🕮 (군사) 병력 수송차.

personnél depártment 🕮 (회사·관공서 등의) 인사 담당 부서, 인사과[부, 국].

personnél mànagement 🕮 인사 관리.

pérson of cólor 🕮 (美) 유색 인종(* 비차별적 용어).

pérson of non-cólor 🕮 (美) 백인(* 비차별적 용어).

per·son·ol·o·gy [pə̀ːrsənɑ́lədʒi/-sɔ́l-] 🕮 ⓤ 관상학.

per·son-to-per·son [-təpə́ːrsn] 🕮 ❶ (전화에서) 특정인 지명(통화)의. ¶a ~ call 지명 통화(통화가 되었을 때만 요금을 낸다) ⓑ station-to-station call). ❷ 개인 대 개인의, 대면(對面)의. ❸ (외교) diplomacy 개인 대 개인 외교. — 🕮 특정인 지명 전화로; 대면해서, 친히. ¶interview a man ~ 직접 면접하다.

per·son-trip [-trìp] 🕮 여행 회수(1인 1회의 여행을 단위로 한다).

per·son-year [-jə̀ːr] 🕮 ❶ (경영) 인년(人年)(한 사람이 표준적인 일(one-day)로 1년간에 하는 작업량의 단위). ❷ (통계) 1인당의 수명을 재는 단위당(單位日).

***per·spec·tive** [pərspéktiv] 🕮 ❶ ⓤ 원근 화법(遠近畵法), 투시도법; 투시화, 원근화. ¶linear [angular, parallel] ~ 직선[사선, 평행] 투시도법. ❷ 투시; (물체·풍경 따위의) 원근. ❸ ⓤⓒ (사물을 고찰할 때의) 원근법(에 의한 상관 관계); 균형 잡힌 관점; 시점, 시각, 견지. ¶from my ~ 내가 보기에는/see [*or* view] things in the right ~ 사물을 바르게 보다. ❹ 조망(眺望); (장래의) 전망, 기대; ⓤ 전체상(全體像), 대국적(大局的) 관점. ¶get it into ~ 전체적으로 이해하다. ❺ ⓤ 통찰력.

in perspective ① 원근법에 따라서[맞추어서]. ② 균형이 잘 잡혀서. ¶see things *in* ~ 균형 잡힌 관찰을 하다. ③ 긴 안목에서, 대국적 견지에서.

in the perspective of ① …와의 관련에 있어서. ② (…의 시간이) 지나서. [잡히지 않은.

out of perspective ① 원근법에 어긋나는. ② 균형 **put...into perspective** …을 넓게 보다; …의 장래를 전망하다.

— 🕮 투시(도법)의; 원근 화법에 따른[맞는]. ¶a ~ **-tiv·al** 🕮 **~·ly** 🕮 [drawing 원근화, 투시도.

per·spec·tiv·ism [pərspéktivìzəm] 🕮 (종종 P-) (철학) 원근법주의. **-ist** 🕮

Per·spex [pə́ːrspeks] 🕮 (종종 p-) (상표) (英) 퍼스펙스(plexiglass)(투명 아크릴 수지; 항공기 방풍 유리 따위에 사용).

per·spi·ca·cious [pə̀ːrspəkéiʃəs] 🕮 통찰력이 있는; 명석한, 총명한(discerning). **~·ly** 🕮 **~·ness** 🕮

per·spi·cac·i·ty [pə̀ːrspəkǽsəti] 🕮 ⓤ 명석함; 통찰력.

per·spi·cu·i·ty [pə̀ːrspəkjúːəti] 🕮 ⓤ (논지·표현 등의) 명확함, 명쾌함.

per·spic·u·ous [pərspíkjuəs] 🕮 알기[이해하기] 쉬운; (표현 따위가) 명료한, 명쾌한. **~·ly** 🕮 **~·ness** 🕮

per·spi·ra·tion [pə̀ːrspəréiʃən] 🕮 ❶ ⓤ 발한(發汗)(작용). ❷ ⓤⓒ 땀(* sweat보다 세련되고 품위있는 말; 동물의 경우는 언제나 sweat). ❸ ⓤ 노력, 분투.

per·spir·a·to·ry [pərspáiərətɔ̀ːri/pəspáiərətəri] 🕮 땀나는, 발한 작용의; 발한을 촉진하는.

***per·spire** [pərspáiər] 🕮 🕮 땀을 내다[흘리다], 땀나다. — 🕮 땀으로 내보내다; (식물 따위가) …을 분비하다. **-spir·a·bil·i·ty** 🕮 **-spir·a·ble** 🕮

per·suad·a·ble [pərswéidəbl] 🕮 설득할 수 있는. ¶(~s) (지지 후보·정당 미정의) 부동 투표자. **-bíl·i·ty**, **~·ness** 🕮 **-bly** 🕮

‡**per·suade** [pərswéid] 🕮 🕮 ❶ (남을 (…으로) 설득 [설복]하다(*with*); (남)을 설득하여 …하게 하다 (*into*, *to do*) (⇔ dissuade). ⇨INDUCE 유의어 ¶(~ + 🕮 + *to do*) ~ a person *to* work hard 남을 설득하여 열심히 일하게 하다. ❷ (남에게 재귀용법으로) (남에게) …을 믿게 하다, 확신[납득]시키다 (*of*, *to*, *that* 🕮). ¶ He has ~d me of its truth. 그는 나에게 그것이 사실이라는 것을 믿게 하였다/I can't ~ myself *of* his having failed in the examination. 그가 그 시험에 실패하였다고는 도저히 믿어지지 않는다. ❸ (물건)을 (…에) 천천히 넣다(*into*); …을 (…에서) 가까스로 끄집어내다 (*out of*). — 🕮 납득하다, 설복되다.

be persuaded (…을) 확신하다(*of*, *that*🕮).

persuade a person [oneself] **of** [or **that**] ⇨ PERSUADE 🕮 2. [념하게 하다.

persuade a person **out of** 남을 설득하여 …을 단 **persuade** oneself 확신하다.

per·suad·er [pərswéidər] 🕮 ❶ 설득자. ❷ 강요할 때 사용하는 물건(무기 따위).

per·sua·si·ble [pərswéisəbl, -zə-] 🕮 설득할 수 있는. **-bíl·i·ty** 🕮

***per·sua·sion** [pərswéiʒən] 🕮 ❶ ⓤ 설득, 권유; 설득력. ¶obtain a person's consent by ~ 설득시켜서 남의 승낙을 얻다. ❷ ⓤ (종종 a ~) (익살) 확신, 신념; 신앙, 신조. ❸ 종파, 교파, …파(派), 유파. ¶people of the same ~ 같은 종파[유파]의 사람들. ❹ (a ~, the ~) (구어) (명랑적) 종류, 부류(kind); 인종; 성별; 계급. ¶the male ~ 남자패들.

***per·sua·sive** [pərswéisiv, -ziv] 🕮 설득력이 있는. ¶a ~ way of talking 설득력 있는 말솜씨. — 🕮 설득하는 것; 자극, 유인(誘因), 동기. **~·ly** 🕮 **~·ness** 🕮

pert [pəːrt] 🕮 ❶ 버릇없는, 주제넘게 나서는, 건방진. ¶a ~ girl [reply] 버릇없는 여자아이[대답]. ❷ (의복·언동 등이) 멋있는, 깔끔한, 세련된. ❸ (美) 쾌활한, 씩씩한, 건강한. **~·ly** 🕮 **~·ness** 🕮

PERT [pəːrt] 🕮 (경영) 퍼트(복잡한 작업·프로젝트의 공정 관리를 위해 그 공정의 개시부터 종료까지를 network로 표현하는 방법). [<*p*rogram *e*valuation

pert. pertaining. [and *r*eview *t*echnique]

***per·tain** [pərtéin] 🕮 🕮 ❶ 속하다, 부속하다; 항상 붙어 다니다 (*to*). ¶(~ + 🕮 + 🕮) a disease which ~s *to* uncleanness 불결한 것에 따라다니게 마련인 병. ❷ …에 관계하다, 상관되다(relate) (*to*). ¶Your remark does not ~ *to* the question. 너의 발언은 그 문제와는 관계가 없다. ❸ 적당하다, 알맞다 (*to*). ¶The conduct does not ~ *to* the young. 그런 행동은 젊은이에게는 어울리지 않는다. [tralia주의 주도(州都)].

Perth [pəːrθ] 🕮 퍼스(오스트레일리아 Western Aus-

per·ti·na·cious [pə̀ːrtənéiʃəs] 🕮 ❶ (목적·신념 등을) 고수하는; 불굴의, 끈기있는. ¶~ efforts 불굴의 노력. ❷ 집요한, 완고한. ⇨STUBBORN 유의어 ❸ (병 따위가) 좀처럼 낫지 않는. ¶a ~ fever 좀처럼 내리지 않는 열. **~·ly** 🕮 **~·ness**, **-nác·i·ty** 🕮

*per·ti·nent [pə́ːrtənənt] 형 딱 들어맞는, 적절한; (…에) 해당하는; …와 관계 있는(*to*).¶The point is not ~ *to* the matter in hand. 그 점은 당면 문제와는 관련이 없다. **-nence, -nency** 명 적절, 타당. **~·ly** 튀

*per·turb [pərtə́ːrb] 타 1 …을 당황하게 하다, 동요시키다, 낭패하게[불안하게] 하다. 2 (질서 따위)를 혼란시키다(derange). 3 (물리·천문) (전자의 운동·천체의 궤도)에 섭동(攝動)을 일으키다. ⇨ DISTURB (유의어)
be perturbed about [or **at, over**] …을 걱정하다.
~·ed·ly 튀 **~·ed·ness, ~·er, ~·ment** 명
per·turb·a·ble [pərtə́ːrbəbl] 형 당황[혼란]하기 쉬운.
-bíl·i·ty 명
per·tur·ba·tion [pə̀ːrtərbéiʃən] 명 1 ⓤ 당황, (마음의) 동요, 불안; ⓒ 불안의 원인. 2 혼란 상태, 소동. 3 ⓤⓒ (천문) 섭동(攝動)(다른 천체의 인력의 영향으로 행성 따위의 궤도가 변하는 일). **-al** 형
per·tur·ba·tive [pə́ːrtərbèitiv, pərtə́ːrbət-] 형 1 혼란시키는, 소란하게 하는. 2 (천문) 섭동의.
per·tus·sis [pərtʌ́sis] 명ⓤ 백일해(whooping cough). **-tús·sal** 형
*Pe·ru [pəruː] 명 페루(남미 서부의 공화국; 수도 Lima). **from China to Peru** 세계 도처에.
Perú bálsam 페루 발삼(향료·의약품용).
Perú Cúrrent 명 =Humboldt Current.
pe·ruke [pərúːk] 명 가발(17~18세기에 남자가 사용한 것)(periwig).
*pe·rus·al [pərúːzəl] 명ⓤⓒ 1 읽기; 정독, 숙독(熟讀). 2 통독. 3 정밀 검사(scrutiny); 조사.
*pe·ruse [pərúːz] 타 1 …을 정독하다, 숙독하다. 2 (안색 따위)를 살피다[읽다]. 3 …을 정밀 검사하다. (peruke)
Pe·ru·vi·an [pərúːviən] 형 페루(Peru)의, 페루 사람의. 명 페루 사람.
Perúvian bárk 기나피(皮)(cinchona).
*per·vade [pərvéid] 타 …에 널리 퍼지다, 고루 미치다, 가득 차다; …에 넘치다, 충만하다; (생각 따위가)…전체에 보급되다, 침투하다. ¶A spirit of uneasiness ~*d* the whole city. 불안감이 온 시내에 가득 차 있었다. **-vá·sion** 명

┌─ (유의어) **pervade** 모든 부문에 보급되다; 구체적인 물건에는 별로 쓰이지 않는 말. **permeate** 모든 틈새·구멍을 통해 스며들어 퍼지다; 비유적으로는 pervade와 같은 뜻. ─┘

per·va·sive [pərvéisiv] 형 넘치는; 충만[침투]하는, 침투성의; 보급력이 있는. **~·ly** 튀 **~·ness** 명
*per·verse [pərvə́ːrs] 형 1 성질이 비뚤어진, 심술궂은, (떼어놓고) 고집을 부리는, 외고집의(⇨WILLFUL (유의어)); 성미가 까다로운. ¶a ~ child 심술사나운 아이. 3 정도를 벗어난, 그릇된; (기대·예상을) 거스르는, (운명·결과가) 생각대로 되지 않는. 4 (고어) 사악한.
~·ly 튀 **~·ness** 명
per·ver·sion [pərvə́ːrʒən, -ʃən] 명ⓤⓒ 오용, 악용; 곡해, 견강부회. ¶the ~ of history 역사의 왜곡. 2 배교(背敎), 변절. 3 악화, 저하; 타락. ¶be drawn into ~ 나쁜 길에 빠지다. 4 (병리) 이상, (정신의학) (성)도착(倒錯). ¶sexual ~ 성욕 도착.
per·ver·si·ty [pərvə́ːrsəti] 명 1 성미가 비뚤어짐, 심술궂음; 외고집. 2 ⓒ 사악한 행동, 도착 행위.
per·ver·sive [pərvə́ːrsiv] 형 1 나쁜 길로 이끄는, 그르치는; 오용[악용]하는; (…을) 곡해하는(*of*). 2 (정신의학) 도착적인.
*per·vert 동 [pərvə́ːrt] 타 1 (바른 길에서) …을 빗나가게 하다, 타락시키다; (신앙)을 그르치다. ¶~ *the order of nature* 자연의 질서를 어지럽히다. 2 …을 오용하다, 악용하다. ¶~ *one's talent* 재능을 악용하다.

3 …을 곡해하다, 왜곡하다. ¶~ *a person's words* 남의 말을 곡해하다. 4 (병리) …을 변태적으로 만들다; (성욕)을 도착시키다. ── 자 나쁜 길에 빠지다; 배교하다. ── 명 [pə́ːrvərt] 1 나쁜 길에 빠진 사람, 배교자. 2 (병리) 변태자; (성)도착자. ¶a sexual ~ 성 도착자, 변태 성욕자. **-er** 명
per·vert·ed [pərvə́ːrtid] 형 1 (병리) 이상의, 변태의; (정신)도착된. 2 정도를 벗어난; 타락한, 사악한. 3 오용[악용]된; 왜곡된. **~·ly** 튀 **~·ness** 명
per·vert·i·ble [pərvə́ːrtəbl] 형 나쁜 길로 인도되기 쉬운; 곡해될 수 있는; 악용될 수 있는; 변태가 되기 **-bíl·i·ty** 명 **-bly** 튀 쉬운.
per·vi·ous [pə́ːrviəs] 형 1 (물질·빛 따위를) 통과시키는, 침투시키는(*to*). ¶Sand is easily ~ *to* water. 모래에는 물이 잘 스며든다. 2 (이치 따위를) 잘 아는, 통하는; (영향 따위를) 받는 (*to*). **~·ly** 튀 **~·ness** 명
pes [piz, piːs] 명 **pe·des** [píːdiːz, péd-] (해부·동물) (인간의) 발; (고등 척추 동물의) 발, 발 모양의 부분[기관].
PES (화학) polyether sulfone(폴리에테르 술폰(내열 수지)).
Pe·sa(c)h [péisaːx] 명 (유대교) =Passover 1.
pe·sade [pəséid, -zéid/-záːd] 명 (馬術) 페사드(말이 뒷다리로 서는 동작). ¶=Penghu.
Pes·ca·do·res [pèskədɔ́ːris/-ríz] 명복 (the ~) 펴스카도레스
pe·se·ta [pəséitə] 명 페세타(스페인의 통화 단위; 100 centimos); 페세타 은화. [cedi]
pe·se·wa [pəséiwɑː] 명 가나의 통화 단위(1/100
Pe·sha·war [pəʃáːwər/-ʃɔ́ːə] 명 페샤와르(파키스탄의 Khyber 고개 동쪽에 있는 도시; 옛 Gandhara 왕국의 수도).
pes·ky [péski] 형 (美구어) 성가신(troublesome); 귀찮은; 싫은, 기분 나쁜. ¶a ~ fly 귀찮은 파리.
pésk·i·ly 튀 **pésk·i·ness** 명
pe·so [péisou] 명 (복 ~**s**) 페소(멕시코·아르헨티나·칠레 등 중남미 여러 나라와 필리핀의 통화 단위); 페소 은화. [Sp]
pes·sa·ry [pésəri] 명 1 (의학) (자궁 전위(轉位)를 고치는) 페서리, 교정환(矯正環). 2 (피임용) 페서리(diaphragm), 자궁전(栓). 3 질좌약(膣坐藥).
pes·si·mal [pésiməl] 형 (美속어) 최저[최악]의.
*pes·si·mism [pésəmìzm] 명 1 비관주의[론], 염세관[주의], 페시미즘; 염세, 비관. 2 선악 길항론(拮抗論). ⇨ optimism **-mist** 명
*pes·si·mis·tic [pèsəmístik] 형 비관[염세]적인 (*of, about, over*); 비관[염세]주의의. **-ti·cal·ly** 튀
pes·si·mize [pésəmàiz/-´-] 동 (드물게) 극도로 비관하다. (美속어) …을 최악의 것이 되게 하다.
pes·si·mum [pésəməm] 명 (복 ~**s, -ma** [-mə]) (생물) (생존에) 최악의 환경; 가장 불리한 조건.
*pest [pest] 명 1 (정원수 등에 해를 주는) 해충(작은 동물). ¶a garden ~ 식물 기생충 / insect ~*s* 해충(파리·모기 따위). 2 (a ~) 성가신[유해한] 사람[동물]; 폐(가 되는 것); (英구어) 어찌할 도리가 없는 아이. 3 ⓤ 역병, 페스트.
Pest on [or ***upon***] ***him!*** 염병할 자식!
Pes·ta·loz·zi [pèstəlátsi/-lɔ́t-] 명 **Johann Heinrich ~** 페스탈로치(1746~1827; 스위스의 교육 개혁가).
Pes·ta·loz·zi·an [pèstəlátsiən/-lɔ́t-] 형명 페스탈로치식(교육)의 (신봉자). **-ism** 명
pést contròl 해충 구제, 병충해 방지.
pes·ter [péstər] 타 1 (사소한 일로) …을 괴롭히다, 성가시게 굴다, 귀찮게 애먹이다(*with*). ⇨ BOTHER (유의어) 2 (…을 / …해 달라고) 조르다, 졸라대다 (*for / to* do). ¶~ *him for* money 그에게 돈을 달라고 조르다.
pester the life out of *a person* (구어) 남에게 큰 부담을 강요하다[주다].
~·er 명 **~·ing·ly** 튀 **~·ous, ~·some** 형
pest·hole [pésthòul] 명 전염병 빈발[취약] 지역.

pest·house [péthàus] 몡 격리 병원.
pes·ti·cide [péstəsàid] 몡 살충제; 농약. **-cíd·al** 몡
pes·tif·er·ous [pestífərəs] 몡 **1** 전염병을 일으키는; 병균을 옮기는. **2** 전염병에 걸린. **3** (도덕적으로) 불건전한, 해독을 끼치는. **4** (구어) 성가신, 귀찮은; 장난이 심한. **~·ly** 튀 **~·ness** 몡
*__pes·ti·lence__ [péstələns] 몡 **1** Ū 페스트. **2** ŪĈ 전염병, 역병. **3** (사회·도덕상의) 해악, 해독, 유해물.
pes·ti·lent [péstələnt] 몡 **1** 생명에 관계되는, 치명적인, 위험한, 유독한. ¶a ~ cold 악성 감기. **2** 성가신, 귀찮은. ¶a ~ fellow 성가신 사람. **3** (평화·도덕 등에) 해를 끼치는, 유해한(to). ¶~ book 유해한 책, 악서. **4** 전염성의, 역병의. **~·ly** 튀
pes·ti·len·tial [pèstəlénʃəl] 몡 **1** 악역(惡疫)의;을 일으키는; 페스트(성)의. **2** 해로운, 폐해가 많은. **3** 성가신, 귀찮은. **~·ly** 튀
pes·tle [pésl, péstl] 몡 유봉(乳棒), 방앗공이, 절굿공이. — 티 유봉(공이)으로 갈다, 찧다, 짓이기다.
pes·tol·o·gy [pestálədʒi/-tɔ́l-] 몡 Ū 해충학.
‡**pet¹** [pet] 몡 **1** 애완 동물. **2** (종종 경멸적) 마음에 드는 사람, 총아; (英구어) (a ~, the ~) 귀염둥이; 소중한 물건, 비장물(秘藏物). ¶the ~ of the family 집안의 총아/a mother's ~ 어머니의 귀염둥이. **3** (호칭) 아가, 착한 애야.
make a pet of …을 귀여워하다.
— 몡 **1** 귀여워하는, 좋아하는; 장기인, 특기의. ¶a ~ dog 애완견/a ~ theory 지론(持論). **2** 애정을 나타내는. **3** 애완 동물(용)의. ¶a ~ bowl [collar] 애완 동물용 식기[목걸이]. **4** (익살) 최대의, 특별한.
one's pet aversion [or ***dislike(s), hate***] (익살) 아주 보기 싫은 사람[것].
— 티 (-tt-) …을 애완하다, 귀여워하다; …을 응석 받다; (귀여워서) …을 쓰다듬다[토닥거리다]; (구어) (이성)을 꼭 껴안다(embrace), 애무하다. — 진 (구어) ~·a·ble 몡 (이성)을 애무하다.
pet² [pet] (a ~) 기분이 언짢음, 부루퉁함.
in a pet 기분이 언짢아서, 부루퉁해서.
take (the) pet 통하다, 토라지다, 부루퉁하다.
— 몡진 (-tt-) 성내다, 뾰족하다, 부루퉁하다.
PET [pet] *p*arent *e*ffectiveness *t*raining(부모 역할 실행을 위한 효과 훈련); (화학) *p*olyethylene *t*erephthalate (페트; 청량음료 병 따위를 만드는 일종의 플라스틱); (의학) *p*ositron *e*mission *t*omography (양전자 방사 단층 X선 촬영법).
pet. *pet*roleum. **Pet.** *Pet*er.
pet·a- [pétə] 접두 「10¹⁵배, 1,000조(兆)배」의 뜻.
*__pet·al__ [pétl] 몡 **1** 화판, 꽃잎. ¶rose ~s 장미 꽃잎. (~s) (속어) 음순(陰脣). **~·less, ~·like** 몡
pet·al·ine [pétəlin/-làin] 몡 꽃잎(모양)의.
pet·al(l)ed [pétld] 몡 (복합어로) 꽃잎이 있는; …판(瓣)의. ¶many-~ 다판(多瓣)의.
pet·al·oid [pétəlɔ̀id] 몡 꽃잎 모양의[으로 이루어진].
pet·al·ous [pétələs] 몡 꽃잎이 있는.
pe·tard [pitá:rd/pe-] 몡 **1** (옛날에 성문·성벽 따위를 폭파하는 데 쓰던) 폭파용 화구(火具). **2** 폭죽.
hoist by [or ***with***] ***one's own petard*** 자기가 판 함정(무덤)에 빠지다, 자승자박하다 — Shakespeare 작 *Hamlet* 3 : 4).
pét área 몡 애완 동물 구역(애완 동물의 운동·대소변 따위를 시키는 구역).
pet·a·sos [pétəsəs] 몡 (고대 그리스·로마의 여행자·사냥꾼들이 쓰던) 차양이 넓고 운두가 낮은 모자. 〔Hermes 신의 날개 달린 모자. 또는 **petasus**.〕
PÉT bòttle 몡 페트병(탄산 음료 용기 용). 略 PET
pét cémetery 몡 (美) 애완 동물 묘지.
pet·cock [pétkɑ̀k/-kɔ̀k] 몡 작은 콕[마개], (증기 등을 빼는) 작은 밸브. (또는 **pét còck**)
pete [pi:t] 몡 **1** (속어) =peter² 1. **2** (금고털이용의)

니트로글리세린.
Pete [pi:t] 몡 피트(남자 이름; Peter의 애칭).
for Pete's sake ① 제발, 부디, 부탁인데. ② 집어치워, 무슨 소리야. 〔체, 대관절.
for the love of Pete ① =*for Pete's sake*. ② 도대
Pet. E. *P*etroleum *E*ngineer.
péte bòx 몡 (美속어) =peter² 1.
pe·te·chi·a [pití:kiə, -ték-] 몡 (복 **-ae** [-i:]) (병리) 점상(點狀) 출혈. **-al** 몡
pete·man [pí:tmən] 몡 (속어) 금고털이('safecracker'). [pet·er¹ [pí:tər] 동쥐 (구어) **1** (물줄기·광맥 따위가) 점점 가늘어지다(*out, away*). **2** (기운·세력 따위가) 점점 쇠약해지다, 다하다(*out*).
pe·ter² [pí:tər] 몡 **1** (속어) 금고. **2** (속어) 감방, 독방. **3** (비
*__Pe·ter__ [pí:tər] 몡 **1** 베드로(?-67?) (그리스도의 12사도 중의 한 사람; Simon Peter라고도 한다). **2** 베드로서의 전서(前書)와 후서(後書)(略 *Pet*.). **3** ~ **the Great** 표트르 대제(大帝) (~ I)(1672-1725: 러시아 황제). **4** 피터(남자 이름).
For Peter's sake! (구어) 제발, 부탁인데; 어머, 손들었소.
rob Peter to pay Paul 갑에게서 빼앗아 을에게 주다; 빚을 내어 빚을 갚다. 〔바람잡이(by-bidder).
Péter Fùnk 몡 (美속어) (경매 따위에서의) 한통속.
Péter Jáy 몡 (美속어) 경찰관.
pe·ter·man [pí:tərmən] 몡 **1** 어부(사도 베드로가 어부였던 데서). **2** (속어) 금고털이. **3** (속어) 실신약(失神藥)을 먹이는 강도.
Péter Pàn 몡 피터팬 (J.M. Barrie작 동화극 (1904); 그 주인공); 영원히 나이를 먹지 않는 소년.
Péter Pàn cóllar 몡 피터팬 칼라 (여성복·아동복의 작고 둥근 깃).
Péter Pàn sýndrome 몡 (심리) 피터팬 증후군 (어른이 되지 않으려는 젊은이들의 마음의 병).
Péter Príncipal 몡 피터의 원리(계층 사회 구성원은 자기 능력 이상의 지위까지 올라간다는 원리). (<미국의 교육학자 L. J. Peter(1919-90)의 이름)
Péter Rábbit 몡 **1** 피터 래빗 (Beatrix Potter의 동화 주인공인 토끼). **2** (美속어) 경찰관.
Péter's fish 몡 =John Dory.
pe·ter·sham [pí:tərʃəm, -ʃæm] 몡 **1** Ū 골지게 짠 나사천의 일종; ĈĨ 그것으로 만든 외투. **2** Ū 질긴 명주(무명)로 골지게 짠 리본(벨트·모자끈으로 사용).
Péter('s) pénce 몡 (단수취급) **1** 교황 헌금 (옛날에 각 세대주가 매년 로마 교황청에 바친 세금). **2** 성 (聖)베드로 헌금 (세계의 가톨릭 교도가 자발적으로 교황청에 내는 헌금).
pét fòod 몡 애완 동물 사료.
pét hotél 몡 애완 동물 일시 예탁소.
pét índustry 몡 애완 동물 관련 산업. 〔나는.
pet·i·o·lar [pétiələr] 몡 (식물) 잎자루의, 잎자루에서
pet·i·o·late [pétiəlèit] 몡 (식물) 잎자루가 있는; (동물) 육병(肉柄)[육경(肉莖)]이 있는.
pet·i·ole [pétiòul] 몡 (식물) 잎자루(leafstalk); (동물) (곤충 따위의) 육병, 육경(peduncle).
pet·it [péti/F pəti] 몡 (법률) 작은; 사소한(minor). (<F petty)
pe·tit bour·geois [pəti: buərʒwá:] 몡 (복 **-s b-**) 프티 부르주아, 소시민. (<F petty bourgeois)
pe·tite [pətí:t] 몡 (여성의 옷·장식품 따위) (이) 작은, 자그마하고 맵시있는. — 몡 몸집이 작은 여성·소녀용 의복 사이즈; 그 사이즈의 의복; 그 옷을 입는 여성(소녀). (<F petite)
pe·tite bour·geoi·sie [pətí:t bùərʒwa:zí:] 몡 프티 부르주아[소시민] 계급. (<F petty bourgeoisie)
pet·it four [péti fó:r] 몡 (복 **-s -s**) 프티푸르 (조그마한 비스킷). (<F small oven)
*__pe·ti·tion__ [pətíʃən] 몡 (복 **~s** [-z]) **1** 탄원(청원) (서), 진정(서), 신청(서)(*for, against*); (신에게 드리는) 기도. ¶a direct ~ to the king 국왕에게 보내는 직

소장(直訴狀) / He was released on the ~ of his wife. 그는 아내의 탄원으로 석방되었다. **2** 탄원 내용, 청원 사항, 3 [법률] (법원에의) 신청(서), 소원(訴願). ¶a ~ of [or for] appeal 공소장/a ~ of revision 상고장/file one's ~ of bankruptcy 파산 신청을 내다.
get up a petition 청원을 제기하여.
make a petition for [to] …을[에게] 탄원하다.
on petition 청원에 의해서 있으면.
── 图 (~s [-z]) 国 …에게 청원[탄원]하다; [정부 당위]에 신청하다(⇒APPEAL [유의어]); [원하는 것]을 간청하다, 애원하다 (for). ¶ ~ the mayor 시장에게 청원하다[청원서를 보내다] // (~+目+目+名) ~ a person for pardon 남에게 용서를 빌다 // (~+目+to do) ~ a person to do something 남에게 …을 해달라고 간청하다. ── 国 간청하다; 탄원서를 제출하다 (for). ¶ ~ for pardon 용서를 빌다 // (~+to do) ~ to be allowed to go 가도 좋은지 허락을 구하다.
-**a·ble**, -**ar·y** 图 -**ist** 图 「(송일) 원고.
*pe·ti·tion·er [pətíʃənər] 图 청원자; (英) (이혼 소송 등의) 원고.
Petition of Right (the ~) **1** [英역사] 권리 청원(1628년 의회가 Charles I에게 승인토록 한 인권 선언). **2** (p- of r-) [英법률] 국(對)정부 권리 회복 청원.
pe·ti·ti·o prin·ci·pi·i [pitíʃiòu prinsipíài] 图 [논리] 선결 문제 요구의 허위(논증을 필요로 하는 논증점을 이미 논증된 것으로 전제하는 허위 또는 오류). 〔<L begging the question〕
pétit júror 图 [美법률] =petty juror.
pétit júry 图 [美법률] =petty jury.
pétit lárceny 图 [법률] =petty larceny.
pe·tit mal [péti má:l, -mǽl] 图 [의학] (간질병의) 작은 발작. 〔<F small sickness〕
pétit póint 图 **1** 프티푸앵(자수에서 쓰이는 작은 싱글 스티치)(⇒ tent stitch), **2** 몇 가지 색실로 무늬를 짜 넣는 식으로 캔버스에 수놓는 자수.
pe·tits che·vaux [pəti: ʃəvóu] 图 [단수취급] 소(小)경마(8마리의 장난감 말을 달리게 하는 도박 기계). 〔<F small horses〕
pét·its póis [péti pwá] 图 작은 완두콩. 〔<F〕
pétit tréason 图 [英법률] 소(小)반역죄(주인·남편·성직자 등 윗사람을 살해하는 행위).
pe·tit verre [pəti: vé:r] 图 작은 유리잔. 〔<F〕
pét náme 图 (보통 one's ~) 애칭.
pet·nap·(p)ing [pétnæpiŋ] 图国 애완 동물 유괴하기(훔치기). -(p)er 图
pét péeve 图 화냄, 불쾌함, 짜증; 불평[불만]의 씨앗.
pe·tr- [petr] [연결] PETRO-¹.
Pe·trarch [pí:trɑːrk/pét-] 图 **Francesco ~** 페트라르카(1304-74: 이탈리아의 시인·학자).
Pe·trár·chan sónnet [pitrɑ́:rki-/pet-] 图 페트라르카어(Petrarch)풍[이탈리아식] 소네트.
pet·rel [pétrəl] 图 **1** 바다제비과(科)의 각종 작은 새. **2** 오면 뭔가 불길하게 생각되는 사람.
pé·tri dísh [pí:tri-] 图 페트리 접시(뚜껑 있는 둥글납작한 유리 또는 플라스틱 투명 용기; 세균 배양용). 〔독일의 세균학자 J.R. Petri(1852-1921)의 이름〕
pet·ri·fac·tion [pètrəfǽkʃən] 图 **1** 석화(石化), 석화 작용; ⓒ 석화물; 화석. **2** 망연자실, 무감각[경직] 상태. **-tive** 图
pet·ri·fi·ca·tion [pètrəfikéiʃən] 图 =petrifaction.
pet·ri·fy [pétrəfài] 图国 **1** [유기물]을 석화시키다, 석질(石質)이 되게 하다. **2** (비유적) …을 딱딱하게 하다; …을 무감각하게 하다, 마비[경직]시키다. **3** (공포·놀람 따위로) …을 그 자리에 못박히게 하다, 망연자실하게 하다, 섬뜩하게 하다 (with). ¶be petrified with horror 공포로 그 자리에 못박히다. ── 国 석화하다; 굳어지다; 무감각해지다; 대경실색[망연자실]하다.
-fi·a·ble, **pet·ríf·i·cant** 图 **-fi·er** 图 「Peter.
Pe·trine [pí:train, -trin] 图 사도 베드로(Peter)의.

Pe·trin·ism [pí:trənìzm] 图 베드로설(사도 베드로가 설교하였다고 하는 신학설의 총칭). -**ist** 图
pet·ro [pétrou] 图 석유(산)업의. ── 图 [캐나다] 국영 석유 산업. 〔<petroleum〕
pet·ro-¹ [pétrou, -rə] [연결] stone, rock의 뜻(* 모음 앞에서는 petr-). ¶petrology, petrous.
pet·ro-² [연결] petroleum의 뜻. ¶petrochemical.
pet·ro·chem·i·cal [pètroukémikəl] 图 석유 화학 제품[약품](의). ¶a ~ complex 석유 화학 단지.
pet·ro·chem·is·try [pètroukémistri] 图 석유 화학; 암석 화학.
pet·ro·dol·lar [pétroudɑ̀lər/-dɔ̀l-] 图 (~s) 석유 달러(oil dollar).
pet·ro·gen·e·sis [pètrədʒénəsis] 图 암석의 기원·형성; 암석 성인론(成因論). 「esis.
pe·trog·e·ny [pitrɑ́dʒəni/-trɔ́dʒ-] 图 =petrogen-
pet·ro·glyph [pétrəglìf] 图 (원시인이 만든) 암석 조각(rock carving).
Pet·ro·grad [pétrougræ̀d] 图 페트로그라드(러시아의 St. Petersburg의 옛 이름).
pet·ro·gram [pétrəgræ̀m] 图 암석 선화(線畫), 선각화(線刻畫). 「glyph.
pet·ro·graph [pétrəgræ̀f, -grɑ̀:f] 图 =petro-
pet·ro·graph·ic [pètrəgræ̀fik] 图 암석 기재학(記載學)의; 암석 분류학의. ¶a ~ province 암석구. (또는 **petrographical**) -**i·cal·ly** 图
pe·trog·ra·phy [pitrɑ́grəfi/-trɔ́g-] 图 암석 기재학; 암석 분류학. -**pher** 图
pet·rol [pétrəl] 图国 (英) 가솔린(美) gas, gasoline), 정유(精油); (고어) 석유. ¶a ~ tank 휘발유 탱크. ── 图 (**-ll-**) (英) 가솔린으로 청소하다.
petrol. petrology.
pet·ro·la·tum [pètrəléitəm; -lɑ́:t-] 图 [화학] 「바셀린(vaseline).
pétrol bómb 图 (英) 화염병(firebomb, Molotov cocktail). **pét·rol·bòmb** 图
*pe·tro·le·um [pətróuliəm] 图国 석유. ¶crude [or raw] ~ 원유 / process ~ 석유를 정제하다.
petróleum éngine 图 = gasoline engine.
petróleum éther 图 석유 에테르.
petróleum jélly 图 =petrolatum.
petróleum spírits 图 [화학] 석유 스피릿, 미네랄 스피릿(mineral spirits)(원유의 가장 가벼운 성분).
pe·trol·ic [pitrɑ́lik/-trɔ́l-] 图 **1** 석유의[로 만든]; (英) 가솔린의. **2** 가솔린 엔진의; 자동차의.
pet·ro·lif·er·ous [pètrəlífərəs] 图 석유를 산출하는; (암석·지층 따위가) 석유를 함유하고 있는. ¶~ countries 산유국.
pet·ro·log·ic [pètrəlɑ́dʒik/-lɔ́dʒ-] 图 암석학의. (또는 **petrological**) -**i·cal·ly** 图 「-**gist** 图
pe·trol·o·gy [pitrɑ́lədʒi/-trɔ́l-] 图 암석학.
pétrol púmp 图 (英) (주유소의) 주유기[장치].
pétrol státion 图 (英) 주유소(filling station).
pet·ro·mon·ey [pétroumʌ̀ni] 图 =petrodollars.
Pe·tro·ni·us [pitróuniəs] 图 **Gaius ~** 페트로니우스(?–A.D.66?: 로마의 풍자 작가; Satyricon의 작자로 알려져 있다). 「(岩狀)부의.
pét·ro pánic 图 석유 공황(oil shock 따위로 인한 공
pet·ro·pol·i·tics [pètroupɑ́lətiks/-pɔ́l-] 图 [단·복수 양용] (산유국의) 석유 정략[외교].
pet·ro·pow·er [pétroupàuər] 图 **1** 산유국들의 경제력[정치력]. **2** 석유 산출국, 산유국.
pet·ro·sau·rus [pètrəsɔ́:rəs] 图 거대 석유 회사, 석유 메이저.
pet·rous [pétrəs, pí:t-] 图 **1** [해부] (측두골(側頭骨)의) 추체부(錐體部)의. **2** 바위의(rocky), 돌[바위]같이 굳은; 암상(岩狀)부의. 〔<Chin 白菜〕
pe·tsai [péitsái] 图 배추(Chinese cabbage).
PÉT scàn 图 **1** 포지트론 스캔 화상(畫像)(PET scanner를 사용한 양전자 방사 단층 촬영 화상). **2** PET

scanner에 의한 검사.
PÉT scànner 명 포지트론 스캐너(뇌활동 모니터용 X선 단층 촬영 화상 장치).
pét shóp 명 애완 동물 용품점.
pét sitting 명 애완 동물 돌보기 대행(업).
pét sitter 명
pet·ti [péti] 명 〔구어〕 1 =petticoat 1. 2 =pettislip.
*****pet·ti·coat** [pétikòut] 명 1 페티코트. 2 스커트 모양의 물건[덮개]. 3 〔구어〕 여자; 소녀. 4 (~s) 여자; (the ~) 여성의 세력. 5 〔전기〕 스커트 모양의 애자(~ insulator). 「성[어린아이]이다.
wear [or *be in*] *petticoats* 여성답게 행동하다; 여
— 형 여성의[적인]; (~) 영향력. ~ **influence** 여성의 영향력.
pet·ti·coat·ed [pétikòutid] 형 페티코트를 입은; 여성의, 여자다운. 〔여성에 의한 지배[정치].
pétticoat góvernment 명 엄처시하; 여인 천하;
pétticoat ínsulator 명 〔전기〕 치마형 애자.
pet·ti·fog [pétifɑ̀g, -fɔ́ːg/-fɔ̀g] 명 (-**gg-**) 자 1 하찮은 일에 억지를 쓰다. 2 엉터리(궤변적) 변호를 하다. 3 속이다. — 타 〔사건〕을 궤변적으로 변호하다.
~ **·ger** 엉터리[악덕] 변호사; 사기꾼. ~ **·ger·y** 명 = pettifogging.
pet·ti·fog·ging [pétifɑ̀giŋ, -fɔ́ːg-/-fɔ̀g-] 형 1 하찮은, 중요하지 않은. 2 (사소한 일에) 교활한, 인색한, 비열한. — 명 말뺌(하기), 억지 이론; 슬립(늘어놓기). — 명
pet·ting [pétiŋ] 명 페팅, 애무(愛撫). 「입수.
pétting párty 명 〔美속어〕 페팅 파티.
pétting zòo 명 어린이 동물원(우리 안에 들어가 동물을 만질 수 있다).
pet·ti·pants [pétipæ̀nts] 명(복) (여성용) 반바지.
pet·tish [péti∫] 형 토라진(peevish), 곧잘 화를 내는, 성마른(petulant). ~ **·ly** 부 ~ **·ness** 명
pet·ti·skirt [pétiskə̀ːrt] 명 =petticoat 1.
pet·ti·slip [pétislìp] 명 반(半)슬립(half-slip).
pet·ti·toes [pétitòuz] 명(복) 돼지 족발; (어린이의) 발.
*****pet·ty** [péti] 형 (-**ti·er**; -**ti·est**) 1 사소한, 보잘것없는, 하찮은; 크게 중요하지 않은, 별로 가치가 없는. ¶ ~ faults 사소한 잘못. 2 하급의; 소규모의; 열등한. ¶ a ~ dealer 소(小)상인. 3 속이 좁은, 째째한; 비열한, 인색한. ¶ a ~ person 속좁은 사람/a ~ grudge 째째한 원한. 4 〔법률〕 경미한, 소(小)···. 5 (동종·동격의 것과 비교하여) 뒤떨어진, 소규모의, 2류의. ¶ ~ states 약소국.

〔유의어〕 **petty** 형태·중요성·가치 따위가 같은 종류의 다른 것과 비교하여 작은. **trifling** 무시해도 좋을 정도로 중요성·가치 따위가 적은. **trivial** 사소하고 평범하여 주목하거나 고려할 가치가 없는. **paltry** 본연의 모습에 비하여 너무나 작은.

-ti·ly 부 **-ti·ness** 명
pétty áverage 명 〔법률〕 소해손(小海損).
pétty bourgeóis 명 =petit bourgeois.
pétty bourgeoisíe 명 =petite bourgeoisie.
pétty cásh 명 소액의 현금; 용돈(嗯 P.C., P/C).
pétty cáshbook 명 소액 현금 출납부; 용돈 출납부.
pétty cúrrent depósit 명 소액 당좌 예금.
pétty júror 명 〔美법률〕 소배심원.
pétty júry 명 〔美법률〕 소배심(小陪審)(보통 12명으로 구성. (또는 petit júry)) 〔法〕 grand jury
pétty lárceny 명 〔법률〕 경(輕)절도죄; 경절도자, 좀도둑. (또는 petit larceny) 〔法〕 grand larceny
pétty ófficer 명 1 〔해군〕 하사관(美 P.O., PO)〔英 noncommissioned officer). 2 〔해사〕 하급 선원.
pétty prínce 명 작은 나라의 군주.
pétty sèssions 명 〔英법률〕 소(小)치안 법원.
pétty tréason 명 =petit treason.
pet·u·lance [pét∫ələns, -tju-] 명(U) 1 안달, 초조; 발끈하기, 뺏성; 기분이 언짢음. 2 C (드물게) (··· 에 대한) 무례한 태도[행동]; 건방진 언동 (at).

pet·u·lan·cy [pét∫ələnsi, -tju-] 명 =petulance.
pet·u·lant [pét∫ələnt, -tju-] 형 (사소한 일에) 안달하는, 화를 잘 내는, 성마른. ~ **·ly** 부
pe·tu·ni·a [pitjúːnjə, -niə/-tjúː-] 명 1 〔식물〕 피튜니아; U 짙은 자줏빛. 2 〔美속어〕 멋쟁이 남자(소년).
pe·tun·tse [pətúntsə] 명(U) 백돈자(白墩子), 자니(磁泥)〔중국산의 도자기 제조용 백토(白土)〕. (또는 **petunse, petuntze**) <Chin〉
Peu·geot [pəːʒou/F pøʒo] 명 〔상표〕 푸조〔프랑스의 Peugeot 사제(社製) 자동차의 총칭〕.
*****pew** [pjuː] 명 1 (교회의) 벤치형 좌석, 신자석(信者席); (칸막이한) 가족 전용석(family ~). 2 (~s) 신자석에 앉은 사람들, 회중. 3 〔英구어〕 좌석.
find [or *take*] *a pew* 좌석에 앉다, 착석하다.
— 타 ···에 벤치형 좌석을 설치하다; ···을 (교회의 가족석처럼) 둘러싸다. 〔집합적〕 (교회의) 좌석.
pew·age [pjúːidʒ] 명(U) (교회의) 좌석료(pew rent).
pe·wee [píːwiː] 명 U 딱새과(科)의 새(미국산(産)).
pew·hold·er [pjúːhòuldər] 명 (교회의) 지정석 소유자. 〔美〕=pewee.
pe·wit [píːwit, pjúːit] 명 댕기물떼새(lapwing);
pew·o·pen·er [ː́oupənər] 명 (교회의) 좌석 안내인.
péw rènt 명 (교회의) 좌석료(pewage).
pew·ter [pjúːtər] 명(U) 1 백랍(주석을 주성분으로 한 합금). 2 〔집합적〕 백랍제 그릇. 3 〔英구어〕 상금; C (스포츠 경기 따위의) 우승컵, 트로피. 4 (속어〕 돈. 5 회청색. — 형 백랍제[세공]의. ~ **·er** 명 백랍 세공인.
pe·yo·te [peióuti] 명 〔멕시코·미국 서남부산〕 선인장의 일종(마취성 물질 함유); U 그것에서 채취한 약물.
pe·yot·ism [peióutizm] 명 페요테교(敎)(토착 종교에 기독교의 요소를 가미한 복북 미 인디언의 종교; 종교 행위에 페요테 선인장을 사용한다〕.
pF picofarad(s). **PF** Procurator Fiscal; pro *forma* invoice(견적 송장). **pf.** perfect; pfennig; pianoforte; preferred((주식이)) 우선의; proof. **p.f.** 〔이탈리아〕 〔음악〕 *piùforte*(보다 강하게). **PFA** Professional Footballers' Association. **PFC, Pfc.** 〔군사〕 *private first class*(일등병). **PFD** 〔美·캐나다〕 *personal flotation device.* **pfd.** preferred ((주식이)) 우선의.
pfen·nig [fénig/pfén-] 명 (복) ~**s, -ni·ge** [-nigə]) 페니히(독일의 통화; 1/100 mark; 약 pfg.).
pfft [ft] 명 피익, 씨익(갑자기 소멸하는 소리).
— 자 씨익 사라지다; 갑자기 끝나다 (남녀가) 헤어지다, 이혼하다. (또는 **pfft, phfft**)
pfg. pfennig(s).
Pfi·zer [fáizər] 명 파이저(미국의 제약 회사).
PFLP *Popular Front for the Liberation of Palestine*(팔레스타인 해방 인민 전선). **Pg** Portuguese.
PG ☞ *Parental Guidance Suggested* (〔美〕 준성인 용으로) 보호자 동반 지정 영화; (〔英〕 14세 미만 보호자 동반 지정 영화); 〔생화학〕 prostaglandin. **pg.** page.
Pg. Portugal; Portuguese. **P. G.** *Past Grand* (Master)〔전 (前) 회장〕; *paying guest*(하숙생); Postgraduate; 〔구어〕 pregnant. **PGA, P.G.A.** 〔美〕 *Professional Golfers' Association* (프로 골퍼 협회); 〔컴퓨터〕 *professional graphics array*.
PGA Chámpionship 명 (the ~) 〔골프〕 PGA 선수권 대회(세계 4대 토너먼트의 하나).
PGM 〔군사〕 *precision-guided munition*(정밀 유도 병기). 〔속어〕 *smart bomb*. **PGP** 〔컴퓨터〕 *pretty good privacy*(송신 내용을 암호화하는 프로그램).
P-graph [píːgræ̀f, -grɑ̀ːf] 명 〔의학〕 남근 (변화) 측정기(자극에 따른 남근의 변화를 측정해 성범죄자·변태 성욕자 치료에 활용된다). <*penile*+*plethysmograph*>
PG-rat·ed [píːdʒiːrèitid] 형(명) PG(미성년자 보호자 동반) 등급의 (영화).

PG-13 ㉠ (美) Parental Guidance Suggested for Children under 13(13세 이하 주의·지도 필요 영화).
ph (광학) photo(s).
pH [píːéit] 몡 수소 이온 농도 지수, 페하. [<potential for hydrogen]
Ph (화학) phenyl. **ph.** phase; phone. **P.H.** Public Health; Purple Heart. **PHA** (美) Public Housing Administration(주택국).
Phae·dra [fíːdrə, féd-] 몡 (그리스 신화) 파이드라, 페드라(Theseus의 아내; 의붓아들인 Hippolytus 와 사랑에 빠졌으나 끝내는 목매어 자살함).
Pha·ë·thon [féiəθən, -ðən] 몡 (그리스 신화) 파에톤(태양신 Helios의 아들; 아버지의 마차를 잘못 몰고 지구에 접근하여 큰 화재를 낼 뻔하여, Zeus의 벼락에 맞아 죽었다).
pha·e·ton [féiətn/féitn] 몡 **1** 말 두 필이 끄는 경(輕) 4륜 마차. **2** 페이튼형 자동차, 포장마차형 자동차.

(phaeton 1)

phage [feidʒ] 몡 = bacteriophage.
-phag(e) [feidʒ, fɑːʒ] (연결) eating, devouring의 뜻. ¶ bacterio*phage*.
phago- [fǽgou, -gə] (연결) eating의 뜻(* 모음 앞에서는 phag-). ¶ *phago*cyte.
phag·o·cyte [fǽgəsàit] 몡 (생리) 식(食)세포(백혈구·임파구 따위). **-cyt·ic** [-sítik] 몡
phag·o·cy·to·sis [fǽgəsaitóusis] 몡ⓤ (생리) (식세포의) 식균(食菌) 현상(현상). 「(食症).
phag·o·ma·ni·a [fǽgəméiniə, -njə] 몡 탐식증(食
phag·o·pho·bi·a [fǽgəfóubiə] 몡 공식증(恐食症).
phag·o·some [fǽgəsòum] 몡 식포(食胞)(세포의 식작용(食作用) 결과로 먹이를 둘러싸서 생긴 액포(液胞)).
-pha·gous [fəgəs] (연결) eating, feeding on, devouring의 뜻. ¶ rhizo*phagous*, xylo*phagous*.
-pha·gy [fədʒi] (연결) 습관·상습으로서의 eating, devouring의 뜻. ¶ allotrio*phagy*(이식증(異食症)), anthropo*phagy*.
phal·ange [fǽləndʒ, fəlǽndʒ] 몡 (해부·동물) 지골(指骨), 지골(趾骨). **pha·lán·ge·al** 몡
pha·lan·ger [fəlǽndʒər] 몡 팔란저(오스트레일리아산의 쥐의 일종; 유대류(有袋類)).
pha·lan·ges [fəlǽndʒiːz/fæ-] 몡 **1** phalanx의 복수형. **2** phalange의 복수형.
phal·an·ster·y [fǽlənstèri/-stəri] 몡 팰런스테리(프랑스의 사회주의자 푸리에(C. Fourier) (1772–1837)가 주창한 사회주의적 공동 생활체(주택)).
²-**ste·ri·an** ²-**ste·ri·an·ism**
pha·lanx [féilæŋks/fǽl-] 몡 (복 -*lang·es* [-lǽndʒiːz], ~·*es*) **1** (고대 그리스의) 방진(方陣); (일반적으로) 밀집군(軍). **2** (사람·동물 등의) 밀집; 동지의 모임, 결사(結社). **3** phalanxish 단위의 한 단위. **4** (-langes) (해부·동물) 지골(指骨), 지골(趾骨). **5** (식물) 수꽃술 다발. ── 图 ⋯을 밀집(결집)시키다.
phal·a·rope [fǽlərðup] 몡 깝작도요새.
phal·lic [fǽlik] 몡 남근(男根)(모양)의; 남근 숭배의. (또는 **phallical**) **-li·cal·ly** 뎡
phal·li·cism [fǽləsizm] 몡ⓤ (생산력의 상징으로서의) 남근 숭배. (또는 **phallism**) **-li·cist, -list** 몡
phállic phàse 몡 (정신분석) 남근기(期)(아이의 관능적 쾌락이 성기 중심으로 되는 3세에서 5세까지의 시기).
phállic sýmbol 몡 (정신분석) 남근 상징(모양이 남근을 닮은(연상시키는) 물건).
phal·lo·cen·tric [fǽlouséntrik] 몡 **1** 남성(남근) 중심의, 남성 본위의. **2** 사나이다운, 용감한(masculine). **-cen·tríc·i·ty, -trism** 몡
phal·lo·crat [fǽləkræt] 몡 남성 지상(우월)주의자, 여성 차별 주의자.
phal·lus [fǽləs] 몡 (복 -*li* [-lai], ~·*es*) **1** 남근(像). **2** (해부) (발기한) 음경(penis); 음핵(clitoris).
phan·er·o·gam [fǽnərəgæm] 몡 (식물) 현화(顯花) 식물. 은 cryptogam. **·gám·ic, ·og·a·mous** [-ǻgəməs/-ɔ́g-] 몡 꽃이 피는, 현화 식물의.
phan·ta·size [fǽntəsàiz] 몡 = fantasize.
phan·tasm [fǽntæzm] 몡 **1** (실재하는 것의) 환영(幻影), 허깨비; 공상(상상)의 산물. **2** 망령, 유령(ghost). (또는 **fantasm**) 「*phantasm*.
phan·tas·ma [fæntǽzmə] 몡 (복 -*ta* [-tə]) =
phan·tas·ma·go·ri·a [fæntæzməgɔ́ːriə] 몡 **1** (초기의) 마술 환등(幻燈)의 일종. **2** (꿈·마음속에 오가는) 환상, 환영; (환등 따위에 의한) 착시(錯視). **3** 변화무쌍한 광경, 주마등 같은 풍경. **-ri·al** 몡
phan·tas·ma·gor·ic [fæntæzməgɔ́ːrik/-gɔ́r-] 몡 환영의, 변화무쌍한, 환등의(같은). (또는 **phantasmagorical**) **-i·cal·ly** 뎡
phan·tas·ma·go·ry [fæntǽzməgɔ̀ːri/-gəri] 몡 =phantasmagoria.
phan·tas·mal [fæntǽzməl] 몡 환영의, 허깨비의; 유령의; 환상적인. **~·ly** 뎡
phan·tas·mic [fæntǽzmik] 몡 = phantasmal.
phan·ta·sy [fǽntəsi, -zi] 몡 =fantasy.
***phan·tom** [fǽntəm] 몡 **1** 도깨비, 유령. **2** (마음의) 영상, 심상(心像); (눈의) 착각, 망상; (꿈에 나타나는) 환영(幻影), 허깨비, 환상(illusion). ¶ ~*s* in a dream 꿈속의 환영. **3** *a*) 실제가 없는 것; 이름[겉모양]뿐인 사람[물건](*of*). ¶ a ~ *of* a leader 이름뿐인 지도자. *b*) (美속어) 위장 취업자; 일을 하지 않고[안해도 일을 하고] 급료를 받는 사람. **4** (…의) 화신, 상징(*of*). ¶ She is a ~ *of* beauty. 그녀는 미의 화신이다. **5** (의학) 인체 모형. **6** 팬텀 화법(일부는 투명하게 해 내부가 보이도록 그리는 화법). **7** (P-) (군사) 팬텀(미국 전투기 F-4의 애칭). **8** (전기) = ~ circuit. ── 몡 **1** 환영의, 허깨비의, 유령의(같은). **2** 겉모양뿐인, 가공의 (unreal). **3** 팬텀 화법의. **4** ~ circuit의. **~·like** 몡
phántom círcuit 몡 (전기) 중신 회로(重信回路).
phántom límb 몡 (의학) 환지(幻肢), 환상지(절단 후 수족이 아직도 있는 것 같은 느낌). ¶ ~ pain 환지통.
phántom órder 몡 (美) 가주문(假注文)(무기·항공기 따위의 전시(戰時) 생산을 위해 정부와 기업체가 체결하는 가계약).
phántom prégnancy 몡 상상 임신.
phántom víew 몡 국부 투시도, 형영도(形影圖).
-pha·ny [fəni] (연결) appearance, manifestation의 뜻. ¶ Christo*phany*, Epi*phany*.
Phar., phar. pharmaceutical; pharmacist; pharmacology; pharmacop(o)eia; pharmacy.
Phar·aoh [fɛ́ərou, fɛ́ər-/fɛ́ər-] 몡 **1** 파라오(고대 이집트 국왕의 칭호)(* 성서에서는 고유 명사로 취급하여 관사 없이 사용한다). **2** (p-) 전제 군주, 폭군.
Pháraoh's chícken[hén] 몡 (조류) 이집트 독수리(Egyptian vulture).
Pháraoh's sérpent 몡 뱀 구슬(불을 붙이면 구불구불 뱀같이 늘어나는 장난감 꽃불의 일종).
Phar·a·on·ic [fɛ̀əreiɑ́nik, fæ̀r-/fæ̀rəɔ́n-] 몡 **1** 파라오의와 같은). **2** (p-) 전제 군주의와 같은, 폭군(압제)적인; 가혹한. ¶ ~ tax laws 가혹한 세법. **3** (보통 p-) 거대(장대)한. 은 Pharaonical.
Phar.B. Bachelor of Pharmacy. **Phar.D.** Doctor of Pharmacy.
Phar·i·sa·ic [fæ̀rəséiik] 몡 **1** (유대교) 바리새 사람의. **2** (경멸적) 형식주의적인; 독선적인, 위선적인. (또는 **Pharisaical**) **-i·cal·ly** 뎡
Phar·i·sa·ism [fǽrəseiìzm] 몡ⓤ **1** (유대교) 바리

Pharisee 새주의(바리새인의 교리·관습·의식 따위). **2** (p-) 〔종교적인〕 형식주의; 위선, 독선. (또는 **Phariseeism**) **-ist** 〔명〕

Phar·i·see [fǽrəsi:] 〔명〕 **1** 〔유대교〕 바리새(派)의 사람(율법 형식에만 치우져 그 정신을 망각한 고대 유대교의 한 파). **2** (p-) 〔종교상의〕 형식주의자; 위선자.

pharm. pharmaceutical; pharmacist; pharmacology; pharmacopoeia; pharmacy.

phar·ma·cal [fáːrməkəl] 〔형〕 =pharmaceutical.

phar·ma·ceu·ti·cal [fàːrməsúːtikəl/-sjúː-] 〔형〕 **1** 조제의, 제약의, (제)약학의; 약제사의, **2** 약물의[에 의한]. — 〔명〕 (조제)약. (또는 **pharmaceutic**) ~·ly 〔부〕

phar·ma·ceu·tics [fàːrməsúːtiks/-sjúː-] 〔명〕 〔단수취급〕 =pharmacy 1. 「pharmacist.

phar·ma·ceu·tist [fàːrməsúːtist/-sjúː-] 〔명〕 =

phar·ma·cist [fáːrməsist] 〔명〕 약제사, 약학자; 약국 주인(美·스코) druggist, (英) chemist); 약국. ¶ a ~'s office (병원의) 약국.

phar·ma·co- [fáːrməkou, -kə] 〔연결〕 drug의 뜻. ¶ *pharmacology*.

phar·ma·co·dy·nam·ics [fàːrməkədainǽmiks] 〔명〕〔단수취급〕 약효학, 약력학.

phar·ma·co·ge·net·ics [fàːrməkədʒənétiks] 〔명〕〔단수취급〕〔약학〕 약물 유전학, 유전 약리학(약물의 유전에 대한 영향을 연구).

phar·ma·cog·no·sy [fàːrməkágnəsi/-kɔ́g-] 〔명〕 생약학, 본초학(本草學). **-sist** 〔명〕 **-cog·nós·tic** 〔형〕

phar·ma·co·ki·net·ics [fàːrməkəkinétiks, -kái-] 〔명〕〔단수취급〕〔약학〕 약물 동태학(체내에서 약물의 흡수·대사·배설 등을 연구).

phar·ma·co·log·i·cal [fàːrməkəládʒikəl/-lɔ́dʒ-] 〔명〕 약학의, 약물학의; 약작용의, 약학적인. ~·ly 〔부〕

phar·ma·col·o·gy [fàːrməkálədʒi/-kɔ́l-] 〔명〕 약학, 약물학, 약리학. **-co·lóg·ic** 〔형〕 **-gist** 〔명〕

phar·ma·co·p(o)e·ia [fàːrməkəpíːə] 〔명〕 **1** 약전(藥典), 조제서. ¶ the Korean ~ 한국 약전. **2** 약종(藥種), 약물류. **-p(ó)e·ial, -p(ó)e·ic** 〔형〕

phar·ma·co·ther·a·py [fàːrməkouθérəpi] 〔명〕〔의학〕 약물 요법.

***phar·ma·cy** [fáːrməsi] 〔명〕 **1** ⓤ 약학; 약제학, 조제학; 조제술. **2** 약국, 약방(drugstore); 제약[조제]업. **3** =pharmacop(o)eia 2.

Pha·ros [féɑrɑs/-rɔs] 〔명〕 **1** 파로스(이집트 북부 Alexandria 의 작은 반도; 옛날에는 작은 섬이었다). **2** (the ~) 파로스 등대(옛날 Pharos 섬에 있었던 등대; 세계 7대 불가사의 중의 하나). **3** (p-) 〔일반적으로〕 등대(lighthouse), 등표(燈標); 항로 부표; 망루.

pha·ryn·gal [fəríŋɡəl] 〔형〕 =pharyngeal.

pha·ryn·ge·al [fəríndʒiəl, -dʒəl, fǽrindʒíːəl] 〔형〕〔해부〕 인두(咽頭)의. ¶ the ~ artery 경동맥(頸動脈). — 〔명〕〔음성〕 인두음. 「인두통.

phar·yn·gi·tis [fǽrindʒáitis] 〔명〕ⓤ〔병리〕 인두염.

phar·yn·go- [fəríŋɡou, -ɡə] 〔연결〕 pharynx 의 뜻 (* 모음 앞에서는 pharyng-). ¶ *pharyngology*.

phar·yn·gol·o·gy [fǽriŋɡálədʒi/-ɡɔ́l-] 〔명〕 인두학.

phar·yn·go·scope [fəríŋɡəskòup] 〔명〕 인두경(鏡).

phar·yn·gos·co·py [fǽriŋɡáskəpi/-ɡɔ́s-] 〔명〕 인두경 검사. 「두 절개(술)(切開(術)).

phar·yn·got·o·my [fǽriŋɡátəmi/-ɡɔ́t-] 〔명〕ⓤ 인

phar·ynx [fǽriŋks] 〔명〕 (pl. ~·es, **pha·ryn·ges** [fəríndʒiːz], ~·es) 〔해부〕 인두, ⇨ALIMENTARY 그림.

***phase** [feiz] 〔명〕 (pl. **phas·es** [-iz]) **1** (변화하는 것·상태의) 상(相), 모습, 면(面). **2** a passing ~ of fashion 유행의 일시적 현상. **2** (변화·발달의) 단계, 시기, 국면, 형세. ⇨SIDE 〔유의어〕 ¶ the final ~ of the war 그 전쟁의 최종 단계 / enter on [or upon] a new ~ 새로운 국면에 접어들다. **3** (문제 따위의) 면, 부분, 측면. ¶ a ~ of the question 문제의 일면[일부분]. **4** 〔천문〕 (달·행성의) 상(相), 위상, **5** 〔생물〕 (세포 분열의) 상; (동물의) 체색 변화기. **6** 〔화학〕 상, 상태; 〔물리〕 (전파·광파·교류 전류의) 위상, 페이즈, **7** 〔의학〕 (반응 따위의) 시기; 상(相). **8** 〔컴퓨터〕 위상, 단계.

in [out of] phase ① (…와) 같은[다른] 위상에서. ② 동조하여[하지 않아], 일치하여[하지 않아](*with*). ③ 〔물리〕 (…와) 같은[다른] 위상으로(*with*).

in phases 단계적으로.

— 〔타〕〔자〕 (**phas·es** [-iz]; ~**d**; **phas·ing**) **1** …을 (…에) 위상을 맞추다, 동조[일치]시키다(*with*). **2** …을 단계적으로 계획[조정, 실행]하다.

phase down …을 단계적으로 삭감하다.

phase in …을 단계적으로 도입[채용]하다.

phase out …을 단계적으로 철수[제거, 폐지, 정지]하다.

phá·se·al, ~·less, phá·sic 〔형〕 「다.

pháse àngle 〔명〕〔물리〕 위상각(位相角).

phase-con·trast [-kàntræst/-kɔ̀n-] 〔형〕 위상차(位相差) 현미경의[을 쓴].

pháse-contrast mícroscope 〔명〕 =phase microscope.

phásed arráy [féizd-] 〔명〕 페이즈드어레이(안테나 자체를 움직이지 않고 빔의 방향이나 방사 패턴을 바꾸는 레이더 방식). **phásed-ar·ráy** 〔형〕

phásed-ar·ráy ràdar [-əréi-] 〔명〕〔전자·군사〕 페이즈드어레이형(위상 단열(位相段列)) 레이더.

pháse diagram 〔명〕〔화학〕 상태도, 평형도, 상도(相圖).

phase-down [féizdàun] 〔명〕 단계적 삭감.

phase-in [-ìn] 〔명〕 단계적 도입[채용].

pháse line 〔명〕〔군사〕 확대 군사 활동선.

pháse microscope 〔명〕 위상차(差) 현미경.

pháse modulàtion 〔명〕〔전자〕 위상 변조.

phase-out [féizàut] 〔명〕 단계적 철수[삭감, 폐지].

pháse rùle 〔명·화〕 상률(相律).

pháse space 〔명〕〔물리〕 위상 공간.

pháse velócity [spéed] 〔명〕〔물리〕 위상 속도.

pháse zéro 〔명〕 (정책·개발 계획 따위의) 준비 단계.

pha·sic [féizik] 〔명〕 국면의, 형세의, 정세의; 〔천문〕 (천체의) 상(相)의; 〔물리〕 상의, 위상의.

pha·sis [féisis] 〔명〕 (pl. **-ses** [-siːz]) 상; 면(phase); 단계; 양식(樣式).

PHAT, phat (美·속어) pretty *h*ips *a*nd *t*highs.

phat·ic [fǽtik] 〔형〕 교감적(交感的)인, 사교적인 언어 사용의, 의례적인.

Ph.B. *B*achelor of *Ph*ilosophy (철학박사). **PHC** (의학) *p*rimary *h*ealth *c*are (초기[1차] 진료). **Ph.C.** *Ph*armaceutical *C*hemist (약사).

Ph.D. [píːèitdíː] 〔명〕 **1** 박사. ¶ William White, ~ 윌리엄 화이트 박사. **2** (a ~) 박사 칭호 소유자. **3** 철학박사. — Ph. D.를 가진.

P.H.E. *P*ublic *H*ealth *E*ngineer.

***pheas·ant** [féznt] 〔명〕 (pl. ~(**s**)) **1** 꿩; ⓤ 꿩고기. **2** (美南部) 뇌조(雷鳥)의 일종. 「의 무늬를 가진.

pheas·ant-eyed [-áid] 〔형〕 (꽃이) 꿩의 깃털 모양

pheas·ant·ry [fézntri] 〔명〕 꿩 사육장(보호지).

pheas·ant's-eye [fézntsài] 〔명〕 복수초(福壽草).

phel·lem [féləm, -lem] 〔명〕〔식물〕 코르크 조직(cork).

phel·lo·gen [féladʒən] 〔명〕〔식물〕 코르크층 형성층.

phen- [fiːn] 〔연결〕 ⇒PHENO-. 「(해열·진통제).

phe·nac·e·tin [fənǽsətin] 〔명〕ⓤ〔약학〕 페나세틴

phe·naz·o·cine [fənǽzəsiːn, -sin] 〔명〕〔약학〕 페나조신(중독성이 적은 강한 진통제).

phen·cy·cli·dine [fensáiklidiːn, -sik-, -din] 〔명〕〔약학〕 펜시클리딘(마취약·마약; 속칭 PCP, angel dust). 「(抗鬱藥).

phen·el·zine [fénəlziːn] 〔명〕〔약학〕 페넬진(항울약

phen·éth·yl álcohol [fenéθəl-] 〔명〕〔화학〕 페네틸 알코올(장미 향료품; 무색 액체).

phen-fen [fénfèn] 〔명〕 (美구어) 펜펜(식용 억제로 살을 빼는 다이어트 약). [<*phen*termine+*fen*fluramine]

phen·for·min [fénfɔ́ːrmən] 圀Ⓤ (약학) 펜포르민 (경구(經口) 당뇨병 치료제).
Phe·ni·cia [fəni(ː)ʃə] 圀 =Phoenicia.
Phe·ni·ci·an [fəni(ː)ʃən] 阁圀 =Phoenician.
phe·nix [fíːniks] 圀 =phoenix.
phe·no- [fíːnou, -nə] 연결 (* 모음 앞에서는 phen-). **1** shining의 뜻. ¶*pheno*cryst. **2** benzene의 뜻. ¶*pheno*barbital, *phenol*.
phe·no·bar·bi·tal [fíːnoubάːrbətɔːl/-tæl] 圀Ⓤ (약학) 페노바르비탈(수면제). (또는 **(英) phenobarbitone**)
phe·no·cop·y [fíːnəkàpi/-kɔ̀pi] 圀 (유전) 표현 형 모사(模寫). 〔斑品〕
phe·no·cryst [fíːnəkrist, fén-] 圀 (지질) 반정
phe·nol [fíːnoul, -nɑl/-nɔl] 圀Ⓤ (화학) 페놀, 석탄산. **phe·no·lic** [finóulik, -nάl-/-nɔ́l-] 阁
phe·no·late [fíːnəlèit] 圀 (화학) 페놀레이트, 페놀류(類)의 금속염(金屬鹽)의 총칭. (또는 **phenoxide**) ─타 페놀(석탄산)로 처리(소독)하다.
phénol coefficient 圀 (화학) 페놀(석탄산) 계수(係數)(살균제의 효력을 페놀을 기준으로 나타내는 계수).
phenólic résin 圀 (화학) 페놀 수지(樹脂).
phe·no·lize [fíːnəlàiz] 타 (화학) =phenolate.
phe·nol·o·gy [fináləʤi/-nɔ́l-] 圀Ⓤ 생물 계절(기후)학. **·no·lóg·i·cal** [-nəlάʤikəl/-lɔ́ʤ-] 阁. **·ly** 부
phe·nol·phthal·ein [fìːnɔːlθǽliːn/-nɔlfθǽliin] 圀Ⓤ (화학) 페놀프탈레인(알칼리성 지시약; 하제(下劑)용).
phe·nom [finám/-nɔ́m] 圀 (美俗) 굉장한(경탄할 만한) 사람(것), 천재. ¶a tennis ~ 테니스의 천재. [<phenomenon] 「enon의 복수형.
***phe·nom·e·na** [finάmənə/-nɔ́m-] 圀 phenom-
phe·nom·e·nal [finάmənl/-nɔ́m-] 阁 **1** 경이적인, 비상한, 비범한. ¶a ~ harvest[memory] 굉장한 수확[비범한 기억력]. **2** (철) 현상의(에 관한); 지각(인지)할 수 있는; (철학) 현상의. ¶the ~ world 눈에 보이는 세계, 자연계. ─圀 **1** 경이적인[놀랄 만한] 것. **2** 감각으로 인지되는 것. **·nál·i·ty** 圀. **~·ly** 부
phe·nom·e·nal·ism [finάmənəlìzm/-nɔ́m-] 圀Ⓤ (철학) 현상론, 현상주의. **-ist** 圀
phe·nom·e·nal·is·tic [finàmənəlístik/-nɔ̀m-] 阁 현상론의. **·ti·cal·ly** 부
phe·nom·e·nal·ize [finάmənəlàiz/-nɔ́m-] (英 **-ise**) 타 (철학) …을 현상으로 취급(생각)하다. (또는 **phenomenize**)
phe·nom·e·no·log·i·cal [finàmənəlάʤikəl/-nɔ̀minəlɔ́ʤ-] 阁 현상학의; 현상론의. **~·ly** 부
phe·nom·e·nol·o·gy [finàmənάləʤi/-nɔ̀minɔ́l-] 圀Ⓤ (철학) 현상학. **-gist** 圀
‡phe·nom·e·non [finάmənàn, -nən/-nɔ́minən] 圀 (⽉ **-na** [-nə]) **1** 현상, 사상(事象), 사건. ¶ ~ of nature; a natural ~ 자연 현상/a social ~ 사회 현상. **2** (⽉ **~s**) 비범한 사람, 천재, 기재(奇才). **3** 경이(적인 것), 특이한 물건[일]. ¶An infant ~ 신동(神童). **4** (철학) 현상, 외상(外象). **5** noumenon.
phe·no·thi·a·zine [fìːnəθáiəzìːn] 圀 (화학) 페노티아진(살충·구충제). 페노티아닌(정신 안정제).
phe·no·type [fíːnətàip] 圀 (유전) 표현형(型)(유전자의 작용과 환경에 의해 외부에 나타나는 성질). **-typ·ic** [-típik], **·týp·i·cal**, **-týp·i·cal·ly** 부
phen·yl [fénl, fíːnl/fíːnail] 圀 페닐기(基). ─阁 페닐기를 지니는.
phen·yl·al·a·nine [fènləlǽniːn] 圀 (생화학) 페닐알라닌(방향족(芳香族) 아미노산의 일종).
phen·yl·a·mine [fènlǽmin] 圀 (화학) =aniline.
phen·yl·bu·ta·zone [fènlbjúːtəzòun, fìːn-] 圀 (약학) 페닐부타존(관절염·통풍 등의 진통·해열·소염제).
phen·yl·ke·to·nu·ri·a [fènlkìːtounjúəriə/-njúər-] 圀Ⓤ (의학) 페닐케톤 요증(尿症)(⑧ **PKU**).

pher·o·mone [férəmòun] 圀 (생물) 페로몬, 유인 물질. **·mó·nal** 阁 〔람 떠위를 나타낸다.
phew [fju:] 김 체!, 참!, 저런!(whew)(불쾌·초조·놀
Ph. G. *G*raduate in *P*harmacy(약학사).
phi [fai] 圀 (⽉ **~s**) **1** 파이(그리스 알파벳의 스물 한 번째 자(Φ, φ); 영어의 ph에 해당). **2** 파이 입자(粒子).
phi·al [fáiəl] 圀 작은 유리병, 약병.
Phi Be·ta Kap·pa [fái béitə kǽpə, -bíːtə-] 圀 (the ~) (美) 파이 베타 카파, 우등 학생 클럽(성적 우수 대학생·졸업생 클럽; 1776년 창설); 그 회원. 「원.
Phi Bete [fái béit] 圀 (口語) Phi Beta Kappa 회
Phid·i·an [fídiən] 阁 (Parthenon 신전 같은) 피디아스의(풍), 피디아스 (조각) 양식을 따른.
Phid·i·as [fídiəs/-æs] 圀 피디아스(500?-432? B.C.; 그리스의 조각가).
phil. philharmonic; philological; philology; philosopher; philosophical; philosophy. **Phil.** Philadelphia; Philemon; Philharmonic; Philip; Philippians; Philippine; Philosophy.
phil- [fil] 연결 ⇨philo-.
-phil [fil] 연결 ⇨phile.
Phila. Philadelphia.
***Phil·a·del·phi·a** [filədélfiə] 圀 필라델피아(미국 Pennsylvania주 동남부의 도시; 독립 선언지).
Philadélphia bánkroll 圀 맨위에만 고액권을 놓고 묶은 1달러 지폐 다발.
Philadélphia chrómosome 圀 (의학) 필라델피아 염색체(만성 골수성 백혈병 환자의 조절 세포에 보이는 미세한 염색체).
Philadélphia láwyer 圀 (경멸적) (법률에 능통하고 수완이 있는) 민완 변호사. [<영국 식민지 시대 Philadelphia 출신 민완 변호사 Andrew Hamilton]
phi·lan·der [filǽndər] 자 (경멸적) (남자가) 여자를 희롱하다, 사랑의 불장난을 하다; (여자와) 노닥거리다(*with*). **~·er** 圀
phil·an·throp·ic [filənθrάpik/-θrɔ́p-] 阁 박애 (주의)의, 동포애의; 자선(사업, 기금)의; 자비로운, 인정 많은. (또는 **philanthropical**) **·i·cal·ly** 부
phi·lan·thro·pism [filǽnθrəpìzm] 圀Ⓤ 박애주의, 인애(仁愛). **-pist** 圀 **·pís·tic** 阁
phi·lan·thro·pize [filǽnθrəpàiz] (* (英) **-pise**) 타 (남)에게 자선을 베풀다, 자비롭게 대하다. ─자 자비로운 행동을 하다, 자선을 베풀다. 「의 임직원.
phi·lan·thro·poid [filǽnθrəpɔ̀id] 圀 재단 단체
phi·lan·thro·py [filǽnθrəpi] 圀 **1** Ⓤ (기부·봉사에 의한) 박애, 자선. **2** 박애 행위; 자선 사업[단체].
phi·lat·e·ly [filǽtəli] 圀Ⓤ 우표 수집(연구); (집합적) 우표. **phil·a·tel·ic** [filətélik] 阁. **-list** 圀
-phile [fail] 연결 loving, friendly; lover, friend의 뜻. ¶*biblio*phile; Anglo*phile*. (또는 **-phil**)
Philem. Philemon.
Phi·le·mon [filíːmən, fai-/-mɔn] 圀 **1** (그리스 신화) 필레몬(아내 Baucis와 함께 Zeus 및 Hermes를 융숭하게 대접한 노부). **2** (성서) 빌레몬서(書)(신약 성서 중의 하나; ⑨ Philem.).
***phil·har·mon·ic** [filhɑːrmάnik, filər-/filəmɔ́n-] 阁 **1** 음악을 좋아하는, 음악 애호의. ¶a ~ society 음악 협회. **2** 교향악단의; 교향악단 운영 협회(주최)의. ─圀 **1** 교향악단. **2** 교향악단 운영 협회; 그 주최 연주회.
philharmónic cóncert 圀 교향악단 운영 협회 주최의 음악[연주]회.
philharmónic órchestra 圀 교향악단.
philharmónic pítch 圀 (음악) 연주회용 표준 음고(音高)(가 음(音)의 진동수가 매초 440).
phil·hel·lene [filhéliːn] 圀 그리스 (문화) 애호가[예찬자], 그리스인(人) 지지자. (또는 **philhellenist**) ─阁 그리스 애호(숭배, 찬미)의; 그리스 독립 지지(자)의.
phil·hel·len·ic [fìlhelénik/-líːn-] 阁 그리스(문

화)를 좋아하는, 친(親)그리스의.
phil·hel·len·ism [filhélənìzm] 명 Ⓤ 그리스 애호, 친(親)그리스; 그리스 독립주의[정책].
Phil. l. *Philippine Islands*.
-phil·i·a [fíliə] 연결 abnormal liking for, tendency toward의 뜻. ¶ hemo*philia*, necro*philia*.
-phil·i·ac [fíliæk] 연결 「…하는 사람」의 뜻(*-philiac로 끝나는 명사에 대응). ¶ hemo*philiac*, necro*philiac*.
phil·i·beg [fíləbèg] 명 킬트(kilt). (또는 **filibeg**)
Phil·ip [fílip] 명 1 (성서) 빌립(그리스도의 12사도 중의 한 사람). 2 **Prince ~** 필립 공(公)(1921- ; 영국 여왕 Elizabeth 2세의 남편; Duke of Edinburgh라고도 한다). 3 필립(남자 이름).
appeal from Philip drunk to Philip sober 맑은 정신으로 판단토록 부탁하다, 재고(再考)를 요청하다.
Phi·lip·pi [fílipai, filəpái] 명 필리피(Macedonia의 옛 도시; 기원전 42년 이곳에서 Octavian과 Mark Antony가 Brutus와 Cassius를 무찔렀다).「지키다.
meet at Philippi 위험한 회합 약속을 어기지 않고
Thou shalt see me at Philippi. 어디 두고 보자, 복수하고야 말겠다(Caesar의 망령이 Brutus에게 한 말. —Shakespeare 작 *Julius Caesar* 4:3).
Phi·lip·pi·ans [filípiənz] 명(단수취급) (성서) 빌립보서(書)(신약 성서 중의 하나; 약 Phil.).
Phi·lip·pic [filípik] 명 1 필립 왕 탄핵 연설(기원전 4세기에 아테네의 웅변가 Demosthenes가 Macedonia 왕 Philip에게 행한 탄핵 연설의 하나). 2 (p-) 공격 연설, 탄핵 연설; 매도(罵倒).
phil·ip·pine [fíləpi:n] 명 = philopena. (또는 **phil·ip·pi·na**)「리펀 사람의.
Phil·ip·pine [fíləpì:n, ⌐-⌐] 형 필리핀 제도의; 필
Phílippine Íslands 명 (the ~) 필리핀 제도.
***Phil·ip·pines** [fíləpì:nz, ⌐-⌐] 명 (복수취급) (the ~) 1 필리핀 공화국(수도 Manila). 2 Philippine Islands.「기 메이커).
Phil·ips [fílips] 명 필립스(네덜란드의 전기·라디오 기
Phi·lis·ti·a [filístiə] 명 1 필리스티아, 펠리시테(팔레스타인(Palestine) 해안 지대에 있던 필리스티아 사람들의 나라). 2 속물들이 사는 곳. **-ti·an** 명
***Phil·is·tine** [fíləstì:n, -tàin/filistáin] 명 1 필리스티아 사람(기원전 1200년경 종종 이스라엘 사람을 공격한 종족). 2 (때로 p-) (경멸적) 교양 없는 사람; 실리주의자, 속물. 3 (p-) (익살) 사정없는 적(집행관·비평가 등).
fall among the Philistines 봉변당하다, 학대받다.
— 형 1 필리스티아 사람의. 2 (때로 p-) (경멸적) 교양 없는, 속물적인.
Phil·is·tin·ism [fíləsti:nìzm, -tain-/fílistin-] 명 Ⓤ 필리스티아인 기질; 속물 근성, 실리주의, 무교양.
Phíllips cúrve [fílips-] 명 (경제) 필립스 곡선(曲線)(화폐 임금의 변동률과 실업률 사이에 존재하는 부(負)의 관계를 나타내는 곡선). [<영국 경제학자 A. W. H. Phillips(1914-75)〕「**héad**
Phillips hèad 명 십자 나사못 대가리. **Phíl·lips-**
phil·lu·me·ny [fílú:məni] 명 Ⓤ 성냥갑 (상표) 수집 (취미). **-men·ist** 명「라델피아(시)의.
Phil·ly [fíli] 《美口語》 = Philadelphia. — 형 필
phil·o- [fílou, -lə] 연결 loving의 뜻(모음 앞에서는 phil-). ¶ *philo*logy, *phil*anthropy.
phil·o·bib·lic [fìləbíblik] 형 책[문학]을 좋아하는; 애서벽(愛書癖)이 있는; 서적 연구에 몰두하는.
phil·o·bib·list [fìləbíblist, -báib-] 명 애서가, 장서가(bibliophile).「산 토란과(科)의 식물.
phil·o·den·dron [fìlədéndrən] 명 열대 아메리카
phi·log·ra·phy [filágrəfi/-lɔ́g-] 명 (유명인의 사인[서명] 수집. **-pher** 명
phi·log·y·ny [filádʒəni/-lɔ́dʒ-] 명 Ⓤ 여자를 좋아하기. 빤 misogyny **-nist** 명 **-nous** 형
philol. *philological*; *philology*.
phil·o·log·i·cal [fìləládʒikəl/-lɔ́dʒ-] 형 문헌학의; 어학의. (또는 **philologic**) **~·ly** 부
phi·lol·o·gize [filálədʒàiz/-lɔ́l-] 자 문헌학[언어학]을 연구하다. — 타 …을 문헌학[언어학]적으로 고찰하다.
phi·lol·o·gy [filálədʒi/-lɔ́l-] 명 Ⓤ 1 문헌학. 2 (英) 언어학(linguistics). ¶ the comparative ~ 비교 언어학. 3 (드물게) 학문[문학] 애호. **-ger, -gist** 명
phil·o·math [fíləmæθ] 명 학문을 좋아하는 사람; 학자, (특히) 수학자.
phil·o·mel [fíləmèl] 명 (시) 나이팅게일(nightingale).
Phil·o·me·la [fìləmí:lə] 명 1 (그리스 신화) 필로멜라(나이팅게일로 변한 아테네의 공주). 2 (p-) = philomel.
phil·o·pe·na [fìləpí:nə] 명 1 Ⓤ 아몬드 따위 씨가 둘 있는 과일을 두 사람이 나누어 먹고, 다음에 만났을 때 먼저 'Philopena'라고 말한 사람이 상대방으로부터 선물을 받는 놀이[습관]; Ⓒ 그 선물. 2 씨가 둘 있는 아몬드류의 과일. (또는 **fillipeen**)
phil·o·pro·gen·i·tive [fìləproudʒénətiv] 형 1 (드물게) 다산(多產)의(prolific). 2 아이를 좋아하는, 자기 자식을 끔찍이 사랑하는. **~·ness** 명
philos. *philosopher*; *philosophical*; *philosophy*.
phi·los·o·phas·ter [filàsəfǽstər/-lɔ̀s-] 명 철학자연하는 사람, 사이비 철학자.
phil·o·sophe [fíləsàf, fìləzǽf/fíləsɔ̀f] 명 (18세기 프랑스의) 계몽 철학자.
‡**phi·los·o·pher** [filásəfər/-lɔ́s-] 명 (~s [-z]) 1 철학자; 철학 연구가. ¶ a moral ~ 윤리학자 / a natural ~ 자연 철학자, 물리학자. 2 철인, 현인; 도를 깨친 사람, 도사. 3 (특히 위기 따위에) 냉정[침착]한 사람; 사려 깊은 사람. 4 천박한 이론가(philosophizer).
take things like a philosopher 세상을 달관하다.
~·ship 명
philósopher kíngs 명(복) 1 철인왕(哲人王)(Plato가 지배자의 이상형으로 내세웠던 철학자적 주권자). 2 (구어) 이데올로기 우선의 엘리트.
philósophers' stóne 명 1 현자(賢者)의 돌(비(卑)금속을 금·은으로 바꾸는 힘이 있다고 믿어져 연금술사가 찾아다니던 영석(靈石)). 2 (비유적) 실현 불가능한 이상적인 해결법. (또는 **philósopher's stóne**)
***phil·o·soph·i·cal** [fìləsáfikəl/-sɔ́f-] 형 1 철학의, 철학자의. 2 철학에 통한, 철학을 연구하는. 3 철학자다운; 철학자 특유의. 4 (역경에 처해서) 침착한, 냉정한; 이성적인; (…에) 달관한, 초탈한(*about*); 체념한. (또는 **philosophic**) **~·ly** 부 **~·ness** 명
philosóphical análysis 명 철학적 분석.
philosóphical lógic 명 철학적 논리학(형식 논리가 일상언어에 어느 정도로 침투해 있는지를 고찰하는 이론).
phi·los·o·phism [filásəfìzm/-lɔ́s-] 명 Ⓤ 사이비 철학; 곡학(曲學), 궤변(sophism). **-phist** 명
phi·los·o·phize [filásəfàiz/-lɔ́s-] (*(英)* **-phise**) 자 1 (…에 대해) 철학적으로 사색하다[이론을 세우다](*about*). 2 천박한 이론을 내세우다; 철학자연하다. — 타 …을 철학적으로 사색하다[이론화하다].
-phiz·er 명
‡**phi·los·o·phy** [filásəfi/-lɔ́s-] 명 (**-phies** [-z]) 1 Ⓤ 철학. ¶ empirical ~ 경험 철학 / mental ~ 심리학(psychology) / practical [speculative] ~ 실천 [사변(思辯)] 철학. 2 Ⓤ 형이상학(metaphysical ~), 도덕 철학(moral ~), 자연 철학(natural ~)(이들을 총칭하여 three philosophies라고 함). 3 Ⓤ Ⓒ 학문 체계, 철학설, 학설. ¶ the Baconian[Platonic] ~ 베이컨[플라톤] 철학 /the ~ of Spinoza 스피노자의 철학 (체계). 4 Ⓤ Ⓒ (지식·학문 따위의) 철리(哲理), 근본 원리; 인생[처세

philosophy of life 철학, 인생관.¶the ~ of history 역사의 원리, 역사 철학/the ~ of economics 경제 철학/a man without ~ of his own 스스로의 인생관을 못 가진 사람. 5 ⓤ 철인적(인) 정신[태도], 달관; 체념; 침착, 깨달음.¶meet misfortunes with ~ 침착하게 불행에 대처하다. 6 철학서. 7 《美》 (대학의) 철학 전공 과정.

philosophy of life 圀 1 인생[처세] 철학, 인생관. 2 〖철학〗 생(生)의 철학.

phil·o·tech·nic [fìlətéknik] 圀 공예[기술]를 애호하는.

-phil·i·lous [fələs] 연결 loving 의 뜻.¶*photophilous.*

Phil. Soc. *Philological Society (of America [London]).*

phil·ter, -tre [fíltər] 圀 미약(媚藥), 춘약(春藥); 마법의 약. — 图 《남》 을 미약으로 홀리다. — **er** 图

phil·trum [fíltrəm] 圀 (圀 **-tra** [-trə]) 1 〖해부〗 인중(人中)[코와 윗입술 사이의 홈]. 2 =philter.

phí méson 〖물리〗 파이 중간자(中間子).

phi·mo·sis [faimóusis, fi-] 圀 (圀 **-ses** [-siːz]) 〖병리〗 1 포경(包莖). 2 질 협착(膣狹窄), 질 폐쇄(증). **-mót·ic** 圀

phí phenòmenon 〖심리〗 파이 현상(실제로는 움직이지 않는 필름 화면 따위를 연속해서 볼 때 지각되는 외견상의 운동).

phiz [fiz] 圀 (단수취급) 《英俗》 《익살》 얼굴 (생김새). 또는 **phizog**) [<*physiognomy*]

phle·bi·tis [fləbáitis] 圀 〖병리〗 정맥염(靜脈炎).

phleb·o- [flébou, -bə] 연결 vein(정맥)의 뜻 (* 모음 앞에서는 phleb-).¶*phlebosclerosis, phlebitis.*

phle·bol·o·gy [fləbálədʒi/-bɔ́l-] 圀 정맥학(venology). **-gist** 圀

phleb·o·scle·ro·sis [flèbəskliəróusis] 圀 〖병리〗 정맥 경화(증).

phleb·o·throm·bo·sis [flèbəθrɑmbóusis/-θrɔm-] 圀 〖병리〗 정맥 혈전증(血栓症).

phle·bot·o·mist [fləbátəmist/-bɔ́t-] 圀 《외과》 사혈(瀉血) 전문의; 정맥 채혈사.

phle·bot·o·mize [fləbátəmàiz/-bɔ́t-] 图 …에 자락(刺絡)을 하다, 사혈[방혈]하다(bleed), 정맥 절개하다.

phle·bot·o·my [fləbátəmi/-bɔ́t-] 圀ⓤ 《의학》 자락, 사혈, 방혈(bleeding), 정맥 절개(술).

Phleg·e·thon [flégəθɑn, fléʤə-/-giθɔn] 圀 《그리스 신화》 플레게톤(명계(冥界)(Hades)의 다섯 강의 하나로 불의 강); (p-) 불의같이 번쩍이는 강.

phlegm [flem] 圀ⓤ 1 담, 가래. 2 《예》 (중세의 생리학에서 무기력의 원인으로 생각한) 점액(粘液). 3 무기력, 무관심, 무감동, 냉담(apathy). 4 침착, 냉정.

phleg·mat·ic [flegmǽtik] 圀 1 무기력한, 무관심한. 2 냉정한, 침착한. 3 가래의, 담의. 4 점액질의. (또는 **phlegmatical**) **-i·cal·ly** 튀 **-i·cal·ness** 圀

phleg·mon [flégmɑn/-mɔn] 圀 《의학》 봉와직염(蜂窩織炎), 급성 결체(結締) 조직염.〔를 함유하는.

phlegm·y [flémi] 圀 가래[담]의, 가래와 같은, 가래

phlo·em [flóuem] 圀 《식물》 체관부, 사관부(篩管部), 인피부(靱皮部).

phlo·gis·tic [floudʒístik/flɔ-] 圀 1 《병리》 염증의 (inflammatory). 2 《화》 플로지스톤의.

phlo·gis·ton [floudʒístan, -tən/flɔdʒístən] 圀 ⓤ 연소(燃素), 플로지스톤(산소 발견 이전까지 가연소(可燃素)로 생각된 가공의 물질).

phlor·i·zin [flɔ́ːrəzin/flɔ́ːri-] 圀ⓤ 《화학》 플로리진(사과·배 따위 과수의 뿌리에서 채취하는 배당체(配糖體)). (또는 **phlo·rid·zin** [flɔ́rizin], **phlórhizin**)

phlox [flɑks/flɔks] 圀 《식물》 풀 협죽도(夾竹桃)(북미산(産)).

phlyc·te·na [flikti:nə] 圀 (圀 **-nae** [-niː]) 《병리》 플릭텐, (작은) 수포(水疱). (또는 **phlyctaena**)

PHM *Patrol Hydrofoil Missileship.* **Ph.M.** *Master of Philosophy.* **Phm. B.** *Bachelor of Pharmacy.* **PHN, P.H.N.** *public health nurse.*

Phnom Penh [pnám pén/pnɔ́m-] 圀 프놈펜(캄보디아의 수도). (또는 **Pnóm Pénh, Pnómpénh**)

-phobe [foub] 연결 「…공포증이 있는 사람; …을 싫어하는 사람」의 뜻.¶*Anglophobe.* (또는 **-phobiac**)

pho·bi·a [fóubiə] 圀ⓤⓒ 공포증, (병적인) 공포.

-pho·bi·a [fóubiə] 연결 「…공포증; …을 싫어함」의 뜻.¶*photophobia.*

-pho·bic [fóubik] 연결 「…공포증의; …을 싫어하는」의 뜻.¶*Anglophobic*(영국을 싫어하는).

phóbic reàction 〖정신의학〗 공포 반응.

pho·cine [fóusain, -sin] 圀 바다표범의(같은).

pho·co·me·li·a [fòukoumíːliə, -ljə] 圀ⓤ 〖병리〗 해표지증(海豹肢症), 단지증(短肢症). **-lic** 圀 〖산(産)〗

phoe·be [fíːbi] 圀 피비(딱새과(科)의 작은 새; 미국산(産)).

Phoe·be [fíːbi] 圀 1 〖그리스 신화〗 포이베(달의 여신; Artemis 또는 로마 신화의 Diana와 동일시). 2 《시》 달. 3 〖천문〗 토성(土星)의 9위성 중의 하나.

Phoe·bus [fíːbəs] 圀 1 〖그리스 신화〗 포이보스(태양의 신으로서의 Apollo). 2 《시》 태양.

Phoe·ni·cia [finíʃə, -níː-] 圀 페니키아(지금의 시리아·레바논·이스라엘 지방에 있던 고대 왕국). (또는 **Phenicia**) **-cian** 圀圀 페니키아 사람(말)(의).

***phoe·nix** [fíːniks] 圀 1 (때로 P-) 〖이집트 신화〗 피닉스, 불사조(아라비아 사막에 살며 500–600년마다 스스로의 몸을 불태워 죽고 그 재 속에서 재생한다는 전설상의 영조(靈鳥); 영원 불멸의 상징). 2 (불사조처럼) 소생[재생]력을 가진 사람[것]; 불멸의 사람; 소생[재생]자. 3 비범한[뛰어난] 사람[것]; 절세 미인; 일품, 절품; 전형. 4 봉황(鳳凰)(중국의 상상상(上)의 새). 5 《美》
rose like a phoenix from the ashes 불사조처럼 재생[소생]하다.

Phoe·nix [fíːniks] 圀 1 〖그리스 신화〗 포이닉스 (Cadmus와 Europa의 형제; 여기서 Phoenicians(페니키아 사람)이 유래함). 2 〖천문〗 봉황자리(⦿ Phe). 3 피닉스(미국 Arizona 주의 주도(州都)). 4 《군사》 피닉스(미해군의 F-14 Tomcat 전투기용 공대공 미사일).

phon [fɑn/fɔn] 圀 폰(음의 강도의 단위).

phon. *phonetic(s); phonology.*

phon- [foun] 연결 ⇒PHONO-.

pho·nate [fóuneit, -´] 圉재 유성음〔무성 자음 따위〕을 유성화하다; 〔음성〕 을 발하다. — 재 목소리를 내다, 발성하다.

phon·a·thon [fóunəθɑn/-θɔn] 圀 (모금·선거 운동 등을 목적으로) 줄기찬 전화 권유 운동.

pho·na·tion [founéiʃən] 圀ⓤ 《음성》 발성, 발음; 목소리를, 목소리를 내기. **~al** 圀

phon·au·to·graph [fòunɔ́ːtəgrǽf, -gràːf] 圀 (음파를 눈으로 볼 수 있게 기록하는) 기음기(記音器); 그것에 의한 기록.

‡**phone**[1] [foun] (구어) 《어》 (圀 **~s** [-z]) 전화; 전화기, 수화기.¶ answer the ~ 전화를 받다/ hang up the ~ 전화를 끊다, 수화기를 내려놓다/talk to her on [or over] the ~ 그녀와 전화로 통화하다.
be on the phone 전화 받고 있다.
talk to [or on] the big white phone 《美俗》 (술을 마시고) 변기에 토하다.
— 图 (~s [-z]; ~d; phon·ing) 圉 …에게 전화를 걸다, …을 전화로 불러내다(up), 전화로 말하다(telephone). *Please ~ me again.* 다시 한번 전화해 주시오.// (~ +圉 +圉) *I ~d her the news.* 나는 그 소식을 그녀에게 전화로 알려 주었다. — 재 (…에게) 전화를 걸다 (up) (to), (~ +圉 +圀) *You should ~ to your teacher soon.* 곧 선생님께 전화하는 것이 좋다.
phone for 〔의사·경찰관·택시 등〕 을 전화로 부르다.
phone in ① (집·사무실에) 전화를 걸다. ② (집·사무실에) ~ 을 전화로 알리다; 〔질문·뉴스 등〕 을 (방송국에) 전화로 말하다(to). 〔알리다(to).
phone off ① 전화를 걸다. ② …을 (…에게) 전화로

[<tele*phone*)
phone² 명 (음성) 단음(單音)(하나의 모음 또는 자음).
-phone [foun] 연결 sound의 뜻 (* 특히 기물의 명칭에 쓴다). ¶ meg*aphone*, tele*phone*.
phóne bòok [diréctory] 명 (美구어) 전화 번호부.
phóne bòoth 명 공중 전화 박스(《英》 call box). (또는 **phónebòoth**)
phone·call [fóunkɔ̀ːl] 명 전화 호출.
phóne cálling trèe 명 =phone tree.
phone·card [fóunkàːrd] 명 (英) 전화 카드. (또는 **phóne càrd**)
phóne frèak 명 =phone phreak.
phone-in [-ìn] 명형 (TV·라디오의) 시청자 전화 참여 프로(의); 전화 상담(의); 전화 토론 모임(의).
pho·ne·mat·ic [fòunəmǽtik] 형 =phonemic. **-ics** 명복 (단수취급) (美) =phonemics.
pho·neme [fóuniːm] 명 (언어) 음소(音素).
pho·ne·mic [fəniːmik, fou-] 형 (언어) 음소의, 음소론의(phonematic). **-mi·cal·ly** 부
pho·ne·mi·cist [fəniːməsist, fou-] 명 음소론(음소론) 학자.
pho·ne·mi·cize [fəniːməsàiz, fou-] 타동 음소 (음소)로 분석하다, 음소 표기하다.
pho·ne·mics [fəniːmiks, fou-] 명복 (단수취급) 음소론; 음소(音素) 체계. **-mi·cist** 명 음소학자.
phóne phrèak 명 (컴퓨터·전자 기기 따위를 악용하여) 공짜로 전화를 쓰는 사람(phreak).
phon·er [fóunər] 명 (구어) 1 전화 거는 사람. 2 전화 대담(토크쇼) 프로. 「희롱.
phone-sex [fóunsèks] 명 폰섹스(통화에 의한 성적
phonet. phonetic(s).
phóne tàg 명 =telephone tag.
phone-tap·ping [-tǽpiŋ] 명ⓤ 전화 도청.
*****pho·net·ic** [fənétik, fou-] 형 1 음성의, 음성 표기의. ¶ ~ value 음가(音價) / ~ symbols [or signs] 발음 [음성] 기호 / ~ change 음성 변화. (또는 **phonetical**) 2 발음에 따른; 발음 그대로의, 음성을 나타내는, 표음 (表音)의. ¶ ~ notation 음성 표기법 / ~ spelling 표음 철자(법). 3 음성학(상)의. **-i·cal·ly** 부
phonétic álphabet 명 음표(音標) 문자, 음성 자모.
pho·ne·ti·cian [fòunətíʃən] 명 음성학자.
pho·net·i·cism [fənétəsìzm, fou-] 명ⓤ 표음 철자주의(법). **-cist** 명 =phonetist.
pho·net·i·cize [fənétəsàiz, fou-] 타동 (담화)를 음성대로[표음식으로] 나타내다. **-nèt·i·ci·zá·tion** 명
phonétic láw 명 (언어) 음법칙(音法則).
pho·net·ics [fənétiks, fou-] 명복 (단수취급) 1 음성학; (복수취급) 음성 체계[조직].
pho·ne·tist [fóunətist] 명 1 표음식 철자법 주창자. 2 =phonetician.
phóne trèe 명 전화 연락망(phone calling tree).
Phone·vi·sion [fóunvìʒən] 명 (상표) 폰비전, 화상(TV) 전화.
pho·ney [fóuni] 형명 (구어) =phony.
phon·ic [fánik, fóun-/fɔ́n-] 형 1 음성의; 음의. 2 phonics의[에 관한]. **-i·cal·ly** 부
phon·ics [fániks, fóun-/fɔ́n-] 명복 (단수취급) 1 파닉스(초보자 대상의 발음을 중심으로 철자·읽기를 가르치는 어학 교수법)(☞ whole language). 2 음향학.
pho·no [fóunou] 명 (구어) =phonograph.
pho·no- [fóunou, -nə] 연결 sound, voice의 뜻 (* 모음 앞에서는 phon-). ¶ *phonograph*, *phonology*, *phon*ate, *phon*etic.
pho·no·car·di·o·gram [fòunəkáːrdiəgrǽm] 명 (의학) 심음도(心音圖).
pho·no·car·di·o·graph [fòunəkáːrdiəgrǽf, -gràːf] 명 (의학) 심음계(計).
pho·no·film [fóunəfìlm] 명 발성 영화.

pho·no·gen·ic [fòunədʒénik] 형 듣기 좋은 목소리를 지닌, 아름다운 목소리의; 음향이 좋은.
pho·no·gram [fóunəgrǽm] 명 표음 문자; (속기 따위의) 표음자(字). ☞ ideogram · **grám**·(**m**)**ic** 형
*****pho·no·graph** [fóunəgrǽf, -gràːf] 명 축음기 ((英)) gramophone); (레코드) 플레이어.
pho·nog·ra·pher [founágrəfər/-nɔ́g-] 명 속기사; 축음기 기사.
pho·no·graph·ic [fòunəgrǽfik] 형 1 축음기의[에 의한]. 2 표음식 철자의, 속기의[에 의한]. (또는 **phonographical**) **-i·cal·ly** 부
pho·nog·ra·phy [founágrəfi, fə-/-nɔ́g-] 명ⓤ 1 표음식 철자법. 2 표음 속기법, 피트먼식 속기법(영국의 Isaac Pitman이 1837년 창안).
-phist 명 =phonographer.
phonol. phonology.
pho·no·lite [fóunəlàit] 명ⓤ 향암(響岩), 향석(響 「石).
pho·no·log·i·cal [fòunəládʒikəl/-lɔ́dʒ-] 형 음운론의; 음운 체계의. (또는 **phonologic**) **-ly** 부
pho·nol·o·gy [fənáləʤi, fou-/-nɔ́l-] 명 1ⓤ 음운론. 2 (어떤 언어의) 음성 음소 체계[조직].
-gist 명 음운론자.
pho·nom·e·ter [fənámətər, fou-/-nɔ́m-] 명 측음기(測音器).
phò·no·mét·ric 형 **-try** 명ⓤ 측음(법).
pho·non [fóunan/-nɔn] 명 (물리) 음향 양자(量子), 음자(音子), 포논.
pho·no·phile [fóunəfàil] 명 (하이파이) 레코드 수집가(애호가). 「신 장치.
pho·no·phore [fóunəfɔ̀ːr] 명 전신 전화 공통 송
pho·no·rec·ord [fóunərèkɔ̀ːrd] 명 레코드 판 (phonograph record).
pho·no·scope [fóunəskòup] 명 1 표음기(表音器). 2 검현기(檢弦器), 현음계(弦音計).
pho·no·tac·tics [fòunətǽktiks] 명복 (단수취급) 음소 배열론. **-tác·tic** 형 「자.
pho·no·type [fóunətàip] 명 (인쇄) 음표(음표) 활
pho·no·typ·y [fóunətàipi] 명ⓤ 표음식 속기법.
pho·no·vi·sion [fòunəvíʒən] 명 전화 TV(전화와 TV를 합체한 제품); 디지털 정보를 TV화면에 문자로 표시함).
pho·ny [fóuni] (구어) (경멸적) 형 1 가짜의, 위조의. ¶ a ~ diamond 가짜 다이아몬드. 2 성실하지 않은; 사기의, 수상쩍은. ¶ a ~ sales representative 협잡 판매원. — 명 1 모조품, 위조품. 2 사기꾼, 야바위꾼. 3 (美속어) 응근 전화 (거는 사람). — 타 (문서 따위)를 날조[위조]하다(up). (또는 **phoney**) **-ni·ness** 명
-pho·ny [fəni, fòuni] 연결 sound의 뜻. ¶ homo*phony*, sym*phony*.
phóny màn 명 모조 보석 상인.
phóny wàr 명 1 (전쟁 전야의) 표면적 평온; (전시의) 전투 없는 상태. 2 (평시의) 모의 전쟁, (조작된) 전쟁 분위기.
phoo·ey [fúːi] 감 (구어) 피!, 체!, 흥! (* 경멸·의혹·실망 따위를 나타낸다). — 명 허튼소리[실없는 소리].
pho·rate [fɔ́ːreit/fɔ́r-] 명 (농업·화학) 포레이트(살충제). 「의 신.
Phor·cys [fɔ́ːrsis] 명 (그리스 신화) 포르시스(바다
-phore [fɔ̀ːr] 연결 bearer(전하는[나르는] 것)의 뜻. ¶ *phonophore*, sema*phore*.
-ph·o·rous [fərəs] 연결 -phore로 끝나는 명사에서 형용사를 만든다. ☞ -phore
phos. phosphate: phosphorescence.
phos·gene [fásdʒiːn/fɔ́z-] 명 (화학) 포스겐(무 「색 독가스).
phos·ph- [fásf/fɔ́sf] ⇒ PHOSPHO-.
*****phos·phate** [fásfeit/fɔ́s-] 명 1 (화학) 인산염(인 酸塩). ¶ aluminium ~ 인산 알루미늄. 2 (농업) 인산 비료. 3 (소량의 인산염을 함유한) 탄산수. — 타동 (화

학〕 …을 인산(염)으로 처리하다. **-phá·tion** [명]
phósphate pollútion [명] 인(燐) 오염(합성 세제 따위에 의한 수질 오염).
phósphate róck [명] 인회암(燐灰岩).
phos·phat·ic [fɑsfǽtik, -féit-/fɔs-] [형] 〔화학〕 인산염의, 인산염을 함유한. ¶ ~ fertilizer 인산 비료.
phos·pha·tide [fɑ́sfətàid, -tid/fɔ́s-] [명] 〔생화학〕 인지질(燐脂質).
phos·pha·tize [fɑ́sfətàiz/fɔ́s-] [동][타] **1** =phosphate. **2** …을 인산염으로 바꾸다. **-ti·zá·tion** [명]
phos·phene [fɑ́sfi:n/fɔ́s-] [명] 〔생리〕 안내(眼內) 섬광(안구에 압력이 가해질 때의 자각 광감(光感)). 「物).
phos·phide [fɑ́sfaid/fɔ́s-] [명] 〔화학〕 인화물(燐化
phos·phine [fɑ́sfi:n/fɔ́s-] [명][U] 〔화학〕 포스핀, 기체상(狀)의 인화 수소. 「燐酸塩).
phos·phite [fɑ́sfait/fɔ́s-] [명] 〔화학〕 아인산염(亞
phos·pho- [fɑ́sfou, -fə/fɔ́s-] [연결] phosphorus의 뜻(＊모음 앞에서는 phosph-). ¶*phospho*protein, *phosphor*ite, *phosph*ide, *phosph*ine.
phos·pho·pro·tein [fɑ̀sfoupróuti:n, -tiin/fɔ̀s-] [명] 〔생화학〕 인(燐)단백질.
phos·phor [fɑ́sfər, -fɔ:r/fɔ́sfə] [명] **1** 인광체(燐光體)[물질], 형광체[물질]. **2** (P-) 샛별; 금성(Venus).
phos·phor- [fɑ́sfər/fɔ́s-] ⇨PHOSPHORO-.
phos·pho·rate [fɑ́sfərèit/fɔ́s-] [동][타] 〔화학〕 …을 인과 화합시키다; …에 인을 가하다.
phósphor brónze [명] 인청동(燐青銅).
phos·pho·resce [fɑ̀sfərés/fɔ̀s-] [동][자] 인광을 발하다, 인처럼 빛을 내다.
-res·cence [-résns] [명][U] 인광성(性); 인광, 푸른 빛.
phos·pho·res·cent [fɑ̀sfərésnt/fɔ̀s-] [형] 인광을 내는, 인광성의. ¶a ~ substance 인광체. **~·ly** [부]
phos·pho·ret·(t)ed [fɑ́sfərètid/fɔ́s-] [형] 〔화학〕 인과 화합한.
***phos·phor·ic** [fɑsfɔ́:rik, -fɑ́r-/fɔsfɔ́rik] [형] 〔화학〕 인(燐)의, (특히) 5가(價) 인의; 인 모양의; 인을 함유한.
phosphóric ácid [명] 〔화학〕 인산(燐酸).
phos·pho·rism [fɑ́sfərìzm/fɔ́s-] [명][U] 〔병리〕 (만성) 인중독. 「土).
phos·pho·rite [fɑ́sfəràit/fɔ́s-] [명][U] 인회토(燐灰
phos·pho·ro- [fɑ́sfərou, -rə/fɔ́s-] [연결] phosphorus의 뜻(＊모음 앞에서는 phosphor-). ¶*phosphoro*scope.
phos·phor·o·scope [fɑsfɔ́:rəskòup, -fɑ́r-/fɔsfɔ́r-] [명] 인광계(燐光計).
phos·pho·rous [fɑ́sfərəs, fɑsfɔ́:rəs/fɔ́s-] [형] 〔화학〕 3가(價) 인의, 3가 인을 함유하는.
phósphorous ácid [명] 〔화학〕 아인산(亞燐酸).
phos·pho·rus [fɑ́sfərəs/fɔ́s-] [명] **1** [U] 〔화학〕 인(燐)(비(非)금속 원소의 하나; [기] P). **2** 인광성 물질. **3** =phosphor.
phósphorus pent·óx·ide [-pentɑ́ksaid, -sid/-ɔ́k-] [명] 〔화학〕 5산화인. 「의 방사성 동위체).
phósphorus 32 [-θɔ́:rtitú:] [명] 〔화학〕 인 32(인
phósphorus trichlóride [명] 〔화학〕 3염화인(염소화제(塩素化劑)).
phos·pho·ryl·ate [fɑ́sfərəlèit/fɔsfɔ́r-] [동][타] 〔화학〕 〔유기 화합물〕을 인산화하다. **-á·tion** [명]
phos·phu·ret·(t)ed [fɑ́sfjurètid/fɔ́s-] [형] 〔화학〕 =phosphoret(t)ed.
phós·sy jáw [fɑ́si-/fɔ́si-] [명] 《구어》 〔병리〕 인 중독성 악부 괴저(顎部壞疽). 「만 lux 상당; [기] ph).
phot [fɑt, fout/fɔt] [명] 〔광학〕 포트(조명의 단위; 1
phot. photograph(er); photographic; photogra-
phot- [fout] [연결] ⇨PHOTO-. ⌊phy.
pho·tic [fóutik] [형] **1** 빛의, 빛에 관한. **2** (생물체가) 광각(光覺)(성)의. ¶ ~ sense 광감각. **3** (해수층이) 투광의, 유광의(햇빛이 투과하는 깊이에 대해서 말한다).
phótic dríver [명] 광음파 군중 퇴산(退散) 장치(스트로보광(光)과 초음파를 이용하는 치안·폭도 대책용 무기).
phótic région [zóne] [명] 〔생물〕 (해면하의) 투광대(透光帶), 유광층.
pho·tics [fóutiks] [명][복] 《단수취급》 광학(光學).
pho·tism [fóutizm] [명][U][C] 〔심리〕 환시(幻視), 포티즘(시각 외의 감각 자극에 의하여 생기는 시(視)감각).
‡**pho·to** [fóutou] 《구어》 [명] ([복] **~s** [-z]) **1** =photograph. **2** =photo finish 1. **—**[동] =photograph. **—**[형] =photographic.
pho·to- [fóutou, -tə] [연결] light, photograph, photoelectric의 뜻(＊모음 앞에서는 phot-). ¶*phot*on, *photo*cell. 「性)의, 감광성의.
pho·to·ac·tin·ic [fòutouæktínik] [형] 광활성(光活
pho·to·ac·tive [fòutouǽktiv] [형] 광(光)능동적인, 광활성이 있는.
pho·to·ag·ing [-èidʒiŋ] [명] 광(선)노화(老化)(지나친 햇볕 노출로 인한 피부 손상).
pho·to·an·a·lyst [fòutouǽnəlist] [명] 사진 판독가 (특히 위성 사진·항공 사진 따위의).
pho·to·bath·ic [fòutəbǽθik] [형] (바닷물이) 태양 광선이 다다르는 깊이의.
pho·to·bi·ol·o·gy [fòutoubaiɑ́lədʒi/-ɔ́l-] [명] 광생물학. **-o·lóg·ic, -o·lóg·i·cal** [형] **-gist** [명]
pho·to·bi·ot·ic [fòutoubaiɑ́tik/-ɔ́t-] [형] 〔동·식물〕 (생존에) 빛을 필요로 하는. 「식물학.
pho·to·bot·a·ny [fòutoubɑ́təni/-bɔ́t-] [명] 광(光)
pho·to·call [fóutoukɔ̀:l] [명] 《英》=photo opportunity. 「학) 광(화학) 촉매작용.
pho·to·ca·tal·y·sis [fòutoukətǽləsis] [명] 〔화
Phóto ĆD [명] 포토 CD(사진을 CD상에 기록하는 Kodak 사의 포맷; 그 CD).
pho·to·cell [fóutousèl] [명] 〔전자〕 **1** =phototube. **2** =photoelectric cell.
pho·to·ce·ram·ics [fòutousirǽmiks] [명][복] 《단수취급》 사진 디자인에 의한 도자기 제조.
pho·to·chem·i·cal [fòutoukémikəl] [형] 광(光)화학의. ¶~ oxidant 광화학 옥시던트. **—**[명] 광화학 물 **~·ly** [부] ⌊질.
photochémical smóg [명] 광화학 스모그.
pho·to·chem·is·try [fòutoukéməstri] [명][U] 광화학. **-ist** [명]
pho·to·chro·mic [fòutoukróumik] [형] 〔화학〕 광발색성(光發色性)의, 광호변성(光互變性)의. **—**[명] 광호변성 물질.
photochrómic gláss [명] 포토크로믹 유리(빛을 받으면 색깔이 변하는 유리; 안경 따위에 사용).
pho·to·chro·mism [fòutoukróumìzm] [명][U] 〔화학〕 광호변(光互變), 광색성(光色性)(광선에 의한 변색 현상). 「연색 사진술.
pho·to·chrom·y [fóutəkròumi] [명][U] (옛날의) 천
pho·to·chron·o·graph [fòutoukrɑ́nəgræ̀f/-krɔ́nəgrɑ̀:f] [명] **1** 동체(動體)[동태(動態)] (기록) 사진기; 연속 속사(速寫) 사진기. **2** 동체[동태] (기록) 사진. **3** 포토크로노그래프(감광면에 광(光)펜으로 트레이싱이나 기록을 하는 장치).
pho·to·chro·nog·ra·phy [fòutoukrənɑ́grəfi/-nɔ́g-] [명][U] 동체(動體) 사진술.
pho·to·co·ag·u·la·tion [fòutoukouæ̀gjuléiʃən] [명][U] 〔의학〕 광응고(법)(망막 박리나 당뇨성 망막증 치료에 사용).
pho·to·com·pose [fòutoukəmpóuz] [동][타] 〔인쇄〕 〔문자 따위〕를 사진 식자(植字)하다. **-pós·er** [명] 사식기(寫植機). **-còm·po·sí·tion** [명][U] 사진 식자.
pho·to·con·duc·tive [fòutoukəndʌ́ktiv] [형] 광전도(光傳導)(성)의. **-dúc·tor** [명] 광전도체.
photocondúctive céll [명] 〔전자〕 광전도 셀(빛의 세기에 따라 저항치(値)가 바뀌는 광전지).

pho·to·cop·i·er [fóutoukὰpiər/-kɔ̀p-] 圐 사진 복사기(photocopying machine).

pho·to·cop·y [fóutoukὰpi/-kɔ̀pi] 圐 사진 복사. —⑤ (문서 따위를) 사진 복사하다.

pho·to·cou·pler [fòutoukʌ́plər] 圐 〔전자〕 광접합 소자, 포토커플러.

pho·to·cube [fóutoukjùːb] 圐 포토큐브(각 면에 사진을 넣도록 되어 있는 플라스틱 입방체).

pho·to·cur·rent [fóutoukə̀ːrənt/-kʌ̀r-] 圐Ⓤ 〔물리〕 광전류(光電流).

pho·to·de·grade [fòutoudigréid] ⑤ (…을[이]) 광분해(光分解)시키다[되다].

pho·to·de·tec·tor [fòutouditèktər] 圐 1 〔전기〕 =photosensor. 2 〔전자〕 광검출[검파(檢波)]기(器).

pho·to·di·ode [fóutoudáioud] 圐 〔전기〕 포토 다이오드(감광성의 반도체 다이오드).

pho·to·dis·in·te·gra·tion [fòutoudisìntəgréiʃən] 圐Ⓤ 〔물리〕 (원자핵의) 광(光)붕괴.

pho·to·dra·ma [fóutoudrὰːmə, -drὰ̀mə] 圐 극 영화(photoplay). **-dra·mát·ic** 圐

pho·to·du·pli·cate [fòutoudjúːplikət/-djúː-] 圐 =photocopy. **-dù·pli·cá·tion** 圐

pho·to·dy·nam·ic [fòutoudainǽmik] 圐 광역학(光力學)적인. **-i·cal·ly** 圐

pho·to·dy·nam·ics [fòutoudainǽmiks] 圐圐 (단수취급) 광(光)역학.

photodynámic thèrapy 圐 〔의학〕 광에너지 요법(레이저에 의한 치료법).

pho·to·e·las·tic·i·ty [fòutouilæstisə̀ti, -ìːlæs-] 圐Ⓤ 〔물리〕 광탄성(光彈性)(효과). **-lás·tic** 圐

pho·to·e·lec·tric [fòutouiléktrik] 圐 광전자의; 광전 효과의. (또는 **photoelectrical**) 「tube.

photoeléctric céll 圐 〔전자〕 광전지; =photo**photoeléctric efféct** 圐 〔물리〕 광전(光電) 효과.

pho·to·e·lec·tro·chem·i·cal céll [fòutouilèktroukémikəl-] 圐 〔화학〕 광전기 화학 전지.

pho·to·e·lec·trode [fòutouiléktroud] 圐 〔물리〕 광전극(光電極).

pho·to·e·lec·tron [fòutouiléktran/-trɔn] 圐 〔물리〕 광전자(光電子). 「전자 방출.

pho·to·e·mis·sion [fòutouimíʃən] 圐Ⓤ 〔물리〕

pho·to·en·grave [fòutouingréiv, -en-] ⑤® …을 사진 제판하다. **-gráv·er** 圐

pho·to·en·grav·ing [fòutouingréiviŋ, -en-] 圐Ⓤ© 1 사진 제판(술)(⑤ photogravure). 2 사진 철판(凸版). 3 사진판 인쇄물.

pho·to·en·vi·ron·ment [fòutouinváiərənmənt, -en-] 圐 〔생태〕 광(光)(명(明)) 환경.

phóto èssay 圐 포토 에세이(어떤 테마나 스토리를 일련의 사진으로 표현한 것).

phóto fínish 圐 1 〔스포츠〕 사진 판정(을 요하는 접전). 2 대(大)접근.

pho·to·fin·ish·ing [fóutoufìniʃiŋ] 圐Ⓤ 필름 현상.

pho·to·fis·sion [fòutoufíʃən] 圐Ⓤ 〔물리〕 광(光)핵분열(고(高)에너지 광자의 흡수로 일어나는 핵분열).

pho·to·fit [-fít] 圐 포토피트(몽타주 사진 작성법의 하나). (또는 **Phóto-Fit**)

pho·to·flash [fóutouflæ̀ʃ] 圐 〔사진〕 섬광 전구(에 의한 사진). 圐 섬광 촬영 사진의[의한].

phótoflash lámp [búlb] 圐 섬광 전구.

phótoflash photography 圐 섬광 전구(플래시] 사용 사진 촬영(술).

pho·to·flight [fóutouflàit] 圐 항공 사진 촬영 비행.

phó·to·flood làmp [fóutouflʌ̀d-] 圐 〔사진〕 촬영용 투광 조명등, 사진 전구.

pho·tog [fətág/-tɔ́g] 圐 (구어) =photographer.

photog. photograph(er); photographic; photography.

pho·to·gen [fóutədʒən, -dʒèn] 圐 〔생물〕 발광 (發光) 동물[식물, 기관]. 「(殘像).

pho·to·gene [fóutədʒìːn] 圐 〔안과〕 (망막의) 잔상

pho·to·gen·ic [fòutədʒénik] 圐 1 사진 사진이 잘 받는; 사진 촬영에 적합한, 영화에 적합한. ¶ a ~ face 사진을 잘 받는 얼굴. 2 〔생물〕 발광성(發光性)의, 인광(燐光)을 발하는. 3 〔의학〕 (피부염 따위가) 빛에 의하여 생기는. **-i·cal·ly** 圐

pho·to·glyph [fóutəglìf] 圐 사진 부각판(腐刻版).

pho·to·gram [fóutəgrὰm] 圐 1 포토그램 (감광지 위에 직접 물체를 놓아 빛을 쐬어 만드는) 실루엣 사진. 2 (드물게) =photograph.

pho·to·gram·met·ric [fòutougrəmétrik] 圐 사진 측량(법)의, 사진 제도법의. (또는 **photogrammetrical**) **-ri·cal·ly**

pho·to·gram·me·try [fòutəgrǽmətri] 圐Ⓤ (공중 촬영에 의한) 사진 측량[제도](법). **-trist** 圐

*****pho·to·graph** [fóutəgrὰ̀f, -grὰːf/grὰːf] 圐 사진. ¶ a ~ album 사진첩/a family ~ 가족 사진/take a ~ of …의 사진을 찍다, …을 촬영하다/have [or get] one's ~ taken (자기) 사진을 찍(게 하)다. 「잘 받다. **take a good photograph** 사진발이 좋다, 사진을 —⑤® 1 …의 사진을 찍다, …을 촬영하다. 2 …을 깊이 마음에 새기다. —⑤ 1 사진을 찍다, 촬영하다. 2 (well, badly 등과 함께) 사진발이 …하다. ¶ (~+圐) She ~s well. 그녀는 사진이 잘 받는다.

~·a·ble 圐

*****pho·tog·ra·pher** [fətágrəfər/-tɔ́g-] 圐 사진을 찍는 사람; (직업으로서의) 사진사, 카메라맨.

*****pho·to·graph·ic** [fòutəgrǽfik] 圐 1 사진(술)의, 사진에 관한; 사진용의, 사진에 의한. ¶ ~ plates 감광판/ ~ surveying 사진 측량/a ~ studio 사진 스튜디오/a ~ record of a trip 여행의 사진 기록. 2 사진 같은, 극히 사실적(寫實的)인, 정밀한. ¶ ~ writing 사실적인 글솜씨/with ~ accuracy 사진과 같이 정확하게. 3 선명한, 생생한 인상을 주는. ¶ ~ memories 생생한 기억. (또는 **photographical**) **-i·cal·ly** 圐

pho·to·graph·i·ca [fòutougrǽfikə] 圐 골동 사진 기구, 골동품 사진기. 「사진 등급.

photográphic mágnitude 圐 〔천문〕 (천체의)

photográphic opportúnity 圐 =photo opportunity.

*****pho·tog·ra·phy** [fətágrəfi/-tɔ́g-] 圐Ⓤ 사진술; 사진 촬영. ¶ No ~. (게시) 사진 촬영 금지.

pho·to·gra·vure [fòutəgrəvjúər, -gréivjər/-grəvjúə] 圐Ⓤ 사진 요판술(凹版術)(⑤ photoengraving); 사진 요판(인쇄물), 그라비어. —⑤® …을 그라비어 인쇄하다. **~·ist** 圐

pho·to·he·li·o·graph [fòutəhíːliəgrὰ̀f, -grὰːf] 圐 〔천문〕 태양 사진기. **-hè·li·o·gráph·ic** 圐

pho·to·in·duced [fòutəindjúːst/-djúːst] 圐 〔생물〕 (개화(開花) 따위가) 빛의 작용에 감응한.

pho·to·in·ter·pre·ta·tion [fòutəintə̀ːrprətéiʃən] 圐 (특히 군사 정보 기관의) (항공) 사진 해독(법)(⑤ PI).

pho·to·i·on·i·za·tion [fòutəàiənizéiʃən] 圐Ⓤ 〔물리〕 광(光)이온화.

pho·to·jour·nal·ism [fòutoudʒə́ːrnəlìzm] 圐 사진 중심의 보도(저널리즘); 뉴스(보도) 사진. **-ist** 圐

pho·to·ki·ne·sis [fòutoukiníːsis, -kai-] 圐 〔생리〕 광(光) 활동성, 광선 운동. **-ki·nét·ic** 圐

pho·to·li·thog·ra·phy [fòutəliθágrəf, -grὰ̀f] 圐 사진 석판(평판). (또는 **photolithoprint**) —⑤® …을 사진 석판으로 하다. **-li·thóg·ra·pher** 圐

pho·to·li·thog·ra·phy [fòutouliθágrəfi/-θɔ́g-] 圐Ⓤ 1 사진 석판[평판]술. 2 〔전자〕 (반도체의) 광식각법(光蝕刻法). **-lith·o·gráph·ic, -lith·o·gráph·i·cal** 圐

pho·to·lu·mi·nes·cence [fòutəlùːmənésns] 圐Ⓤ 〔물리〕 광(光)루미네슨스, 광냉광(光冷光).

pho·tol·y·sis [foutáləsis/-tól-] 명 ① 〔화학〕 광분해(光分解)(빛의 작용에 의한 물질의 광화학적 분해).

pho·to·lyt·ic [fòutəlítik] 형 〔화학〕 광분해의. **-i·cal·ly** 부

pho·to·lyze [fóutəlàiz] (* 〔英〕-lyse) 〔화학〕 타 (분자)를 광분해하다. — 자 광분해를 받다. **-ly·za·tion** 명

photom. photometrical; photometry.

pho·to·mac·ro·graph [fòutəmǽkrəgæf, -grà:f] 명 확대 사진(macrophotograph). **-mac·róg·ra·phy** 명 확대 사진술.

pho·to·map [fóutoumæp] 명 (공중 촬영에 의한) 사진 지도. — 타 (-pp-) (…의) 사진 지도를 만들다.

pho·to·mask [fóutoumæ̀sk/-mà:sk] 명 포토마스크(IC, LSI 등의 프린트 기판을 만드는 공정에서 기판 표면에 밀착시켜 노광(露光)을 행하는 회로 패턴을 그린 필름).

Pho·to·mat [fóutəmæ̀t] 명 〔美〕 〔상표〕 속성 필름 현상점[소]; 자동[3분] 사진. — 동타 자동 사진으로 찍다.

pho·to·me·chan·i·cal [fòutoumək énikəl] 형 사진 제판법(製版法)의. ¶ ~ process 사진 제판법. — 명 사진 제판용 최종 원고. **~·ly** 부

pho·to·me·son [fòutoumí:zɑn, -mézɑn/-mí:zɔn] 명 〔물리〕 광(光)중간자.

pho·tom·e·ter [foutámətər/-tóm-] 명 〔광학〕 광도계(光度計), 측광기(測光器); (사진) 노출계.

pho·to·me·try [foutámətri/-tóm-] 명 ① 광도 측정(법); 측광학(測光學).

pho·to·met·ric [fòutəmétrik], **phò·to·mét·ri·cal** 형 **phò·to·me·trí·cian, -trist**

pho·to·mi·cro·graph [fòutoumáikrəgræf, -grà:f] 명 현미경 사진; 마이크로 사진. **-mi·cro·gráph·ic, -mi·cro·gráph·i·cal** 형 **-mi·cróg·ra·phy** 명 현미경 사진술.

pho·to·mí·cro·scope [fòutoumáikrəskòup] 명 현미경 사진기. **-mi·crós·co·py** 명

pho·to·mon·tage [fòutoumɑntá:ʒ/-mɔn-] 명 (사진) 몽타주(합성) 사진; ⓤ 몽타주 사진 작성법.

pho·to·mo·sa·ic [fòutoumouzéiik] 명 (어느 지역의 항공 사진·위성 사진을 연결하여 제작한) 모자이크 사진, 집성(集成) 사진.

pho·to·mul·ti·pli·er [fòutəmʌ́ltəplàiər] 명 〔전기〕 광전자 증폭관(增幅管).

pho·to·mu·ral [fòutoumjúərəl] 명 사진 벽화, 벽면 사진. **~·ist** 명

pho·ton [fóutɑn/-tɔn] 명 〔물리〕 광자(光子).

pho·to·nas·ty [fóutounǽsti] 명 〔식물〕 감광성, 경광성(傾光性).

pho·to·neg·a·tive [fòutənégətiv] 형 〔물리〕 광음성(陰性)의; 〔생물〕 음(陰)주광성(走光性)의.

phóton éngine 광자(光子) 엔진(빛 에너지로 광속(光速) 비행하는 상상의 로켓 엔진).

pho·to·neu·tron [fòutounjú:trɑn/-njú:trɔn] 명 〔물리〕 광중성자(원자핵의 광(光)붕괴에 의한 중성자).

pho·ton·ics [foutániks/-tɔ́n-] 명 (복) (단수취급) 광학(光學), 포토닉스(광의 발생·활용 따위 빛에 관련된 모든 것을 연구하는 학문).

pho·to·nov·el [fóutənɑ̀vəl/-nɔ̀v-] 명 사진 소설(사진을 만화처럼 처리한 소설).

pho·to·off·set [-ɔ́:fsét/-ɔ́f-] 〔인쇄〕 명ⓤ 사진 오프셋 인쇄. — 타 (~; ~·ting) 사진 오프셋 인쇄로 하다.

phóto òp (미구어) =photo opportunity.

phóto opportùnity 명 〔美·캐나다〕 (고위 관리·유명 인사 등이 카메라맨에게 주는) 사진 촬영 기회(시간·회견).

pho·top·a·thy [foutápəθi/-tɔ́p-] 명 감광성(感光性); 〔의학〕 광선병[장애]. **phò·to·páth·ic** 형

pho·to·pe·ri·od [fòutəpíəriəd] 명 〔생물〕 1 광주기(光周期). 2 명기(明期). **-pe·ri·ód·ic, -pe·ri·ód·i·cal** 형 **-pe·ri·ód·i·cal·ly** 부

pho·to·pe·ri·od·ism [fòutəpíəriədìzm] 명ⓤ 〔생물〕 광(光)주기 현상, 광주성(光周性). (또는 **phò·toperiodícity**) 「물〕(광주기의) 명기.

pho·to·phase [fóutəfèiz] 명 1 명(明)반응. 2 〔생

pho·to·phil·ic [fòutəfílik] 형 (식물이) 빛을 좋아하는(필요로 하는). (또는 **photophil(e), photophilous**)

pho·to·pho·bi·a [fòutəfóubiə] 명ⓤ 〔병리〕 수명(羞明); 빛 공포증. **-bic** 형

pho·to·phone [fóutəfòun] 명 광선 전화.

pho·to·phore [fóutəfɔ̀r] 명 〔동물〕 (심해어 등의) 발광기(發光器).

pho·to·pi·a [foutóupiə] 명 〔안과〕 주간시(晝間視), 명소시(明所視). 반 scotopia.

pho·to·pig·ment [fóutoupìgmənt] 명 〔생화학〕 광색소(光色素).

pho·to·pile [fóutoupàil] 명 〔우주〕 태양광 전지.

phóto plánkton 명 식물 플랑크톤.

pho·to·plate [fóutouplèit] 명 사진 건판(乾板).

pho·to·play [fóutəplèi] 명 극영화; 영화용 각본. **~·er** 영화 배우. 「작가.

pho·to·play·wright [fòutoupléirài̇t] 명 영화 극

pho·to·po·lar·im·e·ter [fòutoupòulərímətər] 명 광전식(光電式) 편광계(망원경·촬영기·편광계를 합친 천체 관측 장치).

pho·to·pol·y·mer [fòutəpálimər/-pɔ́l-] 명 〔화학〕 광중합체(光重合體). **-pol·ym·er·i·za·tion** [-pəlìmərizéi ʃən] 명ⓤ 광중합.

pho·to·pos·i·tive [fòutəpázətiv/-pɔ́z-] 형 (식물) 양(陽)의 주광성(走光性)(굴광성(屈光性))을 나타내는.

pho·to·print [fóutəprìnt] 명ⓤⓒ 사진 인화[프린트]; 사진 복사. **~·er** 명

pho·to·prod·uct [fòutəprádəkt, -dəkt/-pród-] 명 〔화학〕 광화학 반응 생성물, 광분해(光分解) 생성물.

pho·to·pro·ton [fòutoupróutən/-tɔn] 명 〔물리〕 광양자(光陽子).

pho·to·ra·di·o·gram [fòutəréidiougræm] 명 무선 전송 사진. 「화학 반응.

pho·to·re·ac·tion [fòutouri ǽkʃən] 명 〔화학〕 광

pho·to·re·ac·ti·va·tion [fòutouri ǽktəvèi ʃən] 명 〔생화학〕 광회복(光回復)(가시광(可視光)에 의해 활성화되는 효소를 사용하여 자외선으로 손상을 입은 DNA를 회복시키는 일).

pho·to·re·al·ism [fòutourí:əlìzm/-ríəl-] 명 〔미술〕 포토리얼리즘(사진 영상처럼 극명하게 묘사하는 수법). (또는 **phòto réalism**) **-re·al·ís·tic** 형

pho·to·rec·ce [fòutouréki] 명 〔美軍속어〕 =photoreconnaissance.

pho·to·re·con·nais·sance [fòutourikánəsəns/-kɔ́n-] 명 〔군사〕 공중(항공) 사진 정찰.

pho·to·re·cord·er [fòutourikɔ́:rdər] 명 사진 기록 장치. 「(의) 사진 기록 (작성).

pho·to·re·cord·ing [fòutourikɔ́:rdiŋ] 명 (문서

pho·to·re·sist [fòutourizíst] 명 〔전자〕 광경화성(光硬化性) 수지(집적 회로를 만들기 위한 사진 평판용).

pho·to·re·touch·ing [fòutouri:tʌ́tʃiŋ] 명 〔컴퓨터〕 포토리터치(사진 데이터의 가공).

pho·to·scan [fòutouskǽn] 명타 (-nn-) (X선 사진을 이용하여) (내장)의 방사성 동위 원소의 분포 상황을 조사하다. — 명 (방사성 물질 주입에 의한) 내장 X선 촬영; 그 사진.

pho·to·scan·ner [fóutouskǽnər] 명 〔의학〕 포토(광학) 스캐너(체내에 주입한 방사성 물질에서 방출되어 조직을 감지하는 감마선을 사진으로 나타내는 장치).

pho·to·sen·si·tive [fòutousénsətiv] 형 감광성의, 광전성(光電性)의.

pho·to·sen·si·tiv·i·ty [fòutousènsətívəti] 뗑ⓤ
1 감광성. 2 광선 과민증.
pho·to·sen·si·tize [fòutosénsətàiz] (*(英)
-tise) 国国 〔물질〕에 감광성을 주다.
-sèn·si·ti·zá·tion, -ti·zer 몡
pho·to·sen·sor [fóutəsènsɔːr, -sər/-sə] 몡 광
(光)센서, 감광 장치(photodetector).
pho·to·set [fóutəsèt] 国国 =photocompose.
~·ter, ~·ting
pho·to·spec·tro·scope [fòutəspéktrəskòup]
몡 사진 분광기.
pho·to·sphere [fóutəsfìər] 몡 〔천문〕 광구(光
球)(태양 따위 항성(恒星)의 표면).
pho·to·stat [fóutəstæt] 몡 1 직접 복사 사진; 복사
사진기. 2 (P-) 〔상표〕 직접 복사기[장치]. — 国 복사
사진기로 찍다; 사진 복제하다.
~·(t)er —·stát·ic 휑 -stát·i·cal·ly 튀
phóto stòry 뗑 =photo essay.
pho·to·sur·face [fòutousə́ːrfis] 몡 〔사진〕 감광
면.
pho·to·syn·the·sis [fòutəsínθəsis] 뗑ⓤ 〔생
물·생화학〕 광합성(光合成). ⓐ chemosynthesis
photosýnthesis bactèria 뗑倊 광합성 세균.
pho·to·syn·the·size [fòutəsínθəsàiz] 国 〔생
물·생화학〕 광합성하다.
pho·to·syn·thet·ic [fòutəsinθétik] 휑 〔생물·생
화학〕 광합성의, 광합성에 의한. -i·cal·ly 튀
pho·to·sys·tem [fóutəsìstəm] 몡 〔생화학〕 (엽록
체의) 광화학계(系), 광계(光系).
pho·to·tax·is [fòutətǽksis] 몡 ⓤ 〔생물〕 주광성
(走光性). ¶ positive [negative] ~ 향(向)[배(背)]광성.
(또는 phototaxy) -tác·tic 휑 -tác·ti·cal·ly 튀
pho·to·tel·e·graph [fòutoutéligræ̀f, -gràːf] 몡
전송 사진; 사진 전송기. — 国 (…을) 사진 전송하다.
-te·leg·ra·phy [-təlégrəfi] 몡ⓤ 사진 전송(술).
pho·to·tel·e·phone [fòutoutéləfòun] 国国 〔사
진 따위〕를 전화 팩시밀리로 보내다.
pho·to·tel·e·scope [fòutoutéləskòup] 몡 〔천
체〕 사진 망원경.
pho·to·ther·a·peu·tics [fòutouθèrəpjúːtiks]
뗑倊 〔단수취급〕 1 광선 치료학. 2 =phototherapy.
pho·to·ther·a·py [fòutouθérəpi] 몡ⓤ 〔의학〕 광
선(光線) 요법. -pist 몡
pho·to·ther·mal [fòutouθə́ːrməl] 휑 광열 효과에
관한; 빛과 열에 관한. (또는 **photothermic**)
pho·to·tim·er [fóutoutàimər] 몡 〔카메라의〕 자동
노출 조정기; (경주의) 순위 판정[계시(計時)]용 카메라.
pho·tot·o·nus [foutátənəs/-tɔ́t-] 몡 〔식물〕 감광
성(感光性). **pho·to·ton·ic** [fòutətánik/-tɔ́n-] 휑
pho·to·pog·ra·phy [fòutətəpágrəfi/-pɔ́g-]
뗑 =photogrammetry.   〔毒性〕의; 광독증의.
pho·to·tox·ic [fòutətáksik/-tɔ́k-] 휑 광독성(光毒)
pho·to·tran·sis·tor [fòutoutrænzístər] 몡 광
(光)트랜지스터(광전 효과로 생긴 전류를 증폭시킨다).
pho·to·troph [fòutətrɔ̀f, -tròuf/-trɔ̀f] 몡 〔생물〕
광영양(光榮養) 생물. -tróph·ic 휑
pho·to·tróph·ic bactèria [fòutətrǽfik-,
-trɔ́uf-/-trɔ́f-] 뗑倊 광영양 세균(에너지를 빛에서 얻
고 탄소는 이산화탄소나 유기 탄소에서 얻는 세균).
pho·to·trop·ic [fòutətrápik, -tróup-/-trɔ́p-] 휑
〔식물〕 향광성의. -i·cal·ly 튀
pho·tot·ro·pism [foutátrəpìzm/-tɔ́t-] 몡ⓤ 〔식
물〕 향광성(向光性).   〔관.
pho·to·tube [fóutətjùːb/-tjùːb] 몡 〔전자〕 광전
pho·to·type [fóutətàip] 몡 〔인쇄〕 포토타이프. 1
사진 철판(凸版); 그 인쇄물. 2 사진 철판법[술].
— 国 …을 포토타이프로 인쇄하다.
pho·to·type·set·ting [fóutətàipsètiŋ] 몡 〔인
쇄〕 사진 식자. -sèt·ter 몡 사진 식자공.

pho·to·ty·pog·ra·phy [fòutoutaipágrəfi/-pɔ́g-]
몡ⓤ 사진 요판(凹版) 사진 제판술.
pho·to·typ·y [fóutətàipi] 몡ⓤ 포토타이프법(術).
pho·to·vol·ta·ic [fòutouvaltéiik/-vɔl-] 휑 〔물
리〕 광전지의, 광기전(光起電)의(⭐ PV).
photovoltáic céll 몡 광전지, 태양 전지.
pho·to·vol·ta·ics [fòutouvaltéiiks/-vɔl-] 몡倊
1 〔단수취급〕 광전(光電) 변환 공학. 2 〔복수취급〕 광전
변환 소자[장치].
pho·to·zin·cog·ra·phy [fòutouziŋkágrəfi/
-kɔ́g-] 몡ⓤ 사진 아연 철판술(凸版術).
phr. phrase; phraseology.   「루어지는.
phras·al [fréizəl] 휑 구(句)의, 구를 이루는, 구로 이
phrásal vérb 몡 〔문법〕 동사구, 구동사(catch on,
take off, put up with 따위).
:**phrase** [freiz] 몡 (囲 **phras·es** [-iz]) 1 〔문법〕 구
(句)(⇒ clause). ¶ a noun ~ 명사구 / an adjective ~
형용사구 / an adverb [or adverbial] ~ 부사구. 2 〔수
사〕 (앞뒤에 휴지(休止)를 두는) 강조 어구. 3 ⓤⓒ 말씨,
말투, 화술; 표현, 표현법. ¶ felicity of ~ 말씨의 교묘함. 4 어
구, 문구; 성구, 숙어, 관용구. ¶ a set ~ 상투적인 문
구/a stock ~ 진부한 문구. 5 (간결한) 한 마디; 짤막
한 말, 경구, 명구. ¶ sum a matter in a ~ 사전의 전
말을 한 마디로 요약하다. 6 (~s) 〔英〕 헛된 소리, 빈말.
¶ We have had enough of ~s. 빈말 좀 작작 해라. 7
〔음악〕 악구(樂句). 8 (춤을 구성하는) 일련의 동작.
as the phrase goes 속담에도 있듯이.   「게.
in a simple phrase 간단한 말로 (말하면); 알기 쉽
to coin a phrase 〔익살〕 (나의) 참신한[새로운] 표현
을 쓰면 (*실제는 틀에 박힌 문구를 쓸 때 이는 말).
turn a phrase 경구를 만들다.
— 国 (*phrases* [-iz]; ~d; *phras·ing*) 国 1 …을
(특수한 말씨로) 말하다, 진술하다; …을 말로 표현하
다. ¶ She ~d her excuse politely. 그녀는 정중하게
사과의 말을 하였다/ He found it hard to ~ his idea.
그는 자기 생각을 말로 표현하기가 어렵다는 것을 알았
다. 2 〔음악〕 **a)** (연주에서) 〔곡〕의 악구를 두드러지게
하다. **b)** 〔음표〕를 악구에 맞추어 정리하다. — 国 1
〔음악〕 곡을 악구에 맞추어 정리하다, 악구로 구분하다;
(곡의) 악구를 강조하여 노래[연주]하다. 2 의미군(意味
群)으로 구분하여 발음하다.
phráse bòok 몡 (외국 여행자용) 기본 회화[관용 표
현]집, 회화 편람.
phrase·mak·er [fréizmèikər] 몡 1 명언[경구]을
잘 만들어내는 사람. 2 =phrasemonger.
phrase·mon·ger [fréizmʌ̀ŋgər, -màŋ-] 몡 미
사여구[경구(警句)]를 늘어놓는 사람. ~·ing 몡
phra·se·o·gram [fréiziəgræ̀m] 몡 (속기 따위에
서) 구(句)를 나타내는 기호.
phra·se·o·graph [fréiziəgræ̀f, -gràːf] 몡 phra-
seogram이 있는 구(句).
phra·se·o·log·i·cal [frèiziəládʒikəl/-lɔ́dʒ-] 휑
말씨의, 표현법의, 어법의. -ly 튀
phra·se·ol·o·gy [frèiziálədʒi/-ɔ́l-] 몡ⓤⓒ 1 말
씨, 말투, 어법(diction), 문체; 전문어, 특수 용어. ¶
legal ~ 법률 용어, 법적 표현. 2 〔집합적〕 어구.
-gist 〔관용구〕 연구가; 미사여구를 쓰는 사람.
phráse strùcture 뗑 〔문법〕 구 구조(句構造).
phras·ing [fréiziŋ] 뗑ⓤ 1 어법, 말씨(phraseol-
ogy). 2 〔음악〕 구절법(句節法), 분절법.
phra·try [fréitri] 몡 1 (종족(tribe) 중의) 씨족 집단.
2 씨족(고대 그리스에서 phyle의 작은 구분).
phreak [friːk] 몡 =phone ~. — 国 〔전자 기기를
악용하여〕 공짜로 전화를 걸다. ~·ing 몡
phren. phrenological; phrenology.
phre·net·ic [frinétik] 휑 1 〔문어〕 =frenetic. 2
극도로 흥분한, 열광적인; 광신적인; 발광한, 눈이 뒤집
힌. (또는 **phrenetical**) — 몡 열광자; 광신자; 발광

자. **-i·cal·ly** 튀 **~·ness** 명 「ophrenia.
-phre·ni·a [fríːniə] 연결 「정신 장애」의 뜻. ¶schiz-
phren·ic [frénik] 형 1 (해부) 횡격막의. 2 (생리)
정신적인; 정신 활동의.
phre·ni·tis [frináitis] 명U (병리) 1 뇌염. (뇌염에
의한) 일시적 정신 착란(delirium). 2 횡격막염.
phren·o·log·i·cal [frènəládʒikəl/-lɔ́dʒ-] 형 골
상학의. (또는 **phrenologic**) **~·ly** 튀
phre·nol·o·gy [frináladʒi, fre-/-nɔ́l-] 명U 골
상학. **-gist** 명
phren·sy [frénzi] 명(동) =frenzy. 「부의 왕국」
Phryg·i·a [frídʒiə] 프리기아(옛날 소아시아 중서
Phryg·i·an [frídʒiən] 프리기아의; 프리기아 사
람(말)의. ─ 명 1 프리기아 사람. 2 U 프리기아 말.
Phrygian cáp [bónnet] 명 프리기아 모자(끝이
앞으로 처진 원추형의 모자).
PHS, P.H.S. personal handyphone system(간이
형 휴대 전화); Public Health Service(공중 위생국).
pht [ft] 감 흥, 쳇(* 짜증을 표현). (또는 **phpht**)
phthal·ein [θǽliːn] 명U (화학) 프탈렌(염료용).
[<naphthalene+-in]
phthál·ic ácid [θǽlik-] 명 (화학) 프탈산.
phthal·in [fθǽlin] 명 (화학) 프탈린(phthalein
을 환원하여 생기는 화합물).
phthis·ic [tízik, θíz-/θáisik] 형 (폐어) =phthi-
sis. ─ 명 =phthisical. 「해의(에 걸린).
phthis·i·cal [tízikəl, θíz-/θáis-] 형 (병리) 폐결
phthi·sis [θáisis, tái-] 명U (병리) 1 소모; 소모성
질환. 2 폐결핵. 「(보양지).
Phu·ket [púːket] 명 푸켓 섬(타일랜드 서해안의 섬;
phut [fʌt, ft] 명 1 팡, 펑(타이어 펑크나 소총탄, 물건
이 파열하는 둔탁한 소리). 2 (절망을 나타내는 감탄사
로) ¶Otherwise — ~. 그렇지 않으면 — 아아(절망적이
다). ─ 명 팡[펑] 하고. (또는 **phutt, fut**)
go phut (구어) ① 파열하다, 펑크나다. ② 뻗다(give
out); 붕괴하다, 실패하다, 파산하다.
phy·col·o·gy [faikálədʒi/-kɔ́l-] 명U 조류학(藻
類學). **phy·co·lóg·i·cal** 형
phy·co·my·cet·es [fàikoumaisíːtiːz] 명 (식물)
조균류(藻菌類).
phy·la [fáilə] 명 phylon, phylum의 복수형.
phy·lac·ter·y [filǽktəri] 명 1 (유대교) 성구함[글
句函](성구를 기록한 양피지를 넣는 작은 가죽 상자). 2
유물함(초기 기독교의 교회에서 성인들의 유물을 넣어
두던 상자). 3 생각나게 하는 물건(사람). 4 (비유적) 부
적, 호신부. 5 (위선적) 율법의 준수.
make broad one's phylactery [or *phylacteries*]
신앙이 독실한 체하다.
phy·le [fáili:] 명 (복 **-lae** [-liː]) (고대 그리스의) 씨
족, 부족. ⓐ phratry
phy·let·ic [failétik] 형 (생물) 문(門)(phylum)의;
계통 발생의, 종족의.
-phyl(l) [fil] 연결 ⇒PHYLLO-. 「계통 발생의, 종족의.
-phyll(l) [fil] 연결 leaf: coloring matter in plants
의 뜻. ¶chlorophyll.
phyl·lo- [fíːlou] 연결 leaf의 뜻(* 모음 앞에서는
phyll-). ¶phyllopod.
phyl·lode [fíloud] 명 (식물) 가엽(假葉), 헛잎.
phyl·ló·di·al 형
phyl·loid [fíloid] 형 잎 모양의, 잎 같은(leaflike).
phyl·loph·a·gous [filǽfəgəs/-lɔ́f-] 형 (동물) 잎
을 먹는.
phyl·lo·pod [fíləpàd/-pɔ̀d] (동물) 명 엽각류(葉脚
類) 동물. ─ 형 엽각류의.
phyl·lo·tax·is [fìlətǽksis] 명 =phyllotaxy.
phyl·lo·tax·y [fílətǽksi] 명 (식물) 1 엽서(葉序).
잎차례. 2 U 잎차례 연구, 엽서학(葉序學).
-phyl·lous [fíləs] 연결 having (such or so many)
leaves, leaved의 뜻. ¶monophyllous (단엽(單葉)의).

phyl·lox·e·ra [fìləksíərə, filáksərə/fìlɔksíərə]
명 (복 **-rae** [-riː], **~s**) 포도나무 뿌리 진디.
phy·lo- [fáilou, -lə] 연결 tribe, race, kind의 뜻
(* 모음 앞에서는 phyl-). ¶phylogeny. 「phylogeny.
phy·lo·gen·e·sis [fàilədʒénəsis] 명 (생물) =
phy·lo·ge·net·ic [fàilədʒənétik] 형 (생물) 계통
발생(학)의. **-i·cal·ly** 튀 「분류.
phylogenétic classificátion 명 계통 발생적
phy·log·e·ny [failádʒəni/-lɔ́dʒ-] 명 (생물) 계
통 발생; 계통학(사); 종족사. ⓐ ontogeny **-nist** 명
phy·lon [fáilan] 명 (복 **-la** [-lə]) (생물) 족(族), 종족.
phy·lum [fáiləm] 명 (복 **-la** [-lə]) 1 (생물) 문(門)
(생물 분류의 1단계). ⇒CLASSIFICATION 주의 2 (언어)
대어족(大語族). **-lar** 형
phy·ma [fáimə] 명 (복 **~s, ~ta** [-tə]) (병리) 유
종(瘤腫).
phys. physical; physician; physicist; physics;
physiological; physiology. 「education.
phys ed, phys. ed. [fíz éd] (구어) physical
phys·i· [fízi] 연결 ⇒PHYSIO-.
phys·i·at·rics [fìziǽtriks] 명 (단수취급) (의
학) 1 =physical medicine. 2 (美) =physical ther-
apy. 3 구요 요법. **-ric, -ri·cal** 형 **-rist** 명
phy·si·a·try [fiziáiətri/fìziǽt-] 명 (의학) 1 =
physical medicine. 2 = physical therapy.
***phys·ic** [fízik] 명 1 하제(下劑)(cathartic); (구어)
약(drug). 2 U (고어) 의술, 의료업. 3 (폐어) 자연
과학. ─ 동卜 (**-icked; -ick·ing**) 1 …에게 약을 먹이
다; …에게 하제를 쓰다. 2 …을 고치다.
‡phys·i·cal [fízikəl] 형 1 육체의, 신체의(ⓐ men-
tal, spiritual). ¶~ beauty 육체미/ ~ punishment
체벌/be in good ~ condition 몸의 컨디션이 좋다. 2
물질(계)의, 물질적인(⇒MATERIAL 유의어); 자연(계)
의. ¶the ~ universe 자연계/~ evidence 물적 증거.
3 물리(학)의, 물리적인; 자연 과학(상)의. ¶~ changes
물리적 변화. 4 (성적 욕망을 가진) 육체의; 성적인, 관
능적인. 5 (사람의 몸을) 만지기를 좋아하는, 호색의. ¶a
~ person 호색한. 6 거친, 난폭한, 격렬한. ¶a ~
sport 격렬한 운동. 7 (컴퓨터) 하드웨어적인, 하드웨어
에 관한.
get physical with ① …으로 몸을 움직이다. ② …
에 체벌을 가하다 (③ (스포츠 따위에서) 상대에 거칠게
부딪히다. ④ (구어) (애정의 표시로) 몸에 접촉하다.
─ 명 (복 **~s** [-z]) 신체 검사, 건강 진단. ¶take a ~
건강 진단[신체 검사]을 받다.
phýsical anthropólogy 명 자연(형질) 인류학.
phýsical áttribute 명 신체적 특징.
phýsical chémistry 명 물리 화학.
phýsical cúlture 명 신체의 단련, 체육.
phýsical distribútion 명 (마케팅) 물적 유통.
phýsical dóuble (stár) 명 (천문) 물리적 이중
성(二重星).
phýsical educátion 명 체육; 체육과(略 PE).
phýsical examinátion [chéckup] 명 =phys-
ical. ¶undergo [or take] a ~ 건강 진단을 받다.
phýsical fítness 명 (육체적인) 건강; 몸매 가꾸
기; 운동(workout).
phýsical fórmat 명 (컴퓨터) 물리 포맷(디스크 포
맷의 제1단계)(low-level format). 「文學.
phýsical geógraphy 명 자연 지리학, 지문학(地
phys·i·cal·ism [fízikəlizm] 명U (철학) 물리(학)
주의. ⓐ mentalism **-ist** 명(형)
phys·i·cál·i·ty [fìzikǽləti] 명 1 (지나치게 발달된
을 때의) 신체적 특징, 몸매. 2 (몸・육체적 요구・식욕을
본위로 하는) 육체 중심주의. 3 육체적 적응 (능력).
phys·i·cal·ize [fízikəlàiz] 동卜 …에 형태[형상]
나타내다; …에 형태[형상]를 부여하다. **-i·zá·tion** 명
phýsical jérks 명 (英구어) 체조(근육・관절 운

동). (또는 **jerks**).
*__phys·i·cal·ly__ [fízikəli] 퇴 1 육체적으로. 2 물질적으로. 3 물리(학)적으로.
__physically challenged__ 명 (the ~) 신체 장애자. (또는 __physically disábled__ [hándicapped]).
__physical máil__ 명 (컴퓨터) 물리적 우편(p-mail).
__physical médicine__ 명 물리 요법(의)학.
__physical science__ 명 자연 과학, 물리학.
__physical thérapy__ 명 =physiotherapy.
  __physical thérapist__ 명 물리 치료사.   ·운동.
__physical tórture__ 명 1 육체적 고문. 2 (속어) 체조,
__physical tráining__ 명 체육, 체력 단련(@ PT).
__physic gárden__ 명 약초원(藥草園).
‡__phy·si·cian__ [fizíʃən] 명 (⊛ ~s [-z]) 1 의사; 내과 의사. 2 (비유적) (질병·번민 따위를) 고치는[덜어주는] 사람[것]. ¶nature as a ~ 번민을 치유해 주는 자연. __~·ship__ 명 의사다운[에 어울리는].
__physícian('s) assístant__ 명 의료 보조원(⊛ PA).
__phys·i·cism__ [fízəsìzm] 명 ⓤ 유물관, 물리 우주관.
*__phys·i·cist__ [fízəsist] 명 물리학자; (고어) 자연 과학자; 유물론자(materialist).
__phys·i·co·chem·i·cal__ [fìzikoukémikəl] 형 물리 화학의, 물리 화학적인[에 관한]. __~·ly__ 퇴
‡__phys·ics__ [fíziks] 명(⊛) (단수취급) ⓤ 1 물리학. 2 물리적 현상[과정, 특성].
__phys·i·o__ [fíziòu] 명 (구어) 물리 요법가[치료사]; 물리 요법(physiotherapy).
__phys·i·o-__ [fíziou, -ziə] 연결 physical, physics의 뜻(* 모음 앞에서는 physi-). ¶ __physiognomy__.
__phys·i·oc·ra·cy__ [fiziákrəsi/-5k-] 명 ⓤ 중농주의. ⓒ mercantilism. __phýs·i·o·cràt__ 명 중농주의자.
__phys·i·og·nom·ic__ [fiziəgnámik/-nɔ́m-] 형 인상(人相)의, 인상학의, 관상술의, 외관의. (또는 __physiognomical__) __-i·cal·ly__ 퇴
__phys·i·og·no·my__ [fiziágnəmi/-ɔ́nə-] 명 1 (성격을 나타내는) 얼굴, 생김새, 인상. 2 ⓤ 인상학, 관상술. 3 (물건의) 외면적 특징, 외형, 지세. 4 (생태) 상관(相觀). ¶the ~ of a mountain 산의 외관(外觀), 산용(山容). __-mist__ 명 인상학자, 관상가.
__phys·i·o·graph·ic__ [fìziəgræfik] 형 지문학[지형학]상의, 자연 지리학의. (또는 __physiographical__)
__phys·i·og·ra·phy__ [fiziágrəfi/-ɔ́g-] 명 1 자연 지리학, 지문학(physical geography). 2 (美) 지형학(geomorphology). 3 기술적(記述的) 자연 과학. __-pher__ 자연지리[지문]학자; 지형학자.   __·o·gy__.
__physiol.__ physiological; physiologist; physiology.
__phys·i·ol·a·try__ [fiziálətri/-ɔ́l-] 명 ⓤ 자연 숭배.
*__phys·i·o·log·i·cal__ [fìziəládʒikəl/-lɔ́dʒ-] 형 1 생리학(상)의, 생리학적인. 2 생리적인; (신체 상태가) 정상인. (또는 __physiologic__) __~·ly__ 퇴
__physiological átmosphere__ 명 =ecosphere.
__physiological phonétics__ 명(⊛) (단수취급) 생리학적 음성학.
__physiological psychólogy__ 명 생리(학적) 심리학.
__physiological sáline [sált solútion]__ 명 (생리) 생리 식염수.
*__phys·i·ol·o·gy__ [fiziálədʒi/-ɔ́l-] 명 ⓤ 1 생리학. 2 (the ~) 생리 기능. __-gist__ 명
__phys·i·o·pa·thol·o·gy__ [fìzioupəθálədi/-θɔ́l-] 명 생리 병리학. __-path·o·lóg·i·cal__ 형
__phys·i·o·ther·a·py__ [fìziouθérəpi] 명 ⓤ 물리 요법[치료]. __-pist__ 명
*__phy·sique__ [fizí:k] 명 1 체격(constitution), 체형. 2 (토지 따위의) 지형, 지세.
__phy·sis__ [fáisis] 명 __-ses__ [-si:z]) 1 자연의 성장[변화] 명; 성장[변화]원으로서의 자연. 2 성장[발육]
__phyt-__ [fait] 연결 ⇨PHYTO-.   [물, 변화물.
__-phyte__ [fait] 연결 growth, plant의 뜻. ¶micro-

__phyte__, osteophyte(골증식체(骨增殖體)).
__phy·to-__ [fáitou, -tə] 연결 plant의 뜻(* 모음 앞에서는 phyt-). ¶ __phytotoxin__.
__phy·to·a·lex·in__ [fàitouəléksin] 명 (생화학) 피토알렉신, 식물 알렉신(식물이 만들어내는 항균질).
__phy·to·chem·i·cal__ [fàitoukéməkl] 명 (~s) 식물 속에 함유된 화학 물질.   「화학.
__phy·to·chem·is·try__ [fàitoukéməstri] 명 식물
__phy·to·chrome__ [fáitəkròum] 명 (식물) 피토크롬 (식물의 생장·개화를 조절하는 색소체).
__phy·to·cide__ [fáitəsàid] 명 식물 고사제(枯死劑), 제초제.   __·cíd·al__ 형   「학[론].
__phy·to·gen·e·sis__ [fàitədʒénəsis] 명 식물 발생학.   「esis.
__phy·to·gen·ic__ [fàitədʒénik] 명 식물 기원의.
__phy·tog·e·ny__ [faitádʒəni/-tɔ́dʒ-] 명 =phytogen-
__phy·to·ge·og·ra·phy__ [fàitoudʒiágrəfi/-dʒiɔ́g-] 명 식물 지리학. __-pher__
__phy·tog·ra·phy__ [faitágrəfi/-tɔ́g-] 명 ⓤ 기술(記述) 식물학. __-pher__ 명   「르몬.
__phy·to·hor·mone__ [fàitouhɔ́ːrmoun] 명 식물 호
__phy·ton__ [fáitɑn/-tɔn] 명 (식물) 조직편(片)(줄기·잎·뿌리 조직 식물체 따위에서 분리되어 새 식물체로 재생할 수 있는 최소 단위).
__phy·to·pa·thol·o·gy__ [fàitoupəθálədʒi/-θɔ́l-] 명 식물 병리학.
__phy·toph·a·gous__ [faitáfəgəs/-tɔ́f-] 형 (동물) 초식성의. __-gy__ 초식(성).   「플랑크톤.
__phy·to·plank·ton__ [fàitouplǽŋktən] 명 식물성
__phy·to·plasm__ [fáitəplæ̀zm] 명 식물 원형질.
__phy·to·san·i·tar·y__ [fàitousǽnətèri/-təri] 형 (특히 농산물에 관한) 식물 위생의. ¶a ~ certificate 식물 검사증.
__phy·to·so·ci·ol·o·gy__ [fàitousòusiálədʒi/-ɔ́l-] 명 ⓤ 식물 사회학(군락학).   「학.
__phy·tot·o·my__ [faitátəmi/-tɔ́t-] 명 ⓤ 식물 해부
__phy·to·tox·ic__ [fàitətáksik/-tɔ́k-] 형 1 식물 독소의. 2 식물에 해로운, 식물의 성장을 저해하는.
__phy·to·tox·i·cant__ [fàitoutáksikənt/-tɔ́k-] 명 식물에 유해한 물질.   「(식물이 만들어내는 독소).
__phy·to·tox·in__ [fàitətáksin/-tɔ́k-] 명 식물 독소
__phy·tron__ [fáitətràn/-tròn] 명 피토트론(일정한 환경 조건하에서 식물의 생육을 관찰하는 장치).
__pi__[1] [pai] 명 (⊛ ~s) 1 파이(그리스 알파벳의 열 여섯째자(∏, π)의 명칭: 로마자의 P, p에 해당). 2 (수학) 파이, 원주율(약 3.1416; ㉮ π).
__pi__[2] 명 (⊛ ~es) 1 ⓤⓒ 뒤죽박죽 뒤섞인 활자. 2 ⓤ 뒤죽박죽, 혼란(jumble). ── 타 (활자 따위를) 마구 뒤섞다; …을 뒤죽박죽이 되게 하다, 혼란시키다.
__pi__[3] 형 (속어어·경멸적) 신앙심 깊은; 도덕가인 체하는.
__PI__ personal income [injury]; photo interpretation [interpreter]; political influence [interest]; position indicator; present illness; principal [private] investigator; program indicator; protamine insulin; Public Information. __pi., Pi.__ piaster. __P.I.__ personal identity; Philippine Islands; principal [private] investigator; programmed instruction.
__PIA__ Pakistan International Airlines(파키스탄 항공).
__pi·ac·u·lar__ [paiǽkjulər] 형 속죄의(이 되는), 죄갚음의; 속죄가 필요한, 죄많은. __~·ly__ 퇴 __~·ness__ 명
__Pi·af__ [piá:f/F pjaf] 명 __Edith__ ~ 피아프(1915-63: 프랑스의 샹송 가수).
__piaffe__ [pjæf] 명 (馬術) 피애프(trot보다 조금 느린 걸조). ── 자 (말이) 느린 구보 걸음을 하다. ── 타 (말) 느린 구보 걸음을 시키다.
__Pi·a·get__ [pjɑːʒéi, pìə-] 명 __Jean__ ~ 피아제(1896-1980: 스위스의 아동 심리학자). __~·ian__ [-ən] 형명
__pi·a ma·ter__ [páiə méitər] 명 (보통 the ~) (해부)

유막(柔膜), 연막(軟膜). 〔<L〕
PIANC Permanent International Association of Navigation Congresses(상설 국제 운항 회의 협회).
pi·a·nette [piːənét/piə-] 圏 《英》 소형 수직형 피아노.
pi·a·ni·no [piːəníːnou/piə-] 圏 =pianette.
pi·a·nism [piːənizm, piǽnizm/píənizm] 圏Ⓤ 1 피아노 연주; 피아노 연주 기술[기교]. 2 피아노곡 작곡 기법; 피아노용 편곡(법).
pi·a·nis·si·mo [piːənísəmòu] 〔음악〕 圏 피아니시모의, 최약주(最弱奏)의. ── 凰 피아니시모로, 아주 약하게(⇔ pp, ppp). ── **s, -mi** [-miː]) 최약주부, 피아니시모. 凰 fortissimo 〔<It〕
‡**pi·an·ist** [piǽnist, pjǽn-, píːən-/píː(ː)ən-] 圏 1 피아노 연주자, 피아니스트. 2 《英속어》 방송 기술사.
‡**pi·an·o¹** [piǽnou, pjǽnou] 圏 (~s [-z]) 피아노; U 피아노 치기[연주]; U 피아노 곡(曲). ¶ play (on) the ~ 피아노를 치다. 〔<pianoforte〕
pi·a·no² [piːɑ́ːnou] 〔음악〕 圏 부드러운, 약음의 (soft). ── 凰 부드럽게, 약하게(⇔ p, pp.). ── 圏 (~**s, -ni** [-niː]) 부드럽게 연주되는 악절(樂節). 凰 forte
piáno accórdion 圏 건반 아코디언, 손풍금.
piáno bàr 圏 피아노 바(피아노 생연주를 들려주는 바).
piáno bènch 圏 벤치형 피아노 의자.
piáno duèt 圏 피아노 연탄(連彈)[이중주](곡).
pi·an·o·for·te [piǽnəfɔ̀ːrt, piǽnəfɔ́ːrti/piǽn-oufɔ́ːti] 圏 =piano¹.
piáno hìnge 圏 연속 경첩.
Pi·a·no·la [piːənóulə/piə-] 圏 《상표》 피아놀라(미국산 자동 피아노); (p-) 자동 피아노; 손쉬운 일.
piáno lègs 圏(복) (여성의) 굵은 다리, 무다리.
piáno òrgan 圏 손잡이 회전식 오르간. 「장치」.
piáno plàyer 圏 1 =pianist 1. 2 자동 피아노 연주
piáno quartét 圏 1 피아노 4중주(곡)(피아노·바이올린·비올라·첼로로 합주한다). 2 피아노 4중주단.
piáno quintét 圏 1 피아노 5중주(곡)(피아노와 4개 악기(대개는 현악기)로 합주한다). 2 피아노 5중주단.
piáno ròll 圏 피아노 롤지(紙)(천공(穿孔)으로 음을 기록한 자동 피아노용의 튼튼한 롤지(紙)).
piáno stòol 圏 피아노 의자. 「로로 합주」.
piáno trìo 圏 피아노 3중주(곡)(피아노·바이올린·첼
piáno tùner 圏 피아노 조율사.
piáno wìre 圏 피아노 줄[현].
PIARC Permanent International Association of Road Congresses(상설 국제 도로 회의 협회). **pias.** piaster(s).
pi·as·ter, (英) -tre [piǽstər, -áːs-] 圏 피아스터. 1 레바논·수단·시리아·이집트의 통화 단위(100분의 1 파운드). 2 스페인·터키의 옛 은화.
pi·at [piːǽt, -ɑːt, páiæt] 圏 대전차포. 〔<projector infantry antitank〕
pi·az·za [piǽzə, -áːzə/-ǽtsə] 圏 1 (이탈리아 도시의) 광장, 네거리; 시장. 2 《美》 포치, 베란다. 3 《英》 (광장·주변·건물 전면의) 아케이드, 회랑(回廊). 〔<It〕
PIB Publishers Information Bureau.
pi·bal [páibəl] 圏 〔기상〕 탐색 기구(에 의한 관측).
pí bònd 圏 〔화학〕 파이(π) 결합.
pi·broch [píːbrɑx, -brɑk/-brɔx, -brɔk] 圏 피브로크(스코틀랜드인들이 bagpipe로 연주하는 씩씩한 곡).
pic [pik] 圏 (圏 **pix** [piks], ~**s**) 《美속어》 1 영화. ¶ a ~ arena 영화관. 2. 〔저널리즘〕 사진. 〔<picture〕
PIC 〔컴퓨터〕 personal identification code; program interrupt control. **pic.** piccolo: picture.
pi·ca¹ [páikə] 圏 〔인쇄〕 1 U 파이카(12포인트 활자). ¶ small ~ 11포인트 활자. 2 파이카 활자의 세로의 길이(약 4mm; 250의 1).
pi·ca² [páikə] 圏 〔병리〕 이식증(異食症)(분필·흙·숯 따위 음식이 될 수 없는 것을 먹고 싶어하는 도착 식욕).
pic·a·dor [píkədɔ̀ːr] 圏 기마 투우사. 〔<Sp〕

pic·a·nin·ny [píkənìni] 圏凰 =pickaninny.
pic·a·resque [pìkərésk] 圏 (소설의) 악한(惡漢)을 주제로 한; 악한의. ¶ a ~ novel 악한 소설. ── (the ~) 악한 주제물(主題物)(식의 것); 악한, 건달.
pic·a·ro [píː(ː)kərou] 圏 《古》 악한; 도둑, 산적; 해적; 해적선. ── 凰 도둑[해적, 산적]질을 하다.
Pi·cas·so [pikɑ́ːsou/-kǽs-] 圏 **Pablo** ~ 피카소 (1881–1973: 프랑스에서 활약한 스페인 태생의 화가·조각가).
pic·a·yune [pìkijúːn, pìkə-] 圏 1 피카윤(옛날 미국 남부에서 통용된 스페인의 소액권 화폐; 미화 약 5센트). 2 《美》 잔돈(5센트 주화 따위). 3 《구어》 하찮은 사람[것]. ¶ That's not worth a ~. 그것은 하찮은 것이다. ── (또는 picayunish) 《美구어》 1 얼마 안되는, 조금의; 쓸모없는, 시시한. ¶ a ~ amount 소량. 2 제좀한, 인색한; 마음이 편협한.
  -yún·ish·ly ── **-yún·ish·ness**
Pic·ca·dil·ly [pìkədíli] 圏 1 피커딜리가(街)(영국 런던의 Westminster구의 번화가). 2 (the ~) 피커딜리 극장(1의 근처에 있음). 「의 원형 광장」
Piccadílly Círcus 圏 피커딜리 광장(런던 중심부
Piccadílly commándo 圏 《속어》 런던의 매춘부. 「가 든 야채 절임」.
pic·ca·lil·li [píkəlìli] 圏Ⓤ 피커릴리(인도의 향신료
pic·ca·nin·ny [píkənìni] 圏凰 =pickaninny.
pic·co·lo [píkəlòu] 圏 (~**s**) 피콜로(소형 flute). ── 圏 (악기가) 보통 크기보다 작은. ¶ a ~ piano 소형 피아노. **~·ist** 圏 피콜로 연주자. 〔=paisa.
pice [pais] 圏 (圏 ~) 파이스(인도의 옛 동화(銅貨))
pich·i·ci·a·go [pìtʃisiáːgou, -éig-] 圏 (~**s**) (남미 남부산(産)의 작은 아르마딜로(armadillo).
‡**pick¹** [pik] 圏 (~**ed** [-t]) 佉 1 ⋯을 (신중하게) 고르다(choose), 가려내다, 정선하다(from). ⇒CHOOSE 〔유의어〕 ¶ ~ one's words 말을 골라서[신중히] 하다. 2 (뾰족한 것으로) ⋯을 쑤시다, 쪼다; ⋯을 쪼아서 파다; (쪼아서) ⋯에 구멍을 내다. ¶(~+目+前+名) ~ the ground with a pickax 곡괭이로 땅을 파다. 3 〔결점 따위〕를 찾아내다. ¶ ~ a flaw 흠을 들춰내다. 4 〔이·코 따위〕를 후비다; 〔가시 따위〕를 뽑아내다 (from, out of). ¶ ~ one's ear[nose] 귀[코]를 후비다 // ~ a thorn out of one's finger 손가락에서 가시를 뽑아내다.
5 (새)의 깃털을 뽑다, (과일)의 껍질을 벗기다. ¶ ~ a goose (요리하기 위해) 거위의 깃털을 뽑다 / ~ corn 옥수수 껍질을 벗기다.
6 〔꽃·과일 따위〕를 하나하나 따다, 꺾다; ⋯을 하나하나 채집하다; (밭에서) ⋯을 수확하다. ¶ ~ flowers[strawberries] 꽃[딸기]을 따다. 7 (새가) (모이)를 쪼다; (동물이) ⋯을 조금씩 뜯어먹다, (뼈에서) (살)을 뜯어내다; (식욕이 없어서) ⋯을 조금씩 먹다, 가려서 먹다. ¶ ~ worms[grains] 벌레[곡식]을 쪼아먹다 / ~ a meal 식사를 조금 하다 // He ~ed the meat off the bone. 그는 뼈에 붙은 살을 조금씩 뜯어먹었다. 8 〔섬유 따위〕를 가리다, (엉클어진 것)을 풀다; 찢어발기다. ¶ ~ rags 누더기 천을 풀다. 9 〔사건〕의 계기를 만들다; 〔싸움 따위〕를 걸다; ⋯을 도발하다. 10 (호주머니·가방 따위에서) ⋯을 꺼내다; (알맹이)를 슬쩍 훔치다; (남의 생각 따위)를 훔치다. ¶ ~ a pocket 소매치기하다. 11 (뾰족한 것으로) (자물쇠·금고 따위)를 비틀어 열다[따다]. ¶ ~ a lock with a hairpin 머리핀으로 자물쇠를 열다. 12 《美》 〔음악〕 〔현악기〕를 타다. ¶ ~ a banjo 밴조를 울리다.
── 自 1 (뾰족한 것으로) 찌르다, 쪼다; 쪼아서 파다; 쪼아먹다. 2 고르다; 가려내다; 까다롭게 가리다. 3 조금씩 먹다; 음식을 가려먹다 (at). 4 좀도둑질을 하다. 5 (꽃·과일 따위가) 따기 쉬운 상태이다. ¶ the ~ing season 수확 철 / Grapes ~ easily. 포도는 따기 쉽다. 6 홈을 들춰내다; 잔소리를 하다 (at,

about). **7** 《美》 (기타 따위의) 악기를 퉁기다, 연주하다. **8** (잉크 따위로) 얼룩지다.

have a bone to pick with *a person* 남에게 불만 「[할 말]이 있다.

One ***can really*** [or ***sure knows how to***] ***pick 'em.*** 《美속어》 《보통 비꼬아》 정말로 눈이 높아져 있 「다.

pick a bone with …와 다투다, 논쟁하다.

pick acquaintance with *a person* 남과 우연히 알게 되다[친해지다].

pick a crow with *a person* 《美속어》 남에게 톡톡히 따지다.

pick a hole [or ***holes***] ***in*** …의 흠을 들춰내다.

pick and choose 신중히 고르다; 까다롭게 가리다.

pick and steal 좀도둑질하다.

pick…apart; pick [or ***pull***]***…to pieces*** ① …을 갈기갈기 찢다; …을 풀어 헤치다. ② 〔사람·사물〕의 흠을 들추다, …을 깎아내리다, 혹평하다.

pick *a person's* ***brains*** 남의 지혜를 빌리다.

pick *a person* ***up on*** …건으로 남에게 주의를 주다, 남을 나무라다.

pick a quarrel [or ***fight***] ***with*** …에게 싸움을 걸다.

pick at ① …을 조금씩 먹다; 〔음식〕을 가려먹다. ② 《美구어》 (집요하게) …의 흠을 들추다; …에게 잔소리를 하다(nag at). ③ …을 희롱하다, …을 (손가락으로) 만지작거리다.

pick away ① …에 구멍을 내다. ② …을 따내다.

pick…clean 〔장소〕에서 살짝 빠져 나가다; 〔뼈 따위〕에서 고기를 깨끗이 발라먹다; …에서 모조리 제거하다 (*of*).

pick 'em up and lay 'em down 《美속어》 (빨리) 달리다; 춤추다.

pick in ① 〔그림〕에 개칠하다. ② 《방언》 〔빨래 따위〕를 걷어들이다.

pick it 〔야구〕 잘 지키다.

pick it up 《구어》 재빠르게 움직이다[일하다].

pick off ① …을 잡아[비틀어] 떼다. ② …을 쏘아맞히다, 하나씩 겨누어 쏘다. ③ 〔야구〕 〔주자〕를 견제구로 터치 아웃시키다; 〔구기〕 〔상대방의 패스〕를 가로채다.

pick on ① …을 선택하다; 〔사람〕을 지명해서 …시키다. ② 《구어》 …을 비난[혹평]하다; …을 집적거리다, 괴롭히다.

pick *oneself* ***off*** (넘어졌다가 서서히) 일어나다.

pick *oneself* ***up*** (넘어졌다가) 일어서다; 《비유적》 회복하다.

pick *one's* ***way*** [or ***steps***] 조심해서 걷다.

pick out ① …을 선택하다. ② …을 쪼아내다, 파내다; …을 뽑아내다. ③ (주위의 물건 중에서) …을 구분하다, …을 듣고 분간하다; …을 식별하다. ¶ ~ *out* one's friend in an audience 청중 속에서 친구를 분간해 내다. ④ (꼼꼼하게 조사하여) 〔의미〕를 해석하다. ⑤ 〔곡〕을 들은 기억대로 연주하다. ⑥ …을 장식하다(deck out); (바탕과 다른 빛깔을 가두리 따위에 칠하여) …을 돋보이게 하다 (*with*, *in*).

pick over ① 〔최상의 것〕을 골라내다, 정선(精選)하다. ② 〔꽃·과일 따위〕를 (따서) 준비하다.

pick sides (경기의) 편을 짜다.

pick spirit 원기를 되찾다.

pick…to pieces =*pick…apart*.

pick up ① …을 집어[들어]올리다; 긁어 모으다 (*from*, *off*). ② 〔건강·기운 따위〕를 되찾다, 회복하다, 향상[증진]하다. ¶ ~ *up* one's courage [spirits] 용기[기운]를 내다 / ~ *up* flesh (앓고 난 뒤) 살이 전처럼 오르다. ③ (우연히) …을 몸에 익히다; 〔정보 따위〕를 입수하다. ¶ ~ *up* information 정보를 입수하다 / ~ *up* a bad habit (우연한 일로) 나쁜 버릇이 붙다. ④ 〔언어 따위〕를 듣고 기억하다. ⑤ (배·차량 따위로) 〔사람·물건 등〕을 도중에서 태우다[마중나가다], 〔손님·차〕를 잡다. ¶ I'll ~ you *up* at your hotel. (자동차로) 당신을 호텔까지 모시러 가겠습니다. ⑥ (라디오·망원경·레이더·탐조등 따위로) …을 포착하다. ⑦ 속도를 내다. ⑧ 《美》 〔방〕을 정돈하다; 뒤처리하다. ¶ ~ *up* the pieces 뒤처리하다. ⑨ 〔중단했던 일 따위〕를 다시 시작하다, 계속하다; 〔벗어났던 길〕에 다시 들어서다. ¶ ~ *up* route 10 또 다시 10번 국도에 들어서다. ⑩ 《구어》 〔남〕과 우연히 알게 되다; 《美구어》 〔여자〕를 유혹하다, 〔여자〕와 친하게 되다(*with*). ⑪ 《속어》 …을 체포하다; …을 훔치다(steal). ⑫ 《구어》 (식당 따위에서) 〔계산서〕를 지불하다. ⑬ 〔골프〕 〔공〕을 줍다. ⑭ (곡괭이로) 〔굳은 땅〕을 파다. ⑮ 〔돈〕을 벌다. ⑯ 〔남〕을 (…때문에) 꾸짖다(*on*). ¶ He ~*ed* her *up on* her table manners. 그는 그녀의 테이블 매너를 비난했다. ⑰ 〔질병 따위〕에 걸리다.

pick up and leave 《구어》 짐을 꾸려서 훌쩍 돌아 가다[갑자기 나가 버리다].

pick up a scanty livelihood 가난[구차]한 생활을 하다.

pick up heart [or *one's* ***courage***] 기운이 나다, 기운을 차리다.

pick up on 《구어》 ① 〔남의 감정 따위〕를 이해하다, 알아차리다. ② …에 주의하다. ③ …에 덧붙이다.

pick up *one's* ***feet*** 힘차게[발을 높이 들고] 걷다.

pick up with …와 사귀다, 다시 사귀기 시작하다.

—[명] **1** 고르기, 선택; 선택권. ¶ have [*or* take, get] one's [*or* the] ~ of …의 선택권을 갖다, …을 뜻대로 고르다. **2** 선택된 사람[것]; (the ~) 정선(精選), 정예(精銳). ¶ the ~ of the tennis players of the world 세계 유수의 테니스 선수들. **3** (뾰족한 것으로) 한번 찌르기, 쪼아서 파는 일. **4** (작물의) 수확량. ¶ the ~ of strawberry 딸기의 수확량. **5** 한줌의 음식물; 소량. **6** 〔인쇄〕 (활자·인쇄면의) 티, 부착물; 인쇄면의 때, 얼룩. **7** (그림의) 고치기, 다듬기.

give *a person his* ***pick of*** 남에게 …의 선택권을 부「여하다.

have the first pick of …을 제일 먼저 고를 수 있는 권리가 있다.

take *one's* ***pick*** 마음에 드는 것을 골라잡다.

the pick of the basket [or ***bunch***] 최우량품, 정「선품.

pick² [명] **1** 《종종 복합어로》 쪼는[후비는] 도구; 이쑤시개. **2** 자물쇠를 비틀어 여는 도구(picklock). **3** 곡괭이. **4** (악기의) 발목(撥木), 피크(plectrum).

pick·a·back [píkəbæ̀k] [부][형] =piggyback.

píckaback plàne [명] (모(母)비행기의 등에 얹혀서 이착륙하는) 자(子)비행기.

pick-and-shov·el [-ənʃʌ́vəl] [형] (일이) 힘든, 단「조롭고 고된.

pick·a·nin·ny [píkənìni] [명] 《경멸적》 (흑인) 어린이; 《익살》 (일반적으로) 어린이. **—**[형] 작은, 어린이의. (또는 **pic(c)aninny**)

pick·ax(e) [píkæ̀ks] [명] 곡괭이. **—**[동][타] …을 곡괭이로 파다[제거하다]. **—**[자] 곡괭이를 쓰다.

picked¹ [pikt] [형] 골라낸; 정선된; 깨끗이 한, (털·껍질 따위를) 제거한.

pick·ed² [píkid, pikt] [형] 《英·방언》 가시[침]가 있는(spiny); 끝이 뾰족한(pointed).

pick·el [píkəl] [명] (등산용) 피켈(ice ax). 〔<G〕

pick·er¹ [píkər] [명] **1** 쪼는[후비는] 사람[것, 새]. **2** (꽃·과일 따위를) 따는[꺾는] 사람, 채집자. **3** 양털 깎는[솜 타는] 기계. **4** 〔주조〕 주형(鑄型) 벗기는 도구. **5** 소매치기; 좀도둑. **6** (기타 따위의) 연주자.

pick·er² [명] 〔직물〕 피커, 개모기(開毛機); 피커 조작「자.

pick·er·el [píkərəl] [명] (복 ~(**s**)) 《美·캐나다》 (소형의) 꼬치고기; 《英》 꼬치고기의 새끼.

pick·er·el·weed [píkərəlwìːd] [명] (미국산(產)) 물옥잠과(科) 수초의 총칭.

pick·er-up·per [píkərʌ́pər] 《구어》 **1** (물건을) 줍는 사람, (정보·뉴스 따위의) 수집자; 줍는 것, 수집 장치. **2** 원기를 돋우는 것[음식물]; 기운 북돋우기.

***pick·et** [píkit] [명] **1** 말뚝. ¶ drive a ~ into the ground 땅에 말뚝을 박다. **2** (노동 쟁의중에 이탈자를 경계하기 위한) 감시원, 피켓; 데모대, 데모 참가자. **3**

picket boat

〖군사〗 전초(前哨), 초병; 초계기[정]; 〖집합적: 단·복수 양용〗 경계 부대. **4** 길고 끝이 뾰족한 탄환. **5** = ~ line. *cross the picket* 경계선을 돌파하다. *half the pickets are missing from a person's fence* 《美俗語》정신이 이상하다. 머리가 돈 상태다. ── 〖他〗 **1** …을 목책으로 두르다. …의 수비 태세를 펴다. **2** 〖동물〗을 말뚝에 매다. **3** 〖공장 등〗에 피켓[감시]선을 치다, 〖노동자 등〗을 감시하다. **4** 〖군사〗에 전초를 배치하다. ── 〖自〗 **1** 피켓을 치다. **2** 〖군사〗 전초 근무를 하다.

~·er 〖명〗

pícket bòat 〖명〗 항만 초계정.
pícket fénce 〖명〗 울짱, 목책(木柵).
pícket line 〖명〗 **1** 〖파업 때 노조측 감시선(線), 피켓라인. **2** 〖군대〗 전초선; 경계선. **3** 말을 매는 밧줄.
pícket pin 〖명〗 말을 매는 말뚝.
pícket ship 〖명〗〖군사〗 초계함, 초계기; 미사일 감시선(船).

***píck·ing** [píkiŋ] 〖명〗〖U〗 **1** 선택, 선별; 〖광산〗 대충 고르기, 손으로 고르기. **2** (곡괭이로) 파기; 후비기. **3** 따기, 채취, 수확; 〖C〗 채취물, 채취량. **4** 좀도둑질; 〖자물쇠 따위를〗 비틀어 열기. **5** (~s) 따고 남은 것, 떨어진 이삭; 〖음식물의〗 찌꺼기. **6** (~s) 훔친 물건; (부정한) 부수입, (세)벌이. **7** 실구운 벽돌.

***píck·le**[1] [píkl] 〖명〗 **1** (보통 ~s) (오이 따위 채소의) 절인 것, 피클. **2** 〖U〗 (생선·채소 따위를 절이는) 간물. **3** 〖야금〗 (금속 따위를 세척하는) 묽은 산수(酸水). **4** (a ~) 〖구어〗 난처한 입장, 곤경, 당혹; 난잡.〖英〗 be in a pretty ~ 곤경에 빠지다. **5** 〖英구어〗 장난꾸러기; 《美俗語》비뚤어진 녀석; 보기 싫은 놈. **6** 《美俗語》 만(晩). *in pickle* 준비가 다 되어(*for*). ── 〖他〗 **1** (소금·간물에) …을 절이다. **2** (금속을) 묽은 산수로 세척하다. **3** 〖製呢〗(남의 등)에 소금[식초]을 문질러 바르다. **4** (그림)에 고색(古色)을 띠게 하다.

pick·le[2] 〖스코·北英〗 (곡식의) 한 알; 소량.〖I got my ~ meal. 그는 식사를 아주 조금 들었다. 〗[한.

pick·led [píkld] 〖형〗 **1** 간물에 절인. **2** 〖속어〗 술에 취
píckle párk 〖美俗語〗 (트럭 운전기사 사이에서) 연도(沿道)의 휴게소. 〖한 녀석. 〗

pick·le·puss [píklpùs] 〖美俗語〗 무뚝뚝[음침]
pick·lock [píklàk/-lɔ́k] 〖명〗 자물쇠를 비틀어 여는 사람; 도둑(burglar); 자물쇠를 비틀어 여는 도구.

pick-me-up [ˈmìːʌp] 〖구어〗 기운을 돋우는 것 (술·커피·드링크·영양제 따위); 흥분제, 각성제. (또는 pickup, picker-úpper)

pick'n'mix [píkənmíks] 〖형명〗 잡다하게 뒤섞은 (것); (과자 따위) 여러 가지를 한데 섞은 (것). (또는 **píck-and-míx**)

pick-off [ˈɔːf/-ɔ́f] 〖명〗 **1** 〖야구〗 (견제구에 의한) 터치 아웃. ¶make a ~ throw 견제구를 던지다. **2** 〖전자〗 픽오프(기계적 운동을 감지하여 그에 대응하는 전기 신호를 발하는 장치).

***pick·pock·et** [píkpàkit/-pɔ̀k-] 〖명〗 소매치기. ── 〖他〗 (지갑·돈 따위를) 소매치기하다.

pick·proof [píkprúːf] 〖형〗 (자물쇠가) 비틀어 열지 못하게 설계[제작]된. 〖식물〗 냉이.

pick·purse [píkpəːrs] 〖명〗 **1** 〖고어〗 소매치기. **2**
pick·some [píksəm] 〖형〗 입(성미)이 까다로운.
pick·thank [píkθæŋk] 〖고어〗 아첨꾼.

***pick·up** [píkʌp] 〖명〗 **1** 픽업(상품 집배용 소형 무개(無蓋) 트럭); (자동차 따위의) 가속(加速)(능력). ¶a sport car with good ~ 가속력이 뛰어난 스포츠카. **2** 〖UC〗 (화물·우편물 따위의) 수집, 집배; (객차·선박 따위의) 승객을 태우는 일. ¶make a daily ~ 매일 수집[집배]하다. **3** 〖UC〗 적하물; 승객; (무료) 편승자(hitch-hiker). **4** 〖구어〗 (보통 a ~) (경기·건강 따위의) 호전, 회복; 〖형〗. ¶a ~ in sales 매상 증가[회복], **5** 《美俗語》=pick-me-up. **6** (크리켓) 쇼트 바운드된 볼을 때리기; 〖야구〗 (빠르게 굴러가는 공을) 잡아 올리기. **7** 〖라디오·TV〗 소리나 빛을 전파로 바꿈; 그 장치; 방송 현장, 방송 중계 장치; (음파·전파의) 간섭; (레코드 플레이어의) 픽업. **8** 〖구어〗 어쩌다 우연히 만난 사람; (정사를 목적으로) 남은 여자[남자], 불량난 상대; 매춘부; 여자[남자] 낚기. **9** 습득물, 횡재, 우연히 사들인 물건. **10** (있는 재료로 만든) 즉석 요리. **11** (음약) 상박(上拍). **12** 〖속어〗 체포(arrest); 도둑.
── 〖형〗 **1** 긁어모은 사람[것]에 의한, 급조한, 즉석의. ¶a ~ dinner 즉석 식사. **2** 미리 알게 된; 일시적인.

píckup árm 〖명〗 =tone arm.
pick-up líne 〖명〗 (여자를 유혹하는[꼬시는] 말.
pick-up mán 〖명〗 **1** 도둑, 특히 치기배. **2** 《美》 (내기 따위에서) 내기 돈 걷는 사람.
píckup ròpe 〖명〗 (글라이더의) 이륙용 밧줄.
píckup trúck 〖명〗 픽업 트럭.
píckup túbe 〖명〗 〖전자〗 촬상관(撮像管).
píck·wick [píkwik] 〖명〗 (램프의) 심지 돋우개.
Píck·wick·i·an [pikwíkiən] 〖형〗 피크위크(Pickwick)(식(式))의 소박하고 정이 많은, 착하고 익살이 풍부한; (용어가) 특수한 의미를 가진. 〖담의 뜻으로. 〗
in a Pickwickian sense 보통과는 다른 의미로, 농 〖<C. Dickens작 *The Pickwick Papers*의 주인공〗

pick·y [píki] 〖형〗 (사소한 일에) 법석을 떠는, 《美俗語》 몹시 별나고[까까다롭게] 구는. **píck·i·ness** 〖명〗
pick your ówn 〖명〗 (농장 등에서 손님이 과일 따위를 자기 스스로 따는 방식의(형 PYO). (또는 **pick-your-ówn**)
pic·lo·ram [píklərèm, páik-] 〖명〗 피클러램(고엽제 (枯葉劑).〖<*pico*line + *chlor* + *amine*〗

‡**pic·nic** [píknik] 〖명〗 피크닉, (보통 각자 음식을 지참하는) 소풍; 〖美〗 정원[옥외] 파티[회식]. ¶have a ~; go on [*or* for] a ~ 피크닉을 가다. **2** (a ~, the ~) 〖구어〗 (부정문에서) 즐거운 신나는[경험], 쉬운 일거리. **3** (또는 ~ hám) 돼지의 어깨살. 〖것 아니다. 〗
It's no picnic. 이건 놀이[장난]가 아니야; 이건 수월
── 〖自〗 (*-nicked* [-t]; *-nick·ing*) **1** 피크닉가다[에 참가하다], 도시락을 가지고 소풍을 가다. **2** 야외에서 도시락을 먹다, 피크닉식의 식사를 하다. ── 〖他〗 …을 피크닉으로 즐겁게 해주다.
── 피크닉(용)의.
-nick·er 〖명〗 소풍[행락]객. **-nick·y** 〖형〗

pícnic gròund[àrea] 〖명〗 (취사 시설이 갖춰진) 피크닉장(場). 〖블. 〗
pícnic táble 〖명〗 (피크닉장에 설치된) 피크닉용 테이
pic·nom·e·ter [piknámətər/-nɔ́m-] 〖명〗 비중병(比重瓶). (또는 **pycnometer**)

pi·co- [piːkou, -kə, pái-] 〖연결〗「10^{-12} (1조분의 1)」의 뜻. ¶*pico*gram, *pico*meter.
pi·co·cu·rie [píːkəkjuəri/-kjúəri] 〖명〗 피코퀴리(방사능의 단위; 1조분의 1퀴리; 형 pCi, pc).
pi·co·far·ad [píːkəfærəd, -ræd] 〖명〗 〖전기〗 피코 패러드(정전(靜電) 용량의 단위; 1조분의 1패러드; 형 pF, pf)
pi·co·gram [píːkəgræm, pái-] 〖명〗 피코그램(1조분의 1(10⁻¹²)그램; 형 pg). 〖분의 1미터. 〗
pi·co·me·ter [píːkəmiːtər, pái-] 〖명〗 피코미터(1조
pi·cor·na·vi·rus [píːkɔːrnəvàiərəs, -ˌ-ˌ-ˌ-] 〖명〗 피코르나바이러스(리보핵산을 지닌 바이러스군(群)).
pi·co·sec·ond [píːkəsèkənd, pái-] 〖명〗 피코세컨드(1조분의 1초; 형 pps, psec).
pi·cot [píːkou] 〖명〗 피코(레이스 따위의 가장자리 고리 장식). ── 〖他〗 (…에) 피코를 달다. 〖<F〗
pi·c·o·tee [pìːkətíː] 〖명〗 〖식물〗 피코티(꽃잎에 빨간 두리가 있는 카네이션·튤립 등의 변종).
pic·quet [pikít] 〖英〗 = picket.
pic·ric [píkrik] 〖형〗 피크르산의.
pícric ácid 〖화학〗 피크르산(탈황(脫黃) 촉매제
pic·rite [píkrait] 〖명〗〖U〗 〖광물〗 피크라이트(휘석(輝石)과 감람석(橄欖石)을 주성분으로 한 입상(粒狀) 화성암).

PICS production *i*nformation and *c*ontrol system(생산 정보 관리 시스템).

Pict [pikt] 명 픽트인(人)(브리튼 섬의 고대 민족).

pict. pictorial; picture. 「픽트어; 픽트 문화의.

Pict·ish [píktiʃ] 명 픽트어(語). ── 형 픽트인의.

pic·to·gram [píktəgræm] 명 그림 문자, 그림 도표.

pic·to·graph [píktəgræf, -grɑ̀ːf] 명 **1** 그림 문자, 상형(象形) 문자. ⇨ CUNEIFORM 그림. **2** 〔통계〕 그림 도표, 통계 도표. **-gráph·ic** 형 **-gráph·i·cal·ly** 부

pic·tog·ra·phy [piktɑ́grəfi/-tɔ́g-] 명 그림 문자에 의한 기록; 상형 문자 기술[기록]법.

***pic·to·ri·al** [piktɔ́ːriəl] 형 **1** 그림의; 그림으로 나타낸. ¶ ~ art 회화. **2** 그림이 들어 있는. ¶ a ~ weekly 주간 화보(畫報). **3** 화가의. **4** 그림 같은, 생생한(vivid). ¶ a ~ description 생생한 묘사. ── 명 **1** 화보[사진이 들어간 잡지[신문]; (잡지의) 사진 위주 기사, 화보. **2** 그림 우표. **-ly** 부 **~ness** 명

pic·to·ri·al·ism [piktɔ́ːriəlìzm] 명 **1** (미술) 알기 쉬운 또는 구체적인) 그림을 그리기[사용하기]. **2** 영상 중심주의. **-ist** 명

pic·to·ri·al·ize [piktɔ́ːriəlàiz] (* 〔英〕 -ise) 타 …을 회화화(繪畫化)하다; …을 회화적으로 표현하다. **-i·zá·tion** 명

‡**pic·ture** [píktʃər] 명 (⊛ ~s [-z]) **1** 그림, 회화, 도화(drawing), 판화(print); 초상(肖像). ¶ a full-size ~ 전신사 / frame a ~ 그림을 액자에 넣다. **2** 사진(photograph). ¶ a souvenir ~ 기념 사진 / develop [take] ~s 사진을 현상하다[찍다]. **3** (거울·수면에 비친) 상(像); (렌즈를 통해 잡은) 영상; (a ~) 심상(心象), 이미지. ¶ recall a ~ of the event 그 사건을 회상하다. **4** 생생한 묘사, 서술. ¶ Kipling gives us realistic ~s of Indian life. 키플링은 우리에게 인도의 생활을 생생하게 묘사해 주고 있다. **5** (英구어) (cinema(주로英) film); (the ~s) (英) (흥행으로서의) 영화(movies); 영화관; (~s) 영화계[산업]. ¶ go to the ~s 영화를 보러 가다. **6** (the ~, a ~) (영화·TV·컴퓨터 등의) 스크린, 화면, 화질. ¶ get a clear ~ with this dish 이 접시형 안테나의 설치로 화면이 깨끗해진다. **7** (a ~) 그림같이 아름다운 것, 미인; 아름다운 경치. ¶ She is a ~ in her new dress. 새옷을 입은 그녀의 모습은 그림처럼 아름답다. **8** 판에 박음, 꼭 닮은 사람[것] (*of*). ¶ She is the ~ *of* her mother. 그녀는 어머니를 쏙 빼닮았다. **9** (a ~, the ~) (어느 성질·상태·등의) 구현화된 것, 권화(權化), 화신 (*of*). ¶ He is the very ~ *of* health. 그는 건강의 화신이다. **10** 〔병리〕 증상의 종합 상태, 용태. **11** (the ~) 전체적인 상황, 실태, 실상, 정세; 상황 파악. ¶ You should look at the big ~. 사물을 대국적으로 파악해야 한다. **12** 〔연극〕 활인화(活人畫)(living ~). **13** (~s) (美속어) 차도 속도 위반 측정 장치를 사용한 자동차 속도 체크. ¶ Smokey's taking ~s. 경찰이 (레이더로) 속도 체크중(이다).

blacken the picture 실제보다 나쁘게 말하다.

come [or **enter**] **into the picture** 등장하다; 두드러지게 되다, 중요해지다; 재미있게 되다.

Do I have to paint [or **draw**] **(you) a picture?** (美속어) 아직 이해가 되지 않느냐?

draw [or **paint**] **a picture** (구어) 설명하다.

draw the king's [or **queen's**] **picture** (속어) 위조 지폐를 만들다.

get into the picture 등장하다, 역할을 맡다.

get the picture 뜻을 파악하다, 전모를 알게 되다.

give a picture of …을 묘사하다.

go out of the picture 문제가 되지 않게 되다, 관련이 없게 되다. 「픽(퍽) 찍다.

have [or **get**] *one's* **picture taken** (자기) 사진을

in pictures (美구어) 영화에 나와서.

in the picture ① 마침 현장에 있는; 관계가 있는. ② 사실(사정)을 잘 알고 있는, 최신 정보에 밝은. ③ 두드러진; 중요한.

out of the picture ① 관계가 없는; 사실을 잘 모르는. ② 주목받지 못하고 있는, 중요하지 않은. ③ 빗나간, 잘못 짚은.

see pictures in the fire 난로 불꽃을 보면서 여러 가지 상념에 잠기다; 명하니 불꽃을 바라보다.

sit for *one's* **picture** (자기) 초상화를 그리게 하다.
── 통타 (~s [-z]; ~d; -tur·ing) **1** …을 그리다, …을 그림[사진]으로 나타내다, 묘사하다 (*as*). ¶ ~ the system 그 시스템을 도해하다. **2** …을 마음속에 그리다, 상상하다. ¶ (~+目+젠+名) Just ~ *to* yourself what it is to be poor. 가난하다는 것이 어떤 것인가 생각해 보아라 // (~+目+-ing) I couldn't ~ myself *doing* such a thing. 내가 그런 짓을 한다는 건 상상도 할 수 없었다. **3** …을 눈에 보이듯이 말하다, 생생하게 나타내다. ¶ He ~d the sight of the disaster. 그는 그 참사를 생생하게 설명해 주었다. **4** (드물게) (소설·사전 따위를) 영화화하다. **5** (개념 따위를) 명시하다.

picture book 〔특히 유아용의〕 그림책; 도감(圖鑑).

pic·ture-book [-bùk] 형 **1** 그림책식의, 그림책에 나오는 것 같은, 그림처럼 아름다운. **2** 완벽한(pictureperfect).

picture càrd 명 **1** 〔트럼프의〕 그림패. **2** 그림 엽서.

pic·ture·dom [píktʃərdəm] 명 = filmdom.

picture dòme 명 = picture house.

picture èlement 명 = pixel.

picture fràme 명 액자. 「림 수집[콜렉션].

picture gàllery 명 회화 전시실, 미술관, 화랑; 그

pic·ture-go·er [píktʃərgòuər] 명 (英) 영화 팬(美 moviegoer). 「자.

picture hàt 명 (꽃장식 따위가 있는) 챙 넓은 여성용

picture hòuse [**pàlace**] 명 (英) 영화관.

picture màrriage (사진만 보고 하는) 사진 결혼.

picture mòld [**ràil**] 명 (그림을 걸기 위해 벽에 박아놓은) 가로대[가로장].

pic·ture-per·fect [-pə́ːrfikt] 형 전혀 결점이 없는, 완벽한; 그린 듯이 멋짐.

Pic·ture·phone [píktʃərfòun] 명 (종종 p-) (상표) 화상[텔레비전] 전화.

picture plàne 명 화면; (투시도법에서) 투영면.

picture póstcard 명 그림 엽서.

pic·ture-post·card [-póustkɑ̀ːrd] 명 그림 엽서같은, 그림처럼 아름다운(picturesque); 그림 엽서풍의.

picture pùzzle 명 = jigsaw puzzle. 「로의 비율.

picture ràtio 명 〔TV〕 화면비(比)(화면의 가로와 세

picture shòw 명 (고어) 미술 전람회, 회화전; (美) 영화(의 상영); 영화화. 「인, 사진이 잘 받는.

pic·ture·some [píktʃərsəm] 형 (보기에) 매력적인

picture spread (신문·잡지 따위의) 보통 3단 이상에 걸쳐 사진·그림을 중심으로 만든 기사.

‡**pic·tur·esque** [pìktʃərésk] 형 (*more* ~; *most* ~) **1** 그림 같은, 그림처럼 아름다운[멋있는]. ¶ a ~ village 그림 같이 아름다운 마을. **2** (묘사가) 사실적인, 생생한. ¶ give a ~ account of …을 생생하게 묘사하다. **3** 눈길을 끄는, 보기에 즐거운. ¶ a ~ hat 눈길을 끄는 모자. **~ly** 부 **~ness** 명

picture tàker (속어) 속도 위반 측정 장치.

picture tèlephone 명 = videophone.

picture thèater [**(英) thèatre**] 명 영화관.

picture tùbe 명 (텔레비전의) 브라운관.

picture window 명 픽처 윈도(한 장의 대형 유리로 된 붙박이 창, (거실의) 전망창.

picture-window ènvelope 명 투명창 봉투(수취인의 이름·주소 따위를 볼 수 있게 만든 투명 부분이 있는 봉투).

picture writing 명 그림[회화] 문자 기록(법); (집합

pic·tur·ize [píkt∫əràiz] 타 1 …을 그림으로 나타내다[장식하다], 그리다. 2 …을 영화화하다; …을 사진으로 찍어나타내다, 장식하다. **-i·zá·tion** 명

PICU 〖의학〗 perinatal intensive care unit(주산기(周産期) 집중 치료 시설(분만 전후 신생아 집중 치료 시설을 갖춘)). [60 kg].

pic·ul [píkəl] 명 피컬, 담(擔)(중국의 중량 단위; 약

PID pelvic inflammatory disease.

pid·dle [pídl] 자 1 (美) 시간을 질질 끌다; 시간을 허비하다(about). 2 (구어·어린이말) 쉬하다 3 마지못해 먹다, 찔끔찔끔 먹다. ── 타 (시간)을 허송하다 (away). ── 명 (구어·어린이말) 소변, 쉬. **-dler** 명

pid·dling [pídliŋ] 형 하찮은, 사소한. (또는 **pid·dly**)

pidg·in [pídʒən] 명 (英구어) 일, 본일. 2 (문법·회화 따위를 간소화한) 혼성어, 파격(破格) 언어(jargon). 3 = ~ English.

pidgin English 피진 영어(중국·멜라네시아·서아프리카 등에서 상거래에 사용되는 혼합 파격 영어).

pi-dog [páidɔ̀ːg/-dɔ̀g] 명 = pye-dog.

‡**pie**¹ [pai] 명 [-z] ⓤⓒ 1 파이.¶**an apple** ~ 애플 파이/**a meat** ~ 고기 파이. 2 파이와 비슷한 것; =pizza.¶**Washington** ~ 일종의 크림잼, 젤리 샌드위치/**a mud** ~ (어린이들이 만들어 노는 진흙떡. 3 (美) (the ~) (분배 전의) 총액, 전량. 4 (美속어) 매우 좋은 것(쉬운 일); (직권에 의한) 부정 이득, 뇌물.
(as) easy [or *simple*] *as pie* (속어) 아주 쉬운, 식은 죽 먹기의. 「계[예의바르게].
(as) nice [or *good*] *as pie* (美구어) 아주 상냥하
cut a pie (美) 쓸데없이 참견하다.
cut the pie up (구어) 분할하다, 적절히 나누다.
eat humble pie 굴욕을 감수하다.
have a finger in the pie; put one's finger in every pie 관여하다, 간섭하다.
pie and pint man (속어) (극단적인) 검약가; 조심스럽고 소극적인 사람.
pie in the sky 허구, 공수표, 망상, 헛된 기대; 그림의 떡; 천국, 유토피아. 「하다.
put one's finger in a person's pie 남의 일에 참견 ∠**like**

pie² 명 까치(magpie).
pie³ 명 인도의 옛 동화(銅貨)(1/12 anna).
pie⁴ 명타 (美) =pi². 「장].
pie alley (볼링) 스트라이크가 잘 나는 레인(볼링
pie and mash 파이앤드매시(작은 고기 파이와 으깬 감자로 된 값싼 음식).
pie·bald [páibɔ̀ːld] 형 1 두 색깔의 얼룩진, (특히) 흑백 얼룩의; 잡색의. 2 (이질적인 것이) 혼합된; 잡다한. ── 명 얼룩무늬 동물, 얼룩말; 혼혈인(人)[동물].

piebald skin 명 [병리] =vitiligo.

‡**piece** [piːs] 명 (명 **piec·es** [-iz]) 1 (a ~) 조각, 단편(bit), (토지 따위의) 한 구획, 조각(of).¶**a** ~ *of ground* [or *land*] 토지 한 구획/**cut the cake in five ~s** 케이크를 다섯 쪽 내다.
2 (a ~) 한 개, 한 장, (대포의) 한 문(of).¶**a** ~ *of string* 한 가닥의 끈/**a** ~ *of mail matter* 한 통의 우편물/**two ~s** *of cannon* 대포 2문.
3 (英) (분배의) 한 단위 (작업 따위의) (직물의) 한 필(muslin은 10마, calico는 28마; (벽지의) 한 두루마리 ((英)에서는 보통 12마); (the ~) (한 번의) 작업량, 생산고.¶**cloth sold by the** ~ 필 단위로 파는 천/**be paid by the** ~ *and not by the hour* 시간제가 아니라 작업량에 따라 지불되다.
4 (문학·예술상의) 작품, 소품, 소곡; 1 편 (구어) (신문 따위의) 기사; 작품[기사]의 일부; (학교에서 암송용으로 지정된) 한 문장.¶**a fine** ~ *of sculpture* [*poetry*] 멋진 조각 한 점[시 한 편]/**a posthumous** ~ 유작, 유저, 유고/**a** ~ *of news* 한편의 기사/**play a** ~ 한 곡 연주하다/**speak a** ~ (美) 한 문장을 암송하다.
5 **a)** (한 물체를 구성하는) 일부, 부분, (⇨ PART 유의어); (한 벌 중의) 하나, 한 개.¶**the ~s** *of a machine* 기계의 부품/**a** ~ *of furniture* 한 점의 가구. **b)** (복합어로) 구성원, 구성 요소.¶**a forty-~ orchestra** 40인조 오케스트라/**a set of dishes containing 64 ~s** 64개 한 세트의 식기.
6 (서양 장기) (체스에서) 졸 이외의 말, (체커에서) 말.
7 (추상 명사 앞에서) 한 예, 견본.¶**a** ~ *of impudence* 뻔뻔스러움의 한 예/**a rare** ~ *of luck* 희한한 행운. 8 (군사) 화기, 소총; 대포; (속어) 권총.¶**a field** ~ 야포. 9 경화(硬貨), …화(coin); 돈.¶**a five-cent** ~ 5센트 경화. 10 (美) 잠시, 한때; 얼마 안 되는 거리. 11 (비어) a) (종종 a ~ of work[goods]) 사람, 녀석, 계집애.¶**a nasty** ~ *of work* 질이 나쁜 녀석. **b)** (비어) 섹스; (섹스의 대상으로서의) 여자; 성기. 12 (美방언) 간단한 점심.¶**eat a** ~ 간식을 하다. 13 기념품; 부적; (도박 따위에서) 칩(chip).¶**a good-luck** ~ 행운의 부적. 14 (보통 one's ~) (어떤 문제에 대한) 의견, 견해, 생각. 15 (美속어) 할당, 배당, 몫; 이권. 16 (the ~) 이권의 완성량, 작업량, 생산고. 17 (속어) (지하철·벽 따위의) 낙서.

(all) in one piece ① 무사히, 상처 없이.¶**The car was back** *(all) in one* ~. 차는 무사히 돌아왔다. ② 한 덩어리가 되어, 떼를 지어; 이름من 없는[없이].

(all) of a [or *one*] *piece* ① 일련의. ② 동종(同種)[동질]의; 일정한; 시종일관한, 조화된(*with*).¶**It is not** *of a* ~ *with his character*. 그것은 그의 성격과 일치되지 않는다. 「히 못쓰게 되어.

(all) shot to pieces (구어) 낭패하여, 멍하게; 완전

(all) to pieces ① 산산이, 조각조각으로. ② (방언) 철저하게, 완전하게.¶**I love you** *to* ~s. 나는 네가 아주 좋다. ③ (사람이) 자제력을 잃은, 흐트러진.

a piece of a [or *one*]... (메아) …와 같은 것[사람].

a piece of cake (구어) 쉬운[즐거운] 일[사건], 식은 죽[누워 떡] 먹기.

a piece of change [or *jack*] (美구어) 상당한 돈.

a piece of cheese (美속어) 사람, 놈.

a piece of flesh 인간, (특히 여자·아이에 대해서) 년, 녀석.

a piece of goods (구어) 인물; (좋은) 여자, 애인.

a piece of pit (속어) =*a piece of cake*.

a piece of the action (美속어) (일·돈벌이 등에 대한) 편승, 한몫, 이권.

a piece of trade (美속어) 매춘부.

a piece of water 호수, 호소. 「③ 소동.

a piece of work ① 작품, 산물(産物). ② 힘드는 일.

be cut off the same piece of goods (美구어) 같은 종류의 것이다.

by [or *on*] *the piece* 일정한 분량으로; 일의 분량에 따라.¶**pay** *by the* ~ 작업의 성과에 따라 지불하다.

come [or *fall, tumble*] *to pieces* 산산조각이 나다; (계획·건강 따위가) 엉망이 되다, 좌절되다.

cut to [or *in*] *pieces* 난도질하다; 혹평하다.

for thirty pieces 뇌물과 맞바꾸어 (← 마태 복음 (Matt.) 26:15).

give a person a piece of one's mind ⇨ MIND.

go (*all*) *to pieces* ① 산산조각이 나다. ② 자제력을 잃다, (정신적·육체적으로) 좌절되다, 녹초가 되다. ③ (계획 따위가) 엉망이 되다, 실패하다. ④ (조직 따위가) 붕괴하다. 「산산조각[박살] 나다.

in [or *into*] *pieces* 산산조각으로.¶**break** *in* ~s

pick [or *pull*]...*to pieces* ① …을 갈기갈기 찢다, 분해하다. ② …을 혹평하다, 깎아내리다.

pick up the pieces ① 파편을 긁어모으다. ② (구어) 사태를 수습하다; 화해시키다; (한번 중단한 후)

piece by piece 조금씩, 서서히. 「다시 착수하다.

speak [or **say**] *one's* **piece** (구어) 자기 의견을 말하다.
take a piece out of …을 심히 질책하다.
take...to pieces …을 부수다, 분해하다; …을 엄격하게 억제하다.
tear...to pieces =*pick...to pieces*.
―― 동 (**piec·es** [-iz]; ～**d** [-t]; **piec·ing**) 타 1 (의복 따위)에 헝겊을 덧대고 깁다, 바대를 대다(*with*). ¶ She ～*d* my pants *with* blue cloth. 그녀는 파란 형겊을 덧대어 내 바지를 기워 주었다. 2 …을 이어 붙여서 완성하다; (부족한 부분)을 보완하다(*out*). ¶ (～+目+圖)～ *out* a set of china 도자기 세트의 부족분을 보완하다. 3 …을 접합하여 만들다, 이어 맞추다 (*together*). ¶ ～ fragments *together* 조각을 이어 맞추다. 4 (사실·정보 따위)를 종합하다, …을 이어 맞추다; (이야기 따위)를 마무리짓다(*together*)(*from*). ―― 자 (방언) 간식하다.
piece down 이어 붙여서 (의복의) 길이[폭]를 늘이다.
piece in …을 끼워넣다, 덧붙이다.
piece off (美속어) [남]의 일에 자기 급료의 일부를 떼어 지불하다; [남]에게 뇌물을 주다; [남]에게 얼마 안 되는 돈을 꾸어 주다.
piece on 위에 보태다; 접합하다(*to*).
piece out …을 더 늘이다, 보완하다(eke out).
piece together …을 이어 맞추다; 종합하다; (이야기 따위)를 마무리짓다.
piece up …을 이어 맞추어 고치다; (임시 변통으로) 고치다; (美속어) 몫을 나누다.
pièce à thèse [F pjɛs a tɛːz] 명 (복 -*s à t*-) = thesis play. [F]
piece broker 명 (고어) (옷감 따위의) 자투리 장수.
piece concept 명 (무료의) 운송 수화물 허용 개수.
pièce de ré·sis·tance [piés də rizistɑ́ːns] 명 (복 **pièces** [pièès-]) 1 (식사의) 주 요리. 2 (일련의 사건의) 주요 부분, 압권, 절작, 백미. [F]
piece-dye [-dài] 타 (피륙) 을 짠 다음에 물들이다.
-dyed 형 (피륙을) 짜서 물들인. [goods).
piece goods 명(복) (자투리로 파는) 피륙, 천(yard
piece·meal [píːsmìːl] 부 조금씩, 점차로; 조각조각으로, 따로따로, 단편적으로.
―― 형 조금씩의; 따로따로의, 단편적인.
at piecemeal rate 성과급으로.
―― 명 소량, 조금.
by piecemeal 조금씩, 점차로.
piec·er [píːsər] 명 (방직) 실 잇는 직공; 기움질[수선]을 하는 사람. (또는 **piecener**)
piece rate 명 성과급(成果給) (임금); (도급의) 단가.
piece·wise [píːswàiz] 부 낱낱으로, 산산이, 불연속으로; (수학) 구분적으로.
piece·work [píːswə̀ːrk] 명(U) 성과급 방식의 작업.
～·er 명 성과급(成果給) 근로자.
pie chart[graph] 명 (통계) 파이 도표, 원 그래프.
pie·crust [páikràst] 명(U) 파이 껍질. ¶ *Promises are like* ～ *made to be broken*. (속담) 약속이란 파이 껍질처럼 깨지기 쉬운 것. [내는.
(as) short as piecrust 성질이 몹시 급한, 화를 잘
―― 형 (파이 껍질처럼) 부서지기 쉬운, 잘 부스러지는.
piecrust table 명 가장자리가 파이 껍질처럼 생긴 작은 원형 테이블.
pied [paid] 형 1 (새나 짐승이) 얼룩얼룩한(spotted), 다색(잡색)의. 2 얼룩옷을 입은.
pied-à-terre [pièidətéər, pjèi-] 명 1 임시 휴게소; 임시 주거, 임시 숙소. 2 발판(foothold). [F]
Pied·mont [píːdmɑnt/-mənt] 명 1 피드먼트 고원 (미국 대서양 연안의 고원). 2 피에몬테(이탈리아 서북부의 지역)(Piemonte). 3 (p-) 산록(山麓) 지대, 산기슭에 이어진 들판. (p-) 산록의.
pie-dog [-dɔ̀ːg/-dɔ̀g] 명 =pye-dog.
Pied Piper 명 1 (the ～) (독일전설) 하멜린의 피리 부는 사나이(피리를 불어 Hamelin의 쥐떼를 퇴치했으나 약속한 사례금을 받지 못하자 아이들을 꾀어내 산중에 숨겨 버렸다는 독일 전설의 인물). 2 (때로 p- p-) (믿을 수 없는) 권유자, 무책임한 약속을 하는 지도자.
pie-eyed [-àid] 형 1 비현실적인. 2 눈을 동그랗게 뜬, 놀란. 3 (속어) 술에 취한.
pie·face [páifèis] 명 (구어) 1 얼굴이 둥근 사람. (얼빠진) 넓적한 얼굴의 사람. 2 얼간이, 바보.
pie-faced [-fèist] 형 (구어) 얼굴이 둥글넓적한, 멍청한 얼굴의. [은, 그림의 떡인.
pie-in-the-sky [-inðəskái] 형 실현 가능성이 적
pie·man [páimən] 명 파이 장사[제조(업)자.
pie pan 명 파이 굽는 접시. (또는 **pie plate** [tìn])
pie·plant [páiplæ̀nt/-plɑ̀ːnt] 명 (美) 식용 대황(大黃)(rhubarb)(잎줄기를 파이의 재료로 쓴다).
‡**pier** [piər] 명 (복 ～**s** [-z]) 1 부두, 잔교(棧橋); 방파제. 2 교각, 교대(橋臺). 3 각주(角柱). 4 (창과 창 사이의) 벽. 5 문설주, 문주(門柱). 6 (아치의) 홍예받이. ☞ ARCH¹ 그림. 7 (건물 중앙에 뻗은) 긴 통로[복도]; (특히 공항의) 탑승교(loading bridge).
pier·age [píərid3] 명(U) 부두 사용료, 부두세.
‡**pierce** [piərs] 동 (**pierc·es** [-iz]; ～**d** [-t]; **pierc·ing**) 타 1 …을 꿰뚫다, 관통하다, …에 꽂히다, …을 꿰찌르다(*with*). ¶ A long tunnel ～*s* the mountains. 긴 터널이 산맥을 관통하고 있다 / A thorn ～*d* his finger. 가시가 그의 손가락에 꽂혔다.

[유의어] **pierce** 끝이 뾰족한 것으로 날쌔게 찌르다.
penetrate 찌르기 힘든 것을 천천히 깊게 찌르다. 비유적으로 사용된다.

2 (…에) (구멍)을 뚫다(*through*)(*in*). ¶ (～+目+前+名) ～ a hole *in* a cask of whisky 위스키 통에 구멍을 뚫다. 3 …에 돌입하다, …을 뚫고 지나가다. ¶ ～ an enemy's line 적진에 돌입하다. 4 …을 간파[통찰]하다, 알아차리다. ¶ ～ the mystery 수수께끼를 간파하다. 5 (추위가) …의 살을 에다; (아픔·슬픔 따위가) …의 마음을 찢어지게 하다(*with*, *to*). ¶ a heart ～*d with* grief 슬픔으로 찢어질 것 같은 마음 / The cold ～*d* me *to* the bone. 추위가 뼛속까지 스며들었다. 6 (소리·외침 따위가) …을 깨뜨리다, 뚫다. ¶ A scream ～*d* the silence of the night. 비명 소리가 밤의 정적을 깨뜨렸다.
―― 자 1 (…에) 꽂히다 (*into*); (…을) 꿰뚫다, 관통하다 (*through*); (…으로) 돌입하다, 뚫고 들어가다 (*into*, *to*). ¶ (～+前+名) They ～*d to* the heart of the jungle. 그들은 정글 깊숙이 뚫고 들어갔다. 2 (…을) 간파하다, 통찰하다 (*into*, *to*). ¶ ～ *to* the heart of a matter 문제의 핵심을 찌르다.
~·a·ble 형
Pierce [piərs] 명 **Franklin** ～ 피어스(1804–1869: 미국의 제14대 대통령(1853–57)).
pierced [piərst] 형 구멍이 뚫린; (귀걸이 따위를 달기 위해) 귓불에 구멍을 뚫은.
pierced earring 명 (美) 귓불을 뚫고 다는 귀걸이.
pierc·er [píərsər] 명 1 꿰뚫는 사람[것]; 송곳, 구멍 뚫는 도구. 2 (고어) 날카로운 눈(빛). 3 곤충의 산란관 (ovipositor), 침(sting).
***pierc·ing** [píərsiŋ] 형 1 꿰뚫는, 관통하는. 2 (바람·추위 따위가) 뼈에 사무치는 듯한, 살을 에는 듯한. ¶ ～ cold 살을 에는 듯한 추위 / a cry 귓청을 찢는 외침. 3 (눈 따위가) 날카로운, 통찰력이 있는. 4 (비판 따위가) 신랄한, 준엄한. ¶ ～ remarks 신랄한 비평. **～·ly** 부. **～·ness** 명
pier glass 명 (창과 창 사이 벽에 붙인) 체경, 큰 거울.
pier·head [píərhèd] 명 부두의 쭉 내민 끝.
Pi·e·ri·a [paiíəriə] 명 피에리아(그리스의 Olympus 산 인근 지방; 뮤즈 여신들의 탄생지).
Pi·e·ri·an [paiíəriən] 형 1 피에리아 지방의. 2 뮤즈

Piérian Spring (명 (the ~) (그리스·로마 신화) 1 Pieria의 샘, 뮤즈 여신들의 샘. 2 시적 영감의 원천.

Pi·er·rot [píːəróu/píərou] 명 (프랑스 무언극의) 피에로; (종종 p-) 피에로 역(役), 어릿광대. [<F]

pi·et [páiit] 명 (스코) 까치; (北英·스코) 수다장이.

Pie·tà [pieːtáː, djeːtáː/piétá] 명 (미술) 피에타(그리스도의 유해를 무릎에 안고 비탄하는 성모 마리아의 그림[조각]). [<It pity]

Pi·e·tism [páiətizm] 명 1 (17세기 독일 루터 교회의) 경건파(敬虔派), 경건주의. 2 (p-) 경신(敬神), 경건(piety); 경건한[신앙이 깊은] 체하기. **-tist** 명

pi·e·tis·tic [pàiətístik] 형 1 (P-) 경건파(교도)의. 2 경건한, 경건한 체하는. (또는 **pietistical**)

***pi·e·ty** [páiəti] 명 1 U (종교적인) 경건, 경신(敬神), 신심. 2 U (부모·은인 등에 대한) 경애, 충성, 효심. 3 경건한[효성스러운] 언동; 기도.

pie wàgon 명 (美속어) =patrol wagon.

pi·e·zo·e·lec·tric [paiːzouiléktrik, pièi-] 형 전기(壓電氣)[압전성(性)]의, 피에조 전기의. — 명 압전성 물질. (또는 **piezoelectrical**) **-tri·cal·ly** 부

pi·e·zo·e·lec·tric·i·ty [paiːzouiilektrísəti, pièi-] 명 U 압전기, 피에조 전기.

pi·e·zom·e·ter [pàiəzámətər, pìːə-/pàiizóm-] 명 피에조미터(액체의 압축률을 측정하는 기구).

pi·è·zo·mét·ric, pi·è·zo·mét·ri·cal 형

pi·e·zom·e·try [pàiəzámətri, pìːə-/pàiizóm-] 명 U 압축률 측정, 압력 측정.

PIF [pif] 명 (컴퓨터) 피프, 프로그램 정보 파일(초기 Windows에서 DOS용 프로그램을 실행하기 위해 필요한 파일). [<programinformation file]

pif·fle [pífl] 명 U (구어) 부질없는 말, 허튼[쓸데없는] 소리. — 동(자) 허튼[쓸데없는] 소리하다.

pif·fler [pífləːr] 명 허튼 소리를 늘어놓는 사람, 잡담가.

pif·fling [píflin] 형 쓸데없는, 하찮은.

pí fònt (컴퓨터) (보통의 영문자 폰트 세트에서 포함되지 않는) 그리스 문자 등의 문자·기호 폰트.

‡**pig** [pig] 명 (복 ~s [-z]) 1 돼지; (美) 어린 돼지.

> 유의어 **pig** 「돼지」라는 뜻의 가장 일반적인 말. 엄밀하게는 체중 120파운드(54.4kg) 이하의 어린 돼지. **hog** 거세되어 육용으로 사육되는, pig보다 큰 수퇘지; 미국에서는 일반적으로 돼지를 말한다. **boar** 거세 안 한 수퇘지. **sow** pig보다 큰 암퇘지. **swine** 집합적 또는 문어적으로 쓰는 말.

2 U 돼지고기(pork), (특히) 어린 돼지고기; 돼지 가죽. 3 (구어) (경멸적) 돼지 같은 사람[동물]; 불결한 사람; 똥보; 꿀꿀이, 욕심쟁이, 이기적인 사람. 4 (야금) a) U 금속 덩어리, 거푸집에 부은 금속; 선철. b) 주형(鑄型). 5 (美속어) 경찰관; 인민의 적(마르크스·여성 차별주의자 등). ¶ *Pigs!* 우라질!, 개새끼!. 6 (美속어) 행실이 나쁜 여자. 7 (英구어) 싫은[귀찮은] 일. 8 (어린이의) 발가락(piggy). 9 (복합어로) 아주, 매우. ¶ ~-stupid 아주 멍청한.

a pig [or piggy] in the middle 사이에 끼어 이러지도 저러지도 못하는 사람, 샌드위치 신세의 사람.

(as) common as pig tracks (구어) 흔히 있는, 아주 평범한.

bleed like a (stuck) pig (멱단 돼지처럼) 피를 많이 흘리다.

bring [or drive] one's pigs to a fine [or a pretty, the wrong] market (비꼬아) 헛다리짚다, 실패하다.

buy a pig in a poke [or bag] ① 물건을 잘 알아보지도 않고 사다. ② 얼떨결에 인수하다.

drive one's pigs to market (구어) 코를 골다.

go to pigs and whistle (속어) 난봉부리다; 파멸하다.

in a [or the] pig's eye [or ear, ass] (속어) 결코 …않다 (never).

in a pig's whisper ① 매우 작은 목소리로. ② 단시간에.

in pig (암퇘지가) 새끼를 밴; (속어) (여성이) 임신한.

like pigs in clover [or shit] (美속어) 매우 운이 좋은 것 같아서, 대만족하여, 아주 기뻐서.

go to pigs and whistle (속어) 난봉 부리다; 파멸하다.

make a real pig of oneself 대식하다; 욕심내다.

on the pig's back (濠·뉴질 속어) 행운을 만나서, 성공하여.

pig in the middle 사이에 끼어 난처해진[딜레마에 빠진] 사람.

Pigs might [or may, could] fly. (구어) 설마 그럴 리가!, 설마 그런 일이 있을까!

please the pigs (익살) 잘만 되면(please God).

sweat like a pig (구어) (중노동·공포 따위로) 땀을 많이 흘리다.

— 동 (~s [-z]; **-gg-**) 자 1 (돼지가) 새끼를 낳다. 2 돼지 같은 생활을 하다, 불결하게 하다 U 우글우글 모여들다. 3 (美속어) 게걸스럽게 먹다. — 타 (돼지가) (새끼를) 낳다; (구어) …을 게걸스럽게 먹다.

pig it [or together] (英) 돼지같이 우글거리다, 잡거하다; 매우 가난한 생활을 하다.

pig oneself (구어) 포식하다. 「(on).

pig out (美속어) (…을) 과식하다, 게걸스럽게 먹다

pig., pigm. pigment(ation). 「(형).

píg bèd 1 =pigsty. 2 (야금) 주상(鑄床)(모래 주

píg bìn (돼지 먹이용) 음식 찌꺼기통, 돼지 먹이통.

píg bòard 앞이 좁고 뒤가 넓은 서핑 보드.

pígboat [pígbòut] 명 (美軍속어) 잠수함(submarine).

píg bùcket 명 =pig bin.

píg dòg (濠·뉴질) 멧돼지 사냥개.

‡**pi·geon**¹ [pídʒən] 명 (복 ~(s) [-(z)]) 1 비둘기. ⇒ DOVE¹. **a carrier [or homing** ~] 전서구(傳書鳩). 2 (아름다운) 젊은 여자. 3 (속어) 잘 속는 사람, 봉. 4 =clay. 5 (구어) 특별한 관심사; 책임, 본무.

pluck a pigeon 등처 먹다, 돈을 속여 빼앗다.

put [or set] the cat among the pigeons (구어) ⇒ CAT.

— 타 1 봉을 속여서 삼다; …을 속여서 빼앗다 (of). 2 (통신)을 전서 비둘기로 보내다.

pi·geon² 명 =pidgin; =pidgin English.

pígeon blóod 명 (때로 a ~) 암적색; (구어) 간장(soy). 「breast).

pígeon brèast [chèst] 명 (병리) 새가슴(chicken

pi·geon-breast·ed [-brèstid] 형 새가슴의. **~·ness** 명

pígeon dròp 명 (美속어) 신용 사기(신용詐欺).

pí·geon-dròp·per 명 신용 사기꾼.

pi·geon-eyed [-àid] 형 몹시 취한.

pi·geon-fan·ci·er [-fænsiər] 명 비둘기 장수[애호가], 비둘기 기르는 사람.

pi·geon·gram [pídʒəngræm] 명 전서구(傳書鳩)가 나르는 통신. 「(매).

pígeon hàwk 명 쇠황조롱이(merlin)(미국산 소형

pi·geon-heart·ed [-háːrtid] 형 겁많은, 소심한, 암민; 유순한(meek).

pi·geon·hole [pídʒənhòul] 명 1 (책상 따위의) 서랍, 정리함; (아주 엉성한) 분류, 처리. 2 비둘기집의 출입구, 비둘기장의 칸막이집. 3 (인쇄) (어간·행간의) 여백. — 동타 1 (서류 따위)를 정리함에 넣다; (구어) (사람)을 분류하다; …을 기억해 두다. ¶ ~ new ideas 새 아이디어를 분류 정리하다. 2 …을 뒤로 미루다, 보류해 두다, 묵살하다. ¶ ~ the plan 계획을 보류[묵살]하다. 3 …에 정리함을 설치하다.

pígeon hòuse 명 비둘기장(dovecote).

pi·geon-liv·ered [-lívərd] 형 온순한, 마음이 약한(weak-spirited); 기운이 없는.

pígeon mìlk =pigeon's milk.

pígeon páir (英) 남녀 쌍둥이; (한 집안의) 남매.

pígeon pòst 명 = pigeongram.
pígeon pòx 명 〔수의〕 구두(鳩痘)(비둘기의 전염병).
pí·geon·ry [pídʒənri] 명 비둘기장(pigeon house).
pígeon's blòod 명 =pigeon blood.
pígeon's mìlk 명 (비둘기가 새끼에게 먹이기 위해 토해내는 소낭유(嗉囊乳). 「안짱다리의」
pí·geon-toed [-tòud] 형 발(가락)이 안쪽을 향한;
pí·geon-wing [pídʒənwìŋ] 명 (美) 1 〔스케이트〕 비둘기 날개형(날개를 편 비둘기 모양으로 지치는 피겨 스케이팅). 2 〔무용〕 뛰어 올라 두 발을 맞부딪치는 변형
píg-eyed [-áid] 형 눈이 작고 오목한. 「스텝.
píg·fish [pígfì] 명 벤자리(돼지 울음 소리를 내는 미국 대서양 연안산(產) 물고기).
pig·ger·y [pígəri] 명 (英) 1 양돈장; 돼지 우리. 2 불결한 장소. 3 ⓤ (집합적) 돼지. 4 탐욕스런 행위.
pig·gie [pígi] 명 =piggy.
pig·gin [pígin] 명 (방언) (손잡이가 하나인) 나무 물통; 우유통(milk pail).
pig·gish [pígiʃ] 형 1 돼지 같은; 욕심이 많은, 게걸 이 든, 이기적인. 2 불결한(filthy). 3 고집센, 완고한; 고약한. ~·ly 부 ~·ness 명
pig·gy [pígi] 명 1 새끼 돼지. 2 (어린이말) (어린이 의) 발가락(toe). 3 (美) =tipcat. — 형 1 돼지 같은 (piggish). 2 (암퇘지가) 새끼를 밴.
pig·gy·back [pígibæk] 부 등에 업고, 목말을 타고. (또는 **pickaback**) 형 1 등에 진, 목말을 탄. 2 (트레일러 따위가) 화차에 실린. — 명 1 등에 업다. 2 (트레일러 따위를) 화차로 운반하다. — 명 1 어부바, 목말 (~ ride). 2 대형 화물 적재차(량). 「받는 것,
píggy bànk 명 1 돼지 저금통. 2 (유료 도로의) 요금
pig·gy·wig [pígiwìg] 명 1 (어린이말) 새끼 돼지; 지저분한 아이. 2 (英) =tipcat. (또는 **piggywiggy**)
pig·head [píghèd] 명 완고한 사람, 고집이 센 사람.
pig·head·ed [píghèdid] 형 완고한, 외곬의, 옹고집의. ~·ly 부 ~·ness 명 「천국.
píg hèaven 명 (美속어) 1 경찰서. 2 이상적인 곳.
píg·house [píghàus] 명 (속어) 경찰서. 「키].
píg íron 명 선철(銑鐵), 무쇠; (방언) 싸구려 술[위스
Píg Ísland 명 (때로 ~s) (뉴질랜드) = New Zealand. 〔<Captain Cook이 처음으로 돼지를 들여온 데서〕
Píg Làtin 명 뒤바꿈말(boy를 oybay라 하는 것과 같이 맨 앞자음을 어미로 돌리고 그 뒤에 ay[ei]를 붙여서 발음하는 어린이의 말장난).
píg lèad 명 괴연(塊鉛), 거푸집에 부은 납.
pig·let [píglit] 명 새끼 돼지. (또는 **pigling**)
píg mèat 명 1 돼지고기, 햄, 베이컨. 2 (美속어) 품행이 나쁜 여자, 매춘부. 3 꼬리 내린 개, 늙다리.
***pig·ment** [pígmənt] 명 ⓤⓒ 1 그림 물감, 도료, 안료. 2 〔생물〕 (조직·세포 중의) 색소. — 타 …에 채색하다, 착색시키다, 그림 물감(도료)를 칠하다. — 자 물들다. ~·ize 명 타
pig·men·tal [pigmént]] 형 =pigmentary.
pig·men·tar·y [pígməntèri/-təri] 형 그림물감(안료, 색소)의; 색소를 함유한, 색소를 내는.
pig·men·ta·tion [pìgməntéiʃən] 명 ⓤ 〔생물〕 염색, 착색; (생물체의 피부 따위의) 색소 형성.
pígment cèll 명 〔생물〕 색소 세포.
pig·ment·ed [pígməntid] 형 착색된, 염색된.
píg mètal 명 지금(地金), 금속의 주괴(鑄塊).
pig·mo·bile [pígmòubəl, -bi:l/-bail] 명 (속어)
Pig·my [pígmi] 명 형 =Pygmy. 「순찰차.
pig·no·rate [pígnərèit] 타 …을 저당잡히다.
pig·nus [pígnəs] 명 (복 -no·ra [-nərə]) 〔로마법〕 저당, 담보; 저당물; 저당권.
píg·nut [pígnʌt] 명 1 (북미산(產)) 히코리(hickory) (호두나무의 일종); 그 열매. 2 (유럽산) 땅콩.
píg-out [-àut] 명 (美속어) 게걸스레 먹기, 많이 먹음.
píg·pen [pígpèn] 명 =pigsty.
Pigs [pigz] 명 **the Bay of ~** 피그스만(쿠바 남서 해안의 만). 「잡.
píg's brèakfast 명 (英속어) 더러운 것; 혼란, 난
píg's éar 명 1 (구어) 서투른[어설픈] 일[것]; 실패, 실수; 혼란. 2 (속어) 맥주. 「망치다.
make a pig's ear (out) of …을 잡치다, 실패하다.
pígs' fèet 명 〔요리〕 돼지 족발(spiced ~).
píg·skin [pígskìn] 명 1 ⓤ 돼지 가죽; 무두질한 돈피. 2 (美구어) 안장(saddle). 3 (美구어) 미식 축구공.
píg·stick [pígstìk] 자 멧돼지 사냥을 하다.
píg·stick·er [pígstìkər] 명 1 멧돼지 사냥꾼; (돼지) 도축업자. 2 (구어) 대형 주머니칼; (속어) 총검, 창.
píg·stick·ing [pígstìkiŋ] 명 (보통 말을 타고 창을 쓰는) 멧돼지 사냥; 돼지 도축.
píg·sty [pígstài] 명 1 돼지 우리; 불결한 장소, 누추한 집. 2 (속어) 경찰서.
píg's wàsh 명 =pigswill.
píg swèat 명 (美속어) 맥주; 싸구려 위스키.
píg·swill [pígswìl] 명 1 (돼지에게 주는) 음식 찌꺼기. 2 묽고 맛없는 수프(커피 따위). (또는 **pigwash**)
píg·tail [pígtèil] 명 1 (소녀의) 땋아 늘인 머리; 변발. 2 가늘게 꼬아[말아] 붙인 담배. 3 〔전기〕 접속용 동선.
píg·tail·ed [-tèild] 형 돼지꼬리 같은 꼬리가 달린; 변발을 한, 머리를 땋아 늘인.
píg·wash [pígwàʃ, -wɔ̀(:)ʃ/-wɔ̀ʃ] 명 =pigswill.
píg·weed [pígwìd] 명 명아주류(類)의 잡초.
pí·jaw [páidʒɔ̀:] 명 (英속어) (장황한) 설교. — 타 …에게 설교하다. 〔<*pious+jaw*〕
PIK, p.i.k. (美) *payment in kind*(현물 지급).
pi·ka [páikə] 명 (북반구 산악 지대의) 새앙토끼, 우는 토끼. 「못과의 관목.
pi·ka·ke [pi:kəkèi] 명 〔식물〕 말리(茉莉)(불루메나
***pike**¹ [paik] 명 1 〔역사〕 미늘창, 창(17세기까지 보병이 사용); (미늘창·창·화살 따위의) 뾰족한 끝. 2 (英방언) 뾰족한 봉우리(를 가진 산이나 언덕, …봉우리.
trail a pike (고어) 군에 복무하다.
— 명 타 …을 (창 따위로) 찌르다[찔러 죽이다].
pike on (…으로부터) 벌떡 떨며 물러서다.
pike² 명 (美구어) 유료 (고속) 도로(toll road); 통행료 징수소(tollgate); 통행 요금(toll); 철도 노선.
come [or *be*] *down the pike* (구어) 나타나다; 다가오다.
hit the pike 길을 나서다, 여행하다.
〔<turn*pike*〕
pike³ 명 자 (고어·속어) 서둘러[급히] 가다(along); 죽다.
pike⁴ 명 (복 ~(s)) 강꼬치고기(입이 뾰족한 대형 담수어). ~-*like* 형
piked [paikt] 형 끝이 뾰족한.
pike·let¹ [páiklit] 명 (英) (조그맣고 도톰한) 다과용 팬케이크.
pike·let² 명 작은(새끼) 강꼬치고기.
pike·man¹ [páikmən] 명 〔역사〕 미늘창수(手), 창병(槍兵)
pike·man² 명 통행료 징수자.
pik·er [páikər] 명 (美구어) 일을 졸졸하게 처리하는 사람; 소심하고 쩨쩨한 도박가.
píke·staff [páikstæf/-stà:f] 명 (복 -**staves** [-stèivz]) 1 창의 자루. 2 끝이 뾰족한 (순례자용) 지팡이. 「이.
(as) plain as a pikestaff 뻔한, 분명한
pik·ey [páiki] 명 (英속어) 집시; 방랑자, 부랑자.
PIL *payment in lieu*. 「(또는 **piky**)
pil- [pail] 연결 ⇒PILI-.
pi·laf [pilá:f, pilɑ:f/pílæf] 명 ⓤ 필라프(버터를 넣고 볶은 쌀밥에 고기·야채·조미료를 버무린 요리). (또는 **pilao, pilau, pilaw**)
pi·lar [páilər] 형 털의(에 관한); 털이 많은; 털로 덮인.

pi·las·ter [pilǽstər, páilæs-] 图 〖건축〗 붙임기둥, 벽기둥(벽의 일부를 기둥 모양으로 튀어나오게 한 것).

Pi·late [páilət] 图 **1 Pontius ~** 빌라도(1세기초 로마령 Judea의 총독; 예수의 처형을 최종 결정함)(←마태복음(Matt.) 27). **2** 〖비유적〗 도덕적 책임을 피하는 사람.

(pilaster)

pi·la·to·ry [páilətɔ̀ːri] 图 모발 성장을 촉진하는, 양모(養毛)의.——图 양모제.
pilch [piltʃ] 图 (플란넬로 만든) 기저귀 커버.
pil·chard [píltʃərd] 图 밴댕이류의 물고기.
pil·cher [píltʃər] 图 =pilchard.
‡**pile¹** [pail] 图 (똑 ~s [-z]) **1 (a ~)** 쌓아 올린 것, 퇴적, (물건의) 더미 (of). ¶ a ~ of boxes [logs] 상자[통나무] 더미 / make a ~ of bricks 벽돌을 쌓아 올리다.

▶유의어◀ **pile** 거의 비슷한 물건을 차곡차곡 쌓아 올린 것. **heap** 아무렇게나 쌓아 올려진 무더기. **stack** 같은 종류의 물건을 가지런히 한 형태로 쌓아 놓은 것.

2 (a ~, ~s) (구어) 다수, 다량, 많음 (of). ¶ a ~ of money; ~s of money 거액의 돈 / He had a ~ of troubles in his lifetime. 그의 생애는 수많은 고난의 역정(歷程)이었다. **3** (a ~, ~s) (구어) 큰 돈, 재산. **4** (화장·화형용의) 장작 더미, 쌓아 올린 장작. ¶ a funeral ~ 화장용 장작 더미. **5** 대건물(군), 고층 건물(군). ¶ a Gothic ~ 고딕식 대건물. **6** (가공용) 철봉 다발 (fagot). **7** 〖물리〗 원자로(atomic ~). **8** 〖전기〗 전퇴(電堆); (일반적으로) 전지. ¶ voltaic ~ 볼타 전퇴 / a dry ~ 건전지. **9** (군사) 걸어총(stack of arms). **10** (고어) 화폐의 뒷면. ¶ cross or ~ 앞면인가 뒷면인가?
a pile on a pillow (美속어) 폭 빵 햄샌드위치.
make a [or *one's*] *pile* 큰 돈을 모으다[벌다].
size a person's pile 图 남과 겨루다, 맞서다. ② 남의 재산(실력)을 속속들이 알다. [〔하층〕부.
the top [*bottom*] *of the pile* (사회·집단의) 상층
——图 (~s [-z]; ~d; píl·ing) **1** 쌓아 올리다, 퇴적시키다(up). ¶ (~+图+胴) ~ up lumber 재목을 쌓아 올리다. ¶ …에 산더미처럼 쌓다. ¶ (~+图+前+图) ~ a boat with passengers 배에 손님을 가득 싣다. **3** …을 축적하다, 모으다(up). ¶ (~+图+胴) ~ up a fortune 한 재산 모으다. **4** (군사) (총)을 엇걸다, (빛이) 쌓이다, (증거가) 수집되다(up). **2** (구어) 떼지어 움직이다, 쇄도[난입]하다(into, out of). ¶ ~ into a shop 가게에 우르르 몰려들다 / ~ out of a car 차에서 우르르 내리다. **3** 쌓이다, 퇴적되다(up). ¶ The snow is piling up on the roads. 도로에 눈이 잔뜩 쌓이다.
pile in [or *into*] ① …을 맹공격하다, 질타하다. ② (음식)을 계속 먹다. ③ (구어) (…에) 난입[쇄도]하다.
pile it on (thick) (구어) ① 세게 하다, 강화하다. ② 과장되게 말하다; 지나치게 칭찬하다.
pile on [or *up*] *the agony* ⇒ AGONY. 「덮치다.
pile Pelion on Ossa 고난에 고난이 겹치다, 엎친 데
pile up ① 쌓다, 싣다. ② 〖부 따위〗을 축적하다. ③ 쌓이다. ④ (배 따위가) 좌초하다 (on). ⑤ (여러 대의 자동차가) 추돌(追突)하다.

pile² 图 (보통 ~s) **1** (건조물 기초용) 말뚝, 강재(鋼材), 콘크리트재(材). **2** 〖문장〗 (끝이 아래쪽으로 향한) 쐐기 모양[圖]. **3** (고어) 화살, 화살촉. **4** (英) 화살촉.——图 …에 말뚝을 박다, …을 말뚝을 박아 굳히다.
pile³ 图回 (종종 a ~) **1** 털, 솜털(down); 양모, 모피. **2** (벳벳 따위의) 보풀이 있는 직물, 보풀 (이 있는 표면).——图 …에 보풀을 달다[붙이다].
pile⁴ 图 (보통 ~s) 〖병리〗 치핵(痔核)(hemorrhoid). ¶ blind ~s 수치질.

pi·le·ate [páiliət, -èit, píl-] 图 **1** 〖식물〗 (버섯 따위가) 갓이 있는. **2** 〖조류〗 =pileated.
pi·le·at·ed [páilièitid, píl-] 图 〖조류〗 (새가) 도가머리[관모]가 있는. 「은 북미산 딱따구리).
píleated wóodpecker 图 도가머리 딱따구리(붉**piled** [paild] 图 (직물에) 보풀이 있는.
píle driver 图 **1** 항타기(抗打機), 말뚝 박는 기계. **2** (= **píle èngine**) **2** 햄머기 기사. **3** 강력한 힘으로 치는 사람. **4** 〖레슬링〗 곤두박이치기. **5** (英) 〖스포츠〗 맹타, 강력한 일격. **6** 운전사. **7** (속어) (발기한) 음경.
píle dwèller 图 수상 가옥 거주자, 호상(湖上) 거주
píle dwèlling 图 =lake dwelling. 「자.
píle èngine 图 =pile driver 1.
píle hàmmer 图 말뚝 박는 해머[메].
pi·le·ous [páiliəs, píl-] 图 털로 덮인; 털이 많은.
píle shòe 图 파일 촉(말뚝 끝에 씌우는 금속).
pi·le·um [páiliəm, píl-] 图 (pl. **-le·a** [-liə]) (새의) 머리, 두부(頭部)(부리 안쪽에서 목까지의 부분).
píle-ùp [páilʌ̀p] 图 **1** (일·서류 따위의) 산적, 밀림. **2** (자동차·당구공 따위의) 연쇄[다중] 충돌.
pi·le·us [páiliəs, píl-] 图 (pl. **-le·i** [-liài]) **1** 〖식물〗 버섯의 갓, 균산(菌傘). **2** 〖동물〗 해파리의 갓. **3** 엷은 삿갓구름. **4** (고대 그리스·로마의) 펠트 두건.
píle·wort [páilwə̀ːrt / wɔ̀ːt] 图 봉선화의 일종.
pil·fer [pílfər] 圄 좀도둑질하다, 후무리다, 슬쩍 훔치다.——围 〖잔돈〗을 훔치다, 후무리다, 슬쩍 훔치다. ¶ ~ a few dollars every day 매일 2-3 달러씩 훔치다. ¶ ~ed 몹시 취한. **~·er** 图 좀도둑.
pil·fer·age [pílfəridʒ] 图回 좀도둑질; 〖장물.
pil·gar·lic [pilgɑ́ːrlik] 图 **1** 대머리(인 사람). **2** (경멸적) 불쌍한 녀석. **-lick·y** 图
pil·ger [pílgər] 图 편리한 사실만을 골라 왜곡 보도하다. [<영국 언론인 John Pilger의 이름]
‡**pil·grim** [pílgrim, -grəm] 图 (pl. ~s [-z]) **1** 성지(聖地) 참배자, 순례자. ¶ Canterbury ~s 캔터베리 참배자. (하느님 나라를 찾아 일생 동안) 방랑하는 사람. **2** 나그네; 방랑자. **3** (美) 최초의 이주자; (P-) P- Fathers의 한 사람; (서부에) 새로운 사람, 신참자.——图图 성지 참배 여행을 하다, 순례하다; 방랑길에 오
‑gri·mát·ic, ‑gri·mát·i·cal 图 「르다.
*‡**pil·grim·age** [pílgrəmidʒ] 图 **1** 성지 참배 여행, 성지 순례. **2** (고적·명소 따위의) 편력, 긴 여행. **3** 인생 행로, 세상살이.
go an [or *go in*] *pilgrimage* 순례 길을 떠나다.
make one's pilgrimage to …에 참배하다.
——图 성지 참배 여행을 하다, 순례하다. 「는 물통.
pílgrim bòttle 图 (끈을 꿰는 귀가 달린) 순례자
Pílgrim Fáthers 图 (the ~) 〖美역사〗 필그림 파더스(1620년 Mayflower호를 타고 와서 북미 Plymouth에 정착한 영국 청교도 일단).
pil·grim·ize [pílgrəmàiz] 围 성지 참배 여행[순례]을 하다.——围 (남)을 순례자로 만들다.
pílgrim sìgn 图 참배[순례]의 표지(참배[순례] 기념으로 사원에서 주는 기념물).
Pílgrim's Prógress 图 (the ~) 천로역정(天路歷程)(John Bunyan의 우의(寓意) 소설).
pil·i- [páili, píli] 연결 hair의 뜻(* 모음 앞에서는 pil-). ¶ píliform
pi·lif·er·ous [pailífərəs] 图 (식물이) 털이 있는[난].
pil·i·form [pílifɔ̀ːrm] 图 털 모양의, 털 같은.
pil·ing [páiliŋ] 图回 **1** 말뚝 박기. **2** (집합적) 말뚝(piles). **3** 파일을 박아 만든 구조물.
Pi·li·pi·no [pìləpíːnou] 图 필리피노어(語)(필리핀의 공용어인 Tagalog어의 공식 명칭). (또는 **Filipino**)
‡**pill¹** [pil] 图 (pl. ~s [-z]) **1** 환약(丸藥), 알약. ¶ sleeping ~s 수면제. **2** (구어) (the P-) 경구 피임약, 필(birth-control ~). **3** (속어) 각성제, 진정제; 궐련, 마리화나 담배; (1회분 흡연용) 아편

알. 4 (비유적) 쓴 약; (회피할 수 없는) 싫은 일, 쓰라린 경험. 5 (속어) a (~) 싫은[따분한] 사람. 6 (속어) 구(球), (야구·골프의) 공, 볼; (익살) 총알, 탄환; (~s) 고환. 7 (~s) (英俗語) 당구. 8 (종종 ~s) (구어) 의사.
a bítter píll (to swállow) 참고 견뎌야 할 싫은 일 [쓰라린 경험].
a pill to cure an earthquake 임시방편, 쓸모없는 대책.
sugar [or sweeten, gild] the pill 싫은 것을 매력적으로[맛있게] 보이게 하다, 불쾌감을 완화시키다.
─ (타) 1 …을 알약으로 하다; …에게 알약을 복용시키다. 2 (속어) …에 반대 투표하다, …을 배척[제명]하다.
─ (자) 작은 알이 되다, (스웨터 따위에) 보풀이 생기다.
pill² (타) (고어) …을 약탈하다, 훔치다; (英方言) …을 벗기다; (폐어) (머리 따위가) 되게 하다.
pil·lage [pílidʒ] (타) 약탈하다, 강탈하다. ¶ ~ every conquered city 정복한 도시마다 모두 약탈하다. ─ (자) (특히 전쟁에서의) 약탈, 강탈; (집) 약탈품, 탈취물.
pil·lag·er [pílidʒər] (명) 약탈자, 강탈자.
*‡**pil·lar** [pílər] (명) (~ (e) [-z]) 1 기둥; 받침, 지주(支柱). 2 (a ~) 기둥 모양의 것; (기둥 모양의) 기념비[탑]; (물·불·연기 따위의) 기둥(column). ¶ a ~ of a cloud [fire] 구름[불] 기둥, 신의 인도(← 출애굽기(Exod.) 13 : 21). 3 (a ~) (낙반 방지를 위해 남겨놓는) 탄주(炭柱), 광주. 4 (a ~) (비유적) (국가·사회의) 중심 인물, 중심이 되는 것, 대들보, 주석(柱石). ¶ a ~ of the state 국가의 주석.
from píllar to póst [or póst to píllar] 여기저기 정처 없이, 전전하여; (비유적) 이리저리 궁지에 몰려서.
─ (타) …을 기둥으로 떠받치다[강화하다]; …을 기둥이 되다.
~like (형)
píllar bòx [pòst] (英) (원주형) 우편함[포스트].
pil·lared [pílərd] (형) 기둥이 있는; 기둥으로 받친.
pil·lar·et [pílərət] (명) 작은 기둥. 「기둥 모양의.
píllars of Hércules (the ~) 헤라클레스의 기둥(지브롤터 해협 동쪽 양 끝의 곶: 헤라클레스가 갈라 놓았다고 한다). (또는 **Hércules' Píllars**)
pill·box [pílbɑ̀ks/-bɔ̀ks] (명) 1 (납작한) 환약 상자. 2 (대공 따위를 내부에 설치한) 콘크리트 진지, 토치카. 3 (원통형의) 챙 없는 여성 모자. 4 (익살) 상자같은 작은 탈것; 주위가 둘러싸인 좁은 곳.
píll bùg (곤충) (美) = wood louse.
pill·head [píhèd] (명) (속어) 각성제[수면제] 상용자. (또는 **píll frèak**)
pil·lion [píljən] (명) 1 (안장 뒤에 놓은 동승 여성용의) 뒷안장. 2 (자전거·오토바이의) 뒷좌석(~ seat).
ride pillion (오토바이 따위의) 뒤에 타다.
pil·lo·ry [píləri] (명) 1 (죄인의) 목과 손목을 끼워놓는 형틀, 칼. 2 (the ~) 오명(汚名), (세상의) 웃음거리.
be in the pillory 세상의 웃음거리가 되다.
─ (타) 1 (죄인)에게 칼을 씌우다. 2 (수동형으로) …을 웃음거리로 만들다. [pillory 1]
*‡**pil·low** [pílou] (명) (~s [-z]) 1 베개. ¶ rise from one's ~ 잠자리에서 일어나다. 2 베개 모양의 것, 쿠션. 3 (기계) 굴대받이(~ block); (레이스 편물용의) 받침대. 4 (美俗語) (야구) 베이스, 루(壘)(base).
take counsel of [or consult with] one's pillow 하룻밤 자며 차분히 생각하다.
─ (타) (~s [-z]) (타) (머리를) (…에) 얹다(on, upon); …의 베개 노릇을 하다. ¶ The earth ~ed my head. 나는 한데서 잠을 잤다. ─ (자) 베개하다.
pillow one's head on one's arm 팔베개를 하다.
píllow blòck (명) (기계) 굴대받이, 축대(軸臺).
píllow bòok [compánion] (명) 잠자리에서 읽기 알맞은 책; (특히) 에로(ero)물.
pil·low·case [pílouk eìs] (명) 베갯잇, 베개 커버.
píllow còver =pillowcase.
pil·lowed [píloud] (형) (美俗語) 임신한.
píllow fìght (명) (아이들의) 베개 싸움; (비유적) 시시한 싸움; 모의전.
píllow làce (명) 손으로 뜨는 레이스(bobbin lace).
píllow làva (명) (지질) 침상(枕狀) 용암, 베개 용암.
píllow mòney (명) (호텔에서) 베개 밑에 두는 팁.
píllow pùncher (명) (호텔 등의) 객실 담당. 「여종업원.
píllow shàm (명) (장식용) 베갯잇.
píllow slìp (명) =pillowcase.
píllow tàlk (명) (부부간의) 침실에서의 대화, 정담.
pil·low·y [píloui] (형) 베개 같은; 부드러운.
píll pàd (명) (美俗語) 마약 중독자 집합 장소[소굴].
píll pèddler (명) (속어) 의사, 약제사. (또는 **píll ròller [shòoter]**)
píll pòpper (명) (美俗語) 정제 마약 상습 복용자.
píll pùsher (명) (속어·경멸적) 의사; 약사. (또는 **píll pèddler (ròller, shòoter)**)
pi·lo- [páilou, pil-] (연결) 필로(毛)의 뜻.
pi·lo·car·pin(e) [pàiləkɑ́ːrpi(ː)n, pil-] (명) (약학) 필로카르핀(발한·동공 수축·이뇨제).
pi·lose [páilous] (형) 털이 있는, 부드러운 털로 뒤덮인. (또는 **pilous**) 「성.
pi·los·i·ty [pailɑ́səti-lɔ́s-] (명) (U) 유모(有毛), 다모
*‡**pi·lot** [páilət] (명) 1 (항공) 조종사, 파일럿. ¶ a test ~ 테스트 파일럿, 시험 (비행) 조종사. 2 수로(水路) 안내인; (배의) 조타수; (해사) 수로지(水路誌), 항로 안내서. 3 안내인; 지도자; (비유적) (난관을 타개하는) 지침. 4 (기계) (기관차의) 배장기(排障器). 6 파일럿 램프, 표시등. 7 시험[시범]적으로 행하는 것, 테스트 케이스. 8 (속어) (스포츠 팀 등의) 감독; 기수(騎手). 9 = ~ film; ~ tape.
drop the pilot 훌륭한 지도자[조언자]를 배척하다.
─ (타) …의 수로 안내를 하다; (비행기·배 따위)를 조종하다, 조타하다. ¶ ~ New York Bay 뉴욕 항만의 수로 안내를 하다. 2 …을 (…으로) 안내하다, 이끌다(*in, into, through*). ¶ (~+(목)+(전)+(명)) ~ a person *across* a street 남을 안내하여 길을 건너게 하다 / ~ a person *over* a mountain 남에게 산을 넘는 길을 안내하다 / ~ a ship *through* a channel 배를 조종하여 수로를 통과시키다 (through). 3 (법안 따위)를 통과시키다(through).
─ (형) 안내(지도)의; 시험적인, 예비의.
pi·lot·age [páilətidʒ] (명) (U) 1 수로 안내(업, 술); 조종(술)(업), 안내, 지도. 2 수로 안내료. 3 =pilot station.
pílot ballòon (명) 바람[기류] 측정 기구.
pílot bíscuit [bréad] (명) =hardtack.
pílot bòat (명) 수로 안내선, 파일럿 보트.
pílot bùrner (명) =pilot light 1.
pílot cèll (명) (전기) 표시 전지(전지 전체의 능력을 조사하기 위한 테스트용 전지).
pílot chàrt (명) 항해도, 항공도.
pílot chùte (명) =pilot parachute.
pílot clòth (명) 감색의 거친 나사천(선원의 외투용).
pílot èngine (명) (선로 점검용) 선도 기관차.
pílot fìlm [tàpe] (명) (TV) (스폰서 모집용) 견본 비디오. 「고기의 총칭.
pi·lot·fish [páilətfìʃ] (명) 동갈방어; 그와 비슷한 물
pílot flàg (명) 수로 안내기. 1 G기(旗)(안내인을 구하는 신호기). (또는 **pílot jàck**) 2 H기(수로 안내인이 타고 있음을 표시하는 기).
pi·lot·house [páiləthàus] (명) (해사) 조타실.
pi·lo·ti [piláti-lóti] (명) (건축) 필로티(건물을 지면에 다 높이 떠받치는 기둥). (F)
pi·lot·ing [páilətiŋ] (명) (배·비행기의) 조종, 조타.
pílot jàck (명) =pilot flag 1.
pi·lot-jack·et [-dʒækit] (명) =pea jacket.
pílot làmp (명) =pilot light 2.

pi·lot·less [páilətlis] 형 수로 안내인[조종사]이 없는. ¶ a ~ plane 자동 조종 비행기.
pilot light 명 (가스 난로 따위의) 점화용 보조 버너, 불씨. 2 파일럿 라이트[램프], 표시등.
Somebody blew out a person's pilot lights. 《美俗語》머리가 둔하다, 바보다.
pilot òfficer 명 《英》공군 소위.
pilot pàrachute 명 보조 낙하산. 「공장.
pilot plànt 명 (새로운 생산 방식 등의) 시험[실험]
pilot prodùction 명 시험 생산. 「시험 수직갱.
pilot ràise 명《채광》(나중에 크게 넓히기 위해 판)
pilot schème 명 (소규모) 예비 계획[테스트].
pilot signal 〔해사〕 수로 안내 신호. 1 수로 안내인을 구하는 신호. 2 수로 안내인이 배에 타고 있음을 알리는 신호.
pilot stàtion 명〔해사〕 1 수로 안내인 대기소[상주소]. 2 =pilot waters.
pilot stùdy 명〔사회〕 시험[예비]적 연구, 준비 조사.
pilot wàters 명 〔해사〕 수로 안내 해면[구역](pilot
pilot whàle 명 〔동물〕=blackfish. 「station).
pi·lous [páiləs] = pilose.
Pil·sner [pílznər, pils-] 명 (때로 p-) 1 필젠 맥주; 필젠풍의 맥주. 2 (= **pílsner gláss**) 필젠 글라스. (또는 **Pilsener**)
Pílt·down màn [píltdàun-] 필트다운인(1912년 영국의 Piltdown에서 발견된 두개골; 유사 이전의 인류로 추정되었으나 1953년에 가짜로 판명되었다).
pil·u·lar [píljulər] 형 환약의, 알약 모양의.
pil·ule [píljuːl] 명 작은 환약(small pill). 형 bolus.
pil·u·lous [píljuləs] 형 =pilular. 「의 투창.
pi·lum [páiləm] 명 (복 **-la** [-lə]) (고대 로마 병사
pi·lus [páiləs] 명 **-li** [-lai] 〔생물〕 털(hair), (박테리아 등의) 섬모(繼毛).
pil·y [páili] 형 솜털과 같은, 솜털이 있는.
PIM *pulse interval modulation.*
Pi·ma [píːmə] 명 (복 ~(**s**)) 1 피마족(의 사람)(북미 인디언의 한 부족); 피마어(語). 2 =~ cotton. -**man** 피마족의, 피마어의.
Pima cótton 명 (종종 p- c-) 피마면(綿)(이집트 면을 미국 서남부에서 개량한 것). (또는 **Pima**) 「종.
pim·e·lode [píməloud] 명 〔어류〕 메기의 일
pi·men·to [piméntou] 명 (복 ~**s**) 1 =allspice. 2 =pimiento. 3 명 선명한 붉은 색.
piménto chéese 피망을 넣어 가공한 치즈.
pí méson 명 〔물리〕 파이(π) 중간자(pion).
PIMFY *please in my front yard*(지역 발전에 유익한 것은 우리 지역에). 「망.
pi·mien·to [pimjéntou] 명 (복 ~**s**) 서양 고추, 피
pimiénto chéese 명 =pimento cheese.
pi·mo·la [pimóulə] 명 피망을 다져 넣은 올리브.
pimp [pimp] 명 1 매춘 중개인, 뚜쟁이; (매춘부의) 기둥서방, 끄나풀. 2 비열한 인간, 악당. 3 《美俗語》 여성에게 인기있는 멋쟁이 남성. 4 (濠) 밀고자. — 자동 1 매춘을 중개하다, 뚜쟁이질을 하다. 2 한껏 모양을 내다[멋부리다]. — 타동 1 (매춘부)에게 손님을 대주다. 2 …에게 멋있는 차림을 하게 하다. 3 (비유적) …을 착취하다. — 형 유형(虎彼)꾼 풍의.
pim·per·nel [pímpərnèl, -nl] 명 나도개별꽃 속(屬)의 초본. 「한, 연약한.
pimp·ing [pímpiŋ] 형 작은, 하찮은; (방언) 병약
pimp·ish [pímpiʃ] 형 《美俗語》(10대들 사이에서) 근사한 옷을 입은, 멋있는, 요란한, 화려한.
pim·ple [pímpl] 명 1 〔병리〕 뾰루지; 여드름. 2 작은 돌기; (토지의) 융기, 작은 언덕. 3 〔익살〕 유난히 작고 우스꽝스런 것. 4 《美俗語》머리.
pim·pled [pímpld] 형 뾰루지가 난, 여드름투성이의.
pímple light 명 《美俗語》트럭 트랙터의 주차등(駐車燈.
pim·ply [pímpli] 형 =pimpled.

pimp·mo·bile [pímpmoubì:l/-mə-] 명 《美俗語》 (pimp가 타는) 화려하게 장식한 대형 고급차.
‡**pin** [pin] 명 (복 ~**s** [-z]) **1** 핀; (종종 복합어로) 장식핀. ¶ a safety ~ 안전핀. **2** (핀으로 고정시키는) 배지(badge), 기장, 브로치. **3** (차 바퀴의) 쐐기, 고정 쐐기(linchpin). **4** (자물쇠 구멍에 들어가는) 열쇠대. **5** 빨래 집게. **6** 머리 핀. **7** 밀방망이(rolling ~). **8** 못, 마개(peg). **9** 〔볼링〕 핀, 표적봉. **10** 〔골프〕 홀의 위치를 표시하는 깃대. **11** (~**s**) 〔구어〕다리(leg). ¶ strong [quick] on one's ~s 다리가 튼튼한[빠른]. **12** 〔음악〕 (현악기의 줄을 조절하는) 줄조리개. **13** 〔해사〕 밧줄걸이 말뚝(belaying ~). **14** (a ~) 〔부정문에서〕매우 조금, 소량, 하찮은 것. ¶ He doesn't care a ~ for her. 그는 그녀에 대해 조금도 관심이 없다 / It doesn't worth a ~. 한품의 값어치도 없다. **15** 〔레슬링〕 폴(fall). **16** (속어) =pinball (machine).
(as) neat [*or bright, clean*] *as a (new) pin* ⇒NEAT[1].
at a pin's fee (부정문에서) 아무런 가치도, 조금도.
for two pins 《英》쉽게; 꼬투리만 있으면, 당장에.
have pins and needles (손발이) 저리다.
in [*or on*] *a merry pin* 기분이 아주 좋아.
on one's last pins 빈사 상태에.
on one's pins 〔구어〕서서, 걸어서; 능숙하게.
pull the pin 《속어》① 일을 그만두다. ② 마을을 떠나다. ③ 처자[친구]를 버리다.
put in the pin 《英구어》(악습 따위를) 버리다, 끊다;
stick pins into a person 남을 모드기다; 남을 괴롭히다; 남을 초조하게 하다.
You could [*or might*] *hear* [*or have heard*] *a pin drop* [*or fall*]. 〔구어〕쥐죽은 듯 조용하다.
— 타동 (~**s** [-z], -**nn**-) **1** ~을 핀으로 고정시키다 (together, up)(on, to). ¶ (~+目+前+名) ~ a rose on a dress 핀으로 옷에 장미꽃을 달다 // (~+目+副) ~ up a notice 공고문을 핀으로 고정시키다. **2** (어떤 장소에) …을 고정시키다, 움직이지 못하게 하다 (down)(to, against, on, under). ¶ The snowslip ~ned him down. 눈사태에 깔려 그는 꼼짝 못하게 되었다 // (~+目+前+名) He ~ned me against the wall. 그는 나를 벽에 밀어 붙였다. **3** …을 (꿰)찌르다. **4** (속어) …을 붙잡다, 체포하다. **5** (행동·약속 따위로) …을 속박하다, 얽매다; (사람)에게 (…을) 강요하다 (down)(to). ¶ ~ a person down to a promise 남을 약속으로 묶어놓다. **6** …(에게) 〔희망·신뢰 따위를〕(전적으로) 걸다 (to, on). ¶ ~ one's faith to [or on] a person 남을 전적으로 신뢰하다. **7** (…에게) …의 책임[죄]을 속여씌우다(on). **8** …을 명확히 정의하다(down). ¶ (~+目+副) The subject is not easy to ~ down. 그 문제를 명확하게 정의하기는 어렵다. **9** 《美俗語》(수동형으로) (여성)에게 애정장(약혼)의 표시로 대학 사교 클럽의 장식핀을 주다. **10** 〔레슬링〕 (상대)를 폴로 누르다.
pin a person's ears back 《美구어》⇒EAR[1].
pin back one's ears [*or lugholes*]; *pin one's ears back* 주의해서 듣다, 귀를 기울이다.
pin down ① …을 고정시키다, 움직이지 못하게 하다. ② …을 강요하다, 속박하다. ③ (사실 따위를) 분명히 하다; …을 명확히 정의하다. ④ …을 파악하다; (남)을 확실히 식별[구별]하다.「으로 메우다.
pin in (다듬지 않은 돌로 쌓은 탑 따위의 틈을) 돌조각
pin...on a person 〔구어〕…을 남의 탓으로[책임으로] 돌리다[전가하다]. ¶ ~ a murder on an innocent man 무고한 사람에게 살인죄를 씌우다.
pin one on =HANG one on.
pin up ① …을 핀으로 고정하다. ② (머리 따위를) 올려 핀을 꼽다.
PIN [pin] 명 (컴퓨터) 개인 식별 번호. 〔< *p*ersonal *i*dentification *n*umber〕

pi·ña [píːnjə] [명] 1 =pineapple. 2 (특히 중남미에서) 파인애플 술. 〔<Sp〕

piña clòth [명] 피냐 천(파인애플 잎의 섬유로 짠 얇은 직물).

piña co·lá·da [-kouláːdə, -kəláː-] [명] 피냐 콜라다(파인애플 과즙·코코넛·럼을 섞은 알코올 음료).

pin·a·fore [pínəfɔ̀ːr] [명] 1 어린이용 턱받이. 2 소매 없는 원피스. 3 (또는 ∼ **drèss**) 《英》 (어른들의) 에이프런, 큰 앞치마.

Pi·nang [pinǽŋ] [명] 피낭(말레이 반도 서안 말래카해협의 섬·도시). (또는 **Penang**)

pi·nas·ter [painǽstər, pi-] [명] 남유럽산(產) 소나무의 일종.

pin·ball [pínbɔ̀ːl] [명][U] 핀볼, 코린트 게임; 회전 당구.

pínball machìne [명] 핀볼 기계, 회전 당구기; 빠찡꼬대(臺).

pin·bone [pínbòun] [명] (네발 짐승의) 관골(髖骨).

pín bòy [명] (볼링에서) 핀 정비원. (또는 **pinsetter**)

pince-nez [pǽnsnèi, píns-] [명] (복 ∼ [-z]) 《단·복수 양용》 코안경. 〔<F nose-pincher〕

píncer attàck [명] 협공, 협격.

pin·cers [pínsərz] [명][복] 1 집게, 족집게, 펜치. ¶a pair of ∼ 집게 한 개. 2 〔동물〕 (게 따위의) 집게발. 3 〔군사〕 =pincer(s) movement.

píncer(s) mòvement [명] 〔군사〕 협공 작전.

pin·cette [pænsét] [명] (복 ∼*s*) 핀셋(tweezers). 〔<F small pincers〕

‡**pinch** [pintʃ] [동] (∼·*es* [-iz]; ∼*ed* [-t]) [타] 1 …을 꼬집다, 끼워서 조이다, 사이에 끼워 부스러뜨리다. ¶ (∼+[目]+[前]+[名]) ∼ one's finger *in* a door 문짝에 손가락이 끼다. 2 (구두·모자 따위가) …을 죄다. ¶This hat ∼*es* my head. 이 모자는 꽉 낀다. 3 …을 좁은 곳에 밀어넣다[가두다](*into*); …을 엄격히 제한하다. 4 《수동형으로》 (고통·고민 따위가) 〔얼굴 등〕을 일그러지게 하다, 초췌하게 하다(*for*, *with*). ¶His face was ∼*ed with* disquiet. 그의 얼굴은 불안 때문에 일그러졌다. 5 〔원예〕 〔싹 따위〕를 따다(*out*, *off*, *back*). ¶∼ *back* [or *out*] young buds 새순을 따내다. 6 《수동형으로》 (추위·기아·빈곤 따위가) …을 괴롭히다, 고생시키다; (서리 따위가) …을 상하게 하다, 말라 죽게 하다; (사물의 결핍이) …을 곤란하게 하다(*for*, *with*, *by*). ¶be ∼*ed with* cold 추위에 몸이 움츠러지다 / be ∼*ed by* increased expenses 지출이 늘어 괴로움을 겪다 / be ∼*ed for* money [time] 돈[시간]에 쪼들리다. 7 〔금전 따위〕를 착취하다, 《비유적》 〔돈〕을 우려내다. 8 《속어》 …을 훔치다. 9 《구어》 …을 체포하다. 10 〔무거운 것〕을 지레로 움직이다. 11 〔해사〕 〔돛배〕를 앞바람으로 달리게 하다. 12 《英》 〔경마〕 〔말〕을 빨리 몰다.

—[자] 1 꼭 죄다. ¶The collar ∼*es*. 칼라가 꼭 죈다. 2 (심한) 고통[불쾌감]을 일으키다. ¶when the hunger ∼*es* 배가 고파서 괴로울 때. 3 인색하게 굴다. 4 〔광산〕 (광맥이) 점점 가늘어지다, 끊어지다(*out*). ¶ (∼+[副]) The vein of iron ore ∼*ed out*. 철광맥이 끝장났다.

(know) where the shoe pinches 재난[슬픔, 난관 따위]의 원인(을 알다).

pinch a loaf 《美속어》 대변을 보다.

pinch and scrape [or ***save***] 《구어》 절약하다.

pinch pennies 극도로 지출을 줄이다(economize).

—[명] (복 ∼·*es* [-iz]) 1 꼬집기, (사이에) 끼움, 꼭 죄기. 2 (a ∼) 한줌, 극히 적은 분량(*of*). ¶a ∼ *of* salt 한줌의 소금. 3 (the ∼) 《구어》 어려움, 난관, 시련; 위기, 위급, 핀치. ⇨EMERGENCY [유의어] ¶the ∼ of hunger [poverty] 굶주림[가난]의 고통. 4 =∼ bar. 5 《속어》 (경찰의) 단속(raid), 체포. 6 《속어》 도둑질.

feel the pinch 경제적 곤경에 빠지다.

in [or ***on,*** 《英》 ***at***] ***a pinch*** 《구어》 위기를 맞아, 만약의 경우, 일단 유사시에.

when [or ***if***] ***it comes to a*** [or ***the***] ***pinch*** 《구어》 만약의 경우에는, 어쩔 수 없는 경우.

with a pinch [or ***grain***] ***of salt*** (이야기 따위를) 가감하여, 에누리하여.

—[형] 《한정용법》 〔야구〕 핀치 히터[대타자]의; 대신의, 대리의.

∼·a·ble [형]

pínch bàr [명] 받침대가 있는 지레.

pinch·beck [píntʃbèk] [명] 1 [U] 핀치벡(동과 아연의 합금; 모조금으로 사용). 2 가짜, 모조품. —[형] 1 핀치벡제의. 2 가짜의, 사이비의; 싸구려의. ¶a ∼ hero 사이비 영웅.

pinch·bot·tle [píntʃbɑ̀tl/-bɔ̀tl] [명] 허리가 잘룩한 (술)병.

pinch·cock [píntʃkɑ̀k/-kɔ̀k] [명] (고무 호스 따위의 수량을 조절하는) 죔쇠.

pin·check [píntʃèk] [명] (직물의) 아주 작은 바둑판 무늬; 그 직물.

pinched [pintʃt] [형] 꽉 죄어진; (허기 따위로) 초췌한, 야윈; (…에) 궁해진 (*for*).

pínch effèct [명] 〔물리〕 핀치 효과.

pinch·er [píntʃər] [명] 1 꼬집는[끼우는, 죄는] 사람[것]; 《구어》 도둑. 2 (∼s) =pincers. 3 《속어》 경찰. 4 《美속어》 구두.

pinch·gut [píntʃgʌ̀t] [명] 《속어》 구두쇠. (또는 **pinch·fart**)

pínch hít [명] 〔야구〕 대타 안타.

pinch-hit [⌐hít] [동][자] (∼; ∼·*ting*) 〔야구〕 (…의) 대타로 나가다(*for*); 대역(代役)을 맡다 (*for*).

pínch hítter [명] 〔야구〕 핀치 히터, 대타자; 대역, 대신(*for*).

pinch·pen·ny [píntʃpèni] [명][형] 《美속어》 구두쇠(의), 노랑이(의).

pínch rúnner [명] 〔야구〕 핀치 러너, 대주자.

pin-com·pat·i·ble [⌐kəmpǽtəbl] [형] 〔전자〕 (칩이) 핀 호환(互換)의.

pín cùrl [명] 핀컬(헤어핀 따위로 말아서 만든 고수머리).

pin·cush·ion [pínkùʃən] [명] 바늘겨레, 바늘 방석.

pin·dan [píndən/-dæn] [명] 《濠》 반(半)건조 지대, 관목 지대; 《집합적》 그 지대의 관목과 풀.

Pin·dar [píndər] [명] 핀다로스(522?-443? B.C.: 그리스의 서정시인).

Pin·dar·ic [pindǽrik] [형] 핀다로스의, 핀다로스풍(風)의; 운율격조(韻律格調)가 높은[짜여진]. —[명] (∼s) 핀다로스풍의 시(詩)(∼ ode). **-i·cal·ly** [부]

pind·ling [píndliŋ] [형] 《美방언》 조그마한, 연약[병약]한; 화를 잘 내는.

pin·down [píndàun] [명] 1 〔군사〕 핀다운(적의 핵미사일 기지를 집중 공격하여 핵반격을 불가능하게 만드는 전법). 2 《英》 (청소년 교정(矯正) 시설에서의) 가혹 행위, 학대(독방 격리·의식(衣食) 제한 등).

‡**pine**[1] [pain] [명] (복 ∼*s* [-z]) 1 소나무; [U] 송재(松材). 2 소나무류 침엽수의 총칭. 3 《구어》 =pineapple 1.

ride the pine 《美속어》 (경기에서) 벤치에 앉다, 벤치 신세를 못 면하다.

—[형] 소나뭇과(科)의.

∼·like [형]

***pine**[2] [동][자] 1 《진행형으로》 애타게 그리워하다, 사모[갈망]하다 (*for*, *after*). ⇨LONG[2] [유의어] ¶ (∼+[前]+[名]) She secretly ∼*d for* his affections. 그녀는 남몰래 그를 애타게 사모했다 // (∼+*to* do) He ∼*s to* return home. 그는 고향에 돌아가기를 갈망하고 있다. 2 (슬픔·후회·갈망 따위로) 초췌해지다, 수척해지다(*away*). ¶ (∼+[副]) Disappointed in love, she has ∼*d away*. 그녀는 실연한 뒤에 초췌해졌다. 3 《진행형으로》 《고어》 불평하다(*for*). —[타] 《고어》 …을 슬퍼하다, 애도하다. —[명] 《고어》 애타게 사모함, 연모, 갈망.

pin·e·al [píniəl, páin-, painíːəl] [형] 1 《형태가》 솔방울 같은. 2 〔해부〕 송과체(松果體)의.

pineal apparátus [명] 〔동물〕 송과(松果) 기관.

pineal bòdy [**glànd**] [명] 〔해부〕 (뇌의) 송과체.

pi·ne·a·lec·to·my [pìniəléktəmi, painìːə-] [명] 〔의학〕 송과체 절제술. **-mize** [동][타]

‡**pine·ap·ple** [páinæ̀pl] [명] (복 ∼*s* [-z]) 1 파인애플; 그 나무(∼ tree). 2 =pine cone. 3 《軍속어》 폭탄,

pineapple cloth 수류탄. **4** (the ~) (英속어) 실업 수당.
a fair suck of the pineapple (濠구어) (실력 따위를 발휘할 수 있는) 공평한 기회, 공정한 방법.
the rough end of the pineapple (濠구어) 불리한 입장, 최악의 거래[홍정].
—— 형 파인애플과(科)의.
pineapple clòth 형 =piña cloth.
pine bàrren 형 **1** 소나무 황야(소나무가 군데군데 자라는 불모의 모래 땅). **2** (the P- B-s) 미국 New Jersey주 해안 지대(the Pinelands).
pine còne 형 솔방울.
pine dràpe 형 (美속어) 관(棺).
pine·land [páinlænd] 형 **1** (종종 ~s) 송림 지대. **2** (the P-s) =pine barren 2.
pine màrten 형 〔동물〕 (유럽·아시아·북미산(産)) 담비의 일종.
pi·nene [páini:n] 형 〔화학〕 피넨(테르펜(terpene) 류의 주성분).
pine nèedle 형 (보통 ~s) 솔잎.
pine nùt 형 **1** 송과(松果)(piñon의 열매; 식용). **2** = pine cone.
pine òvercoat 형 (美속어) 싸구려 관(棺).
pin·er·y [páinəri] 형 파인애플 재배원; 소나무 숲.
pine stràw 형 (美) (특히) 마른 솔잎, 건조 솔잎.
pine tàr 형 파인 타르(소나무를 건류하여 얻음).
pine-top [ˊtὰp/-tɔ̀p] 형 (美속어) (밀조) 위스키.
pine trèe 형 소나무.   「칭.
Pine Trèe Stàte 형 (the ~) 미국 Maine 주의 별
pi·ne·tum [painíːtəm] 형 (榎 -ta [-tə]) 소나무 재배원; 솔밭; 송론(松論)(소나무에 관한 논문).
pine wàrbler 형 〔조류〕 미국 솔새.
pine·wood [páinwùd] 형 **1** (단수취급) 송림, 솔밭. **2** ⓤ 소나무 재목, 송재(松材).
pine·y [páini] 형 =piny.
pin-eyed [ˊàid] 형 눈이 작은, 눈 모양의 점이 있는.
pin·fall [pínfɔ̀ːl] 형 〔레슬링〕 핀폴(3카운트하는 동안 양어깨가 바닥에 닿기).   「형.
pin-feath·er [pínfèðər] 형 새의 솜털. —**ed**, **~·y**
pin·fire [pínfàiər] 형 (화기·탄약통의) 격침[격발]식의. 형 격침[격발]식 탄약통[화기]. —— 툐 (다리에 병이 난 말)을 (마찰시켜 전기 치료를 하다.
pin·fold [pínfòuld] 형 **1** (길 잃은 가축을 몰아 넣는) 우리(pound); (일반적으로) 가축의 우리(fold). **2** 감금 장소. —— 툐 우리에 가두다.
ping [piŋ] 형 (a ~) 핑(총알이 날아가는 소리); 탁(총탄이 명중하는 소리). —— 툐 핑 하고 날다; 탁 하고 명중하다. —— 툐 (남)을 괴롭히다, 비방하다.
PING 〔컴퓨터〕 Packet Internet Groper(인터넷 접속을 확인하는 도구).
pin·ga [píŋgə] 형 (美비어) 음경(penis).
ping·a·ble [píŋəbl] 형 〔컴퓨터〕 (사이트가) 살아 있는(PING에 응답하는).
ping·er [píŋər] 형 (수중의 지형 따위를 조사하기 위한) 파동음 발진(發振) 장치; (벨이 달린) 타이머.
ping jòckey 형 (美속어) 정보기[탐지기 따위의 모니터 담당자.
ping·man [píŋmən] 형 (해군속어) =ping jockey.
pin·go [píŋgou] 형 (榎 ~s) (지질) 핑고(북극 지방의 얼음으로 된 핵으로 된 화산 모양의 작은 언덕).
ping-pong[1] [ˊpὰŋ, -pɔ̀ŋ/-pɔ̀ŋ] 형 탁구, 핑퐁(table tennis); (비유적) 주고 받기, 교환. ¶play ~ 탁구를 치다. <(商標) Ping-Pong <ping(⑥)에서 만들어진 의성어(擬聲語)>
ping-pong[2] (구어) 툐 툐 **1** …을 이리저리 이동시키다; …을 차례로 돌리다. **2** (환자)에게 불필요한 정밀 검사를 하다, 불필요한 진찰을 받게 하다. —— 툐 **1** (정기적)으로 이동하다, 오가다. **2** 불필요한 진찰을 받다.
ping-pong diplòmacy 형 핑퐁[탁구] 외교(탁구 경기를 매개로 한 외교로 1971년 미국 선수단의 중국 방문이 가져온 양국 관계 개선이 대표적인 예).
Ping-Pong párents 형 (美) 핑퐁 부모(이혼한 후 아이를 자기들 사이를 오가게 하는 부모).
pin·guid [píŋgwid] 형 지방이 많은; 기름진, 기름기가 많은; (땅이) 기름진. **pin·guíd·i·ty** 형
pin·guin [píŋgwin] 형 〔식물〕 핑귄(열대 아메리카산(産)) 파인애플류의 식물); 그 열매.
ping-wing [ˊwiŋ] 형 (美속어) 마약 주사.
pin·head [pínhèd] 형 **1** 핀의 대가리. **2** 사소한 것, 하찮은 것; (~ 소량(of). **3** (속어) 멍청이. **4** (~s) (美) (올림픽 따위의) 기념 배지 수집광(가).
pin·head·ed [pínhèdid] 형 멍청한, 머리가 나쁜. **~·ness** 형
pin·hold·er [pínhòuldər] 형 (꽃꽂이용의) 침봉(針峰).
pin·hole [pínhòul] 형 바늘 구멍; 작은 구멍.
pínhole càmera 형 핀홀 카메라(렌즈 대신 작은 구멍을 뚫어 입사 광선으로 이용하는 초기의 사진기).
pin·ion[1] [pínjən] 형 〔기계〕 작은 톱니바퀴, 피니언. ⇒RACK¹. **~·less**, **~·like** 형
pin·ion[2] [pínjən] 형 **1** 새의 날개 끝부분. **2** (새의) 날개. **3** 깃, 깃털. **4** (집합적) 날개깃, 칼깃(flight feathers).
—— 툐 **1** (날지 못하게) 〔새의 날개 끝〕을 자르다, 날개를 묶다. **2** (사람의) 〔손·발〕을 묶다; (사람)을 구속[속박]하다. **3** (어떤 것에) …을 붙들어매다 (to, against). ¶ (~+目+前+名) He is ~ed to his bad habit. 그는 자신의 악습에서 헤어나지 못하고 있다.
pin·ion[3] [pínjən, pinjóun, pinjóun] 형 =piñon.
‡**pink**[1] [piŋk] 형 **1** ⓤⓒ 분홍색, 복숭아색, 석죽(石竹)색, 핑크색. **2** 패랭이꽃, 석죽, 카네이션. **3** (the ~) 최상급의 것; 극치, 절정; 정화(精華); 정수; 화신, 권화. ¶ the ~ of fashion [elegance] 유행(우아)의 정수 / in the ~ of perfection 완벽의 극치에서 / She is the ~ of girls. 그녀는 여자 중의 여자다. **4** (P-) (경어) (사상의) 좌경(左傾)한 사람, 빨갱이 기질이 강한 사람 (⇒ Red). **5** (英) 〔사냥〕 (~s) 여우 사냥꾼이 입는 핑크색 (~ coat); 여우 사냥꾼. **6** (美속어) 백인. **7** (濠) 싸구려 위스키. **8** 〔어류〕 =~ salmon.
in the pink (美속어) 술취해.   「[건강]하여.
in the pink (of health [***or condition***]**) 원기왕성[건강]하여.
—— 형 (~·**er**; ~·**est**) **1** 분홍색의, 핑크색의. **2** 좌경한. **3** 흥분한; 화난. **4** (속) (부사적) 몹시, 되게. **5** (속) 세련된, 현대적인. **6** (美속어) 백인의.
tickle a person pink ⇒TICKLE.
—— 툐 분홍색이 되다[으로 만들다]. **~·ness** 형
pink[2] 툐 툐 **1** (가느다란 칼 따위로) …을 찌르다. ¶ ~ a man *through* the heart 사람의 심장을 꿰찌르다. **2** 〔종이·천 따위의 가장자리〕를 물결 무늬로 자르다. **3** (장식용으로) 〔천·가죽 따위〕에 구멍·장식 구멍을 내다. **4** …을 장식하다(*out*, *up*). **5** (비평 따위로) …에 따끔한 맛을 보이다.
pink[3] 형 (선미(船尾)가 좁은) 일종의 돛배.
pink[4] 형 (英) 새끼 연어; (방언) 황어류의 새끼.   「다.
pink[5] 형 (英) (엔진이) 노킹하다, 이상 폭발음을 내
pínk bútton 형 (속어) 주식 매매 업자[회사의 사무원(회사원)].
pínk champágne 형 열은 핑크 빛을 띠는 샴페인.
pínk còat 형 붉은 여우 사냥복. (또는 pinks)
pink-col·lar [ˊkὰlər/-kɔ̀lə] 형 핑크 칼라의, 여성 직종의 (따위의). ¶a ~ worker 여성 직종 근로자.
pínk-cóllar jòb 형 여성(이 맡아온) 직종; 여성이 다수인 직종.   「단(先端) 통증.
pínk disèase 형 〔병리〕 유아(乳兒)의 사지(四肢) 선
pinked [piŋkt] 형 (가장자리를) 물결 모양으로 잘라낸; 찔린, 거나한.
pínk élephants 형 형 **1** (술·마약에 의한) 환각(幻覺). **2** 옛 상처, 부끄러운 과거.
pink·en [píŋkən] 툐 툐 핑크색이 되다.

pink-eye [ˊai] 몡 (濠) 오스트레일리아 원주민의 휴일축제일. (또는 **pink-hi, pinkie**)
pink-eye [píŋkài] 몡 **1** ① 〖병리〗 유행성 결막염. **2** (美구어) 싸구려 위스키[와인]. 「테일의 일종.
pink gín 몡 (英) 핑크 진(진에 쓴맛 나는 술을 탄 칵
pink·ie[1] [píŋki] 몡 새끼손가락. (또는 **pinky**)
pink·ie[2] 몡 **1** (구어) =pinkeye 1. **2** (濠구어) = pinkeye 2. (또는 **pinky**)
pink·ie[3] 몡 (濠) =pink-eye. 「물결 무늬 장식.
pink·ing [píŋkiŋ] 몡① (천·가죽·종이 따위에 넣는)
pínking shéars [scíssors] 몡 핑킹 가위(천 따위를 물결 무늬 장식으로 자르는 가위).
pínk ínk 몡 (美) 〖선정적인〗 연애 소설.
pink·ish [píŋkiʃ] 몡 **1** 연분홍색을 띤. **2** 좌익적인.
pínk lády 몡 핑크 레이디(칵테일의 일종).
pink·ly [píŋkli] 몡 핑크색으로. 「하의 용인).
pín knót 몡 핀 노트(재목의 직경 0.5인치(1.3cm) 이
pink·o [píŋkou] 몡 (-~(e)s) (美속어) 〖경멸적〗 빨갱이, 좌익 분자, 공산주의자. pink[1] 4
pínk rhododéndron 몡 (미국 동북안(產)의 철쭉의 일종. (또는 **Califórnia rósebay**)
pínk sálmon 몡 〖어류〗 송어의 일종.
pínk shéet 몡 (美) 〖증권〗 전국 점두 거래 주식 시세 동향 일보(핑크색 용지에 인쇄된다). 「NASDAQ
pínk slíp 몡 (美구어) **1** 해고 통지(서). **2** (자동차) 운
get the pink slip 해고되다. 「전 일시 면허증.
give a person the pink slip 남을 해고시키다.
pink-slíp [ˊslíp] 몡타 (-*pp*-) (美구어) 〖종업원〗을 해고하다, 목자르다. ~**ped** 〔한〕 환각.
pínk spíders 몡 (속어) 〖알코올 중독 등에 의한〗
pínk spót 몡 〖의학〗 핑크 스폿(정신 분열증 환자의 소변에서 검출되는 mescaline과 유사한 화학 물질).
Pínk·ster [píŋkstər] 몡 (美방언) 성신(聖神) 강림절(Whitsuntide). (또는 **Pinxter**)
pínkster flówer 몡 =pinxter flower.
pínk stérn 몡 〖해사〗 뾰족하게 튀어나온 고물.
pínk téa 몡 (구어) 정식 다과회[리셉션], 엘리트끼리의 모임.
pink-toes [ˊtòuz] 몡 (魦) ~) (美흑인속어) 피부가 덜 검은 흑인 여자; 백인 여자 친구.
pink·y[1] [píŋki] 몡 =pinkish 1.
pink·y[2] 몡 =pink[3].
pink·y[3] 몡 =pinkie[1].
pín mòney 몡 핀 머니(pocket money). (원래 아내·딸에게 주는 용돈: 푼돈. **pín-mòney** 몡
pin·na [pínə] 몡 (복 -*nae* [-niː], ~s) **1** 〖식물〗 우편(羽片)(우상 복엽(羽狀複葉)의 한 쪽 잎). **2** 〖동물〗 짓, 날개; 지느러미(발). **3** 〖해부〗 귓바퀴. **-nal** 몡
pin·nace [pínis] 몡 **1** (모선(母船)에 따르는) 작은 쌍 돛배, 증기선(縱帆船). **2** 작은 배, 중형 합재(艦載) 보트.
***pin·na·cle** [pínəkl] 몡 **1** 높은 산봉우리, 뾰족한 봉우리. **2** (the ~) (권력·명성 따위의) (불안한) 꼭대기, 정점. ¶*reach the ~ of earthly greatness* 지상에서의 최고의 지위에 오르다. **3** 〖건축〗 (교회 따위의) 작은 뾰족탑. — 타 **1** …을 꼭대기에 올려놓다, 높이 올리다. **2** …에 작은 뾰족탑을 달다.
pin·nate [píneit, -nət] 몡 **1** (구조·배치 따위가) 깃 모양의. **2** (또는 **pinnated**) 〖식물〗 (잎이) 깃털 모양의, 복엽(複葉)의. ¶*a ~ leaf* 우상엽(羽狀葉), 복엽.
-nat·ed·ly, -·ly 몡 「partite.
pin·nat·i- [pínətə] 연결 pinnate의 뜻. ¶*pinnati*-
pin·nat·i·fid [pinǽtəfid] 몡 〖식물〗 (잎이) 깃털 모양으로 갈라진. 「〖狀〗 구조〖조직〗.
pin·na·tion [pinéiʃən] 몡① 〖식물〗 우상(羽狀)
pin·nat·i·par·tite [pinǽtəpáːrtait] 몡 〖식물〗 (잎이) 깃털 모양으로 깊이 갈라진.
pin·ner [pínər] 몡 **1** 핀으로 고정시키는 사람[것]. **2** (양쪽으로 긴 자락이 내려오는 옛날의) 여성용 쓰개. **3** (방언) 앞치마(pinafore).
pin·ni- [pini] 연결 feather, fin의 뜻(* 모음 앞에서는 pinn-). ¶*pinni*grade(지느러미발 동물).
pin·ni·ped [pínəpèd] 몡 기각류(鰭脚類)의. —몡 기각류(물개 따위). (또는 **pinnipedian**)
pin·nule [pínjuːl] 몡 **1** 〖동물〗 지느러미[수염] 비슷한 것, 작은 지느러미, 새의 깃가지(barb) 따위의 총칭. **2** 〖식물〗 작은 우편(羽片). **-nu·lar** 몡
pin·ny [píni] 몡 (구어·어린이말) =pinafore.
PINO positive input, negative output.
Pi·noc·chi·o [pinóukiòu] 몡 피노키오(Carlo Collodi작의 동화에 나오는 나무 인형의 이름).
Pi·no·chet [piːnoutʃét] 몡 **Augusto** ~ (**Ugarte**) 피노체트(1915– : 칠레의 군인·정치가; 대통령(1974–89)).
pi·noch·le [píːnʌkl, -nəkl] 몡① (美) 〖카드놀이〗 피노클. (또는 **penuchle, penuckle, pinocle**)
pínochle séason 몡 (美속어) 의류 산업의 비성수기.
pin·o·cy·to·sis [pìnəsaitóusis, pàin-] 몡 음작용(飮作用)(세포가 액체를 외부로부터 섭취하는 운동). **-tót·ic, -tót·i·cal·ly** 몡
pi·no·le [pinóuli] 몡 (美) 피놀레(볶은 옥수수 또는 밀가루에 설탕·향미료를 섞어 우유에 타서 마시는 미국 서남부·멕시코 등의 음식). ⌊<Sp
pi·ñon [pínjən, piːnjoun] 몡 (Rocky 산맥 남부산(產)의) 소나무; 그 열매(식용임). ⌊<Sp
Pi·not [pinóu] 몡 **1** 피노(California산의 포도주 양조용 포도 품종). **2** 피노 포도로 만든 포도주. ⌊<F
Pinot Blanc [-blɑ́ːŋ] 몡 Pinot 종(種)의 백포도; 그것으로 만든 백포도주.
Pinot Noir [-nwɑ́ːr] 몡 Pinot 종의 적포도주용 포도; 그것으로 만든 적포도주.
pin·point [pínpɔ̀int] 몡 **1** 핀[바늘] 끝, 뾰족한 끝. **2** 아주 작은[하찮은] 것; (a ~) 소량 (of). ¶*one ~ of hope* 일루의 희망. **3** 〖군사〗 정밀 조준점, 정확한 목표 지점; (지도상에 핀으로 꽂은) 정확한 위치. —타 **1** …의 위치를 정확히 나타내다, 특정하다. **2** (원인·본질 따위를) 정확히 지적[서술]하다. **3** (표적)을 정확히 겨누다; 〖군사〗 정밀 조준 폭격하다. —몡 정확한; 정밀한. ¶~ *accuracy* 한치의 오차도 없는 정확도.
pínpoint bómbing 몡 〖군사〗 정밀 조준 폭격.
pin·prick [pínprìk] 몡 **1** 핀으로 찌르기; 핀으로 찌른 작은 구멍. **2** 짓궂은 짓, 심술부리기. **3** 작은 상처. —타 **1** (…에) 핀으로 구멍을 뚫다. **2** (…에) 짓궂게 굴다, 심술부리다. (사소하지만) 끊임없이 사람을 괴롭히다.
PINS [pinz] 몡 (美) 〖법률〗 감독(후견)을 필요로 하는 청소년. ⌊<*person*(*s*) *in need of supervision*)
píns and néedles 몡 (수족이 저려서 따끔거리는) 느낌. ¶*be on ~* 조마조마하다; 안절부절 못하다.
pín séal 몡 새끼 바다표범 가죽.
pin·set·ter [pínsètər] 몡 **1** =pin boy. **2** (볼링의) 핀을 세우는 기계.
pin-shot [pínʃɑt/-ʃɔ̀t] 몡 (美속어) 안전핀과 점안기(點眼器)를 이용한 마약 주사.
pin·spot·ter [pínspɑ̀tər/-spɔ̀t-] 몡 =pinsetter.
pin·stripe [pínstràip] 몡 (직물의) 가느다란 세로 줄(무늬); 그런 옷(감)(직물); (~s) 가는 줄무늬 슈트 (~ suit).
pin-striped [pínstràipt, -stràipid] 몡 **1** (옷감이) 가느다란 세로줄 무늬가 있는. **2** (구어) (변호사·은행가 등) 전통적으로 가느다란 세로줄 무늬 옷을 입는; (일반적으로) 부자의. ¶*a ~ mind* 부자의 사고 방식. (또는 **pín-stríped**)
pínstripe pèrpetrator 몡 (美구어) 화이트 칼라 범죄자(white-collar criminal).
pin·strip·er [pínstràipər] 몡 (美구어) (엘리트) 실업가, 기업인, 회사 중역.

pin·strip·ing [pínstràipiŋ] 图 (자동차 따위에) 가는 세로줄 무늬를 그리기.

***pint** [paint] 图 **1** 파인트(액량·건량(乾量)의 단위, 0.5 quart; (美) 0.47*l*, (英) 0.57*l*). **2** 1파인트 들이 용기. **3** (英구어) 1파인트의 맥주.

pin·ta¹ [píntə] 图(醫) (병리) (중남미에 많은) 열대 백반성(白斑性) 피부병.

pin·ta² [páintə] 图 1파인트의 우유 (따위).

pín táble 图 (英) = pinball machine.

pin·tail [pínteil] 图 **1** 고방오리. **2** (북미산(産)) 붉은오리. **3** (북미산) 뇌조(雷鳥)의 일종.

pin-tailed [-téild] 图 [조류] 꽁지깃이 뾰족한.

Pin·ter [píntər] 图 **Harold** ~ 핀터(1930- : 영국의 극작가).

pín the táil on the dónkey 图 당나귀 꼬리 달기(그림 맞추기 놀이의 일종).

pin·tle [píntl] 图 **1** (배의 키를 다는) 타축(舵軸), 타침(舵針). **2** (견인차의) 연결 고리.

pin·to [pín(ː)ntou] 图 **1** 얼룩무늬의, 얼룩덜룩한. — 图 (图 ~(e)s) (美서부) 얼룩말.

pint-size(d) [´-sàiz(d)] 图 (美구어) 소형의, 자그마한.

pin-up [pínÀp] 图 (구어) **1** (벽에 꽂아 놓는) 미인 사진, 핀업. **2** (속어) = ~ **girl**. **3** 벽걸이 램프. — 图 **1** 핀업의에 알맞은 ; 매력적인. **2** 벽걸이(용)의.

pínup girl 图 (핀업에 알맞은) 매력적인 미녀.

pin·wheel [pínhwìːl/-wìːl] 图 **1** (장난감) 바람개비. **2** 회전 불꽃. **3** 핀 톱니바퀴.

pin·worm [pínwəːrm] 图 요충(蟯蟲).

pín wrench 图 핀렌치(스패너의 일종).

pinx. pinxit.

pinx·it [píŋksit] 图 …이 그리다, …작(作)(화가가 서명할 때 씀; @ pinx., pxt.). [<L he or she painted it]

pínx·ter flòwer [píŋkstər-] 图 분홍색의 진달래의 일종(미국산(産)).

pin·y [páini] 图 **1** 소나무가 많은[우거진]. **2** 소나무로 된. **3** 소나무의(같은). (또는 **piney**)

Pin·yin [pínjín] 图 핀인(拼音)(1979년에 공인된 중국어의 로마자 표기법; Peking(北京)→Beijing 따위).

pin·yon [pínjən] 图 = piñon. (또는 ~ **pine**)

PIO (軍사) *public information office* [*officer*](공보관실(공보관)).

PIOCS (컴퓨터) *physical input/output control system.*

pi·o·let [piːəléi] 图 (등산용) 소형 피켈. [<F]

pi·on [páiɑn/-ɔn] 图 (물리) 파이(π) 중간자.

‡**pi·o·neer** [pàiəníər] 图 (图 ~**s** [-z]) **1** (미개지의) 개척자. **2** (…의) 선구자 ; 주창자, 선봉(*in, of*). ¶ ~ *s in electronics* 전자 공학의 선구자들. **3** (군사) 선발대(先發隊) 공병. **4** (생태) 선구(先驅) 식물[동물]. **5** (P-) 파이어니어호(號)(미국의 화성 탐사선). **6** (P-) 피오니에르(옛 소련의 공산 소년 소녀 단원(10-16세)). — 图因 개척자가 되다 ; (…을) 솔선하다(*in*). — 他因 **1** (미개지·신분야 따위)를 개척하다. **2** …을 선도하다, 지도하다 ; …을 제창하다. — 图 **1** 초기의, 최초의. **2** 개척자의 ; 선구적인. **-neer·ing** [-níəriŋ] 图

pionéering industry 图 첨단 산업. ¶ *pathfinders in the* ~ 첨단 산업의 개척자들. [에 의한].

pi·on·ic [paiɑ́nik/-ɔ́n-] 图 (물리) 파이 중간자의

pi·o·ni·um [paióuni(ː)əm] 图 (물리) 파이오늄(뮤 중간자와 파이 중간자로 이루어진 준원자(準原子)).

pion thèrapy 图 (의학) 파이 중간자 요법(파이 중간자를 쬐어 암세포를 파괴한다).

‡**pi·ous** [páiəs] 图 (**more ~; most ~**) **1** 신앙심이 깊은[두터운], 경건한(*about*)(반) **impious**). ⇨ RELIGIOUS **유의어 2** 종교적 동기[신앙]에서 하는, 종교적인. ¶ a ~ *practice* 신앙에서 나온 실천. **3** 종교를 빙자한, 위선적인. ¶ a ~ *deception* 선의를 가장한 기만. **4** 종교적인. ¶ ~ *literature* 종교(신앙) 서적. **5** (고어) 효성스러운, 충실한. **pi·ós·i·ty** 图 ~**·ly** 图 ~**·ness** 图

píous hópe 图 비현실적(이루어질 것 같지 않은) 희망.

pip¹ [pip] 图 **1** (주사위·카드 따위의) 눈, 점. **2** 화관(花冠)(corolla). **3** 파인애플 껍질의 작은 조각. **4** (英구어) (육군 장교 견장의) 별. **5** (원예) 근경(根莖), (특히) 은방울꽃 근경.

pip² (the ~) **1** (수의) (가금(家禽)의) 목구명·혀의 전염병. **2** (英구어) (익살) (사람의) 가벼운 병 ; 기분이 **get the pip** 화내다, 기분이 나빠지다. [언짢음.

give *a person* **the pip** (속어) 남을 화나게 하다.

have the pip 화가 나 있다, 기분이 나쁘다.

pip³ 图 **1** (사과·배·귤 따위의) 씨, 종자. **2** (속어) 훌륭한 사람[것]. ¶ a ~ *of an idea* 묘안.

squeeze *a person* **until [or till] the pips squeak** (구어) ① 남을 몹시 혼내다. ② 남에게 (강제로) 시키다, (특히) 세금 따위를 짜내다.

— 图 (속어) 훌륭한.

— 图因 (과일)의 씨를 골라내다.

pip⁴ (-**pp**-) 因 (병아리 따위가) 삐약삐약 울다 ; (병아리·알이) 부화하다. — 他 (병아리 따위가) (껍질)을 깨고 나오다.

pip⁵ (-**pp**-) 他 (英) **1** …을 총알[화살]로 쏘다 ; …에 명중하다. **2** (속어) …을 배척하다, …에 반대(투표)하다 ; (계획 따위)를 망쳐놓다, 좌절시키다. **3** (경쟁·시험 따위에서) …을 떨어뜨리다 ; (시험)에 떨어지다. — 因 (英속어) 죽다(*out*). [패배하다.

be pipped at [or on, to] the post (英) 접전에서 패배하다.

pip⁶ (the ~s) (시보 따위의) 삐 하는 소리 ; (英) (신호에서) p자. — 图因 삐 소리를 내다.

Pip [pip] 图 핍(남자 이름 ; Philip의 애칭).

PIP [pip] 图 (속어) (기계 따위에 대체된) 탈(脫)공업 시대의 인간. [<*postindustrial person*]

PIP *peripheral interchange program*; *persistent internal polarization*; *picture in picture.*

pip·age [páipidʒ] 图 **1** (물·가스·기름의) 파이프 수송. **2** (집합적) 수송관. **3** 수송관에 의한 수송료. (또는 **pipeage**) [peepul]

pi·pal [páipəl] 图 인도 보리수(bo tree). (또는

‡**pipe**¹ [paip] 图 **1** 관, 도관, 파이프. ¶ a **gas** [**water**] ~ 가스(수도)관 / a **drain** [**supply**] ~ 배수(공급)관. **2** (담배) 파이프, 담뱃대 ; (담배) 한 대. ¶ **light** [**smoke, have**] a ~ 한 대 불여 물다[피우다]. **3** (음악) 피리 ; 관악기(플루트·오보에 따위에) ; 오르간의 음관(音管) ; (~s) 목관 악기 ; (~s) (스코틀랜드의) 백파이프(bagpipe). **4** (해지) (갑판장의) 호각, 호각 소리 ; (새 따위의) 울음 소리 ; (~s) (사람의) 노랫 소리. **6** (~s) (구어) (동물 체내의) 관상(管狀) 기관 ; 호흡 기관, 성대. **7** (광산) 관상 광맥. **8** (식물) 줄기, 대 ; (美속어) 쉬운 일 ; 학점 취득이 쉬운 과목. **9** (美속어) 음경 ; (英속어) 질(膣). **11** UC (美속어) 마약(대마초) (상용자). **12** (속어) (상담·사교상의) 대화 ; 편지, 통신 ; 메모 ; 전화. **13** (속어) = ~ *dream*. **14** (the P-) 런던 지하철.

bang pipes (美속어) 실지(현장) 경험을 쌓다.

dance to *a person's* **pipe** (구어) ⇒ DANCE.

hit the pipe 마약(대마초)를 상용하다.

lay pipe [or **tube**] (美속어) ① 섹스하다. ② 분명히 말하다.

pull at *one's* **pipe** 담배를 피우다 ; (비어) 수음(手淫).

put *a person's* **pipe out** (고어) 남의 담뱃불을 끄다 ; 남의 성공을 방해하다.

Put [or You can put] that in your pipe and smoke it. 지금 말한 것을 잘 생각해 봐라. (*잔소리 따위를 한 뒤 덧붙여 하는 말).

set of pipes (美속어) 큰 소리 ; 노랫소리.

take the pipe (美속어) ① 자살하다. ② 압력에 굴복하다, 체념하다.

— 图 (~*d* [-t]; **píp·ing**) 因 **1** 피리를 불다, 관악기를 취주하다. **2** (해사) (갑판장이) 호각으로 신호하다. **3** 새된 목소리로 말하다(노래하다); (새가) 짹짹 울다 ; (바

람이) 윙윙 불다. **4** (광산) 원통형으로 파다. ── ⓺ **1** (물·가스)를 관으로 보내다(*away, in*)(*to, into*). **2** …에 관을 설치하다. **3** (곡)을 피리[관악기]로 불다. **4** (해사) (갑판장의 호각을 불어) (선원)을 부르다, (선원)에게 명령하다. ¶ (~+目+前+名) ~ all hands *to* work 호각으로 전원을 일자리에 가게 하다 // (~+目+副) ~ the crew *aboard* 호각으로 선원을 승선시키다. **5** 피리를 불어 …을 인도[유인]하다. ¶ (~+目+補) ~ a person *asleep* 피리를 불어 남을 잠들게 하다. **6** …을 새된 목소리로 말하다[노래하다]. **7** (옷 따위)에 가두리 장식을 달다(*with*). **8** (구어) …을 유선으로 전하다. **9** (식물)을 잘라서 번식시키다. **10** (속어) …을 보다, 눈치채다. **11** (美속어) (마약)을 주사하다.

pipe away (해사) 호각을 불어서 (보트)에 출발 신호를 하다.

pipe down ① (선원 등)을 호각으로 일손을 놓게 하다. ② (속어) 입을 다물다, 조용해지다, 얌전해지다.

pipe in ① (말·음악 따위)를 전송하다. ② (가스·물 따위)를 파이프로 넣다.

pipe off (구어) …을 경찰에 고발하다, 감시하다.

pipe one's eye(s) [or *an eye, the eye(s)*] (구어) 울다, 눈물을 흘리다.

pipe up ① (취주)(노래)하기 시작하다. ② 지껄이다, 소리를 지르다: 주장하다. ③ (바람이) 세차지다.

~*.less*, ~*.like* 형

pipe² 몡 (포도주·기름 따위를 넣는) 큰 통; (용량 단위로서의) 한 통((美) 126갤런, (英) 105갤런).

pipe·age [páipidʒ] 몡 =pipage.

pipe bomb 몡 파이프 폭탄(쇠파이프에 화약을 채운 사제 폭탄).

pipe clay 몡 **1** 파이프 백토(담배 파이프 제조나 군대에서 장신구 닦는 데 쓰는 백색 점토). **2** (英) (군대에서) 복장 따위에 매우 엄격한 일; 정돈, 정리.

pipe-clay [´kléi] 타 …을 파이프 백토로 하얗게 닦다; …을 정돈[정리]하다.

pipe cleaner 몡 (담배) 파이프 소제 용구.

pipe cutter 몡 파이프 절단기.

piped [paipt] 형 **1** 파이프[케이블]로 보내는; 유선 방송의. (또는 ~*-ín*) **2** (美속어) 술취한.

piped músic 몡 (호텔이나 레스토랑 따위에서) 유선 방송으로 보내지는 무드 음악. (또는 **piped-ín músic**)

pipe dréam 몡 (구어) (아편을 피웠을 때 마음속에 일어나는 것과 같은) 환상; 몽상; 허황된 생각[계획].

pipe·fish [páipfìʃ] 몡 (복 ~·*es*) 실고기((입이 파이프 모양이며 암갈색의 길쭉한 물고기); 실고기과(科)).

pipe fitter 몡 배관공(配管工).

pipe fit·ting [páipfìtiŋ] 몡 배관 공사.   「배).

pipe·ful [páipfúl] 몡 파이프 한 대분, 한 대(분의 담

pipe-jock·ey [-dʒɑ̀ki/-dʒɔ̀ki] 몡 (美공군속어) 제트 조종사.

pipe kéy 몡 속이 빈 열쇠.

pipe-lay·er [-lèiər] 몡 **1** 수도[가스]관 부설공(업자). **2** (美) (정계의) 계획 추진자. (또는 **pípelàyer**)

pipe líght 몡 파이프 점화용 지노[노끈].

****pipe·line** [páiplàin] 몡 **1** (물·석유·가스 따위의) 수송관, 도관로(導管路). **2** 경로, 정보 루트. ¶ diplomatic ~*s* 외교상의 정보 루트[접촉 경로]. **3** (상품 따위의) 수송 루트[수단], 유통[공급] 루트.

in the pipeline ① (계획 따위가) 진행중에; (상품 따위가) 공급중에. ② 진행 과정이 지체되어. ③ (예산이) 승인되었으나 미집행중에.   「라인을 부설하다.

── 타 **1** …을 파이프 라인으로 수송하다. ── 자 파이프

pipe·lin·ing [páiplàiniŋ] 몡 **1** 수송관 부설. **2** (컴퓨터) 파이프 라인 방식, 축차(逐次) 제어 방식.

pipe májor 몡 **1** (스코틀랜드 악기) 백파이프 연주자 중의 리더[제 1 주자]. **2** (英군사) 연대 부속 백파이프대(隊)의 대장.

pip ém·ma [-émə] 튄 (英) 오후에(P.M.).

pipe of péace 몡 화평의 파이프. ↔ calumet

smoke the pipe of peace 화평을 맺다, 화해하다 (* 북미 인디언들의 풍습에서).

pipe-o·pen·er [-óupənər] 몡 (英구어) 준비 운동; 예행 연습; (스포츠의) 개막전.

pipe órgan 몡 파이프 오르간.

pipe pílot 몡 (속어) 제트기 조종사.

****pip·er** [páipər] 몡 **1** 피리 부는 사람, 뜨내기 음악가. **2** 백파이프 주자(bagpiper). **3** 성대류의 물고기. **4** 숨이 뼈하는 말. **5** (英) (들새를 꾀으로) 유인하는 개.   「어.

(as) drunk as a piper (英속어) 곤드레만드레가 되

pay the piper ① 비용을 부담하다. ② 자기 행동의 결과에 책임을 지다. ¶ *Those who dance must pay the* ~. (속담) 뿌린 씨는 거두어야 한다; 결자 해지 (結者解之).   「파이프 걸이.

pipe ráck 몡 (점포 따위의) 쇠파이프 옷걸이; 담배

pipe-rack [´ræ̀k] 몡 (구어) (상점의 내부 장식을 간소화하여) 상품을 싸게 제공하는, 파이프랙식의.

pi·per·a·zine [pipérəzi:n, -zin, pài-] 몡 (화학) 피페라진(가축용 구충제·살충제·통풍 치료제로 쓰임).

pi·per·i·dine [pipérədi:n, -din, pài-] 몡 (화학) 피페리딘(무색·수용성 액체; 용제로 쓰임).

pip·er·ine [pípərin, -rin] 몡 (화학) 피페린(후추의 매운맛의 주성분).

pi·per·o·nal [pipərónæl, pài-] 몡 (화학) 피페로날(향수·유기 합성용). (또는 **pipéronyl áldehyde**)

pi·per·o·nyl bu·tox·ide [pipérənil bjutáksaid, pài-] 몡 (화학) 피페로닐 부톡시드(살충제의 효력 중 …)

pipe smóker 몡 아편 중독자.   「강제).

pipe·stem [páipstèm] 몡 **1** (담배) 파이프 자루[대]. **2** 파이프 대 비슷한 것(매우 가는 팔·다리 따위).

pipe·stone [páipstòun] 몡 파이프석(石)(북미 인디언들이 파이프 제조용으로 쓰는 붉은 점토질의 돌).

pi·pet [paipét/pi-] 몡 타 (*-tt-*) = pipette.

pi·pette [paipét/pi-] 몡 피펫(극소량의 액체를 계량하거나 옮기는 데 쓰는 화학 실험용 가는 관). ── 타 (액체·가스 따위)를 피펫으로 계량하다[옮기다]. (<F)

pipe·work [páipwə̀rk] 몡 (오르간의) 파이프 구조.

pipe wrénch 몡 파이프 렌치.

pi·pi [pí:pi] 몡 (어린이말) 쉬, 오줌.

****pip·ing** [páipiŋ] 몡 **1** 도관 설비, 배관(配管); (집합적) 관(管); 관 계통[조직]. **2** 관 모양의 것. **3** 피리 (불기), 관악기(취주). **4** 피리 소리. **5** (a ~) 날카로운 소리, 새된 목소리. **6** (요리) (케이크 따위의) 가두리 설탕 장식. **7** 파이핑(옷에 붙이는 가두리 장식).

dance to a person's piping (구어) 남의 장단에 춤추다, 남이 시키는 대로 하다.

── 형 **1** 평화로운, 한가로운. **2** 피리를 부는, 관악기를 취주하는. **3** 날카로운 소리를 내는, 새된 목소리의.

the piping times of peace 태평성대.

── 튄 (뜨겁게 끓어서) 쉭쉭 소리가 날 정도로.

piping hot 쉭쉭 소리가 날 정도로 뜨거운.

~*·ly* 튄 ~*·ness* 몡

piping háre 몡 =pika.

piping plóver 몡 (조류) (북미 동부산) 피리 물떼새.

pip·i·strelle [pìpəstrél] 몡 집박쥐(가장 흔한 작은 박쥐).

pip·it [pípit] 몡 (조류) 할미새; 논종다리.   「낙하].

pip·kin [pípkin] 몡 **1** 작은 용기 병, 용기, 냄비. **2** (英방언) 나무 물통(piggin).

pipped [pipt] 형 (구어) 몹시 취한. (또는 ~ *up*)

pip·per·oo [pìpərú:] 몡 (복 ~*s*) (美속어) 훌륭한 사람[것].

pipe pie [pípi] 몡 유산 상속으로 부자가 된 사람.

pip·pin [pípin] 몡 **1** 피핀종의 사과. **2** (식물) 종자(seed). **3** (속어) 훌륭한 사람[것].

pip·py [pípi] 형 (사과·오렌지 따위가) 씨가 많다.

pip·sis·se·wa [pìpsísəwə, -wɔ̀:] 몡 큰매화 노루발(잎은 강장제·이뇨제로 쓰임).

pip·squeak [pípskwìːk] 몡 **1** (구어) (경멸적)

pipy [páipi] 형 1 관(윈)통 모양의. 2 새된, 날카로운.
pi·qua·da [pikáːda] 명 고문용 전기팔.
pi·quan·cy [píːkənsi] 명 ⓤⓒ 1 짜릿한 느낌; 흥미를 자극하는 일; ⓒ 짜릿한 것. 2 ⓤ 통쾌. (또는 **piquance**)
pi·quant [píːkənt, -kɑːnt] 형 1 (맛 따위가) 짜릿한, 톡 쏘는; 입맛을 돋우는. 2 (말 따위가) 통쾌한, 짜릿한; 자극적인; 매력적인. ¶a ~ wit 통쾌한 기지(機智). 3 (고어) 신랄한, 통렬한. ~·**ly** 부 ~·**ness** 명
píquant sáuce 명 1 피컨트 소스(매운 갈색 소스). 2 통쾌감을 주는 것, 마음을 흥분시키는 것.
pique[^1] [piːk] 타 1 …의 감정을 해치다, …을 화나게 하다. ¶His attitude ~d her. 그의 태도는 그녀를 화나게 했다. 2 (자존심·긍지 따위를) 상하게 하다. ¶~ a person's pride 남의 자존심을 상하게 하다. 3 (흥미·호기심 따위를) 불러일으키다; 자극하다. 4 (고어) (재귀용법으로) …을 자랑하다, 뽐내다(on, upon). — 재 화내다, 약오르다.
pique oneself on [or **upon**] …을 자만[자랑]하다.
— 명 1 ⓤ (자존심이 상하여) 화냄, 분함, 역정. 2 (고어) (사람과 사람 사이의) 악감정, 적의.
in a fit of pique; out of pique 화가 나서, 홧김
take a pique against …에게 반감을 품다.
pique[^2] 명 (piquet 게임에서) 30점을 따기.
pi·qué [pikéi/píːkei] 명ⓤ 피케(무명·명주·인견 따위 골무늬진 직물). [<F]
pi·quet[^1] [pikéi, -két] 명ⓤ 피켓(둘이서 하는 카드 놀이의 일종).
pi·quet[^2] [pikít] 명 (군사) =picket.
PIR (항공) *p*roperty *i*rregularity *r*eport (사고 수화물 신고서). **PIRA, Pi·ra** [pírərə] *P*aper *I*ndustries *R*esearch *A*ssociation for the Paper and Board, Printing and Packaging Industries. [<(옛 명칭) *P*aper *I*ndustries *R*esearch *A*ssociation)
pi·ra·cy [pái*ə*rəsi] 명ⓤⓒ 1 해적 행위. 2 저작[특허]권 침해; 표절; 도용; 해적판 작성. 3 (국제법) 공해상 약탈(행위).
pi·ra·gua [pirɑ́ːgwə, -ræg-] 명 1 통나무배, 긴 카누. (또는 **pirogue**) 2 바닥이 평평한 대형 쌍돛배.
pi·ra·nha [pirɑ́ːnjə, -ræn-] 명 피라니아(동물이나 사람을 습격하는 남미산(産) 육식어). (또는 **piraña**)
pi·ra·ru·cu [pirɑ́ːrəkuː] 명 피라루쿠(남미 북부에 서식하는 세계 최대 담수어; 길이 5m, 무게 200kg).
*****pi·rate** [pái*ə*rət] 명 1 해적; 해적선. 2 약탈자, 강탈자. 3 저작[특허]권 침해자, 표절자, 해적판 제작자; 해적판. 4 (英) (공인된 노선을 무시하거나 부당 요금을 받거나 하는) 불법 버스. 5 (英) (당국의[허가])방송국[업자](~ radio). — 타 (**-rat·ed; -rat·ing**) 타 1 …을 해적질하다, …에서 약탈하다. 2 …을 표절하다, …의 저작[특허]권을 침해하다. ¶a ~d edition 해적판. 3 (인쇄) 를 빼내다. 4 (사진) 을 몰래 찍다. — 자 해적질하다; 저작[특허]권을 침해하다. ~·**like** 형
Pirate Cóast 명 (the ~) 해적 해안(United Arab Emirates의 옛 명칭).
pírate lábel 명 해적판 레코드 (회사).
pírate lóok 명 해적 룩(패션)(1980년대 초에 유행).
pírate rádio shìp 명 해적 방송국[업자].
pírate tápe 명 해적판 테이프.
pi·rat·i·cal [pair**æ**tikəl, pi-] 형 1 해적(행위)의. 2 저작[특허]권 침해의, 표절의. ¶~ editions 해적판. (또는 **piratic**) ~·**ly** 부
PIREP *pi*lot *rep*ort (조종사의 기상 보고). **PIRG** *P*ublic *I*nterest *R*esearch *G*roup.
pirn [pəːrn, pi*ə*rn] 명 1 (씨실을 감는) 실꾸리. 2 (스코) (낚싯대의) 줄감개, 릴.
pi·rogue [pi*r*óug, píːroug] 명 =piragua 1.
pi·rosh·ki [pir*ɔ́*ːʃki/-r*ó*ʃ-] 명(pl.) 고기·야채 따위를 넣은 러시아식 파이. (또는 **pirozhki**) [<Russ]

pir·ou·ette [pìruét] 명 (발레·스케이팅 따위의) 발끝으로 돌기; (馬術) 급회전. — 자 급회전하다. [<F]
pi·rox·i·cam [pairáksikæm/-rɔ́k-] 명 (약학) 피록시캄(소염·진통제).
Pi·sa [píːzə] 명 피사(이탈리아 서북부의 도시).
the Léaning Tówer of Písa 피사의 사탑.
pis al·ler [piːzæléi/píːzæléi] 명 (불 **p-~s**) 최후의 수단, 비장의 수법. [<F go worst]
pis·ca·ry [pískəri] 명 (법률) (특정 수역에서의) 어업권. ¶the common of ~ 입어권(入漁權). 2 어장.
pis·ca·tol·o·gy [pìskətálədʒi/-t*ɔ́*l-] 명ⓤ (드물게) 어법학(漁法學).
pis·ca·tor [piskéitər, píska-] 명 어민(fisherman).
pis·ca·to·ri·al [pìskət*ɔ́*ːriəl] 형 =piscatory.
~·**ly** 부
pis·ca·to·ry [pískət*ɔ̀*ːri/-təri] 형 1 어업의, 어민의. ¶a ~ treaty 어업 협정. 2 어업에 종사하는, 낚시를 좋아하는. ¶a ~ people 어로 민족.
Pis·ce·an [páisiən, pís-, písk*i*ən] 명 (점성) 물고기자리 태생인 사람(2월 19일–3월 20일 태생인 사람). — 형 물고기자리(태생)의.
Pis·ces [páisiːz, pís-] 명 1 (천문) 물고기자리; 쌍어궁(雙魚宮)(황도(黃道) 12궁(宮)의 제12궁). ⇒ZODIAC 그림. 2 (the ~) 어류, 어강(魚綱). [<culture.
pis·ci- [písə, páisi/písi] 연결 fish의 뜻. ¶*pisci-*
pis·ci·cide [písəsàid] 명 1 ⓤ (일정 수역에서의) 어류 근절[박멸]. 2 살어제(殺魚劑). **-cí·dal** 형
pis·ci·cul·ture [písəkʌ̀ltʃər, páisi-] 명ⓤ 어류 양식, 양어(養魚)(법). **-cúl·tur·al** 형 **-cúl·tur·al·ly** 부 **-cúl·tur·ist** 명 어류 양식가.
pis·ci·form [písəf*ɔ̀*ːrm] 형 물고기 모양의.
pis·ci·na [pisáinə/-síː-] 명 (복 **-nae** [-niː], ~**s**) 1 (교회) 세례반(盤); 성수반(聖水盤). 2 (고대 로마의) 연못. [<물고기 모양의
pis·cine[^1] [páisiːn, písain] 형 물고기(류)에 관한
pis·cine[^2] [písiːn/-ʹ-] 명 =piscina.
pis·civ·o·rous [pisívərəs] 형 (새 따위가) 물고기를 먹는.
pis·co [pískou, piːs-] 명 피스코(페루산(産) 브랜디).
pi·sé [pizéi/-ʹ-] 명ⓤ 흙벽돌.
Pis·gah [pízgə] 명 **Mount ~** 피스가 산(사해의 동북쪽에 있는 산; 그 정상은 Mt. Nebo). ⇒ Nebo
a Písgah síght [or **víew**] 이루어질[얻을] 수 없는 것을 바라보기.
pish [pí, piʃ] 감 흥, 피, 체(경멸·혐오를 나타낸다). — 자 흥[피] 하다. — 타 …에 대하여 흥[피] 하다, 코방귀를 뀌다. [(呪術), 주문(呪文)).
pi·shogue [piʃóug] 명ⓤ (아일) 마법, 마술; 주술
pi·si·form [páisəf*ɔ̀*ːrm] 형 완두 모양[크기]의.
¶the ~ bone 두상골(豆狀骨). — 명 (해부·동물) 두상골.
pis·mire [pismài*ə*r, píz-] 명 개미(ant). [상골.
pís·mo clám [pízmou-] 명 (조개) 멕시코 대합.
pi·so·lite [páisəlàit, písə-, -zə-] 명 (지질) 두석(豆石)(완두 크기만한 구상(球狀)의 석회암). **-lít·ic** 형
piss [pis] (비어) 명 1 ⓤⓒ 오줌, 소변; 오줌 누기. ¶take a ~ 오줌 누다. 2 (濠구어) 맥주; (美) 밋밋한 맥주(horsepiss); (the ~) (英속어) 술.
a piece of piss (속어) 식은죽 먹기, 아주 간단한 일.
go on the piss (英속어) 한 잔 술을 마시기 시작하다.
on the piss (英속어) 술에 취해서, 술에 젖어서.
piss and vinegar (속어) 활발함, 건강함; 오만.
piss and wind (속어) 허풍은 이만: 호언 장담.
take the piss out of (속어) …을 놀리다.
the piss out of 굉장히, 지독히; 마구. ¶frighten the ~ out of a person 남에게 오줌을 쌀 정도로 놀라게 하다.
— 자 오줌 누다. — 타 1 …에 오줌을 갈기다, …을 오줌으로 적시다. 2 (피 따위를) 오줌과 함께 배설하다.

[^1]: pique¹
[^2]: pique²

píston èngine 명 피스톤 기관.
píston rìng 명 〔기계〕 피스톤 링.
píston ròd 명 〔기계〕 피스톤 봉(棒).
‡**pit**¹ [pit] 명 1 (지면의) 구멍, 패인 곳, 구덩이. 2 (짐승을 잡는) 함정, 허방다리; (비유적) 함정, 올무; 뜻밖의 위험. 3 〔복합어로〕 〔채광〕 **a)** 갱(坑), 채굴장. ¶ a stone ~ 채석장. **b)** (탄갱의) 수갱(竪坑)(shaft). **c)** 수갱. 4 (the ~) 지옥, 나락; 묘(grave). ¶ the bottomless ~ 지옥. 5 (美구어) (the ~s) 최악(최저)의 것[장소, 사람, 상태]: 최하위. ¶ Yeah, it was really the ~ of the stomach 명치. 7 투견장; 투계장. ¶ a cock ~ 투계장. 8 (英) 상품·증권 거래소의 특정 상품 거래장. ¶ a grain ~ 곡물 거래소. 9 〔건축〕 **a)** (극장의) 오케스트라석(席). **b)** (英) (극장의) 아래층; 아래층 관객. 10 (자동차 경기장의) 피트(정비 하는 곳). 11 〔볼링〕 피트(핀을 세우는 곳의 뒤쪽). 12 〔육상 경기〕 (점프 경기의) 모래밭. 13 〔식물〕 (세포벽의) 벽공(壁孔). 14 (one's ~) (美구어) (익살) 침상, 침실.
be at the pit's brink 빈사 상태에 있다.
dig a pit for *a person* 남을 함정에 빠뜨리려 하다, 함정 넘기려 하다.
fly [or **shoot**] **the pit** 겁이 나서 달아나다.
up to *one's* **pits in work** 일에 몰두[전념]하여.
— 동 (**-tt-**) 타 1 …에 구멍을 뚫다, …을 움푹 들어가게 하다, 움푹하게 하다; (수동태로) …에 곰보를 만들다(*with*, *by*). ¶ (~+목+전+명) He is ~ted *with* smallpox. 그에게는 곰보 자국이 있다. 2 …을 구덩이에 넣다, 구덩이에 저장하다. 3 (닭·개 따위)를 우리 안에 넣고 싸우게 하다; (남)을 …에게 대항시키다; (수동형·재귀용법으로) (…에) 맞서게 하다(*against*). ¶ They were ~ted *against* each other. 그들은 서로 싸우게 되었다. — 자 1 구멍이 풀리다, 움푹 들어가다. 2 (피부 따위가) 누르면 잠시 눌린 대로 있다.
pit² (복숭아·살구·자두 따위의) 씨. — 동 타 (**-tt-**) (과일)에서 씨를 발라내다.
pi·ta¹ [píːtə] 명 1 피타삼(밧줄 따위에 씀). 2 1의 섬유를 채취하는 식물의 총칭.
pi·ta² [píːtɑː, -tə] 명 피타(지중해·중동 지방의 납작한 빵). ≒ **bréad**
pit·a·pat [pítəpæt, ˎ-ˊ-] 부 1 (심장 따위가) 두근두근. ¶ His heart beat ~. 그의 심장은 두근거렸다. 2 (발소리 따위가) 자박자박, 쿵쿵. ¶ run ~ 쿵쿵거리며 달려가다. — 명 두근두근[쿵쿵]거리기; 그 소리. — 동 자 (**-tt-**) 두근거리다; 쿵쿵[저벅]거리다. 〔감독.
pít bòss 명 카지노 도박대의 책임자; (광산의) 현장
‡**pitch**¹ [pitʃ] 명 (~·**es** [-iz]; ~**ed** [-t]) 타 1 (텐트 따위)를 치다, (기둥 따위)를 세우다. ¶ ~ a tent 텐트를 치다 / ~ a camp 텐트를 치고 야영하다. 2 …을 던지다, …을 내팽개치다, 몰아내다(*out*, *aside*)(*into*, *onto*). ⇒ THROW 유의어. ¶ (~+목+전+명) ~ a letter *into* the fire 편지를 불속에 던지다 // (~+목+목) ~ a beggar a penny 거지에게 1페니를 던져 주다 / ~ a drunkard *out* 주정꾼을 몰아내다. 3 〔야구·크리켓〕 (공)을 (타자에게) 던지다 (*to*); …의 투수역을 하다. ¶ ~ a curve 커브를 던지다 / ~ a game 등판(登板)하다. 4 …을 어떤 정도[각도]으로 하다; (이야기·비난 따위의 수준)을 조절하다; (지붕 따위)를 기울게 하다. ¶ a ~ed roof 비슷한 지붕 // (~+목+보) ~ one's hope too *high* 희망을 너무 높은 데 두다. 5 〔음악〕 (음)을 어떤 높이로 잡다, 조율(調律)하다. ¶ (~+목+보) ~ one's voice *high* 음조를 높이다 / (~+목+부) ~ a tune *in* a low key 음조를 낮추다. 6 〔카드놀이〕 …을 으뜸패로 정하다. 7 〔석공〕 (통로 따위)에 돌을 깔다; (돌)을 네모나게 자르다. 8 (美구어) 〔상품 따위)를 전시 판매하다,

Pis·sar·ro [pisáːrou] 명 Camille ~ 피사로 (1830–1903): 덴마크 출생의 프랑스 화가; 인상주의의 대표적 풍경화가).
piss càll 명 (美속어) (군대의) 기상 나팔.
pissed [pist] 형 (英속어) 취한; (속어) 화난.
pissed off (英속어) 진절머리나는, 역겨운, 짜증나는.
pissed out of *one's* **mind** [or **head**]; **pissed (up) to the ears** [or **eyebrows**] 곤드레만드레 취하여.
piss-house [ˈ-hàus] 명 (비어) 1 변소. 2 경찰서.
píss·ing còntest [**màtch**] [písiŋ-] 명 싸움, 말다툼. 〔소. 〈F
pis·soir [F piswaːR] 명 (~s) (길가의) 공중 변
piss·pot [píspɑ̀t/-pɔ̀t] 명 (비어) 1 실내 변기, 요강. 2 천한(비열한) 사람.
piss-take [ˈteik] 명 (a ~) (속어) 조롱하기, 놀림.
piss-up [ˈʌp] 명 (英속어) 1 혼란. 2 술잔치, 주연.
not be able to [or **cannot**] **organize a piss-up in a brewery** 무능하다, 요령이 없다.
piss·y [písi] 형 (속어·비어) 1 오줌으로 더러워진[얼룩진], 오줌 냄새가 나는. 2 열등한; 더러운; 싫은. 〔는.
piss·y-ass [-ǽs] 형 (비어) 쓸모[형편]없는; 젠체하
pis·tach·i·o [pistǽʃiòu/-táːʃ-] 명 (~s) 피스타치오(남유럽·소아시아산의 작은 나무); (또는 ~ nùt) 그 열매; 피스타치오의 향미.
piste [piːst] 명 피스트(스키 활강 코스). 〔<F track〕
*****pis·til** [pístl/-til, -tl] 명 〔식물〕 암술.   〔인.
pis·til·late [pístlət, -lèit] 형 암술이 있는; 암술뿐
pis·til·line [pístəlàin, -lìːn] 형 〔식물〕 암술의(이 있는).
‡**pis·tol** [pístl] 명 (~s [-z]) 1 권총, 피스톨. 2 (美속어) 멋있는 사람[것], 머리가 좋은[정력적인] 사람. **(as) hot as a three-dollar pistol** (구어) 몹시 뜨거워서[뜨거운]; 흥분(열광)하여.
hold [or **have**] **a pistol** [or **gun**] **to** [or **at**] *a person's* **head** (구어) 남의 머리에 총을 대다, 남을 위협하다.   〔당하여, 위협받아.
with a pistol [or **gun**] **at** *one's* **head** (구어) 강요
— 동 타 (~s [-z], -*l*-, (英) -*ll*-) …을 권총으로 쏘다.
~·**like** 형
pis·tole [pistóul] 명 피스톨화(貨)(옛 스페인의 금화); 그와 비슷한 유럽의 옛 금화.
pis·to·leer [pìstəlíər] 명 (폐어) 권총 휴대자(사용자)(특히 병사).
pístol gríp 명 (소총·톱 따위의) 권총형의 손잡이.
pístol Péte 명 바람둥이, 호색가, 색광.
pístol shòt 명 권총의 사정거리; 권총의 명사수; 권총의 발사탄.
pis·tol-whip [-hwìp/-wìp] 동 타 (**-pp-**) (美) (머리·어깨)을 권총으로 연속해서 때리다.
*****pis·ton** [pístən] 명 1 〔기계〕 피스톤. 2 〔음악〕 (관악기의) 음전(音栓). ~·**like** 형

선전하다; 강매하다. ¶~ the foods at a sales convention 판촉 대회에서 그 식품을 선전하다. **9** 〔골프〕〔공〕을 높이 쳐올리다. **10** 《비유적》 …을 이야기하다; 허풍떨다.

— [자] **1** 거꾸로 떨어지다, 곤두박질치다, 앞으로 쓰러지다(*down, forward*). ⇨PLUNGE [유의어] ¶ (~+[副]) ~ *forward* on one's face 앞으로 엎어지다 / He *~ed down*. 그는 넘어졌다. **2** 던지다, 내던지다. **3** 〔야구·크리켓〕 타자에게 볼을 던지다; 투수 노릇을 하다(*for*). ¶ (~+[前]+[名]) ~ *for* a team 팀의 투수 노릇을 하다. **4** (배·비행기가) 아래위로 흔들리다; (차 따위가) 갑자기 기울다. ⇨SWING [유의어] ¶The ship is *~ing* and rolling in the stormy sea. 배가 광란의 바다에서 상하 좌우로 흔들리고 있다. **5** (텐트를 치고) 야영[노숙]하다. **6** 〔골프〕 공을 높이 쳐올리다. **7** (지붕·마루 따위가) 기울다, 기울어져 있다. **8** 《美구어》 상품 따위를 팔(려고 하)다, (거리에) 상품을 늘어놓다; (정치인 등이) 자신을 선전하다. **9** 자리잡다; 정착하다.

in there pitching 《美속어》 (…을 위해) 열심히 일하여[노력하여] (*for*).

pitch a bitch 《美속어》 불평하다, 투덜거리다.

pitch and toss 심하게 요동치다.

pitch around 〔야구〕 경원 투구하다. 「풍떨다.

pitch a yarn [or ***tale***] 이야기를 지어내서 하다; 허

pitch in 《美구어》 ① 힘차게 일에 달라붙다[일하기 시작하다]. ② 자금의 일부를 부담하다, 기부하다. ③ 《美》 (…에) 협력하다; 참여하다 (*with*).

pitch into 《구어》 ① …을 심하게 공격하다, 심하게 나무라다. ② 〔일〕을 부지런히 해나가다. 「말하다.

pitch it (too) strong 《구어》 허풍을 떨다, 과장해서

pitch on [or ***upon***] 《구어》 ① 즉석에서 결정하다. ② …을 우연히 만나다. ③ 〔남〕을 …으로 뽑다(*as, for*); 〔남〕을 뽑아 …시키다 (*to* do).

pitch out 〔야구〕 피치 아웃하다; 내던지다, 내쫓다.

— [명] (복 ~·**es** [-iz]) **1** [U][C] 《단수형으로》 (상대적인) 점, 위치; 정도. ¶the highest ~ 최고도. **2** [U][C] 경사, 경사도, 물매, 구배. ¶a stair of a high ~ 가파른 계단. **3** (the ~) 《고어》 최고점, 정점. ¶at the ~ of one's voice 소리를 한껏 높여서. **4** [U][C] 〔음악·음향〕 소리의 높이, 음고(音高), 음조. ¶concert ~ 합주조(合奏調)(보통보다 약간 높은) / the standard ~ 표준 음고 / ~ accent 고저의 악센트. **5** [U][C] 던지기, 내던지기; 〔야구〕 (타자에 대한) 투구, (투수의) 등판; 〔골프〕 피치 샷(~ shot). **6** (a ~, the ~) (배의) 상하 요동, 아래위로 움직임([참] roll). **7** 던져진 것[양]. **8** 〔크리켓〕 두 3주문(柱門)의 중간. **9** 《美구어》 (세일즈맨 등의) 집요한 판촉 선전; (TV·라디오의) 선전, 광고; 《英》 수다, 지껄임; =pitchman. **10** 정위치(定位置); 《英》 (노점상·걸인 등이) 언제나 있는 곳. **11** 〔항공〕 **a)** 비행기가 기축(機軸)을 중심으로 회전하기. **b)** 프로펠러 1회전으로 나가는 거리. **12** 〔기계〕 **a)** 피치(나사가 1회전으로 축방향으로 나가는 거리). **b)** (톱니바퀴의 이(齒)와 이의) 대응하는 2점 사이의 거리. **13** [U] 카드놀이의 일종. **14** 계획, 관점, 각도. ¶tackle the problem, using a new ~ 그 문제를 새로운 각도에서 다루다. **15** 《美속어》 (the ~) 상황, 사태; 논점, 문제점. ¶get the ~ 사태를 파악하다. **16** 《속어》 (성적인) 집적거림; (상투적) 수법, 짓.

fly a high pitch 높이 떠오르다; 허황된 희망을 품다.

make a [or *one's*] ***pitch*** [or ***play***] ***for*** 《구어》 …에 찬성 발언을 하다; …을 손에 넣으려고 기를 쓰다.

on the pitch 《美구어》 야심만만하여, 야망에 넘쳐서.

***queer** a person's **pitch; queer the pitch for** a person* 《英구어》 남의 계획을 망치다.

take up** one's **pitch 분수를 지키다.

to the highest pitch 최고한도까지.

‡**pitch**[2] [명][U] **1** 피치(원유·콜타르 따위를 증류하고 난 뒤 남는 검은 찌꺼기). ¶coal-tar ~ 콜타르 피치 / *One cannot touch ~ without being defiled*. 《속담》 근묵자흑(近墨者黑). **2** 역청(瀝青) 물질(아스팔트 따위). **3** 수지; 송진(resin).

(as) black [or ***dark***] ***as pitch*** 새카만; 깜깜한.

touch pitch 떳떳지 못한 일에 관계하다; 수상쩍은 자와 사귀다.

— [동][타] …에 피치를 바르다, 송진을 바르다.

~·like [형] 「트.

pitch àccent [명] 〔음성〕 (중국어 따위의) 고저 악센

pitch-and-toss [⌐əntɔ́ːs/-tɔ́s] [명][U] 돈던지기 놀이(돈을 표적에 던져 가장 가깝게 던진 사람이 던져진 돈 전부를 공중으로 던져 표면이 나온 돈을 갖는 놀이).

pitch·bend [pítʃbènd] [명] 〔음악〕 피치벤드(synthesizer로 연주중인 음악의 피치를 바꾸는 장치).

pitch-black [⌐blǽk] [형] 새까만, 깜깜한, 칠흑의. ¶a ~ night 칠흑 같은 밤.

pitch·blende [pítʃblènd] [명][U] 역청 우라늄광(鑛)(우라늄·라듐의 원광(原鑛)).

pítch còal [명] 역청탄(瀝青炭). 「[명]

pitch-dark [⌐dάːrk] [형] =pitch-black. **~·ness**

pitched [pitʃt] [형] **1** (전투 따위가) 정정당당한. **2** 경사진, 물매가 있는. **3** 간격이 있는. **4** 겨누어 던진.

pítched báttle [명] 회전(會戰), 전력을 다한 결전, 대격전, 전면 충돌; 《구어》 장시간 계속되는 격론.

‡**pitch·er**[1] [pítʃər] [명] (복 **~s** [-z]) **1** 주전자, (음료를 담는) 피처. ¶*Little ~s have long ears*. 《속담》 어린아이들은 귀가 밝다 / *Pitchers have ears*. 《속담》 벽에도 귀가 있다. **2** =pitcherful. **3** 〔식물〕 주머니 모양의 잎, 낭상엽(囊狀葉), 단지 모양의 기관(器官). **~·like** [형]

‡**pitch·er**[2] [명] (복 **~s** [-z]) **1** 던지는 사람. **2** 〔야구〕 투수, 피처. **3** 〔골프〕 7번 아이언. **4** 《英》 포석(鋪石). **5**

pitch·er[3] [명] 《발음철자》 =picture. ⌊《英》 노점상.

pitch·er·ful [pítʃərfùl] [명] 주전자 하나 가득(의 양).

pítcher plànt [명] 병자초속(屬)의 각종 초본.

pítcher's dúel [명] 〔야구〕 투수전.

pítcher's móund [명] 〔야구〕 투수 마운드.

pítcher's pláte [명] 〔야구〕 투수판.

pitch-far·thing [⌐fὰːrðiŋ] [명] =chuck-farthing.

pitch·fork [pítʃfɔ̀ːrk] [명] **1** (건초용의) 쇠스랑, 갈퀴(rake). **2** 《美북부》 =beggar's-lice. **3** 소리굽쇠.

rain pitchforks 비가 억수같이 퍼붓다.

— [동][타] **1** …을 쇠스랑으로 던져 넣다, 긁어 올리다. ¶~ hay into a wagon 건초를 갈퀴로 짐차에 싣다. **2** 〔남〕을 (어떤 지위에) 억지로 앉히다.

***pitch·ing** [pítʃiŋ] [명][U] **1** 〔야구〕 투구(법), 피칭. **2** 돌 포장; 깔린 돌. **3** (배·비행기의) 상하 요동([참] rolling). 「機).

pítching machìne [명] (타격 연습용) 투구기(投球

pítching nìblick [명] 〔골프〕 8번 아이언 클럽.

pítching pénnies [명] 동전 던지기 (놀이).

pítching tòol [명] (석공의) 애벌깎기 정.

pitch·man [pítʃmən] [명] **1** 노점 상인, 행상; 순회 세일즈맨. **2** (방송의) 상품 선전인. **3** 대변자, 제창자.

pitch·om·e·ter [pitʃάmətər/-ɔ́m-] [명] 선박 스크루의 피치 측정기.

pitch·out [pítʃàut] [명] 〔야구〕 피치아웃.

pítch pèrson [명] =pitchman.

pítch pìne [명] 송진을 채취하는 소나무.

pítch pìpe [명] 〔음악〕 (현악기의 기음(基音)을 정하는) 「음조 피리.

pitch shòt [명] 〔골프〕 피치샷. ⌊음조 피리.

pitch·stone [pítʃstòun] [명][U] 역청암(瀝青岩).

pítch whèel [명] 〔기계〕 큰 톱니바퀴(gear wheel).

pitch·wom·an [pítʃwùmən] [명] pitchman의 여성형.

pitch·y [pítʃi] [형] **1** 피치가 많은, 피치 비슷한; 피치로 더럽혀진. **2** 새까만, 캄캄한.

pítch·i·ly [부] **pítch·i·ness** [명]

pit city [명] 《속어》 가혹한 상태.

pít còal 명 (charcoal에 대하여) 석탄.

*pit·e·ous [pítiəs] 형 **1** 가엾은, 애처로운(⇒pitiable). ¶ ~ cries for help 도움을 청하는 애처로운 절규. **2** 〔고어〕 다정한. piteful ~·ly 부 ~·ness 명

pit·fall [pítfɔ̀ːl] 명 **1** (짐승을 잡는) 함정. **2** (숨겨진) 덫, 책략; 도사리고 있는 위험. ⇒TRAP¹ 〔유의어〕

*pith [piθ] 명 □ **1** 〔식물〕 고갱이, 목수(木髓) **2** (동물) **a)** (깃털 따위의) 수질(髓質). **b)** (깃털 따위의) 수질(髓質). **3** (the ~) 요점, 핵심, 본질, 정수. ¶ a speech of ~ and point 요령있는 연설. **4** 중요성. **5** 〔고어〕 정력, 활력, 원기. ¶ a man of ~ 정력가.
of pith and moment 매우 중요한.
the pith and marrow of …의 핵심[가장 중요한 부분].
— 타 …의 고갱이를 제거하다[척수를 자르다].

pit·head [píthèd] 명 (광산의) 갱구(坑口); 그 주변.

pith·e·can·thrope [píθikǽnθroup] 명 원인(猿人), 피테칸트로푸스.
-can·thróp·ic 형 **-thro·pid, -thro·pine** 명형

Pith·e·can·thro·pus [pìθikænθrəpəs, -nθróu-] 명 **1** 원인속(猿人屬). ¶ ~ erectus 피테칸트로푸스 에렉투스, 직립 원인. **2** (복 **-pi** [-pài]) =pithecanthrope.

pith·e·coid [píθikɔ̀id, piθíːkɔid] 명 **1** 원인류(猿人類)의. **2** 원숭이의, 원숭이 같은.

píth hèlmet [hàt] 명 =topee.

pith·less [píθlis] 형 고갱이가 없는; 활기가 없는.

pit·hole [píthòul] 명 **1** 〔英방언〕 작은 구멍, 오목한 곳; 마마 자국. **2** 무덤, 묘.

pith·y [píθi] 형 **1** (스To) 힘찬, 명쾌한. **2** 고갱이의; 고갱이 같은, 고갱이가 많은. **3** (표현 따위의) 의미 심장한, 함축성 있는; 간결한. **píth·i·ly** 부 **píth·i·ness** 명

pit·i·a·ble [pítiəbl] 형 **1** 가엾은, 가련한, 불쌍한. ¶ be in a ~ condition 가련한 처지에 있다. **2** 비루한, 비열한, 민망스러운. ¶ a ~ attempt 비루한 시도. **3** pitiful, piteous. **~·ness** 명 **-bly** 부

pit·i·er [pítiər] 명 불쌍히 여기는 사람, 동정하는 사람.

*pit·i·ful [pítifəl] 형 **1** 가련한, 연민의 정을 자아내는, 측은한; 불쌍한, 비참한, 한심스러운(⇒ pitiable). **2** 〔고어〕 다정한, 동정심 많은. piteous
~·ly 부 ~·ness 명

*pit·i·less [pítilis] 형 무자비한, 박정한, 무정한; 가차없는, 잔혹한. ⇒ CRUEL 〔유의어〕 ¶ ~ criticism 냉혹한 비평. **~·ly** 부 **~·ness** 명

pít lizard 명 〔美속어〕 카페테리아의 여성 팬.

pit·man [pítmən] 명 **1** (복 **-men** [-mən]) 갱부, 탄갱부. **2** (복 **~s**) 〔美〕 〔기계〕 연결봉(連結棒).

Pit·man [pítmən] 명 **Isaac** ~ 피트먼(1813–97: 영국의 교육자: 표음 속기법을 고안). 〔는 쇠못〕.

pi·ton [píːtan/-tɔn] 명 〔등산〕 피턴, 하켄(바위에 박는 기구). 〈 프랑스 물리학자 H. Pitot(1695–1771)의 이름〉.

Pí·tot tùbe [píːtou-, -] 명 피토관(유체의 속도를 재는 기구). 〈 프랑스 물리학자 H. Pitot(1695–1771)의 이름〉.

pit·pan [pítpæn] 명 (중미의) 통나무배.

pit·pat [pítpæt] 부형통 (-tt-) =pitapat. 〔랑말〕

pít pòny 명 〔英〕 (옛날 석탄을 운반하던) 갱내용 조랑말.

pít pròp [pítprɑ̀p/-prɔ̀p] 명 〔채광〕 갱도 지주(支柱). 〔피트 로드〕

pít ròad 명 (자동차 경기장의 트랙과 피트를 잇는)

pit·saw [pítsɔ̀ː] 명 2인용의 큰 톱. (또는 **pít sàw**)

pít sàwyer 명 2인용의 큰 톱을 톱질구멍(saw pit) 속에서 켜는 사람(bottom sawyer). ⇒ top sawyer

pít stòp 명 **1** 피트 스톱(자동차 경기중 급유·정비를 위한 정차). **2** 〔구어〕 (드라이브중 식사·휴게 따위를 위한) 정차; 정차 장소. 〔정치가·수상〕.

Pitt [pit] 명 **William** ~ 피트 (1759–1806: 영국의 정치가·수상).

pit·ta [pítə] 명 〔조류〕 팔색조(八色鳥).

pit·tance [pítns] 명 **1** 적은 급여[수입]. ¶ a mere ~ 적은 수입. **2** 소량, 소수, 소액.

pit·ted¹ [pítid] 형 곰보 자국이 있는, 구멍이 뚫린, 오목한.

pit·ted² 형 (과일의) 씨를 발라낸.

pit·ter-pat·ter [pítərpǽtər] 부 (비 따위의) 후두둑 [뚝뚝]거리는 소리. — 자 후두둑[뚝뚝] 소리를 내다.
— 부 후두둑, 뚝뚝. 〔〔중석〕의 관객〕.

pit·tite [pítait] 명 〔英〕 (극장의) 아래층 1층 뒤쪽의

pít tòmb [gràve] 명 〔고고〕 수혈식(竪穴式) 분묘.

Pitts·burgh [pítsbəːrg] 명 피츠버그(미국 Pennsylvania 주 서남부의 도시; 철강업의 중심지).

pi·tu·i·tar·y [pitjúːətèri/-tjúːitəri] 형 **1** 〔해부〕 ~ body [gland]. **2** 〔약학〕 뇌하수체 제제(製劑). — 명 **1** 뇌하수체. ¶ ~ hormone 뇌하수체 호르몬. **2** (뇌하수체 호르몬의 과잉 분비에 의한) 말단 비대의.

pituítary bòdy [glànd] 명 〔해부〕 뇌하수체.

pi·tu·i·tous [pitjúːətəs/-tjúː-] 형 〔고어〕 =mucous. **~·ness** 명

Pi·tu·i·trin [pitjúːətrin/-tjúː-] 명 〔상표〕 〔약학〕 피투이트린(뇌하수체 후엽(後葉) 호르몬 제제).

pít viper 명 〔동물〕 살무사 아과(亞科) 독사의 총칭.

‡pit·y [píti] 명 (복 **pit·ies** [-z]) **1** □ (…에 대한) 연민의 정, 동정(for, on). ¶ arouse ~ 연민의 정을 자아내다 / incur the ~ of …의 동정을 받다.

〔유의어〕 **pity** 남의 고통·불행·참상에 대한 깊은 연민의 정; 가벼운 경멸의 감정을 내포하는 수도 있다. **compassion** 동정·이해로써 도듭자는 마음; 상대를 멸시하는 뜻은 없다. **sympathy** 남과 괴로움·슬픔을 같이하는 심정을 뜻하는 가장 일반적인 말. **commiseration** 남의 괴로움·슬픔을 보고 순간적으로 동정의 소리를 내는 일.

2 (보통 a ~) 유감스러운[애석한] 일; 동정(유감)의 원인. ¶ It is a great ~ that he should lose such a chance. 그는 참 좋은 기회를 놓치다니 참으로 애석한 일이다 / The ~ is that he cannot join us. 유감스러운 것은 그가 우리와 합류할 수 없다는 사실이다.
feel pity for; have [or take] pity on [or upon] …을 불쌍히 여기다, 동정하다.
for pity's sake(s) (감탄사적) ① 제발 (부탁인데) 가엾게 여기시고. ② 어어, 기막혀서.
in pity of …을 불쌍히 여겨.
It's a thousand pities. 정말 유감이다.
more's the pity ① 그러기에 더욱 유감스럽다[애석하다]. ② 〔삽입구로〕 유감스럽게도, 운 나쁘게도.
out of pity 동정해서, 불쌍히 여겨서.
The pity of it! 참 안됐다!
What a pity! 불쌍해라!, 애석한 일이다!.
— 타 (**pit·ies** [-z]; **pit·ied**) 탄 …을 불쌍히 여기다, 애처롭게 생각하다, …에 동정하다. ¶ His fate is much to be *pitied*. 그의 운명은 정말 가련하다 ¶ We ~ her *in* her distress. 우리는 그녀의 어려운 처지를 불쌍히 여기고 있다. — 자 불쌍히 여기다, 동정하다.

pit·y·ing [pítiiŋ] 형 가련하게 여기는, 동정의. ¶ a ~ look 측은해하는 눈빛[눈길]. **~·ly** 부

pit·y·ri·a·sis [pìtəráiəsis] 명 □ 〔병리〕 비강진(枇糠疹)(살갗에 비눌 같은 것이 생기는 피부병).

più [pjuː] 부 〔음악〕 더욱, 한층 더. ¶ ~ allegro 한층 더 빨리 / ~ forte 더 강하게. 〔It〕

*piv·ot¹ [pívət] 명 **1** 〔기계〕 회전축(軸), 피벗; (부채의) 사북. **2** (의론 따위의) 중심점, 요점. **3** 〔군사〕 기준병(兵)(대열의 방향 전환의 기준이 되는 병사). **4** 〔댄스〕 피벗(한쪽 발을 축으로 돌기, 스핀) **7** a) 한쪽 발을 축으로 돌기. b) 프런트코트에서의 공격 포지션의 하나; 그 축이 되는 선수(pivotman). **6** 〔미식 축구〕 중심선수. — 자 **1** (…을) 사북축으로 해서 회전하다 (*on*). ¶ ~ sharply *on* one's heel 발꿈치로 빙글 돌다. **2** (…에 의해) 결정(좌우)되다 (*on*, *upon*). ¶ ~ his approval 그의 승인 여부에 달려 있다. — 타 …을

pivot 회전축 위에 놓다. ~·**a·bíl·i·ty** 명 ~·**a·ble** 형
piv·ot² 명 《미군 속어》 사병(士兵), 병졸.
piv·ot·al [pívətl] 형 1 회전축의[과 같은], 그 작용을 하는. 2 중추적인, 중요한. ¶a ~ figure 핵심 인물 / a ~ event 중대 사건. ~·**ly** 부
pívot bridge 명 선개교(旋開橋).
pívot jòint 명 《해부》 차축(車軸) 관절.
piv·ot·man [pívətmæn] 명 《농구》 피벗 포지션의 선수.
pix¹ [piks] 명 = pyx : picture. [축이 되는 선수].
pix² 《속어》 pic의 복수형.
pix·el [píksəl, -sèl] 명 《컴퓨터·TV》 픽셀, 화소(畫素)(화상의 최소 구성 단위).
[<*pix*(= picture) + *el*ement)]
píx·ie cáp [hát] [píksi-] (요정들이 쓰는 것과 같은) 뾰족모자.
pix·i·lat·ed [píksəleitid] 형 괴퍅스러운, 정신이 좀 이상한; 취한. (또는 **pixillated, pixolated**)
pix·y [píksi] 명 요정, 작은 장난꾸러기 요정; 장난꾸러기. — 형 장난꾸러기의; 익살스런. (또는 **pixie**)
Pi·zar·ro [pizáːrou] 명 **Francisco** ~ 피사로 (1475?-1541; 잉카 제국을 정복한 스페인의 군인).
pi·zazz [pəzǽz] 명 《속어》 1 활력, 활기; 기력, 열의. 2 야함, 화려한, 멋진 모양; 최신 유행. ¶It's a pizza with ~ 그것은 미식가를 위한 특별 피자다. (또는 **pizzazz**)
with pizazz ① 기세 당당히. ② 멋있게, 화려하게.
— **y** 형

pizz. 《음악》 pizzicato.
‡**piz·za** [píːtsə] 명 피자. (또는 ~ **pie**) [<It]
piz·za-face [-fèis] 명 《미구어》 여드름이 난 얼굴 [사람].
pízza house [pàrlor] 명 피자 가게(pizzeria).
Pízza Hút 《상표》 핏자헛(미국의 피자 전문점 체인).
piz·ze·ri·a [pìːtsəríːə] 명 《미》 = pizza house.
piz·zi·ca·to [pìtsikáːtou] 부 《음악》 손가락으로 퉁겨서 [튕기는], 피치카토로[의]. — 명 (pl. **-ti** [-tìː]) 피치 카토; 피치카토로 연주되는 악곡. [<It twitched].
P.J. Police Justice; presiding [probate] judge.
pj's, p.j.'s [pídʒeiz] 명 《미구어》 = pajamas.
PK 《축구》 penalty kick; psychokinesis. **pk.** (명 **pks.**) pack; park; peak; peck. **PKF** *p*eace *k*eeping *f*orce(s)((UN) 평화 유지군).
pkg. (명 **pkgs.**) package.
PKO *p*eace *k*eeping *o*peration((UN)의 평화 유지 활동). **pkt.** packet; pocket. **PKU** phenylketonuria. **pkwy.** parkway.
PKzip [píːkéizip] 명 《컴퓨터》 피케이집(DOS용의 데이터 압축 소프트웨어).
PL *p*roduct *l*iability; *p*rogramming *l*anguage; *p*ublic *l*aw(공법); *p*ublic *l*ibrary. **pl.** pile; place; plain; plaster; plate; platoon; plural. **P/L** *p*rofit *a*nd *l*oss. **P.L.** *P*aradise *L*ost; 《보험》 *p*artial *l*oss(분손(分損)); *P*oet *L*aureate; *P*rimrose *L*eague; *P*ublic *L*ibrary. **PLA** *P*alestine *L*iberation *A*rmy(팔레스타인 해방군); *P*eople's *L*iberation *A*rmy. **P.L.A.** *p*erson *l*iving with *A*IDS(에이즈 감염자); *P*ort of *L*ondon *A*uthority(런던항(港) 관리소).
plaas [plɑːs] 명 《남아공》 농장.
plac·a·bil·i·ty [plækəbíləti, plèik-] 명 U 관용, 온화.
plac·a·ble [plǽkəbl, pléik-] 형 1 관대한, 온화한. 2 달래기 쉬운. ~·**ness** 명 **-bly** 부
‡**plac·ard** [plǽkɑːrd, -kərd/-kɑːd] 명 1 플래카드, 포스터, 게시, 방문(榜文). 2 명찰, 표찰. — 타 1 …에 (…을) 포스터[방문]을 붙이다(*with*). 2 …을 포스터 [플래카드, 방문]로 알리다[광고하다]. ~·**er** 명
pla·cate [pléikeit, plǽk-/pləkéit] 타 (사람)을 달래다, (노여움 따위)를 진정시키다; …을 회유하다.

¶~ outraged rioters 분노한 폭도들을 진정시키다.
-**cat·er, pla·cá·tion** 명
pla·ca·to·ry [pléikətɔ̀ːri, plǽk-/pləkéitəri] 형 달래기 위한, 회유적인.
‡**place** [pleis] 명 (명 **plac·es** [-iz]) 1 장소, 곳, 위치; (어떤 용도에 쓰이는) 장소. ¶There is no ~ like home. 내 집처럼 더 좋은 곳은 없다 / There is no ~ to sleep. 잘 곳이 없다.

> USAGE 《미》에서는 some, any, every, no 따위 형용사와 함께 쓰여 somewhere, anywhere, everywhere, nowhere 등과 같은 뜻을 나타낸다: I don't want to go *any* ~.

2 ⓤ (추상적 개념으로서의) 장소, (시간에 대한) 공간, 여지(room). ¶time and ~ 시간과 공간.
3 ⓤ 있어야 할 곳, 있는 곳; (…에/…하는 데) 적당한 장소[환경](*for, to do*). ¶be in one's ~ 제 자리[있어야 할 곳]에 있다 / A ~ *for* everything, and everything in its ~. 있어야 할 것은 있어야 할 곳에.//This is no ~ *for* young men. 이곳은 젊은이들에게 어울리지 않는 곳이다 / This is no ~ *to* educate a boy. 이곳은 아이를 교육하기에 적당한 곳이 못된다.
4 (어떤 목적을 위한) 토지, 장소, 건물, 건물의 일부분. ¶a ~ of business 영업(장)소, 사무소 / a ~ of amusement 오락장 / a ~ of worship 예배당 / a strong ~ 성채.
5 특정한 곳[개소], (책·문서 따위의) 대목, 부분; (신체의) 국부(局部). ¶rough ~s on the road 도로의 울퉁불퉁한 곳 / a sore ~ in the back 등의 쑤시는 곳.
6 (극장·열차 따위의) 좌석, 자리. ¶Go back to your ~. 자기 자리로 돌아가거라 / They took their ~s at table. 그들은 모두 식탁에 앉았다. **7** (one's ~) 입장, 경우, 환경. ¶If I were in your ~, I wouldn't go. 내가 당신 입장이라면 안 갈거요. **8** 사회적 지위, 신분; 중요도; (고어) 높은[책임있는] 지위[신분]. ¶They have high ~s among English writers. 그들은 영국 작가 중에서 높은 지위를 차지하고 있다 / He earned his ~ in history. 그는 역사에 이름을 남길 만한 인물이 되었다. **9** 직(職), 관직, 근무처, 일자리. ⇨POSITION 유의어 ¶He has lost his ~. 그는 실직했다 // He was offered a ~ to do political reporting. 그는 정치 보도를 하는 자리를 제공받았다. **10** (보통 a ~, one's ~) 직무, 역할, 일, 본분. ¶fill one's ~ 직무를 수행하다 / It is your ~ to see that it is properly done. 그것이 제대로 진행되는지를 잘 살피는 것이 네 역할이다. **11** (P-) 《고유명사에 써서》 (거리의) 광장, 넓은 길, 거리, 가로; 골목; …저택, …별장(略 Pl.). ¶Gloucester P- 글로스터 광장. **12** (특정의) 지역, 도시, 읍내, 마을. ¶Lots of people used to live in that ~. 그 지방에는 한때 많은 사람들이 살았다. **13** (a ~, one's ~) 사는 곳, 주거, 집; (아파트 따위의) 방. ¶Come again to my ~ tomorrow. 내일 다시 우리 집에 와주시오. **14** (중요도·가치·성적 따위의) 순서, 순번, 석차, 단계. ¶in the first[second, last] ~ 첫째[둘째, 마지막]로. **15** (…에) 좋은[적당한] 때[기회, 시기], 호기; 합당한 이유 (*for*). ¶There is no ~ *for* doubt. 의심의 여지가 없다. **16** (운동팀의) 일원[선수]으로서의 자격. ¶win a ~ on the national team 국가 대표팀 선수가 되다. **17** (…의) 대신, 대리 (*of*). **18** (수학) 자리. ¶a four-~ number 네 자리 수 / the second decimal ~ 소수점 이하 둘째 자리. **19** (연극) 장소의 일치(three unities of the 하나)(용 unity). **20** (보통 a ~) (스포츠) **a)** 선착 순위(보통 3위까지). ¶get a ~ 3위 이내에 들다. **b)** 《미》 (경마에서) 제2위(용 show, win). **21** (천문) (천체의) 위치.

all over the place 도처에; 흐트러져, 어수선하게.
another place 《영》 하원[상원]에서 본 상원[하원].
any old place 《구어》 임의의 장소, 어디에서나.

a place in the sun ① 양지(陽地). ② 운좋은[유리한, 명예로운] 장소[위치].
a place of arms 군대 집합소; 화약고.
as if [or **though**] **one owned the place** 제 세상인 양, 무례하게.
be no place for …이 나설 곳이 아니다; …의 여지가 없다.
change [or **swap**] **places** …와 자리[위치, 입장]를 바꾸다 (*with*).
click [or **fit**] **into place** 딱 들어맞다, (일이) 이치[사리]에 맞다, 조리가 서다; 잘 이해되다.
fall into place ① (물건이) 제자리에 들어가다. ② =*click into place*.
fill *a person's* **place** 남의 자리를 채우다, 남을 대신하다.
from place to place 이곳저곳, 이리저리.
give place to …에게 자리를 물려주다; …와 자리를 교대하다. 「하다, 이기다.
go places ① 사방으로 돌아다니다. ② (美속어) 성공
have a place 위치를 차지하다, 존재하다.
in high places 상층부[상류층]의[에서], 고관[중역]들 사이의[에서].¶power struggle *in high ~s* 상층부의 권력 투쟁.
in place ① 본래 있어야 할 곳에, 제소에. ② 적절한.¶Your advice is quite *in ~*. 너의 충고는 아주 적절하다. ③ 그 자리에서.
in place of *a person*; **in** *a person's* **place** 남 대신에.
in places 곳곳[에서). 「신에[으로].
in the first place ⇒FIRST.
in the next [or **second**] **place** 다음에, 두번째로.
keep *a person* **in his place** 남을 함부로 굴지[기어오르지] 못하게 하다.
know [or **keep**] **one's place** 제 분수[주제]를 알다[지키다], 겸손히 굴다.
lay [or **set**] **a place for** …의 식탁을 차리다.
make place for …에게 자리를 물려주다; …이 들어갈 여지를 마련하다; …와 자리를 바꾸다.
out of place ① 제자리에 있지 않은. ② 그 자리에 어울리지 않는; 부적당한.
overstep *one's place* 주제넘게 굴다.
pride of place 교만, 건방짐.
put *a person* **in his** (**proper**) **place** 남에게 자기 분수를 알게 하다.
put *oneself* **in** *a person's* **place** 남의 입장에 서서 생각하다.¶Put yourself *in* my *~*. 내 입장이 되어 봐라, 바꿔놓고 생각해 봐라.
slot into place =*click into place*.
supply the place of …의 대역[대리] 노릇을 하다.
take *a person's* **place**; **take the place of** *a person* 남을 대신하다, 남의 지위를 차지하다.
take one's place ① 있어야 할 곳에 가다. ② (…가운데서) 존재를 인정받다(*among*).
take place 일어나다(happen), 개최되다.
the other place ① 저승, 지옥. ② [英)(익살) 저쪽 (옥스포드 대학과 케임브리지 대학, 또는 하원과 상원에서 각기 상대를 가리킴).
upon the place 즉석에서.
— (통) (**plac·es** [-iz]; **~d** [-t]; **plac·ing**) (타) 1 놓다, 앉히다, 배치[배열]하다. ⇒PUT (유의어) ¶(~+图+前+名) ~ books *on* a desk 책을 책상 위에 놓다 /*Place* it *against* the wall. 그것을 벽에 세워 놓아라. 2 [金) 에) 투자하다 (*in, with*); (물건을) (…에) 주문하다 (*with*).¶ ~ a million dollars *in* bonds 100만 달러를 채권에 투자하다 /~ orders for cars *with* a firm 회사에 자동차를 주문하다. 3 [남]을 (…에) 임명하다, (…으로) 채용하다(*as*); …의 직위[자리]에 앉히다 (*in, with*) He was ~*d in* the government service. 그는 공무원이 되었다/He will be ~*d as* professor of the university. 그는 그 대학의 교수로 임용될 것이다. 4 [남]에게 일자리를 찾아주다; [고아 등]에

게 (살 곳·양처(養處) 따위를) 찾아주다(*out*); (문학 작품·연극 따위의) [출판업자·프로듀서 등]을 물색해내다.¶~ one's friend 친구에게 일자리를 주선해 주다. 5 (신뢰·희망 따위)를 (…에) 두다[걸다]; (…에) (책임)을 지우다, (압력)을 넣다 (*in, on*).¶I ~ deep confidence *in* him. 나는 그를 깊이 신뢰하고 있다 /Don't ~ too much reliance *on* others. 남을 지나치게 신뢰하지 마라. 6 (해당자·해당 기관에) …을 맡기다, 건네다; (광고)를 (신문·잡지에) 내다[싣다] (*in*); …을 (검토·고려해주도록) (…에) 제출[제기]하다 (*with, before*).¶~ the budget plan *before* the board 예산안을 이사회에 제출하다. 7 (폭탄·볼 따위)를 노리는 곳에 투하하다, 때리다. 8 …의 위치(등급)를 결정하다, …을 평가하다(estimate).¶a person difficult to ~ 정체를 알 수 없는 사람. 9 (보통 의문·부정문에서) …을 분간하다, 식별하다, 생각해내다.¶I remember seeing him once, but I cannot ~ him. 그를 한 번 본 기억은 있는데 누구인지는 생각이 나지 않는다. 10 (스포츠) (경기·경마 따위에서) …의 순위(보통 3위까지)를 정하다. 11 (물건)을 팔다, 팔아치우다.¶~ the paper 신문팔이를 하다. 12 (통화)를 받다.¶~ a call with her 그녀와 통화하다. 13 …의 연대를 (…으로) 판정하다(*as*).
— (자) 1 (스포츠) (경기에서) 3위 안에 입상하다; (美)(특히 경마·경견(競犬) 따위에서) 2위가 되다. 2 (어떤 성적을) 얻다, 위(位)가 되다.
place aside ① …을 중단하다. ② (돈 따위)를 모으다.
place back 뒤쪽으로 옮기다; 원래의 장소로 되돌리다.
place out (美학생 속어) (placement test 성적에 의해) 과목이 면제되다 (*of*).
~**·a·ble**, ~**·less** (형) ~**·less·ly** (부)

pláce bèt (경마) 복승식(複勝式)의 내기(美)에서는 2착, (英)에서는 3착까지에 건다.
pla·ce·bo (명) (~**(e)s**) 1 [pla:tʃéibou] (가톨릭) 죽은 이를 위한 만과(晚課)(저녁 기도). 2 [pləsí:bou] (병리·약학) 위약(僞藥)(정신적 효과를 얻기 위해 환자에게 주는 약리 효과가 없는 약); 일시적 위안[안심].
placébo efféct (병리) 플라시보 효과(위약을 복용하여 실제 치료 효과를 보는 것). 「벽돌.
place-brick [-brík] (명)(U)C) 제대로 구워지지 않은
pláce càrd (명) 1 (공식 연회 따위의) 좌석표. 2 좌석이 지정된 모임.
pláce hìtter (명) (야구) 야수가 없는 곳을 노려 공을 쳐 보낼 수 있는 타자.
pláce hùnter (명) 구직자, 엽관 운동자.
pláce kìck (명) (축구·럭비) 플레이스킥(공을 땅에 놓고 차기). (b) drop kick
place-kick [-kík] (자) (미식축구) (타) (땅에 놓은 볼)을 차다. — (타) 플레이스킥을 하다. (비) drop-kick ~**·er** (명)
place·man [pléismən] (명) (英) (종종 경멸적) 관리. ~**·ship** (명)
pláce màt (명) (place setting을 놓는) 식탁 깔개.
***place·ment** [pléismənt] (명)(U)C) 1 (*the ~, a ~*) 놓기, 배치. 2 strategic *~* of artillery 포병대의 전략적 배치. 2 일자리 찾기, 직업 소개; 채용; 일자리(job). 3 (미식축구) (플레이스킥을 위해) 볼을 땅에 놓기. 4 (테니스) 상대방이 받지 못할 타구. 5 (학력에 의한) 학생의 반 편성; (종업원의) 적소 배치. 6 ⓒ 투자.
plácement àgency (명) (美) 직업 소개소.
plácement òffice (명) 학생 취업 지도소[실].
plácement tèst (명) (반 편성을 위한) 학력 테스트, 배치 고사. 「**náme, pláce nàme)**.
place-name [pléisnèim] (명) 지명. (또는 **pláce-**
pla·cen·ta [pləséntə] (명) (복) **~s, -tae** [-ti:]) (해부·동물) 태반; (식물) 태좌(胎座).
-tal, plac·en·tar·y [plæsəntèri] (형)
pla·cen·tate [pléseinteit] (형) (해부·동물) 태반(이 있는); (식물) 태좌가 있는.
plac·en·ta·tion [plæsəntéiʃən] (명)(U)C) (해부·동

pláce of sáfety òrder 명 (英) (사회 복지에서) 아동 보호 명령.
pláce plàte 명 손님 착석 전에 냅킨을 얹어서 놓아 두는 큰 접시(service plate).
plac·er¹ [pléisər] 명 [鑛業] 충적 광상(沖積鑛床), 사광(砂鑛); 사광 채취장.
plac·er² [pléisər] 명 놓는 사람, 배치하는 사람: (복합어로) (…위(位)) 입상자.
plácer góld [plæsər-] 명 사금(砂金).
plácer mìning [plæsər-] 명 사금(사광) 채취.
place-seek·er [-sìːkər] 명 엽관 운동자, 공직(公職) 구직자; (英) 관리.
pláce sètting 명 (식사 때) 각자 앞에 놓인 식기 한 벌; 세트로 파는 식기.
pla·cet [pléisit/-set] 명 찬성, 동의(assent), 찬성 투표. ¶ *non* ~ 불찬성. 〈L it pleases〉
***plac·id** [plǽsid] 형 1 잔잔한, 조용한(calm), 차분한. ⇒ PACIFIC [유의어] ¶ ~ *waters* 잔잔한 바다. 2 자기 만족
pla·cid·i·ty [pləsídəti] 명 **-ly** 부 **-ness** 명
plac·ing [pléisiŋ] 명 1 놓는 것, 배치; 순번; 위치, (경기 따위의) 순위. ¶ *the top three* ~s 상위의 세 사람. 2 (英) (보험자와의) 보험 계약 체결. 3 (英) 플레이싱 주식 공모(공모주의 대부분을 기관 투자자에게 팔고 일부를 시장을 통해 일반 투자자에게 공매하는 것). 4 (처분 설명·경과 보고 없는 회사의) 자본 매출.
plac·ing-out [-àut] 명 U (아기의) 위탁 양육 제도. 동 boarding-out
plack·et [plǽkit] 명 (스커트 따위의) 옆을 튼 부분 (또는 ◇ **hòle**); 스커트의 포켓.
plac·oid [plǽkɔid] 형 판금(板金) 같은 비늘이 있는, (비늘이) 판금 모양의. — 명 판금 모양의 비늘을 가진 물고기.
pla·fond [pləfɔ́ːn/F plafɔ̃] 명 (건축) 장식 천장. 〈F〉
pla·gal [pléigəl] 형 [음악] 변격(變格)의. (⇔ *authentic*.)
plágal cádence [clóse] [음악] 변격 종지(終止).
plage [plɑːʒ] 명 1 해변(행락지); 해수욕장. 2 [천문] 플라주(태양 표면의 밝은 부분). 〈F shore〉
pla·gia·rism [pléidʒərìzm, -dʒiə-] 명 U (사상·고안·문장 따위의) 표절, 도용; 표절(도용)한 것.
pla·gia·rist [pléidʒərist, -dʒiə-] 명 표절자, 도용자. **-ris·tic** 형 **-ris·ti·cal·ly** 부
pla·gia·rize [pléidʒəràiz, -dʒiə-] 타 (*英 -rise*) (남의 생각·사상·고안·문장 따위를) 표절하다, 도용하다. **-riz·er** 명 = plagiarist
pla·gia·ry [pléidʒəri, -dʒiə-] 명 = plagiarism; (고어) = plagiarist.
pla·gi·o·clase [pléidʒiəklèis] 명 U (광물) 사장석(斜長石).
‡**plague** [pleig] 명 (복 ~s [-z]) 1 C U 전염병, 돌림병. ¶ a ~ *of cholera* 콜레라 돌림병 / *the white* ~ 폐결핵. 2 (the ~) 페스트, 흑사병(pest). ¶ *the black* ~ 출혈성 페스트. 3 U C 재해, 재난, 재앙, 천벌. ¶ a ~ *of war* 전쟁의 재앙 / *What a* [*or the*] ~ ! 도대체!, 어쩌면! 4 (보통 a ~) (구어) 남을 괴롭히는 사물, 난처한 일(사람); 골칫거리. ¶ *Many guests are sometimes* a ~. 손님이 너무 많은 것도 때로는 골치 아픈 일이다. 5 (해충 따위의) 이상 발생[번식], 대(大)습래; (사건 따위의) 돌발.
A plague both on your houses. 피장파장이다, 둘 다 다친다, 둘 다 적당히 해퇴.
(A) Plague on [or upon] *it* [or *him*, etc.]!; *Plague take it* [or *him*, etc.]! 제기랄!, 우라질!
avoid…like [or *as*] *the plague* …을 철저히 (기) 피하다, 아주 멀리하다.
— 타 (~s [-z]; ~d; plagu·ing) 1 (남)을 (…으로) 괴롭히다, 고통을 주다; (구어) (남)을 (…으로) 성가시게[귀찮게] 하다. ⇒ BOTHER [유의어] ¶ *I was* ~d *to death*. 귀찮아 죽을 뻔했다 / *That question always* ~s *me with doubt*. 그 문제는 언제나 내 골치를 썩인

다 // ~ a *person to do something* 남에게 어떤 일을 해달라고 성가시게 굴다. 2 (신 등이) …에게 돌림병[죽음 따위]를 가져오다; 천벌을 내리다. 3 …을 돌림병[페스트]에 걸리게 하다.
plá·guer 명
pláigue·some [pléigsəm] 형 1 성가신, 귀찮은 2 =pestilential. **~·ness** 명
plágue spót 1 (페스트 따위로 생기는 피부의) 반점. 2 역병 유행지. 3 (비유적) 부패(타락)의 뿌리[징후], 중심지(). (또는 **pláguespòt**)
plague-strick·en [´strìkən] 형 역병이 유행하는. ¶ a ~ *district*[*or region*] 역병 유행 지역.
pla·gu(e)y [pléigi] 형 (구어·구어) 성가신, 귀찮은; 엄청난, 심한. — 부 성가시게; 몹시. **-gui·ly** 부
plaice [pleis] 명 (복 ~(**s**)) 넙치·가자미류(의 식용어).
***plaid** [plæd] 명 1 격자 무늬의 직물. 2 격자 무늬. 3 (스코틀랜드 고지에서 입는) 격자 무늬의 망토. ⇨ KILT 그림. — 형 격자 무늬의. **~ed** [plǽdid] 형
‡**plain**¹ [plein] 형 (~**·er**; ~**·est**) 1 명료한, 똑똑히 보이는[들리는], 명백한, 분명한. ¶ a ~ *fact* 명백한 사실 / *make one's meaning* ~ 말하고자 하는 점을 분명하게 하다. 2 평이한, 알기 쉬운; 암호에 의하지 않은. ⇨ CLEAR [유의어] ¶ *in* ~ *English* 쉬운 영어로. 3 복잡하지 않은, 단순한. ⇨ SIMPLE [유의어] ¶ ~ *work* 간단한 일. 4 (무지·공포·바보짓 따위가) 철저한, 전적인. ¶ ~ *folly* 큰 바보. 5 솔직한, 숨김없는, 있는 그대로의. ¶ ~-*speaking* 직언. 6 보통의, 평범한; 소박한, 우쭐대지 않는; 평민의. ¶ a ~ *man* (지위도 아무것도 없는) 평범한 사람 / ~ *people* 평민. 7 (여성이) 아름답지 않은, 수수한. ¶ a ~ *face* 평범한 얼굴. 8 검소한, 알플한; (의복 따위가) 장식이 없는, 무지(無地)의, 무복의; (직물이) 평직(平織)의; (종이가) 줄이 없는. ¶ ~ *living* 간소한 생활 / ~ *cloth* 무지[평직] 옷감. 9 (음식이) 담백한, 양념을 치지 않은. 10 평평한, 평탄한. ⇨ LEVEL [유의어] ¶ ~ *fields* 평야, 벌판. 11 (토지 따위가) 가리는[막힌] 것이 없는, 탁 트인, 널따란. ¶ a ~ *view* 탁 트인 경치. 12 (카드놀이) 으뜸패가 아닌, 그림 카드가 아닌.
(as) plain as day [or *ABC, daylight, print, the sun at midday, way to parish-church, a pikestaff, Salisbury, the nose on one's face*] 명명백백한[하게], 일목요연한[하게].
in plain sight 앞이 (가리는 것이 없이) 잘 보여.
in plain words [or *terms*] 쉬운 말로 (말하면), 솔직하게 말하면.
make oneself plain 솔직히 말하다.
plain and simple 정말, 참(으로).
to be plain with you 솔직히[터놓고] 말하면[말해서].
— 부 1 명료하게, 명백하게, 똑똑하게, 알기 쉽게. ¶ *speak* ~ 분명하게 말하다. 2 완전히, 전적으로(entirely).
— 명 (복 ~**s** [-z]) 1 (종종 ~s) 평지, 평원. 2 (the P-) [프랑스 역사] 평원당(平原黨)(프랑스 제1차 혁명 당시의 국민 의회의 온건파). 3 (the P-s) the Great Plains. 4 장식이 없는 것; 무지의 직물. **~·ness** 명
plain² 자 (고어·英방언) 불평하다; 한탄하다.
pláin bónd (상업) 무담보 채권.
plain·chant [pléintʃænt/-tʃɑːnt] 명 =plainsong.
pláin chócolate 우유를 넣지 않은 초콜릿.
pláin clóthes 명 (복) 평복, 사복. ⇨ uniform
plain·clothes [pléinklóuz, -klóuðz] 형 평복의, 사복의
plain·clothes·man [pléinklóuzmən] 명 사복 경찰, 사복 형사.
pláin déaling 명 정직[공정]한 거래[취급]. ¶ *Plain dealing is a jewel.* (속담) 정직은 보석이다.
pláin Énglish (일반인이 쓰는) 알기 쉬운[평이한] 영어.
pláin flóur 베이킹파우더가 섞여 있지 않은 밀가루
pláin Jáne (구어) 평범한 여자, 보통 여자.
plain-Jane [-dʒéin] 형 (구어) 간소한, 장식이 없

는; 평범한, 보통의.

pláin lánguage [명] (일반인이 쓰는) 평이한[알기 쉬운] 언어[표현]; 암호를 사용하지 않은 평문. 「생긴.

plain-look·ing [⌐lùkiŋ] [형] 《美》 잘생기지 못한, 못

‡**plain·ly** [pléinli] [부] (*more*~; *most* ~) **1** 분명히, 똑똑히, 알기 쉽게. **2** 솔직하게, 있는 그대로. **3** 수수하게, 검소하게; 간단[간소]하게.

pláin pàper [명] 줄치지 않은[괘선이 없는] 종이, 민종이; 〔사진〕 광택 없는 대지(臺紙).

Pláin Pèople [명] 플레인 피플, 검소파(儉素派)(Amish, Mennonites 등 검소한 생활을 고수하는 기독교 교파).

pláin sáiling [명] **1** 〔항해〕 평온 무사한 항해; 평면항법(平面航法). **2** 순조로운 진행.

Pláins Índian [명] 평원 인디언(Buffalo Indian).

plains·man [pléinzmən] [명] 평원의 주민; 《美》 북미 대평원의 개척민.

plain·song [pléinsɔ̀ːŋ, -sàŋ] [명] **1** 단선율(單旋律) 성가, 그레고리오 성가(Gregorian chant); 전례가(典禮歌). **2** 정선율(定旋律); 단순하고 소박한 곡[선율]. (또는 **pláin sòng**) 「직설적인.

plain-spo·ken [⌐spóukən] [형] 솔직한, 숨김없는;

plaint [pleint] [명] **1** 불평. **2** 〔법률〕 고소(장). **3** 《고어·시》 슬픔, 한탄(lament). 「는 시간).

pláin téa [명] 버터 바른 빵만 곁들여 나오는 차 (마시

plain·text [pléintèkst] [명] 평문(보통 말로 쓰여진 암호문의 원문). 「fendant ~·**shìp** [명]

plain·tiff [pléintif] [명] 〔법률〕 원고; 고소인. [참] de-

pláin tíme [명] 기준내[규정] 노동 시간. [반] overtime

pláin-tip (cigarétte) [⌐tìp-] [명] 필터 없는 궐련.

***plain·tive** [pléintiv] [형] 구슬픈, 가련한; 하소연하는 듯한. ~·**ly** [부] ~·**ness** [명]

plain-va·nil·la [⌐vənílə, -nélə] [형] 《구어》 장식이 없는, 평범한, 보통의; 실제적인.

pláin wáter [명] 민물, 담수(淡水).

pláin wèave [wèaving] [명] (직물의) 평직(平織).

plain-wrap [⌐rǽp] [형] (상표명이 표시 안된) 간단한 포장지로 꾸린, 브랜드명이 없는.

***plait** [pleit/plæt] [명] **1** (머리카락·밀짚 따위의) 땋은[엮은] 것. **2** (천 따위의) 주름(pleat), 접은 데. ── [동][타] **1** 〔머리털·밀짚 따위〕를 땋다[엮다](braid). **2** …의 주름을 잡다. ⌐·**er** [명]

‡**plan** [plæn] [명] ([복] ~**s** [-z]) **1** (…의/…할) 계획, 플랜, 안; 방법, 방식, …식; 계략, 계책(*for, of/to* do, *for* do*ing*). ¶a concrete ~ 구체적인 계획/on [*or* under] a ~ 어떤 계획에 따라/on the American ~ 미국식으로//make [*or* form] a ~ *for* a trip 여행 계획을 세우다//lay one's ~*s of* [or *for*] studying abroad 해외에서의 연구 계획을 세우다//It is a good ~ *to* go at once. 당장 가는 것이 상책이다.

> [유의어] **plan** 「계획」이라는 뜻의 가장 일반적인 말. **design** 명확한 목적을 갖고 교묘하게 입안·수행되는 (때로는 사악·사욕에 찬) plan. **project** 대규모적[야심적]인 plan. **plot** (특히 사악·부정한) 비밀스러운 plan. **scheme** 치밀하고 정연히 입안한 plan, (실행 불가능한) 투기적인 계획, 또는 부정·사욕의 plan.

2 (논문·이야기 따위의) 구상, 줄거리, 개요 (*for, of*). ¶a ~ *for* a novel 소설의 구상. **3** (종종 ~s) (…의/…할) 예정, 심산; (결정된) 목적, 의도 (*for/to* do). **4** 도면, 설계도, 평면도; (시가 따위의) 지도; 도표, 투시도; (보통 ~s) (기계 따위의) 도해. ¶a floor ~ 평면도/a perspective ~ 배경도(背景圖). **5** (사회복지의) 제도 (연금·보험금 따위 필요 자금을 위한 것). ¶a pension [medical] ~ 연금[의료 보험] 제도.

according to plan 계획[예정]대로, 차질없이.

── [동] (~**s** [-z]; **-nn-**) [타] **1** …을 계획하다, 입안하다; 꾀하다(*out*). ¶(~+[目]+[副]) ~ (*out*) a new book on chemistry 화학에 관한 새 책을 기획하다. **2** …을 구상하다, …의 줄거리를 생각하다; …을 설계하다, …의 설계도를 그리다. **3** …을 지향하다, …할 작정이다(*to* do). ¶I am ~*ning to* consent. 나는 찬성할 작정이다. ── [자] **1** (…에 대해) 계획하다, 계획을 세우다 (*for, on*). ¶(~+[前]+[名]) ~ *for* a dinner party 만찬회 계획을 세우다. **2** 《구어》 (…할) 예정[계획]이다 (*on doing*).

plan ahead 미리 계획하다, 장래의 계획을 세우다.

plan on ① …할 예정[계획]이다. ② …을 예상[기대]하다, (…을) …에 의존하다 (*for*).

plan- [plein] [연결] ⇨PLANO-.

pla·nar [pléinər] [형] 평면의; 2차원의; 평평한, 평탄한.

pla·nar·i·an [plənέəriən] [명] 와충류(渦蟲類) 동물; 플라나리아. ── [형] 와충류의.

pla·nar·i·za·tion [plənὲərizéiʃən] [명] 〔전자〕 평탄화(VLSI 제작 때 미세 가공이 쉽도록 반도체 칩 표면 구조를 평탄하게 하는 일).

pla·na·tion [pleinéiʃən, plə-] [명] 〔지질〕 (침식으로 인한 지표의) 평탄화[평균화] 작용.

plán B [명] 《구어》 (계획 따위의) 제2안, B안, 대안.

planch [plæntʃ, plaːntʃ/plaːnʃ] [명] (에나멜 솥의) 깔판; 《英방언》 마루; 두꺼운 널빤지(plank). 「속판).

planch·et [plǽntʃit] [명] 소전(素錢)(주화 제조용 금

plan·chette [plænʃét/plaːn-] [명] 플랑셰트, 점(占)치는 판(2개의 바퀴와 수직으로 꽂은 1개의 연필로 받쳐진 하트형의 작은 판; 손끝을 살짝 대면 연필이 그 사람의 잠재의식·심령 현상 따위를 그려낸다고 한다). [<F]

Planck [pláːŋk, plǽŋk] [명] **Max Karl Ernst** ~ 플랑크(1858–1947: 독일의 이론 물리학자; 양자론(量子論)의 개척자).

Plánck('s) cónstant [pláːŋks-] [명] 〔물리〕 플랑크 상수(常數)(양자(量子) 역학의 기본 상수; [기] h).

P.L.&R. *P*ostal *L*aws *and R*egulations.

‡**plane**[1] [plein] [명] ([복] ~**s** [-z]) **1** 면, 평면; 수평면; (결정체의) 면, (다면체의) 한 면(facet). ¶an inclined ~ 사면. **2** (발달·생활·품격 따위의) 단계, 수준, 정도(level). ¶a low ~ of life 낮은 생활 수준. **3** 《구어》 비행기(airplane, 《英》 aeroplane), 수상 비행기; 비행기 날개. ¶a tail ~ 미익(尾翼). **4** 〔기하〕 평면. **5** 〔미술〕 면.

by plane; in [or ***on***] ***a plane*** 비행기(편으)로.

on the same plane as …와 같은 수준[정도]으로.

reflect in a plane 〔수학〕 면대칭(面對稱) 이동을 하다.

── [형] **1** 평평한, 평탄한(⇨LEVEL [유의어]). **2** 〔기하〕 평면상의, 평면 도형의. **3** 비행기의. ¶a ~ crash [ticket] 비행기 사고[표]. ── [동][자] **1** 활주하다(glide). **2** (선체·수상 스키 따위가) 수면에서 떠오르다, (수상기가) 수면을 미끄러지듯 질주하다. **3** 《구어》 비행기로 여행하다.

⌐·**ness** [명]

plane[2] [명] **1** 대패, 평삭기(平削機). **2** 마감질용 흙손. ── [동][타] …을 평평하게[매끄럽게] 하다(*down*); …을 대패질하다, 깎다(*away, off*). ── [자] 대패질을 하다; (대패처럼) 깎아지다.

plane[3] [명] 플라타너스. (또는 ⌐ **trèe**)

pláne ángle [명] 〔수학〕 평면각.

pláne chárt [명] (plane sailing에서 쓰는) 평면 해도.

pláne fígure [명] 〔수학〕 평면 도형.

pláne geómetry [명] 〔수학〕 평면 기하학.

pláin ìron [명] 〔목공〕 대팻날.

plane·load [pléinlòud] [명] 비행기 한 대의 탑재량.

pláne màte [명] 활주로 운행 버스(여객기와 공항 터미널 사이를 운행).

plan·er [pléinər] [명] **1** 대패질하는 목공. **2** 평삭반(平削盤); 〔목공〕 자동 대패.

pláner sàw [명] 〔목공〕 대패톱(자른 자리가 매끈해서 대패질할 필요가 없는 둥근 톱).

pláne sáiling [명] **1** 〔항해〕 평면 항법. **2** =plain sailing 2.

plane·side [pléinsàid] [명] 비행기 옆. ── [형] 비행기 옆의.

pláne survéying 圏 평면 측량.

‡**plan·et**[1] [plǽnit] 圏 1 〔천문〕 혹성(惑星), 행성(行星), 유성(遊星)(⇔ fixed star). ¶ the inferior[superior] ~s 내[외]행성/the major[minor] ~s 대[소]행성/the primary ~s (태양계의) 1등 행성/the secondary ~s 2등 행성, 위성. 2 (the ~) 지구(earth).

참고 태양계(Solar System)의 planets
Mercury(수성水星), Venus(금성金星), Earth(지구); Mars(화성火星), Jupiter(목성木星), Saturn(토성土星), Uranus(천왕성天王星), Neptune(해왕성海王星), Pluto(명왕성冥王星).

3 〔점성〕 (사람의 운명을 좌우하는) 운성(運星). 4 〔美어〕 선각자, (지적) 지도자; (선구적인) 중대 사건[업적].

plan·et[2] 圏 〔기독교〕 =chasuble.

pláne táble 圏 〔측량〕 평판(삼각가(三脚架) 위에 놓고 작도한다). (또는 **pláin táble**) 「다. **-bler**

pláne-ta·ble [ˊtèibl] 图 (…을) 평판 측량[작도]하

*****plan·e·tar·i·um** [plæ̀nətɛ́əriəm] 圏 (pl. ~s, -i·a [-iə]) 1 태양계의(儀); 천상의(天象儀), 행성의, 플라네타륨. 2 그 장치가 있는 건물[천문관].

*****plan·e·tar·y** [plǽnətèri/-təri] 圏 1 행성의[과 같은]; 행성의 작용에 의한, 궤도를 선회하는. ¶ the ~ system 태양계. 2 지구상의, 현세의; 세계적인; 속세의, 덧없는 세상의. 3 방랑하는, 부정(不定)의. ¶ ~ life 유랑 생활. 4 〔기계〕 (자동차 따위의) 유성 연동 장치의. 5 〔점성〕 별에 지배되는, 성운(星運)에 의한. —图 〔기계〕 유성 기어[톱니바퀴].

plánetary hóur 圏 행성시(行星時)(일출시로부터 일몰시 또는 일몰시로부터 일출시까지의 시간의 1/12).

plánetary nébula 圏 〔천문〕 행성 모양 성운[星雲].

plánetary perturbátion 圏 〔천문〕 행성 섭동(攝動).

plánetary science 圏 행성학.

plánetary scíentist 圏 행성학자.

plánetary wáve 圏 〔기상〕 행성파(行星波).

plan·e·tes·i·mal [plæ̀nətésəməl] 〔천문〕 圏 미소(微小) 행성체. —图 미소 행성체.

planetésimal hypóthesis [théory] 圏 〔천문〕 미행성설(微行星說)(태양계의 행성이나 위성은 무수한 미소(微小) 천체가 모여서 생긴 것이라는 설).

plan·et-friend·ly [-fréndli] 圏 (지구) 환경 친화적인.

plánet gèar[whèel] 圏 〔기계〕 유성 기어.

plan·et·hood [plǽnithùd] 圏 지구 사회, 지구 시민(인구·식량·환경 따위 전세계적 문제 접근에 필요한 전지구적 관점). [행성 중심의 우주 공간.

plan·et·o·cén·tric spáce [plæ̀nətousɛ́ntrik-]

plan·e·toid [plǽnitɔ̀id] 圏 〔천문〕 소행성(asteroid).

plan·e·tol·o·gy [plæ̀nətɑ́lədʒi/-tɔ́l-] 圏①Ⓤ 행성학.

pláne trèe 圏 =plane[3]. ㄴ**-to·lóg·i·cal** ㄴ**-gist**

plan·et-struck·en [-strìkən] 圏 행성의 영향을 받은; 저주받은; 당황한, 허둥대는. (또는 ㄴ**-strùck**)

plan·et·wide [plǽnitwàid] 圏 행성 전체에 걸친.

plánet X 圏 X행성, 제10행성(명왕성(Pluto)의 궤도 바깥쪽에 있다는 가설 속의 행성).

plan·form [plǽnfɔ̀ːrm] 圏 (비행기의) 평면도.

plan·ful·ness [plǽnfəlnəs] 圏 〔심리〕 계획 능력.

plan·gent [plǽndʒənt] 圏 (파도 따위가) 밀어 닥치는; (벨 따위가) 울려퍼지는, 호소하는 듯한; 구슬프게 울리는. **-gen·cy** 圏 「뜻. ¶ planimeter.

plan·hold·er [plǽnhòuldər] 圏 연금 가입자, 연금 수령 자격 보유자.

pla·ni- [pléinə, plǽnə] 연결 flat, plane(평면)의

pla·ni·form [pléinəfɔ̀ːrm, plǽn-] 圏 (몸의 관절 따위가) 평평한 모양을 한, 평판형(平板型)의.

plan·i·fy [plǽnəfài] 图 1 〔美·캐나다〕 (경제·시장 정책 따위를) 체계적으로 계획하다. 2 〔구어〕 상세하게 계획하다. **-fi·cá·tion** 圏

pla·ni·graph [pléinəgræ̀f, -grɑ̀ːf] 圏 〔병리〕 X선

단층 사진. **pla·nig·ra·phy** [plənígrəfi] 圏

pla·nim·e·ter [plənímətər/plæ-] 圏 면적계, 측면기(測面器), 플래니미터.

pla·nim·e·try [plənímətri/plæ-] 圏Ⓤ 면적 측정.

plán·ing mìll 圏 제재소, 목공소. [측면계(測面法).

plan·ish [plǽniʃ] 图他 1 (금속)을 해머 따위로 때려서 평평하게[편편하게] 하다. 2 (종이·금속 따위에)롤러를 굴려 광택을 내다. **~·er** 圏

plan·i·sphere [plǽnəsfìər, pléin-] 圏 1 평면 구형도(球形圖), 구체(球體) 평면도. 2 평면 천체도, 성좌 일람표. ㄴ**sphér·al**, ㄴ**sphér·ic**, ㄴ**sphér·i·cal** 圏

‡**plank**[1] [plæŋk] 圏 1 (두꺼운) 널빤지(* board보다 두꺼운 것); (집합적) 판자(板材). 2 지지물, 받침[토대]이 되는 것. 3 (정당의) 강령 항목; 정강 정책(⇔ platform). ¶ a ~ in the platform 정강(政綱)의 한 항목. 4 (요리하여 그대로 내놓는) 요리판. ¶ ~ steak 요리판에 구운 스테이크. 5 =surfboard.

walk the plank ① 뱃전에서 바다 위로 걸쳐놓은 널빤지 위를 눈을 가린 채 걷다(옛날 해적이 포로를 죽인 방법). ② (강요되어) [지위 따위]를 포기하다.

—图他 (~ed [-t]) 1 …에 (널빤지를) 대다[깔다, 덮다] (with). 2 (힘차게) …을 놓다(down). 3 (美) 〔살코기 따위〕를 요리판에 구워서 (그대로) 식탁에 내놓다.

plank down [or out] ① 〔구어〕 현금으로[그 자리에서] 지불하다. ② 털썩 내려놓다.

plank it 마루방[땅바닥]에서 자다.

ㄴ**·less**, ㄴ**·like**

plank[2] 圏 〔스코〕 숨기다, 감추다.

plánk bèd 圏 (감옥 따위의) 판자 침대, 나무 침대.

plank·er [plǽŋkər] 圏 (美구어) 스테이크(steak).

plank·ing [plǽŋkiŋ] 圏Ⓤ (집합적) 마루청, 바닥에 깐 널빤지; 〔조선〕 선체 외판(外板); 널빤지 대기.

plánk ówner 圏 〔해사〕 선박의 첫 취항 때의 승무원.

plank·ter [plǽŋktər] 圏 〔생물〕 플랑크톤 생물.

plank·tol·o·gy [plæŋktɑ́lədʒi/-tɔ́l-] 圏Ⓤ 부유 생물[플랑크톤]학. **-gist** 圏

plank·ton [plǽŋktən] 圏Ⓤ (집합적; 종종 복수취급) 〔생물〕 부유 생물, 플랑크톤. **plank·tón·ic** 圏

plank·to·troph·ic [plæ̀ŋktoutráfik, -tróuf-/-tróf-] 圏 〔동물〕 플랑크톤을 먹이로 하는.

plan·less [plǽnləs] 圏 계획이 없는, 도면이 없는.

plánned ecónomy [plǽnd-] 圏 계획 경제.

plánned obsoléscence 圏 〔상업〕 계획적 진부화(陳腐化)(교환 매입을 노려 계획적으로 제품을 곧 구식이 되도록 만드는 일)(built-in obsolescence).

plánned párenthood 圏 1 (산아 제한에 의한) 계획 출산, 가족 계획. 2 (P- P-) 미국 가족 계획 연맹.

*****plan·ner** [plǽnər] 圏 1 계획[입안, 설계]자. 2 (캘린더식) 수첩(daily planner).

plan·ning [plǽniŋ] 圏Ⓤ 계획 입안[수립, 집행]. ¶ ~ permission (英) 개발 인가, 건축 허가. 「하락.

plánning blìght 圏 개발 계획에 의한 부동산 가치

pla·no- [pléinou, -nə] 연결 flat, plane(평면)의 뜻 (* 모음 앞에서는 plan-). ¶ planometer.

pla·no-con·cave [-kǽnkeiv/-kɔ́n-] 圏 (렌즈가) 평요(平凹)의, 한 면이 평평하고 다른 면이 오목한.

pla·no·con·vex [-kɑ́nveks/-kɔ́n-] 圏 (렌즈가) 평철(平凸)의, 한 면이 평평하고 다른 면이 볼록한.

pla·no·graph [pléinəgræ̀f] 圏 평판 인쇄기. 「판(平版) 인쇄술.

pla·nog·ra·phy [plənɑ́grəfi/-nɔ́g-] 圏 〔인쇄〕 평

pla·nom·e·ter [plənɑ́mətər/-nɔ́m-] 圏 〔기계〕 측면기(測面器), 평면계.

ㄴ**no·mét·ric** ㄴ**no·mét·ri·cal·ly** 튀 **-try** 圏

plán position indicator 圏 평면 위치 표시기((레이더의) 전파 영상경(映像鏡)(radarscope); ⓐ PPI).

‡**plant** [plænt, plɑːnt/plɑːnt] 圏 1 (동물에 대하여) 식물, 초목; (넓은 의미로) 야채; 묘(苗)(목), 접나

무. ¶alpine ~s 고산 식물. 2 《집합적》 작물(crop), 수확; ⓤ (식물의) 성장, 발육. ¶in ~ 성장하여; 잎을 내어/lose ~ 시들다. 3 (a -, ~s) 《복합어로》 기계 한 벌, 장치; 《미》 (건물·기계·공구류 따위를 포함)한 (공장의) 설비. ¶a farming ~ 농장/a water-power ~ 수력 발전소. 4 《복합어로》 (제조) 공장;《집합적》 단수취급》 (전)종업원. ¶an automobile ~ 자동차 공장. 5 (학교 등의) 설비, 건물. 6 (a ~, the ~) 《속어》 속임수, 책략, 사기; 함정, 덫; 장물; 은닉물; 미끼 짐승; 스파이, 첩자. ¶a ~ hid in her smile 그녀의 미소 속에 감춰진 함정/a FBI ~ FBI 첩자. 7 《연극》 복선(伏線). 8 (서 있는) 자세, 태도; 형사의 잠복(감시).
── ⓥ⑤ 1 《식물》을 뿌리다; 〔정원 따위〕에 (…을) 심다(with, 《미》 to, in). ¶~ seeds 씨를 뿌리다//(~+目+前+ⓐ) ~ a garden with fruit trees 뜰에 과수를 심다. 2 《사상 따위》를 심다, 확립[수립]하다; 〔교리 따위〕를 주입시키다. ¶~ new ideas in a person's mind 남의 마음에 새 사상을 불어넣다/~ Christianity among heathens 이교도에게 기독교를 전하다. 3 〔동물 따위〕를 도입하다; 〔물고기 따위〕에 (…을) 방류[방생]하다(in); 〔하천 따위〕에 (…을) 방생하다(with); 〔굴 따위〕를 양식하다. ¶(~+目+前+ⓐ) ~ a river with fish 강에 물고기를 방생하다. 4 (…이) …을 박아 넣다, 찌르다; 《타격 따위》를 가하다(in, into, on). ¶~ a knife in [or into] the back 등에 칼을 꽂다/~ a blow on his chin 그의 턱을 한 대 치다. 5 …을 놓다, 두다, 세우다; 《구어》 (침착하게, 단단히) …을 놓다(down, up). ¶~ one's feet on the ground 땅을 꽉 밟다. 6 〔사람〕을 배치(하여 감시하)다; 〔지점 따위〕에 설치하다; 〔폭탄·도청 장치 따위〕를 몰래 장치하다. ¶~ a police officer [bugging devices] all over 곳곳에 경찰관을 배치하다[도청 장치를 하다]. 7 〔도시·식민지·교회 따위〕를 창설[건설]하다; 〔사람〕을 식민시키다. ¶~ a colony 식민지를 건설하다. 8 《속어》 (속일 목적으로) …을 미리 짜맞추다, …을 감추다〔묻어 두다〕; 〔뉴스 따위〕를 (일부러) 흘리다; 〔혐의를 씌우기 위해〕 …을 몰래 놓다 두다; 〔가짜 따위〕를 (…에게) 사게 하다(on). ¶~ false evidence 위증 공작을 하다. 9 《속어》 〔첩자 등〕을 잠입시키다, 붙이다; 〔훔친 물건 등〕을 은닉하다(conceal); 〔사체 따위〕를 묻다(bury). 10 〔연극〕 〔인물·사건·착상 등〕을 (극 중에) 끼워넣다, 배치하다.
plant home ① 한 대 치다. ② 주장을 관철하다, 논증하다(make a point).
plant…on a person (가짜 물건 따위를) 남에게 팔아 넘기다(속여 팔다).
plant oneself 자리 잡다; 서다; 지위를 차지하다.
plant out ① (화분 따위에서) …을 땅에 이식하다. ② (묘목을) 일정한 간격으로 심다.
~·a·ble, ~·less ⓐ
Plan·tae [plǽntiː] ⓝ 《생물》 식물계.
Plan·tag·e·net [plæntǽdʒənit] ⓝ 《영국사》 플랜태저넷 가(家)(의 사람)(Henry 2세로부터 Richard 3세까지(1154-1485) 영국을 통치한 왕가).
plan·tain[1] [plǽntin/-tin] ⓝ 요리용 바나나(열대산).
plan·tain[2] ⓝ 질경이(풀). 〔產〕.
plan·tar [plǽntər] ⓐ 〔해부·동물〕 발바닥의.
*****plan·ta·tion** [plæntéiʃən] ⓝ ~s [-z]) 1 《특히 열대·아열대 지방의 대규모》 농원, 농장, 재배장, 플랜테이션. ¶a coffee ~ 커피 재배 농장. 2 (영) 식수(지), 조림(지); 숲. 3 《역사》 식민지; 《영국사》 창설[건설], 건설. 4 재배, 대량 재배 [작물] ¶a ~ of sunflowers 대량 재배된 해바라기. 6 굴 양식장.
plan·tá·tion sóng ⓝ 《미》 (남부의) 대농원 흑인 노동자들이 부르던 노래.
*****plant·er** [plǽntər, plάːnt-/plάːnt-] ⓝ 1 씨 뿌리는 사람; 재배[양식]하는 사람; 《복합어로》 파종기(機). 2 《종종 복합어로》 (대)농장주, 플랜테이션 경영자. 3 〔역사〕 식민자. 4 〔분재용〕 장식 용기. 5 침목(沈木).
plánter's púnch ⓝ (럼주·라임 주스·설탕·물·소다 따위로 만든) 펀치.
plánt fóod ⓝ (비료 따위) 식물의 영양물. 〔借〕.
plánt híre ⓝ 《영》 플랜트[대형 기계] 리스[임차(賃).
plánt hórmone ⓝ 식물 호르몬.
plán·ti·grade [plǽntəgrèid] ⓐ 발바닥 전체를 땅에 대고 걷는, 척행(蹠行)의. ── ⓝ 척행성 동물.
plant·i·mal [plǽntəməl] ⓝ 《생물》 플랜티멀(동·식물 세포의 원형질을 융합시켜 생긴 세포).
plant·ing [plǽntiŋ/plάːnt-] ⓝ 1 식재, 파종, 재배. 2 조림, 식수; ⓒ 조림[식수, 재배]지, 3 〔건축〕 기초 지층(低層). 〔〕 animal kingdom
plánt kíngdom ⓝ (the ~) 《집합적》 식물.
plant·let [plǽntlit/plάːnt-] ⓝ 작은 식물; 묘목, 모종.
plant·like [plǽntlàik/plάːnt-] ⓐ 《동물이》 식물 같은.
plánt lóuse ⓝ 진디(aphid).
plant-mark·er [-mάːrkər] ⓝ 식물 명찰(이름표).
plan·toc·ra·cy [plæntάkrəsi/plæntɔ́k-] ⓝ 1 ⓤ (지배 계급으로서의) 재배업자들; 대농원 경영자, 대농원주 계층. 2 농원주 지배; 식민 정치.
plánt pathology ⓝ 식물 병리학. (또는 **phyto-pathology**) 〔업자〕: 식물 애호가.
plants·man [plǽntsmən] ⓝ 1 묘목상. 2 원예가
plánt stànd ⓝ 화분 받침대, 화분 놓는 대.
plánt súpervisor ⓝ 공장(현장) 감독[지배인].
plaque [plæk] ⓝ 1 (벽 따위에 거는) 장식판[액자]. 2 (명예를 나타내는) 작고 납작한 패(牌); 배지, 훈장. 3 〔해부·동물〕 반점. 4 〔치과〕 치구(齒垢).
pla·quette [plækét] ⓝ 작은 plaque; (작은 금속판 따위의) 약각(陽刻).
plash[1] [plæʃ] ⓝ 1 철썩철썩[철벅철벅] (하는 소리) (splash). 2 웅덩이(puddle). 3 (색·빛 따위의) 점. 4 《英방언》 큰 비, 억수 같은 비. ── ⓥⓘⓣ 철썩철썩[철벅벅] 소리내다[소리나다]. ~·ing·ly ⓐ
plash[2] ⓥⓣ 〔나뭇가지 등〕을 구부려 얽어매다; 〔가지 등〕을 구부려 얽어서 산울타리를 만들다[수리하다].
plash·y [plǽʃi] ⓐ 1 물웅덩이가 많은, 습지의, 축축한, 진창의. 2 철썩철썩[철벅철벅] 소리가 나는.
-pla·sia [pléiʒə, -ʒiə, -ziə] 〔연결〕 development, formation의 뜻. ¶hyperplasia《형성 부전(不全)》. (또는 **-plasy**)
plasm [plæzm] ⓝ = plasma. 〔〕
plasm- [plæzm] 〔연결〕 ⇒ PLASMO-.
-plasm [plæzm] 〔연결〕 「원형질」의 뜻. ¶proto-plasm, metaplasm.
*****plas·ma** [plǽzmə] ⓝⓤ 1 〔해부·생리〕 혈장(血漿), 임파장(淋巴漿), 플라스마. 2 《생물》 원형질(protoplasm). 3 유장(乳漿)(whey). 4 〔광물〕 농녹옥수(濃綠玉髓). 5 〔물리〕 플라스마(고도로 전리(電離)된 가스). **-mic** ⓐ
plásma céll ⓝ 〔해부〕 플라스마〔형질〕 세포.
plásma éngine ⓝ 〔로켓〕 플라스마 엔진(플라스마를 방사하여[전류를 써서] 추력을 얻음).
plas·ma·gel [plǽzmədʒèl] ⓝ 원형질 겔.
plas·ma·gene [plǽzmədʒìːn] ⓝ 세포질 유전자.
plásma jét ⓝ 1 플라스마에 의한 고온 고속의 가스 기류. 2 = plasma engine.
plásma mémbrane ⓝ 〔생물〕 세포막.
plásma pànel ⓝ 플라스마 패널(가스를 채운 관(管)을 점멸시키는 방식의 컴퓨터 정보 표시판.
plas·ma·pause [plǽzməpɔ̀ːz] ⓝ (the ~) 플라스마 경계면(대기의 전리층에서 고도로 이온화된 기체층).
plas·ma·pher·e·sis [plæzməférəsis, -férəs-] ⓝ 〔의학〕 혈장 교환법, 혈장사혈(瀉血)(반출).
plásma phýsics ⓝ 플라스마 물리학.
plásma phýsicist ⓝ
plas·ma·sphere [plǽzməsfìər] ⓝⓤ 〔지구과학〕 플라스마권(圈)(행성 주위의 기체가 고도로 이온화되어)
plas·mat·ic [plæzmǽtik] ⓐ 혈장의. 〔있는 층.

plásma tòrch 명 플라스마 토치(가스를 전기적으로 가열하여 고온의 플라스마를 발생시키는 장치).

plas‧mid [plǽzmid] 명 《미생물》 플라스미드(독립적으로 복제·증식이 가능한 유전 인자).

plas‧min [plǽzmin] 명U 《생화학》 플라스민(혈장 중의 단백질 분해 효소)(fibrinolysin).

plas‧mo- [plǽzmou, -mə] 《연결》 「혈장; 원형질」의 뜻(* 모음 앞에서는 plasm-). ¶ *plasmo*ptysis(원형질 토출(吐出)).

plas‧mo‧di‧um [plæzmóudiəm] 명 (복 **-di‧a** [-diə]) 《생물》 변형체; 말라리아 원충(原蟲).

plas‧mog‧a‧my [plæzmɑ́gəmi/-mɔ́g-] 명 《생물》 세포질 융합.

plas‧mol‧y‧sis [plæzmɑ́ləsis/-mɔ́l-] 명U 《식물》 원형질 분리. **plàs‧mo‧lýt‧ic** 형 반창고.

plas‧mo‧lyze [plǽzməlaiz] 타 (* 《英》 **-lyse**) 원형질 분리를 일으키다[가 일어나다]. **-lỳz‧a‧ble** 형

‡**plas‧ter** [plǽstər, plɑ́ːs-/plǽs-] 명 (복 **~s** [-z]) 1 U 회반죽, 벽토. 2 (분말) 석고; 소석고(燒石膏), 깁스 (~ of Paris). ¶a ~ bust 석고 흉상. 3 C 《약학》 고약, 경고제(劑); 《英》 반창고. ¶an adhesive [or a sticking] *in plaster* 깁스를 하여. 〔 ~ 반창고.
——통타 (~*s* [-z]) 1 …에 회반죽을 바르다; …을 (…으로) 두껍게 바르다, 더덕더덕 붙이다(*over, up*) (*with*). ¶(~+图+전+명) ~ one's face *with* powder 얼굴에 분을 더덕더덕 바르다/a pile of wood that is ~*ed over with* snow 눈으로 뒤덮여 있는 나뭇더미. 2 …에 고약을 붙이다; …을 깁스로 고정하다. 3 〔갈라진 틈 따위〕를 메우다; (비유적) …을 감추다. 4 …을 매끄럽게 [평평하게] 하다; (구어) (포마드 따위로) (머리를) 매끈하게 하다, ¶(~+图+閨) ~ one's hair *down* (기름 따위로) 머리를 착 붙이다. 5 (남에게) (칭찬 따위) 퍼붓다시피 하다(*with*); 〔남의 감정을〕 달래다, 위로하다. ¶ ~ a person *with* praise 남을 지나치게 추켜올리다. 6 《美구어》 …을 철저하게 해치우기; 치다; (맹폭격 따위로) 큰 타격을 주다. **~‧like** 형

plas‧ter‧board [plǽstərbɔ̀ːrd] 명 석고 보드.

pláster cást 명 석고상(모형); 《의학》 깁스 (붕대).

plas‧tered [plǽstərd/plɑ́ːs-] 형 《속어》 술에 만취한. ¶ ~ to the wall 《속어》 곤드레만드레가 되어.

plas‧ter‧er [plǽstrər/plɑ́ːs-] 명 (회반죽을 바르는) 미장이; 석고 세공인.

plas‧ter‧ing [plǽstəriŋ/plɑ́ːs-] 명U 1 회반죽 공사; 석고 세공. 고약 붙이기. 2 (구어) 상대를 완전히 해치우기, 참패시키기.

pláster of Páris 명 소석고(燒石膏), 깁스 (붕대).

pláster sáint 명 완전 무결한 사람, 성인 군자; (비꼬아) 위선자.

plas‧ter‧work [plǽstərwə̀ːrk] 명 미장 공사.

plas‧ter‧y [plǽstəri/plɑ́ːs-] 형 회반죽[석고, 고약] 같은. **-ter‧i‧ness** 명

‡**plas‧tic** [plǽstik] 형 1 플라스틱(제)의, 비닐[폴리에틸렌]의. ¶a ~ comb 플라스틱 빗. 2 마음대로 모양을 만들 수 있는, 가소성(可塑性)의; 소조(塑造)할 수 있는; 소조한, 조소[조각]의. ¶a ~ figure 소상. 3 모양을 만드는, 형성[조형]력이 있는, 창조적인. ¶ ~ talent 창조적 재능. 4 유연한; 감수성이 강한. ¶a ~ mind 유연한 정신. 5 《생물·병리》 형성적인, 조직을 형성하는. 6 《외과》 성형의, 7 보기에 진짜가 아닌, 가짜의, 겉보기만의, 8 합성적인, 인공적인. 9 신용 카드에 의한.
——명 1 U 가소성 물질; 《종종 ~s》 (단수취급) 플라스틱, 합성 수지; C 플라스틱 제품. 2 = ~ *money* [*card, credit*]. 3 (~s) 〔단수취급〕 = ~ *surgery*. 4 《종종 ~s》 〔단수취급〕 조소술(彫塑術). 5 = ~ *explosive*.
-ti‧cal‧ly, ~‧ly 부

-plas‧tic [plǽstik] 《연결》 developing, forming의 뜻 (* -plasm, -plast, -plasty의 형용사형). ¶meta*plastic*; chloro*plastic*.

plástic árt(s) 명 조형 미술(회화·조각 따위); 조각, 조소(彫塑).

plas‧ti‧cat‧ed [plǽstikèitid] 형 《비유적》 진짜가 아닌, 만들어낸; 합성[인공]의.

plástic bág 명 비닐 백.

plástic bómb 명 플라스틱 폭탄.

plástic búllet 명 플라스틱 탄알(폭도 진압용).

plástic cárd 명 크레디트[신용] 카드.

plástic cláy 명 1 《지질》 제3기 하층의 중층군. 2 소성(塑性) 점토.   〔대출.

plástic crédit 명 《美》 크레디트 카드에 의한 신용

plástic deformátion 명 《물리》 소성(塑性) 변형.

plástic explósive 명 플라스틱 폭약(plastique).

plástic flów 명 《물리》 가소성(塑性) 유동.

plástic fóam 명 =expanded plastic.

plástic híppie 명 《속어》 어쩌다가 히피 흉내를 내는 사람.   〔점토.

Plas‧ti‧cine [plǽstəsìːn] 명 《상표》 소상(塑像)용

plas‧tic‧i‧ty [plæstísəti] 명U 가소성(可塑性), 형성력; 적응성, 유연성.

plas‧ti‧cize [plǽstəsàiz] 타 (* 《英》 **-cise**) 동 1 플라스틱으로 만들다[가공하다] 2 가소성[유연성, 적응성]을 갖게 하다; 유연해지다, 적응성을 갖다. **-ci‧zá‧tion** 명

plas‧ti‧ciz‧er [plǽstəsàizər] 명 가소제(可塑劑).

plástic jób 명 《구어》 =plastic surgery.

plástic mémory 명 소성(塑性) 복원(가열하면 원형으로 되돌아가는 플라스틱의 성질).

plástic móney 명 크레디트[신용] 카드.

plástic operátion 명 성형 수술.

plas‧tics [plǽstiks] 명 1 plastic의 복수형. 2 = plastic surgery. 3 〔단수취급〕 플라스틱 화학. ——형 플라스틱(제)의. ¶a ~ firm 플라스틱 회사.

plástics índustry 명 플라스틱 업계[산업].

plástic súrgeon 명 성형 외과 의사.

plástic súrgery 명 《의학》 성형 외과. ¶aesthetic ~ 미용 성형 수술.

plas‧tic‧ware [plǽstikwɛ̀ər] 명 플라스틱제 식기.

plástic wóod 명 성형재(成形材)(목제품의 수선 따위에 쓴다); (P- W-) 그 상표명.

plástic wráp 명 (식품 포장용) 비닐 랩.

plas‧tid [plǽstid] 명 《생물》 1 성형원질(成形原質), 세포(cell), 2 플라스티드, 색소체(色素體).

plas‧tique [plæstíːk] 명 =plastic explosive. 〔<F〕

plas‧ti‧sol [plǽstəsɔ̀l, -sɑl/-sɔ̀l] 명 《화학》 플라스티솔(수지와 가소제(可塑劑)의 혼합물).

plas‧to- [plǽstou, -tə] 《연결》 formed, molded의 뜻. ¶*plasto*type.

plas‧to‧gene [plǽstədʒìːn] 명 《식물》 색소체 유전자.

plas‧to‧type [plǽstətàip] 명 플라스토타입(화석 따위의 기준 표본을 본뜬 복제품).

plas‧tral [plǽstrəl] 형 1 《동물》 복갑(腹甲)의[에 관한]. 2 플라스트론(plastron)의.

plas‧tron [plǽstrən] 명 1 여성복의 가슴 장식(풀 먹인) 남자용 셔츠의 가슴 부분. 2 (갑옷의) 가슴 강철판 가슴받이; (펜싱용의) 가죽 가슴받이. 3 《동물》 (거북 따위의) 복갑.

-plas‧ty [plǽsti] 《연결》 formation, growth의 뜻. ¶ dermato*plasty*, auto*plasty*.

-pla‧sy [plèisi, plési, pləsi] 《연결》 ⇒PLASIA.

plat[1] [plæt] 명 1 땅 한 뙈기, 2 《美》 (토지의) 도면. ——타 (**-tt-**) 《美》 …의 도면[지도]을 만들다(plot).

plat[2] [plæt] 명타 (**-tt-**) …을 엮다, 땋다; …의 짜임을 잡다. ——명 (머리털·밀짚 따위를) 엮은 것(plait), 땋은 머리; 꼰 끈, 밀짚 엮은 것(braid); (천 따위의) 주름.

plat[3] [plɑː/*F* pla] 명 (수북하게 담은 요리) 한 접시.

plat. plateau; platoon.   〔<F〕

Pla‧ta [plɑ́ːtə/*Sp* plɑ́ta] 명 **Río de la ~** 라플라타 강(아르헨티나와 우루과이 사이를 흐르는 강).

plat·an [plǽtn] 명 플라타너스(plane tree).
Plat·a·nus [plǽtənəs] 명 1 플라타너스 속(屬). 2 (p-) 플라타너스 속의 나무, 플라타너스.
plat·band [plǽtbænd] 명 1 (정원 따위의) 가장자리[테두리]; 잔디 가장자리. 2 (건축) (상인방·홍예·쇠시리 따위의) 띠 모양의 수평 부재(部材); 평방(平枋).
plat du jour [plá: də ʒúər] 명 *plats d- j- [plá:z-])* 오늘의 특별 요리. (<F dish of the day)
✱**plate** [pleit] 명 1 (종종 복합어로) (주로 도자기제의 납작하고 둥근) 접시, 서양 접시(☞ dish); (한 접시의) 요리, (요리) 한 접시[사람]분, 한 코스. ¶a soup ∼ 수프 접시 / a fruit ∼ 과일의 코스 / cost $10 a ∼ (요리) 한 접시[1인분]에 10달러이다.
2 ⓤ (美) (집합적·단수취급) 금제[은제, 도금] 접시[식기]류. ¶silver ∼ 은도금 식기 / a family ∼ 가문(家紋)이 새겨진 금·은 식기 / a piece of ∼ 식기의 한 점.
3 the ∼ (교회의) 헌금 접시; 헌금. ¶put five dollars in [or on] the ∼ 5달러를 헌금하다.
4 (금속 따위의) 평판, 판금; 판유리; (갑옷의) 금속판, 판금(鍛金) 갑옷. ¶a steel ∼ 강(鋼)판. 「명찰.
5 표찰, 간판, 장서표(藏書票)(bookplate). ¶a name ∼
6 (인쇄) 금속[전기, 연]판용; 금속 판화, 그림판(版), 별지 화(畵) 삽화. 7 (치과) (종종 ∼s) 의치 가상(假床)(dental ∼); (a ∼, the ∼) 의치. 8 (the ∼) (야구) 본루(本壘), 홈 플레이트; 마운드(pitcher's ∼). 9 (세균 배양용) 페트리 접시(petri dish). 10 (사진) 감광판, 건판(乾板). ¶a sensitive ∼ 감광판. 11 (해부·동물) 얇은 판, 얇은 층; (곤충 따위의) 순판(盾板); (파충류 따위의) 갑(甲), 딱지. 12 (소의) 갈비살·양 살. ☞ BEEF 그림.
13 (전기) (진공관의) 양극(陽極). 14 (건축) 도리. 15 금[은]상배(prize cup); 상배를 주는 경마[경기]. 16 (철도) = rail. 17 (지질) 플레이트(지각과 맨틀 상층부의 판상(板狀) 부분)(☞ ∼ tectonics). 18 (美俗語) 언제나 최신 유행복을 입는 사람. 19 (美俗語) 매력적인 여자. 20 (美俗語) 레코드. 21 (∼s) (英俗語·살) 발(feet). 「먹어치우다.
clear [or empty] one's *plate* (한 접시를) 깨끗이
hand [or give] a person something *on a plate* (英口語) 남에게 무엇을 선선히 주다.
have a lot [enough] on one's *plate* (口語) 해야 할 일이 산더미처럼[충분히] 있다.
have one's *plate full* = *have* one's HANDS *full.*
off one's *plate* 이제 안해도 되는, 관심사가 아닌.
on a plate (口語) 힘들이지 않고, 수월하게.
on one's *plate* (口語) (일 따위를) 해야 할 의무가 있는, 하기로 되어 있는.
plates of meat (美俗語) 발(feet).
read one's *plate* (美俗語) 식전 기도를 하다; 고개를 숙이고 묵묵히 먹다.
step up to the plate 책임을 지다.
— 동 (*plat·ed; plat·ing*) 타 1 …에 도금을 하다. 2 …을 판금으로 덮다, (배 따위를) 장갑(裝甲)하다. 3 …을 때려서 판으로 펴다. 4 (인쇄) 연판(鉛版)[납판으로 하다. 5 (제지) (종이에) 윤을 내다. 6 (병리) (미생물)을 평판(平板) 배양하다. 7 (야구) (점수)를 내다, (주자)를 홈인시키다. — 자 (俗語) 오럴 섹스하다(*on*).
∼·*less*, ∼·*like* 형
pláte ármor 명 1 (군함 따위의) 철갑판(鐵甲板), 장갑(裝甲). 2 (옛날의) 판금 갑옷.
✱**pla·teau** [plætóu, ∠-/-∠] 명 (복 ∼*s*, *-teaux* [-tóuz]) 1 (종종 ∼s) 고원, 대지(臺地). 2 (심리) 학습 고원(학습의 정체기), (학습 곡선의) 고평부(高平部). 3 상하 변동[부침]이 없는 시기[상태], 안정기; (경기(景氣) 따위의) 정체기[상태]. 4 장식 접시(쟁반, 판, 액자).
— 동 자 안정 수준[상태]에 이르다; 진보[상승]가 멈추다, 보합 상태로 되다. — 타 안정 수준에 머무르게 하다; 보합 상태로 하다.
pláte básket 명 (英) 식기(食器) 바구니.

pláte báttery 명 (전기) 양극(陽極) 전지.
pláte blóck 명 (우표) 판(版)번호 블록(가장자리에 판 번호가 든 우표 시트).
pláte cálender 명 (제지) 광택기(plater).
plate-cap·tain [⁻kǽptən/-tin] 명 (美俗語·익살) 접시닦이[닦는 사람].
pláte clútch 명 (자동차) = disk clutch. 「배양(培養).
pláte cúlture 명 (세균) (페트리 접시에 하는) 평판
plat·ed [pléitid] 형 1 (편물) 겉과 안을 두 가닥 실로 뜬. 2 판으로 덮은, 장갑한. 3 도금한. 4 a silver-∼ spoon 은도금한 스푼. 4 박판으로 이루어진[한].
plate·ful [pléitfùl] 명 한 접시(의 분량).
pláte gláss 명 판유리창·거울용 상질품).
pláte-gláss [pléitglǽs/-glá:s] 형 (英) (특히 20세기 후반의) 신설(대학의). ¶a ∼ university 신설 대학.
plate·hold·er [pléithòuldər] 명 (사진) 건판 상자.
pláte íron 명 철판.
plate·lay·er [pléitlèiər] 명 (英) 선로공(線路工).
plate·let [pléitlit] 명 혈소판(血小板)(blood ∼).
pláte lúnch 명 (美) 접시 하나에 담은 점심. 「판용.
plate·mak·er [pléitmèikər] 명 (인쇄) 제판기; 제
pláte márk 명 (금·은 그릇 따위에 붙이는) 품질 보증 각인; (인쇄할 때의 압력으로) 판화 가장자리에 생긴 동판 자국. 「스테레오판 뉴스(보도) 자료].
pláte mátter 명 (통신사에서 신문사에 제공하는)
plat·en [plǽtn] 명 (인쇄기의) 압반(壓盤), 롤러 (roller); (타이프라이터의) 롤러; (평삭반(平削盤) 따위의) 테이블. 「닦는 사람.
plate-pow·der [⁻pàudər] 명 (은식기 따위) 식기
pláte prínter 명 동판(銅版) 인쇄자.
pláte prínting 명 요판(凹版) 인쇄. 「(刷).
pláte próof 명 (인쇄) 연판(鉛版) 교정; 연판 교정쇄
plat·er [pléitər] 명 1 도금공. 2 판금공(板金工). 3 (제지) 광택기(機). 4 (경마의) 열등(劣等) 말.
pláte ráce 명 (英) (걸린 돈보다) 상배를 다투는 경마
pláte ráck 명 (英) 접시꽂이[걸이]. 「[경기].
pláte ráil 명 1 접시 선반(벽에 설치; 주로 장식용). 2 (철도) 판(板)레일.
plate·room [pléitrù(:)m] 명 (英) (은) 식기 보관실.
pláte shóp 명 (조선) 철판을 비(非)가열 단조(鍛造)하는 공사장.
pláte tectónics 명 (복) (지질) (단수취급) 플레이트 텍토닉스, 판(板)구조론(지구 표층부에서 남을 전송하는. 1 판들의 이동에 의해 지각 변동이 일어난다고 하는 학설).
plate·ware [pléitwɛ̀ər] 명 금[은]식기(食器).
✱**plat·form** [plǽtfɔ:rm] 명 (복 ∼*s* [-z]) 1 (역의) 승강장, 플랫폼; (美) (객차 등의) 승강구, 데크(vestibule). ¶No. 2 ∼; P- (No.) 2 2번 플랫폼 / see off a person on the ∼ 플랫폼에서 남을 전송하다. 2 단(壇); 연단, 교단, 강단, 무대; (사람이 오르는) 대(臺); (the ∼) (비유) 연설(자), 강연(자); (美) 공개 토론회(장). ¶mount [or go up] the ∼ 연단에 오르다. 3 (계단의) 층계참; 높은 지대, 대지(臺地); (군사) 포대, 포좌, (미사일의) 발사대, 발사 함정[항공기]. 4 (a ∼, the ∼, its ∼) (정당의) 강령, 정강(政綱 plank); (개인·단체 등의) 기본 방침[노선], 정책, 신조; (드물게) (종교상의) 교의(敎義); (주의·기본 노선·목표 따위의) 성명, 발표; (美) (후보 지명 당대회에서의) 강령 요지 연설, 정책 연설. 공약. ¶his policy ∼ speech 그의 시정 방침 연설. 5 해저 석유[가스] 굴착 플랫폼(굴착 장비가 설치된 해상 구조물). ¶an oil ∼ 해저 석유 플랫폼. 6 (컴퓨터) 플랫폼 (컴퓨터 사용의 기반이 되는 하드웨어·소프트웨어의 환경). 7 (여성용의) 두꺼운 구두창; (∼s) 그 구두(∼ shoe).
be on the platform 연설[강연]하다.
— 타 단을 설치하다; 단상에 올려놓다. — 자 단상에서 연설하다. 「리스를 얹은 침대.
plátform béd 명 플랫폼 침대(낮은 대(臺) 위에 매트
plátform brídge 명 과선교(跨線橋).

plátform càr 图 《美》 〔철도〕 무개 화차(flatcar).
plátform càrriage 图 포차(砲車).
plátform dìver 图 〔수영〕 하이 다이빙 선수.
plátform dìving 图 〔수영〕 하이 다이빙.
plátform ròcker 图 《美》 밑에 고정판을 댄 흔들의자.
plátform scàle[bàlance] 图 앉은뱅이 저울.
plátform shòe 图 (~s) 밑창이 두꺼운 여성용 구두 (창에 platform sole을 댄 구두).
plátform sòle 图 (코르크·가죽 따위로 만든) 두꺼운 구두창.
plátform tènnis 图 플랫폼 테니스(철망으로 둘러 친 나무 대 위에서 하는 paddle tennis의 일종).
plátform tìcket 图 《英》 (역의) 입장권.
plat·i·na [plǽtənə, plətíːnə] 图 플라티나(이것으로부터 백금을 분리한다). ─图 플라티나색(色)의.
plat·i·nate¹ [plǽtəneit] 图 〔화학〕 백금산염.
plat·i·nate² 图 =platinize.
plat·ing [pléitiŋ] 图 1 (금은) 도금(술). 2 철판 씌우기, 장갑(裝甲); (씌운) 금속판, 판금(板金), 장갑용 철판. 3 plate 제작. 4 《英》 = plate race.
pla·tin·ic [plətínik] 图 〔화학〕 백금의, (4가(價)의) 백금을 함유하는, 제2백금의.
plat·i·nif·er·ous [plætənífərəs] 图 백금을 함유한.
plat·i·nir·id·i·um [plætəniridiəm, -nai-] 图 백금 이리듐(고경질(高硬質); 만년필 촉 따위에 사용).
plat·i·nize [plǽtənàiz] 图 …에 백금을 씌우다; …을 백금과 합금하다. **-ni·zá·tion** 图
plat·i·no- [plǽtənou] 〔연결〕 platinum의 뜻(* 모음 앞에서는 platin-). ¶ *platino*type.
plat·i·no·cy·a·nide [plǽtənousáiənàid, -nid] 图 回 〔화학〕 시안화백금산염(酸鹽).
plat·i·noid [plǽtənòid] 图 백금을 닮은, 백금 모양의. ─图 回 백금 합금; 백금속, 플라티노이드(이리듐·파라듐 따위).
plat·i·no·type [plǽtənoutàip] 图 回 〔사진〕 백금사진(법), 백금 사진판.
plat·i·nous [plǽtənəs] 图 〔화학〕 백금의, (2가의) 백금을 함유하는, 제1백금의.
*__plat·i·num__ [plǽtənəm] 图 回 〔화학〕 플라티나, 백금(금속 원소의 하나; ㉮ Pt); 백금(플라티나)색. ─图 《美》 (LP음반이) 100만 장 이상 팔린.
plátinum áge (the ~) 황금 시대, 융성기.
plátinum bláck 图 〔화학〕 백금흑(白金黑)(백금의 미세한 검은 가루; 촉매제).
plátinum blónde 图 (때로 a ~) 엷은 백금색 (머리를 한 사람[여성]).
plátinum dìsc 图 백금 디스크(LP [CD] 판매 100만 매를 돌파한 가수[그룹]에게 주는 상; 또 그렇게 대히트한 레코드).
plátinum métal 图 백금속.
plat·i·tude [plǽtətjùːd/-tjùːd] 图 回 평범, 진부, 단조로움; ⓒ 진부한 말, 평범한 문구, 상투 용어.
plat·i·tu·di·nar·i·an [plǽtətjùːdənɛ́əriən/-tjùːd-] 图 평범한[고리타분한] 말을 하는 사람. ─图 평범한, 고리타분한; 평범[진부]한 말을 하는.
plat·i·tu·di·nize [plǽtətjúːdənàiz/-tjúː-] 图图 평범[진부]한 말을 하다.
plat·i·tu·di·nous [plǽtətjúːdənəs/-tjúː-] 图 평범[진부]한 (말을 하는). **~·ly** 图 **~·ness** 图
Pla·to [pléitou] 图 플라톤(427?-347? B.C.; 고대 그리스의 철학자; Socrates의 제자).
PLATO, Pla·to [pléitou] 图 〔교육·컴퓨터〕 자동 교육 시스템. (< *P*rogrammed *L*ogic for *A*utomatic *T*eaching *O*perations)
Pla·ton·ic [plətánik, plei-/-tɔ́n-] 图 1 플라톤의, 플라톤 철학(파)의. 2 (p-) 관념[이론]적인, 비실천적인. 3 (보통 p-) (순)정신적인, 플라토닉한. ─图 1 플라톤 학파의 사람. 2 (종종 p-s) (순)정신적 연애 감정[행동]. **-i·cal·ly** 图 〔<그리스의 철학자 Plato〕

Platónic bódy 〔수학〕 =Platonic solid.
Platónic lóve 图 〔철학〕 플라톤적인 사랑; (보통 p-) (육욕을 수반하지 않는) 정신적인 사랑.
Platónic sólid 图 〔기하〕 플라톤 입체(정4·6·8·12·20면체 등 5종류의 정다면체).
Platónic yéar 图 〔천문〕 플라톤년(年)(전(全)천체의 운동이 일주한다고 생각된 약 26,000년).
Pla·to·nism [pléitənìzm] 图 플라톤 철학[주의], 플라톤 학파의 철학. 2 (때로 p-) (순)정신적 연애.
Pla·to·nist [pléitənist] 图 플라톤 학파 사람, 플라톤 철학 학파(철학)의.
Pla·to·nis·tic [plèitənístik] 图 플라톤 철학 연구 [신봉자]의. ─图 플라톤 철학[주의]의.
Pla·to·nize [pléitənàiz] 图图 1 플라톤 철학을 신봉하다. 2 플라톤 식으로 추론하다. ─图 1 …을 플라톤적으로 하다, 관념론화하다. 2 …을 플라톤의 철학[학설]에 입각하여 설명하는[논하다. **-ni·zá·tion, -niz·er** 图
pla·toon [plətúːn] 图 〔단·복수 양용〕 1 〔군사〕 소대. *4* ARMY 의 3분의 1 소대. 3 (공통의 행동을 하는 사람들의) 소집단. 4 (미식축구) 플래툰(공격 또는 방어 전문의 선수 집단). 5 〔야구〕 한 포지션을 교대로 지키는 복수의 선수. ─图 (美속어) (스포츠에서) 특정의 역할이나 위치를 전문으로 하다; 한 포지션을 다른 선수와 교대로 지키(게 하)다.
platóon sérgeant 〔군사〕 =sergeant first class.
Platt·deutsch [plá:tdɔ̀itʃ] 图 저지(低地) 독일어 (북부 독일의 방언)(Low German).
pla·tte·land [plá:tlæ̀nd] 图 (남아공) 〔The ~〕 시골 지방.
plat·ter [plǽtər] 图 1 (타원형의 얕은) 큰 접시; 《英고어》 (보통 목제의 바닥이 얕은) 큰 접시[주발]. 2 (큰 접시)의 모든 요리. 3 (美구어) 레코드, 음반. 4 (the ~) (속어) 〔야구〕 본루(home plate).
on a (sílver) plátter 《美》 힘 안 들이고, 수월하게.
plat·y [pléiti] 图 (바위가) 판상(板狀)의.
plat·y- [plǽti] 〔연결〕 flat, broad의 뜻. ¶ *platy*pus, *platy*rrhine.
plat·y·hel·minth [plæ̀tihélminθ] 图 〔동물〕 편형 (扁形) 동물.
plat·y·pus [plǽtipəs] 图 (봉) **~·es, -pi** [-pài] 오리너구리(오스트레일리아산)(duckbill).
plat·y·rrhine [plǽtəràin, -rin] 图 〔동물·인류〕 광비(廣鼻)의. ─图 광비 동물; 넓적코원숭이.
plau·dit [plɔ́ːdit] 图 (보통 ~s) 박수, 갈채; 찬양.
*__plau·si·ble__ [plɔ́ːzəbl] 图 1 (구실 따위가) 그럴싸한, 진실[정말] 같은. ¶ a ~ excuse [alibi] 그럴 듯한 구실 [알리바이]. 2 말재주 있는, 그럴 듯하게 말하는. ¶ a commentator 그럴 듯하게 말하는 해설자.

> [유의어] **plausible** 표면적으로는 일단 그럴 듯한; 반드시 속이려는 의도를 뜻하지는 않는다. **specious** 속일 의도를 갖고 그럴싸하게 꾸미는: *specious* kindness 겉으로만의 친절.

-bíl·i·ty, ~·ness 图 **-bly** 图
‡__play__ [plei] 图 (봉) **~s** [-z] 1 ⓤ 놀이, 놀기, 유희; 오락, 기분 전환. ¶ *All work and no ~ makes Jack a dull boy.* (속담) 공부만 하고 놀 줄 모르는 아이는 바보가 된다, 공부할 때 공부하고 놀 때 놀아야 한다.

> [유의어] **play** 오락·기분 전환 따위를 위해 하는 심신의 활동; 보통 그저 기분 내키는 대로 움직이고 일정한 룰 따위가 없는 것. **game** 일정한 룰에 따라 오락삼아 승패를 겨루는 것. **sport** 반드시 승패를 겨루지는 않는[보통 옥외에서의] 육체를 움직이는 기분 전환.

2 위안, 농담, 장난; 익살, 재담(pun) (*on, upon*). ¶ a poor ~ (upon) words 서툰 익살.
3 극, 연극; 희곡, 각본. ¶ Shakespeare's ~s 셰익스피어의 희곡 / a children's ~ 아동극 / act [or do] a ~ 연극을 하다.

4 경기, 시합; (a ~, the ~, one's ~) 경기[승부]의 순번; ① 경기 태도, (시합하는) 솜씨, 수. ¶ fine ~ 파인 플레이 / rough ~ 거친 시합 태도 / *P*– begins at 6 p.m. 경기는 하오 6시에 시작된다 / It's your ~. 네 차례다.
5 ① (남에 대한) 태도, 행위, 행동, 대처 방법. ¶ fair [foul] ~ 공명정대한[비열한] 방식[행동]. **6** ①© 노름, 도박; (속어) 걸린 돈 (총액). ¶ win a fortune in [or at] ~ 도박에서 한밑천 잡다. **7** 계략, 책략, 더러운 손. ¶ buy up the stock in a takeover ~ 회사 인수를 노리고 주식을 매점하다. **8** ①© (빛 따위의) 번득임, 어른거림 (on, upon). ¶ the ~ of light on the water 물 위에 어른거리는 빛. **9** ① (자유로운) 활동, 작용; (기계 따위의) 운전; (피스톤의) 움직임; (근육의) 수의 운동; 활동 범위(의 자유·여유). ¶ the ~ of the imagination 상상력의 발동. **10** 사업, 투자, 거래, 투기, 주식 매매. ¶ an oil and drilling ~ 석유 거래 및 채굴 사업. **11** (언론 등의) 주목, 관심; (신문·방송의) 보도, 게재; 선전. ¶ get a big ~ in the papers 신문에 대대적으로 보도되다. **12** (구어) 레코드 따위를 틀기. **13** ① 쉬기, 휴업(ⓔ work); 실업; 파업; 무위.
a high play 큰 도박.
a play at all costs 목숨을 건 플레이.
a play of words 말장난, 궤변.
(as) good as (a) play 연극처럼 재미있는.
at play 놀고 있는. ¶ children *at* ~ 놀고 있는 아이들.
be in full play 왕성하게 활동하고 있다, 힘차게 작동하고 있다.
be mere child's play 아이들 장난 같다. 누워 떡 먹기다.
bring [or *call*]...*into play* ...을 활동시키다; ...을 도입(이용)하다, 검토하다.
come into play 작동[활동]하기 시작하다.
give [or *allow*] *free play to* ...을 마음껏 발휘하다. ¶ *give free* ~ *to* one's ability 재능을 마음껏 발휘하다.
go to the play 연극 구경을 가다.
hold [or *keep*] *a person in play* 남을 일하게 그냥 놓아두다.
in full play 한참 활동[운전]중에[중인]; 시합중에[중인].
in play ① 농담으로(in fun). ② (시합중의 공이 라인 안에) 살아서, 작용하여, (구기(球技)가) 시합중에.
make a [or *one's*] *play for* {속어} ① (이성을 유혹하려 하다, ...에게 구애하다. ② ...을 손에 넣으려 힘차게 나아가다[행동하다].
make good play 힘차게 나아가다[행동하다].
make great play of [or *about, with*]; *make a lot of play of* ...을 크게 강조하다.
make play ① (경마·사냥) 쫓는 자를 골탕 먹이다. ② [권투] 상대를 맹렬히 공격하다. ③ 크게 활동하다; 서두르다. ④ 효과적으로 사용하다.
make play with ...을 (재미있게 하기 위해) 신파조로[과장하여] 말하다. ③ 실직하다.
out of play ① (시합중의 공이) 죽어서. ② 아웃이 되어.
play of colors (다이아몬드의 표면 따위가) 오색이 찬란하게 번쩍임.
That is pretty (*bit of*) *play.* 너무 심한데, 큰일났네.
the state of play 상황, 사정; 현상.
── ⓥ –*s* [–z] ⓘ (···와) (경기·유희 따위를) 하다 (*with, against*); (아이가) 놀이를 하다, ···흉내를 내며 놀다. ¶ ~ cards[baseball] 카드놀이[야구]를 하다 / ~ war [doctor] 전쟁[의사] 놀이를 하다 / ~ house with Jane 제인과 소꿉놀이를 하다 / ~ a good[bad] game 시합에 능하다[서투르다] // (~+*that* 僚) Let's ~ *that* we are soldiers. 병정놀이를 하고 놀자.
2 (경기·시합에서) ···의 포지션[위치]을 지키다[맡다]; ···을 시합(승부)에 기용하다[참가하다] (*at, as*); (경기 따위에서) ···와 겨루다, ···의 상대가 되다 (*in, at*). ¶ (~+옙+*as* 僚) ~ a person *as* a pitcher 남을 투수로 기용하다 / (~+옙+圑+옙) ~ a person *for* championship 남을 상대로 선수권을 겨루다.

3 (영화 따위에서) ···으로 분장하다, ···의 역을 맡다; (···에서) [본분 따위를] 다하다, [역할]을 완수하다 (*in*); ···인 양 행동하다, ···을 가장하다. ¶ ~ Othello 오셀로 역을 하다 / ~ the *fool* 바보짓을 하다 / ~ *truant* (학교 등을) 꾀부리고 쉬다, 농맹이 부리다 // an important part *in* a conference 회의에서 중요한 역을 하다.
4 (연극)을 상연하다; ···으로 흥행하다, ···을 순회 공연하다. ¶ ~ an opera [a musical] 오페라[뮤지컬]를 공연하다 / ~ larger cities 대도시를 순회 공연하다. **5** (···에게) (···으로) (장난·농담 따위를) 하다 (*on/with*); (사기 등)을 치다. ¶ ~ *blackmail* 갈취하다, 협박해 빼앗다 / (~+옙+圑+옙) ~ tricks *with* something 어떤 것을 가지고 농간을 부리다.
6 (악기·악곡)을 (···으로) 연주하다 (*on*); (···에게) [곡·악기 따위]를 연주해주다, [라디오·레코드 따위]를 들려주다 (*for, to*); 주악으로 [사람 등]을 송영하다 (*in, out, off*). ¶ ~ the piano 피아노를 치다 // (~+옙+圑+옙) ~ an overture on the piano 피아노로 서곡을 연주하다 // (~+옙+圑) ~ guests *in* [*out*] 주악으로 손님을 맞다[보내다] // (~+옙+圑) (~+옙+圑+옙) ~ *P*– me Mozart. 나에게 모차르트를 연주해다오. **7** (돈)을 걸다(bet); (美) (말 위)에 걸다; 내기(시합)에 하다 (*at*). ¶ ~ horses 경마에 걸다 / ~ at cards [billiards] 카드[당구]로 내기를 하다.
8 (···에) (빛 따위)를 번득이다, 어른거리게 하다; [탄환 따위]를 연속적으로 발사하다 (*on, upon, over, along*). ¶ ~ a searchlight *on* the sea 탐조등으로 해상을 비추다 / ~ a hose *on* a fire 호스로 불에 물을 끼얹다. **9** ···을 쓰다, 휘두르다, (손쉽게) 움직이다. ¶ ~ a razor 면도를 ···하다, 휘두르다. ¶ ~ one brother *off* against the other 형제 사이를 이간질하다. **11** (신문·방송에서) (기사·사진 따위)를 크게 다루다, 게재[보도]하다. ¶ ~ the flood photos on page one 홍수 사진을 1면에 크게 싣다. **12** [카드놀이] (패)를 내놓다; [서양장기] (말)을 움직이다; [크리켓] (공)을 치다. **13** (줄을 잡아당기면서) [낚시에 걸린 물고기]를 지치게 하다, 놀리다. **14** (속어) (주식 따위)에 손을 대다.
── ⓥ **1** (아이가) 놀다, 장난치다 (gambol). ¶ (~+圑+옙) ~ *in* a garden 뜰에서 놀다.
2 (아이·동물이) (···와, ···으로) 놀다, (···을) 만지작거리다 (*with*). ¶ ~ *with* fire 불장난을 하다.
3 경기[승부]를 하다; (···을 대표하여) 경기에 참가하다 (*for*); (···와) 시합하다 (*against*); (···의[로서의]) 포지션을 지키다 (*at/as*). ¶ ~ *at* foot-ball 축구를 하다 / ~ *in* the finals 결승전에 나가다.
4 (···하고) 놀다, 장난삼아 하다, ···놀이를 하다. ¶ ~ *at* soldiers 병정놀이를 한다. **5** (형용사·부사와 함께) (···한) 행동을 하다; (형용사와 함께) 흉내내다, ···인 척하다. ¶ ~ *dumb* [*innocent*] 바보인 [순진한] 척하다 // I ~ed sick. 나는 꾀병을 부렸다. **6** (···을) 걸다 (*on*); 내기를 하다, 승부를 겨루다 (gamble) (*for, by*). ¶ (~+圑+옙) ~ *for* love [money] 돈을 걸지 않고[걸고] 승부를 겨루다. **7** (부사와 함께) (경기장 따위가) ···한 상태이다. ¶ (~+圑) The stadium ~*ed well* [*badly*]. 경기장 상태가 좋았다[나빴다]. **8** 연극을 하다, 상연하다; (보통 진행형으로) (극·영화 등이) 상연[상영]되다; (희극)을 하다 // (~+圑+옙+圑) ~ *in* a drama 연극을 하다 / What's ~*ing* at the theater? 저 극장에서는 무엇이 상연되고 있느냐? **9** (악기를) 연주하다; (악기가) 울리다, (악곡이) 연주되다. ¶ A record is ~*ing*. 레코드가 걸려 있다 / ~ *on* the flute 플루트를 취주하다 // (~+圑) The strings ~*ed well*. 현악기의 연주가 훌륭했다. **10** 멋대로 움직이다, 경쾌하게 움직이다; (빛·색 따위가) 어른거리다, 번득이다; (공상·미소

따위가) 떠오르다. ¶(~+⦅前⦆+⦅名⦆) a breeze ~ing on the water 수면에 잔물결을 일으키는 미풍 / with a smile ~ing upon one's lips 입술에 미소를 띠고 // (~+⦅副⦆) A butterfly was ~ing about. 나비 한 마리가 날아다니고 있었다. **11** ⦅구어⦆ (일이 남에게) 받아들여지다, 효력을 발하다(*with*); 잘 되어가다. ¶His proposal ~ed well with the public. 국민들은 그의 제안을 받아들였다. **12** ⦅구어⦆ (…에게) 협력하다, (…이) 시키는 대로 하다(*with*). ¶~ *with* the opposition 야당과 협력하다. **13** (…을 향해) (탄환 따위가) 연속 발사되다, (물 따위가) 방출되다(*on*, *over*, *along*). ¶The fire engine ~ed on the flames. 소방 펌프가 불에 물을 뿜었다. **14** (기계 부품 따위가) 멋대로 놀다(움직이다). **15** 빈둥거리며 살다, 쉬다(⇔ *work*); 파업을 하다.
be played out ① 지치다; 기진맥진하다. ¶She *is* ~*ed out*. 그녀는 기진맥진해 있다. ② 시대에 뒤지게 되다, 쇠퇴하다.   「심히 하다.
come to play ⦅구어⦆ (경기·일 따위에) 열중하다, 열
play a good stick 검술에 능하다.
play along ① (…와) 함께 연주하다(*with*). ② (…와) 협력하다, 협조하다(*with*). ③ 대답[결정]을 미루어 남을 기다리게[조바심나게] 하다.
play a person a trick; play a trick on *a person* 남에게 못된 짓을 하다, 남을 속이다.
play a person for ① …을 위해 남을 이용하다[희생시키다]. ② ⦅구어⦆ 남을 …으로 생각[취급]하다. ¶You ~ me *for* a fool. 너는 나를 바보 취급하고 있어.
play a person off against *another* 남을 누구와 반복시켜 어부지리를 얻다.
play around [or ⦅英⦆ *about*] *with* ① (이성과) 놀아나다. ② 을 데리고[가지고] 놀다. ③ (문제 따위에) 달라붙다. ④ 빈둥거리다; 시간을 낭비하다.
play at ① 놀이[경기]를 하다. ¶~ *at* war 전쟁 놀이를 하다. ② …을 장난끼로 하다. ③ 마지못해 하다, 흥미가 있는 척하다.   「낭비하다.
play away 〔재산 따위를〕 탕진하다; 〔시간 따위를〕
play back ① ⦅크리켓⦆ 한쪽 발을 뒤로 빼고 치다, 3주문(wicket)으로 되돌아오다. ② (녹음·녹화 테이프 따
play ball ⇒ BALL.   위를) 재생하다.
play both ends (against the middle) 양자를 겨루게 하여 어부지리(漁父之利)를 얻으려 하다[얻다].
play by ear (들은) 기억에 의해 연주하다.
play cat and mouse with ⇒ CAT AND MOUSE.
play catch up ⦅구어⦆ 서둘러 하여 따라잡다.
play chicken ⇒ CHICKEN.
play dirty ⇒ DIRTY.
play double 양다리를 걸치다.
play down ① …을 경시하다(belittle). ② …을 선전하지 않다.   「에 아부하다.
play down to 〔상대〕에 맞춰 정도를 낮추다. ② …
play fair[***foul, false***] 공정[부정]하게 행동하다, 떳떳하게 굴다[속이다]; 정당하게 굴다[부정하게 하다].
play fast and loose ① 되는 대로[무책임하게] 행동하다. ② …을 우롱하다(*with*). ¶~ *fast and loose with* her affection 그녀의 애정을 우롱하다.
play first[***second***] *fiddle* ⇒ FIDDLE.
play for ① …의 대표 선수가 되다. ¶be chosen to ~ *for* Korea 한국 대표 선수로 뽑히다. ② …을 걸고 내기를 하다.   「남을 지지하다.
play for *a person's side* ⦅英구어⦆ 남의 편이 되다.
play for safety ⇒ SAFETY.
play for time 시간을 벌다.
play forward 〔크리켓〕 한쪽 발을 앞으로 내딛고 치다.
play games with ⇒ GAME.
play hard [or *hardball*] ⦅美속어⦆ 악착스럽게 굴다; (목적을 이루기 위해) 수단 방법을 안 가리다, 강경 수단을 쓰다.   「높이다, 콧방귀 뀌다.
play hard to get ⦅속어⦆ (상대가 안달하게) 콧대를

play high 큰 도박을 하다.
play horse with …을 바보 취급하다.
play in (새해·사람 등을) 음악을 연주하여 맞이하다.
play into each other's hands 서로 벌다[이익을 도모하다], 한통속이 되다.
play into the hands of; ***play into*** *a person's* ***hands*** …의 이익이 되도록[…이 시키는 대로] 행동하다; …의 계략에 빠지다.
play (it) by ear 임기 응변하다.
play it cool ⦅美속어⦆ 침착하게[차갑게] 굴다.
play it (low) on; ***play (it) low down on*** …을 비열한 수단으로 앞지르다, ⦅속어⦆ …의 약점을 이용하다.
play it one's own way 자기 방식대로 하다; 최선의 방책을 취하다.   「한다.
play (it) safe ⦅구어⦆ 안전을 제일로 하다, 신중을 기
play off ① …속이다, 〔고어〕 …에 〔때〕 가래〕를 떠밀기다. ② …에게 창피를 주다; …을 우습게 보다. ③ 〔장난질 따위〕를 치다. ④ 〔동점[동률] 경기의〕 결승전을 하다. ⑤ …을 발사하다.
play on [or *upon*] 〔크리켓〕 공을 삼주문에 맞혀서 아웃이 되다(* *on*은 ⦅副⦆). ② …을 자극하다; …을 이용하다, …의 허점을 노리다(* *on*은 ⦅前⦆). ③ (악기)를 타다, 연주하다. ④ 〔경기·연주〕를 속행하다.
play on down ⦅美속어⦆ (한 장소에서 다른 장소로) 가다, 옮기다.
play one's cards well [***badly***] ⇒ CARD.
play oneself in (스포츠에서) 서서히 몸을 풀어 컨디션을 높이다.   「다.
play one's hand for all it is worth 전력을 다하
play one's heart out 끝까지[철저히] 해내다.
play one's last card ⇒ CARD.
play out ① …을 끝내다, 끝까지 연기[연주]하다. ② (가는 해)를 연주로 환송하다. ③ (감정)을 행동으로 나타내다. ④ (실 따위)를 서서히 풀다. ⑤ 마지막 수단까지 다 쓰다. ⑥ (남)을 지치게[기진맥진하게] 하다.
play out time 〔스포츠〕 (수세인 팀이) 상대방에게 득점을 허용하지 않고 끝까지 버티다.
play over 〔녹음 따위〕를 재생하다; 〔경기·연주 따위〕를 다시하다.
play politics ⇒ POLITICS.
play the devil [or *deuce*] *with* ⦅구어⦆ …을 철저히 짓밟다, 망가뜨리다, 엉망으로 만들다.
play the field ⇒ FIELD.
play the game ⇒ GAME¹.
play the market 증권에 투자하다.
play the part of …의 역할[노릇]을 하다.
play through ① 〔음악·곡 따위〕를 끝까지 (계속) 연주하다. ② (스포츠에서) 계속 승리하다. ③ 〔골프〕 선발 플레이어가 기다리는 동안 플레이를 계속하다.
play to the gallery ⇒ GALLERY.
play up ① 주악을 시작하다; 더욱더 세차게 타다. ② (경기 따위에서) 분투하다. ③ ⦅구어⦆ ⦅美⦆ …을 잘 이용하다. ④ ⦅구어⦆ …을 괴롭히다; …을 망신시키다. ⑤ …을 강조하다; …을 광고[선전]하다(publicize). ⑥ ⦅英구어⦆ (보통 진행형으로) 아이 등이 (…에게) 장난치다(*toward*); (몸·기계 따위가) 상태가 나빠지다.
play up to ① 〔남〕에게 맞장구를 치다, …에게 아부하다(flatter). ② 〔…〕의 상대역[조연]을 하다. ③ …을 원조하다, …을 지지하다(support).
play with ① …와 놀다. ② …을 가볍게 다루다[보다]. ③ 〔생각 따위〕를 막연히 품다. ④ …와 말장난을 하다.
play with fire ⇒ FIRE.   「bate).
play with oneself ⦅속어⦆ 자위행위를 하다(mastur-
the way it plays ⦅구어⦆ ① 여느 때처럼, 늘 하듯이. ② 늘 하던 것, 예상되는 것.
to play into ⦅구어⦆ (명사 뒤에 쓰여) 이용할 수 있는. ¶money *to* ~ *with* 쓸 수 있는 돈.
What are you playing at? ⦅구어⦆ 뭐 하는 짓이냐?(우매하고 위험한 짓을 하는 사람에게 하는 말).

pla·ya [pláiə] 명 건조 평야(비 온 뒤 물이 괴는 사막의 분지).

play·a·ble [pléiəbl] 형 1 (경기·놀이 따위를) 할 수 있는; (연극 등을) 상연할 수 있는, (악기 따위가) 연주할 수 있는, (악곡 따위가) 연주 가능한. 2 (운동장이) 경기에 적합한. **·bíl·i·ty** 명

play·act [pléiækt] 동(~) 1 (아이가) 흉내 놀이를 한다. 2 가장하다, 연극을 하다; 속이다. 3 (배우가) 출연[연기]하다. — 타 …을 극적으로 표현하다; …역을 하다.

play·act·ing [pléiæktiŋ] 명① 연극(을 상연하기), 배우 직업; 가장(pretense), 연극; 속이기.

play·ac·tor [pléiæktər] 명 (경멸적) 배우, 연기자.

play·back [pléibæk] 명 녹음 재생(기).

pláyback hèad 명 (테이프 리코더의) 재생 헤드 (reproduce head). 「(美) 연극 프로그램.

play·bill [pléibìl] 명 (연극의) 포스터, 광고 전단;

play·book [pléibùk] 명 1 각본집; 희곡집 (고어) 상연용 대본. 2 (미식축구) 작전 도해본; 게임 해설서. 3 (구어) 정치·상업 캠페인 따위의 계획, 전술.

play·box [pléibàks/-bɔ̀ks] 명 (英) 장난감 상자; (기숙생의) 소지품 상자. 「량, 플레이보이. 형 playgirl

play·boy [pléibɔ̀i] 명 (돈 많은) 난봉꾼, 방탕자, 한

play-by-play [⁻báiplei] 형 (시합 따위의 방송이) 상세한, 실황 방송의; (묘사·기술이) 상세한. — 명 (시합의) 실황 방송; 상세한 설명[기술].「옷; 캐주얼 의상.

play·clothes [pléiklòuz, -klɔ̀uðz] 명 허드레

play·day [pléidèi] 명 1 오락일; 휴일, 휴교일. 2 (美) 운동회날, 3 (연극 따위의) 상연일.

pláy dèbt (고어) 노름빚.

pláy dòctor (연극) 각본 감수자(play fixer).

pláy dòugh 공작 점토.

play·down [pléidàun] 명 (캐나다) =play-off.

played-out [pléidáut] 형 1 지쳐 버린, 녹초가 된. 2 써서 낡은.

‡play·er [pléiər] 명 (복 ~s [-z]) 1 유희[경기]하는 사람[동물]; 선수, 경기자 (at). ¶ ~s at tennis 테니스 선수들. 2 (…의) 연주자 (on). ¶ a ~ on a flute 플루트 주자. 3 배우(actor). 4 (구어) (회의·상거래 따위의 주요) 참가자. 5 자동 연주 장치 (형 ~ piano); (CD·레코드 따위의) 재생기. 6 노름꾼; 게으름쟁이. 7 (美속어) 바람둥이; 마약 상인, 마약 상습자.

Pláyer of the Yéar 명 (스포츠) 올해의 선수, 금

pláyer piáno 명 자동 피아노. 「년도 최우수 선수.

play·fel·low [pléifèlou] 명 놀이 친구(playmate).

play·field [pléifì:ld] 명 운동장, 경기장.

play·food [pléifù:d] 명 플라스틱 모형 식품.

play·ful [pléifəl] 형 1 (…와) 희롱거리는 (with); 쾌활한. ¶in a ~ mood 기분이 썩 좋아. 2 농담의, 재미나는, 우스꽝스러운. **-ly** 부 **-ness** 명

play·game [pléigèim] 명 유희; 어린애 장난.

play·girl [pléigə̀:rl] 명 쾌락을 추구하는[놀기 좋아하는] 여자, 놀아나는 여자, 플레이걸. 형 playboy

play·go·er [pléigòuər] 명 연극 애호가, 연극 팬.

play·go·ing [pléigòuiŋ] 형 자주 연극을 보러 가는. — 명 (습관적으로 자주 가는) 연극 구경.

‡play·ground [pléigràund] 명 (복 ~s [-z]) 1 (학교 등의) 운동장, 놀이터. 2 유양지, 행락지. 3 활동 영역. *the playground of Europe* 스위스(Switzerland).

play·group [pléigrùːp] 명 (英) (취학 전의) 유아놀이 집단; 탁아소, 놀이방.

play·house [pléihàus] 명 1 극장. 2 (아이들의 놀이집, 아동 유희장. 3 장난감 집.

pláying càrd [pléiiŋ-] 명 카드(의 한 장).

pláying field 명 1 (英) (공설) 경기장, 운동장. 2 (美) (경기 종목에 의해 확정되는) 시합의 경기 장소. *a flat [or level] playing field* (경쟁 따위의) 공평

play·land [pléilænd] 명 (어린이) 놀이터; 관광지.

play·let [pléilit] 명 짧은 극, 촌극(short play).

play·list [pléilist] 명 (라디오 방송국의) 방송 예정용 녹음 테이프 리스트. 「선도역을 하는 선수.

play·mak·er [pléimèikər] 명 (구기에서) 공격의

‡play·mate [pléimèit] 명 1 (주로 아이들의) 놀이 친구(playfellow). 2 (구어) 애인, 연인, 보이[걸] 프렌드.

pláy mòney 명 1 (도박에서 쓰이는) 모조 지폐. 2 (구어) 위조 지폐; 무가치한 지폐.

play-off [⁻ɔ̀:f, -ɔ̀f] 명 1 결승 진출 결정전; 재시합, 연장전. 2 1위[왕좌, 우승] 결정전, 플레이오프, 결승전.

pláy on wórds 음이 비슷한 말을 이용한 말장난, 재담, 신소리(pun).

play·park [pléipà:rk] 명 놀이터, 유원지.

play·pen [pléipèn] 명 유아용 놀이틀.

play·pit [pléipit] 명 (英) (어린이 놀이용) 작은 모래밭(美) sandbox).

play·read·er [pléirì:dər] 명 각본을 읽고 상연 여부를 평가하는 사람. 「인용) 오락실.

play·room [pléirù(:)m] 명 (어린이의) 놀이방; (성

play·school [pléisku:l] 명 보육원, 유치원.

play·some [pléisəm] 형 희롱하는; 장난치는.

play·street [pléistrì:t] 명 (어린이 놀이 시설 따위가 있는) 보행자 천국. 「이웃, 운동복.

play·suit [pléisù:t/-sjù:t] 명 (여성·어린이용) 놀

pláy thèrapy (심리) 유회[놀이] 요법.

‡play·thing [pléiθìŋ] 명 1 장난감, 완구. 2 (비유적) 놀림감이 되는 사람, 노리개. 3 성교 대상, 애인.

play·time [pléitàim] 명 ① (주로 학교의) 휴식 시간; 놀이[레크리에이션] 시간; 흥행 시간.

play·wear [pléiwèər] 명 놀이옷, 레저복.

play·wright [pléiràit] 명 극작가, 각본가, 각색자.

play·write [pléiràit] 동 극작하다 (dramatist).

play·writ·er [pléiràitər] 명 =playwright.

pla·za [plá:zə, plǽzə] 명 1 (도시의 공공) 광장; 시장, 쇼핑 센터, 상점가; (특히 스페인의) 큰 네거리. 2 (美) (고속 도로의) 휴게소. [<Sp place>]

plbg. plumbing. **PLC** (경영) *p*roduct *l*ife *c*ycle (제품 라이프 사이클); (또는 **plc, Plc**) *p*ublic *l*imited *c*ompany(유한 책임 회사, 주식 회사).

-ple [pl] 접미「…곱, …겹」의 뜻. ¶triple.

*plea [pli:] 명 1 (the ~, one's ~) (…에 대한) 변명, 핑계, 구실(pretext) (*for*). 2 (…에 대한) 간청, 탄원 (entreaty); 빌기 (*for*). 3 (보통 a ~) (법률) 진술, 주장 (allegation); 항변, 답변; 소송.
a foreign plea 관할 외의 진술.
a plea of guilty 유죄 인정[답변].
a plea of not guilty 무죄 주장[답변].
cop a plea (美속어) (범죄자가 plea bargaining으로) 입을 열다, 자백하다.
enter a plea of guilty 죄에 대한 형벌을 달게 받다, 복죄(服罪)하다.
hold a plea 재판하다.
make a plea for …을 탄원[간청]하다. 「구실로].
on [or *under*] *the plea of* …을 핑계로[빙자하여,
plea-bar·gain [⁻bà:rgən] [美법률] 동(자) 사법(司法) 거래를 하다. — 명 사법 거래를 얻다. — 명 (또는 **pléa bàrgain**) 사법 거래 합의 (사항).

pléa bàr·gain·ing [-bà:rgəniŋ] 명 [美법률] 사법 거래, 답변 거래, 답변 거래(가벼운 구형 따위 검찰측의 양보와 교환 조건으로 피고가 유죄를 인정하거나 증언을 하는 거래). (또는 **pléa bárgain [déal]**)

pleach [pli:tʃ] 동 1 (나뭇가지 따위를 얽어매다[엮다]. 2 (엮는[엮어선) (울타리 따위를 만들다[수선하다]. 3 (머리털)을 엮다, 땋다(braid).

‡plead [pli:d] 동 (~**ed**, **plead** [pled], (美·스코) **pled** [pled]) 타 1 (…을/…에게/…해달라고) 탄원[간청]하다 (*for / with / to do*). ⇒ APPEAL
유의어 ¶ (~+前+명) ~ *for* mercy 자비를 빌다 // ~ *with* a person *to* change his opinion 남에게 생각을

고치도록 간청하다. **2** (…을) 변호하다, 변명하다 (*for*); (…에 대해) 항변하다 (*against*). ¶∼ *for* a person's innocence 남의 결백함을 변호하다 / ∼ *against* wrong 부정에 대해 항변[항의]하다. **3** 구실이 되다. ¶His minority ∼*s for* him. 그가 미성년이란 것이 유리한 구실이 되어 있다. **4** 〔법률〕 **a)** (피고가) 변론하다, 진술하다; 답변하다; …임을 인정하다. **b)** (변호사가) 변호하다(advocate); 법정에 호소하다. ¶∼ *for* the accused 피고를 변호하다.

── [타] **1** …을 주장하다; …을 이유[변명]로 진술하다. ¶(∼+*that* [節]) He ∼*ed that* I was to blame. 그는 나에게 책임이 있다고 변명했다. **2** 〔법률〕 〔소송 사실 따위〕를 진술하다; …에 항변[답변]하다; …을 변호[변론]하다. ¶∼ a person's case 남의 사건을 변호하다.

plead guilty 유죄[책임]를 인정하다.

plead ignorance 몰랐다고 변명하다.

plead innocent [or ***not guilty***] 무죄[무고함]를 주장하다, 책임을 부인하다.

plead the fifth [or ***a five***] 《美속어》 발언[진술]을 거부하다, 묵비권을 행사하다. [참] Fifth Amendment

∠·a·ble [형] 변명[해명, 항변]할 수 있는.

plead·er [plíːdər] [명] 변호사; 진술인; 탄원[간청]자; 중재자.

plead·ing [plíːdiŋ] [명][U] **1** 변명, 변론, 해명; 탄원. **2** 〔법률〕 변호, 항변; 소송 절차; (∼s) (원고와 피고의) 소장(訴狀), 소답(訴荅), 진술. ── [형] 탄원[간청]하는 (suppliant). **∼·ly** [부] **∼·ness** [명]

pleas·ance [plézəns] [명] (큰 저택 따위에 딸린) 유원(遊園), 산책로; 《고어》 유쾌; 만족; 쾌락.

‡pleas·ant [plézənt] [형] (***more*** ∼, ∼***·er***; ***most*** ∼, ∼***·est***) **1** 유쾌한, 기분이 좋은; (…을) 즐겁게 해주는 (*to*). ¶a ∼ surprise 뜻밖의 기쁨 / ∼ *to* the ear [taste] 듣기 좋은[맛좋은] / This story is ∼ to read. 이 이야기는 읽기에 즐겁다. **2** (태도 따위가) 사근사근한, 상냥한; (…에 대해) 붙임성있는 (*to*); 《고어》 명랑한, 활발한. **3** (날씨 따위가) 좋은, 상쾌한. ¶a ∼ climate [spring day] 상쾌한 기후[봄날]. **4** 《폐어》 우스꽝스러운, 익살스러운.

have [or ***spend***] ***pleasant time*** 즐겁게 놀다, 재미있게 지내다.

make oneself pleasant to …에게 상냥하게 대하다.

∼·ness [명]

***pleas·ant·ly** [plézəntli] [부] **1** 유쾌하게, 즐겁게. **2** 상냥하게, 사근사근하게.

pleas·ant·ry [plézəntri] [명] **1** [U] 익살맞음, 우스꽝스러움. **2** 농담, 익살스러운 행동(humorous action). **3** (대화를 원활히 끌어가기 위해 하는) 의례적인 말, 인사.

‡please [pliːz] [부] 《정중한 요구·간청을 나타내는 명령문에서》 제발, 아무쪼록(＊문미에 쓰일 때는 앞에 (,)를 쓴다). ¶*P*– open it. =Open it, ∼. 그것을 좀 열어 주십시오(＊May it ∼ you to open it. 가 생략된 형) / Two coffees, ∼. 커피 두 잔 주시오. **2** 《부르는 말로》 저, 실례합니다만; (P–) 먼저 하시오[가시오]; (P–!) 《상대방의 거절·끈질긴 행동 따위에 대해》 제발 그런 말은 마시오[그만 두시오].

── [동] (***pleas·es*** [-iz]; ∼***d***; ***pleas·ing***) [타] **1** …을 기쁘게 하다, 만족시키다; …의 마음에 들다. ¶a dress that ∼*s* me 내 마음에 드는 드레스 / He is hard to ∼. =It is hard to ∼ him. 그는 성미가 까다롭다. **2** …을 바라다, 좋아하다. ¶(∼+*wh.* [節]) Choose *what* you ∼. 갖고 싶은 것을 골라잡아라. **3** 《수동형으로》 (…을) 기뻐하다, (…이) 마음에 들다 (*about*, *at*, *with*); (…하여) 기쁘다 (*to* do, *that* [節]) ⇨GLAD [유의어] ¶(∼+[目]+[前]+[名]) He can't be ∼*d by* anybody. 아무도 그의 비위를 맞출 수가 없다 / I was ∼*d at* [or *with*] your success. 네가 성공했다는 말을 듣고 나는 기뻤다 / I am ∼*d about* it. 나는 그것이 마음에 든다 // (∼+*that* [節]) I am ∼*d that* you have consented. 당신이 승낙해 주어서 기쁘다.

> [USAGE] **be pleased at / by / with** ── by는 동작하는 사람을 뜻하고, with는 지속적 상태를 가리키는 원인을 나타내며, at는 순간적인 동작을 원인으로 하는데, at대신 with를 쓰는 수가 많다. 또한 pleased는 구어에서는 형용사적으로 느껴져 very로 수식된다.

── [자] **1** 남을 기쁘게 하다, 호감을 사다. ¶He is anxious to ∼. 그는 남의 호감을 사려고 애쓴다. **2** 《as나 의문사가 이끄는 부사절에 쓰여》 좋아하다, 바라다. ¶Do *as* you ∼. 좋을 대로 하시오 / Go *where* you ∼. 가고 싶은 데로 가시오.

(as)...as you please 《구어》 아주, 굉장히, 매우.

(as) pleased as a dog with two tails 《구어》 몹시 기뻐하여.

be pleased to *do* ① …해서 반갑다. ② 기꺼이 …하다. ¶I'll *be* ∼*d to* come. 기꺼이 가겠다.

if you please ① 좋으시다면, 부디; 죄송하지만; 미안합니다만. ¶I must be going, *if you* ∼. 이만 실례하겠습니다[돌아가야겠습니다]. ② 글쎄, 놀랍게도. ¶My ring was in her handbag, *if you* ∼. 놀랍게도 내 반지가 그녀의 핸드백 속에 있었단 말입니다.

please God 《삽입적으로》 하느님 뜻이라면(if it is God's will); 잘 되면.

please oneself 멋대로[좋을 대로]하다(do as one pleases).

pleas·a·ble [형]

‡pleased [pliːzd] [형] 기쁜, 만족스러운.

be (as) pleased as Punch 아주 기뻐하다.

∼·ly [부] **∼·ness** [명]

‡pleas·ing [plíːziŋ] [형] 즐거운; 기분 좋은; 상냥한, 사근사근한; (…에게) 만족을 주는 (*to*); 매력적인(＊pleased와 대조적으로 pleasing은 타동사적 의미를 지니며 「남에게 기쁨을 주는」의 뜻). ¶a ∼ face 호감이 가는 얼굴 / The show was ∼ *to* the audience. 그 쇼는 관중을 즐겁게 했다. **∼·ly** [부] **∼·ness** [명]

pleas·ur·a·ble [pléʒərəbl] [형] 유쾌한, 즐거운; 기분이 좋은(agreeable). **∼·ness** [명] **-bly** [부]

‡pleas·ure [pléʒər] [명] (복) ∼***s*** [-z]) **1** [U] 기쁨, 즐거움, 유쾌, 만족; (the ∼) (…의/…하는) 기쁨, 영광 (*of*, *in*/*of* doing); [C] 즐거움[기쁨]을 주는 것, (하나의) 즐거움. ¶∼ and pain 고락 / It is a ∼ to talk with him. 그와 이야기하는 것은 즐겁다.

> [유의어] **pleasure** 여러 가지 정도의 「즐거움·만족」이라는 뜻의 가장 일반적인 말. **enjoyment** 무엇인가를 느긋하게 즐기는 기분. **delight** 말·몸짓 따위로 외부에 표현되는 크나큰 pleasure. **joy** 행복감이 넘쳐서 가만히 있을 수 없는 크고 지속적인 delight.

2 [U][C] 위안, 오락; 《완곡적》 (육체적인) 쾌락, 방종, 난봉; (구체적인) 오락, 도락. ¶a man of ∼ 난봉꾼, 한량 / animal ∼*s* 동물적 쾌락. **3** (the ∼) 즐거움을 주는 특질, 반가워할 만한 특성. ¶the ∼ of a pastoral life 전원 생활의 즐거운 면. **4** [U] (보통 a person's ∼) 의지(will); 희망, 욕구, 기호.

at (*one's*) ***pleasure*** 마음대로; 수시로.

consult *a person's* ***pleasure*** 남의 의향[형편]을 물어보다.

do *a person* ***the pleasure of*** *doing* …하여 남을 기쁘게 하다.

during *a person's* ***pleasure*** 마음 내키는 동안.

for pleasure 재미로; 위안 삼아, 오락으로. ¶read books *for* ∼ 재미로[오락 삼아] 책을 읽다.

give pleasure to …을 기쁘게 하다.

have the pleasure (of *doing***)** (…하는 것을) 기뻐하다, 만족하게 여기다. ¶May we *have the* ∼ *of* your presence? 참석해 주시면 고맙겠습니다.

take *one's* ***pleasure*** 즐기다, 향락하다.

take pleasure in …을 즐기다, 좋아하다; 기꺼이 …하다.

The pleasure is mine.; (That is) My pleasure.;

It's a pleasure. 별 말씀을!, 천만에요, 괜찮습니다 (Not at all.; You are welcome.). (＊ Thank you for... 따위에 대한 정중한 대답).
with pleasure ① 기꺼이. ② 《승낙하는 말로》 좋고 말고요, 그렇시다. ¶Will you do this for me? — *With* ~. 이 일을 해주시렵니까? — 좋습니다.
—[동][타] …을 기쁘게 하다, 즐겁게 하다; 성적으로 만족시키다. **—**[자] 즐기다, 기뻐하다. ¶(~+[前]+[名]) I ~ *in* the flavor. 나는 그 향료를 아주 좋아한다.
~·ful, ~·less [형] **~·less·ly** [부]
pléasure bèach [명] 해변 유원지.
pleas·ure-boat [-bòut] [명] 유람선.
pléasure dòme [명] 오락센터 빌딩, 대위락 시설, ⌊행락지.
pléasure gròund [명] 유원지; 공원.
pléasure prìnciple [명] 〔정신분석〕 (the ~) (고통을 피하고 쾌락을 찾는) 쾌락 욕구 본능, 쾌락 원리.
pléasure sèeker [명] 쾌락[열락]을 추구하는 사람, 한량, 플레이보이.
pléasure trip [명] 유람 여행(excursion). ⌈다.
pleat [pliːt] [명] 주름, 플리트. **—**[동][타] …에 주름을 잡
pleat·er [plíːtər] [명] 주름을 잡는 사람; (재봉틀의) 주름 잡는 기구.
pleb [pleb] [명] 《속어》 평민, 서민, 보통 사람; = plebe 2. 〔<*pleb*eian〕
pleb·by [plébi] [형] 《英구어》 저급한, 천한, 야비한.
plebe [pliːb] [명] **1** 《폐어》 (고대 로마의) 평민, 서민. **2** 〔美군사〕 (육·해군 사관학교의) 최하급생, 신입생.
***ple·be·ian** [plibíːən] [형] **1** 대중의, 평민의, 서민의; (고대 로마의) 평민의. **2** 보통의, 진부한, 평범한; 속된(vulgar); 천한. **—**[명] (고대 로마의) 평민([참] patrician); 대중, 서민. **~·ly** [부] **~·ness** [명]
ple·be·ian·ism [plibíːənizm] [명][U] 평민[서민] 기질[풍]; 평민[서민]의 풍습[관습]; 상스러움, 거칠음.
ple·be·ian·ize [plibíːənàiz] [동][타] …을 평민[서민]적으로 하다; …을 평범하게[천하게, 상스럽게] 만들다.
ple·bis·ci·tar·y [pləbísətèri/-təri] [형] 국민 투표의, 일반 투표의; 국민[일반] 투표에 입각한.
pleb·i·scite [plébəsàit, -sit] [명] **1** (중요 국사에 관한) 국민 투표; (자치권 따위를 결정하는) 일반[주민] 투표. **2** 국민 의사[총의, 여론]의 표명.
plebs [plebz] [명] ([복] ***ple·bes*** [plíːbiːz]) (고대 로마의) 평민, 서민; (일반적으로) 서민, 대중, 민중.
ple·cop·ter·an [plikáptərən/-kɔ́p-] [형] 강도래류의. **—**[명] 강도래(목(目)의 곤충).
plec·tog·nath [pléktɑgnæθ/-tɔg-] [형] 유악류(癒顎類)의[에 속하는]. **—**[명] 유악류의 물고기(개복치 등). **-náth·ic, plec·tóg·na·thous** [형]
plec·tron [pléktrɑn/-trɔn] [명] =plectrum.
plec·trum [pléktrəm] [명] ([복] ***-tra*** [-trə], **~s**) (만돌린·기타 따위의) 채, 픽(pick).
pled [pled] [동] plead의 과거·과거분사.
pledge** [pledʒ] [명] ([복] ***pledg·es [-iz]) **1** [U][C] (…하겠다는) 서약, 굳은 약속, 언질 (*to* do, *of* do*ing*); 엄숙한 협정; (정당 따위의) 공약. ¶under (the) ~ of secrecy 비밀을 지킨다는 약속으로 / keep one's ~ 맹세를 지키다. **2** [U] 〔법률〕 담보, 저당(권)(mortgage); [C] 담보[저당](물). **3** (충성·우정 따위의) 징표, 표적, 보증(保證); (애정의 증표로서의) 아이. ¶a ~ of fidelity 충성의 증표. **4** (보통 the ~) 금주(禁酒)의 서약. **5** (건배로써 나타내는) 지원의 보증, 친선[선의]의 표시; 건배, 축배 (*to*). **6** 《美》 (클럽·비밀 결사 따위에의) 입회 서약자. **7** 기부 약속. **8** (도전의 표시로 던지는) 장갑. **9** 《폐어》 인질, 보석(保釋) 보증인(bail). ⌈아이).
a pledge of love [or ***affection***] 사랑의 증표(인
be [or ***lie***] ***in pledge*** 저당[전당] 잡히다.
be under pledge 맹세해 놓다. ⌈[하다].
break [***take, sign***] ***the pledge*** 금주 서약을 깨다
give a pledge 언질을 주다.
give...to pledge; lay [or ***put***]***...in pledge*** …을 담보로 넣다, 저당 잡히다.
in pledge 담보[저당]로 (잡혀서). ¶put [*or* give, lay] a ring *in* ~ 반지를 저당 잡히다 / hold a ring *in* ~ 반지를 저당 잡다.
make [or ***take***] ***a pledge*** 서약하다, 맹세하다.
take...out of pledge 저당 잡혔던 …을 찾다, …을 담보로부터 빼내다.
—[동] (***pledg·es*** [-iz]; **~*d***; ***pledg·ing***) [타] **1** (…에게) …을 서약[약속]하다; …의 이행을 보증하다, 언질을 주다; 〔명예 따위〕를 걸다 (*to*). ¶(~+[目]+[前]+[名]) ~ allegiance *to* the flag 국기에 충성을 맹세하다. **2** (…을 / …하도록) 〔남〕에게 서약하게 하다; 《수동형·재귀용법으로》 서약하다 (*to* / *to* do). ¶be ~*d to* secrecy 비밀을 지킬 것을 서약하다 // (~+[目]+*to* do) ~ oneself *to* stop drinking 금주할 것을 맹세하다. **3** …을 (…을 위해 / …에) 저당 잡히다 (*for* / *to*). ¶(~+[目]+[前]+[名]) ~ a camera *for* 100,000 won 10만원에 카메라를 저당 잡히다. **4** …을 위해 건배하다(toast). **5** 〔클럽·비밀 결사 따위〕에의 입회를 약속시키다. **6** 기부를 신청하다.
—[자] 서약하다; 보증인이 되다. ¶~ *for* one's friend 친구의 보증인이 되다.
pledge *one's* ***word*** [***honor, life, faith***] ***to*** 자신의 말[명예, 목숨, 신념]을 걸고 …을 다짐하다.
∠·less [형]
pledge·a·ble [plédʒəble] [형] **1** 담보를 넣을[저당 잡힐] 수 있는. **2** 보증[서약]할 수 있는. **3** 축하할 만한.
pledg·ee [pledʒíː] [명] 동산 질권자(質權者).
Plédge of Allégiance [명] (the ~) 《美》 충성의 맹세("I pledge allegiance to the flag"로 시작되는 미국민의 국기에 대한 서약).
pledg·er [plédʒər] [명] **1** 저당잡히는 사람; 〔법률〕 질권 설정자. **2** 서약자. **3** 축배를 드는[건배를 하는] 사람.
pledg·et [plédʒit] [명] (치료용의) 가제, 탈지면.
pledg·or [pledʒɔ́ːr] [명] =pledger 1. (또는 **pledgeor**)
-ple·gi·a [plíːdʒiə, -dʒə] [연결] paralysis(마비)의 뜻. ¶para*plegia*.
Ple·iad [plíːəd/pláiəd] [명] **1** 〔그리스 신화〕 플레이아데스(Pleiades)의 한 사람. **2** 플레이아데스 성단(星團) 중의 하나. **3** (보통 p–) (7인[7개]의) 저명한[빛나는] 한 무리. **4** (16세기 프랑스 시단의) 플레이아데스 파(派).
Ple·ia·des [plíːədiːz/pláiə-] [명][복] 〔그리스 신화〕 플레이아데스(아틀라스(Atlas)의 일곱 딸); 〔천문〕 플레이아데스 성단; 묘성(昴星).
plein air [pléin ɛ́ər/*F* plɛnɛːʀ] [명] **1** 문밖, 옥외; (특히) 옥외 햇빛. **2** 〔미술〕 플레네르, 외광파(外光派) 화풍(19세기 중엽 프랑스에서 일어난 옥외의 자연 광선과 대기를 중시하는 화풍). 〔<F full air〕
plein-air [plèinɛ́ər/*F* plɛnɛːʀ] [형] 〔미술〕 플레네르의, 외광파의; (그림이) 외광파적 경향의.
plei·o- [pláiou, pláiə] [연결] more의 뜻. ¶*pleio*tropia(다상(多相) 유전).
Plei·o·cene [pláiəsìːn] [형][명] 〔지질〕 =Pliocene.
plei·o·trop·ic [plàiətrápik, -tróup-/-trɔ́p-] [형] 〔유전〕 다면 발현성(多面發現性)의. **-i·cal·ly** [부]
plei·ot·ro·py [plaiátrəpi/-ɔ́t-] [명] 〔유전〕 (유전자의) 다면 발현(發現) (현상).
plei·o·typ·ic [plàiətípik] [형] 〔생물〕 (한 가지 자극에 의해 세포가 일으키는 반응이) 다면적인; (세포의 증식 속도·성장에) 특징적인.
Pleis·to·cene [pláistəsìːn] 〔지질〕 [형] 홍적세(洪積世)의. ¶the ~ epoch [series] 홍적세[통](신생대(Cenozoic era) 제4기의 전기; 빙하가 후퇴하고 인류가 출현한 시기). **—**[명] 홍적세[통].
plen. plenipotentiary.
ple·na [plíːnə, plénə] [명] plenum의 복수형.
***ple·na·ry** [plíːnəri, plén-/plíːn-] [형] **1** 충분한, 완전한; 전체의, 전부의; (권력 따위가) 절대적인, 전권

plénary indúlgence 〔가톨릭〕 전대사(全大赦).
plénary inspirátion 〔신학〕 전면적 신감(神感).
plénary séssion 전체 회의, 총회, 본회의.
plench [plentʃ] 명 전체(무동력 상태에서 쓰는 pliers와 wrench를 결합시킨 공구).
ple·nip·o·tent [plənípətənt] 명 =plenipotentiary. **-tence** 명
plen·i·po·ten·ti·ar·y [plènəpəténʃièri/-ʃəri] 명 (종종 명사 뒤에서) 전권을 가진; 전권 대사[사절]의; 전권을 부여하는, ¶ an ambassador extraordinary and ~ 특명 전권 대사. 2 (권력 따위가) 절대적인, 완전한(plenary). 명 (외교상의) 전권 대사[사절, 위원].
plen·ish [pléniʃ] 타 (스코) …을 (…으로) …을 저장하다; [농장]에 가축을 갖추다; [집]에 가구를 갖추다; (방언) …을 보충하다. **~·er, ~·ment** 명
plen·i·tude [plénətjùːd/-tjùːd] 명 1 충분, 완전; (활력·권력 따위의) 절정. ¶be in the ~ of one's power 권력의 절정에 있다. 2 풍부; 충실; 충만.
plen·i·tu·di·nous [plènətjúːdənəs/-tjúːd-] 형 1 충분[완전]한; 풍부한, 충실[충만]한. 2 뚱뚱한.
‡**plen·te·ous** [pléntiəs] 형 (문어) 1 (…이) 풍부한 (in); 열매가 잘 열리는. ¶a ~ harvest 풍성한 수확/~ in marine products 해산물이 풍부한. **~·ly** 부 **~·ness** 명
‡**plen·ti·ful** [pléntifəl] 형 (**more ~; most ~**) (…이) 풍부한, 많은 (in); 풍부해서 나는. ¶a ~ harvest 풍작/be ~ in common sense 양식(良識)이 풍부하다.

유의어 **plentiful** 다량의, 풍부한. **abundant** 매우 plentiful해서 넘칠 만큼 많은. **ample** 어떤 목적을 위해 충분히 많은. **copious** 무진장이라 할 만큼 다량의.

~·ly 부 **~·ness** 명
‡**plen·ty** [plénti] 명 U 1 많음, 풍요, 풍부; 충분; 다량, 다수 (of) (＊수·양에 다같이 쓰이며, 보통 부정문에는 many나 much, 의문문에는 enough를 쓴다)(lack). ¶a year of ~ 풍년 / (a) ~ of time 충분한 시간 (= aplenty). **2** (**-ties**) 풍부한 양. 「하게 살다.
in plenty 풍부[풍요]하여, 충분히. ¶ live *in* ~ 윤택
plenty more (…이) 더 많이 (*of*). ¶There is ~ (*of* it). 아직도 많이 있다.
see plenty of …을 자주 만나다.
— 형 (구어) 1 (양·수가) 충분한, 많은; 남아도는. ¶~ water to drink 많은 음료수. **2** (속어) 훌륭한, 멋있는. (*as*) *plenty as blackberries* 아주 많아서.
— 부 (구어) (more를 수식하여) 충분히, 넉넉히. (원급·비교급+enough를 수식하여) 매우, 아주. ¶The house is ~ large *enough*. 그 집은 아주 크다.
ple·num [plíːnəm, plén-] 명 (복 ~s, -na [-nə]) 1 (외부보다도 압력이 높은 기체의) 충만 상태. 2 물질이 충만한 공간(의) (vacuum). 3 총회, 총회. 4 전원 회의, 총회. 형 1 고압 기체에 관한; 밀폐 고압 공기의. 2 전면 이용의.
plénum sýstem[ventilátion] 강제 환기 시
ple·o- [plíːou, plíː-] 연결 ⇒PLEIO-. 「스템[장치].
ple·o·chro·ic [plìːəkróuik] 형 (2축이방(異方))정체(晶)) 다색성의. 「-ít·ic 형
ple·och·ro·ism [pliákrouizm/-5k-] 명 다색성.
ple·o·mor·phism [plìːəmɔ́ːrfizm] 명 1 (생물) 다형태성, 다태성(多態性). **2** (광물) 동질 이상(同質異像). (또는 **pleomorphy**) 「부). **~·al, ple·ón·ic** 형
ple·on [plíːɑn/-ɔn] 명 영복(泳腹)(갑각류 동물의 복
ple·o·nasm [plíːənæzm] 명 (어법) 용어법(冗語法)(예: two twins 두 쌍둥이/a wrong mistake 잘못된 과오). **2** 용어, 용구(冗句). **3** (일반적으로) 여분, 과잉.
ple·o·nas·tic [plìːənǽstik] 형 용어(법)의[적]인, 용어(冗語)의, 용어 있는. **-ti·cal·ly** 부

ple·oph·a·gous [plíːɑ́fəgəs/-ɔ́f-] 형 1 (동물) 다식성(多食性)의, 점식(漸食)성의. **2** (생물) (기생 동·식물이) 다숙주성(多宿主性)의.
ple·si·o·saur [plíːsiəsɔ̀ːr] 명 =plesiosaurus.
ple·si·o·sau·rus [plìːsiəsɔ́ːrəs] 명 (**-ri** [-rai]) (고생물) 사경룡(蛇頸龍). (또는 **plesiosaur**) **-sáu-roid** 형
ples·sor [plésər] 명 =plexor.
pleth·o·ra [pléθərə] 명 1 (a ~) (…의) 과다, 과잉, 과도 (of). **2** U (병리) 다혈증(多血症), 적혈구 과다증.
ple·thor·ic [pleθɔ́ːrik, -θɑ́r-/pleθɔ́r-] 형 1 과다한, 팽창한; 과장된. **2** 다혈증의. **-i·cal·ly** 부
ple·thys·mo·graph [pləθízməgræ̀f, -grɑ̀ːf] 명 (병리) 체적(體積) (변동) 기록계, 지체(肢體) 용적계, 맥파계(脈波計). **-gráph·ic** 형
pletzl [pletsl] 명 플레츨(flatbread)(으깬 양파와 양귀비씨를 얹고서 얇은 둥글 넓적하게 구운 빵).
pleu·ra [plúərə] 명 (복 **-rae** [-riː]) (해부·동물) 늑막(肋膜), 흉막(胸膜). ¶the pulmonary ~ 폐흉막.
pleu·ral [plúərəl] 형 (해부) 늑막의, 흉막의.
pléural cávity (해부) 흉강(胸腔).
pleu·ri·sy [plúərəsi] 명 U (병리) 늑막염, 흉막염.
pleu·rit·ic [pluərítik] 형 늑막염의.
pleu·ro- [plúərou, -rə] 연결 side, lateral; rib, pleura의 뜻(＊모음 앞에서는 pleur-). ¶*pleuro*pneumonia, *pleuro*lith (흉막 결석(結石)).
pleu·ro·dont [plúərədɑ̀nt/-dɔ̀nt] 명 (해부·동물) (이가) 측생(側生)의; 측생치(側生齒)가 있는.
pleu·ron [plúərɑn/-rɔn] 명 (복 **-ra** [-rə]) (동물) 측판(側板)(절지(節肢) 동물의 몸 측면의 단단한 부분.
pleu·ro·pneu·mo·ni·a [plùərounjuːmóuniə] 명U (병리) 늑막 폐렴; (수의) 소(牛) 폐렴. 「절개(술).
pleu·rot·o·my [pluərátəmi/-rɔ́t-] 명U (외과) 흉막
pleus·ton [plúːstən, -tɑn/-tɔn] 명 (생물) 부유생물(밀물 표면에 사는 잡초·조류 따위).
-plex [pleks] 연결 "…개의 부분[구성 단위]을 가진"의 뜻. ¶*du*plex, *quadru*plex.
plex·i·form [pléksəfɔ̀ːrm] 형 1 총(叢)(plexus)의, 망상(網狀)의. **2** 복잡하게 얽힌, 복잡한.
plex·i·glass [pléksəglæ̀s/-glɑ̀ːs] 명U 플렉시 글라스(특수 아크릴 수지). ＜상표명 Plexiglas＞
plex·im·e·ter [pleksímətər] 명 (병리) 타진판(打診板). **-i·mét·ric** -**try** 명
plex·or [pléksər] 명 (병리) 타진추(打診槌).
plex·us [pléksəs] 명 (복 ~·**es**) 1 (해부) (신경·혈관·섬유 따위의) 망(網), 총(叢). ¶the cervical ~ 경부(頸部) 신경총. **2** 망상 구조(물); (사건 따위의) 뒤얽힘, 복잡함(complication). ¶the ~ of international relations 복잡하게 뒤얽힌 국제 관계.
plf *pounds per linear foot*. **PLF** *Palestine Liberation Front*. **plf**(**f**). *plaintiff*.
pli·a·ble [pláiəbl] 형 1 휘기 쉬운, 나긋나긋한, 유연한. **2** 유순한; 말을 잘 듣는 **3** 융통성[순응성]이 있는(adaptable). **-bíl·i·ty, ~·ness** 명 **-bly** 부
pli·an·cy [pláiənsi] 명U 나긋나긋함, 유연(성); 유순.
pli·ant [pláiənt] 형 1 휘기 쉬운, 나긋나긋한, 유연한. ⇒FLEXIBLE 유의어 2 유순한(compliant); 말을 잘 듣는. ¶a ~ nature 유순한 성격. **~·ly** 부 **~·ness** 명
pli·ca [pláikə] 명 (복 **-cae** [-siː, -kiː]) 1 (동물·해부) 주름. **2** U (병리) 규발증(糾髮症). **-cal** 형
pli·cate [pláikeit, -kət] 형 1 (동물) 주름이 있는; (식물) 부채꼴의 주름이 있는. **2** (지질) 습곡(褶曲)의.
pli·cat·ed [-id] 형 **~·ly** 부 **~·ness** 명
pli·ca·tion [plaikéiʃən, pli-] 명 UC 주름잡음; 주름(fold). **2** U 습복 상태(성). **3** (외과) 주름 성형술. **4** (지질) 습곡(褶曲). (는 **plic·a·ture** [pláikətʃər])
pli·er [pláiər] 명 1 (~s) (때로 단수취급) 플라이어, 집게, 펜치. ¶a pair[two pairs] of ~s 펜치 한[두] 개. **2** 굽히는[휘는] 사람[것].

plight[1] [plait] 명 1 (the ~, a ~) 나쁜 상태[상황, 양상, 처지]; 궁지, 곤경. ⇨PREDICAMENT 〔유의어〕 2 몸의 상태, 컨디션.
be in a miserable [or *luckless, sad, sorry, woeful*] *plight* 비참한 처지에 있다.
What a plight to be in! 이거 참 곤란하게 되었군.

plight[2] 동 1 …을 맹세[서약]하다, 약속하다. ¶~ed lovers 굳게 언약한 연인. 2 (수동형·재귀용법으로) …와 약혼하다[중이다](to). ¶She ~ed herself to a man. 그녀는 어떤 남자와 약혼했다. 「하다.
plight one's faith [or *promise, word*] 굳게 약속
plight one's honor 명예를 걸고 맹세하다.
plight one's troth ⇨TROTH.
── 명 〔고어〕 서약; 약혼.

~·er 명 「크화. (또는 **plimsol(e)**)
plim·soll [plímsəl, -soul] 명 (~s) 〔英〕 고무창 즈
Plím·soll màrk [**line**] [plímsəl-, -soul-] 〔해사〕 만재 흘수선, 건현표(乾舷標), 플림솔 표(조례로써 이 마크가 잠길 정도로 짐을 싣는 것은 금지되어 있다. 주창자인 영국 국회의원 Samuel Plimsoll(1824-98))

plink [pliŋk] 동 1 (라이플 총 따위로 연습이나 장난삼아) (…을) 쏘다 (at). 2 (악기 따위로) 퉁 하고 치다[소리내다]. ── 명 챙그랑 울림 소리.
plinth [plinθ] 명 〔건축〕 1 (기둥의) 주춧돌; (동상(銅像) 따위의) 대좌(臺座). 2 (벽 따위의) 징두리돌. 3 정두 「리.
~·less, ~·like 형

Plin·y [plíni] 명 플리니우스. 1 (**Gaius Plinius Secundus**) 대(大)플리니우스(~ the Elder)(23-79: 로마의 정치가·박물학자·백과사전 편집자). 2 (**Gaius Plinius Caecilius Secundus**) 소(小)플리니우스(~ the Younger)(62?-c113: 로마의 정치가·저술가).
pli·o- [pláiou, pláiə] 연결 =PLEIO-. 〔**Plín·i·an** 형
Pli·o·cene [pláiəsì:n] 〔지질〕 명 플라이오세(世)의. ¶the ~ epoch[series] 플라이오세(통)(신생대 제3기의 마지막 시대). ── 명 (the ~) 플라이오세.
Pli·o·film [pláiəfìlm] 명 (상표) (레인코트·포장용의) 투명 고무 방수 시트. 「관」.
pli·o·tron [pláiətràn/-tròn] 명 〔전자〕 다극관(多極
Pliss [plis] 명 =PLSS. 「화학 처리한 천). 〈F〉
plis·sé [pli(:)séi] 명 플리세(크레이프천처럼 보이게 루프). **PLO** Palestine Liberation Organization(팔
PLL 〔전자〕 phase-locked loop(위상 동기(位相同期) 레스타인 해방 기구).

***plod** [plad/plɔd] 동 (**-dd-**) 자 1 (사람 등이) 터벅터벅 걷다, (물건이) 천천히 움직이다(along, on, down); (거리 따위를 /장소를) 무거운 발걸음으로 걷다(trudge) (along, on, down) (through) (over) 〔유의어〕. ¶~ away; ~ on one's way 터벅터벅 걸어가다. 2 꾸준히 (…에) 달라붙다(away, along, on) (through, at, with); ~ through a task 꾸준히 일을 해내다. ── 타 터벅터벅[힘없이] (길)을 걷다. ── 명 1 터벅터벅 걷기[걷는 발소리]. 2 꾸준한 일[공부]하기. 3 〔英속어〕 제복 경찰관. 「의 경찰관.
plod·der [plɑ́dər/plɔ́d-] 명 1 터벅터벅 걷는 사람. 2 〔경멸적〕 샌님: 꾸준히 공부[일]하는 사람, 공부[일]벌레.
plod·ding [plɑ́diŋ/plɔ́d-] 형 터벅터벅 걷는; 꾸준히 공부[일]하는: 따분한, 지루한. ~·ly 부 ~·ness 명
ploi·dy [plɔ́idi] 명 〔생물〕 배수(倍數) 관계, 배수성 (세포나 생물이 갖는 상동(相同) 염색체수).
PL/1 〔컴퓨터〕 Programming Language One(범용 (汎用) 프로그램 언어의 하나).
plonk[1] [plaŋk/plɔŋk] 동 명 형 부 =plunk.
plonk[2] 명 1 〔英·濠속어〕 싸구려[저급] 포도주; (일반적으로) 술. 2 〔美속어〕 따분한[재미없는, 불쾌한] 녀석.
plonk·er [plɑ́ŋkər/plɔ́ŋ-] 명 〔英속어〕 1 (남자) 아 둔패기, 얼간이, 바보. 2 = penis. 3 바보짓, 실패.
plonk·o [plɑ́ŋkou/plɔ́ŋ-] 명 알코올 중독자, 술고래.
plop [plap/plɔp] 동 (**-pp-**) 자 1 풍덩[쿵] 하고 소리 내다; 풍덩[쿵] 하고 (…에) 떨어지다 (into, on). 2 (…에) 털썩 주저앉다; 쿵 하고 쓰러지다 (into, on). ¶~ into a sofa 소파에 털썩 주저앉다. ── 타 풍덩[쿵, 털썩] 떨어뜨리다. ── 명 풍덩[쿵] (하는 소리). ── 부 풍덩, 쿵, 털썩. ¶The ball fell ~ on the green. 공이 잔디밭[그린]에 툭 떨어졌다.
plo·sion [plóuʒən] 명 〔음성〕 파열음.
plo·sive [plóusiv] 〔음성〕 형 파열음의; 파열성의.
── 명 파열음(p, k, t 따위). 〈explosive〉

***plot** [plat/plɔt] 명 1 (…에 대하여[…하려는] 음모, 은밀한 계획, 계략 (against / to do). ⇨PLAN 〔유의어〕 ¶a ~ against the government 반정부 음모 / brew [or hatch] a ~ to rob a bank 은행 강도를 피하다. 2 (연극·시·소설 따위의) 줄거리, 구상, 플롯. ¶The ~ thickens. 이야기가 점입가경이다. 3 작은 땅[지면], 소구획지; 부지. ¶a burial ~ 묘지 / a garden ~ 채마밭. 4 (토지·건물의) 도면, 평면도; (선박·비행기의) 항로도. 5 (연극 연출·영화 제작 등의) 준비 계획표, 예정표, 일람표. 6 평면도, 도표, 표.
── 동 (**-tt-**) 타 1 …을 계획하다, 피하다. ¶(~+to do) ~ to kill a person 남의 암살을 기도하다. 2 (지도 따위에) 〔항적(航跡) 따위를〕 표시[기재] (on); …의 지도[설계도]를 만들다; 〔수학〕 (모눈종이 등에) (점)의 위치를 정하다, (정해진 점들을 연결하여) 〔곡선〕을 그리다, 곡선으로 …을 그리다; 좌표로 위치를 정하다. 3 〔소설 따위의〕 줄거리를 만들다; …의 구상을 다듬다(out). 4 〔토지〕를 구획[분할]하다; 〔토지·건물 따위의〕 도면을 작성하다. ── 자 1 음모를 지지하여(/…을 반대하여) 음모를 꾸미다 (for / against). ¶(~+前+名) ~ against a person's life 남을 살해할 음모를 꾸미다 / ~ for a person's assassination 남의 암살을 피하다. 2 (소설 따위의) 줄거리를 세우다, 구상하다.
~·ful, ~·less ~·less·ness

plot·line [plátlàin/plɔt-] 명 (극·소설 등의) 줄거리
plot (plot); (종종 ~s) (연극·영화에서) 스토리를 전개시키는 대사.
plot·tage [plátidʒ/plɔ́t-] 명 1 작은 부지. 2 (토지의) 합필(合筆)(여러 필지를 한 필지로 하는 일).
plot·ter [plátər/plɔ́t-] 명 1 음모자, 은밀히 꾀하는 사람. 2 계획[입안]자. 3 지도[도면] 작성자[기]. 4 〔컴퓨터〕 플로터, 작도(作圖) 장치.
plot·ting [plátiŋ/plɔ́t-] 명 1 ⓤ 제도(製圖). 2 〔건축〕 부지(敷地) 나누기, 구획 정리.
plótting bòard 〔항해〕 (경선·위선 따위만을 인쇄해 놓은) 백해도판(白海圖板), 위치 기입판; 〔군사〕 (포격용) 조척(照尺)[조준 도판(장치)].
plótting pàper 모눈종이, 그래프 용지.
plótting shèet 〔항해〕 위치 기입도(圖).
plot·ty [pláti/plɔ́ti] 형 (소설이) 줄거리가 얽히고 설킨, 복잡한. -ti·ness 명
plotz [plats/plɔts] 동 자 〔美속어〕 (경악·흥분·피로 따위로) 쓰러지다; 기절하다; 빈둥거리다(around).
plotzed [platst/plɔtst] 형 〔속어〕 1 술취한, 곤드레만드레의. 2 몹시 지친, 녹초가 된.
‡**plough** [plau] 동 명 〔英〕 =plow.
plov·er [plávər, plóuv-] 명 물떼새.

‡**plow**, 〔英〕**plough** [plau] 명 (복 ~s [-z]) 1 쟁기, 쟁기 모양의 연장(눈가래·흙대패·제설기 따위). 2 (the ~) 경지, 농지. ¶200 acres of ~ 200 에이커의 경작지. 3 (the P-) 〔천문〕 큰곰자리(the Great Bear); 북두칠성(the Big Dipper). 4 〔英구어〕 낙제. ¶take a ~ 낙제하다.
be at [or *follow, hold*] *the plow* 농업에 종사하다
go to one's plow 자기 일을 하다.
put [or *lay, set*] *one's hand to the plow* 〔성서〕 손에 쟁기를 잡다[진지하게 어려운 일에 착수하다](← 누가복음(Luke) 9 : 62). 「으로.
under the plow 경작되어: (목초용이 아닌) 경작용

— 图 (~s [-z]) 他 1 …을 갈다, 일구다(till)《out, down, in, up, over》《for》. ¶ (~+目+前+名) ~ a field for wheat 밀을 뿌리기 위해 밭을 갈다 // (~+目+副) ~ manure in 비료를 갈아 넣다 / ~ the land up 땅을 갈아엎다. **2** …에 이랑[두렁]을 세우다 ; [얼굴]에 주름을 잡다. ¶ Old age ~ed furrows in her face. 나이가 그녀 얼굴에 깊은 주름을 잡아놓았다. **3** …을 쟁기질하듯[힘들여] 나아가다 ; (배 따위가) (물)을 가르고 나아가다. **4** (차 따위가) [도로·지면]을 패게하다《up》. **5** 『자본 따위』…에 투입[투자]하다《into》. **6** 〔英구어〕…을 낙제시키다. ¶ be ~ed 낙제하다. — 自 **1** 갈다, 일구다 : (땅이) 갈리다. ¶ (~+副) The field ~s easily[hard]. 이 밭은 갈기 쉽다[어렵다]. **2** 길을 터서 나아가다《through, into》; 힘들여 나아가다 : (배 따위가) 물을 가르고 나아가다《through》. ¶ (~+前+名) ~ into a house (차 따위가) 집에 뛰어들다 / ~ through a book 힘들여 책을 읽어 나가다. **3** 〔英구어〕낙제하다.

plow a [or ***one's***] ***lonely furrow*** ; ***plow one's furrow alone*** 독자적인 길을 가다 ; 고독한 생활을 하다.
plow around 〔美속어〕속을 떠보다. ……보내다.
plow back ① (벤 풀)을 제자리에 갈아 묻다. ② (이익)을 재투자하다.
plow down 갈아엎다. ¶ ~ weed down 잡초를 갈아 엎다.
plow...in the land …을 땅에 갈아 묻다.
plow into ① …을 쟁기로 갈다. ② 〔구어〕(일 따위)에 덤벼들다 ; (일 따위)를 해내다, 해결하다. **3** 〔구어〕…을 세게 때리다, 공격하다 ; …와 부딪치다.
plow on 결의를 다져〔에서서〕계속하다.
plow one's way through …을 헤치고 나아가다.
plow out …을 파내다 ; 속을 비우다.
plow the sand(s) ⇒ SAND.
plow under ① (작물 따위)를 갈아엎다, (땅에) 갈아 묻다《in》. ② 〔美구어〕(보통 수동형으로) …을 소멸시키다.
plow up …을 갈다, 파내다. 시키다, 파괴하다.
plow with a person's heifer [or ***ox***] 남의 것[재산]을 횡령[이용]하다 ; 부정하게 얻은 정보를 이용하다.
-·a·ble 图 「재투자 가능한」
plów·back [pláubӕk] 图 〔경제〕(이익의) 재투자.
plów bèam 图 성에《쟁기를 끄는 긴 자루 부분》.
plów·boy [pláubɔ́i] 图 쟁기질하는 젊은이 ; 시골 사람.
plowed [pláud] 图 〔美구어〕(술·마약에) 취한.
plow·er [pláuər] 图 = plowman.
plów·head [pláuhèd] 图 쟁기날, 보습.
plów·land [pláulӕnd] 图 Ⓤ 경작지 ; 전답 〔英역사〕 잉글랜드의 (중세의 토지 면적 단위로 120에이커).
plów·line [pláulàin] 图 밭갈이 말의 고삐 ; 고랑 바닥.
plów·man [pláumən, -mӕn] 图 경작자 ; 농부 ; 시골 사람. **~·ship** 图
plówman's lúnch 图 (영국의 pub에서 나오는 빵과 치즈에 샐러드·피클 등을 곁들인) 간단한 점심 식사.
Plów Mónday 图 1월 6일의 공현 축일(公顯祝日) (Epiphany) 뒤의 첫 번째 월요일《원래 영국에서 농경의 첫날임》.
plów·share [pláuʃɛ̀ər] 图 (쟁기의) 보습《share》.
beat swords into plowshares 검을 벼려 보습을 만들다 ; 무기를 평화로 사용하다.
plów·shoe [pláuʃùː] 图 보습 씌우개《쟁기날 보호용》.
plów·tail [pláutèil] 图 자부섯이, 쟁기의 손잡이).
at the plowtail 농사 짓는, 농업에 종사하고 있는.
plow·wright [pláurait] 图 쟁기 만드는 장인[직인].
ploy [plɔi] 图 **1** 〔구어〕책략을 꾸민·제압하기 위한 책략, 계략《ruse, gambit》. **2** 〔英구어〕계획 ; 기업 ; 일. **3** 〔英구어〕희롱하기, 장난치기 ; 놀이, 취미.
PLP 〔英〕Parliamentary Labour Party《의회 노동당》; ***pay later plan***《항공 운임 등》경비 후불제 ; 《美》Progressive Labor Party 《진보 노동당》. **PLR** Public Lending Right. **PLSS** 〔우주〕portable life support system《휴대용 생명 유지 장치》; 〔군사〕precision location strike system《정밀 위치 파악 공격 시스템》. **plt.** pilot.
PLU [píːéljúː] 图 〔英속어〕대단한, 정말 근사한.
plu. plural. [(<people like us)
‡**pluck**¹ [plʌk] 他 (~ed [-t]) 他 **1** …을 잡아뜯다, 따다《off》; …을 쥐어뜯다, 뽑다《up, out》; …을 잡아찢다《away》. ¶ (~+目+副) ~ off fruit 과일을 따다 / ~ up [or out] the weeds 잡초를 뽑다 / ~ away the wallpaper 벽지를 뜯어내다 // ~ feathers from a bird 새의 깃털을 뽑다. **2** …을 잡아당기다《jerk》, 당기다《drag》; …을 낚아채다《away, out》; …을 끌어내리다 당기다 / ~ something from a person's hand [out of a person's pocket] …을 남의 손에서 낚아채다 [남의 호주머니에서 훔치다] // (~+目+前+名) ~ a person down from his high position 남을 높은 자리에서 끌어내리다. **3** …을 (…에서) 고르다[뽑다]《from》; 〔사람〕을 발탁하다. ¶ be ~ed from the list 리스트에서 선발되다. **4** 〔英〕(용기 따위)를 불러일으키다《up》. ¶ ~ up one's spirits 힘을 내다. **5** 《속어》…을 사취하다《swindle》. **6** (현악기)를 타다, 뜯다. **7** 〔英구어〕…을 낙제시키다. ¶ get ~ed 낙제하다. — 自 …을 잡아당기다, 낚아채다《tug》; 움켜쥐다, 붙들려고 하다《at》. ¶ ~ at a person's elbow [skirt] 남의 팔꿈치[스커트]를 잡아당기다.

have a crow to pluck with a person ⇒ CROW¹.
pluck down ① …을 끌어내리다. ② 허물어뜨리다. ③ …의 콧대를 꺾다.
pluck...out of the air (생각 따위가) 갑자기 떠오르다.
pluck up ① 〔용기〕을 내다, 분발하다. ② 근절시키다, 뽑아버리다. ③ (보통 courage, heart, spirits, energy 따위를 목적어로) (힘·용기)를 내다.

— 图 **1** (a ~) 홱 당기기《jerk》; 쥐기[잡아 뜯기]. **2** Ⓤ (the ~) (식용) 동물의 내장. **3** Ⓤ 용기, 담력. **4** 〔英〕낙제.

pluck² 图 《美속어》 = plonk² **1**.
plucked [plʌkt] 图 〔구어〕(보통 복합어로) 용기있는. ¶ a good-[bad-]~ man 아주 용기있는[없는] 사람.
pluck·er [plʌ́kər] 图 (새 따위의) 털을 뽑아내는 사람[기계]. 「는. ~·ness 图
pluck·less [plʌ́klis] 图 용기가 없는, 결단성이 없
pluck·y [plʌ́ki] 图 용감한《brave》, 기운이 좋은, 단호한 태도의. **plúck·i·ly** 图 **plúck·i·ness** 图
‡**plug** [plʌg] 图 **1** 마개, 틀어막는 것《美》stopper); 코[귀]마개 ; 〔치과〕충전물(充塡物). ¶ put in a ~ 마개를 끼우다. **2** 〔전기〕플러그 ; 소켓. **3** 소화전《fireplug》; 〔英구어〕(수세식 변소의) 방수전(放水栓). **4** 〔구어〕〔기계〕점화전(플러그)《(英) spark ~》. **5** 〔의학〕(혈관 따위의) 혈전. **6** 씹는 담배, 판 담배. **7** (구어) (레코드·책·영화·방송 따위에서의) 광고, 선전 ; 추천. **8** 실크 해트《~ hat》. **9** 〔주로 美속어〕늙다리말, 쓸모없는[무능한] 사람 ; 팔리지 않고 남은[팔리지 않는] 물건, 쓸모없는 물건. **10** 《속어》구타《punch》; 저격《shot》《at》. **11** 도려내거나 잘라낸 알맹이, 핵심부 ; 조각, 부분. **12** 플러그《제물 낚시의 일종》. **13** 《속어》달러 은화 ; 〔가운데를 도려내어 비금속을 채워 넣은〕위조 주화《鑄貨》.

pull the plug on ① 〔구어〕…을 중단하다, 끊다. ② (식물 인간 등)의 생명 유지 장치를 제거하다. ③ 《속어》…을 파괴[일소]하다. ④ …의 비밀을 폭로하다.
put in a plug for 《美구어》…을 칭찬해두다, 좋게 이야기해주다.
take a plug at 《속어》…을 때리다[쏘다].
— 图 (**-gg-**) 他 **1** …을 틀어막다, …에 마개를 하다 《up》《with》; …에 구멍을 막다. **2** …을 밀어넣다, 꼽다 : 〔전기 기구〕의 플러그를 꼽다, 접속하다《in, into》. **3** …의 알맹이[중심부]를 도려[잘라]내다. **4** (보통 수동형으로) (전자 기기를 통해) …와 연결

Plug and Play

[접속]하다; …을 이용하게 하다 (into). **5** (美) (행동·계획 따위)를 방해하다, 훼방놓다. **6** (구어) (라디오·TV 따위로) …을 광고[선전, 추천]하다. **7** (속어) …을 주먹으로 치다, …에 총을 쏘다. **8** (미 구어) 작게 자르다[잘라내어 먹어보다]. ── ⓥⓘ **1** (구어) 끈질기게 힘쓰다, 꾸준히 일하다(along, away) (at). ¶ ~ away at something 어떤 일에 힘쓰다. ¶ ~ at a person 남을 치다[때리다]. **3** (관 따위가) 막히다(up). **4** (…에) 접속[연결]되다 (into). **5** …을 봉쇄하다 (off, back); 방해받다.

plug along (구어) 하는 일이 잘 되다, 잘 지내다.
plug and play 설치와 사용이 쉬운[간편한].
plug in ① (전기) 플러그에 꽂다, 콘센트에 연결하다. ② …를 더하다, 포함시키다; 가담시키다. ③ (수동형으로) (속어) …에 관계가 있다.
plug into ① …에 연결하다, 접속하다. ② (미 구어) …을 좋아하다, …에 친근함을 느끼다; …을 이해하다.
plug up 막히다; 막히게 하다.
~**∙ga∙ble**, ~**∙less**, ~**∙like** 형

Plúg and Pláy 명 (컴퓨터) 플러그 앤드 플레이(컴퓨터에 주변 기기 등을 접속하자마자 자동적으로 인식·설정이 이루어져 곧 사용할 수 있기; 또는 그것을 실현하는 규격). 〔선(省)반(反).〕

plug∙board [plʌ́gbɔ̀ːrd] 명 (전기·컴퓨터) 배전[배선]반.
plug-com∙pat∙i∙ble [-kəmpǽtəbl] 형 (컴퓨터) 플러그 컴퍼터블 방식의, 호환성(互換性)을 지닌.
plugged [plʌ́gd] 형 **1** (관(管) 따위가) 막힌. **2** (화폐가) 비(卑)금속을 채워 변조된. **3** (美속어) 화가 난.
plugged in [or *into*] (美 구어) …와 관계[연결]되는, …에 밝아서, …을 깨달아서, 민감하여.
plugged-in 형 **1** (美) (유행 따위에) 편승한; 실정세에 밝은. **2** 플러그에 접속된; (생활의 중요 부분을) 전기 통신에 의존하는. ¶ a ~ society 전기 통신망에 의하여 결합된. **3** (美속어) 마약 중독의, 마약에 취한.
plug∙ger [plʌ́gər] 명 **1** (치과) 충전기, 플러거. **2** (美속어) 공부 벌레. **3** (美속어) (스포츠 따위의) 팬, 열광자. **4** 막는 사람[것].
plug∙ging [plʌ́giŋ] 명U **1** 마개를 하기; (치과) 충전, (집합적) 마개(충전) 재료. **3** (구어) 선전.
plúg hát 명 (美속어) 실크 해트.
plug∙hole [plʌ́ghòul] 명 (英) 마개로 막는 구멍, 수전(水栓), 배수구((美) drain).
down the plughole 실패하여; 헛되이 되어.
plug-in [-ìn] 명 **1** (전기) 콘센트; 콘센트식 가전기구. **2** (컴퓨터) 플러그인(기능 확장용 소프트웨어).
── 형 콘센트의, 콘센트식의.
plúg nickel 명 가짜 5센트짜리 동전; 값어치 없는 것.
plug-o∙la [plʌgóulə] 명 **1** (방송·영화 속에서 제품을 선전해 달라고 주는) 뇌물, 사례(금). **2** (방송에서 특정 인물·사물의) 호의적 취급, 선전; 뉴스 보도의 편향.
plúg púller (美속어) (철도) 기관사.
plúg switch 명 (전기) 플러그[콘센트] 스위치.
plúg tobácco 명 막대기꼴의 씹는 담배.
plug∙ug∙ly [plʌ́gʌ̀gli] 명 (구어) 불량배, 깡패, 전달; (속어) 프로 권투 선수. ── 형 (구어) 몹시 추한.
‡plum¹ [plʌm] 명 (⑩ ~s [-z]) **1** 서양자두(나무), 플럼. **2** =sugarplum. **3** (푸딩·케이크용) 건포도. **4** ⓤ 짙은 보라색. **5** (구어) 근사한 것, 정수(精粹) (英 구어) 수입이 좋은 일자리. **6** (속어) 횡재; (英) 관료의 부수입, 논공행상 인사; 〔~s〕 (美) 정당의 승리로 얻은 부수입. ¶ offer bonuses and other ~s 보너스와 특별 수당을 제시하다. **7** (英속어) 10만 파운드(의 돈) [소유자]). **8** (속어) 불알.
have a plum [or *marbles*] *in one's mouth* 상류 계급 같은 말투로 말하다.
──형 **1** 아주 바람직한, 보람있는, 대우가 좋은. **2** 건포도가 든; 짙은 보라색의.
plum² 형 명 수직(垂直)인[으로]; 정확히[하게]. ⇒PLUMB.
‡plum∙age [plúːmidʒ] 명U (종종 a ~) (집합적)

깃, 깃털. **2** (美) 화려한[공들여 지은] 의상(衣裳).
plum∙aged [plúːmidʒd] 형 (…의) 깃털이 있는. ¶ a full-~ bird 깃털이 다 난 새. 〈F
plu∙mas∙sier [plùːməsíər/F plymasjɛ] 명 깃털 세공업자. 〔<F〕
plu∙mate [plúːmeit, -mət] 형 (동물) 깃털 모양의.
plumb [plʌm] 명 **1** 추; 측연(測鉛). **2** U 수직.
half a bubble off plumb 머리가 어찔어찔하여[이상하여서].
off [or ***out of***] ***plumb*** 수직이 아닌, 기울어, 뒤틀려.
──형 **1** 수직의. ⇒UPRIGHT (유의어) **2** (구어) 순전한. ¶ ~ nonsense 문자 그대로의 넌센스.
plumb in the face of …의 바로 정면에.
──형 **1** 수직[으로]. ¶ stand ~ 수직으로 서 있다. **2** (英 구어) 정확하게. ¶ ~ southwards 정남으로. **3** (구어) 완전히, 전적으로. ¶ He is ~ crazy. 그는 완전히 돌았다.
──ⓥⓣ **1** (측연선(測鉛線)으로) …의 수직임을 살피다. **2** …을 수직으로 하다(up). **3** (측연선으로) 재다, …의 깊이를 재다, …을 측량하다. **4** 간파하다, …의 진상을 알다. **5** (트렁크 따위)를 납으로 봉하다. **6** …에 배관 공사를 하다. **7** (속어) …에 납으로 걸리다[치지다]. **2** 배관공으로 일하다.
plumb in (英) …에 배관하다.
plumb the depth(s) (불행 따위의) 밑바닥에 떨어지다 (of).
~**∙a∙ble** 형 ~**∙ness** 명
plumb- [plʌmb] 연결 「납의; 납을 포함하는; 납 같은」의 뜻. (또는 phumbo-).
plum∙bag∙i∙nous [plʌmbǽdʒənəs] 형 흑연(을 함유한); 흑연 비슷한.
plum∙ba∙go [plʌmbéigou] 명 (⑩ ~s) **1** U 흑연, 석묵(石墨). **2** U 흑연 그림. **3** 갯질경이과(科)의 식물.
plúmb bòb 명 =plummet 명 1.
plum∙be∙ous [plʌ́mbiəs] 형 납의, 납으로 된; 납모양의; 납빛의(leaden); 납을 씌운.
plumb∙er [plʌ́mər] 명 **1** 배관공; 연관공. **2** (美 구어) 비밀 공작원, 스파이; 정보 누설을 막는 사람. **3** (英 軍속어) 병기계, 기술 장교. **4** (속어) 비뇨기과 의사.
──ⓥⓣ (속어) 망가뜨리다, 못쓰게 만들다.
plúmber blòck 명 축받이, 축대(軸臺).
plúmber's hélper [friénd] 명 =plunger 4.
plúmber's snáke 명 (배수관 뚫는) 탄력있는 긴 강삭(鋼索), 연관도급기, 청소기(snake).
plumb∙er∙y [plʌ́məri] 명 **1** 납공장, 납 세공소; 연관 제조소. **2** 납 세공(업). **3** 배관 공사, 배관업.
plum∙bic [plʌ́mbik] 형 (화학) 납의, 납을 함유하는; (병리) 납[납중독]에 의한. ¶ ~는 납이 나는.
plum∙bif∙er∙ous [plʌmbífərəs] 형 납을 함유하다.
plumb∙ing [plʌ́miŋ] 명 **1** 배관; 급배수(給配水). **2** 배관 공사[업]; (집합적) 배관 계통[설비]. **3** 수심 측량. **4** (美속어) 트럼펫, 트롬본; 소화 기관; 비뇨기, 성기; 화장실; 용변. **5** (美) (CIA의) 비밀 공작 지원 활동.
visit [or ***check***] ***the plumbing*** 화장실에 가다.
plum∙bism [plʌ́mbizm] 명U =lead poisoning.
plumb∙less [plʌ́mlis] 형 (연추(鉛錘)로) 잴 수 없는; 헤아릴 수 없는, 바닥을 알 수 없는.
plúmb line 명 연수선(鉛錘線); 다림줄, 측연선(測鉛線). =plumb rule. 〔연방정부 관직 임명.〕
plúm bòok 명 (美구어) (대통령이 임명권을 가진)
plum∙bous [plʌ́mbəs] 형 (화학) 납의, (2가(價)의) 납을 함유하는.
plúmb rùle 명 (대목의) 다림줄, 먹추.
plum∙bum [plʌ́mbəm] 명 (화학) 납(⑩ Pb).
plúm càke 명 건포도가 든 케이크(결혼식용 따위).
plúm dúff 명 건포도가 든 푸딩.
‡plume [pluːm] 명 (⑩ ~s [-z]) **1** (~s) (큰) 깃털; 깃털 장식. **2** 깃털 모양의 것. **3** 솟아오르는 연기덩, 구름 따위; (분수의) 물기둥, (원폭의) 버섯구름 (of). ¶ a ~ of water [smoke] 물기둥[버섯구름]. **3** 명예의 증표; 상. **4** (동물) 깃 모양의 털; (식물) 관모(冠毛). **5** (지질) 맨틀 용기.

borrowed plumes 빌린 것[옷]; 얻어들은 지식(← *Aesop's Fables*).

shear off *a person's plume* 남의 거만한 콧대를 꺾다 ──⑤(~**s** [-z]; ~**d**; **plum·ing**) ⑨ 1 …을 깃털로[빌린 옷으로] 꾸미다; …을 장식하다. ¶~ oneself 화려하게 차려입다// ~ arrows with plumes 화살을 깃털로 장식하다. 2 (새가) (깃털)을 다듬다. 3 …의 깃털을 고르다. 4 (재귀용법으로) …으로 우쭐대다(on, upon).

plume oneself on [or **upon**] …을 뽐내다, 자랑하다. ¶He ~s himself on his success. 그는 성공한 「것을 뽐내고 있다. ∠-**less**, ∠-**like**

plumed [plu:md] ⑧ (복합어로) (…한) 깃털을 가진 (것처럼 보이는). ¶ a white-~ egret 깃털이 흰 백로.

plume·let [plú:mlit] ⑧ 작은 깃털; (식물) 새싹.

plum·er (blòck) [plámər-] ⑧ (기계) 축받이 대.

plum·met [plámit] ⑧ 1 추, 다림추, 측연(測鉛) (plumb), 연추(鉛錘); 다림줄, 측연선(測鉛線). 2 추, 추(錘規), 먹추 (plumb rule). 3 무겁게 누르는 것; 중압. 4 폭락, 급락. ──⑥ (…에) 수직으로[폭락(급락)하다, 뛰어들다; (물가 따위가) (어떤 수치로) 폭락(급락)하다(down) (to).

plum·my [plámi] ⑧ 1 자두가 많은, 자두 같은; 건포도가 든. 2 (영구어) 좋은, 소망스러운; 돈 많은. 3 (소리가) 낭랑한; (말씨가) 상류 계급풍의.

plu·mose [plú:mous] ⑧ 깃털이 난[있는], 깃털 같은(feathery). ~·**ly** ~·**ness**

plu·mos·i·ty [plu:mɔ́səti/-mɔ́s-] ⑧ⓤ 깃털 모양.

＊plump¹ [plʌmp] ⑧ (~**·er**; ~**·est**) 1 포동포동한, 포동포동[토실토실]한. ⇨ FAT (유의어) 2 (식용물이) 살이 많은. 3 (일반적으로) 많은; (주머니 따위가) 두둑한; 속이 꽉 찬. ¶ a ~ reward 두둑한 보수. ──⑥ 통통하게 살찌다(out, up).¶(~+⑪) She has ~ed out [or up]. 그녀는 통통하게 살쪘다. ──⑥ …을 살찌게 하다, 통통하게 하다(out, up).¶(~+⑪+⑧) ~ out [or up] a pillow 베개를 불룩하게 하다. ∠-**ly** ⑨ ∠-**ness** ⑩

＊plump² [plʌmp] ⑥⑧ 1 (…에) 털썩[쿵 하고] 떨어지다[쓰러지다, 주저앉다](down) (against, into, on, upon); (미) 갑자기 오다(in), 휙 나가다(out).¶~ against a wall 벽에 쿵 하고 부딪치다 / ~ down on a chair 의자에 털썩 주저앉다. 2 (영) (연기(連記) 투표 때) 한 사람에게만 투표하다.¶(~+⑪+⑧) ~ for one's favorite candidate 자기가 좋아하는 후보자에게만 투표하다. ──⑨ (종종 재귀용법으로) (…에)…을 쿵하고 떨어뜨리다[내려놓다, 던지다](down) (into, on, upon).¶a stone into a pond 연못에 돌을 풍덩 집어던지다//(~+⑪+⑧) ~ a load down on a deck 짐을 갑판에 털썩 내려놓다. 2 …을 불쑥[퉁명스럽게] 말하다(out). 3 …을 칭찬하다, 선전하다.¶~ the delights of new food 새 식품의 맛을 선전하다.

──⑧ (a ~) 쿵[털썩, 풍덩] 떨어지기[떨어지는 소리].
──⑨ 1 털썩[쿵하고, 풍덩 하고.¶run ~ into a person 남에게 쿵 하고 부딪치다. 2 불쑥, 느닷없이, 퉁명스럽게, 노골적으로. 3 똑바로; 바로 밑에.
──⑧ 무뚝뚝한, 노골적인; 완전한.¶a ~ answer [lie] 무뚝뚝한 대답[새빨간 거짓말].

plump³ (영방언·고어) 한 떼, 한 무리, 한 패, 동료.¶a ~ of ducks 오리 떼.

plump·en [plámpən] ⑥⑧ 포동포동 살찌우다[살찌다].

plump·er¹ [plámpər] ⑧ 1 털썩[쿵] 떨어지기. 2 (영) 한 후보자에게만 투표하기[하는 사람]. 3 (속어) 새빨간 거짓말.

plump·er² ⑧ 통통한[통통하게 하는] 것, 부푸는[부풀리는] 것; (배우가 오목한 볼을 나오게 하기 위하여) 입에 넣고 있는 것.

plump·ish [plámpiʃ] ⑧ 알맞게 살찐, 오동통한. ~·**ly** ⑨ 「격판탄.

plúm púdding ⑧ 1 =plum duff. 2 (영속어) 박

plump·y [plámpi] ⑧ 통통하게 살찐. ──⑧ (또는 **plumpie**) 동보.

plúm trèe ⑧ 서양자두나무.

plu·mule [plú:mju:l] ⑧ (식물) (종자 식물의) 어린 눈, 어린 싹; (조류) 솜털(down feather).

plum·y [plú:mi] ⑧ 깃털이 있는; 깃털이 난; 깃털로 장식한; 깃털 같은(feathery).

＊plun·der [plándər] ⑥⑨ 1 (군대 등이) …을 약탈하다; (사람·장소)에게서 (…을) 강탈하다, 훔치다(of).¶~ a village 마을을 약탈하다 / (~+⑪+⑦+⑧) ~ a traveler of his goods 나그네에게서 물건을 강탈하다. 2 …을 불법 점유하다, 가로채다; (작가·작품)에서 도용하다, 표절하다.¶~ a piece of property 토지의 한 구획을 불법 점유하다. ──⑧ 약탈하다; 강탈하다.
⑧ⓤ 1 약탈; 횡령.¶live by ~ 노략질하여 살다. 2 (집합적) 약탈품, 훔친 물건, 횡령물; (속어) 벌이, 이득. 3 (미 방언) 가재, 가구. ~·**a·ble** ⑧ ~·**ing·ly** ⑨

plun·der·age [plándəridʒ] ⑧ⓤ 약탈, 강탈; (법률) 선하(船荷) 횡령; 횡령 선하.

plun·der·er [plándərər] ⑧ 약탈자; 도적.

plun·der·ous [plándərəs] ⑧ 약탈하는; 약탈적인.

＊plunge [plʌndʒ] ⑥ (**plung·es** [-iz]; ~**d**; **plung·ing**) ⑨ 1 (물건 따위)를 처넣다, 담그다(in, down); (물건 따위)를 (…에) 꽂다, 밀어 넣다(in, into). ¶(~+⑪+⑦+⑧) ~ one's hand into water 손을 물에 처넣다 / ~ a dagger into a person's heart 비수를 남의 심장에 꽂다. 2 …을 (어떤 상태에) 빠뜨리다 몰[넣]어 넣다; 무리하게 …시키다(into, in).¶ ~ a country into war 나라를 전쟁 속으로 몰아넣다 / be ~d in despair 비탄에 빠지다. 3 (돈)을 (…에) 걸다(on). 4 (화분)을 땅속에 묻다.
──⑥ 1 뛰어들다, 잠기다; 떨어지다, 추락하다(in, down) (into, to).¶(~+⑪+⑧) ~ into a river 강에 뛰어들다.

(유의어) **plunge** 의도적으로 또는 우연히 떠밀려 힘차게 뛰어들다. **dive** 의도적으로 멋지게 뛰어들다, 깊이 잠기다. **pitch** 보통 의도하지 않고 뛰어들다, 곤두박이로 굴러 떨어진다.

2 돌진하다(down, up) (into, to); 달려들다(at); 급히 가다; (…으로부터) 갑자기 나타나다(out) (out of).¶ ~ down [up] a slope 언덕을 뛰어내리다[오르다]/The kite ~d to the ground. 연이 땅으로 곤두박질쳤다. 3 (구어) 무모한 내기[투기]를 하다; (…에) 큰돈을 걸다(on).¶~ on the stock market 주식 시장에서 투기하다. 4 (어떤 상태에) 빠지다, 돌입하다 (into, in); (일 따위를) 느닷없이 하기 시작하다 (in, in). ~ into war 전쟁에 돌입하다 / ~ into discussion 논의를 시작하다 / ~ into debt 빚을 지다. 5 갑자기 내리막길이 되다. 6 (배가) 상하로 흔들리다; (말이) 뒷발을 올리고 뛰어오르다. 7 (가격·매상 따위가) (…까지) 급락하다(to). 8 (여성 옷의 가슴선이) V자형으로 깊게 파이다.
──⑧ **plung·es** [-iz] 1 (a ~) 뛰어들기; 돌진, 돌입. 2 헤엄치기; (수영장 따위의) 뛰어드는 곳[대]. 3 배의 상하 요동; (말이) 뒷발을 올리고 뛰어오르기. 4 (구어) 무모한 내기, 큰 도박. 5 (지위로부터의) 추락(from); (가격·매상 따위의) 급락, 폭락. 6 (미식축구) 중앙 돌파.

in [or **at**] **a plunge** 진퇴 유곡에 빠져.

take a plunge ① (…에) 뛰어들다(into). ② 급락(급강하)하다; 격감하다.

take the plunge (구어) (이것저것 궁리 끝에) 결단을 내리다, 모험하다; 결혼[청혼]하다.

plúnge bàsin ⑧ 용소(龍沼).

plúnge bàth ⑧ 큰 욕조; 전신 목욕.

plúnge bòard ⑧ (드물게) (수영의) 다이빙대, 뜀판.

plúnge pòol ⑧ 용소(龍沼)의 물.

plung·er [plándʒər] ⑧ 1 (기계) 플런저; 막대 피스

plunging fire

톤; (후장총(後裝銃)의) 격침(擊針), 공이. **2** 돌진[돌입]자, 뛰어드는 사람, 잠수하는 사람. **3** 《구어》 무모한 투기꾼[도박사]. **4** 흡인식 하수 청소봉(棒). **5** (서평에서) 혹자기 무너지는 사람. ¶내려다보고 쏘기.

plúng·ing fíre [plʌ́ndʒiŋ-] 圈 《군사》 감사(瞰射).
plúnging néckline 圈 《의상》 (여성복의) 깊이 파인 V형 네크라인. (또는 **plúnge néckline**)

plunk [plʌŋk] 囲甸 **1** (기타 따위의 현[줄])을 통기다, 뜯다(out). ¶ ~ a guitar 기타를 치다. **2** 《구어》 ⓐ 털썩[쿵] 하고 (…에) 던지다[놓다, 떨어뜨리다](down) (at). ¶ (~+图+■) ~ down a cent 1센트를 툭 던지다 // ~ a stone at a dog 개에게 돌을 툭 던지다. **3** 《美》 …을 느닷없이 치다[쿡 찌르다]; (표)를 …에쏘다. —— 甸 **1** 쿵[탕] 하고 울리다. **2** 《구어》 털썩 떨어지다(down). **3** (연기명 투표에서) (…에게만) 투표하다; (…에) ⓑ 지지하다(for). ——圈 (돈)을 지불하다.

plunk down ① 쿵 떨어지다[떨어뜨리다]. ② 《美俗》
——圈 **1** (a ~, the ~) 《구어》 팅[탕] 하고 울리기[울리는 소리]; 털썩 던지기[떨어뜨리기], 털썩 던지는 소리[떨어지는 소리]. **2** 《美俗》 강타(强打). **3** 《美俗》 달러(dollar).

plunk·er 圈 《구어》 팅, 탕; 털썩; 정확하게.
plunk·er [plʌ́ŋkər] 圈 **1** 털썩[쿵] 하는 소리를 내는 사람[것]. **2** 《낚시》 (풍당 소리를 내며 떨어지는) 제물 낚시.

plu·per·fect [plu:pə́ːrfikt] 《문법》 圈 과거완료(시제, 형)의, 대(大)과거의. ——圈 과거완료(형), 대과거.

plupf. pluperfect. **plur.** plural(ity).

‡**plu·ral** [plúərəl] 圈 **1** 2개[사람] 이상의[으로 된], 복수의; 복수의 사람[것]에 관계가 있는[관계된]; 복수 가운데 하나의. ¶ ~ offices 겸직. **2** 《문법》 복수의(圈 singular). ¶ a ~ form 복수형/the ~ number 복수. ——圈 (圈 ~s [-z]) 《문법》 복수; 복수형, 복수형의 말.

in the plural 복수형으로. [말⑪ pl.).
plu·ral·ism [plúərəlizm] 圈ⓤ **1** 《철학》 다원론(多元論)(圈 monism). **2** 《경제》 《교회》 (둘 이상의) 성직 겸직, 겸무. **3** 복수, 복수성(複數性). **4** 사회적 다원성, 다원적 공존; 문화적 다원주의(cultural ~).

plu·ral·ist [plúərəlist] 圈 《철학》 다원론자; 《교회》 겸직자; 교회의 성직 겸임자. ——圈 =pluralistic.

plu·ral·is·tic [plùərəlístik] 圈 《철학》 다원론의; 《교회》 겸직의. **-ti·cal·ly** 分.

plu·ral·i·ty [plùərǽləti] 圈ⓤⓒ **1** (a ~, the ~) 《美》 (최고 득표자와 차점 득표자의) 득표차, 초과 득표수; 상대적 다수; 최고 득표수(* 두 후보 과반수 미달인 경우 쓰임); (圈 majority). ¶ win the election by a ~ of 50 votes 50표 차이로 당선되다. **2** 절대 다수, 과반수; 다수(multitude) (of). ¶ ~ of people 다수의 사람들. **3** 복수(임); 다수(임). **4** 《경제》 《교회》 = pluralism **2**.

plu·ral·ize [plúərəlàiz] (* 《英》 **-ise**) 囲甸 …을 복수(형)으로 만들다[나타내다]. ——甸 복수가 되다; 겸직하다, (둘 이상의) 교회를 겸임하다. **-i·zá·tion** 圈.

plu·ral·ly [plúərəli] 分 복수(형)으로, 복수로서, 복수의 뜻으로, 복수적으로. [부(제)(polygamy).

plúral márriage 圈 복혼(複婚), 일부다처[일처다부].
plúral socíety 圈 다수 민족·인종의 복합 사회.
plúral vóte 圈 복수 투표(투표권). **plúral vóter** 圈.
plúral vóting 圈 복수 투표제.
plúral wífe 圈 일부다처의 처 중의 사람.

plu·ri- [plúəri] 〔연결〕 several, many의 뜻. ¶ *pluri*-syllable (다음절어(多音節語)).

plu·ri·prés·ence [plùəriprézəns] 圈 《신학》 신의 편재(遍在)(동시에 두 군데 이상에 존재하는 일).

‡**plus** [plʌs] 圈 **1** …을 더하여, 플러스하여, …을 보태면, ¶ Three ~ seven is [or equals] ten. 3에 7을 더하면 10이 된다. **2** 《구어》 …을 보태어[더하여], 덧붙여, …외의(as well as, besides). ¶ It requires speed ~ skill. 그것은 스피드에 (곁들여서) 기술을 요한다.
——圈 **1** 덧셈의, 플러스의; 정(正)의. **2** (숫자 뒤에서)

…이상의; (평점이) …의. ¶ a B ~ rating B 플러스의 평점. **3** 《美구어》 《서술용법》 …을 더한, (돈 따위를) 번. ¶ She was ~ two thousand dollars. 그녀는 2,000달러를 벌었다. **4** 여분의, 플러스 알파의; 《구어》 그 이상의, 바람직한. ¶ This young man has personality ~. 이 젊은이에게는 개성 이상의 무엇인가가 있다. **5** 《전기》 양(陽)의; 《식물》 양성[웅성]의. **6** 《부기》 대변(貸邊)의. **7** 《골프》 핸디캡을 준.

on the plus side of the account 이익(貸邊)에.
——圈 (圈 ~·(s)es [-iz]) **1** ~ sign. **2** 양수, 양(量). **3** 부가물, 잉여; 여분; 이익. **4** 《골프》 핸디캡.
——圖 《구어》 그 위에, 더욱이, 더구나, 게다가(besides).

plus which 《美구어》 그 위에, 더욱이, 게다가.
——圖 《구어》 더구나, …도 역시, 또한. ¶ It's safe ~, it's economical. 그것은 안전할 뿐 아니라 경제적이다.
——圈 (**-ss-**) 《구어》 더하다, 늘이다, 얻다.

PLUS *parent loan for undergraduate students* (대학생 부모의 대한 학자금 융자).

plús and mínus 圈 (the ~) (이해) 득실.
plus ça change, plus c'est la même chose [F ply sɑ́ː ʃɑːʒ, ply sɛ la mɛm ʃoːz] 겉은 변해도 알맹이는 변하지 않는다. 〔< F the more it changes, the more it is the same thing〕 [기).

plús cóunt 圈 《로켓》 플러스 카운트(발사 후의 초읽기).
plús fàctor 圈 플러스 요인, 플러스 알파의 것.
plús fóurs 圈圈 = knickers **1**.

plush [plʌʃ] 圈 **1** ⓤ 플러시 천(벨벳의 일종). **2** ⓒ (~es) (바지 등의) 플러시 천 바지. ——圈 **1** 플러시 천의[으로 만든]. **2** 《구어》 (가구·장식품 따위가) 사치스러운, 호화로운. ¶ a ~ hotel 호화 호텔. **3** (식물 따위가) 번성한, 무성한. ——囲甸 《속어》 호화롭게 살다.
~ed, **~·like** 圈 **~·ly** 分 **~·ness** 圈.

plush·er·y [plʌ́ʃəri] 圈 《美俗》 호화로운 호텔[나이트클럽, 레스토랑 따위]. 『사치스러운(plush).
plush·y [plʌ́ʃi] 圈 플러시 천의[천과 같은]; 《속어》
plús or mínus 圈 (the ~) (통계 따위에서) (오차의) 상하폭, 범위.

plús·sage [plʌ́sidʒ] 圈 여분의 양[액수), 플러스분.
plús síght 圈 《측량》 정시(正視).
plús sígn 圈 《수학》 덧셈 부호, 플러스 기호, 양(陽)
plús tíck 圈 《증권》 =uptick. [부호(+).

Plu·tarch [plúːtɑːrk] 圈 플루타르코스, 플루타크 (46?-120?: 그리스의 철학자·전기 작가).

Plu·tárch·(i)an 圈.
plu·tar·chy [plúːtɑːrki] 圈 = plutocracy.
plute [pluːt] 圈 《美俗》 = plutocrat.
plu·te·us [plúːtiəs] 圈 (圈 **-te·i** [-tiài], **~·es**) **1** (고대 로마 건축의) 원주 사이의 낮은 담; (고대 로마의) 독서대, 책상. **2** 《동물》 성게·거미불가사리류 따위 극피동물의 유충(幼蟲).

Plu·to [plúːtou] 圈 **1** 《그리스 신화》 플루토, 플루톤 (저승의 왕 Hades의 호칭). **2** 《천문》 명왕성(冥王星).
sup with Pluto 저승으로 가다.

plu·toc·ra·cy [pluːtɑ́krəsi/-tɔ́k-] 圈ⓤ 금권[재벌] 정치, 금권 정체[국가]; 부호 계급; 부호 사회.
plu·to·crat [plúːtəkræ̀t] 圈 (종종 경멸적) 금권[부호] 정치가; (경멸적) 부호, 부자.

plu·to·crat·ic [plùːtəkrǽtik] 圈 금권[부호] 정치 (가)의. (또는 **plutocratical**) **-i·cal·ly** 分.

plu·to·de·moc·ra·cy [plùːtədiːmɑ́krəsi/-mɔ́k-] 圈ⓤ 금권 민주주의, (또는 **plutocratical**) 금권 민주주의 국가.

plu·tol·a·try [pluːtɑ́lətri/-tɔ́l-] 圈ⓤ 금권(주의), 배금(拜金) (사상). [學), (정치) 경제학.
plu·tol·o·gy [pluːtɑ́lədʒi/-tɔ́l-] 圈 이재학(理財
plu·to·ma·ni·a [plùːtəméiniə, -njə] 圈 이상(異常) 부유 원망(願望), 부자 망상.

plu·ton [plúːtɑn/-tɔn] 圈 《지질》 심성암(深成岩).

Plu·to·ni·an [pluːtóuniən] 圈 **1** Pluto의[와 같은];

plu·ton·ic 저성의[과 같은]. 2 (종종 p-) [지질] 지각 화성론(地殼火成論)(plutonic theory)의. (또는 **Plutonic**)

plu·ton·ic [pluːtánik/-tɔ́n-] 웹 1 (P-) =Plutonian. 2 [지질] 심성(深成)의, 화성(火成)의. ¶~ rocks 심성암/the ~ theory 지각 화성론.

plu·to·nism [plúːtənìzm] 명 [지질] 1 심성(深成) 활동. 2 (종종 p-) 심성론, 화성론(火成論)(마그마에 의한 암석 생성설). 3 [병리] 플루토늄 중독(증). **-nist** 명

plu·to·ni·um [pluːtóuniəm] 명 U [화학] 플루토늄 (인공 방사성 원소로 원폭의 재료; 기호 Pu).

plu·ton·o·my [pluːtánəmi/-tɔ́n-] 명 정치경제학 (political economy); 경제학. **-to·nóm·ic** 형

Plu·tus [plúːtəs] 명 [그리스 신화] 플루투스(부(富) (as) **rich as Plutus** 큰 부자의. [의 신).

plu·vi·al [plúːviəl] 형 비의, 비가 많은; [지질] 비의 작용에 의한. ─ 명 [지질] 다우기(多雨期).

plu·vi·om·e·ter [plùːviámətər/-ɔ́m-] 명 우량계 (rain gauge). 는 **pluviameter**)

plu·vi·o·met·ric [plùːviəmétrik] 형 우량계의; 우량 측정의. (또는 **pluviometrical**) **-ri·cal·ly** 부

plu·vi·om·e·try [plùːviámətri/-ɔ́m-] 명 U 우량 측정(법). [**plúv·i·ose** [-ouz]]

plu·vi·ous [plúːviəs] 형 비의; 비가 많은. (또는 **PLWA** people living with AIDS(에이즈 환자).

‡**ply¹** [plai] 동 (**plies** [-z]) 타 1 [도구 따위]를 부지런히 쓰다, 사용하다; [재능 따위]를 십분 발휘하다. ¶~ one's oars 노를 열심히 젓다. 2 [익살] …에 힘쓰다. ¶~ one's trade 장사에 힘쓰다. 3 설새없이 ~을 (…으로) 공격하다. ¶(~+圓+前+图) ~ a ship with shells 배를 설새없이 포격하다. 4 …을 계속 공급하다, (장작 따위)를 자꾸 지피다 (with). ¶~ a fire with fresh fuel 불에다가 새 연료를 계속 지피다. 5 (음식·선물 따위)를 [남]에게 강권하다, 성가시게 권하다; (질문 따위)를 [남]에게 퍼붓다 (with). ¶~ a person with food[questions] 남에게 억지로 음식을 권하다 [질문을 퍼붓다]. 6 (배 따위)…을 정기적으로 왕복하다. ─자 1 정기적으로 왕복하다. ¶(~+前+图) ~ between Dublin and Holland. 더블린과 네덜란드간을 왕복하다. 2 (…을) 열심히 하다 (at, with). ¶~ at one's business 일을 부지런히 하다/~ with the oars 부지런히 노를 젓다. 3 (배가) 바람을 안고 나아가다. 4 (짐꾼·택시 따위가) (…에서/손님을 기다리다 (in, at/for). ¶a taxi plying in the streets 손님을 찾아 거리를 돌아다니는 택시/~ for hire (택시가) 손님을 기다리다. **~·ing·ly** 부

ply² [plai] 명 1 (합판·천 따위의) 두께, 겹; (밧줄 따위의) 가닥. 2 [구어] =plywood. 3 U 경향, 성벽; 성향. **take a ply of** …의 습관이 들다, …의 경향을 가지다. ─ 명 1 겹(중(重), 가닥]의. ¶a two-~ rope 두 가닥으로 된 밧줄. ─ 타자 (英방언) …을 꼬다; …을 접다.

*****Plym·outh** [pĺməθ] 명 플리머스. 1 영국 서남부의 군항(1620년 Mayflower호가 아메리카로 출항한 항구). 2 미국 Massachusetts 주의 도시(Pilgrim Fathers가 건설). 3 (상표) 미국 Chrysler사(社)의 자동차.

Plymouth Bréthren 플리머스 동포 교회(1830 년경 영국의 Plymouth에서 창건된 기독교의 한 종파).

Plymouth Còlony 명 (the ~) [미국사] 플리머스 식민지(1620년에 Pilgrim Fathers가 Massachusetts 주에 건설한 최초의 식민지).

Plymouth Ròck 1 플리머스 바위(미국 Plymouth에 있는 Pilgrim Fathers가 상륙했다고 하는 사적). 2 (미국산(産)) 플리머스 로크종의 닭.

ply·wood [pláiwùd] 명 U 합판, 베니어판(veneer).

Pm 기호 [화학] promethium. **pm.** premium; premolar; pumice.

‡**p.m., P.M.** [pìːém] 명 [L. post meridiem(오후)] (* 숫자 뒤에 붙여서 사용한다). 반 a.m. ¶at 5 p.m. 오후 5시에. [<L afternoon]

P.M. Past Master; Paymaster; Police Magistrate; Postmaster; postmortem; preventive maintenance(예방 보전); Prime Minister; Provost Marshal; push money(특별 장려금). **PMA** paramethoxyamphetamine; personal management analysis(인사 관리 분석); Production and Marketing Administration.

P màrk·er [píːmàːrkər] 명 [언어] 구 구조(句構造) 표시(phrase marker).

P.M.G. Paymaster General; Postmaster General; Provost Marshal General. **pmh, PMH** production per man-hour(1인 1시간당 생산고).

PMI [píːémái] 명 (美) [경제] 구매 관리자 지수 (NAPM (미국 구매 관리자 협회) 발표의 기업 신규 주문·생산·출하·재고·고용 의 지수).
[<Purchasing Managers' Index]

PMJI (속어) [컴퓨터] Pardon my [or me for] jumping in(끼어들어 죄송합니다). **pmk.** postmark. **P.M.L.** (보험) probable maximum loss(가능 최고 손실액). **PMLA** Publications of the Modern Language Association of America(미국 현대 어학 협회 출판물). **P.M.O.** postal money order; Principal Medical Officer. **PMS** [컴퓨터] Pantone matching system(출력 기기에 의존하지 않고 색을 실현하는 방식); premenstrual syndrome. **PMT** photomechanical transfer; premenstrual tension. **pmt.** payment. **pn, PN** please note; promissory note. **p.n., P/N** practical nurse(보조 간호사); promissory note; psychoneurotic. **PNA** (생화학) pentose nucleic acid; Philippines News Agency. **PNC** Palestine National Council(팔레스타인 민족 평의회). **PNdB** perceived noise decibel(s)(PN 데시벨; 감각 소음 데시벨).

-pne·a [pníːə] [연결] 「호흡」의 뜻. ¶dyspnea.

P.N.E.U. (英) Parents' National Educational Union. **pneum.** pneumatic(s).

pneu·ma [njúːmə/njúː-] 명 정신, 영혼; [신학] 성령(Holy Spirit); [철학] 프네우마(인간 생명의 원리).

pneu·mat·ic [njuːmǽtik/nju:-] 형 1 공기의; 기체의; 바람의. 2 공기 역학(상)의. 3 공기의 작용에 의한. ¶a ~ brake 공기 브레이크. 4 공기가 든; 압축 공기를 채운. ¶a ~ cushion 공기 방석. 5 (자전거 타위가) 공기 타이어가 달린. 6 (동물) 공기가 든; 기낭(氣囊)·기낭(氣囊)이 있는. ¶a ~ duct 기도(氣道). 7 [신학] 영혼의, 영적의. 8 (구어) (여성의) 육체미의, (특히) 가슴이 풍만한. ─ 명 공기 타이어(가 달린 탈것).
-i·cal·ly 부 **-ma·tíc·i·ty** 명 [「잠함(潛函)」]

pneumatic cáisson 명 [토목·건축] 공기 케이슨

pneumatic dispátch [póst] 명 (압축 공기관으로 우편물 따위를 발송하는) 기송(氣送).

pneumatic drill 명 수동 착암기(jack-hammer).

pneumatic dúct 명 [어류] 호흡관, 부레 기관(氣管).

pneumatic hámmer 명 [기계] =air hammer.

pneu·mat·ics [njuːmǽtiks/nju:-] 명 U (단수취급) 기학(氣學) (기체[공기] 역학. 「기를 동력으로 한다」.

pneumatic súbway 명 (美) 공기 지하철(압축 공

pneumatic tíre 명 공기 타이어.

pneumatic tróugh 명 [화학] 가스 채취용 물통.

pneumatic túbe 명 (우편물 따위의) 기송관.

pneu·ma·to- [njúːmətou, -mə, njuːmǽt-] [연결] air, breath, spirit의 뜻. ¶pneumatology.

pneu·ma·to·graph [njuːmǽtəgræf, -grà:f/njúːmətə-] 명 [의학] =pneumograph.

pneu·ma·tol·o·gy [njùːmətálədʒi/njùːmətɔ́l-] 명 U 1 [신학] 성령론, 성령신앙. 2 정령론, 영물학(靈物學). 3 (고어) 심리학; (폐어) 기학.

pneu·mat·o·lóg·ic, -to·lóg·i·cal 형 **-gist** 명

pneu·ma·tol·y·sis [njùːmətɔ́ləsis/njùːmətɔ́l-] 명 [지질] 기성(氣成) 작용.

pneu·màt·o·lít·ic, pneu·màt·o·lýt·ic 형
pneu·ma·tom·e·ter [njù:mətámətər/njù:-mətɔ́m-] 명 폐활량계. **-try** 명
pneu·mat·o·phore [njumǽtəfɔ̀ːr, njúmətə-/njú:mətə-] 명 〔식물〕 호흡근(呼吸根); 〔동물〕 기포체.
pnêu·ma·tóph·or·ous 형
pneu·ma·to·ther·a·py [njù:mæ̀təθérəpi/nju:-] 명 〔의학〕 공기 요법.
pneu·mec·to·my [njuːméktəmi/nju:-] 명 〔외과〕 =pneumonectomy. ¶ 듯. ¶ pneumograph.
pneu·mo- [njù:mou, -mə/njú:-] 〔연결〕 lung의
pneu·mo·ba·cil·lus [njù:məbəsíləs] 명 (복 **-cil·li** [-silai]) 폐렴 간균(桿菌).
pneu·mo·coc·cus [njù:məkákəs/njù:məkɔ́k-] 명 (복 **-coc·ci** [-sai/-si]) 폐렴 쌍구균(雙球菌). **-cóc·cal, -cóc·cic, -cóc·cous** 형
pneu·mo·co·ni·o·sis [njù:məkòunióusis/njù:-] 명 Ⓤ 〔병리〕 진폐증(塵肺症). (또는 **pneumonoconiosis, pneumonokoniosis**)
pneu·mo·cýs·tis pneumónia [njù:məsistis-/njù:-] 명 〔병리〕 뉴머시스티스성 폐렴(병원(病原) 미생물 pneumocystis carinii에 의해 발생하는 고도의 전염성 폐렴; 약 PCP].
pneu·mo·dy·nam·ics [njù:mədainǽmiks/njù:-] 명Ⓤ〔단수취급〕 기체 역학(pneumatics).
pneu·mo·gas·tric [njù:məgǽstrik/njù:-] 〔해부〕 형 미주(迷走) 신경. (또는 ∼ **nérve**) — 명 폐와 위의, 미주 신경의.
pneu·mo·graph [njú:məgrǽf, -grɑ̀:f/njú:mə-] 명 〔의학〕 호흡 운동 묘사기, 호흡 (곡선) 기록기. (또는 **pneumotograph**) **-gráph·ic** 형
pneu·mog·ra·phy [njuːmágrəfi/nju:mɔ́g-] 명 〔의학〕 호흡 운동(곡선) 묘사(촬영)법; 기체 주입 촬영법.
pneu·mol·o·gy [njuːmálədʒi/nju:mɔ́l-] 명 폐장학(肺臟學)
pneu·mo·nec·to·my [njù:mənéktəmi/njù:-]
pneu·mo·nia [njù:móunjə/nju:-] 명 Ⓤ 〔병리〕 폐렴(肺炎). ¶ acute [septic] ∼ 급성[패혈성] 폐렴.
pneu·mon·ic [njuːmánik/nju:mɔ́n-] 형 1 〔해부〕 폐의(pulmonic). 2 〔병리〕 폐렴의; 폐렴에 걸린.
pneu·mo·ni·tis [njù:mənáitis/njù:-] 명 간질성(間質性) 폐렴, 폐장염.
pneu·mo·nou·l·tra·mi·cro·scop·ic·sil·i·co·vol·ca·no·co·ni·o·sis [njù:mənouʌ̀ltrəmàikrəskɔ̀piksìlikouvɑlkèinouk òuniousis] 명 〔병리〕 =pneumoconiosis. ＊ 가장 긴 단어로서 종종 인용된다.
pneu·mo·tho·rax [njù:məθɔ́:ræks/njù:-] 명 Ⓤ 〔병리〕 기흉(氣胸). ¶ artificial ∼ 인공 기흉.
PNG, P.N.G. *Papua New Guinea*; 〔라틴〕 *persona non grata*; 〔의〕 문 접합.
p-ń jùnction 명 〔전자〕 〔반도체 단결정(單結晶)〕 중
PNL *perceived noise level*. **pnld** *paneled*.
Pnom Penh [pnám pén] 명 =Phnom Penh.
PnP 〔컴퓨터〕 *Plug and Play*. **PNR** *passenger name record*(여객 예약 기록); 〔항공〕 *point of no return*(귀항 불능 지점; 물러날 수 없는 입장). **PNTR** (美) *Permanent Normal Trade Relations*(영구적 정상 무역 관계). **pnxt.** 〔라틴〕 *pinxit*(=he [*or* she] painted it).
po [pou] 명 (英) 〔어린이말〕 =chamber pot.
Po [pou] 명 (the ∼) 포 강(江)(이탈리아 최대의 강).
Po 기 〔화학〕 *polonium*. **po.** *pole*; 〔야구〕 *put-out*(s). **p.o.** 〔라틴〕 *per os*(=by mouth)((처방전에서) 입으로부터의, 경구(經口)의). **P.O.** *parole [petty] officer*; (속어) *piss off*; *please omit* (flowers)(화환 사절); *postal* (*money*) *order*; *post office*; *public office [officer]*. **POA** *primary optical area*; (英) *Prison Officers' Association*.

poach[1] [poutʃ] 자타 1 (英) (…을) 밀렵[밀어(密漁)]하다 (*for*). ¶ ∼ *for deer* 사슴을 밀렵하다. 2 (밀렵을 하기 위해 남의 땅에) 침입하다; (구어)(경멸적) (남의 권리·영역을) 침해하다 (*on, upon, in*). ¶ (∼+前+名) ∼ *in another's business* 남의 영역을 침해하다. 3 (테니스 따위에서) 파트너의 수비 범위의 공을 가로채다; (구어) (게임·스포츠 경기 등에서) 부정 행위를 하다. 4 (지면 따위가) 질척거리다 (진창을) 애쓰며 나아가다. 5 (英방언) 돌진하다, 찌르다(poke). — 타 1 …을 밀렵[밀어]하다; …을 훔치다, 도용하다. 2 (밀렵·밀어를 위해) …에 침입하다. 3 …을 짓밟다; …을 진창으로 만들다; (점토 따위를) 물을 섞어서 고루 이기다. 4 (파트너의 공을) 가로채다, 옆에서 뛰어나와 치다; (구어) (경멸적) (경기 따위에서) …을 부정 수단으로 가로채다; (다른 회사의 간부·기술자 따위를) 빼오다, 스카우트해오다. 5 (英방언) …을 처넣다, 찌르다 (*into*).
poach on [or *upon*] *another's preserves* 남의 수렵지에 침입하다; 남의 영역을 침범하다.
∼·**a·ble** 형
poach[2] 타자 데치다, (달걀을) 깨서 (풀지 않고) 끓는 물에 삶다. ¶∼*ed eggs* 수란(水卵). ∼·**a·ble** 형
poach·er[1] [póutʃər] 명 (영역) 침입자; 밀렵[밀어]자.
poach·er[2] 명 수란짜. 찜통. 〔자.
poach·y [póutʃi] 형 습지의, 진창인(swampy).
póach·i·ness 명
POB, P.O.B. *post-office box*.
po·bla·ci·on [pòublɑːsióun] 명 (복 **-o·nes** [-óunes]) (칠레의) 빈민가. [<Sp]
po·bla·dor [pòublɑːdɔ́ːr] 명 (복 **-do·res** [-dɔ́:res]) (칠레의) 빈민가 주민, 슬럼가 사람. [<Sp]
P.O. Box *post-office box*. **POC, P.O.C.** *port of call*(보급·수리 등을 위한) 기항지(寄港地); 자주 들르는[들르기로 예정된] 장소).
po·chard [póutʃərd, -kərd/-tʃəd, pótʃ-] 명 (복 ∼(s)) 유럽산(産) 바다오리.
po·chette [poujét] 명 작은 포켓; 핸드백. [<F]
Po Chü-i [póu tʃùːi] 명 백거이(白居易)(772–846; 중국 당(唐)나라 때의 대표적 시인; 자(字)는 낙천(樂天)). (또는 **Bai Juyi**)
pock [pak/pɔk] 명 1 마맛자국(pockmark); 농포(膿疱). 2 작은 구멍, 얽은 자국. — 타 …에 마맛[농포] 자국을 남기다, 곰보가 되게 하다. 〔있는.
pocked [pakt/pɔkt] 형 마맛자국이 있는, 농포가
pock·et [pákit/pɔ́k-] 명 1 호주머니, 포켓. ¶ *put one's hand in one's trousers*[s] ∼ 바지 호주머니에 손을 찔러 넣다. 2 (돈 넣는 곳으로서의) 주머니, (돈)지갑; (美) (작은) 핸드백. ¶ *an empty* ∼ 무일푼(인 사람). 3 (a ∼, one's ∼) 호주머니 물건; 가지고 있는 돈, 용돈; 재력, 자력(資力)(resources). ¶ *a deep* ∼ 풍부한 재원, 강력한 자금원. 4 (주머니 모양의) 용기[칸막이]; 우묵한 곳, 구멍, 둘러싸인 곳, 골짜기. 5 〔광산〕 광혈(鑛穴), 광맥류(鑛脈瘤). 6 〔당구〕 포켓; (경주 따위에서) 다른 주자에 둘러싸여 전진을 못하고 있는 위치; 〔볼링〕 포켓(오른쪽 코스로 던질 때는 1·3핀 사이, 왼쪽 코스로 던질 때는 1·2핀 사이; 스트라이크의 목표). 7 (캥거루 따위의) 주머니(sac). 8 〔군사〕 고립 지대[군]; 고립된 집단[지역]; 아성(牙城). 9 〔항공〕 =air ∼. 10 (英) (호프·양모 따위를 넣는) 자루.
be [or live] in each other's pockets (구어) (두 사람이) 늘 같이 있다[어울리다].
be…in [out of] pocket (돈이) 있다[없다]; (돈을) 벌다[손해 보다]. ¶ *I am* 1,000 *dollars in [out of]* ∼ *by the transaction*. 나는 그 거래에서 1,000달러를 벌었다[손해 보았다].
burn a hole in one's pocket ⇒HOLE.
dig (deep) into one's pocket [or *purse*] 자기 돈을 내(서) 지불하다.
dip (one's hand) into one's pocket = *put one's*

hand in one's pocket.
have a person **in** one's **pocket** 남을 손아귀에 쥐다, 남을 마음대로 하다. ¶She *has* her husband *in her* ~. 그녀는 남편을 손아귀에 쥐고 있다.
in a person's (**hip**) **pocket** 남이 하라는 대로 하여.
in one's **pocket** ① 호주머니 속에. ② 손안에 있어; 지배하여; 마음대로; 바로 곁에.
in pocket 이익을 보아, 벌어; 돈에 구애를 받지 않아.
keep one's **hands in** one's **pockets** 일을 하지 않고 있다, 게으름 피우다.
line one's **pockets** (남을 희생시키고) 돈을 벌다; 사복(私腹)을 채우다.
live beyond one's **pocket** 수입 이상의[분수에 넘치는] 생활을 하다.
live in a person's **pocket** (구어) 남의 돈으로 생활하다.
out of pocket ① (英) 손해를 보아; 돈에 쪼들려. ② (美속어) 부재중인, 자리를 비우고 있는.
out of the pocket =*out of pocket* ②.
pay out of one's **own pocket** 자기 돈으로 지불하다, 자기 주머니를 털다, 사재를 쓰다.
pick a **pocket** 소매치기를 하다.
put one's **hand in** one's **pocket** 돈을 내다, 기부를 하다.
put one's **pride in** one's **pocket** 자존심을 억누르다, 수모를 참아내다.
sit in a person's **pocket** 남의 측근이 되다.
suffer in one's **pocket** 피해를 보다, 손해를 보다.
the depth of one's **pocket** 호주머니[자금] 사정.
── 형 소형의, 휴대용의, 포켓용의. ¶a ~ *country* 소국(小國)/a ~ *war* 국지전, 소규모 분쟁[충돌]/a ~ *mirror* 주머니 거울.
── 타 1 …을 포켓에 넣다[감추다]. 2 …을 착복하다, 횡령하다; (구어) …을 훔치다. ¶~ *public funds* 공금을 횡령하다. 3 …을 참다, 억누르다 (감정 따위를) 숨기다. ¶~ *an insult* 모욕을 참다. 4 (당구) (공)을 포켓에 넣다. 5 (美) (대통령·지사 등이) (의안 따위를) 깔아뭉개다. 6 (경주 따위에서) (주자)를 둘러싸고 달리다, …의 방해를 하다. 7 …에 포켓을 달다. 8 (군사) (적)을 포위 고립시키다.
pocket one's **pride** (목적 달성을 위해) 자존심을 억~**less,** ~**like** 형누르다.
pock·et·a·ble [pákitəbl/pók-] 형 포켓에 넣을 수 있는, 휴대할 수 있는, 포켓 크기의.
pócket báttleship 형 (1만톤 급의) 소형 전함.
pócket bélt 형 포켓 벨트(포켓이 달린 벨트).
pócket bìlliards 형 (단수취급) 포켓볼(당구).
***pock·et·book** [pákitbùk/pók-] 형 1 지갑, 호주머니; (美) 핸드백, 2 자력(資力), 재원. 3 포켓판[염가판] 책, 문고본(paperback). (또는 **pócket bòok**) 4 (美) 수첩. ── 형 금전적인, 경제적 이해에 관련된.
pócket bórough 형 (英) (한 사람 또는 한 가족의) 독점 선거구(1832년 선거법 개정으로 폐지).
pócket bréad 형 =pita².
pócket cábbage 형 (美속어) =pocket lettuce.
pócket cálculator 형 포켓(휴대용) 계산기.
pócket dòor 형 (건축) (열면 벽 속으로 들어가는) 쪽미닫이.
pócket edítion 형 포켓판 책, 문고본; 축소형[판].
pock·et·ful [pákitful/pók-] 형 (복) **~s**) 주머니에 가득한 분량. ¶a ~ *of money* 상당한 금액, 한 재산.
pócket gópher 형 두더지볼쥐. 형 gopher
pock·et·hand·ker·chief [ˈhæŋkərtʃif, -tʃìːf] 형 (복 ~**s**) 손수건; (비유적) 포켓에 들어갈 정도의 작은 것.
pock·et·ing [pákitiŋ/pók-] 형 포켓 안감, 호주머니감.
pock·et·knife [pákitnàif/pók-] 형 (복 -**knives** [-nàivz]) 주머니칼, 접칼.
pócket léttuce 형 (美속어) 돈, 지폐, 현찰.
pócket lìtter 형 (美속어) (잔돈·열쇠·신용 카드 따위) 호주머니[지갑] 속의 물건.
pócket mòney 형 용돈(allowance).
pócket mòuse 형 (동물) 주머니쥐.
pócket òffice 형 휴대용 사무 기기(전화·팩스·노트북·컴퓨터 등).
pócket pàger 형 =beeper, pager.
pócket párk 형 (고층 건물 사이에 있는) 소(小)공원, 미니 공원.
pócket píece 형 부적 돈(재수 좋으라고 넣고 다니는 옛날 돈).
pócket pístol 형 소형 권총; (익살) 포켓용 술병 (위스키 따위).
pócket pòol 형 (美속어·비어) 주머니에 손을 넣고 자위 행위를 하기.
pócket rát 형 1 =pocket gopher [mouse]. 2 = kangaroo rat.
pócket sécretary 형 다기능 손지갑, 다이어리(신용 카드·명함·돈·메모지 등의 수납칸이 있는 지갑 모양의 케이스).
pock·et-size(d) [-sàiz(d)] 형 포켓에 들어가는, 소형의; (시장·나라 따위가) 좁은, 규모가 작은.
pock·et-square [-skwɛ̀ər] 형 포켓 스퀘어(양복 주머니 따위에 장식용으로 꽂는 손수건).
pócket véto 형 (美) (대통령·주지사에 의한 의회 통과) 법안의 거부(권)[묵살]. **pócket-vè·to** 형 타
pócket wátch 형 회중 시계.
pock·et·y [pákiti/pók-] 형 1 (광산) 광맥류(鑛脈瘤) ·· 2 포켓과 같은; 갇힌, 답답한.
pock·mark [pákmɑ̀ːrk/pók-] 형 (~**s**) 마맛자국.
── 타 …에 마맛자국을 남기다. **~ed** [-t] 형
pock·y [páki/póki] 형 마맛자국의, 마맛자국이 있는, 마맛자국투성이의.
po·co¹ [póukou] 형 (음악) 조금, 약간. ¶~ *presto* *un poco* 조금; 소량. 조금 빠르게. [<It]
po·co² 형 (美) 정치적으로 바른. [<*politically correct*]
po·co a po·co [póukou ɑː póukou] (음악) 서서히, 조금씩. [<It]
po·co·cu·ran·te [pòukoukjuræ̀nti/-kjurǽn-] 형 (-**ti** [-ti]) 무관심한 사람, 낙천가. ── 형 무관심한; 냉담한. **-tism**, **~·ism** 형 [<It]
pod¹ [pɑd/pɔd] 형 1 (콩 따위의) 깍지, 꼬투리. 2 (누에의) 고치; (메뚜기의) 알 주머니. 3 (제트 엔진·화물·무기 따위를 싣는) 비행기 날개 밑의 볼록한 부분; (우주선의) 해체 가능한 부분 4 (양수차의) 계기류 격납 용기. 5 (속어) 배; 올챙이배(potbelly).
in pod (英) 임신하여.
── 형 (-**dd**-) 자 1 꼬투리가 되다; 꼬투리를 맺다(*up*). 2 (꼬투리 모양으로) 부풀다. ── 타 …의 깍지를 까다.
pod up (임신하여) 배가 불러오다.
~·like 형
pod² 형 (고래·바다표범 따위의) 작은 떼.
pod³ 형 (대형 송곳 따위의) 세로 홈.
POD *port of debarkation*(양륙항). (난(pissed-off).
P.O.D., p.o.d., po'd [píːoud] 형 (美속어) 화가
P.O.D. *pay on delivery*(현품 교환 지불); *Pocket Oxford Dictionary*(포켓 옥스퍼드 사전); (美) *Post Office Department*(옛 체신부; 지금은 U.S.P.S.).
pod- [pɑd/pɔd] (연결) ⇒PODO-.
-pod [pɑd/pɔd] (연결) *footed*의 뜻 (* -*pode*로도 쓴다). **~·podous** 형 ¶*tripod*.
po·dag·ra [poudǽgrə, pɑ́dəg-] 형 [U] (병리) 발의 통풍(痛風). **-ric, -dág·rous** 형
pod·ded [pɑ́did/pɔ́d-] 형 1 꼬투리가 있는[생기는], 콩류의. 2 (비유적) 살림이 넉넉한, 유복한.
pod·dy [pɑ́di/pɔ́di] (濠) 형 형 1 갓 태어난 송아지, 아직 젖을 떼지 않은 송아지. 2 (일반적으로) 동물의 새끼.
── 타 (송아지 따위가) 인공 사육되다. ── 타 (구어) …을 인공 사육하다.
po·des·ta [poudéstə] 형 1 (중세 이탈리아 도시의)

장관, 행정관. **2** (이탈리아 파시스트당 임명의) 시장.
podg·y [pádʒi/pɔ́dʒi] 형 (英) =pudgy.
po·di·a·try [pədáiətri, pou-] 명U (의학) 족병(足病) 치료술; 족병 치료술(chiropody). **-trist** 명
po·di·um [póudiəm] 명 (복 ~s, -di·a [-diə]) **1** (오케스트라 따위의) 지휘대, 연단, 대. **2** 〔건축〕 낮은 벽, (사원 따위 열주(列柱)의) 주춧돌, 기단(基壇); 고대 원형 극장의 투기장과 관객석을 막아 놓은) 낮은 벽. **3** (공항 따위의) 티켓 카운터, 안내소. **4** 〔동물·해부〕 발(foot); (복족(腹足) 동물의) 발; 〔식물〕 잎꽂지.
pod·mall [pádmɔ̀:l/pɔ́d-] 명 (美) (대도시의) 소구모 쇼핑몰, (소규모 주차장을 갖춘) 편의점.
pod·o- [pádou, -də/pɔ́d-] 연결 foot의 뜻(* 모음 앞에서는 pod-). ¶podagra.
pod·o·phyl·lin [pàdəfílin/pɔ̀d-] 명U 포도필린 (황색 수지·하제(下劑)용).
pod·o·phyl·lum [pàdəfíləm/pɔ̀d-] 명 포도필름 근(根)(약용 식물 포도필름의 땅속줄기·잔뿌리를 말린 것; podophyllin의 원료).
-po·dous [pədəs] 연결 having feet, -footed의 뜻. 형 -pod ¶megapodous(큰 발의).
pód péople 명 (美구어) 무감정하고 인간미 없는 녀석들, (외계인처럼) 기분 나쁜 놈들.
pod·sol [pádsal/pɔ́dsɔl] 명 =podzol.
pod·speak [pádspi:k/pɔ́d-] 명 (美구어) 기계적 [형식적]인 내용 없는 이야기, 기계적인 말투.
Po·dunk [póudʌŋk] 명 (美구어) 보잘것없는 시골 마을[읍], 한촌. [<미국 Connecticut 주에 있는 마을 이름]
pod·zol [pádzal/pɔ́dzɔl] 명UC 〔지질〕 포드졸, 회백토(灰白土)(한대 습윤지(濕潤地)의 토양). **pod·zól·ic** 형 ~·**ize** 타 [시인·단편 작가·비평가).
Poe [pou] 명 Edgar Allan ~ 포(1809-49: 미국의
POE, P.O.E. port of embarkation; (美) port of entry(통관항).
‡**po·em** [póuəm] 명 (복 ~s [-z]) **1** 시, 운문(韻文); 시적인 문장(⇔ verse, prose). ⇒POETRY 유의어 ¶a lyric[an epic] ~ 서정[서사]시/a prose ~ 산문시/make[or compose] a ~ 시를 쓰다, 시작(詩作)하다. **2** 시적인 것, 시흥이 넘치는 것, (한 편의) 시와 같이 아름다운 것.
poe·nol·o·gy [pi:nálədʒi/-nɔ́l-] 명 =penology.
po·e·sy [póuəsi/-zi] 명 **1** 시작(詩作), 시의 창작; 작시법. **2** (고어) 〔집합적〕 시, 시가(poetry); 운문 (verse). **3** 시적 영감, 시재(詩才).
‡**po·et** [póuit] 명 **1** 시인, 가인(歌人). **2** 시인 기질이 있는 사람, 시재[시상]이 있는 사람. ~·**less**, ~·**like** 형
poet. poetic(al); poetry.
po·et·as·ter [póuitæ̀stər/⌐⌐⌐] 명 (경멸적) 삼류 시인, 엉터리 시인(versifier). **-ing, ~·ism, -try** 명
po·et·ess [póuitis] 명 여류 시인(* poet의 여성형).
*po·et·ic [pouétik] 형 **1** 시적인; 시가의, 시와 같은, 시 재(詩材)가 되는; 낭만적인; 시로 쓰인, 운문(韻文)의. ¶~ genius 시재(詩才)/~ feeling 시정/~ literature 시문학, 시작품/~ imagination 시적 상상력/That's very ~. 그것은 마치 시와 같다. **2** 시인의, 시인적인, 시인 소질이 있는; 상상력이 풍부한(imaginative). ¶a ~ person 시인 소질이 있는 사람. **3** (장소 따위가) 시로 읊어진, 시에 **poetical**)

주의 poetic은 시의 본질·내용에 관하여, poetical 은 시의 형식에 관하여 식별적으로 사용될 때가 있다.

— 명 =poetics.
***po·et·i·cal** [pouétikəl] 형 **1** =poetic. **2** (역사 따위가) 시실에서 벗어난, 이상화된. — 명 =poetics.
poétic díction 명 시어(詩語). [~·**ly** 부
poétic dráma 명 시극(詩劇). [시적 표현.
po·et·i·cism [pouétəsìzm] 명UC 진부[부자연]한
po·et·i·cize [pouétəsàiz] (* 〔英〕 **-cise**) 타자 …을 시화하다, 시로 표현하다, 시로 짓다. — 자 시를 읊다[쓰다]. [선 징악(勸善懲惡) 주의).
poétic jústice 명 시적 정의(문학에서 말하는 권
poétic lícense [(英) **lícence**] 명 시적 허용 [자유](시적 효과를 위해 시에서 허용되는 파격·일탈).
po·et·ics [pouétiks] 명 〔단수취급〕 **1** 시학, 시론. **2** 시에 관한 논문. **3** 운율(韻律) 연구, 운율학. **4** 시풍(詩風); 시적 실천; 시적 감정[표출].
po·et·i·cule [pouétikjù:l] 명 =poetaster.
po·et·ize [póuitàiz] (* 〔英〕 **-ise**) 동 =poeticize.
póet láureate 명 (복 **-s l-**) **1** 〔英〕 계관(桂冠)시인. **2** (한 국가[지역]의) 대표적[당대 제일의] 시인. **3** (美) 국민 시인(국회 도서관의 시(詩) 고문에 주어지는 칭호).
‡**po·et·ry** [póuitri] 명U (예술의 한 분야로서의) 시, 운문, 시가, 작시(법). ¶allegorical [erotic] ~ 우의(寓意) [연애]시. **2** 〔집합적〕 시, 시가; 시집. ¶Victorian ~ 빅토리아조(朝) 시가/Byron's ~ 바이런의 시/epic [lyric] ~ 서사[서정]시/write ~ 시를 쓰다[짓다].

유의어 **poetry** 총칭적 또는 예술 분야로서의 「시」; 운문(韻文)에만 한정되지 않는다. **poem** 구체적인 시 작품. **verse** 운문; 반드시 시만을 가리키지는 않는다.

3 (어느 시인의) 시풍, 작풍. **4** 시를 연상하게 하는 것, 마치 한 편의 시와 같은 것. **5** 시취(詩趣), 시심, 시정.
Póets' Córner 명 (the ~) **1** 시인 묘역(London의 Westminster Abbey의 유명 시인의 묘지와 기념비가 있는 곳). **2** (익살) (신문·잡지 따위의) 시가란(欄).
POEU 〔英〕 Post Office Engineers Union.
po-faced [póufèist] 형 (구어) =poker-faced.
po·gey [póugi] 명 (속어) **1** (수용 시설 따위에 기증되는) 식품 꾸러미. **2** 캔디; 진수 성찬. **3** (캐나다) 복지 시설; 자선 단체; (정부의) 구제 제도, 실업 보험[수당].
pógey báit 명 (속어) (어린이를 유인하는 데 쓰는) 과자, 캔디. (또는 **pógie** [**pógy**] **bàit**)
pog·gie [pági/pɔ́gi] 명 (美軍속어) 신병(新兵).
po·gie [póugi] 명 =pogy 1.
po·go [póugou] 명 =~ stick. — 자 (음악에 맞춰) 뛰어올라 춤추다, 포고를 타듯이 춤추다. ~·**er** 명
POGO [póugou] Polar Orbiting Geophysical Observatory (극궤도 지구 관측 위성).
pógo efféct 명 〔로켓〕 포고 효과(액체 연료 로켓의 발사 직후에 일어나는 기축(機軸) 방향의 진동).
po·go·ni·a [pəgóuniə, -njə] 명 큰방울새난초(난초과(科) 식물).
pog·o·nip [págənìp/pɔ́g-] 명 (겨울철 미국 서부 산악 지대에 특유한 세빙(細氷)이 섞인 짙은 안개.
pógo stíck 명 〔상표〕 포고, 외다리 죽마(발판과 용수철이 달린 뜀뛰기 놀이 기구). (또는 **pógo-stick**)
po·grom [pəgrám, -grám, pou-/pɔ́grəm] 명 (조직적·계획적인) 대학살 (제정 러시아의 유대인 대학살).
po·gy [póugi, pági] 명 **1** =menhaden. **2** (미국 서해안에서 잡히는 큰 청어류(類). **3** =porgy.
Po·hai [póuhái] 명 =Bohai.
poi [pɔi, póui] 명UC 포이(하와이의 전통적 주식인 타로(taro) 토란 요리).
-poi·e·sis [pɔii:sis] 연결 「생성, 형성」의 뜻. ¶hematopoiesis(조혈).
-poi·et·ic [pɔiétik] 연결 producing, forming의 뜻. ¶hematopoietic(조혈의).
poign·an·cy [pɔ́injənsi, pɔ́inən-] 명 **1** U 통렬함, 통절함; 날카로움; 신랄함. **2** 감동적 사건[상황, 순간]. (또는 **poignance**)
poign·ant [pɔ́injənt, -nənt] 형 **1** 가슴에 사무치는, 마음에 강하게 호소하는, 감동적인; 통렬한, 통절한. ⇒MOVING 유의어 ¶a ~ spectacle 통렬한 광경/~ sorrow 가슴에 사무치는 슬픔. **2** 날카로운, 신랄

한.¶~ wit 날카로운 기지/~ sarcasm 신랄한 풍자. 3 코를 찌르는, (맛이) 톡 쏘는. 4 (설명 따위가) 적절한, 정곡을 찌른; 통쾌한. 5 절박한, 긴급의. **-ly** 〔부〕

poi·kil·o·therm [pɔ́ikəlouθəːrm, pɔikílə-] 〔동물〕 변온(냉혈) 동물.

poi·ki·lo·ther·mal [pɔ̀ikəlouθə́ːrməl, pɔikílə-] 〔형〕 〔동물〕 환경에 따라 체온이 변하는, 변온성의, 냉혈의. (또는 **poikilothermic**) **-mi·a**, **-mism**, **-my**

poil [pɔil] 〔佛〕 프라우(리본·벨벳을 짜는 데나 금·은실의 심으로 쓰이는 골 명주실). 〈F〉

poi·lu [pwɑ́ːluː/F pwaly] 〔명〕 〔속어〕 (제1차 세계대전 때 전선의) 프랑스 병사. 〈F〉

Poin·ca·ré [pwæ̀ŋkəréi/F pwɛ̀karé] 〔명〕 (**Jules-**) **Henri** ~ 푸앵카레(1854~1912: 프랑스의 수학자·물리학자; chao 이론 발전).

poin·ci·an·a [pɔ̀insiǽnə/-ɑ́ːnə] 〔명〕 포인시애너(오렌지색·붉은색 꽃이 피는 콩과의 열대성 관상용 식물).

poind [pɔind] 〔스코〕 〔동〕 ⓐ (채무자의 재산)을 압류하다, 압류 경매하다. ⓑ 동산 압류(distraint).

poin·dex·ter [pɔ́indekstər] 〔美속어〕 책(공부) 벌레, 독서광, 품행이 바른 (남자) 우등생.

poin·set·ti·a [pɔinsétiə, -tə] 〔명〕 〔식물〕 포인세티아(멕시코 원산의 관상용 식물).

‡**point** [pɔint] 〔명〕 **1 a)** (뾰족한) 끝, (가느러진) 맨끝; (the ~) 〔권투〕 턱끝 (사슴의) 뿔가지, (~s) 가축의 발끝; 서양 쌍륙판(주사위 놀이판)의 뾰족한 무늬 눈금 (→BACKGAMMON 그림); (~s) 〔발레〕 발레 신의 앞끝, 발끝.¶the ~ of a knife [nose] 칼[코] 끝/stand on the ~ of one's toes 발끝으로 서다. **b)** 돌출부; (종종 P-) 〔지명에 쓰여〕 ...갑(cape)(略 Pt.).¶Lizard *P*- 리자드곶(岬). **c)** 끝이 뾰족한 것; 조각침(彫刻針); 〔의학〕 접종침; 레이스 뜨개바늘.

2 a) 점, 작은 점, 반점(斑點); 구두점, 종지부(period); 〔수학〕 점, 소수점(decimal ~); 〔음성〕 구별적 발음 부호(diacritical mark); (점자의) 점; (온도계 따위의) 눈금의 점, (온도의) 도; 〔음악〕 점, 부호.¶the angular [cyclic] 꼭지점/five ~ two 5.2/the boiling [freez-ing, melting] ~ 끓는[어는, 녹는]점. **b)** (위치상의) 점, 지점, 장소.¶a ~ of contact 접(촉)점. **c)** 시점, 순간(특정한) 때; (경기의) 일단 유사시, 결정적 순간.¶at this ~ 이 시점에/pass the danger ~ 위기를 벗어나다.

3 정도, 단계, 한도.¶the high[low] ~ 절정[밑바닥]/up to a certain ~ 어느 정도까지 / Morale has reached a low ~. 사기가 크게 떨어져 있다.

4 a) (성적·평점 따위의) 점, 점수; (경기의) 득점.¶gain[or score, make] a ~ 한 점을 얻다; (비유적) 점수를 따다. **b)** (美) 〔교육〕 학점, 이수 단위(credit).¶need four more ~s to graduate 졸업하려면 4단위를 더 이수해야 한다.

5 (the ~) 요점(gist), 주안점, 포인트; (이야기·익살 등의) 짜릿한 대목; (문제의) 핵심, 급소; 묘미.¶the ~ of an argument 논의의 요점, 논지(論旨).

6 (생각해야 할) 점(요소, 부분), 문제; 항목, 세목(item).¶technical ~s 기술적 문제점들/disputed ~s 논쟁점/This is the ~ on which he refused to yield. 이것이 그가 결코 양보를 하지 않는 점이다.

7 ⓤ (단수형으로) 목적, 의향; (...의) 효용, 의미(in[of] doing); 효과, 적절함.¶see ~ in doing ... 하는 것이 뜻이 있다고 생각하다/There is no ~ in asking him to do it. 그에게 그것을 해달라고 부탁해 봤자 소용이 없다. **8** 주의 사항, 요령; 지시; 〔구어〕 암시, 힌트, 시사.¶~s on getting a job 취업을 위한 주의 사항(힌트). **9** 특징(이 되는 점), 특질.¶a weak ~ 약점, 단점/a good [or strong] ~ 장점, 강점. **10** (상업) 포인트, 단위 명목(가격 등락의 단위); (~s) (美) 융자 수수료(보통 1%); (영화의) 수익 배당.¶a no ~s of loan 수수료 없는 융자. **11** 〔크리켓〕 (삼주문(三柱門)

오른쪽 약간 앞의) 수비수, 또 그 자리. 〔스포츠〕 크로스컨트리 경주. **12** 파출소, (순경의) 입초 근무. **13** 〔사냥〕 사냥개(pointer)가 멈춰 서서 사냥감의 위치를 가리키는 일(위치, 태세). **14** 〔해사〕 **a)** 나침반의 32등분한 방위의 한 점.¶the ~s of the compass 나침반의 32방향. **b)** 신축성 돛대줄. **15** 〔전기〕 (자동차 따위의) 포인트 스위치, 접점; (英) 콘센트(outlet), 소켓. **16** (~s) (英) 〔철도〕 포인트, 전철기(轉轍機)(switch); 〔철도〕 선단(先端) 레인. **17** 〔군사〕 **a)** 첨병(尖兵) (略 Pt.). **b)** (총검의) 찌르기. **18** 〔인쇄〕 (활자의) 포인트(1포인트는 1/72인치). **19** ⓤ 손으로 뜬 레이스 (~ lace). **20** (~s) (말·개·돼지 등의) 네 발, 귀, 꼬리. **21** 〔음악〕 (현악기의) 활 끝부분. **22** 〔보석〕 포인트(다이아몬드의 중량 단위; 1/100 캐럿).

(a) point in [or **of**] **time** 〔구어〕 어떤 시점.¶at this [that] ~ *of time* 현재[그] 시점에서는, 현재(당시)는.

at all points 모든 점에서; 완전히(completely).

at [or **on**] **the point of** *doing* 바야흐로 ...하려 하여, ...하려는 순간에.

at the point of the bayonet 총검을 들이대고, 무력으로.

beside [or **away from**] **the point** 요점을 벗어난 [벗어나서]; 예상이 어긋난[어긋나서], 잘못 짚은[짚어]; 관계 없는[없이].

beyond a certain point 일단 어느 선을 넘으면.

bread and point 빵뿐인 (식사).

carry [or **gain, make**] **one's point** 목적을 달성하다, 주장(의견)을 관철하다.

come to a point (사냥개가) 멈춰서서 사냥감이 있는 쪽을 알리다.

come [or **get**] **to the point** 요점[본론 따위]에 들어가다, 핵심을 찌르다; 고비에 들어서다.

cut to a point 끝을 뾰족하게 하다.

from point to point ① 차례차례, 순서에 따라서; 한 지점에서 다른 지점으로. ② 〔고어〕 상세하게.

gain a point 1점을 얻다; 우세해지다.

get to the point (**where**) ...의 단계에 이르다.

give (a) point to ① ...을 날카롭게[뾰족하게] 하다. ② ...을 강조[강화]하다.

give points to a person; **give** a person **points** 남에게 핸디캡을 주다; (비유적) 남보다 낫다(앞서다).

give the points 〔펜싱〕 점수를 따다.

grow to a point 끝이 가늘어지다.

have (got) a [or **one's**] **point** 일리가 있다; 장점이 있다.

in point 적절한(relevant); (당면한) 문제의.¶Let me give you a case *in* ~. 적절한 실례를 들겠소.

in point of ...의 점에서, ...에 관하여.

in point of fact 실제는, 실은.

I take your point. =*Point taken.*

keep [or **stick**] **to the point** 요점을 벗어나지 않다.

labor the point 뻔한(알고 있는) 것을 반복 설명하다.

make [or **prove**] **a** [or **one's**] **point** 주장[생각]을 밝히다; 주장(변명)이 정당함을 보여주다.

make a point of *doing* ① 반드시 ...하다, ...하도록 노력하다.¶She always makes a ~ *of* dressing her children neatly. 그녀는 언제나 아이들을 산뜻하게 입히고 있다. ② ...하는 것을 중시[주장, 강조]하다.

make (Brownie) points with 〔구어〕 ...에 아첨하다, ...의 비위를 맞추다.

make it a point to *do* =*make a point of doing.*

make points 〔속어〕 =(윗사람에게) 아첨하다, 비위 맞추다, 점수 따다(*with*). ② 성적을 올리다, 진보하다.

make the point ① 요점을 말하다. ② (...라고) 주장 [강조]하다(*that* 節).

not to put too fine a point on it 〔구어〕 솔직히 말하면.

off the point =*beside the point.*

on points 점수제로; (시합의 승패가) 판정으로.¶win [lose] *on* ~s 판정승[판정패]하다.

point by point 하나하나, 하나씩.

point-and-shoot / **point-of-sale**

point for point 하나하나 비교하여, 자세히.
Point taken. 알았다, 네 말대로다.
point to point 차례차례(로).
press [or *push*] *the point* (뻔한 것을) 새삼스럽게 주장하다.
push the point home 아픈 곳을 찌르다.
score a point [or *points*] *off* [or *against, over*] …을 곰짝[꼼짝] 못하게 하다.
stand on [or *upon*] *(fine) points* 사소한 점에 얽매이다; 지나치게 꼼꼼하다.
stretch [or *strain*] *a point* ① 한도를 넘다. ② 양보하다, 눈감아 주다; 특별 취급을 하다.
take a person's point 남의 이야기의 취지를 이해하다, 남의 주장을 인정하다.
The point is, [or *that*] 요컨대[요는] …(라는 것) 이
There is no point (*in*) *doing* …하는 것은[해도 좋자] 헛수고이다.
to the point 적절한[하게], 요령있는[게](↔ off the point). ¶He told us to be brief and *to the ~.* 그는 우리에게 간명하고 요령있게 설명하라고 말했다.
to the point of …이라고 해도 좋을 만큼[정도까지].
up to a point 어느 정도(까지는).
weather a point ① (해상) 곶의 바람받이를 지나가다. ② 난국을 뚫고 나아가다.
What's the point of doing that? 그래 봐야 무슨 소용이야?
when it comes to the point 일단 유사시에는.
You have a point there. 그 점에서는 당신의 주장도 지당하다.
— 圈 ① …을 가리키다, 지목하다(*out*); (…으로) (주의)를 돌리다; [무기]를 겨누다(*at, to, upon, toward*). ¶(～+圈+前+名) ~ a finger *at* the building 그 건물을 가리키다/~ a gun *at* a person 남에게 총을 겨누다. ② …을 지적하다, 알려주다; [사람]을 (…에게) 주의를 돌리게 하다(*to*). ¶(～+圈+前+名) P- me (*out*) [or P- (*out*) to me] the ones you'd like. 네가 좋아하는 것을 말해 보아라. ③ …의 끝을 뾰족하게 하다, …을 날카롭게 하다. ¶~ a pencil with a knife 칼로 연필을 뾰족하게 깎다. ④ …에 점을 찍다, 점으로 표시하다; [글]에 구두점을 찍다(*off*); [숫자]에 소수점 따위를 찍다(*off*); [음성] …에 구별적 발음 부호를 달다. ⑤ …을 강조하다(*up*); [이야기 따위]의 효과를 내다, [이야기 따위]를 실감나게 하다. ⑥ [사냥] (사냥개가) [사냥감의 소재]를 자세로서 가리키다. ⑦ [석공] [벽돌 따위]의 이음매를 (모르타르 따위로) 바르다(*up*).
— 圄 ① (…을) 가리키다; 지시하다; 암시하다(*at, to*). ¶(～+前+名) The hand of the clock ~*s to* five. 시계 바늘은 5시를 가리키고 있다. ② (…을) 겨누다(*at*); (시합을 겨냥하여) 맹연습[훈련]하다(*for*). ③ (증거·조사 따위가) (…의) 경향을 보이다; (건물 따위가) (어느 방향을) 보다, 면하다(*to, toward*). ¶The house ~*ed to* [or *toward*] the north. 그 집은 북향이었다. ④ [사냥] (사냥개가) 멈춰서서 사냥감의 위치를 가리키다. ⑤ [해사] 바람을 옆으로 받고 달리다(*up*). ⑥ [병리] (종기가) 터질 지경이 되다.
point in manure 쟁기 끝으로 퇴비를 쑤시다.
point off [숫자]를 소수점으로 구분짓다, …에 점을 찍다. ¶~ *off* figures 숫자에 소수점을 찍어 구분하다.
point out …을 (…에게) 가리키다(*to*); …을 지적하다, …에 주의를 기울이다. ⇒圈② ②.
point over soil 쟁기 끝으로 흙을 파헤치다.
point the [or *a*] *finger at* ⇒FINGER.
point to …을 지적하다; …의 증거가 되다.
point up …을 강조하다, 눈에 띄게 하다.
~·a·ble 圈

point-and-shoot ['ənʃúːt] 圈 ① (카메라가 전자동 [全自動]의. ② (컴퓨터 프로그램이 아이콘 조작으로) 원터치 식의, 포인트 앤드 클릭의.
point-blank [◂blǽŋk] 圈 ① 표적을 똑바로 겨냥한, 직사(直射)의; (거리가) 아주 가까운. ¶(a) ~ shot 직사,

직격/*at* ~ distance 직사 거리에서. ② 단도직입의, 솔직한; 퉁명스러운. ¶a ~ question 단도직입적인 질문/a ~ answer 솔직한 대답. — 圄 ① 똑바로 겨누어, 직사(直射)로. ② 딱 잘라. ¶refuse ~ 딱 잘라 거절하다.
póint chárge 圈 (전기) 점전하(點電荷)(공간의 한 점에 집중되어 있다고 생각되는 전하).
póint cónstable 圈 (英) 교통[입초] 순경.
póint cóunt 圈 [카드놀이] (브리지의) 점수 계산.
point d'ap·pui [pwǽn dæpwíː] 圈 (ⓕ ~s *d'-*) 발점점; ~ 거점(據點), 근거지, 작전 기지. [<F]
póint defénse 圈 [군사] 국지(局地) 방어, 거점 방어.
point-de-vice—[-dəváis] 圈 (고어) 圄 완전하게, 정확하게, 정연하게. — 圈 완전한, 매우 정확한, 정연한.
póint distánce [**ránge**] 圈 직접 탄도 거리.
póint dúty 圈 ① (英) (교통 순경·지도원의) 교통 정리 (근무). ② (군사) 정찰대의 선두. (또는 **póint-dúty**)
‡**point·ed** [pɔ́intid] 圈 (*more* ~; *most* ~) ① (끝이) 뾰족한, 날카로운. ② (말 따위가) 가시가 돋친, 신랄한; 정곡을 찌른, 적절한, 효과적인. ¶a ~ remark [retort] 가시가 돋친 비평[말대꾸]. ③ (어느 목표를) 향한, 겨누어진; (특정인을) 빗대고 하는, 빈정대는. ④ 두드러진, 뚜렷한; 명백[명확]한. **~·ly** 圄 **~·ness** 圈
póinted héad 圈 (美俗) 텅빈 머리, 바보; 지식인, 인텔리. (또는 **póint-héad**)
*****point·er** [pɔ́intər] 圈 ① 가리키는 사람[것]; 지적자; 뾰족하게 만드는 사람[것]. ② (교사가 문자 따위를 가리키는) 막대기; (시계·계기 따위의) 바늘, 지침(指針). ③ (군사) 조준수, 포수(砲手). ④ (동물) 포인터(사냥개의 일종). ⑤ (~s) 남성(men). ⑥ (the P-s) [천문] 지극성(指極星)(큰곰자리의 α, β의 두 별). ⑦ (美구어) (…에 대한) 지시, 암시, 힌트, 조언 (*to*). ⑧ (P-) (美) West Point 육군 사관 학교 생도. ⑨ (컴퓨터) 포인터 (입력 위치를 나타내는 화살 모양의 심볼).
póint éstimate 圈 (통계) (점추정에 의한) 추정치.
póint estimátion 圈 (통계) 점추정(點推定).
Point Fóur (**Prógram**) 圈 (美) 제4항 정책(Truman 대통령이 세운 후진국에 대한 과학·기술 원조 계획).
póint guárd 圈 (농구) 포인트 가드.
Poin·til·lism [pwǽntəlizm, pɔ́intəl-] 圈Ⓤ (종종 p-) (프랑스 인상파의) 점묘 화법(點描畵法). **-list** 圈
point·ing [pɔ́intiŋ] 圈Ⓤ ① 뾰족하게 하기. ② 지시하기. ③ (석공) 이음매를 바르기. ④ (문장에) 구두점 찍기; (음악) 포인팅(기호(·)를 다는 일).
póinting device 圈 (컴퓨터) 위치 지시 장치(마우스, 라이트펜 따위).
póint in tíme 圈 (美) (특정한) 때. ¶at that ~ 당시.
póint láce 圈 바늘 뜨개 레이스.
point·less [pɔ́intlis] 圈 ① 뾰족한 끝이 없는; 무딘. ② 효과가 없는; 의미가 뚜렷하지 않은, 요령부득의, 무의미한. ③ (경기가) 무득점의. **~·ly** 圄 **~·ness** 圈
póint mán 圈 ① (운동·군의 따위의) 선봉, 선도자, 지도자. ② (정부·단체 등의) 교섭 대표; 교섭 창구 역할을 하는 사람. ③ (美군사) 정찰 척후병; (美俗어) (범죄 현장의) 망보는 사람. ④ (美구어) (구기의) 고득점 선수.
póint mutátion 圈 (유전) 점(點) 돌연 변이.
póint of depárture 圈 ① (해사) 출항 지점. ② (토론 따위의) 출발점.
póint of hónor 圈 체면(명예)에 관한 문제.
póint of nó retúrn 圈 ① (항공) 귀환 불능 지점. ② (비유적) 되돌릴[물러설] 수 없는 단계(입장).
póint of órder 圈 (의회 따위의) 의사 진행상 문제.
point-of-pur·chase [-ˈəpɚːrtʃəs] 圈圄 (상업) 구매 시점의, 점두(店頭)의(略 POP, P.O.P.).
point-of-sale [-ˈəvseil] 圈 ① 판매 시점의, 매장(점두)의. ② (소매업의) 판매 시점 정보관리 방식의(略 POS, P.O.S.). ¶~ computer system (美) 컴퓨터 판매 정보 기록 장치.

póint of sáles [명] **1** 〔상업〕 판매 시점; 매장, 점두; 판매 시점 광고(매장 설치 광고). **2** 〔컴퓨터〕 판매 시점 정보 관리([약] POS, P.O.S.).

póint of víew [명] **1** 관점, 견지, 입장. ¶from the ~ of a doctor 의사의 입장에서 (보면). **2** 생각, 의견, 사고 방식; 태도, 자세; 판단. (또는 **póint in víew**)

póint pèrson [명] 《美》 =point man (＊비(非) 성차별적인 중합어).

póint sèt [명] 〔수학〕 점집합.

point-shav·ing [ˊʃèiviŋ] [명] 《美속어》 미리 짜고 하는 시합.

póint shòe [명] =toeshoe.

points·man [pɔ́intsmən] [명] ([복] **-men** [-mən, mèn]) 《英》 **1** (철도의) 전철수(轉轍手). **2** (교차로의) 교통 순경. **3** 《속어》 (범행 현장에서) 망보는 사람.

póint sòurce [명] 〔물리·광학〕 점광원(點光源).

póints sỳstem [명] (공영 주택 입주 자격의) 점수제.

point-switch [ˊswìtʃ] [명] 〔철도〕 전철기(轉轍器).

póint sỳstem [명] **1** (근무 평가·교통 위반 따위의) 점수(평가)제. **2** 〔교육〕 성적 점수제(5점법 따위). **3** (맹인용의) 점자(點字) 방식. **4** 〔인쇄〕 포인트식.

póint tìe [명] 〔철도〕 (레일이 갈라지는 곳에 쓰는) 분기(分岐) 침목.

point-to-point[1] [ˊtəpɔ́int] [명] 《英》 크로스컨트리 경마(cross-country horserace).

point-to-point[2] [형] 〔컴퓨터〕 (두 개의 단말기만을 접속할 때) 두 지점간의.

point·y [pɔ́inti] [형] 비교적 끝이 뾰족한; 뾰족한 부분이 많은.

point·y-head [-hèd] [명] 《美구어》《경멸적》 (실무에 어두운) 지식인, 인텔리; 멍청이. **~·ed** [형]

Poi·rot [*F* pwaro] [명] **Hercule** ~ 프와로(Agatha Christie의 추리 소설에 등장하는 명탐정).

＊**poise**[1] [pɔiz] [명][U][C] **1** 균형, 평형(balance). ¶lose one's ~ 균형을 잃다. **2** 몸가짐, 자세; 마음의 안정, 평정; 안정. ¶a man of ~ 침착[냉정]한 사람. **3** 엉거주춤함, 어중간함; (새가) 공중에서 날개를 퍼득이며 맴도는 상태. **4** (저울) 추, 분동(分銅).

on the poise 엉거주춤하게; (사건 따위가) 미해결인 채로.

— [동][타] **1** (…위에서) …의 균형[평형]을 유지하다(balance), …을 어떤 상태[자세]로 있게 하다 (*on*). ¶~ a basket *on* one's head (균형을 잡고) 바구니를 머리에 이다/~ oneself *on* one leg (균형을 잡고) 한 발로 서다. **2** 《수동형·재귀용법으로》 …을 공중에 떠 있는 상태로 두다[유지하다, 매달아 놓다]. ¶A bird *is ~d* above her head. 새 한 마리가 그녀의 머리 위에서 맴돌고 있다. **3** 《수동형·재귀용법으로》 (…의/…할) 준비를 하다, 각오를 하다 (*for*/*to* do). ¶~ *oneself for* the chance 기회를 노리다. **4** 《수동형으로》 (…사이를) (위험하게) 헤매다, 오가다 (*between*). ¶*be ~d between* life and death 삶과 죽음 사이를 헤매다. **—** [자] **1** 균형 잡히다. **2** 공중에 매달리다; (새 따위가) 공중에서 맴돌다.

be poised to do …할 만반의 태세를 갖추고 있다, …할 것을 각오하고 있다.

poise[2] [pwɑːz] [명] 〔물리〕 프와즈(점도(粘度)의 cgs 단위; [가] P, p). 〔<프랑스의 물리학자 J.L. Marie Poiseuille(1799–1869)〕

poised [pɔizd] [형] **1** 침착한, 자신만만한; 균형이 잡힌. **2** 공중에 떠 있는; 엉거주춤한. **3** (…할) 태세를 갖춘, 준비가 된 (*for*, *to* do).

‡**poi·son** [pɔ́izn] [명] ([복] **~s** [-z]) [U][C] **1** 독, 독물, 독약, 극약(劇藥). ¶a deadly ~ 극독/a dose of ~ 일회 복용분 독약/kill oneself by ~ 음독 자살하다.

> [유의어] **poison** 「독, 독물」의 뜻의 가장 일반적인 말. **toxin** 미생물의 대사 활동에서 생겨나오는 것으로, 어떤 종류의 질병을 일으키는 독소. **venom** 어떤 종류의 동물이 물거나 찌르거나 해서 내놓는 poison. **bane** 파멸의 원인; 「독」의 뜻으로는 합성어 속에서 사용된다.

2 해독[악영향]을 끼치는 것[사람]; 폐해(弊害), 해악; 싫은 것, 혐오 대상. ¶the ~ of tyranny 전제 정치의 해독. **3** 《구어》《익살》 (강한) 술, 독주. **4** 〔화학〕 활성 억제제. **5** (원자로의) 유해[유독] 물질.

hate** a person **like poison 남을 몹시 증오하다.

Name your poison.; What's your poison? 《구어》 술은 무엇으로 하겠나?

— [동][타] (**~s** [-z]) **1** …에 독을 넣다, …을 독살하다; 식중독에 걸리게 하다. ¶be *~ed* with lacquer 옻이 오르다. **2** 《보통 수동형으로》 …에 독을 바르다, 독을 넣다. ¶~ food 음식에 독을 넣다. **3** (…으로) 〔공기·물 따위〕를 오염시키다; 〔마음·성격·행동 따위〕를 해치다, 더럽히다 (*with*). **4** 〔물·화〕 〔촉매 효소〕의 작용을 없애다; 《英》 〔몸의 일부〕에 병균이 침입하다.

poison** a person's **mind against 남이 …에게 악감정[적의, 편견]을 품게 하다.

— [형] 유해한, 유독한; 독을 바른[넣은]; 악의가 있는. **~·less** [형]

póison dógwood [élder] [명] =poison sumac.

poi·son·er [pɔ́iznər] [명] 해독을 끼치는 사람[것]; 독살자[범].

póison fúmes [명][복] (냄새가 독한) 유독 가스.

póison gás [명] 독가스.

póison hémlock [명] =hemlock 1.

poi·son·ing [pɔ́izəniŋ] [명][U] **1** (강 따위에) 독을 풀기[넣는 일]. **2** 〔병리〕 중독. ¶lead ~ 납 중독.

póison ívy [명] 덩굴옻나무.

póison óak [명] **1** =poison sumac. **2** =poison ivy.

‡**poi·son·ous** [pɔ́izənəs] [형] **1** 독을 함유한, 유독한; 유해한. ¶a ~ snake 독사. **2** (도덕적으로) 유해한, 악의(惡意)에 찬. ¶a ~ influence 악영향. **3** 《구어》 (사람이) 매우 불쾌한. **~·ly** [부] **~·ness** [명]

póison pén [명] (익명으로) 모략 중상 편지를 보내는[쓰는] 사람.

poi·son-pen [-pén] [형] **1** (보통 익명으로) 악의를 갖고 쓴. ¶a ~ letter (익명의) 중상하는 편지. **2** 악의에 찬[중상하는] 편지를 쓰는[보내는].

póison píll [명] **1** (자살용) 즉효성 독약. **2** 〔금융〕 포이즌 필, 독약 처방(기업 매수 방위책의 하나).

póison súmac [명] (독성이 강한) 옻나무의 일종.

Pois·són distribùtion [pwɑːsóun-] [명] 〔통계〕 푸아송 분포. 〔<프랑스의 수학자·물리학자 S.D. Poisson(1781–1840)〕

Poi·tier [pwɑːtjéi] [명] **Sydney** ~ 프와티에(1924–: 미국의 흑인 영화 배우).

＊**poke**[1] [pouk] [동][타] **1** …을 (손가락·팔꿈치·막대기 따위로) 쿡쿡 찌르다, 쑤시다 (*with*); (…을) 찌르다 (*in*). ¶(~+[目]+[前]+[名]) ~ a person *in* the ribs 남의 옆구리를 찌르다. **2** 〔불 따위〕를 쑤석거려 돋우다 (*up*). ¶(~+[目]+[副]) ~ *up* the fire 불을 쑤석거려서 돋우다. **3** 쿡쿡 찔러 (…에) 〔구멍·틈새 따위〕를 내다 (*in*); (…을) 뚫고 나아가다[길을 내다] (*through*). ¶~ a hole *in* the wallpaper 벽지에 구멍을 내다/~ his way *through* the crowd 군중을 헤치고 전진하다. **4** 〔막대기·머리·손가락 따위〕를 내밀다(*out*); …을 (…에) 찔러넣다 (*in*, *into*). ¶~ a stalk *into* the ground 지면에 말뚝을 박다. **5** 〔손가락·귀·얼굴 따위〕를 (…로) 향하다 (*at*). **6** 《구어》 (주먹으로) (…을) 치다, 때리다. ¶~ him *in* the face 그의 얼굴을 때리다. **7** 《구어》 《수동형·재귀용법으로》 …을 비좁은 곳에 처박아 두다(*up*). **8** 〔야구〕 〔안타〕를 치다. **9** 《속어》 〔여자〕와 성교하다. **—** [자] **1** (…을) 쑤시다, 쿡쿡 찌르다 (*at*). **2** 튀어나오다 (*out*). **3** (…에) 주제넘게 참견하다 (*into*); 꼬치꼬치 파고들다(*about*, *around*). **4** 이곳저곳 찾아다니다 (*about*, *around*); 빈둥빈둥 돌아다니다(*along*).

poke and pry 꼬치꼬치 캐묻다.

poke fun** [or **mullock**] **at 《구어》 …을 조롱하다, 바보 취급하다.

poke in (환영받지 못하며) 슬그머니 들어가다.

poke into …에 끼어들다, 참견하다.

poke oneself up 비좁은 곳에 틀어박히다.

poke one's head 머리를 쑥 내밀다.

poke one's mouth off (美俗語) 불평하다. 뻣내다.
poke one's nose into [or in] (구어) (경멸적) …에 (쓸데없이) 참견하다.
poke out 쑥 내밀다. 비어져나오다.
— 몡 **1** 찌르기, 쑤시기; (구어) 주먹으로 치기[때리기]. ¶ take a ~ at …을 때리다. **2** 답답한 곳; (속어) 교도소, 감방. **3** (야구) 안타. **4** (구어) 게으름뱅이, 늘병거리는 사람. **5** (비어) 성교. **6** (구어) (자동차의 마력.
up the poke (英속어) 임신하여.
poke² 몡 **1** (美중부·스코) 부대, 주머니. **2** (고어) 포켓(pocket). **3** (속어) 지갑; 수중에 가진 돈.
buy a pig in a poke ⇒ PIG.
poke³ 몡 (여성 모자의) 넓은 앞챙; = ~ bonnet.
poke⁴ 몡 =pokeweed.
poke·ber·ry [póukbèri/-bəri] 몡 =pokeweed. 그 열매.
póke bònnet 몡 챙 앞부분이 넓고 길게 나온 여성 모자.
Po·ke·mon [póukemən/-mɔn] 몡 (상표) 포케몬(일본 Nintendo사제 비디오 게임·캐릭터). [<*pocket monster*]
poke-out [´aut] 몡 (美속어) 뒷문으로 (걸인 따위에게) 주는 음식 봉지.
***pok·er¹** [póukər] 몡 **1** (쿡어) 찌르는 사람[것]. **2** 부지깽이. **3** (속어) 꽃사람; (발기한) 남근.
(as) stiff as a poker (구어) (태도 따위가) 아주 딱딱한[딱딱하게].
by the holy poker (경멸적) 맹세코, 틀림없이.
pok·er² 몡 U (카드놀이) 포커.

[참고] 끗수의 순위는 위로부터 royal straight flush, royal flush, four of a kind, full house, flush, straight, three of a kind, two pairs, one pair.

póker dìce 몡 포커 다이스. **1** 각 면에 점 대신 카드의 ace와 9에서 king까지의 그림이 그려져 있는 주사위. **2** 그 주사위로 하는 도박. [사람.
póker fàce 몡 (구어) 무표정한 얼굴, 포커 페이스(인
pok·er-faced [-fèist] 형 포커 페이스의.
po·ke·ri·no [pòukəríːnou] 몡 (용 ~**s**) (美속어) (판돈이 아주 적은) 싸구려 포커 게임. **2** 제제한[시시한] 게임[거래, 일.
pok·er·ish [póukəriʃ] 형 무시무시한, 섬뜩한.
póker machìne 몡 (濠·뉴질) =slot machine.
poke·root [póukrùːt] 몡 (식물) =pokeweed.
póker wòrk 몡 (흰 나무에 그리는) 낙화술(烙畫術), 낙화법; 낙화, 초벌화(焦筆畫).
poke·sy [póuksi] 형 =poky¹ 1.
poke·weed [póukwìːd] 몡 (식물) 미국자리공.
pok·ie [póuki] 몡 (濠속어) =poker machine.
pok·y¹ [póuki] 형 **1** 질질 끄는, 느릿느릿하는; 굼뜬. **2** (장소가) 비좁은. **3** (옷차림이) 초라한. (또는 pokey)
pók·i·ly 뷔 **·i·ness** 몡
pok·y² 몡 (美속어) 교도소, 감옥. (또는 **pokey**)
pol [pɑl/pɔl] 몡 (美속어) (특히 흥정에 능한) 노련한 정치가. [<*politician*]
POL *patent office library*(특허국 도서관); (컴퓨터) *problem oriented language*(문제 지향 언어).
pol. political; politics. **Pol.** Poland; Polish.
po·lac·ca [poulɑ́kə-lǽk-] 몡 폴라커(옛날 지중해에서 쓰이던 세 돛대 범선). (또는 **po·la·cra, po·la·cre**)
Po·lack [póulæk-lǽk] 몡 (종종 p-) (美속어) (경멸적) 폴란드계 사람(의), 폴란드 사람(Pole)(의).
***Po·land** [póulənd] 몡 폴란드(유럽 중부에 있는 공화국; 수도 Warsaw). ~**er** 몡
Póland Chína 몡 미국산(産) 흑백 얼룩돼지.
‡**po·lar** [póulər] 형 **1** (보통 the ~) 북극[남극]의, 극지(極地)의. ¶ a ~ expedition 극지 탐험. **2** (전기·자기의) 극의, 양극(陽極)(음극)의 (이 있는); 자기(磁氣)가 있는. **3** (수학) 극의, 극선(極線)의. **4** (화학) 이온화되는, 극성(極性)을 갖는. **5** (성격·행동 따위가) 정반대의. ¶ ~ opposites 정반대의 성질[종류]. **6** 중심의, 중추(中軸) 같은. **7** (polestar와 같이) 길잡이가 되는. ¶ ~ precept 지침. **8** 극을 도는, 극주회(極周回)의. — 몡 (수학) 극선.
pólar ángle 몡 (좌표표의) 편각(偏角).
pólar áxis 몡 **1** (수학) 원선(原線), 시선(始線). **2** (물리) 극성축(極性軸). 「을 즐기는 사람.
pólar bèar 몡 **1** 북극곰, 흰곰. **2** 겨울철 수영
pólar bódy 몡 (생물) 극체(極體), 극세포.
pólar cáp 몡 극관(極冠). **1** (지질) 극지방의 얼음이 덮인 지역. **2** (천문) 화성 남·북극의 회게 빛나는 지역.
pólar céll 몡 (생물) 극세포(極細胞).
pólar círcle 몡 (the ~) 북[남]극권; 극권(極圈)
pólar continéntal 몡 (기상) 한대(寒帶) 대륙 기단 (氣團).
pólar coórdinates 몡복 (수학) 극좌표(極座標).
pólar cúrve 몡 (수학) 극좌표 곡선, 극곡선.
pólar dístance 몡 (천문) 극거리.
pólar equátion 몡 (수학) 극방정식.
pólar frónt 몡 (기상) 한대 전선(寒帶前線).
po·lar·im·e·ter [pòulərímətər] 몡 (광학) 편광계, 편광경(偏光鏡). **po·làr·i·mét·ric** [-try] 몡
Po·lar·is [pouléəris, -lǽr-/-láːr-] 몡 **1** (천문) 북극성(the polestar, the North Star). **2** (美) 폴라리스(잠수함에서 발사되는 2단식 탄도 미사일; 이를 탑재한 잠수함).
po·lar·i·scope [pouléərəskòup, pə-] 몡 (광학) 편광기(偏光器). **~·scóp·ic** 형 **~·scóp·i·cal·ly** 뷔
po·lar·i·ty [pouléərəti, pə-] 몡 U **1** (물리) 양극성(兩極性)(양극(兩極)을 가지고 있는 일); 양성성(陽極性), 음극성. **2** (주의·성질 따위가) 정반대의 요소를 갖는 일, 극성(極性). **3** 긍정·부정의 구별[대립].
po·lar·i·za·tion [pòulərizéiʃən/-raiz-] 몡 U 〔광학〕 편광. ¶ the angle [plane] of ~ 편광각[면] / circular ~ 원편광(円偏光體)의) 분극 (작용); (전기의) 성극(成極). **3** (사상·세력 따위의) 분극화, 분열; 양극성, 정반대; 단절. ¶ the ~ between the generations 세대간의 단절.
po·lar·ize [póuləràiz] (* (英) **-ise**) 통탸 **1** (광학) 〔빛〕을 편광시키다. ¶ a *polarizing* prism[microscope] 편광 프리즘(현미경]. **2** (전기) (…에) 극성을 부여하다; (물리) …을 분극(分極)하다. ¶*polarizing* action 성극(成極) 작용. **3** (사고·사상 등)을 대립시키다, 분극화시키다, 분열시키다. — 툰 **1** (빛)이 편광되다. **2** (전기) 양극[음극]화되다, 극성을 가지다; 성극하다; (물리) 분극하다. **3** (사고·사상 등)이 분극화하다, 대립하다, 분열하다. **·iz·a·bíl·i·ty** 몡 **-iz·a·ble** 형
po·lar·iz·er [póuləràizər] 몡 **1** 분극화하는 것; 분열시키는 사람. **2** (광학) 편광자, 편광 프리즘.
pólar líghts 몡복 (the ~) 극광(極光).
po·lar·ly [póulərli] 뷔 **1** 극(지)처럼, 극 방향으로. **2** 자기(磁氣)를 가지고, 음양의 전기를 가지고. **3** 정반대로.
pólar marítime 몡 (기상) 한대 해양 기단. [로.
Po·lar·o·graph [poulǽrəgrǽf, -grɑ̀ːf] 몡 (상표) 폴라로그래프, 전기 분해 자동 기록기.
po·lar·og·ra·phy [pòulərɑ́grəfi/-rɔ́g-] 몡 U 폴라로그래피(전기 분해 반응의 분석 측정법).
Po·lar·oid [póulərɔ̀id] 몡 (상표) **1** 폴라로이드 카메라(즉석 현상 카메라). **2** (종종 p-) 인조 편광판(偏光板). **3** 폴라로이드 카메라로 찍은 사진. (또는 ~ **print**) **4** (~**s**) 폴라로이드 색안경. (美속어) 경찰의 자동차 속도 측정기.
pólar órbit 몡 극궤도(polar satellite의 궤도).
Pólar Régions 몡 (the ~) (북극 및 남극의) 지방.
pólar sátellite 몡 극궤도 위성.
Pólar Séa 몡 (the ~) 남[북]극해.

pólar stár 명 (the ~) 북극성(polestar).
pólar whále 명 〔동물〕 =bowhead.
Po·la·vi·sion [póuləvìʒən] 명 〔상표〕 폴라비전(노출 후의 필름이 카트리지 안에서 자동적으로 현상되는 영사기).
pol·der [póuldər] 명 (네덜란드 등의 해면보다 낮은) 간척지.
‡**pole**¹ [poul] 명 **~s** [-z] 1 (종종 복합어로) 막대기, 장대, 기둥, (높이뛰기·측량 따위의) 폴.¶a telephone ~ 전신주, 전주. 2 (우차·마차 따위의) 채. 3 〔해사〕 마스트. 4 폴. a) 길이의 단위(5.03미터). b) 면적의 단위(25.3평방미터). 5 = ~ position.
climb up the greasy pole 곤란한 일을 시작하다.
half to the pole (구어) 술취한; 얼큰히 취한.
have [or *take, draw*] *the pole* (육상에서) 가장 안쪽 레인을 달리다; (비유적) 유리한 위치를 차지하다.
not touch...with a ten-foot [or *forty-foot*] *pole* …에 관여하고 싶지 않다, …을 아주 꺼리다.
under bare poles ① 〔항해〕 돛을 올리지 않고. ② (웃을) 벗은 채로.
up the [or *a*] *pole* (속어) ① 미쳐서(mad); 곤드레가 되어. ② 곤경에 빠져. ③ 미혼으로 임신하여.
── 타 (~**S** [-z]; ~**d**; ~**pol·ing**) 1 …을 막대기(장대)로 받치다, …에 지주를 대다. 2 …을 장대로 밀다(움직이다). 3 (속어) 〔야구〕 〔장타〕를 날리다. 4 〔야금〕 〔녹은 금속〕을 막대기로 휘젓다. ── 자 장대를 사용하다; 삿대질로 나아가다. ── 형 막대기[장대]의[로 만든].
~**·less** 형

‡**pole**² 명 **~s** [-z] 명 1 (천체의) 극(極); 극지.¶the North[South] P- 북[남]극. 2 〔물리〕 (전지·자석의) 극.¶the positive [negative] ~ 양[음]극 / the magnetic ~ 자극(磁極). 3 〔생물〕 (세포의) 극. 4 〔수학〕 극, 극점. 5 (사상·성격 등의) 정반대, 양극단. 6 주목[주의]의 대상.
from pole to pole 세계 도처에서.
poles apart [or *asunder*] 전혀 다른, 정반대의.

Pole [poul] 명 폴란드 사람; (the ~s) 폴란드 국민.
pole·ax(e) [póulæks] 명 1 (중세의) 전투용 도끼. 2 (해머·쇠갈고리 등을 붙인) 도끼, 가축 도살용 도끼. ── 타 도끼로 …을 죽이다[찍어 넘어뜨리다], (머리를 강타하여) …을 기절시키다.
póle béan 명 (지주에 감기는) 덩굴성 콩.
póle cát 명 (美속어) (흑백 2색의) 경찰 순찰차.
pole·cat [póulkæt] 명 (복 ~**S**) 1 (유럽산(産)) 긴 털족제비. 2 (북미산(産)) 스컹크(skunk).
stink like a polecat 악취를 풍기다.
Pol. Econ., pol. econ. *political economy*.
póle hámmer 명 (긴 자루가 달린 중세의) 전투용 쇠망치(war hammer).
póle hórse 명 (네 필 마차의) 뒷말. b leader
póle jùmp [(英) **jùmping**] 명 =pole vault.
póle-jump [<dʒʌmp] 자 =pole-vault. ~**·er** 명
póle lámp 명 주상등(柱上燈).
po·lem·ic [pəlémik, pou-] 명 논쟁, 논박, 반론; 논쟁가, 논객. ── 형 =polemical.
po·lem·i·cal [pəlémikəl, pou-] 형 논쟁[논박, 반론]하는; 논쟁을 좋아하는.¶a ~ writer 논객. ~**·ly** 부
po·lem·i·cist [pəléməsist, pou-] 명 =polemist.
po·lem·i·cize [pəléməsàiz, pou-] (* (英) **-cise**) 자 논쟁을 벌이다; 논쟁술을 쓰다.
po·lem·ics [pəlémiks, pou-] 명 (단수취급) 논쟁술, 논쟁법; (신학상) 논증법.
pol·e·mist [páləmist] 명 논쟁자, 논객.
pol·e·mize [páləmàiz/pɔ́l-] (* (英) **-mise**) 자 =polemicize.
po·le·mol·o·gy [pòuləmálədʒi/-mɔ́l-] 명 ① 전쟁학, 국가간의 분쟁 연구. **-gist** 명
pol·e·mo·ni·um [pɑ̀ləmóuniəm/pɔ̀l-] 명 〔식물〕 꽃고비속 식물의 총칭.
po·len·ta [pouléntə] 명 ① 폴렌타(이탈리아 요리의 일종; 옥수수·보리 가루 따위로 만든 죽).
póle píece 명 〔전기〕 자극편(磁極片).
póle posítion 명 (경주에서) 트랙의 가장 안쪽 자리; (비유적) 유리한 입장[위치].
pol·er [póulər] 명 1 상앗대질하는 사람, 장대를 세우는 사람. 2 =pole horse.
póle·stàr 명 1 (the ~) 북극성. 2 길잡이, 지표; 지도 원리; 지도자. 3 주목의 대상.
póle vàult 명 (the ~) (육상경기) 봉고도, 장대높이뛰기.
pole-vault [<vɔ̀lt] 자 타 장대높이뛰기를 하다. ~**·er** 명 장대높이뛰기 선수.
pole·ward [póulwərd] 형 극지로 향하는. ── 부 (또는 **polewards**) 극지를 향하여.
po·li- [póuli] 연결 ⇒POLIO-.
‡**po·lice** [pəlíːs] 명 1 (the ~) 〔집합적〕 경찰; 치안 (보안)대.¶the water [or harbor, marine] ~ 수상(水上) 경찰. 2 (종종 the ~) (복수취급) 경찰관, 경찰대; 치안대.¶the military ~ (美) 헌병대(M.P., MP) / Several ~ are patrolling the park. 경찰관 몇 명이 그 공원을 순찰하고 있다(* several *polices*라고는 하지 않는다) / The ~ are on his track. 경찰이 그를 추적하고 있다. 3 치안, 보안.¶The ~ of the city is perfectly kept. 그 도시의 치안은 완벽하다. 4 (행정 조직으로서의) 경찰청[서]; (집합적) 치안 유지 조직; (사설·민간의) 경비 조직.¶the campus ~ 학원[대학] 경비 조직. 5 (美육군) (영내의) 청소, 정돈.
have the police after 경찰의 미행을 당하다.
── 타 (*-lic·es* [-iz]; *-d; -lic·ing*) 1 (경찰이) …의 치안을 유지하다, …을 단속하다. 2 (비유적) …을 관리 [규제]하다. 3 (美육군) 〔막사 따위〕를 깨끗하게 청소하다; …의 질서를 유지하다. 4 (축구) 〔상대〕를 마크하다.
~**·less** 형 무경찰(상태의).
políce acádemy 명 (美) 경찰 학교, 경찰 대학.
políce áction 명 치안(경비) 활동; (국제 평화·질서 유지를 위한) 국지적 군사 행동.¶the United Nations ~ in Korea 유엔군의 한국에서의 군사 행동.
políce ágent 명 (프랑스 등의) 경찰관.
políce bóx 명 (경찰) 파출소.
políce cár 명 경찰(순찰)차.
políce códe 명 경찰 (통신) 암호(통제 본부와 순찰차간 무선 통신용).
políce commíssioner 명 (지방) 경찰청장.
políce cònstable 명 (英) 순경(policeman).
políce córdon 명 경찰 비상선.
políce cóurt 명 즉결 심판소((英) magistrate's court).
políce depártment 명 (美) (대도시의) 경찰청 (약 PD).¶New York P- D- 뉴욕시 경찰청, 뉴욕 시경 (약 NYPD). 「사용).
políce dóg 명 경찰견(보통 German shepherd를
políce fórce 명 경찰력, 경찰대.
políce inspéctor 명 경감.
políce jústice [**júdge, mágistrate**] 명 즉결 심판소 판사. 「용 자물쇠.
políce lóck 명 (문과 마루 사이에 가로지르는) 방범
‡**po·lice·man** [pəlíːsmən] 명 (*-men* [-mən]) 1 경찰관, 순경. 2 (아이스하키) =enforcer 4.
~**·like** 형 ~**·ship** 명
políce offénse 명 경범죄.
políce óffice 명 (英) (시·읍의) 경찰서. 「장교.
políce ófficer 명 경찰관; (美군사) 환경 정비 담당
po·lice·per·son [pəlíːspə̀ːrsn] 명 경찰관(* 성차별을 피하기 위한 표현).
políce pówer 명 (국가의) 경찰권, 치안권.
políce procédural 명 경찰 소설, 경찰 영화(드라마).
políce ráid 명 (경찰의) 단속, 현장 급습. 「마).
políce récord 명 전과(前科).
políce repórter 명 경찰서 출입 기자.

police reserve unit [corps] 명 예비 경찰대.
police sergeant 명 경사.
police state 명 경찰 국가. 동 garrison state
*__police station__ 명 경찰서(station house).
police superintendent 명 총경.
police trap 명 교통 위반 단속, 함정 단속.
police wagon [van] 명 =patrol wagon.
po·lice·wom·an [pəliːtswùmən] 명 여자 경찰관, 여경.
po·li·cier [pòuliːsjei] 명 (소설·영화 따위의) 수사물, 탐정[추리] 소설[영화]. [<F *roman policier*]
po·li·cli·nic [pàliklínik/pɔ̀l-] 명 (병원의) 외래 환자 진료실.
*__pol·i·cy__[1] [páləsi/pɔ́l-] 명 (복 *-cies* [-z]) 1 [UC] 정책, 정략(政略), 방침. ¶a foreign ~ 외교 정책 /a business ~ 영업 방침. 2 [CU] 방책(方策), 수단, 방법, 수. ¶*Honesty is the best* ~. (속담) 정직은 최선의 방책이다. 3 [U] (고어) 지모(智謀), 기략; 빈틈없음, (실제적인) 총명. 4 (드물게) 정치, 지배.
for reasons of policy 정략상.
with great policy 현명하게도.
*__pol·i·cy__[2] 명 (복 *-cies* [-z]) 1 보험 증권. ¶a life [fire, marine] ~ 생명[화재, 해상] 보험 증권 /an endowment[unemployment, accident] ~ 양로[실업, 상해] 보험 증권 /a valued [an open] ~ 확정[예정] 보험 증권. 2 (美) = racket.
play policy (美) 숫자 맞히기 도박을 하다.
take out a policy on *one's life* 생명 보험에 가입하다.
pol·i·cy·hold·er [páləsihòuldər/pɔ́l-] 명 보험 계약자.
policy loan (보험) 보험 증권[계약자] 대출.
pol·i·cy·mak·er [páləsimèikər/pɔ́l-] 명 정책 입안[수립]자, 정책 결정자.
pol·i·cy·mak·ing [páləsimèikiŋ/pɔ́l-] 명 입안[수립](의).
pol·i·cy·mix [-miks] 명 (경제) 폴리시믹스(복수 정책의 조합으로 복수의 정책 목표를 달성하려는 것).
policy racket 명 (美) 숫자 맞히기 도박(numbers pool).
policy science 명 정책학.
policy wonk 명 (美) (경멸적) 정책통(通).
pol·i·me·tri·cian [pàləmitríʃən/pɔ̀l-] 명 계량 정치학자.
pol·i·met·rics [pàləmétriks/pɔ̀l-] 명(단수취급) 계량(計量) 정치학.
po·li·o [póuliòu] 명 =poliomyelitis.
po·li·o- [póuliou, -liə] 연결 「(뇌·척수의) 회백색」의 뜻.(* 모음 앞에서는 poli-). ¶*polio*myelitis.
po·li·o·my·e·li·tis [pòuliòumàiəláitis] 명[U] (병리) 척수성 소아마비, 폴리오.
polio vaccine 명 폴리오 백신, 소아마비 백신. (또는 poliomyelitis vaccine).
po·li·o·vi·rus [póuliouvàiərəs] 명 폴리오바이러스 (소아마비 병원체로 RNA 바이러스에 속한다).
po·lis [póulis/pɔ́l-] 명 (복 *-leis* [-lais-]) 폴리스 (고대 그리스의 도시 국가). [<Gk]
-po·lis [pəlis] 연결 city의 뜻. ¶mega*polis*.
Po·li·sa·ri·o [pòulisáːriou] 명 폴리사리오 전선 (~ Front)(서부 사하라 독립 추구 게릴라 단체).
pol·i·sci [páli sái/pɔ́li-] 명 (구어) 정치학.
*__pol·ish__ [páliʃ/pɔ́l-] 동 (~es [-iz], ~ed [-t]) 타 1 …을 닦다, …에 윤[광]을 내다(up). ¶~ (up) *one's shoes* 구두를 닦다. 2 (태도·문장 따위를) 다듬다, …을 세련되게[품위 있게] 하다(up). 3 …을 닦아서 다른 상태가 되게 하다; …을 갈아서 없애다, 문질러 닦게 하다 (*away, off, out*)(*into*). ¶~ (+명+ 젼+명) *a stone* ~*ed into roundness* 닦아서 둥글게 된 돌. 4 (벼 따위를) 탈곡 정미(精米)하다. ¶~ *rice* 정미(精米)하다. ─ 자 1 윤[광택]이 나다(up). ¶*This wood* ~*es well*. 이 나무는 윤이 잘 난다. 2 (고어) 세련되다, 품위가 있다.
polish off (구어) ① (작업·식사 따위를) 후딱 해[먹어] 치우다. ② (적·경쟁 상대 따위를) 해치우다; 죽이다.
polish up (구어) ① …에 광을 내다; …을 숙달시키다, …을 다듬다. ② …을 마무르다, 깨끗하게 하다.
─ 명 1 [U] 연마분, 광택제, 윤내는 재료. ¶shoe ~ 구두약. 2 [UC] 윤내기; 닦아서 광택이 난 상태; 매끄러움, 뻔쩍거림, 광택. ¶a *table with a high ~* 광택이 잘 나는 테이블. 3 [U] 연마하는 일. 4 [U] 품위, 세련, 우아. 5 (사료용) 쌀겨(rice ~).
*__Po·lish__ [póuliʃ] 형 폴란드의; 폴란드인[어]의. ─ 명 [U] 폴란드어. 「으면 닦이는.
pol·ish·a·ble [páliʃəbl/pɔ́l-] 형 닦을 수 있는, 닦
Polish Corridor 명 (the ~) 폴란드 회랑(Vistula 강 하구의 띠 모양의 지역; 1919년 베르사유 조약에 의해 독일로부터 폴란드에 할양됨).
pol·ished [páliʃt/pɔ́l-] 형 1 매끄럽게 된, 연마 된 놓은, 광택이 나는. 2 품위 있는, 우아한, 세련된. 3 결점이 없는; 우수한. 4 (쌀이) 탈곡 정미된. ¶~ *rice* 백미(白米). 5 (또는 ⌣ **up**) (美구어) 곤드레만드레가 된.
pol·ish·er [páliʃər/pɔ́l-] 명 닦는[광을 내는] 사람; 광내는 기구[약]. 「광택약.
pol·ish·ing·pow·der [páliʃiŋpàudər] 명 분말
Polish notation 명 (논리·컴퓨터) 폴란드 기법(記法)(연산 기호를 연산수 앞에 놓는 방식; 예컨대 1+2를 +12로 쓴다).
polish remover (매니큐어) 제광액(除光液).
polit. political; politician; politics.
Po·lit·bu·ro [pálitbjùərou, pəlít-/pɔ́lít-] 명 (the ~) (옛 소련 및 기타 공산 국가의) 공산당 정치국; (**p-**) 최고 권력기구. (또는 **Politbureau**) [<Russ]
*__po·lite__ [pəláit] 형 1 (…에게) 공손한, 예절바른, 정중한 (*to*); 의례적인. ¶a *refusal* 정중한 거절 / *be* ~ *to others* 남에게 예의바르다.

> [유의어] **polite** 예의 범절을 잘 지키고 남에게 인정있게 대하는. **civil** 최소한의 사회적 예의를 지키고, 가까스로 무례를 저지르지 않는. **courteous** 예의바름에 polite보다 한층 더 마음이 있고 정중함을 나타내는 말. **courtly** courteous보다 더욱 예절바른 정중함을 나타내는 말.

2 품위 있는, 세련된, 교양 있는; 상류의. ¶the ~ *thing* 교양 있는 태도. 3 (예술, 특히 문학 따위가) 우아한, 고상한. ¶~ *arts* 미술 / ~ *literature* [*or letters*] 순문학.
do the polite (속어) 애써 품위 있게 행동하다.
polit. econ. *political economy*.
*__po·lite·ly__ [pəláitli] 부 (*more* ~; *most* ~) 예의바르게, 점잖게; 정중하게.
politely impolite 은근히 무례한[건방진].
*__po·lite·ness__ [pəláitnis] 명[U] 예절바름, 정중함.
polite society 명 상류 사회.
po·li·tesse [pàlités/pɔ̀l-] 명 =politeness. [<F]
*__pol·i·tic__ [pálətik/pɔ́l-] 형 1 현명한, 사려 깊은, 분별 있는. 2 책략적인, 빈틈없는, 교활한. 3 시기에 적합한, 적절한. ¶a ~ *move* 적절한 조치. 4 (美) 정치상의. ¶*the body* ~ 국가. 5 (동) 지배[우열] 관계의.
─ 동 자 정치에 종사[관계]하다. **~·ly** 부
*__po·lit·i·cal__ [pəlítikəl] 형 (*more* ~; *most* ~) 1 정치(학)의, 정치상의; 정치에 관한. ¶a ~ *column* 정치란(欄) / a ~ *point of view* 정치적 견지. 2 정당(활동)의. ¶(경멸적) 정치적[당파]의. ¶a ~ *campaign* 선거 운동. 3 정치에 관여하는; 정계에 힘을 행사하는. ¶a ~ *boss* 정계 보스. 4 행정에 관여하는; 정치 조직이 있는. ¶a ~ *office* 행정 관청 / a ~ *community* 국가. 5 국가의, 국정의, 국정에 관한; (법률적인 것에 대하여) 정치적인; 시민의, 시민에 관한. ¶~ *measures* 정치적 처리(인) / ~ *rights* 참정권. ─ 명 1 (英) ~ *agent*. 2 국사[정치]범. 「위원회(略 PAC).
political action committee 명 (美) 정치 활동
political agent 명 (英) (정부의) 인도 주재관.
political animal 명 타고난 정치가적 인물, 정치에

political asylum 정치적 망명(자에 대한 망명
political corréctness (美) (경멸적) 정치적 공정, 올바른[진보적] 정치관; (소수파나 약자인 인종·성 등에 대한) 편견[차별] 없는 언동(中 P.C.).
political corruption 정치 부패.
political críme [offénse] 정치범, 국사범.
political donátion 정치 헌금, 정치 자금 기부.
political ecónomist (정치) 경제학자. 「제학.
political ecónomy 정치 경제학. 경제 제도; 경
political fóotball 정쟁의 불씨, 정치 논쟁이 될
political geógraphy 정치 지리(학). 문제.
political háck 돈으로 움직이는[고용된] 정치가.
po·lit·i·cal·ize [pəlítikəlàiz] (* (英) **-ise**) 他 …을 정치화하다; …에 정치색을 띠게 하다. **-i-zá·tion**
political líberty 정치적 자유. 략]적으로.
po·lit·i·cal·ly [pəlítikəli] 정치[정략]상, 정치[정 략
politically corréct (종종 경멸적) 정치적 으로 공정한[올바른], 진보적 시각의; (표현·어구 따위 가) 정치·사회적 견지에서 올바른, 인종·성 따위에 비차 별적인(中 p.c.). ¶ political correctness
political machíne (보스 정치인이 좌지우지하
political párty 정당. 는) 지배 집단[조직].
political prísoner 정치[국사]범.
political quéstion 정치적 문제; 통치 행위.
political réfugee 정치적 망명자.
po·lit·i·cal-risk asséssment [-rísk-] (美) (다국적 기업이 행하는 각국의) 정치적 위험성 측정
political scíence 정치학(politics). [예측.
political scíentist 정치학자.
political vérse (운율) 정치시(비잔틴기(期) 및 근대의 그리스어 음본시(音符詩)); (특히) 약강격의 시행.
‡**pol·i·ti·cian** [pàlətíʃən/pɔ̀l-] (〜s [-z]) 1 정치인[가]; (경멸적) 당리·당략에 전념하는 정치꾼, (정계의) 모사(謀士), 정상배(politico).

유의어 **politician** 선거 활동·의회 활동·정당의 운영 따위에 익숙한 「정치꾼」; 종종 사리를 위해 움직이는 「정치꾼」. **statesman** 국민 생활을 위해 사리·당리를 돌보지 않는, 재능이 뛰어난 제1급 정치가.

2 정당 정치인; 정객. 3 출세[권력]주의자, 정치에 관심이 있는 사람; 행정관. 4 (구어) 모사꾼, 책사; 간신배, 알랑거리는 사람; 자기 이익만 챙기는 사람.
po·lit·i·cize [pəlítəsàiz] (* (英) **-cise**) 他 …을 정치 문제로 삼다, 정치화하다. —自 정치에 관여하다. **-ci·zá·tion**
pol·i·tick [pálitik/pɔ́l-] (美구어) 自 정치 활동을 하다, 정치 공작을 벌이다; 선거 운동을 하다. —他 (정치 공작으로) …을 이루다, …에 영향을 미치다.
po·lit·i·co [pəlítikòu] (〜**s**)=politician 1.
po·lit·i·co- [pəlítikou, -kə] 연결 political의 뜻.¶*politico*-religious(정치 종교적인).
‡**pol·i·tics** [pálətiks/pɔ́l-] 1 (단수취급) 정치학. 2 (단수취급) 정치; (복수취급) 정치 활동, 정무; 정계. ¶run ~ 정치 활동을 하다. 3 정치적 수단, 정략, 이해 (관계). ¶P- makes strange bedfellows.(속담) 오월동주(吳越同舟). 4 (복수취급) 정강, 정견, 정치관; 정책.¶What are his ~ ? 그의 정치관은 어떤 것입니까? 5 (단·복수 양용) 정치 문제; (단수취급) 정쟁, 대립. 6 (복수취급) (입법·사법에 대해) 행정; (군(軍) 기능에 대해) 정부의 문민 기능. 7 (단수취급) 경영, 운영.
be not (*practical*) *politics* 논할 가치가 없다.
enter [or *go into*] *politics* 정계에 들어가다.
play politics ① 권모술수를 부리다, 당리당략에 호소하다, 정치적 입장을 이용하다. ② 사리(私利)를 위해 (…와) 이면 공작을 하다 (*with*); 남을 이용하다.
pol·i·ty [páləti/pɔ́l-] 1 ① 정치 형태, 정치 조직[제도]. 2 정치 조직체; 국가 조직, 국가; 정부. 3 ① 정치, 행정, 통치. 4 (집합적) (국가를 형성하는) 국민.
polk [poulk] (他自) 폴카(polka)를 추다.
Polk [pouk] **James Knox** 〜 포크(1795–1849; 미국의 제11대 대통령(1845–49)).
pol·ka [póulkə/pɔ́lkə] 1 폴카(2박자의 경쾌한 춤); 그 곡. 2 여성용 니트 재킷. —自 폴카를 추다.
pólka dòt [póukə-, pál-/pɔ́l-] 1 (〜**s**) (물방울 모양의) 큰 점, 물방울 무늬(의 천). 2 (〜s) (英) 초롤
pól·ka-dòt(·ted) 릇 칩스.
‡**poll**[1] [poul] ① (美) 〜**s** [-z] 1 (the 〜, a 〜) 투표, 선거. ¶take a 〜 표결하다. 2 ① (a 〜) 투표수; (the 〜) 득표수, 투표 기록[결과]; 득표 계산.¶a heavy [light] 〜 많은[적은] 투표수. 3 선거인 명부.¶have one's name on the 〜 선거인 명부에 등록되다. 4 (the 〜s) (美) 투표소. 5 =〜 tax. 6 여론 조사 (결과); (선거때·신문·방송에 의한) 인기 투표; 여론 조사표.¶a Gallup 〜 갤럽 여론 조사. 7 머리(두발이 있는 부분); 후두부; 사람.¶per 〜 한 사람 당. 8 수를 세기, 집계. 9 (말의) 머리 몰미; (소·말의) 각 머리(⇨COW[1] 그림). 10 (해머 따위의) 머리. 11 뿔없는 동물[소].
at the head of the poll 최고 득표로.
declare the poll 투표 결과를 발표하다.
go to the polls 투표하러 가다.
take [or *conduct*] *a poll* 여론 조사를 하다.
—ⓤ 〜**s** [-z] 他 1 (표)를 획득하다; (후보자)의 득표수를 계산하다.¶The candidate 〜*ed* more than 100,000 votes. 그 후보자는 10만 표 이상을 얻었다. 2 (표)를 던지다, 투표하다.¶… 〜 a vote *for* …에 찬성 투표하다. 3 (유권자)를 투표소에 가게 하다. 4 (선거·과세를 위해) …을 명부에 등록하다. 5 …의 여론 조사를 하다. 6 …의 털[머리]을 깎다, 짧게 자르다; (나무)의 가지를 치다. 7 (美) (배심원 등)에게 찬반을 묻다. —自 (…에 ⓒ **·a·ble** ⓒ **·er** 게) 투표하다 (*for*).
poll[2] [pɑl/pɔl] (英) (the P—) (집합적) (Cambridge 대학에서 우등 학위 졸업생에 대하여) 보통 학위 졸업생 (passman). 2 =〜 degree.
go out in the Poll 보통 성적으로 졸업하다.
poll[3] [pɑl/pɔl] ① 1 (구어) =〜 parrot. 2 (속어) 매춘부; (英속어) 수다(쟁이). 고기(북대서양 산(産)).
pol·lack [pálək/pɔ́l-] ① (〜**(s)**) 대구류(類)의 물
Pol·lack [pálək/pɔ́l-] **Sydney** 〜 폴락(1934–; 미국의 영화 감독).
pol·lard [pálərd/pɔ́l-] 1 가지를 짧게 쳐낸 수목. 2 뿔을 자른 동물. 3 밀기울 (사료). —他 (수목의 가지)를 짧게 쳐내다; …의 뿔을 자르다.
poll-beast [póulbì:st] ① (英) 뿔없는 소.
poll-book [póulbùk] ① 선거인 명부. 한도.
póll càpping [póul-] ① (세출 따위의) 상한, 최고
póll degrée [pál-/pɔ́l-] ① 보통 (졸업) 학위.
polled [pould] ⓒ 뿔이 없는, 뿔을 자른; (수목이) 짧게 가지가 쳐내어진; (고어) 머리를 짧게 깎은.
poll·ee [poulíː] 여론 조사 대상자.
***pol·len** [pálən/pɔ́l-] ①ⓤ 꽃가루. —他 …에 꽃가루 (授粉)하다. 〜**ed**, 〜**less**, 〜**like** 크기.
póllen állergy ①[병리] 화분증(症), 꽃가루 알레
póllen análysis ①[고생물] 꽃가루 분석, 화분분석
póllen còunt ① (공기중의) 꽃가루 수. 花粉學).
pol·len·ó·sis [pàlənóusis/pɔ̀l-] ⓤⓒ [병리] 꽃가루 알레르기(hay fever). (또는 **pollinosis**)
pol·le·ro [pouɛ́rou] ① (〜**s**) (멕시코 노동자들을 미국으로 불법 입국시키는) 밀입국 안내인[업자]. (<Sp)
pol·lex [páleks/pɔ́l-] ① **-li·ces** [-ləsìːz] (앞발의) 엄지발가락; 엄지(thumb). **-li·cal**
pol·li·nate [pálənèit/pɔ́l-] 他 [식물] …에 수분 (授粉)하다. (또는 **pollinize**) 作用).
pol·li·na·tion [pàlənéiʃən/pɔ̀l-] ⓤ [식물] 수분
pol·li·na·tor [pálənèitər/pɔ́l-] ① (곤충 따위) 수분(受粉)꽃가루 매개자; 꽃가루의 공급원이 되는 식물.

poll·ing [póuliŋ] [명] **1** 《英》 투표(《美》 voting). **2** 여론 조사. **3** 〔컴퓨터〕 폴링(통신 제어 방법).
pólling bòoth [명] (투표 용지) 기표소.
pólling dày [명] 투표일, 선거일.
pólling plàce [stàtion] [명] 투표소.
pol·lin·ic [pəlínik] [형] 꽃가루의. (또는 **pollinical**)
pol·li·nif·er·ous [pɑ̀lənífərəs/pɔ̀l-] [형] (식물이) 꽃가루가 있는[생기는]; (곤충 따위가) 꽃가루를 나르는.
pol·lin·i·um [pəlíniəm] [명] ([복] **-i·a** [-niə]) 〔식물〕 화분괴(塊).
pol·li·nize [pɑ́lənàiz/pɔ́l-] [동][타] =pollinate. **-ni·zá·tion** [명]
pol·li·no·sis [pɑ̀lənóusis/pɔ̀l-] [명] =hay fever.
pol·li·wog [pɑ́liwɑ̀g/pɔ́liwɔ̀g] [명] 올챙이. (또는 **pollywog**)
pol·lock [pɑ́lək/pɔ́l-] [명] ([복] ~**(s)**) =pollack.
Pol·lock [pɑ́lək/pɔ́l-] [명] **Jackson** ~ 폴록(1912–56: 미국의 화가; 행위 미술의 대가).
pol·loi [pəlɔ́i] [명][복] 《속어》 평민, 일반 대중.
poll-ox [póulɑ̀ks/-ɔ̀ks] [명] 《英》 =poll-beast.
póll pàrrot [pɑ́l-/pɔ́l-] [명] 앵무새. [참] Polly
poll-par·rot [pɑ́lpǽrət] [동] (…을) 앵무새처럼 되풀이해서 말하다.
poll·ster [póulstər] [명] (직업적인) 여론 조사원[가].
poll·tak·er [póultèikər] [명] =pollster.
póll tàx [póul-] [명] 인두세(人頭稅)(capitation tax).
poll-tax·er [póultæ̀ksər] [명] 《美구어》 인두세 있는 주에서 선출된 의원, 인두세 제도 지지자.
pol·lu·tant [pəlú:tənt] [명] 오염 물질, 오염원(源); 오물.
Pollútant Stándards Ìndex [명] 《美》 대기 오염 기준 지수.
***pol·lute** [pəlú:t] [동][타] **1** …을 (…으로) 더럽히다, 오염시키다, 불결하게 하다 (*by*, *with*). ¶ (~+[目]+[前]+[名]) ~ the air *with* exhaust fumes 배기 가스로 대기를 오염시키다. **2** 《경멸적》 (도덕적으로) …을 더럽히다, 타락시키다. ¶ ~ the mind 정신을 타락시키다. **3** …의 신성함[명예]을 더럽히다, …을 모독하다. ¶ ~ a person's honor 남의 명예를 더럽히다. **4** 《구어》 …의 효과[효율]를 떨어뜨리다. **-lú·tive** [형]
pol·lut·ed [pəlú:tid] [형] 《美》 **1** 오염된, 순수하지 못한. **2** 《속어》 술취한. **~·ness** [명]
pol·lut·er [pəlú:tər] [명] 오염자; 오염원(源).
‡pol·lu·tion [pəlú:ʃən] [명][U][C] **1** 더럽히기, 오염; (오염에 의한) 공해; 더러움, 불결(contamination). ¶ environmental ~ 환경 오염/noise ~ 소음 공해. **2** (정신 따위의) 타락; 모독. **3** 〔의학〕 몽정(夢精). **~·al** [형]
pollútion contròl órdinance [명] 공해 방지[규제] 조례.
pollútion disèase [명] 공해병. (또는 **pollútion-related diséase**)
pol·lu·tion-free [-frì:] [형] 공해를 유발하지 않는, 무공해의. ¶ a ~ engine [factory] 무공해 엔진[공장].
pol·lu·tion·ist [pəlú:ʃənist] [명][형] 오염 찬성자(의).
pollútion tàx [명] 공해세, 환경 오염세.
Pol·lux [pɑ́ləks/pɔ́l-] [명] 폴룩스. **1** 〔그리스 신화〕 Zeus와 Leda 사이에 태어난 쌍둥이의 하나. **2** 〔천문〕 쌍둥이 자리(Gemini)의 일등성. [참] Castor
póll wàtcher [명] 〔정치〕 (정당의) 투표 참관인.
pol·ly [pɑ́li/pɔ́li] [명] 《美구어》 정치꾼(politician).
Pol·ly [pɑ́li/pɔ́li] [명] 폴리. **1** 여자 이름(Mary의 별칭). **2** (종종 p–) 앵무새(의 이름). [참] poll parrot
Pol·ly·an·na [pɑ̀liǽnə/pɔ̀l-] [명] 맹목적[극단적]인 낙천가. **—**[형] (종종 p–) (또는 **Pollyannaish**) 어리석을 정도로 낙천적인. **~·ism** [명] 〔<미국의 작가 Eleanor Porter(1868–1920)의 소설 *Pollyanna*의 여주인공 이름〕
pólly sèeds [명][복] 《구어》 해바라기의 일종.
pol·ly·wog [pɑ́liwɑ̀g/pɔ́liwɔ̀g] [명] =polliwog. (또는 **pollywag**)

***po·lo** [póulou] [명][U] **1** 폴로(마상 구기(馬上球技)의 일종). **2** 수구 따위 폴로와 비슷한 경기. ¶ water ~ 수구(水球). **3** = ~ shirt. **~·ist** [명]
Po·lo [póulou] [명] **Marco** ~ 폴로(1254?–1324: 이탈리아 베네치아 여행가; 「동방견문록」).
pol·o·naise [pɑ̀lənéiz, pòul-/pɔ̀l-] [명] **1** 폴로네즈(폴란드의 3박자로 된 느린 춤); 그 무곡(舞曲). **2** (또는 **polonese**) 폴로네즈(18세기말의 여성복).
pólo nèck [명] 《英》 =turtleneck.
po·lo·ni·um [pəlóuniəm] [명][U] 〔화학〕 폴로늄(1898년 Curie 부처가 발견한 방사성 원소; [기] Po).
Po·lo·nize [póulənàiz] (《英》 **-nise**) [동][타] 폴란드식으로 하다, 폴란드화하다. **-ni·zá·tion** [명]
po·lo·ny [pəlóuni] [명] 《英》 돼지고기 소시지의 일종.
pólo pòny [명] 폴로 경기용 조랑말.
pólo shìrt [명] 폴로 셔츠, 스포츠 셔츠.
po·lo-stick [-stìk] [명] 폴로경기용 스틱.
Pol Pot [pɑ́l pɑ́t/pɔ́l pɔ́t] [명] 폴포트(1928?–98: 캄보디아의 정치인; 총리(1976, 77–79); 국민 대학살자행).
pol. sci. *poli*tical *sci*ence.
Pol·ska [pɔ́:lskɑ:] [명] 폴스카(Poland의 폴란드어 이름).
pol·ter·geist [póultərgàist/pɔ́l-] [명] 〔독일 민화〕 폴터가이스트(이상한 소리를 내는 요정(妖精)). 〔<G〕
polt·foot [póultfùt] [명] ([복] **-feet** [-fì:t]) =clubfoot. **—**[형] 《고어》 =clubfooted. (또는 **pólt-fòot**)
pol·troon [pɑltrú:n/pɔl-] [명] 겁쟁이, 비겁한 사람. **—**[형] 비겁한, 겁쟁이의. **~·ish** [형] **~·ish·ly** [부]
pol·troon·er·y [pɑltrú:nəri/pɔl-] [명][U] 비겁, 겁많음.
pol·y[1] [pɑ́li/pɔ́li] [명] **1** 《구어》 =polyester. **2** 〔해부〕 다형핵(多形核) 백혈구. **3** 《구어》 중합체(重合體), 폴리머(polymer).
pol·y[2] [명] ([복] **~s**) 《英구어》 =polytechnic.
poly. polytechnic.
pol·y- [pɑ́li/pɔ́li] [연결] much, many의 뜻. ¶ *poly*chromatic.
póly Á [명] 〔생화학〕 폴리 A (polyadenylic acid).
pol·y·a·cryl·a·mide [pɑ̀liəkríləmàid/pɔ̀l-] [명] 〔화학〕 폴리아크릴아미드(아크릴아미드의 수용성 중합체; 백색 고체로 점조제(粘稠劑)·응집제로 쓴다).
polyacrýlamide gél [명] 〔화학〕 폴리아크릴아미드 겔 (DNA 분리 분석에 쓰인다).
pol·y·ad·e·nýl·ic ácid [pɑ̀liæ̀dənílik-/pɔ̀l-] [명] 〔생화학〕 폴리아데닐산(poly A).
pol·y·am·ide [pɑ̀liǽmaid/pɔ̀l-] [명] 〔화학〕 폴리아미드(나일론 따위에 이용).
pol·y·a·mine [pɑ̀liəmí:n, -ǽmin/pɔ̀l-] [명] 〔화학〕 폴리아민.
pol·y·an·drist [pɑ̀liǽndrist, ⌐-⌐-/pɔ̀liǽn-] [명] 남편을 둘 이상 가진 여자.
pol·y·an·drous [pɑ̀liǽndrəs/pɔ̀l-] [형] 일처다부의; 〔식물〕 다웅예(多雄蕊)의, 수꽃술이 많은.
pol·y·an·dry [pɑ́liæ̀ndri, ⌐-⌐-/pɔ́liæ̀n-] [명][U] **1** 일처다부([참] monandry, polygamy). **2** 〔식물〕 다웅예(성). **3** 〔생물〕 다정핵(多精核) 융합.
pol·y·an·gu·lar [pɑ̀liǽŋgjulər/pɔ̀l-] [형] 다각(多角)의.
pol·y·án·tha (róse) [pɑ̀liǽnθə-/pɔ̀l-] [명] 들장미의 일종.
pol·y·an·thus [pɑ̀liǽnθəs/pɔ̀l-] [명] **1** 폴리앤서스(앵초의 교배종). **2** 수선화의 일종.
pol·y·arch [pɑ́liɑ̀:rk/pɔ́l-] [명] 다원형(多原型).
pol·y·ar·chy [pɑ́liɑ̀:rki/pɔ́l-] [명] 다두(多頭) 정치(체제). [참] oligarchy **-ár·chic, -ár·chi·cal** [형]
pol·y·a·tom·ic [pɑ̀liətɑ́mik/pɔ̀liətɔ́m-] [형] 〔화학〕 다원자의[로 이루어지는], 다가(多價)의.
pol·y·ba·sic [pɑ̀libéisik/pɔ̀l-] [형] 〔화학〕 다염기(多塩基)의. ¶ ~ acid 다염기산(酸). **-ba·síc·i·ty** [명]
pol·y·bró·min·at·ed biphényl [pɑ̀libróuməneìtid-/pɔ̀l-] [명] 〔화학〕 폴리브롬화 비페닐([약] PBB).

pol・y・car・bon・ate [pàlikáːrbənət/pɔ̀l-] 〔化學〕 폴리카보네이트(합성 수지의 일종).

pol・y・car・pic [pàlikáːrpik/pɔ̀l-] ⓐ 〔植物〕 다결실(多結實)의; 다심피(多心皮)의. (또는 **polycarpous**) **-càr・py** ⓝ

pol・y・cen・tric [pàliséntrik/pɔ̀l-] ⓐ 다중심(多中心)의, 다원(多元)의.

pol・y・cen・trism [pàlisentrizm/pɔ̀l-] ⓝⓤ (정치·국제 관계의) 다극[다원]주의[구조]. **-trist** ⓝⓐ

pol・y・chaete [pàlikit/pɔ̀l-] ⓝ 다모류(多毛類) 동물 (갯지렁이 따위). ── ⓐ (또는 **polychaetan**) 다모류의.

pol・y・chae・tous [pàlikíːtəs/pɔ̀l-] ⓐ 다모류의.

pol・y・chlo・rin・at・ed biphényl [pàlikló:rənèitid-, -klóur-] 폴리염화 비페닐(공해 물질; PCB). (또는 **polychlorobiphenyl**) 「용도.

pol・y・chrest [pálikrest/pɔ́l-] ⓝ 〔藥品 등의〕 다

pol・y・chres・tic [pàlikréstik/pɔ̀l-] ⓐ 〔藥品 따위가〕 다용도의. 「폴리크롬산염(酸鹽).

pol・y・chro・mate [pálikroumèit/pɔ́l-] ⓝ 〔化學〕

pol・y・chro・mat・ic [pàlikroumǽtik, -krə-/pɔ̀l-] ⓐ 다색의, 여러 빛깔을 내는. **-chró・ma・tism** ⓝ

pol・y・chrome [pálikroum/pɔ́l-] ⓐ 다색(채 장식)의; 다색 인쇄의. ── ⓝ 다색채; 다색 인쇄(물), 다색화(畫). ── ⓥⓣ …을 다색으로 그리다, …에 여러 색깔을 칠하다. 「chromatic.

pol・y・chro・mic [pàlikróumik/pɔ̀l-] ⓐ =poly-

pol・y・chro・mous [pàlikróuməs/pɔ̀l-] ⓐ 1 = polychromatic. 2 다색채의, 다색 장식[화법]의.

pol・y・chro・my [pálikròumi/pɔ́l-] ⓝⓤ (조각·회화·건축 따위의) 다색채 장식, 다색 화법(畫法).

pol・y・cide [pálisàid/pɔ́l-] ⓝ 〔전자〕 폴리사이드 (다결정 실리콘과 silicide(규화물)의 2층이며). 「원〕.

pol・y・clin・ic [pàliklínik/pɔ̀l-] ⓝ 종합 진료소〔병

pol・y・crys・tal [pàlikrístl/pɔ̀l-] ⓝ 다결정체〔질〕. **~・line** [-krístəlin] ⓐ 〔理〕 적혈구 증가(증).

pol・y・cy・the・mi・a [pàlisaiθíːmiə/pɔ̀l-] ⓝ 〔병

pol・y・dac・tyl [pàlidǽktil/pɔ̀l-] ⓐ 다지(多指)의; 다지증의. (또는 **polydactylous**) ── ⓝ 다지 동물.

pol・y・dac・ty・ly [pàlidǽktəli/pɔ̀l-] ⓝ 〔병리〕 다지증(多指症). (또는 **polydactylism**)

pol・y・dip・si・a [pàlidípsiə/pɔ̀l-] ⓝ 〔의학〕 (당뇨병 등에서 흔히 보는) 번갈증(煩渴症), 조갈증. **-sic** ⓐ

pol・y・drug [pàlidrʌ́g/pɔ̀l-] ⓐ 여러 종류의 약제 [마약]를 동시에 사용하는.

pol・y・es・ter [páliestər, ˎ-ˊ-/pɔ́l-] ⓝ 〔化學〕 폴리에스테르; 폴리에스테르 섬유. **ès・ter・i・fi・cá・tion** ⓝ

pol・y・eth・yl・ene [pàliéθəli:n/pɔ̀l-] ⓝⓤ 〔美〕 〔化學〕 폴리에틸렌. (= 〔英〕 **polythene**)

polyéthylene glýcol ⓝ 〔化學〕 폴리에틸렌 글리콜(연고 따위의 유화제(乳化劑), 섬유의 윤활제 등).

pol・y・gam・ic [pàligǽmik/pɔ̀l-] ⓐ =polygamous.

po・lyg・a・mist [pəlígəmist] ⓝ 다처(多妻)인 사람, 일부다처주의자. **-mís・tic** ⓐ

po・lyg・a・mous [pəlígəməs] ⓐ 1 일부다처의; 〔드물게〕 대부분의. 2 〔動物〕 다혼성(多婚性)의. 3 〔植物〕 잡성화(雜性花)의. ⇨ POLYGAMY 3. **~・ly** ⓐⓓ

po・lyg・a・my [pəlígəmi] ⓝⓤ 1 복혼(複婚), (특히) 일부다처(制, 主義); 〔드물게〕 일처다부(制, 主義)(⇔ monogamy). 2 〔動物〕 다혼성, 일웅다자(一雄多雌)(⇔ monogamy). 3 〔植物〕 잡성화, 잡거성.

pol・y・gene¹ [pálidʒi:n/pɔ́l-] ⓝ 〔遺傳〕 폴리진, 다(多)유전자(개별 작용은 약하나 다수가 상호 보완하여 양적 형질의 발현에 관계하는 유전자). **-gén・ic** ⓐ

pol・y・gene² 〔지질〕 (생성 원인·시기가) 다원[복합]의. (또는 **polygenetic**)

pol・y・gen・e・sis [pàlidʒénəsis/pɔ̀l-] ⓝⓤ 〔生物·人類〕 다원(多原) 발생(설). ⓐ monogenesis

pol・y・ge・net・ic [pàlidʒənétik/pɔ̀l-] ⓐ 1 〔生物〕 다원 발생(설)의. 2 수종의 원인의[에 의한]. 3 〔地質〕 = polygene². **-i・cal・ly** ⓐⓓ

pol・y・gén・ic inhéritance [pàlidʒénik-/pɔ̀l-] ⓝ 〔유전〕 폴리진 유전(polygene계 유전 현상).

pól・y・glass tíre [páliglæs-/pɔ́liglɑ̀:s-] ⓝ (자동차의) 폴리글라스 타이어(폴리에스테르와 유리 섬유를 사용한 강화업(强化)) 타이어). (또는 **pólyglas tíre**)

pol・y・glot [páliglàt/pɔ́liglɔ̀t] ⓐ 1 수개 국어를 알고 있는〔할 줄 아는〕; (사회가) 수개 언어 집단으로 구성된, 여러 언어를 사용하는. 2 수개 국어로 적혀 있는. ¶a ~ Bible 수개 국어 대역의 성서. 3 여러 나라에 걸치는. ¶~ cuisine 다국적 요리. ── ⓝ 수개 국어에 능통한 사람; 수개 국어로 적은 서적[성서]; 수개 국어의 혼합. **²glót・tal, ²glót・tic, ²glót・tous** ⓐ **~・(t)ism** ⓝ

pol・y・gon [páligàn/pɔ́ligɔ̀n] ⓝ 〔수학〕 다각형, 다변형(多邊形). ¶a regular ~ 정(正)다각형.

po・lyg・o・nal [pəlígənl] ⓐ 다각[다변]형의. **~・ly** ⓐⓓ

pol・y・graph [páligrǽf, -grà:f/pɔ́li-] ⓝ 1 거짓말 탐지기(lie detector). 2 등사판, 복사기. 3 〔드물게〕 다작가(多作家). 4 〔병리〕 다원 기록기; 맥동·혈압 동시 기록기. ── ⓥⓣ …을 거짓말 탐지기로 조사하다.

po・lyg・ra・pher [pəlígrəfər] ⓝ 거짓말 탐지기 조작자. (또는 **polygraphist**) 「의. **-i・cal・ly** ⓐⓓ

pol・y・graph・ic [pàligrǽfik/pɔ̀l-] ⓐ 등사판(복사)

pólygraph tést ⓝ 거짓말 탐지기 조사, 탐지기에 의한 조사를 받다. ¶have ~ 거짓말 탐지기 조사를 받다.

po・lyg・ra・phy [pəlígrəfi] ⓝⓤ 1 polygraph 사용(법). 2 다작, 여러 종류의 저작.

po・lyg・y・nous [pəlídʒənəs] ⓐ 1 일부다처의. 2 〔動物〕 일웅다자(一雄多雌)의. 3 〔植物〕 암술이 많은.

po・lyg・y・ny [pəlídʒəni] ⓝⓤ 1 일부다처(制)(⇔ monogyny). 2 〔動物〕 일웅다자(一雄多雌). 3 〔植物〕 다자예(多雌蕊). 「는 polyhedric)

pol・y・he・dral [pàlihíːdrəl/pɔ̀l-] ⓐ 다면체의. (또

polyhédral ángle ⓝ 〔수학〕 다면각(多面角).

pol・y・he・dron [pàlihíːdrən/pɔ̀l-] ⓝ (⑭ **~s, -dra** [-drə]) 1 다면체(多面體). ¶a regular ~ 정(正)다면체. 2 〔곤충〕 다각체(多角體).

pol・y・hi・dro・sis [pàlihidróusəs, -hai-/pɔ̀l-] ⓝ 〔병리〕 다한(多汗)(증).

pol・y・his・tor [pàlihístər/pɔ̀l-] ⓝ 대학자, 박식자. (또는 **polyhistorian**) **-his・tór・ic** ⓐ **-to・ry** ⓝ

Pol・y・hym・ni・a [pàlihímniə/pɔ̀l-] ⓝ 〔그리스 신화〕 폴리힘니어(성가·춤 따위를 주관하는 여신; Muses 중의 하나). (또는 **Polymnia**)

poly I:C [páliáisíː/pɔ́l-] ⓝ 〔생화학〕 다중(多重) 이 노신(抗)바이러스성 단백질 인터페론의 생성을 촉진하는 합성 RNA). (또는 **póly Ì:póly Ć**)

pol・y・line [pálilàin/pɔ́l-] ⓝ 〔컴퓨터〕 폴리라인(컴퓨터 그래픽스에 있어서 복수의 선분이 이어져서 한 줄의 선으로 된 것; 그 그래픽 틀).

pol・y・logue [pálilɔ̀:g, -làg/pɔ́lilɔ̀g] ⓝ (극 따위에서) 여러 사람이 하는 대화; 다수 참가자에 의한 토론.

pol・y・math [pálimæ̀θ/pɔ́l-] ⓝ =polyhistor. ── ⓐ 박식한, 박학의. **²máth・ic** ⓐ

po・ly・ma・thy [pəlímᵊθi] ⓝⓤ 박학, 박식.

pol・y・mer [pálimər/pɔ́l-] ⓝ 〔化學〕 폴리머, 중합체(重合體); 중합물. ⓐ monomer

pol・y・mer・ase [pálimərèis, -rèiz/pɔ́l-] ⓝ 〔생화학〕 폴리메라제(DNA, RNA 형성의 촉매 효소).

pólymerase cháin reàction ⓝ 〔생화학〕 복제 [폴리메라아제] 연쇄 반응 (약 PCR).

pol・y・mer・ic [pàlimérik/pɔ̀l-] ⓐ 1 〔化學〕 중합(체)의. 2 〔생물〕 동의(同義)의. ¶~ gene 동의 유전자. **-i・cal・ly** ⓐⓓ 「=polymorphism.

po・lym・er・ism [pəlímərìzm, pálim-/pɔ́l-] ⓝ 〔化學〕

po・lym・er・ize [pəlímərὰiz] ⓥⓣ 〔化學〕 (…을) 중합시키다[하다]. **-i・zá・tion** ⓝ

pol·y·méth·yl metácrylate [pɑliméθəl-/pɔl-] 圀 〔화학〕 폴리메타크릴산(酸) 메틸(메타크릴산 메틸의 중합체: ⓔ PMMA).

pol·y·morph [pɑlimɔːrf/pɔl-] 圀 1 〔생물〕 다형체. 2 〔결정〕 다형체, 동질 이상체(同質異像體).

pol·y·mor·phic [pɑlimɔːrfik/pɔl-] 圀 =polymorphous 2. **-phi·cal·ly** 凹

pol·y·mor·phism [pɑlimɔːrfizm/pɔl-] 圀 1 다형(多形) (현상). 2 〔결정〕 동질 이상. 3 〔생물〕 다형성(性). **-mor·phís·tic** 圀

pol·y·mor·pho·nu·cle·ar [pɑlimɔːrfənjúː-kliər/pɔ̀limɔːrfənjúː-] 〔생물〕 圀 〔백혈구가〕 다형핵(多形核)의. — 圀 다형핵(백혈)구. 〔혈구.

polymorphonúclear léukocyte 圀 다핵형 백

pol·y·mor·phous [pɑlimɔːrfəs/pɔl-] 圀 1 갖가지 형태[성질, 기능]를 가진. 2 〔생물〕 다형성(多形性)의; 〔결정〕 다형의. **~·ly** 凹

Pol·y·ne·sia [pɑ̀ləníːʒə, -ʃə/pɔ̀liníːziə] 圀 폴리네시아(대양주의 3대 구역의 하나: 하와이 제도·뉴질랜드·이스터 섬을 잇는 해역의 섬들).

Pol·y·ne·sian [pɑ̀ləníːʒən, -ʃən/pɔ̀liníːziən] 圀 폴리네시아의; 폴리네시아인[어]의. — 圀 폴리네시아 사람; 폴리네시아어(語).

pol·y·neu·ri·tis [pɑ̀linjuəráitis/pɔ̀linjuər-] 〔병리〕 다발(성) 신경염. **-rít·ic** 圀

pol·y·no·mi·al [pɑ̀linóumiəl/pɔ̀l-] 圀 1 여러 명칭을 가진, 다명(多名)의. 2 〔수학〕 다항식(多項式)의. ¶a ~ expression 다항식. 3 〔생물〕 다명의. — 圀 1 다명, 다명식. 3 〔생물〕 세 개 이상의 명칭으로 된 학명(學名), 다명.

pol·y·nu·cle·ar [pɑ̀linjúːkliər/pɔ̀linjúː-] 圀 다핵(多核)의. (또는 **polynucleate**)

po·lyn·ya [pəlínjə] 圀 빙호(氷湖)(해빙으로 둘러싸인 부동(不凍) 해역).

pol·y·ó·ma vírus [pɑ̀lióumə-/pɔ̀l-] 圀 폴리오마 바이러스(포유 동물에 종양을 일으킨다).

pol·y·on·y·mous [pɑ̀liɑ́nəməs/pɔ̀lión-] 圀 여러[많은] 이름을 가진[으로 통하는]. **-my** 圀

pol·y·o·pi·a [pɑ̀lióupiə/pɔ̀l-] 圀 〔병리〕 복시(複

pol·yp [pɑ́lip/pɔ́l-] 圀 1 〔동물〕 폴립(강장(腔腸) 동물 중 착생 생활을 하는 개체; 말미잘·히드라 따위). 2 〔병리〕 폴립(점막에 발생하는 종양; 비용(鼻茸) 따위).

pol·y·par·y [pɑ́ləpèri/pɔ́lipəri] 圀 〔동물〕 폴립 모체(산호 따위). (또는 **polyparium**) **-pár·i·an** 圀

pol·y·pep·tide [pɑ̀lipéptaid/pɔ̀l-] 圀 〔생화학〕 폴리펩티드(아미노산의 다중 결합물).

pol·y·pet·al·ous [pɑ̀lipétələs/pɔ̀l-] 圀 〔식물〕 다판(多瓣)의. **-pét·al·y** 圀

pol·y·pha·gi·a [pɑ̀liféidʒiə, -dʒə/pɔ̀l-] 圀 ℂ 〔병리〕 다식증(多食症); 〔동물〕 잡식성(雜食性).
-gi·an 圀 **-phág·ic** 圀 **po·lýph·a·gist** 圀

po·lyph·a·gous [pəlífəgəs] 圀 〔병리〕 다식(증)의; 〔동물〕 잡식(성)의.

pol·y·phase [pɑ́lifèiz/pɔ́l-] 圀 〔전기〕 다상(多相)의.

Pol·y·phe·mus [pɑ̀ləfíːməs/pɔ̀l-] 圀 〔그리스 신화〕 폴리페모스(외눈박이 식인 거인 Cyclops의 한 사람).

pol·y·phe·nol [pɑ̀ləfíːnoul] 圀 〔화학〕 다가(多價) 페놀(동일 분자내에 수산기를 2개 이상 갖는 페놀).

pol·y·phone [pɑ́lifòun/pɔ́l-] 圀 〔음성〕 다음자(多音字), 다음가(多音價) 기호(두 개 이상의 다른 음을 가진 문자: cat과 cell의 c 따위).

pol·y·phon·ic [pɑ̀lifɑ́nik/pɔ̀lifɔ́n-] 圀 1 다음(多音)의. 2 〔음악〕 다성 음악의; 대위법의. 3 〔음성〕 다음을 나타내는. (또는 **polyphonous**) **-i·cal·ly** 凹

po·lyph·o·nist [pəlífənist] 圀 〔음악〕 다성[대위법] 음악 작곡가.

po·lyph·o·ny [pəlífəni] 圀ℂ 〔음악〕 다성 음악, 대위법; 〔음성〕 다음. **-nous** 圀 **-nous·ly** 凹

pol·y·phy·let·ic [pɑ̀lifailétik/pɔ̀l-] 圀 여러 종류의 조상으로부터 나온, 다원 발생의. **-i·cal·ly** 凹

pol·y·ploid [pɑ́liplɔ̀id/pɔ́l-] 圀圀 〔생물〕 배수체(倍數體)(의). **-plói·dal**, **-plói·dic** 圀 〔성(性).

pol·y·ploi·dy [pɑ́liplɔ̀idi/pɔ́l-] 圀ℂ 〔생물〕 배수

po·ly·pod [pɑ́lipɑ̀d/pɔ́lipɔ̀d] 圀 1 〔동물〕 다족 동물. 2 =polypody. — 圀 〔동물〕 다족의.

po·lyp·o·dous [pəlípədəs] 圀

pol·y·po·dy [pɑ́lipòudi/pɔ́lipədi] 圀 털미역고사리 류(類)의 식물. 〔비슷한[모양의].

pol·yp·oid [pɑ́ləpɔ̀id/pɔ́l-] 圀 〔병리〕 폴립(polyp)

pol·yp·ous [pɑ́ləpəs/pɔ́l-] 圀 =polypoid.

pol·y·pro·pyl·ene [pɑ̀lipróupəliːn/pɔ̀l-] 圀ℂ 〔화학〕 폴리프로필렌(프로필렌의 중합체).
(또는 **polypropene**) 〔=polyp 2.

pol·y·pus [pɑ́lipəs/pɔ́l-] 圀 (木 ~·**es**, **-pi**) 〔병리〕

pol·y·rhythm [pɑ́liriðm/pɔ́l-] 〔음악〕 폴리리듬 (대조적인 둘 이상의 리듬이 동시에 연주되기).
-rhýth·mic 圀 **-rhýth·mi·cal·ly** 凹

pol·y·ri·bo·some [pɑ̀liráibəsòum/pɔ̀l-] 〔생화학〕 폴리리보솜(수개(數個)에서 수십 개의 리보솜이 한 messenger RNA에 결합된 것). **-ri·bo·sóm·al** 圀

pol·y·sac·cha·ride [pɑ̀lisǽkəràid, -rid/pɔ̀l-] 圀 〔화학〕 다당류(多糖類). (또는 **polysaccharose**)

pol·y·se·mous [pɑ̀lisíːməs, pəlísə-/pɔ̀l-] 圀 다의(多義)의. (또는 **pòl·y·sé·mic**) 〔다의성.

pol·y·se·my [pɑ́lisìːmi, pəlísə-/pɔ́lisì-] 圀ℂ

pol·y·some [pɑ́lisòum/pɔ́l-] 圀 〔생화학〕 =polyribosome. 〔염색체성의 (개체).

pol·y·so·mic [pɑ̀lisóumik/pɔ̀l-] 圀圀 〔생물〕 다

pol·y·sor·bate [pɑ̀lisɔ́ːrbeit, -bət/pɔ̀l-] 圀 〔화학〕 폴리소르베이트(비(非)이온성 계면활성제로 약용).

pol·y·style [pɑ́listàil/pɔ́l-] 圀 〔건물이〕 기둥이 많은, 다주식(多柱式)의. — 圀 다주식 건축.

pol·y·sty·rene [pɑ̀listáiriːn/pɔ̀l-] 圀ℂ 〔화학〕 폴리스티렌, 스티렌(스티롤) 수지. ¶ ~ cement (플라스틱용) 폴리스티렌 접착제 / ~ foam 발포 스티롤.

pol·y·syl·lab·ic [pɑ̀lisəlǽbik/pɔ̀l-] 圀 1 다음절의, 4음절 이상의. 2 〔언어·문장 등이〕 다음절어 사용을 특징으로 하는. (또는 **polysyllabical**) **-i·cal·ly** 凹

pol·y·syl·la·ble [pɑ́lisìləbl, ˌ--ˌ--/pɔ́l-] 圀 다음절어(4음절 이상). ⇒ **disyllable**, **monosyllable**

pol·y·syn·the·sis [pɑ̀lisínθəsis/pɔ̀l-] 圀 (木 **-ses** [-siːz]) ℂU 〔언어〕 =polysynthesism 2.

pol·y·syn·the·sism [pɑ̀lisínθəsìzm/pɔ̀l-] 圀ℂ 1 여러 요소의 종합. 2 〔언어〕 포합(抱合)(문장으로 표현해야 할 내용을 한 단어로 표현하는 일).

pol·y·syn·thet·ic [pɑ̀lisinθétik/pɔ̀l-] 圀 1 〔언어〕 포합의. 2 통합[종합]의. (또는 **polysynthetical**) **-i·cal·ly** 凹

pol·y·tech·nic [pɑ̀litéknik/pɔ̀l-] 圀 공예(교육)의, 공업 기술(교육)의. ¶a ~ school [institute] 공예 학교 [공과 대학]. — 圀 공예 학교, 기술 전문 학교; 〔英〕 (the P-) 폴리테크닉, 전문 대학(Poly). 〔technic.

pol·y·tech·ni·cal [pɑ̀litéknikəl/pɔ̀l-] 圀 =poly-

pol·y·tene [pɑ́litìːn/pɔ́l-] 圀 〔유전〕 다사성(多絲性)의. **-tè·ny** 圀

pol·y·the·ism [pɑ́liθìːìzm, ˌ--ˌ--/pɔ́l-] 圀ℂ 다신론(多神論), 다신교. ⇔ **monotheism**

pol·y·the·ist [pɑ́liθìːist/pɔ́l-] 圀 다신론자, 다신교도.

pol·y·the·is·tic [pɑ̀liθiːístik/pɔ̀l-] 圀 다신론[교]의를 믿는. **-ti·cal·ly** 凹 **-ti·cal·ly** 凹

pol·y·thene [pɑ́ləθìːn/pɔ́l-] 圀 〔英〕 〔화학〕 =polyethylene.

pol·y·to·nal·i·ty [pɑ̀litounǽləti/pɔ̀l-] 圀ℂ 〔음악〕 다조성(多調性)(2개 이상의 상이한 조성을 쓰기); 다조성의 음. (또는 **pòl·y·tón·al·ism**) **-tón·al·ist** 圀

pol·y·typ·ic [pɑ̀litípik/pɔ̀l-] 圀 〔생물〕 (종(種) 따

위가) 다형(多型)의, 복형(複型)의. (또는 **polytypical**)
pol·y·un·sat·u·rate [pàliʌnsǽtʃərèit/pɔ̀l-] 명 다가(多價) 불포화 지방(산).
pol·y·u·re·than(e) [pàlijúərəθèin/pɔ̀l-] 명 〔화학〕 폴리우레탄(합성 섬유인고무) 따위의 원료).
pol·y·u·ri·a [pàlijúəriə/pɔ̀l-] 명 〔병리〕 다뇨증(多尿症). **-ú·ric** 형
pol·y·va·lence [pàlivéiləns/pɔ̀l-] 명 1 〔화학〕 다원자가(多原子價). 2 〔세균〕 (백신을 만들 때의) 여러 가지 균의 혼합, 다가(多價) (항체).
pol·y·va·lent [pàlivéilənt, pəlívə-/pɔ̀l-] 형 1 〔화학〕 다원자가의. 2 〔세균〕 (면역용 혈청이) 여러 항체를 포함한, 다가(多價) (항체)의.
pol·y·ver·si·ty [pàlivə́ːrsəti/pɔ̀l-] 명 =multiversity.
pol·y·vi·nyl [pàliváinl/pɔ̀l-] 명 〔화학〕 폴리비닐
polyvínyl ácetate 명 〔화학〕 폴리아세트산 비닐, 아세트산 비닐 수지. (또는 **PVA**)
polyvínyl chlóride 명 〔화학〕 폴리 염화 비닐. (또는 **PVC**)
polyvínyl résin 명 〔화학〕 폴리비닐 수지.
pol·y·wa·ter [páliwɔ̀ːtər/pɔ̀l-] 명ⓤ 〔화학〕 폴리워터, 중합수(重合水)(점도가 높은 특수한 물).
pol·y·zo·ic [pàlizóuik/pɔ̀l-] 형 1 다충성(多蟲性)의. 2 여러 동물이 서식하는.
pom [pam/pɔm] 명 =Pomeranian; 〔濠·뉴질 속어〕=pommy.
POM phase of the moon; prescription-only medicine [or medication]. **pom.** pomological; pomology.
pom·ace [pámis, pám-] 명ⓤ 1 (즙을 짜내고 난) 사과 찌꺼기. 2 (어유(魚油)·아주까리 기름 따위를) 짜낸 찌꺼기. (또는 **pumace**)
po·ma·ceous [pouméiʃəs] 형 사과(류)의(와 같은).
***po·made** [paméid, -máːd, pou-/pə-] 명ⓤ 포마드, 머릿 기름. ¶dress one's hair with ~ 머리에 포마드를 바르다. ── 타 (머리에) 포마드를 바르다. 〔<F〕
po·man·der [póumændər/-́-́] 명 1 향료알, 향정(香錠)(방역(防疫)용). 2 향정갑(香錠匣).
po·ma·to [pəméitou, -máː-] 명 (복 **~es**) 포마토(토마토와 감자를 세포 융합시켜 만든 신종 식물). 〔<potato+tomato〕
po·ma·tum [pouméitəm] 명 타 =pomade.
POMCUS 〔군사〕 prepositioning of overseas material configured to unit sets(필요 장비 해외 사전 비축 (계획)).
pome [poum] 명 〔식물〕 이과(梨果)(사과·배 따위).
~·like 형
pome·gran·ate [pámgrǽnət/pɔ́m-] 명 석류 열매(꽃), 그 나무.
pom·e·lo [páməlòu/pɔ́m-] 명 (복 ~**s**) =grapefruit. (또는 **pommelo, pum(m)elo**)
Pom·e·rán·chuck thèorem [pàmərǽntʃək-/pɔ̀m-] 명 〔물리〕 포메란축의 정리(定理). 〔<옛 소련의 물리학자 Isaac Y. Pomeranchuk (1913-66)의 이름〕
Pom·e·ra·ni·a [pàməréiniə, -njə/pɔm-] 명 포메라니아(발트해에 면한 옛 독일 동북부의 주(州)로 현재는 폴란드와 독일로 분할되었음; 독일어명 Pommern).
Pom·e·ra·ni·an [pàməréiniən/pɔm-] 명 포메라니아의. ── 명 포메라니아 사람; 포메라니아 개(애완견의 일종).
pom·fret [pámfrit/pɔ́m-] 명 (복 ~**s**) (북대서양·북태평양산) 새다래; 병어.
pómfret cáke [pámfrit-/pɔ́m-] 명 〔英〕 감초가 넣은 둥근 과자.
po·mi·cul·ture [póuməkʌ̀ltʃər] 명ⓤ 과수 재배. **-tur·ist** 명
po·mif·er·ous [poumífərəs] 형 〔식물〕 이과(梨果) 위의) 자루 끝; 안장머리. ── 타 (**-l-, 〔英〕-ll-**) …을 (칼)자루로 때리다; …을 주먹으로 연타하다.

pómmel hòrse 명 〔체조〕 안마(side horse).
pom·me·lo [páməlòu/pɔ́m-] 명 =pomelo.
pom·my [pámi/pɔ́mi] 명 〔濠俗語〕 〔경멸적〕 영국에서 온 (새) 이민; 영국인. (또는 **pom(mie)**)
po·mo [póumou] 〔구어〕 명 =postmodern. ── 명 =postmodernism.
po·mo·log·i·cal [pòuməmálədʒikəl/-lɔ́dʒ-] 형 과수 재배학[재배법]의. **~·ly** 부 **-gist** 명 (학)자.
po·mol·o·gist [poumálədʒist/-mɔ́l-] 명 과수 재배학자.
po·mol·o·gy [poumálədʒi/-mɔ́l-] 명ⓤ 과수 재배학[법].
Po·mo·na [pəmóunə] 명 포모나. 1 〔로마 신화〕 과수의 여신. 2 여자 이름.
*****pomp** [pamp/pɔmp] 명 1 ⓤ 호화, 장려(壯麗), 화려. ¶ with much ~ 화려[당당]하게. 2 (~s) 겉치레, 과시(誇示), 허식. 3 〔페어〕 화려한 행렬. **~·less** 형
pomp[1] =pompadour 1, 2.
pom·pa·dour [pámpədɔ̀ːr] 명 퐁파두르. 1 앞머리를 들어 올린 여성의 머리형; 남성의 올백 머리 형태. 2 핑크 또는 심홍색. 3 ⓤ 〔식물〕 잔잔한 꽃무늬의 천.
pom·pa·no [pámpənòu/pɔ́m-] 명 (복 ~(**s**)) 전갱이속(屬)의 물고기.
Pom·pe·ian [pampéiən, -piː-/pɔm-] 형 폼페이(Pompeii)의; 폼페이 문화[예술]의; (벽화가) 폼페이 양식의. ── 명 폼페이 사람. (또는 **Pompeiian**)
Pom·peii [pampéi/pɔmpéiiː] 명 폼페이(이탈리아의 고대 도시; 서기 79년 Vesuvius 화산 폭발로 매몰).
Póm·pe's diséase [pámpiz-/pɔ́m-] 명 〔의학〕 폼페병(근육조직의 저장을 저해하는 대사(代謝) 장애).
Pom·pey[1] [pámpi/pɔ́m-] 명 〔英俗語〕 =Portsmouth 1.
Pom·pey[2] 폼페이우스(106-48 B.C.; 로마의 장군·정치가).
Pom·pi·dou [pámpidùː/F pɔ̃pidu] 명 Georges Jean Raymond ~ 퐁피두(1911-74; 프랑스의 정치가; 수상(1962-68)·대통령(1969-74)).
Pómpidou Cèntre 명 (the ~) 퐁피두 센터(파리 소재 프랑스 종합 문화 센터).
pom·pi·er [pámpiər/pɔ́m-] 명 1 소방수(fireman). 2 =~ ladder.
pómpier ládder 명 소방용 사다리.
pom·pom [pámpam/pɔ́mpɔm] 명 자동 고사포; 대공 속사포; =pompon 1, 2. (또는 **póm-pòm**)
pómpom girl 명 폼폼 걸(방울술을 들고 시합 응원 거리 행진 따위를 하는 소녀). ⓔ cheerleader. (또는 **pómpon gìrl**)
pom·pon [pámpan/pɔ́mpɔn] 명 1 방울술(모자 따위의 장식용). 2 (군모의) 깃장식, 앞장식. 3 〔원예〕 퐁퐁 달리아[국화].
pom·pos·i·ty [pampásəti/pɔmpɔ́s-] 명 ⓤ 1 호화, 장려. 2 ⓤ 거만함, 젠체함. 3 (-ties) 거만한 태도, 과장된 언사, 호언장담. 〔<It〕 「한[하게]. 〔<It〕
pom·po·so [pampóusou/pɔm-] 형부 〔음악〕 장중
*****pomp·ous** [pámpəs/pɔ́m-] 형 1 당당한, 화려한, 호화스런. 2 젠체하는, 거만한. 3 (말 따위가) 과장된, 허풍떠는. ¶ a ~ speech 호언장담. **~·ly** 부 **~·ness** 명
'pon [pan, pən/pɔn] 전 〔구어〕 =upon. (또는 **pon**)
pon. pontoon.
ponce [pans/pɔns] 명 〔英俗語〕 1 (매춘부의) 기둥 서방; 계집애 같은 사내. ── 자 1 기둥 서방이 되다. 2 나태하고 호화롭게 지내다(about, around).
***ponce off** [or **on**] …로부터 부정한 돈을 받아서 살다; …에게서 돈을 뜯어 먹다.
***ponce up** ① 화려하게 꾸미다; 잘 차려 입다. ② 교태를 부리다.
pón·c(e)y 형
pon·ceau [pansóu/pɔn-] 명 1 개양귀비. 2 개양귀비색, 선홍색. ── 형 선홍색의, 개양귀비색의.
pon·cho [pántʃou/pɔ́n-] 명 (복 ~**s**) 1 판초(남미 원주민들이 입는 외투). 2 (판초 모양의) 우비, 비옷.
*****pond** [pand/pɔnd] 명 (복 ~**s** [-z]) 1 못, 연못

(lake보다는 작고 pool 보다는 크다); 양어장. **2** (the big) ~) 《英》《익살》 바다, 대서양. ── 国 〔흐름〕을 가로막아 못을 만들다(up). ── 国 〔물이〕 괴어 못이 되다.
pond·age [pándidʒ/pón-] 图 ⓤ 〔못의〕 저수량.
***pon·der** [pándər/pón-] 国国 …을 깊이 생각하다, 숙고하다. ¶~ a question 문제를 깊이 생각하다. ── 国 (…에 대하여) 곰곰이 생각하다(*over, on, about, as to*). ¶(~+前+名) ~ *over* a person's *words* 남의 말을 곰곰 생각하다. **~·er** 图

〔유의어〕 **ponder** 어떤 문제를 여러 각도에서 깊이 생각해 보다. **meditate** 정신을 집중하여 모든 각도·관계 따위를 이해하려고 생각을 하다. **muse** 지적 사색보다는 몽상·회상과 같은 생각에 몰두하다. **ruminate** 같은 문제를 되풀이 생각하다.

pon·der·a·ble [pándərəbl/pón-] 圈 **1** 무게를 잴 수 있는, 무게가 있는. **2** 한 번쯤 깊이 생각해볼 만한. ── 图 (~s) 무게가 나가는 것; 고려할 가치가 있는 것. **~·ness, -bíl·i·ty** 图 **-bly** 副
pon·der·ing·ly [pándəriŋli/pón-] 副 숙고하여.
pon·der·ó·sa píne [pàndəróusə-/pòn-] 〔식〕 폰데로사 소나무(북미 서부 원산); 그 목재.
***pon·der·ous** [pándərəs/pón-] 圈 **1** 무거운, 묵직한, 육중한; 무거워서 다루기 힘든. ¶ a ~ weapon 무거워서 다루기 힘든 무기. **2** 〔경멸적〕 〔문체·말씨 등이〕 답답한, 지루한. ¶ a ~ dissertation 지루한 학위 논문. **~·ly** 副 **-ós·i·ty, ~·ness** 图
pónd life 图 〔연〕못에서 서식하는 생물〔동물〕. (또는 **pónd-life**)
pónd lily 图 수련(water lily).
pónd scúm 图 **1** 수면(水綿), 해캄. **2** 《美학생 속어》 싫은〔불쾌한〕 녀석.
pónd skáter 图 〔곤충〕 소금쟁이.
pónd snáil 图 〔조개〕 민물 권패(卷貝)의 총칭.
pond·weed [pándwi:d/pónd-] 图 〔식물〕 가래속(屬)의 수초.
pone¹ [poun] 图 ⓤⓒ 《美남부》 옥수수빵; 그 빵 한 덩어리. (또는 ~ **bréad**)
pone² 图 〔카드놀이〕 물주〔선〕와 한 편인 사람; 물주의 〔상대〕 딴 쪽.
pong¹ [paŋ, pɔːŋ] 《英구어》 图国 냄새가 나다, 악취를 풍기다(stink). ── 图 악취. **póng·y** 圈
pong² 图 《속어·경멸적》 **1** 《美》 중국인, 중국계 사람. **2** 《濠》 동양인.
Pong [paŋ/pɔŋ] 图 (때로 p-) 〔상표〕 퐁(TV 게임의 일종).
pon·gee [pandʒí:, ´-/pɔn-] 图 **1** 폰지, 견주(繭紬) 〔멧누에의 실로 짠 견직물〕. **2** 황갈색.
pon·gid [pándʒid/pón-] 图 유인원(類人猿).
pon·go [páŋgou/pɔ́ŋ-] 图 (~s) (P-) **1** 《아프리카산》 유인원(類人猿). **2** 오랑우탄. **3** 《英속어》 병사, 수병, 해병대원; 흑인, 외국인. **4** 《濠속어》 영국인.
pon·iard [pánjərd/pón-] 图 단검. ── 国 …을 단검으로 찌르다.
po·no·graph [póunəgræf, -grɑ̀:f] 图 〔의학〕 동통 측정계.
pons [panz/pɔnz] 图 (⑧ **pon·tes** [pántiːz/pón-]) 〔해부〕 〔기관의〕 접합부; 뇌교(腦橋).⇒BRAIN 그림.
póns as·i·nó·rum [-æ̀sənɔ́:rəm] 图 **1** 당나귀의 다리, 바보와 넘을 수 없는 난관. **2** 초심자를 시험하기 위한 설문. 〔< L bridge of asses〕
PONSI *person of no strategic importance*(전략적으로 중요하지 않은 사람).
póns Va·ró·li·i [-vərǿuliài] 图 (⑧ **pontes V-**) 뇌교(pons).
Pon·ti·ac [pántiæ̀k/pón-] 图 **1** 폰티액. **1** 북미 인디언 Ottawa 족의 추장(1720?-69); 여러 부족을 통합하여 5대호 지역의 영국인 세력과 싸운 폰티액 전쟁(*Pontiac's War*)의 지도자. **2** 〔상표〕 미국 General Motors 사의 자동차 이름.
pon·ti·fex [pántəfèks/pón-] 图 (⑧ **-tif·i·ces** [pantífəsi:z]) **1** 〔고대 로마〕의 최고 성직자. **2** 〔교회〕 주교, 사제.

pon·tiff [pántif/pón-] 图 **1** =pontifex 1. **2** 고위 성직자. **3** 〔가톨릭〕 (the ~) 〔로마〕 교황; 주교. ¶ the Supreme [*or* Sovereign] P– 교황. **4** 〔유대교〕 제사장.
pon·tif·i·cal [pantífikəl/pon-] 圈 **1** 〔교황의〕. **2** 〔가톨릭〕 로마 교황의; 주교의. ¶ the ~ authority 교황권. **3** 〔유대교〕 제사장의. **4** 거만한, 독단적인. ── 图 **1** 〔가톨릭〕 (~s) 〔주교의〕 미사 제복. **2** 주교 전례서(典禮書). **~·ly** 副
Pontifical Cóllege 图 **1** (the ~) 최고 성직자단(團). **2** 〔가톨릭〕 교황청 전속 신학교; 고위 성직자 회의.
pon·tif·i·ca·li·a [pantifəkéiliə/pɔn-] 图 주교 제복(主敎祭服).
pon·tif·i·cate [pantífikət, -fəkèit/pɔn-] 图 ⓤ **1** pontifex의 직(職). **2** 교황의 직〔임기, 지위〕. **3** 주교의 직〔임기, 지위〕. ── 国 [pantífəkèit/pɔn-] **1** 주교의 직무[의식]을 행하다. **2** =pontify. **-cà·tor** 图
pon·ti·fy [pántəfài/pón-] 国国 pontiff의 역할을 하다; 거만하게 말〔행동〕하다.
pon·til [pántil/pón-] 图 =punty. 〔다리의〕.
pon·tine [pántain/pón-] 圈 〔해부〕 뇌교(腦橋)의.
pont-lev·is [pantlévis/pɔnt-] 图 도개교(跳開橋).
pon·ton [pántn/pɔn-] 图 《美육군》 =pontoon¹.
pon·to·nier [pàntəníər/pɔ̀n-] 图 《군사》 가교병(架橋兵), 주교(舟橋) 가설원. (또는 **pontooneer**)
pon·toon¹ [pantúːn/pɔn-] 图 **1** 평저(平底) 보트. **2** 《군사》 주교(舟橋)(용 철주(鐵舟)). **3** 〔수상 비행기의〕 플로트. **4** 〔침몰선 인양용의〕 부양함, 케송(caisson). ── 国 …에 주교를 놓다; …을 철주교로 건너다.
pon·toon² 图 《英》 카드놀이의 일종(twenty-one).
póntoon brídge 图 배다리, 부교(浮橋).
‡**po·ny** [póuni] 图 (⑧ **-nies** [-z]) **1** 포니, 조랑말(키 4.8 ft. 이하). **2** 작은 말; 《속어》 경주마. **3** 〔동류 중에서〕 소형의 것; 소형 기관차〔자동차〕; 몸집이 작은 코러스 걸. **4** ~a edition 소형판, 축쇄판. **4** 《구어》 작은 컵(한 잔 분량). **5** 《美속어》 참고서, 자습서; 커닝 페이퍼. **6** 《英속어》 25파운드(경마·도박 용어).
ride on a pony 《속어》 자습서를 이용하다.
── 国 **1** 《美속어》 자습서로 〔학과를〕 예습하다. **2** 청산하다, 결제하다(*up*).
pony and trap 《속어》 배변하다(crap).
pony up 《구어》 …을 결제〔청산, 정산〕하다.
── 图 **1** 보통보다 작은, 소형의. **2** 《美》 〔지방 신문이 통신사로부터〕 요약받는 (뉴스 따위).
póny cár 图 투 도어·하드톱의 스포츠카(형 소형차).
póny èngine 图 〔화차 입환용의〕 소형〔구내〕 기관차.
póny expréss 图 《美역사》 포니 속달 우편.
Póny Léague 图 (the ~) 포니 리그(Boy's Baseball(13–14세 소년 야구 리그)의 옛 이름).
póny ríde 图 〔원잇지 따위의〕 조랑말 타기.
po·ny·tail [póunitèil] 图 포니 테일(말꼬리 모양으로 묶은 머리); 젊은 처녀.
póny trékking 图 《英》 포니를 타고 하는 여행. (또는 **póny**(**-**)**trékking**) **pó·ny-trék·ker** 图
Pon·zi (schème) [pánzi-/pón-] 图 폰지形(型) 이자 사기(한 가지 방식의 피라미드식 이식(利殖) 사기 수법). 〔< 이탈리아 태생의 미국의 사기꾼 Charles Ponzi (1877–1949)〕
Pónzi efféct 图 폰지 효과(주가 상승 → 투자 증대 → 주가 상승 → 투자 증대 ··· 현상).
poo¹ [puː] 图 **1** (~s) 〔어린이말〕 응가, 똥. **2** 《美구어》 허튼[실없는] 소리; 추호의 …도. ── 国 〔어린이말〕 응가하다. ── 国 실없이!, 거짓말! (*불신을 나타냄).
poo² 图 《美구어》 =champagne.
POO *post office order*(우편환).
pooch¹ [puːtʃ] 图 《美구어》 개, 잡종개(mongrel).
pooch² 图 《美방언》 부풀어 오르다, 부풀리다. ¶ a ~*ed*-*out* belly 튀어나온 아랫배.
pood [puːd] 图 푸드(러시아의 중량 단위; 16.38 kg).

poo·dle [púːdl] 명 1 푸들 개. 2 아첨꾼; 앞잡이.
*be a person's **poodle*** (英) 남의 앞잡이 노릇을 하다, 남이 시키는 대로 하다.

póodle cùt 머리를 짧고 곱슬곱슬하게 한 여성 헤어 스타일.

poo·dle-fak·er [-fèikər] 명 (속어) 1 자만심에 찬 신임 장교. 2 여자의 비위를 잘 맞추는 남자; (여자에게) 멋진 남자, 매력있는 남자. **-fàk·ing** 명형

poof[1] [puːf] 감 훅, 획(* 갑자기 모습을 감출 때).

poof[2] 명 (영) **pooves, ~s** (英·濠속어) (경멸적) 남자 동성애의 여성역. (또는 **pooff, pouf, poove, puff**) **~·y** 형

poof·ter [púːftər] 명 (속어·경멸적) =poof[2]. (또는 **pooftah, poofteroo**)

pooh[1] [puː] 감 흥, 피, 체(* 경멸의 뜻).¶*Pooh!* what does it matter? 쳇, 어쨌다는 거야? — 타 =pooh[2].

pooh[2] [puː] 타자 =poop[4]. [pooh라고 말하다.

pooh[3] [puː] 명감타자 (속어) =poo[1].

in the pooh 어려움에 처해

Pooh Bah [púːbàː/ﾞ] 명 (때로 p- b-) 1 여러 관직[고위 공직]을 겸하고 있는 사람. 2 지도자, 대가, 중요 인물. 3 뽐내는[오만한] 사람. (또는 **Póoh-Bàh, poobah**) (<희가극 *The Mikado* 중의 인물 이름)

pooh-pooh [púːpúː] 감 흥, 피, 체. — 타 …을 멸시하다, 업신여기다, 코방귀 뀌다, 코웃음 치다. — 자 경멸하는 태도를 보이다. **-er** 명

poo·ja [púːdʒə] 명 =puja.

poo·ka [púːkə] 명 (아일) (말의 모습으로 늘 따위에 나타나는 장난꾸러기) 작은 요정(hobgoblin).

‡**pool**[1] [puːl] 명 (복) **~s** [-z] 1 물웅덩이, 작은 못(액체가) 피어 있는 곳. ¶a ~ of blood 피바다. 2 저수지. 3 물웅덩이 비슷한 것; (강 속의) 깊고 잔잔한 곳; (의식·정적 따위의) 밑바닥. 4 =swimming ~. 5 (美) 유층(油層), 마이카 가스층. 6 (병리) 울혈(鬱血). — 자타 ⋯에 물웅덩이 되다; 울혈이 되다. — 타 ⋯에 물웅덩이를 만들다; 울혈이 되게 하다.

‡**pool**[2] 명 (복) **~s** [-z] 1 (경제) 생산자 연합, 기업(가) 연합. ¶a blind ~ 위임 기업자 연합. 2 공동 관리; 공동 기금, 합동 자금; (금융) (주가 조작을 위한) 매점 연합, 투자 그룹. ¶a speculative ~ 주식 투기 매점 연합. 3 공동 출자자, 풀 조합원. 4 공동 이용 설비[자재, 서비스, 노동력]. ¶a motor ~ 배차용 주차장/a car ~ 카풀, 마이카 공동 이용; (택시의) 합승. 5 (언론) 합동 대표 취재, 풀 취재. 6 (경마 따위의) 합동으로 건 돈, 판돈 총액; (the ~s) (英) 축구 도박. 7 ⓤ (美) 포켓볼(英) 내기 당구. 8 (펜싱) 팀 대항 시합.

scoop the pool 판돈을 휩쓸다; 영예[이익 따위]를 독점하다.

— 자 (~ *s* [-z]) 타 1 (자금 따위)를 공동 회계[관리, 출자]로 하다; (정보 따위)를 공유[공용]하다; (생각)을 서로 내놓다. 2 (濠속어) ⋯을 끌어들이다; ⋯을 밀고하다. — 자 기업 연합에 가입하다; 공동 출자하다.

pool a car (같은 방향으로 가는) 택시를 합승하다, 카풀을 하다.

pool one's efforts 공동[합심] 노력하다. **~·er** 명

póol hàll [ròom] 명 (美) (내기) 당구장; (비합법적) 도박장, 마권(馬券) 판매장.

póol repórter 명 (언론) 대표 취재 기자, 풀 기자. (또는 **pooler**)

póol tàble (美) pocket이 여섯 있는 당구대.

póol tràin 명 (캐나다) 풀 열차(2개 이상 회사의 선로를 달리는 열차). (또는 **pooled tráin**)

poon [puːn] 명 1 (동인도산(產)) 야포나; ⓤ 야포나 재목(조선·가구용). 2 =**poontang**.

poon·tang [púːntæŋ] 명 (美속어·비어) 1 여성의 성기, 음부. 2 성교; 섹스 대상으로서의 (흑인) 여자.

poop[1] [puːp] 명 (해사) 선미(船尾), 고물; 선미루

(樓) (=) forecastle); 선미루 갑판. — 타 (파도가)(배)의 고물에 부딪히다; (배가) 고물에 (파도)를 받다.

poop[2] 명타 (美속어) …을 녹초가 되게 하다.

poop out ⓘ (공포·피로 따위로) 그만두다, 내뺑개치다. ② 결딴이 나다, 고장나다.

poop[3] 명 (英속어) 바보, 얼간이, 멍청이.

poop[4] 명 (美속어) 정보; 실정, 내막. ¶*hot ~* 최신 정보.

poop[5] (美속어) 명 1 (어린이말) 응가(poo); (어린애·동물의) 똥(feces); 방귀. 2 정력. — 자타 똥을 누다; 방귀를 뀌다.

pooped [puːpt] 형 (美구어) 헐떡거리는, 허덕허덕하는; 곤드레만드레가 된(out).

poop·er-scoop·er [púːpərskùːpər] 명 (美) (거리의) 개똥 치우는 부삽. (또는 **póop scòoper**) — 명 공공 장소의 개똥 치우기를 의무화한. ¶~ *law* 개똥 단속법.

poop·head [púːphèd] 명 바보, 멍청이, 그놈.

poo-poo [-púː] 명 1 (어린이말) 응가, 똥(누기). ¶*make ~* 응가를 하다. 2 (美속어) 항문. — 타 코웃음 치다, 코방귀 뀌다(pooh-pooh). — 자 응가를 하다.

poop-scoop [-skùːp] 명 =pooper-scooper.

póop shèet 명 일람표, 조견표, 정보 서류.

‡**poor** [puər, pɔːr] 형 (**~·er; ~·est**) 1 가난한, 빈곤한, 궁핍한(⟷ *rich*). ¶He was born ~. 그는 가난한 집에서 태어났다.

> (유의어) **poor** 생활의 곤궁에서 단지 안락·유복하지는 못한 정도까지를 포함하는 일반적이고 넓은 뜻의 말. **needy** 당면의 생활이 곤궁한. **indigent** needy와 거의 동의어. **destitute** 공리주의적 기본적 필수품도 없이 극도로 needy한. **penniless** 무일푼의; 당장 몸에 지니고 있지 않음을 나타내기도 하는 말. **impecunious** 생활에 절제가 없고 가난한. **impoverished** 상당히 부유한 생활에서 영락하여 가난해진.

2 (법률) 생활 부조를 받고 있는, 빈곤층(빈민)의. ¶~ *children* 빈곤층 자녀. 3 불쌍한, 불행한, 불운한. 4 초라한, 빈약한, 조잡한, 싸구려의. ¶~ *furniture* 조잡한 가구. 5 (⋯이) 부족한, 근소한, 불충분한, 풍족하지 못한(*in*). ¶a ~ *eater* 소식가/a ~ *rice crop* 벼농사의 흉작// *This district is ~ in mineral products.* 이 지방은 광산물이 부족하다. 6 (토지가) 메마른, 불모의. ¶~ *soil* 메마른 땅. 7 (품질·능력 따위가) 뒤떨어진, 서툰, 맞지 않는(*at, in*). ¶~ *wine* [*food*] 맛없는 술[음식]/a ~ *artist* 서툰 화가// *be ~ in* [*or at*] *English* 영어가 서투르다. 8 쓸모 없는, 보잘것없는. ¶*in my opinion* 내 모자란 생각으로는. 9 불건강한, 허약한, 기력이 없는. ¶~ *digestion* 소화 불량/~ *eyesight* 약한 시력/a ~ *memory* 나쁜 기억력. 10 (날씨가) 나쁜, 불순한. ¶~ *sunshine* 부족한 일조량(日照量). 11 (가능성이 아주) 적은, 보잘것없는. ¶*have a ~ chance for recovery* 회복 가능성이 거의 없다. 12 (가축이) 마른, 말라 빠진. 13 (이야기 따위가) 재미없는, 만족스럽지 못한. ¶~ *jokes* [*excuses*] 서투른 농담[변명]. 14 (경멸적) 기력이 없는, 맥빠진; 비열한, 야비한. 15 (故)…, 선(先)…. ¶*my ~ father* 선친(先考).

(as) poor as a church mouse [or *Job's turkey, a rat, Job, Lazarus*] 찢어지게 가난한; 몹시 영락한.

poor and rich (집합적) 부자와 빈자, 부유층과 빈곤.

Poor fellow [or *soul, thing*]! 가엾어라. [층.

poor old⋯ 불쌍한 ⋯, 가련한 ⋯.

the poor man's side (*of the river*) (英구어) (템즈 강의) 남쪽 (지구).

— 명 (보통 the ~) (집합적·복수취급) 빈민, 가난한 사람, 빈곤 계층. ¶*Blessed are the ~ in spirit.* 마음이 가난한 자는 복이 있나니(←마태 복음(Matt.) 5:3).

poor-ass [-ӕs] 명 (美속어) 지독한.

póor bòx 명 (교회의) 자선함(慈善函), 연보 상자.

póor bòy 명 (美속어) =hero sandwich.

póor-bòy sándwich 명 =hero sandwich.
póor-bòy swèater 명 꼭 끼는 풀오버 스웨터.
póor fàrm 명 구빈(救貧) 농장.　「녀석.
póor fìsh 명 (美속어) 아무짝에도 안 될 사람; (불쌍한)
poor·house [púərhàus] 명 (공공의) 구빈원(救貧
 in the poorhouse 몹시 빈곤한.　[院], 양육원.
póor làw 명 빈민 구제법, 구빈법.
*__poor·ly__ [púərli] 부 (*more ~; most ~*) **1** 가난하게, 궁핍[비참]하게; 불충분하게, 부족하게. **2** 불완전하게; 서투르게. ¶ *speak very ~* 말이 아주 서투르다.
 be poorly off ① 살림살이가 궁색하다. ② (…이) 부족하다 (*for*).　「여기지 않다.
 think poorly of …을 좋게 생각하지 않다, 탐탁하게
 ── 형 (구어) (서술용법) 건강이 좋지 않은, 병약한; 기분이 언짢은.
 feel poorly 기분이 나쁘다.　「분이 언짧다.
póor màn's 형 (구어) 가난한 사람에게 적합한, 경제적인, 덕용(德用)의, 값싸고 쓸모있는; …을 작게 한 것의, …의 축소판의. ¶ *a ~ steak* 햄버거 스테이크 / *~ Paris* 파리의 축소판 같은 곳.　「퓨터 통신망.
póor màn's univérsity 명 (美구어) 인터넷, 컴
póor mòuth 명 (아일 구어) **1** 돈 없는 타령만 하는 사람. **2** 가난[빈곤]을 빙자하기[탓하기].
 cry [or *talk a*] *poor mouth* 가난[돈] 타령만 하다.
poor-mouth [⁻màuθ, -màuð] (구어) 자동 가난을 핑계[구실]로 삼다; 푸념하다. ── 타동 **1** (자기의 능력 따위)를 깎아내리다, 겸손을 떨다. **2** …에게 험담하다, …을 중상[비방]하다.
poor·ness [púərnis] 명 ⓤ 결핍, 불충분; 불모; 졸렬; 비열, 열등; 허약, 병약. ¶ *~ of health* 허약.
póor ràte 명 (英익시) 구빈세(救貧稅).
póor relátion 명 **1** 빈천한 일가. **2** (같은 부류 중에서) 열등한[뒤떨어진] 사람[것] (*of*); 천덕꾸러기.
Póor Rìchard's Almánac 명 「리처드 연감」 (Benjamin Franklin이 Richard Saunders라는 이름으로 편찬한 연감; 곳곳에 금언·경구가 들어 있다).
poor-spir·it·ed [⁻spíritid] 형 기개(기운)가 없는; 겁 많은, 비겁한; 비열한, 천한(abject).
poor·tith [púərtiθ] 명 (스코·北英) 궁핍, 가난.
póor whìte 명 (美남부·남아공) (경멸적) 가난하고 무식한 하층 계급 백인.　「빈곤층.
póor whìte trásh 명 (美) (집합적) (경멸적) 백인
__pop__¹ [pɑp/pɔp] (-pp-*) 자동 **1** 펑 하는 소리가 나다[파열하다, 튀다]. **2** (구어) 별안간 오다[가다]; 불쑥 들어가다[나가다]; 갑자기 움직이다[걷기 시작하다](*down, up, over, in, out*). ¶ (*~+*부) *The children are freely ~ping in and out*. 아이들이 멋대로 드나들고 있다. **3** (…을 향해) 발포하다[권총 따위를 쏘다](*off, away*) (*at*). ¶ (*~+*전+*명*) ~ *at pheasants* 꿩을 쏘다. **5** (눈알이) 튀어나오다. **6** (구어) 아이를 낳다. **7** (美속어) 마약을 복용하다[주사하다](*up*). **8** (구어) (알약)을 상용하다: (마약)을 복용[주사]하다. **8** (美구어) …을 때리다 (*on*). (속어) …을 죽이다. ── 타동 **1** …을 펑 하고 소리나게 하다[파열시키다] (옥수수 따위)를 튈 때까지 볶다; …을 갑자기[거칠게] 열다[따다]. ¶ ~ *firecrackers* 폭죽을 터뜨리다. **2** (…을 향해) …을 쏘다 (*off*) (*at*). ¶ ~ *a gun* 소총을 쾅 쏘다. **3** (구어) …을 별안간[급히] 놓다, …을 불시에 찌르다; …을 얼른 꺼내[넣다](*in, out, down*) (*into*). **4** (英속어) …을 전당잡히다. **5** (질문 따위)를 (…에게) 불시에 던지다 (*at*). **6** (야구) (공)을 쳐서 뜬공이 되게 하다. **7** (美속어) (앞약) 을 상용하다: (마약) 을 복용[주사]하다. **8** (美구어) …을 때리다 (*on*); (속어) …을 죽이다.
 pop back 곧 돌아오다[가다].　「이다.
 pop for (속어) (선물·식사 따위)를 사다.
 pop in [or *by, down, round*] (*for a visit*) (구어) 별안간 방문하다.
 pop it (英·濠속어) 달아나다.
 pop off (구어) ① 급히[허둥지둥] 떠나다. ② (갑자기) 죽다, 죽이다; 잠들다. ③ 화가 나서 지껄여대다; 쌀쌀하게 말하다. ④ 탕 쏘다.
 pop off the hooks 덜컥 죽다.
 pop one's cork (美속어) 폭발하다, 발끈하다.
 pop out ① 잠시 외출하다. ② (야구) 뜬공(pop fly)을 치다[쳐서 아웃되다]. ③ 급사하다.
 pop the question (구어) (…에게) 청혼하다 (*to*).
 pop to (美속어) 급히 차려 자세를 취하다.
 pop up **1** (야구) 뜬공을 치다. **2** (구어) 갑자기 일어나다; 튀어나오다[오르다], 불쑥 나타나다.
 What's poppin'? (구어) 무슨 일이야?, 어떻게 된 거야?; 별일 없어?, 어때?
 ── 명 **1** (a ~) 펑, 뻥, 탕(하는 소리). ¶ *The cork flew off with a ~.* 코르크 마개가 펑 하고 날아갔다. **2** 총성; 총격, 발포; (속어) 권총. **3** ⓤ 탄산 음료(soda ~). **4** (야구) = fly. **5** ⓤ (英속어) 전당 잡히기. **6** (접종으로 생긴) 점(dot). **7** (한 잔 가득한) 알코올 음료; (속어) 한 꾸러미의 마약, 마약 주사. **8** (속어) 거래, 상담; 시험, 시도. **9** (a ~) 1회, 1점, 한 개. **10** (비어) 성교.
 all of a pop 별안간.
 in pop 전당 잡혀서.　「때리며 덤벼들다.
 take a pop at (美구어) ① …을 시도하다. ② …에
 ── 부 **1** 펑[탕] 소리를 내며. **2** 재빨리, 얼른, 돌연, 느
 go pop 펑 하고 터지다, 탕 하고 울리다.　「닷없이.
 ── 형 갑작스러운, 불시의. ── 감 펑!, 뻥!, 탕!
pop² 명 (美구어) 아빠; 아저씨. (<*poppa*)
pop³ 형 **1** 통속적인, 대중적인. ¶ ~ *novels* 통속 소설. **2** 팝(대중) 음악의. ── 명 **1** (~s) 팝(대중) 음악(회); = pops **2**. **2** ⓤ (종종 P-) = ~ *art.* **3** (비유적) 인기 최고의 사람(것). (<*popular*)
pop⁴ 명 아이스 캔디, 하드 아이스크림. (<*popsicle*)
PoP (컴퓨터) point of presence (광역 네트워크에서 시내전화 요금으로 access할 수 있는 서비의 현지). **pop.** popular(ly); population. **P.O.P.** point-of-purchase; (사진) print(ing)-out paper(용) D.O.P.; Professor of Professors.
P.O.P. ádvertising 명 구매 시점 광고(충동 구매를 유발하는 매장의 장식·포스터 따위).
póp árt 명 (종종 P- A-) (미술) 팝 아트(만화·광고 따위 대중 문화의 산물을 이용하는 전위 미술의 한 경향).
póp ártist 명 팝 아트 작가.　「즈.
póp bòttle 명 (美속어) (카메라의) 불량[싸구려] 렌
póp càr 명 (美속어) (철도의) 보선차(保線車).
póp còncert 명 팝콘서트, 대중 음악회; 대중적인 고전 경음악 연주회. (또는 **pops còncert**)
*__pop·corn__ [pápkɔ̀ːrn/pɔ́p-] 명 **1** ⓤ 팝콘, 옥수수 튀김. **2** 평범한 사람. **3** 이류의, 하찮은. (<*popped + corn*¹)
póp cùlt 명 (구어) = pop culture.
póp cúlture 명 (젊은이의) 대중 문화, 팝 컬처.
*__pope__¹ [poup] 명 **1** (the ~) (종종 P-) 로마 교황. **2** (권위·지위가) 교황 같은 존재; 교조, 교주.
 Is the Pope Catholic [or *Italian, Polish*]*?* (美속어) 뻔한 이야기를 묻지 마시오, 당연하지 않은가.
 ∼·less, ∼·like 형　「(회의) 주교구.
pope² 명 (동방 정교회의) 사제; (동방 정교회의·콥트 교
pope³ 명 (사람의) 넓적다리의 급소. ── 자동 타동 …의 넓적다리의 급소를 치다.　「(영국의 시인).
Pope [poup] 명 **Alexander** ~ 포프 (1688-1744).
pope·dom [póupdəm] 명 ⓤⓒ 로마 교황의 직[권한]; 교황제(制); 교황 관구, 교황령(領).　「의 일종.
Pópe Jóan 명 (다이아몬드 8을 빼고 하는) 카드놀이
pop·er·a [pápərə/pɔ́p-] 명 팝 오페라. (<*pop + opera*)　「그 교리[제도, 의식].
pop·er·y [póupəri] 명 ⓤ (경멸적) 로마 가톨릭교;
pope's-eye [póupsái] 형 (소·양의) 넓적다리의 임
pópe's héad 명 자루가 긴 털비개.　「파선.
pópe's nòse 명 (속어) (요리용) 병아리[칠면조]의 엉덩이 고기.　「눈, 통방울눈.
pop·eye [pápài/pɔ́p-] 명 (깜짝 놀라) 휘둥그레진
Pop·eye [pápài/pɔ́p-] 명 포파이(미국 E.C. Segar

pop·eyed [pápàid/pɔp-] 휑 1 퉁방울눈의, 눈이 휘둥그래진. 2 지독한, 몹시 싫은. (또는 **póp-èyed**)
póp féstival 휑 팝 음악 제전.
póp fíction[nóvel] 휑 통속[대중] 소설.
póp flý 휑 〖야구〗 짧은 플라이.
póp fóod 휑 (속어) =fast food.
pop-fúnk [-fʌŋk] 휑 팝 펑크(음악)의. (또는 **pop-fúnk, pop/funk**)
póp gróup 휑 팝 그룹(팝 음악의 밴드, 가수 그룹).
póp·gun [pápgʌn/pɔp-] 휑 1 (콩알, 코르크 따위로 쏘는) 장난감총, 딱총. 2 쓸모없는 총. 3 공기총.
pop·in·jay [pápindʒèi/pɔp-] 휑 1 우쭐대는 수다쟁이. 2 (英방언) 청딱따구리. 3 (古어) 앵무새. 4 (옛날의) 앵무새 모양의 사격 표적.
pop·ish [póupiʃ] 휑 (종종 경멸적) 가톨릭교의, 천주교의. **~·ly** 빈 **~·ness** 휑
pop·ism [pápizm/pɔ́p-] 휑 (구어) =pop art.
*__pop·lar__ [páplər/pɔ́p-] 휑 1 포플러, ¶a trembling ~ 고리버들/a white [or silver] ~ 백양. 2 ⓤ 포플러 목재. 3 포플러 비슷한 나무; ⓤ 그 목재. ¶a yellow ~ 튤립 나무(tulip tree). **~·ism** 휑
Pop·lar·ism [páplərìzm/pɔ́p-] 휑ⓤ (英) 빈민구제세 정책(중세(增稅)에 의한 지나친 빈민 구제 정책). **-ist** 휑 [＜이를 실시했던 London의 Poplar 지역에서]
pop·lin [páplin/pɔ́p-] 휑ⓤ 포플린(두꺼운 평직(平織) 피륙). ~의, 으깬 금.
pop·lit·e·al [paplítiəl/pɔp-] 휑 (해부) 무릎 뒤쪽
pop-off [pápɔ̀ːf/pɔ́pɔ̀f] 휑 (美속어) 1 (불평 따위를) 불쑥불쑥 내뱉는 사람, 발끈하는 사람. 2 죽음; 살인.
pop-out [-àut] 휑 1 =pop-up 2. (또는 **póp òut**) 2 (美속어) 싸구려 서프 보드. [운 과자의 일종).
pop·o·ver [pápòuvər/pɔ́p-] 휑 머핀 과자(살짝 구
pop·pa [pápə/pɔ́pə] 휑 1 (美속어) =papa. 2 (젊은 애인을 둔) 아저씨(sugar daddy).
póp párty 휑 (美속어) 마약 (주사) 파티.
pop·per [pápər/pɔ́p-] 휑 1 펑 소리나게 하는 사람[것]. 2 (美) 옥수수를 튀기는 냄비. 3 불꽃, 총, (속어) 권총. 4 사격수, 포수. 5 불쑥 나타나는[홀쩍 가버리는] 사람. 6 (英속어) 전당 잡히는 사람. 7 (美) (양복 따위의) 독딱 단추. 8 아질산 아밀(의 앰플)(흥분제).
Pop·per [pápər/pɔ́p-] 휑 **Karl (Raimund)** ~ 포퍼(1902-94: 오스트리아 태생의 영국 철학자; 반증주의의 제창). **Pop·pér·i·an** 휑
pop·pet [pápit/pɔ́p-] 휑 1 (기계) 포펫[버섯꼴] 날름쇠(밸브). 2 (英구어) 아이, 소녀, (부르는 말로) 귀여운 아이. 3 (해사) (진수할 때 배 밑을 받치는) 침목(나 걸이나 물결막이 널판지를 받치는) 나무토막. 4 = poppethead. 5 (폐어) 인형, 꼭두각시. [축발이.
pop·pet·head [pápithèd/pɔ́p-] 휑 (선반(旋盤)의
pop·pied [pápid/pɔ́p-] 휑 1 양귀비꽃으로 장식한, 양귀비꽃이 많은. 2 아편으로 마취한; 나른한.
pop·ping [pápiŋ/pɔ́p-] 휑ⓤ 1 펑 소리가 나기. 2 불쑥 나타나기, 홀쩍 가버리기. 3 (英속어) 전당 잡히기.
pópping créase 휑 (크리켓) 타자선(打者線).
pop·ple [pápl/pɔ́pl] 휑 거품이 나며, 끓어오르다, 용솟음치다. —휑 끓어오르기, 용솟음치기. **-ply** 휑
pop·ple[2] 휑 (美북부) =poplar.
póp pollói 휑 (the ~) 민중, 대중, 일반인.
póp prómo 휑 (팝 그룹의) 판촉용 뮤직 비디오.
póp psých [psychology] 휑 통속 심리(학)(의사(擬似)) 심리학적 상담·해석·정의 따위).
póp-psých 휑
póp psychiatry 휑 (美) (신문·잡지 등의) 정신 문제 상담; 통속 정신 의학.
*__pop·py[1]__ [pápi/pɔ́pi] 휑 1 양귀비(속(屬)의 식물). ¶a California ~ 흰 양귀비(미국 캘리포니아 주화(州花))/a field [or red, corn] ~ 개양귀비, 우미인초(虞美人草)/an opium ~ 아편 양귀비/an Oriental ~ 큰 양귀비꽃. 2 ⓤ 양귀비의 진, 아편. 3 ⓤ 양귀비 색깔, 황적색. 4 (건축) =poppyhead. 5 (英속어) 돈.
tall poppy (豪) 실력자, 중요 인물; 우수한 사람: 고소득자. [~·like 휑
pop·py[2] 휑 (美속어) 아빠(papa).
póp·py·còck [pápikɔ̀k/pɔ́pikɔ̀k] 휑ⓤ (美속어) 터무니없는 소리, 허튼 소리. **~·ish** 휑
Póppy Dày 휑 (英) 호국 영령의 날(상이 군인을 위한 모금을 하는 날 기부자는 붉은 양귀비 조화를 달고 다닌다)(Armistice Day); (美) 상이 군인 원호의 날.
pop·py·head [pápihèd/pɔ́p-] 휑 (건축) (교회 좌석의 가장자리 따위에 새긴) 양귀비 장식, 정화(頂華).
póppy ràin [tràin] 휑 (美속어) 아편.
póppy réd 휑 황적색. [에 붙이는 장식].
póppy sèed 휑 양귀비의 씨(빵이나 과자 등의 위
póp quíz 휑 (美학생속어) 예고 없는[쪽지] 시험.
pop-rock [-rɔ̀k/-rɔ̀k] 휑 팝록(록풍의 팝 음악).
pops [paps/pɔps] 휑 팝 음악(경음악) 전문 관현악단의. —휑 1 (P-) (단수취급) 팝 음악(경음악) 전문 관현악단. 2 the ~) (집합적) 팝 음악 레코드(곡 따위).
póps cóncert 휑 pop concert.
pop·shop [pápʃàp/pɔ́pʃɔ̀p] 휑 (英속어) 전당포.
pop·si·cle [pápsikl/pɔ́p-] 휑 (상표) (막대기 꽂은) 아이스캔디. 하드 아이스크림.
pop·skull [pápskʌ̀l/pɔ́p-] 휑 밀조주, 저질 위스키.
póp stàr 휑 팝스타. [artist.
pop·ster [pápstər/pɔ́p-] 휑 (美속어) =pop
pop·sy [pápsi/pɔ́p-] 휑 (구어) 성적 매력이 있는 젊은 여자, 여자 친구; 소녀. (또는 **popsie**)
póp tèst 휑 =pop quiz.
pop-top [-tàp/-tɔ̀p] 휑 (깡통 맥주처럼) 고리를 위로 잡아당겨서 따는 식의. —휑 (또는 **póp tòp**) 고리를 위로 잡아당겨 따는 깡통.
*__pop·u·lace__ [pápjuləs/pɔ́p-] 휑ⓤ (the ~) (집합적) 서민, 민중, 대중; 하층 계급; (한 지역의) 전 주민.
‡__pop·u·lar__ [pápjulər/pɔ́p-] 휑 (**more** ~; **most** ~) 1 (…에게) 인기 있는, 평판이 좋은 (in, with, among). ¶Prof. Smith is ~ with the students [in society]. 스미스 교수는 학생들에게 인기가 있다[사회의 평판이]. 2 대중의, 서민의, 민중의, 민중[인민]에 의한. ¶the ~ opinion [or voice] 민중의 소리; 여론 / a ~ government 민주 정치. 3 대중에 널리 퍼진[전승되어 내려온], 일반 대중에 널리 보급된. ¶~ ballads 민요 / ~ superstition 민간의 미신. 4 (종종 경멸적) 통속적인, 대중적인; 쉬운, 이해하기 쉬운. ¶~ literature 대중 문학 / ~ language 알기 쉬운 말. 5 (요금·값 따위가) 염가의, 싼. ¶~ prices 싼값: 염가.
—휑 (英) 대중 신문; 대중 잡지. **~·ism** 휑
pópular cápitalism 휑 대중 자본주의(대중[서민층]에게까지 자산·주식 소유가 확대되는 것).
pópular edítion 휑 보급판, 염가판.
pópular eléction 휑 보통 선거.
pópular etymólogy 휑 (언어) 통속 어원(설).
pópular frónt 휑 (the ~) (때로 P-F-) 인민 전선.
pop·u·lar·ist [pápjulərist/pɔ́p-] 휑 대중에 인기 있는, 대중에 영합하는.
‡__pop·u·lar·i·ty__ [pàpjulǽrəti/pɔ̀p-] 휑ⓤ 1 대중성, 통속성; 유행. 2 (…에 대한/…사이의) 인기, 평판 (with, among). [다.
enjoy [or *win*] *popularity* 인기를 끌다, 대호평이
populárity cóntest 휑 인기 콘테스트[경쟁].
populárity póll 휑 인기 투표, 인기도 조사.
pop·u·lar·ize [pápjulərìz/pɔ́p-] 휑 (* (英) **-ise**) —휑 1 대중화하다, 쉽게 만들다. 2 대중화하다; …을 보급시키다. **-iz·er, -i·zá·tion** 휑
Pópular Látin 휑 (언어) =Vulgar Latin.

Pópular Líbrary 명 (미국의) 페이퍼백 시리즈.
pop·u·lar·ly [pápjulərli/pɔ́p-] 부 1 일반적으로, 널리; 일반 투표로. ¶ ~ elected 일반 투표로 선출된. 2 통속적으로, 쉽게.
pópular mándate 명 국민의 신임, 국민 위임.
pópular músic 명 대중 음악.
pópular náme 명 〔생물〕 (학명에 대해) 일반명, 속명(俗名).
pópular páper 명 〔신문〕 (일반) 대중지.
pópular préss 명 (the ~) 대중지(大衆紙).
pópular relígion 명 민중(民衆)의 종교.
pópular sínger 명 대중 (가요) 가수.
pópular sóng 명 유행가.
pópular sóvereignty 명 국민 주권(主權)[주권재민]설.
pópular upríising 명 대중 폭동[봉기].
pópular vóte 명 일반 투표; (美) (대통령 선거인을 뽑는) 일반 투표. 참 electoral vote
pop·u·late [pápjuleit, pɔ́p-] 타 1 …에 살다, 거주하다; 〔어떤 장소를〕 차지하다. ¶ The country is densely [or thickly] ~d. 그 나라는 인구 밀도가 높다. 2 …에 사람을 입주케 하다, 식민하다(people).
‡**pop·u·la·tion** [pàpjuléiʃən/pɔ̀p-] 명 (복 ~s [-z]) ⓤⓒ (단수형으로도) 1 인구; 주민수. ¶ The city has a ~ of 500,000. 그 도시의 인구는 50만이다. 2 (the ~) 〔집합적〕 〔단·복수 양용〕 (일정 지역의) 모든 주민; (특정 계층·종족의) 사람들, 주민(수). ¶ the whole ~ of Seoul 서울의 모든 주민/the native ~ 원주민/the workingclass ~ 노동자 계층 사람들. 3 (생계) 모집단(母集團). 4 〔생물〕 개체군(群). 5 〔드물게〕 식민, 거주시키기; 인구 증가. ~·al, ~·less 형
populátion biólogy 명 〔생물〕 집단 생물학.
populátion contról 명 (가족 계획 따위에 의한) 인구 억제(책).
populátion crísis 명 인구 증가에 의한 위기.
populátion dénsity 명 인구 밀도.
populátion dynámics 명 〔생물·유전〕 개체군(群) 동태학, 집단 동태학(動態).
populátion explósion 명 급격한 인구 증가, 인구 폭발.
populátion genétics 명부 〔단수취급〕 집단 유전학; 개체군(群) 유전학.
populátion invérsion 명 〔물리〕 반전(反轉) 분포(레이저 발진(發振)에 필요한 전자의 분포 상태).
populátion pýramid 명 인구 피라미드(인구의 성·연령별 구성도).
Pop·u·lism [pápjulizm/pɔ́p-] 명 1 〔美역사〕 인민당(People's Party)의 강령[정책]. 2 〔러시아 역사〕 (1917년 혁명 이전의) 공산주의. 3 (p-) 인민주의, 풀뿌리 민주주의, 만인 평등 주의. 4 (p-) 인화주의. 5 (p-) 대중(노동자 계급 등)의 주장이나 찬양.
Pop·u·list [pápjulist/pɔ́p-] 명 〔美역사〕 인민당원; (p-) 인민주의자, 대중 영합주의자. ── 형 1 인민당[주의]의. (또는 **Pòp·u·lís·tic**) 2 (p-) (또는 **pòp·u·lís·tic**) 일반 대중의, 대중에 영합하는.
Pópulist Párty 명 〔美역사〕 =People's Party.
*pop·u·lous [pápjuləs/pɔ́p-] 형 인구가 많은, 인구 밀도가 높은; 〔장소가〕 사람이 많은, (…으로) 붐비는, 원산(with). ¶ The streets were ~ with students. 거리는 학생들로 붐볐다. ~·ly 부, ~·ness 명
pop-up [⁄ʌ̀p] 명 1 = ~ book. 2 입체식의 것, 튀어나오도록 된 장치. ¶ a Christmas card with a ~ of Santa Claus 펼치면 산타클로스 그림이 튀어나오는 크리스마스 카드. 3 〔야구〕 =pop fly. ── 자 튀어오르는 식의, 톡 튀어오르는. ¶ a ~ toaster 톡 튀어오르는 식의 토스터. (또는 **pópup**)
pop-up bóok 명 (펼치면) 그림이 튀어나오는 책.
póp wíne 명 (美) 과실향이 가미된 단 포도주.

p.o.r. pay on return [receipt] (반환시 지불).
por·bea·gle [pɔ́ːrbiːɡl] 명 〔어류〕 악상어.
*por·ce·lain [pɔ́ːrsəlin] 명 ⓤ 자기(磁器)(china); 〔집합적〕 자기 제품; (하나하나의) 자기 제품.
drive [or ride] the porcelain bus 〔美속어〕 변기 속에 토하다.
kiss [or **hug, worship, bow to, make love to, pray to**] **the porcelain god** [or **goddess**] (속어) 토하다, 게우다.
pórcelain cláy 명 고령토, 도토(陶土)(kaolin).
pórcelain enámel 명 법랑(琺瑯).
por·ce·lain·ize [pɔ́ːrsəlinàiz] 타 …을 자기로 (처럼) 만들다; …을 법랑 가공하다.
pórcelain shéll 명 개오지조개(cowrie).
por·ce·la·ne·ous [pɔ̀ːrsəléiniəs] 형 자기(제)의, 사기 같은. (또는 **porcellaneous**)
por·ce·lan·ic [pɔ̀ːrsəlǽnik] 형 =porcelaneous. (또는 **porcellanic**)
por·ce·la·nous [pɔ́ːrsələnəs] 형 =porcelaneous.
‡**porch** [pɔːrtʃ] 명 (복 ~·es [-iz]) 1 현관; 차 대는 곳. 2 (美) =veranda. 3 (the P-) 복도(Athens에서 스토아 학파의 시조 Zeno가 제자들에게 강의한 곳); 스토아 학파 철학.
~·less, ~·like 형

(porch 1)

pórch clímber 명 (美) (2층으로 침입하는) 밤[좀]도둑.
porched [pɔːrtʃt] 형 현관[차 대는 곳]이 있는.
por·cine [pɔ́ːrsain, -sin] 형 돼지의, 돼지 같은 (piggish): 더러운, 비열한, 탐욕스러운.
por·cu·pine [pɔ́ːrkjupàin] 명 (복 ~(s)) 1 호저(豪豬). 2 마가(梳麻機). -**pin·ish, -pin·y** 형

(porcupine 1)

pórcupine ánteater 명 〔동물〕 가시두더지.
pórcupine dilémma 명 〔심리〕 호저 딜레마(서로 사이가 가까워질수록 이기주의 때문에 상처를 입는 현상). 〔<미국 심리학자 L. Bellak의 조어(造語)〕
pórcupine físh 명 〔어류〕 가시복.
*pore[1] [pɔːr] 자 ①1 (…을) 숙고하다, 곰곰이 생각하다 (over, on, upon). ¶ He began to ~ upon theological problems. 그는 신학 문제에 관해 숙고하기 시작했다. 2 (고어) (…을) 뚫어지게 노려보다, 응시하다 (on, upon, at, over, in). ¶ ~ on her lovely brown eyes 그녀의 아름다운 갈색 눈동자를 응시하다. 3 (…을) 열심히 독서 [연구]하다 (over). ¶ ~ over a book 열심히 책을 읽다.
── 타 독서로 〔눈〕을 지치게 하다(out). ¶ (~ + 목 + 부) ~ one's eyes out 지나친 독서로 눈을 지치게 하다.
pore[2] 명 (살갗 따위의) 작은 구멍, 흡수공(吸收孔); (피부의) 털구멍, (식물의) 기공(氣孔).
air one's pores (美구어) 옷을 벗다, 벌거숭이가 되다.
at [or **in**] **every pore** (美구어), 머리에서 발끝까지.
sweat from every pore ① 대단히 덥다. ② 전신이 오싹하다, 식은 땀이 나다; 매우 흥분했다.
~·like 형
por·gy [pɔ́ːrgi] 명 (복 **-gies, ~**) (지중해·대서양산(産)) 도미류(類).
po·ri·fer [pɔ́ːrifər] 명 해면(海綿) 동물.
po·rif·er·an [pɔːrífərən, pə-] 명형 해면 동물(문(門))의.
po·rif·er·ous [pɔːrífərəs, pə-] 형 1 작은 구멍이 많는, 유공성의. 2 해면 동물의.
po·rism [pɔ́ːrizm] 명 〔수학〕 1 부정 명제(不定命題). 2 (그리스 기하학의) 계(系), 계론(系論). **-ris·mát·ic**

*pork [pɔːrk] 명 1 돼지고기.
¶roast ~ 돼지고기 구이. 2 《美속어》 (정부가 정치적 배려로 주는) 이권, 보조금, 관직. 3 《美속어》 경찰(관); 《속어》 성기, 남근.
pork and 《美속어》 (경식당에서) 포크빈즈(~ and beans).
—타 《美속어》 (남자가) (여자)와 섹스하다. — 자 《美속어》 (…을) 실컷 먹다.
pork it 《美학생 속어》 돼지같이 먹다.
pork out (on) 《구어》 (…을) 과식하다, 잔뜩 먹다.
~**·ish**, ~**·less**, ~**·like** 형

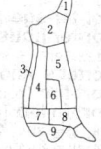
(pork 1)
1 hind foot 정강이살
2 ham 허벅살고기
3 fatback 연구리기름살
4 loin 허리고기
5 belly 복부살
6 spareribs 돼지갈비살
7 boston butt 어깨고기
8 picnic shoulder 안심
9 jowl 턱밑고기

pórk bàrrel 명 1 《美구어》 (그 회 의원이 인기를 끌려고 정부로 하여금 지출케 하는) 지방 개발 보조금, 지방 개발 사업. 2 돼지고기 보존통.
pórk-bàr·rel ~**pórk-bàr·rel·ing** 형명
pork-bar·rel·er [⸺bærələr] 명 《美구어》 (정부 지원의 지역구 사업에 열심인) 국회의원.
pórk-bar·rel pólitics [⸺bærəl-] 명 이권 유도형 정치.
pork·bur·ger [pɔ́ːrkbə̀ːrɡər] 명 1 《美》 돼지고기 편육. 2 돼지고기 편육을 끼워 넣은 샌드위치.
pórk bùtcher 명 돼지 도축업자, 푸줏간.
pork·chop [pɔ́ːrktʃɑ̀p/-tʃɔ̀p] 명 돼지고기 토막(갈비가 붙은 것).
pork·chop·per [pɔ́ːrktʃɑ̀pər/-tʃɔ̀pər] 명 1 할 일 없이 보수만 축내는 노조 간부. 2 지위를 이용해서 이권을 챙기는 정치인[관리].
pork·er [pɔ́ːrkər] 명 1 돼지; 살찐 식용 돼지. 2 살찐 사람, 둔보. 3 놈, 새끼; 성교를 하고 싶어하는 남자.
pork·et [pɔ́ːrkit] 명 =porkling.
pork·ling [pɔ́ːrkliŋ] 명 새끼 돼지.
pórk pie 명 =porkpie.
pork·pie [pɔ́ːrkpài] 명 1 (위가 납작한) 펠트제의 중절 모자. (또는 ~ hát) 2 돼지고기 파이.
pórk pìg 명 식용 돼지.
pork·y [pɔ́ːrki] 형 1 돼지의; 돼지 같은; 살찐, 뚱뚱한(fat). 2 《美속어》 건방진. **pórk·i·ness** 명
porn [pɔːrn] 명 《구어》 =porno.
por·no [pɔ́ːrnou] 형 명 (~s) ℂ《속어》 =pornography; =pornographer; =pornographic.
por·no·flick [pɔ́ːrnoufli̇̀k] 명 외설 영화(skin flick).
por·no·graph [pɔ́ːrnəɡræ̀f, -ɡrɑ̀ːf] 명 포르노, 음란물(소설·그림·영화·사진 따위).
por·nog·ra·pher [pɔːrnɑ́ɡrəfər/-nɔ́ɡ-] 명 포르노[음란물] 작가[업자]; 춘화가; 에로 사진사.
por·no·graph·ic [pɔ̀ːrnəɡrǽfik] 형 호색 문학의, 포르노의, 춘화의; 외설스러운, 음란한. **-i·cal·ly** 부
por·nog·ra·phy [pɔːrnɑ́ɡrəfi/-nɔ́ɡ-] 명 ℂ 1 포르노(물), 외설[음란](물); 호색 문학, 춘화(春畵), 에로 사진. 2 포르노(물) 제작.
por·no·to·pi·a [pɔ̀ːrnoutóupiə] 명 포르노 천국.
porn·shop [pɔ́ːrnʃɑ̀p/-ʃɔ̀p] 명 포르노물 상점.
porn·y [pɔ́ːrni] 형 《속어》 포르노풍(風)의. ¶a ~ film 포르노풍 영화. — 명 포르노 영화관(skin house).
po·ro·mer·ic [pɔ̀ːrəmérik] 형명 ℂ 합성 다공(多孔) 피혁. — 명 통기성(通氣性)의, 다공질의.
po·ros·i·ty [pɔːrɑ́səti/-rɔ́s-] 명 ℂ 1 구멍이 있음, 유공성(有孔性); 구멍. 2 암석 중의 간격률; 다공도.
po·rous [pɔ́ːrəs] 형 1 구멍이 많은. 2 (물·공기 등이) 스며드는, 침투성의. ~**·ly** 부 ~**·ness** 명
por·phy·rit·ic [pɔ̀ːrfərítik] 형 반암(斑岩)의[같은].
por·phy·ry [pɔ́ːrfəri] 명 ℂ 반암.

por·poise [pɔ́ːrpəs] 명 《동》 ~**(s)** 작은 돌고래; 참돌고래. — 자 (쾌속정 따위가) 수면을 스치면서 질주하다; (어뢰 따위가) 수면에 떠오르다. ~**·like** 형
por·rect [pərékt, pɔː-] 타 자 《동물》 〔몸의 일부〕를 (앞으로) 펴다, 내밀다. — 형 수평으로 뻗은, 펴진; 돌출한. **-réc·tion** 명
*por·ridge [pɔ́ːridʒ, pɑ́r-/pɔ́r-] 명 ℂ 1 《英》 포리지 (오트밀 따위의 죽). 2 《英》 쌀죽. 3 (야채·고기 따위의) 잡탕죽(hotchpotch). 3 《英속어》 금고[징역]형.
a chip in porridge 무해 무득치[있으나마나]한 것.
do (one's) porridge 《속어》 복역하다, 실형을 살다.
keep [or save] one's breath to cool one's porridge 객적은 말참견을 하다.
~**·like**, **-ridg·y** 형
por·rin·ger [pɔ́ːrindʒər, pɑ́r-/pɔ́r-] 명 《수프나 포리지용의》 우묵한 접시, 죽그릇.
Por·sche [pɔ́ːrʃ] 명 포르셰(독일의 스포츠카 메이커; 그 회사제 자동차).
*port¹ [pɔːrt] 명 1 항구, 정박항, 무역항, 상항(商港).
⇨HARBOR 유의어 ¶a close ~ 《英》 강의 상류에 있는 항구/a free ~ 자유항/an ice-free ~ 부동항(不凍港)/a naval ~ 군항/a ~ of call 기항항(寄航港)/a ~ of delivery 화물 인도항/a ~ of departure 출항항, 적출항(積出港)/a ~ of discharge [or unloading] 양륙항(揚陸港)/a ~ of distress [or refuge] 피난항/a ~ of sailing 출항지/a ~ pay 정박료. 2 항구의 거리, 항구 도시. 3 《법률》 세관이 있는 항구, 통관항, 개항장. 4 피난항; ℂ⨁ 《비유적》 피난처, 휴식소. 5 《구어》 공항; 우주 기지.
any port in a storm 궁여지책(窮餘之策), 아쉬운 대로 의지가 되는 것.
a port after stormy seas 분투 후의 휴식.
call at a port 기항(寄港)하다.
clear [or leave] (a) port 출항하다.
come [or get, sail] into port 입항하다.
come safe to port 무사히 난을 피하다.
in port 입항하여, 정박중인.
make [or enter, reach, touch] a port 입항하다.
~**·less** 형
port² 명 ℂ (선박의) 좌현(左舷); (항공기의) 좌측. (對) starboard. ¶put the helm to ~ 키를 좌현으로 잡다. — 형 좌현의; 좌측의. ¶on the ~ bow 왼편[좌현] 이물에, 좌측 전방에/on the ~ quarter 왼편[좌현] 고물에. — 타 좌현에. 《배》를 왼쪽으로 돌리다, 키를 좌현으로 잡다. ¶P- (the helm)! 《구령》 좌항키! — 자 (배가) 왼편을 향하다, 왼쪽으로 돌다.
port³ 명 1 《해사》 현창 3 짐 싣는 문, 하역구(荷役口); 현창(舷窓) 2. 《기계》 (공기·증기가 지나는) 실린더의 아가리[구멍]. 3 《옛날 군함의》 포문. 4 《스코》 문, 성문. 5 《컴퓨터》 데이터의 출입구, 포트. ─ 타 《컴퓨터》 〔소프트웨어 따위〕를 변경없이 (다른 시스템에) 이식하다.
port⁴ 명 ℂ (포르투갈산의) 맛이 단 적포도주, 포트와인. 《< Port. *Oporto*(포르투갈의 포도주 수출항 이름)》
port⁵ 명 1 《군사》 《총》을 앞에총 자세로, 앞에총 자세를 잡다. 2 《고어》 …을 운반하다. — 명 1 《군사》 앞에총의 자세. ¶at the ~ 앞에총의 자세로. 2 태도, 거동, 행동거지, 몸가짐(bearing). 《가방.
port⁶ 명 《濠구어》 여행 가방, 슈트케이스; 《일반적으로》
Port. Portugal; Portuguese.
port·a·bil·i·ty [pɔ̀ːrtəbíləti] 명 ℂ 1 휴대할 수 있음, 간편, 운반 가능. 2 (직장 변경 때의) 연금 통산제(通算制). 3 《컴퓨터》 (프로그램의) 이식(가능)성.
*port·a·ble [pɔ́ːrtəbl] 형 1 가지고 다닐 수 있는, 휴대용의, 간편한. 2 (직장간의) 통산 가능한 연금 제도의. 3 《컴퓨터》 (프로그램 따위를 다른 기종에) 이식 가능한. ─ 명 휴대용 기계[기구]. ~**·ness** 명 **-bly** 부
pórtable compúter 명 휴대용 컴퓨터.
pórtable óffice 명 《컴퓨터》 (포켓 사이즈의) 휴대

pórtable párking lòt 《美俗》 자동차 운반 트럭.
pórtable télephone 명 휴대 전화기.
pórt addréss 명 《컴퓨터》 (인터넷의) 포트어드레스 (어떤 네트워크상에서 FTP, Gopher 따위 애플리케이션의 소재를 나타내는 숫자). (또는 **pórt nùmber**)
pórt ádmiral 명 《英해군》 해군 기지 사령관.
por·tage [pɔ́ːrtidʒ] 명 **1** ① 운반, 나르기. **2** ⓒ① (두 수로(水路) 사이의) 육로(운송). **3** ① 운송료.
━동타 (두 수로간을) 육로로 운송하다. ━자 〔배·화물 따위〕를 두 수로 사이의 육로로 운송하다.

*__por·tal__[¹] [pɔ́ːrtl] 명 **1** (우람한) 입구, 현관, 정문. **2** (터널·광산의) 입구, 갱구. (또는 ↙ **fráme**) **3** (∼s) (사물의) 발단, 시초. **4** 《컴퓨터》=∼ **site**.
━형 《美》 (임금 따위가) 구속 시간불(佛)의. -**tal(l)ed** 형
por·tal[²] 〔해부〕 간문(肝門)의. ━명 **1** =∼ **vein**. **2** 〔의학〕 (세균·약품 따위의) 침입구.
pórtal site 《인터넷의》 포털 사이트(무료 E-메일과 홈페이지 서비스, 뉴스, 게시판, 전자 상거래 등의 기능을 통합 운영하는 사이트).
pór·tal-to-pór·tal páy [-təpɔ́ːrtl-] 명 구속 시간제로 지급하는 임금.
pórtal véin 〔해부〕 문맥(門脈).
por·ta·men·to [pɔ̀ːrtəméntou] 명 (복 -**ti** [-tiː], ∼**s**) 〔음악〕 포르타멘토(다음 음으로 부드럽게 넘어가는 창법).
pórt árms 〔군사〕 앞에총 (자세). 「기). 〈It〉
Pòrt Árthur 명 뤼순(旅順)(중국 요령성 남부 황해안의 옛 항구. 지금은 Dalian(大連)의 일부).
Pòrt Árthur tuxédo 카키(색) 작업복.
por·ta·tive [pɔ́ːrtətiv] 형 휴대할 수 있는; 운반의, 운반 능력이 있는. ━명 포터티브 오르간(중세 시대의 소형 파이프 오르간). 「〔아이티 공화국의 수도〕.
Port-au-Prince [pɔ̀ːrtouprǽns] 명 포르토프랭스
pórt authórity 항만 관리 위원회, 항만 당국.
pórt bòw 좌현의 이물. 「관.
pórt càptain 〔해사〕 하역 감독, 해사(海事) 감독
pórt chàrges 명복 항만세, 입항세. 「짐게, 붓질게,
port·cray·on [pɔ̀ːrtkréiən, -kræi-] 명 크레용 짐게.
port·cul·lis [pɔ̀ːrtkΛlis] 명 〔성문의 쇠로 된〕 내리 닫이 (창살)문; 〔문장〕 창살문꼴의 문장. -**ed** 형
Porte [pɔːrt] 명 (the ∼) 옛 터키 조정(정부)(정식 명칭은 the Sublime Porte). 「*monnaie*」
porte- [pɔːrt] 〔연결〕 「…꽂이, …집게」의 뜻. ¶ *porte-*
porte-co·chere [pɔ̀ːrtkou-ʃέər] 명 **1** 차량 출입구, 주차 통용문. **2** 《美》 (차를 타고 내리기 위한) 지붕이 있는 현관, 포치. (또는 **portecochère**) 〈F gate for coaches〉

porte-mon·naie [pɔ́ːrmΛni] 명 지갑, 돈주머니. 〈F money-carrier〉
por·tend [pɔːrténd] 동타 …을 예고하다, …의 전조가 되다; …의 경고를 주다. ¶ *Black clouds* ∼ *a storm.* 먹구름은 폭풍의 조짐이다.
por·tent [pɔ́ːrtent] 명 **1** (흉사·중대사의) 전조, 조짐, 징후 (*of*). ¶ ∼ *s of doom* 파멸의 조짐. **2** ① 접나는(불길한) 의미. **3** 경이적인 것(인물).
por·ten·tous [pɔːrténtəs] 형 **1** 불길한 (조짐이 보이는), 흉조의. **2** 놀라운, 경이적인. **3** 〔경멸적〕 젠체하는, 거만한, 허풍을 떠는. ∼·**ly** 부 ∼·**ness** 명

‡**por·ter**[¹] [pɔ́ːrtər] 명 (복 ∼**s** [-z]) **1** 운반인; (정거장의) 짐꾼; (호텔의) 사환. **2** 《美》 (식당차·침대차의) 사환. **3** (병원·회사 따위의) 잡역부, 청소부.
swear like a porter 상스럽게 소리지르다.

*__por·ter__[²] 명 **1** 문지기, 수위, 현관지기. ¶ *a* ∼*'s lodge* 수위실. **2** 〔폐어〕 〔가톨릭〕=ostiary.
por·ter[³] [pɔ́ːrtər] 명 ① 포터주(酒)(흑맥주의 일종; 원래는 ∼*'s ale*로 불리었다). 형 beer 「운송료.
por·ter·age [pɔ́ːrtəridʒ] 명 ① 운송, 운송업; 운임.
por·ter·house [pɔ́ːrtərhàus] 명 《美》 최고급 비프스테이크 (∼ *steak*); 〔옛날의〕 선술집, 간이 음식점.
pórter's knót 명 짐꾼의 어깨바대. 「장치, 도화선.
port·fire [pɔ́ːrtfàiər] 명 (불꽃·광산용 발파의) 점화
port·fo·li·o [pɔːrtfóuliòu] 명 (복 ∼**s**) **1** 종이 끼우개, 접는 가방. **2** 관청의 (휴대용) 서류 가방. **3** ① 장관의 직(지위). ¶ *a minister without* ∼ 정무 장관. **4** 〔금융〕 투자 자산 구성, (보유) 유가 증권 일람표(명세표), 포트폴리오; 고객 명단. **5** (대표 작품을 모은) 선집(選集), (특히) 화집.
portfólio ássets 명복 유가 증권(금융) 자산.
portfólio insúrance 명 〔증권〕 포트폴리오 인슈어런스(주가 지수 선물(先物) 거래 따위로 안정된 자산 운용을 하는 투자 전략).
portfólio invéstment 명 〔금융〕 포트폴리오(유가 증권〕 투자, 간접 투자. 「용).
portfólio mánagement 명 〔금융〕 자산 관리(운
portfólio seléction 명 〔경제〕 자산 선택(장래의 불확실성을 전제로 각종 금융 자산간의 선택을 하는 일).
port·hole [pɔ́ːrthòul] 명 **1** (배의) 현창(舷窓). **2** (성벽 따위의) 총안(銃眼), 포문. **3** (기계의) 증기 구멍.
Por·tia [pɔ́ːrʃə/-ʃiə] 명 **1** 여자 변호사, 여성 법률가. **2** 포셔. **a)** Shakespeare작 *Merchant of Venice* 의 여주인공. **b)** 여자 이름.
por·ti·co [pɔ́ːrtikòu] 명 (복 ∼(**e**)**s**) 〔건축〕 (지붕이 있는) 주랑(柱廊) 현관, 포르티코.
por·tiere [pɔːrtjέər/pɔ̀ː-tiέə] 명 (문간의) 커튼, 막. (또는 **portière**) -**tiered** 형

[portico]

*__por·tion__ [pɔ́ːrʃən] 명 (복 ∼**s** [-z]) **1** (…의) 일부, 부분 (*of*). ⇒PART 유의어 ¶ *a* ∼ *of the population* 주민의 일부. **2** (나누어 갖는) 몫, 차지. ¶ *a* ∼ *of revenue* 세입의 할당. **3** (음식의) 1인분. ¶ *a* ∼ *of curry and rice* 카레라이스 1인분/ *eat two* ∼*s* 2인분을 먹다. **4** 분배 재산, 상속분; 지참금. ¶ *a marriage* ∼ 결혼 지참금. **5** ① (종종 a ∼) 신으로부터 할당된 것, 운명.
a portion of 약간의, 얼마 안 되는.
━동 (∼**s** [-z]) 타 **1** …을 (…에게/…사이에) 나누다, 분배하다 (*out* {*to* / *among*, *between*}). ¶ (∼+目+目) ∼ *out food* 음식을 분배하다. **2** …에게 몫(재산, 지참금)을 주다 (*to*). ¶ (∼+目+前+名) *He* ∼*ed his estate to his son.* 그는 아들에게 재산을 나누어 주었다. **3** …을 운명지우다. ¶ *She is* ∼*ed with misfortune.* 그녀는 불행한 운명을 타고 났다.
∼·**a·ble** 형
por·tion·er [pɔ́ːrʃənər] 명 **1** 분배를 받는 사람, 배당 수령자. **2** 〔교회〕 공동 목사(성직자).
por·tion·less [pɔ́ːrʃənlis] 형 몫이 없는; 상속분이 없는; 지참금이 없는.
Port·land [pɔ́ːrtlənd] 명 포틀랜드. **1** 미국 Oregon 주 서북부의 항구 도시. **2** **the Isle of** ∼ 포틀랜드 섬(잉글랜드 남부 Dorset주의 반도).
Pórtland cemént 명 (때로 p- c-) 포틀랜드 시멘트(보통의 시멘트). 〔영국의 Portland섬 이름〕
Pórtland stóne 명 포틀랜드 석회암.
port·ly [pɔ́ːrtli] 형 **1** 풍풍한, 비만한. ⇒FAT 유의어 **2** 당당한, 우람한. -**li·ness** 명
port·man·teau [pɔːrtmǽntou] 명 (복 ∼**s**, ∼**x** [-z]) 《英》 (옷을 넣는) 여행 가방, 슈트케이스; =∼ **word**.
portmánteau wòrd 명 〔언어〕 혼성어(blend)(두 낱말을 뒤섞어서 한 낱말을 만든 것. 예: brunch(breakfast+lunch), slanguage (slang+language)). 형

pórt nùmber 图 [컴퓨터] =port address.
pórt of cáll 图 **1** 기항지. **2** 자주[단골로] 들르는 곳. **3** 여행 계획에 들어 있는 방문지.
pórt of éntry 图 통관항(通關港).
Port-of-Spain [pɔ́ːrtəvspéin] 图 포트오브스페인(트리니다드 토바고의 수도).
Por·to No·vo [pɔ́ːrtou nóuvou] 图 포르토 노보 (아프리카 중서부 Benin 공화국의 수도).
Por·to Ri·co [pɔ́ːrtə ríːkou] 图 포르토 리코(Puerto Rico의 옛 이름).
‡**por·trait** [pɔ́ːrtrit, -treit] 图 **1** 초상; 초상화, 비슷한 얼굴; 인물[얼굴] 사진; 흉상, 인물상. **2** 말로 한 묘사, 서술. **3** 흡사한 물건. ¶He is a ~ of his father. 그는 아버지를 빼쏘았다. ~·like
por·trait·ist [pɔ́ːrtritist, -treit-] 图 초상화가: 인물 사진가.
pórtrait léns 图 (사진) 인물 촬영용 렌즈.
por·trai·ture [pɔ́ːrtrətʃər] 图 **1** 초상화. ¶a lady in ~ 초상화로 그려진 여성. **2** 초상화법. **3** 图 말로 표현한 묘사(verbal description).
*por·tray** [pɔːrtréi] 图 **1** …의 초상을 그리다. [풍경 따위를] 묘사하다. ⇒DEPICT **2** …을 극적으로 표현하다; (무대 따위에) …의 역을 하다. ¶~ Hamlet in the play 그 연극에서 햄릿 역을 하다. **3** …을 말로 표현하다.
~·a·ble 图 ~·er 초상화가.
por·tray·al [pɔːrtréiəl] 图 **1** □□© 묘사, 기술(記述). **2** 초상(화), 회화, 그림. **3** (무대에서) 역을 하기.
port·reeve [pɔ́ːrtriːv] 图 [英역사] 시장, 읍장. **2** (현대의) 시청[읍사무소] 직원.
por·tress [pɔ́ːrtris] 图 **1** 여자 수위, 접수계. **2** 잡역부(婦), 청소부(婦). (또는 **porteress**)
Pórt Sa·íd[Saíd] [-saːíːd] 图 포트사이드(수에즈 운하의 지중해쪽 입구에 있는 이집트의 항구 도시).
port·side [pɔ́ːrtsaid] 图 [해사] 좌현(左舷)의. — 图 좌측의[으로]; [美속어] 왼손잡이의.
port·sid·er [pɔ́ːrtsaidər] 图 =southpaw.
Ports·mouth [pɔ́ːrtsməθ] 图 포츠머스(영국 남부 Hampshire 주의 항구).
*Por·tu·gal** [pɔ́ːrtʃugəl] 图 포르투갈(유럽 서남부, 이베리아 반도에 있는 공화국; 수도 Lisbon).
*Por·tu·guese** [pɔ̀ːrtʃugíːz, -gíːs, ´--´/pɔ̀ːtjɡiːz] 图 포르투갈의; 포르투갈 사람[말]의. — 图 (图 ~) 포르투갈 사람; □ 포르투갈어.
Pórtuguese mán-of-wár 图 고깔[전기]해파리.
por·tu·lac·a [pɔ̀ːrtʃuléekə] 图 쇠비름속(屬)의 식물(채송화 따위).
pórt wíne 图 =port⁴.
POS, P.O.S. point-of-sale(s). **pos.** position; positive; possession; possessive.
po·sa·da [pousáːdə] 图 **1** 숙소, 여관. **2** (멕시코의) 크리스마스 전 9 일간의 축제. 〈<Sp Inn〉
P.O.S.B. Post Office Savings Bank(우편 저축은).
‡**pose**¹ [pouz] 图 (**pos·es** [-iz]; ~d; pos·ing) 图 **1** (…처럼) 꾸미다, (…의) 티를 내다, (…의) 체하다 (as). (~+as 補) ~ as a model of all virtues 성인군자인 체하다. **2** (사진·그림 따위를 위해) 포즈[자세]를 취하다 (~+图+图) ~ as a picture 그림의 모델이 되다 / ~ for a photographer 사진사의 모델이 되다. — 图 **1** …에게 (모델로서) 포즈를 취하게 하다 (for). ¶He ~d her for a picture. 그는 그녀를 그리기 위해 그녀에게 포즈를 취하게 했다. **2** (권리·요구 따위를) 주장하다; [문제 따위를] (…에게) 제출[제기]하다 (to, for); (사람·사물이) (…에) 붙려일으키다 (to, for). ¶~ a serious threat to the national security 국가 안보를 심각하게 위협하다 / ~ a difficult question 난문제를 제출하다. **3** [고어] …을 놓다.

— 图 (图 **pos·es** [-iz]) **1** 태도, 자세. ⇒MANNER 图 포즈를 취하기; 그 시간. **4** (모델의) 포즈. **5** (경멸적) 일부러 꾸민 태도, …인 체하는 태도. ¶take the ~ of being an invalid 꾀병을 부리다. **6** 최초로 도미노 패를 판에 내놓는 권리.
strike a pose 점잖은 체하다, 젠체하다; 포즈를 잡다.
pós·ing·ly 图
pose² 图囮 (난문제 따위로) …을 난처[당황]하게 하다, 궁지로 몰아넣다, 쩔쩔매게 하다.
Po·sei·don [pousáidn, pə-/pɔ-] 图 **1** [그리스 신화] 포세이돈(바다의 신; 로마 신화의 Neptune에 해당). **2** (군사) 포세이돈 미사일(미 해군의 잠수함 발사 탄도 미사일).
pos·er¹ [pɔ́uzər] 图 **1** 포즈를 취하는 사람. **2** =poseur; 가짜, 가장.
pos·er² 图 난문, 난제; [고어] 시험관.
po·seur [pouzə́ːr] 图 젠체하는 사람, 허식가(虛飾家).
pos·ey [pɔ́uzi] 图 (구어) 젠체하는, 아는 체하는, 거드름 피우는, 점잔 빼는.

(Poseidon)

posh¹ [paʃ/pɔʃ] 图 체(*경멸·혐오를 나타낸다).
posh² 图 (구어) 멋진, 우아한; 호화로운; (경멸적) 상류의. ¶a ~ restaurant 호화[고급] 레스토랑. — 图 (경멸적) 상류 계급답게. — 图图 (수동형·재귀용법으로) 멋부리다 (up). — 图 (the ~) 사치품, 고급 상품.
~·ly ~·ness
pos·i·grade [pázəgreid/pɔ́z-] 图 [로켓] **1** 보조 추진용의. **2** (단(段) 사이) 분리용의. **2** 추진용 로켓(으로부터의). [<positive+retrograde]
pos·it [pázit/pɔ́z-] 图 **1** (수동형으로) …을 놓다, 설치하다. ¶His left hand was ~ed open on the desk. 그의 왼손은 벌려진 채 책상 위에 놓여 있었다. **2** [철학·논리] …을 사실로 가정하다; (…라고) 단정하다 (that 節). — 图 …을 놓여 있는 것; □□© 가정, 단정.
posit. positive.
‡**po·si·tion** [pəzíʃən] 图 (图 ~s [-z]) **1** 위치; 장소, 곳, 소재지. ¶the ~ of the heart 심장의 위치 / take up one's ~ 자리를 잡다, 진을 치다. **2** 입장, 처지, 상태; □ 유리한 태세[위치]. ¶in an awkward ~ 어색한 처지에 놓여 / Put yourself in his ~! 그의 입장에서 보시오. **3** (□) 적소(適所), 본래[소정]의 위치; (스포츠) (수비) 위치, 포지션.
4 □□© (…에서의) 지위, 신분; 순위 (in); 높은 (사회적) 지위. ¶a man of ~ 지위가 있는 [지체가 높은] 사람 / Wealth commands ~. 돈이[돈만] 있으면 지위는 마음대로 된다.
5 (…에서의) (전문적·화이트 칼라의) 직(職), 근무처 (in, with, as); (일의) 책무, 의무. ¶lose one's ~ 실직하다 // ~ as an English teacher 영어 선생으로서의 자리 / have a good ~ in a government office 관청에서 좋은 자리에 앉아 있다.

> 유의어 **position** 봉급·임금을 받는 (보통 육체 노동이 아닌) 근무처. **post** 사람이 임명되는 책임 있는 공적인 position. **office** 관공서·법인 등의 높은 직책. **place** 가사 노동의 position; 구인·구직에 쓰는 말. **situation** 구인·구직에 쓰는 말. **job** 위의 모든 뜻을 대신할 수 있는 넓은 뜻의 말.

6 (몸의) 자세; (의학) (수술·의학적 처리용의) 자세, 체위(體位); (속어) (성교의) 체위. ¶He crouched in a cramped ~. 그는 거북한 자세로 몸을 웅크렸다. **7** (사물에 대한) 태도, 자세; 마음가짐, 견해 (on). ¶a moderate ~ 온건한 견해. **8** 형세, 상황, 국면. ¶the ~ of

positional   2130   **poss.**

market 시황(市況)/What is the ~ of affairs? 현황은 어떠합니까? **9** (사람·물건 동의) 상대적 위치, 배치; 〔음악〕 화음의 배열 위치; (현악기에서 손가락을 놓는) 자리. **10** 부지, 용지; 〔군사〕 (전략적) 요지, 진지. ¶blast the enemy's ~s 적의 요지를 폭파하다. **11** 가정(도정)하기; 주장, 진술; 〔논리〕 명제. **12** 〔광고〕 (인쇄 매체에서) 광고를 게재하는 자리; (라디오·TV에서) 상업 광고의 방송 시간대. **13** 〔금융〕 (증권·외환 따위의) 보유량, 포지션; 매매 약정. ¶long [short] ~ 매점[공매(空賣)] 포지션. **14** 〔상업〕 (경합 제품을 고려한) 제품 일제 출시(出市). **15** 〔발레〕 포지션(스텝이 시작되는 최초의 발의 위치).

be in a position to do ⋯할 수 있는 입장에 있다. ⋯할 수 있다. ¶I am not in a ~ to answer your question. 나는 당신의 질문에 대답할 수 있는 처지가 아닙니다.

in a false position 본의 아닌[괴로운] 입장에 놓여.
in my position 내 입장[견해]으로서는.
in position 바른 위치에 있는; 제자리를 얻은, 적임인.
jockey [or jostle, maneuver] for position 유리한 자리를 차지하려고 획책하다.
out of position 바른 위치에서 벗어나; (사람이) 적임이 아닌.
take a position (증권업자가) 매점하다.
take up the position that... ⋯이라는 입장을 취하다, ⋯이라는 의견을 주장하다.
—{타} **1** ⋯을 적당한 장소에 놓다, 특정한 장소에 놓다. **2** ⋯의 위치를 정하다. **3** 〔인력·군대〕 를 ⋯에 배치하다. **4** 《美》〔광고〕〔상품 따위〕를 선전하다, 출시하다.
be well positioned to do ⋯하기에 아주 유리한 입장에 있다.

~·less 〔형〕 지위[직업]가 없는; 부정한 장소[위치]의.
po·si·tion·al [pəzíʃənl] 〔형〕 **1** 위치의; 지위의. **2** 정세[국면] 변화가 적은, 전후관계[주위 환경]에 의존하는.
positional astrónomy 〔天〕 =astrometry.
positional notátion 〔명〕 (숫자의) 자릿수 표기법.
position effèct 〔유전〕 위치 효과(유전자의 좌위(座位) 이동에 따른 표현형의 변화).
po·si·tion·er [pəzíʃənər] 〔명〕 놓는[위치를 정하는] 사람[것]; 〔치과·기계〕 위치 조정 기구, 포지셔너.
position ísomer 〔化學〕 위치 이성체(異性體)(분자식은 같으나 치환기(置換基)의 위치가 다른 것).
position líght 〔항공〕 (항공기의 위치·진행 방향을 가리키는) 위치등.
position páper 〔명〕 《美》 (정당·정부·노조 등의) 정책 방침서, (입장) 표명 문서, 성명서.
position véctor 〔수학〕 위치 벡터.

*‡**pos·i·tive** [pázətiv/pɔ́z-] 〔형〕 (**more** ~; **most** ~)
1 명백한, 명확한, 분명한, 의문의 여지 없는. ¶a ~ fact 명백한 사실 /a ~ denial 분명한 거부 /a ~ proof [or evidence] 확증.
2 (규칙 따위가) 명문화된, 법령[관습, 협정]에 의해 정해진; 인위적으로 정해진. ¶a ~ acceptance of the accord 협정 수락의 명문화.
3 〔⋯에 대해⋯라고〕 확신하는 (of, about, in/that 圖) (⇒SURE 〔유의어〕); 자신이 있는, 자신 과잉의, 독단적인 (dogmatic). ¶He is ~ in asserting it. 그는 확신을 가지고 그것을 주장한다.
4 (태도 따위가) 적극적인; 긍정적인, 찬성[승인]을 나타내는, 호의적인; (제안 따위가) 건설적인, 전향적인(圖 negative). ¶a ~ attitude [or stance] 전향적 자세 /a ~ reply 긍정적 답변.
5 절대적인, 무조건의, 《구어》 철저한, 전적인, 완전한. ¶~ good 절대선(絕對善) /a ~ lie 새빨간 거짓말 /She's a ~ genius. 그녀는 진짜 천재이다. **6** 실재의, 현실[실제]적인; 〔철학〕 실증적인. ¶a ~ mind 실제적인 사람 /~ reality 현실 /a ~ approach to the problem 그 문제에 대한 현실적 접근법 /~ philosophy 실증 철학. **7** 식별되는; 실제적인 (것으로 생각되는), 양성(陽性)의; (용어 따위가) 구상적인. ¶Light is ~, darkness

negative. 빛은 양이고 어둠은 음이다. **8** 바람직스러운 방향으로 나가는, 상향(上向)의, 유망한, 전망이 밝은. ¶a ~ upturn in the stock market 주식 시장의 상승 경기. **9** 《美》 (정부가 법질서 유지에 필요한 범위 밖까지 규제하는, 통제[억압]적인. **10** 〔전기〕 양(陽)의(圖 negative). **11** 〔화학〕 염기성의(basic). **12** 〔사진〕 양화(陽畫)[포지]의(圖 negative). **13** 〔문법〕 (형용사·부사의) 원급(原級)(圖 comparative, superlative). ¶the ~ degree 원급. **14** 〔수학〕 정(正)의, 플러스의(圖 negative). ¶a ~ number 정수. **15** 〔병리〕 (반응의 결과가) 양성인; 〔양성〕 자극원(原)에 플러스(+)[양성]로 반응하는. ¶He was HIV-~. 그는 에이즈 검사 결과 양성으로 판명되었다.

be positive about [or *of*] ⋯을 확신하다. [다.
—〔명〕 **1** (the ~) 실재(實在)(reality). **2** (때로 the ~) 명확성[적극성, 절대성]을 지닌 사물). **3** 정량(正量)(~ quantity); 정부호(~ sign). **4** 〔수학〕 정수, 플러스 부호. **5** 〔전기〕 (전지의) 양극판. **6** 〔사진〕 양화, 포지(티브).
~·ness (the ~) 원급.
pósitive accelerátion 〔명〕 〔물리〕 양(陽)의 가속도. 〔陽光柱).
pósitive còlumn 〔명〕 〔물리〕 (진공관 내의) 양광주
pósitive crànkcase ventilàtion 〔명〕 〔자동차〕 (배기 가스의 유해성 제거를 위한) 크랭크케이스 강제 통풍 장치(@ PCV).
pósitive définite 〔명〕 〔수학〕 양(陽)의 값의. 「차별.
pósitive discriminàtion [àction] 〔명〕 역(逆)
pósitive electricity 〔명〕 〔물리〕 양[플러스]전기.
pósitive eléctron 〔명〕 =positron.
pósitive eugénics 〔명〕 〔생물〕 적극적 우생학(열성 형질의 유전 감소보다는 우성 형질의 유전 증가를 연구하는 우생학).
pósitive euthanásia 〔명〕 적극[능동]적 안락사 (active euthanasia).
pósitive féedback 〔명〕 〔전자〕 정귀환(正歸還)(출력의 일부를 입력을 가하는 쪽으로 반응시키는 조작).
pósitive grówth 〔명〕 플러스 성장.
pósitive ímage búilding 〔명〕 〔스포츠〕 (선수의 자신감을 키워주는) 적극적 이미지 구축 훈련.
pósitive íon 〔명〕 〔물·화〕 양이온.
pósitive láw 〔명〕 〔법률〕 실정법. @ natural law
pósitive léns 〔명〕 〔광학〕 양(正)렌즈, 볼록 렌즈.
*‡**pos·i·tive·ly** [pázətivli/pɔ́z-] 〔부〕 명확하게, 단호히, 확신을 가지고; 긍정적으로; 적극적으로; 절대적으로, ¶The statement is ~ true. 그 진술은 절대적으로 진실이다. **2** 물론, 그렇고말고요 (* 강한 긍정에 쓴다).
pósitive óption 〔명〕 포지티브 옵션(catalog를 보고 직접 주문하는 방식).
pósitive órgan 〔명〕 중세의 작은 파이프 오르간.
pósitive philósophy 〔명〕 〔철학〕 =positivism 1.
pósitive pláte 〔명〕 〔전기〕 (전지의) 양극판.
pósitive póle 〔명〕 (자석의) 북극, N극; 〔전기〕 양극.
pósitive ráy 〔명〕 〔물리〕 양극선. 〔陽極).
pósitive sígn 〔명〕 정(正)부호(+).
pósitive vétting 〔명〕 《英》 (정부·군(軍)의 기밀 취급자의) 신원 조사, 적성 자격 심사.
pos·i·tiv·ism [pázətivìzm/pɔ́z-] 〔명〕 〔철학〕 **1** 실증주의, 실증 철학. **2** 〔법률〕 실증주의. **3** 확신, 확실성; 독단. **-ist** 〔명〕 **-ís·tic** 〔형〕 **-ís·ti·cal·ly** 〔부〕
pos·i·tiv·i·ty [pàzətíviti/pɔ̀z-] 〔명〕 **1** 명백성, 확실성; 적극성; 현실 긍정. **2** 명백한[실제적인] 것.
pos·i·tron [pázətràn/pɔ́zətrɔ̀n] 〔명〕 〔물리〕 양전자.
pósitron emíssion tomógraphy 〔명〕 양전자 방사 단층(斷層) 촬영(법)(略 PET).
pos·i·tro·ni·um [pàzətróuniəm/pɔ̀z-] 〔명〕 〔化〕 포지트로늄(한 쌍의 전자와 양전자의 결합체).
po·sol·o·gy [pəsáləʤi/-sɔ́l-] 〔명〕 〔의학〕 약량학 (藥量學). **pòs·o·lóg·ic, pòs·o·lóg·i·cal** 〔형〕 **-gist** 〔명〕
poss. possession; possessive; possible; possibly.

pos·se [pási/pɔ́si] 图 1 《美》 =posse comitatus. 2 경관대, 보안대. 3 (구어) (이해 따위를 같이하는) 집단, 군중; 《美속어》 (자메이카 출신) 10대 흑인 갱단. 4 가능성, 잠재력. ¶in ~ 잠재적으로, 가능성으로서.

pósse co·mi·tá·tus [-kàmətátəs/-kɔ̀m-] 图 《법률》 (보안관이 소집하는 15세 이상의) 민병대. (<L force of the county)

‡**pos·sess** [pəzés] 图 (~*es* [-iz]; ~*ed* [-t]) 1 〔돈·토지·물건 등〕을 〔재산·소유물로서〕 가지다, 소유 〔점유〕하다. ⇒HAVE 유의어 ¶~ a large residence 큰 저택을 소유하다. 2 〔재능·성질 따위〕를 가지다, 갖추다. ¶He ~*es* courage. 그는 용기가 있다. 3 〔심신〕을 (…에) 유지하다 (*in*). …을 제어하다. ¶~ oneself 자제하다, 인내하다 // (~+몸+젠+명) *P*~ your soul in patience. 꾹 참으십시오. 4 (보통 수동형으로) 〔악령 따위가〕 …에게 달라붙다, 씌다. ¶be ~*ed* by 〔or with〕 an evil spirit 악령이 들리다. 5 〔감정·관념 따위가〕 …을 지배하다, 사로잡다. ¶be ~*ed* by envy 질투에 사로잡히다. 6 〔여자〕와 육체 관계를 가지다. 7 〔언어 따위〕를 말할 줄 알다. 8 〔고어〕 …을 손에 넣다, 획득하다.
be possessed of …을 소유하다. ¶He *is* ~*ed of* great wealth. 그는 큰 재산을 소유하고 있다.
possess *oneself of* …을 자기 것으로 만들다.
What possesses you to *do* …? 왜 …하니?, …하다니 바보냐? ¶What ~*ed you* to do that? 왜 그런 바보짓을 했느냐?

*****pos·sessed** [pəzést] 图 1 (악령·광기·생각 따위에) 사로잡힌; 홀린, 미친 (*by, of, with*). ¶~ of the devil 악마에 홀려서. 2 침착한, 냉정한.
like all [or **one**] **possessed** 《美》 무엇에 홀린(신들린) 듯이, 정신없이. ¶study *like one* ~ 귀신에 홀린 것처럼(미친 듯이) 공부하다.
-sess·ed·ly [-zésid-, -zést-] 副 **-séss·ed·ness** 图

‡**pos·ses·sion** [pəzéʃən] 图 (※~*s* [-z]) 1 ⒰ 소유, 소지; 점유; 소유권(ownership). ¶come into ~ *of* a fortune 재산의 주인이 되다, 재산을 얻다/The house is in his ~. 그 집은 그의 소유이다. 2 ⒰ 〔법률〕 소유권의 유무에 관계 없는) 점유. ¶*P*~ is nine [or eleven] *points* [or *parts*] *of the law*. (속담) 점유한 자에게 9할의 승산이 있다, 빌린 것은 내것이나 마찬가지다. 3 소유물, 소지품; (~s) 재산, 부. ¶a man of great ~s 재산가, 큰 부자.

┌─────────────────────────────────────┐
│ 유의어 **possessions** 낱낱의 물건의 가치에 관계 없 │
│ 이 사람이 소유하는 유형물 전체. **property** 사람이 │
│ 합법적으로 소유권을 가지는 유형·무형의 모든 재산. │
│ **belongings** 보통 개인의 신변 가까이에 있는 (옷·일 │
│ 용품 따위의) 소유물. **chattels** property 중에서 부 │
│ 동산 이외의 동산; 가축 따위도 포함. **effects** be- │
│ longings 보다 다소 광범위한 개인 소유물. **estate** 상 │
│ 속 대상으로서의 property. **means** 사람이 쓸 수 있 │
│ 는 금전·현금·예금 따위의 모든 돈. **resources** 유사 │
│ 시에 이용할 수 있는 값어치 있는 모든 소유물. **assets** │
│ 회계학상 부채(liabilities), 자본(capital)에 대립하는 │
│ 것으로서의 자산. │
└─────────────────────────────────────┘

4 속령, 속국; 영토, 영지. ¶Alaska is a ~ of the United States. 알래스카는 미국의 영토이다. 5 ⒰ (감정·생각 따위에) 지배되기, (악령·마귀 따위에) 홀리기; ⒞ 골수에 박힌 생각(감정), 머리에서 떠나지 않는 것. 6 〔드물게〕 침착, 냉정; 억제, 자제.
come into *a person's* **possession** 남의 손에 들어가다.
get [or **gain, take**] **possession of** …을 손에 넣다, 점유(입수)하다.
in possession of …을 소유하여. [소유되어.
in the possession of *a person* (물건이) 남에게
rejoice in the possession of 다행히도 …을 소유〔~·al, ~·less 图 ┌하다.

pos·ses·sive [pəzésiv] 图 1 소유의. ¶~ rights 소유권. 2 (경멸적) 소유욕이 강한. ¶a ~ person 소유욕이 강한 사람. 3 〔문법〕 소유를 나타내는; 소유격의. —图 〔문법〕 소유격; 소유 대명사(형용사).
~·ly 副 ~·ness 图

posséssive ádjective 图 〔문법〕 소유 형용사.
posséssive cáse 图 〔문법〕 소유격. ┌욕.
posséssive ínstinct 图 (the ~) 소유 본능; 독점
posséssive prónoun 图 〔문법〕 소유 대명사.

*****pos·ses·sor** [pəzésər] 图 (the ~) 소유자; 〔법률〕 점유자. ~·ship 图

pos·ses·so·ry [pəzésəri] 图 1 소유(점유)하는, 소유 〔점유〕의. 2 소유〔점유〕자의. ¶a ~ interest (일시적 조건부의) 단순 소유권. **-ri·ness** 图

pos·set [pásit/pɔ́s-] 图 밀크주(酒) (뜨거운 우유에 포도주·설탕·향료 따위를 탄 음료; 옛날의 감기약).

‡**pos·si·bil·i·ty** [pàsəbíləti/pɔ̀s-] 图 (覆 -**ties** [-z]) 1 ⒰ (종종 a ~) 실현성, 가능성; (…의) 가망, 있을(일어날) 수 있음 (*of, for, that*). ¶a bare ~ 극히 적은 가능성 / good ~ 높은 가능성 / the ~ *of* miracles 기적의 가능성 ¶There is a ~ *that* the train may be late. =There is a ~ *of* the train *being* late. 기차는 연착할지도 모른다. 2 (-ties) (복수취급) 장래성, 발전성. ¶I see great *possibilities* in this plan. 이 계획은 매우 가망이 크다고 본다. 3 (구어) 어울리는 사람 (것). ¶She is a ~ as a wife for you. 그녀는 당신 아내감으로 안성맞춤이다.
beyond [**within**] *the* **bounds** [or **realm**] **of possibility** 있을 수 없는〔있는〕, 불가능〔가능〕한.
by any possibility 《조건절에서》 만에 하나라도, 혹시, 자칫하면; 《부정문에서》 도저히, 아무래도.
by some possibility 혹시, 어쩌면.

‡**pos·si·ble** [pásəbl/pɔ́s-] 图 (*more* ~; *most* ~) 1 있을 수 있는, 일어날 수 있는; 가능한; (it is ~ (for+图) *to* do) 실행할 수 있는, 할 수 있는. ¶a disaster 일어날 수 있는 재해 / a ~ but difficult task 가능하지만 어려운 일 / It is hardly ~ to say what will happen. 어떤 일이 일어날지 점치기는 어렵다.

┌─────────────────────────────────────┐
│ 유의어 **possible** 상황에 따라 일어날 수 있는〔할 수 │
│ 있는〕. **practicable** 현재의 조건에서, 현재 이용할 │
│ 수 있는 수단·방법으로 실행 가능한. **feasible** 장 │
│ 애·실패 없이 될 듯해서 바람직스러운. │
└─────────────────────────────────────┘

2 a) 《최상급이나 all, every와 함께 써서 그 뜻을 강조하여》 명사 뒤에 놓는 쪽이 강의적》 가능한 한. ¶all the assistance ~ 가능한 모든 원조/with all ~ kindness 될 수 있는 대로 친절하게/the best ~ method 최선의 방법. b) 《whenever, wherever 따위의 뒤에서》 ¶whenever ~ 가능할 때 언제나. 3 있을 법한, 사실 같은, …일지도 모를. ⇒LIKELY 유의어 ¶It is ~ that she will come. 그녀는 올지도 모른다(※ 구어에서는 She may come. 이 일반적)/Rain is ~ today. 오늘은 비가 올지도 모른다. 4 (구어) 《충분하지는 않으나》 그런 대로, 참을 수 있는; 어지간한, 상당한; 적당한, 어울리는. ¶a ~ house 웬만한 집 / a ~ site for the new school 신설 학교 건설 후보지의 하나/There is only one ~ man among them. 그들 중에서 말이 통하는 사람은 오직 한 사람뿐이다.
***all* [or *every*] *possible* means** 온갖 수단.
as…**as possible** 가능한 한 …, 되도록 …. ¶Come *as* soon *as* ~. 되도록 빨리 오십시오.
if (**it is**) [**or *at all***] **possible** 가능하면. ¶Come today, *if* ~. 가능하면 오늘 와요.

—图 1 (one's) ~ 최선, 전력, 온 힘(best). 2 (the ~) 가능한, 가능성; (~s) 가능한 일(것, 사람); 필요한 것, 필수품. 3 (사격 등의) 최고점. ¶score a ~ 최고점을 기록하다. 4 어울리는 사람(것); (선거의) 유력 후보; (경기의) 보결 선수; (범죄의) 유력한 용의자.
do *one's* **possible** 최선(전력)을 다하다.

possibly

possibles and probables 후보 선수와 보결 선수. *the art of the possible* 가능성 모색술.

‡**pos·si·bly** [pásəbli/pɔ́s-] *부* **1** 혹시, 어쩌면, 아마. ¶*P*— *he will recover.* 아마 그는 건강을 회복할 것이다. **2** (can, could, may, might와 함께 강조적으로) (긍정문에서) 어떻게 해서든지, 가능한 한; (부정문에서) 아무리 해도[도저히] (…않다); (의문문에서) 어떻게 해서든지. ¶*I'll go there as soon as I* ~ *can*. 되도록 빨리 거기로 가고자 한다 / *I cannot* ~ *be present.* 나는 아무리 해도 출석할 수가 없다 / *Can you* ~ *lend me the dictionary?* 어떻게 그 사전을 좀 빌려주시지 않겠습니까? 〔또는 **possy**, **pozzy**〕

pos·sie [pási/pɔ́si] *명* (濠·뉴질 속어) 지위, 업무.

POSSLQ [pásalkjùː/pɔ́s-] *명* (美) (이성과의) 단순 동거인(U.S. Census Bureau(국세 조사국)의 용어). 〔<*person of the opposite sex sharing living quarters*〕

pos·sum [pásəm/pɔ́s-] *명* (구어) =opossum. (濠·뉴질) =phalanger.

come the possum over (美구어) 〈남〉을 속이다. *like a possum up a gum-tree* (濠) 행복으로 가득 차서. 「미소를 떼다. *play possum* 죽은[잠든] 체하다, 꾀병을 앓다; 시치

Pos·sum [pásəm/pɔ́s-] *명* (英) 포섬(신체 장애자가 전화·타자기 따위의 조작을 할 수 있게 하는 전자 장치).

póssum bèlly (美속어) 차량의 밑바닥 짐창고.

‡**post¹** [poust] *명* **1** (종종 복합어로) 기둥, 지주(支柱), 말뚝, 장대, 푯대, 푯말; (美) 의자 다리. ¶*a telegraph* ~ 전신주. **2** (경마) (출발·결승의) 표주. ¶*a starting* ~ 출발점 / *a winning* ~ 결승점. **3** (광산) 탄주(炭柱), 광주(鑛柱). **4** (트랙 경기에서) 제일 바깥쪽 코스. **5** (구어) =goalpost. 「(벽창호의.

(as) deaf [or *stiff*] *as a post* 귀가 전혀 안 들리는. *beat* [or *pip*] *a person on* [or *at*] *the post* (경쟁에서) 아슬아슬한 차로 남에게 이기다.

be first past the post (英) 선거에 (어렵게) 이기다. *be left at the post* (경주 따위에서) 처음부터 크게 뒤지다. 「을 잘못[놓치다].

be on the wrong [*right*] *side of the post* 행동 *between you and me and the post* ⇒BETWEEN. *from pillar to post* ⇒PILLAR.

kiss the post 밤늦게 돌아와 문밖에서 쫓겨나다. *past post* (속어) (경마) 레이스가 종료되어. *run one's head against a post* 턱없는 짓을 하다.

—*동* **1** (전단 따위를) (기둥·벽 따위에) 붙이다(*up*) (*on*), (기둥 따위에) (전단 따위를) 붙이다(*over*) (*with*); …을 게시하다. ¶(~+*목*)(~+*목*+*전*+*명*) ~ *up a notice on the board* 게시판에 게시물을 붙이다 / *The wall was* ~*ed over with posters*. 벽에는 온통 포스터가 붙어 있다. **2** …을 공고[공표, 공시]하다, 소문을 퍼뜨리다. ¶(~+*목*+*전*+*명*) ~ *a person for a swindler* 남을 사기꾼이라고 소문을 퍼뜨리다. **3** …을 공개 비난하다, 탄핵하다. **4** (공표되는 명부에) …이름을 기입하다; (英) (대학에서) (불합격자)를 게시(揭示)하다. **5** (행방 불명의 배)를 게시하다. ¶(~+*목*+*as* *보*) *The ship is* ~*ed as missing*. 그 배는 행방 불명으로 게시되어 있다. **6** (美) (토지)에 금렵구[출입 금지]의 게시를 내다. ¶~ *a brook* 작은 시내에서의 고기잡이를 금하다. **7** (컴퓨터) (정보·메시지)를 게시하다.

⁓·less, **⁓·like** *형*

‡**post²** *명* **1** (책임 있는) 지위, 직(職), 관직; 직장, 근무처, 담당 부서, 포스트. ⇒POSITION 〔유의어〕 ¶*a diplomatic* ~ 외교관직 / *at one's* ~ 자기 일자리에서, 자기 위치에서 / *obtain a* ~ *in the civil service* 관계(官界)에 자리를 얻다. **2** (보초병·경관 등의) 부서, 경계[순찰] 구역, 초소; *a sentry at his* ~ 자기 부서를 지키는 보초. **3** (변경·미개지의) 교역소(trading ~). **4** (군사) 주둔지, 병영지; 주둔 부대. ¶*a frontier* ~ 변경의 주둔

지. **5** (美) 재향 군인회의 분회. **6** (증권 거래소의) 특정 주식 거래장(포스트). **7** (英군사) 취침[소등] 나팔. ¶*the first* [*last*] ~ 취침[소등] 나팔. **8** (농구) 포스트(공격 때 축이 되는 선수 위치).

—*동* **1** (초병(哨兵)·군대 등)을 배치하다(*away*); …을 (…에) 배치[파견]하다, 전근시키다 (*to*, *at*). ¶(~+*목*+*전*+*명*) ~ *guards at a frontier* 국경에 경비병을 배치하다. **2** (보증금·내기돈 따위)를 걸다; (보증금 따위)를 내다, (저당·담보 따위)를 잡히다. **3** (수동형으로) (英구어) …을 사령관[함장]으로 임명하다 (*to*). 「시키다.

post away (英) (장교 등)을 다른 임지로 전출[전임]

‡**post³** *명* **1** ① (英) (the ~) 우편; (우편물의 일회의) 집배, …편((美) mail). **2** (the ~, a ~) 우편물((美) mail). ¶*We have a heavy* ~ *on New Year's Day*. 설날에는 우편물이 많이 온다. **3** ① (英) 우편 제도[업무], 우편법. **4** (英) 우체국; (the ~) 우체통(postbox); 우편차[열차, 선(船)]. **5** ① (인쇄) 포스트판(判)(약 50.8 × 40.6 cm의 인쇄 판). **6** (신문 이름으로) …포스트지(紙). …통신. ¶*the Washington P*— 워싱턴 포스트지. **7** (고어) 역(驛), 역참; 파발꾼, 역말.

by post 우편으로. 「받는 대로 당장. *by return of post* [or *mail*] 다음 집배편으로; 편지 *take post* 역말로 가다, 아주 급하게 여행하다.

—*동* **1** (편지 따위)를 우체통에 넣다, 투함하다, 우송하다 (*美*) mail)(*off*). **2** (부기) …을 전기(分記)하다. (분개장에서 원장(元帳)으로) 옮겨 적다 (*up*). ¶(~+*목*+*부*) ~ *up checks* 전표를 분개하다. **3** (보통 수동형·때로 재귀용법으로) (새로운 지식·정보 따위)를 공급하다, 알리다; …에게 (…에 대해) 숙지(熟知)시키다 (*up*)(*on*, *about*, *in*, *with*). ¶(~+*목*+*부*)(~+*목*+*전*+*명*) *He is well* ~*ed* (*up*) *in many things concerning the neighborhood*. 그는 동네의 사정에 관해 많은 것을 알고 있다. —*자* 급하게 여행하다, 앞길을 재촉하다; 역말[역마차]로 여행하다.

be well posted (*up*) *on* ⇒*동* 3. *post a letter* (구어) 대변을 보다. 「하게 여행하다. *ride post* (현장 따위에) 급하게, 역말로. ¶*travel* ~ 아주 급하게 여행하여 달려가다.

Post [poust] *명* **Emily** ~ 포스트(1873?-1960; 미국의 저술가; 에티켓의 대가). 「범절로.

according to Emily Post 에티켓에 따라서, 예의

POST *point of sales terminal*; (컴퓨터) *Power-On Self Test*(컴퓨터 작동시에 자동적으로 행해지는 테스트 동작).

post- [poust] *접두* after, behind, following, later 의 뜻. ¶*postglacial*, *postgraduate*.

‡**post·age** [póustidʒ] *명* ① 우편 요금, 우송료.

póstage dúe stàmp *명* 부족 요금 우표.

póstage mèter *명* 우편 요금 별납증 인쇄기(postage stamp). 「meter).

‡**póstage stàmp** *명* 우표(stamp).

post·age-stamp [-stæmp] *형* (구어) 우표 딱지만한, 아주 작은.

póstage vénder *명* 우표 자동 판매기.

‡**post·al** [póust*l*] *형* 우편의, 우체국의. ¶*a clerk* ~ 체국 직원 / ~ *delivery* 우편 배달 / ~ *matter* 우편물 / *a package* ~ 우편 소포 / ~ *rate* 우편 요금 / ~ *savings* 우편 적금. —*명* (美구어) =~ card. **⁓·ly** *부*

***póstal cárd** *명* 엽서((英) post card).

póstal cárrier *명* =mail carrier. 「(code).

póstal còde *명* (英·캐나다) 우편 번호((美) zip

póstal còurse *명* (英) 통신 강좌.

póstal delívery zòne *명* 우편구(zone).

póstal dístrict *명* (英) (대도시의) 우편 구역.

póstal mèter *명* =postage meter.

póstal móney òrder *명* =money order.

póstal òrder *명* (英) 우편환, (받는 사람의 이름이 기입된) 우편 소액환((美) money order).

póstal nòte *명* (濠) =postal order.

póstal pérmit 图 우편료 납부증.
póstal sávings bànk 图 (미국 우정공사 산하 각 지의) 우편 저금국(局)(1966년 폐지).
póstal sérvice 图 우편 업무; (the (US) P- S-) (미국) 우정 공사(1971년 Post Office를 개편 발족).
póstal shópping 图 《英》 통신 판매를 통한 쇼핑.
póstal státionery 图 《우편》 우편 스테이셔너리(우편 엽서·우편료가 인쇄된 봉투·항공 엽서 등의 총칭).
póstal únion 图 우편 협정; (P- U-) 국제(만국) 우편 협정(Universal Postal Union).
póstal vóte 图 (부재자 투표시의) 우편 투표. 〔후의.
post·a·tom·ic [pòustətámik/-tóm-] 图 원폭 투하
post·au·dit [poustɔ́ːdit] 图 사후(事後)(결산 후) 감사(監査). (또는 **post-áudit**)
post·ax·i·al [pòustǽksiəl] 图 《해부》 축후(軸後)의, 팔(다리)의 중추보다 뒤쪽의. ~·**ly**
post-bag [⌐bæg] 图 《英》 우편낭(《美》 mailbag; (a ~, the ~) (구어) (1회 배달) 우편물.
pòst bél·lum [-béləm] 图 전후(戰後)에.
post·bel·lum [pòustbéləm] 图 전후(戰後)의, 전후 발생하는; 《美》 남북 전쟁 후의.
post-boat [⌐bòut] 图 《英》 우편선(《美》 mail-boat).
post-boom·er [⌐bùːmər] 图 베이비 붐 후 출생자 (buster)(1960년대 중반 이후의 출생자).
post-box [póustbɑ̀ks/-bɔ̀ks] 图 우체통(《美》 mailbox); 《英》 우편물 수취함(letter box).
post-boy [póustbɔ̀i] 图 우편 집배원; = postilion.
post-bus [póustbʌ̀s] 图 《英》 (시골의) 우편 버스(우편물과 승객을 함께 수송함).
póst cáptain 图 《해군》 정식 대령, 대령 함장.
post-card [póustkàːrd] 图 图 ~**s** [-z] 《英》 엽서; 《美》 사제(私製) 엽서; 그림 엽서. —图 图 그림 엽서와 같은(아름다운). —图 …을 엽서로 전하다. —图 엽서를 보내다. (또는 **póst càrd**)
post-cen·sor·ship [pòustsénsərʃìp] 图 사후(事後) 검열. 图 precensorship
póst cháise 图 (18세기의) 4륜 역마차.
post-ci·bal [pòustsáibəl] 图 (식사) 식후의.
post-clas·si·cal [pòustklǽsikəl] 图 《예술·문학 따위가》 고전기(古典期) 이후의. (또는 **postclássic**)
post-code [póustkòud] 图 《英》 (the ~) 우편 번호 (《美》 zip code). (또는 **póstal còde**) 《우편물에》 우편 번호를 써넣다; 《주소의》 우편 번호를 정하다.
post-Cóld Wár [-kóuld-] 图 냉전 후의.
post·co·lo·ni·al [pòustkəlóuniəl] 图 图 식민지로부터 독립 후의; 〔건축〕 《미국》 독립 전쟁 후의 콜로니얼풍 건축의.
post·com·mun·ion [pòustkəmjúːnjən] 图 图 《가톨릭》 성체 배령 기도.
post·con·cús·sion sýndrome [⌐kənkʌ́ʃən-] 图 〔병리〕 뇌진탕 후 증후군(시각·뇌 장애 따위).
post-date [poustdéit, ⌐⌐] 图 1 《수표·문서·송장(送狀) 따위》의 날짜를 실제보다 늦추어 적다. 2 (시간적으로) …의 후에 오다.
a postdated bill 전[사후] 날짜 어음.
—图 사후 일자[후일자]. 图 antedate
post-deb [pòustdéb] 图 《구어》 사교계에 데뷔를 끝낸 젊은 여성(postdebutante).
post·di·lu·vi·an [pòustdilúːviən/-dai-] 图图 노아의 홍수 이후의 (사람).
post·doc·tor·al [pòustdáktərəl/-dɔ́k-] 图 박사과정 이수 후 연구(작업)의. ¶ ~ *courses* 박사 학위 취득(《美》 후의 연구 과정. —图 박사 학위 취득 후의 연구원. (또는 《구어》 **postdóc**)
post-ed [póustid] 图 1 《구어》 (사정에) 정통(통달)한, 소식통의, 최신 지위(知位)가 있는. 2 공시된.
pósted príce 图 (원유의) 공시(公示) 가격.
póst éntry 图 1 추가 수입(輸入) 수속 (서류). 2 추가 기장. 3 (경주마 따위의) 추가 신청. (또는 **póstèntry**)

‡**post·er**[1] [póustər] 图 1 포스터, 광고 삐라. 2 포스터 붙이는 사람. 3 (또는 ~ **stàmp [sèal]**) (대형의) 자선(慈善) 실(seal). —图 1 …에 포스터(삐라)를 붙이다. 2 …에 기둥이 되다.
post·er[2] 图 1 역말, 파발마. 2 (고어) 바쁜 여행자. 3 편지를 투함하는 사람. 4 부기(기장) 사무원.
póster chíld 图 (선전용 포스터 따위에 등장하는 이미지용) 캐릭터, 심벌, 얼굴. 〔림 물감〕.
póster cólor [páint] 图 포스터 컬러(포스터용 그
poste res·tante [pòust restɑ́ːnt/-réstɑːnt] 图 1 ⒰ 유치(留置) 우편, 우체국 유치(우편물에 쓰는 지정 문구; To be called for로도 쓴다). 2 《英》 유치 우편과(《美》 general delivery. 〔<F *remaining post*〕
*****pos·te·ri·or** [pəstíəriər, pous-/pɔs-] 图 1 (위치가) 뒤쪽의, 후부의(hinder)(⇔ anterior). ⇒BACK[1] 유의어. 2 (순서가) 뒤쪽의, 다음의; (시간적으로) 뒤의, 뒤에 오는 (to) (⇔ prior). ¶ ~ *to the year* 1999 1999년 이후의. 3 〔해부·동물〕 꼬리 부분의; (사람·영장류의) 등 부분의. 4 《俗》 뒤쪽의에 있는, 원줄기에 가까운. —图 (종종 ~s) 신체의 후부, 둔부(臀部). ~·**ly** 图
pos·te·ri·or·i·ty [pəstìəriɔ́ːrəti, -ɑ́r-, pous-/postìəriɔ́r-] 图 ⒰ (위치·순서·시간 따위가) 뒤(後)임.
‡**pos·ter·i·ty** [pɑstérəti/pɔs-] 图 ⒰ 1 〔집합적〕 후세, 후대. ¶ leave one's name on ~ 후세에 이름을 남기다. 2 (one's ~) (한 개인의) 자손. 图 ancestry
pos·ter·i·za·tion [pòustərizéiʃən/-raiz-] 图 포스터리제이션(네거 필름이 갖는 연속되는 명암의 tone을 몇가지의 단계로 나누어 프린트하는 방법). **-ter·ize** 图
pos·tern [póustərn, pás-/pɔ́s-] 图 1 뒷문. 2 샛문, 옆문; 개인 출입구, 통용문. 3 지하도. —图 뒷문의 (같은), 뒤의; 은밀한, 사용(私用)의. ¶ a ~ gate 뒷문.
póst exchánge 图 《美육군》 영내 매점, 주보(⑦ PX).
post·ex·il·ic [pòustegzílik, -eksíl-] 图 (유대인의) 바빌론 유수(幽囚) 후의. (또는 **pòstexílian**)
post·face [póustfis, -fèis] 图 후기(後記), 발문(跋文). 图 preface
póst fác·tum [-fǽktəm] 图 사후(事後)의.
post-fade [⌐féid] 图 포스트페이드(테이프 리코더의 소거(消去) 헤드를 작동·정지시키는 장치).
post-fem·i·nist [-féminist] 图 《美》 1970년대 여권 신장 운동 후에 태어난; 온건한 여권 운동의.
post·fig·u·ra·tive [pòustfígjurətiv] 图 〔인류〕 어른(연장자)의 가치관이 지배적인(사회의).
post·fix 图 [pòustfíks, ⌐⌐] …을 뒤에 덧붙이다; 첨가하다; …을 접미사로서 붙이다. —图 [⌐⌐] 뒤에 덧붙인 것; 〔문법〕 접미사(suffix). ~·**(·i·)al** 图
post·Ford·ism [-fɔ́ːrdizm] 图 포스트 포드주의, 다품종 소량 생산 방식[주의](Henry Ford식의 대량 생산주의 대신 특정 시장을 겨냥한 생산 양식).
post-free [⌐fríː] 图 1 《美》 우편 요금 무료의[로]. 2 《英》 우편 요금 선불의[로](《美》 postpaid).
post·gla·cial [pòustgléiʃəl] 图 〔지질〕 후빙기(後氷期)의. 图 preglacial
post·grad·u·ate [pòustgrǽdʒuət, -èit/-dju-] 图 대학 졸업 후의; 대학원(학생)의(《美》 graduate); (고교 졸업 후) 재수중인. ¶ a ~ *student* 대학원 학생 / *a ~ research institution* 대학원. —图 대학원 학생, 연구 과정 학생; (고교) 재수생.
post·har·vest [⌐hɑ́ːrvist] 图 (곡물 따위의) 수확 이후의. ¶ ~ *pesticide* 수확 후 농약. —图 수확 후 농약 처리(해충 방지·선도 유지용).
post·haste [póusthéist] 图 급급으로. —图 《고어》 화급.
post hoc, er·go prop·ter hoc [póust hák, ə́ːrgou prɑ́ptər hɑ́k] 이 뒤에, 따라서 이 때문에(시간의 전후 관계를 인과 관계과 혼동한 허위 논법).
〔<L *after this, therefore because of it*〕
post·hole [póusthòul] 图 기둥 (박는) 구멍.

pósthole dìgger 图 기둥 (박는) 구멍 파는 연장.
póst hòrn 图 마차 나팔(옛날 우편 마차 따위의 도착을 알리는).
póst hòrse 图 역마, 파발마.
póst hòuse 图 (역마차의) 역사(驛舍), 역참(驛站); (고어) 체신국. (또는 **pósthòuse**)
post·hu·mous [pástʃuməs/pɔ́s-] 图 **1** 사후(死後)의, 사후에 생긴. ¶ ~ fame 사후의 명성. **2** 저자의 사후 출판된. ¶ ~ works 유저(遺著). **3** 아버지의 죽은 후에 출생한. ¶ a ~ child 유복자.
confer posthumous honors on a person 남을 ~**ly** 图 추서(追敍)하다. ~**ness** 图
post·hyp·not·ic [pòusthipnɑ́tik/-nɔ́t-] 图 최면 후의, (암시가) 최면 후에 나타나는. -**i·cal·ly** 图
pos·ti·cal [pástikəl/pɔ́s-] 图 = posticous.
pos·tiche [pɔːstíːʃ, pas-/pɔs-] 图 **1** (건축·조각의 치장 따위에) 쓸데없이(불필요하게) 덧붙인. **2** 기교적인; 부자연한, 가짜의. — 图 **1** 가짜, 모조품. **2** ⑪ 허식, 겉치레. **3** 가발(wig). [F]
pos·ti·cous [pastáikəs/pɔs-] 图 (식물) 뒤에 있는, 뒤쪽에 있는(posterior). [man.
post·ie [póusti] 图 (스코·캐나다·濠구어) =post-
pos·til [pástil/pɔ́s-] 图 **1** 주해, (특히 성서의) 방주(傍註). **2** 설교집. **3** (~s) (고어) 주석.
pos·til·ion, (英) -til·lion [poustíljən, pɑs-/pɔs-, pəs-] 图 **1** (4두·6두 마차의) 선두 왼쪽 말 기수, (쌍두 마차에서) 왼편 말의 기수. **2** (운두가 높은) 여성용 모자의 일종. -**ed** 图
Post-Im·pres·sion·ism [-impréʃənìzm] 图 (종종 p--) ⑪ (미술) 후기 인상주의[19세기 후기의 화가 Cézanne, Van Gogh, Gauguin 등에 의해 대표되는 화법·화론). -**ist** 图 후기 인상파 화가. -**ís·tic** 图
post·in·dus·tri·al [pòustindʌ́striəl] 图 (산업·공업화) 이후의, 탈(脫)공업화(시대)의. ¶ the ~ society 탈공업(산업)화 사회. ~**ist** 图
post·ing¹ 图 (지위·직무 따위의) 임명.
post·ing² 图 **1** (부기) (원부(原簿)로의) 전기(轉記). **2** 우송; 투함(投函); 우편물의 한 묶음.
post·ir·ra·di·a·tion [pòustirèidiéiʃən] 图 X선 조사(照射) 후에 생기는. [제를 칠한 부전지).
Post-it [ʃit] 图 (상표) 포스트잇(한쪽 끝에 특수 접착
post·lap·sar·i·an [pòustlæpsɛ́əriən] 图 (신학) =infralapsarian [타락 후의, 타락(墮罪) 후의.
post·lac·tar·i·an [-læktɛ́əriən] 图 홋차를 넣은 뒤 우유를 넣는 사람. [[-iə])=postliminy 1.
post·li·min·i·um [pòustliminiəm] 图 -**i·a**
post·lim·i·ny [pòustlímini] 图 **1** (국제법) 전후 복권(戰後復權)(전시에 적국에게 강탈 당했던 재산·사람 등의 원상 회복권). **2** (로마법) 공민권 회복.
post·lit·er·ate [pòustlítərət] 图 **1** 전통적인 문학을 거부[부정]하는; 문자(언어)에 의존하지 않는. **2** 활자 문화 이후의; 전자 매체(도입 이후)의.
post·lude [póustluːd] 图 **1** (음악) (곡의) 끝부분, 최종 악장; 후주(後奏)(곡); (교회에서 예배가 끝날 무렵의 독주 ⓒ prelude). **2** (문예 작품의) 결어(結語), 마지막 장(章). **3** (일반적으로) 맺음말. [(奏曲).
post·lu·di·um [pòustlúːdiəm] 图 (음악) 후주
*post·man [póustmən] 图 (**-men** [-mən]) **1** 우편 집배원(美) mailman). **2** (고어) 파발꾼.
póst màn 图 (농구) 포스트맨(중앙 수비수).
póstman's knòck 图 (어린이의) 우체국 놀이.
post·mar·i·tal [pòustmǽrətl] 图 혼인 해소 후의.
post·mark [póustmɑ̀ːrk] 图 (우편물의) 소인, 스탬프. — 图 (우편물) 에 소인을 찍다.
*post·mas·ter [póustmæ̀stər/-mɑ̀ːs-] 图 **1** 우체국장(☒ **postmistress**). **2** PM. **2** (컴퓨터) E-mail 관리자. **3** (고어) 역참의 우두머리. **4** (英) (Oxford 대학교의 Merton College의) 급비생. **5** (캐나다) 모피 교역소 주인. ~**ship** 图 우체국장의 직[지위].

póstmaster géneral 图 (뚱 -**s g**-, **p**- -**s**) (종종 P- G-) (美) 우정(郵政)공사 총재, (1971년까지의) 우정 장관; (英) 체신공사 총재. ~**ship** 图
post·ma·ture [pòustmətʃúər, -tʃúər] 图 (산부인과의) 만기산(晚期産)의, 과숙(過熟)의.
post·men·o·pau·sal [pòustmènəpɔ́ːzəl] 图 (생리) 월경이 폐지된; 폐경 후의. ~**ly** 图
post·me·rid·i·an [pòustmərídiən] 图 오후에 생기는, 오후의. 图 antemeridian
post me·rid·i·em [pòust mərídiəm] 오후(* 시간 표시; P.M., p.m.) ⓒ a.m.). [<L afternoon]
post·mill [póustmìl] 图 회전식 풍차.
post·mil·len·ni·al [pòustmiléniəl] 图 지복(至福) 천년기(millennium) 후의.
post·mil·len·ni·al·ism [pòustmiléniəlìzm] 图 ⑪ 후천년 왕국설(지복 천년기(millennium) 후에 그리스도가 재림한다는 설(신앙)). ⓒ **premillennialism**
post·min·i·mal·ism [pòustmínəməlìzm] 图 포스트미니멀리즘(1970년대에 전개된 미술의 한 양식).
post·mis·tress [póustmistris] 图 여성 우체국장.
post·mod·ern [pòustmɑ́dərn/-mɔ́d-] 图 **1** (예술에서의) 후기 근대의; 포스트모더니즘의(적인). **2** (유행의) 최첨단의, 최신 유행의.
post·mod·ern·ism [pòustmɑ́dərnìzm/-mɔ́d-] 图 포스트모더니즘(20세기 모더니즘을 부정하고 고전·역사적 양식·기법을 채용한 1980년대 등장 예술 양식(운동)). -**ist** 图
post·mor·tem [pòustmɔ́ːrtəm] 图 **1** 사후(死後)의; 검시(檢屍)의. **2** 사후(事後)의. ⓐ PM) (또는 **post-mórtem**) 图 **1** 시체 해부, 검시. **2** (실패한 일에 대한) 사후 토의[검토, 분석](on). ¶ do a ~ on the decision 그 결정에 대해 사후 논의하다. **3** (카드놀이) 승부 결정 후의 토의. [체 해부, 검시(檢屍).
postmórtem examinátion 图 (병리) 부검, 시
post·na·sal [pòustnéizəl] 图 콧속 뒤쪽[의에서 생기는, 후비부(後鼻部)의. ¶ a ~ infection 비후 감염.
póstnasal dríp 图 (병리) 후비루(後鼻漏).
post·na·tal [pòustnéitl] 图 출생 후의. ~**ly** 图
postnátal depréssion 图 산욕기(産褥期) 울증.
post·neo·na·tal [pòustníːənèitl] 图 신생아기(期)가 지나서의, 첫돌 전 애기의. [agreement.
post·nupt [pòustnʌ́pt] 图 (美구어) =postnuptial
post·nup·tial [pòustnʌ́pʃəl] 图 결혼 후의. ~**ly** 图
postnúptial agréement 图 혼후 약정, 이혼 약정.
post-o·bit [-óubit, -ɑ́b-/-ɔ́bit] 图 (법률) (사람의) 사후에 효력이 발생하는. — 图 사후 지불 약정 차용 증서(~ bond). [<L *post obitum* 사후]
post-ób·ject àrt [-ɑ́bdʒikt-] 图 포스트 오브제 아트(대상성을 제거 내지는 극소화하려는 예술).
‡post óffice 图 **1** 우체국(p.o., PO). **2** (the P-O-) (美) 우정 공사(the U.S., Postal Service); (英) 체신 공사(the British P- O-). **3** (美) 우편국 놀이(집배원으로 불리운 아이가 우편을 가진 사람과 키스를 하는 놀이).
post-of·fice [-ɔ́ːfis, -ɑ̀f-/-ɔ̀f-] 图 우체국의; 우정(체신)의. ¶ a ~ annuity (英) 우편 연금.
póst-office bòx 图 (우체국의) 사서함(약 POB, P.O.B., PO Box, P.O. Box). [(약 P.O.O.).
póst-office òrder 图 (英) (수취인 지정의) 우편환
post-op [póustɑ̀p] (구어) 图 =postoperative.
— 图 (수술 후의) 회복실[병동].
post·op·er·a·tive [pòustɑ́pərətiv/-ɔ́p-] 图 수술 후의, 수술 후에 생기는. ~**ly** 图 [뒤에 있는.
post·or·bit·al [pòustɔ́ːrbitl] 图 (해부) 안와(眼窩)
post·paid [póustpéid] 图图 우편 요금 선불의(로) (美) post-free); 우편 요금 수취인 지불로(의).
post·paint·er·ly [-péintərli] 图 (미술) 포스트페인털리의(추상화에서 전통적 색채·스타일을 구사).
post·par·tum [poustpɑ́ːrtəm] 图 산후(産後)의,

post-pó·li·o sỳndrome [-póuliou-] 〖병리〗 「폴리오 후(後) 증후군.
post·pon·a·ble [poustpóunəbl] 〖형〗 늦출 수 있는.
‡**post·pone** [poustpóun] 〖타〗 (~**s** [-z]; **~d**; **-pon·ing**) 〖문〗 **1** …을 (…으로) 연기하다, 늦추다(put off) (to, till, until). ⇨DELAY 〖유의어〗 ¶ ~ one's departure 출발을 연기하다 / Postponed in case of rain. (게시) 우천시 순연[연기]. **2** …을 (…의) 하위(下位)에 두다, 뒤로 미루다 (to). ¶(~+图+前+名) ~ private ambitions to public welfare 일신의 공명[영달]보다 공공의 복리를 우선하다. ─〖자〗(병의 따위가) 뒤늦게 나다. **~·ment** 〖명〗〖U〗 연기, 뒤로 미루기; 유예. **-pón·er** 〖명〗 연기하는 사람.
post·pose [poustpóuz] 〖타〗 〖문법〗 〖어·구〗를 뒤에 치(後置)하다.
post·po·si·tion [pòustpəzíʃən, ⌐-´-] 〖명〗 **1** 후치하기. **2** 〖문법〗 후치, 후위; ⓒ 후치사(한정어로서 다른 말 뒤에 붙는 말, 예: postmaster general of general). 〖반〗 preposition, anteposition. **~·al** 〖형〗
post·pos·i·tive [poustpázətiv/-póz-] 〖문법〗 〖형〗 뒤에 놓은, 후치의. ─〖명〗 후치사. **~·ly** 〖부〗
post·post·script [⌐póustskript] 〖명〗 (편지의) 재 추신(再追伸)(略 P.P.S.).
post·pran·di·al [poustprǽndiəl] 〖형〗 〖익살〗 식후의. ¶ a ~ stroll 식후의 산책.
post·proc·ess·ing [poustprásesiŋ/-próu-] 〖명〗 〖컴퓨터〗 후(後)처리(보통의 처리가 끝난 후에 자동적으로 행해지는 정형(定型) 처리).
post·proc·es·sor [poustprásesər/-próu-] 〖명〗 〖컴퓨터〗 후처리 루틴.
post·rid·er [póustràidər] 〖명〗 역마를 타는 사람; 〖우편〗 마우편 배달부.
póst ròad 〖명〗 역마차 가도(街道); 우편물 집배 경로 〖수송로〗.
póst ròom 〖명〗 (회사 따위의) 우편물(출납) 취급 부서.
***post·script** [póustskript] 〖명〗 **1** (편지의) 추신(追伸), 추백(追白)(略 ps, P.S.). **2** (책·논문 따위의) 보유(補遺), 후기. **3** 〖英〗 (뉴스 다음의) 해설.
post·sea·son [⌐-síːzn] 〖형〗 〖美〗 시즌 후의, 계절이 지난; (야구에서) 공식전(公式戰) 이후 치러지는.
póst·séc·on·da·ry edùcátion [-sékəndəri/-dəri-] 〖명〗 〖美〗 중등 과정 후의 교육.
post·struc·tur·al·ism [pouststrʌ́ktʃərəlìzm] 〖명〗 〖철학〗 후기 구조주의(構造主義)(구조주의의 인간 경시에 대한 반작용으로 나타난 것).
post·sync(h) [-síŋk] 〖동타〗 = post-synchronize.
post·syn·chro·nize [-síŋkrənàiz] 〖동타〗 〖영화·TV〗 〖대사·효과음 따위〗를 사후 녹음하다.
post·tax [-tǽks] 〖형〗 세금 공제 후의, 세후의.
post·test [póusttèst] 〖명〗 〖교육〗 효과 측정 시험, 사후 시험(교육 지도의 성과를 알아보는 시험).
póst tìme 〖명〗 〖경마〗 (경주마) 발주(發走) 예정 시간; 우편 마감(도착) 시간.
póst tòwn 〖명〗 주요 우체국이 있는 도시.
post·trans·fu·sion [pòusttrænsfjúːʒən] 〖형〗 〖의학〗 수혈(輸血)에 의해 생기는, 수혈 후의.
post·trau·mat·ic [pòusttrɔːmǽtik, -trə-] 〖형〗 (정신적·심리적) 외상(外傷) 후의. ¶ ~ amnesia 외상 후 건망증.
posttraumátic stréss disòrder 〖명〗 〖정신의학〗 심리적 외상(정신적 충격) 후 스트레스 장애(끔찍한 경험을 한 뒤 나타나는 우울증·초조감·죄의식·공포감·성격 변화 따위; 略 PTSD). 〖참〗 combat fatigue, shell shock
post·treat·ment [pòusttríːtmənt] 〖명〗 치료[처치] 후의(에). ¶ ~ examination 치료 후의 검진. 치료[시술] 후 처치.
pos·tu·lant [pástʃulənt/póstju-] 〖명〗 청원자, 지망자; 성직 지망자. **~·ship** 〖명〗
pos·tu·late 〖동〗 [pástʃulèit/póstju-] 〖동타〗 **1** …을 요구하다, 요구[주장]하다. ¶ claims ~d 요구 사항. **2** (자 명한 사실로서) …을 가정하다; …을 당연한 것으로 치부하다. **3** 〖기하·논리〗 …을 공리로 인정하다. **4** 〖교회〗 (상부 기관의 허가를 조건으로 하여) …을 성직에 임명하다. ─〖명〗 [pástʃulət, -lèit/pós-] **1** (증명 없는) 가정; 자명한 것, **2** 근본 원리, **3** 필요 조건, 선결[기초] 조건. **4** 〖기하·논리〗 공준(公準).
pos·tu·la·tion [pàstʃuléiʃən/pòstju-] 〖명〗〖U〗〖C〗 요구, 가정; (조건부) 성직 임명. **~·al** 〖형〗
pos·tu·la·tor [pástʃulèitər/póstju-] 〖명〗 〖가톨릭〗 열복 열성(列福列聖) 조사 청원자. 「마음가짐의.
pos·tur·al [pástʃərəl/pós-] 〖형〗 자세의; 위치상의;
***pos·ture** [pástʃər/pós-] 〖명〗 **1** 〖U〗〖C〗 (몸의) 자세, (모델 등의) 포즈; 몸가짐; 뽐내는 몸짓; 채위. ⇨MANNER 〖유의어〗 ¶ in a sitting [standing, kneeling] ~ 앉은[선, 무릎을 꿇은] 자세로 / take the ~ of defense 방어 자세를 취하다. **2** 〖U〗 상태, 형세. ¶ the present ~ of public affairs 현재의 정세. **3** (정부·회사 등의) 방침, 정책, 입장. **4** (비유적) (a ~, the ~) 마음가짐, 태도. ¶ ~ of moral inferiority 도덕적으로 저속한 마음 가짐. ─〖자〗 (보통 경멸적으로) (…의) 자세를 취하다, 태세를 갖추다; 뽐내듯 몸을 놀리다, 교태를 부리다, 포즈를 취하다, 태도를 보이다 (as). ─〖타〗 **1** …에게 자세[포즈, 태도]를 취하게 하다. ¶ ~ a singer 가수에게 포즈를 취하게 하다. **2** (부대 따위)를 배치하다. ¶ ~ troops along the border 국경을 따라 부대를 배치하다. **3** …의 방침[태세]을 굳히다; …이라는 공식 태도[입장]를 취하다.
pós·tur·er 〖명〗 「취하다.
pos·tur·ize [pástʃəràiz/pós-] 〖동자〗 자세[태도]를 취하다.
post-Vi·et·nam sýndrome [-viètnám-/-næm-] 〖명〗 〖美〗 〖병리〗 베트남전 후 중후군(베트남전(戰) 귀환병에게서 볼 수 있던 적응[정서] 장애; 略 PVS).
post·ví·ral sýndrome [poustváiərəl-] 〖명〗 〖병리〗 바이러스성 질환 후 중후군(略 PVS).
post·vo·cal·ic [pòustvoukǽlik] 〖음성〗 (자음이) 모음 바로 뒤에 이어지는.
***post·war** [póustwɔ́ːr] 〖형〗 전후(戰後)의, (특히) 2차 세계 대전 후의. 〖반〗 prewar. 〖美〗 전후.
po·sy [póuzi] 〖명〗 **1** 꽃; 꽃다발. **2** (고어) (선물 받지의 안쪽 따위에) 새기는 명(銘), 시명(詩銘). 「보호론자.
pó·sy-snìff·er [-snìfər] 〖명〗 〖美속어〗 〖경멸적〗 환경
‡**pot**[1] [pat/pɔt] 〖명〗 **1** (종족 복합으로) 단지, 항아리, 병, (깊은) 냄비, 포트. ¶ an ink ~ 잉크병 / a cooking ~ 요리용 냄비 / ~s and pans 〖집합적〗 취사 도구 / A little ~ is soon hot. (속담) 작은 냄비는 쉬 뜨거워 진다. 소인배는 쉬 화를 낸다 / A watched ~ never boils. (속담) 지켜보고 있는 냄비는 끓지 않는다, 기다리는 시간은 긴 법 / The ~ calls the kettle black. (속담) 똥묻은 개가 겨묻은 개 나무란다. **2** 단지[냄비, 병 한 그릇분의 (양); (한 잔의) 음료(술). ¶ a ~ of ale 맥주 한 잔분. **3** (감상용) 도자기, 화분(flowerpot), 도가니 (melting ~); (비어) 요강, (유아용) 변기; (새우 따위를 잡는) 통발; 〖英〗 (굴뚝의) 통풍 토관(土管) (chimney ~). **4** (구어) (경기 따위의) 은상배(銀賞杯), 상품; 〖美〗 (the ~) (경마·포커따위의) 한번 거는 돈. **5** (때로 ~s) (구어) 큰 (거액의) 돈 (of); (美구어) (특정의) 기금, 공동 출자액. ¶ have got ~s [a ~ of] money 큰 돈을 갖고 있다. **6** (구어) 거물, 높은 사람. ¶ a big ~ 거물. **7** (美속어) 중산 모자; (속어) (경멸적·익살) 올챙이배. **8** (英속어) (경마의) 우승 후보말, 인기말. **9** =potshot. **10** (俗) (땅바닥 따위에 생기는) 구멍. **11** 〖美속어〗 독선적인 사람; 매력없는 (중년) 여성. **12** 〖美속어〗 (차의 속인) 기관차.
boil the pot 살림을 꾸리다, 생활비를 대주다.
call each other pot and kettle 서로 상대방에게
crush a pot 술판을 벌이다. 「죄를 뒤집어씌우다.
go (all) to pot 파멸(파산)하다, 타락하다, 못쓰게 되다.
have one's pots on (속어) 몹시 취해 있다. 「다.
in (one's) pots 술에 취해서.

keep the pot boiling ① 살림을 꾸려나가다, 현상을 유지하다. ② 순조롭게 진행되다. 보기 좋게 계속되다.
make a pot at …에 상을 찌푸리다.
make pots [or ***a pot***] ***of money*** 큰 돈을 벌다.
make the pot boil =boil *the pot*.
not have [or ***without***] ***a pot to piss in*** (속어) 찢어지게 가난하다[하여].
on the pot (속어) 용변중에; 곤혹스러워.
pee in the same pot 한통속이다, 동류이다.
pot of gold ① 꿈[희망]의 실현. ② 갑작스런 횡재, 노다지.
put *a person's* ***pot on*** 남을 고자질[밀고]하다, 배신하다.
put a quart into a pint pot 할 수 없는 일을 하려고 하다; 제 분수를 모르다.
put the pot on [or ***in***] …에 거금을 걸다.
sweeten the pot ① (덤·경품 따위로) 상품을 사고 싶게 만들다. ② 제안을 매력적인 것으로 만들다.
take a pot at …을 근거리에서[겨누어] 쏘다.
the top of the pot (美구어) 상품품, 우수한 것, 일품.
— 图 (-tt-) 国 1 (보존하여) …을 단지에 담다, 병조림으로 하다. ¶He ~ted the apple jam. 그는 사과 잼을 단지에 넣었다. 2 (냄비로) …을 요리하다, 약한 불에 삶다. 3 …을 화분에 심다(에서 기르다). ¶a ~ted plant 화분에 심은 식물. 4 (사냥) (사냥감)을 쏘다. 5 (구어) …을 근거리에서 쏘다(away). 5 (구어) …을 손에 넣다. 6 (英속어) …을 속이다. 7 (英) (당구) (공)을 포켓[공받이]에 넣다. 8 (주먹으로) …을 때리다; (야구·골프에서) (볼)을 때리다. 9 (구어) (유아) 를 변기에 앉히다. 10 …을 미화하여[줄여] 만들다. — 困 (구어) (…을) 겨누어 쏘다, (근거리에서) 쏘다(away) (at).
pot an heiress 부남 독녀에게 장가들다.
pot out (美속어) 엔진이 멈추다, 주저앉다.
~-**like**
pot² (속어) 图回 마리화나. — 图困 마리화나를 피우다[취하다].
POT (美) *plain old telephone*(맛있는 모양의 구형 전화기).
pot. potash; potassium; potential; potentiometer; pottery.
po·ta·ble [póutəbl] 图 (물이) 마시기에 적합한. ¶~ water 식수, 음료수. — 图 (~s) 음료.
~-**bíl·i·ty**, ~-**ness**
po·tage [poutá:ʒ/pɔ-] 图 포타주, 된 수프, ⟨F⟩
pót àle (위스키 따위의) 증류 찌꺼기(돼지 사료).
po·tam·ic [poutémik, pə-] 图 하천(河川)(항행)의 [에 관한의].
pot·a·mol·o·gy [pàtəmáləʤi/pɔ̀təmɔ́l-] 图 하천학(學).
pot·ash [pátæʃ/pɔ́t-] 图 1 잿물탄(탄산 칼륨의 속칭; 비료·비누 따위의 원료). 2 (화학) 가성 칼리(caustic ~). 3 (화학) 산화(酸化) 칼륨. 4 (화학) 포타슘, 칼륨.
pótash wàter 图 =potash water.
pot·ass [pátæs/pɔ́t-] 图 1 =potash. 2 =potassium.
po·tas·sic [pətǽsik] 图 (화학) 칼륨의[에 관한]; 칼륨을 함유한.
potássic wàter 图 =potash water.
***po·tas·si·um** [pətǽsiəm] 图回 (화학) 포타슘, 칼륨(금속 원소의 하나: 기호 K).
po·tas·si·um-ar·gon [-á:rgan/-gɔn] 图 칼륨-아르곤(연대 측정)법의. ¶~ dating 칼륨-아르곤 연대 측정법.
potássium brómide 图 (화학) 브롬화 칼륨.
potássium cárbonate 图 (화학) 탄산 칼륨.
potássium chlórate 图 (화학) 염소산 칼륨.
potássium chlóride 图 (화학) 염화 칼륨.
potássium cýanide 图 (화학) 시안화칼륨, 청산칼리.
potássium dichrómate 图 (화학) 중크롬산 칼륨.
potássium hydróxide 图 (화학) 수산화 칼륨.
potássium nítrate 图 (화학) 질산 칼륨.
potássium permánganate 图 (화학) 과(過)망간산(酸) 칼륨.
potássium súlfate 图 (화학) 황산 칼륨.
po·ta·tion [poutéiʃən] 图 1 回 마시기; (알코올 음료의) 한 번 마시기, 한 잔[모금]. 2 (~s) 음주, 술잔치.
‡**po·ta·to** [pətéitou, -tə/-tou] 图 (图 ~**es** [-z]) 1 감자(美 Irish ~, white ~). 2 (美) 고구마(sweet ~). 3 (the ~) (구어) 안성맞춤의 것[사람], 훌륭한 것[사람]. 4 (美구어) (양말·스타킹의) 구멍. 5 (美속어) 머리; (~es) 돈, 달러화; (~es) 얼굴(풍이); (야구) 볼. 6 (美구어) =couch ~.
drop…like a hot potato …을 얼른[지체없이] 버리다.
hold *one's* ***potatoes*** (美구어) 참다, 기다리다.
hot potato (속어) 뜨거운 감자, 다루기 어려운 것.
like a sack of potatoes 풀사나운; 보기 흉하게.
not (***quite***) ***the clean potato*** (속어) 진짜가 아닌, 완전하지 않은. ¶It's *not quite the clean ~*. 그것은 안 되겠다[적당하지 않다]. 「만으로 된 식사.
potatoes and point (다른 음식물은 결치레이고) 감자
quite the potato (속어) 안성맞춤인 것. 「[첫].
small potatoes (美구어) 보잘 것 없는[시시한] 사람
(***the***) ***clean potato*** 진짜 나무랄 데 없는 사람[것].
Potáto bèan (식물) 낙화생, 땅콩(groundnut).
potáto bèetle [**bùg**] 图 감자잎벌레.
potáto blìght 图 감자 엽고병(葉枯病)[잎마름병].
potáto bòx 图 (속어) 입(mouth).
potáto chíp 图 포테이토 칩.
potáto crísp 图 (英) =potato chip.
potáto dígger 图 (美속어) 지겨운 녀석.
po·ta·to-dig·ger [-dìgər] 图 감자 캐는 기계.
potáto fámily 图 (the ~) (식물) 가짓과(科).
Potáto Fámine 图 (the ~) (아일 역사) 감자 기근 (1840년대 아일랜드를 휩쓸어 전인구의 5분의 1을 아사시킨 대기근). 「층이, 얼간이.
po·ta·to·head [pətéitouhèd] 图 (속어) 바보, 멍
potáto másher 图 감자 으깨는 기구.
potáto pàtch 图 (美속어) 자리보전 환자, 기동을 못하는 환자.
potáto pèeler 图 감자 껍질 벗기는 도구.
potáto rót 图 감자의 역병(疫病).
po·ta·to·ry [póutətɔ̀:ri/-təri] 图 음주의; 술에 빠진.
potáto sàlad 图 감자 샐러드.
potáto sóup 图 (美구어) 보드카(vodka).
po·ta·to-trap [-træ̀p] 图 (속어) =potato box.
pót bárley 图 애벌 찧은 보리, pearlbarley
pot-bel·lied [pátbèlid/pɔ́t-] 图 1 올챙이배의, (난로 따위의) 배가 불룩 나온. ¶a ~ pig 오뚝이 돼지(애완용).
pot-bel·ly [pátbèli/pɔ́t-] 图 1 (종종 경멸적·익살) 올챙이배, 장구통배; 배불뚝이. 2 배가 불룩한 (석탄) 난로(~ stove).
pótbelly stóve 图 =potbelly 2.
pot·boil [pátbɔ̀il/pɔ́t-] 图困 (경멸적) 돈벌이를 위해 저속한 작품을 만들다.
pot·boil·er [pátbɔ̀ilər/pɔ́t-] 图 (경멸적) (돈벌이를 위한 저속한) 문학[미술] 작품; 그 작가.
pot·bound [pátbàund/pɔ́t-] 图 (원예) (식물의 뿌리가) 화분 가득히 뻗은.
pot·boy [pátbɔ̀i/pɔ́t-] 图 (英) (선술집 따위의) 급사; 접시 닦이(potman). 「싸구려 오팔.
potch¹ [pɑtʃ/pɔtʃ] 图 (濠속어) (빛의 변화가 없는)
potch² 图 (美속어) (궁둥이 따위를) 딱 때리기[때리 다].
pót chèese 图 (美) =cottage cheese.
pot·com·pan·ion [4kəmpǽnjən] 图 (고어) 술친구.
pót cúlture 图 마리화나 문화.
po·teen [pətí:n/pɔ-] 图回 (아일) 밀조주(위스키).
Po·tém·kin víllage [poutémkin-] 图 바람직하지 못한 사실[상태]을 감추기 위한 겉치레. (또는 **Po·témkinism**) (<제정 러시아의 정치인 Grigori A. Potemkin(1739–91)의 이름)
po·tence [póutns] 图 =potency.

po·ten·cy [póutnsi] 图⒰ⓒ 1 힘, 잠재력, 유력함. ⇨POWER 유의어 2 세력, 권력. 3 효력, 유효성. ¶ the ~ of an argument 토의의 유효성. 4 (약 따위의) 효험, 효능. 5 실력자, 영향력 있는 사람[것]; 권위있는 것. 6 (남성의) 성교 능력(⇔ impotence).

***po·tent**[1] [póutnt] 图 1 강력한, 유력한, 힘센. 2 (유·동기 따위가) 남을 승복시키는, 납득시키는. ¶ a ~ argument 남을 승복시키는 논지. 3 (약 따위가) (…의) 점에서 / …에 대해) 효력이 있는, 효험이 있는 (*in* / *against*). ¶ ~ drugs 잘 듣는 약. 4 세력이 있는, 권력이 있는. 5 (…에) 감화[영향]력이 있는 (*with*). 6 (남성이) 성적 능력이 있는(⇔ impotent). 7 (술·차 따위가) 독한, 진한. ¶ a ~ drink 독주. **-ly** 图

po·tent[2] 图 [문장] T자형의 모양. — 图 [십자형이] 각 끝이 T자형으로 된.

***po·ten·tate** [póutntèit] 图 1 유력자, 세력가, 세도가. 2 군주, 주권자; 지배자(ruler).

‡**po·ten·tial** [pəténʃəl] 图 1 발전[발달] 가능성이 있는, 잠재력의, 잠재력이 있는. ⇨LATENT 유의어 ¶ a ~ orator 웅변가 소질이 있는 사람/ ~ abilities 잠재 능력/ ~ buyers 잠재 고객. 2 있을[일어날] 수 있는, 가능한(possible). ¶ ~ profit 예상 이윤. 3 [물리] 위치의, 전위(電位)의. ¶ ~ gradient 전위 경도(傾度). 4 [문법] 가능을 나타내는. ¶ the ~ mood 가능법. 5 [고어] ~ potent. — 图 1 (종종 a ~) (…의) 가능성, 잠재(능)력 (*for*). 2 [문법] 가능법(~ mood). 3 [물리] 전위(電位), 자위(磁位)(magnetic ~). ¶ negative [positive] ~ 음[양]전위. 4 [수학] 포텐셜 함수.

poténtial ádversary 图 가상 적국.
poténtial bárrier 图 [전기·물리] 전위벽(壁).
poténtial dífference 图 [전기] 전위차(差).
poténtial divíder 图 [전기] =voltage divider.
poténtial énergy 图 [물리] 위치 에너지.

***po·ten·ti·al·i·ty** [pətènʃiǽləti] 图 1 ⓤ (…의) 가능성; 잠재력 (*for*). 2 (보통 -ties) 가능성[잠재력]을 가진 것[사람]; 잠재적인 것.

po·ten·tial·ize [pəténʃəlàiz] (* (英) **-ise**) 图囲 …을 가능하게 하다 ; (약 따위의) 효력을 증대하다 ; (물리) [에너지 따위]를 잠재력화하다. [로; 어쩌면.
po·ten·tial·ly [pəténʃəli] 图 가능성 있게, 잠재적으
poténtial sóvereignty 图 잠재 주권.
poténtial transfórmer 图 [전기] 계기용 변압기.
po·ten·ti·ate [pəténʃièit] 图囲 …에게 힘을 주다 ; …을 가능하게 하다, 강화하다 ; (약 따위의) 효능을 높이다. **-á·tion, -à·tor** 图 [다.
po·ten·ti·om·e·ter [pətènʃiámətər/-ɔ́m-] 图 [전기] 1 전위차계(電位差計). 2 분압기(分壓器).
po·ten·ti·o·met·ric titrátion [pətènʃiəmétrik-] 图 [화학] 전위차 적정(滴定).
pot·ful [pátfəl/pɔ́t-] 图 단지[냄비] 하나 가득의 그릇분.
pót hát 图 중산모(bowler hat, derby).
pot·head [páthèd/pɔ́t-] 图 (美속어) 마리화나 상습자.
po·theen [pəθíːn/pɔ-] 图 =poteen. [습[독하지].
poth·er [páðər/pɔ́ð-] 图ⓤ (때로 a ~) 1 격동, 소동 ; 복잡한 일 ; 격렬한 논쟁. ¶ be in a ~ 소란을 피우고 있다. 2 자욱한 먼지[연기]. 3 근심, 고민, 우려, 동요.
make [or *raise*] *a pother* 떠들어대다. [하다.
— 图囲 …을 괴롭히다, 걱정시키다. — 图 고민[걱정].
pot·herb [páthɜ̀ːrb/pɔ́thə̀ːb] 图 [식물] (삶아서 먹는) 야채, 삶은 야채 ; 향미료(香味料)로 쓰는 야채.
pot·hold·er [páthòuldər/pɔ́t-] 图 끓는 냄비를 들때 쓰는 도구[헝겊].
pot·hole [páthòul/pɔ́t-] 图 1 깊은 구멍; (도로·보도 따위의) 구멍(穴). 2 (지질) 구혈(甌穴), 포트홀(강바닥 따위의 암반 위에 생기는 원통상(圓筒狀) 구멍). — 图囲 (취미·스포츠로) 동굴을 탐사하다.
póthole polítician 图 (도로 건설·포장 따위) 지역구 사업으로 유권자의 지지를 얻으려는 부류의 정치인.

pot·hol·er [páthòulər/pɔ́t-] 图 (英) 동굴 탐험가.
pot·hol·ing [páthòuliŋ/pɔ́t-] 图 (스포츠·취미로서의) 동굴 탐험.
pot·hook [páthùk/pɔ́t-] 图 1 (난로 위에 냄비 따위를 거는) S자형의 갈고리. 2 갈고리 달린 긴 부젓가락. 3 (어린 아이들의) 서투른 S자 모양의 글씨.
***pothooks and hangers** 서투른 글씨, 습자의 초보.
pót hòund [snìffer] 图 (美속어) 마리화나[마약] 탐지견.
pot·house [páthàus/pɔ́t-] 图 (英) (작은) 맥주집(beerhouse); 선술집. ¶ the manners of a ~ 예의에 벗어난 태도.
pot·hunt·er [páthʌ̀ntər/pɔ́t-] 图 1 닥치는 대로 마구 쏘아대는 수렵가. 2 상품을 노리는 경기 참가자. 3 무분별한 아마추어 발굴자, 고고품 수집가.
po·tiche [poutíːʃ] 图 목이 가는 단지[항아리].
po·tion [póuʃən] 图 1 (약·독 등의) 마실 것. ¶ a love ~ 미약(媚藥). 2 (약의) 한 첩, 한 잔. ¶ *Men take bitter ~s for sweet health.* (속담) 양약은 입에 쓰다.
pot·latch [pátlætʃ/pɔ́t-] 图 1 (美) (미국 서북부 태평양 연안에 사는 인디언의) 겨울 축제; 그 축제에서 주는 선물; 선물 분배 의식. 2 (구어) 축하 파티, 경축 잔치. 3 (권력·지위의 유지를 위한) 잔치. — 图囲 (부족(部族)을 위해) potlatch를 열다; [선물 따위]를 주다.
— 图 potlatch를 열다.
pót lead 图 (해사) 석묵(石墨), 흑연(마찰을 줄이기 위해 경조용 보트 밑바닥에 칠하는)(graphite).
pot·lid [pátlìd] 图 단지의 뚜껑. ¶ *Such (a) pot, such (a) ~.* (속담) 그 단지에 그 뚜껑, 그 밥에 그 나물.
pót lìmit 图 (도박에서) 그때까지의 판돈 총액과 같은 액수를 걸 수 있는 권리; (포커에서) 거는 돈의 한도액.
pót lìquor 图 (소금 절임 돼지 고기와 야채를 삶은) 수프.
pot·luck [pátlʌ̀k] 图ⓤ 1 있는 것만으로 장만한 음식. 2 참석자들이 음식을 가져와 나눠먹는 회식. (또는 ~ **súpper [párty]**) 3 당장 쓸 수 있는[눈에 띄는] 것.
take potluck (손님이) 있는 대로의 음식을 대접받다; (英) 되는 대로 운에 맡기고 고르다.
pot·man [pátmən/pɔ́t-] 图 (英) (선술집 따위의) 급사; 심부름하는 아이.
pót màrigold 图 [식물] 금송화.
pót mètal 图 1 냄비 따위를 만들기에 알맞은 무쇠. 2 (큰 냄비를 만드는 데 쓰는) 구리·납의 합금. 3 (녹는 동안에 착색한) 색유리.
***Po·to·mac** [pətóuməlk] 图 (the ~) 포토맥 강(미국 Washington, D.C.를 흐르는 강).
Potómac féver 图 포토맥 병(워싱턴에서 지위·권력을 얻으려고 하는 열망).
pót pàrty 图 (美속어) 마리화나 파티.
pot·pie [pátpài] 图 ⓤⓒ 1 (냄비 따위에 만든) 고기 파이. 2 고기 경단이 든 스튜.
pót plànt 图 화분에 심기; 그 초목.
pot·pour·ri [pòupurí] 图 1 꽃 향기, 잡향(雜香)(여러 가지 마른 꽃잎을 향료와 섞어 단지에 담은 것). 2 혼성곡, 메들리(medley). 3 (문학의) 잡집(雜集), 잡록: 문집(文集). 〔F〕
pót ròast 图 찜구이한 쇠고기 요리; 그 쇠고기 토막.
Pots·dam [pátsdæm/pɔ́ts-] 图 포츠담(독일 Berlin 근처의 도시).
Pótsdam Declarátion 图 (the ~) 포츠담 선언 (1945년 7월 미·영·소 정상 회담이 내놓은 공동 성명; 일본의 무조건 항복 촉구).
pots de vin [pouːdvǽn/F po d vɛ] 图 뇌물, 증수회. 〔F pots of wine〕
pot·sherd [pátʃɜ̀ːrd/pɔ́t-] 图 (고고학적인 가치를 가진) 도[자]기 그릇의 파편.
pot·shot [pátʃàt/pɔ́tʃɔ̀t] 图 1 (규칙을 무시한) 식용 위주의 총 사냥. 2 근거리 사격; (구어) 난사. 3 (美) 함

pot-slinger

부로 해대는 비판. **4** 되는 대로 하는 시도.
take a potshot at …을 시험삼아[함부로] 해보다; 난사하다 (*at*), …로 비평(공격)하다.
— 〔타〕 〔사람·사냥감 따위〕를 함부로 쏘다; 즉흥적으로
pot·sling·er [-slìŋər] 〔명〕 〔美속어〕 요리사 (cook).
pót stìcker 〔명〕 〔요리〕 포트 스티커(양념한 돼지고기를 넣고 초승달 모양으로 튀긴 만두).
pót stìll 〔명〕 기동(汽筒)이 있는 증류기, 단식(單式) 증류기(위스키·브랜디 따위 제조용의 구식 증류기).
pot·stone [pátstòun/pɔ́t-] 〔명〕 포트스톤(동색(凍石)의 일종으로 항아리류 제조용).
pot·tage [pátidʒ/pɔ́t-] 〔명〕〔U〕(진한) 야채 수프; 고기와 야채를 넣은 수프; 〔C〕한 그릇의 국(*mess of* ~).
pot·ted [pátid/pɔ́t-] 〔형〕 **1** 화분에 심은. ¶ ~ *plants* 분재. **2** 단지에 담은, 병조림의. **3** 〔美속어〕 술에 취한. **4** 〔英속어〕 (논술 따위가) 깊이가 없는, 피상적인; (책 이야기 등을) **5** 〔英구어〕 (총 따위에 맞아) 죽은.
*****pot·ter**[1] [pátər/pɔ́tə] 〔명〕 도공(陶工), 옹기장이, 도예가.
pot·ter[2] 〔英〕 =*putter*[1].
Pot·ter [pátər/pɔ́t-] 〔명〕 포터. **1** Beatrix ~ (1866-1943: 영국의 아동 문학가·삽화가). **2** Paul ~ (1625-54: 네덜란드의 화가).
pot·ter·er [pátərər/pɔ́t-] 〔명〕 불규칙하게 행동하는 [움직이는] 사람; 질질 끄는 사람.
pot·ter·ing·ly [pátəriŋli/pɔ́t-] 〔부〕 질질 끌며; 어정거리며. 〔기관지염〕
pótter's ásthma 〔명〕 〔병리〕 도공성(陶工性) 천식
pótter's cláy [éarth] 〔명〕 도토(陶土).
pótter's fíeld 〔명〕 (때로 P- F-) 무연고 묘지(←마태복음(Matt.) 27 : 7).
pótter's whèel 〔명〕 도공의 녹로(轆轤).
*****pot·ter·y** [pátəri/pɔ́t-] 〔명〕 **1** 〔U〕 도기(류). **2** 〔U〕 도기 제조법(술); 요업. **3** 도기 제조소. **4** (the Potteries) 영국 중부의 Staffordshire의 도기 제조 중심지.
pot·ting [pátiŋ/pɔ́t-] 〔명〕 **1** (식료품의) 병조림. **2** (식물을) 화분에 심기. **3** 도기(용기) 제조.
pótting shèd 〔명〕 (옮겨심기 전의) 화초를 화분에 심어서 보호하는 광. 〔흙.
pótting sòil [còmpost] 〔명〕 (비료를 섞은) 화분용
pot·tle [pátl/pɔ́tl] 〔명〕 **1** 포틀(옛날의 액량(液量) 단위; 2 quarts). **2** 1 포틀들이 병(잔); 1 포틀 병[통]에 담긴 술[포도주]; 술, 포도주. **3** 〔英〕 (과일을 담는) 작은 바구니.
pot·to [pátou/pɔ́t-] 〔명〕 (복 ~**s** [-z]) **1** 포토원숭이(서아프리카산(産)의 야행성). **2** =*kinkajou*.
pot-trained [-tréind] 〔형〕 (유아가) 변기 사용이 익숙해진, 대소변을 가리는.
Pótt's disèase [páts-/pɔ́ts-] 〔명〕 〔병리〕 포트 씨(氏) 병, 척추 카리에스. 〔<영국 외과 의사 Percival Pott(1714-88)의 이름〕 〔자의 골절).
Pótt's frácture 〔명〕 〔병리〕 포트 골절(비골(腓骨) 하
pot·ty[1] [páti/pɔ́ti] 〔형〕 **1** 〔英구어〕 하찮은, 시시한. **2** 〔英속어〕 약간 실성한, 조금 머리가 돈; (…에) 미친 (*about*). ¶ I'm ~ *about* her. 나는 그녀에게 미쳤다. *a potty little* 아주 조그만. 〔**3** 건방진, 거만한.
-ti·ness
pot·ty[2] 〔명〕 유아용 변기; 〔어린이말〕 변소.
pot·ty-chair [-tʃɛ̀ər] 〔명〕 (사용법 훈련에 쓰이는) 유아용 변기 의자.
pot·ty-mouth [-màuθ] 〔명〕 〔美〕 상스런 말씨(를 쓰는 사람). (또는 **pótty mòuth**)
pot·ty-seat [-sìːt] 〔명〕 =potty-chair.
pot·ty-train [-trèin] 〔명〕 변기 사용법을 가르치다.
~**ed** (아이가) 대소변을 가리는, 변기를 사용하게 된. ~**ing** 변기 사용법[대소변 가리는 법]을 가르치기.
POTUS 〔美〕 *President of the United States*.
pot-val·iant [-vǽljənt] 〔형〕 〔속어〕 거나하게 취한, 술 취해 겁이 없는. **-vàl·iance** 〔명〕 ~**·ly** 〔부〕

pot-val·or [-vǽlər] 〔명〕〔U〕 술김에 내는 용기(배짱).
pot·wal·lop·er [pátwàləpər/pɔ́twɔ̀l-] 〔명〕 **1** 〔英역사〕 호주(세대주) 선거권자. (또는 **potwaller**) **2** 〔美속어〕 접시닦이(남)닦이.
pot-wres·tler [-rèslər] 〔명〕 〔속어〕 주방장(chef).
*****pouch** [pautʃ] 〔명〕 **1** (복합어로) 작은 주머니, 행낭. ⇨BAG 〔유의어〕 ¶ a tobacco ~ 담배 쌈지. **2** 〔고어〕 돈 지갑, 돈 주머니. **3** 우편 행낭; 파우치, 외교 행낭: (가죽제의) 탄약 주머니. **4** 주머니[포켓] 모양으로 된 것. **5** 〔스코〕 (의복의) 안주머니, 호주머니. 포켓. **6** 아래 눈꺼풀의 처진 살. **7** 〔동물〕 (펠리칸의 부리나 뒤쥐(gopher)의 볼 따위에 있는) 주머니 모양의 부분, (캥거루 따위의) 배 주머니.
— 〔타〕 **1** …을 주머니에 넣다, (돈 따위)를 호주머니에 넣다. **2** …을 주머니 모양으로 만들다. **3** 〔고어〕 (새·물고기가) …을 집어삼키다. **4** 〔英속어〕 …에게 행하[팁]를 주다. **5** 주머니 모양으로 되다, 부풀다.
pouched [pautʃt] 〔형〕 자루[주머니]가 달린, 자루 모
póuched dóg 〔명〕 주머니말승냥이. 〔양의.
póuched mármot 〔명〕 땅다람쥐.
póuched móuse 〔명〕 주머니쥐. 〔쥐.
póuched rát 〔명〕 (아프리카의) 두더지붙이쥐, 캥거루
póuched stórk 〔명〕 〔조류〕 대머리황새.
pouch·y [páutʃi] 〔형〕 주머니[자루]가 있는; 주머니[자루] 모양의. 〔섞은) 비료.
pou·drette [puːdrét] 〔명〕〔U〕 (마른 분뇨에 숯·석고를
pouf [puːf] 〔명〕 푸프. **1** (18세기 후반에 유행한 높게 틀어올린) 여성의 머리 모양. **2** (머리 장식·옷 따위의) 불룩한 부분(puff). **3** (또는 **pouffe**) 〔英〕 대형 쿠션.
pouf(f) [puːf] 〔명〕 〔英속어〕 여자격의 호모.
pou·lard(e) [puːláːrd] 〔명〕 난소(卵巢)를 없애고 (식용으로 살찌운) 암탉; 살찐 암탉.
poulárd wheàt 〔명〕 〔식물〕 리벳밀(rivet wheat).
poule [puːl] 〔명〕 **1** 암탉. **2** 〔속어〕 매춘부.
poulp(e) [puːlp] 〔명〕 낙지(octopus).
poult [poult] 〔명〕 **1** (칠면조·꿩 따위의) 새끼, 병아리. **2** 〔스코〕 어린애; 어린애 같은 사람.
poult-de-soie [puːdəswáː/F pudswa] 〔명〕〔U〕 (드레스용의) 골이 지게 짠 비단. 〔<F〕 〔家禽商).
poul·ter·er [póultərər] 〔명〕 〔英〕 새(고기) 장수, 가금상
poul·tice [póultis] 〔명〕 습포(濕布), 찜질약. — 〔타〕 …에 습포를 대다, 습포하다.
*****poul·try** [póultri] 〔명〕 **1** 〔집합적·복수취급〕 가금(家禽), 식용 사육 조류(닭·칠면조·오리 따위). ¶ ~ *raising* 가금 사육/*keep* [*or raise*] ~ 양계를 하다. **2** 〔단수취급〕 가금의 고기. 관 meat ~**less**, ~**like**
poul·try-farm [-fàːrm] 〔명〕 가금 사육장; 양계장.
poul·try·man [póultrimən] 〔명〕 **1** 가금 사육업자, 양계업자. **2** 새 장수, 새고기 장수.
*****pounce**[1] [pauns] 〔명〕〔자〕 **1** (…에) 달려들다, 별안간 덤벼들다 (*at, on, upon*). ¶ (~ +*前* +*名*) The cat ~*d on* [*or upon*] a mouse. 그 고양이는 생쥐에 덤벼들었다. **2** 갑자기 뛰다, 별안간 들어오다, 불쑥 말참견하다. **3** (비유적) (남의 허물 따위)를 심하게 공격하다; (기회 따위)를 재빨리 잡다 (*at, on, upon*). ¶ (~ +*前* +*名*) ~ *upon* a mistake 실수를 몹시 나무라다. — 〔타〕 **1** (독수리처럼) …을 발톱으로 움켜쥐다, 움켜잡다. **2** …을 급습하다. 〔류의 발톱.
— 〔명〕 **1** (a ~, the ~) 별안간 덤벼들기, 급습. **2** 맹금 *make a pounce upon* …에 달려[덮치]들다.
on the pounce 막 덤벼들려고, 덮치려고.
póun·cer 〔명〕 **póunc·ing·ly** 〔부〕
pounce[2] 〔명〕 〔금속면이나 돌·동새김 무늬를 내다, 찍어서 돌새김을 하다; (형겊)에 장식 구멍을 뚫다(*out*).
pounce[3] 〔명〕〔U〕 **1** (잉크가 번지는 것을 막기 위해 사용한) 가루. **2** 색가루(본을 뜨기 위한 숯가루). — 〔타〕 **1** …에 잉크가 번지지 않도록 가루를 뿌리다. **2** (형겊紙)에 색가루를 뿌리다, 색가루를 써서 베끼다. **3** (모자의 거죽)을 종이나 사포 따위로 문질러 매끄럽게 하다.

póunc·er 图 「가루통.
póunce bòx 图 (뚜껑에 작은 구멍이 있는) 분통, 색
póun·cet bòx [páunsit-] 图 1 (뚜껑에 작은 구멍이 있는) 향수통, 향합(香盒). 2 =pounce box.
***pound**¹ [paund] 图[타] 1 (주먹·무거운 도구 따위로) …을 두드리다, 연거푸 치다[때리다]. ⇒BEAT 유의어
¶He ~ed the door. 그는 문을 두드렸다. 2 …을 (…으로) 산산이 부수다, 분쇄하다(down, up)(to, into); (대포 따위로) …을 맹공격하다. ¶(~+목+부) ~ stones up 돌을 가루내다. ¶(~+목+부+전+명) ~ a brick to pieces 벽돌을 산산이 부수다. 3 (구어) [편지 따위] 을 (타이프로) 치다; [피아노 따위] 를 쳐서 소리를 내다(out)(on). ¶(~+목+부) ~ out a wonderful tune on the piano 피아노로 멋진 곡을 연주하다. 4 [길]을 쿵쿵 걸어가다[나아가다]. 5 [못 따위]를 …에 때려 박다(구어) [지식 따위]를 (…에게) 주입시키다(into, in).
──图 1 세게 치다, 연거푸 치다[두드리다]; (…을) 맹공격[맹공격]하다(away)(at, on). ¶(~+부+전+명) ~ on a door 문을 연거푸 두드리다. 2 (북 따위가) 둥둥 울리다, (심장이) (흥분 따위로) 두근거리다(with). ¶He felt his heart ~. 그는 심장이 두근거리는 것을 느꼈다. 3 발소리를 쿵쿵거리며 걷다[뛰다](about, along). 4 쉬지 않고 일을 계속하다(away). 「버려.
(Go) pound salt [or *sand*] (*up your ass*). 뒈져
pound a person's head in (미구어) 남을 때리다.
pound off (미속어) ① 자위 행위를 하다. ② 빈둥 빈둥 시간을 보내다.
pound one's ear (속어) 잠자다(sleep).
pound one's meat (속어) peenie, pork, pudding, weenie (속어) 자위 행위를 하다. 「돌다.
pound the [or *a, one's*] *beat* (구어) (경찰이) 순찰
pound the books (미학생 속어) 열심히 공부하다.
pound the pavement(s) [or *streets, sidewalks*] (미속어) ① 일자리를 찾으러 거리를 누비다. ② (경찰이) 순찰을 돌다. 3 뛰어가다.
──图 1 연타(連打); 강타, 난타. 2 쿵쿵[두근두근] 하는 소리.
‡**pound**² 图 (역 ~(s) [-z]) 1 파운드(무게의 단위: 약 lb. (<L libra). 일반적인 avoirdupois pound는 16 ounces, 약 453 grams; 금·은·약 따위에 쓰는 troy pound는 12 ounces, 약 375 grams); 「금·은·약 따위의 금 1파운드. 2 파운드(영국의 화폐 단위; 100 pence; 기호는 숫자 앞이면 £, 뒤에 나오면 l; 이전에는 20 shillings =240 pence). ¶a five-~ note 5파운드 지폐 / twenty-nine ~ seventy 29파운드 70펜스(숫자로는 £29.70 이라고 쓴다). (또는 ~ stérling) 3 (the ~) 영국의 화폐 제도; 파운드화 시세[가치]. 4 [역사] 스코틀랜드 파운드(옛 스코틀랜드 화폐 단위). (또는 ~ Scots) 5 키프로스·레바논·수단·시리아·이집트·아일랜드 등의 화폐 단위.
a pound to a penny (구어) 일어날[있을] 수 있는 일.
by the pound (무게) 1파운드에 얼마로.
get one's pound's [or *money's*] *worth* (英구어) 지불한 만큼의 대가를 얻다.
in the pound (화폐) 1파운드당, 1파운드에 대하여.
pound for [or *and*] *pound* 똑같이, 동등으로.
pound of flesh 터무니없는 요구, (빚 따위를) 가혹하게 받아내기(←Shakespeare 작 *The Merchant of Venice* 4:1).
pounds, shillings, and pence ① 금전; (형용사적) 금전상의, 현실적인. ② (미속어) LSD.
──图 (英) (타인의) 화폐의 무게를 검사하다.
pound³ 图 1 (길 잃은 동물을 가두어 두는) 우리, 울타리. 2 =~ net. 3 유치장, 수용소; 구치소. 4 (주차 위반 견인 차량의) 유치장, 유치장[압수품 보관소]. ──图[타] 1 …을 우리[울타리]에 집어넣다(up). ¶~ up stray dogs 떠돌이개를 수용하다. 2 …을 유치[감금]하다.
Pound [paund] 图 파운드. 1 **Ezra** (**Loomis**) ~ (1885-1972): 미국의 시인·비평가). 2 **Roscoe** ~ (1870-1964): 미국의 법학가). ⇐·ian
pound·age¹ [páundidʒ] 图 ① 1 (금액 또는 무게의) 1파운드에 대해서 지불하는 세금·수수료(on). 2 파운드로 잰 중량. 3 (여분의) 체중.
pound·age² 图[①] 1 유치, 감금. 2 수용된 가축 되찾는.
pound·al [páundl] 图 [물리] 파운들(힘의 단위; 1 파운드의 질량에 작용하여 매초 1 피트의 가속도를 일으키는 힘; ② pdl).
póund cake 图 1 파운드 케이크((英) Madeira cake). 2 매력적인 여자.
pound·er¹ [páundər] 图 강타[연타]하는 사람[것]; 절굿공이; (속어) 경찰관.
pound·er² 图 (복합어로) 1 (무게가) …파운드인 사람[물건]; …파운드의 포(砲). 2 (英) …파운드 지폐; 금액 …파운드짜리 물품; 재산[수입, 지출]이 …파운드인 사람.
pound-fool·ish [-fú:liʃ] 图 (英) 큰 돈[중요 문제] 을 경솔하게 다루는, 한 푼을 아끼다가 천 냥을 잃는. ⇐ penny-wise 「(구어) 큰 타격.
pound·ing [páundiŋ] 图 치는[때리는] 것[소리];
póund lòck 图 (수위(水位) 유지용) 수문.
pound·mas·ter [páundmæstər/-mà:s-] 图 떠돌이개 수용소장. 「을 1마일 운송하기).
póund mìle 图 파운드마일(1파운드의 우편물[속달]
póund nèt 图 (물속에 치는) 정치망(定置網). 「지폐.
póund nòte 图 1파운드 지폐; (美속어) 5달러짜리
pound-note·ish [páundnóutiʃ] 图 (英구어) 거만 한, 빼기는, (또는 **póundnótish**) 「(구어 #).
póund sign 图 파운드 기호(화폐 단위 £; 중량[질량]
póund stèrling 图 =pound² 2.
‡**pour** [pɔːr] 图[타] 1 (액체 따위를) …에/…에서) 붓다, 쏟다, 따르다; [야금] [녹인 쇳물]을 붓다(out, away, in)(into/from, out of). ¶~ water 물을 붓다 / (~+목+부) ~ out tea 차를 따르다 / (~+목+전+명) The river ~s itself *into* the sea. 그 강은 바다로 흘러 들어간다. 2 (빛·열 따위를) 발산하다, 방사(放射)하다(forth, in, away, down). ¶(~+목+부) The sun ~s forth its rays. 태양은 광선을 발산한다 / The heater ~ed down its heat. 히터는 열을 방사했다. 3 (군중 등을) …에 쏟아놓다, (탄환 따위)를 퍼붓다(into). ¶The trains ~ed the crowds. 그 열차는 승객들을 무더기로 쏟아놓았다. 4 (이야기를) 쉴새없이[마구] 지껄이다, (감정 따위를) (…에) 터뜨리다(out)(on, upon, to); (노래를) 부르다, (음악을) 오래도록 연주하다. ¶~ out words[songs] 지껄여대다[노래를 불러대다] / ~ forth one's troubles 괴로움을 하소연하다 // ~ (out) one's fury upon another 남에게 분노를 터뜨리다. 5 (사람·자금·물자 등을) 쏟아 붓다, 대량 공급[생산]하다. ──图 1 (사람 또는 짐승떼 등이) (…으로/…에서) 쏟아져나오다, 쇄도하다(into, onto/from, out of). 2 (대량으로) 흘러가다[들다], 흐르다(forth, out, off, down)(from, out of, over). ¶(~+부) Tears ~ed down from her eyes. 그녀의 눈에서 눈물이 흘러내렸다. 3 (비오듯이) it를 주어로 하여) (비가) 내리퍼붓다, 억수같이 내리다(down); (빛·열 따위가) 내리쬐다. ¶It never rains but it ~s. (속담) 비가 오기만 하면 언제나 억수같이 퍼붓는다, 화불단행(禍不單行) / (~+부) The rain is ~ing down. 비가 억수같이 쏟아지고 있다 / (~+목+부) The sun ~s over the earth. 햇빛이 지상에 내리쬔다. 4 (말 따위가) …에서 쏟아져나오다(out)(from). 5 (비유적) 연달아[대량으로] 오다(in, out). 6 (구어) 차[커피]를 따르다(out); 주인 노릇을 하다.
(be) poured into (속어) (여성이) [몸에 착 달라붙는 옷]을 입고(있다).
pour cold water on (사람·계획 따위)에 트집을 잡다, …에 찬물을 끼얹다; …의 기세를 꺾다.

pour down the drain [or **rathole**] (美속어) 돈을 물쓰듯 쓰다.
pour it on (美구어) ① (기쁘게 하려고) 지나치게 칭찬하다. ② (상대의 실패·약점 따위를 이용하여) 전력을 기울이다. ③ 재빨리 움직이다. ④ (차 따위) 가속하다.
pour it too thick (속어) 지나치게 생각하다.
pour oil upon troubled waters 소동을 가라앉히다, 중재하다.
pour oneself **into** …에 모두하다; (꼭 끼는 옷을) 가까스로 입다.
pour (on) the coal [or **more coals**] (美속어) 급히 달리다[달리게 하다]; (차·비행기를) 가속시키다.
— 图 **1** 유출(流出); 주입(注入), 따르기. **2** 다량의 (끊이지 않는) 흐름. ¶ a ~ of invective 빗발치는 비난. **3** 폭우, 억수 같은 비. **4** (녹인 쇳물의) ① 회분 주입량. **5** 보도 관계
~·a·bíl·i·ty 图 ~·a·ble 图 ~·ing·ly 图 ┌자 파티.
pour·boire [puərbwá:r] 图 (巻) ~**s** [-(z)] 팁, 행하. [<F for drinking]
pour·er [pɔ́:rər] 图 (英) (병에 꼽는) 주둥이, 꼭지.
pour·ing [pɔ́:riŋ] 图 퍼붓는 듯한, 잇따라 쏟아져 나오는. ¶the ~ rain 억수, 호우.
pouring wet 억수로 쏟아져서.
póuring bòx [**bàsin**] 图 (야금) 주입(注入) 대야.
pour·par·ler [pùərpa:rléi] 图 (보통 ~s) (외교 교섭에서) 비공식 예비 회담. [<F for talking]
póur pòint 图 (화학) 유동점(윤활유·경유·중유 따위가 유동하는 최저 온도).
pour·point [púərpɔ̀int, -pwɔ̀int] 图 푸르프앙(14-17세기 남성이 입었던 솜을 두어 누빈 조끼).
póur tèst 图 (화학) (섬유 제품 따위의) 유동점 시험.
pousse-ca·fé [pù:skæféi] 图 푸스카페, **1** 식후 커피 다음에 마시는 작은 잔의 리큐어(술). **2** 오색주(五色酒)(비중의 차이로 층을 이루는 칵테일의 일종). [<F
pous·sette [pu:sét] 图 푸세트 춤(손을 맞잡고 춤추며 도는 원무(圓舞)). — (통자) poussette를 추다. [<F
pous·sin [F pusɛ́] 图 (육용) 영계.
pou sto [pú: stóu] 图 발 붙일 곳; 활동의 근거, 기반. [<Gk: 그리스 수학자 Archimedes(287?—212 BC)의 말 where I may stand]
***pout**[1] [paut] 图函 (못마땅해서) 입을 삐죽 내밀다; 뿌루퉁하다, 앵돌아지다. — 타) (입)을 삐죽 내밀다(*out*), 입을 삐죽거리며 …을 말하다. (~+图+图) ~ *out* the lips 입을 삐죽 내밀다. — 图 (종종 the ~s) 입을 삐죽거리기; 앵돌아지기.
be in [or **have**] **the pouts** 기분이 언짢다, 시무룩해 있다.
~·ful 图 ~·ing·ly 图
pout[2] 图 (巻) ~**s**) **1** (미국의 하천에 많은) 메기의 일종. **2** 베도라치의 일종. **3** 대구의 일종.
pout·er [páutər] 图 **1** 뿌루퉁한 표정을 한 사람, 기분이 좋지 않은 사람. **2** 비둘기의 일종(모이주머니를 부풀려 우는 버릇이 있다)(~ pigeon).
pout-out [-àut] 图 (美속어) (hot rod 자동차의) 엔진 고장.
pout·y [páuti] 图 시무룩한, 앵돌아진.
POV (영화) *point of view*(시점(視點)).
pov·e·ra [pɔ́vərə/pɔ́v-] 图 포베라(작품의 질보다 예술적인 아이디어나 과정을 중시하는 미술 형식).
pov·er·ti·cian [pɑ̀vərtíʃən/pɔ̀v-] 图 (美·경멸적) (사복을 채우는) 빈곤 대책 (사업) 담당 공무원.
‡**pov·er·ty** [pávərti/pɔ́v-] 图 **1** 가난, 빈곤. ¶come to ~ 가난하게 되다 / live in ~ 살림이 궁핍하다 / *P*- is no sin. 가난은 죄가 아니다 / *P*- dulls the wit. =*P*- brings stupidity. (속담) 가난은 사람을 아둔하게 한다. **2** (때로 a ~) (경멸적) (…의) 결핍, 부족 (*want*) (*in*, *of*); (영양 실조에 의한) 쇠약, 허약. ¶ ~ *of* blood [*thought*] 빈혈[사상의 빈곤] / a ~ *of* medical supplies 의료품 부족 / ~ *in* vitamins 비타민 부족. **3** 불모(不毛), 메마름. ¶ the ~ *of* the soil 토양의 메마름. **4** (기독교의) 청빈(淸貧).

póverty làwyer 图 (빈민들을 위한) 무료 변호사, 국선 변호인(legal services lawyer).
póverty líne[**lével**] 图 빈곤선(생계 유지에 필요한 최저 소득 기준) (또는 (英) **poverty datum line**).
póverty pímp 图 (속어) 생활 보조금을 가로채는 공무원.
póverty prògram 图 (美) 빈곤 대책.
póverty shòp 图 빈민들이 자주 찾는 상점(중고품점·전당포 따위). ┌는; 몹시 가난한.
pov·er·ty-strick·en [-strìkən] 图 가난에 시달리
póverty tràp 图 빈곤의 덫(수입이 늘어도 보조금 삭감이나 세금 증가로 인해 결국 빈곤을 못 벗어나는 현상).
pow [pau] 图 **1** (감탄사적) 따, 탕, 빵, 펑(타격·충돌·파열의 소리). **2** (속어) 압력, 영향력.
POW, p.o.w. *prisoner(s) of war*.
‡**pow·der**[1] [páudər] 图 (巻) ~**s** [-z]) **1** ① © 가루, 분말. ¶washing [or soap] ~ 가루 비누 / hair ~ 머리분(가발용) / ground into ~ 빻아서 가루로 만든. **2** ①© 분말 제품; 화장분(face ~): 가루 치약; 가루약; 요리용 가루. ¶wash [or laundry] ~ 세제 / digestive ~ 분말 소화제 / put ~ on one's face 얼굴에 분을 바르다 / take a ~ 가루약을 먹다. **3** ① 화약(gunpowder). ¶ smokeless ~ 무연(無煙) 화약. **4** ① (스키) 가루눈(~ snow).
food for powder 총알 밥, 총알받이; 병사. ┌하다.
keep one's powder dry (속어) 만일의 것을 대비
powder and shot ① 탄약, 군수품. ② (구어) 비용, 수고. ¶ not worth (the) ~ *and shot* 싸울[애쓸, 노력할] 가치가 없는.
put powder into …에 힘을 집중하다.
smell the powder 실전을 경험하다.
take a powder 도망치다, 내빼다. ┌험.
the smell of powder 초연(硝煙)의 냄새; 실전 경
— 图타) **1** …을 가루[분말]로 만들다. **2** …에 가루[소금, 후추 따위]를 뿌리다; …에 분말 모양의 것을 뿌리다[덮다]; …에 가루약을 바르다(*with*). ¶ ~*ed* beef 소금을 뿌린 쇠고기 / a hill ~*ed with* a light snowfall 싸락눈으로 살짝 덮인 언덕. — (자) **1** 화장분 따위를 바르다. **2** 가루가 되다.
powder a person's **jacket** (英속어) 남을 후려갈기
powder one's **nose** [or **puff**] (완곡적) (여성이) 화 ┌장실에 가다.
~·**er** 图
pow·der[2] 图 (英구어·방언) 기동력, 기세; 돌진.
in [or **with**] **powder** 무서운 기세로.
— (자) 돌진하다. ┌어 포(砲) 담당 하사.
pówder bàg 图 약포(藥包), 약주머니; (美해군 속
pówder blúe 图 엷은 청색(염료).
pow·der-box [-bɑ̀ks/-bɔ̀ks] 图 (15세기경의) 화장품 상자, 분통.
pówder bòy 图 =powder monkey.
pówder búrn 图 화약 폭발로 인한 화상.
pówder chàrge 图 (군사) 발사 화약.
pówder clòset 图 (18세기경에 유행한) 화장실.
pówder còmpact 图 (화장용) 콤팩트.
pow·dered [páudərd] 图 **1** 분말(모양)의. **2** 분을 바른. **3** 작은 반점이 많은.
pówdered mílk 图 분유(dry milk).
pówdered súgar 图 (분말) 설탕.
pówder flàsk 图 (구식 총의) 작은 화약병[통].
pówder hòrn 图 쇠뿔로 만든 화약통.
pow·der·ing [páudəriŋ] 图 분을 바르기; 많은 작은 것들로 하는 장식; 무수한 작은 것들의 모임.
pówder kég 图 (구식의) 화약통; (비유적) (언제 터질지 모를) 위험물, 잠재적 위험.
pówder magazìne 图 화약고, 탄약고.
pow·der·man [páudərmæ̀n, -mən] 图 (건물 폭파 철거업자의) 폭파[폭약] 담당원; (속어) (금고를 폭파시켜 여는) 금고털이.
pówder mètallurgy 图 분말 야금술[학].

pówder mill 명 화약 공장. ¶ 〔수; 폭약 관리자.
pówder mònkey 명 (옛날 군함의) 소년 화약 운반
pówder pàper 명 (약학) 약포지(藥包紙).
pówder pùff 명 **1** 파우더 퍼프, 분첩. **2** (구어) 연약한 사람, (테니스 등의) 느린 타구.
pow·der-puff [-pʌf] 형 (구어) 여성용의; 여성에 알맞은; 부드러운. ──타 (속어) 가볍게 때리다.
pówder ròom 명 여성용 화장실, 세면장.
pówder tàble 명 (18세기의) 소형 화장대, 경대.
pow·der·y [páudəri] 형 가루의, 가루 모양의; (바위 따위가) 가루가 되기 쉬운, 잘 부스러지는; 가루투성이의.
Pów·ell Dóctrine [páuəl-] 명 (the ~) (군사) 파월 독트린(가능한 한 무력 개입을 피하되 국가 이익을 위해 개입이 불가피할 경우 압도적인 군사력을 투입, 속전속결로 승리를 결정짓는 전략; 미국이 1994년 걸프전(戰) 때 사용). [<입안자인 미국 국무장관 Colin Powell 장군의 이름]

‡**pow·er** [páuər] 명 (복 ~s [-z]) **1** ⓤ 힘, …하는/ …을 향한) 능력; (보통 ~s) 특별한 재능(체력, 지력) (to do, of doing/for), ¶buying [or purchasing] ~ 구매력 / a man of varied ~s 다재 다능한 사람 // Knowledge is ~. 아는 것이 힘이다.
2 ⓤ (때로 ~s) (복수취급) (보통 수식어와 함께) 체력, 정신력, 지력(知力); 강한 힘, 스태미나, 활력; (약 따위의) 효능, 효력; (야구) 장타력. ¶muscle ~ 근력, 완력 / have the ~ to live on 살아나갈 힘이 있다 / have no staying ~ (구어) 지구력이 없다.

⎡유의어⎤ **power** 어떤 것을 해낼 수 있는 능력. **force** 실제로 사용된 power. **energy** 어떤 일을 할 때에 발휘되는 축적된 power. **strength** 사람 또는 물건에 본래 갖추어져 있는 power로, energy를 발휘하거나 압박·공격 따위에 저항하는 힘. **might** 대단히 강대한 power. **potency** 어떤 결과·효과를 낳게 하는 힘.

3 ⓤ (…하는 /…에 대한) 권력, 지배력 (to do/over); 정권, 체제, 통치권; 세력, 국력; 위력, 영향력. ¶the balance of ~ 세력 균형 / a struggle for ~ 권력 투쟁. **4** ⓤ (…할 /…에 대한) 법적 권한 [능력]; (종종 ~s) 위임된 권한[권능], 직권 (to do/over). ⓒ 권능을 부여하는 문서, 위임장, 신임장. ¶The legislative [judiciary, executive] ~ 입법[사법, 행정]권 / exercise the ~ of the president to veto bills 대통령의 법안 거부권을 행사하다 / ~s of negotiation 협상을 위한 신임장.
5 권력자, 유력자, 실력자; (3) 국(國); (~s) 열강(列强). ¶a ~ in politics 정계의 실력자 / a sea ~ 해군국 / the Allied Powers 연합국 / nuclear ~s 핵 보유국.
6 ⓤ 병력, 군사력. ¶the mighty ~ of the Armada 무적 함대의 강대한 군사력. **7** ⓤ 파워(사회적 약자의 권익 증진·옹호 운동이나 그 슬로건). ¶gray ~ 노인 파워 / black ~ 흑인 권익 옹호 운동. **8** (종종 ~s) 신(神), 악마; (운명을 좌우하는) 초자연적 힘; (~s) (신학) 능품천사(能品天使)(제6 계급의 천사). ⇒ANGEL ⎡유의어⎤ ¶the heavenly ~s 하늘의 신들 / the ~s of darkness [or evil] 악마. **9** a (~s, the ~) (방언) 다수, 다량 (of). ¶a ~ of people 많은 사람들. **10** ⓤ (물리) 작업율, 공률; 힘, 능(能). **11** ⓤ (기계) 동력, 공정력; 전력, 에너지; (물리적) 힘, 운동량. ¶mechanical ~ 기계력 / motive ~ 원동력 / electric ~ 전력 / water ~ 수력. **12** (수학) 멱(冪), 거듭제곱; 집합수. ¶27 is the third ~ of 3. 27은 3의 三승이다. **13** ⓤ (광학) (렌즈의) (倍率); 확대력. ¶a telescope of high ~ 배율이 높은 망원경. **14** (통계) 검출[검정]력.

a power in the land 나라의 유력자, 국민에게 큰 영향을 미치는 권력.
beyond [or **out of, outside, not within**] one's **power** 능력 밖에 (있는), 힘이 미치지 않아[않는].
come to [or **into**] **power** 정권을 장악하다.
do all in one's **power** 가능한 모든 일을 다하다.

fall from power 정권[권력]을 잃다.
have a person in one's **power** 남을 자유롭게 움직이다, 마음대로 쓰다. ⎡대로 하다.
have [or **hold**] **power over** …을 지배하다, 마음**in** [**out of**] (**the**) **power** 권력을 잡아[떠나]. ¶the party in ~ 집권당, 여당.
in the power of …의 지배 아래.
More power to you [or (英) **your elbow**]! (구어) 잘했어!; 힘내, 잘해!; 건투를 빌어!
raise to the second [**third, fourth**] **power** (수학) 2[3, 4] 제곱하다.
the power behind the throne 막후 실력자.
the powers that be 당국, 관헌; 당시의 권력자.
to the best [or **utmost extent**] **of** one's **power** 가능한[될 수 있는] 한.
under one's **own power** 혼자서, 자력으로.
within [or **in**] one's **power** …의 손안에, 지배하에; 할 수 있는, 힘이 미치는 범위 내의[내에).
──동타 **1** …에 동력을 공급하다; 동력으로 …을 움직이다 (with, by). ¶This submarine is ~ed by nuclear energy. 이 잠수함은 핵에너지로 움직인다. **2** …을 강화하다, …에 박차를 가하다, …을 촉진[고무]하다 (up). ¶~ up the market tactics 판매 전술을 강화하다. ──자 동력으로 움직이다; 질주[매진]하다.
power down [**up**] ① …의 출력을 낮추다[높이다]. ② (컴퓨터) 전원을 끊다[넣다], 정지[시동]하다.
power one's **way** (전력을 다해) 쟁취[달성]하다; 남을 압도하고 (…에) 오르다 (to).
power up for …을 위해 힘을 강화하다, 훈련하다.
──형 **1** 권력의. **2** (구어) 힘을 과시하는, 유력자의 [가 관계하는, 에 특유한]; 유력한, 거물의. **3** 전력[동력]으로 작동하는, 전동[동력]의; 발전[송전]의; 전도성의.

pówer abùse 명 권력[직권] 남용.   ⎡프.
pówer àmplifier 명 (전기) 전력 증폭기, 파워 앰
pówer bàse 명 세력 기반, 지원 조직, 지지 모체.
pówer blòck 명 (국제 정치의) 세력 블록.
pówer bòard 명 배전반(配電盤).
pow·er·boat [páuərbòut] 명 동력선, 발동기선; 모터보트. ~**·er** 명 ~**·ing** 명 모터보트 경주.
pówer bràke 명 동력[파워] 브레이크.
pówer brèakfast 명 (유력자·중역의) 조찬 모임.
pówer bròker 명 (정계의) 실세, 막후 실력자.
pów·er-by-wíre sỳstem [-baiwáiər-] 명 (항공) 전자식 엔진 제어 시스템(약 PBW).
pówer càble 명 전력[동력]선(線).   ⎡ (센터).
pówer cènter 명 (美) (옥외형의) 대형 할인점[쇼핑
pówer còuple 명 (대등한 활동을 하는) 고위직 부부.
pówer cùt 명 정전, 단전(斷電).
pówer dìve 명 (항공) 엔진을 건 채로 하는 급강하.
pówer drèssing 명 지위[권위]를 강조한 복장.
pówer drìll 명 동력 드릴[천공기].   ⎡이는.
pow·er·driv·en [-drìvən] 형 동력[엔진]으로 움직
pow·ered [páuərd] 형 (종종 복합어로) **1** (…의) 동력[발동기]을 장치한. ¶a gasoline-~ engine 가솔린 내연 엔진. **2** (사람 등이) 힘이 있는. **3** (렌즈 따위가) …배율의, 고배율의.
pówer ègg 명 (비행선의) 엔진 수납부.   ⎡ [배자들).
pówer elìte 명 (집합적) 파워 엘리트 (권력을 잡은 지
pówer fàilure 명 정전(停電), 동력 고장.
‡**pow·er·ful** [páuərfəl] 형 **1** (…의) 세력[영향력]이 있는, 강력[유력]한 (in). ¶~ leadership 강력한 지도력. **2** 강한, 힘센; (빛·냄새 따위가) 강렬한; (렌즈가) 배율이 높은. ¶a ~ mind [interest] 강한 정신[관심]. **3** (기계 따위가) 강력한 힘을 내는; (약 따위가) 효능이 있는. ¶a ~ locomotive 강력한 기관차 / a ~ drug 잘 듣는 약. **4** 남을 감동시키는, 수긍[공감]케 하는. ¶a ~ argument 설득력 있는 주장. **5** (방언) 많 ~**·ly** 부 ~**·ness** 명   ⎡은.

power function 명 (통계의) 검정력(檢定力) 함수; (수학의) 멱(冪) 함수.
power game 명 1 (강대국·권력자끼리의) 거래, 흥정. 2 권력 다툼, 지배력[주도권] 싸움.
power gas 명 동력 가스.
power hitter 명 [야구] 장타[강타]자. **power-hit**
pow·er·house [páuərhàus] 명 1 발전소; 동력실. 2 (구어) 정력가, 활동가; 활동적인 그룹[팀]. 3 최강자, 최강 기구[단체, 기업]; (스포츠) 최강 팀, A급 팀; (정적) 원동력. ─ 형 정력적인; 강력한, 최강의. ¶ a ~ performance 대가다운 연기.
power lathe 명 동력(기력(機力)) 선반(旋盤).
*pow·er·less** [páuərlis] 형 무력한, 효과 없는; 체력[힘]이 없는; 세력[권력] 없는. ~·ly 부 ~·ness 명
pow·er·lift·ing [páuərlìftiŋ] 명 바벨 들어올리기, 파워 리프팅(bench press, dead lifting, squat 따위).
power line 명 송전선, 전력선. **-er**
power loading 명 (항공) 동력 하중(荷重). ¶ 기.
pow·er·loom [-lù:m] 명 동력 직조기, 기계식 직조
power lunch 명 (유력자[실력자]들의) 오찬 모임.
Power Macintosh 명 (컴퓨터) 파워 매킨토시(마이크로프로세서에 PowerPC를 채용한 Mac 시리즈).
power management 명 (컴퓨터) 파워 매니지먼트(컴퓨터의 전력 절약 기구).
pow·er·mon·ger [páuərmÀŋɡər] 명 권력 주의자, 권력 투쟁가.
power mower 명 동력 잔디깎이 기계.
power of attorney 명 (법률) (대리) 위임장(letter of attorney); 대리권. ¶ 기[독이].
power pack 명 (전자) 전원함(電源函)(변압기·정류
PowerPC [páuərpì:sí:] 명 (상표) (컴퓨터) 파워피시(RISC 프로세서). ¶ 장치.
power plant 명 발전소; (로켓·자동차 등의) 동력
power play 명 1 (미식축구·아이스하키 따위에서) 힘에 의한 강압 플레이. 2 (외교·군사·경제 따위에서) 힘을 배경으로 한 행동[공작], 힘의 정책, 공세 정책.
power point 명 (영) (전기) 콘센트.
power politics 명(복) (단·복수 양용) 무력 외교, 강권 정치.
power reactor 명 동력로(動力爐), 동력용 원자로.
power saw 명 (기계) 동력톱. **power-saw** 타동
power series 명 (수학) 멱급수(冪級數).
power sharing 명 권력 분담[분점].
power shovel 명 (흙파기 공사용의) 동력삽.
power station 명 발전소.
power steering 명 (자동차의) 파워 스티어링(핸들 조작을 가볍게 하는 장치); 동력 조타(操舵) 장치.
power strip 명 (미) = power center. ¶ (行程).
power stroke 명 (기계) (내연 기관의) 동력 행정
power structure 명 (미) 권력 기구 (조직의) 지배
power struggle 명 권력 투쟁. ¶ [집단].
power supply 명 전원(電源), 전력 공급 장치.
power sweep 명 (미식축구) 파워 스위프(블로커와 함께 엔드런을 시도하는 공격 방법의 하나).
power takeoff 명 (비행기의) 동력 이륙 장치; (트럭·트랙터의) 동력 인출 장치.
power tool 명 전동 공구; (구어) 공부[책] 벌레.
power tower 명 태양열[태양 에너지] 발전탑.
power transmission 명 (전기) 송전.
power trip 명 권력의 과시[자랑], 우두머리 티(를 내
power unit 명 내연 기관. ¶ 다.
pow·er-up [-Àp] 명(U) 시동, 작동; 훈련, 워밍업.
power worker 명 발전소 직원; 전력업계 근로자.
pow-wow [páuwàu] 명 1 (북미 인디언의 질병 치유·사냥 성공·전승 따위를 기원하는) 의식. 2 (북미 인디언의) 주술(呪術) 의사(~ doctor). 3 (북미 인디언(과)의) 회의, 토의; (구어) 회합. ─ 동 1 (북미 인디언이) 의식을 행하다. 2 (구어) 회담하다, 토의하다.
pox [pɑks/pɔks] 명 UC 1 (병리) 농포성(膿疱性) 피부병(천연두·두창(痘瘡) 따위); 그 얇은 자국; (고어) 천연두(smallpox). 2 (구어) (the ~) 매독(syphilis); 성병. 3 (고어) (감탄사적) 분통남, 지긋지긋함.
A pox on [or *of*] *you* [or *him, her,* etc.]*!* 염병에나 걸려라, 우라질 자식[년]!
What a pox! 도대체 이럴 수가!, 제기랄! ¶문의.
pox-doc·tor [‐dàktər/-dɔ̀k-] 명 (속어) 성병 전
dressed [or *got*] *up like a pox-doctor's clerk* (속어) 야하게[요란하게] 차려 입은.
pox-fouled [‐fàuld] 형 성병에 걸린. ¶러스.
pox·vi·rus [páksvàiərəs/pɔ́ks-] 명 천연두 바이
Po·yang [pɔ̀ːjáːŋ] 명 포양호(鄱陽湖)(장시(江西)에 있는 중국 제2의 호수). (또는 **Po-yang Hu**)
poz·zo·la·na [pàtsəláːnə/pɔ̀t-] 명(U) (시멘트의 원료가 되는) 화산 용암, 화산회(灰).
poz·zy [pázi/pɔ́zi] 명 (軍속어) 잼(jam).
pp (라틴) (법률) *per procurationem*(= by proxy); (음악) pianissimo; (무선) push-pull. **PP** past President; polypropylene; prepositional *phrase*.
pp. pages; *past* participle; pianissimo; postpaid; prepaid; *privately printed*. **p.p.** parcel post; past participle; per person; postpaid. **P.P.** parcel post; parish priest; past participle; postpaid; prepaid. **PPA** (약학) phenylpropanolamine.
ppb, p.p.b. (출판) *paper, printing, and binding*; (또는 **PPB, P.P.B.**) *part*(s) *per billion.* **PPB** planning-programming-budgeting(기획·계획·예산 방식). **PPC** plain paper copy(보통 복사기).
P.P.C. (프랑스) *pour prendre congé*(= to take leave)(* 작별의 뜻을 고할 때 명함에 기입한다.
PP clinic 명 (미) 가족 계획 연맹(PPFA) 산하 병원.
ppd. postpaid; prepaid(지불필의). **p.p.d.o.** *per person, double occupancy*. **PPE, P.P.E.** philosophy, politics, and economy. **P.P.F.** (보험) *personal property floater*(개인 소유 동산 포괄 보험). **PPFA** Planned Parenthood Federation of America(미국 가족 계획 연맹). **PPH, P.P.H.** *paid personal holidays.* **pph.** pamphlet. **PPH, PPHM** *part*(s) *per hundred million*(1억분의…).
PPI *patient package insert*(환자에게 약제 사용법을 명시한 쪽지); *plan position indicator*(전파 탐지기); (보험) *policy proof of interest*; *producer price index*(생산자 물가 지수). **ppl.** participle. **ppm** *pulse per minute*(1분간 맥박수). **ppm, p.p.m.** *part*(s) *per million*(백만분의…) (또는 **ppm., P.P.M.**). **ppp** (음악) pianississimo; *double pianissimo.* **PPP** (컴퓨터) *point-to-point protocol; polluter pays principle*(오염자 부담 원칙); *Private Patients Plan; purchasing power parity.*
ppr., p.pr. *present participle.* **pps** *pulse per second*(1초당 맥박수). **P.P.S., pps** *parliamentary private secretary*; (라틴) *post postscriptum*(=a second or additional postscript) (재추신(再追伸)).
ppt. *part*(s) *per trillion*; (화학) *precipitate*. **pptn.** *precipitation.* **PPV, P.P.V.** (TV) *pay-per-view* (또는 **ppv, p.p.v.**). **p.q.** *previous question.* **P.Q.** (영) *Parliamentary Question*; (심리) *personality quotient; Province of Quebec.* **Pr** (컴퓨터) *printer; printing*; (화학) praseodymium.
PR [píːɑ́ːr] 명 = public relations. ─ 동 (미구어) (PR 수단을 이용하여) [여론]을 조성하다, 조작하다; (생각 따위)를 선전하다, 홍보하다. (또는 **P.R., p.r., pr**)
PR *payroll; percentile rank;* (속어·경멸적) Puerto Rican; Puerto Rico. **pr.** *pair; paper; power; preference;* (증권) *preferred; present; price; priest; printing; pronoun.* **p.r.** (처방전에서) *per rectum*(직장(直腸)으로부터). **P.R.** *parliamentary report; payroll; pitch ratio;* (라틴) *populus*

Romanus(=Roman people); *press release*: *prize ring*; *proportional representation*; *public relations*; *Puerto Rican*; *Puerto Rico*. **PRA** 《병리》 *plasma renin activity*(혈장 레닌 활성); 《美》 *political-risk assessment*((다국적 기업의) 각국의 정치적 위험성 측정). **P.R.A.** *President of the Royal Academy*.

praam [prɑːm] 명 =pram². 「능성; 실용성.
prac·ti·ca·bil·i·ty [præktikəbíləti] 명 실행 가
*prac·ti·ca·ble [præktikəbl] 형 **1** 실행 가능한. ⇨POSSIBLE 유의어 ¶a ~ scheme 실행 가능한 계획. **2** (…에) 사용할 수 있는, 실용적인 (*for*). ¶a ~ gift 실용적인 선물. **3** (도로·교량 따위가) 통행 가능한. ¶a ~ road 통행이 가능한 도로. **4** (연극) (소도구·세트 따위가) 실제로 쓸 수 있는, 실물의. ~·**ness** 명 -**bly** 부
‡prac·ti·cal [præktikəl] 형 (*more* ~; *most* ~) **1** 실지의, 실제적인, (…에 대해) 현실적인(*about*); 실행상의, 실시상의. ¶~ knowledge 실지에서 얻은[실용적인] 지식 / ~ affairs 실무 / a ~ scheme 실제적인 계획, 실시안 / the ~ difficulties of a scheme 계획 실행상의 어려움. **2** 실용적인, 실제로 유용한, 효과적인. ¶~ English 실용 영어 / a ~ method 실용적인 방법. **3** 실지에 익숙한, 경험이 많은, 노련한; 실무에 밝은; 본업의, 전업(專業)의; 유능한. ¶a ~ priest 경험이 많은 사제(司祭) / a ~ man 실제적인 사람; 실무가 / a ~ wife 전업주부. **4** 실리적인; 실질적인, 사실상의; 《경멸적》 속물차리는. ¶a ~ defeat 사실상의 패배. **5** 분별이 있는, 눈치 빠른; 《경멸적》 상상력이 없는, 무미 건조한. **6** 실행 [사용] 가능한. **7** (연극) =practicable 4.
for (all) practical purposes 실제로는, 거의.
— 명 (구어) **1** 실기 시험; (교과서의) 응용 문제; 실습.
~·**ness** 명 [2 (~s) 실무가.
práctical árt 명 (보통 ~s) (수예·목공 따위) 실용 미술, 공예(工藝). 「학.
práctical astrónomy 명 《천문》 실지(實地) 천문
práctical impérative 명 《칸트 윤리학에서》 실천적 명령. 「실리주의, 실제주의.
prac·ti·cal·ism [præktikəlìzm] 명 ① 실용주의.
prac·ti·cal·i·ty [præktikǽləti] 명 **1** ① 실용[실제] 적임, 실용성[주의]. **2** (종종 -ties) 실용[실제]적인 것.
práctical jóke 명 질이 나쁜 장난, 못된 장난.
play a practical joke on …에게 못된 장난을 치다.
práctical jóker 명 못된 장난꾼.
‡prac·ti·cal·ly [præktikəli] 부 **1** 사실상(은), 실제로는, 실질적으로(는). ¶It is ~ worthless. 그것은 실질적으로는 무가치하다 / He is ~ the manager. 그가 사실상 지배인이다. **2** 실제[실지]로 (사용하여), 실제적으로; 실용적으로 (보아). ¶learn English ~ 영어를 실용적으로 배우다 / Let's look at the problem ~. 그 문제를 실제면에서 보기로 하자. **3** 거의 …나 다름 없이; 조금 보태어 말하면. ¶He is ~ dead. 그는 죽은 거나 마찬가지다. 「실상은; 실제로는.
practically speaking 실제적 견지에서 말하면, 사
práctical núrse 명 《美》 간호 조무사.
práctical réason 명 《칸트 철학에서》 실천 이성.
práctical theólogy 명 실천 신학(설교학·전례학·교회 운영 등 제도화된 종교 활동의 연구).
práctical únit 명 《물리》 실용 단위.
práctical wórk 명 (이론을 보충하는) 실습, 실기.
‡prac·tice [præktis] 명 (*pl.* -*tic·es* [-iz]) **1** (평상시 늘 하는) 일상적 행위[업무]. ¶office ~ 회사의 일상 업무 / a common [or daily] ~ 흔히 있는 일, 항다반사 (恒茶飯事). **2** (a ~, the ~) 습관, 관례, 습관, 관행. 버릇; (보통 ~s) 《경멸적》 풍습. ⇨CUSTOM 유의어 ¶the ~ of shaking hands 악수의 습관 / *follow* the usual [*or* standard, normal] ~ 일반적인 관례를 따르다. **3** ① (반복적·규칙적인) 연습, 실습, 훈련 (*in*). ⇨EXERCISE 유의어 ; 연습 기간; ① 숙련, 수완 (skill), 기량. ¶a ~ match 연습 시합 // ~ *in* music 음악 실습 / *P*- *makes perfect*. 《속담》 배우기보다 익혀라, 연습하면 익혀진다. **4** ① (이론에 대하여) 실행, 실천: 실제, 실지. ¶the ~ of a new theory 새 이론의 실행 / The idea did not work in ~. 그 구상은 실제로는 잘 이루어지지 않았다. **5** ①① 실무; (의사·변호사 등의) 영업, 업무; 영업 상태; 개업[영업] 장소; 《집합적》 환자, 사건 의뢰인. ¶the ~ of a physician 내과 의사의 업무. **6** ① (법률) 소송 절차; ① 그 규정. **7** ① (음모) 음모를 꾸미기(plotting); ① (~s) 《드물게》《경멸적》 음모, 책략, 계략, 부정 수단, 책략적인 수법. ¶artful ~s 교묘한 책략. **8** 《수학》 실산(實算). **9** 《교회》 예배의 실행, 예배; 《종교》 전례, 의식, 예배식.
as a matter of practice 사실상, 대체로.
as is one's usual practice 늘 하던 대로, 관례대로.
beyond one's practice 감당하기 힘든, 힘에 벅찬.
have a large practice (의사·변호사가) 성업중이다.
in practice ① 실제 문제로서; 실제로. ② 연습을 계속하여; 숙련되어. ③ (의사·변호사 등이) 개업하여.
make a practice of doing; *make it a practice to do* 언제나[늘] …하다, …하는 것이 습관이다.
out of practice 연습 부족으로, 서툴러. 「하다.
put [*or* *bring*]…*in* [*or into*] *practice* …을 실행
set up a [*or enter, go into*] *practice* 개업하다, 영업을 시작하다.
—— 동 (-*tic·es* [-iz]; ~d [-t]; -*tic·ing*) (*《英》 -tise*) 타 **1** …을 늘[습관적으로] 행하다; …을 (관례에 따라) 행하다. ¶~ early rising 늘 일찍 일어나다 / ~ economy 절약하다. **2** [이론 따위]를 실천하다, 실행(實施) 하다: [마술 따위]를 하다. ¶~ doing good 선행을 하다 / ~ moderation [one's religion] 절제[종교 교리]를 실천하다. **3** (의사·변호사 등)이 개업 하다, 영업하다. ¶~ medicine [law] 의료[변호사]업을 개업하고 있다. **4** …을 연습하다, 실습하다. ¶~ the guitar 기타를 연습하다 // (~+-*ing*) ~ *playing* baseball regularly 규칙적으로 야구를 연습하다. **5** (사람·동물)에게 (…을) 훈련하다, 길들이다 (*in*). **6** (남에게) 〔잔학 행위 따위〕를 하다 (*on*, *upon*). —— 자 **1** 늘 행하다, 습관적으로 하다. **2** (…을) 되풀어 연습하다, 익히다 (*away*, *up*) (*on*, *at*, *with*). ¶(~+[閘]+[名]) ~ *at* [*or on*] *the* piano 피아노를 연습하다 / ~ *with the* rifle 사격 연습을 하다. **3** (의사·변호사 등)이 개업하다, 영업하다. ¶(~+[閘]+[名]) ~ *at the* bar 변호사 개업을 하다. **4** (고어) (…을) 속이다, 사기하다; (약점 따위)를 이용하다 (*on*, *upon*).
practice on [*or upon*] *a person's weakness* 남의 약점을 이용하다.
practice what one preaches 남에게 설교하는 바를 스스로 실천하며, 언행을 일치시키다.
-*tic·er*, 《英》 -*tis·er* 명
prac·ticed [præktist] 형 **1** 경험이 있는, 숙련(숙달)한, 능란한, 잘하는 (*at*, *in*); 경험[연습]으로 얻은[터득한]. ¶be ~ *in* …에 베테랑이다. **2** 《경멸적》 부자연스러운, 꾸민 티가 나는.
práctice shíp 명 연습선, 훈련선.
prac·tice-teach [-tìːtʃ] 자 《美》 교생 실습하다.
práctice téacher 명 교육 실습생, 교생(敎生).
práctice téaching 명 교생 실습.
prac·ti·cian [præktíʃən] 명 **1** 경험자, 숙련자; 실무자. **2** =practitioner 1.
prac·tic·ing [præktisiŋ] 형 **1** 개업중인[하고 있는]; (전문적에) 현역으로 활동하는. ¶a ~ physician 개업의(醫). **2** (특정 종교·사상 따위)를 실천[추종]하는. (또는 《英》 *practising*)
prac·ti·cum [præktikəm] 명 ⓒ 실용 강좌.
*prac·tise [præktis] 동 《英》 =practice.
*prac·ti·tion·er [præktíʃənər] 명 **1** 개업자, 전문가; 개업의(醫), 변호사. ¶a medical ~ 개업의. **2** 《종교》 의 가르침 따위)를 실천하는 사람. **3** 《경멸적》 연예인.

prac·to·lol [præktəlɔːl] 圀 〔약학〕 프라프롤롤(항아드
prad [præd] 圀 〔濠구어〕 말(horse). 〔레날린제〕.
prae- [priː] 접두 ☞ PRE-.
prae·ci·pe [príːsəpì, prés-] 圀 〔법률〕(법원에 제출하는) 영장 신청서; 소송 개시 영장. 〔<L〕
prae·di·al [príːdiəl] 圀 1 토지[농지]의; 부동산의. 2 토지 점유에 따르는, 부동산 소유로 발생하는. 3 (농노(農奴)동) 토지에 예속된. ¶a ~ serf 농노. (또는 **predial**)
praedial servitude 圀〔법률〕지역권(地役權).
prae·fect [príːfekt] 圀 =prefect.
prae·mu·ni·re [prìːmjunáiəri] 圀〔영법〕교황 존신죄(尊信罪), 국왕 경시죄(로마 교황을 영국왕보다 우월하다고 주장하는 죄); (그에 대한) 영장; 징벌.
prae·no·men [priːnóumən/-men] 圀 (pl. **-nom·i·na** [-námənə/-nóm-], **~s**) (고대 로마 시민의) 첫 번째 이름(예를 들면 Gaius Julius Caesar의 Gaius). 圀 agnomen, cognomen, nomen (또는 **prenomen**)
prae·pos·tor [priːpástər/-pɔ́s-] 圀 (英) (public school의) 감독 학생, 반장. (또는 **prepostor**)
Prae·se·pe [prisíːpi] 圀 〔천문〕 프레세페(게자리에 있는 미광성(微光星))으로 이루어진 산개성단(散開星團)).
prae·sid·i·um [prisídiəm] 圀 =presidium.
prae·tor [príːtər] 圀 (원래는 고대 로마의) 집정관(consul); (후에는 consul 다음의) 최고 행정관. (또는 **pretor**) **prae·to·ri·al** 圀
prae·to·ri·an [priːtɔ́ːriən] 圀 1 (고대 로마의) 집정관(praetor)의. 2 (종종 P-) (로마 황제의) 근위병의.
━ 圀 1 =praetor. 2 (종종 P-) (로마 황제의) 근위병. (또는 **pretorian**) 圀의 장군, 친위대.
Praetórian Guárd 圀 (the ~) 〔로마사〕 (황제의 근위대.
prag [præg] 圀 〔구어〕 =pragmatist.
prag·mat·ic [prægmǽtik] 圀 1 (…에 대해) 실제적인, 실용[실무, 사무, 현실]적인 (about). ¶a ~ method 실용적 방법. 2 〔철학〕 실용주의의, 프래그머티즘의. ¶~ lines of thought 실용주의적 사고 방식. 3 〔역사〕 국사의, 내정의. 4 〔드물게·고어〕 바쁜; 활동적인; 주제넘게 잘 나서는, 간섭[참견] 잘하는; 독단적인, 자부심이 강한. 5 〔언어〕 어용론(語用論)의. ¶圀 1 =~ sanction. 2 참견 잘하는 사람; 독단적인 사람.
prag·mat·i·cal [prægmǽtikəl] 圀 =pragmatic. **~·cál·i·ty** 圀 **~·ly** 囜 **~·ness** 圀
prag·mat·i·cism [prægmǽtəsìzm] 圀Ⓤ 실제 용, 실무성; 〔철학〕 실용주의 철학. **-cist** 圀
prag·mat·ics [prægmǽtiks] 圀 (단수취급) 1 실용, 실제적 고려. 2 〔언어〕 어용론(語用論)(언어·기호 따위를 사용자 입장에서 연구하는 것).
pragmátic sánction 圀 (국가의 기본법이 되는) 국왕의 조칙(詔勅), 국사 칙령(國事勅令). 〔실용설.〕
pragmátic théory 圀 〔철학〕 실용(실리)주의 이론.
prag·ma·tism [prǽgmətìzm] 圀Ⓤ 1 실용적인 생각[방법], 실용주의. 2 〔철학〕 실용주의, 프래그머티즘. 3 쓸데없는 참견, 간섭주의. 4 독단, 자만, 독선.
prag·ma·tist [prǽgmətist] 圀 실용[실익]주의자, 실무가. ━ 圀 실용주의(자)의.
prag·ma·tis·tic [prægmətístik] 圀 실용주의의.
prag·ma·tize [prǽgmətàiz] (* (英) **-tise**) 타 …을 현실화하다; (신화 따위)를 합리적으로 다루다.
***Prague** [prɑːg] 圀 프라하(체코의 수도; 체코어명 Praha [práːhɑː]).
Prágue Spríng 圀 (the ~) 프라하의 봄(1968년 체코슬로바키아의 자유화 운동; 옛 소련군 침공으로 좌절).
*‡**prai·rie** [préəri] 圀 (종종 ~s) (미국 Mississippi 강에서 Rocky 산맥까지의) 대초원 (일반적으로) 초원 지대; (속의 열악한 골프 코스. **-like** 圀
práirie bréaker 圀 긴 보습이 달린 쟁기.
práirie chìcken [hèn] 圀 초원 뇌조(북미산(産)).
práirie dòg[mármot] 圀 프레리 도그(개 비슷한 울음 소리를 내는 북미 대초원 산(産) marmot의 일종).

práirie fàlcon 圀 〔조류〕 (북미산(産)) 초원매.
práirie mádness 圀 고독 신경증.
práirie òyster 圀 생계란; (특히) 날계란의 노른자에 소금, 후추, 식초 등을 친 것(숙취 해소용); 송아지 불알(식용).
Práirie Próvinces 圀 (the ~) 캐나다 서부의 Manitoba, Saskatchewan, Alberta 등 3개 주의 통칭; 곡창·유전 지대.
práirie róse 圀 〔식물〕 (북미 원산의) 붉은 덩굴장미.
práirie schòoner[wàgon] 圀 (미국 서부 개척 시대의) 대형 포장 마차.
Práirie Státe 圀 (the ~) 미국 Illinois 주(州)의 별칭.
práirie wòlf =coyote.

(prairie schooner)

‡**praise** [preiz] 圀 (복~·es [-iz]) 1 ⓊⒸ (…에 대한) 칭찬의 말 (for); (…을) 칭찬하기, 칭찬 받기 (of). ¶have ~ from a person 남에게서 칭찬받다 / speak words of ~ 찬사를 보내다 / His work deserves ~. 그의 작품은 칭찬할 만하다. 2 Ⓤ (신을) 찬미하기 (of); (신에 대한) 찬미, 찬가; 숭배 (to). ¶P- be to God! 신을 찬양[찬미]하라!(* 감사의 표현) 3 〔고어〕 칭찬할 만한 사람[이유, 장점].
be loud [or warm] in a person's **praise** 남을 극구 칭찬하다. 〔말이 모자라다.〕
beyond all praise 이루 다 칭찬할 수 없는, 칭찬한
damn with faint praise 마지못해 칭찬하는 체하다.
in praise of …을 칭찬하여.
sing one's **own praise** (종종 경멸적) 자화자찬하
sing [or **chant**] **the praise(s) of; sing** [or **chant**] a person's **praise(s)** 남을 칭송하다[찬양하다].
win [or **receive**] a person's **praise for** …으로 칭찬받다.
━ 圀타 (**prais·es** [-iz]; **~d; prais·ing**) 1 …을 (…로서/…에 대해/…에게) 칭찬하다(up) (as/for/to). ¶~ a boy 소년을 칭찬하다 / ~ a work of art 예술 작품을 칭찬하다 // (~+圀+前+圀) ~ a person for his honesty 그의 정직함을 칭찬하다. 2 〔신〕을 찬미하다, 찬양[찬송]하다.
God be praised! 신을 찬미하라!; 고마우셔라!
praise a person **to the skies** 남을 극구 치켜세우다.
práis·a·ble, -·less 圀 **~·ly** 囜 **~·ness** 圀
praise·ful [préizfəl] 圀 〔해시〕 찬사로 가득 찬, 절찬하는.
prais·er [préizər] 圀 칭찬[찬양]하는 사람; 〔美속어〕 광고[선전] 담당자.
praise·wor·thy [préizwə̀ːrði] 圀 칭찬할 만한, 칭찬할 가치가 있는, 갸륵한. **-thi·ly** 囜 **-thi·ness** 圀
praj·na [prʌ́dʒnjɑː, -nɑː] 圀 〔불교·힌두교〕 지혜, 반야(般若)Enlightenment. 〔<Sk〕
Pra·krit [prɑ́ːkrit] 圀 프라크리트어(語)(Sanskrit 이외에 고대와 중세의 인도에서 사용된 언어).
pra·line [prɑ́ːliːn, préi-, prɑːlíːn] 圀 프랄린(아몬드·호두 따위를 설탕에 조린 과자).
pram¹ [præm] 圀 〔英구어〕 유모차(〔美〕 baby carriage[buggy]); (우유 배달용) 손수레(handcart).
out of one's **pram** 〔英속어〕 (신경질을 내기 때문에) 감당할 수 없는, 미칠 것 같은.
pram² [prɑːm] 圀 〔해사〕 1 (네덜란드·독일의 항구에서 쓰이는) 거룻배. 2 (노르웨이의) 평저선(平底船).
prám pàrk [prǽm-] 圀 〔英〕 유모차 보관소.
***prance** [præns, prɑːns] 圀재 1 (말이) 껑충거리다, 날뛰다 (about, around), 껑충거리며 뛰어다니다[가다](along). 2 (사람이) 뛰어다니는 말에 타다, 신나게 말을 타고 돌아다니다. 3 의 기양양하게 걸어가다, 거드럭거리며 걷다; 껑충거리며 뛰다, 뛰어다니다 (about, around). ━ 타 (말)을 뒷발질로 껑충껑충 뛰게 하다.
━ 圀 (a ~) (말의) 도약; (사람의) 거드름을 피우는 걸음

걸이, 뛰어 돌아다님.
pránc·er 명 날뛰는 사람[말]; (속어) 기마 사관(士官).
pránc·ing·ly 甲 날뛰듯이; 의기양양하게. [～**·ly** 甲]
pran·di·al [prǽndiəl] 형 식사의, 정찬(正餐)의.
prang [præŋ] (英속어) 타 1 …을 폭파하다, 폭격하다. 2 …을 격추하다, 추락시키다. 3 …에 충돌하다, 부딪치다. — 명 1 폭격[격추]하다; 불시착하다 (사고). 3 폭격; 격추, 추락.
***prank¹** [præŋk] 명 1 (악의 없는) 장난, 농담; (드물게) 못된 장난. 2 (익살) (기계 따위의) 고장, 이상.
play pranks on [or *upon*] *a person* 남에게 장난치다, 놀리다. ～**·ful**, ～**·some** 형
prank² 타 …을 치장하다, 차려 입히다(*out, up*). — 자 치장하다, 차려 입다.
prank·ish [prǽŋkiʃ] 형 장난의; 장난을 좋아하는. 장난치고 싶어하는. ～**·ly** 甲 ～**·ness** 명
prank·ster [prǽŋkstər] 명 장난치는[까불어대는] 사람. ～**·ism** 명 악의의 큰 농담[장난].
pra·sa·dam [prəsáːdəm] 명 (힌두교) 프라사담(신 또는 성자에게 바치는 음식).
prase [preiz] 명 녹석영(綠石英).
pra·se·o·dym·i·um [prèiziou dímiəm, prèisi-] 명 ⓤ (화학) 프라세오디뮴(희토류 원소의 하나; 기호 Pr).
prat [præt] 명 1 (美속어) 엉덩이(buttocks); (英속어) 여자의 음부. 2 (英속어) 바보, 명청이. — 타 …을 엉덩이로 밀다; 미행하다. (또는 **pratt**)
prát digger 명 (美속어) 소매치기.
prate [preit] 자 (…을) 재잘재잘 지껄이다, 재잘거리다, 지껄여대다(*on*) (*about*). — 명 ⓤ 수다, 지껄이기; 실없는 이야기, 잡담. **prát·er** 명 수다쟁이.
prat·fall [prǽtfɔ̀ːl] 명 1 (희극 따위에서) 엉덩방아 (쫑기). ¶*take a* ～ 엉덩방아를 찧다. 2 (굴욕적인) 실수, 실패. 3 (美속어) 위험, 함정. — 자 엉덩방아를 찧다.
pra·tie [préiti] 명 (英·아일 구어) =potato.
prat·in·cole [prǽtiŋkòul, prǽtn-] 명 제비도요.
prat·ing [préitiŋ] 명 수다; 욕. — 형 잘 떠드는, 재잘재잘 지껄이는. ～**·ly** 甲
pra·tique [prætíːk, prǽtik] 명 (海事) (검역(檢疫) 통과 선박에 주는) 입항 허가증, 검역 필증.
prát kick 명 (美속어) 바지 뒷주머니.
prat·tle [prǽtl] 자 (…을) 어린애처럼 말하다, 떠듬더듬 말하다; (…을) 재잘재잘 지껄이다(*on, away*) (*about*). — 명ⓤⓒ 떠듬거림; 수다; (물 따위의) 졸졸거리는 소리. **-tler** 명 혀짤배기 소리를 하는 사람[아이]; 수다쟁이. **-tling·ly** 甲 혀짤배기 소리로; 재잘거려.
Prav·da [práːvdə] 명 프라우다(옛 소련 공산당 기관지; 1991년 민간 신문으로 변신). (Russ truth)
prav·i·ty [prǽvəti] 명ⓤ (고어) 타락; 부정; (英) (음식물 따위의) 부패.
prawn [prɔːn] 명 참새우(떼)(lobster보다 작고 shrimp보다 큰 새우). — 자 (이례) 하다.
come the raw prawn (濠속어) (남을 사기치려는) — 명재 새우를 잡다. ～**·er** 명
práwn cócktail 명 새우 칵테일.
prax·e·ol·o·gy [præ̀ksiálədʒi, -ɔ́l-] 명 인간 행동학. (또는 **praxiology**) **-o·lóg·i·cal** 형
prax·is [prǽksis] 명 (복 ～**·es**, **prax·es** [-siːz]) 1 실습, 연습; (이론에 대해) 실제; (지식·기능의) 응용, 실천. 2 습관, 관례. 3 (문법) 연습 문제(집).
‡**pray** [prei] 타 (～**s** [-z]) 타 1 (신)에게 (…을/…해 달라고) 기원하다, 빌다 (*for / to do*); (남)에게 간청하다, 탄원하다. ¶ (～＋图＋前＋名) *We* ～*ed God for help*. 신의 도움을 기원했다. // (～＋图＋*to do*) *She* ～*ed me to help her*. 그녀는 나에게 도와달라고 간청했다. // (～＋图＋*that* 節) *He* ～*ed God that he might win*. 그는 이기게 해달라고 신에게 빌었다. 2 …을 간절

히 바라다, 희구(希求)하다. ¶*We* ～ *your attention*. 주의해 주시기 바랍니다 // (～＋*that* 節) *He* ～*s that he may do it*. 그는 그것을 할 수 있게 되기를 바라고 있다. 3 (동족목적어와 함께) (기도)를 드리다. ¶ ～ *prayers three times a day* 하루에 세번 기도한다. 4 간청(기원)하여 …시키다(하게 하다)(*to, into*). ¶ (～＋图＋前＋名) *We* ～*ed him into action*. 우리는 그에게 간청해서 궐기하도록 했다. 5 (명령·의문문에서; 부사적) (I pray you의 생략) 제발, 부디, 바라건대(please). ¶ *P- come with me*. 제발 나와 함께 가시시오 / *Tell me the reason*, ～! 제발 이유를 말해주십시오! — 자 (신에게) 빌다, 기원하다 (*to*); (…을) 희구하다, 간청하다 (*for*). ¶*He never* ～*ed*. 그는 절대 빌지 않았다 // (～＋前＋名) ～ *to God for help* 신에게 구원을 빌다.
be past praying for (사람·사물·일이) 회복될[개심할] 가망이 없다.
Pray don't mention it. 원 천만에요, 그런 말씀 마세요.
pray down …을 기도하여 패배시키다.
pray (in) aid of (고어) …의 도움[원조]를 간청하다.
pray the [or *on a*] *rosary* 염주를 굴리며 기도하다. ～**·ing·ly** 甲
‡**prayer¹** [prɛər] 명 (복 ～**s** [-z]) 1 ⓤ (…을 구하는/…에게 매한) 빌기, 기원, 기도, 기구 (*for / to*). ¶*a house of* ～ 예배당, 교회 / *kneel down in* ～ 무릎을 꿇고 기도하다. 2 (종종 ～**s**) 기도문, 기원의 말; 소원. ¶*Lord's P-* 주기도문 / *the Book of Common P-* (영국 교회의) 기도서 / *the morning [evening]* ～ 아침[저녁] 기도 // ～ *for rain* 비를 바라는 기도 / *a* ～ *to Buddha* 염불 / *offer* ～ *to God for victory* 신에게 승리를 기원하다. 3 (종종 ～**s**) 기도식. 4 ⓤ (…을 구하는) 탄원, 청원 (*for*); (신 등에 대한) 소원 (*to*); (법률) 청구 취지 진술 [조항]. 5 ⓤⓒ (신과의) 영적 교감. 6 (*a* ～) (美구어) (부정된) 실낱같은 희망(가능성). ¶*We don't have a* ～ *of winning*. 우리는 이길 가망이 없다.
be at one's prayers 기도를 하고 있다.
say [or *give*] *one's prayers* 기도하다.
pray·er² [préiər] 명 비는 사람; 탄원자, 청원자.
práyer beads [prɛ́ər-] 명복 염주(rosary).
práyer bònes [prɛ́ər-] 명 무릎(knees).
práyer bòok [prɛ́ər-] 명 1 기도서. 2 (the P- B-) =Book of Common Prayer.
práyer brèakfast [prɛ́ər-] 명 조찬(朝餐) 기도회.
prayer·ful [prɛ́ərfəl] 형 자주[늘] 기도하는, 신앙심이 깊은. ～**·ly** 甲 ～**·ness** 명
prayer·less [prɛ́ərlis] 형 신앙심이 없는; 기도를 생략한. ～**·ly** 甲 ～**·ness** 명
práyer mèeting [sèrvice] [prɛ́ər-] 명 (회교도의) 예배용.
Práyer of Manásses [prɛ́ər-] 명 (the ～) 마나세의 기도(구약 성서 외전(外典)의 한 편).
práyer rùg [màt] [prɛ́ər-] 명 (회교도의) 예배용 깔개.
práyer whèel [prɛ́ər-] 명 (티베트의 라마교도가 사용하는 원통형의) 경통(經筒).
pray-in [-ìn] 명 (美) 기도를 하면서 항의하는 집회.
práy·ing mántis [préiiŋ-] 명 (곤충) 사마귀, 버마재비(mantis).
práy TV 명 (美) (유선 방송의) 종교[전도] 프로.
P.R.B. Pre-Raphaelite Brotherhood. **PRC** People's Republic of China; (美) Postal Rate Commission. **PRCS** *personal radio communication service* (개인 무선 통신 서비스).
pre [pri] 명 (구어) =prerequisite.
pre- [pri(ː)] 접두 before, beforehand, prior to, in advance of, in front of의 뜻(* 동사·명사·형용사에 붙인다). ¶*prewar, precaution, prepare, preschool*.
‡**preach** [priːtʃ] 타 (～**·es** [-iz], ～**ed** [-t]) 타 1 (…에게) 설교를 하다; 전도하다; 설교하다 (*to*). ¶ ～ *the gospel* 복음을 전도하다 // (～＋图＋前＋名) *He* ～*ed us a sermon*. =*He* ～*ed a*

preacher

sermon *to* us. 그는 우리들에게 설교를 했다. **2** […의 필요성을 (…에게) 설명[설득, 권면]하다, 창도(唱道)하다; (…에게) …을 충고하다 (*to*, *at*). ¶ ~ *economy* 절약을 권면하다 // (~+뭄+젼+囹) He ~*es abstinence to me*. 그는 나에게 금주를 권유하다. **3** (남)에게 설교[설득]하여 …하게 하다. ¶ (~+뭄+젼+囹) I ~*ed him out of debt*. 나는 그를 설득해서 빚을 지지 않도록 했다. ― 困 **1** (…에게/…에 관해) 전도하다, 설교하다 (*to/on*, *about*). ¶ (~+젼+囹) ~ *to heathens* 이교도에게 전도하다 / ~ *on the Twelve Apostles* 12사도에 관하여 설교하다. **2** (…에게)…하지 않도록/…에 대해) 설득하다, 훈계하다, 설교 하다 (*to*, *at/against/about*).
preach against …에 반대하는 설교를 하다; …을 타이르다. 「을 설복하다.
preach down ① …을 비난하다[깎아내리다]. ② …
preach to deaf ears 우이독경(牛耳讀經)이다.
preach up …을 칭찬하다, 추어 올리다(praise).
― 囹 (獉 ~*es* [-iz]) (구어) 설교, 설법, 법화(法話); (美구어) 설교조의 말; 그 저서.
*****preach·er** [príːtʃər] 囹 **1** 설교사, 전도자; 목사. **2** 훈계하는 사람, 설교하는 사람; 창도[주장]자. **3** (the P-) (성서) 전도서(Ecclesiastes); 그 저자.
preach·i·fy [príːtʃəfài] 囹困 (구어)(경멸적) 장황하게[지루하게] 설교하다. **-fi·cá·tion** 囹 ~**·ing** 囹
*****preach·ing** [príːtʃiŋ] 囹囗囗 **1** 설교[설법]하기; 전도; 훈계; 설교법[술]. **2** 설교; 설교가 있는 예배. ― 囹 설교(조)의. ~**·ly** 囹
preach·ment [príːtʃmənt] 囹囗囗 (경멸적) **1** 설교; 설득, 설유. **2** (지루하고 긴) 설교, 강론.
preach·y [príːtʃi] 囹 (구어)(경멸적) 설교하기 좋아하는; 설교 같은. **préach·i·ly** 囹 **préach·i·ness** 囹
pre·ac·quaint [prìːəkwéint] 囹 …에 미리 알리다, 예고하다.
pre·Ad·am·ic [ˌ-ədǽmik] 囹 =pre-Adamite
pre-Ad·am·ite [-ǽdəmàit] 囹 아담(Adam) 이전의 사람; 아담 이전에도 인류는 생존해 있었다고 주장하는 사람. ― 囹 아담 이전의[에 생존한].
pre·ad·ap·ta·tion [prìːædəptéiʃən] 囹 (생물) 전(前)적응; 미리 적응하기.
pre·ad·dict [prìːədíkt] 囹 (美) 마약 상습[상용] 경험자(잠재적 마약 중독자로 간주됨). 「조정.
pre·ad·just·ment [prìːədʒʌ́stmənt] 囹囗囗 사전
pre·ad·mis·sion [prìːədmíʃən/-əd-] 囹 (왕복 운동 기관에서) 조기 진입. 「…에게 미리 훈계하다.
pre·ad·mon·ish [prìːædmɑ́niʃ/-əd-] 囹
pre·ad·mo·ni·tion [prìːædməníʃən] 囹囗囗 미리 경고[훈계]하기, 사전 충고[훈계].
pre·ad·o·les·cence [prìːædəlésns] 囹囗 전(前)사춘기(사춘기 이전의 대략 9-12세).
pre·ad·o·les·cent [prìːædəlésnt] 囹 전(前)사춘기의, 사춘기 이전의.
pre·a·dult [prìːədʌ́lt] 囹 성인기(成人期) 이전의, 미성년기의. ~**·hood** 囹 「이전의.
pre·ag·ri·cul·tur·al [prìːægrikʌ́ltʃərəl] 囹 농경
pre·al·lot·ment [prìːəlɑ́tmənt] 囹 미리 할당된 것[몫]; 운명, 천명(天命).
pre·al·tar [prìːɔ́ːltər] 囹 제단 앞의.
pre·am·ble [príːæmbl/ˌ-ˊ-] 囹 **1** (이야기·저술 따위의) 서론, 머리말, 서문, 서언(序言). ⇒ PREFACE 유의어 **2** (조약·법령 따위의) 전문(前文). ― 囹困 서론을 말하다; 서문을 달다. **-bled** 囹
pre·am·bu·lar [prìːǽmbjulər] 囹 서론[서문]의.
pre·amp [príːæmp] 囹 (구어) =preamplifier.
pre·am·pli·fi·er [príːǽmpləfàiər] 囹 (전기) 프리앰프, 전치(前置) 증폭기.
pre·an·es·thet·ic [prìːænəsθétik] 囹 (전신 마취 전에 행하는) 전(前)마취약. ― 囹 전마취의, 마취 전의.

precatory

pre·an·nounce [prìːənáuns] 囹囹 …을 예고[예지]하다. ~**·ment** 囹
pre·ap·point [prìːəpɔ́int] 囹囹 …을 미리[사전에] 임명하다. ~**·ment** 囹囗囗 임명의 예정, 사전 임명.
pre·ar·range [prìːəréindʒ] 囹囹 …을 미리 준비하다, 예정하다, 사전에 조정[협의]하다.
pre·ar·range·ment [prìːəréindʒmənt] 囹囗囗 사전 협의[조정], 예정; 사망 전 장례 비용 월부 납입.
pre·as·sign [prìːəsáin] 囹囹 미리 …을 할당하다.
pre·at·mos·pher·ic [prìːætməsférik] 囹 (천문) (천문 현상 등이) 대기(大氣) 형성 이전의.
pre·a·tom·ic [prìːətɑ́mik/-tɔ́m-] 囹 원자 폭탄 출현 이전의; 핵시대 이전의.
pre·au·di·ence [prìːɔ́ːdiəns] 囹囗 (英법률) (공판정에서의) 우선 발언[변론]권. 「(또는 **pre-áudit**)
pre·au·dit [prìːɔ́ːdit] 囹 (회계) 사전[결산전] 감사.
pre·ax·i·al [prìːǽksiəl] 囹 (해부) 체측(體軸) 전의, 전축(前軸)의. postaxial ~**·ly** 囹
preb. prebend(ary).
preb·end [prébənd] 囹囗囗 (英) **1** 성당 참사 회원의 봉급, 성직록(聖職祿). **2** 성직록[봉급]의 원천이 되는 토지. **3** =prebendary.
pre·ben·dal [pribéndl, -prébən-] 囹 **1** 성당 참사 회원 성직록(聖職祿)의, 성직록의. **2** 성직록이 생기는 토지의. **3** prebendary의. 「사회원 봉급.
prebendal stáll 囹 성당 참사회원의 자리; 성당 참
preb·en·dar·y [prébəndèri/-dəri] 囹 **1** prebend를 받는 성직자. **2** (영국 국교회) 명예 성직자. ~**·ship** 囹
pre·bind [prìːbáind] 囹囹 (도서관의 대출용 등으로) (책)을 견고하게 제본하다.
pre·bi·o·log·i·cal [prìːbaiəlɑ́dʒikəl/-lɔ́dʒ-] 囹 생물사(史)이전의, 생물 발생 이전의.
pre·bi·ot·ic [prìːbaiɑ́tik/-ɔ́t-] 囹 =prebiological.
prebiótic sóup 囹 =primordial soup. 「(의).
pre·birth [prìːbə́ːrθ] 囹 출산 전(모든 6개월) 기간
pre·board [prìːbɔ́ːrd] 囹 (시간 전에 또는 다른 사람보다) 먼저 태우다[타다].
pre·born [prìːbɔ́ːrn] 囹 태아(의).
pre·but·tal [pribʌ́tl] 囹 (美구어) 선제(先制) 반론. (<*pre*+*rebuttal*)
prec. preceded; preceding.
pre·cal·cu·la·ble [prìːkǽlkjuləbl] 囹 미리 산정 [계산]할 수 있는. 「[산정]계산]하다.
pre·cal·cu·late [prìːkǽlkjulèit] 囹囹 …을 미리
Pre·cam·bri·an [prìːkǽmbriən] 囹 (지질) 선(先) 캄브리아대(代)의. ― 囹 (the ~) 선(先)캄브리아대(代). (또는 **Pre-Cambrian**)
pre·can·cel [prìːkǽnsəl] (우편) 囹囹 (**-*l-***, (英) **-*ll-***) (우편물에 붙이기 전에) 미리 (우표)에 소인을 찍다. ― 囹 미리 소인이 찍힌 우표. 「(癌) 상태.
pre·can·cer·o·sis [prìːkænsərəsis] 囹 전암(前
pre·can·cer·ous [prìːkǽnsərəs] 囹 전암 증상의.
pre·car·cin·o·gen [prìːkɑ́rsinədʒən] 囹 (의학) 발암(性) 물질 전구체(前驅體).
*****pre·car·i·ous** [prikɛ́əriəs] 囹 **1** 불안정한, 믿을 수 없는, 사정 나름의, 운에 따르는. ¶ *make a* ~ *living* 불안정한 하루살이 생활을 하다. **2** 위태로운, 위험한. ¶ *a* ~ *foothold* 위태로운 발판. **3** (의견·결론 따위가) 근거가 박약한, 추리적인, 확정하지 못한. ⇒ UNCERTAIN 유의어 ¶ *a* ~ *theory* 엉뚱한 이론. **4** (고어) 남에게 의지할 수밖에 없는, 남의 의사 여하에 달린.
~**·ly** 囹 ~**·ness** 囹
pre·cast [prìːkǽst/-kɑ́ːst] 囹囹 (콘크리트 블록·슬라브)를 미리 성형하다[만들다]. ― 囹 (콘크리트가 미리 (조립식 자재로) 성형된, 조립식 자재의.
precást cóncrete 囹 조립용 콘크리트 부재(部材).
prec·a·tive [prékətiv] 囹 =precatory.
prec·a·to·ry [prékətɔ̀ːri/-təri] 囹 간청의, 탄원의,

precatory trust

간청을 나타내는; [문법] 간청의; [법률] (유언 따위가) 탄원적인. 「신탁(信託).
précatory trúst 명 [법률] 유탁(遺託)(간원적 유언
précatory wórds 명복 [법률] (유언 중의) 간원적 (懇願的) 문언(文言).
‡**pre·cau·tion** [prikɔ́ːʃən] 명 1 (…에 대한 /…할) 예방 조치[수단], 예방책, 사전 대책 (*against / to do*). ¶a ~ *against* accidents 사고 방지책 // take proper ~ *to* prevent railroad accidents 철도 사고 방지를 위한 적절한 수단을 강구하다. 2 [UC] 조심, 경계. 3 [구어] (~s) 피임 조치[기구 사용].
by way of precaution 확실히 하기 위하여, 만약을
take precautions against …에 조심[을 경계하 다, …의 대비책을 강구한다.
── 타 (남을) 조심시키다; 사전[미리] 경고를 주다.
pre·cau·tion·ar·y [prikɔ́ːʃənèri/-ʃənəri] 형 예방 의, 경계의; 경고의. ¶take ~ measures 예방 조치를 취하다. (또는 **precautional**)
pre·cau·tious [prikɔ́ːʃəs] 형 조심하는, 주의 깊은, 신중한. ¶a ~ reply 신중한 대답.
pre·ced·a·ble [prisíːdəbl] 형 선행할 수 있는, 선행시킬 수 있는, 앞설 수 있는.
‡**pre·cede** [prisíːd] (~*s* [-z]; *-ced·ed*; *-ced·ing*) 타 1 (…의 점에서) (위치적으로) …에 선행(先行)하다, …의 앞을 가다; (시간적으로) …에 앞서가다[오다, 있다] (*in*). ¶The thunder ~*d* a heavy rain. 큰 비에 앞서서 천둥이 울렸다. 2 (순서·지위·중요도 따위가) …의 점에서) …의 윗자리를 점하다, 우선하다, …보다 중요하다 (*in*). ¶Such duties ~ all others. 그러한 임무는 다른 모든 것에 우선한다. 3 …의 앞에 (…을) 두다[놓다], …을(…으로) 시작하다 (*with*, *by*). ¶(~+图+前+名) They ~*d* the measure *by* milder ones. 그들은 그 방법을 취하기 전에 더 온건한 것을 앞세웠다. ── 자 1 앞서다, 앞장을 서다, 선행하다. 2 우선하다; 상위[우위]를 점하다. 3 [신문] (최신 뉴스를 싣기 위해 지면을 보류하는) 머리 기사.
prec·e·dence [présədəns, prisíːdns] 명 [U] 1 (위치적으로) 앞섬, 앞에 있음; (시간적으로) 앞서기, 2 (순서·중요성 등에서) (…보다) 선행, 상위, 우위, 우선 (*over*, *of*). 3 (의식 따위에서) 상석; 우선권; (외교 의례시의) 서열.
give a person *the precedence; give precedence to* a person 남에게 상석을 주다; 남의 우위를 인정하다.
in order of precedence 순차적으로, 석차에 따라.
personal precedence 가문의 서열.
take [or *have*] *precedence over* [or *of*] …의 상위[우위]에 서다, …에 우선하다.
the order of precedence 석차(席次).
prec·e·den·cy [présədənsi, prisíːdn-] 명 = precedence.
***pre·ce·dent** 형 [prisíːdnt, présədənt] 앞(서)의 (*preceding*), 이전의; 선행하는, 앞선. ¶ ~ 조건.
condition precedent [법률] (권리 이양 전의) 정지
── 명 [présədənt] [UC] 1 (…에 대한) 선례, 전례; (지금까지의) 관례 (*for*). ¶according to ~ 선례에 따라서 // follow [break] a ~ 선례를 따르다[깨다] / There is no ~ *for* it. 그것에 대한 전례가 없다. 2 [법률] 판례(判例).
make a precedent of …을 선례로 하다.
set [or *establish*, *create*] *a precedent for* … 에 선례를 만들다.
without precedent 선례 없는[없이].
── [명]타 [présədənt, -dənt] (보통 수동형으로) …의 선례가 되다; 선례에 의해 정당화[지지]하다.
préc·e·dent·less 形 **pre·cé·dent·ly** 부
prec·e·dent·ed [présədèntid, -dənt-] 형 선례 가 있는.

prec·e·den·tial [prèsədénʃəl] 형 선례가 되는, 선례가 있는.
*__**pre·ced·ing** [prisíːdiŋ] 형 (the ~) (시간·장소적으로) (바로) 전(前)의, 앞(서)의, 이전의; 전술(前述)의. ⇨PREVIOUS [유의어] ¶the ~ page 앞 페이지.
pre·cen·sor [priːsénsər] 명타 (출판물·영화 따위)를 사전 검열하다. **~·ship** 명 [U] 사전 검열.
pre·cent [prisént] 자 (성가 따위) 를 선창하다, …의 선창자를 맡다. ── 자 선창을 하다, 선창자가 되다.
pre·cen·tor [priséntər] 명 (성가대·회중의) 선창자; 주창자, **prè·cen·tó·ri·al** 형 **~·ship** 명 [U] (성가 대의) 선창자의 역할.
*__**pre·cept** [príːsept] 명 1 [UC] (도덕적인) 가르침, 교훈; 훈계, 계율; (행동·사고 방식 따위의) 지침, 규범; 격언. ¶Practice [Example] is better than ~. [속담] 실행[실례]은 교훈보다 낫다. 2 (기술적 조작에 관한) 지시, 취급 규칙. 3 [법률] 명령서, 영장(warrant); (英) 금전 지불 명령.
pre·cep·tive [priséptiv] 형 1 교훈의, 교훈적인. 2 명령의, 명령을 전달하는. **~·ly** 부
pre·cep·tor [priséptər, príːsep-] 명 1 (古 preceptress) 교사; 개인 지도 교사; 교장. 2 (美) 수련의 [인턴] 지도 의사(醫師). 3 [역사] 성당 기사단(騎士團)의 장(長). **-to·ral** [-tɔ́ːrəl], **-to·rate** [-rət], **~·ship** 명
pre·cep·to·ri·al [prìːseptɔ́ːriəl] 형 교사의, 지도자의. (대학 상급 과정의 개인 지도·소그룹 토의 따위) 특별 지도[연습] 강좌. **~·ly** 부
pre·cep·to·ry [priséptəri, príːsep-] 명 [역사] 성당 기사단의 분단(分團)[지부]; 그 성당[건물, 영유지].
pre·cess [prisés/pri-] 자 1 [역학] 세차(歲差) 운동을 하다. 2 [천문] 세차 운동으로 전진하다.
pre·ces·sion [priséʃən/pri-] 명 [U] 1 전진, 선행, 우선하는 것. 2 [물리] 섭동(攝動). 3 [천문] 세차(歲差) (운동). **~·al** 형
precession of the équinoxes 명 (the ~) [천문] 세차 운동; 춘분점(春分點) 세차.
pre·check [prìːtʃék] 자타 미리 점검하다[대조 확인 하다], ── 명 사전 점검[대조 확인].
pre·Chel·le·an [-ʃéliən] 형 [고고] (구석기) 셸 문화기(Chellean) 이전의.
pre·Chris·tian [-krístʃən] 형 기독교 이전의.
pré·cieux [preisjúː] 형 (남자가) 더할 나위 없이 세련된. ── (복 ~ [-z]) 세련된 남성. [F]
*__**pre·cinct** [príːsiŋkt] 명 1 (행정상의) 구역, 관구; 경찰 관구, 관할 서(署). 2 = house 2. 3 (도시 계획 따위의) 전용 구역. ¶a shopping ~ 상업 구역 / a pedestrian ~ 보행자 천국. 4 선거구(election district). 5 (종종 ~s) 경계(선); (사고·행동의) 범위. 6 (~s) 주변, 부근, 근교. 7 (英) (사원·교회·공공 건물 등의) 경내, 구내.
précinct hóuse 명 1 (美) 선거구 본부. 2 (또는 **précinct státion**) (경찰 관구내의) 경찰서, 분서.
pre·ci·os·i·ty [prèʃiɑ́səti/-ɔ́s-] 명 [U] (말씨·취미 따위) 점잔 뺌; 까다로움, 괴팍스러움; 지나치게 깐깐함.
*__**pre·cious** [préʃəs] 형 (*more* ~; *most* ~) 1 값비싼, 귀중한. ⇨VALUABLE [유의어] ¶ ~ garments 값비싼 의상. 2 (정신적으로) 귀중한, 존귀한, 소중한 (*to*). ¶ ~ memories 귀중한 추억. 3 귀여운. ¶My ~ darling! 귀여운 사람! 4 [구어] (비꼬아) 대단한, 굉장한. ¶a ~ fool 대단한 바보. 5 [경멸적] (말씨 따위가) 점잔 빼는, 지나치게 깐깐한. ¶a ~ style 거드름 피우는 문체.
make a precious mess of …을 엉망이 되게 하다.
── 부 [구어] 대단히, 매우, 극히. ¶It's ~ hot. 지독히 [매우] 덥다 / I ~ nearly missed the train. 하마터면 열차를 놓칠 뻔했다. ── 명 [구어] (부르는 말로) 소중한[귀여운] 사람[동물]. ¶My ~! 내 귀여운 사람!
~·ly 부 **~·ness** 명
précious córal 명 붉은 산호(red coral).
précious métal 명 귀금속. 【 base metal

précious stóne 명 보석; 보석용 원석(原石). ⇨ JEWEL 유의어

***prec·i·pice** [présəpis] 명 1 절벽, 벼랑. 2 궁지, 위기(crisis). ¶on the ~ of war 전쟁의 위기에 봉착하여. **-piced** [-t] 형

pre·cip·i·ta·ble [prisípətəbl] 형 침전성의, 침전시킬 수 있는. **-bíl·i·ty** 명

pre·cip·i·tance [prisípətəns] 명 =precipitancy

pre·cip·i·tan·cy [prisípətənsi] 명 1 ⓤ 몹시 서두름, 조급, 당황, 경솔(함). ¶judge with ~ 성급하게 판단하다. 2 (-cies) 경솔[성급]한 행위, 경거망동.

pre·cip·i·tant [prisípətənt] 형 =precipitate. — 명 (화학) 침전제(劑); 촉진시키는 것. **~·ly** 부

***pre·cip·i·tate** [prisípətèit] 타 1 몹시 급히 서두르다, 재촉하다, 서두르게 하다. ¶~ one's ruin 몰락을 재촉하다. 2 (화학) …을 침전시키다(out). 3 (기상) (수증기)를 (비·눈 따위로) 응결시키다. 4 (재귀용법) 내던지다, 거꾸로 떨어뜨리다, 던져 떨어뜨리다. 5 …을 (어떤 상태로) 밀어 떨어뜨리다, 빠뜨리다 (into). ¶(~+目+前+名) ~ a person into misery 남을 불행에 빠뜨리다. — 자 1 (화학) 침전하다. 2 (기상) 응결하여 비[눈, 얼음]이 되다 (as). 3 거꾸로 떨어지다, 추락하다.
precipitate oneself into …에 뛰어들다, …에 빠지다.
precipitate oneself upon [or *against*] …을 맹공격하다, …에 맹렬하게 맞서다.
— 형 [prisípətət, -tèit] 1 거꾸로의, 거꾸로 떨어지는, 곤두박이의; 돌진하는. 2 매우 당황한, 다급한, 크게 서두르는, 허둥대는 ⇨HASTY 유의어; 조급한, 경솔한 (rash). ¶a ~ action [measure] 경솔한 행동[조치]. 3 돌연한, 갑작스러운. — 명 [prisípətət, -tèit] (화학) 침전물. 2 응결한 수분(비·눈 따위).
~·ly 부 **~·ness** 명

***pre·cip·i·ta·tion** [prisípətéiʃən] 명ⓤⓒ 1 투하, 추락, 낙하. 2 촉진; 몹시 서두름, 조급; 허둥대기, 당황; 경솔. 3 (기상) 강수(강량)(량); (일정한 시기·장소의) 강수량. 4 (물·화) 침전. 〔析出硬化〕
precipitátion hàrdening 명 (야금) 석출 경화
precipitátion percéntage 명 (기상) 강수 함률.
pre·cip·i·ta·tive [prisípətèitiv/-tətiv] 형 촉진시키는; 재촉하는, 가속적인; (화학) 침전을 촉진하는.

pre·cip·i·ta·tor [prisípətèitər] 명 1 촉진하는 사람[것]. 2 (화학) 침전제(劑), 침전기(器).

pre·cip·i·tin [prisípətin] 명 (면역) (혈액 속의) 침강소(沈降素).

pre·cip·i·tin·o·gen [prisípətínədʒən] 명 (면역) 침강원(原).

***pre·cip·i·tous** [prisípətəs] 형 1 가파른, 절벽의, 절벽[낭떠러지] 같은. 2 (드물게) 경솔한, 허둥대는.
~·ly 부 **~·ness** 명

pré·cis [preisí:/´-] 명 (복 ~ [-z]) 요약, 대요(大要). — 타 …을 요약하다, 대요[대의]를 쓰다. 〔<F brief〕

‡**pre·cise** [prisáis] 형 (*more* ~; *most* ~) 1 명확한, 정확한. ⇨CORRECT 유의어 ¶a ~ statement 명확한 성명. 2 (수량 따위가) 꼭 들어맞는, 과부족이 없는, 정확한. ¶a ~ amount 정확한 수량[액수]. 3 (the ~) 바로 그, 조금도 어김없는. ¶at the ~ moment 바로 그 때. 4 (사람이) (…의 점에서/…에 대하여) 꼼꼼한, 깐깐한, 세심한 (*in* / *about*); (태도 따위가) 딱딱한. 5 (계측·기계 따위가) 정확한, 정밀한. ¶a ~ instrument 정밀 기기.
to be precise 정확히 말하자면.
~·ness 명

‡**pre·cise·ly** [prisáisli] 부 (*more* ~; *most* ~) 1 정확히, 정밀하게, 명확히; 꼼꼼히, 융통성 없이. 2 (동의의 응답으로서) 바로 그대로. ¶You said they won? - *Precisely.* 그들이 이겼다고? — 두말하면 잔소리지. 3 (글머리에 쓰여) 분명히 말하는데; 도대체.

pre·ci·sian [prisíʒən] 명 1 (종교상의) 형식을 엄격히 고집하는 사람, 까다로운 사람; 현학자(衒學者)(pedant). 2 (16-17세기의 영국의) 청교도. **~·ism** 명

***pre·ci·sion** [prisíʒən] 명ⓤ 1 (종류 a ~) (…에의) 명확함, 틀림없음. 2 정확, 정밀; (기계의) 정밀도 (*in*). ¶~ *in* calculation 계산의 정확성. 3 세심함, 꼼꼼함. 4 (수학) 정도(精度); (물·화) 정밀, 정도(精度). 5 (컴퓨터) (수치를 나타내는) 정색 능력.
arms of precision 정밀 조준(기 달린) 무기.
with precision 정확하게(precisely).
— 형 정밀한, 정확한; (군사) 정밀 조준[사격]의. ¶~ ~·al 형 〔tools 정밀 공작 기기.

precísion bómbing 명 정밀 (조준) 폭격(pinpoint bombing). ⓑ area bombing, pattern bombing
precísion cásting 명 (야금) 정밀 주조. 〔춤.〕
precísion dánce 명 라인 댄스(revue 등에서의
precísion gáuge 명 정밀 계기(計器).
precísion gúided munítions 명 (군사) 정밀 유도 병기(약 PGM).
precísion ínstrument 명 정밀 기기.
pre·ci·sion·ism [prisíʒənìzm] 명 (미술) 형식(중시)주의; 정밀주의.
pre·ci·sion·ist [prisíʒənist] 명 (언어·의식 따위에 관하여) 까다로운[깐깐한] 사람, 엄격한[융통성이 없는] 사람. **-ís·tic** 형

pre·ci·sion-made [-mèid] 형 정밀하게 만든[쓴].
pre·ci·sive [prisáisiv] 형 1 (다른 것으로부터) 구별하는, 어떤 것에만 한정하는. 2 정확한, 엄밀한.
pre·clas·si·cal [prikl金ésikəl] 형 (그리스·로마 문학의) 고전기 이전의. (또는 **preclassic**)
pre·clear [priklíər] 타 …을 사전 승인하다; …의 안전성을 사전에 보장하다.
pre·cli·max [pri:kláimæks] 명 (생태) 전극상(前極相), 전(前)안정기. 〔이전의, 잠복기의.〕
pre·clin·i·cal [pri:klínikəl] 형 (의학) 초기 증상
pre·clude [priklú:d] 타 1 (…하는 것을) (미리) 방해하다, 가로막다, 방지하다, 불가능하게 하다(*form* (*doing*)). ¶~ all means of escape 모든 도피 수단을 차단하다 // (~+目+前+名) ~ a firm *from* going bankrupt 회사의 파산을 막다. 2 …을 배제하다, 제외하다 (*from*). **-clúd·a·ble** 형

pre·clu·sion [priklú:ʒən] 명ⓤ 방지, 방해; 배제.
pre·clu·sive [priklú:siv] 형 제외하는, 배제하는; 방해하는, 방지하는, 예방적인 (*of*). **~·ly** 부
pre·co·cial [prikóuʃəl] 형 (생물) 조숙[이소(離巢)] 성의, (새가) 부화 후 곧 활동할 수 있는.
pre·co·cious [prikóuʃəs] 형 1 (지적·신체적으로) 발육이 빠른; (어린이 등이) 조숙한, 어른스러운. ¶a child 어른스러운 아이 / a ~ genius 조숙한 천재. 2 때 이른. ¶a ~ cold wave 때이른 한파. 3 (식물) 조생종의, 일찍 꽃이 피는, 올된. **~·ly** 부 **~·ness** 명
pre·coc·i·ty [prikásəti/-kɔ́s-] 명ⓤ 조숙, 조생, 일찍 꽃핌.
pre·cog·ni·tion [prì:kɑgníʃən/-kɔg-] 명ⓤ 1 사전 인지(認知); (심령 현상에 의한) 예지, 예견. 2 (스코 법률) 증인 예비 심문. **pre·cóg·ni·tive** 형
pre·co·i·tal [pri:kóuitl] 형 성교 전의, 전희의. **~·ly** 부
pre·col·lege [pri:kálidʒ/-kɔ́l-] 형 대학 진학 준비의.
pre·co·lo·ni·al [pri:kəlóuniəl] 형 식민지 시대 전의[에 관한].
pre-Co·lum·bi·an [´-kəlámbiən] 형 콜럼버스의 아메리카 대륙 발견 이전의, 콜럼버스 이전의.
pre·com·pose [pri:kəmpóuz] 타 …을 미리[사전에] 구성[조성]하다.
pre·con·ceive [pri:kənsí:v] 타 …을 미리 생각하다, 예상하다. ¶a ~*d* idea [*or* notion] 선입관, 편견.
pre·con·cep·tion [pri:kənsépʃən] 명ⓤⓒ 예상, 예견; 선입관, 편견(prejudice). **~·al** 형
pre·con·cép·tu·al séx seléction [pri:kənséptʃuəl-/-tju-] 명 (의학) 남·여아 선택 임신법.
pre·con·cert [pri:kənsə́:rt] 타 …을 사전에 타

pre·con·cert·ed [priːkənsə́ːrtid] 형 미리 타협[협정]해 놓은. ~**·ly** 부
pre·con·demn [priːkəndém] 동타 (증거 조사도 하지 않고) …을 미리 유죄로 판결[판단]하다.
pre·con·di·tion [priːkəndíʃən] 동타 …을 미리[사전] 조정하다, 미리 조건을 갖추다. — 명 필수[필요, 전제, 선결] 조건. ¶a ~ for a promotion 승진의 필수 조건.
pre·con·fer·ence [priːkánfərəns/-kɔ́n-] 명 예비 회담, 사전 협의.
pre·co·nize [príːkənàiz] 동타 1 …을 선언하다, 포고하다. 2 …을 지명 소환하다. 3 (가톨릭) (교황이) (주교 등의 임명)을 공표하다. -**ni·zá·tion, -níz·er** 명
pre-Con·quest [-kɑ́ŋkwest/-kɔ́ŋ-] 형 (英역사) 노르만 정복(Norman Conquest)(1066년) 이전의.
pre·con·scious [priːkánʃəs/-kɔ́n-] 형 1 (정신분석) 전의식(前意識)의. 2 의식 발달 이전의. — 명 (the ~) 전의식(foreconscious). ~**·ly** 부 ~**·ness** 명
pre·con·sid·er·a·tion [prìːkənsídəréiʃən] 명 U 미리 생각하기, 예찰(豫察).
pre·con·so·nan·tal [prìːkɑ̀nsənǽntl/-kɔ̀n-] 형 (음성) (모음이) 자음 바로 앞에 있는.
pre·con·tract [priːkɑ́ntrækt/-kɔ́n-] 명 CU (같은 종류의 계약 체결을 불가능하게 하는) 예약, 선약. 2 약혼. — [prìːkəntrǽkt] 동타 …을 예약하다.
prè·con·trác·tive, prè·con·trác·tu·al 형
pre·con·ven·tion [prìːkənvénʃən] 형 (정당) 대회[대표자 회의] 이전의. ¶a ~**·er** 명
pre·cook [priːkúk] 동타 (식품)을 미리 조리하다.
pre·cool [priːkúːl] 동타 …을 미리 냉각하다; (출하 전에) (고기·생선 따위 식료품)을 냉각하다.
pre·cool·er [priːkúːlər] 명 (기계) 예비 냉각기.
pre·cop·u·la·to·ry [priːkɑ́pjulətɔ̀ːri] 형 교접[교미] 전의, 성교 전의.
pre·cor·dial [priːkɔ́ːrdʒəl/-diəl] 형 전흉부(前胸部)의.
pre·cos·mic [priːkɑ́zmik/-kɔ́z-] 형 우주 생성(탄생) 전의.
pre·cre·a·tive [prìːkriéitiv] 형 창세기 전의.
pre·crit·i·cal [priːkrítikəl] 형 1 (의학) 발증(發症) 전의; 분리기(分利期) 이전의. 2 비판 능력 발달 전의.
pre·cur·sive [prikə́ːrsiv] 형 =precursory.
pre·cur·sor [prikə́ːrsər, priːkə̀ːr-] 명 1 선구자, 선각자; 선배; 선임자. 2 전조(前兆), 예고, 조짐. 3 (선행)물; 전신. 4 (화학·생물) 전구체(前驅體); (물리) 선행핵(先行核). [조]조짐의]; 예비의.
pre·cur·so·ry [prikə́ːrsəri] 형 1 선구의, 선행의; 전조의. 2 (···의) 예비의.
pre·cut [priːkʌ́t] 동타 (~; ~**·ting**) (조립식 건축 부위의 용도로) …을 규격에 맞춰 자르다[잘라 놓다]. — 형 미리 절단한, 규격대로 잘라놓은.
precút sálads [véggies] 명복 야채 샐러드 팩.
pred. predicate; predicative.
pre·da·cious [pridéiʃəs] 형 (동물이) 포식성(捕食性)의, 육식성의(predatory); 약탈하는, 약탈성의. (또는 **predaceous**) ~**·ness** 명
pre·dac·i·ty [pridǽsəti] 명 U 포식성.
pre·date¹ [priːdéit] 타 …을 실제보다 앞당긴 날짜로 하다; (시간적으로) …보다 (…만큼) 선행하다, …에 전이다(by). [먹이로 삼다.
pre·date² 동자 먹이를 찾다. — 타 …을 잡아먹다.
pre·da·tion [pridéiʃən] 명 UC 1 강탈, 약탈(행위). 2 (동물) 포식(捕食) (습성); (동물 간의) 포식 관계.
predátion préssure 명 (생태) 포식압(捕食壓)(포식 동물에 잡아 먹혀서 종(種)의 보존이 위협당하는 일).
pre·dat·ism [prìːdéitizm, prèdətìzm] 명 U 포식 생활(습성). [것; 육식 동물.
pred·a·tor [prédətər, -tɔ̀ːr] 명 약탈자, 약탈하는
pred·a·to·ry [prédətɔ̀ːri/-təri] 형 1 약탈하는, 약탈성의, 약탈을 목적으로 하는. 2 (동물) 포식성의, 육식성의. ¶~ animals [birds] 육식수(獸)[조(鳥)]. 3 (경멸적·익살) 거만한, 고압적인; 자기 본위의; 탐욕스런. (또는 **predatorial**) -**to·ri·ly** 부 -**ri·ness** 명
prédatory pricing 명 (상업) 약탈적 가격 설정(경쟁 상대를 파멸시키기 위한 가격 매김[설정]). [(의).
pre·dawn [priːdɔ́ːn, -́-] 명형 미명(未明)(의), 새벽 전
pre·de·cease [prìːdisíːs] (법률) 동타 (어떤 사람) 보다 먼저 죽다. — 명U 먼저 죽음.
*****pred·e·ces·sor** [prédəsèsər, priːd-/prìːdisèsə] 명 1 전임자; 선배. 참 successor 2 전신(前身), 대치된 [앞서 있었던] 것. 3 (고어) 선조(ancestor).
pre·dec·i·mal [-désəməl] 형 10진법 (도입) 이전의.
pre·de·fine [prìːdifáin] 동타 미리 결정[정의]하다.
pre·de·lin·quent [prìːdilíŋkwənt] 형 비행(非行) 전의 (청소년), 비행 예비군(群)의 (청소년).
pre·del·la [pridélə] 명 (복 ~**le** [-liː]) 1 제단의 단(段)[대(臺)]. 2 그 수직면상에 있는 그림·조각(장식).
pre·des·ig·nate [prìːdézignèit] 타 …을 미리 지명[내정, 지시], 명시하다. -**ná·tion** 명
pre·des·ti·nar·i·an [pridèstənɛ́əriən, prìːdes-] 형 1 예정의; 숙명의. 2 (신학상의) 예정설(豫定說)의; 숙명론의. — 명 숙명론자; (신학상의) 예정설 신봉자. ~**·ism** 명U 숙명론; 예정설.
pre·des·ti·nate 동타 [pridéstənèit] 1 (종종 수동형으로) =predestine. — 형 [pridéstənət, -nèit] 예정된, 이미 정해져 있는; 숙명의.
pre·des·ti·na·tion [pridèstənéiʃən, prìːdes-] 명U 1 예정, 미리 정하기; 운명, 숙명. 2 (신학) 예정(설).
pre·des·ti·na·tor [pridéstənèitər] 명 예정자.
pre·des·tine [pridéstin] 동타 1 (종종 수동형으로) 미리 …을 운명지우다(for, to/to do). ¶be ~d for a minister 목사가 되게 운명지어지다. 2 (신학) (신이) …의 운명을 예정하다(to/to do). -**ti·na·ble** 형
pre·de·ter·mi·nate [prìːditə́ːrmənət] 형 예정된, 미리 정해진. ~**·ly** 부
*****pre·de·ter·mine** [prìːditə́ːrmin] 동타 1 (수동형으로) …을 (…으로) 선결하다, 미리 결정하다(by). 2 …을 예정하다, 운명짓다. 3 미리 (…의 경향을) 띠게 하다[부여하다](to). -**tèr·mi·ná·tion, -mi·nà·tive** 명
pre·de·tér·mined váriable [prìːditə́ːrmind-] 명 (경제) 선결 변수(先決變數).
pre·de·tér·min·er [prìːditə́ːrmənər] 명 (문법) 결정사(決定詞) 전치어, 한정 선행사(결정사 앞에 놓이는 형용사; both, all 따위).
pre·di·a·be·tes [prìːdaiəbíːtis] 명 (병리) 전(前)당뇨병.
pre·di·a·bet·ic [prìːdaiəbétik] 형명 (병리) 당뇨병 초기의[당뇨병 증세가 나타난] (환자).
pre·di·al [príːdiəl] 형 =praedial.
pred·i·ca·ble [prédikəbl] 형 단정할 수 있는; (…의) 속성(屬性)으로서 단정할 수 있는(of). ¶Length is ~ of a line. 길이는 선의 속성이다. — 명 1 단정할 수 있는 것; 속성. 2 (종종 ~s) (논리) 빈사(賓辭), 객어(客語). 3 (among the ~s) (논리) 기본 개념. -**bíl·i·ty,** ~**·ness** 명 -**bly** 부
*****pre·dic·a·ment** [pridíkəmənt] 명 1 UC 곤경, 궁지, 궁상(窮狀). ¶a financial ~ 재정적 곤경.

> 유의어 **predicament** 위험·곤란한 문제 따위에 직면하여 빠져나오지 못하는 상태. **plight** 매우 고통스럽고 불운하여 비참한 상태. **dilemma** 똑같이 불만족스러운 두 가지 상황에서 하나를 선택하지 않으면 안 될 어려운 입장. **quandary** 곤경에 처해서 곤혹스러운 상태. **scrape** 자신의 평판을 손상시킬 만한 부주의에 의한 곤경. **fix, jam** 빠져나올 수 없는 곤경을 나타내는 구어적인 말.

2 (어떤) 상태, 처지. 3 [prédikəmənt] (논리적·철학적 단정의) 종류; 범주(category).
in predicament 곤경[궁지]에 빠져.
pred·i·cant [prédikənt] 형 설교하는; 설교를 임무

pred·i·cate [prédəkèit] (**-cat·ed; -cat·ing**) 타
1 …을 (…라고) 단정하다, 단언[확언]하다 (*of, to be, that* 절). ¶ (~+目+前+名) ~ a motive *that* it is bad; ~ a motive *to* be bad 어떤 동기를 나쁘다고 단정하다. 2 [논리] (명제의 주사(主辭)에 관해) …을 단정[단언]하다 (*of*). ¶ (~+目+前+名) ~ greenness *of* grass 초록은 풀의 속성이라고 말하다. 3 [문법] …을 서술하다. 4 …을 내포하다, 의미하다. 5 [서술·행동 따위]를 (…에) 입각시키다[근거를 두다] (*on, upon*). ¶ (~+目+前+名) *On* [or *Upon*] what is the statement ~d? 무엇을 근거로 그렇게 말하는가? — 자 단언하다, 단정하다.
— 형 [prédəkit] 1 단언[단정]된; 서술된. 2 [문법] 서술부의, 술어의: [논리] 빈위어(賓位語)의, 빈사(賓辭)의.
— 명 [prédəkət] 1 [문법] 술부, 술어 (*cf.* subject). [논리] 빈위어, 빈사. 2 속성. ¶ Whiteness is a ~ of white objects. 희다고 하는 것은 흰 물건의 속성이다.
prédicate ádjective 명 [문법] 서술 형용사.
prédicate cálculus [lógic] 명 [논리] 술어 계산.
prédicate nóminative 명 [문법] 주격(라틴어·그리스어 따위에서 주격이 되는 술어 명사·형용사).
prédicate nóun 명 [문법] 서술명사.
prédicate objéctive 명 [문법] 목적보어.
prédicate vérb 명 [문법] 술어동사.
pred·i·ca·tion [prèdəkéiʃən] 명UC 1 단언, 단정, 확언. 2 [논리] 빈술(賓述). 3 [문법] 서술, 술어. 4 [고어] 설교, 설법. **~·al** 형
***pred·i·ca·tive** [prédəkèitiv, -kət-/prídikət-] 형 1 단정하는, 단정적의. 2 [문법] 서술적의, 술어적의 (⇔ attributive). ¶ the ~ use 서술 용법. 3 [논리] 술어의. — 명 [문법] 술사(述詞), 서술사 * 보어에 상당한다. **~·ly** 부
pred·i·ca·tor [prédəkèitər] 명 [문법] 술어동사.
pred·i·ca·to·ry [prédikətɔ̀ːri/-kèiəri] 형 설교의, 설교하는(preaching).
‡pre·dict [pridíkt] 타자 (경험·사실·법칙 따위로)…을 예언[예측]하다; (…라고) 예보하다. ¶ ~ a good harvest 풍작을 예언하다 // (~+that 절) ~ that a storm is coming 폭풍우가 올 것을 예보하다.

[유의어] **predict** 정확한 계산·지식·추론(推論)에서 예언하다. **prophesy** 신비적인 지식이나 영감에 의해, 또는 매우 굳은 확신을 가지고 예언하다. **foresee** 미래에 있을 일을 예견하다. 종종 그것에 대비하는 것을 말한다. 또 예견 내용을 반드시 말로 나타내어야 하는 것은 아니다. **foretell** 방법·수단 따위에 관계 없이 단순히 「예언하다」. **forecast** 원래는 단순한 추측으로 예언하는 것을 의미하지만, 보통은 날씨를 예보하는 데 쓰인다.

— 자 예언하다, 예보하다. ¶ (~+前+名) ~ *from* pure conjecture 순전히 추측으로 예언하다.
pre·dict·a·bil·i·ty [pridíktəbíləti] 명UC 예언[예보]할 수 있음, 예측 가능성.
pre·dict·a·ble [pridíktəbl] 형 1 예언[예보]할 수 있는. 2 새로울 게 없는, 당연한. **~·ness** 명 **-bly** 부
***pre·dic·tion** [pridíkʃən] 명 1 U 예언[예보]하기, 예언, 예보. 2 예언된 것.
pre·dic·tive [pridíktiv] 형 1 예언[예보]하는, 예언적인. 2 (…의) 전조가 되는 (*of*). **~·ly** 부 **~·ness** 명
pre·dic·tor [pridíktər] 명 1 예언자(prophet); 예보하는 사람. 2 [군사] 고사포 조준 산정기(算定機).
pre·dic·to·ry [pridíktəri] 형 [고어] =predictive
pre·di·gest [prìːdidʒést, -dai-] 타 1 [음식물]을 소화하기 쉽게 조리[가공]하다. 2 [경멸적] 평이하게 [알기 쉽게] 하다.
pre·di·ges·tion [prìːdidʒéstʃən, -dai-] 명 (음식물 따위를) 소화하기 쉽게 조리하기; 소화 준비.
pre·di·kant [prèidikǽnt, -káːnt] 명 (남아프리카의) 네덜란드파 신교의 목사. (<D)
pre·di·lec·tion [prìːdəlékʃən/prì-] 명 좋아함; (…의) 편애, 특별히 돌봐주기 (*for*). ¶ have a ~ for apples 사과를 특히 좋아하다.
pre·dis·pose [prìːdispóuz] 타 1 (남)을 (…에) 기울게 하다 (*to, toward*); …에게 미리 (…의) 경향을 주다, 소지를 만들다; …을 좋아하게 하다 (*to, do*). ¶ (~+目+*to do*) ~ a person *to do* one's homework 남에게 숙제를 하는 경향을 심어주다. 2 (남)에게 병의 소인(素因)을 주다, …을 (병에) 걸리기 쉽게 하다 (*to*). ¶ (~+目+前+名) Intemperance ~s us *to* disease. 무절제하면 병에 걸리기 쉽다. 3 …을 미리 처리[처분]하다. — 자 (…의) 경향을 주다, 소인을 만들다 (*to*). 「쉽다.
be predisposed to *do* …하는 경향이 있다, …하기 **-pós·al** 명 **-pósed·ly** 부 **-pósed·ness** 명
***pre·dis·po·si·tion** [prìːdispəzíʃən] 명 1 (…하기 쉬운) 경향, 성질, 기질(氣質) (*to*). ¶ a ~ *to* vice 악에 물들기 쉬운 성질 / a ~ *to* lose one's temper 성내기 잘하는 성질. 2 [병리] (병에 걸리기 쉬운) 소질, 소인 (*to*). ¶ a hereditary ~ 유전 소질. **~·al** 형
pred·ni·sone [prédnəsòun, -zòun] 명U [약학] 프레드니손(소염제·항암제).
pre·dom·i·nance [pridámənəns/-dóm-] 명U (a ~) (…에 대한), 우월, 우위, 우세; 지배 (*over*). ¶ gain ~ *over* …에 대해 우위에 서다. (또는 **predominancy**)
***pre·dom·i·nant** [pridámənənt/-dóm-] 형 1 뛰어난, 우월한, 우세한; 유력한. ⇒ DOMINANT [유의어] 2 주된, 주류를 이루는; (…에 대해) 지배적인 (*over*); 현저한; 널리 행하여지는[퍼진]. ¶ a ~ color 주된 색. **~·ly** 부
***pre·dom·i·nate** [pridámənèit/-dóm-] 자타 1 (수량·힘·세력 따위에서) (…을) 능가하다, …보다 (…보다) 우위를 점하다, 우세하다 (*over*). 2 (…을) 지배하다, 주권을 장악하다 (*over*). ¶ ~ *over* the land 그 땅을 지배하다. 3 (다른 것보다) 두드러지다, 눈에 띄다. — 타 지배하다, 관치다; 보다 우세하다. **~·ly** 부 **-nà·tor** 명
pre·dom·i·nat·ing [pridámənèitiŋ/-dóm-] 형 1 지배적인, 주된. 2 우세한, 탁월한, 발군의. **~·ly** 부
pre·dom·i·na·tion [pridàmənéiʃən/-dòm-] 명 =predominance
pre·doom [prìːdúːm] 타자 …을 미리 운명짓다.
pre·dor·mi·tion [prìːdɔːrmíʃən] 명U [의학] 잠들기 전 반의식 상태의 기간, 수면 전 전기(睡眠前期).
pre·dy·nas·tic [prìːdainǽstik] 형 (이집트의) 왕조 이전의, 선왕조 시대의.
pree [priː] 타 (**préed**) [스코] 시식[시음]하다. (또는 **prie**)
pree the mouth of (스코) …에 키스하다.
pre·e·lect [prìːilékt] 타 1 예선에서 뽑다, 예선하다. 2 (신)의 구제를 예정하다.
pre·e·lec·tion [prìːilékʃən] 명UC 예선(豫選).
— 형 선거 전(前)의. (또는 **pre-election**)
pre-E·liz·a·be·than [prìːilìzəbíːθən] 형 엘리자베스 1세 치세 이전의; 16세기 후반 이전의.
preem [priːm] 명 [속어] =premiere.
pre·e·mer·gence [prìːimə́ːrdʒəns] 명 [식물] (제초제 따위가) 잡초 발아 전에 사용하는. 「gence.
pre·e·mer·gent [prìːimə́ːrdʒənt] 형 =preemer-
pree·mie [príːmi] 명 [미구어] 조산아, 미숙아. (또는 **premie**)
pre·em·i·nence [priémənəns] 명U 걸출, 탁월, 발군(拔群); 우위, 상위 (*in, of*). (또는 **pre-eminence**)
pre·em·i·nent [priémənənt] 형 (…의) 가운데서 탁월한, 발군의, 걸출한 (*in; among*); 우월[상위]의; 현저한. ⇒ DOMINANT [유의어] ¶ a ~ scientist 탁월한 과학자 / be ~ *among* modern poets 현대 시인 가운

pre·em·pha·sis [pri:émfəsis] 圓 〔전자〕 프리엠퍼 시스(주파수 변조 방식의 일종). (또는 **pre-emphasis**)
pre·em·ploy·ment [pri:impl5imənt] 圓 취직(고 용) 전의[에 필요한]. ── 圓 채용 전(前)단계, 취직 직전 의 시기. (또는 **pre-employment**) 「강 진단.
preemplóyment examinátion 圓 채용전 건
pre·empt [pri(:)émpt] 園圓 **1** 선매권(先買權)을 얻기 위해 〔공유지〕를 점유하다; 선매권으로 〔공유지〕를 획득하다. **2** …을 미리 획득하다, 선취(先取)하다; 선점하다; …을 무효로 하다. **3** (우선 순위·계획 변경에 의해) …으로 대체(대신)하다. ¶A special newscast ~ed the game show. 게임쇼 대신 특별 뉴스 프로가 방송되었다. **4** (선수를 쳐서) 〔예상되는 사태〕를 피하다, 예방하다. ── 園 〔카드놀이〕 브리지에서 상대를 봉쇄하기 위해 거는 을림다. (또는 **pre-empt**)
pre·emp·tion [pri(:)émpʃən] 圓回 우선 매수(권); 선매(권); 선취. (또는 **pre-emption**)
pre·emp·tive [pri(:)émptiv] 圓 **1** 선매(권)의, 선매권이 있는. **2** 선제의, 예방의. ¶a ~ attack 선제 공격. **3** 우선권이 있는, 우선적[특권적]인. **-ly** 園
preémptive múltitasking 圓 〔컴퓨터〕 점유권 할당식 멀티태스킹. 「매권.
preémptive ríght 圓 〔주식〕 신주 우선 인수권, 선
preémptive stríke 圓 선제 공격(preventive war).
pre·emp·tor [pri:émptər] 圓 선매권 소유자, 선취 자. (또는 **pre-emptor**)
pre·emp·to·ry [pri:émptəri] 圓 =preemptive.
pree·my [pri:mi] 圓 〔美구어〕 =preemie.
preen [pri:n] 園圓 **1** (새가 부리로) 〔날개〕를 다듬다; (동물이 혀로) 〔털〕을 다듬다. **2** (재귀용법으로) 몸단장을 하다(trim); 멋을 부리다. **3** (재귀용법으로) 〔업적·능력 따위〕에 만족하다, 우쭐대다 (on, upon). ── 쬔 **1** (새가) 날개를 다듬다. **2** 멋부리다. **3** 우쭐대다.
preen oneself 멋부리다, 몸치장하다: 우쭐거리다. **~·er** 圓 「기뻐하다 (on, upon).
pre·en·gage [pri:engéidʒ] 園圓 **1** …을 선약하다, 예약하다. **2** (수동형·재귀용법으로) …와의 혼인을 선약시키다. **2** …을 미리 마음 쏠리게 하다〔주의를 끌다〕, 선입관이 되게 하다. ── 쬔 예약하다. (또는 **pre-engage**) **~·ment**
pre·en·gi·neered [⁻endʒiníərd] 圓 (집 따위가) 조립식으로 지은, 프리팹(prefab)을 이용한(prefab).
pre-Eng·lish [-ínɡliʃ] 圓 고대 게르만어의 한 방언 (영어의 조어(祖語)에 해당한다).
pre·es·tab·lish [pri:istæbliʃ] 園圓 …을 미리 설정〔설립, 제정, 확립〕하다; 예정하다. (또는 **pre-establish**) **~·ment**
pre·es·táb·lished hármony [pri:istǽbliʃt-] 圓 〔철학〕 (Leibniz가 주장한) 예정 조화.
pre·ex·am·i·na·tion [pri:igzæmənéiʃən] 圓回 圓 예비 시험(조사).
pre·ex·am·ine [pri:igzǽmin] 園圓 …을 미리 조사(검사, 실험)하다; …의 예비 시험을 치르다.
pre·ex·il·i·an [pri:igzíliən, -eks-] 圓 (유대인의) 바빌론(Babylon) 유수(幽囚) 이전의. (또는 **preexilic**)
pre·ex·ist [pri:igzíst] 園쬔 이전에〔부터〕 존재하다, 선재(先在)하다; 이전 상태 그대로 존재하다. ── 圓 …보다 이전에 존재하다. (또는 **pre-exist**)
~·ence 圓回 전세(前世); (영혼의) 선재(先在). **~·ent** 圓 전세의; 선재의.
pre·ex·po·sure [pri:ikspóuʒər] 圓 사전 노출; 〔사진〕 전노광(前露光).
pref. preface(d); prefatory; prefer(ence); pre-
pre·fab [pri:fæb] 圓 〔구어〕 조립식의, 프리패브식의. ── 圓 〔□〕 조립식 가옥(건물), 프리패브 주택. ── 圓圓 〔-〕 (**-bb-**) =prefabricate. (<*prefabricate*(d))
pre·fab·ri·cate [pri:fæbrikèit] 園圓 **1** …을 미리 만들어 내다. **2** (가옥 따위)를 조립식으로 만들다. ¶a *~d school* (*house*) 조립식〔프리패브〕 교사(주택). **3** 〔소설·줄거리 따위〕를 틀에 맞춰 엮다. **-cá·tor**
pre·fab·ri·ca·tion [pri:fæbrikéiʃən] 圓回 미리 만들기, 조립식 공정, 조립식으로 만들기.
*‡**pref·ace** [préfis, -əs] 圓 (圓 **-ac·es** [-z]) **1** (책 따위의) 서문, 머리말 (*to*); (연설 따위의) 서두, 서론, 서언. ¶write *~ to* a book 책의 서문을 쓰다.

〔유의어〕 **preface** 저자·편자가 저술의 목적·방법 등 이해의 길잡이가 될 사항을 쓴 서문. **foreword** 짧고 간명한, 종종 타인에게 쓰도록 하는 preface. **introduction** 본론의 일부로 주요 부분으로의 도입부를 이루는 서론·서설. **preamble** 헌법·법령·조약 등의 앞에 붙여서 그 취지·정신을 격조 높게 말한 전문(前文). **prologue** 시나 희곡의 서두.

2 (비유적) (…의) 발단, 서막(prelude) (*to*). ¶the ~ *to* World War I 제1차 세계 대전의 발단. **3** (P-) 〔가톨릭〕 (신과 회중으로 앞에서 신부가 말하는) 서문경(序文經), 본헌문의 최초의 기도문.
── 圓 (**-ac·es** [-iz]; ~*d* [-t]; -**ac·ing**) 圓 **1** 〔책〕에 서문을 달다, 〔말·글 따위〕의 …으로 시작하다 (*with, by doing*); (…으로) 발단〔단서〕이 되다. ¶ (~+園+前+쬔) He ~d his speech *with* an apology. 그는 서두에 우선 사과를 하고 그의 연설을 시작했다. **2** (드물게) 〔책〕에 머리말〔서문〕을 쓰다. ── 쬔 서문으로 미리 말해 두다. **-ac·er**
pre·fade [pri:féid] 園圓 (유행으로) 〔새옷〕을 일부러 바랜 것처럼 보이게 하다〔탈색하다〕.
pref·a·to·ri·al [prèfətɔ́:riəl] 圓 =prefatory.
pref·a·to·ry [préfətɔ̀:ri/-təri] 圓 서두(序頭)의, 서문의, 머리말의; 소개의. (또는 **prefatorial**) **-ri·ly** 園
prefd. 〔증권〕 preferred.
pre·fect [prí:fekt] 圓 **1** (종종 P-) (고대 로마의) 장관, 제독. **2** (프랑스·이탈리아의) 지사, 장관 (파리의) 경찰청장. **3** 〔英〕 (public school의) 반장(praepostor). **4** 〔가톨릭〕 (예수회 계통 학교의) 학생부장(dean); 학생(지도) 부장. (또는 **praefect**) 「〔牧〕.
préfect apostólic 圓 〔가톨릭〕 (포교지의) 지목(知
pre·fec·to·ri·al [prì:fektɔ́:riəl] 圓 prefect의.
*‡**pre·fec·tur·al** [prifékʃərəl] 圓 (프랑스·일본 등의) 도(道)의, 현(縣)의; 도립〔현립, 부립〕의.
*‡**pre·fec·ture** [prí:fektʃər/-tjùə, -tʃə] 圓 (圓 **-s** [-z]) **1** 回圓 지사·장관의 직〔직권, 관할구, 임기〕. **2** (프랑스·일본 등의) 도, 현, 부(府) (圓 county, state, province). **3** 도청, 현청; 지사 관저. 「교구역.
préfecture apostólic 圓 〔가톨릭〕 지목구(區), 포
*‡**pre·fer** [prifə́ːr] 圓 (**~s** [-z]; **-rr-**) **1** …을 (…보다) 좋아하다, 오히려 …을 택하다〔좋게 여기다〕 (*to, before*). ⇒CHOOSE 〔유의어〕 ¶I ~ an early start. 일찍 출발하고 싶다 / Which do you ~, tea or coffee? 홍차와 커피 중 어느 것을 드시겠습니까? // (~+園+前+쬔) I ~ beer *to* wine. 나는 포도주보다 맥주를 더 좋아한다(* prefer A to B의 경우 A, B는 명사·대명사 또는 동명사이며, 부정사는 쓰지 않는다) // (~+*to do*) I ~ *to read rather than* sit idle. 나는 빈둥거리며 앉아 있느니보다는 독서하는 것이 좋다(* rather와 함께 쓰면 to가 아니라 than을 쓴다) // (~+園+*to do*) Would you ~ me *to come* next month? 제가 다음달에 오는 편이 좋겠습니까? // (~+園+*done*) I ~ this work *finished* quickly. 이 일을 빨리 끝내 주었으면 좋겠다 // (~+*-ing*) I ~ *swimming*. 수영하는 것이 좋다 // (~+*that*) I ~ *that* it should be left alone. 그대로 내버려두는 게〔편이〕 좋겠다고 생각한다. **2** 〔법률〕 〔채권자 등〕에게 우선권〔선취득권〕을 주다, 승진하다. **3** (…에 대해) 〔진술·소송 따위〕를 제출〔제기〕하다, 신청〔신고〕하다 (*to, against*). **4** 〔남〕을 (…로/…에) 등용〔임명〕하다, 승진시키다 (*as / to*).
if you prefer 원한다면, 그것이 좋다면.

prefer a charge against a person 남을 고발하다.
~·red·ly [-fə́ridli] 甲 ~·red·ness, ~·rer 名
pref·er·a·bil·i·ty [prèfərəbíləti] 名Ⓤ 보다 바람직함, 오히려 더 나음[좋음].
*pref·er·a·ble [préfərəbl] 形 (…보다) 오히려 더 나은, 바람직한 (to). ¶The cold was ~ to the smoke. 매운 연기보다는 차라리 추운 것이 나았다. ~·ness 名
*pref·er·a·bly [préfərəbli] 副 (문장 수식; 접속사적) 오히려; 즐겨; 되도록이면.
‡pref·er·ence [préfərəns] 名 (複 -enc·es [-iz]) 1 ⓊⒸ (a ~) (다른 것보다) 더 좋아함(to, over, before, above); (기호에 따른) 선택; 편애, (…에 대한) 애호, 선호 (for, to). ⇨CHOICE 〖유의어〗 ¶ ~ of A over B B보다는 A를 더 좋아함[선호함] / give a ~ to …쪽을 택하다[편들다] // give a person his ~ 남에게 선택하도록 하다. 2 특히 좋아하는[희망하는] 것, 좋아하는 물건; 선택물. ¶Which is your ~? 너는 어느 것이 좋지? 3 ⓊⒸ 〖법률〗 (…보다) 우선권을 주기(over, before, above); (…에 대한) 우선(권), 선취(권)(for). ¶give one creditor a ~ over others 한 채권자에게 우선권을 주다. 4 (국제 무역·관세 따위의) 특혜, 우대. ¶ ~ treatment 특혜 대우, 우대.
by [or *for*] *preference* 즐겨서, 골라서, 제일 먼저.
have a preference for [or *to*] … *over* [or *to, rather than*] …보다 …쪽을 좋아하다[선택하다].
in preference to …보다는 오히려, …에 우선해서[앞서서].
préference bònd 名 〖英〗 (재정) 우선 공채 증서.
préference stòck[shàre] 名 〖증권〗 〖英〗 우선주(株) (〖美〗 preferred stock).
pref·er·en·tial [prèfərénʃəl] 形 1 우선권이 있는, 우선하는. ¶ ~ right 선취 특권 / ~ treatment 우대. 2 차별적인, 선택적인. 3 (관세 따위가) 특혜의.
~·ism 名 특혜주의(제도). ~·ist 名 ~·ly 副
preferéntial shóp 名 노동조합원 우선 채용 공장.
preferéntial táriff[dúty] 名 특혜 관세.
preferéntial vóting 名 선택 투표(제)(투표자가 후보자에 대해 선택 순위를 매기는 투표법).
pre·fer·ment [prifə́ːrmənt] 名Ⓤ 1 (…로의) 발탁, 등용, 승진, 승급 (to). 2 (특히 성직자의) 높은 지위, 고관. 3 (남보다) 높은 평가; 우선(권).
pre·ferred [prifə́ːrd] 形 1 〖증권〗 (청구권이) 선순위의, 우선의. 2 승진한, 발탁된. ⇨ ~ stock.
preférred líe 名 〖골프〗 프리퍼드 라이(경기자가 페널티 없이 바꿔 놓을 수 있는 공의 위치).
preférred posítion 名 〖광고〗 (신문·잡지 등의 광고) 게재 지정 위치(premium position).
pre·férred-pro·víd·er orgànizátion [-prə-váidər-] 특약 의료 기구(종업원이 의사 또는 병원을 일정 범위 내에서 선택할 수 있는 교섭형 계약 의료 조직; 略 PPO).
preférred stóck 名 〖증권〗 〖美〗 우선주(株). (→common stock)
pre·fig·u·ra·tion [prìːfigjuréiʃən] 名 1 Ⓤ 예시, 예상. 2 원형(原型)(prototype).
pre·fig·u·ra·tive [prifígjurətiv] 形 예시하는, 예시적인; 예상의. 2 젊은 세대의 가치관이 우세한, 젊은이 지향형 사회의. ~·ly 副 ~·ness 名
pre·fig·ure [priːfígjər/-fígə] 他 …의 형(形)[형(型)]을 미리 나타내다, 예시하다; …을 예상하다.
~·ment 名 예상(도), 예시.
‡pre·fix 名 [príːfiks] (複 ~·es [-iz]) 1 〖문법〗 접두사(에)(⇔ suffix). 2 인명의 앞에 붙이는 경칭(Mr., Dr., Sir 등); (전화의) 시내 국번. ── 動 [prìːfíks, ´-´] (~·es [-iz]; ~·ed [-t]) 1 …을 (…의) 앞부분에 붙이다, 앞에 두다 (to). ¶ (~+目+前+名) ~ a title to a book 책머리에 표제를 붙이다[달다] / ~ a condition to an agreement 계약에 앞서 조건을 달다. 2 〖문법〗 …을 접두사(에)로서 붙이다[달다]. 3 (드물게) …을 미리 임명하다[정하다]. ~·a·ble 形 ~·a·tion 名

pre·fix·al [príːfiksəl, -´-´] 形 접두사(에)의. ~·ly 副
pre·fix·ion [priːfíkʃən] 名Ⓤ 접두사(에)를 붙이기.
préfix notátion 名 〖컴퓨터〗 전치(前置) 표기법(수학 식(式)을 표현하는 한 방법).
pre·fix·ture [priːfíkstʃər] 名 1 Ⓤ 접두사(에)를 사용하기. 2 =prefix.
pre·flight [priːfláit] 形 비행 전의. ── 名 비행 전 작업.
pre·fo·cus [priːfóukəs] 自他 미리 초점을 맞추다.
pre·form [priːfɔ́ːrm] 他 1 …을 미리 형성하다; …을 미리 결정하다. ── 名 [´-´] 미리 형성된 물건; (예비적인 틀로 만든) 미완성품.
pre·for·ma·tion [prìːfɔːrméiʃən] 名Ⓤ 1 미리 형성함(형태를 만듦). 2 〖생물〗 전성설(前成說). ~·a·ry 形
pre·form·a·tive [priːfɔ́ːrmətiv] 形 1 미리 형성하는. 2 〖언어〗 접두(接頭)된, 접두사적인. ── 名 〖언어〗 접두 요소.
pre·fron·tal [priːfrʌ́ntl] 形 〖해부〗 전액골(前額骨) 앞에 있는, 전두(前頭) 전두엽(前頭葉)의.
prefróntal lobótomy 名 〖외과〗 전두엽 백질(白質) 절제(술).
preg [preg] 形 〖구어〗 =pregnant. 1 〖質〗 절제(술).
pre·ga·lac·tic [prìːgəlǽktik] 形 〖천문〗 성운(星雲) 형성 전의.
──── 〖前性期期〗의
pre·gen·i·tal [prìːdʒénitl] 形 〖정신분석〗 전성기기(前性器期)의
preg·gers [prégərz] 形 〖英구어〗 =pregnant.
preg·gy [prégi] 形 〖속어〗 임신한. ── 名 임부(姙婦)
pre·gla·cial [prìːgléiʃəl] 形 빙하기 전(前)의.
preg·na·ble [prégnəbl] 形 정복당할 수 있는, 점령하기 쉬운; 약점이 있는, 공격받기 쉬운. ᛫bil·i·ty 名
preg·nan·cy [prégnənsi] 名Ⓤ 임신, 수태; 임신 기간. ¶ ~ test 임신 검사. 2 (사상·기지 따위의) 풍부, 충실; 함축성이 풍부함, 의미 심장함. 3 다산(多產), 풍요.
*preg·nant [prégnənt] 形 1 임신한, 애를 밴 (of, with). ¶be three months ~ 임신 3개월이다 / She is ~ with her first child. 그녀는 첫 아이를 임신했다. 2 (비유적) (중대한 결과 따위가) 품은, 내포하고 있는 (with). ¶be ~ with dangerous consequences 위험한 결과를 내포하고 있다. 3 (…로) 가득 찬, 충만해 있는 (in, with); (생각 따위가) 풍부한, 많은 (in). ¶a mind ~ in ideas 아이디어가 풍부한 사람. 4 (말 따위가) 의미 심장한, 함축성이 있는. ¶a construction 함축(간략) 구문 / a utterance 의미 심장한 발언 / words ~ with meaning 함축성이 있는 말. 5 풍요로운, 비옥한; 다산의. ¶a ~ year 풍년.
~·ly 副 ~·ness 名
prégnant róller skàte 名 〖美속어〗 폴크스바겐(Volkswagen car).
pre·heat [priːhíːt] 名自他 〔오븐 따위를〕 미리 가열하다, 예열하다. ── ·er 名 예열기.
pre·hen·sile [prihénsl/-sail] 形 1 (동물의 발·꼬리 따위가) 휘감기 쉬운, 쥐어잡기에 적합한. 2 (사람이) 이해력〖통찰력〗을 가진, 3 탐욕스런. prè·hen·síl·i·ty 名 파악력이 있음, 물건을 잡기에 적합함.
pre·hen·sion [prihénʃən] 名Ⓤ 1 잡기, 파악, 포착. 2 이해, 납득. 〔정복 이전의.
pre·His·pan·ic [-hispǽnik] 形 (중남미) 스페인
*pre·his·tor·ic [prìːhistɔ́(ː)rik, -tár-/-tɔ́r-] 形 1 유사 이전의, 선사(先史) 시대의. ¶ ~ times 선사 시대. 2 〖구어〗 (경멸적·익살) 아주 옛날의; 구식의, 시대에 뒤진. (또는 prehistorical) ·i·cal·ly 副
pre·his·to·ry [prìːhístəri] 名Ⓤ 1 유사 이전의 역사; 선사학(先史學), 선사 시대사(史). 2 (a ~) (위기적 사태에 이르기까지의) 과정, 경위, 전(前)단계.
pre·hom·i·nid [prihάmənid] 名 〖인류〗 선행(先行) 인류(사람과의 선조로 생각되는 절멸된 영장류).
pre·hor·mone [prihɔ́ːrmoun] 名 〖생화학〗 전구(前驅) 호르몬.
pre·hos·pi·tal [prìːháspitl/-hɔ́s-] 形 입원 전

의. ¶~ care 입원하기 전의 간호. [(대)의.
pre·hu·man [pri:hjú:mən] 형 인류 출현 이전(시)
Prei·gnac [prənjǽk] 명 (종종 p-) 프레냑(프랑스 프레냑 마을에서 생산되는 백포도주). 「기 점화.
pre·ig·ni·tion [prì:igníʃən] 명 (내연 기관의) 조
pre·In·can [-íŋkən] 형 잉카 제국에 앞선, 잉카 전의.
pre·in·cline [prì:inkláin] 동타 미리 준비[대비]시키다. **-cli·ná·tion** 명
pre·in·duc·tion [prì:indʌ́kʃən] 명 입대(징병) 전의.
pre·in·dus·tri·al [prì:indʌ́striəl] 형 산업화 이전의.
pre·in·form [prì:infɔ́:rm] 타 미리 알리다.
pre·judge [prì:dʒʌ́dʒ] 동타 1 …을 미리 판단하다, 예단(豫斷)하다. 2 [법률] …을 충분히 심리하지 않고 판결하다. **-júdg·er** 명 「(사시험).
pre·judg·ing [prì:dʒʌ́dʒiŋ] 명 예선(豫選), 예비 심
pre·judg·ment, (英) **-judge-** [prì:dʒʌ́dʒmənt] 명⒰ 예단(豫斷); [법률] 무심리의 판결.
pre·ju·di·ca·tion [prì:dʒù:dəkéiʃən] 명 예단; ⒞ 판례(判例).
‡**prej·u·dice** [prédʒudis] 명 (복 **-dic·es** [-iz])
1 ⒰⒞ (…에 대한) (정당한 이유 없는) 편견, 악감, 적대감 (against, toward); (…에 대한) 편파(偏頗), 편벽 (for, in favor of); (호의·비호의적) 선입관. ⇒ BIAS
유의어 ¶a person of strong ~s 편견이 강한 사람. 2 ⒰ (편파적인 것으로부터 생겨나는) 손해, 피해, 폐해, 불이익; [법률] (…의) 권리 침해 (of).
have a prejudice against a person 남을 혐오하다.
have a prejudice in favor of a person; **have a prejudice in** a person's **favor** 남을 편파적으로 두둔하다.
in [or **to the**] **prejudice of** …에 손해[폐]를 끼쳐.
terminate [or **dismiss**] a person **with extreme prejudice** (美속어) 남을 죽이다, 암살하다.
without prejudice ① 편견 없이. ② [법률] (…의) 권리를 침해[훼손]함이 없이(to).
── 동타 (**-dic·es** [-iz]; **~d** [-t]; **-dic·ing**) 1 (보통 수동형으로) …에 편견을 갖게 하다, …을 splog2하게 하다 (against); [권리 따위]를 비뚤어지게 하다. 2 …에 손해를 끼치다; [권리 따위]를 해치다, 손상시키다. ¶~ one's chances of success 성공의 기회를 망쳐놓다.
be prejudiced against [**in favor of**] …에 반감 [호감]을 품다.
prejudice a person **against** 남에게 …에 대해 ~**less** 형 L편견을 갖게 하다.
prej·u·diced [prédʒudist] 형 (경멸적) (…에 대해) (선입관적인) 편견을 가진; 불공평한 (toward). ¶a ~ opinion 편견. **~·ly** 부
prej·u·di·cial [prèdʒudíʃəl] 형 1 편견을 갖게 하는. 2 (…에) 손해를 끼치는, 불리한 (to). ¶~ to one's interests 불이익의. (또는 **prejudicious**)
~·ly 부 **~·ness** 명
pre·kin·der·gar·ten [prì:kíndərgà:rtn] 명 유치원에 들어가기 전 어린이의; 유치한, 미숙한.
pre·lac·tar·i·an [prì:læktɛ́əriən] 명 (英) 홍차보다 우유를 먼저 넣는 사람.
prel·a·cy [préləsi] 명 1 ⒰ prelate의 지위[직]. 2 (the ~) (집합적) 고위 성직(자), 감독. 3 (때로 경멸적) (교회의) 감독 제도; 고위 성직자들에 의한 교회 운명.
pre·lap·sar·i·an [prì:læpsɛ́əriən] 형 (Adam과 Eve의 죄로 인한) 인류 타락 이전의.
‡**prel·ate** [prélət] 명 1 고위 성직자(archbishop, bishop 등); 종교 의식 집행자. 2 (古) 수도원장.
prélate nul·lí·us [-nullíəs] 명 (복 **-s n-**) (가톨릭) 독립 교구장(어느 주교의 관할 구역에서 독립된 교구를 관할하는 고위 성직자).
prel·ate·ship [prélətʃip] 명⒰ prelate의 직(職).
prel·at·ess [prélətis] 명 (古어) 여자 수도원장.
pre·lat·ic [prilǽtik] 형 prelate의. (또는 **prelatical**)

prel·a·tism [prélətizm] 명⒰ (경멸적) (교회의) 감독 제도; 감독 제도의 고집. **-tist** 명
prel·a·ture [prélətʃər] 명 1 ⒰ prelate직[계급]. 2 (the ~) (집합적) 고위 성직(자), 수도원장.
pre·launch [prì:lɔ́:ntʃ] 형 (宇宙) (우주선 따위가) 발사 준비중인, 발사 전의.
pre·law [prì:lɔ́:] 형 (美) 법학 대학원(law school) 입학 준비중의; 법학 전문 출석석사[학생].
pre·lease [prì:lí:s] 타 미리 임대차 계약을 하다. ── 명 건축 전에 청약[서명]한 임대차 계약(서).
pre·lect [prilékt] 자 (大학 강사가) 강의하다, 강연하다. **-léc·tion** 명 **-léc·tor** 명 강사.
pre·li·ba·tion [prì:laibéiʃən] 명⒰⒞ 시식(試食) (독의 유무를 확인하기 위해) 먼저 맛보기.
pre·lim [pri:lim, prilím] 명 1 (the ~s) (구어) 예비 시험(preliminary examination). 2 (~s) (英구어) [인쇄] (책의) 목차·서문 따위. 3 (美속어) (복싱의) 오프닝 게임. ── 형 =preliminary.
prelim. preliminary.
‡**pre·lim·i·nar·y** [prilíməneri, -nəri] 형 예비의, 준비의; (시합에서) 예선의; 임시의, 가(假)…, 서두의. ¶~ examinations 예비 시험/~ negotiations 예비 교섭/~ arrangements 가협약.
preliminary to …에 앞서.
── 명 (복 **-nar·ies** [-z]) 1 (-naries) 예비 행위[수단], 사전 준비. ¶arrange all the *preliminaries* for …에 대한 모든 사전 준비를 하다. 2 예비 시험; [스포츠] 예선, (권투의) 오프닝 게임. 3 (-naries) (英) (인쇄) (책의) 목차·서문 부분.
without preliminaries 단도직입(적)으로.
-nár·i·ly 부. 예비로, 우선.
preliminary expénses 명(복) (상업) 창업비.
preliminary héaring [**examinátion**] 명 (美) [법률] 예심(豫審).
preliminary remárk 명 (~s) (책·연설 따위의) 서문, 서언, 머리말.
pre·lim·it [prì:límit] 동타 미리 제한하다.
pre·lin·gual [prì:líŋgwəl] 형 언어 발달(습득) 전의. ~**·ly** 부
pre·lit·er·ate [prì:lítərət] 형 1 문자(문헌)를 갖지 않은, 문자 사용 이전의, 2 미개의, 원시적인. ── 명 문 「치된.
자를 모르는 (사회의) 사람.
pre·load·ed [prì:lóudid] 형 (컴퓨터) 미리 설치(장
‡**prel·ude** [prélju:d, prélju:d, prí:lju:d, -lu:d] 명 1 (a ~) (악살) (…의) 준비[예비]행위; 서두, 머리말, 서막; 전조 (to). ¶a ~ to some brighter world 보다 더 밝은 세계로의 서막. 2 (음) 도입부; (음악) 전주곡, 서곡; (교회 예배용) 오르간 독주. ── 동타 …의 서두가 되다, …을 선도하다; (음악) …의 전주곡을 연주하다. ── 자 (음악) 서곡을 연주하다; 서두를 말하다; 전조가 되다 (to). **-ud·er** 명 **pre·lú·di·al, pre·lú·di·ous**
pre·lú·di·ous·ly 부
pre·lu·sion [prilú:ʒən/-ljú:-] 명 =prelude.
pre·lu·sive [prilú:siv/-ljú:-] 형 서두[머리말]이 되는, 서두의, 전주곡의; (…의) 전조가 되는, 선구적인 (to). (또는 **prelusory**) **-·ly, -·lú·so·ri·ly** 부
prem [prem] 명 (구어) 조산아, 미숙아(premature
prem. premium. Linfant).
pre·ma·lig·nant [prì:məlígnənt] 형 전암(前癌) 상태의(precancerous), 악성이 되기 전의.
pre·man [prí:mǽn, ʌ] 명 =prehominid.
Prem·a·rin [prémərin] 명 (상표) 프레마린(갱년기 증세·암 치료용 에스트로젠 합성물).
pre·mar·i·tal [prì:mǽrətl] 형 결혼 전의, 혼전(婚 前)의. ¶~ sex 혼전 성교. 「ment.
premárital cóntract 명 =prenuptial agree-
pre·mar·ket·ing [prì:má:rkitiŋ] 명 시장(에) 출하 (하기) 전의.

*pre·ma·ture [prìːmətʃúər, -tjúər/prèmətjúə-tʃúə] 형 1 시기 상조의, 너무 이른[서두른], 조급한; 조산(早産)한. ¶~ judgment 조급한 판단 / a ~ birth 조산. 2 (드물게) 조숙한. ~·ly 부 ~·ness 명
premature báby 명 조산아, 팔삭둥이. [산(早産).
premature delívery [lábor] 명 미숙 분만, 조
premature ejaculátion 명 조루(早漏).
pre·ma·tu·ri·ty [prìːmətʃúərəti/prèmətjúər-] 명 U 조숙; 시기 상조; 일찍 핌; 서두름; 경솔한 생각; 조산.
pre·med [priːméd] 명 (美구어) 1 의과 대학 진학 [의예과] 과정의 학생. 2 =premedication. ━형 (美구어) =premedical.
pre·med·ic [priːmédik] 명 형 =premed.
pre·med·i·cal [priːmédikəl] 형 의과 대학 진학의, 예과 과정의. [U] 예비 마취; C 그 약.
pre·med·i·ca·tion [prìːmedəkéiʃən] 명 (외과)
pre·med·i·tate [prìːmédəteit, pri-] 동 미리 고려[연구, 계획]하다. -tà·ting·ly 부 -tà·tor 명
pre·med·i·tat·ed [priːmédəteitid] 형 미리 생각한; 계획적인. ⇒DELIBERATE 유의어 ¶a ~ crime 계획적 범죄. ~·ly 부 ~·ness 명
premeditated múrder [hómicide] 명 (법률) 모살(謀殺).
pre·med·i·ta·tion [prìːmedətéiʃən] 명 U 1 미리 생각하기; 계획. 2 (법률) 예모(豫謀), 고의.
pre·med·i·ta·tive [prìːmédəteitiv/-tətiv] 형 미리 생각[궁리]한, 계획적인; 사려 깊은.
pre·mei·o·tic [prìːmaiátik] 형 (생물) 감수 분열 전의. [經] 전의.
pre·men·o·pau·sal [prìːmenəpɔ́ːzəl] 형 폐경(閉
pre·men·stru·al [priːménstruəl] 형 월경 전의.
prementstrual sýndrome 명 (병리) 월경(생리) 전 증후군(월경 전의 정신적 불안정 상태; @ PMS).
pre·met·ro [-métrou] 명 (복 ~s) 전차용 지하도, 지하 전차노.
pre·mi·a [priːmiə] 명 premium의 복수형.
pre·mie [príːmi] 명 =preemie.
*pre·mier [primjíər, príːmiər/prémjə, -miə] 명 (복 ~s [-z]) 1 (프랑스·이탈리아 등의) 수상, 국무 총리. 2 (캐나다·호주 등의) 주(州)지사[수상](provincial ~). 3 (~s) (美) (선수권 대회의) 우승팀. ━형 수위의, 제1위의. ¶the ~ minister (古어) 수상 / take the ~ place 최상의 지위를 점하다. 2 최고(最古)의, 최초의, 가장 연대(年長)의. ~·ship 명 수상의 직[임기].
pre·mier dan·seur [F prəmje dɑ̃sœːR] 명 (복 -s -s) (발레) 남성 주역(主役) 댄서.
pre·miere [primjíər, -mjɛ́ər/prémjɛə/prémjɛ̀ə] 명 1 (연극·영화 따위의) 첫 공연, 초연(初演), 초일(初日), 개봉. 2 (연극의) 주연 여배우. ━동[타] ···을 초연[개봉]하다. ━형 첫 공연[개봉]하는 1 최초의; 선두의; 주요(主要)한. 2 주연 여배우의, 주역의.
pre·mière dan·seuse [F prəmjɛːR dɑ̃søːz] 명 (복 -s -s) (발레) 여성 주역 댄서.
Prémier Léague 명 (the ~) (스포츠) (잉글랜드 프로 축구의) 1부 리그.
pre·mil·le·nar·i·an [prìːmiləneə́riən] 명 형 전(前) 천년 왕국설 신봉자(의). ~·ism 명
pre·mil·len·ni·al [prìːmiléniəl] 형 지복 천년기 (至福千年期)의, 그리스도 재림 이전의. ~·ly 부
pre·mil·len·ni·al·ism [prìːmiléniəlizm] 명 지복 천년기 전(前) 그리스도 재림설. -ist 명
pre·mil·len·ni·al·ize [prìːmiléniəlàiz] 동재 전(前千年) 왕국설(王國説)을 신봉하다.
*prem·ise [préməs] 명 (prémis) 1 (···이라는) 전제, 가정 (that 절). ¶(논리) (삼단논법의 두 가지) 전제(前提). ¶the major [minor] ~ 대[소]전제. 2 (~s) a) (양도의 대상이 되는) 재산, 부동산. b) (건물을 포함한) 토지. c) 저택, 가택(家宅); (토지 따위를 포함한) 건물; 점포. ¶lease ~s 저택을 임대차하다 / banking ~s 은행 영업소 / search the ~s 가택 수색을 하다. 3 (법률) a) (추리의) 근거. b) 기술(既述) 사항, 전기(前記) 재산. c) (형명법(衡平法)에서) 소송의 근거가 되는 사실. ¶in these [or the] ~s 전술한 바에 따라. d) (the ~s) (증서의) 표제부(당사자 이름·물건 따위가 기재된 부분); 증서가 대상으로 하는 부동산.
off the premises 부지[점포, 집] 밖에서.
on the premises 부지 내[구내, 점포 내]에서. ¶To be drunk [or consumed] on the ~s 점포내에서 음료를 마실 것.
━동 [préməs/primáiz] 타 (수동형으로) (···을) 전제로서 말하다, 서두에 말하다; ···을 전제로 하다, 가정하다 (on). ━자 전제로 하다, 가정하다.
prem·iss [préməs] 명 =premise 1.
*pre·mi·um [príːmiəm] 명 (복 ~s, -mi·a [-miə]) 1 (···에 대한) 상, 상금, 상품 (for). ¶a ~ for good behavior 선행상(善行賞). 2 (특별한 노동에 대한) 상여(금)(bonus), 경품, 할증금, 프리미엄. ¶place a ~ on ···에 프리미엄을 붙이다. 3 보험료, 보험료 납입금. 4 (경제) 초과 구매력. 5 (증권) 주식 차용 수수료. 6 (美) (대출금에 대해 이자 외에 지불하는) 수수료. 7 (직업 훈련 등에 대한) 사례금, 수업료.
at a premium ① 프리미엄을 붙여서, 액면 이상으로. ② 크게 수요가 있어서, 진귀해져서.
put [or place, set] a premium on ① ···을 장려[중시]하다. ② ···에 프리미엄을 붙이다.
there is a premium on ···이 장려되다, 소중하다.
━형 1 (같은 종류의 다른 것보다) 상급의, 상질의; 고급의; 고가의, 값비싼. ¶~ grapes 고급 품종 포도. 2 프리미엄의(붙는).
prémium bònd(s) 명 (英) (종종 P- B-) 상금부 (附) 무이자 국채. (또는 Prémium Sávings Bònd(s))
prémium càrd 명 (신용 카드의 골드[VIP] 카드.
prémium lòan 명 (보험) 보험료 대체 대출.
prémium nòte 명 (보험) 보험료 지불 약속 어음.
prémium position 명 (광고) =preferred position.
pre·mi·um-priced [-práist] 형 (품질에 어울리는) 최고값의.
prémium sỳstem 명 상여 제도(시간급을 정해 놓고 소정 시간보다 빨리 일을 끝마치면 할증급을 지급).
pre·mix [prìːmíks] 명[타] ···을 미리 섞다[혼합하다]. ━형 미리 혼합된. ━명 (사용·판매 전에) 미리 섞은 것. (또는 premixture) ~·er 명
pre·mo·lar [prìːmóulər] 형 어금니 앞에 있는, 소구치(小臼齒)의. ━명 소구치.
pre·mon·ish [primániʃ/-mɔ́n-] 동 (드물게) (···에) 미리 경고[경계]하다.
pre·mo·ni·tion [prìːməníʃən/-mou-] 명 1 사전 경고, 예고. 2 전조(前兆); 예감. [전조.
pre·mon·i·tor [primánətər/-mɔ́n-] 명 예고자.
pre·mon·i·to·ry [primánətɔ̀ːri/-mɔ́nitəri-] 형 미리 경고하는; 전조의, 징후의. ¶~ symptoms of disease 발병 전의 징후. -to·ri·ly 부
pre·mo·tion [priːmóuʃən] 명 사전 움직임, 사전 행동; (신의(神意)에 의한) 사전 결정.
pre·mun·dane [priːmʌ́ndein] 형 세계 창조 이전의.
pre·mune [prìːmjúːn] 형 (면역) premunition의.
pre·mu·ni·tion [prìːmjuníʃən] 명 상관 면역(병원체가 이미 생체 내에 존재하기 때문에 생긴 면역).
pre·name [priːnéim] 명 =forename.
pre·na·tal [prìːnéitl] 형 (美) 출생 전의, 탄생 전의, 태아기의(英) antenatal). ¶~ adoption 수정란 입양. ━명 (구어) ~ diagnosis. ~·ly 부
prenátal díagnósis 명 출생 전 진단, 태아 검진.
pre·no·men [priːnóumen] 명 =praenomen.
pre·nom·i·nal [priːnámənl/-nɔ́m-] 형 (문법) (형용사가) 명사의 앞에서 수식하는.

pre・nom・i・nate [prinǽmənèit/-nɔ́m-] 〔폐어〕 형 전술한, 앞서 언급한. ── 타 앞서 말하다, 전술하다.
‑ná・tion 명 「통지, 예고.
pre・no・ti・fi・ca・tion [prì:noutəfikéiʃən] 명 사전
pre・no・tion [pri:nóuʃən] 명 예지(豫知), 예상.
pren・tice [préntis] 〔구어〕 명 연한을 정한 도제[훈련생](apprentice). ── 형 도제(徒弟)의; 미숙한, 경험이 없는; 습작의. ¶try one's ~ hand at 미숙한데 …을 해보다. ~・**ship** 명
pre・nu・bile [prinjúːbil, -bail] 형 결혼 적령기 전의.
pre・nu・cle・ar [priːnjúːkliər/-njúː-] 형 핵무기 개발[출현, 시대] 이전의.
pre・nup・tial [prinʌ́pʃəl, -tʃəl] 형 혼전(婚前)의 〔동물〕 교미 전의.
prenúptial agréement 명 혼전 약정.
pre・oc・cu・pan・cy [priɑ́kjupənsi/-ɔ́k-] 명⃝U 선점(先占), 선취(권); 골똘[열중]함, 몰두.
***pre・oc・cu・pa・tion** [priːɑ̀kjupéiʃən/-ɔ̀k-] 명 1 선점, 선취. 2 (다른 일에) 정신이 팔려 있음, 사색, 몰두(with). ¶have a ~ with art 예술에 정신이 팔려 있다. 3 편견, 편향, 선입관. 4 ⓒ 최초로 해야 할 일, 급선무; 몰두[열중]하는 문제.
***pre・oc・cu・pied** [priɑ́kjupàid/-ɔ́k-] 형 1 이미 점유되어 있는, 선취당한. 2 (…에) 몰두한, 여념이 없는, 정신이 팔린, 열중한(with, by), 3 〔생물〕(종래의 속명(屬名) 따위가) 이미 다 사용된, 이제부터는 사용할 수 없는. ~・**ly** 부 ~・**ness** 명
***pre・oc・cu・py** [priɑ́kjupài/-ɔ́k-] 타 1 …을 먼저 점유하다, 선취하다. 2 (…으로) …의 마음을 빼앗다, …을 열중[몰두]케 하다(with, by); …에 편견을 가지게 하다.
be preoccupied with …만 생각하고 있다, …으로‑**pi・er** 명 「딴 데 볼 정신이 없다.
pre・oc・u・lar [priɑ́kjulər/-ɔ́k-] 형 〔동물〕 (더듬이 등의) 눈[안구] 앞에 붙은.
pre-op [priɑ́p/-ɔ́p] 〔구어〕 형 =preoperative. ── 명 수술 전 검사. (또는 **pre-op**)
pre-op・er・a・tive [priɑ́pərətiv, -rèitiv/-ɔ́p-] 형 수술 전의[에 일어나는]. ~・**ly** 부
pre・op・tion [priɑ́pʃən/-ɔ́p-] 명 첫번째 선택권.
pre・or・bit・al [priːɔ́ːrbitl] 형 〔천문〕 궤도 진입 전의.
pre・or・dain [priːɔːrdéin] 타 (수동형으로) (…으로/to do/하도록) …의 운명을 미리 결정하다, …을 예정하다(to/to do). ~・**ment** 명 **‑or・di・ná・tion** 명⃝U 예정, 숙명.
pre・ov・u・la・to・ry [priɑ́vjulətɔ̀ːri/-ɔ́vjulèitəri] 형 〔생리〕 배란 전의. (는 **pre-owned**)
pre-owned [priːóund] 형 중고(품)의, 고물의, (또)
prep [prep] 〔구어〕 명 1 예습; 사전 준비; ⓤ〔영〕 숙제. 2 =preparatory school; 그 학생(preppie). ── 형 =preparatory. ── 통 (**-pp-**) 자 …을 예습하다; 〔남〕에게 준비 교육을 시키다. 「position.
prep. preparation; preparatory; preparer; pre‑
pre・pack [priːpǽk] 타 (제조업자·유통업자 등이 미리 꾸며 놓은) 상품 패키지. ── 통 타 [∠́] =prepackage. ‑**ed** [-t] 형
pre・pack・age [priːpǽkidʒ] 타 …을 판매 전에 미리 포장하다. (또는 **prepack**)
pre・paid [priːpéid] 동 prepay의 과거·과거분사. ── 형 선불의, 지불필의(약 p.p., ppd).
‡**prep・a・ra・tion** [prèpəréiʃən] 명 (복 ~**s** [-z]) 1 ⓤ⃝ⓒ (…에 대한/…을 위한) 준비, 대비(for/to do). ¶Our ~**s** *are complete.* 우리의 준비는 완료됐다. 2 ⓒ (장래 일에 대한) 마음의 준비, 각오(for). 3 ⓤ⃝ⓒ (…에 대한) 예습, 예비 조사[학습] (만의 시간; 〔영〕 숙제. 4 ⓒ (…의 용으로/…을 위한) 조제품(약제·화장품·조미료 따위), 조합제(劑)(for/to do); ⓤ (…의) 조제, 조합(調合); 요리, 조리(of). ¶a ~ *of drugs* 약의 조제 / ~ *of*

food 음식물의 조리. 5 (실험·해부용 동물 따위의) (조직) 표본. 6 ⓤ⃝ⓒ 〔음악〕 (불협화음의) 예비(음). 7 ⓤ 〔성서〕 (안식일·축일 전날의) 준비 일[행사](←요한복음)
in preparation 준비중(中). (John) 19 : 31).
in preparation for …의 준비[대비]로.
make preparation for …의 준비를 하다.
~・**al** 형 「(復) 치질學.
Preparátion H 명 〔상표〕 프레퍼레이션 H(미국산
pre・par・a・tive [pripǽrətiv] 형 =preparatory. ── 명 준비 (행위); 준비가 되는 것; 〔군사〕 준비 신호(나팔·북 따위). ~・**ly** 부
pre・par・a・tor [pripǽrətər, -pɛ́ər-] 명 조제[조합]하는 사람; (박물관 등의) 표본 제작자(담당자).
pre・par・a・to・ri・ly [pripǽrətɔ̀rili/-təri-] 부 예비 [준비]로서, 우선.
***pre・par・a・to・ry** [pripǽrətɔ̀ːri/-təri] 형 1 예비[준비]가 되는, 예비[준비]의. ¶~ *arrangements* 예비 협정 / ~ *measures*[*training*] 예비 수단[훈련]. 2 (대학) 진학 준비의. ¶a college-~ *education* 대학 진학 준비 교육. 3 머리말[서문]의. 「여; …에 앞서.
preparatory to ① …의 준비로서. ② …을 예상하 ── 명 = school.
prepáratory schóol 명 〔미〕 (기숙사를 갖추고 특히 일류대 진학 준비 교육을 하는) 사립 고등 학교; 〔영〕 (public school 입학 준비를 하는) 사립 초등 학교.
‡**pre・pare** [pripέər] 동 (~**s** [-z]; ~**d; -par・ing**) 타 1 …을 준비[채비]하다(*for*); 입안(立案)하다. ¶~ a *room*[*speech*] 방[연설]을 준비하다 /(~+목+전+명) ~ *ground for seed* 씨를 뿌릴 수 있도록 땅을 정리하다. 2 〔회식·요리 따위〕를 준비하다. ¶~ *the table* 식탁을 차리다. 3 〔약품 따위〕를 조제[조합]하다; …을 만들다, 작성하다. ¶~ *pills* 환약을 조제하다. 4 …을 예비 조사하다, 예습하다. 5 …에게 (…을 위한/…하기) 준비[예비] 교육[훈련]을 시키다(*for*/*to do*). 6 〔종종 재귀용법으로〕 (미리) …을 각오하게 하다, 예기(豫期)시키다. ¶(~+목+전+명) ~ *oneself for bad news*[*death*] 나쁜 소식[죽음]을 각오하다. 7 〔음악〕 (불협화음)을 협화음으로 만들다. ── 자 (…을 위한) 준비하다, (…에) 대비하다(*for*, *against*); (…을 위한/…할) 각오를 하다(*for*/*to do*). ¶(~+전+명) ~ *for the worst* 최악의 경우를 각오하다; 만일에 대비하다/~ *against* a *disaster* 재해에 대비하다.
be prepared to do ① …할 각오를 하고 있다. ② 자진하여[기꺼이] …하다(*be ready to*). ¶I *am ~d to go.* 기꺼이 갈 각오다.
prepare oneself for ⇨ 6. 「끼어 갈 각오다.
‑**pár・er** 명
pre・pared [pripέərd] 형 1 준비[채비]가 되어 있는; (연설·성명 따위가) 미리 준비되어 있는; (…을/…할) 각오[예상]를 하고 있는(*for*/*to do*). ¶Be ~. (만사에) 대비하라(*미국 보이 스카우트·걸 스카우트의 표어). 2 조제한, 조합된. **-par・ed・ly** [-pέərədli] 부
pre・par・ed・ness [pripέərédnis, -pέərd-] 명⃝U 1 준비[채비]가 되어 있음; 각오. 2 군비(軍備), 전쟁 대비 태세(*for*).
prepáred piáno 명 프리페어드 피아노(현에 이물질을 부착시켜 음질·가락을 바꾼 그랜드 피아노).
pre・pa・ren・tal [prìːpərɛ́ntl] 형 부모가 되기 전의.
pre・pay [priːpéi] 동 타 (**-paid**) 1 …을 선불하다, 선금을 치르다. 2 (우편 요금·세금 따위)를 선납하다. ~・**a・ble** 형 ~・**ment** 명⃝U⃝ⓒ 선불, 선납.
prepd. prepared.
pre・pense [pripéns] 형 《명사 뒤에 써서》 미리 숙고한, 계획적인, 고의적인(premeditated). ¶of *malice* ~ 〔법률〕 범의를 품고, 가해 의도가 있어서. ~・**ly** 부
pre・plan [priːplǽn] 타 …을 미리 계획하다.
pre・pon・der・ance [pripɑ́ndərəns/-pɔ́n-] 명⃝U (무게·힘·수량 따위가) (…보다) 뛰어남, 능가, 우세, 우월(*over*); (보통 a ~, the ~) 압도적 다수, 태

반. ¶ have the ~ over …보다 우세하다.
(또는 **preponderancy**)
pre·pon·der·ant [pripánd(ə)rənt/-pɔ́n-] 형 (무게·세력·수량이) (…보다) 뛰어난, 우세한, 압도적인 (*over*); 다수[태반]의. **~·ly** 부
pre·pon·der·ate [pripándəreit/-pɔ́n-] 자 **1** (무게가) (…보다) 더 나가다 (*over*); (저울 따위가) 한쪽으로 내려가다[기울다]. **2** (세력·수량 따위에) (…보다) 우세하다, 우위를 차지하다 (*over*). ¶ ~ in voting 투표에서 우세하다. **-·ly, -at·ing·ly** 부
pre·pon·der·a·tion [pripàndəréiʃən/-pɔ̀n-] 명 ⓤ (무게·세력 따위가) 우세함; 우월.
pre·por·tion [pripɔ́:rʃən] 명타 (판매 전에) (몫을) 할당하다, 분배하다. ─「」을 전치(前置)하다.
pre·pose [pripóuz] 타자 (문법) (어떤 문법 형식)
*p**rep·o·si·tion** [prèpəzíʃən] 명 (문법) 전치사. ─ 타 (군사) (화력 장비나 부대)를 사전에 전개 배치하다.
prep·o·si·tion·al [prèpəzíʃənl] 형 (문법) 전치사의, 전치사적인. **~·ly** 부
preposítional phrase 명 (문법) 전치사구.
pre·pos·i·tive [pri:pázətiv/-pɔ́z-] 형 앞에 둔; (문법) 전치하는. ─ 명 (문법) 전치어. **-·ly** 부
pre·pos·i·tor [pri:pázətər/-pɔ́z-] 명 =praepostor, **-tó·ri·al** 형
pre·pos·sess [prì:pəzés] 타 **1** (보통 수동형으로) (생각 따위를) [남]으로 하여금 미리 갖게 하다, (…이라는 선입관·편견을) 갖게 하다 (*with*). ¶ (~+목+前+명) He is ~ed *with* some idea. 그는 처음부터 어떤 생각에 사로잡혀 있다. **2** (생각 따위가) [남]의 마음을 사로잡다; (…에게) 좋은 인상을 주다, 호의를 품게 하다 (*by, in*). ¶ He is ~ed in her favor. 그는 처음부터 그녀에게 호감을 갖고 있다.
pre·pos·sessed [prì:pəzést] 형 (…에) 사로잡힌, 정신이 나간; 선입관[호감]을 가진 (*by, with*).
pre·pos·sess·ing [prì:pəzésiŋ] 형 남에게 호감을 주는, 남이 좋아하는, 매력적인. **~·ly** 부 **~·ness** 명
pre·pos·ses·sion [prì:pəzéʃən] 명 **1** (…에 대한) (호감이 담긴) 선입관; 두둔, 편애; 편견 (*against*). **2** (…에 대한) 호의, 호감 (*for*); 열중함, 사로잡힘. **3** (고어) 선취(先取), 먼저 가짐. **-à·ry** 형
*p**re·pos·ter·ous** [pripástərəs/-pɔ́s-] 형 **1** 불합리한, 비상식적인, 터무니없는, 기묘한. ⇒FOOLISH 유의어 **2** 앞뒤가 뒤바뀐, 뒤죽박죽의. **~·ly** 부 **~·ness** 명
pre·pos·tor [pripástər/-pɔ́s-] 명 =praepostor.
pre·po·tence [pripóutns] 명 =prepotency.
pre·po·ten·cy [pripóutnsi] 명ⓤ **1** 우세, 탁월. **2** (유전) 우성(마)성 유전(력), 우위성.
pre·po·tent [pripóutnt] 형 **1** (권위·세력 따위가) 매우 우세한(preeminent), 유력한. **2** (유전) 우성의, 우성 유전(력)의. **-·ly** 부
prep·per [pépər] 명 **1** (美속어) 예비팀(의 일원). **2** =preparatory school.
prep·py [prépi] 명 (美구어) (preparatory school) 학생[졸업생](* 부유층 자녀라는 의미를 함축한다); 사립 고교생 스타일[차림, 풍을 좋아하는 사람. ─ 형 사립 고교(학생)의; 사립 고교생 스타일[의 (복장)가] 보수적인, 예의 바른. (또는 **preppie**) (鷲) 전의.
pre·pran·di·al [pripréndiəl] 형 식전의; 정찬(正
pre·pref·er·ence [pripréfərəns] 형 (英) (주식 따위가) 최우선의.
pre·preg [prí:prèg] 명ⓤ 수지(樹脂) 첨부 가공재.
pre·pre·par·a·to·ry schóol [-prìpəpǽrətɔ̀:ri-] 명 (英) preparatory school을 진학하기 위한 준비 학교(5-7세 아동 대상).
pre·pri·ma·ry [pripráiməri/-məri-] 형 (정치) 예비 선거 전의. ¶ ~ endorsement 예비 선거 전 (특정 후보) 지지 표명.
pre·prim·er [pripprímər] 명 초보 입문서.

pre·print [pri:print] 명 (책·잡지의) 견본 인쇄본.
pre·proc·ess [pri:práses/-próu-] 명타 (컴퓨터) (데이터 따위)를 예비적으로 처리하다.
pre·proc·es·sor [pri:prásesər/-próu-] 명 (컴퓨터) (자료 따위를 미리 조사·분석하는) 예비 처리 장치[프로그램].
pre·pro·duc·tion [pri:prədʌ́kʃən] 명 (영화 따위의) 제작 준비 작업(배역·로케이션장 선정 따위). ─ 형 생산[제작] 개시 전의; 시제품의.
pre·pro·fes·sion·al [pri:prəféʃənl] 형 전문 연구 전의[에 관한], 전문직 개업 전[준비]의.
pre·pro·gram [pri:próugræm] 타 …의 예정을 미리 세우다: (컴퓨터) 미리 프로그램을 짜다.
~ed, ~med 형
pre·pro·hor·mone [prì:prəhɔ́:rmoun] 명 (생화학) 프리프로호르몬(프로호르몬의 전구(前驅) 물질).
prép schóol (구어) =preparatory school.
pre·psy·chot·ic [pri:saikátik/-kɔ́t-] 형 정신병에 걸리기 전의. ─ 명 정신병 소질이 있는 사람.
pre·pube [-pju:b] 명 (구어) =prepubescent.
pre·pu·ber·ty [pri:pjú:bərti] 명 (생리) 사춘기[청춘기] 전의 시기. **-ber·tal, -ber·al** 형 **-ber·(t)al·ly** 부
pre·pu·bes·cent [pri:pju:bésnt] 형 사춘기의 (소년[소녀]). **-bés·cence** 명
pre·pub·li·ca·tion [pri:pʌbləkéiʃən] 명 (책의) 출판 직전의 시기. ─ 형 출판 직전(시기)의[에 관한].
pre·puce [pri:pju:s] 명 (해부) (음경·음핵의) 포피(包皮)(foreskin). **pre·pu·tial** [pri:pjú:ʃəl] 형
pre·punch [pri:pʌ́ntʃ] 타 (어떤 용도를 위해) …에 미리 구멍을 내다: (데이터 따위)를 미리 입력시키다.
Pre-Raph·a·el·ite [pri:rǽfiəlàit] 명 라파엘 이전의 화가: 라파엘 전파(前派)의 화가(1848년 영국에서 생겨난 화가 협회(Pre-Raphaelite Brotherhood; ⓔ PRB)의 회원). ─ 형 라파엘 전파의; 라파엘 이전의.
pre·re·cord [pri:rikɔ́:rd] 타 (라디오·TV 프로)를 사전[방송 전]에 녹음[녹화하다[해 두다].
~ed [-id] 형 (사전) 녹화된[녹음]된.
pre-Ref·or·ma·tion [-rèfərméiʃən] 형 종교 개혁 전의. ─ 명 …등록.
pre·reg·is·tra·tion [pri:rèdʒistréiʃən] 명 예비 등록.
pre·re·lease [pri:rilí:s] 명 사전 공개[공연], 시사회(試寫會). ─ 형 정식 공개 전(공연)의; 석방 전의.
pre-Ren·ais·sance [-rènəsá:ns, -zá:ns/-rənéisəns] 형 르네상스 [문예 부흥] 전의.
pre·req·ui·site [pri:rékwəzit] 형 (…에) 필수적인, 없어서는 안 될; 미리[우선] 필요한 (*to, for*). ¶ be ~ for the purpose 그 목적에 불가결하다. ─ 명 미리 필요한 것; 필수[전제] 조건. [*for, of*].
prerequisite condítion 명 필수[전제] 조건 (*to*, **pre·rev·o·lu·tion·a·ry** [pri:rèvəlú:ʃəneri, -nəri] 형 혁명 전의; 미국 독립 전쟁 이전의.
*p**re·rog·a·tive** [prirágətiv/-rɔ́g-] 명 **1** (a~, the ~) (직무상의) 특권, 우선권; (군주의) 대권. ¶ the ~ of a senator 상원 의원의 특권 / the ~ of mercy[or pardon] 사면권. **2** (일반적으로) 특권, 특전. ⇒PRIVILEGE 유의어 ¶ It is a woman's ~ to bear children. 아이를 낳는 것은 여성의 특권이다.
─ 형 **1** 대권[특권]을 보유하는, 특권의; 특권에 의한. **2** (로마 역사) 우선적 투표권이 있는.
prerógative cóurt 명 **1** (교회) (옛날 영국·아일랜드의) 대주교 특권 재판소(유언 사건을 취급). **2** (미국 New Jersey 주에 있던) 유언 (검증) 재판소.
prerógative writ 명 (법률) 대권(大權) 영장, 긴급
pres. present; presidency, president; presumptive. **Pres.** Presbyterian; President.
pres·age [présidʒ] 명ⓤⓒ **1** 전조, 조짐(omen). **2** 예감, 육감; 예측, 예상, 예견; 선견지명. **3** 점(占) 치기, 길흉 판단. (점에 의한) 예언.

of evil presage 불길한, 재수없는.
— 图 [prēsídʒ, priséidʒ] 国 1 …의 예감을 주다, …을 미리 알리다; …을 예언[예보]하다. 2 …을 육감[직감]으로 알다, 예상[예측]하다. 3 …의 전조가 되다. — 재 예감[예지]하다; 예언하다. **~·ful** 图 **-ful·ly** 图 **-ag·er** 图
pre·sale [prːːséil] 图 일반 판매에 앞선 특별 판매.
pre·sanc·ti·fied [priːsǽŋktəfàid] 图 미리 축성(祝聖)된. ¶ ~ host 축성된 밀떡[성체]. **-fi·cá·tion** 图
Presb. Presbyterian.
pres·by- [prézbi] 〔연결〕 ⇒PRESBYO-.
pres·by·cu·sia [prèzbikjúːʒə] 图 〔병리〕 노인성 난청. (또는 **presbycusis, presbycousis**)
pres·by·o- [prèzbiou] 『늙은』·『감독 교회 등에서 bishop 다음의』 사제(司祭) (priest). 3 〔장로 교회의〕 장로(elder).
pres·by·ope [prézbioup] 图 노안인 사람.
pres·by·o·phre·ni·a [prèzbioufríːniə] 图 노인성 치매(癡呆).
pres·by·o·pi·a [prèzbióupiə, près-] 图 Ⓤ 〔안과〕 노안(老眼), 노인성 원시. **-óp·ic** 图 노안의.
Presbyt. Presbyterian.
pres·by·ter [prézbətər] 图 1 (초기 교회의) 장로(長老), 관리인. 2 (가톨릭·감독 교회 등에서 bishop 다음의) 사제(司祭) (priest). 3 (장로 교회의) 장로(elder).
pres·byt·er·ate [prezbítərət, -rèit, prés-] 图 Ⓤ 장로(관리인, 사제)의 직(지위). 2 =presbytery 1.
pres·by·te·ri·al [prèzbətíəriəl, prés-] 图 1 (초기 교회의) 장로(회)의, 노회(老會)의. 2 장로회의.
***pres·by·te·ri·an** [prèzbətíəriən, près-] 图 (감독제(Episcopal)에 대해) 장로회의. — 图 (P-) 장로 교회의 회원; 장로제주의자.
— 图 (P-) 장로 교회 회원; 장로제주의자.
Presbytérian Chúrch 图 (the ~) 장로 교회.
Pres·by·te·ri·an·ism [prèzbətíəriənìzm, près-] 图 Ⓤ (교회의) 장로파주의; 장로 제도.
Pres·by·te·ri·an·ize [prèzbətíəriənàiz/-tíər-] 国 재 …을 장로파[장로제]로 하다.
pres·by·ter·y [prézbətèri, prés-] 图 1 (the ~) (집합적) 장로(회). 2 (장로 중회의) 노회(老會), 중회(中會). 3 노회(중회)의 관할하의 교회. 4 (노회의) 관할구. 4 사제(목사)석, 내진(內陣). 5 〔가톨릭〕 사제관.
pre·school 图 [prːːskúːl] 초등 학교 입학 전의, 학령 미달의. — [ˊˋ] 보육원, 유치원. ¶children in ~ 유치원(보육원)생. — 图, 유치원(보육원)생.
pre·school·er [prːːskúːlər] 图 (구어) 취학 전 아동.
pre·science [préʃəns, -ʃiəns, prːː-/présiəns] 图 Ⓤ 예지, 통찰, 선견(foresight); 선견지명.
pre·scient [préʃənt, -ʃiənt, prːː-/présiənt] 图 미리 아는, 앞을 내다보는, 선견지명이 있는. **~·ly** 图
pre·sci·en·tif·ic [prːːsàiəntífik] 图 근대 과학 발생 이전의; 과학 이전의.
pre·scind [prisínd] 国 …을 (…에서) 분리하여 생각하다, 추상(抽象)하다 (from); (…에서) …을 잘라내다. 떼어내다, 차단하다, 가로막다 (from). — 재 1 (…에서) 주의를 딴 데로 돌리다 (from). 2 생각을 돌리다.
pre·score [prːːskɔ́ːr] 国 〔음악·대사·음향 따위〕를 영화 촬영 전에 녹음하다.
pre·screen [prːːskríːn] 国 재 …을 미리 선별〔선발, 분리〕하다; 〔영화·TV 프로 따위〕를 시사하다.
‡**pre·scribe** [priskráib] 国 (~s [-z]; ~d; -scrib·ing) 国 1 …을 규정하다; …을 명령하다. …이라고 정하다 (that 图, wh. 图, wh. to do). ¶He always ~s to us what (we are) to do. 그는 늘 우리들에게 어떻게 해야 할 것인지를 지시한다. 2 〔병리〕 〔의법·약 따위〕를 (질병 따위에 / 사람에게) 처방하다 (for / to, for). ¶ (~+图+前+名) ~ medicine to [or for] a patient 환자에게 약제를 처방하다. 3 〔법률〕 …을 시효에 걸리게 하다. — 재 1 규정하다; 명령하다, 지시하다 (for). 2 〔병리〕 〔약·요법〕을 (남에게) 처방하다. 지시하다 (for). 3 〔법률〕 시효에 의해 무효가 되다; (취

득 시효에 의해) (…의) 권리를 주장하다 (for, to).
-scríb·a·ble 图 **-scríb·er** 图
pre·scribed [priskráibd] 图 규정된, 소정의. ¶fill up the ~ form 소정 용지에 기입하다.
pre·script [priskrípt, prːːskript] 图 규정된, 명령(지시)된. — 图 [prːːskript] 규칙; 명령, 지시; 법령.
pre·scrip·ti·ble [priskríptəbl] 图 규정할 수 있는; 시효에 의해 생기는(취득할 수 있는). **-bíl·i·ty** 图
‡**pre·scrip·tion** [priskrípʃən] 图 1 〔약학〕 (…의) 처방(전); 처방약 (for). ¶compound medical ~s 처방약을 조제하다. 2 Ⓤ(Ⓒ) (…의) 규정, 명령, 지시; 법규, 규칙 (for). ¶~s for correct usage 올바른 어법 규칙. 3 Ⓤ 〔법률〕 시효, 취득 시효. ¶negative [positive] ~ 소멸〔취득〕 시효. 4 Ⓤ 오랜 관행(사용)에 의해 공인된 권리; 오랜 관행.
fill [or **make up, prepare**] **a prescription; get a prescription filled** 처방(전)대로 약을 조제하다.
on prescription 처방(전)에 따라; 지시대로.
— 图 (약의) 처방에 의해서만 판매되는.
prescription chárge 图 (보통 ~s) (英) (국민 건강보험에서) 약값의 환자 부담금.
prescription drúg 图 (구입시) 의사의 처방전이 필요한 약. 图 over-the-counter
pre·scrip·tive [priskríptiv] 图 1 규정〔명령, 지시〕하는. 2 〔법률〕 (권리 따위를) 시효에 의해 얻은. 3 오랜 관례〔관행〕의. 4 〔문법〕 규범적인. **~·ly** 图 **~·ness** 图
prescríptive grámmar 图 〔언어〕 규범 문법.
pre·scrip·tiv·ism [priskríptəvìzm] 图 1 〔언어〕 규범 문법주의. 2 〔철학〕 규범주의. **-ist** 图
pre·sea·son [prːːsíːzn] 图 〜(의) (관광·스포츠 따위의) 시즌 전(의). 「자동 변속의.
pre·se·lec·tive [prːːsiléktiv] 图 (자동차 기어가)
pre·se·lec·tor [prːːsiléktər] 图 〔라디오〕 (안테나와 수신 회로 사이에 있는 감도를 높여주는) 전(前)중폭기.
preseléctor géar 图 (자동차의) 자동 변속 기어.
pre·sell [prːːsél] 国 재 (-sold) 1 (제작·건설에 앞서) 사전(예약) 판매하다. 2 (광고 따위에 의해서) 〔소비자〕의 상품 구매 의욕을 불러일으키다.
‡**pres·ence** [prézns] 图 (嚥 **-enc·es** [-iz]) 1 Ⓤ (남과 함께 또는 어떤 장소에) 존재함, 있음, 실재(@ absence). 2 Ⓤ(Ⓒ) (…에의) 출석, 참석〔列席〕(at); 동석, 입회. ¶Your ~ is requested. 참석해 주시기 바랍니다. 3 Ⓤ(Ⓒ) (타국 군대의) 주둔, 주재; 그 (군사·경제적) 영향력; (외국에의 군사력·경제력 따위의) 진출, 개입. ¶the Korean ~ in the Russian market 한국의 러시아 시장 진출. 4 (the ~, one's ~) 면전(面前), 남의 앞; 바로 곁; Ⓤ(Ⓒ) (고귀한 사람의) 안전, 어전; 알현, 배알. ¶withdraw from the ~ 어전에서 물러나다 / be admitted to the royal ~ 알현을 허락받다. 5 Ⓤ(Ⓒ) (형용사와 함께) **a)** (당당한) 풍채, 태도, 자태. ¶a man of (a) fine [noble] ~ 풍채가 훌륭한〔기품 있는〕사람. **b)** 풍채가 훌륭한 사람; 매력적인 사람; 고귀한 분. 6 (보통 a ~) (특정 장소에) 존재하는 것〔사람〕; (그 자리에서 느낄 수 있는) 영기(靈氣), 요기(妖氣), 유령. 7 Ⓤ (음악의) 현장감. 8 (고어) 집회, 회중. 「직면하여.
in the presence of ① …의 면전〔앞〕에서. ② …에
make one's presence felt 자기의 중요성〔존재〕을 알리다, 강력한 인상을 주다.
saving your presence [or **reverence**] 당신의 면전이지만, 실례입니다만.
présence chàmber 图 〔英〕 알현실, 접견실.
presence of mínd 图 (the ~, one's ~) (위급할 때의) 침착, 냉정, 평정. ¶keep [lose] one's ~ 마음의 평정을 유지하다〔잃다〕. 「(기) 의 조로(早老)의.
pre·se·nile [prːːsíːnail, -sē-] 图 노년기 전의, 초로
presenile deméntia 图 초로성 (기) 치매.
pre·se·nil·i·ty [prːːsəníləti] 图 Ⓤ 조로(早老), 겉늙음.
‡**pres·ent¹** [préznt] 图 1 〔한정용법〕 **a)** (the ~,

one's ~) 현재의, 오늘날의, 지금의. ¶the ~ cabinet 현(現)내각 / at the ~ day [or time] 오늘날에는, 현재는. b) 당장의, 당면한. ¶for ~ use 당장 사용하기 위하여, 당장. ¶in the ~ (本)…의, 당면(當面)…의, 이 문제의 경우. ¶the ~ case 본건 / the ~ writer 본 필자, 나, 필자 자신. 2 (보통 서술용법) (어떤 장소에) 있는, 참석한, 출석한 (at, in) (opp. absent). ¶the ~ company 출석자 일동 / all ~ 그 자리에 있던 모든 사람들 / be ~ at a wedding [in a classroom] 결혼식에 참석하다 [교실에 있다]. 3 지금[현재] 고려하고 있는, (마음 속에) 있는; 마음[기억]에 떠오르는 (in, to). ¶~ ever ~ in my thought [recollection] 나의 생각[기억]에 언제까지나 남는 / be ~ to one's mind 마음에 떠오르다. 4 (물건 따위가 ···에) 존재하는, 있는 (in). ¶PCB was ~ in many artificial additives in foods. PCB는 많은 식품 첨가물에 존재했다. 5 [문법] 현재의(시제)의; 현재형의. 6 [고어] (위급한 때에) 침착한, 차분한. 7 [고어] 신속한, 즉석의. ¶[英고어] 당장에 쓰이는, 응급의.
***present company** (*always*) **excepted; excepting present company** 이 자리에 계신 분들은 제외하고.
── 國 1 ⓤ (종종 the ~) 현재, 지금, 현시점. ¶the past, the ~ and the future 과거, 현재, 미래 / this ~ 오늘날 / There is no time like the ~. 이런 좋은 기회는 다시는 없다. 2 (the ~) [문법] 현재 시제 (~ tense); 현재형. 3 (these ~s) [법률] 본서(本書), 본서. ¶by these ~s 본서류[증서]에 의하여.
at present 현재는, 지금은, 목하(now).
at this present [고어] =at present.
for the present 현재로서는, 당장은, 당분간은(* 현재 완료와 함께 쓰이기도 하나 과거형과는 쓰이지 않는다).
in present [폐어] =at present.
‡**pre·sent**² 鶴 [prizént] 園 1 ···을 (남에게) 증정하다 (*with*). ¶~ (···에게) 보내다 증정[선사]하다 (*to*). ⇒GIVE [유의어] ¶~ a message 메시지를 주다 / (~+閏+各) ~ one's compliments [or best regards] *to* ···에게 안부를 전하다 / They ~ed a watch to him. ~ They ~ed him *with* a watch. 그들은 그에게 시계를 선사했다. (*(美)에서는 종종 with를 생략)
2 [기회 따위]를 주다, 제공하다. ¶(~+閏+閏) ~ a person an opportunity *for* 남에게 ···할 기회를 주다.
3 (···에게) [어음·수표 따위]를 건네다, 제시하다. [보고서 따위]를 제출하다; (계획·이론 따위)를 제안하다 (*to*). ¶(~+閏+閏+各) ~ a petition *to* the authorities 당국에 청원서를 제출하다.
4 (···에게) [남]을 소개하다; 진배(進拜)케 하다, 알현케 하다 (*to*, *at*). ⇒INTRODUCE [유의어] ¶*Presenting*, Ms. Gloria Steinem! 글로리아 스타이넘 여사입니다 (* TV 방송 따위에서 출연자를 소개할 때) // (~+閏+閏+各) Allow me to ~ my wife to you. 제 아내를 소개하고자 합니다 / be ~ed at Court [*to* the Queen] 궁중에서의 [여왕에 대한] 알현을 허락 받다.
5 ···을 공개하다, 발표하다, 피로(披露)하다; ···을 상연하다; ···을 출연시키다. ¶~ a new play [an unknown actor] 새로운 극을 상연하다 [무명의 배우를 출연시키다] / ~ a new product 신제품을 발표[공개]하다.
6 (재귀용법으로) (···에 / ···을 위해) (모습을) 나타내다, 출두하다 (*at*, *before*, *to*, *in*/*for*), (생각 따위가 ···에) 떠오르다 (*to*, *in*). ¶A good opportunity ~ed itself. 좋은 기회가 왔다 / He ~ed himself *at* the meeting. 그는 그 모임에 출석했다.
7 [외관·특색 따위]를 나타내다, 보이다, 드러내다; ···이라는 생각이 들게 하다, ···의 느낌을 주다 (*to*). ¶~ an appearance of ···처럼 보이다 // (~+閏+各) She ~ed a smiling face to a crowded audience. 그녀는 만장의 청중에게 미소띤 얼굴을 보였다 / (~+閏+*as*補) He was ~ed *as* very shy. 그는 매우 소심한 사람처럼 보였다.

8 ···을 일으키다, 생기게 하다. ¶The event will ~ great difficulties. 그 일은 큰 곤란을 야기하게 될 것이다.
9 (심의를 위해) ···을 제출하다.
10 (무기 등) …을 진술[발표]하다, 꺼내다. ¶~ facts [arguments] (···에) 사실[주장]을 진술하다.
11 (어떤 물건·방향으로) ···을 향하여 하다 (*to*); (총 따위)를 들이대다, 겨냥하다 (*at*); (군사) 받들어 총의 자세를 취하다. ¶*Present*! (군사) 조준! / (~+閏+前+各) ~ a pistol *at* a person's heart 남의 심장에 권총을 들이대다 [겨누다].
12 [법률] ···을 (···에) 고발[고소]하다 (*to*); (대배심(大陪審))이 고발하다.
13 (英) (교회) ···을 성직에 추천[지명]하다 (*to*).
── ⓐ 1 (英) (교회) 성직 추천권을 행사하다. 2 무기를 겨냥하다. 3 (병리) (태아가) 자궁의 입구에 나타나다; (환자·증상 등이) (진료 때문에) 나타나다. 4 (구어) ···한 인상을 주다, ···처럼 보이다[느끼다].
present arms ① (군사) 받들어총 자세를 하다. ② (속어) 발기하다.
── 園 [prézənt] 1 (···로부터의 / ···에의) 선물, 프레젠트 (*from*/*to*). ¶Christmas [birthday] ~ 크리스마스 [생일] 선물.

[유의어] **present** 경의·호의를 나타내기 위한 유형의 선물. **gift** present와 같은 뜻으로 쓰이지만, 특히 의례적으로 보내는 present. **donation** 상당한 액수의 중요한 gift.

2 (the ~) 무기[총]를 겨누기; 겨누었을 때의 총의 위치; 받들어총 자세. ¶at the ~ 받들어총 자세로.
make *a person* ***a present of*** ***...; make a present of*** ***... to*** *a person* 남에게 ···을 선사하다.

pre·sent·a·bil·i·ty [prizèntəbíləti] 園 ⓤ 1 외양이 좋음. 2 선물로 알맞음. 3 상연할 수 있음.
pre·sent·a·ble [prizéntəbl] 圀 1 (물건이) 선물로 알맞은; 소개[추천]할 수 있는; 표현할 수 있는; (극·배우가) 상연[출연]할 수 있는 (하기에 알맞은); 고소[고발]할 만한. 2 (사람·차림이) 남 앞에 내놓아도 부끄럽지 않은; 보기 흉하지 않은, 외모가 좋은. ¶look quite ~ 외모가 좋다. **~·ness** 圀 **-bly** 卽
présent árms 圀 (군사) 받들어 총 자세 (총을 휴대하지 않았을 경우) 거수 경례(* 구령으로도 쓰인다).
*****pres·en·ta·tion** [prèzəntéiʃən, prìːzen-/prèz-] 圀ⓤⓒ 1 헌정(獻呈), 제정, 제출. ¶the ~ *of* credentials 신임장 제출. 2 (선물 따위의) 증정, 진정(進呈); 수여; (상 따위의) 수여. ¶the ceremony of the ~ *of* ···의 증정식. 3 (···에의) 증정품, 선물 (*to*). ¶make a ~ *to* ···에게 선물을 하다. 4 (정식) 소개, 피로(披露), (궁정에서의) 배알 (*at*); (사교계) 데뷔. 5 (영화·연극 따위의) 공연, 상연, 공개. 6 (승인을 받기 위한) 제출, 제시; (계획 따위의) 제안; (제품 따위의) 발표, 설명, 실연; (논문 따위의) 구두 발표; (···에 관한) 이야기 (*on*). ¶a ~ meeting (회사·제품의) 설명회. 7 제시[발표] 방법; (···에 관한) (프로그램 따위의) 발표, 표현 (*on*), 체재; (TV) (프로와 프로 사이의) 막간물 (알림·날씨 예보 따위). 8 (의 따위의) 제시. 9 (의학) 태위(胎位). 10 (교회) 성직 추천. 11 (심리·철학) 표상(表象).
pres·en·ta·tion·al [prèzəntéiʃən, prìːzen-] 圀 1 표상적인, 관념적인. 2 =presentive. **~·ly** 卽
pres·en·ta·tion·al·ism [prèzəntéiʃənəlìzm, prìːz-] 圀 ⓤ 1 (연극) 직물(直物)주의 (노래·춤곡·해설 따위를 많이 이용하여 직접 관객에 호소하는 반(反)사실적 연극); 2 (政) 정책 제시 방법 중시론. **-ist**
presentátion cópy 圀 증정본, 기증본.
pres·en·ta·tion·ism [prèzəntéiʃənìzm, prìːz-] 圀 ⓤ (철학) 표상(表象)주의. **-ist**
pre·sen·ta·tive [prizéntətiv] 圀 1 직관에 의해 인지(認知)되는. 2 (철학) 직각(直覺)의, 직관력이 있는, 표상의. 3 (교회) 성직록에 대한 추천권이[의] 있는,

~·ness 명

présent dáy 명 (the ~) 현대.

***pres·ent-day** [-déi] 형 현대의, 오늘날의. ¶ English 현대 영어.

pres·en·tee [prèzəntíː] 명 1 수증[수령]자. 2 피추천인, 성직록을 받는 성직자. 3 알현을 받는 사람.

pre·sent·er [prizéntər] 명 1 (표창식 따위에서 상품·표창장 등의) 수여자, 증정자. 2 추천인; 제출자; 신고자, 기소자. 4 (英) (TV·라디오의) 사회자; 뉴스캐스터(newscaster), 앵커(anchor).

pre·sen·tient [priːsénʃənt] 형 (불길한) 예감이 드는, (…으로) 가슴이 두근거리는 (of).

pre·sen·ti·ment [prizéntəmənt] 명 (보통 나쁜) 예감, 육감 (of, that 節). **-mént·al** 형

pres·ent·ism [prézəntizm] 명 현대(현재) 중심의 견해[사고 방식], 현대성. **-ist** 명

pre·sen·tive [prizéntiv] 형 직시적(直示的)인, 관념적인. 판 symbolic. **~·ly** 부 **~·ness** 명

‡**prés·ent·ly** [prézntli] 부 1 (보통 will, shall과 함께) 이윽고, 머지않아(soon). ⇒INSTANTLY 유의어 2 (美·스코) 지금, 현재(at present). 3 (고어) 즉시, 당장. 4 (보통 과거형과 함께) 당시에는, 그 당시. 5 그 결과, 필연적으로.

pre·sent·ment [prizéntmənt] 명 1 증정, 진정 (進呈). 2 제출; (상업) (어음 따위의) 제시; 진열, 전시; 진열품, 전시품. 3 묘사, 표현; (연상 따위에 의한) 상기, 암시; ⓒ 회화, 초상. 4 표시; 기술(記述), 서술 (of). 5 (법률) (대배심의) (법정에의) 고발 (to). 6 ⓒ (교회) (교구 위원이 주교 (감독)에게 하는) 진정, 신고. 7 (연극의) 상연, 공연, 연출. 8 (심리·철학) 표상.

présent párticiple 명 (문법) 현재분사. [제].

présent pérfect (ténse) 명 (문법) 현재 완료(시

présent progréssive [continuous] 명 (문법) 현재진행형.

présent ténse 명 (문법) 현재 시제.

présent válue [wórth] 명 현재 가치, 현가(現價).

présent wít 명 기지, 재치.

pre·serv·a·ble [prizə́ːrvəbl] 형 보존[저장, 보호]할 수 있는. **-bíl·i·ty** 명 **-bly** 부

*pres·er·va·tion** [prèzərvéiʃən] 명ⓤ 보존, 유지; 보호, 보관; 저장; 예방, 방부; 보존[저장] 상태. ¶be in poor [or a poor state of] ~ 보존 상태가 나쁘다.

pres·er·va·tion·ism [prèzərvéiʃənizm] 명ⓤ (환경·사적 따위의) 보존 운동[주의]. **-ist** 명

preservátion òrder 명 환경 보전 명령[조례]. (英) 문화재 보호 조례.

pre·serv·a·tive [prizə́ːrvətiv] 형 1 보존하는, 보존력이 있는, 방부성의. 2 (…을) 예방하는 (against). — 명 1 ⓤ (…에서의) 부식[파괴]을 막는 것, (…)막이. 2 방부제; 보약, 예방약. ¶no ~s added 방부제 첨가되지 않은.

pres·er·va·tor [prézərvèitər] 명 (美) (공원·사적 등의) 환경 보존 책임자.   [보호 시설.

pre·serv·a·to·ry [prizə́ːrvətɔ̀ːri/-təri] 명 여자

‡**pre·serve** [prizə́ːrv] 통 (**~d; -serv·ing**) 타 1 …을 보존하다, 간수하다, 보관하다; (…으로부터) …을 보호하다, 지키다 (from). ⇨DEFEND 유의어 ¶God ~ us! 주여 우리를 지켜 주소서! 2 …을 유지하다, 지속하다; [명성·기억 따위를] 간직하다, 유지하다. ¶ ~ silence 침묵을 지키다/well ~ one's eyesight 시력을 유지하다/well ~d (나이든 사람을) 그렇게 나이들어 보이지 않는, 정정한. 3 [과일·생선 따위를] (…으로) 보존 가공하다, 설탕조림[소금절임]하여 저장하다 (with). 4 [새·짐승·물고기 따위의] 사냥을 금하다; …을 금렵지로 하다. ¶ ~ game 사냥을 금하다. — 자 1 [과일·생선 따위를] 설탕 조림[소금절임]하다. (과일의 저장 조림을 만들다) 잼을 만들다. 2 금렵구로 하다; 사냥을 금하다.

Saint preserve us [or me]!; God [or Heaven, The Lord] preserve us! (구어) 어쩌면 일이야!,

어머!, 그것 참!

— 명 (종종 ~**s** [-z]) 1 저장 식료품; (보통 ~s) 과일의 설탕조림, 잼. 2 (the ~) 금렵지; 활어조(活魚槽), 양어장; (美) (생물·삼림 따위의) 보호구. 3 (보통 one's ~) (개인용) 사냥터, 낚시터; (비유적) (개인의) 영역, 분야. ¶poach on another's ~s 다른 사람의 영역을 침범하다. 4 (~s) 방진(防塵)[차광] 안경, 고글.
-sérved [-d] 형

presérved fóod 명 보존식(품).

*pre·serv·er** [prizə́ːrvər] 명 1 보존자; 보존[보관] 기장치. 2 설탕조림[잼] 제조자. 3 (英) 금렵구 관리인. 4 (~s) 방진[차광] 안경.

pre·set [priːsét] 통타 (**~; ~·ting**) 1 …을 미리 맞추다 [조절하다]. 2 (전기 기구 따위에) 타이머 장치를 하다. — 형 미리 맞춰진[조절한]. — 명 (전기 기구 따위의) 타이머 장치; (라디오의) 자동 선국(選局) 장치. **~·ta·ble** 형

pre·shrunk [priːʃrʌ́ŋk] 형 방축(防縮) 가공의.

*pre·side** [prizáid] 자 (**~s** [-z]; **-sid·ed; -sid·ing**) 자 1 (집회·회의의) 의장을 맡아보다, 사회를 보다 (over, at). ¶ (~+전+명) ~ over [or at] a meeting 모임의 의장을 맡다. 2 (식탁 따위에서) 주인역을 맡다 (over, at). 3 (…을) 통할하다, 주재하다 (over). ¶ (~+前+名) A governor ~s over a state. 지사는 주(州)를 통할한다. 4 (음악회 따위에서) 주요 악기를 연주하다 (at). ¶ (~+前+名) ~ at the organ 오르간 연주를 맡다. 5 (비유적) 가장 좋은 자리를 차지하다; (동상 따위가) (…에) 우뚝 서 있다 (over). — 타 (회의 따위)를 사회(주재)하다; …을 감독[통할]하다. **-síd·er** 명

*pres·i·den·cy** [prézədənsi] 명 1 (종종 the ~) president의 지위[직책, 임기]. 2 (종종 the P-) ⓤ 미국 대통령의 직[지위, 임기]. 3 ⓤ 통할, 주재. ¶under Mr. Ford's ~ 포드씨의 주재로. 4 (종종 P-) (모르몬교) 최고 회의.

sit in presidency 의장[회장, 사장, 총재, 총장, 대통령

‡**pres·i·dent** [prézədənt] 명 (종종 P-) 1 대통령. ¶be elected ~ of France 프랑스 대통령에 선출되다. 2 (관청의) 총재, 장관; (New York시의) 자치구 청장, ¶the Lord P- of the Council (英) 추밀원 의장. 3 (학회·협회·사단법인 따위의) 의장, 회장; (美) (회사·은행 따위의) 사장, 은행장; (美) (대학의) 총장, 학장; (학생회의) 회장, (학급의) 반장, (클럽의) 부장. 4 (美) (모임의) 의장, 좌장, 주재자, 사회자. 5 (美) 상원 의장 (* 하원 의장은 speaker).

pres·i·dent-e·lect [-ilékt] 명 (취임 전의) 대통령 당선자, 차기 대통령.   [dent.

pres·i·dent-for-life [-fərláif] 명 =life presi-

*pres·i·den·tial** [prèzədénʃəl] 형 1 president의 (종종 P-) 대통령의. 2 주재[통할]하는. **-ly** 부

presidéntial advísor 명 대통령 고문[보좌관]

presidéntial búg 명 (익살) 대통령이 되려는 야망을 일으키는 가상의 열병균(菌).   [임제 정부.

presidéntial góvernment 명 (정치) 대통령 책

presidéntial hópeful 명 유력한 대통령 후보.

Presidéntial Médal of Fréedom 명 자유 훈장(미국의 안보·이익, 세계의 평화·문화 등에 공헌한 시민에게 대통령이).   [대통령 교서.

presidéntial méssage 명 (美) (의회에 보내는)

presidéntial prímary 명 (美) 대통령 예비 선거 (대통령 후보 지명 전국 대회에 나갈 각주(各州)의 대의원을 뽑는 선거).   [특별실.

presidéntial sùite 명 (대통령·국가 원수용) 호텔의

presidéntial véto 명 (美) 대통령의 (법안) 거부권.

presidéntial yéar 명 (美) 대통령 선거의 해.

président prò tém(pore) 명 (美) 상원 의장 대

Présidents' Dày 명 (美) 대통령의 날(2월의 세번째 월요일로 법정 공휴일).

pres·i·dent·ship [prézədəntʃip] 명 (英) =pres-   [idency.

pre·sid·i·al [prisídiəl] 형 요새(要塞)의[가 있는];

요새지의; 수비대의. (또는 **presidiary**)

pre·sid·ing [prizáidiŋ] 형 주재[통할]하는; 사회하는. ¶a ~ judge 재판장/a ~ officer 투표[시험]장 감독.

pre·sid·i·o [prisídiòu] 명 (복 ~s) 요새, 보루; 요새지; 유형지(流刑地). 〔Sp〕

pre·sid·i·um [prisídiəm] 명 (복 ~s, -di·a [-diə]) (the ~) (P-) (공산권 국가의) 최고회의 간부회; (종종 P-) (일반적으로) (정당의) 간부회; (비(非)정부 기구의) 이사회.

pre·sig·ni·fy [pri:sígnəfài] 타동 …을 예고하다; …의 조짐[징후]을 나타내다.

Pres·ley [présli, préz-] 명 **Elvis (Aron)** ~ 프레슬리(1935-77; 미국의 로큰롤 가수).

pre·soak [pri:sóuk] 타동 (세탁물·종자 등)을 미리 담그다. ─ 명 세탁물을 미리 담글 때 쓰는 세제; 미리 담그는 일.

pre-So·crat·ic [pri:səkrǽtik/-sɔ-] 형 (철학자·철학사가) 소크라테스 이전의. ─ 명 소크라테스 이전의 철학자.

pre·sort [prisɔ́:rt] 타동 (우편물)을 미리 분류하다.

‡**press**[1] [pres] 동 (~·es [-iz]; ~ed [-t]) 타 1 …(에)/…(으로) 누르다, 밀(어붙이)다 (against, on, in)(to/with). ¶(~+图+图) a crowd back 군중을 뒤로 밀어붙이다//(~+图+前+명) one's hand on the table; ~ the table with one's hand 손으로 테이블을 누르다.
2 …을 눌러놓다[펴다], 다리다, 다리미질하다(out). ¶~ flowers 꽃을 (책갈피에) 눌러놓다/~ the wrinkles out 다리미로 주름을 펴다//(~+图+前+명) ~ a thing under [or with] a stone 물건을 돌로 눌러놓다.
3 …을 (…에) 껴안다 (in, to, against); …을 꽉 쥐다. ¶~ a person's hand (애정의 표시로) 손을 꽉 잡다//(~+图+前+명) He ~ed her to his chest. 그는 그녀를 가슴에 꽉 껴안았다.
4 …을 (…에/…으로) 짜다, 압착하다, 압축하다 (from, out of/into). ¶(~+图+前+명) ~ juice from grapes 포도에서 즙을 짜내다.
5 …을 눌러붙이다, 눌러바르다 (on). ¶~ a stamp on a postcard 엽서에 우표를 붙이다.
6 (수동형으로) …에게 할 수 없이[부득이] (…하게) 하다 (to do). ¶They were ~ed by their private affairs to return in three days. 그들은 사적인 문제로 3일만에 돌아오지 않을 수 없었다. 7 (남)에게 (…을) 귀찮게 졸라대다, 간청하다 (for); (남)에게 (하도록) 강요하다 (to do, into doing). ⇒URGE 〔유의어〕 ~ the payment of a debt 빌린 돈을 갚으라고 강요하다//(~+图+to do) ~ a person to come 남에게 오라고 졸라대다, 억지로 오게 하다//(~+图+前+명) ~ a person for money 남에게 돈을 달라고 졸라대다. 8 (의견 따위)를 끝까지 주장하다, 역설[강조]하다. ¶~ one's theory 자기의 학설을 역설하다//(~+图+圖) ~ an argument home 통렬히 논박하다. 9 …을 재촉하다, 다그쳐서 나아가게 하다. ¶(~+图+圖) ~ troops forward 군대를 강행군시키다. 10 〔경쟁자 등〕에 육박하다; 밀어붙이다. ¶~ one's opponent (in a game) (경기에서) 경쟁자에게 육박하다//an enemy hard ~ed 맹렬히 밀리는 적. 11 (…에게) (경제적·시간적으로) 괴로운 입장에 세게 하다; (…하도록) …을 압박하다 (for, to do); (일·문제 따위)을 괴롭히다 (with, by). ¶be hard ~ed 심히 곤들리다/be ~ed for funds [time] 자금에 쪼들리다[시간에 몰리다]//~ a person with questions 질문으로 사람을 애먹이다. 12 〔레코드〕를 원판에서 복제하다.

— 재 1 (…을) 누르다, 밀다 (on, upon, against); (…에게) 몰려들다, 밀어닥치다, 돌진하다 (together, up, round) (to, toward, a)round). ¶(~+前+명) ~ lightly on a sore spot 아픈 곳을 살짝 누르다/~ toward a pole 장대를 향해 돌진하다. 2 (…을) 눌러 구김살을 펴다, 다리미질하다 (on). 3 (걱정·슬픔 따위가) (…을) 압박하다, 무겁게 짓누르다(down) (on, upon). ¶Care ~ed upon her mind. 걱정이 그녀의 마음을 무겁게 짓눌렀다. 4 (시간이) (…에게) 절박하다, 촉박하다 (on, upon). ¶Time ~es, so I must go. 시간이 없어 가봐야겠습니다. 5 (…을) 조르다, 간청하다, 강요하다 (for). ¶~ for an answer 답을 강요하다. 6 (곤란을 무릅쓰고) 밀고 나가다, 서두르다, (일 따위)를 계속하다 (on, forward, ahead) (with); (군중 속을) 헤치고 나아가다 (forward).

get [or **be**] **pressed for** …에 쫓기다, 쪼들리다.
press a charge [or **charges**] **against** a person 남을 고발[고소]하다.
press ahead with …을 밀어붙이다, 강행하다.
press an attack 공격을 강행하다.
press for …을 요구[강요]하다.
press hard upon …을 육박하다; …을 추궁하다.
press home (알아듣도록) 차근차근 타이르다.
press home an [or **the**, **one's**] **advantage** 이점[기회, 지위]을 활용하다.
press in [or **into**] …에 밀어넣다, 침입하다.
press on [or **upon**] …에 밀어닥치다, …을 맹렬히 재촉하다.
press on on one's **way** 갈길을 재촉하다. 〔공격하다.
press on [or **forward**] **with** …을 강행하다.
press sail 〔항해〕 돛을 모두 올리다(crowd sail).
press the bricks (美속어) ① 거리를 배회하다. ② (경관이) 담당 구역을 순찰하다.
press the button ⇒BUTTON.
press (the) flesh [or **the skin**] (美구어) 악수하다.

— 명 (~·es [-iz]) 1 (the ~) 〔집합적; 단·복수 양용〕 출판물, 정기 간행물, 신문, 잡지; 신문·잡지 보도 기관, 언론계, 신문계; (the ~) 〔집합적〕 (신문·잡지 따위의) 기자; (단·복수 양용) 기자단, 보도진; (a ~) (신문·잡지 따위의) 논평, 평론. ¶freedom [or liberty] of the ~ 언론 출판의 자유/a local [daily] ~ 지방[일간] 신문/release the news to the ~ 그 뉴스를 신문에 발표하다. 2 인쇄기; (the ~) 인쇄; U 인쇄술, 인쇄업. ¶a high speed ~ 고속도 인쇄기/a copying [printing] ~ 등사[인쇄]기. 3 (보통 P-) 인쇄소, 발행처, 출판사; 통신사; …지(紙), …신문. ¶a university ~ 대학 출판국. 4 U the ~(에) 누르기, 밀기, 압박, 압력을 가하기; U 밀리고 있음[있는 상태]. ¶a ~ of the hand 손으로 꽉 쥐기[죄기]/a ~ of a button 단추를 누르기. 5 UC 밀려들기; 몰려들기, 웅성거리기, 붐빔, 혼잡; (웅성거리는) 군중, 인파(人波). ¶a great ~ of people 대혼잡. 6 U 다리미질; 다리미질된 상태. ¶His suit was out of ~. 그의 양복은 구겨져 있었다. 7 U (일·사건 따위의) 절박, 촉박, 화급; 바쁨, 다망함; 중압. ¶the ~ of business 바쁜 업무/What is your ~ of going over to America? 무슨 급한 일로 미국에 가십니까? 8 (스코·아일) (붙박이식) 찬장, 옷장, 서가(書架). ¶a clothes ~ 양복장. 9 압착[압착]하는 기구. ¶a trouser ~ 바지를 다리는 기계/a wine ~ 포도주 압착기. 10 〔농구〕 압박 수비. 11 〔역도〕 추상(推上), 프레스.

be at [or **in (the)**] **press** 인쇄중이다.
come [or **go**] **to the press** 인쇄에 돌려지다.
correct the press 교정하다.
have [or **get, receive**] **(a) good** [**bad, poor**] **press** 매스컴에서 호평[혹평]을 받다.
in the press of battle 혼전중에.
in the press of business 일에 쫓겨서.
off the press 인쇄가 끝나서, 출판되어.
out of press ① 절판되어, 매진되어. ② 구겨져.
send to (the) press 인쇄에 넘기다.
stop the press ① (긴급 뉴스 때문에) 윤전기를 세우다; (비유적) (긴급 사태로) 하던 일을 중단하다. ② (명령형으로) (美구어) 그만둬, 집어치워; 기다려.
~·a·ble 형

press² 图 1 …을 강제로 병역에 복무시키다, 강제 징집하다; (말 따위를) 징발하다. 2 …을 무리하게 사용하다; …을 보통과는 다른 방법으로 사용하다. —— 图Ⓤ (육·해군의) 강제 징집; 징발, 징용; 징집
préss agency 图 =news agency. [징병] 영장.
préss àgent 图 (연예인·선수 등의) 보도 담당자, 홍보[선전] 담당자(약 PA, p.a.). (또는 **préssàgent**)
press-a·gent [⁼ei̯dʒənt] 图图 홍보[선전]하다.
préss associàtion 图 1 통신사. 2 신문 발행인 협회, 출판인 협회. 3 (the P-- A--) 프레스 어소시에이션 (영국의 국내 뉴스 공급 통신사)(약 PA).
préss at·ta·che [ǽtəʃéi/-ətǽʃei] 图 (대사관의)
préss bàn 图 보도 금지. [공보관, 보도 담당관.
préss bàron[lòrd] 图 (구어) 신문왕, 언론 재벌.
press·board [présbɔ̀ːrd] 图Ⓤ[Ⓒ] 판지(板紙).
préss bòx 图 (회의장·경기장의) 기자석.
press·box·er [présbàksər/-bɔ̀k-] 图 (구어) 스포츠 (방송) 기자(리포터).
préss brìefing 图 기자 회견, 언론 브리핑[설명회].
préss bùreau 图 선전부[국]; 보도부[국].
press-but·ton [⁼bʌ̀tn] 图 =push-button.
préss campàign 图 신문의 (여론 환기를 위한) 선전 활동, 프레스 캠페인. ¶There was a ~ against him. 그는 신문지상에서 규탄을 받았다.
préss clìpping[(英) cùtting] 图 (~s) (신문·
préss clùb 图 (잡지) 기자 클럽. [잡지 기사 스크랩.
préss cònference 图 기자 회견(news conference). ¶hold a ~ 기자 회견을 하다.
préss còpy 图 등사인 인쇄(에 의한 복사).
préss còrps 图 (the ~) (단·복수 양용) 출입 기자단. ¶the White House ~ 백악관 기자단. [자.
press-cor·rec·tor [⁼kərèktər] 图 (신문의) 교열 기
pressed [prest] 图 1 압축한, 압착한, 프레스 가공한. 2 (사람이) 조급하게 구는, 바쁜; 강요됨. 3 (복합어로) 다리미질한. ¶well-~ clothes 잘 다린 옷.
préssed gláss 图 압착 유리.
press·er [présər] 图 1 압착기 (담당원), 프레스 담당; 다리미 직공. 2 =pressman
présser fòot 图 (재봉틀의) 노루발.
préss frèedom 图 보도[언론]의 자유(freedom of the press). [기자단.
préss gàllery 图 (의사당 내의) 신문 기자석; 신문
préss gàng 图 사병(士兵) 강제 징집대(隊); 강제 수단을 쓰는 집단. (또는 **préssgàng**)
press-gang [⁼gæ̀ŋ] 图图 1 강제 징집하다. 2 (남)에게 (…하도록) 강요하다 (into doing). [prezzie]
pres·sie [prézi] 图 (英구어) 선물; 선사. (또는
‡**press·ing** [présiŋ] 图 1 (more~; most ~) 긴급한, 절박한, 임박한. ¶a ~ demand 절박한 요구. 2 열성적인, 졸라대는, 간청하는. ¶a ~ invitation 간절한 초대. —— 图 (~s [-z]) 1 Ⓤ 누르기, 압박; 프레스하기. 2 프레스 가공한 것; (원판에서 프레스된) 레코드; (집합적·단수취급) (한번에 프레스된) 레코드 전체. 3 Ⓤ 인쇄하는 일; 인쇄. **~·ly** 图 **~·ness** 图
préss kìt 图 (기자 회견의) 보도 자료[제품 샘플] 일습.
préss láw 图 (~s) 신문 조례; 출판법(규).
préss mágnate 图 신문왕. [신문[보도] 기자.
press·man [présmən, -mæ̀n] 图 1 인쇄공. 2 (英)
préss màrk [présmɑ̀ːrk] 图 (英) (도서관에서 도서의 소재 위치를 나타내는) 서가 기호[번호].
préss òffice 图 홍보실, 공보실.
préss òfficer 图 (기업체 따위의) 홍보 담당자.
préss of sáil[cánvas] 〔해사〕 바람에 견디는 한도까지 올린 돛.
préss opportùnity 图 (美구어) 짧막한 기자 회견.
pres·sor [présər] 图 (생리) 가슴 항진의, 혈압을 높이는, 승압(昇壓)의. —— 图 혈압 상승제.
préss pàrty 图 (홍보를 위한) 기자 초청 연회.

préss photògrapher 图 사진 기자.
préss pòol 图 풀 기자(공동 이용 원고를 쓰는 기자).
préss prèview 图 (언론을 위한) 시사[시연]회.
préss pròof 图 (인쇄) 최종 교정(쇄); 기계 교정.
préss rèader 图 최종 교정자(校正者).
préss relèase 图 (언론 기관에 배포하는 성명서·발표문 따위) 보도 자료(news release).
préss remàrks 图 (신문) 짧막한 논평, 촌평(寸評) (기자단에게 짧막하게 코멘트하는 일, 또 그 문서; 기자 회견과는 달리 질문은 받지 않는다.
préss represèntative 图 신문 기자단 대표.
préss revìse 图 마지막 교정, 교료지(校了紙).
press·room [présrù(ː)m] 图 1 (美) 인쇄소·신문사의 인쇄실(machine room). 2 기자실.
press-run [présrʌ̀n] 图 1 (신문·잡지 따위의) 인쇄부수, 발행부수. 2 인쇄하기, 인쇄 작업. [보 비서(관).
préss sècretary 图 보도 담당 비서; (대통령의) 공
préss sèction 图 신문과(課), 선전과; 신문 기자석.
préss-show [⁼ʃòu] 图图 (언론에) 시사(試寫)[공개]
préss stùd 图 =snap fastener. [하다.
préss tìme 图 (신문의) 인쇄 시작 시간. (또는 **préss·time**)
préss tòur 图 (영화의) 프로모션 투어.
press-up [⁼ʌ̀p] 图 (~s) (英) =push-up.
‡**pres·sure** [préʃər] 图 (~s [-z]) 1 Ⓤ 누르기, 밀기; 압축, 압착; 밀어닥침, 붐빔; 반작용. ¶the ~ of a crowd 군중의 붐빔/a ~ on the shoulders 어깨의 빠근함. 2 (…에의) 압력 (on); (물리) 압력, 압력도 (약 P); (전기) 전압; (기상) 기압; (병리) 혈압. ¶air [or atmospheric] ~ 기압(氣壓)/blood ~ 혈압, (구어) 고혈압/high [low] ~ 고[저]압, 고[저]기압/apply ~ on …에 압력을 가하다. 3 Ⓤ (…로부터의/…에의) (정신적) 압박, 중압감; 억압, 압박, 강제 (from / on). ¶ social ~s 사회적 압력. 4 Ⓤ[Ⓒ] (…의/…으로) 고통, 고난; (~s) 궁경, 궁핍 (of / for). ¶financial ~ 재정난 /mental ~ 정신적 고통 /the ~ of calamity 재난 /the ~ of poverty 빈곤의 괴로움. 5 Ⓒ[Ⓤ] 절박, 긴급; 분망, 분주함. ¶the ~ of business 업무의 분망.
low [full, high] pressure 한가롭게[맹렬히].
pressure of the times 불경기.
put pressure on [or upon] …에 압력을 가하다.
under pressure 압력을 받아, 강요되어.
under the pressure of …의 압력을 받고; (가난·기아 따위에) 몰려 [시달려].
—— 图 (~d; -sur·ing) 타 1 …에게 (…하도록) 압력을 가하다, 강요하다 (to do, into doing); (압력을 가해) …을 얻다. ¶ (~ +图 +前 + 图) ~ the mayor into changing his policy. 시장에게 압력을 가해 정책을 변경시키다. 2 =pressurize. —— 图 (…을 얻으려고) 압력 ~·less 图 [을 넣다 (for).
préssure àltimeter 图 (기상) 기압 고도계.
préssure àltitude 图 (기상) 기압 고도. [실.
préssure càbin 图 (항공) 여압(與壓)[기밀(氣密)]
préssure cènter 图 (기상) 고[저]기압의 중심.
préssure contòur 图 (기상) 기압 등고선.
pres·sure-cook [⁼kùk] 图 압력솥으로 요리하다.
préssure còoker 图 1 압력솥[냄비]. 2 (비유적) 무겁게 짓누르는 상태[임무, 상태], 스트레스를 받는 상태[장소]; 불안한[일촉즉발의] 상황.
be in a pressure cooker ① 억압받고 있다. ② 긴장하고 있다; 일촉즉발의 상황에 있다.
préssure gàuge 图 1 압력계. 2 폭압계(총의 약실 내에서 장약이 폭발할 때의 압력을 측정하는 기구).
préssure gràdient 图 (기상) 기압 경도(傾度).
préssure gròup 图 (단·복수 양용) 압력 단체.
préssure hùll 图 (잠수함의) 기밀실.
préssure mìne 图 수압 기뢰.
préssure pòint 图 1 (병리) 압점(壓點). a) 지혈점. b) 압력에 특히 민감한 피부상의 점. 2 아픈 곳, 약점.

préssure sàucepan 명 소형 압력솥.
préssure sòre 명 =bedsore.
préssure sùit 명 〔항공〕 (고도 비행용) 여압복(與壓服), 우주복.
préssure tròugh 명 기압골.
préssure túrbine 명 〔기계〕 압력 터빈(reaction turbine).
préssure wèlding 명 압력 용접.
pres·sur·ize [préʃəràiz] 타 1 (보통 수동형으로) (잠수함·비행기 밀실)의 기압을 정상으로 유지하다. 2 (기체·액체)를 고압 상태로 두다, 가압하다. 3 …을 압력솥으로 요리하다. 4 (英) =pressure 1. **-iz·er** 명
prés·sur·ized sùit [préʃəràizd-] 명 〔항공〕 = pressure suit.
préssurized wáter reàctor 명 가압수형(加壓水型) 원자로(약 PWR). 〔쇄물〕
press·work [préswə̀ːrk] 명 U 인쇄 (작업); C 인쇄물.
Pres·tel [préstel] 명 (상표) 프레스텔(British Telecom이 제공하는 videotex 서비스 시스템; 전화 회선을 이용). [<presto+telephone [television])
Prés·ter Jóhn [préstər-] 명 프레스터 존(중세에 아프리카 등지에 기독교 왕국을 세웠다는 전설상의 왕).
pres·ti·dig·i·ta·tion [prèstədìdʒətéiʃən] 명 U 요술, 속임수. **-dìg·i·tàtor** 명
*__pres·tige__ [prestíːʒ, -tíːdʒ] 명 U 1 (업적·지위에 의한) 명성, 신망; 위신, 위세. ¶national ~ 국위(國威)/affect [injure] one's ~ 위신에 관계되다[을 손상하다]. — 형 명성이 있는, 이름난, 일류의. ¶a ~ school 명문교. **~·ful** 형
pres·tig·ious [prestídʒəs] 형 1 명성이 있는, 유명한. ¶a ~ writer 고명한 작가. 2 고급의, 일류의, 훌륭한. ¶a ~ address 고급 주택지. 3 (고어) 요술의, 속임수의. **~·ly** 부 **~·ness** 명
pres·tis·si·mo [prestísəmòu] 형 부 〔음악〕 가장 빠른 (속도로). — 명 (pl. ~s) 급속곡(악장). [It]
pres·to [préstou] 형 빠른, 급속한; 〔음악〕 (템포가) 매우 빠른. — 부 급히, 빨리, 급속히; 〔음악〕 매우 빠르게. — 명 (pl. ~s) 급속곡. — 감 〔요술쟁이의 기합 소리로〕 얏! [<It]
prés·to chán·go [-tʃéindʒou] 감 1 (자!) 어서 변해라(요술쟁이의 기합소리). 2 마법에 의한 것 같은) 갑작스러운 변화.
pre·stock·ing [prìːstákiŋ/-stɔ́k-] 명 (군사) 사전 비축(병기·식량·장비 등의 유사시에 대비한 비축).
pre·store [prìːstɔ́ːr] 타 1 미리 비축하다, 사전에 저장하다. 2 〔컴퓨터〕 초기 설정하다.
pre·stress [prìːstrés] 타 (콘크리트)에 보강용 강철선을 넣다.
pré·stressed cóncrete [prìːstrèst-] 명 U PS 콘크리트(잡아당긴 상태의 강철선이 들어 있음).
pre·sum·a·ble [prizúːməbl/-zjúːm-] 형 (결과 따위가) 가정[추정]할 수 있는; 그럴듯한, 있음직한.
*__pre·sum·a·bly__ [prizúːməbli/-zjúːm-] 부 아마, 추측컨대(probably). ¶*P-*, the lock is broken. 아무래도 자물통이 부서진 것 같다.
‡__pre·sume__ [prizúːm/-zjúːm] 동 (~d; -sum·ing) 타 1 …을 추정하다, 상상하다; …이라고 생각하다, 여기다. ¶(~+*that* 절) I ~ (*that*) you are right. 네 말이 옳겠다. / (~+目+(*to* be) 보) This decision *to be* final. 내 생각에 이 결정은 최종적인 것이다.

〔유의어〕 **presume** 증거는 없지만 확신을 가지고 추측하다. **assume** 증거는 없지만 일단 사실로서 가정하다. **presuppose** 논리상 당연한 선행 조건으로서 가정하다.

2 〔법률〕 (반대의 증거가 없어서) …이라고 추정하다, 가정하다. ¶~ the death of a missing person; (~+目+보) ~ a missing person dead 실종자를 죽은 것으로 추정하다. 3 감히 …하다, 대담하게 …하다; 뻔뻔스럽게도 …하다(* 보통 의문문·부정문에 쓰이며, 긍정문에서는 과거형으로 쓰인다). ¶(~+*to do*) He ~d to compare himself with you. 그는 감히 자기 자신을 당신과 비교했습니다.

I presume (* 문두·문미·문중에 독립적으로 쓰여) …라고 추정한다, 여긴다. 「니까? / *May I presume to...?* 실례지만 …해도 괜찮겠습 — 자 1 추정하다, 상상하다, 생각하다. ¶Mr. Kim, I ~? 김 선생 아니십니까? 2 주제넘게 나서다, 건방지게 [뻔뻔스럽게] 굴다. ¶You ~! 뻔뻔스럽구나! 3 (남의 약점 따위)를 이용하다, 기회로 삼다(*on, upon*). ¶(~+前+图) He ~d on her kindness. 그는 그녀의 친절을 기회로 삼았다. 「기회로 삼았다.
-súm·er 명
pre·sumed [prizúːmd/-zjúːmd] 형 당연한 것으로 추정되는; 〔법률〕 추정된. ¶~ guilty [innocent] 추정 유죄[무죄].
pre·sum·ed·ly [prizúːmidli, -zúːmd-/-zjúːmd-] 부 =presumably. 「건방진. **~·ly** 부
pre·sum·ing [prizúːmiŋ/-zjúːm-] 형 주제넘은,
*__pre·sump·tion__ [prizʌ́mpʃən] 명 1 UC 추정, 가정; (추정한) 사물, 가정 사항. ¶The ~ is that he had done it. 추측컨대 그가 그랬을 것이다. 2 (타당한 근거에 의한) 신념, 확신. ¶an irrefutable ~ 반론의 여지가 없는 확신. 3 UC …을 뒷받침하는 / …에 반하는) 추정(가정)의 근거[이유] (*for, against*); 있음직한 일, 가망. ¶There is a strong ~ *against* its truth. 그것이 진실이 아니라고 추정되는 유력한 근거가 있다. 4 UC 〔법률·논리〕 (사실에 의한) 추론. ¶a ~ of death 사망 추정. 5 U (경멸적) (…하는) 주제넘음, 건방짐, 뻔뻔스러움 (*in doing, to do*). ¶He had the ~ to reject the proposal. 그는 건방지게도 그 제의를 거절했다. 「…이라는 가정하에,
on the presumption that... …이라고 가정하고,
presúmption of fáct 명 〔법률〕 사실상의 추정.
presúmption of ínnocence 명 〔법률〕 무죄 추정(피고인의 유죄가 증명되기 전까지는 무죄라는 원칙).
presúmption of láw 명 〔법률〕 법률상의 추정.
presúmption of survívorship 명 〔법률〕 사망 순위의 추정.
pre·sump·tive [prizʌ́mptiv] 형 1 추정[가정]의 근거가 되는; 추정에 바탕을 둔. 2 〔발생〕 예정 운명의. **~·ly** 부
presúmptive évidence 명 〔법률〕 추정 증거 (circumstantial evidence).
presúmptive héir 명 =heir presumptive.
*__pre·sump·tu·ous__ [prizʌ́mptʃuəs] 형 (경멸적) 주제넘은, 건방진; 뻔뻔스러운, 뱃심 좋은. ¶a ~ desire for power 뻔뻔스러운 권력욕. **~·ly** 부 **~·ness** 명
pre·sup·pose [prìːsəpóuz] 타 1 …을 가정[예상, 추정]하다. 2 …을 전제[조건]로 하다, 필요 조건으로 하다. ⇒ PRESUME 〔유의어〕 ¶Effects ~ causes. 원인 없는 결과 없다.
pre·sup·po·si·tion [prìːsʌ̀pəzíʃən] 명 1 U 예상, 추정, 추측, 가정. 2 C 〔법률〕 전제 [선행] 조건.
pre·sur·mise [prìːsərmáiz/-sə(ː)-] 명 예측, 예감, 예상. — 동타 미리 추측하다, 예측하다, 예상하다.
pret. preterit(e).
prêt-à-por·ter [prèta:pɔːrtéi] 명 프레타포르테 (의), (고급) 기성복(의). [<F ready-to-wear]
pre·tax [prìːtǽks] 형 (세금 공제 전의, 세금을 포함한(before-tax). ¶~ income 세전(稅前) 소득.
pre·teen [prìːtíːn] 형 명 10−12세의 (아이), 13세 미만의(사춘기 직전의) (아이).
pre·teen·ag·er [-eidʒər] 명 =preteen.
*__pre·tence__ [priténs, prìːtens] 명 (英) =pretense.
‡__pre·tend__ [priténd] 동 (~s [-z]) 타 1 …인 체하다, …처럼 꾸미다; 속이다, 사칭하다. ¶(~+*to do*) They ~ed not to know him. 그들은 그를 모르는 체했다. / He ~ed illness. = (~+*that* 절) He ~ed that he

pretended 　　　　　　　　　　2163　　　　　　　　　　　　**pretty**

was ill. 그는 꾀병을 부렸다.

유의어 **pretend** 사실은 자기가 아닌 어떤 역할을 특히 말로서 꾸며 연기하다. **affect** 남에게 좋게 보이기 위해 어떤 성질을 가장하다. **assume** 어떤 외모를 꾸미다; 동기가 좋은 경우도 있다. **feign** 겉보기를 교묘히 흉내내어 꾸미다. **simulate** feign보다 더 그럴싸하게 흉내냄을 암시하는 말. **sham** 남을 속일 심산이지만 쉽사리 들통이 날 만큼 feign하다.

2 (놀이에서) …흉내를 내며 놀다. · 놀이를 하다(*to do, that* 절). ¶Let's ~ *to be* [*or that we are*] *pirates*. 해적 놀이를 하자. **3** (보통 의문문·부정문에서) 감히 …하려고 하다(*to do*). ¶I cannot ~ *to* ask him for money. 나는 그에게 돈을 꾸어 달라는 말은 도저히 못하겠다.
── 形 **1** (겉으로만 그럴싸하게) 보이는, 거짓말하는, …인 체하는. **2** (지금 존재하지 않거나) 가짜의, 거짓의(to). ¶(~+前+名) ~ *to* the throne 왕위를 요구하다(to). **3** (…이라고) 자칭하다, 자부하다, 자처하다(to). ¶(~+前+名) ~ *to* beauty 미인으로 자부하다. **4** (폐어) (구혼자 등이) 희망하는, 구혼하는(to).
Let's pretend that… ⇨자 2.
play at 'Let's pretend' 흉내내기 놀이를 하다.
── 形 (구어) 가짜의, 겉치레의; 모조의, 장난감의. ¶~ shooting 사격 놀이 / a ~ weapon 장난감 무기.
pre·tend·ed [priténdid] 形 …인 체하는, 거짓의, 위장의, 가짜의; 자칭의, …라고 알려진. ¶~ illness 꾀병 / ~ neutrality 위장 중립. **~·ly** 副
pre·tend·er [priténdər] 名 **1** 가장하는 사람, …인 체하는 사람, 위장자; …연하는 사람(to). ¶a ~ *to* a great learning 대학자연하는 사람. **2** (…에 대한) (부당한) 자칭자, 요구자, 권리 주장자; 왕위를 노리는 자(to). ¶a ~ *to* the throne 왕위를 노리는 자. **3** 사칭자, 사기꾼(to).
pre·tend·ing [priténdiŋ] 形 겉치레하는, 거짓의, 거짓치레를 퍼뜨리는; 왕위를 노리는.
***pre·tense**, (英) **-tence** [priténs, prí:tens/priténs] 名 **1** UC (…하는·…이라는) 거짓 꾸미기, 겉치레, 위장, …인 체하기 (*to do, of doing, that* 절). ¶make a ~ *to* know 아는 체하다. **2** 구실, 핑계, 변명(*that* 절). ¶He is absent *on* [*or under*] the slightest ~. 그는 조그만 핑계 거리만 있어도 결석한다. **3** (…이라는) 부당한 요구(주장); (일반적으로) (…의) 요구, 주장(*of, to, at*). ¶obtain the money under false ~s 거짓말로 돈을 손에 넣다. **4** U 허세부리기, 뽐내기, 젠체하기; (보통 의문문·부정문에서) (…의) 자임, 자칭(*to, of*). **5** (놀이의) 흉내내기.
by [*or under*] *false pretenses* 속여서, 거짓 핑계로.
devoid of pretense 허세를 부리지 않고.
full of pretense 크게 뽐내며.
in pretense (문장) 권리(요구)를 나타내기 위해 방패의 중앙에 박은.
make a pretense of …인 체하다, …을 가장하다.
on [*or under*] (*the*) *pretense of; on* (*a*) *pretense of* …을 구실(핑계)삼아.
~·ful, ~·less 形
***pre·ten·sion** [priténʃən] 名 **1** UC (종종 ~s) (…이 있다는) 요구, 주장; (요구할) 권리, 자격(to). ¶lay ~ *to* a right 권리를 요구하다 / have ~s *to* the throne 왕위 계승권이 있다. **2** (종종 ~s) (…하려는) 야심, 포부, 결의(*to do*); (경멸적) (…에 대한) 자부, 자찬(to). ¶political ~s 정치적 야망 // She has ~s *to* beauty. 그녀는 미인이라고 자처한다. **3** U (경멸적) (…을) 우쭐대기, 허세, 젠체함(to). ¶~ *to* learning 학식을 뽐냄. **4** U 겉치레, 위장; C 구실, 핑계.
make no pretension(*s*) *to* (be, being) (…라고) 우쭐대지[자처하지] 않다.
without [*or free from*] *pretension* 우쭐대지 않고.

***pre·ten·tious** [priténʃəs] 形 (경멸적) **1** 자부하는, 자만하는, 우쭐대는, 젠체하는. **2** 허세부리는, 겉치레뿐인; (작품 따위가) 야심적인. **~·ly** 副 **~·ness** 名
pre·ter- [prí:tər] 接頭 beyond, more than, past의 뜻. ¶preterhuman, preterit. 「초인적인.
pre·ter·hu·man [prì:tərhjú:mən] 形 인간 이상의.
pret·er·ist [prétərist] 名 (신학) (요한 계시록의) 예언이 이미 이루어졌다고 믿는 사람.
pret·er·it(**e**) [prétərit] 形 (문법) 과거 시제의; 과거형. ── 名 과거를 나타내는. **~·ness** 名
préterit(e) ténse 名 (the ~) (문법) 과거 시제.
pret·er·i·tion [prètəríʃən] 名 UC **1** 못보고 넘어감, 빠뜨림, 간과(看過); 생략, 누락. **2** (법률) (상속권이 있는 자에 대한) 유언 탈락(脫落). **3** (신학) 하느님의 선택에서 누락되어 영원히 형벌받음(칼뱅의 설).
pret·er·i·tive [prítəritiv] 形 (문법) (동사가) 과거형만 있는; 과거를 나타내는.
pre·ter·le·gal [prì:tərlí:gəl] 形 법의 테두리 밖의.
pre·term [prì:tə́:rm] 形 출산 예정일보다 빠른, 조산(早産)의. ── 副 출산 예정일보다 빨리. ── 名 조산아.
pre·ter·mi·nal [prì:tərmí:nəl] 形 죽기 전에 일어나는.
pre·ter·mit [prì:tərmít] 他 (*-tt-*) **1** …을 못보고 지나가다, 간과하다; …을 무시하다. **2** …을 게을리하다, 소홀히 하다, 빠뜨리다. **3** …을 중단하다, 중절(中絶)하다. **~·ter** 名
pre·ter·mis·sion [prì:tərmíʃən] 名 U **1** 간과, 생략; 중절. **2** (로마법) 유언의 탈루.
pre·ter·nat·u·ral [prì:tərnǽtʃərəl] 形 이상한(abnormal); 불가사의한; 초자연적인.
~·ism, -nàt·u·rál·i·ty 名 **~·ly** 副 **~·ness** 名
pre·ter·sen·su·al [prì:tərsénʃuəl] 形 초감각적인.
pre·test [prí:tèst] 名 (정밀 검사 전의) 예비 검사; (신제품의) 시험 사용; 예비(모의) 시험 / (학생에게) 예비 시험을 보이다.
── 他 [-́-́] 예비 검사를 하다; (학생에게) 예비 시험을 보이다.
***pre·text** [prí:tekst] 名 (…라 / …할) 구실, 그럴싸한 핑계, 명목; 위장; 거짓, 변명, 해명 (*for, of / to do*).
find a pretext for …의 구실을 찾다[만들다].
make a pretext of …을 구실로 삼다.
on some pretext or other 이 핑계 저 핑계로, 무슨 핑계를 붙여서. 「빙자하여.
on [*or under*] *the pretext of* …을 구실로, …을
── 他 [-́-́] …을 구실로 삼다; (…이라고) 그럴싸하게 말하다(*that* 절). 「매표를 가진.
pre·tick·et·ed [prí:tìkitid] 形 미리 표를 구입한, 미
pre·tone [prí:tòun] 名 강세(악센트)가 있는 음절 바로 앞의 음절(음). **pre·tón·ic** 形 **pre·tó·ri·an** 名
pre·tor [prí:tər] 名 (美) =praetor. **pre·tó·ri·al** 形
Pre·to·ri·a [prit́ɔ́:riə] 名 프리토리아(남아프리카 공화국의 행정 수도). ⑤ Cape Town
pre·treat [prì:trí:t] 他 …을 사전 처리하다.
pre·treat·ment [prì:trí:tmənt] 名 **1** 사전 처리, 예비 조치. **2** (화학) 전(前)처리. **3** 처리 전의.
pre·tri·al [prì:tráiəl] 形 (법률) 공판 전 회합[수속](쟁점 따위를 명확히 하기 위해 판사·중재위원 주재로 열린다). ── 名 공판 전의.
pret·ti·fy [prítifài] 他 …을 예쁘게 하다, 야하게 치장하다. **-fi·cá·tion, -fì·er** 名
***pret·ti·ly** [prítili] 副 **1** 예쁘게, 곱게, 귀엽게. **2** 얌전하게, 점잖게. **3** 명백히; 적절히.
‡**pret·ty** [príti] 形 (*-ti·er; -ti·est*) **1** (여자·아이가) 예쁜, 귀여운, 사랑스러운. ⇨BEAUTIFUL 유의어 ¶a ~ face 귀여운 얼굴. **2** (물건·장소가) 깨끗한, 예쁘장한, 산뜻한. ¶a ~ cottage 아담한 오두막집. **3** (눈·귀에) 즐거운, 듣기 좋은, 기분 좋은. ¶a ~ voice 기분 좋은 목소리. **4** 좋은, 훌륭한, 멋진; (반어적) 훌륭한, 지독한, 난처한. ¶a ~ stroke (골프·크리켓) 멋진 일타, 통타(痛打) / A ~ fellow you are. 넌 참 멋진 놈이구나. 넌 참

pretty boy

지독한 놈이구나. **5** 《구어》 《비꼬아》 제법[꽤] 많은, 상당한. ¶a ~ sum of money 상당한 금액. **6** 《경멸조》 《남자가》 멋부린, 멋있는; 계집애 같은. ¶a ~ fellow 계집애 같은 녀석. **7** 《고어·스코》 용감한, 담대한. **8** 《날씨 따위가》 꼭 좋은, 알맞은, 더할 나위 없는. ¶a ~ day for a picnic 피크닉에 안성맞춤인 날씨.

a pretty state of affairs; a pretty kettle of fish 혼란 (상태), 뒤죽박죽.
(as) pretty as a picture 매우 아름다운.
be not just [or *be more than (just)*] *a pretty face* 《구어》 얼굴만 예쁜 게 아니다(능력도 있고 머리도 좋다).

── 명 (복 *-ties* [-z]) **1** (-ties) 고운 물건; 장신구; 예쁜 옷, 여성의 내의[속옷]. **2** 《부르는 말로》 예쁜이, 귀여운 사람[아이]. ¶My ~! 여보!, 당신! (* 아내를 부르는 말). **3** 《英》 《컵 따위의》 홈 장식. ¶fill it up to the ~ 《컵의》 홈 장식까지의 부어 채우다. **4** 《골프》 페어웨이(fairway). **5** 《고어》 용감한 사람[남자].

do [*speak, talk*] *the pretty* 《구어》 지나치게 공손하게 굴다[말하다].

── 부 《구어》 **1** 꽤, 어지간히, 제법 (* *very*, *quite* 보다 좀 약한 뜻). ¶~ cold 꽤 춥다 / This is ~ much the same thing. 이것은 거의 같은 것이다. **2** 대단히. ¶This pie is ~ good. 이 파이는 아주 맛있다. **3** =*prettily*.

be pretty sick about it 아주 싫어하다.

pretty much [or **nearly**] 《구어》 거의(almost).
pretty soon 곧.
pretty well ① 대단히 잘[훌륭하게]. ② 대체로, 거의
sitting pretty 《속어》 《생활이》 넉넉하여, 유복하여; 잘 되고 있는, 유리한 입장에 있는.

── 타 …을 깨끗이 하다, 장식하다(up). ¶(~+목+ 부) ~ *up* a room 방을 꾸미다.

-*ti·ness* 명 ~*ism* 명 걸레레주의.

prétty bóy 명 《구어》 계집애 같은[귀여운] 사내, 호모.
prétty éar 명 《美속어》 《권투 선수의》 맞아서 찌부러진 귀.
pret·ty·ish [prítiiʃ] 형 예쁘장한; 《꽤》 귀여운.
prét·ty-prét·ty [-priti] 형 《경멸조》 **1** 지나치게 꾸민, 곱기만 한. **2** 야한, 계집애 같은; 젠체하는.
── 명 싸구려 장식물.
pret·zel [prétsəl] 명 **1** 프레첼(매듭 모양·막대 모양의 비스킷; 맥주 안주). **2** 《美속어》 프렌치 호른.
prétzel bènder 명 《美속어》 **1** 괴짜. **2** 프렌치 호른 연주자. **3** 레슬링 선수. (또는 **prétzel-bènder**)
prev. previous(ly).
‡**pre·vail** [privéil] 자 (~*s* [-z]) **1** (…에) 널리 퍼지다[행해지다], 보급되다, 유행하다 (*among, in*). **2** 활개치다, 지배하다, 우세하다. ¶Such ideas ~ these days. 이러한 생각들이 요즘은 판을 치고 있다 / Sadness ~ed in her mind. 그녀는 슬픔으로 가슴이 메어지는 듯했다. **3** (…에게) 승리하다, 우승하다 (*over, against*). ¶~ *in* a struggle 투쟁에서 이기다 / Good will ~. 선은 언제인가는 이긴다 // (~+前+名) ~ *over* [or *against*] one's enemy 적을 이기다. **4** 효과가 있다, 《일이》 잘 되어 가다. ¶Your prayers will ~. 당신의 기도는 효험이 있을 것이다. **5** (…을) 설득하다; 잘 유도하다[권유하다], (*on, upon, with*). ⇨INDUCE 유의어 ¶(~+前+名) He cannot be ~ed *upon*. 그는 좀처럼 말을 듣지[설득에 응하지] 않는다 / I could not ~ *with* her. 나는 그녀의 마음을 잡수 수가 없었다 // (~+前+名+*to* do) I ~ed *on* [or *upon*] him *to stay*. 나는 그를 잘 설득하여 머물게 했다. ~·*er* 명

*pre·vail·ing** [privéiliŋ] 형 **1** 우세한, 지배적인, 유력한. ⇨CURRENT 유의어 ¶Roman Catholic is the ~ religion in this country. 로마 가톨릭이 이 나라의 주요 종교이다. **2** 널리 퍼져 있는, 보급되어 있는, 유행하고 있는; 일반적인. ¶the ~ opinion 일반적 견해, 여론. ~·*ly* 부 ~·*ness* 명

*prev·a·lence** [prévələns] 명 U **1** (the ~) 널리 행하여짐, 보급, 유포; 시대 풍조, 유행; 《고어》 우세. **2** 《의학》 발병률, 이환율(罹患率). (또는 **prevalency**)
*prev·a·lent** [prévələnt] 형 **1** (…에) 널리 퍼진; 보급된, 유행하고 있는; 일반적인 (*among, in*). ⇨CURRENT 유의어 **2** 우세한, 유력한, 주요한. **3** 《고어》 효과가 있는.
~·*ly* 부 ~·*ness* 명
pre·var·i·cate [privǽrəkèit] 자재 말을 얼버무리다, 발뺌하다; 《완곡적》 속이다, 거짓말하다(lie).
-*cá·tion* 명 -*cà·tive* 형 -*cà·tor* 명 -*ca·tò·ry* 형
pre·ven·ient [priví:njənt] 형 **1** 앞서 오는, 선행하는; 앞의. **2** 《앞을》 내다본, 예상한 (*of*). **3** (…을) 막는, 예방하는 (*of*). ~·*ly* 부
prevénient gráce 명 《신학》 선행적 은총(인간의 의지가 신에게 향하기 전에 작용하는 신의 은총).
‡**pre·vent** [privént] 타 (~*s*) **1** …을 예방하다, 방지하다, …(하는 것)을 막다 (*from doing*). ~ *waste* [*an accident*] 낭비[사고]를 막다/(~+목+前+名) ~ a flu *from spreading* 유행성 감기가 만연하는 것을 막다.

|유의어| **prevent** 미리 예방 수단을 강구하여 시작·발생을 막다. **hamper** 혼란시키거나 곤혹하게 만들어 행동·운동의 자유를 빼앗다. **hinder** 진행중이거나 개시 직전의 일을 저지·지연시키는 등으로 방해를 하다. **impede** 정상적인 활동·운행을 방해하다.

2 《…하는 것》을 방해하다, 훼방하다 (*from doing*); 《사람》을 만류하다; 《일》을 중지시키다. ¶(~+목+前+名) (~+목+-*ing*) What ~ed you *from coming*? = What ~*ed your coming?* = What ~*ed you coming*? 어째서 올 수가 없었는가? **3** 《고어》 …에서 선수를 치다; …을 앞질러 처리하다. **4** …을 이끌다; 《신학》 《신이》 …을 돕다, 선도(先導)하다, 《신의 은총이》 …에 선행하다; 《죄의 위험으로부터 미리》 보호하다. ── 자 방해하다, 훼방하다. ~·*ing·ly* 부

pre·vent·a·ble [privéntəbl] 형 예방[방지]할 수 있는, 피할 수 있는(avoidable). -*bíl·i·ty* 명 -*bly* 부
pre·vent·a·tive [privéntətiv] 형 =preventive 2.
── 명 =preventive 2. ~·*ly* 부
pre·vent·er [privéntər] 명 **1** 방지자; 예방법[책]; 예방약. **2** 방해자[물]. **3** 《해사》 (또는 **stáy**) 보조 삭구(索具). **4** 프리벤터.
pre·vent·i·ble [privéntəbl] 형 =preventable.
‡**pre·ven·tion** [privénʃən] 명 U **1** 막기, 예방, 방지. ¶fire [*accident*] ~ 화재[사고] 예방 / the Society for the P~ of Cruelty to Animals 동물 애호[학대 방지] 협회 / Prevention is better than cure. 《속담》 예방은 치료보다 낫다. **2** (…의) 예방법, 방지책 (*against*). ¶~ serve as a ~ *against* disease 질병 예방책이 되다. **3** 방해, 훼방; C (…의) 방해물(*against*). ── 전로서.
by way of prevention 방지하기 위하여, 예방책으로.
*pre·ven·tive** [privéntiv] 형 **1** 《의학》 (약·백신 따위) 예방용의. ¶a ~ inoculation 예방 접종. **2** 예방의, 방지하는, 는 막는 (*of*). ¶~ measures 예방책[조치] / be ~ *of* …을 예방하다. **3** 《英》 세관[연안] 경비의. ── 명 **1** (…의) 예방약 (*against*): 피임용구, 피임약. **2** (…의) 예방법, 방지책 (*for, of*). **3** 《英》 연안 경비대(원).
~·*ly* 부 ~·*ness* 명
prevéntive déntistry 명 예방 치과 의학.
prevéntive deténtion [custody] 명 **1** 《美법률》 예방 구류(拘留)(용의자의 범죄를 예방하기 위해 재판 전에 구속하는 것). **2** 《英법률》 예방 구금.
prevéntive diplómacy 명 예방 외교.
prevéntive láw 명 《법률》 예방 법학.
prevéntive máintenance 명 《컴퓨터》 《기계 장치의 대한》 예방 보전[점검].
prevéntive médicine 명 예방 의학; 예방약.
prevéntive ófficer 명 《英》 밀수 단속관.

Prevéntive Sérvice 몡 (the ~) 《英》 (밀수를 단속하는) 연안 경비대. [strike].
preventive wár 몡 《군사》 예방 전쟁(preemptive
pre·ven·to·ri·um [prìːvəntɔ́ːriəm] 몡 (pl. ~s, -ri·a [-riə], ~s) 보호[예방] 수용소(전염병 환자의 가족, 특히 아동을 위한 보호 시설).
pre·verb [príːvəːrb] 몡 《문법》 1 동사 접두사(become의 be-와 같은 접두사). 2 동사 전사(前辭)(always, seldom처럼 동사 앞에 나오는 부사).
pre·ver·bal [priːvə́ːrbəl] 몡 동사의 앞에 나오는[놓이는]; (아이가) 아직 말을 못하는, 언어 습득 이전의.
pre·vert [príːvəːrt] 몡 《美속어》 성(性)도착자, 변태(pervert).
Pré·vert [F pREvεːR] 몡 **Jacques ~** 프레베르 (1900-77: 프랑스의 시인·시나리오 작가).
pre·vi·a·ble [priːváiəbl] 몡 《의학》 자궁 밖에서 생존(가능)하기 전의; 《美법률》 임신 중절이 가능한[허용되는].
pre·view [príːvjùː] 몡 1 예비 조사, 예비 검사. 2 (영화·연극 따위의) 시연(試演), 시사(회); (전람회·신간 서적 등의) 사전 관람, 내람(內覽). 3 (영화·TV 프로 따위의) 예고편의 영사, 프로 예고. 4 (일반적으로) 예고하는 것, 전체의 개요 설명. ── 타 1 (시사·시연 따위)를 보다, 보이다; …을 미리 관람시키다, 내람케 하다. 2 …의 전체적 개요를 설명하다. ── 자 시사(試演)하다, 내람을 하다. (또는 **prevue**) [viewing.
pre·view·ing [príːvjùːiŋ] 몡 《컴퓨터》 =page pre-
Pre·vin [prévən] 몡 **André ~** 프레빈(1929-: 독일 태생의 미국 지휘자·피아니스트·작곡가).
‡**pre·vi·ous** [príːviəs] 몡 1 (시간·순서가) 앞의, 앞선, (…)이전의(to); 사전의, 예비의. ¶a ~ illness 기왕증(既往症)/on the ~ day 그 전날에//on some day ~ to Easter 부활절 전의 어느 날에.

(유의어) **previous** 시간·순서가 앞의. **prior** previous 이며, 또한 중요성에 있어서도 우선한다는 암시가 내포된 말. **preceding** 시간·순서가 바로 앞의. **former** 늘 후자(latter)와 비교·대조하여 쓰는 말.

2 《구어》 《익살》 (…에/…하는 데) 너무 이른, 서두른, 조급한(about, with/in doing). ¶You have been a little too ~. 너는 좀 너무 서둘렀다/Aren't you rather ~ in supposing that he is a goner? 그 사람은 이제 가망이 없다고 생각하는 것은 좀 속단이 아닐까요? ── 뷔 …보다 앞(before). (* 다음 숙어에)
previous to …보다 먼저, …의 앞에. ¶I had written ~ to calling. 나는 방문하기 전에 편지를 보냈다.
~ness 몡
prévious convíction 몡 전과(前科).
prévious engágement 몡 선약.
prévious examinátion 몡 (the ~) =little go.
*pre·vi·ous·ly** [príːviəsli] 뷔 이전에, 앞서서; 미리. ¶~ owned 중고의/~ read 고본의. [question
prévious mótion 몡 선결 문제 동의. 《previous
pré·vi·ous·ly-ówned cár [-óund-] 몡 중고차 (일반 중고차(used car)라도 성능이 좋고 새 것이라는 이미지를 주기 위하여 쓰인다.
prévious quéstion 몡 《의회》 선결 문제(略 pq); 선결 문제 동의, 선택 여부 동의. ¶move the ~ 채택 여부의 동의를 내다.
pre·vise [priváiz] 몡타 1 …을 예견하다, 예측하다. 2 …을 미리 경고[경계]하다. **-vís·or** 몡
pre·vi·sion [priːvíʒən] 몡 선견, 예측, 전망; ⓒ 예감. ¶have a ~ of disaster 파탄을 예지[예견]하다. ── 타 …을 예견하다(foresee).
~al 몡 선견지명이 있는.
pre·vo·cal·ic [prìːvoukǽlik] 몡 《음성》 모음 직전의[에 오는]. **-i·cal·ly** 뷔

pre·vo·ca·tion·al [prìːvoukéiʃənəl] 몡 예비적 직업 교육의, 직업 학교 입학 전의.
pre·vue [príːvjuː] 몡 《美》 =preview.
*pre·war** [príːwɔ́ːr] 몡 전쟁 전의, 전전(戰前)의(⇔ postwar). ¶~ levels of industrial production 전전의 공업 생산 수준. ── 뷔 전쟁 전에. 「에 미리 세탁한.
pre·washed [príːwɔ́ʃt/-wɔ́ʃt] 몡 (옷감을) 판매 전
pre·wire [priwáiər] 몡 《건축공》 (건축중인 건물)에 미리 전기 배선을 하다; (비유적) (습관 따위)를 미리 들이다.
pre·wom·an [-wúmən] 몡 《美》 소녀(girl)(* 비차별적 용어).
prex·y [préksi] 몡 (종종 P-) 《속어》 학장, 총장, 사장. (또는 **prexie**) 〔<president〕
‡**prey** [prei] 몡 (졉 ~s [-z]) 1 ⓤ (종종 a ~) (육식 동물의) 먹이, 밥 (to). ¶The poor goat has become the ~ of a tiger. 불쌍하게도 그 염소는 호랑이 밥이 되었다. 2 (종종 a ~) (비유적) (적·사기꾼·걱정 따위의) 희생(자)(to, for, of). ¶a ~ to disease 병에 시달리는 사람/a ~ to circumstances 환경의 희생자. 3 ⓤ 포획, 포식(捕食); 포식 습성. ¶a beast [bird] of ~ 맹수[맹금]. 4 〔고어〕 (집합적) 약탈물, 전리품(booty).
fall (a) prey to …을 먹이[밥]가 되다; …의 포로가 되다. [되다.
make a prey of …을 먹이로 하다.
── 자 (~s [-z]) 1 …을 잡아먹다; 희생물로 하다, 먹이로 하다 (on, upon). ¶(~+옌+멩) Cats ~ upon mice. 고양이는 쥐를 잡아먹는다/The stronger ~s upon the weaker. 약육 강식(弱肉強食)/He ~s upon the poor. 그는 가난한 사람들을 등쳐먹는다. 2 약탈하다, 빼앗다, 강탈하다 (on, upon). ¶~s on coastal villages 해변 마을들을 약탈한다. 3 (정신적으로) 괴롭히다 (on, upon). ¶(~+옌+멩) ~ on a person's ~·er   ┘mind 남을 괴롭히다.
prez [prez] 몡 《美구어》 =president.
prez·zie [prézi] 몡 《美》 =pressie.
PRF, P.R.F. pulse recurrence [repetition] frequency. **prf.** proof.
Pri·am [práiəm] 몡 《그리스 신화》 프리아모스(Troy 최후의 왕; Hector와 Paris의 아버지).
pri·ap·ic [praiǽpik] 몡 1 (때로 P-) 프리아포스 (Priapus)의; 남근 숭배의. 2 남근의, 남근 모양의 (phallic); 남근을 강조한; 남성다움을 강조한. 3 색 (色)[여자]을 좋아하는. ¶a ~ politician 호색 정치인. (또는 **priapean**)
pri·a·pism [práiəpizm] 몡 1 《병리》 지속 발기(持續勃起)(증). 2 호색(好色), 음란. ·**pis·mic** 몡
Pri·a·pus [praiéipəs] 몡 1 《그리스신화》 프리아포스(남성 생식력의 신). 2 (p-) 남근, 음경(phallus).
‡**price** [prais] 몡 (졉 **pric·es** [-iz]) 1 값, 가격; 시가, 시가(市價); (~s) (일반적으로) 물가; 《구어》 고가 (high price). ¶the ~ asked 부르는 값, 호가/a cash ~ 현금 가격/a cost ~ 원가/a fixed ~ 정가(定價)/a net ~ 정가(正價)/a market ~ 시가(市價)/a retail ~ 소매가/a selling ~ 판매 가격/an asking ~ (파는 쪽의) 부르는 값/a trade ~ 동업자 간의 시세/a wholesale ~ 도매가/a maximum [or ceiling] ~ 최고가/a minimum [or floor] ~ 최저가/at bargain [or reduced] ~ 할인가로/at half (the) ~ 반값으로/high [low] in ~ 값이 비싼[싼].

(유의어) **price** 특히 물품에 관해 파는 사람이 매기는 값. **cost** 제조·입수·유지 따위를 위해 지불하는 금액. **charge** 서비스 요금, 수수료. **fare** 탈것의 요금. **fee** (의사·변호사 등) 전문직에 대해서 지불하는 보수; 어떤 특권을 받기 위한 요금.

2 (a ~, the ~) 대가, 대상(代償), 보상, 보수; 희생. ¶pay too high a ~ for success 엄청난 희생을 치르고 성공하다. 3 매수금, 뇌물, 증여 금품; (사람의 체포 따위에 거는) 상금, 현상(금). ¶do anything for a ~

price adjustment 2166 **prick-eared**

뇌물만 받으면 무슨 일이든 하다 / Every man has his ~. 돈으로 움직일 수 없는 사람은 없다. **4** (도박에서) 건 돈의 비율, 내기 비율, 차액; 반려금. ¶ the starting ~ (경주마의) 출발 직전의 마지막 내기. **5** 정가표, 가격표. **6** (고어) 귀중함, 값어치.
above [or *beyond, without*] *price* (값을 매길 수 없을 만큼) 매우 귀중한; 값비싼(priceless).
at a good [*low*] *price* 비싼[싼] 값으로.
at any price ① 어떠한 대가[희생]를 치르더라도, 기어이. ② (부정문에서) 결코 [어떤 일이 있어도] …하지 않는.
at [or *for*] *a price* 상당한 값으로; 상당한 대가를 치르고.
at the price of …을 걸고서; …을 희생하고.
cheap at the price 가격 이상의 가치가 있는, 그 값이면 싼.
fetch a high price 비싼 값으로 팔리다.
have a price on one's head 목에 상금이 걸려 있다.
make a price 값을 매기다[부르다].
of a price (거의) 같은 값으로.
put a price to …의 값을 추측하다[생각해내다].
set a high [*little*] *price on* [or *upon*] …을 중히 여기다[별로 중히 여기지 않다].
set [or *put*] *a price on a person's head* 남의 목에 현상금을 걸다.
the price of a person (아일) 남에 대한 당연한 응보, 벌.
What price…? (英구어) ① (경마 따위에서) 승산은 어때? ¶ *What* ~ the favorite (horse)? 인기마의 승산은 어떤가? ② 어떻게 생각하는가? ¶ *What* ~ fine weather tomorrow? 내일은 날씨가 좋아질까? ③ …이 무슨 소용이 있는가? ¶ *What* ~ social security? 사회 보장 제도가 무슨 소용이오?
without a price 무보수로.
— 동 (*pric·es* [-iz]; ~*d* [-t]; *pric·ing*) **1** …에 값을 매기다, 값을 평가하다 (상품의) (…의) 가격을 매기다 (*at*). **2** (구어) …의 값을 묻다[조사하다].
price… [or *oneself*] *out of the market* 터무니없이 비싼 가격을 매겨 시장에서 배척당하다.
price up [*down*] …의 값을 올리다[깎다, 에누리하다].
~·*a·ble* 형
príce adjùstment 명 가격 조정, 가격 인상.
príce càrtel 명 가격 협정 카르텔.
príce collùsion 명 (마케팅) 가격 담합(談合).
Príce Commíssion 명 물가 조정 위원회. (또는 英) Príces Commìssion)
príce contròl 명 (경제) 물가[가격] 통제. [통제의.
príce-con·tròlled [´kəntròuld] 형 (상품의) 가격
príce cúrrent 명 (略 ·*s c-*)=price list.
príce-cut [´kλt] 명 동 …의 가격을 인하[할인]하다.
príce cùtting 명 (가격) 할인, 에누리. └~·*ter* 명
priced [praist] 형 (종종 복합어로) (…한) 가격의; 정가가 붙은. ¶ *a* ~ catalogue 정가가 붙은 상품 목록 / high-[low-]~ 값이 비싼[싼].
príce discriminàtion 명 가격[판매가] 차별화(같은 상품·서비스의 가격을 고객에 따라 차등화하는 전략).
príce-dív·i·dend ràtio [´dívədend-] 명 (증권) 주가 배당 비율 (略 P-D ratio, PDR).
príce-éarn·ings ràtio [´ə́ːrninz-] 명 (증권) 주가(株價) 수익율 (略 PER, P/E).
príce fìxing 명 가격 결정; 가격 협정; 가격 조작.
príce frèeze 명 [물가/가격] 동결.
príce ìndex 명 (경제) 물가 지수.
príce lèader 명 (마케팅) 가격 선도품(先導品); 가격을 좌우[선도]하는 유력 기업. [도체.
príce lèadership 명 (상업) 가격 선도제, 가격 지
***price·less** [práislis] 형 **1** 돈으로 살 수 없는, 값을 매길 수 없는; 매우 귀중한. **2** (구어) 매우 재미있는, (반어적) 어처구니 없는. ¶ *a* ~ anecdote 웃기는 일화. ~·*ly* 부 ~·*ness* 명
príce list 명 정가표, 시세표.

príce manìpulàtion 명 가격 조작.
príce per únit 명 (상품의) 할인 전 단가, (카탈로그 등에 적혀 있는) 판매 희망 가격.
príce pòint 명 (상업) 유인 소매 가격 (1만원이면 안 팔리나 9500원이면 팔린다고 하는 소매 시장의 상품 가격).
pric·er [práisər] 명 값[정가]를 매기는 사람; (가지 않는) 손님; 주식 시황(市況) 담당자.
príce rànge 명 가격대(帶), 협정 가격대.
príce rìng 명 (업자의) 가격 유지 동맹[연합].
príces and íncomes pòlicy 명 (경제) 물가·소득 정책(임금 인상에 의한 물가 상승을 규제하려는 일종의 인플레 대책).
príce-sáles ràtio [-séilz-] 명 (증권) 주가 매상 비율(주가를 주당 매상고로 나눈 수치; 주식 투자 때 지표로 쓰인다: 略 PSR). [미치는.
príce-sén·si·tive [´sénsətiv] 형 가격에 영향을
príce-shòp [´∫ap/-∫ɔp] 동 자 (마케팅을 위해 타사 제품의) 가격 조사를 하러 다니다.
príce-stòp [´stap/-stɔp] 명 물가를 못박아 놓는 [고정하는]. [가격 유지.
príce suppòrt 명 (美) (정부 수매·보조 등에 의한)
príce tàg 명 (상품에 붙이는) 정찰, 정가표; 가격.
príce wár 명 가격 (할인, 인하, 인상) 경쟁.
pric·ey [práisi] 형 (*pric·i·er; pric·i·est*) 값비싼. (또는 **pricy**) **príc·i·ly** 부 ~·*ness* 명
***prick** [prik] 명 **1** 찔린 상처, 찌른 자국; 산토끼의 발자국. **2** (바늘·가시 따위로) 찌름. **3** 찌르는[찔리는] 듯한 아픔, 동통(疼痛), 욱신거림; (비유적) 양심의 가책. ¶ the ~*s of* conscience 양심의 가책 / feel the ~ 욱신욱신 쑤시다. **4** 끝이 뾰족한 것, 뜨개질 바늘, (식물의) 가시, (동물의) 뿔, 이빨, 박차의 돌출부. **5** (고어) (소를 몰 때 쓰는) 가시 막대기. **6** (폐어) 점, 작은 점. (음악) (음표·쉼표의) 부점(附點). **8** (비어) 남근(男根), 음경(penis); 지겨운[싫은] 녀석, 얼간이.
feel [or *look*] *like a spare prick at a wedding* (속어) (중요한 때) 애물 단지[훼방꾼]처럼 느껴지다.
kick [or *goad, spurn*] *against the pricks* (구어) 저항할 수 없는 권위·사실에 저항하다, 쓸데없는 저항을 해서 다치다.
— 동 ⊕ **1** (바늘·바늘 따위로) …을 찌르다, 쑤시다 (*on, with*), …에 작은 구멍을 뚫다 (*off, out, in*). ¶ ~ *one's* finger *with* a needle 바늘로 손가락을 찌르다 / ~ a balloon 풍선에 구멍을 내다. **2** (비유적) (…을) 따끔하게 아프게 하다, 괴롭히다, (…에게) 고통을 주다. ¶ My conscience ~*s* me. 양심의 가책을 느낀다. **3** 찔러서 (구멍을) 내다, 작은 구멍을 뚫다 [무늬·본]을 뜨다 (*off, out*). ¶ ~ holes in the ground 지면에 작은 구멍을 내다 // (~+图+图) ~ *out* a pattern with a needle 바늘로 찔러서 무늬를 그리다. **4** …에 표를 하다, 체크하다. **5** (원예) 흙을 파서 (모종)을 심다, 옮겨 심다 (*out, off*) (*in*). ¶ (~+图+图) ~ *out* seedlings 모종을 이식하다. **6** (말 따위가) (귀)를 쫑긋 세우다 (*up*). **7** (말)에 박차를 가하다; …에게 자극을 주다, 무를 재촉하다. **8** (해도(海圖) 따위에 컴퍼스로) (거리 따위)를 재다 (*off*). — 자 **1** 따끔따끔 쑤시다, 따끔따끔 아프다 (*at, with*). **2** (고어) 말을 재촉하여 달려가다. **3** (개의 귀가) 쫑긋 서다 (*up*). **4** (포도주 따위가) 시큼해지다.
prick a [or *the*] *bubble* [or *bladder*] 가면[탈]을 벗기다, 거짓[정체]을 폭로하다.
prick up ① (벽)에 초벽칠을 하다. ② 몸치장을 시키다.
prick up one's ears 귀를 쫑긋 세우다, 귀담아 듣다.
~·*ing·ly* 부 [경계하다.
príck èar 명 (개 따위의) 쫑긋 선 귀; (Roundhead의) 머리를 짧게 깎아 내놓은 귀.
prick-eared [´ə́rd] 형 **1** (개 따위가) 귀를 세운; 귀가 밝은. **2** (英) 중대가리의, 까까머리의; (英역사) 의회당원(Roundhead)을 지지하는.

prick·er [príkər] 명 찌르는 사람[것]; 바늘, 송곳, 구멍 뚫는 기구; (美) 가시.
 get [or *have*] *the pricker with* (濠·뉴질) …을 싫어하다, …에 화를 내다.
prick·et [príkit] 명 **1** 촛대의 꼬챙이; 촛대. **2** 두 살 난 수사슴.
prick·ing [príkiŋ] 명⓪ (따끔따끔하게) 찌름; 동통(疼痛), 따끔따끔 쑤시는 아픔.
 by the pricking of [or *in*] *one's thumbs* (구어) (확실한 지식이 아니라) 직감[예감]으로.
—— 형 따끔따끔 쑤시는; (귀 따위가) 쫑긋한.
prick·ish [príkiʃ] 형 걸핏하면(쉽게) 화를 내는 (美 속어) (사람이) 싫은, 역겨운.
prick·le¹ [príkl] 명 **1** 가시, 바늘 (식물의 가시, 보통 ~s) (고슴도치 따위의) 바늘; 바늘 모양의 것. **2** 찌르는 듯한 아픔, 쑤시는 아픔. —— 타 …을 쿡쿡 찌르다 (쑤시다); …을 욱신거리게 하다. —— 자 따끔따끔 쑤시다.
prick·le² 명 버들 고리(광주리).
prick·ly [príkli] 형 **1** 가시투성이의; 따끔따끔한. **2** (문제 따위가) 귀찮은, 성가신. **3** (구어) 화를 잘 내는, 안절부절 못하는; (…에) 민감한 (*of*). **-li·ness** 명
prickly heat 명 (병리) 땀띠.
prickly pear 명 선인장의 일종: 그 열매(서양배 비슷한 식용임).
prick song [고어] (15세기 말에서 17세기 초까지의 영국에서) 정량 기보법으로 기록한 다성부 음악.
prick sùcker 명 (속어) =cocksucker.
prick tèaser 명 (비어) =cockteaser. (또는 **prick-tèaser**)
prick-up [-ʌ̀p] 명 (구어) 꿋꿋한, 늠름한.
pric·y [práisi] 형 =pricey.
‡pride [praid] 명 **1** ⓤ (…의) 자랑, 긍지, 프라이드 (*in, at*); 자존심; 자부심; (…한) 만족감, 득의(*to do*).¶*family* ~ 집안에 대한 자랑/*hurt one's* ~ 자존심을 상하게 하다/~ *to cross the river* 강을 건넌 만족감. **2** ⓤ (경멸적) 교만, 오만, 자만심; 우쭐대기, 도향.¶*false* ~ 자만/*display* ~; *act in high* ~ 우쭐대다//*P–* is the first sin of the seven deadly sins. 교만은 7대 죄악의 첫번째다./*P– goes before a fall.* (속담) 교만한 자는 곧 망하게 마련(← 잠언(Prov.) 16:18).

> (유의어) **pride** 자기의 가치·우수성 따위에 대한 정당한 「자랑·자존심」, 과도하게 평가하는 「거만함·자만」. **conceit** 자기에 대한 지나친 평가에서 생기는 자만심, 자부심. **self-esteem** 좋은 뜻으로도 쓰이나, 종종 나쁜 뜻으로 써서, 남이 평가하는 이상으로 자기를 높게 평가하는 일. **self-respect** 자기의 가치·인격을 올바로 평가하는 좋은 뜻의 자존심. **vanity** 남의 관심·칭찬을 지나치게 바라는 일. **vainglory** 자기의 힘·기술 따위를 자랑하며 과시하기; 문어적인 말.

3 ⓤ (the ~) 한창, 전성(기).¶*the* ~ *of manhood* 남자의 한창때/*die in the* ~ *of one's life* 한창때에 죽다. **4** ⓤ (the ~, one's ~) (집단·계층·사회 등의) 최상(최우량)의 것, 정화; 자랑거리. **5** ⓤ (말의) 기운, 혈기. **6** (a ~) (단·복수 취급) (사자·공작 따위의) 떼, 일단; (구어) 눈길을 끄는 떼.¶*a* ~ *of lions* 사자떼. **7** ⓤ (방언) 발정, 암내. **8** ⓤ (문어) 광휘(光輝), 화려, 장관. **9** (고어) 장식, 의상.¶*발기*한 페니스.
 a peacock in his pride [문장] 꼬리 날개를 편 공작.
 in the pride of one's years 전성기에, 한창때에.
 pride and joy ① 자랑거리, 애지중지하는 사람(것).¶*Their new son is their* ~ *and joy.* 새로 태어난 아들은 그들의 자랑거리이다. ② (英속어) 남자 아이.
 pride of life [or *the world*] 속세의 영화(허영), 허식(⇨ 요한 일서(1 John) 2:16).
 pride of place (英) 최고위, 최상위, 수위; 교만, 방자함.
 swallow one's pride 자존심을 억누르다.
 take [or *have*] (*a*) *pride in* …을 자랑하다.
 the pride of the desert 낙타.
 the pride of the morning 새벽녘의 안개[소나기] (날씨가 좋아질 징조).
—— 동타 (~ -*z*); **prid·ed; prid·ing** (재귀용법으로) …을 자랑하다, 뽐내다 (*on, upon*).¶*He* ~s *himself on* always doing his best. 그는 언제나 최선을 다하고 있다고 자랑한다.
PRIDE [praid] 명 프라이드(마약 교육을 위한 전미(全美) 부모 정보 협회). [<(National) Parents' Resource Institute for Drug Education]
pride·ful [práidfəl] 형 교만한, 건방진; 자존심이 강한(proud). **~·ly** 부 **~·ness** 명
prie-dieu [prí:djə́:] 명 (~ ~*s*, -*dieux* [-djə́:z]) (무릎 꿇고 기도드리는) 기도대(臺); 기도의자(~ *chair*). [<F pray God]
pri·er [práiər] 명 꼬치꼬치 캐는 사람. (또는 *pryer*)
‡priest [pri:st] 명 **1** 성직자, 사제(司祭), 목사; 승려, 신관(神官); (가톨릭·영국국교회) 신부(神父). **2** (성서) 제사장(祭司長); (초기 기독교회의) 장로. **3** 봉사자; 옹호자; (특정 분야의) 지도자.¶*a* ~ *of art* 예술계 지도자. —— 타 (수동형으로) …에게 성직을 부여하다, 사제[목사]로 임명하다.
priest·craft [prí:stkræft/-krà:ft] 명ⓤ (성직자의) 기지(지략); 성직자들의 영향력(행사).
priest·ess [prí:stis] 명 (기독교를 제외한 종교의) 여자 성직자, 여승, 비구니, 무당.
priest·hood [prí:sthùd] 명ⓤ 성직(聖職), 사제직; (the ~) (집합적; 단·복수 양용) 사제단(團), 승려직.
Priest·ley [prí:stli] 명 *Joseph* ~ 프리스틀리 (1733-1804: 영국의 화학자·신학자; 산소를 발견).
priest·ling [prí:stliŋ] 명 어린 중[성직자], 동자승(童子僧).
priest·ly [prí:stli] 형 **1** 성직자의, 사제의, 승려의.¶~ *vestments* 사제복. **2** 성직자다운[에 어울리는]; 중 티가 나는. **-li·ness** 명
priest-rid·den [⸺rídn] 형 (경멸적) 성직자(승려)의 지배하에 있는, (세력을) 성직자가 잡고 있는.
prig¹ [prig] 명 (경멸적) (말씨·태도 따위가) 까다로운 [깐깐한] 사람; 젠체하는 사람, 학자(도덕가)연하는 사람.
prig² 명 (-*gg*-) 타 (英) 훔치다, 슬쩍하다. —— 자 **1** (스코·北英) 값을 깎다. **2** (英구어) 간청하다, 원하다. —— 명 (英속어) 좀도둑, 소매치기.
prig·ger·y [prígəri] 명 까다로움, 깐깐함; ⓒ 젠체하기, 학자연하는 행위[언동].
prig·gish [prígiʃ] 형 잔소리가 많은, 까다로운, 깐깐한; 아는 체하는; 아니꼬운. **~·ly** 부 **~·ness** 명
prig·gism¹ [prígizm] 명 깐깐함[까다로운] 태도 [성격]; 젠체하기, 아니꼬움.
prig·gism² 명 (고어) 교활, 기만, 사기.
prim [prim] 형 **1** 까다로운, 지나치게 꼼꼼[엄격]한; (여자가) 새침한. **2** 틀에 박힌, 규칙적인. —— 동 (-*mm*-) 타 (새침하게) 입을 꼭 다물다. —— 자 (옷차림·태도 따위를) 깔끔하게 하다; (새침해) [입]을 꼭 다물다. **~·ly** 부 **~·ness** 명
prim. primary; primate; primitive.
pri·ma [príːmə] 형 제1의, 주요한, 수석의. [<It]
príma ballerína 프리마 발레리나(발레단의 주역 무희).
pri·ma·cy [práiməsi] 명ⓑⓤ **1** 제1위, 수위, 최고; (…보다) 탁월함, 발군 (*over*). **2** (영국국교회) 대주교의 직[위, 권위]. **3** (가톨릭) 교황의 최고권.
príma dónna [prìːmə dɑ́nə/prìːmə dɔ́nə] 명 (~ ~*s*, *príme dónne* [príːmei dɑ́nei/-dɔ́n-]) **1** (오페라의) 주연(인기) 여가수, 프리마돈나. **2** (경멸적) 변덕쟁이, 허영심이 강한 사람. [<It first lady]
pri·mae·val [praimíːvəl] 형 =primeval.
prima fa·ci·e [práimə féiʃiì:, -ʃii:] 부 언뜻 보기에는; 첫눈으로는; 명백한, 자명한(obvious). [<L at first face]
príma fàcie cáse 명 (법률) 일단 유리한[성립되]

prima facie evidence 〔법률〕 소명된[일단 채택된] 증거(반증이 없는 한 사실 입증이 충분한 증거).

pri·mage [práimidʒ] 몡ⓤ 〔해사〕 운임 할증료; 선장 사례금; (뉴질) 관세에 가산되는 세금.

pri·mal [práiməl] 몡 1 최초의, 본래의; 원시의. 2 주요한, 가장 중요한; 근본적인. — 몡 ~ scream에 의한 유년기 억압된 감정의 해방. — ly 몡.

primal scréam 〔정신의학〕 (primal therapy에서 환자가 유년기의 억압된 감정을 드러내기 위한) 원초적 비명. (또는 **primal scréaming**)

primal (scream) thérapy 〔정신의학〕 원초[근원] 요법(억압된 유년기의 근원적인 감정을 해방·상기시켜서 욕구 불만이나 분노를 비명이나 히스테리로 발산하게 하는 정신 요법). **primal thérapist**

*pri·ma·ri·ly [praiméərəli, práimər-/práimər-] 몡 1 첫째로, 최초로; 최초는, 본래, 원래. 2 주로, 무엇보다 먼저. 3 대강, 대부분.

‡**pri·ma·ry** [práimeri, -məri/-məri] 몡 (보통 한정 용법) 1 제1(위)의, 제1차의; 주요한; 가장 중요한(⟷ secondary). ¶ a matter of ~ importance 가장 중요한 사항. 2 최초의, 초기의; 원시 시대의; 원시적인. ¶ The ~ stage of civilization 문명의 초기 단계/ the ~ forest 원시림. 3 초보의, 초등의; 예비의, 준비 단계의; 초등 교육의. ⇒ELEMENTARY 〔유의어〕 4 본래의; 근본적인, 기본적인. ¶ the ~ meaning of a word 단어의 원의(原義)/ the church of Christ in its ~ situation 초기 상태의 기독교회. 5 직접의, 원발성(原發性)의. ¶ a ~ disease 원발병. 6 〔사회〕 (가치·이상 따위가) 1차적인. 7 〔의학〕 초기의, 제1기의. 8 〔전기〕 1차의. 9 〔생물〕 초생(初生)의; 〔조류〕 초열(初列) 칼깃의. 10 〔지질〕 초생대(代)의, 원생(原生)의(암석이나 광상이 마그마에서 형성된 후 변성을 겪지 않은 상태의의). 11 〔화학〕 제1(차)의. 12 〔문법〕 어근(語根)의; (시제가) 1차의, 1차어의, 제1강세의.
— 몡 (몡 **-ries** [-z]) 1 (보통 -ries) 제1의[주요한] 사물, (순서·중요성 따위에서) 제1위의 것; 제1원리. 2 (美) (공직자 후보의) 예선; (각 정당의) 대통령 후보 예비 선거(~ election). 3 = ~ color. 4 초벌[애벌]칠. 5 (-ries) 〔조류〕 초열(初列) 칼깃. 6 〔전기〕 ~ coil; ~ battery 따위. 7 〔천문〕 (위성에 대한) 주(主)천체, (위성을 갖는) 행성, (2중성의) 주성(主星). (또는 ~ plánet) 8 〔지질〕 시원기(~ period). 9 〔문법〕 1차어 (Jespersen의 용어); 명사 및 명사 상당어구.

primary áccent 몡 제1강세. 몡 secondary accent
primary báttery 몡 〔전기〕 1차 전지(primary cell의 집합체).
primary cáche 몡 〔컴퓨터〕 1차 캐시(마이크로프로세서 내부의 캐시 메모리).
primary cáre 몡 〔의학〕 1차[초기] 진료[처치].
primary céll 몡 1차 전지(電池).
primary cóil 몡 〔전기〕 (변압기의) 1차 코일.
primary cólor 몡 원색(原色).
primary consúmer 몡 〔생태〕 제1차 소비자(초식 동물).
primary cóntact 몡 〔사회〕 제1차[1차적] 접촉.
primary cóolant 몡 (원자로의) 1차 냉각수(또는 **primary cóoling wàter**).
primary derívative 몡 〔문법〕 1차 파생어.
primary educátion 몡 초등 교육.
primary eléction 몡 예비 선거(primary).
primary féather 몡 〔조류〕 = primary 5.
primary gróup 몡 〔사회〕 제1차 집단 (가정·친구 등, 밀접한 인간 관계에 의해 개인의 사고(思考) 등에 강한 영향을 미치는 집단). 몡 secondary group
primary héalth càre 몡 기초[1차] 의료(어린이 예방 접종, 환자·부상자 치료, 임산부 간호 등 최소한의 의료 보건; 몡 PHC).
primary héalth wòrker 몡 barefoot doctor의 정식 명칭.
primary índustry 몡 제1차 산업.
primary méeting 몡 (美) 예선 대회, 지구당 대회 [caucus].
primary mémory 몡 〔컴퓨터〕 = main storage.
primary métal 몡 (야금) 1차 금속, 처녀 금속(virgin metal)(광석에서 바로 뽑아낸 금속).
primary óptical àrea 몡 〔그래픽디자인〕 제1시각(視覺) 부분(인쇄면·광고의 왼쪽 윗부분으로 독자의 시선이 최초로 가게 되는 곳; 몡 POA).
primary plánet 몡 〔천문〕 = primary 7.
primary producer 몡 〔생태〕 제1차 생산자(1차 생산(primary production)을 하는 녹색 식물).
primary próduct 몡 1차 생산물, 농산물.
primary prodúction 몡 〔생태〕 1차 생산(광합성 생물에 의한 유기물의 생산).
primary ráinbow 몡 1차 무지개.
primary róck 몡 〔지질〕 원생암(原生岩). [뿌리.
primary róot 몡 〔식물〕 1차근(根), 주근(主根), 원
primary schóol 몡 초등 학교;(英) 5-14세까지의 전기 초등 학교 과정; (美) (공립 학교 과정의) 초등 3[4]학년까지의 초등 학교.
primary séx characterístic 몡 〔해부〕 1차 성징(性徵)(생식 기관(器官); 고환·난소 따위).
primary stréss 몡 = primary accent.
primary strúcture 몡 〔물질 따위의〕 1차[기본] 구조; 미니멀 아트(minimal art) 조각품(최소한의 조형 수단을 써서 제작한 조각). **primary strúcturist**
primary ténses 몡 〔문법〕 제 1 시제(時制)(현재·미래·과거 완료의 총칭).
primary tíssue 몡 〔식물〕 1차 조직.
primary tóoth 몡 〔해부〕 유치(乳齒), 젖니.
primary wáll 몡 〔식물〕 (세포막의) 1차벽.
pri·mate [práimeit, -mət] 몡 (몡 종 P-) 〔가톨릭〕 수석(首席) 대주교; (영국 국교회) 대주교(archbishop). 2 [práimeit] 영장류(靈長類). 3 〔고어〕 수령.
-má·tal ━━━ship 몡 대주교의 직[지위].
Prímate of Áll Éngland [práimət-] 몡 〔영국 국교회〕 (the ~) 전(全)잉글랜드 수석 주교(Canterbury 대주교의 칭호).
Prímate of Éngland 〔영국 국교회〕 잉글랜드의 수석 주교(York 대주교의 칭호). [목).
Pri·ma·tes [praiméitiːz] 몡몡 영장목(目)(포유류의
pri·ma·tial [praiméiʃəl] 몡 primate의.
pri·ma·tol·o·gy [pràimətálədʒi/-tɔ́l-] 몡 영장류 동물학. **-to·lóg·i·cal** 몡 **-ma·tól·o·gist** 몡

‡**prime**[¹] [praim] 몡 1 수위(首位)의, 제1의; 가장 중요한, 주된, 주요한. ¶ the ~ factor 주요인, 주요소/ the ~ authority on Milton 밀턴 연구의 제1인자/ of ~ importance 가장 중요한. 2 (가치·품질이) 최상(급)의; (美) (쇠고기가) 최상급의(* prime, choice, good, commercial의 순으로 분류된다); 일류의, 극상의(first-rate); 〔구어〕 훌륭한, 멋진. ¶ ~ beef 최상급의 쇠고기/ feel ~ 매우 기분이 좋다. 3 최초의, 초기의, 원시의; 기본적인, 근본의; 본원적의. 4 최고의 상업적 가치가 있는; 〔방송〕 시청률이 가장 높은. 5 혈기왕성한, 청춘의. 6 〔수학〕 소수(素數)의. 7 〔은행〕 (최우량 고객에게 적용하는 최저의) 단기 대출 금리의. 8 (우주 비행사가 교체 요원이 아니라) 정규의.
— 몡 (몡 ~s [-z]) 1 (the ~, one's ~) 전성기, 한창 때; 청춘. ¶ the ~ of youth 청춘/ the ~ of life 장년기/ during (one's) ~ 전성기에/ Apples are just now in their ~. 사과는 지금이 한창이다. 2 ⓤ (보통 the ~) 최상(급)의 부분, 정화(精華)(of); (최고급의) 최상품. 3 ⓤ (보통 the ~) 처음, 초기(beginning); 봄. ¶ the ~ of the moon 초승달/ the ~ of the year 봄. 4 〔금융〕 = ~ rate. 5 ~ time. 6 〔금리〕 제1시 도; (종종 P-) 〔가톨릭〕 (성무 일과의) 제1시과(時課); 〔고어〕 새벽, 이른 아침. 7 〔수학〕 소수(素數)(= ~ number). 8 〔펜싱〕 (방어 자세의) 제1 자세[찌르기]. 9

프라임 부호('), 분(minute)(예: 6′5″(6분 5초); a′ [éipráim](a 대시)). **10** [음악] 1도, 동음(同音)(unison); (음계의) 주음(主音). **11** 제101센트 부호('). **12** [구어] =〜 minister. **13** [pri:m] (사이클 도로경기에서) 힘 든 지점, 난(難)코스.

be cut off in one's **prime** 젊어서 죽다, 요절(夭折)하다.
━━ =primely.
〜・**ness**

prime² 턷 (〜s [-z]) 턷 **1** (특정 목적·작업 따위를 위해) ⋯을 (사전) 준비하다; ⋯에게 (⋯을) 준비시키다 (for). **2** [총] ⋯에 화약을 재다, ⋯의 발사 준비를 하다; ⋯에 뇌관[도화선]을 달다. **3** ⋯에게 미리 가르쳐 주다, 예비 지식 (따위)를 주다, (요령 따위)를 일러주다, 미리 (정보 따위)를 주다 (with). ¶(〜+템+前+名) fully 〜d with the latest news 충분히 최근 사정에 정통한. **4** (화면·벽 따위에) ⋯을 덮칠하다, 초벌칠하다. **5** ⋯을 가득 채우다, 주입하다; (남)에게 술 따위를 충분히 먹이다; ⋯을 가득 담다 (with). ¶(〜+템+前+名) well 〜d with whisky 위스키를 실컷 마시고 / a lamp with oil 램프에 기름을 붓다. **6** [펌프] 마중물을 붓다. **7** (기업 활동 따위)를 자극하다. **8** [기계] (발동기를 시동하기 위한) [기화기·실린더]에 휘발유를 보내다. ━━ 턷 **1** 뇌관[도화선]을 달아 발화 준비를 하다. **2** (물이) 증기와 함께 실린더로 들어가다; (증기가) 증기와 함께 실린더로 보내져서 작용하다. **3** 조수의 간만(干滿)이 빨라지다. **4** (산물 따위가) 양질[1급품]이다.
prime the pump ⇒PUMP¹.
━━ 턷 점화약(priming).

prime-a·ged [<éidʒid] 턷 장년의, 중년의(35~54세).
prime cóst [경영] **1** 구입 가격, 원가. **2** 주요 비용(임금·지대·이자 등 요소 비용과 원자재비 등 사용자 비용
prime cút [속어] =vulva. (의 합계).
primed [praimd] 턷 (美속어) **1** (⋯의) 의향이 있는, 준비가 되어 있는 (for); (비어) (여자가) 성관계를 가질 의향이 있는. **2** (술·마약에) 취한; 비틀거리는.
primed to the ears [or **muzzle**] 만취하여, 곤드레가 되어. [donna의 복수형.
pri·me don·ne [It prì:me dɔ́nne] 턷 prima
prime fáctor [수학] 소인수(素因數).
prime ínterest [lénding] ràte 턷 [금융] =prime rate. 턷 금융 일지의.
prime-lo·ca·tion [¹loukéiʃən] 턷 적당한 위치로,
prime·ly [práimli] 턷 [구어] 뛰어나게, 근사하게, 멋지게(excellently); 최초에, 최초로.
príme merídian 턷 (the 〜) 본초(本初) 자오선.
***prime mínister** 턷 국무총리, 수상, 총리 (略 PM).
턷 **premier prìme mìnistérial** 턷
prime mínistership 턷 총리의 지위.
prime mínistry 턷 (the 〜) (국무) 총리실, 총리부.
prime móver 턷 **1** [기계] 원동력(풍력·전력 따위); 원동기(수차·풍차·증기 기관 따위). **2** 대포를 끄는 것(소·말 따위); 강력한 견인차(트럭, 트랙터). **3** (비유적) 원동력, 주도자. [철학] 신.
prime númber 턷 [수학] 소수(素數)(prime).

*prim·er¹** [prímər/práim-, prim-] 턷 **1** 입문서, 안내서; (기초 교육·훈련 등위) 입문서, 첫걸음, 초급 독본. ¶a 〜 **of physics** 물리학 입문서. **2** [인쇄] 프라이머 활자; 프라이머(활자의 크기). ¶great 〜 대프라이머(18포인트)/long 〜 소프라이머(10포인트). **3** (종교 개혁 전의) 소(小)기도서. **4** [práimər] (美일) 초등학교 저학년 (학생).
prim·er² [práimər] 턷 **1** 뇌관[도화선]을 장치하는 사람; 장약자(裝藥者). **2** 뇌관, 도화선. **3** (페인트 따위의) 밑칠, 애벌칠. **4** [화학] 프라이머(반응 개시에 필요한 구조 또는 물질). **5** (생화학) 프라이머(DNA 합성반응의 개시에 필요한 미량의 고분자(DNA 따위)).
prime ráte [금융] (미국의 은행이 우량 기업에 적용하는) (대출) 우대 금리, 프라임 레이트.

prime ríb(s) 턷 (최상급) 소갈비.
pri·me·ro [priméərou] 턷[U] (16-17세기 영국에서 유행한) 일종의 카드놀이.
prime tíme (라디오·TV의) 프라임 타임, 골든 아워, 황금 시간대(시청률이 높은 저녁 7~10시 사이의 시간대). 턷 프라임 타임의. (또는 **prímetime**)
pri·me·val [praimí:vəl] 턷 원시 시대의, 원시의, 태고의. ¶a 〜 **forest** 원시림. (또는 **primaeval**) 〜·**ly** 턷
pri·mi·ge·ni·al [pràimədʒí:niəl] 턷 원시형(型)의, 최초의. (또는 **primogenial**)
pri·mi·grav·i·da [pràimígrӕvidə] 턷 (턷 〜s, -dae [-di:]) (산부인과) 초임부(初姙婦).
prim·ing [práimiŋ] 턷[U] **1** 기폭제, 점화약. **2** 뇌관[도화선]을 장치하는 일; (화약의) 장약(裝藥). **3** 초벌칠, 애벌칠. **4** 벼락치기 공부(cramming). **5** (펌프의) 마중물 (붓기); 프라이밍(보일러에서 증기가 과다하게 나올 때 미세한 물방울이 함께 나오는 현상). **6** (맥주의 도수를 높이기 위한) 설탕물.
príming of the tíde 간조와 만조 사이에 일어나는 조류의 가속(加速).
pri·mip·a·ra [praimípərə] 턷 (턷 〜s, -rae [-ri:]) (산부인과) 초산부(初産婦). 턷 multipara
pri·mi·par·i·ty [pràimipӕrəti] 턷 초산(初産).
pri·mip·a·rous [praimípərəs] 턷 초산의.
*****prim·i·tive** [prímətiv] 턷 (**more** 〜; **most** 〜) **1** 원시(시대)의; 옛날의, 태고의. ¶a 〜 **man** 원시인/the 〜 **times** 원시 시대. **2** 미개한, 미발달한, (사회·경제적으로) 낙후한; 문명화되지 않은; (미개) 민족[문화]의. ¶a 〜 **country** 미개국. **3** 최초의, 초기의. ¶the 〜 **phase of the history** 역사의 초기 단계. **4** 소박한; 원시적인; 고풍의, 구식의. ¶〜 **tools** 원시적인 도구 / 〜 **ideas and habits** 낡은 생각과 습관. **5** 본원의, 근본의, (색깔의) 원색의. **6** [문법] 어근(어)의, 원시어의, 조어(祖語)의. ¶a 〜 **word** 어근어. **7** [미술] 원초주의의. **8** (생물) 초생의, 원시의; (지질) 시원기(始原期)의.
━━ 턷 〜**s** [-z] **1** 원시시대의 사람[것]; 원시인; 소박한 사람. **2** 원색. **3** 초기(르네상스 이전)의 화가 (의 작품), 독특한 화가. **4** [수학] 원선(原線); 원식(原式); 원함수. **5** [언어] 어근어 derivative). **6** (드물게) (P-) 원시 감리교회의 (신자) (P- Methodist).
〜·**ly** 턷 〜·**ness**, **·tiv·i·ty** 턷
primitive área [美] 원생림 보호 지역.
Primitive Báptist (특히 미국 남부의) 원시 침례교회 (신자).
Primitive chórd 턷 (the 〜) [음악] 기초 화음.
Primitive Christiánity 턷 초대 기독교.
primitive chúrch 턷 (the 〜) 원시(초기) 기독교회.
primitive cólors 턷 원색.
primitive líne 턷 (the 〜) [수학] 원선(原線).
Primitive Méthodist 턷 원시 감리교회 (신자).
prim·i·tiv·ism [prímətivìzm] 턷 **1** 원시시대의, 상고(尙古)주의. **2** [미술] 원초주의(원시 예술이나 르네상스 이전의 소박한 미술을 추구함). -**ist** 턷 **-ís·tic** 턷
pri·mo¹ [prí:mou] 턷[伊] 턷 [음악] (2중주 등에서) 주요부, 제1부. ━━ 턷 제1급의, 일류의, 최상의.
pri·mo² [prí:mou] 첫째(로)(¶ 1°). [[<L]
pri·mo·ge·ni·al [pràimədʒí:niəl, -njəl] 턷 =primigenial.
pri·mo·gen·i·tary [pràimədʒénətəri/-təri] 턷 첫째로 태어난; 장자 상속(권)의, 장자 상속법의.
pri·mo·gen·i·tor [pràimədʒénətər] 턷 시조; 선조.
pri·mo·gen·i·ture [pràimədʒénətʃər] 턷[U] 맏아들임, 장자의 신분; [법률] 장자 상속(권), 장자 상속권법 ultimogeniture). ¶**the right of** 〜 장자 상속권.
-**i·tal** 턷 -**ship** 턷
pri·mor·di·al [praimɔ́:rdiəl] 턷 **1** 최초의, 본원의, 근본적인. **2** [생물] (생물·기관의 발달에서) 최초기에 형성되는, 초생의. **3** 원시의, 원시 시대(부터) 존재하

primordial soup
는. ― 图 기본 원리. **-ál·i·ty** 图 **~·ly** 图
primórdial sóup [bróth] 图 (the ~) 원시 수프 (지구상에 생명을 발생시킨 유기물의 혼합 용액).
pri·mor·di·um [praimɔ́ːrdiəm] 图 (图 **-di·a** [-diə]) (발생) 원시 세포, 원기(原基); 가장 초기 단계.
primp [primp] 图国 (재귀용법으로) …을 말쑥하게 차려입다; 맵시내다(up). ― 国 깔끔하게 몸치장하다, 맵시 있게 차려입다, 모양내다.
*prim·rose** [prímrouz] 图 1 앵초(의 꽃), 프림로즈. 2 =evening ~. 3 ⓤ 앵초색, 담황색(pale yellow). 4 (비유적) 최고의 것[부분], 전성기. ― 图 1 앵초의; 앵초색의, 담황색의. 2 앵초가 많은.
Prímrose Dày 图 (英) 앵초의 날(4월 19일; 앵초를 좋아한 영국 수상 B. Disraeli(1804-81)가 죽은 날).
prímrose páth [wáy] 图 1 환락의 길, 쾌락의 추구, 방탕한[향락] 생활(← Shakespeare작 Hamlet 1:3). 2 안이하나 위험한 길[방침].
prímrose yéllow 图 =primrose 3.
prim·u·la [prímjulə] 图 =primrose 1.
pri·mum mob·i·le [práiməm móbəli/-mób-] 图 (프톨레마이오스의 천문학에서) 제10천(天): 원동력 (prime mover). [<L first moving thing]
pri·mus[1] [práiməs] 图 (종종 P-) (스코틀랜드 감독파 교회의) 감독장.
pri·mus[2] 图 (규정·규칙·처방전 등에서) 제1의(first); 수위(首位)의. ⓑ secundus, tertius
pri·mus in·ter pa·res [práiməs íntər péəriːz, príː-] 图图 (남성의) 동료[동배] 중에서 제1인자[수위(首位)](의). (* 영국 내각의 경우는 「총리」. [<L first among equals]
Prímus stòve [práiməs-] 图 (상표) 프라이머스 스토브(휴대용 석유 난로). (또는 **Primus**)
prin. principal(ly); principle.
‡**prince** [prins] 图 (图 **prínc·es** [-iz]) 1 (종종 P-) 왕자, 친왕(親王), 왕손, 왕족의 남자(图 princess); ¶ the manners of a ~ 귀공자 같은[기품 있는] 태도/the crown ~ 황태자/a ~ of the blood 왕족. 2 (종종 P-) (역사) 군주(sovereign), 왕(king); (봉건 시대의) 제후, 영주. 3 (종종 P-) (영국 이외 나라의) 공작, …공(公)(图 duke). ¶the great [or grand] ~ (제정 러시아 등의) 대공(大公). 4 (종종 P-) (공국(公國)의) 군주, 왕; (소국·속국의) 군주, 제후. 5 (a ~, the ~) 대가, 거두, 제1인자, 거장; 지배자. ¶the ~ of bankers[poets] 은행계[시단(詩壇)의 제1인자/the ~ among American educators 미국 교육계의 거두[원로]/a merchant ~ 호상(豪商). 6 (美구어) 품위 있는 남자, 귀공자. 7 (The P-) 군주론(Machiavelli의 정치 이론(1513)).
(as) happy as a prince 지극히 행복하다.
live like a prince 호화로운 생활을 하다.
Prince Álbert 图 일종의 프록 코트.
Prince Chárming 图 (Cinderella 이야기에서) Cinderella와 결혼하는 왕자; (비유적) (모든 여성이 마음속에 그리는) 이상적인 신랑감.
prince cónsort 图 여왕[여황제]의 부군(夫君).
prince·dom [prínsdəm] 图ⓤⓒ prince의 지위[권력], 영지]; =principality 4.
prince impérial 图 (the ~) 왕세자, 황태자.
prince·kin [prínskin] 图 =princeling 1. (또는 **princelet**)
prince·like [prínslàik] 图 prince 같은[다운]; 기품이 있는, 위엄 있는; 의젓하고 대범한.
prince·ling [prínsliŋ] 图 1 어린 군주[왕자], 소공자; 소국의 군주. 2 (P-) (중국의) 태자당(太子黨).
*prince·ly** [prínsli] 图 1 왕후(王侯)다운, 군주다운. 2 고귀한, 위엄 있는; 화려한, 당당한; 대범한, 호방·활달한. ¶a ~ mansion 으리으리한 대저택. 3 왕자[왕자]의, 왕후(王侯)의. ― 图 왕자[왕후] 답게. 당당하게, 위엄있게. **-li·ness** 图

prínce of dárkness 图 (the ~) 사탄, 마귀 (Satan) (또는 **prince of the áir, prince of the [or this] wórld**).
Prínce of Dénmark 图 (the ~) 햄릿(Hamlet). **Hamlet without the Prince of Denmark** 주인 공이 빠진 연극; 알맹이가 빠진 것.
Prínce of Péace 图 (the ~) 화평의 통치자(예수 그리스도).
Prínce of the Apóstles 图 (the ~) 제1사도(베드로).
Prínce of the (Hóly Róman) Chúrch 图 (the ~) (가톨릭) 추기경(cardinal)의 칭호.
Prínce of Wáles 图 (the ~) 영국 왕세자[황태자]의 칭호. 图 Princess of Wales
prin·ceps [prinseps, príŋkeps] 图 1 제일의, 최초의. ¶ edition ~ 제1판, 초판. 2 [해부] (동맥 따위가) 주(主)의, 주요한. ― 图 (图 **-ci·pes** [-səplːz, príŋkəpèis]) 주요한[최초의] 것. [<L]
prince Régent 图 (the ~) 섭정(攝政) 왕자.
prínce róyal 图 (图 **-s r-**) 제1왕자; 황태자.
prince's-feath·er [prínsizféðər] 图 (식물) 색비름의 일종.
prince·ship [prínsip] 图ⓤ prince의 지위[신분].
prince's métal 图 (보통 P- M-) ⓤ 유금(鍮金)(구리 75%와 아연 25%의 합금).
‡**prin·cess** [prinsis, -ses/prinsés] 图 (图 **~-es** [-iz]) 1 왕녀, 공주(女)[princess). ¶a ~ of the blood 왕녀, 공주. 2 (역사) 여왕. 3 왕비, 왕자비, 황태자비. 4 (영국 이외에서) 공작 부인(图 duchess). 5 뛰어난 여성; 여걸(女傑): 아주 매력적인 여성. 6 (하천·농산물 등 위의) 최고의 것. 7 (P-) (상표) 소형 전화기. ― 图 (또는 **princesse**) (여성복에서) 프린세스 스타일의, 몸에 꼭 맞는. **~·like, ~·ly** 图 「는 여성원피스.
príncess dréss [gówn, róbe] 图 몸에 꼭 맞
prin·cesse [prínsis, -ses/prinsés] 图 =princess; (요리) 아스파라거스를 곁들인. [<F]
Princess of Wáles 图 (the ~) 영국의 왕세자[황태자]비의 칭호.
príncess régent 图 (the ~) 섭정 공주; 섭정비(妃).
príncess róyal 图 제1황녀[왕녀].
Prince·ton [prínstən] 图 프린스턴. 1 미국 New Jersey주(州)의 학원 도시(Princeton대학 소재지). 2 (또는 ∠ Univérsity) 프린스턴 대학교.
Príncetown Plán 图 (美) 프린스턴 방식(선거의 해에 대학생들이 자신의 지지 후보를 위해 선거 운동을 할 수 있도록 2주 정도 휴교를 하는 일).
‡**prin·ci·pal** [prínsəpəl] 图 1 (지위·중요성·가치 등이) 으뜸가는, 주요한, 제1의, 선두의, 중요한. ⇨ CHIEF 유의어. ¶the ~ actor 주연 배우/the ~ food 주식(主食)/~ cities 주요 도시/~ points 요점. 2 (금전의) 원금의, 자본금의. ¶a ~ investment 투자. 3 (문법) 주요한. 4 (기하) (원뿔곡선의 축이) 초점을 통과하는. ― 图 (图 **~·s** [-z]) 1 두목, 우두머리, 지배자, 장; 장관; 사장, 회장; 교장, (英) 교장. ¶a lady ~ 여교장. 2 (연극 따위의) 주역, 주연자; 주동자; (결투의) 본인(图 second[1]). 3 (법률) 주범, 정범(正犯); (대리인에 대해) 본인(图 agent, surety). ¶a ~ in the first [second] degree 제1급[2급] 주범(主犯). 4 ⓤⓒ (보통 a ~, the ~) (상업) 원금(图 interest); (수입원이 되는) 기본 재산, 신탁 재산; (주식·채권의) 액면가. 5 (법률) 주물(主物), 주건(主件); 주요부. 6 (건축) 주요 구조물, 주재(主材). 7 (음악) (오르간의) 주요 음전(音栓); (오케스트라에서) 제1바이올린 이외의 악기의 주(主)연주자, 제1연주자. 「[리·광학] 주축.
príncipal áxis 图 1 (기계의) 주축선(主軸線). 2 (물
príncipal bóy 图 영국 무언극(pantomime)의 남자 주인공 역을 하는 여배우. 图 principal girl
príncipal cláuse 图 (문법) 주절(主節)(main clause).
príncipal diágonal 图 (수학) 주대각선(主對角線).

príncipal fócus 명 〔광학〕 주초점(focal point).
príncipal gírl 명 영국 무언극의 여성 주역.
***prin·ci·pal·i·ty** [prìnsəpǽləti] 명 ⓤⓒ **1** (prince 가 지배하는) 공국(公國). **2** 공국 군주의 지위[권력, 지배권]. **3** (the P-) 〔英〕 =Wales. **4** (-ties) 품급 천사(천사 위계의 하나). ⇒ANGEL 주의 **5** =principalship.
***prín·ci·pal·ly** [prínsəpəli] 부 주로, 대체로.
príncipal offénder 명 〔법률〕 주범, 정범.
príncipal párts 명복 (the ~) 〔문법〕 동사의 주요형(영어에서는 현재·과거·과거분사의 3형).
príncipal póint 명 〔광학〕 주점(主點).
príncipal ráfter 명 〔건축〕 합각(合閣)(주요 서까래).
príncipal séntence 명 〔문법〕 주문(主文).
prin·ci·pal·ship [prínsəpəlʃìp] 명ⓤ 교장[장관, 회장 등]의 지위[직무].
príncipal súm 명 원금; 〔보험〕 =capital sum.
prin·ci·pate [prínsəpèit, -pət] 명 **1** ⓤⓒ 최고의 지위; 최고의 권위. **2** 공국(公國)(principality). **3** ⓤ (고대 로마 제국 초기의) 원수(元首) 정치.
prin·ci·pes [prínsəpìːz, príŋkəpèis/prínsipìːz] 명 princeps의 복수형.
prin·cip·i·al [prinsípiəl] 형 최초의, 제1의; 주의 [원리]의(에 바탕을 둔).
prin·cip·i·um [prinsípiəm] 명 (복 **-i·a** [-iə]) 원리, 원칙; 기초.
‡prin·ci·ple [prínsəpl] 명 (복 **~s** [-z]) **1** (자연 현상·기계·논리 따위의) 원리, 원칙; 공리(公理), 법칙. ¶Pascal's ~ 파스칼의 원리/the ~ of natural selection 자연 도태의 법칙. **2** ⓤⓒ (도덕·정치상의) 주의(主義), 방침, 신조; 행동[도덕] 규범[기준], 근본 방침. ¶a dangerous ~ 위험한 주의/a conservative ~ 보수적인 방침/It is against one's ~s. 그것은 내 신조에 어긋난다. **3** ⓤⓒ (종종 ~s) (복수취급) 도(道), 정도(正道), 정의, 도의; 고결, 절조. ¶moral ~ 도의/a man of (high) ~ 고결한 사람/He has no ~s. 그는 지조가 없다. **4** 본질, 본원(本源), 본체(本體); 요인, 요소. ¶the first ~ of all things 만물의 근원/a vital ~ 활력[정력]. **5** 〔화학〕 정(精)(어떤 물질에 특수한 성능 또는 효력을 부여하는 요소). 소(素), 분. ¶a coloring ~ 염색소. **6** ⓤ (P-) 〔기독교〕 (Christian Science의) 신(神).
as a matter of principle 주의로서.
in principle 원칙적으로는, 기본적으로; 대체로. ¶I approve of his opinion *in* ~. 나는 원칙적으로는 그의 의견에 찬성한다. 〔조로 삼다.
make it a principle to *do* …하는 것을 중시하다[신
on principle ① 주의(主義)상, 주의로서; 도덕상, 도덕적 견지에서. ② 일정한 법칙[방법, 관습]에 따라.
prin·ci·pled [prínsəpld] 형 (종종 복합어로) 주의를 가진; …주의의; 절조 있는. ¶high-~ 주의[신조]가 고결한.
príncìple of causálity 명 (the ~) 인과율.
príncìple of contradíction 명 (the ~) 모순율.
príncìple of correspóndence 명 (the ~) 〔물리〕 대응 원리. 〔차별성의 원리.
príncìple of indífference 명 (the ~) 〔통계〕 무
príncìple of léast áction 명 (the ~) 〔물리〕 최소 작용의 원리.
príncìple of mathemátical indúction 명 (the ~) 〔수학〕 수학적 귀납법의 원리.
prink [priŋk] 동타 **1** (재귀용법으로) …을 치장하다; 모양내다(*up*). ¶~ oneself *up* 모양내다. **2** (새가) (깃털)을 다듬다. ━ 자 치장하다, 모양내다(*up*). ━**·er** 명
‡print [print] 동타 **1** …을 인쇄하다, …을 출판[발행]하다(*off*, *out*, *up*); 〔의견·회견·이야기 따위)를 활자화하여 발행하다. ¶*in* ~*ed* form 인쇄하여/~ a newspaper 신문을 발행하다. **2** 〔표시〕를 하다, …을 눌러서 찍다, 자국을 내다; (…으로 / …에) 날 인(捺印)하다 (*with* / *on*). ¶(~+图+前+名) ~ a kiss *on* the fore-

head 이마에 키스하다 / ~ a surface *with* a seal 표면에 압인(押印)하다. **3** (피륙)에 그림을 찍다. **4** …을 인쇄체로 쓰다. ¶*P*- your name clearly. 이름을 인쇄체로 분명히 쓰시오. **5** (비유적) …을 (마음·기억에) 깊이 새기다, 인상을 심다 (*on*, *upon*, *in*). ¶(~+图+前+名) The scene is ~*ed on* my memory. 그 광경은 내 기억에 깊이 새겨져 있다. **6** 〔사진〕을 인화하다(*out*, *off*). ¶(~+图+图) ~ *off* [*or out*] a negative 네가 필름을 인화하다. **7** 〔컴퓨터〕 〔데이터〕를 출력하다, 프린트하다(*out*).
━ 자 **1** 인쇄[출판]하다. **2** 인쇄를 업으로 삼다; 간행하다. **2** 인쇄체로 쓰다. **3** (사진 따위가) 나오다, 찍히다; (어떤 상태로) 인쇄되다. ¶~ *in color* 컬러 인쇄되다 //(~+图) This one ~s *well*. 이것은 잘 인쇄된다.
print in ① 〔정보〕를 활자화하다. ② 〔사진〕 인화를 진하게 하다.
print off 〔책 따위를 …부〕 증쇄(增刷)하다.
print out ① 〔컴퓨터〕 (프린터로) 출력하다. ② 〔사진〕을 인화하다; …을 인쇄 배포하다.
━ 명 **1** ⓤ 인쇄, 인쇄된 상태; 판(版), 쇄(刷). ¶the first ~ 초판/This book has clear ~. 이 책은 인쇄가 선명하다. **2** 인쇄된 문자; 서체; 활자체. **3** 인쇄물(~*ed* matter); (~s) 〔美〕 (신문·잡지 따위) 간행물; ¶a daily [weekly] ~s 일간지[주간지](誌). **4** 신문 용지(newsprint). **5** (…에 찍힌) 자국, 표, 흔적 (*on*, *upon*, *in*); 지문(指紋)(fingerprint), 발자국(footprint). ¶the ~ of footsteps *on* the sand 모래 위의 발자국. **6** (a ~, the ~) 영향, 흔적; 인상. ¶sorrow's ~ upon one's face 얼굴에 남아 있는 슬픔의 흔적. **7** 판화, 관(판)로 눌러서 만든 그림[도안]. **8** ⓤ 프린트 천, 날염포(布), 사라사. ¶a ~ dress 사라사 드레스. **9** 〔사진〕 인화된 사진, 인화. ¶a blue ~ 청사진. **10** 틀로 눌러서 만든 것, 눌러서 굳힌 것; 틀. ¶a ~ of butter 틀로 눌러서 만든 버터. **11** 모형(母型), 주형(鑄型). 〔지가 없는.
in cold print ① 인쇄되어. ② (인쇄물처럼) 명백히.
in print ① 인쇄[활자화]되어, 출판되어. ② (출판사에서) 입수할 수 있는, (책이) 절판이 아닌. ③ 활자로, 인
out of print 절판되어. 〔쇄로.
put into print 출판하다, 인쇄하다.
rush into print 서둘러 출판[인쇄]하다; 마구 신문에
━ 형 (신문·잡지 따위) 활자 매체(용)의.
━ **print**. printing.
print·a·ble [príntəbl] 형 **1** 인쇄할 수 있는; 인쇄[출판]하기에 알맞은, 인쇄[출판]하기 가치가 있는. **2** (사진이) 인화할 수 있는. **-bíl·i·ty**, **~·ness** 명
prínt ád 〔신문·잡지 따위에〕 인쇄된 광고.
print·back [príntbæ̀k] 명 〔사진〕 (마이크로 필름으로부터의) 확대 (사진) 프린트.
print-cloth [príntklɔ̀ːθ/-klɔ̀θ] 명 프린트 천(날염(捺染)용 회색 무명).
prínted bóard [príntid-] 명 〔전자〕 프린트 배선 기관. (또는 **PC** [**prínted-círcuit**] **bóard**, **prínted círcuit càrd**)
prínted chína 〔그림을 전사하여 구운〕 도자기.
prínted círcuit 〔전자〕 프린트 배선(配線)[회로].
prínt(ed) góods 날염한 옷감[직물].
prínted mátter 명 인쇄물, (특히) 제3종 우편물.
prínted páge 명 (the ~) 출판물, 발간된 저작.
prínted pápers 명(복) (=)printed matter.
prínted préss 명 〔美〕 =print press.
prínted wórd 명 (the ~) 인쇄된[활자화된] 말, 인쇄물. ¶the power of the ~ 활자의 힘.
‡print·er [príntər] 명 **1** 인쇄업자; 인쇄공, 식자공(植字工). **2** 인쇄 기계; 〔사진〕 인화기(印畫機). **3** 틀로 찍어 박는 사람, 날염공(捺染工). **4** 〔컴퓨터〕 프린터.
prínter contróller 〔컴퓨터〕 프린터 제어기.
prínter dríver 〔컴퓨터〕 프린터 드라이버.
prínter fónt 〔컴퓨터〕 프린터 자형.

prínter ìnterface 명 〔컴퓨터〕 프린터 인터페이스.
prínter pòrt 명 〔컴퓨터〕 프린터 포트.
Prínters' Bíble 명 (the ~) 1702년경 출판된 흠정역 성경의 속칭(시편 119:161의 Princes가 Printers로 〔잘못 인쇄됨〕.
prínter's dévil 명 인쇄소 견습공.
prínter's érror 명 오식(誤植) 명 P.E., p.e.).
prínter's ímprint 명 〔인쇄〕 (책의 표지나 판권장에 쓰이는) 인쇄(자) 사항(발행인 성명·주소·발행 연월일 따위).
prínter's ínk 명 =printing ink; 인쇄물. 〔위].
spill printer's ink 원고를 인쇄에 부치다.
prínter's màrk 명 〔인쇄소〕 마크(표장(標章)).
prínter's píe 명 뒤죽박죽이 된 활자; 혼란.
prínter's réader 명 (英) =proofreader.
prínter swítch bòx 명 〔컴퓨터〕 프린터 전환기.
prínt·er·y [príntəri] 명 인쇄소, 인쇄 공장.
prínt fòrmat 명 〔컴퓨터〕 인쇄〔프린트〕 형식.
prínt hànd 명 인쇄자 서체.
prínt·hèad [príntèd] 명 〔컴퓨터〕 인자(印字)헤드, 프린터 헤드. (또는 **prínt hèad**).
‡**prínt·ing** [príntiŋ] 명 (複 ~s [-z]) 1 ⓤ 인쇄, 인쇄업〔공정〕. 2 ⓤ 활자의 서체. 3 인쇄물. 4 (美) (서적 따위의) (일회분) 인쇄 부수; (제…인(印)〔쇄(刷)〕(impression). 5 ⓤⓒ (사진의) 인화. 6 ⓤⓒ 날염(捺染). 7 (~s) 인쇄 용지.
prínting blòck 명 판목(版木).
prínting ìnk 명 인쇄(용) 잉크.
prínting machìne 명 (英) 인쇄기. 〔[shòp].
prínting òffice 명 인쇄소. (또는 **prínting hòuse**
prínting pàper 명 인쇄 용지; 〔사진〕 인화지.
prínting prèss 명 인쇄기; 날염기.
prínting spèed 명 〔컴퓨터〕 인쇄〔출력〕 속도.
prínt jóurnalism 명 (美) (방송 저널리즘과 구별하여) 활자(신문, 잡지) 저널리즘. **prínt jóurnalist**
prínt·less [príntlis] 형 (詩) 흔적〔인상〕을 남기지 않은, 자취가 없는.
prínt lètter 명 인쇄체 문자.
prínt·màk·er [príntmèikər] 명 판화가. **-màk·ing** 명 판화 제작(술). 〔broadcast media.
prínt mèdia 명 인쇄 매체(신문·잡지 등의 매체). 圀
prínt·out [príntàut] 명 ⓤⓒ 〔컴퓨터〕 프린트 아웃, 프린트 출력; 출력 테이프. 〔óut pàper〕.
príntout pàper 명 (사진) 인화지. (또는 **printing-
prínt prèss 명 (집합적) (美) (라디오·TV업계에 대하여) 출판·신문계, 활자 매체. 〔화면 인쇄 글쇠.
prínt scrèen kèy 명 〔컴퓨터〕 프린트 스크린 키,
prínt·sell·er [príntsèlər] 명 판화상(版畵商).
prínt shòp 명 판화점; (소규모) 인쇄소.
prínt-through [-θrù:] 명 〔컴퓨터〕 프린트 스루(자기(磁氣) 테이프 데이터 매체에 있어서 기록된 데이터가 접근되어 있는 부분간에 뜻과는 반대 방향으로 이행(移行)하는). 〔**prínt whèel**〕.
prínt·whèel [príntʰwìːl] 명 =daisy wheel. (또는
prínt·works [príntwə̀ːrks] 명복 (単·複수 양용)사라사의 날염 공장.
príon [práiən/-ɔn] 명 〔조류〕 고래새속(屬)의 바다 새.
‡**prí·or¹** [práiər] 형 1 (시간·순서가) 전의(earlier), 앞서의, 사전의. 〔PREVIOUS 유의어 ¶a ~ engagement 선약(先約). 2 (…보다) 중요한, (…에) 우선하는 (to, over). ¶a responsibility ~ to others 다른 일보다 중요한 책무. * 다음 숙어로만 쓴다.
 prior to …에 앞서, 전에(before). ¶~ *to coming*
 — 명 (구어) 전과(前科). 〔*here* 여기 오기 전에.
 ~·ly 부
prí·or² 명 소(小)수도원(priory)의 원장; 대(大)수도원(abbey)의 부원장; (英) (드물게) 사장. **~·ship** 명
príor árt 명 (특허법) 선행(先行) 기술.
pri·or·ate [práiərət] 명 1 ⓤⓒ prior²의 직(지위), 임기. 2 소(小)수도원.

príor consultátion 명 사전 협의.
pri·or·ess [práiəris] 명 여자 소(小)수도원(priory) 원장, 여자 대수도원(abbey) 부원장.
pri·or·i·tize [praióːrətàiz, -áːr-/-ɔ́r-] 타 (일·계획 따위에) 우선 순위를 매기다, 중요한 것부터 들다(수행하다); 우선시키다. — 자 우선 순위를 결정하다.
-**ti·zá·tion** 명
*‡**pri·or·i·ty** [praióːrəti, -áːr-/-ɔ́r-] 명 ⓤ 1 (시간적으로) (…보다) 앞서기, 먼저임 (*to, over*). 2 (…보다) 중요함; 상석(上席) (*to, over*). ¶the ~ of one's position *to* the other's 지위가 다른 사람들보다 위임. 3 우선(권), 선취권 (*to, over*); ⓒ 우선 사항, 긴급한 일. ¶a top ~ 최우선 사항 / creditors by ~ 우선 채권자. 4 (美) 전시(戰時) 생산품의 중점적 배급 (순위).
 according to priority 순번에 따라.
 get one's priorities right [wrong] 무엇이 가장 중요한가의 판단을 하고(그르치고) 행동하다.
 give [or *grant*] *priority to* …에게 우선권을 주다, …을 우선으로 하다.
 have priority over a person 남보다 우선권이 있다.
 take priority of …을 선취하다; …의 우선권을 얻다.
 — 형 우선하는, 보다 중요한, 상위의.
priórity máil 명 (美) 우선 취급 우편(1종 우편요금으로 취급되는 무게 340g이 넘는 우편물).
priórity prínciple [sýstem] 명 중점 주의.
priórity séating 명 (노인 등을 위한) 우대석, 경로석.
príor líen 명 우선 담보권, 선취 특권. 〔석.
príor restráint 명 (美) 〔법률〕 (미공개 자료의) 공개(보도) 사전 억제령.
pri·o·ry [práiəri] 명 소(小)수도원; 수도 분원(分院)(prior에 의해 통괄되고 abbey에 종속되는 경우가 있음).
prise [praiz] 동 명 =prize³.
‡**prism** [prízm] 명 1 〔광학〕 프리즘, 분광(分光) 스펙트럼(spectrum); (~s) 스펙트럼의 7색. 2 〔기하〕 각(角)기둥, 각주기둥. 3 〔결정〕 주(柱). ¶a ~ of first [second] order 제1[2]주.
pris·mat·ic [prizmǽtik] 형 1 각기둥의, 프리즘의. 2 프리즘으로 분해된, 분광의; 3 무지개 빛깔의, 선명한, 다채로운. (또는 **prismatical**) **-i·cal·ly** 부
prismátic cólors 명복 스펙트럼으로 분해된 7색.
prismátic cómpass 명 프리즘 컴퍼스, 능경(稜鏡) 나침반.
prísm binóculars [glásses] 명 프리즘 쌍안경.
pris·moid [prízmɔid] 명 〔기하〕 각통대(frustum of a pyramid). **prís·mói·dal** 형
prísm spectrómeter 명 〔광학〕 프리즘 분광기(分光器).
prism·y [prízmi] 형 프리즘의. 〔光影).
‡**pris·on** [prízn] 명 1 교도소, 감옥, 구치소; 감방. 2 (美) 주(州) 교도소 (State ~). 3 (일반적으로) 감금(억류)하는 곳; 감옥 같은 곳. 4 ⓤ 감금, 금고(禁錮), 유폐 *be* [or *lie*] *in prison* 수감(구류) 중이다. 〔幽閉〕.
 break (out of) prison 탈옥하다. 〔투옥하다.
 cast [or *put*] *a person* **in** [or **into**] *prison* 남을
 go [or *be sent*] *to prison* 감옥에 가다, 투옥되다.
 prison without bars 창살 없는 감옥; 개방형 교도소.
 send [or *take*] *to prison* 투옥(수감)하다. 〔도소.
 — 타 (시·방언) …을 교도소에 집어 넣다, 투옥(수
 ~·like 형 〔감)하다, 유폐되다.
príson báse 명 =prisoner's base.
príson bìrd 명 죄수, 상습범.
príson brèaker 명 탈옥수. 〔破獄).
príson brèaking [brèak] 명 〔법률〕 탈옥, 파옥
príson càmp 명 포로 수용소, 정치범 수용소.
príson èditor 명 (신문의) 편집(명의(名義))인.
‡**pris·on·er** [príznər] 명 (複 ~s [-z]) 1 죄수, 수감자; 형사 피고인(구속 중인 사람도 포함). ¶a ~ *at the bar* 공판중의 형사 피고인 / a State [or political] ~; a ~ *of State* 국사범(國事犯). 2 ⓒⓤ 포로. 3 (…

에) 잡힌[체포된] 사람, 자유를 빼앗긴 사람 (to).¶a ~ of love 사랑의 포로/My work kept me a ~ for a month. 나는 일 때문에 한달 동안 꼼짝없이 매여 있었다.　　　　　　　　　　　[있는 사람, 환자.
a prisoner to one's **room** [or **bed**] 자리 보전하고
be held prisoner 포로가 되다.
give one**self up as a prisoner** 스스로 포로가 되다.
make [or **take**] a person **prisoner; make a prisoner of** a person 남을 포로로 잡다.
take no prisoner 포로를 잡지 않다, 적을 몰살시키다; 일절 타협하지 않다.
prísoner escapée 图 탈옥자; 탈주자.
prísoner of cónscience 图 양심수, 정치범.
prísoner of wàr 图 전쟁 포로 (⇨POW, P.O.W.).
prísoner's báse 图 진지 빼앗기 놀이.
 (또는 **príson báse**)
prísoner's dilémma (**gàme**) 图 〔심리〕 죄수의 딜레마(격리 수감된 공범 2명이 각기 상대를 배신하고 자백해 감형을 받느냐, 상대를 믿고 입을 다물어 상대에게 배신당할 위험을 감수하느냐 하는 협력·비협력의 곤
príson féver 图 〔병리〕 발진티푸스　　　　　[경.
príson hòuse 图 〔시〕 교도소, 감옥, 옥사(獄舍).
príson psychòsis 图 〔정신의학〕 구금 정신병(감금 또는 그것을 예상함으로 인해 일어나는 정신병).
príson ván 图 《英》 죄수 호송차(《美》 police wagon).
 (또는 **príson-vàn**)
príson vísitor 图 교도소 면회인.
pris·sy [prísi] 图 《미구어·경멸적》 1 지나치게 깔끔한[꼼꼼한], 까다로운, 신경질적인. 2 (여자가) 새침 떠는; (남자가) 계집애같은. **-si·ly** 图 **-si·ness** 图
pris·tine [prístin, -/-tain] 图 1 초기의, 태고의, 원시 시대의(primitive); 원래의(original). 2 때묻지 않은, 순박한; 신선한; 신품의.
prith·ee [príði] 图〕 《고어》 바라건대, 제발, 아무쪼록.
prit·tle-prat·tle [prítlprætl] 图 허튼 소리, 잡담, 수다. ── 图죄 잡담하다, 수다 떨다.
priv. privately; private.
***pri·va·cy** [práivəsi/prív-] 图 1 Ⓤ 사생활, 사사(私事), 사적(私的)[개인적] 자유, 프라이버시. ¶the right to ~ 프라이버시를 지킬 권리/the invasion of ~ 프라이버시[사생활] 침해. 2 Ⓤ 남의 눈을 피하기, 숨기, 은둔, 은닉 생활; 《고어》 은둔처. ¶She wept in the ~ of her own room. 그녀는 자기 방에 숨어서 울었다. 3 Ⓤ 비밀, 내밀(內密). 4 (-cies) 《고어》 숨은 일.
in privacy 숨어서, ｛ ｝　　　　［음 속으로도 깊이］.
in the privacy of one's **thoughts** [or **mind**] 마음의 사생활을 침해하다.
intrude on [or **disturb**] a person's **privacy** 남의 사생활을 침해하다.
prívacy protèction 图 사생활 보호; 〔컴퓨터〕 데이터의 기밀성 보호.
pri·vat·do·cent [privátdoutsènt] 图 (독일어권 대학의) 원외(員外)강사 (대학으로부터는 신분만 인정 받고 사례는 학생들로부터 받는다). (또는 **privatdozent**)
‡**pri·vate** [práivət] 图 (*more* ~; *most* ~) 1 사적 (私的)인, 개인적인, 개인에 관한; 사용(私用)의(⇔ official, public). ¶a ~ letter 사신(私信) / ~ life 사생활 / a ~ room 사실(私室). 2 사유의; 사영(私營)의, 사립[사설]의, 개인에 속하는; 민간[민영]의(⇔ public). ¶a ~ property 사유 재산. 3 비밀의, 은밀한, 남의 눈을 피한; 비공개의, 비공식의, 일반인 출입 금지의; 당사자에 국한된; 《英》 (편지가) 친전(親展)의(⇔ public). ¶ *Private* (게시) 일반인 출입 금지; 《편지》 친전 / a ~ corner 남의 눈에 띄지 않는 구석 / a ~ marriage 비밀 결혼식. 4 관직에 있지 않은, 민간인의, 여염의; 평(주) …. ¶a ~ citizen 민간인 / ~ clothes 평복. 5 (군) 사병(士兵)의. 6 은둔적인, 은퇴한; 고독을 즐기는[좋아하는]. 7 《英》 (의료 따위가) 자기 부담의.
for one's **private ear** 비밀히, 내밀히. ¶This is *for* your ~ *ear*. 이건 비밀이야.　　　　　　　　［되다.
go private 《주식 공개 회사가》 비공개[개인] 회사가
in my private opinion 내 개인적 소견으로는.
── 图 1 (종종 P-) 《군사》 사병, 병졸((英)) 하사관의 아래; 《美》 2등병; ⇨ Pte.). 2 (~s) 음부. 3 사립 학교.
in private 은밀히; 비공식적으로; 관계자만으로; 사생
~**ness** 图　　　　　　　　　　　［활상. 뭔 in public
prívate accóunt 图 개인 명의의 예금 계좌.
prívate áct 图 〔법률〕 개별적 법률(특정 개인·법인에 대해서만 적용하는 법률).
prívate attórney 图 〔법률〕 대리인.
prívate bánk 图 (법인화되지 않은) 개인 은행.
prívate bár 图 《英》 pub내의 독실, 라운지 바.
prívate bíll 图 (특정 개인·법인에 관한) 의회 법안.
prívate bránd 图 자가(자사) 상표 상품, 판매자 브랜드 상품.　　　　　　　　　　　［임원 전용차.
prívate càr 图 1 《美》 민영 철도 차량. 2 자가용차.
prívate cómpany [《美》 **corpórátion**] 图 주식 비공개[비상장] 회사, 개인 회사.
prívate detéctive 图 사립[사설] 탐정.
prívate educátion 图 사(私)교육.
prívate énterprise 图 민간 기업; 개인 기업.
prívate équity fùnd 图 〔금융〕 비공개 기업투자 펀드(투자자를 비공개 모집해 자산이 저평가된 기업에 투자, 가치를 높인 뒤 주식을 매각하는 고수익 중기형 투자 회사; ⑧ PE fund).
pri·va·teer [pràivətíər] 图 (전시에 정부로부터 적선의 나포 임무를 맡은) 민간 무장선, 사략선(私掠船); 그 선장; (~s) 민간 무장선의 선원. ── 图 민간 무장선[사략선]으로서 행동하다. ── **·ing** 图 해적질.
pri·va·teers·man [pràivətíərzmən] 图 사략선의 선장[승무원].
prívate éye 图 《미구어》 =private detective.
prívate fírst cláss 图 〔미육군〕 일등병(⑧ pfc.).
prívate héalth 图 《英》 개인 부담 의료.
prívate hotél 图 예약 손님 외에는 사절하는 호텔; (濠) 주류 판매 허가가 없는 호텔.
prívate íncome 图 =private means.
prívate internátional láw 图 국제 사법(私法).
prívate invéstigator 图 =private detective.
prívate júdgment 图 (종교·정치 문제에 대하여) 개인적 견해[판단].　　　　　　　　　　　［vate brand
prívate lábel 图 자가 상표, 자사 브랜드. 뭔 pri-
prívate lánguage 图 〔철학·정신심리〕 사적(私的)언어(사용자 외에는 이해할 수 없는 언어).
prívate láw 图 1 사법(私法). 2 =private act.
prívate límited cómpany 图 《英》 비공개 유한 (책임) 회사.　　　　　　　　　　　［전용 회선 서비스.
prívate líne 图 〔통신·컴퓨터〕 전용 회선. ¶~ service
***pri·vate·ly** [práivətli] 图 은밀하게(secretly); 비공식적으로; 개인으로서.　　　　　　　　　［급여와 수입.
prívate méans 图 ⿻ (투자·배당·상속 따위에 의한)
Prívate Mémber 图 (때로 p- m-) 《英》 (하원)의 비(非)각료 의원(議員).
prívate núisance 图 〔법률〕 사적 불법 방해(개인의 평화·안전·건강을 해치는 행위).
prívate párts 图 (완곡적) 음부, 국부(private).
prívate pátient 图 《英》 (국민 건강 보험 적용자가 아닌) 개인 부담 환자.
prívate plácement 图 〔금융〕 (주식의) 사모(私募)(주식회사가 직접 소수의 투자가(종종 기관 투자가)에게 주식을 파는 일). ⑧ public offering
prívate políce 图 《美》 민간[청원] 경찰.
prívate práctice 图 (의사·변호사 등의) 개업, 자영업. ¶a doctor in ~ 개업 의사.
prívate préss 图 (비)영리 개인 인쇄소[출판사].
prívate ríght 图 〔법률〕 사권(私權).
prívate schóol 图 图 사립 학교.

prívate sécretary 명 개인 비서. [부문.
prívate séctor 명 (the ~) (경제) 민간 부문, 사기업
prívate sóldier 명 (계급에 'private'가 붙는) 사병
prívate státue 명 (법률) =private act. [(士兵).
prívate stúdent 명 사립 학교 학생.
prívate tréaty 명 당사자간의 직접 매매 약정.
prívate víew 명 (일반 공개 전의) 초대전(展).
prívate wár 명 개인[가족]간 싸움; 민간 집단간 싸움.
prívate wáy 명 사도(私道).
prívate wíre 명 개인 전용 전화선.
prívate-wíre sýstem 명 사설 전화[텔렉스] 회선망.
private wrong 명 (법률) 사적 권리의 침해.
pri·va·tion [praivéiʃən] 명⑪ⓒ 1 (생활 필수품 따위의) 결핍; 궁핍, 부자유; 곤란; (~s) 결핍[궁핍](의 실례). lead a life of ~ 궁핍한 생활을 하다/suffer many ~s 갖가지 곤란을 겪다. 2 (보통 a ~, the ~) 박탈, 몰수, 빼앗기; 박탈[몰수]된 상태, 상실. ¶~ of property 재산 몰수.
pri·va·tism [práivətìzm] 명⑪ (美) 개인[가족] 중심[본위]주의, 프라이버시[사생활] 존중. **-ist**
pri·va·tis·tic [prɑ̀ivətístik] 형 사생활 중심주의의, 사적 자유를 존중하는; 사기업 제도 옹호[기반]의.
pri·va·tive [prívətiv] 형 1 빼앗는. 2 결핍의, 부자유의. 3 (문법) (접사·단어가) 결성(缺性)의, 부정의.
— 명 (문법) 결성어(缺性語); 부정사(否定辭)(un-, in-, -less 따위); 결여물(缺如物). **~·ly** 부
pri·va·tize [práivətàiz] 타 1 (공기업 따위)를 민영화하다 (美) (소방서·교도소 따위)를 민영화하다(® nationalize). ¶~ the oil industry 석유 산업을 민영화하다. 2 독점하다, 사물화하다. **·ti·za·tion**
pri·va·tiz·er [práivətàizər] 명 민영화론자, 민영화 추진자.
priv·et [prívit] 명 (식물) 쥐똥나무속의 식물. [추진자.
‡**priv·i·lege** [prívəlidʒ] 명 (® **-leg·es** [-iz]) ⓤⓒ
1 (관직·지위의) 특권, 특전, 특별 취급(of); (the ~) 국왕 특권, 대권; 특권[특전]의 향우; 면책 특권. ¶ parental ~ 친권(親權) / the P– of Parliament (英) 국회(의원)의 특권 / the ~s of birth 명문의 특권.

> 유의어) **privilege** 호의·양보의 결과 또는 신분·지위 등에 의해 남보다 우선해서 인정되는 특별한 권리·편의. **prerogative** 신분·지위 따위에 의해 독점적으로, 종종 공적(公的)·법적으로 인정되는 privilege.

2 (보통 the ~) (근대 입헌국의) 기본적 인권, 법적 권리. ¶the ~ of citizenship 공민권 / the ~ of equality for all 만인 평등의 기본적 인권. 3 (보통 a ~, the ~) (개인적인) 특권, 특전; (a ~) 은혜, (특별한) 명예. ¶enjoy ~ of a person's friendship 남과 교제하는 특전을 누리다 / It is my greatest ~ to announce their engagement. 두 사람의 약혼을 발표하게 된 것을 큰 영광으로 생각합니다. 4 (특정 조건 아래 주어지는 특정 권리·면제의) 특별 인가, 특허. 5 (美) (증권) 주식 매매 선택권(option).
grant [or *give*] *a privilege to* …에게 특전을 주다.
— 타 (**-leg·es** [-iz]; **~d; -leg·ing**) 1 …에게 (…할) 특전[특권]을 주다 (*to do*). ¶~ him *to* receive secret information. 그에게 비밀정보를 입수할 수 있는 특권을 주다. 2 …에게 (…에 …을) 주어 면제하다 (*from*). ¶ (~+目+前+名) ~ a person *from* military service 남을 병역에서 면제하다. 3 …에게 (…하는 것을) 특별 허가[인가]하다 (*to do*).
-leg·er
prívilege càb 명 (英) 특정 장소(특히 정거장)에서 손님을 기다리는 것을 허가받은 택시, 역 구내 택시.
***priv·i·leged** [prívəlidʒd] 형 1 특권 계급에 속하는; (…할) 특권[특전]이 있는 (*to do*). ¶a ~ few 소수의 특권 계급 사람들. 2 소수가 독점한, 사물화된; (경찰 취급상) 특별 취급의. 3 (법률) (발언·정보 따위의) 면책 특권이 있는; 증언을 거부할 수 있는. 4 (해운) 우선 통행권이 있는. — (the ~) (집합적) 특권층 사람들.
prívileged áltar 명 (가톨릭) 특권부 제단.
prívileged cláss 명 (the ~) 특권 계급.
prívileged communicátion 명 (법률) 1 = confidential communication. 2 면책 표시.
priv·i·le·gent·sia [prìvəlidʒéntsiə] 명 (the ~) (집합적·단수취급) 특권 계급, 고급 관료. (또는 **priv·i·li·gentsia**) 《<*privileged*+intelli*gentsia*》
priv·i·ly [prívili] 부 비밀로, 은밀하게; 남몰래 살짝.
priv·i·ty [prívəti] 명⑪ⓒ 1 은밀한 일, 비밀. 2 내밀히 알고 있음, 은밀한 내통, 묵계. 3 (법률) 당사자간의 상호 관계. 4 (-ties) =private parts.
with a person's privity and consent 남의 동의를 얻어, [지 않고].
with [*without*] *the privity of* …에게 알리고[알리
*‡**priv·y** [prívi] 형 1 (…에) 은밀히 관여하고 있는; (법률) (…에) 관련[연루]된 (*to*). ¶Many persons were ~ *to* the plot. 많은 사람들이 그 음모에 관여하고 있었다. 2 한 개인의; 사유의; 사용(私用)의. 3 (고어) 비밀의, 남의 눈을 피한.
— 명 1 (美속어) (익살) 옥외(屋外) 변소. 2 (법률) (이)해 관계자, 당사자.
in privy 은밀하게, 남몰래 (in private).
prívy chámber 명 궁정의 사실; 전용실.
Prívy Cóuncil 명 (the ~) (英) 추밀원(樞密院)(국왕 자문 기관; ® PC).
prívy cóuncilor 명 1 사적(私的) 문제 담당 고문[상담역]. 2 (P– C–) (英) 추밀 고문관.
prívy párts 명 (고어) =private parts.
prívy púrse 명 (the ~) (英) (영국 왕실의) 내탕금 (內帑金)(관리인).
prívy séal 명 (英) (the ~) 옥새(玉璽) (국새(great seal)를 필요로 하지 않는 서류 등에 찍는다); (P– S–)
prívy vérdict 명 (법률) 비밀 평결. [국새 상서.
prix [pri:] 명 =prize. 《<F》
prix fixe [prí: fíks] 명 (® **p– s**) (레스토랑의) 정식(定食)(table d'hôte); 정식의 값. 《<F fixed price》
Prix Gon·court [pri: gɑŋkúər/gɔn-] 명 =Goncourt Prize. 《<F》
*‡**prize¹** [praiz] 명 (® *priz·es* [-iz]) 1 (…에 대한) 상(賞), 상품, 상금, 포상, 현상, 복권 (*for*). ® REWARD
> 유의어) ¶award a ~ *to* …에게 상품을 주다 / draw a ~ *in* lottery 복권을 뽑다 / a ~ *for* good conduct 선행상 / a ~ *at* an exhibition 전람회의 상품. 2 경쟁 또는 노력의 목적물, 획득할 가치가 있는 것, 선망하는 것. ¶the great ~s of life (부귀 영달과 같은) 인생의 큰 목표물 / gain the ~s of a profession 높은 지위를 얻다. 3 ⓤⓒ 포획, 나포(seizure); 노획물, 전리품(~ of war), 나포 선박. 4 (구어) 완전한 것, 훌륭한 것; (뜻밖에 찾아낸) 귀중품, 주옥, 일품. ¶pick up a ~ *at* a sale 세일에서 훌륭한 물건을 발견하다 / Good health is the greatest ~. 건강은 더없는 보배다. 5 (고어) 시합.
become (*the*) *prize of; become prize to* …에 포획[나포]되다.
carry off [or *gain, win*] *a prize* 상을 받다.
make (*a*) *prize of* …을 포획[나포]하다.
no prize for guessing (구어) 명백한, 누구나 다 아는, 뻔한. [시한 일[사람].
no prize (*package*) (美속어) 재미없는 일[사람], 시
play one's prize 사리(私利)를 꾀하다.
play [or *run*] (*one's*) *prizes* (상품을 목적으로) 경기에 나가다.
— 형 1 상품으로 주어진. ¶a ~ cup 상배(賞杯) / a medal 우승 메달. 2 (구어) 상을 받을 만한, 발군의, 제1급의. ¶a ~ answer 훌륭한 답변. 3 수상(입상, 입선)한. ¶a ~ novel 입상 소설. 4 현상이 붙은. 5 (익살) 터무니 없는, 대단한. ¶a ~ idiot 큰 바보.
— 타 …을 포획하다, 나포[노획]하다.

prize² 图田 1 …을 존중하다, 고맙게 생각하다, 소중히 여기다. ¶(~+国+as補) ~ a ring as a keepsake 반지를 기념품으로 소중히 여기다. **2** …을 (…보다) 높이 평가하다 (above).

[유의어] **prize** 자기 것이라고 아주 높이 평가하고 자랑하다. **value** 다른 것과 비교해서 높은 가치를 인정하다. **treasure** 자기에게 귀중한 것을 잃지 않도록 안전하게 지키다.

prize³ 图田 (英) …을 지레로 들어올리다[움직이다], 억지로 열다(pry) (off, up) (with). ¶(~+国+副) ~ off a lock 자물쇠를 비틀어 열다/~ out [or up] a lid 뚜껑을 지레로 비집어 열다// (~+国+補) ~ a box open 상자를 지레로 비집어 열다.
prize out ① (돌·못 따위)를 힘들여 뽑아내다 (of).
② (비밀 따위)를 알아내다[캐내다](of). ¶~ a secret out of him 그에게서 비밀을 알아내다.
——图 지레; 지레의 작용. (또는 prise)

prize cóurt 图 (전시(戰時)) 포획물 심판소.
prize crèw 图 (해사) 포획선 회항원(回航員).
príze dày 图 (英) (중·고등 학교의 학년말) 우등생 표창일. 「학생.
prize fèllow 图 (英) prize fellowship을 받고 있는
prize fèllowship 图 (英) 성적 우수자 장학금.
prize-fight [práizfàit] 图 (상품·상금이 걸린) 현상 권투 시합, 프로 권투 시합. (또는 **prize fight**)
~**er** 프로 권투 선수. ~**ing** =prizefight.
príze flàg 图 (요트 경기의) 우승[입상]기(요트에 게양).
prize-giv·ing [-gívin] 图 **1** (학교의) 표창식. **2** =prize day. 图 (한정용법) 표창식의. ¶a ~ ceremony 표창식.
prize-less [práizlis] 图 상을 받은 적이 없는, 무명의.
prize-man [práizmən] 图 수상자.
prize màster 图 (해사) 나포선 회항 지휘관.
prize mòney 图 **1** (전리품 특히 포획 선박을 팔아 나눠주는) 포획 분배금. **2** (일반적으로) 상금.
prize páckage 图 뜻밖에 좋은 것, 망외(望外)의 것.
príz·er [práizər] 图 **1** (古語) 현상금을 목적으로 하는 경기자. **2** =appraiser.
prize ring 图 **1** 프로 복싱 링(boxing ring); 프로 복싱계(界). **2** (the ~) 프로 복싱; 그 선수[회원지].
prize·win·ner [práizwìnər] 图 수상자, 입상자, 상금 획득자; 수상 작품.
prize·win·ning [práizwìniŋ] 图 입상의, 수상한.
prize·wor·thy [práizwə̀ːrði] 图 상을 받을 만한.
PRM personal radiation monitor. **p.r.n.** (라틴) pro re nata (필요에 따라).
***pro¹** [prou] 图 (…에) 찬성하여(in favor of). 图 con¹
pro and con [or *contra*] 찬반 양론으로.
——图 …에 찬성하여. ——图 (뵉 ~**s**) 찬성자, 제안자; 찬성론, 찬성 투표.
pros and cons 찬반 양론.
(<L for, on behalf of)

***pro²** (口語) 图 (뵉 ~**s**) **1** 숙련가, 전문가. **2** 직업 선수, 프로(professional). ¶a golf ~ 프로 골프 선수. **3** (the ~**s**) 프로 스포츠 리그. ——图 전문가적인, 직업적인, 프로의. (<*pro*fessional)
pro³ 图 (俗語) 매춘부(prostitute).
pro⁴ 图 (俗語) 보호 관찰(처분), 집행유예(probation); 보호 관찰 중인 사람.
pro⁵ 图 (뵉 ~**s**) (俗語) =prophylactic.
PRO Public Records Office; public relations office [officer].
pro-¹ [prou] 접두 **1** favoring, supporting의 뜻. ¶procommunist. **2** substituting for, vice(부(副)…)의 뜻. ¶proproctor(부학감). **3** forth, before의 뜻. ¶proceed, project, propel, produce. **4** publicly의 뜻. ¶proclaim, pronounce. **5** according to의

뜻. ¶proportion.
pro-² [prə, prou, prɑ] 접두 **1** (학술 용어로) situated before, in front of의 뜻. ¶prognathous. **2** earlier than, beforehand의 뜻. ¶prologue, prodrome.
pro·a [próuə] 图 (말레이의) 쾌속 범선. (또는 **prao**)
pro·a·bor·tion [pròuəbɔ́ːrʃən] 图 임신 중절[낙태]을 지지하는. (또는 **prò-abórtion**) ~·**ism**, ~·**ist** 图
pro·ac·tive [pròuǽktiv] 图 **1** (심리) 순향(順向)의, 선행 학습에 영향을 받은. **2** 사전 대책을 강구한, 예방의. ¶~ measures against crime 방범 대책. **3** (경영 때위가) 혁신적인. -**ac·tív·i·ty** 图 -**ly** 图
proáctive inhibítion [interférence] 图 (심리) 순향 억제(선행 학습으로 인해 방해받는 일).
pro-am [-ǽm] 图 프로·아마추어 합동 경기 (참가자)의. (<*pro*fessional-*am*ateur)
prob. probable; probably; probation; problem.
prob·a·bi·lism [prάbəbəlìzm/prɔ́b-] 图 [U] **1** (철학) 개연론(蓋然論). **2** (가톨릭) 개연설. -**list** 图
prob·a·bi·lis·tic [prὰbəbəlístik/prɔ̀b-] 图 **1** (통계) 확률의. **2** 확률론적 개연론의.
‡**prob·a·bil·i·ty** [prὰbəbíləti/prɔ̀b-] 图 (뵉 -**ties**)
1 [U] 있음직함; [C] 가망성, 공산, 개연성, 확률(確率). ¶a strong [high] ~ 큰[높은] 개연성 / Possibility and ~ are two different things. 있을 수 있다는 것과 있음직하다는 것은 다른 것이다. **2** 있을[일어날] 법한 일. ¶It is a ~. 그것은 있을 법한 일이다. **3** [U] (수학·통계) 확률, 개연율(蓋然率); (철학) 개연성. **4** (-**ties**) (美) 일기 예보.
in all probability 아마도, 십중팔구는. ¶In all ~ the book has been out of print. 아마 그 책은 절판되었을 것이다.
The probability is that …아마 …일 것이다.
There is every [no] probability of [that…] …은 충분히 있음직한[전혀 있을 수 없는] 일이다.
probability cùrve 图 (통계) **1** 확률 곡선. **2** 정규 곡선(normal curve).
probability dènsity 图 (수학·통계) 확률 밀도.
probability dènsity fùnction 图 (통계) 확률 밀도 함수.
probability distribùtion 图 (통계) 확률 분포.
probability fùnction 图 (수학) 확률 함수.
probability thèory 图 (수학·통계) 확률론.
‡**prob·a·ble** [prάbəbl/prɔ́b-] 图 (*more* ~; *most* ~) **1** 있을 법한, 있음직한, (십중팔구) …할 듯한, 그럴싸한, 거의 확실한. ⇒LIKELY [유의어] ¶a ~ evidence 그럴싸한 증거 / It is possible but not ~ that he will pass the examination. 그가 그 시험에 합격할 가능성은 있지는 않지만 희박하다. / What is the ~ cost? 그 비용은 대충 얼마나 될 것 같습니까? **2** 유망한, 가망성이 있는. ¶a ~ winner 우승 후보. **3** (논리) 개연적인.
It is [is not] probable that… …할듯 싶다[싶지 않다]; 아마 …할[하지 않을] 것이다.
——图 **1** 뭔가 할 듯한 사람; 일어날 듯한 사건. **2** 예상 출전자[후보, 마(馬)]; 유력[유망한] 후보자. **3** (스포츠) 신인, 유망주. **4** 추정 격추기[격침함], 격추[격침]가 거의 확실한 공격 목표. 「(인정에) 상당한 근거[이유]」.
próbable cáuse 图 그럴싸한 원인; (법률) (범행을
próbable érror 图 (통계) 확률(개연) 오차.
‡**prob·a·bly** [prάbəbli/prɔ́b-] 图 (*more* ~; *most* ~) 아마도, 대체로, 십중팔구는 (very likely). ¶She will come on time most ~. 그녀는 십중팔구 제시간에 올 것이다 / It will ~ be fine tomorrow. 내일은 아마 날씨가 좋을 것이다 / It may cost $100 or ~ less. 100달러 또는 아마 그 이하의 비용이 들 것이다.
pro·band [próubænd] 图 (유전) (유전 계보에서의) 발단자(發端者); (법률) 계도(系圖)의 출발점으로 선정된 사람. 「(消息子)
pro·bang [próubæŋ] 图 (외과) 식도[인후] 소식자

pro·bate [próubeit/-bit] 图ⓤ 〔법률〕 입증, (유언의) 검인(檢認); ⓒ 검인이 끝난 유언서(~ copy). —图 (유언) 검인의, 검인을 거친. —⃞ ⸺의 검인을 받다; 〔집행 유예자〕에게 보호 관찰을 받게 하다.

próbate còurt 图 〔법률〕 (the ~) 유언 검인 재판소.

próbate dùty 图 〔법률〕 (부동산) 유산세.

*****pro·ba·tion** [proubéiʃən/prə-] 图 **1** (인물·행동·자격 등의) 심사, 검정, 시험. **2** 〔美〕 시험 기간, 수습[견습, 초범 청소년의] 보호 관찰 (기간); 집행 유예 가석방. **5** ⓤ 〔종교〕 시련. ¶future ~ 내세 시련설.

on probation ① 시험적으로; 수습으로. ② 보호 관찰로; 집행 유예로. ¶place [or put] an offender *on* ~ 범인에게 보호 관찰을 받게 하다.

under probation =*on probation* ②.

~·**ship**

pro·ba·tion·al [proubéiʃənl/prə-] 图 =probationary. ~·**ly** 图

pro·ba·tion·ary [proubéiʃənèri/prəbéiʃənəri] 图 **1** 시험의, 시련의. **2** 가(假)채용의, 견습 기간중인. **3** 〔美〕 가급제(假及第)중인; 근신중인. **4** 보호 관찰의: 집행 유예중의. —图 =probationer.

pro·ba·tion·er [proubéiʃənər/prə-] 图 **1** 수습[견습]생; 후보생: 가급제자; 〔교회〕 수련자; 〔프로테스탄트〕 목사보(補). **2** (보호 관찰을 받고 있는) 집행 유예중인 죄인. ~·**ship**

probátion ófficer 图 보호 관찰관(prob. off.).

probátion sỳstem 图 (the ~) 보호 관찰 제도.

pro·ba·tive [próubətiv, práb-] 图 **1** 증거가 되는, 증명[입증]하는, 증거를 제공하는. **2** 시험의, 검인(檢認)의. (또는 **probatory**) ~·**ly** 图

*****probe** [proub] 图 **1** (보통 a ~) (⸺의) (엄밀한[철저한]) 조사, 정사(精査); 〔美〕 (입법부 위원회에 의한 불법 행위·오직의) 적발 조사 (*into*). **2** 조사를 위한 도구; (외과용의) 탐침(探針). **3** 시험, 시도 (trial). **4** 〔항공·우주〕 무인 우주 탐사선, 우주 탐사 로켓(space ~). ¶a lunar ~ 무인 달 탐사선. **5** 공중 급유용 파이프. **6** 〔컴퓨터〕 프로브, 탐침.

—⃞ ⸺을 탐침으로 찾다, 시험하다; 정사(精査)하다, 탐사하다. ¶~ a matter to the bottom 사건을 철저하게 조사하다 / ~ the space with rockets 로켓으로 우주를 탐사하다. —⃝ (탐침으로) 찾다, 검사하다; (⸺을) 엄밀히 조사[탐사]하다 (*into*, *for*, *at*). ¶(⸺에+图) ~ *deep into* things 사물을 깊이 조사하다 / ~ *for* some way 무슨 방법을 찾다. **∠-a·ble** 图 **prób·er** 图

pro·bie [próubi] 图 〔구어〕 견습생, 견습 간호사.

prob·ing [próubiŋ] 图 속을 캐보는, 철저한. ~·**ly** 图

prob·it [prábit/prɔ́b-] 图 〔통계〕 프로빗(확률을 재는 단위) (<*probability*+un*it*).

pro·bi·ty [próubəti, práb-] 图ⓤ 성실(integrity), 고결, 정직. ⇒HONESTY 〔유의어〕

‡**prob·lem** [prábləm/prɔ́b-] 图 (~**s** [-z]) **1** 문제, 의문, 난문(難問); (해결·토의해야 할) 과제. ¶social ~s 사회 문제/the ~ of traffic 교통 문제 // solve the ~ (of) how to do it 그 일을 하는 방법에 관한 문제를 해결하다. **2** 〔구어〕 (a ~) (⸺에게 있어/⸺에 관한) 골칫거리, 다루기 어려운 사람[것] (*to* / *with*); 고장, 장애 (trouble, difficulty). ¶You're everyone's ~. 너에게는 모두 손들었다. **3** 〔수학〕 문제, 과제; (시험) 문제, 작도(作圖) 문제. ¶a plane [solid] ~ 평면[입체] 기하학 문제. **4** 〔서양장기〕 문제, 묘수 풀이(문제).

〔유의어〕 **problem** 해결·결정해야 할 일로서, 종종 깊은 검토를 요하는 어려운 사항. **question** 토론·연구해야 할 사항.

do problems in ⸺(시험) 문제를 풀다.

have problems [or *a problem*] *with* 〔속어〕 ① ⸺으로 골치를 썩이다. ② ⸺을 받아들일 수 없다, ⸺에 당장은 동의할 수 없다.

No problem! 〔종종 at all, with that 따위와 함께〕 〔구어〕 ① 문제 없이. 좋습니다. ¶Could you do it?—*No* ~! 할 수 있겠습니까?—문제 없습니다. ② 괜찮습니다., 무슨 말씀을. ¶Thanks.— *No* ~! 고맙습니다—무슨 말씀을.

put [or *set*] *a person a problem* 남에게 문제를 내다, 과제를 주다.

That's your problem. 내가 알 바 아니야.

What's the problem? 〔구어〕 ① 무슨 일이야?, 왜 그래? ② 별일 없어?

—图 **1** 지도하기 어려운, 문제가 있는, 다루기 힘든; 제멋대로의. ¶a ~ personality 문제 인물. **2** 〔문학〕 (사회·도덕적으로) 문제의.

prob·lem·at·ic [pràbləmǽtik/prɔ̀b-] 图 **1** 문제가 있는, 의문의 여지가 있는, 의심스러운; 결정하기 어려운, 미정의; 다루기 어려운, 골칫거리의. ¶Its success is ~. 그 성패는 의문이다. **2** 〔논리〕 개연적인. (또는 **problematical**) **-i·cal·ly** 图

prob·lem·at·ics [pràbləmǽtiks/prɔ̀b-] 图⓾ 복잡한 문제, 해결 곤란한 여러 상황.

prob·le·ma·tique [pràbləmætí:k, -mə-/prɔ̀b-] 图 (하나만 떼어 해결할 수 없는) 복합 모순, 상호 관련된 여러가지 곤란. 〔F〕

próblem bànk 图 〔美〕 (경영·재정상 문제가 있는) 부실[요주의] 은행.

próblem chìld 图 문제아.

próblem drìnker 图 술버릇 나쁜 사람, 주사가 있는 사람.

prob·lem·ist [pábləmist/prɔ́b-] 图 체스 문제 연구가.

próblem nóvel 图 (사회·도덕 문제를 다룬) 문제 소설.

próblem óriented lànguage 图 〔컴퓨터〕 (COBOL, FORTRAN 따위) 문제 해결 지향 언어.

próblem páge 图 (잡지의) 독자 질문난.

próblem pícture 图 작자의 의도가 분명치 않은 그림.

próblem plày 图 (사회·도덕 문제를 다룬) 문제극.

prób·lem-so·lú·tion advertísement [-səlú:ʃən-] 图 〔광고〕 문제 해결형 광고.

pro bo·no [prou bóunou] 图 (일 따위가) 무료[선의]로 행해지는. ¶~ legal service 무료 법률 상담. (또는 **prò·bóno**) 〔<L for good〕

pro bo·no pu·bli·co [prou bóunou páblikòu] 图 공익을 위하여. 〔<L for the public good〕

pro·bos·cid·e·an [pròubəsídiən] 图 긴 코가 있는, 코가 긴, 장비류(長鼻類)의. —图 장비류 동물(코끼리·매머드 따위).

pro·bos·cis [proubásis/-bɔ́s-] 图 (~·**es**, **-ci·des** [-sədí:z]) (코끼리 따위의) 긴 코; 코끼리 코모양의 것; (곤충 따위의) 주둥이; 〔익살〕 사람의 큰 코.

probóscis mónkey 图 〔동물〕 (보르네오 산(産)) 긴코원숭이. 〔친(親)類義地〕.

pro·bus·i·ness [pròubízniz] 图 기업 이익 우선의.

proc. procedure; proceedings; process; proclamation; proctor.

pro·cain(e) [proukéin, ⸺] 图ⓤ 〔약학〕 프로카인 (국부 마취제의 일종). 〔商 Novocaine〕

pro·cam·bi·um [pròukǽmbiəm] 图 〔식물〕 전형성층(前形成層). **-bi·al** 图

pro·car·y·ote [proukǽriout, -riət] 图 〔생물〕 원핵(原核) 생물. (또는 **prokaryote**) **-ót·ic** 图

pro·ca·the·dral [pròukəθíːdrəl] 图图 임시 대성당(으로서의).

pro·ce·dur·al [prəsíːdʒərəl] 图 절차상의, 절차상의; (소설(법 집행), 의사) 절차상의. ¶ 경찰 수사물 (소설·영화·TV 드라마 따위)(police ~).

‡**pro·ce·dure** [prəsíːdʒər] 图 (~**s** [-z]) ⓤⓒ **1**

(행위·상태·사정 따위의) 진행, 진전; 절차, 순서, 수단 (for); 행동, 행위. ⇒PROCESS 유의어 ¶follow the ~ 순서를 따르다/a prearranged ~ 예정된 행동. 2 (운영상의) 절차; (법률) 소송 절차, ¶legal ~ 소송 절차/summary ~ 약식 재판 절차/divorce ~s 이혼 수속/parliamentary ~ 의회 운영 절차/the code of civil [criminal] ~ 민사[형사] 소송법. 3 (…의) 조치, 처분, (의학적인) 처치 (for). ¶an interim ~ 잠정 조치. 4 [컴퓨터] (명령·처리의) 절차; =subroutine.

‡pro·ceed [prəsíːd] 통제 (~s [-z]) 1 (…으로) 나아가다, 진출하다, 향하다; (…에) 이르다 (to, into). ¶(~+젠+명) ~ on a journey 여행길에 오르다/~ to the palace 입궐하다/~ to Hawaii 하와이로 향하다 (* 이 의미의 구어적 표현은 go (on)). 2 (…을) 계속하다 (with, in); 말을 잇다; 이어 (…하기) 시작하다, 계속하여 …하다 (to do). ¶(~+젠+명) ~ with one's work 일을 계속하다//Let's ~ to the next question. 다음 문제로 옮겨갑시다//(~+to do) He ~ed to tell the rest of the story. 그는 계속해서 나머지 이야기를 했다. 3 (…에) 착수[시작]하다 (to). ¶(~+젠+명) ~ instantly to essentials 즉각 긴요한 일에 착수하다. 4 (일이) 행해지다, 진척되다. ¶Preparations for the festival are ~ing smoothly. 축제 준비가 순조롭게 진행되고 있다. 5 (…에서) 일어나다, 생기다, 유래하다 (from, out of). ¶(~+젠+명) diseases that ~ from dirt 불결해서 생기는 병. 6 [법률] (…에 대해) 소송을 제기하다 (against); 처분[처치]하다, 절차를 취하다. 7 (英) (…의) 학위를 얻다 (to). ¶   하다.
proceed against a person for 남을 …죄로 고소
proceed on …에 따라 행동[진행]하다.
proceed to …로 나아가다, 향하다; …에 이르다, …이 되다. ¶~ to blows 주먹 싸움이 되다.
proceed to the degree of (Ph. D.) (英) (박사) ~·er   학위를 받다.

‡pro·ceed·ing [prəsíːdiŋ] 명 (복 ~s [-z]) 1 UC 행위, 하는 방식, 행동; (종종 ~s) 일련의 활동, 바람직스럽지 못한 사태 진전. ¶a doubtful sort of ~ 수상한 행위/a high-handed ~ 강압 수단. 2 처치, 처분. ⇒PROCESS 유의어 ¶an illegal ~ 불법 처치. 3 (복) 진행, 속행. 4 (~s) (의회 등의) 의사록, 회의록; 회보. 5 (~s) (법률) (…에 대한/…을 요구하는) 법적 절차, 소송 (against/for); 변론 (against). ¶divorce ~s 이혼 절차/oral ~ 구두 변론/~s in error 파기 절차.
take [or start] proceedings against a person 남에게 소송을 제기하다.

pro·ceeds [próusiːdz] 명(복) 1 (거래·투자 따위에 의한) 수입, 매상고; 이익, 수익. ¶net ~s 순이익(금)/The ~ were divided equally among us. 이익금은 우리에게 공평하게 분배되었다. 2 결과, 성과.

‡proc·ess¹ [práses/próu-] 명 (~·es [-iz]) 1 U (일반의) 과정, 절차; 변화, 변천; 진행, 진전; (시간의) 경과; (사태·일의) 추이. ¶the ~ of history [time] 역사의 진행/시간의 경과/in the ~ 그 과정에서.

유의어 process 어떤 일의 개시에서 종결까지 각 단계가 연속해서 진행되는 전(全) 과정. procedure 어떤 일을 하기 위한 격식적인 방법·절차. proceeding 어떤 process중의 개별적인 사건·조치·행위.

2 방법, 조치; 제조법, 공정(工程). ¶a chemical ~ 화학적 방법/the ~ of making butter 버터 제조법. 3 작용, 변화. ¶a mental [psychological] ~ 정신[심리] 작용/the ~ of decomposition [decaying] 분해[부패] 작용. 4 U [인쇄] 사진 제판법, 프로세스. ¶a three-color ~ 3색 인쇄법. 5 [법률] 소송 절차; 영장, 출두 영장, 집행 영장, 소환장. ¶the final ~ 최종 영장. 6 [동·식물] 융기, 돌기. ¶a ~ of a bone 뼈의 돌기. 7 [영화] 스크린 프로세스(배경을 접합하는 영화 수법). 8 UC 고수머리를 펴 웨이브한 헤어 스타일(conk).

in process of time 시간이 흐름에 따라.
in (the) process of …의 도중에; …의 과정에서.
serve a process upon a person [법률] 남에게 영장을 발부하다.

—통(타) (~·es [-iz]; ~ed [-t]) 1 …을 가공 처리[처분]하다. 2 [법률] …을 기소하다; …에 영장을 발송하다. 3 [필름 따위] …을 현상하다(develop); …을 사진판으로 복제하다. 4 [자료] 분류[분석·종합]하다; …을 상세히 조사[검토]하다. 5 [컴퓨터] [데이터] 를 처리하다.

—형 1 가공[처리]한; [열·증기 따위가] 제조 과정에서 생기는. 2 사진 제판법에 의한; [영화] 특수 효과[촬영](용)의.
pro·cés·su·al 형   「지어 가다[걷다, 행진하다].
pro·cess² [prəsés, prou-] 통제 (~s [-z]) 줄[열]을
prócess árt 개념 예술(conceptual art).
prócess blòck 명 사진판.
prócess cinematógraphy 명 (스크린) 프로세스 촬영(주(主)장면에 다른 장면을 겹쳐 특별한 시각(視覺) 효과를 내는 촬영법).   「동 제어).
prócess contról 명 프로세스 제어(관리).
prócess cósting 명 [회계] 종합[공정별] 원가 계산.
pro·cessed [práːest/próu-] 형 가공(처리)한.
prócess(ed) bútter 명 가공[정제] 버터(한 번 녹여 정제한 버터).
prócess(ed) chéese 명 가공[프로세스] 치즈(2종 이상의 천연 치즈를 향미료 따위를 넣고 가열 살균한 것).
proc·es·ser [prásesər/próu-] 명 =processor.
proc·ess·i·ble [prásesəbl/próu-] 형 가공[처리] 할 수 있는. (또는 processable) -bíl·i·ty 명
prócessing táx (美) (특히 농산물의) 가공세.
prócessing ùnit [컴퓨터] 처리 장치.
prócess innovátion (산업) 공정 혁신.

‡pro·ces·sion [prəséʃən] 명 (~s [-z]) 1 CU 행렬, 행진. ¶a funeral ~ 장례 행렬/a lantern ~ 제등 행렬. 2 U (행렬·시간의 따위의) 진행, 전진. 3 U [신학] 성령의 발현(發現). 4 [교회] 성가 기도, 성가 따위의 의식; 예배 행진. 5 (비유적) (순위에 변동이 없는) 재미없는 경주. 6 [英구어] (크리켓에서) 낙승(樂勝).
Go on with the procession! 계속해라!
in procession 행렬을 지어. ¶march [or go] in ~ to the school 학교까지 줄을 지어 행진하다.
—통(자) 행렬을 지어 나아가다. — 타 [거리 따위]를 열을 지어 걸어가다. ¶~ the ground 광장을 줄지어 걸~·ist 명 행렬 대원.   「어가다.

pro·ces·sion·al [prəséʃənl] 형 행렬의[을 이룬]; 행렬용의. ¶a ~ cross 행렬용 십자가/a ~ chant 행렬가. — 명 행렬 성가(집); (종교상의 행렬을 위한) 행렬서(行列書); 행렬, 축하 퍼레이드. ~·ly 부

pro·ces·sive [prəsésiv] 형 전진[진보]적인, 향상[진화]하는 (progressive).
proc·es·sor [prásesər/próu-] 명 1 가공업자; 가공[처리]장치; 컴퓨터. 2 [컴퓨터] 중앙 연산 처리 장치; 언어 처리 프로그램. 3 =food- ~. 4 [미술] process art의 예술가. (또는 processer)
prócess prínting 명 원색(프로세스) 인쇄법.
prócess sèrver 명 [법률] 영장 송달인, 집달리.
prócess shòt 명 [영화] 샷(피사체를 배경이 되는 영상을 영사중인 스크린 앞에 놓고 찍는 것).
pro·ces·ver·bal [prouséivɛəbáːl] 명 (복 -baux [-bóu]) 1 의사 보고서, 의사록. 2 [프랑스 법률] 검사의 조서. [<F verbal process]
pro-choice [-tʃɔ́is] 형 (美) 임신 중절 권리를 지지[주장]하는, 낙태 합법화를 주장하는. 반 pro-life (또는 prochoice) -chóic·er 명
pro·chro·nism [próukrənìzm, prák-] 명 UC (연대·연월일을 사실보다 당겨 매기는) 시일(날짜, 연도) 전기(前記). 반 anachronism
‡pro·claim [proukléim, prə-] 통 (~s [-z]) 타 1

proclamation

…을 공언하다, 선언하다, 공포(公布)하다, 성명하다; …을 (…)이라고 선언하다. ⇨DECLARE〖유의어〗¶ ~ war 선전 포고하다 // (~+目+(to be)補) (~+that節) ~ him (to be) a traitor: ~ that he is a traitor 그를 반역자라고 선언하다. **2** …임을 보여주다, 명시하다. ¶ His accent ~s him a Bostonian. =His accent ~s that he is a Bostonian. 그의 악센트를 들으면 보스턴 사람임을 알 수 있다. **3** …을 찬양[찬미, 칭송]하다. ¶ Let us ~ the Lord. 주를 찬미합시다. **4** 금령을 내리다, …을 금지시키다; 〔지역〕에 법률의 구속을 가하다. ¶ ~ a demonstration 시위를 금지하다. ── ㉔ 선언포고, 공포, 성명하다. **~·er** ㉤

*__proc·la·ma·tion__ [pràkləméiʃən/pròk-] ㉤ **1** Ⓤ (공식) 선언, 발표; 공포, 포고. ¶ the ~ of war 선전 포고. **2** 선언서, 성명(서), 공식 발표(문). ¶ issue [or make] a ~ 성명을 내다.

pro·clam·a·to·ry [prouklǽmətɔ̀ːri, prə-/-təri] ㉤ **1** 고시의, 포고의, 성명의. **2** 선언적인, 고시적인.

pro·clit·ic [prouklítik] 〔문법〕 ㉤ 후접어의(바로 다음에 오는 말에 접속되어 발음되나, 그 자체에는 악센트가 붙지 않는다). ── ㉤ 후접어(後接語)(to go [təgóu]의 to 따위). **-i·cal·ly** ㉥

pro·cliv·i·ty [prouklívəti] ㉤ (a ~) (선천적·습관적인) (…에의/…하는) 경향, 성벽(性癖), 성질, 기질 (of, to, toward / to do). ⇨INCLINATION〖유의어〗¶ a ~ of faultfinding; a ~ to [or toward] finding fault 남의 흠을 잡는 버릇 / a ~ to [or toward] vice 나쁜 짓을 하는 경향 // a ~ to catch cold 감기에 잘 걸리는 체질.

Proc·ne [prákni/prɔ́k-] ㉤ 〔그리스 신화〕 프로크네(Tereus의 아내로 아들 살해죄로 제비가 되었다).

pro·com·mu·nist [proukámjunist/-kóm-] ㉤ 공산주의 옹호자(의); 친공산주의자(의).

pro·con·sul [proukánsəl/-kón-] ㉤ **1** 〔로마 역사〕 지방 총독. **2** 식민지 총독; 점령군 사령관. **3** 부영사. **-su·lar** **-su·lar·ly** ㉤ **~·ship** ㉤ =proconsulate.

pro·con·su·late [proukánsələt/-kónsju-] ㉤ Ⓒ proconsul의 지위[임기, 관할지].

pro·cras·ti·nate [proukrǽstəneit, prə-] ㉸ (…을) 질질 끌다, 꾸물거리다, 지체하다. **-nàt·ing·ly** ㉥ **-nà·tor** ㉤ **-na·tò·ry** ㉤

pro·cras·ti·na·tion [proukræstənéiʃən, prə-] ㉤ Ⓤ 지연, 연기, 꾸물거림.

pro·cras·ti·na·tive [proukrǽstənèitiv, prə-] ㉤ 질질 끄는, 미루는. **~·ly** ㉥ **~·ness** ㉤

pro·cre·ant [próukriənt] ㉤ 자식을 낳는, 출산하는; 생식[출산]에 관한; 다산(多產)의. ¶ a ~ breed of fish 번식력이 강한 어종.

pro·cre·ate [próukrièit] ㉸㉱ **1** 〔자손·새끼〕를 낳다, 낳다(generate). **2** 〔사물〕을 만들어내다.

pro·cre·a·tion [pròukriéiʃən] ㉤Ⓤ 출산; 생식.

pro·cre·a·tive [próukrièitiv] ㉤ 출산(생식)의, 출산(생식)력이 있는; 다산(多產)의. **~·ness** ㉤ 〔성〕.

pro·cre·a·tor [próukrièitər] ㉤ 생식자, 어버이(남).

Pro·crus·te·an [proukrǽstiən] ㉤ 프로크루스테스(Procrustes)(식)의; (종종 p-) 무리하게 획일화하는, (종종 p-) (the ~) 무리한 획일화; (지나치게 획일적인 것[제도, 주의].

Procrústean béd (종종 p-) (the ~) 무리한 획일화; (지나치게 획일적인 것[제도, 주의].

Pro·crus·tes [proukrʌ́stiːz] ㉤ 〔그리스신화〕 프로크루스테스(잡은 나그네를 쇠 침대에 묶고, 침대보다 키가 크면 그 발을 자르고, 짧으면 몸을 잡아늘리곤 하는 강도). 〔가진〕. **-ti·cal·ly** ㉥

pro·cryp·tic [proukríptik] ㉤ 〔동물〕 보호색의[을 가진].

proc·to- [práktou, -tə/prɔ́k-] 〔연결〕「항문, 직장(直腸)」의 뜻. ¶ proctoscope

proc·to·d(a)e·um [pràktədíːəm/prɔ̀k-] ㉤ (pl. **-d(a)e·a** [-díːə], **~s**) 〔발생〕 항문도(道), 항문관(管).

proc·tol·o·gy [praktálədʒi/prɔktɔ́l-] ㉤Ⓤ 직장(直腸)[항문](병학.

pròc·to·lóg·ic, pròc·to·lóg·i·cal ㉤ **-gist** ㉤

proc·tor [práktər/prɔ́k-] ㉤ **1** 〔美〕 (대학의) 시험 감독관; (영국 일부 대학의) 학생감. **2** 〔법률〕 대리인; 대소인(代訴人); (종교[해사] 재판소의) 사무 변호사. ¶ King's [Queen's] P- 〔英법률〕 국왕[여왕] 대소인(代訴人). **3** (영국 국교회) (성직자 회의) 대의원. ── ㉸ 〔英〕 학생감으로 근무하다; 〔美〕 시험 감독을 하다.

proc·tó·ri·al **proc·tó·ri·al·ly** **~·ship**

proc·tor·ize [práktəràiz/prɔ́k-] ㉸㉰ 〔英〕 (학생감이) (학생)을 처벌[훈계]하다.

proc·to·scope [práktəskòup/prɔ́k-] ㉤ 〔의학〕 항문경(肛門鏡); 직장경. **-scóp·ic** ㉤

pro·cum·bent [proukʌ́mbənt] ㉤ 납작 엎드려 있는; 〔식물〕 (줄기가) 땅에 뻗어 있는.

pro·cur·a·ble [proukjúərəbl, prə-] ㉤ 구할 수 있는, 취득[입수, 조달]할 수 있는. **-bil·i·ty** ㉤

proc·u·ra·cy [prákjurəsi/prɔ́k-] ㉤Ⓤ 〔고어〕 proctor의 직무[일]; procurator의 직무[일]; (업무 따위)의 대행.

pro·cur·al [proukjúərəl/prə-] ㉤ 입수, 획득.

pro·cur·ance [proukjúərəns/prə-] ㉤ 불러 일으키는 것, 초래; 입수, 획득, 조달.

proc·u·ra·tion [pràkjuréiʃən, prɔ̀k-] ㉤ **1** Ⓤ 획득, 입수, 조달. **2** Ⓤ 대리인 임명[선임], 위임; Ⓒ 위임장. **3** 대리인에게 주는 권한, 위임권. **4** (~s) 순력교(巡錫料) (교구의 교회를 순회하는 성직자에게 주는 접대비). **5** Ⓤ[Ⓒ] 빚돈의 주선(료), 대차금(貸借金) 주선 수수료. **6** Ⓤ 매춘부를 두기; 뚜쟁이짓, 매춘 알선.

proc·u·ra·tor [prákjurèitər/prɔ́k-] ㉤ **1** (로마역사) 행정 장관. **2** 〔법률〕 (소송) 대리인, 대행자, 대소인. **~·ate** **-ra·tò·ri·al** ㉤ **~·ship** ㉤

prócurator génaral ㉤ 〔英〕 재무부 법규과장.

proc·u·ra·to·ry [prákjurətɔ̀ːri/prɔ̀kjurətəri] ㉤ 위임; 위임의, 위임권의.

*__pro·cure__ [proukjúər/prə-] (~s [-z]; ~d; -cur·ing) ㉸ (힘을 다하여) …을 얻다, 손에 넣다; 〔물품〕을 조달하다. ⇨GET〖유의어〗¶ I must ~ an employment. 어떻게 해서든지 취직해야겠다 // (~+目+目+名) ~ a person with a thing 남을 위해 물건을 구해주다. **2** 〔고어〕 을 불러일으키다, 초래하다. ¶ ~ a person's death 남을 죽게 하다. **3** 〔여자〕을 (…에게) 알선하다 (for); 〔매춘부〕를 거느리다, 포주 노릇을 하다. **4** …을 설득하여 …시키다 (to do). ¶ ~ him to go there 그를 설득하여 그곳에 가게 하다. ── ㉰ 매춘부를 알선하다.

*__pro·cure·ment__ [proukjúərmənt/prə-] ㉤ 획득, 입수; 주선; 달성; 〔美〕 (정부에 의한) 조달. ¶ a ~ demand (점령군의) 조달 명령서.

pro·cur·er [proukjúərər/prə-] ㉤ **1** 입수[획득]한 사람; 주선인[알선인]. **2** 매춘 알선자, 뚜쟁이.

pro·cur·ess [proukjúəris/prə-] ㉤ 매춘부를 알선하는 여자, 여자 뚜쟁이.

Pro·cy·on [próusiən/-siən] ㉤ 〔천문〕 프로키온 (작은개자리(Canis Minor)의 1등성).

prod¹ [prad/prɔd] ㉸ (**-dd-**) ㉮ **1** …을 찌르다, 쑤시다. ¶ be ~ded on the back 등을 찔리다. **2** …을 일깨우다, 환기시키다; …을 (…하도록/…에서) 자극하다, 격려하다, 재촉하다 (to do, into (doing) / from); 괴롭히다. ¶ ~ a person's memory 남의 기억을 환기시키다 // The hunger ~ded us to finish quickly. 배가 고파 우리는 서둘러 끝냈다. ── ㉔ (…을) 찌르다, 쑤시다 (in, at). ── ㉤ **1** (가축을 모는) 막대; 꼬챙이. **2** 찌르기. ¶ give a person a ~ in the arm with a pencil 연필 끝으로 남의 팔을 찌르다. **3** (생각나게 하는) 암시, 신호, 조언; (행동을 하게 하는) 격려, 자극. ¶ under the ~ of conscience 양심에 가책을 받아[찔려서]. **~·der** ㉤ 찌르는 사람.

prod² ㉤ 〔美구어〕 신동(prodigy).

Prod [prɑd/prɔd] 图 (때로 p-) 《아일 속어》《경멸적》 프로테스탄트, 신교도.

prod. produce(d); product; production.

pro·de·li·sion [prɑ̀dəlíʒən/prɔ̀d-] 图 ⓤ 두모음 (頭母音)의 생략(I am → I'm; amidst → 'midst 따위).

***prod·i·gal** [prɑ́diɡəl/prɔ́d-] 图 **1** 《경멸적》 (…을) 낭비하는 (*of, with*); 방탕한. ⇨LAVISH 유의어 ¶ ~ pleasures 사치스러운 도락. **2** 호탕한, 통이 큰; (…을) 아낌없이 쓰는 (*of, with*). ¶be ~ of smiles 애교를 떨다. **3** (…이) 아주 풍부한, 많이 있는 (*of*).
── 图 낭비자, 난봉꾼, 탕아.
play the prodigal 낭비하다; 방탕한 생활을 하다, 난봉피우다.
~**·ly** 图

prod·i·gal·i·ty [prɑ̀dəɡǽləti/prɔ̀d-] 图 **1** 낭비, 돈을 물쓰듯 함; 낭비벽. **2** 방탕, 도락; 방탕성. **3** 선심, 아낌없음; (the ~) (…의) 풍부 (*of*).

prod·i·gal·ize [prɑ́diɡəlàiz/prɔ́d-] 图 태 낭비하다, 허비하다.

pródigal són 图 (the ~) 《성서》 (회개한) 탕아(← 누가복음(Luke) 15 : 11-32).

***pro·di·gious** [prədídʒəs] 图 **1** 거대한, 《수량·정도 따위가》 터무니없는. ¶a ~ sum 막대한 금액. **2** 놀랄 만한, 경이적인; 《반어적》 지독한. ¶a ~ feat 놀랄 만한 묘기. **3** 《고어》 기괴한, 이상한.
~**·ly** 图 ~**·ness** 图

***prod·i·gy** [prɑ́dədʒi/prɔ́d-] 图 **1** 천재, 기재; 신동, ¶a musical ~ 음악의 천재/an infant ~ 신동/a ~ of learning 불세출의 학자. **2** 놀라운 일; 기이한 현상, 불가사의한 것. ¶ *prodigies* of nature 자연의 경이 (驚異). **3** 기괴한 것, 괴물, 요괴.

pro·drome [próudroum] 图 《병리》 전구(前驅) 증상; 《무법》 (대저술의) 서론. —**dróm·ic** 图

pro·drug [próudrʌ̀ɡ] 图 《약학》 프로드러그(체내에서 효소 따위 화학 물질에 의해 약제로 바뀌는 비활성 물질).

‡**pro·duce** [prədjúːs/-djúːs] 图 (~**s** [-iz]; ~**d** [-t]; -**duc·ing**) 태 **1** …을 (재료에서) 제조하다, 생산하다 (*from, out of*); (농산물)을 생산하다; (식품) (단시간에) 장만하다/~ gas *from* coal 석탄에서 가스를 정제하다/~ cotton goods 면제품을 생산하다. **2** (아이·새끼·달걀 따위)를 낳다; (인물·결과·이익 따위)를 내다(bear); (토지가) (농산물·광물 따위)를 산출 (産出)하다; (열매 따위)를 맺다. ¶a well that ~s oil 유전(油井)/~ a great philosopher 대철학자를 낳다/ Trees ~ fruit. 나무는 열매를 맺는다. **3** (책)을 출판하다/~ works of art 예술 작품을 창작하다. **4** (증거 따위)를 제시[제출]하다, 보여주다; (…에서) …을 꺼내다 (*from, out of*). ¶ Please ~ your ticket [driver's license]. 표[운전 면허증]를 보여주십시오. **5** (극 따위) 를 상영하다, 연출하다; (영화)를 제작하다. ¶~ a play 연극을 상연하다. **6** …을 (에서) 불러 일으키다, 야기 하다 (*from*). ¶~ a great sensation 큰 평판을 불러일으키다. **7** 《수학》 (선 따위를) (…까지) 연장하다, (…와) 잇닿다 (*to*). ¶~ a line from one point to another 한 점에서 다른 점으로 줄을 긋다. ── 제 **1** 생산하다, 산출하다. **2** 창작하다. ¶be unable to ~ 창작 능력이 없다. **3** 새끼[알, 이익]를 낳다.
produce the goods 《구어》 기대에 부응하다, 약속을 지키다.
── [prɑ́djuːs, próu-/prɔ́djuːs] 图 ⓤ **1** 생산[산출] 량[액]; 《집합적》 제품; 농산물 《특히》 농산물, 수확물(※ 공산품은 보통 product). ¶ agricultural [*or* farm] ~: the ~ of the field 농산물. **2** (노력의) 결과, 소산 (*of*). 생산고, 생산품. **4** (동물의) 새끼.
~**·a·ble** 图 ~**·a·ble·ness** 图

pro·duced [prədjúːst/-djúːst] 图 한 방향으로 길게 자란, 겹층한.

‡**pro·duc·er** [prədjúːsər/-djúːsə] 图 (圐 ~**s** [-z]) **1** 생산자, 제작자; 작자, 저자(↔ consumer). ¶a ~ s' price 생산자 가격. **2** 《극·영화·TV 프로 따위의》 제작자, 프로듀서; 《영국》 흥행주; 《연극의》 연출자(《美》 director). **3** 《화학》 가스 발생로. **4** 유정(well).

pro·dúc·er gàs 图 《화학》 발생로 가스[연료].

pro·dúc·er(s') góods 图 《경제》 생산재. ⓔ consumer(s') goods, capital goods

pro·dúc·er sỳstem 图 《영화·연극 따위의》 프로듀서 시스템(제작자가 경제적 책임을 진다).

pro·duc·i·ble [prədjúːsəbl/-djúːs-] 图 생산[제조, 제출, 상연, 연장]할 수 있는. **-bíl·i·ty**, ~**·ness** 图

‡**prod·uct** [prɑ́dʌkt, -dəkt/prɔ́d-] 图 **1** (노동에 의한) 생산물[품], 제품, 제조[제작]물; (천연의) 산물(産物). ¶ natural ~s 천연의 산물/ residual ~s 부산물/ the ~s of the soil 농작물. **2** 제작품, 창작품. ¶ literary ~s 문예 작품. **3** (노동·노력의) 결과, 성과; (역사·시대의) 소산. **4** 생산(고), 《총》 생산[산출량]. ¶ gross national ~ 국민 총생산(略 GNP). **5** 《수학》 곱, 적(積). ¶ The ~ of 7 and 5 is 35. 7과 5의 곱은 35. **6** 《화학》 생성물.

pródúct design 图 제품 디자인.

pródúct differentiátion 图 제품 차별화.

pródúct innovátion 图 《산업》 제품 혁신.

‡**pro·duc·tion** [prədʌ́kʃən] 图 (圐 ~**s** [-z]) **1** ⓤ 생산, 산출(産出); 제작, 저작. ¶mass ~ 대량 생산. **2** (노동에 의한) 생산물, 제품; (자연의) 산물. ¶choice ~s of the factory 공장의 특제품. **3** ⓤ 《경제》 생산; ⓒ 생산고[량], 생산물[량] 《consumption》. **4** ⓤ (지적 활동인) 저작, 창작; ⓒ (연구 따위의) 성과, 결과, 소산; 창작품, 저작물. **5** ⓤⓒ 《영화·연극 따위의》 제작, 연출, 상연; 영화, 연극, 연출 무대; 영화 제작소, 프로덕션; (레코드·디스크 따위) 제작(물). ¶ The show is now in ~. 그 쇼는 현재 공연 중이다. **6** ⓤ 제출, 제시; ¶ the ~ of the new evidence 새로운 증거의 제시. **7** 《구어》 큰일, 대소동, 쓸데없이 복잡한 일. **8** ⓤⓒ 《기하》 연장 (선).
be in production 생산[상연]중이다.
go into [out of] production 생산을 개시[중단]하다, 단념[단념]을 떨다.
make a production (out) of 《구어》 …을 가지고 야단 법석을 떨다.
~**·al** 图

production càr 图 경주용 개조 승용차(stock car).

production contròl 图 생산 관리, 공정 관리.

production góods 图《圐》= producer(s)' goods.

production lìne 图 (일관 작업의) 제조[생산] 라인.

production nùmber 图 《연극》 뮤지컬 코미디 따위의 종말에 전체능으로 등장하는 피날레(finale).

production plàtform 图 채유(採油) 플랫폼(원유 채취 설비를 갖춘 유정(油井) 시설).

production quòta 图 《경제》 생산 할당.

production reàctor 图 《원자력》 생산용 원자로.

production shàring sỳstem 图 《경제》 생산 분여 방식(경제 원조를 생산물로 반환하는 방식).

***pro·duc·tive** [prədʌ́ktiv] 图 (*more* ~; *most* ~) **1** 생산적인, 생산력이 있는; (논의 따위가) 건설적인. ¶a ~ society 생산 조합/ ~ labor 생산적 노동/a ~ debate 건설[생산]적인 토론. **2** (토지 따위가) 비옥한, 다산(多産)의; (작가가) 다작의. ¶a ~ writer 다작하는 작가. **3** (…을) 낳는, 산출하는, 가져오는 (*of*). ¶ ~ *of* great inconvenience 대단한 불편을 까치는/an age ~ *of* great poets 뛰어난 시인이 배출되는 시대. **4** (사업 따위가) 이익을 낳는, 영리적인. ¶ ~ enterprises 이익을 내는 기업. **5** 《문법》 (접사(接辭)가) 《새로운》 말을 만들어내는.
~**·ly** 图 ~**·ness** 图

productive capácity 图 생산 능력, 생산력.

***pro·duc·tiv·i·ty** [pròudʌktívəti, prɑ̀dək-/prɔ̀d-] 图 ⓤ **1** 생산성, 생산력. **2** 다산(多産), 다작(多作); 비옥, 풍요.

productívity agréement 图 《圐》 (생산성에 따른) 노동 임금[조건] 개선 협정.

productívity bàrgaining 图 생산성 교섭(생산성 향상과 임금 인상의 연계 협상).

product liability 图 (美) (제품에 의한 피해에 대한) 생산자 책임, 제조물 책임(图 PL).
product liability law 图 제조물 책임법.
product life cycle 图 제품 수명 주기(상품이 시장에서 거치는 진입·성장·성숙·쇠퇴; 图 PLC).
product line 图 (기업의 취급) 제품·상품 종목; 제품 라인(동일 제조업자의 제품군).
product line modernization 图 [경제] 제품 라인 현대화.
product mànager 图 (기업의 특정 상품·분야) 판매 책임자.
product màrk 图 제품 마크(단일 제품에만 사용하는 상표).
product mìx 图 [상업] 제품 믹스(판매되는 전 제품의 리스트).
product tìe-in [-táiin] 图 (영화·TV프로 등에서의) 제품 협찬.
pro·em [próuem] 图 서문, 머릿말, 서론; 첫머리, 모두(冒頭). **pro·é·mi·al** 图
pro·en·zyme [pròuénzaim] 图 [생화학] 효소 전구체, 효소원(原)(zymogen).
pro·ette [prouét] 图 여자 프로 골프 선수.
pro-Eu·ro·pe·an [pròujùərəpí:ən] 图 서유럽 통일주의의; 영국의 유럽 연합(EU) 가맹 지지의. —图 서유럽 통일주의자; 영국의 EU 가맹 찬성자.
prof [prɑf/prɔf] 图 (구어) 교수(professor).
prof., Prof. Professor.
pro·fam·i·ly [pròufǽməli] 图 (전통적) 가정 옹호의; 임신 중절[낙태 합법화] 반대의(antiabortion). 图 pro-life (또는 **prò-fámily**)
prof·a·na·tion [prɑ̀fənéiʃən/prɔ̀f-] 图⑪ 신성(神聖)을 더럽히기, 모독; 남용, 악용.
pro·fan·a·to·ry [prəfǽnətɔ̀:ri, prou-/-təri] 图 신성을 더럽히는, 모독적인.
***pro·fane** [prəféin, prou-] 图 1 신성(神聖)을 더럽히는, 모독적인, 불경스런. ¶ a ~ language 모독적인 말. 2 (한정용법) 세속적인, 범속한(图 sacred). ¶ ~ art [music] 세속 예술[음악]. 3 이교(異教)의, 이단의, 사교(邪教)의. ¶ ~ rites and ceremonies 이교의 의식 전례. 4 전문 지식이 없는, 깊이가 얕은; 문외한의. ¶ ~ to the —图1 …의 신성을 더럽히다, …을 모독하다. ¶ ~ a national flag 국기를 모독하다. 2 …을 남용하다, 오용[악용]하다. 图 (보통 the ~) 풋내기, 아마추어. ~·ly 图, ~·ness, -fán·er 图
pro·fan·i·ty [prəfǽnəti, prou-] 图⑪ 신성을 더럽힘, 불경, 모독; ⓒ 불경스런[모독적] 언행.
Prof. Eng. Professional Engineer.
pro·fer·ment [proufə́:rmənt] 图 =zymogen.
pro·fert [próufərt] 图 [법률] (증거를 뒷받침하기 위한 법정에서의) 서중(書證)의 제시[제출].
***pro·fess** [prəfés] 图图 1 …을 언명하다, 공언하다, 선언하다, 고백하다. ¶ (~+图+(to be)圖) They ~ed themselves to be quite contented. 그들은 참으로 만족스럽다고 말했다 // (~+(that)圖) He ~ed (that) he had no taste for music. 그는 음악에는 취미가 없다고 분명히 말했다. 2 …하는 체하다 (to do), …인 체하다 (to be); …을 꾸미다; 자칭하다. ¶Everyone ~ed to study hard. 모두가 열심히 공부하는 체했다 // ~ oneself to be a cooker 요리사를 자칭하다. 3 …을 믿는다고 공언하다, …의 신앙을 고백하다; [종교] 정식으로 입교[입문]하다. 4 …을 직업으로 하다, (세상에) …이라는 간판을 내세우다. ¶ ~ medicine [law] 의사 [변호사]를 업으로 하다. 5 (교수 자격으로) …을 가르치다. —图1 공언하다, 언명하다. 2 교수로 일하다. 3 신앙을 공언하다, 서약하고 종문(宗門)에 들어가다. 4 [교회] 공식적 수도 서원(誓願)을 하다.
pro·fessed [prəfést] 图1 공언한, 공공연한. ¶ a ~ Christian 기독교도라고 공언한 사람. 2 겉보기의, 짓의; 자칭의. ¶ a ~ anatomist 자칭 해부학자. 3 전문적인, 본직의. 4 서약하고 종문(宗門)에 들어간.
pro·fess·ed·ly [prəfésidli, -st-] 图1 공언하여, 공공연히, 명백하게. 2 자칭하여; 가장하여, 겉으로는.
‡**pro·fes·sion** [prəféʃən] 图 (图 ~s [-z]) 1 ⓒⓊ (지적인) 직업, 전문직(법률가·의사·기술자 등); (일반적으로) 직업.⇨OCCUPATION [유의어] ¶ the ~ of a lawyer 변호사업 / the clerical [medical] ~ 성직[의사]업. 2 (the ~) (집합적; 단·복수 양용) 동업자들; (속어) 배우들, 연예계 동료. ¶ the etiquette of the ~ 동업자간의 예의. 3 Ⓤⓒ 언명, 공언, 고언, 고백. 4 신앙 고백. (또는 ~ **of faith**) 5 [교회] 공식적 수도 서원(誓願).
by profession 직업은. ¶ He is an engineer by ~. 그의 직업은 기사이다.
in fact [or practice] if not in profession 공언은 하지 않지만 사실상.
make one's profession of …을 공언[고백]하다.
make profession of (성직자가 되는) 서원을 하다.
the learned professions 지적(知的) 직업(옛날에는 신학·법학·의학의 세 직업).
the (world's) oldest profession (익살) (세계) 최고(最古)의 직업, 매춘.
~·less 图
‡**pro·fes·sion·al** [prəféʃənl] 图 (*more* ~; *most* ~) 1 직업(상)의, 직업적인. ¶ ~ education 직업 교육. 2 지적(知的) 직업의, 전문직의. ¶ a ~ man 지적 직업인(변호사·의사·대학 교수 등) / a ~ woman 전문직[직업] 여성; (속어) 매춘부. 3 전문의, 본업의; 전문가의, 본직의(图 amateur). ¶ a ~ baseball player 프로 야구 선수 / turn ~ 프로로 전향하다. 4 (경멸적) 상습적인; 장사로 삼는. ¶ a ~ liar 상습적인 거짓말쟁이. 5 (완곡어) [스포츠] (반칙이) 의도적인. —图1 지적(知的) 직업인(人); 전문가. 2 [스포츠] 직업인[프로, 선수]; 본직; 매춘부. 3 (어떤 분야의) 전문가, 숙달자, 프로, 베테랑 (*in*). ~·ly 图
professional corporation 图 [법률] 전문직 법인(의료·법률 법인 등; 图 PC).
professional (dóg) wálker 图 개 산책 업자.
professional fóul 图 (완곡적) [스포츠] 의도적 파울[반칙].
pro·fes·sion·al·ism [prəféʃənəlìzm] 图Ⓤ 1 전문가 기질, 프로 근성; 전문가풍(風); 전문적 기술. 2 [스포츠] 프로 선수 기용; 약간의(고의적) 반칙을 하는 것.
pro·fes·sion·al·ize [prəféʃənəlàiz] (* (英) **-ise**) 图. …을 직업[전문, 프로]화(化)하다. **-ist**, **-i·zá·tion** 图
professional mánager 图 [경영] 전문 경영인.
professional sécret 图 (의사·등의) 직업상 비밀.
professional spírit 图 (the ~) 직업 정신.
‡**pro·fes·sor** [prəfésər] 图 (图 ~s [-z]) 1 (대학의) 교수(직함으로 쓸 때의 약자는 Prof.). ¶ a ~ emeritus 명예 교수 / a ~ of physics 물리학 교수 / a ~'s chair 강좌. 2 (남자) 교사, 선생. 3 (스포츠·예능 등의) 교수, 사범. 4 공언자, 자칭자; (英) 신앙 고백자. 5 [교회] 서원(誓願)을 마친 수도사.

> **참고** 미국·영국의 대학 교수진 구성
> (1) (美)에서는 (full) ~ (정교수), associate ~ (부교수), assistant ~ (조교수), instructor (전임 강사), lecturer (강사)로 짜여진다. 별도로 ~ emeritus (명예 교수), adjunct ~ (겸임 교수), visiting ~ (객원[초빙]교수)가 있다. (2) (英)은 강좌(chair)제로 그 주임이 professor (교수), 그 밑에 reader (조교수), lecturer (전임 강사)가 있다.

pro·fes·sor·ate [prəfésərət] 图Ⓤⓒ 대학 교수의 직[지위, 임기]; (the ~) (집합적) 교수단[진].
professor extraordinary 图 원외(員外) 교수, 객원(客員) 교수.
pro·fes·so·ri·al [pròufəsɔ́:riəl, prɑ̀f-/prɔ̀f-] 图1 대학 교수(직)[지위]의, 교수다운; 교수단으로 이루어진. 2 학자연하는, 독단적인. ~·ism 图 ~·ly 图
pro·fes·so·ri·at(e) [pròufəsɔ́:riət, prɑ̀f-/prɔ̀f-

professorship

명 1 =professorate. 2 (the ~) 《집합적》 (한 국가·교육 기관 등의) 교수(교사) (전체).

pro·fes·sor·ship [prəfésərʃip] 명U 대학 교수의 직[지위, 직무]. ¶ get a ~ at Harvard 하버드 대학 교수가 되다 / be named to the ~ of …교수로 임명되다.

***prof·fer** [práfər/prɔ́f-] 타 1 … 을 (…에게) 내놓다, 제공하다, 증정하다(offer) (to). ¶ He ~ed a hint to me. 그는 나에게 힌트를 주었다. 2 …을 솔선해서 제의하다. ─ 명UC 1 제출, 제공(품), 증정(품). 2 《법률》 면책 조건의 협력. ~**er**

***pro·fi·cien·cy** [prəfíʃənsi] 명U (…의) 숙달, 숙련, 능숙; 기량 (at, in). ¶ ~ in English [music] 영어[음악]의 숙달. ─ 명 《美》 (학력 시험에서) 필수 과목을 면제하다(이 면제되다).

proficiency tèst 명 능력[숙달도] 시험. ¶ the Chinese ~ 중국어 능력 시험.

***pro·fi·cient** [prəfíʃənt] 형 (…에) 숙달한, 숙련된, 능숙한 (in, at). ⇨ SKILLFUL 유의어 ¶ ~ in [or at] surgery 외과학에 능한; 외과 수술에 뛰어난. ─ 명 (…의) 숙련자, 전문가, 대가, 명인 (in). ~**ly** 부 ~**ness**

***pro·file** [próufail] 명 1 (사람 얼굴의) 윤곽, (특히) 옆얼굴; (물건의) 외형, 외관, 외곽. ¶ She has a beautiful ~. 그녀는 옆얼굴이 아름답다. 2 (사진·조각의) 옆얼굴상(像), 반면화(半面畵); [건축] 측면도, 종단면도(縱斷面圖). 3 (인물) 소묘(sketch), 인물 소개, 프로필; (신문·TV 등의) 인물 소개란[프로]. 4 (변화·추이·활동·실적 따위의) 개요, 윤곽. 5 [통계] (데이터의) 도표, 그래프, 분석표. 6 (인물·물건의) 특징, 특성. 7 (개인의) 태도, 자세; (국가·정부의) 정책, 방침.

in profile 옆모습으로; 측면에서 보아.

keep [or *maintain, adopt, take*] *a low* [*high*] *profile* 저자세[고자세]를 취하다; 두드러지지 않다[두드러지다].

─ 타 1 …의 윤곽을 그리다, 측면[단면도]을 그리다; …의 인물 소개를 쓰다; …의 분석표를 정리하다[싣다]. 2 (보통 수동형으로) …의 윤곽 (을 배경으로) 떠오르다 (*against*). ─ 자 (속어) 여봐란 듯이 걷다.

prófile dràg 명 《항공》 (날개의) 단면 저항.

pro·fil·er [próufailər] 명 1 프로필 작가, 인물 소전(小傳) 작가. 2 《美》 (수사 기관 등의) 범죄 심리 분석관. 3 모형기, 형틀[모형 뜨는] 기계(선반); 선반공. (또는 **profilist**)

‡**prof·it** [práfit/prɔ́f-] 명 1 UC (종종 ~s) 이익, 수익, 이윤, 흑자; 이익률. ¶ gross ~s 총이익금 [net [or clear] ~ 순이익 (총수입에서 모든 경비를 뺀 액수). 2 U (비유적) (금전 이외의) 이익, 이점, 득, 유리함. ⇨ ADVANTAGE 유의어 ¶ What's the ~ of doing that? 그런 일을 해서 무슨 득이 되는가? 3 (보통 ~s) 이자.

at a profit 이익을 보고.

make [or *turn*] *a profit on* …으로 이익을 얻다, 돈을 벌다.

make one's profit of …을 잘 이용하다.

There is no profit in doing …해보았자 아무 도움이 안 되다.

to one's profit; with profit …의 이익이 되어, 득이 되어.

turn…to profit …을 이용하다, 이익이 되게 하다.

─ 명 1 …의 이익이 되다, …에게 도움을 주다, 득이 되다. ¶ It will not ~ him. 그것은 그에게 도움이 되지 않을 것이다. ─ 자 1 (…에서) 이익을 얻다, 득을 보다; (…에서) 교훈을 얻다, 배우다 (*from, by*). ¶ (~+前+명) ~ *from experience* 경험을 통해 득을 보다. ¶ I have ~ed *by* your advice. 당신의 조언이 내게 도움이 되었다. 3 (고어) 숙달하다, 향상되다. ─ **er**

***prof·it·a·ble** [práfitəbl/prɔ́f-] 형 1 이문이 있는, 유리한, 이로운. 2 (…에) 유리한 (*to*); (…에) 유익한, 도움이 되는 (*for, to*). -**bíl·i·ty,** ~**ness** 명 -**bly** 부

prófit and lóss 명 《회계》 손익(損益). ¶ ~ account

[point] 손익 계정[분기점]. **próf·it-and-lóss** 형

prófit cènter 명 《경영》 이익 중심점, 이익 책임 단위(독립 채산 사업부제에서 관리 회계상의 부분별 단위).

prof·it·eer [prɑ̀fitíər/prɔ̀f-] 명 (비상시에) 폭리를 취하는 사람, 부당 이득자. ─ 자 (…으로) 폭리를 취하다, 부당 이익을 얻다 (*from*). ¶ [폭리 취득] 행위.

prof·it·eer·ing [prɑ̀fitíəriŋ/prɔ̀f-] 명 부당 이득

pro·fit·er·ole [prəfítərò ul] 명 프로피트롤(아이스크림 따위를 채운 소형 슈크림).

prof·it·less [práfitlis/prɔ́f-] 형 이익이 없는; 헛된, 무익한. ~**ly** 부 ~**ness** 명

prófit màrgin 명 《상업》 이윤폭; 이익률.

prófit mòtive 명 《경제》 이윤 동기, 이윤 추구욕.

prófit shàring 명 《경영》 (고용인과 피고용인 간의) 이익 배분(법), 이익 배분제. **prófit-shàring** 형

prófit squèeze 명 《상업》 이윤 압축, 이익 감소.

prófit sýstem 명 = free enterprise.

prófit táking 명 《증권》 (매매) 차익 따먹기.

prof·it-tak·er [-tèikər] 명 《증권》 매매 차익을 노리는 사람. ¶ ~탕, 나봉; 낭비; 대량, 풍부.

prof·li·ga·cy [práfligəsi/prɔ́f-] 명 U 《경멸적》 방탕.

prof·li·gate [práfligət, -gèit/prɔ́fligət] 형 《경멸적》 품행이 나쁜, 방탕한, 방종한; 낭비하는. ─ 명 방탕자, 탕아, 낭비자. ~**ly** 부 ~**ness** 명

prof·lu·ent [práfluənt/prɔ́f-] 형 도도히 흐르는.

pro·form [-fɔ̀:rm] 명 《문법》 대용형(代用形)(다른 언어·구·절의 대용으로 쓰이는 말. 예: I can't understand Latin but she *does*. 의 does).

pro fòr·ma [prou fɔ́:rmə] 형 1 형식상의, 형식뿐의. 2 《상업·회계》 견적의. ¶ a ~ account of sales 견적 매상 계산서 / a ~ invoice 견적 송장(送狀). [L]

‡**pro·found** [prəfáund] 형 (~**er, more ~; ~est, most ~**) 1 지적(知的)인 깊이가 있는, 조예가 있는; (학문·사상·통찰력 등이) 깊은. ¶ a ~ scholar 조예가 깊은 학자 / ~ knowledge[insight] 깊은 지식[통찰]. 2 (의미가) 난해한, 고상한, 심원(深遠)한. ¶ a ~ book 난해한 책 / a ~ treatise 난해한 논문 / a ~ remark 의미심장한 말. 3 (시) 깊은. ¶ ~ sleep 숙면 / ~ darkness 깜깜한 어둠 / a ~ valley 깊은 골짜기. 4 마음속으로부터의, 심심(深甚)한; (충격·변화 따위가) 큰, 심각한; (병 따위가) 뿌리깊은. ¶ ~ sympathy 마음으로부터의 동정 / ~ grief 깊은 슬픔. 5 완전한. ¶ ~ blindness 완전한 장님. 6 (고어) 겸손[공손]한. ─ 명 (the ~) (시·고어) 깊은 곳, 심연; 심해, 대양. ~**ness** 명

pro·found·ly [prəfáundli] 부 사물의 깊은 곳까지 파고들어; 깊이; 완전히. ¶ ~ deaf 귀가 전혀 안 들리는.

pro·fun·di·ty [prəfʌ́ndəti] 명 U 깊음, 깊이; 심원(深遠), 심오함. 2 심연(abyss). 3 (보통 -ties) 심원한 일[문제, 이론]; 의미 깊은 사상[말].

***pro·fuse** [prəfjúːs] 형 1 (…을) 아끼지 않는, 헤프게 쓰는 (*of, with, in*); 활수한, 사치스러운. ⇨ LAVISH 유의어 ¶ be ~ of one's money 돈을 헤프게 쓰다. 2 풍부한, 굉장히 많은; 충분한. ¶ ~ apologies 장황한 ~**ly** 부 ~**ness** 명 [변명.

***pro·fu·sion** [prəfjúːʒən] 명 1 (a ~) 굉장히 많음, 풍부; 다량. 2 사치, 통이 큼, 낭비. ¶ a house furnished with ~ 사치스럽게 꾸민 집. ¶ ~ 더 머리.

a profusion of 풍부한, 많은. ¶ a ~ of hair 숱이 많은

in profusion 풍부하게, 굉장히 많이.

pro·fu·sive [prəfjúːsiv] 형 아낌없이 주는[쓰는], 아까워하지 않는; 낭비하는. ~**ly** 부 ~**ness** 명

prog¹ [prɑg/prɔg] 《英속어》 명 U (여행·소풍용의) 음식물; 훔치거나 구걸한 음식물(forage). ─ 자 (**-gg-**) 먹을 것을 찾아 헤매다(forage).

prog² [prɑg/prɔg] 《英속어》 명 (Oxford 또는 Cambridge 대학의) 학생감(proctor). ─ 타 (**-gg-**) (학생감이) (학생)을 처벌하다. [< proctor]

prog³ [prɑg/prɔg] 명 《英속어》 진보적인 사람, 개혁

파(progressive).
prog[4] [proug] 몡 〔英구어〕 〔방송〕 프로(program).
prog. program; progress(ive).
pro·gen·i·tive [proudʒénətiv] 몡 생식[번식]력이 있는. **~·ness** 몡
pro·gen·i·tor [proudʒénətər] 몡 **1** (생물학적인) 선조, 조상(forefather); (동·식물의) 원종(原種). **2** 원조, 선각자, 선배. **3** 원본(original).
pro·gen·i·ture [proudʒénətʃər] 몡ⓤ **1** 출생, 자손을 낳기. **2** 〔집합적〕 (사람 또는 동식물의) 자식, 자손.
prog·e·ny [prádʒəni/próʤ-] 몡 **1** 〔익살〕 〔집합적; 단·복수 양용〕 자식, 자손; 계승자. **2** 소산, 결과.
pro·ge·ri·a [proudʒíəriə] 몡 〔병리〕 조로증(무È症).
pro·ges·ta·tion·al [prouʤestéiʃənl] 몡 〔병리〕 임신 직전기(直前期)의.
pro·ges·ter·one [proudʒéstəroun] 몡ⓤ 〔생화〕 프로게스테론, 황체(黃體) 호르몬.
pro·ges·tin [proudʒéstin] 몡 =progesterone.
pro·ges·to·gen [proudʒéstədʒən] 몡ⓤ 〔약학〕 프로게스토겐(황체 호르몬제). (또는 **progestagen**)
prog·gins [prágʒinz/próʤ-] 몡 =prog[2].
pro·glot·tis [prouglátis/-glót-] 몡 (pl. **-ti·des** [-tidìːz]) 〔동물〕 편절(片節)(촌충의 체절의 하나). (또는 **proglottid**) **-tic, prò·glot·tíd·e·an** 몡
prog·na·thous [prágnəθəs, pragnéi-/prɔgnéi-] 턱이 튀어나온, 주걱턱의. (또는 **pragnathic**)
-thism, -thy 몡
「맞(예지, 예측)하다.
prog·nose [prɑgnóus, -nóuz/prɔg-] 통 〔의학〕 전
prog·no·sis [prɑgnóusis] 몡 (pl. **-ses** [-siːz]) 〔병리〕 (질병의) 예단(豫斷)(치료 뒤의 경과 예상); diagnosis); 예언, 예상.
prog·nos·tic [pragnástik/prɔgnós-] 몡 〔병리〕 예후의; 전조〔조짐〕가 되는, 예고하는. — 몡 징후, 전조; 〔병리〕 예후, 징후(徵候); 예언, 예측, 예상.
-ti·ca·ble **-ti·cal·ly** 뎡
prog·nos·ti·cate [prɑgnástikèit/prɔgnós-] 타 …을 예언하다, 예지[예측]하다; …을 예시(豫示)하다. ¶~ a depression 불황을 예언하다. — 자 예언하다, 예측하다. **-cá·tion** **-cà·tive, -ca·tò·ry** 몡
prog·nos·ti·ca·tor [prɑgnástikèitər/prɔgnós-] 몡 예언자, 예보자.
prognóstic chárt 몡 〔기상〕 예상 천기도.
pro·grade [próugrèid] 몡 (위성 따위가) 천체의 회전 궤도와 같은 방향으로 하는; 동조 운동의.
‡**pro·gram, 〔英〕 -gramme** [próugræm, -grəm, -græm] 몡 ~s [-z]) **1** (음악회·연극·운동회 따위의) 프로그램, 차례표; 연주 곡목, 상연 종목; (라디오·TV의) 프로. ¶a concert ~ 연주 곡목/watch sports ~ on television 텔레비전의 스포츠 프로를 시청하다. **2** (…의) 예정, 계획; 계획표, 스케줄, 일정 (for). ¶a training ~ 훈련 계획/a ~ of sightseeing 관광 일정. **3** 교과 과정(표)(curriculum); 강의 요목(syllabus); 〔교육〕 학습 계획(능력에 맞는 속도로 학습시키도록 짠 계획)(*for*). **4** 〔미〕 (정당의) 강령, 정강; 선거 공약. **5** 〔컴퓨터〕 프로그램(컴퓨터가 하는 연산(演算)의 순서를 특별한 언어로 써놓은 것). **6** 서론, 서언(序言).
make a program of [*or for*] …의 계획을 세우다, 일정표를 작성하다.
— 통 (*~s* [-z]; *-gramed*, *〔英〕 -grammed*; *-gram·ing, 〔英〕 -gram·ming*) **1** …의 프로그램을 짜다; …을 예정하다, 계획하다; 계획대로 진행시키다. **2** 〔컴퓨터〕 (…하도록) …의 프로그램을 작성하다(*to do*). **3** 〔교육〕 (교재) 학습 계획 학습용으로 만들다. **4** …을 (자연스럽게 특정 행동을 하도록) 길들이다; 〔관습 따위〕를 (특정 방향으로) 조정하다 (*to do*). ¶*~us to respect our elders* 우리가 어른을 공경하는 습관이 들게 하다. 자 **1** 계획을 세우다, 프로그램을 짜다. **2** 계획[예정]을 따르다. **3** 〔컴퓨터〕 프로그램을 작성하다.

prógram diréctor 몡 (라디오·TV의) 프로그램 편성자, 편성국장.
pro·gram·ist, 〔英〕 -gram·mist [próugræmist, -grəm-] 몡 프로그램 작성자; 표제 음악 작곡가.
prógram lànguage 몡 〔컴퓨터〕 =programming language.
prógram lòading 몡 〔컴퓨터〕 프로그램 로딩(외부 기억 매체로부터 프로그램을 주기억 장치로 전송하기).
pro·gram·(m)a·ble [próugræməbl, -´-´-] 몡 프로그램으로 짤 수 있는. — 몡 (특정 작업 수행을 위한) 프로그램을 입력할 수 있는 전자 장치(계산기·전화기 따위). **·bíl·i·ty** 몡
pro·gram·mat·ic [pròugræmǽtik] 몡 **1** 계획[방침, 프로그램]의 따른, 계획을 가진[지지하는]. **2** 표제 음악의[으로 이루어지는, 과 비슷하는]; 표제적인. (정당의) 강령의[에 의한]. **-i·cal·ly** 몡
pro·gram(m)ed [próugræmd, -grəmd] 몡 프로그램화된 프로그램 학습의.
prógram(m)ed cóurse 몡 프로그램 학습 과정.
prógram(m)ed instrúction 몡 **1** 프로그램 학습법에 의한 교육. **2** 〔컴퓨터〕 프로그램에 의한 지시(약 PI).
prógram(m)ed léarning 몡 프로그램 학습.
pro·gram·(m)er [próugræmər, -grəm-] 몡 **1** (라디오·TV 따위의) 프로 편성자. **2** 프로그래머. **3** 〔교육〕 학습 계획 작성자. **4** (국제 기구 따위의) 연락 조정관.
「로그램 성능 평가.
pro·gram·me·try [próugræmətri] 몡 〔컴퓨터〕 프
pro·gram·(m)ing [próugræmiŋ, -grəm-] 몡ⓤ **1** 〔컴퓨터〕 프로그램 작성; (라디오·TV) 프로그램 편성 [제작]. **2** 프로그램 학습.
「램 언어.
prógram(m)ing lànguage 몡 〔컴퓨터〕 프로그
prógram mùsic 몡 〔음악〕 표제 음악(음으로 주제·이야기·정경 따위를 표현). 참 absolute music
prógram nòte 몡 프로그램에 실려 있는 해설.
prógram picture 몡 (두 가지를 동시 상영하는 영화에서) 곁들여 보여주는 영화; B급 영화.
prógram stàtement 몡 〔컴퓨터〕 프로그램문(文).
prógram tráding 몡 〔증권〕 프로그램 매매〔거래〕(컴퓨터 프로그램을 이용한 대규모 자동 거래).
‡**prog·ress** [prágres, -rəs/próugres-] 몡ⓤ **1** 전진, 진행; 진전, 진척; (사건·시간 따위의) 경과, 추이. ¶a ~ *toward European unity* 유럽 통합의 진전 / *the ~ of seasons* [*a disease*] 계절[질병]의 추이. **2** (종종 진행형의 진행) (…에 있어서의) 진보, 발전, 발달, 향상 (*with / in*). ¶*the ~ of civilization* 문명의 진보 // *He is making ~ in* [*or with*] *piano*. 그는 피아노 실력이 늘고 있다.

유의어 **progress** 단계적으로 나아져가는 진보·발달. **advance** progress와 같은 뜻으로 쓰이는 경우도 많지만, 특히 진보·발달의 구체적 사례에는 이 말을 쓴다.

3 증진, 증가, 증대; 유포(流布), 보급. ¶*the ~ of pacifism* 평화주의의 보급. **4** 〔생물〕 전진적 분화(分化). **5** 〔고〕 〔英〕 (국왕·公記 등의) 시찰 여행, 순행(巡行). ¶a royal ~ 왕의 행차 / *The Pilgrim's P*— 천로역정(天路歷程)(John Bunyan의 저서).
in progress 진행중의, 진행하여. ¶*The work is now in ~*. 그 일은 현재 진행중이다.
「보고하다.
report progress 진전 상황을 보고하다, 중간[경과]
— 몡 [prəgrés] (*~es* [-iz]; *~ed* [-t]) **1** 나아가다, 전진하다; (시간이) 경과하다. ¶(*~+*몡*+*몜) *They could hardly ~ toward the direction*. 그들은 그 방향으로는 더 나아가기가 어려웠다. **2** (…의 점에서 /…의) 진보[발전], 발달, 향상, 숙달하다 (*in / with*). ¶(*~+*몜*+*몡) *~ in knowledge* 지식이 향상되다. **3** 진척하다, 잘 되어가다; (건강이) 회복되다. — 몡 …을 진행[전진], 향상, 발전시키다.
prógress chàrt 몡 진척도 관리 도표.

prógress chàser 명 (공장 등의) 생산 공정 관리 책임자.

*pro·gres·sion [prəgréʃən] 명 ⓤ 1 (종종 a ~) 전진, 진행. ¶the slow ~ of the demonstrators 천천히 행진하는 데모대. 2 진보, 발전, 향상. ¶a ~ in quality 질의 향상. 3 ⓤⓒ 연속, 계속, 연쇄. ¶a ~ of events 일련의 사건. 4 〔수학〕 급수, 수열(數列). ¶an arithmetical ~ 산술[등차] 급수/a geometrical ~ 기하[등비] 급수/a harmonic ~ 조화 급수(1/2, 1/3, 1/4 따위). 5 〔음악〕 (음 또는 화성(和聲)의) 진행. 6 〔천문〕 (행성의) 순행(順行). ─ 〔수〕적으로.
in geometrical progression 《속어》 가속도[기하급수]적으로.
in progression 연속하여; 점차, 차례로.

pro·gres·sion·al [prəgréʃənl] 형 나아가는, 전진하는. **~·ly** 부

pro·gres·sion·ism [prəgréʃənìzm] 명 ⓤ 사회 진보론, 진보[혁신]주의. **-ist** 명

prog·ress·ism [prágresìzm, -grəs-/prəgrés-] 명 (정치적) 진보주의. **-ist** 명

*pro·gres·sive [prəgrésiv] 형 (*more* ~; *most* ~) 1 진보적인, 혁신적인, 개혁 지향의; 진취적인(※ conservative). ¶~ ideas 진보적 사상/the ~ movement 혁신적 운동/a ~ nation [or people] 진취적 국민. 2 진행하는, 점진적인, 연속적인. ¶a ~ reform 점진적 개혁. 3 진보하는, 발달하는. ¶a ~ community 발달하는 사회. 4 (P-) 《美》 진보당의. 5 (세금이) 누진(累進)하는(↔ regressive). 6 〔병리〕 (병이) 진행성의. ¶~ paralysis 진행성 마비. 7 〔문법〕 진행형의. 8 (춤 등에서) 상대를 차례로 바꿔가는. 9 (음악의) 현대적의, 전위적인. ─ 명 1 진보론자; 진보주의자. 2 (P-) 《美》 진보당원. 3 =~ form. **~·ly** 부 **~·ness** 명

progréssive assimilátion 〔음성〕 진행[순행] 동화(앞의 음이 뒤의 음에 영향을 주는 일).

progréssive cóuntry 〔음악〕 프로그레시브 컨트리(지나치게 팝·록화하거나 상업화된 컨트리 뮤직을 원래의 모습으로 되돌려 놓자는 음악 경향의 하나).

progréssive dínner 명 순회 디너 파티.

progréssive educátion 〔교육〕 진보주의 교육(학생의 개성·자주성을 존중하는 교육법).

progréssive fórm 명 (the ~) 〔문법〕 진행형.

progréssive jázz 명 (1950년대에 유행한) 하모니를 중시한 재즈; 모던 재즈.

progréssive léns 명 프로그레시브 렌즈(안경용 다중 초점 렌즈).

Progréssive Párty 명 (the ~) 《美》 진보당 (1912년 Theodore Roosevelt, 1924년에는 Robert M. La Follette, 1948년에는 Henry A. Wallace가 각각 조직).

progréssive róck 〔음악〕 프로그레시브 록(복잡한 프레이징과 즉흥을 채택한 전위적 록 뮤직).

progréssive sóul 《美》 프로그레시브 소울(재즈와 디스코의 요소를 채용한 흑인계의 소울 음악).

progréssive táx 누진세(累進稅).

progréssive taxátion 누진 과세.

pro·gres·siv·ism [prəgrésəvìzm] 명 ⓤ 진보주의, 혁신주의; 진보주의 교육 이론; (P-) 《美》 진보당의 강령. **-ist** 명 (과세의) 누진성.

pro·gres·siv·i·ty [pròugresívəti] 명 ⓤ 진보성.

prógress nóte 명 (학생·환자의) 경과 메모, 카르테.

prógress páyment 명 중간(중도금) 지불.

prógress repórt 명 중간(경과, 진행 상황) 보고.

pro-growth [⌐gróuθ] 형 개발 찬성의, 성장 정책의.

pro·gun [próugʌn] 형 《美》 총포 소지 찬성의.

*pro·hib·it [prouhíbit, prə-] 타 1 (법률·권한으로) …을 금하다; (…하는 것을) 금지하다(*from doing*). 유의어 FORBID ¶~ smoking 흡연을 금지하다/~ed goods [*or* articles] 금제품 // (~+图+젠+图) a person *from* selling liquor 주류 판매를 금지하다. 2 〔보통 수동태로〕 (…하는 것을) 저지하다, 방해하다 (*from doing*). ¶(~+图+젠+图) An accident ~ed him *from coming*. 그는 사고로 오지 못했다. **~·er, -i·tor** 명 ⌐=forbidden degree.

pro·hib·it·ed degrée [prouhíbitid-] 〔법률〕

‡pro·hi·bi·tion [pròuhəbíʃən] 명 1 ⓤ (…의) 금지, 금제(禁制); (…의) 금지령(*against, on*). 2 ⓒ 《美》 주류 제조 판매 금지, 금주령; (P-) 《美역사》 금주법 시대(1920-33). ¶the ~ law 금주법/a state 금주 주(州). 3 《英》 〔법률〕 금지 영장. **~·àr·y** 형

pro·hi·bi·tion·ism [pròuhəbíʃənìzm] 명 ⓤ 주류 제조 판매 금지주의.

pro·hi·bi·tion·ist [pròuhəbíʃənist] 명 1 《美》 주류 제조 판매 금지주의자. 2 (P-) 〔美역사〕 금주당원.

Prohibítion Párty 명 (the ~) 《美역사》 금주당 (1869년 결성).

pro·hib·i·tive [prouhíbitiv, prə-] 형 1 금제(禁制)의, 금지의; 억제[금지]하기 위한. ¶~ power of the police 경찰이 가진 억제력. 2 터무니없이 비싼, 아주 비싼. ¶a ~ price 엄청난 가격. 3 승리[우승]가 틀림없는. **~·ly** 부 **~·ness** 명

pro·hib·i·to·ry [prouhíbitɔ̀:ri, prə-/-təri] 형 = prohibitive. **-ri·ly** 부

pro·hor·mone [pròuhɔ́:rmoun] 명 〔생화학〕 프로호르몬(호르몬의 전구(前驅) 물질).

pro·in·su·lin [pròuínsəlin] 명 〔생화학〕 프로인슐린(인슐린의 전구(前驅) 물질).

*proj·ect 명 [prádʒekt, -dʒikt/prɔ́dʒ-] 1 계획, (야심찬) 설계; (…하려는) 기획 (*to do*). ⇨PLAN 유의어 ¶ realize a ~ 계획을 실현하다. 2 (대규모의) 사업 (계획), 프로젝트. ¶welfare [development] ~ 복지[개발] 사업. 3 〔교육〕 연구 과제[계획], 조사[학습] 과제. ¶a home ~ 가정 실습. 4 《美》 계획 주택군(群), 계획 단지 (housing ~).
─ 〔 〕하다.
draw up [or *form*] *a project* 계획을 세우다[입안하다] ─ 동 [prədʒékt] 1 …을 계획하다, 고안하다; 〔계획·안 따위를〕 제출[제시]하다, 제안하다. ¶~ a new plan 새 계획을 제안하다/~ the construction of a new road 새로운 도로 건설을 계획하다. 2 …을 추정 [추정]하다, 예측하다; (…이라고) 추정[예측]하다 (*that* 절). ¶~ the rate of growth 성장률을 추정하다. 3 …을 (…에) 발사하다, 내던지다, 방출하다 (*into, at*). ¶~ a missile 미사일을 발사하다. 4 〔광선〕을 (…에) 투사 (投射)하다, 영사(映寫)하다 (*on, upon*). ¶(~+图+젠+图) ~ the film on the screen 스크린에 필름을 영사하다. 5 〔사상·상상 따위〕를 그려내다, 객체화하다, 외계에 투사하다. 6 …을 상상하다, 마음에 그리다. 7 〔특징·실정〕을 전하다, 이해시키다. 8 …의 투영도를 그리다. 9 〔수학·지도〕…을 투영하다; …의 투영도를 그리다. 10 〔화학〕 …을 투입하다. 11 〔연극〕 〔목소리〕를 높이다. ─ 재 (…으로/…위에/…에서) 불쑥 나오다, 돌출하다 (*into* / *over* / *from*). ¶A rock ~s its top from the water. 바위 끝이 수면에 불쑥 나와 있다. 9 〔수학·지도〕 …을 투영하다; …의 투영도를 그리다. 10 〔화학〕 …을 투입하다. 11 〔연극〕 〔목소리〕를 높이다. ─ 재 (…으로/…위에/…에서) 불쑥 나오다, 돌출하다 (*into* / *over* / *from*).
project oneself (심령학에서) 자신의 영상을 멀리 있── 는 사람에게 보이다.

pro·ject·a·ble 형

Próject Apóllo 명 〔우주〕 아폴로 계획(미국의 달 착륙 계획).

Próject Cýclops 명 〔우주〕 사이클롭스 계획(우주의 지적(知的) 생명체를 찾는 계획).

pro·ject·ed wíndow [prədʒéktid-] 명 밖으로 내민 창.

Próject Galiléo 명 〔우주〕 갈릴레오 계획(NASA의 목성 탐사 계획).

pro·jec·tile [prədʒéktil/-tail] 명 1 발사체, 투사물. 2 《군사》 발사체(탄환·포탄 따위); 자동추진체(로켓·어뢰·유도 미사일 따위). ¶a nuclear ~ 핵포탄. ─ 형 1 발사하는[되는], 사출하는[되는]. 2 추진하는. ¶~ movement 추진 운동. 3 〔동물〕 (물고기의 턱 따위가) 튀어나

projecting

온, 뾰죽이 내민.
pro·ject·ing [prədʒéktiŋ] 혱 튀어나온, 돌출된.
¶~ eyes 튀어나온 눈. **~·ly** 튀

*__pro·jec·tion__ [prədʒékʃən] 명[U] 1 발사, 사출(射出), 투사(投射). 2 [U]C 돌출 (부분), 돌기, 융기(물). 3 〖수학〗 투영(법); C 투영도. ¶ cylindrical ~ 원통 투영법. 4 고안, 기획, 연구, 설계. 5 (…의) 추정, 예측 (of, for); 예상, 예측; 〖경제〗 경제[경기] 예측. ¶ computer ~ for the election result 선거 결과의 컴퓨터 추계. 6 [U]C 〖지리〗 투영도(법). 7 〖심리〗 주관의 객관화; 주관의 투영[투사]; 〖정신분석〗 투영[투사] 작용. 8 〖연금술〗 비(卑)금속에서 귀금속으로의 질전환(質轉換). 9 C 〖영화〗 영사. 10 〖건축〗 일면도(立面圖). **~·al** 혱

projection bòoth 명 =projection room.
pro·jec·tion·ist [prədʒékʃənist] 명 영사[TV] 기사; 지도 제작자.

projection machìne 명 영사기.
projection prìnt 명 〖사진〗 확대 인화[사진].
projection ròom 명 영사실.
projection télevision 명 프로젝션[투영형] 텔레비전(스크린에 확대 투영하는 방식의 텔레비전).

pro·jec·tive [prədʒéktiv] 혱 1 투영(사영(射影))의[법에 의한]. 2 돌출한, 튀어나온. 3 속마음을 나타내는; 〖심리〗 주관을 투영[투사]하는; (이미지·생각이) 객체화된. ¶ the ~ power of the mind 상상력.
~·ly 튀 **pro·jec·tív·i·ty** 명

projéctive geómetry 명 사영(射影) 기하학.
projéctive próperty 명 사영적 성질.
projéctive tést 명 〖심리〗 투영 검사법(그림·문장 따위에 대한 피실험자의 반응으로 성격을 감정하는 테스트).

próject lòan 명 〖경제〗 개별 차관 (LT.).
próject méthod 명 〖교육〗 프로젝트 교수법(과제를 주어 학생들이 자주적인 학습을 하게 하는 방법).
próject nòte 명 프로젝트 단기 채권(공공 주택 사업을 위해 지방 정부가 발행하는 단기 채권).

pro·jec·tor [prədʒéktər] 명 1 기획자, 설계자; (유령 회사) 발기인. 2 투사기, 방사기. ¶ a flame ~ 화염 방사기. 3 투영 장치, 영사기, 프로젝터.
pro·jec·to·scope [prədʒéktəskòup] 명 투영투사기. 〖영화·슬라이드 등〗

pro·jec·tu·al [prədʒéktʃuəl] 혱 〖교육〗 영사 교재
pro·jet [prouʒéi] 명 (복 ~s [-z]) 1 계획, 기획. 2 (조약·법률 문서 따위의) 초안. 〈F〉 [caryotic.
pro·kar·y·ot·ic [proukǽriátik/-ɔ́t-] 혱 =pro-**pro-kit** [kít] 명 〖美軍속어〗 성병 예방 키트, 콘돔.
prol. prologue. [<prophylactic kit]
pro·lac·tin [prouláktin] 명 〖생화학〗 프롤락틴(생식기관·유선(乳腺) 등의 기능을 촉진하는 성호르몬).
pro·lam·in(e) [proulǽmin/próuləm-] 명 〖생화학〗 프롤라민(곡물에 있는 단순 단백질의 총칭).
pro·lan [próulæn] 명 〖생화학〗 프롤란(임부(姙婦)의 오줌 속에 함유되어 있는 성호르몬의 일종).
pro·lapse [prouláps/-´-] 명 〖병리〗 탈출, 탈수(자궁·직장의) 탈출, 탈수(脫垂), 탈증(脫症). ¶ anal ~ 항문 탈출, 탈항 (脫肛). —자[-´-] 탈출하다, 탈수하다.
pro·lap·sus [prouláepsəs] 명 =prolapse.
pro·late [próuleit] 혱 1 〖수학〗 편장(偏長)의(圈 oblate1). ¶ a ~ spheroid 장구면(長球面). 2 폭이 늘어난, 넓어진. 3 [植] =prolative. —명 〖수학〗 장구면(長球面). **~·ly** 튀 **~·ness** 명
pro·la·tive [prouléitiv] 혱 〖문법〗 서술 보조의. ¶ ~ infinitive 서술 보조 부정사(must go, can go의 go, willing to go의 to go 따위).
prole [proul] 명형 〖英구어·경멸적〗 =proletarian.
pro·leg [próuleg] 명 〖곤충〗 복각(腹脚), 전각(前脚)(유충에 기어다니기 위한 복부의 발 모양의 돌기).
pro·le·gom·e·non [pròuligámənàn/-légómi-nən] 명 (복 **-e·na** [-ənə]) 머리말, 서언, 서문; (보통

-ena) (때로 단수취급) 서설, 서론. **-e·nal** 혱
pro·le·gom·e·nous [pròuligámənəs/-legóm-] 혱 서론의; 서론[서두]이 긴.
pro·lep·sis [proulépsis] 명[U]C (복 **-ses** [-si:z]) 1 예기, 예상. 2 〖수사〗 예변법(豫辯法)(이의·반론 따위에 대해 미리 예방선을 처두는 법). 3 〖문법〗 예기적 서술법(뒤에 설명하여 줄 말을 예상하여 형용사·명사를 한정사로 쓰는 일. 예: shoot a person dead, drain a cup dry 따위). 4 예기적 표시(시일을 실제보다 앞당겨 적기). 5 〖병리〗 (주기병의) 조기 발작.
pro·lep·tic [prouléptik] 혱 1 예기의, 예상에 의한. 2 〖수사〗 예변법(豫辯法)의. **-ti·cal** 혱 **-ti·cal·ly** 튀
*__pro·le·tar·i·an__ [pròulətɛ́əriən] 혱 1 프롤레타리아의, 무산(노동자) 계급의. ¶ the ~ classes 무산 계급/the ~ dictatorship 프롤레타리아 독재. 2 〖로마 역사〗 최하층민의. —명 프롤레타리아, 무산 계급의 사람.
~·ly 튀 **~·ness** 명
pro·le·tar·i·an·ism [pròulətɛ́əriənìzm] 명[U] 1 무산 계급의 신분[관습, 상태]. 2 무산주의, 프롤레타리아 사상; 무산 계급 정치.
pro·le·tar·i·an·ize [pròulətɛ́əriənàiz] 타 프롤레타리아(무산자, 노동)을 프롤레타리아적(的)으로 하다. **-tàr·i·an·i·zá·tion** 명
*__pro·le·tar·i·at(e)__ [pròulitɛ́əriət] 명 (the ~) 〖집합적; 단·복수 양용〗 1 프롤레타리아[무산] 계급(圈 bourgeoisie). 2 〖로마 사회의〗 최하층 계급.
pro·le·tar·y [próulətèri/-təri] 혱명 =proletarian.
pro·let·cult [prouléktkʌlt] 명 (프롤레타리아의 문화를 양성하는) 문화 운동; (P-) (옛 소련에서의 프롤레타리아 문화 제공 단체. (또는 **proletkult**). [:**cíd·al**
pro·li·cide [próuləsàid] 명 태아 살해; 영아 살해.
pro-life [-láif] 혱 〖美〗 임신 중절 (합법화) 반대의, 낙태 반대의(right-to-life). 〖圈 pro-choice〗 **-líf·er** 명
pro·lif·er·ate [prəlífərèit] 자 1 〖생물〗 (영양(營生)에 따라) 증식[번식]하다[시키다]. 2 급증[확산, 양산]하다[시키다]. —[prəlífərət, -rèit] 혱 =proliferous.
-a·tive 혱
pro·lif·er·a·tion [prəlìfəréiʃən] 명[U] 1 〖생물〗 증식, 〖식물〗 관생(貫生). 2 급증, (핵무기 등의) 확산. ¶ nuclear ~ 핵(무기) 확산.
pro·lif·er·ous [prəlífərəs] 혱 증식하는, 증식성의; 〖생물〗 증식[번식]하는, 관생(貫生)의.
*__pro·lif·ic__ [prəlífik] 혱 1 (사람·동물이) 다산(多産)의, (식물이) 열매를 많이 맺는. ¶ a ~ apple tree 열매를 많이 맺는 사과나무. 2 (작가 따위가) 다작(多作)의; (상상력이) 풍부한. ¶ a ~ novelist 다작하는 소설가. 3 (땅이) 비옥한; (기후·절기 따위가) 풍작의. ¶ a ~ year for potatoes 감자 풍년. 4 (…을) 많이 산출하는; (…이) 많은[풍부한](in, of). ¶ a period ~ in great thinkers 위대한 사상가가 많이 배출된 시기. 5 (…의) 원인이 되는 (of). ¶ Such wording may be ~ of misunderstanding. 그런 표현은 오해를 가져올지도 모른다. **-i·cal·ly** 튀 **~·ness** 명 [(多産)
pro·lif·i·ca·cy [prəlífikəsi] 명[U] 다산(多産), 다작
pro·lif·ic·i·ty [pròuləfísəti] 명 다산성(多産性). [용성 아미노산).
pro·line [próuli(:)n] 명 〖생화학〗 프롤린(알코올 가
pro·lix [prouliks/´-] 혱 (이야기 따위가) 장황한, 지루한. ¶ a ~ speech 장광설. **~·ly** 튀 **~·ness** 명
pro·lix·i·ty [proulíksəti] 명[U] 장황함, 지루함.
pro·loc·u·tor [proulákjutər/-lɔ́k-] 명 1 사회자; 의장. 2 〖영국 국교회〗 (성직자 회의의) 의장. **~·ship** 명
pro·log [próulɔ:g, -lag/-lɔg] 명 〖美〗 =prologue.
PROLOG [próulɔ:g/-lɔg] 명 〖컴퓨터〗 프롤로그(제5세대 컴퓨터용 술어(述語) 논리형 프로그래밍 언어, 또는 **Prolog**). 〈<programming in logic〉 [ize.
pro·log·ize [próulɔ:gàiz, -lədʒàiz] 자 =prologu-
*__pro·logue__ [próulɔ:g, -lag/-lɔg] 명 1 (시·극 따위

의) 서사(序詞); 서막(또 epilogue). **2** (개막 전에) 서사를 말하는 배우. **3** 서언: (시·소설의) 머리 부분, 서시(序詩). ⇨PREFACE [유의어] **4** 서막적인 사건[행동]: (사건의) 발단 (to). ─图 **1** …에 서사(序詞)를 붙이다: (배우가) 서언을 말하다. **2** …의 발단이 되다.
-log·ist 图 -log·like, ~·like 图 -logu·ist 图
pro·lo·gu·ize [próulǝɡàiz, -lǝɡ-/-lɔɡ-] (* (英) -ise) 图② 서언을 쓰다, 서언을 말하다. **-iz·er** 图
‡**pro·long** [prǝlɔ́ːŋ, -lɑ́ŋ/-lɔ́ŋ] 图⑫ **1** (시간적·공간적으로) …을 연장하다, 길어지게 하다: 연기하다. ⇨LENGTHEN [유의어] ¶~ **a railroad** 철도를 연장하다. **2** (모음 따위)를 길게 발음하다. ~**·er** 图
pro·long·a·ble [prǝlɔ́ːnǝbl/-lɔ́ŋ-] 图 연장할 수 있는. ~**·ness** 图 **-bly** 분
pro·lon·gate [prǝlɔ́ːŋɡeit/-lɔ́ŋ-] 图⑭ =prolong.
pro·lon·ga·tion [pròulɔːŋɡéiʃǝn/-lɔŋ-] 图 **1** ⓤ (시간·공간적) 연장, 연기. **2** 연장[부가] 부분.
pro·longe [prouláŋdʒ/-lɔ́ndʒ] 图 (군사) 차량·포차 따위를 끄는 예삭(曳索), 로프. [<F]
pro·longed [prǝlɔ́ːŋd, -lɑ́ŋd] 图 질질 끄는, 장기의 (long). ~**·ly** 분
pro·longed-ac·tion [-ǽkʃǝn] 图 (화학·약학) 장시간 작용성의. [연기.
pro·long·ment [prǝlɔ́ːŋmǝnt/-lɔ́ŋ-] 图ⓤ 연장,
pro·lo·ther·a·py [pròulouθérǝpi] 图 (의학) 증식 요법(새 세포 증식 의한 조직 치료법).
pro·lu·sion [proulúːʒǝn/prǝ-] 图 **1** 서언, 서사, 서설, 서론; 서막; 서곡. **2** (연주 등의) 예비 연습, 준비 행위.
pro·lu·so·ry [proulúːsǝri, -zǝ-/prǝ-] 图 준비 행위의; 서문의.
prom [prɑm/prɔm] 图 **1** (美구어) (대학·고교 따위의 학년말(졸업)) 무도회. **2** (英구어) =promenade 1: (종종 P-) =promenade concert.
PROM [prɑm/prɔm] 图 (컴퓨터) 프롬(사용자가 데이터를 기억시킬 수 있는 판독 전용 반도체 메모리). [<programmable read-only memory]
prom. prominent; promontory.
pro me·mo·ri·a [pròu mǝmɔ́ːriǝ] 图 기억해 두기 위하여(외교 용어). [<L for memory]
*prom·e·nade [prɑ̀mǝnéid, -náːd/prɔ̀mǝnáːd] 图 **1** 산책, 산보, 만보(漫步): 승마; 드라이브; 행렬, 행진. ¶a military ~ 군대 행진. **2** 산책하는 곳; (英) (피서지 따위의) 해안 산책길; (객선의) 산책 갑판(~ deck). **3** (美구어) =prom 1. **4** (공식 무도회 개막 때의) 내빈 전원의 행진. 图② 산책하다, 산보[소요]하다; (뽐내며) 걸어나다[행진하다]. ¶(~+图+前+图) ~ about the city 시내를 거닐다. ─他 **1** …을 산책하다. ¶~ the Seine 센 강변을 산책하다. **2** (남)을 자랑으로 데리고 다니다.
-**nád·er** 图 산책하는 사람: (英) ~ concert의 단골.
promenáde cóncert 图 프롬나드 콘서트(공원 등에서 청중이 산보하거나 하면서 듣는 음악회).
promenáde déck 图 산책 갑판(1등 선객용).
Pro·me·the·an [prǝmíːθiǝn] 图 **1** 프로메테우스 (Prometheus)의 같은. **2** 창조적인(creative). ─图 (정신·행동의) 프로메테우스 같은 사람.
*Pro·me·the·us [prǝmíːθiǝs, -θjuːs] 图 (그리스 신화) 프로메테우스(하늘의 불을 훔쳐 인간에게 준 죄로 바위에 묶여 매일 그 독수리에게 간을 먹히다가 나중에 Hercules에게 구원됨).
pro·me·thi·um [prǝmíːθiǝm] 图ⓤ (화학) 프로메튬(希土類) 원소; ⓐ Pm).
Pro·min [próumin] 图 (약학) (상표) 프로민(나병약).
*prom·i·nence [prɑ́mǝnǝns/prɔ́m-] 图 **1** ⓤ 두드러짐, 현저, 탁월, 걸출. ¶a man of ~ 명사(名士)/ come into ~ 유명해지다. **2** ⓤ 돌기, 돌출, 융기; ⓒ 돌출부, 융기물, 눈에 띄는 물건[장소]. **3** (천문) (태양

의) 홍염(紅焰). (또는 **prominency**)
‡**prom·i·nent** [prɑ́mǝnǝnt/prɔ́m-] 图 (**more ~; most ~**) **1** 두드러진, 현저한; 주목을 끄는. ⇨OUTSTANDING [유의어] ¶be ~ in the public eye 세인의 주목을 끌다. **2** 튀어나온, 돌출한. ¶~ **teeth** 뻐드렁니. **3** (…의 점에서) 중요한, 제1위의; 탁월한, 저명한 (**in**). ¶a ~ **lawyer** 저명한 변호사. **4** 양각(陽刻)의, 돋을새김의. ~·**ly** 분
prom·is·cu·i·ty [prɑ̀mǝskjúːǝti/prɔ̀m-] 图ⓤⓒ (경멸적) 난잡, 혼란 (상태), 무차별; 뒤범벅; 난교(亂交), 혼음, 난혼(亂婚).
pro·mis·cu·ous [prǝmískjuǝs] 图 **1** 뒤섞인, 뒤죽박죽의, 뒤범벅이 된. ⇨MISCELLANEOUS [유의어] ¶a mass 오합지졸. **2** (성관계가) 문란한, 난교(亂交)의. **3** 무차별의. ¶~ **hospitality** 아무나 가리지 않는 환대. **4** 되는 대로의, 그때그때의. ¶~ **reading** 남독(濫讀). ~·**ly** 분 ~·**ness** 图
‡**prom·ise** [prɑ́mis/prɔ́m-] 图 (**-is·es** [-iz]) **1** (…하겠다는) 약속, 계약 (**of, to do, that** 節). ¶She told him under a ~ of secrecy. 그녀는 비밀을 지키겠다는 약속을 받고 그에게 이야기를 했다. **2** 약속한 것[일], 계약 사항: (…의) 보증, 뒷받침 (**of, that** 節). ¶I claim your ~. 약속한 것을 요구합니다. **3** ⓤ 장래의 가망, 촉망, 믿음직함: (…의) 조짐, 징후, 기미 (**of**). ¶a young man of ~ 전도가 유망한 청년.
afford [or **show**] **promise of success** 성공할 가망이 있다. 「충 급하게 해치우기.
a lick and a promise (뒤에 다시 손대기로 하고) 대
be full of promise 크게 유망하다.
break one's **promise** 약속을 어기다.
give [or **make**] **a promise** 약속하다.
keep [or **carry out**] one's **promise** 약속을 지키다.
Promises, promises! (구어) 항상 약속뿐(지킨 일이
the Land of Promise ⇨PROMISED LAND. [없다).
─匽 (**-is·es** [-iz]; ~**d** [-t]; ~·**is·ing**) ⓐ **1** …을 약속하다, 약정하다; (…을 하기로) 약속하다 (**to do, that** 節). ¶~ one's help 조력을 약속하다 // (~+**to do**) He ~d to pay the bill. 그는 그 청구서를 지불하겠다고 약속했다 // (~+圁+圁) I ~d her a doll. 나는 그녀에게 인형을 주기로 약속했다 // (~+圁+前+图) He ~d the book to me. 그는 나에게 그 책을 주겠다고 약속했다 / (~+圁+**to do**) (~+圁+(**that**) 節) He ~d **me to come at six.** =He ~d me (that) he would come at six. 그는 6시에 오겠다고 나에게 약속했다.
[유의어] **promise** 「약속하다」라는 뜻의 일반적인 말: 약속을 지킬 것인가 아닌가는 분명치 않다. **engage** 엄숙한 서약을 하고 스스로에게 의무를 지우다.

2 (…할) 가망이 있다 (**to do**): …할 염려가 있다. ¶The clouds ~ rain. 저 구름을 보니 비가 오겠다 / (~+**to do**) It ~s to be warm. 날씨가 따뜻해질 것 같다. **3** (구어) (I를 주어로 해서) …을 보증하다, 단언하다 (**that** 節). ¶(~+圁+(**that**) 節) I ~ you (that) the discussion will fall into disorder. 그 토론은 틀림없이 혼란에 빠질 것이다. **4** (재귀용법으로) …을 기대하다, 대망하다. ¶(~+圁+圁) I ~d myself a restful weekend. 나는 느긋하게 주말을 보내기로 마음먹고 있다. **5** (고어) (보통 수동으로) (딸)을 (…에게) 시집보내기로 약속하다, 약혼시키다 (**to**). ¶(~+圁+前+图) She is ~d to a banker. 그녀는 은행가와 약혼했다.
─匽 **1** (well, fair 따위와 함께) 가망이 있다; 유망하다. ¶(~+분) The scheme ~s well [ill]. 그 기획은 전망이 좋다[나쁘다]. **2** 약속하다, 계약하다.
I (can) promise you (구어) (문두·문미에 쓰여) 틀림없이, 반드시, 정말로; 단언하건대. 「약속을 믿고.
promise the earth [or **moon**] 엉터리[터무니없는]
Próm·ised Lánd [prɑ́mist-/prɔ́m-] 图 (**the ~**) **1** 약속의 나라, 천국. **2** (성서) 약속의 땅, 가나안(Ca-

prom·is·ee [pràmisí:/-pròm-] 圀 〔법률〕 수약자(受約者). ⓐ promisor

prom·is·er [prámisər/prɔ́m-] 圀 약속자, 계약자.

‡**prom·is·ing** [prámisiŋ/prɔ́m-] 圀 전도 유망한, 장래성이 있는; 전망이 좋은, 기대되는; 잘 될 것 같은; (날씨가) 좋아질 듯한. ¶ a ~ young writer 전도 유망한 청년 작가 / The weather is ~. 날씨가 괜찮을 듯. ~·ly 甼

prom·i·sor [pràmisɔ́:r/prɔ̀misɔ́:] 圀 =promiser; 〔법률〕 약속자. ⓐ promisee

prom·is·so·ry [práməsɔ̀:ri/prɔ́misəri] 圀 **1** 약속의, 약정(約定)의, 계약의. **2** 〔상업〕 (지불을) 약속하는.

prómissory nóte 〔상업〕 약속 어음(圐 p.n., PN, P/N).

pro·mo [próumou] 〔美구어〕 圀 선전용의. — 圀 (圐 ~s) 판매촉진 (활동), 선전 광고; (TV·라디오의) 프로 예고; (짧은) 선전용 영화. 〔<*promotion*〕

prom·on·to·ried [práməntɔ̀:rid/prɔ́məntərid] 圀 갑(岬)이 있는; (해부) 돌기(突起)가 있는.

prom·on·to·ry [práməntɔ̀:ri/prɔ́məntəri] 圀 **1** 갑(岬); 벼랑, 낭떠러지. **2** 〔해부〕 돌기, 융기(隆起).

pro·mot·a·ble [prəmóutəbl] 圀 증진[진전]시킬 수 있는. **-bíl·i·ty** 圀

‡**pro·mote** [prəmóut] 圀圈 (**-mot·ed**; **-mot·ing**) **1** (성장·발달·진보 따위를) 촉진[조장]하다, 증진하다, 장려하다. ¶ ~ friendship 우의를 다지다 / ~ world peace 세계 평화를 증진하다 / ~ rebellion 폭동을 조장하다. **2** (…으로) 진급[승진]시키다(↔demote) (*to, to be*). ¶ (~+圐+前+名) The officer was ~*d to* the rank of captain [or to captaincy]. 그 장교는 대위로 진급했다 // (~+圐+(*to be*)補) He was ~*d to be* minister. 그는 장관으로 승진했다.

〚유의어〛 **promote** 적극적으로 지지·원조·격려하여 전진·발전시키다: 단계적으로 승진시키다. **advance** 진행을 촉진시켜 목적을 달성하는 데 효과적인 도움이 되다; 「승진」의 의미로는 반드시 단계적인 것은 아니다. **forward** advance와 거의 같은 뜻; 「승진」의 의미로는 쓰이지 않는다. **further** 장애를 제거하여 목적에 접근시키다.

3 〔美〕 〔교육〕 …을 (…으로) 진급시키다 (*to*). ¶ (~+圐+前+名) ~ a pupil to a higher grade 학생을 진급시키다. **4** 〔사업·조직 따위를〕 발기(發起)하다, 설립하다; 〔행사 따위를〕 주최하다. ¶ ~ a new corporation 새 회사를 설립하다. **5** 〔의안 따위를〕 지지하다, 통과되도록 힘쓰다. **6** 〔美〕 …의 판매[보급]를 (광고 선전으로) 촉진하다; …의 판로를 넓히다. ¶ ~ a new product 새 제품을 판촉하다. **7** 〔서양장기〕 〔졸〕을 (여왕 등으로) 승격시키다 (*to*). **8** (美속어) …을 속여먹다, 사취(詐取)하다.

*****pro·mot·er** [prəmóutər] 圀 **1** (회사 따위의) 발기인, (계획 따위의) 입안자; 장본인, 주동자, 제창자; 〔쇼·스포츠 따위의〕 흥행업자. **2** 촉진자, 조성자, 장려자; (a ~, the ~) 촉진자. **3** 〔화학〕 조촉매(助觸媒); 〔약업〕 촉진제, 포수제(捕收劑). **4** 〔유전〕 프로모터 인자.

‡**pro·mo·tion** [prəmóuʃən] 圀圐圈 **1** 승진, 승급, 승격, 진급(*to*). **2** 발기; 설립, 주창. **3** 〔마케팅〕 판매 촉진; 판매 촉진용 상품, 판촉물; 선전 자료, 광고. **4** 제창(提唱); 발기; 설립. 「될 예정이다.

be on one's promotion (결원이 생기는 대로) 승진
get [or *win, obtain*] *promotion* 승진하다.

promótion expénses [**mòney**] 圀 〔상업〕 창립비, 창업비.
promótion góods [**ìtems**] 圀圐 (판촉용) 경품 (景品).
promótion sháres 圀 〔증권〕 발기인주(株).
promótion vìdeo 圀 판촉 선전용 비디오.

pro·mo·tive [prəmóutiv] 圀 증진하는, 장려하는, 조장하는.
be promotive of …을 촉진하다.
~·ness 圀

‡**prompt** [prɑmpt/prɔmpt] 圀 (**~·er**; **~·est**) **1** (…하는 데) 재빠른, 날쌘, 신속한, 기민한 (*in doing, to do*). ⇨QUICK 〚유의어〛¶ a ~ answer 즉답 // be ~ *in paying* one's taxes 세금을 지체없이 잘 내다 // He is ~ *to* seize an opportunity. 그는 기회 포착이 빠르다. **2** (행동이) (…의) 점에서 즉석의, 기꺼이 (…)하는 (*in*). ¶ be ~ *in* obedience 기꺼이 복종하다. **3** 〔상업〕 즉시불[즉시 인도]의. ¶ ~ payment in cash 즉시불 (卽時拂)/ ~ delivery 즉시 인도. **4** 〔물리〕 (핵분열이) 즉발(卽發)의. **5** 〔연극〕 프롬프터[용]의; 잊어버렸을 때를 위한.
— 圀 **1** …을 자극[고무]하다; (…으로) 몰아붙이다 (*to*); (…하도록) 재촉하다 (*to do*). ¶ (~+圐+前+名) ~ a person *to* decision 남을 재촉해서 결심시키다 (~+圐+*to do*) What ~*ed* him *to* steal it? 무엇 때문에 그는 그것을 훔쳤는가? **2** (감정·행위 따위)를 불러일으키다, 유발하다; 〔막힌 말〕을 슬쩍 가르쳐 주다, 생각나게 하다. **3** 〔연극〕 (배우)에게 대사를 무대 뒤에서 일러주다, 후견하다.
— 圀 〔연극〕 대사를 일러주다, 후견하다.
— 圀 **1** 〔상업〕 (연불(延拂) 거래의) 수도(受渡) 기한, 수도(受渡)일, 지불 기한; 즉시불; 기한부 계약. **2** 촉진[고무, 자극하는 것], 조언, 주의. **3** 〔연극〕 대사 일러주기, 후견. **4** 〔컴퓨터〕 프롬프트, 입력 촉진 (기호문) (지시 대기 상태임을 나타내는 기호).
take a prompt 신호(cue)에 따라 연기[말]하다.
— 甼 꼭, 정확히. ¶ ~ at one: at one ~ 정확히 한 시에.
~·ness 圀

prompt·book [prámptbùk/prɔ́mpt-] 〔연극〕 prompter용의 대본. (또는 **prómpt cópy**)
prómpt bóx (무대 위의) prompter가 숨어 있는 곳.
prómpt cárd (강연 따위의) 메모 용지. 「장소.
prompt·er [prámptər/prɔ́mpt-] 圀 **1** 〔연극〕 (배우의) 후견역, 프롬프터(무대 뒤에서 대사를 읽어주는 사람). **2** =TelePrompTer. **3** 격려자, 고무하는 사람[것].
prompt·ing [prámptiŋ/prɔ́mpt-] 圀圐 **1** (내부로부터의) 충동; (외부로부터의) 암시. **2** 자극, 재촉. **3** 〔연극〕 후견, 대사 일러주기. **4** 〔컴퓨터〕 프롬프팅(컴퓨터 시스템이 다음에 할 일의 지시 메시지를 내리는 일).
promp·ti·tude [prámptətjù:d/prɔ́mptətjù:d] 圀 (종종 a ~) 신속, 기민; 즉결(卽決); 시간 엄수.
‡**prompt·ly** [prámptli/prɔ́mpt-] 甼 **1** 기민하게, 민첩하게; 즉시; 즉시불로. **2** 딱, 정확하게. ¶ arrive ~ at 4 o'clock 정각 4시에 도착하다.
prómpt néutron 〔물리〕 즉발(卽發) 중성자.
prómpt nòte 〔상업〕 즉시불 어음.
prómpt sìde (the ~) 〔연극〕 프롬프터가 있는 쪽 (보통 〔英〕은 무대를 향해서 왼쪽, 〔美〕는 오른쪽; 甼 P.S.). (또는 **prómpt-side**)
prom·trot·ter [ˈtrɑtər/-trɔ̀t-] 圀 〔美학생 속어〕 (캠퍼스 생활에서) 사교면의 리더적 존재.
prom·ul·gate [práməlgèit, proumʌ́lgeit/prɔ́mʌlgeit] 圀圈 **1** …을 공표[공포]하다; 〔법률·명령을〕 공포하다. ¶ ~ the news 뉴스를 공표하다. **2** 〔학설·교리 따위를〕 퍼뜨리다, 선전하다. **3** 〔비밀을〕 폭로하다.
·gá·tion 圀 공포, 발표; 공포. **·gà·tor** 圀
pron. pronominal; pronoun; pronounced; pronunciation.
pro·nase [próuneis, -neiz] 圀 〔생화학〕 프로나아제(사상균(絲狀菌)에 있는 단백질 분해 효소).
pro·na·tal·ism [prouneitəlìzm] 圀 출산 촉진론, 출산 장려책, 출생률 증가 찬성론. **-ist** 圀
pro·nate [próuneit] 圀 〔생리〕 (손 따위를) 앞으로 뻗어 손바닥이 밑으로 가게 하다[되다], 내전(內轉)시키다[하다]. ⓐ supinate

pro·na·tion [prounéiʃən] 명 ⓤ 〔생리〕 (손발의) 내전(작용); 내전 운동.
pro·na·tor [próuneitər/-´-´] 명 〔해부〕 내전근(內轉筋).
***prone** [proun] 형 1 (복합어로) (…의) 경향이 있는 (to); (…하기) 쉬운(to do). ⇨LIABLE 〖유의어〗 be ~ to anger 성을 잘 내다// Man is ~ to err. 인간은 잘못을 저지르기 쉽다. 2 (납작) 엎드린, 부복한, 앞으로 쓰러진.〖lie fall〗 ~ 엎드리다[엎어지다]. 3 내리막의, 급강하의.¶ ~ bombing 〖美〗 급강하 폭격. 4 손바닥을 아래로 가게 편. ~·ly 부 ~·ness 명
próne flòat 명 =dead-man's float.
pro·neth·a·lol [prounéθəlɔ̀ːl, -lɑ̀l/-lɔ̀l] 명 〔약학〕 프로네탈올(베타아드레날린 차단제).
prong [prɔːŋ/prɔŋ] 명 1 뾰족한 끝. 2 포크의 갈래: 〖英〗 갈퀴, (건초용) 쇠스랑: (사슴의) 뿔의 가지: 엄니의 끝: 〖美〗 (하천의) 지류. 3 (속이) 음경. ——타 (뾰족한 것으로) …을 찌르다: (흙 따위)를 파헤치다.
pronged [prɔːŋd/prɔŋd] 형 1 갈래가 있는. 2 (수사와 함께 복합어로) …개[면]로 갈라진, …방면[방향]의.¶ a three-~ rake [fork] 세 갈래진 갈퀴[포크] / a three-~ attack 3면 공격.
prong·horn [prɔ́ːŋhɔ̀ːrn/prɔ́ŋ-] 명 (복 ~(s)) (미국산(産)의) 가지뿔 영양(羚羊). (또는 ~(ed) ántelope)
próng kèy 명 =pin wrench.
pro·nom·i·nal [prounɑ́mənl/-nɔ́m-] 형 〔문법〕 대명사의.¶ a ~ adjective 대명 형용사. —— 명 〔문법〕 대명사(적). ~·ly 부
pro·nom·i·nal·ize [prounɑ́mənəlàiz] 타 대명사화하다. ·i·zá·tion 명
‡**pro·noun** [próunaun] 명 (복 ~s [-z]) 〔문법〕 대명사.¶ a demonstrative ~ 지시 대명사 / an indefinite ~ 부정(不定) 대명사 / an interrogative ~ 의문 대명사 / a personal [possessive] ~ 인칭[소유] 대명사 / a reflexive [relative] ~ 재귀[관계] 대명사.
‡**pro·nounce** [prənáuns] 명 (~s [-iz]; ~d [-t]; -nounc·ing) 타 1 …을 발음하다, 음독(音讀)하다; …의 발음을 기호로 나타내다.¶ ~ French well 프랑스어의 발음을 잘하다. 2 (시 따위)를 낭송(朗誦)하다; (연설 따위)를 능숙하게 격식대로 하다. 3 (…이라고) 단언하다, 언명[공언]하다; …을 공식으로 발표하다(to be, that 절), (~+목+보) (~+that 절) I ~ him honest. =I ~ that he is honest. 분명히 말하지만 그는 정직하다// (~+목+to be 보) He ~d the signature to be a forgery. 그는 그 서명이 위조라고 단언했다. 4 〔판결 따위〕 …(에게) 선고하다, 언도하다 (on, upon).¶ (~+목+전+명) ~ a sentence of death on [or upon] a murderer 살인범에게 사형 선고를 내리다.
—— 자 1 발음하다.¶ ~ nasally 콧소리를 내다. 2 선언하다, 단언하다. 3 (…에 관해서) 의견을 말하다; 판결을 내리다, 결정하다 (on, upon).¶ (~+전+명) ~ on a case 사건에 관해서 의견을 말하다.
pronounce against ① …에 반대 의견을 말하다.
pronounce for [or *in favor of*] ① …에 찬성 의견을 말하다. ② …에 유리한 결정을 내리다.
-nounc·er 명
pro·nounce·a·ble [prənáunsəbl] 형 발음할 수 있는; 선언할 수 있는. **-bíl·i·ty, -ness** 명
pro·nounced [prənáunst] 형 1 눈에 잘 띄는, 두드러진, 현저한; (맛이나 냄새가) 강력한; 명확한.¶ a ~ contrast 대조적. 2 단호한, 분명한.¶ have very ~ views 단호한 의견을 갖다. 3 입으로 말한, 발음된; 유성음의. **-nounc·ed·ly** [-´sidli] 부 **~·ness** 명
***pro·nounce·ment** [prənáunsmənt] 명 (…에 관한 / …이라는) 공고, 선언, 발표; 의견; 결정, 판결 (about, on, upon / that 절).
pro·nounc·ing [prənáunsiŋ] 형 발음의.¶ a ~ dictionary 발음 사전. ┌리(quickly). 〔<Sp〕
pron·to [prɑ́ntou/prɔ́n-] 부 〖美구어〗 급속히, 재빨
pron·to·sil [prɑ́ntəsil/prɔ́n-] 명 〔약학〕 프론토실(화농성 세균이 일으키는 병에 대한 특효약).
pro·nu·cle·ar¹ [prouɲjúːkliər/-ɲjúː-] 형 핵발전 추진파의; 핵무기 지지파의. **-ist** 명
pro·nu·cle·ar² 형 〔생물학〕 전핵(前核)의[에 관한].
pro·nu·cle·us [prouɲjúːkliəs/-ɲjúː-] 명 (복 -clei [-kliài]) 〔생물〕 전핵(前核).
pro·nuke [prouɲjúːk/-ɲjúːk] (구어) 형 =pronuclear¹. ——명 (또는 **pronuker**) 핵발전 추진파 (사람); 핵무기 지지파 (사람).
pro·nun·ci·a·men·to [prənʌ̀nsiəméntou, -ʃiə-] 명 (복 ~s) 선언서; (특히 스페인계 남아메리카 각국의) 혁명 선언, 쿠데타 포고; 군부 반란. 〔<Sp〕
‡**pro·nun·ci·a·tion** [prənʌ̀nsiéiʃən] 명 (복 ~s [-z]) 1 ⓤⓒ 발음. 2 ⓤⓒ 발음하는 버릇, 발음법; 표준적 발음(법). 3 ⓤ 발음[음성] 표기.
~·al, -´a·tive, -a·to·ry [-nʌ́nsiətɔ̀ːri/-təri] 형
‡**proof** [pruːf] 명 1 ⓤ (집합적) ~s 증거: ⓒ 증거가 되는 것 (of, that 절). ⇨EVIDENCE 〖유의어〗 We have an absolute ~ of his dishonesty. =We have an absolute ~ that he is dishonest. 우리는 그가 정직하지 못하다는 확증을 갖고 있다. 2 ⓤ (…이라는) 논증, 거증(擧證), 입증, 증명 (of, that 절).¶ bear [or assume] the burden of ~ 거증의 책임을 지다[떠 말다]. 3 ⓤ 〔법률〕 (재판의) 증거, 증거 서류; 증언.¶ as (a) ~ of guilt 유죄의 증거로서. 4 ⓤⓒ 시험, 실험; 품질 검사; 화약·화기의 시험(소); (수학) 검산(檢算).¶ The ~ of the pudding is in the eating. (속담) 말보다 실증(實證). 5 ⓤ 시험필(畢)의 상태[강도, 품질]; (갑옷 따위의) 강도, 내력(耐力), 불관통성. ⇨-PROOF. 6 ⓤ (알코올의) 표준 도수. ¶ above [below] ~ 표준 도수 이상[이하]의. 7 (사진) 시험 인화(印畫), 견본 인화; ⓒⓤ (인쇄) 교정쇄(校正刷); (식각술(蝕刻術) 따위의) 시험쇄 (~ sheet).
afford proof of …을 증명하기에 충분하다.
give proof of …을 증명하다.
in proof; on the proof 교정쇄로.
in proof of …의 증거로서.
make proof of …을 시험해 보다.
put [or *bring*] *…to the proof* …을 시험해 보다.
read [or *correct, revise*] *proof(s)* 교정을 보다, 교정하다.
—— 형 1 (…에) 견디는, 저항할 수 있는, 지지 않는; (…이) 뚫을 수 없는 (against).¶ ~ against the severest weather 어떤 험한 날씨에도 견디다. 2 (품질·성능 따위가) 시험[검사]필의, 보증된. 3 검사[시험]용의. 4 (수사 뒤에 쓰여) (주류 따위가) 표준 도수 …도의. 5 (미국 조폐국이) 표준으로 쓰는 순금[순은] 조각의.
—— 타 1 (…에) 견디게 하다 (against); (천)을 방수(防水)하다. 2 …을 교정하다, 교정쇄를 읽다 (proofread). 3 …을 시험[검사, 점검]하다.
-proof [pruːf] 〖연결〗 "…이 통하지 않는, 내(耐)…, 방(防)…의" 뜻.¶ waterproof, fireproof.
próof còin 명 프루프 코인(한정 개수의 신규 발행 수집가용 특수 화폐 주화).
proof·ing [prúːfiŋ] 명 (방수·내화 등을 위한) 보강 처리[가공]; ⓒ 보강 약품.
proof·less [prúːflis] 형 입증할 수 없는, 증거가 없는.
próof list 명 (컴퓨터) 검사 목록(데이터 처리를 할 때 원시 데이터나 프로그램을 리스트로 하여 그 내용을 기록 보관하기 위해 작성하는 것).
proof·mark [prúːfmɑ̀ːrk] 명 (총 따위의) 시험필 검인(檢印); 시험 합격 표시.
próof plàne 명 〔물리〕 시험판(板), 검사판(檢査板).
proof·read [prúːfrìːd] 타 (-read [-rèd]) (…의) 교정쇄를 읽다; (…의) 교정[교열]을 보다.

proof·read·er [prúːfriːdər] 명 교정[교열]관.
proof·read·ing [prúːfriːdiŋ] 명 교정, 교열.
proof·room [prúːfrùː(ː)m] 명 교정[교열]실.
próof sèt 명 프루프 코인(proof coin) 세트.
próof·sheet [prúːfʃìːt] 명 〈인쇄〉 교정쇄(刷); 시험 인쇄[인화].
próof spirit 명U 표준 도수 알코올 음료(미국에서는 50%, 영국에서는 57%의 것).
próof strèss 명 내력(耐力).
***prop**[1] [prɑp/prɔp] 명 (-**pp**-) 图 1 (지주(支柱)로)…을 받치다, …에 지주를 대다(up). ¶ (~+图+閉) Use the stick to ~ the lid open. 뚜껑을 그 막대기로 받쳐서 열어 두어라. 2 …을 (…에) 기대다, 기대어 세우다(on, against). ¶~ the cane against the wall 지팡이를 벽에 기대어 세우다. 3 〈비유적〉 …을 지지하다; …을 보강하다(up). ¶~ up democracy 민주주의를 지지하다. ─ 图 (말 따위가) 앞발을 버티고 멈추어 서다.
prop up …을 받치다, 돕다; …을 지지하다, 뒷받침하다.
─ 명 1 버팀목, 지주, 단단한 받침. 2 지지자, 옹호자, 의지가 되는 것. ¶a ~ for one's old age 노후의 의지가 되는 사람[것]. 3 (~s) 다리(leg). 4 〈럭비〉 프롭(스크럼의 제1열의 양쪽 끝 선수). 5 〈문법〉 형식어(dummy). 6 (濠) (말의) 급정지.
knock the props (out) from under 〈美속어〉 [입장·의론 따위를] 무너뜨리다.
prop[2] (~s) 〈구어〉 〈연극〉 소도구(property), 소도구(의상) 담당자. **~·less** 형
prop[3] 〈구어〉 =propeller.
prop[4] 〈구어〉 =proposition. ─ 图囤 제안하다.
prop[5] 〈英속어〉 다이아몬드, 보석.
prop. proper(ly); property; proposition; proprietary; proprietor.
pro·pae·deu·tic [pròupidjúːtik/-djúː-] 형 초보의, 입문의; 예비의. (또는 **propaedeutical**) ─ 명 예비 학과; (~s) 〈단수취급〉 (학술 연구에 필요한) 예비 지식.
prop·a·ga·ble [prɑ́pəgəbl/prɔ́p-] 형 보급[선전]할 수 있는. **-bíl·i·ty**, **~·ness** 명
‡**prop·a·gan·da** [prɑ̀pəgǽndə/prɔ̀p-] 명 U 〈경멸적〉 (주의·주장 등의) 선전, (조직적) 선전 활동. ¶ antiwar ~ 반전 선전 활동. 2 (비방·선전 목적의) 유포된 정보; (선전하는) 주의, 주장; 〈구어〉 유언비어, 데마, 허위 정보[뉴스]. 3 선전 기관. 4 U 포교, 선교; (the P-) 〈가톨릭〉 **a)** (로마의) 선교[포교] 성성(聖省). **b)** (로마의) 신학[포교] 대학(College of P-).
make propaganda for …을 선전하다.
set up a propaganda for …의 선전 기관을 세우다.
propagánda bòmb 명 (공중 살포하는) 선전 삐라[전단]. ¶ drop a ~ 선전 삐라를 뿌리다.
prop·a·gan·dism [prɑ̀pəgǽndizm/prɔ̀p-] 명U 선전; 전도법, 포교. **-dist** 명
prop·a·gan·dize [prɑ̀pəgǽndaiz/prɔ̀p-] (*英-**dise**) 图 〈경멸적〉 (주의·주장 따위를) 선전하다; (교리 따위를) 포교하다; (…에) 선전[포교]하다.
***prop·a·gate** [prɑ́pəgèit/prɔ́p-] 图囤 1 〈동식물·균 따위를〉 번식시키다, 증식시키다; 〈재귀용법으로〉 번식하다. ¶ Antelopes ~ themselves slowly. 영양(羊)은 잘 번식하지 않는다. 2 〈뉴스·사상 따위를〉 널리 퍼뜨리다, 선전하다, 보급[유포]시키다. ⇨ SPREAD 〈유의어〉 ¶~ news [ideas] 소식[사상]을 퍼뜨리다. 3 〈소리·진동 따위〉를 전하다. 4 〈특질 따위〉를 유전시키다. ─ 图 증식하다, 번식하다; 널리 퍼지다, 보급되다.
-gà·tive 형 번식하는; 전파하는. **-gà·tor** 명
***prop·a·ga·tion** [prɑ̀pəgéiʃən/prɔ̀p-] 명U 1 (동식물 따위의) 번식, 증식시킴. 2 (사상·관습 따위의) 선전, 보급; 포교 사업. 3 (병 따위의) 만연; (특질의) 유전. 4 (소리·열 따위의) 전파(傳播), 전달. **~·al** 형

prop·a·gule [prɑ́pəgjùːl/prɔ́p-] 명 〈식물〉 주아(珠芽), 육아(肉芽). (또는 **propagulum**).
pro·pane [próupein] 명 〈화학〉 프로판 (가스).
pro·par·ox·y·tone [pròupərɑ́ksitòun/-rɔ́k-] 명 (그리스 문법) 어미에서 셋째 음절에 강한 악센트 (acute accent)가 있는 (말). [for one's country〕
pro pa·tri·a [prou péitriə] 조국을 위하여. (<L
***pro·pel** [prəpél] 图囤 (**-ll-**) 1 …을 나아가게 하다, 추진하다. ⇨ PUSH 〈유의어〉 ¶~**ling power** 추진력 / ~ a boat by rowing 보트를 저어 나아가다. 2 촉구하다, 몰아대다. ¶ He was ~ed by the desire of fame. 그는 명예욕에 사로잡혀 움직였다.
pro·pel·lant [prəpélənt] 명 1 추진시키는 것, 추진체(propelling agent). 2 (로켓 따위의) 추진 연료, 추진제. 3 〈군사〉 (대포의) 발사 화약, 장약(裝藥). 4 (스프레이용의) 압축 불활성 가스. ─ 형 추진하는, 추진성의. 〔=propellant.
pro·pel·lent [prəpélənt] 형 미는, 추진하는. ─ 명
‡**pro·pel·ler** [prəpélər] 명 1 추진기; (비행기의) 프로펠러, (선박의) 스크루. 2 추진자; 추진하는 것. (또는 **propellor**)
propéller shàft 명 1 프로펠러 축(軸). 2 〈英〉= drive shaft. [propeller engine.
propéller túrbine èngine 명 〈항공〉 =turbo
propéller wàsh 명 〈항공〉 후류(後流)(프로펠러 뒤쪽에 생기는 고속 기류). [chanical pencil.
pro·pél·ling péncil [prəpéliŋ-] 명 〈英〉 =me
pro·pene [próupiːn] 명 〈화학〉 =propylene.
pro·pense [prəpéns] 형 〈고어〉 …하기 쉬운, …의 경향이 있는 (to, toward, to do). **~·ly** 부 **~·ness** 명
pro·pen·si·ty [prəpénsəti] 명 1 (보통 나쁜 뜻으로) (…의 / …하는) 경향, 성향, 성벽(性癖), 성질 (toward, to, for/to do, for doing). ⇨ INCLINATION 〈유의어〉 ¶a ~ for lying 거짓말하는 버릇 // a ~ to exaggerate 과장벽. 2 〈고어〉 편애(偏愛).
propensity to consume 〈경제〉 소비 성향.
propensity to save 〈경제〉 저축 성향.
‡**prop·er** [prɑ́pər/prɔ́p-] 형 (**more** ~; **most** ~) 1 (…에/…하는 데) 적당한, 알맞은, 어울리는 (for, to / to do, of doing). ⇨ FIT 〈유의어〉 ¶ the conduct ~ for the occasion 그 경우에 어울리는 행동. 2 예의바른, 예절에 맞는, 품위 있는, 단정한; 〈경멸적〉 지나치게 예의바른, 점잔빼는; (…에 대해) 정식의, 정규의 (for, to). ¶ a very ~ young man 아주 예의바른 젊은이. 3 〈구어〉 실제의, 진짜의; 〈명사 뒤에 써서〉 엄밀한 의미에서의, 본래의; (시간 따위가) 정확한, 엄밀한. ¶ the ~ gate 정문 / England ~ 영국 본토의 literature ~ 순(純)문학. 4 (…에) 고유의, 독특한, 특유의 (to). ¶ the customs ~ to Korea 한국 고유의 풍습. 5 〈문법〉 고유의, 고유 명사적인 것의. 6 〈문장〉 자연색의. 7 〈종교〉 특정한 날[축제일]에만 쓰는. 8 (보통 fool, liar 따위의 앞에 쓰여) 〈英구어〉 철저한, 완전한, 대단한. ¶ a ~ liar 새빨간 거짓말쟁이. 9 〈구어·고어〉 멋진, 훌륭한, 아름다운. ¶ a ~ achievement 눈부신 업적. 10 〈고어〉 자기 자신의 (own). ¶ I want to see it with my (own) ~ eyes. 그 것을 내 눈으로 (직접) 보고 싶다.
as you think proper 적당히, 적절히.
in a proper sense 엄밀한 의미에서.
in a proper way 적당한 방법으로, 적절히.
it is proper to [or **that ... should**] **do** …하는 것은 당연하다.
prim and proper 짐짓 점잔빼는, 새침떠는.
─ 부 1 〈英구어〉 완전히, 전적으로, 철저하게. 2 〈방언〉 올바르게. [계.
good and proper 〈구어〉 호되게, 지독하게, 철저히
─ 명 〈종종 P-〉 〈교회〉 (특정일·시간의) 의식, 예배식, 기도; 찬송가. **~·ness** 명
próper adjective 명 〈문법〉 고유 형용사(고유명사에

próper fráction 명 〔수학〕 진분수(眞分數).
próper fúnction 명 〔수학〕 고유 함수.
‡**prop·er·ly** [prápərli/prɔ́p-] 부 (**more ~; most ~**) **1** 적당하게, 알맞게; (…에) 타당하게, 어울리게 (for). ¶They are dressed ~ for cold weather. 그들은 추운 날씨에 알맞은 옷을 입고 있다. **2** 정확하게, 엄밀하게; 바르게, 정식으로. ¶write English ~ 영어를 바르게 쓰다. **3** 정당하게, 당연히[한 일이지만]. ¶He is ~ kind to his wife. 그가 자기 부인에게 다정하게 구는 것은 당연하다. **4** 예의바르게; 단정하게, 훌륭하게. ¶behave ~ 예의바르게 행동하다. **5** 〔英구어〕 완전히, 철저하게. **6** 고유하게, 본래; 개별적으로.
properly speaking; speaking [or *to speak*] *properly* 바로[엄밀히] 말하면.
próper mótion 명 〔천문〕 고유 운동.
***próper nóun[náme]** 명 〔문법〕 고유 명사.
próper súbset 명 〔수학〕 진(眞) 부분 집합.
prop·er·tied [prápərtid/prɔ́p-] 형 **1** 재산이 있는, (특히) 부동산이 있는. **2** 〔무대의〕 소도구를 쓰는.
‡**prop·er·ty** [prápərti/prɔ́p-] 명 (복 **-ties** [-tiz]) **1** Ⓤ 〔집합적〕 재산, 자산; (상당한 가치가 있는) 소유물. ⇒POSSESSION 〔유의어〕 ¶a man of ~ 재산가/personal [or movable] ~ 동산/private[public] ~ 사유[공유] 재산. **2** 부동산; 소유지, 대지, 건물. ¶a ~ dealer 〔英〕 부동산 중개소/real ~ 부동산. **3** Ⓤ (…의) 소유권 (in); 소유, 이용. ¶literary ~ 저작권// ~ in copyright [land] 판권 소유[토지 소유권]. **4** (종종 -ties) (고유의) 성질, 속성, 특성. ⇒QUALITY〔유의어〕¶the *properties* of a chemical compound 화학 화합물의 여러 특성. **5** (-ties) 〔연극〕 소도구(영국 용법에서는 의상을 포함). 〔美구어〕 (문예 작품의 상업용) 각색물, 각본; 미발표 작품. **6** 〔구어〕 (전속 계약을 상업적 가치가 큰) 배우, 선수.
~·less 형
próperty ànimal 명 〔美〕 (영화 등에) 출연시키기 위해 길들인 동물.
próperty dámage insúrance 명 재물 손괴 보험(남의 재산에 손해를 입힌 데 대한 보험).
próperty màn[màster] 명 〔연극〕 소도구 담당, 〔英〕 의상 담당.
próperty ówner 명 지주, 가주(家主).
próperty ríght 명 〔법률〕 재산권, 소유권.
próperty ròom 명 〔연극〕 소도구[의상]실.
próperty tàx 명 〔美법률〕 재산세.
próp·fan [prápfæn/prɔ́p-] 명 〔항공〕 프롭팬(제트 엔진의 8날개 프로펠러). [< *propeller* + *fan*]
próp gètter 명 〔英속어〕 소매치기.
pro·phage [próufeidʒ] 명 〔생물〕 프로파지(세균 세포내의 비감염성 형태의 파지).
pro·phase [próufeiz] 명 〔생물〕 (유사(有絲) 분열의) 전기(前期). ⇔ metaphase
***proph·e·cy** [práfəsi/prɔ́f-] 명 ⓊⒸ **1** (신의 뜻을 전하는) 예언(豫言); (일반적으로) 예언, …하는 예언 (*that* 節, *wh*. 節). **2** 하느님의 계시, 천계(天啓). **3** 예언서; 예언의 선물; 예언 능력.
***proph·e·sy** [práfəsài/prɔ́f-] 동 타 **1** …을 예언(豫言)하다 (*that* 節). **2** (일반적으로) …을 예언[예보]하다 (*that* 節, *wh*. 節). ⇒PREDICT 〔유의어〕¶He *prophesied that* the war would come to an end before long. 그는 머지않아 전쟁이 끝나리라고 예언했다. ── 자 (…을) 예언[예보]하다 (*of*). ¶(~+ 전+명) He *prophesied of* something unusual to come. 그는 이상한 일이 발생하리라고 예언했다. **-si·a·ble** 형 **-si·er** [-ər] 명
‡**proph·et** [práfit/prɔ́f-] 명 **1** 예언자; 신의 뜻의 대변자. **2** (the P–) 회교의 교조(Muhammad); 모르몬 교의 개조(開祖)(Joseph Smith). **3** (the P-s) (구약 성서의) 예언서. ¶the Major [Minor] *Prophets* 대[소]예언서. **4** 〔시〕 (영감 따위를 받은) 시인, 선각자. **5** 지도

자, 사도(使徒). **6** 예보자. ¶a weather ~ 일기 예보자. **7** (주의·교리 따위의) 대변자, 제창자, 선구자 (*of*). **8** 〔英속어〕 (경마의) 승부 예상꾼.
Saul among the prophets 〔성서〕 뜻밖의 재능을 보이는 사람(←사무엘기 상(I Sam.) 10 : 11)
~·ism 명 ~·less, ~·like 형 ~·ship 명
proph·et·ess [práfitis/prɔ́f-] 명 여자 예언자.
proph·et·hood [práfithùd/prɔ́f-] 명 예언자의 신분[입장, 천분, 직분, 인격].
***pro·phet·ic** [prəfétik] 형 **1** 예언자의; 예언자적인. **2** 예언의, 예언적인. **3** (…을) 예언하는; (…의) 전조가 되는 (*of*). ¶be ~ *of* …을 예언하다. (또는 **prophetical**) **-i·cal·ly** 부 **-i·cal·i·ty** 명 **-i·cal·ness, -i·cism** 명
proph·o [práfou/prɔ́f-] 명 (복 ~s) 〔美속어〕 성병 예방(법), 콘돔.
pro·phy·lac·tic [pròufəlǽktik, pràf-/prɔ̀f-] 형 **1** 〔병리〕 (약 따위가) 병을 예방하는; 피임의. ¶~ hygiene [inoculation] 예방 위생[접종]. **2** (일반적으로) 예방의, 방지의; 보호하는. ── 명 예방약, 예방법; 〔美〕 성병 예방 기구, 콘돔. **-ti·cal·ly** 부
pro·phy·lax·is [pròufəlǽksis, pràf-/prɔ̀f-] 명 (복 **-lax·es** [-lǽksìːz]) ⓊⒸ 〔병리〕 (질병의) 예방 (법).
pro·pin·qui·ty [proupíŋkwəti] 명 Ⓤ **1** (장소가) 가까움, 근접; (시간적인) 근접. **2** 근사, 유사; 근친(近親).
pro·pi·on·ic ácid [pròupiánik-, -óun-] 〔화학·약학〕 프로피온산(酸). (또는 **propanóic ácid**)
pro·pi·ti·ate [prəpíʃièit] 동 타 **1** …을 달래다, 가라앉히다; …의 비위를 맞추다; …을 화해시키다.
-ti·a·ble 형 **-at·ing·ly** 부 **-a·tive** 형 **-a·tor** 명
pro·pi·ti·a·tion [prəpìʃiéiʃən] 명 **1** Ⓤ 달램, 비위를 맞추기, 위무(慰撫); 화해. **2** 달래는 것, 위무가 되는 것. **3** Ⓤ 〔신학〕 (예수 그리스도의) 속죄(贖罪).
pro·pi·ti·a·to·ry [prəpíʃiətɔ̀ːri/-təri] 형 **1** 달래는, 가라앉히는, 화해의. **2** 유화적인. **-to·ri·ly** 부
pro·pi·tious [prəpíʃəs] 형 **1** (…에) 안성맞춤인 (*to, for*); 길조가 좋은, 길조(吉兆)의. ¶~ weather *for* hiking 하이킹에 안성맞춤인 날씨. **2** (하느님이) 호의를 가진, 자비로운. ~·ly 부 ~·ness 명
prop·jet [prápdʒèt/prɔ́p-] 명 =turboprop.
própjet èngine 명 =turbo-propeller engine.
prop·man [prápmæn/prɔ́p-] 명 =property man.
prop·o·lis [prápəlis/prɔ́p-] 명 Ⓤ 프로폴리스(蜂膠).
pro·po·nent [prəpóunənt] 명 **1** 제안[제의]자. **2** 지지자, 옹호자. **3** 〔법률〕 (검인(檢認)을 받기 위한) 유언 증서 제출자. ── 형 (이론 따위를) 제안하는.
‡**pro·por·tion** [prəpɔ́ːrʃən] 명 (복 **~s** [-z]) **1** Ⓤ (치수·수량 따위의) 비, (…와의) 비율; (…에 대응하는) 크기[정도, 양] (*to*). ¶the ~ of deaths to the population 인구에 대한 사망 비율. **2** ⓊⒸ (~s) 균형; (…에 대한) 조화, 일치 (*to, with*). ¶one's sense of ~ 분별, 판단력. / a woman with fine ~s 몸매가 잘 빠진 여성. **3** 할당, 몫; 부분. ¶You have not done your ~ of the work. 너는 네가 일할 몫을 다 하지 않았다. **4** (~s) 넓이, 면적; 용적, 크기; 규모; 〔의상〕 커다란 것. **5** Ⓤ 〔수학〕 비례. ¶direct [inverse] ~ 정[반]비례.
in [*out of*] *proportion* ① 균형 감각을 갖고[갖지 않고]. ② 일의 경중을 알고[모르고].
in proportion as …하는 데 비례하여. ¶*In ~ as* temperature rises energy use increases. 기온의 상승에 비례하여 에너지 소비량이 늘다.
in [*out of*] *proportion to* [or *with*] …에 비례하여 [비례하지 않게], …와 균형을 이루어[균형이 안 맞아].
in the proportion of …의 비율로.
── 동 타 **1** (치수·수량 따위를) (…에) 비례시키다, 조화시키다, 균형을 잡다 (*to*). ¶(~+ 목+ 전+명) ~ one's expenses *to* one's income 지출과 수입의 균형을 잡다. **2** …을 할당하다, 배당하다. ~·er 명 ~·less 형

pro·por·tion·a·ble [prəpɔ́ːrʃənəbl] 형 〔고어〕 비례하는, 균형잡는(proportional); 균형을 잡을 수 있는. **-bíl·i·ty** 명, **~·ness** 명 **-bly** 부

***pro·por·tion·al** [prəpɔ́ːrʃənl] 형 **1** 균형 잡힌, 조화된. **2** (…에) 비례하는, 비례의, 상대적인 (to). **3** 〔수학〕 (…에) 비례하는 (to). ¶ be directly [inversely] ~ to …에 정[반]비례하[의]. ¶ a mean ~ 비례 중항. **-ál·i·ty** 명, **~·ly** 부 〔數當〕

propórtional cóunter 명 〔물리〕 비례 계수관(計
propórtional dívIders 명복 비례 양각기(兩脚器), 비례 분할 컴퍼스.

pro·por·tion·al·ist [prəpɔ́ːrʃənəlist] 명 〔정치〕 비례 대표론자.

propórtional párts 명복 〔수학〕 비례 부분.
propórtional région 명 〔원자물리〕 비례 계수역 (計數域). (표제어 PR.)
propórtional representátion 명 〔정치〕 비례 대
propórtional resérve sýstem 명 〔경제〕 (정화(正貨)의) 비례 준비제.
propórtional spácing 명 〔컴퓨터〕 비례 간격.
propórtional táx 명 비례세, 정률세.

***pro·por·tion·ate** [prəpɔ́ːrʃənət] 형 (…에) 비례하는, 균형잡힌 (to). — 타 [prəpɔ́ːrʃənèit] …을 (…에) 비례시키다, 균형잡히게 하다 (to). ¶ (~+목+전+명) one's way of living to one's income 생활 양식을 자기의 수입에 맞추다. **~·ly** 부, **~·ness** 명

pro·por·tioned [prəpɔ́ːrʃənd] 형 **1** 비례하는, 균형이 잡힌. 〔복합어로〕 균형이 —. ¶ an ill-~ build 균형이 잡히지 않은 체격. **2** (양복 따위가) 사이즈별로 만들어진.

pro·por·tion·ment [prəpɔ́ːrʃənmənt] 명 비례(시키기), 균형(이 잡히기); 조화.

‡**pro·pos·al** [prəpóuzəl] 명 (~**s** [-z]) **1** ⓤⓒ 신청; (종종 ~s) …을 안(案), 계획(for); (…하는/…이라는) 제의, 제언 (to do/ that 節). ¶ accept [reject] a ~ 제안을 수락[거부]하다 // We accepted a ~ to repair [or for repairing, that we (should) repair] a road. 우리는 도로 수리에 관한 제안을 받아들였다.

> 유의어 **proposal** 고려의 대상으로서 제출하는 안. **proposition** 토의·검토·증명의 대상이 되는 정식 진술; proposal을 쓰고 싶을 때는 행동의 조건을 제시하고 유리한 점을 강조한 것. **suggestion** 격식을 차리지 않고 아무렇지도 않은 듯이 말하는 제안.

2 (주로 남자가 하는) 청혼, 구혼, 프로포즈. ¶ make a ~ to a woman 여성에게 청혼하다.

‡**pro·pose** [prəpóuz] 동 (-**pos·es** [-iz]; ~**d**; **-pos·ing**) 타 **1** 〔계획 따위를〕 발의(發議)하다, 제안하다; 〔문제·수수께끼 따위〕를 내다, 〔동의(動議) 따위〕를 제출[건의]하다 (doing, to do, that 節). ¶ ~ a motion [a future plan] 동의[장래 계획]를 제출하다 // (~ + to do) (~ + that 節) I ~ d to reduce the loan. (~ I ~ d that the loan (should) be reduced. 나는 대출금을 감액할 것을 제의했다 (*should를 생략하는 것은 주로 미국 용법). **2** 〔결혼 따위〕를 (…에게) 신청하다 (to). ¶ (~ + 목 + 전 + 명) ~ marriage to a person 남에게 청혼하다. **3** …을 꾀하다, 계획하다; (…할) 마음을 먹다 (to do, doing). ⇒INTEND ¶ I ~ to take [or taking] a week's holiday. 나는 1주일 동안 휴가를 가질 생각이다. **4** …을 (…으로) 추천[지명]하다 (for, as). ¶ (~ + 목 + as 보) ~ a person as chairman 남을 의장으로 추천하다. **5** (…을 위해) 〔건배(祝杯)〕를 제의하다. ¶ ~ a toast to her health 그녀의 건강을 위하여 건배를 제의하다. — 자 **1** 제안[건의]하다; 꾀하다, 계획[획책]하다, 계획을 세우다. ¶ (~ + 전 + 명) ~ to oneself 기도하다 // Man ~s, God disposes. 〔속담〕 계획은 사람이 하지만 성패는 하늘에 달려 있다. **2** (…에게) 청혼하다 (to). ¶ (~ + 전 + 명) I ~ d to her. 그녀에게 청혼했다. **-pós·a·ble** 형

pro·pos·er [prəpóuzər] 명 신청자, 제출자, 제안자.

‡**prop·o·si·tion** [pràpəzíʃən/prɔ̀p-] 명 (~**s** [-z]) **1** 제의, 건의, 발의, 제안. ⇒PROPOSAL (유의어) ¶ I made a ~ to buy the shop. 나는 그 점포를 사겠다고 제의했다. **2** (제의·건의된) 계획, 안; 〔美〕 (주민 투표에 회부된) 제안(투표는 보통 11월 선거 때 동시 실시). **3** 〔상업〕 거래 조건의 제시(offer). **4** 〔美구어〕 사업, 일; 상품, 제공품. ¶ a paying ~ 벌이가 되는 일. **5** 〔구어〕 (a ~) (처리해야 할) 일, 문제; (사람·물건에 써서) 것, 작자, 상대. ¶ That's a tough ~. 그건 만만치 않은 것이다. **6** 진술, 서술, 주장. **7** 〔수사〕 주제; 〔논리〕 명제(命題); 〔수학〕 명제, 정리(定理). **8** 〔구어〕 (여자에 대한) (성교섭의) 유혹, 꾐.

be not a proposition 가망성[장래성]이 없다. (사업 따위가) 잘될 것 같지 않다.
make *a person* **a proposition** 남에게 제안하다.
— 타 **1** …에 제안하다. **2** (여자)에게 성교섭의 유혹을 하다.

prop·o·si·tion·al [pràpəzíʃənl/prɔ̀p-] 형 제의 [제안, 발의]의; 명제의, 명제로 이루어지는. **~·ly** 부

propositional cálculus 명 〔논리〕 명제 계산.
propositional fúnction 명 〔논리〕 명제 함수.

Proposítion 13 [-θɜ̀ːrtíːn] 명 〔美〕 〔법률〕 제안 13호(고정 자산세 과세 권한을 축소하는 인; 1978년 California 주민 투표로 가결 발효). (또는 **Próp 13**)

pro·pos·i·tus [prəpázətəs/-póz-] 명 (복 **-ti** [-tài]) **1** 〔법률〕 (가계(家系)의) 창시자, 선조. **2** (유전) 발단자(發端者)(proband). **3** 본인(유언장에서 유언 작성자를 가리키는 명칭).

pro·pound [prəpáund] 동타 **1** (문제·계획 따위)를 제출하다, 제의하다. **2** 〔법률〕 (검인을 받기 위해) 〔유언장〕을 제출하다. **~·er** 명 제출자, 제의자.

prop·per [prápər/prɔ́p-] 명 〔美속어〕 암페타민 정(錠)[캡슐].

propr. proprietor.
pro·prae·tor [prouprí:tər] 명 〔로마 역사〕 속령(屬領)의 충독. (또는 **pretor**) **pro·prae·tó·ri·al** 형

pro·pran·o·lol [prouprǽnəlɔ̀ːl, -làl/-lɔ̀l] 명 〔약학〕 프로프라놀올(고혈압·협심증 등의 치료제).

pro·pri·e·tar·y [prəpráiətèri/-təri] 형 **1** 소유자의, 소유의; 재산이 있는. ¶ ~ rights 소유권 / the ~ classes 유산 계급. **2** 독점의, 전매의. **3** 사유의, 전유 (專有)의; 사립[사설]의, 개인 경영의. ¶ the ~ estates 전유지 / a ~ hospital 사립 병원. — 명 **1** 소유자, 소유 단체. **2** ⓤⓒ 소유권; 소유물; 부동산. **3** 특허 판매약. **4** 〔美역사〕 독점 식민지 지배자. **5** = ~ school. **6** 〔美〕 (CIA가 운영하는) 비밀 기업. **-tár·i·ly** 부

proprietary cólony 명 〔美역사〕 (독립 전에 영국왕으로부터 특정인에게 수여된) 독점 식민지.
proprietary cómpany 명 모(母)회사, 지주회사; 관리(管理) 회사; 〔英〕 토지 (홍업) 회사.
proprietary medicine [drug] 명 특허약, 매약.
proprietary name [term] 명 상표명, 특허 등록명.
proprietary rights 명 소유권.
proprietary schóol 명 (각종) 사립 학교.

***pro·pri·e·tor** [prəpráiətər] 명 **1** (기업·호텔·토지 따위의) 소유자, 소유자 단체; (토지의) 소유주. **2** (기업 따위의) 경영자. **3** 〔美역사〕 독점 식민지 지배자.

pro·pri·e·to·ri·al [prəpràiətɔ́ːriəl] 형 소유자의, 소유(권)의. **~·ly** 부

pro·pri·e·tor·ship [prəpráiətərʃìp] 명ⓤ 소유권.
pro·pri·e·tress [prəpráiətris] 명 proprietor의 여성형. (또는 **proprietrix**)

***pro·pri·e·ty** [prəpráiəti] 명 **1** ⓤ 예의바름, 단정함; (the -ties) 예의 범절, 예절. ¶ a breach of ~ 실례, 예절에 벗어남 /behave with ~ 예의바르게 행동하다 / observe the *proprieties* 예의를 지키다. **2** ⓤ 타당,

당; 타당성, 적부(適否); 적정, 정당.¶I doubt the ~ of making use of the method. 그 방법을 이용하는 것이 적당한지 어떤지 의문이다. **3** (고어) 특성; (폐어) 자산, 재산.

pro·pri·o·cep·tion [pròupriəsépʃən] 图 〔생리〕 자기(고유) 수용(受容)(신체의 위치 감각 따위).

pro·pri·o·cep·tive [pròupriəséptiv] 图 〔생리〕 자기 감수체(感受體)의.

pro·pri·o·cep·tor [pròupriəséptər] 图 〔생리〕 자기 감수체(感受體).

próp ròot 图 〔식물〕 지주근(支柱根). 「기 감수체.

props [praps/props] 图图 〈단수취급〉 (속어) **1** (연극의) 소도구. **2** =property man.

prop·to·sis [praptóusis/prɔp-] 图图 〔병리〕 (기관(器官)) 돌출; 안구 돌출증. **prop·tosed** [-toust], **prop·tót·ic** [-tátik/-tɔ́tik] 图

pro·pul·sion [prəpʌ́lʃən] 图U 추진; 추진력; 추진 수단.¶jet ~ 제트 추진. **-púl·sive** 图

propúlsion reàctor 图 (원자력선(船) 등의) 추진 원자로.

próp wòrd 〔문법〕 지주어(支柱語).　　「용 원자로.

pro·pyl [próupil] 图图 〔화학〕 프로필기(基)의.

prop·y·lae·um [pràpəliːəm/prɔ̀p-] 图 (圈 **-lae·a** [-liːə]) (신전(神殿)의) 입구; (the Propylaea) (아테네의) 아크로폴리스의 입구.　　　　　「기합용임.

própyl álcohol 图 〔화학〕 프로필 알코올(용제·유

pro·pyl·ene [próupəliːn] 图U 〔화학〕 프로필렌(무색의 가연성 가스).　　　　　「유·부동액용).

própylene glýcol 图 〔화학〕 프로필렌 글리콜(윤활

prop·y·lon [prápəlàn/prɔ́pilɔn] 图 (圈 **-la** [-lə], **-s**) =propylaeum.

pro ra·ta [próu réitə/-ráː-] 图 비례하여, 안분(按分)하여. 〔<L in proportion〕

pro·rat·a·ble [prouréitəbl] 图 비례 배분할 수 있

pro-rate [prouréit, ㅗㅗ] 图图 (…을) 비례 배분하다, 할당하다. **-ra·tion** [-ʃən]

pro re na·ta [próu riː néitə] 필요에 따라, 임기응변으로(㈜ p.r.n.) 〔<L for a thing born〕 「폐회.

pro·ro·ga·tion [pròurəgéiʃən] 图 (의회의) 정회,

pro·rogue [prouróug, prə-] 图图 **1** (의회) 정회하다. **2** …을 연기하다. ─㈜ (의회가) 폐회[휴회]되다.

pros- [pras] 图图 to, toward, in addition의 뜻.¶

pros. proscenium; prosody.　　　　　prosody.

pro·sage [próusidʒ] 图 식물 단백 소시지(육류 대신 순수 식물 단백질로 만든다). 〔<protein+sausage〕

pro·sa·ic [prouzéiik] 图 **1** (경멸적) 재미없는, 평범한, 단조로운, 지루한; 상상력이 없는.¶a ~ novel 재미없는 소설. **2** 산문의, 산문체의(⟷ poetic). (또는 **prosaical**) **-i·cal·ly** 图 **~·ness** 图

pro·sa·ism [prouzéiizm] 图 **1** 산문체, 산문조, 산문적인 표현; 평범, 무취미. (또는 **prosaicism**)

pro·sa·ist [prouzéiist] 图 **1** 산문 작가. **2** 평범하고 지루한 사람.

pro·sa·teur [pròuzətəːr] 图 산문 작가. 〔<F〕

Pros. Atty. prosecuting attorney.

pro·sce·ni·um [prousíːniəm, prə-] 图 (圈 **-ni·a** [-niə]) **1** (현대 극장의) 무대 앞부분. **2** (고대 그리스·로마의 극장의) 무대.　　　　「특별석.

proscénium bòx (극장의) 무대에서 가장 가까운

pro·sciut·to [prouʃúːtou] 图 (圈 **-ti** [-tiː]) 프로슈토(장조림하여 말린 햄).

pro·scribe [prouskráib] 图图 **1** (습관 따위) 금지하다, 금하다, 배척하다.¶~ fat from diet 지방을 규정식에 넣지 않다. **2** …을 법률의 보호권 밖에 두다. **3** 추방하다. **4** (고대 로마에서) (처벌 대상자로서) …의 이름을 포고하다. **-scríb·a·ble** 图

pro·scrib·er [prouskráibər] 图 금지하는 사람; 공권 박탈·추방을 명령하는 사람.

pro·scrip·tion [prouskrípʃən] 图U **1** 법률의 보호 박탈, 인권(공권) 박탈, 추방. **2** 금지, 배척. **3** 처벌 대상자명 공표.

pro·scrip·tive [prouskríptiv] 图 공권 박탈을 꾀하는, 추방의; 금지의. **~·ly** 图 **~·ness** 图

‡**prose** [prouz] 图 (圈 **pros·es** [-iz]) U **1** 산문(체); C 산문 작품, 산문적인 문장(圈 poem). **2** 산문적인 표현, 무미건조한 이야기; 평범, 단조로움.¶the ~ of an uneventful daily routine 단조롭고 무사평온한 일상. **3** 〔교회〕 찬송가 찬송가. **4** (英) 번역 연습문제. ── 图 **1** 산문(체)의.¶~ style 산문체. **2** 산문적인, 지루한, 평범한.¶the ~ duties of life 인생의 지루한 의무. ── 图 (**pros·es** [-iz]; **~d; pros·ing**) ㉠ 〔시〕 산문으로 고쳐 쓰다; …을 산문으로 쓰다.¶~ a ballad 민요를 산문으로 고쳐 쓰다. ── ㉤ …에 관해서 무미건조하게 이야기하다[쓰다](*about*); 산문을 쓰다.
~·like 图　　　　　　　　　　「부]하다.

pro·sect [prousékt] 图图 〔병리〕 〔시체〕 해부(절

pro·sec·tor [prouséktər] 图 시체 해부(부검)자. **prò·sec·tó·ri·al** [-] **~·ship** 图

*__**pros·e·cute**__ [prásikjùːt/prɔ́s-] 图图 **1** 〔법률〕 …을 (…혐의[죄]로) 기소하다, 고소하다 (*for*); …을 소추하다; (법적으로) (권리)를 요구하다.¶Trespassers will be ~d. (게시) 위반(침입)자는 고발함.¶(~+目+前+名) ~ a claim *for* damages 손해 배상을 요구하다/He was ~d *for* corrupt practices. 그는 수뢰죄로 기소되었다. **2** …을 수행(추진)하다; 속행하다.¶~ an inquiry 조사를 시행[속행]하다. **3** …에 종사하다, …을 영위하다, 경영하다.¶~ a trade 상업에 종사하다. ── ㉤ 〔법률〕 기소하다, 고소하다.
-cùt·a·bíl·i·ty 图 **-cut·a·ble** 图

prósecuting attórney (종종 P- A-) (美) (일부 주(州)의) 지방 검사(Pros. Atty., P.A.).

*__**pros·e·cu·tion**__ [pràsikjúːʃən/prɔ̀s-] 图 **1** UC 〔법률〕 기소, 고소, 고발; 소추(訴追).¶be liable to a ~ 기소되다. **2** (the ~) 〈집합적: 단·복수 양용〉 기소 측, 검찰측, 검찰 당국.¶the witnesses for the ~ 검찰측 증인. **3** U (계획·의무 따위의) 수행; 속행(續行).¶the ~ of an object 목적의 수행. **4** U 종사, 경영.
in the prosecution of …을 수행하기 위해.

*__**pros·e·cu·tor**__ [prásikjùːtər/prɔ́s-] 图 **1** 〔법률〕 기소자, 고발자; 검사, 검찰관. **2** 수행자; 경영자.

pros·e·cu·to·ri·al [prásikjutɔ̀ːriəl/prɔ̀s-] 图 검사의; 검찰 직무에 관한.

pros·e·cu·to·ry [prásikjùtɔ̀ːri/prɔ́sikjutəri] 图 〔법률〕 기소[소추(訴追)]에 관한.

pros·e·cu·trix [prásəkjùːtriks/prɔ́s-] 图 (圈 **-tri·ces** [-trisìːz]) prosecutor의 여성형.

Próse Édda 图 신(新)에다. ⇨EDDA.

pros·e·lyte [prásəlàit/prɔ́s-] 图 (사상적인) 전향자, 변절자; 개종자(改宗者) (*to*).¶become a ~ to Christianity 기독교로 개종하다. ── 图 …을 사상적으로 전향시키다, 개종시키다. **2** (운동 선수)를 좋은 조건으로 스카우트하다. ── ㉤ **1** 개종[전향]하다. **2** 선수를 스카우
-lỳt·er 图

pros·e·lyt·ism [prásələtìzm, -làit-/prɔ́səlit-] 图U (사상적) 전향, 변절; 개종. **-lýt·ic, -lýt·i·cal** 图

pros·e·lyt·ize [prásəlàitaiz/prɔ́s-] 图 =prose-
-lỳt·is·tic 图 **-i·zá·tion, -iz·er** 图　　　　　**lyte**.

pros·em·i·nar [prousémənàːr] 图 프로세미나(학부 학생도 참가할 수 있는 대학원 세미나).

pros·en·ceph·a·lon [pràsenséfəlàn, -lən/prɔ̀senséfəlɔn] 图 (圈 **~s, -la** [-lə]) 〔해부〕 전뇌(前
-ce·phál·ic 图　　　　　　　　　　　　　　腦).

pros·en·chy·ma [prasénkəmə/prɔs-] 图UC (圈 **~s, -chym·a·ta** [prɔ̀senkímətə/prɔ̀s-]) 〔식물〕 섬유 조직, 방추(紡錘) 조직.
prɔ̀s·en·chým·al, prɔ̀s·en·chým·a·tous 图

próse pòem 图 산문시. 「기하는[쓰는] 사람.

pros·er [próuzər] 图 **1** 산문 작가. **2** 지루하게 이야

Pro·ser·pi·na [prousə́ːrpənə/prə-] 몡 〔로마 신화〕 프로세르피나. ⇨PERSEPHONE. (또는 **Proserpine**)
pró shòp 몡 프로 숍(골프·테니스 등의 클럽하우스에 부속된 스포츠용품 판매·대여점).
pro·si·fy [próuzəfài] 몡퇴 …을 산문으로 고쳐 쓰다; …을 산문화하다; 평범하게 만들다. — 쟈 산문을 쓰다.
pros·i·ly [próuzili] 뛴 산문체로; 무미건조하게, 단조롭게, 지루하게.
pro·sim·i·an [prousímiən] 몡뛴 원원류(原猿類)(의). 「지루함.
pros·i·ness [próuzənis] 몡Ⓤ 산문체; 단조로움,
pro·sit [próusit, -zit] 잔 건배, 축하합니다, 건강을 빕니다. (또는 **prost**) 〔L May it do you good.〕
pro·slav·er·y [prouslélvəri] 몡 노예 제도를 지지하는. — 몡Ⓤ 노예 제도 지지. **-sláv·er**, **～ism**
pro·so [próusou] 몡 (～s) 〔식물〕 기장(millet).
pros·o·deme [prásədiːm/prɔ́s-] 몡 〔언어〕 운율소(韻律素).
pro·sod·ic [prəsádik/-sɔ́d-] 몡 운율학(韻律學)의; 운율법에 맞는. (또는 **prosódiac, prosódial, prosódical**) **-i·cal·ly** 뛴 「(詩形學).
pros·o·dist [prásədist/prɔ́s-] 몡 운율학자, 시형
pros·o·dy [prásədi/prɔ́s-] 몡Ⓤ 1 운율학, 시형학(詩形學); 작시법(作詩法); (특정의) 운율 체계, 시형. 2 〔언어〕 운율(론). **pro·sód·i·cal** 몡
pros·o·pog·ra·phy [pràsəpágrəfi/prɔ̀səpɔ́g-] 몡 역사·문학상의 인물 연구. **-pher** 몡 **-po·gráph·ic, -po·gráph·i·cal** 몡 **-po·gráph·i·cal·ly** 뛴
pro·so·po·poe·ia [prousòupəpíːə, prɔ̀səpə-/prɔ̀səpə-] 몡Ⓤ 〔수사〕 1 의인법(擬人法). 2 가공 인물이나 현재 없거나 죽은 사람이 말하거나 행동하고 있듯이 묘사하는 법. (또는 **prosopopeia**)
‡**pros·pect** 몡 [práspekt/prɔ́s-] 1 ⒸⓊ (～s) (성공의) 가망, 가능성, 공산 (for, of). ¶the ～s of good harvest 풍작의 가망/His business ～s are bright. 그의 사업은 전도 유망하다. 2 Ⓤ 전망, 예상; 기대 (for, of). ¶his future ～s 그의 장래성/There is little ～ for an improvement. 호전될 전망이 거의 없다. 3 기다려온 것, 벌이가 될 듯한 것; 〔구어〕 도움이 될 듯한 사람, (도둑·소매치기 등의) 봉. 4 〔美〕 잠재 고객, (살 듯한) 고객; 고객이 됨직한 사람; 유망한 사람; 유력 후보자. 5 〔광산〕 채광 유망지. ¶strike a gold ～ 금맥을 발견하다. 6 (a ～, the ～) 조망, 전망, 경치(⇨VIEW 유의어); (집의) 방향, 향(向). ¶command a wide ～ 전망이 넓다. 7 관찰, 고찰.
in prospect 예기[예상]되어, 가망이 있어; 계획하여, 고려중에 (of). ¶have … in ～ 을 예상[기획]하다 / Men work hard in ～ of coming success. 사람은 장래의 성공을 꿈꾸며 열심히 일한다.
— 뙤 [práspékt/prɔspékt] 짜 (지역)을 답사[조사]하다; (광산 따위)를 시굴(試掘)하다 (for). ¶(～+匽+
전+명) ～ a region for oil 석유를 찾아 지역을 조사하다. — 쟈 1 답사·석유 따위를 찾아 답사하다, 시굴하다 (for). ¶(～+전+명) ～ for gold 금을 찾아 시굴하다. 2 (광산 따위가) 가망이 있다. ¶(～+뛴) The gold mine ～s well [ill]. 그 금광은 가망이 있다[없다].
～er 몡 **～less** 몡
*‡**pro·spec·tive** [prəspéktiv] 몡 1 장래의, 미래의; (법률 따위가) 장래 발효하는. ¶a ～ bride [writer] 예비 신부[작가 지망생]. 2 가망이 있는, 유망한. ¶a ～ enterprise 유망한 기업. — 몡Ⓤ 전망; 가망.
～ly 뛴 **～ness** 몡
prospéctive adaptátion 몡 〔생물〕 예기(豫期) 적응(장래의 적응을 가능케 하는 형질의 획득).
pros·pec·tor [práspektər/prəspék-] 몡 탐광자(探鑛者), 시굴자; 답사자.
pro·spec·tus [prəspéktəs] 몡 1 (사업의) 요강, (회사 따위의) 창립 취지서; (신간 서적의) 안내서, 내용 견본; 〔증권〕 (주식 발행) 안내서. 2 〔英〕 학교 안내서.
*‡**pros·per** [práspər/prɔ́s-] 쟈 (사업·장사 따위가) 잘되다, 번영하다; (…으로) 성공하다 (in); 이익을 얻다 (from). ⇨SUCCEED 〔유의어〕 ¶My business is ～ing. 내 사업은 잘 되어가고 있다 / Everything ～s with him. 그는 하는 일마다 성공한다. — 뙤 을 번영[성공]시키다; 을 번창하게 하다. ¶Peace ～s a nation. 평화로우면 국가는 흥한다.
*‡**pros·per·i·ty** [prəspérəti/prɔs-] 몡 (뙤 **-ties** [-z]) 1 Ⓤ 번영, 번창; (금전상의) 성공, 행운. ¶live in ～ 풍족하게 살다. 2 (-ties) 호황(好況), 호경기; 순탄한 환경, 유복한 처지.
*‡**pros·per·ous** [práspərəs/prɔ́s-] 몡 (**more ～; most ～**) 1 번영하고 있는; 번창하는; 부유한; 성공한. ¶a ～ business 잘 되고 있는 사업. 2 (날씨 따위가) 순조로운, 알맞은; 운이 좋은 (for). ¶a ～ wind 순풍/The weather looks ～ for the harvest. 추수하기 알맞은 날씨 같다. **～ly** 뛴 **～ness** 몡
pross [prɑs/prɔs] 몡 〔속어〕 =prostitute. (또는 **pros, prossie, prossy**)
prost [proust] 쟈 =prosit.
pros·ta·cy·clin [pràstəsáiklin/prɔ̀s-] 몡 〔생화학〕 프로스타사이클린(항응혈·혈관 확장제).
pros·ta·glan·din [pràstəgléndin/prɔ̀s-] 몡 프로스타글란딘(일군의 불포화 지방산의 총칭).
pros·tate [prásteit/prɔ́s-] 몡 전립선(～ gland); 〔구어〕 전립선 이상.
pros·ta·tec·to·my [pràstətéktəmi/prɔ̀s-] 몡Ⓤ 〔외과〕 전립선 절제(切除)(술).
próstate (glánd) 몡 〔해부〕 전립선.
pros·tat·ic [prastǽtik] 몡 =prostate. 「증.
pros·ta·tism [prástətizm/prɔ́s-] 몡 전립선 비대
pros·ta·ti·tis [pràstətáitis/prɔ̀s-] 몡Ⓤ 〔병리〕 전립선염(炎).
pros·the·sis [prɑsθíːsis/prɔ́sθi-] 몡ⓊⒸ (뙤 **-ses** [-siːz]) 1 〔외과〕 보철(補綴); 인공 기관(의수(義手)·의안·의치 따위). 2 〔문법〕 어두음(語頭音) 첨가.
pros·thet·ic [prɑsθétik/prɔs-] 몡 1 〔외과〕 보철의; 인공 기관의. 2 〔문법〕 어두음 첨가의. **-i·cal·ly** 뛴
pros·thet·ics [prɑsθétiks/prɔs-] 몡뙤 (단·복수 양용) 〔치과·외과의〕 보철학(술).
pros·tho·don·tics [prɑ̀sθədántiks/prɔ̀sθədɔ́n-] 몡뙤 (단수취급) 보철 치과학, 의치학.(또는 **prosthodontia**) **-tist** 몡 보철 전문의(醫).
pros·ti·tute [prástətjùːt/prɔ́stitjùːt] 몡 1 매춘부, 창녀; (종종) 남창(male ～). 2 돈을 위해 일하는 사람 [재능을 파는 예술가]. — 뙤 1 〔재귀용법으로〕 (여자가) (몸)을 팔다, 매춘하다; (여자)에게 매춘시키다. 2 (명예 따위)를 돈을 위해 팔다; (재능 따위)를 악용하다, 쓸모 없게 하다, 부패케 하다; 을 좋아하다. **-tù·tor** 몡
pros·ti·tu·tion [pràstətjúːʃən/prɔ̀stitjúː-] 몡Ⓤ 1 매춘. ¶public [or licensed] ～ 공창 (제도). 2 변절, 지조를 팔기; (재능·명예 따위를) 악용하기, 타락.
*‡**pros·trate** 뙤 [prástreit/prɔstréit] 1 〔재귀용법으로〕 (존경·겸손·굴종 따위를 보여) 엎드리다, 부복하다. ¶～ oneself before an altar 제단 앞에 부복하다. 2 을 엎어지게 하다, 넘어뜨리다; 을 땅바닥에 내던지다. ¶The crops ～d by the wind 바람에 쓰러진 농작물. 3 을 패배시키다, 굴복시키다. 4 을 쇠약하게 하다. ¶He is ～d by overwork. 그는 과로로 지쳐 있다.
— 몡 [prástreit/prɔ́s-] 1 (지면 따위에) 쓰러진, 엎어진, 엎드린. ¶lie ～ 엎드리다. 2 납작 엎드려서, 부복한. ¶with the most ～ humility 몹시 황송하여. 3 재기 불능의 타격을 받은, 굴복한, 패배한. ¶lay one's rival ～ 경쟁 상대를 패배[패퇴]시키다. 4 (…으로) 지쳐버린, 수척해진 (with). 5 〔식물〕 땅을 기는, 포복성의.
-tra·tive 몡 **-tra·tor** 몡
pros·tra·tion [prɑstréiʃən/prɔs-] 몡 1 ⓊⒸ 부복

prosty

(俯伏), 엎드려 절하기. **2** ⓤⓒ 엎드리기; 굴복, 굴종. **3** ⓤ 피로, 쇠약; 허탈, 의기 소침. ¶general ~ 전신 쇠약. **4** (사업 따위의) 부진, 쇠퇴. 「는 **prostie**」

pros·ty [prásti/prɔ́s-] ⓝ (美속어)=prostitute. (또

pro·style [próustail] ⓝ (건축) (그리스의 신전(神殿) 따위가) 앞기둥이 있는, 전주식(前柱式)의. — ⓝ 전주식 건축물, 주랑(柱廊) 현관.

pro·sum·er [prousúːmər/-sjúːmə] ⓝ 생산 소비자 (생산자이자 소비자인 사람). [<producer+consumer]

pros·y [próuzi] ⓐ **1** 산문(체)의, 산문조(調)의. **2** 평범한, 단조로운, 지루한. **prós·i·ly** ⓐ **prós·i·ness** ⓝ

prot- [prout] 연결 ⇒PROTO-.

Prot. Protectorate; Protestant.

prot·ac·tin·i·um [pròutæktíniəm] ⓝⓤ (화학) 프로트악티늄(⑦ Pa). (또는 **protoactinium**)

pro·tag·o·nist [proutǽgənist] ⓝ **1** (the ~) (연극의) 주역, (소설·이야기의) 주인공. **2** (주의·사상·운동 따위의) 주창자, 지도자, 기수 (*of*, *for*). 우두머리. **3** (스포츠) 시합 출전자. **4** (생리) 주동근(主動筋), 작동근. **-nism** ⓝ

Pro·tag·o·ras [proutǽgərəs/-ræs] ⓝ 프로타고라스(480?-421? B.C.) : 그리스의 철학자; sophist의 원 **-ré·an** ⓐ **-ré·an·ism** ⓝ 「조」

prot·a·mine [próutəmiːn] ⓝⓤ (생화학) 프로타민 (일군의 강염기성(强鹽基性) 단순 단백질의 총칭).

pro·ta·no·pi·a [pròutənóupiə] ⓝ (안과) 제일 색맹, 적[녹]색맹. **-nóp·ic** ⓐ 「(<L)

pro tanto [prou tǽntou] ⓑ 그만큼; 그 정도까지.

prot·a·sis [prátəsis/prɔ́t-] ⓝ (pl. **-ses** [-siːz]) **1** (문법) 조건절, 전제절(前提節)(↔ apodosis). **2** (고전극의) 전제부, 도입부. **3** (논리) 명제.

pro·tat·ic [prətǽtik/prɔ-] ⓐ 조건절의; 전제부의.

pro·te- [próuti] 연결 (생화학) "단백질···(protein)" 의 뜻. [<F]

pro·te·an¹ [próutiən/prouti:-] ⓐ **1** (성질·형태가) 변화 무쌍한, 갖가지로 변하는; (배우가) 여러 가지 역할을 소화하는; (동물) (아메바처럼) 모양이 변하기 쉬운. **2** (P-) 프로테우스(Proteus) 신(神)의(같은).

pro·te·an² ⓝ (생화학) 프로테안(globulin을 가수(加水) 분해한 유도 단백질).

pro·te·ase [próutièis, -èiz] ⓝ (생화학) 프로테아제(단백질 분해 효소). 「치료제)

prótease inhíbitor ⓝ 프로테아제 억제제(AIDS

‡**pro·tect** [prətékt] ⓥ **1** (위험 따위에서) ···을 지키다, 보호하다; (공격·손실·미혹 따위에서) ···을 방어하다 (*from*, *against*); (특정 생물을) 자연 보호 대상으로 하다, (토지)를 자연 보호 구역으로 하다; (법률 따위로) 보장하다. ⇒DEFEND 유의어 ¶ ~ one's family 가족을 지키다 /~ed species 보호 생물 // ~(+图+前+ 慾) ~ a person *against* danger 남을 위험으로부터 지키다 / ~ one's eyes *from* the sun 햇빛으로부터 눈을 보호하다. **2** (경제) (외국 수입품에 대해) (국내 산업)을 보호하다. ¶~ed trade 보호 무역. **3** (상업) (어음)의 지불 준비를 하다, (보험을 들어) (재산)을 (손실 따위로부터) 지키다(*against*). **4** (기계) ···에 보호안전) 장치를 하다. ¶a ~ed rifle 안전 장치가 달린 소총. **5** (열차 승무원에게) 시계(視界) 불량 경보를 울리다. — ⓘ 보호하다; 보호 효과[작용]이 있다.

~·a·bíl·i·ty ⓝ **~·able** ⓐ **~·i·bíl·i·ty** ⓝ **~·i·ble** ⓐ

pro·tect·ant [prətéktənt] ⓝ 보호[방지]제(劑).

pro·tect·ed [prətéktid] ⓐ (濠-뉴질 구어) 행운의.

pro·tect·ing [prətéktiŋ] ⓐ **1** 지키는, 보호하는, 방어하는. **2** (덤핑을) 방지하는. **~·ly** ⓐ **~·ness** ⓝ

‡**pro·tec·tion** [prətékʃən] ⓝ (複) **~s** [-z] **1** ⓤ (위험 따위의) 지키기, 보호, 방어, 방위 (*from*, *against*); 후원; (생물의) 보호; (토지의) 자연 보호 구역화. ¶This house gives us some ~ *from* the weather. 이 집은 다소나마 비바람을 막아 준다. **2** (a ~) (···에 대한) 보호자, 방어물 (*against*, *from*). ¶a ~ *from* the wind 바람막이 / a ~ *against* the sun 차양. **3** ⓤ (경제) 보호 무역 (제도). **4** (구어) = money. **5** ⓤ (보험의) 적용 범위. **6** ⓒ 여권, 통행증; (美고어) (외항선원에의) 국적 증명서. **~·al** ⓐ

take...under one's **protection** ···을 보호하다.

under the protection of ···의 보호를 받아; (여자가) ···의 도움살림을 받아, 첩이 되어.

pro·tec·tion·ism [prətékʃənizm] ⓝⓤ **1** (경제) 보호무역주의[론]. **2** (야생 동물·환경 따위의) 보호 정책[법규]. **-ist** ⓝⓐ **-is·tic** ⓐ 「지불하는 보호금[료].

protéction mòney ⓝ (美구어) 뇌물; 폭력단에게

protéction rácket ⓝ (속어) 폭력단의 갈취 행위.

‡**pro·tec·tive** [prətéktiv] ⓐ **1** (위험 따위로부터) (···을) 지키는, 보호하는, 방어하는 (*toward*, *for*). ¶a ~ substance (생물) 보호 물질. **2** (경제) 보호 무역(제도)의(을 바탕으로 하는). **3** 비타민 결핍증을 막는. — ⓝ 보호물; (美) 콘돔. **~·ly** ⓐ **~·ness** ⓝ

protéctive áction guíde ⓝ (원자력) 방호 처치 기준(전리(電離) 방사선의 허용 출수선량).

protéctive clóthing ⓝ 보호복, 방호복.

protéctive colorátion [cóloring] ⓝ 보호색.

protéctive cústody ⓝ (법률) 보호 구치.

protéctive dúties ⓝ(複) 보호 관세.

protéctive fóods ⓝ(複) (필수 비타민·미네랄·고단백질이 함유된) 영양[건강] 식품. 「인보호법 제도.

protéctive legislátion ⓝ 보호 무역 법령; 고용

protéctive reáction ⓝ (美) **1** (군사) 방어적 반응[행동]. **2** 자기 방위라는 명분으로 남을 공격하기.

protéctive resémblance ⓝ (동물) 보호 의태(擬態).

protéctive sýstem ⓝ 보호 무역 제도.

protéctive táriff ⓝ 보호 관세(율).

***pro·tec·tor** [prətéktər] ⓝ **1** 보호자, 후원자. **2** 방어물, 보호물, 보호(안전) 장치; (야구의) 프로텍터, (포수의) 가슴받이. ¶a point ~ 연필 깍지. **3** 기둥서방; 정부(情夫); 매춘 알선업자, 뚜쟁이. **4** =protection money. **5** (속어) 피임구, 콘돔. **6** (英역사) 섭정(攝政), (the Lord P-) 호민관(영국 공화제 시대의 Oliver Cromwell 부자의 칭호). **~·al** ⓐ **~·less** ⓐ **~·ship** ⓝ

pro·tec·tor·ate [prətéktərət] ⓝ **1** ⓤ (약소국에 대한) 강대국의 보호 제도[정책]; ⓒ 보호국, 보호령. **2** (또는 **protectorship**) ⓤ 섭정의 지위[임기]; 섭정 정치. **3** (the P-) (英역사) 호민관 시대(1653-59).

pro·tec·to·ry [prətéktəri] ⓝ 감화원, 소년원.

pro·tec·tress [prətéktris] ⓝ protector의 여성형.

pro·té·gé [próutəʒèi, ˌ-ˊ-] ⓝ (여 protégée [próutəʒèi]) **1** 보호받는 사람; (정치상의) 추종자, 문하생. **2** 피보호국[보호령, 식민지] 주민. [<F]

pro·teid [próuti:d] ⓝ =protein. (또는 **proteide**)

***pro·tein** [próuti:n, -tiin] ⓝ (생화학·영양) ⓝⓤⓒ 단백질. ⓐ 단백질의. (또는 **proteid(e)**)

~·á·ceous, **pro·téin·ic**, **pro·téi·nous** ⓐ

pro·tein·ase [próutəníːs, -níːz] ⓝ (생화학) 프로테이나아제(단백질 분해 효소). (학) 단백질 화합물.

pro·tein·ate [próutəníèit, -tiin-, -tən-] ⓝ (생화

pró·tein-cal·o·rie malnutrítion [-kǽləri-] ⓝ (의학) 단백질 칼로리 영양 실조.

prótein clòck ⓝ (생물) 단백질 시계(생물의 단백질 진화 정도를 조절하는 가설적인 생체 메커니즘).

prótein còat ⓝ (생물) 단백막(膜). 「질.

pro·tein·oid [próutəníòid] ⓝ (생화학) 유(類)단백

prótein sýnthesis ⓝ 단백질 합성.

pro·tein·u·ri·a [pròuti:njúəriə] ⓝ (의학) 단백뇨.

pro tem [prou tém] =pro tempore.

pro tem·po·re [prou témpəri] ⓐⓝ 당분간; 일시적으로. — ⓝ 일시적인, 임시의(⑪ p.t.). [<L]

pro·te·o- [próutiou, -tiə] 연결 (생화학) "단백질···(protein)"의 뜻. (또는 **prote-**) [<F]

pro·te·ol·y·sis [pròutiáləsis/-ɔ́l-] [명] 〔생화학〕 단백질 분해. **-o·lýt·ic** [형]

pro·te·ome [próutioum] [명] 〔유전〕 단백질 유전 정보. [<*prote*in+geno*me*]

pro·te·o·mics [próutioumiks] [명][복] **(단수취급)** 〔유전〕 단백질 유전 정보학[연구].

pro·te·ose [próutiòus] [명] 〔생화학〕 프로테오스(위액 등의 작용으로 단백질이 부분 분해된 가용성 화합물).

prot·er- [prátər, próu-/prɔ́t-] [연결] ⇨PROTERO-.

prot·er·o- [prátərou/prɔ́t-] [연결] before, former, earlier의 뜻(✽ 모음 앞에서는 proter-). ¶*Protero*zoic.

Prot·er·o·zo·ic [pràtərəzóuik/pròu-] [명][형] 〔지질〕 원생대(原生代)(의).

‡**pro·test** [명] [próutest] **1** [U][C] (…에 대한) (구두·서면 따위에 의한) 항의, 이의 (제기), 항변(*against, to, about, over*); 불복, 불만, 반대; 항의서. ¶voice [*or* express] a ~ 이의를 제기하다. **2** [U][C] 주장, 언명, 단언. **3** 〔상업〕 (어음의) 지불[인수] 거절 증서; 〔법률〕 해난(海難) 보고서. **4** 〔법률〕 (부당 징세에 대한) 이의 신청. **5** 〔英상원〕 (통과 의안에 대한) 소수 의견서. **6** [U][C] 〔스포츠〕 (심판 판정 따위에 대한) 정식 항의(서).

in protest against …에 항의하여.

make* [or *enter, file, lodge*] *a protest against …에 항의하다.

under protest 마지못해; 항의를 하면서. 「지 않고.

without protest 불만[이의]을 말하지 않고, 반대하

— [형] 항의의, 반대의. ¶a ~ demonstration 항의 데모.

— [동] [prətést, próutest] [자] **1** (…에 관하여/…에 대해) 항의하다, 이의를 제기하다 (*about*/*against, at, to*). ¶ (~+[前]+[名]) ~ *against* encroachment upon one's right 권리 침해에 항의하다. **2** 주장하다, 언명하다, 단언하다; 맹세하다, 다짐하다. ¶~ friendship 우정을 다짐하다. — [타] **1** …에 항의하다, 이의를 제기하다. ⇨OPPOSE [유의어] ¶~ a decision 결의에 반대하다. **2** (…이라고) 주장하다, 언명하다, 단언하다 (*that* [節]). ⇨AFFIRM [유의어] ¶The defendant *~ed that* he was innocent of the crime. 피고는 그 범죄에 대해 결백을 주장했다. **3** 〔상업〕 〔어음 따위〕의 지불[인수]을 거절하다. ¶The check was *~ed*. 그 어음은 부도났다.

I protest! (구어) 정말이야, 확실해(I assure you.).

protest too much (진의가 의심스러울 정도로) 극구 [주장[부정]하다.

~·er, -tés·tor [명]

***Prot·es·tant** [prátəstənt/prɔ́t-] [명] 프로테스탄트, 신교도; [또는 (美) prətés-] (p–) 항의[이의를 제기]하는 사람. — [형] 프로테스탄트의, 신교도의; [또는 (美) prətés-] (p–) 항의[이의를 제기]하는.

Prótestant Epíscopal Chúrch [명] (the ~) 프로테스탄트 감독 교회, 미국 성공회(聖公會).

Prótestant éthic [명] 프로테스탄트 윤리(근로·검약을 강조하는 자본주의 사회의 지배적 정신); 노동[근로] 지상주의. (또는 **Prótestant wórk èthic**)

Prot·es·tant·ism [prátəstəntìzm/prɔ́t-] [명][U] 신교(교리·신조); **(집합적)** 신교 교회, 신교도.

Prot·es·tant·ize [prátəstəntàiz/prɔ́t-] [동][타] (종종 p-) …을 신교화(化)하다, 신교도로 만들다. — [자] 신교도가 되다. 「(16세기의) 종교 개혁.

Prótestant Reformátion [명] (the ~) 〔역사〕

prot·es·ta·tion [pràtəstéiʃən/prɔ̀t-] [명][U][C] **1** (…에의) 항의, 이의(의 제기)(*against*). **2** (…이라는) 주장, 언명, 단언 (*of, that* [節]).

pro·test·ing [prətéstiŋ] [형] 불복하는, 이의를 제기하는, 항의하는. **~·ly** [부] 「~ 항의 데모를 하다.

prótest màrch [명] 데모, 항의 행진[시위]. ¶make a

prótest vòte [명] 항의[반발]표(항의 표시로 승산이 없는 쪽에 던지는 표).

Pro·te·us [próutiəs, -tjuːs] [명] **1** 〔그리스 신화〕 프로테우스(여러 모습으로 바뀐다는 바다의 신). **2** (종종 p-) 변화무쌍한 사람[것], 의견[주의]을 곧잘 바꾸는 사람.

Próteus sỳndrome [명] 〔병리〕 프로테우스 증후군(불규칙한 뼈의 성장, 두개골 융기 등의 증상).

pro·tha·la·mi·on [pròuθəléimiàn/-miən] [명] (복 **-mi·a** [-miə]) 결혼 축가[축시]. (또는 **prothalamium**)

pro·thal·li·um [prouθǽliəm] [명] (복 **-li·a** [-liə]) 〔식물〕 (양치류의) 전엽체(前葉體). **-li·al, -loid** [형]

pro·thal·lus [prouθǽləs] [명] =prothallium.

proth·e·sis [práθəsis/prɔ́θ-] [명][U][C] (복 **-ses** [-siːz]) **1** 〔문법〕 어두음 첨가(prosthesis). **2** 〔그리스 정교〕 성찬식 준비(소); 성찬 식탁. **pro·thét·ic** [형]

pro·thon·o·tar·y [prouθánətèri/pròuθənóutəri] [명] **1** (법원의) 수석 서기. **2** 〔가톨릭〕 (주교구의 7명의) 최고 기록관의 한 사람. **3** 〔그리스 정교〕 Constantinople의 총주교의 비서장. (또는 **protonotary**) **-tár·i·al** [형]

pro·tho·rax [pròuθɔ́ːræks] [명] (복 **~·es, -tho·ra·ces**) 〔곤충〕 앞가슴(첫째 가슴 마디).

pro·throm·bin [pròuθrámbin/-θrɔ́m-] [명][U] 〔생화학〕 프로트롬빈(혈액 속에 있는 응혈 인자).

pro·tist [próutist] [명] 원생(原生) 생물(단세포 생물).

Pro·tis·ta [proutístə] [명][복] 〔생물〕 원생(原生) 생물계.

pro·tis·tol·o·gy [pròutistáləd͡ʒi/-tɔ́l-] [명] 원생 생물학. **-to·lóg·i·cal** [형] **-tól·o·gist** [명]

pro·ti·um [próutiəm, -ʃiəm] [명][U] 〔화학〕 프로튬(수소의 동위 원소; [기] H^1, ^1H).

pro·to- [próutou, -tə] [연결] first, foremost, earliest form of의 뜻 (✽ 모음 앞에서는 prot-). ¶*proto*martyr, *prot*agonist. 「학〕 =protactinium.

pro·to·ac·tin·i·um [pròutouæktíniəm] [명] 〔화

pro·to·bi·ont [pròutoubáiant/-ɔnt] [명] 원시 생명[생물, 세포](원시의 유기체). 「=primordial soup.

pro·to·bi·ót·ic sóup [pròutoubaiátik-/-ɔ́t-] [명]

pro·to·chor·date [pròutoukɔ́ːrdeit] [명] 〔동물〕 원색(原索)동물. — [형] 원색 동물의.

pro·to·col [próutəkɔ̀ːl, -kàl/-kɔ̀l] [명] **1** [U] 외교 의례[의전], 외교 관습; (군대·궁정 따위에서의) 의례, 관습; (the P–) (프랑스 외무부의) 의전국. **2** 조약 원안, 의정서(議定書). **3** (국가간의) 협정, 보완 협약; (협정·조약의) 부속 문서. **4** (美) 실험[부검(剖檢)] 계획안[기록]. **5** 〔컴퓨터〕 프로토콜(대화에 필요한 통신 규약). **6** 〔철학〕 프로토콜 명제(命題)(~ statement [sentence]).

do protocol (美속어) 절차를 밟아 교섭하다.

— [동][자] (**-l-**; (英) **-ll-**) 의정서를 작성[발표]하다.

∸cól·ar, ∸cól·a·ry, ∸cól·ic [형]

prótocol chìef [명] (외무부 등의) 의전장.

pro·to·con·ti·nent [pròutoukántənənt/-kɔ́nti-] [명] 〔지질〕 시원(始原) 대륙(지구 진화 초기의 지각).

pro·to·gal·ax·y [pròutougǽləksi] [명] 〔천문〕 (형성 중인) 원시 은하(계).

pro·to·ge·nic [pròutəd͡ʒíːnik] [형] **1** 조기[초기]에 형성된. **2** 〔화학〕 양자(陽子)를 생성하는, 양자성의.

pro·to·his·to·ry [pròutouhístəri] [명][U] 원사학(原史學); 원사(原史) 시대(선사(先史) 시대와 역사 시대의 중간). **-his·tó·ri·an** [명] **-his·tór·ic, -his·tór·i·cal** [형]

pro·to·hu·man [pròutou*h*júːmən] [형] 원인(原人)의. — [명] 원인(선사시대 초기의 인류).

pro·to·lan·guage [próutəlæ̀ŋgwid͡ʒ] [명] 〔언어〕 조어(祖語), 공통 기어(基語). 「대의.

pro·to·lith·ic [pròutəlíθik] [형] 〔고고〕 원시 석기 시

pro·to·mar·tyr [próutoumàːrtər] [명] 최초의 순교자(기독교 최초의 순교자 St. Stephen을 말함).

pro·ton [próutan/-tɔn] [명] 〔물·화〕 양자(陽子)(원자핵의 기본 성분을 이루는 소립자). **pro·tón·ic** [형]

pro·ton·ate [próutənèit] 〔화학〕 [동][타] …에 양자를 부가하다. — [자] (여분의) 양자를 얻다. **∸to·ná·tion** [명]

próton decáy [명] 〔물리〕 양자 붕괴.

pro·to·ne·ma [pròutəníːmə] [명] (복 **~·ta** [-tə]) 〔생물〕 원사체(原絲體), 사상체(絲狀體). **-mal, -ném·a·tal, ∸·tòid** [형]

próton nùmber 명 =atomic number.

próton sýnchrotron 명 [물리] 양자 가속 장치(양자를 초고(超高) 에너지로 가속하는 장치). 참 bevatron

pro·to·on·co·gene [ˌárŋkədʒiːn/ˌ5ŋ-] 명 [의학] 원(原)종양 형성 유전자.

pro·to·path·ic [ˌproutəpǽθik] 형 [생리] (피부 감각이) 원시(성)의, 원발성(原發性)의. **pro·tóp·a·thy** 명

pro·to·phil·ic [ˌproutəfílik] 형 [화학] 프로톤[양자]에 친화성이 있는, 친(親)프로톤성의.

pro·to·plan·et [ˌpróutəplænit] 명 [천문] 원시행성.

pro·to·plasm [ˌpróutəplæzm] 명 ⓤ [생물] 원형질 (原形質). -**plás·mal**, -**plás·mic** 형

pro·to·plast [ˌpróutəplæst] 명 [생물] 원형질체; (그 종류의) 최초의 것, 원형(原型), 원물(原物); 원인(原人). -**plás·tic** 형 「자기(磁器).

pro·to·por·ce·lain [ˌproutəpɔ́ːrsəlin] 명 프로토

pro·to·por·phy·rin [ˌproutəpɔ́ːrfərin] 명 [생화학] 프로토포르피린(간기능 장애 치료제).

pro·to·star [ˌpróutəstɑ̀ːr] 명 [천문] 원시성(原始 -**stél·lar** 형 「星).

pro·to·sun [ˌpróutəsʌ̀n] 명 [천문] 원시 태양.

pro·to·tax·is [ˌproutətǽksis] 명 [심리] 프로토택시스(자신과 외계를 구별하지 못하고 커뮤니케이션이 불가능한 경험 양식). -**táx·ic** 형

pro·to·troph [ˌproutətrɑf, -trʌf/-trɔf] 명 [생물] 1 가 본 영양 생물(autotroph). 2 원영양체(미생물). -**tróph·ic** 형

pro·to·type [ˌpróutətàip] 명 1 원형, 기본형. 2 모범, 모델, 본보기가 되는 사람[것]. 3 후대의 것과 유사한 것. 4 시작품(試作品), 시제품. 5 [생물] 원형, 원시형. 6 (신학) 원형 그리스도. ── 타 원형[시작품]을 만들다. -**ty·pal**, -**týp·ic**, -**týp·i·cal** 형 -**týp·i·cal·ly** 부

pro·to·vi·rus [ˌproutouváiərəs] 명 [균학] 원형 바이러스(같은 종류의 것이 모체가 되는 바이러스).

pro·tox·ide [ˌproutɑ́ksaid/-tɔ́ks-] 명 [화학] 초급 (初級)[제1] 산화물. (또는 **protoxid**)

Pro·to·zo·a [ˌproutəzóuə] 명 복수 원생 동물문(門); (p-) 원생 동물, 원충(原蟲). 참 Metazoa

pro·to·zo·al [ˌproutəzóuəl] 형 원생동물의[에 관한].

pro·to·zo·an [ˌproutəzóuən] 명 (복 ~s, (집합적) -**zo·a** [-zóuə]) 원생동물, 단세포 동물. 참 **pro·to·zo·on**. ── 형 원생 동물에 속하는, 원생 동물의.

pro·to·zo·ic [ˌproutəzóuik] 형 1 [동물] =protozoan. 2 [지질] 원생 동물 화석을 함유한.

pro·to·zo·ol·o·gy [ˌproutəzouálədʒi/-5l-] 명 원생 동물학. -**lóg·i·cal** 형 -**gist** 명

pro·to·zo·on [ˌproutəzóuən, -ɑn/-nc] 복수 -**zo·a** [-zóuə] =protozoan. ── **al** 형

pro·tract [proutrǽkt/prə-] 명 타 1 …을 연장하다; …을 오래 끌게 하다. ⇨LENGTHEN 유의어 ¶ ~ a debate 토론을 오래 끌다. 2 (해부) …을 뻗다[내밀이다, 내밀다] (⇔ retract¹). 3 (측량) 비례자·각도기로 …을 제도하다, 작도(作圖)하다. --**i·ble** 형

pro·tract·ed [proutrǽktid/prə-] 형 오래 끄는, 장기간에 걸친. ~**ly** 부 ~**ness** 명 「집회.

protrácted méeting 명 (기독교) 신앙 부흥 전도

pro·trac·tile [proutrǽktil, -tail, prə-/prətrǽktail] 형 (동물의 기관 따위가) 뻗을 수 있는, 신장성(伸張性)이 있는. (또는 **protractible**) **prò·trac·tíl·i·ty** 명

pro·trac·tion [proutrǽkʃən/prə-] 명 ⓤⓒ 1 오래 끌기, 연장. 2 =protrusion. 3 (비례자(尺) 따위에 의한) 제도, 작도. -**tive** 형 오래 끄는.

pro·trac·tor [proutrǽktər/prə-] 명 1 (시간·행위 따위를) 오래 끄는 사람[것]. 2 각도기. 3 (해부) 신근(伸筋)(참 retractor). 4 (외과) 이물 적출기(異物摘出器).

pro·trep·tic [proutréptik] 형 권고, 장려, 설교; 충고[권고]의 말. ── 형 권고의, 설교의.

*****pro·trude** [proutrúːd, prə-/prə-] 동 자 (…에서

…위로) 튀어나오다 (from / over). ¶ protruding eyes 통방울눈. ── 타 …을 내밀다. ¶ ~ one's tongue 혀를 내밀다. -**trúd·a·ble**, -**trú·si·ble** 형

pro·trud·ent [proutrúːdənt/prə-] 형 내민, 돌출한.

pro·tru·sile [proutrúːsil, -sail, prə-/prətrúːsail] 형 (달팽이의 눈 따위처럼) 내밀 수 있는, 밀어낼 수 있는. (또는 **projectile**)

pro·tru·sion [proutrúːʒən/prə-] 명ⓤⓒ 돌출, 융기, 내밀기, 튀어나옴; ⓒ 돌기[융기]부, 돌출부.

pro·tru·sive [proutrúːsiv/prə-] 형 1 돌출한; 현저한, 눈에 띄는. 2 주제넘게 나서는, 뻔뻔스러운. ~**ly** 부 ~**ness** 명

pro·tu·ber·ance [proutjúːbərəns, prə-/prətjúː-] 명 1 ⓤ 돌출, 돌기, 융기. 2 돌출[융기]부; 매듭(knob), 혹, 불룩한 부분. (또는 **protuberancy**) -**án·tial** 형

pro·tu·ber·ant [proutjúːbərənt, prə-/prətjúː-] 형 1 돌출[돌기]한, 불룩한, 융기한. ¶ ~ eyes 통방울눈. 2 (비유적) 현저한, 두드러진. ~**ly** 부

pro·tu·ber·ate [proutjúːbərèit, prə-/prətjúː-] 동 자 부풀어오르다, 융기하다.

pro·tyle [proutail] 명ⓤ [화학] 원질(原質)(모든 원소의 근원 물질로 생각되던 것). (또는 **protyl**)

‡**proud** [praud] 형 (~**·er**; ~**·est**) 1 (…을 / …하는 것을 / …임을) 자랑[영광]으로 여기는, 자만하는, 만족하게 생각는 (of / to do / that節), ¶ I'll be ~ to die for … 을 위해 죽는 것을 영광으로 여기다 ∥ The American is ~ that he is of Korean descent. 그 미국인은 한국계임을 자랑으로 여기고 있다. 2 (경멸적) 거만(오만)한, 자부심이 강한; (…을 / …임을) 자랑하는, 빼기는, (…으로) 의기 양양한 (of, about / that節), ¶ a ~ look 교만한 표정 ∥ ~ words 호언 / be ~ of one's success 성공으로 의기 양양하다

유의어 **proud** 자기의 위엄·지위를 의식하고 거만한 태도를 취하는. **arrogant** 자기의 중요성을 과신하고 빼기는 태도를 취하는. **haughty** 가문·지위 따위를 뽐내며 남과 융화하지 않고 깔보는 태도를 취하는. **overbearing** 아랫사람을 얕보고 괴롭히며, 고압적인 태도를 취하는.

3 (앞에 too와 함께) 긍지를 가진, 자존심이 있는, 명예를 존중하는 (to do) ¶ ~ poverty 청빈(清貧) / too ~ to complain 불평하기에는 자존심이 허락하지 않는 / too ~ to fight 싸움을 치사하게 여기다. 4 자랑할 만한, 명예로 여겨야 할, 칭찬할 만한. ¶ ~ achievements 칭찬할 만한 업적. 5 (물건이) 당당한, 웅대한, 훌륭한. ¶ a ~ company 대(大)회사. 6 매우 고귀한; 탁월한. ¶ a ~ name 고귀한 이름. 7 (강이) 불어난, (말이) 범람하는; (흉터가) 부풀어 오른. 8 (동물이) 기운이 넘치는, 팔팔한. 9 (美) 수컷이 발정한. 「세 등등하여.

as proud as a peacock (구어) 의기 양양하여, 기

be proud of ① …을 자랑으로 여기다, 의기 양양해 하다. ② …이 믿음직하다, 미덥다. ¶ I'm so ~ of you. 너 참 믿음직하다.

one's proudest possession 가장 소중한 것, 보물.
── 부 (구어) * 다음 숙어로만 쓴다.

do a person proud (구어) 남을 기쁘게[의기 양양하게] 하다, 극진히 대우[대접]하다.

do oneself proud (구어) 성공하다; 훌륭하게 행동 ~**ness** 명 「하다, 일에를 품미하다.

próud flésh 명 [병리] (상처 자리에 부풀어 오르는) 군살; 증식성 육아종(肉芽腫)(granulation tissue).

proud·ful [práudfəl] 형 (美방언) 매우 자랑스러운.

proud·heart·ed [práudhɑ̀ːrtid] 형 거만한, 교만한, 오만한; 긍지가 대단한.

‡**proud·ly** [práudli] 부 (**more** ~; **most** ~) 1 (경멸적) 거만하며, 빼기면서. 2 당당하게, 훌륭하게. 3 자랑스럽게, 긍지를 가지고.

Proust [pruːst] 명 프루스트. 1 **Joseph Louis** ~

(1754-1826: 프랑스의 화학자; 정비례의 법칙을 제창). **2 Marcel ~** (1871-1922: 프랑스의 소설가).

Prov [prəv] 〖(구어)〗 =provisional 2.

prov. providence; provident; province; provincial(ism); provincial(ly); provisional; provost.

Prov. Provençal; Provence; 〔성서〕 Proverbs; Province; Provost.

prov·a·ble [prú:vəbl] 〖입증[증명]할 수 있는; 시도(試圖)할 수 있는. **-bíl·i·ty, ~·ness -bly** 〖

‡**prove** [pru:v] 〖(~s [-z]; ~d; ~d, 〖(美·고어)〗 **prov·en; prov·ing**) 〖 **1** …을 증명하다, …(임을) 입증하다 (to be, that 〖, wh. 〖). ¶ ~ one's identity 신원을 증명하다 // (~+〖+(to be)〗 ~ it (to be) right 그것이 정당함을 입증하다 / (~+that〖) It ~s that he is innocent. 그 일이 그의 무죄를 증명해준다. **2** (재귀용법·보어와 함께) …임을 보여주다, 유능함[역량이 있음]을 보여주다. ¶ (~+〖+〖) He ~d himself a capable aviator. 그는 자기가 유능한 비행사임을 보여주었다 // (~+〖+to be 〖) He ~d himself to be useful. 그는 자기가 유익한 사람임을 보여 주었다. **3** 〔법률〕 〔일〕의 진위를 (법적으로) 증명하다; (유언장 따위)에 검인을 받다, 검증시키다. **4** …을 시험[실험]하다. ¶ ~ gold 금의 품질을 시험하다 / ~ a new gun 새 총을 시사(試射)하다. **5** 〔수학〕 〔가설·정리〕를 증명하다; …을 검산하다. **6** 〔인쇄〕 …의 교정쇄를 내다(proof). **7** 〔빵 반죽〕을 부풀리다. **8** 〔고어〕 …을 경험하다. ¶ ~ woes 재난을 체험하다.

── 〖 **1** (보어와 함께) …이 되다(turn out); …임이 알려지다, (…으로) 판명되다. ¶ (~+(to be)〖) ~ difficult [fruitless] 곤란[무익]함이 판명되다 / He ~d to be a swindler. 알고 보니 그는 사기꾼이었다 // (~+to do) He will ~ to know nothing about it. 그가 그것에 대하여 아무것도 모른다는 것이 판명될 것이다. **2** (빵 반죽이) 부풀다. **3** 〔고어〕 시도하다.

prove out ① 기대대로 되다, 결과가 만족스럽다; 성공하다. ② …을 확인하다; …을 철저히 조사하다.

prove too [or **a bit**] **much** (구어) 감당[주체, 처치] 할 수 없다; 이해할 수 없다.

prove up ① =prove out. ② …의 증거를 제시하다, …을 입증하다. ③ …을 시험[조사]하다.

What does that prove? (구어·반어적) 그래서 어떻다는 거야?

próved resérves[resóurces] [prú:vd-] 〖(자원〗(광물·석유·가스 따위의) 확인 매장량.

prov·en [prú:vən] 〖 〖(美·고어)〗 prove의 과거분사. ── (한정용법) 입증된, 증명된, 그러한 것이 밝혀진. ¶a ~ leader 지도력이 검증된 인사, 자타가 인정하는 지도자 / not ~ 〔스코 법률〕 증거 불충분의 / Innocent till ~ guilty. 유죄로 판명될 때까지 무죄. **~·ly** 〖

prov·e·nance [právənəns/prɔ́v-] 〖U〗 기원, 출처. ¶ of doubtful ~ 출처가 수상한.

Pro·ven·çal [pròuvənsá:l, pràv-/prɔ̀vən:]- 〖 프로방스(Provence)의; 프로방스인[어]의. ── 〖 프로방스인; U 프로방스어 (〖 Prov., Pr.). 〔<F〕

Pro·vence [prəváns] 〖 프로방스(프랑스 남동부 지중해 연안 지방; 중세의 기사도와 음유시인으로 유명).

prov·en·der [právəndər/prɔ́v-] 〖U〗 여물, 마초, 꼴(fodder); 음식, 식량. [nance.

pro·ve·ni·ence [prouvíniəns/prə-] 〖 =provenance.

próven resérves =proved reserves.

pro·ven·tric·u·lus [pròuvəntríkjuləs] 〖 (〖 -li [-lài]) 〔새·곤충의〕 전위(前胃).

‡**prov·erb** [právə:rb/prɔ́v-] 〖 (~s [-z]) 〗 **1** 속담, 격언; 금언(金言), 교훈.

〖유의어〗 **proverb** 통속(通俗)·선명한 말을 써서 옛날부터 되풀이하여 말해온 것. **maxim** 행위의 지침·교훈을 짧게 말한 것.

2 이야깃거리, 주지의[(어떤 점에서) 정평이 난] 것[사람], 전형; 웃음거리. ¶He is a ~ for carelessness. 그가 부주의한 것은 정평이 나 있다. **3** 속담극; (~s) (단·복수 양용) 속담 놀이. **4** 비유, 수수께끼. **5** 〔성서〕 (the P-s) (단수취급) (구약 성서 중의) 잠언. [듯이.

as the proverb goes [or **runs, says**] 속담에 있 **pass into a proverb** 속담거리가 되다; 평판이 나다. **to a proverb** 평판[정평]이 날 정도로.

── 〖 **1** …을 속담으로 말하다. **2** …을 속담거리로 삼다. **~·like**

pro·verb [vərb] 〖〔문법〕 대동사(代動詞)(같은 동사의 반복을 피하기 위해 사용하는 대용형으로서의 do. 예: I know her better than you do(=know).).

*****pro·ver·bi·al** [prəvə́:rbiəl] 〖 **1** 속담(식)의. ¶ ~ brevity 속담과 같은 간결함. **2** 속담으로 표현된. ¶ ~ wisdom 속담거리가 된 지혜. **3** 소문난; 주지의; 유명한 (for). ¶He is ~ for his forgetfulness. 그의 건망증은 유명하다. **-ál·i·ty ~·ly** 〖

‡**pro·vide** [prəváid] 〖 (~s [-z]; -víd·ed; -víd·ing) 〖 **1** …에게 (…을) 주다, 공급하다 (with); …을 (…에게) 제공[공급]하다 (for, to); …을 (…에게) 장비하다 (with). ¶ ~ an excuse 구실을 주다 // (~+〖+〖+〖) ~ a person with something; ~ something for a person 남에게 물건을 공급하다.

〖유의어〗 **provide** 필요성을 미리 예측하고 준비·공급하다. **supply** 사람·장소에 필요한 것·부족한 것을 공급·보충하다. **furnish** 보통 주거·사무실 따위에 있어야 할 물건을 비치하다. **equip** 특별한 목적에 필요한 것을 장비하다.

2 …을 낳고, 주다, 산출하다(yield). ¶ Reading ~s pleasure. 독서는 즐거움을 준다. **3** 〔법률〕 …을 (…라고) 규정하다, 정하다 (that 〖). ¶ (~+that〖) Our club's rules ~ that… 우리 클럽의 규정에는 …으로 되어 있다. **4** 〔고어〕 …을 미리 대비하다, 준비하다. ¶ ~ a means of escape 도망갈 길을 미리 마련해 두다.

── 〖 **1** (…에) 대비하다, (…을) 준비하다 (for, against). ¶ (~+〖+〖) ~ for the future 장래에 대비하다 / ~ against accidents 사고에 대비하다. **2** (…을) 부양하다, 원조하다 (for). ¶ have a large family to ~ for 부양할 가족이 많다. **3** 〔법률〕 (…을) 규정하다, 허용하다 (for); (…을) 금지하다 (against).

be provided with …이 공급되어[갖추어져] 있다.

be well provided for 아무 부족함이 없이 살다.

provide for oneself 자활(自活)하다.

provide oneself **with** …을 갖추다[가지다].

-víd·a·ble 〖

*****pro·vid·ed** [prəváidid] 〖 …이라는 조건으로, 만약 …이면(종종 that 〖). ⇒IF 〖(문법). ¶ ~, however, that (법령문) 단(但)… / She will go, ~ (that) her friends can go also. 친구들이 간다면 그녀도 갈 것이다.

〖USAGE〗 **provided, providing, if** ── if가 가장 일반적인 말이며, provided와 providing은 그보다는 딱딱한 느낌을 주는 접속사. if는 단지 조건을 나타내며, 그것이 실현되느냐 안 되느냐는 반드시 문제로 삼지 않으나, provided, providing은 전제 조건의 실현에 중점(重點)을 두는 점에서 뜻의 차이가 있다: Provided[or Providing] (that) all your task is done, you may go home.(일이 다 끝나면 귀가해도 좋다). 또한 provided는 문어적인 표현이고, providing은 구어·상업 영어에 많이 쓰이며, provided보다 딱딱하지 않은 표현으로 생각된다.

── 〖 **1** 공급된; 예비의. **2** 규정[약정]된.

províded schóol 〖(英)〗 =council school.

*****prov·i·dence** [právədəns/prɔ́v-] 〖U〗 〖C〗 **1** (종종 P-) (신의) 섭리, 신의(神意); 천우(天佑). ¶the P- of

God 신의 섭리. **2** (P-) 신(God). ¶the inscrutable decrees of *P*– 헤아릴 길 없는 신의 뜻. **3** 신의 조화. **4** (고어) 절약,검약. **5** 선견지명; 장래에 대한 배려.
a visitation of Providence 천재(天災), 불행.
fly in the face of Providence; tempt providence 하늘의 뜻을 거스르다; 무모한[분별없는] 짓을 하다.

Prov·i·dence [právədəns/próv-] 명 프로비던스 (미국 Rhode Island주의 주도(州都)·항구).

prov·i·dent [právədənt/próv-] 형 **1** 선견지명이 있는; 조심성 있는; 신중한. **2** 장래에 대한 배려에서의; (…의) 준비[대비]를 게을리하지 않는 (*of*). ¶be ~ of the future 장래에 대한 대비를 게을리하지 않다. **3** 절약하는, 검소한 (*of, in*). ~·ly 부 ~·ness 명

prôvident clúb 명 (英) (대형 판매점·통신 판매점의) 할부 방식에 의한 판매 조직.

prov·i·den·tial [pràvədénʃəl/pròv-] 형 (신의) 섭리의, 신의(神意)에 의한; 천우신조의; 행운의, 운이 좋은; 때를 만난. ~·ly 부 (society).

prôvident socíety 명 (英) 공제 조합(benefit

pro·vid·er [prəváidər] 명 **1** 공급[제공]자, 판매업자[회사]; 설비자, 준비자; 가족을 부양하는 사람. ¶a good ~ 가족을 잘 부양하는 사람. **2** (컴퓨터) 정보 공자: 인터넷[PC 통신] 접속 서비스업자.
a lion's provider ① …의 앞잡이.
a universal provider 잡화상, 만물상.

*__pro·vid·ing__ [prəváidiŋ] 접 =provided. ⇨IF 유의어

provinc. provincial.

‡**prov·ince** [právins/próv-] 명 *-inc·es* [-iz] **1** (광역 행정 구역으로서의) 주(州), 성(省), 현(縣), 도(道)(미국은 state; 영국은 county, shire). **2** (the ~s) (복수취급) 시골, 지방; (英) (London 이외의) 전국의 여러 지방. ¶tour the ~s 지방을 순회하다. **3** 지역, 지방. ¶(생물 분포의 지방 region). **4** (DISTRICT 유의어) **5** (the ~, one's ~) (학문 따위의) 분야, 영역; 활동 범위, 본분, 직분. **6** (교회) 지방 교회; (대주교·수도회의) 관구. **7** (역사) (북미의) 영령(英領) 식민지. **8** [로마사] (총독 치하의) 지방, 주(州).
be outside one's province …의 직권 밖이다.
in the province of …의 분야에서.
in the provinces 시골[지방]에서.

*__pro·vin·cial__ [prəvínʃəl] 형 **1** 주(성, 현, 도)의; (대도시에 대한) 지방의. ¶the ~ government 주(州) 정부[지방지(紙)] **/** ~ taxes 지방세. **2** 시골의, 촌스러운; 지방 특유의. ¶~ customs 지방 관습. **3** 시야가 좁은, 편협한; 거칠고 천한. ¶a ~ point of view 시야가 좁은 견해. **4** (교회) 지방 교회의; 대주교 관구의. **5** (P-) (미술) 지방에서 볼 수 있는 가구[건축] 양식의. **6** (역사) (미국 독립 전) 영령(英領) 아메리카의 여러 주의. —명 **1** 지방 주민[출신]; 시골 사람, 야인; 편협한 사람. **2** (교회) **a)** 지방 관구장; (英) 대주교. **b)** (종교 단체의) 지방 지부장. ~·ly 부

pro·vin·cial·ism [prəvínʃəlìzm] 명 **1** UC 지방적 특색, 지방색. **2** U 지방적 편견; (정치적) 지역주의, 지역 감정; (편협한) 애향심, 향토애; 편협, 거칠고 천함. **3** 방언(方言); 시골 사투리. (또는 **localism**)

pro·vin·cial·ist [prəvínʃəlist] 명 =provincial 1.
pro·vin·ci·al·i·ty [prəvìnʃiǽləti] 명 UC **1** 지방적 특성, 지방색. **2** 시골풍[티], 편협, 거칠고 천함.
pro·vin·cial·ize [prəvínʃəlàiz] (＊(英) -**ise**) 타 …을 시골풍으로 만들다; …을 거칠고 천하게 하다, 편협하게 하다. -i·zá·tion 명

próv·ing gròund [prúːviŋ-] 명 (美) (새 장비·무기 따위의) 성능 실험장; (이론 따위의) 실험대[장].
próving stànd 명 (로켓 엔진 따위의) 성능 시험대.
pro·vi·rus [próuvàiərəs, ˌ---] 명 (균류) 프로바이러스(숙주 세포내에 있으면서 세포에 상해를 주지 않는 바이러스).

‡**pro·vi·sion** [prəvíʒən] 명 (복 ~s [z]) **1** (법률) 조항, 규정; 단서, 조건. ¶general [supplementary] ~s 일반 규정[부칙] **/** the ~s of a bill 법안의 조항. **2** U (…의) 예비, 준비, 대책, 설비 (*for, against*); C 지급액. ¶make ~ for one's son's education 아들의 교육을 위한 준비를 하다. **3** (~s) 식량, 양식, 저장품. ¶FOOD 유의어 ¶The ~s will suffice for a month. 식량은 한 달은 갈 것이다. **4** U (교회) (고어) 성직록 서임; (비어 있지 않은 성직에 대한) 사전 임명.
with the provision that … =*with* the PROVISO *that*…. — 타 …에 (…을 위해) (대략·장기적으로) 양식을 공급하다. ~·er 명 식량 공급자; 준비 담당자. ~·less 형 ~·ment 명 양식 공급.

*__pro·vi·sion·al__ [prəvíʒənəl] 형 일시적인, 잠정적인, 임시의; 조건부의. ¶a ~ agreement 잠정[가(假)] 협정. **1** 임시 우표. **2** 임시 회원. **3** (P-) IRA의 급진파. ~·ly 부 ~·ness, -ál·i·ty 명

provísional búdget 명 잠정 예산, 가(假)예산.
provísional góvernment 명 임시[잠정] 정부.
pro·vi·sion·ar·y [prəvíʒənèri/-ʒənəri] 형 = provisional.
provísion mèrchant 명 식료품상(grocer).
pro·vi·so [prəváizou] 명 (복 ~(e)s) (법령·계약서 따위의) 단서; 조건(condition).
with the proviso that … …이라는 조건부로.
pro·vi·sor [prəváizər] 명 **1** (교회) (고어) (아직 궐위(闕位)되지 않은 성직에) 임명된 사람. **2** (가톨릭) 주교 총대리. **3** (군대·교회 등의) 식사 당번.
pro·vi·so·ry [prəváizəri] 형 일시[잠정]적인, 임시의; 조건부의, 단서가 붙은. **-ri·ly** 부
pro·vi·ta·min [pròuváitəmin/-vít-] 명 (생화학) 프로비타민(carotene 등 체내에서 비타민으로 변하는 물질).
pro·vo [próuvou] 명 **1** (종종 P-) 네덜란드 등 유럽 국가의 과격파. **2** (P-) =provisional 3.
pro·vo·ca·teur [prəvàkətɜ́ːr/F pʀɔvɔkatœːR] 명 (~s) **1** 선동자(agitator). **2** =agent ~. [< F]

*__prov·o·ca·tion__ [pràvəkéiʃən/pròv-] 명 **1** 화나게 하기; 자극; 도발; 유발; 반대[독자] 의견 표명. **2** 화나게 하는 것[원인]; 도발하는 것, **3** U 화, 분노; 흥분.
feel provocation 화내다; 흥분하다.
give...provocation …을 화나게 하다.
under provocation 부아가 치밀어, 성나서.

*__pro·voc·a·tive__ [prəvάkətiv/-vɔ́k-] 형 **1** 화나게 [성나게] 하는, 약올리는, 도발하는, 자극적인; (…을) 유발[자극]시키는 (*of*). ¶~ language 남을 화나게 하는 말투 **/** a remark ~ of curiosity 호기심을 자극하는 말. **2** (식욕·성욕을) 자극하는; 흥분성의. **3** 물의를 일으키는, 충격을 주는. —명 화나게 하는 것; 자극물, 흥분제, 도발물. ~·ly 부 ~·ness 명

‡**pro·voke** [prəvóuk] 타 (-*d* [-t]; **-vok·ing**) **1** …을 화나게 하다, 약올리다. ⇨IRRITATE 유의어 ¶~ a dog 개를 약올리다 **/** He was ~d out of patience. 그는 화가 나서 참을 수가 없었다. **2** …을 도발하다, 선동하다; …을 유발하다 (…)시키다 (*to do, into doing*). ¶~ a riot 폭동을 선동하다 **//** (~+目+前+名) ~ a person *to* fury 남을 격분케 하다 **//** (~+目+*to do*) He was ~*d to* write a poem. 그는 시상이 떠올라 시를 썼다. **3** …을 일으키다, 생기게 하다, …의 원인이 되다. ¶~ an international crisis 국제 위기를 불

유의어 **provoke** 자극하여 어떤 행위·감정을 일으키다. **excite** provoke보다도 세게[깊이] 마음을 움직이다. **stimulate** 불활발·무관심한 상태에서 자극에 의해 당연한 행위·감정을 일으키다. **stir** 흥분·동요시켜서 겉으로 드러나게 행동·감정을 일으키다.

-vók·a·ble **-vók·er** 형
pro·vok·ing [prəvóukiŋ] 형 화나게 하는, 약오르는, 속상하는(annoying); 도발하는. ¶ ~ delay 짜증나는 지연 / ~ manners 괘씸한 태도. **~·ly** 부
pro·vo·ló·ne (chéese) [pròuvəlóuni-] 프로볼로네(건조시켜 훈제한 이탈리아 치즈).
pro·vost [próuvoust/prɔ́vəst] 명 1 감독, 관리자. 2 (英) (대학의) 학료장(學寮長); (美) (일부 대학의) 학장. 3 (가톨릭) (대성당의) 수석 사제, 사제장(司祭長). 4 (중세 장원(莊園)의) 토지 관리인, 마름. 5 (스코) 시장(市長). 6 [próuvou/prəvóu] (군사) = marshal.
próvost cóurt [próuvou-/prəvóu-] 명 (군사) 군사 법원(점령지에서 군인이나 일반인의 경범죄를 재판).
próvost guàrd 명 (美) 헌병대.
próvost márshal 명 (육군) 헌병 사령관[대장]; (해군) 법무 장교, 미결감장(未決監長).
próvost sérgeant 명 (군사) 헌병 하사관.
pro·vost·ship [próuvoustʃip/prɔ́vəst-] 명 U provost의 직위[지위, 임기].
*** prow**[1] [prau] 명 1 뱃머리, 이물(bow). 2 (항공기의) 기수(機首). 3 (시) 배. **~ed** [-d] 형
prow[2] 형 (고어) 용감한, 씩씩한(valiant).
***prow·ess** [práuis] 명 1 용기, 무용; ⓒ 용감한 행위. 2 (···의 / ···에서의) 뛰어난 솜씨[능력], 위업 (as / at, in). **~ed** [-t] 형
***prowl** [praul] 자 (먹이·사냥감을 찾아서) 살금살금 돌아다니다(about, (a)round) (for, after); (구어) 배회하다(about, (a)round). ⇨LURK 유의어 [¶ (~+前+图) ~ after one's prey 먹이를 찾아서 헤매다. — 타 ···을 (몰래) 배회하다. ¶ ~ the streets 거리를 배회하다. — 명 (a ~, the ~) (구어) (먹이 따위를 찾아) 몰래 돌아다님; 배회.
on [or **upon**] **the prowl** (먹이 따위를 찾아) 배회하여.
~·ing·ly 부 배회하며, 몰래 돌아다녀서.
prówl càr 명 (美) (경찰의) 순찰차(squad car).
prowl·er [práulər] 명 1 (먹이를 찾아) 배회하는 동물; 배회자. 2 좀도둑, 빈집털이.
prox. proximo. **prox. acc.** proxime accessit.
Prox·ar [práksər/prɔ́ksə] 명 (사진) (상표) 프록사(근접 촬영용 보조 렌즈).
prox·e·mics [praksí:miks/prɔk-] 명복 (단수취급) (사회·심리) 근접학, 근접 공간학(인간에게 근접한 공간 영역의 연구).
Próx·i·ma Centáuri [práksəmə-/prɔ́k-] 명 (천문) (켄타우루스(Centaurus) 자리의) 프록시마 성(星). (또는 Proxima)
prox·i·mal [práksəməl/prɔ́k-] 형 1 [해부] 기부(基部)의; (···의) 중앙(기부)에 가까운 쪽의(to)(⟷ distal). 2 가장 가까운, 근접한. **~·ly** 부
prox·i·mate [práksəmət/prɔ́ks-] 형 1 (시간·순서 따위가) (···에) 가장 가까운, (···) 직전[직후]의. ¶ the ~ successor 바로 다음의 후계자. 2 (공간적으로) (···에) 아주 가까운, 인접한(to). ¶ a house ~ to the park 공원에 인접한 집. 3 (원인 따위가) 직접적인. ¶ the ~ cause 직접적 원인, 근인(近因). 4 (셈 따위가) 근사(近似)한, 대체로 정확한, 거의, 절박한.
~·ly 부, **~·ness** 명, **-má·tion** 명
próxime accéssit [práksimi æksésit, -ək-sí:sit] 명 둘째, 차석, 차점. 〔<L〕
prox·im·i·ty [praksíməti/prɔk-] 명 U (장소·시간·관계 따위의) (···에) 가까움(to); 근접, 접근.
in close [or **immediate**] **proximity to** ···에 근접하여.
in the proximity of ···의 근처에, ···부근에.
proximity of blood 친근(近親), 친족 관계.
proximity fùse [fùze] 명 (군사) 근접 (전파) 신관(信管)(목표에 접근하면 폭발하는 신관).
proximity tàlks 명복 근접[근거리 왕복] 외교(근

한 장소에 있는 당사자 사이를 중개자가 왕래하며 중재).
prox·i·mo [práksəmòu/prɔ́ks-] 부 다음달(약 prox.)(* 상업·판청 용어). 형 ultimo ¶ on the 1st ~ 다음달 1일에. 〔<L〕
prox·y [práksi/prɔ́ksi] 명 1 U (···의) 대리 (행위); 대리권, 대리 자격(for). 2 대리인; 대용품. 3 (대리 투표 따위의) 위임장.
by proxy 대리로.
stand [or **be**] **proxy for** ···의 대리가 되다, ···을 대표하다.
próxy bómb 명 (英) 가짜 폭탄.
próxy fìght [bàttle] 명 (주주 총회에서의) 위임장 쟁탈전.
próxy márriage 명 대리[위임] 결혼.
próxy sèrver 명 (컴퓨터) 프록시 서버(LAN내 단말기로부터의 요구에 의해 WAN으로의 접근을 대행하는 서버).
próxy státement 명 위임장.
próxy vòte 명 (선거의) 대리 투표.
próxy wàr 명 대리 전쟁.
Pro·zac [próuzæk] 명 (상표) 프로잭, 항울제(우울증 치료제).
prp. present participle. **prs.** pairs. **P.R.S.** President of the Royal Society. **PRT** personal rapid transit(개인 고속 수송); photo-radiation therapy(광자(光子) 방사선 요법). **prtd.** printed.
prude [pru:d] 명 얌전한[숙녀인] 체하는 여자; 고상한 체하는 사람. **~·like** 형
***pru·dence** [prú:dns] 명 U 1 사려, 분별; 세심, 신중. ¶ act with great ~ 아주 신중하게 행동하다.

유의어 **prudence** 행위의 결과를 예측하는 올바른 판단과 신중함. **discretion** 성급하고 무모한 행동을 하려는 마음을 자제하며 prudence로 이끄는 능력. **foresight** 상당히 먼 앞까지 신중하게 내다보는 능력. **forethought** 불의의 사태를 예견하고 적당한 대비를 하는 일.

2 빈틈 없음, 타산(打算). 3 알뜰함, 검약.
‡pru·dent [prú:dnt] 형 (**more ~; most ~**) 1 (···의 점에서) 사려 깊은, 분별 있는, 현명한; 신중한, 조심성 있는(in). ¶ ~ solution 현명한 해결. 2 빈틈없는, 타산적이다. 3 알뜰한, 검약하는. 4 상식이는, 견식이 확고한. **~·ly** 부
pru·den·tial [pru:dénʃəl] 형 1 분별 있는, 빈틈 없는; 조심성 있는. 2 타산적인. 3 권고의, 자문(諮問)의; 자유 재량권이 있는. — 명 (~s) (행정·재정상) 신중히 고려해야 할 사항; 별로 중요하지 않은 사항.
-ti·ál·i·ty 명 **~·ly** 부 **~·ness** 명
prudéntial commíttee 명 (美) (교회·학교 등의) 자문 위원회.
pru·den·tial·ism [pru:dénʃəlìzm] 명 U 신중하게 하기, 무사(안일)주의, 신중론.
pru·den·tial·ist [pru:dénʃəlist] 명 조심성이 많은 사람, 세심한 사람, 신중론자, 무사(안일)주의자.
prud·er·y [prú:dəri] 명 U (경멸적) 숙녀인 체하기, 고상한 체하기; (-ies) 고상한 체하는 행위[말].
Prúd·hoe Báy [prúdhou-] 명 프루도만(灣)(미국 Alaska 주 북부의 대구모 유전 지역).
prud·ish [prú:diʃ] 형 (경멸적) 숙녀인 체하는, 고상한 체하는, 점잔 빼는. **~·ly** 부 **~·ness** 명
pru·i·nose [prú:ənòus] 형 (동·식물) 흰 가루로 덮인, 서리가 내린 것 같은.
***prune**[1] [pru:n] 명 1 서양자두; 말린 자두. 2 U 짙은 적자색(赤紫色). 3 (구어) 얼간이, 바보, 매력 없는 사람.
full of prunes (美속어) ① 눈꼴사나운, 거만한. ② 이상한. ③ 활기찬. ④ 잘못 알고 있는. ⑤ 헛소리의.
prunes and prism(s) 점잔 빼는 말씨. 〔라틴 어에서〕
***prune**[2] 타 1 (필요 없는 가지·뿌리 따위를) 잘라내다, (나무의 가지를 치다(back, away, down, off); 전정(剪定)[전지]하다(back). ¶ ~ hedges 산울타리를 치다. 2 (···에서) (군더더기를) 제거하다, (여분을) 제거하다(away, down) (of, from); (비용을) 절감하다; (문장 따위를) 간결하게 다듬다(down). ¶ ~ the bud-

prùn·a·bíl·i·ty 명 **prún·a·ble** **prún·a·ble·ness** 명
pruned [pruːnd] 형 《美속어》 몹시 취한.
prune-face [prúːnfèis] 명 《美속어》 궁상스러운 얼굴을 한 사람(• 별명에 사용).
pru·nel·la [pruːnélə/pru-] 명 ①U 프루넬라직(織)(질긴 모직물의 일종). (또는 **prunelle, prunello**)
prun·er [prúːnər] 명 가지치는[전지하는] 사람; 전지용 가위. 「지(剪枝).
prun·ing [prúːniŋ] 명 UC 가지치기, 전정(剪定), 전
prúning hòok 명 전지용 낫.
prúning knífe 명 가지치는[전지용] 칼. 「지].
prúning shèars [scíssors] 명 가지치는[전
pru·ri·ence [prúəriəns] 명 ① 1 호색, 음란, 외설. 2 (병적인) 열망, 갈망. 3 가려움. (또는 **pruriency**)
pru·ri·ent [prúəriənt] 형 1 (병적) 호색의, 음란한; 외설적인, 색정을 일으키는. ¶ ~ literature 외설 문학. 2 병적으로 갈망하는, ३ 가려운, 근질근질한. **~·ly** 부
pru·rig·i·nous [pruərídʒənəs] 형 〔병리〕 가려운.
pru·ri·go [pruəráigou] 명 U 〔병리〕 양진(痒疹).
pru·ri·tus [pruəráitəs] 명 U 〔병리〕 가려움증.
-rít·ic 형
Prus. Prussia(n).
Prus·sia [prʌ́ʃə] 명 프로이센, 프러시아(옛 독일 연방의 왕국; 독일어로 Preussen).
Prus·sian [prʌ́ʃən] 형 1 프로이센의; 프로이센 사람[말]의. 2 군국주의적인. ¶ ~ discipline 군국주의적 기강. —명 1 프로이센 사람. 2 U 프로이센 말.
Prússian blúe 명 감청(紺靑)(안료); 감청색.
Prússian brówn 명 (감청이 원료인) 갈색 안료.
Prus·sian·ism [prʌ́ʃənìzm] 명 U 프로이센 정신[주의]; 군국주의, 독재주의.
prus·sian·ize [prʌ́ʃənàiz] 동타 (때로 P-) …을 프로이센식으로 하다; …을 군국주의화하다.
-i·zá·tion, -iz·er 명 「화물(cyanide), 청산염.
prus·si·ate [prʌ́ʃieit, -ət/prʌ́ʃiət] 명 〔화학〕 시안
prus·sic [prʌ́sik] 형 〔화학〕 시안화수소의(hydrocyanic), 청산(靑酸)의.
prússic ácid 명 〔화학〕 청산(靑酸), 시안화수소산.
prut [prʌt] 명 《美속어》 쓰레기, 찌꺼기.
pru·ta(h) [pruːtáː] 명 **-tot(h)** [-tóːt]) 프루타(이스라엘의 옛 화폐 단위; 지금은 agora).
Prv. Proverbs.
***pry**[1] [prai] 동자 《경멸적》 1 (남의 사사로운 일 따위를) 캐다, 파고들다 (into). ¶ (~+前+名) ~ into the affairs of others 남의 일을 꼬치꼬치 캐다. 2 (…을) 엿보다, 동정을 살피다 (about, into). ¶ (~+前+名) ~ about a house 집안을 엿보다[집 주위를 살펴보다]. —명 1 엿보기; 꼬치꼬치 캐기, 2 캐기 좋아하는 사람.
pry[2] 동타 1 …을 지렛대로 들어올리다[열다, 움직이다] (up, out, off). ¶ ~ open (비틀어) 억지로 열다, 비집어 열다 // (~+目+副) ~ up the lid of a box 박스 상자의 뚜껑을 억지로 열다. 2 …을 (…에게서) 간신히 손에 넣다, 캐내다 (out of, from). ¶ (~+目+前+名) ~ the truth out of a person 남에게서 진상을 간신히 알아내다. —명 1 지레, 쇠지레. 2 U 지레의 작용.
pry·er [práiər] 명 =prier.
pry·ing [práiiŋ] 형 엿보는, 흘끗흘끗 보는, 호기심이 강한; 캐기 좋아하는. **~·ly** 부 **~·ness** 명
pryth·ee [príði] 감 《고어》 =prithee.
ps picoseconds. **PS** 《우주》 payload specialist; phrase structure; 《화학》 polystyrene; power steering. **ps.** pieces; postscript; pseudonym. **Ps., Psa.** Psalm(s). **p.s.** particle size; parts shipped. ***P.S.** parliamentary secretary (정무 차관); passenger steamer; permanent secretary (《英》 사무 차관); postscript; 《라틴》 postscriptum (=postscript); 〔전기〕 power supply; press [private] secretary; Privy Seal; 〔연극〕 prompt side; public school. **PSA** pleasant Sunday afternoon; 〔병리〕 prostate specific antigen (전립선 특이 항원); public service announcement (공공 서비스 정보).
PSAC 《美》 President's Science Advisory Committee (대통령 과학 자문 위원회).
‡**psalm** [sɑːm] 명 〔~s [-z]〕 1 찬송가, 성가. 2 (the P-s) 〔단수취급〕 (구약 성서의) 시편(詩篇)(정식 명칭은 the Book of Psalms; the Psalms of David); (P-) 시편 중의 하나. —타 …을 시편으로 노래하며 찬미하다, 찬송하다. **~·ic** 형
psalm·book [sɑ́ːmbùk] 명 시편집; (예배용의) 성가집; (그리스 정교의) 성가경(Psalter).
psalm·ist [sɑ́ːmist] 명 시편 작가; (the P-) (구약 성경의) 시편 작가(다윗(David)을 말함).
psal·mod·ic [sæmɑ́dik, sæl-/-mɔ́d-] 형 시편의, 시편가(歌)의, 찬송가의; 시편 창화(唱和)의. (또는 **psalmodical**)
psal·mo·dist [sɑ́ːmədist, sǽl-] 명 시편 작가; 시편 영창자(詠唱者). 「가를 영창하다.
psal·mo·dize [sɑ́ːmədàiz, sǽl-] 동자 시편[찬송
psal·mo·dy [sɑ́ːmədi, sǽl-] 명 1 U (영창용의) 시편[성가] 편성 작곡. 2 (집합적) 찬송가, 찬송가집. 3 U 시편[성가] 영창(법). 「2.
Psalms [sɑːmz] 명 (단수취급) (the ~) =psalm
Psal·ter [sɔ́ːltər] 명 (the ~) =psalm 2; (때로 p-) (예배식용의) 시편집.
psal·te·ri·um [sɔːltíəriəm] 명 (복 **-ri·a** [-riə]) 〔동물〕 겹주름위(胃)(반추동물의 제3위). **-ri·al** 형
psal·ter·y [sɔ́ːltəri] 명 1 프살테리움(砂岩), 사질암(砂質岩).
psam·mite [sǽmait] 명 〔지질〕
psam·mít·ic 형
p's and q's 명 언행, 행동거지, 예의 범절. (또는 **P's and Q's**)
mind [or watch] one's p's and q's 언행을 조심하다; 예의 범절을 지키다.
PSAT 《美》 Preliminary Scholastic Assessment Test (대입 예비 시험 (고교 2년생 대상)). 畋 SAT **PSB** photosynthesis bacteria. **PSC** 《美》 Public Service Commission.
pse·phol·o·gy [siːfɑ́lədʒi/sefɔ́l-] 명 U 선거학(選擧學); (광의의 廣義)적으로) 선거 예측. **psè·pho·lóg·i·cal** **psè·pho·lóg·i·cal·ly** 부 **-gist** 명
pseud [suːd/sjuːd] 《英구어》 명 젠체하는 사람; 사이비 (지식인); 가짜. —형 사이비의; 거짓의, …인 체
~·y 형 「하는.
pseud. pseudonym; pseudonymous.
pseud- [suːd/sjuːd] 〔연결〕 ⇨ PSEUDO-.
pseud·e·pig·ra·pha [sùːdipígrəfə/sjùːd-] 명 (복) (구약성서의) 위서(僞書), 위전(僞典).
pseud·e·pig·ra·phy [sùːdipígrəfi/sjùːd-] 명 U (어떤 작품에) 거짓 저자명을 붙이기.
pseu·do [súːdou/sjúː-] 형 《구어》 1 가짜의, 모조의; 위선적인. 2 비슷한, 유사한. —명 (복 **~s**) 《구어》 야바위꾼, 사기꾼; 사칭하는 사람, 사이비 (지식인).
pseu·do- [súːdou, -də/sjúː-] 〔연결〕 false, pretended의 뜻 (* 모음 앞에서는 pseud-).
pseu·do·a·quat·ic [sùːdouəkwǽtik] 형 (수중에 아니고) 습지에 사는, 위수성(偽水性)의.
pseu·do·ar·cha·ic [sùːdouɑːrkéiik] 형 의고조 (擬古調)의.
pseu·do·carp [súːdəkɑːrp/sjúː-] 명 헛열매, 위과(僞果)(사과·배·무화과 따위). **-cár·pous** 형
pseu·do·clas·sic [sùːdouklǽsik/sjùː-] 형 의고

pseudoclassicism

적(擬古的)인, 의고전적인. (또는 **pseudoclassical**) **-clàs·si·cál·i·ty**

pseu·do·clas·si·cism [sùːdouklǽsəsìzm/sjùː-] 명 ⓤ 의고전주의; 의고체(擬古體).

pseu·do·code [-kòud] 명 [컴퓨터] 의사(擬似) 코드 (프로그램의 실행에 앞서 번역을 요하는 코드).

pseu·do·cy·e·sis [sùːdousaiíːsis/sjùː-] 명 (pl. **-ses** [-siːz]) [의학] 상상 임신(false pregnancy).

pseu·do·e·vent [-ivént] 명 (공표·선전을 노린) 날조 사건.

pseu·do·gene [-dʒìːn] 명 [유전] 위(僞)유전자(유전자와 유사성이 많으나 유전자로서의 기능을 잃고 있는 DNA의 영역).

pseu·do·graph [súːdougræf/sjúːdougràːf] 명 위서(僞書), 위작(僞作)(forgery). **-dog·rà·pher**

pseu·do·in·struc·tion [-instrʌ́kʃən] 명 [컴퓨터] 의사(擬似) 명령(어).

pseu·do·in·tel·lec·tu·al [sùːdouintəléktʃuəl/sjùː-] 명 사이비 지식인[학자]. — 형 사이비 지식의.

pseu·do·in·tran·si·tive [-intrǽnsətiv] 형 [문법] 의사(擬似) 자동사의(자동사로 썼지만 본래 타동사인 동사. 예: These cakes *bake* well.의 bake).

pseu·do·lan·guage [sùːdoulǽŋgwidʒ] 명 [컴퓨터] 의사(擬似) 언어(프로그램 설계에 쓰이는 인공 언어).

pseu·dol·o·gy [sùːdɑ́lədʒi/sjuːdɔ́l-] 명 거짓(을 말하기). **-do·lóg·i·cal -gist** 거짓말쟁이.

pseu·do·morph [súːdəmɔ̀ːrf/sjúː-] 명 1 위형(僞形), 부정형(不正形). 2 [광물] 가정(假晶). **-mór·phic -mór·phism** 명 ⓤ **-mór·phous**

pseu·do·nym [súːdənìm/sjúː-] 명 가명, 변명, 익명; 아호, 필명, 펜 네임(pen name). ⓐ autonym

pseu·do·nym·i·ty [sùːdənímət i/sjùː-] 명 ⓤ 익명[필명] 집필[서명]; 익명[필명] 사용.

pseu·don·y·mous [suːdɑ́nəməs/sjuːdɔ́n-] 형 가명[필명]의; 가명[필명]으로 쓴. ~**·ly** 부 ~**·ness** 명

pseu·do·pod [súːdəpɑ̀d/sjúːdəpɔ̀d] 명 [생물] (아메바 따위) 위족(僞足)을 가진 원생동물(原生動物). **-dóp·o·dal, -do·pó·di·al, -pód·ic** 형

pseu·do·po·di·um [sùːdəpóudiəm/sjùː-] 명 (pl. **-di·a** [-diə]) [동물] (원생동물의) 위족(僞足), 헛발; [식물] 헛줄기(僞軸), 헛자루.

pseu·do·preg·nan·cy [sùːdouprégnənsi/sjùː-] 명 [병리] 1 =pseudocyesis. 2 (포유동물의) 위(僞)임신. **-nant** 형

pseu·do·ran·dom [-rǽndəm] 형 [컴퓨터] 의사난수(擬似亂數)의.

pseu·do·salt [súːdousɔ̀ːlt/sjúː-] 명 [화학] 의사염 (擬似鹽).

pseu·do·sci·ence [sùːdəsáiəns/sjùː-] 명 ⓤⓒ 사이비(의사擬似) 과학(점성(占星)·염력 따위). **-sci·en·tíf·ic -sci·en·tíf·i·cal·ly -en·tist**

pseu·do·scope [súːdəskòup/sjúː-] 명 [광학] 위체경(僞體鏡), 반영경(反影鏡)(요철(凹凸)이 거꾸로 보인다). **-scóp·ic -scóp·i·cal·ly**

pseu·do·tu·ber·cu·lo·sis [sùːdoutjubəːrkjulóusis/sjùːdoutjuː-] 명 [병리] 가성(假性) 결핵(증).

psf, p.s.f. *pounds per square foot*(1평방피트당 …파운드).

PSG *phrase-structure grammar*; (군사) *platoon sergeant*.

pshaw [ʃɔː/pʃɔː] 감 흥!, 체!, 뭐야!, 바보 같은!(※경멸·초조함·불신 따위를 나타낸다). — 명 경멸[불쾌]의 외침. — 자 (…에게) 흥[체] 하고 말하다(at). — 타 …에게 흥을 하다, …을 흥 하고 코웃음치다.

psi¹ [psai/psai] 명 ⓤⓒ 사이(그리스어 알파벳의 스물셋째 자(Ψ, ψ)); 이 문자가 나타내는 자음([ps]).

psi² [sai] 명 프시, 심령 현상, 초감각적 지각(투시·텔레파시·염력(念力) 따위). ¶ The ~ field 프시가 지배하고 있는 장(場). [<Gk 알파벳의 스물셋째 자 Ψ(psy-che)]

PSI *Personalized System of Instruction*(개별화 교수법); *Pollution Standard Index*(환경 오염 지수).

psi, p.s.i. *pounds per square inch*(1평방인치당 …파운드).

psi·khush·ka [saikúʃkə, psi:-/psai-] 명 (pl. **-ki** [-kiː]) (속어) =psychoprison. [<Russ]

psi·lan·thro·pism [sailǽnθrəpìzm] 명 =psilanthropy.

psi·lan·thro·py [sailǽnθrəpi] 명 ⓤ 그리스도 인간설. (또는 **psilanthropism**) **psì·lan·thróp·ic** 형 **-pist** 명

psi·lo·cin [sáiləsin, sìl-] 명 ⓤ [생화학] 사일로신(멕시코산(産)의 버섯에서 채취되는 환각제).

psil·o·cy·bin [sàiləsáibin, sìl-] 명 ⓤ [약학] 사일로사이빈(멕시코산(産)의 버섯에서 채취되는 환각제).

psi·lo·sis [sailóusis] 명 [병리] 1 탈모증, 독두병(禿頭病). 2 =sprue². **-lót·ic** **-ón·ic**

psi·on [psáiɑn/psáiɔn] 명 [물리] =psi particle

psí párticle [물리] 프시 입자(J/psi particle).

psit·ta·co·sis [sìtəkóusis] 명 [병리] 앵무병(폐렴·장티푸스 비슷한 전염병). **-ta·cót·ic**

PSK [통신] *phase-shift keying*.

pso·ri·a·sis [səráiəsis] 명 ⓤ [병리] 건선(乾癬), 마른버짐. **·ri·át·ic** 건선의.

PSP (군사) *programmable signal processor*(프로그램 변경식 신호 처리 장치). **PSRO, P.S.R.O.** *Professional Standards Review Organization*(의료 기준 조사 위원회). **Pss.** *Psalms*. **P.SS., p.ss.** *postscripts*. 「부르는 말.

psst [pst] 감 여보세요!, 잠깐!(※주의를 끌기 위해 **PST, P.S.T., p.s.t.** (美) *Pacific Standard Time* (태평양 연안 표준시). **PSTN** *Public Switched Telephone Network*(음성·데이터 송수신을 위한 국제 전화 시스템). **P.S.V.** (英) *public service vehicle*(공공 수송 수단).

psych [saik] 형 (구어) 타 1 …을 정신적으로 혼란시키다, 불안하게 하다(out, up). ¶ ~ *out* the competition 경쟁 상대를 불안하게 하다. 2 …을 자극하다, 흥분시키다(up). 3 올바른 정신 상태가 되게 하다, …의 정신을 안정시키다; (…에 대해) 마음을 가다듬게 하다(up) (for). 4 …을 격려[고무] 하다, …의 심리를 읽다, (눈치로) …에게 선수치다, 알아내다(out). 5 [문제 따위]를 심리적으로 분석[해결]하다. — 자 의기소침하다, 정신적으로 혼란해지다(out).

psych out (구어) ① 흥분하게 하다, 안절부절 못하게 하다. ② (술·마약 따위에) 취하게 하다. ③ 당황하게 하다, 어쩔 줄 모르게 하다. ④ 알아내다, 간파하다.

psych up (구어) …에게 마음을 가다듬게 하다, 기합을 넣다.

— 명 1 (구어) (학과목으로서의) 심리학(psychology); 심리학자. 2 =psychiatrist. 「ogy.

psych. *psychologic(al)*; *psychologist*; *psychol-*

psych- [saik] (연결형) ⇒PSYCHO-. 「*analysis*.

psy·cha·nal·y·sis [sàikənǽləsis] 명 =psycho-

psy·chas·the·ni·a [sàikəsθíːniə] 명 [정신의학] 정신쇠약. **-thén·ic**

*****Psy·che** [sáiki] 명 1 [그리스 신화] 프시케(Eros에게 사랑받은 미소녀, 영혼의 화신). 2 (p-) (the ~, one's ~) 영혼(soul), 정신. 3 [심리·정신분석] 프시케, 정신[심리] 구조. 4 (p-) 도롱이벌레(도롱이나방의 유충). — 명 타 (p-) =psych.

psyched [saikt] 형 (구어) 1 흥분한, 안절부절 못하는; 당황하는, 갈팡질팡하는; 취한(out). 2 마음을 가다듬은, 기합이 들어간(up).

psych·e·de·lia [sàikidíːljə, -dél-] 명 [단수취급] 1 (예술의) 사이키델릭한 세계[작품]. 2 환각제의 세계; 환각제 용품.

psych·e·del·ic [sàikidélik] 형 1 (정신 상태가) 황

홀·도취경에 빠진, 환각적인. **2** (마약 따위가) 환각을 일으키는; 환각제(사용)의. **3** 《구어》 (그림·음악 따위가) 환각적인, 사이키델릭조(調)의. **—** [명][U][C] 환각제; 환각제 사용자. (또는 **psychodelic**) **-i·cal·ly** [부]

psy·che·del·i·ca·tes·sen [sàikidèlikətésn] [명] 《美》 환각제[마리화나] 용품점(head shop).

psy·che·del·i·cize [sàikədélisàiz] [동][타] 〔그림·음악 따위〕를 사이키델릭조(調)로 하다.

psychedélic róck [명] =acid rock. 「의 머리형).

Psýche knòt [명] 사이키 노트(뒤로 땋아 묶는 여자

psy·chi·a·ter [sikáiətər] [명] =psychiatrist.

psy·chi·at·ric [sàikiǽtrik] [형] 정신의학[병리학]의[에 쓰는]; 정신과의. ¶~ disorder 정신 장애. (또는 **psychiatrical**) **-ri·cal·ly** [부]

psy·chi·a·try [sikáiətri, sai-] [명][U] 정신 의학, 정신병학[치료법]. **-trist** [명]

psy·chic [sáikik] [형] **1** 마음의, 정신의, 심리[정신]적인([반] physical). ¶illness due to ~ causes 심인성(心因性) 질병. **2** 〔심리〕 심령(현상)의, 초자연적인; 심령 작용을 받기 쉬운; 천리안[독심술]을 가진. ¶~ research 심령 연구. (또는 **psychical**) **—** [명] **1** 심령 작용을 받기 쉬운 사람; 영매(靈媒), 무당. **2** (~s) 《단수취급》 심령 연구. **-chi·cal·ly** [부] **-chi·cism, -cist** [명]

psýchic detérminism [명] 〔심리〕 (Freud의) 심적(心的) 결정론. 「cal dístance)

psýchic dístance [명] 심리적 거리. (또는 **psýchi-**

psýchic énergizer [명] 〔약학〕 정신 활성[흥분]제.

psýchic énergy [명] 〔정신분석〕 정신 에너지.

psýchic héaler [명] 심령 요법가[치료사].

psýchic héaling [명] 심령 요법[치료].

psýchic phenómena [명] 심령 현상. 「리학.

psy·chics [sáikiks] [명][복] 《단수취급》 심령 연구; 심

psych-jock·ey [ˊdʒɑ̀ki/-dʒɔ̀ki] [명] 《美구어》 〔라디오·TV〕 인생 상담 프로의 호스트[컨설턴트].

psy·cho [sáikou] 《속어》 [명] ([복] **~s**) **1** 정신병자. **2** 신경증[노이로제] 환자. **3** [U] 정신 분석, 심리학. **—** [형] **1** 정신병학의, 신경증의; 정신분석의, 심리학의. **2** 묘한, 기분이 언짢은. **—** [동][타] =psychoanalyze.

psy·cho- [sáikou, -kə] [연결] psyche(영혼, 정신), psychological의 뜻(＊ 모음 앞에서는 psych-).

psy·cho·a·cous·tics [sàikouəkú:stiks] [명] 《단수취급》 음향 심리학. **-a·cóus·tic, -a·cóus·ti·cal** [형]

psy·cho·ac·tive [sàikouǽktiv] [형] (약물이) 정신에 작용하는, 정신 활성(活性)의. **-ac·tív·i·ty** [명]

psy·cho·a·nal·y·sis [sàikouənǽləsis] [명][U] 정신 분석(학); 정신 분석 요법. (또는 **psychanalysis**)

psy·cho·an·a·lyst [sàikouǽnəlist] [명] 정신 분석학자; 정신 분석 전문의(醫). (또는 **psychanalyst**)

psy·cho·an·a·lyt·ic [sàikouæ̀nəlítik] [형] 정신 분석(학)의. (또는 **psychoanalytical**) **-i·cal·ly** [부]

psy·cho·an·a·lyze [sàikouǽnəlàiz] (＊《英》 **-lyse**) [동][타] …을 정신 분석(치료)하다. **-lyz·er** [명]

psy·cho·bab·ble [sáikoubæ̀bl] [명][U] **1** 정신 분석 (요법) 용어, 심리 요법 은어(隱語). **2** 《美구어》 유행어·속어를 마구 쓰는 말투. **—** [동][자] 《美속어》 심리학[정신의학] 용어를 마구 쓰며 말하다. **-bler** [명]

psy·cho·bi·og·ra·phy [sàikoubaiágrəfi/-ɔ́g-] [명] (개인의 성격[정신] 형성을 기록한) 성격 분석적 전기[경력]; 성격 분석. **-pher** [명] **-o·gráph·i·cal** [형]

psy·cho·bi·ol·o·gy [sàikoubaiálədʒi/-ɔ́l-] [명][U] 정신 생물학; 생물학적 심리학.
-o·lóg·ic, -o·lóg·i·cal [형] **-o·lóg·i·cal·ly** [부] **-gist** [명]

psy·cho·chem·i·cal [sàikoukémikəl] [형] 정신에 영향을 미치는 화학 약품[약제]의. **—** [명] 정신화학 물질(화학전에 사용되는 신경성 독가스 따위).

psy·cho·di·ag·nos·tics [sàikədàiəgnástiks] [명][복] 《단수취급》 정신 진단학[법]. **-nós·tic** [형]

psy·cho·dra·ma [sàikoudrá:mə, ˊ-ˋ-] [명][U] 〔정신병리〕 심리극, 사이코드라마(정신병 치료를 위한 집단 심리요법). **-dra·mát·ic** [형]

psy·cho·dy·nam·ics [sàikoudainǽmiks] [명][복] 《단수취급》 정신 역학[역동론].
-nám·ic [형] **-i·cal·ly** [부]

psy·cho·ed·u·ca·tion·al [sáikouedʒukéiʃənl] [형] 심리학적 학습 능력 평가 방법의.

psy·cho·gal·van·ic [sàikougælvǽnik] [형] 〔병리〕 정신 전류의[에 관한](심리적 자극에 의해 생기는 체내의 전기적 변화에 관한). ¶~ response 정신 전류 반응.

psy·cho·gen·e·sis [sàikoudʒénəsis] [명][U] **1** 정신 발생(학). **2** 〔심리〕 심인성(心因性). **3** 〔병리〕 심인적 증상 발생. **-ge·nét·ic** [형] **-ge·nét·i·cal·ly** [부]

psy·cho·gen·ic [sàikədʒénik] [형] 〔심리〕 심인성(心因性)의, 마음[기분]탓인. **-i·cal·ly** [부]

psy·cho·ger·i·at·ric [sàikoudʒeriǽtrik] [형] 〔병리〕 노인 정신병(학)의; 노인성 치매의. **—** [명] 노인 정신병[치매] 환자.

psy·cho·ger·i·at·rics [sàikoudʒèriǽtriks] [명][복] 《단수취급》 노인 정신의료(학), 노년 정신 의학.

psy·chog·no·sis [saikágnəsis/-kɔ́g-] [명][U] 〔심리〕 정신 진단(법). (또는 **psychognosy**)

psy·cho·graph [sáikəgræ̀f/-grà:f] [명] 〔심리〕 **1** 사이코그래프, 심지(心誌)(개인의 성격 특성도[표]). **2** 심령 서사(書寫)의 도구; 심령에 의해 인화지에 염사(念寫)된 상(像). **3** 심리면 중심의 전기물. **psy·chóg·ra·pher** [명] **ˋgráph·ic** [형] **ˋgráph·i·cal·ly** [부]

psy·cho·graph·ics [sàikəgrǽfiks] [명][복] 《단수취급》 〔마케팅〕 사이코그래픽스(마케팅 연구에서 소비자의 행동 양식·가치관 따위를 측정하는 심리학적 수법).

psy·chog·ra·phy [saikágrəfi/-kɔ́g-] [명] 심지법(心誌法); 심령서사(書寫); (심령에 의한) 염사법(念寫法).

psy·cho·his·to·ry [sàikouhístəri] [명] 역사 심리학. 「학.
-his·tó·ri·an [명] **-his·tór·ic, -his·tór·i·cal** [형]

psy·cho·kick [sáikoukìk] [명] 《美속어》 격한 성적 흥분, 강렬한 오르가슴.

psy·cho·ki·ne·sis [sàikoukiní:sis] [명][U] **1** 〔심령〕 염력(念力)(telekinesis) ([약] PK). **2** 〔정신의학〕 정신 발작. **-nét·ic** [형] **-nét·i·cal·ly** [부] 「gy.

psychol. psychological; psychologist; psycholo-

psy·cho·lin·guis·tics [sàikouliŋgwístiks] [명][복] 《단수취급》 심리 언어학, 언어 심리학.
-lín·guist [명] **-guís·tic** [형]

＊**psy·cho·log·i·cal** [sàikəládʒikəl/-lɔ́dʒ-] [형] **1** 심리학(상)의, 심리학적인. **2** 심리[정신]적인; 정신 현상[심리]을 다루는; 정신[심리]에 영향을 미치는. ¶~ effects 심리적 효과. **3** 《구어》 (질병 따위가) 심인성(心因性)의. **4** 《구어》 정신병의, 정신장애의(mental). (또는 **psychologic**) **~·ly** [부]

psychológical blóck [명] 〔정신의학〕 (사고의 흐름의) 두절(block). 「주의.

psychológical hédonism [명] 심리(학)적 쾌락

psychológical móment [명] (the ~) 심리적 호기(好機); 《구어》 절호의 기회, 알맞은 때; 위기, 절박하

psychológical nóvel [명] 심리 소설. 「순간.

psychológical prícing [명] (구매 의욕을 북돋우기 위한) 심리적 가격 전략[책정](8이나 9의 숫자 이용).

psychológical wárfare [명] 심리전; 신경전.

psy·chol·o·gism [saikálədʒìzm/-kɔ́l-] [명] 심리적 요소 중시론; 정신 분석 용어 사용; 〔철학〕 심리주의.

＊**psy·chol·o·gist** [saikálədʒist/-kɔ́l-] [명] **1** 심리학자; 임상 심리사, 정신 분석의(醫). **2** 심리주의자.
— [형] (또는 **psychologistic**) 〔철학〕 심리주의의.

psy·chol·o·gize [saikálədʒàiz/-kɔ́l-] [동][타] …을 심리학적으로 분석[기술]하다. **—** [자] 심리학을 연구하다; 심리학적으로 생각하다. **-gìz·er** [명]

‡**psy·chol·o·gy** [saikálədʒi/-kɔ́l-] [명] ([복] ***-gies*** [-z]) **1** [U] 심리학. ¶applied ~ 응용 심리학 / child ~

아동 심리학 / criminal ~ 범죄 심리학 / group [or mob] ~ 군중 심리학. 2 ⓒⓤ (단수형으로) (개인·집단의) 심리 (상태); (구어) 남의 심리를 이해하는 힘. ¶the ~ of the adolescent 청년의 심리. 3 심리학 서적; 심리학의 체계. 4 심리 작전.

psy·cho·man·cy [sáikoumænsi] 몡ⓤ 정신 감응, 영통(靈通), 무술(巫術).

psy·cho·met·ric [sàikəmétrik] 휑 정신[심리] 측정(학)의. (또는 **psychometrical**) **-ri·cal·ly** 튀

psy·cho·met·rics [sàikəmétriks] 몡ⓟ (단수취급) 계량(計量) 심리학.

psy·chom·e·try [saikámətri/-kɔ́m-] 몡ⓤ 1 (심리) =psychometrics. 2 신비력(어떤 물체에 접촉·접근함으로써 그 물체나 소유자에 관한 사실을 읽어내는 초자연적 능력). **-trí·cian, -trist**

psy·cho·mi·met·ic [sàikoumimétik] 형몡 = psychotomimetic.

psy·cho·mo·tor [sàikoumóutər] 휑 정신 운동성의; 정신 운동의. ¶ ~ disturbance 정신 운동 장애.

psy·chon [sáikàn/-kɔ̀n] 몡 사이콘(신경 임펄스·에너지의 가설적 단위). **psy·chón·ic** 휑

psy·cho·neu·ro·im·mu·nol·o·gy [sáikounjùərouimjunáləʤ/-nɔ́l-] 몡 정신 신경 면역학(심리적 요인이 면역 시스템에 주는 영향 연구). **-gist** 몡

psy·cho·neu·ro·sis [sàikounjuəróusis] 몡ⓤ 정신 신경증, 노이로제(neurosis).

psy·cho·neu·rot·ic [sàikounjuərátik/-rɔ́t-] 휑 정신 신경증의, 노이로제에 걸린. — 몡 정신 신경증 환자, 노이로제 환자.

psy·cho·nom·ics [sàikənámiks] 몡 (심리) 사이코노믹스(정신 발달과 물리적·사회적 환경 조건과의 영향 관계를 연구).

psy·cho·on·col·o·gy [‐ɑŋkáləʤi/‐ɔŋkɔ́l‐] 〔의학〕 사이코옹콜로지(암환자에 대한 정신적 측면의 간호를 시도하는 새로운 의학 영역).

psy·cho·pae·dic [sàikoupí:dik] 휑 정신 박약아

psy·cho·path [sáikəpæ̀θ] 몡 정신병자; 정신병질(質)인 사람; 정서 불안인 사람.

psy·cho·path·ic [sàikəpǽθik] 휑 정신병의, 정신병에 걸린; 정서[심리]가 불안한. **-i·cal·ly** 튀

psychopáthic personálity 몡 〔정신의학〕 정신 병질 인격(자); 정신병질자. 「psychiatrist.

psy·chop·a·thist [saikápəθist/-kɔ́p-] 몡 =

psy·cho·pa·thol·o·gy [sàikoupəθáləʤi/-θɔ́l-] 몡ⓤ 1 정신 병리학; 정신 병리. 2 정신 장애의 증상과 경과. 3 =psychosis.
-path·o·lóg·ic, -path·o·lóg·i·cal 휑 **-gist** 몡

psy·chop·a·thy [saikápəθi/-kɔ́p-] 몡ⓤ 정신병질(精神病質); 정신병, 정신 이상.

psy·cho·phar·ma·ceu·ti·cal [sàikoufɑ̀:rməsú:tikəl] 휑 정신에 작용하는 약, 향(向) 정신성 의약.

psy·cho·phar·ma·col·o·gy [sàikoufɑ̀:rməkáləʤi/-kɔ́l-] 몡ⓤ (신경) 정신 약리학.
-co·lóg·ic, -co·lóg·i·cal 휑 **-gist** 몡

psy·cho·phys·i·cal [sàikoufízikəl] 휑 정신 물리학의; 정신적·물질적인 특질을 공유하는. ¶ ~ parallelism 심신 평행설.

psy·cho·phys·ics [sàikoufíziks] 몡ⓟ (단수취급) ⓤ 정신 물리학. **-phýs·i·cist** 몡

psy·cho·phys·i·ol·o·gy [sàikoufìziáləʤi/-ɔ́l-] 몡ⓤ 정신 생리학. **-gist** 몡

psy·cho·pomp [sáikoupɑ̀mp/-pɔ̀mp] 몡 저승 사자(안내자).

psy·cho·pris·on [sàikouprízn] 몡 정신이상자 교도소(옛 소련에서 정신 이상 범죄자를 수용).

psy·cho·pro·phy·lax·is [sàikouproùfələ́ksis/-prɔ̀f-] 몡ⓤ 정신 예방성 무통 분만.

psy·cho·quack [sáikoukwæ̀k] 몡 무면허 정신과 의사, 돌팔이 심리학자. **~·er·y** 몡

psy·cho·sex·u·al [sàikousékʃuəl] 휑 성 심리의.
-séx·u·ál·i·ty 몡 **~·ly** 튀

psy·cho·sis [saikóusis] 몡 (복 **-ses** [-si:z]) (각 증상 따위를 나타내는) 정신병; 중증 정신 장애.

psy·cho·so·cial [sàikousóuʃəl] 휑 심리사회적인. **~·ly** 튀

psy·cho·so·mat·ic [sàikousəmǽtik] 휑 1 정신 신체의, 심신 상관(相關)의; (질병이) 정신 상태의 영향을 받는. ¶a ~ disease 심신증(症). 2 심신에 관한, 심신 의학의. — 몡 심신증 환자. **-i·cal·ly** 튀 **-ics** 몡 심신 의학. 「심신 의학.

psychosomátic médicine 몡 정신신체 의학,

psy·cho·sur·ger·y [sàikousə́:rʤəri] 몡ⓤ 정신 외과; 뇌 외과. **-súr·geon** 몡 **-súr·gi·cal** 휑

psy·cho·syn·the·sis [sàikousínθəsis] 몡ⓤ 〔정신의학〕 종합 심리[정신] 요법.

psy·cho·tech·nics [sàikoutékniks] 몡ⓟ (단수취급) (美) (심리) 정신 기술[기법](경제학·사회학 등의 문제에 있어서의 심리학적 방법의 응용).

psy·cho·tech·nol·o·gy [sàikouteknáləʤi/-nɔ́l-] 몡ⓤ 심리[정신] 공학.
-tèch·no·lóg·i·cal 휑 **-gist** 몡

psy·cho·ther·a·peu·tics [sàikouθèrəpjú:tiks] 몡ⓟ (단수취급) =psychotherapy.
-tic 몡 **-ti·cal·ly** 튀 **-tist** 몡

psy·cho·ther·a·py [sàikouθérəpi] 몡ⓤ (암시·최면술 따위에 의한) 정신[심리] 요법. **-pist** 몡

psy·chot·ic [saikátik/-kɔ́t-] 휑 정신병의; 정신병을 앓는. — 몡 정신병자. **-i·cal·ly** 튀

psy·chot·o·gen [saikátəʤən/-kɔ́t-] 몡 (마약 따위) 정신병을 일으키는 약. **-gén·ic, -ge·nét·ic** 휑

psy·chot·o·mi·met·ic [saikàtoumimétik, -mai-/-kɔ̀t-] 휑몡 환각이나 정신 이상 유사 중세를 일으키는 (약). **-i·cal·ly** 튀

psy·cho·tox·ic [sàikoutáksik/-tɔ́k-] 휑 (약물이) 뇌에 장애를 주는, 정신 장애를 일으키는.

psy·cho·tron·ic [sàikoutránik/-trɔ́n-] 휑 (공상 과학·공포·환상·실험 영화 따위) 심리 영화의.

psy·cho·trop·ic [sàikoutrápik/-trɔ́p-] 휑 (약물이) 향(向) 정신성의. — 몡 향정신약, 정신 작용 약(신경 안정제 따위).

psych-out [‐àut] 몡ⓤ (구어) 심리적으로 불안하게 하기; ⓒ 그 행위.

psy·chro- [sáikrou, -krə] 연결 cold의 뜻. ¶*psychro*meter.

psy·chrom·e·ter [saikrámətər/-krɔ́m-] 몡 건습계(乾濕計).

psỳ·chro·mét·ric, psỳ·chro·mét·ri·cal 휑

psy·chro·phil·ic [sàikrəfílik] 휑 호냉(好冷)의.

psy·chro·tol·er·ant [sàikroutáləərənt/-tɔ́l-] 휑 내한성(耐寒性)의.

psyl·li·um [síləm] 몡 〔식물〕 금불초(fleawort)(다년초로 하제용).

psy·ops [sáiɑ̀ps] 몡ⓤ 〔美군사〕 (구어) 심리 작전, 신경전. (<*ps*ychological *op*erations).

psy·toc·ra·cy [saitákrəsi] 몡 심리 정치(대중의 행동을 심리적으로 통제하는 전제 정치).

psy·war [sáiwɔ̀:r] 몡ⓤⓒ (구어) 심리전, 신경전 (psychological warfare). — 몡 심리전의.

Pt 기 〔화학〕 platinum. **PT** penetrant test (액체 침투 탐상(探傷) 검사); physical training (체육). **pt.** part; payment; pint(s); point; port; preterit(e). **Pt.** point; port. **p.t.** Pacific time; past tense; post town; (라틴) protempore. **P.T.** Pacific time; physical therapy [therapist]; physical training; postal telegraph; post town; pupil teacher. **PTA** (美속어) pussy, titties and armpits ((여성의) 음부, 유두

P.T.A. Parent-Teacher Association; (英) Passenger Transport Authority; preferential trading agreement(특혜 무역 협정).

ptar·mi·gan [tá:rmigən] 图 (~**s**) 뇌조류(雷鳥類)의 새.

PT bòat 图 (美육군) 고속 초계(哨戒) 어뢰정. (<*patrol torpedo boat*)

PTBT Partial Test Ban Treaty.

PTE (英) Passenger Transport Executive. **Pte., pte.** (英) Private (soldier)((美) Pvt.).

pter·i·dol·o·gy [tèrədálədʒi/-dɔ́l-] 图 ⓤ (식물) 양치학(羊齒學), 양치론. **-do·lóg·i·cal** 图 **-gist** 图

pte·rid·o·phyte [tərídəfàit/térid>-] 图 (식물) 양치 식물. **-phýt·ic, ptè·ri·dóph·y·tous** 图

pter·o- [térou, -rə] (연결) wing, feather의 뜻. ¶ *pterodactyl* 「익수룡(翼手龍).

pter·o·dac·tyl [tèrədǽktil] 图 프테로닥틸루스.

pter·o·saur [térəsɔ̀:r] 图 익룡. 「(또는 **-pteran**)

-pter·ous [ptərəs] (연결) winged의 뜻. ¶*dipterous*.

ptg. printing. **Ptg.** Portugal; Portuguese. **PTI** Press Trust of India(인도의 통신사). **P.T.I.** physical training instructor.

ptis·an [tízn, tizǽn] 图 ⓤ 보리차(barley water); (광의로) 약탕(tisan), 차(tea).

PTM [통신] pulse-time modulation. **PTN** (英) public telephone network. **PTO** Parent-Teacher Organization; (美) Patent and Trademark Office (특허 상표국); power takeoff. **P.T.O., p.t.o.** please turn over (다음 페이지에 계속) (* 단지 T.O. 또 (美)에서는 Over로도 쓴다).

pto·choc·ra·cy [toukákrəsi/-kɔ́k-] 图 빈민(民) 정치.

Ptol·e·ma·ic [tàləméiik/tòl-] 图 **1** (천문학자) 프톨레마이오스(Ptolemy)의, 천동설(天動說)의. **2** (이집트)의 프톨레마이오스(Ptolemy) 왕조의.

Ptolemáic sýstem (the ~) (천문) (프톨레마이오스가 주장한) 천동설. <> Copernican system

Ptol·e·ma·ist [tàləméiist/tòl-] 图 천동설 신봉자.

Ptol·e·my [táləmi/tɔ́l-] 图 **1** (*Claudius Ptolemaeus*) 프톨레마이오스, 톨레미(2세기 중엽 Alexandria에서 활약한 그리스의 수학자·천문학자·지리학자). **2** (图 **-mies**) 프톨레마이오스(기원전 305년경부터 기원전 30년까지 이집트를 지배한 왕조의 역대 왕; 고대 이집트 문화의 전성기를 이룸).

pto·main(e) [tóumein, -´] 图 ⓤⓒ (화학) 사(체)독(死(體)毒), 프토마인(단백질의 부패로 생기는 염기성(塩基性) 유독물). **pto·máin·ic** 图

ptómaine póisoning 图 식중독.

pto·sis [tóusis] 图 ⓤ (병리) (장기의) 탈수(脫垂); 안검(眼瞼) 하수증(下垂症). **pto·tic** 图

PTR photoelectric tape reader(광전식 테이프 판독기). **pts** parts; payments; pints; points; ports. **PTSD** posttraumatic stress disorder. **PTT** Postal, Telegraph, and Telephone Administration. **PTV** (美) public television. **P2P** path to profitability; (컴퓨터) peer to peer; people to people. **Pty, Pty.** (濠·뉴질) proprietary.

pty·a·lin [táiəlin] 图 ⓤ (생화학) 프티알린(타액(唾液) 중에 있는 소화 효소).

pty·a·lism [táiəlìzm] 图 (병리) 타액 분비 과다, 유연(流涎症).

Pty.Co. Proprietary Company. **Pty.Ltd.** (英) Proprietary Limited.

p-type [´tàip] 图 (전자) (반도체·전기 전도(電導)가) **Pu** (ⓚ) (화학) plutonium. **PU** pickup. [P형(型)의.

pub [pʌb] 图 **1** (英) 술집, 선술집(tavern); 펍브. **2** (濠·뉴질) (술을 제공하는 작은 여관, 호텔. ― 图 (-) 퍼브에 가다(다녀다들다). ¶go ~*bing*; ~ it 퍼브에 가다. [<*public house*) 「publishing.

pub. public; publication; published; publisher.

pub·be·ry [pʌ́bəri] 图 (속어) (경멸적) 출판업계.

pub·cast·er [pʌ́bkæstər/-kàst-] 图 (美속어) 공공 방송 아나운서[회사]; 공공 방송품[형] 업조.

púb cràwl 图 (英속어) 술집 순례. ¶do a ~ 2차·3차 돌며 술을 마시다. 「(술을 마시다. ~*-er* 图

pub-crawl [´krɔ̀:l] 图(图) (英속어) 술집 순례를 하며

púb dàte 图 (구어) =publication date.

pu·ber·tal [pjú:bərtl] 图 사춘기의[에 관한], 성숙기의. (또는 **puberal**)

pu·ber·ty [pjú:bərti] 图 ⓤ 사춘기, 청춘기, 결혼 적령기; (법률) 성숙기(보통 남자 14세, 여자 12세). ¶the age of ~ 결혼 적령기, 성숙 연령. *come to the age of puberty; arrive at puberty* 사춘기가 되다, 이성에 눈뜨게 되다.

pu·bes[1] [pjú:bi:z] 图 (图 ~) (해부) 하복부, 치부; 음모(陰毛); (식물) 연모(軟毛), 유모(柔毛). [<L]

pu·bes[2] [pjú:bi:z] 图 pubis의 복수형.

pu·bes·cence [pju:bésns] 图 ⓤ 사춘기(에 달함), 결혼 적령기; (동·식물) 연모로 덮여 있음).

pu·bes·cent [pju:bésnt] 图 사춘기의, 사춘기에 이른; (동·식물) 연모[유모]가 있는. 「의.

pu·bic [pjú:bik] 图 음부의, 치골(恥骨)의; 음모(陰毛)

púbic àrea[règion] 图 (the ~) 음부(陰部), 치부.

púbic bòne 图 (the ~) =pubis.

púbic hàir 图 음모(陰毛). 「(恥骨).

pu·bis [pjú:bis] 图 (图 *-bes* [-bi:z]) (해부) 치골

publ. public; publicity; published; publisher.

‡**pub·lic** [pʌ́blik] 图 **1** 공공의, 공중의, 대중의, (세상) 일반의; 사회(전체)의, 국가의(<> private). ¶ ~ documents 공문서 / ~ peace [or safety] 공안(公安) / at ~ expenses 공적 비용으로. **2** 일반에 개방된, 공개된, 공중을 위한; 공립의, 공영의. ¶a ~ meeting 공개 모임 / a ~ performance [lecture] 공연(공개 강좌) / a ~ hall [park] 공회당[공원] / in a ~ place 공적(公的)인, 공공의, 국가(國事)의; 공무[국사]에 종사하는; 공공 단체의(<> private). ¶ ~ life 공적 생활 / a ~ official 공무원 / a ~ institution 공공 기구. **4** 공공연한, 널리 알려진, 소문난; 유명한, 저명한. ¶a matter of ~ knowledge 누구나 알고 있는 일 / make a ~ protest against …에게 공공연히 이의를 제기하다. **5** (美) 대학 전체의. ¶a ~ examination 대학 전체의 시험. **6** (드물게) 국가간의, 국제적인. ¶a ~ war 국가간의 전쟁.

go public ① (비밀 따위를) 공개하다(*with*); (비밀 따위가) 공개되다. ② (회사가) 주식을 공개하다, 공개 주식회사가 되다.

make public (대중 매체를 통해) 일반에게 알리다, 공표하다; 공간(公刊)하다.

take...public (美구어) …을 공표하다; (기업을) 공개하다, (美) (주식)을 (증권 시장에) 상장하다.

― 图 **1** (the ~) (집합적; 단·복수 양용) 국민, 민중, 대중; 세상, 사회. ¶the American [British] ~ 미국[영국] 국민 / the ~ in general; the general ~ 일반 대중. **2** (the ~) …계(界), …사회, …패; 애독자들, 애호가들. ¶the novel-reading ~ 소설 애호가들 / the sporting ~ 스포츠계. **3** (英구어) = ~ house[bar].

in public 공공연히; 대중(사람들) 앞에서(<> in private). ¶be nervous *in* ~ 대중 앞에서 겁을 먹다.

públic àccess 图 **1** (美) (TV) 시청자 제작 프로. **2** 특정 지역[정보] 자유 접근.

púb·lic-ac·cess télevision [-ǽkses-] 图 시청자 단체가 채널을 이용, 프로를 방송하는 비(非)상업적 방송; 그 채널. (또는 **públic-àccess TÝ**)

públic accommodátion 图 (호텔·레스토랑·극장 등의 불특정 다수의 사람이 모이는) 공공 시설.

públic accóuntant 图 (美) 공인 회계사.

públic àct 图 =public law 2.

púb·lic-ad·dréss sỳstem [-ədrés-] 图 (강

públic administrátion 몡 행정; 행정학.
públic admínistrator 몡 공무원, 관리, 행정관; 유산 관리인.
públic affáirs 몡 공공의 일[업무], 공사(公事); 홍보
públic affáirs óffice 몡 (관청·기업 등의) 홍보실.
pub·li·can [pʌ́blikən] 몡 〖英·濠구어〗 pub의 주인; 요금 징수원; 〔로마 역사〕 세금 징수원.
públic assístance 몡 〖美〗 (사회 보장법에 의한) 생활 보호. públic-assístance 몡
‡pub·li·ca·tion [pʌ̀bləkéiʃən] 몡 (몡 ~s [-z]) 1 ⓤ 출판, 간행, 발행. ¶Near ~ 〖광고〗 근간. 2 ⓤ 공표, 공개, 발표, 공포, 공시; 〔법률〕 명예 훼손 사항의 제3자 공시. ¶the ~ of a person's death 사망 공시. 3 출판물, 간행물. ¶an annual [a monthly] ~ 연보[월간]. 4 (논문 따위) 업적. 「발표일.
publicátion dàte 몡 발행[간행](예정)일, 공개일.
públic áuction 몡 공매(公賣), 경매.
públic bár 몡 〖英〗 (술집 따위의) 공동석, 일반석. 魯
públic báth 몡 공중 목욕탕, 대중탕. ㄴsaloon bar
públic bídding 몡 〖美〗 (공개) 입찰.
públic bíll 몡 (의회의) 공공 관계 법률안, 공법안.
Públic Bróadcasting Sèrvice 몡 〖美〗 공공 방송망, PBS 방송(비영리 방송국의 전국 조직; 魯 PBS).
públic chárge 몡 생활 보호 대상자.
públic communicátion 몡 홍보 활동.
públic cómpany 몡 〖英〗 (주식) 공개 회사, 주식회사. (또는 públic límited cómpany).
públic convénience 몡 〖英〗 (역 따위의) 공중 화장실(〖美〗 comfort station); 〖속어〗 매춘부.
públic corporátion 몡 〖英〗 공법인(公法人); 공사(公社), 공단(公團).
públic débt 몡 공채(公債), 공공부채, 공공차관.
públic defénder 몡 〖美〗 국선 변호인.
públic diplómacy 몡 대(對)여론 외교.
públic domáin 몡 〔법률〕 1 〖美·캐나다〗 사회의 공유 재산; (the ~) (저작권·특허권의) 권리 소멸[부재] 상태. 2 〖美〗 공유지, 국[주(州)]유지. públic-domáin 몡
in the public domain 누구나 허가 없이 쓸 수 있어, 사회 공유로.
públic domáin sòftware 몡 〖컴퓨터〗 공공 소프트웨어(저작권이 보호되지 않는 소프트웨어; 魯 PD).
públic educátion 몡 공교육, 학교 교육; 〖英〗 public school식 교육. 〔전중(公)의 적(敵)〕
públic énemy 몡 사회[민중]의 적, 공적(公敵)(교
Públic Énemy Númber Óne 몡 〖美〗 공적 제1호(FBI의 10대 흉악범 리스트에 오른 범죄자).
públic énterprise 몡 공(公)기업.
públic expénditure 몡 공공 지출.
públic éye 몡 (the ~) 사회[세간]의 이목[주목].
in the public eye 세간의 이목을 끌어, 잘 알려져; 대중의 면전에서, 공연히. 〔안 띄어; 비밀리에.
out of the public eye 세상에서 잊혀져, 남의 눈에
públic fígure 몡 유명 인사, 공인(公人).
públic fínance 몡 재정; 재정학. 〔기금.
públic fúnds 몡 (the ~) 〖英〗 공금, 국채; 공공
públic gállery 몡 〖英〗 (의회의) 방청석.
públic góod[bénefit] 몡 공익(公益).
públic góods 몡 공공재, 공공 시설(물).
públic házard 몡 공해. ¶~ disease 공해병.
públic héalth 몡 공중 위생(학), 공중 보건.
Públic Héalth Sèrvice 몡 공중 위생국.
públic héaring 몡 공청회; (재판의) 증인 환문.
públic hóliday 몡 공휴일, 축(제)일.
públic hóuse 몡 1 〖英〗 술집, 퍼브(pub)(魯 beer-house). 2 〖美〗 여인숙, 여관(inn). 〔택.
públic hóusing 몡 〖美〗 (저소득층을 위한) 공영 주
públic informátion 몡 (정부 기관의) 공적 정보.
públic ínterest 몡 1 (the ~) 공공 복지, 공익(公

益). 2 일반 대중의 관심[흥미]. 〔법(法)분야, 공익법.
púb·lic-ín·ter·est láw [-íntərəst-] 몡 공공적
públic internátional láw 몡 국제 공법.
pub·li·cism [pʌ́bləsizm] 몡 국제법론, 공론.
públic íssue 몡 〔증권〕 공모채(公募債).
pub·li·cist [pʌ́bləsist] 몡 1 광고[선전] 담당자. 2 정치[시사] 평론가; 정치(부) 기자. 3 〔고어〕 공법학자, 국제법 학자. 〔치 평론가의.
pub·li·cis·tic [pʌ̀bləsístik] 몡 국제법 학자의; 정
pub·lic·i·ty [pʌblísəti] 몡 (몡 -ties [-z]) 1 일반에게 알려져 있음, 주지(周知); 지명도, 평판. ¶bad ~ 악평, 소문거리. 2 공표, 공개, 공시. 3 선전(방법), 광고; 선전[광고] 업무. 4 ⓤ (선전용) 정보, 기사, 광고 내용.
avoid [or shun] publicity 남의 눈[세평]을 피하다, 알려지는 것을 피하다.
court [or seek] publicity 유명해지려고[이름을 날리려고] 애쓰다, 자기 선전을 하다.
gain publicity 유명해지다; 소문이 나다.
give publicity to ⋯을 공개[발표]하다.
publícity àgent 몡 광고[홍보] 대리업자, 광고 취급자; (배우·연극 따위의) 홍보 담당자.
publícity campáign 몡 홍보[선전] 활동.
publícity depártment 몡 선전부, 홍보부.
publícity hóund 몡 〖美〗 매명가(賣名家).
publícity stúnt 몡 떠들썩한 선전 (활동).
pub·li·cize [pʌ́bləsàiz] (∗ 〖英〗 -cise) 몡⒜ ⋯을 공표하다, 발표하다; 선전하다(advertise).
públic kéy 몡 (암호화 또는 해독용) 공개 키.
públic lánd 몡 국유지, 공유지. 〔법률.
públic láw 몡 공법(公法); (드물게) 국제법; 일반
Públic Lénding Ríght 몡 〖英〗 공대여(公貸權)(도서관 대출의 자기 저서에 대한 보상 요구권; 魯 PLR).
púb·lic-li·a·bíl·i·ty insúrance [-làiəbíləti-] 몡 일반 (손해) 배상 책임보험, 공공 책임보험.
públic líbrary 몡 공립[공공] 도서관.
públic lífe 몡 공적 생활, 공무(公務).
públic límited cómpany 몡 주식[공개, 상장] 회사(public company)(魯 PLC, plc).
*pub·lic·ly [pʌ́blikli] 몡 1 공공연히, 대중 앞에서(in public). 2 대중의 의해, 대중의 이름으로. 3 여론으로.
públic mán 몡 공인(公人). 〔또는 públically.
pub·lic-mind·ed [pʌ́blikmáindid] 몡 =públic-
públic móney 몡 공금(公金). 〔spirited.
pub·lic·ness [pʌ́bliknis] 몡ⓤ 공공화된 것[상태]; 공유하고 있는 것, 공공성. 〔공해; 세상의 골칫거리.
públic núisance 몡 1 〔법률〕 공적 불법 방해. 2
públic óffering 몡 〔증권〕 주식 공모(公募).
públic óffice 몡 관공서, 관청; 관직, 공직. ¶hold ~ 공직에 있다, (정부) 요직에 있다.
públic ófficer [offícial] 몡 공무원, 관리.
públic opínion 몡 여론. ¶a ~ poll 여론 조사.
públic órator 몡 〖英〗 (the ~) (Oxford, Cambridge 대학의) 대표 연설자(보통 라틴어로 연설한다).
públic ównership 몡 공유(제), 국유(화).
públic pólicy 몡 공공 정책; 〔법률〕 공공 질서, 미풍 양속, 공익.
públic prósecutor 몡 검사; 〖英〗 공소관(公訴官).
públic púlse 몡 〔정치〕 여론 동향.
públic púrse 몡 (the ~) 국고(國庫).
Públic Récord Óffice 몡 (the ~) 〖英〗 (런던의) 공문서 보관소(魯 PRO).
públic relátions 몡몡 《단수취급》 1 선전 운동, 섭외 (사무), 홍보 (활동)(魯 PR). ¶do ~ on ⋯을 선전[홍보]하다. 2 홍보부[담당 기구]; 선전[홍보] 기법. 3 한 조직과 일반인들과의 관계. 〔당관(魯 PRO).
públic relátions ófficer 몡 공보관[장관], 섭외 담
públic ríghts 몡몡 공권(公權).
públic róom 몡 (호텔·여객선의) 출입이 자유로운

라운지[대합실, 휴게실, 로비].
públic sále [명] 《美》 경매, 공매(public auction).
*__públic schòol__ [명] 《美》 공립 초·중학교; 《英》 퍼블릭 스쿨(기숙제 사립 중·고등 학교).
públic séctor [명] (the ~) (경제·산업의) 공공[공익] 부문. [참] private sector
públic secúrity [sáfety] [명] 공안(公安).
públic sérvant [명] 공무원, 관리(public officer).
públic sérvice [명] 1 (전기·가스 따위) 공익 사업; 공공 기업체. 2 공무, 관공서 근무. 3 사회 봉사.
púb·lic-sérv·ice corporàtion [-sə́ːrvis-] [명] 《美》 공익 법인[기업], 공사(公社).
públic spéaker [명] 연설자, 강연자.
públic spéaking [명] 강연, 연설; 화술(話術).
públic spénding [명] =public expenditure.
públic spírit [명] 공공심, 애국심.
pub·lic-spir·it·ed [-spíritid] [형] 공공심이 투철한, 애국심이 있는. **~·ly** [부] **~·ness** [명]
públic stóres [명][복] 1 군수품. 2 《美》 세관 창고.
públic télevision [명] 공공[비영리] TV 방송.
públic tránsport [명] 공공 운송[교통] 기관.
públic trúst [명] 자선 신탁, 공익 재단.
públic trustée [명] (the ~) 《美》 (재산·유산 따위의) 수탁 관리인.
Públic Trustée Òffice [명] (the ~) 《英》 유산 관리국.
públic utílity [명] 1 공익 사업(체)(교통·가스·수도·전화 따위 사업). 2 (-ties) 공공 사업주(株).
públic wélfare [명] 공공 복지, 공안(公安).
públic wórks [명][복] 1 공공 토목 공사, 공공 사업. 2 공공 시설(도로·댐·학교 따위).
públic wróng [명] 〔법률〕 공적 권리의 침해, 공적 범죄[의무 위반].
‡**pub·lish** [pʌ́bliʃ] [동] (~·*es* [-iz]; ~·*ed* [-t]) [타] 1 …을 발행하다, 출판하다, 간행하다. 2 …을 공식[정식]으로 발표하다, 공표하다; 〔법률〕 공고하다. ⇨DECLARE [유의어] ¶ ~ a law 법령을 발포(發布)하다 / ~ the notice of death 사망을 공표하다. 3 《美》 〔가짜 돈 따위〕를 유통시키다. ── [자] 1 출판[발행]하다; 출판업을 하다. 2 (기분 따위가) 밖으로 드러나다. **~·a·ble** [형]
‡**pub·lish·er** [pʌ́bliʃər] [명] ([복] ~*s* [-z]) 1 출판업자, 발행[출판]자, 출판사. 2 《美》 신문 발행인[경영자]. 3 발표자, 공표자.
públisher's bínding [명] =edition binding.
públisher's ímprint [명] 판권 표시란[페이지](책의 발행인·발행 연월일 따위).
públisher's státement [명] 〔출판〕 발행사의 부수(部數) 자료 보고서(미국의 신문·잡지 부수 감사 기구(ABC) 가맹지(誌)가 제출하는 것).
pub·lish·ing [pʌ́bliʃiŋ] [명][U] 출판, 출판업. ── [형] 출판(업)의.
públishing hòuse [còmpany] [명] 출판사.
púb théatre [명] 《英》 연극을 공연하는 퍼브; 그 연극.
Puc·ci·ni [puːtʃíːni] [명] **Giacomo** ~ 푸치니(1858–1924: 이탈리아의 오페라 작곡가).
puc·coon [pəkúːn] [명] 뿌리에서 적색 염료를 채취하는 식물(bloodroot 따위); [U] 그 적색 염료.
puce [pjuːs] [명][U][형] 암갈색(의), 자(紫)갈색(의).
puck [pʌk] [명] 1 〔아이스하키〕 퍽; 《美속어》 아이스하키. 2 《英》 〔컴퓨터〕 =mouse.
Puck [pʌk] [명] 1 퍽(영국 민화에 나오는 장난꾸러기 작은 요정)(*Hobgoblin, Robin Goodfellow로도 부른다). 2 (p–) 작은 요정, 악귀(goblin). 3 (p–) 장난꾸러기 (아이). **púck·lìke** [형]
puck·a [pʌ́kə] [형] =pukka.
puck·er [pʌ́kər] [동][타] …에 주름을 잡다, 주름살지게 하다; 구겨지게 하다; 〔입술 등〕을 오므리다(*up*). ¶ (~+[目]+[副]) ~ (*up*) one's brows [lips] 미간을 찌푸리다[입을 오므리다]. ── [자] 주름잡히다, 주름살지다; 구겨지다; (입술 따위가) 오므라들다(*up*). ── [명] 1 (불규칙적인) 주름(살); 구김(살); 주름잡힌 부분. ¶in ~*s* 주름살이 져서. 2 《고어》 동요, 당황, 혼란.
in a pucker 동요[당황]하여.
~·er [명]
puck·er·oo [pʌ̀kərúː] 《뉴질 속어》 [형] 무가치한, 깨진. ── [동][타] 못쓰게 만들다. (또는 **pukeroo**)
puck·er·y [pʌ́kəri] [형] 주름진; 주름지기 쉬운; 입을 오므리게 하는, 신맛이 있는.
puck·ish [pʌ́kiʃ] [형] (종종 P–) 작은 요정 같은, 장난치기 좋아하는, 장난꾸러기의. **~·ly** [부] **~·ness** [명]
puck·ster [pʌ́kstər] [명] 《美속어》 아이스하키 선수.
púck tìlt [명] 《美속어》 아이스하키 시합.
pud[1] [pʌd, pud] [명] 1 《어린이말》 (어린이) 손; (개·고양이 따위의) 앞발. 2 《美속어》 꺼리는[싫어하는] 사람. 3 《美속어》 =penis.
pud[2] [pud] [명][U][C] 《英구어》 푸딩. 〔<*pudding*〕
PUD *p*ick*u*p and *d*elivery.
pud·den-head [púdnhèd] [명] 《英구어》 =pudding head.
‡**pud·ding** [púdiŋ] [명] ([복] ~*s* [-z]) 1 [U][C] 푸딩. ¶ *The proof of the ~ is in the eating.* 《속담》 백문이 불여일견. 2 《英》 (식사의) 디저트. 3 [U][C] 《스코》 간 고기나 콩팥 따위를 채운 소시지. 4 (a ~, the ~) 푸딩 비슷한 것, 부드러운 것. 5 [U] 물질적 이익, 실익(實益). ¶ more praise than ~ 실속 없는 칭찬, 공치사 / *P– rather than praise.* 《속담》 금강산도 식후경. 6 《구어》 땅딸보; 바보. 7 《美비어》 =penis.
a piece of pudding 《속어》 수월한 일, 아무렇지도 않음.
(as) fit as a pudding 썩 잘 어울리는.
in the pudding club 《英속어》 (미혼녀가) 임신하여.
pull** one's **pudding 《英속어》 (남자가) 자위하다.
pud·ding-cloth [-klɔ̀ːθ/-klɔ̀θ] [명] 푸딩을 찔 때 싸는 보.
púdding fàce [명] 둥글넓적하고 밋밋한 얼굴.
púdding hèad [명] 《구어》 (미워할 수 없는) 바보, 얼간이. (또는 **púddinghèad**)
pud·ding·head·ed [púdiŋhèdid] [형] 멍청한, 얼간이의.
púdding hèart [명] 무기력한 사람.
púdding píe [명] 《英》 고기 푸딩.
púdding stòne [명] 〔지질〕 역암(礫岩). (또는 **púddingstòne**)
pud·ding·y [púdiŋi] [형] 1 푸딩 같은. 2 둔하고 느린, (지력(知力)이) 둔한(dull).
pud·dle [pʌ́dl] [명] 1 (흙탕물의) 웅덩이. 2 액체가 고인 곳; 《구어》 (갓난애나 동물이 싼) 오줌이 고인 곳. 3 [U] 진흙 반죽. 4 [U][C] 《구어》 뒤범벅, 뒤죽박죽. 5 (the P–) 《美구어》 대서양. ── [동][타] 1 …을 흙탕물로 적시다; 〔물〕을 흐리게 하다; 흙탕물이 되게 하다; (밟아서) 〔땅〕을 질척하게 하다. 2 …을 뒤섞다. 3 …을 진흙으로 바르다, 이긴 진흙을 발라 방수(防水)하다(*up*). 4 〔야금〕 〔녹인 쇠〕를 교련(攪錬)하다. 5 〔농업〕 〔젖은 흙〕을 고르다, 평탄하게 하다. ── [자] 흙탕(물)을 휘젓다(*about*); 웅덩이가 되다.
pud·dled [pʌ́dld] [형] 《英속어》 머리가 돈.
pud·dle-jump [-dʒʌ̀mp] [동] 《구어》 경비행기를 띄우다[로 날다].
pud·dle-jump·er [-dʒʌ̀mpər] [명] 《속어》 1 경비행기, 단거리용 비행기. 2 소형차; 털털거리는 중고차. (또는 **púddlejùmper, púddle júmper**)
pud·dler [pʌ́dlər] [명] 1 점토를 이기는 사람. 2 (녹은 쇠의) 교련자(攪錬者), 교련봉, 철 정련공; 연철로(鍊鐵爐)(puddling furnace).
pud·dling [pʌ́dliŋ] [명][U] 1 흙탕이 되게 하기. 2 진흙 반죽 (이기는 방법); 이긴 진흙. 3 〔야금〕 교련법, 퍼들링(선철(銑鐵) 정련법의 하나).
púddling fùrnace [명] 연철로(鍊鐵爐).
pud·dly [pʌ́dli] [형] (도로 따위가) 웅덩이가 많은; 웅덩이 같은; 《고어》 흙탕의.
pu·den·cy [pjúːdnsi] [명][U] 내성적임, 겸손, 수줍음, 기죽음.

pu·den·da [pjuːdéndə] 명 pudendum의 복수형.
pu·den·dum [pjuːdéndəm] 명 (복 **-da** [-də]) (보통 -da) 〔해부〕 외음부(vulva). **-dal** [-dəl] 형
pudge [pʌdʒ] 명 땅딸막한 사람(동물, 것).
pudg·y [pʌdʒi] 형 (구어) (경멸적) 통통한, 땅딸막한. **púdg·i·ly** 부 **púdg·i·ness** 명
pudg·y-wudg·y [-wʌdʒi] 형 (구어) =pudgy.
pu·di·bund [pjúːdəbʌnd] 형 조심성 많은; 숙녀인 체하는.
pu·dic [pjúːdik] 형 〔해부〕 외음부(外陰部)의.
pu·dic·i·ty [pjuːdísəti] 명 U 내성적임, 암띰; 정절(貞節)(chastity).
Pu·dong [puːdɔ́ːŋ] 명 푸동(浦東)(중국 상하이(上海)의 신도시 개발구로 무역·금융의 중심지).
pud·sy [pʌdzi] 형 통통한(plump).
pueb·lo [pwéblou] 명 (복 ~s) **1** (미국 서남부의) 인디언 부락. **2** (P-) 푸에블로족(族)(New Mexico, Arizona주 지역의 인디언). **3** (스페인어권 중남미 국가들의) 읍(邑), 마을. **4** (the P-) 푸에블로호(1968년 북한에 나포된 미국의 전자 정보 수집함).
pu·er·ile [pjúːəril/pjúərail] 형 어린이의, 소년의; (경멸적) 어린애 같은, 철없는, 미숙한. **~·ly** 부 **púerile bréathing** 〔병리〕 (정상보다 거센) 소아호흡.
pu·er·il·ism [pjúːərəlìzm, pjuəril-/pjúər-] 명 〔정신의학〕 유아증(정신 이상의 의한 어린애 같은 행동).
pu·er·il·i·ty [pjùːərílət i] 명 **1** U 어린애 같음, 유치함; C (-ies) 어린애 같은 언행(생각). **2** 〔법률〕 (대륙법의) 유년(남자는 7-14세, 여자는 7-12세).
pu·er·per·al [pjuːɔ́ːrpərəl] 형 산부(産婦)의; 산욕(産褥)의, 분만의; 분만에 따르는.
puérperal féver 〔병리〕 산욕열(childbed fever).
puérperal sépsis 〔병리〕 산욕 패혈증.
pu·er·pe·ri·um [pjùːərpíəriəm] 명 U 〔산부인과〕 산욕(기)(산후의 4주간).
Puérto Rí·co [pwéərtə ríːkou/pwɛ́ːtou-] 명 푸에르토리코(서인도 제도의 미국 자치령인 섬; 수도 San Juan). **Puérto Rícan** 명 형 푸에르토리코의 (주민).
‡**puff** [pʌf] 명 **1** (바람·숨·연기 따위의) 한 번 불기; 한 번 부는 양; (담배의) 한 모금.¶a ~ of smoke 훅 하고 내 연기／a ~ of wind 훅하고 부는 바람. **2** U 숨, 호흡(breath). **3** (바람·증기 따위의) 훅(하는) 소리. **4** 부풀기; 부푼 것, 종기; (주름·심 따위의) 한 옹이 부풀기. **5** (책·연기 따위의) 과장된 칭찬(찬사); 자기 선전, 과대 광고.¶give a ~ 칭찬하다. **6** 살짝 구운 과자, 슈크림(cream ~). **7** (방언) 말불버섯(puffball). **8** (英속어) 동성애자, 호모.
in all one's puff (구어) 태어난 이후(이래).
out of puff (구어) 숨을 헐떡이며, 숨이 차서.
— 자 (~ed [-t]) ⑭ (숨 따위를) 훅 불다 (연기 따위가) 폭폭 나오다(out, up).¶(~ +前+名) Smoke ~ed out of the chimney. 굴뚝에서 연기가 폭폭 나왔다. **2** 숨을 헐떡이다, 숨차하다. **3** (연기 따위를) 폭폭 내며 움직이다, 숨을 헐떡이며 나아가다. **4** (담배를) 빠끔빠끔 피우다(away, out, up)(at, on).¶(~ +前+名) ~ at a cigarette, (美구어) ~ on one's cigarette 담배를 빠끔빠끔 피우다. **5** 부풀다; 부어오르다(out, up). **6** 과장된 표현을 하다. **7** (경매에서) 값을 다투어 올려 부르다. **8** (美구어) 숨이 곤두레가 되다.
— 타 ㉠ 〔연기 따위를〕 훅 불다(내뿜다), 불어 끄다(away, out, up).¶~ away smoke 연기를 불어 날려버리다／~ out a candle 촛불을 불어 끄다. **2** (수동형으로) …을 숨차게 하다, 헐떡이게 하다. **3** (담배를) 피우다. **4** …을 부풀리다(out, up); (수동형으로) 〔허영〕으로) 자만심을 일으키게 하다, 우쭐하게 하다(out, up) (with).¶(~+目+前+名) ~ (out) one's chest with pride 자랑스럽게 가슴을 부풀리다. **5** …을 마구 칭찬하여, …을 과대하게 선전하다.¶~ a medicine 약을 과대 선전하다／~ her poem *to* the skies 그녀의 시를 극구 칭찬하다. **6** (얼굴에) 퍼프로 분을 바르다; (분) 을 퍼프로 바르다. **7** (머리를) 원통형으로 컬하다. **8** (경매에서) …의 값을 다투어 올려 부르다.
puff and blow 헐떡이다, 쌕쌕거리다.
puff one's way 숨을 따위기가 달리다.
puff out ① …을 헐떡이며 말하다. ② …을 불어 끄다. ③ …을 부풀리다. ④ (연기 따위가) 폭폭 나오다.
púff ádder 명 **1** 아프리카산(産)의 큰 독사(African viper). **2** =hognose snake.
púff ártist 명 (구어) 과대 선전하는 사람, 남의 선전꾼 노릇을 하는 사람.
puff·ball [pʌ́fbɔːl] 명 말불버섯; (민들레의) 관모(冠毛)가 생긴 머리.
púff bòx 명 퍼프통, (분 넣는) 분갑.
puff-bucket [-bʌ̀kit] 명 (美구어) 허풍쟁이, 수다쟁이.
puffed [pʌft] 형 **1** 부푼; (美속어) 임신한. **2** (구어) 숨이 끊어진.
puffed-out [-áut] 형 부풀린; 우쭐대는.¶with a ~ chest 의기 양양하여, 득의에 차서.
puff·er [pʌ́fər] 명 **1** 훅 부는 사람(것)(흡연가·증기선 따위). **2** 마구 칭찬하는 사람, 알랑거리는 사람; 선전문 광고 작성자; (경매의) 한통속(by-bidder). **3** 복어. **4** (英) (어린이말) 칙칙폭폭 (기차). **5** (화장용) 콤팩트. **6** (美구어) 여송연, 시가. **7** (美속어) 심장.
púffer fìsh 명 복어(globefish).
puff·er·y [pʌ́fəri] 명 UC 과대한 찬사(선전); 과대 광고.
puf·fin [pʌ́fin] 명 바다쇠오리의 일종 (목이 짧고 괴상한 모습을 한 새).

[puffin]

puff·ing [pʌ́fiŋ] 명 **1** 훅 하고 불기. **2** 극구 칭찬하기. **3** (옷 따위를) 주름잡아 부풀리기. **4** (경매에서) 값을 다투어 올려 부르기.
púffing ádder =hognose snake.
púff páste 명 퍼프 페이스트리(파이·타르 따위의 피(皮)를 만드는 반죽).
púff pástry 명 퍼프 페이스트리(파이 피(皮)로 만든 과자류).
púff píece 명 (구어) 지나치게 미화된 신문 기사(책, 선전물).
púff pìpe 명 (배수관의) 통기(通氣) 파이프.
puff-puff [pʌ́fpʌ̀f] 명 (英) (기관차의) 칙칙폭폭 (소리); (어린이말) 칙칙폭폭, 기차.
puff·y [pʌ́fi] 형 **1** (바람 따위가) 훅 부는, 한바탕 부는. **2** a strong ~ wind 일진의 돌풍. **2** (구어) 숨찬; 헐떡이는. **3** 부푼, 부풀어오른.¶a ~ cushion 부푼 쿠션. **4** 비만한, 뚱뚱한. **5** 뽐내는; 우쭐해진, 자만하는; 과장한. **púff·i·ly** 부 **púff·i·ness** 명
pug¹ [pʌɡ] 명 **1** 퍼그(발바리의 일종). **2** 들창코(~ nose). **3** (애칭) 여우, 원숭이. **4** (대저택의) 하인 우두머리. **5** (英) (조차용(操車用)) 소형 기관차.
~·i·ness 명 **~·gish, ~·gy** 형
pug² 타 (-gg-) **1** 〔점토 따위를〕 이기다. **2** …에 이긴 흙을 채워넣다. **3** (방음을) 회반죽을 바르다. — 명 UC 이긴 흙 (벽돌·오지 그릇 따위의 재료); =pugging.
pug³ 명 (속어) (프로) 권투 선수(pugilist).
pug⁴ 명 타 (인도) (사냥감)의 발자국을 따라가다. — 명 (사냥감 따위의) 발자국(footprint).
pug·a·ree [pʌ́gəri] 명 =pug(g)ree.
pug·ball [pʌ́gbɔːl] 명 (美) 연식 야구.
pug-dog [pʌ́gdɔːɡ/-dɔ̀ɡ] 명 =pug¹ 1.
pug·ga·ree [pʌ́gəri] 명 =pug(g)ree.
pug·ging [pʌ́giŋ] 명 U 흙을 이기기; 방음용 모르타르(회반죽); 방음재(材).

pug·(g)ree [pʌ́gri] 명 1 (인도인이 쓰는) 가벼운 터번. 2 (헬멧 따위의 아래로 늘어뜨리는) 햇볕 가리는 천. (또는 pugaree, puggaree)

pugh [puː, pju:/pju:] 감 흥, 피(경멸·반감·증오 따위를 나타내는 소리).

pu·gi·lism [pjúːdʒəlìzm] 명U 권투(boxing).

pu·gi·list [pjúːdʒəlist] 명 (프로) 권투 선수(boxer).

pu·gi·lis·tic [pjùːdʒəlístik] 형 권투의; …에 관한. (또는 pugilistical) **-ti·cal·ly** 부

púg mill 명 흙반죽 기계, (시멘트의) 혼화기(混和機).

pug·na·cious [pʌgnéiʃəs] 형 싸움을 좋아하는, 호전적인, 전투적인. **~·ly** 부 **~·ness** 명

pug·nac·i·ty [pʌgnǽsəti] 명U 싸움을 좋아함.

púg nóse 명 사자코, 들창코(snub nose).

pug-nosed [-nóuzd] 형 들창코의.

Púg·wash Cónference [pʌ́gwɔʃ-/-wɔʃ-] 명 퍼그위시 회의(1957년 캐나다 Pugwash에서 발족한 연례 국제 과학자 회의; 핵무기 폐기·세계 평화 주장).

puis·ne [pjúːni] 형 (英) (법률) 1 손아래의, 후배의, 하위의(junior). ¶ a ~ judge 배석 판사. 2 (…) 후의, 다음의 (to). ─ 명 1 하위자, 후배. 2 배석 판사.

pu·is·sance [pjúːəsəns, pjuís-/pjúis-] 명 1 U (시) 권력, 세력, 힘. 2 (馬術) 장애물 뛰어넘기 경기.

pu·is·sant [pjúːəsənt, pjuís-/pjúis-] 형 (古詩) 힘 있는, 강대한, 권력[세력]이 있는. **~·ly** 부

pu·ja(h) [púːdʒɑ] 명 (힌두교) 의식; 기도, 예배.

pu·ka [púːkə] 명 푸카(하와이 해안의 흰 조가비).

puke [pjuːk] 명 (속어) 구토, 토한 것; 구역질 나는 것. ─ 자타 토하다, 구토하다(up). (便器)

púke hòle 명 (美속어) 입(mouth); (화장실의) 변기

puk·ka [pʌ́kə] 형 (인도) 1 진짜의; 훌륭한, 최고급의; 확실한, 믿을 수 있는, 2 매우 중요하다. 3 (건물 따위가) 견고한, 항구적인(관직 따위가) 종신의. (또는 **pucka, pukkah**) [<Hind]

pul [puːl] 명 (복 ~**s, pu·li** [-li]) 풀(아프가니스탄의 동전; 100분의 1 아프가니(afghani)).

pu·la [púːlə] 명 풀라(보츠와나의 화폐 기본 단위).

Pu·las·ki [pəlǽski] 명 손도끼와 괭이를 겸한 도구.

pul·chri·tude [pʌ́lkrətjùːd/-tjùːd] 명U (여성의) 육체미, 아름다움. **-tu·di·nous** [-tjúːdənəs] 형

pule [pjuːl] 자 (아이 등이) 가냘픈 목소리로 울다, 훌쩍훌쩍 울다, (새끼 새 따위가) 삐약삐약 울다, (강아지 따위가) 킹킹거리다.

pu·li [púːli] 명 pul의 복수형.

Pul·itz·er [púlitsər, pjúː-] 명 **Joseph ~** 퓰리처 (1847-1911; 헝가리 태생의 미국 언론인·신문 경영자).

Pulitzer Prize 명 퓰리처상(J. Pulitzer의 유언에 따라 창설된 미국의 언론·문학·음악 상).

‡**pull** [pul] 타 (~**s** [-z] **-ed**) 1 …을 (…로) 끌(어당기)다, 잡아당기다(to, toward); (문 따위를) 당겨 …의 상태로 하다(⇒push), 팔다 (유의어) ¶ ~ a door open[shut] 문을 잡아당겨 열다[닫다]// (~+目+前+名) ~ a person by the sleeve [ears] 남의 소매[귀]를 잡아당기다 // one's hat over one's eyes 모자를 깊숙이 눌러 쓰다 // (~+目+副) ~ fighting dogs apart 싸우고 있는 개를 떼어놓다. 2 a) (…에서) [이·마개·못·콜·뿌리 등을] 뽑다(out, off, away) (out of); (꽃·과일 등을) 따다; (과일 등을) 비틀어 떼다. ¶ ~ a tooth 이를 뽑다 / ~ flowers 꽃을 따다. b) (…에서) [털·깃털]을 뜯다, 잡아 뽑다 (from); (방언·드물게) (닭)의 창자를 빼내다. ¶ ~ a fowl 닭의 털을 뜯다.
3 [스위치·레버]를 움직이다. [화재 경보기 따위]를 작동시키다; (방아쇠)를 당기다.
4 (구어) [칼·권총 따위]를 뽑다, 빼다, (…에게) 들이대다 (on). ¶ ~ a gun on a person 총을 뽑아 …에게 들이대다.
5 (물건)을 (…상태로) 잡아 찢다 (to, into); (이론 따위)를 분쇄하다; (비유적) (사람 등)을 비판하다 (~+

目+前+名) ~ a cloth [letter] to pieces 헝겊[편지]을 갈기갈기 찢다.
6 (구어) (계획 따위)를 행하다, …에 성공하다; (의무·책임 따위)를 완수하다(off). ¶ ~ off a stunning victory 놀라운 승리를 거두다. 7 (…에게) (죄 따위)를 범하다; (계략을 꾸미다(off) (on). ¶ ~ (off) a trick on 그에게 속임수를 쓰다/ What are you trying to ~? 도대체 무슨 꿍꿍이속이냐? 8 (몸)을 체포하다, (경찰이) (도박장 따위)를 덮치다, 급습하다; (은행 따위를) 털다. ¶ ~ a pickpocket 소매치기를 검거하다. 9 (지원·표 따위)를 확보하다; (…으로) (고객 등)을 끌어들이다; (손님)을 끌다(in) (with). ¶ ~ many votes 많은 표를 얻다. 10 (골프·야구) (공)을 좌[우]로 끌어당겨 치다. 11 (고삐를 당겨) (말)을 세우다; (경마) (일부러 지기 위해) (말)의 속도를 떨어뜨리다. 12 (인쇄) (교정쇄 따위)를 밀다; (판화 따위)를 손으로 밀다. 13 (…자루의 노)를 갖추고 있다; (노잡이가 몇의) 여객을 저어서 나르다. ¶ ~ a good oar 노를 잘 젓다. 14 (근육 따위)를 긴장시키다, 삐다; (갖가지 표정)을 짓다; …인 체하다. (a+인명 받아서) ~의 흉내를 내다. ¶ ~ a face [or faces] 얼굴을 찡그리다 / ~ a Clinton 클린턴처럼 행동하다. 15 (차 따위)를 끌고 가다; (사람)을 붙러들이다; (물건)을 철거하다, 이동시키다; (차)를 (…쪽에) 대다 (to) 16 (크리켓) (공)을 off 쪽에서 on 쪽에 치다. 17 (군사) (특별한 임무 따위)를 맡다. 18 (美구어) …의 힘을 아끼다; (복싱에서) (편치)를 조절하다.

─ 자 1 (…을) 끌다, 당기다, 잡아[끌어]당기다 (at, on), (~+副) ~ asunder 산산조각으로 끌어당기다/ This horse ~s well. 이 말은 잘 끈다./ (~+前+名) ~ at a rope 밧줄을 당기다. 2 끌려서 …상태가 되다; 끌리다, 당겨지다. ¶ The bell rope ~s hard. 이 종의 줄은 잘 당겨지지 않는다. 3 빨아들이다 (담배를) 피우다, (병·잔 등을 입에 대고) 단숨에 마시다 (at, on); (파이프 따위)의 연기를 통하다. ¶ (~+前+名) ~ at a mug 한 조끼 죽 마시다/ ~ at a cigarette 담배를 한 대 피우다. 4 배(차 따위)를 (…쪽으로) 움직이다 (for); (차·기차 따위)가 나아가다; (차)가 (왼쪽[오른쪽])에 서다; (노)를 젓다, 저어 나아가다 (노력해서) 나아가다. ¶ (~+前+名) ~ up the hill 애써서 언덕을 오르다/ The train ~ed out of [into] the station. 기차가 역을 떠났다[역에 들어왔다]/ ~ for the shore 기슭을 향해 젓다. 5 (경쟁 따위에서) 앞서다, 앞지르다. 6 (선전이) 효과가 있다, 남의 주의를 끌다; 후원을 얻다. ¶ The advertisement does not ~. 그 광고는 시선을 끌지 못한다.

pull about [or **around**] …을 끌고 다니다; …을 거칠게 다루다.
pull a fast one ⇒ FAST¹.
pull ahead ① (사람·차 따위가) …의 앞에 가다[나서다]; (경기 따위에서) …을 앞서다 (of). ② (경기·회사 따위가) 상승세가 되다.
pull a lone oar 독자[독립] 행동을 하다.
pull a long face 불쾌한[시무룩한] 표정을 짓다.
pull alongside …옆에 늘어서다, (차)를 대다.
pull and haul ① =pull about. ② …을 끌어당기다.
pull apart ① …을 떼어[갈라] 놓다; …을 잡아 찢다. ② …의 흠을 잡다; …을 분석[검토]하다.
pull a person by the nose 남의 코를 잡아당기다; 남에게 모욕을 주다.　　　　　　　　[NUT.
pull a person's chestnut out of the fire ⇒ CHEST-
pull a person's coat (美속어) 남에게 정보를 제공하다.
pull a person's leg ⇒ LEG.
pull aside 옆으로 다가서다; (살짝 이야기하기 위해) …을 옆으로 불러오다.
pull a thing on a person 남을 속이다.
pull away ① (차·사람이) …(로부터) 떠나다; 몸을 빼다, 도망치다 (from). ② …을 …에서 떼어놓다, 앞서다 (from). ③ (…을 향해) 가다[전진하다] (into).

pull back ① 물러가다[나다, 서다]; (군사) 후퇴하다; 주저하다. ② 지출을 줄이다, 절약하다; 삼가다. ③ 생각을 바꾸다; 약속을 깨다. ④ …을 다시 끌어오다; 원상 회복시키다. ⑤ (군사) …을 후퇴시키다. ⑥ …을 삼가게 하다.
pull caps [or **wigs**] ⇨CAP¹.
Pull devil, pull baker!; Pull dog, pull cat! (줄다리기 따위에서) 양쪽 다 이겨라.
pull down ① …을 끌어내리다. ② (건물 따위)를 부수다; (정부 따위)를 쓰러뜨리다. ③ (지위·등급·가치 따위)를 내리다, 하락시키다. ¶The panic has ~ed down the prices of stocks. 공황으로 주가(株價)가 하락했다. ④ (병 따위가) (사람)을 쇠약하게 하다. ⑤ (구어) (돈)을 벌다; …을 봉급으로 받다. ⑥ …의 성적[가치]을 떨어뜨리다, 면목을 잃게 하다; (평점)을 받다. ⑦ (야구) (열심히 달려) (공)을 잡다.
pull foot ⇨FOOT.
pull for ① …을 향해서 젓다. ② (구어) …을 열심히 지원하다, 편들다; …을 성원하다.
pull in ① …을 끌어넣다, 끌어당기다; …을 끌어넣다; …에 들어가다. ② (비용 따위)를 억제하다; 절약하다. ③ (말)을 제어하다. ④ (기차·배 따위가) 도착하다, 들어오다 (at, to); (차·사람 등이) 길 한쪽에서 (말 따위에) 닿다. ¶The train was just ~ing in. 기차가 막 들어오고 있었다. ⑤ (속어) …을 체포[연행]하다. ¶The police ~ed the burglar in. 경찰은 그 강도를 체포했다. ⑥ (구어) (돈)을 벌다
pull in one's belt 허리띠를 조이다, 배고픔을 참다; 내핍 생활을 하다. (구어) 어려운 때를 대비하다.
pull in one's horns 무기력해지다, 소극적으로 되다; (앞에 한 말)을 취소하다; (英) 절약하다.
pull…in pieces ⇨PIECE.
pull into …에 도착하다, (열차가) 역에 들어오다; (호텔 따위에) 들다. 다듬다.
pull into shape ① (옷의) 주름을 펴다. ② (일)을 가다듬다.
pull in with …와 협력하다.
Pull in your ears. (美속어) 정신 차려; 닥쳐.
pull it (속어) =pull foot.
pull off ① 사라지다, 떠나다, 도망치다; (차가) 발차하다. ② (의복 따위)를 벗다. ③ (구어) (노력하여) …을 달성하다, 성공하다. (상 따위)를 획득하다; (경기)에 승리하다. ¶He ~ed the work off. 그는 그 일을 해냈다. ④ (배)를 출범시키다; (차)를 길 한쪽에 대다(pull over).
pull on ① 계속 노를 젓다. ② …을 파고들다, 파먹다. ③ (옷·구두·장갑 따위)를 잡아당겨 입다[신다, 끼다].
pull oneself together 기운[용기, 침착]을 되찾다, 냉정해지다, 자제하다.
pull oneself up ① 자제하다. ② 갑자기 그만두다.
pull one's finger set 신속하게 일을 시작하다, 능률적으로 하다.
pull (one's) punches ① (구어) 가지고 있는 힘을 억제하다, 조심스럽게 행동하다. ② (권투) (돈을 받거나 담합하고) 일부러 힘을 빼고 치다.
pull one's weight ⇨WEIGHT.
pull out ① …을 뽑다, 빼다; (권총·칼 따위)를 뽑다[꺼내다]; (…에서) 끄집어내다 (of). ② (구어) (이야기 따위)를 오래 끌다. ③ (기차가) 역을 나가다; (배)를 저어 나가다, 항구에서 나가다; (사람)이 출발하다 (for). They ~ed out for home. 그들은 고향[집]을 향해 출발했다. ④ (서랍 따위)가 빠지다. ⑤ 후퇴하다, (군대가) 철수[철퇴]하다; 갑자기 포기하다. ⑥ (항공) (강하자세에서) 수평 비행으로 옮기다; (자)가 추월하기 위해 차선을 변경하다. ⑦ (구어) (사업 따위에서) 손을 떼다 (of). ⑧ (군대 등)을 (…에서) 철수시키다 (of). ⑨ (이야기 따위)를 질질 끌다. ⑩ (질병·불행 따위에서) 빠져나오다 (of).
pull out of the air [or **hat**] 날조하다.

pull…out of the fire ⇨FIRE.
pull over ① …을 머리부터 뒤집어쓰다(❷ pullover). ② (차·배)를 (길) 한쪽에 대다.
pull round ① 건강[의식]을 회복하다; 경기를 회복하다. ② (…의) 생각을 (…으로) 바꾸다 (to), (생각을 바꾸도록) 설득하다. ④ …을 반대로 향하게 하다.
Pull the other one, (it's got bells on). (구어) (명령형으로) 그건 함정이야(조심해)!
pull the pin (美구어) 서둘러 사라지다.
pull the plug on …의 생명 유지 장치를 떼다, 죽이다; …을 참패시키다.
pull (the) strings [or **wires**] 뒤에서 조종하다, 막후 조종을 하다.
pull the wool over a person's **eyes** ⇨WOOL.
pull through (병·곤란 따위)를 극복하다[하게 하다].
pull together ① 협력하여 일하다, 협조하다; 사이좋게 지내다. ③ (조직·회사 따위)를 정상화하다, 재건하다.
pull…to pieces ⇨PIECE.
pull under 파산[도산]시키다.
pull up ① …을 잡아 뽑다, 뿌리째 뽑다. ② …을 근절하다; …을 폐지하다. ③ (말을 고삐를 당겨 서게 하다. ④ (차가) (…에) 서다 (at); …을 멈추다. (행동·연설 따위)를 제지하다. ¶The train ~ed up at the station. 기차가 역에 섰다. ⑤ …을 (…의 일로) 비난하다 (on, for). ⑥ …을 끌어당기다, 가까이 대다. ⑦ …을 체포하다. ⑧ (여행 도중에) 쉬다, 숙박하다. ⑨ 다가가다, 접근하다. ⑩ (구어) 숙달하다 (in); (지식 따위)를 증진시키다. ⑪ …의 성적을 올리다; (성적이)…의 석차를 끌어올리다.
pull up stakes ⇨STAKE.
pull up to [or **with**] …을 따라잡다, …에 필적하다.
Pull your head in. (濠구어) 조용히 해!
— 國 ~s 國 [-z] 國 (a ~) ① 당기기, 끌기 (at, on); (the ~) 끄는 힘, 견인력; 활[총의 방아쇠]을 당기는 힘; [카드놀이] 패를 뽑기. 2 (구어) (술을) 꿀꺽 마시기, 한 잔(에); (담배의) 한 모금 (at, on, from). ¶a long ~ (술집에서 멈추로 내놓는) 술. 3 (서랍 따위의) 손잡이, 핸들; (벨·커튼 따위의) 당기는 줄. 4 (a ~) (노를) 한 번 젓기[젓는 시간]; 보트 놀이. 5 험들게 기어오름, (산·고개 따위를 오르는) 노력, 분발. ¶It was a hard ~ to get up the hill. 산을 오르는 데 매우 힘이 들었다. 6 (골프·크리켓) 당겨 치기. 7 (인쇄) 손으로 밀기; 교정쇄. 8 (경마에서 지기 위하여) 말을 억제하기. 9 (속어) (다른 것에 대한) 우위, 우세; 영향력, 강점, 이점 (over, on). 10 [U[C] (속어) 연줄, 연고. 11 (때로 a ~) (美속어) …을 끌어당기는 인기, 매력 (with); 카리스마성(性); 선전력, 선전 효과. 12 (컴퓨터) 풀(이용자가 원하는 데이터·정보를 인터넷을 통해 직접 검색 입수하는 것)(⇔push). 다, 나무라다.
give a person **a (strong) pull** (英속어) 남을 꾸짖
give a pull at [or **on**] …을 잡아당기다.
have a pull 한 차례 배를 젓다. 나다.
have [or **take**] **a pull at a bottle** 꿀꺽 한 잔 마시다.
have a pull with …와 연줄이 닿다.
have the pull of [or **over**] a person 남보다 뛰어나다.
take a pull at [or **on**] oneself (濠구어) 자제하다.
~·a·ble
pull·back [púlbæk] 國 1 도로 끌어오기; (a ~, the ~) (美) (군대의) 후퇴; 삼가기; (기계) 뒤로 끌어오는 장치. 2 장애, 방해; 장애물. 3 (스커트 뒤쪽으로) 주름을 끌어 모으는 장치.
púll(-by) dàte [ˊ-(bài)-] 國 (美) (빵·유제품 따위의) 판매 유효 기간((英) sell-by date).
pull-down [ˊ-dàun] 國 서랍식의, 접는 식의. ¶a ~ chair 접는 의자. — 國 이동식 가로대.
púll-down mènu [púldàun-] 國 (컴퓨터) 풀다

운 메뉴(화면 상부의 아이템 선택시 그 밑에 마치 그것을 끄집어낸 것처럼 표시되는 메뉴). 「강[원기]이 쇠퇴한.
pulled [puld] 휑 열매 등이) 딴, 떼낸; 털을 뽑은; 건
púlled bréad 속을 뜯어내고 다시 구워 바삭바삭하게 만든 빵.
púlled fígs (상자에 넣기 전에) 납작하게 누른 건조 무화과 열매.
púll·er [púlər] 명 1 잡아끄는[당기는] 사람[것]; 뽑는[빼는] 도구; 따는 사람. 2 재갈(bit)을 저격하는 말. 3 (배의) 노젓는 사람.
púll·er-in [⸺ríŋ] 명 (복 **pull·ers-**) (구어) (상점·환락가의) 호객(呼客)꾼, 삐끼.
pul·let [púlit] 명 (1년 미만의) 어린 암탉.
***pul·ley** [púli] 명 도르래, 활차, 풀리, 피대를 거는 바퀴; [기계] 벨트차; ¶a compound ~ 복(複)활차. ― 타 1 …을 도르래로 움직이다[들어올리다]. 2 …에 도르래를 달다.
~·less 형
púlley blòck 명 [기계] 도르래[활차] 장치.
púlley bòne 명 (美방언) = wishbone.
púll hítter 명 [야구] 공을 잡아당겨 치는 타자.
pul·li·cate [púlikət, -kèit] 명 = bandanna. (또는 ~)
pull-in [⸺ìn] 명 (英) = drive-in. [pullicat]
Pull·man [púlmən] 명 1 풀먼식 차량(~ car [coach]) (침대차·특등 호화차). [<설계자인 G.M. Pullman의 이름] 2 (또는 ⸺ càse) (종종 p-) 풀먼 슈트케이스, 여행 가방.
pull-off [⸺ɔ̀(ː)f/-ɔ̀f] 명 1 도로변에 차를 대기[세우기]. 2 (美) 간선 도로의 대피소(英) lay-by).
pull-on [⸺ɔ̀n/-ɔ̀n] 명 잡아당겨 착용하는 의류(스웨터·장갑 따위). ― 형 [⸺⸺] 잡아당겨 착용하는.
pull·out [púlàut] 명 1 빼내기, 없애기. 2 (a ~, the ~) (군대 따위의) 철퇴, 철수; (자금의) 회수; ¶ troop ~ 철군, 철병. 3 (신문·잡지의) 접어 넣은 페이지. 4 (도로의) 대피소(pull-off). 5 [항공] (급강하 직후의) 수평 [상승] 비행.
pull·o·ver [púlòuvər] 명 풀오버(머리에서부터 뒤집어 써서 입는 스웨터 따위). ― 형 머리에서부터 뒤집어 쓰는.
púll stràtegy 명 [경영] 신중(愼重) 경영 전략(광고 선전 중심으로 직접 소비자에게 파고드는 판촉 전략).
púll swítch 명 풀 스위치(끈을 당겨 켜고 끄는.
pull-tab [⸺tæ̀b] 명 풀탭, 따개(깡통 뚜껑 따위를 잡아 당겨 따는 손잡이). (또는 **púlltàb, púll tàb**)
púll technólogy 명 [컴퓨터] 풀 기술(인터넷에서 원하는 정보를 검색 입수하는 기술). 웹 push technology
pull-through [⸺θrùː] 명 (속어) 여윈, 수척한. ― 명 (英속어) 몹시 마른 사람; (한 끝에 헝겊을 댄) 총열 청소용 줄.
pul·lu·late [púljulèit] 자동 1 (어린 가지[싹가]) 나오다, 싹트다, 발아(發芽)하다. 2 (급속히) 번식하다: (주의(主義) 따위가) 널리 퍼지다, 보급되다. 3 떼를 짓다 (…으로) 우글거리다 (with). 4 (아기가) 태어나다.
-**lu·lant** 형 ~**la·tion** 명 발아; 번식.
pull-up [⸺ʌ̀p] 명 1 (마차 따위를 급히 세우기, 정지; 휴식. 2 [체조] 턱걸이(chin-up). 3 [항공] (수평 비행에서의) 급상승. 4 (英) 간이 휴게소. (또는 **púllùp**)
pul·ly-haul [púliɔ̀l] 타동 (英구어) 힘껏 잡아[끌어] 당기다, 힘을 합쳐서 잡아[끌어] 당기다.
pul·ly-haul·y [⸺hɔ̀li] 형 (英구어) 힘껏 잡아[당기] 당기기].
pul·mo- [púlmou, -mə, pʌ́l-] (연결) lung(폐)의 뜻; ¶*pulmogram* 폐 뢴트겐선상(線像)).
pul·mom·e·ter [pʌlmámətər/-mɔ́m-] 명 폐활량계.
pul·mo·nar·y [púlməneri, púl-/-nəri] 형 1 폐(에 관한); 폐의, 폐의. ¶ ~ HEART[1] 그림. 2 폐를 침범하는; 폐 질환의. ¶ ~ diseases 폐병. 3 폐의 성질을 가진, 폐 모양의 기관이 있는.
púlmonary ártery 명 폐동맥.

púlmonary circulátion 명 [생리] 폐순환.
púlmonary emphyséma 명 [병리] 폐기종(肺氣腫).
púlmonary trée 명 [해부] 폐의 기관(氣管)·기관지·세(細)기관지.
púlmonary tuberculósis 명 [병리] 폐결핵.
púlmonary válve 명 폐동맥판.
púlmonary véin 명 폐정맥.
pul·mo·nate [pʌ́lmənèit/-nət] 형 폐[폐 모양의 기관]이 있는; 유폐류(有肺類)의. ― 명 유폐류의 동물 (괄태충, 달팽이 따위).
pul·mon·ic [pʌlmánik/-mɔ́n-] 형 폐의; 폐를 침범하는, 폐결핵의. ― 명 폐병약; (드물게) 폐병 환자.
pul·mo·tor [pʌ́lmòutər, pʌ́l-] 명 (상표) 인공호흡기.
***pulp** [pʌlp] 명 © 1 (연한) 과육(果肉). 2 (식물의) 수(髓)(pith). 3 (동물의) 육질부(肉質部); 치수(齒髓) (dental ~). 4 UC 펄프(제지 원료)(wood ~); 걸쭉한 것. 5 광니(鑛泥); 분쇄한 광물. 6 C (美속어) = ~ magazine; U = ~ literature.
beat [or *mash*] *a person to* [or *into*] (*a*) *pulp* 남을 늘씬하게 때려주다. 「되다.
be reduced to (*a*) *pulp* ① 펄프가 되다. ② 녹초가
― 타동 1 …을 펄프[곤죽]이 되게 하다. 2 [원두 커피]에서 과육을 제거하다. ― 자 (과육이) 익다, 물러지다.
⸺**·less**, ⸺**·like** 형 「펄프 모양이 되다.
pulp·er [pʌ́lpər] 명 1 펄프 제조기; 펄프 제조업자; 펄프 공장의 직공. 2 (원두 커피의) 과육 제거기.
púlp fíction 명 (갱지에 인쇄한) 싸구려 통속 소설.
pulp·i·fy [pʌ́lpəfài] 타동 …을 펄프가 되게 하다, 걸쭉하게 하다; …을 연한 덩어리가 되게 하다. 「연.
pulp·i·ness [pʌ́lpənis] 명U 펄프 모양, 과육질; 유
***pul·pit** [púlpit, pʌ́l-/pʌ́l-] 명 1 설교단. *occupy the* ~ 설교하다. 2 (the ~) (집합적) 설교사, 목사; 종교계. 3 (the ~) 성직, 설교. 4 (포경선의) 작살 받침대, (이물의) 난간. 5 (신문 칼럼 따위의) 의견 발표 매체[수단]. 6 (英공군 속어) 조종석. ~**·al, ~·less** 형 ~**·ry** 명U 목사.
pul·pit·eer [pùlpətíər, pʌ̀l-/pùl-] 명 (경멸적) 설교자, 목사. ― 자 설교하다.
pul·pi·tis [pʌlpáitis] 명 (복 **pulp·it·i·des** [pʌlpítədìːz]) [치과] 치수염(齒髓炎).
púlp lìterature 명 pulp magazine에 실린 저속하고 엽기적인 작품[소설], 통속 문학.
púlp màgazine 명 (美속어) (갱지를 사용한) 통속 대중 잡지. 「지류[책].
pulp·og·ra·phy [pʌlpágrəfi/-ɔ́g-] 명 싸구려 잡
pulp·ous [pʌ́lpəs] 형 = pulpy.
pulp·wood [pʌ́lpwùd] 명U 펄프재(材).
pulp·y [pʌ́lpi] 형 펄프(모양)의; 과육질(모양)의; 연한, 걸쭉한, 육질의. **púlp·i·ly** 부
pul·que [púlki] 명U 풀케(멕시코산) 용설란(龍舌
pul·sant [pʌ́lsənt] 형 맥박치는, 박동하는. 「蘭) 술].
pul·sar [pʌ́lsɑːr] 명 [천문] 펄서(은하계 내에서 펄스 모양의 전파를 내는 천체의 총칭). 「파수]
pul·sa·tance [pʌ́lsətəns] 명 (주기 운동의) 각(속도)
pul·sate [pʌ́lseit/⸺⸺] 자동 1 (심장 따위가) 맥박치다, 고동치다(throb). ¶ Rock music ~d from the stage. 록 뮤직이 무대에서 고동쳤다.

> [유의어] pulsate 규칙적으로 연속하여 힘찬 리듬을 치다. pulse 고동의 리듬으로 흘러나오다, 파동치다. beat 소리가 일정한 리듬으로 되풀이되는 것을 나타내는 일반적인 말. palpitate 심한 운동·감정 또는 병으로 빨리 불규칙하게 pulsate하다. throb 괴로울 정도로 심하게 pulsate하다.

2 (…으로) 떨리다, 두근거리다 (with), 3 [전기] 맥동하다. ― 타 진동시키다; (다이아몬드)를 흠에서 체로 가려내다.
-**sa·tive** 형 -**sa·tive·ly** 부
pul·sa·tile [pʌ́lsətl/-tàil] 형 1 맥이 뛰는, 고동치

pul·sating star [pʌ́lseitiŋ-] 图 〖천문〗 맥동성(脈動星).

pul·sa·tion [pʌlséiʃən] 图〖U〗 1 맥박, 두근거림; (1회의) 맥. 2 진동, 파동. 3〖전기〗(전류의) 맥동. 4〖로마 법률〗(가벼운) 구타. **~·al** 图

pul·sa·tor [pʌ́lseitər/-ˊ-ˋ-] 图 1 맥박치는 것, 고동치는 것. 2 (세탁기의) 펄세이터, 맥동 장치. 3 진공 펌프, 고동 펌프. 4 (다이아몬드를 가려내는) 고동 선광기(選鑛機)(jigger). **-to·ry** 图 맥이 뛰는, 고동치는.

‡**pulse**¹ [pʌls] 图 (图 **puls·es** [-iz]) 1 (a ~ , the ~) 맥박, 심박(心拍), 고동. ¶ *a regular* [*an irregular*] ~ 정[부정]맥/ *The* ~ *beats*. 맥이 뛴다. 2 (규칙적인) 진동, 박자(beat); 율동. 3 (광파·음파 따위의) 진동, 파동; 〖무선〗펄스. 4 (비유적) (생명·감정 따위의) 약동, 흥분; 생기. 5 (비유적) 의향, 감정; (the ~) (일반적인) 경향.

feel [or *take*] *a person's pulse* ① 남의 맥을 짚다. ② 남의 의향을 살피다.
have [or *keep*] *one's finger on the pulse of* … …의 생각[의향]을 파악하고 있다, 내막[실상]을 정확히 알고 있다.   「느끼다.
on the pulse 자신의 경험으로. ¶feel *on the* ~ 피부로
stir a person's pulse 남을 흥분시키다.
— 图 [-t]; **puls·ing**) 图 1 (…으로) 맥이 뛰다, 고동치다 (*with*). ⇨ PULSATE 유의어 2 진동하다, 파동하다(vibrate); (…을 통해) 전달하다 (*through*).
— 图 1 〖통신〗…을 율동적으로 보내다 (*in*, *out*). 2 〖무선〗…을 펄스화하다, …에 펄스를 발생시키다.

pulse² 图〖U〗 (집합적: 때로 복수취급) 콩류; 〖C〗 (~s) 콩이 열리는 식물.

pulse·beat [pʌ́lsbìːt] 图 1 맥동, 율동, 맥박. 2 동요, 술렁임; 활기, 약동. ¶ *the* ~ *of a town* 도시의 활기.

púlse códe modulàtion 图 〖통신〗 펄스 부호 변조(略 PCM).

púlse dìaling 图 펄스 다이얼링 (방식).   「석기.

púlse hèight ánalyzer 图 〖물리〗 파고(波高) 분

púlse-jet éngine [pʌ́lsdʒèt-] 图 〖항공〗 펄스제트 엔진, 간헐(間歇) 제트 엔진. (또는 **púlse-jet éngine pùlsojet**)

pulse·less [pʌ́lslis] 图 1 맥박이 없는. 2 생기가 없는, 활발치 못한; 감동하지 않는. **~·ly** 图 **~·ness** 图

púlse modulàtion 图 〖전기〗 펄스 변조.

púlse prèssure 图 맥박압(脈拍壓) (최고 혈압과 최저 혈압의 차이).

púlse rádar 图 〖통신〗 펄스 변조 레이더.

púlse ràte 图 〖병리〗 맥박수.

pulse-tak·er [-ˋtèikər] 图 (구어) 시대 조류[동향]를 조사하는 사람. **púlse-tàk·ing** 图

púlse-time modulàtion [-ˋtàim-] 图 〖전자〗 펄스시(時) 변조(略 PTM).

pul·sim·e·ter [pʌlsímətər] 图 〖의학〗 맥박계.

pul·sive [pʌ́lsiv] 图 추진하는, 추진력이 있는(propulsive).

pul·so·jet [pʌ́lsoudʒèt] 图 =pulsejet engine.

pul·som·e·ter [pʌlsɑ́mətər/-sɔ́m-] 图 1 =pulsimeter. 2 고동 펌프, 기압 양수기, 펄소미터, 펄섬미터(puloson).   「걸쭉한.

pul·ta·ceous [pʌltéiʃəs] 图 풀 모양의; 부드러운,

pulv. pulverized; pulverizer; 〔라틴〕 *pulvis* (처방전에서) (=powder).

pul·ver·a·ble [pʌ́lvərəbl] 图 =pulverizable.

Pul·ver·a·tor [pʌ́lvərèitər] 图 〖상표〗 분쇄기.

pul·ver·ize [pʌ́lvəràiz] (* 图 **-ise**) 图 1 …을 가루[분말]로 만들다, 빻다; 〔액체〕을 물보라[안개 상태]로 만들다. 2 (비유적) 분해하다. 3 (구어) 〔논의 따위〕를 논파하다, 철저하게 논박하다. ¶ ~ *an opponent* 논쟁 상대를 철저하게 논박하다. 4 (속어) …을 때려 눕히다; 해치우다, 굴복시키다. — 图 가루가 되다, 부서지다.
-iz·a·ble 图 **-i·zá·tion**, **-i·zá·tor**, **-íz·er** 图

pul·ver·u·lent [pʌlvérjulənt] 图 1 가루로 된, 가루로 되기 쉬운; 부서지기 쉬운. 3 가루[먼지]투성이의. **-lence** 图 **~·ly** 图

pul·vi·nate [pʌ́lvənèit] 图 1 쿠션 모양의. 2 (식물) 엽침(葉枕)이 있는. 3 (건축) 〔frieze (소벽) 따위가〕 부푼. (또는 **pulvinar**) 4 (또는 **pulvinated**) (곤충) 부착반(附着盤)이 있는. **-ly** 图

pu·ma [pjúːmə/pjúː-] 图 (图 ~(**s**)) 〖동물〗 퓨마 (mountain lion)(⇒COUGAR); 〖U〗 퓨마의 모피.

pum·ice [pʌ́mis] 图〖U〗 속돌, 경석(輕石), 부석(浮石)(~ **stone**). — 图 ~을 속돌로 문지르다[닦다].
-ic·er 图   「석질의.

pu·mi·ceous [pjuːmíʃəs] 图 속돌(모양, 질)의; 경

pum·ic·ite [pʌ́məsàit] 图 속돌(pumice) (연마재로 쓰는) 화산재.

pum·mel [pʌ́məl] 图 (**-l-**, (英) **-ll-**) (주먹으로) 을 연타하다, 연달아 치다. (또는 **pommel**)

‡**pump**¹ [pʌmp] 图 1 펌프, 양수기; 압축기. ¶ *a bicycle* ~ 자전거 (공기 넣는) 펌프/ *a drainage* ~ 배수 펌프/ *a force* ~ 밀 펌프/ *a hydraulic* ~ 수압 펌프/ *fetch a* ~ 펌프에 마중물을 붓다. 2 펌프의 사용[작용, 양수]; 펌프질. 3 〖동물〗 펌프 모양의 기관; (구어) 심장(heart). 4 (~s) (구어) 주유소(gas station). 5 (속어) 음경; (여성의) 외음부; 품행이 나쁜 여자. 6 (구어) 교묘하게 캐물어 알아내기[내는 사람], 유도 심문. 7 〖물리〗 =pumping 3.
All hands to the pump(**s**)*!* 자, 모두 거드시오!
give a person's hand a pump (상대의 손을 꽉 쥐고 아래위로 크게 흔들며) 악수하다.
on pump (美속어) 외상으로; 신용대부로.
prime the pump ① 펌프에 마중물을 붓다. ② (경제) (경기 부양을 위해) 재정 지출을 늘리다; …의 운용[개선]을 지원하다.
— 图 (~**ed** [-t]) 图 1 〔물〕을 펌프로 퍼올리다 (*out*, *up*). ¶ (~ + 图 + 翩) ~ *out* water 물을 퍼내다. 2 (배·우물 따위의) 물을 펌프로 퍼내다 (*out*). ¶ (~ + 图 + 翩) ~ *a well dry* 우물에서 물을 전부 퍼내다. 3 (…에) 펌프로 공기를 넣다(*up*) (*into*). ¶ ~ *air into a tire*; ~ *a tire up* 타이어에 바람을 넣다. 4 (구어) …을 펌프의 자루처럼 아래위로 움직이다. 5 (펌프처럼 짜부) …을 (…에) 밀어넣다, 박아넣다, 주입하다 (*into*); 〔욕·탄환 따위〕를 퍼붓다 (*into*); (정보를 얻기 위해) (질문)을 퍼붓다. ¶ (~ + 图 + 翩 + 图) ~ *bullets into a target* 표적에 탄환을 쏘아대다/ *He* ~*ed me for the information*. 그는 그 정보를 얻고자 내게 질문을 퍼부었다. 6 (머리)를 쥐어짜다. ¶ (~ + 图 + 翩 + 图) ~ *one's brain for a solution* 해결하기 위해 머리를 쥐어 짜다. 7 (구어) (정보 따위)를 (…에게서) 교묘하게[강제로] 알아내다 (*from*, *out of*), …에게 유도심문하다. ¶ (~ + 图 + 翩) *I couldn't* ~ *any news out of him*. 그에게서 아무런 뉴스도 알아낼 수 없었다. 8 (비유적) (수동형으로) …을 숨차게 하다; 지치게 하다 (*out*). ¶ *After the marathon, he was all* ~*ed out*. 마라톤을 한 뒤 그는 녹초가 되었다. — 图 1 펌프를 사용하다 (*away*); 펌프로 물을 퍼올리다. 2 펌프 같은 작용을 하다; (심장이) 뛰다 (펌프처럼) 상하로 움직이다 (*away*). 3 (온도계가) 급격히 오르내리다. 4 머리를 쥐어짜다. 5 (구어) 교묘하게 캐물어 알아내다, 유도 심문을 하다. 6 〔물·피 따위가〕 (…에서) 분출하다 (*from*). 7 (비어) 성교하다.

pump away [or ***off***] (속어) 자위 행위를 하다.
pump bilge [or ***ship***] (美해군 속어) 소변 보다.
pump A ***into*** B B에 A를 밀어[집어] 넣다, 투입하다.
pump iron ⇨IRON.
pump out ① …을 퍼내다, 뽑아내다. ② …을 차례로

만들어내다[내놓다]. ③ 《수동형으로》 …을 지치게 하다.
pump up ① ⇨[타] 1, 3. ② 강화하다; 높이다; 힘을 쏟다. ③ …에게 힘[정열, 투쟁심 따위]을 불어넣다. ④ 《속어》 과장하다, 허풍 떨다.
∠·a·ble, ∠·less, ∠·like [형] 「성용 구두).
pump² [명] (보통 ~s) 펌프스(끈·걸쇠가 없는 가벼운 여
pump-ac·tion [´ækʃən] [형] (산탄총 따위가) 펌프 연사식(連射式)의. [참] pump gun
púmp bòx [명] (펌프의) 피스톤실.
púmp bràke [명] (여러 사람이 함께 누를 수 있도록 가로막대가 달린) 펌프 손잡이.
pumped [pʌmpt] [형] **1** 배가 튀어나온; 임신한. **2** 열성적인, 열의 있는; 과장된, 허풍의(*up*).
púmped stórage [명] 〔전기〕 양수(揚水) 저장, 양수 발전 시스템.
pump·er [pʌ́mpər] [명] **1** 펌프 사용자[담당자]. **2** (펌프를 갖춘) 소방차. **3** 《美》 펌프식 유정(油井); 《美속어》 심장. 「호밀 빵, 흑빵.
pum·per·nick·el [pʌ́mpərnìkəl] [명][U][C] (거친)
púmp gùn [명] 펌프식 속사총. 「란한 악수.
púmp hàndle [명] **1** 펌프의 손잡이. **2** (큰 동작의) 요
pump-han·dle [´hæ̀ndl] [명] =pump handle. **—**[동][타] 〔남의 손〕을 세게 흔들며 악수하다.
pump·ing [pʌ́mpiŋ] [명] **1** 펌프로 물을 양수[배수]하기. **2** 〔기상〕 펌핑(기압 변동으로 기압계의 수은주의 높이가 급격히 변화하기). **3** 〔물리〕 펌핑(전자나 이온에 빛을 흡수시켜 에너지가 낮은 상태에서 높은 상태로 여기(勵起)하는 일).
púmp jòckey [명] 《英속어》 주유소 점원.
***pump·kin** [pʌ́mpkin, pʌ́ŋkin/pʌ́mp-] [명] **1** 호박, 서양호박. **2** 호박 빛깔, 짙은 주황색. **3** 《속어》 머리; (트럭 운전기사 사이에서) 펑크난 타이어. **4** 얼간이, 바보. **5** 《美속어》 (some ~s) 대단한 인물[것, 장소]. ¶She is *some ~s*. 그녀는 대단한 인물이야.
púmpkin hèad [명] 바보, 얼간이, 얼뜨기.
pump·kin-head·ed [-hèdid] [형] **1** 머리를 밀만 도린; 머리가 아주 큰. **2** 《美속어》 얼뜬, 어리석은.
púmpkin ròller [명] 《美속어》 시골뜨기, 촌사람.
pump·kin·seed [pʌ́mpkinsìːd, pʌ́ŋ-] [명] **1** 호박씨. **2** (북미 동부산(產)의) 납작하고 작은 민물고기.
púmpkin tìme [명] 《구어》 꿈이 깨지고 냉혹한 현실로 돌아오는 순간(밤 12시에 마차가 호박으로 바뀌는 Cinderella 이야기에서).
púmp prìming [명] **1** (펌프의) 마중물. **2** 《美》 〔경제〕 공공 투자에 의한 경기 부양책, 경기 부양을 위한 재정 지출. 「(급수장의) 펌프실.
púmp ròom [명] (온천장의) 광천수 마시는 사교실;
pump·ship [pʌ́mpʃìp] [명][동][자] 《속어》 소변(을 보다).
púmp wèll [명] 펌프 우물.
pun¹ [pʌn] [명] (동음이의(同音異義)의 어구를 쓴) 말장난, 재담, 결말, 신소리. ¶Please stay a *moment* for a matter of no *moment*. 대단한 용건은 아니지만 잠깐 기다려 주십시오. **—**[동][자] **(-nn-)** 말장난을 치다, 신소리를 하다 (*on, upon*). **∠·less** [형] **∠·ning·ly** [부]
pun² [동][타] **(-nn-)** 《英》 〔흙·잡석 따위〕를 다지다.
pu·na [púːnə] [명] **1** (남미 Andes 산맥 등지의 춥고 건조한) 고원; (페루의) 산간 지방의 찬바람. **2** [U] 〔병리〕 산악병, 고산병(altitude sickness).
‡punch¹ [pʌntʃ] [명] ([복] **~·es** [-iz]) **1** (a ~) (주먹으로) (…을) 치기, 구타, 펀치(*in, on*). ¶give a person a ~ *on* the nose 남의 콧등을 한 대 갈기다. **2** [U][C] 《구어》 힘, 정력, 생기; (소설·연설 따위의) 박력; (이야기 따위의) 효과. ¶His speech wants ~. 그의 연설은 박력이 없다.
beat** a person **to the punch 《속어》 남의 기선(機先)을 제압하다, 선수치다. 「기를 꺾다.
give a punch in 《구어》 …에게 한 대 먹이다, …의
pack a (hard) punch 《구어》 (권투 선수가) 펀치력이 세다; 효과가 크다.
pull no punches 힘껏 때리다; 사정을 두지 않다.
pull** (one's) **punches 《부정문에서》 ① (권투에서) 일부러 실효(實效)없는 공격을 하다. ② 《구어》 (공격·비평 따위를) 적당히 해두다.
roll with the** [or **a**] **punch 《구어》 (상대의 공격을) 피하다; (논쟁 따위에서 상대를) 누르다.
telegraph** one's **punches 〔권투〕 다음 펀치를 읽히다; 《美속어》 무의식중에 의도를 흘리다[누설하다].
—[동] (**~·es** [-iz]; **~ed** [-t]) [타] **1** (주먹으로) …을 한 대 치다, 때리다. ⇨BEAT [유의어] **2** 《美서부》 〔가축〕을 몰다. **3** …을 막대기로 찌르다. **4** 〔못 따위〕를 때려박다. **5** 《구어》 …을 강한 어조로 말하다. **6** 〔기계〕를 눌러서 작동시키다; 〔타자기 따위의 키〕를 세게 치다. **—**[자] **1** (주먹 따위로) 세게 치다, 일격을 가하다. **2** (키보드 따위를) 두드리다.
punch a (time) clock 타임 리코더를 찍다.
punch in 《美》 ① 타임 리코더로 도착 시간을 찍다. ② (키보드를 두드려) 컴퓨터에 〔데이터〕를 입력하다.
punch out 《美》 ① 《속어》 때려 눕히다. ② 타임 리코더로 퇴근 시간을 찍다. ③ (키보드를 두드려) 컴퓨터에서 〔데이터〕를 출력하다.
punch up ① 《구어》 주먹다짐[싸움]을 하다. ② (키보드를 두드려) 〔정보〕를 컴퓨터에서 불러내다. ③ 《구어》 활력[재미]을 불어넣다.
***punch²** [명] **1** [U] 펀치(포도주 따위에 물·우유·과즙·향료 따위를 섞은 음료). **2** [U] 프루트 펀치(몇 가지 과즙에 설탕·탄산수를 탄 음료). **3** 펀치를 대접하는 사교적인 모임.
punch³ [명] **1** (차표 등에 구멍을 뚫는) 천공 가위, 펀치, 타인기(打印器). ¶a ticket ~ (개찰용) 표 찍는 가위. **2** 〔컴퓨터〕 천공기. **3** = center ~. **—**[동][타] …에 (펀치로) 구멍을 뚫다; 압인(壓印)하다, 틀을 찍어 내다; 〔구멍〕을 …에 내다(*out*) (*in*). ¶~ a hole 구멍을 뚫다 / ~ a ticket 개찰하다 / have one's ticket *~ed* 표를 찍어 달래다, 개찰하다.
punch down [or ***in***] 〔못 따위〕를 박다.
punch out 〔레코드·주화 따위〕를 (판에서) 찍어내다.
punch up 〔컴퓨터〕 〔카드〕를 펀치하다.
∠·a·ble [형]
punch⁴ [명] **1** 《英》 다리가 짧고 뚱뚱한 짐말. (또는 **Súffolk** ∠). **2** 《英방언》 땅딸막한 사람[것].
Punch [명] **1** 펀치(*Punch-and-Judy show*의 주인공). **2** 펀치지(誌)(영국의 풍자 주간지).
(as) pleased** [**proud**] **as Punch 아주 기뻐서[의기 양양하여].
Púnch-and-Jú·dy (shòw) [pʌ́ntʃəndʒúːdi-] [명] 펀치와 주디 인형극(꼽추에 매부리코인 어릿광대 Punch와 그의 아내 Judy의 희비극적 이야기를 다룬 인형극).
punch·ball [pʌ́ntʃbɔ̀ːl] [명][U][C] **1** 《英》 펀치볼(권투 연습용으로 매달아 놓은 속을 채운 가죽 공). **2** 고무공을 주먹으로 치는 야구놀이.
punch·board [pʌ́ntʃbɔ̀ːrd] [명] 펀치식 도박 기계(구멍이 많이 뚫린 널빤지를 쳐서 당첨 번호가 적힌 쪽지를 끄집어 내는 게임기).
púnch bòwl [명] **1** 펀치 사발(펀치를 담아 내놓는 큰 그릇). **2** (사발 모양의) 분지(盆地). 「**càrd**)
púnch càrd [명] =punched card. (또는 **púnch·**
punch-drunk [´drʌ̀ŋk] [형] **1** (권투에서 펀치를 얻어맞고) 비틀거리는, 그로기 상태의. **2** 《구어》 머리가 혼란한, 망연자실(茫然自失)한. 「(컴퓨터용).
púnched càrd [pʌ́ntʃt-] [명] 천공 카드, 펀치 카드
púnched tàpe [명] 〔컴퓨터〕 컴퓨터용 천공(穿孔) 테이프. (또는 **pérforated tápe**)
pun·cheon¹ [pʌ́ntʃən] [명] (맥주·포도주 따위의) 큰 나무통(72–120 갤런들이); 그것에 가득한 용량.
pun·cheon² [명] **1** (마루 판자용의) 켠 재목. **2** 간주

puncher [pʌ́ntʃər] 명 1 구멍을 뚫는 사람[기계]. 2 (구어) 카우보이. 3 《美》권투 선수.

Pun·chi·nel·lo [pʌ̀ntʃənélou] 명 (복 ~(e)s) 1 펀치넬로(이탈리아 인형극의 주인공). 2 (펀치넬로처럼) 생김새가 괴상한 사람[동물]; 어릿광대(clown).

púnching bàg [pʌ́ntʃiŋ-] 명 1 (권투 연습용) 펀치백[볼]. 2 (구어) (비유적) 봉, 동네북.

púnching báll 명 《英》 = punching bag.
púnching prèss 명 = punch press.
púnch làdle 명 펀치 국자.
púnch lìne 명 (구어·연설 따위에서) 의표[급소]를 찌르는 구절, 결정적[촌철살인적] 어구.
púnch lìst 명 (구어) 미결 사항의 표(表).
púnch prèss 명 (기계) 동력 펀칭 프레스.
púnch spòon 명 펀치 스푼.
púnch tàpe 명 = punched tape.
punch-up [-ʌ̀p] 명 《英속어》 싸움; 난투, 패싸움.
punch·y [pʌ́ntʃi] 형 (구어) 1 힘찬, 박력있는. 2 = punch-drunk. **-i·ly** 부 **-i·ness** 명
punct. punctuation.
punc·tate [pʌ́ŋkteit] 형 1 (잎 따위가) 작은 반점이 있는, 오목한 곳이 있는. 2 (의학) 점[반점] 모양의. (또는 **punctated**)
punc·ta·tion [pʌŋktéiʃən] 명U 작은 반점[오목한 곳]이 있음; C 작은 반점, 오목한 곳.
punc·til·i·o [pʌŋktíliòu] 명 (복 ~s) 1 (의식·수속 따위의) 세세한 점, 세목. 2 UC 격식에 치우침, 딱딱함.
punc·til·i·ous [pʌŋktíliəs] 형 격식에 치우친, 딱딱한; 꼼꼼한. **~·ly** 부 **~·ness** 명
‡**punc·tu·al** [pʌ́ŋktʃuəl] 형 (**more ~; most ~**) 1 (…의 점에서/…에 대해) 시간[기한]을 지키는[엄수하는](in (doing)/with); (…을) 지키는, 엄수하는(for); (…하는 것이) 빠른, 즉각의(in doing). ¶be always ~ for an appointment 항상 약속을 지키다. 2 규칙적인; 정확한, 꼼꼼한. ¶a ~ person 꼼꼼한 사람. 3 (기하) 점의[같은]. ¶~ coordinates 점좌표.
as punctual as a clock 시계처럼 시간을 엄수하는.
punctual to the minute 1분도 어기지 않는, 꼭 제 시간에.
~·ly 부 **~·ness** 명
punc·tu·al·i·ty [pʌ̀ŋktʃuǽləti] 명U 시간 엄수, 체하지 않음; 꼼꼼함.
punc·tu·ate [pʌ́ŋktʃuèit] 타자 1 …에 구두점을 찍다, …을 구두점으로 끊다. 2 (보통 수동형으로) (연설·이야기 따위)를 (…으로) 잠시 그치게 하다, 중단시키다 (with, by). ¶~ (+目+前+名) a speech with cheers 박수로 연설을 중단시키다. 3 (말 따위)를 (…으로) 강조하다(by (doing), with). ¶He ~d his remarks with gestures. 그는 몸짓으로 말을 강조했다. —명 구두점을 찍다. **-à·tor** 명
*****punc·tu·a·tion** [pʌ̀ŋktʃuéiʃən] 명 1 U 구두점 찍기. ¶close [open] ~ 정밀[간략] 구두법. 2 구두점(~ mark). 3 구점. **~·al** 형
punctuátion màrk 명 구두점.   [점의.
punc·tu·a·tive [pʌ́ŋktʃuèitiv] 형 구두(법)의, 구두
punc·tu·late [pʌ́ŋktʃuleit, -lət] 형 온통 작은 반점이 있는. (또는 **punctulated**) **-lá·tion** 명
punc·tum [pʌ́ŋktəm] 명 (복 **-ta** [-tə]) (해부·생물) 점, 반점(point, spot); 오목한 곳(depression).
*****punc·ture** [pʌ́ŋktʃər] 명 1 UC 찌르기, 구멍을 뚫기; (타이어의 2 찔러서 생긴 상처, 구멍; (동물) 세공(細孔). 3 (병리) 천자(穿刺). —타 1 (뾰족한 것으로) …을 찌르다, …에 구멍을 뚫다. 2 (타이어)를 (못따위로) 펑크내다(on). 3 (비유적) 상처를 입히다, 감정을 해치다. 4 …을 못쓰게 만들다; 망쳐놓다. —자 구멍이 나다; 펑크나다.
-tur·a·ble, **~·less** 형 **-tur·er** 명

punc·tured [pʌ́ŋktʃərd] 형 구멍이 있는; 표면에 작은 반점이 있는; 《英속어》 술취한.
pun·dit [pʌ́ndit] 명 1 (인도의) 현인(pandit), 박식한 바라문(婆羅門)(Brahman)의 학자. 2 (익살) 젠체하는 사람, 전문가, 대가, 권위; (구어) 젠체하는[거드름 피우는] 사람. **pun·dít·ic** 형 **pun·dít·i·cal·ly** 부
pun·di·try [pʌ́nditri] 명 전문가적 의견[방법].
pung [pʌŋ] 명 말 한 필이 끄는 상자형 썰매.
pun·gen·cy [pʌ́ndʒənsi] 명 1 U (미각·후각상의) 자극(이 강함), 2 통렬함, 신랄함(sharpness), 예리함. 3 자극이 강한 것; 신랄한 것(말 따위).
pun·gent [pʌ́ndʒənt] 형 1 (혀·코를) 강하게 자극하는, 자극성의. ¶~ spices 자극성의 양념. 2 비꼬는, 신랄한, 날카로운. ¶~ criticism[language] 날카로운 비판[말]. 3 마음을 찌르는, 자극하는. ¶~ wit 마음을 휘어잡는 재치. 4 (생물) (솔잎처럼) 뾰족한. **~·ly** 부
pun·gle [pʌ́ŋgl] 타 (돈을) 지불하다, 기부하다(up).
Pu·nic [pjúːnik] 형 1 고대 카르타고(carthage)(인)의. 2 (로마인이 본 카르타고의 특징으로서의) 신의가 없는, 배신하는. —명 U 고대 카르타고어(語).
Púnic ápple 명 (고어) 석류 (나무); 석류 무늬.
Púnic fáith 명 배신(背信).
Púnic Wárs 명복 (the ~) 포에니 전쟁(기원전 3-2세기 로마와 카르타고간의 3회에 걸친 전쟁).
‡**pun·ish** [pʌ́niʃ] 타 (~**·es** [-iz]; ~**ed** [-t]) 타 1 (사람·죄 따위)를 (…때문에/…으로) 벌하다, 벌주다, 응징하다 (for/with, by). ¶~ theft 절도를 처벌하다/ (~+目+前+名) a boy for impudence 소년의 건방진 행동을 응징하다/ be ~ed with death 사형에 처해지다.

<유의어> punish 교정을 기대하지 않고 잘못·죄를 벌하다. **correct** 교정을 목적으로 잘못을 질책[벌]하다. **discipline** 교육적 의도를 가지고 제재를 가하다.

2 (남)을 혼내주다, 거칠게 다루다; (권투) …에게 강타를 퍼붓다; (크리켓) (공)을 세게 치다 (구기에서) (상대방)을 무찌르다. 3 (경주말 따위)를 심하게 채찍질하다; …을 무리하게 일시키다. 4 (구어) …을 잔뜩 먹다[마시다], 바닥내다. 5 (테니스) (스트로크)를 통타하다. —자 처벌하다, 응징하다. (구어) 혼내주다. **~·er** 명
pun·ish·a·ble [pʌ́niʃəbl] 형 처벌할 수 있는, 처벌해야 할; 벌을 받아 마땅한. ¶a ~ offence (마땅히) 처벌해야 할 죄. **~·ness**, **~·bíl·i·ty** 명 **-bly** 부
pun·ish·ing [pʌ́niʃiŋ] 형 1 응징하는, 벌을 주는, 처벌하는. 2 호되게 치는, 혼내주는; (스포츠) 강타하는. ¶a ~ blow 심한 타격[피해]. 3 엄격한. ¶~ road tests (자동차의) 엄격한 도로 성능 시험. —명 UC (구어)(구타에 의한) 타격[피해]; 큰 타격. **~·ly** 부
‡**pun·ish·ment** [pʌ́niʃmənt] 명 1 U 처벌하기; 벌을 받기; C (…에 대한) 처벌, 징벌; 벌, 형벌 (of, for). ¶capital ~ 극형, 사형/ corporal ~ 체형/ disciplinary ~ 징계/ divine ~ 천벌/ pecuniary ~ 벌금형/ receive [or suffer] (a) ~ 벌을 받다. 2 U 심한 처사, 학대; (권투 따위의) 강타, 난타; (경기에서 지치게 하기. 3 (심리) 벌(인과 응보적인 고통·불쾌감 따위).
pu·ni·tion [pjuːníʃən] 명 (punishment).
pu·ni·tive [pjúːnətiv] 형 (악살) 형벌의, 징벌의, 응징의; 응보의; (과세가) 가혹한. ¶~ action 처벌 행위 / a ~ force 토벌군/ ~ measures 징벌 수단. (또는 **puni·tory**) **~·ly** 부 **~·ness** 명
púnitive dámages 명복 《美법률》 징벌적 손해 배상(제조물 책임(PL) 소송에서).
púnitive expedítion 명 토벌(討伐).
púnitive jústice 명 인과 응보.
pu·ni·to·ry [pjúːnitɔ̀ːri/-təri] 형 = punitive.
Pun·jab [pʌndʒáːb, ´-] 명 펀자브(원래는 인도 서북부의 주; 현재는 인도와 파키스탄으로 나뉘어져 있다).
Pun·ja·bi [pʌndʒáːbi] 명 펀자브인(人); U 펀자브

pun·ji stick [stàke, pòle] [pándʒi-] 명 〔정글전(戰)〕용의〕밟으면 찔리도록 장치한 죽창.
punk¹ 명 [pʌŋk] 〔(점화용) 부싯깃, 불쏘시개; (부싯깃용의) 썩은 나무.
punk² 명 1 (속어) ⓤ 헛된 소리; ⓒ 시시한 것[사람], 보잘것없는 것[사람]. 2 (美속어) 불량배, 비행 소년, 풋내기. 3 (속어) 남색(男色)의 상대 소년. 4 (고어) 매춘부. 5 펑크 패션; 펑크 패션을 하고 다니는 사람, 펑크족. 6 (음악) =～rock. — 형 1 (美구어) 질이 나쁜, 열등한, 보잘것없는; 비참한. 2 (옷 따위가) 펑크 풍의.
— 동자 * 다음 숙어로만 쓴다.
punk out (속어) ① 겁을 내다, 꽁무니 빼다. ② 펑크 ～-ish [록 가수가 되다; 펑크족이 되다.
pun·ka(h) [pʌ́ŋkə] 명 펑카(천장에 매달아 끈으로 움직이는 인도의 큰 야자잎 부채).
punk dày 명 (美속어) 어린이 입장 무료일, 어린이 날.
punk·er [pʌ́ŋkər] 명 1 펑크 록(punk rock) 음악가 (애호가). 펑크족. 2 (美속어) =greenhorn.
punk·ette [pʌŋkét] 명 여성 punk rocker; 펑크 스타일의 여자.
púnk fúnk 명 (록·재즈) 펑크 펑크(영국에서 생겨난 punk와 뉴욕의 funk가 합쳐진 음악 조류).
punk·ie [pʌ́ŋki] 명 (美) 등에모기의 일종.
púnk jázz 명 (재즈) 펑크 재즈(1970년대 후반에 영국에서 일어난 punk의 흐름을 1980년대에 재즈에 흡수 발전시킨 음악 조류).
púnk kíd 명 (美속어) 풋내기, 애송이; 개구장이.
púnk píll 명 (美속어) 진정제, 바르비투르제.
púnk róck 명 펑크 록(공격적이고 반사회적인 가사에 단순한 리듬의 로큰롤; 영국이 발상지). ～**·er** 명
púnk sérgeant 명 (美속어) 취사 당변병.
punk·y¹ [pʌ́ŋki] 형 1 부싯깃[의 같은]. 2 썩어 잘 타 **púnk·i·ness** 명 [는.
punk·y² 명 (속어) 1 불량한; 불량배의, 졸개의. 2 평크족(punk rock)의; 펑크족의. **púnk·i·ness** 명
pun·ner¹ [pʌ́nər] 명 (땅을 다지는) 달구.
pun·ner² 명 =punster.
pun·net [pʌ́nit] 명 (英) (과일·채소를 담아서 팔러 다니는) 납작한 광주리. 「하는 사람.
pun·ster [pʌ́nstər] 명 익살꾼, 익살 부리기를 좋아
punt¹ [pʌnt] 명 (미식축구·럭비) 펀트(손에서 떨어뜨린 공이 땅에 닿기 전에 차기).
have a punt around (경찰관이) 순찰하다.
— 동태 (공을) 펀트하다. 타 1 펀트하다. 2 (구어) 적당히 말하다, 말을 흐리다. 3 (英속어) (경찰관이) 순찰하다.
punt off (美학생 속어) …을 일부러 잊다[무시하다, 피하다].
punt² [pʌnt] 명 (英) (삿대로 움직이는) 사각형 평저선(平底船). —동태 (사각형 평저선을) 삿대질하다. 자 평저선으로 가다.

[punt²]

punt³ [pʌnt] 동자 1 (카드놀이) 물주에 대항하여 걸다. 2 (속어) (경마 등에서) 돈을 걸다, 도박을 하다(gamble). 3 (구어) (주식 따위에) 투자하다. — 명 (카드놀이) 물주에 대항하여 거는 사람.
take a punt at (濠·뉴질 구어) …을 시험해 보다.
punt⁴ [pʌnt] 명 푼트(Irish pound)(아일랜드의 기본 통화 단위; 100 pence).
Pun·ta A·re·nas [Sp pú:ntɑ ɑréːnɑs] 명 푼타 아레나스(칠레 남부 Magellan 해협에 면한 세계 최남단 도시). 「연습(용 공).
punt·a·bout [pʌ́ntəbàut] 명 (미식축구·럭비) 킥
punt·er¹ [pʌ́ntər] 명 (미식축구·럭비) 펀터, 펀트하

는 사람. ⇨PUNT¹.
punt·er² 명 (英) 사각형 평저선의 사공.
punt·er³ 명 1 (카드놀이) 물주에 대항하여 거는 사람. 2 (英구어) 내기를 하는 사람; (소규모의) 주식 투자가.
punt·ist [pʌ́ntist] 명 (英) =punter².
pun·to [pántou] 명 (～s) (펜싱) 찌르기; (재봉의) 한 땀(stitch).
pun·ty [pʌ́nti] 명 펀티 막대(녹인 유리를 처리할 때 쓰는 쇠막대기. (또는 pontil, puntil)
pu·ny [pjúːni] 형 (경멸적) 1 연약한, 미약한. 2 보잘 것없는. **-ni·ly** 부 **-ni·ness** 명
PUO, P.U.O. (병리) pyrexia of unknown origin (원인 불명의 신열(身熱))
*** pup**¹ [pʌp] 명 1 강아지(puppy). 2 바다표범[물개, 고래]의 새끼. 3 여우[이리]의 새끼. 4 (구어) 애송이. 5 (美속어) 핫도그; 소형 트럭 트레일러. 6 (～s) (美속어) 발.
buy a pup (속어) (속아서) 싼 물건을 비싸게 사다.
have pups [or ***kittens***] 몹시 화를 내다[흥분하다].
in [or ***with***] ***pup*** (개가) 새끼를 배어.
sell a person a pup (구어) 남에게 나쁜 물건을 속여 팔다. 「초저녁[한낮]이다.
The night's [***day's***] (***only***) ***a pup.*** 아직
— 동 (-**pp**-) (개·물개 따위가) 새끼를 낳다. [<puppy]
pup² 명 (英속어) 학생. [<pupil] 「**pu·pal** 형
pu·pa [pjúːpə] 명 (～**pae** [-piː], ～**s**) 번데기. **pu·pate** [pjúːpeit] 동자 번데기가 되다. 「(蛹化).
pu·pa·tion [pjuːpéiʃən] 명 ⓤ 번데기가 되기, 용화
pupe [pjuːp] 명 (美속어) 학생(pupil).
*** pu·pil**¹ [pjúːpil] 명 (～**s** [-z]) 1 학생, 아동((美) 초등학생, (英) 초·중·고생). ¶master and ～ 사제.

《유의어》 **pupil** 초·중등 학교의 학생; 교사의 세심하고 직접적인 감독·지도를 받아 학습하는 사람. **student** 대학생(* (美)에서는 고교생에게도 쓴다); 특정 문제의 연구가. **scholar** 어떤 분야에서 깊은 학식을 쌓은 사람; 장학금을 받고 연구하는 자.

2 (개인 지도의) 제자, 문하생. 3 (민법) 피후견인, 연소자, 미성년자. 4 (대륙법·로마법) 피후견인(남자 14세, 여자 12세 미만인 사람). ～**·less** 형
pu·pil² 명 (해부) 눈동자, 동공(瞳孔). ～**·less** 형
pu·pil·(l)age [pjúːpilidʒ] 명 ⓤ 1 학생[제자]의 신분[기간]. 2 피후견인[연소자]임, 피후견인기(期), 연소기. 3 (英) 법정 변호사의 시보 기간.
pu·pil·(l)ar [pjúːpilər] 형 =pupillary².
pu·pil·(l)ar·i·ty [pjùːpilǽrəti] 명 (대륙법·스코법률) 미성년기, 피후견 연령.
pu·pil·(l)ar·y¹ [pjúːpəlèri/-ləri] 형 1 학생의; 제자의. 2 피후견인의, 연소자의, 미성년의.
pu·pil·(l)ar·y² 명 (해부) 눈동자의, 동공의.
pu·pil·(l)ize [pjúːpilaiz] 동타 학생을 받아들이다. 자 (학생)에게 가르치다, 학생을 지도하다.
púpil téacher 명 =student teacher; (英역사) 초등학교 교생. 「化)한 유충을 낳는.
pu·pip·a·rous [pjuːpípərəs] 형 (곤충이) 용화(蛹
*** pup·pet** [pʌ́pit] 명 1 (인형극의) 꼭두각시(marionette). 2 남이 시키는 대로 하는 사람, 괴뢰(傀儡), 앞잡이. 3 꼭두각시로 놀리는 인형의; 시키는 대로 하는, 괴뢰의. ～**·like** 형
pup·pet·eer [pʌ̀pətíər] 명 (인형극에서) 손가락 인형을 놀리는 사람.
púppet màster 명 꼭두각시 놀리는 사람. 「부).
púppet régime [góvernment] 명 괴뢰 정권[정
pup·pet·ry [pʌ́pitri] 명 1 꼭두각시. 2 ⓤ (집합적) 손가락으로 놀리는 인형. 3 ⓤ 걸치래. 4 ⓤ (집합적) 손가락으로 놀리는 인형극[의 인형.
púppet shòw [plày] 명 인형극.
púppet státe 명 괴뢰 국가.

puppet valve 〔기계〕 버섯 모양의 밸브(puppet craft, lift craft).

‡**pup·py** [pʌ́pi] 명 1 강아지(~ dog). 2 (물개 따위의) 새끼(pup). 3 애송이; 건방진 젊은이, 겉멋이 든 젊은 이. ~**-dom** 명 = puppyhood. ~**-like** 형

puppy dòg 명 강아지.

puppy fàt 명 《英구어》 어릴 때의 일시적 비만.

pup·py·hood [pʌ́pihùd] 명 ⓤ 1 강아지임; 강아지 때. 2 건방짐, 건방진 시절. ┌겉멋이 든.

pup·py·ish [pʌ́piiʃ] 형 1 강아지의(같은). 2 건방진.

pup·py·ism [pʌ́pizəm] 명 ⓤ 건방짐, 겉멋.

púppy lòve 풋사랑(calf love).

púp tènt 2인용 소형 천막(shelter tent).

pur [pəːr] 동명 = purr.

PUR polyurethane. **pur.** purchase(r); purchasing; purification; purify; purple; pursuit. ┌sue.

pur- [pəː(r)] 접두 pro-의 변형. ¶ *purchase*; *pur-*

Pu·ra·na [purɑ́ːnə] 명 푸라나(산스크리트어로 쓴 두교의 성전(聖典)). **-nic** 형

Pur·beck [pə́ːrbek] 명 ⓤ 1 퍼벡석(石)(영국 Dorset 주(州) Purbeck 반도산(産)의 석회석). (또는 ~ **stóne**) 2 (또는 ~ **márble**) 퍼벡 대리석.

pur·blind [pə́ːrblàind] 형 1 반소경의; 눈이 침침한; 2 (비유적) 우둔한, 둔감한. ~**·ly** 부 ~**·ness** 명

Pur·cell [pə́ːrsəl] 명 퍼셀. 1 [pəːrsél] **Edward Mills** ~ (1912-97: 미국의 물리학자; 핵자기(核磁氣) 공명 측정법 확립). 2 [pə́ːrsəl] **Henry** ~ (1658?-95: 영국의 작곡가).

pur·chas·a·ble [pə́ːrtʃəsəbl] 형 살 수 있는, 구할 수 있는; 뇌물이 듣는, 매수할 수 있는. **-bíl·i·ty** 명

‡**pur·chase** [pə́ːrtʃəs] 타 (**-chas·es** [-iz]; ~**d** [-t]; **-chas·ing**) 명 1 을 사다, 구입하다. ¶ BUY 유의어 ¶ ~ a book 책을 사다 // (~+목+전+명) ~ candies *for* one dollar 캔디를 1달러에 사다. 2 (돈 따위가) …을 살 수 있다, 나는 데 충분하다. ¶Fifty dollars ~s a subscription. 50달러로 예약[정기] 구독을 할 수 있다(* Fifty dollars는 단수취급). 3 (노력·희생 따위를) 치르고, 손에 넣다, 쟁취하다. ¶a dearly ~d victory 큰 희생을 치르고 얻은 승리 // (~+목+ 전+명) ~ freedom *with* blood 피를 흘려 자유를 쟁취하다. 4 …을 저당 잡히고 매수하다. ¶ ~ votes 표를 매수하다. 5 〔법률〕 (상속 이외의 방법으로) 〔토지·건물을〕 취득하다. 6 〔해사〕 (도르래 따위로) …을 끌어올리다, 움직이다. ¶ ~ an anchor 닻을 감아올리다. ─ 자 사다.
─ 명 (복 **-chas·es** [-iz]) 1 ⓤ 구입, 구매, 매입. ¶ the ~ of a car 차의 구입. 2 ⓒⓤ (종종 ~s) 구입품, 산 물건; (싸게 또는 잘) 산 물건; 물건 사기. ¶make a small ~ 몇 가지 물건을 사다 / That house was a wise ~. 저 집은 아주 잘 산 물건이다. 3 〔법률〕 (상속 이외의 방법으로의) 부동산 취득, 토지 양수(讓受). 4 ⓤ (노력·희생 따위에 의한) 획득, 5 지레 장치, 감아 올리는 기계, 도르래, 기중 장치; 힘이 걸리는 부분, (지레의) 받침점; ⓤ 지렛대 작용. 6 힘·권력 따위를 늘리는 수단; 연줄, 배경, 연고. 7 ⓤ (토지 따위의) 연수(年收), 수확량; (비유적) 가치. ¶at five years' ~ 5년간의 수확량에 해당하는 값으로.

be not worth an hour's [a day's] purchase (사람의 목숨 따위가) 한 시간[하루]도 못갈 것 같다.

make a good [bad] purchase 물건을 싸게[비싸게] 사다.

púrchase lèdger 명 〔상업〕 구입 원장. ┌게 사다.

púrchase mòney 명 매입[구입] 대금, 계약금.

púrchase òrder 명 〔상업〕 구입 주문(서).

púrchase price 명 (the ~) 구입 가격.

****pur·chas·er** [pə́ːrtʃəsər] 명 매입[구입]자, 사는 사람.

púrchase tàx 명 《英》 물품세. ┌람.

púr·chas·ing àgent [pə́ːrtʃəsiŋ-] 명 (회사 등의) 구매 담당자, 구매 부장; 구매 대리업자.

púrchasing associàtion [gùild] 명 구매 조합.

púrchasing mànagement 명 〔경영〕 (자재의) 구매 관리.

púrchasing pòwer 명 구매력.

púrchasing-power bónd 명 〔금융〕 구매력 채권(구매력을 나타내는 지수의 변동에 따라 이자·상환액을 변동시키는 채권).

púrchasing power párity 명 〔경제〕 구매력 평가(국내의 실제 구매력 기준으로 책정한 환율; 略 PPP).

pur·da(h) [pə́ːrdə] 명 1 (인도 등지에서 여성을 남이 못 보도록 가리는) 장막, 커튼(curtain). 2 ⓤ (여성을 남이 못 보도록 가리는) 격리 습관[제도]. 3 ⓤ 줄무늬가 있는 커튼 천. (또는 **pardah**)

‡**pure** [pjuər] 형 (*pur·er*; *pur·est*) 1 불순물이 없는, 순수한. ¶ ~ gold 순금. 2 맑은, 깨끗한, 더럽혀지지 않은; 오점이 없는. ¶ ~ air 맑은 공기. 3 순혈(純血)의, 순종의; (언어가) 외적 요소가 없는, 순정(純正)의. ¶a breed of dog 순종 개 / ~ French 순정 프랑스어. 4 (도덕적으로) 오점이 없는; (성적으로) 순결한; 결백한, 죄가 없는. ¶a ~ girl 순결한 소녀. 5 (문제가) 솔직한, 명쾌한; 꾸밈이 없는. ¶a ~ style 솔직한 문체. 6 (학문 따위가) 순수하게 이론적[추상적]인(형 applied); 〔예술〕 (그림 따위가) 순수한, 비구상적인; 〔철학·심리〕 선험적인, 감각·경험에 의하지 않은. ¶ ~ science 순수 과학 / ~ knowledge 선험적 지식. 7 (구어) 완전한, 전적인; 다름아닌; 단순한, 비구상적인. ¶by ~ accident 전적으로 우연한 사건. 8 (소리가) 맑은; 순음(純音)의. 9 (음성) 단모음의. 10 〔유전〕 한 특질만을 가지는; 동형의, 순계(純系)의.

(as) pure as (the) driven snow (반어적) (사람·마음·생각 따위가) 순수한, 잠티가 전혀 없는.

pure and simple ① (강조) (명사 뒤에서) 완전한, 진짜의. ¶a gentleman ~ 진짜 신사. ② (부사적으로) 완전히, 전적으로.

── 부 1 = purely. 2 (형용사와 함께) 순수하게, 완전히. ¶ ~-white 순백의.

── 명 (美속어) 헤로인; 순도 높은 마약.

~**·ness** 명

pure·blood [pjúərblʌ̀d] 명형 = purebred.

pure·blood·ed [pjúərblʌ́did] 형 = purebred.

pure·bred [pjúərbréd] 형 순(純)종의; (식물이) 순계(純系)의. ─ [⸚] 명 순(혈)종의 동물; 순계.

púre cúlture 명 〔세〕계의 식물.

púre demócracy 명 순수[직접] 민주주의(대표를 통하지 않고 국민이 직접 권력을 행사하는 제도).

pu·rée [pjuəréi/pjúərei] 명ⓤⓒ 퓌레(채소나 고기를 삶아 곱게 걸러 만든 수프 음료). ─ 타 (토마토 따위)를 퓌레로 만들다. 〔<F〕

pure·heart·ed [pjúərhɑ́ːrtid] 형 마음이 깨끗한, 순진한, 성실한. ┌(純虛數).

púre imáginary (númber) 〔수학〕 순허수

Púre Lánd (the ~) 〔불교〕 정토(淨土), 극락 세계.

púre líne 명 〔유전〕 순계(純系).

‡**pure·ly** [pjúərli] 부 1 섞인 것 없이, 순수하게. 2 (수식어(구) 앞에서) 단순히, 단지; 전적으로. ¶ ~ accidental 전적으로 우연한 / ~ private 순전히 사적인. 3 깨끗이, 맑게, 순결하게. ¶live ~ 깨끗하게 살아가다.

purely and simply 에누리 없이.

púre merino (濠속어) (죄수로서가 아닌) 자발적 ┌이주자.

púre páinting 명 순수 회화(繪畫).

púre póetry 명 순수 시(詩).

púre quill (the ~) (美구어) 최고급품, 진짜.

púre réason 명 〔철학〕 (칸트 철학의) 순수 이성.

púre tóne 명 (부분음을 포함하지 않은) 순음(純音).

Pur·ex [pjúəreks] 명형 퓨렉스(의)(사용한 핵연료를 재처리하여 우라늄이나 플루토늄을 추출하는 방법). 〔<*p*lutonium reduction by solvent *ex*traction〕

pur·fle [pə́ːrfl] 타 (옷 따위)에 가두리 (장식)을 달다; …의 가장자리를 장식하다. ─ 명 가두리 장식, (현

pur·fling [pə́:rfliŋ] 명 =purfle. **-fler** 명
pur·ga·tion [pə:rgéiʃən] 명 1 맑게[깨끗하게] 하기, 정화; 숙청. 2 통변(通便). 3 [역사] 무죄의 증명. 3 (설사약으로) 대변을 보게 하기.
pur·ga·tive [pə́:rgətiv] 형 1 통변(通便)케 하는. ¶ ~ medicine 하제(下劑). 2 맑게[깨끗하게] 하는(淨化)하는; 속죄의. — 명 1 [약학] 하제(下劑). 2 정화하는[맑게 하는] 것. **~·ly** 부
pur·ga·to·ri·al [pə̀:rgətɔ́:riəl] 형 1 죄를 깨끗하게 하는, 정화의, 속죄의. 2 (또는 **purgatorian**) 연옥(煉獄)의(같은). **~·ly** 부
pur·ga·to·ry [pə́:rgətɔ̀:ri/-təri] 명⃝C 1 (종종 P-) [가톨릭] 연옥, 정죄계(淨罪界). 2 일시적 고난[징벌] 상태, 지옥 같은 곳. — 형 정죄의, 속죄의.
‡**purge** [pə:rdʒ] 동 (**purg·es** [-iz]; **~d**; **purg·ing**) 타 1 [몸·마음을 ~로 부터] 깨끗이 하게, 정화하다 (of, from). ¶ (~+목+전+명) He was ~d of [or from] sin. 그의 죄는 깨끗이 씻어졌다. 2 [불순물·더러움 따위]를 …에서 제거하다, 일소하다 (away, off, out) (from). ¶ (~+목+명) ~ away one's evil thoughts 사념(邪念)을 버리다. 3 [정당 따위] 내 불순분자 등을 숙청하다 (of); [반대파 등을 (…에서) 추방하다, 숙청하다 (from). ¶ (~+목+전+명) ~ a party of its corrupt members; ~ corrupt members from a party 당에서 부패 분자를 추방하다. 4 [남]의 (혐의를) 풀어주다, (무죄를) 증명하다 (of). ¶ (~+목+전+명) ~ a person of suspicion 남의 혐의를 벗어주다. 5 [법률] [죄]를 보상하다, [형기] 를 마치다. 6 [병리] [사람]에게 하제(下劑)를 써서 (장(腸)에서) …을 제거하다 (of, from), [장]에 변을 통하게 하다. — 자 깨끗해지다, 정화되다. 대변이 통하다. — 명 (복 **purg·es** [-iz]) 1 정화; (불순물의) 제거. 2 (불순분자·반대 세력의) 숙청, 추방. ¶ the political ~ 정치적 ←**·a·ble** 형 **púrg·er** 명 1 숙청자. 3 하제.
pur·gee [pə:rdʒí:] 명 추방된 사람.
*pu·ri·fi·ca·tion [pjùərəfikéiʃən] 명⃝C 1 (물질적·정신적) 정화(淨化) (나치스에 의한) 인종 정화(유대인·집시 말살). 2 [교회] (산후 따위의) 청정식(淸淨式). 3 (가톨릭) 성배(聖杯)의 청정(미사 끝에 사제가 잔을 깨끗이 닦기). 3 [야금] 정화, 정련(精鍊).
Purification of the Virgin Mary 명 (the ~) =Candlemas. 2 (巾), 성배를 닦는 천.
pu·ri·fi·ca·tor [pjúərəfikèitər] 명 [교회] 성배 닦는 천.
pu·rif·i·ca·to·ry [pjuərifikətɔ̀:ri/pjúərifikèitə̀ri] 형 1 깨끗하게 하는, 정화하는; 죄정(淨罪)하는. 2 [야금] 정제하는, 정련의.
pu·ri·fi·er [pjúərəfàiər] 명 깨끗하게[정화, 정련] 하는 사람; 정화[정련] 장치[용품]. — 명 몸 모양의.
pu·ri·form [pjúərəfɔ̀:rm] 형 [병리] 고름 비슷한, 고.
*pu·ri·fy [pjúərəfài] 동(타) 1 (물질적으로) …에서 더러움[불순물]을 제거하다, …을 정화[순화]하다, 정제[정련]하다. ¶ ~ water 물을 정화하다 / ~ sugar 설탕을 정제하다. 2 [국어]를 순화하다 (말)을 세련되게 하다. 3 (정신적으로) …을 깨끗하게 하다, 정화하다; [남]의 (죄를) 씻어주다 (of, from). ¶ ~ the heart 마음을 깨끗이 하다 // (~+목+전+명) ~ a person of [or from] sin 남의 죄를 씻어주다. 4 …에서 (반대파를) 추방[숙청]하다 (of); …을 …에서 일소하다 (from). ¶ (~+목+전+명) ~ a state of the traitors 나라에서 매국노를 추방하다. — 자 깨끗해지다, 순화되다.
Pu·rim [púərim] 명 푸림 축제(유대력(歷)의 6월 14일(태양력으로는 3월경)에 행하는, Haman의 유대인 학살 계획이 깨진 날을 기념하는 유대인의 축제); Feast of Lots라고도 한다. ← 에스더(Esth.) 9: 26).
pu·rin(e) [pjúəri(:)n] 명 [화학] 푸린(무색의 침상 결정(針狀結晶)); 요산(尿酸) 화합물의 원질(原質); 푸린(基).

pur·ism [pjúərizm] 명⃝U 1 (언어의) 순수주의; (문체·용어상의) 순수 용법. 2 (때로 P-) [미술] 순수주의파)(20세기 초기에 프랑스에서 cubism에 반대하여 일어났던 미술 운동). **-ist** 명 순수주의자.
pu·ris·tic [pjuərístik] 형 언어 순화주의(자)의, 순수주의(자)의. (또는 **puristical**) **-ti·cal·ly** 부
*Pu·ri·tan [pjúərətn] 명 1 [역사] 청교도, 퓨리턴(16세기 후반에 영국 국내에서 일어난 신교도의 한 파). 2 (p-) (경멸적) (종교상·도덕상) 엄격[근엄]한 사람, 결백주의자. — 형 청교도의; (p-) (청교도처럼) 엄격[결벽]의. **~·like** 형 **~·ly** 부
Púritan City 명 (the ~) Boston 시의 별칭.
Púritan éthic 명 =Protestant ethic.
pu·ri·tan·ic [pjùərətǽnik] 형 =puritanical.
pu·ri·tan·i·cal [pjùərətǽnikəl] 형 청교도적인, 매우 엄격한; (때로 P-) 청교도의, 청교주의의. **~·ly** 부 **~·ness** 명
Pu·ri·tan·ism [pjúərətənìzm] 명⃝U 퓨리턴의 교리; 청교주의, 청교도 기질; (때로 p-) 엄격주의.
pu·ri·tan·ize [pjúərətənàiz] 동(자) 청교도화(되다); 청교도(식)로 만들다.
Púritan Revolútion 명 (the ~) [영국사] 청교도 혁명.
Púritan Státe 명 미국 Massachusetts 주의 별칭.
Púritan wórk éthic 명 퓨리턴의 노동관(勞動觀).
*pu·ri·ty [pjúərəti] 명⃝U 1 깨끗함, 청결. 2 섞인 것이 없음, 순수; (금속의) 순도(純度); (언어의) 순정(純正); (광학) (색의) 순도. 3 (옷 따위의) 청결. 4 (종교 의식 등을 위해) 정(淨)하게 하기. 5 청렴, 결백; (성적인) 순결.
purl[1] [pə:rl] 동 [편물]을 안뜨기로 뜨다; [레이스·리본 따위]에 고리 모양의 가두리를 하다; 금실[은실]로 자수하다 (~ stitch); 고리 모양의 가두리를 하다. — 명⃝U (자수에 쓰이는) 금실, 뜨개 가두리.
purl[2] 자 (시냇물 따위가) 졸졸 흐르다, 잔물결지며 흐르다. — 명 졸졸 흐르는 소리; 잔물결, 작은 소용돌이, 파문(波紋).
purl[3] 명⃝U [역사] 쓴 쑥으로 맛을 낸 맥주(강장제); 데운 맥주에 진·설탕 따위를 섞은 음료.
purl[4] [영구어] 동(타) …을 뒤집어엎다, 전도(轉倒)시키다(upset). — 자 (말 따위에서) 쿵[거꾸로] 떨어지다, 낙마(落馬)하다. — 명 쿵 하고 떨어지기; 전도; 낙마.
purl·er [pə́:rlər] 명 [영구어] 강타, 거꾸로 떨어짐.
*come [or take] a purler 거꾸로 떨어지다.
pur·lieu [pə́:rlju:/-lju] 명 1 삼림 변두리의 빈터(경계지). 2 (the ~) (도시의) 변두리 지구; (~s) 주변 (지구), 교외, (변두리의) 빈민가. 3 [영] (전(前) 소유자에게 반환된) 구왕실림(舊王室林). 4 자주 드나드는 곳(haunt), 행락지(行樂地); 세력권. 5 (~s) 이웃. — [리, 마룻대.
pur·lin(e) [pə́:rlin] 명 (지붕의 서까래를 받치는) 도리.
pur·loin [pəːrlɔ́in/pə:lɔ́in] 동 (익살) …을 훔치다. — 자 도둑질하다. **-er** 명
pu·ro·my·cin [pjùərəmáisin/-sin] 명⃝U 퓨로마이신(항생 물질의 일종).
purp [pə:rp] 명 (구어) =pup.
pur·par·ty [pə́:rpə̀:rti] 명 [법률] (공유 재산의) 분할 지분. 또는 the pourparty)
‡**pur·ple** [pə́:rpl] 명 (복 **~s** [-z]) 1 ⃝UC 자주빛, 자색. (시) 심홍색(深紅色). 2 ⃝U 자주빛 의상; (the ~) (옛날의 왕후 귀족·추기경의) 자주빛 예복, 엄의(法衣). 3 (the ~) 추기경(cardinal)의 지위[직무]; 주교(bishop)의 지위[직무]; 왕후 귀족의 지위[가문], 왕위, 제위(帝位). 4 (자색 염료의 원료가 되는) 자주빛 조개류. 5 호랑나비과(科)의 나비류. 6 [병리] (피부 따위)의 자반병(紫斑病).
be born [or cradled] in [or to] the purple 제왕 [왕후 장상]의 집안에서 태어나다.
be raised to the purple 왕위에 오르다; 추기경[주교]에 서임되다.

purple emperor

marry into the purple (이름 없는 집안의 여자가) 명문 집안에 시집가다.
wear the purple 황제이다.
— 휑 (*-pler; -plest*) 1 자줏빛의; 《구어·시》 심홍색의(crimson). ¶ turn ~ with rage 몹시 화가 나서 얼굴이 새빨개지다. 2 제왕의 (풍모가 있는). 3 화려한, 호화로운(gorgeous); (문체가) 화려한, 미문조(美文調)의.
turn [or ***go***] ***purple*** ① ⇨ 휑 1. ② 《속어》 몹시 노하다.
with a purple passion 열렬히, 광적으로.
— 통 (*~s* [-z]; *~d*; *-pling*) …을 자줏빛이 되게 하다. — 巫 자줏빛이 되다.
~ness 휑
púrple émperor 명 〔유럽산(産)〕 번제오색나비.
Púrple Héart 명 1 《美육군》 〔심장형의〕 상이 기장(傷痍記章). 2 (p- h-) 《英속어》 드리남일(Drinamyl) 암페타민과 바르비탈제를 혼합한 각성제.
púrple lóosestrife 명 《식물》 털부처꽃.
púrple mártin 명 〔조류〕 (미국산(産)의) 검푸른 빛.
púrple médic 명 = alfalfa. [깔의 큰제비.
púrple mémbrane 명 《생물》 자세포막(紫細胞膜)(halobacteria 세포 내벽에 형성되는 자주색 막).
púrple pássage[próse] 명 〔글 가운데의〕 명구(名句); 현란한 문장, 명문(名文).
púrple pátch 명 화려한 장구(章句); 〔澡구어〕 행운
púr·plish [pə́ːrpliʃ] 휑 자줏빛을 띤. *~ness* 명
púr·ply [pə́ːrpli] 휑 = purplish.
pur·port 통타 [pəːrpɔ́ːrt/pəpɔ́ːrt] 1 〔문서·작품 따위가〕 (…이라고) 알려져 있다; (사람이 …이라고) 칭하다 (*to be*): (…한다고) 주장하다 (*to do*). ¶ ~ to be an expert on …의 전문가로 자처하다. 2 …을 의도(意圖)하다, 의미하다, …의 취지이다 (*that*절). ¶ a document *~ing that* …이라는 취지의 문서. — 명 [pə́ːrpɔːrt/-pɔːt] 1 (the ~) 〔문서·연설 따위의〕 요지, 취지, 뜻. ⇒ MEANING 유의어 2 〔행동 따위의〕 목적, 목표, 의도.
~less 휑
pur·port·ed [pəpɔ́ːrtid] 휑 …이라고 소문난, …이라고 알려진, …으로 칭해지고 있는. *~ly* 위
‡**pur·pose** 통 *-pos·es* [-iz]) 1 CU (사물의) 목적, 용도; (사람·행위 등의) 목적, 의향 (aim), 의향; 취지, 뜻(purport). ¶ attain [or accomplish, achieve, effect, gain] one's ~ 목적을 달성하다 / for that ~ 그런 목적으로 / What ~ did you do that for? = What is your ~ in doing that? 어째서 그런 짓을 했지?

> 유의어 **purpose** 달성하려고 굳게 결심하고 있는 목적. **aim** 구체적으로 뚜렷한 목표. **end** 뚜렷한 계획적 수단으로 달성하는 목적. **goal** 노력의 종착점으로서의 목적. **object** 노력·행위·감정을 기울이는 대상으로서의 목적. **objective** 달성 가능한 구체적인 목적.

2 U 의도, 결심, 결의, 의지. ¶ honesty of ~ 의도의 성실성 / be firm of ~ 의지가 굳다 / He is weak of ~. 그는 의지가 약하다. 3 (the ~) 당면한 문제, 논쟁점, 논지. ¶ the ~ of today's discussion 오늘의 논점. 4 U 결과, 성과; 효과, 효용(effect).
answer [or ***serve, fulfil, suit***] ***the*** [or ***one's***] ***purpose*** 소용에 닿다, 목적에 부합되다.
at cross purposes (서로의) 의도[목적]가 어긋나서, 반대되어.
for [or ***to***] ***all intents and purposes*** ⇨ INTENT¹.
for (all) practical purposes (이론은 별개로 하고) 실제로는. [음에 흔히 동명사가 옴).
for the purpose of …의 목적으로, …을 위해(* 다
from the purpose 부적절한[하게]; 요령없는[없이]; 요점을 벗어난[벗어나다].
in purpose 〔고어〕 …을 계획하여[꾀하여].
of (set) purpose 고의로, 일부러, 고의로(by design).
on purpose ① 일부러, 고의로.¶ He did it *on* ~.

purse

그는 일부러 그렇게 했다. ② …의 목적으로, …하기 위하여 (*to do, that*절). [간] 효과적으로.
to good [great, some] purpose 아주[굉장히, 약
to little [no] purpose 거의[전혀] 보람없이.
to (the) purpose 적절한[하게], 요령있는[있게]; 유익한[하게].
to this [that] purpose 이런[그런] 취지로.
with a puppose 일부러, 목적이 있어.
— 통타 *-pos·es* [-iz]; *~d* [-t]; *-pos·ing* (…할) 작정[결심]이다 (*doing, to do, that*절); …을 의도하다, 결심하다. ¶ I ~ *going* [or *to go*] there. 그 곳에 갈 작정이다 // I ~ *that* it shall never occur again. 그런 일이 다시는 일어나지 않도록 하겠다.
pur·pose-built [-bilt] 휑 (특정 목적을 위해) 특별히 건립된. (또는 **púrpose-máde**)
pur·pose·ful [pə́ːrpəsfəl] 휑 1 목적이 있는; 고의적인. ¶ ~ actions 목적이 있는 행동. 2 단호한, 과단성 있는. 3 의의가 있는, 의미심장한. ¶ a ~ smile 뜻깊은 미소. *~ly* 위 *~ness* 명
pur·pose·less [pə́ːrpəslis] 휑 목적이 없는; 무의미한. *~ly* 위 *~ness* 명
pur·pose·ly [pə́ːrpəsli] 위 1 고의로, 일부러. 2 특별히 (그것을 위하여); (…할) 목적으로 (*to do*).
púrpose nòvel 명 목적 소설(작가의 의견·주장을 담은 소설).
púrpose pítch 명 《美속어》 《야구》 고의로 타자를 스칠 듯이 던지는 공, 빈볼 비슷한 투구.
pur·pos·ive [pə́ːrpəsiv] 휑 1 목적이 있는, 의도적인. 2 목적에 맞는. 3 단호한, 결연한. 4 목적론의, 목적론적인. *~ly* 위 *~ness* 명 [해.
pur·pres·ture [pərprést∫ər] 명 《법률》 공유지 침
pur·pu·ra [pə́ːrpjuərə] 명 U C 《병리》 자반병(紫斑)
pur·pure [pə́ːrpjuər] 명휑 《문장》 자색(의). [병.
pur·pu·ric [pəːrpjúərik] 휑 《병리》 자반(병)의.
pur·pu·rin [pə́ːrpjurin] 명 U 적색 물감.
*pur(r) [pəːr] 巫 1 (고양이가) 기분 좋은 듯이 가르랑거리다[목구멍을 울리다]; 《비유적》 (사람이) 만족하는 듯한 태도를 보이다. ¶ ~ with content 만족해하다. 2 (물건이) 우르르하는 소리를 내다. 3 (자동차 따위가) 힘차고 경쾌한 소리를 내다. — 타 …을 가르랑거리며 만족한 듯이 말하다, 가르랑 거리는 소리로 말하다. — 명 (고양이가) 가르랑거리기, 목구멍을 울리기, 그 소리; 그와 비슷한 소리. *~·ing·ly* 위
pur sang [F pyːr sɑ̃] 휑 순수한, 순혈[순종]의, 섞인 것이 없는, 진짜의. ¶ a Parisian ~ 파리 토박이.
〔< F *pure blood*〕
‡**purse** [pəːrs] 명 (*purs·es* [-iz]) 1 〔돈〕지갑〔주머니〕, 《美》 (여자의) 핸드백. ¶ a coin ~ 동전 지갑 / a heavy [or fat, long] ~ 두둑한 지갑: 부유(富裕) / a light [or lean, slender] ~ 가벼운 지갑; 가난 // *Little and often fills the* ~. 〔속담〕 티끌 모아 태산 / *Who holds the* ~ *rules the house.* 〔속담〕 돈이 제갈량(諸葛亮), 황금 만능. 2 U 돈, one's ~ (개인의) 지갑 속에 든 것; 돈, 자금; 재산; 자력(資力), 부(wealth). ¶ the public ~ 국고 / a common ~ 공동 재원 / The necklace is beyond my ~. 내게는 그 목걸이를 살 만한 돈이 없다. 3 증여금; 기부금, 의연금; 상금. ¶ give [or put up] a ~ 상금[기부금]을 주다. 4 (형태·용도가) ~과 비슷한 것; 〔해부〕 낭(囊).
dig into *one's* ***purse*** 활수하게 (선심 삼아) 돈을 주
line *one's* ***purse*** 부정으로 축재하다. [다[내다].
live within *one's* ***purse*** 형편에 맞춰[분수껏] 살다.
make (up) [or ***raise, set up***] ***a purse for*** …을 위해 모금하다[기부금을 모으다].
open *one's* ***purse*** 돈을 내보이다.
— 통 (*purs·es* [-iz]; *~d* [-t]; *purs·ing*) 타 1 (지갑 따위로) 〔입〕을 오므리다, 〔눈살〕을 찌푸리다(*up*). ¶ ~ one's lips 입을 오므리다. 2 〔고어〕 …을 돈주머니에

púrse bèarer 1 돈주머니를 맡은 사람; 회계원. 2 〔英〕 국새(國璽)를 받드는 관리.
púrse cràb 〔動〕 야자게(coconut[palm] crab).
purse·ful [pə́ːrsfùl] 돈주머니 가득(한 돈).
púrse nèt = purse seine.
púrse pride 재산[돈] 자랑.
purse-proud [-ˈpràud] 돈 자랑하는, 재산을 내세우는.
purs·er [pə́ːrsər] (여객선·여객기의) 사무장.
pur·ser·ette [pə̀ːrsərét] purser의 여성형.
púrse sèine (어업용의) 건착망(巾着網), 후릿그물.
púrse sèiner 건착망 어선.
purse-snatch·er [-snæ̀t∫ər] 〔美〕 핸드백 날치기.
púrse strings (the ~) 〔복수취급〕 돈주머니 끈; 〔비유적〕 금전 출납 관리권.
  hold [or *control*] *the purse strings* 금전 출납을 주관하다, 경제권을 장악하다.
  loosen [*tighten*] *the purse strings* 주머니 끈을 풀다[조이다], 재정 완화[긴축]책을 쓰다.
purs·lane [pə́ːrslin, -lein] 〔植〕 쇠비름.
pur·su·a·ble [pərsúːəbl/-sjúː-] 추적할 수 있는; 추구할 수 있는; 속행할 수 있는; 종사할 수 있는.
pur·su·ance [pərsúːəns/-sjúː-] 1 추적; 추구, 2 실행, 수행, 이행; 속행.
  in (*the*) *pursuance of* ① …에 따라서. ¶*in* ~ *of your advice* 당신의 충고에 따라서. ② …을 이행하여. ③ …에 종사하여.
***pur·su·ant** [pərsúːənt/-sjúː-] …에 따르는, 응하는, 준하는 (*to*).— …에 따라서, 응하여, 준거하여 (*to*). ¶*act* ~ *to a person's instructions* 남의 지시대로 행동하다. ~**·ly**
‡**pur·sue** [pərsúː/-sjúː-] (~s [-z]; ~d; -su·ing) 1 을 뒤쫓다, 추적하다; (눈·마음속으로) 을 좇다. ¶~ *a thief* 도둑을 뒤쫓다. 2 …을 따라다니다, (따라다니며) …을 괴롭히다. ¶*Ill luck* ~*d him to his death*, 불운이 죽을 때까지 그를 따라다녔다. 3 …을 얻으려고 애쓰다, 〔목적 따위〕를 추구하다. ¶~ *pleasure* 쾌락을 추구하다 / ~ *one's goal* 목표를 달성하려 노력하다. 4 …을 실행하다, 하다, 수행하다, 〔방침·지시 따위〕를 속행하다 ¶~ *a plan* 계획을 실행하다 / ~ *a subject* 이야기를 진행시키다. 5 …에 종사하다; 〔방침·지시 따위〕에 따르다. ¶~ *one's research* 연구에 종사하다 / ~ *one's walk* 계속 걷다.— 1 (…을) 뒤쫓다, 추적하다 (*after*). ¶~ *after a fugitive* 도망자를 추적하다. 2 계속하다, 속행하다. 3 〔스코 법률〕 (…을) 고소하다 (*for*).
***pur·su·er** [pərsúːər/-sjúː-] 1 추적자, 뒤쫓는 사람. 2 추구자; 수행자. 3 연구자. 4 〔스코 법률〕 원고, 고소인; 검찰관.
‡**pur·suit** [pərsúːt/-sjúː-] 1 (…의) 추적; 추격 (*of*, *after*). ¶*come in* ~ 뒤쫓아오다. 2 (…의) 추구 (*of*). ¶*the* ~ *of happiness* 행복의 추구. 3 속행; 실행; 종사 (*of*). ¶*the* ~ *of plan* 계획의 수행. 4 (때로 ~s) 직업, 일; 연구 (규칙적·습관적인) 일과. ¶*agricultural* ~*s* 농업 / *commercial* ~*s* 상업 / *daily* ~*s* 일상적인 일 / *indulge in* ~ 연구에 몰두하다 / *He is a surgeon by* ~. 그의 직업은 외과 의사이다. 5 〔스코 법률〕 기소, 소송. 6 = *race*. 7 = *plane*.
  in hot [or *bull*] *pursuit of* [or *after*] …을 맹렬히〔전속력으로〕 쫓아서.
  in pursuit of ① 〔사냥감〕을 좇아서. ¶*spend a day in* ~ *of game* 사냥하며 하루를 보내다. ② 〔목적의 달성〕을 추구하여. ¶*in* ~ *of happiness* 행복을 추구하여.
pursúit pláne (군사) 추격기, 전투기.
pursúit ràce (사이클 경기의) 추발(追拔) 경주.
pur·sui·vant [pə́ːrswivənt/-si-] 1 〔英〕 문장원(紋章院)의 최하위 직원. 2 〔고어〕 종자(從者).

pur·sy¹ [pə́ːrsi] (뚱뚱해서) 숨이 찬; 뚱뚱한, 비만한. (또는 **pussy**) **-si·ly** **-si·ness**
purs·y² 돈자랑하는; 부유한, 부자의.
pur·sy³ 주름이 진(있는; (입 따위를) 오므린.
pur·te·nance [pə́ːrtənəns] 〔고어〕 (동물의) 내장.
pu·ru·lence [pjúərjuləns] 〔병리〕 화농(化膿) (상태); 고름(pus). (또는 **purulency**)
pu·ru·lent [pjúərjulənt] 화농한, 고름이 나오는; 화농성의; 고름(모양)의. ~**·ly**
pu·ru·loid [pjúərjulɔ̀id] 〔병리〕 고름 모양의.
pur·vey [pərvéi] 〔식료품 따위〕를 (…에게) 공급하다, 조달하다, 납품하다 (*for*, *to*). ¶(~ + 目 + 前 + 名) ~ *food for an army* 군대에 식료품을 납품하다 / ~ *meat to customers* 거래처에서 고기를 공급하다. 2 〔거짓말·스캔들 따위〕를 공표하다.— (…에게) 식료품을 조달하다, 조달을 맡아보다 (*for*). — [pə́ːrvi] (스코) 결혼식 피로연 등에서 나오는 음식.
pur·vey·ance [pərvéiəns] 1 (식료품의) 조달, 공급; (드물게) 조달물, 조달 식량. 2 〔영국사〕 (왕실의) 식량 징발권(1660년에 폐지).
pur·vey·or [pərvéiər] 1 (식료품) 조달〔납품〕업자; (주문 받아) 요리를 대는 사람. 2 정보 제공자; (거짓말 따위)를 퍼뜨리는 사람. 3 〔英역사〕 식량 징발관.
pur·view [pə́ːrvjuː] (the ~) 1 (활동·직권·관리·간여 따위의) 범위, 권한, 한계. ¶*the* ~ *of a legislative body* 입법부의 권한 / *the* ~ *of one's studies* 연구의 범위. 2 시계(視界); 이해(理解)의 범위. 3 〔법률〕 (법령의) 조항, 주문(主文), 본문. 4 (문서·진술·표제 따위의) 전범위, 전영역.
  within [*beyond*, *outside*] *the purview of* …의 권한[범위] 안에서[을 넘어서, 밖에서].
pus [pʌs] 고름. ~**·like**
pús bàg (속어) 비열한 녀석, 더러운 놈.
Pu·sey·ism [pjúːziːzm] 퓨지주의; 옥스퍼드 운동(Tractarianism의 별칭). ⓐ Oxford movement 〔<영국의 신학자 Edward B. Pusey (1800–82)〕
Pu·sey·ite [pjúːziàit] 퓨지주의자.
‡**push** [puʃ] (~es [-iz]; ~ed [-t]) 1 을 밀다, 찌르다, …에 밀어 붙이다 (*against*, *on*, *onto*); 밀어 움직이다; 〔방향의 부사(구)와 함께〕 …으로 밀다; (보아와 함께) ~ *aside difficulties* 곤란을 물리치다 / (~ + 目 + 補) ~ *a door open* 문을 밀어 열다 / (~ + 目 + 前 + 名) ~ *a boat into the water* 보트를 물에 띄우다.

유의어 **push** 「밀다」라는 뜻의 가장 보편적인 말. **shove** 눌러서 지면·마루 위를 미끄러지게 하다; 난폭·성급·무례하게 밀다; **thrust** 강한 힘으로 (때로는 폭력적으로) 찌르듯이 밀다; 칼 따위로 푹 찌르다. **propel** 운동을 부여해서 나아가게 하다.

2 (…의) 〔손·발 따위〕를 뻗다, 〔뿌리·싹 따위〕를 내밀다 (*in*, *out*, *forth*) (*into*). ¶(~ + 目 + 副) ~ *out fresh shoots* 새싹을 내밀다 // (~ + 目 + 前 + 名) ~ *roots down into the ground* 땅 속에 뿌리를 뻗다.
3 (~ *one's way*) (사람·군중 따위를) 헤치고 나아가다 (*through*, *into*, (*out*) *of*). ¶~ *one's way through the crowd* 군중을 헤치고 나아가다.
4 〔물가 따위〕를 끌어 올리다[내리다]; 〔시간 따위를〕 (…으로) 앞당기다[늦추다] (*up*, *down*) (*to*).
5 〔계획 따위〕를 추진하다; …을 강력히 요구[주장]하다; 추구하다 / ¶~ *one's claims* 자기 사항을 강력히 주장하다 / *Preparations are being* ~*ed actively*. 준비는 활발히 진척되고 있다.
6 〔장사·행동 따위〕를 확장하다, 발전시키다. ¶(~ + 目

PUSH

+圖) ~ one's conquests still *farther* 더욱 멀리까지 정복해 나가다. **7** (남)을 뒷받침해 주다, 밀어 주다, 후원하다. ¶ (~+圖+젠+껌) ~ a person *in* the world 남을 사회에 내보내기 위해 힘이 되어 주다. **8** (경멸적) (남)에게 (…을/…하도록) 강요하다(*for, to*/ *to do*); 억지로 (…)시키다(*into*); (말을) 몰아대다, 혹사하다. ¶ (~+圖+젠+껌) ~ a person *to do* a work 남에게 일하라고 몰아세우다. **9** (제안·법안 따위)를 무리하게 (…을) 통과시키다, 밀어붙이다(*through*). (이론 따위)를 강하게 전개하다. ¶ ~ a bill *through* Congress 법안을 무리하게 의회에서 통과시키다. **10** (선전으로) (…에게) (상품 따위)를 억지로 떠맡기다, 강매하다, 판촉하다(*off*) (*on, on to*). ¶ The store is ~*ing* dry goods. 그 상점에서는 피륙류를 기를 쓰고 팔려 든다. **11** (남)에게 …을 재촉하다 (*for*); (수동형으로) (남을 (돈 따위)로) 쪼들리게 하다 (*for*); (…하기가) 곤란하게 하다 (*to do*). ¶ (~+圖+젠+껌) ~ be ~*ed for* money [time] 돈(시간)에 쪼들리다 // I've been ~*ed* all day long. 나는 하루 종일 바빴다. **12** (美俗에) (마약 따위)를 밀매하다; …을 밀수하다. **13** (美俗에) (위조 화폐·수표 따위)를 사용하다. **14** (美俗에) (사람)을 (사진) (필름)을 중감(增減) 현상하다. **16** (진행형으로) (구어) (연령·수 따위)에 가깝다(be near to). ¶ She is ~*ing* eighty. 그녀는 80세에 가깝다. **17** (컴퓨터) 푸시하다, (데이터 항목)을 (후입 선출(後入先出) 리스트(stack)에) 넣다 (*onto*).
— 困 **1** (…을) 밀다, 찌르다, 밀어 움직이다 (*against, at*). ¶ (~+젠+껌) Don't ~ *against* me. 내게 기대지 마세요 / Don't ~ *at* the back. 뒤에서 밀지 마세요. **2** (…으로) 밀고 나아가다, 돌진하다 (*to*). ¶ (~+젠+껌) ~ *to* the front 앞으로 밀고 나아가다. 일선 출세하다. **3** 노력하다, 열심히 하다. **4** (…으로) 뛰어나오다, 돌출하다(*out*) (*into*); (싹 따위)가 나다, (뿌리)가 뻗다 (*out*) (*through*). ¶ (~+젠+껌) The cape ~*es out* into the sea. 곳이 바다로 돌출해 있다. **5** (힘차게) 나아가다, 뻗다, 확장하다(*ahead, out*). **6** 밀면 움직이다. ¶ a window that ~*es* easily 밀면 쉽사리 열리는 창문. **7** (강 따위를) 노를 저어 나아가다. **8** (생산량 따위가) 늘다. **9** (美俗에) 마약을 팔다; 재즈를 절묘하게 연주하다.
push about [or **around**] (구어) (남)에게 쌀쌀하게 (매정하게) 대하다; (남)을 괴롭히다.
push across (속어) ① (사람)을 죽이다, 살해하다. ② (스포츠에서) 득점하다.
push ahead ① (계획 따위)를 추진해 나가다 (*with*); (군대·탐험대 등이) (…으로) 전진하다(나아가다) (*to*). ② …을 앞으로 밀다; …에 주목하여 하다.
push along ① (구어) (손님이) 떠나다. ② (일 따위가) 착착 진행되다; 진행시키다.
push a person *out of* shape (美俗에) 남을 낭패하게 하다, 화나게 하다. 「사하다.
push a person *too far* 남을 지나치게 몰아붙이다(혹 **push aside** …을 치우다(제쳐 놓다); …을 따로 떼어 놓다.
push away 밀어젖히다. 「남겨] 두다.
push back 되밀치다; (속어) 들이마시다.
push by [or **past**] …을 밀어젖히고 나가다.
push down (남)을 꽉(꼭) 누르다.
push for …을 (…하도록) 요구하다 (*to do*).
push forward ① = *push ahead.* ② …에 주목하게 하다; (재귀용법으로) 남의 눈을 끌다.
push in 밀고 들어가다, 끼어들다; (배가) 기슭에 다가가다. 「가다.
push into …에 부딪치게 하다[부딪다].
push it (구어) 생각대로 되어 오래된다.
push off ① …을 밀어내다. ② (배가) 기슭을 떠나다. ③ (구어) 떠나다, 출발하다; (명령으로) 꺼져! ¶ It's getting late. We'd better ~ *off.* 이제 늦었으니 슬슬 일어나 봅시다. ④ (경기 따위)를 시작하다. ⑤ (속어) …을 죽이다.
push on ① …을 서두르다. ② 계속해서 나아가다. (일 따위)를 계속하다 (*with*); (* on은 부사). ③ (남)을 재촉하다, 다그쳐 …시키다.
push oneself ① (…하도록) 스스로 채찍질하다 (*to do*). ② 몸을 일으키다. ③ 밀어젖히고 나아가다. (무리하게) 애쓰다; 주제넘게 나서다; 자신을 잘 보이려고 **push one's *fortunes*** 열심히 재산을 모으다. 「하다.
push one's *luck* ⇨LUCK.
push...onto [or **on**] (남)에게 …을 강요하다, 강제로 시키다. ② …을 (남)에게 억지로 떠맡기다.
push out ① 밀어내다; (배가) 출범하다. ② (남을) (부당) 해고하다; (남)에게 밖으로 나가라고 하다. ③ …을 대량으로 만들어내다.
push out of the way …을 밀어내다, 물리치다.
push over …을 밀어 넘어뜨리다, 뒤집어엎다.
push round (사람들이) …주위에 몰려들다.
push...through ① …을 억지로 결말나게 하다, 끝까지 해내다. ¶ ~ a matter *through* 일을 억지로 끝내게 하다. ② (싹 따위가) 트다, 나다. ③ …을 빠져나가다. ④ …을 (무리하게·계획 따위를) 통과시키다. ⑤ …을 (도와) 성공(합격)시키다.
push up ① (…을) 밀어올리다. ② (가격)을 올리다.
push up on …을 밀어올리다. 「(수량)을 늘리다.
— 명 (~*es* [-iz]) **1** (a ~, the ~) 밀기, 찌르기, 한 번 밀기(찌르기). ¶ give a door a ~; give a ~ at a door 문을 밀다. **2** U (종종 A-) 분투, 분발, 노력; 정력. ¶ make a ~ 분투하다. **3** 밀고 나아가기, 돌진; (군사) 대공격. ¶ make a ~ 돌진하다. 대공격을 하다. **4** (a ~, the ~) 위기, 절박, 궁지. **5** UC (구어) 밀어붙이는 뱃심, 근성, 적극성, 진취의 기상. ¶ He has a ~. 그는 추진력이 있다. **6** 추천, 후원. **7** (구어) 군중; 떼, (일반적으로) 동료, 패거리. ¶ the literary ~ 문인 동료. **8** (기계를 시동하기 위한) 누름 단추. **9** (美俗에) (벌목꾼) 십장. **10** (the ~) (英구어) 해고. **11** (야구·당구 따위에서) (공)을 밀어치기; (골프) 푸시. **12** (컴퓨터) 푸시(데이터를 프로그램 스택(stack)의 최상위에 두는 것). — 통 pull
a man of *push and go* 뱃심 좋게 밀어붙이는 사람, 억척스러운 사람.
at a push (구어) ① 잘만 되면, 어떻게. ② (英) 만일의 경우, 필요하면.
at [or **with**] **one *push*** 한 번 밀어서; 단숨에.
be in the push (구어) 순조롭다, 시류를 타고 있다.
come [**bring, put**] **to the *push*** 궁지에 빠지다[빠뜨리다].
get the push 해고되다; 목 잘리다.
give a person *the push* (구어) 남을 해고하다.
make a push *at* [or **for, to do**] …에 분발하다.
when [or **if, until**] **it comes *to the push*; when push comes *to shove*** (美) ① (말[위협]을 행동으로 뒷받침해야 할 경우. ② 결정적 순간(고비)이 되면, 바로 지금(now or never). ③ 결국은, 필경은.
— 형 **1** 미는; 밀어서 움직이는. **2** (컴퓨터) 푸시식의, (방송처럼) 일방적인. **3** (속어) 쉬운, 간단한.

PUSH (美) *People United to Serve Humanity* (인권 향상 국민 연합; 미국의 흑인 단체). 「정 시간 순연.
push-back [púʃbæk] 명 (항공) (비행기의) 이륙 예정
push-ball [púʃbɔːl] 명 U 푸시볼(직경 6피트 정도의 큰 공을 상대편 골을 향해 밀고가는 구기); ⓒ 그 공.
push-bike [⁴bàik] 명 (英구어) 자전거.
púsh bròom 명 긴 자루가 달린 빗자루.
púsh bùnt 명 (야구) 푸시 번트.
púsh bùtton 명 누름단추. (또는 **púshbùtton**)
push-but·ton [⁴bʌtn] 형 누름단추식의; 원격 조작 [조종]의; 자동화된, 전(全)자동의.
púsh-button phóne 명 버튼(누름단추)식 전화.
púsh-button túning 명 (라디오 따위의) 누름단추 동조(同調) (장치).
púsh-button vóting 명 전자(누름단추)식 투표.
púsh-button wárfare 명 (자동화된) 전자 전쟁.
púsh càr 명 (철도) (자재 운반용) 작업차.
push·card [púʃkàːrd] 명 =punchboard.

push·cart [púʃkɑ̀ːrt] 명 (행상인·슈퍼마켓 고객용) 손수레. (英) 유모차(go-cart).
push·chair [púʃtʃɛ̀ər] 명 (英) (접는 식) 유모차 ((美) stroller).
push cỳcle 명 =push-bike.
push-down [-dàun] 명 1 〔컴퓨터〕 푸시다운(후입 선출後入先出) 기억 시스템: 가장 나중에 기억된 정보가 가장 먼저 검색되도록 된 것). 2 〔항공〕 푸시다운(어떤 비행 진로에서 갑자기 아래쪽 코스로 옮기는 일).
push·er [púʃər] 명 1 미는 사람(것); 추진기. 2 (구어) 뱃심 좋은 사람(외판원), 주제넘게 나서는 사람. 3 〔철도〕 (급경사 때 뒤에서 미는) 보조 기관차. 4 〔항공〕 추진 프로펠러, 추진식 비행기(프로펠러가 기체 뒤에 있다). 5 (구어) 마약 밀매인; 위조 지폐 사용자; 매춘부.
push·ful [púʃfəl] 형 적극적인, 진취의 기상이 강한; 주제넘게 나서는, 뱃심 좋은. ~·ly 부 ~·ness 명
púsh·in crìme [jòb] [-in-] 명 (美속어) 가택 침입 강도(문을 열자마자 덮친다).
push·ing [púʃiŋ] 형 1 미는, 찌르는. ¶a ~ locomotive 보조 기관차. 2 진취적인, 의욕적인, 정력적인. 3 뺏심 좋은; 수완 좋은. (경멸적) 주제넘게 나서는. ── 전 (어떤 나이·속도 따위에) 가까이 하는. ¶~ forty ~·ly 부 〔40세 가까이 되어〕.
Push·kin [púʃkin] 명 **Alexander Sergeevich ~** 푸슈킨(1799-1837: 러시아의 시인·소설가).
push·mo·bile [púʃmòubəl, -biːl] 명 (타고 미는) 장난감 자동차.
púsh mòney 명 (美속어) 특별 장려금(약 PM).
push·out [púʃàut] 명 (美구어) 제적생(除籍生).
push·o·ver [púʃòuvər] 명 1 (구어) 쉽게 할 수 있는 일, 누워서 떡먹기식의 일; (시합 따위에서) 만만한 상대; 잘 속는 사람, 봉. 2 〔항공〕 급강하.
push·pin [púʃpin] 명 푸시핀(다른 것을 튀겨서 상대편의 핀을 튀어넘게 하는 아이들 놀이의 일종); 제도용 압핀.
púsh pòll 명 (美) 편향 여론조사(조사 대상 인물에 대한 부정적 정보를 제시하고 의견을 묻는 조사 방식).
push-proc·ess [-práses/-pròu-] 통 〔사진〕 〔필름〕을 증감 현상하다. ~·ing 명
push-pull [púl] 명 〔전기〕 푸시풀 방식. ── 형 푸시풀 방식의. ¶a ~ amplifier 푸시풀 증폭기.
púsh shòt 명 〔농구〕 먼 거리에서 공을 어깨 위로 올려 한 손으로 던지는 슛.
push-start [-stὰːrt] 타 (자동차를) 밀어서 시동 걸기.
púsh technòlogy 명 〔컴퓨터〕 푸시 기술(필요한 정보를 일방적으로 가공 제공하는 기술).
Push·tu [páʃtuː] 명 ① 아프가니스탄어(이란어語系)의 언어). (또는 **Pashto**).
push-up [-λp] 명 1 엎드려 팔굽혀퍼기((英) pressup).¶do fifty ~s a day 하루 50번씩 팔굽혀퍼기를 하다. 2 〔컴퓨터〕 푸시업(최초로 기억된 데이터가 최초에 꺼내지도록 하는 기억 방식). ── 형 (브래지어에서) 패드를 넣은, 푸시업 식의.
púsh-up jèans 명 푸시업식 진바지(면·스판덱스 천을 써서 엉덩이가 꽉 달라붙도록 만든 진바지).
push·y [púʃi] 형 (구어) 주제넘게 나서는, 자신만만한, 뱃심이 좋은. **púsh·i·ly** 부 **púsh·i·ness** 명
pu·sil·la·nim·i·ty [pjùːsəlænímət
i] 명 ① 무기력, 겁이 많음, 우유 부단.
pu·sil·lan·i·mous [pjùːsəlænəməs] 형 마음이 약한, 겁이 많은, 소심한, 무기력한. ~·ly 부
puss[1] [pus] 명 1 (부르는 말로) 고양이. 2 (英) 산토끼(hare). 3 (구어) (애칭 또는 비난의 뜻으로) 계집애, 아가씨. 4 =**pussy**[1].
puss in the corner 집빼앗기 놀이.
-like 형 〔얼굴, 우거지상〕
puss[2] 명 (속어) 1 얼굴. 2 입. 3 (아일 속어) 찡그린
púss mòth 명 (유럽산) (큰) 나방의 일종.
*puss·y[1] [púsi] 명 1 (구어) (부르는 말로) 고양이. (특히) 고양이 새끼(kitten); (어린말) 야옹. 2 털이 있는 부드러운 것(버들개지 따위). 3 (비어) 여성의 음부; 성교; (성교 대상으로서의) 여성.
pus·sy[2] [pási] 형 〔병리〕 고름이 있는; 고름 같은.
pússy bùtterfly [púsi-] 명 (美속어) 피임용 링 (IUD).
puss·y·cat [púsikæt] 명 1 (새끼) 고양이. 2 (구어) 무골호인; 연약한 사내. 3 (속어) (젊은) 여자, 걸프렌드.
puss·y·foot [púsifùt] 명 (구어) 1 살금살금 걷다. 2 소심하게 행동하다; (경멸적) 기회주의적인 태도를 취하다(about, around). ── 명 (~s) 1 살금살금 걷는 사람; 기회주의자. 2 (P-) (美) 금주주의자.
puss·y·foot·er [púsifùtər] 명 (美구어) 기회주의자.
pússy pòsse [squàd] [púsi-] 명 (美속어) (경찰의) 매춘 단속반.
pússy wíllow [púsi-] 명 (미국산) 갯버들의 일종.
pus·tu·lant [pástjulənt] 명 〔병리〕 농포(膿疱)가 생기게 하는. ── 명 화농제(化膿劑).
pus·tu·lar [pástjulər] 형 농포의; 농포성의.
pus·tu·late [병리] [-tjulèit] 자타 농포가 생기게 하다(생기다). ── 형 [pástjulət, -lèit] 농포가 생긴.
pus·tu·la·tion [pàstjuléiʃən] 명 ① 농포가 생김, 농포 형성.
pus·tule [pástjul:/-tju:l] 명 1 〔병리〕 농포(膿疱). 2 (동식물의) 작은 돌기; 부스럼, 사마귀. **-tuled** 형
pus·tu·lous [pástjuləs] 형 농포의(투성이의).
‡**put**[1] [put] 통 (~; ~·ting) 타 1 〔장소의 부사(구)와 함께〕 (어떤 장소에) …을 놓다, 두다, 넣다. ¶(~+图+前+名) ~ one's hand in one's pocket 호주머니에 손을 넣다 / ~ the formula in one's head 그 공식을 머리에 넣다 / ~ a box on the shelf 상자를 선반에 얹다 / ~ a kettle on a fire 주전자를 불에 올려 놓다 / ~ chairs around the table 탁자 둘레에 의자를 놓다 /She ~ her hand on her forehead. 그녀는 손을 이마에 댔다 // (~+图+副) P- your pencils down. 연필을 내려놓아라.

〔유의어〕 **put** '놓다'라는 뜻의 가장 일반적인 말. **place** 정확하게 의도한 장소에 놓는 것을 암시하는 약간 딱딱한 말. **lay** (보통 가로눕듯이) 편안한 자세로 놓다. **set** (어떤 장소 또는 위치에 어떤 바에서) (보통 세워놓듯이) 놓다.

2 (어떤 방향으로) …을 돌리다, 움직이다, 가지고 가다, 가까이 가져가다, 대다(to). ¶(~+图+前+名) ~ one's horse to [or at] a fence (뛰어넘게 하려고) 말을 울타리 쪽으로 몰다 / ~ a person across a river 남을 강 건너편으로 건네주다 / ~ one's lips to a person's ear 입을 남의 귀에 가져가다, 귓속말을 하다.
3 (어떤 것에) …을 붙이다, 곁들이다, 더하다, 붓다 (to); (…에) 서명하다(to); 〔동물의 암컷〕을 〔수컷에게〕 교미시키다(to).¶(~+图+前+名) ~ a horse to a cart 말을 수레에 매다 / ~ sugar in one's tea 홍차에 설탕을 넣다 / ~ new life into a person 남에게 새 활기를 불어넣다 / ~ one's name to a document 서류에 서명하다.
4 (어떤 상태·관계로) …을 놓다, 만들다(at, in, into, on); (…을) 강제하다, 하게 하다(to, over, through); …을 (…으로) 바꾸다(for); (보어와 함께) …을 …하게 하다. ¶(~+图+前+名) ~ a room in order 방을 깨끗이 정돈하다 / ~ a person on [off] his guard 남을 경계(방심)하게 하다 / ~ a person at ease [to shame] 남을 편안하게[욕되게] 하다 / ~ a person in fear 남을 두려워하게 하다 / ~ a person out of conceit with …에 대해서 남에게 정나미 떨어지게 하다 / ~ an enemy to rout 적을 패주시키다 / ~ a play on the stage 희곡을 상연하다 // (~+图+副) ~ a thing upside down 물건을 거꾸로 놓다 / (~+图+補) ~ the faults right 결함을 바로잡다 /These mistakes can be ~ right. 이런 잘못은 정정할 수 있다.

5 (남의 보호·관리하에) …을 두다, 맡기다 (*in, into, to, under*). ¶ (~+目+前+名) ~ oneself *under* a doctor's care 의사의 치료를 받다 / ~ a child *to* school [bed] 아이를 학교에 보내다 [자게 하다].
6 [남]에게 (고통·시련·인내 따위를) 받게 하다, [남]을 …에 빠뜨리다 (*to*) ¶ (~+目+前+名) ~ a person *to* torture 남을 고문하다 / ~ a person *to* death 남을 처형하다 / ~ a person *to* embarrassment 남을 당황하게 하다 / I ~ her *to* the test. 나는 그녀를 시험해 보았다.
7 (주의·정력 따위를) (…에) 기울이다 (*on, to*); [활력·생각 따위를] (…에) 주입하다, 불어넣다 (*into*); (귀귀용법으로) …에 열심히 노력하다 (*to*). ¶ ~ one's mind *to* the problem 그 문제에 전적으로 매달리다 / ~ oneself *to* winning a person's confidence 남의 신뢰를 얻으려고 애쓰다.
8 (일·책임·세금 따위를) …에게 지우다, 할당하다, 부과하다 (*on, to*); (…에게) 죄를 씌우다, (…을 책임있게 하다 (*on, upon*); (원인·이유 따위를) (…의 탓으로) 하다 (*on, to*). ¶ (~+目+前+名) ~ a heavy tax *on* luxury goods 사치품에 중과세하다 / They ~ all the blame *on* me. 그들은 모든 책임을 내게 돌렸다.
9 (…에) (종말)을 짓다, [제지·제한]을 가하다 (*to*). ¶ ~ an end *to* an ancient custom 고래의 관습을 타파하다 / ~ a limit *to* one's outlay 지출을 억제하다.
10 …을 (어떤 위치에) 두다; [거리·양 따위를] 어림잡다 (*at*); (…을) 평가하다, (…의) 값이[가격]을 매기다 (*on, upon*). ¶ (~+目+前+名) ~ Wordsworth *above* Byron as a poet 시인으로서 워즈워스를 바이런보다 높이 평가하다 / He ~ no value *on* my advice. 그는 내 충고를 무시했다 / I ~ our damage *at* $7,000. 나는 우리 손해액을 7천 달러로 어림잡았다.
11 (문제·질문 등)을 (…에게) 내다; …을 (…에) 제안 [제출]하다 (*before, to*). ¶ ~ the question *before* the committee 위원회에 그 문제를 제안하다 / ~ it *to* a person that… 남에게 …라 묻다.
12 …을 쓰다, 기록하다; [생각 따위를] (…으로) 표현 [진술]하다 (*in, into*); …을 (…으로) 번역하다 (*in, into*); (…에) 곡을 붙이다 (*to*). ¶ ~ something *on* paper 어떤 일을 종이에 쓰다 / ~ one's ideas *into* words 사상을 말로 나타내다 / ~ English *into* Korean 영어를 한국어로 옮기다 / ~ a poem *to* music 시에 곡을 붙이다 / Let me ~ it *in* another way. 달리 표현해 보자 / I don't know how to ~ it. 그것을 어떻게 표현하면 좋을지 모르겠다.
13 …을 적용하다, 쓰다, 사용하다; …을 (…에) 투자하다 (*in, into*); …을 (…에) 걸다(bet) (*on*). ¶ ~ one's money *into* land 토지에 투자하다 / ~ money *on* a horse 말에 돈을 걸다.
14 (손을 어깨까지 올려) …을 던지다; [포탄·미사일 따위]를 발사하다; [칼·창 따위]로 찌르다 (*into, through*). ¶ ~ the shot 포환던지기를 하다.
── vi. (전치사구·부사와 함께) **1** (배 따위가) 가다, 움직이다, 향하다, 진로를 …로 잡다; 들르다, 기항하다. ¶ (~+副) ~ *away* from the shore (배 따위가) 육지를 떠나다 // (~+前+名) ~ *to* harbor 입항하다. **2** (美) (하천 따위가) (…으로) 흐르다 (*into*). ¶ The river ~s *into* a lake. 그 강은 호수로 흘러 든다. **3** (방언) (식물이) 싹이 트다(*out*). **4** (美구어) 급히 떠나다, 출발하다. ¶ (~+前+名) ~ *for* home 서둘러 집으로 돌아가다.

be (hard) put to it (구어) 어려움을 겪다; (…하려고) 애를 먹다. ¶ The oil industry *is* hard ~ *to* it. 석유 산업은 곤경에 처해 있다.
not know where to put oneself [or one's face] (구어) 부끄러워 얼굴을 들 수 없다 [몸둘 바를 모르다].
put about ① (배)의 방향을 바꾸다; (배가) 방향을 바꾸다. ② …을 공표하다, [소문 따위]를 퍼뜨리다. ¶ ~ *about* a rumor [an idea] 소문 [생각]을 퍼뜨리다. ③ (스코) (수동형·재귀용법으로) …을 걱정시키다, 당혹하게 하다, 슬프게 하다. ¶ He was ~ *about* by the report of his father's death. 아버지의 사망 소식을 듣고 그는 비탄에 잠겼다.
put…above =*put…before* ①.
put across (구어) ① …을 잘 해내다. ② (나쁜 짓)을 하다, …을 범하다, …을 속이다. ¶ ~ *across* a fraud *on* a person 남에게 사기를 치다. ③ …을 이해시키다, 받아들이게 하다.
put ahead ① …의 발육[발전]을 촉진하다. ② [시계]를 앞당기다. ③ [회의·일시 따위]를 앞당기다.
put apart =*SET apart*.
put a person back 남에게 [돈]을 쓰게 하다.
put a person on (美구어) 남을 속이다.
put a person on to (美구어) ① …을 남에게 살짝 알리다 [통고하다, 소개하다]. ② …에게로 남의 주의를 돌리다.
put a person out of …에서 남을 쫓아내다, 해고하다.
put a person through (英) 남을 혼내주다.
put a person up to ① [남]을 부추겨서 …시키다. ② [남]에게 …을 알리다, 가르치다. ¶ ~ a new clerk *up to* his duties 새로 온 점원에게 일을 가르치다.
put…aside ① …을 한쪽으로 치우다; 제거하다. ¶ ~ toys *aside* 장난감을 치우다. ② (후일을 위해서) …을 저축하다. [시간]을 비워두다. ¶ ~ *money aside* 돈을 저축하다. ③ …을 포기하다, 그만두다. ④ …을 일시적으로 잊다 [보류하다]; [문제 따위]를 피하다, 무시 [묵살]하다. ⑤ [분노·증오 따위]를 진정시키다, 털어버리다.
put away ① …을 치우다, 간수하다. ② …을 비축하다. ¶ ~ *away* a good deal of money 많은 돈을 저축하다. ③ [생각·버릇 따위]를 포기하다, 버리다. ¶ ~ *away* the idea of …할 생각을 버리다. ④ (고어) …와 이혼하다. ⑤ [음식]을 먹다, 먹어치우다. ⑥ (구어) (종종 수동형으로) (감옥·정신 병원에) …을 집어넣다, 격리하다. ⑦ (속어) [병든 동물 따위]를 안락사시키다; [사람]을 죽이다; [죽은 사람]을 매장하다. ⑧ (속어) …을 저당잡히다. ⑨ (속어) [경기에서] (상대)를 무찌르다, 때려눕히다; [사람]을 때려 기절시키다.
put back ① …을 되돌려주다, 되돌려놓다, [시계 바늘]을 되돌리다. ¶ ~ *back* a book on the shelf 책을 선반에 도로 갖다 놓다. ② …을 방해하다, 거절하다. ③ (美) 유급[낙제]시키다. ④ [생산·발전 따위]를 연기시키다; [행사 따위]를 연기하다. ⑤ (구어) (술)을 진탕 마시다. ⑥ (배가) 되돌아오다 (배)를 되돌아오게 하다.
put…before A ① [일·사람]을 A앞에 두다, A보다 우선시키다[중시하다]. ② ⇨㉿ 11.
put…behind ① [생산·수확 따위]를 늦추다. ② [지난 일 따위]를 잊게 하다. ③ [돈·노력 따위]를 쏟다.
put…by =*put…aside*. ┗도움이 되게 쓰다.
put down ① …을 내려놓다. ⇨㉿ 1. ② …을 진압하다, 억누르다, …을 멈추게 하다. ¶ ~ *down* a riot 폭동을 진압하다. ③ …을 제지하다, 침묵시키다, 꼼짝 못하게 하다. ¶ ~ a heckler *down* 야유를 제지하다. ④ [계급·권력 따위]를 빼앗다, 좌천 [강등]시키다, [권위 따위]를 약화시키다. ¶ ~ *down* power 권력을 박탈하다. ⑤ [물가 따위]를 내리다; …을 삭감하다. ⑥ …을 적어두다; (명부 신청자로서) …을 적다; …앞으로 돈을 아놓다(*to*); (정식으로) 신청[등록]하다. ¶ P- *down* the wine to me. 술값은 내 앞으로 달아놓게. ⑦ …으로 간주하다, 생각하다 (*as, for*); 평가하다, 어림잡다 (*at*). ¶ ~ a person *down* as mad 남을 미치광이로 보다. ⑧ …으로 돌아가다, …의 탓으로 하다 (*to*). ¶ ~ *down* one's failure to illness 실패를 병 탓으로 돌리다. ⑨ (비행기가) 착륙하다 ; [비행기]를 착륙시키다; [손님·짐]을 내려 놓다. ⑩ (속어) …을 헐뜯다, 비난하다(*for*); 해치우다. ⑪ 《英》 〔동물〕을 고통을 주지 않고 죽이다. ⑫ 《구어》 …을 실컷 마시다[먹다]. ⑬ 〔달걀·포도주 따위〕를 저장하다. ⑭ …의 선금으로 지불하다(*on*). ¶ ~ *down* $100 *on* a computer 컴퓨터 선금으로 100달러를 지불하다. ⑮ 〔동의안 따위〕를 내다, 상정하다. ¶ ~ *down* a motion 동의안을 내다.

put forth ① …을 내밀다; 〔꽃 따위〕를 피우다, 〔열매〕를 맺다, 〔잎·싹〕을 내다; 〔빛 따위〕를 발하다. ② 〔이론 따위〕를 발표[공표]하다; 〔책 따위를〕 발행〔출판〕하다. ③ 〔힘·지력(知力) 따위〕를 내다, 발휘하다, 〔소리〕를 지르다. ¶ ~ *forth* every effort 모든 노력을 기울이다. ④ …을 제의하다, 제시하다. ⑤ (바다로) 나가다; 출범하다. ¶ ~ *forth* to [*or* upon] sea 바다로 나가다, 출항하다.

put forward ① 〔시계 바늘 따위〕를 앞으로 돌리다. ¶ ~ the hands of a clock *forward* by 3 minutes 시계 바늘을 3분 앞으로 돌리다. ② …을 제언하다, 제안하다. ¶ ~ *forward* a new theory 새 학설을 내놓다. ③ (직위·후보 등에) …을 지명[추천]하다, 밀다; …을 승진[진급]시키다. ④ 《재귀용법으로》 …을 두드러지게[남의 눈에 띄게] 하다. ¶ ~ oneself *forward* 주제넘게 나서다. ⑤ 발육[성장]을 촉진하다.

put in ① …을 취임시키다, 임명하다; …을 내세우다. ¶ They ~ him *in* for the chair. 그들은 그를 의장으로 선출했다. ② 〔타격 따위〕를 가하다. ③ 넣다, 끼우다, 삽입하다; 〔말 따위〕를 끼워넣다, 덧붙이다, 첨가하다; 〔이름·주소 등〕을 써넣다. ¶ ~ *in* a word for a friend 친구를 위해서 한 마디 거들다. ④ 〔요구·서류 따위〕를 제출하다 ¶ ~ *in* a claim for damages 손해배상을 청구하다. ⑤ 《구어》 〔시간〕을 보내다; 〔일 따위〕를 (일정 시간) 하다. ¶ They ~ *in* the summer at a resort. 그들은 피서지에서 여름을 보냈다. ⑥ …을 심다, 〔씨 따위〕를 뿌리다. ⑦ 〔돈〕을 기부하다, 예금[저금]하다, 투자하다. ⑧ 〔전화 따위〕를 걸다(*to*). ⑨ 〔설비 따위〕를 장치하다; 〔방 따위〕를 늘리다. ⑩ 〔상품〕을 구입하다. ⑪ 《해사》 (배가 보급 등을 위해서) 입항하다(*for*); 《英구어》 (…에) 들르다(*at*).

put in for …을 신청하다, 지원(志願)하다; 요구하다.

put into …에 투입하다; …으로 바꾸다, 번역하다.

put it [or ***one, that, this***] ***across*** *a person* 《속어》 《英》 ① 남을 속이다; 〔거짓말 따위〕를 믿게 하다. ② 남을 꼼뒤지르다, 앙갚음하다; …을 질책하다; 벌하다.

Put it anywhere! 《구어》 =*Put it there!*

put it away 엄청나게 많이 먹다[마시다].

put it on 《구어》 ① 터무니없는 값을 부르다, 바가지 씌우다. ② 〔감정〕을 과장하다. ③ (사람이) 살찌다.

put it over 〔야구〕 (투수가) 스트라이크를 던지다.

put it [or ***one, something***] ***over on*** *a person* 《美구어》 〔남〕을 속이다. ¶ He tried to ~ *something over on* me. 그는 나를 속이려고 했다.

Put [or ***Stick***] ***it there!*** 《구어》 ① 악수[화해]합시다! ② 아무데나 걸터 앉아!; 아무데나 놓아 두어!

put [or ***stick***] ***it to*** 《속어》 ① …에게 일[책임 따위]을 맡기다[지우다]. ② …을 악용하다. ③ 《美속어》 …을 성적으로 유혹하다; (여자와) 성교하다.

put it to *a person* ***that...*** (변호사 등이) 〔증인 등〕에게 …이 아니냐고 지적하다.

put off ① …을 연기하다, 늦추다; 〔남〕을 기다리게 하다 (*until, till, to*). ¶ *Never ~ off till tomorrow what you can do today.* 《속담》 오늘 할 수 있는 일을 내일로 미루지 마라. ② …을 제거하다, 버리다; 〔옷 따위〕를 벗다. ③ 〔가짜〕를 떠맡기다; 〔위조 지폐 따위〕를 유통시키다(*on, upon*). ④ (핑계를 대어) 〔사람·요구 등〕을 피하다, 발뺌하다 (*with*). ⑤ 《구어》 …을 방해하다(*from*); …하지 않도록 하다; …할 기력을 꺾어놓다; …을 난처하게 만들다, 불쾌하게 만들다. ⑥ 〔배〕를 내다, (배가) 육지를 떠나다; 출발하다. ⑦ 〔사람〕을 (자동차 따위에서) (…에) 내려놓다, 내리게 하다(*at*). ⑧ 《英》 〔전등·라디오 따위〕를 끄다. ⑨ 《구어》 (피로·주사 따위가) …을 잠들게 하다.

put on ① 〔옷·모자·안경 따위〕를 입다[쓰다, 걸치다]. ② …을 가장하다, …인 체하다. ¶ ~ *on* a serious look 진지한 체하다 / ~ one's best face *on* 되도록 기분이 좋은 듯이 꾸미다. ③ …을 일하게 하다; (일 등에) …을 임명하다; 〔임시 열차〕를 운행[증편]하다. ④ …을 상연하다; 〔쇼·음악회 따위〕를 개최하다; 〔프로 따위〕를 방송[방영]하다. ¶ ~ *on* special programs 특별 프로를 방송하다. ⑤ 〔수·양·속도 따위〕를 늘리다. ¶ ~ *on* speed 가속하다 / ~ *on* weight 체중이 늘다. ⑥ (경기에서) 〔점수〕를 따다. ¶ ~ *on* 100 runs (크리켓에서) 100점을 따다. ⑦ 〔시계 따위〕를 앞으로 돌리다. ⑧ 《진행형으로》 《美속어》 〔남〕을 감쪽같이 속이다. ¶ You're ~*ting* me *on*, aren't you? 날 놀리는 거지? ⑨ 〔벌금·세금 따위〕를 부과하다, 〔책임 따위〕를 지우다. ⑩ 〔레코드·테이프 따위〕를 걸다; 〔전등·라디오 따위〕를 켜다; 〔식사〕를 만들기 시작하다. ⑪ 전화를 연결해주다.

put on airs 거드름 피우다.

put one's best foot forward 잘 보이려[좋은 인상을 주려] 노력하다.

put oneself down 자기 비하하다.

put oneself out (남에게 도움을 주기 위해) 무리를 하다, 특별히 애쓰다.

put on the dog [or ***ritz***] ① 부자인 체하다, 거물 행세하다. ② =*put on airs*.

put out ① …을 내쫓다; 해고하다. ② 〔손 따위〕를 내밀다. ③ 〔뿔·싹 따위〕를 내다. ④ 〔힘·지력(知力) 따위〕를 내다, 발휘하다. ¶ ~ *out* all one's strength 온 힘을 발휘하다. ⑤ 〔관절 따위〕를 삐다. ⑥ 〔불 따위〕를 끄다. ¶ *P– out* the light now. 당장 불을 꺼라. ⑦ (다른 곳으로) …을 옮기다, 밖으로 내놓다. ¶ ~ *out* a horse to graze 말을 방목하다. ⑧ …을 만들어내다, 생산하다; …을 작성하다; 〔책〕을 출판하다; 〔영화〕를 제작하다; 〔뉴스·프로 따위〕를 방송하다; 〔성명(서)·보고(서) 따위〕를 내다, 발표하다. ⑨ …을 대출하다, 투자하다. ⑩ …을 방해하다; …을 당황하게 하다; …을 괴롭히다; 폐를 끼치다. ¶ Noise always ~*s* a person *out*. 소음은 언제나 골칫거리다. ⑪ …을 화나게 하다. ⑫ 〔야구·크리켓〕 〔타자·주자〕를 아웃시키다. ⑬ (배 따위가) 출범하다; 떠나다. ⑭ 시력을 잃게 하다; (타격·마취 따위가) …을 실신시키다, 의식불명이 되게 하다. ⑮ 〔일 따위〕를 (…에게) 하청 주다, 외주하다; 〔사람·동물 등〕을 (…에게) 주다; 맡기다(*to*).

put over ① (영화·연극 따위에서) …을 호평받게 하다, 성공시키다; 〔청중〕에게 자기의 인상을 심다. ¶ ~ oneself *over* 인기를 얻다. ② …을 (…까지) 연기하다, 미루다(*till, until, to*). ③ 《구어》 〔생각 따위〕를 이해시키다, 설명하다. ④ (배가, 배로) 건너가다; (배가) …을 건네주다.

put paid to ⇨PAID.

put something over on *a person* =*put it over on a person*.

put the arm on 《美속어》 ① …에게 (금품을) 조르다, 강요하다, 꾸다. ② …을 붙잡다, 체포하다.

put the lid on ⇨LID.

put the wind up *a person* 남을 깜짝 놀라게 하다, 불안하게 하다.

put through ① …을 성취하다; …을 실행하다. ¶ ~ *through* a business deal 상담을 성사시키다. ② …을 받게[하게] 하다. ③ (전화에서) …을 연결하다(*to*). ¶ Please ~ me *through to* the office. 사무실로 연결해 주십시오. ④ …을 입학시키다, 합격시키다; 〔의안 따위〕를 통과시키다; 〔계획 따위〕를 검토[심의]하다. ⑤ …을 꿰다. ¶ ~ a thread *through* the eye of a needle 실을 바늘(귀)에 꿰다.

put...through it 《구어》 …을 철저히 조사하다; …을 호되게 다루다.

put...to bed ⇨BED.

put together ① 〔부분·요소〕를 모으다, 짜맞추다, 구성하다; 〔손〕을 합장하다. ② …을 종합하다, 합계하

다; 편집하다.¶ ~ *together* a dictionary 사전을 편찬하다. ③ …을 결혼시키다.

put up ① …을 올리다; 〔돛 따위〕를 올리다; 〔미사일 따위〕를 쏘아올리다.¶ ~ *up* a flag [notice] 기를 올리다[게시를 내걸다]. ② 〔집 따위〕를 짓다; 〔텐트 따위〕를 치다; 〔동상 따위〕를 세우다; 〔우산〕을 펼치다[쓰다]; 〔커튼〕을 치다; 〔그림〕을 걸다. ③ 〔기도 따위〕를 드리다; 〔청원〕을 제출하다; 〔결혼 예고(banns)〕를 발표하다. ④ 〔연극 따위〕를 상연하다; 〔저항·투지 따위〕를 보이다(show); 〔싸움 따위〕를 하다.¶ ~ *up* a good fight 선전(善戰)하다. ⑤ …을 숙박시키다; 숙박하다(*at*).¶ ~ a person *up* for a weekend 주말에 남을 숙박시키다 / ~ *up at* an inn [*with* one's aunt] 여관[숙모댁]에 묵다. ⑥ …을 입후보자로 내세우다; …에 추천하다; …을 기수(旗手)로 내세우다; 입후보하다.¶ ~ him *up* for the class monitor 그를 학급 위원으로 추천하다. ⑦ 〔제안·논의 따위〕를 내다; 주장하다.¶ ~ *up* a new proposal 새로운 제안을 하다. ⑧ 〔짐승 따위〕를 몰아내다. ⑨ …을 팔려고 내놓다.¶ ~ *up* all the furniture *to* [or *for*] auction 가구를 전부 경매에 붙이다. ⑩ 〔가격 따위〕를 올리다.¶ ~ *up* a rent by 20 dollars a week 집세를 주당 20달러 올리다. ⑪ 〔약 따위〕를 조제하다. ⑫ (소금·설탕 따위로 절여서) …을 저장하다; 〔상품〕을 포장하다, 통조림으로 만들다.¶ Ants ~ *up* food for winter. 개미는 겨울에 대비해서 먹을 것을 저장한다. ⑬ …을 본래의 장소에 넣다; 〔칼〕을 칼집에 넣다.¶ *P– up* your sword. 칼을 칼집에 넣어라. ⑭ (크리켓에서) 〔공〕을 쳐올리다. ⑮ 〔돈〕을 지불하다; 〔돈〕을 변통해 주다; 값을 미리 치르다; 가불[선불]을 해주다.¶ ~ *up* one's share 자기 몫을 지불하다. ⑯ (내기에서) 〔돈 따위〕를 걸다(stake). ⑰ 《구어》 …을 남몰래 계획하다, 〔사기〕를 꾀하다.¶ ~ *up* swindle 사기를 꾀하다.

put…up against …을 〔다른 사람〕과 경쟁시키다.

put upon 《보통 수동형으로》 ① …을 속이다.¶ I will not be ~ *upon*. 절대로 속지 않겠다. ② …을 혹사하다, 학대하다.

put up or shut up 《구어》 《명령형으로》 싫으면 입 다물고 있어!, 말보다 행동을 보여!

put up with …을 참다, 참고 견디다.

wouldn't put it past *a person* ***to*** *do* 남이 …을 하고도 남으리라고 생각하다.

—[명] **1** (포환 따위의) 던지기; [U] 던진 거리. **2** 밀기, 떠밀기, 찌르기. **3** 〔금융〕 (선택) 특권부(特權附) 판매.

—[형] 《구어》 정착한, 침착한. 《* 다음 숙어로》

stay put 가만히[잠자코] 있다, 움직이지 않다; 정착[정주]하다.¶ He won't *stay* ~. 그는 가만히 있지를 못한다.

put² [pʌt] [동][명] =putt.

pu·ta [pjú:tə] [명] 《美속어》 매춘부, 아무하고나 자는 여자. (또는 **putana**)

pu·ta·men [pju:téimin] [명] ([복] ***-tam·i·na*** [-tǽmənə]) 〔식물〕 (매실·복숭아 등의) 내과피(內果皮), 과핵(果核). **-tam·i·nous** [-tǽmənəs] [형]

put-and-take [ˊəntéik] [명] 노름[내기]의 일종(네모 팽이, 주사위, 트럼프 따위를 가지고 하는 노름).

pu·ta·tive [pjú:tətiv] [형] **1** 추정되는, 상상의, 소문에 들리는, 세평에는 …인.¶ a ~ cause of death 추정 사망 원인. **2** 〔문법〕 추정의. **~·ly** [부]

put-down [ˊdàun] [명] **1** 《美속어》 (말로) 납작하게 만들기; 대갚음하는 말; 헐뜯기, 비방. **2** 해고; 거절. **3** (비행기의) 착륙, 착지. (또는 **pútdòwn**)

Pu·tin [pú:tin] [명] **Vladimir** ~ 푸틴(1952– : 러시아의 정치가; 대통령(1999–)).

put·lock [pútlɑ̀k/-lɔ̀k] [명] 〔건축〕 가로장, 장나무, 비계의 가로장(나무). (또는 **putlog**)

put·off [pútɔ̀:f/-ɔ̀f] [명] **1** 핑계; 변명. **2** 《美》 연기.

put-on [형] [ˊɑ́n/-ɔ́n] 가장한, 거짓의, 겉으로만의. —[명] [ˊˋ] 《구어》 **1** 감쪽같이 속이기, 놀리기, 얼렁거리기. **2** (a ~, the ~) 젠체함.

pút-on ártist [명] 《美속어》 얼렁쇠; 사기꾼.

Pu·tong·hua [pù:tɑ́ŋhwɑ́:] [명] 보통화(普通話)(베이징(北京)어를 표준으로 하는 현대 중국의 공용어). (또는 **p'u-t'ung hua**)

pút òption [명] =put¹ 3.

put-out [ˊàut] [명] 〔야구〕 터치아웃시키기, 척살.

put-put [pʌ́tpʌ̀t, ˊˋ] [명] **1** (엔진의) 통통거리는 소리. **2** 《구어》 (배 따위의) 작은 엔진; 통통배. —[동][자] (***-tt-***) (모터보트 따위가) 통통 소리를 내며 움직이다. (또는 **pútt-pútt**)

pu·tre·fac·tion [pjù:trəfǽkʃən] [명][U] 부패, 타락; [C] 부패물.

-fá·cient, -fác·tive [형] 부패(작용)의[시키는].

pu·tre·fy [pjú:trəfài] [동][타] …을 부패시키다; 곪게 하다. —[자] 부패하다; 곪다. **-fi·a·ble** [형] **-fi·er** [명]

pu·tres·cence [pju:trésns] [명][U] 썩어 들어가는 상태, 부패; 타락; [C] 부패물.

pu·tres·cent [pju:trésnt] [형] 부패한, 썩어가는.

pu·tres·ci·ble [pju:trésəbl] [형] 썩기 쉬운. —[명] 썩기 쉬운 물건. **ˊbíl·i·ty** [명]

pu·trid [pjú:trid] [형] **1** 썩은, 부패한; 냄새가 나는. **2** (도덕적으로) 타락[부패]한; 사악한. **3** 《구어》 보기 싫은, 불쾌한; 조악한. **4** 술취한, 술 냄새 풍기는.

pu·tríd·i·ty [명] 부패, 타락. **~·ly** [부] **~·ness** [명]

pútrid féver [명] 〔병리〕 발진티푸스(typhus).

pu·tri·lage [pjú:trəlidʒ] [명] 부패물; 썩기 시작한 것. **ˊlág·i·nous** [-lǽdʒənəs] [형] **ˊlág·i·nous·ly** [부]

putsch [putʃ] 《독일》 [명] 반란, 폭동; 정부 전복 기도; 정치적 주도권 다툼. 〔<G push〕

putsch·ist [pútʃist] [형] 반란[폭동]에 가담하는. —[명] 반란 가담자.

putt [pʌt] 〔골프〕 [동] 퍼트하다. —[명] 퍼트(하기). (또는 **put**)

line up a putt (그린에서) 라인을 읽다.

put·tee [pʌtí:/pʌ́ti] [명] (보통 ~s) 각반, 가죽 각반. (또는 **puttie, putty**)

put·ter¹ [pʌ́tər] [동][자] 꾸물거리다, 꾸무럭거리며 일하다(*at, over*); 어슬렁거리다(*about, around*).¶ ~ *about* a lobby 로비를 어슬렁거리다. —[타] 〔시간〕을 허비하다(*away*). (또는 《英》 **potter**)

~·er [명] **~·ing·ly** [부]

putt·er² [pʌ́tər] [명] 〔골프〕 퍼트하는 사람; 퍼트용 골프 클럽[채].

put·ter³ [pʌ́tər] [동][자] 통통[펑펑] 하는 소리를 내다[내며 움직이다].

putter out (불꽃이) 조금씩 사그러들다; (엔진의) 연소 상태가 나빠지다.

put·ter⁴ [pútər] [명] **1** 놓는 사람. **2** 〔광산〕 운반부. **3** 〔육상경기〕 투포환 선수(shot-putter).

put·ti·er [pʌ́tiər] [명] 유리 접착제(putty) 바르는 직공; 유리 장수, 유리 끼우는 사람(glazier).

pútt·ing grèen [pʌ́tiŋ-] [명] 〔골프〕 (hole 주변의 잔디 깔린) 퍼트 구역, 그린.

putt·ing-iron [-àiərn] [명] 〔골프〕 퍼팅용 아이언.

Putt·nam [pʌ́tnəm] [명] **David** ~ 퍼트남(1941– : 영국의 영화 제작자; *The Killing Fields*를 제작).

put·to [pú:tou] [명] ([복] ***-ti*** [-ti:]) 〔미술〕 푸토(르네상스기(期)의 장식적인 회화·그림·조각; 큐피드같은 어린 아이의 나체상).

put·too [pʌ́tu:] [명][U] (인도의) 캐시미어 직물의 일종.

putt-putt [ˊpʌ̀t, ˊˋ] [명][동][자] =put-put.

put·ty [pʌ́ti] [명][U] **1** 퍼티(창유리 따위의 접합제); 퍼티 가루.¶ jewelers' ~ (유리·금속을 닦는) 퍼티 가루. **2** 모양이 쉽게 바뀌는 것; 남의 말을 잘 듣는 사람.

like putty 생각[뜻]대로 되어.

up to putty 《濠구어》 가치가 없는, 도움이 되지 않는.

—[동][타] …을 퍼티로 접착하다[메우다].

~·like [명]

pútty àrm [명] 《美속어》 =glass arm.

put·ty-head [-hèd] [명] 《美구어》 바보, 얼간이.

pútty knìfe [명] 퍼티용 나이프.

pútty mèdal [명] 《英익살》 사소한 일[공헌]에 걸맞는

보잘것 없는 보수[상].

pútty pòwder 〔명〕 퍼티 가루(유리·금속 따위의 단단한 물질을 닦는 데 쓴다).

put-up [´∧p] 〔명〕 (구어) 미리 짜고 하는, 야바위의. ¶a ~ job 함정; 짬짜미. ── 〔명〕 포장 상품, 타래 실.

put-up·on [´əpὰn/-ɔ̀n] 〔형〕 학대받은; 속은, 이용당한. ¶a ~ girl 속아넘어간 소녀.

putz [pats] 〔명〕 (美속어) 1 얼간이, 멍청이; 역겨운 사람. 2 (비어) =penis. ── 〔동〕 * 다음 숙어로만 쓴다.
putz around 질질 끌다, 빈둥거리다.

‡puz·zle [pʌ́zl] 〔명〕 (~ s [-z]) 1 알아맞히기 놀이, 수수께끼 놀이, 퍼즐. ¶produce a ~ 퍼즐을 출제하다 / solve [or work out, undo] a ~ 퍼즐을 풀다. 2 (a ~, the ~) 난문(難問); 처치 곤란한 물건[사람], 골칫거리.

〔유의어〕 **puzzle** 사람의 해결 능력을 시험하는 (종종 만들어진) 문제. **riddle** 역설적인 또는 모순되는 말을 해서 당혹스럽게 하여, 답을 추측해 내도록 하는 것. **mystery** 인간의 이성으로 풀 수 없는 신비; 원인·성질 따위가 (종종 비밀로 되어) 이해할 수 없는 일. **enigma** 숨겨진 또는 애매한 뜻으로 해서 추측할 수밖에 없는 것.

3 (a ~) 당혹, 곤혹. ¶ be in a ~ 당혹하다, 어찌할 바를 모르다. 4 =crossword [jigsaw] ~.
── 〔동〕 (~s [-z]; ~d; -zling) 〔타〕 1 …을 (…으로/하여/…때문에) 갈피를 못잡게 하다, 당황[곤혹]케 하다; …을 혼란시키다 (about, at, to do, wh. to do, that 節) ⇒ EMBARRASS 〔유의어〕 * 수동형은 very나 quite로 수식되어 형용사 취급되기도 한다. ¶ be very ~d 전혀 어찌할 바를 모르다 // (~+图+wh. to do) I'm ~d what to do. 나는 무엇을 할지, 어떻게 좋을지 모르겠다. 2 〔마음·머리 따위를〕 (…으로) 썩이다 (about, over, as to). ¶ (~+图+前+图) ~ one's mind [or brains] over [or about] the solution of a problem 문제 해결에 속을 썩이다[머리를 짜다]. 3 …을 생각해 내다, 판단하다(out). ¶ (~+图+副) ~ out a truth 진리를 발견하다. ── 〔자〕 (…에) 어찌할 바를 모르다, 당황하다, 손대다 (about, over, as to).
puzzle for …을 손으로 더듬어 찾다.
puzzle out ⇒ 〔타〕 3. 〔匚〕 2.
puzzle over …을 숙고하다; …에 머리를 썩이다. ⇒
puzzle through 손으로 더듬어 빠져나가다.
~**-zled·ly** 〔부〕 ~**-zled·ness** 〔명〕 〔습 실험용〕.

púzzle bòx 〔명〕 〔심리〕 수수께끼[미로] 상자(동물의 학

puz·zle·dom [pʌ́zldəm] 〔명〕 ⓤ 당황, 곤경.

puz·zle·head·ed [pʌ́zlhèdid] 〔형〕 머리가 혼란된; 아무 것도 아닌 일로 골치를 썩이는. ~**-ness** 〔명〕

puz·zle·ment [pʌ́zlmənt] 〔명〕 1 ⓤ 당황, 곤혹. 2 난문(難問), 골칫거리, 수수께끼.

púzzle pàlace 〔명〕 (美군속어) 상급 사령부: (P- P-) 국방부; (美속어) (백악관처럼) 비밀로 중대 결정이 내려지는 장소.

puz·zler [pʌ́zlər] 〔명〕 1 애먹이는 사람[것]. 2 난문제. 3 퍼즐 작성[출제]자, 퍼즐 애호가.

púzzle ring 〔명〕 지혜의 고리.

puz·zling [pʌ́zliŋ] 〔형〕 어찌할 바를 모르게 하는, 곤혹케 하는; 혼란시키는. ~**·ly** 〔부〕 ~**·ness** 〔명〕

PV parole violator; polyvinyl; positive vetting.
p.v. post village (역참). **P.V.** (군사) patrol vessel (초계정); priest vicar (하급 성직자). **PVC** polyvinyl chloride.

PV cèll 〔명〕 태양 전지, 광전지. [< photovoltaic cell]

PVS, P.V.S. Post Vietnam Syndrome (베트남 증후군; 제대 후의 정신 장애); postviral syndrome.

PVT pressure, volume, temperature. **Pvt.** (美군사) Private (사병). **PW, P.W.** (英) policewoman; (자동차) power windows; prisoner of war; public works. **p.w.** per week. **PWA, P.W.A.** (美)

Public Works Administration (공공 토목 사업국 (1933–43)); person with AIDS (에이즈 환자).

P wàve 〔명〕 (지진) P파, (지진의) 세로파.

PWC Personal watercraft.

PWD, P.W.D. Psychological Warfare Division (심리 작전 부대); Public Works Department. **PWR** pressurized-water reactor (가압수형(加壓水型) 원자로). **pwr.** power. **PWRS** pre-positioned war reserve stocks (사전 집적(集積) 전쟁 대비 비축물).

pwt. pennyweight. **PX** [píːéks] 〔명〕 (~ s) (美군사) post exchange. **pxt.** (라틴) pinxit (=he [or she] painted it)(…씀, …그림). **PY** (국제 자동차 식별 기호) Paraguay.

py- [pai] 〔연결〕 ⇒ PYO-. 「1pya 동전.

pya [pjɑː] 〔명〕 미얀마의 화폐 단위(kyat의 1/100);

py·(a)e·mi·a [paiíːmiə] 〔명〕 ⓤ 〔병리〕 농혈증(膿血症), 농독증(膿毒症). -**mic** 〔형〕

pyc·nic [píknik] 〔형〕 =pyknic.

pyc·nid·i·um [piknídiəm] 〔명〕 (pl. -**nid·i·a** [-nídiə]) 〔식물〕 분(포)자기(粉胞子器). 〔比重瓶〕.

pyc·nom·e·ter [piknάmətər/-nɔ́m-] 〔명〕 비중병

pye [pai] 〔명〕 〔교회〕 (영국 종교 개혁 전의) 기도서.

pye-dog [⁻dɔ̀(ː)g] 〔명〕 (인도·동남 아시아의) 들개.

py·e·li·tis [pàiəláitis] 〔명〕 ⓤ 〔병리〕 신우염(腎盂炎)

py·e·log·ra·phy [pàiəlɑ́grəfi/-lɔ́g-] 〔명〕 신우(腎盂) 뢴트겐 촬영술, 신우 조영(造影)(법). -**graph·ic** 〔형〕

py·e·lo·ne·phri·tis [pàiəlounəfráitis] 〔명〕 〔병리〕 신우신염(腎盂腎炎). -**ne·phrit·ic** [-nifrítik] 〔형〕

pyg·m(a)e·an [pigmíːən, pígmi-] 〔형〕 난쟁이의; 아주 작은(pigmy).

Pyg·ma·lion [pigméiliən, -ljən] 〔명〕 〔그리스 신화〕 피그말리온(Cyprus의 왕이며 조각가).
not Pygmalion likely (英속어) 있을 것 같지 않은.

Pygmàlion effèct 〔명〕 〔심리〕 피그말리온 효과(선입관에 의한 기대가 학습자에게 주는 효과). 「의.

pyg·moid [pígmɔid] 〔형〕 피그미 비슷한, 피그미 모양

***Pyg·my** [pígmi] 〔명〕 1 〔인류〕 피그미(아프리카 등지의 남자 평균 신장 150cm 이하의 흑인 소인족의 총칭). 2 〔그리스 신화〕 소인족(族)(두루미(crane)들과 싸워 멸망했다). 3 (p-) 소인, 난쟁이(⇒DWARF 〔유의어〕). 왜소한 동물, 조그마한 것. 4 (p-) 하찮은 사람[것]; 지능능력이 낮은 사람. ── 〔형〕 1 소인(족)의. 2 아주 작은; 중요하지 않은, 하찮은. (또는 Pigmy)
~**-ish** 〔형〕 ~**-ism** 〔명〕 왜소(성).

pỳgmy chimpanzée 〔명〕 피그미 침팬지.

pỳgmy hippopòtamus 〔명〕 난쟁이 하마. (또는 **pỳgmy hìppo**) 「jamas. (또는 **pyjams**)

py·jam·as [pədʒάːməz, -dʒǽm-] 〔명〕〔복〕 (英) =pa-

pyk·nic [píknik] 〔심리〕 땅딸막한, 단구(短軀) 비만형의. ── 〔명〕 땅딸막한 사람.

py·lon [páilɑn/-lən] 〔명〕 1 (비행장의) 목표탑, 지시탑; (대문·다리·가로 따위의 입구의) 탑. 2 (고압선용의) 철탑. 3 (고대 이집트 신전(神殿)의) 탑문. 4 (항공) 파일론(비행기의 날개나 동체 밑의 엔진, 보조 연료 탱크, 미사일, 포탄 따위의 현가 장치). 5 (임시) 의족(義足).

py·lo·rec·to·my [pàiləréktəmi] 〔명〕 ⓤ 유문(幽門) 절제(술), 유문 적출(摘出).

py·lor·ic [pailɔ́ːrik, -lάr-] 〔형〕 〔해부〕 유문(幽門)의.

py·lo·rus [pailɔ́ːrəs] 〔명〕 (pl. **-lo·ri** [-lɔ́ːrai]) 〔해부〕 유문(위에서 십이지장으로 넘어가는 출구).

pymt. payment. **PYO** pick your own.

py·o- [páiou, páiə] 〔연결〕 pus(고름)의 뜻(* 모음 앞에서는 py-). ¶pyosis.

py·o·gen·e·sis [pàiədʒénəsis] 〔명〕 ⓤ 〔병리〕 화농.

py·o·gen·ic [pàiədʒénik] 〔형〕 고름이 나오는, 화농성의. ¶ ~ bacteria 화농균.

py·oid [páiɔid] 〔형〕 〔병리〕 고름의, 고름 모양의.

Pyong·yang [pjʌ́ŋjɑ̀ŋ/pjɔ́ŋjæŋ] 〔명〕 평양.

pyorrh(o)ea [pàiəriːə/-ríə] 명 〖병리〗 농루(膿漏), 치조(齒槽) 농루. **-al, -rh(o)é·ic** 형
py·o·sis [paióusis] 명 〖병리〗 화농(化膿).
pyr- [pair] 연결 ⇒ PYRO-.
‡**pyr·a·mid** [pírəmid] 명 (複 ~s [-z]) 1 (종종 P-) (고대 이집트의) 피라미드; 금자탑(金字塔); 기념비적 사물. ¶ the (Great) *Pyramids* (이집트의 El Gîza에 있는) 세 피라미드. 2 피라미드[뾰족탑] 모양의 것; 뾰족탑 모양으로 가꾼 과수(果樹). 3 〖사회〗 피라미드 조직. 4 〖기하〗 각뿔; 〖결정〗 추(錐), 뿔. ¶ a regular [right] ~ 정[직]각뿔. 5 〖해부·동물〗 첨탑상(尖塔狀) 기관. 6 〖증권〗 피라미딩(가공 이익(paper profits)을 매매 위탁 증거금(margin)으로 충당해 거래를 피라미드식으로 확대해 나가는 주식 투기). 7 =~ scheme. 8 (~s) 당구의 일종.
— 동 (~s [-z]) 자 1 피라미드[뾰족탑] 모양이 되다. 2 피라미딩하다; 거래를 확대하여 차익을 벌다. 3 (피라미드 모양으로) 점증(漸增)하다, (가격·임금이) 크게 오르다. — 타 1 …을 피라미드[뾰족탑] 모양으로 만들다. 2 (가격·임금)을 점차로 올리다. 3 〖주식〗을 피라미딩하다. 4 〖논의·논제 따위〗를 본격화[진전]시키다.
~·ist 명 피라미드 연구가. ~·like, ~·wise 부
py·ram·i·dal [pirǽmədl, -mi-] 형 1 피라미드(모양)의, 뾰족탑의, 각뿔(모양)의. 2 거대한, 당당한. — 명 〖해부〗 1 추체골(錐體骨). 2 피라미드형 텐트. ~·ly 부
pyrámidal péak 명 〖지질〗 빙식 첨봉(氷蝕尖峰).
pyrámidal tràct 명 〖해부〗 추체로(錐體路).
pyr·a·mid·i·cal [pìrəmídikəl] 형 피라미드(형)의, 뾰족탑의, 각뿔의 (略 = pyramidic). ~·ly 부
pýramid lètter 명 = chain letter.
Pyr·am·i·don [pərǽmədɑn] 명 〖약학〗 〖상표〗 피라미돈(진통·해열제).
pýramid schème [sèlling] 명 피라미드식 판매(방식), 다단계 판매(multi-level selling).
Pyr·a·mus [pírəməs] 명 〖그리스·로마 신화〗 피라모스(Babylon의 청년으로, 애인인 Thisbe가 사자한테 물려 죽은 줄만 알고 자살한다). 「더미.
pyre [paiər] 명 장작 따위의 산더미; (화장용의) 장작
Pyr·e·ne·an [pìrəniːən] 형 피레네(산맥)의. — 명 피레네 산지의 주민.
Pyr·e·nees [pírəniːz/-⌒-] 명복 (the ~) 피레네 산맥(프랑스와 스페인의 접경을 이루는 산맥).
py·re·noid [paiəriːnɔid, páiərənɔid] 명 〖생화학〗 피레노이드(조류(藻類)의 엽록체에서 녹말의 형성·저장에 관계하는 단백질).
py·re·thrin [paiəríːθrin] 명 〖U〗 피레트린(제충국(除蟲菊)의 성분; 살충제). 「제충국 가루(제).
py·re·thrum [paiəríːθrəm] 명 제충국 〖U〗 〖약학〗
pyr·et·ic [paiərétik] 형 열(병)의, 열병에 걸린.
pyr·e·tol·o·gy [pìrətɑ́lədʒi, pàiərə-] 명 〖U〗 열병학, 발열학. 「〖의학〗 발열 요법.
pyr·e·to·ther·a·py [pìrətouθérəpi, pàiərə-] 명
Py·rex [páiəreks] 명 〖상표〗 파이렉스(내열(耐熱) 유리 그릇[제품]).
py·rex·i·a [paiəréksiə] 명 〖U〗 〖병리〗 열(fever); 열병. **-i·al, -ic, -i·cal** 형 열병의[에 걸린], 발열한.
pyr·he·li·om·e·ter [pàiərhìːliɑ́mətər] 명 태양열 측정계, 일조계(日照計). **-o·mét·ric** 형
pyr·i·dine [pírədiːn] 명 〖U〗 〖화학〗 피리딘(고무·기름·페인트 따위의 용제(溶劑)·알코올 변성제(變性劑)·유기 합성용). **pyr·íd·ic** 형
pyr·i·dox·in(e) [pìrədɑ́ksi(ː)n/-dɔ́k-] 명 〖U〗 〖생화학〗 피리독신(비타민 B_6). 「shaped).
pyr·i·form [pírəfɔːrm] 형 서양 배 모양의(pear-
py·rim·i·dine [pairímədìːn/pəríːmidìːn] 명 〖U〗 〖생화학〗 피리미딘(마취성의 자극적 냄새를 풍기는 결정질(塊)); 피리미딘 염기(DNA, RNA의 구성 성분).
py·rite [páirait/páiər-] 명 〖U〗 〖광산〗 황철광(黃鐵鑛)

(fool's gold). **py·rít·ic, py·rít·i·cal** 형 **-rit·ize** 타
py·ri·tous [piráitəs, pai-] 형
py·ri·tes [pairáitiːz/páiər-] 명 〖U〗 (複 ~) 〖광산〗 1 황철광. 2 (각종 금속의) 황화광(黃化鑛).
pyro [páirou/páiər-] 명 〖구어〗 = pyromaniac.
pyro. pyrogallol.
py·ro- [páirou, -rə] 연결 fire, heat의 뜻(* h 또는 모음 앞에서는 pyr-). ¶*pyr*heliometer, *pyro*mania.
Py·ro·ce·ram [pàirousərǽm/páiər-] 명 〖상표〗 파이로세람(내열 도기), 내열 강화 유리).
py·ro·chem·i·cal [pàiroukémikəl] 형 고온도 화학 변화의[를 일으키는]. ~·ly 부
py·ro·clas·tic [pàirəklǽstik] 형 화산암 조각의[으로 이루어진]. ¶ a ~ rock 화산 쇄설암(碎屑岩).
py·ro·e·lec·tric [pàirouiléktrik] 형 피로 전기(성)의, 초전기(焦電氣)(성)의. — 명 초전기 물질.
py·ro·e·lec·tric·i·ty [pàirouilèktrísəti] 명 〖U〗 피로 전기, 초전기.
py·ro·gal·lol [pàirəgǽlɔːl] 명 〖U〗 〖화학〗 피로갈롤, 초성(焦性) 갈산(사진 현상약·양털 염색약·피부병 치료제). (또는 **pyrogállic ácid**) **-lic** 형
py·ro·gen [páirədʒən/páiər-] 명 〖의학〗 발열 물질, 발열원(原).
py·ro·gen·ic [pàirədʒénik/páiər-] 형 1 열(熱)이 나게 하는, 발열성의; 열에 의해서 생기는. 2 (또는 **py·rogenétic, py·rog·e·nous** [pairɑ́dʒənəs]) 〖지질〗 (암석 등의) 화성(火成)의.
py·rog·nos·tics [pàirəgnɑ́stiks/páiərɔgnɔ́s-] 명복 〖단·복수 양용〗 〖광물의〗 가열 반응.
py·ro·graph [páirəgrǽf, -grɑ̀ːf] 명 낙화(烙畫).
py·ro·graph·ic [pàirəgrǽfik] 형 낙화(술)의.
py·rog·ra·phy [pairɑ́grəfi/paiərɔ́g-] 명 〖U〗 낙화술; 낙화. **-pher** 명
py·ro·gra·vure [pàirəgrəvjúər] 명 = pyrography.
py·rol·a·try [pairɑ́lətri/paiərɔ́l-] 명 〖U〗 불 숭배(fire worship); 배화교(拜火敎).
py·ro·lig·ne·ous [pàirəlígniəs] 형 〖화학〗 목재 건류(乾溜)의, 목초의 (또는 **pyrolígnic**)
pyrolígneous ácid 〖화학〗 목초산(木醋酸).
pyrolígneous álcohol = methyl alcohol. (또는 **pyrolígneous spírit**)
py·ro·lize [pàirəláiz/páiər-] 타 〖화학〗 열[가열] 분해하다. (또는 **pyrolyze**)
py·rol·y·sis [pairɑ́ləsis/paiərɔ́l-] 명 〖U〗 〖화학〗 열 분해, **py·ro·lýt·ic** 형
py·ro·mag·net·ic [pàirəmægnétik] 형 〖물리〗 자기(熱磁氣)의. 「(개).
py·ro·man·cy [páirəmæ̀nsi/páiər-] 명 〖U〗 불점「放火癖」.
-cer 명 **:mán·tic** 형
py·ro·ma·ni·a [pàirəmíːniə/pàiər-] 명 방화벽
py·ro·ma·ni·ac [pàirəmíːniæk/pàiər-] 명 방화광, 방화벽이 있는 사람. — 형 (또는 **pyromaniacal**) 방화광의, 방화벽이 있는.
py·ro·met·al·lur·gy [pàirəmétələ̀ːrdʒi] 명 〖U〗 (고온을 이용하는) 건식 정련(乾式精鍊), 건식 야금(冶金). **-met·al·lúr·gi·cal** 형 「「高溫計」.
py·rom·e·ter [pairɑ́mətər/paiərɔ́m-] 명 고온계
py·ro·met·ric [pàirəmétrik/pàiər-] 형 고온계의, 고온 측정의. (또는 **pyrometrical**) **-ri·cal·ly** 부
pyrométric cóne equívalent 〖화학〗 내화도(耐火度). 「정(법).
py·rom·e·try [pairɑ́mətri/paiərɔ́m-] 명 〖U〗 고온 측
py·ro·mu·si·cal [pàirəmjúːzikəl/páiər-] 명 〖구어〗 불꽃 음악 모임(행사).
py·ro·nine [páirəniːn/páiər-] 명 피로닌(RNA 탐지에 사용되는 크산틴(xanthine) 염료).
py·rope [páiroup/páiər-] 명 〖U〗 홍석류석(紅石榴石), 적색 석류석. (또는 ⌒ **gárnet**)

py·ro·pho·bi·a [pàirəfóubiə/páiər-] 명Ⓤ 불 공포증. **-bic** 형

py·ro·phor·ic [pàirəfɔ́ːrik/páiərfɔ́r-] 형 [화학] 저절로 타는, 자연 발화성의.

py·ro·pho·tog·ra·phy [pàirəfətágrəfi/pàiərəfɔ́tɔg-] 명 (유리·도자기면 따위의) 인화 사진술.

py·ro·próc·ess·ing prógram [pàirəprɑ́ːsesiŋ-/pàirəprɔ́-] 명 폐핵연료 재생 처리 계획(원자로의 폐연료를 재처리해 새 연료를 생산하는 계획).

py·ro·sis [pairóusis/páiər-] 명Ⓤ [병리] 가슴앓이.

py·ro·stat [páirəstæt/páiər-] 명 고열[고온]용 온도 조절기; 화재 탐지기. **⇒stát·ic** 형

pyrotech. pyrotechnic(al); pyrotechnics.

py·ro·tech·nic [pàirətéknik] 형 **1** 꽃불의, 폭죽의; 꽃불 제조(술)의. **2** 눈부신, 화려한(brilliant); 센세이셔널한. **3** 화공품(火工品)의. (또는 **pyrotechnical**) —명 꽃불, 폭죽; 꽃불 비슷한 장치; 화공품(로켓의 점화 장치·폭발 장치 따위); 꽃불용 연소물. **-ni·cal·ly** 부

py·ro·tech·nics [pàirətékniks] 명 (단·복수 양용) **1** 꽃불 제조(법); 불꽃놀이. **2** (변설·재치 따위의) 훌륭함, 번득임. **3** (군사용의) 불꽃(fireworks), 조명탄, 신호탄, 폭죽(爆竹); 봉화, 연막.

py·ro·tech·nist [pàirətéknist] 명 꽃불 제조인.

py·ro·tech·ny [pàirətékni] 명 =pyrotechnics 1.

py·ro·tox·in [pàirətáksin/pàiərətɔ́k-] 명 =pyrogen.

py·rox·ene [pairáksiːn/paiərɔ́k-] 명Ⓤ 휘석(輝石). **py·rox·én·ic** 형

py·rox·y·lin(e) [pairáksəlin/paiərɔ́k-] 명Ⓤ 파이록실린, 질산 섬유소, 면화약(綿火藥).

Pyr·rha [pírə] 명 [그리스 신화] 피라(다우칼리온(Deucalion)의 아내. 제우스(Zeus)가 일으킨 대홍수 때 남편과 함께 살아남았다).

pyr·rhic[1] [pírik] 명 [운율] 단단격(短短格), 약약격(弱弱律). —형 단단격[약약률]의[으로 이루어진].

pyr·rhic[2] 명형 (고대 그리스의 전무(戰舞))의.

Pyr·rhic [pírik] 형 피루스(Pyrrhus)의.

Pýrrhic víctory 피루스의 승리(기원전 279년에 Epirus의 왕 피루스(Pyrrhus)가 큰 희생을 치르고 로마군을 꺾은 승리); 상처뿐인[큰 희생을 치르고 얻은] 승리. 窗 Cadmean victory

Pyr·rho [pírou] 명 피론(365?-275? B.C.: 그리스의 철학자). (또는 **Pyrrhon**)

Pyr·rho·ni·an [pirounian] 명 피론(Pyrrho)의, 회의론의. 명 피론학도(Pyrrhonist); 극단적 회의론자.

Pyr·rho·nism [pírənizm] 명Ⓤ 피론(Pyrrho)(파) 학설(일체의 판단을 중지하는 회의론); 극단적 회의론. **Pyr·rhón·ic** 형형 **-nist** 명 **-nis·tic** 형

pyr·rho·tite [pírətàit] 명 [광물] 자황철광(磁黃鐵鑛)(magnetic pynites). (또는 **pyrrhotine**)

Pyr·rhus [pírəs] 명 피루스. **1** 고대 그리스의 Epirus의 왕(318?-272 B.C.). **2** [그리스 신화] 아킬레스(Achilles)의 아들.

py·rú·vic ácid [pairúː·vik-] 명 [화학·생화학] 피루브산, 초성(焦性) 포도산.

Py·thag·o·ras [piθǽgərəs/pai-] 명 피타고라스(582?-500? B.C.: 그리스의 철학자·수학자).

Py·thag·o·re·an [piθǽgəríːən/pai-] 명 피타고라스(학파)의. —명 피타고라스 학파 사람.

Py·thag·o·re·an·ism [piθǽgəríːənìzm/pai-] 명 피타고라스의 학설. (또는 **Pythágorism**)

Pythagoréan théorem [propositíon] 명 (the ~) [수학] 피타고라스의 정리.

Pyth·i·a [píθiə] 명 [그리스 신화] 피티아(아폴로(Apollo)의 신탁(神託)을 받은 델피(Delphi)의 무녀).

Pyth·i·an [píθiən] 형 [고대 그리스의] 델피(Delphi)의; (델피의) 아폴로(Apollo) 신탁의; ~ Games의 ¶ ~ oracle 아폴로의 신탁. —명 (the ~) 아폴로 신(神); (Delphi의) 아폴로의 무녀; Delphi의 주민[출신자].

Pýthian Gámes 명 (the ~) 피티아 경기(Apollo의 축제로서 4년마다 Delphi에서 거행되었다).

Pyth·i·as [píθiəs/-ǽs] 명 [로마 전설] 피티아스(Damon의 친구). ⇨DAMON AND PYTHIAS.

py·thon [páiθən/-θən] 명 (무당에게 내리는) 혼령, 악령; 혼령이나 귀신이 들린 사람; (혼령이나 악령이 들린) 예언자, 점술사.

Py·thon [páiθən/-θən] 명 **1** [그리스 신화] 피톤(Apollo가 Delphi에서 퇴치한 거대한 뱀). **2** (p-) 비단뱀류, 거대한 구렁이.

py·tho·ness [páiθənis/páiθənès] 명 **1** (델피의 Apollo 신전의) 무녀(巫女). **2** 여자 예언자, 무녀, 무당. **3** 마녀, 여자 마법사.

py·thon·ic[1] [paiθánik/-θɔ́n-] 형 예언자의(prophetic); 신탁(神託)의.

py·thon·ic[2] 형 비단뱀(같)의; 거대한, 엄청나게 큰.

py·u·ri·a [paijúəriə] 명 [병리] 농뇨증(膿尿症).

pyx [piks] 명 **1** [가톨릭] 성체 용기[함](장식을 한 금속제 그릇으로, 성당에서 성체를 보존하거나 환자에게 성체를 운반할 때 쓴다). **2** (또는 ∠ bóx [chèst]) (영국 조폐국의) 화폐 검정함. ¶ the trial of the ~ 견본 화폐 검사. —타 [견본 화폐]를 화폐 검사함에 넣다, [주화(鑄貨)]를 검사하다.

pyx·id·i·um [piksídiəm] 명 (복 **-i·a** [-iə]) [식물] **1** 개과(蓋果)(뚜껑처럼 생겨 씨가 들어 있는 열매). **2** (이끼류의) 포자낭(capsule).

pyx·is [píksis] 명 (복 **-i·des** [-ədìːz]) **1** (고대 그리스·로마에서 쓰인 원통형의) 작은 화장 도구 상자, 보석함. **2** =pyx 1. **3** [식물] = pyxidium.

P.Z.I. protamine zinc insulin (프로타민 아연 인슐린; 당뇨병 치료제).

Q

Q, q [kju:] 명 (복 *Q's, Qs; q's, qs*) 1 영어 알파벳의 17째 자. ¶Q for Quebec Quebec의 Q(국제 전화 통화 용어). 2 Q[q]가 나타내는 소리[k]. 3 Q자형(의 물건); [스케이트] Q자형 선회. ¶a reverse Q 역(逆) Q 자형 선회. 4 (또는 **kew**) =thank you. 5 (미속어) (California 주의) San Quentin 교도소.

mind one's **p's and q's** ⇒P.

Q 명 ⑦ 1 (차례·연속된 것 중의) 17번째의 것; (I를 계산에 넣지 않을 경우는) 16번째의 것). 2 =glutamine. 3 [물리] heat (열). 4 [열역학] 열량의 단위(10¹⁸ Btu에 상당). 5 [전자] Q값. (또는 **Q-factor**) 6 [성서] Q 자료 (마태복음과 누가복음에 공통되는 자료 가운데 마가복음에 없는 자료를 나타냄). 7 (미속어) (예능의) 평가(★TV-Q라는 시청률 조사에서) (☞ Q-score).

q. *quaere; quarter(ly); quart(s); quasi; queen; query; question, quintal; quire; quoted; quotient.* **q.** ⑦ (영) [기상] squalls. **Q.** *Quaalude; quality of a drug; quart bottle of liquor; quartermaster; quarto; Quebec; Queen; query; question.* **QA** *quality assurance.*

Qad·dish [kǽdiʃ] 명 =Kaddish.

Qa·dha·fi [kədá:fi, gə-, -dǽfi] 명 **Muammar [Muhammad] al-**[*or* **el-**] — 카다피(1942- : 리비아의 대통령). (또는 **Gaddafi, Qaddafi, Kaddafi**)

QÁ fùrniture 명 속성 조립 가구. [<*quick-assembly furniture*]

Qa·har [tʃá:há:r] 명 차하르(중국 내몽고(Inner Mongolia)의 옛 이름). (또는 **kanat**)

qa·nat [ka:ná:t] 명 (중동의) 지하 수로식 관개 시설.

Q and A [kjú: ənd éi] 명 (복 **Qs and As**) (구어) 질의 응답, 문답. (또는 **Q. and A., Q. & A., Q & A**) [<*question and answer*]

Qán·tas Áirways [kwǽntæs-/kwɔ́ntəs-] 명 콴타스 항공(오스트레일리아 국영 항공사). [<Queensland and *N*orthern *T*erritory *A*erial *S*ervices]

Qa·tar [ká:tər, kətá:r/kǽtɑ:r] 명 카타르(페르시아만에 면한 토후국; 수도 Doha). (또는 **Katar**)

Qa·tar·i [ka:tá:ri, kətá:ri/kætá:ri] 형 카타르의, 카타르 사람의. — 명 카타르 사람.

Qat·tá·ra Depréssion [kətá:rə-] 명 카타라 저지(低地)(이집트 Cairo 서쪽의 건조 지대).

qa·wa·li [kəwá:li] 명 카왈리(인도·파키스탄·방글라데시의 이슬람 음악·가요). [<Hind]

QB *quarterback; Queen's Bench;* [서양장기] *queen's bishop.* **q.b., qb.** (미식축구) *quarterback.* **Q.B.** *Queen's Bench,* (영) *King's Bench.*

Q.B.B. (상표) 호주산 버터, 치즈. [<*Queensland Butter Board*]

Q.B.I (공군속어) *quite bloody impossible* (비행 불[능])

Q-boat [kjú:bòut] 명 Q 보트(제1차 세계 대전중의 독일의 잠수함을 격퇴하기 위해 어선이나 상선으로 가장한 영국의 무장함). (또는 **Q-shìp**)

QBP [서양장기] *queen's bishop's pawn.* **QC** *quickchange.* **Q.C., QC** *quality check; quality control; Quartermaster Corps; Queen's College;* (영) *Queen's Counsel.*

Q́ càrd 명 (미속어) (시민 라디오의) 교신 (증명) 카드.

QCD [물리] *quantum chromodynamics.*

Q-Celt·ic [kjú:séltik, -kél-] 명 형 =Goidelic.

Q́ cleárance 명 Q 증명(신원 등에 관해 안전하다는 증명); 엄격한 신원 조사.

q.d., Q.D. (라틴) *quaque die* (=every day) (처방전에서) 매일).

q.d.a., QDA *quantity discount agreement.*

QDR [kjú:di:á:r] 명 (미) 4년제 국방[방위 전략] 보고서(국방부가 4년마다 의회에 제출하는 군사력 운용 계획·군사 전략 보고서). [<*Quadrennial Defense Report*]

q.e. (라틴) *quod est* (=which is). **QED** [물리] *quantum electrodynamics.* **Q.E.D.** (라틴) *quod erat demonstrandum* (= which was to be demonstrated). **Q.E.F.** (라틴) *quod erat faciendum* (= which was to be done). **Q.E.I.**, **QEI** (라틴) *quod erat inveniendum* (=which was to be found out)(발견되어야 했던 바의). **Q.F.** *quick-firing.*

Q-fac·tor [kjú:fæ̀ktər] 명 Q 팩터. 1 [전자] 전기 회로에 있어서 저항에 대한 reactance의 비율. 2 [물리] 핵반응에 있어서의 반응열.

Q́ fèver [병리] Q열(고열·오한·근육통 따위를 수반하는 발진티푸스 비슷한 열병). [<*query fever*]

q.h. (라틴) *quaque hora* (=each [every] hour)((처방전에서) 매시간). 〔합성 섬유〕

Qi·a·na [kiánə] 명 (상표) 키아나(가볍고 광택있는

q.i.d. (라틴) *quater in die* (=four times a day)((처방전에서) 1일 4회).

qi·gong [tʃí:gún] 명 기공(氣功). (또는 **chigong**)

Qi·lian Shan [tʃi:ljá:n ʃá:n] 명 (중국의) 치롄 산(祁連山).

Qin [tʃín] (중국사) 진(秦)(나라). (또는 **Ch'in**)

Qing [tʃíŋ] 명 (중국사) 청(淸)(나라). (또는 **Ching**)

Qing·dao [tʃíŋdáu] 명 칭다오(靑島)(중국 산동성 동부의 항구 도시). (또는 **Chingtao, Tsingtao**)

Qing·hai [tʃíŋhái] 명 칭하이(靑海)(중국 서부의 성(省). (또는 **Ch'inghai, Tsinghai**)

Qin·shi·huang·di [tʃíinʃí:hwáŋdi:] 명 진시황제 (秦始皇帝) (259-210 B.C.; 진(秦)의 황제(221-210 B.C.)). (또는 **Shi Huang·di, Shih Huang·ti**)

qin·tar [kintá:r] 명 킨타르(알바니아의 화폐 단위). (또는 **qindar**) [계획]

QIP *Quality Improvement Program* (품질 개선)

Qi·qi·har [tʃí:tʃí:há:r] 명 치치하얼(齊齊哈爾) (중국 동북부 헤이룽장성(黑龍江省) 서쪽의 도시). (또는 **Chi·chihaerh, Tsitsihar**)

qirsh [kəːrʃ] 명 (복 **qu·rush** [kurúʃ]) 커슈. 1 사우디아라비아의 화폐 단위(riyal의 20분의 1에 해당). 2 중동·북아프리카의 옛 화폐 단위. (또는 **qursh**)

qiv·i·ut [kí:viət, -viùt] 명ⓤ (북극산(産)) 사향소의 털; 그 털실. [<Eskimo]

QKt [서양장기] *queen's knight.* **QKtP** [서양장기] *queen's knight's pawn.* **ql.** *quintal.* **q.l.** (라틴) *quantum libet* (=as much as is desired)((처방전에서) 바라는 만큼, 적당히). **qlty.** *quality.* **QM** [물리] *quantum mechanics.* **QM, Q.M.** *Quartermaster.*

Q́ màrk 명 큐 마크(섬유 제품의 품질 권장 마크).

QMC, Q.M.C. *Quartermaster Corps; Queen Mary College.* **Q.M.D.** *Quartermaster Depot.* **QMG, Q.M.G.** *Quartermaster General.* (또는 **Q.M.Gen.**) **QMS, Q.M.S.** *Quartermaster Ser-*

geant. (또는 **Q.M.Sgt.**) **qn, q.n.** **(라틴)** *quaque nocte* (=every night) ((처방전에서) 매일 저녁). **QOL** *q*uality *o*f *l*ife. **QP** 〔서양장기〕 *q*ueen's *p*awn. **q.p.** **(라틴)** *quantum placet* (=as much as you please) ((처방전에서) 바라는 양만큼). **qq.** questions. **qq., Qq.** quartos. **qq. v.** (라틴) *quae vide* (=which (words, things, etc.) see) (그것들[그 말들]을 보라). **QR** 〔서양장기〕 *q*ueen's *r*ook. **qr.** ([복] *qrs.*) quarter; *q*uick *r*esponse; quire. **q.r.** **(라틴)** *quantum rectum* (=the quantity is correct) ((처방전에서) 양은 정확함).

Q-rat·ing [kjú:rèitiŋ] [명] =TV-Q.

Q-ra·tio [kjú:rèiʃou] [명] 〔경제〕 Q 비율.

QRP 〔서양장기〕 *q*ueen's *r*ook's *p*awn. **qrs.** quarters. **q.s.** **(라틴)** *quantum sufficit* (=as much as is sufficient, enough) ((처방전에서) 충분히); *q*uarter *s*ection. **Q.S, QS.** *q*uarter *s*essions.

Q́ scàle [명] 〔지진〕 Q 스케일(횡파(橫波)의 감소 정도를 나타내는 단위).

Q-score [kjú:skɔ̀:r] [명] (광고에서의) 인기도.

QSE, Q.S.E. **(英)** *q*ualified *s*cientist and *e*ngineer (유자격 과학자·기술자). **QSG** *q*uasi-*s*tellar *g*alaxy (항성상(恒星狀) 은하).

Q-ship [kjú:ʃìp] [명] =Q-boat.

Q-sign [kjú:sàin] [명] **(美속어·익살)** Q사인(병원에서 혀를 내민 시체의 둥글게 열린 입); 시신, 사체.

Q́ sìgnal [명] 〔통신〕 Q부호[신호] (Q로 시작하는 무선용 부호).

QSL [kjú:ésèl] [명] 〔통신〕 수신 승인; (교신 기념의) QSL 카드.

QSO 〔천문〕 *q*uasi-*s*tellar *o*bject (항성상 천체).

Q-sort [kjú:sɔ̀:rt] [명] 〔심리〕 Q 분류(인격의 자기 평가법).

QSS 〔천문〕 *q*uasi-*s*tellar radio *s*ource.

QSTOL [kjú:stòul] [명] 〔항공〕 저소음 단거리 이착륙기. 〔<*q*uiet *s*hort *t*akeoff and *l*anding〕

Q-switch [kjú:switʃ] 〔물리〕 [명] Q 스위치(레이저로 첨두 출력(尖頭出力)이 큰 펄스를 끌어내는 장치). **—**[동][타] 〔고체 레이저〕에 Q 스위치로 고에너지의 펄스를 발생시키다. **~ed** [-t] [형] **~·ing** [명]

qt. quantity; ([복] (~(*s*).) quart.

q.t., Q.T. [kjù:tí:] [명] **(구어)** 조용[고요]함(quiet).
on the q.t. 은밀히, 남몰래, 비밀로. ¶I met him *on the* ~. 나는 그를 은밀히[남몰래] 만났다.

QTAT [kjú:tæ̀t] [명] 〔전자〕 전자동 반도체 제조 라인. 〔<*q*uick *t*urn *a*round *t*ime〕

qtd. quartered.

Q-Tip [kjú:tìp] [명] **(상표)** 큐팁(미국의 면봉(메이커)).

qtly. quarterly. **qto.** quarto. **qtr.** quarter(ly). **qty.** quantity. **qu.** quarter(ly); quart(s); quasi; queen; query; question. **Qu.** Queen; question.

qua¹ [kwei, kwɑ:] [부][전] …으로서(as), …의 자격으로. ¶his profession ~ interpreter 그의 통역사 직업.

qua² [kwei] [명] **(美속어)** =Quaalude.

Quaa·lude [kwéilu:d] [명] 〔약학〕 **(상표)** 퀘일루드(methaqualone 제제로 진정·최면제).

qua·bird [kwá:bə̀:rd] [명] 〔조류〕 해오라기.

***quack¹** [kwæk] [명] **1** 꽥꽥, 끽끽(오리 따위의 우는 소리). **2** (라디오 따위의) 소음; 떠들썩한 잡담.
in a quack **(스코 구어)** 순식간에.
—[동][자] **1** (오리 따위가) 꽥꽥 울다. **2** **(구어)** 떠들썩하게 지껄이다.

quack² **(보통 경멸적)** [명] **1** 돌팔이[가짜] 의사; **(濠·뉴질 구어)** 의사, 군의. **2** 아는 체하는 사람, 허풍쟁이; (지능적인) 사기꾼, 협잡꾼. **—**[형] 돌팔이 의사의; 엉터리[가짜]의, 속임수의. ¶~ medicine 엉터리 약 / ~ methods 협잡. **—**[동] **1** 엉터리 치료를 하다. **2** 아는 체하고 지껄여대다; 협잡꾼처럼 떠벌리다, 과대 광고하다.

quack³ [명] **(美속어)** =Quaalude.

quacked [kwækt] [형] **(美속어)** 불공평한.

quack·er [kwǽkər] [명] **(구어)** **1** 꽥꽥거리는[소음을 내는] 것. **2** 오리.

quack·er·punc·ture [kwǽkərpʌ̀ŋktʃər] [명] =quackupuncture.

quack·er·y [kwǽkəri] [명][U][C] **(경멸적)** (돌팔이 의사의) 엉터리 치료법; 협잡질, 사기 행위.

quáck gràss [명] =couch grass.

quack·ish [kǽkiʃ] [형] 돌팔이(의사)의; 엉터리의, 가짜의, 속임수의. **~·ly** [부] **~·ness** [명]

quack-quack [ˊkwæ̀k] [명] 꽥꽥(집오리 울음 소리); **(어린이말)** 집오리(duck).

quack·sal·ver [kwǽksæ̀lvər] [명] **1** 돌팔이[가짜] 의사. **2** 협잡꾼, 허풍치는 사람.

quack·u·punc·ture [kwǽkjupʌ̀ŋktʃər] [명] 엉터리 침 시술; 부정 침술. 〔<*quack*²+acu*puncture*〕

quad¹ [kwɑd/kwɔd] [명] **(구어)** =quadrangle 2.

quad² 〔인쇄〕 [명] (자간·행간을 벌리기 위한) 공목(空木), 인테르. ¶an em[*or* m] ~ 전각(全角) 공목 / an en [*or* n] ~ 2분 공목. (또는 **quadrat**) **—**[동] **(-*dd*-)** [타] …에 공목으로 행간[자간]을 벌리다. **—**[자] 공목을 넣다.

quad³ [명] **(英속어)** =quod. **—**[동][타] 투옥하다.

quad⁴ [명] **(구어)** =quadruplet 2, 3.

quad⁵ [명] 쿼드(열량 단위; 10^{15} Btu). 〔<*quad*rillion〕

quad⁶ **(구어)** [형] =quadraphonic. **—**[명] =quadraphony.

quad⁷ [형] 4인[개]의; 4인용 방의, 4개 한 세트의; (인쇄지가) 4배 크기의. **—**[명] **1** **(구어)** 4인용 방; 4개들이. **2** **(美)** 전조등이 4개 달린 차; (~s) 4개의 전조등.

quad⁸ [명] **(구어)** 사지 마비 환자(quadriplegic).

quad⁹ [명] **(속어)** =Quaalude.

quad¹⁰ [명] =quadrant.

quad. quadrangle; quadrant; quadrilateral; quadruplicate.

quád dénsity [명] 〔컴퓨터〕 4배 기억 밀도.

quad·dy [kwɔ́di] [명] **(濠)** quadrella의 단축형.

quád léft [형] (전산 조판에서) 좌측 행(行)을 맞추는.

quad·plex [kwɑ́dplèks/kwɔ́d-] [명] 4세대[가구]용 공동 주택[아파트]. **—**[형] 네 부분을 갖춘, 4배의.

quadr- [kwɑdr/kwɔdr] [연결] ⇨QUADRI-.

quad·ra·ble [kwɑ́drəbəl] [형] 〔수학〕 제곱할 수 있는.

quad·ra·ge·nar·i·an [kwɑ̀drədʒənέəriən/kwɔ̀d-] [형] 40세[대]의. **—**[명] 40세[대]인 사람.

Quad·ra·ges·i·ma [kwɑ̀drədʒésəmə/kwɔ̀d-] [명] 사순절(Lent)의 첫째 일요일. (또는 **~ Súnday**)

Quad·ra·ges·i·mal [kwɑ̀drədʒésəməl/kwɔ̀d-] [형] **1** 사순절의(Lenten). **2** (때로 q-) (사순절처럼) 40일간 계속되는.

quad·ra·min·i·um [kwɑ̀drəmíniəm] [명] =quadrominium.

quad·ran·gle [kwɑ́dræ̀ŋgl/kwɔ́d-] [명] **1** 4각형, 4변형, 직[정]사각형. **2** (건물로 둘러싸인) 가운데 뜰; 그 뜰을 둘러싸고 있는 건물; (대학의) 구내, 캠퍼스. **3** 육지 구획(미국 지질 조사부의 표준지도의 한 구획; 동서 약 17-24km, 남북 약 27km). **4** (Q-) The New York Times Book Co.의 별칭. **-gled** [형]

quad·ran·gu·lar [kwɑdrǽŋgjulər/kwɔd-] [형] 4각형의, 4변형의. **~·ly** [부] **~·ness** [명]

quad·rant [kwɑ́drənt/kwɔ́d-] [명] **1** 〔기하〕 4분원(圓); 사분원호(弧); 4분면(四分面). **2** 사분의(四分儀), 상한의(象限儀)(옛날의 천체 고도 측정기). **3** 4분 원형의 것(기계 부품). **4** 〔점성〕 쿼드런트((horoscope) 4구분의 하나). **5** 〔해부〕 4반부, 4분(할). **~·like** [형]

quad·ran·tal [kwɑdrǽntl/kwɔd-] [형] 〔기하〕 4분원[면]의; 사분의의, 상한의의.

quadrántal corréctor [명] 〔해사〕 상한차(象限差) 수정 장치.

quad·ran·tec·to·my [kwɑ̀drəntéktəmi] [명] 〔의학〕 4분의 1의 유방암 절제.

quad·ra·phon·ic [kwɑ̀drəfɑ́nik/kwɔ̀drəfɔ́n-] [형] (녹음·재생이) 4채널 방식인. (또는 **quadriphonic, quadrasonic**) **-phó·ni·cal·ly** [부]

qua·draph·o·ny [kwɑdrǽfəni/kwɔd-] [명][U] 〔오디오〕 4채널 스테레오 장치[시스템].

quad·ra·son·ic [kwɑ̀drəsɑ́nik/kwɔ̀drəsɔ́n-] [형] =quadraphonic.

quad·ra·son·ics [kwɑ̀drəsɑ́niks/kwɔ̀drəsɔ́n-] 명 (단수취급) = quadraphony.

quad·rat [kwɑ́drət/kwɔ́d-] 명 1 〔인쇄〕 =quad². 2 〔생태〕 방형구(方形區)(동식물 분포 조사용으로 구획한 네모꼴 토지).

quad·rate [kwɑ́drət, -reit/kwɔ́d-] 형 1 정[직]사각형의, 4변형의. 2 〔동물〕 방형(골)(方形骨)의. 3 〔문장〕 (십자가의) 중앙 정사각형을 겹친. ── 명 1 정[직]사각형, 방형, 4변형; 사각형인 것. 2 〔동물〕 방형골(骨). ── 타 [kwɑ́dreit/kwɔdréit] 타 …을 4각형에 일치시키다, 적합시키다(with, to); …을 4각형을 만들게 나누다[분할하다]. ── 자 (…에) 일치하다, 따르다(with).

quad·ra·thon [kwɑ́drəθɑ̀n/-θɔn] 명 〔스포츠〕 4종 경기(수영·경보·자전거·마라톤을 하루에 함).

quad·rat·ic [kwɑdrǽtik/kwɔd-] 형 1 정4각형의[같은]. 2 〔수학〕 2차의. ¶ ~ form 2차 형식. ── 명 (수학) 2차(방정식). **-i·cal·ly** 부

quadrátic equátion (수학) 2차방정식. 「공식. **quadrátic fórmula** (수학) 2차방정식의 근(根) **quadrátic résidue** (수학) 평방 잉여(剩餘).

quad·rat·ics [kwɑdrǽtiks/kwɔd-] 명 (단수취급) (수학) 2차방정식론.

quad·ra·ture [kwɑ́drətʃər, -tʃùər/kwɔ́d-] 명 1 ⓤ 정사각형으로 하기. 2 ⓤ 〔수학〕 구적(求積)(법); 정적분. 3 〔천문〕 구(矩), 구상(矩象) (달의) 현(弦), 상현, 하현, 4 〔전자〕 직각 위상(位相).

quádrature of the circle (수학) 원적(圓積)문제(주어진 원과 같은 면적의 정4각형을 만들라는 작도 불능 문제). 「일.

quad·rel [kwɑ́drəl/kwɔ́d-] 명 4각형의 돌[벽돌, 타

quad·rel·la [kwɑdrélə/kwɔd-] 명 (濠) 4중 승마권(四重勝馬券)(이 발매되는 마지막 4레이스).

quad·ren·ni·al [kwɑdrénɪəl/kwɔd-] 형 1 4년마다의[일어나는]. ¶ a ~ election 4년마다 하는 선거. 2 4년의, 4년간에[계속되는]. ── 명 4년에 한 번 있는 행사; 4주년 기념일[제]; 4년간. **~·ly** 부

quad·ren·ni·um [kwɑdrénɪəm/kwɔd-] 명 (pl. ~s, -ni·a [-nɪə]) 4년간.

quad·ri- [kwɑ́drə/kwɔ́d-] 연결 '4, 4배(중)의; (수학) 2차의'의 뜻(* 모음 앞에서는 quadr-). ¶ quadrifid. (또는 **quadru-**)

quad·ri·ad [kwɑ́drɪæd/kwɔ́d-] 명 4개 한 벌; 4인조.

quad·ric [kwɑ́drik/kwɔ́d-] (수학) 형 2차(방정식)의. ── 명 2차 곡면; 2차 함수.

quad·ri·cen·ten·ni·al [kwɑ̀drəsenténɪəl/kwɔ̀d-] 형 400년의, 400년째의, 400년제의. ── 명 400년 기념일, 400년 기념제.

quad·ri·ceps [kwɑ́drəsèps/kwɔ́d-] 명 (pl. ~·es [-iz], ~) 〔해부〕 대퇴(大腿) 사두근(四頭筋). **-cip·i·tal** [-sípətl] 형

quad·ri·col·or [kwɑ́drəkʌ̀lər/kwɔ́d-] 명 4색의.
quad·ri·cy·cle [kwɑ́drəsàikl/kwɔ́d-] 명 1 (페달식) 4륜차. 2 원동기식 사륜차. ── 명 사륜차.

quad·ri·en·ni·al [kwɑdríenɪəl/kwɔd-] 형 =quadrennial. **~·ly** 부

quad·ri·en·ni·um [kwɑ̀drɪénɪəm/kwɔ̀d-] 명 (pl. ~s, -ni·a [-nɪə]) =quadrennium.

quad·ri·fid [kwɑ́drəfid/kwɔ́d-] 형 〔잎·꽃잎의〕 네 갈래의. ¶ a ~ leaf[petal] 4열엽(裂葉)[꽃잎].

quad·ri·ga [kwɑdríːgə, -rái-/kwɔd-] 명 (pl. **-gae** [-gai/-dʒi:]) 〔고대 로마〕 4두(頭) 2륜 전차.

quád right (컴퓨터 조판에서) 오른쪽 맞추기의.
quad·ri·lat·er·al [kwɑ̀drəlǽtərəl/kwɔ̀d-] 형 4변(형)의. ── 명 1 4변형. 2 4변형의 것[땅]; (네 귀퉁이를 요새화한) 4변형 요새지. **~·ly** 부 **~·ness** 명

quad·ri·lin·gual [kwɑ̀drəlíŋgwəl/kwɔ̀d-] 형 4개 국어를 쓰는[로 된]; 4개 국어를 하는[에 능통한].

quad·ri·lit·er·al [kwɑ̀drəlítərəl/kwɔ̀d-] 형 4자

(字)로 된. ── 명 4자로 된 낱말[어근].
qua·drille¹ [kwɑdríl, kə-/kwə-] 명 카드리유(남녀 4쌍이 추는 프랑스 기원의 스퀘어 댄스); 그 곡. ── 자 카드리유를 추다. ‹F›

qua·drille² 명 ⓤ (네 사람이 하는) 카드놀이의 일종.
qua·drille³ 명 ⓤ 모눈 모양의. ‹F›
quad·ril·lion [kwɑdríljən/kwɔd-] 명 (pl. ~(s)) (美·캐나다) 1,000의 5제곱, 10¹⁵; (英) 1,000의 8제곱, 10²⁴. ── 형 1,000의 5[8]제곱의. **~th** 형명

quad·ri·no·mi·al [kwɑ̀drənóumɪəl/kwɔ̀d-] (수학) 형 4항의. ── 명 4항식.

quad·ri·par·tite [kwɑ̀drəpɑ́ːrtait/kwɔ̀d-] 형 1 4부로 구분되는, 4부로 된. 2 4자[4개국]간의. ¶ a treaty 4자[개국] 협정. **-·ly** 부

quad·ri·phon·ic [kwɑ̀drəfɑ́nik/kwɔ̀drəfɔ́n-] 형 =quadraphonic.

quad·ri·phon·ics [kwɑ̀drəfɑ́niks/kwɔ̀drəfɔ́n-] 명 (단수취급) (녹음·재생의) 4채널 방식.

quad·ri·ple·gi·a [kwɑ̀drəplíːdʒɪə/kwɔ̀d-] 명 〔병리〕 팔다리[사지] 마비, (머리를 제외한) 전신 마비.

quad·ri·ple·gic [kwɑ̀drəplíːdʒik, -pléd3-/kwɔ̀d-] 명 〔병리〕 사지 마비 환자. ── 형 사지 마비의.
quad·ri·reme [kwɑ́drərìːm/kwɔ́d-] 명 〔고대 로마〕 (각현(各舷)에 노 젓는 자리가 4열로 있는) 전함[갤리선]. 「하다.

quad·ri·sect [kwɑ́drəsèkt/kwɔ́d-] 명·타 4등분
quad·ri·son·ic [kwɑ̀drəsɑ́nik/kwɔ̀drəsɔ́n-] 형 =quadraphonic.

quad·ri·syl·la·ble [kwɑ́drəsìləbl/kwɔ́d-] 명 4음절어. **-syl·láb·ic, -syl·láb·i·cal** 형

quad·ri·va·lent [kwɑ̀drəvéilənt/kwɔ̀dri-] 형 〔화학〕 4가(價)의(tetravalent); 〔생물〕 (염색체가) 4가. **-lence, -len·cy** 〔화학〕 4가. 「로.

quad·riv·i·al [kwɑdrívɪəl/kwɔd-] 형 4학과의(에 관한); 한 점으로부터 4개의 도로가 뻗어나 있는, (도로 따위가) 네 방향으로 통하는.

quad·riv·i·um [kwɑdrívɪəm/kwɔd-] 명 (pl. -i·a [-ɪə]) (중세 대학의) 4학(과)(산술·기하·음악·천문학의 4과목). ☞ trivium. 「단지의 구획. ‹Port›

quad·ro [kwǽdrou] 명 (pl. ~s) 계획 도시나 도시
quad·ro·min·i·um [kwɑ̀drəmíniəm/kwɔ̀d-] 명 4가구용 아파트[연립 주택]. (또는 **quadraminium**) ‹quadr- + condominium›

quad·roon [kwɑdrúːn/kwɔd-] 명 흑인의 피를 1/4 이어받은 혼혈아; mulatto와 백인의 혼혈아.

quad·ro·phon·ics [kwɑ̀drəfɑ́niks/kwɔ̀drəfɔ́n-] 명 =quadraphony.

qua·droph·o·ny [kwɑdrɑ́fəni/kwɔdrɔ́f-] 명 =quadraphony. **quàd·ro·phón·ic** 형

quad·ru- [kwɑ́drə/kwɔ́d-] 연결 ⇒QUADRI-.
qua·dru·ma·na [kwɑdrúːmənə/kwɔd-] 명복 〔동물〕 사수류(四手類)(인류 이외의 영장류). **-nal** 형

qua·dru·mane [kwɑ́drumèin/kwɔd-] 명 〔동물〕 (원숭이 따위) 사수(四手) 동물.

qua·dru·ma·nous [kwɑdrúːmənəs/kwɔd-] 형 〔동물〕 네 손을 가진, 사수류의.

quad·rum·vir [kwɑdrʌ́mvər/kwɔd-] 명 사두(四頭) 정치 지도자의 1인, 4인조(정치 지도자)의 한 사람.

quad·rum·vi·rate [kwɑdrʌ́mvərət/kwɔd-] 명 사두 정치; 통치·경영의) 4자 연합; 4인조.

quad·ru·ped [kwɑ́drupèd/kwɔ́d-] 명 네 발을 가진; 네발 짐승의; 네발로 걷는. ── 명 네발짐승.

quad·ru·pe·dal [kwɑdrúːpəd/kwɔdrúːpidl] 형 〔동물〕 =quadruped. **~·ism** 명

quad·ru·ple [kwɑdrúːpl, kwɑ́dru-/kwɔdrú:-] 형 1 4중의; 4부[4단위], 4자, 4국으로 된. ¶ a ~ alliance 4국 동맹. 2 4배의. ¶ a size ~ to [or of] that of …의 4배 크기. 3 〔음악〕 4박자의. ¶ ~ rhythm [or measure] time) 4박자. **4** (종이가) 4배판의. ── (the ~) (…의) 4배의 수[양] (*of*). ¶Twenty is the ~ of five. 20은 5의 4배이다. ── 国 …을 4배하다. ── 제 4배가 되다. **~·ness** 国 **-ply** 国

Quadrúple Allíance 国 (the ~) [역사] 4국 동맹 (1815년과 1840년의 영국·러시아·오스트리아·프로이센 동맹).

quadrúple cóunterpoint 国 [음악] 4중 대위법.

quad·ru·plet [kwɑdrʌ́plit, -rúːp-, kwɑ́dru-/kwɔ́dru-] 国 **1** 네 쌍둥이의 한 벌, 4개 한 짝. **2** (~s) 네 쌍둥이; 네 쌍둥이의 하나. **3** 4인승 자전거. **4** [음악] (3박자로 연주하는) 4연음표(連音標).

quadrúple tíme 国 **1** 4박자. **2** 4박자를 기초로 하는 박자(12/4, 12/8 박자 따위).

quad·ru·plex [kwɑ́drupleks, kwɑdrúːpleks/kwɔ́dru-] 国 **1** 4중의, 4배의. **2** 4중 송신의. **3** (비디오 테이프 리코더가) 4헤드식의. ── 国 4중 전신기.

quad·ru·pli·cate 国④ [kwɑdrúːplikèit/kwɔd-] …을 4중[4배]으로 하다(quadruple); [문서 따위]를 (복사하여) 4벌 작성하다, 3벌 복사하다.
── 国 [kwɑdrúːplikət/kwɔd-] 4배의, 4중의; 네번째의; 4벌[통] 작성한.
── 国 [kwɑdrúːplikət/kwɔd-] (같은 것의) 4개 한 벌; [문서 따위의] 4통 작성; (4개 한 벌 중) 4번째.
in quadruplicate [동일 문서를] 4통 작성하여.
-cá·tion 国 4배로 하기; 4통 작성, **-ca·ture** 国

quad·ru·plic·i·ty [kwɑ̀drupli ́səti/kwɔ̀d-] 国 4중성(四重性). **2** [점성] 3구분.

quad·ru·pole [kwɑ́drəpòul/kwɔ́d-] 国 [전기] 4극(極), 4극자(極子). **-pòl·ar** 国 [筋].

quads [kwɑdz/kwɔdz] 国 (구어) 대퇴 4두근(筋).

quae·re [kwíəri] (고어) 国 (명령형으로) 물어라, 조사하라; 감히 묻는다(* 문제를 제안하든가 암시할 때 쓴다). ¶It is doubtless desirable, but ~, is it possible? 바람직한 것은 틀림없다, 그러나 감히 묻겠는데 그것이 가능할까? ── 国 의문; 문제.

quaes·tor [kwéstər/kwíːs-] 国 [로마 역사] (원래) 검찰관; (뒤의) 재무관(財務官). (또는 **questor**)

quaes·tó·ri·al 国 **~·ship** 国

quaff [kwɑf, kwæf/kwɔf] 国 (문어) (술 따위를) 벌컥벌컥 마시다, 단숨에 마시다(*off, out, up*). ¶(~+国+剄) ~ *off* a glass of beer 맥주 한 잔을 단숨에 마시다. *quaff a brew* (美속어) 맥주를 마시다. ── 国 폭음, 통음. ¶take a ~ of beer 맥주를 벌컥벌컥 마시다. **~·a·ble** 国 **~·er** 国

quag [kwæg] 国 =quagmire.

quag·ga [kwǽgə] 国 (~ ~(s)) [동물] 쿠아가(1860년에 멸종된 얼룩말의 일종; 남아프리카산(產)).

quag·gy [kwǽgi] 国 늪의, 수렁의, 습지의, 진창의; (근육 따위가) 연약한, 무른. **-gi·ness** 国

quag·mire [kwǽgmàiər] 国 **1** 습지, 수렁. **2** (비유적) [벗어나고 싶은] 곤경, 궁지.

qua·hog [kwóːhɔːg, -hɑg/kwǽːhɔg] 国 (북미산(產)) 대합의 일종. (또는 **quahaug**)

quaich [kweix] 国 [스코] (손잡이가 둘 달린 얕은) 술잔. (또는 **quaigh**)

Quai d'Or·say [kéi dɔːséi/F ke dɔrsɛ] 国 (the ~) **1** 케도르세(파리의 Seine 강 남쪽 연안의 가로; 프랑스 외무부 등 정부 관청 소재지). **2** 프랑스 외무부; 프랑스 정부; 프랑스 외교 (정책).

*****quail**[1] [kweil] 国 (~ ~(s)) **1** 메추라기. [그 고기. **2** (美속어) (매력적인) 젊은 여성; (남여 공학의) 여학생. **3** (재즈속어) 트럼펫, 코넷. **~·like** 国

quail[2] [kweil] 国 (…에/…으로) 움츠리다, 풀이 죽다, 주눅들다 (*at*, *before*, *to*, *under/with*). ¶(~+剄) I ~*ed before* her angry looks. 그녀의 화난 얼굴을 보고 움찔했다. ── 国 (고어) 겁먹게 하다, 움츠러들게 하다.

quáil cáll [pìpe] 国 (메추라기를 꾀어내기 위하여

그 울음소리를 흉내낸) 메추라기 피리. [시간을 알림].

quáil clòck 国 메추라기 시계(메추라기 울음 소리로

quail-roost [rúːst] 国 (美학생속어) 여자 기숙사.

‡**quaint** [kweint] (~·er; ~·est) **1** 야릇하고 재미있는, 진기한. ⇨STRANGE 類語)¶a ~ piece of furniture 진기한 가구. **2** 예스럽고 아취 있는. ¶a ~ old garden 아취 있는 고풍의 정원. **3** 기묘한, 별난. **4** (생각이) 불합리한, 조리에 안 맞는; 부적당한.
── 国 별난 사람, 기인. **~·ly** 剄 **~·ness** 国

*****quake** [kweik] 国 **1** (추위·공포·분노 따위로) 떨다, 전율하다 (*with*, *for*); (…에) 몸을 떨다 (*at*). ¶(~+剄+国) He is *quaking with* fear[cold]. 그는 공포[추위]로 떨고 있다. **2** 흔들리다, 진동하다. ¶The earth ~*d*. 땅이 흔들렸다. ⇨SHAKE 類語 ── 国 **1** 흔들림; 떨림, 전율. **2** (또는 ’**quake**) (구어) 지진. **quák·ing·ly** 剄

quáke gràss 国 =quaking grass.

quake-proof [kwéikprùːf] 国 내진(성)(耐震(性))의. ── 国 내진 설계[장치]를 한다.

*****Quak·er** [kwéikər] 国 **1** 퀘이커 교도(프렌드회(the Society of Friends) 회원의 속칭); 퀘이커(Pennsylvania 주민의 별명). **2** (~) 총 ~ gun. **3** (구어) = quakerbird. **4** (~s) 덜 익은 커피콩. **~·ish**, **~·like** 国

quak·er·bird [kwéikərbəːrd] 国 [조류] 신천옹의 일종(날개 색깔이 퀘이커 교도의 옷 색깔과 비슷하다).

Quáker Cíty 国 (the ~) 미국 Philadelphia 시의 속칭. [(敎團). **2** = Quakerism.

Quak·er·dom [kwéikərdəm] 国 **1** 퀘이커 교단

quake-re·sis·tant [-rizìstənt] 国 =quakeproof.

Quak·er·ess [kwéikəris] 国 여성 퀘이커 교도.

Quáker gún 国 (목제의) 가짜 대포, 모의포(模擬砲). [<퀘이커 교도의 반전주의에서 연유]

Quak·er·ism [kwéikərizm] 国⑪ 퀘이커 교도의 교리(신조, 관습). [[식물].

Quak·er-la·dies [-lèidiz] 国⑪ 꽃복수니속(屬)의

Quak·er·ly [kwéikərli] 国 퀘이커 교도 같은; (태도·언어 따위가) 음전한, 예의바르고 부드러운. ── 剄 퀘이커 교도처럼[답게].

Quáker mèeting 国 **1** 퀘이커 교도의 집회(영감을 받은 사람이 이야기할 때까지 모두 침묵을 지킨다). **2** (구어) 침묵이 흐르는 집회. (또는 **Quakers' meeting**)

Quáker òat 国 (속어) 코트(coat). [리얼].

Quáker Òats 国 (상표) 퀘이커 오츠(아침 식사용 시

Quak·er·town [kwéikərtàun] 国 (美속어) = Quaker City.

quak·ing [kwéikiŋ] 国 **1** 떨고 있는. **2** (습지·모래밭 따위가) 걸어가기 힘든, 발이 빠지는

quáking áspen [ǽsp, ǽsh] 国 미루나무; 포플

quáking gràss 国 [벗과의] 방울새풀. [러.

quak·y [kwéiki] 国 떨고 있는, 흔들리고 있는, 전율하는. **quák·i·ly** 剄 **quák·i·ness** 国

qual[1] [kwɑl/kwɔl] 国 (美속어) 센스가 있는, 취미가 있는, 고상한.

qual[2] [kwɑl/kwɔl] 国 =qualitative analysis.

qual. qualification; qualitative; quality.

qua·le [kwáːli, kwéili] 国 (⑪ *-li·a* [-liə]) [철학] **1** (사물의) 독립 떨어져 존재하는 보편적인 본질. **2** (특질을 가진) 감각 데이터.

qual·i·fi·a·ble [kwɑ́lǝfàiəbl/kwɔ́l-] 国 자격이 주어지는; 적격이라고 할 수 있는, 수정[제한]할 수 있는.

*****qual·i·fi·ca·tion** [kwɑ̀lǝfikéiʃən/kwɔ̀l-] 国 **1** (…의/…할) 자질, 적성, 능력, 기능 (*for/to do*). ¶have the right ~*s for* [*or to do*] the job 그 일에 적격한 자질이 있다. **2** (법률·관습상의) 자격, 필요 조건 (*for*). ¶citizenship ~*s* 시민권 취득 자격. **3** 자격 부여[취득], 자격이 있음; (종종 ~*s*) 자격 증명서, 면허증. ¶medical [dental] ~*s* 의사치과 의사 면허증. **4** ⑪ⓒ 제한, 한정, 수정, 가감, 참작; 조건, 유보 조건. ¶require ~ 가감[제한]을 필요로 하다. **5** (…로의) 성

격 부여; 규정(as). **6** (고어) 성질; (폐어) 특질.
with certain [many] qualifications 어떤[많은] 조건을 붙여[붙인].
without (any) qualification 무조건(無條件), 조건 없이.¶ promise *without* ~ 무조건 약속하다.
with the qualification that... …이라는[…한다는] 조건부로.

qual·i·fi·ca·tor [kwáləfikèitər/kwɔ́l-] 명 (가톨릭) 심리(審理) 준비원.
qual·i·fi·ca·to·ry [kwáləfikətɔ̀ːri/kwɔ́lifikèitəri] 형 자격의, 자격상의; 자격을 부여하는(qualifying); 한정하는; 조건부의.

*qual·i·fied [kwáləfàid/kwɔ́l-] 형 **1** (…에/…하는 데) 자격[능력]이 있는, 적격[적임]의 (*for/to* do). ¶a person well ~ *for* the position 그 지위에 적임인 사람. **2** (법률·관습상의) 권한[자격]이 주어진, 면허가 있는.¶a medical practitioner ~ to start a practice 개업의 자격이 있는 의사. **3** 제한[한정]된, 조건부의.¶ ~ acceptance (상업) (어음의) 제한 인수 / ~ approval 조건부 찬성[승인]. **4** (英古어) 지독한, 심한.¶a ~ fool 형편없는 바보.
in a qualified sense 한정된 의미에서, 줄잡아.
~·ly 부 ~·ness 명

qual·i·fi·er [kwáləfàiər/kwɔ́l-] 명 **1** 자격을 주는 사람[것]; 제한[한정]하는 사람[것]. **2** 유자격자; 예선(통과자). **3** (문법) 한정사(限定詞), 수식어(형용사·부사).

‡qual·i·fy [kwáləfài/kwɔ́l-] 타 (-fies [-z]) **1** (…에/…로서의/…할) 자격[권한]을 부여하다 (*for/as, to* be*/to* do); …을 적격[적임]으로 하다.¶ (~+目) (~+目+*as* 보) He is *qualified* for teach music. =He is *qualified for* teaching music. 그는 음악교사 자격이 있다. // (~+目+*as* 보) ~ a person *as* voter 남에게 투표권을 주다. **2** …을 수정하다; …을 제한하다, 한정하다; (문법) …의 뜻을 한정하다; …을 수식하다. ⇨ MODIFY 유의어 ¶ Adjectives ~ nouns. 형용사는 명사를 수식한다. **3** (…으로) …을 부드럽게 하다, 완화하다; (술·음료)를 순하게 만들다 (*with*).¶ ~ one's anger 노여움을 가라앉히다 // (~+目+前+图) ~ spirits *with* water 술을 물로 희석하다. **4** …을 (…이라고) 칭하다, 평하다 (*as*).¶ (~+目+*as* 보) ~ the policy *as* dangerous 그 정책을 위험시하다. **5** (법률) (남)에게 법률상의 적격성[법적 권한]을 부여하다. ─ 자 **1** (…으로서/…하는데) 적임이다 (*as, for/to* do); (…의/…할) 자격을 얻다, 면허를 받다 (*as, for/to* do); (~+*as* 보) ~ *as* a doctor 의사 자격을 얻다. **2** (스포츠) (…의) 예선을 통과하다 (*for*). **3** (사격장에서) 사수가 되기에 족한 득점을 얻다; (군사) 사격 시험에 합격하다. ¶ (軍) 자격을 얻다.
be qualified as …로서 자격이 있다.
qualify oneself ***for*** …에 대한 자격을 갖추다.
-fi·a·ble 형

qual·i·fy·ing [kwáləfàiiŋ/kwɔ́l-] 형 적격자 선발을 위한, 예선의. ¶a ~ exam 자격 검정 시험. ~·ly 부
quálifying gáme [róund] 명 예선 (시합). (또는 qualifying heát [mátch])

*qual·i·ta·tive [kwáləteitiv/kwɔ́litə-] 형 성질상의, 질에 관한, 질적인 (⇔ quantitative). **~·ly** 부
quálitative análysis 명 (화학) 정성(定性) 분석.
quálitative idéntity 명 (논리) 질적(質的) 동일성.
Qua·li·täts·wein [kvàːlitéitsvàin] 명 독일산의 중·고급 포도주. 〈G〉

‡qual·i·ty [kwáləti/kwɔ́l-] 명 (⑧ -ties [-z]) **1** ① ⓒ 질(質), 품질; (⑧ quantity). 본래의 성질, 본질 (*of*).¶an article of good [poor, high, low] ~ 양질 [저질, 고급, 저급] 상품 / the ~ *of* love 사랑의 본질.

[유의어] **quality** 사람이나 물건의 성질·행동 따위를 좌우하는 특색. **property** 어떤 종류에 속하는 것이 공통적으로 지닌 본질적인 quality. **character** 다른 것과 구별되는 독특한 quality. **nature** 사람이나 물건이 본래 갖추고 있는 갖가지 quality의 총체; 본래의[타고난] character. **attribute** 사람이나 물건이 당연히 갖추고 있는 것으로 간주되는 quality; 단순히 근본적 또는 본래의 특징을 뜻하는 수도 있다.

2 ① 양질, 상질, 고급, 우량성. ¶goods of ~ 양질의 상품, 고급품 /have ~ 질이 좋다, 뛰어나다. **3** 특질, 특성, 특색 (*of*); 자질, 소질.¶ He has many fine *qualities* as a statesman. 그는 정치가다운 훌륭한 자질을 많이 갖고 있다. **4** 인품, 성격 (특징); 미점, 장점; (고어) 소양, 재능.¶ Every man has the defects of his *qualities*. (속담) 사람은 누구나 장점과 함께 단점도 있다. **5** ① (고어) 높은 신분, 고위, 명문; (the ~) 상류 사회 사람들; 사회적 지위[신분]; 자격.¶a man of ~ 신분이 높은 사람 /Several of the ~ were present. 지체가 몇 사람 참석했다. **6** ① (논리) (긍정·부정의) 명제(命題)의 질. **7** ① (음성·음향) 음질, 음색. **8** (열역학) 건조도. **9** (철학) 질, 성질. **10** (방사선) 선질(線質). **11** 고급 신문[잡지].~ paper [magazine].
give a person ***a taste of*** one's ***quality*** 남에게 자기 수완[소양]의 일단을 보이다. 〈친구로서.〉
in (the) quality of …의 자격으로.¶ *in* ~ *of* friend 친구로서.
─ 형 **1** 상류층[사회]의, 귀족(풍)의, 상류 지향의.¶ ~ people 상류 사회 사람들. **2** 양질[고급]의, 우수한.¶ ~ goods 고급품. ¶a ~ publisher ~·less 형

quálity assúrance 명 품질 보증. ¶일류 출판사.
quálity círcle 명 (경영) 품질 관리 서클, QC 서클.
quálity contról 명 (경영) 품질 관리 (⑧ QC).
quálity guarantée 명 품질 보증.
quálity of life 명 (the ~) 생활 환경 기준(약 QOL).
qual·i·ty-of-life [-əvláif] 형 생활의 질의(에 관한), 도시 생활의 수준을 좌우하는. 〈환경〉 지표.
quálity-of-life índex 명 (the ~) 생활의 질[생활수준] 지표.
quálity páper 명 상질지; 고급지[신문].
quálity pítching 명 (야구) 퀄리티 피칭(선발 투수의 6회까지 피득점 3점 내의 피칭).
quálity póint [crédit] 명 (교육) =grade point.
quálity time 명 **1** (가족의 단란을 위해 보내는 것과 같은) 질 높은[귀중한] 시간, (부모와 자녀간의) 교류[대화] 시간. **2** (오전중 따위) 머리가 잘 도는 시간.

qualm [kwɑːm, kwɔːm] 명 (종종 ~s) **1** (…에 대한/…의 점에서의) 거리낌, 양심의 가책 (*about/in*). ¶ ~s of conscience 양심의 가책. **2** (…에 대한) (갑작스러운) 불안감, 염려, 걱정 (*about*). **3** 현기증, 메스꺼움, 욕지기(nausea). ¶ ~s of seasickness 배멀미.
feel [or ***have***] ***qualms*** 꺼림칙하다.

qualm·ish [kwɑ́ːmiʃ, kwɔ́ːm-] 형 **1** 욕지기 나는, 메스꺼운. **2** (일이) 구역질나게 하는. ¶a ~ sight 기분 나쁜 광경. **3** 구토증을 일으키는. **~·ly** 부 **~·ness** 명

quan·da·ry [kwándəri/kwɔ́n-] 명 당혹, 곤혹; 궁지, 곤경. ⇨ PREDICAMENT 유의어 ¶려.
in a (great) quandary (매우) 당혹하여, 궁지에 몰
quand même [F kɑ̃ mɛm] 설사 …이라 하더라도, …에도 불구하고, 그래도 역시. 〈<F even if〉

quan·go [kwǽŋgou] 명 (⑧ ~s) (종종 Q-) 특수 법인(정부의 자금 지원을 받아 독자적으로 공적 업무를 수행하는 기관·단체). 〈<*qua*si-*a*utonomous *n*ational *g*overnmental *o*rganization〉

quant¹ [kwænt, kwɑnt, kwɔnt] 명 (英) (둥글넓적한 것을 끝에 댄) 삿대. ─ 타 (작은 배를) 삿대질하여 나아가게 하다.

quant² [kwɑnt/kwɔnt] 명 (美俗어) **1** =quantitative analysis. **2** 금융 시장 분석가, 주식 투자 상담가.
quan·ta [kwɑ́ntə/kwɔ́n-] 명 quantum의 복수.
quan·tal [kwɑ́ntl/kwɔ́n-] 형 (물리) **1** 양자(역학)의. **2** 비연속적인, 단계적인. **~·ly** 부 차 함수.
quan·tic [kwǽntik/kwɔ́n-] 명 (수학) 유리(有理) 식.
quan·ti·fi·ca·tion [kwɑ̀ntəfikéiʃən/kwɔ̀n-]

quan·ti·fi·er [kwántəfàiər/kwɔ́n-] 명 1 [논리] 양화사(量化詞), 양기호. 2 [언어·문법] 수량 (형용)사(any, some, much, few, little 따위). 3 수량 계산을 잘하는 사람; 데이터[활동]를 수량화[정량화]하는 사람. 4 [컴퓨터] 수량화.

quan·ti·fy [kwántəfài/kwɔ́n-] 타 1 …의 양을 정하다[나타내다], 정량화하다. 2 [논리][명제]의 양을 명시하다, …을 양화(量化)하다. 3 [질량 있는 것]에 양을 부여하다. **-fi·a·bíl·i·ty** 명 **-fi·a·ble** 형 **-fi·a·bly** 부

quan·tile [kwántail/kwɔ́n-] 명 [통계] 변위치(變位値), 분위(分位).

quan·ti·tate [kwántəteit/kwɔ́n-] 타자 (정확히) …의 양을 재다; 수량사로 나타내다. **-tá·tion** 명

***quan·ti·ta·tive** [kwántətèitiv/kwɔ́ntitə-] 형 1 계량(計量)할 수 있는. 2 양적인, 양에 관한 [형용사](형 qualitative). ¶ a ~ difference 양적 차이. 3 음[모음]량의; 음의 장단을 리듬의 기초로 하는. *in a quantitative respect; from a quantitative point of view* 양적으로는. **~·ly** 부 **~·ness** 명

quántitative analysis 명 1 [화학] 정량 분석. 2 [경영] (증권 투자 따위 때의) 계량적 분석.

quántitative genétics 명복 (단수취급) [생물] 양(量) 유전학.

quántitative inhéritance 명 [유전] 양적 유전.

quan·ti·tive [kwántətiv/kwɔ́n-] 형 =quantitative. **~·ly** 부 **~·ness** 명

‡**quan·ti·ty** [kwántəti/kwɔ́n-] 명 (복 -ties [-z]) 1 U 양(형 quality); C (계량한) 수량, 분량, 액수. ¶ What ~ can be supplied? 얼마만큼의 분량을 공급할 수 있겠는가? 2 (종종 -ties) 다량, 다수. ¶ He owns *quantities* of books. 그는 많은 책을 가지고 있다. 3 (수학) 양, 양을 나타내는 숫자[부호]. ¶ a known ~ 기지수[량]. 4 (일의) 대소, 경중(輕重) (애정·죄 등의) 양, 정도. 5 [물리] 양(열량·질량). 6 U [논리] (명제 주사 (主辭)의) 양. ¶ extensive [intensive] ~ 외연[내포]량. 7 U [음악] 음가(音價), 시가(時價); (운율) 음절의 장단(을 나타내는 부호); [음성] 음량(모음·자음·음절의 장단). 8 U [법률] 기간, 기한. — 형 양적인, 수량의; 대량의. ¶ ~ production 대량 생산.

a large [or *great*] *quantity of* 다량의….
a negligible quantity ① [수학] 피승량(被乘量). ② 하찮은 인물[것].
an unknown quantity ① [수학] 미지수[량](기호 X). ② (능력·의도·실태 등이) 미지(수)인 사람[것].
a small quantity of 소량의….
in quantity [or *quantities*] 많이, 다량으로.
quantities [or *a quantity*] *of* 많은….

quántity màrk 명 [음성] 음량 기호(macron (ˉ), breve (ˇ) 따위).

quántity survèyor 명 [건축] 적격사(見積士).

quántity thèory (of móney) 명 [경제] 화폐 수량설(물가 수준이 화폐 공급량에 정비례한다는 학설).

quan·ti·va·lence [kwantívələns/kwɔn-] 명 [화학] 원자가(價)(valence).

quan·tize [kwántaiz/kwɔ́n-] 타 [수학·물리] 양자화하다. **-ti·zá·tion** 명 ┌=hard bubble.

quán·tized búbble [kwántaizd-/kwɔ́n-]

quan·tum [kwántəm/kwɔ́n-] 명 (복 -ta [-tə]) 1 양, 분량, 액수. 2 특정량, 정량(定量), 정액. 3 몫 (share). ¶ Each man receives his proper ~. 각 사람은 제각기 자기의 정당한 몫을 차지한다. 4 [물리] 양자(量子)(의) 양. 5 다량, 다수; 총량, 총수. 6 계량 가능한 것. — 형 획기적인, 비약적인; 굉장한, 중대한. ¶ a ~ increase in production 비약적인 생산 증가.

quántum chémistry 명 [화학] 양자 화학.

quántum chromodynámics 명복 (단수취급) [물리] 양자 색역학(色力學)(quark의 상호 작용에 관한 이론; 양 QCD).

quántum efficiency 명 [물·화] 양자 효율.

quántum electrodynámics 명복 (단수취급) [물리] 양자 전자 역학(電磁力學) (양 QED). ┌ 공학.

quántum electrónics 명복 (단수취급) 양자 전자

quántum field thèory 명 [물리] 장(場)의 양자론.

quántum grávity 명 [물리] 양자 중력(론).

quántum júmp [léap] 명 1 [물리] 양자 도약. 2 (일반적으로) 급격한 대변혁; 대약진, 돌연한 비약. ¶ take a ~ in innovation 비약적인 혁신을 하다.

quántum líb·et [-líbet] (처방전에서) 소요량(양 q.l.). (L as much as you please)

quántum líquid 명 [물리] 양자 유체[액체](양자 역학적 효과로 절대 영도(零度)에서도 액체 상태인 것).

quántum mechánics 명복 (단수취급) [물리] 양자(量子) 역학. **quán·tum-me·chán·i·cal** 형

quántum númber 명 [물리] 양자수; 내부 양자수.

quántum óptics 명복 (단수취급) 양자 광학.

quántum phýsics 명복 (단수취급) 양자 물리학.

quántum státe 명 [물리] 양자 상태. 「자 통계학.

quántum statístics 명복 (단수취급) [물·화] 양

quántum súf·fi·cit [kwántəm sʌ́fəsit/kwɔ́n-] (처방전에서) 충분히(양 quant. suff., q.s.). (L as much as suffices)

quántum thèory 명 [물리] 양자론.

Quan·zhou [tʃwɑ̀ːndʒóu] 명 1 찬조우(泉州)(중국 복건성(福建省) 남동부의 항구 도시). (또는 **Chuanchow**)

quap [kwɑp/kwɔp] 명 [물리] 쿱(반양자(反陽子)와 quark로 이루어진 원자핵 내의 가상 입자).

quar. quart; quarter(ly).

quar·an·tine [kwɔ́rəntìːn, kwár-/kwɔ́rəntìːn] 명 1 U (방역(防疫)을 위한) 격리; 교통[통신] 차단. ¶ a house in ~ for scarlet fever 성홍열을 방지하기 위해 격리된 집. 2 U 격리 기간, 검역 정선(停船) 기간(원래는 40일간). 3 검역(제도). 4 검역소; 검역 정박항; 격리 병원[소]. 5 U C (벌로서의 사회적·정치적) 격리, 고립화. 6 U [영법률] 과부 잔류 기간; 과부 잔류권(殘留權)(남편의 사망 후 40일간 그 집에 살 수 있는 권리). 7 U C 양. — 타 1 …을 격리[검역]하다; …을 억류하다. 2 …을 고립시키다, 배척하다; (침략국 등과) 국교 [관계]를 단절하다. — 자 검역하다.

-tin·a·ble 형 **-tin·er** 명

quárantine ánchorage 명 검역 정박(지).

quárantine flàg 명 [해사] (황색의) 검역기(檢疫旗).

quare [kweər] 형 1 (아일 방언) =queer. 2 (아일 방언) 굉장한, 대단한. 3 (속어) 유죄를 선고받은.

quar·en·den [kwárəndən] 명 (영국 Devon 및 Somerset산(産)) 빨간 사과. (또는 **quarender**)

quark[1] [kwɔːrk/kwɑːk] 명 [물리] 쿼크(소립자(素粒子)를 구성하는 가상의 입자).

quark[2] 명 쿠아르크(독일산 저지방 치즈). (<G)

quark[3] 명 =question mark.

quárk mòdel 명 [물리] 쿼크 모형.

‡**quar·rel**[1] [kwɔ́ːrəl, kwár-/kwɔ́r-] 명 (복 ~s [-z]) 1 (…와의/…사이의/…에 관한) 싸움, 말다툼; 반목, 불화, 시비 (*with/between, among/about, over, on*). ¶ a ~ *between* John and Betty 존과 베티 사이의 불화 / have a ~ *with* …와 싸우다[다투다] / *It takes two to make a* ~. (속담) 외손뼉이 울지 못한다, 고장난명(孤掌難鳴).

| 유의어 | quarrel 주로) 개인 또는 집단 사이의 말다툼. **fight** 대결, 치고받기. **feud** 서로 다른 집단·가족 사이의 폭력과 그에 대한 복수라는 형태를 취하는 다툼. **conflict** 사상·이해·세력 따위의 충돌·불일치. **struggle** 대립·저항하는 것에 대한 격렬한 노력. |

quarrel 2232 **quarter**

2 (…에 대한) 싸움[입씨름]의 원인, 불평(거리); 싸움의 명분(*against, with*). ¶ I have no ~ *against* the decision. 나는 그 결정에 아무런 불만도 없다.
espouse [or *take up*] *a person's quarrel* 남의 싸움에 편들다.
fasten [or *fix*] *a quarrel on* [or *upon*] …에게 싸움을 걸다.
fight in a good quarrel 정당한 싸움을 하다.
find quarrel in a straw 사소한 일로 다투다.
make [or *patch*] *up a quarrel with* …와 화해하다.
pick [or *seek*] *a quarrel with* …에게 싸움을 걸다.
──동(자) (~s [-z]; -*l*-, (英) -*ll*-) 1 (…와/…한 일로) 싸우다, 다투다, 말다툼하다; 불화하게 되다; 의가 상하다 (*with*/*about, over, for*). ¶ (~+**전**+(명)) She *ed over* [or *for*] trifles 사소한 일로 다투다 / She *ed with* her husband *about* their children. 그녀는 아이들 문제로 남편과 다투었다. 2 (…에 대해) 불평을 하다; (…을) 나무라다 (*with*). ¶ (~+**전**+(명)) *A bad workman* ~s *with his tools.* (속담) 서투른 무당이 장고만 나무란다.
quarrel with one's bread and butter (부정문에서) 자기 생업에 싫증이 나다.
~**·er, ~·ler** (英) **~·ing·ly,** (英) **~·ling·ly** 부
quar·rel² 명 **1** (역사) 활촉이 네모난 화살. **2** 마름모꼴 창유리. **3** (석공용의) 끌(chisel).
***quar·rel·some** [kwɔ́(ː)rəlsəm, kwár-/kwɔ́r-] 형 (경멸적) 싸움[말다툼]을 좋아하는; 화(성)를 잘 내는; 걸핏하면 싸우려 드는. **~·ly** 부 **~·ness** 명
quar·ri·er [kwɔ́(ː)riər, kwári/kwɔ́r-] 명 채석공.
***quar·ry**¹ [kwɔ́(ː)ri, kwári/kwɔ́ri] 명 **1** 채석장, 돌산. **2** (지식·자료의) 원천, 보고(寶庫); (인용문 따위의) 출처. ¶ a ~ of information 지식의 원천[보고].
──동(타) **1** (돌을) 잘라내다(*out*). ¶ (~+**목**+(부)) ~ *out* marble 대리석을 잘라내다. **2** …에 채석장을 만들다. **3** (사실 따위를) 찾아내다; (기록 등을) 탐색하다. ──(자) **1** 돌을 잘라내다, 채석하다. **2** 애써 탐구하다.
quar·ry² 명 (a ~, the ~, one's ~) 사냥감; 추구하는 것; 추적[공격] 목표; 복수의 대상.
quar·ry³ 명 마름모꼴 창유리; 네모난 돌[타일].
quar·ry-faced [-féist] 형 (석공) (자연석 그대로) 표면 처리한(rock-faced). ──(채석업(採石業).
quar·ry·ing [kwɔ́(ː)riiŋ, kwár-/kwɔ́r-] 명 채석.
quar·ry·man [kwɔ́(ː)rimən, kwár-/kwɔ́r-] 명 채석공(quarrier).
quárry tíle 명 (기계로 만든) 초벌구이 바닥 타일, 유약을 안 바른 바닥 타일.
***quart**¹ [kwɔːrt] 명 **1** 쿼트 **a**) 액량(液量) 단위(liquid ~) (1/4 gallon, 2 pints). **b**) 건량(乾量) 단위(dry ~) (1/8 peck, 2 pints). **2** 1쿼트들이 용기[병]; 1쿼트의 맥주. **3** (음악) 4분의 1박자 쉼(표).
put [or *get*] *a quart into a pint pot* (보통 부정문에서) 무리한 일을 하다.
running two quarts low (美속어) 두뇌가 모자라다.
quart² [kaːrt] 명 **1** (카드놀이) (piquet에서) 같은 짝의 4장 연속패. ¶ ~ *major* 제일 높은 4장 연속패(같은 짝의 ace, jack, queen, king) / ~ *minor* 제일 낮은 4장 연속패(같은 짝의 10, jack, queen, king). **2** (펜싱) (드물게) =quarte.
quart. quarter(ly).
quár·tal hármony [kwɔ́ːrtl-] 명 (음악) 4도 화음.
quar·tan [kwɔ́ːrtn] 형 (열 따위가) 4일마다 일어나는, 4일 주기의. ──명(U) 4일열(말라리아 따위).
quar·ta·tion [kwɔːrtéiʃən] 명 (화학) 금은(金銀) 사분법(四分法)(질산(窒酸) 처리에 의한 분금법(分金法)의 제 1단계로서 은 3, 금 1의 비율로 합금하는 일).
quárt bòttle 명 쿼트병(1/4쿼트들이).
quarte [kaːrt/F kaRt] 명 (펜싱) 제4의 자세(carte).
quarte and tierce 펜싱 연습.
‡**quar·ter** [kwɔ́ːrtər] 명 (~s [-z]) **1** 4분의 1,

a mile and a ~ 1과 4분의 1마일 / three ~s 4분의 3 / a ~ of a century 4반세기, 25년 / divide profits into ~s 이익을 4등분하다.
2 (화폐) (美·캐나다) 4분의 1달러, 25센트 (은화); (英) 4분의 1파운드, 25펜스.
3 1시간의 4분의 1, 15분(간). ¶ three ~s of an hour 45분간 / It is a ~ past seven. 7시 15분이다. / The clock struck [or went] the ~. 시계가 15분을 가리켰다.
4 1년의 4분의 1(3개월), 분기(分期); 4분기 지급기의 하나, 4분기 지급; (영국기계 학교의) 학기(보통 10-12주). ¶ the third ~ 3·4분기 / pay one's rent at the end of each ~ 집세를 3개월마다 지불하다.
5 (천문) 현(弦) (달의 공전 주기의 4분의 1; 약 7일). ¶ the first [last] ~ 상현(上弦)[하현].
6 (스포츠) **a**) 쿼터(농구 따위 경기 시간의 4분의 1)(참 half 3). **b**) =quarterback 1. **c**) (~s) 준준결승(quarterfinals). **7** 4분의 1중량 단위(4 ounces); 쿼터(중량·액량 단위) (英) 28파운드, (美) 25파운드); (英) 쿼터(곡량 단위; 1/4톤, 8부셸). **8** 4분의 1마일; (the ~) (美 구어) 4분의 1마일 경주. **9** 4분의 1발(1/4 fathom); 4분의 1야드(9인치). **10** (종종 ~s) 나침반의 4방위 기점(基點)(동·서·남·북)의 하나; 방위, 방향; 지방, 지역. ¶ nations in four ~s of the earth 전세계의 국민들 / What ~ is the wind in? 풍향은 어떤가?; (비유적) 형편은 어떤가? **11** (도시의) 지구, 지대, …거리. ¶ the Chinese ~ 중국인 거리 / the manufacturing [residential] ~ 공장 지대[주택 지구] / business ~s 상업 지구. **12** (특정 사회[지역]의) 사람들; (사회·정부 등의 명시되지 않은) 방면, 측(사람들); (정보 따위의) 출처(source). ¶ from a good [reliable] ~ 틀림없는[믿을 만한] 곳에서의 소식통으로부터. **13** (보통 ~s) (복수취급) 숙소, 주거; (숙박용) 방; (군사) 막사, 병영 ; (해사) (배 안의) 부서, 배치. ¶ married [single] ~s 기혼자[독신자] 숙소 / winter ~s 겨울용 막사 / the call to ~s 귀영 나팔 / be confined to ~s 외출이 금지되어 있다.
14 (U) (부정문에서) (투항자 등에 대한) 구명(救命), 관대, 자비; (미지배자·피고 등에 대한) 유예, 경감(輕減). ¶ The enemy showed no ~. 적은 용서가 없었다. **15 a**) (네발짐승의) 네 발의 하나, (도살한 네발짐승의) 네 다리 1개를 포함한) 4분의 1(* forequarter, hindquarter 따위와 같이 말한다). **b**) (~s) (처형 후) 사지를 찢긴 반역자의 시신. **16** (해사) 고물쪽. ¶ on the ~ 선미쪽에. **17** (문장) 방패의 4분의 1(등분); 방패의 구획; 방패형에 배열한 문장. **18** (건축) 간주(間柱), 사잇기둥(stud). **19** (구두의) 발등 부분. **20** (美속어) 25달러의 4분의 1의 마약. **21** =quartermaster. **22** (컴퓨터) 2비트(two bits).
a bad [or *nasty*] *quarter of an hour* 짧지만 불쾌한[어색한] 한때.
ask for [or *cry*] *quarter* (포로·패전자가) 살려달라고 애걸하다.
at close quarters 접근하여; 육박하여.
be at quarters 부서를 지키고 있다.
beat to quarters (해사) 승무원을 부서에 배치하다.
beat up a person's quarters; beat up the quarters of a person 남을 느닷없이 찾아오다, 기습하다.
drop a quarter (美속어) 정보를 꽤[상당히] 누설하다.
from [in] *every quarter* [or *all quarters*] 사방팔방에서[에], 도처에서[에].
give no quarters to …을 사정없이 공격하다.
give [or *show*] *quarter* 구명을 허락하다, 살려주다.
live in close quarters 비좁은 곳에 빽빽이 살다.
not a quarter 조금도 …아닌.
on the quarter (해사) 선미(船尾)쪽에(서)(으로).
take up one's quarters ① (…에) 묵다, 숙소를 잡다, 체재하다 (*at, in, with*). ② (해사) (선원이) 제자 위치[부서]를 지키다.
without quarter 사정없이.
──동 (~s [-z]) **1 a**) …을 4분하다, 4등분하다;

quarterage

〔동물의 몸〕을 사지로 나누다. ¶ ~ an apple 사과를 네 쪽 내다. b) (일반적으로) 4이상[이하]의 수로) 가르다, 자르다. ¶ (~+目+前+名) ~ the pie *into* six pieces 파이를 여섯 조각으로 자르다. **2** 〔죄인의 몸[시체]〕을 사지를 찢어(죽이)다. ¶ be hanged and ~ed 교수형 후 사지를 찢기다. **3** (…에) …을 숙박시키다; 〔병사〕를 숙영시키다; 〔해서〕에게 부서를 지키게 하다. ¶ (~+ 目+前+名) The soldiers were ~ed *in* the houses of the town. 군인들은 시내 민가에 숙영했다. **4** (사냥 개가 사냥감을 찾아다니게) 〔지상〕을 이리저리 뛰어다니다. **5** 〔문장〕〔방패〕를 가로 세로의 선으로 4분하다; 〔다른 집 문장〕을 자기집 문장에 덧붙이다 (*with*). **6** 〔기계〕…에 4분원(分圓)이 되도록 구멍을 뚫다; (크랭크 따위)를 직각으로 달다. **7** 〔제재〕= quartersaw. ── 国 **1** (…에) 숙박하다; (군대가) 숙영하다 (*at, in, with*); 부서를 지키다. **2** (사냥개가) (사냥감을) 찾아다니다 (*for*). **3** 〔해서〕(범선이) 뒤에서 비스듬한 바람을 받고 달리다, (바람이) 비스듬히 뒤쪽에서 불어오다.

quarter oneself at [or *in*] ~ 투숙[숙박]하다.
quarter oneself with [or *on*] *a person* 남의 집에 묵다, 머물다.

── 形 **1** 4분의 1의. ¶ a ~ mile 4분의 1마일. **2** (복합어로) 완전과는 거리가 먼, 매우 불완전한. **3** 직각(直交) ~·er 명 [하는, 직각으로 붙이(단).

quar·ter·age [kwɔ́ːrtəridʒ] 명 (부대 등에 대한) 숙사 할당, 숙사 준비. **2** 4분기마다의 지급금[세금, 요금, 급료]. **3** (드물게) 숙박소.

quar·ter·back [kwɔ́ːrtərbæk] 명 **1** 〔미식구구〕 쿼터백 (선수); 쿼터백의 위치(약 QB, q.b.). (참 fullback, halfback). **2** 〔美〕 미식축구 팀 후원자, 미식축구 평론가. **3** 〔美〕 비유적) 지휘자, 지도자.
a Monday morning quarterback (토요일 시합 결과를 월요일 신문에서 읽고) 시합 내용을 평하는 미식축구 팬; 끝난 일을 나중에 알고 비평하는 사람. ── 国他 **1** 〔미식축구〕 (팀)의 공격을 지휘하다. **2** 〔美〕 (일반적으로) …을 지휘[통솔]하다, 지도[경영]하다. ── 国 〔미식축구〕 쿼터백을 맡다.

quárterback kéeper 명 〔미식축구〕 쿼터백 키퍼 (쿼터백이 공을 가지고 돌진하는 플레이).

quárterback snéak 명 〔미식축구〕 쿼터백 스니크 (쿼터백이 센터로부터 공을 받아 라인 중앙으로 돌진하는 플레이). 「(또는 **quárter bèll**).

quar·ter·bell [-bèl] 명 15분마다 치는 시계소리.
quárter bènd 명 (연관(鉛管) 따위의) 90° 굴곡.
quárter bìnding 명 (제본) 가죽[헝겊]등 제본.
quar·ter·bloke [-blòuk] 명 〔英軍속어〕 보급계 중사. [빤틀). **2** (~s) 선미 상현(上舷).
quárter bòard 명 〔해서〕 **1** 선미판(고물에 붙인 널
quar·ter·bound [-bàund] 형 가죽등 제본의.
quar·ter·bred [-brèd] 형 (마소 따위가) 4분의 1만 순종인. 「(특히 인디언의 피가 4분의 1 섞인 백인).
quar·ter·breed [-brìːd] 명 4분의 1 혼혈아
quárter bùtt 명 (당구) (half butt으로) 짧은 큐.
quárter dày 명 4분기 결산[지급]일(美에서는 1월, 4월, 7월, 10월의 제1일; 英에서는 Lady Day(3월 25일), Midsummer Day(6월 24일), Michaelmas (9월 29일), Christmas(12월 25일); 〔스코〕에서는 Candlemas(2월 2일), Whitsunday(5월 15일), Lammas(8월 1일), Martinmas(11월 11일)).

quar·ter·deck [kwɔ́ːrtərdèk] 명 〔해서〕 **1** 후갑판(상갑판의 후부; 원래는 선미에서 후장(後檣)까지의 부분; 보통 고급 선원이나 1등 선객의 산보 갑판). **2** (the ~) 〔집합적〕 고급 선원, 사관.

come the quarterdeck [quarterdeck 1]
over a person 남에게 사관인 것처럼 행세하다; 상관 같은 태도를 취하다.

──图지 (후갑판에서처럼) 걸어[돌아]다니다(*about*).
~·er 명 (구어) 잔소리가 많은 고급 선원.
quárter dóllar 명 25센트화(貨).
quárter éagle 명 미국의 금화(1796-1929년 발행); 10달러 금화(eagle)의 1/4; 2달러 50센트.
quar·tered [kwɔ́ːrtərd] 형 **1** 넷으로 나눈. **2** (집) 방패꼴을 가로 세로로 4등분한. **3** 숙사(宿舍)를 할당받은. **4** (목재가) 세로로 네 조각으로 켠.
quar·ter·fi·nal [kwɔ̀ːrtərfáinl] 〔스포츠〕 준준결승의, 준준결승에 진 (quartered 2) 출전한 图 semifinal. ── 명 준준결승 시합; (~s) 준준결승(전). ¶ enter the ~s 준준결승(전)에 들어가다. ~·ist 명
quárter gállery 명 〔해서〕 선미 전망대.
quárter gràin 명 곧은 나뭇결.
quárter hòrse 명 4분의 1마일 경주용 말.
quar·ter·hour [kwɔ́ːrtəràuər] 명 **1** 15분(간). **2** (어떤 시각의) 15분 전[후] 시점. ~·ly 형부
quárter ìll 명 (소·양의) 기종저(氣腫疽).
quar·ter·ing [kwɔ́ːrtəriŋ] 명① **1** 4분하기. **2** 숙사 (宿舍) 할당; 숙영(하기). **3** 〔문장〕 **a**) 방패꼴 문장을 4분 하기. **b**) (~s) 〔문장〕 조합(하나의 방패꼴에 여러 가지 문장을 조합하여 배치한 것). **4** 〔천문〕 달의 상현·하현으로의 이행. **5** 〔건축〕 샛기둥들. (세우기). **6** 〔목공〕 (통나무를 4분한) 목재; 〔英〕 (고급) 판재(板材). **7** 〔문장〕 4분법. ── 형 **1** 4분하는. **2** 〔해서〕 바람이 배의 뒤쪽에서 불어오는. **3** 직각을 이룬, 직각으로 붙이(단).
quar·ter·jack [-dʒæk] 명 15분마다 치는 인형. (또는 **quárter bòy**)
quárter líght [vènt] 명 (마차의) 옆창; 〔英〕 (자동차의 환기용) 삼각창.
quárter líne 명 〔해서〕 (선단의) 기러기 대형(隊形).
quar·ter·ly [kwɔ́ːrtərli] 형 (연年) 4회의, 3개월마다 한 번의, 계절마다의. ¶ a ~ magazine 계간지. **2** 4등분의, 4분의 1의. **3** 〔문장〕 4분문(分紋)으로 한. ── 부 **1** 1년에 4회, 계절마다. ¶ The bank pays interest ~. 은행은 연 4회 이자를 지급한다. **2** 〔문장〕 4분문으로 하여. ── 명 연 4회 간행물, 계간지.
Quárterly Méeting 명 〔기독교〕 **1** (Quaker의) 사계(四季) 집회. **2** (감리 교회의) 순회 교구 운영 회의.
quárterly quártered 명 〔문장〕 방패의 4분의 1을 다시 4분한.
quar·ter·mas·ter [kwɔ́ːrtərmæstər/-màːs-] 명 **1** (군사) 보급계 장교(약 QM). **2** 〔해군·해서〕 조타수(操舵手). ~·like 형 ~·ship 명
Quártermaster Còrps 명복 〔美陸軍〕 병참[보급]부대(약 Q.C., QMC).
quártermaster géneral 명 (복 -*s g-*, *q-* -*s*) (군사) 병참감(兵站監) (약 QMG).
quártermaster próperty 명 〔美軍속어〕 시체.
quártermaster sérgeant 명 (군사) 병참부 상사 (약 QMS). 「수.
quar·ter·mil·er [-máilər] 명 4분의 1마일 경주 선
quárter mòon 명 〔美속어〕 해시시(인도산 대마의 꽃이나 잎을 말린 마약).
quar·tern [kwɔ́ːrtərn] 명 (英) **1** (도량형 단위에서) 4분의 1(quarter). **2** 쿼턴(액량(pint, gill), 곡물(peck, stone), pound, ounce 따위 각종 단위의 4분의 1). **3** = ~ *loaf*.
quárter nélson 명 〔레슬링〕 4분의 1 목누르기. 图 full nelson, half nelson
quártern lòaf 명 〔英〕 4파운드짜리 빵 덩어리; (샌드위치용) 가로 세로 4인치짜리 빵.
quárter nòte 명 〔음악〕 4분 음표. 「진 충계참.
quar·ter·pace [kwɔ́ːrtərpèis] 명 직각으로 구부러
quar·ter·phase [-fèiz] 형 (전기) 2상(相)의.
quárter pláte 명 〔英〕 〔사진〕 명함판(4.25×3.25인

quárter pòint 명 [항해] 나침반의 두 점이 이루는 각의 4분의 1(2°48′45″가 됨).

quárter rèst 명 [음악] 4분 쉼표.

quar·ter·saw [kwɔ́ːrtərsɔ̀ː] 타동 (통나무)를 세로 네 조각으로 켜다. ¶ ~ed lumber 네 조각으로 켠 목

quárter scréw 명 [시계] 시간 조절 나사.

quárter séction 명 [美·캐나다] (측량 따위에서) 4분의 1평방마일(160에이커)의 땅 (약 q.s.).

quárter sèssions 명 [법률] 1 [英역사] 4계(季)법원(살인죄를 제외한 형사 사건에 대해 연 4회 개정되었던 지방 법원). 2 [美·스코] (몇 개 주에서) 3개월마다 한 번 열리는 하급 형사 법원.

quar·ter·staff [kwɔ́ːrtərstæ̀f/-stɑ̀ːf] 명 (~s, -staves [-stèivz]) 1 6척봉(尺棒)(양 끝에 쇠를 댄 막대기; 옛날 영국 농민의 무기). 2 6척봉술(術)[시합].

quar·ter·stretch [kwɔ́ːrtərstrètʃ] 명 =homestretch.

quárter tòne [stèp] 명 [음악] 4분음(程) [`.

quar·ter-to-two [-tətú:] 형 [英속어] (경멸적) 유대

quar·ter-wind [-wìnd] 명 [항해] 비스듬히 뒤에서 불어오는 순풍.

quar·ter·wit·ted [-wítid] 형 아주 멍청한[모자라

***quar·tet** [kwɔːrtét] (* [英] -tette) 명 1 4인조, 4개 한 벌. 2 [음악] a) (단·복수 양용) 콰르테트, 4중창[주]. b) 4중창곡[주]단. 3 (유저) 4분주, 4분체. [<It]

quar·tic [kwɔ́ːrtik] 명 [수학] 4차의. — 명 4차 다항식[방정식].

Quar·tier La·tin [kɑːrtjéi lætǽŋ] 명 [프랑스] (the ~)=Latin Quarter.

quar·tile [kwɔ́ːrtail, -til] 명 [점성] 4분의 1 대좌(對座)의(두 천체가 서로 90° 간격에 있는 시좌(視座)(aspect)를 이룸). 2 [통계] 4분위수(分位數)의. — 명 1 [통계] 4분위수(分位數). 2 [점성] 4분의 1대

quárt májor 명 ⇒QUART² 1. 좌, 구상(矩象).

quárt mínor 명 ⇒QUART² 2.

quar·to [kwɔ́ːrtou] 명 (~s) [제본] ⓤⓒ 4절판(折版)(전지를 두 번 접은 크기; 약 24×30cm); 4절의 책(약 Q., qto.). ⓕfolio, sexto, octavo). — 명 4절(판)의. ¶a ~ edition 4절판. (또는 **4to, 4°**)

quar·tus [kwɔ́ːrtəs] 명 [英] (이름이 같은 남학생 중에서) 4번째의(fourth). ¶Jones ~ 4번째 존스. [<L]

quartz [kwɔːrts] 명 1 [광물] 석영(石英)(결정 형태로 산출되는 것은 수정). ¶milky ~ 유석영(乳石英)/ smoky ~ 연수정(煙水晶). 2 = ~ clock. — 명 (시계가) 석영[수정]의. **~·ose** [-óus], **~·ous** [-əs] 명

quártz clóck 명 수정 시계.

quártz crýstal 명 [전자] 수정 결정판(板).

quártz-crýstal clòck 명 =quartz clock.

quártz gláss 명 석영 유리.

quártz hèater 명 석영관식(管式) 난로[히터].

quartz·if·er·ous [kwɔːrtsífərəs] 형 [광물] 석영을 함유하는.

quartz·ite [kwɔ́ːrtsait] 명 ⓤ [광물] 규암(珪岩), 석영암. **quartz·ít·ic** 형

quártz lámp 명 석영 수은등(석영관(管)을 사용함).

quártz móvement 명 [시계] 수정 진동자를 시간 표준으로 하는 시계의 기계 부분.

quártz plàte 명 [전기] 수정판.

quártz wàtch 명 쿼츠 시계(수정 발진식 전자 시계)(약 quartz clock). (또는 **quártz-crýstal wàtch**)

qua·sar [kwéizɑːr, -zər/-za:] 명 [천문] 준항성체, 준성(準星)(높은 광도와 강한 전파 방출이 관측되는 회귀적 천체). [<*quasi-*stellar]

quash [kwɑʃ/kwɔʃ] 타동 1 [폭동 따위]를 가라앉히다, 누르다, 진압하다. ¶ ~ a revolt 반란을 진압하다. 2 [법률] (고발·판결 따위)를 기각하다, 파기[폐기]하다, 무효로 하다. ¶ ~ an indictment 고소를 기각하다.

qua·si [kwéizai, -sai] 형 유사한, 준(準)…, 의사(擬似)의; 법 운영[해석]상의; 외견상의, 겉보기의; 어떤 의미의, 어느 정도의. ¶ a ~ member 준회원/a ~ artist 사이비 예술가. — 부 1 어떤 의미에서, 어느 정도, 거의; 즉, 말하자면(약 q., qu.). 2 [음악] 대략, …처럼. [<L as if]

qua·si- [kwéizai, -sai] 연결 quasi의 뜻. ¶ *quasi*-cholera(의사 콜레라), *quasi*-official(준(準)공식적인).

qua·si-a·tom [kwéizaiǽtəm] 명 [물리] 준(準)원자(원자 충돌로 생기는 짧은 수명의 유사 원자).

quási contract 명 [법률] 준계약.

qua·si·crys·tal [kwéizaikríst(ə)l] 명 [물리] 준(準)결정. [분별.

qua·si·fis·sion [kwéizaifíʃən] 명 [물리] 준(準)핵

qua·si·ju·di·cial [-dʒuːdíʃəl] 명 준사법적인; 준판사적의 심문 권한이 있는. **~·ly** 부

qua·si·leg·is·la·tive [-lèdʒisléitiv/-lət-] 명 준 입법적의 (기능의).

Qua·si·mo·do [kwɑ̀ːsimóudou, -zi-] 명 1 부활절 후 첫 일요일(Low Sunday). 2 Salvatore ~ 콰시모도(1901-68: 이탈리아의 시인; 노벨 문학상(1959)).

qua·si·mol·e·cule [kwéizaimɑ́ləkjùːl/-mɔ́l-] 명 [물리] 준분자. **-mo·lec·u·lar** [-məlékjulər] 명

qua·si·mon·ey [-mʌ̀ni] 명 [금융] 준화폐. (또는 **néar mòney**)

qua·si·par·ti·cle [kwèizaipɑ́ːrtikl] 명 [물리] 준입자(準粒子).

qua·si·pe·ri·od·ic [kwéizaipə̀riɑ́dik/-ɔ́d-] 명 준주기적인. **-pe·ri·o·dic·i·ty** ⓤ 준주기성.

qua·si·pub·lic [-pʌ́blik] 명 (조직 따위가) 준공공적인, 반반반민(半官半民)의; 공공성이 강한.

quá·si-stél·lar óbject [-stélər-] 명 [천문] 준항성(quasar)(약 QSO).

quási-stéllar rádio sòurce 명 [천문] 항성상(恒星狀) 천체 전파원(電波源)(약 QSS).

quas·qui·cen·ten·ni·al [kwɑ̀skwisenténiəl/ kwɔ̀s-] 명 125주년(기념)(의에 관한).

quas·sia [kwɑ́ʃə, -ʃiə/kwɔ́ʃ-] 명 [식물] 소태나무; (Q-) 콰시아속의 식물; 그것의 쓴맛이 나는 액체(강장제·구충제 따위로 쓴다). [<18세기에 그 약효를 발견한 수리남의 흑인 Graman Quassi]

quat·er [kwǽtər] 부 (처방전에서) 네 번에. [<L four times]

quat·er·cen·ten·ar·y [kwàtərsenténəri/kwɔ̀-təsentínəri] 명 400주년 (기념제). — 명 400주년의. **-tén·ni·al** 명

qua·ter·nar·y [kwɑ́tərnèri, kwætə́ːrnəri/kwə-tə́ːnəri] 명 1 4요소[부분]로 이루어지는; 4개 한 벌의, 4개씩의; [화학] 4기(基)로 이루어지는. ¶ ~ compounds 4기 화합물. 2 4번째의. 3 (Q-) [지질] 제4기(紀)(계(系))의. 4 [금융] 4원(元)의. 5 [수학] 4변수의. — 명 1 4개 한 벌의 것. 2 4변수(變數). 3 (the Q-) [지질] 제4기[계]. 4 = ~ ammonium compound.

quatérnary ammónium còmpound 명 [화학] 제4(급) 암모늄 화합물.

qua·ter·nate [kwátərnèit/kwǽtə·nət] 명 (잎 따위가) 네 개씩으로 된, 작은 잎 4매의.

qua·ter·ni·on [kwətə́ːrniən] 명 1 4개 한 벌, 4인조. 2 [수학] 4원수(元數); (~s) 4원법 산법(算法). 3 [제본] 둘로 접은 4페이지 용지.

qua·ter·ni·ty [kwətə́ːrnəti] 명 4개 한 벌, 4인조.

qua·tor·zain [kətɔ́ːrzein, kǽtərzèin] 명 [운율] (소네트 비슷한) 14행시.

quat·rain [kwɑ́trein/kwɔ́t-] 명 [운율] 4행시, 4행 연구(聯句)(보통 abab, abba의 압운(押韻) 형식).

qua·tre [kɑ́ːtər/kǽtrə] 명 (카드·주사위 따위의) 4, 4의 패[눈].

quat·re·foil [kǽtərfɔil/kǽtrə-] 图 1 (클로버 따위의) 네 잎; 네 잎 꽃. 2 [건축] 네 잎 장식. 3 [문장] 네 잎 (무늬). **~ed** 图

quat·tro·cen·to [kwà:troutʃéntou/kwǽt-] 图 (종종 Q-) 15 세기(특히 15세기 이탈리아 문예 부흥에 관해 사용됨). **-tist** 图 (이탈리아의) 15세기의 미술가·작가.

[quatrefoil 2]

qua·ver [kwéivər] 图(v) 1 부들부들 떨다. 2 목[음악]소리가 (…으로) 떨리다(*with*); 떨리는 목소리로 노래하다[말하다]; 악기로 떨리는 음을 내다. ― 图 (가락)을 떨리게 하다; …을 떨리는 목소리로 노래하다(*out, forth*). ¶ ~ a song 떨리는 목소리로 노래하다 // (~+图+图) ~ out a few words 떨리는 목소리로 겨우 지껄여 말하다. ― 图 1 목소리[음]의 떨림; 떨리는 목소리[음]. 2 (음악) (英) 8분 음표(美) eighth note). **~·er** 图 **~·ing·ly** 图 **~·ous** 图

qua·ver·y [kwéivəri] 图 떨리는; 떨리는 목소리의. **-ver·i·ness** 图

quay [ki:, kwei] 图 부두, 선창, 방파제. ⇨DOCK¹.

quay·age [kí:idʒ, kwéi-] 图(U)(C) [집합적] 부두; (美) 부두 용지(用地); 부두세(稅)[사용료](wharfage).

quay·side [kí:sàid, kwéi-] 图 부두 지역.

Qube [kju:b] 图 [상표] 큐브(가입자 쌍방 프로그램 [송수신 기능]이 있는 (방송국 → 시청자) 양방향 케이블 TV).

Que. Quebec.

quean [kwi:n] 图 (고어) 1 뻔뻔스러운[굴러먹은] 여자; 매춘부. 2 (스코) 소녀, 처녀. 3 (속어) =queen 9.

quea·sy [kwí:zi] 图 1 (위·사람 등이) 음식을 받지 않는, 메슥거리는. 2 (음식 따위가) 구역질나게 하는, 메스꺼운. 3 불쾌한, 불안한(*at, about*). 4 까다로운, 소심한. (또는 **queazy**) **-si·ly** 图 **-si·ness** 图

Que·bec [kwibék] 图 퀘벡(캐나다 동부의 주; 그 주도; 또는 Que.).

Que·bec·er [kwibékər] 图 퀘벡 주[시] 주민[출신자], 프랑스어계 퀘벡인. (또는 **Quebecker**)

Qué·bec·ois [kèibekwá:/F kebɛkwa] 图 (복 ~) =Quebecer. ― 图 퀘벡(사람)의.

que·bra·cho [keibrá:tʃou] 图 (복 ~s) 1 옻나무과 (科)의 나무(재목과 껍질은 가죽 무두질·염료용). 2 협죽도과의 나무 3 1, 2의 재목, 나무 껍질.

que·bra·da [keibrá:də] 图 (美남서부) 소협곡: 은 강, 내.

Quech·ua [kétʃwɑ:, -wə] 图 1 (U) 케추아어(語)(잉카 문명권의 공용어). 2 (복 ~(s)) (페루 등지의) 케추아족의 사람. **-uan** [~ən] 图

‡**queen** [kwi:n] 图 (복 ~s [-z]) 1 (종종 Q-) 여왕, 여제(女帝)(~ regnant)(⇨ king). 2 (종종 Q-) 왕비, 황후(~ consort). 3 (신화·전설 등의) 여왕, 여신. 4 (어느 분야의) 여성 제1인자, 중요 여성; 여신; (사교계의) 여왕; 여왕에 비길 만한 자[것]. ¶ a beauty ~ ; a ~ of beauty 미의 여왕(미인 대회의 우승자)/the ~ of society 사교계의 여왕/Paris, the ~ of cities 도시의 여왕 파리/the ~ of flowers 꽃의 여왕(장미). 5 (속어) 애인, 정부(情婦); 아내. 6 여왕 개미(~ ant); 여왕벌(~ bee). 7 [카드놀이] 퀸. 8 (공군 속어) 무선 조종기(drone)의 모(母)비행기. 9 (속어) 여자 역할을 하는 남자 동성 연애자. 10 (육종(育種)용으로 사육되는) 암코양이. 11 (the Q-s) (영국 Cunard 기선 회사의) Queen Mary호와 Queen Elizabeth 호.
a queen for the day 1일 여왕, 그날의 여왕.
the queen's weather (英) 쾌청.
to the [or *a*] *queen's taste* 나무랄 데 없이, 완전히.
― 图 (~s [-z]) 图 1 …을 여왕[왕비]으로 삼다; …의 여왕이 되다. 2 (속어) [여자가] …의 여왕으로 군림하다. 3 (美속어) [여자가] [졸]을 숙녀로 대접하다. (여자를) 에스코트하다. ― 图 1 여왕이 되다, 여왕으로서 군림하다. 2 (서양장기) [졸]이 되다. 3 (美속어) 여자가 데

이트하다, 여자를 에스코트하다.
queen it (구어) (…에게) 여왕처럼 행세하다(*over*).
~·less, ~·like 图

Quéen Ánne 图 [건축] 앤 여왕조 양식의. ― 图 1 (영국의) 앤 여왕. ¶ ~ *is dead.* (속담) 그것은 옛날[진부한] 이야기다. 2 = ~ style.

Quéen Ánne's Bóunty 图 (英국사) 1 앤 여왕 기금(앤 여왕 하사금 제도; 图 Q.A.B.). 2 그 운영 사무국.

Quéen Ánne's láce 图 야생 당근(wild carrot).

Quéen Ánne stýle 图 퀸 앤 양식(18세기초 영국의 건축[가구] 양식).

quéen ánt 图 여왕 개미.

quéen bée 图 (꿀벌의) 여왕벌; (구어) (그룹·사회 활동 등에서의) 여성 지도자.
be queen bee 여왕(여성 지도자)처럼 행세하다.

queen-cake [-kèik] 图 (U)(C) 퀸케이크(건포도 넣은 하트형의 작은 과자). (또는 **quéencàke**)

Quéen Cíty 图 1 (캐나다 구어) =Toronto. 2 (美속어) Ohio주 Cincinnati 시.

quéen clòse·ly [-klóuzəli] 图 (석공) 반쪽 벽돌: 길이 벽돌.

quéen cónsort 图 (복 -s c-) (the ~; 종종 Q-C-) 왕비, 황후.

queen·dom [kwí:ndəm] 图 여왕의 지위[신분]: (C) 여왕국. kingdom

quéen dówager 图 황태후; 국왕의 미망인.

Quéen Elízabeth 图 퀸 엘리자베스(스코틀랜드산 위스키); (the Q- E-) 퀸 엘리자베스 호(영국의 대형 여객선; 1970년 퇴역).

Quéen Elízabeth, the Quéen Móther 图 엘리자베스 여왕 모후(Elizabeth II의 어머니).

Quéen Elízabeth 2 图 (the ~) 퀸 엘리자베스 2세 호(영국의 호화 여객선; 图 QE 2). 「왕(1926-).

Quéen Elízabeth Ⅱ 图 엘리자베스 2세(영국 여왕).

queen·fish [kwí:nfiʃ] 图 은청색 동갈민어과의 물고기.

queen·hood [kwí:nhùd] 图 (U) 여왕의 신분[지위].

queen·ie [kwí:ni] 图 (英속어) 가냘프고 나긋나긋한 남자; 호모. 「호모의.

queen·ing [kwí:niŋ] 图 1 (英) 사과의 한 품종. 2 (U) (서양장기) 졸이 queen으로 되기.

queen·ly [kwí:nli] 图 1 여왕의. ¶ the ~ office 여왕의 직무. 2 여왕다운, 여왕에 어울리는, 위엄있는. 3 (속어) (경멸적) (여자역의) 호모. ― 图 여왕답게, 여왕처럼. **-li·ness** 图

Quéen Máb [-mǽb] 图 [아일·英민화] 사람에게 꿈을 꾸게 하는 요정.

queen máry 图 1 (the Q-M-) 퀸 메리 호(영국의 대형 여객선; 1967년 은퇴). 2 (英속어) 긴 트레일러.

queen móther 图 (the ~) 황태후, 왕모(王母); (왕자는 왕녀를 가진) 현 여왕. [퀸; 미인.

quéen of héarts 图 (the ~) [카드놀이] 하트의

Quéen of Héaven 图 (the ~) 하늘의 여왕. 1 성모 마리아(Virgin Mary). (또는 **Quéen of Gráce** [**Glóry, Páradise**]) 2 (q- of h-) Isis나 Ashtoreth 등과 동일시되는 고대 셈인의 여신. 3 Ishtar의 호칭.

Quéen of lóve 图 (the ~) 사랑의 여신(Venus).

Quéen of Máy 图 (the ~) 5월의 여왕(May queen).

Quéen of níght 图 (the ~) 밤의 여신(Diana); 달.

Quéen of Scóts 图 (the ~) [역사] 스코틀랜드의 여왕(Mary Stuart).

Quéen of Shéba 图 (the ~) ⇨SHEBA 2.

Quéen of the Adriátic 图 (the ~) 아드리아 해의 여왕(Venice의 애칭).

Quéen of the Éarth 图 (the ~) 지상의 여왕 (Rome의 애칭). 「(Great Britain의 옛 애칭).

Quéen of the Séas 图 (the ~) 7해(海)의 여왕

quéen ólive 图 (과육이 많은) 대형 올리브.

queen-pin [kwí:npìn] 图 (속어) (조직 따위의) 핵심 여성.

quéen pòst [명] 〔건축〕 퀸 포스트, 쌍대공(지붕의 뼈대를 세로로 받치는 한 쌍의 지주 중 하나). [참] king post

〔queen post〕

quéen régent [명] (복) ***-s r-***) 섭정 여왕; =queen regnant.

quéen régnant [명] (복) ***-s r-***) (주권자로서의) 여왕.

Queens [kwi:nz] [명] 퀸스(미국 New York시 동부의 자치 행정구). ⇨BOROUGH.

Quéen's Awárd [명] **(英)** 여왕상(수출·기술 개발에 공이 큰 기업·단체·기관에 주는 상).

Quéen's Bénch [Divìsion] [명] (the ~) 〔英법률〕 여왕좌(女王座) 법원(여왕 통치하의 영국 고등 법원).

Quéens·ber·ry rùles [kwí:nzbèri-/-bəri-] [명] (복) 〔권투〕 퀸즈베리 규약(근대 복싱의 기본 규약); (일반적으로) 정당한 경쟁 법칙. 〔<작성자인 Queensberry 후작(1844-1900)〕

Quéen's Bírthday [명] (the ~) **(英)** 여왕 탄생일(실제 탄생일 외에 공식 축일은 6월 둘째 토요일).

quéen's cólour [명] **(英)** 여왕기(旗)(여왕 통치하의 영국 국기; 특히 연대기와 병용). (또는 **Quéen's Cólour**)

Quéen's Cóunsel [명] 〔英법률〕 왕실 고문 변호사. [참] King's Counsel

quéen's Énglish [명] 순수 영어, 표준(標準) 영어. [참] king's English

Quéen's Flíght [명] 영국 왕실 전용기.

Quéen's Gállery [명] (the ~) (런던의 Buckingham Palace에 있는) 왕실 미술관.

quéen's híghway [명] **(英)** 공로(公路), 국도. (또는 **Quéen's Híghway**) [참] king's highway

queen·ship [kwí:nʃip] [명][U] **1** 여왕의 지위[신분, 직]. **2** 여왕다움, 여왕에 어울림.

queen·side [kwí:nsàid] [명] 〔서양장기〕 퀸 측.

queen-size [⌐sàiz] [형] **1** (부인복 따위가) 퀸사이즈의, 중특대(中特大)의. **2** (침대가) 퀸사이즈의(double bed보다 크며 평균 1.5×2m); (시트 따위가) 퀸사이즈 침대용의. **3** 대형[중특대]의. (또는 **quéen-sìzed**)

Queens·land [kwí:nzlæ̀nd, -lənd] [명] 퀸즐랜드(오스트레일리아 북동부의 주; 주도 Brisbane; [약] Qld.). **~·er** [명]

Quéensland lúngfish [명] 〔어류〕 Queensland산 폐어(肺魚).

quéen's mètal [명] 〔야금〕 퀸즈메탈(주석·안티몬·비스무트·구리 따위의 합금).

Quéen's Príze [명] (the ~) **(英)** 여왕상(사격 경기에 주어지는 상).

Quéen's Regulátion [명] (영국·영연방의) 국왕군 규정.

Quéen's spéech [명] (the ~) (의회 개회시) 여왕의 국정 연설.

quéen sùbstance [명] 〔생화학〕 여왕 물질(여왕벌이 분비하며 일벌의 난소 성장을 억제하는 pheromone).

quéen's wàre [명] 여왕 도자기(크림색 Wedgwood 도자기). (또는 **quéenswàre**)

Quéen Victória Memórial [명] (the ~) 빅토리아 여왕 기념비(런던의 버킹엄 궁 앞 광장에 있음).

quéen wásp [명] 여왕 말벌; 여왕벌.

queen·y [kwí:ni] [형] **(속어)**=queenie.

‡queer [kwiər] [형] (***~·er; ~·est***) **1** 기묘한, 별난, 괴상한. ⇨STRANGE [유의어] ¶a ~ act 기행(奇行). **2** 수상한, 의심스러운. ¶There's something ~ about him. 그에게는 좀 수상한 데가 있다. **3** 기분이 나쁜, 현기증 나는; **(구어)** 머리가 돈. ¶feel a little ~ 기분이 좀 이상하다, 좀 어지럽다. **4 (속어)** 가짜의; 나쁜, 부정한. ¶~ money 가짜 돈/a ~ character 교활한 성질. **5 (속어) (경멸적)** (남자) 동성애의. **6** (…에) 이상하게 신경을 쓰는, 관심을 갖는 (*on, about*); (…에) 열중하는, 정신이 팔린 (*for*). **7 (속어)** 술취한.

a queer fish [or ***bird, card, duck, customer***] **(속어)** 괴짜, 별난 사람.

(*as*) *queer as a nine-bob note* **(英속어)** 기묘한, 괴상한.

(*as*) *queer as a three-dollar bill* [or ***a coot***] **(속어) (경멸적)** 확실히 호모[남색]인.

be queer for **(美구어)** …에 정신이 팔리다, 열중하다.

queer and **(아일 구어)** 지독하게, 완전히, 전혀. ¶~ *and* cold 굉장히 추운.

queer in the head 머리가 이상한[어떻게 된].

—[동][타] **1 (속어)** …을 엉망으로 만들다, 못 쓰게 만들다; …을 위험에 빠뜨리다; **2 (재귀용법으로)** 〔남〕을 불리한 입장에 두다, …의 평판을 떨어뜨리다. ¶~ oneself *with* a teacher 선생님의 신뢰를 잃다.

queer the pitch for** a person**;** **queer** a person's **pitch 뒤에서 남의 성공의 기회를 망쳐 놓다.

—[명] **1** (the ~) **(속어)** 가짜 돈. **2 (속어) (경멸적)** (남자) 동성 연애자, 호모. **3 (美속어)** 가짜[저질] 마약. **4 (속어)** 기인, 괴짜. **5 (美속어)** (금주 시절의) 밀주.

on the queer **(속어)** 부정을 꾸며; 가짜 돈을 만들어.

shove* (*the*) *queer **(속어)** 가짜 돈을 사용하다.

~·dom [명] 호모 집단[세계]. **~·ly** [부] **~·ness** [명]

queer-bash·ing [⌐bæ̀ʃiŋ] [명] **(속어)** 호모 괴롭히기[박해, 폭행]. **quéer-bàsh·er** [명]

queer-beer [⌐bìər] **(美속어)** [명] **1** 질나쁜 맥주. **2** 괴짜, 기인. **3** (남성) 동성애자, 호모. **—**[형] (남성) 동성애의; 이상한, 싫은.

queer·ie [kwíəri] [명] **(英속어)** 이상한 놈; 동성애자.

queer·ish [kwíəriʃ] [형] 좀 이상한[별난, 튀는], 별난 구석이 있는. **~·ness** [명]

quéer quéen [명] **(美속어)** 여자 동성애자.

Quéer Strèet [명] (때로 q- s-) **(英속어)** 곤궁 상태; 파산.

in Queer Street 돈에 쪼들려; 곤경에 빠져; 파산하여.

queeve [kwi:v] [동][자] **(美속어)** (스케이트보드에서) 실속(失速)하다.

***quell** [kwel] [동][타] **1** 〔폭동·반란 따위〕를 진압하다; 종식시키다. ¶~ a riot 폭동을 진압하다. **2** 〔감정〕을 억누르다, 〔공포 따위〕를 진정시키다. **3** 정복하다. **—**[명] **(고어)** 살륙; 진압력. **⌐·a·ble** [형] **⌐·er** [명]

Quel·part [kwélpà:rt] [명] 켈파트(제주도의 옛 별칭).

Que·moy [kimɔ́i] [명] 진먼(金門)(타이완 해협의 섬; 중국어명 ginmen, (타이완은) Chinmen).

‡quench [kwentʃ] [동] (***~·es*** [-iz]; ***~ed*** [-t]) [타] **1** (…으로) 〔갈증〕을 풀다, …을 만족시키다; 〔욕망 따위〕를 억누르다, 억제하다; 〔감정 따위〕를 누그러뜨리다 (*with, in*). ¶~ desire [hatred] 욕망[증오심]을 억누르다/~ one's thirst 갈증을 풀다. **2** 〔불·빛 따위〕를 (…으로) 끄다 (*with*). ¶(~+[目]+[前]+[名]) ~ a fire *with* water 물로 불을 끄다. **3** 〔속도·움직임〕을 억제하다, 〔폭동〕을 진압하다. **4** 〔열〕을 물로 식히다; 〔강철〕을 담금질하다, 급랭(急冷)시키다. **5 (속어)** …을 찍소리 못하게 하다, 입을 다물게 하다. **6** 〔물리〕 〔발광·방전〕을 소멸시키다. **—**[자] 가시다, 사라지다; 식다.

quench the smoking flax 〔성서〕 꺼져가는 등불을 끄다; (의미가 변하여) 전도 유망한 발전을 중단시키다 (←이사야(Isa.) 42 : 3).

—[명] 억제[진압, 해소]하기[된 상태].

quench·a·ble [kwéntʃəbl] [형] 억제할 수 있는; 달랠 수 있는, 끌 수 있는. **~·ness** [명]

quench·er [kwéntʃər] [명] **1** 억제하는[끄는] 사람[것]. **2 (구어)** 갈증을 풀어주는 것, 음료; 한 잔의 술.

quench·less [kwéntʃlis] [형] 억누를 수 없는; 달랠 수 없는; 끌 수 없는. **~·ly** [부] **~·ness** [명]

que·nelle [kənél] [명] 고기 완자. 〔<F〕

que pas·a [kei pá:sə/*Sp* ke pása] **(美속어) (의문문에서)** 야, 무슨 일이지? 〔<Sp Hello, what's going on?〕

quer·ce·tin [kwə́:rsətin] [명][U] 〔화학〕 케르세틴(황색 염료로 쓴다).

quer·i·mo·ni·ous [kwèrəmóuniəs] [형] 불평하는, 투덜대는. **~·ly** [부] **~·ness** [명]

que·rist [kwíərist] [명] 질문하는 사람, 심문자, 질의자.

quern [kwə:rn] [명] (곡식 빻는) 맷돌.

quer·sprung [kvέərʃprùŋ] 명 《스키》 직각 회전.
quer·u·lous [kwérjuləs/kwéru-] 형 《경멸적》 불만이 많은, 불평을 늘어놓는, 투덜거리는; 화를 잘 내는. **~·ly** 부 **~·ness** 명
***que·ry** [kwíəri] 명 1 질문, 의문; 의심. ¶raise a ~ 질문하다. 2 (의문문 앞에서) 물었는데(* 보통 qu., qy.로 줄여 쓴다). ¶Q-[or Qu.], was the money ever paid? 도대체 돈은 지불했느냐? 3 (교정쇄 따위에 기입하는) 의문 부호(?). 4 (필자가 편집자에게) 문의하기. 5 《美》 고충, 불만. 6 (속어) (학교의) 테스트, 시험. —타 1 …을 묻다, 캐묻다: 《전문가》에게 …에 관해) 질문하다 (about). ⇨ASK 유의어 ¶~ a fact 사실을 캐묻다. 2 …을 의심하다; 불가능한. ¶It's *out of the* ~ 의심을 갖다 (whether [or if] 절). ¶(~+wh.절) I ~ whether [or if] his word can be relied on. =I ~ the reliability of his word. 그의 말을 믿을 수 있을지의 문이다. 3 《원고·교정쇄》에 의문 부호를 붙이다. —자 질문하다; 의심하다, 의문을 품다. —형 《英》 《형용사 뒤에서》 의문의; 대개, 약. **~·ing·ly** 부
quéry lànguage 명 《컴퓨터》 문의[조회]하는 언어.
ques [kwes] 《美속어》 《컴퓨터》 명 의문 부호(?).
— 감 (의문·의혹을 나타내어) 뭐라고, 네?
Ques·nay [keinéi/F kεnε] 명 François ~ 케네 (1694-1774; 프랑스의 경제학자; 중농주의의 창시자).
quest [kwest] 명 1 《문어》 (…의) 탐색, 탐구, 추구 (for, of). ¶a ~ for gold mines 금광 탐사. 2 찾는 것; (중세 기사의) 모험 원정. 4 《집합적》 탐구자(들), 탐색원정대. 5 《英방언》 검시(檢屍); 《고어》 검시 배심. 6 《드물게》 모금(募金).
in quest of …을 찾아서, 물어서. ¶go *in* ~ *of* adventure 모험을 찾아서 떠나다.
—자타 1 (…을) 탐색[탐구]하다 (for, after). 2 (사냥개 따위가) (사냥감을 찾아) 짖어 다니다, (…의) 냄새를 뒤쫓다 (about, out) (for). ¶(~+뮈) (~+前+뮈) ~ about [or out] for game 사냥감의 뒤를 밟아 찾아다니다. —타 《시》 …을 찾다, 탐색[추구]하다(out), 요구하다. **~·er** 탐색[탐구]자. **~·ing** **~·ing·ly**
‡**ques·tion** [kwéstʃən] 명 (-*s* [-z]) 1 물음, 질문, 질의; 《문법》 의문문. ¶~ and answer 질의 응답, 문답 / May I ask you a ~? 질문해도 됩니까? **2 a)** (…에 관한/…이라는) 문제점, 논점, 쟁점; 의문 (여지); 반대[반론]의 여지 (about, as to/that) 절 ⇨PROB-LEM 유의어 ¶There is no ~ about his sincerity [that he is sincere]. 그의 성실함은 의심할 여지가 없다. **b)** (보통 부정문에서) (…의) 가능성 (of). ¶There is no ~ of her going home. 그녀가 귀국[귀가]할 가능성은 없다. 3 토의할 문제, 연구[조사]할 일; 현안; (일반적으로) (…의) 문제, 일, 사항 (of). ¶a labor ~ 노동 문제 / an open ~ 미해결의 문제 / a ~ at [or in] issue 현안 / a ~ of money [time] 금전[시간] 문제 / settle the ~ of employment 고용 문제를 해결하다. 4 (토의·표결의) 제의, 제안; 또한 the ~) 표결 절차. 5 《법률》 제기된 문제, 쟁점, 안건; [U] 《고어》 심문, 재판; (the ~) 고문. 6 《정치》 (여론을 묻는) 정책 문제, 논점. 7 (문제·요구의) 추구, 탐구.
(and) no question asked 이의 없이, 무조건.
answer the question 《경마》 (말이 기수의) 마지막 박차에 응하다.
Ask a silly question (and you get a silly answer)! (구어) 어리석은 질문은 하지 마라!, 우문 우답(愚問愚答).
ask the question 《경마》 (기수가 말에) 마지막 박차
beg the question ⇨BEG.
beside the question 본론[요점]을 벗어나, 지엽적으로.
beyond (all) question 의심할 여지 없이, 물론, 분명히. ¶His honesty is *beyond* ~. 그가 정직하다는 것은 의심의 여지가 없다.

bring...into question …에 의문을 던지다; …을 문제 삼다, 문제시하다, 논의[검토]하다.
call...in [or into] question ① …을 논박하다, …에 이의를 제기하다. ② …을 의심하다, 의문을 품다.
come into question 문제가 되다, 논의되다.
fire questions at …에게 질문을 퍼붓다.
in question (문의) (논의, 당해의) 문제의; 논쟁[검토]중인. ¶the person *in* ~ 당사자. ② 미심쩍은, 의문나는.
make no question of [or *about, but that*] …
《제를 바꿀 때 쓴다.》
Next question! (구어) 다음(은), 다음 질문(은)(* 화제를 바꿀 때 쓴다).
out of the question 문제가 되지 않는, 생각할 가치도 없는, 논의인; 불가능한. ¶It's *out of the* ~ *for* me to finish the work in a week. 그 일을 1주일로 끝내는 것은 불가능하다.
past [or *out of] question* 《고어》 =*beyond (all) question*.
pop the question (구어) (남자가 여자에게) 청혼하다.
put a question to …에게 질문하다.
put the question (의장이) 표결에 부치다, 채결(採決)하다.
put...to the question (남) …을 고문하다; …을 표결에 부치다.
Question! (집회 등에서 발언자의 탈선에 주의를 환기하며) 본론으로 돌아가시오!; 이의 있소!
raise a question (whether...) (…의 여부에) 의문을 제기하다, (…의 여부를) 문제 삼다.
The question is ... 문제[요점]는 …이다.
there is no question about [or *as to*] …은 의심할[의문의] 여지가 없다.
there is no question of …할 가능성은 전혀 없다.
without question ① 문제[이의] 없이. ② =*beyond (all) question*.
— 타 (~*s* [-z]) ① 1 (남)에게 (…에 대해) 질문하다; 심문하다 (about, on, as to). ⇨ASK 유의어 ¶~ a suspect 용의자를 심문하다 // (~+뮈+前+뮈) ~ him *on* his opinion 그에게 의견을 묻다. 2 …을 의심하다, 문제로 삼다, …에 이의를 제기하다; (…인지 어떤지를) 질문하다 (wh. [or if] 절). ¶(~+wh.절) Some people ~ *whether* [or *if*] his remarks are true. 그의 말의 진실성을 의심하는 사람도 있다 // (~+*that*절) It cannot be ~*ed* (but) *that*... …은 확실하다. 3 (현상·사실 따위를) 탐구하다, 연구[조사]하다. 자 질문하다. **~·er**
*‡**ques·tion·a·ble** [kwéstʃənəbl] 형 1 (품행·도덕성 따위가) 의심스러운, 수상한, 미심쩍은. ¶~ conduct 미심쩍은 행위. 2 (진실성 따위가) 의문인, 의문의 여지가 있는, 확실치 않은. ⇨DOUBTFUL 유의어 ¶a state-ment 의심스러운 진술. 3 (말대로의 가치 따위가 있는지) 의심스러운, 애매한. **-bly** 부 **-bíl·i·ty**, **~·ness** 명
ques·tion·ar·y [kwéstʃənèri/-tʃənəri] 형 =ques-tionnaire. 명 질문의, 의문의. 「선취(先取).
ques·tion-beg·ging [-bègiŋ] 명 논점 회피, 논점
ques·tion·ing [kwéstʃəniŋ] 형 1 의문을 나타내는, 의심하는 듯한; 캐묻는 듯한. 2 (지적) 호기심이 강한, 연구심 있는; 탐구하는. — 명[U]C 질문, 의문; 탐구, 연구; 심문. **~·ly** 부
ques·tion·less [kwéstʃənlis] 형 1 문제가 없는, 의문이 없는, 명백한. 2 문제시[의심]하지 않는, 맹종적인. — 부 의심할 것도 없이, 확실히. **~·ly** 부
‡**quéstion màrk** 명 1 의문 부호(?).

> 주의 의문 부호—의문문이 아닐 경우라도 실질적으로 의문의 뜻을 나타낼 때는 의문 부호를 쓴다. 주로 긍정적인 답을 기대할 경우에 사용된다: You will have a drink?(한잔 하시겠습니까?) / You think I'll have ten minutes?(10분간 시간을 내주시겠습니까?). 또 의문문이라도 의문의 뜻을 갖지 않을 때는 의문 부호가 생략되는 일도 있다. ⇨PERIOD 주의

2 미지의[불분명한] 것. 「다, …은 수수께끼이다.
a question mark hangs over …에는 의문이 있
ques·tion·mas·ter [kwéstʃənmæ̀stər/-mɑ̀ːs-] [명] ((英)) 퀴즈 프로의 사회자(((美)) quizmaster).
ques·tion·naire [kwèstʃənέər] [명] (참고 자료를 얻기 위한) 질문 사항; 질문서[표], 앙케트 용지; 〔통계〕 조사표; 앙케트 조사. **—**[동][타] …에 앙케트[질문표]를 보내다; (앙케트로) …에게서 정보를 얻다. 〔<F〕
quéstion of fáct [명] 사실 문제.
quéstion of láw [명] 법률 문제.
quéstion tàg [명] 부가 의문(tag question).
quéstion tìme [명] (의회의) 질의 시간.
quet·zal [ketsɑ́ːl/kwétsl] [명] 케찰. **1** 꼬리가 길고 아름다운 새; 중남미산(産). **2** 과테말라의 화폐 단위.
***queue** [kjuː] [명] **1** (차례를 기다리는 사람·차 따위의) 줄(line); ((英)) =waiting list. ¶form [*or* join, get into] a ~ 줄을 서다. **2** (한 갈래로) 땋아 내린 머리, 변발(pigtail); 〔문양〕 짐승 꼬리. **3** 〔컴퓨터〕 대기 행렬.
in a queue 줄을 서서. 「다(~-jump).
jump the queue ((英구어)) (줄의 앞쪽으로) 새치기하
—[동][타] **1** 〔머리〕를 땋아 내리다. **2** …에 줄을 서게 하다. **—**[자] **1** (…을 찾아/…하려고) 줄을 서다, 줄을 서서 기다리다, 줄에 서다(*up*) (*for*/*to* do). ¶(~+[副]) ~ *up for* a bus 줄을 서서 버스를 기다리다. **2** 〔컴퓨터〕 대기 행렬에 넣다.
queue-jump [ˊdʒʌ̀mp] [동][자] ((英구어)) ((경멸적)) 줄에 끼어 들다, 새치기하다, 밀치고 앞으로 나아가다; ((비유적)) 부정한 이익을 얻다. **~·er** [명]
quéu·ing thèory [kjúːiŋ-] [명] 〔수학〕 대기 이론, 대기 행렬 이론.
Qué·zon Cíty [kéizɑn-, -sɔːn-/-zɔn-] [명] 케손 시티(필리핀의 옛 수도(수도 Manila 북부 인접)).
quib·ble [kwíbl] [명] **1** (문제를 얼버무리기 위한) 둘러대기, 핑계, 발뺌. **2** 궤변 늘어놓기. **3** 까다로운 비판, 독설. **—**[동][자] (애매한 말 따위로/…에게) 얼버무리다 (*about, over, at/with*). **—**[타] 〔문제점 따위〕를 얼버무리다, 속이다; 속여서 빼앗다. **-bler** [명]
quib·bling [kwíbliŋ] [형] 말을 얼버무리는, 둘러대는; 트집잡는. **—**[명][U][C] 둘러대기. **~·ly** [부]
‡quick [kwik] [형] (**~·er**; **~·est**) **1** (행동·동작 따위가) 빠른, 급속한, 신속한; 잽싼, 민첩한, 즉석에서의([반] slow) (*in, of*). ¶a ~ reply 즉답 / a ~ worker 일손이 빠른 사람 / ~ sales and small profits 박리 다매 // Be ~ (about it)! 서둘러라! // be ~ *of* foot [*in* action] 발이 빠르다[동작이 민첩하다].

> [유의어] **quick** 행동이 민첩하고 빠른; 반응이 즉각적인. **fast** 일정 시간 연속적으로 사람이나 물건이 빨리 움직이는. **rapid** 운동·행동이 fast한; 다소의 놀라움을 암시. **swift** 동작이 원활하고 매우 rapid한; 약간 딱딱한 말. **speedy** 매우 속도가 빠른; 때로 허둥댐을 암시. **hasty** 급히 서두르는; 종종 부주의·혼란 따위를 암시. **prompt** 사이를 두지 않는; (훈련·교육의 결과) 반응이 quick한. **ready** 행동·반응이 quick하여 쉽게 대응할 수 있는.

2 (일이) 곧 끝나는, 순식간의, 단시간의. ¶a ~ shower 금방 그친 소나기 / do a ~ job 일을 순식간에 하다. **3** (감정·감각이) 예민한, 날카로운; (…에) 민감한 (*at* do*ing*). ¶ a ~ wit (날카로운) 기지 / have a ~ eye [ear] 눈[귀]이 밝다. **4** 이해가 빠른, 영리한; (…을/…하는 것을) 빨리 익히는[이해하는] (*at, in, of, on, with/to* do). ¶a ~ child 영리한 아이 // be ~ *at* learning 빨리 익히다 / be ~ *of* apprehension [*or* understanding] 이해가 빠르다 / be ~ *at* figures 계산이 빠르다 / be ~ *to* understand 이해가 빠르다. **5** 성마른, 성급한. ¶a ~ temper 급한 성미. **6** (커브가) 급한. ¶a ~ turn 급한 회전. **7** ((고어)) 살아 있는. ¶go down ~ into hell 산 채로 지옥에 떨어지다. **8** 〔금융〕 (재산 따위가) 바로 환금[현금화]할 수 있는, 당좌의. **9** 〔채광〕 (광맥 따위가) 생산성이 있는, 광석이 많은. **10** ((英)) 살아 있는 식물로 이루어진. ¶a ~ hedge [*or* fence] 산[생]울타리. **11** ((고어)) (불 따위가) 한창 타고 있는. **12** ((고어)) (임신하여) 태동이 느껴지는 (*with*). ¶be ~ *with* child 임신해 있다.
be quick off the mark 이해[결단]가 빠르다.
be quick of temper; be quick to take offense 화를 잘 내다.
be quick on the draw [or ***trigger***] (권총 따위를) 뽑는 손이 보이지 않다; (문제 해결 따위에서) 반응이 빠르다, 기민하다.
be quick on the uptake ((구어)) 빨리 마시다; 곧 알아 듣다, 반응이 빠르다.
in quick succession 꼬리를 물고, 잇따라.
quick and dirty ((美속어)) ① 임시 변통으로 만든, 간단한. ② 〔TV〕 (뉴스 원고가) 미조정된 대로(의).
—[명] **1** (the ~) 살아 있는 사람들. ¶the ~ and the dead 산 자와 죽은 자. **2** (the ~) 생살, (손톱 밑의) 속살; (상처의) 새 살, 새 피부. **3** (감정·신경의) 가장 민감한 곳, 아픈 곳; 급소. **4** (the ~) 핵심(부분), 급소. **5** ((英)) ((집합적)) (산사나무 따위의) 산울타리; (산울타리의) 산사나무.
quick and dirty 정적에 대한 악선전.
to the quick ① 생살에(까지). ② 절실히, 뼈에 사무치게. ¶My words cut [*or* stung, touched] him *to the* ~. 내 말은 그의 아픈 곳을 찔렀다. ③ 순수하게, 철두철미. ¶He is a poet *to the* ~. 그는 진짜 시인이다. ④ 살아 있듯이. ¶He is painted *to the* ~. 그의 초상화는 그와 아주 똑같다.
—[부] (**~·er**; **~·est**) **1** ((동사 뒤에서)) ((구어)) 빨리, 서둘러. ¶ walk ~ 빨리 걷다. **2** ((분사와 함께 복합어로)) 빨리. ¶~-growing 빨리 성장하는.
(as) ***quick as lightning*** [or ***a flash***, ((英)) ***thought***] 전광석화처럼, 순식간에.
quicker than hell ((美속어)) 금세, 순식간에.
~·ness [명]
quick-and-dirt·y [ˊəndə́ːrti] [명] ((美속어)) 간이 식당; 임시 변통. **—**[형] ((구어)) 임시 변통의, 되는 대로의.
quíck ássets [명][복] 〔회계〕 당좌 자산.
quíck ássets ràtio [명] =quick ratio.
Quick·Basic [kwíkbèisik] [명] 〔컴퓨터〕 퀵 베이식(컴파일러 방식의 BASIC 언어의 하나).
quíck brèad [명] (베이킹 파우더를 넣어 굽는) 속성빵, (이스트를 쓰지 않는) 무발효 빵.
quíck búck [명] ((美속어)) 쉽게 번 돈, 부정하게 번 돈.
quíck bùndle [명] ((美속어)) 일확 천금. ¶chase after the ~ 일확 천금을 노리다[꿈꾸다].
quick·change [kwíktʃéindʒ] [형] **1** (배우 등이) 재빨리 변장하는. ¶a ~ artist (의상 따위를) 재빨리 바꿔 입는 연예인; 역할[의견 따위]을 재빨리 바꾸는 사람. **2** (비행기·배가) 여객기[선]에서 화물 수송기[선]로 재빨리 바꿀 수 있는.
quíck dráw [명] (권총을) 빨리 뽑아 쏘는 경기.
quick-draw [ˊdrɔ́ː] [형] **1** (권총을) 빨리 뽑아 쏘는. **2** 충동적으로 행동하는, 즉시 달려드는.
quick-eared [ˊíərd] [형] 귀가 밝은.
‡quick·en [kwíkən] [동] (**~s** [-z]) [타] **1** …을 빠르게 하다, 서두르게 하다(*up*). ¶They ~*ed* their steps. 그들은 걸음을 재촉했다. **2** …을 되살아나게 하다, …에 생명을 부여하다; …을 활기차게 하다, 자극하다; ((고어)) 불을 붙이다. ¶Good literature ~*s* our interest. 훌륭한 문학 작품은 우리의 흥미를 자극한다 // (~+[目]+[前]+[名]) ~ hot embers *into* flames 남은 불을 쑤석거려 다시 타오르게 하다. **3** 〔경사〕를 더욱 가파르게 하다.
—[자] **1** 빨라지다. ¶ The pulse ~*s*. 맥이 빨라진다 (*up*). **2** 되살아나다; 활기를 띠다, 싱싱해지다. **3** (임신부가) 태동을 느끼다; (태아가) 태동을 시작하다. **~·er** [명]
quick·en·ing [kwíkəniŋ] [형] 힘나게 하는; 되살아

quick·eyed [kwíkáid] 혱 눈이 밝은(빠른).
quick fire 명 (이동 목표에 대한) 속사(速射).
quick-fire [´-fáiər] 혱 1 속사(용)의. 2 (구어) (질문 따위가) 잇따르는. (또는 **quick-fír·ing**) 「gun.
quick-fír·er [´fáiərər] 혱 속사포(quick-firing
quick fix (구어) (일시적인) 즉효약; 일시적 해결 책, 응급 처치. **quick-fíx** 혱
quick-freeze [´fríːz] 타 (-froze; -fro·zen; -freez· ing) 타 [식료품]을 급속 냉동하다. — 자 (식품이) 급 속 냉동되다. **quíck-fró·zen** 혱 급속 냉동시킨.
quick-freez·er [´fríːzər] 명 급속 냉동실[고].
quick fréezing 명 급속 냉동법.
quick hédge 명 산울타리.
quick·ie [kwíki] (구어) 명 1 급히 만든 것, 저속한 급조 영화, 급히 쓴 책[이야기, 소설]. 2 매우 급히 하는 일(여행·술 한 잔 따위); (비어) 급하게 하는[빨리 끝나 는] 성교. 3 (美속어) 살쾡이 파업(wildcat strike). (또 는 **strike**) 4 (구어) (구기에서) 속구(速球). — 혱 급조의, 임시 방편의; 약식의. (또는 **quick(e)y**)
quick·lime [kwíkláim] 명 생석회.
quick-lunch [´lʌ́ntʃ] 명 간이 식당.
‡**quick·ly** [kwíkli] 부 (**more ~; most ~**) 1 빨리, 서둘러; 곧, 즉시. 2 (고어) 민감하게.
quick márch 명 속보(速步) (행진); (구령으로) 속 보! 「급히 하는 성교.
quick óne 명 (속어) (단숨에 마시는 한 잔의 술);
quick ópener 명 (미식축구) 퀵 오프너(running back이 라인에 직각으로 돌진하는 공격 플레이).
quick-o·ver [´-òuvər] 명 (美속어) 얼른 훑어보기.
quick-print [kwíkprint] 명 (DTP(탁상 출판)를 이용한) 속성 인쇄업[서비스].
quick púsh 명 (美속어) 쉽게 속는 사람, 봉.
quick rátio 명 (회계) 당좌 비율. 「명
quick-re·lease [´ríːls] 명 신속 이탈의; 급속 배기
quick·sand [kwíksænd] 명(UC) 1 유사(流砂)(사람·동물 따위를 빨아들인다). 2 위험한 상태(것). **~·y** 혱
quick-scent·ed [´séntid] 혱 후각이 예민한.
quick·set [kwíksèt] (英) 명 1 (집합적) 산울타리 용 나무(가시나무). 2 (산사나무의) 산울타리. — 혱 산 울타리로[로] 된). 「속히 굳는.
quick-set·ting [´sétiŋ] 혱 (시멘트·페인트 등이)
quick-sight·ed [´sáitid] 혱 빨리 보는; 안식(眼識) 이 예리한. **~·ness** 명
quick·sil·ver [kwíksìlvər] 명 1 (U) 수은. 2 쾌활 한 기질; 변덕스러운 사람[것]. — 타 (속어) 수은을 것과 합금시키다; (거울용 유리 따위에) 수은을 칠하다.
— 혱 1 수은(모양)의. 2 쾌활한; 변덕스러운. **~·y** 혱
quick sórt 명 [컴퓨터] 빠른 정렬[차례잡기].
quick stárts 명(美속어) 운동화, 스포츠 슈즈.
quick·step [kwíkstèp] 명 1 (행진의) 속보(速步). 2 속보 행진곡. 3 (댄스의) 퀵스텝. 4 (the ~) (美속어) 설사. 「람[특히] 배우, 연기자.
quick stúdy 명 (구어) 빨리 배우는[적응하는] 사
quick-tem·pered [´témpərd] 혱 성미가 급한, 화 잘 내는. 「(보). 2 (美속어) 매춘부와의 짧은 성교.
quick time 명 1 (군사) 속보(美에서는 1분에 120
quick·wa·ter [kwíkwɔ̀ːtər] 명 여울, 격류.
quick-wit·ted [´wítid] 혱 재치가 넘치는, 기민한, 눈치[머리 회전]이 빠른. **~·ly** 부 **~·ness** 명
quick·y [kwíki] 명 혱 =quickie.
quid¹ [kwid] 명 (씹는 담배의) 한 번 씹는 분량.
quid² (복 ~ (**s**)) (英구어) 1파운드 지폐(원래 1파운드 금화)(£1). 「다.
be quids in (英속어) 돈벌이가 잘 되고 있다, 잘 되어
get in one's **quid's worth** 의견을 말하다, 말참견하다.
like a million quid 굉장한, 멋있는, 최고의.
not the full quid (濠·뉴질 속어) 머리가 모자라는.

quid·di·ty [kwídəti] 명 1 본질, 실질; [철학] 통성 (通性) 원리. 2 궤변, 억지 소리; 말꼬리 물고 늘어지기.
quid·nunc [kwídnʌ̀ŋk] 명 (고어) (소문 따위를) 빨리 듣는 사람; 소문 듣기[퍼뜨리기] 좋아하는 사람.
quid pro quo [kwíd prou kwóu] 명 1 (…의) 대 상(代償)(물), 보수, 보상품 (**for**). ¶ **do nothing without a ~** 보수 없이는 아무 일도 하지 않다. 2 (**q- p- ~s, -s p- q-**) 상당물, 대용품. [<L something for something]
qui·es·cent [kwiésnt, kwai-] 혱 1 고요한; (병이) 가라앉은, 진정기의; 정지하고 있는, 움직이지 않는. 2 (문자가) 묵음의. **-cence, -cen·cy** 명 **~·ly** 부
quiéscent tánk 명 (하수 처리의) 침전조.
‡**qui·et** [kwáiət] 혱 (**~·er; ~·est**) 1 조용한, 소리를 내지 않는, 시끄럽지 않은; 한적한(倒 noisy). ¶ **a ~ street** 조용한 거리 / **keep ~** 조용히 있다. 2 고요한, 잔잔한, 움직이지 않는. ⇒CALM [유의어] ¶ **a ~ lake[sea]** 잔잔한 호수[바다]. 3 (마음이) 근심 걱정이 없는, 편안한; 침착한. ¶ **a ~ mind[sleep]** 편안한 마음[잠]. 4 휴식을 취한, 진득한; 푸근한, 느긋한. ¶ **a ~ cup of tea** 느긋하게 드는 한 잔의 차. 5 (태도 따위가) 조용한, 정숙한, 얌전한; 말수가 적은, 내성적인. 6 (생활 따위가) 평화로운, 평온한; 단조로운. ¶ **The country life is too ~ for me.** 시골 생활은 내게 너무나 단조롭다. 7 (색채·옷 따위가) 은은한, 차분한, 점잖은, 눈에 띄지 않는(倒 loud). ¶ **a ~ dress** 점잖은 옷. 8 완곡한; 은밀한. ¶ **a ~ irony** 완곡한 풍자. 9 비공식의, 약식의. ¶ **a ~ dinner party** 비공식 만찬회. 10 (상업) 활발하지 않은, 한산한. ¶ **a ~ market** 한산한 시장. 11 (태양의 흑점 따위가) 활동하지 않는.
(as) quiet as a mouse 쥐죽은 듯이 조용한.
Be quiet!; Quiet! 조용히 해라!
have a quiet dig at a person 은근히 남을 비꼬다.
keep~quiet; keep quiet about …을 비밀로 해 두다. ¶ **They kept it ~.** 그들은 그것을 덮어 두었다.
— 명 1 조용(고요)함, 정적, 한적(倒 noise). ¶ **the ~ of the night** 밤의 정적. 2 휴식, 위안; (마음의) 평온, 평정. ¶ **rest and ~** 안식, 휴식. 3 (세상의) 태평, 평화; 무사. ¶ **years of ~** 평화로운 시대.
at quiet 평온하게, 조용하게. 「평온 무사하게 살다.
in quiet 평온하게, 평화하게. ¶ **live in peace and ~**
on the quiet; (속어) on the q.t. [or Q.T.] 비밀리에, 은밀히.
out of quiet 평온히.
— 타 1 …을 조용하게 만들다, 진정시키다(down). ¶ **~ excited students** 흥분한 학생들을 진정시키다. 2 …을 위로하다, 달래다, 안심시키다. ¶ **~ a crying baby** 우는 아이를 달래다. 3 [소동·공포 따위]를 가라앉히다. 4 입다물게 하다, 침묵시키다. — 자 조용해지다, 잠잠해지다(down). ¶ (**~+위**) **The excitement ~ed down.** 흥분이 가라앉았다. — 부 = quietly.
quiet diplómacy 명 조용한 외교(실무적 접촉으로 문제를 해결하려 하는 외교 자세).
qui·et·en [kwáiətn] 타 자 (英) = quiet. 「장치.
qui·et·er [kwáiətər] 명 (기계) (내연 기관의) 방음
qui·et·ism [kwáiətìzm] 명 1 (종교) 정적(靜寂) 주의, 퀴에티즘(17세기 후반의 종교적 신비주의의 한 형태). 2 심신의 안정, 평정, 평온 무사. 3 무저항주의.
qui·et·ist [kwáiətist] 명 정적주의자, 퀴에티즘 신봉자. — 혱 정적주의의, 종교적 신비주의의. **-tis·tic** 혱
qui·et·ize [kwáiətàiz] 타 …에 방음 장치를 하다.
‡**qui·et·ly** [kwáiətli] 부 (**more ~; most ~**) 1 조용히, 말없이. 2 **move ~** 조용히 움직이다. 2 침착하게; 평온하게, 평화적으로. ¶ **speak ~** 침착하게 이야기하다. 3 수수하게. 4 은밀히, 몰래.
just quietly (濠·뉴질 구어) 우리끼리 이야기지만, 비밀인데(between you and me).
qui·et·ness [kwáiətnis] 명(U) 조용함, 침묵; 정적; 평정, 평온; 침착. ¶ **the ~ of** one's **manners** 차분한

태도.
in [or **with**] **quietness** 조용히.
quíet ròom 명 (조용한) 작업실; (정신 병원의) 격리실.
qui·e·tude [kwáiətjùːd/-tjùːd] 명 ⓤ 조용함, 고요함, 평온, 평정; 정적; 안정, 안식.
qui·e·tus [kwaiíːtəs] 명 (복 ~·es) 1 (a ~, the ~, one's ~) 인생의 일격, 결정타; (인생의) 총결산, 죽음. ¶ give a ~ to a rumor 소문을 근절시키다. 2 (채무 따위의) 이행, 청산. 3 은퇴 기간, 활동하지 않는 기간.
get one's quietus 숨통이 끊어지다, 죽다.
give a person **his quietus** 남의 숨통을 끊다, 죽이다.
quiff[1] [kwif] 명 (복 ~**s**) (속어) 쳐녀, 젊은 여자, 품행이 좋지 않은 여자; (美속어) 매춘부.
quiff[2] 명 **1** (英) (남자의) 이마에 늘어뜨린 곱슬 머리. **2** (속어) 교묘한 수단[수법], 약은 수.
quiff[3] 명 **1** (美) 한 모금의 담배 연기; 한 번 내쉬는 숨; 한 줄기 바람. **2** (英속어) 방귀. (<whiff)
*__quill__ [kwil] 명 **1** (새 깃의) 깃대; (날개 또는 꼬리의) 뻣뻣한 깃. **2** (잘 pen); 이쑤시개; (현악기의) 채; (낚시의) 찌; (관(管) 모양의) 실패(bobbin); (실패로 쓰는) 갈대의 줄기; 계피(桂皮) 등을 돌돌 말 것. **3** 갈대 피리; (복 ~**s**) =panpipe. **4** (고슴도치 따위의) 가시. **5** (美속어) (코로 마약 흡입하는 데 쓰는) 종이 빨대; (마약을 감추는) 접는 종이 성냥갑.
drive the quill 펜을 놀리다, 쓰다, 집필하다.
the pure quill 진짜, 최고급품, 극상품.
── 동타 **1** …에 관상(管狀)으로 주름을 잡다; [실]을 실패에 감다. **2** (새)로부터 깃을 뽑아내다. **3** 침으로 찌르다. **4** (속어) …에게 아첨하다, 알랑거리다.
~·like 형
quíll drìver 명 (익살·경멸적) 펜을 많이 놀리는 사람, (다작의) 작가, 하급 서기, 신문 기자. (또는 **quílldriver**) **quíll drìving** 명 글쓰기, 문필업.
quill·er [kwílər] 명 실 감는 기계; 기계를 다루는 사람, 실 감는 직공.   「무리의. ~**·ed** 형
quill·et [kwílit] 명 (고어) 세밀한 구별; 핑계, 얼버무리는 말.
quill·ing [kwíliŋ] 명 ⓤⓒ 관(管) 모양으로 주름을 잡은 레이스; 관 모양의 주름 잡기.
quíll pèn 명 깃펜.
quill-pen ['-pèn] 동타 …을 깃펜으로 쓰다.
quíll wòrk 명 **1** 호저의 바늘 또는 새의 깃대를 이용한 장식 공예. **2** =quilling.
*__quilt__ [kwilt] 명 **1** (깃털·솜 따위를 넣어 만든) 누비 이불, 깃털 이불, 퀼트; 누벼서 만든 것; 누비질. ¶wrap up in a ~ 누비 이불을 덮다. **2** 덧이불, 웟덮개; 침대 커버. **3** 얼룩 무늬. ── 타 **1** 누비다; [돈·편지 따위]를 (…사이에) 넣고 꿰매다 (in). ¶(~+图+图+图) ~ money in one's belt 돈을 혁대에 넣고 꿰매다. **2** [문학 작품 등]을 긁어 모아서 편집하다(together). ¶(~+图+圈) ~ together a collection of verse 긁어모아서 시집을 만들다. **3** …에 채우다, 속을 넣다. 안감을 대다. **4** (속어·방언) …을 치다, 때리다. ── 자 퀼트를 만들다. **~·er** 명 「럼 속을 넣은.
quilt·ed [kwíltid] 형 누비 이불 같은; 누비 이불처
quilt·ing [kwíltiŋ] 명 ⓤ 누비질; 누비 이불의 재료; 퀼트 작품. **2** (깨지기 쉬운 물건을 넣고 싸는) 포장(법). **3** =~ bee.
quílting bèe [pàrty] 명 (美) 수다를 떨며 누비 이불 만드는 여자들의 모임.   「나다) 여성(들).
quim [kwim] 명 **1** (英비어) (여성의) 음부. **2** (美·캐
quin [kwin] 명 (구어) 다섯 쌍둥이의 하나(quintuplet).
qui·na [kíːnə, kwái-] 명 =cinchona.
quín·a·crine (hydrochlóride) [kwínəkriːn-] 명 (약학) 퀴나크린 (말라리아 예방·치료용).
quinacrine mùstard 명 (의학) 퀴나크린 머스터드(임신중인 태아의 성별 판정용 조합제).
qui·na·ry [kwáinəri] 형 5의, 5개로 된; 5개씩 늘어놓은; 5번째의; 5진법의. ── 명 5개 한 벌; 5진법의 수.

qui·nate[1] [kwáineit] 형 (식물) 다섯 개의 작은 잎으로 된(quinquefoliolate).
quin·ate[2] [kwáineit, kwin-] 명 (화학) 퀴닌산염 (에스테르).
quince [kwins] 명 **1** 마르멜로; 마르멜로의 열매. **2** (濠속어) 호모.
get on a person's **quince** (濠속어) 피롭히다, 안절부절 못하게 하다.

(quince)

quin·cen·ten·ar·y [kwìnsentíːnəri/-tín-] 명 500주년 (기념)제. 형 500년마다(간)의; 500년제의.
quin·cen·ten·ni·al [kwìnsenténiəl] 형 500년간의; 500주년(기념)의; 500년제의. ── 명 500주년 기념(기념)제.
quin·cun·cial [kwinkʌ́nʃəl, kwiŋ-] 형 **1** 다섯 눈 모양의, 5점형의. **2** (꽃잎) 다섯 잎 배열의, 매화 모양의. (또는 **quin·cunx·ial** [kwinkʌ́ŋksiəl])
quin·cunx [kwíŋkʌŋks, kwín-] 명 다섯 눈 모양, 5점형; (식) (葉) 배열.   「15각형.
quin·dec·a·gon [kwindékəgàn/-gən] 명 (기하) **quin·dec·a·plet** [kwindékəplèt] 명 15개 한 벌, 15명 한 조; 그 하나인 사람.
quin·de·cen·ni·al [kwìndisénɪəl] 형 15년간의; 15주년의; 15년제(祭)의. ── 명 15주년(제).
quin·de·cil·lion [kwìndisíljən] 명 퀸데실리언((美) 10⁴⁸; (英·독일·프랑스) 10⁹⁰). 형 퀸데실리언의.
qui·nel·la [kiːnélə/kwi-] 명 (경마 따위의) 복승식 (複勝式); 복승식 레이스.
quin·es·trol [kwinéstrɔːl/-trɔl] 명 (약학) 퀴네스트롤(합성 에스트로젠; 경구 피임약).
quin·gen·te·nar·y [kwìndʒentíːnəri/-tiːn-] 명 =quincentenary.   「부의 항구 도시).
Qui Nhon [kíː njɔ́ːn/-njɔ́n] 명 퀴논(베트남 남동
quín·ic ácid [kwínik-] 명 ⓤ (화학) 퀴닌산(酸)(기나피(皮) 따위에 함유된 산). (또는 **chínic ácid**)
qui·nine [kwáinain/kwiníːn] 명 ⓤ (화학·약학) 키니네, 퀴닌(말라리아 특효약).
quínine wàter 명 키니네가 든 탄산수.
Quink [kwiŋk] 명 (상표) 퀸크(미국제 속건성(速乾性) 잉크). (<quick-drying ink)
quin·o·line [kwínəlin, -liːn] 명 (화학) 퀴놀린(약품 방부제 및 염료 제조용).
qui·none [kwinóun, '--] 명 (화학) 퀴논(염료 따위의 원료).
quin·qu- [kwiŋk] 연결 ⇒QUINQUE-.
quin·qua·ge·nar·i·an [kwìŋkwədʒinέəriən] 형 50세의; 50대의. ── 명 50세(대)의 사람.
quin·quag·e·nar·y [kwinkwǽdʒənèri/-kwǽdʒinəri] 형 50주년(제)의. ── 명 50주년(제).
Quin·qua·ges·i·ma [kwìŋkwədʒésəmə] 명 50순절(의 일요일); 4순절 직전의 일요일. **-mal**
quin·quan·gu·lar [kwinkwǽŋgjulər] 형 (고어) 5각(형)의.
quin·que- [kwíŋkwi, -kwə, kwin-/kwíŋ-] 연결 five의 뜻 (* 모음 앞에서는 quinqu-). ¶*quinquereme, quinquangular.*
quin·que·cen·ten·ar·y [kwìŋkwəsentíːnəri/-tín-] 명 =quincentenary.
quin·que·cen·ten·ni·al [kwìŋkwəsenténiəl] 형명 =quincentenary.   「=quinquennium.
quin·quen·ni·ad [kwiŋkwéniæd, kwiŋ-] 명 **quin·quen·ni·al** [kwiŋkwéniəl] 형 **1** 5년(간)의, 5년간 계속되는; 5년 근속의. **2** 5년마다의, 5년에 한 번의. ── 명 **1** 5년마다 일어나는 것. **2** 5년제(祭), 5주년 기념. **3** 5년의 기간; 5년간. ~**·ly** 부
quin·quen·ni·um [kwiŋkwéniəm, kwiŋ-] 명 (복 ~**s**, **-ni·a** [-niə]) 5년의 기간, 5년간.
quin·que·par·tite [kwìŋkwəpáːrtait] 형 다섯 개로 갈라진, 5부[열, 편]로 된.

quin·que·reme [kwíŋkwəri:m] 명 (고대 로마의) 5단의 노가 달린 갤리선(船).
quin·que·va·lent [kwìŋkwəvéilənt] 형 (화학) 1 5가(價)의(pentavalent). 2 5개의 다른 원자가를 나타내는[갖는]. **-lence, -len·cy** 명 [cinchona.
quin·qui·na [kinkí:nə/kwiŋkwái-] 명 (고어) =
quin·qui·va·lent [kwìŋkwəvéilənt] 형 (고어) = quinquevalent. [plets).
quins [kwinz] 명복 (구어) 다섯 쌍둥이(quintu-
quin·sy [kwínzi] 명 ① (병리) 편도선 (주위) 농양. **-sied**
quint[1] [kwint, kint] 명 1 (음악) 5도 음정; (바이올린의) E선(線); (오르간의) 5도 높은 음을 내는 음전(音栓). 2 (카드놀이) 5매 연속된 같은 종류의 패.
quint[2] [kwint] 명 다섯 쌍둥이의 하나; 농구팀(quintet).
quin·ta [kíntə, kí:n-] 명 (스페인·포르투갈·중남미 등의) 시골집, 별장; 시골 여관. [< Sp]
quin·tain [kwíntn/-tin] 명 (중세의 마상(馬上) 창시합에 쓴) 창 과녁; ① 창 과녁 찌르기 경기.
quin·tal [kwíntəl] 명 퀸틀(중량의 단위); 100kg).
quin·tan [kwíntn] (병리) 형 (열·오한 따위가) 닷새마다의, 닷새마다 일어나는. — 명 ① 5일열.
quinte [kænt/F kɛːt] 명 (펜싱) 제5의 자세(방어 기본 5의 하나).

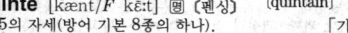
(quintain)

quin·ter·ni·on [kwintə́ːrniən] 명 (제본) 5장 접첩.
quin·tes·sence [kwintésns] 명 1 (물질의) 에센스, 본질, 정수, 진수(of). 2 전형, 화신. ¶Her dress is the ~ of good taste and style. 그녀의 복장은 좋은 취미와 우아한 멋의 전형이다. 3 (고대 철학) 제5원소 (고대·중세 철학에서 불·바람·흙·물의 4대 원소 이외에 존재하며 우주에 충만해 있다고 생각되었던 원소).
quin·tes·sen·tial [kwìntəsénʃəl] 형 본질의, 정수의, 전형적인; (고대 철학) 제5원소의. **-ly** 부
quin·tet(te) [kwintét] 명 1 5중주[창]곡; 5중주[창]단. 2 5인조, 5개 한 벌. 3 (구어) (남자) 농구팀.
quin·tile [kwíntil] 명 1 (통계) (도수 분포에서) 5분위수(分位數). 2 (점성) 5분의 1 간격의 위치, 5분의 1시좌(視座). — 형 (점성) 5분의 1 간격의[시좌]의.
quin·til·lion [kwintíljən] 명 ◆ (~(s)) 퀸틸리언 ((美) 10¹⁸; (英·독일) 10³⁰). — 형 퀸틸리언의.
quin·tu·ple [kwintjúːpl/kwíntju-] 형 (수량·액수 따위가) 5배의; 5중의, 다섯 부분으로 된; (음악) 5박자의. — 명 5배, 5배의 수[양, 액]. — 자태 …을 5배로 하다. — 부 5배로 되다.
quin·tu·plet [kwintÁplit/kwíntju-] 명 1 5인조, 5개 한 벌. 2 (~s) 다섯 쌍둥이. 3 다섯 쌍둥이의 하나. 4 (음악) 오연음부(五連音符), 다섯 잇단음표.
quin·tu·pli·cate [kwintjúːplikət/-tjúː-] 형 5배의, 5중의; 5개 한 벌의; 5배(부분)로 이루어진. — 명 [kwintjúːpləkèit/-tjúː-] 다섯 개 한 벌, 5매 복사; (5개 한 벌인[5매 복사인 것 중의]) 다섯째. — 타 [kwintjúːpləkèit/-tjúː-] (문서 따위)를 5통 작성[복사]하다; 5배로 하다. **-cá·tion** 명
quin·tus [kwíntəs] 명 1 (중세 음악의) 다성곡(多聲曲)의 제5성부. 2 (英) (public school의 성(姓)이 같은 남학생 중 연령·학년 순으로) 다섯 번째의.
quip [kwip] 명 1 재치있는 말, 명언, 명구, 경구(警句). 2 빈정거리는 말, 신랄한 말. 3 발뺌, 핑계. 4 기행(奇行), 기묘한 것. — 자 (-pp-) (…에게) 빈정거리다, (…을) 비웃다, 놀리다(at). — 타 …을 놀리며, …에게 빈정거리다.
quip·per·y [kwípəri] 명 (집합적) 경구, 명언.
quip·ster [kwípstər] 명 빈정거리는 사람; 경구의 명인. [문자.
qui·pu [kíːpuː, kwíp-] 명 (고대 페루의) 결승(結繩)

quire[1] [kwaiər] 명 1 종이 1첩(帖)(24 또는 25매). 2 (제본할 때의) 한 절(折). ¶in ~s 미제본으로, 낱장으로.
quire[2] 명동 (고어) =choir.
Quir·i·nal [kwírənl] 명 1 (the ~) 퀴리누스의 언덕 (로마의 일곱 언덕의 하나); (그 언덕 위의) 퀴리누스 궁전(옛 이탈리아 왕궁; 현 이탈리아 대통령 관저). 2 이탈리아 정부(≠ Vatican에 대해 쓰임). — 형 퀴리누스의 언덕[궁전, 신(神)]의; 이탈리아 정부의.
Qui·ri·nus [kwiráinəs, -ríː-] 명 (로마 신화) 퀴리누스(전쟁의 신; 후일 Romulus와 동일시됨).
quirk [kwəːrk] 명 1 버릇, 기벽(奇癖); 기행, 변덕. 2 발뺌, 구실, 핑계. 3 (운명·사건의) 급전(急轉), 급변. 4 (글자를) 멋부려 쓰기. 5 (건축) (쇠시리의) 홈; (방·뜰을 들이기 위해 분할한 땅의) 한 구획. 6 (英공군 속어) 경험 없는 비행병; 연습기.
by a quirk of fate 얄궂은 운명의 장난으로.
the quirks and eddies 흥망 성쇠, 부침(浮沈).
— 형 홈이 있는. — 타자 (건물 따위)에 깊은 홈을 파다. — 자 급격히 구부러지다.
-ish
quirk·y [kwə́ːrki] 형 1 버릇이 고집화된, 기벽(奇癖)이 있는; 구실이 많은; 기발한. 2 급히 굽는, 구불구불한. **quírk·i·ly** 부 **quírk·i·ness** 명 [서) 퀄런.
quir·ley [kwə́ːrli] 명 (美·濠속어) (cowboy 사이의
quirt [kwəːrt] 명 (가죽으로 만든) 말채찍. — 타 …을 말채찍으로 때리다.
quis·le [kwízl] 명 (구어) 나라를 팔아먹다, 매국행위를 하다, 배반하다, 적을 위해 일하다. **-ler** 명
quis·ling [kwízliŋ] 명 (경멸적) 매국노, 배반자; 제5열. **~·ite** 명형 [< 노르웨이의 친나치스 지도자 Vidkun Quisling (1887–1945)]
‡**quit** [kwit] 동 (~, (英) ~·ted; ~·ting) 타 1 …을 (…때문에) 그만두다, 그치다 (for). ⇒ STOP 유의어 2 (~+ing) playing 놀이를 그만두다. ¶ ~ office 사직하다; (직장) 을 떠나다, 사직하다. ¶ ~ the army 제대하다. 3 …을 떠나다, 물러나다. ¶ ~ a house 집을 떠나다. 4 …을 (…에) 면하게 하다 (of). ¶ (~+图+前+名) I ~ted her of fear. 그녀의 공포심을 덜어 주었다. 5 (고어) (재귀용법으로) 행동하다. ¶ Q~ yourself like men. 남자답게 행동하라. 6 (시) …에 (…으로) 보답하다, 갚다 (with). ¶ (~+图+前+名) ~ love with hate 사랑을 증오로 갚다. — 자 1 떠나다; (차지인(借地人) 등이) 퇴거하다; 사직하다. 2 그만두다; 단념하다; 항복하다. ¶ (~+前+名) ~ on life 생을 단념하다.
Death quits all scores. 죽음은 모든 것을 청산한다.
give[have] notice to quit 사직[퇴거]을 권고하다
quit hold of …을 놓아 주다. [[받다].
quit it (美속어) 죽다. [두다[고장나다].
quit on a person 남의 입장이 곤란하게 갑자기 그만
quit while one is ahead (美속어) 일이 잘되어 가고 있을 때 그만두다[손을 때다].
Some people (just) don't know when to quit. (구어) ① (불평을) 이제 그만 하지 그래요. ② (일을) 적당한 때에 그만둘 줄 모르는 사람도 있다.
— 형 (서술용법) 1 (…에서) 면제된, 해방된; (…의) 청산된, 결말(of). ¶We are well ~ of him. 그와 인연을 끊어 다행이다. 2 (고어) 허용된, 석방된.
be quit for …만으로 그치다[면하다]; …을 청산하다.
get quit of …을 면제받다, 벗어나다.
go quit 석방되다, 풀려나다.
— 명 (美) 퇴직, 사직; 퇴직자; 단념, 체념, 포기.
-ta·ble 형 [grass)
quitch [kwitʃ] 명 개밀(couch grass); (또는 ~
quit·claim [kwítklèim] (법률) 명 1 ⓒ 권리 양도[포기]. 2 =~ deed. — 타 (토지·재산 따위)의 청구권[권리]을 포기하다. [포기형 양도 증서.
quitclaim dèed (법률) 무담보 양도 증서, 권리

quite [kwait] 🅐 1 전적으로, 전혀, 모조리, 완전히, 절대(적으)로.¶feel ~ well 원기 왕성하다/I ~ agree with you. 너와 전적으로 동감이다/That's ~ another question. 그것은 전혀 별개의 문제다/You are ~ right. 과연 그렇군, 바로 네가 말한 대로다/He is ~ a [or a ~] rich man. 그는 아주 부자다. (＊quite a 는 a quite보다 구어적). 2 사실상, 실제로, 거의, …와 마찬가지로.¶It is ~ a picture. 마치 그림과 같다/You've been ~ a stranger these days. 정말 오랜만이군. 3 (구어) 상당히, 꽤, 아주, 제법, 적잖이.¶He's ~ a nice fellow. 그는 아주 좋은 녀석이야/I went a long way. 나는 상당히 멀리까지 갔다/She has been in Korea for ~ sometime. 그녀가 한국에 온 지도 꽤 되었다. 4 확실히[분명히] (…이기는 하지만).¶~ good but no perfect 훌륭하지만 완벽하지는 않은.
be quite the **(done) thing** (부정문에서) (구어) 사회적으로 용인되고 있는, 유행하고 있다.
not quite 완전히 …지는 않은; 그다지 …하지는 않는.¶I *not* ~ finished 완전히 끝내지는 않은/It's *not* ~ cold. 그리 춥지도 않다.
quite a [or *an, some*] (美구어) 상당한, 대단한, 어지간한.¶She's ~ *a* girl. 그녀는 대단한 아가씨야.
quite a bit (구어) 꽤 많은; 상당히.¶Mother left me ~ *a bit* fortune. 어머니는 내게 적잖은 유산을 남겨 주셨다.
quite a few 꽤 많은, 상당수의.
quite a little 꽤 많은 상당히 많은; 꽤, 상당히.
Quite (so).; Oh [or *Yes*], *quite.* (맞장구치며) 과연[정말] 그렇다, 그렇고 말고.
quite something (구어) 굉장한 것, 대단한 것.
quite the thing 유행하고 있는 것, 흔히 있는 일.
quite too (속어) 무척; 너무도 (…한).¶It is ~ *too* delightful. 그것은 아주 재미있다. 〔소자(素子)〕
quit·er·on [kwitərən/-rɔn] 🅝 〔전자〕 준(準)입자
Qui·to [kiːtou/*Sp* kíto] 🅝 키토(남미 에콰도르의 수도).
quít ràte 〔노동〕 이직률(離職率).
quit·rent [kwítrènt] 🅝 〔역사〕 면역 지대(免役地代)(봉건 시대에 토지 보유자가 부역 대신 바침).
quits [kwits] 🅐 〔서술용법〕 (빚 따위를 갚아) (…와) 비긴, 피장파장의, 대차(貸借) 없는 (*with*).
be quits with …에게 보복[앙갚음]하다; …와 피장파장이 되다.
call it quits ① 하루 일을 이쯤에서 끝내다. ② 포기 [단념]하다. ③ =*cry quits*. ④ 파혼[이혼]하다.
cry quits (싸움을 중지하고) 무승부로 하다.
double or quits 이판사판이 되느냐 되느냐의 내기.
quit·tance [kwítns] 🅝🅤 1 보상, 보답. 2 〔법률〕 (부채·의무로부터의) 면제, 면책 (*from*). 3 🅒 채무 면제 증서, 영수증.
give a person his quittance 남에게 (집에서) 나가 달라고 말하다.
quit·ter [kwítər] 🅝 (구어) (장애·위험에 부딪치면) 곧 포기[단념]해 버리는 사람, 겁쟁이; 게으름뱅이.
quit·tor [kwítər] 🅝 (수의) 제관염(蹄冠炎)(말의 발굽에 생기는 일종의 종기).
qui va là? [*F* ki va la] 누구냐? (＊보초가 수하(誰何)하는 말). 〔＜F Who goes there?〕
*quiv·er¹ [kwívər] 🅒 ~**s** [-z] 🅝 (사람·날개·소리 등이) 공포·흥분 따위로/광경·장면 따위에) 떨림, 전율하다, 흔들리다 (*with, at*). ⇒**SHAKE** 〔유의어〕¶~ *in* the wind 바람에 나부끼다 // (~+ 前+名) His voice ~*ed with* anger. 화가 나서 그의 목소리가 떨렸다/~ *with* fear 공포에 떨다. ── 🅣 …을 떨게 하다, 진동시키다.
── 🅝 떨림, 진동; 떨리는 목소리. ¶a ~ *of* excitement 흥분으로 인한 떨림.
all of a quiver (구어) 덜덜[오들오들] 떨며, 바르르.
~·**er** 🅝 ~·**ing** 🅐 ~·**ing·ly** 🅐 ~·**y** 🅐

quiv·er² 화살통, 전통(箭筒); (집합적) 화살통 속의 화살.
a quiver full of children 많은 자식들, 대가족(─시편(Ps.) 127:5).
have an arrow [or *a shaft*] *left in one's quiver* 아직 수단[재력]이 남아 있다. 〔충분하다.〕
have one's quiver full 수단[재력]이
quiv·er·ful [kwívərfùl] 🅝 1 화살통 [전통]에 가득함. 2 다수, 대세. 3 많은 자식. 〔(誰何)하는 말.〕
qui vive [kiː víːv/*F* kiviv] 누구냐? (＊보초가 수하 *on the qui vive* 경계하여, 방심하지 않고. 〔＜F *On whose side are you?*〕
Qui·xo·te [kihóuti, kwíksət] 🅝 ⇒**DON QUIXOTE**.
quix·ot·ic [kwiksátik/-sɔ́t-] 🅐 (때로 Q-) 돈키호테식의; 기사연(然)하는; 공상적인, 비현실적인; 엉뚱한, 터무니없는; 충동적인. (또는 **quixotical**) **-i·cal·ly** 🅐
quix·o·tism [kwíksətizm] 🅝 (때로 Q-) 돈키호테적 성격; 🅒 돈키호테적 발상[행위], 비현실적인 언동. =quixotism.
quix·o·try [kwíksətri] 🅝 🅒 1 행.
quiz [kwiz] 🅝 (🅒 ~**es** [-iz]) 1 약식 시험, 간단한 테스트; 질문, 심문.¶a snap ~ 벼락 시험. 2 퀴즈 (비공식) 앙케트; (英) (라디오·TV의) 퀴즈 프로(美) ~ show [*program*]. 3 (고어) 짓궂은 장난, 희롱; 장난꾸러기, 놀리는 사람, 야유하는 사람. 4 (英고어) 기인, 괴짜; 괴상한 것.¶a born ~ 타고난 괴짜.
── 🅣 (**-zz-**) 1 …에게 간단한 테스트를 하다. ¶(~+ 前+名) ~ one's pupils *on* English 학생들에게 간단한 영어 시험을 치르다. 2 (美)에게 (…에 대해) 자세히 질문하다, 집요하게 심문하다 (*about*). 3 (고어) …을 비웃다, 놀려대다, …에게 장난치다; (무례하게) 빤히 쳐다보다, 수상쩍다는 듯이 바라보다. ── 🅒 물끄러미 바라보다.
quiz out (구어) 시험에 합격하여 〔과목〕의 수강을 면제 *-za·ble* 🅐 〔받다 (*of*).〕
quíz gàme (라디오·TV의) 퀴즈 게임.
quíz kìd (구어) 천재 소년, 신동(神童).
quiz·mas·ter [kwízmæstər/-màːs-] 🅝 퀴즈 프로의 사회자(英) question master).
quíz prògram [shòw] (라디오·TV의) 퀴즈 프로.
quíz·(z)ee [kwizíː] 🅝 질문 받는 사람; 퀴즈 프로의 출연자. 〔quiz program.〕
quíz·zer [kwízər] 🅝 질문자; =**quiz game**; =
quiz·zi·cal [kwízikəl] 🅐 1 기묘한, 우스꽝스러운. 2 (표정·눈길 따위가) 의아스러워하는, 미심쩍어하는, 어리둥절해하는. 3 짓궂은, 놀려대는 듯한.
-cál·i·ty 🅝 ~·**ly** 🅐 ~·**ness** 🅝
quíz·zing glàss [kwízɪŋ-] 🅝 외알[단(單)] 안경.
quo·ad [kwóuæd] 🅐 …인 한에서는; …에 관하여서는. ⇒**QUOAD HOC**. 〔＜L whither to〕
quo·ad hoc [-hák/-hɔ́k] 🅐 여기까지는(to this extent); 이에 관해서는(as much as this). 〔L〕
quod [kwɑd/kwɔd] 🅝 (英속어) 교도소, 감옥.
in quod 옥중에서; 투옥[수감]되어.
go to quod 투옥되다, 수감되다.
out of quod 출소하여, 출옥하여.
── 🅣🅐 (**-dd-**) …을 투옥하다. (또는 **quad**)
quód·dy bòat [kwɑ́di-/kwɔ́di-] 🅝 (선수·선미가 같은 모양의) 용골 범선.
quod e·rat de·mon·stran·dum [kwɑ́d érət dèmənstrǽndəm/kwɔ́d-] 그것은 증명되었어야 하는 (바의)(🅐 Q.E.D.). 〔＜L which was to be demonstrated〕
quod e·rat fa·ci·en·dum [kwɑ́d érət fèiːɪénᴅəm/kwɔ́d-] 그것은 이루어졌어야 하는 (바의)(🅐 Q.E.F.). 〔＜L which was to be done〕
quod·li·bet [kwɑ́dləbèt/kwɔ́d-] 🅝 1 (신학·철학

quod vide 상의) 미묘한 논점. **2** (음악) 쿼득리벳(유머러스한 혼성). **-be·tár·i·an** 휑 **-bét·ic** 휑 **-bét·i·cal·ly** 튀

quod vi·de [kwɑd váidi, -víːdei/kwɔ́d-] 그 말[항(項)]을 보라. …참조(略 q.v.). 〈<L which see〉

quoin [kwɔin] 몡 **1** (벽·건물의) 모서리; (방의) 구석. **2** 귀돌, 모서리돌. **3** 귀퉁이의 받침; [인쇄] (판면(版面)을 죄는) 죄임목, 죄임쇠. ─턴 …을 귀돌로 받치다, 쐐기로 죄다. (또는 **coign(e)**)

quoin·ing [kwɔ́iniŋ] 몡 귀돌 (쌓기).

quóin pòst (수문 따위의) 문지도리.

quoit [kwɔit] 몡 **1** (〜s) [단수취급] 쇠고리[빗줄 고리]던지기. **2** 그 게임용 고리. **3** (濠속어) 궁둥이(coit). **go for** one's **quoit(s)** (濠속어) 서두르다, 허둥대다. ─텀 [고리]를 던지다. (고리던지기처럼) …을 던지다. ─짓 고리던지기를 하다.

-er 〜-like 휑 「what right?」
quo ju·re? [kwóu dʒúəri] 무슨 권리로? 〈<L by
quo mo·do [kwóu móudou] **1** 어떤 방법으로, 어떤 식으로(in what way). **2** …와 같은 방법으로(in the same manner that), … 처럼(as). (略 q.m.)〈<L〉

quo·mo·do [kwóumədòu] 몡 (the 〜) 방법, 수단.

quon·dam [kwɑ́ndəm/kwɔ́ndæm] 휑 전에 …이었던, 지난날의, 원래의. ¶ a 〜 friend 지난 날의 친구.

Quón·set [hùt] [kwɑ́nsit-/kwɔ́n-] 몡 (美) (商標) 퀀셋식 건축물(반원형의 군대 막사·주택·창고).

quo·rate [kwɔ́ːrət] 휑 정족수(quorum)를 채운.

Quorn [kwɔːrn] 몡 (商標) 퀀(죽순으로 가공한 고기 대용의 식물성 단백 식품).

quo·rum [kwɔ́ːrəm] 몡 **1** (의사 진행·의결에 필요한) 정족수. **2** 특히 선발된 그룹, 선발 단체. **3** (英역사) (법정(法廷) 성립에 필요한) 특정의 치안 판사; (집합적) (일반적으로) 치안 판사. **4** (모르몬교) 종교 회의.

quot. quotation; quoted.

quo·ta [kwóutə] 몡 **1** 몫, 할당. **2** (생산·판매·수출입 따위의) 할당량, 쿼터, 분담[분배]액. **3** 할당 인원수; (대학 따위의) 정원; (클럽의) 참가수; (이민법에 의한 미국에의) 할당 이민. **4** (비례 대표제에서) 당선에 필요한 최저 득표수.

quot·a·ble [kwóutəbl] 휑 인용할 수 있는; 인용 가치가 있는, 인용에 적합한. ¶ 〜 words 인용할 수 있는 말. **-bíl·i·ty** 몡 인용 가치. **-bly** 튀 **〜·ness** 몡

quóta hòpping 몡 쿼터 넘기기(생산(어획) 할당수를 피하기 위해 등록을 타국으로 옮기기).

quóta immigrant 몡 (美) 쿼터 이민(연간 이민 수용 제한의 대상이 되는 이민).

quóta quíckie 몡 (英) 쿼터를 맞추기 위해 단기간에 제작한 영화.

quóta sỳstem 몡 (美) 쿼터 제도. **1** 수출입·분담액 따위를 정하는 제도. **2** 교육·고용에 있어서 일정 수의 흑인·여성을 넣게 하는 제도. **3** 연간 이민수를 국적에 따라 제한하는 제도.

‡**quo·ta·tion** [kwoutéiʃən] 몡 **1** (몫 〜**s** [-z]) ⓤ (…에서의) 인용(하기); ⓒ 인용어(구, 문); [음악] 인용 악절(from). ¶ 〜**s** from the Bible 성서로부터의 인용문, 성구(聖句). **2** (상업) 시세, 시가, 거래 가격; ⓤⓒ (…의) 견적(을 내기) (for). ¶ daily market 〜s 일일 시장 시세/a 〜 for mending a road 도로 보수비의 견적. **3** (증권) (주식의 증권시장) 상장(上場). **4** (인쇄) 공목, 인테르. **5** =〜 mark.

‡**quotátion màrk** 몡 (보통 〜s) 인용 부호, 따옴표. (또는 **quóte màrk**)

참고 Quotation Marks—**(1)** 일중 따옴표(single quotation marks, single quotes) (' ')와 이중 따옴표(double quotation marks, double quotes) (" ")가 있다. **(2)** 따옴표의 앞의 것 (', ")은 시작 따옴표(open-quotes); 따옴표의 뒤의 것 (', ")은 마침 따옴표(close [end]-quotes)라고 한다. **(3)** 읽을 때는 시작 따옴표는 "Quote"; 마침 따옴표는 "Unquote", "End Quote", "Close Quote" 따위로 읽는다. **(4)** 인용문은 보통 이중 따옴표를 쓰며 이중 인용의 경우 대개 " ' "형을 쓰나 (英)에서는 ' " ' 처럼 반대로 쓰는 경우도 있다.

quo·ta·tive [kwóutətiv] 휑 인용의; 인용벽이 있는[을 좋아하는]. ─ 몡 인용어구(표현).

‡**quote** [kwout] 튐 (**quot·ed; quot·ing**) 턴 **1** …을 (…에서) 인용하다, 일부를 발췌해서 쓰다 (from); 구체적 실례·증거로서 끌어대다, 내놓다. ¶ 〜 Milton 밀턴의 시를 인용하다 // (〜+目+前+名) 〜 a verse from the poem 그 시에서 한 행을 인용하다 // (〜+目+as 補) This instance was 〜d as important. 이 예가 중요한 것으로 인용되었다. **2** (어구 앞뒤에) 인용 부호로 싸다. **3** (상업) (값)을 부르다; …에 시세를 (얼마로) 매기다; …을 (얼마로) 견적하다 (at). ¶ 〜 a price 견적 가격을 대다 // (〜+目+前+名) 〜 a commodity at ten dollars 어떤 상품을 10달러로 견적하다. ¶ (〜+前+名) 〜 from the Bible 성서에서 인용하다. ¶ (〜+目+名) 〜 a price 값(시세)을 부르다; 견적 가격을 내다. ¶ (〜+前+名) 〜 for building a new house 신축 비용을 견적하다. **3** (명령형으로) 인용(문)을 시작하라(☞). ─ 짓

quote(,) ***unquote*** [or ***end quote***] 이하 인용(*이야기할 때 인용 표시); 이른바, 말하자면(so-called, so to speak).

─ 몡 (구어) **1** 인용구(문). **2** (〜s) 인용 부호, 따옴표. **3** (상업) 시세, 거래가; 견적액.

in quotes 인용 부호 안에, 따옴표로 묶어.

quót·er 몡 인용(견적)자.

quote-drop [-drɑ̀p/-drɔ̀p] 튠 (美속어) 함부로 인용구를 사용하다.

quote·wor·thy [kwóutwəː*r*ði] 휑 인용 가치가 있는, 인용할 수 있는. **-thi·ness** 몡

quoth [kwouθ] 튠 (고어) 말했다(said)(*1인칭·3인칭의 직설법 과거형으로) 〜 I [he, she]와 같이 항상 주어 앞에 놓아 인용구와 함께 쓴다. (또는 **quo**)

quoth·a [kwóuθə] 깜 (고어) (경멸적·비꼬아) 분명히, 그렇고말고, 암, 그렇군. 「의, 매일.

quotid. (라틴) quotidie(=daily) ((처방전에서)) 매일

quo·tid·i·an [kwoutídiən] 휑 **1** 매일의, 나날의; 매일 일어나는. **2** 흔히 있는, 일상의; 평범한. **3** (발열·오한이) 매일 일어나는. ─ 몡 **1** 매일 일어나는 일. **2** (병리) 매일열(每日熱)(〜 fever). **-ly** 튀 **〜·ness** 몡

quo·tient [kwóuʃənt] 몡 **1** (수학) 몫; 비율, 지수. ¶ a differential 〜 미분 계수. **2** (구어) = quota. **3** = intelligence 〜. 「group).

quótient gròup 몡 (수학) 인자군(因子群)(factor

quótient ring 몡 (수학) 상환(商環).

quo va·dis? [kwóu váːdis] 어디로 가시나이까? 〈<L Where do you go?〉

quo war·ran·to [kwóu wɔːræntou/-wɔːr-] 몡 (법률) 직권 남용자에 대한) 권한 개시(開示) 영장[소송]; 직권 재판; 심문 재판 첫머리의 진술.

Qu·r'an [kurɑ́ːn, -ræn/kɔː-] 몡 (the 〜)=Koran.

qursh [kəːrʃ] 몡 =qirsh.

qu·rush [kurúʃ] 몡 qirsh의 복수형.

q.v. 1 (라틴) quantum vis(=as much as you wish) ((처방전에)) 임의의 분량으로). **2** (略 **qq.v.**) (라틴) quod vide(=which see)(그 단어[항]를 보시오). **3** qui vive.

Q-val·ue [kjúːvæljuː] 몡 (물리) Q값(원자핵 반응시 방출되는 에너지).

QWERTY [kwə́ːrti, kwéər-/kwɑ́ːti] 몡휑 쿼티 자판(의) (〜 keyboard) (컴퓨터·타자기의 가장 일반적인 영문 자판으로 맨 윗줄이 영문자 q, w, e, r, t, y의 순으로 배열되어 있음). (또는 **QWERT, qwerty**)

QWL quality of working life (근로 생활의 질).

qy., Qy. query.

R

R, r [ɑːr] 阁 (图 **R's, Rs; r's, rs**) 1 영어 알파벳의 열여덟째 자. ¶*R for Robert* Robert의 R(국제 전화 통화용). 2 R[r]이 나타내는 소리. 3 R자 형의 물건).
the three R's [or *Rs*] 읽기·쓰기·산수(reading, writing, arithmetic).
when [*unless*] *there is an R in the month* (英·익살) R자가 들어 있는 달 동안에[이외]은(* 무언가를 시켜라, 또는 하지 마라 라고 제언할 때 쓴다).

r radius; (상업) registered; (전기) resistance; (물리) roentgen; royal; ruble; (图 **~s**) rupee.
r ㉮ (생태) 개체군(群)의 내적 증가율(일정 시간당 개체수의 증가율)(Malthusian parameter). [제철이다.
R [ɑːr] 동 (구어) =are. ¶*Oysters R in season.* 굴이
R (화학) radical; (수학) ratio; (신사복의 사이즈) regular; (전기) resistance; (물리) roentgen; (서양장기) rook; (연극) stage right.
R ㉮ (차례·연속된 것 중의) 열여덟번째(의 것); I 또는 J를 계산에 넣지 않을 때의 열일곱번째(의 것). 2 (중세 로마 숫자의) 80. 3 (생화학) arginine. 4 (물리) =universal gas constant(보편 기체 상수). 5 =registered trademark(상표; 상품명의 오른쪽 어깨에 기호 ®을 붙인다). 6 (美·濠) (영화) =restricted(준(準)성인 영화; 17세 미만은 보호자 동반 의무가 있음).

r. rabbi; radius; railroad; railway; rain; range; rare; (상업) received; residence; right; river; road; rod; rood; ruble; (야구) run(s). **R.** rabbi; Radical; railroad; railway; rector; redactor; regina; Republic(an); response; rex; river; road; royal; ruble; rupee.

Ra [rɑː] 阁 (이집트 신화) 라, 태양신(고대 이집트의 최고 신; 매의 머리 위에 둥근 태양을 이고 있다).
Ra ㉮ (화학) radium.
RA [ɑːréi] 阁 1 분노. 2 (대학에서) 기숙사 각 층의 감독자, 사감(Resident Advisor).
R.A. rear admiral; (은행) refer to acceptor; Regular Army; (천문) right ascension(적경(赤經)); Royal Academician(왕립 미술원 회원); Royal Academy; (英) Royal Artillery(포병대).
R.A.A.F. Royal Australian [Auxiliary] Air Force 호주공군.[(英) 공군 보조 부대]. **RAAMS** (군사) *r*emote *a*nti-*a*rmor *m*ine *s*ystem(원격 대(對)장갑 지뢰 시스템).
ra·bal [réibəl] 阁 (기상) 레이벌 관측(라디오존데(상층 기상 관측 장치)의 기구(氣球)를 이용한 상층의 풍향·풍속 관측). (<*ra*diosonde *bal*loon wind data)
Ra·bat [rɑːbɑ́ːt, rə-] 阁 라바트 (Morocco 서북부의 있는 해항(海港)· 수도).
rab·bet [rǽbit] (목공) 阁 (두 널빤지를 잇기 위해 널빤지 끝을 잘라낸) 은촉, 은촉홈. (널빤지 끝 따위)에 은촉(홈)을 만들다, …을 은촉이음[붙임]하다. — ㉮ 은촉붙임 되다 (*on, over*). (또는 **rebate**)
rábbet jòint 阁 (목공) 은촉붙임[이음].
rábbet plàne 阁 (목공) 개당 대패, 홈 대패.
rab·bi [rǽbai] 阁 (图 **~(e)s**) 1 (유대교) 랍비, 법학자(법률·제식(祭式)의 여러 문제를 재결(裁決)하고, 결혼식 따위에 입회한다). 2 선생, 스승(유대인 교사·학자에 대한 존칭). 3 유대인 지도자. 4 (속어) 정치·업무상의) 후원자.
rab·bi² [rǽbi] 阁 (图 **~(e)s**) (교회) (목사가 입는) 소매·등이 없는 옷.
rab·bin [rǽbin] 阁 (고어) =rabbi¹.
rab·bin·ate [rǽbənət, -nèit] 阁回 1 랍비의 직[신분, 임기]. 2 (집합적) 율법학자단.
Rab·bin·ic [rəbínik] 阁回 랍비어(중세의 율법학자가 문서에 쓴 후기 헤브라이어).
rab·bin·i·cal [rəbínikəl] 阁 1 (유대의) 율법학자의, 랍비의, 랍비의 학문[저작]에 관한, 랍비풍의; 랍비가 되기 위한. 2 (R-) 탈무드(Talmud) 시대 랍비의. (또는 **rabbinic**) **~·ly** 图
rab·bin·ism [rǽbənìzm] 阁回 (유대의) 율법주의, 랍비의 학설(교의); 랍비 특유의 표현[어휘].
rab·bin·ist [rǽbənist] 阁 랍비 신봉자(탈무드 (Talmud)의 가르침과 랍비의 전통에 따르는 유대인).
ràb·bin·ís·tic 阁
‡**rab·bit¹** [rǽbit] 阁 (图 **~(s)**) 1 집토끼(산토끼(hare)보다 작다); (일반적으로) 토끼. 2 回 토끼의 모피; 토끼 고기. 3 =Welsh ~. 4 (英구어) (크리켓·테니스·골프 따위의) 서투른 경기자(*at*); 초심자(cf. tiger). 5 (장거리 경주의) 페이스메이커. 6 =~ food. 7 (美속어) 소심한 사람, 겁쟁이; (美흑인 속어) 백인.
(*as*) *timid* [or *scared*] *as a rabbit* 토끼처럼 겁이많은.
breed like rabbits 자식을 많이 낳다.
buy the rabbit 손해 나는 거래를 하다.
pull [or *produce*] *a rabbit out of the hat* 뜻밖의 해결책[해답]을 내놓다, 곤경에서 묘안을 생각해 내다.
run like a rabbit 허둥지둥 달아나다.
— 동 (-*t*-, (英) -*tt*-) 1 토끼 사냥을 하다, (총으로) 토끼를 쏘다. ¶go *~ing* 토끼 사냥을 가다. 2 (美속어) 쏜살같이 도망하다. 3 (英구어) 지껄이다(*on*) (*about*). **~·er** 阁 토끼 사냥꾼.
rab·bit² 동囝 (비어) (명령형으로) 저주하다. ¶*R— it! =Odd ~ it!* 빌어먹을, 젠장!
rábbit anténna 阁 =rabbit ears 1.
rábbit bàll 阁 (야구) 래빗 볼(잘 뜨는 탄력 좋은 공).
rábbit bùrrow [hòle] 阁 토끼굴.
rábbit èars 阁 (단수취급) 1 (TV) 실내용의 V형 소형 안테나. 2 (속어) (스포츠) (구경꾼의) 야유에 흥분하는 선수[심판]. [remia).
rábbit fèver 阁 (수의·병리) 야토병[野兎病](tula-
rábbit fòod 阁 (美구어) (샐러드용의) 푸른 야채, 생야채[들이].
rab·bit-foot [-fùt] 阁 1 토끼발(rabbit's foot). 2 (美속어) 탈옥수. — 囝 (美속어) 달아나다. [의.
rábbit hùtch 阁 (상자형의) 토끼장. [육장[업].
rab·bit-mouthed [-máuðd, -máuθt] 阁 언청이
rábbit pùnch 阁 (권투) 래빗 펀치(뒤통수를 가격하는 반칙 편치).
rab·bit·ry [rǽbitri] 阁 1 (집합적) 토끼. 2 토끼 사
rábbit's fòot 阁 1 토끼발, (특히) 토끼의 뒷다리(행운의 부적). 2 클로버(clover)의 일종. (또는 **rábbit fòot, rábbit-fòot**) [리다.
work the rabbit's foot (美) 속이다, (함정에) 빠뜨
rábbit tèst 阁 (속어) 토끼 시험(여성의 오줌을 토끼에게 주사하여 행하는 조기 임신 반응 시험).
rábbit wàrren 阁 1 토끼 사육장. 2 저저분한 뒷거리, 미로와 같은 뒷골목.
rab·ble¹ [rǽbl] 阁 1 어중이떠중이, 오합지졸(mob).

rab·ble 2 (the ~) 〈경멸적〉 하층 계급, 서민. 3 〈동물·곤충 따위의〉 떼. ¶great ~s of rats 생쥐의 큰 떼. ─⑤⑪ …에 떼지어 몰려오다, (…에) 떼지어 습격하다. ─⑧〈한정용법〉 폭도의, 떼지은, 폭도화의; 폭도 같은, 떠들썩한, 소란한. ~·ment ⑤⑪ 소동, 소란.
rab·ble² 〈야금〉 ⑤ (배소로(焙燒爐) 따위의) 교반봉(攪拌棒)[장치]. ─⑤ 〈녹은 광석〉을 휘젓다(stir).
rab·ble³ ⑤ 〈英방언〉=babble.
rab·ble-rouse [-ràuz] ⑧⑪ 민중을 선동하다(agitate). **-ròus·er** ⑤ 민중 선동가.
rab·ble-rous·ing [-ràuziŋ] ⑤ 민중 선동가(특유)의. ─⑤ a ~ speech 선동 연설. ─⑪ 민중 선동.
Rab·e·lais [rǽbəlèi, ⌐-´] ⑤ François ~ 라블레 (1490?-1553?: 프랑스의 풍자 작가·의사).
Rab·e·lai·si·an [rӕbəléiziən, -ʒən] ⑤ 라블레(풍)의; 분방하고 익살맞고 풍자가 예리한. ─⑤ 라블레 숭배자[모방자, 연구자].
rab·id [rǽbid] ⑤ 1 격렬한, 맹렬한. 2 〈신념·의견이〉 과격한, 광신적인. 3 광견병에 걸린; 미친.
~·ly ~·ness
ra·bid·i·ty [rəbídəti, ræ-] ⑤⑪ 1 맹렬, 과격, 열광. 2 광견병에 걸림.
ra·bies [réibi:z] ⑤⑪ 〈병리〉 광견병, 공수병(恐水病)(hydrophobia). **ráb·ic** ⑤
Ra·bin [rɑ:bí:n] ⑤ Yitzhak ~ 라빈(1922-95: 이스라엘의 군인·정치가).
R.A.C. 〈英〉 Royal Armoured Corps; 〈英〉 Royal Automobile Club(왕립 자동차 클럽).
rac·coon [rækú:n/rə-] ⑤ (⑯ ~(s)) 미국 너구리(coon); ⑪ 그 모피. ⓤ racoon.
raccóon dòg (동남 아시아산(産)의) 너구리.
‡**race¹** [reis] ⑤ (⑯ **rac·es** [-iz]) **1** 경주, 레이스 (with, against); 보트 레이스, 경마, 경륜; (일반적으로) 경쟁, …전(戰) 선거전(* 1회의 경주가 race이고, 경주가 여러 차례 행하여지는 「경주 대회」따위는 races로 복수형이 된다). ¶a Marathon ~ 마라톤 경주(* 단거리 경주는 dash를 씀) / a walking ~ 경보 / an open ~ 아무나 참가할 수 있는 (자유) 경주 / a ~ for power 권력 투쟁 / win[lose] a ~ 경주에서 이기다[지다] / ride a ~ 경마[사이클 경기]에 출전하다 / drive[row] a ~ 카[보트]레이스를 하다 / run a ~ against time 시간과 싸우다 / run[or have] a ~ with[or against] a person 남과 경주하다 / Slow and steady is the ~. Slow but sure wins the ~. 〈속담〉 더디더라도 착실한 사람이 이긴다 / the (nuclear)-arms ~ (핵)군비 경쟁 / the presidential ~ 대통령 선거전. **2** (the ~s) (수의) 경마(경주(競走)) (대회). ¶go to the ~s 경마를 보러 가다. **3** 긴급한 필요[노력], 시급한 일. ¶the ~ to find an effective vaccine 유효 백신 발견의 긴급한 필요성. **4** (사건·이야기 따위의) 진행, (태양·달의) 운행; (시간의) 경과, 지속; 인생 행로, 생애. ¶Her ~ is nearly done. 그녀의 일생은 거의 끝났다. **5** (지질) 급류, 여울; 용수로(用水路); 수로, ¶with a strong ~ 급류가 되어. **6** 〈기계〉 (직조기의) 북이 왕복하는 홈, (볼 베어링의) 볼이 구르는 홈, (프로펠러의 뒤쪽에 생기는 기류)(slipstream). **8** 〈섬유〉 **a)** 늘어 놓은 파일(pile)의 부사(浮絲). **b)** =~ plate. **9** (漢) (양(羊)의) 한 무리. **10** (스코) 질주 통로, 통로.
in [out of] the race [or **running**] 〈구어〉 이길 가망이 있는[없는].
It's anyone's race. 〈구어〉 이 경주는 쉽게 이길 수 있다.
make the race 〈美〉 공직에 입후보하다.
play [or **bet on**] **the races** 〈美〉 경마에 돈을 걸다.
The race is not to the swift. 〈속담〉 빠른 경주자라고 선착하는 것은 아니다(─전도서(Eccl.) 9 : 11).
─⑧ (**rac·es** [-iz]; ~d [-t]; **rac·ing**) ⓐ **1** (…와) 경주하다, 경쟁하다(with, against). ¶(~+前+圀) ~ with a person 남과 경주하다 / ~ against time 시

간과 싸우다. **2** 경마(경륜, 개 경주 따위)를 하다[에 출전하다] (at). ¶~ for a living 경마(경륜)에 미치다(를 업으로 삼다). **3** 질주하다, (쫓기듯이) 달리다, (…을 향해) 돌진하다 (for); (…을) 추격하다 (through); (마음이) 달리다. ¶~ for a bus 버스를 놓치지 않으려고 달려가다 / Her heart ~d at the thought. 그 생각을 하니 그녀는 가슴이 두근거렸다 / ~ through something …을 급히 해내다. **4** (엔진 따위가) 공전(空轉)하다, 헛돌다. ─⑤ **1** 〈말·자동차 등〉을 …와 경주시키다 (against), 경주에 내보내다; …와 경주(경쟁)하다. ¶(~+圀+前+圀) I ~d my dog against his. 내 개와 그의 개를 경주시켰다 / I will ~ you to your house. 네 집까지 경주하자. **2** …을 전속력으로 달리게 하다, 질주시키다; …을 급송하다 (to). ¶~ a yacht 요트를 몰다. **3** (의안 따위)를 급히 통과시키다 (through). ¶~ a bill through the House 의안을 하원에서 서둘러 통과시키다. **4** (엔진 따위)를 헛돌게 하다. **5** 〈美속어〉 〈여자〉를 유혹하다.
race (a)round (급한 일로) 뛰어다니다.
race away 〈英〉 〈재산〉을 경마로 털어먹다.
race off (濠구어) 〈여자〉를 유혹하다.
‡**race²** ⑤ (⑯ **rac·es** [-iz]) **1** ⑤ⓒ 인종: 민족, 종족; 국민. ¶the human ~ 인류 / the Anglo-Saxon ~ 앵글로색슨족 / the white [yellow] ~ 백색[황색] 인종 / colored ~s 유색 인종.

〈유의어〉 **race** 공통의 조상·육체적 특징·언어 따위를 가진 인류학적 단위. **nation** 일정 지역에 거주하고, 확립된 정부 아래 주권 국가를 구성하는 정치적 단위. **people** 공통의 이해·문화로 연결된 사회적 단위로; nation과 교환 가능한 경우가 많지만, 보다 더 감정적 색채가 짙은 말.

2 〈동물〉 종류, 속(屬). ¶the feathered [or winged] ~ 조류 / the finny ~ 어류. **3** (the ~) 인류, 인간. **4** 혈통, 가계; 명문, 문벌; 씨족, 자손. ¶of noble [ancient] ~ 명문[구가(舊家)] 출신의. **5** (사람의) 집단, 동료, 패거리 (of), ¶the ~ of artists 예술가 동료 화가. **6** ⓤⓒ (문체 따위의) 품격, 특징; (술의) 풍미, 짜릿한 맛.
─⑤ 〈한정용법〉 인종의[에 관한], 인종적인. ¶~ consciousness 민족 의식 / ~ hatred 인종적 증오.
race³ ⑤ 〈생강의〉 뿌리.
race·a·bout [réisəbàut] ⑤ **1** 경주용 요트. **2** 경주 (개조) 자동차, 로드스터.
ráce baìter ⑤ 〈美속어〉 인종 차별을 하는 사람.
race-bait·ing [-bèitiŋ] ⑤ⓤ 인종 공격.
ráce bàll ⑤ 〈英〉 경마 대회 때 열리는 무도회.
ráce càr [réiskɑ̀:r] ⑤ =racing car.
ráce càrd ⑤ 경마[경륜] 프로그램, 출마표(出馬表).
race·course [réiskɔ̀:rs] ⑤ **1** 경마장; 경주(競馬) 코스; 〈英〉 경마장(racetrack). **2** (물방아의) 수로(水路).
ráce gìnger ⑤ 생강 뿌리(건위제용).
race·go·er [réisgòuər] ⑤ 경마의 단골, 경마광.
ráce gròund ⑤ 경마장, 경주장.
race·horse [réishɔ̀:rs] ⑤ 경주마, 경마용 말: 〈비유적〉 활기차 스피디한 것; 〈美속어〉 노가리.
ráce màn ⑤ 〈美구어〉 (흑인의 권리 신장을 지지하는) 흑인.
ra·ce·mate [reisi:meit, rə-] ⑤ 〈화학〉 **1** 라셈산염(酸鹽), 포도산염, 라셈산 에스터르. **2** 라세미 화합물.
ra·ceme [reisí:m, rə-] ⑤ 〈식물〉 (은방울꽃 따위의) 총상(總狀)꽃차례.
ráce mèeting ⑤ 〈英〉 경마 대회.
ra·ce·mic [reisí:mik, -sém-/rə-] ⑤ 〈화학〉 라세미 화합물의; 라셈산의(에서 얻은).
racémic ácid ⑤ 〈화학〉 포도산(葡萄酸), 라셈산.
ra·ce·mif·er·ous [rӕsəmífərəs] ⑤ 〈식물〉 총상꽃차례의.
ra·ce·mism [rǽsəmìzm, reisí:mizm] ⑤ 〈화학〉 라셈미성(性).

rac·e·mi·za·tion [ræsəməzéiʃən, reisimə-/-mai-] 图 〔화학〕 라세미화(化); 라세미화(化)법(화석 연대 측정법의 하나). **-mize** 图

rac·e·mose [rǽsəmòus] 图 1 〔식물〕 총상꽃차례의를 닮은; 총상으로 배열된. 2 〔해부〕 (선(腺))이 포도 상인, 술 모양의. ~·ly 图

rac·e·mous [rǽsəməs] 图 =racemose. ~·ly 图

ráce mùsic 图 레이스 뮤직(미국 흑인의 블루스를 바탕으로 한 재즈 음악).

ráce nòrming 图 채점의 인종별 보정(補正)(채용시 등에 인종별 득점의 평균치를 개인의 득점에 가감함).

ráce plàte 图 〔기계〕 (직기의) 레이스 플레이트, 레이

ráce prèjudice 图 인종적 편견. 〔스라(板).

ráce psychòlogy 图 인종[민족] 심리학.

rac·er [réisər] 图 1 경주자; 경마용 말; 경주용 자전거(자동차, 보트 따위)의 선회반(旋回盤). 3 속도가 빠른 것; 발이 빠른 동물, (특히) 움직임이 빠른 뱀. 4 = racing skate. 5 경주용 스포츠웨어(운동복); (濠) (~s) 경영용 수영 팬츠.

ráce relàtions 图图 〔복수취급〕 (한 국가 내의) 이민족[인종] 관계. 〔단수취급〕 인종[이민종] 관계학.

Ráce Relàtions Act 图 (英) (the ~) 인종 관계법(1976년 제정).

ráce rìot 图 인종 폭동; (특히) 흑인과 백인간의 분쟁.

race·run·ner [réisrλnər] 图 〔동물〕 레이스 러너 (미국 남부·중부의 매우 빠른 도마뱀).

ráce sùicide 图 민족적 자살(산아 제한에 의해 출생률이 사망률보다 낮아지는 일).

race·track [réistrǽk] 图 경마장; 경주로, 트랙. ~·er 图 경마 팬.

ráce wàlker 图 경보 선수.

ráce wàlking 图 경보(競步).

race·way [réiswèi] 图 1 (英) 수로(水路); 도수로 (channel). 2 〔전기〕 배선관(지하·옥내 따위의 전선을 싸는 철관). 3 (美) harness race의 경주로[경기장]. 4 〔기계〕 볼 베어링의 볼이 구르는 홈.

ra·chi·al [réiʃ(ə)l] 图 밝은 황갈색의, 살색의.

Ra·chel [réitʃəl] 图 1 레이첼(여자 이름). 2 〔성서〕 라헬(Jacob의 아내, Joseph과 Benjamin의 어머니).

ra·chi- [réiki, rǽki] 〖연결형〗 spine, spinal의 뜻. ¶ rachialgia(척추통), rachiometer(만곡계(彎曲計)). (또는 rachio-).

ra·chis [réikis] 图 (图 ~·es, rach·i·des [rǽkidi:z, réik-]) 1 〔식물〕 (총상꽃차례 따위의) 꽃자루, 잎자루, 잎대. 2 〔해부〕 척추. 3 〔동물〕 (새의) 깃대.

-chi·al, ra·chid·i·an [rəkídiən] 图

ra·chi·tis [rəkáitis] 图 (U) 〔병리〕 구루병(佝僂病) (rickets). **-chit·ic** [-kítik] 图

Rach·ma·ni·noff [rɑːxmáːnənɔf] 图 **Sergei Wassilievich** ~ 라흐마니노프(1873-1943: 러시아의 작곡가·피아니스트·지휘자). 〔주〕의 착란.

Rach·man·ism [rǽkmənɪzm] 图 (英) 집주인의 세입

***ra·cial** [réiʃəl] 图 1 인종[민족, 종족]의; 인종[민족]상의. 2 인종[민족]간의 차이에 기인하는. ¶ ~ bar [discrimination] 인종 장벽[차별](* racial 대신 race를 사용하는 경우가 많다). 3 아종(亞種)의. ~·ly 图

rácial enginèering 图 (英) 인종간의 기회 균등화.

rácial integràtion 图 (美) 인종 차별 철폐.

ra·cial·ism [réiʃəlɪzm] 图 (U) =racism. **-ist** 图图 **-is·tic** 图

rácial prófiling 图 (美) (경찰의 피의자 조사·심문 때) 혹인, 유색 인종 차별 관행.

Ra·cine [ræsíːn, rə-/F Rasin] 图 **Jean Baptiste** ~ 라신(1639-99: 프랑스의 극작가).

***rac·ing** [réisiŋ] 图 경주; 경마; 경주(競馬) 조정(漕艇)의 자동차 경주. — 图图 경주(용)의; 경마(용)의.

rácing càr 图 경주용 자동차.

rácing còlors 图图 (마주(馬主)를 나타내는) 기수의

모자와 복색(服色).

rácing cùp 图 (경마 따위의) 우승배.

rácing flàg 图 레이스기(旗)(경기 참가 요트에 다는 식별기); (자동차 경주용) 신호기.

rácing fòrm 图 (美속어) 경마 신문[전문지].

rácing gìg 图 (2인 이상이 타는) 경조용(輕)보트.

rácing hòmer 图 경주용 전서구(傳書鳩).

rácing skàte 图 경주용 스케이트. 〔트.

rácing skìff 图 (선체가 좁고 긴) 1인승 경조용 경보

rac·ism [réisɪzm] 图 (U) 1 민족[인종]주의; 민족주의 (정책, 체제). 2 인종적 차별[편견]; 인종 차별 정책[주의].

rac·ist [réisist] 图 민족주의자; 인종 차별주의자.

— 图 민족주의의; 인종 차별의.

*§**rack**¹ [ræk] 图 1 (종종 복합어로) 선반, 시렁; (물건을 거는) 걸이; (창고 따위의) 그물 선반; 격자 선반; 식기 선반; 꼴시렁(hayrack); (서류 따위의) 분류 선반. ¶ a bomb ~ (비행기의) 폭탄걸이 / a clothes [hat] ~ 옷[모자]걸이 / a music ~ 악보대. 2 (건초 따위를 나를 때) 짐을 둘레에 세우는 틀. 3 (중세의) 고문대; 고문; (육체·정신)의 심한 고통. 4 (인쇄) (활자 케이스 따위를 놓는) 선반. 5 〔기계〕 톱니바퀴가 구르는 톱니받이; 래크. 6 (해사) 돛, 돛대, 걸이(그물걸이·밧줄걸이); (사진) 경통 (鏡筒)을 신축시키는 래크. 7 (美속어) (간이) 침대; 잠자기, 수면. 8 (당구) 래크(시합 전에 공을 늘어 놓기 위한 삼각형 나무틀); (집합적) 공. 9 과도한[심한] 긴장; 잡아당기는 힘, 비틀기. 10 〔자동차〕 래크식 잭(수리할 자동차를 들어올리는 장치). 11 (피학) 신장기. 12 굿은 날씨, 폭풍(우). 13 (美속어) 1회분의 마약.

hit the rack (美속어) 잠을 자다. 〔럽게〕 살다.

live at rack and manger (고어) 호화롭게[사치스

off the rack (美) 기성의(ready-made).

on the rack ① 압박을 받아, 긴장하여. ¶ be on the ~ to do something …으로 마음 놓을 틈도 없다. ② (구어) (…로) 몹시 시달려; (…을) 괴로워하여, 고민[걱정]하여(over).

put *a person* **to** [or **on**] **the rack** 남을 괴롭히다; 남에게 따끔한 맛을 보이다.

stand [or **come**] **up to the** [or **one's**] **rack** (美) 의무를 순순히 받아들이다, 운명을 감수하다.

— 图 1 …을 고문하다; (병 따위가) …을 괴롭히다, 고통을 주다; (수동형으로) (병·고민 따위로) 몹시 피로워하다 (*with, by*). ⇒TORMENT 〖유의어〗 ¶ a ~*ing* headache [grief] 심한 두통[슬픔] / be ~*ed with* disease [pain] 병[통증]으로 고통받다. 2 (머리 따위)를 혹사하다, 짜다 (*for*); 힘껏 잡아당기다. ¶ ~ one's brains 머리를 짜다. 3 (지대(地代)·소작인)을 착취하다 (*from*); (토지)를 메마르게 하다. ¶ ~ rents 지대를 착취하다. 4 …을 시렁[선반]에 얹다; (말)을 꼴시렁에 매다. 5 (해사) (기구 따위)를 동여매다. 6 (당구) (공)을 래크에 넣다 (*up*). 7 〔기계〕 (카메라·쌍안경의 경통(鏡筒))을 신축시키다. 8 (속어) (여자)를 모시다. — 图 1 무리하게 구부러디다. 2 (美속어) 잠을 자다 (~ *out*).

rack out (속어) 잠을 자다. 〔눕히다.

rack up (속어) (승리 따위)를 얻다; (상대방을) 때려

rack² 图 (건물·국가·제도 따위의) 파괴, 파멸.

go to rack and ruin (건물·농장 따위가) 파괴되어, 황폐해지다.

rack³ 图 조각 구름, (바람에) 날려가는 구름; 흔적.

— 图 (구름이) 바람에 날려가다. 〔로 달리다.

rack⁴ 图 (말의) 경구보(輕驅步). — 图 (말이) 경구보

rack⁵ 图 (포도주·사과주 따위)를 찌꺼기에서 짜내다 (*off*); (판매용 술통)에 맥주를 채우다.

rack⁶ 图 (염소·돼지·송아지의) 목덜미 살; (새끼 양의) 갈비 새김.

rack⁷ =arrack

rack·a·bones [rǽkəbòunz] 图 〔단수취급〕 (美

rack car 구어) 깡마른 사람[동물]; 여윈 말.
ráck càr 圀 (美) (목재 따위의 운반용) 긴 화차.
ráck dùty 圀 (美軍속어) 잠자기, 잠자는 시간.
racked [rækt] 圀 (美속어) 1 확실한, 틀림없는; 장악하고 있는, 지배하에 있는. 2 녹초가 된. 3 잠들어 있는. 술[마약]에 취해 있는(*up*).
‡**rack·et¹** [rǽkit] 圀 1 (테니스·탁구 등의) 라켓. 2 (~s) (단수취급) =racquet 2. 3 (사람이나 말의) 라켓 모양의 눈신(snowshoe); 나막신. (또는 **racquet**)
—⑤ (공·셔틀 따위)를 라켓으로 치다.
rack·et² 圀 1 ⓤ 소란, 소동, 노호, 아우성; 야단법석, 떠들고 놀기, ⇒NOISE 유의어) ¶ out of the ~ of a city 도시의 소란함을 벗어나/give a ~ once a year 1년에 한번 야단법석을 떨며 놀다/go on the ~ 유흥에 젖다.
2 부정한 돈벌이; 밀매(密賣), 밀수; 공갈, 협박, 갈취, 횡령, 사기, 못된 계획; (the ~s) 조직적 비합법 활동. ¶ the drug ~ 마약 밀매/work a ~ 사기치다. 3 (美속어) 장사, 일, 술수, 수단. ¶ It isn't my ~. 그것은 내가 알 바 아니다/I've been in this ~ for ten years. 이 일을 10년째 해오고 있다.   [벌이 패에 끼어 있다.
be in on a racket 못된 계획에 가담하다, 부정한 돈
make a racket 큰 소동을 벌이다.
stand the racket ① 시련에 견뎌내다. ② 책임을 지다; (…의) 비용을 부담하다, 계산을 치르다(*for*).
What is the racket? (美구어) 웬일이냐?(What is the matter?)
—⑧ 떠들(며 돌아다니)다(*about*, *around*); 흥청거리다.
rack·et·ball [-bɔ̀ːl] 圀 라켓놀이 공.
rack·et·eer [rækətíər] 圀 갈취자, 공갈 협박자, 암상인. —⑤ 등쳐먹다, 암거래를 하다.
rack·et·eer·ing [rækətíəriŋ] 圀ⓤ (금전의) 갈취, 공갈, 등치기.   [워두는 틀).
rácket prèss 圀 라켓 프레스(라켓이 휘지 않도록 채
rack·et·tail [rǽkittèil] 圀 벌새의 일종(꼬리깃 2개가 특히 길고 끝이 라켓꼴로 되어 있다).
rack·et·y [rǽkiti] 圀 시끄러운; 떠들기(놀기) 좋아하는; 방탕한.   [는.
rack·ing [rǽkiŋ] 圀 (석공) (벽돌·돌 따위의) 계단 쌓기. —圀 고문하는, (몸·마음을) 괴롭히는; (치
ráck jòbber 圀 도매업자.   [통·두통 등이) 심한.
ráck mònster 圀 졸보; (잠을 부르는) 전신 피로.
ráck ràil 圀 〔철도〕 톱니 궤도.
ráck ràilway 圀 톱니 궤도식 철도. (圈) cog railway
rack-rent [-rènt] 圀 부당하게[터무니없이] 비싼 지대(地代)[소작료, 집세]. —⑤ …에게서 터무니없는 지대[소작료, 집세]를 뜯어내다. **~·er** 圀
ráck sàw 圀 〔기계〕 날이 넓은 톱.
ráck tìme 圀 =rack duty.
ráck whèel 圀 〔기계〕 큰 톱니바퀴.
ra·clette [rɑːklét, ræ-] 圀 라클레트(삶은 감자에 녹인 치즈를 곁들여 먹는 스위스 요리); 라클레트(용) 치즈.
ra·con [réikɑn/-kɔn] 圀 (무선) 레이콘(레이더용 비컨). (<*ra*dar *beacon*)   [일화; 일화집. 〈F〉
ra·con·tage [rækɑntάːʒ/-kɔn-] 圀 이야기; 소문.
rac·on·teur [rækɑntə́ːr/-kɔn-] 圀 이야기꾼, 이야기를 구수하게 잘하는 사람. ¶ a skillful ~ 능숙한 이야기꾼. 〈F〉
ra·coon [rækúːn/rə-] 圀 =raccoon.
rac·quet [rǽkit] 圀 1 =racket¹. 2 (~s) (단수취급) 라켓(벽으로 둘러싸인 코트에서 하는 테니스).
rac·quet·ball [rǽkitbɔ̀ːl] 圀 〔스포츠〕 라켓볼.
rac·y¹ [réisi] 圀 1 독특한 풍미가 있는, 본바닥 것인; 향긋한, 신선한. ¶ ~ fruit 신선한 맛이 나는 과일. 2 원기발랄, 기운이 있는, 통쾌한, 짜릿한; 신랄한. ¶ a ~ style 생동하는 문체. 3 (이야기가) 아슬아슬한, 음란한, 선정적인. ¶ a ~ novel 에로 소설.
be racy of the soil 본바닥 특유의 맛이 있다; 솔직하다; 생기가 돌다, 활기차다.

rác·i·ly 閉 **rác·i·ness** 圀   [하고 군살 없는.
rac·y² (美속어) 圀 (체격이) 레이스하기에 알맞은; (동물이) 늘씬
rad¹ [ræd] 圀 〔물리〕 래드(흡수선량(線量)의 단위; 물질 1g당 100erg의 에너지를 갖는 방사선량을 1래드라 한다). (<*radiation*)   [*ical*).
rad² (美속어) 圀 멋진, 근사한. —圀 과격파. (<*radrad*
RAD 〔의학〕 reflex anal dilatation(반사성 항문 확장).
rad. radiator; (수학) radical; radius; radix.
R.A.D.A., RADA (英) *Royal Academy of Dramatic Art*(왕립 연극 학교).
***ra·dar** [réidɑːr] 圀 〔전자〕 1 레이더, 전파 탐지기. 2 =~ trap. (<*ra*dio *d*etecting *a*nd *r*anging)
rádar astrónomy 圀 레이더 천문학.
rádar bèacon 圀 레이더 비컨(racon)(항공기·선박 등의 레이더로부터 신호를 받아 그 위치를 확인시켜주는 고정 레이더).
rádar dàta prócessing sỳstem 圀 항공로 레이더 정보 처리 시스템(② RDP).
rádar fènce [scrèen] 圀 레이더망(網).
rádar gùn 圀 스피드 건, 속도 측정기.
rádar hòming 圀 레이더 유도.
ra·dar·man [réidɑːrmən] 圀 레이더 기사[기술자].
rádar pìcket 圀 (군사) 레이더 피켓(레이더의 탐지 거리를 확대하기 위해 멀리 배치한 선박·차량·비행기).
ra·dar·scope [réidɑːrskòup] 圀 (레이더의) 전파 영상경(映像鏡), 레이더 표시기.
rádar scrèen 圀 레이더 화면.
rádar tèlescope 圀 레이더 망원경.
rádar tràp 圀 〔교통〕 (레이더에 의한) (차량) 속도 위반 탐지 장치[구간, 장소].
rad·dle¹ [rǽdl] 圀 대자석(代赭石), 자토(赭土). —⑤ …에 대자를 바르다; …을 붉게 칠하다.
rad·dle² 圀⑤ (英방언) …을 엮다, 짜다. —圀 (울타리용) 길고 잘 휘는 나뭇가지; 엮어서 만든 울타리.
ra·dec·to·my [rədéktəmi] 圀 〔치과〕 치근 절제술.
ra·di- [réidi] 연결 ⇒RADIO-.   [(<*radix*+-*ectomy*)
*r**a·di·al** [réidiəl] 圀 1 방사상의[으로 늘어놓은], 복사형(輻射形)의; 방사상으로 움직이는. 2 복사의, 방사의, 광선의. 3 (수학) 반경의. 4 (동물) 방사 기관의, 방사부의. 5 (해부) 요골(橈骨)의. 6 (식물) 방사형 꽃의, 방사형의; 주변화(周邊花)의. 7 (기계) 회전 반경의. 8 (도로 따위가) 도심으로부터 교외로 뻗은. —圀 1 방사형 구조, 방사형(~ part). 2 요골 신경(동맥). 3 =~ tire. 4 방사상 도로. **~·ly** 閉   [(관).
rádial éngine 圀 〔기계〕 성형(星形) 발동기[내연 기관](근시 교정술)
rádial keratótomy 圀 (안과) 방사상 각막 절개(술)
rádial mótion 圀 〔천문〕 방사상 운동, 시차(視差)
ra·di·al-ply tíre [-pláɪ-] 圀 =radial tire.   [도.
rádial sàw 圀 (모든 방향으로 조정되는) 둥근 톱.
rádial sýmmetry 圀 〔생물〕 방사 대칭(對稱).
rádial tíre 圀 레이디얼 타이어.
rádial triangulátion 圀 〔측량〕 사선법(射線法).
rádial velócity 圀 〔천문〕 시선(視線) 속도(천체가 관측자의 시선 방향에 가까워지거나 멀어지는 속도).
ra·di·an [réidiən] 圀 1 〔수학〕 라디안, 호도(弧度) (각도의 단위; 약 57°; ㉠ rad). 2 〔컴퓨터〕 부채각, 라디안.
*r**a·di·ance** [réidiəns] 圀 1 ⓤ 광휘, 찬연히 빛남; (눈·얼굴 등의) 밝은. ¶ the ~ of the tropical sun 열대 태양의 찬연히 빛남. 2 짙은 핑크색. 3 (빛의) 방사휘도(輝度)(; 〔열 방사의〕 휘도 온도. (또는 **radiancy**)
‡**ra·di·ant** [réidiənt] 圀 (*more* ~; *most* ~) 1 빛나는, 빛을 내고 있는, 밝은. ⇒BRIGHT 유의어) ¶ a ~ morning 환하게 밝은 아침/her ~ beauty 그녀의 눈부신 아름다움. 2 기쁨으로 빛나는, 환한 (*with*). ¶ a ~ smile 환한 미소. 3 〔물리〕 복사의, 방사의. 4 〔식물〕 방

사상의[으로 되어 있는]. **5** 〔생물〕 방산 분포(放散分布)의. **6** 〔문장〕 태양의 화염 모양으로 그린.
── 图 **1** 광점(光點), 광체(光體). **2** 〔천문〕 (유성군(群)의) 방사점[방사점](~ point). **3** 방사재(材). ~·ly 阐
rádiant efficiency 图 〔물리〕 복사 효율.
rádiant énergy 图 〔물리〕 복사 에너지.
rádiant héat 图 〔열역학〕 복사열.
rádiant héater 图 방사 난방기. [tion
rádiant héating 图 복사 난방[가열]. @ convec-
rádiant póint 图 〔물리〕 발광점, 복사점; 〔천문〕 복사점[방사점].
***ra·di·ate** [réidièit] ㉿ **1** 빛을 내다, 빛나다; (빛·열이) 사방으로 발하다, 발산되다(from). ¶ Heat ~s from the stove. 열이 난로에서 발산된다. **2** (도로 따위가) 사방[방사상]으로 퍼지다[뻗다](from). (기름으로) 빛나다, 기름을 발라서 (with). ── ㉿ **1** (빛·열을) 발하다, 방사하다(away). **2** (기름 따위를) 퍼뜨리다, 발산시키다. ¶ Her face ~s happiness. 그녀의 얼굴은 행복으로 빛나고 있다. **3** …을 (TV·라디오로) 방송하다.
── 图 [réidiət, -èit] 사출하는, 복사의, 방사상의.
~·ly 阐
***ra·di·a·tion** [rèidiéiʃən] 图 **1** ⓤ 〔물리〕 (열·빛·전파·음파 따위의) 복사, 방사, 발산, 방광. **2** 방사물, 방사선. **3** ⓒ 복사 에너지, 복사열; 방사[복사] 작용. **3** 방사상 배열, 방사형. **4** 〔해부〕 (신경 섬유의) 방선(放線). **5** 〔생물〕 방산(放散).
radiátion bélt 图 = Van Allen belt.
radiátion chémistry 图 방사선 화학.
radiátion dámage 图 〔원자력〕 방사선 손상(방사선에 의한 물질의 성질 변화).
radiátion fállout 图 방사성 낙진.
ra·di·á·tion-field photography [-fíːld-] 图 〔사진·의학〕 = Kirlian photography.
radiátion fóg 图 〔기상〕 복사 안개.
radiátion páttern 图 〔통신〕 안테나 지향성도(圖). (또는 **anténna páttern**)
radiátion póisoning 图 방사능 중독.
radiátion poténtial 图 〔물리〕 방사 전위(電位) (단위: 볼트(V)).
radiátion préssure 图 〔물리〕 방사압(放射壓).
radiátion síckness 图 〔병리〕 방사선병, 방사능증.
radiátion thérapy 图 = radiotherapy. [증.
ra·di·a·tive [réidièitiv/-diə-] 图 〔열·빛 따위를〕 방사[복사]하는, 방열[발광(發光)]하는; 방사성의.
rádiative cápture 图 〔물리〕 방사성 포획(원자핵이 중성자 따위 입자를 포획함).
rádiative collísion 图 〔물리〕 방사성 충돌.
***ra·di·a·tor** [réidièitər] 图 **1** 라디에이터, 방열기, 복사 난방기; (자동차·비행기 등 엔진의) 냉각기(器). ¶ a wall ~ 벽에 붙이는 방열기. **2** 복사체, 방열[발광]체; 복사성 물질. **3** 〔무선〕 송신 안테나.
‡**rad·i·cal** [rǽdikəl] 图 (**more ~; most ~**) **1** 근본 [기본]적인, 기초의; 타고난, 본래의. ¶ a ~ principle 기본 원리 / a ~ error 근본적인 잘못 / ~ defects of character 타고난 성격상의 결점. **2** (개혁 따위가) 철저한, 완전한; 극단적인. ¶ a ~ reform 철저한 개혁. **3** 급진적인, 과격한, 혁명적인; (종종 R-) 급진당의. ¶ ~ students 과격파 학생 / a R-party 급진당. **4** 〔수학〕 근 (根)(root)의, 근호의; 〔화학〕 기(基)의, 유리기의. **5** 〔식물〕 뿌리의, 뿌리에서 나는. **6** 〔문법〕 어근의; 〔음악〕 근음(根音)[밑음]의. **7** 〔속어〕 아주 대단한, 훌륭한, 멋진.
── 图 **1** 근간, 기본 원리, 기초. **2** (종종 R-) 급진당원; 과격론자, 과격파. **3** 〔문법〕 어근(語根); (한자의) 부수(部首), 자원(字源). **4** 〔수학〕 근호(根號)(root); 〔화학〕 기(基). ~·i·ty [-kǽləti] 图 과격[급진]성.
rádical áxis 图 〔기하〕 근축(根軸).
rádical chíc 图 〔미속어〕 (사교계의) 과격파 성향.
rádical expréssion 图 〔수학〕 무리식(無理式).

rad·i·cal·ism [rǽdikəlìzm] 图 ⓤ **1** 급진적임, 급진주의, 과격(함), 과격론. **2** 본질.
rad·i·cal·ize [rǽdikəlàiz] ㉿ …을 과격하게[급진적으로] 하다, 과격[급진]론자가 되게 하다. ── ㉿ 과격해지다, 급진주의로 되다. **-i·zá·tion** 图.
rádical léft 图 극좌파. @ New Left
***rád·i·cal·ly** [rǽdikəli] 阐 **1** 근본에 있어서, 원래. **2** 근본적으로, 철저하게. **3** 과격하게.
rádical ríght 图 극우파; 초보수파.
rádical sígn 图 〔수학〕 근호(根號)(√).
rad·i·cand [rǽdəkǽnd, ⊥-⊥] 图 〔수학〕 근호(根號) 속의 수. [리[부정근]가 난.
rad·i·cant [rǽdəkənt] 图 〔식물〕 줄기[잎]에서 막뿌
rad·i·cate [rǽdəkèit] ㉿ 〔식물〕 을 뿌리박게[내리게] 하다; 〔사상 따위〕 를 깊이 심어 놓다, 정착시키다. ── ㉿ 뿌리내린.
rad·i·cel [rǽdəsèl] 图 〔식물〕 작은[어린] 뿌리.
ra·di·ci·da·tion [rèidəsədéiʃən] 图 ⓤ (식료품·의료 기구에 대한) 방사(조사(照射)) 살균.
rad·i·cle [rǽdikl] 图 **1** 〔식물〕 어린[작은] 뿌리. **2** 〔화학〕 기(radical). **3** 〔해부〕 (신경·혈관 따위의) 최소지(最小枝), 세근(細根). **ra·dic·u·lar** [rǽdíkjulər] 图.
rad·ic-lib [rǽdiklìb] 图 (美) 급진적 자유주의자 (의). (<*radical-liberalist*) [경근염.
ra·dic·u·li·tis [rædikjuláitis] 图 〔병리〕 (척수) 신
ra·di·es·the·si·a [rèidiesθíːʒiə, -ʒə] 图 ⓤ (막대기·추 따위로 사물을 감지하는) 방사 감지(放射感知); (점괘 막대기로) 수맥(水脈) 탐지.
ra·di·i [réidiài] 图 radius의 복수형.
‡**ra·di·o** [réidiòu] 图 (☞) **~s** [-z]) **1** (the ~) ⓤⓒ 라디오 (방송); **2** 무선 방송. ¶ listen to[or over] the ~ 라디오를 듣다 / listen to music on[or over] the ~ 라디오로 음악을 듣다 / talk over[or on] the ~ 라디오에서 강연하다 / be[or go] on the ~ 라디오에 출연하다. **2** 라디오[무선] 수신기(~ set). ¶ turn[or switch] on[off] the ~ 라디오를 틀다[끄다] / tune in the ~ to …에 라디오의 주파수를 맞추다. **3** ⓤ 무선 통신[전신, 전화]. ¶ send a message by ~ 무선으로 전갈을 보내다. **4** (the ~) 라디오 방송 사업; 라디오 방송국(~ station); 라디오 프로 (제작).
── 图 라디오(방송)의, 무선 전신[전화]의; 방송의. ¶ a ~ announcer 라디오 아나운서 / a ~ receiver 무선 수신기. ── ㉿ …을 라디오로 방송하다, 무선으로 전하다. ── ㉿ 라디오 방송하다; 무선으로 통신하다. ¶ ~ for help 무선으로 구조 요청하다. [<*radiotelegraph*(y)]
ra·di·o- [réidiou, -diə] 라디알, radiant energy, radio, radioactive, radium의 뜻. ¶ *radiogram*, *radio*broadcast, *radio*meter.
ra·di·o·a·cous·tics [rèidiouəkúːstiks] 图(☞) (단수취급) 전파학, 전파 기술, 무선 음향학.
ra·di·o·ac·tin·i·um [rèidiouæktíniəm] 图 〔화학〕 라디오 악티늄(토륨 방사성 동위 원소; ㉿ RdAc).
ra·di·o·ac·ti·vate [rèidiouǽktəvèit] ㉿ (어떤 물질)에 방사능을 부여하다.
***ra·di·o·ac·tive** [rèidiouǽktiv] 图 (물·화) 방사능을 가진[에 의한], 방사성의. ¶ ~ substances 방사성 물질 / ~ rain 방사능 비 / ~ contamination 방사능 오염 / ~ rays 방사선 / ~ leakage 방사능 누출.
radioáctive áge 图 〔물리〕 방사성 (측정) 연대.
radioáctive dáting 图 방사능 연대 측정.
radioáctive decáy 图 〔물리〕 방사성 붕괴.
radioáctive fállout 图 방사능 낙진.
radioáctive ísotope 图 〔물리〕 방사성 동위 원소.
radioáctive séries 图 〔물·화〕 방사성 계열, 붕괴 계열(decay series).
radioáctive stándard 图 〔물리〕 표준 방사성 물질(방사선 측정 장치에 사용). [적자(子).
radioáctive trácer 图 〔물리〕 방사성 지시제(劑)[추

radioáctive wáste 명 방사성 폐기물. (또는 **núclear wáste**)

ra·di·o·ac·tiv·i·ty [rèidiouæktívəti] 명U 〔물·화〕방사능, 방사성. ¶ artificial ~ 인공 방사능.

rádio alárm 명 라디오 겸용 자명종 시계.

rádio altímeter 명 〔항공〕 전파 고도계.

ra·di·o·am·pli·fi·er [rèidiouæmpləfàiər] 명 〔무선〕 고주파 증폭기〔장치〕. 〔협〕

ra·di·o·as·say [rèidiouǽsei] 명 방사능 분석〔시험〕.

rádio astrónomer 명 전파 천문학자.

rádio astrónomy 명 전파 천문학.

ra·di·o·au·to·graph [rèidiouɔ́:təgræf/-grà:f] 명 〔물리〕 방사성 사진. **-au·to·gráph·ic** 형

rádio béacon 명 라디오 비컨, 무선 표지〔국, 소〕.

rádio béam 명 (항공기 유도용) 신호 전파, 무선 빔.

ra·di·o·bi·ol·o·gy [rèidioubaióladʒi/-ɔ́l-] 명U 방사선 생물학. **-bi·o·lóg·ic** **-gist** 명

rádio bléeper 명 =beeper.

ra·di·o·broad·cast [rèidioubrɔ́:dkæst/-kà:st] 타 …을 라디오 방송하다. —자 라디오 방송하다. — 명 [-´-`-] UC 라디오〔무선〕 방송. (또는 **radiocast**) **~·er** 명

rádio càb 명 무선 (전화) 택시. 〔동차〕

rádio càr 명 무선 경찰차, 송수신 무선 장치를 한 자

ra·di·o·car·bon [rèidiouká:rbən] 명U 〔물리〕 방사성 탄소(carbon 14). 〔측정법〕

radiocárbon dáting 명 〔고고〕 방사성 탄소 연대

ra·di·o·car·di·o·gram [rèidioukáːrdiəgræm] 명 〔의학〕 심방사도(心房射圖), 방사성 심장 묘사도.

rádio cassétte recórder 명 라디오 겸용 카세트 테이프 리코더.

ra·di·o·cast [rèidioukǽst/-kà:st] 명 라디오 방송. —타 (~(·ed)) (…을) 라디오로 방송하다, 라디오 방송을 하다. (<*radio*+broad*cast*)

rádio chànnel 명 무선 채널.

ra·di·o·chem·i·cal [rèidioukémikəl] 형 〔화학〕 방사 화학의〔에 관한〕.

ra·di·o·chem·is·try [rèidioukémətri] 명 방사 화학. **-ist** 명

Rádio Cíty 명 라디오 시티(미국 New York 시의 Rockefeller Center에 있는 오락 중심지).

ra·di·o·co·balt [rèidioukóubɔ:lt] 명 〔화학〕 방사성 코발트(동위 원소; 특히 코발트 60이나 57 따위).

rádio communicátion 명 무선 통신.

rádio còmpass 명 무선 방위 측정기〔탐지기〕.

rádio contról 명 (항공기 따위의) 무선 조종〔제어〕. **rá·di·o·con·trólled**

Rádio Dáta Sỳstem 명 무선 데이터 시스템(약 RDS). 〔선〕 탐지기.

ra·di·o·de·tec·tor [rèidiouditéktər] 명 전파〔무

ra·di·o·di·ag·no·sis [rèidioudàiəgnóusis] 명 (pl. **-ses** [-si:z]) 〔의학〕 X선 진단법.

rádio diréction finder 명 무선 방위 측정기, 무선 방향 탐지기(약 RDF).

rádio dòctor 명 1 라디오 닥터(건강 상담 의사). 2 (R-D-) 영국 의사 Charles Hill(1904-89)의 별칭.

rá·di·o·ech·o sòunding [-ékou-] 명 〔전기〕 전파 음향 측심(법)(전파의 반사에 의해 수심(水深) 등을 측정하는 방법).

ra·di·o·e·col·o·gy [rèidiouikálədʒi/-kɔ́l-] 명 방사선 생태학.

ra·di·o·el·e·ment [rèidiouéləmənt] 명 〔화학〕 방사성 원소(radioactive element). 〔파 강도(强度)〕.

rádio field inténsity〔stréngth〕 명 〔물리〕 전

rádio fix 명 무선 위치.

Rádio Frée Európe 명 (美) 자유 유럽 방송(옛 동유럽 지역에 내보내던 선전 방송).

ra·di·o·fre·quen·cy [rèidioufrí:kwənsi] 명UC

무선 주파수(약 3–300kHz; 약 RF, rf).
(또는 **rádio fréquency**)

rádio-fréquency wélding 명 고주파 용접.

rádio gàlaxy 명 〔천문〕 전파 은하(보통의 은하보다 전파 방사가 강한 은하).

ra·di·o·gen·ic [rèidioudʒénik] 형 1 〔물리〕 방사성 물질 붕괴에 의해 생기는. 2 라디오 방송에 적합한.

ra·di·o·go·ni·om·e·ter [rèidiougòuniámətər/-5m-] 명 무선 방위계(方位計). 〔diograph[1].

ra·di·o·gram[1] [rèidiougræm] 명 무선 전보; =**ra·di·o·gram[2]** 명 (英) 라디오 겸용 레코드 플레이어〔전축〕. 〔<*radio*+*gram*ophone〕

ra·di·o·graph[1] [rèidiougræf/-grà:f] 명 방사선〔X선〕 사진. —타 (흉부 따위를) 뢴트겐 촬영하다.

ra·di·o·graph[2] 타 …에게 전보를 치다.

ra·di·og·ra·phy [rèidiágrəfi/-ɔ́g-] 명U 방사선〔X선〕 사진술. **-pher 명 -o·gráph·ic** [-ougrǽfik], **-o·gráph·i·cal -o·gráph·i·cal·ly** 부

rádio hàm 명 햄(ham), 아마추어 무선가.

ra·di·o·im·mu·no·as·say [rèidiouìmjunouǽsei] 명 〔의학〕 방사성 면역 측정법.

ra·di·o·im·mu·nol·o·gy [rèidiouìmjunálədʒi/-nɔ́l-] 명 〔의학〕 방사성 면역학.

ra·di·o·i·o·dine [rèidiouáiədàin/-di:n] 명 〔화학〕 방사(性) 요오드(의학적 진단·치료용). 〔(鐵).

ra·di·o·i·ron [rèidiouáiərn] 명 〔화학〕 방사성철

ra·di·o·i·so·tope [rèidiouáisətòup] 명 〔화학〕 방사성 동위 원소. **-i·so·tóp·ic -i·so·tóp·i·cal·ly** 부

rádio knife 명 〔외과〕 전기 메스(수술용).

ra·di·o·la·bel [rèidiouléibəl] 타 (**-l-**, (英) **-ll-**) 〔물·화〕 〔생물〕 방사능 물질을 …에 가하다, 방사성 동위 원소를 이용하여 식별하다. — 명 식별용 방사성 동위 원소.

ra·di·o·land [rèidioulænd] 명 (때로 R-) (익살) 라디오 방송 수신 가능 범위(의 청취자), 라디오 방송국의 청취자 전체. 〔蟲〕류(의).

ra·di·o·lar·i·an [rèidiouléəriən] 명형 방산충(放散

Rádio Líberty 명 (美) 자유 방송(소련 붕괴 이전의 뮌헨 시를 거점으로 한 대(對)소련 선전 방송).

rádio link 명 〔통신〕 무선 링크〔통신 회로〕.

ra·di·o·lo·ca·tion [rèidiouloukéiʃən] 명U 전파 탐지법. 〔탐지기(radar).

ra·di·o·lo·ca·tor [rèidiouloukéitər] 명 (英) 전파

ra·di·o·log·i·cal [rèidiouládʒikəl/-lɔ́dʒ-] 명 방사선(의)학의; 방사성 물질의. (또는 **radiologic**) **-ly** 부

ra·di·ol·o·gy [rèidiálədʒi/-5l-] 명U 1 방사선학, 방사선 의학. 2 (내장 기관 등의) X선 투시; (치료를 위한) 방사선 이용. 3 X레이 사진의 판독. **-gist** 명

ra·di·o·lu·cent [rèidioulú:snt] 명 방사선 (반)투과성의.

ra·di·o·lu·mi·nes·cence [rèidioulù:mənésns] 명 〔물리〕 방사선 발광(發光)(방사성 물질의 방사에 의한 발광). **-cent** 형

ra·di·ol·y·sis [rèidiáləsis/-ɔ́l-] 명U 〔화학〕 방사선 분해. **-o·lyt·ic** [-əlítik] 〔업 종사자.

ra·di·o·man [rèidioumæn] 명 무선 기사; 방송 사

ra·di·o·me·te·or·o·graph [rèidioumi:tiɔ́:rəgræf/-mì:tiərəgrà:f] 명 = **radiosonde**.

ra·di·om·e·ter [rèidiámətər/-5m-] 명 라디오미터, 복사계(輻射計).

ra·di·o·met·ric [rèidioumétrik] 형 라디오미터(에 의한); 방사 분석의; 방사성 탄소 연대 측정의. 〔연대 측정(법).

radiométric dáting 명 방사성 탄소

ra·di·om·e·try [rèidiámətri/-5m-] [radiometer] 명U 복사선〔방사선〕 측정(법).

ra·di·o·mi·crom·e·ter [rèidioumaikrámətər/-króm-] 명 복사 에너지 검출용의 정밀 장치.

rádio mícrophone [명] 무선 마이크.
rádio mònitoring [명] 〔군사〕 전파 감시.
rádio navigátion [명] 〔항공·해사〕 무선 항법[항행].
ra·di·on·ics [rèidiániks/-ɔ́n-] [명] [복] 《단수취급》 1 《美》 전자 공학. 2 전자 심령 현상 연구.
ra·di·o·nu·clide [rèidiounjú:klaid/-njú:-] [명] 〔물리〕 방사성 핵종(核種).
ra·di·o·pag·ing [réidioupèidʒiŋ] [명] (beeper에 의한) 무선 호출. **-pàg·er** [명] 무선 호출기(beeper).
ra·di·o·paque [rèidioupéik] [형] 방사선 불투과성의.
ra·di·o·phare [réidioufɛ̀ər] [명] (선박의 위치를 알려주는) 무선 표지국(標識局)(radio beacon).
ra·di·o·phar·ma·ceu·ti·cal [rèidioufɑ̀:rməsú:tikəl/-sjú:-] [명][형] 방사성 의약품(의).
ra·di·o·pho·bi·a [rèidioufóubiə] [명] 방사선 공포증.
ra·di·o·phone [réidioufòun] [명] 무선 전화기; 〔물리〕 광선 전화기. —[동] (…에게) 무선 전화를 걸다.
ra·di·o·phon·ics [rèidioufániks/-fɔ́n-] [명][복] 《단수취급》 《英》 1 전자 음악. 2 라디오 방송(음), (특히) 녹음 재생음.
ra·di·o·pho·no·graph [ˌ-fóunəgræ̀f/-grɑ̀:f] [명] =radiogram.
ra·di·o·pho·to·graph [rèidioufóutəgræ̀f/-grɑ̀:f] [명] 무선 전송 사진. (또는 **radiophoto, radiophotogram**)
ra·di·o·pho·tog·ra·phy [rèidioufətágrəfi/-tɔ́g-] [명][U] 무선 사진 전송.
ra·di·o·pro·tec·tive [rèidiouprətéktiv] [형] 〔의학〕 방사선 방호(용)의. **-téc·tion** [명] **-téc·tor** [명] 방사선 방호제.
rádio púlsar [명] 〔천문〕 전파 펄서.
rádio rànge [명] (항공기 비행 유도용) 무전 장치.
rádio ránge bèacon [명] 〔통신〕 무선 항로 표지.
rádio recéiver [명] 라디오 수신기.
rádio rélay [명] 무선 중계국(局).
ra·di·o·re·sist·ance [rèidiourizístəns] [명] 〔생물〕 방사성 저항성.
ra·di·o·scope [réidiəskòup] [명] 방사선 측정기, 방사성 물질 탐지기.
ra·di·os·co·py [rèidiáskəpi/-ɔ́s-] [명][U] 방사선[X선, 뢴트겐] 투시, 뢴트겐 투시 진찰[검사, 법]. **-o·scop·ic** [-ouskápik/-skɔ́p-], **-o·scóp·i·cal** [형]
ra·di·o·sen·si·tive [rèidiousénsətiv] [형] 〔병리〕 (조직·기관이) 방사선에 민감한; (암세포 따위가) 방사선[X선]으로 파괴되는.
ra·di·o·sen·si·tiz·er [rèidiousénsətàizər] [명] 방사선 감수성 증강 물질.
rádio sèt [명] 라디오 수신[발신]기, 라디오.
rádio shàck [명] 《구어》 (선박 내의) 무선 전신실, 무선 전신 장치.
rádio sígnal [명] 무선 신호.
ra·di·o·so·di·um [rèidiousóudiəm] [명] 〔화학〕 방사성 나트륨.
ra·di·o·sonde [réidiousànd/-sɔ̀nd] [명] 〔기상〕 라디오존데(상층 기상 관측 장치).
rádio sòurce [명] 〔천문〕 (우주의) 전파원(源).
rádio spèctrum [명] 전파 스펙트럼.
rádio stàr [명] 〔천문〕 《드물게》 =radio source.
rádio stàtion [명] 무선국; 라디오 방송국.
ra·di·o·ster·i·lize [rèidioustérəlàiz] [동][타] 〔의학〕 (방사선을 쐬어) …을 살균[소독]하다. **-lìzed** [형] **-stèr·i·li·zá·tion** [명]
ra·di·o·sur·ger·y [rèidiousə́:rdʒəri] [명] 방사선 외과.
rádio tàxi [명] 무선 (호출) 택시.
ra·di·o·tel·e·gram [rèidioutéligræ̀m] [명] 무선 전보.
ra·di·o·tel·e·graph [rèidioutéligræ̀f/-grɑ̀:f] [명][U][C] 무선 전신(기). —[동] (…에게) 무선 전신을 보내다.
ra·di·o·te·leg·ra·phy [rèidioutəlégrəfi] [명][U] 무선 전신(술).
ra·di·o·tel·e·phone [rèidioutéləfòun] [명] 무선 전화(기). —[동] (…에게) 무선 전화를 걸다. **-tel·e·phon·ic** [-tèləfánik/-fɔ́n-] [형]
ra·di·o·te·leph·o·ny [rèidioutəléfəni] [명][U] 무선 전화.
rádio télescope [명] 〔천문〕 전파 망원경.
ra·di·o·tel·e·type [rèidioutélətàip] [명] 무선 텔레타이프([약] RTT(Y)).
ra·di·o·tel·ex [rèidioutéleks] [명] (배에서 육지로 보내는) 무선 텔렉스.
ra·di·o·ther·a·peu·tics [rèidiouθèrəpjú:tiks] [명][복] 《단수취급》 =radiotherapy.
ra·di·o·ther·a·py [rèidiouθérəpi] [명][U] 방사선 요법(radiation therapy). **-pist** [명]
ra·di·o·ther·my [réidiouθə̀:rmi] [명][U] 전기 투열(透熱) 요법.
ra·di·o·thon [réidiouθàn/-θɔ̀n] [명] 라디오손(장시간의 모금 방송 프로).
ra·di·o·tho·ri·um [rèidiouθɔ́:riəm] [명] 〔화학〕 라디오[방사성] 토륨.
ra·di·o·tox·in [rèidioutáksin/-tɔ́k-] [명] 〔물리〕 방사성 독소. **-tóx·ic** [형]
ra·di·o·tox·o·log·ic [rèidioutɑ̀ksəládʒik/-tɔ̀ksəlɔ́dʒ-] [형] 〔물리〕 방사성 독소 연구의.
ra·di·o·trac·er [réidioutrèisər] [명] 〔화학〕 방사성 추적자(子).
rádio transmítter [명] 무선 송신기.
ra·di·o·trans·par·ent [rèidioutrænspɛ́ərənt/-pǽr-] [형] 방사선 투과성의.
rádio tùbe [명] (라디오용) 진공관, 전자관.
rádio vàlve [명] 전자관.
ra·di·o·vi·sion [réidiouvìʒən] [명] 《드물게》 =television.
rádio wàve [명] 〔전기〕 전파.
rádio wìndow [명] 〔천문〕 전파의 창(지구의 대기를 통과하기 쉬운 전파의 주파수 영역).
***rad·ish** [rǽdiʃ] [명] 1 〔식물〕 (뿌리가) 긴 무; 무. 2 《美속어》 야구(공). **~·like** [형]
***ra·di·um** [réidiəm] [명][U] 1 〔화학〕 라듐(방사성 금속 원소; [기] Ra). 2 라듐(광택 있는 레이온 또는 견직물).
rádium emanàtion [명] 〔화학〕 =radon.
rádium súlfate [명] 〔화학〕 황산 라듐(물에 녹지 않는 백색 결정; 방사선 치료용).
rádium thèrapy [명] (암 따위의) 라듐 요법.
ra·di·us** [réidiəs] [명] ([복] ***-di·i [-diài], **~·es**) 1 〔기하〕 반경, 반지름([참] diameter); 반경의 길이. 2 방사상의 물건[부분]; (차바퀴의) 살, 스포크. 3 반경내의 범위; (행동·능력 따위의) 범위. ¶ within a ~ of five miles 반경 5마일 범위 안에서/the ~ of action 〔군사〕 행동 반경/the ~ of free delivery 무료 배달 지역. 4 (항공기 따위의) 항속 거리, 비행 반경. ¶ the flying ~ of a plane 항공기의 항속 반경. 5 〔식물〕 사출화(射出花); 〔동물〕 사출부; 〔곤충〕 경맥(徑脈); 〔해부〕 요골(橈骨). 6 (육분의·사분의 따위의) 바늘, 침. 7 〔기계〕 회전 반경. 8 (방사형 동물의) 대칭면, 상칭면.
rádius of cúrvature [명] 〔수학〕 곡률 반경(半徑).
rádius of gyrátion [명] 〔물리〕 회전 반경.
rádius véctor [명] ([복] ***radii vec·to·res*** [-vektɔ́:ri:z], ***r- -s***) 1 〔수학〕 동경(動徑). 2 〔천문〕 동경 벡터(태양과 행성 따위의 중심을 잇는 직선); 그 거리.
ra·dix [réidiks] [명] ([복] ***rad·i·ces*** [rǽdəsì:z/réid-], **~·es**) 1 〔수학〕 기(基), 기수(基數). 2 〔문법〕 어근. 3 〔식물〕 뿌리. 4 〔해부〕 (뇌신경 등의) 근. 5 〔철학〕 근원.
rad-lib [ˊlíb] 《구어》 [명] 《경멸적》 급진적 자유주의자, (특히) 좌익[급진주의] 정치가. —[형] 급진적 자유주의자의. (또는 **rád/líb, rádic-líb**)
RAdm, RADM, R.Adm. *Rear Admiral.*
ra·dome [réidòum] [명] 레이돔(항공기의 돔형 레이더 안테나 덮개). 〔<*radar*+*dome*〕
ra·don [réidɑn/-dɔn] [명][U] 〔화학〕 라돈(방사성의 희(稀)가스류 원소; [기] Rn).
rádon dàughters [명] (담배 연기에서 검출되는) 유해 방사성 분자.
rad·u·la [rǽdʒulə] [명] ([복] ***-lae*** [-li:]) (연체 동물의) 치설(齒舌). **-lar** [형]
rad·waste [rǽdwèist] [명] =radioactive waste.

rád wéed 명 《美속어》 마리후나.

Rae [rei] 명 레이. 1 여자 이름(Rachel의 별칭). 2 남자 이름(Raymond의 별칭).

RAE 《英》 *Royal Aircraft Establishment*(왕립 항공 연구소). **RAF, R.A.F.** 《英》 *Royal Air Force*(공군).

ra·fale [rəfǽl] 명 《군사》 일제 사격.

RAFAR [rǽfɑːr] 명 전파 자동 복사 방식(가정으로 송신될 미래의 전파 신문). (또는 Rafar)
[<*r*adio *a*utomated *f*acsimile *a*nd *r*eproduction]

raff [ræf] 명 1 하층민; ⓒ 인간 쓰레기. 2 《集합적》 쓰레기, 폐물(trash). ┌질서한.

raf·fer·ty [rǽfərti] 명 《英·濠》 혼란한, 난잡한; 무

raf·fi·a [rǽfiə] 명 1 라피아 야자. (또는 ⌐ pàlm) 2 ⓤ (라피아 야자 잎의) 섬유; 라피아로 만든 모자(바구니).

raf·fi·nate [rǽfəneit] 명 〔화학〕 라피네이트(석유 따위를 용제로 녹일 때 남는 불용해 부분).

raf·fi·né [F Rafine] 명 세련된; 고상한. ── 명 멋쟁이. [<F *refined*]

raf·fi·nose [rǽfənòus] 명ⓤ 〔화학〕 라피노오스(식물에 많은 무색의 삼당류(三糖類)).

raff·ish [rǽfiʃ] 명 1 저속한; 값싼, 야한. 2 평판이 나쁜, 방탕한, 문제아인. **~·ly** 위 **~·ness** 명

raf·fle¹ [rǽfl] 명 복권식 판매. ¶ get a car in a ~ 복권식 판매에서 자동차를 타다[가 당첨되다]. ── 명자 을 복권식 판매로 팔다(*off*). ~ *off* a television TV를 복권식 판매에 내걸다. ── 명 복권식 판매에 참가하다
-fler 명 [*for*].

raf·fle² [rǽfl] 명ⓤ 1 폐물, 쓰레기, 잡동사니. 2 (해사) 물 따위의 뒤엉킨 것. 3 하층민, 천민.

***raft**¹ [ræft/rɑːft] 명 1 뗏목; 구명 뗏목; (구명) 고무 보트. ¶ on a ~ 뗏목을 타고. 2 부잔교(浮棧橋). 3 (집합적) (항해를 방해하는) 유목(流木)·유빙(流氷) 따위의 더미; 물사태. 4 〔건축〕 (약한 지반 위에 콘크리트로 덮는) 전면(全面)(래프트) 기초. 5 (영국) (경당에서의 F스트 판. ── 명타 1 …을 뗏목으로 나르다. 2 (목재 따위를) 뗏목으로 엮다. 3 …을 뗏목으로 건너다. ── 명자 1 뗏목을 쓰다, 뗏목을 타고 가다. 2 뗏목을 엮다.

raft² [ræft] 명 《美속어》 다수, 다량, 많음(of). ¶ a ~ of time [books] 많은 시간(책). 2 (~s) 《속어》 큰 돈, 대

***raf·ter**¹ [rǽftər/rɑːf-] 명 〔건축〕 서까래. ┌금.

from cellar to rafter 집의 구석에서 구석까지, 온 집안을 샅샅이.
── 명타 1 (보통 과거분사로) …에 서까래를 대다; (재목)을 서까래로 쓰다. 2 (英방언) 〔논밭〕에 이랑을 내다.

raft·er² [rǽftər/rɑːft-] 명 뗏목 만드는 사람; 뗏목 타기우는 사람.

raft·er³ 명 (특히 칠면조의) 무리. ┌**ráfted íce**

ráft ìce 명 (다른 얼음장 위에 얹힌) 빙괴(氷塊). (또는

raft·ing [rǽftiŋ/rɑːft-] 명 (스포츠로서의) 뗏목타기, 래프팅.

rafts·man [rǽftsmən/rɑːfts-] 명 뗏목 만드는(타는) 사람. (또는 raftman)

***rag**¹ [ræg] 명 (복 ~s [-z]) 1 넝마, 누더기; 천 조각, 돛의 작은 조각; (~s) 누더기옷. ¶ be torn to ~s 갈기 갈기 찢어지다 / wear clothes to ~s 옷을 누더기 되도록 입다. 2 (경멸적·익살) 손수건, 기(旗), 막(幕); 신문; (구어) 지폐, 돈; (트럼프의) 쓸모 없는 패. ¶ the local ~ 지방 신문. 3 넝마를 걸친 사람; 천한 사람. 4 (~s) (제지 원료로·채워넣는 것으로서의) 넝마. 5 (돌·종이) 조각; 소량. ¶ ~s *of clouds* 조각 구름 / *There is not a* ~ *of evidence against him*. 그에게 불리한 증거는 하나도 없다. 6 《구어》 의류, 의복; 쓸모 없는 것. 7 《美속어》 귀찮은(싫은) 사람. 8 (감귤류의) 속껍질. 9 《美속어》 불순한 여성. 10 (석판 따위를 만드는) 조경암(粗硬岩). 11 《군사》 신호용 기(旗). 12 《美속어》 《야구》 우승 페넌트; 《서커스의》 텐트. 13 (the ~) 생리용품; 월경 (기간). 14 (the R-) 《英속어》 육·해 군인 클럽.
(*as*) *limp as a rag* 매우 지쳐서, 녹초가 되어. ┌럽.

be on the rag; *have the rag on* ① 생리대를 하고 있다, 생리중이다. ② 《美속어》 (여성이) 생리 때 화를 잘 내다; 성이 나 있다, 뽀로통하다.

chew the rag [*or fat*] 《美속어》 불평을 늘어놓는, 나무라다. 《美속어》 지껄이다, 지겹도록 말하다.

drop the rag 《美》 신호를 보내다, 알아차리게 하다.

feel like a (*wet*) *rag* 《구어》 (매우) 지치다.

from rags to riches (구어) 무일푼에서 벼락 부자로.

get one's rag out [*or up*]; *lose one's rag* 화를 내다, 핏대를 올리다.

glad [*or fine*] *rags* (구어) 나들이옷, 단벌 옷.

in rags ① 누더기 옷을 입고. ② 누더기가 되어.

like a red rag to a bull 《英구어》 (소에게 붉은 천을 보인 것처럼) 흥분[격분]시키는.

on the rag 《美구어》 화가 나서, 초조하여.

spread every rag of sail 돛을 몽땅 올리다.

take the rag off …보다 뛰어나다.
── 명 (**-gg-**) 1 누더기가 되다[를 만들다]. 2 《美속어》 생리대를 하다, 단색하게 하다. 3 《美속어》 정장(正裝)시키다(하다)(*out, up*)(*dress up*).

rag² (**-gg-**) 명 1 …을 꾸짖다, 나무라다. 2 …을 괴롭히다, 놀려대다, 난처하게 만들다. 3 《英》 …에게 짓궂게 굴다. ── 명자 1 어지르다, 난투하다. 2 《英》 떠들어대다: 장난치다. ── 명 1 《英》 난장판, 큰 말다툼; 장난, 농담. 2 《英》 자선 모금 행렬. 3 《음악》 모욕. ┌어트의 음곡.

rag³ 명 1 경질(硬質) 석판암(石盤岩). 2 지붕용 슬레

rag⁴ = *ragtime*; 래그타임 곡(曲). ── 명 (**-gg-**) 타 …을 래그타임으로 연주하다. ── 명자 래그타임에 맞추어 춤추다. ┌(음악)(즉흥 연주)

ra·ga [rɑ́ːgə] 명 라가(인도 음악의 전통적인 선율);

rag·a·muf·fin [rǽgəmÀfin] 명 누더기를 걸친 아이, 부랑아. ┌수.

rág-and-bóne màn [ˈ-ənbóun-] 명 《英》 넝마장

ra·ga-rock [ˈrɑːk/ˈrɔk] 명 〔음악〕 라가록(인도풍의록 음악). [<*rag*+*magazine*]

rag·a·zine [rǽgəzìːn] 명 《美》 (가십 전문의) 싸구려

ra·gaz·za [*It* ragattsa] 명 **-ze** [*It* -ttse] (노동·중류 계급의) 젊은 여성. 〔*It*〕

rág bàby 명 1 봉제 인형. 2 《美속어》 누더기 옷을 입었으나 매력 있는 여자.

rag·bag [rǽgbæg] 명 1 잡동사니 주머니. 2 뒤죽박죽(*of*). 3 《속어》 너절한 옷을 입은 사람.

rág bòlt 명 가시못, 미늘 달린 볼트(barb bolt).

rag-book [ˈbùk] 명 (찢어지지 않게) 천으로 만든 어린이책. ┌론.

rag-chew·ing [ˈtʃùːiŋ] 명 수다 (떨기), 장황한 의

rág dày 《英》 (학생) 자선 모금 행렬의 날.

rág dòll 명 1 봉제 인형. 2 《美속어》 칠칠치 못한 여자.

***rage** [reid] 명 ⓤ ⓒ **rag·es** [-iz] 1 격노, 분노, 노발대발(*at, against, over*). ── 유의어 ¶ *with* ~ 화가 나서, 분노한 나머지 / *put a person in a* ~ 사람을 화나게 하다. 2 ⓤⓒ (바람·화재·병 따위의) 격심함, 맹위, 맹렬, 격렬; 폭풍. ¶ *the* ~ *of the wind* (*waves*) 바람(파도)의 사나움 / *the river's* ~ 강의 범람. 3 격정, 흥분 상태. ¶ *in a* ~ *of excitement* 극도로 흥분하여. 4 (a ~) 열망, 갈망; 욕정; 열정, 열의; 감흥, 영감 (*for*). ¶ *a poet's* ~ 시인의 영감 / *have a* ~ *for* (*collecting*) *stamps* 우표 수집에 열중하고 있다 // *a* ~ *to live* 생에 대한 열정. 5 (the ~) (일시적) 대유행물, 인기인. ⇒ FASHION 유의어 6 《속어》 야단법석, 떠들썩한 파티, 댄스파티. 7 〔고어〕 광기.

(*all*) *the rage* 대유행하여. ¶ *Long hair is* (*all*) *the* ~. 장발은 대유행이다. ┌터프리다.

burst into a rage of tears [*or grief*] 왈칵 울음을

fly [*or get, fall*] *into a rage* 벌컥 화를 내다, 격노

in a rage 발끈하여.

── 명자 (**rag·es** [-iz]; ~d; **rag·ing**) 1 (…에게/…로 인해) 격노하다; 욕하다, 고함지르다 (*against, at/*

rag fair

over, for, about). ¶(~+囲+图) ~ against an enemy 적에 대해 크게 분노하다/ He ~d at her for her carelessness. 그는 그녀의 부주의를 크게 나무랐다. 2 광란하다, 맹위를 떨치다; 극성을 떨다. ¶A storm is raging. 폭풍우가 광란하고 있다. ── 囲 (재귀용법으로) (폭풍 따위가) 휘몰아친 뒤에 (…상태로) 되다 (out). ¶The storm ~d itself out. 폭풍이 휘몰아치고는 잠잠해졌다. ∽-ful 囲 격노한, 맹렬한.

rág fàir 囲 헌옷 시장.

‡**rag·ged** [rǽgid] 囲 (**more ~**; **most ~**) 1 누더기의, 너덜너덜한; 찢어진. 2 누더기를 걸친; 초라한. ¶a ~ child 누더기를 걸친 아이. 3 (표면이) 깔쭉깔쭉한, 울퉁불퉁한. ¶~ stones 울퉁불퉁한 돌. 4 (소리가) 귀에 거슬리는; (美속어) 불쾌한. ¶a ~ cry 귀에 거슬리게 울부짖는 소리. 5 조잡한; 불완전한, 결함이 있는. ¶a ~ style 조잡한 문체. 6 야생의, 손질을 게을리한; (털 따위가) 텁수룩한. ¶a ~ lawn 멋대로 자란 잔디/a ~ beard 텁수룩한 턱수염. 7 (긴장 따위로) 기진맥진한, 소모된. ¶drive a person ~ with questions 사람을 질문 공세로 두 손 들게 하다. 8 (인쇄에서 행의 머리[끝]가) 들쭉날쭉한, 가지런하지 않은. ¶~ **right**[**left**] 오른쪽[왼쪽] 행 머리가 맞지 않은.

ragged out ① (美속어) 피로한, 기진 맥진한, 피로가 쌓인. ② 어째서 볼 도리가 없는; (손이 가서) 성가신.

run a person ragged 남을 지치게 하다.

∽-ly 囲 ∽-ness 囲

rag·ged-ass [-æ̀s] 囲 (美속어) 칠칠치 못한, 형편없는, 싫은.

rágged édge 囲 (벼랑 따위의) 가장자리, 물가.

on the ragged edge 위험한 고비에, 파산[자포자기, 발병]에 직면하여.

rágged róbin 囲 동자꽃의 일종.

rágged schóol 囲 [英역사] 빈민 학교.

rag·ged·y [rǽgidi] 囲 너덜거리는, 남루한, 초라한; 텁수룩한. ¶a ~ old coat 너덜거리는 낡은 코트/a ~ sheep dog 털이 더부룩한 양치기 개.

rag·ged·y-ass [-ǽs] 囲 (美속어) 미숙한; 명형없는; =raggedass. (또는 **rággedy-ássed** [-pǽnts])

rag·ger [rǽgər] 囲 (美속어) 신문 기자.

rag·ging [rǽgiŋ] 囲 1 (口語) 놀리기, 희롱하기; (짖 된) 장난, 난폭. 2 질책. ── 囲 …의, 잡다한.

rag·gle-tag·gle [rǽgltǽgl] 囲 묽어 모은; 뒤범벅의.

rag·i [rǽgi] 囲 [식물] 왕바랭이(인도산(産) 볏과(科)의 식용 곡물). (또는 **raggee, raggy**)

rag·ing [réidʒiŋ] 囲 1 맹렬한, 격렬한; 심한. 2 격노한, 분격한. 3 굉장한, 대단한. ¶a ~ beauty 굉장한 미인. 4 (美속어) 즐거운, 재미있는. ── 囲 1 매우 재미있는 것. 2 (英속어) 제1급; 최우수 성적. ∽-ly 囲

rag·lan [rǽglən] 囲 (느슨한) 래글런형 외투. [〈영국의 육군 원수 Lord Raglan(1788〜1855)의 이름]

ráglan sléeve 囲 래글런 소매(소매 둘레선이 목둘레에서 겨드랑이 쪽으로 비스듬히 있는). ─囲 …형상의. [raglan]

rag·man [rǽgmæn] 囲 넝마주이; 고물상.

ra·gout [rægúː] [요리] 囲U 라구(고기·야채를 재료로 한 프랑스 스튜). ── 囲砂 라구로 조리하다. [〈F]

rag-out [´àut] 囲 (속어) (신문) 이전의 기사를 전재한 것.

rág pàper 囲 넝마를 원료로 만든 종이(고급지).

rag·pick·er [rǽgpìkər] 囲 넝마주이.

rág rúg 囲 넝마로 만든 깔개.

rag-shop [-ʃɑ̀p/-ʃɔ̀p] 囲 헌옷 가게, 넝마전. (또는 (美) **rág-stòre**)

rag·stone [rǽgstòun] 囲U 경질암(硬質岩), 조암(粗岩).

rags-to-rich·es [rǽgztəritʃiz] 囲 가난뱅이에서 부자가 된, 신데렐라 이야기의[같은].

rag·tag [rǽgtæg] 囲 1 (집합적) 잡다한 인간의 모임, 오합지졸. 2 인간 쓰레기, 불량배; 하층민. ── 囲 넝마의; 텁수룩한; 잡다한. (**and bóbtail**)

rágtag and bóbtail 囲 =ragtag. (또는 **tágrag and bóbtail**)

rág tìme (美속어) (여성의) 생리 기간.

rag·time [rǽgtàim] 囲U [음악] 래그타임(선율에 당김음(syncopation)을 쓴 리듬); 그 곡. ── 囲 익살스러운, 우스꽝스러운.

rag·top [rǽgtɑ̀p/-tɔ̀p] 囲 (속어) 포장 지붕식 자동차(convertible); 그 포장.

rág tràde (the ~) 囲 (속어) 피복[의류]업계.

rág tràder 囲 (속어) 양복점 주인, 양복 소매상.

Ra·gu [rɑ́guː] 囲 (상표) 라구(미국 Ragu사의 이탈리아 요리용 소스 따위).

rag·weed [rǽgwìːd] 囲 1 돼지풀(꽃가루는 알레르기의 원인). 2 (英) =ragwort. 3 (美속어) 저질 마리화나.

rág whèel 囲 [기계] 쇠사슬 톱니바퀴; 연마 바퀴.

rag·wort [rǽgwə̀ːrt] 囲 쑥갓속(屬)의 식물.

rah [rɑː] 囲 만세하다. ── 囲 만세 소리.

rah-rah [rɑ́ː] 囲 (구어) (축구 시합의 응원처럼) 열광적인, 씩씩한. ¶a group of ~ **undergraduates** 열렬히 응원하는 한 그룹의 대학생들. ── 囲砂 응원하다.

ráh-ràh skìrt 囲 (치어리더들의) 주름 미니스커트.

rai [rai] 囲 [음악] 라이(알제리 기원의 아랍풍(風) 팝 음악).

*****raid** [reid] 囲 1 (군사) 급습, 기습, 습격; [국제법] 불법 침입. ¶an air ~ 공습//make a ~ **into** an enemy's territory 적의 영토를 기습하다. 2 (경찰관 등의) 현장 급습, 일제 검거 (**on, upon**). 3 (증권) (투기꾼들의) 투매, 일제 매도[매입]. 4 (다른 회사로부터의) 사람 빼돌리기. 5 공금 횡령.

make a raid on [or ***upon***] …을 급습[습격, 수색]하다. ── 囲砂 1 …에 쳐들어가다; (사람·장소)를 급습[습격]하다; (경찰관 등이) …을 급습하다; 수색하다. 2 (투기꾼이) (시장)을 교란하다. ── 囲 1 침입하다, 급습하다 (**on, upon**); (경찰관이) 현장을 급습하다 (**into**). ¶(~+囲+图) ~ **on** the settlers 개척민들을 급습하다. 2 시장을 교란하다.

RAID [컴퓨터] redundant array of inexpensive disks(서버용 대용량 저장 장치: 효율화·사고 대책을 위해 일련의 하드디스크를 연동시켜 사용).

raid·er [réidər] 囲 1 침입자[물]. 2 특공대(원); 침공기[함]; 현장을 급습하는 경찰관. 3 =corporate ~.

RAIDS [réidz] 囲 (익살) 최근성 소득 부전 증후군. [〈recently acquired income deficiency syndrome]

‡**rail**[1] [reil] 囲 (복 ~s [-z]) 1 가로대, 가로장. ¶a towel ~ 타월걸이(의 가로대). 2 난간; (~s) 방책, 울타리. 3 (~s) (철도의) 레일, 궤조(軌條); 철도(railroad); (~s) 역. ¶a ~ **yard** 구 구내/British R- 영국 국유 철도. 4 (~s) 철도주(鐵道株). 5 (美속어) 철도원. 6 (창도(昌道)) 따위의) 동쪽, 중앙반. 7 [해사] (뱃전의) 난간, 현장(舷牆) 상부. 8 (보통 ~s) (속어) (코로 마시는) 가는 줄 모양의 코카인. 9 (美속어) 중위.

(as) straight as a rail 꼿꼿하게, 곧게.

(as) thin as a rail 아주 마른[가는].

by rail 기차로, 철도편으로. 「프보드에서 떨어지다.

catch a rail (美속어) (파도타기에서 균형을 잃고) 서 ***hunt the top rail*** (美) 느닷없이 도망치다.

jump the rails (열차 따위가) 탈선하다.

keep on the rails 관례대로 행동하다[시키다].

off the rails ① 탈선하여. ¶get [or run, go] **off** the ~s (열차가) 탈선하다. ② (사상·행동이) 문란하여, 혼란하여; 길을 벗어나서.

on the rails 궤도에 올라, 순조롭게; 정도를 따라서.

over the rail (해사) 뱃전을 넘어서.

ride a person ***out (of town) on the rail*** 남을 엄벌하다; 공동체에서 추방하다.

sit on the rail 어느 편에도 가담하지 않다.
── 卧 1 …을 난간[울타리]으로 둘러싸다(in, off). ¶ (~+目+剾) (~+目+前+名) be ~ed off from the road 울타리로 길에서 격리되어 있다. 2 …에 레일을 깔다; (美) …을 철도로 수송하다.
rail it (美俗) 빈둥거리다.
∠**less** 튚 철도[난간]이 없는. ∠**like** 튚
rail² 卧珇 욕하다, 악담하다, 심하게 비난하다. 야단치다 (at, against). ¶~ against the government 정부를 심하게 비난하다. ── 卧 (드물게) (남)을 야단쳐 …하게 하다. ∠**er** 튚 ∠**ing·ly** 튚
rail³ 튚 뜸부기.
rail⁴ 튚 (스피드를 낼 수 있게 개조한) drag race용 특수차. (또는 ∠ **jòb**)
rail·age [réilidʒ] 튚U 철도 수송; 철도 (화물) 운임.
ráil ànchor 튚 [철도] 레일 고정 장치.
rail·bird [réilbə̀ːrd] 튚 (구어) 1 경마장 경주로 울타리 밖에서 관전하는 경마광. 2 (일반적으로) 구경꾼, 참견하는 사람(kibitzer), 자칭 비평가[전문가].
rail-bus [⁴bʌs] 튚 레일 버스; 노면 전차.
rail-car [réilkὰːr] 튚 기동차; (美) [철도] 차량.
Rail·car [réilkὰːrd] 튚 (英) (어린이·연금 생활자의) 철도 요금 특별 할인권[증명서].
ráil detèctor càr [철도] 철로 손상 탐지차.
ráil fénce 튚 (美) 가로장 울타리.
ráil gàuge 튚 [철도] 궤간(軌間).
ráil gùn 튚 [군사] 레일 건(두 도전용(導電用) 레일 사이에서 가속하여 포탄을 발사하는 포; 미사일 방위 시스템)의 하나.
rail·head [réilhèd] 튚 1 [철도] 선로의 끝머리; 종착역. 2 [군사] 군수품 보급 기지 종점, 병참역.
***rail·ing**¹ [réiliŋ] 튚 1 [집합적] 레일, 궤조(軌條); 난간, 가드레일. 2 난간(울타리)의 재료.
rail·ing² 튚U 욕설, 악담, 비난. ── 튚 욕설의. ~·**ly** 튚
rail·ler·y [réiləri] 튚U 1 (명랑한) 놀림, 야유, 농담. 2 야유하는 말. [⌈을 달리는 말[개].
ráil lùgger 튚 (속어) 경마[개 경주]에서 코스의 안쪽
rail·man [réilmən] 튚 철도원; 철도회사 경영자; 항만 하역 작업원.
ráil mòtor 튚 전동차, 기동차.
rail-mo·tor [⁴mòutər] 튚 철도·자동차 혼용의.
***rail·road** [réilròud] 튚 (~s [-z]) 1 철도 (선로), 궤도((英) railway). ¶ an elevated [underground] ~ 고가[지하] 철도. 2 철도 시설; 철도 회사 (약어 R.R.). ¶ work on the ~ 철도 회사에서 일하다. 3 [볼링] 스플릿(split). 4 (~s) 철도주(株), 철도채(債). 5 [형용사적] 철도의, 철도에 의한. ¶ a ~ accident 철도 사고 / a ~ company 철도 회사 / a ~ fare 철도 운임. ── 卧 1 …에 철도를 부설하다; …을 철도로 수송하다; (it와 함께) 철도 여행을 하다. ¶~ it to Boston 보스턴까지 철도 여행을 하다. 2 (美口) (의안 따위)를 일사 천리로 통과시키다(through), (부당하게) …을 빨리 보내다; (학교 따위)에서 지체없이 내보내다. ¶(~+目+前+名) ~ a bill through Congress 법안을 의회에서 강행 통과시키다. 3 (속) (누명을 씌워) …을 투옥하다. ── 卧 1 철도에서 일하다. 2 철도로 여행하다; 철도를 놓다.
ráilroad cròssing 튚 철도 건널목.
rail·road·er [réilròudər] 튚 철도 부설 기술자; 철도(종업)원. [⌈기차칸식 아파트.
ráilroad flàt [apàrtment] 튚 (美) (방이 붙어 있는)
rail·road·ing [réilròudiŋ] 튚U 1 철도 부설 공사; 철도 사업. 2 열차 여행. 3 (의안의) 강행 통과.
ráilroad màn 튚 =railroader.
ráilroad pèn 튚 (제도용) 복선(複線) 가막부리.
***ráilroad stàtion** 튚 철도역(depot).
ráilroad stìff 튚 (美俗) 열차를 무임승차하고 다니는 떠돌이 노동자.
ráilroad tràcks 튚珇 (美俗) 1 육군 대위 계급장의 두 줄의 은선(銀線). 2 치열 교정기. 3 (팔의 정맥을

따라 놓은) 마약 주사 자국.
ráilroad wèed 튚 (美俗) 마리화나.
rail-split·ter [⁴splìtər] 튚 1 (통나무를 쪼개어) 울타리 가로장을 만드는 사람. 2 (the Rail-S~) Abraham
ráil tràck 튚 궤도, 선로. ⌊Lincoln의 별명.
***rail·way** [réilwèi] 튚 (~s [-z]) 1 (英) 철도 (선로)((美) railroad). ¶ a street ~ 시가 전차 궤도. 3 (英) [형용사적] 철도의, 철도에 의한. ¶ a ~ novel (차 안에서 읽는) 딱딱하지 않은 소설 / a ~ truck 무개 화차.
at railway speed 황급히, 매우 빨리.
── 卧 (英) 철차로 여행하다; 철도를 부설하다.
ráilway càrriage 튚 (英) 객차.
ráilway cròssing 튚 철도 건널목.
rail·way·man [réilweimæn/-mən] 튚 (英) =railroader.
ráilway rúg 튚 (英) 철도 여행용 무릎 덮개.
***ráilway stàtion** 튚 =railroad station.
rai·ment [réimənt] 튚U [고어·시] 의복; 의장(衣裝), 복장.
***rain** [rein] 튚 (~s [-z]) 1 U 비, 빗물; C (~s) 소나기, (우기의) 강우; U 우천. ¶a fine [heavy] ~ 가랑비[호우] / a driving [or drenching, pouring] ~ 억수같이 내리는 비 / It looks like ~. 비가 올 것 같다 / come in out of the ~ 비를 피하다.

USAGE *a rain, rain, rains* —— 비를 일반적으로 말할 경우에는 관사가 없고, 구체적인 비를 가리킬 때는 관사가 있다: The ~ had stopped. 비는 이미 그쳐 있었다. little, much를 제외하고 앞에 형용사가 올 경우에는 a를 붙이는 것이 보통: a heavy ~ / a general ~ throughout the country 전국적인 비. 그러나 전반적으로 본 날씨에 관해 말할 경우 등에는 앞에 형용사나 a 를 붙이지 않는다: We had heavy ~ last spring. 지난해 봄에는 큰 비가 내렸다. 또한 rains는 '강우', '장마'의 뜻: The ~s seem to be over. 장마가 끝난 것 같다.

2 (the ~) (열대 지방·인도의) 우기(雨期), 장마철. ¶ Soon came the ~s. 곧 장마철이 찾아왔다. 3 (종종 R-) (대서양상 적도 북쪽의) 무풍 다우 지대. 4 (a ~) …의 소나기 (of). ¶ a ~ of bullets [kisses] 탄환[키스]의 소나기. 5 (영화) (낡은) 필름의 비내리는 현상.
(as) right as rain (구어) 완전히 정상으로.
get out of the rain (구어) 말썽이 생길 듯하면 빠져 나가다[나타나지 않다].
in rain 빗발치듯.
in the rain 빗속에, 비를 맞으며.
know enough to come in [or *get, (漆) keep*] *out of the rain*; *have enough sense* [or *imagination, intelligence, brains*] *to come in from* [or *out of*] *the rain* (보통 부정문에서) (구어) 상식이 있다.
rain or shine; come rain, come shine; come rain or (come) shine ① 비가 오든 날이 개든, 날씨에 관계 없이. ¶ He insisted on going out, ~ or shine. 날씨에 관계 없이 나가겠다고 그는 고집을 부렸다. ② 어떤 일이 있더라도. ¶ He is always cheerful, ~ or shine. 어떤 일이 있어도 그는 항상 명랑하다.
── 卧 1 (it를 주어로) 비가 오다. ¶ It ~ed in torrents. 비가 억수같이 내렸다 / It has ~ed over. 비가 그쳤다 / It threatens to ~. 금방이라도 비가 올 것 같다 / It never ~s but it pours. (속담) 비가 오기만 하면 억수로 퍼붓는다. 화불단행(禍不單行). 2 비처럼 내리다(down) (on, upon, from). ¶(~+前+名) Shells and bullets ~ed upon us. 총포탄이 빗발처럼 쏟아졌다 / (~+剾) Tears ~ed down from her eyes. 그녀

의 눈에서 눈물이 비오듯이 흘러내렸다. **3** (하늘·구름 따위가) 비를 뿌리다(*on*). ¶The clouds ~*ed*. 구름이 비를 뿌렸다. ── **1** (*it*를 주어로 하여 재귀용법으로) 비를 내리다. ¶(~+目+團) It has ~*ed itself out*. 비가 올만큼 왔다(다 왔다). **2** (*it*를 주어로) …을 비처럼 내리다. ¶It ~*ed large drops*. 굵은 비가 내렸다/It ~*ed blood*. 피가 비오듯이 쏟아졌다. **3** (호의·칭찬·총탄 따위를) (비처럼) 퍼붓다(*down*) (*on, upon*). ¶~ *kisses* [*praises*] 키스[칭찬]를 퍼붓다.

It rains cats and dogs. 비가 억수같이 쏟아진다.
know enough to come [or (美) *go*] *in when it rains* =*know enough to come in out of the rain.* 편지가 쇄도한다.
rain in 비가 새다; (비처럼) 쇄도하다. ¶Letters ~ *in*.
rain off (英) =*rain out* ②.
rain off and on 비가 오락가락하다(오다 말다하다).
rain on ① ⇨타 2, 3. ② (속어) (남)에게 불행[불운]을 가져오다; (흑인 속어) (남)에게 불평을 하다; (남)을 죽이다. 괴롭히다. ¶(기회 따위를) 망쳐 놓다.
rain on a person's parade (속어) 남의 하루[행위, 계획]를 망치다.
rain out ① (농작물을) 비로 망치다. ② (美) (수동형으로) (행사·경기 따위가) 비 때문에 중지[연기]되다. ¶The game was ~*ed out.* 경기는 비로 연기되었다. ③ 비가 그치다. ④ (수동형으로) (물질을) 대기중에서 비로 씻어 내리다.

rain·band [réinbænd] 图 **1** (물리) 우선(雨線)(대기의 수증기에 의하여 일어나는 태양 스펙트럼의 검은 띠). **2** (기상) 강우대(帶).
rain·bird [réinbə̀rd] 图 (울음소리로 비를 알리는) 뻐꾸기의 일종.
ráin bòot 图 비신, (우천용) 장화.
‡rain·bow [réinbòu] 图 (~**s** [-z]) **1** 무지개; 무지개 모양의 것. ¶the arch of the ~ 홍예교/*lunar* ~ 달무리/a *primary* [*secondary*] ~ (쌍무지개의) 수[암]무지개. **2** 광범위, 다종 다양. **3** 다채로운 것. **4** 헛된 희망[꿈]. **5** =~ *trout*. **6** =~ *pill*. **7** 명, 타박상.
all the colors of the rainbow 온갖 빛깔.
be over the rainbow [or (英) *moon*] (구어) (…으로) 뛸 듯이 기뻐하다[즐거워하다] (*about*).
chase (*after*) *rainbows* 무지개[불가능한 것]를 쫓다, 손에 넣을 수 없는 것을 추구하며 살아가다.
the [or *a*] *pot* [or (英) *crock*] *of gold at the end of the rainbow* (이루고 싶어도) 이룰 수 없는 꿈[꿈].
── 图 **1** 무지개(빛깔)의; 여러 빛깔의, 다채로운. **2** 여러 민족[인종, 집단]으로 구성된. ── (타) 무지개 모양으로 [다채롭게] 하다. ── (자) 무지개처럼[다채롭게] 보이다.
~·**like**, ~·**y** 图
Ráinbow Brídge 图 레인보 브리지(미국 Utah주 남부에 있는 거대한 천연의 돌다리; 국가 기념물).
ráinbow chàser 图 환상을 쫓는 사람, 몽상가, 공론가.
ráinbow coalítion 图 (선거 따위에서의) 소수파 연합.
rain·bow·col·lar [-kɑ́lər-kɔ́l-] 图 (구어) (공장 근로자가) 현장과 관리 양쪽을 경험한; (현장 자동화로) 기술·관리의 재교육을 받은. [多色の]
rain·bow·col·ored [-kʌ́lərd] 图 무지개색의.
ráinbow drèss 图 (해사) 무지개만함(滿艦) 장식.
Ráinbow Píer 图 레인보 잔교(桟橋)(미국 California주 Long Beach에 있는 반원형 잔교).
ráinbow píll 图 (속어) 여러 색으로 된 정제(캡슐제).
ráinbow ròof 图 무지개 지붕, 홍예형 지붕.
ráinbow rúnner 图 난류에 서식하는 전쟁이.
ráinbow tróut 图 무지개송어. [장치.
ráin bòx 图 (연극) 빗소리의 음향 효과를 내는 상자.
ráin chàrt 图 등우량선도(等雨量線圖).
ráin chèck 图 (美) **1** (비로 경기가 연기될 때 주는) 우천 순연권. **2** (구어) (초대·제안 따위에 당장 응할 수 없을 때 하는) 후일의 약속; 다음 기회. ¶take [or have] a ~ 후일[다음 기회]에 응하겠다고 약속하다. **3** (세일 상품의 품질 때 주는) 후일 구매권. (또는 **ráinchèck**)
ráin clòud 图 비구름(nimbus). [콘돔.
‡rain·coat [réinkòut] 图 레인코트, 비옷; (俗語)
ráin dánce 图 **1** (북미 인디언의) 기우(祈雨) 춤. **2** (美속어) (정치인을 초청한) 성대한 환영회[연회].
ráin dàte 图 (옥외 행사의) 우천시의 변경일.
ráin dày 图 (강우량 0.2mm 이상의) 강우일.
ráin dóctor 图 =*rainmaker* 1.
‡rain·drop [réindrɑ̀p/-drɔ̀p] 图 빗방울, 낙숫물.
‡rain·fall [réinfɔ̀:l] 图 UC **1** 강우. **2** 우량, 강수량.
ráin fòrest 图 열대 (다)우림. (또는 **ráinfòrest**)
ráin gàuge 图 우량계(pluviometer).
ráin glàss 图 청우계(barometer).
Rai·nier [rəniər, rei-, réiniər] 图 **Mount** ~ 레이너어 산(미국 Washington 주 중서부의 화산).
rain·less [réinlis] 图 비가 오지 않는, 건조한. [~·**ness** 图]
ráin lòcker 图 (美속어) 샤워실.
rain·mak·er [réinmèikər] 图 **1** (북미 인디언의) 기우사(新雨師)(rain doctor). **2** 인공 강우 전문가. **3** (속어) (정계에 유력한 연줄이 있는) 회사의 임원; 적극적인 사업 개발자. -**mak·ing** 图 인공 강우.
rain·out [réinàut] 图 **1** (우천으로) 연기[중지]된 행사(경기·콘서트 따위); 우천 순연. **2** (물리) 방사성 물질의 강하.
rain·proof [réinprùːf] 图 방수의. ¶a ~ *coat* 방수코트. ── 图 비옷. ── (타) …을 방수로 하다. (~·**er** 图).
ráin rádar 图 빗방울 레이더(빗발의 수·크기를 측정).
ráin shàdow 图 (기상) 비그늘(산으로 바람이 가로 막혀 강수량이 적은 지역).
ráin shòwer 图 소나기. ¶scattered ~*s* (일기 예보에서) 때때로 소나기.
rain·storm [réinstɔ̀ːrm] 图 폭풍우, 호우.
rain·suit [réinsùːt/-sjùːt] 图 (위아래로 된) 비옷, 레인 슈트.
rain·tight [réintàit] 图 =*rainproof*.
rain·wash [réinwɑ̀ʃ/-wɔ̀ʃ] 图 U (지질) 우식(雨蝕)(빗물에 의한 침식). [天水]
rain·wa·ter [réinwɔ̀ːtər, -wɑ̀t-] 图 U 빗물, 천수
rain·wear [réinwɛ̀ər] 图 UC (레인코트 따위의) 비옷.
rain·worm [réinwə̀ːrm] 图 지렁이(earthworm).
‡rain·y [réini] 图 (**rain·i·er; rain·i·est**) **1** 비오는, 비가 많은, 우천의. ¶a ~ *region* 다우 지역/~ *weather* 우천. **2** 비를 머금은, 비가 올 것 같은. ¶~ *clouds* 비구름. **3** 비에 젖은. ¶~ *streets* 비에 젖은 거리. **4** 비 같은.
ráin·i·ly 图 **ráin·i·ness** 图
ráiny dáy 图 우천; (비유적) 만약의 경우, (장래의) 곤궁할 때. ¶provide against [or *for*] a ~ 만약의 경우에 대비하다. [하다.
save up for a rainy day 만일의 경우를 위해 저축
ráiny-dáy 图
ráiny-dáy wòman 图 (美속어) 마리화나 담배.
ráiny séason 图 (몬순·열대 지역의) 우기; 장마철.
‡raise [reiz] (타) (**rais·es** [-iz]; ~**d; rais·ing**) LIFT 올리다; 들어 올리다, 높이 들다(*up*)(圓 lower). ⇨LIFT [유의어] ¶(~+目+圖) ~ *up* one's *arms* [*head*] 팔 굴을 들다// ~ *heavy loads* 무거운 짐을 들어올리다. **2** …을 일으키다, 일으켜 세우다. ¶(~+目+圓+圖) ~ *a person from* his *knees* 무릎 꿇고 있는 사람을 일으켜 세우다. [기념비를 세우다.
3 (돌 따위를) 세우다, 건립하다. ¶~ *a monument* **4** (먼지 따위를) 일으키다; (사냥감)을 몰아붙이다, 몰아내다. ¶~ *a dust* 먼지를 일으키다// (~+目+圓+圖) ~ *a hare from an underbrush* 토끼를 몰아내다. **5** (파도·바람 따위를) 일게 하다; [소동·사건 따위를] 일으키다(*up*). ¶~ *the winds* 바람을 일으키다/~ *a revolt* 반란을 일으키다// (~+目+圖) ~ *up a storm of protests* 빗발치는 항의를 불러 일으키다.

6 a) [양·가격·요금·임금 따위]를 끌어올리다, 상승시키다. ¶ ~ an income tax 소득세를 인상하다 / ~ salaries[wages] 급료[임금]를 올리다. **b)** [지위·신분]을 (…로서 / …으로) 올리다, 승진시키다(up)(from / to). ¶(~+<u>목</u>+<u>전</u>+<u>명</u>) ~ a person to the peerage 남을 귀족으로 승격시키다. **c)** [정도·강도 따위]를 높이다, 증대시키다. ¶ ~ the volume of the radio 라디오의 볼륨을 높이다 / ~ the standard of living 생활 수준을 높이다. **7** [소리]를 지르다, [목소리]를 높이다. ¶ ~ one's voice 고함을 지르다, 목소리를 높이다, 항의하다. **8** (…에 대해) [문제·요구·항의 따위]를 제기하다, 일으키다(against); …을 화제로 올리다. ¶ ~ a cry [or an objection] against …에 항의하다 / ~ a question 문제를 제기하다. **9** [법률] [소송]을 제기하다; [문서·호출장 따위]를 작성하다; [법률 행위]를 제정하다. ¶ ~ an issue at law 소송을 제기하다. **10** [죽은 사람]을 되살리다; [망령]을 불러내다; …의 눈을 뜨게 하다. ¶ ~ a dead man 죽은 사람을 소생시키다. **11** …의 힘을 돋우다, 분발시키다; [희망 따위]를 품게 하다. ¶His encouragement ~d her spirits [courage]. 그의 격려로 그녀는 힘[용기]을 냈다. **12** (…을 위한) [돈]을 모으다, 모금하다, 조달하다; [군인]을 뽑다, 모병[징집]하다, 편성하다 (for). ¶(~+<u>목</u>+<u>전</u>+<u>명</u>) ~ money for a charity 자선 모금을 하다 / (~+<u>목</u>+<u>부</u>) ~ up an army 군대를 편성하다. **13** [아이]를 기르다, 양육하다; [동물]을 사육하다; [식물]을 재배하다. ¶ ~ children 아이들을 기르다 / ~ cattle 소를 사육하다 / ~ various kinds of roses 여러 종류의 장미를 재배하다. **14** [봉쇄·금지 따위]를 풀다, 해제하다. ¶ ~ a blockade 봉쇄를 풀다 / ~ the ban 금지령을 해제하다. **15** [빵]을 부풀리다; …을 쌓아 올리다; [노면 따위]를 높이다. ¶ ~ dough 밀가루 반죽을 부풀리다. **16 a)** (구두 따위가)[물집]을 …에 생기게 하다. ¶ ~ blisters on one's feet 발에 물집을 내다. **b)** (옷감)에 보풀을 세우다. **c)** [표면·도안]을 부조(浮彫)로 하다. **17** [해사] …이 보이는 곳까지 오다. ¶ ~ land 육지가 보이는 곳에 접근하다. **18** [카드놀이] …보다 많이 걸다. **19** [美] [수표·어음의 액수]를 변조하다. ¶ ~ a check 수표 액수를 변조하다. **20** [수학] …을 (거듭제곱하여)(to). ¶ ~ 3 to 5th power 3을 5제곱하다. **21** [美] [위원·위원회]를 임명[구성]하다. **22** [스코] …을 화나게 하다, 미치게 하다. **23** [통신] …와 (무선·전화로) 교신하다, …을 호출하다; …와 연락이 닿다. **24** [英] 런던을 출발하다. **25** [가래·위내 가스]를 토해 내다, 내뱉다. **26** [美] [산·언덕 따위]의 정상에(대낮 수배자 등)를 찾아내다. **27** [기·마루 수배자 등]을 찾아내다.
— <u>자</u> **1** [부사와 함께] (물건이) 올라가다, 오르다. ¶The window ~s easily. 그 창문은 쉽게 열린다. **2** [美] 정점에 달하다 (승진, 출세)하다. **3** [美둥부언] 일어나다, 일어서다(arise). **4** [카드놀이] 돈을 더 걸다. **5** [채광] 파 올라가다.   「당연한 일을 하다.
raise a hand [부정문에서] 무엇인가 하다, 자기에게
raise Cain [or ***the devil, hell, hell's delight, heck, Ned, the mischief, the roof***] ① [구어] (…에 대해) 소동을 일으키다(with); 큰 소리로 화내다, 불평하다, 호통치다. ② [속어] 재미없게 되다, 지장을 일으키다.
raise color 염색으로 색깔을 내다.
raise from the dead 부활하다, (죽었다가) 살아나다.
raise money on …을 저당으로 돈을 마련하다.
raise one's back 고집을 부리다, 반항하다.
raise oneself 일어서다; 발돋움하다; 출세하다.
raise one's [or ***an***] ***eyebrows at*** …에 (경멸·놀람 등으로) 눈썹을 치켜 올리다.
raise one's eyes 눈을 치켜뜨다, 쳐다보다.
raise one's glass to …을 위하여 건배하다.
raise one's hand to (때릴 것 같은 자세로) …에게 손을 들어올리다.
raise one's hat 모자를 들어올려 인사하다.
raise one's head 얼굴을 들다(출석했음을 나타내다); 나타나다.
raise the wind ⇒WIND.
raise up [성서] 돌아오다; (교도소에서) 보석되다.
— <u>명</u> **1** [美] (물가 따위의) 인상; (임금의) 인상([英] rise); 승급액, 가격 인상폭. ¶a ~ in pay 임금 인상. **2** 올리기, 높이기; 고양. ¶a ~ in spirits 정신의 고양. **3** 높아진 곳; 언덕, 오르막. **4** [채광] 오르막 갱도. **5** [속어] 돈 등의 마련, 조달; [카드놀이] (건 돈 따위의) 증가.
make a raise 돈을 마련하다; 찾아내다.
ráis·a·ble, ~·a·ble
***raised** [reizd] <u>형</u> **1** 돋우진, 높인, 돋우어 올린. **2** 보풀이 인; 부조(浮彫)로 한. **3** 금속의 **4** 보풀을 세운. **5** [감정·부위가] 고양된. **6** (수표·어음의) 액면가를 높인, 변조한.
ráised beach [지질] 융기 해안층.
ráised prínting [인쇄] 양각 인쇄.   「(bi-level).
ráised ránch [건축] 1층이 반지하인 2층집, 미니 2층
rais·er [réizər] <u>명</u> **1** 일으키는[올리는] 사람[도구, 기계]. **3** 효모. **4** 보풀을 세우는 직공, 기모기(起毛機). **5** (자금 따위의) 조달자.
***rai·sin** [réizn] <u>명</u> **1** 건포도. **2** [] 보랏빛을 띤 감색. **3** (속어) 흑인; 노인, 노파.
rai·son d'é·tat [F rɛzɔ̃ deta] <u>명</u> (-s d'-) 국가적 이유(부정 행위를 정당화하는 공익상 이유). [<F]
rai·son d'ê·tre [réizoun détrə/-zɔn déit·] <u>명</u> (-s d'- [-z d-]) 존재 이유; 사는 보람. [<F]
rai·son·né [F Rɛzɔne] <u>형</u> 조직적[합리적]으로 배열[분류]한. [<F reasoned]
rai·son·neur [rèzənə́:r] <u>명</u> (테마·배경 따위를 설명하는) 소설[희곡]의 해설자. [<F]
raj [ra:dʒ] <u>명</u> (종종 R-) [인도] 지배, 통치, 주권; (the R-) 영국의 인도 통치(1858-1957). [<Hind]
ra·ja(h) [rá:dʒə] <u>명</u> **1** [인도의 옛] 왕, 왕후, 영주. **2** (말레이·자바 등의) 통치자, 수장(首長); (이들에 대한) 경칭. **3** (인도에서) 힌두교도에 대한 경칭. [<Hind]
Raj·neesh [ra:dʒní:ʃ] <u>명</u> **Bhagwan ~** 라즈니시 (1931-90; 인도의 종교가).
Ra·jya Sa·bha [rá:dʒjə səbá:] <u>명</u> (인도 국회의) 상원(the Council of States). ⓐ Lok Sabha
***rake¹** [reik] <u>명</u> **1** 갈퀴, 써레, 고무래. ¶a horse ~ 말이 끄는 써레. **2** 갈퀴 모양의 도구; 도박장의 칩 쓸어 모으는 도구(croupier's~). **3** [] 긁어모아 끌어 모으기.
(as) lean [or ***thin***] ***as a rake*** [or ***rakes***] 말라서 피골이 상접한.
— <u>타</u> (~d [-t]; rak·ing) <u>타</u> **1** …을 (…에서) 갈퀴질하다, 긁어내다(out, off, away) (out of); [물건·재산·돈 따위]를 긁어모으다[들이다](in, up, together); …을 긁어 평평하게 하다; …을 샅샅이 뒤지다(off). ¶ ~ a field 써레로 밭을 평평하게 고르다 //(~+<u>목</u>+<u>부</u>) ~ up a fire 불을 긁어모으다 / ~ in money 돈을 긁어들이다 /(~+<u>목</u>+<u>전</u>+<u>명</u>) ~ fallen leaves from a lawn 잔디밭에서 가랑잎을 긁어내다 /(~+<u>목</u>+<u>보</u>) ~ the soil smooth 땅을 평평하게 고르다. **2** (…을 얻으려고) …을 찾아다니다, 샅샅이 뒤지다 (for). ¶(~+<u>목</u>+<u>부</u>) ~ out information 정보를 수집하다 /(~+<u>목</u>+<u>전</u>+<u>명</u>) ~ old magazines for facts 낡은 잡지를 뒤져서 사실을 캐내다. **3** …을 캐서 밝히다, 폭로하다(up). ¶(~+<u>목</u>+<u>부</u>) ~ up an old scandal 묵은 스캔들을 들춰내다. **4** …을 스치다, 긁다, 할퀴다(scratch). ¶ ~ one's fingernails across a person's face 손톱으로 남의 얼굴을 할퀴다. **5** …을 (망원경 따위로) 훑어보다, 바라보다(with). ¶The preacher ~d his congregations. 목사는 신도들을 죽 훑어 보았다. **6** [군사] [함선·대열] 을 (…으로) 기총 소사하다 (with). **7** (매가) [먹이]를 날면서 덮치다. **8** [변비하는 말]의 동을 긁어 내다. — <u>자</u> **1** 갈퀴질하다, 갈퀴로 긁다. **2** 캐다; (…을) 샅샅이 뒤지다(about, around,

rake　2256　**Rama**

round)(*among, in, into, over, through*).¶(~+
前+名) He ~d *into* our life. 그는 우리 생활을 샅샅
이 조사했다. **3** 애써 모으다[수집하다]. **4** 헤치고 나아가
다. **5** 홱 스치다.
rake about[or **(a)round**] (증거 따위를) 샅샅이
rake and scrape 부지런히 돈을 긁어모으다.
rake *a person* **over the coals for** ⇒COAL.
rake down (美俗어) ① (내기 따위에서) (돈)을 벌다.
② …을 호통치다.
rake it in (구어) 한밑천 잡다[벌다].
rake off (뇌물 따위)를 챙기다[먹다].
rake out 긁어 내다; 찾아내다.
rake up ① 긁어모으다; 애써서 모으다[찾아내다]. ②
(구어) …을 생각해 내다; …을 폭로하다.
rake up one side and down the other (美俗어)
rák·a·ble, ∠·a·ble 형 │호되게 꾸짖다.
rake² 명 방탕아, 난봉꾼.
 The Rake's Progress 방탕자의 타락 과정(영국 화
 가 W. Hogarth의 일련의 동판화).
 ─── 재 방탕하게 살다.
rake³ 통 뒤쪽으로 기울다[기울이다]. ─── 명 **1** 경사
(도), 구배. **2** (해사) 선수[선미]부의 경사; (마스트 따위
의) 선미의 경사(도); (항공) (비행기의) 날개의 경도
(傾度). **3** (극장의) 무대[관객석]의 경사. **4** (기계) (절단
기 따위의) 날의 경사. **5** (지질) 활동각(滑動角).
raked [-t] 형 경사진; (자동차가) 앞이 뒤보다 낮은.
rake⁴ 통 재 (매가) 사냥감을 쫓아서 날다; (사냥감이)
냄새를 맡아서 찾다; (개)를 쫓다; (스코) (빨리) 나가다.
rake·hell [réikhèl] 명 (고어) 방탕에 젖어 있는 사
람, 탕아, 건달(rake). ─── 형 (또는 **rakehelly**) 방탕아
건달의, 방탕아[부랑배]의.
rake-off [-ɔ̀:f/-ɔ̀f] 명 (구어·경멸적) **1** (이익 따위의)
몫; (부정 이익의) 몫, 리베이트, 수수료. **2** (값의) 할인.
rak·er [réikər] 명 **1** 갈퀴형 도구를 사용하는 사
람; 긁어모으는 사람, 거리 청소인; 찾는 사람, 긁는 도
구. **2** = ~ **tooth**; (톱의 날을 세우는) 기계.
rak·er² [건축] (기둥·벽 등이 넘어지지 않게 비스듬
히 괸) 버팀목[기둥]. 「톱(니).
ráker tòoth 명 (잘라낸 가지 등의 절단면을) 다듬는
ráking shòre [réikiŋ-] 명 (건축) =raker².
rak·ish¹ [réikiʃ] 형 방탕아의, 난봉꾼의.
 ~·ly 부 ~·ness 명
rak·ish² 형 **1** 멋진, 스마트한. **2** (배가) 경쾌해[빠르게]
 보이는.   「셀. 〈F〉
rale [rɑ:l/rɑ:l] 명 (병리) (폐의) 수포음(水泡音), 라
Ra·leigh [rɔ́:li, rɑ́:-] 명 **Walter** ~ 롤리(1552?-
1618; 영국의 탐험가). (또는 **Ralegh**)
rall [rɔ:l] 명 (美俗어) 패혈액 환자.
ral·len·tan·do [rɑ̀:ləntɑ́:ndou/rælentǽn-] (음
악) 점점 느린[느리게] (이탈. rall.). ─── 명 (복 ~**s**,
-**di** [-di]) 점점 느리게 연주되는[불러지는] 템포; 랠렌
탄도의 곡. 〈It〉
rál·li càrt[càr] [rǽli-] 명 4인승 2륜 마차.
***ral·ly¹** [rǽli] 통 (-lies [-z]) **1** …을 다시 모으다,
규합하다, (흩어진 군대의 목적을 위하여) (사람들)을 불러모으다(round) (for, to). ¶ ~ troops
after a battle 전투 후에 군대를 재집결시키다. **3** (체
력·기력 따위)를 회복하게 되다; (용기 따위)를 내다; **3**
(정력 따위)를 집중하다. ¶ ~ one's energy for last
effort 마지막 노력을 위해 온 정력을 집중시키다. **4** (주
가(株價) 따위)를 다시 회복시키다. **5** (자동차)를 랠리
(장거리 경주)에 내보낸다. ─── 재 **1** (공통의 목적을 위
하여) 모이다; (흩어졌던 군대 따위가) 다시 집결[결집]하
여; (사람·당파 따위의) 지원을 위해 모이다, 구원하러 오다
(*round*) (*to, around*). ¶ (~+前+名) ~ *to* the side
[*or support*] *of* …을 도와주러 모이다 / ~ *around* a
candidate 입후보자를 도우러 모이다. **2** (병 따위에서)
다소 회복되다; 기운을 되찾다 (*from*). ¶ ~ *from* a

long illness 오랜 병고에서 회복되다. **3** (주가 따위가)
회복되다, 반등하다 (*in, after*). ¶ ~ *in* price 다시 값
이 오르다. **4** (테니스 따위에서 쌍방이) 연속적으로 되받
아 치다; (시합전·연습으로) 공을 서로 받아치다. ¶ (야
구) 반격하다.
─── 명 (복 -**lies** [-z]) **1** (군대 따위의) 재집결, 재결속,
재편성. **2** (기력·체력 따위의) 회복; (병의) 회복, 소강
(*from*). **2** (금융) (경기 따위의) 회복, 반등. ¶ a ~ **in**
stocks 주가의 회복. **3** (美) (정치적·종교적 목적의) 집
회, 집회. ¶ MEETING 〔유의어〕¶ a girl scout ~ 걸스카우
트 대회 /a political ~ 정치 집회. **4** (테니스·배드민턴
에서) 공을 계속 서로 쳐 넘기기, 랠리; (美) (권투) 치고받
기; (야구) 반격. **5** 스포츠의 랠리, 장거리 자동차 경주.
(또는 (美) **rallye**) **6** (연극) (英) (극적 효과를 높이기
위해 장면·연기의 템포를 빠르게 하기. **7** (조선) (진수
전에) 선체 아래의 비녀장을 망치로 연타하기.
ral·ly² [-] 통 …을 놀리다, 야유하다, 가볍게 비꼬다
 (*on*). ─── 명 (드물어) 놀리기, 야유.
 ~·**ing·ly** 부 야유하여.
ral·ly·cross [rǽlikrɔ̀:s, -krɑ̀s/-krɔ̀s] 명 (스포
츠) 황무지 주행 자동차 경기, 랠리 크로스.
ral·ly·ing [rǽliiŋ] 명 자동차 랠리 경기. 「성.
rállying crỳ 명 (정치 운동 등의) 슬로건, 표어; 투지
rállying póint 명 **1** 원기[기력]의 회복 계기(가 되는
것). **2** (부대 따위의) 재집결지.
ral·ly·ist [rǽliist] 명 (자동차) 랠리 참가자(선수).
ral·ly·man [rǽlimæ̀n] 명 =rallyist.
ral·ly·mas·ter [rǽlimæ̀stər/-mɑ̀:s-] 명 자동차
랠리의 주최자.
ralph [rælf] 통 재 (대로 R-) (美俗어) 토하다(*up*).
(또는 **rolf**) 명 (구어) * 다음 숙어로만 쓴다.
 hang a ralph (모퉁이를) 오른쪽으로 돌다.
Ralph [rælf/reif, rɑ:lf] 명 **1** 랠프(남자 이름). **2** (美
俗어) 음경(陰莖); 바보.
***ram¹** [ræm] 명 **1** (거세되지 않은) 숫양(짝 ewe,
sheep). **2** (the R-) (천문·점성) 백양궁(白羊宮), 양자
리(Aries). **3** =battering ~. **4** 충각(衝角)(적함에 구멍
을 뚫기 위한 함수(艦首)의 장치); 충각이 있는 군함. **5**
(토목) 램, 드롭 해머, 달구. **6** (수압기의) 피스톤; 자동
양수기(*hydraulic* ~). **7** (축성) 양각보(羊角堡). **8** (항
공) 램(압(壓)); 램 효과(~ effect)(램압력을 이용하여 엔
진 추진력을 높이는 것). **9** (화학) (수지의) 램. **10** (땅
다지는) 메, 달구(rammer). **11** (구어) 호색가(한).
─── 통 (-*mm*-) **1** …을 (…에) 심하게 부딪히다, 큰
으로 치다[처박다]; (적합 따위)를 충각으로 들이받다.
(*against, at, on, into*). ¶(~+目+前+名) ~ one's
head *against* a wall 벽에 머리를 부딪히다. **2** (화약
따위)를 재다; (총)에 탄약을 밀어 넣다; (지식 따위)를
주입하다 (*into, in*). ¶(~+目+前+名) ~ a charge
into a gun 총에 탄약을 재다. **3** (흙 따위)를 다지다
(*down*). ¶(~+目+副) ~ earth well *down* 흙을 잘
다지다. **4** (법안 따위)를 강제로 밀어붙이다, 강행 통과
시키다 (*through*). ¶ ~ a bill *through* the Senate 법
안을 억지로 상원에서 통과시키다. **5** (美俗어) (남자가)
…와 성교하다. ─── 재 **1** 쾅 하고 다져 굳히다, 쾅 부딪
치다, (…에) 격돌하다 (*into, against*). **2** 무서운 속도
로 달리다.
ram…down a person's throat ⇒THROAT.
ram…home (논의 따위)를 충분히 강조하다, 반복하
 ~·**like** 형 「서 철저히 하다.
ram² 명 (-*mm*-) (漢) 사기꾼의 한패(의 한 사람).
RAM [ræm] 명 (컴퓨터) 램, 임의 접근 기억 장치. ⇔
ROM 〔<*r*andom-*a*ccess *m*emory〕
RAM *reserve annuity mortgage*; (美) *Revolutionary*
Action Movement(인종 차별 반대의) 혁명적 행동 운
동). **r.a.m.** *relative atomic mass*(상대 원자 질량).
R.A.M. (英) *Royal Academy of Music*(왕립 음악원).
Ra·ma [rɑ́:mə] 명 (인도 신화) 라마(비슈누신(神)의

일곱번째 화신으로 서사시 *Ramayana*의 주인공).
~·**ism** 명 라마 숭배.
-**ram·a** [ræmə/rάːmə] 연결 display, spectacle, hall의 뜻. ¶Cinerama, telerama.
Ram·a·dan [ræmədάːn] 명 (회교) 라마단(회교력(曆)의 9월; 회교도가 일출에서 일몰까지 단식하는 달); 라마단의 단식.
ram·age [ræmidʒ] 명 1 (인류) (공통 조상을 갖는) 영속적 혈연 집단. 2 (집합적) 나뭇가지.
ra·mal [réiməl] 형 가지(ramus)의; 가지 모양의.
Rá·man efféct [rάː·mən-] 명 (광학) 라만 효과(빛이 투명 매질을 통과할 때 산란광의 일부 파장이 변화하는 현상). [<인도의 물리학자 C. Raman의 이름]
Ra·ma·pith·e·cus [rὰːməpíθikəs, -pəθíː-] 명 라마피테쿠스속(屬)(마이오세(世)에 절멸한 유인원).
-**e·cine** [-əsàin, -sìːn] 명
Ra·ma·ya·na [rɑːmάːjənə/-máiənə] 명 라마야나 (산스크리트어로 쓰인 고대 인도의 2대 서사시의 하나; 다른 하나는 *Mahabharata*).

*****ram·ble** [ræmbl] 자타 1 (목적 없이) 거닐다, 산책하다(*about*)(*through*, *among*). ⇒ROAM 유의어 2 (식물 따위가) 사방으로 퍼지다(*over*); (도로 따위가) 구불구불 뻗어가다. (~+前+(代)) Vines ~d over the fence. 덩굴이 담장을 덮었다. 3 장황하게[두서 없이] 이야기하다[쓰다](*on*)(*about*). 4 (거리·건물 따위가) 무질서하게 지어져[뻗어] 있다. 5 《美속어》 가다. — 타 〔장소〕를 (목적 없이) 걸어 돌아다니다.
ramble on 장황하게 이야기하다.
— 명 1 어슬렁거리기, 산책; 산책로. 2 만필, 한담.
ram·bler [ræmblər] 명 1 어슬렁거리는 자[동물]; 만담하는 사람. 2 덩굴장미(~ rose). 3 ~ ranch house.
ram·bling [ræmblin] 형 1 어슬렁거리는, 방랑하는; 여기저기 이동하는. ¶a ~ fellow 방랑자, 떠돌이. 2 (건물·거리가) 사방으로 불규칙하게 퍼져[뻗어] 있는, 가지 각각으로 이어진; (식물이) 덩굴이 되는, 무성하게 퍼지는. ¶a ~ house (증축에 의해서) 꼴사납게 늘어난 집. 3 (사상 따위가) 산만한, 두서 없는 (담화 따위가) 장황한. 4 《美속어》 열차 따위가) 빠른. = ramble.
~·**ly** 부 ~·**ness** 명
Ram·bo [ræmbou] 명 람보(영화화된 David Morrell의 소설 *First Blood*의 주인공 이름); (때로 r-) 늠름한 사내; 살륙을 일삼는 인간, 야만적 복수자. ¶~ killing (전투복을 입고 하는) 살륙 행위, 살륙. — 동 (r-) 《美속어》 영량진창으로 파괴하다. ~·**like** 형
ram·bunc·tious [ræmbʌ́ŋk(ə)s] 형 《美구어》 떠들썩한, 시끄러운; 미친 듯이 날뛰는, 다루기 어려운, 제멋대로 노는, 억지를 부리는. ~·**ly** 부 ~·**ness** 명
R.A.M.C. 《英》 Royal Army Medical Corps.
RAM-D (군사) reliability, availability, maintainability and durability(무기 개발에 있어서의) 신뢰성·가동성·정비성·내구성).
Ra·mée [rɑːméi] 명 **Louise de la ~** 라메이(1839-1908; 영국의 소설가).
ram·e·kin [ræmikin] 명U 램킨(치즈에 빵 조각·달걀 따위를 섞어 구운 요리); 램킨 (굽는) 접시. (또는 ramequin)
ra·men [rάːmen] 명 라면. 《<Jap》
ra·men·tum [rəméntəm] 명 (복 -**ta** [-tə]) 1 깎아낸 부스러기. 2 (식물) (잎·열매의) 인편(鱗片).
Ram·e·ses [ræməsìːz] 명 =Ramses.
ra·mi [réimai] 명 ramus의 복수형.
ram·ie [ræmi, réimi] 명 모시풀, 마황(麻黃); U 그 섬유. (또는 ramee)
ram·i·fi·ca·tion [ræməfikéiʃən] 명UC 1 (보통 ~s) 세분화, 분기(나눔). 2 가지가지; (신경·엽맥(葉脈)·강(江) 등의) 지맥(支脈). 3 세부, 소구분. 4 관련[파생] 문제; 파생물, 부산물; (보통 좋지 못한) 결과, (일의) 추이. 5 (식물) 분지법(分枝法); 분지 형상.
ram·i·form [ræməfɔ̀ːrm] 형 1 가지 모양의, 가지

같은. 2 분기(分岐)한, 분파된.
ram·i·fy [ræməfài] 자타 1 가지를 내다, 가지 치다. 2 (엽맥 따위가) 가지 모양으로 뻗다; (강 등이) 분기하다; 작게 구분하다(*into*). — (수동형으로) …을 분기[분기, 소구분]하다. ¶Highways are *ramified* over the country. 간선 도로가 전국에 거미줄처럼 뻗어 있다.
rám·jam fúll [<dʒǽm-] 형 《구어》 꽉찬, 대만원의.
ram·jet [ræmdʒèt] 명 (항공) 램제트 엔진(초음속기에 적합한 제트 엔진). (또는 ´- éngine)
rámmed éarth [ræmd-] 명 (건축) (다져서) 굳힌 흙.
ram·mer [ræmər] 명 1 쳐박는[다지는] 사람[도구]; 달구. 2 (탄약을 재는) 꽂을대(ramrod). 3 《英》《경멸적》 억지로 맞지 않는 것을 우기는 터덜거리는 신.
ram·mish [ræmiʃ] 형 1 숫양(羊) 같은. 2 악취가 심한; 역한 냄새[맛]의(rank). 3 호색적인. ~·**ness** 명
ram·my [ræmi] 형 《속어》 욕정이 심한.
ra·mon [rəmóun] 명 뽕나무과의 식물(breadnut).
Ra·mon [réimən, rəmóun] 명 라몬(남자 이름; Raymond의 별칭).
Ra·mo·na [rəmóunə] 명 라모나(여자 이름).
ra·mose [réimous, rəmóus] 형 가지가 많은; 가지가 갈라진; 가지 모양의. ~·**ly** 부 **ra·mós·i·ty** [-ái-] 명
ra·mous [réiməs] 형 =ramose: 가지의, 가지 많은.
ramp[1] [ræmp] 명 1 (높이가 서로 다른 두 도로·건물 따위를 잇는) 경사로, 램프(고속 도로의 진입로). 2 (건축) (계단의 난간 따위의) 만곡부. 3 (여객기용) 이동 트랩. (또는 bóarding ~) (사자 따위가) 들려드는 자세. 5 흥분해서 날뛰; 격노. 6 (항공) 주기장(駐機場)(apron). 7 《英속어》 폭리, 사기. — 자 1 《문장》 (사자 따위가) 뒷다리로 일어서다, 달려들려고 하다. 2 (사람이) 미친 듯이 날뛰다(*about*), 격노하다. 3 (식물이) 우거지다. 4 (건축) (높은[낮은] 쪽으로) 기울다. 5 (英속어) 사기 치다. — 타 1 (건축) …에 사면을 만들다; …을 휘다. 2 《英속어》 …에게서 사취하다; …에게 사기를 치다.

[ramp[1] 1]

ramp[2] 명 (식물) (북미산) 야생 양파(wild leek).
ram·page [ræmpeidʒ/-´] 명 미친 듯이 날뛰기, 광포[난폭]한 행위; 흥분 상태. ㄱ뛰다.
be [or *go*] *on the* [or *a*] *rampage* 미친 듯이 날 — [-´-] 자 미친 듯이 날뛰다, 광란하다(*about*) (*through*).
ram·pág·er 명
ram·pa·geous [ræmpéidʒəs] 형 난폭한, 사나운; 감당할 수 없는; 거친. ~·**ly** 부 ~·**ness** 명
ramp·an·cy [ræmpənsi] 명U 1 (말·행동의) 난폭, 광포. 2 (미신·병 따위의) 유행, 만연. 3 (풀·나무의) 무성. 4 《문장》 (사자 따위의) 뒷다리로 서기.
*****ramp·ant** [ræmpənt] 형 1 맹렬한, 격노한, 광포한. 2 (병·소문 따위가) 유행하는, 만연하는; (풀·나무가) 무성한. ¶a ~ rumor 자자한[퍼질 대로 퍼진] 소문. 3 분방한, 억제되지 않은. 4 (명사 뒤에서) 뒷다리로 서 있는; 《문장》 (옆얼굴의 사자 따위가) 뒷다리로 선 자세의. ¶a lion ~ 뒷다리로 선 사자. 5 (건축) (아치 따위의) 한쪽 받침대가 높은.
~·**ly** 부
*****ram·part** [ræmpɑːrt, -pərt] 명 1 (축성) 누벽(壘壁), 성벽. ⇒BASTION 그림. 2 성벽 같은 방어물, 성새 (벽면 같은) 산허리; 《캐나다》 협곡. — 타 …에 누벽[성벽]을 둘러쌓다; …을 방어하다.

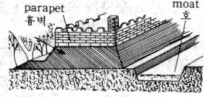
[rampart 1]

ram·pas·ture [rǽmpæ̀stʃər/-pàːs-] 명 (캐나다) (독신 남자가) 공동으로 사는 하숙집[셋방].

ram·pi·on [rǽmpiən] 명 초롱꽃·도라지 무리의 식물.

ramp·way [rǽmpwèi] 명 (北美) (높이가 다른 두 도로·건물을 연결하는) 경사 통로[복도].

ram·rod [rǽmràd/-rɔ̀d] 명 1 (탄약을 밀어 넣는) 탄약 꽂을대; 꽂을대. 2 엄격한 교사(상관); (노동자의) (현장) 감독. 3 꼿꼿한[하게 선] 것; (속어) (발기한) 음경.
(as) stiff [or *straight*] *as a ramrod* ① 똑바로 선, 직립 부동의. ② (태도·외관이) 매우 엄격한, 딱딱한.
── 타 (*-dd-*) …에게 엄한 규율을 지키게 하다, 권위를 휘두르다; …을 강제로[협박하여] 수행하다.
ramrod...down a person's throat 남에게 …을 강제로[억지로] 인정케 하다.
── 형 강직한; 딱딱한; 유연성이 없는.

Ram·scoop [rǽmskùːp] 명 (SF에 나오는) 램스쿠프 우주선(우주 공간에 존재하는 수소를 모아 에너지를 얻는다).

Ráms·den éyepiece [rǽmzdən-] 명 〔광학〕 램즈덴 접안 렌즈.

Ram·ses [rǽmsiːz] 명 람세스(고대 이집트 국왕들의 이름).

Ram·sey [rǽmzi] 명 램지(남자 이름).

ram·shack·le [rǽmʃækl] 형 1 덜커덩거리는, 곧 쓰러질 듯한, 흔들흔들하는. ¶a ~ *house* 다 쓰러져가는 (황폐한) 집. 2 약한. 3 퇴폐적인; 줏대 없는.

ram·son [rǽmzən, -sən] 명 (잎이 넓은) 마늘의 일종; (보통 ~s) 그 뿌리(조미료·샐러드용).

ram·stam [rǽmstæm] 형 (스코·北英) 완고한; 겁 없는, 무모한. ── 명 완고[무모]한 사람. ── 부 완고하게; 막무가내로.

ra·mus [réiməs] 명 (복 *-mi* [-mai]) 〔해부〕 (식물·혈관·신경 따위의) 가지, 분기(分岐); (새의) 깃가지.

‡**ran** [ræn] 동 *run*의 과거.

Ran [rɑːn] 명 〔북유럽 신화〕 란(바다의 여신으로 Aegir의 아내).

R.A.N. *Royal Australian Navy*(호주 해군).

rance [ræns] 명 Ⓤ 랜스(엷은 청색과 백색 무늬가 있는 적갈색 대리석; 벨기에산(産)).

*****ranch** [ræntʃ/rɑːntʃ] 명 1 (美서부) (단일 작물·동물의) 대농장, 농원, 사육장. ¶a fruit ~ 대과수원/a poultry ~ 양계장. 2 목장, 목축장. ¶a cattle ~ 소의 대방목장. 3 (집합적) 농장에서 일[생활]하는 사람. 4 관광 목장(dude ~). ── 자 목장[농장]을 경영하다. 목장에서 일하다. ── 타 〔목장·농장〕에서 노무자로 일하다; 〔소·말 따위〕를 목장[농장]에서 사육하다.

*****ranch·er** [rǽntʃər/rɑ́ːn-] 명 1 (美·濠) 목장[농장]주; 목장[농장]노동자. 2 =ranch house 2.

ran·che·ra [rɑːntʃéərə] 명 〔음악〕 란체라(라틴풍의 컨트리·웨스턴 뮤직); 〔보호 거주지의〕 부락.

ranch·er·ie [rǽntʃəri/rɑ́ːn-] 명 (캐나다) (인디언 보호 거주지의) 부락.

ran·che·ro [ræntʃɛ́ərou/rɑːn-] 명 (복 ~s [-z]) 1 (美남서부) =rancher 1. 2 카우보이(멕시코). 〈Sp〉

ranch·ette [ræntʃét] 명 소규모 (관광) 목장[농장].

ránch hánd 명 1 목장[농장] 종업원. 2 (the R- H-) (美軍속어) 고엽제를 살포하는 C-123 승무원.

ránch hòuse 명 1 (목장에 있는) 목장주의 집. 2 (美) (교외의) 지붕 물매가 뜬 단층집.

ran·chi·to [rɑːntʃíːtou] 명 (복 ~s) (스페인계 미국인의) 작은 가축 농장, 소목장; (남미 등지의) 작은 집.

ranch·man [rǽntʃmən/rɑ́ːntʃ-] 명 =rancher 1.

ránch mínk 명 사육 밍크.

ran·cho [rǽntʃou/rɑ́ːn-] 명 (복 ~s [-z]) 1 (목장·농장) 노동자가 숙박하는 판잣집, 오두막집; 판자촌. 2 =ranch. 〈Sp〉

Ránch Wàgon 명 (상표) =station wagon.

ran·cid [rǽnsid] 형 1 (부패하여) 악취가 나는, 썩은 냄새[맛]가 나는; (맛이) 고약한, 코를 찌르는. ¶go ~ 썩다; 악취가 나다. 2 (일반적으로) 불쾌한, 싫은.
ran·cíd·i·ty [-ǝti] 명 Ⓤ 부패, 악취. ~·**ly** 부 ~·**ness** 명

ran·cor [rǽŋkər] 명 Ⓤ (…에 대한) 깊은 앙심, 원한, 증오(*against*); 악의, 적의. ⇒MALICE 유의어 ~**ed** 형

ran·cor·ous [rǽŋkərəs] 형 증오심[적개심]을 품은, 원한이 있는. ~·**ly** 부 ~·**ness** 명

rand[1] [rænd] 명 1 (구두의) 뒤축 안창. 2 (英방언) 변두리, (경작지·웅덩이 따위의) 가장자리; 가늘고 긴 고기 조각. 3 (남아공) (협곡을 낀) 고지. 〔약 R.〕

rand[2] [rænd] 명 랜드(남아프리카 공화국의 화폐 단위).

Ran·dal(l) [rǽndl] 명 랜들(남자 이름).

ran·dan[1] [rǽndæn, -´] 명 (구어) 난장판, 야단법석, 흥청망청 떠들기.
go on the randan 야단법석을 떨다.

ran·dan[2] 명 3인승 보트(가운데 사람은 두 개의 노로, 앞뒤 사람은 한 개의 노로 젓는다); ⓤ 그 노젓기.

R&B, r&b, R and B 〔음악〕 *rhythm-and-blues*.

R&D, R and D *research and development*(연구 개발). **R. & I.** (라틴) *Regina et Imperatrix*(=queen and empress); *Rex et Imperator*(=king and emperor).

Ran·dolph [rǽndəlf, -dɔlf/-dɔlf] 명 랜돌프(남자 이름).

‡**ran·dom** [rǽndəm] 형 (*more* ~; *most* ~) 1 닥치는 대로의, 멋대로의, 되는 대로의; 어림짐작의. ¶ ~ *bombing* 무차별 폭격/a ~ *guess* 어림짐작.

유의어 **random** 명확한 목적·방침·방법 따위가 없는. **haphazard** 적절성·효과·악영향 따위에 충분한 관심 없이 기분이나 형편 등에 따른 되는 대로의. **desultory** 조직적이 아닌, 일관성 없는.

2 〔통계〕 임의의, 무작위의. 3 〔건축〕 돌의 치수[크기, 모양]가 고르지 않은; 고르지 않게 쌓은. 4 (美속어) 〔컴퓨터〕 분석하기 어려운, 정리 안 된. 5 (美속어) 천박한, 성실치 못한, 비생산적인; 이유 없는; 하찮은.
── 명 Ⓤ 마구잡이, 되는 대로임; (英) (인쇄) 식자공 작업대; (속어) (컴퓨터) (고교생 간에) 혜살을 놓는 해커.
at random 멋대로, 닥치는 대로, 마구잡이[임의]로. ¶ *read at* ~ 닥치는 대로 책을 읽다.
~·**ly** 부 (드물게) 되는 대로, 닥치는 대로, 임의로. ~·**ness** 명

rándom áccess 명 1 〔컴퓨터〕 랜덤 액세스, 임의 접근, 등속(等速) 호출. 2 (필요에 따라) 임의로 서비스 [편의]를 얻기.

ran·dom-ac·cess [-ǽkses] 형 〔컴퓨터〕 임의 추출 방식의; 직접 접근 방식의(direct-access).

rándom-áccess mémory 〔컴퓨터〕 =RAM.

rándom érror 명 〔통계〕 확률적 오차, 우연 오차.

rándom fíle 명 〔컴퓨터〕 랜덤 파일(임의의 자료를 추출하여 폐기·갱신할 수 있는 파일). 〔의 출판사).

Rándom Hóuse, Inc. 명 랜덤 하우스사(社)(미국

ran·dom·ic·i·ty [rǽndəmísəti] 명 (품질·형상 따위의) 불균일[불균형]성; (사건·현상 따위의) 무법칙성, 우발[돌발]성.

ran·dom·ize [rǽndəmàiz] 동 타 …에서 무작위로 뽑다, 임의 추출하다.
-**i·zá·tion** -iz·**er** 명 임의 추출 (장치).

rándom líne 명 〔측량〕 랜덤 라인(현재 위치에서 보이지 않는 목표 지점을 향해 장애물을 피해 설정된 측량선).

rándom lógic 명 〔전자〕 불규칙 논리.

rándom númber 명 난수(亂數).

rándom sámple 명 무작위 표본. 〔법.

rándom sámpling 명 〔통계〕 임의[무작위] 추출

rándom váriable 명 〔통계〕 확률 변수(variate).

rándom wálk 명 1 〔통계〕 난보(亂步), 취보(醉步). 2 〔물리〕 (입자 운동·위치 변동의) 난보, 취보. 3 〔생물〕 기회적 부동(浮動)[변동].

rándom wàlk théory 명 〔경제〕 난보(亂步) 이론 (주가(株價)의 변동을 예측하는 지표는 존재하지 않는다는 투자 이론).

R and R, R&R, R.&R. *rape and robbery*; *res-*

cue and resuscitation: rest and recreation; 〔美俗〕 rest and recuperation(보양 위로 휴가); rest and relaxation; (또는 **r. & r.**) rock'n'roll.

rand·y [rǽndi] 형 **1** 〔英방언〕 시끄러운, 난잡한, 다룰 수 없는. **2** 〔스코〕 거칠고 공격적인. **3** 〔英구어〕 음탕한, 호색의. ── 명 〔스코〕 거칠고 공격적인 사람; (특히) 불량한 거지, 바가지 긁는 여자. **ránd·i·ness** 명.

Ran·dy [rǽndi] 명 랜디. **1** 남자 이름(Randall, Randolph의 별칭). **2** 여자 이름.

ra·nee [ráːmi, raːníː] 명 (인도의) 왕비; 여왕.

‡**rang** [ræŋ] 동 ring² 의 과거.

‡**range** [reindʒ] 명 (pl. **rang·es** [-iz]) **1** (a ~, the ~) (수·양·정도의 변동의) 범위, 한계, 폭. ¶ a wide ~ of price 가격의 큰 폭. **2** ⓤⒸ (힘·작용 따위가 미치는) 범위, 영역; (지식·능력의) 범위, 한계. ¶ the ~ of vision [voice] 시야[성역(聲域)]/beyond the ~ of understanding 이해의 범위를 넘어서.

> [유의어] **range** 「범위」의 뜻의 가장 일반적인 말; 종종 그 속에 포함된 다양성을 암시한다. **scope** 자유로이 활동할 수 있는 범위. **reach** 힘·효과 따위가 도달할 수 있는 범위. **compass** 어떠한 범위를 한정하는 한계.

3 줄, 열; 연속, 일련. ¶ the first ~ of soldiers 병사들의 제1열. **4** 산맥, 연산(連山); (종종 ~s) 산악 지방. ¶ the Appalachian ~ 애팔래치아 산맥. **5** (탄환·미사일 따위의) 사정[착탄] 거리; (비행기 따위의) 항속 가능 거리. **6** 사격(연습)장; 미사일 시사장(試射場). ¶ a rifle ~ 소총 사격장. **7** (음향 측정 장치·레이더 따위의) 유효 범위[거리]. **8** 〔통계〕 변동[분포] 범위. **9** 〔美〕 〔측량〕 경선(經線)간 지구(자오선을 표준으로 6마일씩 간격을 두고 그은 경선 사이의 사각형 지역); (탄알) (힘의) 도달 거리. **10** 사회층, 계급, 신분. ¶ in the lower ~s of society 하층의 사회에서는. **11** 산맥, 산록. **12** (동식물 따위의) 분포 구역[범위]. **13** 〔美〕 (광대한) 방목지(구역), 목장. **14** 방향, 방위. **15** (조리용) 레인지; 〔컴퓨터〕 가스[전자] 레인지. **16** (수량)치(値). **17** (상품의) 한 벌, 세트. **18** (기상) 교차(較差). **19** (도서관의) 양면 서가. **20** (동일 입항료의) 선박 계류장. **21** (유리의 두께를 재는) 게이지. **22** (석재 따위를 놓이기) 고르게 쌓기. **23** 〔해사〕 (여러 밧줄을 매어 놓는) 밧줄걸이.

at long [close, short] range 원[근]거리에서.

be at range 〔美〕 방목되고 있다.

go [be helped] over the range 죽다[피살되다].

in range with (배에서 보아) (두개가) …와 일직선상에, …의 방향으로.

in the range of …의 범위 내에.

on the range 방목되어.

run on the same range 〔美〕 친구로서 사귀다, 함께 자라다.

within [out of] one's range 힘이 미치는[못 미치는] (범위에).

within [out of] (the) range of …의 사정 거리내[밖]에서; 범위내[밖]에. ¶ within [out of] the ~ of our search 우리의 수사 가능한 범위내[밖]에.

── 동 방목장에; (가축이) 방목하다. ¶ ~ grass 목초/~ horses 방목되는 말.

── 동태 **1** (사람·물건) 을 줄세우다, 정렬시키다 (in, on, along). ¶ ~ 目+前+명 ~ books on a shelf 책을 책장에 가지런히 놓다. **2** …을 분류하다, 정리하다. ¶ ~ plants according to genus and species 식물을 속(屬)과 종(種)에 따라 분류하다. **3** (어떤 지역)을 돌아다니다. ¶ ~ the woods 숲속을 돌아다니다. **4** (가축)을 방목하다. **5** (총·망원경 따위)를 (대상물에) 향하다, 조준을 맞추다 (on). **6** (言동·재권용도)의 편을 들다, …을 지지하다 (with, among, beside, on); …의 반대편에 서다 (against). ¶ ~ 目+前+명 He ~d himself with [against] the reform movement. 그는 개혁 운동에 찬성[반대]하는 편에 섰다. **7** 〔해사〕 (잘 미끄러져 내리도록) (닻줄)을 갑판에 늘어놓다; …을 따라 항행하다. ¶ ~ the coastline 해안선을 따라 항행하다. **8** (대포 따위)의 사정거리를 재다, 〔적〕을 사정거리에 넣다 (in). **9** 〔英〕 (인쇄) 행을 가지런히 맞추다.

── 자 **1** (일정한 범위 안에서) 변동하다, 움직이다 (between). ¶ ~+ 前+명 Prices ~d from $5 to $7 [or between $5 and $7]. 가격은 5달러에서 7달러 사이에서 변동하였다. **2** 일렬[일직선]로 서다, 줄서 있다 (along), 평행하다, 병렬하다 (with); (산·숲 따위가) 연속되다, 이어지다. ¶ ~ (+前+명) Brick houses ~ along the road. 벽돌집들이 길을 따라 죽 늘어서 있다. **3** (탄환이 …까지) 도달하다, 손이 미치는 범위를 가지다 (over). ¶ ~ (+前) ~ short 목표에 못 미치다/This gun ~s (over) 8 miles. 이 대포의 사정 거리는 8마일이다. **4** (사상·시선·화제 등의 범위가) 걸치다, 미치다 (over). ¶ ~+前+명 His studies ~ over many subjects. 그의 연구는 다방면에 걸친다. **5** 돌아다니다, 배회하다 (in, over, through). ⇨ROAM **6** (동식물·인종이) 분포하다, 서식하다 (over, through). **7** 위치를 점하다, 입장을 취하다, 어깨를 나란히 하다 (with, among). ¶ ~ (+前+명) He ~s with the great writers. 그는 대작가들과 어깨를 나란히 한다. **8** (표적의) 조준을 정하다 (in) (on); (거리계로 측물의) 거리를 산하다. **9** 〔해사〕 (닻을 내린 배가) 전후로 흔들리다 (about). **10** 〔英〕 (인쇄) 행 끝을 가지런히 하다.

range in (on) (대포 따위로) …을 조준하다.

range oneself 1 정렬하다. ② (결혼 따위로) 안정된 생활을 하다, 일정한 직업을 얻다. ③ (…의) 편을 들다 (with); (…의)반대편에 서다 (against).

ranged [reindʒd] 형 **1** (한정용법) 〔건축〕 가지런히 쌓은 (벽돌·석재 따위). **2** 일렬로[계급에 따라, 정연하게] 줄을 선. **3** 〔美〕 길들여진. **4** 〔美속어〕 흥분한.

ránge finder 명 (총의) 거리 측정기; (카메라의) 거리계. (또는 **rángefinder**)

ránge·find·ing 명 ⓤ 거리 측정.

ránge·land [réindʒlæ̀nd] 명 방목장[지](range).

ránge light 명 〔해사〕 **1** 안내등(leading light). **2** (~s) (배의) 마스트등. 〔연습〕장 관리자.

ránge·mas·ter [réindʒmæ̀stər/-màːs-] 명 사격

ránge òil 명 레인지용 (요리) 기름, 풍로용 기름.

ránge pòle 명 〔측량〕 측량폴, 측량대.

*****ráng·er** [réindʒər] 명 **1** 돌아다니는 사람, 방랑자. **2** (산림 따위의) 감시원. **3** (어떤 지역을 순찰하는) 치안대. **4** (보통 ~s) 유격 대원, 특수 부대원(영) com- mando). **5** 〔英〕 왕실 소유림 감시관. **6** (R-) 〔美〕 레인저(무인 달 탐사기). **7** 〔英〕 (R-) 시니어 걸가이드(R-Guide)(14세 이상의 Girl Guides 단원). **8** 〔재귀법으로〕 …에 눌러앉다, 정주(定住)하다. ── 자 ranger가 되다.

ránge tàble 명 조립 테이블.

ráng·ing pòle [ròd] [réindʒiŋ-] 명 =range pole.

Ran·goon [ræŋgúːn] 명 **1** 랑군(Myanmar의 수도 Yangon의 옛 이름). **2** 〔美속어〕 마리화나.

rang·y [réindʒi] 형 **1** 팔다리가 가늘고 긴. **2** (동물 따위가) 걸어다니기에 알맞은. **3** 〔濠〕 산이 많은. **4** 넓은, 광활한. **ráng·i·ness** 명.

ra·ni [ráːni, raːníː] 명 =ranee.

‡**rank¹** [ræŋk] 명 **1** ⓤⒸ (사회의) 계급, 계층; (공직·군무(軍務)상의) 지위, 계급, 신분. ¶ men of all ~s and classes 각계 각층의 사람들/the ~ of captain (육군에서) 대위의 계급/be in the first ~ 일류급이다. **2** ⓤ (사회적으로) 높은 지위[신분]; 상류 계급. ¶ persons of ~ 귀족, 고위층의 사람들. **3** ⓒⓤ 열(line); (군대의) 횡렬, 횡대(열); 정렬. ¶ the front ~ 전열, 앞줄. **4** (~s) (장교 이외의) 군대 구성원, 병사; 〔집합적〕 하사관, 병졸; 군대. ¶ all the ~s 전체 사병/other ~s (장교를 뺀) 하사관과 병(兵)/serve in the ~s 병역에 복무

rank

하다. **5** (체스판의) 횡선(의 file). **6** (비교 대조상의) 종류, 부류. ¶ all ~s of fish 온갖 종류의 물고기. **7** (보통 ~s) (간부와 구별되는 정당·회사·단체의) 일반 당원, 사원, 회원. **8** (美) 사병; (사병에서 승진한) 특진(特進) 장교(사관). **3** (美·속어) 망설이는;공무니를 빼는 사람.

break rank(s) 낙오하다, 대열을 흐트러뜨리다; 동료와 의견을 달리하다 (with).
close (the) ranks ① 열의 간격을 좁히다. ② 진영을 굳게 하다, 결속을 강화하다.
fall into rank 열에 끼다, 정렬하다.
give first rank to …을 첫째로 치다.
in rank 왕을 지어(지다).
keep rank 질서를 지키다, 대열을 흐트러뜨리지 않다.
pull (one's) rank (on) (軍속어) (…에게) 계급[지위]을 악용하여 명령에 따르도록 강요하다. [키다.
reduce…to the ranks (하사관)을 사병으로 강등시
rise [or come up] from [or through] the ranks ① 사병에서 장교가 되다. ② 낮은 신분에서 출세하다.
swell the ranks of …의 수를 늘리다. [세하다.
take rank of …의 위에 서다.
take rank with …와 나란히 서다, 어깨를 나란히 하다. ¶ take ~ with the great poets 대시인들과 어깨를 나란히 하다.

─⑩ **1** …을 나란히 세우다, 정렬시키다. ¶ ~ boys according to their height 소년들을 키순으로 줄 세우다. **2** (…에) …의 위치를 정하다, …을 분류[구분]하다 (among, with); …에 (…이라는) 등급을 매기다. …을 (…으로) 평가하다(as); …을 (…보다) 낫다고 생각하다 (above). ¶ (~+图+匍) We ~ his abilities very high. 우리는 그의 재능을 높이 평가한다//(~+图+匍+名) ~ football above baseball 야구보다 미식축구를 높게 치다// (~+图+as 匍) He is ~ed as a great poet. 그는 위대한 시인으로 평가받는다. **3** (美) …보다 지위가 높다, …의 상관이다. ¶ Ambassadors ~ ministers. 대사는 공사보다 높다. **4** (美속어) 괴롭히다; 모욕하다, 비판하다. **5** (南)의 손을 누설하다, 배신하다. **6** (스코 법률) (파산자의 재산 따위의) 청구권 순위를 매기다. ─⑪ **1** 나란히 서다, 정렬하다; 정렬하여 나아가다, 행진하다. **2** (…에) 자리잡다(with, among); (…로서) 지위를 차지하다(as); (…와) 어깨를 겨루다 (with). ¶ (~+as 匍) ~ as an officer 장교 대우를 받다// (~+匍+名) Byron ~s among [or with] the greatest English poets. 바이런은 영국 최대의 시인 중 하나로 손꼽힌다// (~+匍) He ~s low [high] in his class. 그는 성적은 학급에서 하위[상위]이다. **3** (美) 제 1 위[최상위]를 차지하다. **4** (스코 법률) (파산자의 재산에 대해) 권리가 있다.

rank one's action [or game, play, style] (美속어) 의 사랑을 방해하다, 이 점찍은 여자를 가로채 [다.
~·less 匍

rank² 匍 **1** (식물 따위가) 무성한, 우거진, 잘대로 자란 (with). ¶ a garden ~ with weeds 잡초가 무성한 정원. **2** (땅이) 너무 기름진, 지나치게 비옥한. **3** 악취가 나는, 맛이 고약한; …나는 냄새가 나는 생선. **4** 영락없는, 어처구니없는; 지독한; 순전한, 철저한. ¶ ~ nonsense 얼토당토 않은 난센스. **5** 천한, 야비한; (속어) 하등의, 거칠고 나쁜. ¶ ~ language 천한 말씨. **6** (법률) 극도의, 과도한.
~·ly 匍 **~·ness** 匍

ránk and fáshion 匍 상류 사회.
ránk and fíle 匍 (the ~) (집합적; 단·복수 양용) (지도자·지배자를 제외한) 일반인, 일반 국민, 서민; 일반 종업원[사원]; 일반 조합원; 사병, 하사관병.
ránk-and-fíle 匍
rank-and-fil·er [ˈ-ənfáilər] 匍 (개개의) 일반인; 사병, 하사관병; 일반 사원[조합원].
ránk correlátion 匍 (통계) 순위 상관 계수. (또는 ~ **coefficient**)

Ran·ke [rά:ŋkə] 匍 **Leopold von ~** 랑케(1795-1886; 독일의 역사가; 근대 역사학의 확립자).
rank·er [ræŋkər] 匍 **1** 줄 세우는[분류하는, 평가하는] 사람. **2** (英) 사병; (사병에서 승진한) 특진(特進) 장교(사관). **3** (美속어) 망설이는;공무니를 빼는 사람.
Rán·kine cýcle [ræŋkin-] 匍 (열역학) 랭킨 사이클[주기]. (<스코틀랜드의 물리학자 W.J.M. Rankine (1820-72)의 이름)
rank·ing [ræŋkiŋ] 匍Ⓤ 등급[순위] 매기기; 등급[순위]표. ─ 匍 **1** 최고위의; 중진의. **3** (美) 출중한, 걸출한. **3** (복합어로) …의 지위[계급]의. ¶ a low-~ executive 하급 행정관. **4** (속어) 유행하는; 자극적인.
ran·kle [ræŋkl] 匍⑪ **1** (불쾌한 감정·기억 따위가) 마음속에서 사무치다, 끊임없이 괴롭히다, 가슴에 맺히다. ¶ The memory of the insult still ~s in my heart. 모욕당한 기억이 아직도 가슴에 사무친다. **2** (고어) (상처가) 쑤시다, 곪다. ─⑩ …을 괴롭히다; …을 신경질나게 하다. ¶ the market price which ~d the general public 일반 대중의 신경을 곤두서게 한 시장 가격. [사기·팩시밀리 제조 회사).
Ránk Xérox 匍 (상표) 랭크 제록스(영미 합병의 복
RANN [ræn] 匍 (美) 긴급 문제 연구[계획].
[<*R*esearch *A*pplied to *N*ational *N*eeds)
ran·ny·ga·zoo [rǽnigəzú:] 匍 (속어) 장난질, 지나친 장난.
ran·sack [rǽnsæk] 匍⑩ **1** (장소·용기 따위를) 샅샅이 뒤지다, 철저히 찾다; (…을) 뒤지다(for). ¶ ~ the room for the key 열쇠를 찾아 방 안을 샅샅이 뒤지다. **2** (돈·재물 따위를) 빼앗다, 약탈하다(of). ¶ The house was ~ed of all its valuables. 집안의 귀중품을 모조리 약탈당했다. **~·er** 匍
***ran·som** [rǽnsəm] 匍 **1** 몸값, 배상금. **2** Ⓤ (포로·감금에서의) 석방, 해방, 신병 인수. **3** (구약·특전을 받기 위한) 대상금(代償金), 속전(贖錢), 특전세, 명예세. **4** Ⓤ (그리스도의) 속죄; 죄의 보상.
a king's ransom 왕의 몸값; 큰 돈. ¶ be sold at *a king's ~* 어마어마한 값으로 팔리다.
hold a person for [or to] ransom 남을 인질로 잡아서 몸값을 요구하다.
─ 匍⑩ **1** (배상금을 치르고) (포로 등을) 되찾다. **2** …에게서 몸값을 받다, (몸값을 받고) …을 석방하다.
~·less 匍 [서.
ránsom bíll [bónd] 匍 (전시의) 나포 선박 환매 증
ran·som·er [rǽnsəmər] 匍 **1** (포로 등을) 배상금을 주고 되찾는 사람. **2** (나포된 선박의 환매금이 도착할 때까지의) 인질.
rant [rænt] 匍⑪ **1** 고함치다, 호통치다; 연극조로 떠벌리다, 호언 장담하다. **2** 엄하게 야단치다 (at, against). ¶ ~ at a lazy boy 게으른 소년을 꾸짖다. **3** (스코) 들떠서 법석대다. ─⑩ 큰 소리로 외치다, 연설조로 늘어놓다(out). ¶ ~ (out) one's denunciation 통렬히 비난하다.
rant and rave [or roar] 마구 고함치다.
─ 匍Ⓤ 호언 장담; 폭언, 성난 소리; (스코) 야단법석.
~·ing·ly 匍 [소동.
ran·tan [ræntǽn] 匍 (소음으로 들리는) 탕탕, 꽝꽝.
ran·tan·ker·ous [ræntǽŋkərəs] 匍 심술궂은; 걸핏하면 싸우는 (cantankerous).
rant·er [ræntər] 匍 **1** 호언 장담하는 사람, 고함[호통]치는 사람. **2** (R-) 초기의 감리교 신자(열광적인 설교에 기도하는 태도에서 비롯된 호칭).
rant·ing [ræntiŋ] 匍 (英속어) 시(詩) 낭송.
ra·nun·cu·lus [rənʌ́ŋkjuləs] 匍 (복 **~·es, -li** [-lài]) 미나리아재비과의 식물.
ranz des vaches [rα:ns dei vάːʃ] 匍 목곡(牧曲) (알프스의 목동이 소를 불러모을 때 뿔피리로 부는 곡). [<F *calling of the cows*)

ra·ob [réiɑb/-ɔb] 명 〔기상〕 라디오존데 기상 관측. [<*rad*iosonde *ob*servation]

R.A.O.C. (英) *Royal Army Ordnance Corps*.

Raoult's law 〔물·화〕 라울의 법칙. [<프랑스의 화학자·물리학자 François Raoult (1830-1901)]

__rap__¹ [ræp] 탄 (-pp-*) 타 1 …을 똑똑 두드리다, 톡톡 [톡톡] 치다(*on, over*). ¶ ~ a door 문을 똑똑 두드리다 [노크하다]// (~+몸+團) (~+몸+젼+웡) ~ a person *on* [or *over*] the shoulder 남의 어깨를 툭툭 치다. **2** (톡톡 두드려서) 〔통신〕을 전하다(*out*)(*on*). ¶ (~+몸+團) ~ *out* a message 똑똑 두드려서 통신을 전하다. **3** (명령·호령·욕설 따위를) 성난 [큰] 소리로 말하다, 내뱉듯이 말하다(*out*). ¶ (~+몸+團) ~ *out* an answer 내뱉듯이 대답하다. **4** …을 비난하다, 욕하다, 나무라다, 혹평하다. **5** (美俗) (남)을 체포하다. **6** 형을 선고하다; …에게 허위증언을 하다; 〔사람〕을 죽이다. **7** 〔야구〕〔히트〕를 치다. **8** (美俗) …을 랩으로 달래다 [노래하다]. ― 秋 톡 톡톡[톡톡] 두드리다 (*at, on, against*). ¶ (~+젼+웡) ~ *on* a table 책상을 톡톡 두드리다. **2** (美俗) 지껄이다, 잡담을 늘어놓다. **3** (美俗) 랩을[으로] 노래하다. **4** (俗) 동정하다, 의기 투합하다.

rap a person on [or ***over***] ***the knuckles*** (구어) 꾸짖다, 나무라다, 비난하다(* 이전에 선생이 벌로 그 막대기로 학생의 손가락 관절을 때린 데서).

― 웡 **1** 똑똑[톡톡] 두드림[두드리는 소리], (유령이 내는) 톡톡 치는 소리, 노크 소리; 비난, 혹평; 책망, 벌; 징역형의 판결. ¶ *get a bad* ~ (작품 따위가) 혹평을 받다. **3** (美俗) 수다. **4** (俗) 범죄 용의[혐의]; 고발, 고소; (美俗) 체포, 구속. ¶ *a murder* ~ 살인 혐의. **5** U = ~ *music*. **6** (濠口語) 칭찬. **7** 〔심리〕 집단 감수성 훈련 그룹(encounter group).

beat the rap (俗) 용케 벌을 면하다, 방면되다.

give a rap on the knuckles (구어) 꾸짖다, 나무라다, 비난하다.

take a rap (美구어) 부딪치다.

take the rap (美俗) (남의) 죄를 뒤집어쓰다, (남 대신) 벌[비난, 질책]을 받다.

rap² 명 **1** (구어) (부정문에서) 근소, 가치 없는 것. ¶ *I don't care a* ~. 조금도 개의치 않는다. **2** 랩(18세기 초기에 아일랜드에서 사용된 위조 화폐).

not worth a rap 조금의 가치도 없는.

rap³ 탄和 (*~ped, ~t* [-t]) 탄 **1** 을 잡아[낚아]채다. **2** (수동형으로) …을 넋잃게[황홀하게] 하다.

rap and rend (口) 강탈하다; 억지로 손에 넣다.

ra·pa·cious [rəpéiʃəs] 형 **1** 강탈하는 **2** 욕심 사나운; 탐욕스러운. **3** (매·사자가) 산 동물을 잡아먹는, 육식하는. ~*·ly* 부 ~*·ness* 명 **-pac·i·ty** [-pǽsəti] 명 U 약탈; 탐욕.

Ra·pal·lo [rəpάːlou] 명 라팔로(이탈리아 서북부 해항).

RAPC (英) *Royal Army Pay Corps*.

ráp club **1** 대화 클럽(실제로는 위장된 매춘 클럽). **2** 랩 음악을 듣는 곳(디스코테크 등).

RAPCON 〔항공〕 *r*adar *ap*proach *con*trol(레이더 진입 관제).

*__rape__¹ [reip] 명U C **1** 강탈, 약탈 행위. **2** 강간, 성폭행. **3** (자연 따위의) 파괴; (정의 따위의) 침해, 침범. ― 탄 (*~d* [-t]; *ráp·ing*) 탄 **1** …을 강탈[약탈]하다. **2** (여자)를 강간하다. **3** (美俗) (컴퓨터에) 침입하다 (프로그램)을 파괴하다. ― 秋 강탈 [강간]하다. **ráp·a·ble, ~·a·ble** 형 **ráp·er** 명

rape² 명U 〔식물〕 평지, 유채.

rape³ 명 **1** (종종 ~*s*) 포도즙을 짜낸 찌꺼기(酢 양조용). **2** (초 양조용) 여과(濾過) 장치.

rápe càke 평지씨 기름을 짜낸 찌꺼기.

rápe òil 명 평지씨 기름.

rape·seed [réipsiːd] 명U C 평지씨.

rápe shìeld 명 (美) 폭행[강간] 피해자 보호법.

rápe wàgon 명 (美俗) 대형 고급차(pimp mobile).

ráp fúll 〔해사〕 (돛이) 바람을 잔뜩 받아서 부푼 상태. ― 탄 (돛이) 바람을 받아 부푼[부른].

ráp gròup 명 (美俗) 토론 그룹.

Raph·a·el [rǽfiəl, rὰːfaiél/rǽfeiəl] 명 **1** 라파엘 로(1483-1520: 이탈리아의 화가·건축가; 본명은 Raffaello Santi). **2** 라파엘(대(大)천사 중 하나). **3** 라파엘(남자 이름).

Raph·a·el·esque [rǽfiəlésk, rὰːf-/rǽfeiəl-] 형 라파엘로풍의.

ra·phi·a [réifiə, rǽf-] 명 (아프리카 원산의) 종려나무.

*__rap·id__ [rǽpid] 형 (*more* ~, *~·er; most* ~, *~·est*) **1** (속도가) 빠른, 신속한, 급한; (동작이) 기민한, 민첩한; (진행·경과 따위가) 서두르는, 조급한, 긴급한. ⇒QUICK 형 ¶ *a* ~ *stream* 급류/*a* ~ *worker* 작업이 빠른 노동자/*a* ~ *journey* 황급한 여행/*take a* ~ *glance* 재빠르게 훑어보다. **2** (언덕 따위가) 가파른, 험한. ¶ *a* ~ *ascent* 가파른 오르막길. **3** (사진) (렌즈가) 고속(촬영)용의 (현상·인화가) 빠른. **4** (보통 복합어로) (부사적) 급속의. ¶ ~*·curing* (접착제 따위가) 속히 마르는. ― 명 ~*s* [-z] (보통 ~*s*) 급류(인 곳). [는.

shoot the rapids ① (배가) 급류를 헤쳐 나가다. ② (험한 짓[모험]을) 하다. ~*·ness* 명

Rápid Deplóyment Fòrce 명 (美) (美軍) 긴급 파견군, 신속 배치군(略 RDF). [운동(略 REM).

rápid éye mòvement 명 〔수면중의〕 급속 안구

rápid fìre 〔軍〕 속사(速射).

rap·id-fire [-fáiər] 형 **1** 잇따라 쏘아대는, 속사포 같은. ¶ ~ *questions* 속사포 같은 질문. **2** (軍) 속사(용)의. ¶ *a* ~ *gun* 속사포. **3** (기계 따위가) 고속으로 작동하는. [災車).

Rápid Intervéntion Vèhicle 명 신속 방재차(防

*__ra·pid·i·ty__ [rəpídəti] 명U 신속, 민첩; 급속: 속도.

with rapidity 신속히, 빠르게. ¶ *with astonishing* ~ 놀라운 속도로.

*__rap·id·ly__ [rǽpidli] 부 (*more* ~; *most* ~) 빨리, 급속[신속]히; 민첩하게.

ra·pi·do [rάːpidòu] 명 (~*s* [-z], *-di* [-di]) (스페인·이탈리아·중남미의) 급행 열차.

rápid reáction fòrce 명 긴급 대응 부대.

rápid tránsit 명 도시권 고속 철도(도시권의 대량 수송 교통 기관). 略 mass transit

rápid wáter 명 (美) (소방 펌프의 물의 유출 속도를 증가시키기 위한) 소화 펌프용 액제(液劑).

ra·pi·er [réipiər] 명 **1** (가느다란 양날의) 찌르는 검. **2** (형용사적) 검 같은, 날카로운, 찌르는[쏘는] 듯한. ¶ *a* ~ *thrust* 검으로 찌르기; 재치있게 받아넘기기/*a* ~ *glance* 힐끗 쏘아보기. (rapier 1)

rap·ine [rǽpin/-pain] 명U (문어) 강탈, 약탈.

rap·ist [réipist] 명 강간자.

rap-met·al [-métl] 명 〔음악〕 램메탈(rap과 metal을 혼합한 新 팝음악 장르).

ráp músic 명 랩 음악(리듬에 맞추어 지껄이듯 노래하는 흑인 음악).

rap·pa·ree [rǽpəríː] 명 (약탈을 일삼는 17세기 아일랜드의) 비정규병; 도둑, 해적.

ráp pàrlor 명 (美俗) =rap club.

rap·pee [rǽpíː] 명 독한 코담배의 일종.

rap·pel [rǽpél, rə-] 명U 현수 하강(懸垂下降)(2중의 자일을 이용하여 암벽을 타고 내려가는 방법). ― 秋和 (*-ll-*) 현수 하강하다.

rap·pé pie [rǽpi-, rάːpi-,] 명 (캐나다) 래피 파이 (감자·닭고기 따위를 넣은 파이). (또는 **ráppie píe**)

rap·per [rǽpər] 명 **1** 두드리는 사람[장치]. **2** 문의 노커(knocker). **3** (美俗) 수다쟁이. **4** 랩 가수[음악가].

rap·ping [rǽpiŋ] 명 1 (똑똑) 두드리기, (똑똑) 두드리는 소리. 2 (영매와 영 사이의) 똑똑 두드리는 소리에 의한 교신. 3 《美구어》 잡담.

rap·port [ræpɔ́:r, rə-] 명UC 1 (친밀하고 조화된) 관계, 접촉《with, between》. ¶in [or en] ~ with …와 일치하여, 마음을 합쳐. 2 《심리》 라포르, 신뢰감. 3 (교령회(交靈會)에서 영매와의 교신, 통신. [자. 〔<F〕

rap·por·teur [ræpɔ:rtə́:r] 명 (위원회 따위의) 보고

rap·proche·ment [ræpróumɑ́ːŋ/ræprɔ́ʃmɑ́ːŋ] 명 (…간의/…와의) 친교 관계, 친선, 화해《between / with》. 〔<F〕

rap·scal·lion [ræpskǽljən] 명 《익살》 악한, 건달, 무뢰한, 깡패; 장난꾸러기, 녀석. ¶You ~! 이 못된 녀석! 「어] 대화 (나누기).

ráp sèssion 명 rap group 멤버들의 집회; 《속

ráp shèet 명 《美속어》 전과(前科) 기록.

ráp sòng 명 =rap music.

ráp stùdio 명 《美속어》 =rap club.

***rapt** [ræpt] 형 rap³의 과거·과거분사. ─ 형 1 열중 [몰두]한, 골몰한《in》. 2 넋을 잃은, 황홀한《with》; 환희의. ¶a ~ smile 황홀한 미소 / be ~ with joy 기쁨으로 어찌할 수 없다. 3 옮겨진 다른 곳, 특히 천국으로) 데려간, 빼앗긴. 4 《濠구어》 감싼, 묶은.
be rapt away [or *up*] 몰두[열중]해 있다.
be rapt in …에 몰두[열중]해 있다, 넋을 잃고 있다. ¶be ~ *in* study 공부에 몰두하고 있다. 「다.
be rapt to the seventh heaven 뛸 듯이 기뻐하
with rapt attention 몰두하여, 열중하여.
~·ly 튀 **~·ness** 명

rap·tor [rǽptər, -tɔ:r] 명 육식조(鳥), 맹금(猛禽).

rap·to·ri·al [ræptɔ́:riəl] 형 1 (새나 짐승 따위가) 육식(성)의. 2 발톱·부리 따위가 먹이를 잡기에 알맞은. 3 맹금류의. ─ 명 1 =raptor. 2 포식성(捕食性) 동물.

‡**rap·ture** [rǽptʃər] 명UC 1 큰 기쁨, 황홀, 환희, 광희. (종종 ~s) 환희의 표현[말]. ⇒ECSTASY 〔유의어〕 ¶be in ~s over [or about, at, with] …이 기뻐서 어찌할 바를 모르다. 2 《고어》 (사람을 다른 곳, 특히 천국으로) 보내기, 옮겨가기. 3 (the R-) 《신학》 (그리스도 재림시에) 그리스도와 공중에서 만나는 체험.
fly into raptures 기뻐서 날뛰다. 「황홀해지다.
go [or *fall*] *into raptures over* …으로 넋을 잃다
─ 동() 《문어》 …을 황홀하게[넋을 잃게] 하다, 기뻐서
~·less 형 「어쩔 줄 모르게 하다.

rap·tured [rǽptʃərd] 형 황홀한, 환희의.

rápture of the déep [dépths] 명 《병리》 심해 황홀증(nitrogen narcosis).

rap·tur·ous [rǽptʃərəs] 형 기뻐서 어찌할 바를 모르는, 미친 듯이 기뻐하는; 열광적인. **~·ly** 튀 **~·ness** 명

ra·ra a·vis [rɛ́ərə éivis] 명 《复 *ra·rae a·ves* [rɛ́ərìː éiviːz]》 보기 드문 것[사람], 진품. 〔<L *rare bird*〕

‡**rare¹** [rɛər] 형 (*rár·er; rár·est*) 1 드문, 진기한, 희한한; 드물게 발생하는. ¶~ occasions 좀처럼 없는 기회. 2 (공기·가스 따위가) 희박한(© dense). ¶The air is ~ on high mountains. 높은 산에서는 공기가 희박하다. 3 《英구어》 아주 뛰어난, 훌륭한, 비할 데 없는. ¶a ~ scholar 불세출의 학자. 4 굉장히 큰, 대단한, 심한. 5 [부사적] 《英구어》 무척, 대단히, 굉장히,
have a rare time (of it); have rare fun 아주 즐겁게 지내다.
in rare cases; on rare occasions 드물게(는).
rare and 《구어》 [형용사와 함께] 아주…, 대단히…. ¶I am ~ *and* happy. 아주 행복하다.
rare old 《구어》 매우 좋은[나쁜], 대단한.
~·ness 명

*rare² [rɛər] 형 《고어》 (고기가) 덜 익은, 설익은. ¶~ roast beef 설익은 로스트 비프 / ~ steak 설익은 스테이크.

rare·bit [rɛ́ərbit] 명 =Welsh rabbit.

ráre bóok 명 희귀본, 진귀한 책.

ráre éarth 명 《화학》 1 희토(稀土) 산화물. 2 =rare-earth element.

ráre-éarth èlement [mètal] 명 《화학》 희토류 「리의) 구경거리.

rár·ee shòw [rɛ́əri-] 명 요지경(peep show); (거

rar·e·fac·tion [rɛ̀ərəfǽkʃən] 명U 희박하게 하기, 희박화; 희박 상태. (또는 **rarefication**)
-tive 형 희박화 작용이 있는.

rar·e·fied [rɛ́ərəfàid] 형 1 (지위·계급이) 매우 높은; (취미·교양 등이) 고원한, 난해(심원)한. ¶~ tastes 고상한 취미. 2 선발된, 엘리트의, 일류의. 3 (기체가) 희박한.

rar·e·fy [rɛ́ərəfài] 동(自) 1 (기체 따위)를 희박하게 하다(® condense). 2 (인격·정신 등)을 정화[순화]하다, 세련되게 하다; (사상 따위)를 연마하다. ─ 자 희박해지다, 엷어지다.

ráre gás 명 《화학》 희(稀)가스(noble gas).

ráre gróove 명 《음악》 (1970년대 초 미국에서 유행한) 흑인 soul music.

‡**rare·ly** [rɛ́ərli] 튀 (*more* ~; *most* ~) 1 드물게, 좀처럼 …않고. ¶He is ~ late. 그는 좀처럼 늦지 않는다 / This is an accident ~ met with. 이것은 보기 드문 사건이다. 2 드물 만큼, 각별히, 희한하게. ¶She is ~ beautiful. 그녀는 드물게 보는 미인이다. 3 훌륭하게, 멋지게. ¶She played so ~ on the piano. 그녀는 피아노를 아주 훌륭하게 쳤다.
rarely (if, or) ever (비록 한다 해도) 드물게 …; 좀처럼 …하지 않는다. ¶She is ~ (*if*) *ever* wrong. 그녀는 틀리는 일이 좀처럼 없다.
rarely or never 좀처럼 …하지 않는다.

rare·ripe [rɛ́ərràip] 형 (과일 따위가) 일찍 익는, 숙하는, 올되는. ─ 명 올되는 과일[채소]. 「do).

rar·ing [rɛ́əriŋ] 형 《구어》 …하고 싶어하는(*for, to*

rar·i·ty [rɛ́ərəti] 명UC 1 드묾, 진귀, 희귀, 희한. 2 a thing of great ~ 아주 진기한 물건. 2 진기한 것[사람], 드문 것[사람]. ¶a medical ~ 희귀한 병. 3 진품(珍品), 일품(逸品). ¶~ value 희소 가치. 4 U (기체의) 희박.

RAS *r*adar *a*dvisory *s*ervice((경비행기) 레이더 통보 시스템); 《항공》 *r*ectified *a*ir *s*peed(수정 대기(對氣) 속도); (해사) *r*efueling *a*t *s*ea(해상 급유); (컴퓨터) *r*eliability, *a*vailability & *s*erviceability ((컴퓨터의) 신뢰도·이용 가능도·보수 가능도); (英) *R*oyal *A*siatic [*A*stronomical] *S*ociety(왕립 아시아 협회[왕립 천문학회]).

‡**ras·cal** [rǽskəl/rɑ́:s-] 명 1 악당, 악한, 불량배. ⇒KNAVE 〔유의어〕 2 《익살》 장난꾸러기, 녀석. ¶a lovable ~ 귀여운 개구쟁이. 3 《고어》 천한 사람. ─ 형 1 악당의, 파렴치한. 2 《고어》 비천한; 《the ~ rout》 평민.
-dom 명UC 악당들; 악당의 세계. **~·like** 형

ras·cal·i·ty [ræskǽləti/rɑːs-] 명U 1 악당 근성, 파렴치. 2 비열한 행위, 악행, 나쁜 짓.

ras·cal·ly [rǽskəli/rɑ́:s-] 형 1 악당의, 악당 같은; 비열한, 파렴치한. 2 교활한; 천한. ─ 튀 교활하게, 악랄하게.「리어스의 일종).

ra·schel [rɑːʃél] 명 《방직》 라셸(약간 느슨하게 짠 메

rase [reiz] 동타 =raze.

‡**rash¹** [ræʃ] 형 (*~·er; ~·est*) (사람·행위가) 지각없는, 무분별한, 경박한; 성급한, 경솔한, 조급한. ¶a ~ scheme 무모한 계획 / It was ~ of him to marry her. 그가 그녀와 결혼한 것은 경솔했다.
~·ly 튀 **~·ness** 명

rash² [ræʃ] 명 1 (홍역·성홍열 따위의) 발진(發疹), 피진(皮疹), 홍진(紅疹). 2 (보통 a ~) (사건 따위의) 다발(多發), 빈발, 속발(*of*). ¶a ~ *of* robberies 계속 일어나는 강도 사건.

rash·er [rǽʃər] 명 1 베이컨[햄]의 얇은 조각. 2 겹는 베이컨[햄]. ¶eggs with a ~ of bacon 베이컨 에그.
a rasher of wind 《구어》 말라깽이.

Ras·mus·sen [rɑ́smusən] 명 Knud Johan

rasp

Victor ~ 라스무센(1879-1933: 덴마크의 북극 탐험가·민속학자).

rasp [ræsp/rɑːsp] 图(卧) 1 …을 이가 거친 줄로 갈다; …을 거칠게 문지르다, 박박 긁다(*off, away*). ¶ ~ *off* [or *away*] corners 모서리를 깎아 내다. 2 (신경·감정 등을) 상하게 하다, 건드리다. 자극하다. ¶ a remark that ~s the nerves 신경을 건드리는 발언. 3 …을 귀에 거슬리는 목소리로 말하다(*out*). ¶ ~ *out* an answer 귀에 거슬리는 소리로 답하다. 4 삐걱거리는 소리를 내다. ─⒜ 1 문지르다. 2 긁다, 갈다, 귀에 거슬리는 소리를 내다; (소리가) (신경 따위에) 거슬리다(*away*) (*on, upon*). ¶ ~ *on* one's violin 귀에 거슬리는 소리를 내며 바이올린을 켜다. ─명 1 이가 거친 줄, 2 ⓤ 줄질(하기), 줄로 쓸기. 3 줄질하는 소리, 긁는 소리; 박박[북북, 바각바각]하는 소리; 신경을 건드리는 소리. 4 (긁는 소리 때문에 일어나는) 쓰림.

ras·pa·to·ry [rǽspətɔ̀ːri/rɑ́ːspətəri] 명 (외과) 골막 박리가, 도려내는 칼.

***rasp·ber·ry** [rǽzbèri, -bəri, rɑ́ːz-/-rɑ́ːzbəri] 图 1 나무딸기. 2 ⓤ 짙은 자줏빛. 3 (구어) (양 입술 사이에서 혀를 진동시켜서 내는) 조소할 때의 소리(Bronx cheer); 비웃음, 혹평. ¶ give [or hand] the ~ 조소하다. 4 거절; 비난; 각하(却下). 「하고 야유하다.

give a person the raspberry (미구어) 남을 우우

rasp·ber·ry-cane [-kèin] 图 나무 딸기의 줄기.

ráspberry vínegar 图 나무딸기 시럽.

rasp·er [rǽspər/rɑ́ːsp-] 图 1 문지르는[긁는] (소리를 내는) 사람[것]. 2 (사방수수 등을) 가는 도구[기계]. 3 (사냥) 뛰어 넘기 어려운 높은 울타리.

rasp·ing [rǽspiŋ/rɑ́ːsp-] 图 1 긁는 (듯한); 긁는 소리를 내는, 2 (감정·신경을) 건드리는, 자극하는. 3 (사냥) 높은, 뛰어 넘기 어려운. 4 굉장히 빠른.
~·**ly** 튀. ~·**ness** 图 「마른, 짜증나는.

rasp·y [rǽspi/rɑ́ːsp-] 형 1 긁는 소리가 나는. 2 성

ras·sle [rǽsl] 图(卧) (방언) = wrestle.

Ras·ta [rǽstə, rɑ́ːs-] 图형 = Rastafarian.

Ras·ta·far·i·an [rǽstəfɑ́ːriən, -fǽr-, rɑ̀ːs-] 图형 라스터파리안(의)(전 에티오피아 황제 Haile Selassie 를 신(神)으로, 아프리카 대륙을 약속의 땅으로 신봉하는 자메이카 흑인 운동의 신봉자). ~·**ism** 图

ras·ter [rǽstər] 图 (TV·컴퓨터) 래스터(브라운관·모니터 화면에 비치는 횡선의 가는 줄무늬).

ras·ty [rǽsti] 图 (영구어) (남자가) 얼굴이 사나운.

‡**rat** [ræt] 图 1 쥐(mouse보다 큰 시궁쥐·집쥐 따위). 2 (속어) 변절자, 탈당자, 배신자. 3 (속어) 무력한, 인간 쓰레기, 비열한 자. 행실이 나쁜 여자. 4 (조합의 협정가보다) 싼 임금을 받고 일하는 직공; 동맹파업 불참자, 비조합원. 5 (속어) 스파이, 밀고자, 경찰의 앞잡이. 6 (미) (여자 머리에 덧넣는) 다리. 7 회록색. 8 (미속어) 열차(* rattler의 단축형).

(*as*) *drunk [poor, weak] as a rat* 곤드레만드레 취하여[한 푼 없이, 쇠약하여].

die like a rat 독살되다.

give a person rats 남을 호되게 꾸짖다.

have [or *get*] *rats* (알코올 중독으로) 미쳐 있다, 머리가 돌다. 제정신이 아니다.

like [or (*as*) *wet as*] *a drowned rat* 물에 빠진 생쥐처럼 함빡 젖어; 아주 젖어 죽어.

smell a rat 낌새를 채다, 수상쩍게 여기다.

─즙 (~s) (속어) (실망·혐오감·불신 등을 나타내어) 젠장, 제기랄, 쳇. ¶ *Oh*, ~*s*! 빌어먹을!, 설마!

─⒜ (*-tt-*) 1 쥐를 잡다. 2 (속어) 변절하다, 탈당하다. 3 (미) 파업에 불참하다; 협정 임금 이하를 받고 일하다. 4 (속어) 비열한 짓을 하다; 염탐하다 (*on*).

─⒯ (머리숱을) 다리를 넣어 부풀다.

rat a person out (속어) 남을 배신하다, 밀고하다.

rat around 방랑하다; 하는 일 없이 놀고 지내다, 빈둥거리다.

rat on (약속을) 취소하다, 이행하지 않다; (빚을) 떼어 먹다; 배신하다.

rat one's hair (영속어) 머리를 뒤쪽으로 쓸어올리다.

rat out 꽁지를 빼고 도망가다, 손을 떼다; (남을) 내버리고 돌보지 않다.

rat·a·bil·i·ty [rèitəbíləti] 图ⓤ 1 평가 가능성. 2 (영) 과세 자격, 지방세 납부 의무.

rat·a·ble [réitəbl] 图 1 평가할 수 있는, 어림잡을 수 있는. 2 비례하는, 3 (영) 지방세를 부담해야 하는, 과세할 수 있는. (또는 **rateable**) ~·**ness** 图 -**bly** 튀

rat·a·fi·a [rætəfí:ə/-fí:ə] 图 ⓒ 과일씨로 맛을 낸 비스킷.

rat·al [réitl] 图 과세 표준액. ─图 지방세의.

ra·tan [rætǽn, rə-] 图 = rattan.

rat·a·plan [rǽtəplæn] 图 둥둥(북소리)(rub-a-dub).
─⒜ (-*nn*-) 둥둥 울리다[치다]. 「는 연속음.

rat-a-tat [rǽtətǽt] 图 둥둥, 쾅쾅(문·북 따위를 두드

rat·bag [rǽtbæg] 图 (호속어) 1 괴짜, 기인; 비열한 사람, 상종할 사람; 말썽꾸러기. 2 다루기 힘든 말(馬).

rát bàstard (미속어) 싫은 놈, 저질 인간.

rát·bite fèver [dìseàse] [rǽtbàit-] 图 (병리) 서교증(鼠咬症).

rat·catch·er [rǽtkætʃər] 图 1 쥐잡이꾼. 2 (영) 약식 사냥복(트위드의 상의·승마 바지에 각반 차림).

ratch [rætʃ] 图 = ratchet.

rát chèese 图 (속어) 값싼 치즈, (특히) 체더 치즈.

ratch·et [rǽtʃit] 图 1 (바퀴의 역회전을 방지하는) 미늘톱니바퀴, 깔쭉 톱니바퀴 (장치). 2 착실한 상승(하강). ¶ the upward ~ of oil prices 서서히 오르는 석유가. ─⒜ 1 서서히 올리다[오르다], 격화시키다[되다](*up*); 서서히 내리다, 완화시키다(*down*). ¶ ~ prices *up* 물가를 서서히 올리다. 2 래칫을 장치하다.

rátchet drìll 图 깔쭉 톱니 송곳[드릴].

rátchet effèct 图 (경제) 래칫 효과(소득 증가는 소비 지출 증가로 이어지나 소득 감소는 소비 지출 감소로 이어지지 않는 것). 「좋은 사람.

ratch·et·jaw [-dʒɔ̀ː] 图 (미속어) 수다쟁이, 입심

rátchet whèel 图 깔쭉 톱니바퀴.

‡**rate**[1] [reit] 图 1 비율, 율. ¶ the birth [death] ~ 출생[사망]률 / the ~ of interest 이율 / the ~ of discount 할인율. 2 요금, 대금 (*for*); 가격; 시세; 비용; (시간당의) 급료, 임금; 운임. ¶ the exchange ~ 환율, postal ~ 우편 요금 / a railroad [freight] ~ 철도[화물] 운임 / a telephone [water] ~ 전화[수도] 요금. 3 비율, 속도, 진도; 정도. ¶ at the [or a] ~ of 60 miles an hour 시속 60마일의 속도로. 4 (편 또는 선원 등의) 등급, 격(格)(* 현재는 class). ¶ a ship of the first [third] ~ 1[3]급 선박. 5 (보험) 보험료. 6 (시계의) 오차(1일 단위로 계산함). ¶ the daily ~ 일차(日差). 7 (보통 ~s) (영) 고정 자산세, 지방세. (미) property tax; 주민세(미) local tax). ¶~s and taxes 지방세와 국세.

(*as*) *sure as rates* (구어) 아주 확실히.

at a great rate 고속으로.

at a high [*low*] *rate* 비싸게[싸게]. ¶ *live at a high* ~ 사치스럽게 살다.

at all rates 기필코, 어떻게든.

at an easy rate 싼 값으로; 쉽게.

at any rate ① (구어) 아무튼, 좌우간, 어쨌든(in any case). ② (구어) 적어도(at least). ③ 어떤 대가를 치르더라도. 「만일 그렇다면.

at that rate (구어) 그래 가지고는, 그런 식으로는;

at this rate (구어) 이런 식으로는, 이래 가지고는.

cut rates (미) 요금을 할인하다.

give special rates 할인해주다.

[ratchet wheel]
1 pawl preventing backward motion
2 driving pawl 구동 장치 3 ratched 깔쭉톱니바퀴

—타 (**rat·ed** [-id]; **rat·ing**) 타 1 …을 어림잡다 (*at*); …을 평가하다. ¶(~+目+補) ~ a person's merits high 남의 공적을 높이 평가하다 // (~+目+前+名) ~ glory *at* its true value 명예를 올바르게 평가하다. 2 …을 (…이라고 / …의 하나라고) 생각하다 (*as / among*). ¶He is ~d (*as*) one of the best writers around. 그는 현역 최고 작가의 한 사람으로 간주되고 있다 // Travel is ~d *among* pleasures. 여행은 오락의 하나라고 간주되고 있다. 3 [요금 따위]를 [일정률(액)로] 정하다; 평가하다(*at*). 4 [英] (보통 수동형으로) (과세의 목적으로) …을 평가[사정]하다 (*at*); [남]에게 과세하다; [英] [남]에게 지방세를 부과하다. ¶(~+目+前+名) The house is ~d at $3,000 per annum. 그 집의 가옥세는 연간 3,000달러로 사정되어 있다. 5 (수동형으로) [해사] (선원·선박)의 서열[등급]을 정하다 (*as*). 6 [구어] …을 받을 값어치가 있다. 7 [전기] [출력 따위]의 사용 한도를 정하다. 8 [금융] [경화·지금(地金) 등]에 일정한 화폐 가치를 부여하다. 9 [보험] (특정 위험)에 대해 보험료율을 정하다. 10 [시계]의 오차를 정하다; [시계]를 조절하다. 11 (결속점 진입에 대비해서) [경주마]의 속도를 조정[억제]하다. 12 [구어] [비용 따위]의 총액을 계산하다.
—자 1 (…의) 지위[명성]이 있다; (…로) 평가되다. ¶(~+補) He ~s high in my estimation. 나는 그를 높이 평가하고 있다. 2 (…의) 등급을 가지다(*as*); (…으로) 간주되다(*among*, *with*). ¶(~+*as*圈) The ship ~s *as* first[third]. 이 선박의 등급은 1[3]급이다. 3 (…에게) 인기[평판]이 좋다 (*with*).
rate up [보험] (보험료율)을 인상하다.

rate² 타 …을 야단치다, 꾸짖다. ⇨REPROACH 유의어
—자 [드물게] 호통치다(*at*).
rate·a·ble [réitəbl] 형 =ratable.
ráte bàse 명 1 [광고] 광고 요금 산정 기준(잡지 등의 예약매수 등). 2 (전화 요금 등의) 청구금 산정 기준. 3 (세율을 기초로 한) 재산, 가치.
ráte càrd 명 [광고] 매체 요율표(광고 요금·게재 횟수 등이 명기된 표).
rat·ed [réitid] 동 rate의 과거·과거분사. —형 (복합어로) …등급의, …으로 지정된. ¶an R-~ film 보호자 동반 성인 영화.
ráted lòad 명 정격 부하(定格負荷), 정격 하중.
ráted pówer 명 (오디오의) 정격(定格) 출력.
ra·tel [réitl, rɑ́ːtl] 명 (남아프리카·인도산(産)의) 육식 오소리(벌꿀을 특히 좋아한다).
ráte-of-clímb indicator [-´əvklɑ́im-] 명 (항공) 승강계(昇降計).
ráte of retúrn 명 [경제] 수익율.
rate·pay·er [réitpèiər] 명 (英) 지방세 납세자.
rátepayer's hotél 명 (英속어) 빈민 구호소.
rat·er [réitər] 명 1 견적하는 사람, 평가(채점)자. 2 (복합어로) …등급의 사람(것). ¶a first-~ 일류의 사람[것]. 3 (속어) (보통의) 요트.
ráte shòck 명 (美속어) 인상 충격(공공 요금·은행 대출료 등이 급격히 대폭 인상되는 것).
rat·fink [rǽtfìŋk] 명 (美속어) 꼴보기 싫은 놈; 밀고자. (또는 **rát fìnk**)
rat·fish [rǽtfìʃ] 명 은상어.
rat-fuck·ing [´-fʌ̀kiŋ] 명 (美속어) [정치] (상대 후보의) 선거 운동 방해 공작.
rath [rɑːθ] 명 [고고] (아일랜드 지방의) 토채(土砦).
rathe [reið] 형 [고어] 일찍 피는; 일찍 익는, 올되는. ~·ly 부 ~·ness 명

‡**rath·er** [rǽðər, rɑ́ːð-/rɑ́ːð-] 부 1 얼마간, 다소, 약간, 좀. ¶He looks ~ ill. 그는 몸이 좀 불편해 보인다 / I ~ think you know that girl. 나는 아무래도 네가 그 소녀를 알고 있다는 생각이 든다.

(USAGE) (1) **rather a…**와 **a rather…** — 이 두 형태는 보통 뜻의 차이는 없으나 실제 용법에서는 rather는 동사에 이끌려 부정관사 앞에 나와 rather a의 형태를 취하는 경우가 많다: He had ~ *an* astonished look (=*a* ~ astonished look). 그는 꽤 놀란 모습이었다. (2) rather 는 본래 비교급인데 그 의식이 희박해져서 비교급이나 too 앞에도 쓰인다: It is ~ too cold today. 오늘은 좀 추운편이다 / I feel ~ better today. 오늘은 약간 기분이 좋다.

2 (would [or had] ~; (구어) 'd ~로) (…보다는) 오히려, 차라리 (*than*). ¶I would ~ go today *than* tomorrow. 내일보다 오히려 오늘 가고 싶다 / I'd ~ not meet her. 그녀와는 만나고 싶지 않다 / You had ~ not mention them at all. 그것들에 대하여는 전혀 언급하지 않는 것이 좋다 / I had ~ have never been born *than* have seen this day of shame. 이런 창피를 당할 바에야 차라리 세상에 태어나지 말걸. 3 …라기 보다 오히려(*than*); (or ~로) 좀더 정확히 말하면, 아니 차라리. ¶This is ~ purple *than* red. 이것은 붉다기보다는 오히려 자주색이다 / He is an art student, or ~, a student of art history. 그는 미술 전공의, 아니 좀더 정확히 말하면 미술사(史)를 전공하는 학생이다. 4 (접속사적) 반대로, 그렇기는 커녕. ¶It's not generosity, ~ self-interest. 그건 관대는커녕 이기주의이다. 5 (英방언) (시간적으로) 보다 일찍.

(all) the rather because [or *that*]... …이므로 더욱 더, …때문에 오히려.
I should rather think so. 그렇고 말고요.
rather too 좀 지나치게.

—감 [rǽːðə́ːr, rɑ́ː-/rɑ́ː-] (英구어) (반어적으로 강한 긍정의 답으로서) 그렇고 말고, 물론이지(certainly). ¶Do you know her? —R-! She's my mother. 저 부인을 아느냐? —알다마다, 우리 어머니야.
rath·er·ish [rǽðəriʃ/rɑ́ːð-] 형 (美구어) 얼마간, 다소.
Rath·ke's póuch [rɑ́ːtkəz-] 명 (발생) 라트케 낭(囊)(척추동물의 배(胚)로 나중에 뇌하수체가 됨). [(독일의 해부학자 M.H. Rathke(1793–1860)의 이름)
rat·hole [rǽthòul] 명 1 쥐구멍; 쥐집. 2 음색한 장소(방).
down the rathole 하찮은 목적을 위하여.
—타 [탄광] (돈)을 모으다.
raths·kel·ler [rɑ́ːtskèlər, rǽts-] 명 (美) (독일의) 지하 맥주홀(식당).
rat·i·cide [rǽtəsàid] 명 쥐약. **-cíd·al** 형
***rat·i·fi·ca·tion** [rǽtəfikéiʃən] 명 ᴜᴄ (법률) (조약 따위의) 비준, 승인, 재가(裁可); 추인(追認).
***rat·i·fy** [rǽtəfài] 타 1 …을 인가(승인)하다; (조약 따위)를 비준하다, 재가하다. 2 (대리인의 행위)를 승인하다, 추인하다. ⇨APPROVE 유의어 **-fí·er** 명
rat·i·né [rǽtəné] 명 라티네 직물(매듭진 실로 짠 거친 직물). (또는 **ratine**)
rat·ing¹ [réitiŋ] 명 1 시험의 평점; ᴜᴄ 평가; 견적액; ¶academic [or scholarly] ~ 학력 평가. 2 (통세) (선박·선원 등의) 등급, 서열; [英] 수병; (~s) (어떤 등급의) 수병 전원. 3 [英] [집합적] 특정한 등급에 속하는 사람들. 4 (개인·회사의) 신용도, 인기도. ¶have [or enjoy] a high credit ~ 신용 등급이 높다. 5 (종종 ~s) (TV·라디오의) 시청률; (정치가의) 지지율; (레코드의) 매출 정도; (영화의) 관람자 분류 등급. 7 (英) 지방세 부과(액). 8 [전기] (기계·기구 따위의) 정격(定格).
rat·ing² 명ᴜᴄ 꾸짖음, 야단치기, 비난.
give a sound rating 호되게 꾸짖다.
ráting bàdge 명 (美해군) (소매의) 등급장(하사관의 계급·특기 표시).
ráting nùt 명 [시계] 조정 너트(나사). [기구(회사).
rátings ágency 명 (기업·국가의) 신용(등급) 평가
***ra·tio** [réiʃou, -ʃiou-/-ʃiou] 명 (~s) ᴜᴄ 1 (수학) 비(比), 비례(*to*); 비, 비율(*to*). ¶direct [inverse or reciprocal] ~ 정[반]비례 / a simple [compound]

~ 단[복]비/be in the ~ of 5 to 3 5대 3의 비율로 되어 있다(*5:3, 5/3으로 표기한다). 2 (금융) (복(複)본위제 하에서) 금과 은의 상대 가치. ― 图타 …을 비율로 나타내다; (사진) 을 비례적으로 확대(축소)하다.
in the ratio of …의 비율로.

ra·ti·oc·i·nate [ræ̀ʃiásənèit, -óus~, ræ̀ti-/-tiós-] 图자 〔문어〕 추론하다, 추리하다.
-òc·i·ná·tion **-nà·tive** 행 **-nà·tor** 명

rátio contról 명 〔컴퓨터〕 비율 제어.

***ra·tion** [rǽʃən, réi-/rǽ-] 명 1 (식량·연료 따위의) 정량, 배급량; (~s) 식량, 양식. ⇒ FOOD 유의어 ¶~s *of coal and coffee* 석탄과 커피의 배급. 2 (보통 ~s) (육·해군에서) 하루치의 식량, 군용식, (군마(軍馬)의) 하루치의 사료. ¶ the iron [or emergency] ~s 비상용 휴대 식량.
be put on rations (사람이) 할당 배급을 받게 되다.
come up [or *be given* (*out*)] *with the rations* (軍속어) (훈장 따위가 공적에 관계 없이) 일률적으로 주어지다.
on short rations 식량이 제한되어.
ration of shit 〔美軍속어〕 괴로운 일.
― 图타 1 (식량 등) 을 지급하다, …에 정액[정량] 을 할당하다; (재난시 따위에) (식량·의복 등) 을 배급(配給) 하다, …의 소비를 제한하다. ¶~ *gasoline in wartime* 전시에 휘발유를 배급하다. 2 〔군대 등〕에 급식하다. 3 〔소비자〕의 소비를 (…로) 제한하다 (*to*). 4 (말 따위)을 삼가다, 아껴 쓰다.

***ra·tion·al** [rǽʃənl] 1 도리에 맞는, 이치에 들어맞는, 합리적인(⇔ irrational), ⇒ REASONABLE 유의어 2 분별[양식]이 있는, 이성적인. ¶ Man is a ~ animal. 인간은 이성적인 동물이다. 3 추리의, 추론의. ¶ the ~ faculty 추리력. 4 오성론(悟性論)의, 이성주의의. 5 〔수학〕유리(有理)의. ~ number. 2 (~s) = ~ dress. 3 〔고어〕인간. **~·ly** **~·ness** 명

rátional dréss [**cóstume**] 명 〔英〕합리복(合理服)(여성이 자연스럽게 탈 때 입는 반바지).

ra·tion·ale [ræ̀ʃənǽl/-náːl] 명 ⓤⓒ 1 이론적 설명. 2 〔드물게〕 근본적 이유, 이론적 근거.

rá·tion·al·e·mó·tive thèrapy [-imóutiv-] 〔심리〕 논리 (정동(情動)) 요법(개인이 가지고 있는 불합리한 믿음을 설득에 의해 수정시키는 심리 요법).

rátional expectátions 명 〔경제〕합리적 기대 (가설).
rátional fórm 명 〔수학〕유리식.
rátional fúnction 명 〔수학〕유리 함수.
rátional horízon 명 1 〔지리〕지심 지평(地心地平). 2 〔천문〕천문 지평.

ra·tion·al·ism [rǽʃənəlìzəm] 명 ⓤ 〔철학〕 이성론, 합리론[주의]; 〔신학〕 유리(唯理) 주의, 이성주의. ⓐ *empiricism*. **-ist** 명 이성론[합리론] 자.

ra·tion·al·is·tic [ræ̀ʃənəlístik] 혱 합리론[주의] (자)의, 이성주의(자)의. **-ti·cal·ly** 부

ra·tion·al·i·ty [ræ̀ʃənǽləti] 명 1 합리성, 순리성; 이치에 맞음; 추리, 추론. 2 (보통 -ties) 합리적 견해[행동].

ra·tion·al·i·za·tion [ræ̀ʃənəlizéiʃən] 명 ⓤ 1 합리화, 이유 부여. 3 (수학) 유리화(有理化).

ra·tion·al·ize [rǽʃənəlàiz] (*英) -ise) 图타 1 …을 합리적으로 설명[취급]하다(*away*). 2 〔심리〕 자기의 행위를 합리화하다, …에 그럴 듯한 설명을 붙이다. 3 〔英〕 (산업·회사 따위) 을 합리화하다. ¶~ *industry* 산업을 합리화하다. 4 〔수학〕 …을 유리화하다. ― 자 1 추리[추론] 하다, 이성[합리] 적으로 생각하다. 2 〔심리〕 (다른 원인으로 인한 행위 따위에) 그럴 듯한 이유를 붙이다, 정당화하다.

rátional númber 명 〔수학〕유리수(有理數).
rátional operátion 명 〔덧셈·뺄셈·곱셈·나눗셈의〕유리 연산(演算).
rátion bòok 명 배급 통장.
rátion càrd 명 배급 카드[표].

rátio scále 명 〔통계〕비례 척도.
rátio tèst 명 〔수학〕무한 급수의 비에 의한 판정법.
rat·ite [rǽtait] 혱 (흉골(胸骨) 따위에) 용골(龍骨) 돌기가 없는; (주금류(走禽類)와 같이) 평평한 흉골을 가진. 명 주금류의 새(타조·에뮤 따위).
rat·lin(e) [rǽtlin] 명 (보통 ~s) 〔해사〕 밧줄 사다리의 디딤줄; 밧줄 사다리.

RATO, ra·to [réitou] 〔로켓〕 로켓 보조 이륙. ― 图 보조 로켓을 사용하여 이륙하다. ¶ The *airplane was ~'d.* 그 비행기는 보조 로켓을 사용했다.
[< *rocket-assisted takeoff*]

[ratline]

ra·to·mor·phic [rætəmɔ́ːrfik] 혱 쥐식의(실험용 쥐의 행동을 기준으로 사람의 행동·심리를 해석하려는 사고 방식에 대해 말함).

ra·toon [rætúːn] 명 (특히 사탕수수의) 그루터기에서 나오는 새싹, 움돋이. ― 图 그루터기에서 새싹이 돋다[돋게 하다].

ráto únit 명 〔항공〕 이륙 보조 로켓 엔진.

rat-out [ǽaut] 명 〔속어〕 비겁하게 손을 떼기, 비열한 철퇴(撤退).
rát pàck 명 〔속어〕 (십대의) 범죄자 동아리, 불량배.
rát pòison 명 쥐약.
rát ràce 명 〔구어〕 극심한 출세[생존] 경쟁, 과당 경쟁; 무의미[정력을 소모하는] 활동; (the ~) 경쟁 사회; (구어) 대혼란. 「경쟁자.
rát·rac·er [rǽtrèisər] 명 〔美구어〕 냉혹한(공격적인]
rát rùn 명 〔속어〕 샛길, 옆(지름]길.
rát's áss 명 〔美속어〕 무(無), 영; 약간의 관심[주의].
rats·bane [rǽtsbèin] 명 ⓤ 쥐약(특히 아비산(酸)).
rat·shit [rǽtʃit] 명 〔속어〕 무가치한, 쓸모 없는, 하찮은.
rát's nèst 명 = *mare's-nest*. 「은.
RATT *radio teletype*(무선 텔레타이프).
rat-tail [-tèil] 명 1 쥐꼬리. 2 털 없는 말꼬리. ― 형 쥐꼬리 같은, 가늘고 긴. (또는 **ráttail**)
ráttail cómb 명 뾰족한 자루가 달린 머리 빗.
rat·tan [rætǽn, rə-] 명 1 등(籐)(나무). 2 ⓤ 등나무 줄기(세공품을 만든다). 3 등으로 만든 회초리[지팡이]. (또는 **ratan**) 「**ràt·tat-tòo**)
rat-tat [rǽttǽt] 명 = *ratatat*. (또는 **ràt-tat-tát**,
rat·ten [rǽtn] 图타 〔英〕 (노동 쟁의 때) 〔공장·기계〕에 피해를 주다; (고용주·비조합원)을 괴롭히다.
rat·ter [rǽtər] 명 1 쥐잡는 사람[개·고양이, 기구]. 2 〔속어〕 배신자, 밀고자; 파업 파괴자[불참자].
rat·tish [rǽtiʃ] 혱 쥐의, 쥐 같은; 쥐가 많은(나오는).

‡**rat·tle**[1] [rǽtl] (~*s* [-z]; ~*d*; *-tling*) 자 1 덜걱덜걱[덜컹덜컹]하다[소리내다]. ¶ *The hail ~d on the roof.* 우박이 지붕을 후두두 내리쳤다. 2 (덜컹거리며) 달리다(움직이다), 떨어지다(*on, away*)(*along, through*). ¶ (~+*前*+*名*) *a train rattling along the track* 레일 위를 덜컹거리며 달리는 열차. 3 빠른 말로 말하다, (생각 없이) 재잘거리다(*away, on*)(*about*). 4 (임종하는 사람이) 가르랑거리다. ― 타 1 …을 덜걱덜걱[우르르] 소리내게 하다. ¶ *The wind ~d the window.* 바람에 창문이 덜컹거렸다. 2 …을 덜컹덜컹 움직이다(나르다), …을 덜컹덜컹 올리다[내리다] (*up, down*). ¶ *The gale ~d the tiles from the roof.* 강풍으로 기와장이 지붕에서 와르르 떨어졌다. 3 (시·소설·선서 문구 등)을 줄줄 읽다, 종알종알 말하다(*off, out, over, away*). ¶ (~+*目*+*副*) ~ *off a speech* 빠른 말로 연설하다. 4 …을 재빨리 끝마치다, 해치우다(*through*). ¶ (~+*目*+*副*) ~ *a piece of business through* 사무를 척척 처리하다. 5 (남)을 노하게 하다, 당황하게 하다(*with, by*). ¶ *Thunders of applause ~d the speaker.* 우레 같은 갈채에 연사는 어리둥절했다. 6 〔사냥〕 〔숲속을 휘젓다; 〔사냥감〕을 몰아내다, 내몰다. 7 〔크리켓〕 〔상대팀

의 삼본주(三本柱)를 차례차례〔잇달아〕 쓰러뜨리다 (down); (타자)를 제격제격 아웃시키다(out). 8 〔탄환〕을 탕탕 쏘다; (사람)을 격살하다(off).
rattle *a person's* **cage** (속어) 남을 혼란에 빠뜨리다, 남에게 분쟁〔소동〕을 일으키다.
rattle *a person's* **chain** (美속어) 남을 속이다.
rattle around〔or **about**〕(**in**) (구어) (필요 이상으로 넓은 집·사무실에) 살다, 일하다.
rattle cages (美속어) 분쟁〔소동〕을 일으키다.
rattle one's beads (英속어) 투덜대다, 불평하다.
rattle one's〔or **the**〕**saber** ① 사브르(기병도)를 절그럭 거리다. ② (구어) 무력으로 위협하다.
── 图 1 덜컹덜컹(딸랑딸랑) (하는 소리). 2 딸랑딸랑 소리나는 물건; 딸랑이; (방울뱀 꼬리의) 음향 기관; 여문 깍지 속에서 종자가 소리나는 식물. 3 (임종시 목에서 나는) 가래 끓는 소리; 수다, 큰 소음; 수다쟁이. 4 시끄럽게 떠들어댐, 대소동. 5 (싹싹 소리나는) 지질(紙質). 6 (사냥) 뿔피리의 음색. 〔(ratline)을 달다.
rat·tle² 图 (해사) (배의) 돛대 밧줄에 줄사다리 ──
rat·tle·box [rǽtlbɑ̀ks/-bɔ̀ks] 图 1 (장난감) 딸랑이 상자. 2 (식물) 활나물. 〔리가 빈 사람.
rat·tle·brain [rǽtlbrèin] 图 (속어) 속없는 사람, 머
rat·tle·brained [rǽtlbrèind] 图 머리가 빈; 경박〔경솔〕한.
rat·tled [rǽtld] 图 (구어) 난처한; 낭패인; 만취한.
rat·tle·head [rǽtlhèd] 图 =rattlebrain.
~·**ed** 图 =rattlebrained.
rat·tle·pate [rǽtlpèit] 图 =rattlebrain.
-**pàt·ed** 图 =rattlebrained.
rat·tler [rǽtlər] 图 1 (美) =rattlesnake. 2 딸랑딸랑 소리내는 사람(것, 기계, 말, 차); 수다(쟁이). 3 (美) (급행) 화물 열차; (속어) 노면(路面) 전차; (英속어) 지하철. 4 (속어) 굉장한 물건, 일품(逸品). 5 머리가 빈 사람. 6 (英속어) 난봉꾼. 7 큰뱀, 폭풍우.
*__**rat·tle·snake** [rǽtlsnèik] 图 방울뱀(미국산 독사).
rat·tle·tongue [rǽtltʌ̀ŋ] 图 (美속어) 수다(쟁이).
rat·tle·trap [rǽtltræ̀p] 图 1 (美) 자동차 따위) 덜컹대는 탈것. 2 (보통 ~s) 잡동사니, 골동품. 3 (속어) 수다쟁이; 입. ── 图 (구어) 덜컹거리는, 낡아빠진.
rat·tling [rǽtliŋ] 图 1 덜컹덜컹〔딸랑딸랑〕 소리나는. ~ windows 덜컹거리는 창문. 2 아주 빠른; 활발한. 3 (구어) 우수〔훌륭〕한. ¶have a ~ dinner 훌륭한 만찬을 들다. ── 图 (구어) (good을 강조하여) 대단히, 아주, 굉장히. ¶a ~ good tale 아주 재미나는 이야기.
~·**ly** 〔컹 소리나는, 시끄러운.
rat·tly [rǽtli] 图 덜거덕거리는, 건들거리는; 덜컹덜
rat·toon [rætúːn] 图图 =ratoon.
rat·trap [rǽttræ̀p] 图 1 쥐덫. 2 누옥, 황폐한〔지저분한〕 장소. 3 난국, 곤경, 궁지. 4 (구어) (자전거의) 표면이 우둘투둘한 페달. (또는 **ràt-tràp**).
rat·ty [rǽti] 图 1 쥐가 많은; 쥐(특유)의. 2 (속어) 불쌍한, 처량한; 초라한. 3 (속어) 화를 잘 내는, 신경질적인. 4 비열한; 불성실한; 배신의.
rau·ci·ty [rɔ́ːsəti] 图 목쉰, 귀에 거슬림.
rau·cous [rɔ́ːkəs] 图 목쉰 소리의, 귀에 거슬리는; 시끄러운, 소란스러운. ~·**ly** 图 ~·**ness** 图
raught·y [rɔ́ːti] 图 (英속어) =rorty. 〔천한, 외설.
raunch [rɔːntʃ] 图 (美속어) 누추함; 야비함,
raun·chy [rɔ́ːntʃi, rɑ́ːn-] 图 1 싸구려의, 불결한, 누추한; 2 음란한; 천한, 상스러운. 3 (속어) 기분이 나쁜, 아픈. -**chi·ly** 图 -**chi·ness** 图
Rau·schen·berg [ráuʃənbə̀ːrg] 图 **Robert** ~ 라우션버그(1925- : 미국의 화가; pop art의 선구자).
rau·wolf·i·a [rɔːwúlfiə, rau-] 图 인도 사목(蛇木); 그 말린 뿌리에서의 추출물(혈압 강하제).
*__**rav·age** [rǽvidʒ] 图 I U 파괴 (행위); 황폐. 2 (보통 ~s) 파괴된 자취, 참화(慘禍). ¶the ~s of a typhoon 태풍의 참화. ── 图他 ...을 파괴하다, 황폐하게 하다; ...을

약탈하다; (비유) ...을 상하게 하다. ¶a face ~d by grief 슬픔으로 몰라보게 수척해진 얼굴. ── 图 파괴 행위를 하다, 파괴하다. ~·**ment**, -**ag·er** 图
*__**rave**¹ [reiv] 图国 1 헛소리를 하다(*about, of, for*). 2 (미친 듯이) 소리지르다, 고함치다(*at, against*). ¶(~ +前+名) ~ *against* one's fate 자신의 불운을 미친 듯이 한탄하다. 2 (폭풍우 따위가) 노호(怒號)하다, 사납게 날뛰다. ¶(~+前+名) The sea ~s *against* the cliffs. 사나운 파도가 절벽에 부딪친다. 3 (구어) 정신 없이 이야기하다; 격찬하다(*about, of, over*). ¶(~+前+名) They ~d *about* their trip. 그들은 여행에 관해서 정신없이 이야기했다. 4 (英속어) 미친 듯이〔크게〕 기뻐하다, ...을 지껄이다, 떠들다. 5 연극하다, 절규하다. ── 图他 1 (~+图+補) ~ oneself hoarse 고함쳐서 목이 쉬다. 2 (재귀용법으로) (폭풍우 따위가) 사납게 날뛰다가 ...이〔...의 상태로〕 되다(*out*)(*in, into*). ¶(~+图+圈) The storm ~d itself *out*. 폭풍우는 사납게 몰아치다가 그쳤다// (~+图+前+名) ~ oneself *to* sleep 날뛰다가 지쳐서 잠들다.
── 图 1 (바람·파도 따위의) 노호(怒號), 광란. 2 (구어) 열중, 얼빠짐, 흠탁 반함. 3 (구어) (극평(劇評) 따위에서) 격찬, 절찬. 4 ~·**up**. 〔친들.
rave² 图 (보통 ~s) (짐수레·썰매 따위의) 측면에 둘
rav·el [rǽvəl] 图 (-*l*-, (英) -*ll*-) 他 1 (편물·그물 따위)를 풀다(*out*). 2 ...을 얽히게 하다(*up*). ¶~ed wool 엉킨 털실. 3 ...을 분명히 하다, 해명하다(*out*). ── 图 1 (편물·그물 따위가) 풀리다(*out*). 2 (곤란·분규가) 해소되다(*out*). 3 얽히다, 혼란해지다. 4 (도로 포장이) 망가지다. ── 图 1 엉킴, 분규, 착잡. 2 (편물·그물 따위의) 풀린 실 끝. ~·**er** 图 ~·**ly** 图
Ra·vel [rəvél/ræ-] 图 **Maurice Joseph** ~ 라벨 (1875-1937: 프랑스의 작곡가).
rave·lin [rǽvlin] 图 (축성) 반월형〔삼각〕 보루.
rav·el·ing, (* (英)**-el·ling**) [rǽvəliŋ] 图U 풀기, 풀기; C 풀려나온 실.
rav·el·ment [rǽvəlmənt] 图U 엉킴, 혼란, 분규.
*__**ra·ven**¹ [réivən] 图 (북유럽산의) 큰 까마귀; (the R-) (천문) 까마귀자리. ── 图 새까맣고 윤나는, 칠혹의. ¶ locks of hair 새까만 머리.
rav·en² [rǽvən] 图国 1 약탈하다(*about*). 2 (먹이)를 찾아 다니다(*after, for*). 3 갈망하다 (*for*); 게걸스럽게 먹다. ── 图他 1 ...을 약탈하다, 휩쓸다. 2 ...을 게걸스럽게 먹다. ── 图UC 약탈(물); 노획물; 먹이; 잠아먹음; 탐욕.
ráven béauty (美속어) 매력적인 흑인 여성.
ra·ven-haired [réivənhɛ́ərd] 图 흑발의.
rav·en·ing [rǽvəniŋ] 图 먹이를 찾아 돌아다니는, 탐욕스러운, 게걸스러운, 욕심 사나운. ⇒HUNGRY 〔의어 *ravening wolves* 욕심 많고 잔인한 사람들(←마태 복음(Matt.) 7 : 15].
── 图UC 탐욕, 강탈.
ráve nótice (구어) 매우 호의적인 극평(劇評).
rav·en·ous [rǽvənəs] 图 몹시 굶주린, 탐욕스러운; 걸신들린 (*for*). ⇒HUNGRY 〔유의어〕 be ~ *for* power 권력에 굶주리다. ~·**ly** 图 ~·**ness** 图
Ráven Róck 레이븐 록(미국 Camp David 북쪽 8km의 핵전쟁 작전 본부 지하호).
rav·er [réivər] 图 (英속어) 자유 분방하게 생활하는 사람, 방탕아; 정조 관념이 없는 여자; 열렬한 팬; 동성애자.
rave-up [́ʌp] 图 (英구어) 떠들썩한 파티; (콘서트 등의) 자극적인 연주.
rav·in [rǽvin] 图国 =raven².
*__**ra·vine** [rəvíːn] 图 (급류에 침식되어 생긴) 협곡, 계곡, 골짜기. -**vìned**, -**y** 图
rav·ing [réiviŋ] 图 1 미쳐 날뛰는; 광란의. 2 (구어) 굉장한, 멋있는. ¶a ~ beauty 굉장한 미인. 3 헛소리하는, 잠꼬대를 하는. ── 图 대단히, 매우, 무척.
be raving mad (구어) 아주 미치다, 격노해 있다.
── 图UC (보통 ~s) 헛소리, 잠꼬대; 고함지르기; 광

ra·vi·o·li [rævióuli, rà:v-] 명 (단·복수 양용) 라비올리(저민 고기를 밀가루 반죽으로 싸서 조리한 이탈리아 요리). [<It]

rav·ish [rǽviʃ] 타 1 (보통 수동형으로) …을 몹시 기쁘게 하다, 황홀하게 하다(by, with). ¶be ~ed by sweet music 감미로운 음악에 황홀해지다. 2 (문어) …을 앗아가다, 탈취하다. 3 (여자)를 강간하다.
~ed·ly 부 ~·er 명

rav·ish·ing [rǽviʃiŋ] 형 (특히 여자가) 매우 아름다운, 매혹적인. ~·ly 부

rav·ish·ment [rǽviʃmənt] 명 U 1 환희, 광희(狂喜), 황홀. 2 (문어) 강탈, 약탈. 3 강간.

‡**raw** [rɔː] 형 (~·er; ~·est) 1 날것의, 생의; 설익은. ¶eat oysters ~ 굴을 날것으로 먹다. 2 원료 그대로의, 가공하지 않은; 정제(精製)되지 않은, 물 타지 않은. ¶~ milk 살균하지 않은 우유 / ~ sugar 원당.

─┤유의어├─ **raw** 가공하지 않고 천연 그대로의. **crude** 정제를 해야 하는, 완성 단계에서 먼. **rude** 자료·기술 따위가 불충분하고 임시적으로 된.

3 (상처 따위가) 쓰린, 얼얼한, 살갗이 벗어진. ¶a ~ cut 까진 상처. 4 세련되지 않은, 거친; 무지한, 경험 없는, 미숙한(to, in). ¶a ~ recruit 신병, 미숙한 사람/ be ~ to one's work 일에 미숙하다. 5 쌀쌀한, 으슬으슬한. ¶a ~ morning 쌀쌀한 아침. 6 (구어) 까늘은, 노골적인, 있는 그대로의; 야비한, 버릇없는, 외설적인. 7 (구어) 가혹한; 부당한, 불공평한. 8 (토지가) 개발(개발)되지 않은; (도로가) 포장되지 않은. ¶~ land (나무가 자라지 않은) 벌거벗은 땅. 9 (옷을) 걸치지 않은, 벌거벗은. 10 (필름 등이) 노출되지 않은.

raw head and bloody bones 두개골과 대퇴골을 열십자형으로 교차시킨 것(죽음의 상징); 동화 속에 나오는 요괴무서운 것; (형용사적) 아주 무시무시한.
─명 1 (the ~) 살갗이 벗어진 곳(상태), 생살, 쓰린 곳; (비유적) 아픈 곳, 약점. 2 (the ~) 순수한 것, 물타지 않은 독한 술; 생것; (종종 ~s) 미가공품; 원당; 생굴. ┌(구어) 벌거벗은(벗고).
in the raw ① 날것 그대로(의), 자연 그대로(의). ② **touch** [or **catch**] **a person on the raw** 남의 아픈 데를 건드리다, 약점을 찌르다.
─타 (드물게) …을 스쳐 상처내다, 까지게 하다.
~·ly 부

Ra·wal·pin·di [rà:wəlpíndi/rɔ̀:l-] 명 라왈핀디(파키스탄 북부의 도시). ┌접한.

raw-boned [rɔ́:bóund] 형 뼈만 앙상한, 말라빠진 상

raw dáta 명 (컴퓨터) (처리되지 않은) 생(生)정보.

ráw déal 명 (구어) 부당한 취급, 잔혹한 처사. ¶have [or get] a ~ 푸대접 받다.

raw·hide [rɔ́:hàid] 명 1 U (소 따위의) 생가죽, 무두질하지 않은 가죽. 2 생가죽 뱃줄[채찍]. 3 (형용사적) 생가죽(제)의. ¶~ boots 생가죽 부츠[장화].
─타 …을 생가죽 채찍으로 때리다[몰다].

ra·win [réiwin] 명 (기상) 레이윈(레이더를 장착한 기구(氣球)에 의한 고층풍(高層風)의 측정).
[<radar+winds-aloft]

ra·win·sonde [réiwinsànd/-sɔ̀nd] 명 레이윈용 라디오존데. [<radar+wind+radiosonde]

raw·ish [rɔ́:iʃ] 형 생것인, 덜 익은; 아직 미숙한.
~·ness 명

ráw matérial 명 (종종 ~s) 원료, 재료, 원자재(原資材), 미(未)가공품; (소설 따위의) 소재(素材).

ráw scóre 명 (통계 처리 전의) 실제 점수.

ráw sílk 명 U 생사(生絲), 생 명주실.

‡**ray¹** [rei] 명 [~s, ~z] 1 광선. →LIGHT¹ ─┤유의어├─
¶a ~ of sunshine 한 줄기의 햇살; (비유적) 쾌활하여 주위를 밝게 하는 사람(종종 젊은 여성). 2 (희망의) 빛, 광명, 번득임, 서광(曙光)인 한 줄기. ¶a ~ of hope 희망의 서광. 3 (물리) 광선; 열선(熱線), 방사선, 복사선, 전자선. ¶infrared [ultraviolet] ~s 적외[자외]선. 4 (수학) (원의) 반경. 5 (별처럼) 사출형(射出形)을 이루는 것; (식물) 설상화(舌狀花); 방사(放射) 조직; (동물) (불가사리의) 팔, (물고기의) 지느러미 가시, (곤충 날개의) 세로 시맥(翅脈). 6 (천문) 사선(射線)(달의 분화구에서 사방으로 방사하는 휘선(輝線)). 7 시선; 일별.

get [or **grab**, **bag**] **some rays** (속어) 일광욕을 하다, 볕에 쬐다.
─타 1 (빛·희망 따위) 번쩍이다, 빛을 내다(forth, off, out). 2 방사상이 되다; 방사하다. ─자 1 (빛 따위)를 발하다, 방사하다. 2 …에 광선을 비추다; …을 빛으로 반짝이게 하다. 3 …에 방사선을 비추다; …의 X선 사진을 찍다.

ray² 명 (어류) 가오리. ¶an electric ~ 시끈가오리.

Ray [rei] 명 1 남자 이름(Raymond의 별칭). 2 여자 이름(Rachel의 별칭). ┌도.

ra·ya(h) [rá:jə, ráiə] 명 오스만 제국의 비(非)회교

ráy flówer [**flóret**] 명 (국화과 식물의) 설상화(舌狀

ráy gùn 명 (SF 영화에 등장하는) 광선총.

Ray·leigh [réili] 명 **John William Strutt** ~ 레일리(1842-1919: 영국의 물리학자).

Ráyleigh dísk 명 (음향·역학) 레일리(원)판(음의 세기를 재는 장치). [<John W.S.Rayleigh의 이름]

Ráyleigh scáttering 명 (광학) 레일리 산란(散亂). [<John W. S. Rayleigh의 이름]

Ráyleigh wáve 명 (역학·지질) 레일리파(波).

ray·less [réilis] 형 광선[빛]이 없는; 어두운.

Ray·mond [réimənd] 명 레이먼드. **1 Alex** ~ (1909-56: 미국의 만화가). **2 Henry Jarvis** ~ (1820-69: 미국의 신문업자·정치가). **3** (또는 **Raymund**) 남자 이름.

Ráy·naud's disèase [réinouz-] 명 레이노병(病)(냉기와 진동(振動)에 의한 손의 혈류 장애병). [<프랑스의 의사 Maurice Raynaud(1834-81)의 이름]

Ráynaud's phenómenon 명 레이노 현상, 손가락 허혈(虛血) 현상.

*****ray·on** [réiɑn/-ɔn] 명 U 레이온, 인조 견사; 인조직물. ─명 레이온제의, 인조견의. ┌의 하나).

Ray·on·ism [réiənìzm] 명 광선주의(추상화 양식

ray·on·nant [réiənənt] 형 (문장) 광선을 방사(射出)하는; (건축) 방사선식(式)의.

ráy trácing 명 (컴퓨터) 광선 추적(복잡한 고품질 컴퓨터 그래픽 생성 방식).

raze [reiz] 타 1 …을 철저히 파괴하다, 무너뜨리다. ¶The city was ~d to the ground. 그 도시는 완전히 파괴되었다. 2 (기억 따위에서) …을 지우다(from). (또는 **rase**)

ra·zee [reizí:] 명 상갑판을 제거하고 뱃전을 낮춘 군함[선박]. ─타 …의 뱃전을 낮추다.

rá·zon (**bòmb**) [réizɑn-/-zɔn-] 명 (무선 유도의) 방향·항속 거리 가변(可變) 폭탄.

‡**ra·zor** [réizər] 명 [~ -z-] 1 면도칼. ¶a safety ~ 안전 면도기. 2 전기 면도기(electric ~). 3 (면도칼처럼) 예리한 사람, 두뇌가 명석한 사람. 4 =~ clam. 5 (경멸적) 협잡. ┌게.
(**as**) **sharp as a razor** 면도칼처럼 예리한, 빈틈없
be on a razor's edge 위기에 처해 있다.
cut blocks with a razor ⇨BLOCK.
─타 …을 면도질하다, 밀다, 자르다; [훔친 것 따위]를 나누다.

ra·zor·back [réizərbæk] 명 1 긴수염고래. 2 (미남부산(産)) (반)야생 돼지. 3 (美속어) (서커스의) 잡역부. 4 뾰족한 산등성이.

ra·zor-backed [-t] 형 등이 뾰족한.

rá·zor-bílled áuk [-bíld-] 명 큰부리바다오리(북대서양산 auk류(類)). (또는 **rázorbill**)

rázor bláde 명 안전 면도날.

rázor bòy 명 레이저 보이(cyberpunk의 등장 인물);
rázor clám 명 긴맛, 맛조개. 〔여성은 razor girl〕;
rázor cút 명 면도날로 하는 헤어컷. **rá·zor-cùt** 타
ra·zor-edge [-èdʒ] 명 **1** 면도날, 날카로운 날. **2** 분 기선, 아슬아슬한 갈림길; 위기. **3** 뾰족한 등, 치솟은 산봉우리.
 be on a razor-edge =*be on a* RAZOR's *edge*.
-èdged 형 면도날같이 예리한.
ra·zor-fish [réizərfiʃ] 명 **1** 놀래기과(科)의 물고기.
 2 =razor clam.
rázor gàng 명 (면도칼을 휴대한) 폭력배.
ra·zor-grìnd·er [-gràindər] 명 면도칼 가는 도구;
 〔조류〕 =goatsucker.
rázor háircut 명 =razor cut.   「판」, 헐뜯기.
rázor jób 〔英구어〕 호된 비판, 악의에 찬 비평[비
Rázor Póint (pèn) 명 (때로 r- p- p-) 아주 가는
rázor's édge [-édʒ] 명 =razor-edge.   〔수성 볼펜.
ra·zor-sharp [-ʃɑ́ːrp] 명 아주 날카로운, 예리한.
rázor shèll 명 =razor clam.   「치는 범인.
ra·zor-slash·er [-slӕ̀ʃər] 명 면도칼로 사람을 해
rázor stràp 명 (면도칼을 가는) 가죽 숫돌.
ra·zor-thin [-θín] 명 종이 한 장만큼의, 아슬아슬한.
razz [ræz] 타 〔속어〕 …을 비웃다, 조롱하다. — 명
 흑평; 비웃음, 조소. ¶ give [get] the ~ 흑평하다[받다].
raz·zi·a [rӕ́ziə] 명 침략, 습격, 약탈; 노예 사냥.
raz·zle [rӕ́zl] 명 〔속어〕 법석(razzle-dazzle).
 be [or *go*] *on the razzle* 법석을 떨다.
raz·zle-daz·zle [-dӕ̀zl] 명 〔구어〕 **1** 〔美〕 (the ~)
 야단법석, 법석대기; ¶ go on the ~ 난장판으로 놀
 다. **2** 〔속어〕 회전 목마; 매춘부. **3** (기법·효과 등의) 화
 려한 외견[겉치레]; (연극 등의) 화려한 연기[각면]. **4**
 〔美식축구〕 (공격측의) 복잡한 트릭 플레이; 교란 전법.
 5 〔美속어〕 (일반적으로) 트릭, 교묘한 속임수. **6** 떠들썩
 한 광고[선전]. **7** 〔속어〕 취기(醉氣). — 명타 …의 눈을
 현혹시키다. — 명 눈부심, 현혹시키다.
razz·ma·tazz [rӕ́zmətӕ̀z] 명 〔구어〕 **1** =razzle-
 dazzle 3, 5. **2** Ⓤ 활기, 열기; 현란함. **3** (대대적인) 선
 전. **4** 유행[시대]에 뒤진 것.
Rb 기호 〔화학〕 rubidium. **RB-** 〔美군사〕 reconnais-
sance *b*omber(정찰 겸 폭격기). ¶ ~-57 57 정찰 폭격
기. **RBC, rbc** red *b*lood *c*ell[count]. **RBE** rela-
tive *b*iological *e*ffectiveness(방사선의 생물학적 효과
비율). **R.B.I., RBI, r.b.i., rbi** 〔야구〕 *r*un(*s*) *b*at-
ted *i*n(타점). ¶ ~ single[double, triple] 타점으로
연결되는 히트[2루타, 3루타]. **RC, rc** *r*einforced
*c*oncrete. **R.C.** *R*ed *C*ross; *R*eserve *C*orps(예비
군); *R*oman *C*atholic. **RCA** *R*adio *C*orporation of
*A*merica(미국 전기 제품 회사). **R. C. A.** *R*oyal
*C*anadian *A*cademy(캐나다 국립 학술원). **RCAF**
*R*oyal *C*anadian *A*ir *F*orce. **RCC** *r*einforced
*c*arbon-*c*arbon(강화 카본재(材)). **R.C.Ch.** *R*oman
*C*atholic *Ch*urch. **RCCP** 〔토목〕 *r*oller *c*ompacted
*c*oncrete *p*avements(롤러 전압(轉壓) 콘크리트 포장).
rcd. received. **RCM, R.C.M.** 〔군사〕 *r*adar *c*oun-
ter*m*easures(레이더 방해); 〔군사〕 *r*egimental *c*ourt-
*m*artial(연대 군법 회의). **R.C.M.P.** *R*oyal *C*anadian
*M*ounted *P*olice (캐나다 기마 경찰). **R.C.N.** *R*oyal
*C*anadian *N*avy(캐나다 해군).
r-col·or [ɑ́ːrklər] 명 〔음성〕 r 음색.
r-col·ored [ɑ́ːrklərd] 명 〔음성〕 (모음에) r음색을
갖고 발음된(ar, er, or 따위의 미국식 발음에서 볼 수
있다; 보통 [r]로 표시된다).
R.C.P. *R*oyal *C*ollege of *P*hysicians(내과 의사
회). **rcpt.** *r*e*c*ei*pt*.
R.C.R.A. [ríkrə] 〔美〕 자원 보전 재생법.
 [<*R*esource *C*onservation and *R*ecovery *A*ct]
RCS 〔군사〕 *r*adar *c*ross *s*ection(레이더 반사식[면
적]); *r*eaction *c*ontrol *s*ystem(제어용 소형 분사 장

치). **R.C.S.** 〔英〕 *R*oyal *C*ollege of *S*urgeons(외과
의사회). **Rct., rct** *r*e*c*ei*pt*; 〔군사〕 *r*e*c*rui*t*. **rcvr**
*r*e*c*ei*v*e*r*. **RD, R/D, rd** (은행) *r*efer to *d*rawer(발
행인에게 돌려라). **rd.** rendered; road; rod(s);
round. **Rd.** *R*oa*d*. **R.D.** 〔美속어〕 *r*ed *d*evil; *R*ural
*D*elivery(지방 배달). **RDA** *r*ecommended *d*aily
[dietary] *a*llowance. **RdAc.** 기 〔화학〕 *r*a*d*io*ac*-
tinium. **R-DAN** *R*adioactivity-*D*isaster *A*larm
*N*et(방사능 재해(災害) 경보망). **RD & A** 〔군사〕
*r*esearch, *d*evelopment *a*nd *a*cquisition. **RD & D**
*r*esearch, *d*evelopment *a*nd *d*emonstration.
RDB 〔군사〕 *R*esearch and *D*evelopment *B*oard
(연구 개발 위원회). **RDC, R.D.C.** 〔英〕 *R*oyal
*D*efence *C*orps(해군 방위대); *R*ural *D*istrict
*C*ouncil(지방 회의). **RDF** *r*adio *d*irection *f*inder
(또는 **R.D.F.**); *R*apid *D*eployment *F*orce(신속
배치군). **RDI** *r*eference *d*aily *i*ntake(비타민·미네랄
1일 필요 섭취량). **RDP** *r*adar *d*ata *p*rocessing
system(항공로 레이더 정보 처리 시스템).
r-dróp·ping [ɑ́ːrdrɑ̀piŋ/-drɔ̀p-] 명 r음 탈락(모음
뒤의 r을 발음하지 않는 것)(예: hard [hɑːd], bar
[bɑː]).
RDS *R*adio *D*ata *S*ystem; 〔병리〕 *r*espiratory
*d*istress *s*yndrome.
RDX [ɑ̀ːrdíːèks] 명 (폭탄 등에 쓰는) 강력 고성능 폭약
(cyclonite). 〔<*R*esearch *D*evelopment *E*xplosive〕
're [ər] are의 단축형. ¶ they'*re* [ðɛər] / we'*re*
[wiər].
re[1] [rei, riː] 명 〔음악〕 전음계의 제2음, 레 음.
re[2] [riː, rei/riː] 명 〔법률·상업〕 …의 경우; …에 관하
여(에 대하여). ¶ ~ *estate of Mr. Robinson* 로빈슨 씨의
재산에 관하여.
Re [rei] 명 〔이집트 종교〕 =Ra.
Re 기 〔화학〕 *r*henium. **RE** *r*are *e*arth(희토류(稀土
類)); *r*eal *e*state; *r*otary *e*ngine(회전식 발동기). **Re.,**
re. rupee. **R.E.** *R*eformed *E*piscopal (개신교 감독
파의); *R*ight *E*xcellent(각하); 〔英〕 *R*oyal *E*ngi-
neers(공병대); *R*oyal *E*xchange(런던 증권 거래소).
re- [riː, rìː, rí̀, ri] 접두 **1** again, once more, anew
의 뜻. 동사 또는 그 파생어에 붙는다. ¶ *rearrange*,
rebuild, *recapture*. **2** in return, mutual(ly), oppo-
sition, behind, after, retirement, secrecy, off,
away, repetition, emphasis, un-의 뜻. 라틴어계의
말에 붙어 복합어를 만든다. ¶ *react*, *repay*, *rebel*,
resist, *relic*, *remain*, *recluse*, *remote*, *relax*,
repress, *refine*, *rejoice*, *resign*.
REA *R*ailway *E*xpress *A*gency; 〔美〕 *R*ural *E*lec-
trification *A*dministration(농촌 전화(電化) 사업국).
re·ac·cede [rìːæksíːd] 자타 **1** …에 다시 동의하다.
 2 …에 재취임하다; 재가입하다.
reach [riːtʃ] 타 (~*es* [-iz]; ~*ed* [-t]) 타 **1** (장
소·목적지 따위)에 닿다, 도착하다, 도달하다. ¶ ~
one's destination 목적지에 닿다.
 2 (귀·눈 따위)에 이르다; (어떠한 결과·상태 따위)에
이르다, (목적 따위)를 달성하다, …에 닿다[미치다],
(법·규칙의 효력이)…까지 미치다. ¶ ~ adoles-
cence [old age] 청년[노년]이 되다 / ~ a conclusion
결론에 도달하다 / ~ a height of two meters 신장이 2
미터에 이르다 / ~ an understanding with a person
남과 타협하다 / distant stars that the eye cannot ~
육안으로는 볼 수 없는 멀리 있는 별들 / Not a sound
~ed my ears. 나에게는 아무 소리도 들리지 않았다 /
No agreement was ~ed at the conference. 그 회의
에서는 아무런 합의도 이루어지지 않았다.
 3 (손 따위)를 내밀다, 뻗치다(*out*); (손·발 따위를 뻗어
서) …을 잡다[집다], …에 닿다(손을 뻗어서) (남) 에게
…을 건네다, 주다. ¶ (~ +목 +젠 +명) ~ *a book
from a high shelf* 손을 뻗어 높은 선반에서 책을 집어

reached

내다// (~+🅱+🅰) a tree that ~es out its branches 가지를 뻗은 나무// (~+🅱+🅰) Would you ~ me the mustard, please? 겨자 좀 집어 주시겠습니까?
4 …와 연락을 취하다. ¶Can I ~ him by telephone? 그에게 전화 연락을 할 수 있습니까?
5 〔남의 마음〕을 움직이다; …에게 영향[인상]을 주다. ¶The words ~ed her heart. 그 말이 그녀의 마음을 움직였다.
6 〔야구〕 (1루)에 나가다. **7** 〔美속어〕 〔남〕에게 뇌물을 주다, …을 매수하다. **8** 〔英방언〕 (가축)을 잡아 늘이다. **9** 〔美속어〕 …을 도와주다. **10** 〔고어〕 …을 이해하다.
— 🅐 **1** 손[발]을 뻗다. (팔 따위가) 뻗어 나오다; (손을 뻗어서) 집으려고[닿으려고] 하다(out)(for); (손으로려고) 노력하다(for, after); (초목이) 뻗다; (서부극 따위에서) 권총에 손을 뻗다. ¶(~+🅱) ~ out and take a person's hand 손을 뻗어 남의 손을 잡다// (~+🅿+🅰) ~ after happiness 행복을 얻으려고 노력하다// (~+🅿+🅰) ~ after the truth 진리를 추구하다// (~+🅱) (~+🅱) ~ (out) for one's hat 손을 뻗어 모자를 집으려고 하다.
2 (영향·작용 따위가) 미치다: (공간·시간적으로) 퍼지다, 미치다: (어떤 방향 따위에) 뻗다(up, down, out) (to, into). ¶(~+🅿+🅰) His power ~es into other lands. 그의 세력은 다른 나라에까지 뻗어 있다 // (~+🅿+🅰) His memory ~es far back to his boyhood. 그의 기억은 멀리 소년 시절에까지 거슬러 올라간다.
3 (장소·사람·상태·금액 따위에) 이르다, 도달하다, 달하다 (to); (눈·목소리 따위가) 미치다. ¶(~+🅿+🅰) ~ to a great distance 멀리까지 닿다[이르다] / sums ~ing to a considerable total 총액가가 상당한 액수에 달하는 금액 / His folly ~es to madness. 그의 어리석음은 광기라고 하여도 좋을 정도다.
4 〔美〕 확실한 증거 없이 주장하다, 동의하다; 경솔하게 결론을 내리다. **5** 〔해사〕 순풍으로 달리다, 순풍을 받아 범주하다. **6** 〔英방언〕 늘어나다.
as far as the eye can reach 눈이 미치는 데까지, 보이는 데.
reach back ① (마음 속으로) 기억을 더듬어 돌이켜 보다. ② 〔美구어〕 …거슬러 올라가다.
reach bottom 밑바닥에 이르다: 규명(究明)하다.
reach for the moon 불가능한 것을 꾀하다(바라다).
Reach for the sky! (강도 따위가) 손들어!
reach out ① (사람들과) 접촉하려고 하다. 설득[계몽]시키려고 노력하다(to, toward). ② 손을 뻗다.
reach up ① 높이[위로] 자라다; 기지개를 켜다. ② (장래를 위하여) …에 희망[기대]을 갖다; …을 극복하려고[이기려고] 노력하다(to).
— 🅝 ~**es** [-iz] **1** (잡으려고) 손을 내뻗기; 발돋움하다. ¶make a ~ for a weapon 무기를 집으려고 손을 뻗다. **2** Ⓤ (작용·힘이) 미치는 범위, 이르는 거리: 유효 범위; 능력, 이해력. ¶RANGE 유의어 ¶beyond [or above, out of] the ~ of …의 힘이 닿지 않는 곳에, …의 힘이 미치지 않는 범위에서. **3** Ⓒ (사물의) 뻗은 넓이, 구역; 연장. ¶a ~ of woodland 삼림 지대. **4** (보통 ~es) (강의 두 굽이 사이의) 직선 유역(流域); 〔美〕 갑(岬), (강의) 상[하류] 지역. **5** (~es) 계급, 계층; 지위. ¶the high ~es 고위층, 간부. **6** 〔해사〕 (한 구간의) 항해[범주] (거리). **7** (짐바차 후미의) 연결봉. **8** 〔광고〕 광고 도달률. **9** 〔방송〕 (일정 시간의) 청취율.
have a wide reach 이르는[미치는] 범위가 넓다.
within (easy) reach of (쉽게) …의 손이 닿는 곳에, (쉽게) 갈 수 있는 거리에.
~·a·bíl·i·ty 🅝 ~·a·ble 🅐 ~·er 🅝
reached [riːtʃt] 🅐 〔美정치〕 뇌물을 받은, 매수된.
reach·less [ríːtʃlis] 🅐 이를 수 없는, 손이 닿지 않는

는, 도달하지 못하는.

reach-me-down [⌐midàun] 🅝 〔英구어〕 (보통 ~s) 기성복; 물림옷, 헌옷(〔美〕 hand-me-down).
— 🅐 기성품의(ready-made). ¶a ~ suit 기성복.
réach ròd 🅝 조작봉(操作棒).
re·ac·quaint [rìːəkwéint] 🅑🅣 …에 다시 알리다 〔알게 하다〕. ~**ance** 🅝
re·ac·quire [rìːəkwáiər] 🅑🅣 …을 다시 획득하다.
‡**re·act** [riǽkt] 🅑🅩 **1** (어떤 작용·힘에 대하여) 반응하다, 반작용하다: 상호 작용하다(on, upon). ¶(~+🅿+🅰) Cause and effect ~ upon each other. 원인과 결과는 상호 작용[연동]한다. **2** 반대[반발]하다, 반항하다 (against). ¶(~+🅿+🅰) ~ against a plan 계획에 반대하다. **3** (자극 따위에) 반응을 나타내다, 감응하다 (to). ¶(~+🅿+🅰) The ear ~s to sound. 귀는 소리에 반응한다. **4** 〔화학〕 (…에) 반응하다; (…에) 반응하다(with). ¶(~+🅿+🅰) Acids ~ on iron. 산은 철에 반응한다. **5** 역행하다, 되돌아가다. **6** 〔군사〕 역습하다. **7** (주가가) 상승 후 반락하다.
— 🅥 (화학) 반응을 일으키다; (물질)을 (물질과) 반응시키다 (with). 「연하다.
re-act [rìːékt] 🅑🅣 …을 다시 행하다; 〔극·영〕 재연(再演)하다.
re·ac·tance [riǽktəns] 🅝 Ⓤ 〔전기〕 리액턴스, 감응(유도) 저항; 〔음향〕 음향 리액턴스(acoustic ~).
re·ac·tant [riǽktənt] 🅝 〔화학〕 반응[반작용]하는 사람[것]; 반대자, 반항자. **2** 〔화학〕 반응물(체).
‡**re·ac·tion** [riǽkʃən] 🅝 (🅟 ~**s** [-z]) ⓊⒸ **1** 역방향으로의 움직임[경향], 역행; 반동, 반발; 상호 작용(against, to, upon). ¶action and ~ 작용과 반작용. **2** (정치적인) 반동, 보수적[극우적] 경향; (주의·사상의) 역행, 복고. ¶the forces of ~ 보수[반동] 세력. **3** (사건·자극·영향에 대한) 반응; 태도(to). **4** 〔생리·의학〕 (약품·자극 따위에 대한) 반응. ¶stimulus and ~ 자극과 반응. **5** (~ of the eye to light) 눈의 빛에 대한 반응. **6** 〔화학〕 (화학) 반응; 〔물리〕 반동력[작용]; 핵반응. **6** 〔화학〕 반작용. **7** (주가 상승 후의) 반락(反落), 급락. **8** 〔전기〕 재생; 반작용. **9** 〔심리〕 반응. ~**·al·ly** 🅟
*re·ac·tion·ar·y [riǽkʃənèri/-ʃənəri] 🅐 **1** 반작용의; 반동의; 역행의: 반응의. **2** 반동적인, 복고조(復古調)의. **3** (화학) 반응의. — 🅝 반동[보수]주의자.
-ar·ism, ~**·ism** 🅝 =reactionism.
reáction chàmber 🅝 〔기계·우주〕 (로켓 엔진 등의) 연소실, 반응실. 「엔진.
reáction èngine[mòtor] 🅝 〔로켓〕 역(逆)추진
reáction formátion 🅝 〔정신분석〕 반동 형성.
re·ac·tion·ism [riǽkʃənizm] 🅝 Ⓤ 반동[복고, 보수]주의, 복고론. **-ist** 🅝
reáction pròduct 🅝 〔화학〕 반응 생성물.
reáction propúlsion 🅝 〔항공〕 반동 추진.
reáction shòt 🅝 〔영화·TV〕 얼굴 표정의 클로즈업
reáction tìme 🅝 〔심리〕 반응 시간. 「촬영.
reáction tùrbine 🅝 반동 터빈.
re·ac·ti·vate [riǽktəvèit, rìː-] 🅑🅣 **1** …을 부활 [재개]시키다; …을 현역으로 복귀시키다. **2** (병)을 재발시키다. **3** 〔화학〕 (촉매 따위)를 재활성화시키다. — 🅩 부활하다, 재개하다, 현역으로 되돌아가다. **-vá·tion** 🅝
re·ac·tive [riǽktiv] 🅐 반작용[반응]을 나타내는; 반동적인; 〔전기〕 리액턴스를 가진. ~**·ly** 🅟 ~**·ness** 🅝
reáctive depréssion 🅝 〔의학〕 (실업 따위의 상황적 스트레스에 대한) 반응성 울병(鬱病).
reáctive schizophrénia 🅝 〔정신의학〕 반응성 정신 분열병.
re·ac·tiv·i·ty [rìːæktívəti] 🅝 반작용; 〔화학·면역〕 반응성; 〔물리〕 (원자로의) 반응도.
*re·ac·tor [riǽktər] 🅝 **1** 반응(反應)을 나타내는 사람[것], 반발하는 사람[것]. **2** 〔물리〕 원자로(nuclear ~); 〔전기〕 리액터. **3** 〔면역·수의〕 양성 반응을 나타내는 사람[동물]. **4** 〔화학〕 반응 장치, 반응기. **5** 〔심리〕 반

reáctor còre 명 (원자로의) 노심(爐心).
reáctor zòne 명 (우라늄 광산 따위의) 핵반응 지대.
‡read¹ [riːd] 동 **~s** [-z]; ~ [red] (타) **1** 〔책·편지 등〕을 읽다, ...〔남〕의 작품을 읽다; 음독(音讀)〔낭독〕하다, 읽어주다(*out*, *up*, *aloud*)(*to*, *for*). ¶**~ a book** 책을 읽다 / ~ Shakespeare 셰익스피어의 작품을 읽다 // (~+目+目) She ~ *out* [or *up*] the poem. 그녀는 그 시를 낭독했다 / I ~ it *through* six times. 나는 그것을 여섯 번 통독했다 // (~+目+目) (~+目+前+名) ~ a person a book: ~ a book *for*[or *to*] a person 남에게 책을 읽어주다.
2 〔특정한 말〕을 해독하다; 〔내용〕을 읽어서 파악하다, 이해하다. ¶He can ~ French. 그는 프랑스어를 읽을 줄 안다 / ~ a person's thoughts (저서를 읽고) 남의 사상을 파악하다.
3 〔기호·부호·눈금 따위〕를 판독하다, 해독하다. ¶~ sign language 수화를 이해하다 / ~ shorthand 속기를 해독하다 / ~ music 악보를 읽다 / a thermometer 온도계의 눈금을 읽다 / ~ Braille 점자를 읽다.
4 〔마음·생각 따위〕를 읽다; 〔성질·성격 따위〕를 알아 채다(*from*); 〔운명 따위〕를 예지하다, 예언하다; 〔수수께끼 따위〕를 풀다. ¶~ the signs of the times 시대의 흐름을 간파하다 / ~ a person's hand 남의 손금을 보다 / ~ a dream 해몽하다 / ~ a person's mind 남의 마음을 알아채다 / ~ the sky 날씨를 예측하다 / ~ a person's fortune 남의 운명을 예언하다 / ~ a person's character in his face 관상으로 남의 성격을 판단하다 // (~+*that*+절) I ~ in his eyes *that* he meant what he said. 그의 눈초리로 그의 말이 진담임을 알았다.
5 〔언어·행동 따위〕를 특정한 뜻으로 해석〔판단〕하다 (*as*, *for*, *to* do). ¶(~+目+*as*補) ~ a statement *as* an insult 들은 말을 모욕으로 받아들이다 // the situation (in) two ways 정세를 두 가지로 해석하다.
6 〔종종 곡해된 언외(言外)의 뜻〕을 읽어서 알다 (*into*, *in*). ¶(~+目+前+名) ~ false implications *into* a book 책 속에서 잘못된 뜻의 함축을 읽어서 알다. **7** 〔다른 책의 고증(考證) 따위〕에 ...이라고 읽다, ...으로 받아들이다, ...으로 고쳐 읽다(*for*). ¶(~+目+前+名) *For* "of" ~ "off." (정오표에서) of는 off의 오기. **8** 〔온도계 따위가〕 ...을 가리키다, 〔숫자〕를 표시하다. ¶The thermometer ~s 70 degrees. 온도계는 70도를 가리키고 있다. **9** 〔컴퓨터〕 〔정보〕를 판독하다; (컴퓨터에) 〔정보〕를 불러넣다 (*in*); 〔컴퓨터에서〕 〔정보〕를 회수하다 (*out*). **10** 〔英〕 (대학에서) ...을 전공〔연구〕하다(〔美〕 major in). ¶~ law 법학을 전공하다. **11** ...을 (읽어서) 알다〔배우다〕. **12** 〔남〕에게 읽어주어 ...하게 하다. ¶(~+目+補) ~ oneself hoarse 책을 읽어 목이 쉬다 // (~+目+前+名) ~ a child *to* sleep 책을 읽어주어 아이를 잠들게 하다. **13** (보통 수동형으로) 〔의안〕을 본회의 회부하다 (*for*). ¶(~+目+前+名) The bill *was* ~ *for* a third time. 그 의안은 제3독회에 회부되었다. **14** 〔무선·전화에서〕 〔남〕의 말을 청취하다, 알아듣다, 이해하다. **15** 〔생물〕 〔유전 정보〕를 해독하다. **16** 〔교정쇄〕를 읽다, 교정 보다. **17** 〔의복·두발〕을 (이 같은 것이 없는지) 살펴보다, 검사하다. **18** 〔美공군〕 (조종사에게) 비행 위치를 알리다.
— 자 **1** 읽다, 독서하다. ¶~ aloud 소리내어 읽다 / ~ extensively [intensively] 다독〔정독〕하다. **2** 소리내어 읽다, 낭독하다; 읽어주다 (*to*, *for*). ¶(~+前+名) ~ *to* [*for*] a person 남에게(을 위해) 읽어주다. **3** 〔기호·부호 따위의 뜻〕을 판단하다, 판독(判讀)하다; 〔음악〕 악보를 읽다. ¶(~+前+名) The blind ~ *with* their fingers. 맹인은 손가락으로 판독한다. **4** 〔英〕 연구하다, 전공하다(*in*). 전공하다(*on*). ¶(~+前+名) ~ *for* the bar 변호사가 되기 위하여 공부하다. **5** 읽어서 알다 (*about*, *of*). ¶(~+目+前+名) I ~ *of* his death in a newspaper. 신문을 보고 그의 죽음을 알았다. **6** ...이라고 읽다, 읽어서 (...이라고) 해석할 수 있다. ¶a rule that ~s (in) two different ways 두 가지로 해석되는 규칙 // (~+補) This book ~s well [or interesting]. 이 책은 읽기에 재미있다. **7** (...이라고) 씌어 있다, 표현되어 있다 (*as*, *like*). ¶(~+*as*補) It ~s *as* follows. 다음과 같이 적혀 있다. **8** 〔컴퓨터〕 데이터 따위를 읽다. **9** (기기 따위가) 수치를 나타내다. ¶Her blood pressure ~s a little high. 그녀는 혈압이 다소 높다. **10** (속어) 나타나다.
Do you read me? ① (무선에서) 내 말 들리는가? ② (구어) 내 말 알아듣겠어?
He that [or ***who***] ***runs may read.*** 달리는 사람도 읽을 수 있다. 아주 명백하다(← 하박국서(書)(Hab.) 2 : 2).
read a lecture [or ***lesson***] (구어) 호되게 꾸짖다; 장황하게 설교하다 (*to*). [복창하다 (*to*).
read back 〔필기한 것〕을 (확인하기 위해) 읽어주다.
read between the lines 행간의 숨은 뜻을 알아채다, 언외(言外)의 뜻을 헤아리다.
Read 'em and weep. (포커 따위에서 승자가 패를 보이며) 자 이렇게 내가 이겼다. (나쁜 비평이나 보고를 보이면서) 운수 사납게도 나쁜 소식입아.
read from [or ***out of***] 〔책·신문 등에서 문구〕를 여기저기 읽어주다, 큰 소리로 띄엄띄엄 골라서 읽다. ¶He ~ his speech *from* notes. 그는 원고를 보아가며 연설을 했다.
read in ① 〔컴퓨터〕 〔데이터·프로그램 따위〕를 입력시키다 ② 〔남〕을 정식으로 입회〔취임〕시키다. ③ (과목 따위)에 정통하다.
read into ① (비밀 따위)의 의미를 알아차리다. ② (글 속에서) 〔의미·의도 따위〕를 읽어내다(간파하다).
read, mark, learn, and inwardly digest 주의 깊게 읽어 자기 것으로 하다(← 기도서(Common Prayer)).
read off ① 〔눈금 따위〕를 읽어내다. ② 〔편지·숫자 따위〕를 줄줄 읽다〔읽어주다, 독파하다〕. ③ (진의 따위가) 이해되다. 알 수 있다. ¶His face doesn't ~ *off*. 그의 얼굴을 보고는 진의를 알 수 없다.
read oneself in (영국 국교회의 39개조의 신조 등을 낭독하고) 목사직에 취임하다.
read out ① 〔美·캐나다〕 〔당원·회원〕을 (취지를 선언하고) (...에서) 제명하다 (*of*). ¶He was ~ *out of* the party. 그는 당에서 제명당했다. ② 〔정보〕를 송신하다, 송출하다; 〔컴퓨터〕 〔데이터·프로그램 등〕을 읽어내다, 판독하다. ③ 〔책 따위〕를 낭독하다.
read over ① 〔문장 따위〕를 다시 읽다. ② 〔책 따위〕를 끝까지 읽다, 독파하다.
read the Riot Act ⇒ RIOT ACT.
read through ① 〔연극〕 〔대본〕을 서로 맞추어 보며 읽다. ② =*read over* ②.
read to oneself 묵독(默讀)하다.
read up ① (구어) (...에 관해) 읽어서 검토하다, 공부하다. ② ...을 (읽어서) 연구〔전공〕하다(*on*). [주다.
read with *a person* (가정 교사가) 남의 공부를 봐주다.
take...as read 〔英〕 ...을 주지의 것으로 보다; 〔의사록 따위〕을 (읽은 것으로 보고) 낭독을 생략하다; ...을 액면 그대로 받아들이다.
You wouldn't read about it. (濠구어) 설마 그런 바보 같은 짓을.
— 명 ⓒ **1** (a ~, the ~) 〔英구어〕 읽기; 독서 (시간)을 즐기다 / have [or take] a long ~ 오래 독서하다. **2** 〔컴퓨터〕 읽기, 판독.
‡read² [red] 동 read의 과거·과거분사. — 형 (복합어로) 읽어서 아는, ...에 정통한, 박식한. ¶a well-person 박식한 사람 // be deeply ~ *in* a subject 어떤 문제에 정통해 있다.
Read [riːd] 명 리드. **1** Herbert ~ (1893-1968: 영국의 비평가·시인). **2** 남자 이름.

read·a·ble [ríːdəbl] 형 1 (책 따위가) 읽기 쉬운, 읽기에 재미나는; 통독할 수 있는. ¶a ~ novel 재미있는 소설. 2 (문자 따위가) 읽을 수 있는, 읽기 쉬운. ¶a ~ handwriting 읽기 쉬운 필적. 3 (우편 번호 따위가) (기계) 판독이 되는. **-bíl·i·ty, ~·ness** 명 **-bly** 부

read-af·ter-write [ríːdæftərráit/-ɑːf-] 명 〔컴퓨터〕 기록 후 판독함을 이르는 말.

re·a·dapt [rìːədǽpt] 동태 …을 재적응[재순응]시키다. ─ 재재적응[재순응]하다. **re·àd·ap·tá·tion** 명

read-a-thon [ríːdəθɑn/-θɔn] 명 독서 마라톤, 연속 독서 장려, 도서관 이용 운동.

re·ad·dress [rìːədrés] 동태 …에게 다시 말을 걸다; (편지)의 걸봉을 다시 쓰다; (편지) 겉봉의 주소 성명을 전송(轉送)하다(to). ¶~ a letter 편지의 주소 성명을 고쳐 쓰다. **readdress** oneself to …에 재착수하다.

‡read·er [ríːdər] 명 [~s -z] 1 독자, (신문 등의) 구독자; 독서가. ¶He is a great ~. 그는 대단한 독서가다. 2 리더, 독본; 선집. 3 (원고 출판의 가부를 결정하는) 출판 고문; 교정원. 4 (교회의 예배 때 성서 등의) 낭독자. 5 〈英〉 (대학의) 상급 강사(in); 〈美〉 (대학의) 조교. 6 〔컴퓨터〕 판독 장치. 7 점쟁이. 8 (구어) 독서용 확대경. 9 〈가스·전기의〉 검침원. 10 (~s) 뒷면에 표시를 한 트럼프 카드. 11 가두 노점 허가증. 12 〈美속어〉 (마약) 처방전. 13 〈美속어〉 수배자 포스터; 체포 영장; 메모, 각서; 차용 증서.

read·er-friend·ly [-fréndli] 형 (출판물 등이) 독자 본위의, 독자의 필요[기호]에 맞춘.

read·er-re·sponse [-rispɑns/-spɔns] 형 〔문학〕 (저자의 의도보다) 독자의 반응을 중시하는.

Réader's Dígest 명 (*The* ~) 리더스 다이제스트 (1922년에 창간된 미국의 포켓판 월간지).

read·er·ship [ríːdərʃip] 명UC 1 독자(임); 독자수, 독자층; 독자의 질. 2 〈英〉 대학 강사의 직[지위]. 3 (출판사의) 고문[교정원]의 직[지위].

‡read·i·ly [rédəli] 부 (*more* ~; *most* ~) 1 즉시, 즉석에서. 2 쉽사리. 3 쾌히, 기꺼이(willingly).

read-in [ríːdìn] 명 〔컴퓨터〕 판독(判讀).

***read·i·ness** [rédinis] 명U 1 용의, 준비[채비](되어 있는 상태). ¶hold a camera in ~ 사진기를 언제라도 쓸 수 있도록 해두다. 2 신속, 민첩; 손쉬움, 용이 (of). ¶~ of speech [wit] 능숙한 언변[임기응변]의 재치). 3 쾌락(快諾), 자진하여[기꺼이] 하기(*to* do).

in readiness for [*or* **against**] …의 준비를 갖추고, …에 대비하여. ¶get [*or* put] everything *in* ~ *for* …을 위해 만반의 준비를 갖추다.

with readiness 쾌히, 기꺼이.

‡read·ing [ríːdiŋ] 명 (~**s** [-z]) 1 UC 읽기, 독서; 독서력; (독서로 얻은) 지식, 학식. ¶intensive [extensive] ~ 정[다]독/a person of wide [*or* vast] ~ 박식한 사람. 2 낭독; 독서회. ¶a penny ~ 〈英〉 (입장료가 싼) 낭독 연예회. 3 (극의 연출·악곡 등에 대한) 해석(법), 연출(법), 연주(법); (상황 따위의) 해석, 판단. ¶What's your ~ of the situation? 이 정세를 어떻게 보십니까? 4 U (집합적) 읽을거리; (~s) 선집(選集), 독본. ¶good [dull] ~ 재미있는[재미없는] 읽을거리/side ~s 부독본. 5 (이본(異本) 고증에서) 서로 다른 곳, 서로 다른 문장(의 읽기). 6 (계기의) 눈금 표시, 도수, 수치(數値). ¶cholesterol ~ 콜레스테롤 수치. 7 (의회의) 독회. ¶the first [second] ~ 제 1[2] 독회. 8 (각본을) 읽으며 (서로) 맞추어 보기. 9 〔컴퓨터〕 판독.
── 형 (한정용법) 1 독서(용)의. ¶~ skill 독서 능력. 2 독서하는, 독서를 좋아하는. ¶the ~ public 독서계(界).

Read·ing [rédiŋ] 명 레딩. 1 잉글랜드 Berkshire 주의 주도. 2 **Rufus Daniel Isaacs** ~ (1860-1935): 영국의 정치가; 인도 총독. ─ 명 (아동의 평균 연령).

réading àge 독서 연령(비슷한 독서 능력이 있는).

réading dèsk 명 독서대, 열람 책상; 성서대.

réading gláss 명 확대경. (~es) 독서용 안경.

réading làmp [líght] 명 독서용 램프, 전기 스탠드; (비행기 등의) 독서등.

réading lìst 명 (대학 등의) 필독서 리스트, 과제 도서; 추천 도서.

réading màtter 명 (신문·잡지의) 기사, 읽을거리.

réading nòtice 명 (신문·잡지의) 기사란(式) 광고.

réading ròom 명 독서실, 도서 열람실; (인쇄소의) 교정실.

réading wànd 명 (상품 코드와 가격의) 자동 판독기.

re·ad·just [rìːədʒʌ́st] 동태 …을 재조정[재정리]하다; …의 재정(財政)을 바로잡다. (회사)를 재건하다. **~·a·ble** 형 **~·er** 명

re·ad·just·ment [rìːədʒʌ́stmənt] 명UC 재조정 [재정리] (기간); (회사의) 재정을 바로잡기, 재건.

re·ad·mis·sion [rìːədmíʃən] 명U 재허가; 재입학.

re·ad·mit [rìːədmít] 동태 (*-tt-*) …을 다시 인정하다, 재허가하다; …의 재입장[재입장]을 허가하다.
~·tance 명 = readmission.

réad-ón·ly mémory [ríːdóunli-] 명 〔컴퓨터〕 판독 전용 기억 장치(약 ROM).

re·a·dopt [rìːədápt/-dɔ́pt] 동태 …을 재입양하다; …을 다시 채용하다. **-dóp·tion** 명 재입양[채용].

re·a·dorn [rìːədɔ́ːrn] 동태 …을 다시 꾸미다.

read-out [ríːdàut] 명UC 〔컴퓨터〕 정보 판독; 판독한 정보; (인공 위성으로부터의 데이터·화상의) 무선 송신. (또는 **réad-òut**) ── 동재 〔기록〕정보를 읽기[기록, 표시]하다. 〔헤드, (또는 **head**-.〕

réad/wríte hèad [ríːd-] 명 〔컴퓨터〕 판독/기록 장치.

réad/wríte mémory 명 〔컴퓨터〕 판독/기록용 기억 장치(약 R/WM).

‡read·y [rédi] 형 (*read·i·er; read·i·est*) 1 (서술용법) 준비된, 채비를 갖춘, 언제라도 …할 수 있는 (*for, with, to* do). ¶Dinner is ~. 식사 준비가 되었다/players ~ *for* a game 경기 준비를 갖춘 선수들/be ~ *with* tea 차 준비가 되어 있다/I am ~ *to* go. 나는 언제라도 갈 수 있다/The food is ~ (*to* eat). 음식을 바로 먹을 수 있게 되어 있습니다/(Are you) R- *to* order? (레스토랑 따위에서) 주문하시겠습니까? 2 (서술용법) 각오가 된; 자진하여[기꺼이] …하는 (*for, to* do). ¶I am ~ *for* death. 나는 죽을 각오가 되어 있다 // I am ~ *to* forgive you. 당신을 용서합니다. 3 즉시의, 그 자리에서의; 재빠른, 신속한; 능숙한, 솜씨 좋은(*at, with*). ⇒QUICK 유의어 ¶a ~ answer [*or* reply] 즉답/a ~ response 즉각적인 반응(* 주로 신문·잡지의 용법)/a ~ wit 임기응변의 재치/a workman 솜씨 좋은 직공/a ~ writer 건필가(健筆家)/a ~ tongue [speaker] 달변가/give a ~ consent 즉석에서 승낙하다// ~ *at* excuses 구실을 잘 붙이는. 4 (서술용법) …하기 쉬운; 막 …하려고 하는, 금방이라도 …할 것 같은 (*to* do). ¶a tree ~ *to* fall 쓰러질 것 같은 나무/~ *to* drop (구어) 쓰러질 것 같은, 기진맥진한, 몹시 피곤한. 5 바로 쓸 수 있는; 손 가까이 있는, 편리한. ¶~ means 손쉬운 방법/a ~ weapon 간편한 무기/the *readiest* way to do …하는 가장 편리한 방법[첩경]. 6 〔군사〕 준비 자세를 취한. 7 〈美속어〉 (음악·음악가가) 일류의, 매우 훌륭한. 8 〈美흑인〉 세상사에 훤한, 빈틈없는.

be ready for off 〈英구어〉 출발 준비가 되어 있다, 언제라도 출발할 수 있다.

(Get) ready! (구령) (경주에서) 제자리에! ¶*Get* ~! Get set! Go! 제자리에, 준비, 땅[출발]! (**Ready!** Set [*or* Steady]! Go!)

make [*or* **get**] **(…) ready** ① (…의) 준비를 하다, (사물)을 …을 위하여[하도록] 준비하다 (*for, with, to* do). ¶get ~ *for* work 작업 준비를 하다/get the hall ~ *for* the party 홀을 치우고 파티 준비를 하다. ② (인쇄) 인쇄기의 준비를 하다.

ready for anything 기꺼이 뭐든지 하는, 뭐든지 할

ready box

Ready, present, fire! (구령) 거총, 조준, 발사!
ready to [or (美) **at**] **hand** 손 가까이 있는; 바로 쓸 수 있는.

── 형 (**read·i·er; read·i·est**) 1 (보통 과거분사와 함께) 미리, 사전에. ¶ The boxes are packed ∼ [or ∼ packed]. 상자는 사전에 포장되어 있다. 2 (고어) 즉시, 쉽게, 기꺼이(readily).

── 타 (종종 재귀용법으로) …을 준비시키다(for). ¶ (∼+목+전+명) ∼ the room *for* use 그 방을 사용할 수 있도록 준비하다 / ∼ oneself *for* escape 도망갈 준비를 하다. ── 자 (美) 준비[각오]하다. ¶ ∼ to attack the enemy 적을 공격할 준비를 하다.

Ready about! (해사) 바람 불어오는 쪽으로 준비!
ready a horse (英俗語) (경마) (다음 레이스에 유리한 핸디캡을 얻기 위하여) 말을 고의로 느리게 달리다.
ready up ① (美) 준비를 하다; 정돈하다, 치우다. ¶ Go ∼ *up* your room. 방을 치워 놓아라. ② (英·濠俗語) (돈 따위를) 속여서 빼앗다, 사취하다. ③ (英俗語) 현금 지불로 하다.

── 명 1 ((the) ∼) (구어) 현금; ((the) readies) (현금으로서의) 지폐. 2 (보통 the ∼) 준비 완료 상태; (군사) 거총 자세. ¶ hold a rifle at the ∼ 거총하다.
come to the ready 사격 자세를 취하다.
get a good ready (美俗語) 준비가 훌륭히 되다.
plank down the ready 현금으로 지불하다.
réady bòx (함포 따위의) 탄약 보급 상자.
réady cásh 명 =ready money.
read·y-fad·ed [-féidid] 형 (새 옷을) 바랜[낡은] 것처럼 만든. 「wear.
read·y-for-wear [-fərwɛ́ər] 형 =ready-to-
‡**read·y-made** [-méid] 형 1 기성품의; (가게 따위가) 기성품을 파는(↔ custom-made, made-to-order). ¶ ∼ clothes 기성복 / a ∼ outlet 기성복 전문 판매점. 2 (생각 따위가) 빌려온, 진부한, 독창성이 없는. 3 지극히 형편이 좋은. ── 명 1 기성품(복). 2 =readymade.
read·y·made [rédiméid] 명 (미술) 레디메이드(일상의 기제품(旣製品)을 예술적 의미를 갖는 조각 작품으로 발표한 것).
réady méal 명 (데우기만 하면 먹을 수 있는) 조리 가공된 (인스턴트) 식품.
read·y-mix [-miks] 형 (각종 성분을 미리 섞어 놓은 것(상품). ── 형 (또는 **ready-mixed**) 미리 섞어 놓
réady móney 명 현금, 맞돈. 「은,
réady réckoner 명 계산표, (이자·세액 따위의) 일
réady ròom 명 (공군) 조종사 대기실. 「람표.
read·y-to-eat [-tə́ːit] 명 (식품의) 인스턴트의, 즉석에서 먹을 수 있는, 조리가 다 된. 「전의.
read·y-to-spit [-təspít] 형 (속어) 사정(射精) 직
read·y-to-wear [-təwɛ́ər] 형 (옷이) 미리 만들어져 기성복을 취급하는; 기성복의. ¶ a ∼ shop 기성복점.
read·y-wit·ted [-witid] 형 재치 있는, 임기응변의. **-ly** 부 **-ness** 명
re·af·firm [rìːəfə́ːrm] 타 …을 재차 단언(시인, 확인)하다. **∼ance** 명 **-fir·ma·tion** 명
re·af·for·est [rìːəfɔ́(ː)rist, -fár-/-fɔ́r-] 타 (英) 다시 조림(造林)하다. **-for·es·tá·tion** 명 ①
Rea·gan [réigən] 명 **Ronald (Wilson)** ∼ 레이건 (1911- : 미국의 정치가; 제40대 대통령(1981-89)).
Rea·gan·om·ics [rèigənámiks/-nɔ́m-] 명 레이건의 경제 정책. **-ic** 형 (<*Reagan*+*economics*)
re·a·gent [rìːéidʒənt] 명 1 (화학) 시약(試藥). 2 (의학·심리) 피시험자, 반응자. **-gen·cy** 명 반응력.
re·ag·gre·gate [rìːǽgrigèit] 타 (화학) (분자·세포 따위가) 재결합[응집]하다. **rè·ag·gre·gá·tion** 명
‡**re·al**[1] [ríːəl, ríːl/ríəl, ríːl] 형 (∼**·er, more** ∼; ∼**·est, most** ∼) 1 진실의, 정말의; 진짜의, 진품의;

진심의; (묘사 따위가) 박진감이 있는, 생생한. ¶ a man's ∼ character 사람의 참 성격의 / the ∼ reason for an act 어떤 행동의 진정한 동기 / ∼ silk 본견(本絹) / the ∼ thing [or (∼) stuff] 진짜; 극상품 / a ∼ friend 참다운 친구 / I want a ∼ holiday. 나는 진정한 휴일을 갖고 싶다.

[유의어] **real** 외관과 본질이 일치하는, 진짜의. **actual** 상상·이론·가공적이 아닌, 실존의, 현실의. **true** real, actual한 것과 한 치도 틀림없는; 기준·형식 따위를 대조한 판단을 암시.

2 현실의, 실제의; 실존하는(↔ ideal). ¶ The poet is a ∼ man. 그 시인은 실존한 인물이다. 3 (철학) 실재(實在)의; 현실의; (광학) 실상(實像)의(↔ virtual); (수학) 실수(實數)의(↔ imaginary). ¶ a ∼ number 실수. 4 (논리) (명제가) 참인, 의미 있는. 5 (법률) 물질의, 객관적; 부동산의(↔ personal, movable). ¶ ∼ rights 물권(物權) / ∼ evidence 물적 증거. 6 (구어) 완전한, 대단한; 엄청난, 굉장한. ¶ She is a ∼ brain. 그녀는 굉장한 수재다. 7 (경제) (임금·수입이) 실질적인. ¶ ∼ wages 실질 임금. 8 (음악) 참된, 진정의(모방할 때 선율·음정을 바꾸지 않는). ¶ ∼ fugue 진정 푸가. 「라.
Get real! (美俗語) 진지하게 해라, 멍청하게 굴지 마
It's been real. (속어) (종종 비꼬아) 정말 즐거웠음
real live (종종 익살) (실물)진짜의). 「니다.

── 부 (美俗語) 정말로, 참으로(very). ¶ I had a ∼ good time. 참으로 즐거웠다.

── 명 1 (철학) 실수(實數). 2 (the ∼) 진실, 실재(하는 것); 현실; 실태, 실상; 실물, 진짜.
for real (美俗語) ① 정말로, 진짜로; 열심히. ¶ fight *for* ∼ 실제로 싸우다. ② 진짜인, 진실한; 실제의. ¶ Are you *for* ∼? 정말이냐, 꿈(거짓)말 같다.
∼·ness 명
re·al[2] [reiá:l] 명 (복) ∼**s** [-z] 레알. 1 브라질의 화폐 단위; 그 화폐. 2 옛날 스페인의 소액 은화[화폐 단위].
re·al[3] [riɑ́ːl] 명 reis의 단수형.
réal áction 명 (법률) 대물(對物) 소송. 「action
réal ále 명 (英) (전통적 방법으로 발효시킨) 참맥주.
réal bábe 명 (美俗語) 매력적인 이성(매력).
réal chéese 명 (the ∼) (속어) 중요 인물, 거물.
***réal estáte** 명 1 부동산, 토지; 물적 부동산권(權). 2 (美) (매매 대상의) 집, 주거(손·연굴의) 더러움.
re·al-es·tate [rì:əlistéit] 형 부동산의.
réal estáte àgent 명 부동산 중개인((英) estate agent). 「신탁.
réal estáte invéstment trùst 명 부동산 투자
réal fócus 명 (광학) 실초점.
re·al·gar [ri:ǽlgər] 명 ① 계관석(鷄冠石)(폭죽의 재료).
reálgar yéllow 명 밝은 황색.
réal Géorge 명 (the ∼) (美俗語) 멋진 것. 「GNP
réal GNP 명 (경제) 실질 국민 총생산. ↔ nominal
réal gúy 명 (美俗語) 멋진 사람, 바라던 사람.
re·a·li·a [rìːéiliə, reiɑ́ː-] 명 (복) (교육) 실물 교재; (철학) 실재물, 실존물.
re·a·lign [rìːəláin] 타 …을 재조정[재편성]하다, 재통합하다. (또는 **realine**) **∼·ment** 명
réal ímage 명 (광학) 실상(實像).
réal íncome 명 (경제) 실질 소득.
*__re·al·ism__ [ríːəlizəm/ríəl-] 명 ① 1 현실주의; 현실성. 2 (문학·예술) 사실주의, 리얼리즘(↔ naturalism, idealism). 3 (철학) 실념론(實念論)(↔ nominalism, conceptualism). 4 (교육) 실학주의. 5 (법률) 실체주의.
*__re·al·ist__ [ríːəlist/ríəl-] 명 1 현실주의자(↔ idealist). 2 (문학·예술) 사실(寫實)의 작가(화가). 3 (철학) 실념론자(實念論者); 실재론자, 현실론자. ── 형 현실주의자의; 현실적인. ¶ the ∼ approach to social

ills 사회악에 대한 현실적 대처.

***re·al·is·tic** [ri:əlístik/ríəl-] 형 1 현실적인, 실제적인(營) idealistic, romantic). 2 사실파의, 사실적이다. 3 〔철학〕 실념론(자)적인; 실재론(자)적인. 4 박진감이 있는, 실물[진짜] 같은. **-ti·cal·ly** 부

‡**re·al·i·ty** [ri:æləti] 명 (복 **-ties** [-z]) 1 ⓤ 진실[실제]임, 진실성; 실존(하는 것); 실물과 꼭 같음, (묘사의) 박진성(迫眞性).¶It is reproduced with startling ~. 그것은 놀랍도록 진짜와 꼭 같이 복제되어 있다. 2 ⓤⓒ (복 -ties) 사실, 현실, 실제.¶the stern ~ [or realities] of life 인생의 냉엄한 현실. 3 ⓒ 실체, 실존물, 실현된 것.¶The dream has become a ~. 꿈이 실현되었다. 4 ⓤ 실질, 본질, 본성.¶the ~ of love 사랑의 본질. 5 ⓤⓒ 〔철학〕 실재(성).¶subjective [objective] ~ 주관적[객관적] 실재. 6 〔법률〕 부동산.

in reality 진실(로)은; 현실[실제]로는.

with reality 실물 그대로. 「(實話)에 근거한.

re·al·i·ty-based [-bèist] 형 (TV 프로그램이) 실화

reality principle 명 〔정신분석〕 현실 원칙(환경의 불가피한 요구에 적응하는 심리 과정의 원리).

reality tèsting 명 〔정신의학〕 현실 검사(자아와 비(非)자아, 외계와 자기의 내부를 구별하는 객관적 평가).

reality thèrapy 명 〔정신의학·심리〕 현실 요법(현실에 적응시키는 심리 요법).

re·al·iz·a·ble [ri:əláizəbl/ríəl-] 형 1 실현 가능한; 실감할 수 있는. 2 현금화할 수 있는.

-iz·a·bíl·i·ty, ~·ness 명 **-bly** 부

*****re·al·i·za·tion** [ri:əlizéiʃən/ríəlaiz-] 명 1 실현, 달성; 현실화. 2 이해, 실감, 자각. 3 (돈·재물의) 취득; (재산 따위의) 현금화, 매각. 4 실물처럼 보이는 것. 5 (음악) 화성 표시(에 의한 악보 완성); 그 악보. 6 〔언어〕 구현화(具現化).

‡**re·al·ize** [rí:əlàiz/ríəl-] (※ (英) **-ise**) 동 (**-iz·es** [-iz]; **~d; -íz·ing**) 타 1 …을 실감하다, 깨닫다, 자각하다, 체득하다. ¶ one's own danger 자신의 위험을 깨닫다//(~ +that 절) He ~d that he was in danger. 그는 위험에 처해 있다는 것을 자각했다. 2 〔희망·계획〕을 실현하다, 달성하다.¶ ~ one's dreams 꿈을 실현하다. 3 …을 실감나게 표현하다, 여실히 나타내다. 4 …을 현금으로 바꾸다.¶ ~ securities 증권을 현금화하다. 5 (팔아) …의 수입이어, 얻다, 〔어떤 금액〕을 벌다(on, from, by).¶She ~d $5,000 from the investment. 그녀는 그 투자로 5,000달러를 벌었다. 6 (美) (매상이) …이 되다, …에 팔리다.¶The goods ~d $1,000. 그 물품은 1,000 달러에 팔렸다. 7 〔음악〕〔통주 저음(通奏低音)〕을 나타내다. 8 〔언어〕 〔추상적인 언어학적 단위 또는 범주〕를 구체화하다, 구현하다. ― 자 1 (팔아) 현금화하다, 환금하다(on). 2 (부동산 따위가) 돈이 되다.¶~ well[ill] 꽤 돈이 되다[별로 돈이 되지 않다].

ré·al·ized prófit [rí:əlàizd-] 명 〔회계〕 실현 이익.

(※) paper profit 「금하는 사람.

re·al·iz·er [rí:əlàizər/ríəl-] 명 실현하는 사람; 현

re·al·iz·ing [rí:əlàiziŋ/ríəl-] 형 1 실현하는. 2 현금화하는. 3 확실히 이해하는, 실감하는.¶a ~ sense (사물의) 생생한 감각. 4 민감한, 예민한. **~·ly** 부

re·al·li·ance [rí:əláiəns] 명 ⓤ 재동맹.

réal lífe 명 실생활.¶a story taken from ~ 실생활에서 취재한 이야기.

re·al-life [rí:əlláif] 형 현실의, 공상이 아닌, 실제의.¶ ~ conversation 일상 대화, 생활 회화.

réal líne 명 〔수학〕 실수(實數) 직선; 실수축(軸).

re·al·lo·cate [ri:éləkèit] 타 …을 재할당[재배분]하다. **-cá·tion** 명

re·al·lot [rí:əlάt/-lɔ́t] 타 (-**tt**-) …을 재분배하다. **~·ment** 명

‡**re·al·ly** [ríəli, rí:li/ríəli] 부 1 실제로, 현실로.¶see things as they ~ are 사물을 있는 그대로 보다. 2 정말로, 참으로.¶Do you ~ mean it? 너 정말로 그럴 셈이

냐? 3 과연. 아주.

━ 감 〔가벼운 의문·놀람·항의를 나타내어〕 저런, 이런, 설마.¶ Really? 정말?/Not ~! 설마!/Well, ~! 원, 저런 (말도 안돼)!

really and truly 확실히, 절대로, 틀림없이; 정말로, 아주.¶This is ~ and truly my umbrella. 이것은 틀림없이 내 우산이다. 「다[시키다].

re·al·ly [-əláli] 타 재동맹하다[시키다], 새로이 제휴하

re·al·ly-tru·ly [-trú:li] 형 (속어) 진짜의.

‡**realm** [relm] 명 (복 ~**s** [-z]) 1 (종종 R-) 왕국.¶the ~ of England 잉글랜드 왕국. 2 영역, 범위.¶the ~ of fancy [poetry] 공상[시]의 세계. 3 〔학문의〕 분야, 부문; (동·식물 분포의) 구(區), 대(帶), 권(圈).¶the ~ of nature 자연계.

the laws of the realm (영국의) 국법.

the realm of God 〔기독교〕 하느님의 나라.

reál McCóy 명 =McCoy.

reál móney 명 실가(實價)[실질] 화폐, 현금; (美구어) 거금(巨金).

reál númber 명 〔수학〕 실수(實數).

re·al·po·li·tik [reiá:lpòulitìk] 명 현실 정책; 정치적 현실주의. (또는 **Realpolitik**) **~·er** 〔<G〕

reál présence 명 (종종 R- P-) 〔신학〕 (성찬에서의) 그리스도의 실재(實在)[임존].

reál próperty 명 〔법률〕 물적(物的) 재산, 부동산.

reál represéntative 명 〔법률〕 물적 대표자(부동산의 상속인). 「치, 실기억역(域).

reál stórage [mémory] 명 〔컴퓨터〕 실기억 장

reál ténnis 명 (英) =court tennis.

reál tíme 명 1 〔컴퓨터〕 리얼 타임, 실(實)시간; 즉시 응답. 2 (일반적으로) 즉시, 동시.

in real time 즉시로, 동시에.

re·al-time [rí:əltáim] 형 1 (보도 따위가) 즉시[동시]의, 대기 시간이 없는. 2 〔컴퓨터〕 리얼 타임의, 실시간의.

reál-tíme operátion 명 〔컴퓨터〕 실시간[동시] 작동[연산]. 「시 처리 시스템.

reál-time sýstem 명 〔컴퓨터〕 실시간 시스템, 즉

Re·al·tist [rí:əltist/ríəl-] 명 〔상표〕 (소수 민족 중심의) 전미 공인 조합 부동산업자.

Re·al·tor [rí:əltər, -tɔ̀:r] 명 (美) 〔상표〕 공인 부동산업자, 전미 부동산업 협회(the National Association of Real Estate Boards) 소속의 부동산 중개업자.

re·al·ty [rí:əlti/ríəl-] 명 ⓤ 〔법률〕 물적 재산, 부동산 (real property). 반 personalty

réalty shòw 명 (TV의) 실록[실황] 프로.

re·al-val·ued [rí:əlvǽljud] 형 〔수학〕 실수치(實數値)의.¶a ~ function 실수치의 함수.

réal wáges 명복 실질 임금. 반 nominal wages

réal wórld 명 현실의 세계; 실사회. **ré·al-wòrld** 형

ream[1] [ri:m] 명 ⓒ 1 연(連)(종이의 거래 단위)((美) 500매, (英) 480매; 약 **rm**.).¶a printer's [or perfect] ~ 인쇄 용지 1연. 2 (보통 ~s) 다량의 문서·쓸것이.

ream[2] 타 1 리머로 (구멍)을 넓히다; (총의 구멍)을 크게 하다; (해사) (뱃널의 이음매)를 넓히다. 2 〔레몬 따위〕의 즙을 짜다. 3 (美구어) **a)** …을 혼내 주다; 학대하다, 괴롭히다. **b)** …을 속이다, (속어서) 사취하다. (또는 **rim**) 4 (장난으로) (남)의 영덩이 사이를 찌르다; 관장하다. 5 (막힌 파이프 속)을 청소하다. ― 자 항문 성교를 하다; (장난으로) 영덩이를 찌르다; 관장하다.

ream·er [rí:mər] 명 〔기계〕 리머, 확공기(擴孔器); 레몬 착즙기; (치과) 리머(치근관 확대용 드릴).

re·an·i·mate [ri:ǽnəmèit] 타 1 …을 소생시키다; …의 기운[용기]을 북돋아주다.

-àn·i·má·tion 명 ⓤ 소생시킴; 격려.

‡**reap** [ri:p] 타 (~**ed** [-t]) 타 1 〔농작물〕을 베어들이다; 〔밭 따위〕에서 곡물을 수확하다.¶ ~ grain 곡물을 거둬들이다/~ a field 밭에서 곡물을 수확하다. 2 (노

reap·er [ríːpər] 圀 1 (곡물 따위의) 수확기(收穫機). 2 수확하는 사람. 3 (the R-) 사신(死神)(Grim R-).

reaper and binder 圀 수확 바인더(베어들이 단으로 묶는 기계).

réap·ing machine [ríːpiŋ-] 자동 수확기.

re·ap·par·el [rìːəpǽrəl] 솧 (-l-, (英) -ll-) …에 다시 옷을 입히다, …을 새로 단장하다.

*__re·ap·pear__ [rìːəpíər] 솧困 재출현하다; 재발하다. ~·ance 圀

re·ap·pli·ca·tion [rìːæpləkéiʃən] 圀困 재적용 (再適用); 재신청; 재지원.

re·ap·ply [rìːəplái] 솧囲 …을 재적용하다. ——困 재신청하다, 재지원하다. ¶ ~ for admission to the university 그 대학에 재지원하다. **-pli·cá·tion** 圀

re·ap·point [rìːəpɔ́int] 솧囲 …을 재임명[재지정]하다; …을 복직[재선]시키다. **~·ment** 圀

re·ap·por·tion [rìːəpɔ́ːrʃən] 솧囲 …을 재분배[재배당]하다, 다시 할당하다.

re·ap·por·tion·ment [rìːəpɔ́ːrʃənmənt] 圀 1 재배당, 재분배, 할당[분배] 변경. 2 (입법부 대의원수의) 재배분, (선거구 의원수의) 정수 시정.

re·ap·praise [rìːəpréiz] 솧囲 …을 재평가[재검토]하다; 다시 판단하다, 재판정하다. **-práis·al** 圀

*__rear[1]__ [riər] 圀 (pl. ~s [-z]) 1 (보통 the ~) 囗 뒤, 후부(後部), 배면부(背面部), 배후; 匸 (군대·함대의) 후미 부대, 후위, 최후미부(壝 back, van). ¶ the ~ of the house 그 집 뒤쪽 / follow in the ~ 뒤따르다, 뒤쫓아가다 / take [or attack] the enemy in the ~ 적을 배후에서 공격하다 / send...to the ~ (안전을 위하여) …을 후방으로 보내다 / front and ~ (부사적) 앞뒤로. 2 (구어) 엉덩이, 둔부(buttocks). 3 (英구어) (남자용) 수세식 변소. ¶ do a ~ 변소에 가다, 배변하다.

at [or in, on] the rear of …의 뒤(쪽)에, …의 배후에.

bring [or close] up the rear 뒤쪽을 맡아보다, 맨 뒤에 오다; 뒤를 따르다[쫓다].

get off one's **rear** (美구어) 마음 먹고[본격적으로] 일에 착수하다.

get one's **rear in gear** (美속어) 시작하다; 속도를 빠르게 하다, 서두르다.

hang on the rear of (습격할 기회를 엿보며) 뒤를 쫓아다니다.
—— 배후의, 후방의, 뒤로부터의; 맨 뒤의. ⇒BACK 유의어. ¶ a ~ gate 뒷문 / a ~ attack 배후 공격 / a ~ rank 후열. —— 솧囲 (복합어의) ¶ ~ a hand 손을 들다 (~) / one's voice 목소리를 높이다 / ~ a ladder 사다리를 세우다 // (~ + 囲 + 前 + 图) The mountains ~ed their crests into the clouds. 산들은 구름 속에 우뚝 솟아 있었다. ——困 (말 따위가) 뒷발로 서다, 곤추서다; (사람이 분연히 자리를 차고) 일어서다(up); (건물이) 우뚝 솟다(tower).

rear its [or one's] (**ugly**) **head** 고개를 쳐들다; (비유적) (악한 마음 따위가) 고개를 들다; (사람이) 두각을 나타내다.

rear up ① (사람이) 분연히 일어서다, 자리를 박차고 일어서다. ② (문제 따위가) 대두되다, 머리를 쳐들다; 얕볼 수 없게 되다.

rear ádmiral 圀 (美) 해군 소장(壝 Rear Adm., R. A.).

reár échelon 圀 (군사) 후방 제대(梯隊)(관리·보급 업무를 맡는 부대).

reár énd 圀 1 최후미, 후부(後部); (구어) 엉덩이, 둔부. ¶ sit on one's ~ 털썩 앉다.

rear-end [ríərénd] 圀 후미의, 후부의(壝 head-on). ¶ a ~ collision (열차 따위의) 추돌(追突).
——솧囲 (다른 차에) 차를 추돌시키다: (차 따위가) …에 추돌하다.

rear-end·er [ríəréndər] 圀 추돌 (사고).

rear·er [ríərər] 圀 1 양육자, 사육자, 재배자. 2 뒷발로 일어서는 버릇이 있는 말. 「적] 요소.

reár guárd 圀 1 (군사) 후위, 후진. 2 보수적[방어

rear·guard [ríərgàːrd] 圀 1 (군사) 후방[후위]의. 2 지연의; 방어적인. ¶ a ~ strategy 지연 전술. (또는 **réar-guàrd**)

réar-guàrd áction 圀 1 (아군의 후퇴를 돕기 위한) 후위 부대[지연] 작전. 2 (의론에서의) 방어적 주장.

re·ar·gue [rìːáːrgjuː] 솧囲 …을 다시 의논한다, 재론하다. **-gu·ment** 圀

rear·horse [ríərhɔ̀ːrs] 圀 버마재비, 사마귀(mantis).

re·a·rise [rìːəráiz] 솧困 다시 일어나다[생기다]; 재흥하다.

reár light [lámp] 圀 (자동차의) 후미등(尾尾燈).

re·arm [rìːáːrm] 솧囲 …을 재무장시키다; (군대)에 신무기를 갖게 하다. —— 困 재무장하다, 재군비를 갖추다, 신무기로 장비하다(with).

re·ar·ma·ment [rìːáːrməmənt] 圀囗 재무장, 재군비.

rear·most [ríərmòust] 圀 최후미의(last).

reár projéction 圀 (영화) 배경 영사.

*__re·ar·range__ [rìːəréindʒ] 솧囲 …을 재정리하다, 다시 정리하다; …의 배열을 바꾸다. —— (화학) 전위 (轉位)하다. **~·ment** 圀囗匸 재정리, 재배열; (화학) 전위. **-ráng·er** 圀

reár sight 圀 (총의) 뒤쪽 가늠자.

reár vással 圀 배신(陪臣).

reár-view mírror [ríərvjùː-] 圀 (자동차의) 백미러. (또는 **réar-vision mírror**)

rear·ward [ríərwərd] 圀 후미의, 후위[후부]의, 후방의[으로의]. —— 튄 (또는 **rearwards**) 후방에[으로]; 배후에로; —— 圀 후미, 후방, 배후; (군의) 후위.

réar-wheél drive [-hwíːl-/-wíːl-] 圀 (자동차) 후륜 구동(後輪驅動).

re·as·cend [rìːəsénd] 솧困 다시 오르다, 재상승하다. **-cén·sion, -cént** 圀

‡**rea·son** [ríːzn] 圀 (~s [-z]) 1 囗匸 이유; 동기; 근거; 원인, 평계(for, why 節, that 節, to do, against). ¶ ~s of State 국가적 이유(국가의 이름으로 정당화되는 위정자의 평계) // There is no ~ to suspect him. 그를 의심할 이유가 전혀 없다 // I have good ~s for saying this. 이런 말을 하는 데는 충분한 이유가 있다.

> 유의어 **reason** 어떤 행동을 하는, 또는 어떤 신념·의견을 품게 된 사정의 설명·변명. **cause** 어떤 결과를 낳는 것·사정 그 자체. **ground(s)** 어떤 일을 유효하게 하는 증거·자료·사실 따위의 근거. **motive** 어떤 행동으로 이끌어가는 욕망·기대 따위. **occasion** 어떤 일을 뚜렷이 표면화하는 계기가 되는 것; 좀 격식 차린 말.

2 囗 이성, 판단[사고]력, 추리력. ¶ the Age of R- 이성의 시대, 계몽 시대. 3 囗 (사물의) 도리, 조리(條理); 쉽

식(良識), 사려, 분별, 상식. ¶ see ~ 사리를 분간하다. 도리를 알다 / There is ~ in what you say. 너의 말은 일리가 있다. **4** ⓤ (보통 one's ~) 정상적인 정신, 제정신. **5** ⓤ 〔논리〕 (소)전제, 논거; 〔철학〕 (칸트 철학에서) 이성(理性). ¶ practical[pure] ~ 실천[순수] 이성. **6** (고어)(만족감을 주는) 공평[공정]한 취급, 처분.
All the more reason for doing [or *to do*]... (구어) 그러니까 더욱 …해야지.
(*and*) *with* (*good*) *reason* (충분한) 이유가 있어서 ~하다, (…하는 것도) 당연하다. ¶ He complains *with* ~. 그가 불평하는 것도 무리가 아니다.
a person will (*want to*) *know the reason why* (구어) 남이 몹시 화낼 것이다. 그냥 넘어가지는 않을 것이다.
as reason is [*was*] 당연한 일이지만[이었지만].
be restored [or *come*] *to reason* = restore one's reason.
beyond [or *past*] (*all*) *reason* 전혀 이치에 맞지 않는.
bring a person to reason 남에게 도리를 깨닫게 하다, 남을 납득시키다.
by reason of [or *that*] …라는 이유로, …때문에.
for certain reason(*s*) 까닭이 있어서, 어떤 이유로.
for no other reason but this [*than that*] 단지 이런[…라는] 이유만으로.
for one reason or another; *for some reason* (*or other*) 어떤[이런저런] 이유로.
for reasons of … 때문에, …의 이유로. ¶ *for ~s of* health 건강상의 이유로.
for the simple reason that... …라는 이유로.
give a reason for …의 이유를 제시하다.
have (*a*) *reason for* [*to do*] …의[…할] 이유가 있다.
hear [or *listen to*] *reason* 도리에 따르다, 말귀를 알아듣다.
in reason 도리상, 당연히; 합당하고, 무리가 아닌. ¶ I am willing to do anything *in* ~. 도리에 맞는 일이라면 뭐든 기꺼이 하겠다.
in the cold light of reason 냉정히 생각해 보니.
It stands to reason (*that*...) (…하는 것은) 당연하다, 도리에 맞다. ¶ *It stands to* ~ *that* she refused your offer. 그녀가 네 제안을 거절한 것은 당연하다.
lose one's reason 이성을 잃다, 미치다.
neither rhyme nor reason; *without rhyme or reason* ⇨ RHYME.
or a person will know the reason why (명령문에 이어서) (구어) 그렇지 않으면 남이 난처해질[혼날, 벌받게 될] 것이다.
out of (*all*) *reason* 부조리한, 도리에 맞지 않는.
restore one's reason 제정신으로 돌아오다, 정신을 차리다.
within reason = in reason.
with reason 지당한 이유로, 당연히.
— 동 (~*s* [-z]) 재 **1** 추론하다, 논리적으로 생각하다, 음미하다 (*about*, *on*, *upon*, *of*). **2** 결론을 짓다 (*from*). **3** (…와 / …에 대하여) 알아듣게 이야기하다, 도리를 설명하다, 설득하다, 의논하다 (*with*/*on*, *upon*, *of*, *about*). ¶ (~+ 전 + 명) I ~*ed with* him *on* the matter. 나는 그 일에 대하여 그와 의논했다.
— 타 **1** …을 추론하다, 논리적으로 생각하다[생각해 내다, 설명하다] (*out*). ⇨ THINK 〔유의어〕 ¶ (~+명+ 부) ~ *out* the answer to the question 그 문제의 답을 생각해 내다 // (~+*wh*.절) ~ *whether* it is true or not 그것의 사실 여부를 생각하다 // His speech was well ~*ed*. 그의 연설은 논리가 정연했다. **2** …이라고 결론짓다, 판단을 내리다, 논단(論斷)하다. ¶ (~+*that* 절) We ~*ed that* he was guilty. 우리는 그가 유죄라고 판단했다. **3** 〔남〕에게 도리를 설명하여 (…)시키다, 〔남〕을 설득하다 (*into*, *out of*); 〔고통·감정 따위〕를 도리에 맞지 않게 생각해서 없애버리다 (*away*, *off*). ¶ (~+명+ 부) Nothing could ~ this feeling *away*. 아무리 조리있게 설명[생각]해도 이런 기분을 없애지는 못할 것이다 // (~+명+ 전 + 명) ~ a person *into* accepting a proposal 남을 설득하여 제안을 받아들이게 하다 / ~ a person *out of* his fears 남을 설득하여 공포심을 없애다. **4** (궁리하여) 〔해결책〕을 찾아내다, 해결하다 (*out*).
ours [or *theirs*, *yours*, *etc*.] *not to reason why* (구어) (사람은) 그저 명령에 따를 뿐이다, 이유를 캐는 것은 부질없는 것이다.
reason a person down 남을 설득시키다.
reason a person into doing 남을 설득시켜 …하게하다.
~*er* 추론자; 논객.

‡**rea·son·a·ble** [ríːzənəbl] 형 (*more* ~; *most* ~) **1** 도리에 맞는, 합리적인. ¶ a ~ theory 합리적인 이론. **2** 도리를 아는, 사리 분별이 있는. ¶ a ~ person 분별이 있는 사람. **3** 온당한; 적당한; (가격이) 비싸지 않은. ¶ ~ terms 온당한 조건 / The price is ~. 값은 적당하다.

〔유의어〕 **reasonable** 상식적이고 실제적이며 공정한. **rational** 감정적·정서적 요소가 없고, 고도로 논리적인 사고를 뜻하는 전문적·기술적 느낌의 말.

4 이성이 있는. ¶ ~ creatures 이성적 동물, 인간.
~·**bíl·i·ty**, ~·**ness** 명.
réasonable dóubt 〔英美법률〕 합리적 의혹(혐의); (이성을 가진 사람이면 당연히 품을 의혹; 검찰이 이같은 혐의를 입증하지 못하면 피고는 무죄 평결을 받음).

****rea·son·a·bly** [ríːzənəbli] 부 **1** 도리에 맞게, 합리적으로; 현명하게; 온당히, 알맞게. **2** 당연히. ¶ He ~ refused the offer. 그가 그 제의를 거부한 것은 무리가 아니다.

rea·soned [ríːznd] 형 이성에 의거하는, 이치에 맞는; 심사 숙고한. ¶ well-~ argument 이치에 심사 숙고한 입론.

****rea·son·ing** [ríːzəniŋ] 명 ⓤⓒ **1** 추론, 추리; 추론의 과정, 논증 (과정), 논고. **2** 〔집합적〕(추론의 결과로서의) 논증(論證), 논거. — 형 **1** 추리하는, 이성적인. ¶ the ~ animal 이성적 동물. **2** 추론의, 추리의. ¶ the ~ faculty 추리력. ~·**ly** 부.

rea·son·less [ríːznlis] 형 **1** 도리를 모르는, 분별이 없는; 불합리한; 이성이 없는. ~·**ly** 부. ~·**ness** 명.

re·as·sem·blage [riːəsémblidʒ] 명 ⓤ 재집합; 새 집단(集團); 재조립.
re·as·sem·ble [riːəsémbl] 타 …을 다시 모으다. — 자 (헤어진 뒤) 다시 모이다.
re·as·sem·bly [riːəsémbli] 명 ⓤⓒ 재집합, 재소집.
re·as·sert [riːəsə́ːrt] 타 …을 다시[거듭] 주장하다; 거듭[재차] 단언하다. -**sér·tion** 명 재주장.
re·as·sess [riːəsés] 타 **1** …을 재평가[재사정]하다. **2** 다시 부과하다. ~·**ment** 명.
re·as·sign [riːəsáin] 타 …을 다시 할당하다; …을 다시 선임[지정]하다; 〔법률〕…을 재양도하다. ~·**ment** 명.
re·as·so·ci·ate [riːəsóuʃièit] 타 다시 연상하다; 재연합[재휴, 교제]하다. -**sò·ci·á·tion** 명.
re·as·sume [riːəsúːm/-sjúːm] 타 **1** …을 다시 취하다, 되찾다; 다시 인수하다; …을 다시 시작하다, 재개하다. **2** …을 다시 가정하다. -**súmp·tion** 명.
re·as·sur·ance [riːəʃúərəns] 명 ⓤⓒ **1** (…에 관해) 안심하기, 자신(감)을 되찾기. **2** 재보증 (再保證); 〔英〕재보험(= reinsurance).
****re·as·sure** [riːəʃúər] 타 **1** 〔남〕에게 자신감을 되찾게 하다 (*about*); 〔남〕을 안심시키다 (*that* 절), 기운 차리게 하다. **2** …을 재보증[재확인]하다. **3** 〔英〕…을 위해 재보험을 들다.
-**sured** 형. -**sur·ed·ly** [-ʃúəridli] 부 안심하고. ~·**ment**, ~·**sur·ance** 명.
re·as·sur·ing [riːəʃúəriŋ] 형 안심시키는, 기운을 돋우게[마음 든든하게] 하는; 위안을 주는. ~·**ly** 부.
re·at·tach [riːətǽtʃ] 타 …을 다시 달다, 재장착하다.

—㉠ 다시 붙다.
re·at·tack [rìːətǽk] ㉠ 다시 공격하다.
re·at·tain [rìːətéin] ㉠㉡ 재달성하다. ~·**ment** ⓝ
re·at·tempt [rìːətémpt] ㉠ 다시 해보다, 재차 시도하다. —ⓝ 재시도, 다시 하기.
Réaum. Réaumur.
Ré·au·mur [réiəmjùər] ⓝ **René Antoine Ferchault de ~** 레오뮈르(1683-1757: 프랑스의 물리학자·박물학자·발명가; 온도계의 눈금을 고안).
—ⓝ (또는 **Reaumur**) 열씨(烈氏)[레오뮈르] 눈금(~ scale)의 (빙점을 0°, 비등점을 80°로 정의; ㉮ °R).
reave [riːv] ㉠ (**~d, reft; reav·ing**) ㉡ (고어) …에게서 빼앗다, 약탈[강탈]하다; (남)을 데려가다 (off). ¶ (~+뫼+前+ⓝ) He ~d them of their daughters. 그는 그들로부터 딸을 빼앗았다. —㉠ 빼앗다, 약탈하다.
réav·er ⓝ 약탈자.
re·a·wake [rìːəwéik] ㉠ 다시 깨다[깨우다]; 다시 깨닫다[깨닫게 하다].
re·a·wak·en [rìːəwéikən] ㉠ =reawake.
reb [reb] ⓝ (미구어) 1 (때로 R-) (남북 전쟁시의) 남군 병사. 2 도당을 만든 병사, 반역자, 모반자(rebel). 3 (R-) 남부 백인. [<rebel]
REB (물리) relativistic electron beam(상대론적 전자 빔; 500 keV 이상의 고에너지 전자 빔).
re·bab [ribáːb] ⓝ 리밥(인도네시아의 현악기); 라밥(rabab)(아랍 제국의 현을 찰현(擦絃) 또는 찰현(擦弦) 악기).
re·bap·tism [rìːbǽptizm] ⓝⓤ 재세례(再洗禮); 재명명(再命名).
re·bap·tize [rìːbǽptaiz] ㉠㉡ …에게 재세례를 주다; 다시 이름짓다.
re·bar [ríːbɑ̀ːr] ⓝ (건축) (구어) 콘크리트 보강용 철근. (또는 **ré-bàr**)
re·bar·ba·rize [ribɑ́ːrbəràiz] ㉠㉡ …을 야만 상태로 되돌아가게 하다.
re·bar·ba·tive [ribɑ́ːrbətiv] ⓐ (문어) 어쩐지 싫은, 호감이 안 가는; 번거로운, 짜증나는.
re·bate[¹] [ríːbeit] ⓝ 할인 (상품 대금·부과금의 일부) 환불, 리베이트. —[ríːbeit/ribéit] ㉡ 1 [지불액의 일부]를 환불하다, 할인하다. 2 (고어) …을 줄이다. 3 (고어) …을 무디게 하다. —㉠ 환불하다, 감액하다; (영업 전략으로) 리베이트를 내다. **-bat·er** ⓝ
re·bate[²] [ríːbeit, rǽbət] ⓝ㉡ (건축) =rabbet.
reb·be [rébə] ⓝ (이디시어) (유대인 학교의) 선생(rabbi); (종종 R-) 렙베(Hasidic파 지도자의 존칭).
Re·bec·ca [ribékə] ⓝ 레베카(여자 이름; 애칭 Reba, Becky).
re·bec(k) [ríːbek] ⓝ 리벡(중세의 3현 악기).
Re·bek·ah [ribékə] ⓝ (성서) 리브가(Laban의 누이, Isaac의 아내. —창세기(Gen.) 24:15).

‡**reb·el** [rébəl] ⓝ (⑷ ~**s** [-z]) 1 모반자(謀反者), 반역자; (권력·지배에 대한) 반항자, 저항자. 2 (R-) (미국사) 남군(南軍) 병사(Confederate soldier). —ⓐ 모반을 일으키는, 반역하는; 반항적인. —[ribél] ㉠ (~**s** [-z]; -**ll**-) 1 모반[반란]을 일으키다, 거역하다, 반항하다 (*against*). 2 아주 싫어하다, 극도의 혐오감을 느끼다[나타내다] (*at*). ¶ (~+前+ⓝ) We ~*led at* having to stay home on such a fine day. 그렇게 날씨 좋은 날에 집에 있어야 하는 것이 정말 싫었다. 3 변화[화합]하지 않다, 반발하다 (*against*). ~·**like** ⓐ
reb·el·dom [rébəldəm] ⓝⓤ 반역자 지배 지역, 반란 구역; (미) 남북 전쟁시의 남부 연합국(Confederate States); (집합적) 반역자들, 역도(逆徒); 반역[모반] 행위.
‡**re·bel·lion** [ribéljən] ⓝ (⑷ ~**s** [-z]) ⓤⓒ 1 모반, 반란, 폭동. ⇒REVOLUTION 유의어 ¶the Great *R-* (영국사) 대반란(1642-60년의 시민 혁명)/rise in ~ 반란을 일으키다. 2 (권력·지배에 대한) 저항, 도전, 반대 (*against*).

‡**re·bel·lious** [ribéljəs] ⓐ 1 반역하는, 모반하는, 반역자의; 반체제의; 반항적인, 순종치 않는. ¶ ~ troops 반란 부대. 2 (사물이) 다루기 힘든; (병이) 난치성의; (금속이) 잘 녹지 않는, 내화성이 있는, 잘 부식하지 않는. ¶ a ~ disease 난치병.
~·**ly** ⓐ ~·**ness** ⓝ
re·bel·low [ribélou] ㉠ (문어·시) (…에) 크게 반향(反響)하다.
re·bid [ríːbid] ㉠ (~; ~**den**, ~; ~**ding**) ㉡ 1 (카드놀이) (한번 비드했던 으뜸패)를 다시 비드하다. 2 (사업·계약·프로젝트)에 대해 재입찰하다. —㉠ 입찰하다. —ⓝ (한번 비드한 사람이) 두 번째 비드를 하다. —ⓝ (수) (카드놀이) 두 번째 비드.
~·**da·ble** ⓐ 를 보내다.
re·bill [ríːbil] ㉡ …에게 재청구하다, 다시 청구서를 보내다.
re·bind [ríːbáind] ㉡ (-*bound*) …을 고쳐 묶다; …을 다시 제본하다.
re·birth [ríːbə́ːrθ, ⏜] ⓝⓤⓒ 갱생, 재생, 부활. ¶the ~ of the soul (세례 등에 의한) 영혼의 갱생.
re·bloom [ríːblúːm] ㉠㉢ 다시 꽃피다; 도로 젊어지다.
reb·o·ant [rébouənt] ⓐ (시) 소리 높이 반향(反響)하는.
re·boot [ríːbúːt] (컴퓨터) ㉡ 재시동(再始動)하다 (bootstrap 프로그램을 다시 로드(load)하다).
—ⓝ 재시동, 리부트.
re·bop [ríːbɑ̀p/-bɔ̀p] ⓝ =bop[¹].
re·bore [ríːbɔ́ːr] ㉡ …에 구멍을 다시 뚫다; (내연기관의 실린더)의 직경을 넓히다. —ⓝ 다시 뚫기; (실린더의 직경을 확대하는) 엔진.
re·born [ríːbɔ́ːrn] ⓐ 다시 태어난, 재생[갱생]한.
re·bo·so [ribóusou] ⓝ (⑷ ~**s**) =rebozo. (또는 **rebosa**)
re·bound[¹] [ribáund, rìːbáund] ㉠ 1 되튀다. ¶ A ball ~*s from* a wall. 공이 벽에 맞고 되튄다. 2 (공보 따위가) 되돌아오다 (*upon*). 3 반향하다. 4 (병·좌절·실패 따위에서) 다시 일어서다 (*from*). ¶ ~ *from* despair 절망을 딛고 일어서다. 5 (농구) 리바운드 볼을 잡다. —㉡ …을 되튀게 하다; …을 반향시키다; (농구) [리바운드 볼]을 잡다.
—[ríːbàund, ribáund] ⓝ 1 되튐, 반발; 반향, 메아리. 2 (감정 따위의) 반동. ¶ marriage on the ~ (퇴짜 맞은) 반발심으로 한 결혼. 3 회복, 다시 일어서기. 4 (농구) 리바운드 볼을 잡기, 리바운드된 볼. ¶ a ball on the ~ 리바운드된 볼. 5 (아이스하키) 리바운드 퍽.
on the rebound ① (사물이) 되튀어 올 때에. ② (구어) (실연 따위) 반동으로.
re·bound[²] [ríːbáund] ㉠㉡ rebind의 과거·과거 분사.
re·bound·er [ribáundər] ⓝ 1 (농구) 리바운드 볼을 잘 잡는 선수. 2 소형 트램펄린(도약·회전 등을 하는 체조용 매트).
re·bound·ing [ribáundiŋ] ⓝ (소형 트램펄린으로 하는) 도약 운동, 트램펄린 운동.
re·bo·zo [ribóuzou/-zou] ⓝ (⑷ ~**s**) (스페인 등지의) 길게 짠 여성용 목도리. [<Sp]
re·breath·er [ríːbríːðər] ⓝ 산소 호흡기.
re·broad·cast [ríːbrɔ́ːdkæ̀st/-kɑ̀ːst] ㉡ (~, ~**ed**) 1 …을 (같은 방송국에서) 재방송하다. 2 (타 방송국의 프로)를 중계 방송하다. —ⓝ 재방송 (프로그램); 중계 방송 (프로그램).
re·buff [ribʌ́f, ríːbʌf] 거절, 퇴짜, 퇴박; 방해, 저지, 격퇴; 좌절. —㉠㉡ [ribʌ́f] …을 거절하다, 퇴짜놓다; …을 저지하다, 격퇴하다; …을 좌절시키다.
re·build [ríːbíld] ㉡ (-*built*) 1 …을 재건하다, 개축하다, 고쳐짓다. 2 (사회 따위)를 개조하다; (희망·자신감 따위)를 되찾다. 3 (파손물 따위)를 원상 회복하다; 증강[보강], 강화하다. —㉠ 재건하다, 고쳐 짓다.
re·build·a·bíl·i·ty ⓝ ~·**a·ble** ⓐ ~·**er** ⓝ
‡**re·buke** [ribjúːk] ㉠㉡ (~*d* [-t]; -**buk·ing**) (남)을

책망[견책]하다, 징계하다, 비난하다, 나무라다(*for*).
⇨REPROACH 유의어 ¶ (~+目+前+名) ~ a person *for* his carelessness 남의 부주의를 책망하다.
— 명 UC 책망, 질책, 비난, 징계.
give [*receive*] *a rebuke* 견책하다[당하다].
without rebuke 대과 없이, 나무랄 데 없이.
-búk·a·ble 형 **-búk·er** 명 비난[질책]자. **-búk·ing·ly** 부 비난하여, 나무라며.

re·bus [ríːbəs] 명 (어구·그림·기호·숫자 등으로 암시적으로 나타낸) 수수께끼 (그림); 상징화 문장(紋章). — 타 …을 수수께끼 그림으로 나타내다.

re·but [ribʌ́t] 타 (*-tt-*) 타 …을 반박하다, …에 반론을 펴다; (법률) …에 (반증을 들어) 대항하다. — 자 반증을 제시하다. **~·ment** 명 **~·ta·ble** 형

re·but·tal [ribʌ́tl] 명 반박, 논박, 항변; 반증 제출.

re·but·ter [ribʌ́tər] 명 1 반박자, 항변자, 반증 제출자. 2 반론, 반증, 반박. 3 (법률) 피고의 제3 답변.

rec [rek] 명 (구어) =recreation.

rec. receipt; receive; (라틴) *recens* (=fresh)((처방전에서) 신선한); recipe; record(er); recording; (보통 **rec**) recreation (ground).

re·cal·ci·trant [rikǽlsitrənt] 형 반항[저항]하는; 고집센, 감당할 수 없는; (잡초가) 근절하기 어려운; (병이 치료에 대해) 저항성이 있는. — 명 반항하는 사람[동물], 고집쟁이. **-trance, -tran·cy** 명

re·cal·ci·trate [rikǽlsətreit] 자 반항하다; 어기대다, 고집부리다, 강한 반대[혐오감, 증오심]를 나타내다 (*against, at*). **-trá·tion** 명

re·cal·cu·late [rikǽlkjuleit] 타 …을 검산하다, 다시 계산하다. **-lá·tion** 명

re·ca·lesce [rìːkəlés] 자 (야금) (냉각중인 쇠가 일정한 온도에서) 재휘(再輝)하다, 재열(再熱)하다. **-lés·cence** 명 **-lés·cent** 형

‡**re·call** 명 타 [rikɔ́ːl] (~*s* [-z]) **1** …을 생각해내다, 상기하다. ⇨REMEMBER 유의어 ¶ (~+-*ing*) I can't ~ *meeting* him. 그를 만난 기억이 안 난다 // (~+*that* 절) I ~ *that* I read the news. 그 뉴스를 읽은 기억이 난다 // (~+*wh*.절) Try to ~ *who* he is. 그가 누구인지 잘 생각해 봐라. **2** …을 생각나게 하다 (*to*). ¶ (~+目+前+名) I tried to ~ myself *to* him. 그에게 나를 기억해 내도록 해보았다. **3** (사람)을 되부르다; (외교관)을 소환[해임]하다 (*from / to*). ¶ ~ an ambassador 대사를 소환하다. **4** …을 소생시키다, 회복시키다. **5** …을 취소[철회]하다; …을 되돌리다. ¶ ~ a promise 약속을 취소하다. **6** (美) (선출직 공직자)를 (투표로) 해임하다. **7** (불량품·결함 차 따위)를 회수[리콜]하다.

as I [*or you might*] *recall* (구어) 확실히, 아마; 예의, 그, ¶ *As I* ~, his mother is a doctor. 분명히 그의 어머니는 의사일 겁니다.

recall…to life …을 소생시키다.

recall…to one's mind …을 생각해 내다.

— 명 [rikɔ́ːl, ríːkɔːl] (®) ~*s* [-z]) UC 1 되부름, 소환. 2 (美) 리콜(일반 투표에 의한 공직자의 해임(권)). 3 (®) 회상(력), 상기. 4 철회. 5 (군사) (the ~) (나팔 따위의) 재집합 신호; (깃발에 의한) 소정(召艇) 신호. 6 U (결함 상품 따위의) 회수, 리콜. 7 (컴퓨터) (입력된 정보의) 호출[검색] 능력.

beyond [*or past*] *recall* ① 되돌릴 수 없는; 변경할 수 없는. ② 생각이 안 나는, 잊혀진; 되돌릴 수 없는. **~·a·ble** 형

re·can·a·li·za·tion [rìːkǽnəlizéiʃən, rìːkənæl-/ ríːkænəlaiz-] 명 (외과) (혈관·정관 따위의) 재소통.

re·cant [rikǽnt] 타 자 (진술·주장 따위)를 (정식으로) 철회하다; 취소하다; 부인하다, 부정하다. ¶ ~ one's views 자기 견해를 취소하다. — 자 (정식으로) 진술[주장, 의견]을 철회[취소, 부인, 부정]하다; 개종하다.

rè·can·tá·tion, ~·er 명 **~·ing·ly** 부

re·cap[1] [ríːkæp, ´´] 타 (*-pp-*) (헌 타이어)를 재생시키다; …에 [모자·뚜껑]을 다시 씌우다. ¶ ~ *a bottle* 병 뚜껑을 원상태로 하다[다시 씌우다]. — 명 [ríːkæp] 재생 타이어. **-cáp·pa·ble** 형

re·cap[2] [ríːkæp] (구어) =recapitulation.
— 명 (*-pp-*) =recapitulate.

re·cap·i·tal·i·za·tion [rìːkæpətəlizéiʃən/-təlaiz-] 명 U 자본의 재구성, 자본 수정[변경].

re·cap·i·tal·ize [rìːkǽpətəlàiz] 타 (★ (英)) **-ise**) 통 (증자·감자에 의해) …의 자본(구성)을 수정[변경]하다.

re·ca·pit·u·late [rìːkəpítʃuleit] 자 타 1 (강연·변론 등의) 요점을 요약하다, 개괄하다. 2 …을 (생물) (동·식물이) (…의 발달 단계)를 반복하다. 3 (음악) …을 (소나타 형식으로) 재현하다. — 자 요약하다, 개괄하다.

re·ca·pit·u·la·tion [rìːkəpìtʃuléiʃən] 명 UC 1 요약, 개괄. 2 (생물) 발생 반복, 반복설. 3 (음악) 재현부 (再現部). **-pít·u·là·tive, -pít·u·là·to·ry** 형

re·cap·tion [rikǽpʃən, riː-] 명 UC (법률) (불법으로 점유된 물건을) 제 힘으로 되찾기, 자력 회복[탈환].

*‡**re·cap·ture** [riːkǽptʃər] 타 1 …을 되찾다, 도로 빼앗다. 2 …을 다시 체포하다. 2 …을 생각해내다, 상기[재현]하다. ¶ an attempt to ~ the past 과거를 상기하려는 시도. 3 (정부가) (수익의 일부)를 징수하다. — 명 1 U 되찾음, 탈환, 회복; U 탈환한 것[사람]. 2 U (美) (정부에 의한) 공익기업 초과 이익의 징수, 재징수, 초과 징수; (국제법) 포획물 되찾기; 전후 복귀(戰後 **-tur·a·ble** 형 [復歸).

re·ca·reer [rìːkəríːər] 명 퇴직 후의 제2의 직업.

re·cast [rìːkǽst/-kɑ́ːst] 타 (~) 1 …을 개주(改鑄)하다. 2 …을 고쳐 만들다[쓰다], 개작하다. 3 …을 다시 계산하다. 4 (연극 따위의) 배역을 바꾸다, [배우(의 역)]을 바꾸다. — 명 [´´/´´, ´´] 개주(改鑄); 개작; 배역 변경; 개주[개작]품[물].

rec·ce [réki] (英속어) 명 (군사) =reconnaissance.
— 동 =reconnoiter.

rec·co [rékou] 명 (동속어) 사람들로부터 인정받음, 동료로부터 받는 경의[존중].

recd., rec'd. received.

*‡**re·cede**[1] [risíːd] 자 타 1 물러나다, 멀어지다; (빛·깔·인상) 엷어지다, 희미해지다 (*from, into*). ¶ The event ~*d into* the dim past. 그 사건은 희미한 과거 속으로 잊혀져 갔다. 2 우묵 들어지다, 뒤로 기울다; (머리가) 벗겨지다. 3 손떼다, 철회하다 (*from*). ¶ ~ *from* an agreement 계약을 철회하다. 4 (가치·품질 따위가) 내리다, 떨어지다, 나빠지다; 축소하다, 수축하다. 5 (주의·신념·입장 등에서) 일탈하다, 빗나가다.

recede into the background ① 배후[뒷전]로 물러나다. ② 세력을 잃다, 중요하지 않게 되다.

re·cede[2] [rìːsíːd] 자 타 (영토 따위)를 (원 소유자에게) 반환하다.

‡**re·ceipt** [risíːt] 명 1 U 수령(受領), 수취, 영수. 2 (보통 ~s) 수취한 물건; 수령액, 수입금. ¶ cash ~s 현금 수입. 3 영수증, 인수증, 리시트. 4 (英고어·美방언) 처방, 제법(製法), 조리법 (*for*). 5 (美口) 세관.

be in receipt of (상업) …을 받다(receive). ¶ I am *in* ~ *of* your letter dated March 10. (상용문) 3월 10일자 귀서한을 받았습니다.

on (*the*) *receipt of* …을 받는 즉시.

— 타 자 (계산서)에 영수필이라고 쓰다, 수취 서명을 하다; (美) …의 영수증을 주다. — 자 (美) 영수증을 내주다 (*for*). ¶ (~+前+名) ~ *for* the goods 상품의 영수증을 내주다.

recéipt bòok 수령 대장; 영수증철.

re·ceipt·or [risíːtər] 명 (美) 영수인, 수령인; (美법률) 압류물 보관인.

recéipt stàmp 수입 인지(revenue stamp).

re·ceiv·a·ble [risíːvəbl] 형 1 받을 수 있는, 받아야 할. ¶ bills ~ 받을 어음. 2 믿을 만한; 받아들일 수 있는. ¶ a ~ certificate 신용할 수 있는 증명서. 3 수취[청

re·ceive [risíːv] 탄 (~s [-z]; ~d; -ceiv·ing) 탄 1 [제공·배달된 것]을 받다, 수령하다 (from). ¶(~+ 目+前+图) ~ [or (구어) get] a letter from a friend 친구로부터 편지를 받다.
2 [사물]을 받다, 수여받다. ¶~ an honorary degree 명예 학위를 수여받다.
3 [정보·지시·경고 따위]를 받다, 통지받다. ¶~ instructions 지시를 받다.
4 [무게·부담·압력 등]을 받다; 지다, 떠받치다; 부과받다. ¶~ a heavy load 무거운 부담[짐]을 걸머지다 / The plaster ~s the impression of the mold. 회반죽은 주형대로의 모양이 된다[모형을 이룬다].
5 (건물 등이) (사람·물건)을 수용하다, 받아들이다, (그릇 따위가) [액체 등]을 담다, 들이다. ¶This hall can ~ 2,000 people. 이 홀에는 2천 명이 들어간다.
6 [손님]을 출영[환영]하다; (사람)을 (어느 장소에서) 맞이하다, 안내하다; [손님]을 (자택에서) 만나다, 접견하다. ¶ They ~d us at the front door. 그들은 현관에서 우리를 맞이했다. 7 [통신] [전파 따위]를 받다, 수신하다; 청취[수상]하다. ¶~ foreign stations [NBC] 외국[NBC] 방송을 청취하다 / Are you receiving me? (무전으로) 들립니까? 8 [의견·충고 따위]를 (권위 있는 [진실한] 것으로) 받아들이다, 승인하다, 이해하다; [사람·사물]을 …으로서 인정하다 (as); (수동형으로) (부사(구)와 함께) 받아들이다. ¶~ an idea with much approval 어떤 생각에 찬성의 뜻을 표하다 / a principle universally ~d 널리 받아들여지고 있는 원리 / (~+目+as 補) Nobody ~d her story as true. 아무도 그녀의 이야기를 사실로 인정하지 않았다. 9 (성직자가) [고해·고백]을 듣다; [성체]를 배령하다. 10 [친절·호의·동정 따위]를 받다, 경험하다; [중상·모욕·벌 따위]를 받다, 입다; [노여움]을 사다. ¶~ attention 주목을 받다 / ~ a warm welcome 따뜻한 환영을 받다 / ~ a penalty [an insult] 벌[모욕]을 받다. 11 [교육·훈련 따위]를 받다, 익히다. ¶~ an education 교육을 받다. 12 [고통·상처 따위]를 받다, 입다. ¶~ a broken arm 팔이 골절되다 / He ~d a blow on the forehead. 그는 이마에 한 방 얻어맞았다. 13 (보통 수동태로) [조직·동아리]에, 넣음, 가입시키다, 받아들이다 (into). 14 (확실한 태도로) …에 반응하다, 응하다. ¶(~+目+前+图) ~ a proposal with contempt 제안에 코방귀 뀌다 / ~ the job offer with joy 일자리 제의를 기꺼이 받아들이다. 15 (英) [장물]을 매입하다, 고매(故買)하다. 16 [법률] [증거]를 인정하다. 17 [테니스] [서브]를 받아치다, 리시브하다.
— 좌 1 받다, 수령하는 수신인이 되다. 2 손님을 맞이하다, 응접하다; (의사가) 환자를 받다; 환영회를 열다. ¶He ~s [or is at home] on Tuesdays. 그는 화요일을 면회일로 하고 있다. 3 [통신] 수신[청취, 수상(受像)]하다. 4 성찬을 받다, 성체를 배령하다. 5 [스포츠] (테니스에서) 서브를 받아치다, 리시브하다; (야구에서) 포구 (捕球)하다. 6 (英) 장물을 사다.
receive a person's *confession* 남의 참회를 듣다.
receive...at the hands of a person 남으로부터 …을 받다.
Received with thanks the sum of... (상용문) 일금 …을 감사히 받았습니다.
receive with open arms 대환영을 하다.
re·ceived [risíːvd] 형 받아들여진, 일반에 인정된, 표준이 되는. the ~ opinion 정설 / a ~ bill of lading 수취 선하 증권.
Received Pronunciátion 图 용인(容認) 발음 (영국 런던 중심의 대학 교육을 받은 사람의 표준적인 발음; 약 R.P., RP).
Received Stándard (Énglish) 图 용인 표준 영어(영국의 교양인 사이에 널리 사용되는 표준 영어).

re·ceiv·er [risíːvər] 图 (목 ~s [-z]) 1 수령인, 수취인. 2 [상업] 수납계원, 회계원. 3 접대자. 4 수화기; 수신기; 수상기; 리시버. 5 [英法律] 재산 관리인, 관재인(管財人). 6 장물 취득자. 7 용기(容器), 받는 그릇 (≒ALEMBIC). 유기실(溜氣室), 가스 탱크; 배기실. 8 [테니스 따위의] 리시버(⇔ server); (야구의) 포수. 9 수도 경찰의 재산·건물 관리인. 「청장.
receíver général 图 (목 -s g-) 세입 징수관, 국세
re·ceiv·er·ship [risíːvərʃip] 图 U [법률] 재산 관리; 관재인의 직[지위]. ¶court ~ (기업의) 법정 관리.
re·ceiv·ing [risíːviŋ] 图 U 받음, 수신, 수령; 장물 취득. — 형 받는, 수신의; 환영의[하는].
receíving blánket 图 (美) (유아용) 목욕 담요.
receíving énd 图 (신호 따위의) 받는 쪽; (싫어도) 받아들여야 하는 사람; (속어) (야구) 포수의 수비 위치.
at [or *on*] *the receiving end* ① (선물·은혜 따위를) 받는 쪽으로 되어. ② (구어) (비난·공격의) 대상으로 되어. ③ (스포츠에서) 리시버(캐처)가 되어.
receíving líne 图 손님을 맞는 주최자·주빈들의 줄.
receíving órder 图 [英法律] (파산자·금치산자의) 재산 관리 명령(서).
receíving sét 图 라디오 수신기, TV 수상기.
receíving shíp 图 [해군] 신병 연습함.
re·cen·cy [ríːsnsi] 图 U 새로움, 최근임.
re·cen·sion [risénʃən] 图 U 교정(校訂); C 교정본. ~·ist 图 [판].
‡**re·cent** [ríːsnt] 형 (*more* ~; *most* ~) 1 최근의, 새로운; 근년[最近]의(modern). ¶in ~ years 근년에. 2 (R-) [지질] 현세(現世)의. ¶the *R-* epoch 현세, 충적세(沖積世). ~·ness 图
‡**re·cent·ly** [ríːsntli] 부 (*more* ~; *most* ~) 최근, 근래, 요즈음. ¶*until quite* ~ 극히 최근까지. ⇒LATELY
유의어

re·cept [ríːsept] 图 [심리] 유상(類像), 지각상(知覺像)(유사한 자극을 반복해서 받음으로써 형성되는 표상).
re·cep·tu·al [riséptʃuəl] 형 **re·cép·tu·al·ly** 부
*re·cep·ta·cle** [riséptəkl] 图 1 그릇, 용기; 두는 곳, 저장소. 2 은닉처, 피난처. 3 [식물] 꽃턱, 화탁(花托); 생식기상(床). 4 [전기] 소켓, 콘센트.
re·cep·ti·ble [riséptəbl] 형 받을 수 있는, 수리(受理)할 수 있는. -**bíl·i·ty** 图
‡**re·cep·tion** [risépʃən] 图 (목 ~s [-z]) 1 U 받기, 받아들이기, 수령(受領), 수리(受理). 2 (a ~, the ~) 응접, 대우, 환영, 접대. ¶a warm ~ 따뜻한 환영 / (비꼬아) 격렬한 공격[저항]. 3 C 리셉션, 환영회, 피로연 (*for*). ¶A ~ was held *for* the new ambassador. 신임 대사를 위한 리셉션이 개최되었다. 4 U 세간의 평판, 인기, 반응. ¶have [or meet with] a favorable ~ 호평을 얻다. 5 U (지식·미(美) 등의) 감수(感受), 감득, 이해; (신학설 등의) 수용, 용인. ¶the faculty of ~ 이해력, 감수력. 6 U (회원의) 입회 (허가), 가입. 7 U (TV·라디오) 수상, 수신(율); 수신[수상]력. 8 (양(羊) 악인 따위를) 숨겨둠[숨겨둠, 숨김]. 9 (英) a) (병원·호텔 따위의) 접수처, 프런트. b) = ~ room. c) 사무소, 오피스. 10 (英) 유아 학교(infant school)의 제1학년 학급.
recéption céntre 图 (英) 피난민[이재민 등] 수용 시설. 「수제원.
recéption clérk 图 (英) (호텔의) 객실 예약계, 접
recéption dày 图 면회일.
recéption désk 图 접수처; (호텔의) 프런트.
re·cep·tion·ism [risépʃənìzm] 图 [신학] 성찬주의(信受主義).
re·cep·tion·ist [risépʃənist] 图 접수 계원, 접대원; [신학] 성찬(信受)주의자. 「령.
recéption órder 图 (英) (정신 이상자의) 수용 명
recéption róom 图 (英) 거실(부동산업자의 용어); 응접실, 접견실; (병원) 대합실.
***re·cep·tive** [riséptiv] 형 1 (잘) 받아들이는, 수용하는

이 있는 (*of*). ¶be ~ *of* something …을 받아들이기 쉽다. **2** 이해력[감수성]이 있는; 이해가 빠른. **3** 〖생리〗 수용(기관)의. **4** 〖언어 활동에 있어서〗 수용적인.
~·ly 튀 ~·ness 圓
re·cep·tiv·i·ty [rì:septívəti] 圓Ⓤ 감수[수용(受容)]성, 이해력.
re·cep·tor [risépter] 圓 **1** 〖생리〗 수용기(관), 감각 기관. **2** 수신 장치, 수화기(receiver). **3** 〖생물〗 〖감각〗 수용체. ─ 쀵 〖생물·생리〗 수용체의.
re·cep·to·rol·o·gy [risèptərάlədʒi/-rɔ́l-] 圓 〔생물〕 수용 기관학, 수용체학.
recéptor site 圓 〔생화학〕 세포내 수용 영역, 리셉터 부위.
re·cer·ti·fi·ca·tion [ri:sə̀ːrtəfikéiʃən] 圓 **1** 신분 증명(서)의 갱신; (간호사·비행사 등의) 자격 갱신 (제도), 자격 재검정[재인가].
‡**re·cess** [ríːses, risés] 圓 (복 ~·**es** [-iz]) **1** ⓤⓒ 휴식, 휴게, 휴지(休止), 휴업, 휴교; 《美》 휴회 시간; ⓒ (의회 등의) 휴회(기간); 《美》 (법정의) 휴정. **2** ⓒ (보통 ~es) 속으로 떨어진 곳, 구석진[으슥한] 곳; (마음 부위의) 깊은 속; (학문 등의) 오의(奧義). ¶in the innermost ~es *of* the heart 마음 속 깊은 곳에서는. **3** ⓒ 방 안의 들어간 곳; 벽감(壁龕), 반침; (해안 따위의) 후미(진 곳). **4** ⓒ 〔해부〕 (기관의) 오목한 곳, 와(窩).
at [*during*] *recess* 휴식 시간에[중에].
be in recess 휴회[휴식]중이다.
go into [or *take*] *a recess* 쉬다; 휴회하다.
─ 퇨 (~·**es** [-iz]; ~*ed* [-t]) 태 **1** …을 후미진 곳[구석진 곳, 벽감 따위]에 두다[감추다]. **2** …을 뒤로 물리다. ¶~ *a house from the sidewalk* 보도로부터 집을 물려 짓다. **3** …에 우묵한 곳을 만들다. ─ 재 《美》 휴회[휴정, 휴교]하다, 쉬다.
re·ces·sion[1] [riséʃən] 圓 **1** Ⓤ 퇴거, 후퇴. **2** ⓒ (벽 따위의) 들어간 곳, 우묵한 곳. **3** ⓒ 일시적인 불경기, 경기 후퇴. **4** ⓤⓒ (예배가 끝난 뒤의) 퇴장(하는 사람의 줄).
re·ces·sion[2] [ri:séʃən] 圓Ⓤ (점령지 따위의) 반환.
re·ces·sion·al [riséʃənəl] 튀 **1** (예배가 끝난 뒤) 퇴장의. **2** (의회 등의) 휴회의; 휴정의; 휴교[휴가]의.
recéssional hýmn 圓 (예배 후의) 퇴장 찬미가.
recéssional moráine 圓 〔지질〕 후퇴 퇴석(堆石).
re·ces·sion·ar·y [riséʃənèri/-(ə)nəri] 튀 경기 후퇴의, 불황에 관련된. ¶~ *market pressures* 경기 후퇴적 시장 압력.
re·ces·sion·proof [riséʃənprù:f] 튀 불경기에 강한 [끄떡없는]. ¶a ~ *economy* 불경기에도 끄떡없는 경제.
re·ces·sive [risésiv] 튀 **1** 퇴행[역행]의; 퇴행성의. **2** 〔유전〕 열성의(↔ dominant). **3** (음성) (악센트가) 뒷부분에서 앞부분으로 옮아가는, 역행의. ─ 圓 〔유전〕 열성 형질(개체). ~·ly 뿌 ~·ness 圓
recéssive áccent 圓 (음성) 역행 악센트.
Rech·ab·ite [rékəbàit] 圓 **1** (성서) 레갑 사람(금주하며 황야에서 텐트 생활을 했음 — 예레미야(Jer.) 35 : 2). **2** 금주자; 금주회 회원. **3** 텐트 생활자.
re·charge [riːtʃɑ́ːrdʒ] 圄뵀 **1** …에 재장전(再裝塡)하다; …에 재충전하다; …을 재습격[역습]하다; …을 재고발하다; (저수지로) 물을 다시 채워 넣다. ─ [△-] 圓 재장전; 재충전; 재충전(보급)물; 재고발; 〔지질〕 지하수 부존(賦存) 작용. **-chárg·er** 圓
re·charge·a·ble [riːtʃɑ́ːrdʒəbl] 튀 (축전지가) 몇 번이고 충전되는, 재충전할[할 수 있는]. ─ 圓 축전 [지].
-**charge·a·bíl·i·ty** 圓
re·char·ter [riːtʃɑ́ːrtər] 퇨태 (선박)을 다시 빌리다. 재용선(再傭船)하다. ─ 圓 (배·비행기 등의) 재계약.
ré·chauf·fé [rèiʃoufé(-----)] 圓 (복 ~**s** [-z]) Ⓒ 다시 데운 요리; (작품 등의) 개작(改作); 재탕; 개작한 작품, 고물.
── 튀 다시 데운; 개작한; 다시 문제 삼은. 〔<F〕
re·check [riːtʃék] 퇨태 …을 재검사[재조회]하다.

re·cher·ché [rəʃɛ́ərʃei, --́-] 튀 **1** (요리의) 조리법. **2** 매우 희귀한, 특이한; 멋진; 불가해한. **3** 매우 세련된. 〔<F〕
re·chris·ten [riːkrísn] 퇨태 …에 새로 이름을 붙이다, …을 다시 명명하다, 개명하다.
re·cid·i·vate [ri(ː)sídəvèit] 퇨재 다시 타락하다, 또 악한 짓을 하다, 나쁜 짓을 거듭하다.
re·cid·i·vism [risídəvìzm] 圓Ⓤ **1** 상습적 범행, 재범. **2** 〔정신의학〕 상습(습관적) 범죄성, 누범성.
〔튑 짓기 쉬운〕
-vist 圓 상습범(의).
re·cid·i·vous [risídəvəs] 튀 상습범적인, 죄를 거듭하는.
recip. reciprocal; reciprocity.
‡**rec·i·pe** [résəpi] 圓 **1** (요리의) 조리법, **2** (약 따위의) 처방(전). **3** 방법, 수단, 비결, 비법 (*for*). ¶one's ~ *for* health 건강법 / a ~ *for* success 성공 비결.
re·cip·i·ence [risípiəns] 圓Ⓤ **1** 수납(受納), 수용, 수령. **2** 수용[감수]성. (또는 **recipiency**)
re·cip·i·ent [risípiənt] 圓 **1** 수취인, 수령인. ¶*the* ~ *of a prize* 수상자. **2** 용기, 그릇. **3** 〔유전〕 수용체[기관, 구조]. ─ 튀 받아들이는, 수용(受容)하는; 감수성 [이해력]이 있는. ¶a ~ *culture* 타문화를 수용하는 문화.
*re·cip·ro·cal [risíprəkəl] 튀 **1** 상호의, 서로의; 호혜적인. ◎ MUTUAL 〔유의어〕 ¶~ *assistance* [*relationship, agreements*] 상호 원조[관계, 협정]. **2** 상호 교환의, 답례의; 답례의 보복의. ¶a ~ *gift* 답례의 선물. **3** 상반되는; 서로 보완하는. **4** 〔문법〕 상호 관계[작용]를 나타내는. **5** 〔수학〕 상반하는, 역의. ¶a ~ *proportion* 역[반]비례. **6** (항해) 역방향의. **7** 〔유전〕 상호의, 상반의. ─ 圓 **1** 상응하는 것; 상당하는 것. **2** 〔수학〕 역수, 반수.
-**cal·i·ty** [-kǽləti] 圓 ~·**ly** 뿌 ~·**ness** 圓
recíprocal exchánge 圓 협동 보험 조합.
recíprocal inhibítion 圓 〔정신의학〕 역지지(逆制止)(불안을 제지시키는 반응을 일으김).
recíprocal insúrance 圓 협동 보험. 〔량.
recíprocal léveling 圓 〔측량〕 상호 수준(水準) 측
recíprocal prónoun 圓 〔문법〕 상호 대명사(each other, one another 따위).
recíprocal táriff 圓 〔무역〕 호혜 관세.
recíprocal tráde 圓 호혜 무역. 〔전좌(轉座).
recíprocal translocátion 圓 〔유전〕 상호[교환]
re·cip·ro·cate [risíprəkèit] 퇨태 **1** 〔애정·은혜 따위〕에 보답하다, 값을 갚다. ¶~ *a person's affection* 남의 사랑에 보답하다. **2** …을 서로 주고받다, 교환하다. ¶~ *favors* 서로 호의를 베풀다. **3** …에 왕복 운동을 시키다. ─ 재 **1** 보답하다, 답례하다. ¶(~+쀵+셈) *To every attack he ~d with a blow.* 공격받을 때마다 그도 반격을 가했다. **2** 서로 상응하다 (…와) 일치하다 (*with*). **3** 교환하다, 주고받기를 하다. **4** 왕복 운동을 하다. ¶*reciprocating motion* 왕복 운동. **5** 〔수학〕 역수가 되다. **-cà·tive**, **-ca·to·ry** [-kətɔ̀ːri/-təri] 튀
re·cip·ro·cat·ing éngine [risíprəkèitiŋ-] 圓 왕복 기관, 피스톤식 기관(piston engine).
re·cip·ro·ca·tion [risìprəkéiʃən] 圓Ⓤ **1** 교호[상호] 작용, 교환, 주고받기; 앙갚음, 보복. **2** 왕복 운동. **3** 일치, 부합, 교류. 〔람.
re·cip·ro·ca·tor [risíprəkèitər] 圓 보복하는 사
rec·i·proc·i·ty [rèsəprάsəti/-prɔ́s-] 圓Ⓤ **1** 상호 의존 (상태); 상호 이익, 상호 이익, 교환. **2** 상호 혜택 주의. ¶a ~ *treaty* 호혜 조약 / ~ *principle* 상호[호혜]주의.
reciprócity làw 圓 〔사진〕 상반(법)칙(相反(法)則) (사진 농도가 감광제의 노광(露光)량에 비례하는 법칙).
reciprócity (làw) fáilure 圓 〔사진〕 상반칙 불궤(不軌)(노광 조도가 지나치게 약하거나 강해서 상반칙이 성립되지 않기).
re·cir·cu·late [riːsə́ːrkjulèit] 퇨 재유통[재순환]하

re·ci·sion [risíʒən] 명U (협정 따위의) 취소, 폐기.
recit. (음악) recitative.
***re·cit·al** [risáitl] 명 1 리사이틀, 독주회, 독창회; (음악 이외의) 독연회. 2 암송, 낭송, 낭독; 낭독(회). 3 (음악 학교 등의) 발표회, 연주[연기]회. 4 상술(詳述); 상설(詳說); 설명, 기술, 설화. 5 (종종 ~s) [법률] (법률 문서·증서 따위의) 사실의 설명부(分).
~**ist** 명 리사이틀을 하는 사람.
***rec·i·ta·tion** [rèsətéiʃən] 명 1 (구술되는) 설명; 이야기. 2 U (사실 따위의) 열거; 상술, 상술. 3 UC 낭송, 낭독; C 암송[낭독]문. 4 UC (美) (교사 앞에서의) 과제의 암송, 복창; 그것이 행해지는 수업 시간.
rec·i·ta·tive[1] [rèsətéitiv/rísáitə-] 명 낭송[암송]의; 상설(詳說)의; 설화(說話)의, 서술(敍述)의.
rec·i·ta·tive[2] [rèsətətí:v] (음악) 서창조(敍唱調)의. — 명 서창(오페라 따위의 구어적인 리듬); 서창곡.
‡**re·cite**[1] [risáit] 타 (-cit·ed; -cit·ing) 1 …을 암송하다, 복창하다; (美) (과제) 를 암송[복창]하다.¶~ the previous lesson 전 과를 외우다. 2 …을 읊조림[낭송]하다(to). 3 …을 (상세히) 이야기하다, 상술하다. ⇒RELATE [유의어] ¶~ one's adventures 모험담을 늘어놓다. 4 (구어) …을 열거하다. 5 (英) [법률] (사실 따위)를 법률 문서에 의해 설명하다. — 자 1 암송하다, 낭송[낭독]하다. 2 (美) (교사 앞에서) 과제를 암송하다, 질문에 답하다. **-cít·a·ble** 형 **-cít·er** 명
re·cite[2] [ri:sáit] 타 다시 인용하다.
re·cít·ing nòte [risáitiŋ-] (음악) 낭송조(朗誦調); 낭창음(朗唱音).
reck [rek] 동 (고어·시) (부정문·의문문에서) 자 1 개의하다, 괘념하다, 주의하다 (of, with).¶(~+图+图) ~ little of something 어떤 일에 거의 개의치 않다. 2 (비인칭 it을 주어로 하여) 중대[중요]하다.¶It ~s not. 전혀 상관없다, 문제가 안 된다. — 타 1 …을 개의하다, 유의하다, 마음쓰다.¶(~+wh.절) They do not ~ what may become of him. 그들은 그가 어떻게 되든 상관치 않는다. 2 (비인칭 it을 주어로 하여) …에게 중대하다, 관계 있다.¶It ~s him not. 그에게 상관이 없다.
‡**reck·less** [réklis] 형 (more ~; most ~) 1 앞뒤를 헤아리지 않는, 무모한; 부주의한.¶a ~ driver 난폭 운전자. 2 (…에) 전혀 무관심한, 개의치 않는 (of).¶be ~ of the consequences 결과를 개의치 않다.
~**·ly** 부 ~**·ness** 명
‡**reck·on** [rékən] 동 (~s [-z]) 타 1 …을 세다, 계산하다, 합계하다(up); 합계 …이 되다. ⇒COMPUTE [유의어] ¶~ the expenses 비용을 계산하다.¶(~+图+튜) ~ up the gains 이익을 합계하다. 2 (크기·거리 따위)를 측정[산출]하다; 열거하다(up); …을 (…에게) 기산하다(from). 3 …을 셈에 넣다; …에 포함하다 (among, in).¶(~+图+前+图) You may ~ him among [or in] our supporters. 그를 우리 지지자의 한 사람으로 쳐도 괜찮을 것이다. 4 (…)으로 믿다, 간주하다; 판단[평가]하다.¶(~+图+(to be) 튜) ~ a person (to be) a genius 남을 천재라고 여기다 // (~+图+图) ~ a person as [or for] a wise man 남을 현명하다고 생각하다. 5 (美방언) …이라고 생각하다, 추정하다(that 절, wh. 절).¶(~+that 절) I ~ that it is going to rain. 비가 오리라 생각한다. 6 (구어) (…할) 작정[생각]이다 (to do). 7 (구어) (보통 부정문에서) 매우 존경하다, 높이 평가하다. 8 (재귀용법으로) 자부하다, 잘난 체하다. 9 (고어) …의 (…에의) 귀속을 정하다 (to). — 자 1 세다, 계산하다; 지불하다, 청산하다. 2 의지하다; 기대하다(on). ⇒RELY [유의어] ¶(~+图+前) ~ on a person's help 남의 도움을 기대하다. 3 (美방언) 생각하다, 추측하다.¶That's right, I ~. 그는 그렇다고 생각한다. 4 판단[평가]하다.¶as the world ~s 세간의 평가[판단]에 의하면.
reckon for ① …의 책임을 지다.¶~ for one's action 자신의 행동에 책임을 지다. ② …의 준비를 하다.
reckon in …을 계산에 넣다.
reckon on …을 의지하다; …에 기대를 걸다.
reckon up 요약하다.
reckon with ① …을 청산하다. ② …을 고려에 넣다. ③ …을 처리하다. ④ (구어) [남]을 벌하다.
reckon without …을 고려[예상]에 넣지 않다.
reckon without one's **host** ⇒HOST[1].
~**·a·ble** 형 [조건표(무ီ표).
reck·on·er [rékənər] 명 1 계산자. 2 계산표.
***reck·on·ing** [rékəniŋ] 명UC 1 계산, 셈; 견적; 결제, 청산.¶be good at ~ 계산을 잘하다. 2 C 계산서 (bill). 3 U (항해) ~dead ~. 5 판단, 평가.
be out in [or **of**] one's **reckoning** 계산을 틀리다; 판단을 그르치다, 기대에 어긋나다.
the day of reckoning 계산[청산]일; 대가[벌]를 받는 날; 최후의 심판일.
***re·claim** [rikléim] 동타 1 …을 개간[간척, 개발]하다; …을 매립하다.¶~ed land 매립지. 2 (천연 자원 따위)를 재생 (이용)하다(from). 3 …을 개심[갱생]시키다 (from), 교화[교정(矯正), 개선]하다; (동물 따위)를 길들이다(tame).¶(~+图+前+图) ~ a person from a life of sin 남을 죄악의 생활에서 선도하다. 4 …에 항의하다. [반대하다].
— 명 1 개간, 개척; 매립. 2 재생 (이용); 재무 고무. 3 교정, 개심, 갱생, 교화.
past [or **beyond**] **reclaim** 교화[교정, 개선, 개심]의 가망이 없는.
~**·a·ble** 형 ~**·er** 명
re-claim [rì:kléim] 타 (권리·소유물 따위의) 반환을 요구하다; (당연한 권리로서) 다시 요구하다, 재청구하다. (또는 reclaim)
re·claim·ant [rikléimənt] 명 반환 청구자[요구자]; 교정자(矯正者); 개간자.
Re·clam [réiklam] 명 1 Anton Philipp ~ 레클람(1807-96: 독일의 출판인). 2 레클람 문고(~s Universal-Bibliothek).
re·cla·ma [riklά:mə] (군사) 동자 방침[결정] 변경을 요구하다, 재고를 촉구하다. — 명 방침[결정] 변경 요구, 재고 요청.
rec·la·ma·tion [rèkləméiʃən] 명UC 1 개간; 매립. 2 교정, 교화; 길들임. 3 재생 (이용). 4 반환 요구.
ré·clame [F ʀeklam] 명U 1 널리 알려짐, 주지(周知)(publicity). 2 광고 수전, 매명(賣名); 선전[매명]욕.
re·clas·si·fy [rì:klǽsəfài] 타 1 …을 새로 분류하다, 다시[재]분류하다. 2 (정보·서류 따위의) 기밀 분류를 바꾸다. **-fi·cá·tion** 명 (가의 변경.
re-clear·ance [rì:klíərəns] 명 기밀 정보 취급 허가.
rec·li·nate [rékləneit, -nət] 형 (잎·줄기 따위가) 밑으로 굽은, 누운.
***re·cline** [rikláin] 동자 1 기대다, 눕다(on, upon, against).¶(~+前+图) ~ on the grass 풀밭에 눕다 / ~ against a wall 벽에 기대다. 2 의지하다(on, upon). — 타 …에 기대게 하다; …을 눕히다(on, upon, against).¶(~+图+前+图) ~ one's head on a pillow 머리를 베개에 얹다, 베개를 베다.
-clín·a·ble 형 **rec·li·na·tion** [rèklənéiʃən] 명
re·clin·er [rikláinər] 명 1 기대는[눕는 사람][것]. 2 = reclining chair.
re·clín·ing chàir [rikláiniŋ-] 명 안락 의자(등과 발받침을 앞뒤로 조절할 수 있는), 형 rocking chair
rec·li·vate [réklivèit] 형 (곤충) (기관의 일부가) S자 모양의(sigmoid).
re·clos(e)·a·ble [rì:klóuzəbl] 형 (용기·상자가) (개봉 후) 다시 밀봉[밀폐]할 수 있는.
re·clothe [rì:klóuð] 동타 (~d, -clad) …에게 옷을 다시[새로, 갈아] 입히다.
re·cluse [réklu:s/riklú:s] 명 은둔자, 속세를 버린

사람; 출가한 수도자. —[형] [riklúːs] (또는 **reclusive**) 은둔한, 속세를 버린; 쓸쓸한, 적적한. ¶ a ~ region [life] 쓸쓸한 지역[생활].

re·clu·sion [riklúːʒən] [명][U] 은둔 (생활); (속세로부터) 격리, 사회적 소외; 고독.

re·clu·sive [riklúːsiv] [형] =recluse. **~·ly** [부] **~·ness** [명]

re·coal [riːkóul] [동] (선박 따위에) 석탄을 재보급하다.

re·coat [riːkóut] [동][타] …을 새로 칠하다, 덧칠하다, 고쳐 칠하다.

‡**rec·og·ni·tion** [rèkəgníʃən] [명][U] (때로 a ~) **1** 알아보기, 인식; 승인, 인가; 인정 (*of*). ¶ receive [*or* meet with] much ~ 크게 인정받다 / My ~ *of* him was immediate. 한눈에 곧 그임을 알았다. **2** (a ~) (공로 등의) 인정; 표창, 보상, 사례. **3** 본 기억, 면식; 인사 (greeting). **4** 〔국제법〕 (다른 나라에 의한 새 정권 따위의) 승인. **5** 《美·캐나다》 발언 허가; 발언권. ¶ seek ~ by the chairman 의장에게 발언 허가를 구하다. **6** 〔컴퓨터〕 (문자·도형·음성 따위의) 인식. **7** 〔생화학·면역〕 인식. **8** 〔심리〕 재인(再認).

beyond [or ***out of***] ***(all) recognition*** 알아볼 수 없을 정도로, 원형을 찾아볼 수 없을 만큼.

give (an official) recognition to …을 (공식적으로) 인정하다.

in [or ***as a***] ***recognition of*** …을 인정하여; …의 답례[보수]로.

~·al, re·cog·ni·tive [rikágnətiv/-kɔ́g-], **re·cog·ni·to·ry** [rikágnətɔ̀ːri/-kɔ́gnitəri] [형]

***rec·og·niz·a·ble** [rékəgnàizəbl] [형] **1** 인식할 수 있는, 인지[승인]할 수 있는. **2** 본 기억이 있는, 식별[판별]할 수 있는. **˗nìz·a·bíl·i·ty** [명] **-bly** [부]

re·cog·ni·zance [rikágnəzəns/-kɔ́g-] [명][U][C] **1** 〔법률〕 서약(서); 서약 보증금. **2** 《고어》 인지(認知), 승인. **3** 《고어》 표, 표지, 증표(token).

re·cog·ni·zant [rikágnəzənt/-kɔ́g-] [형] 《고어》 인정[인지]하는; 의식하는 (*of*). ¶ They were ~ *of* the fact. 그들은 그 사실을 알고 있었다.

‡**rec·og·nize** [rékəgnàiz] (* 《英》 **-nise**) [동] (**-niz·es** [-iz]; **~d**; **-niz·ing**) [타] **1** …을 보고 곧 알아보다, 분간하다 (*by, from*), 생각해내다; 인지하다. ¶ ~ a person's voice [handwriting] 사람의 목소리[필적]를 알아보다 / (~+[目]+*as* [補]) ~ a person *as* a fraud 남을 사기꾼으로 인지하다. **2** …을 (진실임을) 인정하다; 승인[인가]하다; …을 인식하다 (*as, to be*). ¶ (~+[目]+*to be* [補]) ~ a person *to be* honest 남이 정직함을 인정하다 // (~+*that* [節]) He ~*d that* he had been beaten. 그는 패배를 인정했다 // (~+[目]+*as* [補]) ~ a country *as* an independent state 한 나라를 독립국으로 승인하다. **3** 《美》 …에게 발언권을 인정하다[주다]. **4** (알아보고) …에게 인사하다. ¶ He ~*d* me by making a slight bow. 그는 나를 알아보고 가볍게 인사했다. **5** 〔공적 등〕을 인정하다, 표창하다 (*by doing*). **6** 〔법률〕 〔비적출자〕를 인지하다. **7** 〔생화학·면역〕 〔대응 항원〕을 인식하다. —[자] 《美》 〔법률〕 (법원에) 보석 증서를 내다; 《美》 서약하다. **-nìz·er** [명]

re·cog·ni·zee [rikàgnəzíː/-kɔ̀gn-] [명] 〔법률〕 서약 받는 사람, 수(受)서약자.

re·cog·ni·zor [rikàgnəzɔ́ːr/-kɔ̀gn-] [명] 〔법률〕 서약자.

***re·coil** [동][자] [rikɔ́il] **1** 후퇴하다; 외축(畏縮)하다, 주춤[움찔]하다 (*at, before, from*). ¶ (~+[前]+[名]) ~ *at* the sight 그 광경을 보고 움찔하다. **2** (용수철 따위가) 되튀다, (발사시 총이) 반동하다. **3** (행위가 자기에게) 되돌아오다 (*on, upon*). ¶ (~+[前]+[名]) Plots frequently ~ *upon* the plotter. 음모를 꾀하면 자주 그 보복이 음모자에게 되돌아온다. **4** 〔물리〕 (원자·원자핵 등이) 되튀다. —[명] [ríːkɔil, rikɔ́il] **1** 후퇴, 뒷걸음질, 외축; 혐오 (*from*). **2** (용수철 따위의) 되튐, 반동; (발사시 총의) 반동 정도[범위]. **~·ing·ly** [부]

re-coil [˗kɔ́il] [동] 다시 감(기)다.

re·coil·less [rikɔ́illis, ríːkɔ̀il-] [형] 되튀지 않는; 반동이 없는.

recóilless rífle [명] 〔군사〕 무반동총.

re·coil-op·er·at·ed [rìːkɔilápəreitid/-ɔ́p-] [형] 반동식의, 반동 이용의.

re·coin [riːkɔ́in] [동][타] …을 개주(改鑄)하다.

re·coin·age [riːkɔ́inidʒ] [명][U][C] 개주 (화폐).

‡**rec·ol·lect** [rèkəlékt] [동][타] …을 생각해 내다, 회상하다. ⇨REMEMBER [유의어] ¶ (~+*-ing*) (~+*to* do) I ~ *having* heard the melody. =I ~ *to* have heard the melody. 그 선율을 들은 기억이 있다 // (~+[目]+*-ing*) I ~ him [*or* his] *saying* so. 그가 그런 말을 한 것이 기억난다(* 목적격 him을 쓰는 것은 구어) // (~+*that* [節]) I ~ *that* I have met her before. 전에 그녀를 만난 것이 기억난다 // (~+*wh. to* do) (~+*wh.* [節]) ~ *how to* do it; ~ *how* it should be done 그것을 어떻게 해야 할지 생각해내다. —[자] 상기하다, 기억나다.

re-col·lect [˗kəlékt] [동][타] **1** …을 다시 모으다. **2** (또는 **recollect**) 〔용기·기력 따위〕를 집중하다, 불러일으키다. **3** 《재귀용법으로》 〔마음〕을 가라앉히다, 진정시키다. —[자] 다시 모이다. 「가라앉히다.

re-collect oneself [or ***one's thoughts***] 마음을

rec·ol·lect·ed [rèkəléktid] [형] **1** 냉정한, 태연한, 침착한. **2** 생각난, 회상된. **3** 묵상의, 심사(深思)의, 생각[명상]에 잠긴. **~·ly** [부] **~·ness** [명]

‡**rec·ol·lec·tion** [rèkəlékʃən] [명] ([복] **~s** [-z]) **1** [U] 상기(想起), 추억, 회상; 기억(력) (*of*). ⇨MEMORY [유의어] ¶ be outside one's ~ 기억에 없다, 잊고 있다. **2** [C] (종종 ~s) 기억되는 일, 추억. ¶ ~*s* of one's childhood 어릴 때의 추억. **3** [U] 묵상, (신앙상의) 명상.

be beyond [or ***past***] ***recollection*** 기억이 안 나다.

be within [or ***in***] ***one's recollection*** 기억하고 있다.

have no recollection of …의 기억이 없다.

to (the best of) my recollection 내가 기억하기로는[기억하는 한].

re-col·lec·tion [˗kəlékʃən] [명][U] 다시 모음, 재수집[집결].

rec·ol·lec·tive [rèkəléktiv] [형] 추억의; 기억력이 있는. **~·ly** [부]

re·col·on·ize [rìːkálənàiz/-kɔ́l-] [동][타] …을 재식민지화하다; …에 재식민하다. **-còl·o·ni·zá·tion** [명][U] 재식민지화.

re·col·or, 《英》 **-our** [riːkʌ́lər] [동][타] …을 다시 착색하다, 고쳐 칠하다.

ré·colte [*F* ʀekɔlt] [명] **1** 수확; 수확물. **2** (포도주의) 포도 수확 연도(vintage). 〔<F〕

re·com·bi·nant [rìːkámbənənt/-kɔ́m-] 〔유전〕 [형] (유전자간의) 재조합(형)의. ¶ ~ cells 재조합 유전자. —[명] (유전자의) 재조합으로 생긴 개체; 재조합시 생기는 유전자.

recómbinant DNÁ [명] 〔유전〕 재조합 DNA(유전자 재조합 기술에 의해 이종(異種) 생물의 DNA를 결합시켜서 만든 잡종 DNA).

recómbinant DNÁ resèarch [명] 〔유전〕 재조합 DNA 연구.

recómbinant DNÁ technòlogy [명] 〔유전〕 재조합 DNA 기술[공학].

re·com·bi·na·tion [rìːkambənéiʃən/-kɔm-] [명][U] **1** 재결합. **2** 〔유전〕 (유전자간의) 재조합. (또는 **rè·com·bín·ing**)

re·com·bi·ná·tion·al repáir [rìːkàmbənéiʃənl-/-kɔ̀m-] [명] 〔유전〕 (DNA 분자의) 재조합 수복(修復).

re·com·bine [rìːkəmbáin] [동] 다시 결합하다[시키다], 재결합하다[시키다].

re·com·bi·noid [rìːkámbinɔ̀id/-kɔ́m-] [명] (완구 따위의 신구 상품을 짜 맞춘) 복합 재구성[재제작].

re·com·fort [rikʌ́mfərt] [동][타] 《고어》 〔남〕을 위로하다, 격려하다.

re·com·mence [rìːkəméns] [동] 다시 시작하다, 재개하다, 다시 하다. **~·ment** [명]

rec·om·mend [rèkəménd] (~s [-z]) 타 1 …을 추천(천거)하다(as, for). ¶ (~+目+前+名) ~ a person as a typist 남을 타이피스트로 추천하다 // (~+目+前+名) ~ a person for a good post [to a firm] 남을 좋은 지위[회사]에 추천하다. 2 …을 권하다, 장려하다, 충고하다. ¶ (~+目+to do) ~ a person to stop drinking 남에게 술을 끊도록 권하다 // (~+目+目) (~+目+前+名) ~ a person a long rest; ~ a long rest for a person 남에게 장기 휴양을 권하다 // (~+that 節) I ~ that the work (should) be done at once. 그 일을 즉시 하도록 권합니다 (* should를 생략하는 것은 주로 미식 용법). 3 …을 남의 마음에 들게 하다, 남의 호감을 사게 하다(to). ¶ Her earnestness ~s her. 그녀는 성실해서 남에게 호감을 산다. 4 (古어) …을 위탁하다, 맡기다(to) (* 현재는 entrust, commend를 씀). ─ 자 추천[천거]하다; 충고하다.
─ 명 (구어) 추천인. 「천거.
~·a·ble 형 추천할 수 있는, 추천(권)할 만한. ~·er 명
rec·om·men·da·tion [rèkəmendéiʃən, -mən-] 명 (~s [-z]) 1 U 추천, 천거. 2 C 추천장. 3 C 취할 점, 장점. 4 U 충고, 권고(to).
by [or *through*] *recommendation of* …의 추천에 의하여.
in recommendation of …을 추천[칭찬]하여.
on the recommendation of …의 추천으로.
rec·om·mend·a·to·ry [rèkəméndətɔ̀ːri/-təri] 형 1 추천[권고, 충고]의. ¶ a ~ letter 추천장. 2 장점이 되는; 사람의 마음에 드는, 호감이 가는. ¶ a ~ personality 호감이 가는 성격.
rec·om·ménd·ed díetary allówance [rèkəméndid-] 권장 식사 허용량 (略 RDA).
rec·om·mis·sion [rìːkəmíʃən] 타 재취역(再就役)시키다, 재임명하다. ─ 명 U 재취역, 재임명.
re·com·mit [rìːkəmít] 타 (-tt-) 1 (나쁜 일·잘못 따위를) 다시 저지르다[범하다]. 2 (의안 따위)를 다시 위원회에 회부하다. 3 …을 다시 투옥[구류]하다.
~·ment, ~·tal 명U 재송부; 재투옥; 재범 (再犯).
rec·om·pense [rékəmpens] 타 (-*pens·es* [-iz]; ~d [-t]; -*pens·ing*) 1 (남의) …에 보답하다; …에게 답례하다; …에 대해 (…으로) 갚다 (*for, to, with*). ¶ (~+目+前+名) ~ him *for* his efforts; ~ his efforts *to* him 그의 노력에 대하여 보답하다 / ~ good *with* evil 선을 악으로 갚다. 2 (남)에게 보상[배상, 변상]하다(*for*). ─ 자 배상하다, 변상하다; 은혜를 갚다. ─ 명UC 보답, 보수; 보상(*for*). ¶ *in* ~ *for* [or (드물게) *of*] …의 보수[보상]로써, …을 보상하여 / *without* ~ 무보수로. 「서.
in [or *as*] *recompense for* [or *of*] …의 상으로
-pens·a·ble 형 -péns·er 명
re·com·pose [rìːkəmpóuz] 타 1 …을 다시[고쳐] 만들다; 다시 짜맞추다, 재구성[편성]하다; 재정리 [배열]하다; (인쇄) 다시 짜다, 재조판하다. 2 (분쟁·감정 따위)를 가라앉히다, 진정시키다.
-còm·po·sí·tion 명U 개작(改作); 재조판.
re·com·prés·sion chàmber [rìːkəmpréʃən-] 명 고압 산소실 (hyperbaric chamber).
re·con [rikán/-kɔ́n] (美구어) 명 =reconnaissance. * 형용사적으로도 쓴다. ─ 타 =reconnoiter.
re·con·cen·tra·tion [rìːkànsəntréiʃən/-kɔ̀n-] 명U 재집중. **-cón·cen·tràte** 타
rec·on·cil·a·ble [rékənsàiləbl, ˏ-´-´] 형 화해 [조정]할 수 있는; 조화[일치]시킬 수 있는.
-cil·a·bíl·i·ty, ~·ness 명 -bly 부
*‡**rec·on·cile** [rékənsàil] 타 (~s [-z]; ~d; -cil·ing) 1 (수동태·재귀용법으로) …을 감수(甘受)하게 하다, 만족시키다(*to*). ¶ (~+目+前+名) ~ oneself *to* one's fate 자기의 운명을 감수하다 / He is ~d *to* living in London. 그는 런던 생활에 만족하고 있다. 2 …을 화해[융화]시키다(*with, to*); …을 중재[조정]하다. ¶ (~+目+前+名) ~ him *with* [or *to*] Mr. A 그를 A씨와 화해시키다. 3 …와 조화[일치]시키다: 모순되지 않게 하다, 양립시키다(*with*). ¶ (~+目+前+名) ~ accounts *with* a fact 계산을 사실과 맞추다 // (~+目+前+名) ~ a statement *with* a fact 언행을 일치시키다. 4 (더럽혀진 신성한 장소 등)을 정화하다. 5 (파문[회개]한 자)를 교회와 화목하게 하다, 교회로 복귀시키다. ~·ment 명 =reconciliation. -cíl·er 명 화해[조정]자.
rec·on·cil·i·ate [rèkənsílièit] 타 =reconcile.
*‡**rec·on·cil·i·a·tion** [rèkənsìliéiʃən] 명 1 UC 조정, 화해; 조화, 일치. 2 U 체념, 복종. 3 U 회개에 의한 신에의 귀의. 4 U (더럽혀진 성당 등의) 정화(淨化), 신성 회복; (회개자의) 교회 복귀. (-ciliátion).
reconciliátion ròom 고해실 (room of reconciliation).
re·con·cil·i·a·to·ry [rèkənsíliətɔ̀ːri/-təri] 형 화해[조정]의; 조화[일치]의.
re·con·dense [rìːkəndéns] 타 재응결하다[시키다].
-còn·den·sá·tion 명
rec·on·dite [rékəndàit, rikándait] 형 1 심오한, 난해한. ¶ the ~ origin of life 심오한 생명의 기원. 2 거의 알려지지 않은; 숨겨진, 비장(祕藏)의; 선명치 않은, 막연한. ~·ly 부 ~·ness 명
re·con·di·tion [rìːkəndíʃən] 타 (~을 원상태로 되돌리다; …을 수리[수선]하다; (생리·심리) (사람·동물)에 다시 조건 반사를 일으키다.
re·con·duct [rìːkəndʌ́kt] 타 …을 도로 데려오다; …으로 되돌아가게 하다.
re·con·fig·ure [rìːkənfígjər/-gə] 타 (비행기·자동차·계산기)의 모양[부품]을 바꾸다, 구조를 변경하다. **-fig·u·rá·tion** 명 「다.
re·con·firm [rìːkənfə́ːrm] 타 1 (…의 예약)을 재확인하다. 2 …을 다시 굳히다. **-còn·fir·má·tion** 명
*‍**re·con·nais·sance** [rikánəsəns, rikɑ́nə- / -znəs-] 명 1 조사, 답사, 사전 검사; (군사) 정찰(대), 수색(대). ¶ a ~ company [plane] 수색 중대[정찰기] / aerial ~ 항공 정찰. 2 (토목·지질) 답사.
(또는 reconnoissance)
reconnáissance càr 정찰차.
reconnáissance sàtellite 정찰 위성.
re·con·noi·ter, (英) **-tre** [rìːkənɔ́itər/rèk-] 타 1 (군사) (적정(敵情) 따위)를 정찰하다. 2 (지역·지방 따위)를 답사하다, 예비 조사하다, 사전 점검하다.
─ 자 정찰, 답사.
~·er, (英) -trer 명 정찰[답사]자; 시찰자.
re·con·quer [rìːkáŋkər/-kɔ́ŋ-] 타 …을 다시 정복하다; …을 정복함으로 되찾다.
re·con·quest [rìːkáŋkwest/-kɔ́ŋ-] 명 1 재정복. 2 국토 회복 운동 (이슬람 교도가 점령한 이베리아 반도에 대한 기독교도의 탈환).
R. Econ. S. (英) *Royal Economic Society*.
re·con·se·crate [rìːkánsəkrèit/-kɔ́n-] 타 다시 성별(聖別)하다[신성하게 하다]; 다시 신에게 바치다[봉헌하다]. **-còn·se·crá·tion** 명
*‍**re·con·sid·er** [rìːkənsídər] 타 (…을) 재고하다; 재심하다. **-sìd·er·á·tion** 명
re·con·sign [rìːkənsáin] 타 …을 재위탁[위임]하다; 재발송하다.
re·con·sign·ment [rìːkənsáinmənt] 명UC 1 재교부; 재위탁[위임]; 재발송. 2 (상업) 송장의 변경.
re·con·sol·i·date [rìːkənsáləːdèit/-sɔ́l-] 타 재통합하다[되]다; 다시 공고히 하다. **-sòl·i·dá·tion** 명
re·con·stít·u·ent [rìːkənstítʃuənt/-tju-] 명 새 조직을 만드는; 새 활력을 주는. ─ 명 강장제.
re·con·sti·tute [rìːkánstətjùːt/-kɔ́nstitjùːt] 타 1 재구성[형성, 편성, 설정, 제정]하다, 재건하다, 복원하다, 개조[개축]하다, 고쳐 만들다. 2 (건조·농축 식품)을 (물 위에) 녹이다, 원상태로 돌리다. ─ 자 재구

성[재건, 개조]하다[되다]. **-tút·a·ble**, **-tút·i·ble** -còn·sti·tú·tion -tùt·ive

re·con·sti·tut·ed [ri:kάnstətjù:tid/-kɔ́nstitjù:t-] 환원의(분유 따위에 물을 부어 원상 수용액을 만든 따위). ¶~ milk 환원 우유.

‡**re·con·struct** [rì:kənstrʌ́kt] 1 (건물 따위)를 재건(개축, 복원)하다. 2 (정보에 의해) (사건 따위)의 전모를 추측하다, 재구성[재현]해 보다(*from*). ¶~ a crime 범죄의 전모를 추측하다[재구성 해 보다]. 3 = reconstitute 2. 4 (보석)을 재생하다. 5 (언어) (가정적으로) (옛 어형·음운 체계 따위)를 복원하다.
~·a·ble ~·er ~·i·ble **-strúc·tor**

re·con·struct·ed [rì:kənstrʌ́ktid] 재건된, 복원된; 개조[개축]된. 2 재생의. ¶~ **ruby** 재생 루비.

‡**re·con·struc·tion** [rì:kənstrʌ́kʃən] 1 재건, 부흥; 개조; 복원. 2 재구성. 3 (the R-) (美역사) (남부 제주(諸州)의) 재건, 재편입; 그 기간(1865-77). 4 ⓒ 재건물, 복원물; 모형.

Reconstrúction Acts (the ~) (美역사) 재건법.

Re·con·strúc·tion·ism [rì:kənstrʌ́kʃənìzm] (U) (유대교의) 현대적 개혁주의.

Re·con·struc·tion·ist [rì:kənstrʌ́kʃənist] (美역사) 재건주의자; 유대교 재건주의자. — 재건(론, 주의)의; 유대교 재건(론, 주의)의.

re·con·struc·tive [rì:kənstrʌ́ktiv] 재건의, 부흥의; 개조의. **-ly** **-ness**

reconstrúctive súrgery (외과) 재건(再建)(수)술(형태·기능 따위의 원상 회복 수술).

re·con·tour·ing [rì:kάntuəriŋ/-kɔ́n-] 살빼기 미용. 「다.

re·con·vene [rì:kənvíːn] 재소집[소환, 집합]하

re·con·ven·tion [rì:kənvénʃən] (大陸法) 반소(反訴), 맞소송(counterclaim).

re·con·ver·sion [rì:kənvə́ːrʒən/-ʃən] (U) 1 재개종(再改宗); 복당(復黨), 복구, 부흥, 복귀. 2 재전환, 재개편. 3 (생산 설비 따위의) 쇄신, 근대화, 능률화.

re·con·vert [rì:kənvə́ːrt] …를 재개종[복당]시키다; …를 예전 상태로 복귀시키다; …를 재전환[전향]시키다. — 재개종하다; 원상으로 돌아가다.
~·er

re·con·vey [rì:kənvéi] 1 재수송하다, 반송하다, 다시 전달하다. 2 원위치[장소]로 되돌리다; (토지 따위)를 전(前)소유자에게 반환하다. ~·ance

re·cop·y [rì:kάpi/-kɔ́pi] …을 다시 베끼다, 다시 복사하다.

‡**re·cord¹** [rikɔ́ːrd] (~s [-z]) 1 …을 기록하다, 적어두다; …을 등기[등록]하다. ¶(~+目+前+名) ~ something *in* a diary …을 일기에 적어두다. 2 …을 녹음[녹화]하다(*on, onto, from*); …을 (레코드·테이프 따위가) …을 말해 주다. ¶His letters ~ his hopes and fears at the time. 그의 편지는 당시의 그의 희망과 불안을 말해 준다. 4 (계기 따위가) …을 표시하며, 나타내다. ¶The thermometer ~*ed* 35°C. 온도계는 섭씨 35도를 가리키고 있었다. — 1 기록[녹음, 녹화]하다[되다]. 2 (美) (카드놀이) 득점을 하다.

‡**rec·ord²** [rékərd/-kɔːd] (~s [-z]) 1 ⓤ 기록, 기재; 등기, 등록. 2 ⓒ 기록 (문서), 등록부, (…) 증서; 의사록; (지진계 따위의) 기록; 증거(품), 유물(*of*). 3 ⓒ (보통 a ~) 경력, 이력; (학교의) 성적; 전과(前科) (criminal ~). ¶have a good[bad] ~ 경력이 좋다[나쁘다]/men with ~*s* 전과자. 4 ⓒ (기억에 남는 남는 기념물[품]. 5 ⓒ (재생을 위한) 음성[영상] 기록; 레코드, 음반. ¶cut a ~ 레코드에 녹음하다/play a ~ 레코드를 틀다. 6 ⓒ (운동 경기의) 기록, 최고[신(新)] 기록(*in*). ¶hold the (world's) ~ (세계) 기록을 보유하다/break[*or* beat, cut] the ~ 기록을 깨다. 7 (컴퓨터) 기록, 레코드(아이템의 모임으로 file을 구성하는 단위).

8 (법률) 공기록의 작성; 증거, 공기록; 소송(공판) 기록.
a matter of record 공식 기록에 실려 있는 사실.
a record for all time 영원히 깰 수 없는 기록.
bear record to …의 증언을 하다.
call [*or* **take**] **a person to record** 남을 증인으로 세우다, 남에게 입증하게 하다.
change the record (구어) 곡목을 바꾸다, 같은 일을 되풀이하지 않다. 「기이다.
for the record (구어) 공식적으로, 기록에 남기기
get [*or* **keep, put, set**] **the record straight** 기록을 바로 잡다; 오해를 풀다.
go [*or* **put** *oneself*] **on record** (의견·입장을) 공적으로 표명하다; 기록에 남기다; 언질을 주다.
have a record 전과가 있다.
keep to the record 주제[본론]에서 벗어나지 않다.
off the record 공표해서는 안 될, 비공개[비공식]의, 오프 더 레코드의. ¶speak *off the* ~ *that*… …이라고 비공식으로 말하다.
of record ① 법원의 기록에 등재되어 있는. ② 증거 서류 외의 것으로 입증된, 확실한. ③ 공식 기록에 의하면.
on [*or* **upon**] (**the**) **record** ① 공표된, 공식적으로 언명된. ② (출판물·서류 따위에) 기록되어 있는, 기록상의
put…on record …을 기록하다, 등록하다. 「의.
track record (구어) (일 따위의) 전(수)업적[공적].
travel out of [*or* **stray from**] **the record** 본론에서 벗어나다.
— 기록적인, 기록을 깨뜨리는; 공전(空前)의; 최고의. ¶a ~ crop 기록적 대풍(大豊).

re·cord·al [rikɔ́ːrdl] (드물게) 기록, 녹음.

rec·or·da·tion [rèkərdéiʃən, rì:kɔ:r-/-kɔː-] 기록(하기). 「입자.

récord brèaker 기록을 깨뜨린 사람, 신기록 수

rec·ord-break·ing [-brèikiŋ] 기록을 깨는, 공전(空前)의. ¶~ sale 공전의 매상. **-**(U) 기록 돌파.

récord càrd (英) 색인 카드.

récord chànger 1 음반 자동 교환 장치. 2 (美속어) 하잖은 인물, 소인배; 미숙련공.

récord dèck 레코드 덱(레코드 플레이어의 턴테이블, 모터, 암(tone arm) 등 전자 부품 이외의 것).

re·cord·ed delivery [rikɔ́ːrdid-] (英) 배달 증명 (우편) (美) certified mail); (英) registered post

‡**re·cord·er** [rikɔ́ːrdər] (~s [-z]) 1 기록자, 등록자. 2 서기, 등록계. 3 기록기, 녹화기; 수신기. ¶a time ~ 시간 기록기. 3 (종종 R-) (英법률) (시)재판관; 기록자. 4 리코더(8개의 구멍이 있는 구식 플루트의 일종). 「mentary film

récord fìlm (美) 뉴스 영화, 보도용 필름. ¶docu-

récord hèad (美) = recording head.

rec·ord-hòld·er [rèkərdhòuldər/-kɔ:d-] 기록 보유자. (또는 **record-hòlder**).

***re·cord·ing** [rikɔ́ːrdiŋ] 기록하는, 녹음하는; 기록(녹음)용의; 기록 계원의. ¶a studio ~ 녹음실/a ~ apparatus 녹음 장치. — (U)(C) 기록, (C) 녹음[녹화] 테이프, 레코드; (레코드·디스크·테이프 따위에) 녹음[녹화]한 음성[영상].

recórding àngel (종종 R- A-) (기독교) 기록 천사(사람의 선악을 기록한다고 함).

recórding hèad (테이프 리코더의) 녹음[녹화] 헤드; (레코드 제작에 쓰는) 커터(cutter).

recórding sècretary (회의) (의사(議事)) 기록 계원, 서기. 「계원.

rec·ord·ist [rikɔ́ːrdist] (美) 기록 계원; (영화) 녹음

rec·ord-keep·ing [rékərdki:piŋ/-kɔ:d-] (美) 기록 보존.

récord library (美) 레코드 라이브러리.

Récord Òffice (英) 공립 기록 보관소, 공문서관 (Public ~).

‡**récord plàyer** (美) 레코드 플레이어, 축음기.

*re·count [rikáunt] 圄囲 1 …을 이야기하다, 상술하다. ⇨RELATE 윤의어 2 …을 하나하나 들어서 세다: 열거하다.

re-count [ˈriːkáunt] 圄囲 …을 다시 세다[계산하다]. — 圄 [ˈ⸲ ⸲] 재계산, 재검표.

re·count·al [rikáuntl] 圄 상술(詳述), 상설(詳說).

re-coup [rikúːp] 圄 1 〔손실〕을 회복하다, 벌충하다, 보상하다. 〔남〕에게 변상하다. ¶ ~ one's losses 손실을 벌충하다 // ~ a person's loss; ~ a person *for* a loss 남에게 손실분을 변상하다. 2 〔법률〕 …을 공제하다. 3 〔건강·활력〕을 회복하다. — 囲 되찾다, 메꾸다; 〔법률〕 공제하다. 〔피고가〕 공제[감액] 청구하다.
— 圄 벌충, 변상; 〔법률〕 공제. **~·a·ble** 圄 **~·ment** 圄

*re·course [ríːkɔːrs, rikɔ́ːrs/rikóːs] 圄 1 〔U〕 의지(하기), 의뢰 (*to*). 〔by ~ *to* violence 폭력에 호소하여. 2 〔C〕 의지가 되는 것[사람]. ¶ His last ~ is the law. 그가 최후에 의지할 것은 법이다. 3 〔U〕 〔법률〕 제2차적 청구, 상환 청구(권).
have recourse to …에 의지하다, …을 사용하다.
without recourse 소급 배제, 상환 청구에 응하지 않음(배서인·발행인이 어음에 쓰는 말).
without recourse to …에 의지하지 않고. ¶ *without* ~ *to outside help* 외부의 도움이 의지하지 않고.

‡re·cov·er [rikʌ́vər] 圄 (~*s* [-z]) 囲 1 …을 되찾다, 다시 수중에 넣다; 〔잃은 기능 따위〕를 회복하다; 〔재귀용법으로〕 침착(의식, 건강, 평형)을 되찾다 (*from*). ¶ ~ (one's) consciousness[health] 의식[건강]을 회복하다 / ~ one's breath 숨을 가다듬다 / ~ a person's friendship 우정을 되찾다.

유의어 **recover** 잃었던 것을 다시 손에 넣다; 노력의 뜻은 없다. **regain** 빼앗긴 것을 (강한 의지로) 되찾다. **restore** 파괴·쇠약한 것을 본래의 좋은 상태로 회복시키다. **retrieve** 열심히 노력한 결과 recover, regain, restore 하다.

2 〔손실〕을 보상하다, 메우다, 벌충하다. ¶ ~ one's losses by hard work 열심히 일하여 손실을 메우다. 3 …을 재발견하다. 〔시체 따위〕를 찾아내다. ¶ ~ a lost art 잃어버린 기술을 재발견하다. 4 〔타락에서〕 〔남〕을 벗어나게[개심케] 하다; …을 교정(矯正)하다 (*from*, *out of*). ¶ (~+囲+前+名) ~ a person *from* [or *out of*] vice 남을 악의 길에서 벗어나게 하다. 5 〔법률〕 (승소하여) …의 배상을 받다; …의 소유권을 되찾다. ¶ ~ lands in real action 소송으로 토지를 되찾다 // (~+囲+前+名) ~ damages *for* a wrong 불법 행위에 대한 손해 배상을 받다. 6 〔남〕을 회복시키다; 치료하다. ¶ (~+囲+前+名) ~ a person *to* life 남을 소생시키다 / ~ a person *from* lingering illness 남의 지병을 고쳐 주다. 7 〔폐기물 따위에서〕 〔유용한 물질〕을 재생[회수]하다; 〔바다 따위를〕 매립하다. 〔토지〕를 만들다 (*from*). ¶ (~+囲+前+名) ~ land *from* the sea 바다를 매립하여 토지를 조성하다. 8 〔미식축구〕 〔떨어뜨린 공〕을 다시 잡다; 〔군사〕 〔총 따위〕를 (겨누는 자세에서) 원위치[준비 자세]로 되돌리다, 〔펜싱〕 찌르고 나서 〔검〕을 원위치로 돌리다. 9 〔고어〕 …에 귀착하다. 10 〔드물게〕 …을 생각해내다, 상기하다.

— 圄囲 1 되낫다 (*from*, *of*); 원상태로 되다, 복구되다 (*from*). ¶ (~+前+名) ~ *from* a disaster 재난에서 복구하다 / ~ *from* an illness 병이 낫다. 2 〔스포츠〕 원자세로 되다. 3 〔법률〕 승소하다, (소송에 이겨) 권리를 회복하다. 4 〔미식축구〕 공을 되잡다. 5 〔폐어〕 =return.

recover oneself 제정신이 들다, 마음이 진정되다.
recover one's feet [or *legs*] (쓰러졌다가) 일어서다.
recover the wind of (사냥에서) 〔짐승의 냄새〕를 바람 불어가는 쪽으로 맡다.
— 圄〔U〔C〕 1 〔펜싱〕 원자세(로 돌아가기). 2 〔컴퓨터〕
~·er 圄

re-cov·er [ˈriːkʌ́vər] 囲 …을 다시 덮다, 다시 바르다; 〔책〕의 표지를 갈아 붙이다.

re-cov·er·a·ble [rikʌ́vərəbl] 圄 되찾을 수 있는, 회복할 수 있는. **~·ness** 圄

‡re·cov·er·y [rikʌ́vəri] 圄〔U〕 1 되찾기, 회복, 회수; 되찾은 상태. 2 (병의) 쾌유, 회복 (*from*). ¶ make a complete ~ (*from* an illness) 완쾌하다. 3 (a ~) (나쁜 상태로부터의) 회복, 복구 (*from*). 4 〔폐기물 따위에서의〕 재생 (이용), 회수; (바다 따위의) 매립. 5 〔법률〕 재산[권리] 회복 (*of*). 6 〔스포츠〕 원자세로 돌아가기; 〔골프〕 리커버리(벙커 따위에서 그린으로 공을 쳐올리는 스트로크); 〔미식축구〕 놓친 공을 되잡기. 7 (경기의) 회복, 상향; 경기 회복기. 8 (폐광의) 조업 재개.

recóvery pèg 圄 (축쾌) 대체 땟말.

recóvery prògram 圄 (알코올·마약 중독자에 대한) 회복 프로그램.

recóvery ròom 圄 (병원의) 회복실.

recóvery vàn 圄 (英) 견인차(wrecker).

recpt. receipt.

rec·re·ant [rékriənt] 圄 〔문어〕 겁 많은, 비겁한; 불성실한, 圄 겁쟁이, 비겁자; 변절자, 배신자.
-ance, -an·cy 圄 **·ly** 囲 〔배교자.〕

rec·re·ate [rékrièit] 囲 (종종 재귀용법으로) (오락·가벼운 운동 따위로) 〔남〕에게 생기를 북돋우다, 소창 (消暢)시키다; 〔남〕을 휴양시키다, 기운나게 하다(*by*, *with*). ¶ ~ oneself *with* a hobby [*by* a holiday] 좋아하는 일을 하며(휴가를 얻어) 즐기다. — 囲 소창하다, 즐기다; 생기를 기르다, 휴양하다. **-à·tor** 圄

re-cre·ate [ˈriːkrièit] 囲 …을 고쳐 만들다, 개조하다; …을 (상상 따위로) 재현하다.
-át·a·ble, -á·tive 圄 **-á·tor** 圄

‡rec·re·a·tion [ˈrèkriéiʃən] 圄〔U〔C〕 (~*s* [-z]) 1 레크리에이션, 기분 전환, 소창; 〔C〕 오락, 기분 풀이가 되는 것[행위]. 2 〔U〕 원기 회복, 휴양. ¶ take ~ 휴양하다.

유의어 **recreation** 긴장을 풀고 심신을 상쾌하게 하기 위한 활동. **amusement** 한가한 시간을 지루하지 않게 지내기 위한 즐거운 일. **diversion** 틀에 박힌 일이나 걱정 따위에서 마음을 딴 데로 돌려 기분을 푸는 일. **entertainment** 남에게 amusement, diversion을 주기 위하여 하는 일. **hobby** 전문·본업이 아니면서 하는 일; 반드시 오락적인 것만은 아니다. **pastime** 시간을 즐겁게 지낼 수 있는 모든 일.

— 圄 =recreational.

re-cre·a·tion [ˈriːkriéiʃən] 圄〔U〔C〕 개조, 고쳐 만들기; 개조[개작]물.

*rec·re·a·tion·al [rèkriéiʃənl] 圄 오락적인, 레크리에이션[기분 전환, 휴양]의; (마약이) 기분 전환용의.

rec·re·a·tion·al·ist [rèkriéiʃənəlist] 圄 =recreationist.

recreátional véhicle 圄 레저 카, 휴양용 승용차 (camper, trailer 따위)(圄 RV). (또는 **recvee**)

recreátion gròund 圄 (英) 유원지; 운동장.

rec·re·a·tion·ist [rèkriéiʃənist] 圄 1 (야외에서) 레크리에이션을 즐기는 사람, 행락객. 2 자연 환경 보호주의자.

recreátion ròom [hàll] 圄 (美·캐나다) (가정·공공 건물의) 오락실. (또는 (구어) **réc ròom**)

rec·re·a·tive [rékrièitiv] 圄 기분 전환이 되는, 생기를 돋우는, 휴양[보양]이 되는. **~·ly** 囲 **~·ness** 圄

re-cre·den·tial [ˌriːkridénʃəl] 圄 신임 답장(본국으로 귀임하는 대사에게 주재국에서 주는 서장).

rec·re·ment [rékrəmənt] 圄 1 〔생리〕 재귀액(再歸液)(위액·타액처럼 다시 체내에 흡수되는 분비액). 2 폐물, 쓰레기; 〔광석의〕 맥석(鑛石). **·mén·tal** 圄

rec·re·men·ti·tious [ˌrèkrəmentíʃəs, -men-] 圄 불순물의[에 들어간]; 여분의, 쓸데없는.

re-crim·i·nal·ize [riːkrímənəlàiz] 圄囲 …을 다시

re·crim·i·nate [rikrímənèit] 图 (…을) 맞고소하다; 되받아 비난하다.
-nation 图 **-native, -natory** 图
réc ròom 图 (구어) =recreation room.
re·cross [ri:krɔ́:s/-krɔ́s] 图 (…을) 다시 가로지르다[건너다]; (…을) 다시 교차하다[시키다].
re·cru·desce [rì:kru:dés] 图图 (병·상처·불평·불안 따위가) 재발하다, 재연하다, 더치다.
re·cru·des·cence [rì:kru:désns] 图UC 재발, 재연, 더침. (또는 **recrudescency**)
-cent 图 재발[재연]하는.

***re·cruit** [rikrú:t] 图 1 신병, 초년병, 보충병; (美군사) 졸병. 2 신입 사원, 신입 회원[당원, 단원], 신입생, 신참자. ¶a new [or raw] ~ 풋내기, 신참자. 3 보충, 신규 보급. 4 (軍속어) 초급 훈련기(機)(PT-21, PT-22의 속칭). 图 1 (신병)을 모집하다; (신입 회원[당원] 등)을 모집하다(*from, into, to, for*). 2 …을 (신병·신입 회원으로) 강화하다, 보강하다(*from*). 3 (군대에) 신병을 보충하다; (회·당 따위에) 새 회원[당원]을 넣다; …을 고용하다; (인재)를 스카우트하다; (사람)에게 입회[입당]을 권유하다. 4 …을 보충하다, 보급하다; (고어) (건강·체력)을 회복하다. ─ 图 1 신병[새 회원]을 모집하다; (운동 선수 등)을 스카우트하다. 2 보충[보급]하다. 3 건강[체력]을 회복하다; 잃었던 것을 되찾다.
~·a·ble **~·er** 图
re·cruit·al [rikrú:tl] 图UC 보급, 보충(품).
re·crúit·ing òfficer 图 징병관.
re·cruit·ment [rikrú:tmənt] 图UC 1 신병[신회원] 모집. 2 보급, 보충; 건강[체력] 회복. 3 (생리) (자극에 대한 반응의) 점증. ¶~ 취업 정보망.
recrúitment àgency 图 인재(人材) 주선업(회사).
re·crys·tal·lize [ri:krístəlàiz] 图 (*英) -**lise**) 재결정(再結晶)시키다[하다]. **-crýs·tal·li·zá·tion** 图
Rec. Sec., rec. sec. *Recording Secretary.*
rect. *receipt; rectangle; rectangular;* (라틴) *rectificatus*(정류한) *rectified; rector; rectory.*
rect- [rekt] (연결) ⇒RECTI-, RECTO-.
rec·ta [réktə] 图 *rectum*의 복수형.
rec·tal [réktl] 图 직장(rectum)의. **~·ly** 图

***rec·tan·gle** [réktæŋgl] 图 직사각형, 장방형.
***rec·tan·gu·lar** [rektǽŋgjulər] 图 1 직사각형[장방형]의. 2 직각을 이루는; 직각의; 직교하는. **-lar·i·ty** [-lǽrəti] 图 직사각형임. **~·ly** 图 **~·ness** 图
rectángular coórdinates 图 (수학) 직교(直交) 좌표.
rectángular hypérbola 图 (수학) 직각 쌍곡선.
rec·ti [réktai] 图 *rectus*의 복수형.
rec·ti- [rékti, -tə] (연결) 「정(正)…, 직(直)…」의 뜻(*모음 앞에서는 rect-). ¶rectitude, rectangle.
rec·ti·fi·a·ble [réktəfàiəbl] 图 수정[교정(矯正), 개정]할 수 있는; (기기(機器)가) 조정할 수 있는; (화학) 정류(精溜)할 수 있는; (전기) 정류(整流)할 수 있는; (수학) 유한한 길이의, 길이를 구할 수 있는.
rec·ti·fi·ca·tion [rèktəfikéiʃən] 图UC 1 수정, 교정, 개정; 조정. 2 (화학) 정류(精溜); (전기) 정류(整流); (수학) 구장(법)(求長法).
rec·ti·fi·er [réktəfàiər] 图C 1 수정자, 교정자; (기기의) 조정용 기구. 2 (화학) 정류기; (전기) 정류기(관). 3 (토목) (사진 측량의) 편위(偏位) 수정기.
rec·ti·fy [réktəfài] 图图 1 …을 바로잡다, 바루다, 고치다, 수정하다, 개정하다, 교정(矯正)하다; (기기(機器) 따위를) 조정[수정]하다. ¶~ errors 오류를 바로잡다 /~ opinions 의견을 수정하다. 2 (화학) (알코올 따위)를 정류(精溜)하다. 3 (전기) (교류)를 직류로 바꾸다, 정류(整流)하다. ¶a ~*ing* detector 정류 검파기(檢波器). 4 (수학) (곡선·호)의 길이를 구하다. 5 (천문·지리) (제시 문제의 해결을 위해) (지구의 따위)를 조정하다.
rec·ti·lin·e·ar [rèktəlíniər] 图 직선의[을 이루는]; 직선으로 둘러싸인; 직선으로 나아가는, 직선적인; 수직의; (광학) (렌즈의) 구면 수차가 보정된. (또는 **rectilineal**) **~·ly** 图 「은 부리를 가진.
rec·ti·ros·tral [rèktərǽstrəl/-rɔ́s-] 图 (새가) 곧
rec·ti·tude [réktətjù:d/-tjù:d] 图UC 1 정직, 고지식함, 성실; 공정, 엄정. ¶a man of ~ 청렴한 사람. 2 (판단 따위의) 올바름, 정확함. ⇒HONESTY (유의어) 3 (드물게) 똑바름, 곧음.
rec·ti·tu·di·nous [rèktətjù:dənəs/-tjú:-] 图 1 정직한; 엄정한. 2 독선적인; 위선적인.
rec·to [réktou] 图 (图 **~s**) C (인쇄) (책의) 오른쪽 페이지; (종이의) 겉면(verso). [<L]
rec·to- [réktou, -tə] (연결) *rectum*의 뜻(*모음 앞에서는 rect-). ¶rectocele.
rec·to·cele [réktəsì:l] 图 직장 헤르니아, 직장류(瘤).
rec·to·cen·trism [rèktəséntrizm] 图 오른손잡이 중심주의, 왼손잡이 차별.

***rec·tor** [réktər] 图 1 (美) 프로테스탄트 감독 교회의 교구 목사; (영국 국교회의) 교구 사제. 2 (가톨릭) (예수회 등의) 수도원장; 주임 사제. 3 (대학·각종 학교 따위의) 교장, 학장, 총장. ⓟ rectress
-to·ri·al [rektɔ́:riəl] 图 **~·shìp** 图
rec·tor·ate [réktərət] 图UC *rector*의 지위[직무, 임기]. (또는 **rectorship**)
rec·to·ry [réktəri] 图 1 교구 목사관, 사제관(parsonage). 2 (英) 교구 사제의 성직록[수입].
rec·trix [réktriks] 图 (图 **-tri·ces** [rektráisi:z]) (조류) 꽁지 깃. **rec·trí·cial** [-tríʃəl] 图
rec·tum [réktəm] 图 (图 **~s, -ta** [-tə]) (해부) 직장(直腸). 「筋.
rec·tus [réktəs] 图 (图 **-ti** [-tai]) (해부) 직(直)
re·cu·ler pour mieux sau·ter [*F* Rəkyle puR mjø sote] 도약하기 위해 뒤로 물러서다: (비유적) 이보 전진을 위한 일보 후퇴. [<*F*]
re·cum·bent [rikʌ́mbənt] 图 1 기댄; 드러누운. 2 활발치 못한; 게으른. 3 (생물) 드러눕는 (경향이 있는). 4 (지질) (습곡의) 횡와(橫臥)의. ─ 图 누워 있는 사람 (동물, 식물). **-bence, -ben·cy** 图 **~·ly** 图
re·cu·per·ate [rikjú:pərèit] 图图 (병·피로에서) 회복하다, 건강을 보충하다, 기운을 차리다; 경제적 손실을 만회하다 (*from*). ¶ ~ after illness 병후 건강을 회복하다. ─ 图 (남)을 건강하게 회복시키다; (건강·체력·손실 따위)를 되찾다, 만회하다. ¶ ~ one's vigor 활력을 되찾다. **-á·tion** 图
re·cu·per·a·tive [rikjú:pərətiv, -rèitiv] 图 1 회복시키는; 회복력이 있는. 2 복열(復熱)(복원) 장치가 있는. (또는 **recuperatory**) **~·ness** 图
re·cu·per·a·tor [rikjú:pərèitər] 图 회복하는 사람[것]; 복열(復熱) 장치; (대포의) 복좌(復座) 장치.
re·cur [rikə́:r] 图图 (**-rr-**) 1 (좋지 않은 일이) 다시 일어나다, 재발하다; 되풀이되다, 순환하다. ¶The fit ~s. 발작이 재발한다. 2 (생각·기억 따위가) 되살아나다 (*to*). ¶ (~+前+名) His former mistake ~*red to* him [or *to* his mind]. 전번의 실수가 다시 그의 머리에 떠올랐다. 3 (본래의 화제·생각·기억 따위로) 되돌아가다 (*to*). ¶ (~+前+名) ~ *to* the matter of cost 다시 비용 문제로 돌아가다. 4 …에 의지하다, 호소하다 (*to*). ¶ ~ *to* violence 폭력에 호소하다. 5 (수학) 순환하다. ¶a ~*ring* curve 순환 곡선.
re·cur·rence [rikə́:rəns/-kʌ́r-] 图UC 1 재발, 재연; 되풀이, 반복, 순환. 2 (본래의 화제·상대로의) 되돌아감, 회귀; 생각이 되살아남, 회상. 3 (美) 의지[호소]하기.
***have recurrence to* …에 호소[의지]하다.

recúrrence fòrmula 圐 =recursion formula.
re·cur·rent [rikə́ːrənt/-kʌ́r-] 圐 **1** 빈발하는, 재발하는; (주기적으로) 되풀이되는; 순환하는. **2** 〔해부〕(동맥·신경 따위가) 회귀(回歸)의. ¶a ~ nerve[artery] 회귀 신경[동맥]. **~·ly** 圐
recúrrent educátion 圐 〔교육〕순환 교육(사회인이 다시 학교로 돌아와 교육을 받는 제도).
recúrrent féver 圐 〔병리〕회귀열.
re·cur·ring [rikə́ːriŋ/-kʌ́r-] 圐 되풀이해서 일어나는; 〔수학〕순환하는. **~·ly** 圐 「lating decimal).
recúrring décimal 圐 〔수학〕순환 소수(circu-
recúrring prófit 圐 경상(經常) 이익.
re·cur·sion [rikə́ːrʒən/-ʃən] 圐 □ 회귀; 〔컴퓨터〕재귀, 반복; 〔수학〕귀납, 귀납적 방법[정의].
recúrsion fòrmula 圐 〔수학〕점화식(漸化式), 귀납(回歸) 공식.
re·cur·sive [rikə́ːrsiv] 圐 **1** 되풀이해서 쓰이는; 회귀되는. **2** 〔수학·컴퓨터〕귀납[재귀(再歸)]적인. **~·ly** 圐 **~·ness** 圐
recúrsive definítion 圐 〔논리〕귀납적 정의.
recúrsive fúnction 圐 〔수학〕재귀[순환] 함수.
recúrsive subróutine 圐 〔컴퓨터〕재귀적 서브루틴(자기 자신을 직접 호출할 수 있는 서브루틴).
re·cur·vate [rikə́ːrvət, -veit] 圐 휘어진, 젖혀진.
re·curve [riːkə́ːrv] 圐 ···을 뒤로 휘게 하다[젖히다]. ─ 圐 휘어지다, 뒤로 구부러지다; (바람·흐름 따위가) 역전되다. 「쪽)으로 구부러진.
re·curved [rikə́ːrvd] 圐 (새의 부리 따위가) 뒤안
re·cus·al [rikjúːzəl] 圐 〔법률〕기피, 회피.
rec·u·san·cy [rékjuzənsi, rikúː-] 圐 □ **1** 반항, 불복종; 완강한 거절[반대]. **2** 〔영사사〕(가톨릭 교도의) 영국 국교회 기피. (또는 **recusance**).
rec·u·sant [rékjuzənt, rikúː-] 圐 **1** 복종하지 않는; 완강히 거절[반대]하는. **2** 〔영사사〕영국 국교회를 거부하는. ─ 圐 **1** 반항자[반대]자; 권위에 굴하지 않는 사람. **2** 〔영사사〕(가톨릭 교도의) 국교회 기피자.
re·cuse [rikjúːz] 圐 圐 (판사·배심원)을 기피하다, 거부하다. ─ 圐 (판사 등이) 회피하다, 사퇴하다.
rec·u·sa·tion [rèkjuzéiʃən] 圐 기피.
rec·vee [rékviː] 圐 〔구어〕=recreational vehicle. (또는 **rèc·v́**)
re·cy·cle [riːsáikl] 圐 圐 **1** (폐기물)을 재생 처리[가공, 이용]하다, 재활용하다. ¶~ paper to save trees 나무를 보존하기 위하여 종이를 재생 이용하다. **2** ···을 개조하다; (원형 그대로 또는 약간 손질하여) 다시 쓰다. **3** ···을 재순환시키다; 순환 사용[처리]하다. **4** 〔컴퓨터〕(동일 조작·계산)을 되풀이하다. **5** (무역 흑자로 생긴 자금 따위)를 (차관·투자로) 환류(還流)시키다. ─ 圐 **1** 재순환하다. **2** 재생 이용되다; 재사용에 적합하다. **3** (초 읽기에서) 이전의 시점으로 돌아가다. **4** 〔컴퓨터〕같은 데이터 처리를 되풀이하다. ─ 圐 **1** 재생 이용법; 재활용. **2** 재생[재활용품]. **3** 〔화학〕(재)순환. (또는 **rè·cýcle**) **-cy·cla·bíl·i·ty** 圐 **-cla·ble** 圐 **-cler, -clist** 圐
recýcle bìn 圐 〔컴퓨터〕휴지통.
re·cy·cling [riːsáikliŋ] 圐 재생 이용, 재활용; 재순환(작용); 〔경제〕단자 환류(短資還流).
‡**red** [red] 圐 (**~·der**; **~·dest**) **1** 붉은, 빨간, 적색의, 불그스름한; (피부가) 불그레한. ¶~ cheeks 붉은 빰. **2** 붉은 옷을 입은; (노여움·부끄럼 때문에) 새빨개진(**with**). ¶the ~ guard 적색 제복의 위병 / get[or turn] ~ 붉어지다; 얼굴이 빨개지다 / become ~ with rage 분노로 (얼굴이) 새빨개지다. **3** 피로 물든; (눈이) 충혈된, 핏발선; (전투 따위가) 피비린내나는, 격렬한. ¶~ eyes 충혈된 눈 / a ~ battle 혈전 / with ~ hands 손에 피를 묻혀, 살인을 범하고 / have ~ hands 살인을 범하다. **4** (정치적으로) 붉은, 극좌의, 급진[혁명]적인; (종종 R-) 공산주의(국가)의, 옛 소련의, 공산권의. ¶~ ideas 과격한 사상. **5** (거래 따위가) 적자(赤字)의, 손해의(圐 black). **6** (구어) 북미 인디언의. **7** (지도상에서) 붉게 칠해진, 영령(英領)의; 북극을 나타내는. **8** 파렴치한, 방탕한. **9** (美속어) 〔부사적〕심히, 몹시. **10** (속어) 금제(金製)의.
paint the map red (英) 영국 영토를 확장하다(지도에서는 보통 영국 영토를 붉게 나타내는 데서).
paint the town red (속어) (술집 따위에서) 흥청망청 놀다.
red, white and blue banner (美) 성조기(星條旗).
─ 圐 (圐 **~s** [-z]) **1** □ 빨강, 적색 (그림 물감, 염료). **2** □ 붉은 것, 불그스름한 것; 붉은 털의 사람, 동물); □ 붉은 옷[천]; (the ~) (당구의) 붉은 공, (체스 따위의) 붉은 말. ¶be dressed in ~ 붉은 옷을 입고 있다. **3** □ **a)** (종종 R-) 공산주의자, 빨갱이. **b)** (the R-s) 적군(赤軍), 공산군; 옛 소련. **4** (구어) 적신호, 정지 신호(~ light); 적포도주. ¶a glass of ~ 적포도주 한 잔. **5** (R-s) 아메리칸 인디언. **6** (the ~) 적자(圐 black). **7** (구어) 1센트 동전. **8** (속어) (적색의) 세코바르비탈 (진정·수면제) 캡슐(~ devil); 세코날; 파나마 레드 (Panama ~)(마리화나의 일종). **9** (the R-) (英역사) 적색 함대(the R- Squadron). **10** (美속어) 소금에 절인 냉동 쇠고기. **11** (英구어·방언) 얼굴을 붉힘, 홍조. **12** =~ alert. **13** (美속어) 금(~ stuff). **14** (美속어) =redneck. **15** (英속어) 신참자.
be in the red 적자이다, 빚지고 있다.
get out of the red (구어) 적자 상태에서 벗어나다, 호전되다.
go [or **get**] **into the red** 적자를 내다, 빚지다.
reds under the bed(s) 잠입해 있는 공산주의자.
see red (구어) 살기를 띠다, 격노하다.
─ 圐 (**-dd-**) (방언) =redden.
red out (항공) (파일럿이) 시야가 붉게 흐려지면서 시야를 잃다. ⇨REDOUT.
Red [red] 圐 레드(남자 이름).
red. reduce(d); reduction.
red- [red, rid] 圐 (몇몇 단어의 모음 앞에서) re-의 이형(異形). ¶**redintegrate**. 「**kindred**.
-red [rid] 圐 상태를 나타내는 명사를 만듦. ¶**hatred**,
re·dact [ridǽkt] 圐 圐 **1** (원고 따위)를 수정하다, 편집하다. **2** (성명서 따위)를 작성하다, 기초하다. **-dác·tor** 圐 편집자, 교정자.
re·dac·tion [ridǽkʃən] 圐 □ (원고 따위의) 수정, 편집; 개정; □ 판; 개정판, 신판. **-al** 圐
réd ádmiral 圐 〔곤충〕멋쟁이나비의 일종.
réd alért 圐 (적군 습격 직전의) 공습[적색] 경보(圐 blue alert, yellow alert); 비상 사태 경보; 긴급[비상] 사태.
réd álgae 圐 〔식물〕붉은말, 홍조(紅藻). 「태세.
re·dan [ridǽn] 圐 〔축성〕철각보(凸角堡).
réd ánt 圐 붉은 개미.
red·ar·gue [ridáːrgjuː] 圐 圐 (고어) 논파하다; 반박하다. **red·ar·gu·tion** [rèdɑːrgjúːʃən] 圐
Réd Ármy 圐 (the ~) **1** 적군(赤軍)(옛 소련군 (Soviet army)의 공식명). **2** 일본 적군.
Réd Ármy Fáction 圐 독일 적군파(圐 RAF).
Réd Árrow 圐 (the ~) **1** 레드 애로(런던 중심부를 운행하는 1층 버스). **2** (~s) 영국 공군의 곡예 비행단.
réd árse 圐 (英속어) 신병, 신참자.
réd ársenic 圐 〔광물〕=realgar.
réd áss 圐 (美속어) 안달복달, 우울.
red·assed [rédæst] 圐 (美속어) 노발대발하는, 몹시 화가 난. (또는 **réd-ássed**)
red-backed [-bǽkt] 圐 등이 붉은.
réd-backed sándpiper 圐 〔조류〕민물도요.
réd-backed shríke 圐 붉은등 때까치. 「미.
réd-back spíder [-bǽk-] 圐 꼬마거미과의 독거
réd bág 圐 (英) 법정 변호사의 법복을 넣는 가방.
réd-bag wáste 圐 (오염된) 병원 폐기물(붉은 포대

에 넣어 소독·소각함).
red·bait [rédbèit] 타 〔美구어〕 (…을) 정치적 과격자로 탄핵하다; (…을) 공산주의자라 하여 탄압[비난]하다. ~·er, ~·ing 명

réd báll 명 〔美속어〕 급행 화물 열차; 급행편(열차·버스·트럭 따위); 〔美軍속어〕 적의 통로.

réd bárk 명 〔식물〕 붉은 키나피(皮)(키나네의 원료).

réd bát (북미산) 붉은박쥐.

réd béan 명 1 팥. 2 멀구슬나무.

réd béd 명 적색층(층은 퇴적암층).

réd béet 명 〔샐러드용〕 붉은 사탕무.

réd-bel·lied wóodpecker [-bèlid-] 명 〔조류〕 붉은배 딱따구리. 〔섞은 술.

réd bíddy 명 〔英구어〕 값싼 적포도주; 메틸 알코올을

red·bird [rédbəːrd] 명 1 홍관조. 2 피리새 무리의 작은 새.

réd blíndness 명 〔의학〕 적(赤)색맹, 제1색맹 (protanopia). **réd-blínd** 형

réd blóod cèll 명 〔생리〕 적혈구(略 RBC). (또는 **réd céll**)

red-blood·ed [-blʌ́did] 형 〔구어〕 혈기 왕성한, 기운찬, 사나이다운; (소설 따위는) 활극적인, 신나게 흥분시키는. ~·ness 명

red·bone [rédbòun] 명 레드본 하운드(아메리카 원산의 사냥개). (또는 **réd bòne**)

réd bóok 명 1 (광고) 명은 표지책(광고주·광고 대리점 명부). 2 (R-B-) 〔英〕 (19세기의) 신사록, 귀족 명감.

réd bráss 명 적색 황동.

red·breast [rédbrèst] 명 〔구어〕 〔조류〕 울새(robin); 개똥지빠귀. 〔어류〕 (미국산) 개복치과(科)의 배가 붉은 담수어.

réd-breast·ed [-brèstid] 형 가슴이 붉은. 〔리.

réd-breasted mergánser 명 〔조류〕 바다비오

red·brick [rédbrìk] 형 1 붉은 벽돌로 지은. 2 (때로 R-) 〔英구어〕 (대학이) 신설의. — 명 (R-) 〔英구어〕 ~ university; 그 학생[졸업생]. (또는 **réd-brìck**)

rédbrick univérsity (때로 R- U-) 〔英구어〕 1 근대에 창설된 대학, 신설 대학. 2 (Oxford, Cambridge 이외의) 명성이 없는 대학, 이류 대학. 〔극좌 테러단.

Réd Brigádes 명(pl.) (the ~) 붉은 여단(이탈리아의

red·bud [rédbʌ̀d] 명 미국박태기나무(콩과(科)의 낙엽 관목); 그 유사 관목의 총칭.

red·bug [rédbʌ̀g] 명 〔美〕 진드기의 일종(대서양 연안 남부 여러 주산(産)).

Réd Bús Ròver 〔英〕 (런던의) 빨간색 버스를 마음대로 타는 자유 승차권.

réd cábbage 명 붉은 양배추.

red·cap [rédkæp] 명 1 명 (철도역의) 짐꾼. 2 〔英 軍속어〕 헌병. 3 〔英방언〕 =goldfinch. 4 (R-) 레드캡 (영국 북부에 산다는 악귀). 5 〔英속어〕 음경. 〔카드.

réd cárd 〔축구〕 레드 카드(축구 등에서 선수의 퇴장 명령

réd cárpet (귀빈용의) 붉은 융단; (the ~) 극진한 대우[대접, 환영]. ¶The visiting princess was treated to the ~ in Rome. 로마를 방문중인 공주는 성대한 환영을 받았다. 〔대하는, 대환영하는.

roll out the red carpet (for a person) (남을) 환

red-car·pet [-ká:rpit] 형 정중한, 성대한. ¶a ~ reception 성대한 환영. 〔백; 그 목재.

réd cédar 명 1 연필향나무(연필 제조용). 2 미국측

réd céll 명 적혈구(red blood cell).

réd cént 명 (a ~, one ~) 〔美속어〕 1센트 동전; 〔부 정문에서〕 소량, 피천 한 잎. ¶not worth a ~ 한 푼의 값어치도 없다/I don't care a ~. 나는 조금도 개의치 않는다. 〔부.

réd céntre 명 (the ~) (濠) 오스트레일리아의 내륙

Réd Chámber 명 (the ~) 〔구어〕 캐나다 상원.

réd chícken 명 〔美속어〕 (불순물이 많은) 조제(粗製)

Réd Chína 명 〔구어〕 공산 중국. 〔헤로인.

réd cláy 명 〔지질〕 붉은 점토. **réd-cláy** 형

réd clóver 명 붉은토끼풀(가축 사료용).

red·coat [rédkòut] 명 (종종 R-) 미국 독립 전쟁 당시의 영국 병사(붉은 제복을 입었슴); 영국 상원 입구의

réd cópper óre 명 적동광(cuprite). 〔안내원.

réd córal 명 붉은[분홍색] 산호, 귀(貴)산호(지중해산, 3, 4에서 **réd cróss**) 5 (십자군의) 기독교국측. 6

réd córpuscle 명 적혈구. 〔산: 보석용〕.

réd cóunt 명 적혈구 수(數).

Réd Créscent 명 (the ~) 붉은 초승달(회교국에서 적십자와 동일한 일을 하는 단체).

‡**Réd Cróss** 명 1 (the ~) (국제) 적십자사(~ Society); 이에 속한 각국 적십자사. 2 적십자사(원). 3 성(聖)조지 십자장(영국의 국장). 4 =Geneva cross. (또는 3, 4에서 **réd cróss**) 5 (십자군의) 기독교국측. 6 〔美속어〕 모르핀.

redd¹ [red] 〔스코·北英·美북부〕 타 (~(-ed)) 타 1 을 치우다, 정돈하다. 2 (머리를) 풀다. 3 (문제를) 해결하다. — 자 정리하다(up). — 명 정리; 해결.

redd² 〔연어·송어의〕 산란 구역, 집; (물고기의) 알.

réd dáta bòok 명 〔환경〕 멸종 위기 생물(종) 조사 보고서.

réd déal 적송재(赤松材).

réd déer 붉은사슴; 고라니.

*****red·den** [rédn] 타 …을 붉게 하다; …의 얼굴을 붉히게 하다. — 자 붉어지다; 얼굴을 붉히다, 홍조를 띠다(at); (어린 수탉이) 볏의 붉은 색이 많아지다.

red·den·dum [redéndəm] 명 (pl. **-da** [-də]) (고어) 〔법률〕 보류 조건 조항.

réd dévil 1 〔속어〕 =red 명 8. 2 (이탈리아제의) 수류탄의 일종. 3 (the R-D-s) a) 영국 공군 낙하산 연대(특별팀). b) 축구팀 Manchester United의 별칭.

*****red·dish** [rédiʃ] 형 불그스름한, 붉은색을 띤. ~·ness 명

red·dle [rédl] 명자 =ruddle.

red-dog [-dɔ̀ːg/-dɔ̀g] 자 (**-gg-**) 〔미식축구〕 스크럼 선을 넘어 전격적으로 공격하다. ~·**ger** 명

réd drúm 명 〔어류〕 동갈민어과(科)의 대형 식용어.

réd dúster 명 =Red Ensign.

réd dwárf 명 〔천문〕 적색 왜성(矮星).

réd dýe 명 적색의 인공 착색 염료.

rede [riːd] 〔英방언·고어〕 타 …에게 충고하다; …을 설명하다, (수수께끼·꿈 따위를) 풀다, 해석하다; …을 이야기하다, 낭독하다. — 명 UC 충고; 계획; 이야기; 해석, 설명; 결정.

réd éarth 명 〔지질〕 (열대 지방 특유의) 적토.

re·dec·o·rate [riːdékərèit] 타 (…을) 다시 꾸미다, 새로 장식하다. **-dèc·o·rá·tion, -rà·tor** 명

re·ded·i·cate [riːdédikèit] 타 …을 다시 바치다 **-dèd·i·cá·tion** 명

*****re·deem** [ridíːm] 타 1 〔경매품·유질물 따위를〕 되사다; (저당물을) 되찾다, 도로 찾다(from); (명예·권리 따위를) 회복[만회]하다. ¶~ mortgaged land 저당잡혔던 토지를 되찾다. 2 (채무 따위를) 변제[상환, 청산, 상각)하다. ¶~ a national debt 국채를 상환하다. 3 (공채·상품권 따위를) 상품[현금]으로 바꾸다, 〔지폐를〕 태환하다, 정화(正貨)로 바꾸다. ¶~ paper money 지폐를 태환하다. 4 (의무·약속을) 이행하다. 5 (과실·결점 따위를) 벌충하다, 상쇄하다, 메우다(from). ¶ (~+图+前+ 名) A charm of voice ~s her from plainness. 고운 목소리가 그녀의 못생긴 얼굴을 살려주고 있다. 6 (속전(贖錢)을) 치르고 ~을 구하다, 빼내다(from); 〔신학〕 (하느님·그리스도가) (인간을) 죄로부터 구하다; …을 실패로부터 구하다(from). ¶~ oneself [or one's life] 속전을 내고 자기의 목숨을 구하다. 7 〔시간을〕 헛되이 않게 하다. 8 (토지를) 매립하다. ¶an area ~ed from the sea 바다를 매립한 지역.

re·deem·a·ble [ridíːməbl] 형 되살 수 있는, 도로 찾을 수 있는; 상환할 수 있는; 속전(贖錢)을 치르고 구할 수 있는, 구제할 수 있는. (또는 **redemptible**) **-bíl·i·ty, ~·ness** 명 **-bly** 부

re·deem·er [ridíːmər] 명 되사는 사람, 저당물을 되찾는 사람; 속신자(贖身者); 구제자; (the [our] R-) 속죄주, 구세주, 그리스도.

re·deem·ing [ridíːmiŋ] 형 (과실·결점 따위를) 보완하는, 벌충이 되는, 상쇄하는. ¶ a ~ feature [or point] 결점을 보완하는 특징[장점].

re·de·fine [riːdifáin] 동타 (개념)을 재정의하다. **-def·i·ní·tion**

re·de·liv·er [riːdilívər] 동타 …을 재배달[전달, 교부]하다; …을 되돌리다, 돌려주다. **~·er** 명

re·de·liv·er·y [riːdilívəri] 명 재교부[배달]; 반환.

re·de·mand [riːdimǽnd/-máːnd] 동타 1 …을 다시 요구하다; 재청구하다; 다시 묻다. 2 …의 반환을 요구하다. **~·a·ble** 형

re·demp·ti·ble [ridémptəbl] 형 =redeemable.

*__re·demp·tion__ [ridémpʃən] 명U 1 되사기, 되찾기; (약속의) 이행; 속죄(贖罪); (저당·채권 따위의) 변제, 상환; (지폐의) 태환(성); 구제; 해방. 2 (신학) (그리스도에 의한) 속죄, 구속(救贖). ¶ ~ of man's original sin 인간 원죄의 구속 /in the year of our ~ 2002 서기 2002년에. 3 C 보상하는 것; 장점. **~·al** 형 *beyond* [or *past, without*] *redemption* 회복할 가망이 없는; 구제하기 어려운.

redémption yìeld 명 (증권) 최종[상환, 만기] 이익.

re·demp·tive [ridémptiv] 형 되사는; 보상하는, 상환의; 속전을 치르고 구해 내는; 구제의; 속죄의.

re·demp·to·ry [ridémptəri] 형 1 =redemptive. 2 상쇄하는, 벌충하는, 메우는.

re·de·nom·i·na·tion [riːdinɑ̀mənéiʃən/-nɔ̀m-] 명U 통화 호칭 단위의 변경.

Réd Énsign 명 (the ~) 영국 상선기(旗).

re·de·ploy [riːdiplɔ́i] 명 (군사) (부대 따위)를 이동[전진]시키다; (자본·노동자 등)을 배치 전환시키다. ── 자 이동[전진]하다, 이동 전개하다; 재배치하다. **~·ment**

re·de·pos·it [riːdipɑ́zit/-pɔ́z-] 동타 …을 다시 놓다; 재예치[예금]하다; 재퇴적시키다. ── 명 재예금, 재기탁물; 재퇴적물.

re·de·scend [rìːdisénd] 동 (…을) 다시 내리다.

re·de·scribe [rìːdiskráib] 동타 1 재기술[묘사]하다. 2 (생물) (분류군)을 보다 더 완전하게 기술하다.

re·de·sign [rìːdizáin] 동타 …의 디자인을 고치다; 재설계[재계획]하다. ── 명 재(새)설계, 재계획; 신규 디자인.

re·de·ter·mine [rìːditə́ːrmin] 동타 …을 재결정하다, 다시 결정하다; 재규정하다. **-tèr·mi·ná·tion**

re·de·vel·op [rìːdivéləp] 동타 …을 재개발하다, 재건하다; [어떤 지역]에 (경제적으로) 활기를 넣다. 2 (사진) …을 재현상하다. ── 자 재개발[재건]하다. **-ment** 명

redevélopment còmpany 명 재개발 회사.

red-eye [-ài] 명 1 (수면 부족으로 인한) 눈의 충혈. 2 (美·캐나다 구어) (the ~) 야간(조조) 비행[열차]편. (또는 réd èye, rédèye) 3 =redeye 2. 4 (美속어) =~ gravy. 5 (美속어) 토마토 케첩. 6 (캐나다 속어) 맥주와 토마토 주스를 혼합한 음료. 7 (蟬) 매미(cicada). 8 (사진) 적목(赤目) 현상. 9 (美속어) 항로. ── (또는 **rédèye**) 눈이 충혈된; (美·캐나다 구어) 야간[조조] 비행[열차]의.

red·eye [rédài] 명 (變) (~s) 1 C 눈이 붉은 물고기. 2 U (美속어) 독한 싸구려 위스키. 3 (美구어) (철도의) 빨간 신호. 4 (구어) =red-eye flight. 5 =red-eyed vireo. 6 (R-) (군사) 레드아이(미육군 지대공 미사일). ── 형 =red-eye.

red-eyed [-áid] 형 눈[눈가]이 붉은.

réd-eye diséase 명 질투병(중국의 개방 정책에 따라 등장한 고소득층에 대한 질시 풍조).

réd-eyed víreo 명 (북미산) 붉은눈 비레오(vireo).

réd-eye flìght 명 (구어) (기내 일박의) 야간 비행편.

réd-eye gràvy 명 (美남부) 햄 기름에 물을 타서 만드는 육즙.

réd-eye·r [-àiər] 명 (美구어) 야간편 이용자.

réd-eye spécial 명 심야[야간] 비행편.

réd fàce 명 (美속어) 겸연쩍어하는[부끄러워하는] 듯한 얼굴, 쑥스러워하는 얼굴.

red-faced [-féist] 형 얼굴이 붉은; (당황·분노로) 얼굴이 붉어진; 홍조를 띤. **-fac·ed·ly** [-féisidli, -féist-] 부

Réd Féather 명 붉은 깃뿌리(우건)의; 공동 모금(운동)의. ¶ a ~ organization 공동 모금 협회.

réd·fin [rédfìn] 명 꼬리지느러미가 붉은 잉어과 담수어.

réd fír 명 붉은 전나무; 그 재목.

réd fire 명 (신호 따위에 쓰는) 빨간 불꽃.

red·fish [rédfiʃ] 명 (變) (~, ~·es) 1 붉은 고기(연어). 2 (북대서양산) 천징어[볼락]의 일종. 3 =red drum.

réd flàg 명 1 (좌익 정당의 상징으로서의) 적기(赤旗); (위험·정차 신호로서의) 붉은 기. 2 (the R-F-) 적기가(歌)(영국 노동당의 당가). 3 화나게 하는 것. 4 (해사) (배의 위험물 적재를 표시하는) 붉은 삼각기 (powder flag). 5 (R-F-) (美) 레드 플래그 연습(항공 실전 연습). 6 (美속어) 생리용 냅킨; 생리, 멘스. 7 (R-F-) 홍기(중국의 귀빈용 고급 승용차).

red-flag [-flǽɡ] 동 (**-gg-**) 1 …에 주의를 기울이다, 강조시키다. 2 (남)에게 주의를 촉구하다, 경고하다. ── 형 1 적기(赤旗)의. 2 (말 등이) 강조[경고, 격려, 분개]를 나타내는. …의 하부에 다라붙는

réd flàsh 명 적색 섬광(일출·일몰시 수평선상의 태양).

réd fòx 명 붉은여우; 그 가죽.

réd gíant 명 (천문) 적색 거성(巨星).

réd góld 명 적금(赤金) (고어·시) 순금; 금화폐.

réd góods 명 (식료품 따위) 이익은 적으나 회전이 빠르고 널리 팔리는 상품.

réd-green (cólor) blíndness [-ɡríːn-] 명 (안과) 적록(赤綠) 색맹(daltonism).

réd gróuse 명 (영국산(産)의) 붉은뇌조.

Réd Guárd 명 1 (중국 문화 대혁명 때의) 홍위병(紅衛兵). 2 정치적 급진파의 일원.

Réd Guárdism 명 홍위병 운동.

Réd Guárd dòctor 명 홍위병 의사(중국 홍위병 운동 때의 준의료인 종사 여성).

red-hand·ed [-hǽndid] 형타 1 피투성이의 손을 한[하고]. 2 현행범(으로). ¶ catch a thief ~ 도둑을 현행범으로 체포하다. **~·ly** 부 **~·ness** 명

réd hánds 명복 피 묻은 손; (비유적) 살인죄. ¶ with ~ 살인을 저지르고.

réd háre 명 붉은토끼(rock hare).

réd hát 명 (가톨릭) (추기경의) 붉은 모자; 추기경(의 지위[위임]); (軍속어) 참모 장교. (隱파).

Réd Háts 명 (the ~) 홍모파(紅帽派)(티베트 불교의).

red·head [rédhèd] 명 머리털이 붉은 사람; (美속어) 대학 1년생; (조류) 북아메리카 무리의 새(북미산(産)).

red-head·ed [-hèdid] 형 머리털이 붉은; (새가) 머리 부분이 붉은.

red-head·ed wóodpecker 명 (북미산(産)의) 붉은머리딱따구리.

réd héat 명 적열(赤熱) (상태); 적열 온도; 심한 흥분.

réd hérring 명 1 훈제 청어. 2 남의 주의를 딴 데로 돌리는 것. 3 (금융) (주식 따위의) 비공식 발행안. 4 (분양 맨션 판매시의) 가(假)계획서. *draw a réd hérring across the páth* [or *tráck*] 주제와는 관계가 없는 것을 꺼내어 남의 주의를 딴 데로 돌리다. *néither físh, flésh, fówl, nor góod réd hérring* ⇒ FISH.

*__red-hot__ [-hɑ́t/-hɔ́t] 형 1 새빨갛게 단, 적열(赤熱)의, 작열하는. 2 매우 흥분한, 열광적인; 격심한, 맹렬

red-hot mam(m)a 圏 《美속어》 매력이 넘치는 정열적인 여성; 섹시한 여자; 큰 목소리의 야성적 여가수.

réd húnt 圏 공산당 소탕, 공산주의자 색출.

re·di·al [ri:dáiəl] (또는 **rè-dial**) 圏 다시 다이얼을 돌리다. ─圏 [´-`] =automatic ~.

re·dif·fu·sion [ri:difjúːʒən] 圏U 1 《라디오·TV 프로그램 따위의, 다른 국(局)에 의한》 재방송; TV프로그램의 극장 방영. 2 (R-) 《英》《상표》 유선 방송, 케이블 TV.

re·di·gest [rìːdidʒést, -dai-] 圏T 1 …을 다시 소화하다. 2 …을 다시 편집하다.

Réd Índian 圏 《英》 아메리카 인디언. 圏 Indian

red·in·gote [rédiŋgòut] 圏 앞이 터진 긴 여자 코트; 코트 드레스; 《18세기경의》 프록코트풍의 남자용 더블 외투.

réd ínk 圏 1 붉은 잉크. 2 《구어》 적자(赤字), 손실; 적자 경영(상태). 3 《美속어》 《俗》 적포도주.

red-ink [´iŋk] 圏T …에 붉은 잉크로 기입하다, …을 붉은 잉크로 쓰다. 「체포 기록.

red-ink·er [´iŋkər] 圏 《英속어》 《경찰관·경찰서의》

red·in·te·grate [redíntəgrèit] 圏T 《고어》 완전히 원래대로 하다, 복원[복구]하다; 재건[부흥]하다.
─圏 [´-`] =reintegrate. **-grà·tive** 圏

red·in·te·gra·tion [redìntəgréiʃən] 圏U 《고어》 복원, 복구; 재건, 부흥.

Réd Internátional 圏 적색[제3] 인터내셔널(Communist International).「intern).

re·di·rect [rìːdirékt, -dai-] 圏T …을 고쳐 향하게 하다; …의 방향을 바꾸다, 초점을 고치다; 《英》 …의 주소 성명을 고쳐 쓰다. ─圏 《美》《법률》 재심문의(심문의). ¶a ~ examination 재직접 심문. **-réc·tion** 圏

re·dis·count [rìːdiskáunt] 圏T …을 재할인하다.
─圏U 1 재할인. 2 《보통 ~s》 재할인 어음.

rediscount ráte 圏 《상업》 《어음의》 재할인율.

re·dis·cov·er [rìːdiskʌ́vər] 圏T …을 재발견하다. **~·y** 圏 「다]; 재분산하다.

re·dis·solve [rìːdizálv/-zɔ́lv] 圏T 다시 녹이다[녹

re·dis·till [rìːdistíl] 圏T 재증류하다, 다시 증류하다.

re·dis·trib·ute [rìːdistríbjuːt] 圏T …을 재분배 [재구분]하다; …의 분담[할당]을 다시 하다[고치다].

re·dis·tri·bu·tion [rìːdistribjúːʃən] 圏UC 1 재분배, 재배급, 재배포; 재분배; 2 《경제》 정수(定數)의 재배행. **~·al, -trib·u·to·ry** [-tríbjutɔ̀ːri] 圏

re·dis·tri·bu·tion·ist [rìːdistribjúːʃənist] 圏 《경제》 소득 재분배론자.

re·dis·trib·u·tive [rìːdistríbjutiv] 圏 《경제》 재분배의[에 관한].

re·dis·trict [rìːdístrikt] 圏T 《美》 《선거 등을 위해》 《주(州)·군》을 새로 구획하다, …의 선거구를 개편하다.

re·di·vide [rìːdiváid] 圏 다시 구분[분할]하다; 고쳐 분배하다. **-ví·sion** 圏UC 재구분, 재분할; 재분배.

red·i·vi·vus [rèdəváivəs, -víː-] 圏 《드물게》 되살아난, 소생한. 「(科)의 관목); 누룩초(樓紅草).

réd jásmine 圏 붉은 재스민《중남미산(産) 협죽도과

réd kangaróo 圏 《동물》 붉은캥거루.

réd lábel 圏 《美》 화기(火氣) 주의 경고 문구《인화 물질의 포장에 표시한다》. 「도의 위험 신호.

réd lámp 圏 《英》 붉은 외등《의사·약국의 야간등》; 철

réd léad [-léd] 圏 1 연단(鉛丹), 광명단(光明丹)《붉은색 안료; 녹막이·도료·유리 제조용》. 2 《美속어》 케첩; 《英해군 속어》 토마토 주스. 3 《美속어》 젤리(jelly). ¶~ ore 홍연광(紅鉛鑛).

red-lead [´léd] 圏T …에 연단을 바르다.

red-leg [rédlèg] 圏 1 다리가 붉은 새《붉은발도요 따위》. 2 《경멸적》 빈곤한 백인. 3 (R-) 《美역사》 레드레그《남북 전쟁시 북군 게릴라 조직의 일원》.

red-legged [´lègd, -lègid] 圏 붉은 다리의.

red-legs [rédlègz] 圏 《조류》 붉은발도요.

red-let·ter [´létər] 圏 붉은 글자의; 축제일의; 기념할 만한.

réd-letter dáy 圏 축제일; 기념일; 길일(吉日).

réd líght 圏 1 《교통의》 붉은 등, 적신호; 정지 신호(圏 green light). 2 《행동·계획의》 정지 명령. 3 붉은 램프 놀이(아이나 불량배의 술래잡기 놀이의 일종). 4 위험 신호; 경보, 경고, 주의. 5 《속어》 매춘굴《의 간판》.

see the [*or a*] *red light* 위험을 깨닫다; 겁내다.

red-light [´láit] 圏T 《구어》 …을 붉은 신호로 멈춰 서게 하다; 《사람》을 달리는 《열》차에서 떨어뜨리다[떨어뜨려 죽이다]; 차에서 내보내다. ─圏 《美속어》 매음하다.

réd-light district 圏 홍등가.

réd-light róbber 圏 《횡단 보도 등에서》 멈춰 선 차의 운전자를 터는 강도. **réd-light róbbery**

réd-light síster 圏 《美속어》 매춘부. 「붉은 선.

réd líne 圏 《아이스하키》 레드 라인《링크를 양분하는

red·line [rédlàin] 圏T 1 《비행기》의 안전 속도를 규정하다; 안전 한계 속도[고도]로 비행하다. 2 《ула·항목》에 붉은 줄을 긋다, 지우다; 제명하다; 《美軍속어》 《규율 위반 등으로》 《병사 이름》을 급여 명부에서 삭제하다. 3 《美》 《금융 기관이》 《빈민가》를 특정 경계 지구로 지정하다. 4 《컴퓨터》 《수정 부분 따위》를 마크[표시]하다. 5 《비행기》를 착륙시키다. ─圏 《美》 redlining을 하다. ─圏 [´-`] 《항공》 운용 한계 《속도[고도]》. (또는 **réd-line**) **-lìn·er** 圏

red·lin·ing [rédlàiniŋ] 圏 《美》 《금융 기관에 의한》 특정 경계 지구 지정. 圏 greenlining (또는 **réd-lining**)《〈 슬럼화된 특정 지구를 금융 기관이 지도에 붉은 선으로 표시한 데서》

Réd List 圏 《英》 《정부 지정의》 위험물 목록.

red·ly [rédli] 圏 빨갛게.

réd mán 圏 《고어》 아메리칸 인디언(Red Indian); (R-M-) 《美》 자선 우호 단체의 회원.

réd máple 圏 《식물》 아메리카 붉단풍.

Réd Máss 圏 《가톨릭》 사제(司祭)가 붉은 제의(祭衣)를 입고 올리는 미사. 「white meat

réd méat 圏 붉은 고기《쇠고기·양고기 따위》. 圏

réd-meat spéech 圏 《구어》 《청중들의 강력한 반응을 일으키는》 격렬한 연설, 열변.

réd múllet 圏 노랑촉수(촉수과)의 물고기).

red·neck [rédnèk] 圏 1 《美구어》《경멸적》 《미국 남부의》 무식한 백인 농장 노동자; 반동주의자; 《일반적으로》 남부인. 2 《英구어》 가톨릭 교도. ─圏 《美구어》 편협한, 편견을 가진, 완고한. (또는 **réd-nèck**)

red-necked [´nèkt] 圏 1 붉은머리[목]의. 2 《美속어》 성난, 발끈한. 3 =redneck.

rédneck stóre 圏 《美속어》 백인 우월주의 관련 제품 판매점. 「**Réd Néd**)

réd néd [**Néd**] 圏 《濠속어》 싸구려 적포도주. (또는

red·ness [rédnis] 圏UC 붉음, 빨감.

Réd No. 40 [-nʌ̀mbər fɔ́ːrti] 圏 《화학》 적색 40호《인공 착색제; 식품·약품·화장품용》.

Réd No. 2 [-nʌ̀mbər túː] 圏 《화학》 적색 2호《식품·화장품 등에 사용 금지된 인공 착색제》.

re·do [rìːdúː] 圏T (*-did*; *-ne*) 1 …을 새로[다시] 하다; 다시 장식하다, 개장(改裝)하다. 2 개정하다, 고쳐 만들다; 고쳐 쓰다, 편집하다. ─圏 [´-`] 《圏 *~s*, *~'s*) 개장[개정]하는 것.

réd ócher 圏 대자석(代赭石)《안료용》.

réd óil 圏 《속어》 =hash oil.

red·o·lence [rédələns] 圏U 방향(芳香), 향기(scent). (또는 **redolency**)

red·o·lent [rédələnt] 圏 1 향기로운. 2 …의 냄새가 나는 (*of, with*). ¶a kitchen ~ *of* something burning 무엇인가 타는 냄새가 나는 부엌. 3 …을 생각나게 하는, 암시하는 (of, with). ¶ a speech ~ of one by Lincoln 링컨의 연설을 상기시키는 연설. ~·ly 튄

*re·dou·ble [ri:dʌ́bl] 탄④ 1 …을 배로 늘리다, 배가하다; …을 강화하다, 증가하다. ¶ ~ one's efforts 노력을 배가하다. 2 …을 반향(反響)시키다. 3 [카드놀이] (브리지에서) [상대가 배로 지른 것]을 다시 배로 올려 지르다. 4 [발자국 따위]를 다시 더듬어하다. 5 [고어] …을 되풀이하다. —② 1 배가되다, 중대하다, 세어지다. 2 반향하다. 3 [카드놀이] 다시 배로 올려 지르다. -bler 탄

re·doubt [ridáut] 탄 각면보(角面堡); (일반적으로) 요새.

re·doubt·a·ble [ridáutəbl] 혼 가공할; 경의를 표할 만한, 존경할 만한. ~·ness 탄 -bly 보

re·doubt·ed [ridáutid] 혼 [고어] =redoubtable.

re·dound [ridáund] ② 1 (결과적으로 명예·신용·이익 등을) 더하다, 높이다(to). ¶ ~ to a person's honor 아무의 명예를 높이다. 2 (행위 따위의 결과가 사람·사회 등에) 미치다, 돌아가다(to). ¶ advantages ~ing to society 사회가 받는 여러 이익. 3 (명예·불명예 따위가) 되돌아오다[가다], 되튀어오다(on, upon). ¶ His cruelties will ~ upon himself. 그의 잔혹 행위는 제 자신에게 되돌아갈 것이다. 4 [고어] 생기다, 일어나다, 유래하다. —탄 [고어] [불명예 따위]를 가져오다, 초래하다.

red-out [rédaut] 탄 [항공] 시력 적화 상실(赤化喪失)(급회전 따위로 시야가 붉게 흐려지는 현상).

re·dox [rí:daks/-dɔks] 탄 [화학] 산화 환원(oxidation-reduction). 혼 산화 환원의.

réd óxide [rédʒ][화학] 철단(鐵丹), 삼산화이철(三酸化二鐵)(ferric oxide).

réd óxide of zínc 탄 [광물] 홍아연광(zincite).

réd pácket 탄 [중국 문화권에서의] 축의(금)[설이나 결혼식 등 경사 때 빨간색 봉지에 넣어 준다].

réd páint 탄 (美속어) 케첩.

réd pánda 탄 [동물] 레서 판다(lesser panda).

red-pen·cil [´pénsəl] 탄④ (-l-, (英) -ll-) [적색 연필 따위로] …을 삭제[검열]하다; 정정[단축]하다. 혼

réd pépper 탄 1 고추; 고춧가루. [blue-pencil

réd píne 탄 아메리카 적송(赤松), 그 목재.

Réd Plánet 탄 (the ~) 붉은 행성(화성의 속칭).

red-pole [rédpòul] 탄 (美속어) 방울새(redpoll).

red·poll [rédpòul] 탄 (유럽산) 홍방울새 (종류의 새).

Réd Póll(ed) 탄 (영국산) 뿔 없는 붉은 소.

Réd Pówer 탄 레드 파워[북미 인디언의 정치 운동 슬로건]; ☞ Black Power

Réd púrge 탄 적색 분자 추방[숙청].

re·draft [ríːdræft/-drɑ̀ːft] 탄 1 고쳐 쓴 초안[초고]. 2 [금융] 역(逆)환어음. 3 재수출품. —[´-´] 탄…을 고쳐 쓰다, 재기초[기안]하다.

réd rág 탄 1 [투우사가 쓰는] 붉은 천; (소·사람 등을) 화나게 하는 것, 도전적 언동. 2 (경멸적) 붉은 헝겊[공산당의 적기(red flag)의 별칭]. 3 (英) 밀의 곰팡이. 4 (속어) 혀.

red rag to a bull 격노케 하는 것[원인].

re·draw [riːdrɔ́ː] 탄 (-drew; ~n) ④ 어음을 재발행하다. —탄 …을 고쳐 쓰다, 다시 작성하다.

*re·dress [ridrés] 탄 1 [잘못 따위]를 고치다, 교정하다. ¶ ~ social evils 사회악을 시정하다. 2 [폐해]를 없애다. 3 [부정·손해 따위]를 보상[배상]하다; …을 구제하다; [고통·결핍 따위]를 경감하다. ¶ ~ grievances 불평을 제거하다. 4 …의 불균형을 바로잡다; [비행기]를 평상의 비행 위치로 되돌리다. ¶ ~ the balance 불균형을 바로잡다.

—탄 [ríːdres, ridrés] 탄⑤ 1 교정 (수단), 구제(책). 2 보상, 배상. ¶ There is no ~ for loss of honor. 명예를 잃으면 벌수할 길이 없다. 3 부정[손해 따위]의 제거. ~·a·ble 혼 ~·er 탄 ~·i·ble 혼 -drés·sor 탄

re-dress [´drés] 탄④ …을 다시 입히다; …을 다시 고치다; …에 붕대를 다시 감다; [정원수 따위]를 다시 손질하다; 다시 갈다.

réd ríbbon 탄 1 (경쟁의 2위자가 받는) 붉은 리본. 2 (英) (영국의) Bath 훈장 (수상자).

Réd River 탄 (the ~) 1 레드 강[미국 Louisiana 주의 면화 지대를 관류하여 Mississippi 강에 합류]. 2 홍하(紅河)[중국의 윈난성에서 발원하여 통킹 만으로 흘러드는 강].

red-roan [´róun] 혼 (말 따위가) 적갈색 바탕에 회색[이나 백색 털이 섞인].

réd róck (美속어) 헤로인. [문장(紋章)].

réd róse 탄 (英역사) 붉은 장미[Lancaster 왕가의

réd rót 탄 [식물] (사탕수수 따위의) 붉게 썩는 병.

réd rúst 탄 [식물] 붉은 녹병, 적수병(赤銹病).

réd sándalwood [sánders] 탄 자단(紫檀).

Réd Séa 탄 (the ~) 홍해[아라비아와 아프리카 사이의 내해(內海); 수에즈 운하를 통해 지중해와 연결된다].

réd séaweed 탄 홍조(紅藻)(red algae).

red-shank [rédʃæŋk] 탄 [조류] 붉은발도요(redrun like a redshank 아주 빨리 달리다. [legs).

red-shift [rédʃift] 탄 [물리·천문] 적색 이동[항성 빛의 스펙트럼이 긴 파장쪽[붉은쪽]으로 이동하는 현상]. (또는 réd shift) ~·ed 혼 [방사선이] 적색 이동한.

red-shirt [rédʃə̀ːrt] 탄 1 붉은 셔츠 당원[이탈리아 통일 전쟁에서 Garibaldi가 이끈 붉은 셔츠를 입은 혁명 당원]. 2 (美속어) [부상 회복 등을 위해 고교[대학]를 1년간 유급하는] 유급 선수. 3 유치원 입학을 미루어야 하는 미숙아. —탄 ④ …을 유급 선수로서 1년간 출전시키지 않다; [미숙아]의 유치원 입학을 미루다.

red-short [ʃɔ́ːrt] 혼 [야금] 열에 약한.

red-skin [rédskin] 탄 1 (속어) (경멸적) 북미 인디언. 2 (the R-s) 미국 미식축구팀 the Washington

réd snápper 탄 [어류] [식용 물고기]. [Redskins.

réd snów 탄 1 적설(赤雪)[미생물의 색소로 붉은 기를 띠는 눈]. 2 [식물] 적설조(赤雪藻), 빙설 플랑크톤.

réd sóil 탄 [지질] 적색토[작물에 부적합한 고온·다습 지역의 흙]. [大赤斑].

Réd Spót 탄 (the ~) [천문] [목성 표면의] 대적반

Réd Squáre 탄 (the ~) [모스크바의] 붉은 광장.

réd squírrel 탄 [북미산(産)의] 붉은다람쥐.

réd stár 탄 [천문] 적색성[표면 온도가 낮은 붉은 별].

Réd Stár 탄 (the ~) 1 적성(赤星)[옛 소련 국방부 및 기관지]; 적성(赤星)[공산 국가의 상징]. 2 적성단(赤星團)[국제적인 동물 애호 단체]. 3 (英) 우편 배달 업무.

red-start [rédstàːrt] 탄 [조류] (英) 딱새; (美) 북미 부산새(産)의 솔새의 일종.

Red·stone [rédstòun] 탄 레드스톤[미국의 지대지 탄도 미사일]. [(英속어) 금.

réd stúff 탄 적색 연마분(황동·은 따위를 닦는 가루).

red-tab [rédtæb] 탄 (英속어) (육군) 참모 장교.

réd-tailed háwk [ʹtèild-] 탄 [조류] 붉은꼬리 말똥가리.

réd tápe 탄 1 (관청에서 공문서를 매는 데 쓰는) 붉은 끈. 2 (관청의) 형식주의, 비능률, 관료주의.

red-tape [ʹtéip] 혼 관료적인, 관공서의, 형식주의적인. [없다; 상상력이 없다.

have a red-tape mind 규칙만 내세우고 융통성이 -táp·er 탄 -táp·er·y, -táp·ism 탄 ⓤ 관공서, 관료적 형식주의. -táp·ist 탄

Réd Térror 탄 (the ~) 1 (혁명 세력의) 공포 정치, 적색 테러(⇔ White Terror). 2 (프랑스 역사) 공포 시대(Reign of Terror).

réd tíde [wáter] 탄 적조(赤潮).

red-top [rédtòp/-tɔ̀p] 탄 흰겨이삭(건초·목초).

réd triangle 탄 홍삼각(紅三角)[기독교 청년회의 휘장].

Réd 2 [-tú:] 탄 =Red No. 2.

‡re·duce [ridʒúːs-/-djúːs] 탄 (-duc·es [-iz]; ~d

reduced [-t]; **-duc·ing** ㉠ 1 〔수량·가격·힘·강도 따위〕를 줄이다, 감소시키다, 축소하다; 낮추다; …을 절감하다 (*by, from* / *to*). ⇒DECREASE 〔유의어〕¶ a map on a ~*d* scale 축척 지도 / ~ expenses 비용을 줄이다 / ~ air pollution 대기 오염을 줄이다 / (~+图+前+名) ~ prices *by* [*to*] 100 dollars 가격을 100달러로 내리다.
2 〔신분〕을 낮추다, 격하시키다, 영락[몰락]케 하다(*to*). ¶ in ~*d* circumstances 몰락하여 // (~+图+前+名) ~ a person to poverty 남을 몰락시키다.
3 〔신체〕를 약하게 하다, 〔체력〕을 쇠약케 하다(*to*). ¶ (~+图+前+名) His illness ~*d* him *to* nothing [*or* a skeleton]. 그는 병으로 피골이 상접해졌다.
4 …으로 변형하다, …을 (바수거나 으깨어) …으로 만들다; …을 간단하게 하다; …을 분류하다(*to*). ¶ (~+图+前+名) ~ *wood to* (a) *pulp* 목재를 펄프로 만들다.
5 …을 (어떤 상태로) 빠뜨리다, …을 강요하여 …시키다, …을 …으로 돌아가게 하다; 〔수동형으로〕부득이 …하게 하다(*to, into*). ¶ be ~*d to* eating nothing but bread 빵만 먹고 사는 신세가 되다 / The fire ~*d* the city *to* ashes. 그 화재로 그 도시는 잿더미가 되었다.
6 …을 정복[진압]하다, 복종시키다. ¶ (~+图+前+名) ~ mutineers *to* subjection 폭도를 진압하다. 7 〔사진〕〔음화(陰畫〕 따위〕의 농도를 감소시키다, 감력(減力)하다. 8 〔수학〕 〔분수·다항식 따위〕를 약분[통분]하다; 환산하다; 방정식을 풀다. ¶ (~+图+前+名) ~ *pounds to pence* 파운드를 펜스로 환산하다 // ~ an equation 방정식을 풀다. 9 …을 (구성 요소 따위로) 환원[분해]시키다, 돌리다(*to*); 〔야금〕…을 정련하다; 〔화학〕 〔산화물〕을 환원하다. ¶ (~+图+前+名) ~ a *compound to its elements* 화합물을 본래의 원소로 분해하다. 10 〔기름이나 테레빈으로〕 〔그림 물감〕을 녹이다, 희석하다, 엷어지게 하다. 11 〔의학〕 〔탈구(脫臼) 따위〕를 교정하다, 돌리다. ¶ ~ a *dislocation* 탈구를 교정하다. 12 〔요리〕…을 졸이다. 13 〔천체 관측 결과 따위〕를 오차를 고려에 넣어 수정[조정]하다. 14 〔법률상의 청구권에 의해〕…을 되찾다. 15 〔의》…을 원래대로 하다, 되돌리다; 〔남〕을 구제하다, 바른 길로 돌려놓다. 16 〔스코〕 〔법률 따위〕를 폐지하다, 무효로 하다. 17 〔음성〕 〔음〕을 약화시키다. 18 〔생물〕 〔염색체 수〕를 반감시키다. 19 〔철학·논리〕…을 환원하다.
— ㉢ 1 줄다, 감소하다; 저하되다, 쇠약해지다(*to*). 2 〔구어〕 (식이 요법으로) 체중을 줄이다, 절식하다. 3 〔생물〕 감수 분열하다. 4 〔상품으로〕 가공되다. 5 〔그림 물감 따위가〕 묽어[연해]지다. 6 〔액체 따위가 증발하여〕 농도가 진해지다. 7 〔화학〕 환원하다.
re·duced [ridjúːst/-djúːst] ㉰ 축소[감소]한; 인하한; (형태·기능이) 불완전한; 몰락한; 쇠약해진; 항복한; 환원한. ¶ a ~ *output* 감산(減産) / a ~ *price* 인하 가격.
reduced hémoglobin ㉱ 〔생화학〕 환원 혈색소〔헤모글로빈〕.
reduced máss ㉱ 〔역학〕 환산 질량. 〔납입형 보험〕
reduced páid-up insúrance ㉱ 〔보험〕 (감액)
re·duc·er [ridjúːsər/-djúːs-] ㉱ 1 축소[변형]하는 사람[물건]. 2 〔사진〕 감력 렌즈. 3〔기계〕 지름이 다른 소 켓. 4 〔화학〕 환원제. 5 (페인트의) 희석액, 용제.
re·duc·i·ble [ridjúːsəbl/-djúːs-] ㉰ 1 변형할 수 있는(*to*). 2 〔감소[축소]할 수 있는. 3 〔수학〕 약분[통분]되는. 4 〔화학〕 환원되는. 5 〔외과〕 교정(矯正)되는. **-bíl·i·ty, ~·ness** ㉱ **-bly** ㉬
re·duc·ing [ridjúːsiŋ/-djúːs-] ㉱ (절식·약 따위로) 몸을 야위게 하는 법. 〔화학〕 환원하는.
redúcing àgent ㉱ 〔화학〕 환원제.
redúcing glàss ㉱ 축소 렌즈, ⦅magnifying glass
re·duct [ridʌ́kt] ㉠㉯ …을 (…으로) 하다 (*to, into*).
re·duc·tant [ridʌ́ktənt] ㉱ 〔화학〕 =reducing agent. 〔소.
re·duc·tase [ridʌ́kteis, -teiz] ㉱ 〔생화학〕 환원 효소

redúctase tèst ㉱ 환원 효소 시험(우유의 음용 적부(適否)를 결정하기 위한 세균 수 검사).
re·duc·ti·o ad ab·sur·dum [ridʌ́ktiòu æd æbsə́ːrdəm, -ʃiòu-] ㉱ 1 〔논리〕 귀류법(歸謬法), 배리법(背理法). 2 무리한 원칙 적용. [<L reduction to absurdity]
‡**re·duc·tion** [ridʌ́kʃən] ㉱ (⦃복⦄ ~s [-z]) 1 ⦃U⦄ 축소, 감소, 삭감; ⦃C⦄ 감소(량), 절감(액), 할인(액)(분). ¶ at a ~ of 10 percent 1할 할인하여 / make great ~s *in prices* 대폭 할인하다. 2 ⦃U⦄ (a ~) 변형, 유별(類別) (*to, into*). ~ *of the device to practice* 고안을 실행에 옮김. 3 ⦃C⦄ 축척; 축사(縮寫), 축도. 4 ⦃U⦄ 정복, 함락. ¶ ~ *of a fort* 요새의 함락. 5 ⦃U⦄ 하락, 영락; 격하. 6 ⦃U⦄ 〔생물〕 (염색체 수의) 감수(減數) 분열. 7 ⦃U⦄ 〔사진〕 환원 분열. 8 ⦃U⦄ 〔사진〕 감력(음화의 농도는(濃度)를 감소하기). 9 ⦃U⦄ 〔수학〕 환산; 약분, 통분. 10 ⦃U⦄ 〔의학〕 (탈구의) 교정(矯正)(법). …; 〔천문〕 ⦃U⦄ (관측 오차의) 수정. 12 ⦃U⦄ 〔논리〕 환원법. ¶ a ~ *to absurdity* 귀류법, 배리법; 지나친 토론, 토론이 모순에 빠짐. 13 ⦃U⦄ 〔컴퓨터〕 〔데이터의〕 편집 정리. 14 ⦃U⦄ 〔음악〕 간략 편곡 (악보). 15 〔기상〕 경정(更正). ¶ ~ *to mean sea level* 해면 경정. 16 〔심리〕 환원. 17 〔음성〕 (강세나 모음의) 약화; (음)의 단축. 18 (인디오의 교육을 위해) 예수회 선교사들이 남미에 설립·통제한 촌락, 개척지.
~·**al** ㉱ 경감[변형]의. ~·**al·ly** ㉬
redúction division ㉱ 〔생물〕 감수 분열.
redúction fòrmula ㉱ 〔수학〕 환원[환산] 공식.
redúction gèar ㉱ 〔기계〕 감속 기어, 감속 장치.
re·duc·tion·ism [ridʌ́kʃənizm] ㉱ 1 〔철학〕 환원(還元)주의(복잡한 사상(事象)·명제 따위를 보다 단순하게 바꾸어 설명하려는 주의). 2 (경멸적) 지나친 단순화. 3 〔생물〕 환원법[론](생명 현상을 물리학과 화학 법칙으로 설명하려는 시도). **-ist** ㉱ **-ís·tic** ㉰
redúction potèntial ㉱ 〔물·화〕 환원 전위(電位).
redúction ràtio ㉱ 축율(縮率)(원래 문헌을 마이크로 필름에 담을 경우의 축소율.
re·duc·tive [ridʌ́ktiv] ㉰ 1 줄어드는, 감소[축소]하는. 2 환원하는. 3 전위[환위]하는, 교환하는. 4 미니멀 아트(minimal art)의. — ㉱ 축소[감소]되는 것; 축소 [감소] 유인(誘因). ~·**ly** ㉬ ~·**ness** ㉱
re·duc·tiv·ism [ridʌ́ktəvizm] ㉱ 1 =reductionism. 2 =minimal art. **-ist** ㉱
re·duc·tor [ridʌ́ktər] ㉱ 〔화학〕 환원 장치.
re·dun·dan·cy [ridʌ́ndənsi] ㉱ 1 ⦃U⦄ 과잉, 여분(의 양). 2 ⦃C⦄ 군더더기 말. 3 ⦃C⦄ (영) 잉여 노동자; ⦃U⦄ 잉여 인원의 해고. 4 ⦃U⦄ (우주) 중복성, (고장난 장치를 대신할 수 있는) 대리 기능성. 5 ⦃U⦄⦃C⦄ 〔컴퓨터〕 용장(冗長度)(전달될 메시지에서 제거시켜도 정보가 손상을 입지 않는 부분의 정도). (또는 **redundance**).
redúndancy chèck ㉱ 〔컴퓨터〕 용장(冗長) 검사, 여유도 검사.
redúndancy pày ㉱ (英) =severance pay.
redúndancy pàyment ㉱ (英) (일시 해고시의) (잉여) 퇴직 수당.
redúndancy rùle ㉱ (변형 문법에서) 잉여 규칙.
re·dun·dant [ridʌ́ndənt] ㉰ 1 (문체 따위가) 장황한, 용장한. ¶ a ~ *sentence* 장황한 글. 2 여분의, 불필요한. ¶ ~ *workers* 잉여 노동자. 3 풍부한, 남아도는, 과다한. ¶ ~ *population* 과잉 인구. 4 (공학) (부재(部材)가) 여유 있는, 과잉 부품을 갖고 있는. 5 〔언어〕 예측 가능한. 6 〔컴퓨터〕 (용장(冗長性)이 있는. 7 (英) (노동자가) 잉여 인원이 되는, (일시) 해고되는. ¶ ~ *pay* 해직 수당. 8 〔물리〕 부정정(不靜定)의. ~·**ly** ㉬
redúndant chèck ㉱ =parity check.
redúndant vèrb ㉱ 〔문법〕 이중 변화 동사(둘 이상의 과거형을 가진 동사. 예: hang, wake 따위).
redupl. reduplicate; reduplication.
re·du·pli·cate ㉠ [ridjúːplikèit/-djúː-] ㉠ 1 …을

배로 하다, 이중으로 하다, 되풀이하다. **2** 〔문법〕〔문자·음절〕을 중복시키다, 〔파생어·변화형 따위〕를 음절을 겹쳐서 만들다. — ⓐ 이중이 되다, 배가 되다.
— 匌 [ridjúːplikət/-djúː-] **1** 배가한, 반복한; 중복된. **2** 〔식물〕 (잎 등의 끝이) 밖으로 젖혀진.
re·du·pli·ca·tion [ridjùːplikéiʃən/-djùː-] ⓒ **1** 이중, 배가, 중복, 되풀이, 반복. **2** 〔문법〕 중복; 가중 음절; 중복형.
re·du·pli·ca·tive [ridjúːplikèitiv/-djúːplikət-] 匌 배가하는; 반복적인; (꽃잎이) 밖으로 젖혀진. ~·ly 彡
re·dux [ridʌ́ks] 匌 〔명사 뒤에서〕 돌아온; 재연된; 회생한. [<L brought back, returned]
Redux [ridʌ́ks] 匌 〔상표〕 리덕스(살빼는 약; 뇌 손상·폐질환 따위 부작용 때문에 판금).
red·u·zate [rédʒuzèit] 匌 〔지학〕 환원암(還元岩).
red vítriol 匌 =colcothar. 　 〔환원성 퇴적물.
red·ware[1] [rédwɛ̀ər] 匌 (산화철이 많은) 적색 점토로 만든 질그릇.
red·ware[2] 匌 〔식물〕 (북대서양 연안의) 다시마류.
réd wàter 匌 **1** =red tide. **2** 〔수의〕 (소의) 적뇨(赤尿)(증), 혈색소뇨(증).
réd whéat 匌 〔식물〕 (낱알이 적갈색인) 붉은 밀.
red-white-and-blue [-hwáitənblúː] 匌 (미국 국기의) 적백청의; 애국적인.
réd wíne 匌 적포도주, 赤 white wine
red·wing [rédwìŋ] 匌 개똥지빠귀의 일종.
réd-winged bláckbird [-wìŋd-] 匌 〔조류〕 붉은어깨검정새(북미산(産) 찌르레깃과(科)의 일종).
réd wólf 匌 〔동물〕 아메리카 붉은이리.
red·wood[1] [rédwùd] 匌 미국삼나무(California 산(産)의 거목); ⓤ 그 적색 목재; (일반적으로) 적색 목재; 목질에서 적색 염료를 채취하는 나무.
red·wood[2] 匌 〔스코〕 마음이 어지러운, 광기의; 격노한, 광포한. (또는 **redwud**)
Rédwood Nátional Párk 匌 레드우드 국립공원(미국 California 주의 삼림 공원).
re·dye [ridái] ⓑ匒 …을 재염색하다.
Ree·bok [ríːbɑ̀k] 匌 〔상표〕 리복(스포츠 슈즈).
re·ech·o [riːékou] 匌 **1** 다시 반향(反響)하다(시키다); 울려퍼지다(퍼지게 하다). — 匌 (匒 **-es**) 반향의 반복
‡reed [riːd] 匌 (匒 **~s** [-z]) **1** 갈대; 갈대밭; ⓤ (지붕을 이는) 갈대 이엉. **2** 갈대 피리, 목적(牧笛); 〔시〕 목가. **3** 〔음악〕 화살. **4** 〔관악기의〕 혀, 리드; (匒 **~s**) =~ instrument(匒 string, brass). **5** (~s) 〔건축〕 갈대꽃 쇠시리 장식. **6** 〔베틀의〕 바디. **7** 〔유대 고대 유대의 길이의 단위〕(=6 cubits)(=에스겔서(書)(Ezek.) 40 : 5). **8** 갈대와 같은 사람〔것〕, 믿을 수 없는 사람.
a broken [or **bruised**] **reed** 〔성서〕 상한 갈대; 의지할 수 없는 사람〔물건〕.
a reed shaken with [or **by**] **the wind** 바람에 흔들리는 갈대; 줏대〔소신〕 없는 사람.　〔하다.
lean on a reed 신뢰할 수 없는 사람〔물건〕에 의지
— 匒 (~s [-z]) 匒 〔집·지붕〕을 갈대로 이다; …을 갈대로 장식하다. **2** 〔관악기〕에 리드를 달다. **3** 〔영화·메달의 둘레〕를 깔쭉하게 하다, 세로홈을 파다. **-·like** 匌
Reed [riːd] 匌 **Walter C. ~** 리드(1851–1902: 미국의 의학자; 황열병을 모기가 매개하는 것을 증명).
reed·ed [ríːdid] 匌 **1** 갈대가 무성한. **2** (악기가) 리
réed gràss 匌 갈대(reed).　〔드가 있는.
re·ed·i·fy [riːédəfài] 匒 〔집 따위〕를 다시 짓다.
reed·ing [ríːdiŋ] 匌 **1** 〔건축〕 (기둥·벽 등에 나란히 판) 세로홈. **2** 〔영화·메달 가장자리의〕 깔쭉무늬.
réed ínstrument 匌 〔음악〕 리드악기(oboe 따위).
re·ed·it [riːédit] 匒 …을 다시 편집하다, 개정하다.
re·e·di·tion [riːidíʃən] 匌 ⓤ 개정(改訂), 재판; ⓒ 개정판.
réed màce 匌 〔영〕 〔식물〕 부들(cattail).

reed·man [ríːdmæn] 匌 리드악기 주자. (또는 **reedsman**)
réed òrgan 匌 〔음악〕 리드 오르간.
réed pìpe 匌 갈대 피리, 목적(牧笛); 〔오르간의〕 설관(舌管), 리드 파이프. 〔시스템용〕.
réed rèlay 匌 〔통신〕 리드 계전기(繼電器)(전화 교환
réed stòp 匌 (파이프 오르간의) 설관 음전(音栓).
re·ed·u·cate [riːédʒukèit] 匒 …을 재교육하다. (또는 **re-éducate**) **-cá·tion -cà·tive**
réed wárbler 匌 〔조류〕 (유럽산(産)의) 개개비.
reed·y [ríːdi] 匌 (**reed·i·er; -i·est**) **1** 갈대가 많은. ¶ a ~ lake 갈대가 무성한 호수. **2** 갈대의〔로 만든〕. ¶ a ~ pipe 갈대 피리. **3** 갈대 같은, 호리호리한. ¶ a ~ youth 가냘픈 청년. **4** 피리 소리 같은, 새된. **réed·i·ly** 彡 **réed·i·ness** 匌
‡reef[1] [riːf] 匌 (匒 **~s**) **1** 암초, 사주(砂洲). ¶ a coral ~ 산호초. **2** 위험한 장애물. **3** 〔채광〕 광맥.
strike [or **go on**] **a reef** 좌초하다.
·y 匌
reef[2] 匌 (匒 **~s**) 〔해사〕 축범(부)(縮帆(部))(강풍이 불 때 돛의 면적을 줄이기 위해 접는 부분). 〔라.
take a reef in it 〔美속어〕 〔명령형으로〕 그만 두어
take in a reef ① 돛을 줄이다. ② 〔비유적〕 〔재정 따위〕를 긴축하다. ② 〔문어〕 조심하여 나아가다.
— 匒 **1** (돛)을 줄이다, 축범하다. **2** 〔美속어〕 〔남의 주머니〕를 털다; 〔돈〕을 훔치다. **3** …을 떼어내다(off); 끌어내리다(down). **4** 〔원재(spar)〕를 짧게 하다. — 匒 **1** 축범하다. **2** 조금 물러나다.
reef one's sails 활동 범위를 좁히다; 노력을 줄이다;
reef-dog·ger [ríːfdɔ̀gər/-dɔ̀g-] 匌 〔美속어〕 〔캘리포니아 속어〕 마리화나 담배.
reef·er[1] [ríːfər] 匌 **1** 〔해사〕 축범 담당자. **2** (보통 청색의) 두꺼운 더블 재킷(보통 선원·어부용). **3** 〔속어〕 해군 사관 후보생.
reef·er[2] 匌 〔속어〕 마리화나 담배, 대마; 마리화나 흡연자.
reef·er[3] 匌 〔美구어〕 (대형) 냉장고; 냉장차〔트럭〕, 냉
réefer wèed 匌 〔美속어〕 마리화나. 〔동선.
réef knòt 匌 〔해사〕 옭매듭(square knot).
réef pòint 匌 〔해사〕 축범삭(縮帆索).
reek [riːk] 匌 **1** ⓤ 〔방언〕 증기, 김. **2** ⓤⓒ 강한 악취. ¶ the ~ of the slums 빈민굴의 코를 찌르는 악취. — 匒 **1** 〔방언〕 연기를 내다; 김(증기)을 내다. **2** …의 냄새가 나다, …의 기미〔경향〕이 있다(with, of). ¶ ~ of mystery〔murder〕 신비감이 감돌다〔살기를 띠다〕. **3** 강한 냄새가 풍기다 (of, with). ¶ ~ of garlic 마늘 냄새가 나다. **4** (땀·피 따위의) 투성이가 되다 (with, of). ¶ ~ with sweat 땀투성이가 되다. — 匒 …을 그을리다; 〔연기·김 따위〕를 내다, 발하다, 뿜다; …의 냄새를 풍기다. **-·er** 김을 내는 것; 악취를 풍기는 것〔사람〕. **-·ing** 〔美속어〕 취한. **-·ing·ly** 彡 **-·y** 匌 악취를 풍기는; 김〔연기〕이 나는.
‡reel[1] [riːl] 匌 (匒 **~s** [-z]) ⓒ **1** 얼레, 물레, 자새. **2** (실·밧줄·철사 따위를 감는) 감개, 실패, (낚싯줄을 감는) 릴. **3** 〔철사·실·로프 따위의〕 한 사리, 타래. **4** 〔영화〕 **a)** 릴, 필름 감개. **b)** (릴에 감은) 필름 1권(1권에 1,000–2,000피트).
(right [or **straight**]) **off the reel** ① 〔실이〕 술술; 〔말 따위가〕 막힘없이. ② 즉시, 망설이지 않고.
— 匒 (~s [-z]) 匒 **1** 〔실〕을 얼레〔실패〕에 감다, 사리다; 〔명주실〕을 고치에서 자아내다(off). ¶ (~+匒+匀+) ~ silk off cocoons 고치에서 명주실을 자아내다. **2** (릴을 감아) 〔물고기〕를 끌어당기다(in, up). ¶ (~+匒+匀) ~ a fish in〔or up〕 릴을 감아서 물고기를 끌어당기다. **3** 〔귀뚜라미 따위가〕 귀뚤귀뚤 울다.
reel in the biscuit 〔美속어〕 〔여자〕를 침대로 유혹하다.
reel it in 〔美속어〕 (You ~) (사람을) 멋지게 낚았군.
reel off ① 〔고치〕에서 실을 뽑아 내다, 〔감겨 있는 실 따위〕를 풀다. ② 〔이야기 따위〕를 술술 말하다〔쓰다〕.

reel out 〔실 따위〕를 (릴에서) 풀어내다.
~·a·ble 형
reel² 통자 1 비틀거리다, 휘청휘청 걷다. ⇒STAGGER
유의어 ¶~ *under* a heavy blow 강타를 맞고 비틀거리다. 2 (군대·전열이) 흔들리다, 동요하다. 3 현기증이 나다, (머리가) 어질어질하다; (물체가) 흔들흔들 움직이는 것처럼 보이다. ¶His brain ~*ed*. 그는 현기증이 났다/The street ~*ed* before his eyes. 그는 (취해서) 거리가 빙빙 도는 것 같았다. 4 빙글빙글 돌다. ─타 …을 비틀거리게 하다, 휘청거리게 하다. ¶a drunken ~ 갈지자 걸음.
reel³ 명 릴(스코틀랜드 고지 사람들의 경쾌한 춤(곡)). ─자 릴춤을 추다.
***re·e·lect** [rì:ilékt] 통타 …을 재선하다.
***re·e·lec·tion** [rì:ilékʃən] 명UC 재선.
reel·er¹ [rí:lər] 명 1 (실 등을) 감는 사람; 감는 기계[장치]. 2 (영화 필름의) 권, …권짜리. ¶a two ~ 2권짜리 (영화).
reel·er² 명 (속어) 1 (현기증·술에 취해서) 비틀거림, 흔들거림. 2 떠들썩한 주연.「전 인쇄의.
reel-fed [-fèd] 형 (인쇄) 대형 종이 두루마리의; 윤
re·el·i·gi·ble [rì:élidʒəbl] 형 재선 자격이 있는, 재임되는. -bíl·i·ty 명「여.
reel·ing·ly 부 비틀거리며, 갈지자 걸음으로; 동요하
reel·man [rí:lmæn] 명 (濠·뉴질) 구명망(網)을 감는 사람(해수욕장의 구조대원). (또는 réel màn)
reel-to-reel [-təri:l] 형 (테이프 리코더 등이) 오픈 릴식의; 릴 테이프에서 릴 테이프로의.
re·em·bark [rì:imbɑ́ːrk] 통 다시 승선시키다[승선하다]; (배에) 다시 싣다. -bar·ká·tion 명
re·em·bod·y [rì:imbɑ́di/-bɔ́di] 통타 …을 다시(달리 형성[편성]하다; (사상 따위)를 다시 구체화하다.
re·em·broi·der [rì:imbrɔ́idər] 통타 (레이스 따위)를 특별한 자수로 장식하다.
re·e·merge [rì:imə́ːrdʒ] 통자 다시 나타나다, 재출현하다. -mér·gence 명 -mér·gent 형
re·em·pha·size [rì:émfəsàiz] 통타 …을 다시 강조[역설]하다. -sis 명「~·ment 명
re·em·ploy [rì:implɔ́i] 통타 …을 재고용하다.
re·en·act [rì:inǽkt] 통타 …을 다시 제정하다, 다시 법률로 정하다; (사건)을 재현하다; (극)을 재상연하다. ~·ment 명
re·en·force [rì:infɔ́ːrs] 통타 (美) =reinforce. (또는 re-enfórce) ~·ment 명
re·en·gage [rì:ingéidʒ] 통타 …을 다시 고용하다.
re·en·gine [rì:éndʒin] 통자 (배·비행기 따위의) 엔진을 교환하다, 새 엔진을 달다. (또는 rè-éngine)
re·en·gi·neer [rì:èndʒiníər] 통타 (기계 따위)를 재설계하다, 개량하다. (또는 rè-engineér)
re·en·gi·neer·ing [rì:èndʒiníəriŋ] 명 (경영) 리엔지니어링(기업의 조직·업무 등을 수정·재조직하는 경영 혁신).「rè-enlíst)
re·en·list [rì:inlíst] 통자 재입대하다[시키다]. (또는
re·en·list·ment [rì:inlístmənt] 명UC 재입대(자); 재입대 후의 복무 기간. (또는 rè-enlístment)
***re·en·ter** [rì:éntər] 통타 1 …에 다시 들어가다. 2 …에 다시 가입[참가]하다. 3 …을 (표·평부·계산서 따위에) 재기입하다, 재등록하다. 4 (조각) (선명치 않은 선 따위)를 깊이 다시 파다. ─자 1 다시 들어가다; 재가입하다. 2 (우주선이 대기권에) 재돌입하다. 3 (美속어) 환각 상태에서 깨어나다. 4 (법률) 재(再)소유권을 얻다. (또는 rè-énter) -trance, rè-éntrance 명
re·en·ter·a·ble [rì:éntərəbl] 형 (컴퓨터) 재입(력) 가능한.
re·en·ter·ing àngle [rì:éntəriŋ-] 명 1 (기하) 요각(凹角). 2 (군사) (요새·전선의) 요각. 3 (건축) 구석, (凹)하는. 2 (축성) 요각(凹角)의. 3 (컴퓨터) 재입력 가능한. ─명C 1 요각(凹角), 요부(凹部). 2 다시 들어가는 사람[것].
reéntering pólygon 명 요(凹)다각형.「귀퉁이.
re·en·trant [rì:éntrənt] 형 1 다시 들어가는; 요입
re·en·try [rì:éntri] 명UC 1 다시 들어감[넣음]; 재입국. 2 (인공위성 따위의 대기권) 재돌입. 3 (법률) (부동산의) 재점유, 부동산 점유 회복. 4 (속어) 마약 도취 상태에서 깨어남. 5 (카드놀이) 리드(lead)권을 도로 빼앗을 수 있는 패(~ card). (또는 **re-éntry**, **reéntrance**, **re-éntrance**)
reéntry còrridor 명 (우주선의) 재돌입 통로.
reéntry dràft 명 (야구) 리엔트리 드래프트(자유 계약 선수를 대상으로 한 드래프트).
reéntry vèhicle 명 (대기권) 재돌입체(畧 RV).
re·e·quip [rì:ikwíp] 통 재장비하다[시키다].
re·e·rect [rì:irékt] 통 재건되다[하다]. 「서다.
reesch [ri:ʃ] 자 (속어) 소름끼치다, 싫은. 「서다.
reest [ri:st] 통자 (스코·北英) (말이) 갑자기 멈추어
***re·es·tab·lish** [rì:istǽbliʃ] 통타 1 …을 재건하다. 2 …을 복직[복위]시키다. 3 …을 회복[복구시키다. ¶I am quite ~*ed* now. 나는 이제 완전 회복되었다.
~·ment 명
re·es·ti·mate [rì:éstəmèit] 통타 …을 재견적[재평가]하다.「명 재견적, 재평가.
re·e·val·u·ate [rì:ivǽljuèit] 통타 (화폐 가치 따위)를 재평가하다. -e·vàl·u·á·tion 명
reeve¹ [ri:v] 명C 1 (英) (읍·지방의) 장관, 원. 2 (英역사) (봉건 시대 장원 따위의) 관리자, 집사; (탄광의) 감독. 3 (캐나다) 읍의 의회 의장.
reeve² 통 (~*d*, *rove*) (해사) 1 (밧줄)을 구멍(도르래)에 꿰다(*through*); (밧줄)을 구멍에 꿰어 (다른 것과) 매다 (*in*, *on*, *round*, *to*). ¶~ a rope *through* a block 밧줄을 도르래에 꿰다 / ~ a rope *to* a yard 활대에 밧줄을 동여매다. 2 (배가) …을 빠져 지나가다, …의 사이를 조심스럽게 나아가다.
reeve³ 명 (조류) 목도리도요(ruff)의 암컷.
re·ex·am [rì:igzǽm] 명C (구어) 재시험[검사, 심사] (reexamination). (또는 rè-exám)
re·ex·am·ine [rì:igzǽmin] 통타 1 …을 재시험[검사, 심사]하다. 2 (법률) (증인)을 재심문하다. (또는 rè-exámine) -in·a·ble 형 -am·i·ná·tion, -in·er 명
re·ex·change [rì:ikstʃéindʒ] 명 1 UC 재교환. 2 (상업) 역환어음; 상환 청구 금액. ─통타 …을 다시 교환하다.
re·ex·port 통타 [rì:ikspɔ́ːrt, rì:ékspɔːrt] (수입품)을 재수출하다. ─명 [rì:ékspɔːrt] UC 재수출; 재수출품. (또는 rè-expórt) -por·tá·tion, ~·er 명
ref [ref] 명 (스포츠) 심판원(referee). ─통 (-ff-) 심판하다(referee).
ref. refer; referee; reference; referred; reformation; reformed; refrain; refund(ing).
re·face [rì:féis] 통타 1 (건물 따위)의 표면을 새롭게 하다. 2 (옷)의 단을 새로 달다. 3 (사람·문제)에 다시 대처하다, 다시 대면하다.
re·fash·ion [rì:fǽʃən] 통타 …을 고쳐 만들다, 개조하다; …의 꾸밈새를 바꾸다, 개장하다. ~·er, ~·ment 명
re·fas·ten [rì:fǽsn/-fáːsn] 통타 …을 다시 고정시키다[잠그다].
Ref. Ch. *Reformed Church*.
re·fect [rifékt] 통타 1 (고어) (음식물 따위로) 원기를 돋우어 주다. 2 (토끼 따위가) (제 똥)을 먹다.
re·fec·tion [rifékʃən] 명U 1 (음식에 의한) 원기 회복; (가벼운) 식사; 기분 전환, 휴양. 2 (토끼가) 제 똥을 먹기. -tive, re·fec·to·ri·al [rifektɔ́ːriəl] 형
re·fec·to·ry [riféktəri] 명 (수도원·대학 등의) 식당, 휴게실.
reféctory tàble 명 직사각형의 긴 식탁.
‡**re·fer** [rifə́ːr] 통 (~*s* [-z]; -*rr*-) 타 1 (지식·원조 따위를 구하여) …을 (…에게) 보내다, 조회시키다, 참조시

키다 (to). ¶ (~+目+前+名) ~ a student to a dictionary 학생에게 사전을 찾게 하다 / He ~red me to you for information. 그는 당신에게 문의하라고 나에게 말했다. 2 〖문제·다툼·사전 따위〗를 (…에) 위탁하다, 맡기다, 회부하다 (to). ¶ (~+目+前+名) ~ a matter to arbitration 사건을 조정에 부치다. 3 〖원인·기원 따위〗를 (…에) 돌리다, …의 탓으로 하다 (to). ¶ (~+目+前+名) He ~s his failure to bad luck. 그는 실패를 불운 탓이라고 생각한다. 4 …을 (어떤 시대·장소·종류에) 속하는 것으로 하다 (to). ¶ (~+目+前+名) This picture is ~red to the sixth century. 이 그림은 6세기의 것으로 간주되고 있다. 5 〖기호 따위가〗〖사람의〗주의를 돌리게 하다, …에 주목[유의]시키다 (to). ¶ (~+目+前+名) The asterisk ~s the reader to a footnote. 별표는 독자에게 각주를 참조하라는 표시이다. 6 〖재귀용법으로〗…에 일임하다 (to). ¶We ~ ourselves to your generosity. 관대한 처분을 바랍니다. 7 〖英〗〖학생〗을 불합격시키다, 재시험을 보게 하다; 〖논문 따위〗를 (고치도록) 학생에게 되돌려보내다. 8 〖발언 따위〗를 (…으로) 해석하다 (to).
── 邳 1 알아보다, 참조하다, 조회하다, 문의하다 (for, to). ¶ (~+前+名) ~ to a dictionary 사전을 찾다 / ~ to a former employer for a recommendation 추천할 만한 인물인가를 전고용주에게 문의하다. 2 언급하다; 인용하다 (to) ⇨ALLUDE; (…을 …이라고) 부르다 (to, as). ¶ (~+前+名) Don't ~ to the matter again. 이 일은 두번 다시 입에 올리지 마라 / They always ~red to him as "the blockhead." 그들은 언제나 그를 「얼간이」라고 불렀다. 3 관계가 있다, 관련되다; 적용하다; 지시하다 (to). ¶ (~+前+名) This rule ~s only to special cases. 이 규칙은 특수한 경우에만 적용된다. 4 〖언어〗〖기호가〗…을 가리키다; 〖문법〗〖대명사 따위〗가 〖명사 따위〗를 가리키다 (to).
refer back 〖문제 따위〗를 먼저 검토했던 사람에게 재위탁[재조회]하다.
refer to acceptor 〖어음〗인수인에게 회부를 바라다
refer to drawer 발행인 회부〖은행에서 부도 어음에 적는 문구〗; 畧 R.D., R/D.
ref·er·a·ble [réfərəbl, rifə́:rəbl] 형 1 (…에게) 돌릴 수 있는, (…의) 탓이라고 해도 되는 (to). ¶His sudden death is ~ to a heart attack. 그의 급사는 심장마비 때문이라고 생각된다. 2 (…에) 속하게 할 수 있는 (to). (또는 **referrable, referible**)
ref·er·ee [rèfərí:] 명 1 중재자, 조정자. 2 〖운동 경기 따위의〗심판, 레퍼리; 〖과학 논문 따위의〗심사원. ⇒JUDGE 〖유의어〗 3 〖英〗신원 조회처, 신원 보증인. 4 〖법률〗판정관, 중재인. ── 동(타) 중재를 하다, 중재하다, 심판하다. ── 자 중재인[심사원] 노릇을 하다, 심판을 보다.
réferee stóp cóntest 명〖권투〗(아마추어 복싱에서) 심판 중지 시합 (略 RSC). 略 TKO
‡ref·er·ence [réfərəns] 명 (⑧ **-enc·es** [-iz]) 1 UC 참조, 참고, 출전(出典) 지시; C 참조문, 인용문 〖절, 부분〗. 2 U 참고 문헌, 참고 도서 목록 / a book of ~ 참고서 // ~ to sources 출전 참조. 3 U 언급, 논급 (to); C 언급된 일〖사항〗. 4 CU 〖신원·인물 따위의〗조회, 조사(to); C 신원 조회처, 신원 보증인. ¶Who are your ~s? 당신의 신원 보증인은 누구인가요? // make a ~ to a person's former employer 전의 고용주에게 조회하다. 5 C 〖신원·인물·기능 따위의〗증명서, 보증서; 추천서. ¶a banker's ~ 은행의 신용 증명서. 6 U 관련, 관계 (to). ¶It had no ~ to him. 그것은 그와는 관계가 없었다. 7 U 〖중재·조정·재정 따위의〗위탁, 위임, 회부(to); 위탁된 권한. ¶~ of a bill to a committee 의안의 위원회 회부. 8 〖기호 따위가〗나타내는 내용, 지시 내용. 9 〖언어〗지시; 외연(外延). 10 〖계측·평가의〗기준. 11 〖사회〗〖태도 결정의〗준거(準據).
a point of reference 평가〖판단〗의 기준.

for one's reference 참고를 위하여〖위한〗.
have [or bear] reference to …에 관계가 있다.
in [or with] reference to …에 관하여. ¶a phrase used in ~ to … ⋯에 관해서 사용된 말/with ~ to your letter of May 15 (상용문에서) 5월 15일자 귀서한에 관하여.
make reference to …에 언급하다, …을 참조하다.
terms of reference 〖조사단 등의〗활동의 책임 범위, 위임 사항, 권한.
without reference to …에 관계없이, …와 상관없이. ¶all persons, without ~ to age 연령 불문하고 누구든 모두.
── 동(타) 〖책〗에 참조 사항〖참고 문헌표〗를 달다.
reference béam 명〖광학〗(홀로그래피의) 참조파 (波). 「〖항을 단 성서〗.
reference bíble 명 관주(貫珠) 성서〖난외에 참조 사.
reference bòok 명 1 참고 도서〖사전·연감·지도책 따위〗. 2 〖남아공〗흑인이 휴대하는 신분 증명서.
reference eléctrode 명〖물·화〗조합(照合)〖기준, 참조〗전극.
reference gròup 명 1 〖사회〗준거(準據) 집단, 관계 집단. 2 〖구매 태도·행동에 영향을 주는 의사 결정의〗기준 표본 집단.
reference library 명 1 참고 도서관〖대출을 하지 않는〗; (⊗ rental library). 2 참고 문헌 (of).
reference líne 명〖수학〗(좌표를 정할 때의) 기준선.
reference màrk 명 1 참조 부호(asterisk(*), dagger(†), paragraph(¶), section(§) 따위). 2 〖측량〗기준점.
reference sèrvice 명 (도서관의) 조사 의뢰 접수
ref·er·en·da·ry¹ [rèfəréndəri] 명 1 〖역사〗문서 발송·상주(上奏)·청원을 수리하는 관리. 2 중재인(referee).
ref·er·en·da·ry² 명 referendum의〖에 관한〗.
ref·er·en·dum [rèfəréndəm] 명 (⑧ ~s, **-da** [-də]) 국민 투표; 국민 투표 제도. 2 〖외교관이 본국 정부에 훈령을 구하는〗청훈서(請訓書).
ref·er·ent [réfərənt] 명 1 낱말의 지시물〖대상〗. 2 〖논리〗지시 대상. ── 형 (…에) 관계가 있는, 언급하고 있는 (to).
ref·er·en·tial [rèfərénʃəl] 형 1 관련[관계]이 있는, 관련의. 2 참고[참조]용의. ¶for ~ use 참조용의. 3 참조가 붙은. 4 〖언어〗(낱말이) 지시하는, 대상의. **~·ly** 부
referéntial méaning 명 지적 의미(denotative meaning). 「〖인기 유명인의 영향력〗.
réferent pówer 명 지시력(상품 따위를 사게 하는.
re·fer·ral [rifə́:rəl] 명 UC 1 소개; (진찰 후 환자를 다른 병원·전문의 등에게) 보내기[소개하기]; 참조, 추천, 위탁 (to). 2 위탁[추천]된 사람.
re·ferred páin [rifə́:rd-] 명〖병리〗관련통, 이소통(異所痛)〖자극이 가해진 장소로부터 떨어진 곳에서 느끼는 통증〗.
re·fer·rer [rifə́:rər] 명 언급하는 사람, 조회인.
ref·fo [réfou] 명 (⑧ ~s) 〖濠구어〗〖경멸적〗이민, 이주자. (또는 **réff·ráff**) 〖<refugee+-o〗
re·fill [riːfíl] 동(타) …을 다시 채우다, 다시 넣다, 보충하다. ── 명 [-́-] 1 보충물, 다시 채운 것; 〖구어〗(음식·술 따위의) 다시 채운 청. 2 (연료의) 재보급; (약의) 재조제. ¶take the car to the station for a ~ 가솔린을 넣으려 차를 주유소에 가져가다 / How about a ~? 한잔 더 하시겠어요? **~·a·ble** 형
re·film [riːfílm] 동(타) …을 다시 박막(薄膜)으로 씌우다; …을 재촬영하다.
re·fi·nance [rìːfinǽns] 동(타) 1 …에 재융자하다. 2 〖차입금·채무 따위〗를 별도 차입금으로 상환하다. 3 …의 조달 자금을 (기채 따위로) 증가[변경]하다. **-náncing** 명
***re·fine** [rifáin] 동(타) 1 …을 순화(純化)하다, …에서

refined / **reflex**

refined 불순물을 없애다, 정제하다, 정련하다. ¶ ~ sugar [petroleum] 설탕[석유]을 정제하다. **2** …을 고상[우아]하게 하다, 세련되게 하다, (문장 따위를) 다듬다(polish). ¶ ~ one's manners [style, speech] 태도[문체, 말씨]를 품위있게 하다. **3** (기계・장치 따위) 개량하다. ── ㉔ **1** 순수해지다, 정련되다; 개량되다 (on, upon). ¶ ~ on a machine 기계를 개량하다. **2** 세련되다, 고상해지다. **3** 세밀하게 구별짓다, 상세히 논하다 (on, upon). **-fin·a·ble ─fin·er**

‡**re·fined** [rifáind] ⓐ (more ~; most ~) **1** 정제(정련)된, 순화된. ¶ ~ sugar 정(제)당. **2** 세련된, 때를 벗은, 품위있는. ¶ a ~ gentleman 세련된 신사 / be ~ in manners 태도가 세련되어 있다. **3** 정묘한, 섬세한; 치밀한, 정밀한; 정확한, 엄밀한. ¶ a ~ irony 교묘한 풍자 / ~ distinctions 엄밀한 구별. **-fin·ed·ly** [-fáinidli] ─ **~ness** ⓝ

*****re·fine·ment** [rifáinmənt] ⓝⓤ **1** 정제, 정련, 순화. ¶ the ~ of metals 금속의 정련. **2** 고상, 고아(高雅). ¶ a man of ~ 고상한 사람. **3** 세련(하기), 연마함, 때를 벗김. **4** (추리・추론에 있어서의) 정교, 정묘, 치밀, 미세한 구별; ⓒ (개량을 위한) 공들임, 정교함, 극치. ¶ ~ of logic 논리의 정묘함 / Many ~s can be found in this car. 이 차에는 개량된 곳이 많이 눈에 띈다. **5** (수학) 세분. [정련] 장치.

*****re·fin·er·y** [rifáinəri] ⓝ **1** 정제소, 정련소. **2** 정제**re·fin·ish** [ri:fíniʃ] ⓥ (목재・가구 따위의) 표면을 새로 끝손질하다. **~·er**

re·fit [ri:fít] ⓥ (**-tt-**) …을 수리하다, (배 따위를) 재장비하다, 개장(改裝)하다; (교육 따위를) 다시 받다. ── ㉔ 수리를 받다, 재장비되다; 보급을 받다. ⓝ ──ⓤⓒ (배의) 개수(改修), 재장비, 수리. **~·ment**

refl. reflective(ly); reflex(ive).

re·flag [ri:flæg] ⓥⓣ (분쟁 지역에서의 보호를 위해) (상선)의 선적(船籍)을 변경하다. **~·ged** ── **~·ging**

re·flate [ri:fléit] ⓥⓣ (통화)를 다시 팽창시키다. ── ㉔ (통화가) 다시 팽창하다; (정부가) 리플레이션 정책을 쓰다.

re·fla·tion [ri:fléiʃən] ⓝⓤ 통화 재팽창, 리플레이션.

re·fla·tion·ar·y [ri:fléiʃənèri / -ʃənəri] ⓐ (경제) 경기 부양의, 리플레이션적인. ¶ take ~ measures 경기 부양책을 쓰다.

‡**re·flect** [riflékt] ⓥⓣ **1** (빛・열)을 반사하다; (소리)를 반향하다. ¶ ~ heat [light, sound] 열[빛, 소리]을 반사하다. **2** (거울 따위가) (상)을 비추다. ¶ The pond ~*ed* the stars. 별이 연못에 비쳤다. **3** (불명예 따위)를 초래하다, (결과로서) …을 가져오다 (on, upon). ¶ (~ + 图 + 前 + 图) ~ deeds that ~ honor on him 그에게 명예가 되는 행위. **4** (비유적) 반영하다, 나타낸다. ¶ skills that ~ years of training 여러 해의 훈련을 반영하는 기능. **5** (…을 / 인지를) 숙고하다, 곰곰 생각하다 (that 젤 / wh. 젤). 반성하다, 상기하다 (that 젤); …이라고 생각하다; …라고 의견을 말하다 (that 젤). ⇒ THINK 유의어 ¶ (~ + that 절) He ~*ed that* it was difficult to solve the problem. 그는 이 문제를 풀기가 어렵다고 생각했다. **6** …을 (…에게) 야기시키다, 불러일으키다 (on). ¶ (~ + 前 + 图) Her bitterness ~s gloom on all the family. 그녀가 괴로워해서 온 가족이 우울해한다. **7** (수술시에) (기관이나 조직)을 반전시키다. **8** (생리) (신경 임펄스)를 (운동 신경에) 전달하다. **9** (보통 수동형으로) …을 (꺾어) 구부리다, 접다. **10** (고어) …을 길에서 벗어나게 하다.

── ㉔ **1** (빛・열 따위가) (음(音)이) 반향하다. ¶ (~ + 前 + 图) light ~*ing from* the water 수면에서 반사되는 빛. **2** (거울 따위가); (상(像)・모습이) 비치다. **3** (열 따위가) (…에) 영향[효과]을 미치다. **4** 불명예를 초래하다, 체면을 손상시키다; 비난하다, 중상하다 (on, upon). **5** 숙고하다, 조용히 생각하다 (on, upon). ⇒ THINK 유의어 ¶ (~ + 前 + 图) ~ upon a problem 문제를 숙고하다. **6** (종종 양태부사와 함께) (행위 따위가) 어떤 인상을 주다; (…에) 영향을 주다, 투영하다 (on, upon, in). ¶ ~ badly [unfavorably] on …에게 나쁜 인상을 주다[результат이 되다].

be reflected in (일이) [결과 따위에] 나타나다, 반영
reflect on oneself 반성하다.   [되다.
~·ed·ly ── **~·ed·ness**, **~·i·bíl·i·ty** ── **~·i·ble**
re·flect·ance [rifléktəns] ⓝ (물리・광학) 반사율.
re·flect·ing·ly [rifléktiŋli] ⓐ **1** 반사에 의하여, 반영하여. **2** 깊이 생각하여, 내성적으로.
re·fléct·ing telescope [rifléktiŋ-] ⓝ 반사 망
‡**re·flec·tion, (英) -flex·ion** [rifléktʃən] ⓝ (ⓤ) ~s [-z]) **1** ⓤ 반사, 반향; 반영, 투영, 영향. **2** (비유적) 반영, 반영된 것, 영상; 아주 잘 닮은 것. ¶ A high crime rate is a ~ of an unstable society. 높은 범죄 발생률은 불안정한 사회를 반영한다. **3** ⓤ 심사(深思), 숙고, 성찰; (철학) 반성. **4** (종종 ~s) (숙고 끝의) 생각, 감상, 의견 (on). ¶ write down one's ~s on …에 관한 감상을 적다. **5** 비난, 책망; 비난의 꼬투리, 불명예를 초래하는 행위 (on, upon). ¶ There could be no possible ~ on his character. 그의 인격은 나무랄 데가 없다. **6** (물리・광학) (빛・열・소리의) 반사; 반사열, 반사광, 반향음. **7** (수학) 경영(鏡映). **8** (해부) 반전(부); (식물) 굴절(부). **9** (생리) (신경 따위의) 반사 작용. **after due reflection** 심사 숙고 끝에.   [다.
be lost in reflection 골똘히 생각하다, 생각에 잠기다
cast [or **be**] **a reflection upon** [or **on**] …을 비난하다; …의 불명예가 되다.   [보고.
on [or **upon**] **reflection** 깊이 생각해 보니, 숙고해
practice reflection on …을 잘 생각하다.
without (due) reflection 잘 생각해보지도 않고, 경솔하게.
~·al, **~·less** ⓐ   [D].
refléction dénsity ⓝ (물리・광학) 반사 농도(기
refléction fàctor ⓝ =reflectance.
refléction nèbula ⓝ (천문) 반사 성운(星雲).
refléction plàne ⓝ 반사경영(鏡映) 면, 대칭면.
*****re·flec·tive** [rifléktiv] ⓐ **1** 반사[반영]하는, 반사에 의한. ¶ a ~ surface 반사면. **2** (동작 따위가) 반사적인. ¶ a ~ cry 반사적으로 외치는 소리. **3** 생각이 깊은, 사려 깊은; 내성적인; 생각에 잠기는, ⇒PENSIVE 유의어 ¶ a man of ~ mind 내성적인 사람. **4** (문법) =reflexive. **~·ly** ── **~·ness** ⓝ   [리] 반사율.
re·flec·tiv·i·ty [ri:flektívəti] ⓝⓤ (광학) (물리・물
re·flec·tom·e·ter [ri:flektɔ́mətər, riflèk-/-tɔ́m-] ⓝ (광학) 반사율계(計). **-try** ⓝ
re·flec·tor [rifléktər] ⓝ **1** 반사물, 반사기, 반사경. **2** 반사 망원경(reflecting telescope). **3** 반영하는 것[사람]. **4** (물리) 반사체, 반사재(材).
re·flec·tor·ize [rifléktəràiz] ⓥⓣ (* (英) **-ise**) …을 빛이 반사하도록 하다; (보통 과거분사형으로) …에 반사기[장치]를 달다. **-i·zá·tion** ⓝ
refléctor stúds ⓝ (도로의) 야간 반사 장치.
re·flet [rəflé] ⓝ 무지개색, 진주 광택; (도자기 표면의) 광택. [<F]
*****re·flex** [ri:fleks] ⓐ **1** (생리) 반사적인, 반사 작용의. ¶ ~ action 반사 작용. **2** (영향・효과 따위가) 반동적으로 생기는, 되돌아오는. **3** (무선) 반사형의, 리플렉스 증폭(增幅)식의. **4** (빛 따위가) 반사된. **5** (等 따위가) 뒤로 젖혀진. **6** 내성적인. **7** (기하) 우각(優角)의. **8** 반사광을 이용하여 복사하는. ── ⓝ **1** (생리) 반사, 반사 작용. ¶ a **conditioned** ~ 조건 반사. **2** 영상, 그림자. **3** (빛 따위의) 반사; 반사광[열]. **4** (무의식적・습관적) 행동, 반응; (속어) 반사 신경. **5** 복사, 모방, 본받음. **6** (語・言語) 반영형, 대응형. **7** ── camera. **8** (무선) 리플렉스 수신기. ── ⓥⓣ [rifléks] **1** …에 반사 (작용)을 일으키게 하다. **2** …을 반전시키다, 젖히다. **3** …에 reflex 장치를 설치하다.

~·ly 부 ~·ness 명
réflex ánal dilatátion 명 (의학) 반사 항문 확장법.
réflex ángle 명 (기하) 우각(優角).
réflex árc 명 (생리) 반사궁(弓)(충격이 통과하여 반사를 형성하는 신경 경로).
réflex càmera 명 (사진) 반사 카메라, 리플렉스 카메라. ¶a twin-lens ~ 2안(眼) 리플렉스 카메라.
re·flexed [rifleːkst, riːflekst] 형 (나뭇잎·꽃잎이) 뒤로 젖혀진; 밖으로 굽은.
re·flex·i·ble [rifléksəbl] 형 (빛·열·음파 따위가) 반사되는, 반사성이 있는. -bíl·i·ty 명 반사성.
re·flex·ion [rifléxʃən] 명 (英) =reflection. ~·al
re·flex·ive [rifléksiv] 형 1 (문법) 재귀(용)법의. ¶a ~ verb [pronoun] 재귀 동사(대명사). 2 반사의, 반사되는(reflective). 3 내성적인. 4 (영향·효과 따위가) 반사적인, 역행성의. 5 (수학) 반사적인. — 명 (문법) 재귀 동사, 재귀 대명사.
~·ly 부 ~·ness 명 rè·flex·ív·i·ty 명 U 재귀성; 반
re·flex·ivize [rifléksəvàiz] 타 (* (英) -vise) 동 (동사·대명사를) 재귀적으로 하다.
re·flex·ol·o·gy [riːfleksɑ́lədʒi/-sɔ́l-] 명 (의학) 1 반사 요법(손·발바닥 등을 마사지하는 건강 요법). 2 반사학(건)(반사의 작용·과정을 연구하는). -gist
re·flèx·o·lóg·ic 형 re·flèx·o·lóg·i·cal·ly 부
re·float [riːflóut] 동타 (배 따위를) 다시 뜨게 하다, 이초(離礁)시키다. — 자 다시 떠오르다, 이초하다.
re·flo·res·cent [riːflɔːrésnt, -flə-] 형 (꽃이) 다시 피는. -cence
re·flow [riːflóu] 동자 (조수 따위가) 빠지다: 역류하다, 환류하다. — 명 [˴] 퇴조; 역류, 환류.
re·flow·er [riːfláuər] 자 (꽃이) 다시 피다.
ref·lu·ence [réfluəns] 명 U 퇴조(退潮).
ref·lu·ent [réfluənt, rəfluː-] 형 (혈액 따위가) 역류하는, (조수 따위가) 빠지는, 빼는.
re·flux [riːflʌ́ks] 명 1 역류; 퇴조, 썰물(반 flux). ¶the flux and ~ of the tides 조수의 간만; (비유적) 영고성쇠. 2 (화학) 환류(액). — 동타 …을 역류(퇴조)시키다: (화학) 환류시키다.
réflux condénser 명 (화학) 환류 응축기(凝縮機).
re·fo·cus [riːfóukəs] 동타 (렌즈의) 초점을 다시 맞추다.
re·fold [riːfóuld] 동타 다시 접다, 접은 상태로 되돌리다.
re·foot [riːfút] 동타 (양말 등의) 바닥을 갈아 대다: (기둥 따위의) 받침을 갈다.
re·for·est [riːfɔ́ːrist, -fɑ́r-/-fɔ́r-] 동타 (산에) 다시 식림(植林)하다((英) reafforest). -fòr·est·á·tion 명 재식림(再植林).
re·forge [riːfɔ́ːrdʒ] 동타 (쇠 따위를) 다시 불리다: 고쳐 만들다.
*re·form [riːfɔ́ːrm] 동 (~s [-z]) 타 1 …을 개혁하다, 개정하다, 혁신하다, 쇄신하다. ¶~ a system 제도를 개혁하다. 2 …을 교정(矯正)하다, 개심시키다, 행실을 고치게 하다. ¶~ a criminal 죄인을 개심시키다. 3 (폐해·비행 따위를) 제거하다, 고치다, (실수를) 바로잡다: (화학) a) (석유 따위를) 개질(改質)하다. b) (고무 제조에 있어서) …을 특정지우다. 5 (美) (법률) (법률 문서를) 정정하다. — 자 개심하다, 근실(성실)해지다.
    reform oneself 개심하다.
— 명 U C 1 (정치·사회·제도 따위의) 개혁, 혁신; 개혁 운동(정책). ¶administrative [social] ~ 행정(사회) 개혁. 2 (품행 따위의) 교정, 감화, 개심시키기. 3 개정, 개량. ¶calendar ~ 역법(曆法)의 개정. 4 (R-) =R- Judaism.
— 명 (한정용법) 1 개혁의. 2 (R-) 개혁파 유대인의.
~·a·bíl·i·ty 명 ~·a·ble 형 개혁(개정, 개량, 교정)할 수 있는. ~·a·ble·ness 명 ~·ing·ly 부
re·form [˴riːfɔ́ːrm] 동타 다시 만들다, 고쳐 만들다: (군대를) 재편성하다, 재편성되다. -for·má·tion 명
re·for·mat [riːfɔ́ːrmæt] 동타 …에 다시 서식을 설정하다: (컴퓨터) (데이터 따위)를 재(再)포맷하다.
re·for·mate [riːfɔ́ːrmeit, -mət] 명 (화학) 개질유(改質油)(옥탄가를 높인 휘발유).
*ref·or·ma·tion [rèfərméiʃən] 명 1 U C 개혁, 혁신; 개선, 개량, 개량. 2 U 교정(矯正), 감화; 개심. 3 (the R-) (역사) (16세기의) 종교 개혁. 4 (법률) 정정 명령. — 형 개혁의, 개정의; 교정의.
re·for·ma·tion [˴riːfɔːrméiʃən] 명 재구성, 재편성.
re·form·a·tive [rifɔ́ːrmətiv] 형 개혁의, 개정의; 교정하는. ~·ly 부 ~·ness 명
re·form·a·to·ry [rifɔ́ːrmətɔ̀ːri/-təri] 형 =reformative. — 명 감화원, 소년원; (美·캐나다) 여죄수 [초범] 교도소.
Refórm Bill 명 (the ~) (英역사) 선거법 개정 법안(1832년의 선거구 개정·선거권 확대 법안).
re·formed [rifɔ́ːrmd] 형 1 개혁된, 2 개정된, 개심한. 3 (R-) 프로테스탄트의, 개신교의, (특히) 칼뱅파의. ¶R- Church 개신교 교회, 칼뱅파 교회.
    -form·ed·ly [-fɔ́ːrmidli] 부
Refórmed Chúrch in América 명 (the ~) 미국 개혁파 교회.
refórmed spélling 명 개정 철자법(묵음(默音)을 빼고 소리 위주로 표기하는 방법).
*re·form·er [rifɔ́ːrmər] 명 1 개혁가, 개정(론)자. 2 (R-) 종교 개혁자. 3 정치(의회 제도) 개혁론자: (R-) (英역사) 선거법 개정론자. 4 (화학) (석유의) 개질 장치.
re·form·ing [rifɔ́ːrmiŋ] 명 (화학) 개질(改質).
re·form·ist [rifɔ́ːrmist] 명 개혁론자, 개혁주의자: 개혁파 교도. — 형 (또는 reformistic) 개혁(개량) 운동의. -ism
Refórm Jéw 명 개혁파 유대교도.
Refórm Júdaism 명 개혁파 유대교(19세기초 독일에서 일어난 유대교의 한 종파).
refórm schòol 명 (美) 감화원, 소년원.
re·for·mu·late [riːfɔ́ːrmjulèit] 동타 …을 다시 공식화하다, 새로 명확하게 말하다; 다시 처방(조리)하다, 처방(조리)법을 바꾸다. -fòr·mu·lá·tion 명
re·for·ti·fi·ca·tion [riːfɔːrtəfikéiʃən] 명 U 재축성(再築城), 재강화. — (다시 견고하게 하다.
re·for·ti·fy [riːfɔ́ːrtəfài] 동타 …을 다시 축성하다: Ref. Pres. Reformed Presbyterian.
refr. refraction.
re·fract [rifrǽkt] 동타 1 (물리) (물·유리 따위가) (광선)을 굴절시키다. 2 (눈이나 렌즈의 굴절도를 측정하다. ~·a·ble 형 ~·ed·ly 부 ~·ed·ness 명
re·frac·tile [rifrǽktl/-tail] 형 굴절력이 있는.
re·fráct·ing àngle [rifrǽktiŋ-] 명 (광학) 굴절각.
refrácting télescope 명 굴절 망원경.
re·frac·tion [rifrǽkʃən] 명 U 1 (물리) (빛·소리 따위의) 굴절 (작용). 2 (눈의) 굴절. 3 (천문) 대기차(大氣差). 4 (비유적) 비뚤어짐, 왜곡. ~·al
refráction corréction 명 (천문) 굴절 보정(補正).
re·frac·tive [rifrǽktiv] 형 굴절의, 굴절력 있는, 굴절성의. ~·ly 부 ~·ness 명
refráctive índex 명 (광학) 굴절률.
re·frac·tiv·i·ty [riːfræktívəti] 명 U 굴절성, 굴절도.
re·frac·tom·e·ter [riːfræktɑ́mətər/-tɔ́m-] 명 (물리) 굴절계, 굴절 측정기.
re·frac·to·met·ric [-trɪ] -try 명 굴절률 측정(법).
re·frac·tor [rifrǽktər] 명 굴절 매체(媒體); 굴절 렌즈; 굴절 망원경(refracting telescope).
re·frac·to·ry [rifrǽktəri] 형 1 고집센, 다루기 힘든. ⇒WILLFUL 유의어 ¶a ~ child 말을 안 듣는 아이. 2 (병 따위가) 난치의, 고질인. ¶a ~ disease 난치병. 3 (금속 따위가) 잘 안 녹는, 내화성(耐火性)의; 가공(처리)하기 힘든. 4 (생리) (신경이) 자극에 반응하지 않는, 무반응의. 5 (생물이) 저항력이 있는, 면역성의. — 명 내화 물질, 내열성 물질; (-ries) 내화 벽돌; 내부식성

물질. 2 (-ries) 비용해성 물질. **-ri·ly** **-ri·ness**
refráctory pèriod[phàse] 〖(생리) 불응기(不應期)〗(신경이 자극을 받은 뒤 다음 자극에 반응하지 못하는 짧은 기간).
‡**re·frain**¹ [rifréin] 동(자) 억제[자제]하다; 삼가다, 그만두다, 참다(*from*). ¶ (~+*前*+*名*) Please ~ *from* smoking. 담배는 삼가 주십시오 / ~ *from* greasy food 기름진 음식을 삼가다. —타 (고어) …을 억제하다; 삼가다. ¶~ oneself 자제하다, 삼가다.
~·er, ~·ment 〖후렴; 후렴곡.
re·frain² [rifréin] 〖(특히 시·노래 따위) 반복(구), 첩구(疊句),
re·frame [rifréim] 동(타) …의 틀을 다시 만들다; 재구성하다.
re·fran·gi·ble [rifrǽndʒəbl] 〖(광선 따위가) 굴절 가능한, 굴절성의. **-bíl·i·ty** 〖굴절성도]. **~·ness**
re·fréez·ant [rifríːzənt] 〖냉각제.
re·freeze [rifríːz] 타 다시 얼다[얼리다].
re·fres·co [Sp refrésko] 〖 (~s) 〖(청량 음료 따위) 가벼운 음식물. [<Sp]
‡**re·fresh** [rifréʃ] 동(타) ~**es** [-iz]; ~**ed** [-t]) 타 1 (음식물·휴식 따위로) 원기를 회복시키다, 새로운 활력을 주다, (남)을 기운나게 하다; …을 생기가 넘치게 하다(*with*, *by*). ⇒RENEW 유의어 ¶~*ed* *by* [*or with*] sleep 수면을 취해 원기를 되찾아 / The shower ~*ed* the plants. 소나기가 내려 식물들이 생기가 넘쳤다. 2 (기억)을 새롭게 하다(*with*, *by*). ¶~ one's memory 생각해 내다. 3 …에 새로 공급하다, 보급하다. ¶~ *a battery* 전지에 충전하다 // (~+目+前+名) ~ *a ship with* supply 배에 보급품에 식량을 보급하다. 4 (손질·가공하여) …을 새롭게 하다. ¶~ *a fence* 담에 새로 칠을 하다. 5 〖음식물〗의 신선도를 유지하다; 〖건조 식품〗에 물을 타서 원상태로 하다. 6 〖컴퓨터〗 (화상·기억 장치의 내용)을 재생하다, 리프레시하다. —자 1 (가볍게) 먹고 마시다, 한잔하다. 2 원기를 회복하다, 기분이 상쾌해지다. 3 (배 따위가) 식량·연료 따위를 보급받다. ¶*harbors where ships can* ~ 배가 물자를 보급받을 수 있는 항구.
refresh *oneself* 기운을[원기]를 되찾다(*with*).
re·fresh·er [rifréʃər] 〖1 C 원기를 회복시켜 주는 사람[것], 기분을 상쾌하게 하는 사람[것]; 피로회복제 〖음식물〗, 〖구어〗 청량 음료, 술. 2 〖(소송을 오래 끌 때의 변호사에 대한) 추가 사례금. 3 생각나게 하는 것. 4 =~ course. —〖보습(補習)의, 보충의; 복습의, 〖신〗지식〗 강화의. 〖보습과(補習科).
refrésher còurse 〖(지식 산업의) 재교육 과정.
re·fresh·ful [rifréʃfəl] 〖심신을 상쾌하게 하는, 원기를 돋우는. **-ly**
*****re·fresh·ing** [rifréʃiŋ] 〖1 기운을 돋우는, 개운한, 상쾌하게 해주는. ¶a ~ breeze 상쾌한 미풍 / ~ drinks [*or* beverages] 청량 음료. 2 참신한; 드물게 재미있는. **~·ly** **~·ness**
‡**re·fresh·ment** [rifréʃmənt] 〖1 U 원기 회복, 휴양; 상쾌함. ¶feel ~ of mind and body 몸과 마음이 상쾌하게 느껴지다. 2 C 원기를 회복시켜 주는 것, 기분을 상쾌하게 해주는 것. ¶A shower is a great ~ after a day's toil. 하루의 노동 끝에 샤워를 하면 심신이 매우 상쾌해진다. 3 (~s) (가벼운) 음식물, 다과, 청량 음료. ¶serve liquid ~s 마실 것을 내다 / take some ~*s* 가벼운 식사를 하다 / *Refreshments* provided. 다과 제공(모임 통지문에 덧붙이는 말).
refréshment càr 〖식당차.
refréshment ròom 〖(역·회의장 따위의) 식당.
Refréshment Sùnday 〖사순절(Lent) 중의 제4일요일. 〖Mid-Lent Sunday
refrig. refrigerate; refrigeration; refrigerator.
re·frig·er·ant [rifrídʒərənt] 〖1 차게 하는, 얼리는. 2 (몸의) 열(熱)을 내리는. ¶~ medicines 해열제. 3 심신을 상쾌하게 하는(refreshing). —〖1 해열제, (얼음 따위) 열을 내리게 하는 것. 2 냉각제, 냉동제. 3 차게 하는 것; 청량 음료.
re·frig·er·ate [rifrídʒərèit] 동(타) 1 …을 식히다, 차게 하다[해두다]. 2 〖음식 따위〗를 냉동하다, 냉장하다. ¶~*d* meat 냉동육. —자 차가워지다, 얼다.
re·frig·er·at·ing machine[èngine] [rifrídʒərèitiŋ-] 냉동기, 냉동 장치.
re·frig·er·a·tion [rifrìdʒəréiʃən] 〖U〗 냉각, 냉동(보존), 냉장; (외과) 〖수술을 위한 신체의〗 냉동.
refrigerátion cỳcle 〖냉동 사이클[주기].
re·frig·er·a·tive [rifrídʒərèitiv/-rətiv] 〖냉각하는, 냉장의.
‡**re·frig·er·a·tor** [rifrídʒərèitər] 〖1 냉장고, 냉동실, 〖美〗 냉장[냉동] 장치. 2 (증류기의) 증기 응축 장치.
refrígerator càr 〖(철도의) 냉장(화)차.
re·frig·er·a·tor-freez·er [-frìːzər] 〖냉동 냉장고.
re·frig·er·a·to·ry [rifrídʒərətɔ̀ːri/-təri] 〖= refrigerative. —〖1 (증류기의) 증기 응축 장치. 2 (냉동기의) 제빙실, 제빙 탱크. 3 냉동소, 냉각소.
re·frin·gence [rifríndʒəns] 〖=refractivity.
re·frin·gent [rifríndʒənt] 〖=refractive.
-gen·cy 〖
reft [reft] 〖reave의 과거·과거분사.
re·fu·el [riːfjúːəl] 동 (**-*l*-**, (英) **-*ll*-**) (…에) 연료를 재보급하다[받다]. **~·a·ble, ~·ing** 〖
*****ref·uge** [réfjuːdʒ] 〖 ~**s** [-iz]) 1 U 피난, 보호(*from*). ¶a harbor of ~ 피난항 / take ~ *from* a storm 폭풍우로부터 피난하다. 2 UC 피난처, 은신처 (*from*, *for*, *to*); 금렵구; (英) (도로의) 안전 지대. ¶find (a) ~ in …에 피난하다. 3 의지가 되는 사람[물건], 의지, 위안물. ¶the ~ of the distressed 괴로워하는 자의 보호자. 4 도피구, 평계, 구실. ¶the last ~ 마지막 수단.
a house of refuge 양육원, 빈민 수용소.
give (a) refuge to …을 숨겨주다, …을 보호하다.
seek refuge with a person 남에게로 도피하다, 남에게서 은신처를 찾다. 〖위안을 구하다.
take refuge in [*or at*] ① …에 피난하다. ② …에서 —타 (고어) …을 보호하다, …에게 피난처를 제공하다, …을 숨겨 주다. —자 피난하다.
*****ref·u·gee** [rèfjudʒíː, ˊ-ˋ] 〖1 (정치적·종교적) 망명자; 피난자; 난민. ¶a 1 난민[망명자]의, 도망중[망명]의. 2 (경제) (자본 따위가) 도피적인. —타(再) 난민이 되다[되게 하다], 망명하다[시키다]. **~·ism** 〖난민[망명자]의 상태[신분].
refugée càpital 〖(국외) 도피 자본.
re·ful·gence [rifʌ́ldʒəns] 〖U〗 광휘, 빛남, 광채(brilliance). (또는 **refulgency**)
re·ful·gent [rifʌ́ldʒənt] 〖빛나는, 찬란한(brilliant). **-ly** 〖
re·fund¹ 〖[riːfʌ́nd, rìː-] 타 (금전)을 갚다, 환불하다; 상환하다. —자 반제하다, 반환[상환]하다. —〖 [ríːfʌnd] UC 반제, 반환(금), 상환(물). **~·er** **~·ment** 〖반제, 상환.
re·fund² [riːfʌ́nd] 동(타) 1 …을 다시 적립하다. 2 (부채·공채·차·차관)을 차환(借換)하다.
re·fund·a·ble [rifʌ́ndəbl] 〖반제할[갚을] 수 있는, 반환할 수 있는. **-bíl·i·ty** 〖
refúnd annúity 〖(보험) 사망시 환불부(附) 연금.
re·fur·bish [riːfə́ːrbiʃ] 타 1 …을 다시 닦다[갈다]. 2 (외관 따위)를 일신하다. ¶~ *an old house* 낡은 집을 개장(改裝)하다. **~·ment** 〖
re·fur·nish [riːfə́ːrniʃ] 동(타) …에 다시 설비하다; …에 새로운 가구·비품을 설치하다(*with*).
re·fus·a·ble [rifjúːzəbl] 〖거절[거부]할 수 있는.
‡**re·fus·al** [rifjúːzəl] 〖 ~**s** [-z] 〖1 거절, 거부, 사퇴, 사절(*to do*). ¶the ~ of an invitation 초대의 사절 / a firm ~ *to* answer a question 답변에 대

한 강경한 거부. 2 ⓤ (보통 the ~) 취사 선택(권), 우선권; 선매권(先買權). ¶ask for the ~ of …의 취사 선택권을 요구하다 / buy the ~ of …의 착수금을 주다, (착수금을 주고) …의 우선권을 얻다. 3 (기초 말뚝 따위를) 박아넣기 불가능한; (한 번 박아넣는) 깊이. 4 (말의 장애물 뛰어 넘기) 거부.
give a person *a flat refusal* 남에게 딱 잘라 거절하다.
give a person *the) first refusal of* 남에게 …의 선매권[우선권]을 주다.
have (the) first refusal 우선권[선매권]을 갖다.
take no refusal from a person 남에게 거절 못하게 하다.

‡**re·fuse**¹ [rifjúːz] 통 (-fus·es [-iz]) 탄 1 (제의 따위를) 거절하다, 사절하다, 사퇴하다. ¶~ an offer 제의를 거절하다. 2 (의뢰·요구·명령 따위를) 거절하다, 거부하다, 물리치다; (여성이) (결혼 신청)을 퇴짜놓다. ¶~ orders 명령을 거부하다 ∥ (~+匣+囹) ~ a person money 남의 돈 부탁을 거절하다.

유의어 **refuse** 수락할 의사가 없음을 분명히 표명하다. **decline** 정중하고 예의바르게 거절하다. **reject** 강한 말투로 단호히 refuse하다. **spurn** 경멸하여 reject하다.

3 …하려고 하지 않다, (…하기)를 마다하다. ¶(~+*to* do) ~ *to* discuss the question 그 문제를 토의하기를 거부하다. 4 (말이) (장애물)을 뛰어넘으려 하지 않고 갑자기 서다, 거부하다. 5 [군사] (적의 공격에 대비해서) (측면 부대)를 (앞으로 내지 않고) 뒤로 물려 두다. 6 [카드놀이] (판에 있는 패)와 같은 패를 못내다. — 困 1 거절하다, 거부하다, 사퇴하다. 2 (말이) 장애물을 뛰어넘지 않고 갑자기 멈춰서다.

ref·use² [réfjuːs] 囹Ⓤ 쓰레기, 찌꺼기; (비유적) 인간 쓰레기. — 톙 무가치한; 쓰레기의. ¶~ matter 폐기물 / a ~ bin 쓰레기통.

réfuse dùmp (도시의) 쓰레기 집적장[폐기장].

re·fus(e)·nik [rifjúːznik] 囹 (옛 소련에서의) 출국 금지자, 외국 이주를 금지당한 유대인; (일반적으로) 명령[지시]에 따르지 않는 사람.

re·fus·er [rifjúːzər] 囹 1 거절자, 사퇴자. 2 국교(國敎) 기피자. 3 (장애물을) 뛰어넘지 않는 말.

re·fut·a·ble [rifjúːtəbl/réfjut-] 톙 논박(반박)할 수 있는. **-bíl·i·ty** 囹 **-bly** 튀

ref·u·ta·tion [rèfjutéiʃən] 囹Ⓤ Ⓒ 논박, 반박; 반증, 반증 사실(disproof). (또는 **refutal**)

re·fut·a·tive [rifjúːtətiv] 톙 논박(논파, 반증)하는, 논박(반증)의. ¶~ evidence 반증. (또는 **refutatory**)

re·fute [rifjúːt] 톙Ⓣ 1 …을 논박하다, 반박하다; (…의 잘못[허위]을) 밝히다. 2 (남의 발언 따위를) 부정[부인]하다. **-fút·er** 囹 「=registration mark.

reg [reg] 囹 (구어) 1 (보통 ~s) =regulation(s). 2

Reg [red3] 囹 레지(남자 이름; Reginald의 별칭).

reg. regent; regiment; region; register(ed); registrar; registry; regular(ly); regulation; regulator.

Reg. regiment; (라틴) *regīna*(=queen).

*re·gain [riɡéin] 톙Ⓣ 1 …을 회복하다, 도로 찾다. ⇒RECOVER 유의어) ¶~ one's health [reputation] 건강(명성)을 회복하다. 2 …에 되돌아가다, 복귀하다; …에 다시 닿다. ¶~ the coast 해안에 다시 닿다.
regain one's *feet* [or *legs, footing, balance*] (넘어졌다가) 다시 일어서다.
— 囹 1 (섬유의 공정(公定)) 수분율(水分率). 2 회복.
~·a·ble 톙 **~·er** 囹 [탈환; 복귀.

re·gal¹ [ríːɡəl] 톙 1 왕의, 제왕의. ¶the ~ power 왕권. 2 왕다운; 훌륭한, 당당한, 위엄있는.
~·ly 튀 **~·ness** 囹

re·gal² 囹 레갈(16~17세기의 휴대용 소형 오르간).

re·gale¹ [riɡéil] 톙 1 …을 매우 기쁘게[즐겁게] 하다, 만족시키다(*with, on*). ¶a sight that ~s the eye 눈을 즐겁게 해주는 경치 ∥ (~+匣+前+囹) ~ oneself *on* a beautiful scene 아름다운 경치를 보고 즐기다. 2 …을 대접하다, …에게 진수성찬을 베풀다(*with*). ¶~ one's guests *with* the best of everything 진수성찬으로 손님을 대접하다. — 困 진수성찬을 먹다; (…을) 즐기다 (*on, upon*). — 囹 1 (고어) =regalement. 2 원기를 돋우는 음식[음료]; 기분을 상쾌하게 해주는 것.

re·ga·le² [riɡéili] 囹 regalia¹의 단수형.

re·gale·ment [riɡéilmənt] 囹 향응, 성찬, 진미.

re·ga·li·a¹ [riɡéiliə, -ljə] 囹Ⓟ (囸 **-ga·le** [-ɡéili]) 1 왕권, 왕의 특권. 2 (왕관·왕홀 따위) 왕위의 표장(標徽)[상징]. 3 (관직·단체 따위의) 기장, 훈장. 4 (공적 요직을 나타내는) 예복; 정장, 화려한 복장.

re·ga·li·a² 囹 (쿠바산의) 대형 고급 여송연.

re·gal·ism [ríːɡəlizm] 囹Ⓤ 제왕 교권설(敎權說)[주의](제왕의 교회 지배권을 인정한다). **-ist** 囹

re·gal·i·ty [riɡǽləti] 囹 1 Ⓤ 왕위; 왕권. 2 왕국(kingdom). 3 Ⓒ (스코) (옛날에 왕이 하사한) 지방 관할권; 그 관할 영지.

régal móth 囹 산누에나방과(科)의 큰 나방.

‡**re·gard** [riɡáːrd] 톙 (~*s* [-z]) Ⓣ 1 …을 (…으로) 간주하다, 여기다 (*as*), …을 … *as* seem, …을 … *as*를 생각하다. ¶~ a person *as* a fool 남을 바보로 여기다 / Do you ~ him *as* fit for the job? 그가 그 일에 알맞다고 생각합니까? 2 (어떤 감정을 가지고) …을 보다, 대하다 (*with*). ¶(~+匣+前+囹) ~ a person *with* favor [dislike] 호의[혐오]를 가지고 남을 보다. 3 …을 고려[고찰]하다. ¶~ the question from every point of view 온갖 관점에서 그 문제를 고찰하다. 4 …을 존중하다, 중요시하다, 평가하다; …에 주의하다. ¶Each must ~ the rights of all. 각자가 만인 모두 사람의 권리를 존중하지 않으면 안된다 / None ~*ed* her screams. 아무도 그녀의 비명에 주의하지 않았다. 5 …을 보다, 가만히 지켜보다, 응시[주시]하다. ¶~ a person intently 남을 골똘히 응시하다. 6 (고어) …에 관계하다, 관련을 가지다 (※ 지금은 concern이 보통). ¶The matter does not ~ you at all. 그 일은 너와 전혀 관계가 없다. — 困 1 주의하다, 주목하다 (*on*). 2 꿇어지게 보다, 응시하다.
as regards [or *regarding*] …에 대해서 말하면, …에 관해서는. ¶*As* ~*s* money, I have enough. 돈이라면 충분히 있다.
— 囹 (튁 ~*s* [-z]) Ⓤ 1 관계, 관련 (*to*). ¶His remarks have no special ~ *to* the matter. 그의 말은 그 문제와 특별한 관련이 없다. 2 점, 사항. 3 주의, 고려, 관심 (*to, for*). ¶ with special ~ *for* your safety 너의 안전을 특별히 고려하여. 4 주목, 응시, 주시. ¶She looked at the girl with a reproachful ~. 그녀는 책망하는 듯한 눈초리로 그 소녀를 쳐다보았다. 5 Ⓤ Ⓒ 존경, 경의; 존중 (*to, for*). ⇒RESPECT 유의어) ¶a high ~ *for* scholarship 학문에 관한 깊은 존경심. 6 호감, 호의; 평가 (*for*). 7 (~*s*) (편지 따위에서) 안부 전하는 인사, 문안의 전언. ¶With kind ~*s*. (편지의 말미에 적어) 재배, 경백(敬白). 8 (고어) 모양, 자세, 태도. 9 (행동·의견의) 동기.
Give my (best [or *kindest*]) *regards to* …에게 안부 전해 주십시오.
have a great [*have no*] *regard for* …을 존중하다[하지 않다], 존경하다[하지 않다].
have [or *pay*] *regard to* …을 고려하다.
hold a person *in high* [*low*] *regard* (남)을 존경하다[하지 않다].
in regard to [or *of*] …에 관해서(는).
in this [*that*] *regard* 이[그] 점에 있어서는.
out of regard for …의(이라는 입장을 고려[배려]하여. ¶I declined to make the matter public. *out of* ~ *for* her parents. 그녀의 부모를 생각해서 그 일을 공개하기를 거부했다.

show regard for a person =hold a person in high regard.
without [or **with no**] **regard to** [or **for**] …을 고려하지 않고, …에 상관없이, …을 무시하고.
with regard to =in regard to.
re·gard·ant [rigá:rdnt] 형 1 (문장) (동물이) 머리를 뒤쪽으로 향한. 2 잘 보고 있는, 주의 깊은.
re·gard·ful [rigá:rdfəl] 형 《서술용법》 1 주의(사려) 깊은, 마음을 쓰는(of). ¶He is always ~ of what he wears. 그는 언제나 옷에 신경을 쓴다. 2 정중한 경의를 표하는(for). **~·ly** 부 **~·ness** 명
‡**re·gard·ing** [rigá:rdiŋ] 전 …에 관해서는, …의 점에서는(with regard to). ¶I know nothing ~ the matter. 나는 그 일에 대해서는 아무 것도 모른다.
***re·gard·less** [rigá:rdlis] 형 무관심한, 개의치 않는, 부주의한(of). ¶One should not be ~ of one's duties. 사람은 자기의 의무에 무관심하면 안 된다.
regardless of …에도 불구하고, …에 관계없이, …을 무시하고. ¶~ of the doctor's advice 의사의 충고에도 불구하고 / accept all ~ of age or sex 연령·성별에 관계없이 모두 받아들이다.
— 부 《구어》 1 비용[충고, 반대, 곤란]을 무릅쓰고[개의치 않고]; 어떻게 해서라도, ¶We objected, but she went ~. 우리의 반대를 무시하고 그녀는 떠나갔다. 2 《접속사적》 그것과는 관계없이, 여하튼.
~·ly 부 **~·ness** 명
re·gath·er [rigǽðər] 타 1 (…을) 다시 모으다[모이다]. 2 (…와) 다시 만나다.
***re·gat·ta** [rigǽtə, -gá:tə] 명 1 레가타, 보트[요트] 레이스. 2 (Venice에서 행해졌던) 곤돌라 경주. 3 (줄무늬·체크 무늬가 있는) 면 능직물.
regd. registered.
re·ge·late [rí:dʒəlèit, `--´] 자타 (물리) 복빙(復氷)하다; (녹았다가) 다시 얼다.
re·ge·la·tion [rì:dʒəléiʃən] 명U (물리) 복빙.
re·gen·cy [rí:dʒənsi] 명UC 1 섭정의 지위; 섭정 정치; 섭정단; 섭정 기간[관구(管區)]. 2 (the R-) 《영국사》 (Prince of Wales의) 섭정 시대(1811-20). 3 이사 (理事)의 직무[기능]. 4 《드물게》 권력의 행사; 지배.
— 형 (종종 R-) (Prince of Wales의) 섭정(시대)의; (가구 따위가) 섭정 시대풍의; 섭정의.
re·gen·er·a·ble [ridʒénərəbl] 형 재생시킬 수 있는, 갱생시킬 수 있는; 혁신[쇄신, 개조]할 수 있는.
re·gen·er·a·cy [ridʒénərəsi] 명U 재생, 갱생; 개심; 혁신, 쇄신(regeneration).
***re·gen·er·ate** 동 [ridʒénərèit] 타 1 …을 갱생시키다, 개심시키다. 2 (국가·제도 따위)를 재건하다, 쇄신시키다. 3 (생물) (잃은 부분)을 다시 나게 하다, 재생시키다. ¶lizards that ~ lost tails 잘린 꼬리를 재생시키는 도마뱀. 4 (물리) (열·에너지·압력 따위)를 재생 이용하다. ¶~ a battery 전지를 재충전하다. 5 …을 되살아나게 하다, 재생시키다. ¶~ love [hatred] 애정(증오심)을 되살리다. 6 (경기) (증폭도)를 재생하다. 7 (신학) …을 영적으로 갱생시키다. 8 (화학) …을 재생하다. — 자 1 다시 나다, 재생하다. 2 (정신적으로) 새사람이 되다, 갱생[개심]하다. 3 쇄신[혁신]하다.
— 형 [ridʒénərət] 1 재생한, 새로 난; 쇄신된, 다시 일어난. 2 《종교》 정신적으로 새로 태어난, 갱생한.
— 명 [ridʒénərət] 재생물, 갱생한 사람, 개심자; (동물의) 재생 부분[기관]. **~·ness** 명
re·gén·er·àt·ed céllulose [ridʒénərèitid-] 재생 셀룰로스(레이온·셀로판 따위).
re·gen·er·a·tion [ridʒènəréiʃən] 명U 1 재생; 재건, 쇄신; 부활. 2 (생물) (잃은 부분의) 재생. 3 (정신적인) 신생, 갱생, 개심. 4 (전자·물리) 재생.
re·gen·er·a·tive [ridʒénərətiv, -rèitiv] 형 1 재생시키는, 개심시키는. 2 쇄신하는. 3 축열식(蓄熱式)의; (전기) 재생식의. **~·ly** 부

regénerative bráking 명 (전기) 회생 제동.
regénerative cóoling 명 (물리) 가스 액화법; (로켓의) 순환 냉각, 회생 냉각.
regénerative féedback 명 (전자) 재생 피드백(입력의 위상(位相)이 맞춰 되돌려지는).
regénerative fùrnace 명 축열로(蓄熱爐).
re·gen·er·a·tor [ridʒénərèitər] 명 1 재생자, 개심자; 쇄신자. 2 (축열로의) 축열실; 축열기, 열교환기. 3 (전기) 재생기.
re·gen·e·sis [ridʒénəsis] 명UC 재생, 갱생, 신생.
re·gent [rí:dʒənt] 명 1 섭정. 2 (美) (주립 대학 등의) 이사, 운영 이사회 위원; (대학의) 학생감(監). 3 (수도회가 운영하는 학교의) 이사. 4 《드물게》 통치자, 지배자. 5 (美) 미국 여성 단체(the Daughters of the American Revolution)의 지부장. 6 (옛날 대학의) 운영 지도 교수.
— 형 1 《명사 뒤에서》 섭정 자리에 있는. ¶the Prince R- 섭정 황태자. 2 《드물게》 (대학의) 학생감의. 3 (고어) 통치하는. **~·al**
Régent díamond 명 리전트 다이아몬드(세계 최대의 인도산 브릴리언트형 다이아몬드).
Régent Hóuse 명 (the ~) (Cambridge 대학의) 대학 평의원회.
re·gent·ship [rí:dʒəntʃip] 명U 섭정의 직[임기].
Régent's Párk 명 리전트 공원(런던 북서부에 있는 공원; 동물원이 있다). 「고급 쇼핑가).
Régent Stréet 명 리전트 가(街)(London 중심부의
re·ger·mi·nate [ri:dʒə́:rmənèit] 자타 다시 싹트다. **-ger·mi·ná·tion** 명
re·ges [rí:dʒi:z] 명 rex의 복수형.
reg·gae [régei] 명U (종종 R-) 레게(자메이카에서 생겨난 포퓰러 음악의 한 양식).
Régge thèory [rédʒei-] 명 (원자) 레게(극(極)) (Regge pole) 이론(소립자 반응을 수리적 축(軸)이나 궤선(軌線)을 설정하여 기술하는 이론. [<이탈리아의 물리학자 Tullio E. Regge(1931-)의 이름]
reg·gie [rédʒi] 명 (보통 ~s) 《영속어》 항공기의 등록 번호[마크]. (또는 reggy)
Reg·gy [rédʒi] 명 레지(남자 이름; Reginald의 별칭). (또는 Reggie)
reg·i·cide [rédʒəsàid] 명 1U 국왕 시해, 대역죄. 2 국왕 시해자; (the R-s) 《영국사》 Charles 1세를 사형에 처한 67명의 판사. **·i·cíd·al**
ré·gie [reiʒí:, `--´] 명 (담배·소금 따위의) 정부 직영 전매 제도, 전매; 전매품; 전매국[청]. [<F ruled]
re·gild [ri:gíld] 타(~*ed*, *-gilt*) …을 다시 도금하다, 고쳐 도금하다.
***re·gime** [rəʒí:m, rei-, -dʒí:m] 명 1 정치 제도[방식, 형태], 정체(政體); 정부, 정권; 관리 체제; 사회 제도. ¶the old [or ancient] ~ 구(舊)정체[체제, 제도] / establish a new ~ 새 체제를 확립하다. 2 (기후·사건·행위의) 일정한 형(型), 상황. ¶the most favorable temperature ~ 최적의 기온 변동역. 3 (의학) = regimen 1. (또는 **régime**)
reg·i·men [rédʒəmən, -mèn] 명 1 (의학) 양생법, 섭생, 식이 요법; (약학) 처방(투약) 계획. 2 U 통치, 관리. 3 UC (문법) 지배.
***reg·i·ment** [rédʒəmənt] 명 1 (군사) 연대(聯隊). ⇒ARMY 관련어. 2 (종종 ~s) (방언) 다수, 많은 무리, 대군(大群) (of). ¶whole ~s of grasshoppers 메뚜기의 큰 떼. 3 (고어) 통치, 통치.
— 타 [rédʒəmènt] 1 …을 연대로 편성하다[에 편입하다]. 2 (노동자 등)을 (엄격히 통제하기 위해) 조직화하다; (자료 따위)를 계통화하다. 3 엄격히[획일적으로] 관리하다[다루다], 엄하게 훈련하다.
reg·i·men·tal [rèdʒəméntl] 형 연대(聯隊)의, 연대에 딸린; 획일적인, 통제적인, 지배의. ¶a commander regimental 연대장. — 명 (~s) (특정 연대의) 연대복; (일반적으로) 군복. **~·ly** 부

regiméntal cólor 〘군〙 연대기(聯隊旗)
reg·i·men·ta·tion [rèdʒəmentéiʃən, -mən-] 〘명〙〘U〙 연대 편성, 편제; 조직화, 통제, 획일화.
re·gi·na [ridʒáinə, -dʒí:-] 〘명〙 1 =queen. 2 (보통 R-) 현(現) 여왕(때로 따위의 서명에 쓰이는 공식 칭호; ④ R)(* Elizabeth R- =Queen Elizabeth). 3 〘법률〙 형사 사건의 기소측(起訴側)의 칭호(영국에서는 (여)왕에게 기소권이 있으므로 ④ Reg.).¶R- v. Smith 현 여왕 대 스미스 사건. -nal 〘<L queen〙
Reg·i·nald [rédʒənəld] 〘명〙 레저널드(남자 이름).
‡**re·gion** [ríːdʒən] 〘명〙 (※ ~s [-z]) 1 지역, 지구, 지대, 지방. ⇨DISTRICT 〘유의어〙¶the Arctic ~s 북극 지방/the tropical ~s 열대 지방. 2 (보통 ~s) 〘세계·우주 따위의〙 영역(境域), 계(界). ¶the airy ~s 기계(氣界), 천공(天空)/the upper ~s 하늘, 천국/the lower ~s 지옥. 3 〘대기·해수의〙 층.¶the upper[middle, lower] ~s of the air 하늘의 상(층, 하)층. 4 〘활동·학문 따위의〙 영역, 분야, 범위. ¶the ~ of art [metaphysics] 미술[형이상학]의 영역. 5 ((the) ~s) (수도의) 주변 지역, 지방; (도시·영지의) 행정구, 지구. 6 〘생물 지리구〙 province. 7 〘해부〙 〘신체의〙 부위, ⋯부. ¶the abdominal [lumbar] ~ 복부[요부]. 8 〘수학〙 영역. 9 〘컴퓨터〙 영역(기억 장치의 구역).
in the region of ⋯의 부근에; 거의, 약⋯.
*****re·gion·al** [ríːdʒənl] 〘형〙 1 지역의, 지대의. 2 지방의, 지방적인(local); 국지적인.¶~ governments 지방 자치체/a ~ rain 국지적인 비. 7 〘부분〙 국부적인. ── 〘명〙 1 (종종 ~s) 지역 대회. 2 지방 회사, 지점. 3 지방적인 것; (잡지 따위의) 지방판. ~·**ál·i·ty** 〘명〙. ~·**ly** 〘부〙.
régional cóuncil 〘명〙 〘스코〙 주(州) 의회.
régional edítion 〘명〙 〘출판〙 지역판(版).
re·gion·al·ism [ríːdʒnəlìzm] 〘명〙〘U〙 1 지방 분권주의[제도]. 2 지역적 특질[관습, 어법], 지방색, 방언(형). 3 지방주의, 향토애. 4 (종종 R-) 〘문학·미술〙 지방주의. -**ist** 〘명〙. ~·**ís·tic** 〘형〙.
re·gion·al·ize [ríːdʒənəlàiz] 〘타〙 지방에 분할하다[되다], 지역에 배치하다[되다], 지방 분권화하다[되다]. -**i·zá·tion** 〘명〙.
régional líbrary 〘명〙 〘美〙 지역 (공공) 도서관.
régional magazíne 〘명〙 〘美〙 지역 잡지.
régional metamórphism 〘명〙 〘지질〙 광역 변성 작용.
régional théater 〘명〙 〘연극〙 지역 극단.
Re·gis [ríːdʒis] 〘명〙 리지스(남자 이름).
ré·gis·seur [rèʒisə́ːr] 〘명〙 (※ ~s [-, -z]) 〘연극·발레의〙 연출가, 무대 감독; (영화의) 조감독. 〘<F〙
re·gi·sta [It redʒísta] 〘명〙 (※ -**sti** [-sti]) 연출가.
‡**reg·is·ter** [rédʒistər] 〘명〙 (※ ~s [-z]) 1 (성명·사건·출생·결혼 따위의) 등록부, 등기부, 기록부; 호적부; 명부. ⇨LIST¹ 〘유의어〙¶a hotel ~ 숙박부/a ~ of voters [births] 선거인[출생] 명부. 2 기록, 기입, 등록, 등기; 〘기재[기입] 사항〙.¶They could find no ~ of her death. 그들은 그녀의 사망 기록을 발견할 수 없었다. 3 선적(船籍) 증명서, 세관 증명서; 선박 등록부. 4 자동 기록기, 레지스터; 금전 등록기(cash ~). 5 〘음악〙 음역, 성역(聲域), (오르간의) 스톱(stop), 음전(音栓).¶the upper[middle, lower] ~ of flute 플루트의 고[중, 저]음역. 6 〘美〙 (난방의) 통풍 장치, 온기[환기] 조정 장치. 7 〘U〘 〘사진〙 (합성 사진을 만들기 위한) 정합(整合). 8 〘U〙 〘인쇄〙 인쇄 앞뒷면의 일치(행·난 따위); (다색 인쇄에서) 색의 정확한 접침. 9 〘컴퓨터〙 레지스터, 치기억장치(置記憶器)(소규모의 기억 장치). 10 〘책갈피에 끼우는〙 서표, 가름끈. 11 등기 우편(의 한 통). 12 〘言〙 언어군(系), 레지스터. 13 〘U〘C〙 〘언어〙 사용역(域); (특정 상황에서의) 언어 형태.
── 〘동〙 (~s [-z]) 〘타〙 1 ⋯을 (정식으로) 기록하다, 등록하다, 등기하다(in, as).¶a birth[death] ~를 출생[사망]신고를 하다. 2 (우편물을) 등기로 부치다.¶~ a letter 편지를 등기로 부치다/~ luggage on a railway 〘英〙 짐을 철도 수하물로 부치다. 3 〘사물·사건〙을 ⋯에 명기하다, 새기다. ¶(~+目+젠+图) His face was ~ed in my memory. 그의 얼굴이 내 마음에 새겨졌다. 4 (온도계 따위가) 〘도수〙를 가리키다; (기계 따위가) ⋯을 자동기록하다.¶The thermometer ~s 30 degrees. 온도계는 30도를 가리키고 있다. 5 〘인쇄〙 〘인쇄의 앞뒷면〙을 정확히 맞추다; 〘인쇄 색도〙를 일치시키다. 6 〘놀람·기쁨·노여움 따위〙를 표정[몸짓]으로 표시하다. 7 〘군사〙 〘포화·포탄〙을 목표에 맞추어 조정하다. 8 성취하다.¶~ a decisive victory 결정적 승리를 얻다. 9 〘상선〙 선적 증명서를 발급하여 증명하다.
── 〘자〙 1 (⋯에) 이름을 등록하다(with); (⋯로서) 등록하다(as); (⋯에) 입학 수속을 하다, (⋯의) 수강 신청을 하다(for, in); (숙박부 따위에) 기명하다(at); 선거인 명부에 이름을 등록하다(for). ¶(~+젠+图) ~ at a hotel 호텔에 묵다. 2 〘인쇄〙 (인쇄면의 앞뒤·색도 따위가) 정확히 일치하다[되다]. 3 (배우가 말을 하지 않고) 표정을 짓다; (감정·표정 따위가) (⋯에) 나타나다(on). 4 〘구어〙 인상을 주다; 영향을 주다. 5 〘음악〙 오르간의 음전을 조작하다. 6 (계기 따위가) 자기(自記)하다, 기록하다. 7 〘군사〙 시사(試射)하다. 8 (기계의 부분·구멍 따위가) 딱 맞다.
~·**a·ble** 〘형〙 =registrable. ~·**er** 〘명〙
*****reg·is·tered** [rédʒistərd] 〘형〙 1 등록[등기, 기재]한; (우편물이) 등기의.¶a ~ letter[parcel] 등기 [소포]/a ~ accountant 공인 회계사. 2 〘증권〙 (공채 따위가) 기명의. 3 공인의, 공식 등록의. 4 (소·말·개 따위가) 혈통부가 등록된. 5 선거인 명부에 등록된.
régistered áircraft 〘명〙 등록 항공기.
régistered bónd 〘명〙 기명 공채(記名公債).
régistered dietítian 〘명〙 공인 영양사.
régistered disábled [hándicapped] 〘명〙 〘英〙 (지방 자치 단체·인재 활용 위원회 등에 등록된) 등록 장애인[자].
régistered máil 〘명〙 등기 우편, 〘by ~ 등기(우편)으로〙.
régistered núrse 〘명〙 〘美〙 공인 간호사(④ R.N.).
régistered pláyer 〘명〙 〘테니스〙 (국제 테니스 연맹에 등록한) 등록 선수.
régistered póst 〘명〙 〘英〙 =registered mail.
régistered trádemark 〘명〙 등록 상표.
régister óffice 〘명〙 등기소; 〘美〙 직업 소개소.
régister of wílls 〘명〙 〘美〙 유언 검증관.
régister tón 〘명〙 〘해사〙 (배의) 등록 톤(선박의 내부 용적 단위; 100 입방 피트).
régister tónnage 〘명〙 〘해사〙 (선박의) 등록 톤수.
reg·is·tra·ble [rédʒistrəbl] 〘형〙 등록[등기]할 수 있는; 등기로 부칠 수 있는, (또는 registerable) -**bíl·i·ty** 〘명〙.
reg·is·trant [rédʒistrənt] 〘명〙 (상표 따위의) 등록자.
reg·is·trar [rédʒistràːr/-́-] 〘명〙 1 기록[등록]계원; 등기 담당관; 호적 담당관. 2 (대학의) 등록 사무[학적]계. 3 (병원의) 입원 접수계. 4 기록가, 등록자. 5 〘英〙 법원의 등록관. 6 〘英〙 (병원의) 선임(先任) 의사. 7 〘美〙 〘증권〙 주식 등록 기관(에 근무하는 사람).
~·**ship** 〘명〙〘U〙 등록관[호적 담당관]의 직.
Reg·is·trar-Gen·er·al [-dʒénərəl] 〘명〙 〘英 *Registrars-*) (London의) 중앙 호적 등기소장.
reg·is·tra·ry [rédʒistrèri] 〘명〙 (Cambridge 대학의) 학적계. 〘전을 조정[선택]하다.
reg·is·trate [rédʒistrèit] 〘자〙 파이프 오르간의 음
*****reg·is·tra·tion** [rèdʒistréiʃən] 〘명〙 1 〘U〙 기재, 등기, 등록; 학적[선거] 등록; 기명; (우편물의) 등기. ¶a ~ fee 등록료. 2 등록된 것, 등록 사항. 3 등록 수 (enrollment); 재적 인원. 4 등록 증명서. ¶R-, please. (자동차의) 등록증 좀 보여 주십시오. 5 (온도계 따위의) 표시. 6 〘U〙 〘음악〙 (오르간 주자에 의한) 음전(音栓) 조절. 7 =register 8. 8 〘군사〙 시사(試射).
registrátion àrea 〘명〙 〘美〙 (국세 조사를 위한 출생·사망 기록의) 등록 지역.

registration book

regis·trátion bòok 명 (자동차) 등록증. 「등록증.
regis·trátion dòcument 명 (英) 차 검사증, 차량
regis·trátion nùmber [màrk] 명 자동차 등록
번호, 차량 번호((美) license number).
regis·trátion pláte 명 (濠·뉴질) =number plate.
reg·is·try [rédʒistri] 명 **1** ⓤ 등록, 등기, 기록; (우편물의) 등기. **2** 등록소, 등기소. **3** 등록부, 등기부. **4** ⓤⓒ (배의) 국적; 선적; 선적 증명서. ¶ **a ship of Canadian ~** 캐나다 국적의 배. **5** 직업 소개소.
régistry òffice 명 (英) 호적 등기소; 직업 소개소.
Re·gi·us [ríːdʒiəs, -dʒəs] 형 왕의(royal); 칙임(勅任)의; 흠정(欽定)의.
Régius proféssor 명 (영국 Oxford, Cambridge 대학의) 흠정 강좌 담당 교수.
re·give [riːgív] 타동 …을 다시 주다.
re·glaze [riːgléiz] 타동 …에 다시 판유리를 끼우다; (창)의 깨진 유리를 바꿔 끼우다.
re·gle [ríːgl] 명 (미닫이 문의) 홈.
reg·let [réglit] 명 **1** (건축) 평이랑, 평연(平緣)(fillet). **2** (인쇄) (활자 조판의 행간에 넣는) 공목.
reg·nal [régnəl] 형 치세의; 왕(국)의. ¶ the ~ year [day] 즉위 기원[기념일].
reg·nant [régnənt] 형 **1** 통치하는, 지배하는, 군림하는(* 보통은 명사 뒤에 붙는다). ¶ **a queen ~** 여왕. **2** 우세한, 유력한. **3** 널리 행해지고 있는, 유행하고 있는. ¶ **customs now ~** 현재 널리 행해지고 있는 풍습. **-nan·cy** 명 통치, 지배; 우세.
reg·num [régnəm] 명 (복 **-na** [-nə]) **1** 지배(권), 통치(권), 왕권; 왕국. **2** (자연계를 3대 구분한) 계(kingdom). 「tration+-o」
reg·o [rédʒou] 명 (濠) 자동차 등록(료). (<regis-
reg·o·lith [régəliθ] 명 표토(表土), 레골리스.
re·gorge [riːgɔ́ːrdʒ] 타동 …을 토하다, 게우다; …을 되넘기다; (드물게) 다시 삼키다. — 자동 (물 따위가) 역류하다; 분출하다.
Reg. Prof. *Regius Professor*. **regr.** registrar.
re·grade [riːgréid] 타동 **1** …을 다시 등급으로 나누다. **2** (도로 따위)에 새로 경사를 지우다.
re·grant [riːgrǽnt/-gráːnt] 타동 (특권·땅 따위)를 다시 허가하다[주다]. — 명 재인가, 재수여[교부].
re·grate¹ [riːgréit] 타동 (곡물·식료품 따위)를 매점(買占)하다; [매점한 상품]을 비싸게 팔다, 전매(轉賣)하다; 소매하다. **-grát·er** 명
re·grate² [riːgréit] 타동 (석공) (새롭게 보이도록) (벽·돌 따위)의 표면을 깎아 내다.
re·green [riːgríːn] 타동 (황폐한 땅)을 재녹지[농지]화하다, 식림하다. 「계) 답례하다.
re·greet [riːgríːt] 타동 (…에게) 다시 인사하다; (…에
re·gress 명 [ríːgres] 자동 후퇴하다, 되돌아가다; 역행하다, 퇴보하다; (생물·정신분석) 퇴행하다. **1** (정신분석) 퇴행시키다. **2** (통계) 평균치에 가까이[되돌아] 가는 경향을 가지다; (회귀(回歸)분석에서) 종속 변수가 독립 변수에 결합되는 정도를 조사하다.
— 명 [ríːgres] ⓤⓒ **1** 귀환, 복귀; 복귀권(權), 상환 청구권. **2** 후퇴, 퇴보, 퇴화, 역행; 악화, 타락; 쇠퇴. **3** (논리) (결과에서 원인으로의) 소급적 추론.
re·gres·sion [rigréʃən] 명 ⓤⓒ **1** 복귀, 후퇴. **2** 퇴보; (생물) 퇴화. **3** (통계) 회귀. **4** (정신분석) 퇴행. **5** (천문) (역행) 운동. **6** (기하) (곡선의) 회귀(回歸). — 형 회귀 분석적[에] 의한.
regréssion anàlysis 명 (통계) 회귀 분석.
regréssion coefficient 명 (통계) 회귀 계수.
regréssion cùrve 명 (통계) 회귀 곡선.
re·gres·sive [rigrésiv] 형 **1** 후퇴하는, 퇴보하는; (생물) 퇴화하는. **2** (세율 따위가) 역누진(逆累進)하는; 회귀[복귀]하는. **3** (수학·통계) 회귀하는. (=progressive). **3** (수학·통계) 회귀하는.
~·ly 부 **~·ness** 명, **rè·gres·sív·i·ty** 명

regréssive assimilátion 명 (음성) 역행 동화(同化).
re·gres·sor [rigrésər] 명 후퇴하는 사람; 복귀자.
‡**re·gret** [rigrét] 타동 (**-tt-**) **1** …을 후회하다, 뉘우치다, 서운해하다, 유감으로 생각하다(*doing, that* 절). ¶ He ~**s** the follies of his youth. 그는 청춘 시절의 어리석었던 짓들을 후회한다 // (~+*ing*) (~+*that* 절) I ~ *having* spent the money. =I ~ *that* I (have) spent the money. 나는 그 돈을 쓴 것을 후회하고 있다. **2** …을 가엾게[딱하게] 생각하다, 유감으로 여기다; 애통해하다, 한탄하다. ¶ I deeply ~ his death. 나는 그의 죽음을 깊이 애도한다 // (~+*to do*) I ~ *to say* that he did not pass the examination. 유감스럽게도 그는 시험에 합격하지 못했다. **3** …을 아쉬워[아까워] 하다. ¶ ~ one's vanished youth 사라져간 젊음을 아쉬워 하다. — 자동 유감스럽게 생각하다, 한탄하다.
I regret to say [or *tell you, inform you*] *that…*
유감스럽게도 …입니다[했음을 알려드립니다].
It is (much) to be regretted that… …이라며(참으로) 유감입니다.
— 명 **1** ⓤ 유감, 후회, 회한(*at, for, over*). ¶ express one's deep ~ *at* [or *over, for*] …에 대해 깊은 유감을 표하다 / I feel ~ *for* past laziness. 나는 과거의 나태를 뉘우치고 있다 // It is a matter *for* [or *of*] ~ *that* he failed in his business. 그가 사업에 실패한 것은 유감스러운 일이다.

【유의어】 **regret** 표면만의 실망부터 깊은 자책까지를 의미하는 넓은 뜻의 말. **penitence** 자기의 죄·잘못 따위를 자각함. **repentance** penitence에 더하여 고치겠다는 결의를 암시. **remorse** 과거의 죄·잘못에 대한 오랫동안의 통절한 양심의 가책.

2 ⓤ 애도, 애석, 비탄. ¶ It is with deep ~ *that* we announce his death. 그분의 죽음을 충심으로 애도하며 알려드립니다. **3** (종종 ~s) (초대장에 대한) 사절(장). ¶ send ~**s** 사절장을 보내다.
express (*one's*) *regret for* …을 사과하다.
have no regret 유감으로 여기지 않다.
in regret 한탄하여. 「하게도, 아쉽게도.
(*much*) *to one's regret* (매우) 유감스럽게도, 섭섭
with much regret [or *many regrets*] 몹시 애석해[유감스러워]하며, 참으로 실망하여.
~·less **~·ter** 명 **~·ting·ly** 부
re·gret·ful [rigrétfəl] 형 **1** 후회하는, 뉘우치는, 유감으로 여기는. ¶ He is deeply ~ *for* what he has done. 그는 자기가 한 일을 깊이 후회하고 있다. **2** 애석해 하는, 슬퍼하는. **~·ly** 부 **~·ness** 명
*⁎**re·gret·ta·ble** [rigrétəbl] 형 유감스러운, 섭섭한, 애석한, 마음 아픈. ¶ a ~ affair [or incident] 유감스러운 사건 // It is highly [or really] ~ *that* …이라니 참으로 유감스럽다. **~·ness** 명 **-bly** 부
re·group [riːgrúːp] 타동 **1** …을 다시 나누다. **2** …을 다시 무리로 만들다; (군사) …을 재편성하다. — 자동 다시 무리가 되다, 재편성되다. **— ·ment** 명
re·grow [rigróu] 타동 (간격을 두고) 재성장하다[시키다], 재생하다[시키다]. **-growth** 명
regs [regz] 명 (복) (美속어) 법령, 법규, 규정, 규칙.
regt. regent; regiment. 「(<*regulations*)
reg·u·la·ble [régjuləbl] 형 **1** 조정[조절]할 수 있는. **2** 규정[제한]할 수 있는, 단속할 수 있는.
reg·u·lant [régjulənt] 형 억제[조절]제. ¶ ~**s** for plant growth 식물 성장 억제제.
‡**reg·u·lar** [régjulər] 형 (*more* ~; *most* ~) **1** 통상의, 일상의(usual). ¶ ~ employ 상시 고용 / his ~ seat 그의 평소의 자리. **2** 정기적인(periodic); 정시의; 정해진 시간(습관)을 지키는. ¶ a ~ income 정기적 수입 / a ~ meeting 정기 집회 / a ~ customer 단골 손님 / ~ service (열차·버스·배 따위의) 정기 운행[운항] /

regular army

readers 정기 구독자. **3** 규칙적인, 정연한, 질서있는. ¶a ~ heartbeat 정상 심박 / ~ as clockwork 시계 장치처럼 규칙 바른. **4** 규칙[표준]에 맞는; 정식의, 정규의; 본식의; 일정한, 불변의. ¶a ~ member 정회원 / a ~ cook [doctor] 정식 요리사[의사]. **5** 균형이 잡힌, 조화를 이룬; (이 따위가) 고른. ¶a man with ~ features 모습이 단정한 남자 / a ~ job 고정 직업 / at a ~ speed 일정한 속도로. **6** (구어) **a)** (美·캐나다에서) 멋있는, 괜찮은, 호감이 가는; 진정한, 진짜의. ¶a ~ guy 좋은 [멋진] 녀석. **b)** (때로 비꼬아) 완전한, 철저한. ¶a ~ rascal 진짜 악당. **7** (美) 보통의, 표준의, 중간의 (커피가) 레귤러의(표준량의 설탕·크림을 탄). ¶~ gasoline 표준 휘발유. **8** [문법] 규칙 변화의[를 하는], 규칙적인. ¶~ verbs 규칙 동사. **9** [식물] (꽃이) 가지런한, 정형의(整形의). ¶a ~ flower 정형화. **10** [수학] 정칙(正則)의; (다각형에서) 변 등각의; (다면체에서) 등변 등각인 다각형의. ¶a ~ polygon 정다각형. **11** [종교] 회칙에 따르는, 수도회에 속하는(⇔ secular). ¶the ~ clergy 수도사, 수사. **12** (美) [정치] (당의) 공인의. ¶a ~ candidate 공인[공천] 후보. **13** 관례[규칙]에 맞는; 적절한. ¶He had no ~ introduction. 그 사람에게는 정식 소개가 없었다. **14** (결정이) 등축인(isometric). **15** [스포츠] (선수·팀이) 대표의, 1위의, 최고의. **16** (우표가) 보통(우표)의. **17** (주식 거래가) 보통 거래의. **18** [군사·국제법] 정규(군)의, 상비군의, 정규 전투원의.

keep regular hours 규칙적인 생활을 하다.
— 圄 **1** (보통 ~s) 단골, 고객. **2** [종교] 수사, 수도사. **3** (보통 ~s) (군사) 정규병, 상비병. **4** (美) [정치] 충실한 당원. **5** (의류품의) 표준 크기; 그 크기의 옷을. **6** (스포츠·TV 따위의) 정규[레귤러] 선수(출연자). **7** (구어) 보통 휘발유. **8** 정직원[사원]. **9** 신뢰할 수 있는 인물. **10** (美속어) (정식당에서의) 레귤러 커피 한 잔.
~·ness 圄 ~ly 凰 규칙적으로, 규칙 바르게. **2** 완전히, 아주.

régular ármy 圄 정규군, 상비군; (the R- A-) (美) (예비군을 포함하지 않는) 연방 상비군.

régular chécking accòunt 圄 (美) 보통 당좌 예금.

régular gálaxy 圄 [천문] 규칙 은하.

reg·u·lar·i·ty [règjulǽrəti] 圄 규칙바름[바른 것], 일정 불변한 것), 균형이 잡혀져 있음[있는 것]. ¶~ in conduct 행동에 있어서의 규칙바름 / with ~ 규칙 바르게, 규칙대로, 어김없이.

reg·u·lar·ize [régjuləràiz] 圄 …의 질서를 세우다, 조직화하다, 규칙 바르게 하다.
-i·zá·tion 圄 조직화, 규칙화. **-iz·er** 圄

*reg·u·lar·ly [régjulərli] 凰 **1** 규칙바르게, 어김없이; 정기적으로. **2** 정식으로. **3** 통례적으로, 보통으로. **4** 균형 있게. **5** (구어) 아주, 진짜.

régular polyhédron [sólid] 圄 [수학] 정다면체.
régular pýramid 圄 [수학] 정각뿔.
régular refléction 圄 [광학] 정반사.
régular séason 圄 [야구] 공식전(公式戰) (기간).
régular yéar 圄 (유대력) 354일 평년, 384일 윤년.

*reg·u·late [régjulèit] 圄 **1** (규칙·법규 따위로) …을 규제[규정]하다, 제한하다, 통제하다, 단속하다. ¶~ the industries of a country 일국의 산업을 통제하다. **2** (기기·조직·능률 따위를) 조절하다, 조정하다. ¶~ the temperature of a room 실내 온도를 조절하다. **3** …을 정리하다, 정상 상태로 하다. / ~ one's habits 규칙 바른 습관을 지니다. **-là·tive** 凰 =regulatory. **-là·tive·ly** 凰

rég·u·làt·ed ténancy [régjulèitid-] 圄 (英) (주거 따위의) 규제 임대(貸貸).

*reg·u·la·tion [règjuléiʃən] 圄 **1** (보통 ~s) 규칙, 규정, 규율, 법규; ⓤ 단속, 제한. ¶~s [LAW 유의어] traffic ~s 교통 법규. **2** ⓤ 조절; 조정; 규제, 통제. ¶the ~ of prices 물가 조정. **3** ⓤ [전기] 변동률; [전자] (네온관의) 전압 변동 범위. **4** [경제] 조절 이론 (노동)과

사(使) 등 대립 세력의 협조로 발전을 이룩해야 한다는 학설). **5** [생물] 조절, 제어. — ⓐ **1** 규정의, 표준의; 정규의. ¶a ~ uniform 제복, 정복 / a ~ speed 규정 속도. **2** 보통의, 통례의. ¶the ~ size 보통[표준] 크기.

reg·u·la·tor [régjulèitər] 圄 **1** 규정자, 단속자. **2** 조절[조정]자[물]. **3** (시계의) 정시기(整時器), 표준 시계; [기계] 조속기(調速機), 조정기; 가스 압력 조정 장치. **4** (R-) (美역사) **a)** (식민지 시대의) 농민 항의 집단. **b)** 풍기 단속 위원, 치안 위원. **5** (英역사) 선거 위원.

régulator géne 圄 (유전) 조절[제어] 유전자. (또는 **regulatory géne**)

régulator pín 圄 (시계의) 제어봉(棒)(curb pin).

reg·u·la·to·ry [régjulətɔ̀ːri/-tǝri] ⓐ 조절[조정]하는; 규정하는, 단속하는.

reg·u·lo [régjulòu] 圄 (英) (가스 레인지의) 온도 표시[설정 눈금]. [<상표명 Regulo]

reg·u·lus [régjuləs] 圄 (pl. ~·es, -li [-lài]) **1** (R-) (천문) 사자좌(Leo)의 1등성. **2** (야금) 금속 소구(小球)(광석 용련(熔鍊) 때 바닥에 모이는 금속 덩이).

re·gur·gi·tate [rigə́ːrdʒətèit] 圄 (액체·가스 따위가) 되뿜다, 역류하다; (먹은 것이 위에서) 넘어오다.
— 匝 (액체·가스 따위를) 되뿜어 내다, 역류시키다; (위에서) ~을 토하다, 게우다; (이해하지 못한 것을) 되풀이하다, 반복하다. **-tant** **-tà·tive**

re·gur·gi·ta·tion [rigə̀ːrdʒətéiʃən] 圄ⓤ **1** (액체·가스 따위의) 되뿜기, 역류. **2** [의학] 구토. **3** [생리] 혈액의 역류.

re·hab [ríːhæb] 圄 =rehabilitation. — 匝 (**-bb-**)

re·ha·bil·i·tate [rìːhəbílətèit] 匝 **1** (의료에 의해) [사람]의 건강을 원상태로 돌리다; [사람]을 사회에 복귀시키다; 갱생시키다. ¶~ patients 환자를 다시 건강하게 하다. **2** …의 명예를 회복시키다. ¶~ oneself 명예를 회복하다. **3** …을 재건하다, 부흥하다 (원래의 지위 등에) …을 되돌리다; 복위[복권]시키다. — 闰 사회 복귀 치료[훈련]를 행하다. **-tà·tive** [-tèitiv, -tə-] ⓐ

*re·ha·bil·i·ta·tion [rìːhəbìlətéiʃən] 圄 **1** 사회 복귀; (범죄자 등의) 갱생; (상병자의) 기능 회복 훈련. **2** 명예[권위] 회복; 부흥; 복위, 복직, 복권. **~·ist** 圄

Rehabilitátion Depàrtment 圄 (뉴질) 퇴역 군인 원호[후원]국.

rehabílitative médicine 圄 재활(再活) 의학.

re·ha·bil·i·ta·tor [rìːhəbílətèitər] 圄 복직[복위, 복권]자; 명예 회복자.

re·han·dle [rìːhǽndl] 匝 …을 다시 다루다; …을 개조[개작]하다.

re·hang [rìːhǽŋ] 匝 (그림·커튼 따위를) 다시 걸다.

re·hash [rìːhǽʃ] 匝 **1** (고기 따위를) 다시 저미다. **2** (비유에서) …을 재탕하다; 고쳐 말하다, 개작하다; 재검토하다, 재논의하다. — [ríːhæʃ] 圄 (보통 a ~) 재탕, 고쳐 말하기, 개작.

re·hear [rìːhíər] 匝 (~d [-hə́ːrd]) (증언 따위를) 다시 듣다; [법률] (사건)을 재심하다.

*re·hear·ing [rìːhíəriŋ] 圄 [법률] 재심리.

*re·hears·al [rihə́ːrsəl] 圄ⓤⓒ **1** (연극·음악 따위의) 리허설, 시연(試演), 예행 연습, 총연습. ¶a public ~ 공개 시연 / a dress ~ (연극의) 총연습 / in ~ 예행 연습 중에[으로]. **2** 암송, 복창; 열거. **3** (자세한) 이야기.
put a play into rehearsal 연극을 시연하다.

*re·hearse [rihə́ːrs] 匝 **1** (음악·연극 따위의) 예행 연습[리허설]을 하다. ¶~ a play 연극의 리허설을 하다. **2** (배우 등)에게 예행 연습을 시키다. **3** (이미 말한 것들)을 고쳐 말하다; …을 낱낱이 말하다, 암송[복창]하다. ⇒RELATE [유의어] ¶~ the familiar story 귀에 익은 이야기를 반복하다. — 闰 (연극 따위의) 예행 연습[리허설]을 하다. **-héars·a·ble** ⓐ

re·hears·er [rihə́ːrsər] 圄 리허설을 하는 사람, 예행 연습을 시키는 사람; (특히) 오케스트라의 리허설 지휘자; 음송자(吟誦者).

re·heat [ri:hí:t] 图目 …을 다시 가열하다, 새로 데우다; (제트 엔진의 배출 가스에) 연료를 분사하여 재연시키다. —图 [스] 〔항공〕 재연(再燃) 방식. **~·er** 图
re·heat·ing [ri:hí:tiŋ] 图 1 재가열, 재연(再熱) (방식). 2 〔항공〕 재연 방식.
re·heel [ri:híl] 图目 (구두 따위)에 굽[뒤축]을 갈아 대다.
re·hire [rihíáiər] 图目 재고용하다.
re·house [ri:háuz] 图目 …에게 재(새로 좋은) 집을 주다, …을 새 집에 살게 하다.
re·hu·man·ize [rihjú:mənàiz/-hjú:-] 图目 〔남〕을 다시 인간적으로 만들다, 인간성을 회복시키다.
re·hy·drate [ri:háidreit] 图目 (건조 식품 따위)에 물을 넣어 원상으로 되돌리다.
Reich[1] [raik/G raiç] 图 (독일) 제국; 영지; 국가. ¶ the First ~ 신성 로마 제국(962-1806)/the Second ~ (비스마르크 시대의) 독일 제국(1871-1919)/the Third ~ (나치의) 제3제국(1933-45). 〔<G〕
Reich[2] 图 Wilhelm ~ 라이히(1897-1957: 오스트리아 태생의 미국의 정신분석학자). **~·ian** 图
reichs·mark [ráiksmà:rk] 图 (图 ~(s)) (때로 R-) 라이히스마르크(1924년부터 1948년까지 통용된 독일의 화폐 단위).
Reichs·tag [ráikstà:g] 图 〔독일〕 1 제국 의회(독일 제국(1871-1919)의 입법기관). 2 국민 의회(바이마르 공화국에서 나치 시대(1919-45)까지의 입법 기관). 3 (베를린의) 국회 의사당.
re·i·fy [rí:əfài, réiə-] 图目 (추상 개념 따위)를 구체화하다, 구상화하다; 현실적(구체적)인 것으로서 보이다 「루데. **-fi·cá·tion** **-fi·ca·tò·ry** 图
R 18 귄 〔영화〕 18세 미만자 입장 금지의 (영화).
‡**reign** [rein] 图 (图 ~s [-z]) 1 치세, 통치 기간. ¶ under [or in] the ~ of Queen Elizabeth 엘리자베스 여왕 치세에. 2 U 통치, 지배; 군림. ¶ hold the ~s of government 정권을 잡다. 3 U 지배 세력, 영향력의 범위, 권세. ¶ the ~ of law 법의 지배. 4 (시) 세력 범위. —图재 1 주권을 잡다, 지배하다, 군림하다(over). ⇨GOVERN〔유의어〕 ¶ (~+園+名) ~ over people 국민 위에 군림하다. 2 세력(권세)을 떨치다; 강대한 영향력을 가지다, 크게 유행하다(in, over, through).
reign·ing [réiniŋ] 图 1 (왕이) 군림하는; 정권을 잡고 있는. 2 챔피언 자리에 있는. 3 당면 우세한, 지배적인; 대유행의.
re·ig·nite [ri:ignáit] 图 …에 다시 점화[발화]하다.
Reign of Térror 图 1 (the ~) 공포 시대(프랑스 혁명시 집권한 과격파가 공포 정치를 한 기간). 2 (r- of t-) (정치상의) 공포 시대[상태]. 「을 회복시키다.
re·il·lu·sion [ri:ilú:ʒən] 图目 …에 대한 믿음·환상
Reil·ly [ráili] 图 라일리(사람 이름; Riley의 별칭).
re·im·burse [ri:imbə́:rs] 图目 1 …에게 변상하다, 배상하다(to, for). 2 …을 반제하다, 갚다, 상환하다. ¶ ~ the loss 손실을 반제하다. **-bùrs·a·bíl·i·ty** **-búrs·a·ble** **~·ment**, **-búrs·er** 图
re·im·plant [ri:implǽnt] 图目 (외과) 재이식하다. **-plan·tá·tion** 图
re·im·port [ri:impɔ́:rt] 图目 〔수출품〕을 재(역)수입하다. —[스—] 图 재(역)수입; (보통 ~s) 재(역)수입품. **-por·tá·tion** 图 재(역)수입(품).
re·im·pose [ri:impóuz] 图目 〔폐지했던 세금 따위〕를 다시 부과하다. **-po·sí·tion** 图 재과세, 재부과.
re·im·pres·sion [ri:impréʃən] 图 1 U.C 재인상(再印象). 2 재판, 중판(reprint); 재판물. 「다.
re·im·print [ri:imprínt] 图目 …을 반제하다; 번각하다.
re·im·pris·on [ri:imprízn] 图目 재투옥[감금]하다.
Reims [ri:mz/F RE:s] 图 랭스(프랑스 북동부의 도시; 제2차 세계 대전에서 독일이 항복한 곳).
*rein** [rein] 图 1 (보통 ~s) 고삐. ⇨HARNESS 그림. ¶ hold [or take] the ~s 고삐를 잡다 / pull [or gather] up one's ~s 고삐를 당기다[죄다] / let go [or loosen]

one's ~s 고삐를 늦추다. 2 통제[제어] 수단, 지휘 방법; 구속. 3 (~s) 통어력, 통제[지휘]권. 4 (~s) (걸음마를 시작하는 아이에게 매는) 안전 벨트.
***assume** [or **hold**] **the reins of government** 정권을 잡다.
***change the rein** 말의 진행 방향을 바꾸다.
***draw rein**; **draw in the reins** 고삐를 당기다; 속력을 늦추다; 그만두다.
***drop the reins of government** 정권을 내놓다.
***gather the reins into** one's **hands** 지배권을 휘두르다, 좌지우지하다.
***give** a person **full rein** 사람에게 좋을 대로 하게 하다, 자유롭게 표현하도록 허용하다.
***give** (**free** [or **full**]) **rein** [or **the rein**(**s**)] **to**; **throw the reins to** ① (말)을 마음대로 가게 하다. ② …에게 자유를 주다, …을 멋대로 하게 두다. (상상력)을 마음대로 펼치게 하다, (감정)에 몸을 맡기다.
***keep a loose** [or **slack**] **rein on** (말 따위)의 고삐를 늦추다; 느슨하게 감독[관리]하다, 방임하다.
***keep** [or **hold**] **a** (**tight**) **rein on** [or **over**] ① …의 고삐를 조이다; …을 엄격히 관리[감독]하다. ② (감정·지출 따위)를 억제하다.
***on a long rein** 고삐를 늦추어; 관대하게.
***on a right** [**left**] **rein** 말을 우[좌]로 (몰다).
***shorten the reins** 고삐를 당기다.
***take the reins** 통솔하다, 지휘하다.
***throw** (**up**) **the reins to** (말)의 고삐를 놓다; …의 자유에 맡기다.
***with a loose rein** =on a long rein.
***without rein** 구속하지 않고, 자유로이.
—图目 (말 따위)를 고삐로 제지하다(in, up, back). ¶ ~ in a horse 말을 제지하다; (~ up [or back]) a horse 말을 세우다. 2 …을 제어(억제)하다(in, up). ¶ (~+图+图) ~ in one's temper 화를 억누르다. 3 …을 고삐로 다루다. ¶ ~ a horse to the right 고삐로 말을 오른쪽을 향하게 하다. —재 1 (말이) 고삐에 따르다. ¶ The horse ~s well. 그 말은 시키는 대로 잘 듣는다. 2 말의 보조를 늦추다, 말을 세우다.
***rein back** [or **in, up**] ① (말 따위)를 멈추게[보조를 느리게] 하다. ② (감정·지출·음식 섭취 따위)를 억제하다.
***rein back on** …을 억제하다. 「억제하다.
re·in·car·nate 图目 [ri:inká:rneit/-́-́-] (영혼)에 다시 육체를 부여하다; …을 환생시키다; …을 화신(化身)시키다(as). —图 [ri:inká:rnət, -neit] 다시 육체를 얻은; 환생한; 화신이 된(reincarnated).
re·in·car·na·tion [ri:inka:rnéiʃən] 图 1 U 영혼 재생설. 2 U.C (영혼의) 재생, 환생; 화신. 3 U 다시 육체를 부여함. **~·ism**, **~·ist** 图
re·in·cor·po·rate [ri:inkɔ́:rpəreit] 图目 …을 재합병[편입]하다(with, into); …을 다시 법인 조직으로 하다. **-còr·po·rá·tion** 图
*rein·deer** [réindiər] 图 (图 ~(s)) 순록(馴鹿).
réindeer mòss [**lichen**] 图 꽃이끼(순록의 먹이).
re·in·duct [ri:indʌ́kt] 图目 …을 재취임시키다; (美) 재입회[재취역]시키다.
re·in·dus·tri·al·i·za·tion [ri:indʌstriəlizéiʃən] 图 (특히 미국의) 재공업화, 산업 부흥.
re·in·dus·tri·al·ize [ri:indʌstriəlàiz] 图 …을 재공업화하다. **-iz·er** 图 「염있게 하다.
re·in·fect [ri:infékt] 图目 〔병리〕 …에게 재(2차)감
re·in·fec·tion [ri:infékʃən] 图 〔병리〕 재감염.
re·in·fest [ri:infést] 图目 …에 다시 떼지어 몰려들다[만연하다]; …을 다시 침범하다.
re·in·fla·tion [ri:infléiʃən] 图 재팽창; 통화 재팽창; (물가·주가의) 재폭등.
*re·in·force** [ri:infɔ́:rs] 图目 1 …을 보강하다 (with). ¶ (~+图+图+图) ~ a wall with mud 진흙으로 벽을 보강하다. 2 (부대 따위)를 증강하다, 강화하다

다, 원군을 보내다.¶ ~ a garrison 수비대를 증강하다. **3** 〔의논 따위〕를 보다 효과적으로[강력하게] 하다; (보충하여) …을 증대시키다(*with*).¶ ~ efforts 더욱 노력하다/~ a supply 공급을 증대시키다. **4** 〔심리〕 (상벌 따위로) 〔바라는 반응〕을 하게 하다[강화하다](*with*). ── [자] 증원을 구하다; 증원되다, 충원 받다. ── [명] **1** 보강물[재]. **2** 총상(銃床). (또는 **reenforce, re-enforce**)

re·in·fórced cóncrete [rìːinfɔ́ːrst-] [명] 철근 콘크리트.

reinfórced plástic [명] 강화 플라스틱.

re·in·force·ment [rìːinfɔ́ːrsmənt] [명] **1** [U] 보강, 강화. **2** 보강재[물]; 보급품. **3** (종종 ~s) 원군(援軍), 증원 부대[함대, 물자]. **4** [UC] 〔심리〕 (상벌 따위에 의한) 반응 강화.

reinfórcement thèrapist [명] 〔심리〕 강화 요법 치료사.

reinfórcement thèrapy [명] 〔심리〕 강화 요법.

re·in·forc·er [rìːinfɔ́ːrsər] [명] **1** 보강하는 사람[것], 강화하는 사람[것]. **2** 〔심리〕 강화 인자(因子).

re·in·form [rìːinfɔ́ːrm] [동][타] …에 다시 통지하다.

re·in·fuse [rìːinfjúːz] [동][타] …을 〔남〕에게 재주입[고취]하다.

Rein·hold [ráinhould] [명] 라인홀드(남자 이름).

re·ink [riíŋk] [동][타] …에 다시 잉크를 찍다[묻히다].

rein·less [réinlis] [형] 고삐를 매지 않은; 구속받지 않는, 자유로운; 방종한.

re·in·oc·u·late [rìːinákjuleit] [동][타] …에게 재(예방)접종하다.

reins [reinz] [명][복] 《고어》 **1** 신장, 콩팥. **2** 신장이 있는 부분, 허리. **3** 〔성서〕 감정[애정]의 자리.

re·in·sert [rìːinsə́ːrt] [동][타] …을 다시 끼워 넣다, 다시 삽입하다; 다시 써넣다. **-sér·tion** [명]

reins·man [réinzmən] [명] 기수; 마부, 말몰이꾼.

re·in·spect [rìːinspékt] [동][타] …을 재검사[시찰]하다.

re·in·stall·ment [rìːinstɔ́ːlmənt] [명] **1** (분할불·연속물 따위의) 추가분. **2** 재취임, 재임명; 재설치.

re·in·state [rìːinstéit] [동][타] (원래의 지위·상태 따위에) …을 복귀시키다, 복위[복직]시키다; …을 본래대로 하다. **~·ment, -stá·tion, -stá·tor** [명]

re·in·struct [rìːinstrʌ́kt] [동][타] 〔남〕을 다시 가르치다, 재교육하다; 재지시하다.

re·in·sur·ance [rìːinʃúərəns] [명][U] 재보험(액).

re·in·sure [rìːinʃúər] [동][타] …을 재보증하다; 〔보험〕 …을 재보험하다.¶the ~*d* 피(被)재보험자. ── [자] 보증을 한층 확실히 하다. **-súr·er** [명]

re·in·te·grate [rìːintigrèit] [동][타] …을 재통합하다; …을 회복[부흥]하다; …을 재건하다. ── [자] 〔심리〕 재통합하다. **-grá·tion** [명] **-grà·tive** [형]

re·in·ter [rìːintə́ːr] [동][타] (-rr-) 〔묘〕를 이장[개장]하다.

re·in·ter·pret [rìːintə́ːrprit] [동][타] …을 새롭게 해석하다, 재해석하다. **-tèr·pre·tá·tion** [명]

re·in·tro·duce [rìːintrədjúːs/-djúːs] [동][타] …을 다시 소개하다; 재도입하다; 다시 제출하다. **-dúc·tion** [명]

re·in·vent [rìːinvént] [동][타] 재발명[고안]하다; 다시 고치다; 개혁하다.

reinvent [or ***invent***] ***the wheel*** 《美구어》 일부러 처음부터 다시 하다.

-vén·tion [명]

re·in·vest [rìːinvést] [동][타] 〔돈·자본〕을 재투자하다; …에게 (의복을) 재착용시키다 (*with*); …에게 (권한 따위를) 재부여하다; …을 (…에) 복직[취임]시키다 (*in*). **~·ment** [명]

re·in·ves·ti·gate [rìːinvéstigèit] [동][타] …을 다시 조사하다.

re·in·vig·or·ate [rìːinvígərèit] [동][타] 다시 활기를 띠게 하다; …의 기운을 회복시키다. **-vìg·or·á·tion** [명]

reis [reis] [명][복] ([단] ***re·al*** [reiáːl]) 레이스(포르투갈·브라질의 옛 화폐 단위).

re·is·sue [riːíʃuː] [동] 〔통화·증권·서적 따위〕를 재발행하다[가 재발행되다]. ── [명][U][C] 재발행; [C] 재발행된 것; 중판; 재상영 영화. **-su·a·ble** [형]

REIT [riːt] [명] 《美》 부동산 투자 신탁 (회사). 〔< *r*eal-*e*state *i*nvestment *t*rust〕

re·it·er·ant [riːítərənt] [형] (강하게) 되풀이해서 말하는, 되풀이하는, 반복하는.

re·it·er·ate [동][타] [riːítərèit] 〔행위·발언·요구 따위〕를 되풀이하다, 반복하다. ⇨REPEAT [유의어] ── [형] [riːítərət] 반복되는. **-a·ble** [형] **-á·tion** [명]

re·it·er·a·tive [riːítərèitiv/-rə-] [형] 되풀이하는, 되풀이[반복]의. ── [명] 〔문법〕 중첩어(重疊語)(예: dilly-dally, tittle-tattle 따위); 반복어(예: prate에서 파생한 prattle 따위). **~·ly** [부] **~·ness** [명]

Réi·ter's sỳndrome [disèase] [ráitərz-] [명] 〔병리〕 라이터 증후군(요도염·결막염·관절염의 증후를 수반하는 원인 불명의 질환).

reive [riːv] [동] 《스코》 =reave. **réiv·er** [명]

re·jas·ing [riːdʒéisiŋ] [명] 《美》 폐품 재활용. **-jás·er** [명] 〔< *re*using *j*unk *a*s *s*omething *else*〕

‡re·ject [동][타] [ridʒékt] **1** 〔제안·요구 따위〕를 거절하다, 거부하다, 받아들이지 않다; 인정하지 않다([반] accept).¶ ~ the offer of a better job 더 좋은 일자리 제의를 거절하다. **2** 〔남〕을 퇴짜놓다, 거절하다. ⇨REFUSE [유의어]¶ ~ a suitor 구혼자에게 퇴짜놓다. **3** (쓸모없거나 불만족하여) …을 제거하다, 물리치다, 버리다. **4** 〔음식 따위〕를 받아들이지 않다, 토하다(vomit). **5** …을 내동댕이치다, 방기하다. **6** 〔의학〕 〔이식한 장기·조직〕에 거부 반응을 나타내다. ── [명] [ríːdʒekt] 거부된 사람[물건]; 폐기물, 불합격품; (징병) 불합격자; 《英학생 속어》 쓸모없는 놈, 몹쓸 놈; 《美속어》 바보. ── [형] [⌐-] 《한정용법》 (레코드 플레이어의) 연주를 중단시키는. **~·a·ble** [형] 배제[거부]할 수 있는. **~·er** [명]

re·jec·ta·men·ta [ridʒèktəméntə] [명][복] 폐기물, 폐물; (해안에 밀려온) 난파물[해조류].

re·ject·ant [ridʒéktənt] [명] 거부제(해충 구제용).

re·ject·ee [ridʒektíː, rìː-, -dʒékti] [명] 거절당한 사람, (특히) 징병 검사 불합격자.

***re·jec·tion** [ridʒékʃən] [명] **1** [U] 거절; 폐기; 배제. **2** 배설물, 폐기물. **3** [U] 〔의학〕 거부 반응.

rejéction frònt [명] (때로 R- F-) 이스라엘 거부 전선(이스라엘과의 교섭을 일절 거부하는 아랍 국가[조직]의 전선).

re·jec·tion·ist [ridʒékʃənist] [명] **1** 〔정치〕 이스라엘을 거부하는 아랍 지도자[당파, 국가], (아랍의) 대(對)이스라엘 강경파. **2** (타협을) 거부하는 사람[그룹].

rejéction slìp [명] (집필자에게 보내는) 원고 불채택 통고 쪽지, 사절표, 거절표.

re·jec·tive [ridʒéktiv] [형] **1** 거부적인. **2** 미니멀 아트(최소한의 조형 수단으로 제작된 회화나 조각)의. **-tiv·ist** [명]

rejéctive árt [명] =minimal art.

re·jec·tor [ridʒéktər] [명] 〔통신·전기〕 제파기(除波器).

re·jig [ridʒíg] [동][타] (-gg-) 〔공장〕에 새로운 설비를 도입하다; 재조정[재정비, 재편성]하다. ── [명] 재조정, 재정비, 재편.

re·jig·ger [riːdʒígər] [동][타] 《구어》 (종종 도덕상 문제가 있는 방법으로) …을 고치다, 수정하다.

‡re·joice [ridʒɔ́is] [동] (***-joic·es*** [-iz]; **~*d*** [-t]; ***-joic·ing***) [자] 기뻐하다, 좋아하다; 축하하다(*at, in, over, on, to* do, *that*[節])([반] grieve).¶ (~+[前]+[名]) ~ *at* [or *in*] another's success 타인의 성공을 기뻐하다/We ~*d over* the news of their victory. 우리는 그들이 승리했다는 소식에 기뻐했다// (~+*to* do) I ~*d to* hear of your success. 네가 성공했다는 말을 듣고 나는 기뻤다// (~+*that*[節]) I ~ *that* he is well. 그가 건강해서 기쁘다. ── [타] …을 기쁘게 하다, 좋아하게 하다, 즐겁게 하다. ¶Your letter ~*d* my heart. 네 편지는 정말로 기뻤다.

rejoicing 2305 **relation**

USAGE **rejoice at, rejoice in, rejoice over** ── rejoice at은 주로 남의 일에 대한 기쁨이고, rejoice in은 자기 일을 기뻐하는 경우가 많다: We ~d at the completion of your work. 당신의 작품이 완성되었다는 이야기를 듣고 우리는 기뻐했다. / He ~d in his children's happiness. 그는 자식들의 행복을 알고 기뻐했다. 또 at은 보고 듣는 등 알게 된 원인을 나타내는 데 대해, over는 원인이 되는 사항을 나타내어, 예컨대 ~ over the victory(승리를 기뻐하다) 따위로 쓰이지만, 이 구별은 명확하지는 않다.

be rejoiced at [or **by**] …을 보고[듣고, 하고] 기뻐하다. ¶We *are* ~*d at* his comeback. 우리는 그의 컴백을 기뻐하고 있다.

*re·joic·ing [ridʒɔ́isiŋ] 명 **1** ⓤ 기쁨, 기뻐하기, 환희. **2** ⓒ 환호, 환성. **3** (종종 ~s) 축전(祝典), 축하연; 경사. ── 형 기뻐하는, 좋아하는. **~·ly** 부

re·join[1] [ri:dʒɔ́in] 통타 **1** …에 다시 한패로 끼다[들어가다]. ¶~ one's regiment 원대 복귀하다. **2** …을 다시 결합하다. ¶~ the broken pieces of a pot 항아리의 깨진 조각들을 다시 붙이다. ── 자 다시 합류하다[한패로 들어가다]; 다시 결합하다.

re·join[2] [ridʒɔ́in] 통타 …이라고 대답하다, 답변[응답]하다. ⇨ANSWER 유의어 ── 통 **1** 대답하다, 답변[응답]하다. **2** [법률] (피고가) 재답변하다.

re·join·der [ridʒɔ́indər] 명 **1** (대답에 대한) 답변, 대답, 응답. ¶in ~ 대답으로, 응답하여 / make a witty ~ 재치있는 답변을 하다. **2** [법률] 피고의 제2답변.

re·judge [ri:dʒʌ́dʒ] 타 …을 재심하다.

re·ju·ve·nate [ridʒúːvənèit] 통타 **1** (사람을) 다시 젊어지게 하다, 회춘시키다, 활기띠게 하다; (성적인) (정력이) 솟게 하다. **2** (지리) (강의) 침식 작용을 활발하게 하다[회복시키다]. ── 자 다시 젊어지다; 원기를 회복하다. **-na·tive** 형 **-na·tor** 명 **-na·to·ry** 형

re·ju·ve·na·tion [ridʒùːvənéiʃən] 명ⓤ 도로 젊어지게 하기, 되젊어짐, 회춘, 원기 회복; (강·토지의) 회복, 회춘 (작용).

re·ju·ve·nesce [ridʒùːvənés] 통자 다시 젊어지다; (생물) (세포가) 새로운 활력을 얻다. ── 타 …을 다시 젊어지게 하다; (생물) (세포)에 새로운 활력을 주다.

re·ju·ve·nes·cence [ridʒùːvənésns] 명ⓤ 다시 젊어짐, 회춘; (생물) (세포의) 재생. **-cent** 형

re·ju·ve·nize [ridʒúːvənàiz] 타 =rejuvenate.

re·key [ri:kíː] 타 **1** …의 열쇠를 갈다[고쳐 달다]. **2** (컴퓨터) (키를 조작하여) (데이터를) 재입력하다.

re·kin·dle [ri:kíndl] 통타 **1** …에 다시 불붙이다[점화하다]; …을 다시 불태우다. **2** (희망·흥미 따위를) 되살아나게 하다. ── 자 **1** 다시 불타다. **2** 다시 타오르다 [기운나다]. **-dler** 명

re·knit [ri:nít] 타 (…을) 다시 짜다; 재결합하다.

rel. relating to; relative(ly); released; relic; relief; relieve(d); religion; religious.

-rel [rəl] 접미 diminutive(작은…) 또는 pejorative (경멸적인…)의 뜻. ¶wastrel.

re·la·bel [ri:léibəl] 타 (**-l-,** (영) **-ll-**) …에 딱지를 다시 붙이다; …의 라벨을 고쳐[갈아] 붙이다.

re·la·dle [ri:léidl] 타 (야금) (녹은 합금강)을 혼합시키다.

re-laid [-léid] 동 re-lay의 과거·과거분사.

re·lapse 통자 [riláeps] **1** (원래의 상태·습관으로) 되돌아가다, 다시 빠지다 (*into*). ¶~ *into* silence 다시 침묵하다. **2** (병이) 재발하다, 도지다 (*into*). **3** 다시 나쁜 짓[버릇]에 빠지다, 타락하다 (*into*). ¶~ *into* a crime 다시 죄를 저지르다. ── 명 [ríːlæps] (원상태·습관으로) 되돌아감; 퇴보; (병의) 재발, 도짐; 타락. ¶have [or suffer] a ~ 병이 재발하다, 도지다. **-láps·a·ble** 형 **-láps·er** 명

re·láps·ing féver [riláepsiŋ-] 명 (의학) (열대

회귀열(回歸熱).

re·la·ta [riléitə] 명 relatum의 복수형.

*re·late [riléit] 통타 **1** …을 이야기하다, 말하다, 진술하다 (*to, that*(절)). ¶~ one's experience to a person 남에게 자기 경험을 이야기하다 / He ~d the adventures of his youth. 그는 젊은 시절의 모험담을 이야기했다.

유의어 **relate** 목격·경험의 내용을 상세히 또는 순서 있게 이야기하다. **rehearse** a) 기지(旣知)의 사실을 요약하여 되풀이하다. b) 예행 연습으로 복창하다. 현재는 b)의 뜻이 보통. **recite** a) 세부·항목을 열거하여 말하다. b) 암기한 대로 되풀이하다. 현재는 a)의 뜻으로는 recount를 쓰는 것이 보통. **recount** = recite. **narrate** 소설같이 전개하여 클라이맥스를 결들여가며 이야기하다. **describe** 상황이 생생하게 머리에 떠오르도록 묘사하다. ⇨SAY.

2 …을 관계[관련]짓다, 결부시키다 (*with*, *to*). ¶(~ + 목 + 전+명) ~ events to probable causes 사건을 가능한 원인과 관련짓다. **3** (보통 수동형으로) (결혼 따위로) …와 혈연적으로 결합시키다; 인척[친족] 관계이다 (*to*). ¶I am ~*d to* him. 나는 그와 인척 관계에 있다. **4** (고어) …이라고 말하다, 주장하다.
── 자 **1** (이야기 따위가) (…에 대해서) 말하고 있다, 화제로 삼고 있다 (*to*). ¶What event did his remarks ~ to? 그의 말은 어떤 사건에 관한 것입니까? **2** 관련[관계]이 있다 (*to*). ¶laws *relating to* patents 특허에 관한 법률. **3** 부합하다, 합치하다 (*with*). ¶The evidence does not ~ *with* the fact. 그 증거는 사실과 부합하지 않는다. **4** 잘 어울리다, 마음이 통하다 (*to*). ¶~ well *to* people 사람들과 잘 어울리다.

relating to …에 관하여.

Strange [Curious] to relate 이상한[묘한] 이야기지만, 말하기 이상하지만[하지만],

-lát·a·bíl·i·ty 명 **-lát·a·ble** 형 **-lát·er** 명 담화자.

*re·lat·ed [riléitid] 형 **1** 관계[관련] 있는, 서로 관련된 (*to, with*). ¶painting and the ~ arts 회화 및 관련 예술. **2** 친척의, 혈연[인척] 관계가 있는, 동족의. ¶persons ~ in the third degree 3촌 관계. **3** (음악) (곡조가) 근접한, 상관적인. **4** 관련된. **5** (법률) 소급하여 적용하는[발효되는]. **~·ness** 명

reláted kéy 명 (음악) 관계조(調).

*re·la·tion [riléiʃən] 명 (복 ~**s** [-z]) **1** ⓤⓒ (사물간의) 관계, 관련, 상관 (*between*, *among*, *to*, *with*). ¶the ~ *between* cause and effect 인과(因果) 관계 / in this ~ 이에 관해서요. **2** (~s) 교제, 교우(交友); 인연; (국가간 따위에 있어서의) 관계, 교섭; 거래 관계; (남녀의) 육체적 관계, 정교(情交) (*with*, *between*). ¶foreign [*or* diplomatic] ~s 외교 관계 / conjugal ~s 부부 관계 / human ~s 인간 관계 // friendly ~s *between* the two countries 두 나라간의 우호적 관계 / I broke off all ~s *with* her. 나는 그녀와의 모든 관계를 끊어버렸다.

유의어 **relation** 「관련·관계」를 뜻하는 일반적인 말. **relationship** 밀접하고 정서적인 relation.

3 ⓤ 친족(혈연, 인척) 관계, 동족 관계; ⓒ 친척, 일가. ¶one's family ~ 가족 관계 / (a) ~ by marriage 인척 관계 / a ~ by [*or* on] my mother's side 외가쪽의 친척 / What ~ is he to you? 그는 너와 어떤 혈연 관계인가? **4** 이야기, 설화; ⓤ 진술, 언급 (*to*). ¶make ~ *to* …에 언급하다. **5** (법률) 범죄 통보; 고발; (…에의) 효력 소급 (*to*). **6** (수학) 관계. **7** (논리) 관계.

a [*or* **the**] **poor relation** (동류간의) 천덕꾸러기.

bear no relation to; be out of all relation to …와 전혀 관계가 없다, 전혀 어울리지 않는다.

have relation to …와 관계가 있다.

have (sexual) relations with …와 육체 관계를

in [or ***with***] ***relation to*** …에 관하여[관계하여]; …와 비교하여. ¶I had a lot to say *in* ~ *to* that affair. 나는 그 일에 관하여 할 말이 많았다.
~**·less**
re·la·tion·al [riléiʃənəl] 형 1 관계 있는, 관계를 보여주는. 2 친척의[으로서의]. ¶~ duties 친척으로서의 의무. 3 [문법] 관계를 나타내는, 상관적인.
relátional dátabase 명 [컴퓨터] 관계 데이터베이스 〔算子〕.
relátional óperator 명 [컴퓨터] 관계 연산자(演
re·la·tion·ism [riléiʃənìzm] 명 [철학] 〔상대론・절대 일원론에 대해〕관계주의.
‡**re·la·tion·ship** [riléiʃənʃìp] 명(U) 1 © 관계, 관련 (*between*, *to*, *with*). ¶the ~ *between* two things 두 사물간의 관계. 2 친족[혈연, 인척] 관계(kinship) (*to*, *with*, *between*). 3 (사람 사이의) 감정적 유대, 관계, 교섭. 4 〔구어・완곡적〕육체 관계; 정사. 5 〔생물〕 유연(類緣) 관계. 「맺다.
***form* a relationship *with* a** person 남과 친교를 *the degree of relationship* 촌수.
rel·a·ti·val [rélətáivəl] 형 [문법] 관계사(詞)의, 관계사적인. ~**·ly** 부
‡**rel·a·tive** [rélətiv] 명 (복 ~**s** [-z]) 1 친척, 인척, 일가(relation). * 비교적 먼 친척인 경우에는 relation보다 relative를 많이 쓴다. 2 관계[상관]물; 관련[관계] 사항. 3 [논리] 상대 명사(名辭). 4 [문법] 관계사; 관계 대명사[형용사, 부사]. 5 (공통의 계통을 갖는) 동물[식]물. 6 [언어] relative어.
── 형 1 비교상의; 상대적인(↔ absolute). ¶~ velocity 상대 속도/with ~ coolness 비교적 침착하게. 2 상관적인, 대응하는. ¶~ phenomena 상관 현상. 3 관계있는, 관련되어 있는(*to*). ¶the details ~ *to* the matter 그 문제에 관한 상세한 내용. 4 호응하는, 비례하는(*to*). ¶Supply is ~ *to* demand. 공급은 수요에 비례한다. 5 [문법] 관계를 나타내는; 관계사에 인도되는. 6 〔음악〕 관계의(가락・음계가 동일한 기호를 갖는).
relative to ① …에 관하여. ② …에 비례하여.
~**·ness** 명(U) 관련성, 상관(상대)성. 「[주소].
rélative áddress 명 [컴퓨터] 상대(相對) 어드레스
rélative ádjective 명 [문법] 관계 형용사.
rélative ádverb 명 [문법] 관계 부사. 「比〕.
rélative áperture 명 [광학] (렌즈의) 구경비(口徑
rélative átomic máss 명 원자량.
rélative béaring 명 [해사] 상대 방위(方位).
rélative biológical efféctiveness 명 생물학적 효과비(약 RBE). ⇒ 참조.
rélative céll réference 명 [컴퓨터] (셀의) 상대
rélative cláuse 명 [문법] 관계사절.
rélative cómplement 명 [수학] 차집합(差集合).
rélative dénsity 명 [물리] 상대 밀도.
rélative depriváton 명 [사회] 상대적 박탈.
rélative dieléctric cónstant 명 [전기] = relative permittivity.
rélative dispérsion 명 [광학] 상대 분산도.
rélative fréquency 명 [통계] 상대 도수(빈도).
rélative humídity 명 [물리・기상] 상대 습도(약 RH, rh). ⇒ absolute humidity 「[금리].
rélative impédiment 명 [법률] 근친 결혼 장애
rélative índex of refráction 명 [광학] 굴절률.
*****rel·a·tive·ly** [rélətivli] 부 1 상대적으로; 비교적. ¶~ speaking 비교해서 말하면. 2 〔고어〕…와 관련하여 (*with*), …에 대응하여, …에 비례하여, …에 비해(*to*). 3 (구어) 상당히, 적당히.
rélative májor 명 [음악] 관계 장조.
rélative majórity 명 〔英〕 상대 다수(반수 이하의 득표). ⇒ absolute majority
rélative mínor 명 [음악] 관계 단조.
rélative molécular máss 명 [화학] 분자량.

rélative permeabílity 명 〔물리〕비투자율(比透磁率); 〔지질〕상대 침투율.
rélative permittívity 명 〔전기〕비유전율(比誘電率)(진공의 유전도와의 비율). 「감도.
rélative pítch 명 〔음악〕 1 상대 음고(音高). 2 상대
‡**rélative prónoun** 명 [문법] 관계 대명사.
rélative térm 명 상대어(father, predecessor 따위와 같이 관계를 나타내는 말).
rélative topólogy 명 〔수학〕상대[유도(誘導)] 위상, 부분 공간 위상.
rélative URL 명 [컴퓨터] 상대 URL.
rélative wínd 명 〔물리〕상대풍, 상대 기류(비행중의 항공기 날개에 대한 공기의 움직임).
rel·a·tiv·ism [rélətivìzm] 명(U) 〔철학〕상대론[주의]; 〔물리〕상대성 원리(relativity).
rel·a·tiv·ist [rélətivist] 명 상대론자, 상대주의자; 상대성 이론가.
rel·a·tiv·is·tic [rèlətivístik] 형 〔철학・물리〕상대론적의, 상대성 이론의; 상대주의의. **-ti·cal·ly** 부
relativístic máss 명 〔물리〕상대론적 질량.
relativístic quántum mechánics 명 〔물리〕 상대론적 양자역학[역학].
rel·a·tiv·i·ty [rèlətivəti] 명(U) 1 관계 있음, 관련[상관]성; 상대성; 상호 의존(성). 2 〔물리〕상대성 (이론). ¶the principle of ~ 상대성 원리. 3 〔철학〕상대성. ¶~ of knowledge [values] 인식[가치]의 상대성. 4 (-ties) 〔英〕(임금・지위의) 상대적 격차, 등급.
rel·a·tiv·ize [rélətivàiz] 타 1 …을 상대적으로 생각하다(다루다), 상대화하다. 2 …에 상대성 원리를 적용하다. **-i·zá·tion** 명
re·la·tor [riléitər] 명 1 이야기하는 사람, 말하는 사람, 고발자; 관계인. 「항, 관계어.
re·la·tum [riléitəm] 명 (복 -**ta** [-tə]) [논리] 관계
‡**re·lax** [rilǽks] 타 (-***lax·es*** [-iz]; ~***ed*** [-t]) 1 〔…을〕 늦추다, …의 힘을 빼다. ¶~ one's grip 꽉 쥔 손의 힘을 늦추다. 2 (노력 따위를) 늦추다, 줄이다. ¶~ one's vigilance 경계를 늦추다. 3 (규율 따위를) 완화하게 하다, 경감하다. ¶~ a rule [discipline] 규칙[규율]을 완화하다. 4 …을 편하게 하다, 쉬게 하다. ¶A pill of tranquilizer ~*ed* me. 신경 안정제를 한 알 먹었더니 기분이 느긋해졌다. 5 (장)을 완화하여 변비를 고치다. ── 자 1 느슨해지다, 풀어지다(*with*, *by doing*); 긴장이 풀려 (…하게) 되다 (*into*); 누그러지다, 약해지다, (규칙・규율 따위가) 완화되다. ¶His features ~*ed*. 그의 표정이 부드러워졌다. 2 (휴식・레크리에이션을 위해) 일[노력 따위]을 줄이다(*in*); (휴식을 위해) (…을) 그만두다(*from*); (…로) 편히 쉬다 (*with*, *by doing*). ¶~ *from* work 일을 쉬다 / ~ *with* golf [or *by playing* golf] 골프를 치며 유유자적하다. 3 변비가 낫다. 4 [해사] 평형 상태로 돌아가다, 완화되다.
relax away 〔병〕을 편히 지내며 고치다.
relax* (*in*) *one's efforts 노력을 덜하다.
relax one's attention 방심하다.
~**·er**
re·lax·ant [rilǽksənt] 형 늦추는, 완화시키는. ¶the ~ effect of a drug 약의 이완(弛緩) 작용. ── 명 〔약학〕완화제, (근육) 이완제.
*****re·lax·a·tion** [riːlæksèiʃən] 명 1 U 편히 쉼, 한숨 돌림; 소창, 기분 전환. © 기분 전환으로 하는 일, 오락, 레크리에이션. ¶~ *from* one's labors 일하다가 한숨 돌리기 / play golf as a ~ 기분 전환으로 골프를 치다. 2 U 풀림, 해이, 이완; 완화, 경감. ¶~ of muscles 근육의 이완 / ~ of a law 법률의 완화. 3 〔수학〕완화법; 〔물리〕완화. 4 〔해사〕응력 완화. 5 〔섬유〕릴랙스 처리.
relaxátion óscillator 명 〔전자〕완화 발진기.
relaxátion tíme 명 〔물리〕완화 시간.
re·lax·a·tive [rilǽksətiv] 형 이완시키는, 긴장을 풀어주는, 기분 전환이 되는. (또는 **relaxatory**)

re·laxed [rilǽkst] [형] **1** 느슨한, 관대한. ¶a person of somewhat ~ morals 품행이 다소 단정치 못한 사람. **2** 편히 쉬는, 풀린, 힘을 뺀; 태평한, 마음 편한. ¶in a ~ mood 편한 기분으로. **3** 〔병리〕 이완된.
-lax·ed·ly [-lǽksidli, -lǽkstli] [부] **~·ness** [명]
reláxed thróat [명] 〔병리〕 인후(咽喉) 카타르.
re·lax·in [rilǽksin] [명] 〔생화학·약학〕 릴랙신(임신기에 황체에서 분비되는 출산 촉진 호르몬).
re·lax·ing [rilǽksiŋ] [형] (날씨·기후가) 사람을 나른하게 만드는. [반] bracing
re·lax·or [rilǽksər] [명] 《美》 고수머리 펴는 약.
re·lay¹ [명] [ríːlei] **1** 교체자, 새 사람; 교대, 교체; 새 재료의 공급. ¶work in [*or* by] ~*s* 교대로 일하다. **2** (여행에서) 갈아타는 말, (사냥에서) 교대용 개; (역말이 있는) 역참. **3** 릴레이 경주, 계주(~ race); (릴레이 주자가) 뛰는[맡은] 거리. **4** 〔방송〕 중계 (방송, 프로), 중계 장치; 중계 우편(물). **5** 〔기계〕 자동 중계기. **6** 〔전기〕 계전기, 중계기. **7** (R–) 《美》 〔우주〕 릴레이 위성. **8** (트럭 등에 의한) 릴레이식 운송[전달].
—[동] [ríːlei, riléi] [타] **1** …의 교체자[역말]를 준비하다, …을 중계하여 전하다(*over*)(*to*); …을 교체시키다. **2** 〔전기〕 〔통신·방송〕을 중계하다. —[자] **1** 중계 방송하다. **2** 교체자를 얻다.
re·lay² [riːléi] [동][타] =re-lay. 「통신 위성.
Re·lay [ríːlei] [명] 《美》 〔우주〕 실험용 중고도(中高度)
re-lay [riːléi] [동][타] (**-laid**) **1** …을 다시[고쳐] 놓다, 다시 깔다[부설하다]. **2** (세금 따위)를 다시 부과하다. **3** …을 다시[거듭] 칠하다. (또는 **relay**) 「cast).
rélay bróadcast [명] 〔무선〕 중계 방송(rebroad-
rélay mòbile [명] (방송) 중계차.
rélay ràce [명] 계주, 릴레이 경주.
rélay stàtion [명] 〔무선·방송〕 중계국.
re·learn [riːlə́ːrn] [동][타] (**-learned, -learnt**) (잊어버린 것)을 다시 배우다.
‡**re·lease** [rilíːs] [동][타] (**-leas·es** [-iz]; **~d** [-t]; **-leas·ing**) **1** (의무·고통·속박 따위에서) …을 해방[방면, 석방]하다 (*from*)([반] bind); …을 해제[면제]하다 (*from, of*). ⇨FREE [유의어] ¶ (~+[目]+[前]+[名]) ~ a person *from* slavery 남을 노예의 신분에서 해방시키다. **2** …을 풀어 주다, 놓아 주다([반] fasten); …을 방출(放出)하다(*from*). ¶~ an arrow 화살을 쏘다 // (~+[目]+[前]+[名]) ~ a bomb *from* an airplane 비행기에서 폭탄을 투하하다. **3** (영화 따위)를 개봉하다, …을 발표[공개]하다(*to*); (레코드·책 따위)를 발매하다. ¶ (~+[目]+[前]+[名]) ~ a statement *to* the press 보도진에게 성명서를 발표하다. **4** (관공서·군이) (소유 토지·재산 등)을 (일반 시민에게) 방출하다. **5** 《美》《완곡적》 해고하다. **6** 〔법률〕 (권리·청구권)을 포기하다, 기권하다. **7** 〔음성〕 (폐쇄음의 폐쇄)를 풀다; (폐쇄음)을 파열하다.
—[명] ([복] **-leas·es** [-iz]) **1** [U] (…로부터의) 해방, 석방, 방면; 구제, 위자(慰藉); [C][U] (의무·부채 따위의) 해제, 면제(*from*). ¶have a feeling of ~ 해방감을 맛보다 / obtain (a) ~ *from* obligation 의무를 면제받다. **2** [U] 발사, 방출; (폭탄의) 투하; (제동 따위의) 해제. **3** [U] 개봉, 발표, 발매, 공개; [C] 개봉 영화, 발표물, 발매물. **4** 〔법률〕 [U] 포기, 양도; [C] 양도 [포기] 증서. **5** (식료·물자 따위의) 방출. **6** 〔음성〕 (폐쇄음의) 개방, 파열. **7** 〔심리〕 발산, 해제. **8** 〔음악〕 릴리스. **9** 〔기계〕 제어기, 운전[시동] 장치, 작동기; 방출, 방출점[시간]. **10** (사진기의) 릴리스.
on general release (영화가) 일반에 공개되어.
-lèas·a·bíl·i·ty [명] **-léas·a·ble, -léas·i·ble** [형] 석방할 수 있는; 면제할 수 있는; 포기[양도]할 수 있는.
re-lease [riːlíːs] [동][타] **1** 임대 계약을 갱신하다. **2** 〔법률〕 …을 양도하다. —[명] 양도 계약; 양도된 토지[재산].
reléase còpy [명] 〔저널리즘〕 (공식 발표 등의) 사전 보도 자료, 예고 기사, 공문 예고, 신간 견본.
reléase dàte [명] 〔저널리즘〕 공표[공개] 일시; (사전 발표문에 기재된) 발표 일시.
re·léased tíme [rilíːst-] [명] 《美》 (학생·교사에게) 교외(校外) 개인 활동이 허가된 시간. (또는 **reléase tíme**)
re·leas·ee [riliːsíː] [명] 〔법률〕 (재산 따위의) 양수인 ([반] releasor); (채무 따위의) 피(被)면제자.
reléase nòte [명] 〔컴퓨터〕 릴리스 노트(소프트웨어 제품의 매뉴얼이 완성된 후에 첨가된 정정(訂正)·추가 정보). 「용 필름.
reléase prìnt [명] 〔영화〕 개봉 영화[필름], 일반 상영
re·leas·er [rilíːsər] [명] **1** 해방자, 석방자; 공표자. **2** 〔동물〕 특정 행동을 유발케 하는 자극.
reléase thèrapy [명] 〔정신의학〕 해제[해방] 요법.
re·léas·ing fàctor [rilíːsiŋ-] [명] 〔생화학〕 (호르몬의) 방출 인자.
re·lea·sor [rilíːsər] [명] 〔법률〕 권리 포기자; 양도인.
rel·e·ga·ble [réligəbl] [형] **1** 좌천시켜야 할, 내쫓아야 할. **2** 귀속시킬 수 있는. **3** (남에게) 위탁할 수 있는.
rel·e·gate [réləgèit] [동][타] **1** (낮은 지위·상태로) …을 내쫓다, 좌천시키다(*to, into*); …을 추방하다(*out of*). ¶ (~+[目]+[前]+[名]) ~ a person *to* an inferior post [*out of* the community] 남을 좌천시키다[공동체에서 추방하다]. **2** (일 따위)를 (…에게) 이관하다; 위탁하다, 맡기다. ¶ (~+[目]+[前]+[名]) He ~*d* the task *to* his assistant. 그는 그 일을 조수에게 맡겼다. **3** (동식물·병 따위)를 (어떤 종류·등급·분야에) 귀속시키다, 분류하다(*to*). ¶ (~+[目]+[前]+[名]) ~ a new species *to* a given family 신종을 소정의 과(科)에 분류해 넣다.
-gá·tion [명][U] 좌천, 추방; 위탁.
***re·lent** [rilént] [동][자] **1** 마음이 부드러워지다, 누그러지다; 가엾게 여기다(*at, toward*). ¶~ *at* the sight of misery 비참한 꼴을 보고 불쌍히 여기다. **2** (바람 따위가) 약해지다. —[타] 《폐어》 (감정)을 누그러뜨리다; …을 늦추다, 줄이다. **~·ing·ly** [부] 부드럽게; 고분고분.
***re·lent·less** [riléntlis] [형] 무정한, 가차없는, 잔인한; (폭풍 따위가) 심한, 혹독한. **~·ly** [부] **~·ness** [명]
re·let [동][타] [riːlét] (~; **-let·ting**) (부동산 따위)를 다시 세놓다. —[명] [스] 《英》 다시[새로] 임대한 집.
rel·e·vance [réləvəns] [명][U] **1** (당면 문제와의) 관련(성); (사회적인) 적합성, 타당성(*to*). ¶have ~ *to* … 에 관련되어 있다. **2** 〔컴퓨터〕 (정보 검색 시스템의) 검색 능력. (또는 **relevancy**)
‡**rel·e·vant** [réləvənt] [형] **1** (당면한 문제에) 관련된(*to*). ¶matters ~ *to* the subject 그 주제와 관련이 있는 사항. **2** 적절한, 타당한; 실제적으로 중요한[가치있는]. ¶a ~ remark [document] 적절한 말[관련 서류]. **3** (…에) 상당[상응]하는, (…와) 상대적인 (*to*). **~·ly** [부]
re·lex·i·fy [riːléksəfài] [동][타] 〔언어〕 (문법 구조를 바꾸지 않고) (어휘)를 다른 언어의 단어로 바꾸어 넣다.
-fi·cá·tion [명] 「신뢰성, 신빙성.
re·li·a·bil·i·ty [rilàiəbíləti] [명][U] 신뢰할 수 있음;
‡**re·li·a·ble** [riláiəbl] [형] **1** 신뢰[신용]할 수 있는, 믿을 수 있는, 의지할 수 있는; 확실한, 틀림없는. ¶a ~ assistant 신용할 수 있는 조수 / from a ~ source 믿을만한 출처[소식통]로부터의. **2** 〔통계〕 신뢰성이 높은.
—[명] 믿을 수 있는 사람[동물]. **~·ness** [명] **-bly** [부]
***re·li·ance** [riláiəns] [명] **1** [U] 신뢰, 신임, 의지 (*in, on, upon*). **2** 신뢰[의지]할 수 있는 사람[것, 장소].
feel [or ***have, place, put***] ***reliance in*** [or ***on, upon***] *a person* 남을 신뢰하다, 의지하다.
in reliance on …을 신뢰하여, 의지하여.
re·li·ant [riláiənt] [형] **1** 신뢰하는, 의지하는(*on, upon*). **2** 독립 독행하는, 자신을 믿는. —[명] (R–) 《상표》 릴라이언트(영국의 자동차 메이커). **~·ly** [부]
***rel·ic** [rélik] [명] **1** (보통 ~s) 유물, 유적; 폐허. ¶historic ~*s* 역사적 유물. **2** 유풍, (과거의 풍속 따위의) 자취, 흔적. ¶a ~ of paganism 이교(異教)의 자취.

3 유품, 기념물. 4 《교회》 (성인·순교자의) 성유골, 성유물. 5 (~s) 잔해: 《문어》 시체, 유골. 6 《구어》 노인; 시대에 뒤진 사람[것]. 7 〔언어〕 잔존형. **~·like** 형

rel·ict [rélikt] 명 1 《생태》 잔존 생물(환경의 변화에서 살아남은 생물); 〔지질〕 잔존 광물[구조]. 2 생존자; (~s) 유물, 남은 것. 3 〔고어〕 미망인, 과부. ── 형 1 〔지질〕 잔존하는. 2 〔생태〕 유존종(遺存種)의, 잔존종의.

re·lic·tion [rilíkʃən] 명 〔지질〕 (바다·호수 따위의) 수위(水位) 저하로 인한 토지의 증대; 수위 저하 고정지(固定地).

‡**re·lief**[1] [rilíːf] 명 1 (고통·애로 등의) 제거, 경감 (*from*). ¶get ~ *from* anxiety 걱정이 없어지다. 2 (부채·세금 따위의) 탕감, 경감, 삭감. ¶tax [debt, interest] ~ 세금[부채, 이자] 탕감. 3 (빈민·난민 등의) 구제, 구원, 구조; 〔군사〕 (포위로부터의) 구출, 적의 구축(驅逐)(*of*); 〔법률〕 (소송 따위에 의한) 구제; Ⓒ 구조물 자(구급); 《영》급부금(benefit). ¶the ~ of the poor 빈민 구제. 4 (a ~) 안심, 위안, 안도. ¶It was a great ~ to me to know his safety. 나는 그가 무사함을 알고 크게 안심했다. 5 기분 전환, 한숨 돌리기, 휴식 (*to*); (a ~) 기분 전환이 되는 것; 〔문학·연극〕 (줄거리·장면 따위의) 유쾌하고 급격한 변화, 한숨 돌리기. ¶a ~ to the eye 눈요기거리 // by way of ~ 기분 전환으로, 심심풀이로. 6 (봉건법) (토지 상속자가 영주에게 바치는) 상속 상납금. 7 (…의) 교대, 경질, 교체, 교대자, 대행자. ¶a ~ pitcher 구원 투수. 8 (보일러 등의) 초과 압력의 경감. 9 (버스·비행기 따위의) 임시 증편(增便). 10 〔완곡적〕 배뇨.

for the relief of …의 구제를 위하여.

heave [or **give, breathe**] **a sigh of relief; sigh with relief** 안도의 한숨을 쉬다.

in relief 안심하고, 안도하고.

on relief 《미·캐나다》 (빈곤·실업 따위로 정부의) 생활 보호를 받고.

to one's relief 한시름 놓게(도).

── 형 1 근심[압박, 괴로움]을 완화하는; 구제의. ¶a ~ fund 구제 기금. 2 임시의, 대신[대리]의. ¶a ~ plane 임시 항공(증)편. **~·less** 형

re·lief[2] 명 1 (대조에 의한) 선명함, 두드러짐, 뚜렷함; 탁월; 강조. 2 ⓊⒸ 〔건축·미술〕돋을새김[양각](한 것), 부조 (모양); 양각[부조] 세공(품). ¶high [low] ~ 고[저]부조. 3 Ⓤ 〔미술〕 도드라지게 그리기, 입체화법; 부조적 효과. 4 〔지리〕 (토지의) 고저, 높낮이, 기복. 5 Ⓤ 〔인쇄〕 철판(凸版).

bring [or **throw**]**…into relief** …을 두드러지게 하다.

in relief 양각으로 (한); 뚜렷하게, 두드러지게.

stand out in bold [or **strong**] **relief** 뚜렷하게 두드러져 보이다.

── 형 1 돋을새김한. 2 표면이 평평하지 않은. 3 철판[인쇄]의[에 의한].

relief áce 〔야구〕 팀내 제일의 구원 투수.

re·liefer [rilíːfər] 명 1 생활 보호·구제를 받는 사람. 2 〔야구〕 구원 투수(relief pitcher). 3 (일시적인) 교체자, 대행자.

relief máp 〔기복도(起伏圖); 지형 모형.

relief pítcher 〔야구〕 1 구원 투수. 2 (선발 전문 투수에 대해) 릴리프 전문 투수. (또는 **reliever, reliefer**)

relief prínting 〔인쇄〕 철판(凸版) 인쇄.

relief róad 《영》 우회로(bypass).

relief róll 《미》생활 보호 수혜자 명부.

relief válve 〔기계〕 안전판.

relief wórks 명용 실업 대책 사업; (그 사업으로 건설된) 도로·교량 따위) 공공 시설.

re·li·er [riláiər] 명 의뢰[신뢰]자 (*on*), 의지하는 사람.

re·liev·a·ble [rilíːvəbl] 형 1 구조[구제]할 수 있는; 편하게 할 수 있는; 경감할 수 있는; 위안할 수 있는. 2 두드러지게 할 수 있는; 부조(浮彫)할 수 있는.

‡**re·lieve** [rilíːv] 타 (~s [-z]; **-liev·ing**) 1 (고통·애로·부담 따위를) 경감하다, 덜다, 편하게 하다, 완화하다. 2 《보통 수동형으로》 …을 안심시키다, 위안시키다; (긴장 따위를) 풀다. ¶I was ~*d at* [or *to* hear] the news. 그 소식을 듣고 나는 안심하였다. 3 (고통 따위에서) 〔남〕을 해방하다, 구제하다, (걱정)을 없애다 (*of, from*); (책임·부담 따위)를 제거하다; 〔것〕을 없애다 (*of*). ¶(~+몸+웬+띨) ~ a person *from* fear 남의 공포를 없애주다. 4 …을 구제[구조]하다, 구원하다; (적의 포위로부터) 구하다. ¶(~+몸+웬+띨) ~ the poor *from* poverty 빈민을 빈곤에서 구제하다. 5 …에 변화를 주다, …의 단조로움을 덜다, (따분함)을 (…으로) 달래다. 6 …와 교체시키다[교대하다], 교체 임해하다, (자격)을 박탈하다(*of*); 〔야구〕 (구원 투수로서) …와 교대하다. ¶~ a sentry 보초를 교대시키다 // (~+몸+웬+띨) ~ a person *of* his post 남을 해임하다. 7 …을 두드러지게 하다, 돋보이게 하다. ¶(~+몸+웬+띨) a peak ~*d against* the sky 하늘을 배경으로 두드러져 보이는 산봉우리. ── 재 1 구제하다; 〔야구〕 (투수가) 구원[릴리프]하다. 2 두드러지다, 눈에 띄다. 3 법적 의무[조건 등]를 면제하다.

relieve nature [or **oneself**] 대변[소변]을 보다.

relieve one's féelings 기분을 풀다.

re·lieved [rilíːvd] 형 1 〔서술용법〕 (…에) 안심한, 안도한(*at, to do*); (…에서) 해방된 (*from*). ¶be ~ *from* financial anxiety 경제적 근심이 없어지다. 2 〔기계〕 (마찰·마모를 막기 위해) 표면 일부를 절제한. **~·ly** 부

re·liev·er [rilíːvər] 명 1 구제자[물], 위안하는 사람 [것]; 〔기계〕 완화 장치; 〔야구〕 구원 투수.

re·liev·ing ófficer [rilíːviŋ-] 명 〔영약사〕 빈민 구제 담당자; 구빈관.

re·lie·vo [rilíːvou, -ljév-] 명 (~s) 〔조각〕 양각(陽刻), 돋을새김(= intaglio). ¶alto- [basso-] ~ 깊은 [얕은] 양각.

relig. religion; religious.

re·light [riːláit] 타 다시 불을 붙이다[불이 붙다], 재점화하다, 재연소하다. ── 명 〔항공〕 (비행중의) 제트 엔진의 재점화.

re·li·gieuse [rəliːʒɔ́ːz] 명 (~s) 수녀. 〈F〉

re·li·gio- [rilídʒiou, -dʒiə, -dʒou, -dʒə] 연결 religion의 뜻. ¶*religios*ity.

‡**re·li·gion** [rilídʒən] 명 (~s [-z]) 1 Ⓤ 종교. ¶natural [primitive] ~ 자연[원시] 종교. 2 종파, 교파, 교. ¶the Christian [Buddhist] ~ 기독교[불교] / the established [or state] ~ 국교(國敎) / What ~ do you profess? 당신의 종파는 무엇입니까? 3 Ⓤ 신앙(심); 신앙[수도] 생활. ¶lead the life of ~ 신앙 생활을 하다. 4 (행동 따위의) 신조, (종교처럼) 신봉하는 것; 헌신(*to*). ¶Cleanliness was a ~ *to* him. 청결은 그의 신조였다. 5 (~s) 〔고어〕 종교 의식. 6 예배, 근행(勤行).

enter (into) religion 수도원에 들어가다, 수도자가 되다, 신앙 생활을 시작하다.

experience [or **find**] **religion** 신앙을 가지다, 신자가 되다.

get religion 《미구어》 ① 신앙을 갖다. ② 매우 성실[진지]해지다. ③ 개심(改心)하다; 방법을 바꾸다.

make a religion of *doing*; **make it religion to** *do* 신조처럼 반드시 …하다.

re·li·gion·er [rilídʒənər] 명 1 수도사. 2 (신실한) 종교가, 독실한 신자(religionist).

re·li·gion·ism [rilídʒənìzm] 명 Ⓤ 1 종교[신앙]에 빠지기[미치기], 광신. 2 사이비 신앙, 신앙심이 깊은 체함. **-ist** 명 **-ís·tic** 형

re·li·gion·ize [rilídʒənàiz] 타 …에게 신앙심을 일으키게 하다, 발심(發心)시키다; 종교적으로 해석하다.

re·li·gion·less [rilídʒənlis] 형 종교가 없는, 무종교의, 비종교적인; 신앙심이 없는.

re·li·gi·ose [rilídʒióus] 형 신앙심이 깊은; 종교에 빠진[미친], 광신적인.

re·li·gi·os·i·ty [rilìdʒiásəti/-ɔ́s-] 명 Ⓤ 1 종교성; 경건, 믿음이 깊음. 2 광적 신앙; 사이비 신앙.

‡**re·li·gious** [rilídʒəs] 형 (**more ~; most ~**) 1 종교(상)의, 종교에 관한. ¶a ~ book 종교 서적. 2 종파

적인, 경건한, 믿음이 깊은; 신성한. ¶a ~ man 신앙심이 깊은 사람. 3 양심적인; 세심한, 엄정한. 4 수도의, 계율을 지키는; 수도회[교단]에 속하는.

유의어 **religious** 일상 생활에서 자기가 믿는 종교의 가르침을 잘 지키는. **devout** 자기가 믿는 종교에 대해 충심으로 열렬한 신앙심을 바치는. **pious** 어떤 종교의 의식·계율 등 외면적 의무에 충실한 종종 겉치레만의 신앙심을 암시.

— 图 (图 ~s) 1 (图회) 수도자[사], 수사, 수녀. 2 (the ~) 신앙가[종교가]들. ~·**ness** 图 [교회.
relígious educátion [instrúction] 图 종교
relígious hóuse 图 수도원(monastery).
re·li·gious·ly [rilídʒəsli] 图 종교적으로; 독실하게; 경건하게; 양심적으로; 충실히; 엄격히.
Relígious of the Sácred Héart 图 〔가톨릭〕 성심회 수녀.
relígious órder 图 수도회
Relígious Society of Fríends 图 (the ~) = Society of Friends.
re-line [ri:láin] 图⊕ 1 …의 안을 갈다, …에 다시 안을 대다. 2 …에 다시 줄을 긋다.
re·lin·quish [rilíŋkwiʃ] 图⊕ 1 〔소유권 따위를〕 포기[양도]하다(to); 〔계획·희망 따위를〕 버리다, 단념하다; 〔지위·직 따위를〕 사퇴하다, 그만두다. ➡ABANDON 유의어 ¶ ~ one's right 권리를 포기하다 / ~ a plan 계획을 단념하다 // (~+图+前+名) ~ the throne to a person 왕위를 남에게 양도하다. 2 〔쥐고 있던 것을〕 놓다, 늦추다. ¶ ~ one's hold 쥐고 있던 손을 늦추다[놓다]. 3 〔고국 따위를〕 버리다, 뒤로하다, 떠나다.
~·**er** 图 ~·**ment** 图 포기, 양도; 단념; 사직, 사임.
rel·i·quar·y [réləkwèri/-kwəri] 图 성해함(聖骸函). — 图 성유물의에 관한, 로 쓰이는.
rel·ique [rélik/F Rəlik] 图 〔고어〕 =relic.
re·liq·ui·ae [rilíkwiì:] 图 (동식물의) 화석; (줄기에 들러붙은) 시든 잎. 2 유골, 유해; 유물, 유적.
***rel·ish** [réliʃ] 图 1 ⓤ 맛, 풍미, 향미, …의 독특한 맛; (일의) 재미, 맛, 흥취. ¶a ~ of beef 쇠고기 맛 / add ~ to food 음식에 풍미를 더하다. 2 图 기호, 흥미, 욕구(for); (음식·일에 대해 가지는) 흥분, 즐거움. ¶lose all ~ for one's food 식욕을 완전히 잃다. 3 ⓤⓒ 식욕을 자극하는 것, 흥미를 돋우는 것; 〔요리〕 조미료, 양념; 오르되브르, 전채(前菜); (피클·올리브 따위) 풍미를 더해 주는 것, 〔美〕 얇게 저민 야채류 른. ¶Hunger is the best ~. (속담) 시장이 반찬이다. 4 (…의) 기미, 기색; 소량 (of). ¶There was a ~ of malice in his remark. 그의 말에는 약간의 악의 같은 것이 있었다.
eat with relish 맛있게 먹다. 「지 않다.
have little [no] relish for …을 별로[전혀] 좋아하
— 图⊕ 1 …을 즐기다, 좋아하다. ¶~ a long journey 긴 여행을 즐기다 // (~+-ing) He won't ~ doing so. 그는 그렇게 하는 것을 좋아하지 않을 것이다. 2 …을 맛있게 먹다, 상미하다. 3 …에 풍미를 더하다. — 图 1 맛이 나다; 풍미가 있다(of); 느낌이[기미가] 있다(of). ¶ ~ well [badly, ill] 맛이 좋다[나쁘다] // (~+前+名) The drink ~es of ginger. 그 음료는 생강 맛이 난다. 2 즐겁다, 기분이 좋다.
~·**a·ble** [-əbl] 图 재미있는. ~·**ing·ly** 图
re·live [ri:lív] 图⊕ 되살아나다, 소생하다. — 图 1 …을 다시 살리다. 2 …을 다시 체험하다; (과거의 경험)을 회상하다. -**lív·a·ble** 图
rel·le·no [rəjéinou] 图 (멕시코 요리에서) 속을 채워 넣은, (특히) 치즈를 넣은. — 图 (图 ~s) 치즈를 넣은 고추 요리. 〈Sp〉
rel·lo [rélou] 图 〔濠속어〕 친척, 연고(relation).
re·load [ri:lóud] 图 1 (…에) 다시 짐을 싣다 (총 따위에) 다시 총알을 재다. 2 (거리의 트럼프 도박에서) 처음으로 이기게 해주다. — 图 [-] 1 장전용의 물건(필름, 탄환 따위), 2 다시 총알을 재기, 재장전.

re·lo·cat·a·ble [rì:loukéitəbl] 图 1 (건물 따위가) 이동 가능한; 조립식의. 2 〔컴퓨터〕 (프로그램 루틴이) 재배치 가능한[조립식의] 건축물.
re·lo·cate [ri:lóukéit, -´-] 图⊕ 1 …을 재배치하다; 〔美〕 …을 강제 소개(疎開)시키다, 격리 수용하다. 2 〔컴퓨터〕 재배치하다, 이동하다. — 图 이동[이전]하다; 전근하다. ⸱**cá·tion** 图
re·lo·ca·tee [rì:ləkeití:/rì:lóukə-] 图 이전[이동, 전근]자; 재배치되는 사람[것].
relocátion cámp 图 (제2차 대전중 미국 서해안의) 일본인 강제 수용소. (또는 **relocátion cénter**)
relocátion cósts [expénses] 图 전근 비용(고용자가 근무지 이동을 명한 피고용자에게 지급하는)
rel. pron. *relative pronoun.* 「밝은.
re·lu·cent [rilú:snt] 图 (문어) 반짝이는, 빛나는,
re·luct [rilʌ́kt] 图⊕ 1 〔고어·드물게〕 저항[반항, 반대]하다 (*against, at, to*). 2 싫어하다; 망설이다 (*at*).
***re·luc·tance** [rilʌ́ktəns] 图 1 ⓤ (마음이 내키지 않음, 싫음, 마지못해 함, 본의 아님(*in*, *to do*). ¶feel some ~ *in* going 가기를 조금 꺼리다 / show ~ *to it* [*to do it*] 그것을[그것을 하기를] 꺼리는 내색을 하다. 2 〔드물게〕 저항, 반항. 3 〔전기〕 자기(磁氣) 저항.
without reluctance 자진해서, 기꺼이.
with reluctance 마지못해, 싫어하며.
re·luc·tan·cy [rilʌ́ktənsi] 图 =reluctance.
***re·luc·tant** [rilʌ́ktənt] 图 1 (마음이) 내키지 않는, 싫어하는, (하기) 꺼리는(unwilling), 주저하는 (*to*). ¶be ~ *to do* …하기를 꺼리다. 2 〔시〕 다루기(어렵)기 어려운; 〔드물게〕 저항하는(*to*). ¶ a soil ~ *to the plow* 쟁기질하기 힘든 땅.

유의어 **reluctant** 하지 않으면 안 되지만 싫은; 내심의 저항을 암시하는 말. **unwilling** reluctant 이상으로 강한 저항을 암시하는 말. **hesitant** 두려움·불안·혐오·우유부단 따위로 망설이는. **disinclined** 취미·성향이 맞지 않거나 찬성할 수 없는 까닭 따위로 마음이 내키지 않는. **indisposed** disinclined 이상으로 반감을 암시하는 말. **loath** 매우 싫어서 하기를 마다하는. **averse** 습관적으로 싫어 피하려 하는; 반드시 강한 혐오감이 있는 것은 아니다.

relúctant drágon 图 충돌을 피하고자 하는 지도자[정치가, 장성].
re·luc·tant·ly [rilʌ́ktəntli] 图 마지못해, 싫어하며.
re·lume [rilú:m/-ljú:m] 图⊕ …에 다시 점화하다, 다시 불타게 하다. 2 …을 다시 비추다, 재조명하다.
re·lu·mine [rilú:min/-ljú:-] 图⊕ =relume.
RELURL 图 〔컴퓨터〕 =relative URL.
***re·ly** [rilái] 图 (**-lies** [-z]) 의지하다, 믿다, 신뢰하다, 기대를 걸다 (*on, upon*). ¶ (~+前+名) ~ *on one's father for his help* 아버지의 도움에 의지하다 / He cannot be *relied upon*. 그는 믿을 수 없다.

유의어 **rely** 판단·성격·행동·결과 따위가 기대대로일 것이라고 신뢰하다. **depend** 지지·원조를 기대하고 의지하다. **trust** 기대가 어긋나지 않을 것임을 확신하고 적극적으로 신뢰하다. **count**, **reckon** 어떤 것을 확실하다고 생각하고 의지하다; depend보다 의존의 뜻이 강하다.

rely upon a broken reed 신통치 않은 것[사람]에게 의지하다.
rely upon it 꼭, 틀림없이, 확실히. ¶*R- upon it*, he will be well again. 틀림없이 그는 회복될 것이다.
rem [rem] 图 〔물리〕 렘(인체 뢴트겐 당량(當量)). 〈*roentgen equivalent in man*〉
REM¹ [rem] 图 (图 ~**s**) 〔심리〕 (수면중의) 빠른 안구 운동. (또는 **rem**) 〈*rapid eye movement*〉

REM² 〖컴퓨터〗 렘(프로그램 첫머리에 삽입하는 프로그램 작성상의 사항). [<*rem*ark]

rem. remark; remittance.

‡**re·main** [riméin] 圄困 (~*s* [-z]) **1** 남다, 잔존하다 (*in*, *on*, *to*, *of*); 살아남다. ¶(~+剛+图) ~ *on* [or *in*] one's memory 기억에 남다 / Nothing ~*ed of* the building after the fire. 화재로 그 건물은 흔적도 없이 다 타 버렸다. **2** (같은 장소에) 머무르다, 체재하다. ¶(~+剛) ~ *abroad* 외국에 체류하다 // (~+剛+图) ~ *at* [or *in*] one's post 유임하다 / ~ *in* New York 뉴욕에 체재하다. **3** …을쌓아 남아 있다, 아직도 (변함없이) …해야 하다. ¶That ~*s to* be proved. 그것은 앞으로 증명되어야 한다. **4** 여전히 …인 채로이다, 변함없이 …이다. ¶(~+剛) ~ silent 여전히 입을 다문 채로 있다 // (~+剛+图) They ~*ed at* peace. 그들은 여전히 평화스러웠다 // (~+*as*剛) The journey ~*ed* in his mind *as* significant. 그 여행은 그의 마음속에 깊은 의미로 남아 있었다. **5** 결국 …의 것이 되다, …의 수중에 들어가다 (*with*, *to*). ¶(~+剛+图) It ~*s to* you to assist your friend. 친구를 돕는 것은 네가 할 일이다. **6** 〖폐어〗 살다, 거주하다.
I remain yours truly [or *sincerely*]. 경구(敬具) 재배(再拜). …올림(편지의 맺음말).
Let it remain as it is. 그것을 그대로 놔두어라.
Nothing remains but to do. 이제는 …할 수[하는 일]밖에 없다.
remain away ① 떨어져 있다. ② (…에) 결석하다 (*from*).
remain clear of 〖구어〗 〔사물·사람〕을 멀리하[피한] 채로 있다.
remain down (물건·몸 따위를) 낮춘 채로 있다, 낮은[내린] 채로 있다.
remain in ① (병·벌 따위로) 집에 있다. ② (불이) 계속해서 타고 있다.
remain off 〔학교·직장 따위〕에 가지 않고 있다.
remain on ① (전등 따위가) 켜진 채로 있다. ② (어떤 방향으로) 계속해서 여행하다[나아가다].
remain on the right side of 〖구어〗 ① …와 사이가 좋다. ② 〔사람〕을 괴롭히지 않다.
remain out 집에서 나와 있다, 집에 들어가지 않고 있다.
remain up ① (물가 따위가) 높은 (수준인) 채로 있다. ② 자지 않고 일어나 있다.
remain with (권리 따위가) …에게 돌아가다. ¶The victory ~*ed with* them. 승리는 그들에게 돌아갔다.
The fact remains that... 그래도 여전히 …이다.
— 匽 (보통 ~*s*) **1** 나머지 (것); 잔존(殘存)물; 유해; 유족. **2** 유품, 유물, 유적; 화석. **3** 유고(遺稿), 유작.

*****re·main·der** [riméindər] 匽 **1** 나머지 (것), 잔여; 잔류자[물], 그 밖의 사람들(the rest).

〖유의어〗 **remainder** 어떤 것을 제거·소비한 나머지. **rest** 이미 언급한 것 이외의 것; remainder와 교환 가능한 경우가 많으나 제거·소비 따위의 뜻은 약하다. **balance** 대차(貸借)의 차액; 상업·회계학상의 용어. **remnant** 하찮은 나머지 것. **residue** 화학 변화 따위의 어떤 과정, 또는 유산 정리 후에 남는 것을 가리키는 전문적인 말. **residuum** 상당히 중요하고 가치 있는 residue. **surplus** 필요 이상의 잉여.

2 (보통 ~*s*) 유적, 유물. **3** (the ~) 〖수학〗 나머지, 잉여. **4** ①C 〖법률〗 (장위의) 계승권; 잔여권. **5** 잔품, 팔다 남은 책. **6** (~*s*) 〖증표수집〗 유효 기간이 지난 소장 우표, 무효 우표, (우체국의) 팔다 남은 우표.
— 匽 나머지의, 잔여의, 따로 간직해 둔.
— 圄困 …을 재고품[재고본]으로 싸게 처분하다[팔다].
~·ship 匽

re·main·der·man [riméindərmən] 匽 〖법률〗 잔여권자, 계승권자.

remáinder théorem 匽 〖수학〗 나머지 정리, 잉여 정리.

re·make 圄困 [riːméik] (*-made; -mak·ing*) …을 다시 만들다, 고쳐 만들다; …을 개조[개작]하다. 〖영화〗

…을 다시 제작하다. — 匽 〔口〕 (또는 **re-make**) ①C 개작, 개조; 재생; C 재제품(再製品), 개조품, 〖영화〗 개작판, 재영화화 작품. *-mák·er* 匽

re·man¹ [riːmǽn] 圄困 (*-nn-*) **1** …에 새로 승무원을 태우다, 새로 인원을 배치하다. **2** …에게 남자다움[용기]을 회복시키다.

re·man² [riːmǽn, -´] 〖자동차〗 **1** 부품 재(再)제조. **2** 재생 부품; 그 재조업자. [<*rema*nufacturing]

re·mand [rimǽnd/-máːnd] 圄困 **1** …을 되돌려 보내다, 반송하다, 송환하다 (*to*); 〔드물게〕 …을 소환하다. **2** 〖법률〗 …을 하급 법원에 환송하다; …을 재구류하다, 재유치하다. — 匽 **1** ① 재구류; 반송, 송환. ¶*on* [or *under*] ~ 재구류중[의]. **2** 재구류된 사람.

remánd cèntre 匽 〖英〗 구치소. │ *-ment* 匽

remánd hòme 匽 〖英〗 (8–16세의 비행(非行)) 감화원, 소년원(〖美〗 reformatory).

rem·a·nence [rémənəns] 匽 〖전기〗 잔류 자기(磁氣).

rem·a·nent [rémənənt] 匽 **1** 〔드물게〕 남은, 잔존하는. **2** 〖물리〗 〔자기(磁氣) 따위〕 잔류성 있는.

rémanent mágnetism 匽 〖지질〗 잔류 자기(磁氣), 잔류 자화(磁化).

rem·a·net [rémənèt] 匽 〖법률〗 **1** 잔여, 나머지, 잔류물. **2** 〖법률〗 연기 (공소) 사건. **3** 〖英법률〗 연기 의안.

re·man·u·fac·ture [riːmænjufǽkt∫ər] 圄困 **1** 〔제품〕을 재제조[재생] (과정); 재제조[재생]품.

re·map [riːmǽp] 圄困 …의 지도를 고치다; …의 선을 다시 긋다; …의 배치를 바꾸다, 재배치하다. — 匽 〖美〗 행정 구획 개정.

re·mar·gin [riːmáːrdʒin] 圄困 〖증권〗 추가 증거금 [담보]를 넣다, 추증(追證)을 내다.

‡**re·mark** [rimáːrk] 圄 (*~ed* [-t]) 围 **1** …에 주의 [주목]하다; …을 보다, 인지하다; …을 알아차리다. ⇨NOTICE 〖유의어〗 ¶~ the resemblance between the two 두 사이의 유사점에 주목하다 // (~+围+*do*) ~ a boy *pass* by 소년이 지나가는 것을 보다 // (~+*that*剛) I ~*ed that* it had got colder. 나는 날씨가 추워진 것을 깨달았다. **2** (비평·감상 따위)를 말하다, 진술하다, 쓰다(write); (단순히) 말하다(say), ¶(~+*that*剛) I should like to ~ *that* he is insincere. 나는 그가 불성실하다고 말하고 싶다. **3** 확실히 구별하다[나타내다]. — 困 (감상 따위를) 말하다, 소견을 말하다, 비평하다 (*on*, *upon*, *about*, *to*). ¶(~+剛+图) ~ *on* the event 그 사건에 관해 논평하다.

— 匽 **1** ① 주목, 관찰, 인지(認知). ¶a person worthy of ~ 주목할 만한 인물. **2** 논평, 비평; 의견, 소견, 감상; 기사말(*on*, *about*, *upon*). ¶invite ~ 비판을 받다, 이러쿵저러쿵 말을 듣다 / a personal ~ 인물평; 개인적 소견 / opening ~*s* 개회 인사. **3** 〖미술〗 = remarque.

〖유의어〗 **remark** 간단한 감상·의견. **comment** 비평·해석·설명으로서 말하는 의견. **observation** 주의 깊은 관찰·검토에 따른 판단.

make [or *pass*] *a remark on* [or *about*] …에 관해 한마디하다, 비평하다, 소견을 말하다.
make remarks 비평하다; 연설하다.
pass...without (a) remark …을 묵과하다.
~·er

‡**re·mark·a·ble** [rimáːrkəbl] 匽 (*more* ~; *most* ~) 주목할 만한; 현저한, 두드러진(⇨OUTSTANDING 〖유의어〗); 놀랄 만한; 비범한(*for*), 희한한. ¶a ~ discovery [change] 주목할 만한 발견[현저한 변화] / be ~ *for* generosity 놀랄 만큼 관대하다. — 匽 〔고어〕 주목해야 할 것[사건]. *-bíl·i·ty*, *~·ness* 匽

*****re·mark·a·bly** [rimáːrkəbli] 匽 **1** 주목할 만하게, 현저하게, 눈에 띄게; 매우, 몹시. **2** 이상하게도, 신기[희한]하게도. ¶*R~*, he didn't come to the party. 이상하게도 그는 파티에 오지 않았다.

re·marque [rimɑ́ːrk] [명] 〔미술〕 **1** (판화·조각의 진도를 나타내기 위해 새긴) (진도) 표시. **2** (또는 ∸ **pròof**) 표시[약도]가 있는 도판[교정쇄].

Re·marque [rəmɑ́ːrk] [명] **Erich Maria** ~ 레마르크(1898-1970: 독일 태생의 미국 소설가).

re·mar·riage [riːmǽridʒ] [명][U][C] 재혼.

re·mar·ry [riːmǽri] [동][타] 재혼하다[시키다]; 〔전 배우자〕와 재결합하다[시키다]. **—**[자] 재혼하다; (전 배우자와) 재결합하다.

re·mas·ter [riːmǽstər] [동][타] 재록(再錄)하다, 마스터테이프를 다시 만들다.

re·match [ríːmæ̀tʃ] [명] (같은 상대·팀과의) 재시합, 리턴 매치. **—**[동][타] [-∸, ∸-] **1** 재시합을 시키다. **2** 다시 맞붙다; 복제하다, 재현하다.

Rem·brandt [rémbrænt, -brɑːnt] [명] ~ **Harmensz van Rijn** 렘브란트(1606-69: 네덜란드의 화가). **~·èsque, ~·ish** [형] 렘브란트풍의.

REME [ríːmi] [명] 영국군 전기 기계 기술부. 〔<*R*oyal *E*lectrical and *M*echanical *E*ngineers〕

re·meas·ure [riːméʒər] [동][타] …을 다시 재다.

re·me·di·a·ble [rimíːdiəbl] [형] 치료할 수 있는(curable); 교정(矯正)할 수 있는; 구제할 수 있는; 보수(補修)할 수 있는. **-bíl·i·ty, ~·ness** [명] **-bly** [부]

re·me·di·al [rimíːdiəl] [형] **1** 치료[교정, 구제]하는[하기 위한]. **2** 〔교육〕 학력 부족을 보충하는, 보습의. ¶~ class 보충 학습반/~ employee training 종업원 재교육. **3** 〔의학〕 운동 요법의. **~·ly** [부]

remédial educátion [명] 재교육, 보충 학습.

remédial réading [명] 독서력 보강 지도, 독서 치료(읽기를 잘 못하는 학생에 대한 독서 교정 지도).

re·me·di·a·tion [rimìːdiéiʃən] [명] (결점·결함의) 개선; 치료, 교정; 치료 교육. **~·al** [형]

rem·e·di·less [rémədilis] [형] 불치의; 구제[교정]할 수 없는, 돌이킬 수 없는; 보수할 수 없는. ¶a ~ disease 불치의 병. **~·ly** [부] **~·ness** [명]

‡rem·e·dy [rémədi] [명] ([복] ***-dies*** [-diz]) **1** 치료, 의료; 요법; 의약(품)(*against, for*). ¶a good ~ *for* a cold 감기의 영약. **2** 교정법, 구제[개선]책 (*for*). **3** 〔법률〕 구제 방법; 배상. ¶I will have my ~. 나는 변상을 받겠다. **4** 〔조폐〕 (화폐의) 공차(公差). **5** =remedial education.

be beyond [or ***past***] ***remedy*** 교정[구제]할 수가 없다.

have no remedy but to *do* …하는 수밖에 없다.

—[동][타] (***-died; -dy·ing***) **1** …을 고치다, 치료하다. ⇨CURE [유의어] **2** …을 보수하다(repair); …을 교정하다, 구제하다(relieve). **3** …을 배상하다.

re·melt [riːmélt] [동][타] …을 다시 녹이다. **—**[명] 다시 용해한 물질; 다시 용해할 수 있는 물질.

‡re·mem·ber [rimémbər] [동] (~***s*** [-z]) [타] **1** …을 생각해내다, 상기하다. ¶(~+*that*[節]) He suddenly ~*ed that* he made a promise with her. 그는 갑자기 그녀와 한 약속이 생각났다.

> [유의어] **remember** 잊지 않고 기억하고 있다, 노력하지 않고도 곧 생각나다. **recall** 노력한 결과 잊었던 것을 생각해내다. **recollect** recall보다 더 큰 노력을 암시하는 말. **reminisce** 그립게 여러 번 회상하다.

2 …을 기억하고 있다, 외고 있다(*for, against, by*); 잊지 않고 …하다([반] forget). ¶~ a person's name 남의 이름을 기억하고 있다//(~+*to* do) *R– to* get the letter registered. 그 편지를 잊지 말고 등기로 부쳐 주시오//(~+*-ing*) (~+*that*[節]) I ~ *meeting* her once. =I ~ *that* I met her once. 나는 그녀를 한 번 만난 기억이 있다(*remember *to* do는 미래, remember *doing*은 과거의 경우에 쓴다)//(~+[目]+*-ing*) I ~ him *singing* beautifully. 나는 그가 노래를 아주 멋지게 부른 것을 기억하고 있다//(~+*wh.*[節]) I can't ~ *who* mentioned it. 누가 그 말을 했는지 기억나지 않는다//(~+*wh. to* do) Do you ~ *how to* play chess? 체스 두는 법을 기억하고 있습니까?//(~+[目]+*as*[補]) I ~ her *as* vivacious. 나는 그녀가 쾌활했던 것으로 기억하고 있다//(~+[目]+[前]+[名]) ~ a person *for* his kindness 남이 친절히 해준 것을 잊지 않고 있다/Don't ~ this *against* me. 이 일로 해서 나를 나쁘게 생각하지는 마십시오. **3** …에게 사례[선물]를 하다; …에게 팁을 주다; (기도할 때) …의 이름을 외다[넣다]. ¶Please ~ the waiter. 웨이터에게 팁을 주십시오. **4** …에게 안부를 전하다 (*to*). ¶(~+[目]+[前]+[名]) *R–* me *to* your family. 가족분들에게 안부 전해 주십시오. **5** (기구·컴퓨터 따위가) 〔프로그램 등〕을 제시각에 실행하다. **6** 《고어》 상기시키다, 생각나게 하다. **7** 〔죽은 사람·영혼〕의 위령제를 지내다.

—[자] **1** 기억하고 있다; 생각해내다(*about*). ¶Now I ~. 이제 생각난다//(~+[副]) If I ~ aright [*or* right(ly)] 내 기억이 맞다면. **2** 기억력이 있다.

as far as I remember 내 기억으로는, 내가 기억하기에는.

as you remember 알고[기억하고] 계시다시피.

if I remember correctly 내 기억이 맞는다면.

remember** a person **in a [or *one's*] ***will*** 유언으로 남에게 돈·재산을 남기다.

remember** a person **in** one's **prayer 남을 위해 기도하다.

remember of 《美》 …을 상기하다; 기억하고 있다.

***remember** oneself* ① 생각해내다. ② (실수 따위를) 깨닫고 아차하다, 제정신이 들다.

Remember your manners. 《구어》 몸가짐을 조심해라; 예의도 모르니!

something to remember** one **by ① 무언가 생각나게 하는 것. ② 《구어》 한방 (먹이기), 일격.

re·mem·ber·a·ble [rimémbərəbl] [형] 상기할 수 있는, 생각나는; 기억에 남아 있는. **-bíl·i·ty** [명]

‡re·mem·brance [rimémbrəns] [명] ([복] ***-branc·es*** [-iz]) **1** [U] 기억, 추억, 회상; 기억력[범위]. ⇨MEMORY [유의어] ¶a dim ~ of that night 그날 밤의 희미한 기억/many happy ~*s* of our college days 대학 시절의 무수한 즐거운 추억/My ~ is weak [*or* poor]. 나는 기억력이 좋지 못하다. **2** [U] 기념; [C] 기념품, 유품, 기념비. **3** (~s) 안부, 문안. ¶give one's ~*s* to … 에게 안부를 전하다.

bear [or ***have, keep***]***…in remembrance*** …을 기억하고 있다.

bring [or ***call***]***…to remembrance*** …을 상기시키다[하다].

come to remembrance 생각나다, 기억에 떠오르다.

escape** one's **remembrance 잊어버리다.

have no remembrance of …을 조금도 기억하고 있지 않다.

in remembrance of …을 기념하여.

to the best of** one's **remembrance 기억하는 한, 기억하기에는.

Remémbrance Dày [명] **1** 《英·캐나다》 현충일(1·2차 세계 대전 전사자를 추도하는 날; 11월 11일). **2** =Remembrance Sunday. [참] Armistice Day, Veterans' Day

re·mem·branc·er [rimémbrənsər] [명] **1** 생각나게 하는 것[사람]; 유품, 기념품; 메모, 비망록. **2** (R–) 《英》 런던시 의회 대표자(City R–); 왕실 채권 징수관(King's R–). **3** (원래) 재무 재판소.

Remémbrance Sùnday [명] 《英》 휴전 기념 일요일(휴전 기념일(11월 11일)에 가장 가까운 일요일).

re·merge [rimə́ːrdʒ] [동][타] …을 다시 몰입시키다, …의 모습이 사라지게 하다 (*in, into*); …을 다시 합동[합병, 합체]시키다 (*in*). **—**[자] 다시 삼켜지다, 다시 합병[융합]하다 (*in*).

re·mex [ríːmeks] [명] ([복] ***rem·i·ges*** [rémədʒìːz]) 〔조류〕 날개 깃, 칼깃(flight feather).

rem·i- [rémi, -mə] [연결] oar의 뜻. ¶*remi*form.

rem·i·form [réməfɔ̀ːrm] [형] 노(櫓) 모양을 한.

rem·i·grant [rémigrənt] [명] 귀소성 동물(새 따위);

(이민의) 귀국자, 귀환자.
re·mi·grate [ríːmáigreit] 자 1 다시 이주하다, 다시 이동하다. 2 (이민(移民)이) 귀국하다.
⁻grá·tion 명U 재이주; 귀국.
re·mil·i·ta·rize [riːmílitəràiz] (*(英) -rise*) 타 …을 재군비하다; [지역]을 무장화 지대로 하다.
⁻ri·zá·tion 명U 재군비.
‡**re·mind** [rimáind] 타 (~s [-z]) 타 …에게 (…을) 상기시키다, 일깨우다; …에게 (…이) 생각나게 하다, (…을) 연상(聯想)케 하다(*of*, *about*, *to do*, *that*, *wh.절*).¶(~+圐+前+圀) He ~s me *of* his brother. 그를 보면 그의 동생이 생각난다 // (~+圐+*to do*) Please ~ her *to* call me. 나에게 잊지 말고 전화하도록 그녀에게 일러주시오.//(~+圐+*that*圀) R~ him *that* I'll come tomorrow. 내가 내일 간다는 것을 그에게 다짐해 주시오. — 자 생각이 나다.
*****re·mind·er** [rimáindər] 명 생각나게 하는 사람[것], 기념품, 유품; 주의, 조언; (상업) 독촉장.
re·mind·ful [rimáindfəl] 형 1 생각나게 하는, 연상시키는(*of*). 2 기억(명심)하고 있는(*of*).
Rem·ing·ton [rémiŋtən] 명 레밍턴. 1 Eliphalet ~ (1793-1861; 미국의 총기 제조업자). 2 레밍턴 총기 제조 회사(~ Arms)(의 총). 3 (美) (상표) 타자기; 전기 면도기.
rem·i·nisce [rèmənís] 자 1 (…을) 추억하다, (…의) 회상에 잠기다. ⇨REMEMBER 유의어 2 (추억을) 이야기하다[쓰다].
rem·i·nis·cence [rèmənísns] 명 1 회상, 추억; 기억(력), 상기(력). ⇨MEMORY 유의어 ¶indulge in one's ~ 추억에 잠기다. 2 추억; 회상 ¶have a ~ *of* …의 추억이 있다. 3 (종종 ~s) 회고담, 회상(회고)록(*of*). 4 생각나게[그립게] 하는 것[사람](*of*). 5 (플라톤 철학에서) 상기(anamnesis). 6 (심리) 레미니슨스(학습 직후보다 일정 시간 후에 더 기억이 잘 나는 현상).
rem·i·nis·cent [rèmənísnt] 형 1 생각나게 하는, 암시하는 (*of*).¶a cloud ~ *of* a ship 배를 연상하게 하는 구름. 2 추억의[에 관한], 회고의. 3 추억을 이야기하는, 회상에 잠기는. — 명 추억을 이야기하는 사람, 회상록의 필자. ~·ly 부
rem·i·nis·cen·tial [rèmənisénʃəl] 형 =reminiscent. ~·ly 부
re·mint [riːmínt] 타 (화폐)를 다시 주조하다, (낡은 화폐)를 개주(改鑄)하다.
rem·i·ped [réməped] 형 (동물) 노(櫓) 같은 다리를 가진. — 명 노 같은 다리를 가진 동물.
re·mise¹ [rimáiz] (법률) 동타 (권리·자산 따위)를 양도하다. — 명 (권리·자산의) 양도, 포기.
re·mise² [rimáiz/rəmíːz] (펜싱) (명) 르미스(팔을 뻗은 자세로 재공격하기). — 동자 르미스하다.
re·miss [rimís] 형 1 (의무·일 따위에) 태만한, 무책임한; 부주의한 (*in*, *about*).¶be ~ *in* one's duties 직무에 태만하다/be ~ *in* writing 편지(글)쓰기를 귀찮아하다. 2 무기력한, 굼뜬. ~·ly 부 ~·ness 명
re·mis·si·ble [rimísəbl] 형 (죄·벌금 따위를) 용서할 수 있는, 면제할 수 있는. ⁻bíl·i·ty, ~·ness 명
re·mis·sion [rimíʃən] 명 1 용서, (죄의) 사면; (모범수의) 형기 단축, 감형; (조세·부채 따위의) 면제, 감면.¶the ~ of sins 면죄/tax ~s 세금 면제. 2 UC (병·고통 따위의) 소강 상태[기간], 일시적인 진정[경감]; (노력·긴장 따위의) 감퇴, 해이, 저하. 3 (드물게) 송금 (소송의) 이송; 재구류; 연기. 4 (의학) 관해(寬解)(*of*).
re·mis·sive [rimísiv] 형 1 용서[면제]하는, 관대한. 2 경감[완화]하는. ~·ly 부 ~·ness 명
***re·mit** [rimít] 동(*-tt-*) 타 1 (돈·화물)을 보내다, 부치다 (*to*). ¶(~+圐+圀) (~+圐+前+圀) *R~* me the money at once. = *R~* the money *to* me at once. 즉시 송금 바람. 2 (세금 따위)를 면제하다, 경감하다; (죄

따위)를 용서하다. ¶ (~+圐+前+圀) ~ taxes *to* half the amount 세금을 반감하다. 3 (화·고통)을 누그러뜨리다, 덜다, (주의·노력)을 늦추다, 경감하다. 4 (결정·판단·실행 따위)를 위탁하다, 위임하다; (법률) (소송)을 (하급 법원에) 이송[환송]하다(*to*). 5 …을 연기하다(*to*, *till*). 6 (드물게) …을 원상으로 되돌리다; (고어) …을 다시 투옥하다. 7 …을 지불하다, 송금하다. ¶*Kindly* ~ by check. 수표로 송금해 주십시오. 2 감퇴하다, 누그러지다; (병세·열 따위가) (일시적으로, 때때로) 진정되다, 가라앉다.
— 명 1 (법률) (하급 재판소로의) 사건 기록 이송, 회송. 2 (뉴질) (의회에 위임된) 검토 사항, (위원회의) 위임 권한. 3 지시서, 보고서. 4 지시 사항, 임무.
~·ta·ble 형 면제[완화]할 수 있는.
re·mit·ment [rimítmənt] 명UC 송금; 송금액.
re·mit·tal [rimítl] 명UC 1 면제; 사면; 경감, 완화 (*for*). 2 (소송 사건의) 이송.
re·mit·tance [rimítəns] 명UC 송금; 송금액; 송금 수단.
remíttance màn 명 (경멸적) 본국으로부터의 송금으로 생활하는 해외 거주자. 「수취인.
re·mit·tee [rimitíː, -́-́-] 명 (법률) (송금 따위의)
re·mit·tent [rimítənt] 형 (의학) (병으로 열이) 오르내리는, 이장(弛張)하는. — 명 이장열.
re·mit·ter [rimítər] 명 1 (환(換) 따위의) 발행인, 송금인 (또는 remittor). 2 U (법률) 재산명의 개서(改書)[변경]; 원권(原權) 회복; (소송 사건의) 하급 법원 이송. 3 U 복위, 복권, 원상 회복; 복귀.
re·mit·tor [rimítər] 명 (법률) 송금인[자].
re·mix [rimíks] 타 1 다시 섞다. 2 (특히 리듬 섹션(rhythm section)을 강조하기 위해) 재(再)믹싱하다. — 명 [-́-] 재믹싱한 녹음.
*****rem·nant** [rémnənt] 명 1 (the ~) 나머지, 잔여; 생존[잔존]자. ¶the ~s of a supper 저녁식사에서 남은 것. 2 조각, 단편; (팔X나 사용할 수 없는) 자투리, 지스러기. ⇨REMAINDER 유의어 3 자취, 옛모습, 유풍. ¶the ~ of ancient customs 옛 풍습의 자취. — 형 나머지의. ¶a ~ sale 재고[잔품] 정리 특매. ~·al 형
re·mo [ríːmou] 형 (美속어) 얼간이, 멍청이.
re·mod·el [riːmádl/-mɔ́dl] 타 (*-l-*, (英) *-ll-*) …을 고쳐 만들다, 개조(개작)하다, …의 형을 바꾸다; (행실 따위)를 고치다. ¶ (~+圐+前+圀) ~ a building *into* an apartment house 빌딩을 아파트로 개조하다/have one's nose ~*ed* 코를 성형 수술하다. ~·er, (英) ~·ler 명
re·mod·i·fy [riːmádəfài/-mɔ́d-] 타 재수정하다. ⁻fi·cá·tion 명 「lade.
re·mo·lade [rèiməlɑ́ːd/rèməléid] 명 =remou-
re·mold, (英) **-mould** [riːmóuld] 타 …을 개조[개작]하다(remodel); …을 개주(改鑄)하다; (英) (현 타이어)를 재생 타이어로 만들다.
re·mon·e·tize [riːmánətàiz/-mɔ́n-] 타 …을 다시 통용 화폐로 하다.
⁻**mòn·e·ti·zá·tion** 명 (화폐의) 통용 회복, 재통용.
re·mon·strance [rimɑ́nstrəns/-mɔ́n-] 명UC 항의, 반대(불만)의 표명(*against*, *at*); 간언(諫言), 타이름, 충고 (*against*). ¶(英역사) 진정(서). ¶deaf to ~s 충언에 귀를 기울이지 않는/make a ~ *against* …에 대해 항의하다.
re·mon·strant [rimɑ́nstrənt/-mɔ́n-] 형 항의하는; 간하는, 타이르는, 충고하는. — 명 1 항의자; 충고자. 2 (R-) (기독교) 레몬스트런트파 신자. ~·ly 부
re·mon·strate [rimɑ́nstreit/rémənstrèit] 자 (…에게, …에 대해(관해)…의 이유로) 항의[반대]하다; 간하다, 타이르다, 충고하다 (*with/against*, *about*, *up*(*on*)*for*, *over*). ¶ (~+前+圀) ~ *with* a boy *about* [or *against*, *up*(*on*)] his rude behavior 소년의 난폭한 행동에 대해 충고하다. — 타 (…이라고) 항의하다, 이의[불만]를 말하다 (*that*절). **-strat·ing·ly**

remontant

형 항의[충고]하여. **rè·mon·strá·tion** 명 **-stra·tive** 형 충고의. **-stra·tive·ly** 튀 **-stra·tor** 명
re·mon·tant [rimάntənt/-mɔ́n-] 형 (장미 따위가) 한 계절에 여러 번 피는. — 명 한 계절에 여러 번 피는 장미.
rem·on·toir(e) [rèmɑntwάːr] 명 〔시계〕 1 감는 장치. 2 정력(定力) 장치, (유사의) 속도 조절 톱니바퀴.
rem·o·ra [rémərə] 명 1 〔어류〕 빨판상어류. 2 (고어) 장해(방해)(물)(obstacle).
***re·morse** [rimɔ́ːrs] 명|U 후회; 양심의 가책, 죄책감(*at, for, of*). ⇨REGRET 유의어 ¶∼ of conscience (고어) 양심의 가책 / feel ∼ *for*[or *at*] one's fault 과오를 후회하다. 「회하여. *in* [or *with*] (*deep*) *remorse for* …을 (깊이) 후 *without remorse* 가차없이, 사정없이.
re·morse·ful [rimɔ́ːrsfəl] 형 후회하고 있는, 양심의 가책을 받고 있는. ¶feel ∼ *for* …을 후회하다. ∼·ly 튀 ∼·ness 명
re·morse·less [rimɔ́ːrslis] 형 무정한; 사정[가차] 없는. 「없는.
∼·ly 튀 ∼·ness 명
re·mort·gage [riːmɔ́ːrgidʒ] 타 다시 저당잡히다, 저당 조건을 변경하다. — 명 저당 조건 변경.
***re·mote** [rimóut] 형 (*-mot·er*; *-mot·est*) 1 (공간적으로) 먼, 멀리 떨어진; 외진, 외딴, 벽지의(*from*). ⇨DISTANT 유의어 ¶a ∼ country 먼 나라 / a ∼ village 벽촌 / ∼ *from* any place of habitation 인가에서 멀리 떨어진. 2 (시간적으로) 먼, 먼 옛날의[훗날의]. ¶in the ∼ past 먼 과거에. 3 (혈연 관계의) 먼; 간접적인. ¶a ∼ relative 먼 친척(가까운) / a ∼ causes of war 전쟁의 원인 (遠因) / a ∼ effect 간접적 효과. 4 동떨어진; 크게 다른 (*from*). ¶∼ *from* common experiences 여느 경험과 동떨어진. 5 (종종 최상급으로) 근소한, 미미한. ¶a ∼ possibility 희박한 가능성 / You don't have the ∼*st* idea of it. 당신은 그것에 대해 전혀 모르고 있다. 6 (사람·기분·태도 따위가) 쌀쌀한, 냉담한, 마음을 터놓지 않는, 소원인. ¶a ∼ air 쌀쌀한 태도. 7 〔컴퓨터〕 원격 조작의, 리모트 컨트롤의; 통신 회선으로 접속된. — 튀 (시간적·공간적으로) 멀리 떨어져, (사이가) 멀어서. ¶live [or dwell] ∼ 벽지에서 살다. ¶ 1 〔라디오·TV〕 현장 중계. 2 =∼ control.
∼·ness 명
remóte áccess 명 〔통신·컴퓨터〕 원격 입출력.
remóte bátch 명 〔컴퓨터〕 리모트[원격] 배치(중앙 컴퓨터가 원격지의 단말기 입력 데이터를 종합 처리하는 방식의 배치).
remóte contról 명 1 (유도탄 따위의) 원격 조종[조작, 조정]. 2 리모콘 (장치).
re·móte-con·tról(led) [-kəntróul(d)] 형 원격 조종[조작]의. 「RJE).
remóte jób èntry 명 〔컴퓨터〕 원격 작업 입력(약 **re·mote·ly** [rimóutli] 튀 1 (시간·공간적으로) 멀리 떨어져서. 2 관계[관련]이 적게, 간접적으로, 소원하게. 3 쌀쌀하게, 냉담하게. 4 (부정을 강조하여) 전혀 조금도.
remóte prócessing 명 〔컴퓨터〕 원격 처리.
remóte sénsing 명 〔전자〕 원격 계측[탐지, 탐사], 원거리 측정.
remóte sénsor 명 원격 계측[탐지, 탐사] 장치.
re·mo·tion [rimóuʃən] 명|U 1 제거; 이동. 2 멀리 떨어져 있음, 소원. 「소스.
re·mou·lade [rèiməlάːd/rèməléid] 명 레물라드
re·mould [riːmóuld] 타|명 (英) =remold.
re·mount [riːmáunt] 타|자 (말·자전거 따위)에 다시 타다; (산 따위)에 다시 오르다. 2 (대포 따위)를 다시 설치하다; (보석 따위)를 고쳐 끼우다[박다]. 3 (강 따위)를 거슬러 올라가다(*to*). ¶∼ (+튀+전+명) ∼ a stream *to* its source 흐름의 수원으로 거슬러 올라가다. 4 (기병대 따위)에 새 말을 배치하다. — 자 1 다시 타다[오르다]. 2 거슬러 올라가다(*to*). ¶∼ *to* the first

remuda

principle 근본으로 거슬러 올라가다. — 명 [ːˊ, ˋˊ] 갈아타는 말, 예비[보충]용 말, (훈련이 덜 된) 새 말.
re·mov·a·ble [rimúːvəbl] 형 1 이동할 수 있는, 움직일 수 있는; 제거할 수 있는. 2 면직[해임]할 수 있는.
***re·mov·al** [rimúːvəl] 명|U 1 이동, 이전(移轉). ¶a ∼ *to* a new house 새 집으로의 이사. 2 제거; 살해. ¶the ∼ *of* a disease 병의 제거. 3 면직, 해임, 파면. 4 〔법률〕 (사건)의 이송, 이관.
‡**re·move** [rimúːv] 타 (∼*s* [-z]; *-mov·ing*) ⓐ 1 옮기다 (…에서). 이동시키다(*to, onto*). ¶∼ (+ 명+전+명) ∼ a desk *to* another room 책상을 다른 방으로 옮기다. 2 …을 제거하다, 떼어내다; …을 치우다 (*from*); …을 벗다. ¶∼ dishes 접시를 치우다 / ∼ one's coat 상의를 벗다 // (∼+명+전+명) ∼ a name *from* a list 명단에서 이름을 삭제하다. 3 〔남〕을 (…로부터) 옮기다; (…의) 이유로) 추방하다, 면직[면직]시키다 (*from/for*). ¶∼ (+명+전+명) ∼ a student *from* school 학생을 퇴학시키다 / ∼ an official *for* taking bribes 수회한 죄로 공무원을 파면하다. 4 〔남〕을 내쫓다. ¶ a tenant 세입자를 내쫓다. 5 …을 떼어놓다; …을 옮기다 (*from*). ¶∼ (+명+전+명) ∼ one's head *from* the window 창문에서 내민 머리를 움츠리다. 6 (위험 따위)을 없애다, 배제하다(*from*); (명령·제도)를 폐지 [해제]하다. ¶∼ the ban 금지령을 해제하다. 7 (英) (수동형으로) 〔…에〕 (요리에서) 이어서 …을 내다 (*by*). ¶∼ (+명+전+명) Fish was ∼*d by* roast beef. 생선 다음에 로스트 비프가 나왔다. 8 (구어·완곡적) …을 죽이다, 암살하다. 9 〔법률〕 (사건)을 이관[이송]하다.
— 자 1 이전[이동]하다, 이사하다 (*from, to*). * 이 뜻으로는 (美)나 (英구어)에서 move to를 쓴다. ¶∼ (+ 전+명) ∼ *to* New York 뉴욕으로 이사하다. 2 (시) 떠나가다, 출발하다 (*to*). ¶paint that ∼*s* easily 쉽게 지워지는 페인트.
be removed from school 퇴학당하다.
remove furniture (직업으로) 이삿짐을 옮기다; 이삿짐 운송업을 행하다. 「을 행하다.
remove mountains (산을 옮기는 것과 같은) 기적 *remove oneself* 물러나다.
— 명 (∼*s* [-z]) 1 이동; (英) 이전, 이사. ¶Three ∼*s are as bad as a fire*. 세 번 이사하면 한 번 불난 것과 같은 손해. 2 (다른 것과의) 간격, 거리; (정도의) 차이; 등급, 단계; 촌수. ¶a cousin at one ∼ 사촌의 아들 : 양친의 사촌 / His ideas are at a far ∼ *from* mine. 그의 생각은 나의 생각과 거리가 멀다. 3 (英) (학교의) 진급; (the R-) (학교에서의) 중간급. ¶get one's ∼ 진급하다. 4 (英) 다음(에 나오는) 요리. 5 (척도의) 눈금, 도. 「고.
at a (*certain*) *remove* 조금[어느 정도] 거리를 두 *at many removes from* …에서 멀리 떨어져.
but one remove from …에 가깝은, …와 종이 한 장 차이의. ¶an action *but one* ∼ *from* crime 범죄나 다름없는 행동[행위].
re·moved [rimúːvd] 형 1 떨어진, 동떨어진; …와 다른(*from*). ¶a feeling entirely ∼ *from* delight 기쁨과는 완전히 거리가 먼 감정. 2 (사촌으로) …친등(親等)의. ¶a (first) cousin once ∼ 사촌의 아들뻘, 재종.
∼·ly 튀 ∼·ness 명
re·mov·er [rimúːvər] 명 1 제거자; 이동자(移動者). (英) 이삿짐 운송업자. 2 (칠·얼룩 따위를) 벗기는 것, 박리제(剝離劑). 3 〔법률〕 (다른 법원으로의) 사건 이송.
Rem·ploy [rémplɔi] 명 (英) 렘플로이(신체 장애자들이 일하는 기업의 국영 기업).
RÉM slèep [rém-] 명 〔생리·심리〕 REM 수면(뇌파에 각성파(覺醒波)가 나타나는 수면 상태); 급속 안구 운동. 「*rapid eye movement sleep*.
re·mu·da [rəmúːdə] 명 (美남서부) (목동이 그 날 탈 말을 고르는) 말떼. 〈Sp〉

re·mu·ner·ate [rimjú:nərèit] 타 …에 보답하다, …에게 보수를 주다; …을 보상하다(for). ¶The boy was amply ~d (for his work). 소년은 (그의 일에 대하여) 충분히 보수를 받았다.
~a·bíl·i·ty 명 -a·ble 형 보수를 줄 만한. -a·tor 명
re·mu·ner·a·tion [rimjù:nəréiʃən] 명 UC 보답, 보수, 보상; 급료(pay). ¶at no [high] ~ 무보수로[높은 보수를 받고].
remunerátion pàckage 명 (각종 수당을 포함한)
re·mu·ner·a·tive [rimjú:nərətiv, -rèi-] 형 보수가 있는, 이익이 되는; 보답하는, 보상하는. (또는 **remuneratory**) ~·ly 부 ~·ness 명
Re·mus [rí:məs] 명 [로마 전설] 레무스(로물루스(Romulus)의 쌍둥이 형제). ⇨ROMULUS.
Re·na [rí:nə] 명 리너(여자 이름; Marina의 별칭).
***Ren·ais·sance** [rènəsá:ns, -zá:ns, ---/rənéisəns] 명 1 (the ~) (이탈리아를 중심으로 한 14–16세기의) 문예 부흥(기, 운동, 정신), 르네상스; 르네상스 양식. 2 (때로 r-) (예술·학문의 영역에서 르네상스에 유사한) 부흥, 부활; 신생; 갱생(生氣·활력·관심 따위의) 회복, 재생. ¶a theatrical ~ 연극의 부활/a moral ~ 도덕의 부흥. (또는 **Renascence**) — 형 문예 부흥(기)의; 르네상스식의; (가구·장식 따위의) 르네상스 풍의.
-sán·cer, -sán·cist 명
Rénaissance mán [wóman] 명 1 르네상스기의 만능 교양인. 2 (때로 r-) (일반적으로 현대의) (르네상스적) 만능 교양인, 박식가.
Rénaissance Revíval 명 (15–16세기 이탈리아의 고전적 건축 양식을 적용한) 중기 빅토리아 건축 양식.
re·nais·sant [rinéisənt] 형 =renascent.
re·nal [rí:nl] 형 [신장(腎臟)의, 신장부의.
rénal cálculus 명 (의) 신장 결석(kidney stone).
rénal glànd 명 [해부] 부신(副腎).
re·name [ri:néim] 타 …에 새로운 이름을 붙이다; …을 개명하다.
Re·nas·cence [rinǽsns, -néis-] 명 (때로 r-) = Renaissance. **-cence** 형
re·nas·cent [rinǽsnt, -néis-] 형 부흥[부활]하는.
Re·na·ta [rənɑ́:tə] 명 레나타(여자 이름).
re·na·tur·a·tion [ri:nèitʃəréiʃən] 명 [생화학] 재생, 복원.
re·na·ture [ri:néitʃər] 타 (한번 변한 것을) 재생시키다.
Re·nault [rənɔ́:lt/F Rəno] 명 르노(프랑스의 자동차 메이커). [<F]
ren·con·tre [renkɑ́ntər/-kɔ́n-] 명 =rencounter.
ren·coun·ter [renkáuntər] 명 1 조우전, 전투. 2 논쟁, 경쟁. 3 뜻밖의 마주침, 상봉. — 동 1 (친구 등과) 우연히 만나다. 2 (폐어) 적과 전투하다.
***rend** [rend] 동 (**rent** [rent]) 타 1 …을 째다, 찢다; 발기발기 찢다; …을 부수다. ⇨TEAR² [유의어] ¶a tree rent by lightning 낙뢰로 산산조각이 난 나무. 2 …을 가르다, 분열시키다. ¶(~+목+전+명) The country was rent in two. 국토는 둘로 분열되었다. 3 …을 떼어놓다, 잡아떼다 (*from*, *away*) (*from*, *out of*). ¶(~+목+전+명) ~ a child *from* his mother's arm 어머니의 팔에서 아이를 강제로 잡아 떼다. 4 (슬픔 따위로) (옷·머리칼)을 쥐어뜯다; (마음)을 산란케 하다. ¶~ one's hair 머리칼을 쥐어 뜯다 5 (외침 따위가) (하늘)을 찌르다. — 자 째지다, 쪼개지다, 분열하다.
rend apart ① …을 떼어내다. ② 갈라지다. ¶The clouds ~ *apart*. 구름이 갈라진다.
rend away [or **off, from, out of**] (…에서 …을) 잡아떼다, 찢어내다, 비틀어 떼다.
rend the air [or **skies**] (소리 따위가) 하늘을 찌르듯이 진동하다. ¶A shout of joy rent the air. 환호 소리가 천지를 진동했다.
‡**ren·der¹** [réndər] 동 (~*s* [-z]) 타 1 (보어와 함께) …이[하게] 되게 하다. ¶(~+목+보) ~ a person helpless 남을 어찌할 수 없는 상태로 몰아넣다. 2 [남]에게 …을 하다, 행하다, 다하다; (원조 등)을 주다, 제공하다; (경의 등)을 표하다(*up*) (*to*). ¶(~+목+전+명) (~+목+전+명) ~ a service *to* a person; ~ a person a service 남을 위하여 봉사하다. 3 …을 보답으로 주다, …으로 갚다; 복수하다(*for*, *to*). ¶~ good for evil 악을 선으로 갚다. 4 (공물 따위)를 바치다; (세금)을 납부하다(*to*). ¶~ tribute *to* the king 왕에게 공물을 바치다 / ~ a rent 집세를 납부하다 / R~ *unto* Caesar the things that are Caesar's. 가이사의 것은 가이사에게 바치라(←마태 복음(Matt.) 22:21). 5 …을 갚다, 돌려주다(*back*). ¶(~+목+부) I'll *back* your money. 네 돈을 갚겠다. 6 (보고서·계산서·회답 등)을 제출하다, 내다(*to*). ¶~ bills *to* a customer 고객에게 계산서를 보내다. 7 …을 단념[포기]하다, 버리다; 넘겨주다(surrender)(*up*) (*to*). ¶~ (*up*) a fortress *to* the enemy 적에게 요새를 넘겨주다. 8 …을 번역하다 (*into*). ¶(~+목+전+명) ~ French poems *into* English 프랑스어 시를 영어로 번역하다. 9 …을 (말·그림 따위)로 묘사하다, 표현하다, 재현하다(reproduce); (자기 해석에 따라) (극[극 중]할)을 연기하다, 연출하다; (악곡)을 연주하다, 노래하다; (시)를 낭송하다. ¶He ~ed the part of Hamlet well. 그는 햄릿 역을 잘 해냈다. 10 (벽토·벽돌 따위)를 회반죽으로 애벌[초벌]칠하다. 11 (지방(脂肪) 따위)를 녹이다, 녹여서 정제하다(*down*). ¶(~+목+부) ~ *down* fat 지방을 정제하다. 12 (해사) (도르래가 통과할 수 있게) (밧줄)을 늦추다, 풀어내다. 13 (법률) (돈·물건·일 따위)를 지불하다. 14 (결정·판결 따위)를 (공식으로) 내리다, 언도하다; 전하다.
— 자 1 보수를 주다. 2 (해사) (사슬·밧줄이) 도르래를 지나가다. 3 (지방에서) 기름[밀랍]을 정제[채취]하다.
(an) account rendered (상업) 지불 청구서.
render an account of …의 이야기를 하다, …을 설명하다. [하다.
render down (문제·생각 따위)를 단순화하다, 정리
render oneself (up) to …에 일신을 바치다, …에게 항복하다.
render up (기도 따위)를 올리다, …을 말하다; …을 (적에게) 내주다; 명도[양도]하다(*to*).
— 명 (~*s* [-z]) 1 연공(年貢). 2 (건축) (벽의) 애벌[초벌]칠. 3 정제유.
~·a·ble 형 **~·er** 명 주는 사람. [는 사람.
rend·er² 명 발기발기 찢는 사람, 째는 사람; 분열시키
ren·der·ing [réndəriŋ] 명 1 (극·음악 따위의) 표현, 묘사; 번역, 연주. 2 번역(문). 3 (U) 회반죽의 애벌칠. 4 (U) (지방(脂肪)의) 정제(精製). 5 제품의 실물 묘사, 투시도(透視圖), (건물의) 완성 예상도.
ren·der-set [-sèt] 동 타 두 번 칠하다. ——형 두 번 칠한 (것).
***ren·dez·vous** [rá:ndəvù:, -dei-/rɔ́ndi-] 명 (복 ~ [-z]) 1 회합 약속, 회합 장소; (친구 등이) 자주 모이는[이용하는] 곳. 3 (군대·함대의) 집결지(항). 4 (우주선의) 랑데부. — 자타 …을 집합시키다, 만나게 하다. 자 집합하다, 회합하다; 만나다 (*with*).
ren·di·tion [rendíʃən] 명 UC 1 번역. 2 (극·음악 따위의) 해석, 연출, 연주. 3 (도망범 따위의) 인도. 4 (고어) 항복.
rend·rock [réndrɑ̀k/-rɔ̀k] 명 U 폭풍용 폭약의 일종.
re·ne [rəní] 명 (英속어) 런던의 노동자 계급 처녀. (또는 **renee**)
re·neague [riní(:)g] 자타 (英방언) =renege.
ren·e·gade [rénigèid] 명 1 탈당자, 변절자, 배신자. 2 배교자(背教者), 회교로 개종한 기독교도. — 형 변절의, 배신의; 배교의. — 자 변절하다; 배반하다; 배교자가 되다. [egade.
ren·e·ga·do [rènigéidou, -gɑ́:-] 명 (복 ~*s*) = ren-

re·nege [riníg, -nég/-níːg] 자 1 〔카드놀이〕 으뜸패 주와 같은 짝의 패를 가지고 있으면서 고의로 딴 패를 내다. 2 약속을 어기다 (*on*). ── 타 〔고어〕 …을 부정하다, 부인하다. ── 〔카드놀이〕 물주와 같은 짝의 패를 가지고 있으면서 고의로 딴 패를 내기(반칙).
re·neg·er [riniːɡər] 명 약속을 어기는 사람, 위약자.
re·ne·go·ti·a·ble-rate mórtgage [riniɡóu-∫iəbl̀rèit-] 정기 금리 재조정 조합부(附) 주택 저당 대출(영 RRM).
re·ne·go·ti·ate [rìːniɡóu∫ièit] 타동 1 〔대출금·조약 따위〕를 재교섭하다. 2 〔계약 조항을 수정·삭제할 목적으로〕〔정부의 계약〕을 재검토하다. ── 자 1 재교섭하다(*with*). 2 정부 조달(품)의 가격·이익 따위를 재검토 **-á·tion** 명 │ 하다.
re·negue [rinígí/-níːg] 자동 〔영〕 = renege.
‡**re·new** [rinjúː/-njúː] 타동 (~**s** [-z]) 타 1 …을 다시 시작하다, 재개하다. ¶ ~ a battle 전투를 재개하다. 2 …을 새롭게 하다, 갱신하다, 쇄신하다; …을 새것과 바꾸다, 교체하다. ¶ ~ curtains 커튼을 새로 갈다 / ~ the camp 주둔군을 교체하다.

┌──┐
│ 유의어 **renew** 헌 것·마모된 것을 원모습으로 회복하 │
│ 다, 새것과 바꾸다. **renovate** 세탁·수리·재건 따위 │
│ 를 하여 renew하다. **refresh** 휴양·음식 따위로 체 │
│ 력·원기를 회복하다.   │
└──┘

3 〔계약·어음 따위〕의 기한을 연장하다, 갱신(개서)하다, 재계약하다; 〔책 따위〕의 대출 기한을 연장하다. ¶ ~ one's driver's license 운전 면허를 갱신하다 / ~ one's subscription 구독 계약을 갱신하다. 4 …을 다시 하다 〔말하다〕, 반복하다. ¶ ~ one's vows 맹세를 새롭게 하다. 5 …을 회복〔부활〕시키다, 재건하다. ¶ ~ the old splendor of a palace 궁전의 옛 장엄함을 재현하다. 6 〔젊음·원기 따위〕를 되찾다, 회복하다. ¶ ~ the sentiment of youth 젊은 기분을 되찾다. 7 〔정신적으로〕 …을 일신하다, …의 마음을 고쳐먹게 하다. ¶ ~ the heart and mind 심기일전하다. 8 …을 다시 채우다, 보충하다. ¶ ~ the store of petrol 휘발유를 보충하다.
── 자 1 재개하다. 2 새로워지다; 회복하다; (전의 상태로) 되돌아가다. 3 〔어음·증서 따위〕를 개서하다; 〔임대차 따위〕의 계약을 갱신〔계속〕하다. **~·er** 명
re·new·a·ble [rinjúːəbl/-njúː-] 형 재개〔갱신, 회복〕할 수 있는; 〔계약 따위〕를 계속·갱신할 수 있는.
── 명 갱신〔재개, 회복, 재생〕할 수 있는 것.
-bíl·i·ty 명 **-bly** 부
renéwable énergy 재생 가능 에너지(태양열·수력·풍력·파력(波力) 따위). ┌원.
renéwable resóurces 명복 〔환경〕 재생 가능 자
*__**re·new·al**__ [rinjúːəl/-njúː-] 명UC 1 재개, 2 갱신, 쇄신; 회복; 부흥, 부활. 3 〔어음·증서 따위의〕 갱신, 계속, 기한 연장. 4 〔보통 ~s〕 〔부기·회계〕 갱신.
re·newed [rinjúːd/-njúː-] 형 새롭게 한; 회복[부흥]
-néw·ed·ly [-idli] 부 다시, 새롭게. └된.
Re·ni [réini/*It* réːni] 명 **Guido ~** (1575-1642; 이탈리아의 화가). ┌form. (또는 **reno**-).
ren·i- [réni, ríːni, -nə] 연결 kidney의 뜻. ¶*reni*-
re·ni·fleur [rənəflə́ːr] 명 〔정신의학〕 악취 기호증 (악취로 성적 흥분·만족을 하는 사람).
ren·i·form [rénəfɔ̀ːrm, ríːn-] 형 신장 모양의.
re·nig [riníg] 자동 (**-gg-**) 〔구어〕 = renege.
re·nin [ríːnin] 명U 〔생화학〕 레닌(일시적 빈혈을 일으킨 신장에서 볼 수 있는 단백질 분해 효소).
re·ni·tent [rináitnt, rénətnt] 형 1 〔드물게〕 1 (강제·압력에〕 저항〔반대〕하는. 2 완강하게 버티는, 감당할 수 없는. **-tence, -ten·cy** 명
ren·min·bi [rénmínbíː] 명 〔중국의〕 인민폐(人民幣)(중국의 통화로 기본 단위는 원(元)). 약 RMB.
ren·net[1] [rénit] 명U 1 송아지의 제4위(胃)의 내막(內膜)(치즈 제조용). 2 〔생화학〕 송아지 위 속의 rennin

함유 물질; 응유(凝乳) 효소(rennin).
ren·net[2] 명 〔영〕 사과의 일종(디저트용).
ren·nin [rénin] 명U 〔생화학〕 레닌, 응유 효소(송아지의 위액 안에서 생기는 효소; 우유를 응고시킨다).
re·no [ríːnou] 명 재생 주택, (손질을 마친) 중고 주택.
Re·no [ríːnou] 명 미국 Nevada 주의 도시(이혼으로 유명함).
 go to Reno 이혼하다. ┌vascular.
re·no- [ríːnou, -nə, rén-] 연결 =reni-. ¶*reno*-
Re·noir [rənwɑ́ːr, rənwɑ́ːr] 명 **Pierre Auguste** ~ 르누아르(1841-1919; 프랑스의 인상파 화가).
re·nom·i·nate [riːnɑ́mənèit/-nɔ́m-] 타동 …을 재지명(재임명)하다. **-ná·tion** 명 재지명, 재임명.
*__**re·nounce**__ [rináuns] 타동 1 (공식적으로) …을 포기하다, (자발적으로) 버리다, 단념하다(give up). ⇒ ABANDON[1] 유의어. ¶ ~ a demand (right) 요구〔권리〕를 포기하다. 2 …을 부인(부정)하다, 인정하지 않다. ¶ ~ the authority of a church 교회의 권위를 부인하다. 3 …와 관계를 끊다, 인연을 끊다, 〔자식〕과의 의절하다. ── 자 1 〔카드놀이〕 (앞 사람이 낸 것과 같은 패가 없어서) 딴 종류의 패를 내놓다〔버리다〕. 2 〔법률〕 (권리 따위를) 포기하다. ┌절교하다.
renounce friendship [or **one's friend**] 친구와
renounce the world 세상을 버리다, 은둔하다.
── 명 〔카드놀이〕 딴 종류의 패를 내기.
~·a·ble 형 **-nóunc·er** 명 **re·nun·ci·a·ble** [rinʌ́n-siəbl, -∫i-] 형
re·nounce·ment [rináunsmənt] 명U 포기, 부인(否認), 거절, 부정; 절연, 절교. ┌관성의.
re·no·vas·cu·lar [rìːnouvǽskjulər] 형 신(腎)혈
ren·o·vate [rénəvèit] 타동 1 …을 새것으로 만들다, 혁신[쇄신]하다; …을 수리하다. ⇒ RENEW 유의어. 2 …의 원기를 회복시키다, 활기 띠게 하다. **-vát·a·ble** 형 **-vàt·ing·ly** 부 **-và·tive** 형 **-và·tor** 명
ren·o·va·tion [rènəvéi∫ən] 명UC 개혁, 혁신, 갱신; 수리; 원기의 회복.
*__**re·nown**__ [rináun] 명U 1 명성, 유명, 명망 (*for*). ¶ a man of ~ 유명한 사람. 2 〔폐어〕 소문, 평판.
have renown for …으로 유명하다[명성이 있다].
── 타동 유명하게 만들다.
~·less 형
*__**re·nowned**__ [rináund] 형 유명한, 이름 높은, 명성 있는 (*as, for*). ⇒ FAMOUS 유의어.
-nówn·ed·ly [-nídli] 부
‡**rent**[1] [rent] 명UC 1 지대(地代), 소작료; 집세, 방세; (기계·설비의) 임대료, 사용료. ¶ ~ in kind 현물 소작료 / collect ~ 집세〔사용료〕를 징수하다 / pay high〔low〕 ~ 비싼〔싼〕 집세를 내다 // be behind in [or with〕 one's ~ 집세가 밀리다. 2 〔경제〕 (부동산의) 수 **bet the rent** 〔美속어〕 꼭 확신하다, 틀림없다. └익.
for rent 〔美〕 임대용의, 세놓는 (* 〔영〕에서는 to let).
 ¶costumes *for* ~ 임대 의상 / *For* ~. 〔게시〕 셋집 〔셋방〕 있음.
── 타동 1 〔집·토지 따위〕를 임차하다, 빌리다 (*from*). ¶ (~ + 目 + 前 + 名) ~ a room *from* a person 남에게서 방을 빌리다. 2 …을 빌려주다〔out〕 (*at*, 〔美〕*for*). ⇒ HIRE 유의어. ¶ ~ a room *to* a person 남에게 방을 세놓다. 3 〔美〕 (차·의상 따위)를 일시적으로 임차하다〔out〕. ¶ ~ a car 자동차를 세내다. ── 자 1 (토지·가옥)이 임대되다, 세놓아지다 (*at*, 〔美〕*for*). ¶ (~ + 前 + 名) The house ~s *at* [or *for*] $500 a month. 그 집은 집세가 월 5백 달러이다. 2 (사람)이 임대(임차)하다.
rent[2] 명 1 (천·옷 따위의) 째진 틈(slit), 해진 곳; (구름·바위 따위의) 갈라진 틈; 협곡(峽谷). 2 (조직·우정 등의) 분열, 결렬.
rent[3] 동 rend의 과거·과거분사. ┌대여 보트.
rent-a- [rèntə] 연결 rental의 뜻. ¶a *rent-a*-boat

rent-a-bike [´əbàik] 명 임대 자전거.
rent-a·ble [réntəbl] 형 임대[임차]할 수 있는.
-bíl·i·ty
rent-a-car [´əkà:r] 명 렌터카, 임대 자동차; (R) 렌터카업(회사)의.
rent-a-cen·ter [´əsèntər] 명 (美) 대여점(센터).
rent-a-cop [´əkàp] 명 (美俗語) 청원[파견] 경찰(제도); (경멸적) 경비원.
rent-a-crowd [´əkràud] 명 (英俗語) (집회 따위에 돈을 주고 동원한) 동원 군중. (또는 **réntacròwd**)
rent-a-judge [´ədʒʌ́dʒ] 명 (현직에서 물러난 판사로, 계쟁 조정을 하는) 민간 판사.
***rent·al** [réntl] 명 1 ⓤ 임대[임차]료, 지대, 집세, 사용료; 그 수입. 2 임대 물건(아파트, 집, 차, 의상 따위). 3 지대 장부, 집세[사용료] 기록부(rent-roll). 4 임대, 임차; 임대업. — 형 지대[집세, 사용료]의; 임대[임차]의(되는); 임대업의. ¶ ~ business 임대업.
réntal càr 임대 자동차(rent-a-car). 「도서.
réntal colléction 명 (공공 도서관 등의) 유료 대출
réntal líbrary 명 (美) 대출 도서관. ⓐ reference library 「모.
ren·tals [réntlz] 명(複) (美俗語) (10대 사이에서) 부
rent-a-mob [´əmɔ̀b] 명 (英俗語) (돈으로 동원한) 야유꾼[폭도], 소동을 일으키기 위해 고용된 무리.
rént bòok 명 임차장(賃借帳)(집세·지대 등을 기록한
rént bòy 명 (俗) (젊은[소년]) 남창(男娼). 「것).
rént chárge 명 (양도 증서 따위에 의하여 지주 이외의 사람에게 지불되는 지대 부담; (英) 연간 지대.
rént colléctor 명 집세[지대] 수금원.
rént contról 명 (정부의) 집세 통제.
rént-contrólled 형
rente [F Rã:t] 명 1 (연금·임대료 따위) 정기 수입[소득]; 그 증서. 2 (~s) (프랑스 정부 발행의) 장기 공채; 그 이자. [<F rent]
rent·ed [réntid] 형 (복합어로) 지대[집세]가 …한. ¶ high-[low-]~ 임대료가 비싼[싼].
ren·ten·mark [réntənmàːrk] 명 (때로 R-) (독일) 렌텐 마르크(1923–31년 통화 안정을 위해 발행).
rent·er [réntər] 명 1 명 빌린, 차지(借地)인, 소작인; 세든 사람, 세입자; 임대인. 2 (英) 영화 배급업자; 영화관 주인. 3 (俗) 남창(男娼).
rent-free [´fríː] 형 지대[집세]가 없는[없이].
ren·tier [rántjei/rɔ̃ntieɪ] 명 (연금·지대·배당 따위) 정기적 수입이 있는 사람, 이자 생활자. [<F]
Rent·o·kil [réntəkìl] 명 (商標) 렌토킬(영국의 해충 구제 회사); 그 살충제.
rént párty 명 렌트 파티(참석자의 기부금으로 집세를 모아주는 댄스 파티). 「위한) 집세 통제의.
rent-pro·tect·ed [´prətéktid] 형 (英) (세입자를
rént rébate 명 집세의 할인. 「총수입.
rént róll [´róul] 명 1 지대(地代) 장부, 집세 장부. 2
rents [rents] 명(複) (美俗語) =rentals.
rént sérvice 명 (地代) 봉사(일정 봉사가 따르는 지대); 그에 의한 차지(借地); 지대 대신의 노역(努役).
rent-sta·bi·lized [´stèibəlaizd] 형 집세를 법률로 규제한. **-li·zá·tion** 명 임대료 규제.
rént stríke 명 (美) 집세 지불 거부 (운동). 「소.
Rént Tribúnal 명 (the ~) (英) 집세[임대료] 심판
re·num·ber [riːnʌ́mbər] 통타 …을 다시[고쳐] 세다; 번호를 바꾸다.
re·nun·ci·a·tion [rinʌ̀nsiéiʃən, -ʃi-] 명 ⓤⓒ 1 (권리·칭호 따위의) 포기, 폐기; ⓒ 포기 선언서. ¶ the ~ of war 전쟁 포기 (선언). 2 부인, 부정(否定); ⓒ 부인서(書), 거절서. 3 (욕망·쾌락 따위의) 자제, 금욕; (야심 따위의) 중지, 단념. 4 신주(新株) 인수권 포기.
-a·tive, **-a·to·ry** [´ətɔ̀ːri] 형 포기(하는), 단념의; 부인의, 거절의; 중지의.
ren·ver·sé [rà:nvεərséi] 형 (발레) 랑베르세(상체

를 뒤로 젖힌 자세로 회전하는). [<F]
ren·voi [renvɔ́i] 명 1 (외국인·외국 외교관의) 국외 추방, 강제 송환. 2 (국제법) 반정(反定).
re·oc·cu·py [riːɑ́kjupài/-ɔ́k-] 통타 (장소·지위 따위)를 다시 차지하다; …에 다시 종사하게 하다; (집)에 다시 살다.
re·oc·cur [riːəkə́ːr] 통자 다시 일어나다, 재발생하다. **~·rence** 「다.
re·of·fer [riːɑ́fər/-ɔ́fə] 통타 1 …을 다시 제의[신청]하다. 2 (상업) (증권)을 시중에 팔러 내놓다. — 명 재신청, 재매출.
***re·o·pen** [riːóupn] 통타자 재개하다, 다시 시작하다. ¶ ~ a shop 가게를 다시 열다. 「(관히) 교섭 재개.
re·o·pen·er [riːóupnər] 명 (구어) (계약 조항 등에
re·or·der [riːɔ́ːrdər] 통타 1 …을 재정비[정돈]하다. 2 (상업) …을 재주문하다. — 명 재[추가]주문하다. — 명 (상업) 재주문, 추가 주문.
re·or·di·na·tion [riːɔːrdənéiʃən] 명 1 재서임, 재임명. 2 (가톨릭) 재서품. 3 (기독교) 재안수.
***re·or·gan·i·za·tion** [riːɔ̀ːrɡənizéiʃən/-naiz-] 명 ⓤⓒ 재편성, 재조직, 개편; (금융) (재정의) 개편, 재건. **~·al** 형
***re·or·gan·ize** [riːɔ́ːrɡənaiz] (*(英) **-ise**) 통 재편성하다, 재조직하다, 개편하다; (재정 따위를) 개편하다; (기업을) 정리[청산]하다. **-iz·er** 명
re·o·ri·ent [riːɔ́ːriənt, -rìent] 통타 …을 새로운 방향으로 돌리다; …을 새로운 환경에 적응시키다; …을 재교육하다. — 자 새로운 방향으로 향하다, 새로운 환경에 순응하다. — 형 재동방의, 재고(再考)의.
re·o·ri·en·ta·tion [riːɔ̀ːriəntéiʃən, -rien-] 명 ⓤ 새로운 방향을 설정해 주기, 재교육.
re·o·vi·rus [riːouváiərəs, ²-´-] 명 리오바이러스 (기관(氣管)·장관(腸管)의 분비물 중에 존재하며, 암세포에서도 발견되는 바이러스의 총칭; 병원(病原)이 되지는 않는다). [<respiratory enteric orphan virus]
rep[1] [rep] 명 ⓤ 골지게 짠 직물. (또는 **repp**, **reps**)
repped 형
rep[2] 명 ⓤⓒ (俗) 평판, 명성(reputation).
rep[3] 명 (俗) 탕아, 난봉꾼(reprobate). 「tion).
rep[4] 명 (학생 속어) 암송한[해야 할] 시구(詩句)(repeti-
rep[5] 명 (구어) 1 대표자(representative). 2 (출판사의) 외판원; (일반적으로) 외판원. — 통타 (**-pp-**) …의 대리[대표]역을 맡다.
rep[6] 명 (물 ~s) (물리) 렙(인체에 대한 방사선 조사량(照射量)의 단위). [<roentgen equivalent physical] 「목록.
rep[7] 명 =repertory company[theater]; (극의) 상연
rep. repair; repeat; repertory; report(ed); reporter; representative; reprint; republic(an); republication. **Rep.** (美) Representative; Republic; (美) Republican (Party).
re·pack [riːpǽk] 통타 …을 다시 포장하다, 고쳐 꾸리다; …을 다른 용기에 꾸리다.
re·pack·age [riːpǽkidʒ] 통타 1 (다른 양식·디자인으로) 재포장하다; 보다 보기 좋게 포장하다. 2 (자사·자기 상점의 라벨을 붙여) 재포장하다. 3 보다 볼품 있게 하다, (매력있게) 고치다[바꾸다]. **-ag·er** 명
re·pag·i·nate [riːpǽdʒəneit] 통타 (책)에 페이지 수를 다시 넣다. **-pàg·i·ná·tion** 명
re·paid [ripéid] 통 repay의 과거·과거분사.
re·paint [riːpéint] 통타 …을 다시 칠하다. — 명 [²-´, -¹´] (그림의 다시 칠한 부분; 다시 칠한 골프공[자동차]; 다시 칠하기, 재도장(再塗裝).
‡**re·pair**[1] [ripέər] 통 (~**s** [-z]) 통타 1 …을 수리하다, 수선하다. ⇨MEND ¶ ~ a road 도로를 보수하다. 2 (기운 따위)를 회복하다. ¶ ~ one's health 건강을 다시 찾다. 3 (잘못·부정 따위)를 정정하다, 교정(矯正)하다. ¶ ~ a mistake 잘못을 정정하다. 4 (손해·부족 따

위)를 벌충하다; (부정·죄 따위를) 배상하다, 보상하다. ¶~ damage 손해를 벌충하다/ ~ a wrong done 부당 행위를 보상하다. **5** …을 치료하다. ¶~ a wound 상처를 치료하다. ── 图 1 ⓤ 수리, 수선. **2** (보통 ~s) 수리[수선] 작업. ¶during ~s 수리중(에는)/do [or make] ~s 수리하다. **3** ⓤ 수리된 상태 [곳](on, to). **4** ⓤ 회복.

be in need of repair 수리가 필요하다. [[의].
beyond [or *past*] *repair* 수리할 수 없을 정도로
in good [*bad, poor*] *repair* 손질이 잘 되어[잘 안] 되어) 있는.
in no repair 전혀 손질이 되어 있지 않은.
in [*out of*] *repair* 손질이 되어 있는[있지 않은].
keep...in repair …을 잘 손질해두다.
under repair(s) 수리중(에). ¶Road Under R-. (게시) 도로 (보수) 공사중.

~·a·bíl·i·ty 圖. ~·a·ble 수리할 수 있는. ~·a·ble·ness 圖. ~·a·bly 圉.

re·pair² 图風 **1** 가다, 향하다(*to*). ¶(~+前+名) ~ in person *to* London 몸소 런던으로 가다. **2** 이따금 가다, 자주 다니다; 모여들다(rally). ── 图 **1** ⓤ (고어) 자주 가는 곳, 사람이 붐비는 곳. ¶a place of ~ 사람들이 많이 모여드는 곳. **2** 자주 가기. ¶have ~ to …에 자주

re·páir·er [ripɛ́ərər] 圖 수리자; 수리 도구. [가다.
re·páir·ing léase [ripɛ́əriŋ-] 圖 (英) 유지비를 포함하는 임대 계약.
re·páir·man [ripɛ́ərmæn, -mən] 圖 수리공, 수선하는 사람, 수리업자.
re·páir·per·son [ripɛ́ərpɔ̀ːrsn] 圖 (남녀 구별 없이 포괄적으로 지칭하여) 수리공, 수리인.
repáir shòp 수리점, 정비[수리] 공장.
re·pand [ripǽnd] 圈 **1** (식물) (잎 따위의) 가장자리가 물결 모양의. **2** 약간 물결진.
re·pa·per [ri:péipər] 图風 …에 벽지를 갈아붙이다; …을 종이로 다시 포장하다.
rep·a·ra·ble [répərəbl, ripɛ́ər-] 圈 수리[정정]할 수 있는; 되갚을 수 있는, 보상[배상]할 수 있는. **-bly** 圉.

*rep·a·ra·tion [rèpəréiʃən] 圖 1 ⓤ 보상, 배상 (*for*). ¶~ talks 배상 교섭//make ~ *for* …의 보상을 하다. **2** (보통 ~s) 배상금, 배상물, 위자료(*for*). ¶ Japanese ~s *for* the war 일본의 전쟁 배상금. **3** ⓤ 수선, 회복. * 현재는 보통 repair(s)를 쓴다.

as [or *in*] *reparation for* …에 대한 보상으로.
reparations in kind 현물 배상.

re·par·a·tive [ripǽrətiv] 圈 **1** 수리의, 수선의. **2** 회복시키는, 치료하는. **3** 보상하는, 보상의, 배상의.
re·par·a·to·ry [ripǽrətɔ̀ːri/-təri] 圈 =reparative.
rep·ar·tee [rèpərtíː, -téi-/-pɑ:tíː] 圖 **1** 현답, 명답, 재치있는 즉답(응답]. **2** ⓤ 재치있는 응답술, 임기응변의 재능. **3** (드물게) 재치있게 즉답하다.
re·par·ti·tion [rìːpɑːrtíʃən, -pər-] 圖 **1** 분배, 구분, 재분배, 재분할. ── 图風 분배하다, 구분하다; 재분할[재분배]하다.
re·pass [ri:pǽs/-pɑ́ːs] 图風 **1** …을 다시 지나가게 하다. **2** …을 다시 통과시키다. **3** (의안)을 재가결하다. ── 風 다시 지나가다, 되돌아가다.
re·pas·sage [ri:pǽsidʒ] 圖ⓤ 재통과, 되돌아감.
re·past [ripǽst/-pɑ́ːst] 圖 **1** (1회의) 식사량, 식사에 나온 음식. **2** 식사(meal). **3** ⓤ 식사 시간; 음식 마련 하기; (폐어) 음식. **4** (드물게) 먹다(*on, upon*). ── 風 (폐어) …에게 식사[먹이]를 주다.
re·pat [ripǽt. -pɑ́ːt] 圖 (濠속어) 복원(復員)[상이] 군인 수당, 군인 유족 수당.
re·pa·tri·ate 图風 [ri:péitrièit/-pǽt-] (포로·망명자 등)을 본국으로 송환하다, 귀국시키다; (이익·자산 따위)를 본국으로 보내다. ── 風 본국으로 귀환하다.
── 圖 [riːpéitriət] (본국으로의) 귀환자, 송환자.
-a·ble 圈.

re·pa·tri·a·tion [rìːpeitriéiʃən/-pǽt-] 圖ⓤ 본국 송환, 귀환.
re·pave [ri:péiv] 風 다시 포장하다. [송환, 귀환.

‡**re·pay** [ripéi] 图 (~s [-z]; -paid [-d]) 風 **1** (돈)을 되돌려주다, (남)에게 돈을 갚다. ¶~ a debt [or loan] 빚을 갚다// (~+目+目) (~+目+前+名) R- me the money. =R- the money *to* me. 돈을 갚아주게. **2** …에 보답하다, 은혜를 갚다(*for*); …에 보복하다(*with, by doing*). ¶ (~+目+前+名) ~ a person's cruelty with the 잔인함에 보복하다// (~+目+前+名) ~ a person *for* his kindness 남의 친절에 보답하다. **3** …을 되돌리다. ¶~ a visit 답례 방문하다 // (~+目+前+名) ~ compliments *with* a smile 찬사에 미소로 응답하다.
── 風 돈[은혜]을 갚다; 보답[보복]하다.
~·a·ble 圈. ~·ment 圖.

*re·peal [ripíːl] 图風 (정식으로) …을 취소하다, 철회하다; 무효로 하다, 폐지하다. ── 圖ⓤ 1 취소, 폐지, 철폐. **2** (R-) (英역사) 합병 철회 운동(영국·아일랜드 합병 법령(1801) 반대 운동).
re·peal·a·ble [ripíːləbl] 圈 취소[철폐]할 수 있는.
re·peal·i·ty, ~·ness 圖.
re·peal·er [ripíːlər] 圖 **1** 취소하는 사람, 철폐(론)자. **2** (英) 영국·아일랜드 합병 철회론자. **3** (美) (기존 법령의) 폐지 법안[조항].

‡**re·peat** [ripíːt] 图風 **1** (행위 따위)를 반복하다. ¶~ one's mistake 실수를 되풀이하다 / ~ a word *for* emphasis 강조하기 위해 어떤 말을 반복하다.

> 유의어 **repeat** 「반복하다」의 뜻의 가장 일반적인 말. **iterate** 한번 반복하다. **reiterate** 여러 번 반복하다.

2 …을 되풀이해서 말하다. ¶Let me ~ what I have just said. 지금 제가 말하신 것을 다시 한 번 반복하겠다// (~+*that* 節) I ~ *that* I can't accede to your demand. 다시 한 번 말하지만 나는 너의 요구에 응할 수 없다. **3** …을 따라 말하다, 복창하다(*after*). ¶~ a sentence *after* a teacher 선생님을 따라 문장을 복창하다. **4** …을 남에게 말하다, 전하다(*to*). ¶~ a secret 비밀을 딴 사람에게 전하다 / Don't ~ it to anybody. 그것을 아무에게도 말하지 마라. **5** (시)를 암송하다. ¶~ a poem 시를 암송하다. **6** …을 다시 경험하다, 다시 받다. ¶~ an experience 다시 한번 경험하다 / ~ a course 어떤 과목을 다시 학습받다. **7** (메아리·축음기처럼) (말·음성)을 재생하다; (프로그램)을 재방송하다.
── 風 **1** 반복하다, 되풀이해서 말하다. **2** (음식물이) 식도로 되올라오다(*on*). ¶ Fried mackerels always ~ *on* me. 고등어 튀김을 먹으면 언제나 넘어온다. **3** (美) (불법으로) 2중 투표를 하다. **4** (수·소수(小數) 따위가) 순환하다. **5** (시계가) 시각을 (보통 15분 간격으로) 반복해서 치다. **6** (총 따위가) 연발하다.

repeat oneself 반복해서 일어(나타)나다; 같은 말[일]을 되풀이하다. ¶*History ~s itself*. (속담) 역사는 반복된다 / Don't ~ *yourself*. 똑같은 말을 되풀이하지 마라.

── 圖 **1** 되풀이(함), 반복. **2** 사본, 복사; 복제품. **3** (음악) 반복 악절; 반복 기호; 반복되는 무늬. **4** (상업) 재공급, 재주문. **5** (TV·라디오의) 재방송 (프로그램). **6** (스포츠) 연패(連霸), 연속 승리.
~·a·bíl·i·ty 圖. ~·a·ble 되풀이할 수 있는.

*re·peat·ed [ripíːtid] 圈 되풀이된, 종종 있는. ¶on ~ occasions 몇 번이나, 재삼 재사.
*re·peat·ed·ly [ripíːtidli] 圉 되풀이해서, 재삼 재사.
re·peat·er [ripíːtər] 圖 **1** 반복하는 사람[것]; 암송자. **2** 연발총, 반복 시계. **3** =repeating watch. **4** (교육) 낙제생, 재수생. **5** (美) (불법적인) 2중 투표자. **6** (수학) 순환 소수. **7** 중계 장치. **8** (해사) 대표기(旗)(제1, 제2, 제3의 세 가지). **9** (호텔의) 단골 (손님). **10** 상습범, 누범자. **11** (보통 ~s) (美속어) 부정(가짜) 주사위.
re·peat·ing déc·i·mal [ripíːtiŋ-] 圈 (수학) 순환소수.
repéating fírearm [rífle] 圈 연발총. [소수.

repéating wàtch 图 (1시간 또는 15분 단위로) 반복해서 치는 시계.

repéat kèy 图 〔컴퓨터〕 리피트 키(auto-repeat 기능).

re·pe·chage [rèpəʃάːʒ] 图 〔토너먼트나 리그전 따위의〕 패자 부활전. 〈<F *fishing up again*〉

re·peg [riːpég] 동탄 〔경제〕 〔변동 화폐〕를 고정시키다, …의 시세를 안정시키다.

***re·pel** [ripél] 동탄 (-*ll*-) 탄 1 〔침략자 따위〕를 쫓아버리다, 격퇴하다; 〔공격·비난 따위〕를 막다, 반박하다. ¶~ an enemy 적을 격퇴하다 / ~ an insult 모욕에 반박하다. 2 〔생각·감정 따위〕를 억누르다, 억제하다. ¶유혹을 뿌리치다, 물리치다. ¶~ a temptation 유혹을 뿌리치다. 3 〔사람·제안 따위〕를 받아들이지 않다, 거절하다. 4 …에게 혐오감을 주다, …에게 불쾌감을 주다. ¶His untidy appearance ~*led* her. 그녀는 그의 단정하지 못한 모습에 혐오감을 느꼈다. 5 〔물리〕 〔자석 따위가〕 반발하다; …에 섞여들지 않다, …을 되튀기다(*attract*). ─ 자 1 쫓아버리다. 2 불쾌감을 주다. ~·lence, ~·len·cy 반발성, 격퇴성. ~·ler ~·ling·ly 围 ~·ling·ness 图

re·pel·lent [ripélənt] 围 1 불쾌한, 싫은. 2 격퇴하는, 반발하는. 3 (복합어로) 〔물·공기 따위가〕 통하지 않는, 〔벌레 따위〕를 쫓아버리는, 물지 못하게 하는, 방(防)-. ¶a water-~ garment 방수복 / moth-~ 나방을 막는. ── 图 1 방충제, 구충제. 2 〔종기 따위〕를 삭게 하는 약. 3 방수포(防水布). 4 혐오감을 주는 것, 반발하는 것; 반발력. (또는 **repellant**) ~·ly 围

‡re·pent¹ [ripént] 동탄 후회하다, 회개하다, 유감으로 여기다; 참회하다(*of*). ¶~ *of* one's sins 자기의 죄를 회개하다. ── 탄 …을 뉘우치다, 후회하다, 잘못을 생각하다, 회개하다(*doing, that*图). ¶~ one's sins [thoughtless act] 죄〔경솔한 행동〕을 후회하다 // ~ *having* flunked. =~ *that* I have flunked. 나는 낙제한 것을 후회한다. ~·er ~·ing·ly 围

re·pent² [ríːpənt, ripént] 围 〔동·식물〕 기는, 기어 다니는.

***re·pent·ance** [ripéntəns] 图ⓊU 후회, 회오, 회개. ⇨REGRET 유의어

re·pent·ant [ripéntənt] 围 (범행 따위에 대해) 뉘우치는, 후회하는; 〔말·태도 따위가〕 후회의 기미를 보이는. ~·ly 围

re·peo·ple [riːpíːpl] 동탄 1 …에 사람을 다시 들여살게 하다, 재식민하다. 2 …을 다시 번식시키다.

re·per·cus·sion [riːpərkʌ́ʃən, rèp-] 图ⓊUC 1 (보통 ~s) (사건·행동의 바람직하지 않은) 영향, 반향, 파문. 2 반격, 격퇴. 3 되튀김, 반동. 4 (빛의) 반사, (소리의) 반향. ¶~ 图 (푸가에서) 주제의 반복부(部). 6 〔의학〕 부구감(浮球感): (종양의) 구산(驅疝).

re·per·cus·sive [riːpərkʌ́siv, rèp-] 围 1 되튀기는, 반향하는. 2 반향〔반사〕되는〔적인〕.

rep·er·toire [répərtwὰːr, -twɔ̀ːr] 图 1 상연 목록, 연주 목록, 레퍼토리. ¶a large ~ of songs 노래의 다양한 레퍼토리. 2 (특정 분야에 쓰이는) 기술. 3 〔컴퓨터〕 입력[인푸트] 리스트. 4 (레스토랑의) 요리 전품목.

in repertoire (연극·발레 등이) 같은 장소에서 일정기간 공연되는.

rep·er·to·ry [répərtɔ̀ːri/-təri] 图 1 =repertoire. 2 = ~ theater. 3 (지식 등의) 축적, 저장. 4 창고(storehouse), 보고(寶庫). 5 레퍼토리제(한 극단이 여러 극과 오페라를 번갈아 공연하는 형식).

répertory còmpany 图 레퍼토리 극단(repertory theater의 극단). ¶ 圈 stock company (英義).

répertory socìety 图 〔英蘇〕 아마추어 극단〔연극회〕.

répertory thèater 〔(英) **thèatre**〕 图 레퍼토리극장(특정 (전속) 극단이 여러 가지 극을 정기적으로 번갈아 상연하는 극장).

re·pe·ruse [riːpərúːz] 동탄 …을 재숙독하다; …을 재음미하다. **-rús·al** 图

rep·e·tend [répətènd, ⸌-⸍] 图 1 〔수학〕 (순환 소수 중의) 순환절. 2 (음악) 반복 악절. 3 (운율) (시 등에서의) 반복어(구).

ré·pé·ti·teur [rèipètitətǣːr/ripèt-] 图 (쯬 ~s [-z/-]) (오페라의) 성악 지도자, 성악 연습 교사. 〈<F *F*-〉

‡rep·e·ti·tion [rèpətíʃən] 图 1 ⓊU (언어·행동의) 되풀이, 반복: 재상연, 재연주; 재현. 2 ⓊU (말의) 반복, 복창; 암송; ⓒ 암송문. 3 사본, 복사, 모방. 4 〔대륙법〕 (지불금·인도물의) 반환 청구.

re·pe·ti·tion [-pətíʃən] 동탄 재청원하다.

rep·e·ti·tion·al [rèpətíʃənl] 围 =repetitious.

rep·e·ti·tious [rèpətíʃəs] 围 반복이 많은, 지루한. ~·ly 围 ~·ness 图

re·pet·i·tive [ripétətiv] 围 1 되풀이하는, 반복적인. 2 =repetitious. ~·ly 围 ~·ness 图

repétitive DNA 图 〔생화학〕 반복성 DNA(각 세포에 특정한 유전자가 많이 포함되어 있는 DNA).

repétitive stráin ìnjury 图 〔의학〕 반복 운동 (과다) 손상(RSI).

re·pho·to·graph [riːfóutəgræ̀f, -grὰːf] 동탄 …을 재촬영하다.

re·pho·tog·ra·phy [riːfətɑ́grəfi/-tɔ́g-] 图 리포토, 사진의 사진(포스트 모던 미술). ¶ 围 말하다.

re·phrase [riːfréiz] 동탄 …을 재표현하다, 고쳐〔바꾸어〕 말하다.

re·piece [riːpíːs] 동탄 …을 다시 엮어 맞추다.

re·pine [ripáin] 圉 동탄 1 투덜거리다, 불평하다. 2 열망하다(*for*). **-pín·er pín·ing·ly** 围

repl. replace(ment).

‡re·place [ripléis] 동탄 (-*plac·es* [-iz]; ~*d* [-t]; -*plac·ing*) 1 …에〔을〕 대신하다, …의 뒤를 잇다(*as*). ¶TV has ~*d* radio. 텔레비전이 라디오를 대신하게 되었다. ¶Kim ~*s* Johnson *as* pitcher. 김이 존슨 대신 투수가 된다.

┌──┐
│ 유의어 **replace** 「대신하다」의 뜻의 가장 일반적인 말. │
│ **displace** 어떤 것을 배제하고 대신 그 장소를 차지하│
│ 다: replace, supersede의 뜻으로도 쓴다. **super-**│
│ **sede** 낡은 것·뒤떨어진 것을 대신하다. **supplant** 음│
│ 모 따위로 지위를 **빼앗어** 대신 들어앉다.   │
└──┘

2 …을 원위치에 놓다, 제자리에 놓다. ¶(~+图+国+囹)을 돌려주다, 갚다. ¶~ a book *on* a shelf 책을 책장에 도로 놓다. 3 …을 돌려주다, 갚다. ¶~ a sum of money borrowed 빚을 갚다. 4 …을 바꾸어 놓다; …을 대체하다, 교환하다 (*by, with*). ¶(~+图+图+*as*图) ~ a worn tire *by* [*with*] a new one 헌 타이어를 새것으로 바꾸어 끼우다. 5 …을 복귀시키다. **-plác·er** 图

re·place·a·ble [ripléisəbl] 围 대체〔대신〕할 수 있는; 제자리에 돌아올 수 있는. **-bíl·i·ty** 图

re·place·ment [ripléismənt] 图 1 Ⓤ 제자리에 되돌림, 반환; 변제; 복직, 복위. 2 Ⓤ 대체, 교환; ⓒ 대체물, 대용물; 교체자, 후임〔후계〕자, 대리(인). ¶~ parts 교체〔교환〕 부품. 3 〔美軍〕 보충 요원, 교체 요원. 4 ⓊC (지질) 교대 작용. 5 Ⓤ (결정) 결우(缺隅)(새로운 면이 생겨 각(角)이 없어지기).

in replacement of …대신에.

replácement dèpot 图 〔軍事〕 보충대.

replácement lèvel 图 〔통계〕 인구 보충 출생률(총인구를 유지하기 위해 필요한 출생률).

rep·la·mine·form [rèpləmíːnfɔ̀ːrm] 围 〔생체 기관의〕 골격 조직을 복제하는 기술 공정(의).

re·plan [riːplǽn] 동탄 계획을 다시 세우다.

re·plant [riːplǽnt] 동탄 1 …을 다시 심다, 이식하다. 2 〔토지〕에 다른 식물을 심다. 3 다시 식민시키다. 4 〔외과〕 (절단된 손가락 등)을 외과 수술로 결합시키다; 〔피부 등〕을 이식하다. ── 图 이식한 식물.

re·plan·ta·tion [rìːplænteíʃən] 图 이식. 〔시 만들다.

re·plate [riːpléit] 동탄 〔신문 지면〕을 전면적으로 다

re·play [riːpléi] 동탄 1 〔시합 따위〕를 재경기〔재시

합]하다. 2 …을 재연하다; 〔레코드·(비디오) 테이프 등〕을 재생하다. ―[명] [⁻́⁻] 1 고쳐[다시] 하기. 2 (레코드·테이프의) 재생. 3 즉시 재생(instant ~). 4 재시합. 5 《구어》 반복, 재현, 재연.

re·plead·er [ri:plí:dər] [명] 1 〔법률〕 재소답(再訴答)(절차); 재소답 명령[판결]. 2 재소답권.

re·plen·ish [ripléniʃ] [동][타] 1 …을 다시 채우다, …을 계속 공급하다(*with*); …을 보충[보급]하다. ¶~ one's stock of food 식량 비축을 보충하다 // (~+[目]+[前]+[名]) ~ the fire *with* fuel 불에 연료를 계속 공급하다. 2 (사람·동물이) 〔땅〕에서 살다, 〔땅〕을 사람[동물]으로 가득 채우다. ¶*Be fruitful, and multiply, and ~ the earth.* 생육하고 번성하여 땅에 충만하라(←창세기(Gen.) 1:28). 3 〔손해 따위〕를 메우다, 벌충하다. ―[자] (다시) 가득 차다. ~·**er**, ~·**ment** [명]

re·plete [riplí:t] [형] 《서술용법》 1 (…으로) 가득한, 충만[풍부]한(*with*). 2 (…으로) 배가 부른, 포식한(*with*). ¶~ *with* wine 포도주를 실컷 마시고. 3 완벽[완전]한, 충실한. ―[명] 〔곤충〕 포식 개미.
~·**ly** [부] ~·**ness** [명] **-plé·tive** [형] **-plé·tive·ly** [부]

re·ple·tion [riplí:ʃən] [명][U][C] 충만; 만원(滿員); 만복(滿腹), 포식; 만족, 만끽; [U] 〔병리〕 다혈증. 「다.
to repletion 충분히, 가득히, 실컷. ¶eat *to* ~ 포식하

re·plev·i·a·ble [riplévìəbl] [형] =replevisable.

re·plev·in [riplévin] [명][U][C] 〔법률〕 동산 점유 회복 소송[영장]. ―[동][타] =replevy.

re·plev·i·sa·ble [riplévəsəbl] [형] 〔법률〕 (동산이) 점유 회복 가능한; (소송에 의해) 되찾을 수 있는.

re·plev·y [riplévi] [동] 〔법률〕 (부당하게 압류된 동산을) 동산 점유 회복 소송에 의해 다시 찾다. ―[명][U][C] (압류) 동산의 소유권 회복.

rep·li·ca [réplikə] [명] 1 (원작자에 의한 예술 작품의) 사본, 복제(품). ⇨FACSIMILE [유의어] ¶make a ~ of … 을 모사하다, 복제하다. 2 사본, 복제, 똑같은 것. ¶Each house is a ~ of the rest. 어느 집이나 모두 똑같다. 3 〔음악〕 반복 (기호).

rep·li·ca·ble [réplikəbl] [형] 1 반복[복사, 재실험]가능한. 2 〔유전〕 복제 가능한. **-bíl·i·ty** [명]

rep·li·car [réplikɑ̀:r] [명] 클래식 카의 복제차(엔진이나 부품은 새것). 〔<*replica*+*car*〕

rep·li·case [réplikèis, -kèiz] [명] 〔생화학〕 RNA 합성 효소(RNA synthetase). 〔<*replicate*+*-ase*〕

rep·li·cate [réplikət] [형] 1 〔식물〕 (잎 따위가) 뒤로 젖혀진. 2 (실험 따위가) 되풀이되는, 반복되는. (또는 **replicated**) ―[명] 1 반복[복제]되는 것, 반복되는 실험. 2 〔음악〕 레플리카트, 반복음. ―[동] [réplikèit] [타] 1 …을 접어 젖히다. 2 …을 반복하다. 3 …이라고 대답하다. ―[자] 1 접히다. 2 〔법률〕 (원고가 피고의 답변에 대한) 응답을 하다. 3 〔유전〕 세포 분열로 복제(複製)하다. **-cà·tor** [명]

rep·li·ca·tion [rèpləkéiʃən] [명][U][C] 1 답, 회답; 응답; 〔법률〕 (피고의 답변에 대한) 원고의 응답. 2 반향. 3 사본, 복사; 복제. 4 (잎 따위의) 뒤로 접힘, 접은 곳. 5 〔통계〕 일정 조건의 반복 실험. 6 〔유전〕 복제.

rep·li·ca·tive [réplikèitiv] [형] (실험 따위가) 반복[재실험] 가능한. ~·**ly** [부]

rep·li·con [réplikɑ̀n/-kɔ̀n] [명] 〔유전〕 레플리콘(DNA나 RNA의 복제 단위).

re·plot·ting [riplɑ́tiŋ/-plɔ́t-] [명] 환지; 토지 구획 정리. ¶a ~ map 구획 정리도(圖).

‡**re·ply** [riplái] [동] (**-plies** [-z]; **-plied**) [자] 1 대답하다, 응답하다(*to*). ⇨ANSWER [유의어] ¶(~+[前]+[名]) ~ *to* a person 남에게 응답하다 / ~ *to* a question 질문에 답하다 / ~ *to* a letter 편지에 답장을 쓰다. 2 (…에/…로) 응하다, 응수하다, 응전(應戰)하다(*to* / *with*, *by*). ¶(~+[前]+[名]) ~ *to* an enemy's fire 적의 포격에 응사하다 / ~ *by* his shrugging 대답 대신에 그의 어깨를 으쓱하다. 3 반향(反響)하다. 4 〔법률〕 (원고가 피고의 항변에 대해) 답변하다. ―[타] …이라고 답하다, 대꾸하다(*that*[節]). ¶I have nothing to ~. 대답할 말이 없다 // He *replied that* his mind was made up. 그는 결심이 섰다고 대답했다.
reply for …을 대표하여 답하다[인사하다].
―[명] ([복] **-plies** [-pláiz]) 1 답, 대답, 회답. ¶wire a ~ 회신 전보를 치다. 2 응수, 응전(*to*). 3 〔법률〕 (피고의 항변에 대한 원고의) 답변. 4 〔음악〕 (푸가 따위의) 응답부. 5 〔통신〕 (pulse에 의한) 응답 신호.
in reply to …에 답하여; …의 회답으로서.
make (a) reply to …에 답하다.
no reply 《英구어》 (전화에서) 응답이 없음. ¶There's *no* ~. 아무런 응답이 없습니다.

replý càrd [명] 왕복 엽서. (또는 **replý póstal càrd**)

replý cóupon [명] 반신권(返信券)(우표와 교환이 가능하다).

re·ply-paid [-péid] [형] 〔우편〕 회신료가 선불된, 회신료 지불필의; 요금 수취인 지불의. ¶a ~ telegram 회신료 선불 전보.

re·po[1] [rí:pou] [명] 《美구어》 〔금융〕 (정부에 의한 국채의) 환매(還買) 계약(repurchase agreement).

re·po[2] 《구어》 [명] 1 환매 부동산. 2 (대금 미불로 인한) 회수 차량. ―[동][타] 〔대금 미납 차량〕을 회수하다.

re·point [ri:pɔ́int] [동][타] 〔벽돌 구조물 따위〕의 이음매를 다시 바르다.

re·po·lar·i·za·tion [ri:pòulərizéiʃən/-raiz-] [명] 〔생물〕 재분극(再分極).

répo màn [명] 《美구어》 대금 미납 차량 회수업자.

ré·pon·dez s'il vous plaît [reipóundei si:l vu: pléi] 회답해 주시기 바랍니다(초대장에 쓰는 인사말; [약] RSVP). 〔<F reply, if you please〕 「다.

re·pone [ripóun] [동][타] 〔스코 법률〕 복직[복권]시키

re·pop·u·late [ri:pɑ́pjulèit/-pɔ́p-] [동][타] …에 다시 사람을 살게 하다, 재식민하다.

‡**re·port** [ripɔ́:rt] [명] 1 (연구·조사의) 보고; 학생의 (학기말) 레포트(*on*, *of*, *about*). ¶an oral [a written] ~ 구두[문서] 보고 / a ~ *on* a peace conference 평화 회의에 관한 보고 / make a medical ~ *on* a patient 환자에 관한 의학적 보고를 하다. 2 공식 보고; (학교의) 성적 통지표. ¶a weather ~ 기상 통보 / He has a bad ~ this term. 그의 이번 학기 성적은 나쁘다. 3 [U][C] 소문, 세평(*about*, *that*[節]); [U] 평판. ¶a man of bad ~ 평판이 좋지 않은 사람 / spread ~*s about* him 그에 관한 소문을 퍼뜨리다 / be of good [bad, evil, ill] ~ 평판이 좋다[나쁘다] / the ~ *that* the bridge is dangerous 그 교량이 위험하다는 소문. 4 보도, 기사(*on*, *of*, *that*[節]); (연설·토의 따위의) 기록, (~s) 의사록; 〔법률〕 (~s) 판결록, 판례집. ¶a newspaper ~ 신문 보도 / a long ~ *on* the earthquake 지진에 관한 장문의 기사. 5 폭음, 총성, 포성. 6 〔컴퓨터〕 보고서, 리포트(체계적으로 정리 편성된 정보의 출력). 7 《美속어》 (연인으로부터의) 편지.
give [or ***make***] ***a report of*** …을 보고하다.
on report 〔군사〕 (군기 위반으로) 호출되어.
Report goes [or ***runs, has it***] ***(that...)*** …이라는 소문이다, 소문에 의하면 …이라고 한다. ¶*R– has it (that)* our mayor is soon to resign. 시장이 곧 사임할 것이라는 소문이다. 「나쁘든.
through good and evil report 평판[소문]이 좋든
―[동][타] 1 〔연구·조사 따위〕를 보고하다; 〔들은 것 따위〕를 전하다, 말하다, 이야기하다; …을 보도하다; …을 공표하다; (세상에서) …이라고 전하다, 말하다. ¶~ the discovery of a new element 새 원소의 발견을 보도하다 // (~+[目]+(*to be*)[補]) ~ him *to be* a good officer 그를 유능한 관리라고 보도하다 / They ~*ed* him dead. 그들은 그가 죽었다고 보도했다 / He was ~*ed* (*to be*) killed in the war. 그는 전사한 것으로 보도되었다(＊to be를 생략하는 것은 주로 《美》) // (~+

reportable

圄+to be補) (~+*that*節) The war was ~ed to be over. =It was ~ed that the war was over. 전쟁이 끝났다는 소문이었다 // (~+圄+前+名) ~ the accident *to* the police 경찰에 그 사건을 알리다 // (~+*that*節) ~+-*ing*) He ~ed *that* he had met her. =He ~ed having met her. 그는 자기가 그녀와 만났다고 말했다.
2 (의사(議事)·강연 따위)를 기록하다; …의 기사를 쓰다, …을 취재하다 (*for*). ¶ ~ a trial 공판을 기록하다 / ~ a fire 화재 기사를 쓰다.
3 (남) 에게…을 이유로) 고자질하다, 일러바치다 (*to/for*). ¶ (~+圄+前+名) ~ a servant *to* her employer *for* misconduct 하녀의 행실이 나쁘다고 주인에게 일러바치다.
4 …의 소재(상황 따위)를 보고하다, 통보하다, 신고하다 (*to*). (재귀용법으로) 출두하다 (*at, to*). ¶ (~+圄+前+名) ~ a person *to* the police 남을 경찰에 신고하다 / R- yourself *to* the manager. 지배인에게 직접 가 보시오.
5 (위원회에서) [법안·수정안 등]을 (결론·권고 따위를 덧붙여 해당 기관에) 돌려보내다 (*out*).

── ㉔ **1** (…에 관해서 / …에게) 보고하다, 보고서를 작성[제출]하다 (*of, on, upon / to*). ¶ (~+前+名) ~ *on* the condition of a mine 광산의 상황에 관한 보고서를 제출하다 / ~ *of* a person's health 남의 건강 상태를 보고하다. **2** 기자(통신원) 노릇을 하다 (*for*); 기사를 쓰다, 보도하다. ¶ (~+前+名) He ~s *for The Times*. 그는 타임스지의 기자이다. **3** (소재·상황 따위)를 신고하다, 알리다; (지시된 장소에) 출두하다 (*to, at*), 근무하다 (*for*). ¶ (~+前+名) ~ *to* the police 경찰에 (소재를) 신고하다 / ~ *for* duty [or *work*] 출근하다 / R- *to* Room 7 at 8: 30 a.m. tomorrow. 내일 아침 8시 30분에 7호실로 출두하라 / The teacher did not ~ *at* the class. 그 선생님은 교실에 들어오지 않았다. **4** …의 지배를 받다(직속이다) (*to*). ¶ I ~ *to* Mr. Johnson 존슨씨는 나의 상사이다.
move to report progress (英의회) (의사 방해의 목적으로) 토의 종결의 동의를 제출하다. (*to*).
report back (직장·장소에) 복귀[귀사] 보고하다
report (in) sick 병결(病缺) 연락을 하다.
report out ㉔ 답신(答申)하다 ㉔ ⇨ 圄 5.
report progress 중간(경과) 보고를 하다.

re·port·a·ble [ripɔ́ːrtəbl] 圈 보고[보도]할 수 있는; 보고[보도]할 가치가 있는; (질병·소득 따위) 보고 [신고] 의무가 있는.

re·port·age [ripɔ́ːrtidʒ, rèpɔːrtáːʒ] 圈 **1** 보도 활동[기술], 취재 활동[기술]. **2** (집합적) 보도[보도] 기사, 르포르타주. **3** (취재·연구·조사 등에 의한) 기사, 탐방 기사, 실화, 실록; 기록[보도, 보고] 문학. ¶ ~ films 기록 영화. **4** (사진·영상에 의한 해설 없는) 다큐멘터리.

repórt càrd 圈 (美) (학교의) 성적표, 통지표. [절.
repórt·ed cláuse [ripɔ́ːrtid-] 圈 (문법) 피전달
re·port·ed·ly [ripɔ́ːrtidli] 圄 (문장수식) 소문에 의하면, 소문으로는; 보도에 의하면. ¶ R-, he is a billionaire. 소문에 의하면 그는 억만장자라고 한다.

repórted spéech 圈 (문법) =indirect discourse: (직접 화법의) 피(被)전달부, 전달 내용.

***re·port·er** [ripɔ́ːrtər] 圈 **1** 보고자, 통보자; (신문·라디오·TV 따위의) 보도 기자, 통신원, 취재 기자, 리포터 (*for*). ¶ a financial ~ 경제 기자. **2** 의사록(판결 기록) 작성자, 속기사. **3** 휘보(彙報), 기관지; (신문·잡지의 이름으로) …시보. **~·ette** 圈 여기자.

rep·or·to·ri·al [rèpərtɔ́ːriəl, rìːpɔːr-] 圈 **1** 보고자의; 통신원의; 기록계의, 속기사의; (美) 보도[취재] 기자의[에 관한]. **2** 보고의, 보고적인.

repórt stàge 圈 (the ~) (영국 하원의) 보고 심의 (제3독회 전에 하는 법안 심의 위원회의 결과에 관한 원내의 보고와 심의).

re·pos·al [ripóuzəl] 圈Ⓤ Ⓒ 신뢰를 두기; 위임.

:re·pose¹ [ripóuz] 圈Ⓤ Ⓒ **1** 휴식, 휴게, 휴양; (걱정·곤란 따위로부터의) 해방, 평안함, 안심; 수면; 영면. ¶ a volcano in ~ 휴화산 / seek [or *take*] ~ 휴식하다. **2** 한적함, 평화; 고요함, 정적. ¶ a village in ~ 한적한 마을. **3** 차분함, 침착: (그림 따위의) 색의 조화[짜임새]. ¶ well-bred ~ 품위있는 침착성. **4** 정지(靜止). ¶ a face in ~ 잔잔한 표정의 얼굴.

── 圄 (*-pos·es* [-iz]; ~*d*; *-pos·ing*) ㉔ **1 a)** 눕다, 휴식하다 (*in, on*); (시체가) 안치되다, 영면하다. ¶ (~+前+名) ~ *on* [or *upon*] a bed 침대에 눕다 / ~ *in* sleep 자다 / The body will ~ *in* the chapel for two days. 유해는 2일간 교회에 안치된다 / He ~s *at* Arlington Cemetery. 그는 알링턴 묘지에 잠들어 있다. **b)** (…의 위에) 놓여 있다 (*on*). ¶ (~+前+名) cakes *reposing on* a table 탁자 위에 놓여 있는 케이크. **2** (토지·바다 따위가) 고요하다. **3** (…에) 기초를 두다 (*on*). ¶ Capitalism ~s *on* economic competition. 자본주의는 경제적 경쟁을 바탕으로 한다. **4** (…에) 의지하다, (…을) 신뢰하다 (*in*). ¶ (~+前+名) ~ *in* a person's loyalty 남의 충성을 신뢰하다. **5** (기억·생각 따위가 …에) 머물다 (*on, upon*). ¶ (~+前+名) His mind ~*d on* [or *upon*] the past. 그는 과거의 일에 집착하고 있었다.

── ㉕ …을 눕히다, 쉬게 하다 (*on*). ¶ (~+圄+前+名) ~ one's head on a pillow 베개를 베고 쉬다.

repose on a bed of down [or *roses*] 호화롭게
repose oneself (누워서) 쉬다, 자다. ┌지내다.
-pos·ed·ly [-póuzidli] 團 평온[침착]하게. **-pos·ed·ness, -pos·er** 圈

re·pose² 圈㉕ [신용]을 두다, [희망]을 걸다 (*in*). ¶ ~ one's faith in God 신을 믿다 / ~ hope *in* a person 남에게 희망을 걸다. **2** …을 위임하다, 위탁하다 (*in*). **3** (고어) [물건]을 두다.

re·pose [riːpóuz] 圈㉕ **1** 포즈[자세]를 다시 취하게 하다, 포즈를 고치게 하다. **2** (문제 따위)를 다시 꺼내다, 재제기하다. ── ㉔ 포즈[자세]를 다시 취하다.

re·pose·ful [ripóuzfəl] 圈 침착한, 평온한; 느긋한. **~·ly** 團 **~·ness** 圈

re·pos·it [ripázit/-póz-] 圈㉕ **1** …을 제자리에 놓다, 돌려주다. **2** 저장하다, 보존하다.

re·po·si·tion¹ [riːpəzíʃən, rèp-] 圈 **1** 저장, 보관. **2** (뼈 따위의) 교정(矯正). **3** (스코) 복귀, 복위, 복직, 복 (reinstatement).

re·po·si·tion² 圈㉕ **1** (수술 등으로 일시 움직인 뼈·장기(臟器))를 본래 위치로 되돌려놓다 **2** 새로운 위치에 놓다. **3** (신제품의) 선전·판매 방법을 바꾸다. ── ㉔ 장소를 바꾸다, 이동하다.

re·pos·i·to·ri·um [ripàzətɔ́ːriəm/-póz-] 圈 (優 *-ri·a* [-riə]) 저장고, 보물 창고 (로마 신전·교회의 귀중품 수납소).

re·pos·i·to·ry [ripázətɔ̀ːri/-pózətəri] 圈 **1** 보존 (저장) 용기; 저장소, 반침; 진열장, 박물관; (美) 창고, 매점. **2** (천연 자원의) 매장지 (대); (지식·정보 따위의) 보고. ¶ mineral ~ 광물의 보고. **3** 매장소, 묘지, 지하 납골당. **4** 비밀 따위를 털어놓을 수 있는 사람, 믿을 수 있는 사람, 심복. ── 圈 (약제가) 지속성의.

re·pos·sess [rìːpəzés] 圈㉕ **1** …을 다시 손에 넣다, 회수하다. **2** 남에게 도로 찾아 주다 (*of*). ¶ ~ a person of his former position 남에게 원래의 지위를 되찾아 주다. **~·a·ble** 圈 **-sés·sion, -sés·sor** 圈

re·pos·sessed [rìːpəzést] 圈 (美) (차·주택이 구입비 미지불로) 회수된.

re·post [ripóust] 圈圈㉕ =riposte. [에 옮겨 심다.
re·pot [ripát/-pót] 圈㉕ (*-tt-*) (식물)을 다른 분[화분]
re·pous·sé [rəpuːséi/-́-́] 圈 (금속의 안쪽을 쳐서) 돋을무늬를 돋우라게 한, 돋을 무늬의, 그러한 세공의. ── 圈Ⓤ Ⓒ 돋을무늬 세공.

re·pow·er [riːpáuər] 타 …에 동력을 재보급하다; (선박 등)에 새 엔진을 장착하다.

repp [rep] 명 =rep¹.

repped [rept] 형 골지게 짠 (직물의).

rep·ple-dep·ple [répldèpl] 명 《美軍속어》 보충대 (replacement depot). (또는 **réppo-dèpot**)

repr. represent(ative); represented; representing; reprint(ed).

rep·re·hend [rèprihénd] 타 …을 강하게 비난하다, 꾸짖다, 나무라다(blame). **~·a·ble** 형 **~·er** 명

rep·re·hen·si·ble [rèprihénsəbl] 형 비난받을 만한, 괘씸한. **-hèn·si·bíl·i·ty**, **~·ness** 명 **-bly** 부

rep·re·hen·sion [rèprihénʃən] 명 UC 비난, 질책.

rep·re·hen·sive [rèprihénsiv] 형 비난[질책]하는. **~·ly** 부

‡**rep·re·sent** [rèprizént] 타 1 (사물·기호 등이) …을 나타내다, 의미하다, 상징하다. ¶ Notes ~ musical sounds. 음표는 악음을 나타낸다.
2 …의 대리를 하다; …을 대표하다(on, at, in) 〔선거구〕를 대표하다, …출신 의원이다. ¶ He ~ed Korea at the conference. 그는 한국 대표로 회의에 참석했다 / He ~s the company in New York. 그는 회사의 뉴욕 주재 대표이다 / Every class was ~ed at the meeting. 그 회합에는 모든 계급의 대표자가 참석했다.
3 …을 묘사하다, 그리다. ⇒DEPICT 〔유의어〕 ¶ The prince is ~ed in hunting costume. 왕자는 사냥복 차림으로 그려져 있다 / Whom does this portrait ~? 이 초상화는 누구를 그린 것이냐?
4 …을 마음에 그리다, 마음에 떠올리다. ¶ (~+목+前+名) Can you ~ infinity to yourself? 무한이라는 것을 상상할 수 있느냐?
5 …이라고 말하다, …을 기술하다, 말로 표현하다, 주장[단언]하다. ¶ (~+목+as 보) (~+목+to be 보) He ~ed himself as [or to be] a friend of the Senator. 그는 자기가 그 상원의원의 친구라고 말했다 // (~+that절) He ~ed that it was correct. =He ~ed it to be correct. 그는 그것이 옳다고 주장했다.
6 …을 설명하다, 납득시키다(to). ¶ (~+목+前+名) He ~ed many truths to the people. 그는 사람들에게 많은 진리를 설명하였다 / I don't know how to ~ it to you. 어떻게 해야 네게 납득이 갈 수 있는 설명이 될지 모르겠다. 7 …을 상연하다; …의 역을 연기하다. …으로 분장하다. ¶ ~ Death of a Salesman 〈세일즈맨의 죽음〉을 상연하다 / Lear 리어(왕) 역을 하다.
8 …의 표본[전형]이 되다, 일례가 되다. ¶ She ~s the most typical Yankee girl. 그녀는 전형적인 양키 처녀의 표본이다.
9 …에 상당[해당]하다. ¶ ~ a decrease of 10% 10% 감소에 해당하다.
— 자 1 〔속어〕 (신원 확인을 위해) 악수·몸짓 등의 신호를 하다. 2 (…에) 항의하다 (against).

represent much [little, nothing] to …에게는 큰 의미가 있다 [별로 의미가 없다, 전혀 의미가 없다].

represent oneself **as** [or to be] 자기는 …이라고 말하다 [주장하다]. ⇒유의어 5.

re-pre-sent [riːprizént] 타 …을 (…에게) 다시 선사하다; 〔극 따위〕를 재연하다.

rep·re·sent·a·ble [rèprizéntəbl] 형 1 나타낼 [표현할] 수 있는; 묘사할 수 있는; 기술할 수 있는. 2 대리 [대표]할 수 있는; 설명할 수 있는; 상상할 수 있는. 4 상연할 수 있는. **-sènt·a·bíl·i·ty** 명

*‡**rep·re·sen·ta·tion** [rèprizentéiʃən, -zən-] 명 1 CU 표시, 표현; 묘사, 기술. ¶a graphic ~ 도식 표시 / a literary ~ 문학적 표현. 2 UC 대표(제), 대리(제); 대표 파견; 〔정치〕 대의원 선출(권); 〔외교〕 국가의 대표, 국가 대표권에 의한 발언 [행위]; (the ~) 〔집합적〕 대표자, 대의원, 대표자, 의원단. ¶ proportional ~ 비례 대표제. 3 초상(화), 그림, 조각상. ¶a ~ of Zeus 제우스상. 4 (종종 ~s) 주장, 단언; 진술; 제의, 항의, 진정(about, to); 〔법률〕 표시. ¶on a ~ that... …이라는 진술에 의거하여 / a ~ of authority 권력의 표시. 5 UC 〔극의〕 상연, 연출. ¶a theatrical ~ 연극의 상연. 6 UC 상상(력), 개념 작용; 〔심리〕 표상(表象). 7 (권리·의무의) 인계. 8 〔미술〕 구상주의.

make (strong) representations against [or **to**] …에 (강력히) 항의하다.

~·al 형 묘사[사실]적인; 〔미술〕 구상주의의. **~·al·ist** 명 **-tà·tion·al·ís·tic** 형

rep·re·sen·ta·tion·al·ism [rèprizentéiʃənəlìzm, -zən-] 명 1 〔철학〕 표상주의. (또는 **represéntative réalism**) 2 〔미술〕 구상주의. 3 〔연극〕 표상주의.

rep·re·sen·ta·tion·ism [rèprizentéiʃənìzm] 명 〔철학〕=representationalism 1.

‡**rep·re·sent·a·tive** [rèprizéntətiv] 형 (비교 ~s [-z]) 1 대표의; 대리인; 후계자, 상속자; (정부의) 해외 대표, 재외 사절; …을 대표하는 외교관 / the British ~ 영국 대표. 2 대의원, 국회 의원; (R-) 〔美〕 하원 의원. ¶the House of Representatives 〔美·濠〕 하원 의원. (일본의) 중의원. 3 〔법률〕 법률상의 대표자 (유언 집행자·법정 대리인 등). 4 예, 견본; 전형; …을 대표하는 것[사람](of). 5 판매 대리인, 세일즈맨. 6 〔뉴질〕 (각주의) 대표 선수.
— 형 (**more ~; most ~**) 1 표시하는, 표현하는, 묘사하는, 상징하는(of). ¶a sculpture ~ of feminine beauty 여성미를 나타내는 조각품. 2 대표하는; 대리의, 대행의의 대의제의. ¶a ~ body 대표단 / ~ government 대의 정체 / ~ democracy 의회 민주주의. 3 대표적인, 전형적인. ¶a ~ American 전형적인 미국인. 2 〔생물〕 (타지역의 종(種)에) 상응하는. 5 〔철학〕 표상주의의; 〔미술〕 구상주의의. 6 심상의, 표상의; 상징적인.

be representative of …을 대표하는, …을 나타내다.

~·ly 부 **~·ness** 명 〔법〕 묘출 화법.

rep·re·sént·ed spéech [rèprizéntid-] 〔문법〕

*‡**re·press** [riprés] 타 1 …을 억제하다, 참다. ¶ ~ tears 눈물을 참다. 2 …을 진압하다. ¶ ~ a rebellion 반란을 진압하다. 3 …을 억누르다, 억압하다. ¶ ~ superstitions 미신을 못 믿게 하다. 4 〔정신분석〕 〔욕구·충동 따위〕를 억압하다. 5 〔생물〕 〔유전자 활동〕을 억제하다. — 자 억압하다. **~·i·ble** 형

re-press [riːprés] 타 1 …을 다시 누르다 [죄다]. 2 〔레코드〕를 다시 프레스하다.

re·pressed [riprést] 형 억제 [억압]된; 억제에 기인

re·press·er [riprésər] 명 억압 [진압]자, 폭군. (또는 **repressor**)

re·pres·sion [ripréʃən] 명 UC 억제, 억압, 진압; 〔정신분석〕 억압; (억압된) 충동, 본능. **~·ist** 명

re·pres·sive [riprésiv] 형 억압하는; 진압하는; 관리 체제가 강한, 통제색이 짙은. **~·ly** 부 **~·ness** 명

re·pres·sor [riprésər] 명 1 =represser. 2 〔유전〕 리프레서, 억제체 (작동 유전자 억제 물질).

re·price [riːpráis] 타 …의 값[가격]을 다시 매기다.

re·priev·al [riprívəl] 명 (사형) 집행 유예 (기간).

re·prieve [riprív] 타 1 〔수형자의 형 (사형) 집행〕을 연기하다. 2 (고통·근심 따위로부터) 〔남〕을 일시적으로 편하게 해주다 (from). — 명 1 (사형) 집행 연기 〔유예〕 (명령서). 2 (고통·근심 따위의) 일시적 경감 〔구제〕, 모면. 3 패자 부활전. **-priev·er** 명

rep·ri·mand [répræmænd/-màːnd] 명 (공식적인) 견책, 징계; 질책, 비난. — 타 …을 견책하다, 징계하다 (for). ⇒REPROACH ¶ The captain ~ed the sentry for deserting his post. 대장은 보초가 정위치를 이탈한 것을 질책했다. **~·er** 명 **~·ing·ly** 부

*‡**re·print** [riːprínt] 타 …을 증쇄하다, 재판 (再版) [중판]하다, 번각하다. — [⸺] 명 1 재판, 증쇄, 번각; 재판물, 증쇄물, 번각본. 2 (논문 따위의) 발췌 인쇄; 〔우표 수집〕 통용되지 않는 우표의 재판. **~·er** 명

re·pris·al [ripráizəl] 圏⓾Ⓒ **1** 보복, 앙갚음; (전시의 적국에 대한 보복 행위[공격], ⇒REVENGE 유의어 ¶ a ~ raid 보복 공격. **2** (보복적) 무력[실력] 행사. **3** 보복적 탈취[압수, 체포]. **4** (보통 ~s) 배상금. **5** (폐어) 상, 보수로서.
by way of [or *in, as a*] *reprisal for* …에 대한 보복으로.
make [or *take, carry out*] *reprisal(s)* 보복하다.

re·prise [ripráiz] 圏 **1** (보통 ~s) (법률) (토지의) 연간 필요 경비. **2** [ripríːz] (음악) 리프리즈, 반복, 재현(부); 재상연[상영]; (펜싱) 재공격.
above [or *besides, beyond*] *reprises* 연간 필요 경비를 제하고[제한 뒤의].
── 他 …을 되풀이하다, 반복하다.

re·pri·va·tize [ripráivətaiz] 圏 (국영화된 것을) 재민영화하다. **-vat·i·zá·tion** 圏

re·pro [ríːprou] 圏 (圏 ~s) (구어) **1** =reproduction 2. **2** (인쇄·사진) =reproduction proof.

***re·proach** [ripróutʃ] 圏 (~·es [-iz]; ~ed [-t]) 他 **1** …을 비난하다 (*for*), 꾸짖다; 나무라다 (*with*). ¶ (~+目+前+名) They ~ed him for cowardice. 그들은 그가 비겁하다고 비난했다 / ~ a person *with* his misconduct 남의 비행을 나무라다.

┌─────────────────────────────────────┐
│ 유의어 **reproach** 잘못 따위를 크게 꾸짖어 창피를 주다. **rebuke** 보다 엄하게 질책하다. **reprimand** 권위를 가진 자가 하급자를 정식으로[때로 공표하여] 질책하다. **reprove** 결점 따위를 교정하기 위하여 더 정하게 조용히 타이르다. **scold** (때로 잘못도 없는 데) 불쾌감이나, 노여움 때문에 큰소리로 야단치다. **chide** 조용히 타이르다. **upbraid** 확실한 근거가 있어 scold하다, **rate, berate** 장황하게 심한 말로 scold하다. │
└─────────────────────────────────────┘

2 (고어) …의 체면을 손상시키다. ¶ This crime will ~ him. 이 범죄는 그의 수치가 될 것이다.
── 圏 (~·es [-iz]) **1** ⓾Ⓒ 비난, 질책; 비난의 말, 잔소리. ¶ meet with ~ 잔소리를 듣다. **2** 치욕거리, 비난의 대상, 오점(汚點); Ⓤ 불명예, 치욕. **3** (the R-) (가톨릭) 성금요일(聖金曜日).
beyond [or *above, without*] *reproach* 나무랄 데 없는[없이], 훌륭한[히]. ¶ a career *without* ~ 나무랄 데 없는 경력.
bring reproach upon [or *on*] …의 치욕[수치]이 되다.
cast [or *heap*] *reproaches on* [or *upon*] …을 호되게 꾸짖다, …에게 비난을 퍼붓다.
~·a·ble 圏 나무라야 할, 비난할 만한. **~·er** 圏

re·proach·ful [ripróutʃfəl] 圏 **1** 비난에 찬, 비난 [책망, 질책]하는 듯한. ¶ a ~ look 비난의 눈초리. **2** (폐어) 비난할 만한, 수치스러운. **~·ly** 副 **~·ness** 圏

re·proach·ing·ly [ripróutʃiŋli] 副 나무라듯이, 비난조로(reproachfully).

re·proach·less [ripróutʃlis] 圏 더할 나위 없는, 나무랄 데 없는. **~·ness** 圏

rep·ro·bate [réprəbèit] 圏 타락자, 무뢰한; (the ~) 신에게 버림받은 사람. ── 圏 타락한, 품행이 나쁜; 신에게 버림받은; 책망[비난]의; (고어) 열등[무가치]하여 버린. ── 他 **1** …을 책망하다, 질책하다, (도덕적으로) 강하게 비난하다. **2** 퇴짜놓다, 거부[거절]하다. **3** (신이) (사람)을 저버리다. **4** (법률) (서류)를 부인하다.

rep·ro·ba·tion [rèprəbéiʃən] 圏⓾Ⓤ **1** 비난, 질책; 거절. **2** (신학) 영벌(永罰)(영원히 신의 버림을 받음).

re·proc·ess [ríːprɑ́ses/-próus-] 他 …을 재가공하다, 재생하다.

re·proc·essed [ríːprɑ́sest/-próus-] 圏 (자투리 모직물이) 재생 가공된, 다시 짠.
repróc·essed wóol 圏 (자투리·지스러기 따위를 재생 가공한) 재생 양모[울].

re·proc·ess·ing plant [ríːprɑ́sesiŋ-/-próus-] 圏 (원자력) (핵연료) 재처리 공장.

***re·pro·duce** [rìːprədjúːs] 圏他 **1** …을 재생[재현]하다, 재형성하다; (음)을 재생하다. ¶ ~ the glories of Rome 로마의 영화를 재현하다 // (~+目+前+名) ~ music *on* a tape recorder 테이프 리코더로 음악을 재생하다. **2** …을 복제하다; …을 복사하다, 모사하다, (인물·풍경)을 그리다; …을 모조하다. ¶ (~+目+前+名) ~ a picture *from* an old print 낡은 판화에서 그림을 복제하다. **3** (기관(器官) 따위)를 재생하다. ¶ ~ a torn tail (도마뱀 따위가) 짤린 꼬리를 재생하다. **4** (생물) …을 생식[번식, 증식]시키다. ¶ ~ roses 장미를 번식시키다 / ~ oneself 번식하다. **5** …을 생각해내다, 마음에 그리다. ¶ ~ an experience 경험을 상기하다. **6** 다시 세상에 내놓다; (관람물을) 재간하다; (연극)을 재상연하다. **7** (경제) …을 재생산하다. ── 圈 **1** 생식[번식]하다. **2** 복제[재생, 모사]가 되다. ¶ This print ~s well. 이 판화는 복제가 잘 된다.

re·pro·duc·er [rìːprədjúːsər/-djúːsə] 圏 재생[재현]하는 사람, 복제[복사]하는 사람; 복사기; 확성기 (loudspeaker); 번식하는 생물.

re·pro·duc·i·ble [rìːprədjúːsəbl/-djúːs-] 圏 재생[재현]할 수 있는, 복사[복제]할 수 있는, 모사[모조]할 수 있는. **-bíl·i·ty** 圏

***re·pro·duc·tion** [rìːprədʌ́kʃən] 圏 **1** Ⓤ 재생, 재현, 재건, 복원; 재연; 재간행. ¶ ~ on the film of literary works 문학 작품의 영화화. **2** Ⓒ 복제(품), 모조(품); 사본, 모사; 재판(품). ⇒FACSIMILE 유의어 **3** Ⓤ (생물) 번식, 생식(작용). ¶ ~ by division 분열 생식 / sexual [asexual] ~ 유성[무성] 생식. **4** Ⓤ (경제) 재생산. **5** (집합적) 어린나무, 묘목. **6** (심리) 상기, 재생.

reprodúction fàctor [cònstant] 圏 (물리) 원자로의 증배율(增倍率).

reprodúction pròof (인쇄) 전사(轉寫). (또는 **répro pròof**)

re·pro·duc·tive [rìːprədʌ́ktiv] 圏 **1** 재생의, 재현의. **2** 생식의, 번식의[에 관한]. ¶ a ~ organ [process] 생식 기관[작용]. **~·ly** 副 **~·ness, -duc·tív·i·ty** 圏

reprodúctive céll 圏 생식 세포.

re·pro·gram [rìːpróugræm, -grəm] 他 (컴퓨터) 프로그램을 재작성하다. **~·ma·ble** 圏

re·prog·ra·phy [riːprɑ́grəfi/-prɔ́g-] 圏Ⓤ (책·문서 등의) 복사. **-ra·pher** 圏 **-pro·gráph·ic** 圏

***re·proof** [riprúːf] 圏 (圏 ~s) Ⓤ 책망, 질책, 꾸지람; Ⓒ 비난[질책]의 말, 잔소리. ¶ give a glance of ~ 책망하는 눈초리로 보다 / receive a ~ 꾸지람을 듣다. *in reproof of* …을 비난하여, 책하여. [책망받다.
~·less 圏

re·proof [riːprúːf] 他 〔외투 따위에〕를 다시 방수(防水) 가공하다; (인쇄) 에 새 교정쇄를 내다.

re·pro·por·tion [rìːprəpɔ́ːrʃən] 圏他 …의 비율[균형]을 바꾸다.

répro pròof (인쇄) =reproduction proof.

re·prov·a·ble [riprúːvəbl] 圏 비난[질책]할 만한, 괘씸한. **~·ness** 圏

re·prov·al [riprúːvəl] 圏 =reproof.

***re·prove** [riprúːv] 圏他 …을 꾸짖다; …을 비난하다, 책하다 (*for*). ⇒REPROACH 유의어 ¶ ~ a person's conduct 남의 행위를 비난하다 // (~+目+前+名) The mother ~d her child *for* disobedience. 말을 안 듣는다고 어머니가 자식을 야단쳤다. ── 自 잔소리를 하다, 책망하다, 타이르다.
-próv·er 圏 **-próv·ing·ly** 副 꾸짖듯이.

re·prove [rìːprúːv] 他 …을 다시 증명하다.

re·pro·vi·sion [rìːprəvíʒən] 他 …에 식량을 재공급[보급]하다.

reps [reps] 圏 =rep¹.

rept. (상업) receipt; report. [ing).

rep·tant [réptənt] 圏 (동·식물) 기어다니는(creep-

***rep·tile** [réptil/-tail] 圏 **1** 파충류의 동물; 기어다니는 동물. **2** 아주 천한 사람, 비열한 사람. **3** (~s) (속어) 악어[도마뱀·뱀] 가죽 구두[부츠]. **4** (~s) (속어) (저질

신문의) 기자. ━❶ 1 기어 다니는, 파충류의, 파행성 (爬行性)의. 2 천한, 비열한.
Rep·til·i·a [reptíliə] 명 파충류.
rep·til·i·an [reptíliən, -ljən] 형 1 파충류의; 기어 다니는. 2 비열한. ━명 파충류의 (동물)(reptile); 비열한 사람.
Repub. Republic(an).
‡re·pub·lic [ripʌ́blik] 명 1 공화국, 공화 정체(略 R., Rep., Repub.). ¶the *R*– of Korea 대한 민국. 2 (공동의 목적·이익을 갖는) …단체, …사회, …계(界). ¶the ~ of art[letters] 미술계[문학계, 문단]. 3 (R–) (프랑스의) 공화제[국]. ¶the Fifth *R*– 제5 공화국. 4 (R–) (고어) 국가(state). ¶*The R*– Plato의) 이상 국가.
*re·pub·li·can [ripʌ́blikən] 형 1 공화국의, 공화 정체의; 공화제의; 공화주의의. ¶~ government 공화 정치. 2 (R–) (美) 공화당의. ¶the *R*– Government 공화당 정부. 3 (동물의) 군생(群棲)하는. ━명 1 공화제[공화제] 지지자, 공화주의자. 2 (R–) (美) 공화당원; 아일랜드 공화국군(IRA)의 일원[지지자].
re·pub·li·can·ism [ripʌ́blikənìzm] 명(U) 1 공화정치, 공화주의, 공화주의 신봉. 2 (R–) (美) 공화당의 주의[정책]; (집합적) 공화당(원).
re·pub·li·can·ize [ripʌ́blikənàiz] 타 …을 공화국[공화 정체]으로 하다; …을 공화주의로 전향시키다.
Repúblican Párty 명 1 (the ~) (美) 공화당(略 Democratic Party). 2 (美역사) => Democratic-Republican Party(19세기초의 민주 공화당).
re·pub·li·ca·tion [ri:pʌ̀blikéiʃən] 명(U) 재공포, 재공표; 재간행, 재발행; (법) 재확인, 재간행본; (유언의) 재확인.
re·pub·lish [ri:pʌ́bliʃ] 타 1 …을 재공포하다; [책]을 재발행하다, 재출판하다, 번각(飜刻)하다. 2 (법률) (철회된 유언)을 재집행하다.
re·pu·di·ate [ripjú:dièit] 타 1 …을 거부하다, 거절하다; …을 부인하다. ¶~ a charge as untrue 혐의를 사실이 아니라고 부정하다. 2 (정부·지자체 따위가) [공채 따위의 지불 의무]를 부인하다. 3 …와 인연을 끊다, 의절하다; 이혼하다. **-a·ble, -a·tive** 형
re·pu·di·a·tion [ripjù:diéiʃən] 명 거부, 거절; 부인; (국채·공채의) 지불 거절; 의절, 절연. **-tò·ry** 형
re·pu·di·a·tor [ripjú:dièitər] 명 거절자, 부인자; 지불 거절자; 이혼자.
re·pugn [ripjú:n] 타 …에 반대[반항, 저항]하다. ━자 (고어) 반항하다.
re·pug·nance [ripʌ́gnəns] 명 1 (강한) 혐오, 증오, 반감(*to, against*). => AVERSION 유의어 ¶~ *to* [*or against*] snakes 뱀에 대한 혐오. 2 (U) 모순, 양립하지 않음(*of, between, to, with*). ¶the ~ *of* actions *to* [*or with*] one's words 언행의 모순. (또는 **repugnancy**)
re·pug·nant [ripʌ́gnənt] 형 1 싫은, 불쾌한, 비위에 거슬리는(*to*). ¶All food is ~ *to* me just now. 지금은 어떤 음식도 생각이 없다. 2 모순되는, 양립할 수 없는, 일치하지 않는(*to, with*). ¶actions ~ *to* one's words 말과 모순되는 행동. 3 반대하는, 반항[저항]하는(*to*). ~**·ly** 부
*re·pulse [ripʌ́ls] 타 1 [적]을 격퇴하다, 반격하다; …을 반박[논박]하다. 2 [제의·제안(자)]를 퇴짜놓다, 거부하다, 거절하다. ¶~ a suitor 구혼자를 퇴짜놓다. 3 …에게 불쾌감을 주다, …을 불쾌하게 하다. ━명 (U)(C) 1 격퇴; 반박, 논박. 2 퇴짜, 거부, 거절.
suffer [*or* *meet with*] *repulse* 거절[격퇴] 당하다. **-púls·er** 명
re·pul·sion [ripʌ́lʃən] 명(U) 1 격퇴, 반격; 반박; 거절. 2 패퇴, 패배. 3 (U)(C) 반감, 혐오(*for*). ¶feel (a) ~ *for* [*or toward*] a person 남에게 혐오감을 느끼다. 4 (물리) (대전(帶電體) 따위의) 반발 작용, 반발력, 척력(斥力). 5 (유전) 상반(相反).
re·pul·sive [ripʌ́lsiv] 형 1 혐오감을 주는, 불쾌한(*to*). ¶a ~ smell 역겨운 냄새. 2 거부적인,

붙임성없는, 쌀쌀한, 냉담한. 3 격퇴(능)력이 있는. 4 (물리) 반발하는. ¶~ force 척력. ~**·ly** 부 ~**·ness** 명
repúlsive máglev 명 (철도) 반발식 자기 부상(磁
rép ùnit 명 =rep[6]. ㄴ氣浮上).
re·p·u·nit [répju:nit] 명 (수학) 동일 정수가 늘어선 수(66, 666 따위).
re·pur·chase [ri:pə́:rtʃəs] 타 …을 다시 사다, 되사다. ━명 되사기; 되산 것. **-chas·er** 명
repúrchase agréement 명 (美) 1 (금융) 환매 (還買) 약정(판매한 채권을 판매인이 일정 기간 후 되사기로 하는 약정); 환매 조건부 채권, 환매채. 2 (상품의) 환매 계약(略 RP).
rep·u·ta·ble [répjutəbl] 형 1 평판이 좋은; 훌륭한, 존경할 만한. ¶a ~ calling 부끄럽지 않은 직업/lead a ~ life 훌륭한 생활을 하다. 2 (언어가) 어법에 맞는, 바른. ¶~ speech 올바른 말씨.
-bíl·i·ty, ~·ness 명 **-bly** 부
‡rep·u·ta·tion [rèpjutéiʃən] 명 ~**s** [-z] (U)(C) 1 평판, 세평. ¶a man of good [bad] ~ 평판이 좋은 [나쁜] 사람 / suffer from a bad [*or* poor] ~ 악평을 받다. 2 호평; 호평; 신망. ¶lose one's ~ 명성을 잃다, 평판이 나빠지다.
be (*held*) *in reputation* (*as*) (…으로) 명성이 있다.
have [*or enjoy*] *the reputation of; have* [*or enjoy*] *a reputation for* …으로 평판이 좋다, …이라는 평판이다, …으로 유명하다.
live up to one's reputation 명성에 부끄럽지 않게 살아가다.
of great [*no*] *reputation* 평판이 자자한[무명의].
~**·al**
*re·pute [ripjú:t] 명 1 평판, 세평, 소문. ¶a man of good ~ 평판이 좋은 사람. 2 호평; 명성; 신망. ¶a book of no little ~ 꽤 평이 좋은 책.
be (*held*) *in high* [*low*] *repute* 평판이 좋다[나쁘 다].
by repute 세평으로, 소문으로. ¶I know him *by* ~. 나는 그를 소문으로 알고 있다.
in common repute 세평으로는, 사람들이 평하기로.
of repute 저명한; 명성이 있는. ¶a scientist *of* ~ 저명한 과학자.
through good and ill repute 세평에 개의치 않고. ━타 (보통 수동형으로) (세상이) [남]을 (…이라) 평하다, 간주하다, 생각하다. ¶(~+目+(*to be*) 補) He is ~*d* (*to be*) a perfect fool. 그는 철저한 바보라고 평이 나있다 // (~+目+(*as*)) They ~ her (*as*) an honest girl. 그들은 그녀를 정직한 소녀라고 생각하고 있다 // (~+目+前+名) The designer was ~*d for* her resourcefulness. 그 디자이너는 창의력이 풍부하기로 정평이 있었다.
be well [*ill*] *reputed* 평판이 좋다[나쁘다].
re·put·ed [ripjú:tid] 형 1 평판이 좋은; 유명한. ¶his ~ generosity 유명한 그의 관용. 2 …이라는 평판의, …으로 간주되는, …이라고 일컬어지는. ¶the ~ author of the book 그 책의 저자로 생각되는 사람.
re·put·ed·ly [ripjú:tidli] 부 평판으로는, 통설로는, 세간의 평가로는. ¶a ~ honest man 정직한 사람으로 통하는 사람. ㄴquired.
req. request; require(d); requisition. **reqd.** re-
‡re·quest [rikwést] 명 1 (U)(C) 요구(물), 요망 (사항), 요청 (사항); 희망 (사항), 소망 (사), 의뢰(물), 간청. ¶refuse a ~ 요청을 거절하다 / yield to a person's ~ 남의 요구에 응하다 / obtain one's ~ 부탁한 것을 얻다. 2 (U) 수요(demand). ¶She is in great ~ as a singer. 그녀는 가수로서 여기저기 오라는 데가 많다. 3 의뢰장, 의뢰서, 청원서, 요청장, 요청서, 요구서. ¶receive a formal ~ 공식 요청을 받다.
at a person's request; at the request of a person 남의 요청[의뢰]에 의해.
at the urgent request of …의 간청에 의해.

be in (great) request 수요가 (많이) 있다. 「*of*」
by [or **at**] **request** 요구에 따라, 요청[의뢰]에 의해
come into request 수요가 생기다, 필요하게 되다.
make requests [or **a request**] **for** …을 요청[간청]하다.
on [or **upon**] **request** 신청[청구]하는 대로 (곧).
── 国 1 …을 요청하다, 구하다, 원하다, 간청하다. ¶ ~ a permission to go out 외출 허가를 구하다. 2 [남]에게 …하도록 원하다, 의뢰하다, 부탁하다. ⇒ BEG 유의어 ¶ (~+目+to do) Gentlemen are ~ed not to smoke in this room. 이 방에서는 흡연을 삼가 주십시오 // (~+that 절) (~+目+that 절) He ~ed (us) that we (should) pay attention to the fact. 그는 우리에게 그 사실에 유의하도록 요청했다 (※ (美)에서는 종종 should 를 생략한다).
as requested 요청받은 대로.
~·er 청구자, 의뢰자.　　　　　　　　「양륙 허가원.
requést nòte 國 [英법률] (세관에 제출하는) 과세품
requést stòp 國 [英] 임시 버스 정류장.
re·quick·en [rikwíkn] 國 소생시키다[하다].
Req·ui·em [rékwiəm, ríːk-/rékwiəm, -èm] 國 (때로 r-) 1 [가톨릭] 레퀴엠, 죽은 이를 위한 미사(~ Mass); 그 곡[성가]. 2 진혼곡, 애가, 만가(挽歌).
réquiem shàrk 강남상어과(科)의 상어.
re·qui·es·cat [rèkwiéska:t, -kæt] 國 죽은 사람의 영혼의 안식을 위한 기도, 진혼의 기도.
requiescat in pa·ce [-in pá:tʃei/-in péisi] 고이 잠드소서 (종종 묘비에 쓴다; 國 R.I.P.).
(<L may he[or she] rest in peace)
re·quin [rikǽn] 國 = requiem shark.
‡**re·quire** [rikwáiər] 國 (~s [-z]; ~d; -quir·ing) 国 1 …을 필요로 하다, …이 필요하다 (*doing, that* 절). ¶ The matter ~s haste. 이 일은 긴급을 요한다 // (~+*to do*) (~+-*ing*) We ~ to know it. = We ~ *knowing* it. 우리는 그것을 알 필요가 있다 // (~+*that* 절) The emergency ~s *that* it (should) be done. 위급한 때이므로 그것을 하지 않으면 안 된다 (※ (美)에서는 종종 should 를 생략한다). 2 (권위를 가지고) …에게 …할 것을 요구하다, 명하다, 요청하다 (*from*, *of*/*to do*, *that* 절). ⇒ DEMAND 유의어 ¶ I'll do all that is ~d of me. 나에게 요구되는 일은 전부 하겠다 // They ~ some more money *from* us. 그들은 우리에게 돈을 더 요구하고 있다 // He ~d them *to* be present. 그는 그들에게 출석할 것을 명했다 // He ~d *that* I (should) pay the money. 그는 나에게 돈을 지불하라고 말했다. 3 착용 의무가 있다. ¶ We usually ~ a tie at this table. 이 테이블에서는 넥타이를 매야 합니다. 4 (英) …을 바라다. …가 갖고 싶다. ¶ Will you ~ tea at four o'clock? 4 시에 차 들겠습니까? ── 困 필요하다; (법률 따위가) 요구하다, 명하다. ¶ We should do as the law ~s. 우리는 법률이 요구하는 대로 해야 한다.
if circumstances require 필요하다면.
It requires that… …할 필요가 있다.
-quír·a·ble 國 **-quír·er** 國
re·quired [rikwáiərd] 國 (美대학) 필수 (必修)의.
requíred cóurse 國 (학교의) 필수 과목[단위].
requíred réading 國 필독 도서.
‡**re·quire·ment** [rikwáiərmənt] 國 1 필요한 것, 요구되는 것; 필요 조건, 요건(要件); 자격 (*for*). ¶ ~s *for* graduation 졸업 요건 / the daily ~s of the sick 환자가 매일 필요로 하는 것. 2 [U][C] 요구(하기).

<u>유의어</u> **requirement** 일정한 규정에 따라 남에게 요구되는 조건. **requisite** 외부로부터 요구되는 것이 아니라, 그 자체의 본질상 필요한 것.

*__**req·ui·site** [rékwəzit] 國 필요한, 필수의, 불가결한 (*for, to*). ⇒ NECESSARY 유의어 ¶ the number of votes ~ *for* [or *to*] election 선거에 필요한 투표수. ── 國 (보통 ~s) 필요품, 필수품; 필수 조건, 요소, 요건 (*for, to*). ⇒ REQUIREMENT 유의어 ¶ ~s *to* [or *for*] life 생활 필수품. **~·ly** 國 **~·ness** 國
req·ui·si·tion [rèkwəzíʃən] 國 1 Ⓤ (정식) 요구, 요청; Ⓒ 요구서; 청구서; 소환장. ¶ on the ~ of …의 요구로 / make ~ *for* …을 청구하다. 2 Ⓤ (군사) 징발, 조달; 징발[조달] 명령; Ⓒ (보급품의) 조달 명령서 (*for*). 3 Ⓤ 필요, 소용 (*for*); 필요 조건, 자격 (*for, in*). 4 (정부 간의) 범죄인 인도 요구[요청].
be in [or *under*] *requisition* 수요가 있다; 사용되고 있다.
call [or *bring, place*] *…into requisition*; *put…in requisition*; *lay…under requisition* …을 징발하다, 징용하다.
on a person's requisition; *on the requisition of a person* 남의 요구로.
── 國 …을 요구하다; (군사) (사람·물자 따위)를 징집하다, 징발하다 (*for*). (~+目+*for*/~+目+*from*+[名]) ¶ ~ supplies *for* troops 군용 물자를 징발하다 / ~ noble metals *from* a town 읍내에서 귀금속을 징발하다.
-ar·y 國 **-er, ~·ist** 國
re·quit·al [rikwáitl] 國Ⓤ 보답, 보수; (친절·수고에 대한) 사례, 답례(품); 보복, 앙갚음.　　　　　「으로.
in requital for [or *of*] …의 앙갚음으로; …의 보답
re·quite [rikwáit] 國 1 (친절 따위)에 보답하다; [남]에게 은혜를 갚다. ¶ ~ a person's kindness 남의 친절에 보답하다 // (~+目+*with*+[名]) ~ good *with* evil 은혜를 원수로 갚다 / ~ a person *for* a benefit 남에게 은혜를 갚다. 2 [학대·불법 따위]에 앙갚음하다; [남]에게 보복하다 (*with*). ¶ ~ a traitor *with* death 배반자를 사형에 처하다. 3 …을 메우다, 보상하다.
requite like for like 같은 방법으로 갚다[보복하다].
-quít·a·ble 國 **~·ment, -quít·er** 國
re·ra·di·ate [ri:réidièit] 國 [물리] (전자파 등을) 재방사하다. **-ra·di·á·tion** 國 **-a·tive** 國
re·rail [ri:réil] 國 (기관차)를 선로에 복귀시키다.
re·read [ri:ríːd] 國 (**-read** [-réd]) …을 재독하다, 다시 읽다. ── 國 다시 읽기, 재독. **~·a·ble** 國
re·re·cord [ri:rikɔ́ːrd] 國 …을 재녹음하다; (다른 테이프에) 옮겨 녹음하다.
re·re·cord·ing [ri:rikɔ́ːrdiŋ] 國 (영화) 재녹음.
rere·dos [ríərdɑs/ríədɔs] 國 (교회 제단 뒤의) 장식 병풍[벽, 스크린]; (벽난로·평로의) 뒷벽.
re·re·fine [ri:rifáin] 國 (사용한 모터 오일)을 (윤활유로 만들기 위해) 재생[재정제]하다.
re·re·lease [ri:rilíːs] 國 재공개, 재발매. ── 國 [영화·레코드 등]을 재공개[발매]하다.　　「(고어) 박쥐.
rere·mouse [ríərmàus] 國 (图 **-mice** [-màis])
re·route [ri:rúːt, (군사) -ráut] 國 …을 새로운[다른] 길로 수송하다; …의 길[여정]을 변경하다.
re·run 國 (**-ran**; **-run**; **-run·ning**) 1 …을 재상영[재방송, 재상연]하다. 2 (컴퓨터) 를 재계산하다. 3 (경주)를 한 번 더하다. ── 國 [ˊ-] 1 재상영, 재방송, 재상연. 2 (컴퓨터) 재계산. 3 재상영 영화, 재방송 프로. 4 재경주. 5 (구어) 모방작, 개작.
res [riz, reis] 國 (图 ~) (법률) 목적물, 물건, 사물, 사실; 사건; 재산. [<L]
res. research; reserve; residence; resident(s); resides; residue; resigned; resistance; resistor; resolution.
re·sad·dle [ri:sǽdl] 國 …에 안장을 고쳐 얹다.
re·sail [ri:séil] 國 다시 항해하다; 귀항하다. ── 國 …을 다시 항해하다. 國 재범주 레이스.
re·sale [ríːsèil, ˋˊ] 國Ⓤ[C] 재판매, 전매. ── 國 중고(中古)의. **·sál·a·ble** 國
résale príce màintenance 國 (英경제) 재판매 가격 유지(图 r.p.m.).

résale shòp 圀 **(美)** (보통 자선 자금 조달을 위한) 중고품 판매점.

re·sa·lute [riːsəlúːt] 图터 답례하다, 다시 인사하다.

re·saw 图터 [riːsɔ́ː] 1 **(~ed, ~ed, -sawn)** 다시 톱으로 썰다. ── 图 [´-] (통나무를) 세로 켜는 톱; (그 톱으로 제재한) 목재. **~·er, ~·yer**

re·scale [riːskéil] 图터 규모를 고치다[축소하다], 적당한 규모로 고치다.

re·sched·ule [riːskédʒu(ː)l] 图터 1 일정[예정]을 변경하다. 2 (대부란 따위)의 상환 기한을 연기하다.

re·scind [risínd] 图터 1 (법률 따위)를 폐지하다, 무효로 하다, 폐기하다 ; (계약 따위)를 취소하다, 철회하다. 2 제거하다. **~·a·ble** 휑 **~·er, ~·ment** 圀 폐지[철회], 취소, 파기.

re·scis·si·ble [risísəbl, -síz-] 휑 폐지[철회], 취소, 파기할 수 있는.

re·scis·sion [risíʒən] 圀U 무효로 하기; 취소, 폐기; 취소; 계약 해제.

re·scis·so·ry [risísəri, -síz-] 휑 무효로 하는, 폐지하는, 취소하는, 철회의, 취소의, 해제의.

re·script [ríːskript] 圀 1 (로마 황제의) 회칙(回勅); 교황 답서. 2 조칙(詔勅), 칙서, 칙령, 포고; 공식 발표. 3 고쳐 쓰기, 고쳐 쓴 것; 사본, 부본. 4 **(美법률)** (상급 법원의) 지시서, (법원 서기관에 대한) 명령서.

‡**res·cue** [réskjuː] 图터 **(~s** [-z] ; **~d; -cu·ing)** 1 〔남〕을 구조하다, 구하다, 구제하다; 〔남〕을 해방하다 **(from)**. ⇨SAVE 유의어 ¶ (~+ 目+ 前+ 名) ~ a child *from* drowning 물에 빠진 아이를 구조하다. 2 〔법률〕〔압류 물건〕을 불법으로 탈환하다; 〔죄수〕를 탈출시키다; 〔재산 따위〕를 탈취하다. 3 (중절 반대 운동에 의해) 〔태아〕를 낙태에서 구하다. ── 图 (~**s** [-z]) 1 UC 구조, 구출, 구제; **(형용사적)** 구조[구제]를 위한. ¶ a *party* ~ 구조대. 2 U 〔법률〕 불법 석방, 불법 탈취; (죄인의) 탈주.

go [come] to the rescue of a person; go [come] to a person's rescue 남을 구하러 가다 [오다].

-cu·a·ble 휑 **²cu·ée** 圀 구출된 사람. **~·less** 휑

réscue báll 圀 개인용 우주 탈출 구형(球形) 장치(우주선이 고장났을 때 다른 우주선으로 옮기는 데 사용).

réscue bóat 圀 해난(海難) 구조선.

réscue míssion 圀 구조대; (영세민) 구제 전도단.

res·cu·er [réskjuːər] 圀 구조자, 구출자; 구제자.

re·seal [riːsíːl] 图터 …을 다시[고쳐] 봉(封)하다.

‡**re·search** [risə́ːrtʃ, ríːsəːrtʃ] 圀 (~**es** [-iz]) 1 UC (종종 ~**es**) (학술적) 연구, 탐구, 조사 **(on, in, into)**. ⇨EXAMINATION 유의어 ¶ *space* [*market*] ~ 우주 탐구[시장 조사]/~*es into* the history of languages 언어사의 연구// make academic ~*es* 학문적 연구를 하다. 2 (신중한) 수색, 탐구, 조사 **(for, after)**. ¶ ~*es after* the cause of a fire 화재의 원인 조사. 3 U 연구 능력[의욕]. ¶ a scholar of great literary ~ 문학 연구에 관한 유능한 학자. 4 **(형용사적)** 연구용의, 연구에 종사하는.

carry out [or conduct, do] research(es) on …에 관한 연구를 하다, …을 연구하다.

── 图짐 연구[조사]하다 **(into, in, on)**. ¶ ~ *into* a problem 문제를 조사하다. ── 터 …을 연구[조사]하다. **~·a·ble** 휑 **~·ist** 圀

re·search [riːsə́ːrtʃ] 图터 (…을) 재조사[검사, 수색]하다.

reséarch and devélopment 圀 (기업의) 연구 개발(⑩ R & D).

*****re·search·er** [risə́ːrtʃər, ríːsəːrtʃ-] 圀 연구자, 조사자.

re·search·ful [risə́ːrtʃfəl, ríːsəːrtʃ-] 휑 학구적인; 연구에 몰두하는.

reséarch líbrary 圀 학술[연구] 도서관.

reséarch párk 圀 연구 개발 단지. ⓐ industrial park

reséarch proféssor 圀 연구 교수.

reséarch reáctor 圀 연구[실험]용 원자로.

reséarch submérsible 圀 〔해사〕 (심해) 잠수 조

reséarch wórker 圀 =researcher.

re·seat [riːsíːt] 图터 1 …에 새 좌석을 마련하다. ¶ ~ a hall 홀에 새 좌석을 설비하다. 2 …을 다시 앉히다; …을 복직시키다. 3 (의자)의 시트를 갈다.

re·seau [reizóu, rə-/rézou] 圀 (⑨ ~**x** [~, -z], ~**s**) 1 그물코, 그물 모양의 조직. 2 그물 모양의 레이스 천. 3 〔천문〕 레조(천체 사진 촬영시 건판(乾板)에 놓는 방안(方眼)). 4 〔기상〕 레조, 기상 관측망. [<F]

re·sect [risékt] 图터 〔외과〕 〔조직의 일부〕를 절제하다.

re·sec·tion [risékʃən] 圀U 〔외과〕 절제(술); (측량) 후방 교회법(交會法). ── **·al** 휑

re·se·da [risídə/résidə] 圀 1 목서초(木犀草) (목서과의 1년생 초목). 2 U 회록색. ── 휑 회록색의.

re·seed [riːsíːd] 图터 1 …에 다시 씨를 뿌리다. 2 (재귀법적으로) (식물이) 자생하다. ── 집 자생하다.

re·seg·re·gate [riːségrəgeit] 图터 **(美)** (어떤 인종)을 재격리하다, 인종차별을 다시 행하다.

-gá·tion 圀 …을 도로 빼앗다.

re·seize [riːsíːz] 图터 1 …을 다시 잡다; 재점유하다.

re·sei·zure [riːsíːʒər] 圀UC 재점유, 탈환.

re·se·lect [riːsilékt] 图터 …을 다시 고르다, 재선발하다.

-léc·tion 圀

re·sell [riːsél] 图터 **(-sold)** …을 다시 팔다, 전매하다.

*****re·sem·blance** [rizémbləns] 圀 1 U 유사, 상사, 닮은; C 유사점, 상사점 **(to, between, of)**. ⇨LIKENESS 유의어 ¶ There is a close ~ *between* the two. 양자는 많이 닮았다. 2 유사물; 닮은 얼굴; 초상, 상. 3 (고어) 외관, 외형.

bear [or have] (a) resemblance to …을 닮다.

re·sem·blant [rizémblənt] 휑 1 (…을) 닮은, 유사한 **(to)**. 2 (예술 따위가) 재현하는, 모방하는, 사실적인.

‡**re·sem·ble** [rizémbl] 图터 **(~s** [-z]; **~d; -bling)** 1 …을 닮다; …와 공통점이 있다. 2 (고어) …을 (…에) 비유하다 **(to)**. ── 집 닮다.

re·send [riːsénd] 图터 **(-sent)** 1 …을 다시 보내다. 2 …을 반송하다. 3 〔통신〕 전송(轉送)하다.

*****re·sent** [rizént] 图터 〔남의 언행 따위〕를 불쾌하게 여기다, 분개하다, 노하다, 원망하다 **(doing)**. ¶ ~ an unfavorable criticism 비우호적인 비평에 분개하다 // **(~+-ing)** I ~ his *being* too arrogant. 그가 너무 오만해서 불쾌하다. **~·ing·ly** 튀 **~·ive** 휑

re·sent·ful [rizéntfəl] 휑 화난, 분개한, 노한; 원망하는; 성 잘내는. **~·ly** 튀 **~·ness** 圀

*****re·sent·ment** [rizéntmənt] 圀 노함, 분개; 적의, 원한. 르핀(혈압 강하제).

re·ser·pine [résərpin, rəsə́ːr-] 圀UC (약학) 레세르핀(혈압 강하제).

*****res·er·va·tion** [rèzərvéiʃən] 圀 1 U (권리 따위의) 보류, 유보; C 유보된 권리[권력, 이익]; 〔법률〕 (재산권 따위의) 유보 (조항), 유보권. 2 (종종 ~**s**) 예약(⑩ booking), 지정, 확보; 예약된 것, 예약석[실]. ¶ cancel ~**s** 예약을 취소하다/ obtain [or secure] sleeper ~**s** 침대차 예약을 해두다. 3 (암묵적) 예외 (사항), 조건, 단서, 은폐, 비밀. ¶ *with* certain ~**s** 어떤 조건부로. 4 **(美)** (인디언 따위를 위한 정부의) 지정 거류지; (학교·삼림용 따위의) 공공 보류지. ¶ a military [an Indian] ~ 군용지[인디언 보호구역]. 5 **(영)** 금렵지(禁獵地); (새·포유 동물 따위의) 사육지. 6 a) 〔교회〕(병자 등을 위한) 성체의 보존. b) U 〔가톨릭〕 (교황에게 유보된) 성직 임명권; (그 밖의) 보류권. 7 **(英)** (도로의) 중앙 분리대. 「유보 조항을 말하는.

make reservations 예약을 하다 **(for)** (조약 등에)

off the reservation 속박에서 벗어나, 마음 편히.

on the reservation **(美구어)** (특정 정당에) 계속 소속되어[떠나지 않고].

without reservation 기탄없이, 솔직히; 무조건.

with the reservation that... …이라는 조건부로.

res·er·va·tion·ist [rèzərvéiʃənist] 圀 예약 접수계.

‡re·serve [rizə́:rv] 통転 (~s [-z]; ~d; -serv·ing) 1 (후일을 위해) …을 떼어 두다, 비축하다, 남겨 두다(for). ⇨KEEP 유의어 ¶(~+目+前+名) ~ money for a rainy day 만약의 경우에 대비하여 돈을 따로 저축한다. 2 (특정인·특정 목적 따위를 위하여) …을 마련해 두다, 따로 떼어두다, 준비해 두다; …을 예정하다; (군사) …을 확보해 두다(for). ¶ground ~d for gardening 원예용으로 떼어놓은 땅. 3 (좌석·방) 을 예약하다(for). ¶Please ~ a table for me. 테이블을 예약해주세요 / All Seats Reserved. (게시) 예약석, 전체 지정석. 4 (법률) (권리·이익 따위)를 유보하다, 보류하다, 보유하다(to). ¶ ~ the right to refuse 거부권을 유보하다. 5 …을 연기하다, 넘기다; (지금은) …을 유보해 두다, 보류하다. ¶ ~ criticism 지금은 비평을 삼가다. 6 (보통 수동으로) (…할) 운명을 지우다(for). ¶A great future is ~d for him. 그에게는 양양한 앞길이 약속되어 있다. 7 (군사) (병자·불참패자를 위하여) (성체(聖體)의) 빵을 남겨 두다: (교황·주교가) (사면권을) 유보[보류]하다: (교황이) (성직 임명권을) 유보[보류]하다. 8 (채색한 도자기의 표면의) (바탕색을) 남겨 놓는다.
reserve oneself for …을 위하여 정력을 비축해 두다.
— 명 (愚) ~s [-z] 1 (종종 ~s) (후일을 위해의) 비축, 보관품, 예비품; U 비축되어 있음, 축적, 적립; 보류, 예비, 보존(of). ¶have [or keep] a good ~ of food for emergencies 비상시에 대비하여 식량을 충분히 비축해 두다. 2 (금융) (은행 따위의) 준비금, 예비금, 적립금. ¶a legal ~ 법정 적립금 / the ~ of foreign currency 외화 준비금. 3 U 삼가기, 겸손; 사양, 수줍음; 침묵; 자제. ¶maintain ~ on political problems 정치적인 문제에 관해서는 말을 삼가다. 4 U 제한(조건), 한정; 감안, 참작; C (경매 따위의) 최저 가격. 5 (특수한 목적을 위한 정부의) 지정 지역, 보호지, 특별 보류지. ¶a forest [game] ~ 보안림[금렵구]. 6 (경기) 예비[후보]선수; 보결 팀, 제2군; (품평회 등에서 입상자 실격의 경우 입상자가 되는) 예비 입상자, 차석이 될 사람 [동물]. 7 (군사) (종종 ~s) 예비 부대[함대, 군]; (the R~) 예비 병력[군]. ¶a soldier in the ~[~s] 예비역 군인. 8 예비 발전 시설. ¶a ready ~ 대기중의 예비 발전기. 9 (긴급시에 대비한) 예비 재원[자원], 예비비.
break down [or throw off] reserve 흥금을 털어놓다, 마음을 터놓다.
in reserve 따로 남겨[떼어]둔; 예비의. ¶hold [or have, keep]…*in* ~ …을 비축해 두다; (…에) 넣다.
place [or carry]…to reserve …을 준비[적립]금으로 돌리다.
use up one's reserve of 비축한 …을 다쓰다.
with all (proper) reserve(s) 진위(眞僞)에 대한 보증은 일체 하지 않고, 보류하고; 동의하지 않고.
without reserve ① 솔직히, 기탄없이, 거리낌없이. ② 무조건으로; 최저 가격을 정하지 않고.
with reserve 조건부로; 삼가하여, 참작하여. ¶*His words must be taken with a certain* ~. 그의 말은 다소 감안해서 들어야 한다.
— 혱 (한정적用法) 1 a) 따로 남겨둔, 예비의. ¶a ~ fund 준비금, 적립금. b) (가격의) 최저 제한[한도]의. 2 (가축이) 동물 전시회에서 차점을 받은. ¶the ~ champion steer (품평회에서) 차점을 받은 육용 수퇘지.
-*sérv·a·ble* ─ -*sérv·er* 명
re-serve [ri:sə́:rv] 통転 …을 다시[새로] 내놓다; …에 다시 근무하다.
resérve bànk 명 1 (美) 준비 은행(12개 연방 준비 은행(Federal Reserve Bank)의 하나). 2 (일반적으로) 준비 은행.
resérve búoyancy 명 (해사) 예비 부력.
resérve capácity 명 (자동차) (배터리의) 예비 용량.
resérve cárd 명 (도서관의) 대출 예약 카드.
resérve cíty 명 (美) 준비금 도시(전국 47개 금융 중심 도시의 하나).
resérve cláuse 명 (스포츠) 유보 조항(프로 선수는 계약 해제나 트레이드에 의해서만 이적이 가능함을 규정하는 조항).
resérve cùrrency 명 (경제) 준비 통화(dollar화처럼 국제 결제수단으로 사용되는 통용성이 높은 통화).
*re·served [rizə́:rvd] 혱 1 보류한, 따로 떼어둔, 보존하여 둔. 2 예약한, 대절한, 지정된. ¶ ~ seats 예약석. 3 제한된. 4 겸양하는, 서름서름한, 말없는, 내성적인. ¶be ~ in speech 말을 조심성 있게 하다. 5 (군사) 예비의. 6 (칠할 때 바탕의) 원색을 남겨놓은.
-*sérv·ed·ly* 부 삼가하여, 조심스럽게. -*sérv·ed·ness* 명
resérved ármy 명 예비군.
resérved bóok 명 (도서관의) 대출[열람] 예약 도서; 필수 과목용 참고서.
resérved líst 명 (英) 해군 예비역 장교 명부.
resérved occupátion 명 (英) 전시중 병역 면제 (종종 ~s) 유보 권한. [직업.
resérved pówer 명
resérved wórd 명 (컴퓨터) 예약어(語)(프로그래밍 언어 중에서 의미가 특정되어 변경할 수 없는 단어).
resérve gràde 명 (濠) (스포츠 팀의) 2군.
resérve ófficer 명 예비역 장교.
Resérve Ófficers Tráining Còrps 명 (대학의) 예비 장교 훈련단, 학군단(略 ROTC).
resérve príce 명 (英) 최저 경매 가격.
resérve rátion 명 (군사) 예비[비상] 식량.
resérve trànche [F -trɑ̃:ʃ] 명 (금융) 리저브 트랑시(국제 통화 기금(IMF)의 각 가맹국이 무조건 이용할 수 있는 25%의 자금 할당).
re·serv·ist [rizə́:rvist] 명 예비병, 재향 군인.
*res·er·voir [rézərvwɑ̀:r, -vɔ̀:r/rézəvwɑ̀:] 명 1 저수지, 저수장; 저수조(槽); 가스 탱크; 유조(油槽); (램프의) 기름통; (만년필의) 잉크통. ¶a depositing [or a settling] ~ 침전지(沈澱池). 2 (생물) (분비물의) 저장 기관. 3 저장소; 저장고. 4 (비유적) (경험·지식의) 저장, 축적, 비축, 보고(實庫). ¶a ~ of knowledge 지식의 보고. 5 (지질) 천연 가스층, 유층(油層). 6 공급원, 모체. 7 (생물) 보균자, 보유 숙주. (또는 ~ hòst) 8 (병리) 감염원, 병원소(巢). 9 (해부) (정자·임파 등의) 저장소. — 통転 …을 저장하다, (물)을 저수지에 저장하다.
re·set¹ [ri:sét] (-set; -set·ting) 통転 1 …을 다시 놓다, (활자)를 다시 짜다, (보석)을 고쳐 끼우다; (머리)를 다시 세트하다; (시계 따위)를 조정하다. ¶(~+目+前+名) ~ a field with plants 밭에 식물을 다시 심다. 2 (톱 따위)를 날을 고쳐 세우다, 다시 갈다. 3 (부러진 뼈)를 이어 맞추다, 정형하다. 4 (컴퓨터) …을 지우다, 리셋하다, 재(再) 세트한 상태가 되다.
— 명 [´-´] 1 다시 놓기[끼우기, 짜기], 고쳐 장치하기; 다시 놓은[끼운, 짠] 것. 2 이식한 식물. 3 복원 장치. 4 (볼링) 핀(pin)을 다시 세우기, 리셋.
re·set² [ri:sét] (-*tt*-) 통転 (스코) (훔친 물건인줄 알면서) 받다, 고매(故買)하다, (죄인)을 은닉하다. — 명U (스코) 장물 수수, 범인 은닉.
re·set·tle [ri:sétl] 통転 1 (분쟁·사태 따위)를 다시 안정[진정]시키다. 2 …에 다시 식민하다, (난민 따위)를 다른 나라에 정주시키다. ¶He ~d himself *in* Korea. 그는 다시 한국에 정주하였다. — 자 다시 안정하다; 다시 안주(安住)하다. [주: 재진정.
re·set·tle·ment [ri:sétlmənt] 명U 재식민, 재정
res ges·tae [ri:z dʒésti:, réis-] 명 1 되어진 일; 실적, 업적. 2 (법률) 부수 사실, 수반 사항, 부대 상황.
re·shape [ri:ʃéip] 통転 …을 다시 만들다; …을 새로운 모양으로 하다. -*sháp·er* 명 [하다, 다시 벼리다.
re·sharp·en [ri:ʃɑ́:rpən] 통転 …을 다시 날카롭게
re·ship [ri:ʃíp] 통転 1 …을 다시 배에 싣다. 2 …을 딴 배에 옮겨 싣다. — 자 (선원으로) 다시 승선하다; (선원이) 다음 항해의 재계약을 하다. ~*ment* 명
re·shuf·fle [ri:ʃʌ́fl] 통転 1 (카드의 패)를 다시 치

다. 2 〔사태 따위〕를 전환시키다; 〔각료 등〕을 바꾸다, 〔내각〕을 개편하다. — [명] 패를 다시 치기; (사태 따위의) 전환; (내각 따위의) 개편, 개조.

re·sid [rizíd] [명] 〔화학〕 (원유를 정제하고 남은) 잔류 기름(중유·아스팔트의 원료). [<*resid*ual oil]

‡**re·side** [rizáid] [동][자] (~**s** [-z]; ***-sid·ed; -sid·ing***) **1** 살다, 거주하다(⇨LIVE [유의어]); 주재하다, 재직하다 (*in, at*). ¶ (~+[前]+[名]) He ~*s* here *in* Seoul. 그는 서울에 살고 있다. **2** (물건·성질 따위가) 갖추어져 있다, 존재하다(*in*). ¶ (~+[前]+[名]) The value ~*s* solely *in* this point. 그 값어치는 전적으로 이 점에 있다. **3** (권리 따위가) 귀속되다, 속하다(*in*). ¶ (~+[前]+[名]) The power of decision ~*s in* the President. 결정권은 대통령에게 있다. **-síd·er** [명]

‡**res·i·dence** [rézədəns] [명] **1** 주택, 주거; (큰, 훌륭한) 저택, 집. ⇨HOUSE [유의어] ¶an official ~ 관저/change one's ~ 이사하다. **2** [U] 거주, 거류. ¶during his ~ in Spain 스페인 거류중에. **3** (공무·연구를 위한) 주재, 체재. ¶*R*– is required. 임지에 주재함을 요함. **4** [U] 주재[거류, 거주] 기간. **5** [U] (권력 따위의) 소재. **6** 본사[본점] 소재지. **7** 〔화학〕 =~ time 1.

have [or ***keep***] *one's* ***residence*** 거주하다, 살다.

in residence 주재하여; 구내 거주하여; 재택하여.

take up *one's* ***residence*** (***in***) (…에) 주거를 정하다.

résidence time [명] **1** 〔화학〕 체류 시간(화학 반응물이 반응기(器)내에 있는 시간). **2** 〔물리〕 체류 시간(핵폭발후 방사성 물질이 대기중에 잔류하는 시간).

res·i·den·cy [rézədənsi] [명] **1** =residence 2. **2** (옛날 인도의 각 지방에 있던) 영국 총독 대리의 관저. **3** 이사주(理事州)(옛 네덜란드령(領) 동인도의 행정 구획). **4** [U] (병원에서) 전문의 실습 기간, 레지던트의 신분. **5** 외국 주재 첩보기관.

‡**res·i·dent** [rézədənt] [명] **1** 거주자, 정주자; 거류민. ¶summer ~*s* 피서객. **2** (R–) 변리(辨理) 공사, 외국 주재 사무[외교]관; 〔英역사〕 (인도 따위의) 영국 총독 대리; 옛 네덜란드령 동인도 지사. **3** 《美·캐나다》 전공의(전문의 수련자), 레지던트. **4** 전문학 실습생, 연구생(연구실 따위에서 연수하는 대학원의 학생 등). **5** 유조(留鳥), 텃새([참] migrant).

— [형] **1** 사는, 거주하는(*in, at*). ¶be ~ *in* [or *at*] … 에 거주하다. **2** 거류하는, 들어가 사는, 주재하는. ¶a ~ tutor 입주 가정 교사. **3** 내재하는, 고유의(*in*). ¶ energy ~ *in* matter 물질에 내재하는 에너지. **4** (새·동물이) 정주성의, 텃새의([참] migratory). **5** 〔컴퓨터〕 상주(常駐)의(데이터가 일정한 곳에 있는).

résident álien [명] 《美》 (합법적) 거류 외국인(미국에 법률상 유효한 주거가 있는 외국인; 미국 시민이 되기 위해 미국에 이주한 외국인).

résident commíssioner [명] **1** 《美》 (하원의) 푸에르토리코 대표(발언권은 있으나 표결권이 없다). **2** 《英》 (식민지 따위의) 판무관. 「주자.

res·i·dent·er [rézədəntər] [명] 《스코·美》 주민, 거

***res·i·den·tial** [rèzədénʃəl] [형] **1** 주거의, 거주의; 주택에 관한. **2** 주택(용)의, 거주에 알맞은. **3** (학생을 위한) 숙박 시설이 있는. **4** (과목이) 강의에 출석을 요하는, (연구 따위가) 대학내 체류를 요하는.

-den·ti·ál·i·ty [명] **~·ly** [부] 거주지역에 관해서.

residéntial cáre [명] 《英》 거주 간호(어린이·정신 장애자에게 보호 시설을 제공하는 일).

residéntial hotél [명] 거주용 호텔, 호텔식 아파트.

residéntial qualificátions [명][복] (투표에 필요한) 거주 요건[자격].

residéntial schóol [명] 《캐나다》 기숙 학교(인디언·이누잇 족의 자녀들을 위한).

residéntial tréatment facílity [명] 《美》 (정신 질환자의) 거주형 요양 시설, 정신 병원.

res·i·den·ti·ar·y [rèzədénʃièri/-ʃəri] [형] 거주하는, 거류하는; (일정 기간) 관사에 거주해야 하는. — [명] 거주자, 주재(住在)자; 〔교회〕 주재 성직자.

résident physícian [명] 《美》 (병원 입주) 수련의.

résident registrátion [명] 주민 등록. ⌊레지던트.

résidents associátion [명] 《英》 지역 주민회.

résident stúdent [명] (통학생에 대해) 기숙생; 《美》 해당 주(州) 출신 학생. 「[판자벽] 보강재.

re·sid·ing [ri:sáidiŋ] [명] 〔건축〕 (건물 외벽의) 벽널

re·sid·u·a [rizídʒuə/-djuə] [명] residuum의 복수형.

re·sid·u·al [rizídʒuəl/-djuəl] [형] **1** 남겨진, 나머지의, 잔류의. ¶~ property 잔여 재산. **2** 〔수학〕 나머지[잉여]의. **3** 재방송 출연[저작권]료의. **4** 미해결의, 미처리의. **5** 〔지질〕 잔적성(殘積成)의. **6** 〔의학〕 (배출 후에도 아직 기관(器官)에) 잔류하고 있는. — [명] **1** 나머지, 잔여, 찌꺼기; 잔류물. **2** 〔수학〕 잉여; 〔통계〕 오차. **3** 〔지질〕 잔구(殘丘). **4** (종종 ~s) (부상·수술 따위의) 후유증. **5** (보통 ~s) 《美》 재방송 출연료[저작권료]; 방영료(영화를 텔레비전에 방송할 때 지불하는 돈).

~·ly [부] 「전류 차단 장치.

resídual cúrrent device [명] (전기 기구의) 잔류

resídual érror [명] 〔물리·컴퓨터〕 잔여 오차(실험에서 얻어진 최적치와 이론에서 얻어지는 결과와의 차이).

resídual íncome [명] 실수입(實收入). 「nence).

resídual mágnetism [명] 〔전기〕 잔류 자기(rema-

resídual óil [명] 〔화학〕 잔유(殘油)(원유를 정제하고 남은 중질(重質) 부분).

resídual pówer [명] (종종 ~s) 잔존 권력(지방[주] 정부에 이관한 후에도 중앙 정부가 보유하는 권력).

resídual próduct [명] 부산물(by-product).

resídual secúrity [명] 〔증권〕 보통주(株); 보통주로 전환할 수 있는 증권.

resídual stréss [명] 〔야금〕 잔류 응력(應力).

resídual unemplóyment [명] 잔여 실업(심신 장애자로 인해 완전고용 후에도 남는 실업).

re·sid·u·ar·y [rizídʒuèri/-djuəri] [형] **1** 〔법률〕 잔여 재산의. ¶a ~ legatee 잔여 재산 수취인. **2** 나머지의, 잔여의; 잔재(殘滓)(성)의.

resíduary bequést [명] =residuary legacy.

resíduary cláuse [명] 〔법률〕 (유언중의) 잔여 유산 처분 조항.

resíduary estáte [명] 〔美법률〕 잔여 재산.

resíduary légacy [명] 〔법률〕 잔여(재산) 유증(遺贈).

res·i·due [rézəd*j*ù:/-djù:] [명] **1** (보통 a ~, the ~) 나머지, 잔여. ⇨REMAINDER [유의어] **2** 〔화학〕 잔류물; 잔기(殘基). **3** 〔법률〕 (유산의) 잔여 부분. **4** 〔수학〕 나머지. ⌊지.

for the residue 그밖의 것에 관해 말하면.

re·sid·u·um [rizídʒuəm/-dju-] [명] ([복] ***-u·a*** [-dʒuə/-djuə]) **1** 나머지, 잔여(물). ⇨REMAINDER [유의어] **2** 〔화학〕 (연소·증발 따위 뒤의) 잔재, 노폐물(waste product); 부산물. **3** 〔법률〕 잔여 재산. **4** 〔수학〕 잉여, 오차. **5** 최하층 사람, 인간 쓰레기.

‡**re·sign** [rizáin] [동] (~**s** [-z]) [자] **1** 사직[사임]하다, 퇴직하다(*from, as*). ¶ (~+[前]+[名]) ~ *from* the Cabinet 내각을 사퇴하다 // (~+*as* [補]) He ~*ed as* president. 그는 회장직에서 물러났다. **2** 포기하다, 양도하다; 《드물게》 굴하다, 따르다, 단념하다. — [타] **1** 〔직·지위 따위〕를 사임하다, 그만두다, 물러나다. ¶~ office 관직을 사임하다. **2** 〔권리 따위〕를 포기하다; 〔희망·요구 따위〕를 단념하다. **3** 《수동형·재귀용법으로》 (운명 따위에) 순순히 따르다[몸을 맡기다]; 단념[체념]하고 …하다; …에 빠지다(*to, to doing*). ¶I ~*ed myself* [or *was* ~*ed*] *to* fate. 나는 운명에 몸을 맡겼다. **4** (신뢰하여) …을 맡기다, 위탁하다; …을 양도하다(*to*). ¶ (~+[目]+[前]+[名]) ~ one's duties *to* more capable hands 보다 유능한 사람들에게 임무를 넘기다.

resign *one's* ***seat*** [or ***job, post***] 사직하다.

re-sign [ri:sáin] [동][타] **1** …에 다시[새로] 서명하다. **2** 〔계약〕을 갱신하다. — [자] (선수가) 계약을 갱신하다.

***res·ig·na·tion** [rèzignéiʃən] [명] **1** [U] 사직, 사임,

퇴직.¶~ from public life 공직으로부터의 사직/a letter of ~ 사직서. 2 사표, 사직원. 3 ① 인종(忍從), 감수, 체념, 단념(to). ¶~ to fate 운명의 감수[체념].
give in [or hand in, offer, send in, submit, tender] one's resignation 사표를 제출하다.
re·signed [rizáind] 형 1 순종하는; 체념[단념]한, 묵묵히 순종하는(to). 2 사직[퇴직]한.
~-sign·ed·ly [-záinidli] 부 ~-ness 명
re·sile [rizáil] 자 1 되튀다(rebound). (원래의 자리로) 되돌아가다, 탄력이 있다; 기운을 회복하다. 2 주저하다, 기가 꺾이다; (계약 따위에서) 손을 떼다(from). 3 회복력이 있다. ~-ment 명
re·sil·ience [rizíljəns/-liəns] 명 ⓤ ⓒ 1 탄성, 탄력(성). 2 회복[원기]력; 쾌활, 활기, 원기. 3 [물리] 탄성 에너지. (또는 resiliency)
re·sil·ient [rizíljənt/-liənt] 형 1 되돌아가는, 되튀는. 2 탄력있는, 복원력이 있는. ⇒ FLEXIBLE 유의어 3 (불운·병으로부터) 회복이 빠른; 쾌활한. ~-ly 부
*res·in [rézin] 명 ⓤ ⓒ 1 수지(樹脂); 송진. 2 합성 수지. ─ 타 ~을 수지로 가공하다. ~-like 형
res·in·ate [rézəneit] 타 ~을 수지로 처리하다, ~에 수지를 먹이다[스며들게 하다]. ─ 명 수지산염(酸鹽).
résin canàl [dùct] [식물] 수지도(道)
res·in·if·er·ous [rèzənífərəs] 형 수지를 분비하는.
res·in·i·form [rézənifɔːrm] 형 수지 모양의.
res·in·i·fy [rézənifai] 타 (화학) 수지화(化)하다. ─ 타 1 ···을 수지화하다. 2 ···을 수지로 처리하다.
res·in·oid [rézənɔid] 형 수지상[모양]의. ─ 명 수지상 물질; 합성 수지; 고무 수지.
res·in·ous [rézənəs] 형 수지질(質)의, 수지성이 있는, 수지에서 얻은. (또는 **resiny**) ~-ly 부 ~-ness 명
res·i·pis·cence [rèsəpísəns] 명 ⓤ (잘못에 대한) 회오, 개심(改心), 개전(改悛).
res ip·sa lo·qui·tur [ri:z ípsə lóukwitər, réis-, -lákwi-/-lɔ́kwi-] (법률) 과실 추정칙(推定則)(피고의 지배·관리하에 있는 것이 원인으로 발생한 위법 행위나 사고는 피고 과실에 의한 것으로 본다는 원칙).
(< L the thing speaks for itself)
‡**re·sist** [rizíst] 타 1 ···에 저항[반항]하다, 항쟁하다(doing); [열·힘·유혹 따위]에 견디다, 버티다. ⇒ OPPOSE 유의어 ¶~ being arrested 체포되지 않으려고 반항하다. 2 (병·화학 작용 따위)에 견디다, 침식되지 않다. ¶~ disease 병에 안 걸리다/Gold ~s rust. 금은 녹슬지 않는다. 3 (적 따위)를 격퇴하다, 막아내다. ¶~ an enemy 적을 격퇴하다. 4 ···을 방해하다; ···을 막다. ¶~ a stream 시냇물을 막다. 5 (원안(原案) 따위)에 반대하다; ···을 승인하지 않다; (법 따위)를 무시하다, 지키지 않다; ···을 거역하다. ¶~ the law 법을 무시하다. 6 (보통 부정문에서) ···을 참다, 누르다(doing). ¶I cannot ~ making a joke. 농담을 한마디 하지 않을 수 없다. ─ 자 저항[반항]하다; 견디다, 참다. ⑩ submit ─ 명 방부제, 방식(防蝕)제; (전기) (특히 칼리민의) 방염제(防炎劑); 절연(絕緣) 도료.
re·sist·a·ble [rizístəbl] 형 =resistible.
‡**re·sist·ance** [rizístəns] 명 (複 -anc·es [-iz]) 1 ⓤ 저항, 반항, 항쟁, 반대; 방해, 적대, ¶make no effort at ~ 저항의 노력을 하지 않다. 2 ⓤ 저항력, 저항성. ¶~ to disease 병에 대한 저항력. 3 ⓤ (마찰에 대한) 내구력, 내구성. 4 ⓤ (물리·전기) 저항; 저항 장치. 5 ⓤ (정신의학) 저항(정신병 환자의 치료에 저항하는 경향). 6 ⓤ (종종 the R-) (또는 ~ móvement) (2차 대전 중 나치(Nazi) 점령하의 프랑스 등지의) 지하 저항 운동, 레지스탕스. 「중요한 요리.
a piece of resistance 주요 작품, 압권(壓卷); 가장 ~
offer [or **make, put up**] **resistance to** [or **against**] ···에 저항하다.
take [or **choose, follow**] **the line of least resistance** 가장 쉬운[편한] 길[방법]을 취하다.

~-**less** 형
resístance bòx (전기) 저항함(函)[기(器)].
resístance còil (전기) 저항 코일.
resístance lével [àrea] (증권) 상가(上價) 저항선(주가 상승이 다량의 팔자에 의해 억제되는 수준).
resístance thermòmeter 명 저항 온도계.
resístance tràining 명 저항력 훈련.
resístance trànsfer fáctor 명 내성 전달 인자
resístance wélding 명 저항 용접.   ㄴ(略 RTF).
re·sist·ant [rizístənt] 형 저항[반항]하는, 방해하는; (복합어로) 내(耐)···의(to). (또는 **resistent**)
─ 명 저항자[물]; 방염제[물]; 방부제. ~-ly 부
resíst dyéing 명 =resist printing.
re·sist·er [rizístər] 명 저항자; 반정부주의자. 「격.
re·sist·i·bil·i·ty [rizìstəbíləti] 명 저항력, 반항
re·sist·i·ble [rizístəbl] 형 저항[저지]할 수 있는.
re·sist·ing·ly [rizístiŋli] 부 저항하여, 반항하여.
re·sis·tive [rizístiv] 형 저항성의; 저항력 있는. ~-ly 부 ~-ness 명
re·sis·tiv·i·ty [rì:zistívəti] 명 ⓤ 1 저항력, 저항성. 2 (전기) 저항률; 고유(固有) 저항.
re·sist·less [rizístlis] 형 저항하기 어려운, 불가항력의; 저항력이 없는. ~-ly 부 ~-ness 명
re·sis·to·jet [rizístoudʒèt] 명 저항 제트 엔진.
re·sis·tor [rizístər] 명 (전기) 저항기, 저항 장치.
resíst prínting 명 (염색) 날염(捺染).
re·sit [ri:sít] (-sat; -sit·ting) (시험)을 다시 치르다. ─ 명 [´-] 재시험. 「장소로 옮기다.
re·site [ri:sáit] 타 ···을 다른 장소[위치]에 두다, 다른
re·sit·ting [ri:sítiŋ] 명 (의회 등의) 재개회.
res ju·di·ca·ta [rí:z dʒù:dikéitə, réis-] 명 (법률) 기결(旣決) 사항[사건], (략)
(< L former adjudication)
re·skill [ri:skíl] 타 ···에게 새 기술을 가르치다, ···을 재교육하다[시키다]. 「외장재를 바꾸다.
re·skin [ri:skín] 타 ···의 표면[외장]을 수리하다,
res·me·thrin [rézmi:θrən, -méθ-] 명 (화학·약학) 레즈메트린(속효성 합성 살충제).
re·so·cial·i·za·tion [ri:sòuʃəlizéiʃən/-laiz-] 명 재사회화(사회 복귀를 위한 순응 교육).
re·soil [ri:sɔ́il] 타 1 (침식으로 상실된) 표토(表土)(골뿐)을 보충하다, 다시 흙을 넣다. 2 다시 더럽히다.
rés·o·jet èngine [rézoudʒèt-] 명 (항공) 레조제트 엔진(펄스 제트 엔진의 하나).   「(합)하다.
re·sol·der [ri:sáldər/-sɔ́ldə] 타 ···을 재결합[납
re·sole [ri:sóul] 타 (구두)의 가죽창을 갈아대다. ─ 명 [´-] (구두의) 새 가죽창.
re·so·lic·it [rì:səlísit] 타 ···을 재간청[청원]하다.
re·sol·u·ble¹ [rizáljubl, rézəl-/rizɔ́l-] 형 1 용해[분해]할 수 있는(resolvable). 2 해결할 수 있는.   「는.
re·sol·u·ble² [rì:sáljubl/-sɔ́l-] 형 재용해할 수 있
***res·o·lute** [rézəlù:t] 형 1 결심이 굳은, 단호한, 확고한(for, to do). ¶be ~ for peace 평화에 대한 결의가 굳다. / He is ~ to fight. 그는 싸울 결심을 하고 있다. 2 (고어) 의지가 굳은, 부동의; 착실한. 3 (폐어) 지불필의. ─ 명 결의가 굳은 사람. ─ 타 결의[결정]을 기초(起草)하다. ~-ness 명 「호[결연]히.
res·o·lute·ly [rézəlù:tli, `--`] 부 굳은 결의로, 단
‡**res·o·lu·tion** [rèzəlú:ʃən] 명 (複 ~s [-z]) 1 (의회·회의의) 결의(for, against, to do, that 절); 결의안[문, 사항]. ¶The meeting passed a ~ against war. 그 회의는 전쟁 반대 결의안을 가결했다. 2 ⓤ ⓒ 결심, 결의, 결단(력)(to). ¶make [or form] a ~ to get up early 일찍 일어날 결심을 하다. 3 ⓤ 단호한 기질, 확고 부동, 불굴, 과단(果斷). ¶a man of great ~ 단호한 기질의 소유자. 4 ⓤ 분해, 분석; 분해된 상태(into). ¶the ~ of sunlight into its spectral colors 햇빛의 스펙트럼 색분해. 5 전환, 변형, 변환(into). ¶the ~ of water into steam 물이 증기로 전

환되기. 6 [UC] (문제·의문 따위의) 해결, 해명, 해답. ¶the ~ of a question 문제의 해결. 7 〔광학〕 (현미경·렌즈의) 분해능(分解能); 〔TV〕 해상도(解像度); 〔전자〕 감도(感度) 한계. 8 〔화학〕 (라세미(racemic)체(體)의) 분할; 액화. 9 [U] 〔법률〕 재결(裁決); 〔의학〕 소산(消散) (종기·염증 따위가 곪지 않고 사그라지기); 〔음악〕 해결(불협화음에서 협화음으로 이행(移行)하기). 10 〔운율〕 음절 분해. 11 〔수학〕 (벡터의) 분해. 12 〔문학〕 해명부(복잡하게 얽힌 내용이 밝혀지는 부분). 13 (R–) (영국의) 전략 미사일 잠수함.

come to [or ***form, make, take***] ***a resolution*** 결심하다.

pass [or ***carry***] ***a resolution against*** [***for, in favor of***] …에 반대[찬성] 결의를 하다.

res·o·lu·tion·er [rèzəlúːʃənər] [명] 1 결의에 참가[서명]하는 사람. 2 (R–) 〔역사〕 (장로주의 옹호자 중) 1650 년 결의를 지지하는 그룹. (또는 **resolutionist**)

Resolútion Trúst Corporátion [명] 《美》 정리 신탁 공사(저축 대부 조합의 도산 구제를 위한 정부 기관; [약] RTC).

re·sol·u·tive [rizáljutiv, rézəlùːt-/rizɔ́ljut-] [형] 1 분해력이 있는, 용해[분해]할 수 있는; (고름 따위를) 삭힐 수 있는, (염증 따위를) 해소[경감]시키는. 2 〔법률〕 해제의 효과가 있는. ¶a ~ condition 해제 조건. 3 〔논리〕 분석적인, 해설적인. —[명] 《고어》 삭히는 약, 해응제(解凝劑)(resolvent).

re·solv·a·bil·i·ty [rizɑ̀lvəbíləti/-zɔ̀lv-] [명][U] 분해[분석, 용해] 가능성; 해결 가능성.

re·solv·a·ble [rizálvəbl/-zɔ́lv-] [형] 1 분해할 수 있는, 분석할 수 있는; 용해할 수 있는. 2 해결할 수 있는, 풀리는. (또는 **resolvible**)

re·solv·an·cy [rizálvənsi/-zɔ́lv-] [명] 《드물게》 결과, 해결.

‡**re·solve** [rizálv/-zɔ́lv] [동] (~***s*** [-z]; ~***d***; ***-solv·ing***) [타] 1 …에게 결심[결의]하게 하다, 결정하게 하다 (*to* do, *on doing*). ¶Your encouragement has ~*d* me *to* go [or *on going*] to college. 자네의 격려로 내가 대학에 갈 결심을 했다.

2 a) …을[…하려고] 결심[결의]하다. ⇨DECIDE [유의어] ¶(~+*to* do) ~ *to* quit smoking 담배를 끊으려고 결심하다 // (~+*that*[節]) He ~*d that* nothing should hold him back. 그는 어떤 일이 있어도 물러서지 않기로 결심했다. b) (의회가) …을 의결[결의, 표결]하다 (*that*[節], *to* do). ¶(~+*that*[節]) *Resolved that* this meeting is in favor of the motion. 동의에 찬성하기로 결의합니다(* 결의안을 가결하는 말) // (~+*to* do) The House ~*d to* take up the bill. 의회는 그 법안의 채택을 결의했다.

3 〔문제·의문 따위〕를 해결[해명]하다; …을 설명하다. ¶~ a problem 문제를 해결하다.

4 〔의심·공포 따위〕를 해소[제거]하다, 풀다. ¶His letter ~*d* all our doubts. 그의 편지는 우리의 의심을 말끔히 씻어 주었다. 5 …을 (구성 요소로) 분해[용해]시키다; …을 분석[분리]하다 (*into*). ¶(~+[目]+[前]+[名]) ~ water *into* oxygen and hydrogen 물을 산소와 수소로 분해시키다. 6 〔화학〕 〔라세미(racemic) 화합물〕을 분해시키다; 〔음악〕 〔음〕을 불협화음에서 협화음으로 이행시키다; 〔광학〕 〔상(像)〕을 분해하다, 따로따로 구별하다 (*in*); 〔의학〕 〔종기·염증 따위〕를 (곪지 않고) 삭게 하다, 소산시키다; 〔수학〕 …을 분해하다. 7 《재귀용법으로》 …을 변화[변형]시키다, 귀착시키다 (*into, to*). 8 (정신 분석에 의해) 〔긴장 따위〕를 완화시키다, 경감하다. 9 〔문학〕 〔연극 등〕에 해명부를 도입하다.

—[자] 1 (…하지 않기로/…하기로) 결심[결의]하다, 결정하다 (*against*/(*up*)*on* doing). ¶(~+[前]+[名]) He ~*d on making* an early start. 그는 일찍 출발하기로 결심했다. 2 (구성 요소로) 분해되다; (분해·분석 따위에 의해) …으로 되다, 변형되다, 환원되다, 변하다 (*into, in*). ¶~ *into* elements 요소로 분해되다. 3 〔음악〕 해결하다, 협화음으로 이행되다. 4 〔법률〕 무효가 되다, 실효하다; 소멸하다. 5 〔의학〕 (종기 따위가) 삭다. 6 《고어》 (…으로) 떠나기로 결정하다 (*for*).

resolve itself into …으로 분해[환원]되다; …으로 귀착되다, 결국 …이 되다. ¶The discussion ~*d itself into* an argument. 토론이 논쟁으로 변했다.

—[명] (복) ~***s*** [-z]) 1 [UC] 결심, 결의(*to* do). ¶make a ~ *to* abstain from alcohol 술을 끊기로 결심하다. 2 [U] 결단(력), 불굴(의 의지). 3 (의회 등의) 결의(resolution).

keep one's resolve 결심을 견지하다.

make a resolve 결심하다.

***re·solved** [rizálvd/-zɔ́l-] [형] 《서술용법》 결심한, 단호한, 결연한, 굳은; 깊이 생각한 나머지의, 신중한. ¶He is ~ *to* carry it out. 그는 그 일을 해낼 결심을 하고 있다. **-sólv·ed·ly** [-vidli] [부] **-sólv·ed·ness** [명]

re·sol·vent [rizálvənt/-zɔ́l-] [형] 용해시키는; 분해시키는; (종기를) 삭히는. —[명] 1 용(해)제, 분해물. 2 〔수학〕 분해 방정식. 3 (문제의) 해결법. 4 〔의학〕 (종기의) 소산제(消散劑), 삭히는 약.

re·solv·er [rizálvər/-zɔ́l-] [명] 1 결심하는 사람; 해결자, 결의자. 2 〔전자〕 리졸버(입력 신호를 몇 개의 성분으로 나누는 전자 장치).

re·sólv·ing pòwer [rizálviŋ-/-zɔ́l-] [명] 〔광학〕 (분광기 따위의) 분해능(分解能), 해상력(解像力).

res·o·nance [rézənəns] [명][U] 1 반향, 울림; 여운. 2 〔전기〕 (파장의) 공진(共振), 동조(同調). 3 〔물리·화학·음성〕 공명(共鳴), 공진. 4 〔의학〕 (타진시의 흉부의) 공명음.

résonance radiàtion [명] 〔물리〕 공명 방사.

res·o·nant [rézənənt] [형] 1 (소리·목소리가) 반향하는, 울리는; 잘 울리는, 낭랑한. ¶a ~ voice 낭랑한 목소리. 2 (벽·장소 따위가) 반향을 일으키는, 울리는 (*with*). 3 공명의, 공진의. 4 (주파수 따위가) 동조(同調)하는; 공명음의. —[명] 〔음성〕 공명음. **~·ly** [부]

résonant càvity [명] 〔전자〕 공진 공동(空洞).

résonant cìrcuit [명] 〔전자〕 공진 회로.

résonant-jét èngine [명] =resojet engine.

res·o·nate [rézənèit] [동][자] 1 반향하다; 공명하다; 울려퍼지다. 2 〔전자〕 공진(共振)하다. 3 (공명에 의해) 음성을 증폭시키다, 소리를 울리게 하다. 4 (메아리처럼) 되풀이하다. —[타] …을 반향시키다, 울려퍼지게 하다. **-ná·tion** [명]

res·o·na·tor [rézənèitər] [명] 1 공명[공진]체; 공명기. 2 공진형 주파수계. 3 〔전자〕 공동(空洞) 공진기. 4 〔자동차〕 레조네이터(공명식 소음기(消音器)).

re·sorb [risɔ́ːrb, -zɔ́ːrb] [동][타] 〔침출물 따위〕를 다시 흡수하다. —[자] 다시 흡수되다. **~·ence** [명] **~·ent** [형] **-sórp·tive** [형]

res·or·cin [rizɔ́ːrsin] [명] =resorcinol.

res·or·cin·ol [rizɔ́ːrsənɔ̀ːl, -nɑ̀l, re-/-nɔ̀l] [명][U] 〔화학·약학〕 레조르시놀, 레조르신(의약품·염료용).

re·sorp·tion [risɔ́ːrpʃən, -zɔ́ːrp-] [명] 1 흡수. 2 재흡수. 3 〔지질〕 용식(溶蝕) 작용. **-tive** [형]

‡**re·sort** [rizɔ́ːrt] [동][자] 1 (자주) 가다, 잘 다니다, (여럿이) 가다 (*to*). ¶(~+[前]+[名]) ~ *to* a hot spring 온천에 잘 다니다. 2 의지하다, 힘[도움]을 빌다, 호소하다, 힘을 쓰다 (*to*). ¶~ *to* violence 폭력에 호소하다.

—[명] 1 자주 가는 곳; 사람이 잘 가는[모이는] 장소; 행락지, 휴양지. ¶a summer [winter] ~ 피서[피한]지 / a ~ hotel 행락지 호텔 / a ski ~ 스키장 / the ~ industry 리조트 산업 / a popular student ~ 학생들이 잘 모이는 곳. 2 [UC] 자주 드나들기; 여러 사람이 드나들기; (사람이) 몰려들기. ¶a place of popular ~ (행락) 인파가 몰리는 곳. 3 [U] (사람·수단에의) 의지, 호소(*to*). ¶oppose any ~ *to* arms 어떤 무력 행사에도 반대하다. 4 의지가 되는 사람[것]; 수단, 방책, 방편, 수.

have [or ***make***] ***resort to*** (***force***) (힘)에 호소하다, (폭력)을 쓰다.

re-sort

in the [or *as a, as the*] *last resort* 마지막 수단으로서, 결국.
without resort to …에 의지[호소]하지 않고.
re·sort [risɔ́ːrt] 타 …을 다시 분류하다, 재분류하다.
re·sort·er [rizɔ́ːrtər] 명 잘[자주] 드나드는 사람, (휴양지 따위에) 잘 가는[모이는] 사람.
＊re·sound [rizáund] 자타 1 (장소가 소리 따위로) 울리다, (소리로) 가득 차다 (*with*). ¶ (~+전+명) The room ~ed with the children's shouts. 방안은 아이들이 떠드는 소리로 가득 찼다. 2 (소리·악기·물건 따위가) 울려퍼지다, (계속) 울리다. ¶ A gong ~ed. 공[징]이 울렸다. 3 (사건·이름 따위가) 널리 알려지다, 떨치다 (*through*(*out*)). ¶ (~+전+명) His act ~ed through the nation. 그의 행동은 전국에 널리 알려졌다. — 타 1 〔소리〕를 울리게 하다, 메아리치게 하다(echo). 2 …을 소리 높이 말하다[되풀이하다]. 3 …을 칭찬하다; …을 널리 알리다, 유명하게 하다.
re·sound [riːsáund] 자타 …의 소리를 다시 내다; …을 다시 울리다. — 자 다시 울리다.
re·sound·ing [rizáundiŋ] 형 1 울리는, 울려퍼지는. 2 소리 높은[높이 말하는]. 3 철저한, 완전한. ~·ly 부
‡re·source [ríːsɔːrs, -zɔːrs, risɔ́ːrs/rizɔ́ːs, -sɔ́ːs] 명 (복~·sourc·es [-iz]) 1 (공급·원조 따위의) 원천, 공급원. 2 (~s) (나라의) 부(富), 자원. ¶ natural [human] ~s 천연[인적] 자원/develop the ~s 자원을 개발하다. 3 (보통 ~s) 자금, 재원, 재산; 자재, 자력. ¶ POSSESSION 〔유의어〕 ¶ ~s and liabilities 자산과 부채. 4 (비상시의) 수단, 방책, 방편, 둘러맞춤, 의지할 것. ¶ A woman's ~ is patience. 여자가 믿을 것은 참을성이다. 5 ⓤ 수완, 기량(機量), 지략(智略); 기지, 재치, 주변성. ¶ a man of ~ 꾀있는 사람. 6 심심풀이, 오락. ¶ Driving a car is a great ~. 드라이브는 기분전환에 그만이다. 7 ⓤ (보통 부정문에서) 구제(원조, 회복)의 가망. ¶ She is lost without ~. 그녀는 이제 무의무탁한 처지가 되었다. 8 (종종 ~s) 정신적 능력, 소질, 자질.
at the end of one's resources 온갖 수단이 헛되어
come to [or *be at*] *the end of one's resources* 도리가[어쩔 수] 없게 되다, 방책이 다하다.
left to [or *thrown on*] *one's own resources* 어떤 도움도 받지 않고, 자력으로.
without resource 〔고어〕 의지할 곳 없이.
resóurce-básed páyment 명 능력급(給).
re·source·ful [risɔ́ːrsfəl/-zɔ́ːrs-] 형 1 지모가 있는, 기략[기지, 주변성]이 좋은, 지모가 풍부한. 2 재력이 넉넉한, 자원이 풍부한. ~·ly 부 ~·ness 명
re·source·less [risɔ́ːrslis, -zɔ́ːrs-] 형 1 주변[기략]이 없는, 기지[수단]이 없는, 미덥지 못한. 2 자력[자원]이 부족한. ~·ness 명
resóurce recóvery 자원 재생 이용.
resp. respectively; respelled; respelling; respiration; respondent.
re·speak [riːspíːk] 타 다시[되풀이해] 말하다. — 자 을 반향하다, (되풀이해) 울리다.
‡re·spect [rispékt] 명 1 ⓤ (사람·장점 등에 대한) 존경, 경의 (*for, to, toward*). ¶ I have great ~ for her judgement. 나는 그녀의 판단력을 크게 존경한다.

〔유의어〕 **respect** 높은 가치를 가진 것으로 인정한 것에 대한 「존경」. **regard** 유의어중 가장 무색하고 형식적인 말. **esteem** respect에 애정이 담긴 말. **admiration** 사람이나 사물의 미점(美點)에 마음이 크게 끌림을 강하게 나타내는 말. **adoration** 상대를 우상화하듯 하는 헌신적인 admiration. **reverence** 숭배에 가까운 마음을 갖는 respect 내지 esteem. **veneration** 신성 불가침한 존재에 대한 (것과 같은) 깊은 reverence. **honor** respect의 외면적인 표현인 「명예」. **homage** honor에 숭배·공경을 더한 것.

deference respect하는 나머지 상대방의 의견·판단 따위에 양보하는 심정.

2 ⓤ (…에 대한) 존중, 중시 (*for, to*); 고려, 배려 (*for*), 유의, 유념, 관심 (*to*). ¶ ~ *for* the elderly 연장자에 대한 배려[중시]/show ~ *for* the flag; pay ~ *to* the flag 국기에 경의를 표하는[경례하다]. 3 (~s) (언동으로 표시된) 경의, 전언, 문안 (*to*). ¶ Please give my ~s to your father. 아버님께 문안 말씀 전해 주세요. 4 점 (point), 대목; 사항, 세부. ¶ in one ~ 한 가지 점[의미]에서는. 5 ⓤ 관계, 관련 (*to*). ¶ the ~ of parts *to* each other 각 부분간의 상호 관계. 6 ⓤ 〔고어〕 차별
be held in respect 존경받다. 「대우, 편애, 역성.
have respect to …와 관계가 있다; …에 관심을 가지다; …을 고려하다.
hold a person in respect 남을 존경하다.
in all [*many, some*] *respects* 모든[많은, 어떤] 점에서.
in every respect 모든 점에서. 「점에서.
in no respect 어떤 점에서도 ~ 아닌.
in [or *out of*] *respect for* …에 경의를 표하여.
in respect of [or *to*] ① …에 관해서. ② 〔상용문〕 …의 지불럼[대금]로서.
in respect that… 〔고어〕 …이라는 것을 생각할 때, …을 고려해서, …이라는 사실 때문에, …이므로.
in this [*that*] *respect* 이[그] 점에서는.
pay one's last respects (장례식에서 고인에게) 마지막 고별을 하다 (*to*), 장례식에 참석하다.
pay one's respects to ① …에게 문안 드리다, (인사차) 방문하다. ② (유족)에게 조의를 표하다.
stand in (*high*) *respect as* …으로서 (크게) 존경 받고 있다. 「…의 존경을 받다.
win [or *command, earn, gain*] *the respect of*
without respect to [or *of*] …을 고려하지 않고, 무시하고. 「…에게 실례입니다만.
with respect to ① …에 관해서는. ② (말 머리에서)
— 타 1 …을 존경하다, 공경하다 (*as, for*). ¶ (~ +명+as 명) I ~ him *as* my senior. 나는 그를 선배로서 존경한다. 2 …을 고려[배려]하다, 중시하다, 유의하다. ¶ ~ the ideas and feelings of others 남의 생각이나 감정을 존중하다. 3 침범하지 않다, 방해하지 않다, 지키다. ¶ ~ the law 법을 지키다. 4 〔고어〕 …에 관계하다, 관련되다. ¶ The treaty ~s our commerce. 그 조약은 우리의 통상과 관계가 있다. 5 〔문장〕 (인물·동물)을 서로 마주 보게 그리다. — 자 〔문장〕 (인물·동물이) 서로 마주 보다.
as respects …에 관해서는, …에 대해서는.
respect oneself 자존심이 있다, 자중하다.
respect persons [or *the person*] 〔고어〕 ① (지위 등에 따라) 남을 차별 대우하다, 역성들다. ② 남의 지위·외관 등에 경의를 표하다.
re·spect·a·bil·i·ty [rispèktəbíləti] 명 1 ⓤ 인격이 고결함, 품행이 방정함, 인품이 훌륭함. 2 ⓤ 점잖음, 체면; 존경할 만한 사회적 지위나 신분. 3 존경할 만한 사람; (the ~) 〔집합적〕 존경할 만한 사람들, 명망가들, 명사들. 4 (-ties) 인습, 관습.
‡re·spect·a·ble [rispéktəbl] 형 (*more ~; most* ~) 1 존경[존중]할 만한, 훌륭한, 덕망있는. 2 신분[지위, 명성]이 있는; 평이 좋은. ¶ a ~ neighborhood 사회적 지위가 있는 사람들이 사는 지역. 3 점잔을 빼는, 체면만 생각하는. 4 고상한, 품위있는, 점잖은, 남부끄럽지 않은. 5 상당한, 어지간한, 상당히 좋은. ¶ a ~ position 상당한 지위. 6 〔구어〕 (수·양·크기 따위가) 상당한. ¶ a ~ amount 상당한 양. — 명 (목 ~s [-z]) (보통 ~s) 훌륭한 사람, 존경할 만한 사람.
~·ness 명 -bly 부
re·spect·ant [rispéktənt] 형 1 〔문장〕 (동물 등이) 서로 마주 보고 있는. 2 뒤를 향한. 「평가되는.
re·spect·ed [rispéktid] 형 훌륭한, 평판높은, 높이

re·spect·er [rispéktər] 명 respect하는 사람; (보통 부정문에서) 차별 대우하는 사람, 편파적인 사람. ¶Death is *no* ~ *of* wealth. 죽음은 재산을 가리지 않는다. 「차별대우하지 않는 사람.
no respecter of persons (지위·빈부 따위로) 남을
*__re·spect·ful__ [rispéktfəl] 형 1 경의를 표하는, 공손한, 정중한, 예의바른(*to, toward*). ¶a ~ bow 공손한 절 / be ~ to [or *toward*] one's superiors 손윗 사람에게 공손하다. 2 (폐어) (···에) 주의 깊은(*of*).
be respectful of ···을 중히 여기다, 존중하다.
keep [or **stand**] **at a respectful distance from** (경의를 표해) ···으로부터 조금 거리를 두다, ···을 경원하다.
~**ness** 명
re·spect·ful·ly [rispéktfəli] 부 공손히, 삼가, 정중하게.
Respectfully yours; Yours respectfully. 근배(謹拜)(편지의 맺는 말).
re·spec·ti·fy [rispéktəfài] 타 훌륭하게 하다, 성실[확실]해 보이게 하다.
re·spect·ing [rispéktiŋ] 전 (문어) ···에 관하여[대하여] 관련되는.
*__re·spec·tive__ [rispéktiv] 형 1 각각의, 개개의, 각자의, 각기의. ¶the ~ merits of candidates 후보자들 각자의 장점. 2 (고어) =respectful.
*__re·spec·tive·ly__ [rispéktivli] 부 (보통 문장 끝에서) 각각 말한 순서대로; 각각, 각기, 각자(each).
re·spell [rìːspél] 타(영) ~을 고쳐 철자하다; (말)을 발음 기호로 고쳐 쓰다.
Res. Phys. *Resident Physician*.
res·pi·ra·ble [réspərəbl, rispáiər-] 형 호흡할 수 있는, 호흡에 적합한; (호흡하여) 흡입되는[될 수 있는].
res·pi·rate [réspəreit] 타 ~을 인공호흡시키다.
*__res·pi·ra·tion__ [rèspəréiʃən] 명 1 U 호흡: ⓒ 한 호흡, 한번의 숨. 2 U (생리) 호흡 작용. ~**al** 형
respiration rate 명 (1분간의) 호흡수.
res·pi·ra·tor [réspərèitər] 명 1 인공 호흡 장치[기구]; (인공 호흡용의) 거즈 마스크. 2 (영) 방독면.
res·pi·ra·to·ry [résp(ə)rətɔ̀ːri, rispáiər-/rispírətəri, -páiər-] 형 호흡(용)의, 호흡기와 관련된. ¶~ difficulties 호흡 곤란 / the ~ **organs** 호흡 기관.
respiratory distress syndrome 명 (병리) (신생아의) 호흡 장애[결핍] 증후군(⑯ RDS).
respiratory enzyme 명 (생화학) 호흡 효소.
respiratory quotient 명 (생물) 호흡률(⑯ RQ).
respiratory system 명 (해부) 호흡기계(系).
respiratory tree 명 (동물) (해삼류의 호흡수(樹), 수폐(水肺).
re·spire [rispáiər] 자 호흡하다, 숨쉬다; 한숨 돌리다; (생리) (피부가) 호흡하다. ─ 타 1 ···을 호흡하다. 2 (숨)을 내쉬다; (비유적) (향기 따위)를 발산하다.
res·pi·rom·e·ter [rèspərámətər/-rɔ́m-] 명 (생물) 호흡계(計). **-try** 명 호흡 측정학.
res·pite [réspit/-pait, -pit] 명 1 (일·고통·의무 따위의) 일시적 중단[휴식], 유예(小康) 상태. ¶a ~ from work 일을 잠깐 쉬기. 2 연기, 유예: (사형의) 집행 유예.
put...in respite ···을 연기[유예]하다.
without respite 쉴새 없이.
─ 타 1 (고통 따위)를 일시 경감하다, 한숨 돌리게 하다. 2 (책임 이행 따위)를 연기하다, 유예하다; (사형)의 집행을 연기하다. 3 (고어) (군대) (봉급 지불)을 정지하다, 보류하다.
réspite càre 명 일시적 (간호) 위탁(노인 환자나 장애인을 일시적으로 돌보는 간호 제도).
re·splend [rispénd] 자 빛나다, 번쩍이다.
re·splend·ence [rispéndəns] 명 U 빛남, 눈부심.
re·splend·en·cy [rispéndənsi] 명 =resplendence; 화려한 것.
re·splend·ent [rispéndənt] 형 눈부시게 빛나는, 휘황 찬란한, 화려한. ~**ly** 부

‡**re·spond** [rispánd/-spɔ́nd] 동 (~**s** [-z]) 자 1 대답[응답]하다(*to*); (···에/···로) 응답[반응]하다(*to/with, by*). ⇨ANSWER (유의어) ¶briefly ~ *to* a question 질문에 간단히 답하다 // ~ *to* an insult *with* a blow 모욕에 대해 일격(一擊)으로 응수하다. 2 (생리) 반응하다, 효과를 나타내다(*to*). 3 (미법률) 책임지다, 배상하다. 4 (교회) (사제에게) 응창(應唱)[답창]하다(*to*). 5 (고어) 일치[부합]하다(*to*). 6 (카드놀이) (브리지에서) 응하다(파트너의 비드(bid)를 받아 그 응답이 될 만한 비드를 하다). ─ 타 (···라고) 답하다, 대답하다(that 節).
─ 명 1 (건축) (아치를 떠받치는) 대응주(對應柱), 벽의 버팀기둥; (기둥의) 대응. 2 (교회) 응창; 답송(答誦), 답창(句).
re·spond·ence [rispándəns/-spɔ́n-] 명 U 1 응답, 반응. 2 일치, 상응; 적합. (또는 **respondency**)
re·spond·ent [rispándənt/-spɔ́nd-] 형 1 반응하는, 응하는(*to*). ¶be ~ *to* a stimulus 자극에 반응하다. 2 (법률) 피고의 입장에 있는. ─ 명 1 응답자. 2 (법률) (특히 이혼 소송 따위의) 피고, 피항소[상소]인.
re·spond·er [rispándər/-spɔ́n-] 명 1 응답[반응]하는 사람[것]. 2 (전자) 응답기.
‡**re·sponse** [rispáns/-spɔ́ns] 명 (⑯ -**spons·es** [-iz]) 1 응답, 대답; UC 반응, 반향(*to, from*). ¶make a ~ 답하다. 2 UC (생물·심리) (자극에 대한) 반응. ¶a ~*s to* stimuli 자극에 대한 반응. 3 (교회) 답창, 답창구(句); 응답 성가. 4 (카드놀이) 리스폰스(파트너의 비드(bid)에 대한 응답 비드). 5 (전자) 리스폰스
in response to ···에 응하여[답하여]. 「스, 응답.
make [or **give**] **no response** 아무런 대답을 않다, 응답[반응]이 없다. 「리스폰스 곡선.
respónse cùrve 명 (계측·전기·기계) 응답 곡선.
re·spons·er [rispánsər] 명 =responsor.
respónse tìme 명 (심리) 반응 시간; (컴퓨터) 응답 시간.
respónse vàriable 명 (통계) 응답 변수.
‡**re·spon·si·bil·i·ty** [rispànsəbíləti/-spɔ̀n-] 명 (⑯ -**ties** [-z]) 1 U 책임, 의무(*for, to, of, of doing*). ¶avoid ~ 책임을 회피하다 / have a strong sense of ~ 책임감이 강하다 / lay the ~ on ···에게 책임을 지우다 / feel the ~ *of* one's act 자기 행동에 책임을 느끼다. 2 책무, 직책, (구체적인) 책임; 부담(*to*). ¶A family is a great ~. 가족을 부양한다는 것은 큰 책무이다. 3 U 신뢰성; 지불 능력, 계약(의무) 이행 능력.
be relieved of one's **responsibility** [or **responsibilities**] 책임을 면하게 되다; 해임되다.
on one's (**own**) **responsibility** 자기 책임으로; 단독으로.
take [or **assume**] **the responsibility of** [or **for**] ···의 책임을 지다.
‡**re·spon·si·ble** [rispánsəbl/-spɔ́n-] 형 (*more* ~; *most* ~) 1 a) 책임이 있는, 책임을 져야 할, 책임이 따르는; 책임이 sequent(*to, for*). 또는 a ~ post [or *position*] 책임있는 지위 // Who is ~ *for* this state of affairs? 이 사태에 대한 책임은 누구에게 있는가? b) ···의 원인이 되는(*for*). ¶The heavy rain is ~ *for* the delay. 폭우 때문에 지연되고 있다.

> (유의어) **responsible** 주어진 의무에 대하여 그것을 수행할 책임을 지고 있는. **answerable** 자기나 자기 관리하에 있는 어떤 사람의 언동에 대하여 도의적 또는 법률적으로 져야 할 책임이 있는. **accountable** 책임을 다하지 못했을 경우의 제재를 강하게 암시하는 말.

2 잘잘못을 가릴 줄 아는, 합리적으로 생각하고 행동할 줄 아는, (행동·태도 따위가) 현명한. ¶a ~ age 사리를 판단할 수 있는 연령. 3 신뢰[신용]할 수 있는; (부채 따위를) 갚을 수 있는, 의무 이행 능력이 있는; 마음 놓이는, 확실한. ¶a ~ person 믿을 수 있는 사람. 4 (정부

responsible government

가) 책임을 지는, 정치 책임을 지는.
hold *a person* **responsible for** 남에게 …의 책임을
make *one*self **responsible for** …의 책임을 떠맡
~∙ness 명 **-bly** 閁 책임지고, [다.
responsible góvernment 명 (英) 책임 정부.
re∙spon∙sion [rispánʃən/-spɔ́n-] 명 **1** (드물게) 응답. **2** (~s) (영국 Oxford 대학의) B.A. 학위 취득 제 1차 시험(세 차례 치름).
*__re∙spon∙sive__ [rispánsiv/-spɔ́n-] 형 **1** 응답하는, 반응하는; 공명하는, 공명하기 쉬운, 민감한(sensitive) (to); 동정적인. ¶be ~ to kindness 친절에 민감하다. **2** (교회) 응답 성가를 부르는. **3** (생리) (자극 따위에) 잘 반응하는(to). **~∙ly** 閁 **-sív∙i∙ty** 명
re∙spon∙sive∙ness [rispánsivnis/-spɔ́n-] 명 **1** 민감, 반응성. **2** (기계) 응답(온도∙속도∙부하 따위 외부 조건의 급격한 변화에 대처하는 기계 조직의 능력).
re∙spon∙sor [rispánsər/-spɔ́n-] 명 (전자) (레이더의) 질문기(質問機) 수신부(응답 신호 번역 부분).
re∙spon∙so∙ry [rispánsəri / -spɔ́n-] 명 (교회) 답창, 성서 낭독후의 성가; 응답 성가.
re∙spray [ri:spréi] 타 **1** (과수(果樹) 등)에 다시 소독약을 분무하다. **2** (자동차)에 다시 분무 도장하다.
── 명 재분무 도장.
re∙spring [ri:spríŋ] 타 (가구)의 스프링을 갈다.
res públi∙ca [rí:z páblikə, réis-] 명 국가, 공화국; 공동체. [< L public matter]
res∙sen∙ti∙ment [F Rəsɑ̃timɑ̃] 명 (개인∙사회∙제도에 대한) 원한, 원념(怨念). [< F resentment]

‡rest¹ [rest] 명 **1** ⓤ (잠에 의한) 휴식, 수면, 잠. ¶have a good night's ~ 밤잠을 푹 자다. **2** ⓤⓒ 휴식, 휴게; 휴양, 정양, 안정. ¶absolute ~ 절대 안정 / a day of ~ 휴식일 / without ~ 쉬지 않고. **3** ⓤⓒ (근심∙걱정∙싫은 일로부터의) 자유, 면제(from); 안심, 안도, 평정; 휴식 기간. ¶There is no ~ for the wicked. 악인에겐 마음의 편안함이 없다. **4** ⓤ 죽음, 영면; 무덤. **5** ⓤⓒ 휴지(休止), 정체, 정지. ¶bring a car to (a) ~ 차를 멈추다. **6** (음악) 휴지, 휴지 부호; (운율) (행 중간에서의) 휴지(caesura). **7** 휴식(안식)처, 휴게소; (여객∙선원 등의) 숙박소. **8** (복합어로) (물건을 얹는) 대(臺), 받침대, 대가(臺架). ¶a foot ~ 발 얹어놓는 대, 발판. **9** 총가(銃架); (총)의 조준대; (당구) 큐걸이; 수화기 걸이. **10** (군대) 휴식의 구령. **11** (치과) 레스트, 정지(停止) 돌기. **12** (濠속어) 1년간의 투옥, 유치.
at rest ① 잠들어, 휴식하여. ② 휴지[정지]하여. ③ 안심하여, 침착하여. ¶set a person's mind *at* ~ 남을 안심시키다. ④ (문제 따위를) 해결하여. ⑤ 죽어서.
be called to *one's* **(eternal) rest** (완곡) 죽다.
come to rest 정지하다, 서다. [시다.
give...a rest ① …을 잠시 그만두다. ¶give computer games *a* ~ 잠시 컴퓨터 게임을 하지 않다. ② …을 쉬게 하다.
Give it a rest! (구어) 그만 둬!; 그만 지껄여!
Give me a rest! (구어) 제발 그만!; 귀찮게 굴지 마!
go to *one's* **(final) rest** 영면하다, 죽다.
go [or **retire**] **to rest** 자다.
lay...to rest ① (죽은 이)를 매장하다. ¶lay the dead *to* ~ 죽은 이를 매장하다. ② (소문 따위)를 가라앉히다. ¶lay a rumor *to* ~ 소문을 가라앉히다.
let...rest …에 대한 이야기를 그만두다.
put [or **set**] *a person's* **mind** [or **heart**] **at rest** 남을 안심[진정]시키다.
take [or **have**] *a* [or *one's*] **rest** 쉬다; 자다.
the day of rest 안식일, 일요일.
── 재 **1** (자거나 드러누워서) 쉬다; 자다. ¶lie down and ~ 드러누워서 쉬다[자다]. **2** (일 따위를 그만두고) 쉬다, 휴식하다(from), 휴양하다. ¶(~+前+图) ~ *from* work 일을 쉬다.
3 안심하고 있다, 마음 편히 있다. ¶(~+前+图) I can

not ~ *under* these circumstances. 이런 사정하에서는 마음 편히 있을 수 없다.
4 (부정문에서) 가만히[조용히] 있다, 정지해 있다; 휴지(休止)하다, 정지하다.
5 의지하다, 의존하다; (희망 등이) 달려[걸려] 있다; 신뢰하다(*on, upon*). ¶(~+前+图) We ~ *on*[or *in*] your promise. 우리는 너의 약속을 믿고 있다.
6 (결정∙선택 따위가) …에 달려 있다, (책임 따위가) …에게 있다(*with*). ¶It ~*s with* you to decide. 결정은 너에게 달려 있다 / The fault ~*s with* him. 잘못은 그에게 있다. **7** 눕다, 앉다; 기대다(*against*); 놓이다, (…에) 있다(*on*). ¶stand with one's back ~*ing against* the door 문에 기대어 서 있다 / His arm ~*ed on* the table. 그의 팔은 테이블 위에 놓여 있었다. **8** (무거운 짐∙책임 등이) 지워져 있다(*on, upon*). ¶(~+图) No responsibility ~*s on* you. 너에게는 아무런 책임도 없다. **9** 기초를 두다, 의거하다(*on, upon*). ¶Science ~*s on* [or *upon*] phenomena. 과학은 현상에 기초를 두다. **10** (…에) 있다. **11** 머무르다, 감돌다, 좀처럼 사라지지 않다(*on, upon*). ¶(~+前+图) A smile ~*s on* her lips. 미소가 그녀의 입가에 감돌고 있다. **11** (문어) (눈∙시선 따위가) 머무르다, 향해져 있다(*on*). ¶(~+前+图) His eyes ~*ed on* the picture. 그의 눈길은 그 그림에 머물렀다. **12** 지하에 잠들다, 영면하다(in). ¶(~+前+图) ~ *in* the grave 지하에 잠들다. **13** (농업) (토지가) 묵혀 있다, 휴경중이다. **14** (법률) 자발적으로 증거 제출을 중지하다. ¶The prosecution ~*s*. 검찰측 논고를 끝냅니다. **15** (英) (진행형으로) (배우가) 무대를 일시 쉬다, 배역을 받지 못하다.
── 타 **1** (수동형∙재귀용법으로) …을 쉬게 하다, 휴식[휴양, 정양]시키다(*from*). ¶be ~*ed* 쉬다, 피로가 풀리다. **2** …을 두다, 얹다; …을 기대게 하다, 의지하게 하다(*on, upon*; *against*). ¶(~+图+前+图) ~ one's chin on one's hands 손으로 턱을 괴다. **3** (눈길 따위)를 보내다, 고정시키다. ¶(~+图+前+图) ~ one's eyes *on* a person 남을 바라보다(응시하다). **4** …에 기초를 두다, …에 의거하다; (희망 따위)를 걸다, 맡기다(*on*). ¶~ one's case *on* a single argument 단 한가지 논거에 의거하여 자기 주장을 내세우다. **5** …을 그치게 하다, 정지[휴지]시키다. **6** (법률) (소송 사건의 증거 제출[변론])을 자발적으로 끝내다. ¶I ~ my case. 저의 변론을 이것으로 끝냅니다. **7** (논∙밭 따위)를 휴경하다.
let the matter rest 문제를 그대로 놓아 두다.
rest in …에 원인이 있다.
rest in peace 지하에 잠들다. ¶May she [*or* her soul] ~ *in peace*! 그녀의 영혼이 편히 잠들게 하소서.
rest oneself 휴식하다, 휴양하다.
rest on *one's* **arms** 무장한 채 쉬다, 방심하지 않다.
rest on *one's* **laurels** 이미 얻은 명예에 만족하다(더 이상 노력하지 않다). [시 쉬다; 잠시 쉬다.
rest on *one's* **oars** (젓기를 멈추고) 노에 기대어 쉬다; 잠
rest up (美) 푹 쉬다; 회복하다.
rest with (선택∙결정이) …에게 달려 있다. ¶The choice ~*s with* you. 선택은 네 차례다.

‡rest² 명 **1** (the ~) 나머지, 잔여, …의 나머지, ⇒REMAINDER 유의어. ¶for the ~ of one's life 여생을, 죽을 때까지. **2** (복수취급) 남은 사람들, 잔류자, 그 밖의 사람들(the others). ¶All the ~ of us went there. 우리 중 나머지 사람들은 모두 그곳으로 갔다. **3** (the ~) (英) (은행) 준비금, 적립금; 차감 잔액. **4** (테니스) 공을 연속적으로 되받아치기[치는 시간], 랠리.
above (all) the rest 특히, 그 중에서도(above all).
among the rest 그 안에 끼어, 그중에서도, 특히.
and the rest; and (all) the rest of it 그 밖에 여러 가지, 그 밖에 모두, 기타 등등.
(as) for the rest 그 이외의 것은.

as to the rest 그 밖의 점에 있어서는, 다른 점에 관해서 말하면.
do the rest 나머지 일을 모두 떠맡아 하다.
The rest is history. 나머지는 여러분이 알고 계실 것이므로 생략합니다(* 중계 방송에서 경기 종료 때).
The rest is nowhere. 나머지는 문제가 안 된다[문제 밖이다](경기 따위에서 크게 뒤진 사람들에 대한 말).
──동(자) (보어와 함께) 여전히 …이다, …그대로이다.
¶(~+㊟) ~ a silent witness 가만히 보고만 있다.
rest assured 안심하고 있다. ¶*R‒ assured* that all is well. 만사가 잘 되어 가고 있으니 안심하세요.
rest satisfied [or ***content***] 만족하고 있다. [분].
rest³ 명 (역사) 갑옷의 창받치개(창대 끝을 받치는 부분).
re·stage [riːstéidʒ] 동(타) (연극) 을 재공연하다.
re·stamp [riːstǽmp] 동(타) …에 다시 도장을 찍다; …에 다시 우표를 붙이다; …을 다시 밟다.
rést àrea 명 (濠·뉴질) (고속 도로의) 노변 휴게소.
re·start [riːstάːrt] 동(자타) 재 출발하다[시키다], 재개하다 [시키다]. ── 명 (컴퓨터) 재시동.
re·state [riːstéit] 동(타) …을 다시 말하다[진술하다]; …을 고쳐[바꾸어] 말하다.
~**·ment** 명(U) 재진술, 재성명.
res·tau·rant [réstərənt, -tərάːnt/-tərɔ̀nt] 명 요리점, 음식점, 레스토랑; (큰 호텔 따위의) 식당.
réstaurant càr 명 (英) 식당차(dining car).
res·tau·ra·teur [rèstərətə́ːr/-tɔr-] 명 레스토랑 주인[지배인, 경영자]. (또는 **restauranteur**, (美) **res·tauranter**) 〈F〉
rest balk [réstbɔ̀ːk] 명 갈다 남은 밭 이랑. ──동(타) (밭 이랑)을 갈다 남기다.
rést cùre 명 (의학) (정신병 따위의) 안정 요법.
rést dày 명 휴일; 안식일(Sabbath); 금렵일.
rést ènergy 명 (물리) 정지(靜止) 에너지.
rést fràme 명 (물리) 정지 좌표.
rest·ful [réstfəl] 형 1 휴식을 주는. 2 조용한, 편안한, 평온한. ~·**ly** 부 ~·**ness** 명 (계)의 잡속.
rest·har·row [résthærou] 명 토끼풀 비슷한 콩과 식물.
rést hòme 명 요양소, 휴양소.
rest-house [-hàus] 명 1 (나그네의) 휴게[숙박]소. 2 (美) (폭 쉴 수 있는) 요양 시설.
res·tiff [réstif] 형 (고어) =restive 2.   [의.
res·ti·form [réstəfɔ̀ːrm] 형 그물눈(의); 줄 모양
rest·ing [réstiŋ] 형 쉬고 있는, 활동하지 않는; (생물) 휴면하고 있는 (세포 따위). ¶*a ~ spore* 휴면 포자(胞子) / *a ~ stage* 휴면기.
résting-place [-plèis] 명 1 휴게소. 2 무덤, 매장지. 3 층계참.
res·ti·tute [réstətjùːt/-tjùːt] 동(타) 1 배상하다, 보상하다; 반환하다. 2 원상태[지위]로 돌아가다. ──(타) …을 배상하다, 반환하다; …을 원상태[지위]로 되돌리다, 회복하다. **-tù·tive**, **-tú·to·ry** 형
res·ti·tu·tion [rèstətjúːʃən/-tjúː-] 명(UC) 1 상환, 반환; 손해 배상, 변상, 보상; 복귀, 복직, 복위. 3 (물리) (탄력에 의한) 원상 회복, 복원(復元).
make restitution of …을 보상[배상, 반환]하다.
restitútion cènter 명 (美) (피해자에게 보상을 시키기 위한) 노동 교정 시설.
res·tive [réstiv] 형 1 차분하지 못한. 2 말을 잘 안 듣는, 다루기 힘든, 고집센. 3 (말이) 나아가려고 하지 않는, 물기 힘든. ~·**ly** 부 ~·**ness** 명
‡**rest·less** [réstlis] 형 (*more* ~; *most* ~) 1 침착하지 못한, 가만히 있지 못하는, 만족하지 못하는. ¶*a ~ child* 가만히 있지 못하는 아이. 2 (마음이) 불안한, 침착하지 못한, 안절부절 못하는. 3 멈추지 않는, 끊임없이 움직이는, 쉬지 않는 없는. ¶*~ intellectual curiosity* 끊임없는 지적 호기심. 4 휴식이 없는; 잠 못 자는. ¶*a ~ night* 잠 못 이루는 밤. 5 활동적인. ¶*a man of ~ energy* 활동가, 정력가. ~·**ly** 부 ~·**ness** 명

réstless cávy 명 (동물) 야생 기니피그.
réstless flýcatcher 명 (조류) 검은등 딱새.
rést màss 명 (물리) 정지 질량(정지시의 입자의 질량).
rest·o [réstou] 명 (캐나다) 레스토랑.
re·stock [riːstάk/-stɔ́k] 동(타) 새로 사들이다, 새로이 공급하다; (농장에 가축을) 다시 들이다.
re·stor·al [ristɔ́ːrəl] 명 =restoration.
*****res·to·ra·tion** [rèstəréiʃən] 명 1 복구, 부흥; (건강의) 회복 (*from*). 2 반환. 3 복위, 복고; (the R-) (영국사) (Charles 2세의) 왕정 복고; 왕정 복고 시대. 4 (고대 건축물·멸종된 동물 따위의) 수복(修復), 복원; © 복원물, 복원도[모형]; 복구 보존물(문화재). ¶*the ~ of extinct reptiles* 멸종된 파충류의 복원 (유도). 5 (신학) 만민 구제. 6 (치과) (상한 이의) 수복, (충전물 따위) 수복물. ── (R-) 왕정 복고 시대의(에 관한, 에 특유한), (대의) 영국 희극).
Restorátion cómedy 명 복고 희극(왕정 복고 시대의 영국 희극).
res·to·ra·tion·ism [rèstəréiʃənizm] 명 (신학) 만민 구제(구원)설. -**ist** 명
re·stor·a·tive [ristɔ́ːrətiv/-stɔ́r-] 형 1 부흥의, 복구의. 2 (건강·원기 등을) 회복시키는, 정신들게 하는. ── 명 건강식, 강장제; 각성제, 흥분제; 술.
~·**ly** 부
‡**re·store** [ristɔ́ːr] 동(타) (~**s** [-z]; ~**d**; -**stor·ing**) 1 …을 회복하다, 부흥[복구, 재건]하다, 부활시키다 (*to*). ⇒RECOVER (유의어). ¶~ *order* 질서를 회복하다. 2 (건물·그림 따위를) 복원(復原)[수복(修復)]하다 (*to*).
¶~ *an old castle* 옛 성을 수복하다. 3 (건강·원기 따위)를 되찾게, 회복하다. ¶~ *one's health* 건강을 되찾다. 4 (원래의 장소·지위 따위)로 …을 되돌리다, 복귀시키다. 복직시키다 (*to*, 혹은 ┌+목+前+명) ⇒ *an employee to his old post* 고용인을 원래의 지위에 되돌아내게 하다. 5 …을 되돌려 주다, 반환하다. 6 (가공 식품에) (상실된) 영양가를 보충하다.
be restored out of all recognition 몰라보게 복원되다.
restore oneself 원기를 되찾다. [원되다.
restore *a person* ***to life*** 남을 되살아나게 하다.
-**stór·a·ble** 형 되돌릴[회복할] 수 있는. -**stór·a·ble·ness** 명 「복원자[전문가].
re·stór·er [ristɔ́ːrər] 명 원상 회복시키는 사람, 수
restórer gène 명 (식물) 수정 능력 회복 유전자(식물의 수정 촉진제로 이용). (또는 **restóring gène**)
re·stór·ing spring [ristɔ́ːriŋ-] 명 (기계) 복원 스프링.
restr. restaurant; restriction.
‡**re·strain** [ristréin] 동(타) (~**s** [-z]) 1 …을 억누르다, 억제하다. ¶~ *one's anger* [*curiosity*] 노여움[호기심]을 억누르다. 2 (남이 ··하는 것을) 말리다, 저지하다, 단념시키다 (*from* (*doing*)). ⇒CHECK (유의어). ¶(~+목+前+명) ~ *a child from doing mischief* 아이를 장난치지 못하게 하다. 3 …을 규제하다, 제한하다. 4 (법률) …을 구속하다, 구금하다.
restrain oneself from (***doing***) …(하는 것)을 자제하다. ~·**ing·ly** 부 「하다.
re·strain [ristréin] 동(타) (…을) 다시 당기다.
re·strain·a·ble [ristréinəbl] 형 1 억누를 수 있는; 제지할 수 있는. 2 구속할 수 있는. -**bíl·i·ty** 명
*****re·strained** [ristréind] 형 1 (사람이) 삼가는, 자제하는; (생각이) 은근한, 차분한. 2 억제된, 억눌린, 구속된.
-**strain·ed·ly** [-stréinidli] 부
re·strain·er [ristréinər] 명 1 제지[억제]하는 사람 [것], 구속자. 2 (사진) 현상 억제제.
re·strain·ing circle [ristréiniŋ-] 명 (농구) 제한원(프리스로 서클 또는 센터 서클).
restráining lìne 명 (미식축구) (프리킥의) 제한선.
restráining òrder 명 (美법률) (법원의) 가처분 명령, (현상 변경) 금지 명령.
*****re·straint** [ristréint] 명 1 UC 억제, 제지. 2 구속하는 것, 방해가 되는 것. ¶*put a ~ on* [or *upon*] *one-*

self 자제하다. **3** [U][C] (활동 따위의) 제한, 속박; 통상(通商) 제한; 제한 조항(*on, to*). **4** [U] 구속, 감금, 구금; (때로 ~s) 구속[억제] 수단. ¶freedom from ~ 구속으로부터의 해방. **5** [U][C] 조심, 삼가기, 자제; (표현상의) 절제, 억제. ¶She lost all ~. 그녀는 자제심[조심성]을 완전히 잃어버렸다.
be beyond restraint 억제할 수 없다.
be under restraint 감금되어 있다.
in restraint of …을 억제하여.
lay restraint on …에 억제를 가하다, …을 억누르다.
put [or ***place, keep***] *a person* ***under restraint*** 남을 감금하다.
without restraint 마음대로, 실컷. 「충]하다.
re·strength·en [ristréŋkθən] [동][타] 재강화 [재보
‡**re·strict** [ristríkt] [동][타] …을 제한[한정]하다; (법으로) 금지하다(*to, within*). ⇨LIMIT [유의어] ¶ (~+[目]+[前]+[名]) be ~*ed within* narrow limits 좁은 범위로 제한되다 / Our membership is ~*ed to* twenty. 우리 회원은 20명으로 한정되어 있다. **~·er** [명]
***re·strict·ed** [ristríktid] [형] **1** 제한된, 한정된; 좁은. **2** (美) 〔정부·군사〕 (정보·문서 따위가) 기밀의, 공표되지 않는, 대외비(對外秘)의. **3** (美) 특정 집단[계급]에 한정된, 백인 전용의. ¶a ~ hotel 백인 전용 호텔. **4** (美) (영화가) 17세 이하는 부모 동반이 필요한(略 R). **5** (일정 지역내에) 구속된. **~·ly** [부]
restrícted área [명] **1** (美) 군인 출입 금지[제한] 지역. **2** (英) 자동차 속도 제한 구역. 「급(級).
restrícted cláss [명] (경주 참가 요트의) 규격 인정
restrícted stòck [명] 제한부 주식(일정한 조건을 붙여 회사의 직원에게 보수로서 지급하는 미등록 주식).
restrícted ùsers gróup [명] 〔컴퓨터〕 (특수 정보를 이용할 수 있는) 제한 사용자 집단(略 RUG).
***re·stric·tion** [ristríkʃən] [명] **1** [U][C] 제한, 한정, 제약, 구속. ¶currency ~ 통화 반출 제한. **2** 제한[구속]하는 것; 제한 조건[규정](*against, on*). ¶the ~s of time 시간상의 제한[제약] / parking ~s 주차 제한 규정. **3** [U][C] 자제, 삼가기. **4** 〔논리〕 한정, 제한.
impose [or ***place, put***] ***restrictions on*** …에 제한을 가하다, …을 제한하다. 「없애다[풀다].
lift [or ***remove, withdraw***] ***restrictions*** 제한을
without restriction 무제한으로.
restríction ènzyme [명] 〔생화학〕 제한 효소(2사슬 DNA를 특정 부위에서 절단하는 효소).
restríction fràgment [명] 〔유전〕 제한 단편(제한 효소에 의해 갈라진 DNA 분자의 단편).
re·stric·tion·ism [ristríkʃənìzm] [명][U] (무역·이민 따위의) 제한주의 (정책); (노동자의) 기계화 저지 방책; (공장의) 생산(량) 제한 방책.
re·stric·tion·ist [ristríkʃənist] [명] (무역·이민 따위의) 제한주의자. **—**[형] 제한주의의.
restríction sìte [명] 〔생화학〕 제한 부위(제한 효소가 작용하는 DNA 분자상의 부위).
***re·stric·tive** [ristríktiv] [형] **1** 제한[한정]하는, 제한[한정]적인; 구속성의. ¶~ regulations 제한 규정. **2** 〔문법〕 제한적인, 한정적인(參 continuative). ¶a ~ adjective [use] 한정 형용사[용법]. **—**[명] 〔문법〕 제한어(語), 한정사(辭). **~·ly** [부] **~·ness** [명]
restríctive cláuse [명] 〔문법〕 한정절(선행사를 한정하는 관계사절). 「약.
restríctive cóvenant [명] (美) (토지 사용) 제한 계
restríctive endórsement [명] 〔상업〕 한정적[양도 제한] 이서(裏書).
restríctive práctice [명] (英) **1** (기업 간의) 경쟁 제한 협정. **2** (노사의 자유를 제한하는) 노동 조합 관행.
re·stric·tor [ristríktər] [명] 흐름 제한 장치.
re·strike [동][타] [riːstráik] **1** …을 다시[고쳐] 치다. **2** 〔화폐〕를 개주(改鑄)하다. **—**[명] [⌐⌐] **1** 개주 화폐. **2** 리스트라이크(원판을 재사용하여 찍은 판화).

re·string [riːstríŋ] [동][타] 〔현악기〕의 현(絃)을 갈아 끼우다; 〔라켓〕의 거트(gut)를 갈아 끼우다.
rést ròom [명] **1** (극장·백화점 등의) 화장실, 변소. **2** (인도 등의) 여행자 휴게소. (또는 **réstròom**)
re·struc·ture [riːstrʌ́ktʃər] [동][타] …을 개조하다, 개혁하다. **—**[자] 구조 개혁[조정]을 하다. **—**[명] 고쳐 짓기[만들기]; 구조 개혁[조정]. **-tur·er** [명]
re·struc·tur·ing [riːstrʌ́ktʃəriŋ] [명] (기구·제도 따위의) 개혁, 개편; 구조 조정. 「rest area.
rést stòp [명] **1** (자동차 여행 따위의) 휴게 정차. **2** =
re·stud·y [riːstʌ́di] [동][타] …을 다시 연구[학습]하다; …을 재평가하다; …을 재검토하다. **—**[명] 재연구[조사], 재학습. 「다.
re·stuff [riːstʌ́f] [동][타] …을 다시 채워넣다, 다시 채우
re·style [riːstáil] [동][타] …을 다시 만들다, …의 모델[디자인]을 바꾸다; …에 새 이름을 붙이다.
‡**re·sult** [rizʌ́lt] [명] **1** [U][C] 결과, 결말, 귀추; (보통 ~s) 결과, 효과, 성과. ⇨EFFECT [유의어] ¶produce wonderful ~*s* 훌륭한 성과를 내다 / give instant ~*s* 즉효가 있다 / meet with good [bad] ~*s* 좋은[나쁜] 결과를 얻다 / get [*or* obtain] a satisfactory ~ from … 에서 만족스러운 결과를 얻다. **2** 〔수학〕 (계산의) 결과, 답. **3** [U][C] (美) (입법 기관 따위의) 결정, 결의. **4** (보통 ~s) (시험·경기 따위의) 성적, 결과. ¶achieve [*or* get] brilliant ~*s* at school 학교에서 우수한 성적을 얻다. **5** (종종 ~s) 좋은 결과. ¶get ~*s* 좋은 결과를 얻다, 좋은 성적을 올리다. **6** (~s) (英구어) (경기의) 승리.
as a [or (드물게) ***the***] ***result of*** …의 결과로서.
in result (美) 그 결과.
in the result 결국.
The result was that... 결과는 …였다.
without result 헛되이, 성과없이, 보람없이.
with the result that... 그 결과로.
—[동][자] **1** (결과로서) 생기다, 기인[유래]하다(*from*). **2** (…의 결과로) 되다, 끝나다, 귀착하다(*in*). ¶ (~+[前]+[名]) His efforts ~*ed in* failure. 그의 노력은 실패로 끝났다.
re·sult·ant [rizʌ́ltənt] [형] **1** 결과로서 생기는, 결과로서의. **2** 〔물리〕 합성적인. ¶a ~ force 합력. **—**[명] **1** 결과. **2** 〔물리〕 합력; 합성 운동. **3** 〔수학〕 (두 다항식의) 종결식(式). **4** 최종 결과, 귀결. **~·ly** [부]
resúltant tóne [명] 〔음악〕 결합음, 가음(加音)(combination tone).
re·sult·ful [rizʌ́ltfəl] [형] 효과가 있는, 유효한, 성적이 좋은. **~·ly** [부]
re·sult·ing·ly [rizʌ́ltiŋli] [부] 결과로서.
re·sult·less [rizʌ́ltlis] [형] 효과없는, 헛된. **~·ly** [부]
re·sum·a·ble [rizúːməbl/-zjúːm-] [형] **1** 회복할[되찾을] 수 있는. **2** 재개할 수 있는, 속행이 가능한.
‡**re·sume**[1] [rizúːm/-zjúːm] [동] (~**s** [-z]; ~***d***; ***-sum·ing***) [타] **1** 〔그만두었던 일 따위〕를 다시 시작하다, 재개하다; 〔이야기 따위〕를 다시 계속하다. ¶~ one's work 일을 다시 시작하다 / ~ one's pipe 담배를 다시 피우기 시작하다. **2** 〔장소·자리 따위〕를 다시 차지하다; 〔옷 따위〕를 다시 입다. ¶~ one's seat 자리로 돌아가다. **3** 〔명칭 따위〕를 다시 사용하다. **4** 〔건강·권리 따위〕를 되찾다, 회복하다. ¶~ one's liberty [health] 자유[건강]를 회복하다. **5** 〔앞에 한 말〕을 요약하다.
—[자] **1** 다시 시작[계속]되다. ¶Then the dancing ~*d*. 그때 춤이 다시 계속되었다. **2** 다시 차지하다, 도로 찾다. 「의 원줄거리로 돌아가다.
resume the thread of *one's* ***discourse*** 이야기
-súm·er [명]
re·su·me[2] [rézumèi/rézjumèi] [명] =résumé.
ré·su·mé [rézumèi, ⌐⌐⌐/rézjumèi] [명] **1** 적요(摘要), 요약, 개요. **2** (美) 이력서. 〔<F resumer〕
re·sum·mon [riːsʌ́mən] [동][타] …을 다시 소집[소환]하다. **—**[명] (~s) 재소집, 재소환.

re·sump·tion [rizʌ́mpʃən] 명(U)(C) 1 재개, 속행. 2 되찾기, 회복, 회수. 3 [금융] 정화(正貨) 태환 복귀.

re·sump·tive [rizʌ́mptiv] 형 1 요약한[하는], 적요의. 2 도로 찾는. 3 재개[속행]의.

re·su·pi·nate [rìːsuːpənéit, -nət/-sjúːpinət] 형 1 뒤로 굽은. 2 〖식물〗(꽃・잎 따위가) 뒤집혀진, 거꾸로 된.

re·su·pi·na·tion [rìːsuːpənéiʃən/-sjùː-] 명 전도(顚倒), 반전(反轉), 역전; 〖식물〗(잎 따위의) 도립(倒立).

re·sup·ply [rìːsəplái] 명(동 재공급[보급](하다).

re·sur·bia [risə́ːrbiə] 명 리저버비아(교외 주택지화한 휴양지). [<resort+suburbia]

re·sur·face [rìːsə́ːrfis] 동(타) …에 새로운 거죽[표면]을 붙이다, …을 새로 포장하다. ― (자) (잠수함 따위가) 다시 떠오르다; 다시 겉[표면]에 나타나다.   [기하다.

re·surge¹ [risə́ːrdʒ] 동(자) 되살아나다, 부활하다; 재

re·surge² 동(자) (파도 따위가) 밀려왔다가 되밀리다;일진 일퇴하다.   [질] 재생.

re·sur·gence [risə́ːrdʒəns] 명(U) 소생, 부활; 〖지

re·sur·gent [risə́ːrdʒənt] 형 되살아나는, 부활하는, 재기하는; ― 명 부활자; 재기하는 사람.

res·ur·rect [rèzərékt] 동(타) 1 〖죽은 자〗를 되살아나게 하다, 소생[부활]시키다. 2 (쇠퇴한 습관 따위)를 부활[부흥]시키다, 다시 살리다〖쓰다, 일으키다〗. ¶~ an old custom 옛 관습을 부활시키다. 3 〖시체〗를 파헤치다, 발굴[도굴]하다. 4 〖지질〗(지층 따위)를 침식에 의해 노출시키다. ― (자) 되살아나다, 소생[부활]하다.

***res·ur·rec·tion** [rèzərékʃən] 명 1 부활, 소생. 2 (the R-) 그리스도의 부활; (최후의 심판날의) 만인의 부활. 3 (U) 재생, 부활; 재유행. ¶the ~ of hope 희망의 소생. 4 (U) 시체 발굴[도굴]. **~·al, -tive** 형

res·ur·rec·tion·ar·y [rèzərékʃənèri/-ʃənəri] 형 1 부활의; 부활하는. 2 시체 도굴의.

resurréction gàte 명 (영) (교회 묘지의) 묘지문.

res·ur·rec·tion·ism [rèzərékʃənìzm] 명(U) 1 시체 도굴. 2 최후의 심판일의 부활 신앙.

res·ur·rec·tion·ist [rèzərékʃənist] 명 1 부활시키는 사람. 2 (그리스도 또는 만인의) 부활론자. 3 (또는 **resurrection màn**) (해부용으로 팔기 위해) 시체 도굴하는 사람.

resurréction pìe 명 (영) 남은 음식으로 만든 파이.

res·ur·rec·tor [rèzəréktər] 명 부활시키는 사람; 시체 발굴자[도굴자].

re·sur·vey [rìːsəːrvéi] 명(타) 재측량하다; 재조사[답사]하다. ― [-ː-, -ːː-] 명 재측량; 재조사.

re·sus·ci·tate [risʌ́sətèit] 동(타) 1 …을 소생시키다, 의식을 회복시키다, 기운을 차리게 하다. ¶~ a drowned person by artificial respiration 물에 빠진 사람을 인공 호흡으로 소생시키다. 2 …을 부활시키다, 부흥시키다. ― (자) 소생하다, 의식을 회복하다, 기운을 되찾다. **-ta·ble** 형 **-tà·tive** 형 부활[회복]시키는.

re·sus·ci·ta·tion [risʌ̀sətéiʃən] 명(U) 1 소생, 의식의 회복; 소생법[술]. 2 부활, 부흥, 갱신.

re·sus·ci·ta·tor [risʌ́sətèitər] 명 소생[부활]시키는 사람; 〖의학〗 소생기(蘇生器), 산소 호흡기.

ret¹ [ret] 동(타) (**-tt-**) 1 (부드럽게 하여 섬유를 뽑아내기 위해) (아마 따위)를 물에 담그다, 물기를 썩게 하다. 2 …을 습기로 썩이다[못쓰게 만들다].

ret² [미 학생 속어] 담배. [<*cigarette*]

ret. retain; retired; return(ed).

re·ta·ble [ríːteibl, riːtéi-] 명 1 제단 뒤의 선반(십자가・촛대 등을 세움). 2 제단 뒤의 장식 달린 벽[간막이].

***re·tail** [ríːteil] 명(U) 소매(小賣), (반) wholesale
at [or (영) *by*] **retail** 소매로.   [trade 소매업.
― 형 소매상의. ¶a ~ dealer 소매상인/~
― 부 소매로. ¶buy ~ 소매값으로 사다.
sell retail 소매하다.
― 동(타) 1 …을 소매하다. ¶~ tea (홍)차를 소매하다.
2 [ritéil] [소문 따위]를 퍼뜨리다, 자세히 옮기다. ¶~

a scandal 추문[스캔들]을 퍼뜨리다. ― (자) 소매되다 (*at, for*). ¶(~+전+명) It ~s *at* [or *for*] 5,000 won. 그것은 소매로 5,000원이다.

rétail bànk 명 (英) (일반 대중이나 중소기업을 거래처로 하는) 소액 거래 은행.

rétail CDs 명(복) [금융] 소액(少額) CD.

re·tail·er [ríːteilər] 명 1 [ríːteilər] 소매 상인(retail dealer). 2 [ritéilər] (소문 따위)를 퍼뜨리는 사람.

re·tail·ing [ríːteiliŋ] 명 소매(업).

rétail párk 명 (인공적 자연 경관을 갖춘) 소매 상가.

rétail pólitics 명 (美) (유권자와 직접 접촉하는) 풀뿌리 선거 운동.

rétail príce 명 소매 가격.

rétail príce index 명 소매 물가 지수.

rétail stòre 명 소매(상)점.

***re·tain** [ritéin] 동(타) (~**s** [-z]) 1 …을 보유[유지]하다, 계속 지니다, 간직하다, 보존하다. ⇒KEEP 〖유의어〗 ¶~ youth 젊음을 유지하다/~ an old custom 구습을 지키다/Lead ~s heat. 납은 열을 그대로 간직한다. 2 …을 마음에 간직하다, 기억해 두다, 잊지 않다. 3 (고용료 따위)를 지불하고 (사람)을 고용하다, 의뢰하다. ¶~ a lawyer 변호사를 고용[의뢰]해 두다. 4 (어떤 장소・상태에) 놓아두다. ¶~ a prisoner in custody 죄인을 구류해 두다.   명
~·a·bíl·i·ty 명 **~·a·ble** 형 **~·a·ble·ness, ~·ment** 명

retáined éarnings [íncome] 명 (사내) 유보 이익(금), 축적 자본, (이익) 잉여금.

retáined óbject 명 〖문법〗 보류 목적어(이중 목적어 구문 He gave me an apple. 의 apple 처럼 그대로 목적어로 잔류하는 목적어).   [보류 목적보어.

retáined objéctive cómplement 명 〖문법〗

re·tain·er¹ [ritéinər] 명 1 보유자; 유지(권). 2 〖역사〗 가신(家臣), 배신(陪臣); 하인. 3 [기계] (볼베어링의) 리테이너. 4 〖치과〗 (치열 교정용) 치아 고정 장치.

re·tain·er² 명 1 변호 의뢰[예약]. 2 변호사 선임료; 고문료, 의뢰비. 3 〖속어〗 뇌물.   [수임료.

re·táin·ing fèe 명 [ritéiniŋ-] 〖법〗 (변호사의) 의뢰비,

retáining wáll 명 (토사의 붕괴를 막는) 옹벽.

re·take 동(타) [rìːtéik] (**-took; -tak·en**) 1 …을 다시 가지다[취하다]. 2 …을 되찾다, 도로 빼앗다. 3 〖사진・영화〗 …을 다시 찍다, 재촬영하다. 4 재녹음하다. ― 명 [ːː-] 〖사진・영화〗 다시 찍기, 재촬영; 재촬영한 영화[장면]; 재녹음, 재녹화.

re·tal·i·ate [ritǽlièit] 동(자) 보복하다, 복수하다 (*on, upon, for*). ¶(~+전+명) ~ *for* an injury 상해를 받은데로 보복하다/~ *on* [or *upon*] one's enemy 적에게 복수하다. ― …에게 앙갚음하다, 보복하다.
-à·tive 형 **-à·tor** 명

re·tal·i·a·tion [ritæ̀lièiʃən] 명(U) (같은 방법에 의한) 앙갚음, 보복. ⇒REVENGE 〖유의어〗
in retaliation for …에 대한 보복으로.

re·tal·i·a·to·ry [ritǽliətɔ̀ːri/-təri] 형 앙갚음의, 보복적인; 복수심이 강한. ¶a ~ measure [tariff] 보복 조치[관세].

re·tard [ritáːrd] 동(타) 1 (성장・진보・진행 따위)를 더디게 하다, 늦추다; …을 방해하다. 2 늦어지다. 3 (조수의 간만・천체 운행 따위가) 지연되다. ― 명 1 (U) (C) 지연; 방해; 저지; 감속. ¶be in ~ 늦어지고 있다. 2 [ríːtɑrd] 지능 지체자; 천치, 바보. 3 〖기계〗 지연 장치.
in retard (…)에 늦어져(*of*). (성장・진전의) 저해되어, **-ing·ly** 부   [방해되어.

re·tard·ant [ritáːrdnt] 형 더디게 하는; 저지하는. ― 명 〖화학〗 반응 속도 지연[억제]제(劑). ¶a fire ~ 방화제(劑). **-an·cy, -an·cy** 명

re·tar·date [ritáːrdeit] 명 지능 발달이 늦은 사람.

re·tar·da·tion [rìːtɑːrdéiʃən] 명(U)(C) 1 지연, 지체; 방해; 방해물; 정서・지능 발달 지연. 2 〖물리〗 감속도(減速度).(반) acceleration. 3 〖음악〗 걸림음, 계류음

(繫留音). (또는 **retardment**)

re·tard·a·tive [ritá:rdətiv] [형] 더디게 하는, 지체시키는; 방해하는, 저지하는.

re·tard·a·to·ry [ritá:rdətɔ̀:ri/-təri] [형] =retardative.

re·tard·ed [ritá:rdid] [형] 지능 발달이 늦은.¶a ~ child 지진아. —[명] (보통 the ~) 《집합적·복수취급》 지능 지체자들. 「체자, 지진아.

re·tard·ee [ritɑ̀:rdí:, -⌐⌐] [명] 〔교육·심리〕 지능 지

re·tard·er [ritá:rdər] [명] **1** 지연시키는 사람[것]. **2** 〔화학〕 억제제; (고무의) 경화(硬化) 지연제. **3** 〔건축〕 응결 지연제, 완결제(緩結劑). **4** 〔사진〕 현상 억제제(restrainer). **5** (낚싯줄 중간에 다는) 저항구(抵抗具).

retárd of the tíde [명] (the ~) 〔천문〕 퇴조(退潮) 시간(달의 자오선 통과로부터 만조까지의 시간). (또는 **retárd of hígh wáter**)

re·tar·get [ri:tá:rgit] [동][타] **1** 〔로켓·미사일〕을 새로운 목표에 맞추다, 목표[표적]를 바꾸다. **2** 〔일〕의 목표[완성 시일]를 변경하다; 〔상품〕을 새로운 구매자층에 맞추다. 「감상]하다.

re·taste [ri:téist] [동][타] …을 다시 맛보다; 재음미[재

retch [retʃ] [동][자] 구역질나다, 헛구역질나다. —[타] …을 토하다, 게우다. —[명] 구역질(소리).

retd. retained; retired; returned.

re·te [rí:ti] [명] ([복] **-ti·a** [-ʃiə, -ʃə, -tiə]) **1** 레테, 뇌문반(雷文盤)(옛 천체 관측의(儀) 표면의 구멍뚫린 쇠그물 모양의 원형판). **2** 〔해부〕 (신경·혈관 등의) 망(網), 망상 조직, 총(叢); 말피기층(Malpighian layer).

re·teach [ri:tí:tʃ] [동][타] 고쳐 가르치다, 재교육하다.

re·tell [ri:tél] [동][타] (**-told**) **1** …을 다시 말하다, 되풀이하다, 고쳐[다른 말로] 말하다. **2** …을 다시 세다.

re·tell·ing [ri:téliŋ] [명] (소설 따위의) (최)신판, 재번역판; 고쳐 쓰기, 개작.

re·ten·tion [riténʃən] [명][U][C] **1** 보유; 보존, 유지; 유치, 감금. **2** 보유[유지, 보존]되어 있는 것. **3** 유지력, 보존력. **4** 기억; 기억력. **5** 〔의학〕 (분비물의) 이상 정체.¶~ of urine 폐뇨(閉尿). **6** 〔보험〕 보유(액). **7** (~s) 〔회계〕 보유 이익. **~·al** [형] 「지지자.

re·ten·tion·ist [riténʃənist] [명] (사형 제도의) 존속

re·ten·tive [riténtiv] [형] **1** 유지[보존]하는; 유지력이 있는(*of*).¶be ~ *of* moisture 습기를 유지하다. **2** 습기를 유지[간직]하는.¶~ soil 습기있는 흙. **3** 기억력이 좋은.¶a ~ memory 좋은 기억력. **4** 〔외과〕 (붕대 따위를) 움직이지 않게 하는, 고정시키는. **5** 조심스러운, 과묵한. **~·ly** [부] **~·ness** [명]

re·ten·tiv·i·ty [rì:tentívəti] [명][U] **1** 유지력, 보존력. **2** 〔물리〕 보자성(保磁性).

re·te·nue [*F* rətəny] [명] 자제, 신중.

re·test [동][타] [ri:tést] …을 다시 시험하다, 재시험하다; …을 재분석하다. —[명] [⌐⌐] 재시험; 재분석.

re·tex·ture [ri:tékstʃər] [동][타] 〔사용한 옷감·의복 따위〕를 다시 팽팽하게 하다, 다시 켕김을 주다.

re·think [동] [ri:θíŋk] (**-thought**) [타] …을 재고하다, 다시 판단하다; …을 다시 상기하다. —[자] 다시 생각하다; 다시 상기하다. —[명] [⌐⌐] 《英》 재고. **~·er** [명]

R.et I. 《라틴》 *Rex et Imperator*(=King and Emperor); *Regina et Imperatrix*(=Queen and Empress).

re·ti·a [rí:ʃiə, -ʃə, -tiə] [명] rete의 복수형.

re·ti·ar·y [rí:ʃièri/-tiəri] [형] **1** 그물을 쓰는; 그물을 치고 기다리는. **2** 그물 모양의. **3** (거미가) 그물 모양의 줄을 치는. —[명] 그물줄을 치는 거미.

ret·i·cence [rétəsəns] [명][U][C] 말이 없음, 과묵, 침묵; [U] 자기 속을 드러내지 않음, 조심, 삼가기. (또는 **reticency**)

ret·i·cent [rétəsənt] [형] **1** 말이 없는, 과묵한, 입이 무거운; 조심하는, 삼가는(*about, on*).¶be ~ *about* [or *on*] the matter 그 일에 대해서는 입을 다물고 있다. **2** 마음 내키지 않는, 마지못해 하는; (표현 따위를) 억제한. **~·ly** [부]

ret·i·cle [rétikl] [명] 〔광학〕 (망원경 대물 렌즈의) 망선(網線), 십자선.

re·tic·u·la [ritíkjulə] [명] reticulum의 복수형.

re·tic·u·lar [ritíkjulər] [형] **1** 그물 모양의, 망상(網狀)의, 망상 조직의. **2** 복잡한, 뒤얽힌. **3** 〔해부〕 망상(reticulum)의; (반추동물의) 망위[제2 위]의. **~·ly** [부]

retícular formátion [명] (뇌의) 망양체(網樣體).

re·tic·u·late [형] [ritíkjulət] **1** 그물 모양의, 망상 조직의. **2** 〔식물〕 (잎이) 망상맥(脈)의.¶~ leaves 망상맥의 잎. **3** 〔생물〕 망상 진화의. —[동] [ritíkjulèit] [타] **1** …을 그물 모양으로 하다. **2** …을 그물 모양의 것으로 덮다. —[자] 그물 모양이 되다. **~·ly** [부]

retículate pýthon [명] 〔동물〕 그물 비단 구렁이.

re·tic·u·la·tion [ritìkjuléiʃən] [명] **1** (종종 ~s) 그물코, 망상 조직; 그물 세공; 〔사진〕 (감광 유제에 생기는) 그물 모양의 주름. **2** 《濠·뉴질》 (관개·급수용의) 수도관망.

ret·i·cule [rétikjù:l] [명] **1** (여자용의) 그물 핸드백, 그물 주머니. **2** 〔광학〕 =reticle. 〔<L〕 「혈구.

re·tic·u·lo·cyte [ritíkjuləsàit] [명] 〔해부〕 망상 적

re·tic·u·lose [ritíkjulòus] [형] =reticulate.

re·tic·u·lo·sis [ritìkjulóusis] [명] ([복] **-ses** [-si:z]) 〔의학〕 세망(내피)증(細網(內皮)症).

re·tic·u·lum [ritíkjuləm] [명] ([복] **-la** [-lə]) **1** 그물 세공, 망상물, 망상 구조. **2** 〔해부〕 망상 조직. **3** 〔동물〕 (반추 동물의) 제2 위(胃), 벌집위(胃). **4** ([복] **-li** [-lai]) (R–) 〔천문〕 레티큘자리; 그물자리(the Net; [약] Ret).

retículum cèll [명] 〔해부〕 세망(細網) 세포.

re·tie [ri:tái] [동][타] **1** …을 다시 (동여) 매다, 새로 묶다. **2** …을 다시 동점으로 만들다. 「조직의.

re·ti·form [rí:təfɔ̀:rm, rét-] [형] 그물 모양의; 망상

ret·in- [rétən-] [연결] retina의 뜻.¶*retin*itis. (또는 **retino-**) 「(눈의) 망막. **-nal** [형]

ret·i·na [rétənə] [명] ([복] **~s, -nae** [-nì:]) 〔해부〕

rétina identificátion [명] 망막 판정(망막의 정맥 모양에 의한 신원 확인 방법).

rétinal rívalry [명] 〔안과〕 (좌우의 눈에 다른 상(像)이 동시에 비치는 경우의) 시야 투쟁, 망막 투쟁.

ret·ine [réti:n] [명] 〔생화학〕 레틴(악성 종양 증식 억제 물질). 「일종).

ret·i·nite [rétənàit] [명] 수지석(樹脂石)(호박(琥珀)의

ret·i·ni·tis [rètənáitis] [명][U] 〔병리〕 망막염.

retinítis pig·men·tó·sa [-pigmentóusə, -mən-] [명] 〔안과〕 색소성 망막염.

ret·i·nol [rétənɔ̀:l, -nɑ̀l/-nɔ̀l] [명] **1** 비타민 A. **2** 레티놀(용제(溶劑)·방부제로 쓰임). 「막증.

ret·i·nop·a·thy [rètənɑ́pəθi/-nɔ́p-] [명] 〔안과〕 망

ret·in·o·scope [rétənəskòup] [명] (눈의) 검영기(檢影器). 「망막 검영법.

ret·i·nos·co·py [retənɑ́skəpi/rètinɔ́s-] [명] 〔안과〕

ret·i·nue [rétənjù:/-njù:] [명] 《집합적》 수행원, 시종(侍從) (suite). **-nued** [형] 「활할 수 있는) 재력.

re·tir·a·cy [ritáiərəsi] [명] **1** 퇴직, 은퇴. **2** (퇴직후 생

re·tir·al [ritáiərəl] [명] **1** 퇴각, 철퇴. **2** 《스코》 은퇴, 은거; 퇴직.

re·tir·ant [ritáiərənt] [명] 퇴직자.

***re·tire** [ritáiər] [동] (**~s** [-z]; **~d**; **-tir·ing**) [자] **1** 물러나다, 물러서다, 물러가다(*from, to*).¶(~+[前]+[名]) I ~*d to* my room. 나는 내 방으로 물러났다. **2** 은퇴[퇴직]하다; 은둔하다(*from, into*).¶~ under an age clause 정년 퇴직하다 // (~+[前]+[名]) ~ *from* business 폐업하다, 실업계에서 물러나다 / ~ *into* the country 시골로 은둔하다. **3** (군대가) 퇴각하다(*to*). **4** (파도 따위가) 물러가다; (해안선 따위가) 움푹 들어가다; 멀어지다, 사라지다. **5** 자다, 잠자리에 들다(* 점잖은 표현).¶I always ~ early. 나는 늘 일찍 잠자리에 든다. **6** 〔야구·크리켓〕 아웃이 되다, 물러나다. **7** 〔펜싱〕 조금 후퇴하다. **8** 〔스포츠〕 (부상 등으로) 퇴장하다.
—[타] **1** …을 퇴직[은퇴, 퇴역]시키다. **2** 〔부대 등〕을 철

수[후퇴]시키다(*from*). **3** 〔어음·지폐 따위〕를 회수하다. **4** 〔야구·크리켓〕〔타자〕를 아웃시키다. **5** 〔기계·배 따위〕를 폐기[폐선]하다. **6** 〔스포츠〕〔공적을 기려서〕〔등 번호〕를 영구 결번으로 하다.
retire from the world 속세를 버리다; 수도원에 들어가다.
retire into oneself ① 두문불출하다, 세상을 등지다. ② 마음을 터놓지 않다, 침묵을 지키다.
retire on a pension 연금을 받고 퇴직하다.
retire to rest [or bed] 취침하다.
— 图 **1** 후퇴[철수] 신호[나팔·북소리 따위]. ¶*sound a [or the]* ~ 퇴각 나팔을 불다. **2** 은퇴[은거]의 장소. **3** ⓊⒸ 은퇴, 은거.
***re·tired** [ritáiərd] 图 **1** 은퇴한, 퇴직한, 퇴역의. ¶*a* ~ *officer* 퇴역 장교 / *lead a* ~ *life* 은퇴[은거] 생활을 하다. **2** 퇴직자에게 주는. ¶*a* ~ *allowance [or pay]* 퇴직 연금. **3** 후미진, 외딴. ¶*a* ~ *village* 외딴 마을. **4** 나서기를 꺼리는, 소극적인. ~**·ly** 凰 ~**·ness** 圀
retired líst 圀 (the ~) (美) 퇴역 군인 명부; (英) 퇴역 장교 명부. 〔수령자〕
re·tir·ee [ritàiəríː, -⌣] 圀 퇴직자, 은퇴자; 연금
***re·tire·ment** [ritáiərmənt] 圀 **1** ⓊⒸ 퇴직, 퇴역, 은퇴, 은거, 은둔; 퇴직 기간, 정년 후의 시기[여생]. ¶*the old actor in* ~ 은퇴한 노배우 / *voluntary [compulsory]* ~ 임의[강제] 퇴직 / *from the world* 은퇴, 은둔. **2** 연금(따위 수입). ¶*His* ~ *is barely enough to pay rent.* 그의 연금은 겨우 집세를 낼 정도이다. **3** 은거처, 은둔처; 외진 곳[시골]. **4** ⓊⒸ (군사) 후퇴, 퇴각, 철수, **5** Ⓤ 〔지폐 따위의〕 회수 (주식·사채 따위의) 상환; (설비의) 폐기.
go into retirement 은퇴[은거]하다.
live [or dwell] in retirement 한거(閑居)하다.
— 圀 퇴직[은퇴]의, 퇴직자를 위한.
retirement bènefit 圀 연금 수당. (또는 **pénsion bènefit**)
retirement commùnity 圀 (美) 노인[은퇴자] 전용 주택지, 노인의 마을.
retirement hòme 圀 노인[정년 퇴직자] 전용 아파트.
retirement pènsion 圀 **1** 퇴직 연금.
retirement plàn 圀 **1** 퇴직금 설계(퇴직 대비 적립금 제도). **2** 연금 제도[계획](pension plan).
retirement relief 圀 (英) (60세 이상의) 퇴직자 자본 이득세 면제.
re·tir·ing [ritáiəriŋ] 图 **1** 은퇴하는, 퇴직의. ¶*a* ~ *allowance* 퇴직금. **2** 내성적인, 암띤, 삼가는, 나서기 싫어하는, 수줍은. ~**·ly** 凰 ~**·ness** 圀
retíring àge 圀 정년(retirement age), 퇴직 연령.
retíring collèction 圀 설교[연주회] 후의 헌금.
re·told [ritóuld] 凰 retell의 과거·과거 분사.
re·took [ritúk] 凰 retake의 과거.
re·tool [ritúːl] 凰 **1** (공장의) 기계 공구를 갈다[바꾸다], 설비를 일신하다. **2** (美·캐나다) 재편성하다, 개편하다. **3** (美구어) 자기 변혁을 하다. ~**·a·ble** 图
re·tor·na·do [rètɔːrnɑ́ːdou] 圀 (~**s**) **1** (스페인에서) 외국에 돈벌이하러 갔다가 돌아온 사람. **2** (포르투갈에서) 옛 식민지에서 귀국한 사람.
re·tor·sion [rítɔːrʃən] 圀 〔국제법〕=retortion 3.
***re·tort**¹ [ritɔ́ːrt] 凰 말대꾸하다, 되받아치다, 응수하다(*on, upon*). ¶(~+图+前+图) ~ *a sarcasm on [or upon] a person* 남에게 야유로 응수하다 // *blow for blow* 맞고 되받아치다. **2** …을 반박하다, 역습하다(*against*); (…이라고) 말대꾸하다(*that* 節). ⇒ANSWER 〔유의어〕 ¶ ~ *an argument* (상대방의) 주장을 반박[반론]하다. — 凰 **2** 앙갚음하다, 반격하다, 역습하다(*on, upon, against*). ¶(~+图+图) *He* ~ *ed upon me for what I said.* 그는 내가 한 말에 역습[반격, 반론]해 왔다. — 图ⓊⒸ 앙갚음, (주장에 대한) 반론, 역습, 반박, (멋진) 말대꾸, 응수; 보복.

¶*make a sharp* ~ 날카롭게 응수[반론]하다.
re·tort² 圀 **1** 〔화학〕 레토르트, 증류기(蒸溜器). **2** 식품 멸균 장치. — 凰 **1** 〔식품〕을 가열 살균하여 밀봉하다. **2** 〔광석·혈암(頁岩) 따위〕를 가열·가압하여 석유나 금속을 생산하다. 〔retort²〕
re·tort·er [ritɔ́ːrtər] 圀 되받아치는[반박하는] 사람; 말대꾸하는 사람.
re·tor·tion [ritɔ́ːrʃən] 圀 Ⓤ **1** 비틀어 젖히기, 비틀기. **2** (같은 수단에 의한) 보복. **3** 〔국제법〕 (고율 관세 등에 대한) 보복(조치).
retórt póuch 圀 레토르트 식품[포장](내열 플라스틱 밀봉의 가열 살균 식품; 그 포장). (또는 **retórtable póuch**)
re·touch 凰 [riːtʌ́tʃ] 凰 **1** (그림·문장 따위)에 손을 대다, 가필하다. ¶ ~ *a picture* 그림에 가필하다 / ~ *makeup* 화장을 고치다. **2** 〔사진〕 …을 수정하다. 〔새로 난 머리를 염색하다, 부분 염색하다. — 凰 손을 대다, 가필[수정]하다. — 圀 [⌣, ⌣⌢] 가필; 수정; (모발의) 부분 염색. ~**·a·ble** 图 ~**·er** 圀
re·trace [ritréis/riː(ː)-] 凰 **1** (길)을 되돌아가다 [오다]. ¶ ~ *one's way [or steps]* (온 길)을 되돌아가다. **2** …을 거슬러 올라가다, 거슬러 올라가 조사하다, …의 근원을 알아보다. **3** …을 회상하다, 되새겨 내다. ¶ ~ *one's childhood* 어린 시절을 회상하다. **4** …을 주의깊게 다시 보다, 뒤돌아보다. ¶ ~ *re-trace*. ~**·ment** 圀
re·trace [riːtréis] 凰他 〔선 따위〕를 베껴서 그리다, 투사(透寫)하다. (또는 **retrace**)
re·trace·a·ble [ritréisəbl] 图 되돌아갈 수 있는, 거슬러 올라갈 수 있는; 회상해낼 수 있는.
re·tract¹ [ritrǽkt] 凰他 …을 쑥 들어가게 하다, 오므리다, 움츠리다. ¶ ~ *a lead* (샤프펜의) 심을 집어 넣다. — 凰 오므라들다; 움츠러들다, 수축하다.
re·tract² 凰他 **1** (진술·의견·약속·말 따위)를 (정식으로) 취소하다, 철회하다. ¶ ~ *one's opinion* 의견을 철회하다. **2** 〔서양장기〕 (말)을 원자리로 돌리다. — 凰 뒷걸음질치다, 물러서다; 취소[철회]하다.
re·tract·a·ble [ritrǽktəbl] 图 **1** (비행기의 바퀴 따위) 접어 넣을 수 있는; 쑥 들어가는, 움츠릴[오므릴] 수 있는, 신축 자재의. **2** 취소[철회]할 수 있는. (또는 **retractible**) **-bíl·i·ty** 圀
re·trac·ta·tion [riːtræktéiʃən] 圀 =retraction.
re·trac·tile [ritrǽktil, -tl/-tail] 图 〔동물〕 (거북의 머리처럼) 쑥 들어가는, 오므릴 수 있는. 图 protractile **rè·trac·til·i·ty** 圀Ⓤ 신축 자재, 신축성.
re·trac·tion [ritrǽkʃən] 圀 ⓊⒸ **1** 오므림, 움츠림. **2** (의견·약속 따위의) 취소, 철회. **3** 수축력.
re·trac·tive [ritrǽktiv] 图 오므라드는, 수축하는, 신축 자재의. ¶ ~ *muscles* 수축근. ~**·ly** 凰 ~**·ness** 圀
re·trac·tor [ritrǽktər] 圀 **1** (약속·발언 따위를) 취소[철회]하는 사람. **2** 〔해부〕 수축근. **3** 〔외과〕 견인기(牽引器)(상처를 벌리는 기구).
re·train [riːtréin] 凰他 …을 재교육하다, 다시 훈련하다. — 凰 재교육[재훈련]을 받다. ~**·a·ble** 图
re·train·ee [riːtreiníː] 圀 재훈련[교육]을 받는 사람, 재훈련생.
re·tral [rétrəl, réːt-] 图 뒤쪽의, 후방의, 뒤쪽에 있는.
re·trans·fer 凰他 [riːtrænsfə́ːr] …을 재송(再送)하다, 반송(返送)하다. …을 재양도하다. — 圀 [riːtrǽnsfər] ⓊⒸ 재송, 반송; 재양도.
re·trans·late [riːtrænsléit, -trænz-] 凰他 …을 새로 번역하다, 재번역하다; 거꾸로 번역하다, 고쳐 번역하다. **-la·tion** [-léiʃən] 圀
re·trans·mit [riːtrænsmít/-trænz-] 凰他 〔방송 프로그램 따위〕를 고쳐 송신하다. 〔시 횡단하다.
re·tra·verse [riːtrǽvərs] 凰他 다시 통과하다; 다

re·tread [riːtréd] 타 〔헌 타이어〕에 다시 바닥 (tread)을 붙이다. ― 명 〔ˊ-〕 1 재생 타이어. 2 《속어》 재취업자; 《美속어》 재소집병. 3 《속어》 손질하여 신품 〔신작〕의 양 내놓기〔내놓는 사람〕. 4 《속어》 시대에 뒤떨어진 사람: 〔옛것을〕 되풀이하는 사람.

re·tread [riːtréd] 동 (-trod; -trod·den, -trod) (…을) 다시 밟다, 되밟고 돌아가다.

‡re·treat [ritríːt] 명 1 ⓤⓒ 후퇴, 퇴각, 철수(from, to, into). 2 (the ~) 《군사》 후퇴 신호; (해질 때의) 귀대 나팔; 국기 하강식. ¶ **blow** [**or sound**] **the** [**or a**] ~ (북·나팔 따위로) 후퇴 신호를 울리다. 3 ⓤ 피난; 은퇴, 은둔. ¶ **make** ~ **into a forest** 숲속으로 은둔하다. 4 피난처; 은둔처, 피신처; 휴양지. ¶ **a mountain** [**summer**] ~ 산장〔피서지〕. 5 (알코올 중독자·정신병자 따위의) 보호 수용소, 요양소. 6 ⓤⓒ 《교회》 묵상(의 시간), 피정(避靜) (기간), 연수회. 7 ⓤ 《항공》 (날개 따위의) 후퇴 들어간 면〔변〕. 9 《건축》 은퇴(凹面). **beat a retreat** ① 《군사》 북을 쳐서 후퇴를 알리다. ② 퇴각하다; 도망가다(from); 사업에서 손을 떼다. **be in full retreat** 총퇴각하다. **cover the retreat (of)** (…의) 퇴각을 엄호하다. **cut off** [**or intercept**] **the retreat (of)** (…의) **go into retreat** 은둔하다. ㅣ퇴로를 차단하다. **make good** *one's* **retreat** 무사히 퇴각하다〔피하다〕. ― 동 1 (…에서 / 으로) 물러나다, 후퇴〔퇴각〕하다. 도망치다(from / to, into, on). ¶ ~ **from the front** 전방에서 후퇴하다. 2 은퇴하다, 퇴직하다(from, to). 3 움츠러들다, 쏙 들어가다. 4 몸을 빼다〔빼내다〕, 손을 떼다(from). 5 《교회》 묵상하다. 6 《항공》 (날개 끝이) 뒤로 기울다. ― 타 1 〔서양장기〕 (말)을 뒤로 물리다. 2 …을 물러서게 하다, 후퇴시키다; …을 은퇴시키다.
~·al ~·er ~·ive 형

re·treat [riːtríːt] 타 다시 처리하다, 다시 다루다.

re·treat·ant [ritríːtənt] 명 《수도원 따위에 일시 묵는》 묵상자, 피정하는 수사, 묵상회에 참가하는 사람.

re·treat·ism [ritríːtizm] 명 《사회》 회피주의.

re·tree [rìː트리ː] 명 〔집합적〕 흠이 있는 종이, 파손지.

re·trench [ritréntʃ] 동타 1 〔비용·경비〕를 절약하다, 긴축하다, 줄이다, 삭감하다. ¶ ~ **school expenses** 학비를 줄이다. 2 …을 삭제하다, 빼다. ¶ ~ **a paragraph** 한 절을 삭제하다. 3 《군사》 내루(內壘)를 쌓아서 …을 수비하다〔보강하다〕. ― 자 절약하다, 비용을 절감하다. ~·**a·ble** 형 ~·**er** 명

re·trench·ment [ritréntʃmənt] 명 1 ⓤⓒ 삭감, 축소: 생략, 단축; 절약. 2 《축성》 복곽(複郭), 내루.

re·tri·al [riːtráiəl] 명 ⓤⓒ 다시 하기; 재시험, 재실험; 《법률》 재심(再審). ㅣ로 회귀시키다.

re·trib·al·ize [riːtráibəlàiz] 동타 부족(部族) 상태

ret·ri·bu·tion [rètrəbjúːʃən] 명 ⓤ 나쁜 짓의 응보, 보복; 천벌; 《신학》 내세의 응보(應報). ⇒ REVENGE
ⒺⒾⒺ ¶ **the day of** ~ 최후의 심판일 / **just** ~ **of**[or for] **a crime** 인과응보.

re·trib·u·tive [ritríbjutiv] 형 앙갚음의, 보복적인; 천벌의; 인과응보의, 응분의 벌이 따르는. (또는 **re·tributory**) ~·**ly** 부

re·trib·u·tiv·ism [ritríbjutəvizm] 명 ⓤ 〔형벌의〕 응보주의, 응보 형벌주의〔론〕. -**ist** 명

re·triev·a·ble [ritríːvəbl] 형 되찾을 수 있는, 회복〔복구〕할 수 있는, 배상할 수 있는, 만회할 수 있는; 수 제할 수 있는. -**bíl·i·ty** 명

re·triev·al [ritríːvəl] 명 ⓤⓒ 1 되물림, 만회, 복구, 보상; 회복; 재생, 재흥. 2 보상; 복징; 정정, 구제. 3 《컴퓨터》 (정보) 검색(檢索). ¶ ~ **system** 정보 검색 방식.
beyond [or **past**] **retrieval** 돌이킬 수 없는, 회복할 수 없는, 회복의 가망이 없는.

*re·trieve [ritríːv] 동타 1 …을 되찾다, 회수하다; 을 만회하다, 복구하다(from). ⇒ RECOVER
ⒺⒾⒺ ¶ ~ **freedom** 자유를 되찾다 / ~ **one's honor** 명예를 회복하다. 2 〔손실·과실 따위〕의 벌충을 하다, …을 보상〔배상〕하다, …을 갱생시키다. 3 〔잘못〕을 정정하다. ¶ ~ **one's errors** 잘못을 고치다. 4 (불행 따위에서) …을 구해내다(from). ¶ (~+목+전+목) ~ **a person from** [or **out of**] **ruin** 남을 파멸로부터 구하다. 5 …을 상기하다, 다시 생각해내다. 6 《사냥》 (사냥개)를 찾아서 가져오다. 7 《컴퓨터》 (정보)를 검색하다. 8 〔낚싯줄〕을 끌어당기다, 감(아들이)다. 9 (테니스에서) 〔어려운 공〕을 뛰어가서 가까스로 받아내다. ― 자 1 《사냥》 (사냥개가) 사냥감을 잘 찾아다니다, 사냥감을 찾아서 가져오다. 2 낚싯줄을 당기다〔감아올리다〕.
retrieve *oneself* 개심〔갱생〕하다. ㅣ리다.
― 명 되찾기, 만회, 회복; 회수; (테니스 등에서) 어려운 공을 잘 처리하기; 사냥개의 훈련.
beyond [or **past**] **retrieve** 회복의 가망이 없는.

re·trieve·ment [ritríːvmənt] 명 = retrieval.

re·triev·er [ritríːvər] 명 1 회복자, 되찾는 사람. 2 리트리버(쏘아 잡은 짐승(불치)을 찾아 가져오도록 훈련받은 사냥개의 일종), (일반적으로) 불치 회수용 사냥개.

re·trim [riːtrím] 동 (-mm-) …을 다시 깎다, 다시 정돈하다; 〔램프의 심지〕를 자르다; …을 다시 꾸미다.

ret·ro¹ [rétrou] 명 《구어》 (법령 따위가) 소급하는; (급여 따위의) 소급분의.

ret·ro² 형 (음악·패션 따위의) 복고(풍의), 재유행의. ¶ ~ **clothes** 복고풍 복장.

ret·ro³ 형 (~s) 《우주》 역추진 로켓(retrorocket).

RETRO [rétrou] 명 《美우주》 역추진 로켓 기사(技士). (또는 **Retro**) 〈<retrofire + officer〉

retro- [rétrou, -rə] 연결 backward, behind의 뜻.
¶ *retrospect, retrochoir.*

ret·ro·act [rètrouǽkt] 자 1 반동하다. 2 거꾸로 〔반대로〕 작용하다, 과거로 거슬러 올라가다, 소급력이 있다. ㅣ2 《법률 등》의 소급(력).

ret·ro·ac·tion [rètrouǽkʃən] 명 ⓤ 1 역작용, 반동.

ret·ro·ac·tive [rètrouǽktiv] 형 1 반동의〔역작용〕의. 2 〔법령 따위의 효력이〕 소급하는; 《승급》 소급하는(to). ¶ ~ **to April 15** 4월 15일로 소급하여.
~·**ly** 부 **-ac·tív·i·ty** 명 ⓤ 소급력.

retroáctive inhibítion 명 《심리》 역행 억제, 소급 억제(이전의 학습으로 인해 먼저 한 학습의 유지나 재학습이 방해받는 일).

retroáctive láw 명 《법률》 소급법.

ret·ro·cede¹ [rètrəsíːd] 자 《美》 뒤로 되돌아가다, 후퇴하다; 물러서다; 《의학》 (병이) 내공(內攻)하다.
-céd·ence 명 **-céd·ent, -cés·sive** 형

ret·ro·cede² [rètrəsíːd] 타 〔영토 등〕을 반환하다. 2 《보험》 재재(再再)보험에 들다. **-céd·ence** 명 **-cés·sion** 명

ret·ro·ces·sion·aire [rètrəseʃənɛ́ər] 명 《보험》 재재보험자, 재재보험 인수 회사.

ret·ro·choir [rétrəkwàiər] 명 《건축》 (대성당의) 성가대석〔대제단〕의 뒷부분.

ret·ro·cog·nate [rètroukǽgneit/-kɔ́g-] 형 《심리》 과거사를 기억하는, 초감각적 지각의.
-cog·ní·tion 명 《심리》 역행 인지.

ret·ro·dict [rètrədíkt] 타 (현재의 정보에 기초하여) 〔과거의 일〕을 추리〔설명, 재현〕하다.

ret·ro·di·rec·tive [rètroudiréktiv] 형 《광학》 (거울 빛 따위가) 역행하는, 역전의.

ret·ro·en·gine [-èndʒin] 명 (로켓의) 역추진 엔진.

rétro fáshion 명 《복식》 복고풍 모드.

ret·ro·fire [rétroufàiər] 동타 〔역추진 로켓〕에 점화하다. ― 자 역추진 점화를 하다. ― 명 ⓤⓒ (로켓의) 역 추진 점화.

ret·ro·fit [rétroufìt, ˋ-ˊ] 동타 (-**tt**-) 구식 장치의 개장(改裝)〔개조〕하다: 설비〔장치〕를 개량〔개선〕하다, 새로운 부품〔개량된 장치〕을 달다. ― 명 구식 장치〔부품〕를 바꾸다. ― 명 개조〔개량〕의. ~·**ta·ble** 형

ret·ro·flex [rétrəflèks] 형 1 뒤로 굽은〔휜〕, 반전(反

轉)한. **2** [음성] 반음음의. **3** [병리] (자궁이) 후굴(後屈)한. (또는 **retroflexed**) ── 圏 반전음, 굴림소리, 설전음(舌顫音).

ret·ro·flex·ion [rètrəflékʃən] 圏Ⓤ **1** 뒤로 굽기[휘기], 반전. **2** [병리] 자궁 후굴(⇔ anteflexion). **3** [음성] 반전음. (또는 **retroflection**)

retrog. retrogression; retrogressive.

ret·ro·gra·da·tion [rètrougreidéiʃən/-grə-] 圏Ⓤ **1** 후퇴, 퇴화. **2** 쇠퇴, 퇴화. **3** [천문] [행성의 역행. **4** [지질] 후퇴 평형 작용. **-gra·da·to·ry** [-gréidətɔ̀:ri] 圏

ret·ro·grade [rétrəgrèid] 圏 **1** 후퇴하는; 역행하는; 퇴자하는. **2** 순서 따위가 거꾸로 된, 반대의. ¶in a ~ order 역순(逆順)으로. **3** [생물] 퇴화하는, 퇴행하는, 퇴보의. ¶~ cancer 퇴행성 암. **4** [천문] (행성이 지구 궤도에 대해). **5** 악화되기 쉬운, 타락하는 경향이 있는. ¶~ people 타락하기 쉬운 사람들. **6** [음악] 역행의. **7** [로켓] 역추진의. **8** [의학] (전망증이) 역행성의. ── 图 **1** 후퇴하다, 역행하다; [美군사] 퇴각하다; 악화되다. **2** [생물] 퇴화하다. **3** [천문] 역행하다. ── 匣 역행하여, 역으로. ── (드물게) 타락자; 후퇴. **~·ly**, **-gràd·ing·ly** 匣

rétrograde amnésia 圏 역행(성) 건망증.

rétrograde rócket 圏 =retrorocket.

ret·ro·gress [rètrəgrés, ⁴-⁴] 图⊠ **1** 뒤로 후퇴하여 가다, 후퇴하다. **2** 퇴화하다; 나빠지다, 쇠퇴하다.

ret·ro·gres·sion [rètrəgréʃən] 圏Ⓤ **1** 후퇴, 퇴보, 역행. **2** 쇠퇴; [생물] 퇴화. **3** [천문] 역행, 회귀(回歸). **4** [병리] 퇴행, 퇴화. **5** [음악] 역행의 모방.

ret·ro·gres·sive [rètrəgrésiv] 圏 후퇴[역행]하는; 퇴화하는. **~·ly** 匣

ret·ro·ject [rétrədʒèkt/⁻⁻⁻] 图匣 …을 뒤로 던지다; 되던지다. **-jéc·tion**

ret·ro·len·tal [rètrouléntl] 圏 (눈의) 수정체 뒤에 있는[뒤에서 생기는].

ret·ro·nym [rétrənim] 圏 **1** 일반화된 상표명(상표명이 보통명사화되어 사용되는 것. 예: Band-Aid(반창고), Kleenex(미용용 화장지)). **2** 일반화된 광고 표기.

ret·ro·op·er·a·tive [-àpərətive/-ɔ́p-] 圏 =retroactive.

ret·ro·pack [rétroupæ̀k] 圏 [우주] (우주선의) 역추진 보조 로켓 장치.

ret·ro·pul·sion [rètrəpʌ́lʃən] 圏Ⓤ **1** 뒤쪽으로 밀어내기, 뒤로 몰기. **2** 후방 보긴; 내종(內攻).

ret·ro·re·flec·tion [rètrourifékʃən] 圏 [광학] 역반사(반사 경로가 입사(入射) 경로와 평행인 경우).

ret·ro·re·flec·tive [rètrourifléktiv] 圏 역반사의, 광선을 역반사하는.

ret·ro·re·flec·tor [rètrourifléktər] 圏 역반사체, 역반사 장치.

ret·ro·rock·et [rétrouràkit/-rɔ̀k-] 圏 역추진 로켓.

re·trorse [ritrɔ́:rs, riː-] 圏 뒤쪽을 향한. **~·ly** 匣

ret·ro·run·ning [rètrərʌ́niŋ] 圏 뒤로 달리기(경주의 일종). **-rún**

ret·ro·spect [rétrəspèkt] 圏Ⓤ **1** 회상, 회고, 추억(⇔ prospect). ¶It is pleasant in the ~. 그것은 뒤돌아보기가 즐겁다. **2** 소급력.

in retrospect 뒤돌아보아[보면], 회상하면.
── 图⊠ 회상[회고]하다; 과거를 돌아보다 (on, to). ¶~ to one's childhood 어린 시절을 회상하다.
── 匣 …을 회고하다. ── 圏 =retrospective. [추억.

ret·ro·spec·tion [rètrəspékʃən] 圏Ⓤ 회상, 회고.

ret·ro·spec·tive [rètrəspéktiv] 圏 **1** 회고적인, 추억에 잠기는(⇔ prospective). **2** 과거로 소급하는, 소급력이 있는. **3** (경치가) 뒤쪽에 있는. ── 圏 **1** (화가의) 회고전(展). **2** (영화·음악의) 회고 상영[연주].
~·ly 匣 **~·ness** 圏 향한, 위로 젖혀진. ⟨F⟩

ret·rous·sé [rètru:séi/rətrú:sei] 圏 (코끝이) 위를

ret·ro·ver·sion [rètrəvə́:rʒən/-ʃən] 圏Ⓤ**C 1** 뒤

방으로 굽혀지기[휘기], 반전, 후경(後傾). **2** [병리] (자궁 따위의) 후굴(後屈). **3** 퇴보, 퇴행. **4** (원어로의) 재번

⁴**vèrse** ── 圏 │역.

ret·ro·vert [rètrəvə̀:rt] 图匣 (수동형으로) …을 뒤쪽으로[거꾸로] 돌리다[구부리다]; [자궁 따위]를 후굴시키다. ── ⊠ (자궁 따위가) 후굴하다.

ret·ro·vert·ed [rètrəvə̀:rtid] 圏 뒤로 향한[굽은].

ret·ro·vi·rus [rètrəváiərəs, ⁴-⁻⁻] 圏 (鷽 **-es**) [생물] 레트로바이러스, RNA 종양(腫瘍) 바이러스. **-ral** ── 图匣 …에 레트로바이러스를 감염 시키다.

re·trude [ritrúːd] 图匣 [치과] (이·턱)을 뒤로 이동시키다.

re·tru·sion [ritrúːʒən, -ʃən] 圏 [치과] (이·턱)의 후퇴, 후방 전위(轉位). **-sive**

re·try [riːtrái] 图匣 **1** …을 다시 시도하다. **2** (재판에서) …을 재심하다. 〔그리스산(產) 포도주.

ret·si·na [rétsənə, retsíːnə] 圏Ⓤ 수지(樹脂)가 든

ret·ter·y [rétəri] 圏 아마(亞麻)의 침수(浸水) 처리장.

ret·ting [rétiŋ] 圏Ⓤ (삼 따위의) 침수(浸水) 처리.

re·tune [ritjúːn] 图匣 **1** [악기]를 다시 조율하다. **2** [라디오 따위]의 주파수를 맞추다. 〔바꿔 덮다.

re·turf [ritə́:rf] 图匣 …에 잔디를 다시 심다, 뗏장을

‡**re·turn** [ritə́:rn] 图⊠ (~**s** [-z]) ㉑ **1** (원래의 장소·지위·상태 따위로) 돌아가다, 되돌아오다(to, from). ¶(~+匣+匣) ~ to America 미국으로 돌아가다 / ~ from abroad 외국에서 귀국하다 / ~ to public office 공직에 복귀하다 // ~ in triumph 개선하다 / ~ safe and sound 무사히 돌아오다. **2** (재산 따위가 원소유자에게) 돌아가다(to). **3** (원래의 문제·화제로) 되돌아가다(to). ¶(~+匣+匣) Let's ~ to the subject. 본론으로 돌아갑시다. **4** (상태·감정 따위가) 되살아나다, 되돌아오다; (병이) 재발하다; (건강이) 회복되다. ¶The fever ~ed. 열이 다시 났다. **5** (계절 따위가) 돌아오다, 다시 찾아오다. ¶Spring has ~ed. 봄이 다시 찾아왔다. **6** 답하다, 대꾸하다.

── 图 **1** …을 되갚다놓다; …을 반환하다; …을 되돌려 보내다, 반송하다; [일]을 (원 상태로) 되돌려 놓다, 회복하다(to); [시설·주의 따위]를 ~로 향하다(to). ¶(~+匣+匣+匣) R- this book to the shelf. 이 책을 서가에 도로 갖다 놓아라.

2 (같은 것으로) …에게 되돌려주다, 보답하다, 답례[응수]하다. ¶~ a bow [or salute] 답례하다 / ~ a visit 답방하다 / ~ a blow 되받아치다 / (~+匣+匣+匣) ~ like for like 똑같은 수법으로 대갚음하다 / ~ kindness with ingratitude 은혜를 원수로 갚다.

3 …에 답하다, 대꾸하다, 되답하다; (말을 받아, 반박[반격]하다. ¶"No," she ~ed indifferently. "아니오."라고 그녀는 무관심하게 대꾸했다 // (~+匣+匣+匣) ~ a polite answer to a question 질문에 정중히 대답하다.

4 [판결 따위]를 언도하다, 평결[답신]하다, …을 신고하여 (사람·일)을 …이라고 판단[평결·답신]하다(to be). ¶(~+匣+匣) ~ a person guilty 유죄판결을 언도하다 / ~ a person (to be) fit for the job 그 일에 적합한 사람이라고 판단하다.

5 (…이라고) 공식으로 보고하다(to); 성명하다, 공표하다; 복명하다(as, at). ¶(~+匣+匣) ~ a list of members 명부를 공표하다 / (~+匣+as匣) ~ a soldier as killed 병사를 전사한 것으로 보고하다.

6 [빛·소리 따위]를 반사하다, 반향하다. **7** [이자·이익 따위]를 내다. ¶~ a profit 이익을 내다 / The party ~ed 2,000 dollars. 파티에서 2,000달러의 수익이 났다. **8** [수입 따위]를 …이라고 신고하다(at, as). **9** (선거구에서) [국회 의원 등]을 선출하다, 선거하다. ¶(~+匣+匣+匣) ~ members to Parliament 국회 의원을 선출하다 / He was ~ed for Texas. 그는 텍사스 주에서 선출되었다. **10** [카드놀이] …에 대해 같은 패로 응수하다; [스포츠] [공]을 되받아치다. **11** [군사] [무기

따위)를 (제자리에) 되돌려 놓다(to).¶~ a sword 칼을 칼집에 도로 꽂다. **12** 〔건축〕 …의 선을 원래의 방향으로 되꺾다.
return a person's lead 〔카드놀이〕 같은 패로 응수하다.¶~ *a person's lead* of spade 상대방을 따라 자기도 스페이드 패를 내놓는다.
return evil for good; return good with evil 은혜를 원수로 갚다.
return home 귀가하다; 귀향하다; 귀국하다.
return to dust 흙으로 돌아가다, 죽다.
return to life 되살아나다; 번쩍 정신이 들다.
return to oneself 제정신이 들다.
To return 〔독립구로〕 본론으로 돌아가서, 여담은 그 ─ 圖 (美) ─*s* [-z] **1** ⓤⓒ 돌아옴[감](*from*, *to*), 귀가, 귀향, 귀국; 재방문.¶~ *to* nature 자연으로 돌아가기 / after one's ~ *from* abroad 해외에서 귀국한 후 / on one's ~ *home* 귀가하자 (곧).
2 ⓤⓒ 되돌리기; 반환, 반송.¶I requested the ~ of the book I lent him. 빌려준 책을 되돌려 달라고 그에게 요구했다.
3 (보통 ~s) 반품(返品).¶~s of cottons 면제품의 반품.
4 ⓤⓒ 재발, 회복; (계절 따위의) 순환, 되돌이; (병 따위의) 재발.¶the ~ of health 건강의 회복 / a ~ of pain 통증의 재발 / Many happy ~s of the day. 축하합니다(이 기쁜 날이 되풀이되기를) 〔생일 따위의 축하 인사〕. 「way of ~ 답례로서.
5 ⓤⓒ 답례, 보답, 갚음, 보수(*for*); 응답, 대답.¶by **6** (공식적인) 회답[발표]; 보고(서), 납세 신고(서); (통계 ~s) 통계표.¶an official ~ 공보 / make [*or* file, fill in] an income tax ~ 소득세 신고를 하다. **7** 〔국회의원 등의〕 선출, 투표수. **8** (종종 ~s) 수익, 이익, 총매출.¶guarantee a high ~ on one's investment 투자에 대한 고이율을 보장하다 / Small profits and quick ~s. 〔상업〕 박리 다매(ⓟ S.P.Q.R.). **9** 〔건축〕 (쇠시리 등의) 꺾인 부분; (정면으로부터 측면으로) 꺾이기; 꺾인 벽, 곡벽. **10** 〔스포츠〕 (테니스 따위의) 되받아치기; (펜싱의) 되찌르기. **11** 〔英구어〕 왕복표(~ticket); (극장의) 환불 입장권. **12** 〔英〕 (~s) (맛이 순한 일종의) 살담배. **13** (타이프라이터의) 리턴키. **14** 〔컴퓨터〕 복귀, 개행(改行), 돌아가 맨 바꾸기. **15** 〔경제〕 (평균) 수학; 수익(률). **16** 〔전기〕 귀로(歸路), 귀선. **17** (뉴질 구어) (음식물의) 대용. 「시로, 지급으로.
by return of post[(美) *mail*]〕 (우편에서) 받는 즉
in return ① 답례로; 회답으로. ② 그 대신에.
in return for[*or to*] …의 답례[회답]으로; …와 맞바꾸어.
make a return for …에 답례하다, 보답하다.
make a return of …의 보고[신고]를 하다.
running returns 개표 속보.
secure a return (의원으로) 당선되다.
the[*or a*] *point of no return* 돌아올 수 없는 지점; 중도 포기할 수 없는 단계, 고비.
without return 수익[이익] 없이.
yield[*or bring*] *a quick*[*or prompt*] *return* 곧 이익을 낳다, 즉시 이익을 가져오다.
─ 圖 〔한정용법〕 **1** 돌아가는, 돌아오는, 귀로의; 왕복의((美) round-trip).¶a ~ train 돌아오는 열차 / by ~ mail 〔(英) post〕 회신(回信)으로. **2** 다시 하는[일어나는], 재차의. **3** 답례의; 보복의; 대답의.¶a ~ visit 답방(答訪). **4** 방향이 바뀌는, 꺾이는.¶a ~ twist in a road 꼬부라진 길. **5** (시합이) 설욕(雪辱)전의. **6** 반신[반송]용의.¶a ~ envelope 반신용 봉투.
re·turn·a·ble [ritə́ːrnəbl] 圖 **1** 되돌릴 수 있는; 반환할 수 있는; (법적으로) 논의해야 할. **2** 보고해야 할. **3** 회수할 수 있는. **4** (美) 환불 받을 수 있는 빈 병[깡통]. ─ **-bíl·i·ty**
return address 圖 **1** 발신인[발송인] 주소. **2** 〔컴퓨터〕 복귀 번지.

retúrn bènd 圖 (연관(鉛管) 등의) U자형 곡관(曲管).
retúrn càrd 圖 (광고용·상품 주문용) 왕복 엽서.
re·turned [ritə́ːrnd] 圖 송환된; 돌아온.¶a ~ soldier 귀환병 / ~ articles 반품.
retúrned létter òffice 圖 (우체국의) 배달 반송 불능 우편물 취급과(課).
retúrned mán 圖 〔캐나다〕 (해외 근무 후 본국에서 제대한) 귀환병. (또는 (濠·뉴질) **retúrned sóldier**)
re·turn·ee [ritə̀ːrní:, -́-́] 圖 (여행 따위로부터) 돌아온 사람; (해외 근무로부터의) 귀환병; 복학생(대학생); (습득물) 신고인.
re·turn·er [ritə́ːrnər] 圖 되돌아가는 사람; 〔英〕 (일시 휴직·출산 휴가 후) 복직하는 전문직 종사자(특히 여성).
retúrn fàre 귀로 운임; 〔英〕 왕복 운임. 「성).
retúrn gáme[**mátch**] 圖 설욕전, 리턴 매치.
retúrn hálf 圖 귀로 편도표.
re·turn·ik [ritə́ːrnik] 圖 (동구 각국 및 옛 소련의) 망명으로부터의 귀환자; (일반적으로) 역(逆)이민자.
re·túrn·ing òfficer [ritə́ːrniŋ-] 圖 〔英〕 선거 관리 위원. 「[이득이는] 없는.
re·turn·less [ritə́ːrnlis] 圖 돌아오는 게 없는, 수익
retúrn on ássets 圖 〔회계〕 총자산(총자본) 이익률(세금·지불 이자·할인료를 포함한 당기 이익을 총자산(자본)액으로 나눈 수치; ⓟ ROA). 「(ROE).
retúrn on équity 圖 〔회계〕 자기 자본 이익률
retúrn on invéstment 圖 〔회계〕 투자 수익(이익)률, 자본 이익률(ⓟ ROI).
retúrn pòstage 圖 반신용 우편 요금.
retúrn tícket 圖 〔英〕 왕복표(〔美〕 round-trip ticket).
retúrn tríp 圖 〔英〕 왕복 여행(〔美〕 round trip).
re·tuse [ritjúːs/-tjúːs] 圖 〔식물〕 (잎 따위가) 끝이 둥글고 약간 옴폭한. 「프로 치다.
re·type [ritáip] 圖® (정정하기 위해) …을 다시 타이
Reu·ben [rúːbin] 圖 **1** 〔성서〕 르우벤(야곱과 레아의 장남. ─ 창세기(Gen.) 29:32). **2** 루빈(남자 이름).
re·u·ni·fi·ca·tion [rìːjuːnəfikéiʃən] 圖ⓤ 재통일, 재통합. 「다.
re·u·ni·fy [rìːjúːnəfài] 圖® …을 재통일[재통합]하
***re·un·ion** [ri:júːnjən] 圖 **1** ⓤ 재결합, 재결합. **2** (가족·친지·동문 등의) 재회.¶the lovers' ~ after the war 전쟁후의 애인들의 재회. **3** 친목회, 동창회.
re·un·ion·ism [ri:júːnjənìzm] 圖ⓤ 교회 통합론; 교회 재통합론(가톨릭 교회와 영국 국교회와의 통합론).
re·un·ion·ist [ri:júːnjənist] 圖ⓤ 교회 재통합론자.
re·u·nite [rìːjuːnáit] 圖 다시 통합[결합]시키다[하다]; 재회시키다[하다]; 화해시키다[하다].
-nít·a·ble 圖 **-nít·er** 圖
re-up [ríːʌ́p] 圖® (*-pp-*) **1** 〔구어〕 〔군사〕 재입대하다, 재복무하다. **2** (美속어) 재계약하다, 재차 지불하다.
re·us·a·ble [rìːjúːzəbl] 圖 재사용할 수 있는.
re·use 圖® [rìːjúːz] …을 다시 사용하다. ─ 圖 [rìːjúːs] ⓤ 재사용. 「생 양모.
re·used [rìːjúːzd] 圖 재사용의, 재생의.¶~ wool 재
Reu·ters [rɔ́itərz] 圖 (영국의) 로이터 통신사.¶~ commodity index 로이터 통신사의 상품 시세지수.〔<창설자인 영국 언론인 P.J. Reuter(1816-99)의 이름〕
re·u·ti·lize [rìːjúːtəlàiz] (* (英) *-lise*) 圖® …을 재이용하다. ‖**-li·zá·tion** 圖
rev [rev] 〔구어〕 圖 (엔진·레코드 등의) 회전. ─ 圖 (*-vv-*) 圖 속도를 갑자기 올리다(*up*).¶(~+圄+圄) ~ a motor *up* 모터의 속도를 갑자기 올리다. ─ 지 속도를 갑자기 내다(*up*).¶(~+圄) The motor ~s *up*. 모터가 속도를 갑자기 낸다.
rev up ① 활성화되다, 힘이 붙다, 활기띠다. ② …을 활성화하다, 향상시키다.¶~ *up* production 생산성〔<revolution〕 을 높이다.
Rev 圖 (英속어) 선생, 목사.
REV 〔우주〕 reentry vehicle. **rev.** revenue; re-

verse(d); review(ed); revise(d), revision; revolution; revolving. **Rev.** Revelation(s); Reverend; Review; Revised.

re·vac·ci·nate [riːvǽksənèit] [동][타] …에 다시 우두를 놓다, 백신을 재접종하다. **-ná·tion** [명]

re·val·i·date [rivǽlədèit] [동][타] …의 정당성을 재입증하다, 재실증하다; 법적으로 재차 유효로 하다, 재허가하다; 갱신하다. **-dá·tion** [명]

re·val·or·i·za·tion [riːvælərizéiʃən/-raiz-] [명][U] **1** =revaluation. **2** 화폐 가치의 회복.

revalorizátion of cúrrency [명] 〔금융〕 (화폐의 호칭·단위 변경에 의한) 통화 가치 회복, 평가 복원.

re·val·or·ize [riːvǽlərài z] [동][타] 〔자산〕의 평가를 변경하다; 〔통화〕의 가치를 회복하다.

re·val·u·ate [riːvǽljuèit] [동][타] **1** …을 재평가[재사정]하다. **2** 〔경제〕 〔화폐〕의 평가를 절상하다.

re·val·u·a·tion [rìːvæljuéiʃən] [명][U] **1** 재평가, 재사정. **2** 〔경제〕 (화폐의) 평가 절상([참] devaluation). **3** (문예 비평의) 재평가.

re·val·ue [riːvǽljuː] [동][타] …을 재평가하다, 다시 평가하다.

re·vamp [riːvǽmp] [동][타] **1** 〔구두〕에 새로운 구두코를 달다; …을 수리[개량, 개선]하다. **2** (시대에 맞게) 〔연극·책 따위〕를 개작하다, 개정하다; 〔기구 따위〕를 개편하다. ¶ ~ the cabinet 내각을 개편하다. **—** [명] [ˊ-] 쇄신, 수정; 구두코의 교체. **~·er, ~·ment** [명]

re·vanche [rəvǽntʃ, -váːnʃ] [명][U] 복수; 구(舊)영토 수복[탈환] (정책), 실지 회복 (정책). 〔<F〕

re·vanch·ist [rəvǽntʃist, -váːnʃ-] [명] 실지(失地) 회복론자, 보복전(報復戰) 정책 주창[지지]자. **—** [형] **1** 실지 회복[보복] 정책의[에 관한]. **2** 실지 회복론자의, 실지 회복 주창자의; 영토 탈환[수복]주의의.
-ism [명]

re·var·nish [riːváːrniʃ] [동][타] …에 니스를 다시 칠하다.

re·vas·cu·lar·i·za·tion [rìːvæskjulərizéiʃən/-raiz-] [명] (혈관내의 폐색 제거·이식수술 따위에 의한) 혈관 재생.

re·vas·cu·lar·ize [riːvǽskjulərài z] [동][타] 혈관 재생을 하다.

rev-count·er [ˊkàuntər] [명] 《英구어》 (엔진 등의) 회전수 표시 장치(tachometer).

revd., Revd. reverend.

‡**re·veal**[1] [rivíːl] [동][타] (~**s** [-z]) **1** 〔감추어진 것〕을 드러내다, 〔비밀〕을 누설[폭로]하다(*to*). ¶ ~ a secret 비밀을 누설하다 // (~+[目]+(*to be*) [補]) (~+*that* [節]) Research ~*ed* him (*to be*) a bad man. =Research ~*ed that* he was a bad man. 조사 결과 그가 악인이라는 것이 드러났다. **2** …을 보이다, 가리키다, 나타내다. ¶ ~ a mystery 신비를 밝혀내다, 수수께끼를 풀다 / The painting ~*s* the painter. 화법을 보면 누가 그린 그림인지를 알게 된다 // (~+[目]+[前]+[名]) The fog cleared and ~*ed* a distant view *to* our sight. 안개가 걷혀서 원경이 모습을 드러냈다 // (~+[目]+*as* [補]) She ~*s* herself *as* full of mercy. 그녀는 아주 자애로운 사람처럼 군다.

> [유의어] **reveal** 베일을 걷듯이 모습·정체를 드러내다. **disclose** 지금까지 보여주지 않던 것을 보이다. **divulge** 개인적인 일·비밀 따위를 여럿에게 이야기하다; 배신의 경우가 많다. **expose** 비밀로 해두고 싶은 것을 세상에 공개하다. **betray** 남을 배신하여, 또는 자기의 뜻과 달리 divulge하다.

3 〔신학〕 (신·초자연력이) …을 시현(示現)하다, 계시하다, 묵시하다.
reveal itself 나타나다, 알려지다.
reveal oneself 이름을 대다, 정체를 밝히다.
— [명][U] 시현, 계시, 묵시; 폭로, 누설.
~·a·bíl·i·ty [명] **~·a·ble** [형] **~·a·ble·ness** [명] **~·ed·ly** [-idli] [부] **re·vel·a·tive** [rivélətiv, révəlèi-] [형]

reveal[2] [명] 〔건축〕 =jamb; (자동차의) 창틀.

re·véaled relígion [rivíːld-] [명] 계시 종교(특히 기독교). [참] natural religion

revéaled theólogy [명] 계시 신학.

re·veal·er [rivíːlər] [명] 나타내는 사람; 〔신학〕 계시하는 사람.

re·veal·ing [rivíːliŋ] [형] **1** 의미 심장한, 계시적인; 폭로적인, 분명히 하는. **2** (옷 따위가) 살을 드러내는. **~·ly** [부] **~·ness** [명]

re·veal·ment [rivíːlmənt] [명][U] 폭로; 〔신학〕 시현, 계시, 천계(天啓).

re·veg·e·tate [riːvédʒətèit] [동][타] 〔식물이 없어진 땅〕을 재녹화(再綠化)하다. **—** [자] (식물이) 재생육되다, 다시 나다[자라다]. **-tá·tion** [명]

rev·eil·le [révəli / rivǽli] [명] 〔군사〕 기상 나팔[북]; 기상[일의 시작]을 알리는 신호[시각].

***rev·el** [révəl] [동] (**-l-,** 《英》 **-ll-**) [자] **1** 한껏 즐기다, 향락하다; (술·도박 따위에) 빠지다, 열중하다, 골몰하다(*in*). ¶ (~+[前]+[名]) ~ *in* reading 독서를 즐기다. **2** 술잔치를 벌이다, 흥청대다. ¶ ~ all night long 밤새도록 술을 마시고 흥청대다. **—** [타] 〔시간·돈〕을 흥청망청 쓰다, 낭비하다(*away*). ¶ (~+[目]+[副]) ~ one's time *away* 흥청대며 시간을 허송하다.
revel it 《고어》 흥청대다.
— [명][U][C] (종종 ~s) 주연(酒宴), 흥청대기; (결혼 따위의) 축하연, 연회.
~·er, 《英》 **~·ler** [명] 술마시고 흥청대는 사람.

***rev·e·la·tion** [rèvəléiʃən] [명] **1** [U] 폭로, 적발, 발각. ¶ the ~ of his hiding place 그의 은신처의 폭로. **2** 폭로된 것, 뜻밖의 새 사실[발견]. ¶ What a ~! 참으로 뜻밖의 일이군. **3** [U] 〔신학〕 계시, 천계(天啓), 묵시; 신감(神感)([참] inspiration); [C] 계시된 것; 성서. **4** (종종 the R– 또는 (the) R–s) 〔성서〕 요한 계시록(the R– of Saint John the Divine; [약] Rev.). **~·al** [형] 계시의.

rev·e·la·tion·ist [rèvəléiʃənist] [명] **1** 〔기독교〕 신의 계시를 믿는 사람, 계시론자. **2** (the R–) 묵시록의 작자.

rev·e·la·tor [révəlèitər] [명] 계시자; 예언자.

rev·e·la·to·ry [rivélətɔ̀ːri, révəl-/-təri] [형] **1** 계시의, 계시적인. **2** (감정·신념 등을) 보여주는, 드러내는(*of*).

rev·el·rout [révəlràut] [명] 《고어》 《집합적》 술 마시고 흥청거리는 사람들; 《폐어》 =revelry.

rev·el·ry [révəlri] [명][U][C] (종종 -ries; 단수취급) 흥청망청 떠들고 놀기, 흥청대기; 환락.

rev·e·nant [révənənt] [명] **1** (귀양·긴 여행 등에서) 돌아온 사람. **2** 망령, 유령. **—** [형] 돌아오는; 망령 같은.

re·ven·di·cate [rivéndəkèit] [동][타] 〔법률〕 (공식 요청에 의해) 회복하다; 〔재산·소유물〕의 반환을 제소[청구]하다. **-cá·tion** [명]

‡**re·venge** [rivéndʒ] [명] **1** [U][C] (사람에 대한/일에 대한) 복수, 원수 갚기; 보복 (행위), 앙갚음(*on*/*for*). ¶ in ~ *for* his attack *on* me 그가 나를 공격한 앙갚음으로 / threaten ~ 복수하겠다고 위협하다 / take ~ *for* one's father's death 살해된 부친의 원수를 갚다. **2** [U] 복수심, 원한, 앙심. **3** [U] 복수의 기회, 설욕전; (특히 카드놀이·경기 따위에서) 복수[설욕]의 기회(*on*, *upon*).
by one of Time's revenges 짓궂은 운명의 장난으로, 기구하게도.
give** a person **his revenge (승자가 패자에게) 설욕의 기회를 주다, 설욕전에 응하다.
have** one's* [or ***get** one's, **take] ***revenge on*** [or ***upon***] *a person* 남에게 복수하다, 원한을 풀다.
in revenge for [or ***of***] …에 대한 보복[복수]으로.
out of revenge for …에 대한 숙원에서[을 풀려고].
seek revenge on [or ***upon***] *a person* 남에게 복수할 기회를 노리다.

> [유의어] **revenge** 「복수」라는 뜻의 가장 일반적인 말. **vengeance** 상대방으로부터 받은 괴로움과 같은 정도의 고통을 주기. **reprisal** 보통 전쟁에서의 적의 불법 행위에 대한 보복. **retribution** 부정·비행에 대한 (법정·천운 따위에 의한) 정당한 응보. **retaliation** 상대방에게서 받은 것과 같은 내용의 보복.

—타 (*-veng·es* [-iz]; *~d*; *-veng·ing*) 타 1 (재귀용법·수동형으로) …의 복수를 하다, …의 원수를 갚아 주다, 원한을 풀어주다(*on, upon, for*). ⇒AVENGE 유의어. ¶(〜+图+ 前+名) be 〜*d on* [or *upon*] a person; 〜 oneself *on* [or *upon*] a person 남에게 복수하다 // He 〜*d* his murdered brother. 살해된 형[아우]의 원수를 갚았다. 2 (모욕·가해(加害) 따위)의 앙 갚음을 하다, 보복하다. ¶〜 a wrong 부당한 행위에 복 복하다. ㅡ자 복수하다, 원수를 갚다, 원한을 풀다(*on*).
~·less 형 **-véng·er** 명 **-véng·ing·ly** 부
re·venge·ful [rivéndʒfəl] 형 복수심에 불타는, 원한에 사무친; 집념이 강한. **~·ly** 부 **~·ness** 명
‡**rev·e·nue** [révənjùː] 명 (~**s** [-z]) 1 ① (세금에 의한 국가·도시의) 세입. ¶internal 〜 내국세 / 〜 from taxes 세수 / 〜 and expenditure 세입세출. 2 (보통 the 〜) 국세청, 세무서. 3 ① 수입원(源), 수입 항목. 4 (〜s) (단수취급) (국가·개인 따위의) 총수입, 소득 총액. 5 = 〜 stamp. **-nù·al** 형
révenue àgent 명 세입 징수원. ¶(美) 세금 사업원.
révenue bònd 명 세입 담보채(債), 특정 재원 공
révenue cùtter 명 (세관의) 밀수 감시선(船).
révenue enhàncement [enhàncer] 명 세입 증가.
révenue expènditure 명 〔상업〕 수익 지출.
révenue òffice 명 세무서.
révenue òfficer 명 세관원, 밀수[밀주] 감시관.
rev·e·nu·er [révənjùːər/-njùːə] 명 (美구어) 세무관, 세관원; 밀수[밀주] 감시관.
révenue shàring 명 (美) (연방 정부 세수입의 일부를 각 주에 나누어 주는) 세입 교부금, 세입 분여(分與).
révenue stàmp 명 수입 인지.
révenue tàriff 명 수입(收入) 관세. ⓒ protective
révenue tàx 명 수입세(收入稅).
re·verb [rivə́ːrb] 명 (스테레오 등의) 반향[잔향(殘響)] (효과); 반향[잔향] 장치. ㅡ타 반향하다[시키다].
re·ver·ber·ant [rivə́ːrbərənt] 형 울려퍼지는, 반향하는. **~·ly** 부
re·ver·ber·ate [rivə́ːrbərèit] 자 1 (소리가) 반향하다, 울려퍼지다. ¶(〜+图+图) A loud voice 〜*s through the hall*. 큰 목소리가 회장 안에 울려퍼진다. 2 (물리) (음파가) 잔향(殘響)하는, 여음이 울리다. 3 (빛·열이) 반사하다, 굴절하다. 4 (소문 따위가) 되풀이해 들리다, 자꾸 이야기되다. ㅡ타 1 (소리를 울리게 하다. ¶The woods 〜*d* the ring of a hammer. 망치 소리가 숲속에 울려퍼졌다. 2 (빛·열)을 반사하다, 굴절 시키다. 3 을 반사열에 쬐다.
— 형 [rivə́ːrbərət] =reverberant. **-à·tive** 형
revérberating fùrnace 명 반사로.
re·ver·ber·a·tion [rivə̀ːrbəréiʃən] 명 ① 1 반향, 여운, 반사; (〜s) 반향음; 반사 광선[열]. 2 (비유적) 반향, 영향. 3 (물리) 잔향(殘響). 4 (지진) 여진. 5 반사열에 쬐기, 반사열 조사(照射). 〔echo chamber〕.
reverberátion chàmber 명 잔향실(殘響室)
reverberátion tìme 명 (음의) 잔향 시간.
re·ver·ber·a·tor [rivə́ːrbərèitər] 명 반사물; 반사경; 반사로(爐).
re·ver·ber·a·to·ry [rivə́ːrbərətɔ̀ːri /-təri] 형 반향[반사]하는[에 의해 생기는]; (용광로가) 반사식의; 굴절하는. ¶a 〜 furnace 반사로(爐). 명 반사로.
re·vere[1] [riviər] 타타 …을 외경(畏敬)하다, 우러러 공경하다. **-vér·a·ble** 형 **-vér·er** 명
re·vere[2] 명 =revers.
*****rev·er·ence** [révərəns] 명 1 ①① 외경, 공경, 숭배; 존경(*for*). ⇒RESPECT 유의어. ¶pray with 〜 for old age 경로 정신. 2 경 례; 공손한 태도(*to*). 3 ① 존경받기; 위엄, 고위(高位). 4 (R-) 성직자에 대한 존칭. ¶ His [or Your] R- 목사 [신부]님, 스님.

at the reverence of …을 존경하여. 「을 갖다.
feel reverence for a person 남에게 존경하는 마음
hold a person in reverence 남을 존경하다.
pay [or *offer, make*] *a low* [or *profound*] *reverence* 깊이 머리 숙여 절하다, 정중히[공손히] 인사드리다. 「표하다, …을 존경하다.
pay [or *do, make*] *reverence to* …에게 경의를
saving your reverence ⇒SAVING.
ㅡ타 (*-enced; -enc·ing*) …을 공경[외경, 숭배]하 다.
-enc·er 명
***rev·er·end** [révərənd] 형 1 (사람·장소·관습 따위 가) 존귀한, 존경할 만한, 존경받아 마땅한. 2 (보통 the R-) …신부, 목사(약 Rev., Revd.). ¶the (Right) *Revd*. John Smith 존 스미스 신부. 3 신부의, 성직의.

참고 Dean(수석 목사)에 대해서는 the Very *Revd*. the Dean of…; Bishop(주교)에 대해서는 the Right *Revd*. the Lord Bishop of…; Archbishop (대주교)에 대해서는 the Most *Revd*. the (Lord) Archbishop of…와 같이 말한다.

ㅡ 명 (보통 〜s) (구어) 성직자, 신부, 목사.
~·ship 명
Réverend Móther 명 수녀원장.
rev·er·ent [révərənt] 형 숭배하는, 공경하는. ¶a 〜 greeting 공손한 인사 / give 〜 attention to …을 경청 하다 / in a 〜 manner 공손히. **~·ly** 부 **~·ness** 명
rev·er·en·tial [rèvərénʃəl] 형 공손한, 경건한. **-en·ti·ál·i·ty** 명 **~·ly** 부 **~·ness** 명
rev·er·ie [révəri] 명 1 ①① 공상, 환상, 몽상. ¶be lost in 〜 공상에 잠기다. 2 〔음악〕 환상곡. (또는 *revery*) ㅡ자 (*~d; ~ing*) 몽상에 잠기다, (즐거운 일을) 생각해내다.
re·vers [rivíər, -véər] 명 (〜 **s** [-z]) (여성복의 깃·소매 따위의) 뒤집어 접기; 젖힌 부분.
re·ver·sal [rivə́ːrsəl] 명① 1 뒤집기, 전도(轉倒), 반전, 역전. 2 〔법률〕 (하급심 판결의) 파기, 번복, 환송, 취소. 3 〔사진〕 반전 현상(〜 process).
‡**re·verse** [rivə́ːrs] 형 1 (방향·순서·성질 따위가) 반대의, 역으로 된, 거꾸로의; 뒤집힌(*to*). ⇒OPPOSITE 유의어. ¶in the 〜 direction [order] 반대 방향으로[순서로]. 2 뒤의, 뒷면의; 뒤를 향한, 배후의. ¶the 〜 *side of a fabric* 직물의 뒷면. 3 (기계 따위가) 거꾸로 움직이는, 역전(逆轉)의. 4 (상하·좌우가) 반대의, 역전 [전도]된. 5 〔인쇄〕 반전(反轉) 인쇄의, 〔사진〕 흑백이 바뀐.
in reverse proportion to …에 반[역]비례하여.
the reverse side of the medal 문제의 다른 한 면, 문제의 이면.
ㅡ 명 (〜 *-vers·es* [-iz]) 1 (보통 the 〜) (정)반대, 역(逆), 거꾸로 된 것, 반전. ¶It is just the 〜 of what he thinks. 그것은 그가 생각하고 있는 것과는 정반대 이다 / It is the 〜 of kindness. 그것은 친절이 아니라 그 반대이다. 2 (보통 the 〜) 이면(⑩ right), (화폐 (주화·메달 따위의) 뒷면의 무늬)(⑩ obverse), 〔인쇄〕 (책의) 뒷[왼쪽]페이지(verso)(⑩ recto). 3 (사태의) 역전, (무용의) 역회전. ¶a 〜 of fortune 운명의 역전. (종종 〜s) 불운, 실패, 패배. ¶meet with unexpected 〜s 뜻밖의 불운에 부딪치다 / a military 〜 군사적 패배 / have [or experience] a 〜 타격을 받다, 실패[패배] 하다. 5 ① 〔기계〕 역진(역회전); ① 역진 장치[기어]. ¶throw an engine into 〜 엔진을 역회전시키다. 6 (미식축구) 반대 방향의 후위에게 볼을 패스하기. 7 〔인 쇄〕 반전 인쇄(흑백이 반대로 된 인쇄물). 8 (군대의) 후위.
in reverse 역으로; 후진으로; 배후에서. ¶take the enemy *in* 〜 적을 배후에서 공격하다.
on the reverse (자동차가) 후진하여.
quite the reverse; the very reverse 그 정반대.
suffer [or *have, meet with*] *a reverse* 불운을

당하다, 패배하다, 실패하다.
take...in reverse …을 후면 공격하다.
— ─(*-vers·es* [-iz]; *~d* [-t]; *-vers·ing*) 囮 1 〔방향·순서 따위〕를 역으로 하다, 역으로 돌리다, 반대로 하다, 뒤집다, 뒤엎다. ¶~ a glass 컵을 엎어놓다. 2 바꾸어 놓다〔넣다〕, 전환〔교환〕하다, 위치가 되게 하다. ¶Their positions are now *~d*. 그들의 입장은 이제 뒤바뀌었다. 3 …의 성질〔경향〕을 반대로 하다; 완전히 바꾸다; 〔재귀용법으로〕 태도를 바꾸다, 〔말을〕 번복하다(*about*, *over*). 4 〔법률〕 …을 파기하다, 취소하다. ¶~ the decision [sentence] of a lower court 하급 법원의 판결〔선고〕을 파기하다. 5 〔기계〕 …을 역전〔역회전시키다〕; …을 후퇴시키다. 6 〔인쇄〕 반전 인쇄하다. ─ 囮 1 역으로 되다, 반대가 되다, 반대로 돌다. 2 〔춤 따위에서〕 반대로 돌다(기관 따위가) 역회전하다. 3 기어를 후진으로 넣다, 후진하다.
Reverse arms! 거꾸로 총! (* 조의를 표하기 위해).
reverse *oneself about*[or *over*] …에 대한 생각 〔태도〕를 바꾸다, 번복하다.
reverse *one's field* ① 〔미식축구〕 반대 방향으로 달리다. ② 〔방향을 바꾸어〕 역방향으로 나아가다.
reverse the charge 〔英〕 〔전화에서〕 수신인 부담 〔컬렉트 콜〕으로 걸다((美) call collect).
─ 囮 역으로, 반대로, 전도하여, 거꾸로.
revérse ángle shòt 囮 〔영화〕=reverse shot.
revérse annúity mórtgage 囮 〔美·캐나다〕 〔연금 방식〕 역 주택 담보 대출(® RAM).
re·verse-charge [-tʃɑːrdʒ] 囮 〔英〕 〔통화가〕 요금 수신인 부담의((美) collect).
revérse commúter 囮 역방향 통근자(도심에서 교외로 통근하는 사람). 「방향 통근.
revérse commúting 囮 〔도심에서 교외로의〕 역
revérse cùlture shóck 囮 〔역(逆)문화 쇼크(외국에서 오래 생활한 사람이 고국에 돌아와서 느끼는 당혹감 따위의 충격). 「〔向〕 곡선.
revérse cúrve 囮 〔철도·도로의〕 S자 커브, 배향(背
re·versed [rivə́ːrst] 囮 반대로〔역으로〕 된, 뒤집어 놓은, 전도된; 〔판결 따위가〕 파기된; 취소된; 〔수학〕 역진의. ¶a ~ charge 〔英〕 〔전화의〕 요금 수신인 부담. **-vers·ed·ly** [-vɔ́ːrsidli, -vɔ́ːrst-] 띈
revérsed cóllar 囮 =clerical collar.
revérse díctionary 囮 역순〔逆順〕 사전.
revérse discriminátion 囮 〔美〕 역차별〔소수민족·여성을 우대한 나머지 백인·남성이 불리해지는 현상〕.
revérse dómino 囮 〔도미노(현상, 효과)〕.
re·verse-en·gi·neer [-endʒiníər] 囮囮 〔타사 제품 따위〕를 역설계하다, 분해하여 모방하다.
revérse enginéering 囮 역분석 공학〔타사 제품을 분석해 신기술 따위를 자사 제품에 응용하는 기술〕.
revérse Énglish 囮 1 모순 영어〔어법〕. 2 〔또는 **revérse síde**〕 〔美〕 〔당구〕 공이 어떤 방향으로 가지 않게〕 회전 비틀어치기.
revérse fáult 囮 〔지질〕 역단층.
revérse géar 囮 〔자동차의〕 후진 기어.
re·verse·ly [rivɔ́ːrsli] 囹 1 역으로 반대로, 거꾸로. 2 이에 반하여, 또 한편으로는, 다른 한편. 「gage.
revérse mórtgage 囮 =reverse annuity mort-
revérse osmósis 囮 〔화학〕 역삼투.
revérse pláte 囮 〔인쇄〕 역판〔逆版〕〔흑백이 뒤바뀌게 만든 판〕.
revérse Pólish notátion 囮 〔논리·컴퓨터〕 역〔逆〕폴란드 기술법〔記述法〕〔연산자를 연산수(數) 뒤에 쓰는, 예컨대 1+2를 12+로 쓰는 방법; ® RPN〕.
re·vers·er [rivɔ́ːrsər] 囮 1 〔운형 따위의〕 역전시키는 사람. 2 〔전기〕 전극기(轉極器). 3 〔철도〕 역전기(逆轉器).
revérse shót 囮 〔영화〕 역촬영〔대화 장면 따위에서 먼저 촬영한 방향과 반대편에서 촬영하는 것〕.
revérse tákeover 囮 〔금융〕 역지배(逆支配)〔탈취〕

(대기업, 특히 공기업을 중소기업·사기업이 매수·지배 하는 일). 「(寫) 효소.
revérse transcríptase 囮 〔생화학〕 역전사(逆轉寫)
revérse transcríption 囮 〔유전〕 역전사(逆轉寫) 〔역전사 효소를 이용하여 DNA를 합성하는 일〕.
revérse vénding machíne 囮 〔빈병〔깡통〕 회수 「기.
revérse vídeo 囮 〔컴퓨터〕 반전 영상.
re·vers·i·ble [rivɔ́ːrsəbl] 囮 1 거꾸로 할 수 있는; 취소할 수 있는; 뒤집을 수 있는 (옷감 따위); 양면으로 쓸 수 있는 (옷 등이); 양면으로 입을 수 있는. ¶a ~ coat 양면 겸용 코트. 2 가역성(可逆性)의. 3 〔항공〕 〔프로펠러가〕 역추진할 수 있는. ─ 囮 양면 겸용의 옷(감).
-**bíl·i·ty**, **~·ness** 囮 **-bly** 띈
revérsible reáction 囮 〔화학〕 가역(可逆) 반응.
re·vérs·ing líght [rivɔ́ːrsiŋ-] 囮 〔자동차의〕 후진 등(後進燈).
re·ver·sion [rivɔ́ːrʒən, -ʃən/-ʃən] 囮囻囮 1 반대 방향으로 돌기, 역으로 하기, 반전의, 역전, 전환, 전도. 2 〔원래의 습관·신앙·상태 따위〕에의 복귀, 되돌아감. 3 〔생물〕 귀선(歸先) 유전, 격세(隔世) 유전(atavism); 격세 유전이 나타난 개체. 4 〔법률〕 복귀권; 복귀 재산; 상속권. 5 〔보험〕 사망 후 지불받는 금액. 6 〔보험〕=reversionary annuity. 「sionary.
re·ver·sion·al [rivɔ́ːrʒənəl/-ʃən-] 囹 =rever-
re·ver·sion·ar·y [rivɔ́ːrʒənèri/-ʃənəri] 囹 1 〔법률〕 장차 계승해야 할. 2 〔생물〕 귀선(歸先) 유전의, 격세 유전의. 3 복귀의, 되돌아가는. 「(生殖) 연금(年金).
revérsionary annúity 囮 〔보험〕 〔상속인〕 생잔
revérsionary bónus 囮 〔보험〕 〔보험금에 부가되는〕 증액 배당.
re·ver·sion·er [rivɔ́ːrʒənər/-ʃən-] 囮 〔법률〕 〔재산 따위를〕 장차 취득할 사람, 복귀권자.
*★**re·vert*** [rivɔ́ːrt] 囮 1 〔원래의 습관·신앙·상태 따위로〕 되돌아가다, 복귀하다 (*to*). ¶(~+前+名) ~ *to* the old system 구체도로 되돌아가다. 2 〔당초의 이야기로〕 되돌아가다, 돌이켜보다 (*to*). ¶(~+前+名) ~ *to* the original topic of conversation 당초의 화제로 되돌아가다. 3 〔생물〕 귀선(歸先) 유전하다 (*to*). 4 〔법률〕 〔원소유자·상속인 등에게〕 복귀하다 (*to*). ─ 囮 1 =reverter¹. 2 〔법률〕 복귀. 3 =reversion 4. 4 원래의 종교 〔교리〕로 복귀한 사람. **~·i·bíl·i·ty** 囮 **~·i·ble**, **-vér·tive** 囹 -**vér·tive·ly** 띈 「〔변이체〕.
re·ver·tant [rivɔ́ːrtnt] 囮 〔유전·생물〕 복귀 돌연
re·vert·ase [rivɔ́ːrteis, -teiz] 囮 〔생화학〕 = reverse transcriptase.
re·vert·ed [rivɔ́ːrtid] 囹 〔생물〕 귀선 유전된.
re·vert·er¹ [rivɔ́ːrtər] 囮 되돌아가는〔복귀하는〕 사람〔것〕; 귀선 유전하는 것.
re·vert·er² [rivɔ́ːrtər] 囮 〔법률〕 복귀(권).
re·vest [rivést] 囮囮 1 복위〔복직, 복권〕시키다. 2 〔권력·지위 따위〕를 다시 주다. ─ 囮 복직하다; 〔원소유자에게〕 복귀〔복속〕하다(*in*). 「다지다, 덮다.
re·vet [rivét] 囮 (-*tt*-) 〔둑·벽 따위〕를 〔돌 따위로〕
re·vet·ment [rivétmənt] 囮 〔토사 붕괴 방지용〕 옹벽; 호안(護岸); 〔다〕 방벽(防壁).
re·vict·ual [rivítl] 囮 (-*l-*, 〔英〕 -*ll*-) 囮 …에게 다시 식량을 공급하다. ─ 囮 식량 재보급을 받다.
‡**re·view** [rivjúː] 囮 (*~s* [-z]) 1 囻囮 재조사, 재검토, 재음미. 2 개관(槪觀), 관찰, 회고, 반성. ¶a ~ of experiences 경험의 회고〔검토〕. 3 〔신간 서적·연극 따위의〕 비평, 평론. ¶평론 잡지. ¶a book ~ 〔신간〕 서평. 4 囻囿 복습, 연습; 囿 연습 문제. 5 검사, 검열; 〔학술 논문 따위의〕 심사; 〔군사〕 사열, 열병(閱兵); 관함식(觀艦式). ¶a military [naval] ~ 6 囻囿 〔법률〕 재심리. ¶a court of ~ 재심 법원. 7 〔연극〕 L=revue.
march in review 사열 행진을 하다.
pass...in review ① …을 검사〔검열, 열병〕하다. ② …을 차례차례 회상하다, 차례차례로 생각하다. ¶pass

one's life *in* ~ 자신의 일생을 회고하다.
under review 논평[조사, 검토]을 받아[받고 있는].
—[동] (~s [-z]) [타] 1 …을 재조사하다, 재검토하다. ¶~ one's manuscript 자신의 원고를 재검토하다. 2 …을 회고하다, 회상하다. 3 〔학과〕를 복습하다. 4 조사하다, 정사(精査)하다, 검토[관찰]하다. 5 개관하다, 개설(槪說)하다. 6 〔비평·평론·서평 따위〕를 쓰다; …을 비평[논평]하다. ¶~ books 서평을 쓰다. 7 …을 검열하다, 열병(閱兵)하다. ¶~ troops 군대를 사열하다. 8 〔법률〕 〔하급 법원의 판결 따위〕를 재심하다. ¶~ an evidence 증언[증거]을 재심하다. —[자] 1 서평을 쓰다, (영화·연극 따위의) 평론을 하다(*for*). 2 《美》 복습하다. 3 재고[재검토]하다.
~·a·ble [형]

re·view·al [rivjúːəl] [명][U][C] 재조사, 재검토; 검열; 평론; 복습.
review còpy [명] (신문사 등에 보내는) (신간) 서평용 견본(책).
re·view·er [rivjúːər] [명] 1 (신간 서적·영화·연극 등의) 평론가, 비평가, 서평가. 2 검열자, 재심자.
revíewing stànd [명] 사열대, 열병대.
re·view·less [rivjúːlis] [형] 비평[평론]되지 않는, 비평[평론]할 가치가 없는.
revíew òrder [명] 1 (사열식의) 정장(正裝). 2 열병대(隊)의 배열.
***re·vile** [riváil] [동][타] …의 욕을 하다, …을 비방하다, 욕설을 퍼붓다. —[자] 욕하다(*at, against*).
~·ment, -víl·er [명] -víl·ing·ly [부]
re·vin·di·cate [rivíndəkèit] [동][타] 〔남〕의 혐의를 다시 풀어주다; 〔권리 따위〕를 다시 지키다[옹호하다].
-cá·tion [명]
re·vis·al [riváizəl] [명] 1 정정, 개정, 수정; 교정. 2 개정판, 수정판.
***re·vise** [riváiz] [동][타] 1 …을 개정하다, 정정[교정, 수정]하다; 교열을 보다. ¶a ~*d* edition 개정판 / ~ a book[manuscript] 책[원고]을 수정[교정]하다. 2 〔의견 따위〕를 바꾸다. ¶~ one's opinion of him 그에 대한 견해를 바꾸다. 3 《英》 (시험을 위해) …을 복습하다.
—[명] 1 수정(판), 개정(판). 2 〔인쇄〕 재교지.
-vìs·a·bíl·i·ty [명] -vís·a·ble, -vís·i·ble [형]
Revísed Stándard Vérsion [명] (the ~) 개정 표준역 (성서)(미국 학자에 의한 현대어역(譯) 성서; 신약은 1946년, 구약은 1952년 발행; [약] RSV, R.S.V.).
Revísed Vérsion of the Bíble [명] (the ~) 개정역(改訂譯) 성서(King James의 *Authorised Version*의 개정판; 신약은 1881년, 구약은 1885년에 발행; [약] R.V., Rev. Ver.).
re·vis·er [riváizər] [명] 1 교정[교열]자; 개정[정정, 수정]자; 개정역 성서의 집필자. 2 교정 담당자.
***re·vi·sion** [rivíʒən] [명] 1 [U][C] 개정, 교정, 수정. 2 (책의) 개정판. ~·al, ~·ar·y [형]
re·vi·sion·ism [rivíʒənìzm] [명][U] (통설 따위의) 수정론, 수정주의; (마르크스주의자들 사이에서의) 수정주의; 수정 사회주의.
re·vi·sion·ist [rivíʒənist] [명] 수정론자; 수정[개정]자; (R-) (성서의) 개역자; 수정주의 지지자. —[형] 수정주의자의; 수정(사회)주의의; 수정[개정]론의; 재평가의.
re·vis·it [rivízit] [동][타] …을 재방문하다, …에 돌아오다. —[명] 재방문. -tá·tion [명]
re·vis·it·ed [rivízitid] [형] (R-) (책의 제명(題名) 뒤에 붙여서) …재고(再考).
re·vi·so·ry [riváizəri] [형] 개정의, 교정의.
re·vi·tal·ize [riːváitəlàiz] [동][타] …을 소생시키다, 생기를 회복시키다; 활력을 불어넣다. -i·zá·tion [명]
***re·viv·al** [riváivəl] [명][U][C] 1 소생, 회복, 재생(再生). 2 부흥, 재기, 부활; 재유행; (the R-) 문예 부흥(the Renaissance). 3 신앙 부흥 (운동), 신앙 부흥 전도 집회. ¶a ~ meeting 부흥회, 전도 집회. 4 〔법률〕 (법적 효력의) 부활; 회복. 5 (옛 연극·영화 따위의) 재상연, 재공연, (프로그램의) 재방송.
re·viv·al·ism [riváivəlizm] [명][U] 신앙 부흥 운동; 재유행의 조짐, 부흥의 기운.
re·viv·al·ist [riváivəlist] [명] 1 (옛 관습 따위를) 부흥시키는 사람, 부흥 운동자. 2 신앙 부흥 운동자; 전도자. —[형] (신앙) 부흥론자의. -ís·tic [형]
Revíval of Léarning [Líterature, Létters] [명] (the ~) 문예 부흥(the Renaissance).
‡**re·vive** [riváiv] [동] (~s [-z]; ~*d*; *-viv·ing*) [타] 1 …을 소생시키다, 의식을 회복시키다. ¶~ a half drowned person 익사할 뻔한 사람을 소생시키다. 2 〔희망 따위〕를 회복시키다; …을 기운나게 하다. ¶a *reviving* cup of tea 원기를 돋우는 한 잔의 차. 3 〔기억 따위〕를 되살아나게 하다, 회상하다. ¶~ the memory of …을 회상하다. 4 …을 부흥[부활]시키다; …을 재유행시키다. ¶~ the economy 경제를 부흥시키다. 5 〔연극·영화 따위〕를 재공연[재상영, 재방송]하다. 6 〔화학〕 〔금속 따위〕를 환원시키다. —[자] 1 소생하다, 의식을 회복하다(《구어》 come to). ¶(~+[前]+[名]) ~ *from* a swoon 기절했다가 의식을 되찾다. 2 (희망 따위가) 되살아나다; 기운을 되찾다. 3 (기억 따위가) 새로워지다. 4 부흥[부활]하다; 재유행하다. 5 〔화학〕 (금속 따위가) 환원되다. 6 (법적 효력이) 부활하다.
-vìv·a·bíl·i·ty [명] -vív·a·ble [형] 부흥[소생]시킬 수 있는. -vív·a·bly, -vív·ing·ly [부]
re·viv·er [riváivər] [명] 1 소생하는[시키는] 사람[것], 부활하는[시키는] 사람[것]. 2 머리 염색제. 3 《구어》 흥분제; 자극성 음료, 술.
re·viv·i·fy [rivívəfài] [동][타] 1 …에 활기를 다시 불어넣다; …을 부활[소생]시키다. 2 〔화학〕 …을 환원시키다. —[자] 〔화학〕 환원하다. -fi·cá·tion, -fi·er [명]
rev·i·vis·cence [rèvəvísns] [명][U] 《드물게》 부활, 원기 회복; (생물이) 동면에서 깨어나기. (또는 **reviviscency**) -cent [형]
re·vi·vor [riváivər] [명][U][C] 〔英법률〕 (중단되었던) 소송의 재개.
rev·o·ca·ble [révəkəbl, rivóuk-] [형] 폐지[취소]할 수 있는. -bíl·i·ty, ~·ness [명] -bly [부]
rev·o·ca·tion [rèvəkéiʃən] [명][U][C] 취소, 해제, 폐지; 〔법률〕 철회, 파기. -cà·tive, -ca·to·ry [-kətɔ̀ːri/-təri] [형]
re·voice [riːvɔ́is] [동][타] 1 …을 다시 소리로 내다; …에 응답하다; 반향(反響)시키다. 2 …을 조율(調律)하다.
re·voke [rivóuk] [동][타] 1 …을 취소하다, 폐지하다, 무효로 하다; 철회[해제]하다. ¶~ a license 면허를 취소하다. 2 《고어》 …을 다시 부르다, 재호출하다. —[자] 취소하다; 〔카드놀이〕 (물주와 같은 패를 가지고 있으면서) 고의로 다른 패를 내다. —[명] 1 취소, 철회, 파기. 2 〔카드놀이〕 물주와 같은 패를 내놓지 않고 다른 패를 내놓기.
beyond revoke 취소할 수 없는.
make a revoke 물주와 같은 패를 갖고 있으면서도 다른 패를 내다.
-vók·er [명] -vók·ing·ly [부]
‡**re·volt** [rivóult] [동][자] 1 반란[폭동]을 일으키다, 반역하다, 배반하다, 반항하다(*against, from*). ¶(~+[前]+[名]) ~ *against* a dictator 독재자에게 항거하다 / ~ *from* one's allegiance 충성의 맹세를 저버리다. 2 가슴이 메슥거리다, 혐오감을 느끼다, 반감을 가지다 (*at, against, from*). ¶(~+[前]+[名]) My stomach ~*s at* such food. 나는 그런 음식을 먹으면 체한다. —[타] …을 역하게 만들다, 불쾌감을 느끼게 하다, 반감을 일으키게 하다, 화나게 하다. ¶*be* ~*ed* at[*or* by] the scene 그 광경을 보고 불쾌하게 여기다 / His attitude ~*ed* us. 그의 태도는 우리를 화나게 했다.
—[명] 1 반란, 봉기, 폭동 (*against*) (⇨REVOLUTION [유의어]); [U] 반항심; 반항적인 태도. 2 [U] 반감, 불쾌, 혐오, 증오.
in revolt 반항하여, 반란을 일으켜; 속이 메슥거려, 불쾌감을 느껴.
rise in revolt 반란을 일으키다, 반기를 들다.
~·er [명] 반역[반항]자.
re·volt·ing [rivóultiŋ] [형] 1 몸서리나는, 메슥거리게 하는, 불쾌감을 느끼게 하는(*to*). 2 반항[반역]하는.
~·ly [부]

rev·o·lute¹ [révəlù:t] 〖형〗 〖생물〗 뒤쪽으로[아래로] 감긴; (잎 따위가) 바깥으로 말린, 외선(外旋)한.

rev·o·lute² 〖자〗 혁명 운동을 하다, 혁명을 일으키다.

☆rev·o·lu·tion [rèvəlú:ʃən] 〖명〗 [-z-] 1 ⓤⓒ (정치상의) 혁명; (사회의) 대변혁, 개혁(in); 혁명적[획기적] 사건. ¶ a bloodless ~ 무혈 혁명 / a ~ in the industrial world 산업계의 대개혁.

〖유의어〗 **revolution** 공공연한 대규모 반란으로 현정부를 타도하고 신정부를 수립하기, **rebellion** 보통 실패로 끝난 조직적인 무장 반란. **revolt** 소규모의 rebellion, **insurrection** 치안 교란 따위로 정권 탈취를 노리는 국지적인 revolt. **uprising** 일부 국민들 사이에서 일시적으로 일어나는 소규모의 비효과적인 반란; 대규모 반란의 전조. **mutiny** 군대 내부나 함선 안에서의 상관에 대한 조직적 반란. **coup d'état** 보통 군대의 지지를 얻어 정당한 헌법 절차에 의하지 않고 정부를 전복시키는 (종종 무혈의) 혁명.

2 ⓤⓒ 순환, 회귀(回歸), 주기; 일순(一巡). 3 ⓤ 〖기계〗 회전 (운동); ⓒ 회전, 선회. 4 ⓤ 〖천문〗 (천체의) 공전(公轉); ⓒ 〖구어〗 자전(自轉). 5 ⓤ 〖지질〗 변혁.

☆rev·o·lu·tion·ar·y [rèvəlú:ʃənèri/-ʃənəri] 〖형〗 1 혁명의, 혁명적인; 대개혁의. ¶ a ~ army 혁명군 / ~ discoveries 대변혁을 가져올 만한 발견. 2 회전하는. 3 (R-) 〖美〗 독립 전쟁(시대)의; (러시아·프랑스 혁명 등) 대혁명의. ── 〖명〗 혁명가[당원]; 혁명론자(revolutionist). -**lù·tion·àr·i·ly** 〖부〗 -**àr·i·ness** 〖명〗

Revolútionary cálendar 〖명〗 (the ~) 프랑스 혁명력(曆), 공화력(프랑스 제1 공화국의 달력(1793~1805)).

Revolútionary Wár 〖명〗 1 (the ~) =American Revolution. 2 (the ~s) 〖프랑스 역사〗 혁명 전쟁(1792~1802: 혁명 정부하의 프랑스와 오스트리아·프로이센 등 사이에서 벌어진 일련의 전쟁).

revolútion cóunter 〖명〗 적산 회전계(積算回轉計) (모터 따위의 회전수를 지시 또는 기록하는 장치).

rev·o·lu·tion·ism [rèvəlú:ʃənìzm] 〖명〗ⓤ 혁명주의, 혁명론. **-ist** 〖명〗

rev·o·lu·tion·ize [rèvəlú:ʃənàiz] 〖동〗타 1 …에 혁명을 일으키다. 2 …에 혁명 사상을 불어 넣다. 3 …을 근본적으로 바꾸다, 대변혁을 가져오다. ¶ petroleum refining methods 석유 정제법에 혁명을 초래하다. ── 〖자〗 대변혁을 받다; 혁명을 경험하다. **-iz·er** 〖명〗

☆re·volve [riválv/-vɔ́lv] 〖동〗자 1 (…의 둘레를 / …을 축으로) 회전하다, 돌다; (천체가) 자전하다; 공전하다, 운행하다 (about, (a)round / on). ⇨TURN 〖유의어〗. ¶ (~+前+명) The earth ~s on its axis. 지구는 자전한다 / The moon ~s (a)round the earth. 달은 지구의 둘레를 공전한다. 2 순환하다; 주기적으로 일어나다; (마음속을) 맴돌다, 오가다. ¶ revolving seasons 주기적으로 돌아오는 계절. 3 (이야기·논의가) (…을 중심으로) 전개하다, (…에) 집중하다 (on, around, about). ¶ thoughts revolving around their new sales plans 새로운 판매 계획을 둘러싼 그들의 생각. ── 〖타〗 1 …을 회전시키다, 선회시키다; …을 순환시키다, 공전시키다. 2 (가슴 속에서) …을 궁리하다, 생각을 짜내다, 숙고하다. ¶ He ~d the problem before giving an answer. 그는 대답하기에 앞서 문제를 곰곰이 생각했다. ── 〖명〗 1 ⓤ 회전. 2 〖英〗 회전 무대. **-vólv·a·ble** 〖형〗 **-vólv·a·bly** 〖부〗

☆re·volv·er [riválvər/-vɔ́lv-] 〖명〗 (연발)권총, 리볼버. ¶ a six-chambered ~ 육연발 권총. 2 회전하는 사람[것]; 회전 장치; (제강(製鋼)의) 회전로(回轉爐). 3 〖금융〗 〖속어〗 =revolving credit.

re·volv·ing [riválviŋ/-vɔ́lv-] 〖형〗 1 돌아오는, 순환하는. 2 〖기계〗 회전하는, 회전식의. ¶ a ~ chair 회전 의자 / a ~ furnace 회전로. **~·ly** 〖부〗

revolving chárge account 〖명〗 회전 외상 매출 계정(할부 지불을 전제로 외상 대금 한도 내에서 몇 번이고 외상 판매에 응하는 제도).

revolving crédit 〖명〗 〖상업〗 회전 신용 계정(미(未)변제 융자 금액이 한도 이내이면 몇 번이고 융자해 준다).

revolving dóor 〖명〗 1 회전문. 2 〖구어〗 (퇴직 관리의) 낙하산 인사(관련 민간 기업·단체에 들어가는 일).

re·volv·ing-door 〖형〗 1 끊일 새 없는, 헛돌기만 하는. ¶ a ~ Cabinet 끊임 없이 내각 개변을 하는 불안정한 정권. 2 〖구어〗 전직 관리가 유관 사기업에 들어가는, 낙하산 중역이 많은.

revolving fúnd 〖명〗 회전 자금[기금]; 〖美〗 (특정 공익을 위한) 연방 정부 회전 기금.

revolving stáge 〖명〗 〖연극〗 회전 무대.

re·vue [rivjú:] 〖명〗 1 시사 풍자극. 2 (촌극(寸劇)·춤·노래 따위를 함께 엮은) 경(輕)희극, 리뷰. (또는 review) **-vú·ist** 〖명〗 〖<F review〗

re·vul·sant [riválsənt] 〖형〗〖명〗 =revulsive.

re·vulsed [riválst] 〖형〗 강렬한 혐오감[증오심]을 품은.

re·vul·sion [riválʃən] 〖명〗ⓤⓒ 1 (종종 a ~) (감정의) 급변, 격변, 급격한 반동. 2 강한 혐오, 반감, 증오 (against, at). 3 되돌리기, 잡아떼기; 회수(回收). 4 〖의학〗 대항유도 자극(법)(몸의 일부를 자극하여 다른 부분의 증상을 감소시키는 방법). **~·ar·y** 〖형〗

re·vul·sive [riválsiv] 〖형〗 반동을 일으키는; 〖의학〗 유도법의. ── 〖명〗 〖의학〗 유도제(誘導劑), 유도 기구. (또는 revulsant) **~·ly** 〖부〗

Rev. Ver. *Revised Version* (of the Bible).

re·wake [riwéik] 〖동〗 다시 깨어나다[깨우다]. (또는 rewaken)

☆re·ward [riwɔ́:rd] 〖명〗 (복) **~s** [-z] ⓤⓒ 1 보수, 보상, 포상; ⓒ 사례금, 보상금, 현상금 (for). ¶ He received a ~ for saving an injured boy. 그는 부상한 소년을 구조하여 포상을 받았다. ¶ Reward $10,000 (게시) 현상금 10,000 달러 / No ~ without toil. (속담) 고생 끝에 낙이 온다.

〖유의어〗 **reward** 행위·노력 따위에 대한 유형·무형의 보수. **prize** 경쟁·승부·추첨 따위에 입상하고 받는 유형의 것. **award** 판정자가 수긍하다고 인정해서 수여하는 prize 또는 명예; 엄밀한 뜻의 경쟁은 아니다.

2 응보(應報), (악의) 과보(果報), 벌. 〖있는.
gone to one's (eternal) reward 죽어서 천국에 가 *go [or pass] to one's eternal reward* 죽다(die).
in reward for [or *of*] …의 상으로서, …에 보답하여.
── 〖동〗 (~s [-z]) 타 1 …에 보답하다; …에 상[포상]을 주다 (for, with). ¶ (~+前+명) His labors have been ~ed with good fruit. 그의 노고는 좋은 결과로 보답을 받았다. 2 …에게 보복하다, …을 벌하다. ── 〖자〗 ~·**a·ble** 〖형〗 ~·**a·ble·ness** 〖명〗 ~·**a·bly** 〖부〗 ~·**er** 〖명〗 ~·**less** 무보수의, 헛수고의. 〖굴권.

rewárd cláim 〖명〗 〖광업〗(金) 발견자가 갖는

re·ward·ing [riwɔ́:rdiŋ] 〖형〗 보람이 있는; (…할 만한) 가치가 있는; 보람이 있는, 유익한. ¶ a ~ experience 해볼 만한 값어치가 있는 경험. ~·**ly** 〖부〗

re·warm [ri:wɔ́:rm] 〖동〗 다시 따뜻하게 하다.

re·wash [riwáʃ/-wɔ́ʃ] 〖동〗타 …을 다시 씻다.

re·wa·ter [ri:wɔ́:tər] 〖동〗타 …에 다시 물을 주다.

re·weigh [ri:wéi] 〖동〗타 …의 무게를 다시 달다[두 번 달다]. 〖획득하다, 되찾다.

re·win [ri:wín] 〖동〗타 (-**won; -win·ning**) …을

re·wind [ri:wáind] 〖동〗타 (-**wound**, 〖드물게〗 ~ed) 다시 감다[감기다], 되감다. ── 〖명〗 〖수〗 다시 감기, 되감기; 되감은 것; (필름·테이프 따위의) 되감는 장치. ~·**er** 〖명〗

re·wire [ri:wáiər] 〖동〗타 1 …에 배선을 다시 하다, 전선[칠사]을 다시 치다. 2 …에 전보를 다시 치다; 답전(答電)하다. ── 〖명〗 재(再)배선. ~·**wír·a·ble** 〖형〗

re·word [riːwə́ːrd] 劻由 …을 바꾸어 말하다, …의 말을 바꾸다; …을 반복하다, 반복하여 말하다.

re·work [riːwə́ːrk] 劻由 …을 개작하다; 재가공하다; 재생하다; 개정하다, 고쳐 쓰다; 접목하여 (식물의) 변종을 만들다. —명 [´-] 개작, 재가공.

ré·worked wóol [riːwə̀ːrkt-] 명 재생 양모(사).

re·wrap [riræp] 劻由 고쳐 포장하다, 다시 포장하다.

‡**re·write** [riːráit] 劻由 (**-wrote; -writ·ten; -writ·ing**) 1 …을 다시 쓰다, 고쳐 쓰다; (책 따위를) 개정하다. 2 (美) (신문에 낼 수 있도록) [취재 기사]를 고쳐 쓰다. 3 …에게 답장을 쓰다. —명 [´-] 고쳐 쓴 기사; 정정; 고쳐 쓰기[쓴 것]. **-wrít·er** 명

re·write·man [ríːraitmæ̀n] 명 (신문 따위의) 정리 기자, 고쳐 쓰기 전문 기자.

rex [reks] 명 (복 **re·ges** [ríːdʒiːz]) 왕, 국왕[군주] (® R.). ¶ *George R*— 조지 왕. 〔<L king〕

Rex [reks] 명 렉스(남자 이름). 〔조 가죽〕.

Rex·ine [réksiːn] 명 Ⓤ (상표) 렉신(의자 커버용 모

Réye's sýndrome [ráiz-, réiz-] 명 (병리) 라이 증후군(소아의 치명적 뇌장애). (<오스트레일리아의 소아과 의사 Ralph D. K. Reye(1912–78)의 이름)

Rey·kja·vik [réikjəvìːk] 명 레이캬비크(아이슬란드 공화국의 항구 도시·수도).

Reyn·ard [réinɑːrd, rénərd/réːnɑːd] 명 1 중세의 풍자 동물 소설 ~ *the Fox*(여우 이야기)의 주인공 여우 이름. (또는 **Renard**) 2 (r-) 여우(fox).

Reyn·old [rénld] 명 레널드(남자 이름; Reginald의 별칭). 〔배 제조 회사〕.

Reyn·olds [rénldz] 명 레놀스사(미국 최대의 담배 제조 회사).

re·zone [riːzóun] 劻由 〔토지 따위〕를 재분하다, 구분 변경하다. —[´-, ´-´] 재구분, 구분 변경.

rf refunding; (또는 **rfz.**) (음악) rinforzando. **RF** ⑦ (화학) rutherfordium. **RF, rf** *radio frequency*. **rf.** (야구) *right fielder*. **r.f.** *radio frequency; range finder; rapid-fire; reducing flame; rheumatic fever;* (야구) *right field.* **R.F.A.** *Royal Field Artillery; Royal Fleet Auxiliary*.

R fàctor (유전) R인자. (<*resistance factor*)

r.f.b., R.F.B. (미식축구) *right fullback*. **RFC** *Reconstruction Finance Corporation*(부흥 금융 회사); *Royal Flying Corps*(영국 비행단); *Rugby Football Club*. **RFD, R.F.D.** *rural free delivery*(지방 무료 배달). **RFE, R.F.E.** *Radio Free Europe*. **R.F.H.** *Royal Festival Hall*. **RFI** *radio frequency interference* (무선 주파 방해). **RFLP** (생화학) *restriction fragment length polymorphism*(제한 단편 길이 다형(斷片長多型)). **RFQ** (상업) *request for quotation*(견적 요청). **RG, r.g.** (미식축구) *right guard*. **R.G.A.** *Royal Garrison Artillery*. **RGB** (TV) *red-green-blue*(삼원색). **RGN** (英) *Registered General Nurse*. **RGNP** *real gross national product*(실질 국민 총생산). **R.G.S.** *Royal Geographical Society*. **Rgt.** *Regiment*.

Rh [ɑːréitʃ] 명 (생화학) Rh인자의. ⓥ *Rh factor*.

Rh ⑦ (화학) *rhodium*. **RH, rh** (기상) *relative humidity*(상대 습도). **r.h.** *relative humidity; right hand*. **R.H.** *Royal Highness*(전하). **R.H.A.** *Royal Horse Artillery*(영국 기마 포병대).

rhab·do- [rǽbdou, -də] 연결 「봉(棒)(rod), 지팡이 (wand)」의 뜻(모음 앞에서는 rhabd-). ¶ *rhabdomyoma* (횡문근종(橫紋筋腫)).

rhab·do·man·cy [rǽbdəmæ̀nsi] 명 Ⓤ Ⓒ 막대기 점(막대기로 지하의 광맥·수맥 따위를 찾아내는 점술).

rhab·do·vi·rus [rǽbdouvàiərəs] 명 (복 **~·es**) 라브도 바이러스(광견병 병원체 등의 RNA 바이러스).

ra·chis [réikis] 명 =rachis.

Rhad·a·man·thys [rǽdəmǽnθəs] 명 1 (그리스 신화) 라다만토스(Zeus와 Europa의 아들; 정의의 모범으로 섬겨져 사후에는 지옥의 재판관으로 임명되었다). 2 엄정한 재판관. (또는 **Rhadamanthus**)

-thine [-θin, -θain] 형 라다만토스의; 엄정한.

Rhǽ·tian Álps [ríːʃən-, -ʃiən-] 명④ (the ~) 레티안 알프스(스위스 동부에서 오스트리아 서부에 걸친 산맥).

Rhae·to-Ro·man·ic [ríːtouroumǽnik] 명 Ⓤ 레토로맨스어(語)(스위스 남부, Tyrol 지방과 북부에서 쓰이는 일련의 로맨스어). —형 레토로맨스어의. (또는 **Rhàeto-Románce**)

Rham·a·dhan [rǽmədáːn] 명 =Ramadan.

rhap·sode [rǽpsoud] 명 =rhapsodist.

rhap·sod·ic [ræpsɑ́dik/-sɔ́d-] 형 서사시(풍)의; 열광적인. (또는 **rhapsodical**) **-i·cal·ly** 부

rhap·so·dist [rǽpsədist] 명 (고대 그리스의) 음유시인; 서사시 낭송자, 광상시[곡] 작자. **-dís·tic** 형

rhap·so·dize [rǽpsədàiz] (＊ (英) **-dise**) 劻由 1 광시[광상문]로 쓰다. 광상곡을 짓다; 서사시로 읊다; 음송(吟誦) 서사시화하다. 2 열광적으로 쓰다[말하다] (*over, about, on*).

rhap·so·dy [rǽpsədi] 명 1 (고대 그리스의) 서사시 (의 일부). 2 광상시, 광상문; 광상적[열광적]인 언사문장; (음악) 광시곡, 광상곡, 랩소디. 3 Ⓤ 환희, 열중. 4 (고어) 잡동사니.

go into rhapsodies over …을 열광적으로 말하다 [쓰다]; …을 과장하여 말하다.

rhat·a·ny [rǽtəni] 명 (식물) (남미산(産)의) 두 뿌리(의약품·포트와인의 착색용); 〔함〕.

rha·thy·mi·a [rəθáimiə] 명 (심리) 낙천성; 마음 편

r.h.b., R.H.B. (미식축구) *right halfback*. **r.h.d.** *right-hand drive*(오른쪽 핸들식).

rhe [riː] 명 (물리) 유동도(流動度)의 CGS 단위.

Rhe·a [ríːə/ríə] 명 1 (그리스 신화) 레아(제신(諸神)의 어머니(Mother of the Gods)로 불림). 2 (r-) 레아 (남미산(産) 타조의 일종).

rhe·bok [ríːbɑ̀k/-bɔ̀k] 명 (복 ~(s)) (동물) 리복(남아프리카산(産) 영양(羚羊)의 일종). (또는 **reebok**)

Rhein [G rain] 명 (독일) =Rhine.

Rhein·land [G ráinlant] 명 =Rhineland. 〔한〕.

rhe·nic [ríːnik] 형 (화학) 레늄(rhenium)의[을 함유]

Rhen·ish [réniʃ, ríːn-] 형 라인(Rhine) 강(지방)의. —명 Ⓤ (英) = *Rhine wine*. 〔하나; ⑦ Re〕.

rhe·ni·um [ríːniəm] 명 Ⓤ (화학) 레늄(금속 원소의 하나; 기호 Re, 번호 75).

rheo- [ríːou, ríːə] 연결 *flow, stream, current*(흐름)의 뜻. ¶ *rheoscope, rheotaxis*.

rhe·o·base [ríːəbèis] 명 (생리) 기전류(基電流). **-bás·ic** 형

rhe·ol·o·gy [riːɑ́lədʒi/-ɔ́l-] 명 Ⓤ (물리) 유동학(流動學), 리올로지(물질의 변형과 유동에 관한 과학). **-o·lóg·i·cal -o·lóg·i·cal·ly** 부 **-gist** 명

rhe·om·e·ter [riːɑ́mətər/-ɔ́m-] 명 유량계(流量計); 혈류계. **rhe·o·mét·ric** 형 **-try** 명 Ⓤ 유량(혈류) 측정.

rhe·o·re·cep·tor [ríːourisèptər] 명 (생물) 수류 지각기(水流知覺器).

rhe·o·scope [ríːəskòup] 명 전류 검사기, 검류기.

rhe·o·stat [ríːəstæ̀t] 명 (전기) 가감(加減) 저항기; 변형기(變抗器). **-stát·ic** 형 〔流性〕.

rhe·o·tax·is [ríːətǽksis/rìə-] 명 (생물) 주류성(走

rhe·o·tome [ríːətòum] 명 (전기) 단속기(斷續器).

rhe·o·trope [ríːətròup] 명 (전기) 변류기, 정류기.

-tróp·ic 형 〔류성(屈流性).

rhe·ot·ro·pism [riːɑ́trəpìzm/-ɔ́t-] 명 (식물) 굴

rhe·sus [ríːsəs] 명 1 붉은털원숭이, 뱅골원숭이(북인도산(産); Rh 등 여러 인자 연구의 대상이 됨). 2 (R-) (그리스 신화) 레소스(Troy성에 섰던 Thrace의 왕). **-sian** 형

rhésus bàby 명 (의학) (Rh 용혈성 질환에 걸린) 리서스 신생아.

Rhésus fàctor 명 =Rh factor.

rhésus mónkey [macáque] 명 =rhesus 1.

rhet. rhetoric; rhetorical.
rhe·tor [ríːtər, rét-] 圏 수사학자; 웅변가.
***rhet·o·ric** [rétərik] 圏 1 ⓤ 수사학[법]; 연설법; 웅변(술). 2 ⓤⓒ 미사여구(美辭麗句); 과장된 말. 3 ⓤ (작시법에 대하여) 작문법; (美 작문[수사학] 지도서. 4 ⓤ (행위·표정 따위의) 설득력.
rhe·tor·i·cal [ritɔ́ːrikəl, -tár-/-tɔ́r-] 圏 1 수사적인, 수사적 효과를 노린. 2 수사학[법]의. 3 과장된 미사여구의. 4 연설[웅변]에 의한. **~·ly** 및 **~·ness** 圏
rhetórical quéstion 圏 수사 의문(예: Everyone knows.의 뜻으로 쓴 Who does not know?).
rhet·o·ri·cian [rètəríʃən] 圏 수사학자; 웅변가, 과장된 표현의 연사[작가]; 수사학[법] 교사.
rheum [ruːm] 圏 1 (눈물·콧물과 같은) 점막 분비물. 2 비염(鼻炎); 감기. **~·ic** 圏
rheu·mat·ic [ruːmǽtik, ru-] 圏 [병리] 류머티즘의, 류머티즘에 걸린, 류머티즘성의. — 圏 1 류머티즘 환자. 2 (보통 the ~s) (구어) 류머티즘. **-i·cal·ly** 및
rheumátic féver 圏 [병리] 류머티스열(熱).
rheu·mat·ick·y [ruːmǽtiki, ru-] 圏 (구어) = rheumatic.
‡**rheu·ma·tism** [rúːmətìzm] 圏ⓤ [병리] 1 류머티즘. 2 류머티즘열. 3 = rheumatoid arthritis.
rheu·ma·toid [rúːmətɔ̀id] 圏 류머티즘성의, 류머티즘과 비슷한, 류머티즘의. ⓤ 만성 관절 류머티즘.
rhéumatoid arthrítis 圏 [병리] 관절 류머티즘, 류머티스성 관절염.
rhéumatoid fáctor 圏 [생화학] 류머티스 인자.
rheu·ma·tol·o·gy [ruːmətɑ́lədʒi/-tɔ́l-] 圏ⓤ [의학] 류머티즘학(學)[연구]. **-to·lóg·i·cal** 圏 **-gist** 圏
rheum·y [rúːmi] 圏 1 점액을 분비하는; 코카타르에 걸린. 2 (공기가) 차고 습기 많은.
rhéum·i·ly 및 **rhéum·i·ness** 圏
rhex·is [réksis] 圏 (圏 **rhex·es** [réksiːz]) [병리] (혈관·기관·세포의) 파열.
Rh fáctor 圏 [생리] Rh 인자(대부분의 사람의 적혈구에 있는 유전적 항원). ⓤ = **Rhésus fáctor**).
R.H.G. (英) *Royal Horse Guards*(근위 기병대).
rhig·o·lene [rígəlìːn] 圏 [화학] 리골린(석유에서 채취하는 휘발성이 강한 액체).
rhin- [rain] 연결 ⇒ RHINO-.   「비강.
rhi·nal [ráinl] 圏 코의, 비강(鼻腔)의. ¶ ~ **cavities**
rhine [rain] 圏 (구어) 똥통.
*****Rhine** (the ~) 라인 강(스위스에서 발원하여 독일과 네덜란드를 거쳐 북해로 흘러 들어가는 강).
Rhine·land [ráinlænd, -lənd] 圏 라인 지방(독일의 라인강 서쪽 지방).   「(아이몬드).
rhine·stone [ráinstòun] 圏ⓤⓒ 라인스톤(모조 다이아몬드).
Rhíne wíne 圏 라인 포도주(Rhenish); 백포도주.
rhi·ni·tis [raináitis] 圏 [병리] 비염(鼻炎).
rhi·no¹ [ráinou] 圏 (圏 **~s**) (구어) = rhinoceros.
rhi·no² 圏ⓤ (英속어) 돈, 현금.
rhi·no³ 圏 (圏 **~s**) (美海軍) 상륙 작전 때 쓰는 자동 주정(舟艇). (또는 **~ férry**)
rhi·no⁴ (속어) 圏 우울, 의기 소침. — 圏 향수병에 걸린, 우울한; 가진 돈이 없는, 파산한.
rhi·no- [ráinou, -nə] 연결 nose의 뜻(* 모음 앞에서는 rhin-). ¶*rhinology*.
***rhi·noc·er·os** [rainɑ́sərəs/-nɔ́s-] 圏 (圏 ~(**·es**)) (동물) 코뿔소, 무소. **·er·ót·ic** 圏
rhi·nol·o·gy [rainɑ́lədʒi/-nɔ́l-] 圏 비과학(鼻科學).
rhi·no·lóg·i·cal, rhì·no·lóg·i·cal 圏 **-gist** 圏
rhi·no·phar·yn·gi·tis [ràinoufærindʒáitis] 圏 ⓤ [병리] 비인두염(鼻咽頭炎).
rhi·no·plas·ty [ráinəplǽsti] 圏ⓤ (외과) 코 성형(成形術), 조비술(造鼻術). **-plás·tic** 圏
rhi·nor·rhe·a [ràinəríːə] 圏ⓤ [병리] 콧물(비정상의 과도한 분비).

rhi·no·scope [ráinəskòup] 圏 (의학) 비경(鼻鏡).
rhi·nos·co·py [rainɑ́skəpi/-nɔ́s-] 圏ⓤ (의학) 비경 검사법. **rhì·no·scóp·ic** 圏
rhi·no·ví·rus [ràinouváiərəs, ←←-] 圏 라이노바이러스, 코감기 바이러스.   「는 특권이 있다.
RHIP *Rank has its privileges.*(지위에는 그에 따르
R.Hist.S. (英) *Royal Historical Society*.
rhiz- [raiz] 연결 ⇒ RHIZO-.   「을 피우는.
rhi·zan·thous [raizǽnθəs] 圏 뿌리에서 직접 꽃
rhiz·ic [rízik] 圏 (수학) (방정식의) 근(root)의.
rhi·zo- [ráizou, -zə] 연결 root(뿌리)의 뜻(* 모음 앞에서는 rhiz-). ¶ *rhizophagous, rhizanthous*.
rhi·zo·carp [ráizoukɑ̀ːrp] 圏 (식물) 숙근(宿根)성 식물.   「성인. (또는 **rhizocarpic**)
rhi·zo·car·pous [ràizoukɑ́ːrpəs] 圏 (식물) 숙근
rhi·zo·gen·e·sis [ràizoudʒénəsis] 圏 (식물) 발근(發根), 뿌리의 생장.
rhi·zoid [ráizɔid] 圏 뿌리 모양의. — 圏 (이끼 따위의) 가근(假根).   「zome.
rhi·zo·ma [raizóumə] 圏 (圏 **~·ta** [-tə]) = **rhi·zome** [ráizoum] 圏 (식물) 근경, 지하경(地下莖).
rhi·zom·a·tous [raizɑ́mətəs] 圏
rhi·zo·mor·phous [ràizəmɔ́ːrfəs] 圏 (식물) (모양의) 뿌리 같은, 근형(根形)의.   「먹는.
rhi·zoph·a·gous [raizɑ́fəgəs/-zɔ́f-] 圏 뿌리를
rhi·zo·plane [ráizəplèin] 圏 (생태) 근면(根面)(흙이 붙은 뿌리의 표면).
rhi·zo·pod [ráizəpɑ̀d/-pɔ̀d] 圏 (동물) 근족충(根足蟲)류(아메바 따위)(의). (또는 **rhizopodan**)
rhi·zóp·o·dous 圏
rhi·zo·sphere [ráizəsfìər] 圏 (생태) 근권(根圈) (토양 중에서 뿌리의 영향이 미치는 범위). **·sphér·ic** 圏
rhi·zot·o·my [raizɑ́təmi/-zɔ́t-] 圏 (척수) 신경근(神經根) 절단(술).
Rh négative 圏 Rh 음성(陰性)(의 혈액[사람]).
Rh-neg·a·tive [ɑ́ːréitnégətiv] 圏 Rh 음성의, Rh 인자가 없는.
rho [rou] 圏 (圏 **~s**) 1 로(그리스어 알파벳의 열 일곱째 자(P, ρ); 영어의 R, r에 해당). 2 (물리) 로(입자, 중간자) ¶ ~ **particle [meson]**).
Rho., Rhod. Rhodesia.
rhod- [roud] 연결 ⇒ RHODO-.
rho·da·mine [róudəmìːn, -min] 圏ⓤ (화학) 로다민(적록색 분말; 종이·생물체 염색용).
Rhóde Ísland [ròud-] 圏 로드아일랜드(미국 동북부 대서양 연안의 주; 주도(州都) Providence; ⓞ R.I.). **Rhòde Íslander** 圏 Rhode Island 태생의 사람[주민].
Rhóde Ísland Réd 圏 (적갈색의) 미국산(産) 난육 겸용종 닭의 일종.   「종 닭.
Rhóde Ísland Whíte 圏 (백색의) 난육(卵肉) 겸용
Rhodes [roudz] 圏 1 로도스 섬(에게 해에 있는 그리스령(領) 섬); 그 섬에 있는 항구 도시(古 Colossus). 2 **Cecil John ~** 로즈(1853-1902; 영국의 정치가; 남아프리카 Cape Colony의 수상).
Rho·de·sia [roudíːʒə/-ʃə, -zìə] 圏 로디지아(Zimbabwe의 옛 이름).
Rho·de·sian [roudíːʒən/-ʃən, -zìən] 圏 로디지아의; 로디지아인의. — 圏 로디지아 사람.
Rhodésian mán 로디지아인(아프리카 Zambia에서 발견된 화석인(化石人)). **Rho·de·soid** [roudíːzɔid] 圏 로디지아인 같은.   「학생.
Rhódes schólar 圏 (영국 Oxford 대학의) 로즈 장
Rhódes schólarship 圏 (the ~) 로즈 장학금(C.J. Rhodes의 유언에 따라 Oxford 대학에 마련된 장학금; 영연방·미국·독일의 유학생에게 수여된다).
Rho·di·an [róudiən] 圏 로도스(Rhodes) 섬의; 로도스 섬 사람의. — 圏 로도스 섬 사람.

rho·di·um [róudiəm] 명U (화학) 로듐(금속 원소; 기호 Rh).
rho·do- [róudou, -də] 연결 rose의 뜻(* 모음 앞에서는 rhod-). ¶*rhod*olite, *rhod*amine.
rho·do·chro·site [ròudəkróusait] 명 능(菱)망간광(鑛).
rho·do·den·dron [ròudədéndrən] 명 진달래속(屬)의 식물.
rho·do·lite [róudəlàit] 명U 장미빛 석류석의 일종.
rho·do·ra [roudɔ́:rə, rə-] 명 북미산(産) 진달래의 일종.
rhomb [ramb/rɔmb] 명 =rhombus.
rhomb- [ramb/rɔmb] 연결 ⇨RHOMBO-.
rhom·bi [rámbai/rɔ́m-] 명 rhombus의 복수형.
rhom·bic [rámbik/rɔ́m-] 형 마름모꼴의, 사방형(斜方形)의; 마름모꼴 면을 가진; (결정) 사방정계(斜方晶系)의. (또는 **rhombical**) — 명 =~ antenna.
rhómbic anténna [áerial] 명 (전기) 롬빅 안테나, 마름모꼴 안테나.
rhom·bo- [rámbou, -bə/rɔ́m-] 연결 「마름모꼴, 능형」의 뜻(* 모음 앞에서는 rhomb-). ¶*rhombo*hedron, *rhomb*oid.
rhom·bo·chasm [rámbəkæ̀zm/rɔ́m-] (지질) 단층간의 긴장에 의해 생기는 마름모꼴 균열.
rhom·bo·he·dron [ràmbəhí:drən/rɔ̀m-] (복) ~s, -dra [-drə] 능면체, 사방(斜方) 6면체. **-dral** 형
rhom·boid [rámbɔid/rɔ́m-] 명 편능형(偏菱形), 직사각형. — 형 (또는 **rhom·bói·dal**) 편능형의, 직사각형의. **rhom·bói·dal·ly** 부
rhom·bus [rámbəs/rɔ́m-] 명 (복) ~·es, -bi [-bai] 마름모꼴, 사방형; 능면체(rhombohedron).
rhó mèson 명 (물리) 로 중간자.
rhon·chus [ráŋkəs/rɔ́n-] 명 (복) -chi [-kai] (의학) (폐의) 수포음, 라셀(음). **-chal, -chi·al** 형
Rhon·da [rándə/rɔ́n-] 명 론다(여자 이름).
Rhone [roun] 명 1 (the ~) 론 강(알프스에서 발원해 스위스·프랑스를 거쳐 지중해로 유입). 2 = ~ wine.
Rhóne wine 명 론 포도주(프랑스 론 강 유역산).
rhó pàrticle 명 (물리) 로 입자.
R horizon 명 R층(토양 바로 밑의 기암(基岩)층).
rho·tic [róutik] 형 (음성) 1 (미국 영어에서) r음을 발음하는. 2 [r] 에 유사한 음의, r음과 유사한 음의.
r.h.p. rated *horsepower*(정격 마력(定格馬力)).
R.H.P.C. *rapid hardening portland cement*(급경(急硬) 시멘트).
Rh pósitive 명 Rh 양성(의 혈액[사람]).
Rh-pos·i·tive [-pázitiv/-pɔ́z-] 형 Rh 양성(陽性)의, Rh 인자를 지닌.
R.H.S. *Royal Historical* [*Horticultural*] *Society*(영국 사학회[원예학회]); *Royal Humane Society*(영국 수해 구조회).
rhu·barb [rú:ba:rb] 명U 1 대황(大黃); 대황의 잎줄기(식용). 2 대황의 뿌리(하제(下劑)용). 3 담황색(citrine). 4 C (美속어) 말다툼, 격론; (야구 시합중의) 과격한 항의, 난투. 5 (英구어) 군중의 왁자지껄, 떠드는 소리; 허튼 소리, 바보짓. 6 (속어) 벽촌(僻村), 촌구석. 7 (공군 속어) 저공 소사(掃射)
rhu·barb·ing [rú:ba:rbiŋ] (英) (연기자가) 군중으로서 떠들어대는. — 명 떠들어대는 소리, 소음.
rhumb [rʌmb/rʌm] 명 (해상) 1 = ~ line. 2 나침(羅針) 방위; 나침반상의 연속하는 두 방위간의 각도(11°15′).
rhum·ba [rámbə] 명자 =rumba.
rhúmb line 명 (선박·항공기의) 항정선(航程線)(loxodromic curve).
***rhyme** [raim] 명 1 U (시의) 운, 압운(押韻), 각운(脚韻). ¶double [weak] ~ 2중운[약운] / imperfect ~ 불완전운 / single [strong] ~ 단운[강운] / feminine [or female] ~ 여성운 / masculine [or male] ~ 남성운 / eye ~ 시각운. 2 동운어(同韻語), 운이 맞는 낱말(for, to). ¶give ~s 압운하다 /"Dove" is a ~ for "love," dove와 love는 운이 맞는다. 3 UC 압운시(押韻詩); (~s) (집합적) 운문, 시(가). ¶nursery ~s 동요, 자장가. ¶have neither rhyme nor reason; be without rhyme or reason 두서가 없다, 조리가 닿지 않다; 분별없다.
run one's rhymes (美학생 속어) 변명하다.
— 동자 1 압운시[운문]를 짓다. 2 (…와) 운이 맞다, (시 따위가) 운을 밟다(*with, to*). ¶(~+|전|+|名|) "Care" ~s *with* [or *to*] "fair," care와 fair는 운이 맞다. — 타 1 …을 압운시키다, …에 운을 밟게 하다(*with*). ¶(~+|타|+|전|+|名|) ~ "shepherd" *with* "leopard" shepherd를 leopard와 압운시키다. 2 …을 압운시[운문]로 짓다; 시로 노래하다; 운문[시 형식]으로 쓰다. ¶~ a story 이야기를 운문으로 쓰다. 3 (시간 따위)를 시작(詩作)에 쏟다(*away*). (또는 **rime**)
rhymed [raimd] 형 운을 밟은, 압운된; 운문의.
rhymed vérse 명 압운시. 형 blank verse 「없는.
rhyme·less [ráimlis] 형 압운을 밟지 않은, 운(韻)이
rhym·er [ráimər] 명 시인, 작시자; 서투른 시인.
rhyme róyal 명 (운율) 제왕운(帝王韻)(Chaucer가 영어에 도입한 시 형식; 약강 5보격(步格)의 7행시로 ababbcc 순의 압운).
rhýme schème 명 (시의) 각운(脚韻) 구성[형식].
rhyme·ster [ráimstər] 명 (문어) 서투른 시인. (또는 **rimester**)
rhým·ing díctionary [ráimiŋ-] 명 압운 사전.
rhýming slàng 명 (영 속어) (押韻俗語)(tealeaf로 thief를 나타내는 따위; [-i:f]의 음이 일치). 2 은어, 풍자어. 「~ 엉터리 시인.
rhym·ist [ráimist] 명 (압운시의) 작시자. ¶a poor
rhy·o·lite [ráiəlàit] 명 1 U 유문암(流紋岩). 2 (R-) (美군사) 리올라이트 위성(탄도 미사일 발사 실험 모니터용). **-lit·ic** 형
‡**rhythm** [ríðm] 명 (복) ~s [-z] UC 1 리듬, 율동; 규칙적인 반복, 주기[순환] 운동; 주기성. ¶the ~ of an engine 엔진의 리듬 / the ~ of the seasons 계절의 순환. 2 (음악) 리듬, 음율, 박자; = ~ section. ¶play in quick ~ 빠른 리듬으로 연주하다. 3 운율(meter), 운율 형식. 4 (예술) 리듬, 율동. 5 (영화·연극·문학) 리듬(문장 따위의) 경쾌한 흐름, 리듬. 6 (생리) 리듬, 주기.
rhythm-and-blues [-ənblú:z] 명 (음악) 리듬 앤 드 블루스(미국 흑인 음악의 일종; 약 R&B).
rhythm bànd 명 리듬 밴드.
rhythmed [ríðmd] 형 율동적인, 주기적인(rhythmic). 「mic).
rhyth·mic [ríðmik] 형 =rhythmical. — 명 = rhythmics.
***rhyth·mi·cal** [ríðmikəl] 형 1 주기적인, 규칙적 순환을 하는; 리드미컬한, 가락이 맞는. 2 율동의, 운율의. **-ly** 부
rhýthmic gymnástics 명(복) 신체조, 리듬체조.
rhyth·mic·i·ty [rìðmísəti] 명U 리듬(박자, 장단)이 잘 맞기, 율동적임.
rhyth·mics [ríðmiks] 명(복) (단수취급) 리듬[운율]학, 율동법. (또는 **rhythmic**)
rhythm instrument 명 리듬 악기.
rhyth·mist [ríðmist] 명 리듬 감각이 있는 사람; 리듬을 잘 이용하는 사람.
rhyth·mize [ríðmaiz] 동타 …을 율동화하다, …에 리듬을 주다. **-miz·a·ble** 형 **-mi·zá·tion** 명
rhythm·less [ríðmlis] 형 리듬[운율]이 없는, 박자가 맞지 않는; 균형이 잡히지 않은.
rhýthm mèthod 명 (the ~) 주기 피임법.
rhýthm sèction 명 (음악) (밴드의) 리듬 악기부(드럼·베이스 따위).
rhýthm stìck 명 리듬봉(棒)(유아에게 음악의 리듬을 익히게 하는 데 쓰이는 목제 스틱).
rhyt·i·dec·to·my [rìtədéktəmi] 명U 주름살 제거(술). ⇨FACE-LIFT.

RI refractive index; (우편) Rhode Island.
R.I. (라틴) *Regina et Imperatrix*(=Queen and Empress); (라틴) *Rex et Imperator*(=King and Emperor); Rhode Island; Rotary International(국제 로터리 클럽); Royal Institution(왕립 과학 연구소).
ri·a [ríːə] 명 길고 좁은 후미; (~s) 리아스식 해안.
RIA Russian Information Agency(러시아 정보 통신). **R.I.A.** Royal Irish Academy. **RIAA** Recording Industry Association of America, Inc.(미국 레코드 산업 협회). 「의 역철자》
ri·ah [ráiə] 명 《英속어》 두발. (또는 riach) [〈hair
ri·al[1] [ríːl/-áːl] 명 리알(이란·오만·예멘 등의 화
ri·al[2] [ráiəl] 명 =ryal. └폐 단위); 그 은화.
ri·al[3] [ríːl/-áːl] 명 =riyal.
ri·ál o·má·ni [ríːl oumáːni/-áːl-] 명 리알 오마니 (오만의 화폐 단위; ⓐ RO).
ri·al·to [riǽltou] 명 (~s) 거래소, 시장; 극장가.
Ri·al·to [riǽltou] 명 1 리알토(이탈리아 Venice의 상업 중심지). 2 리알토교(橋)(Venice의 Grand Canal에 걸려 있는 대리석 다리). 3 《美》 (the ~) 리앨토(미국 New York City의 Broadway의 극장가·번화가).
ri·ant [ráiənt] 형 《풍경 따위가》 화창한, 환한; 미소 띠고 있는. **~·ly** 부
‡**rib**[1] [rib] 명 (~s [-z]) 1 《해부》 늑골, 갈빗대. 2 (뼈째의) 갈비살, 가리. ⇨BEEF 그림. 3 《건축》 리브, 홍예의 늑재(肋材); 격자 천장의 구획테; (다리의) 가로보. 4 《조선》 (배의) 늑골, 늑재; (통발의) 가두리테; 《채광》 광주(鑛柱), 광벽; (양산의) 살. 5 《식물》 엽맥(葉脈). 6 (직물·편물 따위의) 이랑; (전답의) 두둑, 이랑; (모래 위에 남은) 파도 자국. 7 《익살》 처, 아내, 여자(←장세기 (Gen.) 2 : 21-22). 8 《도자기 만드는》 마무리 판자. 9 조준용 이랑. 10 (~s) 《속어》 음식; 식사. 11 《항공》 (비행기의) 날개의 가는 뼈대.
false [or **floating, short**] **ribs** 가(假)늑골(흉골에 붙어 있지 않은 늑골).
poke [or **dig, nudge**] *a person* **in the ribs** (주의나 신호를 하기 위해) 남의 옆구리를 찌르다.
smite *a person* **under the fifth rib** 남을 찔러 죽이다(←사무엘 하(2 Sam.) 2 : 23); 남을 깜짝 놀라게[아연하게] 하다.
stick to *one's* [or **the**] **ribs** (美구어) (음식이) 풍성하고 영양이 있어(어 마음에 흡족하다).
tickle *a person's* **ribs** 남을 웃기다. 「늑골.
true [or **sternal**] **ribs** 진(眞)늑골(흉골에 붙어 있는
— 동타 (~s [-z]; -bb-) 1 …에 늑재(肋材)를 붙이다, …을 늑재로 보강하다, 늑재로 두르다. 2 …에 이랑 ⫶like 을 「무늬를 넣다.
rib[2] (구어) 동타 (-bb-) …을 놀리다, 조롱하다, 괴롭히다. — 명 농담; 우롱, 놀림; 풍자.
rib- [rib] 연결 ⇨RIBO-.
R.I.B.A. Royal Institute of British Architects (영국 왕립 건축가 협회).
rib·ald [ríbəld] 형 입버릇이 나쁜, 야비한; (말·이야기 따위가) 상스러운. — 명 상스러운 말을 하는 사람, 입버릇이 나쁜 사람. **~·ly** 부
rib·ald·ry [ríbəldri] 명①① 1 야비함, 상스러움, 입이 더러움. 2 상스러운 언사.
rib·and [ríbənd] 명 《문장》 가장 가는 사대(斜帶)(보통 사대의 약 1/8). (또는 **ribband**) 2 《장식용》 리본.
ri·ba·vi·rin [ráibəvàiərin] 명①① (약학) 리바비린(합성 리보핵산의 일종).
rib·band[1] [ríbbænd, ríbənd/ríbənd] 명 1 《조선》 (배의 늑재를 받치는) 대판(帶板). 2 《목공》 =ribbon 6.
rib·band[2] [ríbənd] 명 《문장》 =riband 1.
ribbed [ribd] 형 1 늑골이 있는, 늑재가 있는. 2 (직물·편물의) 이랑이 진; 이랑 무늬로 짠.
ribbed-knit [⸗nít] 명 =rib-knit.
rib·ber [ríbər] 명 1 늑재를 붙이는 사람. 2 이랑 무

늬 편물기. 3 놀리는[괴롭히는] 사람.
rib·bie [ríbi] 명 =ribby[2].
rib·bing[1] [ríbiŋ] 명①① 1 《집합적》 늑골(ribs); 늑골 모양의 조직, 늑재; (직물의) 이랑. 2 늑재[이랑] 붙이기.
rib·bing[2] 명①① (구어) 괴롭힘, 놀림. 「말[음].
rib·ble-rab·ble [ríblrǽbəl] 명 《고어》 혼잡스러운
‡**rib·bon** [ríbən] 명 (~s [-z]) 1 ①① (장식용) 리본, 띠. 2 (타자기·프린터의) 잉크 리본; (훈장의) 리본, 약장, 기장. ¶ the blue ~ (Garter 훈장의) 푸른 리본, 최우수상. 3 끈[띠] 모양의 것; 태엽; 띠톱, 금속제 줄자. ¶~ of mist 몇 가닥의 띠처럼 보이는 안개. 4 (~s) 찢어진 조각, 잘게 찢어진 것. 5 《조선》 (배의) 대판(帶板). 6 《목공》 장선받이; (비계의) 이음 대. 7 (~s) (구어) 고삐. 8 《전기》 =~ microphone. 9 (~s) (英속어) (크리켓에서) 경계선을 만드는 로프; 경계(선). 10 《컴퓨터》 리본 케이블.
be torn to ribbons 갈기갈기 찢어지다.
cut [or **tear**]…**to ribbons** …을 갈기갈기 찢다.
handle [or **take**] **the ribbons** 말(마차)을 몰다.
to a ribbon 《美구어》 완벽하게, 더할 나위 없이.
— 동 (~s [-z]) 타 1 …에 리본을 달다, …을 리본으로 장식하다. 2 …에 줄무늬선를 넣다. 3 …을 갈기갈기 찢다, 가늘게 찢다. 4 띠 모양으로 되다.
~·like, ~·y 형
ribbon building 명 《英》 =ribbon development.
ribbon càndy 명 리본 캔디(리본 모양으로 겹쳐 놓은 크리스마스 사탕). 「고를 말함).
ribbon còpy 명 타자기로 친 문서의 원본(최초의 원
ribbon devélopment 명 《英》 (간선 도로를 따라 건물들이 뻗어가는) 대상(帶狀) 개발. (또는 **ríbbon búilding**)
ríbbon-bòned [ríbənd] 형 1 리본을 단, 리본으로 장식한. 2 리본 모양의 줄이 있는. 3 갈기갈기 찢어진.
ríbbon·fìsh [ríbənfìʃ] 명 (복 ~·(es)) 납작하고 긴 바닷물고기(갈치 따위). 「마이크.
ríbbon mícrophone 명 리본 마이크로폰(고감도
ríbbon pàrk 명 대상 녹지(帶狀綠地).
Ríbbon Society (the ~) 녹색 리본회(19세기초 아일랜드에서 신교도에 대항하기 위해 결성된 가톨릭 교도의 비밀 결사).
ríbbon wíndows 명복 리본 윈도(건물 벽면을 띠 모양으로 가로지른 일련의 창문).
rib·by[1] [ríbi] 형 늑골[늑골제]이 있는; (속어) 초라
rib·by[2] 명 (야구) (속어) 타점(打點). └한.
ríb càge 명 《해부》 흉곽(胸廓).
Ri·be·ra [ribéərə] 명 **José de ~** 리베라(1588-1652: 스페인의 화가).
ri·bes [ráibiːz] 명 (복 ~) 까치밥나무속(屬)의 식물.
ríb èye 명 (송아지 따위의) 스테이크용 가슴살.
ríb-knít [⸗nít] 명 (편물이) 골지게[이랑 모양으로] 짠.
— 명 (또는 **ríbbed-knít**)지게 짠 니트웨어 [편물].
rib·less [ríbləs] 형 늑골이 없는; 살이 찐. 「살.
rib·let [ríblit] 명 (요리) 새끼양[송아지] 갈빗대 끝의
ri·bo- [ráibou, -bə] 연결 「리보오스(ribose)」의 뜻 (* 모음 앞에서는 rib-). ¶*ribo*flavin.
ri·bo·fla·vin [ràibouflέivin, ⸗⸗⸗] 명①① 《생화학》 리보플라빈(vitamin B₂[G], lactoflavin).
(또는 **riboflavine**)
ri·bo·nu·cle·ase [ràibounjúːklièis/-njúː-] 명 《생화학》 리보뉴클레아제(RNA의 가수(加水) 분해를 촉매하는 효소).
ri·bo·nu·cléic ácid [ràibounjuːklíːik/-njúː-] 명 《생화학》 리보 핵산(@ RNA). (또는 **ríbose nucléic ácid**)
ri·bo·nu·cle·o·pro·tein [ràibounjùːkliouprὁutiːn] 명 《생화학》 리보 핵단백질(RNA를 포함한 단백질; @ RNP).

ri·bo·nu·cle·o·side [ràibounjúkliəsàid/-njù-] 图 〔생화학〕 리보뉴클레오시드(리보오스에 푸린 또는 피리미딘 염기가 결합한 것).

ri·bo·nu·cle·o·tide [ràibounjúkliətàid/-njù-] 图 〔생화학〕 리보뉴클레오티드(리보오스를 함유한 뉴클레오티드; RNA의 구성 단위).

ri·bose [ráibous] 图 〔생화학〕 리보오스(RNA의 구성 요소인 5탄당(炭糖)).

ri·bo·só·mal RNA [ràibəsóuməl-] 图 〔생화학〕 리보솜 RNA, 리보솜 리보 핵산(약 rRNA).

ri·bo·some [ráibəsòum] 图 〔생물〕 리보솜(세포 중의 RNA와 단백질의 복합체; 단백 합성이 행해진다).

—só·mal 图

ri·bo·zyme [ráibəzàim] 图 〔생화학〕 리보자임 (RNA 분자 단독으로 효소 활성을 보이는 것의 총칭).

ríb ròast 리브 로스트의 늑골(근처의 살).

ríb stèak 图 소갈비 스테이크(club steak).

rib-stick·ers [⁴stìkərz] 图복 《美속어》 콩(beans).

rib-tick·ler [⁴tìklər] 图 《美속어》 우스갯소리, 농담.

rib-tick·ling [⁴tìkliŋ] 图 배꼽을 잡게 하는, 우스꽝스러운, 재미있는.

R.I.C. Royal Institute of Chemistry(영국 화학 협회); Royal Irish Constabulary.

Ri·car·di·an [rikáːrdiən] 图 리카도(Ricardo)설(說)의 리카도 학파의. —图 리카도 학파.

Ri·car·do [rikáːrdou] 图 **David** ~ 리카도(1772-1823; 영국의 경제학자).

Ric·ci [It rítti] 图 **Matteo** ~ 리치(1552-1610; 이탈리아의 예수회 선교사·학자; 중국 등에서 포교).

‡rice [rais] 图⓾ 1 쌀, 쌀밥. ¶boil [or cook] ~ 밥을 짓다/brown [or half-hulled, unpolished brown] ~ 현미/polished [or cleaned, white] ~ 백미, 정미(精米). 2 (식물) 벼(~ plant). ¶paddy ~ 논벼, 수도(水稻)/dry [or upland] ~ 밭벼. —⓿ (감자 따위)을 으깨다, 쌀알 모양으로 만들다. —图 쌀의, 쌀밥의, 쌀로 만든; 벼의; (무연탄의 입자 크기가) 약 5-8mm인, 쌀 크기의. ¶a ~ crop 미작(米作), 벼농사/~ cake 떡.

ríce bàll 图 주먹밥.

rice-bel·ly [⁴bèli] 图 《美속어》 중국(계)의 사람; 아시아계의 사람. [sparrow.

ríce·bird [ráisbəːrd] 图 1 =bobolink. 2 =Java

ríce blàst 图 (벼의) 도열병(稻熱病).

ríce bòwl 图 밥 주발; 미작(米作) 지대.

ríce bràn 图 왕겨.

ríce flòur 图 쌀가루, 미분(米粉).

ríce pàddy =paddy 1.

ríce pàper 图 라이스 페이퍼, 얇은 고급 종이.

ríce pòlishings 图복 쌀겨. [다].

ríce pùdding 图 라이스 푸딩(우유와 쌀가루로 만든

ric·er [ráisər] 图 《美》 라이서(감자 따위를 으깨는 주방 기구).

ríce thròwing 图 결혼식 후에 신랑 신부에게 쌀을 뿌리는 일.

ríce wàter 图 미음.

ríce wèevil 图 (곤충) 바구미.

ric·ey [ráisi] 图 쌀의(같은); 쌀을 넣은. ¶a ~ dish 쌀밥 요리.

‡rich [ritʃ] 图 (**~·er; ~·est**) 1 돈 많은, 부자의, 부유한(⇔ poor); (the ~) (명사적) (복수 취급) 부자, 부호(~ people). ¶R— men feed, and poor men breed. 《속담》 부자는 식복(食福), 가난뱅이는 자식복/the new ~ 벼락 부자들/The ~ are not always happy. 부자라고 반드시 행복한 것은 아니다.

(ricer)

──────
[유의어] **rich** 재산이 많음을 나타내는 일반적인 말; 때로는 재산을 최근에 손에 넣었을 때도 쓴다. **wealthy** 영속성이나 안정성이 있는 부유함을 암시. **well-to-do**,
──────

well-off rich, wealthy의 부류에는 못 들어가나 안락한 생활을 누릴 만한 재산이 있음을 암시. **affluent** 상당한 수입, 사치스러운 소비, 높은 사회적 지위를 암시. **opulent** 현재 부가 지닌 힘의 과시나 사치를 암시.

2 풍부한, 풍요로운, 윤택한, (…이) 많은 (in, with), ¶ a ~ crop 풍작/~ hair 탐스러운 머리/~ experiences 풍부한 경험//a tract ~ in minerals 광물 자원이 풍부한 지역/a castle ~ with historic incidents 역사적 사건이 많은 성채. 3 (토지가) 비옥한; (광산 따위가) 풍부하게 산출되는. ¶~ fields 비옥한 전답/a ~ mine 산출이 많은 광산. 4 귀중한, 값진, 값비싼; 호화로운, 화려한. ¶~ gifts 값진 선물/a ~ banquet 호화판 연회. 5 (음식이) 영양이 풍부한; 진한, 기름진; (연료가) 가연성이 높은. ¶~ milk 진한 우유/~ wine 감칠맛이 나는 포도주. 6 (색깔 따위가) 짙은, 선명한; (소리·목소리가) 굵직한, 낭랑한; (향기가) 강렬한. ¶a ~ voice 낭랑한 목소리/~ perfume 짙은 향기. 7 (말이) 의미 심장한. ¶~ words 의미 심장한 말. 8 (구어) 매우 재미있는, 유머가 풍부한; 웃기는, 터무니없는. ¶a ~ joke 재미있는 농담. 9 (분사와 함께 복합어로) 훌륭하게, 화려하게; 풍부하게. ¶a ~-bound book 장정이 훌륭한 책. 10 (가구 따위가) 재료가 좋은, 만든 솜씨가 좋은. ¶~ furniture 고급 가구. 11 (자동차) (엔진 내의) 가솔린 혼합 비율이 높은, (혼합기가) 진한(⇔ lean). 12 (콘크리트가) (시멘트가 많아) 강한. 13 (점토 도자기가) 가소성(可塑性)의.

(as) rich as Croesus [or *a Jew*] 매우 돈이 많은. *for richer for poorer* 부유할 때도 가난할 때도. *rich and poor* 부자나 가난한 자나 모두. *rich beyond the dream of avarice* 아주 돈이 많은; 매우 행복한. *strike it rich* 좋은 광맥을 찾아내다; 뜻밖의 횡재를 *That's rich!* (구어) (반어적) 그것 참 재미있다! *too rich for a person's blood* 《美구어》 ① 살 수 없을 만큼 고가인, 예산을 상회한다. ② (음식물이) …에게는 칼로리[지방분]이 지나치게 높은.

-rich (연결) 图 「…이 풍부한」의 뜻. ¶oil-rich.

Rich·ard [rítʃərd] 图 1 **Cliff** ~ 리처드(1940- ; 영국의 팝 가수). 2 **Poor** ~ 가난한 리처드(Benjamin Franklin의 필명). 3 ~ **I** (~ the Lion-Hearted) (영국왕) 리처드 1세(1157-99).

Richard's himself again. 리처드는 회복했다(질병·실망 따위로부터 회복했을 때 하는 말. ←Shakespeare 작 *Richard* Ⅲ.) [하다.

Rích·ard Róe [-róu] 图 1 (법률) (부동산 점유 회복 소송에 있어서의) 피고의 가상명(假想名)(⇔ John Doe). 2 (일반적으로 거래·소송의) 한쪽의 가명.

Rich·ard·son [rítʃərdsən] 图 **Samuel** ~ 리처드슨(1689-1761; 영국의 소설가). [자].

rich-bitch [⁴bìtʃ] 图 《美속어》 부자, 돈 많은 녀석(년

rich-clad [⁴klǽd] 图 쪽 빼입은, 사치스러운 옷차림한.

Rich·e·lieu [ríʃəljùː/-ljə̀ː] 图 **Armand Jean du Plessis** ~ 리슐리외(1585-1642; 프랑스의 추기경·정치가; Louis XⅢ 시대의 재상). [들다.

rich·en [rítʃən] 图⓾⓿ …을 풍부하게 하다, 부자로 만

‡rich·es [rítʃiz] 图복 (보통 복수취급) 부(富), 재물, 재산; 풍부함, 많음. ¶the ~ of knowledge 풍부한 지식/R— have wings. (속담) 재산에는 날개가 있다.

heap up [or *amass*] (*great*) *riches* 막대한 부를 쌓다.

‡rich·ly [rítʃli] 图 (**more ~; most ~**) 1 풍부하게, 부유하게; 화려하게, 값지게, 훌륭하게. 2 비옥하게, 기름지게. 3 짙게; 강렬하게; 낭랑하게. 4 (강조) 완전히, 충분히. ¶~ deserve 충분히 받을 가치가 있다.

Rich·mond [rítʃmənd] 图 리치먼드. 1 미국

Virginia 주의 주도(州都). **2** New York City 서남부의 구(區). **3** (또는 ∼-upòn-Thámes) Greater London 남서부의 자치구(Kew Gardens로 유명). **4** 남자 이름. *another Richmond in the field* 뜻밖에 만난 새로운 호적수. ⓐ Shakespeare작 *Richard III*. V. iv.

*rich·ness [rítʃnis] 몡 ⓤ **1** 부유, 호화. **2** 윤택. **3** 비옥(肥沃). **4** 농후함, 강렬함. **5** 귀중함.

rích rhýme 몡 〈운율〉 완전 동일운(韻).

Rích·ter scále [ríktər-] 몡 (the ∼) 리히터(지진계) 눈금(지진의 진도(震度)를 나타내는 눈금으로 1-10으로 표시). 〈〈미국의 지진학자 Charles F. Richter (1900-85)의 이름〉〉

ri·cin [ráisin, rís-] 몡 〈화학〉 리신(유독성 단백질).

ric·in·o·le·ic ácid [rìsənoulí:ik-] 몡 〈화학〉 리시놀산.

ric·i·nus [rísənəs] 몡 피마자, 아주까리. 〔놀라산.

rick[1] [rik] 몡 **1** (이엉 씌운) 짚더미, 볏가리, 건초가리. **2** (숙성중인 술통을 얹는) 시렁. **3** 장작(통나무)더미. ─ 톕 (건초 따위)를 쌓다, 볏가리로 쌓아 올리다; (장작·통나무)를 쌓아 올리다.

rick[2] 몡톕 〈영방언〉 = wrick.

Rick [rik] 몡 릭(남자 이름; Eric, Richard의 애칭).

rick·ets [ríkits] 몡 〈단·복수 양용〉 〈병리〉 구루병(佝僂病), 곱사등.

rick·ett·si·a [rikétsiə] 몡 (복 **-si·ae** [-siì:], **∼s**) 리케차(이·벼룩 등이 옮기는 발진티푸스 등의 병원체).

rickéttsia diséase 몡 〈의학〉 리케차 감염증(급성 열성(熱性) 질환).

rick·et·y [ríkiti] 몡 **1** (가구가) 부서질 듯 같은; (생각이) 믿지 못할. **2** 낡아 빠진, 황폐한. **3** 관절이 약한, 비틀거리는. **4** (동작 따위가) 부자연스러운, 어색한, 불규칙한. **5** 구루병에 걸린. **-et·i·ness** 몡

rick·ey [ríki] 몡ⓒⓤ 〈미〉 리키(진 따위의 알코올성 음료에 라임 주스와 탄산수를 가미한 음료).

rick·rack [rík#ræk] 몡 리크랙(여러 갈래를 엇갈아 짠 가장자리 장식용의 납작한 끈). (또는 **ricrac**)

rick·shaw [ríkʃɔ:] 몡 〈일본〉 인력거(人力車). (또는 **ricksha, rikisha, rikshaw**)

rick·yard [ríkjà:rd] 몡 건초(를 쌓아 놓는) 마당.

rick·y-tick [ríkitìk, -tìk] 몡 〈미구어〉 몡 (1920년대의 음악과 같이) 떠들썩한. ─ 몡 그 음악. (또는 **rinky-tink, ricky-ticky**)

RICO 〈미〉 *R*acketeer-*I*nfluenced and *C*orrupt *O*rganizations Statute(조직 범죄 피해자 보상법).

ric·o·chet [ríkəʃèi/∠-∠] 몡 (수면·지면을) 스치기, 스치 나는 돌(총탄). ─ 톕ⓐ 스쳐 날다, 물수제비뜨며 날다; 스쳐 날다.

ri·cot·ta [rikátə/-kótə] 몡ⓤ 리코타(이탈리아산(産)의 cottage cheese의 일종).

R.I.C.S. 〈영〉 *R*oyal *I*nstitute of *C*hartered *S*urveyors(왕립 공인 측량사 학회).

ric·tus [ríktəs] 몡 (복 ∼, **-es**) **1** 입을 벌리기. **2** (새의) 부리의 벌림. **-tal** 몡

*rid[1] [rid] 톕ⓐ (**∼s** [-z]; **∼, ∼·ded; ∼·ding**) **1** 면을 모면하게 하다, 자유롭게 하다; …을 제거하다, 몰아내다, 없애다 (of). ¶(∼+몡+쩐+몡) ∼ a house of rats 집에서 쥐를 몰아내다 / ∼ one's mind of doubt 의심하는 생각을 없애다 / ∼ oneself of one's troubles 귀찮은 일에서 벗어나다. **2** 〈고어〉 …을 (…에서) 해방(구출)하다 *(out of, from).*

be rid of …을 면하다, 벗어나다.

get rid of …을 면하다, 벗어나다; 쫓아버리다, 없애다. ¶I can't *get* ∼ *of* this cough. 이 기침이 떨어지 ⇨-der 지 않는다.

rid[2] 몡 〈고어〉 ride의 과거·과거분사.

RID *R*emove *I*ntoxicated *D*rivers(음주 운전 추방회).

rid·a·ble [ráidəbl] 몡 (말 따위가) 탈 수 있는; (도로·하천 따위가) 말타고(탈것으로) 갈 수 있는. (또는 **rideable**) **·bíl·i·ty** 몡

rid·dance [rídns] 몡ⓤ (귀찮은 일의) 없애기, 제거, 일소; 면하기, 탈출; 구조(救出).

Good riddance (to bad rubbish)! 귀찮은 일에서 해방됐다!

make clean riddance of …을 일소하다.

*rid·den [rídn] 톕 ride의 과거분사.

-rid·den [rídn] 〈연결〉 「지배된, 억압당한; (악몽 따위에) 시달림을 받은」의 뜻. ¶fear-ridden 공포에 질린.

*rid·dle[1] [rídl] 몡 (복 **∼s** [-z]) **1** 수수께끼, 알아맞히기. ⇨PUZZLE 〈유의어〉 ¶ask [solve, guess] a ∼ 수수께끼를 내다[풀다]. **2** 난문, 난제; 불가사의한 일[사람]. ¶the great ∼ of life 인생의 커다란 수수께끼.

speak [or *talk*] *in riddles* 수수께끼를 내다, 수수께끼 같은 말을 하다.

─ 톕ⓐ 수수께끼를 내다; 수수께끼 같은[이해할 수 없는] 말을 하다. ─ 톕 **1** (수수께끼)를 풀다. ¶*R*∼ me, ∼ me what it is. = *R*∼ me a ∼, what is this? (수수께끼에서) 자, 뭣일까?(* 수수께끼를 낼 때 하는 말). **2** 〔남〕을 혼란시키다, 헷갈리게 하다.

rid·dle[2] 몡톕 **1** (탄환 따위로) (사람·배 따위)를 벌집처럼 만들다(*by, with*). ¶a warship ∼d *with* shots 탄환으로 벌집이 된 군함. **2** (결함·악폐 따위로) 가득하게 하다 (*with*). **3** …을 체질하다, 체질로 가려내다; 정밀 조사(음미)하다. **4** 〔사람·이론 등〕을 공박하다. ─ 몡 어레미(체).

rid·dler [rídlər] 몡 수수께끼를 내는(푸는) 사람.

rid·dling [rídliŋ] 몡 수수께끼 같은; 수수께끼를 푸는. **-ly** 톡

rid·dlings [rídliŋz] 몡복 체질한 찌꺼기, 무거리.

*ride [raid] 톕 (**∼s** [-z]; **rode; rid·den; rid·ing**) ⓐ **1** (말 따위)를 타다, 승마하다(*on*); 말타고 가다; 말을 몰다, 달리다 (*off, away*). ¶(∼+쩐+몡) ∼ (at) full speed [or *tilt*] 전속력으로 달리다 /(∼+쩐+몡) ∼ *on* horseback 말에 타다 //(∼+튀) ∼ *away* 말을 몰고 가버리다 / ∼ *behind* (기수의) 뒤에 타다 / ∼ *double* 말에 두 사람이 타다.

2 말타듯 올라타다, 걸터앉다 (*on*). ¶(∼+쩐+몡) ∼ *on* a person's shoulders 목말 타다.

3 (탈것에) 타다, 타고 가다[여행하다] (*in, on*). ¶(∼+쩐+몡) ∼ *in* [or *on*] a bus 버스를 타고 가다 / ∼ *in* a ship 배를 타고 가다.

4 (시류에) 얹혀가다, 얹혀서 움직이다. (차바퀴 등이) 지탱되어 돈다 (*on*). ¶(∼+쩐+몡) ∼ *on* the waves of popularity 인기의 물결을 타다 / The wheel ∼s *on* the shaft [or *axle*]. 차바퀴는 굴대를 중심으로 돈다.

5 (수면을) 달리다, 떠돌다 (*on*). ¶surfers *riding* on the waves 파도타기를 하고 있는 사람들.

6 (배가) 정박하다 (*at*). ¶The ship ∼s *at* anchor. 그 배는 정박중이다. **7** (천체 따위가 공중에) 뜨다, 오르다; 날다 (*on, in*). ¶(∼+튀) The moon ∼s high. 달이 높이 떠 있다 //(∼+쩐+몡) The bird ∼s lightly *on* the wind. 그 새는 바람을 타고 가볍게 날고 있다. **8** (부러진 뼈 따위가) 겹치다, 얹혀지다 (*upon*). (인쇄) 겹쳐 인쇄되다 (*up*) (*on, over*). ¶(∼+쩐+몡) The red ∼s *on* the blue. 붉은 색이 청색 위에 겹쳐서 인쇄되어 있다. **9** (옷이) 치켜올라가다 (*up*). (칼라·넥타이가) 비어져 나오다. ¶Her skirt *rode up* her knees. 스커트가 무릎 위로 치켜 올라갔다. **10** (보어와 함께) (자동차·길 따위가) 타보면 …이다. ¶(∼+보) This horse ∼s quiet. 이 말은 얌전히 태운다 / ∼ *easy* [*hard*] 탈 기분이 편(불편)하다 //This car ∼s very *smoothly*. 이 차는 승차감이 아주 좋다. **11** (자체 따위가) 진행되다, 나아가다. (일이) 진척되다. **12** 〈구어〉 순조롭게 나아가다; 그대로(되는 대로) 두어두다. ¶Let it (or the *matter*) ∼. (갑설 따위)는 되는 대로 내버려 두라. **13** 〈구어〉 (일)에 의해 결정되다, …여하에 달리다 (*on*). **14** 〈재즈〉 주제를 바꿔 즉흥적으로 연주하다. **15** 교미하다. (속어) 성교하다. **16** (돈이 …에) 걸려

rideable 2352 **ridesharing**

있다 (on). 17 승마복을 입은 몸무게가 …이다.
— ㉠ 1 〔말·탈것 따위〕를 타다, 타고 가다; 〔말 따위〕를 몰다. ¶ ~ a horse [bus] 말[버스]을 타다 // (~+목)+전+명) ~ one's horse at a fence [the enemy] 말을 타고 담장을 넘으려고 하다[적을 습격하다].
2 《美》〔길·장소를〕말[자전거 따위]을 타고 지나가다[건너다]; 〔곤란〕을 뚫고 나가다, 극복하다. ¶ ~ the river 말을 타고 강을 건너다 / ~ fence (승마에서) 울타리를 뛰어넘다 / ~ difficult circumstances 역경을 헤쳐나가다.
3 (말·자전거 따위로) 〔경주 따위〕를 하다. ¶ ~ a race 경마[자전거 경주, 카레이스]를 하다.
4 …을 태우다, 걸터앉히다; …을 태우고 가다, (들것에) 실어나르다; …에 걸터타다 (on). ¶ ~ a broomstick 빗자루에 걸터타다 // (~+목+전+명) ~ a child on one's shoulders 아이를 목말 태우다.
5 …에 걸려 있다, 실려 있다; …에 겹치다. ¶ Glasses ~ his nose. 안경이 그의 코에 걸려 있다.
6 (배가) 〔수면·파도〕에 뜨다; (새 따위가) 〔바람〕에 실려 가다; 〔시류 따위〕를 타다. ¶ ~ the waves (배가) 파도를 타고 가다 / ~ a surge of popularity 인기의 큰 파도를 타다. 7 (배)를 정박시키다. 8 《보통 수동태로》…을 지배하다; 압박하다, 학대하다. ¶ be ridden by superstition [foolish anxiety] 미신[쓸데없는 불안]에 사로잡히다. 9 《美구어》…을 괴롭히다, 고통을 주다; 〔구어〕…을 놀리다, 웃음거리로 만들다; 〔스포츠에서〕…을 야유하다. ¶ be ridden with a nightmare 악몽에 시달리다 / The fear rode him day and night. 그는 밤낮으로 공포에 시달렸다 / ~ him over his mistake 그의 잘못을 꾸짖다. 10 〔재즈〕…을 즉흥 연주하다. 11 〔교미하려고〕〔암컷〕에 올라타다; 《속어》…와 성교하다.
12 《美속어》…을 속이다, 장난으로 속이다; 속여서 …하게 하다 (into). 13 〔경마〕〔말〕을 한껏 몰아대다.
let...ride 말을 내버려두다, 방치하다.   「다.
ride again 기운을 되찾다; (모양을 바꾸어) 재등장하
ride and tie 〔고어〕두 사람이 교대로 한 마리의 말을
ride bareback 안장 없이 타다.   「타다.
ride bitch 《美속어》차의 뒷좌석 가운데 자리에 타다.
ride circuit 순회 재판을 열다.
ride down ① …을 (말타고) 추적하다, 따라잡다. ② …을 말로 짓밟다; …을 몰아치다. ¶ ~ the enemy down 적을 유린하다. ③ 〔말〕을 쓰러질 때까지 타다, 혹사하다. ④ 〔밧줄〕을 체중을 실어 내리누르
ride for a fall ⇒FALL.   「다.
ride gain (라디오·TV 스튜디오 등에서) 송신에 알맞게) 음량을 조절하다.
ride herd on ⇒HERD¹.
ride high (보통 진행형으로) 순풍을 타다, 잘 되어가다, 성공하다 (with).
ride no hands 핸들을 잡지 않고 자전거를 타다.
ride off (폴로 경기에서) 공과 상대편 사이에 말을 몰아넣어 상대방의 타구를 방해하다.
ride off in all directions 당황해서 부산떨다, 동시에 여러 가지 일을 하려고 하다.   「회피하다.
ride off on a side issue 지엽적인 문제로 요점을
ride one's high horse 뻐기다; 화를 내다.
ride one's hobby (빈축을 살 만큼) 지나치게 뽐내다 [으스대다].
ride out ① (폭풍 따위)를 이겨내다. ② (곤란·역경 따위)를 잘 참고 견디다. ③ (말을 몰아) 〔가축〕을 무리에서 갈라 놓다.
ride over ① …을 짓밟다; …에 유세를 부리다. ② (경마에서) …에게 당당히 이기다.
ride roughshod over ⇒ROUGHSHOD.
ride shotgun (역마차 따위에) 무장 경호하다; 보호하다, 주의 깊게 지키다; 《美속어》(10대 사이에서) 차 [트럭]의 조수석에 타다; 버스의 맨 앞자리에 타다.
ride the arm 《美속어》(택시가) 요금 미터기를 꺾지 않고 승객을 태우고 달리다.
ride the brake [clutch] 《美구어》브레이크[클러치 페달]에 발을 얹어 놓은 채 차를 운전하다.
ride the circle (판사가 재판하러) 순회하다.
ride the cotton bicycle 《美속어》(여성이) 생리를 하다.   「치다.
ride (the) fence 《美》정세를 관망하다, 양다리 걸
ride the goat 〔속어〕비밀 결사에 가입하다.
ride the line 소가 이탈하지 않게 말을 타고 소떼 둘레를 돌다.
ride the porcelain train 《美속어》변기에 앉았다.
ride the rag [or **white horse**] = *ride the cotton bicycle*.
ride the rods 《美속어》화물 열차에 무임 승차하다.
ride the vents 〔해사〕(잠수함의) 잠수 준비를 하다.
ride the whirlwind 선풍을 타다; 혁명[변혁]의 기운에 편승하다.
ride...to death 〔말〕을 쓰러질 때까지 타다; (비유적) 〔방법·농담 등〕을 너무 자주 하여 효과가 없어지게 하다.
ride to hounds ⇒HOUND.
ride up (옷이) 치켜[말려] 올라가다.
ride up to …에 차를 대다.
ride with 《美속어》(교도소에서) …와 친구가 되다.
— 囹 《㉠ ~s [-z]》 1 〔말·탈것 따위에〕 타기[태워주기], 타고[태우고] 가기; 승마, 승차, 승선; 탈것을 이용한 여행; (말·차·배 따위에) 타고 있는 시간; 《형용사와 함께》 타는 기분. ¶ a boat [train] ~ 《美》 뱃놀이[기차 여행] / have a long ~ 원거리를 타고 가다 / go on a ~ (단체에서 버스 따위를) 타고 떠나다 // a ~ on a bicycle 자전거를 타(고 가)기 / give a child a ~ on one's back 아이를 등에 태워 주다 // This car has [or gives] a rough ~. 이 차는 승차감이 나쁘다. 2 (유원지 따위의) 타는 놀이기구[시설]. 3 《속어》성교. 4 《英》(숲 속의) 승마 도로. 5 〔英군사〕 보충 기병대, 6 수송 기관[수단], 차[탈것]의 준비[수배]. 7 (배웅·마중 나온) 차(편). 8 〔재즈 속어〕 경쾌한 리듬. 9 《속어》 (마약에의한) 환각 경험(trip). 10 《美속어》 경주마. 11 《美학생속어》 재미있는 과목.
give a person a ride 남을 (탈것에) 태워주다. 「다.
give...a rough ride 〔남〕을 심하게 다루다; 모욕하
go along for the ride 《美속어》 장난삼아 참가하다, 소극적으로[친구 따라서] 참여하다.
go for a ride 승마드라이브하러 가다.
have [or *take*] *a ride* (말·마차 따위에) 한번 타다.
have a rough ride 호된 꼴을 당하다.
take a person for a ride ① 《美속어》남을 차로 끌어내어 죽이다. ② 〔구어〕 남을 속이다, 사기치다.
rid·a·ble [ráidəbl] 囹 = ridable.
ride màn 《美속어》 재즈의 리드 솔로 연주가.
ride·man [ráidmæn] 囹 《속어》 (유원지 등의) 회전 목마[제트 코스터] 운전 담당자.
ride·out [ráidàut] 囹 《美재즈 속어》 (마지막 합창부분을) 즉흥적·열광적으로 연주하다.
‡**rid·er** [ráidər] 囹 《㉠ ~s [-z]》 1 타는 사람; (훌륭한) 기수; 말·자전거 타기; 《美》 승객. 2 부기(附記), 부칙, 첨가 서류. 3 추가 조항; (배심원 평결의) 상신서. 4 〔기계〕 라이더(다른 물체 위에서 운전하는 기계 부분); 다른 물건 위를 지나가는 밧줄. 5 〔조선〕 (목조선의) 덧결재, 받침대. 6 〔논리〕 연역(演繹)된 것. 7 〔수학〕 응용예제(例題). 8 (난간의) 가로살. 9 〔옛날 네덜란드·스코틀랜드의〕 기마 금화. 10 〔채광〕 (두꺼운 층 위에 있는) 얇은 석탄[광물]층.
by way of rider 추가로서, 첨부하여.
~·less 囹 타는 사람이 없는; 추가 조항이 없는.
rid·er·ship [ráidərʃip] 囹Ⓤ 《美》 공공 교통 기관의 이용자(수); 승차율.
ride·shar·ing [ráidʃɛ̀əriŋ] 囹 (승용차를) 함께 타는, (또는 ríde-shàre) — 囹 (차) 함께 타기.

‡**ridge** [ridʒ] 명 (복 **ridg·es** [-iz]) 1 산등성이, 용마루; 분수령[선]. 2 융기(隆起), 마루. ¶the ~ of a wave 파도의 물마루/the ~ of one's nose 콧등. 3 (동물의) 등, 둥줄기. 4 두둑, 이랑; 두둑을 올린 온상. 5 (지붕의) 용마루. 6 (일기도의) 고기압 기압 마루. 7 (축성) 비스듬히 쌓은 성의 꼭대기. ──타 1 (집)에 용마루를 얹다; (논·밭)에 이랑을 세우다. 2 이랑지다, 등성이가 되다. ──자 〔濠州俗語〕 좋은, 훌륭한. ~·**like** 형
rídge·line [rídʒlàin] 명 (산등성이) 능선.
rídge·piece [rídʒpì:s] 명 =RIDGEPOLE.
rídge·pole [rídʒpòul] 명 (집의) 마룻대, (천막의) 들보 막대.
rídge ròpe (텐트의) 들보 밧줄.
rídge rùnner 명 《美俗語》 산골 사람; 남부의 촌사「람.
rídge tìle 명 용마루 기와.
rídge·tree [rídʒtrì:] 명 (고어) =RIDGEPOLE.
rídge·way [rídʒwèi] 명 등성이길; 두렁길.
ridg·y [rídʒi] 형 등이 있는; 등성이 진; 융기한.
ri·dic [ridík] 형 《美俗語》 =RIDICULOUS.
***rid·i·cule** [rídikjù:l] 명 1 ① 비웃음, 조소(嘲笑), 조롱, 놀림. ¶in ~ of a person 남을 비웃어서. 2 (고어) 조롱의 대상, 웃음거리.
bring a person *into ridicule; cast ridicule upon* a person; *hold up* a person *to ridicule* 남을 업신여기다[비웃다, 놀리다]. ···을 놀리다.
*lay one*self *open to ridicule* 남의 조롱거리가 될
pour ridicule on; turn...*into* [or *to*] *ridicule* ···을 비웃다, 조소하다. ┌···을 비웃다.
-**cùl·er** 명 비웃는[놀리는] 사람.
‡**ri·dic·u·lous** [ridíkjuləs] 형 (*more* ~; *most* ~) 우스운, 어리석은; 터무니없는. ⇨ FOOLISH (유의어) ¶a ~ *dress* 우스꽝스러운 옷차림.
-**lós·i·ty** 명 ~·**ly** 부 ~·**ness** 명
***rid·ing**¹ [ráidiŋ] 명 ① 1 타기; 승차, 승마. ¶take a ~ 말(마차)을 타다. 2 (숲속의) 승마 전용 도로; 자전거도로. ──형 1 승마(용)의. ¶a ~ *dress* 승마복. 2 타고 조작[동작] 하는. ¶a ~ *cultivator* 타고 조작하는 경운기.
rid·ing² 명 구(區)(1974년까지 영국 Yorkshire를 동·서·북으로 3분했던 행정 구역); (영국 및 영연방의) 행정 구역[선거구]. ¶the Three *Ridings* 전(全)요크 주(州).
ríding bòot (보통 ~s) 승마용 장화.
ríding brèeches 승마용 바지.
ríding cròp [**whìp**] 말채찍(crop).
ríding hàbit (여성용) 승마복.
ríding líght [**làmp**] 명 (백색) 정박등(anchor light).
ríding màster 명 (기병대의) 마술 교관.
ríding mòwer 명 (사람이) 타고 조작하는 잔디깎기 기계(예초(刈草)[제초(除草)]기).
ríding schòol 명 승마 학교, 마술 교습소.
ríding stàble 명 승용마(乘用馬) 마구간.
rid·ley [rídli] 명 〔동물〕 꼬마바다거북. 「위).
riel [ri:ə́l/ri:ɑ́l] 명 리엘(캄보디아의 지폐·화폐 단
Rie·mann [ríːmɑːn, -mən] 명 **Georg Friedrich Bernhard ~** 리만(1826-66: 독일의 수학자).
Rie·mánn·i·an geómetry [riːmάːniən-] 〔기하〕 리만 기하학(비(非)유클리드 기하학의 하나).
Ries·ling [ríːzliŋ, ríːs-] 명 1 (유럽의) 포도의 한 품종. 2 라인산(産)의 백포도주.
rif [rif] 명 《美俗語》 (the ~) (공무원의) 면직, 해고. ──타 (-*ff*-) 〔공무원·군무원〕을 해고하다. (또는 **riff**)
Rif [rif] 명 **Er ~** 리프 산지(모로코 북부 지중해 연안의 산맥). (또는 **Riff**)
RIF [rif] 명 《美》 1 (군사) 병력 삭감. 2 인원 감축[삭감]. 〈Reduction in Force〉
ri·fam·pin [rifǽmpin] 명 ① 〔약학〕 리팜핀(폐결핵·나병 치료용 항생 물질). (또는 **rifampicin**)
ri·fa·my·cin [rifəmáisin/-sin] 명 ① 〔약학〕 리파마이신(항생 물질).

rife [raif] 형 《서술용법》 1 유행하고 있는, 만연하는, 퍼져 있는. 2 많은; (···이) 풍부한, 가득 찬 (*with*).
be rife with ···으로 가득 차 있다. ···투성이다.
──형 풍부한, 듬뿍; 왕성하게, 크게.
~·**ly** 부 ~·**ness** 명
riff¹ [rif] 명 1 〔재즈〕 반복 악절(樂節). 2 《美俗語》 화제에서 벗어나다. ──자 반복 악절을 연주하다.
riff² 명타 〈구어〉 =RIF.
riff³ 명 《美俗語》 냉동 화(물)차.
riff⁴ 명 《美俗語》 마리화나 담배.
Riff [rif] 명 (복 ~**s**, ~**i** [-i]) 1 리프족(族)(모로코 북부 Rif 산맥에 사는 베르베르인(人)). 2 =RIF.
Rif·fi·an 명 리프족의 (사람).
riffed¹ [rift] 형 《美俗語》 (술·마약에) 취한.
riffed² 명 《美俗語》 해고된, 잘린.
ri·fle [ráifl] 명 1 ① 얕은 여울, 급류, 살여울; 잔물결. 2 〔채광〕 (사금(砂金) 채취용의) 홈통. 3 ① 〔카드놀이〕 리플(카드를 두 손에 나누어 서로 튕기며 섞는 방식). 4 (책장을) 훑어 넘기기. 5 《美俗語》 〔야구〕 강타. 6 《美俗語》 시도, 시험.
make the riffle ① 급류를 잘 건너다. ② (비유적) 목적을 이루다, 계획에 성공하다.
──자 1 잔물결을 일게 하다[이 일다]. 2 책장을 훑어 넘기다 (*through*). 3 〔카드놀이〕 리플하다. 4 손끝으로 만지작거리다. 5 〔채광〕 사금 채취 홈통을 지나가게 하다
ríf·fler [ríflər] 명 물결무늬 줄. 「[지나가다].
ríff·raff [ríffrǽf] 명 (the ~) (집합적) 하층민, 천민; 인간 쓰레기. 2 ① 잡동사니, 찌꺼기, 쓰레기. ──형 하찮은, 쓸모없는, 쓰레기의.
‡**ri·fle**¹ [ráifl] 명 (복 ~**s** [-z]) 1 라이플 총, 소총: 선조포(旋條砲). 2 선조, 강선(腔線)(탄환을 회전시키기 위한 총신 안쪽의 홈). 3 (~s) 〔종종 R-〕 라이플총 부대, 소총 부대. 4 무반동포. ──타 1 〔총신·포신〕에 선조를 새기다. 2 〔구어〕 (공)을 빠른 속도로 던지다(처서 날리다). 3 ···을 소총으로 쏘다.
ri·fle² 타 1 (약탈할 목적으로) ···을 샅샅이 뒤지다; ···을 샅샅이 뒤져 훔치다. 2 ···에 강탈하다, 약탈하다; ···을 훔치다, 가지고 가다. ──자 샅샅이 뒤지다 (*through*).
rífle bìrd 극락조의 일종. (또는 **ríflebird**)
Rífle Brigáde (the ~) 《英역사》 라이플 여단.
rífle còrps 〔역사〕 (지원병으로 구성된) 소총 부「(이) 선조에 맞도록 한.
ri·fled [ráifld] 형 (총·포가) 선조(旋條)있는. (탄환
ri·fle-green [-grì:n] 명 《英》 암록색(rifleman이 입는 군복 빛깔). ──형 암록색의.
rífle grenáde 〔군사〕 총류탄(銃榴彈).
rífle gùn (후구 장전식) 라이플 총.
ri·fle·man [ráiflmən] 명 라이플총병; 《英역사》 라이플 여단병; 라이플총의 명수.
rífle pìt 명 사격호(壕).
ri·fler [ráiflər] 명 약탈자, 강도. 「착탄 거리.
rífle ránge 〔군사〕 1 소총 사격장, 2 소총의 사정(射程).
ri·fle·ry [ráiflri] 명 ① 라이플 사격(술); 라이플 경기.
rífle salúte (라이플총에 의한) 총례(銃禮).
rífle·scòpe [ráiflskòup] 명 라이플총 망원 조준기.
rífle shòt 소총탄; 소총 사정 거리; 소총 명사수.
ri·fling¹ [ráifliŋ] 명 ① (총신에) 선조(旋條)를 새기기; 강선(腔線).
ri·fling² 명 ① 강탈, 약탈.
rift¹ [rift] 명 1 금, 끊긴 데, 찢어진[갈라진] 틈; (지질) 단층; 지구(地溝). 2 (애정·우정 따위의) 틈, 불화; 의견(신념, 이해)의 차이 (*in, between*). 3 (암석의) 균열; 통나무의 갈라진 금.
a (*little*) *rift within* [or *in*] *the lute* 불화(不和)[분열, 광기]의 시작.
──타 ···을 가르다, 찢다. ──자 찢기다, 갈라지다.
rift² 명 《美》 (강의) 여울; 급류.
ríft sàw 명 (판자를 켜는) 얇은 톱.

rift valley 〔지질〕열곡(裂谷), 지구대(地溝帶) (graben).

Rift Valley féver [ríft-] 〔병리〕리프트 밸리열 (熱)(감염성이 강한 바이러스성 질환). ¶충 균열 지대.

rift zòne 〔지질〕〔플레이트(판)의 이동에 따른〕지 각 열곡대.

*rig¹ [rig] 图 (-gg-) 配 1 〔해사〕…을 의장(艤裝)하다. …에 삭구(素具)를 장치하다. ¶~ the mainmast 주돛 대에 삭구를 달다. 2 〔비행기·차〕를 정비하다, 조립하 다. 3 …을 장비하다, 채비하다, 준비하다(out, up). 4 …을 임시로 짓다, 급히 만들다(up). ¶(~+目+副)~ up a hut 판잣집을 급히 짓다. 5 〔재귀용법·수동형으로〕 …을 치장하다; 〔구어〕…을 눈에 띄게 차려입히다(out, up). ¶(~+目+副) He was ~ged out as a clown. 그 는 어릿광대의 의상을 하고 차려 입었다. 6 〔시장·가격〕을 부정 하게[인위적으로] 조작하다, 끌어올리다(up). — 图 〔배 가〕삭구를 달다, 출항 준비가 되다[를 하다].

rig dówn 〔해사〕〔돛대·삭구 따위〕를 떼다, 끄르다, 풀다.

rig úp ① …을 차려입다; …을 정비하다; 급히 짓다 [세우다]; 〔가격〕을 끌어올리다. ② 〔나쁜 계획〕을 생각 해 내다.

—— 图 1 〔해사〕의장(艤裝), 범장(帆裝), 삭구 장치. 2 ⓊⒸ 준비, 채비. 3 〔美〕말이 매인 마차; 〔美〕자동차, 버스, (대형)트럭, (18륜)트레일러. 4 (유정의 굴착 장 치(drill~). 5 Ⓤ〔구어〕의복; (특히 보기 흉한) 복장, 의상. ¶in (one's) clown ~ 어릿광대 옷차림으로. 6 낚시 도 구; 장치, 장비품; 도구. 7 〔英〕장난, 조롱; 계략, 사기; 〔시장[가격]〕조작. 8 〔美〕안장. 9 〔英속어〕음경. 10 〔美 속어〕마약(주사)용 기구. 11 아마추어 무선 기사의 통 신기. ¶(盛裝)

in fúll ríg ① 〔해사〕완전 범장을 하고. ② 〔구어〕성장 (盛裝)을 하고.

ùnder júry rígs 임시 범장을 하고; 〔비유적〕임시 도 구를 마련하여. ¶토지의 단위.

rig² 1 〔스코·北英〕산등성이, 긴 고갯길. 2 〔스코〕

Rí·ga [ríːgə] 图 리가(라트비아 공화국의 수도; the Gulf of ~ 리가만).

rig·a·doon [rìgədúːn] 图 리고동(한때 유행했던 두 사람이 추는 템포 빠른 춤); 그 무곡.

Rí·gel [ráidʒəl, -gəl] 图 〔천문〕리겔(오리온자리의 β성; 일등성).

rigged [rigd] 圈 부정 조작된, 부정의; 〔복합어로〕 …식 범장(帆裝)의. ¶schooner-~ 스쿠너식 범장의.

rig·ger¹ [rígər] 图 1 (배의) 삭구 장비자, 의장자(艤裝 者). 2 준비원, 준비 담당. 3 〔기중기 따위의〕감아 올리기 담당. 4 〔건축 현장의 높다란 비계 위에서〕일하는 사람. 5 〔항공〕 기체 정비사. 6 〔유화용〕 뾰족한 긴 붓. 7 〔복합어로〕…식 범장선. ¶a square-~ 횡범선(橫帆船).

rig·ger² 图 (주식 시장 따위의) 시세 조작꾼.

rig·ging¹ [rígiŋ] 图 ⓊⒸ 1 삭구 (장치), 조범(操帆) 장 치. 2 삭구 감아 올리기. 3 〔연극〕〔무대 장치를 움직이 는〕 도구(장치). 4 〔구어〕의복. 5 도구, 장치, 〔항공〕정비.

rig·ging² 图 1 〔스코〕건물의 지붕(의 용마루). 2 (사 람·동물의) 등.

rígging lòft [ʃɔp] 图 1 〔조선소의〕 삭구 작업장. 2 〔무대 천장에 있는〕 배경 장치 조작장.

rígging plàn 图 〔조선〕삭구(索具) 장치도, 범장도 (帆裝圖). ¶ 膿瘍

Riggs' disèase [rigz-] 〔치과〕치조 농루(齒膿瘍).

‡**right** [rait] 圈 (**more ~; most ~**) 1 〔도덕·사회 통 념상〕옳은, 정당한, 당연한, 공정한, 선량한 (圖 wrong). ¶~ conduct 올바른 행위 / Always do what is ~. 항상 옳은 일을 해라.
2 정확한, 틀림없는, 확실한(圖 wrong). ⇨ CORRECT 유의어 ¶the ~ answer 정답 / at the ~ time 제시간에.
3 (의견·판단·행동 따위가) 맞은, 마땅한, 타당 한. ¶You are quite ~. 네 말이 꼭 맞다 / It is ~ that he should think so. 그가 그렇게 생각하는 것은 타당하 다 / He was ~ in his answer. 그의 답변은 적절했다.
4 (마음 상태가) 건전한, 정상적인, 제정신의. ¶be in one's ~ mind [or senses] 제정신이다 / not quite ~ in one's [or the] head 머리가 약간 이상한.
5 〔구어〕건강한, 몸 상태가 좋은. ¶Are you ~ now? 이제 몸은 괜찮아?
6 〔장소·위치 따위가〕 이상이 없는; 질서 정연한, 정리 가 잘 된. ¶I found them all ~. 모두가 괜찮음을 알게 되었다. 7 거죽의, 표면의, 정면의. ¶the ~ side of cloth [rug] 직물[모포]의 겉면. 8 흠잡을[나무랄] 데 없 는, 안성맞춤의, 바라던 대로의. ¶if the weather is ~ 날씨가 좋으면 / All's ~ with the world. 세상 만사는 공평하기도 하다 (← R. Browning). 9 적당한, 적절한, 흡족한. ⇨ GOOD 유의어 ¶the ~ man in the ~ place 적재적소 / Learn to say the ~ thing at the ~ time. 적시에 적절한 말을 하는 법을 익혀라. 10 〔고어〕진짜 의, 진정한: 철저한. 11 〔한정용법〕오른쪽의, 오른손 의, 우측의, 우측에 있는 (圖 left). ¶the ~ eye 오른쪽 눈/ keep to the ~ side (of the road) 우측 통행을 하 다. 12 (종종 R-) 〔정치적〕우파의, 우익의, 보수적인. 13 (사람·조직 등이) 사회적으로 인정받는, 상류의, 영 향력이 있는. ¶ know the ~ people 유력층 사람들을 알다. 14 곧은: 직각의, 수직의. ¶ a ~ line 직선 / a ~ cone 직(直)원뿔 / a ~ triangle 직각 삼각형. 15 〔수학〕 우측의. 16 〔야구〕우익의, 라이트의.

a fault on the right side 대단치 않은 실수[흠].
all right ⇒ ALL.
All right [or **rìghty**] **alréady!** 〔구어〕(그런 건) 이제 됐어!
All ríght for yóu! 〔어린이말〕너하고는 안 놀아[끝장 이야!].
a ríght óne 〔구어〕바보. ¶~이야!
(as) right as a rám's hórn 〔구어〕몹시 굽은.
(as) right as ráin [or **náils, nínepence, a trìvet**] 매우 건강하여; 아주 순조로워.
at [or **on, to**] ***one's right hànd*** ⇒ RIGHT HAND.
do the right thíng by …으로 의무를 다하다.
gèt [or **kèep**] ***on the ríght*** [**wróng**] ***sìde of*** … 의 마음에 들다[안 들다].
gèt right ① 바르게 하다[되다]; 반듯하게 하다[되다]. ② …을 바르게 이해하다. ③ 〔美속어〕(마약을 해서) 기분을 가라앉히다.
on the right [or **hìther, súnny**] ***sìde of*** (나이가) …살이 채 안 된다. ¶…을 주장하다 (*with*).
pùt [or **sèt**] ***onesélf ríght*** (남에게) 자신이 옳다고 주장하다.
pút one's right hand to the wòrk ⇨ RIGHT HAND.
pùt [or **sèt**] ***…ríght*** ① …을 바로잡다, 고치다. ②
…을 건강을 되찾게 하다. ¶예상했던 대로.
right enòugh 〔英구어〕더할 나위 없는, 만족스런.
Ríght oh! 〔英구어〕=*Right you are!* ②
ríght or wróng 좋건 나쁘건, 꼭.
Right you àre! 〔구어〕① 네 말대로다!, 지당한 말 씀! ② (제안·명령에 대답하여) 좋아!, 알았다!
She's [or **Shé'll bè**] ***ríght.*** 〔濠·뉴질 구어〕만사 오 케이다; 그걸로 됐다.
Thát's ríght. ① 좋아. ② 옳다.
the ríght wáy 정도(正道), 본도(本道); 적절한 방법; (부사적) 바르게, 적절히.
Too right! 〔濠속어〕① 〔강한 동의를 나타내어〕지당 한 말씀. ② (제안·명령에 대답하여) 좋다, 알맞다.
would gìve one's right árm to do [or **for**] ⇨ RIGHT ARM.
You're ríght. ① 당신 말이 옳습니다, 그렇습니다. ② 당신 잘못은 아닙니다 (* 남과 부딪치거나 해서 사과할 때).

—— 图 1 곧바로, 일직선으로, 직접. ¶He went ~ home. 그는 곧바로 집으로 갔다. 2 완전히, 모두, 남김 없이. ¶go ~ to the end 끝까지 가다 / rotten ~ through 완전히 썩어. 3 곧, 바로, 즉시. ¶~ after dinner 저녁 식사 후 곧 / Stop playing ~ now. 그만 놀아 라. 4 바로, 알맞게, 꼭. ¶~ opposite 바로 맞은편에, 정반대로 / He stood ~ before me. 그는 바로 내 앞에

섰다. 5 (도덕적으로) 옳게, 정직하게, 정당하게, 공정하게(㉲ wrong).¶act ~ 올바로 행동하다. 6 틀림없이, 정확하게, 바르게.¶judge ~ 바르게 판단하다/guess ~ 알아맞추다/if I remember ~ 내 기억이 틀림없다면. 7 적당하게, 적절하게, 마땅하게, 알맞게, 당연히(㉲ wrong). 8 안성맞춤으로, 생각대로, 흡족하게, 잘, (원래 상태대로) 좋게.¶turn out ~ 잘되다. 9 오른쪽에, 우측에, 우측 방향으로.¶keep ~ 우측에서 가다/(게시) 우측 통행/turn ~ 우측으로 돌다/Eyes ~! 우로 봐!/R- dress! (구령) 우로 나란히!/R- about! (구령) 뒤로 돌아! 10 (구어) 대단히.¶~ humble 매우 겸손한/He knows ~ well. 그는 잘 알고 있다. 11 (경칭·칭호 앞에 써서) 매우.¶the R- Reverend [Honorable] 매우 존귀한[지체 높은] 분, 각하.
come right 호전되다, 좋아지다.
fly right (미속어) 정직하다, 바른 길을 가다.
play it [or ***things***] ***right*** 일을 빈틈없이 처리하다, 실수없이 하다.
right along (미구어) 끊임없이, 쉬지 않고; 순조롭게. ② 곧바로, 곧장.
right and left; (때로) ***left and right***; ***right, left and center*** (구어) 좌우로; 여기저기서, 도처에서, 닥치는 대로.¶be abused ~ and left 도처에서 비난받다.
right away [or (미구어) ***off***] 곧바로, 즉시(* 미래 또는 과거를 나타내는 문맥에도 쓰인다). 「히.
right down (구어) 솔직하게, 사실대로; 아주, 완전
right here (미속어) 바로 이곳에(서); 지금 당장.
right in there (미속어) 아주 가까이.
right in the wind's eye 맞바람을 안고.
right now ① 당장[지금](은), 막(* 현재의 상태를 나타내는 문맥에 쓰인다). ② (미구어) =right away.
(***right***) ***off the bat*** =right away.
right on (미속어) ① 찬성!, 옳소! ② 올바른, 핵심을 찌른; 딱 들어맞는.
right out 솔직하게, 감추지 않고. 「수(에)(of).
right smart ① (미) 대단히. ② (미남부) 다량(의), 무
right straight (미) =right away.
right there 바로 그곳에(서); (미속어) 자진해서, 기꺼이; 으스대며. 「게 하다.
see...right (구어) [남]을 돌보다; [남]의 이익이 되
serve a person ***right*** (it를 주어로) 남이 그렇게 당해 마땅하다, 고소하다, 꼴좋다.
—똉 1 ⓤⓒ (때로 ~s) (법률·정치·도덕상의) 권리; 정당한 요구(자격, 이유)(to, to do); civil ~ 공민권/natural ~s 자연권, 천부 인권//the ~ to vote 선거권/the ~ to remain silent 묵비권/He has every ~ to an apology. 그는 사과 받을 만하다.
2 (때로 ~s) (유무형 재산에 대한) 권리, 이권; (금융) 신주 인수권; (~s) 주식 인수권, 판권, 상연권, 소유권.¶All ~s reserved. 불허 복제, 판권 소유.
3 ⓤ (법률·도덕상의) 옳음, 정당성.¶~ and wrong 옳고 그름, 선악, 진위/do ~ 옳은 일을 하다/stand up for the ~ 정의를 위하여 일어서다/Might is ~. (속담) 힘은 정의이다.
4 정확, 확실; 옳은 행동, 옳은 생각.
5 (~s) 진상, 진실; 본래의 질서.¶I don't know the ~s of the case. 나는 그 사건의 진상을 모른다.
6 (the ~, one's ~) 오른쪽, 우측.¶on one's ~ 오른 쪽에/turn to the ~ 우회전하다. (7) (야구) ~ field; (해사) 우현(右舷). 8 (장갑·구두 따위의) 오른쪽의 것, 우측에 맞는 것.¶Is this glove a ~ or a left? 이 장갑은 오른쪽 것인가 왼쪽 것인가? 9 (the R-) (집합적) (의장석에서 보아) 우측에 있는 의원들(유럽에서는 보수당); 우익, 우파; 우익 단체, 보수당(㉲ Left). 10 (the ~) 정면, 정면(㉲ reverse). 11 (권리에 의거한) 재산; 재산 가치. 12 (똉) 오른쪽으로 꺾기[돌기].¶make a ~ 오른쪽으로 돌다. 13 (전투 대형 따위의) 우익(右翼).¶Our ~ crumbled. 우리편[아군]의 우익이 무너졌다. 14 오른손; (행진·댄스 등에서) 오른발. 15 (권투) 라이트, 오른손 펀치.¶a ~ to the jaw 턱에 가하는 라이트 펀치. 16 (연극) (무대의) 왼쪽(객석에서 보면 오른쪽이 됨). 17 (아일) 의무, 책무, 임무. 「사람.
a bit of all right (속어) 기분이 좋은 것, 호감이 가는
bang to rights (영구어) =dead to rights.
be in the right 도리에 맞다, 옳다. 「태로 하다.
bring...to rights ...을 고치다, 바르게 하다, 원래 상
by [or ***in***] ***right of*** ...의 권리[권한]로; ...의 이유로.
by right(***s***); (英) (***as***) ***of right*** 공정하게; 정당하게, 당연히; 본래라면.
dead to rights (미구어) 현행범으로, 변명하기[빠져나갈] 여지가 없이.
do a person ***right***; ***do right by*** a person 남을 정당하게 평가하다[공평하게 다루다].
do a person ***to rights*** 남에게 보답[보복]하다.
get a person ***dead to rights*** 남의 정체[본성, 본심]를 알다. 「음에 들다.
get [or ***be***] ***in right with*** a person (미) 남의 마
give a person ***his*** [***her***] ***rights*** (구어) ① 상대방에게 묵비권 따위의 법적 권리에 대해 알리다. ② (배우자에게 이혼 소송 따위의) 법적 권리가 있음을 알리고 관계를 끊다.
go [or ***turn***] ***to the right about*** 「뒤로 돌아」를 하다; 국면[주의, 정책 따위]을 바꾸다.
have a [or ***the***] ***right to*** a ***thing*** [***to do, of doing***] ...을 요구할 권리가 있다, 당연히 ...할 만하다.
in one's own right 자기의 권리로; 자신의 정당한 자격으로, 당연히; 의당; 타에 의존하지 않고, 혼자 힘으로.
in the right ① 지당한, 도리에 맞는; 바른. ② 바르게, 정직하게; 정확히. 「다.
keep on one's right 우측으로 가다; 정도(正道)를 걷
Keep to the right. (게시) 우측 통행.
Mr. [***Miss***] ***Right*** (구어) (결혼 상대로) 이상적인 남자[여자], 미래의 남편[아내].
of right 당연한 권리가 있는; 당연한 권리로서.
stand on [or ***upon***] ***one's rights*** 자기의 권리를 주장하다.
the rights and wrongs of ...의 진상, 실상, 실정.
to rights 본래의 질서[상태]에, 만족한 상태에; (고어) 완전히; (방언) 바로.¶set [or put] a room to ~ 방을 바로 정돈하다. 「다; 당연하여 (to do).
within one's rights 자신의 권리 내에서; (...하는 것
—똉 1 ...을 똑바로 세우다[하다], 곧추세우다, 일으켜 세우다.¶We ~ed the boat. 우리는 보트를 수평으로 했다. 2 ...을 바로잡다, 정정하다, 개선하다, 교정하다.¶~ errors 잘못을 고치다. 3 (남에게) ...의 권리를 회복시키다; ...을 정당하게 대하다; ...을 구하다, 구제하다; (손해 따위) ...을 보상하다.¶~ the oppressed 억압당한 사람들을 구하다. 4 ...을 정돈[정리]하다, 바로 해놓다.¶~ a room 방을 정돈하다. —国 다시 일어서다, 본래의 위치로 돌아가다, (굽은 것이) 똑바르게 되다, 펴지다, 본래의 위치로 돌아가다; (배가) 도로 수평이 되다.
right oneself ① 일어나다, 똑바르게 되다; 정상으로 돌아가다. ② 변명하다; 권리[명예]를 회복하다.
right·a·ble [ráitəbl] 휑 바로잡을 수 있는; 고쳐 놓을 수 있는; 구제할 수 있는. ~·**ness** 똉 -**bly** 퇴
right·a·bout [ráitəbàut] 똉 (the ~) 반대 방향; 뒤로 돌아서기; 변심, 변절.
send [or ***put, turn***] a person ***to the right-about*** 남을 쫓아 버리다; 남을 당장 해고하다; (군대)를 퇴각시키다.
—휑 반대 방향의.¶a ~ turn 뒤로 돌아서기; 전향; 역전. —퇴 반대 방향으로[에]. (또는 ríght-abóut)
right about face 똉 1 (군사) (구령) 뒤로 돌아. 2 (주의·정책 따위의) 180도 (방향) 전환. (또는 **right-about-face**) —똉쬬 1 뒤로 돌다. 2 (행동·방침 따위를) 180도 전환하다.

right-and-left [´ənléft] 형 좌우의; 좌우 양발[양손]에 맞게 설계된[고안된]; (기계) 축의 양 끝에 각각 오른 나사와 왼 나사를 댄. 「으로.
‡**right ángle** 명 직각. ¶at ~s with [or to] …와 직각
right-an·gled [´æŋgld] 형 직각의, 직각을 이루는.
right-angled tríangle 명 =right triangle.
right árm 명 오른팔; (one's) (비유적) 가장 믿을 수 있는 조력자, 심복.
 would give one's right arm to do [or *for*] (구어) …을 위해서라면 무엇이든 하다, …하고 싶어 못
right ascénsion 명 (천문) 적경(赤經). 「견디다.
right báck 명 (축구) 라이트 백.
Right Bánk 명 우안(右岸)(Paris의 Seine강 북안(北
right bráin 명 우뇌, 오른쪽뇌, (뇌)지구).
right círcular cóne 명 (기하) 직(直)원뿔.
right círcular cýlinder 명 (기하) 직(直)원기둥.
right clíck·ing [-klìkiŋ] 명 (컴퓨터) 우(右) 클릭.
right-down [´dáun] 형 순전한, 철저한.
 —🅟 순전히, 철저하게(downright).
right·en [ráitn] 타 =right.
***right·eous** [ráitʃəs] 형 1 옳은, 정의의, 정직한; 공정한. ⇒MORAL (유의어) 2 정당한, 당연한, 마땅한.¶~ indignation 의분. 3 유덕한, 고결한. 4 (美흑인 속어) 백인 (사회) 특유의. 5 (속어) 진짜의. 6 (美속어) 큰, 과도한. — 명 (the ~) (집합적·복수취급) 정의의[의로운] 사람들. ~·ly 부
ríghteous búsh 명 (美속어) 마리화나.
ríghteous cóllar 명 (美속어) 정당한 체포.
ríghteous égg 명 (美흑인 속어) 신용할 수 있는 녀석.
ríghteous móss 명 (美흑인 속어) 백인 특유의 머리카락.
***ríght·eous·ness** [ráitʃəsnis] 명 1 Ⓤ 정의, 정직, 공정; 당연. ¶make for ~ 정의를 위해 이바지하다. 2 고결함[의로운] 행위. 「장[옹호]자.
right·er [ráitər] 명 바로잡는 사람, 교정자; 권리 주
right fáce 명 (군사) (구령) 우향우; 그 동작.
right fíeld 명 (야구) 우익(右翼); 우익수의 수비위치.
right fíelder 명 (야구) 라이트 필더, 우익수.
***right·ful** [ráitfəl] 형 1 합법적인, 정통의; 당연한. ¶a ~ rank 당연한 지위/the ~ king 정통의 왕. 2 올바른, 정당한. ¶a ~ act 정당한 행동. 3 바른, 공정한, 정의의. 4 적절한, 적당한, 걸맞는. ~·ly 부 ~·ness 명
right gúy 명 (美속어) 믿을 만한 녀석. (경찰에 밀고 안함) 신용할 만한 녀석.
right hálf 명 (축구) 라이트 하프.
right hánd 명 1 오른손. 2 우측, 오른쪽. 3 (종종 one's ~) 가장 믿을 만한 사람, 오른팔, 심복. 4 상석(上席); 명예로운 지위.
 at [or *on, to*] *one's right hand* 오른쪽에.
 give a person the right hand of fellowship ⇨FELLOWSHIP. 「에 착수하다.
 put one's right hand to the work 본격적으로 일
right-hand [´hænd] 형 1 우측의, 오른쪽의. ¶the ~ side 우측. 2 오른손을 쓰는, 오른손잡이의; 오른손용의. 3 가장 믿을 수 있는, 오른팔이 되는, 심복의. 4 (로프 따위가) 오른쪽으로 꼰; (기계 따위가) 오른쪽으로 도는. ¶a ~ rope 오른쪽으로 꼬인 밧줄. 5 (건축) (경첩이 문짝에) 오른쪽에 달린.
right-hand·ed [´hændid] 형 1 오른손잡이의. ¶a ~ boy 오른손잡이 소년. 2 오른손을 쓰는; 오른손으로 쓰는. ¶a ~ tool 오른손으로 쓰는 도구. 3 (기계) 우로 도는, 시계 바늘 방향의. ¶a ~ screw 오른 나사. 4 =right-hand 5. — 부 (또는 ríght-hándedly) 오른손으로; 오른쪽으로; 오른쪽에. ~·ness 명
right-hánd·er [-hǽndər, -hǽnd-] 명 1 오른손잡이; (야구의) 우완 투수. 2 (구어) 오른손으로 치기[던지기]. 3 (길이) 오른쪽으로 굽는 곳.
right-hand mán 명 (one's ~) 심복, 오른팔.

right-hand rúle 명 (the ~) (물리) (플레밍의) 오른손 법칙.
right héart 명 (해부) 우심(右心).
Right Hónorable 명 백작(伯爵) 이하의 귀족이나 고관 등에 대한 경칭(약 Rt. Hon.).
right·i·o [ràitíou] 감 (英구어) =righto.
right·ish [ráitiʃ] 형 오른쪽으로 기운, 우익적인.
right·ism [ráitizm] 명 (때로 R-) (정치적인) 보수주의, 우파; 반동주의; 반동적 자세[행동].
right·ist [ráitist] 명 (종종 R-) 보수주의의, 우파의, 우익 정당의. — 명 보수주의자, 우파. 반 leftist
right jóint 명 (美속어) 건전한 도박장; 공정한 처우를 받는 교도소[갱생 시설].
right-laid [´léid] 형 (로프 따위가) 오른쪽으로 꼰.
right·less [ráitlis] 형 권리[자격]가 없는[를 잃은].
right-lined [´làind] 형 직선의.
***right·ly** [ráitli] 부 1 정확하게, 틀림없이, 진정으로. ¶understand ~ 정확하게 이해하다. 2 정당하게, 공정하게, 옳게. 3 바르게 살다. 3 당연히, 마땅히, 적절하게. ¶He was ~ punished. 그는 마땅한 처벌을 받았다. 4 (구어) (부정문에서) 확실히[분명히]는, 적극적으로는.
right-mind·ed [´máindid] 형 올바른, 정직한, 성실한, 충실한; (사상이) 온건한. ~·ly 부 ~·ness 명
right móney 명 (속어) 전문가[투기꾼]의 투자금 (smart money).
right·most [ráitmòust] 형 가장 오른쪽의.
right·ness [ráitnis] 명 진실, 진정, 정직; 정의, 공정; 고결; 정확; 적절, 적당.
right·o [ràitóu] 감 (英구어) 좋다, 알았다, 걱정마라.
right of áccess 명 (the ~) (매스 미디어에 대한) 액세스권(權), 접근 이용권.
right of appéal 명 (법률) 상소권.
right of asýlum 명 (the ~) (국제법) 피(수용)보호권(망명자가 외국, 외국 대사관 등의 수용·보호를 받을 권리). 「변론권.
right of áudience 명 (the ~) (법률) (변호사의)
right-of-cen·ter [´əvséntər] 형 (정치적으로) 보수적인, 우파의(right-wing).
right of ímage 명 (the ~) 초상권(肖像權).
right of líght 명 (종종 R- of L-) (英) =right to sunshine. 「생활 보호권.
right of prívacy 명 (the ~) 프라이버시권(權), 사
right of publícity 명 (명사들의) 이름·초상(肖像) 보호권.
right of séarch 명 (국제법) 1 (교전국의 중립선 선박에 대한 공해상에서의) 수색권. 2 (명시의 밀수선 따위에 대한) 수색권. (또는 **right of vísit [visitátion] (and search)**)
right of úser 명 (the ~) (법률) 사용권; 계속적 행사(行使)에서 발생하는 추정(推定) 권리.
right of wáy 명 (복 *rights o- w-, r- o- ways*) 1 (자동차·선박 등의) 선행권(先行權), 우선(통행)권. ¶Give ~ (게시) 정지. 2 (발언·행동 따위의) 우선권. 3 통행권이 있는 도로. 4 (타인 소유지 안의) 통행권. 5 (펜싱) 공격권. 6 (美) 철도 용지, 선로 부지; 도로 용지; 송전선 용지. (또는 **right-of-wáy**)
right-on [´án/-ɔ́n] 형 (美속어) 1 정말 옳은, 진짜 믿을 수 있는. 2 시대 정신에 맞는, 최신풍의. 3 (반어적) 몹시 열심인; 독선적인.
rights [raits] 명(복) (구어) 민권, 공민권(civil rights). 「총.
right shóulder árm 명 (군사) (구령) 우로 어깨
rights íssue 명 (증권) (신주의) 주주 할당 발행.
right-siz·ing [´sáiziŋ] 명 규모의 적정화; (기업 경영에서의) 합리화. 반 downsizing
right stúff 명 (the ~) (구어) (인간에게) 필요한 자질, 이상적 특성(용기·신념·신뢰감·인내·대담성 따위).

right·think·ing [-θiŋkiŋ] 〔형〕 바른 생각[신념]을 가진, 양식(良識)있는. 「선택권을 주장하는.
right-to-choose [-tətʃúːz] 〔형〕 (임신 중절 여부의)
right-to-die [-ˈtdái] 〔형〕 (식물 인간 등의) 죽을 권리를 요구하는; (법률이) 죽을 권리를 인정하는.
right to know [-tənóu] 〔명〕 알 권리.
　right-to-knów 〔형〕
right-to-life [-tǝláif] 〔형〕 (태아의) 태어날 권리를 주장하는, 임신 중절을 반대하는(pro-life); (말기 환자의) 살 권리를 주장하는. **right-to-líf·er** 〔명〕 인공 (임신) 중절 반대 지지자, 임신 중절 반대법(법안 지지)자.
right to súnshine 〔명〕 (the ~) 일조권(日照權).
right-to-work [-ˈtəwǝ́ːrk] 〔형〕 〔美〕 (근로자의) 취로권[노동권]의(에 관한].
　right-to-wórk làw 〔美〕 노동권법.
right tríangle 〔명〕 직각 삼각형.
right·ward [ráitwərd] 〔형〕 우측으로, 오른쪽으로. (또는 **rightwards**) ― 〔부〕 오른쪽의[에 있는]; 우측으로
right whàle 〔명〕 수염고래.　　　[로 향한[나아가는].
right wing 〔명〕 1 (럭비·축구의) 우익; 우익수. **2** (종종 R– W–) (정치적인) 우파, 우익, 보수파; (집합적) 우익의 사람들, 우익 정당.
right-wing [-ˈwíŋ] 〔형〕 우익(수)의; 우파[보수파]의.
　~·**er**, ~·**er·y**, ~·**ism** 〔명〕 ~·**y** 〔형〕
right·y [ráiti] 〔명〕 **1** 〔美구어〕 오른손잡이; 〔야구〕 우완 투수. **2** 〔英구어〕 보수주의자. ― 〔형〕 오른손잡이(용)의. ¶a ~ pitcher 우완 투수. ― 〔부〕 오른손으로; 오른손잡이로.
　All righty already! ⇒ RIGHT.
***rig·id** [rídʒid] 〔형〕 **1** 굳은, 휘지 않는, 경직된, 단단한. ⇒ HARD 〔유의어〕¶a ~ bar 단단한 몽둥이. **2** 고정된, 움직이지 않는. **3** (행동·방침 따위가) 엄격한, 엄정한; 엄밀한, 정밀한. ⇒ SEVERE 〔유의어〕 ~ *discipline* 엄격한 규율. **4** (사고 방식 따위가) 완고한, 유연성이 없는; 타협이 없는. **5** 〔항공〕 (비행선·헬리콥터 따위가) 경식(硬式)의. ¶a ~ *airship* 경식 비행선. **6** 〔역학〕 강체(剛體)의. **7** 〔속어〕 술에 취한.
　bore a person rigid 〔구어〕 남을 몹시 지루하게 하다.
　shake a person rigid 남을 깜짝 놀라게[무서워지게] 하다. ― 〔명〕 경식 비행선.
　~·**ly** 〔부〕 ~·**ness** 〔명〕
rígid désignator 〔명〕 〔논리〕 엄밀 지시어.
ri·gid·i·fy [rídʒidəfài] 〔타〕 단단하게[견고하게] 하다[되다]; 엄격하게 하다[되다]. **-fi·cá·tion** 〔명〕
ri·gid·i·ty [ridʒídəti] 〔명〕 **1** 단단함, 경직. **2** 엄격, 엄숙; 엄정, 엄밀, 정밀. **3** 〔물리〕 강성(剛性).
rig·id·ize [rídʒidàiz] 〔타〕 (~ 〔英〕 **-ise**) 〔부〕 (특수 가공으로) 굳히다. ¶~*d aluminum* 강화 알루미늄.
rig·ma·role [rígmərðul] 〔명〕 **1** 시시한 긴 이야기. **2** 까다로운 절차. (또는 **rigamarole**) ― 〔형〕 시시한.
Rig·o·let·to [It rigolétto] 〔명〕 「리골레토」(Giuseppe Verdi작 오페라).
***rig·or**, 〔英〕 **-our** [rígər] 〔명〕 ⓤ **1** 엄격함, 가혹함; ⓒ 가혹한 행위; (법·규칙 등의) 엄격 적용[집행]. ¶ the *utmost* ~ *of the law* 법의 극도로 엄격한 집행, 엄벌. **2** (때로 ~s) (생활 따위의) 곤궁, 어려움. ¶ the ~(s) of *life* 생활고. **3** (종종 the ~s of) (기후 따위의) 혹독함, 맹렬함. ¶ *live through the* ~s *of a long, cold winter* 길고도 추운 혹독한 겨울철을 이겨내다. **4** (논리 따위의) 엄밀, 정밀. ¶ the ~ *of his argument* 그의 논증의 엄정함. **5** 〔병리〕 한기, 오한; 〔생리〕 강직, 경직. **6** 〔美속어〕 (연기자가) 굳어버림; (관객의) 냉담. **7** 〔식물〕 (추위 등의 약조건에 의한) 성장 정지.
　with rigor 엄하게.
rig·or·ism, 〔英〕 **-our-** [rígərìzm] 〔명〕 ⓤ 엄격, 엄정; 엄격(엄정)주의. **-ist** 〔명〕 **-ís·tic** 〔형〕
rig·or mor·tis [rígərmɔ́ːrtis] 〔명〕 〔생리〕 사후(死後) 강직[경직]. 〔< L *stiffness of death*〕
***rig·or·ous** [rígərəs] 〔형〕 **1** 엄격한, 엄한. ⇒ SEVERE 〔유의어〕 **2** 엄밀한, 정밀한; 정확한. ¶~ *definition* 엄밀한 정의. **3** (기후·풍토 따위가) 혹독한. ¶a ~ *winter* 엄동. **4** 〔논리·수학〕 이론적으로 정당한, 근거 있는.
　~·**ly** 〔부〕 ~·**ness** 〔명〕　　　　　「장, 옷차림.
rig·out [ˈ-áut] 〔명〕 〔英구어〕 채비, 준비; (기묘한) 복
rig·rat [ˈræt] 〔명〕 〔속어〕 (해상의) 석유 굴착 작업원.
Rigs·dag [rígzdɑ̀ːg] 〔명〕 덴마크의 옛 (양원제) 국회 (1953년 이후는 단원제의 국민 의회 Folketing).
Rig-Ve·da [rigvéidə, -víːdə] 〔명〕 〔힌두교〕 리그 베다(인도 최고의 종교 문학; 바라문교의 성전의 하나). (또는 **Rigvéda**) ⇒ VEDA.
R.I.I.A. 〔英〕 *Royal Institute of International Affairs*(왕립 국제 문제 연구소).
rik·i·sha [ríkʃɑː, -ə, -ʃɔː] 〔명〕 = rickshaw.
Riks·dag [ríksdɑ̀ːg] 〔명〕 스웨덴의 국회.
rile [rail] 〔타〕〔자〕 〔美방언〕 **1** ~을 화나게 하다. **2** 〔물 따위〕를 휘저어 흐리게 하다.
ri·ley [ráili] 〔형〕 〔美방언〕 **1** 탁한, 혼탁한. **2** 노한.
Ri·ley [ráili] 〔명〕 **James Whitcomb** ~ 라일리 (1849–1916; 미국의 시인).
ri·lie·vo [riljévou/rilǐéi-] 〔명〕 (*pl.* **-vi** [-viː]) 부조(浮彫), 돋을새김. 〔< It *relief*〕
Ril·ke [rílkə] 〔명〕 **Rainer Maria** ~ 릴케(1875–1926; 프라하 태생의 오스트리아 시인).
***rill**¹ [ril] 〔명〕 〔시〕 작은 내, 실개천. ― 〔동〕〔자〕 작은 내가 되어 흐르다.　　　　　　　　　　　　　　　〔**rille**〕
rill² [ril] 〔명〕 〔천문〕 (달표면의) 골짜기, 연구(裂溝). (또는 **rille**)
rill·et [rílit] 〔명〕 작은 내, 실개천.
‡**rim**¹ [rim] 〔명〕 〔원형의〕 가장자리, 테. ⇒ EDGE 〔유의어〕¶ the ~ *of a hat* 모자의 테. **2** (차 바퀴의) 테, 림(타이어를 끼우는 외륜(外輪)). **3** (농구의 골망을 달아 매는) 쇠테두리. **4** (통의) 수면, 해면. **5** 테두리, 주변부. **6** (방직기의) 동륜(動輪). **7** 〔야금〕 (주괴(鑄塊)의) 테두리. **8** 〔美속어〕 (신문사 등의 원고 정리용 U자형 책상의) 가장자리, 테두리.
　on the rims 〔속어〕 빠듯한 비용으로, 극빈 상태로.
　― 〔동〕〔타〕 (~**s** [-z]; **-mm-**) **1** …에 가장자리를 두르다; (차 바퀴)의 테를 달다. **2** (골프) (공이) (컵)의 둘레를 돌다 빗나가다; (농구) (볼이) (바스켓 테두리)를 돌다 떨어지다. **3** (유리잔의 테)를 장식하다.
rim² 〔명〕 〔고어〕 막; 복막.
Rim·baud [ræmbóu] 〔명〕 (**Jean Nicolas**) **Arthur** ~ 랭보(1854–91; 프랑스의 시인).
rim-brake [ˈ-brèik] 〔명〕 림 브레이크(자전거 따위의 바퀴테를 누르는 브레이크).
rim-drive [ˈ-dràiv] 〔명〕 림 구동(驅動) 장치, 림드라이브(레코드 플레이어의 모터 축과 회전반의 테의 접촉에 의한 동력 전달 방식).
rime¹ [raim] 〔고어〕 〔명〕〔동〕 = rhyme.
rime² [raim] 〔명〕 서리, 흰서리; (또는 ~ **ice**) 〔기상〕 상고대, 무빙(霧氷); 서리같은 것. ― 〔타〕 …을 서리로 덮다. ― 〔자〕 서리가 붙다.
rime·ster [ráimstər] 〔명〕 = rhymester.
rim·land [rímlænd] 〔명〕 〔정치〕 주변 지역.
rim·less [rímlis] 〔형〕 가장자리[테]가 없는.
rím líghting 〔명〕 = backlighting.
rimmed [rimd] 〔형〕 **1** 테 있는, 테가 달린. **2** (복합어로) …테(두리)의. ¶ *gold*-~ 금테의.
Rim·mon [rímən] 〔명〕 〔성서〕 림몬(옛날 Damascus에서 숭배하던 신).
　bow down in the house of Rimmon 자신의 신념을 굽히고 권위에 복종하다(← 열왕기 하(2 *Kings*) 5:18).
ri·mose [ráimous, -ˊ-] 〔형〕 갈라진[터진] 틈이 많은. (또는 **rimous**) ~·**ly** 〔부〕 **ri·mós·i·ty** 〔명〕
Rim·Pac [rímpæk] 〔명〕 〔군사〕 림팩(환태평양 국가 해군 합동 연습). 〔< *Rim* of the *Pac*ific *Exercise*〕
rim·ple [rímpl] 〔명〕 주름, 주름살; 접은 금. ― 〔동〕〔타〕 …

rim·rock [rímrὰk/-rɔ̀k] 명 〔지질〕 벼랑의 가장자리 바위; 그 바위의 가장자리(면). ── 타 (본서부) (양) 을 벼랑에서 떨어뜨려 죽이다: 《속어》 〔남〕을 《속어서》 실패시키다.

Rim·sky-Kor·sa·kov [rímskikɔ́ːrsəkɔ̀ːf, -kɑ̀f/-kɔ̀f] Nicolai Andreevich ~ 림스키 코르사코프 (1844-1908): 러시아의 작곡가. 〔된〕.

rim·y [ráimi] 형 서리가 내린, 서리로 하얗게 덮인.

rin·ceau [F Rɛ̃sou] 명 (pl. ~ceaux) 당초(唐草)무늬.

***rind** [raind] 명 1 UC (수목·과일 따위의) 껍질, 꼬투리, 외피; 치즈[베이컨]의 껍질. ⇒SKIN 유의어 2 외견, 외모. 3 《속어》 뻔뻔스러움. ── 타 …의 껍질을 벗기다. ~·less, ~·y 형

rind·ed [ráindid] 형 (복합어로) …의 껍질이 있는, 껍질이 …의. ~·smooth~ 껍질이 매끄러운.

rin·der·pest [ríndərpèst] 명 U 〔수의〕 우역(牛疫), 소 페스트.

***ring¹** [riŋ] 명 (~s [-z]) 1 반지; 팔찌, 귀걸이, 코걸이. ¶an engagement ~ 약혼 반지 / a wedding ~ 결혼 반지 / have[or wear] a ~ on one's finger 반지를 끼고 있다. 2 고리, 바퀴; 테 모양의 둥근 것. ¶a curtain ~ 커튼 고리 / ~s of smoke 담배에서 피어오르는 연기 고리 / a ~ round the moon 달무리. 3 순환선; 둥근 표; 둥근 무늬; 원형 도로. 4 (차바퀴·안경·접시·화폐 따위의) 둥근 테두리; 나사의 된 바퀴. 5 〔기하〕 환(環)(두 동심원 사이에 낀 부분); 〔집합적〕 고리; 〔화학〕 (원자의) 고리. 6 〔식물〕 나이테. 7 고리처럼 이어져 있는 것, 둘러앉은 사람들. 8 (원형의) 경기장; 경마장, 권투 링, (씨름) 경기장, 서커스 경연장; 투우장. ¶the ~ of a circus 서커스 경연장. 9 (~s) (체조) 링 (경기). 10 (the ~) 권투 경기 (관계자); 권투 선수 생활; 《집합적》 (경마의) 도박업자(색). 11 (사리 사욕을 채우려는) 도당(徒黨), 일당; 매점(買占) 동맹. ¶a ~ of corrupt politicians 부패 정치가의 일당 / a spy ~ 간첩단. 12 정쟁(政争)의 자리, 선거전. 13 〔해사〕 (낯에 쇠사슬을 연결하는) 링. 14 〔자동차〕 =piston ~. 15 동맹 포위망. ¶a military ~ 군사적 동맹 포위망. 16 (비어) 여성의 외음부; 질; 항문. 17 =gas ~. 18 〔고고〕 (고분 따위) 원형총(塚).

be in the ring for (…의 선거전)에 입후보하다.
form [or **make**] **a ring** ① 둥글게 에워싸다. ② 동맹하여 시장을 좌우하다.
hold [or **keep**] **the ring** 《英》 (싸움에 관여치 않고) 사태를 관망하다; (적의 동태를) 견제하다.
in a ring 원을 이루어, 둥글게.
lead the ring 솔선하다, 발기인(지도자)이 되다.
make [or **run**] **rings around** [or 《英》 **round**] **a person** 《구어》 남보다 훨씬 빨리 가다(하다); 남을 훨씬 능가하다. (스포츠 등에서 상대방에게 압승하다.
meet a person in the ring (권투 따위에서) 남과 시합하다.
ride [or **run, tilt**] **at the ring** (옛날 무예 겨루기에서) 높이 매단 고리를 달리는 말 위에서 창으로 찌르다.
throw [or **toss**] **one's hat in** [or **into**] **the ring** 선거전에 나가다, 입후보하다.
win the ring 이기다, 상을 획득하다.

── 타 (~s [-z]) 타 1 …을 둥글게 둘러싸다, 에워싸다, 둘러앉다. ¶a city ~ed (about) by mountains 산으로 둘러싸인 도시. 2 …에게 반지를 끼우다, 고리를 끼우다. ¶~ a bull 소에 코뚜레를 끼우다. 3 …을 고리 모양으로 만들다; (나무 따위의) 껍질을 고리 모양으로 벗기다; …을 고리 모양으로 썰다. 4 (가축 따위를) 에워싸다, 에워싸서 한군데로 몰아넣다. 5 (놀이 따위에서) …에 고리를 던지다. ¶a quoit 고리를 던져 땅 위의 말뚝에 끼우다. ── 자 1 에워싼 원을 이루다, 뻥 돌다. 2 (매 따위가) 원을 그리며 날아 오르다; (토끼 따위가) 원을 그리며 뛰어다니다.

~·less, ~·like 형

‡ring² 자 (~s [-z]; rang; rung) 자 1 (종·벨 따위가) 울리다, 울려퍼지다, 우렁차게 퍼지다. ¶Did the telephone ~? 전화벨이 울렸습니까? 2 (소리나 목소리가) 크게 나다, 울려 퍼지다(out). ¶(~+부) Her surprisingly young laughter rang out. 그녀의 놀랄 만큼 싱싱한 웃음소리가 울려 퍼졌다. 3 (보통 형용사를 보어와 함께) …의 소리가 나다, …처럼 들리다. ¶(~+보) His words ring false[true]. 그의 말은 거짓말[참말]처럼 들린다. 4 신호 종[초인종]을 울리다(at), 울려서 부르다[주문하다] (for). ¶(~+전+명) He rang for the secretary. 그는 초인종을 울려 비서를 불렀다. 5 (장소에 소리·목소리가) 울려 퍼지다, 메아리치다 (through); (…의 평판 따위로) 떠들썩하다 (with). ¶(~+전+명) The hall rang with laughter. 그 홀은 웃음 소리로 떠들썩했다. ¶His name rang through the country. 그의 이름은 온 나라에 자자했다. 6 (귀·마음 따위에) 울리다, 남다 (in). ¶(~+전+명) ~ in one's ears 귀에 쟁쟁하다 / ~ in one's heart [or mind] 기억에 생생하다. 7 귀울음이 나다. ¶My ears are ~ing. 내 귀가 울린다. 8 《英》 전화를 걸다(《美》call)(up, through).

── 타 1 (종·벨 따위)를 울리다, 쳐서 울리다. ¶~ a bell 벨을 울리다. 2 벨을 울려서 …을 부르다[알리다] (down, up, in, out). ¶(~+目+부) ~ a secretary in 벨을 울려서 비서를 안으로 부른다. 3 (종·요령이) 〔소리〕를 내다; (종·벨 따위를 울려서)가 울려) …을 알리다[고하다](out). ¶(~+目+부) ~ an alarm 종을 쳐서 경보를 알리다. ¶(~+부) The bells rang out a merry peal. 종이 신나는 소리를 (요란하게) 울리고 있었다. 4 (금화·금속 따위)를 진짜인지 소리내어 확인하다; (유리잔)을 금이 갔는지 울려보다. 5 (금전 등록기가 소리를 내어) 〔금액〕을 기입하다. ~ a sale (금전 등록기 따위를 쨍하고 울려) 매상을 기록하다. 6 (英) …을 전화로 불러내다; …에 전화를 걸다(up). ¶(~+目+부) ~ (up) a doctor 의사에게 전화하다. 7 …을 소리 높이 외치다, 되풀이 말하다, 펴뜨리다. ¶~ a person's praises 남을 높이 칭찬하다. 8 《속어》 〔도난 차량〕에 가짜 번호판을 달다.
ring a bell ⇒BELL¹
ring a person's bell 《美속어》 남을 (성적으로) 자극하다, 절정에 이르게 하다.
ring back 《英》 (전화를 건 사람·부재중인 사람에게) 나중에 다시 전화하다(《美》 call back).
ring down [**up**] **the curtain** ① 극장의 막을 내리라는[올리라는] 신호를 하다; (무대의) 막을 내리다[올리다]. ② …을 끝내다[시작하다] (on).
ring in ① (美) 출근 시간을 (타임 리코더로) 출근 시간을 기록하다. ② 《구어》 몰래 숨어들다; 살짝 안으로 넣다[끌어들이다]. ③ 《英》 전화를 걸다; (일)을 전화로 보고하다[전하다]. ⑤ 〔남〕을 고려의 대상에 넣다. ⑥ (濠) (경마에서) (말)을 부정으로 바꾸다.
ring in the new year 신년을 맞이하다.
ring off 《英》 ① 전화를 끊다, 전화가 끊어지다(《美》 hang up). ¶I must ~ off now. 이만 전화를 끊어야 겠습니다. ② 《속어》 (명령형으로) 닥쳐, 꺼져.
ring off the hook (전화가) 계속 울리다.
ring one's own bell 자화 자찬하다.
ring out ① (종을 치어) …을 보내다. ¶~ out the old year (종을 울려) 묵은 해를 보내다. ② 《美》 (타임 리코더로) 퇴근 시간을 기록하다. ③ 울려 퍼지다. ④ 《英》 전화를 걸다.
ring the bell ⇒BELL¹
ring the changes ⇒CHANGE.
ring true [false] 정말[거짓말]처럼 들리다.
ring up ① …에 전화를 걸다; 〔남〕을 일어나게 하다. ② 벨을 울려 〔남〕을 위로 부르다. ③ 금전 등록기의 키를 눌러 〔어떤 금액〕을 나오게 하다. ④ …을 이루다, 달성하다, 기록하다.

rung up (美俗) 놀라 당황하여, 동요하여. 「나다.
the curtain rings down 막이 내리다; (비유적) 끝
─ 图 ⓝ ~s [-z] 1 (종·벨 따위가) 울리기, 소리내기. ¶There was a single ~ at the door. 현관에서 벨이 한 번 울렸다. 2 (쨍쨍) 울리는 목소리[소리]; 울림. ¶~s of laughter 쨍쨍 울리는 웃음소리. 3 (전화의) 벨소리; (a ~) (英) 전화를 걸기, 4 (교회의) 한 벌의 종(소리). 5 (a ~, the~) (의) 땡땡, 딸랑, 찌르릉 하는 (일련의) 소리 (of). 6 (경화·유리잔 특유의) 울림, 음색. 7 (a ~, the ~) (말 따위의) 느낌, 인상, …다운 (of). ¶a fake ~ 거짓인 것 같은 인상[느낌].
give *a person* ***a ring*** 남에게 전화 걸다. ¶I'll give you a ~ at seven. 일곱 시에 전화 드리겠습니다.
give the bell a ring 벨을 울리다.
have the true ring 진짜 같다, 틀림없을 것 같다.
the dead ring of (濠口) …을 빼닮음, 꼭 닮음.
ring-a-ding [ˈədiŋ] (美俗) 图 1 유쾌 법석. 2 깜짝 놀라게 하는 (사람). ─ 图 활기 있는, 기운찬.
ring-a-l(i)e·vi·o [əlíːvioù] 图 (두 편으로 나뉘어 하는) 숨바꼭질.
ríng announcer 图 (권투 따위의) 링 아나운서.
ring-a-round-the-ros-(e)y [əráundðəróuzi] 图 ⓤ 자리잡기 놀이. (또는 ríng-aróund-a-rósey)
ríng-bark [ríŋbàːrk] 동타 (나무의) 껍질을 둥글게 벗기다.
ring-billed gúll [-bìld-] 图 (조류) (북미산) 고리부리갈매기.
ring binder 图 링바인더(루스리프(loose-leaf)를 철하는 바인더).
ring-bolt [ríŋboult] 图 고리 달린 볼트, 링 볼트.
ring-bone [ríŋboun] 图 (수의) (말의) 지골(趾骨)의 혹, 지골류(趾骨瘤).
ring-burn·er [ríŋbə̀ːrnər] 图 (英俗) 매운 카레.
ring circuit 图 (전기) (주택 내부 따위의 배전용) 환상(環狀) 회로.
ring compound 图 (화학) 고리 모양 화합물, 환식(環式) 화합물.
ring dance 图 =round dance.
ring dike 图 환상 암맥(環狀岩脈).
ring-dove [ríŋdʌv] 图 양비둘기; (아시아·유럽산 (廬)의) 목걸이 비둘기. (또는 ríng dòve)
ringed [riŋd] 图 1 반지를 낀, 정식 결혼을 한. 2 고리 모양의 (무늬가 있는). 3 (고리[바퀴]가 있는.
ringed seal 图 (동물) 얼룩큰점박이 바다표범.
ringed snake 图 (동물) 유럽 율모기; 목도리뱀.
rin-gent [ríndʒənt] 图 입을 크게 벌린; (식물) 입 벌린 모양을 한.
ring·er¹ [ríŋər] 图 1 (고리 던지기 따위에서) 쇠고리·말굽쇠 따위를 던지는 사람; 던져서 쇠고리[말굽쇠]; 쇠고리[말굽쇠] 던지기. 2 (濠·뉴질) 숙련된 양털깎이 (목부).
ring·er² [ríŋər] 图 1 종[벨]을 울리는 사람; 초인종 장치. 2 (美俗) 대역, (속여서 경기에 출장하는 부정 선수[경마]; 대리 시험 보는 사람. 3 (구어) 꼭 닮은 사람[것] (for). ¶a dead ~ for him 그와 꼭 닮은 사람. 4 (美俗) (도난 차량에 단) 위조 번호판; 위조자.
Rín·ger's solútion [ríŋərz-] 图 (약학) 링거액(液). [<영국의 의사 Sydney Ringer(1835-1910)]
ring fènce 图 (둥글게 둘러싼) 울타리, 울; 속박, 제한.
ring-fence [-féns] 동타 (자금·교부금 등을) 용도를 한정하여 주다, 특정의 용도를 한정하다.
ring finger 图 (결혼 반지를 끼는 왼손의) 약손가락.
ring formàtion 图 (달 표면의) 환상(環狀) 지형.
ring gàge [gàuge] 图 링 게이지(원통형 물체의 지름을 재는 기구).
ring·git [ríŋgit] 图 (图 ~(s)) 링깃(말레이시아의 화폐 단위; 100센트; M$).
ring gòal 图 고리던지기 놀이.
ring hùnt 图 둘레에 불을 놓아 잡는 사냥법.
ring-in [ˈin] 图 1 (濠) 대용마, 교체마. 2 (濠·뉴질) 대용품; 교대 요원.
ring·ing [ríŋiŋ] 图 1 울리는, 메아리치는, 울려 퍼지는. 2 힘차고 명확한, 단호한. ─ 图 1 울려 퍼지는 소리, 요란한 소리. 2 (귀울림 따위) 소리가 울리는 느낌. 3 (전기) (전화 따위의) 호출 신호. **~·ly** 图
ríng ing éngine 图 (밧줄을 끌어당겨 올린 추를 떨어뜨리는) 항타기(杭打機).
ríng ing tòne 图 (英) (건 사람에게 들리는 상대방 전화의) 신호음.
ring-lead·er [ríŋlìːdər] 图 지도자; 주모자, 장본인.
ring-let [ríŋlit] 图 (고어) 작은 고리; 고수머리. ~·ed [-id] 图 곱슬곱슬한. ~·y 图 고수머리의.
ríng lòck 图 (여러 개의 고리를 맞추는) 고리 자물쇠.
ríng machìne 图 (인쇄) (활자를 갈아끼우는) 라이노타이프(Linotype). 「(chain mail).
ríng màil 图 작은 쇠고리로 엮어 만든 사슬 갑옷
ríng màn 图 (경마의) 마권업자; (英) ring machine 조작자. (또는 **ríngmàn**)
ring-mas·ter [ríŋmæ̀stər/-màːs-] 图 1 (서커스의) 연기 감독, 무대 감독. 2 (美철도 속어) 구내 주임.
─ 동타 (서커스의) 연기 감독을 하다; (회의 따위를) 주최하다. 「있는.
ring-necked [-nèkt] 图 (동물) 목에 고리 무늬가
ríng-necked phéasant 图 (아시아산) 꿩.
ring nèt 图 후릿그물 비슷한 어망; 잠자리채, 포충망.
ring nètwork 图 (컴퓨터) 링망(網), 고리형(環狀) 네트워크(모든 노드가 반드시 2개의 branch를 가지며 임의의 두 노드간에 반드시 2개의 패스가 있는 네트워크).
Ring of Fire 图 (the ~) (지질) 환(環)태평양 화산대
ríng òuzel 图 (조류) 목도리지빠귀. 「(火山帶).
ring-pull [ˈpùl] 图 (맥주 깡통 따위가) 고리를 잡아 당겨 여는. ─ 图 (깡통) 마개 고리(pull tab).
ríng ròad 图 (英) 환상(環狀) 도로((美) beltway).
ríng shòut 图 링 샤우트(빙 둘러서서 소리를 지르며 추는 서아프리카 기원의 춤; 재즈에 영향을 끼쳤다).
ring·side [ríŋsàid] 图 (권투 따위의) 맨 앞자리, 링사이드; 가까이에서 잘 보이는 장소. ─ 图 링사이드의; 바로 가까이의. ─ 图 링사이드에서.
ring·sid·er [ríŋsàidər] 图 (권투 경기 따위의) 링사이드의 관객, 맨 앞줄의 관객. 「람; 정치 깡패.
ring·ster [ríŋstər] 图 (美구어) 도당(일당)의 한 사
ring-tail [ríŋtèil] 图 1 (美俗) 불평쟁이, 성마른 사람; (부두 노동자 사이에서) 이탈리아계 노동자. 2 (濠·뉴질) 교대 요원(ring-in).
ríng-tailed éagle [-tèild-] 图 검독수리의 새끼.
ríng-tailed snòrter 图 (美俗) 건장한 남자, 강력한 것.
ríng topólogy 图 (컴퓨터) 링 토폴로지(노드를 연결해서 전체의 배치가 링 모양이 되는 토폴로지).
ring-toss [ríŋtɔ̀ːs, -tɑ̀s/-tɔ̀s] 图 (美) 고리 던지기.
ring vaccinàtion 图 전원(全員)에게 실시하는 예방 접종(환자와 관계 있는 전원에게 실시하는 예방 접종).
ring wàll 图 (일정 토지를) 둘러친 담.
ring-warm [ˈwɔ̀ːrm] 图 (美俗) 복싱팬.
ring·way [ríŋwèi] 图 (英) 환상(環狀) 도로((美) beltway).
ring·worm [ríŋwə̀ːrm] 图 ⓤ (병리) 백선(白癬), 버짐.
rink [riŋk] 图 1 스케이트장; 롤러 스케이트장; (얼음판의) 컬링 경기장; (잔디밭의) 볼링장. 2 (컬링·볼링 경기 따위에서) 한쪽 팀. ─ 동자 (링크에서) 스케이트를 타다[지치다]. **~·er** 图 링크에서 얼음지치는 사람.
rink·y-dink [ríŋkidìŋk] 图 (美俗) 图 싸구려의, 고리타분한, 유행에 뒤진, 구식의, 낡은. ─ 图 고리타분한 사람[것]; 중고품, 싸구려; 사기.
***rinse** [rins] 동타 1 …을 헹구다, 부시다, 가볍게 씻다 (out). ¶~ (out) one's mouth 입 안을 가시다. 2 …을 씻어[헹구어] 내다 (away, off, out) (of, from). ¶~ the soap *out of* one's head 머리에서 비눗기를

rinse aid 헹굼질 보조제, 린스 에이드(세척액이 식기에 남지 않도록 식기 세척기에 넣는 액체).
rins·ing [rinsiŋ] 명 1 ⓊⒸ 헹구기, 가볍게 씻기. 2 (보통 ~s) 헹구는 물; 앙금, 찌꺼기.
Ri·o [ríːou] 명 리우. 1 =~ de Janeiro. 2 브라질산 커피. 3 (지명에서) 강.
RIO 《美해군》 radar intercept officer.
Rio Brá·vo [-bráːvou] 명 리오 브라보(Rio Grande 강의 멕시코 이름).
Rio Declarátion 명 《환경》 리우 선언(정식명은 Rio Declaration on Environment and Development; 1992년 6월 리우에서 있었던 국제 환경 개발에 관한 국제 회의(Earth Summit)에서 채택된 세계 환경 보전의 방향과 원칙을 제시한 선언). 약 UNCED
Ri·o de Ja·nei·ro [ríːou dei ʒənɛ́ːrou/-də ʒəníər-] 명 리우데자네이루. 1 브라질 남동부의 항구 도시; 옛 수도(1960년까지). (또는 **Rio**) 2 브라질 남동부의 주.
Ri·o Gran·de [ríːou grǽndei, -di] 명 (the ~) 리오그란데 (강)(미국·멕시코 접경의 강).
‡**ri·ot** [ráiət] 명 1 폭동, 소동, 소란, 반란; 《법률》 소요 (죄). ⇨DISORDER 〖유의어〗¶cause [or raise, stage, start] a ~ 폭동을 일으키다 / put down [or quell, suppress] a ~ 폭동을 진압하다. 2 (술자리 따위의) 난장판; 방종, 난봉. 3 혼란, 뒤죽박죽. 4 (감정 따위의) 폭발, 대(大) 분방함: (색채 따위의) 화려함. ¶The garden was a ~ of color. 들에는 온갖 색깔의 꽃이 만발해 있었다. 5 《구어》 신나게 떠드는 사람; 떠들썩하게 인기를 끄는 것, (흥행 따위의) 대성공. ¶He was a ~ at the party. 그는 파티에서 신나게 떠들었다. 6 《사냥》 (사냥개가) 노렸던 사냥감이 아닌 동물의 냄새를 맡아 뒤쫓기.
run riot ① 난봉부리다; 제멋대로 놀다; 떠들어대다. ② (식물이) 무성하게 자라다, (꽃이) 어지럽게 피다.
—동 1 폭동을 일으키다[에 가담하다]. 2 방탕한 생활을 하다, 흥청대다. 3 (감정 따위에) 빠지다, 탐닉하다 (*in*). ¶She ~s in emotion easily. 그녀는 쉽게 감정에 휘말린다. 4 (사냥) (사냥개가) 노렸던 사냥감이 아닌 다른 동물을 추적하다(*after, on*). 5 《구어》 무성하게 …로 가득 차다 (*with*). —타 …을 방탕으로 탕진하다, 낭비하다(*away, out*). ¶(~+图+图) Don't ~ *away* your time. 방탕으로 허송 세월 하지 마라.
Ríot Àct 명 1 (the ~) 《英법률》 소요 단속령(1715년 공포). 2 (종종 r- a-) 경고; 견책.
read (a person) the riot act ① (폭도에게) 소요 단속령을 읽어서 들려주고 해산을 명하다. ② 《속어》 엄하게 나무라다, 엄중히 타이르다.
ri·ot·er [ráiətər] 명 폭도; 난봉꾼.
ríot gàs 명 (폭동 진압용) 최루 가스.
ríot gèar 명 (폭동 진압용) 장비.
ríot gùn 명 (폭동 진압용) 총신이 짧은 연발 산탄총.
ri·ot·ous [ráiətəs] 형 1 (행동이) 폭동적인, 평화를 어지럽히는, 폭동을 일으키는[에 가담하는]. 2 방종한, 환락에 빠지는. ¶~ living 방종한 생활. 4 시끄러운, 떠드는. 5 매우 유쾌한. 6 (색깔이) 풍부한, 다채로운. ~**·ly** 부 ~**·ness** 명
ríot police 명 (폭동 진압) 경찰 기동대.
Río Treáty 명 리우 조약(미주 상호 원조 조약).
ríot sàle 명 《美속어》 특매(特賣).
ríot shìeld 명 폭동 진압용 방패.
ríot squàd 명 《집합적》 폭동 진압대, 특별 기동대.
****rip**[1] [rip] 타 (-*pp*-) 1 …을 찢다, 째다, 쪼개다, 열 어젖뜨리다. ⇨TEAR 〖유의어〗¶(~+图+图) ~ a parcel open 소포를 찢어서 열다. 2 떼내다, 벗기다(*off, out, away*) (*from, off*). ¶(~+图+젓+명) She ~*ped* buttons off the coat. 그녀는 코트에서 단추를 떼냈다. 3 〖재목 따위〗를 쪼개다, 세로 켜다: …에 갈라진 금을 내다. 4 〔고어〕…을 폭로하다; (불쾌한 일·지난 일)을 다시 생각하다. 5 …을 격렬히 비난하다, 사납게 말하다. 6 〖야구〗〔안타〕를 터뜨리다. 《美》 (경기자·팀이) …에 압승을 거두다. —자 1 찢어지다, 갈라지다, 쪼개지다, 터지다. 2 대단한 속력으로 달리다: 멋대로 놀다. ¶(~+젓+명) The car ~*ped along* the highway. 자동차는 고속도로를 돌진했다. 3 격렬히 비난하다. 4 《속어》 성공하다.
let her[or **it, them**] **rip** 《구어》 (배·차·기계 따위를) 최고 속도로 몰다.
let rip 《속어》 욕설을 퍼붓다; 〔심한 노여움 따위〕를 터뜨리다. 2 맹렬히[거칠게, 빨리] 말하다[쓰다].
let things rip 일을 되는 대로 내버려두다, 팽개쳐 두다.
rip…across …을 둘로 자르다[쪼개다].
rip and tear 격노하다, 미친 듯이 날뛰다; 《속어》 벌 받을 소리를 하다, 욕설을 하다.
rip…apart ① …을 부셔뜨리다, 산산조각을 내다. ② (보통 수동형으로) (슬픔·고통으로) 괴롭게 하다. ③ 헐뜯다.
rip…away ① …을 《미》 떼내다, 벗기다. ② 〔정체〕를 벗기다.
rip into ① (송곳니로) 물다. ② 《구어》 …에게 험한 말을 퍼붓다; 공격하다, 덮치다.
rip off ① …을 뜯어내다, 벗기다. ② 〔남〕을 훔치다, 빼앗다. ③ …을 속이다, 이용하다. ④ 《구어》 〔남〕에게 값을 턱없이 요구하다. ⑤ 《속어》 〔여성〕을 폭행하다. ⑥ 《속어》 죽이다, 암살하다. ⑦ 〔저주·욕설〕을 해대다.
rip on *a person* 《美속어》 남을 들볶다, 괴롭히다; 모해하다.
rip out 《구어》 〔욕설 따위〕를 거침없이 말하다, 마구 토해대다(*with*). —[간투] 〔무시〕되다.
rip up ① 찢다, 째다, 쪼개다. ② (조약 따위)를 파기하다.
rip up the back 뒤에서 비난하다, 험담을 하다.
—명 1 째진 틈, 쪼가리; 터진 곳; 터진 상처. 2 《英속어》 돌진. 3 《속어》 사기, 도둑질; 훔친 물건, 약탈품. 4 《美속어》 벌금; (야구에서) 험구, 더러운 야유; 기쁜 일. 5 《美속어》 내기, 시험. ¶have a ~ at …을 시도해 보다. 6 《美속어》 통음, 주연. 7 《英구어》 소동을 일으키는 녀석.
on a rip 《美속어》 환각제(LSD)가 효력을 내서, LSD 로 환각 상태가 되어.
~**·pa·ble** 형
rip[2] 명 (바다·강 따위의) 여울의 흐름[물결], 여울목; 센 물살.
like rips 《美구어》 거세게, 정력적으로.
rip[3] 명 1 《구어》 1 방탕한 사람; 불량배; 배신자. ¶a regular ~ 완전한 난봉꾼. 2 폐마(廢馬); 쓸모없는 것.
RIP 《컴퓨터》 Raster Image Processor.
R.I.P., RIP (라틴) *requiesca(n)t in pace*(=may he [*or* she, they] rest in peace)(편안히 잠드시라).
rip-and-tear [-əntɛ́ər] 형 《美》 잔혹한; 폭력적인.
ri·par·i·an [ripɛ́əriən/rai-] 형 물가의, 강가의, 강기슭에 사는. —명 〖법률〗 하천 부지 소유자; 강기슭에 사는 사람.
ripárian ríght 명 〖법률〗 하안(河岸) 〖하천 부지〗의 소유[자 특권].
rip-ass [-ǽs] 동 [명] 《美속어》 (차를) 날 듯이 달리다[몰다].
ríp còrd 명 〖항공〗 낙하산을 펴는 줄; 기구(氣球)의 〔가스 뽑는〕 당김줄.
ríp cùrrent 명 =riptide.
‡**ripe** [raip] 형 (*ríp·er*; *ríp·est*) 1 여문, 익은. ¶a ~ grape 익은 포도 [or *Early*] ~, *Soon* [or *Early*] ~, *soon* [or *early*] *rotten*. (속담) 빨리 익으면 빨리 썩는다. 2 (입술 등이) (익은 과실처럼) 빨간, 도톰한. 3 성숙한, 원숙한, 노련한; 한창 나이의; 고령의, 나이 먹어 접어든다. ¶a person of ~ years 성인, 어른 / ~ scholars 원숙한 학자들 / at the ~ (old) age of 90 90세의 고령으로. 4 을[마실] 만하게 된, 숙성한; 토실토실한. ¶~ wine 숙

성된 술. **5** (계획 따위가) 실행할 준비가 된; (시기 따위가) 무르익은, 절호의(*for, to do*). ¶The plan is ~ for execution. 그 계획은 실행 시기가 무르익었다.

[유의어] **ripe** 잘 익어서 먹을 만한, 수확할 만하게 된; 준비·채비가 다 된 것을 강조. **mature** 충분히 성장·발달한; 능력 따위가 최고의 상태에 달했다는 것을 강조. **mellow** 푹 익은 과실처럼 말랑말랑하고 달콤하고 감칠 맛이 도는. **adult** 사춘기를 넘어 성인이 된. **grown-up** 특히 어린 티가 나지 않는다는 것을 강조하는 말.

6 적령기의, 알맞은 나이의, (여자가) 혼기가 된(*for, to do*). ¶a daughter ~ *for* marriage 결혼 적령기의 딸. **7** (알이) 성숙한, (물고기가) 알을 밴. **8** (종기 따위가) 곪은. **9** 《美속어》 썩은, 못쓰게 된. **10** 《속어》 (숨·냄새가) 악취가 나는. **11** 《속어》 (말이) 거친; 천한, 저속한. **12** 《속어》 ……을 끊게 하다, 성숙하게 하다. **2** ……을 원숙(발달)케 하다. ¶The sun ~s fruit. 햇볕에 과일이 익는다. **3** ……을 곪게 하다. ― (동자) 1 익다, 성숙하다. **2** 원숙해지다, 숙성하다; (시기가) 무르익다. ~ *into* womanhood 성숙한 여성이 되다 // (~+團) The time ~s good for a reformation. 개혁의 시기가 무르익었다. **3** 곪다. **4** 악취가 나다, 냄새가 나다.
― 동자 1 ……을 익게 하다, 성숙하게 하다. **2** ……을 원숙(발달)케 하다. ¶The sun ~s fruit. 햇볕에 과일이 익는다. **3** ……을 곪게 하다. [홈페 취한; 좋은.
― 图 [시·방언]=ripen. ᛰ-ly ᛰ-ness

*****rip·en** [ráipən] 동자 1 익다, 성숙하다. **2** 원숙해지다, 숙성하다; (시기가) 무르익다. ~ *into* womanhood 성숙한 여성이 되다 // (~+團) The time ~s good for a reformation. 개혁의 시기가 무르익었다. **3** 곪다. **4** 악취가 나다, 냄새가 나다.
― 타 1 ……을 익게 하다, 성숙하게 하다. **2** ……을 원숙(발달)케 하다. ¶The sun ~s fruit. 햇볕에 과일이 익는다. **3** ……을 곪게 하다. [水].

ríp éntry 圀 (다이빙) 물보라가 적은 깔끔한 입수(入)

RIPH & H 《英》 *Royal Institue of Public Health and Hygiene.*

Rip·ley [rípli] 圀 **George** ~ 리플리(1802–80; 미국의 비평가·사회개혁자; Brook Farm의 창설자).

rip-off [-ò(:)f] 圀 **1** 도둑; 사기; 사기꾼; 사취, 착취, 폭리. **2** 모방, 도용; 도작 작품[영화, 소설]. ― 图 《속어》 **1** (값이) 부당하게 높은. **2** 탐욕스러운. **3** (계획 등이) 부정한. (또는 **rip-off**)

ri·pog·ra·phy [ripágrəfi/-póg-] 圀 《구어》 (책·잡지의) 불법 복사.

ri·post(e) [ripóust/-póust] 圀 **1** (펜싱) 민첩한 되찌르기. **2** 재치있는[예리한] 응수. ― 동자 **1** 재빨리 되찌르다. **2** 재치있게 되받아 넘기다, 즉각 응수하다.

ríp pánel 圀 기구(氣球)의 긴급 가스 방출구.

ripped [ript] 圀 **1** 《속어》 취한. **2** 《속어》 마약이 효력이 난. **3** 《美속어》 살해된. ¶get ~ 살해되다. **4** 《속어》 근육이 울퉁불퉁한.

rip·per¹ [rípər] 圀 **1** 잡아 째는 사람[물건]; 토막 살인자. **2** 솔기를 푸는 기구; 내림톱. **3** 《美》 쌍(雙)썰매. **4** 《英속어》 멋있는[훌륭한] 사람[물건]. **5** 《美》 임명권 박탈법(안)(통상의 임면권자로부터 권한을 회수하여 지사·시장 등에게 무제한의 권한을 주는 법안 또는 입법). (또는 ¦ **bill [ăct]**) **6** 리퍼(불도저 등에 다는 갈고리형

rip·per² [¦濠속어] 훌륭한, 일류의. [장비].

rip·ping [rípiŋ] 圀 **1** 잡아 째는, 가르는. **2** 《英구어》 멋들어진, 훌륭한. ᛰ**-ly** 閉 閒 위로!

rípping bár 圀 받침대가 붙은 지레(pinch bar).

‡rip·ple¹ [rípl] 圀 (~**s** [-z]; ~**d; -pling**) 자 **1** 잔물결이 일다, 파문을 짓다; 잔물결을 일으키며 흐르다[내려가다]. **2** (천 따위가) 주름이 생기다, 물결 모양이 되다. **3** (소문 따위가) 파문처럼 퍼지다[전해지다]. **4** (곡식·머리카락 등이) 물결치다, 살랑이다. **5** 잔물결이 이는 소리가 나다. ― 타 **1** ……에 잔물결[파문]을 일으키다. ¶A breeze ~d the quiet surface of the pond. 미풍이 못의 고요한 수면에 잔물결을 일으켰다. **2** (머리털 따위를) 물결 모양으로 지지다. **3** ……에 잔물결 같은 소리를 내다; ……을 가벼운 리듬으로 연주하다. ― 圀 (복) ~**s** [-z]) **1** 잔물결, 파문. **2** ¦WAVE. [유의어] **3** (머리털 따위의) 웨이브. **3** 잔물결 같은 소리, 찰싹찰싹. ¶a ~ of laughter (잔물결처럼 이는) 잔잔한 웃음소리. **4** 《美》 잔은 여울. **5** (전기) 리플, 맥동. **6** (군사) 파상 공격. **7** 반

향, 영향, 파문. **8** (물리) (물의) 표면 장력파(張力波). **9** 《美속어》 시도, 도전. ~**-less** 閿 **-pling·ly** 閒

rip·ple² 圀 삼빗. ― 타 ……을 삼바디로 빗다, 훑어 내리다.

ripple contròl 圀 리플 컨트롤, 리플 제어(전력 회사가 수요가 피크일 때 수요 가정의 온수기를 자동적으로 끄는 시스템).

ripple effèct 圀 파급 효과, 연쇄 작용.

ripple màrk 圀 (모래 위 따위의) 물결 자국, 바람 자국; (목재의) 물결 무늬.

rip·plet [ríplit] 圀 잔물결, 작은 파문.

rip·ply [rípli] 圀 **1** 잔물결이 일고 있는, 파문이 있는. **2** 찰싹찰싹[살랑살랑] 소리가 나는.

rip·rap [ríprӕp] 圀 《美》 (토목) (기초 공사용의) 잡석(雜石), 쇄석, 부순 자갈; 잡석 기초; 자갈 땅[지형]. ― 타 (~**pp**-) ……을 잡석으로 쌓다.

rip-roar·ing [⸌rɔ́:riŋ] 圀 《구어》 웃고 떠드는, 떠들썩한, 야단 법석의; 활발한.

ríp·saw [rɪpsɔ̀ː] 圀 내림톱, 세로 켜는 톱. ― 타 (통나무 따위를) 세로톱으로 켜다.

rip·snort·er [rípsnɔ́:rtər] 圀 《구어》 **1** 몹시 떠드는 사람[것]; 대폭풍; 몹시 돋보이는 사람[물건].

rip·stop [rípstɑ̀p/-stɔ̀p] 圀 립스톱의 (천), 째지지 않게 가공한 (천, 옷감).

ríp strìp 圀 **1** 립 스트립(담배갑·깡통의 개봉 띠). **2** 《美속어》 고속 도로.

rip·tide [ríptaid] 圀 조충(潮衝)(다른 조류와 부딪쳐 생기는 파도). **2** 심적 갈등.

rip-toot·in' [⸌túːtin] 圀 《美속어》 =rip-roaring.

Rip Van Win·kle [rip væn wíŋkl] 圀 **1** 립 밴 윙클(Washington Irving작 *The Sketch Book* 중의 이야기; 그 이야기의 주인공). **2** 《비유적》 시대에 뒤떨어진 사람.

RISC [risk] 圀 (컴퓨터) 간단한 명령만 하드웨어에 준비되어 있는 컴퓨터. (<*r*educed *i*nstruction *s*et *c*omputer)

‡rise [raiz] 圀 (**ris·es** [-iz]; *rose*; *ris·en*; *ris·ing*) 자 **1** 일어나다[서다], 기립하다(*up*) (*from, to*); 기상하다(*up*). ¶(~+前+图) ~ (*up*) *early* 일찍 일어나다 // (~+前+图) ~ *to* one's feet 일어서다 / I *rose* quickly *from* my seat. 나는 자리에서 벌떡 일어섰다 / Judge King presenting. All ~! 킹 재판장이 입정하십니다. 전원 기립해 주십시오!

2 (새가) 날아오르다(*into, in*); (연기 따위가) 피어오르다(*up*) (*from, in*); (막이) 오르다. ¶The curtain ~*s*. 무대의 막이 오른다 // (~+图) Smoke *rose up*. 연기가 피어올랐다.

3 (털·머리카락이) (공포 따위로) 곤두서다, 쭈뻣하다.

4 (물집이) 부풀다; (상처 따위가) 부어오르다, 융기하다; (빵 따위가) 부풀다. ¶A blister *rose from* the burn on my hand. 데어서 손에 물집이 생겼다.

5 (강이) 불다; (조수가) 만조가 되다. ¶The river *rose* five feet. 강물이 5피트 불었다.

6 (해·달이) 지평[수평(선상)에] 뜨다[돋다](图 set); (아침이) 밝아오다. ¶The sun ~*s* in the east. 해는 동쪽에서 뜬다. **7** (소리·목소리가) 높아지다. 크게 들리다. **8** (……에서 / ……으로) 출세[승진]하다(*from, through / to*); 등용되다(*in*); (지위·평가 따위가) 오르다(*in*). ¶(~+前+图) ~ *to* fame [greatness] 유명[위대]해지다 / He *rose from* an office boy *to* president. 그는 일개 사환에서 사장으로 출세했다. **9** (노여움·조바심 따위가) 더해지다, 격해지다(*at*); (속이) 메스꺼워지다(*at*). ¶(~+前+图) My gorge [or stomach] ~*s at* it. 그것을 보니[들으니] 속이 메스껍다. **10** (물가가) 오르다; (상품 따위가) 값이 오르다, 등귀하다(图 fall). ¶Stocks ~ *in* price. 주가가 오른다. **11** (길·땅이) 오르막이 되다. **12** (산·건물 따위가) 솟다, 치솟다(*up*)(*to*, *above*). ¶ (～+[副]) Mt. Samgak ～*s high*. 삼각산이 높이 솟아 있다 // (～+[前]+[名]) The Empire State Building ～*s above* the other buildings. 엠파이어 스테이트 빌딩은 다른 빌딩 위로 우뚝 솟아 있다. **13** (거품 따위가) (수면에) 떠오르다; (물고기가) 먹이를 좇아 수면으로 올라오다(*at, to*). ¶ (～+[前]+[名]) ～ *at* [or *to*] a bait (물고기가) 먹이를 물다; 《비유적》 (사람이) 유혹에 넘어가다. **14** (반대·항의하여) 일어서다, 봉기하다; 반대[반항]하다, 반란을 일으키다(*up*) (*against, on, upon*). ¶ (～+[前]+[名]) They *rose against* the oppressor. 그들은 압제자에 항거하여 일어섰다. **15** (강 따위가) 발원하다, 비롯하다(*from, in, at*). ¶ (～+[前]+[名]) The River Nakdong ～*s from* Mt. Hambaek. 낙동강은 함백산에서 발원한다. **16** (사건·감정 따위가) (…의 탓에) 일어나다, 생기다, 시작되다(*from, out of*). ¶The trouble *rose from* misunderstanding. 분쟁은 오해로 인해 일어났다. **17** 보이다, 시계(視界)[수평선]에 나타나다(*up*) (*to*); (생각 따위가) 마음에 떠오르다(*in, before, to*). ¶ (～+[前]+[名]) Land *rose ahead of* the ship. 배의 전방으로 육지가 보이기 시작했다 / A thought *rose to* my mind. 한가지 생각이 마음에 떠올랐다. **18** (바람·폭풍 따위가) 일어나다, 생기다, 발생하다. ¶The wind ～*s*. 바람이 불기 시작한다. **19** (식물이) 싹트다, 돋아나다, 자라다. **20** (집 따위가) 서다, 세워지다. ¶Many houses *rose* quickly. 많은 집이 순식간에 세워졌다. **21** (의회·법정 등이) 폐회[산회]하다. **22** (위기·요구 등에) 잘 대처하다; (…에) 견디다(*to*). ¶ (～+[前]+[名]) ～ *to* the occasion 사태에 대응하다[를 헤쳐나가다] / ～ *to* the requirement 요구에 응하다. **23** 《문어》 되살아나다, 소생하다, 부흥하다(*from*). ¶ (～+[副]) (～+[前]+[名]) ～ *again*; ～ *from* the dead 소생하다. **24** (온도·힘·세기가) 도를 더하다, 높아지다; (열이) 오르다; (색이) 짙어지다. ¶The fever is *rising*. 열이 오르고 있다. **25** (…을 듣고) 기운이 나다, 쾌활[유쾌]해지다(*at*).

— [타] **1** …을 올리다, 올라가게 하다, 높이다; 〔물가〕를 등귀시키다; 〔빵·물집 따위〕를 부풀게 하다; 〔사냥〕 〔새〕를 날아오르게 하다. **2** 〔낚시〕 〔물고기〕를 수면으로 꼬여내다. **3** 《고어》 〔산·비탈〕의 정상에 이르다.

rise above ① …의 위로 솟아오르다. ② …을 초월하다. ③ 〔곤란 따위〕를 극복하다.

rise and fall ① (배가) 파도에 오르내리다. ② (가슴이) 뛰다. ③ (나라 등이) 융성 쇠퇴하다.

rise and shine (잠자리에서) 일어나다; 《종종 명령형으로》 기상!, 빨리 일어나라!

rise from the ashes 잿더미에서 일어서다, 부흥하다.

rise in *a person's* ***opinion*** [or ***estimation***] 남에게 존중받다.

rise in arms [or ***rebellion***] 무장 봉기하다.

rise in the mind; rise to *one's* ***mind*** 마음에 떠오르다.

rise in the world [or ***in life***] 출세하다.

rise to a fence (말이) 담을 뛰어넘다.

rise up 폭동을 일으키다, 봉기하다(*against*)

— [명] ([복] ***ris·es*** [-iz]) **1** [U][C] 오르기, 올라가기, 상승; (정도 따위의) 증대; (해·달이) 뜨기, 나오기. **2** (지위·신분 따위의) 상승, 향상, 진보; (입신) 출세, 승진(*in*); 번영. ¶the ～ and fall of the Roman Empire 로마 제국의 흥망 / a ～ *in* the world 출세. **3** (온도의) 상승; (물가의) 등귀, 상승; 《英》 승급(＊《美》 raise) (*in*). ¶a ～ *in* the cost of living 생활비의 증대 / ask for a ～ 승급을 요구하다. **4** (목소리가) 커지기; 오르막길, 오르막 경사; 높은 지대, 언덕; 대륙붕. ¶Our school stands on the ～. 우리 학교는 높은 지대에 있다. **5** (감정의) 복받쳐 오르기, 격앙; 반란. **6** 발원, 기원, 근원; 원인, 근거; 발생, 출현. ¶the ～ of a river *in* a mountain 산 속에 있는 강물의 발원지. **7** 〔건축〕 (층계의) 한 단의 높이; (도로나 지붕의) 수직 높이; (아치 따위의) 수직 높이; (엘리베이터의) 상하[수직] 거리. ⇨ARCH[1] 그림. **8** 되살아나기, 부활, 소생. **9** (강물·수위의) 상승, 붇기; 증가(량). **10** 치솟음, 솟아오름. **11** (바지 따위의) 길이, 기장. **12** (물고기가) 물 위에 떠오르기; (새가) 날아 오르기. **13** 〔극장〕 막오르기, 개막. **14** 《속어》 핏대올리기. **15** 《속어》 발기.

achieve [or ***have, make***] ***a rise*** (***in life*** [or ***the world***]) 출세하다.

and the rise 《美구어》 …남짓, 이상.

get [or ***have,*** 《英》 ***take***] ***a*** [or ***the***] ***rise out of*** *a person* 《구어》 남을 화나게 하다; 남을 술수에 말려들게 하다, 화나게 하여 바라던 답을 끌어내다.

give rise to …을 낳다, 일으키다. ¶*give* ～ *to* evil reports 나쁜 소문이 나게 하다.

on the rise (물가 따위가) 올라, 오름세에. ¶Prices are *on the* ～. 물가가 오름세에 있다.

take [or ***have***] ***its rise in*** …으로부터 시작되다, …에 기원이 있다.

the rise and fall (조수의) 간만(干滿); (온도·소리 따위의) 고저; (국가·문명 따위의) 흥망, 성쇠.

the rise of 《美구어》 …보다 약간 많은. ¶*the* ～ *of* $5,000 5천달러보다 조금 많은.

***ris·en** [rízn] [동] rise의 과거분사. **—** [형] 솟은, 오른; 부활한, 되살아난.

ris·er [ráizər] [명] **1** 일어나는 사람, 기상하는 사람. ¶an early ～ 일찍 일어나는 사람. **2** (층계의) 수직널[수직판]; (건물 내의) 수직 파이프. **3** (무대 위에 임시설치한) 이중 무대. **4** 반도, 폭도. **5** 〔항공〕 라이저(낙하산의 4가닥 줄의 하나).

rise·time [ráiztàim] [명] 〔전기〕 오름 시간.

ris·i·bil·i·ty [rìzəbíləti] [명][U] 웃기 잘하는 성질, 웃는 버릇; (종종 -ties) 웃는 감각[센스]; 웃음.

ris·i·ble [rízəbl] [형] 웃기 좋아하는, 웃는 버릇이 있는; 웃을 줄 아는; 웃음의; 우스운, 웃기는. **—** [명] (～s) 유머 감각.

***ris·ing** [ráiziŋ] [형] **1** 올라가는, 피어오르는; (해·달·별이) 떠오르는. ¶～ fire 피어오르는 불 / the ～ sun 아침해. **2** 등귀하는, 증대[증가]하는; 승진하는, 신진의, 치솟는, 기세 등등한. ¶a ～ market 오름세의 시장 / a ～ novelist 신진 작가. **3** 오르막길의; 발흥하는, 발전도상의, 성장하고 있는. ¶the ～ ground 오르막 / the ～ generation 청(소)년층. **4** 〔문장〕 (새가) 날아오르려 하고 있는. **—** [부] **1** 《美구어》 (수·양이) …이상의(*of*). ¶The crop came to ～ 7,000 bushels. 수확고는 7000부셸 이상에 달했다. **2** 《英구어》 (연령 따위가) …에 가까운. ¶He was ～ sixty. 그는 예순 살이 다 되어 가고 있었다.

— [명][U][C] **1** 오름, 상승; (해·달·별의) 뜨기. ¶the ～ of the tide 밀물, 만조 / the ～ of the sun 일출, 해돋이. **2** 기립, 기상; 부활, 소생, 일어섬. **3** 봉기, 반란. **4** 솟아남, 융기, 돌기(突起); 《방언》 종기, 부스럼.

rísing fíve [명] 《英》 이제 곧 5살이 되는 아이.

rísing hínge [명] 〔건축〕 올림 경첩.

rísing rhýthm [명] 〔운율〕 상승 리듬(강음절 앞에 하나 또는 그 이상의 약음절이 오는 시각(詩脚)이 연속되는 운율).

rísing vòte [명] 기립 투표. [참] voice vote

‡risk [risk] [명] **1** [U][C] 위험, 손해[손상]를 입을 우려; 모험, 도박걸기. ⇨DANGER [유의어] **2** 〔보험〕 사고 발생의 가능성; 위험(률), 위험의 정도; 보험금(액); 피보험자[물]. ¶a good ～ 위험도가 낮은 피보험자. **3** 위험 분자.

at all risks; at any [or ***whatever***] ***risk*** 어떠한 위험을 무릅쓰고라도, 결단코.

at *one's* ***own risk*** 자기 책임하에.

at risk 위험 상태에서; (…에 대해) 법적·경제적 책임이 있는(*for*); 《英》 임신할 우려가 있는.

at the risk of …의 위험을 무릅쓰고, …을 희생하여. ¶*at the* ～ *of* one's life 목숨을 걸고.

no risk 《濠구어》 《동의·찬성을 나타내어》 오케이.

run [or ***take***] ***a risk*** [or ***the risk, risks***] (***of***) (…

의) 위험을 무릅쓰다, 모험하다.
— 图匣 (~ed [-t]) 1 …을 위험에 맡기다, 걸다. ¶He ~ed his life to save the boy. 그는 목숨을 걸고 그 소년을 구했다. 2 …을 각오하고 해보다, 감히 …하다. ¶ ~ a failure 실패를 각오하고 해보다 // (~+ing) He ~ed getting knocked out. 그는 녹아웃당할 위험을
rísk it 운을 하늘에 맡기고 해보다. 무릅썼다.
rísk àrbitrage 图 리스크를 수반한 재정(裁定) 거래.
rísk-bén·e·fit rátio [ˊbénəfit-] 图 (의료·사업 따위에서의) 위험성-수익성 비율(실패의 위험성과 성공의 수익성의 관계).
rísk càpital 图 〔경제〕 위험 (부담) 자본(venture capital).
rísk·er [rískər] 图 모험가, 물불 가리지 않고 덤비는 사람; 투기꾼.
rísk fàctor 图 〔의학〕 (병의 원인이 되는) 위험 인자.
risk-free [ˊfríː] 图 (통신 판매 따위에서 해약해도) 산 사람이 손해를 보지 않는.
risk·ful [rískfəl] 图 위험성이 많은, 위태로운, 위험한.
risk·less [rísklis] 图 위험이 없는, 안전한.
rísk mànagement 图 〔경영〕 위험 관리(보험·안전 대책 따위로 손실 위험을 막고 손해를 최소화하는 조치).
rísk mànager 图 보험 담당 임직원; 위험 관리자.
risk-mon·ey [ˊmʌ̀ni] 图 1 (은행 출납원에게 주는) 부족금 보상비. 2 모험 투자. 「모험가.
rísk-tàk·er [rísktèikər] 图 위험을 무릅쓰는 사람,
rísk-tàk·ing [ˊtèikiŋ] 图 위험 부담(각오).
risk·y [ríski] 图 1 모험적인, 대담한, 위험한. 2 = **rísk·i·ly** 图 **rísk·i·ness** 图 [risqué.
ri·sot·to [risɔ́ːtou/-zɔ́t-] 图ⓊⒸ 리소토(이탈리아식 쌀 요리의 하나). 〔It〕
ris·qué [riskéi/ˊ-] 图 외설스러운, 외설기가 있는, 음란한. 〔<F〕 「하기.
Riss [ris] 图 (the ~) 리스 빙하기(유라시아의 제3빙
ris·sole [risóul/ˊ-] 图ⓊⒸ 고기 만두, 리솔(파이 껍질에 고기·생선 따위를 넣어 튀긴 요리). 〔<F〕
rit. (음악) ritardando. (또는 **ritard**.)
Ri·ta [ríːtə] 图 리타(여자 이름; Margarit의 별칭).
ri·tar·dan·do [ritàːrdɑ́ːndou/-dǽn-] 〔음악〕 图 점점 느리게 (되는). — 图 (~s) 리타르단도 악절.
*__rite__ [rait] 图 1 의식, 예식, 전례(典禮). ⇒CEREMONY 유의어. ¶ the ~ of baptism 세례식 / the funeral [or burial] ~s 장례식. 2 관습, 관례, 습관. ¶ the ~s of hospitality 대접하는 관례. 3 (종종 R-) (기독교의) 성찬식(의 형식); 전례 형식에 따른 교회 분류.
~·less 图 ~·ness 图
ríte of intensificátion 图 〔인류〕 강화 의례(공동체의 위난을 해소시키기 위한 의례).
ríte of pássage 图 1 〔인류〕 통과 의례(생일 축하·결혼식·성인식 따위). 2 인생의 단락이 되는 사건[행사].
ríte of reconciliátion 图 〔가톨릭〕 화해 성사, 고해(sacrament of penance의 새 명칭).
ri·tor·nel·lo [ritərnélou] 图 (图 ~s, -li [-liː]) (음악) 리토르넬로. 1 (오페라 아리아) 오케스트라의 간주곡. 2 (협주곡 중의) 반복 연주되는 총주부(總奏部).
*__rit·u·al__ [rítʃuəl] 图 1 ⓊⒸ (종교적) 의식, 예식, 전례 (典禮), 예배식. ⇒CEREMONY 유의어. 2 〔교회〕 식전서 (式典書), 전례서. 3 의식적[예식적] 행사[관습]. 4 (사회적 관습으로서의) 예의, 예절, 풍습. — 图 의식의[에 관한, 에 쓰이는]; 제식(祭式)의. ~·ly 图
rítual abúse 图 마술적 의식에의 아동 학대.
rit·u·al·ism [rítʃuəlìzm] 图Ⓤ 1 의식[전례](존중[중시])주의. 2 의식[전례] 연구; 의식 편중; 의식광(狂).
rit·u·al·ist [rítʃuəlist] 图 1 전례 연구가, 2 의식주의자; 의식 편중자. 3 (보통 R-) (영국 국교회의) 예전파(禮典派)의 사람, 의식을 엄격히 따르는 사람. — 图 전례(典禮)의(자)의. **-ís·tic** 图 **-ti·cal·ly** 图
rit·u·al·ize [rítʃuəlàiz] (* (英) **-ise**) 图図 의식화

(儀式化)하다, 의식적이 되다. — 图 …을 의식화하다; 〔법〕 을 전례[의식]주의로 바꾸다. **-i·zá·tion** 图
rítual múrder 图 (신에게 바치기 위한) 의식적(儀式的) 살인.
ritz [rits] 图 1 Ⓤ (때로 R-) (the ~) 〔美구어〕 과시, 자랑삼기. 2 (상표) (R-) 미국 Nabisco 사제(製)의 크래커; 〔英〕 런던의 일류 호텔. 「호사스럽게 살다.
put on the ritz [or **Ritz**] 〔美구어〕 허세를 부리다,
— 图匣 〔美구어〕 …에게 오만한[도도한] 태도를 보이
ritz it 〔美구어〕 = put on the ritz. 「다.
ritz up 〔美구어〕 치장하다.
Ritz-Carl·ton [rítskɑ́ːrltən] 图 (the ~) 리츠칼턴 (미국의 고급 호텔 체인).
ritz·y [rítsi] 图 (속어) 맵시 있는, 화려한, 고급스러운, 우아한; 부유[유복]한. **rítz·i·ly** 图 **rítz·i·ness** 图
riv. river.
riv·age [rívidʒ, ráiv-] 图 (고어) 해안, 강기슭, 강가; (고어) 〔英법률〕 하천 통행세.
*__ri·val__ [ráivəl] 图 (~s [-z]) 1 경쟁자, 대항자, 적수, 라이벌 (for, in). ¶ a ~ in love 연적. 2 필적하는 사람[것], 대등한 사람 (in, to, of). ¶ ~s in intelligence 지성이 막상 막하인 사람들. — 图 경쟁하는, 대항하는. ¶ ~ businesses 동업 타사. — 图 (~s [-z], -l-, (英) -ll-) 匣 …와 경쟁하다, …에 대항하다 (for, in (doing)); …에 필적하는, 맞먹는 사람 (in (doing), for). ¶ (~+图+剛+图) She ~ed her mother in beauty. 그녀는 어머니 못지 않은 미인이었다. — 图 경쟁하다, 겨루다, 필적하다 (with, in). ~·less 图
ri·val·rous [ráivəlrəs] 图 경쟁의, 대항[대립, 적대]적인. ~·ness 图
*__ri·val·ry__ [ráivəlri] 图ⓊⒸ 경쟁, 대항; 경쟁[적대] 행위, 대항 (의식), 대립 (관계).
ri·val·ship [ráivəlʃip] 图Ⓤ (드물게) = rivalry.
rive [raiv] 图 (~d; ~d, riv·en; riv·ing) 匣 1 …을 찢다(⇨TEAR 유의어); …을 잡아빈틀어 떼다[따다] (from). ¶ (~+图+剛+图) ~ meat from bone 뼈에 붙은 고기를 뜯다. 2 쪼개다, 빠개다. ¶ a tree riven by lightning 낙뢰로 갈라진 나무. 3 (마음 따위)를 아프게 하다, 갈기갈기 찢다, (기분 따위)를 상하게 하다. — 图 찢어지다, 빠개지다, 깨지다. ¶ This stone ~s easily. 이 돌은 잘 깨진다.
riv·el [rívəl] 图 (캐나다) 작은 경단. — 图 (-l(l)-) (고어) (…에) 주름살을 짓다, 주름지다.
riv·en [rívən] 图 rive의 과거분사. — 图 찢긴, 빠개진; (통나무가) 방사형으로 갈라진.
*__riv·er__[1] [rívər] 图 (~s [-z]) 1 강, 하천(* 하천의 명칭은 〔美〕에서는 the Mississippi River, 〔英〕에서는 the ~ [or River] Thames와 같이 쓴다. 또 the ~ of Jordan처럼 쓰는 것은 옛날 식이다). 2 (물 이외의 것의) 흐름. ¶ a ~ of ice 빙하. 3 (~s) 대량의 유출; 다량의 액체. ¶ ~s of tears 흐르는 눈물 / ~s of blood (전쟁·학살 따위의) 피의 바다. 4 (천문) (the R-) 에리다누스(Eridanus) 자리. 5 다이아몬드 일급품.
cross the river (of death) 죽다. 「려라!
Go (and) jump in the river! 저리 가라!; 얼른 꺼
go down the river 〔美〕 (노예가) 강의 하류 쪽으로 팔려 가다.
sell a person down the river 〔美〕 남을 속이다, 배신하다; 전보다 더 나쁜 상태에 빠뜨리다; 남을 가혹하게 다루다.
up the river 〔美속어〕 교도소로[에서](* 허드슨 강 상류에 Sing Sing 교도소가 있는 데서). ¶ send a person up the ~ 남을 교도소에 집어넣다. 「는.
— 图 (한정용법) (동식물의) 강에 사는, 강변에 서식하
~·less, ~·like 图
riv·er[2] [ráivər] 图 찢는 사람, 비틀어 떼는 사람.
riv·er·ain [rívərèin, ˊ-ˊ] 图 = riverine. — 图 강변에 사는 사람; 하안(河岸) 지역.

riv·er·bank [rívərbæŋk] 圏 강둑, 강기슭.
river basin 圏 (지리) 하천 유역.
riv·er·bed [rívərbèd] 圏 강바닥, 하상(河床).
river birch 圏 [식물] 내자작나무.
river blindness 圏 [병리] 사상충증(絲狀蟲症).
riv·er·boat [rívərbòut] 圏 강배(barge, rowboat 따위). 圏 sea boat
river bottom 圏 (美) 강변 저지대.
riv·er·craft [rívərkrӕft/-krɑ́ːft] 圏 = riverboat.
river duck 圏 [조류] 담수오리류.
riv·er·front [rívərfrʌ̀nt] 圏 (도시의) 강변 지대.
riv·er·god [-gὰd/-gɔ́d] 圏 강의 신, 하백(河伯).
riv·er·head [rívərhèd] 圏 강의 수원(水源), 원류.
river horse 圏 하마(hippopotamus).
riv·er·ine [rívəràin, -rìːn] 圏 강의(같은); 강변의; 강가에 사는.
river mouth 圏 하구(河口).
river novel 圏 대하 소설(roman-fleuve). 圏 saga
river port 圏 하항(河港). [novel
river riding 圏 하천 달리기(자동차 따위로 얕은 여울이 있는 하천에서 달리는 스포츠).
riv·er·scape [rívərskèip] 圏 강의 경치, 하천 풍경.
***riv·er·side** [rívərsàid] 圏圏 강가(의), 강기슭(의).
Riverside Park 圏 리버사이드 파크(뉴욕 Manhattan 섬에 있는 공원).
river surfing 圏 (서핑 보드를 이용한) 하천 급류 타기.
river terrace 圏 하안 단구(河岸段丘). [기.
riv·er·ward [rívərwərd] 圏 강쪽에(으로). (또는 riverwards) — 圏 강에 면한.
***riv·et** [rívit] 圏 1 리벳, 대갈못. 2 (~s) 돈(money).
— (-t-, (英) -tt-) 圉 1 …을 리벳으로 박(아 붙이)다(together, down)(on, into). 圊 (~ + 目 + 前) 图 two pieces of iron together 두 조각의 쇠를 리벳으로 잇다. 2 (못 따위의) 대가리를 찌부러뜨려 고정시키다. 3 …을 단단히 고정시키다; (비유적) 꼼짝 못하게(to). 圊 ~ something in one's mind 깊이 마음에 새기다 / stand ~ed to the spot in terror 두려워서 그 자리에 못박힌 듯 서다. 4 (눈·주의)를 집중하다(on); (…의 마음)을 끌다. 圊 (~ + 目 + 前 + 名) ~ one's eyes on … 에 주목하다. **~·less** 圏
riv·et·er [rívitər] 圏 리벳공(工); 리벳 박는 기계.
rivet gun 圏 (자동식) 리벳 박는 기계. [승무원.
riv·et·head [rívithèd] 圏 (美육군 속어) 전차(탱크)
riv·et·ing [rívitiŋ] 圏 (英구어) 매혹적인, 황홀케 하는; 재미있는.
rivet set 圏 리벳 세트(리벳 대가리를 붙이는 공구).
Ri·vi·e·ra [rìviéərə] 圏 (the ~) 리비에라(프랑스의 Nice에서 이탈리아의 La Spezia에 이르는 지중해 연안 관광·휴양지). [석 목걸이. (<F
***riv·u·let** [rívjulit] 圏 개울, 실개천.
rix-dol·lar [ríksdὰlər/-dɔ̀l-] 圏 릭스 달러(네덜란드·덴마크·독일 등의 옛 은화).
Ri·yadh [rijὰːd] 圏 리야드(사우디아라비아의 수도).
ri·yal [rijɔ́ːl/-jάːl] 圏 리얄(사우디아라비아·카타르 등의 화폐 단위). (또는 **rial**)
RJ (군사) road junction. **RJE** (컴퓨터) remote job entry(원격 작업 입력). **RKO** Radio Keith Orpheum(미국의 영화사 이름). **RL** Rugby League.
R.L.D. retail liquor dealer. [는.
r-less [άːrlis] 圏 (음성) r를 발음하지 않
RLO returned letter office. **R.L.S.** Robert Louis Stevenson. **rly, rly., Rly** railway. **RM** Royal Mail; Royal Marines. **RM, r.m.** reichsmark. **rm.** ream; reichsmark; room. **R.M.** resident magistrate; royal mail; Royal Marines. **R.M.A.** random multiple access(임의 다중 동시 교신); (美) Rice Millers Association(정미(精米)업자 협회); (美) Royal Marine Artillery; Royal Military Academy;

Royal Military Asylum. **RMB** renminbi. **R.M.C.** (英) Royal Military College. **rmdr** remainder. **R. Met. S.** (英) Royal Meteorological Society.
R.M.G. Royal Marine Guard. **R.M.L.I.** Royal Marine Light Infantry. **r.m.m.** relative molecular mass.
R mònths 圏圏 R자가 든 달(즉 9월(September)에서 4월(April)까지로 굴(oyster)을 먹을 수 있는 계절).
R.M.P. (英) Royal Military Police.
rms, r.m.s., RMS root mean square. **RMS** (우주) remote manipulator system(원격 조작 시스템).
R.M.S. Railway Mail Service; (英) Royal Mail Service (Steamship). **Rn** ⑦ (화학) radon. **R.N.** (美) registered nurse(공인 간호사); (英) Royal Navy.
RNA ribonucleic acid.
RNA pòl·y·mer·ase [-pάliməreis/-pɔ́l-] 圏 (생화학) RNA 폴리머라제(DNA를 주형(鑄型)으로 하여 RNA를 합성하는 효소).
RNA rép·li·case [-répliketis] 圏 (생화학) RNA 레플리카아제(RNA를 주형(鑄型)으로 하여 RNA를 합성하는 효소. [Naval Air Station.
R.N.A.S. (英) Royal Naval Air Service(s); Royal
RNase [άːreineis, -eiz] 圏 (생화학) = ribonuclease, (또는 **RNAase**)
RNA sýn·the·tase [-sínθəteis, -tèiz] 圏 (생화학) RNA 합성 효소, RNA 신테타아제.
RNAV (항공) area navigation.
RNA vírus 圏 RNA(형) 바이러스.
R.N.C. (英) Royal Naval College. **R.N.D.** (英) Royal Naval Division. **rnge** range. **R.N.I.B.** (英) Royal National Institute for the Blind. **R.N.L.I.** (英) Royal National Lifeboat Institution. **RNP** (생화학) ribonucleoprotein. **R.N.R.** (英) Royal Naval Reserve(英) 해군 예비대(원)). **R.N.V.R.** (英) Royal Naval Volunteer Reserve. **RNZAF** Royal New Zealand Air Force. **RNZN** Royal New Zealand Navy. **ro.** recto; roan; rood. **Ro** (성서) Romans. **R.O.** Receiving Office(r); Regimental Order; (국제 자동차 식별기호) Romania.
ROA (회계) return on assets (총자산(자본) 이익률.
roach¹ [routʃ] 圏 (~ · es) 1 (구어) = cockroach. 2 (속어) 마리화나 담배 꽁초. 3 (美속어) 매력 없는 여자; 비열한 놈. 4 (美흑인 속어) 경찰관. 5 (美속어) (경마) (2류의) 경주마; 짐말.
(as) sound as a roach 매우 건강한, 싱싱한.
roach² 圏 (圏 ~ · es) 유럽산(産) 잉어과(科)의 민물고기; 그것과 비슷한 북미 동부산(産)의 물고기.
roach³ 圏 (해사) 로치(돛대나 밧줄에 닿지 않도록 가로돛의 아랫 부분, 또는 양측 곡선 부분을 활통처럼 잘라낸 것).
róach bàck 圏 (개·말 따위의) 둥근(아치형) 등.
roach-bel·lied [-bèlid] 圏 둥글게 배가 나온.
róach còach 圏 (美속어) 경식(軽食) 판매차.
‡road [roud] 圏 (圏 ~**s** [-z]) 1 길, 도로; 간선 도로, 공도; 차도. ¶ a national ~ 국도/ the Silk R- 실크 로드/ All ~s lead to Rome. (속담) 모든 길은 로마로 통한다. 2 (R-) …가(街), …로(路)(@ Rd.); (the R-) (英) …가도(街道). 3 진로, 행로, 코스 (to). ¶the ~ of life 인생 행로. 4 (비유적) (…에의) 길, 방법, 수단 (to). ¶There is no royal ~ to learning. (속담) 학문에 왕도(좀쉬운) 길은 없다. 5 (종종 ~s) (美) (해사) = roadstead. 6 (the ~) (극단 따위의 New York 시 이외의) 순회 공연지; (야구팀의 본거지 이외의) 원정지. 7 (美) 철도; 선로. 8 (채광) (석탄 운반용의) 갱도, 터널. 9 출발 허가.
any road; anyroad (英) 어쨌든, 여하튼(anyway).
break a road 길을 헤치고(곤란을 물리치고) 나아가다.
burn up the road (속어) 굉장한 속도로 운전하다

[나아가다].
by road (배·비행기·철도에 의하지 않고) 도로로, 도보[자동차]로. ¶travel *by* ~ 도보로 여행하다.
down the road 장래에.
for the road 작별의 표시로(술을 마시는 따위); 귀가 전에. ¶have a glass *for the* ~ 작별을 위해[귀가 전에] 한잔하다.
get out of *a person's* [or **the**] **road** (구어) 남의 통행에 방해가 되지 않도록 옆으로 비키다. 남에게 방해가 되지 않게 하다.
give *a person* **the road** ① 남에게 길을 양보하다. 지나가게 하다. ② (캐나다 속어) 남을 피하다.
go over the road 교도소에 들어가다; 복역하다.
go upon the road (고어) 노상 강도가 되다.
hit the road (속어) ① 여행을 떠나다; 돌아가다; 출발하다. ② 방랑하다. ③ 세일즈맨으로 돌아다니다. ④ (명령형으로) 나가다.
hold [or **hug**] **the road** (자동차의 타이어가) 노면에 밀착하여 달리다; (자동차가) 매끄럽게 잘 달리다.
in a person's [or **the**] **road** 남의 길을 막고; 남에게 방해가 되어.
one for the road (헤어질 때 마시는) 마지막 한잔의 [술].
on the road ① 여행을 하고 있는; 통행중의. ② 지방을 돌고 있는, 행상중의; 순회 공연을 하고 있는, 원정중인. ③ …을 향해 가고 있는, 진전중인(*to*). ¶He is *on the* ~ *to* recovery. 그는 회복중이다. ④ 방랑(생활을)하여.
take it on the road (극단이) 지방 순회 공연을 하다.
take the road ① 출발하다. ② 여행을 떠나다.
take the road of *a person* 남의 위에 서다.
take to the road ① 여행을 떠나다. ② (고어) 노상 강도가 되다; 부랑자가 되다. ③ (극단 등이) 순회 공연을 떠나다.
the end of the road (일·관계의) 끝, 최후; 인생의 최후.
──⑤ⓒ ① (개가) (사냥감의) 발자국 냄새를 추적하다. ② (화물)을 도로(道路) 수송하다.
~·less **~·less·ness** [주행 능력.
road·a·bil·i·ty [ròudəbíləti] ⓝⓤ 자동차의 (도로)
road·a·ble [róudəbl] ⓐ 도로를 갈 수 있는; (비행기가) 자동차로 개조될 수 있는, 공륙(空陸) 양용의.
róad àgent (美) (옛날 역마차 길에 출몰했던) 노상 강도(highwayman).
róad àpple (속어) 노상(길가)의 말똥.
road·bed [róudbèd] ⓝ (철도의) 노반(路盤); (도로의) 노상(路床); 노면.
road·block [róudblɑ̀k/-blɔ̀k] ⓝ 1 (검문 따위를 위한) 노상 바리케이드. 2 (낙석 따위의) 노상 장애물. 3 (적의 진격을 막는) 방책. 4 방해하는 것[행위, 조건], 장애. ──⑤ⓣ …을 바리케이드로 저지하다; …을 방해하다.
road·book [róudbùk] ⓝ 도로 안내서. [다.
road·bound [-bàund] ⓐ 도로 전용의, 도로밖에 이용되지 못하는. ¶~ vehicles 도로 전용 차량.
róad còmpany 지방 순회 극단.
road·craft [róudkræ̀ft/-krɑ̀ːft] ⓝ (英) 운전 기술.
róad dràg 노면 고르는 기계.
road·e·o [róudiòu] ⓝ (⟮ -s) 로디오(트럭 운전사의 운전 솜씨를 겨루는 대회). (<*road*+*rodeo*)
road·er [róudər] ⓝ (속어) 장거리 택시 승객.
róad fòod 도로변 식당 음식.
róad fùnd (英) 도로 기금(도로·교량 증설용).
róad fùnd lìcence (英) 자동차세 납부 증명서.
róad gàme (프로야구·농구팀의) 원정 경기.
róad gàng (집합적) 도로 보수반; (美) 죄수 도로 보수 작업반.
road·guard [róudgàːrd] ⓝ (군사) 도로 통제원(행군을 위해 도로 차단 등을 행함). [운송.
róad hàulage (英) 도로(道路) 수송(운수)(업). 도로
róad hòg ⓝ (길 중앙을 달리는 등) 난폭 운전을 하는
운전자. **róad·hòg·gish** ⓐ **róad·hòg·gism** ⓝ
road·hold·ing [róudhòuldiŋ] ⓝⓤ (英) 자동차의 주행 안전성.
road·house [róudhàus] ⓝ (⟮ *-hous·es* [-hàuziz]) (자동차 운전자를 위한) 가로변의 여관[술집, 댄스 홀 따위]; (여행자용) 숙소.
róad hùmp =sleeping policeman.
road·ie [róudi] ⓝ (속어) (록 그룹 등의) 지방 공연
róad kìd ⓝ (속어) 젊은 부랑자, 부랑아. [매니저.
road·kill [róudkìl] ⓝ 차에 받혀[치어] 죽은 동물.
róad·lamp [⊣læmp] ⓝ 가로등.
road·mak·er [róudmèikər] ⓝ 도로 건설(기술)자.
róad màking ⓝ 도로 건설 (기술).
road·man [róudmən] ⓝ 1 로드맨(자전거 도로 경주에 출장한 선수). 2 트럭 운전사; 차로 이동하는 세일즈맨. 3 도로 (보수, 공사) 인부. **~·ship** ⓝⓤ 운전자
róad mànager (= roadie.   [의 마음가짐.
róad màp ⓝ 도로 지도; 길잡이, 안내서.
róad ménder ⓝ 도로 보수 인부.
róad métal ⓝ (英) 도로 건설용 재료(자갈 따위).
róad mónkey ⓝ (美 속어) = road mender.
róad móvie ⓝ 로드 무비(주인공이 도주 등으로 길을 떠나는 영화).
róad pèn ⓝ 끝이 두 갈래로 갈라진 제도용 펜.
róad pèople ⓝ (美 구어) 자동차[자동차족(차를 얻어타고 이 도시 저 도시를 떠돌아다니는 (젊은) 사람들).
róad prícing ⓝ (英) (도로의 혼잡을 줄이기 위한) 도로 통행료 징수.
róad rácing ⓝ (자동차·자전거의) 도로 경주.
róad ràge ⓝ (美) 노상(路上) 분노[울화](교통 체증 등으로 인해 치미는 분노).
róad ràsh ⓝ (美 속어) 스케이트보드에서 떨어져 생긴 상처.
róad róller ⓝ 롤러로 땅을 고르는 사람; 도로 고르[는 롤러.
road·run·ner [róudrʌ̀nər] ⓝ 땅위를 질주하는 뻐꾸기류의 새(북미산(産)).   [운동.
róad sáfety ⓝ 교통 안전. **~ campaign** 교통 안전
róad sènse ⓝ (운전자·보행자 등의) 도로 이용 능력, 도로 감각, 교통 안전 의식.
*****róad shòw** ⓝ 1 (연극 따위의) 순회 공연, 지방 순회. 2 (영화의) 특별 상영, 독점 개봉 상영, 로드쇼. 3 (상품 등의 홍보·판촉을 위한) 순회 선전. 4 (구어) 선거 유세의 일행. (또는 **róadshòw**)
road-show [⊣óu] ⓐ 로드쇼의. ──⑤ⓣ (영화)를 개봉[독점] 상영하다; (연극 등)을 순회공연하다; (제품 등)을 순회 전시하다.
*****road·side** [róudsàid] ⓝ 길가, 노변. ¶*by* [or *at*, *on*] *the* ~ 길가[노변]에(서). ──ⓐ 길가의, 노변의.
róad sìgn ⓝ 도로 표지.
róad stàke ⓝ (美 속어) (떠돌이 노동자의) 여행 비용.
road·stead [róudstèd] ⓝ (해사) (앞바다의) 정박지, 투묘지(投錨地).
road·ster [róudstər] ⓝ 1 로드스터(한 좌석에 2, 3명이 타는 지붕 없는 자동차). 2 승용마, 마차 끄는 말; 경장(輕裝) 마차(buggy). 3 (英) 자전거. 4 roadstead 에 닻을 내린 배. 5 노상 강도; 방랑자.   [랑].
road·stop [róudstɑ̀p/-stɔ̀p] ⓝ 노변 카페[레스토
róad tàx (英) (자동차의) 통행세.   [실기 시험.
róad tèst (자동차의) 노상 성능 테스트; 운전자의
road-test [⊣tèst] ⑤ⓣ (자동차·운전자)의 노상 테스트를 하다.   [레일러의 일단.
road·train [⊣trèin] ⓝ 자동차 대열; (濠) 연결된 트
róad wàrrior ⓝ 외판원, 순회 판매원.
*****road·way** [róudwèi] ⓝ (the ~) 도로, 도로 부지[용지]; (英) 차도.
road·work [róudwə̀ːrk] ⓝ 1 ⓤ (권투 선수의) 로드워크. 2 (~s) (英) 도로 공사.   [로용의.
road·wor·thy [róudwə̀ːrði] ⓐ 도로에 적합한, 도

‡**roam** [roum] 歐 (~s [-z]) 죈 (정처 없이) 돌아다니다, 배회하다, 방랑하다 (*about, around, through, over*). ¶ (~+前+名) ~ *about* the forest 숲속을 헤매다.

> 유의어 **roam** 넓은 지역을 정처·목적 없이 (호기심 따위 때문에) 돌아다니다. **ramble** 길을 밟는 순서나 목적지에 아랑곳없이 마음내키는 대로 즐겁게 (일정한 거리를) 어슬렁거리다. **range** 넓지만 한정된 지역을 (무엇인가를 찾아) 샅샅이 돌아다니다. **rove** 뚜렷한 목적을 가지고 넓은 지역을 걸어다니다. **prowl** 사냥감을 찾아서 밤에 몰래 돌아다니다. **stray** 어떤 장소·길에서 벗어나 길을 잃고 헤매다. **wander** 일정한 노순(路順)이나 목적도 없이 돌아다니다.

── 囤 …을 돌아다니다, 방랑하다. ── (图 ~s [-z]) 〜-**er** 图 배회자, 방랑자. 〜 图 배회, 방랑; 산책.

roam-a-phone [ʒəfòun] 图 휴대 전화.

roan [roun] 图 (말이) 밤색털에 흰색 또는 회색털이 섞인, 흰 바탕에 검정 기타의 색이 섞인. ── 图 **1** 그런 짐승(특히 말). **2** 图 (제본용의) 연한 양(羊)가죽.

‡**roar** [rɔːr] 歐 (~s [-z]) 죈 **1** (맹수가) 포효하다, 으르렁거리다. **2** 고함치다, 소리지르다, 노호(怒號)하다; 큰 소리로 말하다; 크게 웃다(*in, with, at, for*). ⇒ CRY 유의어 ¶ (~+前+名) ~ *in* rage 노해서 부르짖다 / ~ *with* laughter 크게 웃다 / ~ *at* a joke 농담에 웃음을 터뜨리다. **3** (바람·파도·천둥·대포 따위가) 쾅쾅을 내다, 윙윙거리다. ¶ The wind ~ed in the chimney. 바람으로 굴뚝이 윙윙거렸다. **4** (탈것·기계 따위가) 삐걱한 소리를 내다(*along, away*). ¶ (~+前) The jet plane ~ed *away*. 제트기가 폭음을 울리며 날아갔다. **5** (병든 말이) 그렁그렁거리며 숨쉬다, 헐떡거리다. **6** (장소 따위가) 떠나갈 듯 울리다. ── 囤 **1** …을 큰 소리로 말하다[노래하다]; 고함치다, 외치다(*out*). ¶ ~ a welcome 환성을 지르며 맞이하다 // (~+目+副) ~ *out* a command 큰 소리로 명령하다. **2** 소리를 질러 (남)을 어떤 상태로 만들다. ¶ (~+目+补) ~ oneself hoarse 고함을 너무 쳐서 목이 쉬다 // (~+目+补) ~ a speaker *down* 연사에게 야유를 퍼부어 말을 못하게 하다. **3** (엔진 따위가) 쾅쾅을 내게 하다.

roar up (濠구어) (남)을 질책하다, 꾸짖다.

── 图 (~s [-z]) **1** (맹수의) 포효, 으르렁거리는 소리. **2** (사람의) 고함소리, 외치는 소리, 크게 말하는 소리, 와작한 웃음 소리. ¶ ~s of laughter 와작지껄한 웃음 소리. **3** (바람·파도·천둥 따위의) 쾅쾅. **4** (발동기·차 따위의) 쾅쾅.

in a roar 떠들썩하게, 와자하게 떠들다. ¶ set the table *in a* ~ 식탁에 앉은 사람들을 와작 웃기다.

roar-er [rɔːrər] 图 포효(노호)하는 것(맹수 따위); 큰 소리를 지르는 사람, 크게 웃는 사람; (바람·파도·천둥 따위가) 요란한 소리를 내는 것; 숨을 할딱이는 말; (소리내며 분출하는) 분유정(噴油井).

*****roar-ing** [rɔːriŋ] 图 **1** [U][C] 으르렁거림; 그 소리. 포효, 노호; 우렁찬 소리, 떠들썩한 소리, 쾅쾅. **2** [U] (수의) 말의 천명증(喘鳴症). ── 图 **1** 울부짖는; 고함치는, 큰 소리를 내는; (바람 따위가) 윙윙거리는; (차가) 쾅쾅을 내는. ¶ a ~ night 떠들고 마시며 떠들어대는 밤; 폭풍의 하룻밤. **2** (영업 따위가) 번성하는; 활발한, 활기 넘치는. ¶ in ~ health 활기에 넘쳐 / They are driving a ~ business. 그들은 장사가 잘 되고 있다. **3** 완전한, 철저한. ¶ a ~ success 대성공. ── 图 대단히. ¶ get ~ drunk 곤드레만드레 취하다. 〜-**ly** 图

Róaring Éighties (the ~) (美) 광란의 80년대 (호황과 기업의 매수 합병(M&A)가 활발했던 1980년대의 경제).

róaring fórties (the ~) 거친 40°대(帶)(태평양·대서양의 북위 및 남위 40-50° 사이의 폭풍 해역).

Róaring Twénties (the ~) 광란의 1920년대 (미국에서 재즈 음악·찰스턴 춤이 대유행하던 시대).

‡**roast** [roust] 囤 **1** (고기)를 (화덕에, 불에 바로 쬐어, 뜨거운 재에 묻어) 굽다(⇒ BURN 유의어); (콩 따위)를 볶다, (불에) 쬐어 말리다. ¶ (~+目+补) ~ the beans brown 콩을 노릇노릇 볶다. **2** (태양이) …을 태우다, 뜨겁게 달구다. ¶ The sun ~ed the valley. 햇빛이 골짜기를 달구어 놓았다. **3** (불에 쬐어) …을 데우다. ¶ (~+目+前+名) ~ oneself *at* the fire 불에 몸을 녹이다 / ~ one's hands *over* the fire 손을 불에 쬐다. **4** (야금) (광석 따위)를 배소(焙燒)하다. **5** (구어) …을 놀리다, 조롱하다; 을 비평(혹평)하다. ¶ He was ~ed to a merciless degree. 그는 가차없는 혹평을 받았다. ── 歐 **1** 고기를 굽다. **2** (고기가) 구워지다, 쬐어지다. (콩이) 볶이다. **3** 몹시 덥다[덥혀지다].

fit to roast an ox (불이) 맹렬히 타서.

── 图 **1** [U][C] 불고기, 로스트 비프. **2** (불고기용의) 고기. **3** 굽기, 쬐기, 배소. **4** 구운[볶은] 것. **5** (구어) 조롱, 혹평. **6** (美) (야외에서의) 불고기 파티(야외회). **7** (야금) 배소.

rule the roast 일을 주재하다, 좌지우지하다.

── 图 구운, 볶은. ¶ ~ pig 돼지 통구이.

〜**·a·ble** 图

róast béef 쇠고기 구이, 로스트 비프.

roast·ed [róustid] 图 **1** 구운, 볶은. **2** (속어) 곤드레만드레 취한.

roast·er [róustər] 图 **1** 굽는[볶는, 그슬리는] 기구. 로스터. **2** 통째로 굽는 동물(병아리·돼지 새끼 따위). **3** 굽는[볶는, 그슬리는] 사람. **4** (연회의) 초대 연사(演士).

roast·ing [róustiŋ] 图 **1** 굽는 데 쓰는; 굽기에 알맞은, 로스트용의. ¶ a ~ jack 로스트용[쇠꼬챙이] 회전기. **2** 타는[찌는] 듯한, 몹시 더운. ¶ a ~ day 몹시 더운 날 / I'm simply ~. 더워서 못 견디겠다. **3** (부사적) 타는 듯이. ── 图 **1** [U] 굽기, 볶기. **2** (구어) 비난, 혹평.

give a person a real [or ***good***] ***roasting*** 남을 몹~-**ly** 图 [시 나무라다[꾸짖다].

róasting èar 图 **1** 껍질째 구워 먹는 옥수수(열매). **2** (美중남부) 삶거나 찌기 좋은 옥수수(열매).

róasting jáck 통째 꼬치 구이기(器).

‡**rob** [rab/rɔb] 歐 (~s [-z]; -**bb**-) 囤 **1** (때로 수동형으로) (남)으로부터 (금품·권리 따위)를 빼앗다, 약탈하다, 강탈하다 (*of*). ¶ (~+目+前+名) I was ~*bed of* my purse. 나는 지갑을 빼앗겼다 / The insufficient nutrition ~*bed* him *of* his sight. 그는 영양 실조로 시력을 잃었다.

> 유의어 **rob** 폭력·협박·사기 따위로 빼앗다. **steal** 몰래 훔치다. **deprive** 권리·지위, 기타 추상적인 것을 빼앗다.

2 (집·가게 따위)로부터 금품을 훔치다, …을 털다. ¶ ~ a safe[bank] 금고(은행)를 털다. **3** (재팽) …을 마구 채najnowszech다. **4** (야구) (상대방)으로부터 멋지게 히트[점수]를 빼앗다. **5** (속어) (남)을 찍소리 못하게 하다.

── 歐 도둑질[강도질]을 하다, 약탈하다.

rob a person blind (속어) 남에게서 거액을 갈취하다. ② 남에게서 바가지를 씌우다.

rob Peter to pay Paul 갑에게서 빼앗아(꾸어서) 을에게 주다[갚다], 꾼 돈으로 꾼 돈을 갚다.

rob the cradle ⇒ CRADLE.

We was [or ***wuz***] ***robbed!*** (부당한 판정(불운)으로) 승리를 빼앗긴다, 속았다, 협잡이다.

Rob [rab/rɔb] 로브(남자 이름; Robert의 별칭).

‡**rob·ber** [rábər/rɔb-] 图 (图 ~s [-z]) 강도, 도둑; 약탈자, 노상 강도; ⇒ thief

róbber báron [英역사] 노상 강도 귀족(자기의 영지를 통과하는 여행자를 턴 중세의 영주); (19세기말 미국의) 악덕 자본가(실업가).

‡**rob·ber·y** [rábəri/rɔb-] 图 **1** [U][C] 강도 (행위), 약탈, 탈취; [C] 강도 사건. ⇒ THEFT 유의어 **2** [U] (법률) 강도죄. ¶ commit ~ 강도질을 하다.

‡**robe** [roub] 图 (復 ~s [-z]) 1 길고 헐거운 겉옷; (종종 ~s) 예복, 관복, 법복, 법의, 정복. ¶official ~s; ~s of office (정식의) 관복/royal ~s 어의(御衣), 곤룡포/the short ~ 군복/the long ~ (법률가·성직자의) 긴 겉옷/gentlemen of the (long) ~ 법률가들. 2 (일반적으로) 길고 헐거운 옷 (가운·위생복·유아복 따위); (긴 원피스형의 우아한) 여성복; (~s) 의복, 옷. ¶hospital ~s 입원 환자복/a dressing ~ 화장복. 3 (美) (짐승 가죽 따위로 만든) 여행용 무릎 덮개. 4 (비유적) (시) 덮개, 장막. ¶the ~ of night 밤의 장막. 5 (美) 웃살, 양복장(wardrobe).
both robes 군인과 문판.
follow the robe 법률가가 되다.
— 图(他) (남)에게 옷[예복 따위]을 입히다; (비유적) …에 옷을 입히다, …을 덮다(*in*). ¶land ~*d with* [or *in*] snow 눈 덮인 땅. — 图 옷[예복 따위]을 입다.
robe oneself 옷을 입다.
∼·less 图 **rób·er** 图

robe-de-cham·bre [F rɔbdəʃɑ̃:bR] 图 (復 **robes-**) 실내복, 화장복. 〈F〉
Rob·ert [rɑ́bərt/rɔ́b-] 图 1 로버트(남자 이름). 2 (英俗) 경찰관(policeman).
‡**rob·in** [rɑ́bin/rɔ́b-] 图 (復 ~s [-z]) 1 (유럽산) 붉은가슴울새(~ redbreast). 2 미국울새(북미산(產)).
Rob·in [rɑ́bin/rɔ́b-] 图 로빈(남자 이름; Robert의 별칭).
Róbin Góod·fel·low [-gúdfèlou] 图 영국 민화에 나오는 우스꽝스러운 작은 요정(Puck).
Róbin Hòod 图 로빈 후드(Sherwood Forest에 있었다는 12세기 영국의 전설적인 의적(義賊)); 빈민을 위해 행동하는 사람.
sell Robin Hood's pennyworth 헐값으로 팔아넘기다.
Róbin Hòod's bàrn 图 (美俗) 멀리 돌아서 가는 길. ¶go around ~ 둘러서 가다; 간접적인 방법으로 일을 해내다; 간단한 일을 복잡하게 하다.
rób·in's-egg blúe [rɑ́binzèg-/rɔ́b-] 图 녹색을 띤 밝은 청색.
Rob·in·son [rɑ́binsən/rɔ́b-] 图 로빈슨(남자 이름).
Róbinson Crú·soe [-krúːsou] 图 1 로빈슨 크루소(Daniel Defoe의 동명 소설의 주인공). 2 (또는 **Crusoe**) 단신 표류자; 혼자 힘으로 살아가는 사람.
Róbinson projéction [지도] 로빈슨 투영도법.
ro·ble [róublei] 图 (식물) (미국 California 주산) 참나무의 일종.
ro·bo [róubou] 图 (美) 로보(의원들이 선거구민의 진정 따위에 대한 회답으로 보내는 상투적 표현의 편지).
Rob·o·doc [rɑ́bɑdɑ̀k/rɔ́bɔdɔ̀k] 图 로봇 닥터, 로봇 의사(수술[의료]용 로봇). (또는 **Robo-Doc**) 〈*robot+doctor*〉
ro·bomb [róubɑ̀m/-bɔ̀m] 图 =robot bomb.
rob·o·rant [rɑ́bərənt/rɔ́b-] 图 (의학) 몸을 보하는, 정력을 북돋우는. — 图 보약, 강장제.
‡**ro·bot** [róubɑt, -bət/-bɔt, -bət] 图 1 로봇, 인조 인간. 2 (자기 판단에 의하지 않고 행동하는) 로봇 (같은) 인간. 3 자동 기계(장치). 4 (남아공) 교통 신호기. — 图 (한정용법) 무인[자동] 조종의. ∼**·ism** 图① 기계적 방식[행위], 성격. ∼**·is·tic**, ∼**·like** 图
róbot bòmb 图 로봇 폭탄. (또는 **róbomb**).
róbot dàncing [dɑ̀ns] 图 로봇 댄스. 「같은.
ro·bot·esque [ròubətésk, -bɑt-/-bɔt-] 图 로봇
ro·bot·ic [roubɑ́tik/-bɔ́t-] 图 로봇의[같은]. — 图 (드물게) 로봇. ∼**·i·cal·ly** 图
ro·bot·i·cist [roubɑ́təsist/-bɔ́t-] 图 로봇 연구가 〔기술자〕(robot scientist[engineer]).
ro·bot·ics [roubɑ́tiks/-bɔ́t-] 图(復) (단수취급) 1 로봇 공학. 2 =robot dancing.
ro·bot·ize [róubətàiz] (+ 英) **-ise**) 图他 (사람·공장) 로봇화하다; (공장·설비 따위)을 자동화하다. — 图 자

동화하다. **-i·zá·tion** 图① 자동화.
róbot lànguage 图 (컴퓨터) 로봇 언어(산업용 로봇에게 작업 순서를 명령하기 위한 프로그램 언어).
róbot pìlot 图 (항공) 자동 조종 장치.
róbot revolútion 图 로봇(화) 혁명.
Rob Roy [rɑ́b rɔ́i/rɔ́b-] 图 로브로이(스카치 위스키로 만든 맨해튼 칵테일). 「용 무영(無勇) 폭약」.
ro·bur·ite [róubərait] 图① 로버라이트(광산
*·**ro·bust** [roubʌ́st, ⁴-] 图 1 튼튼한, 억센, 강건한; (체격이) 옹골찬, 늠름한(⇒STRONG 유의어); (사상 · 의지 따위가) 확고한. ¶a woman of ~ health 건강미가 넘치는 여성/a ~ mind 강인한 정신. 2 활발한, 활기가 있는. ¶a ~ economy 활황을 보이는 경제. 3 (일 따위가) 체력(인내)이 필요한, 힘이 드는. 4 (사람의) 거친, 조야 (粗野)한. 5 (술 따위가) 감칠맛이 도는. ¶the ~ flavor of wine 포도주의 그윽한 맛. ∼**·ly** 图 ∼**·ness** 图
ro·bus·tious [roubʌ́stʃəs] 图 1 거칠, 난폭한, 떠들썩한. 2 (고어) 강건한, 건장한, 건강한; (몸집이) 건장하게 생긴. ∼**·ly** 图 ∼**·ness** 图
roc [rɑk/rɔk] 图 1 (아라비아 신화) 로크 새(전설상의 거대하고 괴상한 새). ¶a ~'s egg 말로는 실제로는 없는 것. 2 (군사) 로크(원거리 무선 조종 폭탄).
ROC Republic of China; (군사) *required operational characteristics*(요구 운용 특성). **R.O.C.** Royal Observer Corps(영국 방공 감시대).
roc·am·bole [rɑ́kəmbòul/rɔ́k-] 图 유럽산(產) 부추의 일종(조미료용).
Róch·dale prínciples [rɑ́tʃdèil-/rɔ́tʃ-] 图復 로치데일(협동 조합) 원칙(외상 판매는 않으며 수익금은 구매자인 조합원에게 분배됨). 「(성간의 거리의 한계치).
Róche limit [róuʃ-] 图 (천문) 로시 한계(주성과 위
Rochélle sàlt [rouʃél-] 图 (화학 · 약학) 로셀염(塩) (주석산(酒石酸) 칼륨 나트륨의 별명; 완하제(緩下劑)).
Róche lòbe 图 (천문) 로시 돌출(천체 상호간의 인력에 의하여 천체에 생기는 가스상(狀)의 돌출부). 〔프랑스의 천문학자 Édouard Roche(1820–83)의 이름)
roch·et [rɑ́tʃit/rɔ́tʃ-] 图 (교회) (수도원장 · 사제 등이 입는) 아마포의 짧은 흰 옷.
‡**rock**[1] [rɑk/rɔk] 图 1 ①ⓒ 바위, 암석; 암반; 암산; 암벽; (지질) 암석. ¶igneous ~ 화성암/built [or founded] on the ~ 반석 위에 선, 견고한. 2 (美·濠) 돌, 잔돌. ¶throw ~s at a person 남에게 돌을 던지다. 3 (종종 ~s) 암초(岩礁), 암초(暗礁). ¶a sunken ~ 암초(暗礁). 4 (비유적) 곤란, 곤경; 위험물. ¶be near the ~s 위험이 다가오고 있다. 5 (바위처럼) 튼튼한 받침, 지주, 의지; 방어물, 피난처. ¶*The Lord is my* ~. 여호와는 나의 반석이시오(一사무엘 하 (2 Sam.) 22:2). 6 ① (英) (막대 모양의) 사탕 과자; (美) =~ candy. 7 (종종 ~s) (美俗) 경화; 1달러 지폐, 돈(때로 the R-) 다이아몬드; 보석. 9 =rockfish. 10 =~ dove. 11 (野俗) (美俗) 어리석은 실수. 12 (美俗) 얼음덩어리, 각빙(角水). 13 (~s) 고환, 불알. 14 (수용소 따위로서의) 섬; (the R-) (美俗) Alcatraz 섬(에 있던 연방 교도소). 15 (美俗) 흑인. 16 (~s) (英俗) 용기. 17 (美俗) 터푸가이. 18 (英俗) 학교용 빵. 19 (~s) (美俗) 이, 이빨. 20 의지가 굳은 사람. 21 (俗) ① 코카인, 끽연용 결정(結晶) 헤로인.
(as) firm [or solid, steady] as a rock 매우 견고한, 견고 부동의; 믿을 수 있는.
between a rock and a hard place 난처한 지경에 빠져, 달갑지 않은 선택을 강요당해.
get one's rocks (off) ① (비어) 사정(射精)하다. ② (俗) 환희에 젖다, (···을) 즐기다 (*on*).
have rocks in one's [or the] head (美俗) (특히 의문문으로) 바보다, 어리석다.
off the rocks (구어) 위험[파탄]을 면하여.
of the old rock (보석이) 상등의; 품질 보증을 필한.

on the rocks ① (배가) 좌초하여, 난파하여. ② (구어) 진퇴 양난의 궁지에 빠져, 파탄을 초래하여; 돈에 궁해서, 파산하여. ¶ Their marriage went *on the ~s.* 그들의 결혼은 파탄을 가져왔다. ③ (위스키 따위에) 얼음만 넣고[넣은], 온더록으로[의].
pull a rock (속어) 〔야구〕 실수를 저지르다.
Rocks ahead! 암초다!; (일반적으로) 위험하다!
rocks for jocks (美속어) (대학의) 지질학 입문 강좌.
run [or **go, strike**] **on** [or **against**] **the rock(s)** (배가) 좌초하다; 위험에 부딪치다, 파멸하다.
the rock of ages 영원한 반석(그리스도를 가리킨다. ←이사야(Isa.) 26 : 4); 의지가 되는 것[사람].
Tough rocks! (美속어) 이거 미안!
— 팀 바위의[로] 된, 반석의. — 팀 1 …에게 돌을 던지다. 2 (英방언) [주전자의] 물때를 벗기다.
‡**rock²** 톰 (~ed [-t]) 재 1 전후[좌우]로 흔들리다, 진동하다. ⇨SYN 유의어 2 (마음이) 세차게 흔들리다, 크게 감동하다(with). 3 (채광) 선광기(選鑛器)로 흔들어 선광하다. 4 로큰롤로 노래하다[춤추다], 로큰롤을 연주하다. — 팀 1 …을 (가볍게) 앞뒤[좌우]로 흔들다. ¶ ~ a cradle 요람을 살살 흔들다. 2 (사람·물건)을 흔들어 …하게 하다; (남)을 (안심하도록·희망을 갖도록) 달래다, 달래어 …을 하게 하다(*into*, *to*). ¶ ~ a baby to sleep / She ~ed her baby asleep. 그녀는 아기를 달래어 잠들게 했다 // (~+目+前+图) He was ~ed into a false sense of security. 그는 명청하게도 안전하다고 안심하고 있었다. 3 동요시키다, 흔들어놓다; 크게 감동시키다. ¶ ~ a person's decision 남의 결심을 흔들어놓다. 4 (지진·폭풍의) …을 세차게 흔들다, 진동시키다. ¶ The strong wind ~ed trees. 강풍이 나무들을 마구 뒤흔들었다. 5 (채광) …을 선광기로 흔들어 선광하다. 6 (판화) …을 도트로 돌조돌하게 새기다. 7 …을 후려갈기다, (때려서) 비틀거리게 하다.
rock along (美구어) 종래와 다름 없이 진행되다; 전보다 나아진 것 같지 않다.
rock a person's world (美속어) 남과 성교하다.
rock 'em, sock 'em (美속어) 날뛰다, 설치다.
rock on (美속어) =*rock out* ①.
rock out ① (美구어) 마음것 즐기다. ② (美흑인속어) 기진 맥진하다. ③ (美속어) (마약으로) 의식이 몽롱하다.
rock the boat (구어) 풍파를 일으키다, 일을 어렵게 만들다.
— 팀 1 ⓤⒸ 동요, 흔들기; 한 번 흔들기. 2 ⓤ =rock-'n'-roll; 록 음악; (美속어) 록 애호가[팬].
— 팀 로큰롤의.
᪨**·a·ble** 팀 ᪨**·ing·ly** 팀
rock³ 팀 (고어) 실패, 실감개(distaff).
rock⁴ =striped bass.
rock·a·bil·ly [rákəbìli/rɔ́k-] 팀 ⓤ 로커빌리(록과 컨트리음악의 요소를 지닌 대중 음악의 일종); 그 가수. [< *rock*-'n'-roll+hill*billy*]
rock·a·by(e) [rákəbài/rɔ́k-] 팀 재 =hushaby.
rock·air [rákɛ̀ər/rɔ́k-] 팀 로크에어(비행기로 상공에 가지고 가서 발사하는 관측용 로켓).
rock-and-roll [-ənróul] 팀 =rock-'n'-roll.
— 팀 =rock² 4. ~·**er** 팀
róck and rýe (美) 라이보리 위스키에 설탕·과일을 넣은 음료.   「인승 경4륜마차.
rock·a·way [rákəwèi/rɔ́k-] 팀 록커웨이②,③ 극
róck ballèt (록 음악에 맞추어 추는) 록 발레.
róck bèd 바위 기반, 암반.
róck bòlt 〔광산·토목〕 록볼트(지하 공간의 천장 붕괴 방지용 철제 볼트).
róck bòot 팀 암벽 등반용 부츠.   「빈(極貧).
róck bòttom 팀 맨 밑바닥, 최하층, 최저; (구어) 극
rock-bot·tom [ʹbátəm/-bɔ́t-] 팀 최저의, 맨 밑바닥의. ¶ ~ *prices* 최저가.
rock-bound [ʹbàund] 팀 바위에 둘러싸인; 바위가 많은; 완강한, 불굴의.
róck càke [**bùn**] 팀 (英) 록 케이크(표면이 까칠까칠하고 딱딱한 과자).
róck cándy 팀 1 (美) 얼음 사탕(英) (sugar) candy). (英) 막대 사탕과자. 2 (속어) 다이아몬드. 3 (속어) 픽용용 결정(結晶) 헤로인.
róck clímb 팀 (한 번의) 암벽 타기; 암벽 등반 루트.
rock-climb·er [ʹklàimər] 팀 암벽 등반가.
rock-climb·ing [ʹklàimiŋ] 팀 ⓤ 암벽 등반.
róck córk 팀 (코르크질의) 석면의 일종.
róck cráb 팀 (해안) 바위에 사는 게, 얼룩손행게.
róck-crúsh·er [rákkrʌ̀ʃər] 팀 1 암석 분쇄기. 2 (속어) 습관성 죄수.
róck crýstal 팀 (무색의) 수정.
róck dóve (유럽 및 아시아산(産)) 흑비둘기.
róck dríll 팀 착암기.
Rock·e·fel·ler [rákəfèlər/rɔ́k-] 팀 록펠러. 1 John D(avison). ~ (1839–1937: 미국의 석유왕). 2 John D(avison). ~ **Jr.** (1874–1960: 미국의 석유왕; 1의 아들).
Róckefeller Cénter (the ~) 록펠러 센터 (New York 시 Manhattan 지구의 중심에 있는 고층 빌딩의 비즈니스·오락 지구).
Róckefeller Foundàtion 팀 (美) 록펠러 재단 (John D. Rockefeller가 1913년에 설립).
rock·er [rákər/rɔ́k-] 팀 1 (흔들의자 따위의) 휜 막대. (또는 **runner**) 2 =rocking chair. 3 활 모양의 날로 된 스케이트. 4 (채광) 흔드는 선광기. 5 로큰롤 가수, 록 연주가[팬], (英속어) 폭주족(肉). 6 흔들목마.
off one's rocker (속어) 미쳐서, 열광[흥분]하여. ¶ go *off one's ~* 미치다, 열광하다.
rock·er·y [rákəri/rɔ́k-] 팀 =rock garden.
‡**rock·et¹** [rákit/rɔ́k-] 팀 1 로켓; 로켓탄(彈); 로켓 추진 미사일. 2 봉화, 불화살; 쏘아올리는 꽃불, 신호탄. 3 (로켓에 의해 궤도에 진입한) 우주선, 우주 캡슐. 4 = ~ engine. 5 (~s) (속어) (톡 튀어나온) 젖퉁. 6 (美속어) 마리화나 담배. 7 (英속어) 질책, 심한 꾸지람. ¶ get a ~ 야단맞다 / give a person a ~ 남을 심하게 꾸짖다, 닦아세우다. — 팀팀 1 …을 로켓으로 쏘아올리다[운반하다]. 2 …을 로켓탄으로 공격하다. 3 …을 (로켓처럼) 돌진시키다. — 재 1 (로켓처럼) 날아오르다, 돌진하다. 2 (특히 꿩이) 빨리 일직선으로 날아오르다. 3 (물가나 인기 따위가) 급히 상승하다. **~·like** 팀
rock·et² 팀 1 유럽산(産) 겨잣과(科)의 식물(샐러드용). 2 큰장대(관상용). 3 유해한 잡초의 일종.
rócket áirplane [**plàne**] 팀 1 로켓기(機)(로켓 엔진에 의해 추진되는 항공기). 2 로켓포 탑재기.
rócket astrónomy 팀 (천문) 로켓 천문학(로켓의 탑재 기기를 이용하는 천문학).
rócket bàse 팀 로켓 기지.
rócket bòmb 팀 로켓탄; 분사식 미사일.
rock·et·drome [rákitdròum/rɔ́k-] 팀 로켓 발사장[기지]. [< *rocket*+aero*drome*]
rock·e·teer [rɑ̀kitíər/rɔ̀k-] 팀 로켓 승무원[발사원, 조종자]; 로켓 설계사[과학자].
rócket éngine [**mòtor**] 팀 로켓 기관[엔진].
rócket fúel 팀 1 로켓 연료. 2 (美속어) =angel dust.
rócket gún 팀 로켓포(砲).
rócket láuncher 팀 로켓탄 발사통[기(機), 장치].
rock-et-pro-pelled [-prəpèld] 팀 로켓 추진식의. 팀 jet-propelled.
rócket propúlsion 팀 로켓 추진력.
rócket ránge 팀 로켓 시사장[실험장].
rócket ràttling 팀 로켓(무기)에 의한 위협.
rock·et·ry [rákitri/rɔ́k-] 팀 로켓 공학[설계자].
rócket scìentist 팀 1 로켓 과학자[설계자]. 2 (속어) 수완 있는 금융인; 수재, 머리가 좋은 사람.
rócket shíp 팀 1 로켓선(船)(로켓탄 발사포를 가진

rocket sled 圈 로켓 썰매(항공기 불시착 때의 생존성·사출 좌석 따위를 시험하기 위한 로켓 엔진 썰매).
rock-et-sonde [rákitsànd/rɔ́kitsɔ̀nd] 圈 (기상) 로켓존데(고공 기상 관측용).
rock-face [rákfèis/rɔ́k-] 圈 암벽.
rock-faced [-féist] 圈 1 무표정한 굳은 얼굴의. 2 (석공) (표면이) 자연석 그대로인.
rock·fall [rákfɔ̀ːl/rɔ́k-] 圈 낙석; 무너져 내린 암석.
rock·fest [rákfèst/rɔ́k-] 圈 (美) 록 음악대회(祭).
Róck fèver 圈 [병리] 몰타 열(Malta fever), 지브롤터 열(Gibraltar fever)(사람에게 전염되는 동물의 열병).
rock·fish [rákfìʃ/rɔ́k-] 圈 (變 ∼·(·es)) 1 암초 부근에 서식하는 각종 물고기. 2 =striped bass.
róck flòur 圈 (빙하에 깎여 부스러진) 빙하 암분(岩粉)(glacial meal).
róck gàrden 圈 암석 정원(바위를 석가산(石假山) 식으로 쌓은 정원). (또는 **rockery**)
róck gòat 圈 야생 염소(ibex).
róck hàre 圈 (동물) 붉은토끼(남아프리카산).
rock·head [rákhèd/rɔ́k-] 圈 《美구어》 바보, 돌대가리; 고집쟁이.
rock-hewn [-hjùn] 圈 바위를 자른[잘라서 만든].
róck hòund 圈 《구어》 지질학자; (취미로) 돌 모으는 사람, 암석 수집가. (또는 **róckhòund**)
róck hòunding 圈 암석[화석, 광물] 수집. (또는 **róckhòunding**)
Rock·ies [rákiz/rɔ́k-] 圈 (the ∼) 1 로키 산맥(Rocky Mountains). 2 콜로라도 로키스(미국 메이저리그의 구단).
rock·ing [rákiŋ/rɔ́k-] 圈 흔들리는; 《학생 속어》 《훌륭한.
rócking bèd 圈 (인공 호흡용) 흔들침대.
rócking chàir 圈 흔들의자, 로킹 체어.
rócking hòrse 圈 흔들목마. 〔stone〕
rócking stòne 圈 흔들바위, 흔들리는 돌(logan
rócking tùrn 圈 〔스케이트〕 요전(搖轉)(호선(弧線) 의 바깥쪽으로부터 몸을 비틀어 스케이트의 같은 쪽 날로 미끄러져 되돌아오기).
Róck ìsland 圈 록아일랜드(미국 Illinois 주의 도시; 연방 정부의 병기고가 있음).
róck jòck 圈 《속어》 등산 애호가, 등산가; 록클라이머.
róck lèather 圈 석면의 일종.
róck lóbster 圈 1 닭새우(spiny lobster). 2 가재.
róck mechànics 圈 《단수취급》 암석 역학.
rock-'n'-roll [-ɔ̀nróul] 圈 U 로큰롤(재즈·대중 음악의 일종); 그 춤. —圈 로큰롤의. —圈 로큰롤을 추다[연주하다]. (또는 **róck-and-róll, róck 'n' róll**)
∼·er 圈
róck òil 圈 석유(petroleum).
rock·oon [rákuːn, -́/rɔkúːn] 圈 로쿤(고공의 기구(氣球)에서 발사되는 기상 관측용 소형 로켓).
róck òpera 圈 록 음악에 의한 오페라.
róck pìgeon 圈 =rock dove.
róck plànt 圈 암생(岩生) 식물. 〔식〕
rock-plow·ing [rákplàuiŋ] 圈 암석지 농지화 (방
rock-ribbed [-ríbd] 圈 1 암석층이 있는. 2 완고한, 완강한; 확고한, 견고한. (또는 **róck-ríb**)
rock·rose [rákròuz/rɔ́k-] 圈 물푸레나무속(屬) 또는 반일화속(屬)의 식물.
róck sàlmon 圈 (英) dogfish, catfish, sablefish, wolffish 등의 식용어의 총칭.
róck sàlt 圈 암염(岩塩)(halite). 圈 sea salt
róck·shaft [rákʃæft/rɔ́kʃàːft] 圈 〔기계〕 흔들축.
rock·shel·ter [-ʃéltər] 圈 석굴, 암굴.
róck snàke 圈 비단뱀(의).
róck stàff 圈 풀무의 손잡이.
róck stéady 圈 록 스테디(reggae 음악의 전신).
rock·sy [ráksi/rɔ́k-] 圈 《美속어》 지질학자. (또는

roxy)
róck tàr 圈 석유.
róck trìpe 圈 〔캐나다〕 〔식물〕 석이버섯.
rock·u·men·ta·ry [rákjəméntəri/rɔ́k-] 圈 다큐멘터리 형식의 록음악 영화. 〔<*rock*² + *documentary*〕
róck wàllaby 圈 〔동물〕 바위왈라비(오스트레일리아산 중형 캥거루).
Rock·well [rákwèl, -wəl/rɔ́k-] 圈 로크웰(미국의 자동차·항공기 부품 제조 회사).
róck wòol 圈 암면(岩綿)(광석을 녹여서 만든 섬유; 방음·단열·보온용)(mineral wool).
róck·work [rákwə̀ːrk/rɔ́k-] 圈 1 U 암괴(岩塊). 2 석축 공사. 3 =rock garden.
‡**rock·y¹** [ráki/rɔ́ki] 圈 (**rock·i·er; rock·i·est**) 1 바위가 많은, 바위투성이인; 바위로 된. ¶a ∼ seashore 바위투성이의 해안. 2 바위 같은; (의지가) 굳은, 확고[단호]한, 요지부동의. 3 완고한; 냉혹한, 무정한. ¶a ∼ heart 무정한 마음. 4 (비유적) 험난한, 고난의. ¶the ∼ road to stardom 스타의 자리에 오르는 험난한 길.
róck·i·ly 圈 **róck·i·ness** 圈
rock·y² 圈 1 흔들흔들하는, 흔들리는; 불안정한. 2 불안한, 불확실한. 3 〔구어〕 어지러운, 현기증이 나는; 정신적으로 불안정한. 4 《美속어》 술취한. **róck·i·ly** 圈
Rócky Móuntain góat 圈 =mountain goat.
Rócky Móuntains 圈複 (the ∼) 로키 산맥(the Rockies)(알래스카에서 캐나다를 거쳐 뉴멕시코 주에 이르는 북미 서부의 대산맥).
Rócky Móuntain shéep 圈 =bighorn.
Rócky Móuntain spótted féver 圈 [병리] 로키산 홍반열(紅斑熱).
Rócky Móuntain Stàtes 圈複 (the ∼) 로키 산맥을 낀 미국의 제주(諸州).
ro·co·co [rəkóukou, ròukəkóu] 圈 (變 ∼s) U 1 로코코식(18세기에 유행한 화려한 건축·장식 양식). 2 《음악》 로코코 양식(표면적인 화려함과 섬세한 장식을이 특징). 圈 1 (R-) (미술) 로코코 양식의. 2 (일반적으로) 로코코식의. 3 지나치게 치장한, 화려한; (치장이 지나쳐서) 속된. 4 구식의, 유행에 뒤떨어진.
‡**rod** [rad/rɔd] 圈 (變 ∼s [-z]) 1 (나무나 금속의) 막대, 장대, 지팡이. 2 어린 가지, 작은 가지. 3 낚싯대 (fishing ∼); 점치는 막대; 요술 지팡이; 피뢰침; 커튼을 다는 막대; (측량) 수준(水準) 측량 막대. 4 자. 5 로드. a) 길이의 단위(약 5.03 미터). b) 면적의 단위(약 25.29 평방미터). 6 매, 회초리; (the ∼) 징벌, 매질. ¶Spare the ∼ and spoil the child. 《속담》 매를 아끼면 아이를 망친다. 7 권표(權標), 관장(官杖); 권위, 권력; 압제. 8 〔성서〕 자손; 혈통, 혈족. 9 《美속어》 권총. 10 〔해부〕 (망막 내부의) 간상체(桿狀體); 〔세균〕 간균(桿菌). 11 《美속어》 =hot ∼. 12 (미장이의) 흙손. 13 (가구 전화에) 그린 무늬. 14 〔기계〕 연결봉, 연간(連桿); 〔철도〕 굴대. 15 《속어》 =penis.
a rod in pickle 벼르고 있는 벌, 장차 떨어질 체벌.
a rod to beat a person with 남을 비난[책망]을 재
give the rod 매질하다. 〔료.
kiss the rod 순순히 벌을 받다(* 옛날 어린이가 벌을 받기 전에 회초리에 입을 맞춘 데서).
make a rod for one's own back 어려움[화]을 자초하다.
ride [or *hit*] *the rods; grab a handful of rods*
《美속어》 화물 열차에 무단[무임] 승차하다.
rule with a rod of iron 사정없이 다루다, 엄하게 지배하다(←요한 계시록(Rev.) 2 : 27).
— 圈 (∼s [-z]; -*dd*-) 甩 1 …에 피뢰침을 달다. 2 (회반죽 등을) 흙손으로 바르다[평평하게 고르다]. — 圈 총으로 무장하다(up).
rod up (美) 무기를 주다, 무장하다.
∼·less, ∼·like 圈
rod·ded [rádid/rɔ́d-] 圈 1 (복합어로) 피뢰침을 단. 2 《美속어》 총으로 무장한.

rode[1] [roud] 동 ride의 과거.
rode[2] 동(자) (들새·멧도요 따위가) 밤에 날다.
ro·dent [róudnt] 형 1 갉아먹는, 물어뜯는. 2 설치류(類)의. —명 설치류의 동물(쥐 따위). **~·like** 형
ro·den·tial [roudénʃəl] 형 설치류의.
ro·den·ti·cide [roudéntəsàid] 명 쥐약.
ródent úlcer 명 [병리] 잠식성 궤양.
ro·de·o [róudiòu, roudéiou] 명 (~s) 1 로데오 (카우보이가 야생마 타기나 밧줄 던지기 솜씨를 겨루는 대회). 2 (美) (낙인을 찍거나 수를 세기 위하여) 소떼를 그러모으기. 3 (구어) (일반적으로) 콘테스트, 경연 대회. —동(자) 로데오에 출전하다. **~·er** 명
Ro·din [roudǽn, -dǽn] 명 **(François) Auguste (René) ~** 로댕(1840-1917): 프랑스의 조각가.
rod·let [rádlit/ród-] 명 작은 대(막대기, 지팡이).
rod·man [rádmən/ród-] 명 1 로드맨(철근 콘크리트를 만들 때 철근(rod)을 끼는[넣는] 사람). 2 낚시꾼. 3 (측량) (수준 측량 막대를 들고 다니는) 측량 조수. 4 (美속어) 권총 강도.
ród mill 명 1 선재(線材) 압연기. 2 회전 원통 분쇄기.
Rod·ney [rádni/ród-] 명 로드니(남자 이름).
rod·o·mon·tade [ràdəmantéid, -táːd/rɔ̀dəmɔn-] 명(U) 허풍, 큰소리; 자기 자랑. —형 허풍쟁이의, 큰소리치는, 자기 자랑만 늘어놓는. —동(자) 허풍 떨다, 자기 자랑을 하다, 자만하다.
roe[1] [rou] 명(U)(C) 물고기의 알, 곤이(鯤鮞)(hard ~); 어정(魚精), 이리(soft ~); (갑각류의) 알.
roe[2] 명 (~(s)) = ~ deer.
ROE (회계) return on equity(자기 자본 이익률).
roe·buck [róubʌ̀k] 명 (~(s)) 숫노루.
róe dèer 명 (유럽·아시아산(産)의 작은) 노루.
Roent·gen [réntgən, -dʒən, ránt-/rɔ́ntjən, rɔ́ntgən, ránt-] 명 1 [G réntgən] **Wilhelm Konrad ~** 뢴트겐(1845-1923): 독일의 물리학자; X선을 발견. 2 (r-) 뢴트겐(방사선량의 단위): ㉮ R, r). — (때로 r-) 뢴트겐(단위)의; X선의. (또는 **Röntgen**)
roent·gen·ize [réntgənàiz, -dʒən-, ránt-/rɔ́ntjən-] (* (英) **-ise**) 동(타) 1 …에게 뢴트겐선[X선]을 비추다. 2 (물리) (X선으로) (기체)에 도전성(導電性)을 주다. **-i·zá·tion** 명
roent·gen·o·gram [réntgənəgrǽm/rɔ́ntjənə-] 명 뢴트겐 사진, X선. [gràːf] 명 = **roentgenogram**.
roent·gen·o·graph [réntgənəgrǽf/rɔ́ntjənə-]
roent·gen·og·ra·phy [rèntgənágrəfi/rɔ̀ntjənɔ́g-] 명(U) X선 사진술[촬영법].
roent·gen·o·log·ic [rèntgənəládʒik/rɔ̀ntjənəlɔ́dʒ-] 명 방사선과의, X선학의. (또는 **roentgenological**) **-i·cal·ly** 명
roent·gen·ol·o·gy [rèntgənálədʒi/rɔ̀ntjənɔ́l-] 명(U) X선학, 방사선과. **-gist** 명
roent·gen·o·par·ent [rèntgənəpɛ́ərənt/rɔ̀ntjən-] 명 X선 투과성의.
roent·gen·o·scope [réntgənəskòup/rɔ́ntjən-] 명 [물리] 뢴트겐 투시 장치[경]. **-scóp·ic** 형
roent·gen·o·ther·a·py [rèntgənouθérəpi/rɔ̀ntjən-] 명(U) X선 요법.
Röentgen rày 명 (때로 r-) (보통 ~s) 뢴트겐선, X선. (* X rays속어 이름)
roe·stone [róustòun] 명(U) 어란석(魚卵石). 「증.
ROG, r.o.g., R.O.G. receipt of goods(상품 수령
Ro·gal·lo [rougǽlou] 명 (~s) 로갈로, 삼각형의 행글라이더. **-list** 로갈로로 활공하는 사람.
[<미국 NASA의 기술자 F. M. Rogallo의 이름]
ro·ga·tion [rougéiʃən] 명 1 (~) (가톨릭) 기도 행렬. 2 (로마 역사) 법률안의 제출; 그 법률안. 〔동의〕
Rogátion Dàys 명 기도절(예수 승천일 전의 3일
Rogátion Sùnday 명 기도절 전의 일요일.

rog·a·to·ry [rágətɔ̀ːri/rɔ́gətəri] 형 심문하는, 조사하는, 증인 심문권이 있는.
rog·er[1] [rádʒər/rɔ́dʒ-] 감 (종종 R-) 1 (구어) 좋다, 알았다. 2 (통신에서) 알았다. ¶R- wilco. 알았다, 그렇게 하겠다(* wilco는 will comply의 단축형). —동(타) (美) (메시지 따위)를 (받고) 알았다고 하다.
rog·er[2] 동(타) (英속어) 성교하다 (여자와). 명 성교.
Rog·er [rádʒər/rɔ́dʒ-] 명 1 (英) 영국의 고풍스러운 시골 춤. 2 = **Jolly ~**. 3 로저(남자 이름).
Ro·get [rouʒéi, ˈ-/rɔ́ʒei] 명 1 **Peter Mark ~** 로제(1779-1869): 영국의 의사·저술가). 2 = *Roget's Thesaurus*.
Rogét's Thesáurus 명 로제 유사어 분류 사전 (P. M. Roget가 편찬). 「는 바위.
ro·gnon [F rɔɲɔ̃] 명 (등산) 빙하 위에 노출되어 있
rogue [roug] 명 1 사기꾼; 악당, 악한. ⇒ **KNAVE** 유의어 2 (익살) 장난꾸러기, 개구쟁이. 3 (고어) 떠돌이, 거지, 부랑아. 4 무리에서 떨어져 나온 외톨이 동물(특히 코끼리). 5 (생물) (보통 열등한) 변이(체); 불량 *play the rogue* 사기 행각을 하다. 「생물.
—동(자) 방랑하다; 나쁜 짓을 저지르다, 사기를 치다.
—(타) 1 …을 속이다, 편취하다. 2 (나쁜 묘목 따위)를 뽑아버리다. 뽑아내다, 솎아내다.
rógue élephant 명 무리에서 떨어져 나온 코끼리; 위험한 부랑자[떠돌이]. 「장난.
ro·guer·y [róugəri] 명 1 (U)(C) 사기, 못된 짓. 2 (U)
rógues' gállery 명 1 (경찰서의) 피의자[범인] 사진첩. 2 (美속어) 수상한 패거리; 도둑의 소굴.
rógue's márch 명 1 추방곡(옛날 군인이 추방될 때 조롱하듯 연주하는 반주곡). 2 추방의 야유. 「국.
rógue státe [nátion] 명 (美) 불량 국가, 테러 지
rógue's yàrn 명 식별선(소유자·제작자를 나타내기 위해 밧줄에 별도로 꼬아 넣는 가는 끈).
ro·guish [róugiʃ] 형 1 무뢰한의, 악한의, 무법적인; 부정직한. 2 장난기 어린, 익살스러운, 짓궂은. ¶ a ~ wink 짓궂은은 윙크. **~·ly** 명 **~·ness** 명
roi [F Rwa] 명 (~s) 왕. 〔<F king〕
le roi le veult [lə Rwa l(ə) vøl] 재가(국왕이 의안을 재가할 때 쓰는 문구)(= the King wills it).
le roi s'avisera [F -savizra] 불(不)재가(국왕이 의안을 재가하지 않을 때 쓰는 문구)(= the King will consider). 「익률.
ROI, R.O.I. (회계) return on *i*nvestment(투자 수
roil [rɔil] 동(타) 1 (물·포도주 따위)를 침전물을 휘저어 탁하게 만들다. 2 (마음)을 어지럽히다; (남)을 화나게 하다, 초조하게 만들다. —(자) 미친 듯이 날뛰다; (파도가) 놀치다. 「하는, 미쳐 날뛰는.
roil·y [rɔ́ili] 형 1 탁한; 진흙투성이의. 2 안절부절 못
rois·ter [rɔ́istər] 동(자) 떠들어대다, 마구 으스대다; 술을 마시고 법석을 떨다. **~·er, ~·ing** 명
roist·er·ous [rɔ́istərəs] 형 으스대는; 술을 마시고 떠들어대는, 요란한. **~·ly** 명 〔<F of Korea〕
Rok [rak/rɔk] 명 (구어) 한국군[군인]. 〔< Republic
ROK Republic of Korea(대한민국). **ROKA** *ROK Army*(한국 육군). **ROKAF** *ROK Air Force*(한국 공군). **ROKMC** *ROK Marine Corps*(한국 해병대). **ROKN** *ROK Navy*(한국 해군).
ro·la·mite [róuləmàit] 명 (기계) 롤러마이트(S자형으로 된 회전 축받이의 일종).
Ro·land [róulənd] 명 1 (프랑스 전설) 롤랑 (Charlemagne 대왕의 조카이며 그 휘하의 12용사 가운데 한 사람). 2 용장, 용사. 3 (군사) 프랑스와 독일이 공동 개발한 단거리 지대공 미사일. 4 롤런드(남자 이름).
a Roland for an Oliver 호적수; 막상막하, 백중; 되받아치기, 오는 말에 가는 말로. ¶ *give a person a ~ for an Oliver* 남에게 같은 방법으로 보복하다, 남을 *die like Roland* 굶어[목말라] 죽다. 「되받아치다.
‡**role** [roul] 명 (~s [-z]) 1 (극 중의) 배역, 역.

¶play small ~s 단역을 맡아 하다. **2** 역할, 소임, 임무, 직무. ¶an advisory ~ 고문역, 상담역 / play an important ~ 중요한 역할을 하다. (또는 **rôle**)
fill the role of …의 소임을 다하다.

róle cònflict [명] 〔심리·사회〕 역할 갈등(상반된 역할에서 빚어지는 갈등).

róle mòdel [명] 〔사회〕 역할 모델, 모범 인물(젊은이들의 모범이 되는 사람).

róle plày [명] =role-playing.

role-play [ˊplèi] [동][타] …역할을 실제로 연기하다; 〔어떤 입장·견해〕를 연기하여 체험[경험]하다. **—** [자] 역할 연기를 하다.

role-play·ing [ˊplèiiŋ] [명][U][C] 〔심리〕 역할 연기(심리극·세일즈맨 훈련 등에서 활용되는 체험적 학습법으로서, 어떤 역할의 행동을 실제로 연기해 보는 일).

róle-playing gàme [명] 역할 연기 게임(여러 가지 역할 체험을 통해 성장해 가는 컴퓨터 게임; [약] RPG).

róle revèrsal [명] (일·가사·육아 따위에 있어서의 남녀간의) 역할 전환.

róle sèt [명] 〔사회〕 역할군(群)(하나의 사회적 지위에 수반되는 일련의 역할들).

Ro·lex [róuleks] [명] 《상표》 롤렉스(스위스의 손목시계 브랜드).

‡roll [roul] [동] (~s [-z]) [자] **1** (공·바퀴 따위가) 구르다, 회전하다, 굴러가다. ¶(~+[副]) ~ *on* 굴러 가다 // (~+[前]+[名]) Rocks ~*ed down* the precipice. 바위가 벼랑에서 굴러 떨어졌다.
2 (사람·동물이) 누워 뒹굴다, 몸부림치다, 뒤척이다; 《구어》 자지러지게 웃다, 포복 절도하다; 《보통 진행형으로》 《구어》 (…속에서) 빈들빈들 지내다, 호화롭게 살다(*in*). ¶(~+[副]) ~ *over* 뒹굴다 // (~+[前]+[名]) ~ *in* bed 잠자리에서 몸을 뒤척이다 / ~ *in* money 돈이 대단히 많다 / ~ *in* luxury 호화로운 생활을 하다..
3 (자동차·열차가) 가다, 달리다(*along, by*); (사람이) 차를 타고 가다(*along*).
4 (파도가) 너울거리다, 밀려오다; (구름이) 둥실둥실 떠다니다; (안개·연기가) 피어 오르다, 끼다; (먼지가) 일어나다. ¶(~+[前]+[名]) The wave ~*ed against* the rock. 파도가 넘실거리며 바위에 부딪쳤다 // (~+[副]) The mist ~*ed away*. 안개가 걷혔다.
5 (눈물·땀이) 흘러 내리다(*down*); (흐름에) 밀려 가다, 실려 가다.
6 (땅이) 완만하게 기복하다, 넘실거리다. **7** (때가) 지나다(*on, away, by*); (계절 따위가) 돌다(*round*); 《명령형으로》 《英구어》 …여 빨리 오라; (천체가) 운행하다. ¶(~+[前]+[名]) The moon ~*s in* its course. 달은 궤도를 운행한다 // (~+[副]) The years ~*ed by*. 세월이 흘러갔다 / *R– on*, July! 7월이여, 어서 오라! **8** (천둥이) 우르르하다[울리다], (북이) 둥둥울리다; (말 따위가) 유창하다; (새가) 구르는 소리로 지저귀다. **9** (눈알이) 뒤룩거리다, 뒤룩거리며 보다 (*at*). **10** (배·비행기가) 좌우로 흔들리다, 좌우로 흔들리며 나아가다. ⇨SWING [유의어] **11** (사람이) 몸을 흔들며 걷다, 비슬거리다. ¶The fat woman ~*s* in her gait. 그 뚱보 여인이 몸을 뒤뚱거리며 걷는다. **12** 《구어》 시작하다; (제약·방해없이) 나아가다, 전진하다. ¶The economy is beginning to ~. 경제가 호전되려 한다. **13** (말려서) 둥글게 되다, 오므라들다(*up, together*); (말린 것이) 풀리다(*out*). ¶(~+[前]+[名]) The string ~*ed into* a tight ball. 실은 말려서 단단한 공처럼 되었다. **14** (페인트·인쇄 잉크 등이 롤러에 들어가) 펴지다, 늘어나다. **15** (인쇄기 따위가) 돌아가다; (영화 카메라가) 돌아가다. **16** 공중제비[공중 회전]를 하다. **17** 〔인쇄〕 인쇄되다, 인쇄에 걸리다. **18** 볼링을 하다. **19** 《고어》 (생각이) 마음속에 맴돌다. **20** 《속어》 (…와) 성교하다 (*with*).
— [타] **1** …을 굴리다, 회전시키다; …을 넘어뜨리다. ¶He ~*ed* the barrel slowly up the hill. 그는 통을 고개 위로 서서히 굴리며 올라갔다. **2** …을 굴림대[차]로 옮기다[운반하다](*to, into*). **3** 〔물이나 파도〕를 세차게 밀어붙이다, 퍼붓다. ¶(~+[目]+[前]+[名]) The ocean ~*s* its waves *against* the cliff. 대양의 파도가 벼랑에 세차게 부딪친다. **4** …을 낭랑하게 말하다(*out*); (풍금이) 〔곡〕을 장중하게 연주하다. ¶He ~*ed* his words. 그는 낭랑한 목소리로 말했다. **5** …을 혀 꼬부라진 소리로 발음하다. ¶She ~*ed* her r's. 그녀는 r을 혀 꼬부라진 소리로 발음했다. **6** 《종종 재귀용법으로》 〔몸〕을 굴리다, 넘어뜨리다, 뒤집다, 빙빙 돌리다; 〔등〕을 동그랗게 말다[구부리다]. ¶~ oneself on one's face 엎드리다. **7** 〔눈〕을 상하 좌우로 움직이다, 뒤룩거리며 (…의 쪽으로) 향하다 (*at*); (여자가 남자에게) 〔눈길〕을 주다 (*at*). ¶(~+[目]+[前]+[名]) ~ one's eyes *at* a person 남을 빤히 쳐다보다[에게 추파를 보내다]. **8** 〔배·비행기〕를 좌우로 흔들리게 하다([참] pitch). ¶(~+[目]+[副]) The waves ~*ed* the ship *along*. 배는 파도에 좌우로 흔들리면서 나아갔다. **9** …을 말다, 감다; 말아서 만들다[올리다](*up*)(*into*). ¶(~+[目]+[前]+[名]) ~ a bandage *around* one's hand 손에 붕대를 감다 / ~ a string *into* a ball 실을 감아서 둥글게 만들다 // (~+[目]+[副]) ~ *up* the window 자동차의 창을 닫다. **10** 〔만 것〕을 펴다, 펼치다(*out*). ¶(~+[目]+[副]) He ~*ed* the map *out* on the table. 그는 지도를 탁자 위에 펼쳤다. **11** …을 감싸다, 싸다, 둘러싸다(*in*). ¶(~+[目]+[前]+[名]) She ~*ed* the child *in* a blanket. 그녀는 아이를 담요로 쌌다. **12** (밀방망이나 롤러로) …을 고르다, 밀어서 펴다; 〔땅〕을 롤러로 고르다; 〔인쇄〕 〔잉크〕를 롤러로 칠하다. ¶~ dough 반죽을 밀방망이로 펴다. **13** 〔북 따위〕를 연달아 치다, 둥둥 울리다. **14** 〔야금〕 〔금속〕을 압연하다. **15** (게임에서) 〔주사위〕를 굴리다, 던지다. **16** 〔영화 카메라〕를 돌리기 시작하다, 작동하다. **17** 《美교도소 속어》 〔남〕에게 싸움을 걸다. **18** 《美철도 속어》 〔남〕을 교대시키다. **19** 《고어》 (마음에) 이리저리 생각해 보다. **20** 《美속어》 〔차〕를 뒤엎다. **21** 《속어》 (취객으로부터) …을 훔치다.
let it roll 《구어》 차의 속도를 유지하다[올리다].
roll along ① 굴러가다. ② 《구어》 착실히 진행하다.
roll back ① 《美》 (통제에 의해) 〔물가〕를 원래 수준으로 되돌리다. ② (적·파도 따위가) 후퇴하다; 〔적 따위〕를 격퇴하다. ③ 〔과거〕를 생각나게 하다. ④ 〔카펫 따위〕를 말다.
roll down ① 굴러[흘러] 떨어지다. ② 차창을 열다.
roll in ① 《구어》 (사치 따위에) 흠뻑 빠지다, 사치스럽게 살다; …이 넘칠 만큼 있다. ② 자다. ③ 척척 모이다[모으다]. ¶Offers of help are ~*ing in*. 돕겠다는 제안이 쇄도하고 있다. ④ (기차 등이) 미끄러져 들어오다; (사람이) 도착하다, 나타나다. ⑤ 〔컴퓨터〕 …을 집어넣다. ⑥ …을 더하다.
roll in the aisles 《구어》 (청중이) 포복 절도하다[하게 하다], 배꼽을 잡다[잡게 하다].
roll into one 《수동형으로》 합쳐서 하나로 만들다.
roll off ① 굴러 떨어지다. ② (자동차 따위가) 떠나다. ③ (책 따위가) 인쇄되다; (인쇄기 따위가) …을 인쇄하다. ④ …을 (외워서) 술술 말하다. ⑤ 〔수송중인 차〕를 (짐을 실은 채) 배에서 내리다.
roll on ① 계속 구르다[움직이다]; (강이) 계속 흐르다; (세월이) 흐르다. ② (파도·조수가) 밀어 닥치다; (계절이) 돌아오다. ③ (북소리 등이) 둥둥거리다. ④ (짐을 실은 채) (자동차가) 선적되다[(를) 선적하다]. ⑤ 빨리 나아가다[오다]. ⑥ 〔페인트 등〕을 롤러로 바르다. ⑦ 〔화장액〕을 바르다. ⑧ 〔고무링〕을 (칭칭) 감다.
roll** one's **hoop 《속어》 자기 일에 힘쓰다.
roll out ① …을 펴다, 펼치다. ② 《속어》 일어나다. ③ 여행을 떠나다. ④ 《구어》 …을 양산하다. ⑤ 《구어》 …을 소개하다. ⑥ 〔컴퓨터〕 …을 뽑아 내다, 주(主)기억 장치로부터 보조 기억 장치로 자료를 옮기다.
roll out the red carpet (for** a person**) (남을) 성대히[정중히] 환영하다.
roll over ① 구르다, 굴리다; (자동차 따위가) 뒤집히

다(를) 뒤집다, 전복하다[시키다]. ② 〔증권〕〔만기가 된 채무·채권 따위를〕 신규 채권으로 차환(借換)하다, 상환을 연장하다; (다른 채권 따위에) 재투자하다. ¶ ~ *over* the debts of companies 기업들의 채무 상환을 연장하다. ③ 〔남의 돈을〕 뒤지다.
roll the bones 크랩 노름(craps)을 하다.
roll up ① 불어나다; …을 그러모으다. ¶ ~ *up* a large vote 많은 표를 그러모으다. ② (구어) 차를 타고 나타나다, 차로 달려오다; (구어) 모습을 나타내다, 출현하다. ③ …을 말다, 싸다. ④ (연기 따위가) 뭉게뭉게 피어오르다; …을 감아 올리다.
roll up one's sleeves (구어) (싸움 따위에서) 팔을 걷어붙이다; (큰 일의) 준비를 하다, 팔을 걷고 나서다.
roll with a punch; roll with the punch [or *punches*] 〔역경 따위에〕 유연하게 대처하다.
── 图 (⊛ ~*s* [-z]) 1 (종이·양피지 따위의) 두루마리. 2 표(表), 목록, 기록부; (종종 R-) 명부, 명단; (종종 R-s) 변호사 명부. ⇨LIST¹ 图画 ¶ the ~ of honor 명예 전사자 명부 / an honor ~ 우등생 명부. 3 돌돌 말린 것, 둥근 한 자루; (부품) 덩어리 (*of*). ¶ a ~ *of* printing paper 인쇄 용지 한 두루마리 /~*s of* fat 지방 덩어리. 4 〔건축〕 (코린트식·이오니아식 주두(柱頭)의) 소용돌이, 둥근 쇠시리(기와봉); 굴림대, 굴대, 땅 고르는 기계, 압연기, 녹로; 〔제본〕 회전 압형기(押型機). 6 말아서 만든 것; 권련, 롤 카스텔라, 롤 빵; 돌돌 말아서 요리한 고기. 7 회전, 굴리기, 구르기; 급이짐, 넘실거림; (배 따위의) 옆질 (*cf.* pitch); (항공) (비행기의) 횡전(橫轉), 몸의 뒤흔거림, 흔들거리기; (땅의) 기복. ¶ the ~ *of a* prairie 대초원의 기복. 8 낭랑한 목소리; (천둥·대포 따위의) 울리는 소리; (롤러 카나리아의) 지저귐. ¶ the deep ~ *of* breaking waves 파도가 부서지며 울리는 소리. 9 (美·豪구어) (접은) 돈다발; (거액의) 지폐 뭉치; 자금. 10 (복식) 웃깃. 11 공중제비(회전). 12 주사위 던지기(굴리기); (주사위의) 득점. 13 (美) 회사 소유의 (운반) 차량. 14 (美속어) 성교; (~s) 궁둥이. 15 (美속어) 재미있는 녀석. 16 (美속어) 마약의 도취감. 17 (속어) (취객으로부터) 금품 털기.
a roll in the hay (美속어) 성교, 섹스.
call the roll 출석을 부르다.
on a roll (美구어) ① (도박에서) 계속 이겨, 승운을 타서; 순조롭게. ② (수식어와 함께) 상승 …하여. ¶ *on a* wild ~ 노도와 같이. ③ 열중[몰두]하여.
on the rolls of fame 명사록에 올라, 명사의 반열에 올라; 역사에 이름을 남겨.
pop [or *drop*] *a roll* (美속어) 여러 개의 마약 정제를 한꺼번에 틀어넣다[먹다].
strike...off [or *from*] *the roll(s)* …을 제명하다; (英) 을 변호사 명부에서 제명하다.
Rol·land [F Rɔlɑ̃] 图 **Romain ~** 롤랑(1866-1944: 프랑스의 소설가·음악 평론가; 노벨 문학상 수상 (1915)).
roll-a·round [´-əràund] 图 (美) (가구 따위가 바퀴가 달려) 이동식의
roll·a·way [róuləwèi] 图 작은 바퀴(롤러)가 달린. ── 图 바퀴 달린 가구, (바퀴 달린) 간이 침대.
roll·back [róulbæk] 图 1 되말기, 역전; 밀어붙이기, 강경 대항 (전술), 반격, 격퇴. ¶ a ~ policy 롤백 정책 (Eisenhower의 대소(對蘇) 강경 외교 정책). 2 (통제에 의한) 물가(임금) 인하 정책. ¶ a ~ *of* prices 물가 인하. 3 (컴퓨터) 되돌이기억 장치로 자료를 되돌려보내기.
róll bàg 图 롤백(학생·선수용 즈크제 소형 백). 「기.
róll bàr 图 (美) (충돌에 대비한) 자동차의 지붕 보강용 철봉. (또는 **róllbàr**)
róll bòok 图 출석부, 출근부. 「강(補強)틀.
róll càge 图 (경주용 자동차의) 선수 보호용 철제 보
róll càll 图 1 점호, 출석 조사. 2 (군대에서의) 점호 신호, 점호 나팔; 점호 시각. ¶ a morning [tattoo] ~ 아침[저녁] 점호. 3 (또는 **róll-càll vòte**) 호명 투표[표결].
roll-call [´kɔ̀:l] 图圀 …의 출석을 부르다, 출결을 조사하다.
roll-cu·mu·lus [´kjù:mjuləs] 图 충적운(層積雲).
róll dàmper 图 (항공) (비행기의) 롤링 감소 장치.
rólled góld [róuld-] 图 도금용 금(filled gold).
rólled óats 图 (맷돌에) 탄 귀리. 「roll-off.
rolled-on-roll-off [-´ɔ̀nróulɔ̀:f] 图 = roll-on /
rólled róast 图 로스트용 얇은 고기말이. 「RSJ).
rólled-stéel jòist 图 I형강(型鋼)(I자형 강재;
*roll·er [róulər] 图 (⊛ ~s [-z]) 1 굴리는 물건(사람), 롤러, 굴림대, 땅 고르는 기계; (인쇄기의) 잉크부(印朱棒). 회전하는 원통형의 물체. 2 (야금) 압연기 (담당). 3 (밀어 닥치는) 큰 파도, 놀. ⇨ WAVE 图画 4 (지도 따위의) 두루마리; 족자. 5 헤어컬러, 6 (땅의) 기복. 7 (김밥·초밥) 말이 (안 개). 8 (야구) 땅볼. 9 취재 털이. 10 (美속어) 교도관. 11 비둘기의 일종; 롤러카나리아.
róller aréna 图 롤러 스케이트장. 「아.
róller·ball [róulərbɔ̀:l] 图 아주 가는 볼펜.
róller bàndage 图 두루마리 붕대.
róller béaring 图 (기계) 롤러 베어링, 고깨대받이.
róller blàde 图 롤러블레이드(롤러가 한 줄로 된 롤러 스케이트(in-line skate)).
roll·er·blade [róulərblèid] 图圀 롤러블레이드를 타다. **-blàd·er** 图 **-blàd·ing** 图
(<(상표) Rollerblade).
róller blìnd 图 (英) 감아올리는 블라인드(차양).
róller cáption 图 (영화·TV) 롤 텔롭(출연자나 스태프의 이름 등이 화면에 말려 올라가듯이 흐르는 자막). 「줄이도록 된 체인).
róller chàin 图 롤러 체인(자전거 체인처럼 마찰을
róller còaster 图 (놀이공원의) 롤러 코스터, 제트 코스터(英 switch back); (비유적) 급변하는 현상(시기, 체험); (경기의) 급격한 변화, 급등 급락.
roll·er-coast·er [-kòustər] 图圀 1 오르락 내리락 하다. 2 (경기가) 부침하다. ── 图 오르내리는, 기복이 있는. 「스케이트 경기).
Róller Dérby 图 (상표) 롤러 더비(2팀에 의한 롤러
róller dìsco 图 롤러 디스코(롤러 스케이트를 신고 추는 당스도 춤 또는 그 장소).
roll·er·drome [róulərdròum] 图 롤러 스케이트장.
róller hóckey 图 롤러 하키(롤러 스케이트를 신고 하는 하키).
róller mìll 图 롤러 분쇄[제분, 압연]기. 「하는 하키).
róller rìnk 图 롤러 스케이트장.
róller shàde 图 (美) (두루마리식) 블라인드, 차양.
róller skàte 图 (보통 pl.) 롤러 스케이트화.
roll·er·skate [-skèit] 图圀 롤러 스케이트를 타다.
róller skàter 图 롤러 스케이트를 타는 사람.
róller tòwel 图 롤 타월(긴 타월의 양끝을 꿰매고 높은 롤러에 매달아서 빙빙 돌려가며 쓰는 타월).
rol·ley [ráli/róli] 图 =rulley.
róll fìlm 图 (사진) 롤 필름(돌돌 말아서 만든 긴 필름).
rol·lick [rálik/rɔ́l-] 图圀 좋아서 날뛰다, 까불거리다, 신나게 떠들어대다. ── 图ⓊⒸ 좋아서 날뛰기, 신바람. 「라」.
rol·lick·ing [rálikiŋ/rɔ́l-] 图 좋아서 날뛰는, 까불거리는, 쾌활한; 천진난만한; 방약무인한.
~**·ly** 副 ~**·ness** 图 「~**·ness** 图
rol·lick·some [ráliksəm/rɔ́l-] 图 =rollicking.
roll-in [´in] 图 1 (컴퓨터) 롤인(보조 기억장치로부터 주(主)기억 장치로 프로그램이나 데이터를 옮기는 일). 2 (하키) 롤인(사이드라인을 넘어간 공을 제자리에 되돌려 놓기).
*roll·ing [róuliŋ] 图Ⓤ 1 굴리기, 구르기, 회전, 횡전(橫轉). 2 (배의) 옆질; (몸의) 흔들거림; 넘실거림; 기복. 3 (천둥·북의) 울림. 4 (금속의) 압연. 5 (美속어) 약탈 (하기). ── 图 1 구르는, 회전하는; 옆질하는, 몸을 흔들거리는, (눈알이) 뒤룩거리는. ¶ ~ eyes 뒤룩거리는 눈알. 2 (파도가) 넘실거리고 있는; (땅이) 완만하게 기복하는. 3 (모자의 챙 따위가) 말려 올라간, 휘어진. 4 (새

절 따위가) 순환하는. **5** 세차게 울리는. **6** (새의 울음 소리가) 구슬을 굴리는 듯한; 말이 술술 나오는; (강이) 도도히 흐르는. **7** (구어) (보통 ~ in it) (서술용법) 돈이 매우 많은. **8** (때·행사가) (다시) 돌아오는. **9** (한정용법) 단계적으로 발달하는.
— ⓟ * 다음 숙어로만 쓴다.

rólling drúnk 휘청거릴 정도로 취한.
rólling barráge 圀 (군사) 유도탄막(誘導彈幕), 이동 탄막 사격(creeping barrage).
rólling brídge 圀 전개교(轉開橋).
rólling fríction 圀 (공학) 구름 마찰. 「일종.
rólling hítch 圀 (해사) (기둥에) 밧줄을 매는 방식의
rólling kítchen 圀 (군사) 이동 취사차.
rólling láunch 圀 (상업) 신제품의 점진적 시장 도
rólling míll 圀 압연 공장; 압연기. 「입.
rólling pín 圀 밀방망이, 국수 방망이.
rólling préss 圀
rólling stóck 圀 (집합적) (철도의) 차량; (운수 회사의) 화물 자동차, 트럭.
rólling stóne 圀 굴러다니는 돌; 떠돌이, 직업(집)을 자주 바꾸는 사람. ¶ *A ~ gathers no moss.* (속담) 구르는 돌은 이끼가 끼지 않는다; 직업을 자주 바꾸는 사람에게는 돈이 모이지 않는다.
Rólling Stónes 圀ⓟ (the ~) 롤링 스톤즈(1962년에 결성된 영국 출신의 록 그룹).
rólling stríke 圀 파상(波狀) 스트라이크.
róll mólding 圀 (건축) 원형(원통형) 쇠시리.
roll-mop [róulmɑ̀p/-mɔ̀p] 圀 청어살을 피클에 싸서 절인 것(전채(前菜)의 일종). 「있는).
roll-neck [<ˊnèk] 圀 롤네크(의)(옷깃을 말아 접을 수
roll-off [<ˊɔ̀ːf] 圀 (볼링) (동점일 경우의) 결승 게임.
roll-on [<ˊɑ̀n/-ɔ̀n] 圀 (화장품 따위가) 롤러로 바르는 방식의, 볼펜 식의. **2** (화물선이) 트럭이 그대로 들어갈 수 있는. — 圀 **1** 롤러로 바르는 화장품(약품). **2** (英) (신축성 있는) 거들.
róll-òn/róll-òff 圀 (英) (배가) 차량을 싣고 항행이 가능한(꽌 Ro-Ro). ¶ *a ~ ship* 로로선.
roll-out [róulàut] 圀 **1** (항공기·신제품 따위의) 첫 공개(전시); 착륙 후의 활주. **2** (컴퓨터) (자료를) 뽑아 내기, 롤아웃. **3** (미식축구) 롤아웃(쿼터백의 공격 동작). (도는 **róll-òut**)
roll·o·ver [róulòuvər] 圀 **1** 회전 뛰기; 전락. **2** (자동차의) 전복 (사고). **3** (경제) (만기 채무·채권 따위의) 차환(借換), 상환 연장 (기간); (기간·금리 따위) 대출 조건 재협상; (다른 채권 따위로의) 재투자. ¶ *consider ~ of short-term loans* 단기 대출금의 상환 연장을 고려하다. **4** (속어) (교도소 속어) 전날 밤.
róllover árm 圀 (의자나 소파의 속을 채운) 팔걸이.
roll-past [róulpæ̀st/-pɑ̀ːst] 圀 중무기의 분열 행진.
Rolls-Royce [róulzrɔ́is] 圀 (상표) 롤스로이스(영국제 고급 승용차); (구어) 최고의 것. — 圀 (英속어) 현실을 떠난. 「상.
róll tóp 圀 (책상의) 접어넣는 뚜껑; 그런 뚜껑 달린 책
roll-top [<ˊtɑ̀p/-tɔ̀p] 圀 접어넣는 뚜껑이 달린.
róll-top désk 圀 접어넣는 뚜껑이 달린 책상.
roll-up [<ˊʌ̀p] 圀 **1** 두루마리식의 것(카펫, 블라인드 따위). **2** (구어) (가격·가치 따위의) 상승. **3** (구어) 손으로 마는 담배(권련). **4** (濠) 집회, 모임; 집회 출석자 수. **5** 말이 요리. ¶ *a ham ~.* **6** (석판화용) 색깅 — 圀 말아 올리는 (식의), 말아 올릴 수 있는.
roll·way [róulwèi] 圀 **1** (물건을 굴리는 대(받침대). **2** (제재) (목재를 강에 굴려 떨어뜨리는) 미끄럼 대. **3** (밖에서) 지하실로 들어가는 입구.
roll-your-own [<ˊjəroun] 圀 (구어) 말아 피우는 담배; (담배)가 말아 피우는.
ro·ly-po·ly [róulipóuli] 圀 통통하게 살진, 땅딸막한. — 圀 **1** 오동통하게 살진 사람(동물). **2** (英) 잼(과실)이 든 돌돌 만 푸딩. **3** (美) 오뚝이(tumbler).

Rom [roum] 圀 (圀 ~s, *Ro·ma* [róumə]) 남자(소년) 집시.
ROM [ram/rɔm] 圀 (컴퓨터) 읽기 전용 기억 장치. 〔<*r*ead-*o*nly *m*emory〕
rom. *r*oman type(로마자체(字體)). **Rom.** *R*oman; *R*omance; *R*omania(n); *R*omanic; *R*omans.
Ro·ma [rɔ́ːmɑː] **1** 로마(Rome). **2** [róumə] 로마, 로마 전설의 여신.
Ro·ma·ic [rouméiik] 圀ⓤ 현대 그리스어(語).
— 현대 그리스의; 현대 그리스어(사람)의.
ro·maine [rouméin] 圀 **1** 상추의 일종(~ lettuce). **2** 로메인(비단 또는 화학 섬유의 얇은 직물)(~ crepe).
ro·man [F rɔmɑ̃] 圀 로망(중세 프랑스 문학의 운율체(이야기), 이야기, 장편 소설.
‡**Ro·man** [róumən] 圀 **1** 로마의, 고대 로마의, 로마 사람(시대)의. **2** (고대) 로마 사람 기질의. **3** (보통 r-) 로마자체(의)(ⓨ italic); 로마 숫자의. **4** 로마 가톨릭교(회)의. **5** (아치 따위가) 로마풍의, 반원형의. **6** (코가) 콧대가 높은. **7** (古어) 고대 로마어의. — 圀 ~**s** [-z)] **1** 로마 사람. **2** ⓤ 이탈리아어의 로마 사투리. **3** (보통 r-) ⓤ 로마자체(字體), 로마 활자(ⓨ italic). **4** 로마 가톨릭 교도; (보통 ~**s**) (기독교로 개종한) 고대 로마 사람. **5** (the ~**s**) (단수취급) (신약 성서의) 로마 사람에게 보낸 편지, 로마서(書)(略 Rom.). **6** ⓤ (드물게) 라틴어.
ro·man à clef [F Rɔmɑ̃ a kle] 圀 (圀 **ro·mans à c-** [F Rɔmɑ̃za-]) 실화 소설. 〔<F novel with a
Róman álphabet 圀 로마자(字) 알파벳. 〔key〕
Róman árch 圀 반원형 아치. 「(수형 벽돌).
Róman bríck 圀 로마 벽돌(가늘고 긴 황갈색의 특
Róman cálendar 圀 로마력(기원전 46년까지 사용).
Róman cándle 圀 로마 폭죽(원통 속에 화약을 넣고 터뜨리며 때로 불동이 튀어나온다.
Róman Cátholic 圀 로마 가톨릭 교회의. — 圀 로마 가톨릭 교도. ⓨ Anglo-Catholic
Róman Cátholic Chúrch 圀 (the ~) 로마 가톨릭 교회. 「의식).
Róman Cátholicism 圀 로마 가톨릭교; 그 교리
‡**ro·mance**¹ [rouméns, ˊ—] 圀 (圀 **-manc·es** [-iz]) **1** ⓤⓒ 전기(傳奇) 소설, 공상(모험, 연애) 소설, 로맨스. ⇨NOVEL 유의어 **2** ⓤ 공상적인 감정, 로맨스 정신; 분방한 공상(기질); 공상력; 모험심. **3** 중세 기사 이야기(보통 운문이며 로망스어로 쓴 이야기). ¶ *the* Arthurian ~**s** 아서왕 이야기. **4** (가공의) 꾸며낸 이야기, 허구. **5** 연애 사건, 모험적인 사건, 소설적인 사건. **6** (R-) ⓤⓒ (R- languages) (R-) 로망스어(語)의. — 圀 [-ˊ] ⓐ **1** 이야기를 꾸며 말하다(*about*), 로맨틱하게 말하다(생각하다); 공상적인 생각(이야기)에 잠기다. ¶ *You are romancing.* 당신은 꿈을 꾸고 있군요. **2** (…와) 연애하다(*with*). — ⓣ (美) …와 연애하다; …에게 구애하다.
ro·mance² [rouméns] 圀 **1** (음악) 로맨스(감미롭고 서정적인 소곡). **2** 서사 단편시. 〔<F<Sp〕
Románce lánguages 圀 (the ~) 로망스어(라틴어에서 발전한 언어들로 이탈리아어·프랑스어·스페인어·포르투갈어·루마니아어 따위).
Róman cemént 圀 로만 시멘트(천연 시멘트).
ro·manc·er [rouménsər] 圀 **1** 로맨스 작가, 전기(傳奇)(공상) 소설 작가; 말을 꾸며내 하는 사람. **2** 공상가, 몽상가.
ro·manc·ist [rouménsist] 圀 (중세의) 전기(傳奇)
Róman cóllar 圀 =clerical collar. 「부).
Róman Cúria 圀 로마 교황청; 교황청 궁정부(宮廷
Róman Émpire 圀 (the ~) **1** 고대 로마 제국. **2** 프랑크 왕국 및 신성 로마 제국.
Ro·man·esque [ròumənésk] 圀 **1** (건축·미술) 로마네스크 양식의. **2** (r-) 전기 소설의, 공상 소설의; 공상적인. **3** 로망스어의. — 圀 **1** (건축·미술) 로마네

스크 양식. 2 로망스어.
ro·man-fleuve [F rɔmɑ̃flœːv] 圀 (働 **ro-mans-fleuves**) 대하 소설, 계도(系圖) 소설 (한 가문(家門)·종족에 관한 연작 장편 소설). 〔F stream novel〕
Róman hóliday 圀 만행이나 보복성을 특징으로 하는 구경거리[논쟁]; 남을 괴롭혀[희생시켜] 얻는 쾌락[이득]. 〔<고대 로마에서 오락을 위해 노예에게 참혹한 싸움을 시킨 데서〕
Ro·ma·ni·a [rouméiniə, -njə] 圀 =Rumania.
Ro·man·ic [roumǽnik] 閔 고대 로마의; 고대 로마 사람의; 로망스어의. — 圀 로망스어. 〔교회〕의.
Ro·man·ish [róuməniʃ] 閔 (경멸적) 로마 가톨릭
Ro·man·ism [róumənizm] 圀Ⓤ 1 (경멸적) 로마 가톨릭교. 2 고대 로마 정신[제도]; 로마풍.
Ro·man·ist [róumənist] 圀 1 (경멸적) 로마 가톨릭 교도. 2 고대 로마 연구가. 3 로망스어[문학] 연구가[학자]. (또는 **Romanicist**) 4 (~s) 〔미술〕 로마파(派) 화가, 로마니스트. **-ís·tic** 閔
Ro·man·i·za·tion [ròumənizéiʃən/-naiz-] 圀Ⓤ 1 로마화(化). 2 로마 가톨릭교화(化). 3 (r-) 로마자(字)[체(體)]화.
Ro·man·ize [róumənàiz] (*(英) -ise*) 医⾃ 1 …을 로마화하다. 2 …을 고대 로마식으로 하다. 3 (r-) …을 로마자로 쓰다. — 医 1 로마 가톨릭교 신자가 되다. 2 (종종 r-) 로마(사람)풍을 따르다. 3 (종종 r-) 로마자로 쓰다. **-iz·er** 圀
Róman láw 圀 로마법(고대 로마의 법체계).
róman létter 圀 〔인쇄〕 로마체(體)[활자].
Róman nóse 圀 로마코, 매부리코.
Róman númerals 圀 로마 숫자(Ⅰ=1, Ⅴ=5, Ⅹ=10, Ⅽ=100 따위). Ⓒ Arabic numerals
Ro·ma·no [roumɑ́ːnou] 閔 (종종 r-) 로마노 치즈(이탈리아産). — 〔식, 혼합 양식.
Róman órder 圀 (the ~) 〔건축〕 (기둥의) 로마 양
Ro·ma·nov [róumənɔf, -nɑf, roumɑ́nɔf] 圀 로마노프 왕조(1613-1917년 동안 러시아를 지배했다); 로마노프 집안의 일원. (또는 **Romanoff**)
Róman péace 圀 무력에 의한 평화의 확립[유지].
Róman púnch 圀 로만 펀치(레몬즙·설탕·달걀 흰자위 거품·럼주로 만든 음료).
Róman ríte 圀 (the ~) 로마 전례(典禮).
Róman róad 圀 로마 가도(고대 로마군이 영국을 점령했을 때 건설한 도로로 현재도 영국에 남아 있다).
Róman schóol 圀 (the ~) 로마 화파(畫派).
Ro·mansh [roumǽnʃ, -mɑ́ːnʃ] 圀Ⓤ 1 로만시어(語)(스위스 동부의 Grisons 지방에서 쓰는 레토로망스어의 방언; 스위스 공용어의 하나). 2 (일반적으로) 레토로망스어. — 閔 로만시어의; 레토로망스어.
‡**ro·man·tic** [roumǽntik] 閔 (*more ~; most ~*) 1 전기(傳奇)[공상, 연애] 소설적인, 소설 속에나 있을 법한, 낭만적인, 로맨틱한. ¶ a ~ love 낭만적인 사랑. 2 실제적이 아닌, 비현실적인, 엉뚱한, 공상적인; 공상을 즐기는. ¶ a ~ mind [person] 공상을 좋아하는 마음[사람]. 3 신비로운, 이상한; 가공의, 가상의. 4 (R-) (문학·예술·음악의) 낭만파의, 낭만주의의. — 圀 1 낭만적인 사람; 공상가. 2 (종종 R-) 낭만주의의 작가, 낭만파 시인[예술가]. 3 (~s) 낭만[공상]적인 생각[언동]. 医⾃ =romanticize. **-ti·cal·ly** ⸺ **-ti·cal·ness** 圀
ro·man·ti·cism [roumǽntəsìzm] 圀Ⓤ 1 낭만적[소설적]인 것, 낭만적인 기분[경향, 생각]. 2 (보통 R-) 낭만주의, 로맨티시즘(Ⓒ classicism).
ro·man·ti·cist [roumǽntəsist] 圀 낭만주의자. **-cís·tic** 閔
ro·man·ti·cize [roumǽntəsàiz] 医⾃ …을 공상적으로 표현하다; …을 낭만적으로, 소설적[공상적]으로 성격을 갖게 하다. — ⾃ 낭만적[공상적]으로 쓰다[보다, 다루다]. **-ci·zá·tion** 圀
Romántic Móvement 圀 (the ~) (근세) 낭만주

romántic schóol 圀 (the ~, 종종 the R- S-) 낭만파(고전주의에 반대하여 18세기말-19세기초에 일어난 Romanticism의 일파.
róman týpe 圀 〔인쇄〕 = roman letter.
Rom·a·ny [rɑ́məni, róum-/rɔ́m-] 圀 1 집시(Gypsy). 2 (집합적) 집시족. 3 Ⓤ 로마니어(語), 집시어. 4 (종종 r-) 진한 자주색. — 閔 집시의; 집시어[풍속]의.
Rómany rýe 圀 집시와 사귀는 사람, 집시(어)풍[말]에 정통한 사람. 〔소설(romance).〕
ro·maunt [roumɔ́ːnt/-mɔ́ːnt] 圀 (고어) 전기(傳奇)
Rom. Cath. *Roman Catholic*. **Rom. Cath. Ch.** *Roman Catholic Church*.
‡**Rome** [roum] 圀 1 로마(이탈리아의 수도; 고대 로마 제국의 수도; 로마 교황청 소재지). ¶ ~ *was not built in a day*. (속담) 로마는 하루 아침에 세워진 것이 아니다; 대기만성/*Do in* ~ *as the Romans do*. =*When in* ~ *do as the Romans do*. (속담) 로마에 가면 로마의 풍습을 따르라/*All roads lead to* ~. (속담) 모든 길은 로마로 통한다. 2 =Roman Catholic Church. 3 =Roman Catholicism. 4 고대 로마 제국.
fiddle while Rome burns 위급한 사태를 제쳐놓고 하찮은 일에 열중하다(네로의 고사에서).
go over to Rome 가톨릭으로 개종하다.
Róme Béauty 圀 미국산 대형 붉은 사과 품종.
Ro·me·o [róumiòu] 圀 1 로미오(Shakespeare 작 ~ *and Juliet*의 남자 주인공). 2 (働 ~s) 사랑에 눈먼 사나이. (사랑을 이루어 이름난 난) 행운아. 3 (働 ~s) (여성편에서 본) 남자 애인(lover). 4 (남자용) 슬리퍼의 일종. 5 로미오(Juliet).
a regular Romeo (경멸적) 자칭 미남.
Rómeo and Júliet 圀 「로미오와 줄리엣」(Shakespeare작의 비극).
ro·me·ro [roumé(:)rou/-méər-] 圀 (働 ~s) 로메로(캘리포니아산(産) 관목의 일종).
Rome·ward [róumwərd] 閔 로마로; 로마 가톨릭교로. — 閔 로마의; 로마 가톨릭교의.
Rom·ish [róumiʃ] 閔 (경멸적) 로마 가톨릭(교)의. **~·ly** 閔 **~·ness** 圀
Rom·ma·ny [rɑ́məni/rɔ́m-] 圀閔 =Romany.
Rom·mel [rɑ́məl, rɑ́m-/rɔ́m-] 圀 *Erwin* ~ 롬멜(1891-1944: 나치스 독일 육군 원수).
romp [rɑmp/rɔmp] 医⾃ 1 까불며 (장난치며) 뛰놀다. 2 (경주·경마에서) 시원스럽게 달리다(*along*). ¶ ~ *along the course* 코스를 시원스럽게 달려가다.
romp away with …에게 낙승하다; …을 쉽게 획득
romp in [or ***home***] (큰 차이로) 낙승하다. 〔하다.
romp through (…에) 가볍게 합격하다; (서류 따위)를 쉽게 처리하다.
— 圀 1 장난치며 뛰놀기, 떠들썩한 놀이. 2 장난치며 노는 아이; 말괄량이. 3 (경주·경마에서) 쾌주; 낙승. ¶ *win in a* ~ 낙승하다. 4 색연이 많은 오락물[작품].
~·ing·ly 閔 〔싸움[입씨름]하다.
romp² 圀Ⓤ⾃ 1 (미속어) 산산이 부숴다[조개다]. 2 …와
romp·er [rɑ́mpər/rɔ́mp-] 圀 1 법석 떨며 노는 사람[아이]. 2 (경주·경마에서) 쾌주하는 사람[말]. 3 (~s) 롬퍼스(위아래가 붙은 어린이 유희복); 여자용 운동복.
romp·ish [rɑ́mpiʃ/rɔ́mp-] 閔 장난치며 뛰노는, 장난치는; 말괄량이의. **~·ly** 閔 **~·ness** 圀
romp·y [rɑ́mpi/rɔ́mp-] 閔 =rompish.
Rom·u·lus [rɑ́mjuləs/rɔ́m-] 圀 〔로마 전설〕 로물루스(로마의 건국자로서 초대 왕). 〔소프트웨어.〕
ROM·ware [rɑ́mwɛ̀ər/rɔ́m-] 圀 〔컴퓨터〕 ROM용
RONA (회계) *return on net assets*.
Ron·ald [rɑ́nld/rɔ́n-] 圀 로널드(남자 이름).
ronde [rand/rɔnd] 圀 1 〔인쇄〕 론드체(round hand). 2 윤무(輪舞).
ron·deau [rɑ́ndou, -´-/rɔ́n-] 圀 (働 ~**x** [-z]) 〔운율〕 론도; 〔음악〕 =rondo. 〔<F〕

ron·del [rándl/rón-] 명 **1** 〈운율〉 론델(2개의 운을 밟으며 보통 14행으로 된 정형의 짧은 시; 론도체(體)시의 일종). **2** 〈연극〉 =roundel. **3** 원형(圓形)의 것.
ron·delle [randél/rón-] 명 **1** 둥근 유리, 원판형 유리(장식용). **2** 〈보석〉 론델, 평옥(平玉).
ron·di·no [randí:nou/rən-] 명 (복 ~s) 〔음악〕 론디노(소론도). 「회선곡(回旋曲).」
ron·do [rándou, -´/rón-] 명 (복 ~s) 〔음악〕 론도.
ron·dure [rándʒər/róndjuə] 명 **1** 원형(circle), 구체(球體). **2** 우아한 곡선(둥그스름함).
Ro·ne·o [róuniòu] 명 〈英〉〈상표〉 등사 인쇄기(물).
—(통타) (r-) …을 등사 인쇄하다.
Rón·ne Ice Shélf [róunə-] 명 론 빙붕(氷棚)(남극 Weddell 해 남서부의 빙벽). 「(燐) 살충제.」
ron·nel [ránl/rón] 명 〔약학〕 론넬(침투성 유기인
Ron·nie [ráni/róni] 명 로니(사람 이름: Ronald, Veronica의 애칭). 「Ronson 사제(製) 라이터.」
Ron·son [ránsən/rón-] 명 〈상표〉 론슨(미국
Röntgen ray [réntgən-] =Roentgen ray.
'roo [ru:] 명 (복 ~s) 〈濠구어〉 캥거루(kangaroo).
rood [ru:d] 명 **1** 십자가에 못박힌 그리스도상(像). **2** 〔고어〕 그리스도가 처형된 십자가; (일반적으로) 십자가. **3** 〈英〉 루드(길이의 단위; 지방에 따라 5.5~8 yard에 해당). **4** 〈英〉 루드(토지 면적의 단위; 1/4 acre에 해당). 집합적].
by the (holy) Rood 십자가[신]에 맹세하거니와, 확
róod bèam 명 (교회의) 십자가 들보.   「천.
róod clòth 명 (사순절 동안) 십자가상을 덮어 놓는
róod lòft 명 (교회의) 강단 후면의 자리.
róod scrèen 명 (교회의) 강단 칸막이.
róod spìre 명 십자가 첨탑.

‡**roof** [ru(:)f] 명 (복 ~s) **1** 지붕, (빌딩 따위의) 옥상. ¶a flat ~ 평지붕. **2** 꼭대기, 최고부. ¶the ~ of heaven 창공/the ~ of the world 세계의 지붕(파미르 고원 등). **3** (위치·형태·용도 따위의) 지붕 비슷한 것; 천장. ¶the ~ of a cave 동굴의 천장 / the ~ of the mouth 입천장, 위턱. **4** 〔비유적〕 집, 가정; 생활. ¶keep a ~ above one's head 버젓한 집에 살다. **5** 〔채광〕 천반(天盤).
be left without a roof 살 집도 없다.
blow the roof 노발대발하다.
bring the roof down 〈구어〉 (떠들어서) 지붕이 무너지다(시끄러워 주의를 줄 때 쓰는 표현).
come off the roof 〈구어〉 거드름 피우지 않다.
fall off the roof 〈美속어〉 생리를 시작하다.
have a [no] roof over one's **head** 처거할 집이 있[없]다.
hit [or **go through**] **the roof** 〈속어〉 발끈 화를 내다, 화가 치밀다; (물가 따위가) 최고 한도까지 오르다[를 넘어서다]. 「찌할 바를 모르고.」
like a cat on a hot tin roof 안절부절 못하여, 어
live under the same roof 한 집에 살다.
raise [or **lift**] **the roof** 〈구어〉 지붕이 떠나갈 듯이 떠들다, 큰 소리로 불평을 털어놓다; 관례를 무시하다.
the roof falls [or **caves**] **in** 재난[큰 혼란]이 일어나다; 모든 것이 제대로 되어 가지 않다.
under a person's **roof; under the roof of** a person 남의 집에 유숙하고, 신세를 지고.
—(통타) [-t] …에 지붕을 이다; …을 지붕으로 덮다. ¶(~+目+前+名) ~ a house (over) with tiles 기와로 지붕을 이다.
~·like 형
roof·age [rú(:)fidʒ] 명 지붕감(roofing).   「널.
roof·board [rú(:)fbɔ̀:rd] 명 (기와 밑에 까는) 지붕
roofed [ru(:)ft] 명 지붕[덮개]이 있는; 〈복합어로〉 …지붕의. ¶flat-~ 평지붕의.
roof·er [rú(:)fər] 명 **1** 지붕 이는 직공. **2** 지붕 이는 재료. **3** 〈英구어〉 향응에 대한 답례장.
róof gàrden 명 옥상 정원; 정원이 있는 옥상.

roof·guard [rú(:)fgà:rd] 명 (처마에 달아 놓은) 눈(雪) 미끄럼막이.
roof·ing [rú(:)fiŋ] 명 **1** ⓤ 지붕 공사; 지붕 자재 [감]. **2** 지붕(roof); 〔비유적〕 보호. —형 지붕 이는 데 쓰는. ¶~ tile 기와.
róofing nàil 명 (지붕의) 루핑 못.
roof·less [rú(:)flis] 명 지붕이 없는; 집이 없는.
roof·line [rú(:)flàin] 명 지붕의 윤곽.
roof·rack [rǽk] 명 〈英〉 차 지붕 위의 짐 싣는 곳.
róof ràt 명 〔동물〕 이집트 쥐.   「계[시공].
roof·scap·ing [rú(:)skèipiŋ] 명 ⓤ 옥상 정원 설
roof·top [rú(:)ftàp/-tɔ̀p] 명 지붕, 옥상.
from [or **on**] **the rooftops** 공공연히; 널리.
—명 지붕[옥상]에 있는[사는, 놓여 있는]. ¶a ~ restaurant 옥상 레스토랑.
roof·tree [rú(:)ftri:] 명 마룻대: 지붕; 집, 가정.
under one's ~ 집안에서.

rook¹ [ruk] 명 **1** 〔유럽산〕 떼까마귀. **2** (카드놀이 따위에서) 야바위꾼, 사기 도박꾼. —(통타) 〈속어〉 …을 속이다, 사기치다.
rook² 명 〔서양장기〕 루크, 성장(城將)(차(車)에 해당).
rook·er·y [rúkəri] 명 **1** 떼까마귀 무리; 그 군서지(群棲地). **2** (펭귄·바다표범 따위의) 번식지, 군서지. **3** 〔고어〕 공동 주택; (특히) 빈민굴. **4** (동류의 사람·물건의) 모임, 집합 (장소).
rook·ie [rúki] 명 〈속어〉 신병; 신임 경찰관; 신출내기, 풋내기; (야구) 신인 선수, 루키. (또는 **rookey**)
róok rìfle 명 떼까마귀 사냥총.
rook·y¹ [rúki] 명 떼까마귀가 많은, 떼까마귀가 빽빽이 모여 있는.
rook·y² 명 =rookie.

‡**room** [ru(:)m] 명 (복 ~s [-z]) **1** 방, 실(室). ¶a living ~ 거실. **2** (~s) (침실·거실 따위의 딸린) 셋방, 하숙방. **3** (the ~) 한 방에 있는[모인] 사람들. ¶The whole ~ burst into laughter. 좌중이 모두 웃음바다를 이루었다. **4** ⓤ (사람·물건 따위가 차지하는) 장소, 공간; 비어 있는 장소; 여지, 여유, 기회, 가능성 (for, to do). ¶There is plenty of ~ for improvement. 개량의 여지가 많다. **5** ⓤ 수용(능)력, 능력. ¶have no ~ for linguistics 언어학에 재능이 없다. **6** 〔광산〕 막장, 채탄장. **7** 〈美속어〉 나이트클럽.
give room to …에 자리를 내주다, …을 위해 도피하다.
in a person's **room; in the room of** a person 〔고어〕 남 대신에, 남을 대신하여.
leave room for …의 여지를 남겨두다.
leave the room 〈구어〉 화장실에 가다.
live in rooms 하숙[셋방]에 살다.
make room for …을 위해 자리[장소, 길]을 비키다[만들다], 자리를 양보하다.
men's [**ladies**'] **room** 남자[여자] 화장실.
prefer a person's **room to his company; a person's room is better than his company** 남과 동석하는 것이 좋다, 남이 없는 편이 낫다.
room (and) to spare 충분한 여지.
room for rent 〈美구어〉 바보, 멍텅구리, 골빈 녀석 (세 놓을 만큼 텅빈 머리라는 뜻에서).
Rooms for Rent 〈美〉 〈광고·게시〉 셋방 있음((英) Rooms to Let).
There's no room to swing a cat (in). ⇒CAT.
—(통) (~s [-z]) 자) **1** …와 한방을 쓰다, 기숙[하숙]하다, 유숙하다. ¶(~+前+名) I ~ed with him in the dormitory. 기숙사에서는 그와 한방이었다. —(타) 〈구어〉 …을 숙박[하숙]시키다, 유숙케 하다. 「합 숙박료.
róom and bóard 명 식사 제공하는 하숙; 식사 포
róom clèrk 명 호텔의 프런트 접수원, 객실 담당원.
róom divìder 명 (방의) 칸막이(용 가구).
roomed [ru(:)md] 명 〈복합어로〉 …의 방이 있는. ¶a 100-~ hotel 객실 100 개인 호텔.
room·er [rú(:)mər] 명 셋방살이하는 사람, 하숙인.

room·ette [ruːmét] 명 1 (침대차의) 1인용 소침실. 2 (공부·취침용) 작은 방. 3 (경기장의) 접객용 방. ⓐ compartment, bedroom

room·ful [rúːmfùl] 명 방 하나 가득; (집합적) 방을 가득 채운[만큼의, 만큼의] 사람들.

room·ie [rúːmi] 명 (구어) =roommate.

róom·ing hòuse [rúːmiŋ-] 명 (美·캐나다) (식사를 제공하지 않는) 하숙집.

room·ing-in [-íŋ] 명 (美 ~s) 모자 동실(母子同室) 육아(병원에서 신생아를 유아실에 두지 않고 산모와 함께 있게 하는 것).

room·mate [rúːmmèit] 명 (美) 동숙자, 동실자, 룸메이트.

róom of reconciliátion 명 (가톨릭) 고해실.

róom sèrvice 명 룸 서비스(호텔 따위에서 방으로 식사 따위를 날라다 주기); ⓒ (the ~) (집합적) 룸 서비스 담당자.

róom tèmperature 명 실내 온도(20℃ 정도).

room·y¹ [rúːmi] 형 넓은, 널찍한(spacious). **róom·i·ly** 부 **róom·i·ness** 명

room·y² 명 (구어) =roommate.

roor·back [rúərbæk] 명 (美) (선거 등에서의) (정적에 대한) 허위[모략] 선전, 비방. (또는 **roorbach**)

Roo·se·velt [róuzəvèlt, rúːzə-/rúːs-] 명 루스벨트. 1 **Franklin D. ~** (1882–1945; 미국의 제32대 대통령(1933–45)). 2 **Theodore ~** (1858–1919; 미국의 제26대 대통령(1901–09)).

Roo·se·velt·i·an [ròuzəvéltiən, rùːzəvél-] 형 루스벨트의 주의[정책]디의 지지하는.

*****roost** [ruːst] 명 1 (새가 앉는) 홰; 닭장, 새장; 보금자리; 홰에 앉은 한 떼의 새. ¶The highest branch is not the safest ~. (속담) 가지가 높다고 안전하지는 않다. 2 (비유적) (사람의) 휴식처, 보금자리, 잠자리.

at roost ① 보금자리[잠자리]에 들어. ② (사람이) 잠들어, 쉬고 있어.

come home to roost (반갑지 않은 일 따위가) 자기에게 되돌아오다, 제자리로 되돌아오다. ¶Curses come home to ~. (속담) 누워서 침뱉기.

go to roost ① (새가) 보금자리로 돌아가다. ② (구어) (사람이) 쉬다, 자다.

rule the roost [or roast] (구어) 지배하다, 실권을 잡다; 좌지우지하다, 일을 주관하다.

— 자 1 홰에 앉다, 보금자리에 들다; (속어) (사람이) 앉다, 착석하다. 2 (사람이) 묵다, 숙박하다. — 타 …을 보금자리에 들게 하다, 묵게[유숙하게] 하다.

*****roost·er** [rúːstər] 명 1 수탉(英 cock); (일반적으로) 새의 수컷. 2 (구어) 건방진 사나이. 3 =roosterfish. 4 엉덩이. 5 색골.

roost·er·fish [rúːstərfìʃ] 명 (북미 태평양 연안의) 전갱이.

róoster tàil 명 고속의 모터보트가 일으키는 높은 파도의 물보라.

‡**root¹** [ruːt] 명 1 (식물의) 뿌리; 뿌리 달린 식물; (~s) 근채류(根菜類). 2 뿌리가 난 밑동 부분; (~s) (산의) 기슭; (바다 따위의) 밑바닥. ¶the ~ of the hair [the tongue, a tooth, a nail] 머리카락[혀, 이, 손톱]의 뿌리. 3 (보통 the ~) (사물의) 근저, 근본, 본질, 기초. ⇨ORIGIN 유의어 ¶the ~ of a matter 문제의 핵심. 4 (곤란·문제 따위의) 근원, 원인. ¶the ~ of a trouble 분쟁의 원인 / The love of money is the ~ of all evil. 돈을 사랑함이 일만 악의 뿌리가 된다(←디모데전서(1 Tim.) 6 : 10). 5 조상, 시조; (정서) 고향. 6 (~s) (집합적)) 보금자리, 마음의 고향. 7 (수학) 루트, 근(根). ¶a square [cube] ~ 평방[입방]근. 8 (언어) 어근(語根). ¶the ~ form 어근. 9 (음악) 기음(基音). 10 (기계) (나사의) 골. 11 (야금) 루트, 바닥. 12 (濠美·뉴질 속어) 성교; 발기; 성교의 상대). 13 (美속어) 종이에 만 담배; 마리화나 담배.

주의 「근」을 읽는 법 — √4=2: The square [or second] root of four (약하여 The root of 4 또는 Root 4라고도 한다) is two. ∛8=2: The cube [or third] root of eight is two.

at (the) root 근본에 있어서는, 본질적으로는.

by the root(s) 뿌리째. ¶pull up a plant by the ~s 식물을 뿌리째 뽑다.

get at [or go to] the root of (a matter) (사물의) 근본을 살펴보다, 진상을 규명하다.

play roots on (美속어) …을 혼내주다; 심하게 다루다

pull up one's roots 정주지를 떠나다.

put down roots; put roots down …에 정착하다.

root and all 뿌리째, 몽땅.   └다.
root and branch 송두리째, 뿌리째, 철저하게. ¶He destroyed it ~ and branch. 그는 그것을 철저하게 파괴했다.   └괴하다.

strike at the root of …을 근절시키다, 철저하게 파

take [or make, strike] root ① 뿌리가 생기다, 뿌리내리다[박다]. ② (비유적) 정착하다, 성공하다.

to the root(s) 근본적으로, 뿌리[근원]까지, 철저하게.

— 자 1 뿌리를 내다, 정착하다(in). 2 (…에) 근원을 갖다(in). — 타 1 (식물을) 뿌리박게[내리게] 하다. ¶(~+목+전+명) ~ the seeds in a hotbed 온상에서 종자를 뿌리내리게 하다. 2 (비유적) …을 깊이 뿌리박게 하다; …을 고착시키다; (수동형으로) 꼼짝 못하게 하다, …에 못박다. ¶(~+목+전+명) ~ a principle in the mind 주의(主義)를 마음 속 깊이 심어주다 / be ~ed to the spot with surprise [by horror] 놀라서 [공포로] 그 자리에서 꼼짝 못하다. 3 …을 뿌리째 뽑다. (악폐를) 근절시키다(away, up, out). ¶(~+목+부) ~ up weeds 잡초를 뿌리째 뽑아 없애다. 4 (美속어) 훔치다, 빼앗다. 5 뒤통수를 치다, 속이다. 6 완전히 곤혹스럽게 하다. 7 (濠·뉴질 속어) (남자가) …과 성교하다.

be rooted in …에 원인이 있다; …에 뿌리박고 있다.

root out …을 근절하다[뿌리뽑다]. ¶~ *out* evils 악폐를 근절하다.   └념[근본적 오류].

— 명 뿌리의; 근본적인. ¶a ~ idea [fallacy] 근본 개

·like 형

root² 자타 1 (돼지 따위가) 코로 땅바닥을 헤집다[뒤지다]; (뭣인가를 찾아) 뒤적거리다, 찾다(about, around) (for). ¶(~+부) He ~ed about in a drawer for the paper. 그는 그 서류를 찾으려고 서랍을 뒤졌다. 2 (해사) (배가 거친 바다에서) 뱃머리에 파도를 뒤집어쓰다. 3 (美구어) 열심히 일하다; (돼지처럼) 먹어대다. — 타 (돼지 따위가) …을 코로 헤집다[파헤치다]; …을 파헤쳐 내다, 밝혀 내다(up); (물건) 찾아내다(out).

root hog or die (美구어) (종종 명령형으로) 열심히 하지 않으면 곤란을 겪는다; 열심히 일하든가 일생을 무위로 돌리든가.

root³ 자타 (美구어) (스포츠 팀이나 후보자를) 응원[성원]하다, 힘을 북돋아주다 (for).

root·age [rúːtidʒ] 명ⓊⒸ 1 (깊이) 뿌리박기; 정착, 자리잡기, 고착. 2 (집합적) 뿌리 (전체). 3 (사물의) 근원, 기원.

róot bèer 명 (美·캐나다) 루트 비어(나무 뿌리·껍질·약초에서 짜낸 즙에 시럽을 타서 만드는 탄산 음료).

róot bòrer 명 뿌리 갉아 먹는 벌레.

root-bound [´bàund] 형 (원예) (식물이) 뿌리를 완전히 내린; (사람이) 그 땅에 정착한, 뿌리내린.

róot canàl 명 (치과) (치아의) 근관(根管); =~ therapy.

róot canàl thèrapy 명 (치과) 근관 치료법.   「무.

róot-cap [rúːtkæp] 명 (식물) 근관(根冠), 뿌리골

róot càuse 명 근본 원인.   └저장실.

róot cèllar 명 (무·당근 등을 저장하는) 지하 근채류

róot clìmber 명 (식물) 반연근(攀緣根) 식물.

róot cròp 명 근채류(根菜類)(무·고구마·사탕무 따위).

róot divìsion 명 뿌리 나누기(식물의 번식 방법).
***root·ed** [rú(ː)tid] 형 뿌리가 내린, 뿌리를 박은; 뿌리 깊은; 고착한.¶ a ~ objection to militarism 군국주의에 대한 뿌리 깊은 반대.
Get rooted! 《漢구어》 꺼져!, 돼져라!
~·ly 부 ~·ness 명

root·er¹ [rúːtər] 명 코로 땅을 파헤치는 동물; 땅을 파헤치는 사람[기계], 루터.

root·er² [rúːtər] 명 **1** (열광적인) 응원자, 응원단. **2** 열성 원조자[신봉자].

róot gràft 명 《원예》 뿌리접; 《식물》 뿌리접한 식물.

róot hàir 명 《식물》 근모(根毛), 뿌리털.

root·hold [rúːthòuld] 명 뿌리내림; 뿌리내림이 좋은 토지.   (제 根劑).

róot·ing còmpound [rúːtiŋ-] 명 《원예》 발근

róot knòt 명 《식물》 (선충(線蟲)으로 인한) 근류병(根

roo·tle [rúːtl] 자 타 《英》 =root².   [瘤病).

root·less [rúː(ː)tlis] 형 **1** 뿌리가 없는. **2** 근거가 없는; 불안정한. **3** 사회적 발판이 없는, 의지할 곳 없는.
~·ness 명   [根).

root·let [rúːtlit] 명 《식물》 잔[어린]뿌리; 지근(支

róot méan squáre 명 《수학》 제곱 평균.

róot nòdule 명 (콩과(科) 식물의) 뿌리혹.

róot of únity 명 《수학》 1의 n 제곱근(根).

róot prèssure 명 《식물》 근압(根壓).

róot ràke 명 (큰 가래 모양의) 뿌리 캐내는 레이크.

róot ròt 명 《식물·병리》 뿌리 썩음병(病).

róot sìgn 명 《수학》 근호(√).   [줄기.

róot·stalk [rúːtstɔ̀ːk] 명 《식물》 근경(根莖), 뿌리

róot·stock [rúːtstɑ̀k/-stɔ̀k] 명 《원예》 (접목의) 대목(臺木); 근경; (비유적) 근원, 기원(origin).

roots·y [rúːtsi] 형 《음악》에 본고장에 뿌리를 둔, 민

róot tónic 명 《美속어》 아편.   [족 특유의.

róot tréatment 명 《치과》 근관 치료(법).

róot vègetable 명 =root crop.

root·y¹ [rúː(ː)ti] 형 **1** 뿌리가 많은, 뿌리 같은, 뿌리 모양의. **2** 《美속어》 성적으로 흥분한, 발정한.

root·y² 명 《인도》 빵. (또는 **rooti**)   [한] (음악).

róot·y-tóot [-túːt] 형 《美속어》 시대에 뒤진 [진부

róot·y-tóot-tóot [-tùːttúːt] 감 젠체하지 마라, 으스대지 마라. (또는 **ropeable**)

R.O.P. run-of-paper(발행인이 지정하는 광고 스페이스).

rop·a·ble [róupəbl] 형 결박할 수 있는; 《濠구어》 성이 난; (말이) 사나운, 감당할 수 없는. (또는 **ropeable**)

‡rope [roup] 명 **1** U 새끼, 밧줄, 로프, 노끈; C (한 가닥의) 로프(⇔ cord, cable).¶ jump [or skip] a ~ 줄넘기를 하다. **2** (카우보이의) 올가미, 올무; 줄타기 밧줄; 측량용 삭조(索條); (등산용) 로프, 자일. **3** (~s) (권투 링 따위의 둘레의) 로프. **4** (the ~) (교수형의) 목매는 줄; (비유적) 교수형. **5** 한 타래, 한 꿰미, 한 꾸러미. **6** (물엿·반죽 따위에 생기는) 실 모양의 끈끈한 것. **7** (the ~s) 요령, 비결. **8** 자유의 범위). **9** (매우 큰) 엽궐련, 여송연. **10** (속어) 마리화나, **11** 짠 하숙집.
a rope of sand 약한 결합[유대], 믿을 수 없는 것.
be at [or come to, run to] the end of one's rope 진퇴양난에 빠지다, 오도 가도 못하게 되다, 속수무책이다.   [정을 모르다.
be outside the ropes 《속어》 요령을 모르다, 속사
carry a rope in one's pocket (카드놀이에서) 썩 잘 붙다[되다].
dance on a [or the] rope 교수형을 당하다.
fight back to the ropes 마지막까지 싸우다, 끝까지 버티다. * 원래는 권투 용어.
fight with a rope round one's neck 사생결단으로 싸우다, 배수진을 치고 싸우다.
give a person rope enough [or plenty of rope] to hang himself 남을 제멋대로 하게 해서 결국엔 자업자득의 꼴을 당하게 하다.

know [learn] the ropes …에 대해 잘 알다[배우다]; 요령을 알고 있다(배우다).
money for old rope ⇒ MONEY.   [없다.
One's rope is out. 진퇴양난에 빠졌다, 손쓸 여지가
on the high ropes 의기양양하여; 거만하게.
on the rope (등산자들이) 서로 자일로 몸을 연결하여.
on the ropes ① (권투에서 그로기 상태가 되어) 로프에 매달려. ② (구어) 궁지에 몰려, 모든 것이 끝장나.
put a person up to the ropes; show a person the ropes 남에게 요령을 가르쳐주다.
— 타 (~d [-t]; rop·ing) **1** …을 로프로 묶다, 동이다 (to); (등산자들이) [몸]을 서로 자일로 연결하다 (up). **2** (장소·동물)을 새끼[로프, 밧줄]로 차단하다, 둘러치다 (in, off, out).¶ (~+目+團) The police ~d off the entrance. 경관들이 입구에 새끼줄을 쳐서 출입을 막았다. **3** 《美》 …을 올가미를 던져서 잡다. **4** 《英》 《경마》 (말의 속도)를 늦추다, [고삐]를 잡아당기다. **5** 《해사》 (돛·천막)을 곁밧줄로 보강하다. **6** 《美속어》 덫에 걸다, 함정에 빠뜨리다.
— 자 **1** 밧줄 모양이 되다. **2** (로프로) 등산하다 (up, down); (등산자가) 자일로 몸을 연결하다 (up, together). **3** (부패한 음식물 따위가) 끈적끈적해지다, 끈적끈적해져서 실처럼 늘어지다. **4** 《英》 《경마》 이기지 못하도록 고의로 말을 억제하다, 잡아당기다; (일반적으로) 힘을 다 내지 않다.   [남을 속이다.
rope a person in 《속어》 남을 한 패로 끌어들이다.
rope a person in to do; rope a person into doing [or something] 남을 속여서[부추겨서] …하
~-like 형   [게 하다.

rope·dance [róupdæns/-dɑ̀ːns] 명 =ropedancing.   [곡예사.

rope·danc·er [róupdænsər/-dɑ̀ːns-] 명 줄타기

rope·danc·ing [róupdænsiŋ/-dɑ̀ːns-] 명 U 줄타

rópe làdder 명 줄사다리.   [기.

rope·mak·ing [róupmèikiŋ] 명 밧줄 제조(업).

rope·man·ship [róupmənʃip] 명 줄타기 곡예; 로프 타고 오르는 기술.

rop·er [róupər] 명 **1** 밧줄 만드는 사람. **2** (소·말을) 로프로 붙잡는 사람, 카우보이. **3** (비유적) 끄나풀, 바람잡이. **4** 고의로 지는 기수(騎手).

rop·er·y [róupəri] 명 **1** 새끼[밧줄] 제조소[공장]. **2** U C (고어) 나쁜 짓, 사기, 야바위치기.

rópe's énd 명 (형벌용) 로프 채찍; 교수형 밧줄.
¶ give a person a ~ 남을 채찍질하다.

rópe tòw 명 로프토(스키어들이 잡고 슬로프 위로 올라가게 되어 있는 스키장의 회전 로프).

rope·walk [róupwɔ̀ːk] 명 새끼 제조소[공장].

rope·walk·er [róupwɔ̀ːkər] 명 =ropedancer.

rope·walk·ing [róupwɔ̀ːkiŋ] 명 U 줄타기(rope dancing).   [(cableway).

rope·way [róupwèi] 명 (주로 화물 운반용) 삭도(索

rope·work [róupwə̀ːrk] 명 **1** 밧줄 (제조) 공장. **2** 로프 제작법. **3** 로프를 특수하게 만든 것.

rop·ey [róupi] 형 =ropy.

rópe yàrd 명 로프 제조소(ropewalk).   [것[일].

rópe yàrn 명 로프를 형성하는 가는 줄[실]; 하찮은

rop·ing [róupiŋ] 명 U **1** 밧줄 만들기, 새끼 꼬기. **2** 강삭(綱索)류, 삭구(索具)류. **3** 《해사》 (돛 따위의) 볼트 로프(boltrope)의 보강. **4** (가축을) 올가미로 잡기. **5** (등산) 자일로 매기[묶기].

rop·y [róupi] 형 **1** 로프 같은, 밧줄[새끼] 모양의. **2** 끈적끈적한, 실 같은 것을 내는, 점착성의. **3** 《英구어》 (옷·차 등이) 헌, 낡은. **róp·i·ly** 부 **róp·i·ness** 명

roque [rouk] 명 U 《美》 크로케(croquet)의 일종.

Róque·fort (chéese) [róukfərt-/rɔ́kfɔː-] 명 《상표》 로크포르 치즈(양젖으로 만든 풍미가 진한 치즈).

roq·ue·laure [rɑ́kəlɔ̀ːr/rɔ́k-] 명 (18세기에 남자들이 입던) 무릎까지 덮는 외투, 로클로르.

ro·quet [roukéi/róuki] 〔크로케〕 图 囹 자기 공을 (상대편 공에) 맞히다. —㉠ 자기 공이 상대편 공에 맞히다. —图UC 공을 상대편 공에 맞히기.　　　**[ro-ral]**
ro·ric [rɔ́:rik] 휑 이슬의, 이슬 같은(dewy). (또는 **-Ro·Ro** [róurou] 휑 =ro-ro ship. (또는 **RORO**) [<roll-on/roll-off]
ró-ro ship 图 〔해사〕 로로선(船)(화물을 적재한 트럭이나 트레일러를 수송하는 화물선).
ror·qual [rɔ́:rkwəl] 图 =finback.
RORSAT [rɔ́:rsæt, rɔ̀:r-] 图 〔군사〕 레이더 해양 정찰 위성. [<radar ocean reconnaissance satellite]
Rór·schach tèst [rɔ́:rʃɑ:k-] 图 〔심리〕 로르샤흐 성격 검사법(스위스의 H. Rorschach(1884-1922)가 고안한 성격 검사법; 잉크의 얼룩 무늬를 해석하게 하여 성격을 판단함). (또는 **Rórschach ínkblot tèst**)
ror·ty [rɔ́:rti] 휑 《英속어》 유쾌한, 즐거운; 아주 멋있는, 좋은. (또는 **raughty**)
ROS 〔컴퓨터〕 read-only storage(읽기 전용 기억 장치).
Ro·sa [róuzə] 图 **Monte ~** 몬테로자(스위스와 이탈리아 국경의 알프스 산맥 제4의 고봉).
ro·sace [rouzéis, -zɑ́:s/róuzeis] 图 〔건축의〕 장미 모양의 장식; 장미 (모양의) 창.
ro·sa·ceous [rouzéiʃəs] 휑 장미과의; 장미와 같은; 장밋빛의.
Ros·a·line [rázəlàin/rɔ́z-] 图 라잘라인(여자 이름).
ros·an·i·line [rouzǽnəlin/-li:n] 图U 〔화학〕 로자닐린(붉은색 염료); 그 염기(塩基).　　　**[Rosanna]**
Ros·anne [rouzǽn] 图 로잰(여자 이름). (또는
ro·sar·i·an [rouzɛ́əriən] 图 1 장미 재배가; 장미 애호가. 2 (R-) 〔가톨릭〕 로사리오회(會)의 회원.
ro·sar·i·um [rouzɛ́əriəm] 图 (图 ~s, -i·a [-iə]) 장미꽃밭, 장미 화원(rose garden).
ro·sa·ry [róuzəri] 图 1 〔가톨릭〕 로사리오(기도에 쓰는 묵주); 묵주를 굴리면서 올리는 기도. 2 (다른 종교의) 염주(念珠). 3 장미 화원(rosarium).
Ros·ci·an [ráʃiən, ráʃən/rɔ́ʃiən] 휑 1 연기의; 배우의. 2 연기가 뛰어난, 명연기의. — 图 배우; 명배우.
Ros·ci·us [ráʃiəs, -əs/rɔ́ʃiəs] 图 1 **Quintus ~** 로스키우스(고대 로마의 배우). 2 배우, 명배우.
Ros·coe [ráskou/rɔ́s-] 图 《美속어》 권총, 연발 권총.
Ros·coe [ráskou/rɔ́s-] 图 로스코우(남자 이름).
‡**rose**[¹] [rouz] 图 (图 **ros·es**) 1 장미(꽃)(영국 국화)㉠ thistle, shamrock). ¶ **a wild ~** 들장미 /*No ~ without a thorn.* 《속담》 가시 없는 장미는 없다. 행복이 있으므로 불행도 있다. 2 图 장밋빛, 연홍색; 장미향수. 3 (~s) (젊은 여자의) 장밋빛의 고운 혈색[안색], 핑크색. ¶ *bring back the ~s to one's cheeks* 다시 볼이 발그레해지다. 4 (the ~) 미인, 미모의 여자, 명화(名花); 화려한 존재. ¶ *She is the ~ of our village.* 그녀는 우리 마을에서 제일 예쁘다. 5 장미꽃 모양의 장식물; 〔문장〕 다섯 잎 꽃잎의 무늬; (리본 따위의) 장미꽃 모양의 매듭; 〔건축〕 장미 장식(문 손잡이 주위의 금속 장식, 장미(꽃) 무늬 창(~ window); 〔보석〕 로즈형, 로즈컷(보석면의 컷 방법). 6 (天도의) 나침반의 방사 모양의 눈금면. 7 (물뿌리개의) 살수구. 8 (the ~) 단독(丹毒). 9 장미 비슷한 각종 식물. 10 《英》 (꽃꽂이의) 침봉. 11 《美속어》 위독한 혼수 상태의 환자. 12 (~s) 《美속어》 벤제드린(Benzedrine).
a [or *the*] *bed of roses* (주로 부정문에서) 안락한 생활[처지, 지위]. ㉠ *a BED of thorns*
a blue rose 있을 수 없는 것.
a path strewn with roses 장미꽃을 깔아 놓은 길, 안락한[안일한] 생활. ¶ *Her path seemed strewn with ~s.* 그녀의 길은 행복의 연속인 것 같았다.
A rose by any other name would smell as sweet. (비꼬아) 이름 따위는 아무래도 좋다. 실질이 중요하다.
be not all roses 반드시 기쁜 좋은[즐거운] 것만은 아니다.
come up roses 《구어》 썩 잘 돼 가다(*for*).
Everything came up ~s. 만사가 잘 돼 갔다.
come up smelling like a rose 《美속어》 생각지도 않은 행운을 우연히 만나다.
gather (life's) roses 환락을 좇다, 쾌락을 찾다.
lose one's roses 안색이 나빠지다.
pluck a rose 《속어》 (여성이) 순결을 잃다; (여자가) 야외에서) 소피를 보다. ㉠ *~s.* 모르는.
roses all the way 《구어》 행복한, 괴로움이 없는, 《구어》
roses and sunshine [or *wine*] 근사한 [멋진, 평장한] 것.
smell like a rose 조금도 비난 받을 데가 없다, 깨끗하다.
the Wars of the Roses 〔영국사〕 장미 전쟁(1455-85)(York가(家)(흰 장미)와 Lancaster가(家)(붉은 장미) 사이의 왕위 쟁탈전).
the white rose of virginity [or *innocence*] 흰 장미처럼 청순한 처녀.
under the rose 비밀로, 내밀히(privately).
— 휑 장미의, 장밋빛의, 연홍색의; 장미 향내가 나는.
— 囹 (보통 수동형으로) …을 장밋빛으로 하다[물들이다, 염색하다]; 장미향을 첨가하다; (얼굴을) 붉히다.
~·less, ~·like 휑
‡**rose**[²] rise의 과거.　　　**[rosy]**
ro·sé [rouzéi] 图UC 로제(엷은 핑크빛 포도주). [<F **Rose** [rouz] 图 로즈(여자 이름).
róse ápple 图 갯복숭아나무; 그 열매.
ro·se·ate [róuziət, -zièit] 휑 장밋빛의; 밝은; 쾌활한, 낙관적인; 유망한; 전도가 밝은. ¶ **a ~ future** 장밋빛 미래. **~·ly** 튐
róseate spóonbill 图 〔조류〕 진홍저어새.
Ro·seau [rouzóu] 图 로조(Dominica의 수도).
rose·bay [róuzbèi] 图 〔식물〕 1 서양협죽도(夾竹桃). 2 석남(石南). 3 《英》 분홍바늘꽃.
róse bèetle 图 =rose chafer.
róse bòwl 图 장미꽃잎이용 유리 접시.
Róse Bòwl 图 (the ~) 《美》 로즈 볼(매년 1월 1일에 열리는 대학 미식 축구 선수권전).
*‡**rose·bud** [róuzbλd] 图 1 장미꽃 봉오리; U 자주색이 도는 빨간색. 2 아름다운 소녀, 묘령의 소녀; 《美구어》 처음 사교계에 나온 소녀. 3 자홍색(紫紅色). 4 《英속어》 입.
rose·bush [róuzbùʃ] 图 장미나무, 장미덤불.
róse cháfer [**bùg**] 图 꽃무지류에 속하는 풍뎅이의 일종(장미 따위의 해충).
róse cóld 图 〔병리〕 =rose fever.
rose-col·ored, 《英》 -oured [-kλlərd] 휑 1 장밋빛의(rosy). 2 밝은; 낙관적인; 유망한. ¶ **~ plans for the future** 장래에 대한 밝은 계획. — 图를 갖다.
take a rose-colored view 낙관하다, 낙관적 견해
róse-colored glásses [**spéctacles**] 图《美》 (확실한 근거가 없는) 밝은[낙관적인] 시각[사고 방식]. ¶ *see things through ~* 사물을 너무 낙관적으로 보다. 　　　[즈컷한 보석.
róse cùt 图 1 로즈 컷(보석 세공 방법의 하나). 2 로
rosed [rouzd] 휑 장밋빛의, 붉게 물든.
róse díamond 图 로즈형(形)(로즈 컷) 다이아몬드.
rose-drop [róuzdràp/-drɔp] 图 〔의학〕 비사증(鼻瘡).
róse èngine 图 로젯 무늬 조각기. 〔醫症〕 주부코.
róse fèver 图 〔병리〕 장미열(장미꽃가루 알레르기 증상; 고초열(枯草熱)의 일종).
róse gárden 图 1 장미원. 2 안락한 생활. 3 (the R- G-) 미국 백악관의 안뜰.
Róse Gárden stràtegy 图 로즈 가든 전략(미국 대통령이 현직의 강점을 이용, 재선을 노리는 선거 전략).
róse gerànium 图 〔남미산(産)의〕 양아욱.
róse hìp 图 들장미의 열매(hip).
rose·leaf [róuzli:f] 图 (图 *-leaves*) 장미꽃잎, 장미나무의 잎.

a crumpled roseleaf (한창 행복한 중에 일어나는) 사소한 풍파[말썽].
rose-lipped [ˊlipt] 형 장밋빛 입술을 한.
róse mállow 명 무궁화속(屬)의 식물; 접시꽃.
rose-mar·y [róuzmɛ̀əri/-məri] 명 로즈메리(지중해 지방이 원산지인 상록 관목; 충실 · 정절(貞節)의 상징).
Rose-mar·y [róuzmɛ̀əri/-məri] 명 로즈메리(여자 이름).
róse móss 명 채송화 「이름).
róse nóble 명 장미 무늬 금화(15-16세기 영국에서
róse of Chína 명 월계화(China rose). 「유통).
róse of Jérícho 명 안사수(安産樹)(아시아 원산의 한해살이풀).
róse of Máy 명 백수선(白水仙)(수선속(屬)) 식물의 「일종).
róse of Sháron 명 〔성서〕 샤론의 들꽃; 무궁화.
róse óil 명 장미유(향유).
ro·se·o·la [rouzíːələ, ròuzióulə] 명Ⓤ 〔병리〕 장미진(疹), 홍진(紅疹); 풍진(rubella). **-lar, -lous** 형
roséola in·fán·tum [-infǽntəm] 명 〔의학〕 소아 장미진(疹), 돌발성 발진증.
Róse Paráde 명 로즈 퍼레이드(매년 1월 1일 Pasadena에서 벌어지는 Rose Bowl 축하 행진; 정식 명칭은 Tournament of Roses Parade).
róse pínk 명 장밋빛; 장미색 안료.
rose-pink [ˊpínk] 형 장밋빛의, 연홍색의.
róse quártz 명 홍석영(紅石英).
rose-red [ˊréd] 형 장밋빛의, 장미꽃처럼 빨간.
róse róom 명 《美속어》 (의식 불명의) 중환자실.
rose-root [róuzrùːt] 명 바위솔(돌나물과(科)의 다년초; 그 뿌리는 장미 냄새를 풍긴다).
ros·er·y [róuzəri] 명 장미꽃밭, 장미원.
Róse's métal 명 〔야금〕 로즈[로제] 합금(비스무트, 주석, 납의 저융점 합금).
rose-tint·ed [ˊtintid] 형 =rose-colored.
róse trèe 명 장미나무(입목(立木)으로 자란 것).
Ro·set·ta [rouzétə] 명 로제타(여자 이름).
Rosétta stóne 명 (the ~) 로제타석(石)(1799년 이집트 Rosetta에서 발견된 석판; 고대 이집트의 상형문자 해독의 실마리가 됨).
ro·sette [rouzét] 명 1 장미꽃 모양의 것, 장미꽃 장식, (리본 따위의) 장미 (모양) 매듭. 2 〔건축〕 장미창(rose window), 장미꽃 무늬 창 장식. 3 〔식물〕 좌엽(座葉)(근생엽(根生葉)이 수평 · 방사꼴로 퍼진 것). 4 〔식물〕 로제트병(잎이 오프라드는 병). 5 〔표범의〕 얼룩무늬. 6 〔야금〕 로제트, 장미꽃 모양(녹은 금속을 물로 급랭시킬 때 생김). 7 (나사못 따위의) 장식으로 넓은 대가리. 8 《美》 로제트(송아지고기를 베이컨으로 말아 꼬치에 꽂은 것). 9 〔전기〕 로제트(천장에 다는 조명 기구의 코드 접속구). 10 〔보석〕 =rose diamond.
róse wàter 명 장미 향수; (비유적) 감상적 기분; 미지근한 인사; 걸치레 인사찬사].
rose-wa·ter [ˊwɔ̀ːtər, -wɑ̀t-] 형 1 장미 향수와 같은. 2 부드러운; 감상적인. 3 우아한, 우미한.
róse wíndow 명 〔건축〕 장미 (꽃 무늬) 창.
rose·wood [róuzwùd] 명 로즈우드, 자단(紫檀)(열대산 향목; 가구용재); Ⓤ 자단재(材). 《美속어》 경찰봉.
Rosh Ha·sha·na(h) [róuʃ hɑːʃɔ́ːnə, rɔ́ːʃ/róʃ həsɑ́ːnə] 명 (유대교의) 신년제(유대력 Tishri(1 월)의 1일, 2일에 올린다). (또는 **Rósh Hashóno(h)**)
Ro·si·cru·cian [ròuzəkrúːʃən, ràz-/-] 명 장미 십자회원(17-18세기 유럽의 종교 개혁가들의 비밀 결사 회원); 그 파생 단체 회원. — 형 장미 십자회원의.
Ro·sie [róuzi] 명 로지(여자 이름).
ros·i·ly [róuzəli] 부 1 장미색으로. 2 밝게; 건강하게; 낙관적으로.

ros·in [rázin/rɔ́z-] 명Ⓤ 1 로진(송진에서 테레빈유(油)를 증류하고 남은 것). 2 수지, 송진. — 타 ~에 로진을 바르다[으로 문지르다, 봉하다].
Ros·i·nan·te [ràzənǽnti/rɔ̀zi-] 명 1 로시난테(*Don Quixote*가 탄 말라깽이 말). 2 (r-) 늙어빠진 말, (늙어) 쓸모없는 말(nag).
rósin bàg 〔야구〕 (투수용) 송진가루 주머니.
ro·sin·er [rázənər/rɔ́z-] 명 〔濠구어〕 알코올 음료, 강한 술. 「rosinol].
rósin óil 로진유(油)(인쇄 잉크 · 윤활유용). (또는
ros·in·ous [rázənəs/rɔ́z-] 형 로진(rosin)을 함유한, 로진의[같은]. 「(모양)].
ros·in·y [rázini/rɔ́z-] 형 수지(樹脂)가 많은, 수지성
ROSLA raising of school-leaving *age*.
Rospa, RoSPA, ROSPA [ráspə/rɔ́spə] (英) *Royal Society for the Prevention of Accidents*(사고 방지 협회). 「질을 벗기다.
ross [rɔ(ː)s, rɑs] 명 거친 나무껍질. — 타 나무껍
Ross [rɔ(ː)s, rɑs] 명 로스(남자 이름).
Róss Depéndency 명 로스 속령(屬領)(뉴질랜드령의 남극 Ross 해 연안의 여러 섬).
ross·er [rɔ́(ː)sər, rás-] 명 나무껍질 벗기는 사람; 나무껍질 벗기는 기계[도구].
Ros·set·ti [rouséti, -zéti/rəséti] 명 **Dante Gabriel ~** 로세티(1828-82; 영국의 시인 · 화가)
Róss Íce Shélf 명 (the ~) 로스 빙붕(氷棚)(남극 Ross 해 남부를 막고 있는 빙붕).
Ros·si·ni [rousíːni, rɔː-/rɔ-] 명 **Gioacchino Antonio ~** 로시니(1792-1868; 이탈리아의 작곡가).
Róss Séa 명 (the ~) 로스 해(海)(남극 대륙의 Victoria Land 동쪽에 있는 태평양의 큰 만(灣)).
Róss's séal 명 〔동물〕 (남빙양산) 로스 바다표범.
ros·tel·lum [rastéləm/rɔs-] 명 (복 **-la** [-lə]) 1 〔생물〕 소취(小嘴). 2 〔식물〕 소취체; 〔동물〕 액취(額嘴).
ros·ter [rástər/rɔ́s-] 명 근무 당번표; (일반적인) 명부, 등록부. — 타 근무 당번 명단에 올리다.
Ros·tov [rəstɔ́ːf/rɔ́stəf] 명 로스토프(유럽 러시아 남부 Don 강 하류의 항구 도시).
Ros·tow [róustou] 명 **Walt Whitman ~** 로스토 (1916- ; 미국의 경제학자).
ros·tral [rástrəl/rɔ́s-] 형 1 주둥이[부리]의, 주둥이[부리]의, 주둥이[부리] 모양의. 2 뱃부리 장식이 있는. ¶a ~ pillar [or column] (해전의) 승전 기념주(柱)(적함(敵艦)의 뱃부리로 장식한다). **-ly** 부
ros·trate [rástreit/rɔ́s-] 형 1 〔생물〕 액각(額角)이 있는, 주둥이[부리] 모양의 돌기가 있는. 2 뱃부리가 있는, 뱃부리 모양의 무늬가 있는. (또는 **rostrated**)
Ros·tro·po·vich [ràstrəpóuvitʃ/rɔ̀s-] 명 **Mstislav ~** 로스트로포비치(1927- ; 옛 소련 태생의 첼로 주자 · 지휘자).
ros·trum [rástrəm/rɔ́s-] 명 (복 **-tra** [-trə], **~s**) 1 연단, 강단; 설교단; (오케스트라) 지휘대; (-tra) (단수취급) (로마 역사) 뱃부리 연단(전리품 뱃부리로 장식한 연단). 2 (로마 역사) 뱃부리(군함 뱃머리에 있는 뾰족한 돌기). 3 〔생물〕 주둥이[부리] (모양의 돌기). 4 《英》 〔연극〕 접었다 폈다 할 수 있는 연단. 5 (집합적) 연설가, *take the rostrum* 등단하다. 「변사.
ro·su·late [róuzulèit, ráz-/rɔ́zju-] 형 〔식물〕 로제트(rosette) 모양으로 된.
‡**ros·y** [róuzi] 형 (**ros·i·er; ros·i·est**) 1 장밋빛의, 장미와 같은; 장미향이 나는. ¶~ clouds 장밋빛 구름. 2 (얼굴 빛이) 건강하고 붉은, 혈색이 좋은. ¶~ lips 장밋빛 입술. 3 얼굴을 붉힌, 유망한. ¶a ~ future 밝은 미래. 4 명랑한, 낙관적인. ¶a ~ outlook 낙관적 전망. 6 장미꽃으로 덮인, 장미꽃으로 만든[장식한]. 7 《美속어》 붉은. **rós·i·ness** 명
Ro·sy [róuzi] 명 로지(여자 이름; Rose의 별칭).
*‡**rot**[1] [rɑt/rɔt] 자 (**-tt-**) 타 1 썩다, 부패하다, 상하다;

못쓰게 되다, 썩어[삭아] 없어지다; 붕괴하다, 부서지다 *(away, off, out).* ⇨DECAY 유의어 ¶(~+圖) At the first frost the last chrysanthemum ~ted off. 첫서리를 맞고 마지막 국화꽃도 (썩어서) 지고 말았다. **2** (도덕적으로) 부패[타락]하다, 나빠지다. **3** (진행형으로) (英속어) 놀리다, 비꼬다. ¶They are only ~*ting.* 그들은 놀리고 있는 것뿐이지. **4** 수척[쇠약]해지다. **5** (英) 헛소리[농담]하다. **6** (식물) 부패병에 걸리다.
—타 **1** …을 썩이다, 부패시키다, 상하게 하다. **2** (도덕적으로) 타락[부패]시키다. **3** (삼을) 물에 재우다. **4** (英) 못쓰게 만들다. **5** (英속어) 놀리다, 조롱하다. **6** (동·식물을) 썩는 병[부패병]에 걸리게 하다.
rot about (구어) 부질없는 일로 시간을 낭비하다.
rot away 썩어 떨어지다[없어지다]; 쇠퇴하다.
—명 **1** 부패, 부식(腐蝕), 썩어 문드러짐; 부패물. **2** (도덕적) 부패, 타락. **3** (병리) 부패병; (보통 the ~) (수의) (양의) 간장병, 디스토마병; (식물) (균 따위에 의한) 부패병. **4** (속어) 헛소리, 시시한 일. ¶Don't talk ~! 헛소리하지 마라! **5** ⓒ (英) 연속 실패.
Rot! 바보 같은 소리! 당치도 않다!
The [or *A*] *rot sets in.* 갑자기 아무것도 잘 되어가—감 젠장!, 제기랄! ¶Oh, ~! 이런!, 제기랄!
rot² [rɔ́t] 명 (美속어) **1** 지나침.
Rots of ruck! 행운을 빕니다(Lots of luck!의 동양인 발음을 흉내낸 표현).   [rotation.
ROT *rule of thumb*(주먹구구식 계산). **rot.** rotating;
ro·ta [róutə] 명 **1** (英) a) 윤번, 순번, 당번; 당번 기간. b) (스포츠) 원정 일정, 순회 경기 일정. **2** 근무 당번표, 근무 명부. **3** 윤창(輪唱). **4** (R-) (가톨릭) 로마 교황청 고등 법원(Sacred Roman R-).
by rota 순번으로.   [침대.
róta bèd [róu-] (英) (양로원·노인 보호소 등의) 간호용
ro·ta·chute [róutəʃùːt] 명 =rotochute.
Ro·ta·cy [róutəsi] 명 (美俗속어) =ROTC.
ro·tam·e·ter [routǽmətər, róutəmìː-] 명 로터미터, 유량계(流量計).
ro·ta·plane [róutəplèin] 명 =rotary-wing aircraft.
Ro·tar·i·an [routέəriən] 명 로터리 클럽의 회원.
—형 로터리 클럽(회원)의.
***ro·ta·ry** [róutəri] 형 **1** 회전하는, 선회하는; (기계의) 회전부가 있는, 회전식의. ⇨motion 회전 운동. **2** 윤번(제)의. —명 **1** 운전기; 로터리 엔진. **2** (= ~ converter). **3** (또는 ↙ intersection) 로터리(환상(環狀) 교차 지점). **4** (R-) ~ Club.
Rótary Clùb 명 (the ~) 로터리 클럽(1905년 Chicago에서 설립; 사회봉사와 국제 친선을 목적으로 함).
rótary convérter 명 (전기) 회전 변류기(變流機).
rótary cúltivator 명 (농업) 회전 경운기.
rótary cútter 명 회전날 커터.
rótary díal 명 (다이얼식) 전화기의 다이얼.
rótary drílling 명 (공학) 로터리 드릴링(회전 굴착기에 의한 유전(油井) 굴착).   [형(星形) 발동기.
rótary éngine 명 **1** 회전 기관. **2** 회전식 발동기; 성
rótary hóe 명 **1** 회전 제초[경운]기.   [식 제설기.
rótary préss 명 (인쇄) 윤전(인쇄)기.
rótary príntíng 명 (인쇄) 윤전 인쇄.
rótary púmp 명 회전식 펌프.
rótary shútter 명 (카메라의) 회전 셔터.
rótary táble 명 (기계) 회전 테이블, 회전반(盤)(유정(油井)을 팔 때 bit를 올리는 강철제 회전대).
rótary tíller 명 =rototiller.
rótary wíng 명 (항공) 회전익(翼)(헬리콥터 따위의).
ró·ta·ry-wing áircraft 명 회전익 항공기(헬리콥터 따위).
***ro·tate¹** [róuteit/-<] 자 (회전) **1** 회전하다, 선회하다. ⇨TURN 유의어 **2** 순환[교대]하다. —타 **1** …을 회전시키다, 선회시키다. **2** …을 순환[교대]시키다; (농작물 따

위)를 윤작(輪作)하다. ¶~ *crops in fields* 밭에서 작물을 윤작하다. -tat·a·ble 형 -tat·a·bly 부
ro·tate² [róuteit] 형 (식물) (화관(花冠) 따위가) 바퀴살 모양의.   [rotary-wing aircraft.
ro·tat·ing-wìng áircraft [róuteitiŋwìŋ-] 명 =
***ro·ta·tion** [routéiʃən] 명ⓤⓒ **1** 회전, 선회; (천문) (지구의) 자전. **2** 순환. **3** 윤번, 교대; 배치 전환. **4** (농업) 윤작(輪作). **5** (구기) 로테이션.
by [or *in*] *rotation* 차례로, 윤번으로, 돌아가며.
~·al 형 ~·al·ly 부
rotátional mólding 명 회전 성형(成形).
rotátional quántum nùmber 명 (물리) 회전
rotátion áxis 명 회전축.   [양자수.
ro·ta·tive [róuteitiv/routéit-] 형 **1** 회전하는; 회전 운동의, 회전 운동을 일으키는. ¶~ *velocity* 회전 속도. **2** 규칙적으로 일어나는, 순환하는; 교체하는. ~·ly 부
ro·ta·tor [róuteitər/-2] 명 **1** 회전하는 것; 회전기; 회전익. **2** (복수 ~·es [róutəːriːz]) (해부) (목·허리 따위를 돌리는) 회선근(回旋筋). **3** (물리) 회전자(子). **4** (야금) 회전로. **5** (TV 안테나의) 회전 장치.
ro·ta·to·ry [róutətɔ̀ːri/-təri] 형 **1** 회전(성)의; 회전하는. **2** (근육 따위가) 회선(回旋)하는. **3** 순환[교대]하는.
ro·ta·vi·rus [róutəvàiərəs] 명 (의학) 로터바이러스(유아(幼兒)나 동물의 새끼에게 위장염을 일으킴).
ROTC, R.O.T.C. Reserve Officers Training Corps(학군단).   [(ROTC).
Rot-corps [rátkɔ̀ːr/rɔ́t-] 명 (美軍속어) 학군단
rote¹ [rout] 명ⓤ 기계적인 방식, 틀에 박힌 수법(routine). (* 다음 숙어로)
by rote 기계적으로, 외워서. ¶learn [or *get*, *have*] *by* ~ 고스란히 외우다, 기계적으로 외우다.
rote² 명 (해안에 부서지는) 파도 소리.
róte léarning 명 무턱대고 외우기, 암기 학습.
ro·te·none [róutənòun] 명ⓤ 로테논(살충제).
ROTF(L) rolling on the floor (laughing)(e-메일 사용에 쓴다), (또는 ROF(L))
rot·gut [rátgʌ̀t/rɔ́t-] 명ⓤ (美속어) 질이 낮은 합성주(酒), 싸구려 술.   [(美) (술의) 독한. [미국의 작가).
Roth [rɔ́(ː)θ] 명 **Philip Milton ~** 로스(1933- :
ROTH radar 명 미국 해·공군이 전술용으로 개발한 레이더(탐지 거리 1,600km 이상).
(<**R**elocatable **O**ver **T**he **H**orizon *Radar*)
rô·ti [routíː] 명 불고기, 고기구이. (<F *roast*)
ro·ti·fer [róutəfər] 명 (동물) 윤충류(輪蟲類)에 속하는 담수 플랑크톤의 일종.
ro·ti·form [róutəfɔ̀ːrm] 형 바퀴 모양의.
ro·tis·ser·ie [routísəri] 명 불고기집, 불고기 요리점; 회전식 불고기구이 장치. —자타 (회전식 구이 장치로) (고기) 를 굽다.
Rotísserie Léague 명 가공 야구 리그(컴퓨터에서 일정 룰에 따라 가상으로 하는 시합).
ro·to¹ [róutou] 명 (~s) =rotogravure.
ro·to² 명 (중남미의) 최하층민, 빈민, 슬럼가의 주민.
ro·to·chute [róutəʃùːt] 명 로토슈트(회전익(rotor)식의 감속 장치가 달린 낙하산).   [고 사진.
ro·to·graph [róutəgrǽf/-grɑ̀ːf] 명 로토그래프, 원
ro·to·gra·vure [ròutəgrəvjúər, -gréivjər] 명ⓤⓒ 윤전 그라비어 인쇄(물); (美) =roto section.
ro·tor [róutər] 명 **1** (물리·전기) 회전자(子); (stator); (자동 시계의) 회전자. **2** (항공) (헬리콥터 따위의) 회전익. **3** (해사) (로터선(船)의) 풍통(風筒), 로터. **4** (기상) 회전 기류. **5** (기계) 회전자, (터빈의) 축(軸)차.
rótor bláde 명 (항공) 회전익 항공기의 날개, 회전익의 풍판(風板).   [wing aircraft.
ro·tor·craft [róutəkrǽft/-krɑ̀ːft] 명 =rotary-
ro·tor·head [róutərhèd] 명 (美軍속어) 헬리콥터 조종사(승무원).
rótor pláne 명 (항공) =rotary-wing aircraft.

rotor ship 〔해사〕 로터선(船), 원통선.
róto sèction 〔신문의〕 그라비어 사진 섹션; 잡지 섹션.
ro·to·till [róutətil] 타 (땅을) 경운기로 갈다.
ro·to·till·er [róutətilər] 명 **1** 회전식 경운기. **2** (R-) 《상표》 경운기. (또는 **róto-tiller, róto tiller**)
ro·to·vate [róutəvèit] 타 《영》 =rototill.
ro·to·va·tor [róutəvèitər] 명 《영》 경운기.
rot·proof [rátprùːf/rɔ́t-] 형 방부(防腐)의. 〔see〕
rot·sy [rátsi/rɔ́t-] 명 =ROTC. (또는 **rot-**
‡**rot·ten** [rátn/rɔ́tn] 형 (**~·er; ~·est**) **1** 썩은, 썩어 문드러진; 더러운, 불결한, 악취가 나는. ¶a ~ egg 썩은 계란/Soon ripe, ~. 《속담》 빨리 익으면 빨리 썩는다. **2** 푸석푸석[흐물흐물], 너덜너덜]한, 약한. ¶a ~ beam 약해서 부러질 듯 같은 들보. **3** (도덕적·사회적으로) 부패[타락]한. **4** (속이) 시시한, 열등한. **5** 《구어》 무례한, 불친절한. **6** (날씨·기분 따위가) 역겨운, 불쾌한, 고약한. **7** 《수의》 (양이) 디스토마에 걸린.
a [or *the*] *rotten apple* 악영향을 미치는 것[사람], 암적 존재.
be rotten to the core 속속들이 썩다; 완전히 타락
be rotten with …에 완전히 물들다, …으로 못쓰게
~·ly 부 **~·ness** 명
rótten bórough 명 〔영국사〕 (유권자 수가 격감해도 국회 의원 선거권을 그대로 유지했던) 부패 선거구.
rótten égg 명 《구어》 나쁜[불쾌한, 믿을 수 없는] 놈.
Rótten Row 명 로튼 거리 (런던 Hyde Park의 승마길; 보통 the Row라고 부른다.
rot·ten·stone [rátnstòun/rɔ́tn-] 명 U 트리폴리석(石)(규질(硅質) 석회석; 금속 연마사(研磨砂)로 쓴다).
rot·ter [rátər/rɔ́t-] 명 《영속어》 깡패, 건달.
Rot·ter·dam [rátərdæ̀m/rɔ́t-] 명 로테르담(네덜란드 서남부에 있는 항구·공업 도시).
rót 13 〔컴퓨터〕 로트13(알파벳의 전반 13자와 후반 13자를 바꿔넣는 암호 (표시법)).
Rott·wei·ler [rátwailər/rɔ́t-] 명 로트와일러 개 (목축·경비·경찰견으로 쓰이는 독일산(産) 개). —형 공격적인, 용서 없는.
rot·u·la [rátʃulə/rɔ́t-] 명 (복 **~s, -lae** [-lìː, -lài]) 〔해부〕 슬개골(膝蓋骨). **-lar** 형
ro·tund [routʌ́nd] 형 둥근, 원형의; 통통하게 살진, 뚱뚱한, 땅딸막한. ⇒FAT 유의어 ¶a ~ figure 통통하게 살진 사람. **2** 입을 둥글게 벌린, 낭랑한. ¶a ~ utterance 낭랑하게 잘 들리는 말. **3** (문체 따위가) 당당한, 버젓한, 화려한; 과장된. **~·ly** 부 **~·ness** 명
ro·tun·da [routʌ́ndə] 명 **1** (둥근 지붕이 있는) 원형 건축물; 원형의 큰 홀. **2** 〔인쇄〕 둥근 고딕체.
ro·tun·date [routʌ́ndət, -deit] 형 끝[모서리]이 둥근[둥글게 된].
ro·tun·di·ty [routʌ́ndəti] 명UC **1** 둥긂, 구형, 원형; 둥근 건축물[물체]. **2** 뚱뚱함, 비만. **3** (목소리가) 낭랑함; 아주 찬 말(투)[말씨]; (말씨 따위가) 정교함, 화려함. (또는 **rotundness**)
ro·tu·rier [routʃúərièi/rɔ-] 명 (복 **~s** [-z]) 평민, 서민. 〔<F plebeian〕
Rou·ault [ruːóu] 명 **Georges ~** 루오(1871-1958: 프랑스의 (판)화가).
rou·ble [rúːbl] 명 =ruble.
rou·é [ruːéi/─́-] 명 방탕아, 난봉꾼. 〔<F〕
Rou·en [ruːáːŋ, -áːn/─́-] 명 루앙(프랑스 서북부 Seine 강가의 항구·공업 도시; 노트르담 사원이 있음).
*****rouge**[1] [ruːʒ] 명U **1** 입술 연지, 루즈. **2** 철단(鐵丹), 벵갈라(산화제이철로 된 붉은색 물감; 유리·금속 연마용). —명 《프랑스 붉은색의(red). —타 (…에) 연지를 바르다, (얼굴을) 붉히게 하다, (얼굴이) 붉어지다.
rouge[2] 명 《영》 〔럭비〕 **1** 스크럼. **2** 상대방의 자기편 골라인 안에서의 터치다운(Eton교에서 쓰는 용어). —타 rouge를 하다[시키다].

rouge et noir [rúːʒ ei nwɑ́ːr] 명U 적(赤)과 흑 (붉고 검은 마름모꼴 무늬가 있는 테이블 위에서 하는 카드 놀이의 하나). 〔F red and black〕
‡**rough** [rʌf] 형 (**~·er; ~·est**) **1** (표면이) 거친, 거칠거칠[껄껄]한; (천의) 올이 굵은. ¶~ paper 껄껄한 종이. **2** (토지 따위가) 울퉁불퉁한, 기복이 있는. ¶a ~ district [road] 기복이 심한 지방[울퉁불퉁한 길].
3 (성질·행동이) 거친, 난폭한, 억세고 촌스러운, 버릇없는(*with*); 꾸밈없는, 소박한; (말씨·문체가) 세련되지 않은(*in, of*); (일이) 힘든, 고된. ¶a ~ handling 난폭한 취급/a ~ answer 퉁명스러운 대답/a ~ style 세련되지 않은 문체/~ manual labor 중노동.
4 (날씨·바다가) 사나운, 거친, 폭풍우의; (항해·비행이) 악천후를 무릅쓴. ¶a ~ weather 악천후/a ~ passage [voyage] 악천후를 무릅쓴 항해; 시련.
5 대강의, 대략의, 개략적인. ¶a ~ guess 어림짐작/a ~ estimate 개산(槪算).
6 자연 그대로의, 손질을 하지 않는, 미가공의; (일이) 덜 끝난, 미완성의, 조잡한, 아무렇게나 한. ¶a ~ ruby 루비 원석/in a ~ state 자연 그대로의 상태에서/a ~ coating 벽의 초벌[바닥]칠. **7** (머리털 따위가) 텁수룩한[부스스]한; 털투성이의, 털이 많은. **8** (동사귀에) 귀에 거슬리는, 거친, 듣기 거북한. ¶~ sounds 귀에 거슬리는 소리. **9** 불쾌한, 싫은; (생활이) 수월치 않은, 부자유한, 고된; (음식 따위가) 좋지 않은, 조악한. ¶a ~ luck 《영구어》 불운. **10** (약품 따위의 작용이) 강한; (맛이) 독한, 떫은, 신, 쓴. ¶~ wine 시큼한 포도주. **11** 시끄러운, 무질서한, 난동부리는. ¶a ~ mob 폭도. **12** (미개지 따위가) 황량한, 황야의, 거친. ¶hunt over ~ country 황야에서 사냥하다. **13** (탈것이) 거칠게 운행되는, 불안정한. ¶The plane had a ~ flight in the storm. 비행기는 폭풍을 만나 불안정한 비행을 계속했다. **14** (진공도(眞空度)가) 최저인. **15** 〔카드놀이〕 (패가) 별로 좋지 않은, 답답한. **16** 《속어》 외설스러운, 음란한. **17** 〔음성〕 기음(氣音) 발성의, h음이 따르는 (aspirated).
be rough on a person 남에게 거칠게[심하게] 대하다.
call a person rough names 남의 욕을 하다.
get rough with …에게 거칠게 대하다.
give a person (*a lick with*) *the rough side of one's tongue* 남을 야단치다, 닦아 세우다.
have a rough time of it 고생하다, 혼이 나다.
rough and ready =rough-and-ready.
rough and round 변변치 못하나마 푸짐한.
rough and tough 늠름한, 당당한, 씩씩한.
rough around the edges 《구어》 (말·문장이) 다듬지 않은, 조잡한.
rough as a cob 《미》 까칠한, (목이) 컬컬한; 곤란한.
—명 **1** 미개지, 거친 땅; 울퉁불퉁한 땅; (the ~) 〔골프〕 러프(풀을 깎지 않은 코스)(↔ fairway). **2** UC 부드럽지[미끈하지] 못한; 그러한 것[물건]. **3** 편자에 박는 징. **4** UC 자연 그대로(의 것), 미가공의 것; 초고, 스케치; (보석의) 원석. **5** (보통 the ~) 고생스러운 것, 괴로운 것, 고난. ¶the ~ of a battle 전쟁의 참화 **6** 《영》 불량자, 깡패. **7** 《美속어》 사고차를 재생하는 중고차.
a bit of rough 《英속어》 난폭한 느낌을 주는 연인.
in rough 미완성의, 대충의[영성한] 상태에서[에서].
in the rough ① 자연 그대로(의), 미가공의(으로), 미완성의[으로]. ¶a diamond *in the* ~ 다이아몬드 원석. ② (옷차림 따위) 평상복 차림의[으로]; 난잡한[하게]. ③ 대충(의), 대략의. ¶That is true *in the* ~. 그것은 대체로 틀린 말이 아니다. ④ 《美구어》 곤란하여, 고생하여.
over rough and smooth 도처에, 어디든지.
rough and tumble ⇒rough-and-tumble.
the rough(*s*) *and the smooth*(*s*) 인생의 부침, 영고 성쇠.
—부 **1** 조잡하게. **2** 대체로, 대략. **3** 거칠게, 난폭하게.

cut up rough 화를 내다, 난폭하게 굴다.
live rough (英) 거칠게[어렵게] 살다; 유랑 생활을 하다.
sleep rough 밖에서 자다, 야숙하다.
── **~ed** [-t] (타) **1** ⋯을 꺼칠꺼칠[울퉁불퉁]하게 하다(up). **2** ⋯을 난폭하게 다루다, 학대하다; (속어) 때리다(up). **3** (말) 길들이다. **4** ⋯을 대충 마무리하다, 초벌 마무리하다; ⋯의 계획을 대충 세우다(down, off, out); ⋯의 초를 잡다, ⋯의 개략을 쓰다[그리다](in, out). ¶(~+图+图) ~ out a scheme 대충 계획을 세우다. **5** (렌즈 따위를) 초벌 가공하다. **6** (스포츠) 반칙으로 방해하다. **7** (피아노 따위를) 대충 조율하다. **8** (濠·뉴질) (양털)을 대충 깎다. **9** 진공 상태로 하다(down, out). ── (자) **1** 꺼칠꺼칠[울퉁불퉁]해지다. **2** 거칠게[난폭하게] 굴다.
rough in ⋯의 개략을 적다, 소묘하다.
rough it (구어) (캠핑 따위에서) 원시적[불편한, 부자유스러운] 생활을 하다. ¶We wanted to ~ *it* in the woods. 우리는 숲 속에서 원시적 생활을 하고 싶었던 것이다.
rough out ⋯의 개괄적인 계획을 세우다.
rough up ① ⇒ 타 2. ② (털 따위)를 곤두세우다; 마구 구기다. **3** ⋯을 대충 조율하다.
rough a person up the wrong way 남을 화나게[노하게] 하다, 약올리다.
~·ness 명
rough·age [rÁfidʒ] 명(U) 조잡한 재료; 조잡한 식품[사료]; (야채·과일 따위의) 섬유질 식품.
rough-and-read·y [ˈ-ənrédi] 형 **1** 임시 변통의; 조잡한, 급조한. **2** 거칠지만 유능한. **3** (美구어) 정력적. **-réad·i·ness** 명
rough-and-tum·ble [ˈ-ʌ́ntʌ́mbl] 명 마구잡이의, 무모한; 뒤죽박죽인. ── 명 혼전(混戰); 난투; 대립.
rough bóok 연습장(帳), 악전 고투.
rough·cast [rÁfkæst/-kà:st] 명(U) (벽의) 초배, 초벌칠; 대충의 줄거리를 세우다, ⋯을 대충 칠잡아 놓다, 대충 준비를 하다.
rough cóat (페인트 따위의) 애벌[초벌]칠, 막칠.
rough cópy 명 **1** 초고(草稿). **2** (그림 등의) 대강의 모사(模寫).
rough cút 명 아직 편집하지 않은 영화 필름.
rough-cut [ˈkʌt] 형 (잎담배를) 굵게 썬. **fine-cut**
rough déal 명 엄한 취급, 불공평한 취급.
rough díamond 명 다이아몬드 원석; (구어) 갈지 않은 옥(갈고 닦으면 진가가 나타나는 사람).
rough-dry [ˈdrái] 형 다리지 않고 말리다.
── 타 다리지 않고 말린. (또는 róughdry)
rough·en [rÁfən] 타 ⋯의 (표면)을 거칠게[꺼칠꺼칠하게, 울퉁불퉁]하게 하다. ── 자 꺼칠꺼칠[울퉁불퉁]해지다, 난폭해지다. **~·er**
rough·er [rÁfər] 명 초벌질[작업]하는 사람[도구].
rough físh 명 잡어(雜魚).
rough-foot·ed [ˈfútid] 형 (새가) 발에 깃털이 있는.
rough grázing 명 (손대지 않은) 자연 목초지[목장].
rough-grind [ˈgráind] 타 (칼 따위)를 거칠게 [대강] 갈다.
rough-han·dle [ˈhændl] 타 ⋯을 거칠게 다루다.
rough-hew [ˈhjúː] 타 (~*ed*; ~*ed*, *-hewn*) **1** (나무·돌 등)을 거칠게, 대충 다듬다. **2** ⋯을 대충 무리한다. 대충 만들어 내다. (또는 *róughhéw*)
rough·hewn [rÁfhjúːn] 타 rough-hew의 과거분사. ── 형 **1** 건목친; 대충 마무리 한, 거칠게 만든. **2** 상스러운, 투박한.
rough·house [rÁfhàus] 명(U)(C) (특히 옥내에서의) 난장, 법석; 난폭; 법석 떠는 (사내) 아이. ── 타 (종종 again 삼아) ⋯을 난폭하게 다루다. ── 자 야단법석을 떨다; 폭력을 휘두르다. ── 형 난장판의; 폭력의.
rough·ie [rÁfi] 명 (濠구어) **1** 무례한 놈. **2** 꾀바른 놈, 교활한 놈. **3** 이길 낌새가 안 보이는 말.

rough·ing [rÁfiŋ] 명 (스포츠) 반칙적 방해.
rough·ing-in [-ín] 명 (건축) 지하 공사; 배관 공사.
rough·ish [rÁfiʃ] 형 (표면이) 좀 거친; 다소 털이 많은; 약간[다소] 난폭한; 좀 귀에 거슬리는; 다소 조잡한.
rough-jus·tice [-dʒÁstis] 명 **1** 대체로 공정한 중재[처리]. **2** 전혀 불공평한 취급.
rough-leg·ged [ˈlègid] 형 (말·새가) 발에 털이 난.
rough-legged háwk 명 (조류) 털발말똥가리.
rough lémon 명 (원예) 러프 레몬(감귤류의 접목용 대목(臺木)으로 쓴다).
‡**rough·ly** [rÁfli] 부 (**more ~; most ~**) **1** 거칠게, 난폭하게; 버릇없이; 꾸밈 없이, 투박하게. **2** 조잡하게, 아무렇게나; 대충, 대략. ¶~ speaking 대충 말해서. **3** 귀에 거슬리게, 시끄럽게.
rough·neck [rÁfnèk] 명 (美구어) 난폭자, 무뢰한; 석유 채굴 노동자. ── 자 석유 채굴 노동자로 일하다. ── 형 (또는 **roughnecked**) 버릇없는, 거친.
rough pássage 명 거친 날씨의 항해; (비유적) 시련기. ¶give a ~ 시련을 겪게 하다.
rough ríde 명 시련(試鍊).
rough·ride [rÁfràid] 자 (야생마를) 타서 길들이다; 거칠게 다루어 억압[억제]하다.
rough·rid·er [rÁfràidər] 명 **1** (말) 조련사; 사나운 말을 (타서) 길들이는 사람. **2** (R-) Rough Riders 대원(隊員).
Rough Ríders 명(복) (the ~) (美역사) 의용 기병대 (미국-스페인 전쟁 때 미국에서 조직된 기병대).
rough-sawn [ˈsɔ́ːn] 형 톱으로 켠 채의, 거칠게 켠.
rough·shod [rÁfʃàd/-ʃɔ̀d] 형 (말이) 미끄러지지 않도록 징을 박은, 편자를 댄.
ride roughshod over ⋯을 짓밟다, (상대편의 이익·감정)을 생각하지 않고 함부로 다루다; 으스대며 함부로 굴다.
rough shóoting 명 사냥터[수렵지] 외에서 하는 엽총 사냥. ── 형 [뿐] 상황.
rough slédding 명 (구어) 난항(難航); 곤란한[나쁜] 상황.
rough-spo·ken [ˈspóukən] 형 말씨가 거친.
rough stúff 명 (속어) **1** 폭력, 난폭 (행위). **2** (경기에서) 와일드 플레이, 반칙. **3** (저속한) 노골적인 외설.
rough-up [ˈʌp] 명 (속어) 비공식 시합, 연습 경기; 싸움, 드잡이. [노동, 힘드는 일.]
rough wórk 명 **1** 준비 작업. **2** (구어) 폭력. **3** 육체
rough-wrought [ˈrɔ́ːt] 형 날림으로 만든.
rou·lade [ruːláːd] 명 **1** (음악) 룰라드. **2** 룰라드(얇게 뜬 쇠고기 조각으로 야채 따위를 만 미트볼).
rou·leau [ruːlóu/ˈ-] 명 (복 **~x, ~s** [-z]) **1** 가늘고 길게 만 것, (장식용) 감는 리본; 경화(硬貨)를 기둥 모양으로 쌓아 종이로 싼 것.
rou·lette [ruːlét] 명 **1** (U)(C) 룰렛(도박의 일종), 그 회전 원판. **2** (점선을 내는 기어 달린) 점선기(點線機); 재봉용 룰렛; 재봉된 자국. **3** (수학) 전적선(轉跡線). **4** (머리 예쁘게 하는) 클립. ── 타 룰렛을 사용하여, 룰렛으로 점선 구멍을 내다. [<F *small wheel*]
Roum. Roumania(n).
Rou·ma·ni·a [ru(ː)méiniə, -njə] 명 =Romania.
‡**round**¹ [raund] 형 (~**·er; ~·est**) **1** 둥근, 원형의; 구형의; 원통형의; 반원형의; 활 모양으로 굽은. ¶a ~ arch 반원 아치 / ~ shoulders 새우등(ˈ-shouldered). **2** 뚱뚱하게 살찐, 통통한; 볼록한. ¶~ cheeks 포동포동한 볼(뺨). **3** 모가 안 난; 둥그스름한; (필체가) 둥근. ¶write in a ~ hand 둥근 글씨체로 쓰다. **4** 빙빙 도는; 한 바퀴 도는, 일주하는. ¶a ~ dance[trip]. **5** 우수리가 없는, 꼭 맞는. ¶a ~ dozen 꼭 한 다스 / numbers 우수리가 없는 수(10, 100 따위). **6** (수학) 정수의, 정수로 나타낸. ¶1.9 or 2 in ~ figures 1.9 즉 정수화하면 2. **7** 대충의, 대략의. ¶a ~ sum 개산(概算) 액. **8** (음성) 원순(圓脣)의. ¶[u] is a ~ vowel. [u]는 원순 모음이다. **9** (문체 따위가) 원숙한, 잘 다듬어진, 유

려한; (술 따위가) 충분히 익은, 숙성한; (맛 따위가) 순한, 감칠 맛나는. ¶a ~ sentence 매끈한 문장. **10** (목소리 따위가) 잘 울리는, 낭랑한. **11** 활발한, 기운찬, 민첩한. ¶a ~ pace 기운찬 발걸음. **12** 상당한, 어지간한, 넉넉한. ¶a good ~ sum of money 상당히 많은 돈. **13** 있는 그대로의, 정직한, 솔직한, 거침[기탄]없는 (*with*). ¶a ~ answer 솔직한 대답 / ~ dealing 정직한 거래. **14** (주장 따위가) 단호한; 무조건의. **15** [주식] 거래가 끝난. **16** (물고기가) 내장을 빼 내지 않은, 통째의.

a round peg in a square hole; a square peg in a round hole 부적임자(不適任者).

be round with *a person* 남에게 솔직히 말하다.

in good round terms 솔직한 표현으로.

in round numbers [or ***figures***] 어림셈으로, 대략.

—[명] ([복] **~s** [-z]) **1 a)** 원, 고리; 원형의 것, 구형의 물건; 원통형의 물건. **b)** 《英》 (둥글게 자른) 빵 한 조각; (쇠고기의) 둥글게 썬 사태(⇨BEEF 그림); (사닥다리의) 발판, (의자 다리 사이의) 둥근 널판; (the ~) [조각] 입체 조각(상(像))([참] relief). **c)** 곡선부, 만곡부. ¶in a ~ 동그라미를 지어. **2** (원형물의) 둘레; 범위, 한계. **3** (때로 ~s) (일 따위의) 순환, (주기적으로) 되풀이되는 일; (일 따위의) 한 기간, 시리즈, 연속. ¶a ~ of talks 연속 회담 / the daily ~ 일과. **4** (종종 ~s) 한 바퀴 돌기, 한 차례 돌기; (술 따위의) 한 순배 돌리는 분량; 순회, 순시; (경찰관 등의) 순찰 구역, (집배원 등의) 담당 구역; (의사의) 회진. ¶a ~ of wine 한 순배분의 포도주 / a ~ of calls 순방 / take a long ~ (쇼핑 따위로) 많이 돌아다니다 / make the ~ of …을 순회하다 / go [*or* make, take, walk] one's ~(s) (경찰관 등이) 담당 구역을 순찰하다 (*of*). **5** 한차례[판] (시합), (토너먼트 경기의) …회전, …라운드, (권투·골프·사격 따위의) 한 라운드. ¶a fight of ten ~*s* (권투의) 10 회전 시합. **6** (총알의) 한 발, 일제 사격(에 드는 탄약); 일제 박수, (환성의) 한 차례; (사람의) 일단. ¶fire a ~ 일제 사격을 하다. **7** [음악] 윤창; 원무곡, 원무. **8** 라운드(관세 따위에 관한 일괄 교섭)([참] Uruguay R–). **9** 전(全)범위[영역, 주변]. ¶the ~ of human knowledge 인지(人知)가 미치는 범위. **10** 회전, 선회, 원[곡선] 운동; 우회(로). ¶the earth's daily ~ 지구의 자전. **11** [카드놀이] 한 바퀴 돌기, 일순. **12** 사람의 고리, 연좌; 무리, 단체. **13** [미술] 환조(丸彫)(입체 조각법). **14** [양궁] 라운드 (일정 거리에서 쏘는 일정수의 화살). **15** 《英》 (맥주) 발효용 통. **16** [제본] 둥근 책등. **17** 둥근 화필. **18** 둥근 대패.

give *a person* ***the rounds of the kitchen*** 《속어》 꾸짖다, 나무라다.

go the round (***of***) ① (…을) 한 바퀴 돌고 오다. ¶The bottle *goes the ~ of* the party. 술병을 좌중에 돌려가며 마시다. ② (소문 따위가) (…에) 전해지다, 퍼지다, 돌다. ¶The news quickly *went the ~ of* the neighborhood. 그 소식은 곧 이웃에 쭉 돌았다.

go [or ***do***] ***the rounds*** ① 순방[순회]하다. ② 조사하다. ③ (뉴스·소문·병 따위가) 퍼지다.

in the round ① [예술] 어느 각도에서나 볼 수 있게 조각한, 환조의[로]. ② [연극] 원형 극장에서. ③ 폭넓은 이해[각도]로. ¶a character as seen *in the ~* 폭넓은 각도에서 본 성격. ④ 사방에서; 전체적으로; 상세히.

make the rounds ① 순회하다. ② (배우가) 프로듀서의 연출로 일거리를 얻다, (작가가) 편집자의 연출로 쓸 기회를 얻다.

out of round 원형이 완전치 않은, 둥근 모양이 일그러져.

take a round 한 바퀴 돌다, 산책하다.

—[부] **1** 돌아서, 회전하여, 빙, 빙그르. ¶look ~ 둘러보다. **2** 주위에, 둘레에; 가까이에, 그 일대에; 여기저기에, 사방에. ¶all the village ~ 온 마을에 **3** 둘레가 …인. ¶The lake is 20 kilometers ~. 그 호수는 둘레가 20km이다. **4** (계절 따위가) 돌아(와)서, (기간의) 처음부터 끝까지, 한 바퀴 돌아서. ¶Winter will soon come ~ again. 곧 겨울이 돌아온다. **5** 차례차례로[골고루] (돌아서). ¶The rumor is going ~. 소문이 퍼지고 있다. **6** (어떤 장소에) 돌아서, 들러서; 우회하여. **7** (말하지 않아도 알고 있는) 장소[사람]. ¶Bring my car ~. 내 차를 이쪽으로 보내[돌리]시오 / Come ~ and [*or* to] see me this evening. 오늘 저녁 놀러 오세요. **8** (의식·건강이) 회복되어, 정상으로 돌아와. **9** (생각·의견 따위를) 바꾸어, (반대로) 돌려. **10** 《구어》 이[그] 근처에, 가까이에. ¶He lives somewhere ~ (about). 그는 이 부근 어딘가에 산다.

all the year round 일년 내내.

ask *a person* ***round*** 남을 자택으로 초청하다.

be the other way round 반대이다.

bring *a person* ***round*** ① 남을 한패로 끌어들이다. ② 남을 정신들게[차리게] 하다; 남을 (병 따위에서) 회복시키다.

come round ① 생각을 바꾸어 (…에게) 동조하다. ② 제정신이 들다, (병 따위가) 회복되다.

get round (소문 따위가) 퍼지다.

go a long way round 먼길로 돌아서 가다.

go round and round 《속어》 부질없는 이야기를 끝없이 지껄이다.

round about ① 원을 지어. ② 사방으로, 여기저기; 주변[둘레]에. ③ 길을 돌아서, 우회하여, 간접으로. ④ 반대편에[쪽으로]. ⑤ 《구어》 약, 대충; …쯤[경]에.

round and round 돌고 돌아, 빙글빙글.

show *a person* ***round*** 남을 여기저기 안내하다.

sleep the clock round 하루 종일 자다.

take it all round …을 모든 각도에서[전체적으로] 보다.

the other [or ***opposite, wrong***] ***way round*** (방향·관계가) 반대로, 거꾸로, 역으로. ¶wear one's hat *the wrong way ~* 모자를 거꾸로 쓰다.

turn round 돌아보다; (바퀴가) 회전하다.

—[전] **1** …을 둘러싸고, …의 둘레에[의]; …의 주변 일대에; …을 중심[축]으로. ¶I saw them seated ~ the table. 나는 그들이 식탁 둘레에 앉아 있는 것을 보았다. **2** …을 일주하여, 삥 한 바퀴 돌아서. ¶travel ~ the world 세계 일주 여행을 하다. **3** …을 돌아서, 굽어서; …을 돌아간 곳에 (있는). ¶a store ~ the corner 모퉁이에 있는 가게. **4** …의 안을 여기저기; 《장소·시간》 …사방, 내내. ¶work ~ the day 하루 내내[종일] 일하다 / There are parking lots all ~ the city. 시내 여기저기에 주차장이 있다. **5** 《장소》 …의 가까이에 (있는), …근처의. ¶the country ~ Seoul 서울 근교. **6** 《수·시간》 …정도, 약…; …경[무렵]에. ¶~ ten dollars 10 달러 정도.

get round a difficulty 곤란을 피하다.

get [or ***come***] ***round*** *a person* 남을 감언이설로 농락하다, 남을 속여서 목적을 이루다.

round the clock 끊임없이, 계속해서, 죽. ¶work ~ *the clock* 쉬지 않고 계속 일하다.

> [USAGE] **round**와 **around** —— 크게 말해서 around는 「둘레를 아주 둘러싼」의 뜻이고, round는 「둘레를 도는, 돌아가는」 따위의 운동을 뜻하나, 지금은 이러한 용법상의 구분이 그다지 지켜지지 않는다. 현대 영어에서는 round를 즐겨 쓰고, around의 사용 범위는 매우 한정되어 있다. They sat *(a)round* the fire. (그들은 난로 둘레에 앉았다)와 같은 정지한 것에 대해서나 She looked *(a)round* her.(그녀는 둘레를 두리번거렸다) 같이 주위를 도는 운동에 대해서나 두 말은 별 뜻의 차이 없이 사용된다. 한편, 《美》에서는 around가 널리 쓰이며, round와 around가 자유로이 바뀌어 쓰이기도 하는 것이 특징.

—[동] (**~s** [-z]) [타] **1** …을 둥글게 하다, …을 원형[구형, 원통형]으로 하다, 활 모양으로 굽히다(*off, out*). **2** (모를 죽여) 둥글리다; [보석] 모서리를 깎아 둥글게 하다; …을 통통하게 살찌우다; …을 불룩하게 부풀리다. **3** …을 완성시키다, 마무리하다(*off, out*)(*with, by*). ¶

(~+圖+副) ~ off a sentence 문장을 완성하다. 4 …을 돌다, 일순[일주]하다. ¶ ~ the island [world]섬[세계]을 일주하다. 5 [음성] …을 입술을 둥글게 하여 발음하다. 6 ~을 둘러싸다, 포위하다, 에워싸다. 7 [모퉁이·돌출부 따위] 돌다. 8 …을 돌리다, 회전시키다; …을 돌아보게 하다. 9 [수(數)의 우수리]를 사사오입[반올림]하다(off). 10 되살리다. 11 [소리·음성]을 낭랑하게 하다. 12 [제본] [책의 등]을 둥글게 하다. ── 自 1 둥글게 되다, 원형[구형, 원통형]으로 되다, 만곡(彎曲)하다(off, out). 2 통통하게 살찌다; 불룩해지다. 3 원숙해지다, 온전한 것이 되다(off, out)(into). ¶ (~+圖+名) The boy ~ed into manhood. 소년이 성장하여 어른이 되었다. 4 돌다, 회전하다; 돌아서다, 방향을 바꾸다. 5 일주[순환]하다; 순회[순시]하다. 6 사사오입하다, 끝수를 버리다 [버리고 …이 되다(down)(to).
round down [우수리[끝수]]를 잘라버리다(to).
round in [해사] (밧줄 따위)를 끌어당기다.
round off ① 모난 것을 둥글게[매끈하게] 하다. ② 끝수를 버리다, 사사오입하다. ③ (…으로) 마무리짓다(with). ④ 유쾌하게 지내다.
round on a person ① 남을 밀고하다, 배반하다. ② [친구·자기편 등]에게 대들다.
round out ① 둥글게 되다; 원숙해지다; 통통해지다; 풍만해지다. ② 완성하다, 마무르다; 둥글게[통통하게] 하다, 무르익게 하다. ③ …을 상세히 설명하다.
round to [해사] 뱃머리[이물]를 바람 불어오는 쪽으로 돌려서 멈추다; 건강[기력]을 회복하다.
round up ① [공 모양]으로 둥글게 하다. ② [수]를 우수리 없는 수로 잘라 올리다; 반올림하다. ③ 말을 타고 [가축]을 몰아들이다; [흩어진 사람·물건]을 그러모으다. ④ [속어] …을 몰아넣다, 검거[체포]하다. ¶ The police finally ~ed up the rogue. 경찰은 악한을 마침내 검거했다. ⑤ [美] [뉴스 따위]를 총괄[종합 요약]하다.
~*ness* 图
round² 图 [고어] 속삭이다.
***round·a·bout** [ráundəbàut] 图 1 에움길의, 돌아가는; [말·방법 따위가] 우회적인, 에두르는, 간접적인, 완곡한. ¶ I dislike to talk in a ~ way. 나는 말을 돌려서 하는 것은 싫다. 2 [옷이] 자락[단]이 평평하게 마름된. 3 비만한, 통통하게 살찌는; 넉넉한 살찐. 4 빙 둘러싼.
── 图 1 돌아서 가는 길; 완곡한 말[표현]; 우회적인 방법. 2 [英] 로터리, 환상(環狀) 교차로(美) rotary, traffic circle). 3 남자용 짧은 재킷. 4 [유] 회전목마. 5 [美] 왕복 여행; 주위, 만유. 6 [방언] 둘러친 생울타리.
lose on the swings what you gain [or make] on the roundabouts ➞ SWING.
~*ness* 图 [angle
róund ángle 图 주각(周角)(360°의 각도). 图 right
róund árch 图 반원 아치.
róund báck 图 [제본] [책의] 둥근 등.
róund bárrow 图 [고고] 원형묘[분묘]. [sis).
róund brácket 图 (보통 ~s) 둥근 괄호(parenthe-
róund cháracter 图 입체적 인물(신상이 충분히 기술된 소설의 등장 인물).
róund dánce 图 윤무(輪舞); 원무.
round·ed [ráundid] 图 1 둥근, 둥글게 된; [음성] 원순음(圓脣音)의. 2 세련된, 원숙한, 완성된. 3 끝수가 없는; 개략의. 4 [건축] 원형 아치식의. ~*ly* 图 ~*ness* 图
roun·del [ráundl] 图 1 둥근 것, 원형물; 원형의 작은 창(나무 접시); 원반; [문장] 원형문(紋). 2 원무, 윤무. 3 [시] 론도체(體)(rondel, rondeau); 영국풍 론도체의 변형. 4 [연극] 원형의 (무대의 조명 효과를 위한 원형의 착색 유리판. 5 [군용기 따위의] 국적 표시, 원형 표시).
roun·de·lay [ráundəlèi] 图 1 짧은 반복이 있는 노래[가곡]. 2 윤무, 원무.
round·er [ráundər] 图 1 [물건]을 둥글게 하는 사람[기구]. 2 [고어] 순회자, 순시자; (R-) [英] [감리교파의] 순회 설교사. 3 [술집 등]을 돌아다니며 마시는 사람, 주정뱅이 건달; 상습범; 방탕자, 깡패. 4 (~s) [단수취급] 라운더스(야구 비슷한 일종의 구기(球技)). 5 [구어] [복합어로] [권투의] …회전. ¶ a 12~ 12회전. 6 [美속어] 병원을 계속 바꾸는 사람[환자]. 7 [美속어] 근무지를 전전하는 철도원.
round-eye [ˊái] 图 [속어] 서양[백인] 여자. ── 图 [속어] 서양인[백인]의. [놀란, 소스라치게 놀란.
round-eyed [ˊáid] 图 [눈을 동그랗게 하며] 깜짝
round-faced [ˊféist] 图 둥근 얼굴의.
róund file 图 둥근 줄; [사무실의] 휴지통. 「는 놀이.
róund gáme 图 [편을 짜지 않고] 각자 단독으로 하
róund hánd 图 둥글둥글하고 또렷한 필기체.
Round·head [ráundhèd] 图 [英史] (17세기 내란 당시의] 의회당원, 원두당(圓頭黨)원(왕당파가 장발이었던 데 대하여 의회당원은 머리를 짧게 깎았다).
round·head·ed [ráundhèdid] 图 1 머리가 둥근, 단두(短頭)의; 머리를 짧게 깎은. 2 (나사 따위가) 머리가 둥근. 3 [창 따위가] 위쪽이 반원형인. 4 (보통 R-) 원두당의. ~*ness* 图
round-heels [ráundhì:lz] 图图 [단수취급] [美속어] 말을 잘 듣는 사람[여자]; [특히] 성적으로 헤픈 여자; 약한 프로 권투 선수.
round·house [ráundhàus] 图 [美] 1 원형의 기관차 차고. 2 [해사] 후갑판; 선미(船尾)의 선실. 3 [英역사] 구치소. 4 [美] [야구] 크게 커브를 던지기. 5 [구어] 팔을 크게 휘두른 펀치. 图 1 [펀치 따위를] 휘두르는. 2 [투구가] 커브의.
round·ing [ráundiŋ] 图 1 둥근; 둥그스름한. 2 둥글게 하는[모서리를 깎는] 데 사용하는. 3 둥글게 도는, 원형을 그리는. 4 [수학] 어림수의.
── 图 1 둥글게 됨[되기]; 둥근 것. 2 [수학] 어림수로 하기. 3 [음성] 입술을 둥글게 오므리기.
round·ish [ráundiʃ] 图 둥그스름한. ~*ness* 图
round·let [ráundlit] 图 작은 원 (모양의 것), 작은 공 (모양의 것).
róund lót 图 [증권] 거래 단위(특히 100주).
round-lot·ter [ˊlátər/-lɔ́t-] 图 [증권] 단위 주수(株數)로 거래하는 사람.
round·ly [ráundli] 图 1 둥글게, 원 모양으로, 둥그스름하게. 2 힘차게, 활발하게. 3 솔직히, 정직하게, 가차없이, 기탄없이, 거침없이. 4 완전히, 완전히. 5 어림으로, 대강; 우수리를 떼어버리고.
róund róbin 图 [사발통문 식으로] 원형으로 서명한 청원서[항의서]; [연대 서명한] 탄원서; 회람. 2 원탁회의. 3 [테니스·체스 따위의] 리그전.
róund shót 图 [옛날 대포의] 포탄(砲彈).
round-shoul·dered [ˊʃóuldərd] 图 새우등의.
rounds·man [ráundzmən] 图 1 [검사 따위를 위해] 순회하는 사람. 2 [英] 수주문(受注品), 외무 사원, 배달원. 3 [美] 경사(警査).
róund stéak 图 [소의] 허벅다리살 스테이크.
róund táble 图 1 둥근 탁자(에 둘러앉은 사람들); 원탁 회의(의 의제). 2 (the R- T-) 「아서왕 전설」의 거대한 대리석 원탁; [집합적] 원탁의 기사단.
round-ta·ble [ˊtèibl] 图 원탁에 둘러앉은, 원탁 회의의. ¶ a ~ conference 원탁 회의.
round-the-clock [ˊðəklák/-klɔ́k] 图 주야겸행(晝夜兼行)의, 24시간 연속의(around-the-clock).
round-the-world [ˊðəwə́:rld] 图 세계 일주의.
round-top [ráundtàp/-tɔ̀p] 图 [해사] 장루(檣樓).
róund tówel 图 = roller towel.
róund tríp 图 1 왕복 여행[美] return trip); [英] 일주 여행. 2 왕복표[英] return ticket).
round-trip [ˊtríp] 图 왕복(여행)의; [英] 일주 여행의.
round-trip·per [ˊtrípər] 图 [美속어] 홈런 [의.
róund túrn 图 [밧줄 따위의] 완전히 한 사리.
round·up [ráundʌ̀p] 图 1 [美서부·濠] 가축 몰아들이기; [집합적] [몰아들인] 가축떼; [집합적] (가축을

몰아들이는) 카우보이[말]. **2** 《범인의》 검거, 일제 검거, 소탕. ¶a ~ of hoodlums 깡패 일제 검거. **3** 《美》 《정보·상황 따위의》 총괄, 요약. ¶by the latest ~ of information 최신 정보를 종합[요약]하면.
last roundup 《美속어》 죽음(death).
róund vísit 몡 순회 방문, 《의사의》 회진(回診).
round·wood [ráundwùd] 몡 《기둥 따위에 쓰이는》 둥근 재목, 통나무.
round·worm [ráundwə̀ːrm] 몡 회충, 선충(線蟲).
roup¹ [ruːp] 몡Ⓤ 《수의》 가금(家禽)의 전염성 호흡기 질환.
roup² [ruːp] 몡 목이 쇰.
roup³ [raup] 《스코·北英》 몡 자타 경매(하다).
roup·y¹ [rúːpi] 형 《가금》 전염성 호흡기병에 걸린.
roup·y² 형 목이 쉰, 쉰 목소리의.
‡**rouse**¹ [rauz] 동 (*rous·es* [-iz]; *~d*; *rous·ing*) 타 **1** ⋯을 깨우다, ⋯을 눈뜨게 하다(*up*); ⋯의 의식을 되찾게 하다. ¶(~+図+쩨)+쩨) ~ *up* one's child 아이를 깨우다/(~+図+쩨+쩨) ~ a person *from* [or *out of*] his sleep 남을 잠에서 깨우다. **2** 《남》을 분발케 하다, 기운차리게 하다, 격려하다(*up*)(*from, out of*). ¶(~+図+쩨+쩨) ~ a person *from* his idleness 남을 분발시키다. **3** ⋯의 《감정》을 자극하다; 《노여움》을 돋우다, ⋯을 노하게 하다(*to*). ¶(~+图+쩨+쩨) He was ~*d to* anger. 그는 발끈 성을 냈다. **4** 《사냥감》을 《숨어 있는 곳에서》 날아오르게 하다, 몰아내다. ¶(~+图+쩨+쩨) The dogs ~*d* pheasants *from* the bushes. 개들이 꿩을 수풀에서 날아오르게 했다. **5** 《양조중인 맥주》를 휘젓다. **6** 《해사》 《밧줄》을 세게 당기다. ― 재 **1** 눈을 뜨다, 일어나다(*up*). ¶(~+쩨) ~ *up* from sleep 잠에서 깨다. **2** 분기하다; 《감정이》 격발하다(*up*). ¶(~+쩨) He ~*d up* suddenly. 그는 갑자기 분발했다. **3** 《새·짐승이》 날아[뛰어] 오르다. **4** 《濠·뉴질 구어》 꾸짖다(*on, at*).
Rouse and bitt! 《해사》 기상!
rouse a person to action 남을 분발[분기]시키다.
rouse on 《濠구어》 꾸짖다.
rouse oneself 분발하다, 정신[기운]차리다.
rouse out 《해사》 《선원을》 기상시키다.
― 몡 각성; 분기; 환기; 고무; 《美》 기상 신호.
rous·ed·ness [ráuzidnis] 몡
rouse² 《고어》 몡 주연(酒宴), 술 마시며 떠들기.
give [or *have*] *a rouse* 건배하다.
take one's rouse 술 마시며 떠들다.
rous·er [ráuzər] 몡 **1** 각성시키는 사람[것], 각성제, 격려자, 격려[자극]이 되는 것. **2** 《양조용》 교반기(攪拌器). **3** 굉장히 만한 《엄청난》 것, 고급품; 엄청난 거짓말; 목소리가 큰 사람. **4** 《濠》 잡역부.
rous·ing [ráuziŋ] 형 **1** 격려하는; 분발시키는; 마음을 뒤흔드는. ¶a ~ speech 격려 연설/~ *cheers* 격려의 갈채, 성원(聲援). **2** 활기찬; 활발한, 활황(活況)의. ¶a ~ trade 활발한 무역. **3** 놀라운, 터무니없는. ¶a ~ lie 터무니없는 거짓말. ― 몡 **1** 선동, 소동. **2** 《濠속어》 질책, 꾸짖음, 잔소리.
give a person a rousing 남을 꾸짖다.
~·ly 튄
Rous·seau [ruːsóu/-́-] 몡 **Jean Jacques** ~ 루소(1712-78: 프랑스의 사상가·철학자).
Rous·seau·ism [ruːsóuizm/-́--] 몡Ⓤ 루소(의 자연)주의, 루소의 사회 계약설.
-**ist** 몡 **Ròus·seau·ís·tic** [-́---] -**ite** 몡
roust [raust] 《美》 동 타 **1** ⋯을 깨우다, 《잠자리에서》 일으키다. **2** 《美속어》 ⋯을 체포하다; 《경찰이》 단속하다[《현장》을 급습하다; 《美흑인 속어》 《혐의가 없는데도》 경찰이] 난폭하게 다루다. **3** 《美속어》 ⋯을 놀리다, 괴롭히다. ― 재 《濠구어》 화가 나서 소리지르다, 고함치다.
― 몡 《속어》 《경찰의》 단속.
roust·a·bout [ráustəbàut] 몡 **1** 《美》 부두 노동자, 갑판원. **2** 미숙련 노무자. **3** 《서커스장의》 잡역부. **4** 《濠·뉴질》 《목양장·호텔의》 잡역부. **5** 《美·캐나다》 《유전의》 미숙련 노동자.
*****rout**¹ [raut] 몡 **1** ⓊⒸ 패주(敗走), 궤주; 대패, 참패. **2** 《집합적》 무질서한 군중, 어중이떠중이, 오합지졸; 폭도; 《고어》 《사람의》 떼거리, 무리, 집단, 《대》隊. **3** 《법률》 《3인 이상의》 불온한 집회. **4** 《英고어》 대야회(大夜會), 《다과회》 사교 집회. **5** 《고어》 난동, 소동.
in rout 전면적으로 무너져, 참패하여.
put...to rout ⋯을 패주[궤주]시키다.
― 몡 타 《적군 따위》를 패주시키다, 완패시키다; 《야구》⋯에 대승하다.
rout² [raut] 동 재 **1** 《돼지가》 코로 흙을 파헤치다. **2** 샅샅이 뒤지다. ― 타 **1** 《돼지가》 《흙》을 코로 파헤치다. **2** ⋯을 찾아내다(*out*); ⋯을 《침대에서》 끌어내리다, 두드려 깨우다; 내쫓다(*up, out*)(*out, of*). ¶~ *up* a person 남을 두드려 깨우다/~ a person *out of* the house 남을 집에서 쫓아내다. **3** ⋯을 《끌로》 도려내다.
rout³ [raut, ruːt] 동 《英방언》 고함치다, 호통치다.
róut càke 《英》 야회(夜會) 때 나오는 케이크.
‡**route** [ruːt, raut] 몡 **1** 길, 통로; 노선, 항로, 루트(*to*). ⇔WAY 《유의어》 ¶an overland ~ 육로/take one's ~ *to* ⋯을 향하여 나아가다. **2** 《美》 《신문·우유 따위의》 배달[판매] 구역《英》 round》; 행상 순회로[구역]. ¶a ~ of 200 customers 200집의 배달 구역. **3** Ⓤ 《군사》 행군[발진] 명령. ¶give [get] the ~ 행군 명령을 내리다[받다]. **4** 《의학》 《약·음식물의》 체내 흡수.
en [or *on*] *route* 도중에 《*to, for*》. 〔<F〕 《수》 루트
go the route ① 《일·경기 따위를》 마지막까지 해내다. ② 《속어》 《야구》 《투수가》 완투하다.
― 동 타 **1** ⋯을 특정 노선편으로 보내다, 발송하다; ⋯을 《어떤 방향으로》 돌리다. **2** ⋯의 절차[일순서, 수단]를 정하다. 〔《야구》 완투(하기)〕
route-gó·ing performance [-góuiŋ-] 몡
route·man [rúːtmən] 몡 **1** 《한 구역의》 배달 책임자. **2** 《공장의》 작업 배분 담당자. 〔행.
róute màrch 《군사》 도보 행군; 장거리 도보 여행.
Róute 128 몡 《美》 루트 128《Silicon Valley와 쌍벽을 이루는 Boston 외곽의 벤처 산업 단지》. 〔<Boston 외곽 순환 도로명〕
rout·er¹ [ráutər] 몡 **1** 홈 파는 기구[기계]; 《목공》 = ~ **plane**. **2** 《컴퓨터》 루터《데이터 전송시의 최적 경로를 선택하는 장치》.
― 동 타 ⋯을 홈을 파내다.
rout·er² [rúːtər, ráut-] 몡 《상품》 발송 담당.
róuter plàne 《작은》 구멍·홈 파는 대패, 홈대패.
róute stèp 《군사》 장거리 행군 보조.
róute sùrvey 《철도·도로 따위의》 노선 측량.
‡**rou·tine** [ruːtíːn] 몡 (*~s* [-z]) ⓊⒸ **1** 판에 박힌 일, 일과. ¶the daily ~ 일과/break the ~ 판에 박힌 일에서 벗어나다. **2** 틀에 박힌 수법, 기계적인 수법; 정례적(定例的)인 일, 관례. **3** 《컴퓨터》 루틴《정형적 프로그램》. **4** 《예능인의》 판에 박힌 연기[수법]. **5** 《美속어》 피하기, 얼버무리기. 〔관례대로.
according to routine 늘 하는 순서[절차]에 따라,
― 형 **1** 일상적인, 판에 박힌, 일과의, 상례적인. ¶~ duties 틀에 박힌 일상 업무. **2** 재미없는, 지루한; 진부한.
~·ly 튄 ~·ness 몡 〔한, 평범한.
rou·ti·neer [rùːtəníər] 몡 틀에 박힌 생활을 하는 사람, 기계적밖에 적응할 수 없는 사람, 관례 존중주의자.
rout·ing [rúːtiŋ, ráut-] 몡 여정(route)의 설정; 《배달 순서에 의한》 우편물의 선별; 《컴퓨터》 루팅(router에 의한 최적 경로의 선택).
rou·ti·nier [rùːtinjéi] 몡 기계적인 방식으로 일하는 사람; 《음악》 《창의성이 없는》 틀에 박힌 오케스트라 지휘자. 〔<F〕
rou·tin·ism [ruːtíːnizm] 몡Ⓤ 상례(常軌)[관례] 존중, 관례 엄수, 천편일률(주의). -**ist** 몡
rou·tin·ize [ruːtíːnaiz, rúːtənàiz] 동 타 ⋯을 관례

roux [ru:] 루(녹인 버터에 밀가루를 섞은 것; 소스·수프를 되직하게 하는 데 쓴다). [<F]
ROV [rav/rov] remotely operated vehicle (무인 해저 탐사 잠수정).

***rove**[1] [rouv] 1 헤매다, 배회하다, 유랑하다, 표류하다 (over, through). ⇒ROAM ¶(~+前+名) ~ over sea and land 바다와 육지를 두루 방랑하다. 2 (찾아) 헤매다, (눈이) 두리번거리다. 3 (산 미끼로) 견지 낚시질하다. 4 임시로 정한 먼 과녁을 쏘다. 5 (애정·관심 따위가) 동요하다, 수시로 변하다. ¶~을 헤매다, 유랑하다. ¶~ woods 숲 속을 헤매다.
— 배회, 헤맴, 유랑, 표류; (눈의) 두리번거림.
on the rove 헤매면서, 표류하면서.

rove[2] reeve[2]의 과거·과거분사.
rove[3] 굵게[거칠게] 꼰 실; (가늘게 실을 뽑기 전의) 굵은 (실)가닥. — (고운 실을 뽑기 전에) …에 굵은 가닥을 자아내다.
rove[4] 리벳의 고정 따리쇠, 와셔(washer).
róve bèetle 반날개과(科)의 곤충.
rov·en [róuvən] reeve[2]의 과거분사.

***rov·er**[1] [róuvər] 1 유랑자, 표류자. 2 (英) (음악회 따위의) 입석 관람자. 3 (英) (18세 이상의) 보이스카우트 단원. 4 (양궁) 임시 과녁; 먼 과녁; 먼 과녁을 쏘는 사람. 5 (크로케) 마지막 기둥을 ~한 ball; 문주(門柱)를 모두 통과하여 결승주만 맞히면 되는 공. 6 월면(月面) 이동차. 7 바람둥이. 8 (R-) 로버(영국 최대의 국영 자동차 회사; 동사제(製) 승용차).
at rovers 무턱대고, 마구잡이로. ¶run at ~s 엉터리로 하다, 엉망진창이 되다/shoot at ~s 무턱대고 쏘다.
rov·er[2] 로버(精紡機).
rov·er[3] 해적, (페어) 해적선.
rov·ing[1] [róuviŋ] 조방(粗紡); 조방사(粗紡絲).
rov·ing[2] 방랑; 멀리 잡은 과녁을 쏘기. — 1 방랑하는; 이동하는, 상주하지 않는. ¶a ~ ambassador [minister] 순회 대사[공사]. 2 두리번거리는; 종잡을 수 없는. ¶have a ~ eye 추파를 던지다.
~·ly ~·ness
róving commíssion 1 (함장의) 자유 항행권한; (조사원의) 자유 여행 권한. 2 (일반적으로) 여러 곳을 돌아다니는 일[업무].

‡**row**[1] [rou] (~s [-z]) 1 줄, 열(列). ¶a ~ of trees 줄지은 나무, 가로수 / arrange something in four ~s 어떤 것을 4열로 줄짓게 하다. 2 (극장 따위의) 좌석의 줄. ¶in the front [second] ~ 첫[둘째]줄에. 3 줄지은 집; (양쪽에 집이 늘어선) 거리; (the R-) (英) (=Rotten R-). 4 (美) 가(街)(같은 업종의 가게 따위가 줄지어 있는 곳). 5 (서양장기) (체커판의) 가로줄. 6 (수학) (행렬의) 행. 7 (컴퓨터) 행, 가로행.
a hard [or **long, tough**] **row to hoe** (美) 힘든 일; 큰 일. [러; 지쳐서.
at the end of one's **row** (美) 막다른 지경에 이르러do not amount to a **row of beans** (美) 아무짝도 안 되다, 아무 도움이 안 되다.
have a new [or **another**] **row to hoe** (美) 새로운 계획이 있다, 새로운 일을 하려고 하다.
hoe one's **own row** (美) 자기 일을 하다; 자기 일에만 전념하다; (남의 도움 없이) 제 혼자 힘으로 하다.
in a row ① 일렬로. ② 잇따라, 연속적으로. ¶two nights in a ~ 이틀 밤 계속해서.
in rows 줄지어, 여러 줄로 늘어서.
— 을 줄짓게[세게] 하다, 정렬시키다(up).

‡**row**[2] [rou] (~s [-z]) 1 배를 젓다. ¶(~+前+名) ~ across a river 배를 저어 강을 건너다. 2 (배가) 저어지다. ¶The boat ~s easily. 그 배는 젓기 좋다. 3 보트 레이스를 하다 (against); 보트 레이스에 참가하다 (in). — 1 (보트)를 (노로) 젓다; (보트)의 노잡이가 되다, …번 노를 잡다[젓다] (on, (英) in). 2 (보트 레이스)에 출전하다; …와 보트 레이스를 하다. ¶~ a race 보트 레이스를 하다. 3 배로[를 저어서] …을 나르다. ¶(~+目+前+名) The ferryman ~ed me across the river. 뱃사공이 노를 저어 나를 강을 건너 주었다. 4 (배가) [노·노잡이]를 갖추다.
look one way and row another (속어) 어떤 것을 노리는 체하면서 딴 것을 노리다.
row against the flood [or **stream, wind, tide**] 홍수[흐름, 바람, 조류]에 거슬러 젓다: 반대를 무릅쓰고 나아가다, 곤란과 싸우다.
row a person **out** 노를 젓게 하여 남을 지치게 하다.
row a person **up Salt River** (美속어) 반대당을 패배시키다.
row…down 노로 …을 따라잡다, 따라붙다.
row dry ① 헛노질을 하다, 노 젓는 시늉을 하다. ② (구어) 물을 튕기지 않게, 노 젓다.
Rowed of all! 〔해사〕(노 젓는 사람들에게) 그만 저어!, 노 올려!(Cease rowing!)
row in (英속어) 모의(공모)하다.
row in one [or **the same**] **boat** 함께 노를 젓다, 같은 배에 타다; 같은 처지[운명]이다, 같은 사업에 함께 종사하다.
row over (보트 레이스에서) 이기다, 낙승(樂勝)하다.
row up 힘껏 젓다.
row wet 물을 튀기면서 젓다.
row with one oar (in the water) (美속어) 터무니없는[어리석은] 짓을 하다. [트놀이.
— ① 보트 젓기, 한 번 젓기; 보트 젓는 거리[기간]; 보**go for a row** 보트 놀이하러 가다.
slow one's **row** (美혹인속어) (단속 등을 겁내) 눈에 띄지 않게끔 하지 않고 있다, 저자세로 있다.
~·a·ble ~·er

‡**row**[3] [rau] (~s [-z]) 1 시끄러운 입씨름, 말다툼 (with). ¶have a ~ with a person 남과 말다툼하다. 2 U,C (구어) 소란, 소동. ¶What's the ~? 왜 이 야단[소동]이냐? 3 질책.
get into a row 야단 맞다.
Hold [or **Shut**] **your row!** (속어) 조용히!
kick up [or **make**] **a row** ① 소란을 피우다. ② 몹시 항의하다.
— (구어) 싸우다; 말다툼하다 (with, over, about). — (구어) …을 몹시 야단치다, 꾸짖다.
ROW right-of-way. [매.
row·an [róuən, ráu-] 〔식물〕마가목; 그 붉은 열
row·boat [róubòut] 노로 젓는 배, 보트.
rów cròp (농업) 줄뿌림 작물.
row-de-dow [ráudidàu] U 소음, 시끄러움.
row·dy [ráudi] 난폭한 사람, 싸움 잘 하는 사람; 무뢰한. — 난폭한; 시끄러운; 드 하면 싸우려 드는; (濠) (가축의) 말을 안 듣는. -di·ly -di·ness
row·dy·dow [ráudidàu/-́-̀] (美속어) 시끄러움, 소란스러움; 소란스런 싸움; 야단법석. — 소란스러운. (또는 rówdydòwdy, ròw-de-dòwdy)
row·dy·ish [ráudiiʃ] 난폭한, 시끄러운.
~·ly ~·ness
row·dy·ism [ráudiìzm] U 난폭(한 거동).
row·el [ráuəl] 1 (박차(拍車) 끝의 작은 톱니바퀴. 2 (수의) (고름 빼는 데 쓰는) 삽화 탄농기(挿腰打膿器). — (-l-, (英) -ll-) 1 …에 박차를 가하다. 2 (수의) …에 삽화 탄농기를 삽입하다. 3 …으로 몰아넣다.
Ro·we·na [rouwí:nə/roui:-] 로위너(여자 이름).
rów hòuse [róu-] (美) 연립 주택(의 한 집).
row·ing [róuiŋ] 조정(漕艇)(의), 보트 경주(용).
rówing bòat (英)=rowboat. [(의).
row·ing-club [-klʌ̀b] 조정부, 보트 클럽.
rówing machìne 로잉 머신(노젓기 연습 기구).
Row·land [róulənd] 로울런드(남자 이름).
row·lock [róulʌk/rɔ́lək, róulək] 1 (건축) 석조

Roxana 아치의 동심 원호(圓弧) 층(의 하나). **2** 벽돌 마구리 쌓기. **3** 〔英〕 노받이, 노걸이(〔英〕 oarlock).

Rox·an·a [rəksǽnə/rɔk-] 囘 록새너(여자 이름).

rox·burghe [rɑ́ksbə:rou/rɔ́ksbərə] 囘 〔제본〕 록스버러 장정(책등을 금박 문자가 박힌 가죽으로 댐).

Roy [rɔi] 囘 로이(남자 이름).

‡**roy·al** [rɔ́iəl] 囲 **1** 국왕[여왕]의, 국왕[여왕]에 관한, 왕실의, 황실의. ¶ the ~ blood; the blood ~ 왕족, 왕가/a ~ crown 왕관/a ~ prince[princess] 왕자[공주]/His[Her] R- Highness 전하[왕비 전하]. **2** 왕위(王位)의; 왕위에 있는. **3** 왕[여왕]의 보호 아래 있는, 왕립의; 칙정(勅定)의, 칙허(勅許)의. ¶ a ~ edict 칙령/a ~ charter 칙허. **4** (보통 R-) 〔英〕 왕국을 위한, 영국의; 왕립의, 국립의(* 영국의 관청·공공 기관·단체 이름 앞에 쓰인다). ¶ the R- Army 영국 육군. **5** 왕다운, 당당한, 고귀한, 장려(壯麗)한. ¶ a ~ bearing 당당한 태도/a ~ temple 장려한 신전(神殿). **6** 〔구어〕 멋진, 호화로운, 최고[일류]의. ¶ a ~ feast 호화판 향연. **7** 특제의; 특대(特大)의; 특별히 고급[양질]인; 특히 중요한. ¶ ~ folio 로열 폴리오 판(版), 특대 2절판/~ paper 로열판. **8** 〔구어〕 지독한, 극단적인, 짙음한. ¶ a ~ pain 지독한 고통. **9** 〔美속어〕 완전한. ¶ a ~ flop 대실패. **10** 〔화학〕 화학적 변화를 받지 않는.

have a royal time (of it) 멋진 시간을 보내다.
in royal spirits 무척 원기왕성한[하여].

—囘 **1** 〔구어〕 왕족의 한 사람. **2** 〔해사〕 로열 마스트 상의 돛. **3** ⓤ 〔英〕 (종이 크기의) 로열판(判)(판형 24×19 inch, 인쇄용 25×20 inch). **4** (때로 R-) 〔英〕 왕실의 일원. **5** = ~ flush. **6** (보통 R-s) 〔英〕 근위용기단(龍騎團). **7** (the R-s) 미국 프로 야구 American League의 구단 the Kansas City Royals.

royal octavo 특대 8 절판(159×254 mm).
royal quarto 특대 4 절판(254×318 mm).
super royal octavo 초특대 8 절판(177×278 mm).
super royal quarto 〔英〕 초특대 4 절판(260×343 mm).

Róyal Acádemy (of Árts) 囘 〔英〕 (the ~) 왕립 미술원(1768년에 George 3세가 창설; ⓐ R.A.).
Róyal Áir Fórce 囘 (the ~) 영국 공군(ⓐ RAF).
Róyal Ánthem 囘 (the ~) 영국 국가(國歌).
róyal assént 囘 〔英〕 (의회를 통과한 법안의 발효에 필요한) 왕의 재가(裁可).
Róyal Bállet 囘 (the ~) 영국 로열 발레단.
róyal blúe 囘 **1** (때로 a ~) 진보라색. **2** 〔美속어〕 환각제(ⓐ R.E.), LSD.
Róyal Commíssion 囘 〔英〕 왕립 위원회(현행법·사회·교육 문제의 개선책을 연구 보고함). 「작〕.
róyal dúke 囘 왕족 공작(prince의 칭호를 가진 공
Róyal Enginéers 囘 (the ~) 영국 육군 공병대.
róyal évil 囘 = king's evil. 「래스(ⓐ R.E.).
Róyal Exchánge 囘 (the ~) (런던의) 왕립 증권 거
róyal fámily 囘 왕실, 황실; 왕족.
róyal férn 囘 고비의 일종(여러해살이풀).
róyal físh 囘 〔英법률〕 진상어(進上魚)(잡히면 국왕 또는 그 칙허를 받은 사람의 소유가 되는 고래, 철갑상어 따위).
róyal flúsh 囘 〔카드놀이〕 로열 플러시(같은 그림의 ace, king, queen, jack, 10의 5장이 연속된 것).
Róyal Gréenwich Obsérvatory 囘 (the ~) 영국 그리니치 천문대. 「(ⓐ R.H.).
Róyal Híghness 囘 전하(殿下)(왕족에 대한 경칭).
Róyal Institútion [Institute] 囘 (the ~) 〔英〕 왕립 과학 연구소. 「국제 마술(馬術) 대회.
Róyal Internátional Hórse Shów 囘 영국
róy·al·ism [rɔ́iəlìzm] 囘ⓤ 왕정주의(王政主義)[근왕]주의.
róy·al·ist [rɔ́iəlist] 囘 **1** 왕정(王政)주의자, 근왕가; (R-) (17세기 영국의 내란 때 Charles 1세를 지지했던) 왕당원; (프랑스의) 부르봉(Bourbon) 왕가 지지자. **2** 〔美〕 완고한 보수적 기업가. —囲 (또는 **roy·al·is·tic** [rɔ̀iəlístik]) 왕정주의(자)의, 왕당(원)의.
róyal jélly 囘 로열 젤리.
róy·al·ly [rɔ́iəli] 囲 **1** 왕에 의하여; 국왕답게. **2** 당당하게, 훌륭하게. **3** 〔美속어〕 완전히.
Róyal Máil 囘 (the ~) 영국 우정 공사.
Róyal Marínes 囘 (the ~) 영국 해병대(ⓐ RM).
róyal mást 囘 〔해사〕 로열 마스트, 맨 꼭대기 마스트(royal sail을 다는 부분). 「사관 학교.
Róyal Mílitary Acádemy 囘 (the ~) 영국 육군
Róyal Mínt 囘 (the ~) 영국 조폐국. 「극장.
Róyal Nátional Théatre 囘 (the ~) 영국 국립
Róyal Nával Áir Sérvice 囘 (the ~) 영국 해군 항공대(ⓐ RNAS).
Róyal Návy 囘 (the ~) 영국 해군 (ⓐ R.N.).
Róyal Ópera Hóuse 囘 (the ~) 로열 오페라 하우스(London에 있는 오페라 극장). 「(產).
róyal pálm 囘 〔식물〕 대왕야자(Florida 주·Cuba산
Róyal Philharmónic Órchestra 囘 (the ~) 로열 필하모니 오케스트라(런던의 대표적 오케스트라).
róyal póle 囘 〔해사〕 = royal mast.
róyal púrple 囘 (때로 a ~) 푸른기 도는 자주색.
*‡**róyal róad** 囘 **1** 왕도(王道), 첩경, 편한 길[방법] (to). ¶ There is no ~ to learning. 〔속담〕 학문에 지름길은 없다. **2** 왕도(특히 고대 페르시아의 도로를 지칭). (또는 **Róyal Róad**) 「기 돛.
róyal sáil 囘 〔해사〕 로열 마스트에 다는 돛, 맨 꼭대
Róyal Society 囘 (the ~) 영국 학술원(정식 명칭은 The Royal Society of London for the Advancement of Science; ⓐ R.S.).
róyal stándard 囘 〔英〕 (the ~) 왕기(王旗).
róyal ténnis 囘 = court tennis.
*‡**róy·al·ty** [rɔ́iəlti] 囘 **1** 로열티, 특허권 사용료; 저작권 사용료, 인세(印稅). ¶ royalties on a book 책의 인세. **2** (집합적) 왕실 사람들, 왕족; 왕족의 일원. **3** ⓤ 왕의 신분, 왕위; (보통 -ties) 왕의 특권, 왕권. **4** ⓤ 왕자다움, 고귀함, 관대함. **5** 왕령(王領), 왕국. **6** 광산 사용료, 광구세(鑛區稅). **7** 화폐 주조세.
róyal wé 囘 짐(朕)(국왕의 자칭). ⇨ WE 2.
Róyal Yácht 囘 (the ~) 영국 해군의 왕실 전용선.
royst·er [rɔ́istər] 囲 = roister.
roz·zer [rázər/rɔ́z-] 囘 〔英속어〕 경찰(관).

RP rupia(s); **RP** Received Pronunciation(용인 발음); Republic of the Philippines(필리핀 공화국); (또는 **Repo**) repurchase agreement(재구매 계약); retinitis pigmentosa. **Rp.** reprint(ing). **R.P.** Radio Press(일본의 라디오 뉴스 통신사); reaction product; reception poor; recovery phase; Reformed Presbyterian(개혁 장로 교회 사람); Regimental Police; Regius Professor; reinforced plastic; rocket projectile; rules of procedure. **RPC** Royal pioneer Corps. **R.P.E.** Reformed Protestant Episcopal. **Rpf** Reichspfennig. **RPG** 〔컴퓨터〕 Report Program Generator(보고서 프로그램 작성기, 보고서 작성 프로그램). **RPh** Registered Pharmacist. **RPI** retail price index(소매 물가 지수). **rpm, r.p.m.** revolutions per minute(분당(分當) 회전수). **RPN** 〔컴퓨터〕 reverse polish notation. **R.P.O., RPO** Railway Post Office; Royal Philharmonic Orchestra. **RPQ** request for price quotation. **RPR** Rassemblement pour la République(공화국 연합; 프랑스의 보수 정당). **RPS** retail price survey(소매 물가 통계 조사). **r.p.s., rps** revolutions per second(초당(秒當) 회전수). **R.P.S.** Royal Philatelic Society(영국 우표수집가협회); Royal Philharmonic [Photographic] Society. **rpt.** repeat; report. **RPV** 〔항공〕 remotely piloted vehicle(원격 조종 무

인 항공기). **R.Q., RQ** respiratory quotient(호흡률). **R.Q.M.S.** (英) Regimental Quartermaster Sergeant.

r-qual·i·ty [áːrkwɔ̀ləti-kwɔ̀l-] 图 (음성) r음질 [(r-color).

RR (英) registered representative(공인 증권 거래사); Rolls-Royce. **R.R.** railroad; research reactor [report]; return rate; Right Reverend; Round Robin; rural route.

R-rat·ed [áːrrèitid] 圈 준 성인 영화. 관람객의 연령을 제한하는. ¶an ~ film 연령 제한 영화.

RRB (美) Railroad Retirement Board. **R.R.C.** (英) Royal Red Cross. **R.R.E.** (英) Royal Radar Establishment.

-rrha·gi·a [réidʒiə, -dʒə] 연결 「파열(rupture), 유출 과다, 이상 배출」의 뜻. ¶enterorrhagia(장출혈) (또는 **-rhagia, -rhage, -rrhage, -rhagy, -rrhagy**)

-rrha·phy [rəfi] 연결 「봉합(suture)」의 뜻. herniorrhaphy. (또는 **-rhaphy**)

-rrhe·a [riːə/ríə] 연결 「유출(flow), 발사, 분출, 배출」의 뜻. ¶gonorrhea. (또는 **-rhea**)

RRM renegotiable-rate mortgage. **rRNA** (생화학) ribosomal RNA. **RRP** recommended retail price(권장 소매 가격). **RRR** (美군사) reduced residual radiation(잔류 방사선 저감 폭탄). **R.R.R.** return receipt requested(등기 우편물의) 반신 수령증). **RRT** rail rapid transit. **Rs** rupees. **RS, R.S.** Recording Secretary; Revised Statutes((법률) (美) 주제별 법령집; (英) 연대별 법령집); right side; Royal Society. **Rs.** reis; rupees. **r.s.** right side. **RSA** Republic of South Africa. **R.S.A.** Royal Scottish Academy; Royal Society of Arts. **R.S.C.** (권투) referee stop contest(심판 중지 시합 (프로의 KO)). **RSE** Received Standard English(공인 표준 영어). **RSFSR, R.S.F.S.R.** Russian Soviet Federated Socialist Republic. **RSI** repetitive strain injury. **R.S.L.** (英) Royal Society of Literature. **RSM** regimental sergeant major; Royal School of Music; Royal Society of Medicine. **RSPB, R.S.P.B.** (英) Royal Society for the Protection of Birds(왕립 애조(愛鳥) 협회). **R.S.P.C.A.** (英) Royal Society for the Prevention of Cruelty to Animals(왕립 동물 학대 방지 협회). **RSS** (우주) rotating service structure(회전식 정비탑). **RSV** Revised Standard Version (of the Bible)(표준 개역 성경).

RSVP [áːrèsviːpíː] 图통 (파티 따위의 초대에 참석 여부를 알리는) 회답을 하다. ¶Don't forget to ~ before Thursday. 목요일까지 부디 참석 여부를 알려 주십시오. ── 图 (英) ~**'s**) 1 초대의 회답. 2 (초대장에 덧붙이는 문구로) 회답 바람. (또는 **r.s.v.p., R.S.V.P.**) [<F répondez s'il vous plaît=reply, if you please]

RSWC right side up with care.

'rt [ərt] (고어) art의 생략형. ¶thou'rt=you are.

RT radio telegraphy; radiotelephone. **rt.** right.

RtA fùrniture 图 조립식 가구. [<ready-to-assemble furniture]

rte. route. **RTF** (프랑스) La Radio Diffusion et Télévision Française(프랑스 라디오·TV 방송); (컴퓨터) Rich Text Format. **RTG** (공학) radioisotopic thermoelectric generator(원자력 전지(인공 위성이나 우주 탐사기용)). **Rt. Hon.** Right Honorable (각하(백작 이하의 귀족·런던 시장 등에 대한 경칭)). **RTL** (전자) Resister Transistor Logic(저항 트랜지스터 논리 (회로)). **RTO, R.T.O.** (美군사) Railroad Transportation Officer(철도 수송관).

RTOL [áːrtɔ̀l, -tɑ̀l/-tɔ̀l] 图 (항공) 단거리 이착륙기. [<reduced take-off and landing]

Rt. Rev. Right Reverend. **Rts.** (재정) rights;

RTT, RTTY radioteletype. **RTW** (항공) round the world(세계 일주). **r-t-w** ready-to-wear(기성복 의). **Ru** 화 (원소) ruthenium. **Ru.** (성서) Ruth.

R.U., RU (의학) rat unit(래트 단위); (英) Rugby Union.

ru·a·na [ruáːnə] 图 루아나(콜롬비아의 산약 지방에서 입는 poncho 비슷한 겉옷).

Ru·an·da [ruáːndə] 图 **1** Rwanda의 옛 이름. **2** (통 ~**(s)**) 루안다인(人)(르완다·콩고에 사는 Bantu족). **3** 图 (또는 **Kinyarwanda**) 루안다 말.

Ru·an·da-U·run·di [-urúːndi] 图 루안다우룬디 (중앙 아프리카의 옛 벨기에 신탁 통치령; 1962년 르완다(Rwanda)와 부룬디(Burundi)로 분리 독립).

‡rub¹ [rʌb] 图 (~**s** [-z]; **-bb-**) 配 **1** …을 문지르다, 마찰하다; 닦다, 갈다(up)(with, against). ¶(~+图+圐) ~ up brass 놋쇠를 닦아 윤을 내다 // (~+图+前+图) ~ a glass with a cloth 거울을 헝겊으로 닦다. **2** …을 문질러 바르다[넣다], 비벼 넣다(over, in, into, through). ¶(~+图+前+图) ~ cream over the face 얼굴에 크림을 바르다. **3** …을 맞비비다, 서로 비벼대다(together). ¶(~+图+圐) He ~bed his hands together. 그는 두 손을 비벼댔다. **4** …을 비벼 없애다, 닦아내다(off, out, away). ¶(~+图+圐) ~ off dust 먼지를 닦아내다. **5** (피부·껍질)을 벗기다. ¶This shoe ~s my heel. 이 구두 때문에 뒤꿈치가 벗겨진다. **6** …을 문질러서[갈아서] …하게 하다(…로 만들다). ¶(~+图+圐) ~ one's hands warm 손을 비벼서 따뜻하게 하다 // (~+图+前+图) (~+图+圐) ~ a thing (down) to powder 어떤 것을 갈아서 가루로 만들다. **7** …의 탁본(拓本)을 뜨다. ¶(~+图+前+图) ~ a copy from a monument 기념물의 탁본을 뜨다. **8** 안달나게 하다, 짜증나게 하다, 신경을 건드리다.

── 图 **1** 마찰하다, 스치다, 닿다(against, on, upon); 맞스치다(together). ¶(~+前+图) The door ~s on the floor. 문이 마룻바닥을[에] 스친다[닿는다]. **2** (…을 손으로) 비비다(at). ¶(~+前+图) ~ at one's eyes 눈을 비비다. **3** 비벼져서 떨어[없어]지다, 닳다 (off, out). (피부가) 벗겨지다. ¶(~+圐) Blood stains don't ~ off easily. 핏자국은 비벼도 잘 지지 않는다. **4** (구어) 애써서 나아가다: 근근히 헤쳐 나아가다(along, on, through). ¶(~+前+图) ~ through jungle 밀림을 뚫고 나아가다.

rub along [or on] (英구어) ① (고난을) 그럭저럭 헤쳐 나가다(by, along). ② (남과) 사이좋게 지내다 (with), (여러 사람이) 잘 어울려 지내다(togther).

rub a person against the grain ⇨GRAIN.

rub a person's nose in (과거의 잘못을 들어) 끈덕지게 남을 책망하다.

rub a person the wrong [right] way 남을 화나게[기쁘게] 하다, 남의 비위를 건드리다[만족시키다].

rub away 비벼 떼내다, 문질러 지우다[없애다].

rub down ① …을 위로부터 아래까지 닦다[갈다]; …에 솔질을 하다; …을 마사지하다. ② …을 갈아서 납작하게[가늘게] 만들다. ③ (소지품 검사를 위해) …의 몸을 더듬다. 「질키게 가르치다.

rub...in ① …을 비벼[문질러] 넣다. ② (구어) …을 끈

rub...into (구어) (교훈 따위)를 마음에 새기게 하다.

rub it in (속어) 듣기 싫은 소리를 되뇌어서 괴롭히다. ¶Don't ~ it in! 그렇게 자주 같은 말을 되뇌지 마라(잘못되었다는 것은 잘 알고 있으니까).

rub off (비벼[문질러]져서 떨어[없어]지다. ② (구어) (성공의 영향·기쁨이) 줄어들다, 식다. ③ 벗겨져서 (…에 묻다[붙다](on). ④ …을 문질러[비벼서] 떼다.

rub off on (구어) (습관·생각 따위가) …에 영향을 주다, …에 옮다.

rub...on one's chest …을 무시하다.

rub out ① …을 비벼 없애다, 닦아내다; 스쳐서 지워지다[없어지다]. ② (美속어) …을 완전히 파괴하다, 죽

rub shoulders [or **elbows**] **with** 〔명사(名士) 등〕이다. 「과 사귀다.
rub through 〔英〕 그럭저럭 끝까지 해내다.
rub up ① …을 문지르다, 잘 닦다.¶I want you to ~ *up* the car. 차를 좀 닦아 주었으면 하오. ② …을 휘저어 섞다, 뒤섞어 반죽으로 만들다. ③ …을 생각해 내다, …의 기억을 되살리다, 복습하다.
rub up against ① …을 스쳐가다, 건드리다, 접촉하다. ② …와 우연히 맞닥뜨리다, 뜻밖에 만나다.
— 图 (~s [-z]) 1 비비기, 문지르기, 닦기, 마찰.¶give a thing a ~ 물건을 닦다(문지르다, 갈다). 2 감정을 건드리는 것; 비난, 질책, 조롱, 빈정댐, 비꼼. 3 (구장(球場) 따위의) 울퉁불퉁함; (그것으로 인한) 공의 빗나감.¶a ~ of [or on] the green 〔골프〕 공이 우연히 뭔가에 부딪혀 위치가 바뀌기. 4 (the ~) 장애(물), 문제점; 곤란.¶The ~ is that I flunked. 문제는 내가 낙제한 일이다. 5 닳아서 까칠까칠한 곳, 닳아서 해진 데. 6 〔美학생 속어〕 댄스 파티.
the rub on the green 〔구어〕 행운[불운]의 영향.
rub² 图 =rubber².
rub-a-dub [ʌ́dʌ̀b] 图 1 (북의) 둥둥 울리는 소리. 2 〔英속어〕 선술집(pub). (또는 ᴗ **dùb**) 3 〔속어〕 클럽.
Ru·bai·yat [rúːbaijɑ̀ːt, -bi-/-jæ̀t] 图 (the ~) 루바이야트(페르시아 시인 Omar Khayyám의 4행시집).
Rub' al Kha·li [rùb æl kɑ́ːli] 图 룹 알할리 사막 (Arabia 반도 남부의 사막).
Rú·barth's dìsèase [rúːbɑːrts-, -bɑːrθs-] 图 루바르츠 병(육식 동물의 바이러스성 간염).
ru·basse [ruːbǽs/-bɑ́ːs] 图 루바스(선홍색 석영).
ru·ba·to [ruːbɑ́ːtou] 图 〔음악〕 ~**s**, -**ti** [-tiː] 루바토 주법(奏法)(감정 표현을 위해 템포를 자유로이 연주하기), 루바토 악절[악구]. — 形 루바토(주법)으로. 〈It〉
‡**rub·ber**¹ [rʌ́bər] 图 (图 ~**s** [-z]) 1 a) 〔ⓤ〕 (천연) 고무, 탄성 고무(India ~); 합성 고무; 〔C〕 고무 제품. b) 〔英〕 고무 지우개, 칠판 지우개. c) 고무 밴드. d) 고무 타이어, 〔집합적〕 (차 한 대분의) 타이어 (아이스하키의) 퍽(puck). (~s) 〔美〕 고무신, (앞반울) 덧신, 오버슈즈. 2 문지르는 사람[것; 가는 사람; 마찰하는 것, 때밀이. 3 가는(닦는) 것(기구); 사지(砂紙), 사포(砂布); 〔英〕 행주. 4 〔야구〕 피처 플레이트, 홈 플레이트. 5 장애(물); 불운. 6 〔속어〕 콘돔. 7 탁본[拓本] 뜨는 사람. 8 거친 줄; 숫돌. 9 (경기장의) 울퉁불퉁한 면. 10 (성냥갑의) 마찰면. 11 연질 벽돌(cutter). 12 (마구간의 말에 솔질하는) 마부. 13 = check.
burn rubber 〔美속어〕 (타이어 탈 정도로) 차를 급발진시키다.
lay rubber (급발진·미끄러짐 따위로) 노면에 타이어 자국을 내다.
where the rubber meets the road 실력[진가]이 시험되는 장(場).
— 形 고무로 만든; 고무가 나는. — 图® 〔구어〕 = rubberneck. ~·**less**, ~·**like** 形
rub·ber² 图 1 〔카드놀이 따위의〕 3판(때로 5판) 승부. 2 3전 승승제; (the ~) (3판 승부의) 결승전; 2승(하기). 3 결승전의. 「[철사] (투수).
rúbber àrm 图 〔야구〕 강한 어깨[팔](의 투수), 강건
rúbber bànd 图 고무 밴드.
rúbber bòot 图 〔美〕 고무 장화; 〔속어〕 콘돔.
rúbber búllet 图 (반란·폭동 진압용) 고무 탄환.
rúbber cemént 图 고무풀, 고무 접착제.
rúbber chéck 图 〔美구어〕 부도 수표.
rúb·ber·chíck·en cìrcuit [-tʃíkən-] 图 〔美〕 (유세중의 정치인 등이 얼굴을 내밀어야 하는) 일련의 따분한 (싸구려 닭고기 요리의) 만찬회[오찬회].
rúbber dínghy 图 〔美〕 소형 고무 보트.
rúbber dúck 图 (공작용) 침투용 고무 보트.
rúb·ber-fáced [-féist] 形 얼굴 표정이 갖가지로 변하는, 여러 가지 표정을 지을 수 있는.¶a ~ *comedian* 천(千)의 얼굴을 가진 희극 배우. 「결승전.
rúbber gáme 图 〔스포츠〕 (승수(勝數)가 같을 때의)
rúbber góods 图圈 (완곡적) (피임용) 고무 제품, 콘돔. 「내부 조사원.
rúbber héel 图 〔美속어〕 탐정; 〔속어〕 (경찰내의)
rúb·ber·ize [rʌ́bəràiz] (* 〔英〕 -**ise**) 图® …에 고무를 입히다[먹이다], …을 고무로 가공하다.
rúbber látex 图 〔美속어〕 고무 유액(乳液).
rúbber líps 图 〔속어〕 수다쟁이.
rúbber mán 图 〔속어〕 (서커스 따위의) 풍선 장수.
rúbber màtch 图 〔스포츠〕 결승전의.
rúb·ber·nèck [rʌ́bərnèk] 图〔구어〕 (목을 빼고) 뒷담 보고 싶어하는 사람, 호기심 많은 사람; (단체) 관광객. (또는 **rubbernecker**) — 图® 보고 싶어하는; 관광의. — 图 보려고 목을 쭉 빼다, 두리번거리다; (사고 따위를) 구경하다.
rúbberneck wàgon 图 〔美속어〕 관광 버스.
rúbber plánt 图 고무나무; 인도 고무나무.
rúbber ríng 图 〔英〕 1 고무 밴드; 병의 고무 마개. 2 수영을 배우는 사람이 허리에 두르는 부낭.
rúbber shèath 图 = condom. 「위).
rúbber shóes 图圈 운동화(sneaker, 테니스화 따
rúbber sóck 图 1 〔美속어〕 겁쟁이. 2 〔美해군〕 신병.
rúbber solútion 图 (타이어 수리용) 고무액.
rúbber stámp 图 1 고무 도장. 2 〔구어〕 덮어놓고 도장 찍는 사람; 거수기 노릇하는 사람[기관]; 형식적 승인[인가]. 3 상투적 어구.
rúb·ber-stàmp [-stæ̀mp] 图® …에 고무 도장을 찍다; 〔구어〕 …에 덮어놓고 도장을 찍다; …에 경솔하게 찬성하다; …을 형식적으로 승인하다. — 图 충분한 고려 없이 인가하는.
rúbber trèe 图 = rubber plant. 「강인한.
rúb·ber·y [rʌ́bəri] 形 고무(줄) 같은, 탄성이 있는,
rub·bing [rʌ́biŋ] 图 1 〔ⓤ〕〔C〕 마찰, 갈기, 닦기, 마사지, 안마. 2 (비명(碑銘) 따위의) 탁본.
rúbbing àlcohol 图 〔美〕 소독용 알코올.
*****rub·bish** [rʌ́biʃ] 图 〔ⓤ〕 1 쓰레기, 잡동사니, 폐기물. 2 하찮은[시시한] 생각, 부질[쓸데없는 일, 시시한 일, 난센스.¶ ~ *talk* ~ 부질없는 소리를 지껄이다. 3 〔英〕 (감탄사적) 쓸데없는[이(美) nonsense).¶Oh, ~! 아이 시시해!, 쓸데없이! — 图® 〔구어〕 1 〔英·濠·뉴질〕 혈뜯다, 비난하다. 2 일소하다, 파괴하다.
rúbbish bin 图 = dustbin.
rúb·bish·ing [rʌ́biʃiŋ] 图 〔속어〕 = rubbishy.
rub·bish·y [rʌ́biʃi] 形 1 쓰레기[잡동사니]의. 2 쓰레기 같은, 시시한, 쓸모없는.¶a ~ *book* 시시한 책.
rub·ble [rʌ́bl] 图〔ⓤ〕 1 [또는 (美) rúːbl] (산에서 캐낸 그대로의) 암석 조각, 돌멩이, 거친 돌, 잡석, 쇄석. 2 [또는 (美) rúːbl] = rubblework. 3 (얼음 따위의) 조각. 4 〔지질〕 (암석 표면의) 분괴층(分壞層). 5 (파괴된 것의) 파편, 산더미.
rúb·ble·wòrk [rʌ́blwə̀ːrk, rúːbl-] 图〔ⓤ〕 (모양이) 일정치 않은 돌을 그대로 쌓는 돌쌓기 공사, 잡석 쌓기.
rub·bly [rʌ́bli] 形 잡석(rubble)의[으로 된], 돌부스러기(모양)의.
rub·down [rʌ́bdàun] 图 1 위로부터 아래로 마찰하기; (운동 뒤는 증기탕에서 마찰하는) 마찰, 담금질.¶have a ~ *with* a rough towel 건포마찰을 하다. 2 샌드페이퍼로 문지르기.
rube [ruːb] 图 1 〔美속어〕 순진한 촌뜨기(hick); (서커스 따위의) 관객, 시민. 2 (R-) 루브(남자 이름).
ru·be·fa·cient [rùːbəféiʃənt] 形 〔약품의〕 피부를 붉게 하는. — 图 〔의학〕 발적제(發赤劑)(외용약).
ru·be·fac·tion [rùːbəfækʃən] 图 〔ⓤ〕 〔의학〕 발적제의 작용; (피부의) 발적 상태.
ru·be·fy [rúːbəfài] 图® = rubify.
Rube Góld·berg [rúːb góuldbə̀ːrg] 图 〔美〕 (장치

따위가) 복잡하고 비실용적인. (또는 **(Rube) Goldbergian**) (<미국의 만화가 Rube Goldberg의 이름)
ru·bel·la [ru:bélə] [명][U] (병리) 풍진(風疹). 「氣石).
ru·bel·lite [ru:bélait/rú:bəlàit] [명] 홍전기석(紅電
Rú·ben (Awàrd) [rú:bən-] [명] **(美)** 루벤 상(최우수 만화상).
Ru·bens [rú:bənz] [명] **Peter Paul** ~ 루벤스 (1577–1640: Flanders의 화가). **Rù·ben·ésque, Ru·bén·si·an** [형]
ru·be·o·la [ru:bí:ələ, rù:bióu-] [명][U] (병리) 홍역; 풍진. **-lar** [형] 「**-cence** [명]
ru·bes·cent [ru:bésnt] [형] 붉어진, (얼굴을) 붉히는.
Ru·bi·con [rú:bikàn/-kən] [명] **1** (the ~) 루비콘강(이탈리아 중부의 강). **2** (r–) (카드놀이) 루비콘(piquet에서 상대가 100점을 따기 전에 이기기).
cross* [or *pass*] *the Rubicon 단호한[돌이킬 수 없는] 조치를 취하다, 중대한 결심을 하다.
— [동][타] (r–) (카드놀이) 루비콘으로 이기다.
ru·bi·cund [rú:bikʌ̀nd/-kənd] [형] (안색이) 붉은, 불그레한, 홍조를 띤, 혈색이 좋은. **-cún·di·ty** [명][U] (안색이) 붉음, 적색, 건강색. 「원소; [기] Rb).
ru·bid·i·um [ru:bídiəm] [명][U] (화학) 루비듐(금속
ru·bied [rú:bid] [형] 루비색의, 심홍색의.
ru·bi·fy [rú:bəfài] [동][타] …을 붉게 하다.
ru·big·i·nous [ru:bídʒənəs] [형] **1** 녹병에 걸린. **2** 녹빛의, 적갈색의. (또는 **rubiginose**)
Rú·bik('s) Cùbe [rú:bik(s)-] [명] **1** **(상표)** 루빅큐브(27개의 작은 정육면체의 각 면을 같은 색깔로 맞추는 퍼즐 장난감). **2** 어려운 문제. (<고안자인 헝가리의 건축 디자이너 Ernö Rubik(1945–))
Ru·bin·stein [rú:binstàin] [명] 루빈슈타인. **1 Anton (Grigoryevich)** ~ (1829–94: 러시아의 작곡가·피아니스트). **2 Art(h)ur** ~ (1887–1982: 폴란드 태생의 미국 피아니스트).
ru·bi·ous [rú:biəs] [형] **(시)** 루비색의.
rúb jòint [명] **(美속어)** 파트너 없는 남자들이 가는 댄스홀[나이트클럽].
ru·ble [rú:bl] [명] 루블(러시아·그루지아 등과 옛 소련의 화폐 단위; [약] r., R., Rbl.); 1 루블화. (또는 **rouble**)
rub·off [rʌ́bɔ̀:f] [명] **1** 문질러[비벼] 떨어짐; (비벼 떨어진 것이) 달라붙기. **2** (자꾸 문질러서·비벼서) 파인 자국; (부단한 접촉에 의한) 강한 영향[감화]. **3** 수음, 자위.
rub·out [rʌ́bàut] [명] **(美속어)** 살인 (사건), (특히) 암흑가의 살인. (또는 **rúb-òut**)
ru·bre·dox·in [rù:brədáksin/-dɔ́k-] [명] (생화학) 루브르독신(혐기성 박테리아에서 볼 수 있는 전도성(電導性) 단백질의 일종).
ru·bric [rú:brik] [명] **1** (인쇄물 따위의 주서(朱書)한) 주의 사항; (주서한 장·절 따위의) 제목[제명], 붉게 인쇄한 것. **2** (교회) 루브리카, (옛날에 붉게 썼던) 전례(典禮) 집행 규정; 전례 법규(法規); (절차 따위) 규정; (답안지 따위의) 지시, 설명문. **3** 주석, 주해. **4** 종류, 부류, 범주. **5** [U] **(고어)** 붉은 흙. — [형] **1** 주서한, 붉게 인쇄한. **2** 기념할, 축제의. **3** **(고어)** 붉은, 붉어진.
ru·bri·cal [rú:brikəl] [형] **1** 붉은색의; 주서한, 붉게 인쇄한. ¶a ~ day 축제일. **2** 전례 규정[법규]의. **~·ly** [부]
ru·bri·cate [rú:brikèit] [동][타] **1** …을 붉게 쓰다, (제목 따위)를 붉게 인쇄하다. **2** …에 붉은 글씨로 주석을 달다; …을 전례 법규로 정하다. **-càt·ed** [형] **-cà·tor** [명]
ru·bri·ca·tion [rù:brikéiʃən] [명][U] 주서(朱書), 붉게 인쇄하기; [C] 붉은 제목; 주서한 것, 붉은 인쇄물.
ru·bri·cian [ru:bríʃən] [명] 전례 법규 전문가; 전례 법규를 잘 지키는 사람, 전례 고수자.
rub·stone [rʌ́bstòun] [명] 숫돌. 「**(英)** 복습.
rub-up [´-ʌ̀p] [명] **1** [U] 충분히 문지르기[닦기], 갈기. **2**
rub·urb [rʌ́bə:rb] [명] (종종 ~s) 원교외(遠郊外)(의 읍·마을). (<*rural*+*suburb*) 「거주자.
rub·ur·ban·ite [rəbə́:rbənàit] [명] 원교외(遠郊外)
rub·ur·bi·a [rəbə́:rbi:ə] [명] **1** 시골 근처의 교외. **2** 원교외, 원교외 거주자들, 원교외족(의 생활 방식).
***ru·by** [rú:bi] [명] **1** 루비, 홍옥; 루비로 만든 것. **2** [U] 진홍색, 루비빛. **3** [U] 적포도주. **4** 여드름, 붉은 부스럼. **5** [U] **(英)** (인쇄) 루비(5.5 포인트 활자; 미국의 agate에 해당). **6** (-bies) **(속어)** 입술. **7** [U] **(속어)** 피(blood).
above rubies 매우 귀중한. 「물들이다.
— [형] 루비로 장식한; 루비색의. — [동][타] 진홍색으로
~·lìke [형]
Ru·by [rú:bi] [명] 루비(여자 이름). 「한 것).
rúby glàss [명] 붉은색 유리(산화철·산화동으로 착색
rúby làser [명] (광학) 루비 레이저(루비의 결정체를 이용한 적색 레이저 광선; 광통신 등에 이용한다).
rúby wédding [명] 루비[홍옥]혼식(婚式)(결혼 40주년 기념식[일]).
rúby wòod [명] 홍목자단(紅木紫檀)(가구용).
ruche [ru:ʃ] [명] 루시, 주름 장식(여성복의 깃·소매 끝 따위의 장식용). **ruched** [형] (<F)
ruch·ing [rú:ʃiŋ] [명][U] 루시의 재료; **(집합적)** 루시.
ruck[1] [rʌk] [명] **1** 다수, 다량; 무리, 떼. **2** 일반 대중; 잡동사니; (the ~) 범속한 생활. **3** (럭비) 러크; (경마) 뒤처진 말들. **4** (경쟁 따위에서) 뒤처진 집단. — [동][자] **(英)** 떼를 지어 몰려와서[억지로] 공을 뺏으려 하다.
ruck[2] [명] (옷감 따위의) 주름, 주름살, 구김살.
— [동][타] …을 구기다, …의 주름을 잡다(*up*). — [자] 구김살지다, 주름이 잡히다(*up*).
ruck[3] [명] **(속어)** (교도소에서의) 싸움, 소동.
ruck·le[1] [rʌ́kl, rúkl] **(英방언)** [명][U] (임종시 목에서 나는) 가랑거리는 소리. — [동][자] 가랑거리는 소리를 내다, 가랑거리다.
ruck·le[2] [rʌ́kl] [동][명] **(英)** =ruck[2].
ruck·sack [rʌ́ksæ̀k, rúk-] [명] 룩색, 배낭(**(美)** backpack). 「심한 논쟁, 항의.
ruck·us [rʌ́kəs] [명][U][C] **(美구어)** 소란, 소동, 싸움;
ruc·tion [rʌ́kʃən] [명][U][C] **(구어)** 소란, 소동, 싸움.
ru·da·ceous [ru:déiʃəs] [형] 역질(礫質)의. 「화.
rud·beck·i·a [rʌdbékiə, ru:d-] [명] (식물) 삼잎국
rudd [rʌd] [명] 유럽산 잉어과(科)의 민물고기.
***rud·der** [rʌ́dər] [명] **1** (해사) (배의) 키; (항공) 방향타; (새의) 꽁지깃. **2** (맥아의) 교반봉(攪拌棒). **3** 지도 원리, 지침; 지도자.
Ease the rudder! (해사) 키를 가운데로 돌려라!
Full rudder! (해사) 키를 최대한으로 꺾어라!
~ed, ~·less, ~·lìke [형]
rud·der·fish [rʌ́dərfiʃ] [명] ([복] ~(·*es*)) 배를 쫓아가는 물고기(pilot fish 따위).
rud·der·post [rʌ́dərpòust] [명] (해사) 키를 다는 고물의 기둥, 타주(舵柱). (또는 **rúdder pòst**)
rud·dle [rʌ́dl] [명][U] 홍토(紅土), 대자석(代赭石).
— [동][타] **1** (양 따위)를 홍토로 붉게 칠하다, 붉은 표지를 하다. **2** 홍조를 띠다. (또는 **raddle, reddle**)
rud·dock [rʌ́dək] [명] 유럽산(産) robin의 속칭.
***rud·dy** [rʌ́di] [형] **1** (안색이) 불그스레한, 혈색이 좋은. **2** 붉은, 붉게 빛나는. ¶a ~ sky 붉게 타는[놀이 진] 하늘. **3** **(英속어)** 싫은, 진저리나는. — [부] **(英속어)** **(강조)** 매우, 몹시. — [동] …을 붉게 만들다; 붉어지다.
-di·ly [부] **-di·ness** [명]
rúddy dúck [díver] [명] (북미산(産)) 홍오리.
rúddy kíngfisher [명] (조류) 호반새(물총새과(科)).
rúddy túrnstone [명] (조류) 꼬까도요.
‡rude [ru:d] [형] (*rud·er*; *rud·est*) **1** 버릇없는, 무례한, 막돼먹은. ¶a ~ reply[man] 무례한 대답 [사람]/It is ~ to make a noise while eating. 음식을 먹으면서 소리를 내는 것은 실례이다.

[유의어] **rude** 고의로 무뚝뚝하고 거만한. **ill-mannered** 고의가 아니고 배우지 못했거나 경험 부족으로 예의 범절을 모르는. **impolite** 사교상의 예의 범

절을 지키지 않는. **discourteous** 친절한 마음씨도 품위도 없는; 거의 rude와 같다. **uncivil** 사회인으로서 필요한 최소한의 예의마저 지키지 않는. **ungracious** 경험 부족이나 자기 기분 때문에 친절하지 못한.

2 교양이 없는, 세련되지 않은; 야만의, 미개한. **3** 거친, 투박한; (英) 솔직한; 사나운, 거센; 별안간의. ¶~ seas 사나운 바다/winter's ~ winds 겨울의 거센 바람/a ~ awakening 돌연한 각성, 환멸. **4** 조잡하여 만든; 자연 그대로의, 미가공의. ⇨RAW 〖유의어〗¶a ~ cabin 허술한 오두막/~ materials 미가공 원료. **5** 귀에 거슬리는, 신경을 건드리는; 입에 안 맞는, 맛없는. **6** 미숙한, 서투른, 어설픈; 소박한, 단순한; 개략적인, 대충의. ¶~ verses 미숙한 시/at a ~ estimate 개산(概算)으로, 어림잡아서. **7** (땅이) 거친; 황폐한, 황량한. ¶a ~ landscape 황량한 풍경. **8** 건장한, 튼튼한. ¶~ health 강건. **9** (구어) (말투 따위가) 상스런, (아이에게) 좋지 않은(for). ¶a ~ story 상스런 이야기. **10** (美 속어) 훌륭한; 지독한.

be rude to …에게 무례하게 대하다, …을 모욕하다.
say rude things 무례한[상스러운] 말을 하다.
∼·ness, rúd·e·ry 몡

rúde bits 몡⑪ (英속어) 유방(과 성기). 〔단원.
rúde bóy 몡 (속어) (자메이카에서) 갱의 일원, 폭력
*rude·ly [rúːdli] 児 **1** 버릇[예절]없이; 무뚝뚝하게, 거칠게; 조잡하게. **2** 개략적으로, 대충. ¶~ estimated 대충 어림잡아서. **3** 갑자기, 돌연.
ru·der·al [rúːdərəl] 〖식물〗 혱 (길가·자갈밭 따위의) 거친 땅에서 자라는. ── 몡 황무지 식물(잡초).
Rü·des·hei·mer [rúːdəshàimər] 몡 뤼데스하임 백(白)포도주(라인 포도주의 일종). 〈G〉
ru·di·ment [rúːdəmənt] 몡 **1** (보통 ~s) **a)** 원리, 근본, 기초; 기본. ¶the ~s of grammar 문법의 원리. **b)** (발달·진보 따위의) 싹수, 조짐, 실마리, 시작. **2** 〖생물〗 원기(原基); 발육 부전[미발달] 기관[부분]; 퇴화한 기관, 흔적 기관.
ru·di·men·tal [rùːdəméntl] 혱 =rudimentary.
ru·di·men·ta·ry [rùːdəméntəri] 혱 **1** 원리의, 기본의, 기초의; 초보[초등]의. ⇨ELEMENTARY 〖유의어〗¶~ education 초등 교육. **2** 미발달의, 미완성의. **3** 〖생물〗 원기(原基)의, 발육 부전(不全)의; 흔적이 있는.
-ri·ly 児 **-ri·ness** 몡
rud·ish [rúːdiʃ] 혱 난폭[무례]한, 거친. 〔Rudy〕.
Ru·dolf [rúːdalf/-dɔlf] 몡 루돌프(남자 이름; 별칭
rue¹ [ruː] 〖타〗 **1** …을 뉘우치다, 후회하다, 유감으로 [원통하게] 여기다. **2** ~d 없었으면…하지 않았으면 하고 생각하다. ¶~ the day when …했던 날이 없었더라면 하고 생각하다. ── 〖자〗 슬퍼[원통해]하다, 후회하다. ── 몡 (고어) 비탄, 한탄; 후회. **2** 동정, 연민. **rú·er** 몡
rue² 몡⑪ 루타(향기가 짙은 식물의 총칭).
R.U.E., r.u.e. (연극) right upper entrance.
rue·ful [rúːfəl] 혱 **1** 가엾은, 애처로운. **2** 슬퍼 보이는, 후회하고 있는, 침울한. ¶a ~ smile 어두운 미소/the Knight of the R— Countenance 우울한 얼굴의 기사(Don Quixote의 별칭). ~·ly 児 ~·ness 몡
rue-rad·dy [rúːrædi] 몡 (英) (어깨에 걸고 무거운 짐을 끌어당기는) 가죽 띠(밧줄).
ru·fes·cent [ruːfésnt] 혱 붉은기가 도는, 불그스레한. ┌-**cence** 몡
ruff¹ [rʌf] 몡 **1** 러프, 주름 칼라 (16-17세기에 남녀가 함께 착용). **2** 주름 칼라 모양의 것, (새·짐승의) 목둘레의 깃털[갈기]. **3** (조류) 목도리도요. ── 〖타⑪〗…을 약오리다, 성나게 하다. ∼-**like** 혱
ruff² (카드놀이) 몡 **1** 으뜸패로 잡기. 〔ruff¹ 1〕.
2 ⑪ 러프(옛 카드놀이 종류의 하나). ── 몡 으뜸패로 잡다, 으뜸패를 내다.
ruff³ 농어류의 하나(유럽산(産) 민물고기).

ruffed [rʌft] 혱 주름 칼라가 있는; (새·짐승) 목에 깃털[갈기]이 있는.
rúffed gróuse 몡 (조류) (북미산) 목도리뇌조.
*ruf·fi·an [rʌ́fiən, -fjən] 몡 악당, 불한당, 깡패, 무 구경꾼, 골목대장. ── 혱 (또는 **ruffianly**) 무례한, 무법의; 잔인한, 난폭한.
ruf·fi·an·ism [rʌ́fiənìzm] 몡⑪ **1** 흉악[무도, 잔인]한 행위. **2** 흉악한 성질, 악당 기질.
ruf·fi·an·ly [rʌ́fiənli, -fjən-] 혱 =ruffian.
*ruf·fle¹ [rʌ́fl] 〖타〗 **1** 구기다, 주름살이 지게 하다. (수면을) 물결치게 하다. **2** (성난 새가) (깃털)을 곤두세우다(up). **3** …을 헝클어놓다, 어지럽히다; …을 성나게 하다, 짜증나게 하다. ¶(~+몡+[前]) ~ (up) one's hair 머리칼을 엉망으로 헝클어뜨리다. **4** (천 따위)를 주름잡다, …의 가장자리를 주름 장식으로 하다. **5** (책장)을 펄럭펄럭 넘기다. **6** (카드)를 쳐서 섞다. ── 〖자〗 **1** 주름지다, 구겨지다; 물결이 일다. (머리가) 헝클어지다; (깃털이) 곤두서다. **2** 안달이 나다, 화가 나다(at). **3** (바람이) 어지럽게 불다. **4** (고어) 으스대다, 거만하게 굴다.
ruffle it 빼기다, 뽐내다.
ruffle (up) a person's [one's] feathers 남을 화나게 하다/자기가 화를 내다.
── 몡 **1** 주름잡힌 가장자리, 주름 장식; 주름 장식 모양의 것; (새·짐승의) 목둘레 깃털[갈기]. **2** ⓒ⑪ 불안, 동요, 당혹; 짜증, 성냄. ¶without ~ or excitement 조용히, 차분히. **3** 잔물결, 파문. **4** (드물게) 소란, 싸움.
put a person in a ruffle 남을 불안하게[초조하게, 화나게] 하다.
ruf·fle² 몡 (나직이 연달아 울리는) 북소리.
── 〖타〗 (북)을 저음으로 잇따라 울리다. ── 〖자〗 (북이) 저음으로 계속 울리다. 〔레 깃털]나 난.
ruf·fled [rʌ́fld] 혱 **1** 주름(장식)이 있는. **2** 갈기[목도
ruf·fler [rʌ́flər] 몡 **1** 뽐내는 사람, 허풍선이. **2** 악한(惡漢), 불량배. **3** 주름 갖는 기계.
ruf·fling [rʌ́fliŋ] 몡 (생물) (세포의) 파상 운동.
ruf·fly [rʌ́fli] 혱 =ruffled.
ru·fous [rúːfəs] 혱 적갈색의, 불그레한.
Ru·fus [rúːfəs] 몡 루퍼스(남자 이름).
‡**rug** [rʌɡ] (몡 ~**s** [-z]) 몡 **1** 깔개, 융단, 양탄자; 까는 모피(毛 carpet). **2** (英) 무릎 덮개. **3** (美속어) 남성용 가발, 부분 가발. 〔을 추다.
cut a [or **the**] **rug** (속어) 춤을 추다; (특히) 지르박
pull the rug (out) from under a person 남에 대한 지지[원조]를 갑자기 중단하다.
sweep [or **brush, push**] **under the rug** [or (英) **carpet**] (부끄러운 일 따위)를 감추다.

RUG (컴퓨터) restricted users group.
ru·ga [rúːɡə] 몡 (⑪ -**gae** [-dʒiː, -ɡiː]) (보통 -gae) (생물·해부) (위·질(腟) 따위) 점막의 주름.
ru·gate [rúːgeit, -ɡət] 혱 =rugose.
Rug·be·ian [rʌɡbíːən, rʌɡbíːən] 몡 (영국의) 럭비 학교의; 럭비 학교의 학생[졸업생].
Rug·by [rʌ́ɡbi] 몡 **1** 영국 Warwickshire 주의 도시. **2** 럭비 학교. **3** (또는 r-) **fóotball**) (종종 r-)
Rúgby fóotball 몡 =Rugby 3. 〔럭비.
Rúgby Léague 몡 (英) **1** (the ~) 럭비 연맹(잉글랜드 북부 지역 프로팀 연맹). **2** (종종 r- l-) 리그 럭비(각 팀 13명으로 하는 럭비).
Rúgby School 몡 럭비 학교(Rugby에 있는 유명한 public school; 1567년 창립).
Rúgby Únion 몡 (英) **1** (the ~) 럭비 동맹(아마추어팀의 연맹). **2** (때로 r- u-) 동맹 럭비(각 팀 15명으로 하는 럭비).
‡**rug·ged** [rʌ́ɡid] 혱 (**more ~, ~·der; most ~, ~·dest**) **1** 울퉁불퉁한, 깔죽깔죽한; 바위투성이의, 험한. ¶~ ground 울퉁불퉁한 지면(地面). **2** (경험·곤란 따위로) 얼굴에 주름진. **3** (얼굴이) 거칠고 억센, 울퉁불퉁한; 위엄 있어 보이는. ¶Lincoln's ~ features 링

컨의 위엄 있는 얼굴. **4** 엄격한, 엄한, 모진. **5** 교양 없는, 조야한, 야만스러운. **6** 곤란한, 쓰라린; (날씨가) 궂은. ¶He had ~ times. 그는 고된 세상살이를 맛보았다. **7** 귀에 거슬리는. ¶~ sounds 귀에 거슬리는 소리. **8** 질박한, 검소한. **9** (곤란·사용 따위에) 견디는, 견고한; (美) (남성적으로) 다부진, 튼튼한, 억센.
~·**ly** 튀 ~·**ness** 명

rug·ged·ize [rÁgidàiz] 目 (전자 제품·카메라·정밀 기계)를 충격(진동 따위)에 견딜 수 있게 만들다, 내구성을 높이다.

rug·ger [rÁgər] 명 (英俗어) = Rugby 3.

rúg jòint 명 (美俗어) 호화로운 나이트클럽[레스토랑, 호텔 따위].

rúg mèrchant 명 (美俗어) 스파이, 간첩.

ru·gose [rú:gous, -´] 형 주름이 잡힌[많은]; 이랑진.
~·**ly** 튀 **ru·gós·i·ty** 명

ru·gous [rú:gəs] 형 = rugose.

rúg rànk 명 (美軍俗어) (집무실에 카펫을 깔 수 있는) 고급 장교. 「**ape**).

rúg rat 명 (美俗어) 아기, 유아; 개구쟁이. (또는 **rúg**

Ruhr [ruər] 명 (the ~) **1** 루르 강(독일 서부를 흐르는 라인(Rhine) 강의 지류). **2** 루르 지방(루르 강 유역의 탄광·중공업 지대).

‡**ru·in** [rú:in] 명 (⑧ ~s [-z]) **1** (~s) 폐허, 유적(遺蹟). ¶the ~s of Pompeii 폼페이의 유적. **2** ⓤ 파괴, 파멸, 황폐, 멸망; (건물의) 붕괴; 큰 손해, 손상.

> [유의어] **ruin** 저절로 서서히 진행하는 파괴·붕괴. **destruction** 외적인 힘에 의한 파괴. **demolition** 구조물 따위를 헐어버리는 일. **havoc** 천재(天災) 따위에 의한 대규모적인 파괴와 혼란.

3 파괴[붕괴, 황폐]된 것(건물, 시가); 잔해; (~s) 손해, 피해. ¶The old castle is a complete ~. 그 고성은 완전히 폐허가 되어 있다. **4** ⓤ 몰락, 영락(零落), 실각; 파산; 건강의 쇠퇴; (여자의) 타락. ¶the ~ of the country 나라의 멸망. **5** (one's ~, the ~) 몰락[파멸, 영락]의 원인, 화근. ¶Gambling was his ~. 노름 때문에 그는 파멸했다. **6** (옛 모습이 없는) 영락한 사람, 낙오자; 산송장, 페인. ¶a ~ of an old man 산송장 같은 노인.
bring...to ruin …을 몰락[영락, 실패]시키다.
come [or **fall, go**] **to ruin** 황폐하다, 영락하다; 붕
go to rack and ruin ⇨ RACK².
in ruins ① 폐허가 되어, 황폐하여. ② (계획 따위가) 쓸모없이 되어.
— ⑤ (~s [-z]) 目 **1** …을 파괴하다, 파멸시키다, 황폐시키다. ¶his ~ed hopes 그의 무너진 희망/The rice crops were ~ed by the typhoon. 태풍으로 벼농사를 완전히 망쳤다. **2** …을 파산[몰락]시키다, 영락시키다. **3** …을 (돌이킬 수 없을 정도로) 손상시키다, (건강)을 망쳐놓다. **4** (여자)를 타락시키다, 더럽히다.
— 国 **1** 파멸[멸망]하다, 황폐하다. **2** 파산하다.
~·**a·ble** 형 ~·**er** 명

ru·in·ate [rú:inèit] 国 目 (드물게) = ruin. — 형 파괴된, 황폐한; 몰락[파산]한.

ru·in·a·tion [rù:inéiʃən] 명 ⓤ **1** 파괴, 영락, 황폐; 몰락, 파산; 타락. **2** 파멸의 원인, 화근.

ru·in·ous [rú:ənəs] 형 **1** 파괴적인, 파멸을 초래하는; 파산시키는. ¶a ~ luxury 파멸을 초래하는 사치. **2** 황폐한. **3** 유적[잔해]으로 남아 있는. ¶a ~ city from antiquity 폐허로 남아 있는 고대 도시. **4** (구어) 큰 돈이 드는, 매우 비싼. ~·**ly** 튀 ~·**ness** 명

RUKBA, R.U.K.B.A. *Royal United Kingdom Beneficent Association.*

rul·a·ble [rú:ləbl] 형 **1** 규칙에 맞는, 규칙상 허용되는. **2** (폐어) 지배[통치]할 수 있는.

‡**rule** [ru:l] 명 (⑧ ~s [-z]) **1** 규칙, 규정; 법칙; 정관(定款); 규준, 룰. ⇨ LAW [유의어] ¶a general ~ 총칙(總則)/a standing ~ 정관/a ~ for the admission of new members 신규 회원 가입 규칙/lay down a ~ that …라는 규정을 설정하다/make [break, obey] ~s 규칙을 만들어[어기다, 따르다]/under the ~ of …의 규칙에 따라. **2** (종교) 종규(宗規); (법률) 준칙, 법규; (법원의) 명령, 재정(裁定); (the ~s) (옛날 교도소 가까이에 있던) 죄수 주거 구역; 그 구역 내에서의 행동 자유. **3** (수학) 공식, 해법(解法); (보통 ~s) (문법 따위의) 규칙. ¶the ~ of three 비례법. **4** 표준, 준거, 근거, 규범. **5** (개인의) 습관, 상습(常習), 주의; (일반적인) 관습, 상궤(常軌), 상투(常套), 관례, 통례. **6** ⓤ 지배, 통치, 치세; 통치 기간, 통치권. ¶the ~ of force 무력 정치/under British ~ 영국 지배하에. **7** 자, 척도(尺度); (R-) (천문) 수준기(水準器)자리. ¶a slide ~ 계산자. **8** (인쇄) 괘, 괘선.
as a (general) rule 대체로, 일반적으로, 보통.
bear rule 지배하다. 「치다, 악용하다.
bend [or **stretch**] **the rules** 규칙을 왜곡해서 고
by [or **according to**] **rule** ① 규칙에 의해, 규정대로. ② 획일적[기계적, 일률적]으로.
by rule and line 정확하게, 엄밀하게.
make it a rule to do; make a rule of doing …하는 것을 상례로 하다, 늘 …하기로 하고 있다. ¶I *make it a ~ to* keep early hours. 일찍 자고 일찍 일어나는 것을 습관으로 삼고 있다(* make it a rule to do는 문어(文語)적; 일상 대화에서는 부사(구) generally, usually, as a rule을 쓰는 것이 좋다).
run the rule over ① …을 대충 살펴보다. ② (경찰이) (용의자)를 조사하다. ③ (의사가) (환자)를 진찰하다.
work to rule (노동 조합원이) 준법 투쟁을 하다.
— ⑤ (~s [-z]; ~d; **rúl·ing**) 目 **1** …을 통치하다, 지배하다, 관리하다. ⇨ GOVERN [유의어] ¶Some kings ~d their subjects by fear. 어떤 왕들은 백성을 엄하게 다스렸다. **2** (수동형으로) 지도하다, 이끌다; 좌우하다, 마음대로 하다. ¶a man ~d by his wife 아내 말대로 하는 남자. **3** …을 억제하다, 제어(制御)하다. ¶I think you had better ~ your passions. 당신의 감정을 억제하는 편이 좋을거요. **4** …의 특징(기조)을 이루다, 가장 중요한 요소를 이루다. ¶A note of good humor ~s the essay. 좋은 유머 감각이 그 수필의 두드러진 특징이다. **5** …을 판결하다, 결정하다. ¶(~ + *that* 節) The court ~d *that* his transaction was out of order. 법정은 그의 거래가 위법이라고 판결했다. **6** (자로) [선]을 긋다, (평행선)을 긋다; …에 괘선(罫線)을 긋다(*with*). ¶(~ + 目 + 前 + 名) ~ *paper with lines* 종이에 선을 긋다. — 国 **1** 통치하다, 지배하다; 우세하다, 지배적이다(*over*). ¶(~ + 前 + 名) ~ *over an empire* [a tribe] 제국[부족]을 다스리다 / *Silence ~d in the assembly.* 회의장은 물을 끼얹은 듯 조용해졌다. **2** 지시[지도]하다; 판결하다(*on*), (…에 반대되는/찬성하는) 재정(裁定)을 하다(*against / in favor of*). ¶(~ + 前 + 名) The court will soon ~ *on* the matter. 법정은 그 사건에 대해 곧 판결을 내릴 것이다. **3** (물가가) 보합(保合)을 이루다, 상태를 그대로 유지하다. ¶(~ + 補) Prices of commodities ~ high. 물가는 오른 대로 있다. **4** (美俗어) 발군이다, 최고이다.
rule...out of order …을 위법이라고 판정하다, 문제가 되지 않는다고 판정하다. ¶The chairman ~d the question *out of order*. 의장은 그 질문은 규정 위반이라고 판정했다.
rule in (美구어) …을 용인한다, 가하다고 하다, (가능성 내에) 넣다.
rule off ① [선수 등]을 퇴장시키다, 실격시키다, 제외시키다. ② 선을 그어 구획짓다. ③ 마감하다.
rule out ① (문자 따위)를 선을 그어 지우다. ② …을 제외시키다, 배제하다; (규정에 따라) 인정[허용]하지 않다. ③ …을 불가능하게 하다, …의 가능성을 없애버리

다.¶The heavy rain ~d the picnic *out* for the day. 폭우 때문에 그날 소풍은 갈 수 없게 되었다.
rule the roost ⇨ROOST.
rule with a rod of iron ⇨ROD.
rúle ábsolute 〔법률〕 절대 명령, 확정 판결.
rule·book [rúːbùk] 〖명〗 1 (취업) 규칙서. 2 (the ~) (경기 따위의) 규칙집(集). (또는 **rúle bòok**)
ruled [ruːld] 〖형〗 (용지가) 괘선을 넣은.
rúle jòint 〔목공〕 1 접자, 절척(折尺). 2 돌쩌귀식(式) 이음매(한쪽 방향으로만 열고 접혀 버린 이음매).
rule·less [rúːlis] 〖형〗 지배(통치)되지 않는; 무법의, 규칙(규율)이 없는, 법의 규제를 받지 않는.
~·ness 〖명〗
rúle mònger 〖명〗 (독재국가 따위의) 법령 엄수주의자.
rúle of láw 법규범; 법의 지배, 법치주의.
rule-of-rea·son [-əvríːzn] 〖형〗 합리적인.
rúle of the gáme (the ~) 게임의 규칙(법칙).
rúle of the róad (the ~) 〔수학〕 (항행) 규칙.
rúle of thrée (the ~) 3수법, 3수의 법칙.
rúle of thúmb (the ~) 어림셈, 어림 계산; 경험상 대개 틀림이 없는 방식(지혜), 경험 법칙(☞ ROT).
by rule of thumb 대개, 대략, 대충.
rúle-of-thúmb 〖형〗
‡**rul·er** [rúːlər] 〖명〗 (~s [-z]) 1 지배자, 통치자, 군주; 주권자. 2 (또는 **rule**) 3 괘선 긋는 사람(기구). 4 〔점성〕 지배성(支配星).
rul·er·ship [rúːlərʃìp] 〖명〗 〖U〗 통치(지배)자의 지위(직권, 재위 기간); 주권, 통치권. 〖위원회〗
rúles commíttee 〖명〗 (미국 하원 등의) 의사 운영
‡**rul·ing** [rúːliŋ] 〖명〗 (~s [-z]) 〖U〗 1 지배, 통치; 〖C〗 〔법률〕 판결, 재정, 결정. 2 괘(선)을 긋기; 〔집합적〕 괘선. 〖형〗 1 지배하는, 통치하는.¶the ~ *party* 여당/the ~ *class* 지배 계급. 2 유력한, 지배적인.¶a ~ *opinion* 지배적인 견해. 3 (시세 따위가) 일반적인, 현재의.¶the ~ *price* 시가(時價). 4 선을 긋는 데 쓰는.
rúling élder 〖명〗 (장로 교회의) 장로.
rúling pèn 〖명〗 가막부리(제도용 펜).
rul·ley [ráli] 〖명〗 (英) (평평한) 네 바퀴 짐차, 트럭.
****rum**[1] [rʌm] 〖명〗〖U〗 럼주(酒); (美) (나쁜 의미로 일반적인) 술, 알코올 음료. **-less** 〖형〗
rum[2] 〖형〗 (英구어) 1 이상한, 기묘한.¶a ~ *lot* 별난 녀석. 2 위험한, 만만찮은; 무법의; 서투른, 졸렬한. 3 좋은, 근사한, 훌륭한. **-ly** 〖부〗 **-ness** 〖명〗
Rum. Rumania. (또는 **Rum**) Rumanian.
Ru·ma·ni·a [ruː(ː)méiniə, -njə] 〖명〗 루마니아(유럽 동남부의 공화국; 수도 Bucharest). **-an** 〖형〗〖명〗 루마니아 사람(의).
ru·man·ite [rúːmənàit] 〖명〗 루마나이트(호박(琥珀)비슷한 보석류). (또는 **Rumánian ámber**)
rum·ba [rámbə, rúː(ː)m-] 〖명〗 룸바(원래 쿠바 원주민의 춤); 룸바 곡. —〖자〗 룸바를 추다. 〔<Sp〕
****rum·ble**[1] [rámbl] 〖동〗〖자〗 1 우르르 울리다. 2 (차 따위가) 덜컹거리며 가다(*along*, *by*).¶(~+〖부〗) The train ~*d by*. 기차가 덜컹거리며 지나갔다. 3 나지막하고 굵직한 목소리로 말하다. 4 〈속어〉 (불량배들이) 노상에서 싸움질하다. —〖타〗1 와글와글(시끄럽게, 낮고 무거운 소리로) 말하다(*out*, *forth*); …에게 꽝하고 말하게 하다. —〖명〗 1 덜커덕(우르르)(하는 소리), 꽝 소리.¶the ~ *of thunder* 천둥 소리. 2 ~ *seat*. 3 (자동차의) 종자석(從者席). 4 (자료를 혼합하는) 회전통. 5 불만·불안 따위의) 확산; 소문, 불만. 6 (불량배의) 노상 난투. **-bling·ly** 〖부〗
rum·ble[2] 〖타〗 〈英속어〉 …을 꿰뚫어보다, 간파하다.
rum·bler [rámblər] 〖명〗 우르르(덜커덕) 소리내는 물건(사람); 럼블러, 전마기(轉磨器), 회전통(回轉桶); (전통 등을 돌리는 사람.   〖보조 좌석〗
rúmble sèat 〖명〗 (자동차 뒤쪽의) 접었다 폈다 하는
rúmble strip 〖명〗 감속 포장, 요철(진동) 구간(전방의 위험 지역 등을 알리기 위해 노면에 설치).
rum·ble-tum·ble [-tʌ́mbl] 〖명〗 1 덜거덕거리는 차. 2 심한 동요. —〖형〗 덜컹덜컹.
rum·bling [rámbliŋ] 〖명〗 1 (a ~) 우르르 하는 소리. 2 (종종 ~s) 불평(불만)의 기색. 3 = rumble.
rum·bly [rámbli] 〖형〗 우르르(덜컹) 소리를 내는; (차 따위가) 덜컹거리는; 낮고 무거운 소리를 계속해서 내는.
rum·bus·tious [rʌmbʌ́stiəs] 〖형〗 〈英속어〉 시끄러운, 소란스러운. **-ly** 〖부〗 **-ness** 〖명〗
rum·dum [-dʌm] 〖명〗 〈美속어〉 〖명〗 1 바보, 무식한 사람. 2 술주정뱅이. 3 필부, 범인(凡人). —〖형〗 1 어리석은, 무식한. 2 주정뱅이의, 술에 취한. 3 평범한. (또는 **rúm-dùmb (dùmm)**)
ru·men [rúːmin /-men] 〖명〗 (평 **-mi·na** [-mənə]) 1 위(胃)(반추 동물의 첫째 위). 2 되새김질.
rúm hòle 〖명〗 〈美속어〉 싸구려 술집.
ru·mi·nant [rúːmənənt] 〖명〗 반추 동물. —〖형〗 1 반추하는, 되새김질하는; 반추동물의. 2 음미하는, 생각에 잠기는, 반성하는. **-ly** 〖부〗
ru·mi·nate [rúːmənèit] 〖동〗 (*~ 타*)는 드물다) 1 반추하다. 2 깊이 생각하다, 생각에 잠기다, 숙고하다(*of*, *about*, *on*, *over*). ⇨PONDER 〖유의어〗 **-nát·ing·ly** 〖부〗 **-ná·tion** 〖명〗 반추; 심사숙고. **-nà·tor** 〖명〗
ru·mi·na·tive [rúːmənèitiv] 〖형〗 1 반추하는. 2 명상에 잠기는, 묵상(심사숙고)의. **-ly** 〖부〗
rum·mage [rámidʒ] 〖동〗〖타〗 1 …을 뒤지다, 샅샅이 찾다(*for*).¶~ a *house* 집안을 샅샅이 뒤지다. 2 …을 찾아내다, 찾아서 가지고 오다(*out*, *up*).¶(~+〖목〗+〖부〗) ~ *out* [*or up*] *a ticket* (주머니 따위에서) 표를 찾아내다. 3 상세히 조사하다. 4 (해사) (배 안을) 샅샅이 점검하다, 수색(임검)하다.¶(~+〖목〗+〖전〗+〖명〗) ~ *a ship for opium* 아편을 찾아 배 안을 샅샅이 수색하다. —〖자〗 뒤져서 찾다, 샅샅이 뒤지다(*about*)(*for*, *among*, *in*).¶(~+〖전〗+〖명〗) ~ *for a ring in a drawer* 반지를 찾으려고 서랍을 샅샅이 뒤지다. —〖명〗 1 〖U〗 ~ *sale*. 2 잡다한 물건, 잡동사니. 3 (a ~) 샅샅이 뒤지기; 선박 임검 〔수색〕.
rúmmage sàle 〖명〗 1 자선(慈善)시(市), 바자(〈英〉 jumble sale). 2 (美) 떨이, 재고 정리, 정리 판매.
rummed [rʌmd] 〖형〗 〈美속어〉 술에 취한. (또는 ~ *up*)
rum·mer [rámər] 〖명〗 〈속어〉 큰 술잔.
rum·my[1] [rámi] 〖명〗〖U〗 러미(카드놀이의 일종).
rum·my[2] 〖명〗 〈美속어〉 주정뱅이, 술고래. —〖형〗 럼주(酒)의; 〈속어〉 술에 취한; 맹렬한.
rum·my[3] 〖형〗 〈구어〉 =rum[2]. **-mi·ly** 〖부〗 **-mi·ness** 〖명〗
‡**ru·mor**, 〈英〉 **-mour** [rúːmər] 〖명〗 (~s [-z]) 〖C〗 1 소문, 풍설, 유언 비어(*about*, *of*). ⇨GOSSIP 〖유의어〗¶a groundless ~ 근거 없는 풍문/a ~ *of his death* 그가 죽었다는 풍문. 2 〈고어〉 소음, 웅성거리기; 명성, 평판.
Rumor has it [or *Rumor says, There is a rumor, The rumor is*] *that...* …이라는 소문이다.
start a rumor 소문을 내다. 〔고〕 있다.
The rumor runs that... …라는 소문이 퍼지고(돌)
—〖타〗 (수동형으로) …을 소문내다, 풍문을 퍼뜨리다.¶(~+*that* 〖절〗) (~+〖목〗+*to do*) It is ~ed *that* he will accept the offer. =He is ~ed *to* accept the offer. 그는 그 제안에 응할 것이라는 소문이다.
rúmor mìll [fáctory] 〖명〗 소문 (만들어) 내는 곳.
ru·mor·mon·ger [rúːmərmʌ̀ŋgər, -mɔ̀ŋ-] 〖명〗 소문내는(퍼뜨리는) 사람.
****rump** [rʌmp] 〖명〗 1 (동물의) 엉덩이, 궁둥이, 둔부(〈英〉 쇠고기의) 엉덩이살. ⇨BEEF 〔그림〕. 3 〈비유적〉 남은 것, 남은 찌꺼기; 잔당(殘黨). 4 (the R-) 〈英역사〉 =*R- Parliament*.
rúmp bòne 〖명〗 엉덩이 뼈, (해부) 천골.
rump·ie [rámpi] 〖명〗 〈美속어〉 럼피(시골 거주 보수적 전문직 종사자). 〔<*r*ural *u*pwardly *m*obile *profes*

rum·ple [rʌ́mpl] 타 **1** (천·종이 따위)를 구기다. **2** (머리칼 따위)를 엉클(어지게 하)다(*up*). — 자 구겨지다, 구김살 지다; 줄다.
rump·less [rʌ́mplis] 형 (닭이) 미저골(尾骶骨)이 없는; (새가) 꼬리가 없는.
rum·ply [rʌ́mpli] 형 구겨진, 구김살투성이인.
Rúmp Pàrliament 명 (the ~) [영역사] 잔여(럼프) 국회(1648년 장로파 의원의 추방 이후 남은 의원으로만 운영된 Long Parliament의 후기).
rúmp stéak 명 홍두깨살 스테이크.
rum·pus [rʌ́mpəs] 명 (구어) 소동, 시끄러움, 소음; 싸움; 격론(激論).
rúmpus ròom 명 [美·캐나다·뉴질] (가정의 어린이) 놀이방, 오락실(* 오늘날은 rec room).
rum·run·ner [rʌ́mrʌ̀nər] 명 [美구어] 주류 밀수업자(선박). **rúm·rùn·ning** 명
rum·shop [rʌ́mʃɑ̀p/-ʃɔ̀p] 명 [美구어] 술집.

‡**run**¹ [rʌn] 동 (~s [-z]; ran; run; ~ning) 자 **1** 달리다, 뛰다; 서두르다, 돌진하다; (가까운 곳에) 잠깐 가다. ¶ *He who ~s may read.* 뛰면서도 읽을 수 있다; 극히 명백하다(←하박국서(書)(Hab.) 2:2) // (~+<前>+<名>) ~ *through one's work* 급히 일을 해치우다. **2** (···에) 급히 가다, 달려가다 (*for, to*). ¶ ~ *for the doctor* 의사를 부르러 달려가다 / ~ *to their aid* 그들을 도우러 달려가다. **3** 도주하다, 도망치다; (구어) 가(버리)다, 돌아가다. ¶ ~ *before the enemy* 적에게 쫓겨 도주하다 / *It's time to ~.* 돌아갈 시간이다. **4** [스포츠] 경주에 참가하다, (경주에서) …등[위]이 되다. ¶ ~ *last.* ¶ *The horse ran third [last].* 그 말은 3위[꼴찌]로 골인했다. **5** (탈것이) 달리다, 다니다, 나아가다; 발차[출범]하다; (버스·배 따위의) 편이 있다, (···간을) 운행하다. ¶ *The buses ~ every ten minutes.* 버스는 10분마다 다닌다 // (~+<前>+<名>) *This bus ~s between Seoul and Suwon.* 이 버스는 서울과 수원 사이를 운행한다. **6** 짧은 기간[급히] 여행하다; 약식 방문 하다, 잠깐 들르다(*down, over, up*)(*to*). (~+<副>) (~+<前>+<名>) ~ *up to Kyeongju* 경주에 급히 여행하다. **7** 어슬렁거리다, 돌아다니다, 헤매다, 자유로이 돌아다니다(*about, around*), (~+<副>) (~+<前>+<名>) ~ *about in the field* 들판을 헤매다. **8** 구르다, 굴러가다; 잘(스르륵) 움직이다; (기계가) 돌아가다, 작동하다, 계속 움직이다. (~+<前>+<名>) *Curtains ~ on metal rods.* 커튼은 금속봉을 따라 주르륵 움직이다 / *Cars ~ on gasoline.* 자동차는 가솔린으로 움직이다 // (~+<副>) *His tongue ran on and on.* 그는 나불나불 잘도 지껄였다. **9** (강 따위가) 흐르다; 유입하다(*in, into*); (액체가) 퍼지다; 흘러내리다; (혈액이) 순환하다, (피·눈물 따위가) 둑둑 떨어지다. ¶ *The boy's nose ~s.* 그 아이는 콧물을 흘린다 // (~+<補>) *The stream ~s clear [thick].* 그 개울은 맑게 흐른다[흙탕물이다] / (~+<前>+<名>) *Tears ran from her eyes.* 그녀의 눈에서 눈물이 흘렀다 / *The river ~s into the sea.* 그 강은 바다로 유입한다. **10** (색이) 번지다, 흩어지다, 용해하다, 녹아 흐르다; 새다; 넘치다(*over*); 젓다. ¶ *The color ran when the cloth was washed.* 그 천을 빨았더니 색깔이 번졌다 // (~+<副>) ¶ *The pot began to ~ over.* 그 냄비가 넘치기 시작했다. **11** (범위가) 미치다, 걸치다; (어떤 방향·거리로) 뻗다, 퍼지다(*from/to*). ¶ (~+<副>) *His memory does not ~ so far back.* 그의 기억은 아주 옛날까지 미치지는 못한다 / *The road ~s close to the river.* 길이 강 가까이 나 있다 // (~+<前>+<名>) *a repertoire ~ning from tragedy to comedy* 비극에서 희극에 이르기까지의 레퍼토리. **12** (품문 따위가) 전해지다, 퍼지다; (화폐가) 유통되다; (병 따위가) 확 퍼지다. ¶ *The rumor of his death ran all over the country.* 그가 죽었다는 소문이 전국에 퍼졌다. **13** (시간이) 흐르다, 경과하다(*by, on, out*). ¶ (~+<副>) *I am afraid time is ~ning out.* 시간이 다 되어 가서 걱정이다. **14** (어떤 상태로) 되다, 변하다; (나쁜 상태에) 빠지다(*into*). ¶ (~+<補>) *The well ran dry.* 우물이 말랐다 / ~ *high* (시세가) 오르다 / (~+<前>+<名>) ~ *into debt* 빚지다. **15** …이라고 씌어 있다, (글 등이) …으로 되어 있다 (*as, like*). ¶ (~+*as*+<補>) *His statement ~s as follows.* 그의 성명서는 다음과 같다. **16** 계속되다; (이야기·기사 따위가) 이어지다; (극·영화가) 계속 공연되다; (책이) 판을 거듭하다. ¶ *The play ran two months.* 그 연극은 2개월 동안 계속 공연되었다 // (~+<前>+<名>) *The novel ran into thirty editions.* 그 소설은 30판을 거듭했다. **17** 인쇄되다; 찍히다; 기사화 되다, 게재되다. ¶ (~+<前>+<名>) *The topic ran in all the weeklies.* 그 기사는 모든 주간지에 실렸다. **18** (생각이) 퍼뜩 떠오르다, 스치다; 끊임없이 떠오르다, 회상되다; (어떤 감각이) 느껴지다 (*through, in*). ¶ (~+<前>+<名>) *A thought ran through his mind.* 어떤 생각이 그의 머리에 떠올랐다 / *A shiver ran down her spine.* 그녀의 등에 전율이 흘렀다. **19** 급히 보다, 쭉 훑어보다 (*over, through*). ¶ (~+<前>+<名>) *His eyes ran over the pages.* 그는 몇 페이지를 쭉 훑어보았다. **20** (···에) 의지하다, 호소하다 (*to*). ¶ (~+<前>+<名>) ~ *to one's parents at every difficulty* 어려울 때마다 부모에게 매달리다. **21** [美·캐나다] (선거 따위에) 입후보하다 ([英] *stand*) (*for, against*). ¶ (~+<前>+<名>) ~ *for Congress [President]* 국회 의원[대통령]에 입후보하다. **22** (물고기가) 이동하다, (산란을 위해) 강을 거슬러 오르다. **23** (바람이) 불다; (불이) 확 번지다. **24** (차·배가) 진로를 벗어나다, (톱이) 빗나가게 켜지다. ¶ *The ship ran around.* 배가 좌초했다. **25** (덩굴 따위가) 벋다; 퍼져 가다, 기어오르다. ¶ (~+<補>) *The garden is ~ning wild.* 정원에 잡초가 무성해지고 있다. [美] (편물·천 따위가) 풀리다, 해어지다; (양말에 줄이 가다([英] *ladder*). ¶ *Silk stockings ~ easily.* 실크 양말은 줄이 잘 간다. **27** (액수가) (···에) 달하다, 이르다, 합계 …이 되다 (*to*). ¶ *The cost ran to* $1000. 비용은 1,000 달러에 달했다. **28** 예금 인출을 위해 쇄도하다; (빛이) 밀리다, 지불 기한이 되다. ¶ (~+<前>+<名>) ~ *on a bank* 예금 인출을 위해 은행에 쇄도하다. **29** [법률] 유효하다 (*for*); (권리·의무가) 따르다, 수반하다 (*with*). **30** …의 경향이 있다 (*to*); (보통 진행형으로) 평균 …이다; (어떤 성질·모양·특징이) 있다. ¶ (~+<補>) *Peaches are ~ning unusually large this year.* 올해는 복숭아가 유난히 크다 // (~+<前>+<名>) *His desire always ~ to excess.* 그의 욕망은 언제나 극단으로 달린다. **31** (성질·특징이) (혈통에) 전해지다, 유전되다 (*in*). ¶ (~+<前>+<名>) *Musical talent ~s in her family.* 그녀의 가문에는 음악적 재질이 전해지고 있다. **32** (부사(구)와 함께) (일의 전체가) …하다; (순조롭게) 되어 가다. ¶ *Everything is ~ning well.* 만사가 순조롭다. **33** (음악) (악절 따위를) 재빠르게 연주하다[노래하다]. **34** [컴퓨터] (프로그램이 컴퓨터에) 적용되다, 사용되다 (*on*); (컴퓨터에 어떤 프로그램이) 작동하다.
— 타 ① **1** (길 따위) 달리다; 주파(走破)하다; (말 따위)를 달리게 하다, (버스·배 따위)를 다니게 하다; …을 달리게 해서 …상태가 되게 하다; …을 헤매다. ¶ ~ *a mile* 1마일 달리다 / ~ *the streets* 거리를 쏘다니다 / *Let things ~ their course.* 되어가는 대로 내버려두어라 // (~+<目>+<前>+<名>) ~ *a bus between Chicago and Detroit* 시카고와 디트로이트 간에 버스를 운행하다 // (~+<目>+<補>) *He ran himself breathless.* 그는 너무 달려 숨이 찼다.
2 (경주) 하다; (남)과 경주하다; (말)을 경마에 내보내다. ¶ ~ *a race (with a person)* (남과) 경주하다 / ~ *an errand* 심부름을 하다 / (~+<目>+<目>) ~ *a person two miles* 남과 2마일 경주를 하다 // (~+<目>+<前>+<名>)

He ran his horse in the Derby. 그는 자기 말을 더비 경마에 내보냈다.
3 (차·배로) …을 운반하다; …을 태우고 (…까지) 가다 (across, along, over)(to). ¶ He ran us to the station in his car. 그는 우리들을 역까지 차로 데려다 주었다.
4 …을 휙 스치게 하다, 미끄러지게 하다; [시선]을 보내다, 죽[대충] 훑어보다; …을 꿰매다[철하다]. ¶ (~+圄+匍+名) ~ letters into a file 편지를 파일에 철하다 / He ran his eyes over the newly published book. 그는 신간 서적을 죽[대충] 훑어보았다.
5 [사냥감]을 쫓다, 추적하다(to), 몰아 넣다, 사냥하다. ¶ (~+圄) ~ a scent 냄새를 추적하다 / ~ close an enemy 적을 바짝 추격하다 / (~+圄+匍+名) ~ a fox to cover 여우를 굴까지 몰아붙이다 / ~ a rumor (back) to its source 풍문의 출처를 추적하다.
6 …을 부딪다 (against); …을 찌르다, 처박다; 꿰다, 통과시키다 (into, through). ¶ (~+圄+匍+名) ~ a nail into a board 판자에 못을 박다 / ~ a rope in a pulley 도르래에 로프를 걸다 / ~ one's head against a wall 벽에 머리를 부딪치다; (비유적) 불가능한 일을 시도하다; 운명에 거역하다. **7** …에 도망치다, 탈출하다; …을 도망시키다. ¶ The clerk ran the town after the defalcation. 그 사무원은 돈을 횡령하고 나서 그 도시에서 도망하였다. **8** …을 달려서 빠져나가다, 돌파하다; …을 극복하다; (운전사가) [신호]를 무시하고 통과하다. ¶ ~ a blockade 봉쇄를 돌파하다 / ~ a red light 적신호를 무시하고 달리다. **9** …을 운전하다, 움직이다; …을 공(회)전시키다, 굴리다; [카메라·영사기]를 돌리다. ¶ ~ a tractor 트랙터를 운전하다 // (~+圄+匍+名) ~ a car off the road 자동차를 도로 밖으로 나게 하다. **10** …을 경영하다, 관리하다, 지휘하다; (英) [가족]을 부양하다. ¶ ~ a school 학교를 운영하다 / a factory 공장을 경영하다 / ~ the world 세계를 움직이다. **11** [물·눈물 따위]를 흘리다(off); 흘러들게 하다, 쏟아 넣다(into); [그릇]을 물로 채우다; …을 주조(鑄造)하다, 용해시키다. ¶ (~+圄) ~ metal types 활자를 주조하다 / ~ (water into) a tub 욕조에 물을 채우다 // (~+圄+匍+名) ~ lead into molds 납을 거푸집에 붓다. **12** (장소가) [액체]를 방출하다, 유출하다, 쏟아 내다. ¶ The well ~s 500 barrels of oil daily. 그 유전에서는 하루 500 배럴의 석유가 난다. **13** …을 입후보시키다 (for, in), (당이) [입후보자]이다; …을 지원하다. ¶ (~+圄+匍+名) ~ a person for governor 남을 주지사 선거에 입후보시키다. **14** [위험 따위]를 무릅쓰다. ¶ ~ a risk 위험을 무릅쓰다. **15** [구어] (열)을 내다 (병에) 걸리다. ¶ ~ a slight fever 미열을 내다. **16** …을 인쇄하다, 찍다(off); [美] [광고]를 내다(in), [기사]를 싣다; 출판[간행]하다. ¶ ~ an advertisement for a week 일 주일간 광고를 싣다 / (~+圄+匍+名) R– off these posters. 이 포스터를 인쇄해 주시오. **17** …을 제조[제작, 가공]하다; 정제[제련]하다; [실험 따위]를 행하다, 처리하다. ¶ ~ a blood test 혈액 검사를 하다 / ~ 10,000 gallons of oil a day 하루에 1만 갤런의 석유를 정제하다. **18** [가축]에게 풀을 먹이다, [가축]을 방목하다. **19** …을 밀수하다; (사람)을 밀입국시키다 (from, into). **20** [지물 따위]를 외상으로 하다, 체불하다, 밀리게 하다. **21** [양말]에 줄을 가게 하다, [매듭·실 따위]를 풀리게 하다. ¶ (~+圄+匍+名) She ran her stocking on a nail. 그녀는 스타킹이 못에 걸려 줄이 가게 됐다. ¶ 나쁜 상태에] 몰아넣다, 빠지게 하다(into). ¶ (~+圄+匍+名) ~ a person into trouble 남을 곤경에 빠뜨리다. **23** 펴다, [선]을 긋다, [경계]를 정하다; [차별]을 하다. ¶ ~ a contour line 윤곽선을 긋다 / ~ a distinction 차별을 하다. **24** 값이 …이다; 비용이 …만큼 들다. ¶ This bookshelf ~s $100. 이 서가는 100달러이다 // (~+圄+稩) That dress will ~ her about $300. 그녀가 그 옷을 맞추려면 300 달러쯤 들 것이다. **25** (당구 게임 등에서) […점]을 연속 득점하다. **26** [영화 따위]를 상영[방영]하다, [연극]을 상연하다. **27** …을 (어떤 방향으로) 펴다, 늘이다, 넓히다 (from / to). ¶ ~ a telephone cable from Boston to Buffalo 보스턴에서 버펄로까지 전화선을 늘이다. **28** [승용차]를 가지고 있다, …에 타고 있다. ¶ ~ a Volkswagen 폭스바겐을 타다. **29** [인용물을 목적어로 하여] …이라고 쓰이어 있다. ¶ Yankees Win the Pennant! ran the headline. (신문) 표제가 「양키즈팀 우승」이라고 되어 있었다. **30** [컴퓨터] (컴퓨터) [명령]을 시행하다, 처리하다. **31** [배·차 따위]를 도로·침로에서 벗어나게 하다. ¶ She ran the car up on the curb. 차를 차도의 연석 위로 몰았다. **32** [목공] (공장에서) [목공 제품]을 조립하다. **33** [연극] [무대 배경]을 움직이다, 이동시키다.

cut and run ⇨ CUT.

run about ① (아이들이) 쏘다니며 놀다, 쏘다니다. ② 바삐 뛰어다니다. ② [장소]를 차로 돌아다니다. ③ (차로) …을 여기저기 태우고 다니다[돌아다니다].

run across ① [도로 따위]를 뛰어서 건너다. ② …을 우연히 만나다, 우연히 찾아내다. ¶ ~ across an old friend 우연히 옛 친구를 만나다. ③ (강 따위가) …을 지나 흐르다. ④ …을 (…까지) 태우고 가다, 태워 보내다(to).

run afoul of ⇨ AFOUL.

run after ① …을 뒤쫓다. ¶ The policeman ran after the thief. 경관은 그 도둑을 추격했다. ② (구어) …의 꽁무니를 따라다니다. ③ [유행 따위]를 좇다, …에 열중하다. ④ (구어) …의 시중을 들다, 돌보다.

run against ① …에 충돌하다, 부딪치다. ② …와 우연히 만나다. ③ …에게 불리해지다; …에 반대하다. ¶ The times ~ against him. 시세(時勢)는 그에게 불리하다. ④ …에 부딪치다.

run along ① 계속 달려가다. ② [구어] (명령형으로) 사라져라, 저리 가라.

run a mile (구어) [종종 would와 함께] (싫은 사람·일을) 피하려 하다(from).

run a person hard [or ***close***] (경주 따위에서) 남을 바짝 뒤쫓다; 남에게 육박하다; 남을 조들리게 하다.

run a person off his feet [or ***legs***] 남을 계속 돌아다니게[열심히] 일하게 하다, 기진맥진케 하다.

run around [구어] ① 어울리다, 교제하다 (with). ② 아내[남편]를 배반하다. ③ …에 시중들다, …을 보살피다.

run ashore 연안으로 피(난)하다.

run at …에게 달려들다, …을 공격하다. ¶ A dog ran at the boy. 개가 그 소년에게 달려들었다. ② [일정량]을 유지하다; (주문 따위가) …에 달하다.

run away ① 가버리다, 떨어지다. ② 도망치다. ③ 미련 없이 떠나다; 가출하다.

run away from ① (곤란 따위로부터) 벗어나다. ② (학교에서) 빠져나오다, 땡땡이치다. ③ [주의·사상 따위]를 버리다. ④ [액체가] …에서 흘러 나오다, 새다. ⑤ (경쟁 상대보다) 훨씬 앞서 가다, …을 따돌리다.

run away with ① …와 함께 도망치다, 사랑의 도피행을 하다. ¶ He ran away with his friend's wife. 그는 친구의 아내와 함께 사랑의 도피행을 했다. ② …을 가지고 도망치다. ③ …보다 압도적으로 뛰어나다; 압승하다; [상 따위]를 타 가다. ④ 감정에 치우치다. ⑤ …을 지레짐작하다, 속단하다. ⑥ [돈·시간 따위]를 탕진한다, 다 써버리다. ⑦ [말]을 태우고 쾌속 질주하다. ⑧ (종종 부정 명령문에서) [생각 따위]를 진짜라고 믿어버리다.

run away with it 잘 해내다.

run back ① 뛰어[급히] 돌아오다; [물 따위가] 역류하다. ② (가계 따위가) (…으로) 거슬러 올라가다(to). ③ [근원]을 추적하다(to). ④ [테이프 따위]를 되감다. ⑤ [英] 자동차로 보내다.

run back over …을 회상하다; …을 재고[재론, 재독]하다.

run before ① …의 앞을 달리다. ② …에 쫓기어 도

망치다. ③ …보다 뛰어나다. ④ …을 예상하다.
run behind ① …의 뒤를 달리다; …보다 뒤지다. ② 〔비용 따위〕가 부족하다.¶~ *behind* one's expenses 수지가 맞지 않다, 지출이 수익을 앞지르다.
run…by (*a person*) ***again*** [or ***one more time***] 《美구어》 …을 되풀이해서[다시 한 번] 말하다.¶Please ~ that *by* (me) *again*. 다시 한 번 말해 주세요.
run down ① (도회지에서) 시골로 내려가다(*to*). ② (시계·기계가) 서다, 정지하다; (전지(電池)가) 다 되다. ③ (물가·수량이) 줄다, 감소하다; (산업·경영이) 쇠퇴하다, 조업이 단축되다. ④ (건강이) 쇠하다; (토지가) 황폐해지다. ⑤ (먼[낮은] 곳으로) 뛰어서[급히] 가다 (*to*). ⑥ (강·물 따위가) (바다 따위로) 흘러 내려가다 (*to*). ⑦ 《英》 (홍수 뒤에) (강이) 평상 수위로 돌아가다. ⑧ 〔목록·항목 따위〕를 죽 훑어보다[읽어보다, 조사하다]; 요약해서 말하다. ⑨ …을 흘러 내리다; …을 뛰어 내려가다. ⑩ 〔기계〕를 세우다, 〔전지〕를 다 쓰다. ⑪ 〔물가·수량〕을 내리다, 〔생산·조업〕을 단축[축소]하다. ⑫ (차 등이) 〔사람 따위〕를 받아 쓰러뜨리다. ⑬ 바싹 뒤쫓다, 따라잡다, 추적하다[하여 체포하다]. ⑭ 《구어》 …을 헐뜯다. ⑮ 밝혀내다; (뒤져서) 찾아내다. ⑯ 쇠약하게 하다, 피로케 하다; 〔토지〕를 황폐시키다. ⑰ 《야구》 〔주자〕를 협살하다. ⑱ 〔다른 배〕에 충돌하여 침몰시키다. ⑲ (보통 ~ it down) 〔사건의 내막〕을 남김없이[죄다] 이야기하다. ⑳ 《美속어》 〔음악〕을 연주하다, 〔시〕를 낭독하다.
run down to ① (토지가) …까지 넓혀져[확대되어] 있다. ② (…을) …에 속하는[기인하는] 것으로 선언하다.
run dry 마르다; (젖·물이) 안 나오다, 말라붙다.
run for ① …을 부르러 달려가다. ② …에 입후보하다.
run for it 《구어》 《명령문에서》 (위험으로부터) 급히 [죽어라고] 도망치다.
run for *one's* ***(dear) life*** 필사적으로 달아나다.
run full 《해사》 돛을 활짝 펴고 달리다.
run head on into …와 충돌하다, …에 정면으로 부딪치다, …와 딱 마주치다.
run high ① (시세가) 오르다. ② (바다가) 거칠어지다. ③ (감정 따위가) 격해지다.
run in ① 뛰어들다; (열차가 역에) 들어오다; (물이) 흘러들다; 《구어》 잠깐 (남의 집에) 들르다. ② 《속어》 …을 체포하다; …을 투옥하다.¶They *ran* him *in* for robbery. 그들은 그를 강도죄로 체포했다. ③ 《인쇄》 …에 잇대어 조판하다. ④ 〔새로운 기계·차 따위〕를 길들이다. ⑤ 《럭비》 공을 안고 상대방의 골라인으로 뛰어들어 땅에 찍다. ⑥ …을 끼워 넣다, 추가하다; (문장 속에) …을 삽입하다; …을 꿰다; 〔물〕을 흘려 넣다. ⑦ 《항공》 착륙[목표] 지점에 접근하다. ⑧ (…에) 육박하다. ⑨ 《구어》 〔후보자〕를 당선시키다. ⑩ 일치하다 (*with*). ⑪ 《美》 (신문 따위에) 게재하다.
run into ① …에 뛰어들다. ② …와 충돌하다; 〔곤란 따위〕에 부딪치다. ③ 《구어》 〔사람〕을 우연히 만나다; 〔폭풍우 따위〕를 만나다. ④ 합계 …이 되다; (책이) …판을 거듭하다. ¶The loss *ran into* millions of won. 손해는 수백만 원에 이르렀다. ⑤ 〔나쁜 상황〕에 빠지다; 빠뜨리다.¶~ *into* debt 빚을 지다. ⑥ …에 계속되다. ⑦ (색이) …에 섞이다; 녹아 들다. ⑧ (습관 따위가) 붙다, …에 물들다. 「하다.
run in with 《해사》 (해안·다른 배)에 접근하여 항해
run it 이야기하다, 지껄이다, 수다떨다.
run it down =*run down* ⑲. 「껄이다.
run it in the hole 언제나 같은 말을 되풀이하여 지
run it out 《美속어》 지겨울 정도로 똑같은 말을 하다, 똑같은 말을 하여 진저리나게 하다. 「생을 마치다.
run its [*one's*] ***course*** 갈 데까지 가다; (사람이) 일
run like a rabbit 쏜살같이 달아나다.
run off ① (액체 따위가) 흘러 나오다, 미끄러져 떨어지다. ② (급히) 가버리다, 도망치다 (*from*); (남녀가 눈이 맞아) 달아나다(*together*); (아이들이) 놀러 나가다, 어딘가 놀러가다. ③ (흐름이) 말라붙다; 《캐나다》 (눈·얼음이) 녹다. ④ (이야기가) 옆길로 새다; (차가) 길을 벗어나다, (기차가) 탈선하다. ⑤ (청구서가) 지불이 끝나다. ⑥ 《美속어》 설사하다. ⑦ …에서 급히 떠나다.¶~ *off* the stage 무대에서 내려가다. ⑧ (물건이) …에서 미어져[삐어져] 나오다. ⑨ (충고·잔소리가) (…에게) 효과가 없다, 안 들어 먹히다. ⑩ 《구어》 …에서 내쫓다; 유출[방출]시키다. ⑪ 막힘 없이 술술 쓰다[짓다, 읽다, 노래하다].¶~ *off* a new song 신곡을 거침없이 부르다. ⑫ 〔경기〕를 하다; …의 결승전을 하다. ⑬ 〔영화·연극〕을 상영[상연]하다. ⑭ 달려서 〔체중〕을 줄이다. ⑮ 〔카피·사본〕을 뜨다 (*for*).¶Please ~ *off* 50 copies *for* me. 50장 복사해주세요. ⑯ 《美》 〔가축 따위〕를 훔치다. ⑰ 〔기계·차 따위〕를 (동력·연료로) 움직이다, 달리게 하다. ⑱ (스위치를 내려서) 〔전기 따위〕를 차단하다, 끊다.
run off at the mouth 《美구어》 계속 지껄여대다, 수다떨다.
run off in all directions (사람이) 뿔뿔이 흩어지기 시작하다, 통합이 깨지다. 「저지르다.
run off the rails 《구어》 비행(非行)을 하다; 불의를
run off with …을 가지고 도망치다, 훔치다; (눈이 맞아) …와 함께 도망치다.
run on ① 계속되다; 계속 달리다. ② (글씨체가) 흘려 써서 끊이지 않고 이어지다. ③ 경과하다. ④ 계속 이야기하다. ⑤ (글 끝에) …을 덧붙이다. ⑥ 《인쇄》 행을 바꾸지 않고 이어서 조판하다. ⑦ (길 따위가) …에 이르다. ⑧ (논의 따위가) …을 화제[문제]로 하다; (마음이) …에 사로잡히다. ⑨ …에 부딪치다. ⑩ 《속어》 체포하다. ⑪ (스위치를 올려서) 〔전등·기계〕를 켜다, 작동시키다. ⑫ (배가) 〔암초 따위〕에 얹히다.
run on empty 《종종 진행형으로》 자력(資力)[방책]이 다하다; 힘을 잃다, 역부족이다. 「다.
run oneself out of breath 숨이 턱에 차도록 달리
run oneself to death 《구어》 죽도록 일하다[분주히 뛰어 다니다]; 너무 일해서 죽다.
run on to 뜻밖에 …와 만나다.
run out ① 내닫다. ② (계약 따위가) 끝나다, 다 되다. ③ (물자·돈 따위가) 떨어지다, 끊기다.¶Her money *ran out*. 그녀는 돈이 떨어졌다. ④ 돌출하다. ⑤ (밧줄이) 풀려 나오다. ⑥ (액체가) 흘러 나오다, 새다; (조수가) 빠지다, 써다. ⑦ (잡초 따위가) 무성하다. ⑧ 추방하다. ⑨ 〔총 따위〕를 내밀다. ⑩ 〔밧줄〕을 풀어 내다. ⑪ 〔경기〕의 승부를 짓다. ⑫ 〔주자·타자〕를 아웃시키다; 〔주자〕를 (1루까지) 전력 질주시키다. ⑬ 《재귀용법으로》 달려서 지치다. ⑭ 〔토지〕를 메마르게 하다. ⑮ 《美》 …의 경계를 정하다, …을 구획하다. ⑯ 《英》 차로 떠나다, (사람을) 차에 태우고 가다.
run out at 《구어》 (비용이) …에 달하다.
run out of ① (사람이) …을 다 써버리다, …이 없어지다; 〔물건〕을 바닥내다.¶~ *out of* money [bread] 돈[빵]이 떨어지다. ② …으로부터 도망 나오다[달아나다]. ③ …으로부터 추방하다.
run out of gas 《구어》 ① (차가) 기름이 떨어지다; (사람이) 숨이 차다, 헐떡이다; 흥미를 잃다. ② (일이) 진척이 안 되다, 멈추다.
run out on 《구어》 〔사람·책임〕을 (저)버리다.
run over ① (차가) …을 치다, (사람이) 차로 …을 치다.¶~ *over* a cat 고양이를 치다. ② 〔예정 시간·예산 따위〕를 초과하다, …을 넘다; (액체 따위가) (흘러) 넘치다. ③ 《구어》 …을 복습하다. ④ …을 대강 훑어보다[조사하다]. ⑤ 〔피아노 건반〕을 계속해서 빨리 치다. ⑥ 《美구어》 바보 취급하다, 괴롭히다, 학대하다. ⑦ 〔테이프〕를 끝까지 틀다. 「치다.
run over with 〔기쁨 따위〕로 넘쳐 흐르다, 가득차 넘
run…round 《구어》 …을 돌보다, 시중들다.
run short 부족하다, 바닥이 나다 (*of*).
run the gamut 전역(全域)에 걸치다.

run through ① (칼 따위로) …을 찌르다(with). ¶ ~ a person *through* 남을 칼로 찌르다. ② (구어) …을 낭비하다. ¶~ *through* a fortune 한 재산을 탕진하다. ③ …을 대충 훑어보다[읽어 보다]; (극·장면 따위)를 연습하다, 리허설하다. ④ …에 고루 미치다, 퍼지다. ⑤ (감정 따위가) (문장 등에) 넘치다, 넘쳐흐르다. ⑥ …을 경험하다. ⑦ (책이) 판을 거듭하다. ⑧ (문자)를 줄을 그어 지우다. ⑨ …을 관통하다, …을 통해 흐르다. ⑩ …을 통과 통과하다.
run to ① …한 상태가 되다, …에 빠지다. ¶~ *to* ruin 황폐해지다. ② (수입 따위가) …할[살] 만큼 충분하다, …의 재력이 있다. ¶~ *to* holidays abroad 해외에서 휴가를 보낼 여유가 있다. ③ (수량이) …에 이르다. ④ …하는 경향이 있다.
run to arms 급히 무기를 들다.
run together 결합하다, 혼합하다, 섞(이)다; 화합하다.
run to meet *one's* ***troubles*** 쓸데없는 걱정을 하다.
run true to form 통상적인 것을 하다.
run up ① …을 급히 꿰매다. ② (빚 따위를) 늘리다. ¶~ *up* huge debts 막대한 빚을 지다. ③ (건물을) 급히 서둘러 짓다. ④ (깃발을) 높이 올리다. ⑤ (값·수 따위를) 올리다, 늘리다. ⑥ (엔진 따위를) 힘을 내어 정상 작동시키다. ⑦ 빠르게 성장하다 (to). ⑧ (값이) 오르다. ⑨ (수량·금액) …에 달하다 (to). ⑩ (스포츠) 결승에서 패하다, 2위가 되다; 도움닫기하다. ⑪ 달려들다(to); 뛰어 올라가다.
run up against =run across.
run upon ① …에 충돌하다. ② …와 뜻하지 않게 맞닥뜨리다. ③ (생각이) …에 사로잡히다. ④ (배가) …에 좌초하다.
run with ① …와 경주하다. ② …와 일치하다; …에 동조하다. ③ (구어) …을 추진하다. ④ (구어) …을 필사적으로 하다. ⑤ (흐르는 액체로) 가득 차다.

— 명 (복) ~s [-z] 1 뜀박질, 달리기; 경주; 서두르기; 도주; 뛰는 힘. ¶a ~ for a stake 현상[내기] 경주[경마]/There is no more ~ left in him. 그에게는 이상 뛸 힘이 없다.
2 (탈것의) 달리기, 운전, 정기 운행(운항). ¶a nonstop ~ *to* New York 뉴욕까지 직행.
3 (a ~) (짧은) 여행, 급한 여행; 차 여행, 드라이브; (美속어) (차·말)타기.
4 [군사] 폭격 항정(航程)(bomb ~); (공격 목표에의) 접근; 직선 비행; (항공) 활주.
5 (보통 a ~) 주행 거리, 항정(航程), 행정(行程); 항로, 노선; (동물의) 통로; (신문·우유 따위의) 배달 구역, (기자 등의) 담당 구역.
6 (연극 따위의) 계속 공연, 연속 흥행. ¶a long ~ 롱런, 장기 흥행. 7 (야구·크리켓) 득점, 1점; (골프) 런 (타구가 착지한 후 구르는 거리); (게임) 연속 득점. ¶score two ~s in the first inning 1회에 2점을 얻다. 8 운전, 작업, 조업(操業); 운전[조업] 시간; 생산고, 작업량. ¶an eight-hour ~ 8시간 조업 /The factory will make a short ~ . 그 공장은 조업을 단축하게 될 것이다 / a daily ~ of 4 million barrels of crude oil 원유 생산량 하루 4백만 배럴. 9 (양말의) 올이 풀림(美 ladder), 터짐. ¶a ~ in a stocking 스타킹에서 올이 풀려 생긴 줄. 10 전진, 발전; 출세; 방향. ¶the ~ of business 사업의 발전/the ~ of the grain 나뭇결의 방향.
11 경향, 형세, 동향, 추세. ¶the ~ of the market 시장 동향. 12 (the ~) (구어) 사용·[출입]의 자유(of). ¶You may have the ~ of my library. 내 장서를 마음대로 읽으셔도 좋습니다. 13 (a ~) 연속, 계속(of); 한 바탕. ¶a ~ of good[ill, bad] luck 행운[불운]의 연속. 14 (영·맛·파이프 등의) 한 줄기, 떨어나가기. 15 (a ~) 주문 쇄도, 날개 돋친 듯 팔리기(on); (은행의) 예금 인출의 쇄도. ¶a great ~ on a new novel 신간 소설의 대히트 / a ~ on a bank 은행의 예금 인출 쇄도. 16 인기, 유행 기간. ¶the ~ of a style of dress 어떤 스타일의 옷의 유행. 17 (신문 따위에의) 연재. 18 작은 시내; 홈통, 수관(水管); 흐름; 유출량, 유출 기간. 19 (보통 the ~) (상품 따위의) 종류, 등급, 총칭; 표준[대표적] 종류; 종류; 보통의 타입[유형]. ¶a superior ~ of coats 품질 좋은 상의 /the common [or general, ordinary] ~ of people 보통 사람, 선남선녀. 20 경사지, 기울어진 면; (스키 따위의) 슬로프, 코스. ¶a ~ for training beginning skiers 스키 초보자 훈련용 슬로프. 21 방목장, 사육장; (濠·뉴질) 대목장. 22 (특히 산란기 물고기의) 이동; 이동중의 물고기[동물] 떼. 23 (음악) 빠른 연주(roulade). 24 (해사) 고물의 끝 부분. 25 (the ~s) 설사(diarrhea) 26 (컴퓨터) 런, 프로그램 실행(行). 27 (인쇄) (인쇄물의) 부수(press ~). 28 (…에의) 입후보 (for). 29 밀입국; (美속어) 밀매품의 운송. 30 계획적이고 규칙적인 일. 31 함께 태어난[기른] 한 무리의 동물.

a dry run 예행 연습, 리허설.
a (good) run for *one's* ***money*** ① 호각의 경쟁[승부], 접전; 큰 노력[노고]. ② 돈 쓴[애쓴] 보람[이익, 만족]. ③ 권력을 잡은[성공을 이룬] 기간.
at a run 구보로, 달려서.
by the run ① 급속하게, 갑자기, 별안간. ② 생산고로. *해사* 계속해서, 멈추지 않고. 뜨다.
get the run upon (美) …을 놀리다; …보다 한술 더 뜨다.
give a good run 충분히 달리게 하다.
give *a person* ***a run for his money*** 남에게 만족감[기쁨]을 주다.
Go and have a run! (명령형으로) 어서 꺼져라!
have the run of *one's* ***teeth*** (노동자가 보수의 일부로서) 무료로 식사하다.
in [or ***over***] ***the long run*** 긴 안목으로 보면, 결국, 대체로.
in the short run 단기적으로는, 눈앞의 일만 생각하다.
keep [***lose***] ***the run of*** (美) …와 접촉을 유지하다 [못하다]; …에 뒤떨어지지 않다[뒤떨어지다].
let *a person* ***have his run*** 남을 자유롭게 해주다.
make a run for it 필사적으로[급히] 도망치다.
on the run (구어) ① 달려서, 구보로; (범인이) 도망쳐, 경찰에 쫓기어. ② 부산을 떠는. ③ 경찰의 눈을 피하여. ④ (선거·경기에) 대패하여.
take a run at (美속어) …에 덤벼들다.
the run of the mill [or (드물게) ***mine***] (선별하지 않은) 보통 제품, (만들어낸) 차별 없는 것.
with a run 급격하게, 별안간, 한꺼번에, 와르르.

— 형 1 녹은. ¶~ butter 녹은 버터. 2 주조(鑄造)된. ¶~ metal 주철. 3 (물고기가) 막 강을 거슬러 올라온. 4 짜낸, 뽑아낸. ¶~ honey 짜낸 벌꿀. 5 밀수입한. 6 (복합어로) 경영하는, 운영하는. ¶a well-~ company 경영 상태가 좋은 회사 / a state-~ television 국영 TV.
‡**run²** 동 run¹의 과거분사.

run·a·bout [ránəbàut] 명 소형 오픈 카; 소형 무개 마차; 소형 모터 보트(비행기); 뛰어다니는 사람; 부랑자. — 형 걸어 돌아다니는; 방랑하는.

run·a·gate [ránəgèit] 명 (고어) 1 도망자, 탈주자. 2 부랑자, 방랑자. 3 변절자, 배교자.

run-and-gun [ˈəngʌ́n] 형 (속어) (농구) 단독 드리블해서 슛하는, 단독 공격의. ¶a ~ team 속공과 정확한 슛이 뛰어난 농구팀.

run·a·round [ránəràund] 명 1 (구어) 발뺌; 회피. 2 (인쇄) (삽화 따위의 주위에) 빽빽하게 짜는 조판.
get the runaround 바람 맞다, 배신당하다.
give *a person* ***the runaround*** 남에게 핑계를 대다; 발뺌[배신]하다.

*****run·a·way** [ránəwèi] 명 1 도망자, 탈주자; 고삐 풀린 말. ¶a ~ from home 가출인. 2 도주, 탈주; (남녀가) 눈이 맞아 함께 달아남. 3 일방적인 승리, 낙승. 4 (물리) (원자로의) 폭주. 5 (자동차의) 제어 불능, 폭주. 6 (英) 배수관[로]. 7 국외 제작의 미국 영화. — 형 1

runaway bestseller 도망한, 탈주한; 남녀가 함께 도망친; (말 따위가) 고삐 풀린. ¶a ~ girl 가출 소녀 / a ~ horse 고삐 풀린 말. **2** (시합이) 일방적인, 낙승[압승]의. ¶a ~ victory 일방적인 승리. **3** (미국 역사) 국외 제작의. **4** (상업) (가격이) 급등하는, 자꾸 오르는. **5** 길을 벗어난, 폭주하는. ¶a ~ car 폭주차. **6** (구어) (단체에서) 탈퇴한.

runaway béstseller 명 (구어) (상품 따위가) 추종을 불허하는 인기 품목[베스트셀러].

rúnaway shòp 명 (미) 탈주 공장, 도망 기업(노동법규 따위를 피해 타지로 이전한 기업).

rúnaway stàr 명 (천문) 질주성(疾走星)(초신성 폭발시 연성계(連星系)로부터 날아가 버린 반성(伴星)).

rún·back [ránbæk] 명 **1** (미식축구) 런백(상대방이 킥하여 패스한 공을 가로채서 상대방 골로 돌진하기); 그 거리. **2** (테니스) 런백(베이스라인과 후방 벽의 사이).

rún bátted ín (야구) 타점(RBI).

rún·ci·ble spóon [ránsəbl-] 명 세 가닥 스푼(오르되브르·피클을 나누어 담을 때 쓰는 스푼).

rún·ci·nate [ránsənət, -nèit] 형 (식물) (민들레의 잎 따위처럼) 밑으로 향한 톱니 모양의.

Run·di [rúndi] 명 **1** (-**s**) 룬디 족(의 1인) (Burundi의 반투족). **2** (또는 **Kirundi**) 룬디 어.

rún·dle [rándl] 명 **1** (사닥다리의) 단. **2** 수레바퀴. **3** (美방언) 개울, 실개울.

run-down [´dáun] 형 **1** 지친, 기진맥진한; 건강을 해친, 쇠약해진. ¶He was in a ~ condition. 그는 기진맥진해 있었다. **2** 황폐한. **3** (시계가) 배터리가 다 돼 [태엽이 풀려서] 멈춘; (기계가) 움직이지 않는.

run·down [rándàun] 명 **1** (미) (보통 구두(口頭)) 요약, 개요; (상황) 설명, 검증; (英구어) 상세한 보고. **2** (英) (the ~) 감원, 병력 감소. **3** (야구) 협살(挾殺).

rune¹ [ruːn] 명 **1** 룬 문자(고대 북유럽 문자). **2** 룬 문자로 쓰여진 [새겨진] 것. **3** 신비적[마술적] 금언[시]; 주문(呪文). ◁**-like** 형

rune² 명 **1** (문어) 시, 노래, 운문 (verse). **2** 핀란드의 시가(詩歌) (스칸디나비아의 고대시).

runed [ruːnd] 형 룬 문자 (rune)를 새긴. (rune¹ 1)

rún-field [ránfiːld] 명 (항공) 활주로.

run-flat [´flæt] 형 펑크가 나도 속도를 줄이면 주행이 가능한. — 명 (또는 **rún flàt**) 펑크가 나거나 바람이 빠졌을 때도 주행이 가능한 안전 타이어.

rung¹ [rʌŋ] 명 ring²의 과거분사.

rung² 명 **1** (사닥다리의) 가로장, 단. **2** (의자 다리의) 가로대. **3** (수레바퀴 따위의) 살(spoke). **4** (사회적 지위 따위의) 단계. **5** (스코) 곤봉. ◁**-less** 형

ru·nic [rúːnik] 형 **1** 룬 문자(rune)의, 룬 문자로 기록된. **2** 고대 북유럽 사람의; (문학·시 따위가) 고대 북유럽의; (장식이) 룬 문자풍의. **3** 신비스러운 뜻을 지닌. — 명 **1** 룬 문자의 비문(碑文). **2** ① (인쇄) 루닉체(장식의 획이 굵은 활자).

run-in [´in] 명 **1** (美구어) 싸움; 입씨름. **2** (인쇄) 잇대어 넣은 항목(내용). **3** (英) (동사) = run-up. **4** (美속어) 체포. — 형 (인쇄) 잇대어 조판된, 추가로 넣은.

run-length [´léŋkθ] 명 (컴퓨터) 런렝스의(흑백 화상에 관해서 백 또는 흑이 연속될 때 그 개수(個數)에 치환하는 방식으로 부호화한 데이터).

run·less [ránlis] 형 (야구) 무득점의.

run·let [ránlit] 명 =runnel.

run·na·ble [ránəbl] 형 사냥에 적합한.

run·nel [ránl] 명 **1** 작은 내, 실개울. **2** (도로변의) 작은 수로(水路), 도랑. (또는 **runlet**)

‡**run·ner** [ránər] 명 (복 ~**s** [-z]) **1** 달리는 사람; 경주자(말). **2** 심부름꾼; 수금원(收金員), 외판원; (美) 호객꾼. **3** (야구) 주자(走者). **4** 도망자, 도주자. **5** (기계의) 롤러, (이송(移送)) 레일; (야구) 쉿талd 홈. **6** (썰매의) 활주부, (스케이트의) 날; (흔들의자 다리의) 만곡부(彎曲部). **7** (기계의) 운전자, 기관사; (터빈의) 날개 바퀴; (맷돌의) 회전석(回轉石)(위짝); (쟁기의) 날. **8** (현관 앞 복도 따위에 까는) 길고 좁은 융단, 책상 복판에 펴는 길쭉한 보. **9** (식물) 포복(匍匐) 식물; 뻗음 줄기, 기는 줄기. **10** 밀수선, 밀수선. **11** 전갱이류의 식용어; 달리는 새 종류(특히 뜸부기). **12** (양말의) 세로 실이 풀린 곳. **13** (호텔·영화관의) 접객계. **14** (회사 따위의) 경영인, 관리자. **15** (계산기의) 커서(cursor). **16** (우산의) 고리쇠. **17** (美속어) 도주, 도망; 질주.

do a rúnner (속어) 급히 가버리다; 도망치다.

rúnner bèan 명 (英) 꼬투리를 먹는 콩(string bean); 그 꼬투리.

rún·ner-up [-ʌ́p] 명 (복 **runners-**) **1** (경기 따위의) 차점자[팀], 2위자; (골프에서) 마지막 경기에서 진 사람. **2** (runners-) 상위 입상[입선]자. **3** (경매에서) 값을 올리는 사람.

‡**run·ning** [ránɪŋ] 명 **1** 달리기, 러닝; 경주; 주력 (走力). **2** (야구) 주루; 트랙의 상태. **3** 경영, 관리; (기계 따위의) 운전. **3** 흘러나오는 것; 유출량; 흘러나오는 고.

come rúnning 기꺼이 하다.

in [out of] the rúnning ① 경주에 출장하여[출장하지 않아]. ¶His horse was out of the ~ in the race. 그의 말은 레이스에 나오지 않았다. ② 이길 승산이 있어[없어]. 「을 넘다, 몸을 허락하다.

màke àll the rúnning (英속어) (여자가 남자와) 선 **màke the rúnning** 보조(步調)[기준]를 정하다, (대화·논의에서) 주도권을 잡다, 리드하다; 선두에 서다.

tàke ùp the rúnning ① 선두에 서다; 솔선해서 하다; (경주에서) 선두에 나서다; (말이) 선두를 질주하다. ② (명령형으로) (속어) 저리 가라, 꺼져라.

— 형 **1** 달리는, (말이) 전속력으로 달리는; 경마용의. **2** (식물) 포복성의, 덩굴을 기는. **3** 수월하게 되는, 원활한; (밧줄이) 술술 풀리는. **4** (기계 따위가) 움직이고 있는, 운전[가동]중의. **5** 똑바로 쟨, 직선의. **6** 연속되어 있는; (필적이) 초서체의, **7** (개울 따위가) 흐르고 있는; 녹는; 유동체의; 고름이 흐르는. ¶a ~ sore 고름이 흐르는 상처. **8** 현재의, 현행의. ¶the ~ month 이 달. **9** 달리며 하는. ¶a ~ shot 달리는 사람에게 찍는 촬영(장면). **10** 대충의, 응급의. ¶a ~ inspection 대략적인 점검. **11** 육상 경기용(도구, 장소)의. ¶a ~ track 육상 경기용 트랙. **12** (버스 따위) 운행의. **13** (차·기계의) 유지에 필요한.

— 부 (복수 명사와 함께) 잇따라. ¶He won the championship for three years ~. 그는 연속 3년 간 선수권을 장악했다.

rúnning accóunt 명 (상업) (은행의) 당좌 계정.

rúnning bàck 명 (미식축구) 러닝 백(略 RB).

rúnning báttle 명 **1** =running fight. **2** 장기전; 끊임없는 싸움.

rúnning bòard 명 (자동차·기관차 양쪽의) 발판.

rúnning cómmentary 명 (TV·라디오의) 실황방송; 필요에 따라 수시로 행하는 해설[비평]. 「비.

rúnning còsts 명복 (자동차 따위의) 유지비, 운영비.

rúnning dòg 명 **1** (경멸적) 주구(走狗), 앞잡이; 추종자. [<중국어 tsou kou(走狗)에서]

rúnning Énglish 명 (당구) (공이 어떤 방향으로 되튀도록) (회전을 먹여) 치기.

rúnning fíght 명 추격전, 이동전(戰); 논전(論戰).

rúnning fíre 명 **1** (군사) (움직이면서 하는) 연속 속사(速射). **2** (질문 등의) 연발, (비평 따위의) 집중 공격.

rúnning gèar 명 (전차·자동차 따위의) 구동(驅動)장치(바퀴·차축 따위); (범선의) 돛 조절용 로프.

rúnning hánd 명 필기체, 초서체.

rúnning héad [héadline] 명 (인쇄) (페이지 상단에 다는) 난외(欄外) 표제.

rúnning jóke [gág] 명 **1** (극·영화·TV에서) 반복해서 사용하는 농담. **2** 재미있는[우스운] 말[문구].

rúnning júmp 圐 도움닫기 높이[넓이]뛰기. (go and) take a running jump (at yourself) (구어)(명령형으로) 꺼져라, 저리 가라; 귀찮다.
rúnning knót 圐 =slipknot.
rúnning líght 圐 선박[항공기]의 야간 항행등.
rúnning máte 圐 1 (경마의) 보조 출전 말. 2 《美》 한 조(組)가 된 입후보자 중 하위의 후보자; 부통령 후보. 3 (특정한 사람과) 언제나 함께 있는 사람, 친한 동료, 심복.
rúnning nóose 圐 고리줄(running knot로 만든 「고리).
rúnning repáirs 圐 응급[간단한] 수리 (작업).
rúnning rígging [rópe] 圐 〖해사〗 〖집합적〗 동삭(動索), (돛을 조작하기 위한) 삭구(索具); 하역용 삭구.
rúnning róom 圐 1 (육상 경기에서) 타주자와의 간격. 2 자유 공간, 여유.
rúnning shóe 圐 러닝 슈즈, 경주화.
give a person his running shoes 《속어》 남을 해고하다, 목을 자르다; 남과의 관계를 끊다.
rúnning stárt 圐 1 〖스포츠〗 (삼단 뛰기 등의) 도움닫기. 2 (사업 등의) 개시 때의 호조건(好條件).
rúnning stítch 圐 〖양재·자수〗 러닝 스티치(안팎 땀이 같음).
rúnning stóry 圐 1 (신문·잡지의) 연재 기사, 연재물. 2 (조판공에게) 조금씩 나뉘어 보내지는 기사.
rúnning téxt 圐 (신문·잡지 따위의) 기사 본문.
rúnning tíme 圐 〖영화〗 상영 시간.
rúnning títle 圐 〖인쇄〗 =running head.
rúnning tótal 圐 현재 수량(금액).
rúnning wáter 圐 흐르는 물; 수돗물.
rún·ny [rʌ́ni] 圐 액체 모양의; 점액을 분비하는, 흐르는 경향이 있는; (코·눈이) 콧물[눈물]이 나는. ¶a ~ nose 콧물이 나오는 코.
run-off [rʌ́nɔːf, -ɑ̀f/-ɔ̀f] 圐 1 〖UC〗 유출 액체, 땅 위를 흐르는 빗물. 2 결승전. 3 결선 투표. 4 (양(量)의) 장기연[연속적] 감소[축소]. 5 〖증권〗 (증권 거래소의 상장 표시판에 표시되는) 당일의 최종가.
rúnoff primary 圐 《美》 (남부 여러 주의) 결선 투표.
run-of-pa·per [-əvpéipər] 圐 《광고·기사 따위》 게재 위치가 편집자에게 일임된(® R.O.P.).
run-of-(the-)mill [-əv (ðə) míl] 圐 보통의, 특별한 것이 아닌; 예사의. —— 圐 보통의, 평범한.
run-of-(the-)mine [-əv (ðə) máin] 圐 정선한 것
run-of-the-riv·er [-əvðəríːvər] 圐 (저수지 없이) 흐르는 물을 이용하는 (수력 발전소 따위).
run-on [-ɑ̀n, -ɔ̀ːn/-ɔ̀n] 圐 〖인쇄〗 행을 바꾸지 않고 잇대어 조판한; 추가의; (운율) (행 끝에서 끝나지 않고) 다음 행에 계속되는. —— 圐 추가 (사항).
rún-on séntence —— 圐 무종지문(無終止文)(접속사 없이 이어진 두 개 이상의 문장).
run·out [rʌ́naut] 圐 1 흘러 나가기, 도망; 도피. 2 기한 만료. 3 고갈. ¶a ~ in office supplies 사무용품의 품절. 4 〖크리켓〗 아웃.
rúnout pówder 圐 * 다음 숙어로만 쓴다.
take a runout powder 《美속어》 뺑소니치다, 튀다, 달아나다.
run·over [rʌ́nouvər] 圐 〖인쇄〗 (조판에서 다음 페이지·난으로) 넘어간[보낸] 부분. 「않게 가공된.
run·proof [rʌ́nprùːf] 圐 (양말이) 세로 올이 풀리지
rún shéep rún 圐 양아 달려라 놀이(숨바꼭질 비슷한 어린이 놀이).
runt [rʌnt] 圐 1 (같은 종류 중) 작은 동물[식물], 발육 부전 동물; 《경멸적》 소인, 난쟁이, 꼬마. 2 (한배 새끼 중에서) 제일 작은 돼지. 3 집비둘기의 일종. 4 《英방언》 추한 노파; 고목; 늙은 소.
∟·ish 圐 ∟·ish·ly 圄 ∟·ish·ness 圐
run-through [-θrùː] 圐 1 요약, 훑어보기, 통독(通讀). 2 리허설, 예행 연습. —— 圐 《화물 열차가》 직통인.
rún tíme 圐 〖컴퓨터〗 (프로그램의) 실행 시간.

runt·y [rʌ́nti] 圐 발육 불량의; 꼬마의. rúnt·i·ness 圐
run-up [rʌ́nʌp] 圐 1 《美》 (물가 따위의) 상승, 급등. 2 《英》 전초전; 예고, 전조. 3 (경기) 도움닫기.
*run·way [rʌ́nwèi] 圐 1 주로(走路), 통로; 수로; 활주로; 자동차 도로, 차도. 2 (짐승이) 지나는[다니는] 길. 3 (가축의) 울. 4 하상(河床). 5 (재목 따위를 미끄러뜨려 내려보내는) 경사로. 6 〖볼링〗 공이 투구한 사람에게로 되돌아오는 홈[길], 어프로치. 7 (극장의) 무대와 관람석을 잇는 통로. 8 (도약 경기의) 조주로(助走路).
ru·pee [ruːpíː] 圐 1 루피(인도·파키스탄·스리랑카의 화폐 단위; ⓔ R.,Re). 2 루피 화폐. 「별칭).
Ru·pert [rúːpərt] 圐 루퍼트(남자 이름; Robert의
ru·pi·ah [ruːpíːə] 圐 (∼ (s)) 루피아(인도네시아의 화폐 단위; ⓔ Rp.); 루피아 화폐.
rupp·ie [rʌ́pi] 圐 《美속어》 루피(부유한 도시 거주 전문직 종사자). 〈<rich urban professional〉
rup·ture [rʌ́ptʃər] 圐 1 〖U〗 파열; 터져 벌어짐, 균열. ¶the ∼ of a blood vessel 혈관 파열. 2 〖UC〗 파열된 상태. 3 〖UC〗 결렬, 단절; 불화 (with, between). ¶the ∼ of diplomatic relations 국교 단절 // a ∼ between relatives 친척 간의 다툼. 4 〖병리〗 헤르니아, 탈장.   「다.
come to a rupture 사이가 벌어지다, 교섭이 결렬되 —— 타 1 …을 파열시키다, 터뜨리다, 찢다. ¶ ∼ a blood vessel 혈관을 파열시키다. 2 (우호 관계 따위)를 단절시키다, 갈라 놓다. 3 〖병리〗 (남)에게 탈장(脫腸)을 일으키게 하다. —— 자 1 터지다, 찢어지다, 파열하다. 2 단절되다, 사이가 나빠지다. 3 〖병리〗 탈장되다.
-tur·a·ble 圐
rúptured dúck 圐 《美속어》 파손된 비행기; 제대 기념장(章); 제대 군인.
R.U.R. Rossum's Universal Robots(로섬의 만능 로봇); Royal Ulster Rifles.

유의어 rural 도회지에 대해 「시골의」. rustic 도회(풍)의 세련성에 대해 시골풍(의 소박·순박(粗野)함을 강조하는 말. pastoral 속세를 떠난 전원의 평화·소박함을 강조하는 시적인 말.

2 농업의, 농사의. ¶ ∼ economy 농업 경제. —— 圐 시골 기념장(章); ∼·ly 圄 ∼·ness 圐
rúral déan 圐 (성공회의) 지방 감독.
rúral delivery sèrvice 圐 《美》 지방 무료 우편 배달, (또는 《뉴질》 rúral delivery) 「의 옛 이름.
rúral frée delívery 圐 《美》 rural delivery service
ru·ral·ism [rúːərəlìzm] 圐〖U〗 시골풍(의 생활); 〖C〗 시골말(씨), 촌스러운 표현.
ru·ral·ist [rúːərəlist] 圐 전원[농촌] 생활을 하는 사람; 전원 생활주의자; 농부. (또는 ruralite)
ru·ral·i·ty [ruːræləti] 圐 시골풍, 전원풍. 2 시골[전원, 지방]의 특징; 시골[지방]의 풍습; 전원 풍경.
ru·ral·ize [rúːərəlàiz] (*《英》 -ise) 타 …을 시골풍으로(만들다). 타 urbanize —— 자 전원 생활을 하다. ∼·i·zá·tion 圐 전원화.
rúral máilbox 圐 《美》 지방 우편함(rural route에 설치된 우정공사 승인의 우편함).
rúral róute 圐 《美》 지방 무료 우편 배달 노선[구역].
rúral sociólogy 圐 농촌 사회학.
rur·ban [rɜ́ːrbən, rúːər-] 圐 전원 도시의; 도시 교외에 있는. 〈<rural+urban〉
rur·ban·i·za·tion [rɜ̀ːrbənizéiʃən] 圐 도비화(都鄙化)(도농(都農)간에 공통적인 양상이 나타나는 현상).
ru·ri·dec·a·nal [rùːərədékənəl/-dikéi-] 圐 (성공회의) 지방 감독의.
Ru·ri·ta·ni·a [rùːərətéiniə, ∠-∠--] 圐 1 루리타니

rurp 아(유럽 중부의 모험적이고 낭만적인 가상의 왕국). **2** (익살) 동떨어진 이국풍의 작은 나라[지역]. **-an** 형
 〔<A. Hope의 소설 *The Prisoner of Zenda*에서〕
rurp [rəːrp] 명 (등산) 피턴(piton)의 일종.
 〔<realized *ultimate reality* piton〕
Rus. Russia(n).
ruse [ruːz] 명 책략, 계략, 모략. 〔<F〕
ruse de guerre [F RYːz də ɡeːR] 명 전략.
‡**rush**[1] [rʌʃ] 동 (~es [-iz]; ~ed [-t]) 자 **1** 돌진하다, 급하게[빠르게] 가다(*away*, *off*, *out*); (개울 물 따위가) 급하게[세차게] 흐르다. ➪ HASTEN 〔유의어〕 ¶ (~+ 젠+명) ~ *to the scene of an accident* 사고 현장에 급히 가다 // (~+ 젠) ~ *out to see the fire* 불구경하려고 뛰쳐나가다. **2** 돌격하다, 갑자기 달려들다, 덮치다 (*at*, *on*). ¶ (~+ 젠+명) ~ *at the enemy* 적을 향해 돌격하다 / *The dog ~ed upon the child.* 개가 그 어린아이에게 갑자기 덤벼들었다. **3** 갑자기 나타나다(생각이 떠오르다)(*on*, *to*, *into*). ¶ (~+ 젠+명) *A good idea ~ed into his mind.* 좋은 생각이 별안간 그의 머리에 떠올랐다. **4** 급히 하다, 성급하게[함부로] 나서다 (*into*, *to*). ¶ (~+ 젠+명) ~ *into extremes* 극단으로 치닫다 / ~ *to a conclusion* 성급한 결론을 내리다 // (~+ 젠) *Fools* ~ *in where angels fear to tread.* (속담) 바보는 천사가 두려워하여 가지 않는 곳으로 뛰어든다, 하룻강아지 범 무서운 줄 모른다. **5** (미식축구) 볼을 가지고 전진[돌진]하다. — 타 **1** ...을 급하게[부리나케] 하다, 해치우다(*through*); 급히 나르다; ...을 돌진시키다; 재촉하다, 급하게 ...을 하게 하다 (*into*). ¶ (~+ 명+ 젠+명) ~ *one's work* 서둘러 일을 하다 / (~+ 명+ 젠+명) ~ *a sick person to a hospital* 환자를 급히 병원에 보내다. **2** ...을 화급히 처리[추진]하다; (법안 따위를) 급히 통과시키다 (*through*); ¶ ~ *a bill through Congress* 의회에서 의안을 급히 통과시키다. **3** ...에 돌격하다; ...을 점령하다; ...을 급습하다; ...을 돌파하다 (금광 따위) 에 쇄도하다. ¶ They ~*ed the enemy.* 그들은 적을 급습했다. **4** (미식축구) (공)을 가지고 돌진하다. **5** (美구어) (여자)에게 접근하다, 열렬히 구애하다; (대학에서) (사교 클럽 (fraternity, sorority)의 회원)이 되도록 권유하다. **6** (英속어) (고객)에게 바싼 값을 부르다(*for*), 바가지를 씌우다. ¶ (~+ 명+ 명) *They ~ed us $1,000 a head.* 그들은 마리당 1천 달러의 바싼 값을 불렀다.
be rushed for (시간 따위가) 모자라다, (시간 따위에) 쫓기다 〔달려가다.
rush along 휙 날아가다, 세차게 흐르다, 쏜살같이
rush a person (clean) off his feet [or **legs**] 남을 바삐 돌아다니게[일하게] 하다, 혹사시키다.
rush at ...에 돌진하다, 급습하다; (일 따위)를 급히 〔서둘러〕 하다.
rush away [or **off**] 쏜살같이 달아나다[가버리다].
rush in 난입하다, 몰려들다.
rush on [or **upon**] ...에 돌진하다, 급습하다(*rush at*). 〔졸라매다.
rush one's fences (英속어) 경솔하게 행동하다; 죌
 — 명 (복 ~es [-iz]) **1** 돌진; 세차게 흐르기[불기]. ¶ *make a* ~ 돌진하다 / *a* ~ *of wind* 돌풍. **2** 급습, 돌격, 돌파. **3** 쇄도, (주문 따위의) 쇄도하기(*to*, *for*); ¶ *a gold* ~; *a* ~ *for gold* 금광열(金鑛熱), 골드 러시. **4** 갑자기 나타나기[일어나기], 돌발; (감정의) 폭발. ¶ *a* ~ *of tears* 왈각 쏟아지는 눈물 / *a* ~ *of joy* [*anger*] 끓어 오르는 기쁨[분노]. **5** (*a* ~, *the* ~) 수요 급증, 대량 주문(*for*, *on*). ¶ *a* ~ *on textiles* 직물에 대한 수요 급증. **6** (口) 분망, 다망; 급격한 증가; 인파의 ~ *of city life* 도시 생활의 분망함. **7** (종종 the ~) (출퇴근시의) 혼잡 (시간), 러시(아워); (상종의) 매상이 오르는 때. ¶ *the morning* ~ 아침의 교통 혼잡. **8** (口)(미식축구) (적진을 돌파하여 공을 골로 가져가기). **9** (美) (대학에서 클래스 대항의 맞붙어 힘겨루는 놀이. **10** (종종 ~es) (영화) 러시(제작중의 편집 프린트). **11** (美속어) 열렬한 구애. **12** (美속어) 마약의 쾌감; 좋은 기분. **13** (英속어) 사기.
a regular rush 터무니없는 값, 순전한 사기.
a rush of brains to the head (英속어·경멸적) 근사한 아이디어, 번쩍임.
get a rush on (英속어) 출발하다, 서둘러 가다.
get the bum's rush (...으로부터) 내쫓기다 (*from*).
give...the bum's rush (英구어) ...을 내쫓다, 끌어내다; (손님)에게 사도록 독촉[재촉]하다.
in [or *at*] *a rush* 크게 바쁘게.
on the rush = *in a rush*.
What's the rush? 무얼 그렇게 허둥대고 있어?, 그렇게 서둘지 않아도 돼. 〔일거에, 대량으로.
with a rush (군사) 급습하여; 급히, 빨리; 갑자기.
— 형 (한정용법) **1** 돌진하는; 시급한, 서두르는. ¶ ~ *orders* 시급한 주문. **2** 바쁜, 쇄도하는. ➪ RUSH HOUR. (美) (학생 클럽의) 환대의.〔것.
rush[2] 명 **1** 골풀(갈대·바구니 따위를 만듦). **2** 하찮은
not care a rush 조금도 개의치 않다.
not worth a rush 아무런 가치도 없는.
— 타 (口) ...에 골풀을 깔다; ...을 골풀로 세공하다.
⎧·like 골풀같은; 약한. 〔구애.
rush·en [rʌʃən] 형 골풀제의, 골풀로 만든.
rush áct (the ~) (속어) 맹공격; (여성에의) 열
rúsh bàggage 명 (항공) 급송 수화물(手貨物).
 (또는 *expedite baggage*)
rush-bear·ing [ˈbɛəriŋ] 명 (英) 교회 헌당식.
rúsh cándle 명 골풀 양초.
Rush-die [rúʃdi] 명 (**Ahmed**) **Salman** ~ 루시디 (1947- : 인도 태생의 영국 작가; *The Satanic Verses*의 발표로 이슬람교의 반감을 삼).
rush·er [rʌ́ʃər] 명 **1** 돌진하는 사람[물건], 저돌적인 사람; 서두르는 사람; 일을 급속히 처리하는 사람, 정력적인 사람. **2** (금광 따위에) 쇄도하는 사람. **3** (미식축구) 볼을 갖고 돌진하는 선수.
rúsh hòur 명 (종종 ~s) 러시 아워. **rúsh-hòur** 형
rush·ing [rʌ́ʃiŋ] 명 (美) (학생 클럽의) 입회 권유 사교 행사. — 형 **1** (움직임이) 격렬한; 서두르는, 성급한. **2** (장사 따위가) 활발한, 대성황의.
~·ly 부 돌진해서, 서둘러.
rúsh líght 명 **1** = rush candle. **2** 무용지물, 쓸모없는 사람[물건].
Rush·more [rʌ́ʃmɔːr] 명 **Mount** ~ 러시모어 산 (山)(Washington, Jefferson, Lincoln, T. Roosevelt의 얼굴이 조각되어 있는 South Dakota 주의 산).
rúsh ríng 명 (골풀을 엮어 만든) 결혼 반지.
rush·work [rʌ́ʃwəːrk] 명 골풀 세공(품).
rush·y [rʌ́ʃi] 형 골풀 같은; 골풀이 우거진; 골풀로 덮인; 골풀로 만든. **rúsh·i·ness** 명
R.U.S.I. (英) *Royal United Services Institute for Defence Studies.* 〔〔<L *country in the city*〕
rus in ur·be [rʌ́s in ə́ːrbi] 명 도시 속의 시골.
rusk [rʌsk] 명(U,C) **1** 러스크(빵에 버터·설탕을 바르고 오븐에 구운 것). **2** 달고 부드러운 비스킷.
Rus·kin [rʌ́skin] 명 **John** ~ 러스킨(1819-1900: 영국의 미술 비평가·사회 개혁가). **-kín·e·an**, **-kín·i·an** 형
Russ [rʌs] 명 (복 ~(·**es**)) **1** 러시아인(Russian). **2** (고어) 러시아어. — 형 러시아의; 러시아인[어]의.
Russ., **Russ** Russia(n).
Rus·sell [rʌ́səl] 명 **1 Bertrand** ~ (1872-1970: 영국의 철학자·수학자·평화 운동가). **2 Charles Taze** ~ (1852-1916: 미국의 종교 지도자; 「여호와의 증인」라고 부름). 〔와의 싸움에서.
Rus·sell·ite [rʌ́səlàit] 명 (경멸적) 러셀교도(여호와
Rússell réctifier 명 (전기) 러셀 파동 정류기(波動整流機)(파도의 운동 에너지를 전기 에너지로 바꾸는 장치). 〔<영국 기술자 R. Russell의 이름〕
rus·set [rʌ́sit] 명 형 **1** (U) 황갈색, 적갈색. **2** (U) 황갈색의 거친 수직(手織) 천; 그 천으로 만든 옛 옷. **3**

은 사과의 일종. (또는 ~́ ápple) ── 🗐 적[황]갈색의; 손으로 짠. ~·ish, ~·like 🗐, ~·y 🗐 황갈색의.

rus·set·ing [rʌ́sitiŋ] 🗐 갈반(褐斑)(손상 따위로 과일 표면에 생기는 거칠거칠한 갈색 부분).

‡**Rus·sia** [rʌ́ʃə] 🗐 러시아(정식 명칭은 Russian Federation); (옛) 러시아 제국(Russian Empire); (r-) = ~ leather.

Rússia léather[cálf] 🗐 러시아 가죽(지갑·핸드백용 고급 가죽).

‡**Rus·sian** [rʌ́ʃən] 🗐 러시아의; 러시아(인)(말)의. ── 🗐 러시아인; 🗐 러시아 말; (구어) = ~ dressing. *scratch a Russian and you will find a Tartar* 문명인도 거죽 한 꺼풀 벗기면 야만인; 문명이 발달해도 인간의 본성은 변하지 않는다.

Rússian béar 🗐 러시아 베어(보드카·크렘린카카오·생크림 또는 우유로 만든 칵테일).

Rússian Blúe 🗐 러시아 고양이(몸이 길고 귀가 선 청회색 고양이).

Rússian bóot 🗐 (장딴지까지 올라오는 러시아식 장화.

Rússian dréssing 🗐 러시아식 드레싱(칠리소스·피망·잘게 썬 피클이 든 마요네즈 소스).

Rússian Émpire 🗐 (the ~) 러시아 제국(유럽과 아시아에 걸쳐 있었던 대제국; 1917년 혁명으로 붕괴).

Rússian Federátion 🗐 러시아 연방(옛 소련의 핵심을 이루던 공화국; 1991년 소련방 해체에 따라 연방국가로 재발족; CIS 창설을 주도; 수도 Moscow).

Rus·sian·ism [rʌ́ʃənizm] 🗐 러시아(인) 편애; 러시아(인, 어)의 특성.

Rus·sian·i·za·tion [rʌ̀ʃənizéiʃən/-naiz-] 🗐🗐 러시아화(化), 러시아인화(化).

Rus·sian·ize [rʌ́ʃənàiz] (* (英) -ise) 🗐🗐 1 …을 러시아인(화)하다, 러시아풍으로 하다. 2 (때로 r-) (피혁)을 러시아 가죽처럼 처리하다.

Rússian (Órthodox) Chúrch 🗐 (the ~) 러시아 정교회(正敎會)(그리스 정교회의 한 파).

Rússian Revolútion 🗐 (the ~) 러시아 혁명 (1917년 러시아력(曆) 2월과 10월의 공산 혁명).

Rússian rouléttə 🗐 러시아 룰렛(탄환이 한 발 들어 있는 연발 권총을 가지고 하는 생사를 건 내기); 생사가 걸린 무서운 도박 (행위).

Rússian Sóviet Féderated Sócialist Repúblic 🗐 (the ~) 러시아 소비에트 연방 사회주의 공화국(Russian Federation의 구 이름(1917~91); Soviet Russia(소련)라고도 함; (略) RSFSR, R.S.F.S.R.).

Rússian thístle 🗐 (식물) 명아주과의 잡초.

Rússian wólfhound 🗐 (동물) =borzoi.   「tion.

Rus·si·fi·ca·tion [rʌ̀səfikéiʃən] 🗐 =Russianiza-

Rus·si·fy [rʌ́səfài] 🗐🗐 =Russianize.

Russ·ki(e) [rʌ́ski, rú(:)s-] 🗐 (美속어) 러시아인. (또는 **Russky**) [<Russ]

Rus·so- [rʌ́sou, -sə] 연결 Russia, Russian의 뜻. ¶ *Russophile*; *Russo-Korean*(한국과 러시아의).

Rússo-Jàpanése Wár 🗐 러·일 전쟁(1904-05).

Rus·so·phile [rʌ́səfàil] 🗐 친(親)러시아파의. ── 🗐 러시아편을 드는, 친러시아의. (또는 **Russophil**) -phíl·i·a 🗐 「의.

Rus·so·phil·ism [rʌ́səfəlìzm] 🗐🗐 친러시아주의

Rus·so·phobe [rʌ́səfòub] 🗐 러시아(인)을 싫어하는 사람, 러시아 공포증 환자. -**pho·bi·a** [-fóubiə] 🗐🗐 러시아 혐오, 러시아 공포증.

‡**rust** [rʌst] 🗐🗐 1 녹; 녹 비슷한 것, 녹얼룩. ¶ *rub [or get]* the ~ *off* 녹을 벗기다. 2 (재능 따위가) 녹 어짐, 무위(無爲), 정신적 부패. ¶ a life of ~ 무위의 생활. 3 (식물) 녹병, 녹병균(~ fungus). 4 녹슨 색, 적갈 *be in rust* 녹슬어 있다.   「색.
gather rust 녹이 슬다.

── 🗐🗐 1 녹슬다(*in, away, up*); (재능 따위)가 무디어지다, 못쓰게 되다(*away, out*). ¶ talents left to ~

쓰지 않아 녹슨 재능 // (~ + 🗐) *Better wear out than ~ out.* = *It is better to wear out than to ~ out.* (속담) 묵혀 없애느니 써서 없애는 편이 낫다(늙어서 무위도식하지 말라는 뜻). 2 적갈색이 되다. 3 (식물) 녹병에 걸리다. ── 🗐 1 …을 녹슬게 하다(*away*); (쓰지 않고 묵혀) [재능 따위]를 무디게 하다. ¶ *Damp air ~s iron.* 습한 공기는 쇠를 녹슬게 한다. 2 …을 적갈색으로 만들다. 3 (식물) …을 녹병에 걸리게 하다.

rust away 녹슬어 못쓰게(버리게) 되다.

rust out (기계 따위가) (녹으로) 부식되어 못쓰게 되다.

rust through (녹슬어) 구멍이 나다, 금이 가다.

rust together (쇠파이프 등) 2개의 금속 부품의 접합부를 녹슬게 하여 접합하다.

── 🗐 녹빛[색깔]의, 적갈색의.

rúst bèlt [bòwl] 🗐 (때로 R-, B-) (美구어) 녹(綠)지대, 사양(불)지대(미국의 중서부·북동부의 사양화된 중공업 지대).

rust-belt [-bèlt] 🗐 (공장 지대가) 사양화한, 녹슨.

rúst búcket (구어) 노후선(船); 낡은 배; 노후차

rust-col·ored [-kʌ̀lərd] 🗐 적갈색의.   「(車).

‡**rus·tic** [rʌ́stik] 🗐 (more ~; most ~) 1 시골(풍)의, 전원 생활의(urban). ⇨ RURAL 유의어 2 꾸밈 없는, 소박한. ¶ ~ simplicity 순박함. 3 버릇없는, 거친, 야비한. ¶ ~ manners 버릇없는 태도. 4 통나무로 만든, 거친 나무로 만든; (석공) 거칠게 다듬은. ¶ ~ furniture 통나무로 만든 가구. ── 🗐 시골뜨기, 농부, 야인(野人), 거친 사람; 순진한 사람. -**ti·cal** -**ti·cal·ly** -**ti·cal·ness** ── ·ly ── ·ness

rus·ti·cate [rʌ́stikèit] 🗐🗐 시골로 가다; 시골에 살다(머물다). ── 🗐 1 …을 시골로 보내다; …을 시골에서 살게 하다. 2 …을 촌스럽게(시골풍으로) 하다. 3 (석공) …을 거칠게 다듬다. 4 (英) (대학에서) …을 정학 처분하다. ¶ *be ~d from Cambridge* 케임브리지 대학에서 정학 처분을 당하다. -**ca·tor** 🗐 전원 생활자.

rus·ti·ca·tion [rʌ̀stikéiʃən] 🗐🗐 1 시골로 가기(가게 하기). 2 시골살이; 전원 생활. 3 시골풍으로 하기. 4 (英) (대학의) 정학 처분 (기간). 5 (또는 **rústic wòrk**) 거친 돌면이 보이도록 쌓기 (방식).

rus·tic·i·ty [rʌstísəti] 🗐🗐 1 시골풍, 소박, 거칠고 촌스러움, 예의 없음. 2 시골 생활, 전원 생활.

rústic wòrk 🗐 =rustication 5.

‡**rus·tle** [rʌ́sl] 🗐 (~*s* [-z]; ~*d*; -*tling*) 🗐 1 (일·비단·종이 따위가) 바스락거리다, 사각거리다, 와삭거리다. 2 바삭바삭(살랑살랑) 소리를 내며 움직이다, 옷 스치는 소리를 내다. ¶ (~ + 🗐) *leaves rustling down* 살랑살랑 떨어지는 나뭇잎. 3 (美구어) 활발하게 움직이다(일하다), 정력적으로 일하다(활약)하다. ¶ (~ + 🗐) ~ *around* 활발하게 움직이다, 이리 뛰고 저리 뛰다. 4 (美구어) 가축을 훔치다. ── 🗐 1 바스락[사각] 소리가 나게 하다. ¶ ~ *the papers nervously* 신경질적으로 서류를 뒤적이다/ *The wind ~d the leaves.* 바람에 나뭇잎이 바삭거렸다. 2 (美구어) …을 재빨리 움직이다(가지고 오다, 손에 넣다). 3 (美구어) (가축)을 훔치다. 4 ~ *up*.

rustle one's bustle (美속어) 척척 해내다; 엔진을 걸다; 서두르다.

rustle up ① …을 노력해서 얻다(모으다), 급히 그러모으다. ② (급히) 마련하다, 만들다. ¶ ~ *up* supper 부지런히 저녁을 장만하다.

── 🗐 1 바스락[사각, 와삭]거리는 소리; 옷이 스치는 소리. 2 (美구어) 정력적인 활동. 3 (美속어) 강도.   「가다.

get a rustle on (美구어) 정력을 재촉하다, 서둘러

rus·tler [rʌ́slər] 🗐 1 바스락[사각, 와삭] 소리를 내는 것(사람). 2 (美구어) 활동가, 활약가. 3 (美) (말·소 따위) 가축 도둑.

rust·less [rʌ́stlis] 🗐 녹슬지 않은, 녹슬지 않는 (rustproof).

‡**rus·tling** [rʌ́sliŋ] 🗐 1 바스락[사각, 와삭] 소리나

rust-proof [rʌ́stprùːf] 형 녹슬지 않는. ¶made of ~ steel 녹슬지 않는 강철로 만든. ─ 동타 …에 방수(防銹) 처리하다. ~·er 명 녹 방지제.

rust-through [4θrùː] 명 녹에 의한 부식.

‡**rust·y**[1] [rʌ́sti] 형 (*rust·i·er*; *rust·i·est*) 1 녹슨. ¶~ spots [or stains] 녹슨 자리, 얼룩. 2 녹에서 생긴. 3 《식물》 녹병에 걸린. 4 낡아빠진, 쓸모없게 된; 서툴러진, 둔해진(*in*). ¶be ~ *in* memory 기억력이 무디어지다. 5 녹빛의; 빛이 바랜; 낡은. 6 쉰 목소리의; (소리가) 귀에 거슬리는. **rúst·i·ly** 부 **rúst·i·ness** 명

rust·y[2] 형 1 (말 따위가) 다루기 어려운, 말 안 듣는, 고집센. 2 〖방언〗성을 잘 내는, 까다로운, 심술궂은.

turn [or *cut up*] *rusty* 발끈하다, 화내다.

rust-y-dust-y [-dʌ́sti] 명 《美속어》녹슨 것; 〖게으름뱅이의〗엉덩이; 녹슨 총, 장난감(연극 소도구) 총.

rut[1] [rʌt] 명 1 바퀴 자국, 차가 지나간 자국. 2 홈, 가는 골. 3 판에 박힌 형식, 관례, 관습.

get [or *fall, drift, settle*] *into* [*out of*] *a rut* 판에 박힌 단조로운 습관 [일]에 [삶에서] 벗어나다 [가].

go on in the same old rut 10년을 하루같이[판에 박은 듯] 같은 일만 하다.

in a rut 틀[판]에 박혀. ¶move *in a* ~ 판에 박힌 일을 하다 / be stuck *in a* ~ 판에 박힌 생활을 하다.

─ 동자 (*-tt-*) (수동형으로) …에 바퀴 자국을 내다; …에 홈을 파다. ¶a ~*ted* road 바퀴 자국이 난 길.

rut[2] 명 1 (사슴·양 따위의) 암내, 발정(發情)(heat). 2 (종종 the ~) 암내 내는 철, 발정기(期).

at [or *in*] (*the*) *rut* 암내를 내어, 발정하여.

go to (*the*) *rut* 암내나다, 발정하다.

─ 동자 (*-tt-*) 암내나다, 발정하다.

ru·ta·ba·ga [rùːtəbéigə] 명 1 순무의 일종(뿌리나 황색인 무; 식용·사료용); 그 뿌리. 2 《美속어》 1 달러.

ruth [ruːθ] 명 U 《고어》 연민, 동정; 슬픔; 비탄; 후회.

Ruth [ruːθ] 명 1 〖성서〗룻(Boaz와 결혼하여 David의 조상이 된 여인). 2 〖성서〗(구약 성서 중의) 룻기. 3 Babe ~ 루스(1895-1948: 미국의 홈런왕).

ru·the·nic [ruːθénik, -θíːn-] 형 〖화학〗루테늄의.

ru·the·ni·ous [ruːθíːniəs, -njəs] 형 〖화학〗(낮은 원자가의) 루테늄을 함유한. (또는 **ruthenous**)

ru·the·ni·um [ruːθíːniəm; -njəm] 명 〖화학〗루테늄(백금속에 속하는 금속 원소의 하나; 기호 Ru).

Ruth·er·ford [rʌ́ðərfərd, rʌ́θ-] 명 러더퍼드. 1 Ernest ~ (1871-1937: 영국의 물리학자). 2 (r-) 〖물리〗방사능의 단위.

Rútherford átom 명 〖물리〗러더퍼드 원자(핵이 있는 원자 모형).

ruth·er·for·di·um [rʌ̀ðərfɔ́ːrdiəm] 명 〖화학〗러더퍼듐(원자번호 104의 초우라늄 원소).

ruth·ful [rúːfəl] 형 인정 많은, 동정적인; 서글픈, 연민의 정을 느끼게 하는; 후회스런. ~·ly 부 ~·ness 명

***ruth·less** [rúːθlis] 형 무정한, 무자비한; 잔인한. ⇒CRUEL 유의어. ~·ly 부 ~·ness 명

ru·ti·lant [rúːtələnt] 형 붉은색의[금색으로] 빛나는.

ru·tile [rúːtiːl, -tail] 명 U 《광물》 금홍석(金紅石).

ru·tin [rúːtn] 명 〖약학〗루틴(모세 혈관 강화 작용; 각종 출혈 예방 치료용).

rut·tish [rʌ́tiʃ] 형 암내를 내는; 호색의. ~·ly 부 ~·ness 명

rut·ty[1] [rʌ́ti] 형 (길 따위가) 바퀴 자국이 많은, 바퀴 자국투성이의. **-ti·ly** 부 **-ti·ness** 명

rut·ty[2] 형 =ruttish.

Ru·vu·ma [ruvúːmə] 명 (the ~) 루부머 강(탄자니아와 모잠비크의 국경을 이루는 강). (또는 **Rovuma**)

Ru·wen·zo·ri [rùːwənzóːri] 명 루웬조리 산지(山地)(자이르와 우간다 국경지대의 산지).

rux [rʌks] 명 U 《英학생 속어》화, 짜증; 소란.

rv 《통계》*r*andom *v*ariable. **RV, R.V.** *r*ecreational *v*ehicle(레크리에이션 차); *r*eentry *v*ehicle(재돌입우주선); *R*evised *V*ersion (of the Bible)(= A.V.).

Rv. (성서) *R*evelation.

R-val·ue [áːrvǽljuː] 명 《美》R값(건축 재료 등의 단열(斷熱) 성능을 나타내는 값). [<*r*esistance *value*]

RVO *r*eceiving *o*nly earth station(수신 전용 지구국(地球局)). **RVR** *r*unway *v*isual *r*ange(활주로 시(視)거리). **R.V.S.V.P., RVSVP, r.v.s.v.p., rvsvp** *R*épondez *v*ite *s*'il *v*ous *p*laît. (속히 회신 주시기 바랍니다). [<F Please reply at once] **Rw.** Rwanda. **R/W** right of way. **R.W.** radioactive warfare; radiological warfare; Right Worshipful [or Worthy]; Royal Warrant(왕실 납품 허가증).

Rwan·da [ruáːndə/ruɑ́en-] 명 1 르완다(중앙 아프리카의 공화국; 수도 Kigali). 2 르완다 어(語). **-dan, -dese** 명 형 르완다(인)의.

RWD *r*e*w*ind(테이프의 되감기). **r.w.d.** *r*ear-*w*heel *d*rive(후륜 구동 자동차). **R/WM** *r*ead/*w*rite *m*emory. **Rwy.** Railway.

Rx 명 1 처방전; 치료법; (문제의) 해결책. 2 《라틴》 *recipe*((처방전에서) 복용하라). 3 (인도) tens of Ry. Railway.   [rupees.

-ry [ri] 접미 다음 뜻을 나타내는 명사를 만든다(= -ery). 1 직업·일. ¶dentist*ry*, chemist*ry*. 2 행위 ¶mimic*ry*. 3 상태·경우. ¶rival*ry*, slave*ry*. 4 집합. ¶jewel*ry*, peasant*ry*. 5 제조(소)·소. ¶bake*ry*.

ry·a [ríːə] 명 U 리어 융단(북유럽의 융단); 그 무늬. (또는 ∼ **rùg**)

R.Y.A. 《英》*R*oyal *Y*achting *A*ssociation.

ry·al [ráiəl] 명 1 =rose noble. 2 라이얼(스코틀랜드의 중세 금화 또는 은화). (또는 **rial**)

Ry·an [ráiən] 명 라이언. 1 미국의 항공기 제작사(~ Aircraft). 2 남자 이름.

ryd·berg [rídbəːrg] 명 〖물리〗리드베리(핵물리학에서 사용되는 에너지의 단위; 기호 ry).

Ry·der [ráidər] 명 라이더. 1 Albert Pinkham ~ (1847-1917: 미국의 화가). 2 미국의 트럭 대여 회사 (~ System, Inc.). 3 (또는 **Rider**) 남자 이름.

*rye[1] [rai] 명 U 1 호밀; 호밀의 종자. 2 =~ bread. 3 =~ whiskey. ─ 형 호밀(가루)로 만든.

rye[2] 명 신사; (집시족의) 신사.

rye bréad (호밀로 만든) 흑빵.

rye·grass [ráigrǽs/-grɑ̀ːs] 명 U 호밀풀(독보리속(屬)의 목초(사료용)).

Rýe Hóuse Plót 명 (the ~) 《英역사》라이하우스 사건(과격한 Whig 당원이 Charles 2세와 그 아우 James를 암살하려고 계획한 음모).

rýe mòrt 명 (속어) (귀)부인(lady).

rye·peck [ráipèk] 명 《英방언》(물 속에 꽂아 배를 매어 두는) 끝에 쇠붙이가 달린 장대.

rýe whiskey 명 호밀 위스키.

ry·ot [ráiət] 명 (인도의) 농부, 농민; 자작농.

R.Y.S. 《英》*R*oyal *Y*acht *S*quadron.

Ryu·kyu [riúːkjúː; rjùː-] 명 (the ~ Islands) 류큐(琉球) 열도.

Ryu·kyu·an [riúːkjuːən] 명 류큐 사람; 류큐어(語). ─ 형 류큐의, 류큐 주민의.

R.Z.S. 《英》*R*oyal *Z*oological *S*ociety.

S

S, s [es] 圓 (極 **S's, Ss; s's, ss**) 1 영어 알파벳의 열 아홉째 자. ¶*S* for Samuel Samuel의 S(국제 전화 통화 용어). 2 S[s]를 나타내는 소리. 3 S[s]자 형의 물건. ¶make an *S* S자 모양을 하다. 4 (학업 성적의) S 평점(Satisfactory의 약자).
S satisfactory; Saxon; sentence; short; 〔전기〕 siemens; signature; single; small; soft; 〔음악〕 soprano; South; Southern; state (highway); 〔문법〕 subject.
S ⑦ 1 (차례·연속되는 것 중의) 열아홉번째(의 것)(단 I 또는 J를 제외할 경우는 열여덟번째(의 것)). 2 (중세 로마 숫자의) 7, 70. 3 =second. 4 (생화학) =serine. 5 〔물리〕 =strangeness 2. 6 =sulfur. 7 (국제 자동차 식별 기호) Sweden. 8 필름의 감광도 표시 기호의 일종.
s, s., S, S. south; southern.
's[1] [z, s, iz] 접미 명사의 소유격을 만든다. ¶boy's, women's, chamber's.

> 【주의】 명사의 소유격과 발음 ── [s] [z] [ʃ] [ʒ] [tʃ] [dʒ] 뒤에서는 [-iz], 그밖의 유성음 뒤에서는 [-z], 그밖의 무성음 뒤에서는 [-s]로 발음된다. s로 끝나는 고유 명사에는 보통 -s's, -s'의 어느 쪽이나 다 쓰인다. 예: Dickens's, Dickens'. 단, 보통 명사의 s로 끝나는 복수형 뒤에서는 -s's가 쓰이지 않는다. 예: boys', girls'.

's[2] **1 is, has, us.** (구어) *does*의 단축형. ¶*He's* (=He is) at home./*She's*(=She has) gone to America./*Let's*(=Let us) start at once./*What's*(=What does) he say? **2** 알파벳의 문자·숫자 따위의 복수를 나타낸다. ¶*s*'s, 3's.
s. saint; school; second; section; see; series; shilling(s); sign(ed); silver; singular; sire; small; society; son; steamer; stem (of); substantive. **S.** Sabbath; Saint; Saturday; Saxon; School; Sea; Senate; September; Signor; Socialist; Society; Sunday.
-s [z, s, iz] 접미 **1** 명사의 복수 어미. ¶books, girls(* [s] [z] [ʃ] [ʒ] [tʃ] [dʒ] 뒤에서는 [-iz], 그 밖의 유성음 뒤에서는 [-z], 또 그밖의 무성음 뒤에서는 [-s]로 발음된다). **2** 동사의 3인칭 단수 현재형 어미. ¶*It snows*. **3** 부사의 어미. ¶*always*, *needs*, *unawares*.
‡$, $ ⑦ dollar(s)(라틴어의 *solidus*의 머리글자 S를 장식화한 것). **Sa** ⑦ 〔화학〕 samarium. **Sa, Sa.** 〔성서〕 Samuel. **SA** (마케팅) store automation(점포 자동화 시스템); Salvation Army; (라틴) *secundum artem*(=according to art)(인공적으로); sex appeal; South Africa[America, Australia]; Support Assistance(지원 원조); Sub-Authorization(부(副)구매 승인서). **s.a.** semiannual; sex appeal; (라틴) *sine anno*(=without year or date)(연호의 기재 없이); subject to approval. **SAA** Small Arms Ammunition; South African Airways; Speech Association of America. **SAAF** South African Air Force.
Saar [zɑːr, sɑːr] 圐 (the ~) **1** 자르(Saarland의 별칭). 다른 이름 ~ **Básin**) **2** 자르 강(독일 서부의 강).
SAARC South Asian Association for Regional Cooperation.
Saar·land [záːrlænd] 圐 자르란트(석탄 산지인 독일 남서부의 주; 주도 Saarbrücken). ~**·er** 圐

sab [sæb] 圐 (英구어) (스포츠로서의) 사냥 반대론자, 동물 보호론자. ~**·bing** 圐 (<*saboteur*)
Sab. Sabbath. 「백합과 식물」.
sab·a·dil·la [sæbədílə] 圐 사바디라(멕시코산(産)
Sa·bae·an [səbíːən] 圐圐 =Sabean.
Sa·bah [sɑ́ːbɑː] 圐 사바(Borneo 섬 북동쪽에 있는 말레이시아의 주; 주도 Kota Kinabalu). ~**·an** 圐圐
Sa·ba·ism [séibeiìzm] 圐 별 숭배, 배성교(拜星敎).
Sab·a·oth [sǽbiɔθ/sæbéioθ] 圐 (복수취급) 〔성서〕 만군(萬軍). ¶*the Lord of* ~ 만군의 주, 하느님(←로마서(Rom.) 9 : 29, 야고보서(James) 5 : 4).
Sab·ba·tar·i·an [sæbətéəriən] 圐 토요일[일요일]을 안식일로 지키는 유대교[기독교]도. ── 圐 안식일을 지키는 ~. ~**·ism** 圐 안식일(휴식)의 한 엄수(주의).
*****Sab·bath** [sǽbəθ] 圐 **1** (the ~) 안식일(유대교는 토요일(←출애굽기(Exod.) 20 : 8-11), 기독교는 일요일). **2** (s-) 안식(휴식)의 날, 안식, 정식. **3** 마귀 잔치.
break the Sabbath 안식일을 지키지 않다. 「다.
keep [or *observe*] *the Sabbath* 안식일을 지키~**·less**, 圐 안식일이 없는. ~**·like** 圐
Sab·bath·break·er [sǽbəθbrèikər] 圐 안식일을 지키지 않는 사람.
Sábbath day's jóurney 圐 (옛날 유대인에게 허용되었던) 안식일 행정(行程)(약 2/3 마일). **2** 편안한 여행.
Sábbath school 圐 안식일[토요일] 학교.
Sab·bat·i·cal [sæbǽtikəl] 圐 **1** 안식일의; 안식일 같은; 안식일에 어울리는. **2** (s-) 안식의; 휴식의. (또는 **Sabbatic**) ── 圐 1 = ~ year. **2** (휴양·기술 습득을 위한) 장기 휴가. ~**·ly** 圐
sabbátical léave 圐 =sabbatical year 2.
sabbátical yéar 圐 **1** 안식년(고대 유대인이 7년마다 1년씩 경작을 쉰 해). **2** 휴가 연도(보통 7년마다 연구·휴양을 위해 대학 교수에게 주는 1년간의 유급 휴가).
Sab·ba·tize [sǽbətaiz] (* (英) **-tise**) (종종 s-) 圐 안식일을 지키다. ── 태 안식일로 지키다[하다].
SABC South African Broadcasting Corporation.
sab·e [sǽbi] 圐圐 =savvy.
Sa·be·an [səbíːən] 圐 시바(Sheba)의; 시바인[어]의. ── 圐 시바의 주민; 시바어(語).
Sa·bel·li·an [səbélian] 圐圐 사벨리언(人)(Sabine 등 고대 이탈리아 중·남부의 주민)[어(語)](의).
SABENA Bélgian Wórld Áirlines [səbíːnə-] 圐 (단수취급) 사베나 벨기에 항공.
*****sa·ber** [séibər] 圐 **1** 사브르(기병대 검). **2** 기병(騎兵); (~s) 기병대. **3** (the ~) 무력, 무단 정치, 군정(軍政). **4** 〔벤싱〕 사브르.
rattle one's [or *the*] *saber* 무력으로 위협하다, 성 ── 圈 사브르로 찌르다[죽이다]. 「나게 하다.
sa·ber·cut [-kÀt] 圐 사브르에 의한 상처[일격].
sa·ber·met·rics [séibərmètriks] 圐圈 (단수취급) 컴퓨터에 의한 야구 데이터의 통계적 연구.
sa·ber·rat·tling [-rǽtliŋ] 圐 무력 시위[위협].
sáber sàw 圐 휴대용 전기톱. 「송곳니가 있는.
sa·ber·toothed [-tùːθt, -tùːðd] 圐 사브르 모양의
sáber-toothed tíger [cát, líon] 圐 (고생물) 검치호(劒齒虎). 「벌새(남미산(產)).
sa·ber·wing [séibərwiŋ] 圐 〔조류〕
Sa·bi·an [séibiən] 圐 사비 교도(Koran에서 회교도·유대교도·기독교도와 마찬가지로 참다운 신의 신자로 인정하는 이라크 남부의 민족). ── 圐 사비 교도의.

sa·bin [séibin] 명 《물리》 세이빈(소리 흡수력의 단위). (또는 **sabine, Sabine**)
Sa·bi·na [səbí:nə, -bái-] 명 사비나(여자 이름).
Sa·bine [séibain/sæb-] 명 사비니인(人)의. ─ 명 1 사비니인(고대 이탈리아의 한 종족). 2 ⓤ 사비니어.
Sábin vàccine 명 세이빈 백신(소아마비 백신).
***sa·ble** [séibl] 명 (복 ~s) 1 검은담비; 아메리카 족제비. 2 ⓤ 검은담비의 모피; (~s) 검은담비 모피로 만든 옷. 3 ⓤ 《문장》 검은색. 4 (~s) 상복(喪服). ─ 형 1 검은담비 모피로 만든. 2 (시) 검은, 흑색의. 3 매우 어두운, 음침한, 음울한. 4 악마의, 악마와 같은. *his sable majesty* 악마 대왕.
-bly 부
sa·bled [séibld] 형 (시) 상복을 입은; 검은.
sa·ble·fish [séiblfìʃ] 명 《어류》 은대구.
SABMIS sea-based antiballistic missile intercept system(해저 요격 미사일망).
sab·ot [sǽbou] 명 1 (농부의) 나막신. 2 (포구의) 탄저판(彈底板). [<F]
sab·o·tage [sǽbətà:ʒ, ⌐⌐⌐] 명ⓤ 1 사보타주(쟁의중인 노동자의 생산 방해 행위). 2 파괴, 방해. ─ 동타 1 …에 대해 사보타주를 하다. 2 (고의로) …을 파괴[방해]하다. ─ 동자 사보타주를 행하다. [<F] [sabot 1]
sab·o·teur [sæ̀bətə́:r] 명 1 사보타주 하는 사람. 2 파괴 공작원.
sa·bra [sú:brə] 명 (종종 S-) 이스라엘 태생자, 이스라엘인.
***sa·bre** [séibər] 명동타 《英》 =saber.
sa·bre·tache [séibərtæ̀ʃ/sǽb-] 명 (기병 장교가 군도의 혁대에서 늘어뜨린) 작은 가방.
sab·u·lous [sǽbjuləs] 형 1 모래가 많은[있는]; 모래와 같은. 2 (식물이) 모래땅에서 자라는. 3 《의학》 (오줌 따위가) 침전물이 있는. **-lós·i·ty** 명 《낭(囊)》

sac¹ [sæk] 명 《생물》 주머니, 낭(囊), 액낭(液囊), 기낭(氣囊).
sac² [sæk] * 다음 숙어로만 쓴다. 「領主》 재판권.
sac and soc [or *soke*] 《역사》 (국왕이 부여한) 영주
Sac [sæk, sɔ:k] 명 (복 ~(s)) =Sauk.
SAC 《美》 Senate Appropriations Committee (상원 세출 위원회); 《英공군》 Senior Aircraftman.
SAC [sæk] 《美》 Strategic Air Command(전략 공군 사령부).
sac·cade [sækɑ́:d/sə-] 명 1 (고삐를 세게 당겨) 말을 급히 세우다. 2 《안과》 단속적[성] 운동(독서중의 안구의 순간적 운동 따위).
sac·cad·ic [sækɑ́:dik/sə-] 형 꿈틀거리는, 경련하는 「듯 움직이는.
sac·cate [sǽkət, -keit] 형 1 (구어) 낭(囊)의, 낭 모양의. 2 낭 속에 든.
sac·char- [sǽkər] 연결 sugar의 뜻. ¶*saccharoid*.
sac·cha·rase [sǽkəréis, -rèiz] 명 《생화학》 사카라라제.
sac·cha·rate [sǽkəreit] 명 《화학》 당산염(糖酸鹽).
sac·char·ic [sækǽrik] 형 《화학》 당질의, 당산의.
sacchár·ic ácid 명 《화학》 당산.
sac·cha·ride [sǽkəràid, -rid] 명 《화학》 1 당류(糖類). 2 단당류(單糖類). 「어 있는, 당분이 생기는.
sac·cha·rif·er·ous [sæ̀kərífərəs] 형 《화학》 당분이 들어
sac·char·i·fy [səkǽrəfài/sæk-] 동타 《녹말》 당화하다.
-fi·cá·tion 명 당화 (化)을. **-fi·er** 명
sac·cha·rim·e·ter [sæ̀kərímətər] 명 사카리미터, 검당계(檢糖計). 「⌐ *insóluble*
sac·cha·rin [sǽkərin] 명ⓤ 《화학》 사카린. (또는 **sac·cha·rine** [sǽkərin/-ràin] 명) 1 당분을 함유하는, 당질(糖質)의. 2 달콤한. 3 (성격이) 부드러운, 순한.
─ 명 =saccharin. **~·ly** 부
sac·cha·rin·i·ty [sæ̀kərínəti] 명ⓤ 당질하는, 단맛.
sac·cha·ri·nize [sǽkərənàiz] (* 英 **-nise**) 동타 1 …에 사카린을 넣어 달게 하다. 2 《비유적》 …에게

받아들이기 쉽게 하다.
sac·cha·rize [sǽkəràiz] (* 英 **-rise**) 동타 …을 당화(糖化)하다; …을 발효시키다. **-ri·zá·tion** 명
sac·cha·ro- [sǽkərou, -rə] 연결 sugar의 뜻 (* 모음 앞에서는 *sacchar*-). ¶ *saccharometer, saccharoid*.
sac·cha·roid [sǽkərɔ̀id] 형 (또는 **saccharoidal**) ─ 명 각설탕 모양의 물질. 「해하는.
sac·cha·ro·lyt·ic [sæ̀kəroulítik] 형 당분을 분
sac·cha·rom·e·ter [sæ̀kərɑ́mətər/-rɔ́m-] 명 《화학》 당분계(糖分計)(용액 중의 당분 함유량을 측정).
-ro·mét·ric, -ro·mét·ri·cal 형 **-try** 명
sac·cha·rose [sǽkəròus] 명ⓤ 《화학》 수크로오스 (sucrose), 자당(蔗糖). 「한.
sac·ci·form [sǽksəfɔ̀:rm] 형 주머니 모양의[을
sac·cu·lar [sǽkjulər] 형 주머니 모양의.
sac·cu·late [sǽkjulèit, -lət] 형 작은 주머니[자루] 모양의[으로 이루어진]. (또는 **sacculated**)
sac·cu·la·tion [sæ̀kjuléiʃən] 명ⓤ 작은 주머니로 이루어지기; 주머니 모양의 구조.
sac·cule [sǽkju:l] 명 1 《해부》 (내이(內耳)의) 구형낭(球形囊). 2 작은 주머니. 「기도소[에배당].
sa·cel·lum [səkéləm, -sél-] 명 (복 *-la* [-lə]) 작은
sac·er·do·cy [sǽsərdòusi] 명ⓤ 성직자[승려]업; 사제직; 성직자의 직무[자격, 지위]. 《集》; 성직 제도.
sac·er·do·tage [sæ̀sərdòutidʒ] 명 《익살》 성직계
sac·er·do·tal [sæ̀sərdóutl] 형 1 사제의(priestly); 성직의. 2 성직 특권주의의. **~·ly** 부
sac·er·do·tal·ism [sæ̀sərdóutlìzm] 명ⓤ 1 성직 [사제] 기질; 성직자 기질, 성직 존중. 2 성직 특권주의. 3 《경멸적》 =priestcraft. **-ist** 명 사제제(制) 옹호론자.
SACEUR 《군사》 Supreme Allied Commander, Europe(NATO 유럽 연합군 최고 사령관[사령부]).
sác fùngus 《식물》 자낭균.
sa·chem [séitʃəm] 명 1 (북미 인디언의) 추장. 2 (뉴욕 시 Tammany Society(태머니 당[협회])의) 총무. **~·dom** 명 **sa·chém·ic** 형 **~·ship** 명
sa·chet [sæʃéi/⌐⌐] 명 1 (옷에 넣고 다니는) 향주머니; (주머니에 넣는) 향가루. 2 (1회용 샴푸 따위가 들어 있는) 작은 플라스틱 용기. [<F]
***sack¹** [sæk] 명 1 큰 부대, 자루, 마대. ⇨ BAG 《유의어》 2 한 부대[자루](분량). ¶ a ~ of potatoes 감자 한 부대[자루]. 3 《美》 (일반적으로) 부대(bag). 4 (여성·아동용의) 헐렁한 드레스, 색 드레스. (또는 **sacque**) 5 《美속어》 침대, 침낭. 6 (통 ~) 《속어》 해고, 면직. 7 《美속어》 《야구》 누(壘), 베이스. 8 《美남부》 (소의) 젖. 9 《美속어》 골프백. 10 《생물》 =sac¹. 11 《美속어》 호주머니. *get* [or *have*] *the sack* 《속어》 해고되다; 퇴짜맞다. *give a person the sack; give the sack to a person* 《속어》 남을 해고하다, 퇴짜놓다. *hit the sack* 《美속어》 잠자리에 들다, 자다. *hold the sack; be left to hold the sack* 《美속어》 혼자 책임을 뒤집어쓰다, 궁지에 혼자 남다. *rough as sacks* (뉴질) 존스러운, 못생긴.
─ 동타 1 …을 부대에 넣다. 2 《속어》 …을 해고하다; 퇴학시키다; …을 퇴짜놓다. ⇨ DISMISS 《유의어》 3 《속어》 (경기에서) …을 이기다. 4 《구어》 …을 슬쩍 훔치다, 복하다. 5 《美구어》 얻다, 획득하다(*up*). ─ 동자 《美구어》 자다: 푹 자다(*out, in, up*). ¶ *He was too tired to ~ out.* 그는 너무 피곤해서 푹 잘 수가 없었다.
sack down 《속어》 자다.
sacked out 《美속어》 잠들어(asleep).
sack out [or *in, up*] 《美속어》 잠자리에 들다.
⌐·like 형
sack² 동타 1 (점령군이) [점령지·도시를] 약탈하다. 2 (강도가) [금품을] 강탈하다.
─ 명 (the ~) (점령지의) 약탈.

put...to the sack …을 약탈하다.
sack³ 〖U〗 색주(酒)(16-17세기 스페인의 Canary제도 등지에서 영국이 수입한 백포도주의 일종).
 buy the sack 술에 취하다.
sáck àrtist 〖俗〗 게으름뱅이; 난봉꾼.
sáck bèarer 〖蟲〗 도롱이벌레.
sack·but [sǽkbʌt] 〖名〗 1 색버트(트롬본 비슷한 악기). 2 〖聖〗 삼각금(三角琴)(←다니엘서(Dan.) 3:5).
sack·cloth [sǽkklɔ̀ːθ/-klɔ̀θ] 〖名〗〖U〗 1 부대 만드는 천, 즈크, 거친 삼베. 2 상복(喪服); 참회복.
 be in [or *wear*] *sackcloth and ashes* 깊이 후회하다; 슬픔에 잠겨 있다(←마태 복음(Matt.) 11:21).
~ed
sáck còat 〖名〗 신사복 저고리. **sáck-còat·ed** 〖形〗
sáck drèss 〖名〗 자루옷, 색 드레스.
sáck dùty 〖美俗〗 수면 (시간).
sack·er¹ [sǽkər] 〖名〗 1 부대를 만드는[채우는] 사람. 2 〖美俗〗〖野球〗 누수(baseman).
sack·er² 〖名〗 (집·마을 따위의) 약탈자.
sack·ful [sǽkfùl] 〖名〗 한 부대의 양, 많은 분량.
sack·ing [sǽkiŋ] 〖名〗〖U〗 1 부대 만드는 천, 거친 삼베. 2 약탈, 강탈. 3 결정적 승리.
sack·less [sǽklis] 〖形〗 〖스코〗 1 정력[힘]이 없는; 의기 소침한. 2 의지가 박약한. 3 〖古〗 죄가 없는.
sáck ràce 〖名〗 부대(자루) 경주(두 발을 자루 속에 넣고 뛰어가는 경주).
sáck ràt 〖美俗〗 잠꾸러기, 〔고 뛰어가는 경주).
sáck sùit 〖名〗〖美〗 신사복.
sáck tìme 〖名〗〖美俗〗 수면[취침] 시간. 〔어진.
sack·y [sǽki] 〖形〗 (옷이) 헐렁헐렁한; 어깨에서 축 늘
SACLANT *Supreme Allied Commander, Atlantic*(NATO 대서양군 최고 사령관[사령부]).
sac·like [sǽklàik] 〖形〗 주머니와 같은, 주머니를 닮은.
sacque [sæk] 〖名〗 =sack dress
sac·ra [sǽkrə, séi-] sacrum의 복수형.
sa·cral¹ [séikrəl] 〖形〗 성례(聖禮)의[를 위한].
sa·cral² 〖解부〗 천골(薦骨)(의).
sa·cral·ize [séikrəlàiz, sǽk-] 〖(*英*) -ise〗 〖動〗 신성화하다. **sà·cra·líz·a·tion** 〖名〗
sac·ra·ment [sǽkrəmənt] 〖名〗 1 (개신교의) 성례전(聖禮典)(세례와 성찬); (가톨릭의) 성사(聖事)(영세·견진(堅振)·성체·고백·종부·신품(神品)·혼인의 7대 성사 중의 한 가지). 2 (종종 the S—) 성찬(식), 성체(聖體). 3 (the ~) 성찬의 빵. 4 신성한 것, 신비. 5 표상, 증거, 상징. 6 증서, 서약의 맹세; 〖古〗 (고대 로마 군대의) 입대 선서.
 administer the sacrament 성사를 베풀다; 성찬식을 행하다.
 go to sacrament 성찬식에 참석하다. 〔을 행하다.
 minister the sacrament 성찬식을 행하다.
 take [or *receive*] *the sacrament to do* [or *upon*] …할 것을 맹세하고 성찬을 받다.
 the last sacrament 병자[임종] 성사.
 ─〖動〗 〖과거분사로〗 …을 신성하게 하다; …을 서원시키다. ¶*a ~ed covenant* 성스러운 계약.
sac·ra·men·tal [sæ̀krəméntl] 〖形〗 1 성례(聖禮典)의; 성체의, 성찬식의. ¶*~ wine* 성찬용 포도주. 2 신성한. 3 성사[성례전]을 존중하는. ─〖名〗 1 (가톨릭) (성수·성유를 붓거나 성호를 긋는) 준(準)의식. 2 (~s) 성찬식 용구. **-men·tál·i·ty** 〖名〗 **·ly** 〖副〗 **~·ness** 〖名〗
sac·ra·men·tal·ism [sæ̀krəméntlìzm] 〖名〗〖U〗 성사[성례]전 중시주의. 2 상징주의, 상징설[설]. **-ist** 〖名〗
Sac·ra·men·tar·i·an [sæ̀krəmèntɛ́əriən] 〖名〗 성찬 형식론자; (S—) 성사[성례] 중시주의자. ─〖形〗 성찬 형식론자의. ─〖形〗 **·ism**
sac·ra·men·ta·ry [sæ̀krəméntəri] 〖形〗 1 성사의; 성찬식의(sacramental). 2 성찬 형식론자의. ─〖名〗 1 (S—) =Sacramentarian. 2 〖가톨릭〗 (미사) 성사 전문[聖事典] 문); 성례전 의식서.   〔「국 California 주의 주도).
Sac·ra·men·to [sæ̀krəméntou] 〖名〗 새크라멘토(미
Sácrament Súnday 〖名〗 성찬식을 행하는 일요일.

sa·crar·i·um [səkrɛ́əriəm] 〖名〗 (*pl.* *-i·a* [-iə]) 1 (가톨릭) 성수반(聖水盤)(piscina). 2 〖교회〗 (성당의) 제단 앞. 3 〖성서〗 성전의 지성소(至聖所); 〖로마 역사〗 제단; (저택 안의) 성소(聖所). **-i·al** 〖形〗
‡**sa·cred** [séikrid] 〖形〗 (*more* ~; *most* ~) 1 신성한, 성스러운, 신께 바쳐진. ➪HOLY 〖유의어〗 ¶*a* ~ *building* 신전(神殿). 2 종교의, 종교적인, 종교와 관련이 있는. ¶*a* ~ *history* 성서에 기록된 역사/~ *music* 종교음악. 3 (사람·목적 등에) 바쳐진, 헌정된, …을 위한 (*to*). ¶~ *to the memory of* (묘비명 따위에서) …에 바침. 4 신에게 봉사하는; 신성시되는; 신성 불가침의. ¶~ *rights* 침해할 수 없는 권리. 5 거룩한, 존경[경외] 할 만한, 훌륭한.
 be sacred from …을 면하다, 당하지 않다.
 hold sacred 존중하다, 신성시하다.
 ~·ly 〖副〗 **~·ness** 〖名〗
sácred babóon 〖動〗 망토코원숭이.
sácred bambóo 〖植〗 남천촉(南天燭).
Sácred Cóllege (of Cárdinals) 〖名〗 (the ~) 〖가톨릭〗 추기경회(교황의 최고 자문 기관).
sácred ców 1 (힌두교의) 성우(聖牛). 2 (신성시되어) 비판[공격]해서는 안 되는 것[사람].
Sácred Héart 〖名〗 (the ~) 〖가톨릭〗 (그리스도의 사랑과 희생의 상징으로서의) 성심(聖心)(창에 찔린 예수의 심장); 성심회(프랑스의 수녀회).   〔심.
 the Sacred Heart of Mary 〖가톨릭〗 마리아의 성
sácred íbis 〖名〗 (옛 이집트에서 영조(靈鳥)로 섬긴) 따오기.
Sácred Wrít 〖名〗 (the ~) 성서(Scripture).
‡**sac·ri·fice** [sǽkrəfàis] 〖名〗〖*-fic·es* [-iz]〗 1 산제물; 〖U〗 신에게 산 제물을 바치기. ¶*a human* ~ (人身) 제물. 2 (the ~) 그리스도가 십자가에 못박히기; 성찬. 3 〖C〗〖U〗 희생적 행위, 희생하기, 헌신. ¶*the great* [or *last*] ~ 국가를 위해 죽는 일. 4 출혈 판매, 덤핑(에 의한 손실). 5 〖野〗 희생 번트, 희생타.
 at all sacrifices 모든 희생을 무릅쓰고.
 at any sacrifice 어떤 희생을 치르더라도.
 at [or *by*] *the sacrifice of* …을 희생하여.
 fall a sacrifice of …의 희생이 되다.
 make a sacrifice of …을 희생하다.
 make the supreme [or *great, last*] *sacrifice* ① (남·대의를 위해) 일신을 희생하다. ② 〖익살〗 (여성이 싫은 남자에게) 몸을 허락하다.   〔으로 팔다.
 sell at a (*large, great*) *sacrifice* 특별 가격[덤핑]
 ─〖動〗 (*-fic·es* [-iz]; *-d* [-t]; *-fic·ing*) 〖他〗 1 …을 제물로 바치다, 희생시키다(*to*). ¶(~+〖目〗+〖前〗+〖名〗) ~ *sheep to God* 양을 신에게 제물로 바치다. 2 (일반적으로) …을 희생하다, 바치다(*for, to do*). ¶(~+〖目〗+〖前〗+〖名〗) ~ *oneself for the good of humanity* 인류의 복지를 위해 자신을 희생하다. 3 (물건) 을 출혈 판매하다. 4 〖野〗 (주자)를 희생타에 의해 진루(進壘)시키다. 5 (연구용으로) 죽이다. ─〖自〗 1 제물을 바치다(*to*); (…을 위해) 희생이 되다(*for*); (…을) 희생으로 삼다 (*on*). ¶(~+〖前〗+〖名〗) ~ *to God* 신에게 제물을 바치다. 2 〖野〗 희생타를 치다.
 ~·a·ble 〖形〗 **-fic·er** 희생자.
sácrifice búnt 〖野〗 희생 번트.
sácrifice flý 〖野〗 희생 플라이.
sácrifice hít 〖野〗 희생타.
sac·ri·fi·cial [sæ̀krəfíʃəl] 〖形〗 1 제물의, 희생의; 희생적인, 헌신적인. **·ly** 〖副〗
sac·ri·lege [sǽkrəlidʒ] 〖名〗〖U〗 1 성소(聖所)를 더럽힘, 신성 모독 (행위). 2 신성한 것을 훔치기, 교회 도둑.
sac·ri·le·gious [sæ̀krəlídʒəs] 〖形〗 1 신성(神聖)을 더럽히는, 신을 모독하는, 신을 두려워하지 않는; 신성 모독죄를 범하는, 교회를 터는. **·ly** 〖副〗 **~·ness** 〖名〗
sa·cring [séikriŋ] 〖名〗 1 〖古〗 〖미사에서의〗 축성(祝聖). 2 (군주·대주교 등의) 취임식, 축성식. 3 (일반적으로) 신성화하기.

sacring bell 圏 〔가톨릭〕 미사의 축성식 때 울리는 작은 종; 제령(祭鈴).
sac·rist [sǽkrəst, séi-] 圏 =SACRISTAN 1.
sac·ris·tan [sǽkristən] 圏 〔고어〕 **1** (교회 등의) 성구실(聖具室) 담당자, 성구 보관인. **2** 교회의 잡역부, 성당지기.
sac·ris·ty [sǽkristi] 圏 (교회 등의) 성구실(聖具室), 「성구 보관소.
sac·ro- [sǽkrou, -rə, séik-] 〔연결〕 「천골(薦骨)」의 뜻(* 모음 앞에서는 sacr-). ¶ *sacroiliac*.
sac·ro·il·i·ac [sækrouíliæk, séik-] 〔해부〕 圏 천장 관절의, 천골과 장골의(천골과 장골의 관절). —圏 천장 관절의, 천골과 장골.
sac·ro·sanct [sǽkrousæŋkt] 圏 지극히 신성한; (비꼬아) 신성 불가침의. ›**sánc·ti·ty**, **~·ness**
sac·rum [sǽkrəm, séik-] 圏 (~s [-z]; ~·ra [-rə]) 〔해부〕 천골, 엉치등뼈.
‡**sad** [sæd] 圏 (~·der; ~·dest) **1** 슬픈, 슬픔을 나타내는 (얼굴에 잠긴). ¶ a ~ *heart*[*song*] 슬픈 기분[노래]. **2** 슬픈 듯한. ¶ a ~ *face* 슬픔에 젖은 얼굴.

> 〔유의어〕 **sad** 마음의 어두운 상태를 나타내는 가장 일반적인 말. **sorrowful** 사별(死別) 따위 큰 불행으로 슬퍼하는. **depressed** 마음이 울적하여 심신의 활력을 잃은 상태. **dejected** 외부적·구체적 원인에 의한 일시적 실망·좌절감. **gloomy** 슬픔이나 걱정에 젖어 있는 사람이 자아내는 어둡고 음울한 기분을 나타내는 말. **melancholy** 음울한 생각에 잠겨 있는 상태; 반드시 심각하거나 불쾌한 것은 아니다.

3 슬퍼 하는, 애석한. ¶ It is ~ that you failed in your exam. 네가 시험에 낙방한 것은 애석한 일이군. **4** (색이) 거무스름한, 어두운, 충충한, 침침한. **5** 〔구어〕 괘씸한, 어이없는, 심한, 지독한. ¶ a ~ *boy* 아주 심한 놈, 골치덩이. **6** 〔방언〕 (빵 따위가) 잘 부풀지 않은, 설구워진; (땅이) 질척질척한. **7** 〔고어〕 단단한; 진지한. **8** 흔들리지 않는, 부동의.
a sadder and [or *but*] (*a*) *wiser man* 슬픈 경험으로 많은 것을 깨달은 사람, 어려움을 겪은 사람.
in sad earnest 진지하게, 심각하게.
make sad work of it 실수하다.
sad to say 유감스럽게도; 슬프게도.
That's really sad. (美속어) 가엾은 일이군요(* 형식적인 동정의 표현).
write sad stuff 형편없는 문장을 쓰다.
SAD (정신의학) seasonal affective disorder. 「맥주.
sád ápple (美속어) **1** 싫은(천박한) 놈; 겁쟁이. **2**
Sa·dat [sədɑ́ːt/-dǽt] 圏 **Anwar el-~** 사다트 (1918–81: 이집트의 제2대 대통령). 「한.
sad-col·ored, (英**) -oured** [ˈkʌlərd] 圏 칙칙
sad·den [sǽdn] 匭 …을 슬프게 하다; …을 거무스름하게 하다. —匭 슬퍼지다; 거무스름한 색이 되다.
~·ing·ly 匭
Sad·dhar·ma·Pun·da·ri·ka [sʌddɑ́rməpundɑ́rikə] 圏 〔불교〕 법화경(法華經). 「칙한.
sad·dish [sǽdiʃ] 圏 (좀) 슬픈, 구슬픈; (색이) 좀 칙
‡**sad·dle** [sǽdl] 圏 (匭 ~s [-z]) **1** 안장; (마구(馬具)의) 안장부분. **2** (자전거 따위의) 앉는 자리, 안장. **3** 안장을 놓을 말의 등. **4** 안장 모양의 물건. **5** (양고기 따위의) 등심. **6** (두 산봉우리를 잇는) 등마루, 산등성이. **7** 〔기계〕 새들, 축안(軸鞍). **8** (배의) 침목. **9** (지붕의) 용마루 덮개. **10** (양식 건물의) 마룻귀틀. **11** 구두 발등에 댄 장식 가죽.
cast a person out of the saddle 남을 면직시키다.

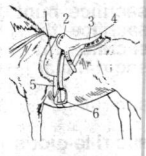

[saddle 1]
1 flap 안장깔개 2 pommel 안장머리 3 seat 안좌(鞍座) 4 cantle 안미 5 girth 복대 6 stirrup 등자

either win the saddle or lose the horse 성패를 걸고 시도해 보다.
for the saddle 승용(乘用)의, …를 걸고 시도해 보다.
in the saddle ① 말을 타고. ② 실권을 장악하여. ③ 일에 착수하여, 준비가 끝나.
lean forward in the saddle (美속어) 아주 적극적인 태도를 보이다.
lose the saddle 말에서 떨어지다.
out of the saddle 권력의 자리에서 물러나.
put [or *lay, set*] *the saddle on the wrong* [*right*] *horse* (英구어) 엉뚱한 [마땅히 책망할] 사람을 책망하다.
sell one's saddle (美속어) 매우 가난해지다.
take [or *get into*] *the saddle* ① 말을 타다. ② 실권을 장악하다. 「않고.
tall in the saddle (美구어) 당당하게, 긍지를 잃지
—匭 (~s [-z]; ~d; -dling) 匭 **1** (말 따위)에 안장을 얹다(*up*). ¶ ~ *a horse* 말에 안장을 얹다. **2** …에 부담을 지우다 (*with*). ¶ (~+匭+匭+匭) ~ *a person with* responsibility 남에게 책임을 떠맡기다. —匭 말에 안장을 얹다(*up*); 안장이 얹힌 말을 타다.
~·less, ~·like
sad·dle·back [sǽdlbæk] 圏 **1** 안장 모양을 한 산 등성이. **2** (건축) =SADDLE ROOF. **3** 등에 안장 모양의 무늬가 있는 새나 짐승.
sad·dle-backed [-bækt] 圏 안장 모양의, 등이 오목한; 등에 안장 모양의 무늬가 있는.
sad·dle·bag [sǽdlbæg] 圏 **1** 안낭(鞍囊)(안장 뒤쪽에 다는 자루). **2** ① 안낭을 만드는 천(페르시아 융단의 일종).
sad·dle·bill [sǽdlbil] 圏 〔조류〕 안장부리황새. (는 sáddle-billed stòrk)
sáddle blànket 안장 깔개(안장 밑에 까는 두꺼운 천).
sad·dle·bow [sǽdlbòu] 圏 안장의 앞테. 〔운 천〕
sad·dle·cloth [sǽdlklɔ̀(ː)θ/-klɔ̀θ] 圏 **1** (경주마의 안장에 붙이는) 번호표. **2** =SADDLE BLANKET.
sáddle hòrse 승용마.
sad·dler [sǽdlər] 圏 **1** 마구(馬具) 제조(수리, 판매)인, 마구장이. **2** (美) 승용마.
sáddle róof (건축) (탑 꼭대기에 있는) 박공 지붕.
sad·dler·y [sǽdləri] 圏 **1** (집합적) 마구(馬具) (한 벌). **2** ① 마구 제조(수리, 판매)업; ① 마구상.
sáddle shòe (~s) (美) 새들 슈즈(구두끈 있는 등부분만 다른 빛깔로 된 구두).
sáddle soap 가죽 닦는 비누.
sáddle sòre (말·사람의) 안장에 쓸린 상처.
sad·dle·sore [sǽdlsɔ̀ːr] 圏 (사람·말이) 안장에 쓸려 아픈.
sáddle stitch 圏 **1** 〔제본〕 중철(中綴)(주간지처럼 등을 철사로 박는 제본 방식). **2** 〔재봉〕 새들 스티치(가죽 제품의 둘레를 누비는 바느질).
sáddle tràmp (美속어) 말을 탄 방랑자.
sad·dle·tree [sǽdltriː] 圏 **1** 안장틀. **2** 튤립나무.
Sad·du·cee [sǽdʒusiː/-dʒuː] 圏 **1** 사두개 사람(내세를 부인하는 유대교의 한 파). **2** (종종 -s) 물질주의자. 「자.
-cé·an 圏 -cé·ism 圏
Sade [sɑːd/F sad] 圏 **Donatien Alphonse François, Comte de ~** 사드(1740–1814: 성적(性的) 도착의 묘사로 유명한 프랑스 소설가).
sa·dhu [sɑ́ːduː] 圏 (힌두교) 현인(賢人), 고행자.
sad·i·ron [sǽdàiərn] 圏 다리미, 인두.
sa·dism [séidizm, sǽd-] 圏 ① (정신의학) **1** 사디즘, 가학성 변태성욕. **2** (일반적으로) 잔학한 일을 즐김.
sa·dist [séidist, sǽd-] 圏 **1** 가학성 변태 성욕의 (사람). 圏 masochist **2** 잔학한 일을 즐기는 (사람).
sa·dis·tic [sədístik] 圏 사디스트적인. -ti·cal·ly 匭
‡**sad·ly** [sǽdli] 匭 (*more ~; most ~*) **1** 슬퍼하여, 비탄에 젖어서; 슬프게. **2** 몹시. ¶ He was ~ disheartened. 그는 몹시 낙심해 있었다. **3** 불운하게도. —圏

sad·ness [sǽdnis] 명 ① 슬픔, 비애, 비탄. ⇒ SORROW 유의어 ② 슬픈 일.

sa·do- [séidou, sǽd-] 연결 '사디즘의'의 뜻.

sad·o·mas·o [sædouměsou] 명 가학 피학성(加虐被虐性) 변태 성욕의. ── 가학 피학성인 사람.

sad·o·mas·o·chism [sèidouméesəkìzm] 명 가학 피학성(加虐被虐性) 변태 성욕. -ist 명 가학 피학성 변태 성욕자. -màs·o·chís·tic 형

sád sàck 명 (美속어) 요령이 없는 사람, 멍텅구리.

sae [sei] 명 (스코) =so. └sád-sàck┘

SAE self-addressed envelope; (美) Society of Automotive Engineers(자동차 기술자 협회); stamped addressed envelope.

SAE númber [èsèií:-] 명 (기계) 윤활유 점도(粘度) 번호; 윤활유 점성(粘性) 규격수.

sa·fa·ri [səfɑ́:ri] 명 ① UC (동아프리카에서의) 사파리, 사냥 여행. ¶on ~ 사냥 여행중에. 2 사냥대. 3 (일반적으로) 모험(탐험) 여행. 4 사냥 여행 스타일(의) 복장. ── (복장이) 사냥 여행 스타일의(과 비슷한). ── 동 자 사냥 여행을 떠나다. └로 발 부분은 샌들┘.

safári boot 명 (~s) 사파리 부츠(면(綿) 개버딘 부츠

safári jàcket 명 (네 개의 주머니와 벨트가 달린) 사파리 재킷. [리용 상·하의).

safári pàrk 명 (英) 자연 동물 공원. └파리 재킷.

safári shìrt 명 사파리 셔츠.

safári sùit 명 사파리 슈트(면 개버딘으로 만든 사파

‡**safe** [seif] 형 (sáf·er; sáf·est) 1 안전한, 안심할 수 있는, 위험이 없는, 해를 당하지 않는(from)/(반) dangerous).¶a ~ place to live in 살기에 안전한 장소// be ~ from attack 공격을 받을 염려가 없다.

유의어 **safe** 사람·물건에 대하여 위험성이 없고 안전한. **secure** 위험 따위를 걱정할 필요가 없는; 안전감을 느끼는 의미로서 safe보다 강한 뜻.

2 (보어로) 무사히, 탈없이, 안전하게. ¶arrive ~ 무사히 도착하다// see a person ~ home 남을 무사히 집까지 바래다 주다. 3 어김없는, 틀림없는. 확실한; 반드시(꼭) ~하는(to do). ¶a ~ estimate 어김없는 추산(견적)/ We are ~ to win. 우리측의 승리는 확실하다. 4 신뢰할 수 있는, 믿을 수 있는; (…해도) 무방한(to do, in doing); 신중한, 주의 깊은. ¶You are ~ in doing so. 너는 그렇게 해도 무방하다. 5 (죄수 따위가) 위해를 가할 염려가 없는, 도망칠 우려가 없는. 6 (야구) 세이프의. 7 (암호 따위가) 해독되지 않는. 8 (英속어) 재치 있는, 센스 있는.

(as) safe as houses [or a house, the Bank of England] (英구어) 아주 안전한(신뢰할 수 있는).

It's safe to say that…; It's a safe bet that… …라 말해도 좋다(과언이 아니다].

on the safe side 신중을 기하여.

play (it) safe (구어) 안전을 꾀하다, 위험을 피하다.

safe and sound 무사히, 탈없이.

safe and sure 안전하고 확실한.

safe in jail 안전하게 수감되어 있는.

── 명 1 금고. 2 (고기 보관용) 찬장(meat ~). 3 물받이 접시. 4 (美속어) =condom. ── 부 안전하게.

~·ness 명

safe·blow·er [séifblòuər] 명 폭약을 쓰는 금고 털이(도둑). ~·blòw·ing 명 금고 털이.

safe·break·er [séifbrèikər] 명 (英) 금고털이(도둑).

sáfe compúter práctice 명 (컴퓨터) (바이러스 감염 예방을 위한) 컴퓨터 안전 실시.

safe·con·duct [`kʌ́ndʌkt/-kɔ́n-] 명 1 (전시의) 안전 통행증(권). 2 호송, 호위.

in [or **with, under, upon**] **(a) safe-conduct** 통행권을 소지하고, 안전 통행을 허가받아. └다.

── 동 타 1 …에게 통행권을 주다. 2 …을 호송(호위)하

safe·crack·er [séifkrækər] 명 금고털이((英) safebreaker). -**cràck·ing** 명

safe·de·pos·it [`dipàzit/-pɔ̀z-] 형 귀중품을 보관하는. ¶a ~ vault 대여 금고. (또는 **safety-deposit**) ── 명 (귀중품 따위의) 보관소, 대여 금고.

sáfe-depósit bóx 명 (은행의) 대여 금고.

***safe·guard** [séifgɑ̀:rd] 명 1 보호, 방호(防護); 예방, 보증. 2 보호 수단, 예방 수단; (기계 따위의) 안전 장치. └막이; 보호 조건 (against, to do). 3 (무역) 긴급 수입 제한 조치. 4 보호자, 호위(병); 호위선(船). 5 안전 통행증. ── 동 타 (이익 따위) 를 지키다, 보호하다 (against, from). ⇒ DEFEND 유의어

sáfeguard cláuse 명 (무역) 세이프가드 클로즈 (GATT 규정의 긴급 수입 제한 조항). └장소(곳).

sáfe hárbor 명 (전시·천재지변 때의) 피난항; 피난

sáfe háven 명 안전한 피난처.

sáfe hít 명 (야구) 안타, 히트. └트.

sáfe hòuse 명 (간첩 등의) 은신처, 안전 가옥, 아지

safe·keep [séifkí:p] 동 타 보호(보관)하다.

safe·keep·ing [séifkí:piŋ] 명 보호, 보관.

be in safekeeping with a person; **be in** a person's **safekeeping** 남에게 보관되어 있다. └(光).

safe·light [séiflàit] 명 U (사진) (암실용) 안전광

‡**safe·ly** [séifli] 부 (**more** ~; **most** ~) 1 안전하게, 무사히, 탈없이. 2 지장없이. └다.

It may safely be said that… …이라 말해도 무방하

saf·en [séifən] 동 타 1 …을 안전[무해]하게 하다. 2 …의 독성을 완화하다. -**er** 명 독성 완화제. └간.

sáfe períod 명 (생리) (월경 전후의) 임신 안전 기

sáfe sèat 명 (의회 따위에서 어떤 정당이 쉽게 확보할 수 있는) 안전 의석.

sáfe séx 안전한 성행위(콘돔 착용 등 성병에 대한 예방 조치를 한 성행위). (또는 **sáfer séx**)

safe-time [`tàim] 명 (우주) 안전 시간(비행중인 미사일에 폭발하지 않는 시간).

‡**safe·ty** [séifti] 명 (pl. -**ties** [-z]) 1 U 안전, 무사, 무난; 안전성. ¶**There is ~ in numbers.** (속담) 수가 많으면 안전하다. 2 안전 장치, 안전판(瓣). 3 (미식축구) 세이프티; (야구) 안타. 4 피난처, 대피소. 5 (속어) 콘돔. 6 (폐어) 유폐, 감금.

at safety 안전 장치를 한. └걱정하다.

be anxious about a person's **safety** 남의 안부를

flee for safety; seek safety in flight 피난하다.

in safety 무사히. └수를 노리지 않다.

play for safety 안전하게 굴다, 신중을 기하다. 요행

Safety First 안전 제일(사고 방지의 슬로건).

with safety 안전하게, 위험하지 않게.

── 형 (한정용법) 안전한, 해(위험)가 없는, 위험 방지의. ── 동 타 (고장·파손·사고가 없도록) 보호하다; (볼트 따위)를 고정시키다, (총 따위)에 안전 장치를 하다.

sáfety bélt 명 1 =seat belt. 2 =life belt. 3 (높은 곳에서 일하는 사람의) 안전 밧줄.

sáfety bicycle 명 ① (고어) 안전 자전거. ② ordinary

sáfety bòlt 명 (문의) 빗장; (총 따위의) 안전 장치.

sáfety càtch 명 1 안전 정지기(엘리베이터 따위가 고장날 때의 누하 방지 장치). 2 (총·포의) 안전 장치.

sáfety chàin 명 안전 체인(철도 차량의 연결 파손 방지용 체인).

sáfety cùrtain 명 (극장의) 방화막(防火幕).

safe·ty-de·pos·it [`dipàzit/-pɔ̀z-] 형 =safe-deposit.

sáfety-depósit bóx 명 =safe-deposit box.

sáfety explósive 명 안전 폭약.

sáfety fàctor 명 (기계) 안전 계수(율).

sáfety fìlm 명 (사진) 불연성(不燃性) 필름.

safe·ty-first [-fɔ́:rst] 형 (한정용법) 1 안전 제일의. 2 안전주의의, 신중한.

sáfety fùze 명 안전 도화선; 안전 퓨즈.

sáfety gláss 〖명〗 안전 유리.
sáfety hárness 〖명〗 (차의) 안전 벨트.
sáfety hát 〖명〗 안전모(帽)(공사장의 헬멧).
sáfety ísland [ísle] 〖명〗 (보행자를 위한) 안전 지대.
sáfety lámp 〖명〗 (광산용) 안전 램프[등(燈)].
sáfety lóck 〖명〗 안전 자물쇠; (총 따위의) 안전 장치.
sáfety mátch 〖명〗 안전 성냥.
sáfety nèt 〖명〗 1 (곡예 등의) 안전망. 2 (비유적) 안전 보장, 안전책; 사회 보장 (제도). **sáfe·ty-nèt** 〖명〗
sáfety pín 〖명〗 안전핀.
sáfe·ty-pin [-pìn] 〖타〗 안전핀으로 잠그다.
sáfety pláy 〖명〗 (카드놀이) (브리지의) 안전 플레이.
sáfety rázor 〖명〗 안전 면도(기). 〔만전책.
sáfety shóes 〖명〗 안전화(사고에 대비한 특수화).
sáfety squéeze 〖명〗 〔야구〕 세이프티 스퀴즈(타자의 번트 성공을 확인하고서 3루 주자가 뛰기 시작하는 스퀴즈 플레이).
sáfety válve 〖명〗 1 안전판(瓣). 2 (감정 따위의) 배출구. *sit on the safety valve* 일시적인 억압 수단을 쓰다.
sáfety zòne 〖미〗 =safety island. 〔다.
saf·flow·er [sǽflauər] 〖명〗 1 잇꽃. 2 잇꽃의 건조화(乾燥花)(약용·적색 식품 염료용).
*****sáf·fron** [sǽfrən] 〖명〗 1 〔식물〕 사프란: Ⓤ 사프란제(劑)(사프란의 암술머리를 건조시킨 것). 2 Ⓤ (또는 ~ yéllow) 사프란색, 선황색(鮮黃色). **~·y** 〖형〗
sáffron càke 〖명〗 사프란 과자(사프란으로 물들인 영국 Cornwall 지방의 과자). 〔화 장치가 된.
saf·ing [séifiŋ] 〖형〗 〔우주〕 (로켓·미사일 따위의) 안전
S. Afr. *South Africa; South African.*
saf·ra·nin(e) [sǽfrənin] 〖명〗Ⓤ 〔화학〕 사프라닌(양모·명주실 따위의 염색용 황적색 염료).
sag [sæɡ] 〖동〗 (**-gg-**) 〖자〗 1 (무게 때문에 한가운데가) 휘다, 늘어지다, 축 처지다. ¶ *The roof is* ~*ging*. 지붕이 내려 앉아 있다. 2 (옷자락 따위가) 축 늘어지다, 처지다. ¶ *a* ~*ging* skirt 볼품없이 늘어진 스커트. 3 (물가·시세·매상이) 떨어지다. 4 (도로 따위가) 침하(沈下)하다. 5 기운이 빠지다, 약해지다. 6 〔해사〕 (선체의 중앙부가) 처지다; (배가 바람 불어가는 쪽으로) 밀리다. ¶ ~ *to leeward* (배가 바람에 밀려) 흘러가다, 표류하다. ── 〖타〗 …을 처지게 하다.
sag along 지럭막길을 걷다.
sag to one's knees 맥없이 주저앉다.
── 〖명〗 1 처짐, 늘어짐, 휨; 처진 곳, (움푹) 내려앉은 곳. 2 침하(沈下). 3 (물가의) 소폭 하락. 4 〔해사〕 (선체 중앙부의) 처짐.
sa·ga [sá:ɡə] 〖명〗 1 북유럽 전설, 사가(중세의 국왕, 영웅 따위를 주제로 한 산문). 2 영웅 이야기, 무용담, 모험담. 3 계도(系圖) 소설, 대하(大河) 소설(~ novel).
*****sa·ga·cious** [səɡéiʃəs] 〖형〗 1 빈틈없는, 영리한; 현명한, 〖명〗 2 (페이) 〖명〗 (동물 따위의) 예민한 후각을 가진. **~·ly** 〖부〗 **~·ness** 〖명〗
*****sa·gac·i·ty** [səɡǽsəti] 〖명〗 1 Ⓤ 기민, 명민(明敏); 현명. 2 (페이) 예민한 후각. 〔원New England
sag·a·more [sǽɡəmɔ̀ːr] 〖명〗 (북미 New England 지방의) 인디언 추장.
sága nòvel 〖명〗 계도 소설, 대하 소설. 〔한 사람.
*****sage¹** [seidʒ] 〖명〗 현인(賢人), 철인(哲人), 〖익살〗 박식
the Seven Sages (고대 그리스의) 일곱 현인.
── 〖형〗 1 현명한, 사려 깊은; 현명한[사려 깊은] 체하는, 점잔 빼는. 2 〔고어〕 근엄한, 엄숙한.
~·ly 〖부〗 **~·ness**, **~·ship** 〖명〗
sage² 〖명〗 1 샐비어, 깨꽃. 2 세이지(차조기과(科)의 다년생 초본); 그 잎(약용·조미료용).
SAGE [seidʒ] 〖미군사〗 반자동식 지상 방공 관제 조직. (또는 **Sage**) [<*S*emi-*A*utomatic *G*round *E*nvironment] 〔일종.
sage·brush [séidʒbrʌ̀ʃ] 〖명〗Ⓤ (미국 서부산(產)) 쑥
sage·brush·er [séidʒbrʌ̀ʃər] 〖명〗 1 (미국 서부의) sagebrush 지대의 주민. 2 〖미속어〗 서부극[소설].

Ságebrush Stàte 〖명〗 (the ~) 미국 Nevada 주의 별칭. 〔즈〕.
ságe chèese 〖명〗 세이지 치즈(세이지로 조미한 치
ságe gréen 〖명〗 샐비어색, 회록색. =ságe-gréen
ságe gròuse 〖명〗 뇌조(雷鳥)의 일종(북미 서부산(產)).
ságe hèn sage grouse의 암컷.
ságe tèa 〖명〗 샐비어 탕(샐비어 잎을 달인 약).
sag·ger [sǽɡər] 〖명〗 토갑(土匣)(고급 도자기를 넣어 굽는 내화성 보호 용기). (또는 **saggar, seggar**)
sag·gy [sǽɡi] 〖형〗 (무거워) 처진, 축 늘어진, 느슨해진.
Sa·gha·li·en [sà:ɡəlíjen] 〖명〗 =Sakhalin.
Sa·git·ta [sədʒítə] 〖명〗 〔천문〕 화살자리(the Arrow).
sag·it·tal [sǽdʒətl] 〖형〗 1 〔해부〕 시상(矢狀)의. ¶ a ~ suture 시상 봉합. 2 화살의, 화살(촉) 비슷한. **~·ly** 〖부〗
Sag·it·ta·ri·us [sæ̀dʒətɛ́əriəs] 〖명〗 1 〔천문〕 궁수자리(the Archer). 2 〔점성〕 인마궁(人馬宮). ── 〖명〗 〔점성〕 인마궁 태생의. ⇒ZODIAC 그림.
sag·it·tar·y [sǽdʒətèri/-təri] 〖명〗 〔그리스 신화〕 활을 가진 반인 반마(半人半馬)의 괴물(centaur).
sag·it·tate [sǽdʒəteit] 〖형〗 (잎 따위가) 화살촉 모양의. (또는 **sagittiform**)
sa·go [séiɡou] 〖명〗 (복 **~s**) 1 Ⓤ 사고 녹말(사고야자의 나무심에서 뽑은 것). 2 = ~ palm 1. 〔소철.
ságo pàlm 〖명〗 1 사고야자(말레이산(產)) 야자나무). 2
sa·gua·ro [səɡwáːrou] 〖명〗 (복 ~**s**) 사과로 선인장(키가 큰 선인장; 미국 Arizona 주의 주화(州花)).
Sa·har·a [səhǽrə/-háːrə] 〖명〗 1 (the ~) 사하라 사막. 2 불모의 땅, 황야. 3 (비유적) 무미건조한 것.
Sa·har·an [səhǽrən/-háːrən] 〖명〗 1 사하라 사막의. 2 사하라 사막의 주민. 2 (언어) 사하라 사막 인근 지역의 말. ── 〖명〗 1 사하라 사막의. 2 (땅이) 불모의. 3 사하라 사막 지역 언어
Sa·har·i·an [səhǽəriən] 〖명〗 =Saharan.
Sa·har·ic [səhǽrik] 〖명〗 =Saharan.
Sa·hel [səhéil, -híːl] 〖명〗 (the ~) 사하라 사막 남쪽의 대초원(대평원), 사헬.
sa·hib [sáːib] 〖명〗 1 (S~) 각하, 나리, …님(식민지 시대 인도인이 유럽인을 부르던 경칭). ¶ Jones S~ 존스 나리. 2 (구어) 유럽인.
sa·hi·ba [sáːibə] 〖명〗 sahib의 여성형.
‡**said** [sed] 〖동〗 say의 과거·과거분사.
── 〖명〗 〔법률〕 (the ~) 전기(前記)의, 전술(前述)의. ¶ the ~ witness 전술한 증인.
Sai·gon [saiɡɑ́n/-ɡɔ́n] 〖명〗 사이공(베트남 남부의 항구 도시 Ho Chi Minh City의 옛 이름).
‡**sail** [seil] 〖명〗 (복 ~**s** [-z]) 1 돛; (the ~) 〖집합적·복수취급〗 (배 한 척 또는 몇 척의) 돛(의 일부 또는 전부). 2 돛 모양의 것; 풍차의 날개; 새의 날개; (내치 위의) 등지느러미; (앵무조개 따위의) 촉수; 잠수함의 전망탑. 3 배 여행; 항해; 항행 거리. 4 범선; 〖집합적〗 배, …척. ¶ a fleet of 30 ~ 30 척의 함대. 5 (the S~) 〔천문〕 돛자리(Vela). 6 (~s) 〖속어〗 돛 만드는 사람.
at full sail(s); full sail 강한 순풍을 받고, 전속력으로.
bear low sail 겸손한 태도를 취하다. 〔로; 똑바로.
bend the sail 돛을 활대에 동여매다.
carry sail =hoist sail ①.
crowd (a) sail 돛을 될 수 있는 대로 많이 펴다.
fill the sail 돛에 바람을 받게 하다.
furl a sail 돛을 접다[말다].
get in a sail 돛을 걷다.
get under sail 출항하다, 출범하다.
give the sails to the wind 돛을 바람이 불어오는 쪽으로 돌리다.
go for a sail 돛배로 뱃놀이 가다. 〔쪽으로 돌리다.
haul in one's sails 사양하다, 삼가다.
hoist sail ① 돛을 올리다, 돛을 펼치다. ② 〖속어〗 떠나다; 도망치다.
in (full) sail ① 돛을 모두 올리고. ② 범선으로.
lower [or *haul down*] (*one's*) *sail* ① 돛을 내리다. ② 항복하다.

make sail 〔해사〕 ① 돛을 올리다, 돛을 더 펴서 달리다. ② 출범하다(*for*).
more sail than ballast 실속보다 겉치레.
pack on all sail(s); press sail 돛을 활짝 펴다.
red sails in the sunset 《속어》 생리중에.
reef one's sails 활동 범위를 좁히다, 노력을 줄이다.
Sail ho! 배가 보인다(경보).
set sail ① 돛을 올리다. ② (…으로) 출범하다 (*for*).
shorten (one's) sails ① (속도를 늦추기 위해) 돛을 접다. ② (걸을 때 따위에) 속도를 줄이다.
strike sail ① 급히 돛을 내리다. ② 주제넘게 나서지 않다, 삼가다. ③ 항복하다, 패배를 인정하다.
take in sail ① (속도를 줄이기 위해) 돛을 말다[줄이다]. ② 《비유적》 야심을 억제하다.
take sail (…에) 승선하다 (*in*).
take the wind out of a person's sail 남의 의표를 찌르다.
trim one's [or ***the***] ***sails (before*** [or ***to***] ***the wind)*** ① (풍향에 따라) 돛을 조절하다. ② 임기응변으로 처리하다. ③ 《구어》 절약하다.
under full sail 서둘러, 급히.
under sail 돛을 올리고, 범주(帆走)[항행]중에; 범선으로.
with all sails set; with every sail set out 돛을 모두 펴고[올리고].
— [동] (~**s** [-z]) [자] **1** 항행하다, 범주하다; 출항하다, 출범하다 (*from, for, to*). ¶ (~+[前]+[名]) ~ *along* the coast 연안을 항해하다 / ~ *from* Busan *for*[or *to*] America 부산에서 미국으로 출항하다 // (~+[副]) The ship is ~*ing along*. 그 배는 항해중이다. **2** (비행기·새 따위가) 미끄러지듯 날다 (*in, across*); (달·구름 따위가) 떠오르다, 떠다니다 (*across*); (백조·물고기 따위가) (수면[수중]을) 미끄러지듯이 나아가다. **3** 점잔 빼며[당당하게] 걷다 (*in, into*); 야단스럽게[떠들썩하게] 나타나다(*up*); 힘들이지 않고 통과하다[나아가다] (*through*). ¶ (~+[前]+[名]) She ~*ed into* the room. 그녀는 당당하게 방으로 들어왔다 / He ~*ed through* the door[examination]. 그는 문으로 쑥 빠져 나갔다[시험에 쉽게 통과했다]. **4** 《구어》 힘차게 달려들다; 과감히 하다 (*in, into*); 공격하다, 욕하다 (*in, into*). ¶ (~+[前]+[名]) He ~*ed in*[or *into*] the work. 그는 기운차게 일을 시작했다 / He ~*s into* his wife whenever his work goes badly. 그는 일이 잘 안 되면 언제나 아내를 욕한다. — [타] **1** 〔물 위〕를 항행하다. ¶ ~ the seven seas 7대양을 두루 항행하다. **2** (새·비행기 따위가) 〔하늘〕을 미끄러지듯이 날다; 〔수면〕을 달리다. ¶ ~ the air 하늘을 날다. **3** 〔배〕를 (돛으로) 달리게 하다, 항행시키다; 〔범선 따위〕를 조종하다; 〔배〕를 띄우다; 〔글라이더 따위〕를 활공시키다, 날리다. ¶ ~ a toy boat on a pond 연못에 장난감 배를 띄우다.
sail against the wind ① 맞바람을 안고 범주하다. ② 《구어》 대세를 거스르다.
sail a race 범선으로 경주하다.
sail before the wind ① 순풍에 돛을 달고 달리다. ② 《비유적》 (일이) 순조롭게[척척] 진척되다; 출세하다.
sail close to [or ***near***] ***the wind*** ⇨WIND[1].
sail fine 〔해사〕 뱃머리를 되도록 바람이 불어오는 쪽으로 돌려 항행하다.
sail for …으로 출항하다.
sail free 〔해사〕 돛을 전부 펴지 않고 달리다.
sail in [or ***into***] ① 입항하다. ② 《구어》 (토론 따위에) 대담하게 나서다. ③ 《구어》 욕하다, 덤벼들다; 야단치다.
sail large 순풍을 받고 달리다.
sail out 출항하다.
sail through 척척 해치우다, 수월하게 해내다.
sail under false colors ⇨COLOR.
sail with a large [***scant***] ***wind*** 충분한 바람[역풍]을 받으며 항행하다.
∠·a·ble, ~ed [형]

sail·board [séilbɔ̀ːrd] [명] 1-2인용 소형 요트; 윈드서핑용 보드. **~·er** [명] **~·ing** [명] =windsurfing.
sail·boat [séilbòut] [명] 범선; 요트. **~·er, ~·ing** [명]
sail·cloth [séilklɔ̀ːθ/-klɔ̀θ] [명][U] 범포(帆布), 즈크; (옷·커튼용의) 올이 굵은 삼베의 일종.
sail·er [séilər] [명] 범선; 속력이 …한 배. ¶a good [slow] ~ 속력이 빠른[느린] 배.
sail·fish [séilfìʃ] [명] 〔어류〕 돛새치.
⁑sail·ing [séiliŋ] [명] ([복] ~**s** [-z]) [U] **1** 항해, 범주(帆走), 항행, (새·비행기 따위의) 비행. **2** 요트놀이[경기]. **3** (배의) 속력, 항행력. ¶a ship remarkable for her fast ~ 속력이 몹시 빠른 배. **4** 항해술, 항법. ¶great circle ~ 대권 항법(大圈航法). **5** [U][C] 출범[출항] (시각), 정기편. **6** (배로) 운반[수송]되는 것.
plain [or ***fair, smooth***] ***sailing*** 간단하고 쉬운 일.
sáiling bòat [명] 《英》 범선(sailboat); 요트.
sáiling dày [명] (여객선의) 출범[출항]일.
sáiling lèngth [명] 요트의 길이.
sáiling màster [명] 《英》 (대형 요트의) 항해장; 《美》 (군함의) 항해장.
sáiling òrders [명][복] 출항 명령(서), 항해 지시(서).
sáiling shìp [vèssel] [명] 대형 범선.
sail·less [séillis] [형] 돛이 없는; (바다에) 배가 보이지 않는.
sáil lòft [명] 돛 꿰매는 방; 돛 만드는 공장.
sail·mak·er [séilmèikər] [명] **1** 돛 꿰매는[만드는] 직공[선원]. **2** 〔美해군〕 (옛 제도상의) 장범장(掌帆長).
sáil nèedle [명] 돛 꿰매는 바늘.
sail·off [séilɔ̀ːf] [명] 《美》 요트 경주.
⁑sail·or [séilər] [명] ([복] ~**s** [-z]) **1** 선원, 수부, 뱃사람, 하급 선원. **2** 수병; 해군 병사. **3** 배로 여행하는 사람, 배에 익숙한 사람. **4** 《고어》 범선. **5** 《美속어》 여자에게 환심을 사려는 사람. **6** =~ hat.
a good [***bad, poor***] ***sailor*** 배멀미 안하는[하는] 사람.
a sailor before the mast 평(平)선원[수병].
Hello, sailor! 《경멸적》 이봐, 수병!
spend (money) like a sailor 돈을 물쓰듯 하다.
talk sailor 항해 용어를 사용하다.
tinker, tailor, soldier, sailor 온갖 종류의 사람.
— [형] 수병[수부] 용품과 비슷한.
~·less, ~·lìke [형]
sáilor còllar [명] (해군복처럼 여성복의) 밖으로 젖히게 만든 옷깃.
sáilor hàt [명] 선원 모자; (여성용의) 납작한 밀짚 모자; (어린이용의) 챙이 위로 젖혀진 밀짚 모자.
sail·or·ing [séiləriŋ] [명][U] 선원 생활; 선원의 일[직무].
sail·or·ly [séilərli] [형] 선원다운, 선원에게 알맞은.
sail·or·man [séilərmən, -mæ̀n] [명] =sailor.
sáilor's fárewell [명] 《속어》 헤어질 때의 욕설[악담].
sáilors' fríend [명] (the ~) 《속어》 달(moon).
sáilors' hóme [명] 선원 숙박소[회관].
sáilor's knòt [명] **1** 〔해사〕 세일러 노트(선원의 밧줄 매는 법). **2** (넥타이의) 선원식 매기.
sáilor sùit [명] (어린 아이의) 수병복, 세일러복.
sail·plane [séilplèin] [명] (소형) 글라이더. — [동][자] 글라이더로 활공(滑空)하다. **-plan·er** [명]
sail·yard [séiljɑ̀ːrd] [명] (돛의) 활대.
sain·foin [séinfɔin/sǽn-] [명] 유럽산 콩과(科) 목초의 일종.
⁑saint [seint] [명] **1** (가톨릭교에서 정식으로 인정되어 칭호가 붙여진) 성인(聖人); 성자, 성도(＊인명, 지명, 교회명 등에 붙이는 경우는 보통 St.로 줄이고, 성(聖)…이라 부른다). ¶*St.* John 성 요한. **2** (일반적으로) 성인 같은 사람, 덕이 높은[자비심이 깊은] 사람; 《비꼬아》 성인인 체하는 사람. ¶*Young ~s, old sinners* [or *devils*]. 《속담》 젊을 때의 신앙심은 믿을 수 없다. **3** 천당에 간[죽은] 사람; (the S–s) 승천한 성인들. **4** 〔성서〕 천사. **5** (S–) 〔성서〕 기독교인, 신의 부름을 받은 사람. **6** (조직 따위의) 발기인, 창시자, 후원자.
(as) patient as a saint (성인처럼) 참을성이 강한.
enough to provoke a saint (성인도 참지 못할 만큼) 몹시 화나는.

S

play the saint 신앙이 두터운 체하다.
Saints alive!; Saints preserve us [or *me*]! 〖놀라움을 나타내어〗 원 이런!, 어머나!
the departed saint 고인(故人).
try the patience of a saint; provoke a saint 성인 군자도 화를 내게 하다.
— 图印 …을 시성(諡聖)하다, 성인으로서 인정하다.
— 图 성인처럼 행동하다.
saint it 성인답게 행동하다, 성인인 체하다.
~·less 图

SAINT *Satellite Inspector*(인공 위성 사찰 계획).
Sàint Ág·nes's Éve [-ǽgnisiz-] 图 성아그네스 기념일 전야제(1월 20일 밤; 이 날 정해진 의식을 행한 소녀는 장래의 남편을 꿈에서 본다고 한다).
Sàint Ándrew's Cróss 图 (X자형의) 성안드레아 십자가. [오 십자가.
Sàint Ánthony's Cróss 图 (T자형의) 성안토니
Sàint Ánthony's fíre 图 〖병리〗 성안토니열(熱) (염증성·괴저성 피부 증상의 총칭).
Sàint Bernárd 图 세인트 버나드 개(알프스의 St. Bernard 수도원의 구명견에서 연유).
saint·dom [séintdəm] 图 =sainthood.
saint·ed [séintid] 图 1 시성(諡聖)된, 성인이 된. 2 천국에 들어간, 고인이 된. 3 신성한; 성인 같은.
Sàint Élmo's fíre [líght] 图 성엘모의 불(번개가 가까이 왔을 때 배나 비행기의 코로나 방전 현상).
saint·ess [séintis] 图 〖드물게〗 성녀(聖女).
Saint-Ex·u·pé·ry [F sɛ̀tɛgzypeRi] 图 **Antoine (Marie Roger) de** ~ 생텍쥐페리(1900-44: 프랑스
saint·foin [séintfɔin] 图 =sainfoin. [의 소설가).
Sàint Géorge's Cróss 图 성조지 십자(흰 바탕에 빨간색으로 된 잉글랜드의 국장(國章)).
saint·hood [séinthùd] 图⓾ 1 성인임, 성인의 신분[지위]. 2 〖집합적〗 성인, 성도. (또는 **saintdom**)
Sàint Jóhn's Dày 图 =Midsummer('s) Day.
saint·like [séintlàik] 图 성인다운; 숭고한, 신성한.
Sàint Lúcia 图 세인트 루시아(서인도 제도 동남부 Windward 제도에 있는 독립국; 수도 Castries).
saint·ly [séintli] 图 1 성인다운, 성인에게 알맞은. 2 숭고한. **-li·ly** 图 **-li·ness** 图 [summer.
Sàint Mártin's súmmer 图 = St. Martin's
Sàint Pátrick's Dày 图 성패트릭 축일(3월 17일; Ireland의 수호 성인 St. Patrick을 기념).
Sàint Pául 图 성바울(그리스도의 사도).
saint·pau·li·a [seintpɔ́:liə/sənt-] 图 〖식물〗 아프리카제비꽃. [성전.
Sàint Péter's 图 (로마 바티칸시의) 성(聖)베드로 대
Sàint Péter's cháir 图 로마 교황의 자리[직].
Sáint Pé·ters·burg [-pí:tərzbə̀:rg] 图 상트페테르부르크(러시아 서부의 항도; Leningrad로 바뀌었다가 현재는 다시 Petersburg라 함).
Saint-Saëns [F sɛ̃sã:s] 图 **Charles Camille** ~ 생상스(1835-1921: 프랑스의 작곡가·피아니스트).
sáint's dày 图 성인 축일. [위[신분].
saint·ship [séintʃip] 图⓾ 성인임[다움]; 성인의 지
Saint-Si·mon [F sɛ̃simɔ̃] 图 **Claude Henri de Rouvroy** ~ 생시몽(1760-1825: 프랑스의 철학자·공상 사회주의자).
Saint-Si·mo·ni·an [-saimóuniən] 图 생시몽의, 공상 사회주의의. — 图 생시몽 신봉자, 공상 사회주의자. ~·ism, **-Sí·mon·ism** 图 생시몽주의.
Sàint Stéphen's 图 영국 하원[의회](속칭).
Sàint Válentine's Dày 图 =Valentine Day.
Sàint Ví·tus'(s) dánce [-váitəs(iz)-] 图 〖의학〗 무도병(舞蹈病).
Sai·pan [saipǽn] 图 사이판 섬(서태평양 North Mariana 제도에 속하는 섬; 북마리아나 연방의 행정 중심지).

saith [seθ] 图 〖고어·시〗 say의 3인칭·단수·직설법·현재.
saithe [seiθ] 图 〖어류〗 작은 대구.
‡**sake** [seik] 图⓾ 동기, 이유, 이익, 목적 (* 현재는 for the ~ of..., for...'s [or ...s'] ¨ "...을 위하여"의 형으로만 쓴다; sake를 수식하는 보통 명사의 어미가 [s]음일 경우에는 종종 소유격의 s가 생략된다. 예: for peace' ~, for goodness' ~). ¶*for the sake of money;* for money's ~ 돈(벌이) 때문에 / *art for art's* ~ 예술을 위한 예술, 예술 지상주의.
for any sake 하여튼, 어떻든간에.
for a person's sake 남을 위하여.
for appearance' sake; for the sake of appearances 외관상, 체면상.
for both [all] our sakes 우리 둘[모두]을 위하여.
for conscience' sake 양심 때문에.
for convenience' sake; for the sake of convenience 편의상.
for God's [or *Christ's, goodness('), heaven's, mercy's, pity's*] *sake* 제발, 아무쪼록, 부디. ¶*For God's* ~, *speak the truth.* 아무쪼록 진실을 말해 주시오.
for old sake's [or *times'*] *sake* 옛정을 생각하여.
for one's name's sake 명예[이름]를 위하여.
for the sake of; for ...'s sake …을 위하여.
Sakes (alive)! 《美》 이거 참 놀랍는걸!
without sake 〖고어〗 까닭없이, 이유없이.
sa·ker [séikər] 图 〖조류〗 세이커매(사냥용 매의 일종). [(또는 **Saghalien**)
Sa·kha·lin [sǽkəli:n] 图 사할린(러시아의 섬).
Sa·kha·rov [sáːkərɔːf] 图 **Andrei (Dmitrievich)** ~ 사하로프(1921-89: 러시아의 핵물리학자·인권 운동가). [의 일종).
sa·ki [séki/sáː-] 图 사키(꼬리가 굵은 남미산 원숭이
Sa·kya·mu·ni [sáːkjəmùni] 图 석가모니(Buddha의 별칭). = **Shakyamuni**
sal¹ [sæl] 图 〖약학〗 염(鹽). [종).
sal² [sɑːl] 图 사라수(수지(樹脂))(인도산 나왕(lauan)의 일
Sal [sæl] 图 1 《美俗》 구세군(Salvation Army). 2 빈민 구호 시설.
sa·laam [səláːm] 图 1 (「평화」를 뜻하는 회교도의) 인사. 2 이마에 손을 대고 하는 절. 3 (~s) 경의를 표하는 인사. [하다.
make one's salaam 이마에 손을 대고 절하다, 경례
— 图 ((…에게) 이마에 손을 대고 절하다.
~·like 图 [성.
sal·a·bil·i·ty [sèiləbíləti] 图⓾ 판매 가능성, 시장
sal·a·ble [séiləbl] 图 1 팔려고 내놓은, 팔기에 알맞은. 2 쉽게 팔리는; (값이) 알맞은. 3 〖고어〗 (사람이) 매수되기 쉬운. (또는 **saleable**) **-bly** 图
sa·la·cious [səléiʃəs] 图 1 호색의, 추잡한. 2 (책 따위가) 음란한, 외설스러운. ~·ly 图 ~·ness 图
sa·lac·i·ty [səlǽsəti] 图⓾ 호색, 외설, 음란.
‡**sal·ad** [sǽləd] 图(~s [-z]) 1 〖요리〗 샐러드, 생채 요리. 2 샐러드용 채소, 상추. 3 뒤범벅.
sálad bàr 图 샐러드 바(레스토랑 내의 셀프서비스식 샐러드 카운터).
sálad bàsket 图 샐러드 바스켓(샐러드용 채소를 씻
sálad bòwl 图 샐러드 사발. [는 소쿠리).
sálad crèam 图 샐러드에 치는 크림.
sálad dàys 图(쪸) 경험이 없는 청년 시절.
sálad drèssing 图 샐러드용 드레싱.
sa·lade [səláːd, saláːd] 图 = sallet.
sálad fòrk 图 샐러드용 포크.
sálad grèen 图 샐러드용 채소.
Sal·a·din [sǽlədin] 图 살라딘(1138-93: 고대 이집트 아유브 왕조의 창시자).
sálad òil 图 샐러드유.
sálad plàte 图 샐러드 접시; 샐러드 요리.

sal·a·man·der [sǽl-əmændər] 명 1 도롱뇽. 2 불도마뱀(불 속에 산다는 전설상의 괴물); 불의 요정. 3 불에 견디는 사람[물건]; 불 속에서 쓰는 도구. 4 (요리용의) 금속 난로(~ stove). 5 휴대용 난로(~ stove).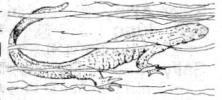
[salamander 1]
sal·a·man·drine [sæləmǽndrin] 형 1 도롱뇽의[같은]. (또는 **salamandrian**) 2 불도마뱀의[같은]; 불에 잘 견디는, 내화(耐火)(성)의. —명 불의 요정.
sa·la·mi [səláːmi] 명 1 살라미 소시지(마늘로 양념한 이탈리아 소시지). 2 《美俗》 음경, 페니스. (<It)
Sal·a·mis [sǽləmis] 명 살라미스 섬(그리스 남쪽의 섬; 기원전 480년 이곳 근해에서 그리스 해군이 페르시아 해군을 격파).
salámi táctics 명 정적(政敵)에 대한 계속적인 공격; 정적의 제거.
sál ammóniac [sǽl-] 명 《화학》 염화 암모늄.
sal·an·gane [sǽləŋɡèin, -ɡèn] 명 칼새의 일종.
sa·lar·i·at [səlɛ́əriət] 명 (the ~) 봉급 생활자 계층.
sal·a·ried [sǽlərid] 형 1 봉급을 받는, 월급쟁이의. ¶a ~ man 봉급 생활자. 2 (직위가) 유급(有給)의.
‡**sal·a·ry** [sǽləri] 명 (pl. **-ries** [-z]) 정기적으로 지급되는 봉급, 급료. ¶get [or draw] a high ~ 많은 급료를 받다 /eke out one's ~ with a part-time job 아르바이트로 급료의 부족분을 늘리다.

> 유의어 **salary** 정액(定額)·정기적으로 지급되는 봉급. **wage(s)** 육체(공장, 가사) 노동자의 임금; 시간급 또는 일급이 보통이며 주마다 지급. **pay** salary, wage(s)를 대신하는 구어. **stipend** 주로 장학금 지급을 뜻하나 공직자의 연금 지급을 가리키기도 한다.

—동타 …에게 봉급을 주다. **~·less** 형
sálary sávings insùrance 명 봉급 적립 보험.
sa·lat [səláːt] 명 살라트(이슬람교에서 하루 5번 행하는 규정된 예배). (또는 **salah**)
sal·aud [sǽlou] 명 《속어》 이 놈, 이 새끼.
sal·bu·ta·mol [sælbjúːtəmɔ̀ːl/-mɔ̀l] 명 《약학》 살부타몰(기관지 확장제).
sal·chow [sǽlkau] 명 《스포츠》 샐코(피겨 스케이팅에서 공중으로 점프하며 1회전하기).
‡**sale** [seil] 명 (pl. ~**s** [-z]) 1 UC 팔기, 판매, 매각. 2 (~s) 매상고. ¶a book of ~s 매상 장부 / Today's ~s were larger than usual. 오늘의 매상은 평소보다 많다. 3 팔림새, 판로, 수요. ¶have a quick [slow] ~ 팔림새가 빠르다[느리다]. 4 염가 판매, 투매(投賣), 세일. 5 (~s) 판매 업무, 판매(촉진) 활동. 6 경매, 공매.
a bargain [or clearance] sale 염가 대매출.
a sale for [or on] account a sale on credit.
a sale for [or on] cash 현금 판매.
a sale of work 《英》 (가정에서 만든 소품들을 파는) 자선 바자.
a sale on credit 외상[신용] 판매.
be dull [easy] of sale 매상이 나쁘다[좋다].
find a good [poor] sale 판매가 잘 되다[되지 않다].
for [or on] sale 팔 물건인, 팔려고 내놓은. ¶goods *make a sale* 《속어》 성공하다. [not *for* ~ 비매품.
no sale 《美俗》 안 된다, 어림없다.
offer a thing for sale = place a thing on sale.
(on) sale and [or or] return 《상업》 잔품(殘品) 인수 조건부 판매(로).
place a thing on sale 물건을 팔려고 내놓다.
put up for [or to] sale 팔려고 내놓다; 경매에 부치다.
sale·a·bil·i·ty [sèiləbíləti] 명 =salability.
sale·a·ble [séiləbl] 형 =salable.
Sa·lem [séiləm] 명 1 《성서》 성도 살렘(←창세기 (Gen.) 14:18, 시편(Ps.) 76, 히브리서(Heb.) 7:2). 2 《英》 비(非)국교도의 교회당. 3 세일럼(미국 Oregon 주의 주도(州都)).
sal·ep [sǽlep] 명 U 샐렙(난과(科) 식물의 구근(球根)을 말린 것; 약용·식용).
sal·e·ra·tus [sælərétəs] 명 U 《美고어》 (요리용) 중탄산 소다(baking soda). [者]들의 무리.
sále-ring [-riŋ] 명 (경매에서) 빙 둘러싼 원매자(願買
sále·room [séilrùː) m] 명 《英》 =salesroom.
sales [seilz] 명 sale의 복수형. —형 판매(상)의.
sáles análysis 명 《상업》 판매 분석.
sáles chèck 명 =sales slip.
sáles·clerk [séilzklə̀ːrk/-klà:k] 명 점원, 판매원.
sáles depártment 명 (회사의) 판매[영업]부.
sáles drìve 명 판매 활동. [기술자.
sáles enginèer 명 판매부 소속 기술자, 판매 전문
sáles exécutive 명 판매원(salesperson).
sáles fínance còmpany 명 (할부) 판매 금융 회
sáles fòrecast 명 매상고 예측. [사.
sáles·girl [séilzɡə̀ːrl] 명 여점원.
sáles·la·dy [séilzlèidi] 명 =saleswoman.
‡**sáles·man** [séilzmən] 명 (pl. **-men** [-mən]) 점원, 판매원; 《美》 외판원, 세일즈맨.
sáles mánagement 명 판매 관리.
sáles mánager 명 판매 부장.
sáles·man·ship [séilzmənʃip] 명 U 1 판매직; 판매 기술. 2 이윤 추구 정신. [하는 경영 이념).
sáles orientátion 명 판매 지향(제품 구입을 설득
sáles·peo·ple [séilzpìːpl] 명(복) 판매원, 판매인;
sáles·per·son [séilzpə̀ːrsn] 명 판매원. [외판원.
sáles pìtch 명 =sales talk.
sáles promòtion 명 판매 촉진. [즈맨.
sáles represèntative 명 판매 대리점[인]; 세일
sáles resístance 명 구매 저항(구매자의 구매 거
sáles·room [séilzrù:m] 명 판매장, 경매장. [부).
sáles slìp 명 (판매상(商)의) 전표.
sáles tàlk 명 1 구매 권유, 상담. 2 능란한 설득.
sáles tàx 명 거래세, 매상세.
sáles·wom·an [séilzwùmən] 명 여점원, 여자 판매원; 《美》 여성 외판원.
sále·yard [séiljɑ̀ːrd] 명 《美·濠·뉴질》 (경매 전에 가축을 끌어 모아 가두어 두는) 가축 우리.
Sa·li·an[1] [séiliən] 형 살리족(族)의. —명 살리족의 한 사람(프랑크족의 일파).
Sa·li·an[2] 형 《로마 신화》 (군신(軍神) 마르스(Mars)의 제사장) 살리(Salii)의.
Sal·ic [sǽlik, séil-] 형 살리족의.
sal·i·ca·ceous [sæləkéiʃəs] 형 버드나뭇과(科)의.
sal·i·cin(e) [sǽləsin] 명 《약학》 살리신(해열·진통제).
Sálic láw 명 (the ~) 살리카법(法)(여자의 토지 상속권이나 왕위 계승권을 부인). (또는 **Sálique láw**)
sal·i·cyl [sǽləsil] 명 《화학》 살리실기(基).
sa·lic·y·late [səlísəlèit/sǽlisi-] 명 《화학》 살리실 산염. ¶sodium ~ 살리실산(酸) 소다.
sal·i·cyl·ic [sæləsílik] 형 《화학》 살리실산의.
salicýlic ácid 명 살리실산.
sa·li·ence [séiliəns] 명 UC 1 돌출. 2 두드러짐, 특징. 3 중요점, (의론의) 고비. (또는 **saliency**)
sa·li·ent [séiliənt] 형 1 두드러진, 눈에 띄는. ¶~ features [or traits] 두드러진 특징. 2 돌출한. 3 뛰는, 도약하는; (정기(精氣)·물 따위가) 용솟음치는, 분출하는. ¶~ spirits of youth 청년의 용솟음치는 기개(氣槪). 4 《문장》 (동물이 뒷발을 땅에 대고) 몸을 솟구는. —명 1 돌각(突角). 2 (참호 따위의) 돌출부. **~·ly** 부
sa·li·en·tian [sèiliénʃən] 형명 《동물》 무미류(無尾類)(개구리목)(의). [발점, 원천.
sálient póint 명 1 두드러진 점[특징]. 2 《고어》 출
Sa·li·e·ri [səljɛ́əri/It saljéːri] 명 **Antonio ~** 살리에리(1750-1825: 빈 궁정 악장을 지낸 이탈리아의 작곡가·지휘자).

sa·lif·er·ous [səlífərəs] 형 (지층 따위가) 염분을 함유하는.
sal·i·fy [sǽləfài] 통타 …을 염화(鹽化)하다; …에 염분을 혼합하다. -fi·a·ble -fi·ca·tion
sal·im·e·ter [sǽlímətər] 명 〔화학〕 염도계(鹽度計). ~·met·ric -im·e·try
sa·li·na [səláinə] 명 (지질) 염수성(鹽水性)의 늪[호수]; 염전; 제염소(製鹽所).
sa·line [séilain] 형 1 소금의; 염분이 있는, 짠, 소금과 같은. ¶a ~ solution[lake] 식염수[염수호(鹽水湖)]. 2 (하제(下劑)용) 염류의. — 명 1 염수호. 2 염전, 제염소. 3 설사용 염류; 무균성의 식염수.
Sal·in·ger [sǽlindʒər] 명 **Jerome David ~** 샐린저(1919- : 미국의 소설가).
sa·lin·i·ty [səlínəti] 명 염분, 염도(鹽度).
sal·i·ni·za·tion [sæ̀lənizéiʃən] 명 염류화 (작용).
sal·i·nize [sǽlənàiz] 통타 …을 소금으로 처리하다. 소금에 절이다, 소금을 함유시키다. 짜게 하다.
sal·i·nom·e·ter [sæ̀lənάmətər/-nɔ́m-] 명 〔화학〕 염도계(鹽度計). **-no·met·ric -try**
Sa·lique [səlíːk, sǽlik] 형 =Salic.
Salis·bur·y [sɔ́ːlzbèri/-bəri] 명 솔즈베리. 1 영국 Wiltshire 주의 도시. 2 Zimbabwe의 수도 Harare의 옛 이름.
Sálisbury Pláin 명 (the ~) 솔즈베리 평원(영국 남부의 Stonehenge가 있는 고원 지대).
Sálisbury stéak 명 솔즈베리 스테이크(햄버거 스테이크의 일종).
Sa·lish [séiliʃ] 명 (샐리시어(語)(Salishian)를 사용하는) 북미 인디언의 한 종족.
sa·li·va [səláivə] 명 ① 침, 타액(唾液).
sal·i·var·y [sǽləvèri/-vəri] 형 타액의, 타액을 분비하는. ¶a ~ gland [해부] 타액선, 침샘.
sal·i·vate [sǽləvèit] 통자 타액을 분비하다. — 타 (수은제를 사용하여) 과도하게 타액을 분비시키다.
salíva tèst 명 타액 검사(경주마의 약물 검사).
sal·i·va·tion [sæ̀ləvéiʃən] 명 ① 타액 분비(과다); 〔병리〕 유연증(流涎症); 수은 중독.
sal·i·va·tor [sǽləvèitər] 명 〔의학〕 타액 분비 촉진제.
Sálk vàccine [sɔ́ːk-] 명 (소아마비 예방용) 소크 백신.
salle [sæl/F sal] 명 대청, 홀, 방. 〔<F〕
salle à man·ger [sæ̀ləmɑ̀ːʒéi/F sala mɑ̃ʒe] 명 식당, 다실. 〔<F room for eating〕
sal·lee [sǽli] 명 〔濠〕 오스트레일리아산(産) 아카시아.
sal·let [sǽlit] 명 샐럿(중세의 가벼운 투구).
***sal·low¹** [sǽlou] 형 (안색이) 창백한, 병적으로 누르께한, 흙빛의, 혈색이 나쁜. — 통타 (안색을) 창백하게 하다, …의 혈색을 나쁘게 하다. — 통자 흙빛으로 되다, 혈색이 나빠지다. ~·ly 부 ~·ness
sal·low² 명 버드나무속(屬)의 나무.
sal·low·ish [sǽloui∫] 형 (안색이) 약간 누르스름한, 흙빛을 띤, 약간 혈색이 나쁜.
***sal·ly** [sǽli] 명 (복 **-lies** [-z]) 1 (포위군에 대한) 출격, 반격, 돌격. ¶make a ~ 출격하다. 2 갑자기 밖으로 뛰어나감; 갑작스러운 활동 개시. 3 외출; 소풍, 짧은 여행. 4 (감정·상상 따위의) 분출, 격발, 돌발. ¶a ~ of anger 노여움의 폭발. 5 (기지 따위의) 솟구침; 기지가 넘치는 말, 재담, 경구(警句). 6 (고어) 상식 밖의 행위. — 통자 (**out, forth**와 함께) 1 출격하다, 반격하다 (against). 2 기운차게 나가다; 외출하다, 소풍 가다. ¶ (~+부) Let's ~ *forth* and look at the town. 자, 나가서 시내 구경을 하자. 3 (사물이) 솟아나오다, 뿜어나오다. ¶ (~+부) Her blood *sallied* out from the wound. 그녀의 상처에서 피가 뿜어나왔다.
-li·er 명 [이 많은 여자].
Sal·ly [sǽli] 명 1 =Sally-Ann 1. 2 (속어) 조심성 많은 여자.
Sal·ly-Ann [-ǽn] 명 (the ~) (속어) 1 구세군. 2 (구세군이 운영하는) 간이 숙박소, 자선 집회.

Sálly Ármy 명 =Salvation Army.
sálly lùnn [-lʌ́n] 명 (종종 S- L-) 샐리런(즉석에서 구워 먹는 muffin의 일종).
Sálly Máe 명 (미) 샐리 메이(연방 장학금 융자 금고 (Student Loan Marketing Association)의 별칭).
sálly pòrt 명 (성 따위의) 출격문, 비상문.
sal·ma·gun·di [sæ̀lməgʌ́ndi] 명 1 ①© (저민 육류·멸치·달걀·양파·후추·식초·기름 따위로 조미한) 이탈리아 요리의 일종. 2 잡탕; 그러모은 것(문서·책 따위), 잡록(雜錄). (또는 **salmagundy**)
sal·mi(s) [sǽlmi] 명©① (반쯤 구운 야생조의 고기를 포도주와 버터를 넣어 삶은) 스튜 요리의 일종.
‡salm·on [sǽmən] 명 (복 ~**s**) [-z] 1 연어; ① 연어 살. 2 ① 연어 살빛, 주황색, 새먼 핑크색. — 명 (는 *-colored*) 연어 살빛의, 주황색의. ~-**like**, ~-**y** 형
salm·on·ber·ry [sǽmənbèri/-bəri] 명 새먼베리 (북미 태평양 연안산(産) 나무딸기의 일종). 「벽돌.
sálmon brìck 명 (반쯤 구운 연어 살색처럼) 붉은
sálm·on-col·or [-kʌ̀lər] 명 주황색.
sal·mo·nel·la [sæ̀lmənélə] 명 (복 **-lae** [-liː]) 〔세균〕 살모넬라균(菌).
sal·mo·nel·lo·sis [sæ̀lmənelóusis] 명 〔병리〕 살모넬라증(症)(살모넬라균에 의한 식중독).
sal·mo·nid [sǽlmənid] 형명 연어과(科)의 (물고기).
sálmon làdder[lèap] 명 연어 어제(魚梯)(연어가 강의 상류로 올라갈 수 있도록 만든 길).
sal·mo·noid [sǽlmənɔ̀id] 형명 1 연어 비슷한 (물고기). 2 연어과(科)의 (물고기).
sálmon páss 명 =salmon ladder.
sálmon péel 명 새끼 연어.
sálmon pínk 명 =salmon 2.
sálmon stàir 명 =salmon ladder.
sálmon tròut 명 1 (유럽산(産)의) 바다 송어. 2 (북미산(産)의) 호수 송어. 3 (일반적으로) 대형 송어.
sal·ol [sǽlɔːl] 명①© 〔화학〕 살롤(방부제·살균제).
Sa·lo·me [səlóumi] 명 살로메 (←마태 복음(Matt.) 14:6-11: Herod 왕의 후처 Herodias의 딸로 왕에게 청하여 세례 요한의 목을 치게 했다).
***sa·lon** [səlάn/sǽlɔn/F salɔ̃] 명 1 (대저택의) 객실, 응접실, 대청; (객실에서 열리는) 명사들의 모임, 상류의 사교 초대회(招待會). 2 미술품 전람회장; (the S-) 살롱(파리에서 매년 개최되는 현대 미술 전람회). 3 (상류층 고객을 위한) 가게, …실(室). ¶a dress ~ 고급 양복점/a hair ~ 미용실. 〔<F〕「경쾌한 음악.
salón mùsh 명 (미속어) 바에서 연주되는 조용하고
salón mùsic 명 살롱 음악. 「사람.
sa·lon·nard [səlάnɑːrd] 명 살롱에 자주 출입하는
***sa·loon¹** [səlúːn] 명 1 (대저택·호텔 따위의) 큰 홀; (여객선의) 사교실, 담화실(談話室), (여객기의) 객실. 2 (영) (복합어로) 공공의 넓은 장소[방], …실. ¶a beauty ~ 미용실/a dancing ~ 댄스홀/a hairdresser's ~ 이발관/a refreshment ~ 다방, 다실/a dining ~ (배 따위의) 식당. 3 진열장, 전람회장. 4 술집, 바; (미) (선술집의) 특별실, 고급 술집. 5 (영) 세단형 승용차. 6 (영) =~ car; (미속어) (화물 열차의) 차장실.
sa·loon² 명 (미속어) 안녕, 또 만납시다.
saloón bàr 명 (영) (술집·바의) 특실.
saloón càr 명 (영) 특별 우등 객차.
saloón càrriage 명 (영) =saloon car.
saloón dèck 명 사교실이 있는 여객선의 갑판.
sa·loon·ist [səlúːnist] 명 =saloon keeper.
saloón kèeper 명 술집 주인.
saloón pìstol 명 (영) 옥내 사격장용 권총.
saloón rìfle 명 (영) 옥내 사격장용 소총.
sa·loop [səlúːp] 명①© 설루프(salep나 sassafras에 우유와 설탕을 섞어 만든 음료). 「의 옛 이름).
Sal·op [sǽləp] 명 샐럽(잉글랜드의 Shropshire 주

sal·o·pette [sǽləpét] 명 1 작업용 덧옷, 노동복. 2 가슴받이가 달린 스키복.
Sa·lo·pi·an [səlóupiən] 명형 Salop의 (주민).
sal·pa [sǽlpə] 명 (복 ~s, **-pae** [-pi, -pai]) 살파 (플랑크톤의 일종). (또는 **salp**) **-pi·fòrm** 형
sal·pi·con [sǽlpikən] 명 살피콘(고기·생선 또는 야채를 소스와 혼합한 음식).
sal·pi·glos·sis [sæ̀lpəglɑ́sis] 명 가지과(科)의 식물(칠레 원산의 관상용).　　　　　「난관(卵管) 절제(적출)(술).
sal·pin·gec·to·my [sæ̀lpindʒéktəmi] 명 (외과)
sal·pin·gi·an [sælpíndʒiən] 형 난관의; (耳管)관의.　　　　　　　　　　　　　　「이관염.
sal·pin·gi·tis [sæ̀lpindʒáitis] 명 (병리) 난관염;
sal·pin·gos·to·my [sæ̀lpingɑ́stəmi] 명 (외과) 난관 개구(開口)(술).　　　　　　　　　「절개(술).
sal·pin·got·o·my [sæ̀lpiŋgɑ́təmi] 명 (외과) 난관
sal·pinx [sǽlpiŋks] 명 (복 **-pin·ges** [-píndʒi:z]) (해부) 나팔관; 난관; 이관.
sal·sa [sɑ́:lsə] 명 1 쿠바에서 시작된 라틴 음악. 2 아주 매운 칠레 소스(멕시코 요리).
salse [sæls] 명 (지질) 이화산(泥火山).　　　「용).
sal·si·fy [sǽlsəfi] 명 (식물) 선모(仙茅)(뿌리는 식
sál sòda [sǽl-] 명 (화학) 탄산나트륨(소다).
‡**salt¹** [sɔːlt] 명 1 ① 소금, 식염(common ~). ¶industrial ~ 공업염 / cooking ~ 요리용 식염. 2 (화학) 염(塩). 3 (~s) 염료(塩劑), 약용염(하제·방부제 따위). 4 식탁용 소금 그릇. 5 ⓒ 자극(생기)를 주는 것; 기지(wit); 통쾌함, 신랄함. ¶attic ~ 점잖은 익살 / a talk full of ~ 재치있는 이야기. 6 (우미) 뱃사람, (old and 함께) 노련한 뱃사람. 7 (美속어) (분말 상태의) 헤로인. 8 바닷물이 들어오는 저습지. 9 (~s) 강으로 역류하는 바닷물.
above the salt 상석에; 귀족 계급에 속하여.
be faithful [or **true**] **to** one's **salt** 주인에게[직무에] 충실하다.　　　　　　　　「층 계급에 속하여.
below [or **beneath, under**] **the salt** 말석에; 하
be not worth one's **salt** 봉급만큼의 일[밥값]을 하지 못하다, 계속하여서 도와 줄 가치가 없다.
drop [or **cast, put**] **a pinch of salt on the tail of** …을 어렵지 않게 잡다.
earn [or **make**] one's **salt** 간신히 살아갈 만큼 벌다.
eat a person's **salt; eat salt with** a person 남의 손님이 되다, 남의 접대를 받다; 남의 집 식객이 되다.
Go pound salt (**up your ass**)! (속어) 꺼져, 뒈져라, 바보같은 소리!
in salt 소금을 뿌린(친), 소금에 절인.
like a dose of salts (속어) 매우 빨리, 얼른.
made of salt 비에 젖어서 녹는.　　　　　「못하다.
not earn salt to one's **porridge** 거의 벌이를 하지
put [or **throw**] **salt on** a person's **tail** 남에게 활기(자극)를 주다.
put some salt on a person's **tail** …을 잡다, 붙잡다.
rub salt in [or **into**] **the wound of a person; rub salt in** a person's **wounds** 남의 상처에 소금을 뿌리는 듯한 짓을 하다, 사태를 더욱 악화시키다.
(take)...with a grain [or **pinch**] **of salt** 에누리하여 (듣다).
the salt of the earth 세상의 소금(사회의 중견이 될 인격이 있는 사람들. ←마태 복음(Matt.) 5 : 13).
── 형 1 소금의, 소금기를 함유한; 짭짤한; 소금에 절인. ¶~ water 소금물. 2 (토지 따위가) 바닷물에 잠긴; (식물이) 바닷물에서 자라는. ¶~ weeds 해초. 3 (드물게) (재담 따위가) 신랄한. 4 쓰디쓴, 고통스러운, 쓰라린. 5 (속어) (비용 따위가) 엄청나게 비싼.
── 타 1 …을 소금으로 짠맛을 내다; …에 소금을 치다[뿌리다]; …을 소금에 절이다(*down, away*). ¶~ the food 음식물에 짠맛을 내다. 2 (화학) …을 염(塩)으로 처리하다. 3 (가죽 따위)에 소금을 주다. 4 [이야기 따위]에 양념을 치다, 짜릿한 맛이 나게 하다 (*with*). 5 (상품 따위)를 실제 이상으로[진짜처럼] 보이게 하다: (광산·유정)에 속여서 질 좋은 다른 광석[석유]을 넣어 두다: (장부 따위)를 속이다, 불리다. 6 (머리)에 백발이 섞이다.
salt away [or **down**] ① …을 소금에 절여 저장하다. (구어) …을 남몰래 저축하다; (돈 따위)를 유리하게 투자하다. ② (입)을 꾸짖다.　　　　　　　　「다.
salt in 용액에 염류를 가하여 (용질)의 용해도를 높이
salt out (화학) 염류를 가하여 석출(析出)하다, 염석 (塩析)하다(되다).　　　　　　　　　　　　　「다나쁘다.
salt prices (나중에 에누리할 셈치고) 비싼 값을 매기
~·like 형 **~·ly** 부
salt² [솔트] (폐어) 호색적인, 음란한; (암컷이) 발정한.
SALT [sɔ:lt] Strategic Arms Limitation Treaty [Talks](전략 무기 제한 협정[협상]).
sált and pép·per 1 소금과 후추. 2 (美속어) 불순물이 섞인 마리화나. 3 (美속어) (백색과 흑색으로 칠한) 순찰차. 4 (美속어) 백인 아내[연인]를 가진 흑인.
salt-and-pep·per [sɔ́:ltnpépər] 형 1 백인과 흑인이 섞인. 2 흰 바탕에 검은 반점이 섞인. ── 명 흰 바탕에 검은 반점이 섞인 옷감.
sál·tant [sǽltnt] 형 춤추는; 도약하는.
sal·ta·rel·lo [sæ̀ltəréllou] 명 (복 **~s**) 살타렐로(1-2명이 추는 경쾌한 이탈리아 무용; 그 곡).
(또는 **saltarella**) (＜It)
sal·ta·tion [sæltéiʃən] 명 ① 1 춤추기; (껑충) 뛰기; 도약. 2 급격한 변동. 3 (생물) 돌연 진화. **~·al** 형
sal·ta·tion·ism [sæltéiʃənìzm] 명 (생물) 돌연 진화설. **-ist** 명
sal·ta·to·ri·al [sæ̀ltətɔ́:riəl] 형 1 껑충 뛰는, 도약하는; 비약적인. 2 (동물) 도약하는, 도약에 알맞은.
sal·ta·to·ry [sǽltətɔ̀:ri/-təri] 형 1 춤의, 무용의. 2 도약하는, 비약하는.
salt-box [-bɑ̀ks/-bɔ̀ks] 명 1 (부엌용의 목제) 소금통 (동 saltcellar). 2 소금통 모양의 가옥(전면은 2층이고 후면은 단층). (또는 **sáltbòx**)
sált càke (美) 망초(芒硝)(순도가 낮은 황산 나트륨).
salt·cat [sɔ́:ltkæ̀t] 명 1 소금 덩어리. 2 (비둘기 모이용) 염토(塩土)(사료·석회·굴 따위를 섞은 소금덩이).
salt·cel·lar [sɔ́:ltsèlər] 명 1 (식탁용의) 소금 그릇 [단지]. 2 (~s) (젊은 여자의) 쇄골 위의 오목한 곳.
sált chùck 명 (美구어) 바다, (바다의) 작은 만.
sált dòme 명 (지질) 암염 돔.
salt·ed [sɔ́:ltid] 형 1 소금으로 간을 맞춘; 소금에 절인, 소금을 친. 2 (동물이) 전염병에 면역이 된. 3 (속어) 경험을 쌓은, 숙련된.
salted down (美속어) 죽은.
salt·er [sɔ́:ltər] 명 1 제염업자, 소금 장수; 제염소 직공. 2 (美) (생선 따위의) 건어물상; 소금 절임[염장].
Sálter dùck 명 파력(波力) 발전 장치.　　「업자[그릇].
salt·ern [sɔ́:ltərn] 명 제염소; 염전.
salt·er·y [sɔ́:ltəri] 명 1 제염소. 2 (美·캐나다) (어류의) 소금 절임 가공[염장(塩藏)] 공장.
sált fíeld [**gàrden**] 명 염전.
salt·fish [sɔ́:ltfìʃ] 명 (카리브) 소금에 절인 대구.
sált-frèe díet [ˈfrìː-] 명 무염(無塩) 식품.
sált gràss (美) 염생초(塩生草).　　「군 염(塩).
sált hòrse 명 (속어) (해사) 1 소금에 절인 고기. 2
sal·ti·grade [sǽltigrèid] 형 도약에 알맞는 다리를 가진; 깡충거밋과(科)의. ── 명 깡충거미.
sal·tine [sɔ:ltí:n] 명 ® 소금 뿌린 크래커.
salt·ing [sɔ́:ltiŋ] 명 1 소금에 절이기, 염장(塩藏). 2 (英) (~s) 해수 소택지.
sálting òut 명 (화학) 염석(塩析).
sal·tire [sǽltiər] 명 (문장) X형 십자: 성안드레아 십자가. (또는 **saltier**)
per saltire X형으로 교차하여.

salt·ish [sɔ́ːltiʃ] 형 약간 짭짤한, 소금기가 있는.
~**·ly** 부 ~**·ness** 명

sált júnk 명 (속어) (해사) 소금에 절인 고기.

sált láke 명 염호(鹽湖), 함수호. 「주도(州都).

Sált Láke Cíty 명 솔트레이크 시티(미국 Utah 주의

Sált Láke Státe 명 (the ~) 미국 Utah 주의 별칭.

salt·less [sɔ́ːltlis] 형 **1** 소금기가 없는; 맛이 없는, 싱거운. **2** 활기가 없는; 시시한. ~**·ness** 명

sált líck 명 **1** (동물이 소금을 습취하러 모이는) 함염지(含鹽地). **2** (목장에 두는) 가축용 암염 덩어리. 「늪.

sált màrsh 명 해수 소택지, 조수가 드나드는 해안의

sált míne 명 암염갱(岩鹽坑); (보통 the ~s) 틀어 박혀 힘든 일을 하는 곳.

get [or **go**] **back to the salt mine(s)** (휴식 후에) 일[학업]에 되돌아가다.

salt·ness [sɔ́ːltnis] 명 소금기, 짠맛; 통쾌함, 신랄함.

sált pàn 명 **1** (제염용) 소금 가마솥. **2** (천연) 염전.

salt·pe·ter [sɔ́ːltpíːtər] 명 질산 칼륨, 초석(硝石); 칠레 초석. (또는 **saltpetre**)

sáltpeter pàper 명 =touch paper.

sált pít 명 암염 채굴장.

sált pórk 명 소금에 절인 돼지고기.

sált rhèum 명 (美) (병리) 습진(濕疹).

salt-ris·ing bréad [-ráiziŋ-] 명 (美) 소금 친 우유·달걀·밀가루 따위를 섞어 이스트로 발효시킨 빵.

Sált Ríver 명 (the ~) 솔트 강(미국 Arizona 주 동부에서 서쪽으로 흐르는 강).

row a person **up Salt River** (美속어) 남을 (정치적 경쟁 따위에서) 패배시키다.

Sált Séa 명 (the ~) (성서) 소금의 바다(Dead Sea).

sált shàker 명 (위쪽에 구멍이 하나 뚫린) 식탁용 소금 그릇. (또는 **sáltshàker**)

sált spòon 명 (식탁용) 소금 스푼.

sált stíck 명 소금을 뿌린 막대 모양의 롤빵.

salt-tinged [-tíndʒd] 형 (해풍(海風) 따위가) 염분

sált trèe 명 =sal². [을 함유한.

sált trúck 명 (美) (빙판길의) 소금 살포차.

sal·tus [sǽltəs, sɔ́ːl-] 명 **1** 갑작스러운 변동, 격변. **2** (토론 따위의) 비약, (논리의) 비약. 「탕」 눈물.

sált wáter 명 **1** 소금물, 바닷물; (the ~) 바다. **2** (익

salt·wa·ter [sɔ́ːltwɔ̀ːtər] 형 소금물의, 짠물의; 바닷물의; 바다의; 바닷물 속에 사는; 바다에 익숙한(opp. fresh-water). ¶a ~ fish 바닷물고기.

sáltwater shéldrake 명 (조류) 바다비오리.

sált wéll 명 염정(鹽井)(바닷물을 푸는 우물). 「염소.

sált wòrks [sɔ́ːltwəːrks] 명[복수 양음] 제

salt·wort [sɔ́ːltwəːrt] 명 (식물) 가시솔나물; 퉁퉁마디.

***salt·y** [sɔ́ːlti] 형 **1** 짠, 짭짤한, 소금기가 있는, 소금을 함유한. **2** (말 따위가) 신랄한, 따끔한, 기지가 풍부한. **3** 바다의; 바다 냄새가 나는; 해상 생활의. **4** (선원이) 씩씩한, 노련한. **5** 조잡한, 속된. **6** (美속어) 성난; 지독한, 자극적인. **7** (美속어) (학생 사이에서) 싫은, 불쾌한.

sált·i·ly 부 **sált·i·ness** 명

sa·lu·bri·ous [səlúːbriəs] 형 (토지·기후·음식물 따위가) 건강에 좋은, 몸에 좋은. ⇨HEALTHY 유의어
~**·ly** 부 ~**·ness**, **-bri·ty** 명

sa·lud [sɑːlúːd] 감 건배. [<Sp health]

Sa·lu·ki [səlúːki] 명 (때로 s-) 살루키(아라비아 지방 원산의 그레이하운드 비슷한 사냥개).

sal·u·ret·ic [sæljurétik] 명 (의학) 염류 이뇨(鹽類利尿)의, 염분 배설의. — 명 염류 이뇨제. **-i·cal·ly** 부

Sa·lus [séiləs] 명 (로마 신화) 살루스(건강과 번영의 여신; 그리스 신화의 Hygeia에 해당).

sal·u·tar·y [sǽljuteri/-təri] 형 **1** 건강에 좋은, 몸에 좋은. ⇨HEALTHY 유의어 **2** 유익한, 건전한.
-tàr·i·ly 부 **-tàr·i·ness** 명

***sal·u·ta·tion** [sæ̀ljutéiʃən] 명 UC **1** 인사(하기);

인사말, (절·악수 등의) 인사하는 행동. ¶return one's ~ to a person 남에게 답례하다. **2** (편지·연설 첫머리의) 인사말(Dear Sir, Ladies and Gentlemen 따위). **3** (드물게) 경례. ~**·al**, ~**·less** 형

sa·lu·ta·to·ri·an [səlùːtətɔ́ːriən] 명 (美) (졸업식에서) 개회사를 하는 차석 졸업생. 형 valedictorian

sa·lu·ta·to·ri·um [səlùːtətɔ́ːriəm] 명 (the ~ **-ri·a** [-riə]) 수도원[성당]의 현관, 현관 옆의 대기실.

sa·lu·ta·to·ry [səlúːtətɔ̀ːri/-təri] 형 인사의. — 명 (美) (졸업식에서 차석 우등 졸업생의) 개식사(開式辭)(수석 졸업생은 보통 고별사를 한다). **-ri·ly** 부

‡**sa·lute** [səlúːt] 동 (**-lut·ed; -lut·ing**) 타 **1** (군사) (거수·예포·총 따위로) ...에게 경례하다, 경의를 표하다 (*with*). ¶(~+몡+젼+몡) ~ the flag *with* a hand 국기에 거수 경례를 하다. **2** (남)에게 인사하다, 절하다 (*by, with*); (고어) 인사로서 (손·뺨)에 키스하다. **3** (남)을 맞이하다 (*with*); (남의 눈)에 띄다, (남의 귀)에 들리다. ¶A dismal sight ~*d* us. 음산한 광경이 우리 눈에 들어왔다 // ~ a person *with* a smile [cheers] 미소[환호]로 남을 맞이하다. **4** ...을 칭찬하다, 찬양하다. **5** (펜싱) (상대)에게 시합 전의 인사를 하다. — 자 인사하다, 절하다; (군사) 경례하다 (*to*), 예포를 쏘다. [격손을 가하다.

salute the enemy with a volley 적에게 일제 사 — 명 **1** ⓒ (군사) 경례, 거수 경례; 받들어총; 집도 경례; 예포. **2** ⓒ (남에게) 인사, 절; (고어) (손·뺨에 하는) 키스; (펜싱) 시합 개시의 경례. **3** ⓒ 폭죽.

at (*the*) *salute* (군사) 받들어총을 하여; (군사·펜싱) 경례의 자세로. ¶stand *at* (*the*) ~ 경례의 자세로 서다.

come to the salute (군사) 거수 경례를 하다.

exchange salutes 예포를 교환하다.

fire [or *give*] *a salute of 21 guns* 21발의 예포를 *in salute* 인사로서; (군사) 경례로서. [쏘다.

raise one's *hand in salute* 거수 경례를 하다.

return a salute 답례하다; (군사) 답포를 쏘다.

take the salute (사열 따위에서 최고위 장교가) 일동의 경례를 받다.

wave a salute 손을 흔들어 인사하다.

-lút·er 명

sa·lu·tif·er·ous [sæ̀ljutífərəs] 형 =salutary.

Salv. Salvador.

salv·a·ble [sǽlvəbl] 형 구조[구제]할 수 있는.
-bíl·i·ty, ~**·ness** 명 **-bly** 부

Sal·va·dor [sǽlvədɔ̀ːr] 명 **1** =El Salvador. **2** 살바도르(브라질 북동부의 항구 도시로 1763년까지 수도).

Sal·va·do·ran [sæ̀lvədɔ́ːrən] 명 엘살바도르의, 엘살바도르인. 명 엘살바도르인. 「ran.

Sal·va·do·ri·an [sæ̀lvədɔ́ːriən] 명 형 =Salvado-

***sal·vage** [sǽlvidʒ] 명 U **1** 해난 구조 (작업), 침몰선 인양. **2** 구조된 선박[화물]. **3** 해난 구조 보상금, 해난 구조료. **4** (화재·위험 따위로부터의) 재산 구조, 구조 재산; 구조 재산의 가격[매각금], 피보험 구조 재산, 그 처분 대금. **5** (재활용을 위한) 회수 폐품.
— 동(타) **1** (선박·재산)을 구조하다; (난파선 따위)를 인양하다. **2** (비유적) 구하다, 지키다. **3** (美속어) 훔치다, 약탈하다. ~**·a·bil·i·ty** 명 ~**·a·ble** 형

sálvage archaeòlogy 명 긴급 발굴 (조사); 구출 고고학.

sálvage bòat 명 해난 구조선.

sálvage còrps 명 해난 구조대(fire patrol).

sal·vag·er [sǽlvidʒər] 명 해난 구조자(salvor).

Sal·var·san [sǽlvərsæ̀n] 명 (상표) (약학) 살바르산(매독약).

***sal·va·tion** [sælvéiʃən] 명 U **1** 구조, 구출, 구제. **2** ⓒ 구제해 주는 것, 구제자, 구제 수단. ¶be the ~ of ...을 구하다, ...의 구세주[구제 수단]이 되다. **3** (신학) (죄로부터의) 구원, 구세; ⓒ 구세주, 구주. ¶Christ is my ~. 그리스도는 나의 구주(救主)이시다.

find salvation ① (기독교로) 개종하다. ② (익살) 열

Salvation Army

씨구나 하고 변절하다, 변절에 안성맞춤의 핑계를 발견 *receive salvation* = *find salvation* ①. 「하다.
work out *one's* **own salvation** 자기 힘으로 자구 ~al 책을 강구하다.
Salvátion Army ⓝ (the ~) **1** 구세군. **2** 구세군 가게(중고품·기증품 따위를 염가로 판다).
Sal·va·tion·ism [sælvéiʃənìzm] ⓝⓊ 구세군의 교의(행동, 방법): (s-) 복음 전도.
Sal·va·tion·ist [sælvéiʃənist] ⓝ **1** 구세군 군인. **2** (s-) 복음 전도자. — ⓐ **1** 구세군의. **2** (s-) 복음 전도자의.
salve[1] [sæv/sɑːv] ⓝ **1** Ⓤ 고약, 연고. **2** Ⓤ[Ⓒ] 마음의 괴로움을 풀어주는 것, 위로, 위안 (for, to). ¶ a ~ to wounded feeling 상처 받은 마음에 대한 위로. **3** Ⓤ[Ⓒ] (속어) 아첨, 아부. **4** (美속어) 버터. **5** (고어) 변명. — ⓥⓣ **1** (고약 따위)을 발라주다, (괴로움)을 달래다. **2** (낙농·모섬 따위)를 얼버무리다, 어물어물 넘기다. **3** …에 고약[연고]를 바르다. **4** (美속어) …에게 보수를 주다; (뇌물을 주어) 매수하다.
salve[2] [sælv] ⓥⓣ [ⓣ] = salvage.
sal·ve[3] [sælvi] ⓘ 만세, 찬송할지어다(hail). — ⓝ (가톨릭) 성모찬가; 그 곡. [< L save] (*Salve, regina* = Hail, queen)로 시작되는
sal·ver [sælvər] ⓝ (하인이 과자·편지·명함 따위를 얹어서 가져오는) 금속제 쟁반.
sal·vi·a [sælviə] ⓝ (식물) 샐비어, 깨꽃.
sal·vif·ic [sælvífik] ⓐ 구원을 초래하는. **-i·cal·ly** ⓐⓥ
sal·vo[1] [sælvou] ⓝ (ⓟⓛ ~(e)s) **1** (포탄 따위의) 일제 투하; (에포 따위의) 일제 발포. **2** 일제히 일어나는 박수 갈채[찬사]. — ⓥⓣ [포탄·로켓 따위]를 일제히 투하[발사]하다. ⓥⓘ 일제 사격[투하]하다.
sal·vo[2] ⓝ (ⓟⓛ ~s) **1** 변명, 핑계. **2** (양심·자존심을 달래 주는) 위안. **3** (법률) 유보 조항, 단서. 「사람.
Sal·vo [sælvou] ⓝ (ⓟⓛ ~s) (漆속어) 구세군의 한
sal vo·la·ti·le [sæl voulǽtəliː] ⓝⓊ 탄산 암모늄; (각성제로 쓰는) 암모니아수. 「자.
sal·vor [sælvər] ⓝ 해난 구조자[선]; 난파선 인양(업)
Sal·yut [sɑːljúːt] ⓝ 살루트(옛 소련의 우주 정거장).
Salz·burg [sɔ́ːlzbəːrɡ/G záltsburk] ⓝ 잘츠부르크(오스트리아 중서부의 도시: Mozart의 탄생지).
Sam [sæm] ⓝ **1** 쌤. **a)** 남자 이름(Samuel의 별칭). **b)** 여자 이름(Samantha의 별칭). **2** (s-) (속어) 남자의 성적 매력; 성적 매력이 있는 남자. **3** (속어) 연방 마약 수사관; 경찰관.
Sam and Dave (美속어) (집합적) 경찰(관).
stand Sam 비용 지불을 도맡다, (술을) 한턱 내다.
take *one's* **Sam upon it** (속어) 책임지다, 장담하다.
upon my Sam [or **Sammy**]; **'pon my sacred Sam** (속어) 맹세코, 반드시, 절대로, 꼭.
SAM [sæm] ⓝ (美) 해외로 보내는 군사 소포에 대한 할인 요금의 우편. [< *s*pace *a*vailable *m*ail]
SAM [sæm, ésiéim] surface-to-air missile(지대공(地對空) 미사일). **Sam.** Samaria: Samaritan; Samoa: Samuel. **S. Am.** South America(n).
sa·ma·dhi [səmɑ́ːdi] ⓝ (종교) 삼매(三昧), 명상의 최고 경지.
sam·a·ra [sǽmərə] ⓝ (식물) 익과(翼果), 시과(翅果).
Sa·ma·ri·a [səméəriə] ⓝ (성서) 사마리아(고대 Palestine 북부 지방).
Sa·mar·i·tan [səmǽrətn] ⓝ (성서) **1** 사마리아 인; Ⓤ 사마리아어. **2** 인정 많은 사람. **3** (the ~s) (자살을 기도하는 사람의 상담에 응하는) 영국의 자원 봉사 조직. — ⓐ **1** 사마리아의; 사마리아[어]의. **2** (s-) 동정심이 많은.
Sa·mar·i·tan·ism [səmǽrətnìzm] ⓝ **1** 사마리아인의 신앙. **2** 사마리아 어법(語法). **3** (s-) 자비, 자선. 「토류 원소의 하나: ⓖ Sm).
sa·mar·i·um [səméəriəm] ⓝ Ⓤ (화학) 사마륨(희

Sam·ar·kand [sǽmərkǽnd/Russ səmərkánt] ⓝ 사마르칸트(우즈베키스탄 공화국 동부의 도시). (또는 Samarcand)
sa·mar·skite [səmɑ́ːrskait] ⓝ Ⓤ (광물) 사마스카이트(우라늄 따위를 함유한다).
Sa·ma·Ve·da [sɑ́ːməvéidə, -víː-] ⓝ 사마베다(바라교 성전의 하나).
sam·ba [sǽmbə] ⓝ 삼바(브라질의 경쾌한 춤 및 그 곡). — ⓥⓘ (~ed, ~d) 삼바를 추다.
sam·b(h)ar [sǽmbər] ⓝ 수록(水鹿)(인도·동남아시아산(産)의 큰 사슴). (또는 **samba, samb(h)ur**)
sam·bo[1] [sǽmbou] ⓝ (ⓟⓛ ~**s**) **1** 흑인과 아메리칸 인디언 또는 흑백 혼혈아(mulatto)와의 혼혈아. (또는 **zambo**) **2** (S-) (경멸적) 흑인(Negro).
sam·bo[2] ⓝ 러시아식 레슬링. 「(총 착용용의) 혁대.
Sám Brówne bèlt ⓝ (멜빵이 달린 대검(帶劍)·권
sam·bu·ca [sæmbjúːkə] ⓝ 삼부카(그리스·중동에서 사용된 고대의 각진 하프; 중세 유럽의 소형 하프).
sam·bur [sǽmbər] ⓝ = sambar.
‡**same** [seim] ⓐ (the ~) **1** 같은, 동일한; 같은 모양의, 동형의, 일치하는, 다를 바 없는. ¶ eat the ~ food every day 매일 같은 식사를 하다 // (with와 함께) I want the ~ watch *with* you. 네 것과 같은 시계를 가지고 싶다 // (as 구[절]과 함께) in the ~ place *as* yesterday 어제와 같은 장소에서 // (that 절과 함께) This is the ~ watch (*that*) I lost the other day. 이것은 요전날 내가 잃어버린 것과 꼭같은 시계이다.(* 보통 the same ~ as…는 「같은 종류·모양의 것」을, the same ~ that…는 「같은 것」을 가리키지만, 그 구별은 반드시 엄격한 것은 아니며, the same ~에 계속되는 절이 생략형으로 되는 경우에는 항상 as가 온다) // (wh.절과 함께) at the ~ place [time] *where* [*when*] I met you 너와 만났던 바로 그 장소[시간]에.

┌───┐
│ 유의어 **same** ① (하나의 것에 관하여) 동일한. ② (별 │
│ 개의 것이) 같은. **identical** ① same과 거의 같은 뜻 │
│ 이지만, 더욱 엄밀하게 쓰인다. ② (별개의 것이) 세부 │
│ 까지 조금도 다르지 않은. **similar** of the same │
│ kind의 뜻이지만, same보다 뜻이 약하다. **equal** │
│ 양·크기·가치·정도 따위에 차이가 없는. **equivalent** │
│ 힘·가치·뜻 따위가 같은 것에 상당하는. 종종 물리·화 │
│ 학·수학 따위의 전문어로서 쓰인다. │
└───┘

2 (성격·상태 따위가) 변함없는, 불변의. ¶ He is the ~ kind gentleman. 그는 여전히 친절한 신사이다. **3** (this, these, that, those와 함께) 예의, 그; 전기(前記)의, 앞서 말한. ¶ This ~ man is my brother. 방금 말한 이 분이 나의 형님입니다. **4** (드물게) (the 없이) 단조로운, 변동 없는. ¶ a tendency to become somewhat ~ 약간 단조로워지는 경향.
at the same time ⇒TIME.
be in the same boat ⇒BOAT.
by the same token ⇒TOKEN. 「찬가지가 되다.
come [or **amount**] **to the same thing** 결국 마
in the same breath ⇒BREATH.
much [or **about**] **the same** 거의 마찬가지.
one and the same 동일한, 똑같은.
same difference 아무 차이가 없는.
same o' same o'; same ol' same ol' (美구어) 전혀 바꾼 보람이 없는 것[일].
the same old 여느 때와 같은.
the very same 똑같은, 바로 그.
— ⓟⓡⓞⓝ. (the ~와 함께) **1** 동일한 물건[일]; 마찬가지 물건[일]. ¶ The ~ is true of my case. 나의 경우도 매한가지이다. **2** (고어)(드물게) 동일인, 당사자. **3** (법률·상업) 앞서 말한 사람[일, 물건] (he, him, she, her, they, them, it, this, that 따위).
all the same ① 똑같은, (…은) 아무래도 상관없는. ② (부사적) 그래도, 역시(yet, still).

just the same ① 마찬가지로, 같은 모습으로. ② = all the same.
Same [or **The same**] **here.** (구어) ① (남이 한 말을 받아서) 나도 마찬가지다. ② (음식점에서 주문할 때) 나도 같은 것을 주시오.
Same [or **The same**] **to you.; I wish you the same.** 당신도 그러시기를 (* Merry Christmas!, Have a nice day! 따위의 인사에 대한 응답); 너야 말로 그래(* 모욕에 대하여 빈발하는 말).
the same (구어)(부사적) …와 마찬가지로. ¶ **from** the ~ …로부터. (형) 마찬가지로 생각하다.
to [**from**] **the same** (편지 따위가) 같은 사람에게[으로]. ── (関) (the ~) 마찬가지로, 똑같이; (as 구[절]과 함께) …와 같이. ¶They do not look at things the ~ as we do. 그들은 사물을 우리들처럼 보지 않는다.
sam·el [sǽməl] (형) (벽돌 따위가) 잘 구워지지 않아 부서지기 쉬운. [임, 단조로움.
same·ness [séimnis] (명)(U) 같음, 동일성; 일률적
S. Amer. *South America*(n).
same-sex [´séks] (형) 동성의. ─ **-er** (명) 동성 지향자.
same·y [séimi] (형) (英구어) 같은, 단조로운.
sam·fu [sǽmfuː] (명) 샘푸(상의와 판탈롱으로 이루어진 말레이시아·홍콩의 여성복). (또는 **samfoo**)
Sám Híll (美속어) 지옥 (* hell의 완곡한 표현으로 보통 Wh-(의문사) in (the) ~ ···? 의 표현에 쓴다). ¶ Who in ~ is he? 도대체 그는 누구인가?
Sa·mi·an [séimiən] (형) (그리스의) 사모스(Samos) 섬의; 사모스섬 사람의. ─ (명) 사모스섬 사람.
Sámian wáre (名) (B.C.1-3세기의) 사모스 토기.
sam·iel [sǽmjel] (명) =simoom. [모피.
sa·mink [séimiŋk] (명) (담비를 닮은) 양식(養殖) 밍크
sam·ite [sǽmait, séim-] (명)(U) 새마이트직(중세의 견직물). [판(物)·사.
sam·iz·dat [sáːmizdàːt] (명)(U) (옛 소련의) 지하 출
Saml. Samuel.
sam·let [sǽmlit] (명) 연어 새끼.
Sam·my [sǽmi] (명) **1** 새미. **a)** 남자 이름(Samuel의 별칭). **b)** 여자 이름(Samantha의 별칭). **2** (속어) (제 1 차 세계 대전 당시의) 미군 병사. **3** (美속어) 유태인 젊은이[남학생]. **4** (英속어) 바보, 천치. **5** (구어) (남아용의) 인도산 야체·과일 행상. (또는 **Sammie**)
Sam·nite [sǽmnait] (형) 삼니움(Samnium)의; 삼니움인[어]의. ─ (명) 삼니움인(人); (U) 삼니움어(語).
Sam·ni·um [sǽmniəm] (명) 삼니움(이탈리아 중남부의 옛 고대 부족 국가).
Sa·mo·a [səmóuə] (명) **1** 사모아 제도(남태평양 중부의 군도; 미국령 Samoa와 독립국인 Western Samoa 로 나누어짐). **2** 사모아(공화국)(Western Samoa).
Sa·mo·an [səmóuən] (형) 사모아 제도(인)의; 사모아어의. ─ (명) **1** 사모아 제도 사람[주민]. **2** 사모아어.
sa·mo·gon [sáːməgàn/-gòn] (명) (러시아의) 밀조 보드카.
Sa·mos [séiməs/séiməs] (명) 사모스섬(그리스 영토인 에게해의 동쪽의 섬).
SAMOS [séimous] (명) (美) 새모스, 정찰용 인공위성. [<satellite *anti-missile observation system*].
sam·o·var [sǽməvàːr, ⸗´ㅡ] (명) 사모바르(러시아의 물 끓이는 주전자). [<Russ *selfboiler*]
Sam·o·yed [sǽməjéd] (명) **1** (중앙 시베리아의) 사모예드족(사람). **2** (U) 사모예드어. (또는 **Samoyedic**) **3** (s-) 사모예드 개(러시아종).
Sam·o·yed·ic [sæməjédik] (형) 사모예드인[어]의. (명) 사모예드어.
samp [sæmp] (명)(U) (美) (맷돌 따위로) 탄 옥수수; 그 가루로 만든 죽.
sam·pan [sǽmpæn] (명) 삼판(중국·동남 아시아의 목조 평저선(平底船)). (또는 **sanpan**)

[sampan]

sam·phire [sǽmfaiər] (명) (유럽산(産)) 미나릿과(科)의 식물; 퉁퉁마디.
‡**sam·ple** [sǽmpl, sáːm-/ sáːm-] (명) (복) ~**s** [-z]) **1** 견본, 표본. ⇒EXAMPLE [유의어] ¶a ~ of cloth 천의 견본. **2** 실례. ¶give a ~ of one's skill 기량의 실례를 보이다. **3** (의학) 시료(試料); (검사용) 소변. **4** (통계) 표본. **5** (페어) 모범, 본보 [기.
up to sample 견본대로.
── (명)(타) (~**s** [-z]; ~**d**; **-pling**) **1** …의 견본을 뽑다; …의 견본[실례]이 되다; (견본으로) …을 시험[판단]하다. **2** …의 맛을 보다, …을 시식[시음]하다. **3** (전자) 샘플링하다(아날로그 신호를 적당한 시간 간격으로 추출함으로써 디지털 신호로 바꾸다).
sámple bàg (명)(濠) 선물용 견본을 넣은 주머니.
sámple càrd (명) (간단한 견본품을 붙인) 견본 카드.
sámple pòint (명) (수학) 표본점.
sámple pòst (명) (상품) 견본 우편.
sam·pler [sǽmplər/sáːm-] (명) **1** 견본 담당원; 시식[시음]자. **2** 견본을 뽑는[만드는] 장치. **3** 자수(刺繡) 견본 작품. **4** 견본첩(帖). **5** (전기) 표본화 회로.
sámple rèel 견본용 TV광고들을 모아 수록한 필름 한 권.
sámple ròom (명) 견본 진열실.
sámple spàce (명) (수학) 표본 공간.
*sam·pling [sǽmpliŋ/sáːm-] (명) **1** (U) 견본[표본] 추출; (random ~ (통계) 무작위 표본 추출. **2** 추출 견본. **3** (전자) 샘플링(아날로그 신호를 디지털로 바꾸기).
sámpling distribùtion (명) (통계) 표본 분포.
sámpling inspèction (명) (상업) (상품의) 표본 추출 검사. [측정점의 세분율.
sámpling ràte (명) 샘플링 레이트(디지털 녹음 때의
sam·sa·ra [səmsáːrə] (명) (종교) 윤회(輪廻), 유전(流轉). (또는 **sansara**) **-ric** (형)
Sam·son [sǽmsn] (명) **1** (성서) 삼손(이스라엘의 사사(士師)로 힘이 엄청난 장사. ←사사기(Judg.) 13-16). **2** (일반적으로) 힘이 엄청난 남자, 장사.
(as) strong as Samson 매우 힘이 센.
Sam·só·ni·an (형)
Sam·son·ite [sǽmsənàit] (명) (상표) 샘스나이트(미국 Samsonite corp.제의 수트케이스·비즈니스 케이스 따위).
Sámson('s) pòst (때로 s-) (해사) (배의) 데릭 지주(支柱), 닻줄 매는 짧은 기둥.
***Sam·u·el** [sǽmjuəl] (명) **1** (성서) 사무엘(이스라엘의 사사·예언자). **2** (성서) (구약 성서의) 사무엘기(상·하 2서로 나뉨). <Heb>
Sam·u·el·son [sǽmjuːəlsən, -jəl-] (명) **Paul Anthony ~** 새뮤얼슨(1915- ; 미국의 경제학자).
sám·u·rai bònd [sǽmjərài-] (명) 엔화(円貨) 표시 외채. <Jap 侍>
san [sæn] (구어) =sanatorium.
San¹ [sɑːn] (명) **1** (복) ~(s)) 산족(族)(의 한 사람). **2**
San² [sɑːn] (명) 성(聖)(Saint). <It, Sp> [Bushman어(語).
Sa·n'a [sɑːnáː] (명) 사나(예멘의 수도). (또는 **Sanáa**)
san·ad [sʌ́nəd] (명) (인도 정부 발행의) 양도 증서; 허가, 인가.
Sàn An·dré·as fáult [sæn ændréiəs-] (명) (지질) 샌앤드레어스 단층(미국 서해안 일대의 대단층).
San An·to·ni·o [sæn æntóuniòu] (명) 샌앤토니오(미국 Texas 주 남부의 도시). **-ni·an** (형)
san·a·tive [sǽnətiv] (형) 병을 고치는, 치유력이 있는.
*sán·a·to·ri·um [sæ̀nətɔ́ːriəm] (명) (복) ~**s**, **-ri·a** [-riə]) **1** (결핵이나 정신병 환자 등의) 요양소. **2** (광천의) 보양지(保養地). **3** (기숙 학교 따위의) 병실, 병동(病棟), 양호실. (또는 **sanatarium**)

san·a·to·ry [sǽnətɔ̀ːri/-təri] 형 건강에 좋은, 병을 고치는.

san·be·ni·to [sæ̀nbəníːtou] 명 (복 ~s) 1 지옥복(地獄服)(옛날 스페인의 종교 재판소에서 화형에 처해질 이단자에게 입혔던 검은 옷). 2 회개복(위 재판소에서 회개한 이단자에게 입혔던 노란 옷). [<Sp]

San·cho Pan·za [sǽntʃou pǽnzə] 명 산초 판자(Cervantes작 Don Quixote 중의 돈키호테의 시종).

sanc·ta [sǽŋktə] 명 sanctum의 복수형.

sanc·ti·fi·ca·tion [sæ̀ŋktəfəkéiʃən] 명Ⓤ 신성화, 정화, 축성.

sanc·ti·fied [sǽŋktəfàid] 형 1 정화된, 죄를 깨끗이 씻은. 2 믿음이 두터운 체하는. **-fi·ed·ly** 부

*__sanc·ti·fy__ [sǽŋktəfài] 타 1 …을 신성하게 하다, 축성(祝聖)하다; 숭앙하다. 2 〔죄 따위〕를 씻다, 깨끗이 하다, 정화하다. ¶~ one's heart 마음을 정화하다. 3 …을 시인하다, 정당화하다. ¶The end *sanctifies* the means. 목적은 수단을 정당화한다. 4 (속어) 〔남〕을 (정치적 목적으로) 협박하다, 위협하다. **-fi·a·ble** 형 **-fi·a·ble·ness** 명 **-fi·a·bly** 부 **-fi·er** 명 **-ing·ly** 부

sanc·ti·mo·ni·ous [sæ̀ŋktəmóuniəs] 형 1 신성한 체하는; 믿음이 두터운 체하는, 독실한 신자인 체하는. 2 (폐어) 신성한. **~·ly** 부 **~·ness** 명

sanc·ti·mo·ny [sǽŋktəmòuni] 명Ⓤ 1 신성한 믿음이 깊은 체함, 독실한 신자인 체함. 2 (폐어) 신성.

*__sanc·tion__ [sǽŋkʃən] 명 1 허가, 인가; (법적)비준, 재가(裁可); 시인; 지지. 2 (도덕률 따위의) 구속(력). ¶moral ~ 도덕적 구속/the ~ of an oath 선서의 구속력. 3 (법률) 양재력, 제재(制裁), 양벌; ⓒ 제재 규정, 처벌. ¶civil (penal) ~ 민사(형사) 제재. 4 (~s) (국제법) (상대국에 대한) 제재. ¶economic (military) ~s 경제(무력) 제재. 5 암살.
give sanction to …을 재가(허가)하다.
suffer the last sanction of the law 사형당하다.
take [apply] sanctions against …에게 제재 조치를 취하다(적용하다).
—타 1 …을 인가(재가)하다, 시인(승인)하다; 찬성하다. ⇨APPROVE [유의어] ¶~*ed* by custom 관례에 의해 인정되다. 2 …을 확인하다. 3 〔법령 따위〕에 제재 규정을 두다. **~·a·ble** 형, **~·a·tive** 형 **~·er** 명 **~·less** 형

sánction màrk (19세기 가구의) 품질 합격증.

sanc·ti·tude [sǽŋktitjùːd/-tjùːd] 명 깨끗함, 고결함, 신성함.

*__sanc·ti·ty__ [sǽŋktəti] 명 1 깨끗함, 고결함. 2 거룩함; 존엄; 불가침성. 3 (-ties) 신성한 것(의무). ¶the *sanctities* of the home 가정의 신성한 의무.

*__sanc·tu·ar·y__ [sǽŋktʃuèri/-əri] 명 1 신성한 곳, 성소(聖所); 예루살렘 신전의 지성소(至聖所). 2 (교회의) 제단 주변, 3 성역(聖域), 피난처, 은신처(중세에 법률의 힘이 미치지 못했던 곳); (일반) 성역(聖域)(權), 죄인 비호권(庇護權); 보호. 4 (새·짐승의) 금렵구(禁獵區), (자연) 보호 구역. 5 (남의 눈을 피하는) 편안한 장소.
break [or violate] sanctuary (죄인을 체포하기 위하여) 성역(권)을 침범하다.
take [or seek] sanctuary (보호를 받기 위하여) 성역으로 도망쳐 들어가다, 피난하다.
-ar·ied 형

sánctuary mòvement 명 (미) 불법 입국자 보호 운동.

sanc·tum [sǽŋktəm] 명 (복 ~s, *-ta* [-tə]) 1 성스러운 장소. 2 (방해받지 않는) 사실(私室), 서재.

sánctum sanc·tó·rum [-sæŋktɔ́ːrəm] 명 1 (유대 신전의) 지성소(至聖所). 2 사실, 개인 방; 피난처; 서재. 3 (완곡적) 변소. 4 비의(秘儀).

Sanc·tus [sǽŋktəs] 명 (때로 s-) 상투스(감수송 다음에 부르는 기름의 노래; 'Holy, holy, holy,'(거룩할로 시작된다); 그 곡(미사곡의 하나).

Sánctus bèll 명 제종(祭鐘)(미사 때 울리는 종).

sánctus tùrret 명 제종을 매다는 종루.

‡**sand** [sænd] 명 (복 ~s [-z]) 1 Ⓤ 모래; (~s) 모래톱[발, 땅]; 사막; 사주(砂洲). ¶play on the ~s 모래톱에서 놀다. 3 (~s) (모래 시계의) 모래알; (비유적) 시각, 시간; 수명. ¶His ~s are running out. 그의 수명은 끝나가고 있다. 4 Ⓤ (비유적) 불안정한 기초. 5 Ⓤ (미속어) 용기, 기운, 기력, 기력, 기개(氣槪); 결의(의 굳음). 6 Ⓤ 모래색. 7 Ⓤ (속어) 굵은(싸라기) 설탕. 8 눈곱. 9 주물(鑄物)의 부스러기.
as numberless [or numerous] as the sand(s) 무수한, 많은 ~ 없는. 「안전하.
built on [or upon] (the) sand 모래 위에 세운, 불확실한.
bury [or hide, put] one's **head in the sand** ⇨HEAD. 「환한 발자취.
footprints on the sands of time 이 세상에서 생
head in the sand 위험이 확실한데도 불구하고.
knock the sand from under (구어) (남의) 계획을 뒤집어엎다.
make ropes of sand 불가능한 일을 꾀하다.
plow [or number] the sand(s) 헛수고하다.
put [or throw] sand in the wheels [or ma-chine] 방해하다, 파괴하다.
raise sand (미속어) 큰 소동을 일으키다.
run into the sands 궁지에 몰리다, 더 이상 나아갈 수 없게 되다.
sow (one's) seed in the sand 무익한 짓을 하다.
The sands (of time) are running out. 때가 다 나간다, 시간이 끝나려 한다.
—타 1 …에 모래를 뿌리다. 2 …을 모래로 덮다(묻다)(*over, up*). (~+ 명+ 부) The harbor is *~ed up* by the current. 그 항구는 조류에 실려 온 모래로 얕아지고 있다. 3 …에 모래를 쓸다. ¶~ cement 시멘트에 모래를 쓸다. 4 …을 모래(사포)로 닦다.

sand and canvas (해군 속어) 철저히 청소하다(것이다).

‡**san·dal**[¹] [sǽndl] 명 (복 ~s [-z]) 1 샌들(그리스·로마인이 신던 가죽 신발). 2 (여성·아동용의) 샌들(신발). 3 (미) 운두가 얕은 오버슈즈의 일종. 4 샌들a **man without sandals** 탕아, 난봉꾼. 「끈.
— 타 (-*l-*, (영) -*ll-*) …에게 샌들을 신기다; 〔신발〕을 끈으로 죄이다.
-ed 형 샌들을 신은.

san·dal² 명 =sandalwood.

san·dal·wood [sǽndlwùd] 명 백단향(白檀香); Ⓤ 백단향 재목, ¶a red ~ 자단(紫檀).

san·da·rac(h) [sǽndəræ̀k] 명 1 Ⓤ 산다락(~ tree의 수지; 향료·니스용). 2 = ~ tree.

sándarac trèe (북아프리카산(産)) 소나무과(科)「의 식물.

sand·bag [sǽndbæ̀g] 명 1 모래자루(주머니). 2 (무기로서의) 모래자루. 3 《미육군 속어》 구명 기구. 4 (경영) 샌드백 전술(경영권 탈출 기업의 교섭 지연 작전). —(*-gg-*) 타 1 …을 모래자루로 틀어막다(보강하다), …에 모래주머니를 쌓다. 2 …을 모래자루로 때려늅히다. 3 (구어) 무리하게 …시키다; …에게 (어떤 것을) 강요하다(*in doing*). 4 (미속어) (일부러 서투른 플레이를 하여) 〔상대〕를 속이다. 5 (구어) 맹공하다; 기습하다. 6 (미속어) (자동차 경주)에 이기다. (자) 1 급히 속으로 몰다. —(자) (속어) (적대적 기업 탈취의 저항책으로) 방어 수단을 취하다.

sand·bag·ger [sǽndbæ̀gər] 명 1 모래자루로 남을 때려눕히는 사람. 2 (구어) (모래주머니를 ballast로 사용하는) 흘수(吃水)가 얕은 범선.

sand·bank [sǽndbæ̀ŋk] 명 모래톱, 모래 언덕.

sánd bàr (하구(河口)의) 모래톱. (또는 **sándbàr**)

sánd bàth 명 1 모래찜질. 2 《화학》 열사반(熱砂盤)(간접 가열을 위해 뜨거운 모래를 담는 그릇).

sand-bed [-bèd] 명 (지질) 모래 바닥, 모래층(層).

sand·blast [sǽndblæ̀st/-blɑ̀ːst] 명 1 Ⓤ 모래 분

사(噴射)(유리·돌·금속 따위의 표면을 갈거나 닦기 위한 처리). **2** 분사기(噴射機). ━(图)타 (금속·석재·유리 따위)를 모래 분사로 갈다. **~·er** 图

sand-blind [ˈblàind] 图 (고어) 반소경의, 눈이 침침한, 시력이 약한. **~·ness** 图

sánd blòw 图 샌드블로(바람으로 모래가 이동하기).

sánd bòiling 图 분사(噴沙)(모래가 지하수와 함께 분출하는 현상).

sand·box [sǽndbɑ̀ks/-bɔ̀ks] 图 **1** (기관차의 미끄럼 방지용 모래를 넣는) 모래통. **2** (어린이 놀이용) 모래 상자. **3** (골프) (tee로 쓰는 모래 넣는 그릇.

sand·boy [sǽndbɔ̀i] 图 (英) 모래팔이 아이. (* 다음 숙어로). (as) jolly [or happy, merry] as a sandboy 매우 명랑한.

sand-cast [ˈkæst/-kὰːst] 图(타) (녹은 금속을 모래 주형(鑄型)에 부어서) (주물)을 만들다.

sand·cas·tle [sǽndkæ̀sl/-kὰːsl] 图 **1** (아이들의) 모래성. **2** 내용이 따르지 않는 계획[생각], 사상 누각.

sand-cloud [ˈklàud] 图 (사막의 열풍으로 일어나는) 모래 연기. ≒ **simoom**

sánd cràb 图 모래톱에 사는 게.

sánd cràck 图 **1** (수의) 열제(裂蹄)(말발굽이 갈라지는 병). **2** (뜨거운 모래를 밟는 사람에게 생기는) 발의 갈라짐. **3** 굽기 전에 생긴 벽돌의 금.

sand-cul·ture [sǽndkʌ̀ltʃər] 图 모래 재배, 사경(砂耕)(모래를 이용한 식물 수경(水耕)).

sánd dòllar 图 성게의 일종(미국 동해안산(産)).

sánd drìft 图 유사(流砂), 표사(漂砂).

sánd dùne 图 (바람에 의해 생긴) 모래 언덕.

sand·ed [sǽndid] 图 모래땅의; 모래를 뿌린[넣은]; 모래투성이의, 모래로 덮인; 모래로 이루어진.

sánd èel 图(어) =sand lance. 图 =sandfish.

sand·er [sǽndər] 图 사포(砂布)로 가는 사람[장치]; 샌더(모래로 가는 기계).

sand·er·ling [sǽndərliŋ] 图 세발가락도요새.

san·ders [sǽndərz] 图 =sandalwood.

san·de·ver [sǽndəvər] 图(U) 녹인 유리 위에 뜨는 찌꺼기.

S & F. (보험) stock and fixtures.

sánd filter 图 샌드필터(가정용수의 여과용).

sand·fish [sǽndfiʃ] 图 (어류) 도루묵.

sánd flèa 图 **1** =beach flea. **2** =chigoe.

sand·fly [sǽndflài] 图 (곤충) 눈에놀이.

sand·glass [sǽndglæ̀s/-glὰːs] 图 모래 시계.

sand-grop·er [-ˌgròupər] 图 (澤) **1** (속어) 오스트레일리아 서부(태생)인 사람. **2** (역사) 골드러시 시대의 개척자.

san·dhi [sǽndi/sǽn-] 图 (언어) 연성(連聲)(문장 안의 단어가 인접한 음의 영향을 받아 두음(頭音)·미음(尾音)이 변하는 일. 예: It's의 's는 is의 sandhi).

sánd hìll 图 모래 언덕.

sand-hill·er [sǽndhìlər] 图 모래 언덕 지대의 주민.

sand-hog [sǽndhɔ̀ɡ/-hɔ̀ɡ] 图 모래 파는 인부; 수중 터널 작업 노동자.

sánd hòpper 图 갯벼룩.

Sand·hurst [sǽndhə̀ːrst] 图 샌드허스트(영국 Berkshire 주에 있는 육군 사관학교 소재지).

San Di·e·go [sæn diéigou] 图 샌디에이고(미국 California 주 서남부의 항구 도시).

San·di·nis·ta [sæ̀ndənístə] 图 산디니스타(니카라과의 민족 해방 전선의 일원). (또는 Sándinist)

san·di·ver [sǽndəvər] 图 =sandever.

S & L, S and L savings and loan association(저축 융자 조합).

sánd lànce [làunce] 图 까나리.

sánd lìly 图 (식물) 줄기가 없는 작은 백합(미국 서부산(産)).

sand-lot [sǽndlɑ̀t/-lɔ̀t] 图 (美) (도시 아이들이 야구 등 놀이 하는) 빈터. ━ 图 (또는 **sánd-lòt**) 빈터의[에서 하는]; 아마추어 야구의.

sand-lot·ter [sǽndlɑ̀tər] 图 (美) 빈터에서 야구하는 아이.

S and M sadist and masochist; sadism and masochism. (또는 **S & M., S & M, S. and M.**) **S. & M.** (보험) stock and machinery.

sand·man [sǽndmæ̀n] 图 잠귀신(아이들 눈에 모래를 뿌려서 졸리게 한다는 동화 속의 요정). ¶The ~ is about. 졸음이 오는구나.

sánd màrtin 图 (조류) 개천제비(bank swallow).

S & P (美) Standard and Poor's (Corporation)(신용 평가 및 통계 서비스 회사). ¶~ 500 S & P 500종 주가 지수.

sánd pàinting 图 (Pueblo족·Navaho족의) 그림.

sand·pa·per [sǽndpèipər] 图(U) 사포(砂布), 샌드페이퍼. ━ 图타 …을 사포로 닦다[문지르다].

sandpaper the anchor (해사) 전혀 불필요한 짓을 하다. **~·y** 图 까칠까칠한.

sánd pìle 图 (건축) 사경(砂杭)(지반에 구멍을 뚫고 모래를 채워 굳힘).

sand-pile [sǽndpàil] 图 (어린이 놀이터의) 모래터.

sand·pip·er [sǽndpàipər] 图 작은 도요(깝작도요. 뻑뻑도요 따위).

sand-pit [sǽndpìt] 图 모래 채취장; (英) =sandbox.

sánd pùmp 图 모래 펌프. [Alexandra의 별칭]

San·dra [sǽndrə/sɑ́ːn-] 图 샌드라(여자 이름).

San·dring·ham [sǽndriŋəm] 图 샌드링엄(잉글랜드 Norfolk 주 북서부의 마을로 왕실 별장 소재지).

sánd shòe 图 모래사장용 스크화(靴); (英) 가벼운 테니스화.

sánd sìnk 图 모래 처리(화학 처리한 모래와 물을 뿌려 바다에 유출된 기름을 흡수하여 가라앉히는 처리 방법).

sand-soap [sǽndsòup] 图(U) (식기 세척 따위에 사용하는) 모래 섞인 비누.

sánd spòut 图 =dust devil.

sánd spùrry 图 토끼풀.

sand·stone [sǽndstòun] 图(U) (지질) 사암(砂岩).

sand·storm [sǽndstɔ̀ːrm] 图 (사막의) 모래 폭풍.

sánd tàble 图 **1** 모래판(아이들의 모래놀이용). **2** (광산) 샌드 테이블(진동식 선광기). **3** (군사) 사판(砂板)(지형의 모형을 만들어 전술을 검토하는 도구).

sánd tràp 图 (골프) 모래 구덩이, 벙커(코스 장애물의 하나).

sánd wàve 图 (사막·모래톱의) 사파(砂波).

sánd wèdge 图 (골프) 샌드 웨지(sand trap에서 쳐내기 위한 클럽).

‡**sand·wich** [sǽndwitʃ/sǽnwidʒ] 图 (몰 **~·es** [-iz]) **1** 샌드위치. **2** 샌드위치 모양의 것. ¶a ~ of good and bad 선과 악의 등을 맞댄 공존. **3** =~man. **4** 실험과 이론을 교대로 포함시킨 훈련. **ride** [sit] sandwich 두 사람 사이에 끼어 타다[앉다]. ━ 图타 **1** …을 샌드위치 속에 끼우다. **2** …을 사이에 끼우다, (억지로) 끼워넣다(in)(between). ¶(~+图+圄)(~+图+圖+图) ~ an appointment in between two board meetings 두 임원 회의 사이에 남과 만날 약속을 끼워넣다. ━ 图 두 사람 사이에 낀.

sándwich bàr 图 샌드위치 전문 간이 식당.

sándwich bòard 图 샌드위치맨의 광고판. [이크.

sándwich càke 图 (사이에 잼이나 크림을 끼운) 케

sándwich còin 图 (美) 샌드위치 주화(같은 종류의 금속 사이에 다른 종류의 금속을 끼운 주화).

sándwich còurse 图 (英) 샌드위치 코스(대학 등에서 학과와 실습을 번갈아 실시하는 교육 과정). [bar.

sand·wich·e·ria [sæ̀ndwitʃíəriə] 图 =sandwich

sándwich generàtion 图 샌드위치 세대(부모와 자식을 함께 돌봐야 하는 연대; 대체로 40대의 사람).

Sándwich Íslands 图(몰) (the ~) Hawaiian Islands의 옛 이름. [차로.

sándwich jùnction 图 (英) (고속 도로의) 입체 교

sándwich màn 图 샌드위치맨. [융합시킨 음악.

sándwich mùsic 图 (재즈나 록 등) 다른 스타일을

sándwich shòp 형 간이 식당.
sand·worm [sǽndwə̀ːrm] 형 갯지렁이.
sand·wort [sǽndwə̀ːrt] 형 벼룩이자리속(屬)의 잠「초.
***sand·y** [sǽndi] 형 1 모래의, 사질(砂質)의, 모래로 된; 모래투성이의; 모래에 덮인; 모래를 뿌린. ¶ a ~ beach 모래 사장. 2 모래빛의, 엷은 갈색의. ¶ a ~ beard 엷은 갈색의 턱수염. 3 변동하기 쉬운, 불안정한. 4 무미건조한, 재미없는. 5 (美속어) 용기 있는. 6 (모래 시계로 잴 수 있는) 시각의; 수명의. **sánd·i·ness** 명.
San·dy [sǽndi] 형 1 샌디(사람 이름). 2 스코틀랜드 인의 별칭.
sánd yàcht 형 (세 바퀴 달린) 사상(砂上) 요트.
sándy blíght (濠) 눈꺼풀의 염증.
sand·y·ish [sǽndiːʃ] 형 1 모래 섞인. 2 (모래처럼) 깔깔한. 3 모래색을 띤, 엷은 갈색을 띤.
***sane** [sein] 형 1 제정신의, 정신이 또렷한, 미치지 않은. ¶ a ~ person 제정신인 사람. 2 (사고 방식이) 건전한, 분별있는; 합리적인. ~·ly 부. ~·ness 명.
SANE [sein] 명 세인(핵실험을 반대하고 국제 평화를 제창하는 미국의 조직; 1987년 Nuclear Weapons Freeze Campaign과 합병하여 SANE/FREEZE를 설립). [< Committee for a *Sane* Nuclear Policy]
San·for·ized [sǽnfəraizd] 형 (美) (상표) 빨아도 줄지 않게 가공한 천.
‡**San Fran·cis·co** [sæn frənsískou, -fræn-] 형 샌프란시스코(미국 California주 중부의 항구 도시). **Sàn Fran·cís·can** 샌프란시스코 주민.
‡**sang** [sæŋ] 동 sing의 과거.
san·gar [sǽŋgər] 명 (인도의 고지(高地) 종족이 돌로 쌓은) 방벽, 작은 사격호(壕). (또는 **sungar**).
san·ga·ree [sæŋgəríː] 명 =sangria.
sang de boeuf [sɑ̃ːŋ də bəːf] 명 (요업) 주홍색 (중국 명나라 때 처음 도자기에 쓰임). [<F]
sang·er [sǽŋər] 명 (濠구어) 샌드위치.
sang-froid [sɑ̃ːŋfrwɑ́ː] 명 U 차분함, 냉정, 평정(平靜), 침착. [<F cold blood]
San graal [sæŋgréil] 명 성배(聖杯)(Holy Grail)(그리스도가 최후의 만찬에서 썼다). (또는 **Sangreal**).
San grail [sæŋgréil] 명 =Sangraal.
san·gri·a [sæŋgríːə] 명 U 상그리아(적포도주에 과즙 따위를 섞은 청량 음료). (또는 **sangria**). [<Sp]
san·gui [sǽŋgwə] [연결] blood(피)의 뜻. ¶ *sanguiferous*.
san·guic·o·lous [sæŋgwíkələs] 형 (기생충 따위가) 혈액 속에 기생하는.
san·guif·er·ous [sæŋgwífərəs] 형 (혈관 따위가) 혈액을 나르는.
san·gui·fi·ca·tion [sæŋgwəfikéiʃən] 명 조혈, 혈액 생성.
san·gui·mo·tor [sæŋgwəmòutər] 형 혈액 순환의.
san·gui·nar·i·a [sæŋgwənɛ́əriə] 명 =bloodroot; 그 뿌리줄기.
san·gui·nar·y [sǽŋgwəneri/-nəri] 형 1 유혈의, 피투성이의, 피비린내 나는. ¶ a ~ battle 피비린내 나는 전투. 2 피에 굶주린, 잔인한, 살벌한. ¶ a ~ temper 잔인한 기질. 3 (법률이) 함부로 사형에 처하는. 4 (英) 입이 험한, 야비한; 지독한, 심한. ¶ ~ language 험한 「말. **-nàr·i·ly** 부. **-nàr·i·ness** 명.
***san·guine** [sǽŋgwin] 형 1 쾌활한, 낙천적인; (성공 따위를) 확신하고 있는, 희망에 불타는 (*of, about, that* 절). ¶ be ~ *of* a person's success: be ~ *that* a person will succeed 남의 성공을 확신하다. 2 (얼굴이) 혈색이 좋은. 3 (고대 생리학에서) 다혈질의. 4 (시) 피 빛깔의, 피처럼 붉은. 5 (드물게) 피를 좋아하는, 잔인한, 살벌한, 피비린내 나는. ~ 명 크레용(분필)(화). 2 붉은 색. 3 (고대 생리학에서) 다혈질. ~·ly 부. ~·ness, **san·guín·i·ty** 명.
san·guin·e·ous [sæŋgwíniəs] 형 1 피의, 피를 함유한; 핏빛의; 유혈의. 2 다혈질의; 낙천적인. (또는 **sánguinous**). ~·ness 명.

san·guin·o·lent [sæŋgwínələnt] 형 피의, 피를 「따위가) 흡혈성의. **-len·cy** 명.
san·guiv·or·ous [sæŋgwívərəs] 형 (박쥐·곤충 따위가) 혈액을 먹고 사는.
San·hed·rin [sænhédrin/sǽnidrin] 명 1 (고대 유대의 입법·사법을 맡던) 종교 의회(71명으로 구성). 2 (일반적으로) 회의, 집회, 의회. (또는 **Sanhedrim**)
san·i·cle [sǽnikl] 명 참반디나물.
sa·ni·es [séiniːz] 명 U (병리) 묽은 고름.
san·i·fy [sǽnifài] 동타 ① …을 건강하게 하다; 위생적으로 하다, 위생 시설을 갖추다. **-fi·cá·tion** 명.
sa·ni·ous [séiniəs] 형 (병리) 묽은 고름을 내는.
sanit. = sanitarian; sanitary; sanitation.
san·i·tar·i·an [sæ̀nətɛ́əriən] 형 위생(학)의, 공중 위생의. 명 (또는 **sanitarist**) 위생학자[전문가]; (공중) 위생 개선가; (美) 공중 위생국원.
***san·i·tar·i·um** [sæ̀nətɛ́əriəm] 명 (複 ~·i·a [-iə], ~s) = sanatorium.
‡**san·i·tar·y** [sǽnəteri/-təri] 형 (more ~; most ~) 1 (공중) 위생의, 위생상의. ⇒ HEALTHY (유의어) ¶ a ~ office 검역소 / ~ science 공중 위생학. 2 위생적인, 청결한. ¶ ~ treatment 위생 처리. 명 (複 **-taries** [-z]) 공중 변소. **-tàr·i·ly** 부. **-tàr·i·ness** 명.
sánitary bélt 명 생리대 벨트.
sánitary córdon 명 방역선(防疫線); (교통) 차단선.
sánitary enginéer 명 위생 기사; 배관공(配管工).
sánitary enginéering 명 위생 공학. 명 사관.
sánitary inspéctor 명 (하수 따위의) 위생 설비 검사관.
sánitary lándfill 명 지하 매립식 쓰레기 처리법.
sánitary nápkin [pád] 명 (美) 생리대.
sánitary tówel 명 (英) = sanitary napkin.
sánitary wàre 명 위생 도기(세면기 따위).
san·i·tate [sǽnəteit] 동타 …을 위생적으로 하다; …에 위생 설비를 하다. 「설비, 하수 처리.
***san·i·ta·tion** [sæ̀nətéiʃən] 명 U 공중 위생; 위생
sanitátion enginéer 명 (美) (완곡적) 청소원.
san·i·ta·tion·man [sæ̀nətéiʃənmæ̀n] 명 (美) 청소원, 환경 미화원.
sanitátion wórker 명 = sanitationman.
san·i·tize [sǽnitaiz] 동타 (· (英) -tise) ⓛ 1 …을 위생적으로 하다. 2 건전하게 보이도록 하다; [美구어] [문장 따위의] 바람직하지 못한 부분을 삭제하다; [증거 따위]를 처분하다. **-ti·zá·tion** 명.
san·i·tiz·er [sǽnitaizər] 명 (식음료 따위의) 살균제.
san·i·to·ri·um [sæ̀nətɔ́ːriəm] 명 = sanatorium.
san·i·ty [sǽnəti] 명 U 1 제정신, 정신이 멀쩡함[정상임]. 2 (사상의) 온건, 공정(公正).
san·jak [sɑːndʒæk] 명 (터키의) 군(郡)(vilayet 아래의 행정 구획). 「fornia 주 서부의 도시).
San Jo·se [sæn houzéi] 명 새너제이(미국 California Jo·sé** [sàːn hɔːséi] 명 산호세(코스타리카 공화국의 수도). 「깍지진디.
Sán Jo·sè scále [sæn hóuzèi-] 명 (곤충) 배
San Juan [sæn hwɑːn] 명 1 샌환(Puerto Rico의 수도). 2 산후안(아르헨티나 중서부의 도시).
***sank** [sæŋk] 동 sink의 과거.
San·ka [sǽŋkə] 명 (美) (상표) 생커 커피(무카페인).
San·khya [sɑ́ːŋkjə] 명 수론파(數論派)(고대 인도 6파 철학의 하나).
san·man [sǽnmæ̀n] 명 (구어) = sanitationman.
San Ma·ri·no [sæn məríːnou] 명 산마리노(이탈리아 중부에 있는 세계에서 가장 작고 유럽에서 가장 오래된 공화국; 그 수도). **Sàn Mar·i·nése** 형명.
san·nup [sǽnʌp] 명 북아메리카 인디언의 (젊은) 기혼 남성. 「(또는 **sannyasin**).
sann·ya·si [sʌnjúːsi] 명 힌두교의 탁발승(托鉢僧).
sans [sænz] 전 (문어) …없이, "S— teeth, ~ eyes, ~ taste, ~ everything. 이도 없고, 눈도 보이지 않고, 맛도 모르고, 아무것도 없다(←Shakespeare작 *As*

Sans.

You Like It Ⅱ, vii). 〔<F without〕
Sans. Sanskrit.
San Sal·va·dor [sæn sǽlvədə(ː)r] 图 **1** 산살바도르(El Salvador의 수도). **2** 산살바도르 섬(영국령 Bahama 제도 중의 한 섬).
San·san [sǽnsæn] 图 샌샌(미국 California 주 San Francisco에서 San Diego에 이르는 광역 도시권(圈)).
sans cé·ré·mo·nie [F sɑ̃ seʀemɔni] 격식을 차리지 않고, 허물없이. 〔<F without ceremony〕
San·scrit [sǽnskrit] 图图 =Sanskrit.
sans-cu·lotte [sæ̀nzkjulát/-lɔ́t] 图 **1** (프랑스 혁명 당시의) 도시 민중. **2** 과격 공화주의자, 급진 혁명가.
-lót·tic, -lót·tish 图 혁명적인, 과격파의. 〔<F〕
sans-cu·lot·tism [sæ̀nzkjulátizm] 图 과격 공화주의. **-tist** 图 「〔<F〕
sans doute [F sɑ̃ dut] 반드시, 의심할 나위없이.
san·ser·if [sænsérif] 图图 =sans serif.
san·se·vi·e·ri·a [sæ̀nsəviíːriə] 图 천세란(千歲蘭)(아시아·아프리카 원산의 백합과(科) 식물). 「〔<F〕
sans fa·çon [F sɑ̃ fasɔ̃] =sans cérémonie.
sans gêne [F sɑ̃ ʒɛn] 부담없이, 편하게. 〔<F〕
San·skrit [sǽnskrit] 图图 산스크리트, 범어(梵語).
— 图 (또는 **San·skrít·ic, San·scrít·ic**) 산스크리트의, 범어의. **-scrit·ist, ~·ist** 图 산스크리트 학자.
sans phrase [F sɑ̃ fʀɑːz] 단도 직입적으로, 재빨리. (또는 **sans phrases**) 〔<F〕
sáns sérif [sǽnz-] 图 (인쇄) 산세리프체 활자(의) (세리프(serif)가 없는 활자). 참 **block letter** (또는 **sans-serif**)
sans sou·ci [F sɑ̃ susi] 마음 편한, 걱정 없는 (carefree). 〔<F without care〕
San·ta [sǽntə] 图 ~ Claus.
‡**San·ta Claus [Klaus]** [sǽntə klɔ́ːz] 图 **1** 산타클로스. (또는 **Saint Nick**) **2** (美속어) 관대한 남자.
Sán·ta Fé [sǽntə féi] 图 샌타페이(미국 New Mexico 주의 주도). **Sán·ta Fé·an** 图
Sánta Fé Tráil 图 (the ~) 샌타페이 도로(Missouri 주의 Independence와 New Mexico 주의 Santa Fe를 잇는 19세기 전반기의 교역 루트).
Sánta Ger·trú·dis [-ɡərtrúːdis] 图 샌타거트루디스(미국흑 육우(肉牛)의 일종).
Sánta Már·ta gòld [-máːrtə-] 图 콜롬비아산(産)의 독한 마리화나.
Sánta Món·i·ca [-mánikə/-mɔ́n-] 图 샌타 모니카(미국 California 주 서남부의 해안 도시).
san·te·ria [sæ̀ntéiriːə] 图 산테리아(아프리카의 부족 신앙과 가톨릭의 제의를 결부시킨 쿠바의 종교 의식).
san·te·ro [sæ̀ntéirou] 图 (魯 ~s) 산테로(santeria 의식을 집행하는 사제). (또는 **santera**) 「도).
San·ti·a·go [sæ̀ntiːáːɡou] 图 산티아고(칠레의 수
san·to [sɑ́ːntou, sǽn-] 图 (魯 ~s) 성인(saint); (멕시코 등지의) 목제 성인상. 〔<Sp〕
San·to Do·min·go [sǽntou dəmíŋɡou] 图 산토도밍고(도미니카 공화국의 수도).
san·ton [sǽntn] 图 회교의 성자, 수행자(修行者).
san·to·nin [sǽntənin] 图图 (화학) 산토닌(회충약).
San·tos [sǽntəs] 图 **1** 산투스(브라질 남부의 항구 도시). **2** 브라질산(産) 커피의 품종.
Sa·nu·si [sɑːnúːsi] 图 (魯 ~s) 사누시 교단의 일원(19세기 반식민주의 종교 운동을 일으킨 이슬람교 일파의 교도).
san·ya·si [sʌnjáːsi] 图 =sannyasi.
São Pau·lo [sán páulou/Port sɐ̃w páwlu] 图 상파울루(브라질 남부의 도시; 커피의 대집산지).
São Sal·va·dor [Port sɐ̃w salvadɔ́r] 图 상살바도르(Salvador 2의 옛 이름).
São To·mé and Prín·ci·pe [sáu təméi ən prínsipə] 图 상투메 프린시페(아프리카 기니만 동남부의 민주 공화국; 수도 São Tomé).

‡**sap¹** [sæp] 图圐 **1** 수액(樹液). ¶ rubber ~ 고무 수액. **2** (생명·건강에 필수적인) 체액(體液), 활액(活液); (비유적) 원기, 활기, 생기. ¶ the ~ of youth 청년의 혈기. **3** =sapwood. **4** ⓒ (美속어) 멍청이, 바보. **5** (口) ¶ful 위스키.
— 圐 (**-pp-**) 〔나무〕에서 수액을 짜내다; 〔나무〕의 변재(邊材)를 제거하다. **~·ful** 图

sap² [sæp] 图 **1** ⓤ (군사) 대호(對壕)(적진에 접근하기 위한 참호). ¶ 대호 파기. **2** ⓤ (신앙·권위 따위를) 서서히 약화시키기, 몰래 파괴하기. — 圐 (**-pp-**) **1** (군사) 〔적진 따위〕에 대호를 파서 육박(접근)하다; 〔지면〕에 대호를 파다. **2** …의 밑을 파서 무너뜨리다; (비유적) …을 서서히 해치다; 〔건강·신앙·세력 따위〕를 점차로 약화시키다. — 圐 대호를 파다; 대호를 파서 적진에 접근하다.

sap³ (英학생 속어) 图 **1** 공부 벌레, 공부만 파는 사람. **2** 고된 일; 악착같은 공부. — 圐 (**-pp-**) 악착같이 공부만 하다. ¶ (~ + 前 + 图) He is always ~ping at English. 그는 언제나 영어를 악착같이 공부한다.

sap⁴ (美속어) 图 곤봉. — 圐 (**-pp-**) 〔남〕을 곤봉으로 때리다. 「카 통신).

SAPA *South African Press Association*(남아프리카 통신).

sa·pa·jou [sǽpədʒùː] 图 (중남미산(産)) 꺼미원숭이.
sap·an·wood [səpǽnwùd] 图 =sappanwood.
sáp gréen 图 **1** (갈매나무의) 암록색 안료(顔料). **2** 암록색.
sap·hap·py [ʃhǽpi] 图 (美속어) 술 취한, 기분이 **sap·head** [sǽphèd] 图 (속어) 얼간이, 바보.
~·ed 图 **~·ed·ness** 图
sap·id [sǽpid] 图 **1** 맛있는, 풍미있는; 입에 맞는. **2** 재미있는, 즐길 만한, 마음에 드는.
sa·píd·i·ty, ~·ness 图
sa·pi·ens [séipiənz] 图 현생(現生) 인류의.
sa·pi·ent [séipiənt] 图 (문어) 현명한, 지혜 있는; (비꼬아) (세상 물정을) 아는 체하는, 유식한 체하는, 아는 체하는 원시인. **-ence, -en·cy** 图 **~·ly** 副
sa·pi·en·tial [sèipiénʃəl] 图 (문어) 지혜의; 지혜가 있는, 지혜를 나타내는(주는). **~·ly** 副
sapiéntial bóoks 图圐 (the ~) 지혜의 책(구약 성서 중의 잠언·전도서·아가 등).
Sa·pir [səpíər] 图 사피어(1884-1939; 독일 태생의 미국의 인류학자·언어학자).
Sa·pír-Whórf hypóthesis [-hwɔ́ːrf-] 图 사피어-워프의 가설(언어 구조가 그 언어를 사용하는 문화와 행동 양식을 좌우한다는 가설).
sap·less [sǽplis] 图 수액(樹液)이 없는; 마른, 시든; 활기(기운) 없는, 쇠약한; 맛, 맛없는. **~·ness** 图
‡**sap·ling** [sǽpliŋ] 图 **1** 어린 나무, 묘목. **2** 젊은이. **3** 그레이하운드종(種)의 강아지.
sap·o·dil·la [sæ̀pədíːlə] 图 **1** 사포딜라(열대 아메리카산(産) 사포딜라과(科)의 식물; 껌의 원료 chicle을 채취). **2** (또는 ~ **plúm**) 사포딜라의 열매. (또는 **sapota, sapotilla, sapotilha**)
sap·o·na·ceous [sæ̀pənéiʃəs] 图 **1** 비누 같은 (soapy), 비누질(質)의. **2** (비유적) 걷잡을 수 없는. **3** (익살) 구변 좋은. **~·ness** 图
sa·pon·i·fi·ca·tion [səpɑ̀nəfikéiʃən/-pɔ̀n-] 图 ⓤ (화학) 비누화, (일반적으로) 가수(加水) 분해.
sa·pon·i·fy [səpɑ́nəfài/-pɔ́n-] 圐 (화학) 圐 …을 비누화하다, 비누로 만들다. — 圐 비누화되다.
-fi·a·ble 图 **-fi·er** 图 비누화제(劑).
sap·o·nin [sǽpənin] 图 (생화학) 사포닌(식물에 분포하는 배당체(配糖體); 수용액에서 거품이 잘 일어난다). 「물의 일종).
sap·o·nite [sǽpənàit] 图 사포나이트(점토(粘土) 광
sa·por, (英) -pour [séipər, -pɔːr] 图 맛, 풍미.
sap·o·rif·ic [sæ̀pərífik] 图 맛을 내는(주는), 풍미가 곁들여진.

sap·o·rous [sǽpərəs] 형 맛[풍미]이 있는, 맛이 좋. **-rós·i·ty** 명 [은.
sap·pan·wood [səpǽnwùd] 명 1 다목, 소방목(蘇方木), 口 소방재(材)(적색 염료를 채취). 2 소방(인도 원산의 콩과(科)의 작은 관목). (또는 **sapanwood**)
sap·per [sǽpər] 명 1 (英) (토목) 공병(工兵). 2 지뢰[폭탄] 해체 작업원. 3 《美軍俗》 잠입자.
Sap·phic [sǽfik] 형 사포(Sappho)의; 사포풍[시체(詩體)]의. ─명 사포 시체.
Sap·phi·ra [səfáiərə] 명 〔성서〕 삽비라(거짓말 때문에 신벌(神罰)을 받아 남편 아나니아(Ananias)와 함께 급사한 여자. ←사도 행전(Acts) 5:1-11).
***sap·phire** [sǽfaiər] 명 1 사파이어, 청옥(青玉). 2 口 사파이어색, 하늘색, 푸른색. 3 《美俗》 매력 없는 흑인 여자. 4 사파이어색 벌새. 5 (레코드의) 사파이어 바늘. ─형 사파이어색의. [45주년 기념].
sápphire wédding 명 사파이어 혼식(婚式)(결혼 청옥(빛)의; 사파이어(빛)로 만든. ─ 명 U 〔광물〕 사피린.
sap·phir·ine [sǽfərin/-rain] 형 사파이어(빛)의, [에. **-phist**
sap·phism [sǽfizm] 명 U (때로 S-) (여성의) 동성
Sap·pho [sǽfou] 명 1 사포(기원전 600년경 그리스의 여류 시인). 2 여성 동성애자.
sap·py [sǽpi] 형 1 수액(樹液)이 많은. 2 정력적인, 활력에 찬. 3 《美俗》 바보 같은, 어리석은. 4 매우 감상적인. 5 《美俗》 바보, 멍청이.
-pi·ly 부 **-pi·ness** 명
sa·pre·mi·a [səprí:miə] 명 U 〔병리〕 부패혈증(腐敗血症), 패혈증성 중독. (또는 **sapraemia**) **-mic** 형
sap·ro- [sǽprou, -rə] 연결 rotten의 뜻(*모음 앞에서는 sapr-). ¶ *sapro*genic, *sapr*emia.
sap·robe [sǽproub] 명 〔생물〕 부생균, 부생자(腐生者). **sa·pró·bic** 형 **sa·pró·bi·cal·ly** 부 [균.
sap·ro·gen [sǽprədʒən, -dʒèn] 명 〔생물〕 부패
sap·ro·gen·ic [sæ̀prəʊdʒénik] 형 〔생물〕 부패를 일으키는, 부패해서 생긴; 부패해서 생긴. (또는 **saprógenous**)
-ge·níc·i·ty 명
sa·proph·a·gous [sæpráfəgəs/-prɔ́f-] 형 〔생물〕 부생(腐生)의, 부패물을 먹이로 하는. [물 기생균.
sap·ro·phile [sǽprəfàil] 명 부생균(腐生菌), 부패
sap·ro·phyte [sǽprəfàit] 명 〔생물〕 사물(死物) 기생 식물, 부생(腐生) 식물. (또는 **saprobe, saprophytic** 형 **-phýt·i·cal·ly** 부 [**phite**)
sap·ro·zo·a [sæ̀prəzóuə] 명 〔생물〕 부생 동물.
sap·ro·zo·ic [sæ̀prəzóuik] 형 〔생물〕 (분해 영양소를 흡수하는) 부생 동물성의.
sap·sa·go [sǽpsəgòu] 명 U (스위스산(産)의) 단단한 녹색 치즈. [산(産)).
sap·suck·er [sǽpsʌ̀kər] 명 딱따구리의 일종(북미
sap·wood [sǽpwùd] 명 U 변재(邊材), 액재(液材).
SAR [sa:r] 명 (조난자의) 수색 구조. 명 SAR treaty [<*s*earch *a*nd *r*escue]
Sar. *S*ardinia(n). **S.A.R.** 《美》 *S*ons of the *A*merican *R*evolution(독립 전쟁 유가족 청년단(원))(명 DAR); *S*outh *A*frican *R*epublic.
Sar·a[1] [sɛ́ərə] 명 사라. 1 여자 이름. 2 =Sarah.
Sa·ra[2] [sá:rə] 명 사라 족의 한 사람)(아프리카 중부의 한 종족). [의 스페인 춤. 2 그 무곡.
sar·a·band(e) [sǽrəbænd] 명 사라반드, 1 3박자
Sar·a·cen [sǽrəsən] 명 1 〔역사〕 사라센 사람; 아라비아 사람. 2 (십자군 시대의) 회교도.
─명 =Saracenic. **·ism** 명
Sar·a·cen·ic [sæ̀rəsénik] 형 사라센 사람의; (건축 따위가) 사라센 식의.
Sáracen's héad 명 (문장(紋章)이나 여관 간판에 사용된) 사라센 사람의 머리.
Sar·ah [sɛ́ərə] 명 〔성서〕 사라(아브라함의 아내이며 이삭의 어머니. ← 창세기(Gen.) 17:15-22).

SARAH 〔항공〕 *S*earch *A*nd *R*escue *A*nd *H*oming (수색 구조 자동 유도).
Sa·ra·je·vo [sæ̀rəjéivou] 명 사라예보(보스니아 헤르체고비나 공화국의 수도). (또는 **Serajevo**) -**van** 명
Sára Lée 〔상표〕 사라 리(미국의 가공 냉동 식품).
sa·ran [sərǽn] 명 U 사란(합성 수지의 일종).
sa·ran·gi [sá:rəŋgi] 명 사랑기(인도의 29현(絃)의 악 [기).
sa·ra·pe [sɑːrɑ́:pi] 명 =serape.
Sar·a·to·ga [sæ̀rətóugə] 명 새러토가. 1 미국 California주 서부의 도시. 2 《美俗》 우편 배달 가방.
3 =~ trunk. [형 여행 트렁크.
Saratóga trúnk (19세기에 유행한 여성용의) 대
Sa·ra·wak [sərá:wɑːk/-wək] 명 사라와크(Borneo섬 북부의 말레이시아 연방의 주). [외유(外角).
-**sarc** [sɑːrk] 연결 「…살, …조직」의 뜻. ¶ ecto*sarc*
sar·casm [sá:rkæzm] 명 1 U 비꼼, 풍자, 빈정댐, 야유, 비꼼. 2 C 비꼬는 말, 비꼼 소리. ⇨IRONY[1]
sar·cas·tic [sɑːrkǽstik] 형 비꼬는, 풍자적인, 빈정대는, 비웃는; 야유만 하는. (또는 **sarcastical**)
-**ti·cal·ly** 부 **-ti·cal·ness, ~·ness** 명
sar·celle [sɑːrsél] 명 〔조류〕 쇠오리, 상오리.
sarce·net [sá:rsnit] 명 U 사세넷(부드럽고 얇은 견직물). ─형 부드러운, 온화한. (또는 **sars(e)net**)
sar·co- [sá:rkou, -kə] 연결 「살(flesh)」의 뜻(* 모음 앞에서는 sarc-). ¶ *sarco*carp, *sarc*ous.
sar·co·carp [sá:rkoukà:rp] 명 〔식물〕 과육(果肉); C 다육질 과실. [원형질.
sar·code [sá:rkoud] 명 U 〔생물〕 (단세포 동물의)
sar·coid·o·sis [sà:rkɔidóusis] 명 U 〔병리〕 사르코이도시스, 유육종증(類肉腫症). [(육)학.
sar·col·o·gy [sɑːrkálədʒi/-kɔ́l-] 명 〔고어〕 근
sar·co·ma [sɑːrkóumə] 명 (~s, ~ta [-tə])〔병리〕 육종(肉腫). ~**·toid**, ~**·tous** 형
sar·co·ma·to·sis [sɑːrkòumətóusis] 명 U 〔병리〕 육종증.
sar·coph·a·gous [sɑːrkáfəgəs/-kɔ́f-] 형 고기를 먹는, 육식하는. (또는 **sarcophagic**)
sar·coph·a·gus [sɑːrkáfəgəs/-kɔ́f-] 명 (~·gi [dʒài], ~·es) (조각·비문 따위를 새긴) 석관(石棺).
sar·co·phile [sá:rkəfàil] 명 =Tasmanian devil.
sar·co·plasm [sá:rkəplæ̀zm] 명 〔생물〕 근형질(筋形質). (또는 **sarcoplasma**) [어진.
sar·cous [sá:rkəs] 형 살의, 근육의; 근육으로 이루
sard [sɑːrd] 명 U 〔광물〕 홍옥수(紅玉髓)(보석용의 적갈색 광물). (또는 **sardius, sardine**)
sar·da·na [sɑːrdá:nə] 명 사르다나(스페인 Catalonia 지방의 전통적인 댄스(곡)). [<Sp]
Sar·da·na·pa·lian [sà:rdnəpéiljən] 형 사치하고 쾌락에 빠진, 방탕 삼매의.
sar·del·le [sɑːrdélə] 명 =sardine[1]. (또는 **sardél**)
***sar·dine**[1] [sɑːrdí:n] 명 1 정어리. 2 (또는 《美》 sardínes-in-the [a]-bòx) 술래잡기의 일종
packed like sardines 빽빽이 들어찬, 꽉 채워진. ─명 …을 빽빽이 들어차게 하다, 꽉 채우다.
sar·dine[2] [sá:rdain, -dn] 명 =sard.
Sar·din·i·a [sɑːrdíniə] 명 1 사르디니아(이탈리아 서쪽에 있는 섬). 2 사르디니아 왕국(1720-1861).
Sar·din·i·an [sɑːrdíniən] 형 사르디니아섬[사람]의; 사르디니아 왕국(국민)의. ─명 1 사르디니아 섬; 사르디니아 왕국 국민. 2 사르디니아어(語).
sar·don·ic [sɑːrdánik/-dɔ́n-] 형 냉소적인, 비웃는. **-i·cal·ly** 부 **-i·cism** 명 냉소적 성질.
sar·don·yx [sɑːrdániks/sá:dən-] 명 U 〔광물〕 붉은 줄마노(瑪瑙).
sa·ree [sá:ri] 명 =sari.
sar·gas·so [sɑːrgǽsou] 명 (복 ~s) 모자반(해초).
Sargásso Séa (the ~) 조해(藻海)(북대서양, 서인도 제도 동북부의 해초가 많은 해역).
sar·gas·sum [sɑːrgǽsəm] 명 모자반속(屬)(의 해

sarge [sɑːrdʒ] 명 (美구어) =sergeant.
sa·ri [sɑ́ːri] 명 사리(인도 여성의 의상). (또는 **saree**)
sa·rin [sɑ́ːrin] 명 〔화학〕 사린(맹독성 신경 가스).
sark [sɑːrk] 명 (스코) 슈미즈, 셔츠, 속옷. **~·less** 형
sar·ky [sɑ́ːrki] 형 (英속어) =sarcastic.
-ki·ly 부 **-ki·ness** 명
sar·men·tose [sɑːrméntous] 형 〔식물〕 덩굴줄기가 있는, 덩굴줄기의[와 같은]. (또는 **sarmentous, sarmentaceous**)
sar·men·tum [sɑːrméntəm] 명 (복 **-ta** [-tə]) 〔식물〕 덩굴줄기. (또는 **sarment**)
sa·rong [sərɔ́ːŋ/-rɔ́ŋ] 명 사롱(말레이 제도 사람들이 허리에 두르는 천); ① 사롱용의 천.
sa·ros [séərəs] 명 〔천문〕 사로스 주기(周期)(일식·월식이 반복되는 주기).
Sa·roy·an [sərɔ́iən] 명 **William ~** 사로얀(1908-81; 미국의 소설가·극작가).
sarpl(i)er
sar·plar [sɑ́ːrplər] 명 마대 제조용의 거친 천. (또는 **sarpl(i)er**)
sar·ra·ce·ni·a [særəsíːniə] 명 사라세니아, 병아리초(瓶子草)(식충(食蟲) 식물).
SARS [sɑːrz] 명 사스(중증 급성 호흡기 증후군).
[<**s**evere **a**cute **r**espiratory **s**yndrome]
sar·sa·pa·ril·la [sæspəríːlə, sɑ̀ːr-] 명 1 사르사(열대 아메리카산(産) 백합과(科) 식물). 2 ① 그 뿌리(약용). 3 ① 사르사 뿌리로 맛을 낸 청량 음료. (또는 **sarsa**)
SARSAT [sɑ́ːrsæt] 명 〔우주〕 수색 구조용 위성 지원 추적 시스템. [<**s**earch **a**nd **r**escue **s**atellite-**a**ided **t**racking]
sar·sen [sɑ́ːrsən] 명 ① 대사암(大砂岩)(잉글랜드 중남부에 산재한다).
sars(e)·net [sɑ́ːrsnit] 명 =sarcenet.
sar·tor [sɑ́ːrtər] 명 〔문어〕 재봉사, 양복장이.
sar·to·ri·al [sɑːrtɔ́ːriəl] 형 1 재봉사의, 재봉의. 2 의복(복장)의. 3 sartorius의. **~·ly** 부
sar·to·ri·us [sɑːrtɔ́ːriəs] 명 (복 **-ri·i** [-riài]) 〔해부〕 봉공근(縫工筋)(넓적다리 안쪽의 기다란 근육).
Sar·tre [sɑ́ːrtrə/F saRtR] 명 **Jean Paul ~** 사르트르(1905-80; 프랑스의 철학자·소설가).
SÁR tréaty [sɑ́ːr-] 명 〔해사〕 해상 수색 구조 조약(1985년 발효). [<**s**earch **a**nd **r**escue **treaty**]
Sar·um [sǽrəm/séər-] 명 영국 Salisbury와 그 bishop 관구의 명칭 (bishop의 서명에 쓰인다).
SAS **S**candinavian **A**irlines **S**ystem(스칸디나비아 항공 회사); (美) **s**mall **a**stronomy **s**atellite(소형 천문 관측 위성); **s**pace **a**daptation **s**yndrome(우주 부적응 증후군, 우주 멀미); (英) **S**pecial **A**ir **S**ervices (공군 특수 부대). **SASC** **S**mall **A**rms **S**chool **C**orps. **SASE** **s**elf-**a**ddressed **s**tamped **e**nvelope (회신용 봉투). (또는 **sase, s.a.s.e.**)
‡**sash¹** [sæʃ] 명 1 (어린이·여성용의) 장식띠. 2 (군인 등의) 현장(懸章), 어깨띠. —타 …에 장식띠[현장]를 두르다. **~ed, ~·less**
sash² 명 (복 **~·(es**)) (위아래로 움직이는) 창틀, 새시; 내리닫이창. ① **casement** …에 새시[내리닫이창]을 달다. **~ed**
sa·shay [sæʃéi] 명 (美구어) 자 1 미끄러지듯이 나아가다(glide), 뽐내며 걷다(on). 2 비슷다시 나가다. 3 (춤에서) 발을 끌면서 나아가다(chassé).
sásh chàin (내리닫이창의) 매단 사슬.
sásh còrd [lìne] (내리닫이창의) 매단 줄.
sásh lìft (내리닫이창의) 손잡이 쇠.
sásh pòcket 창틀 추가 위아래로 움직이는 홈.
sásh pùlley (내리닫이창의) 창 고패.
sash-tool [-tùːl] 명 (칠·청소용) 내리닫이창용 솔[붓].
sásh wèight (내리닫이창의) 창틀 추.
sásh wìndow 내리닫이창, 오르내리창.
SASI [sɑ́ːzi] 명 〔컴퓨터〕 사시(PC에 하드디스크를 접속하는 규격). [<**S**hugart **A**ssociates **S**tandard Interface]
sa·sin [séisin/sǽsin] 명 인도 영양(羚羊).
Sas·katch·e·wan [sæskǽtʃəwɑ̀n] 명 서스캐처원(캐나다 중남부의 주; 주도 Regina). **-wán·i·an** 형명
sas·ka·toon [sæ̀skətúːn] 명 〔식물〕 채진목류의 나무(장미과(科)); 그 열매(자주색으로 식용).
Sas·quatch [sǽskwɑtʃ/-kwætʃ] 명 (미국 서북부 산중에 산다는) 새스콰치 원인(猿人).
sass [sæs] 명 ① 1 (美) 설탕을 쳐서 찐 과일. 2 (소스용의) 신선한 야채류. 3 (구어) 건방진 말대꾸.
—타 …에게 건방진 말을 하다, 말대꾸하다.
sas·sa·by [sǽsəbi] 명 사사비(남아프리카산(産)의 흑갈색 영양). (또는 **tsessebe, tsesseby**)
sas·sa·fras [sǽsəfræs] 명 사사프라스(북미산(産) 녹나뭇과(科)의 식물); ① 그 뿌리 껍질(약용·향료용).
Sas·sa·nid [sǽsənid] 명 (복 **-ni·dae** [-nidìː], **~s**) (the **~s**, the **-nidae**) 1 (페르시아의) 사산조(朝). 2 사산조 사람. — 형 사산조(朝)의. (또는 **Sassanian, Sassanide**)
Sas·se·nach [sǽsənəx/-næk] 명 (스코) (경멸적) (게일어 사용 지역에 사는) 잉글랜드 사람.
sas·sy [sǽsi] 형 (구어) 건방진, 뻔뻔한.
-si·ly 부 **-si·ness** 명
Sássy Sálly 명 (美속어) 건방진 여자.
‡**sat¹** [sæt] 명 sit의 과거·과거분사.
sat² 명 ＊ 다음 숙어로만 쓴다.　　　　　「다.
pull sat (美학생 속어) 만족할 만한 성적[점수]을 얻 [<**sat**isfactory] 　　　) 계); 상당한(많은).
sat³ 명 〔힌두교〕 유(有)(인간과 신들이 사는 실재의 세계).
SAT [éiseìtìː, sæt] 명 (美) SAT 시험(대학 진학 적성시험; 한국의 수능 시험에 해당). [<**S**cholastic ＊**Sat.** **S**aturday; **S**aturn.　　　　　　**A**ssessment **T**est]
‡**Sa·tan** [séitn] 명 〔성서〕 사탄(←마가 복음(Mark) 3 : 23), 악마(the devil의 고유명사); 악마와 같은 사람.
a limb of Satan (익살) 장난꾸러기.
Satan reproving sin 자기 죄는 덮어두고 남의 죄를 비난하는 사람.
SATAN 〔컴퓨터〕 **S**ecurity **A**dministrator **T**ool for **A**nalyzing **N**etworks(인터넷에 접속된 기기(機器)의 안전성을 살펴보는 프로그램). 「동전.
sa·tang [sɑːtǽŋ] 명 (복 **~(s)**) 태국의 화폐 단위(의
sa·tan·ic [sətǽnik, sei-] 형 1 (때로 S-) 사탄의, 마왕의. ¶ the S- host 타락한 천사의 무리. 2 악마 같은, 극악 무도한, 흉악한. ¶ ~ cruelties 극악 무도한 행위.
(또는 **satanical**) **-i·cal·ly** 부 **-i·cal·ness** 명
Sa·tan·ism [séitənìzm] 명 ① 1 악마 숭배, 악마교. 2 악마주의; 악마적 성격. **-ist** 명 **-ìze** 타
Sa·ta·nol·o·gy [sèitənɑ́lədʒi/-nɔ́l-] 명 ① 사탄 연구, 악마학[론].
SATB 〔음악〕 **s**oprano, **a**lto, **t**enor, **b**ass.
satch [sætʃ] 명 입이 큰 사람; 수다(스러운) 사람.
＊**satch·el** [sǽtʃəl] 명 1 (때로 멜빵이 달린) 학생 가방, 손가방. 2 (美속어) 엉덩이, 항문. 3 (美속어) (재즈 트럼펫 (연주자)). —타 (美속어) 〔경기 따위를〕 미리 짜고 하다. **~ed** 형 학생 가방을 멘. 　「사람.
satch·el·mouth [sǽtʃəlmàuθ] 명 (美속어) 입 큰
Sat·com [sǽtkɑ̀m/-kɔ̀m] 명 (美) 새트콤(통신 위성 추적 센터). [<**sat**ellite+**com**munications]
sate¹ [seit] 타 〔식욕·욕망 따위〕를 충분히 만족시키다, 만끽시키다; …에 물리게[싫증나게] 하다(with).
be sated with =sate oneself with.
sate oneself with …을 실컷 먹다, …에 물리다.
sate² [sæt, seit] 〔고어〕 sit의 과거·과거분사.
sa·teen [sætíːn] 명 ① 면수자(綿繻子), 모(毛)수자. (또는 **satine**)
sate·less [séitlis] 형 〔고어·시〕 =insatiate.
‡**sat·el·lite** [sǽtəlàit] 명 1 〔천문〕 위성; 인공 위성. ¶ shoot up a man-made [*or* an artificial] ~ 인공

위성을 쏘아 올리다. 2 위성국[도시]; 근교(近郊). 3 (비유적) 종사(從者), 부하; 식객. 4 종속적인 것, 부속 기관. 5 위성 방송, 위성 TV. 6 (생물) (염색체 끝의) 부수체 부분. ─ 형 1 (인공) 위성의를 구성하는, 인공위성을 이용한; 위성 같은. 2 종속하는. ─ 동 위성[우주] 중계하다. -lit·ed, -lít·ic 형 -lit·ism 명

sátellite bòoster 명 위성 가속용 로켓.
sátellite bròadcasting 명 위성 방송.
sátellite bùsiness 명 위성 비즈니스(통신 위성에 의한 통신·정보 서비스).
sátellite chròmosome 명 (유전) 부수 염색체.
sátellite cíty =satellite town.
sátellite dísh 명 (큰) 파라볼라 안테나.
sátellite DNÁ 명 (생물) 부수(附隨) DNA(염색체의 DNA와는 다른 소형 DNA).
sátellite kíller 명 (군사) 위성 공격[파괴] 위성.
sátellite pùblishing 명 위성 발행(인쇄 원판을 원격지에 전송하여 그곳에서 인쇄·출판하는 형태).
sátellite státion 명 인공 위성 [우주선] 기지; 위성 방송 기지.
sátellite télephone 명 위성 전화.
sátellite télevision 명 위성 TV.
sátellite tówn 명 위성 도시.
sat·el·li·za·tion [sǽtəlizéiʃən/-lai-] 명 위성국화
sat·el·loid [sǽtəlɔid] 명 (우주) 저궤도 위성.
sat·el·loon [sæ̀təlúːn] 명 기구 위성(에코 위성 등).
sa·ti [sɑ́ːtiː, -́] 명 =suttee. [하게 하는 수 있는.
sa·tia·bil·i·ty [sèiʃiəbíləti/-ʃiə-] 명 물리게[만족]
sa·tia·ble [séiʃəbl/-ʃiə-] 형 물리게[만족하게] 할 수 있는. ~·ness 명 -bly 부
sa·ti·ate 동타 [séiʃièit] 1 …을 물리게[싫증나게] 하다 (with).¶be ~d with food 물릴 정도로 먹다, 2 (식욕 따위)를 충분히 만족시키다. ─ 형 [séiʃiət, -èit] 물린, 싫증난 (of, with). ─ 명 (滿); 물림, 싫증남.
sa·ti·a·tion [sèiʃiéiʃən] 명 U 포식(飽食), 포만(飽
sa·ti·e·ty [sətáiəti] 명 U 아주 싫어 난[물려버린] [상태.
to satiety 싫물이 날[물릴] 정도로.
***sat·in** [sǽtn/-tin] 명 1 U 수자(繻子), 새틴, 공단: =~ weave. 2 새틴 의류. 3 U (속속어) 진(gin). 4 나방의 일종. ─ 형 1 공단(수자)의, 공단(수자) 같은: 매끄러운, 광택이 나는. 2 수자직[공단]으로 만든; 수자직[공단]으로 된. ¶a ~ pillow 수자직의 베개. ─ 동타 …에 수자(공단) 같은 광택을 내다; …을 수자(공단)으로 마무리하다. ~·ized, ~·like 형 [공단].
sat·i·net(te) [sæ̀tənèt] 명 U 견면(絹綿) 교직 수자
sátin flýcatcher [spárrow] 명 (조류) 검은딱새. [유리 제품).
sátin gláss 명 새틴 글라스(수자 광택이 있는 공예
sátin páper 명 광택지, 새틴 종이.
sátin spár[stóne] 명 (광물) 섬유 석고.
sátin stítch 명 (자수의) 새틴 스티치.
sátin wéave 명 수자직(繻子織), 새틴직.
sátin whíte 명 새틴 화이트(백색 안료).
sat·in·wood [sǽtnwùd] 명 (동인도산(産)) 마호가니의 일종. 명 U 그 목재(가구용).
sat·in·y [sǽtəni] 형 수자(공단) 같은; 매끄러운; 광택이 있는.
***sat·ire** [sǽtaiər] 명 (복 ~s [-z]) 1 U 풍자, 비꼼, 빈정댐 (on, upon). ─ 유의어 ⇒ IRONY. 2 U 풍자시[문] (on, upon); U 풍자 문학. 3 U 웃음거리.
sa·tir·i·cal [sətírikəl] 형 풍자의, 풍자적인; 비꼬는, 빈정대는; 풍자(문)을 쓰는. (또는 satiric)
 ~·ly 부 ~·ness 명
sat·i·rist [sǽtərist] 명 풍자 작가[시인]; 풍자가, 비꼬는 사람, 빈정대는 사람.
sat·i·rize [sǽtəràiz] 동 ((英) -rise) …을 풍자(시, 문)으로 공격하다, 풍자하다, …에게 비꼬아 말하다, …을 빈정대다. -ri·za·tion 명 -ri·za·tion, -riz·er 명
sat·is [sǽtis] 형 충분(히); 합격. [<L enough]
jam satis 이젠 충분; 합격.

***sat·is·fac·tion** [sæ̀tisfǽkʃən] 명 (복 ~s [-z]) 1 U 만족(감), 흡족, 만족하고 있는 상태 (with, at, in). ⇒ CONTENT² 유의어 ¶a feeling of ~ 만족감/attain [or obtain] ~ 만족을 얻다 / reach complete ~ 완전히 만족하다 / express one's ~ at [or with] the result 그 결과에 만족의 뜻을 나타내다. 2 U 만족시키기, 충족; (욕구·소망 따위의) 실현, 달성(of); C (a ~) 만족의 수단[원인]; [남]을 만족시키는 것[일], (클레임에 대한) 정당한 대응 (to); ~ of one's desires 욕망을 채우기 위해서 / It would be a great ~ to me. 그렇게 해주시면 대단히 고맙겠습니다만. 3 U (문어) 납득, 안심, 확신. 4 U (부채의) 지불, 변제 의무의 이행; 배상 (for). 5 U 사죄; (명예 회복의) 결투; (문어) 복수. 6 U (교회) 참회의 고행; [신학] 그리스도에 의한 인류의 죄갚음, 속죄.
demand satisfaction ① 배상을 요구하다. ② 사죄 [결투]를 요구하다. [기입하다.
enter (up) satisfaction 채무 이행을 법원 기록에
find satisfaction in …에 만족하다.
give satisfaction to ① …을 만족시키다. ② …을 배상하다. ③ …의 결투 신청에 응하다.
in satisfaction of …의 지불[배상]로서.
make satisfaction for …을 배상하다.
take satisfaction for 보복하다.
to a person's (own) satisfaction; to the satisfaction of a person 남이 만족하도록.
with (great) satisfaction (매우) 만족하여.
~·al, ~·less 형 [더할 나위 없이.
***sat·is·fac·to·ri·ly** [sæ̀tisfǽktərili] 부 만족하게,
***sat·is·fac·to·ry** [sæ̀tisfǽktəri] 형 (more ~; most ~) 1 만족한, 더할 나위 없는, 충분한 (to, for). 2 (신학) 죄갚음이 되는, 속죄의. -ri·ness 명
sat·is·fice [sǽtəfàis] 동자 최소한의 필요 조건을 추구하다, 작은 성과로 만족하는. -fic·er 명
sat·is·fied [sǽtisfàid] 형 만족[흡족]한; 납득[수긍] ~·ly 부 [한.
***sat·is·fy** [sǽtisfài] 동 (-fies [-z]) 타 1 …을 만족시키다; (남의 뜻)을 충족시키다 (with, by, about, at, to do).¶~ one's hunger 공복을 채우다/(~+목+ 전+명) I could not ~ him with the answer. 나는 그 답으로 그를 만족시키지 못했다// (~+목+to do) I was satisfied to meet her. 나는 그녀를 만나서 만족했다. 2 (요구)에 응하다; (의무)를 다하다[이행하다]; [숙원]을 이루다; (부채)를 지불하다, (채권자 등)에게 변제하다; …을 배상하다.¶ (~+목+전+명) ~ a debt for a person 남에게 빚을 갚다. 3 (근심·의심 따위)를 풀다; …을 납득시키다, 안심[확신]시키다 (of, about, that 절).¶ (~+목+전+명) ~ a person of a fact 남에게 어떤 사실을 납득시키다 (~+목+that 절) He satisfied me that it was true. 그는 그것이 진실임을 내게 납득시켜 주었다. 4 (기준·요청·조건 따위)에 일치시키다. …을 채우다. 5 (수학) …의 조건[요건]을 충족시키다; …을 만족시키다. 6 (신학) (그리스도가) …의 속죄를 하다. ─ 자 만족을 주다, 충분하다.
be satisfied with …에 만족하다.
rest satisfied 만족하다, 만족하고 있다.
satisfy oneself 감수하다, 만족해하다. [합격하다.
satisfy the examiners (대학 시험에) 합격점에
-fi·a·ble 형 -fi·a·bil·i·ty, -fi·er 명
***sat·is·fy·ing** [sǽtisfàiiŋ] 형 만족을 주는, 만족스러운, 충분한; 납득이 가는, 확실한. ~·ly 부 ~·ness 명
sa·tran·gi [sətrʌ́ndʒi] 명 (인도) 면제(綿製) 카펫.
sa·trap [séitræp/sǽtrəp] 명 1 (고대 페르시아의) 태수(太守). 2 (전제적인) 총독, 장관, 지사.
sa·trap·y [séitrəpi/sǽt-] 명 1 satrap의 지배[관할] (구역). 2 U satrap의 통치[권력].
satt·va [sʌ́tvə] 명 (힌두교) 사트바, 살타(薩埵).
-vic 형

sat·u·ra·ble [sǽtʃərəbl] 형 〔화학〕 포화(飽和)시킬 수 있는. **-bíl·i·ty** 명

sat·u·rant [sǽtʃərənt] 형 〔화학〕 포화제(劑). —명 포화시키는 것.

*__sat·u·rate__ 동 [sǽtʃərèit] 타 1 …을 담그다, 흠뻑 적시다 (with). ¶ (~+目+前+名) ~ a handkerchief with water 손수건을 물에 적시다. 2 (화학) 포화시키다. 3 (수동형·재귀용법으로) (연구 따위에) …을 몰두시키다; (학문·편견 따위를) …에게 배어[스며]들게 하다. ¶ (~+目+前+名) be ~d with learning 학문에 몰두하다. 4 (군사) …을 집중 폭격하다. 5 …을 가득 싣다. (시장)에 상품을 과잉 공급하다. 6 (물리) …을 최대치로 가져가다. ―재 침투되다, 포화 상태가 되다.
be saturated with …에 흠뻑 젖어들다; …으로 가득 차 있다. ¶be ~d with charm 매력이 철철 넘치다.
saturate oneself in …에 골몰하다.
saturate oneself with …을 충분히 쓰다.
―형 [sǽtʃərət, -rèit] = saturated.
―명 [sǽtʃərət, -rèit] 포화 지방산(fatty acid).

sat·u·rat·ed [sǽtʃərèitid] 형 1 스며든, 배어든; 흠뻑 젖은; 충만한. 2 (빛깔이) 진한, 짙은, 강렬한. 3 〔화학〕 포화된. 4 (잔이) 가득 찬; (시장이) 공급 과잉인. 5 (지질) (광물·토양 따위가) 규산을 최대량으로 함유한. 6 《美俗》 술 취한.

sáturated cómpound 명 〔화학〕 포화 화합물.
sáturated díving 명 = saturation diving.
sáturated fát 명 〔영양〕 포화 지방.
sáturated líquid 명 〔열역학〕 포화 액체.
sáturated solútion 명 〔화학〕 포화 용액.

sat·u·ra·tion [sæ̀tʃəréiʃən] 명U 1 충분히 배어들기, 침윤, 침투. 2 〔화학〕 포화. 3 (색의) 순도(純度). 4 (기상) 포화(습도 100%인 대기의 상태). 5 (상업) 과잉 공급. 6 (군사) (적의 시설을 붕괴시키는) 군사력의 집중. 7 (기억 소자 따위의) 포화 상태.

saturátion bómbing 명 〔군사〕 집중 폭격.
saturátion cúrrent 명 포화 전류.
saturátion cúrve 명 포화 곡선.
saturátion díving 명 포화 잠수(일정 심도(深度)에서 혼합 기체를 들이마시는 잠수법).
saturátion márket 명 〔마케팅〕 포화화 시장(시장 자체의 신장이 한계에 도달한 시황(市況)).
saturátion póint 명 1 포화점. 2 극한, 한도.

sat·u·ra·tor [sǽtʃərèitər] 명 〔화학〕 포화기[장치].

*__Sat·ur·day__ [sǽtərdi, -dèi] 명 (略 ~s [-z]) 토요일(略 Sat.). ―부 《구어》 토요일에.
-days 부 토요일마다.

Sát·ur·day-night spécial [-nàit-] 명 1 《美》 (값싼) 소형 권총. 2 (경제) (회사를 가로채기 위한) 갑작스런 주식 매점 행위. 3 《美俗》 주말에 숙식을 위해 병원에 오는 사람. (또는 **Sáturday night spécial**)

Sáturday pèrson 명 《英》 (아르바이트로) 토요일에만 일하는 사람.

Sat·ur·day-to-Mon·day [-təmʌ́ndi] 명 토요일부터 월요일에 걸친, 주말의. ―명 주말 휴가.

*__Sat·urn__ [sǽtərn] 명 1 〔로마 신화〕 사투르누스(농경의 신; 그리스 신화의 Cronus 신에 해당). 2 〔천문〕 토성. 3 U 〔연금술〕 납. 4 《美》 새턴(우주선 발사용 로켓).

Sat·ur·na·li·a [sæ̀tərnéiliə] 명 (略 ~(s)) 1 (때로 복수취급) (고대 로마에서 매년 12월 중순 경에 행하던) 농신제(農神祭). 2 (s-) 축제 소동, 야단 법석. ¶a ~ of crime 멋대로 저지른 범죄(악행). **-an** 형

Sat·ur·ni·an [sətə́ːrniən/sæ-] 형 1 〔천문〕 토성의. 2 농신(農神) Saturn의. 3 (시대 따위가) 번영하는, 평화로운, 행복한. ¶the ~ age [or era] 황금 시대.
―명 1 (상상적인) 토성의 주민. 2 (또는 ~ vérse) (~s) 사투르누스 운율(韻律)(초기의 라틴 시체(詩體)).

sa·tur·nic [sətə́ːrnik] 형 〔의학〕 납중독의.
sat·ur·ni·id [sətə́ːrniid] 형 〔곤충학〕 산누에나방과(科) 나방의 총칭. ―명 산누에나방(과)의.

sat·ur·nine [sǽtərnàin] 형 1 〔점성〕 토성의 영향을 받고 태어난; 음침한, 음울한; 무뚝뚝한; 까다로운, 침울한. ¶a man of ~ temper 성질이 음침한 사람. 2 납의; 납중독에 걸린. ¶ ~ poisoning 납중독.
~**·ly** 부, ~**·ness**, **-nín·i·ty** 명

sat·ur·nism [sǽtərnìzm] 명U 〔병리〕 납중독.

Sat·ya·gra·ha [sʌ̀tjəgrʌ́hə, sətjəgrʌ́-] 명 1 (인도의 Gandhi가 제창한) 진리 파악 운동(정치·사회적 개혁 방법으로서 비폭력 불복종주의). 2 (s-) (일반적으로) 비폭력 불복종 운동. **-hi** 명 비폭력 불복종주의자.

sa·tyr [séitər/sǽt-] 명 1 (종종 S-) (그리스 신화) 사티로스 (반인반수(半人半獸)의 주색을 좋아하는 숲의 신으로서 Bacchus의 종자(從者)); 로마 신화의 faun 신에 해당). 2 호색가; 색정광. 3 (남자) 성욕 항진증 환자. 4 (또는 ~ bútterfly) (곤충) 뱀눈나빗과(科) 나비의 총칭.
~**·like** 형

sa·ty·ri·a·sis [sèitəráiəsis/sæ̀t-] 명U 〔병리〕 (남자의) 성욕 이상 항진증. 찲 nymphomania

[satyr 1]

sa·tyr·ic [sətírik] 형 satyr의[와 같은]; 호색의. (또는 **satyrical**) ¶ ~ (의 (나비).

sa·ty·rid [sətáiərəd, séitərəd] 형명 굴뚝나빗과(科)

‡__sauce__ [sɔːs] 명 (略 **sauc·es** [-iz]) 1 U C 소스. 2 U C (비유적) 맛을 더하는 것, 재미, 자극. ¶Hunger is the best ~. (속담) 시장이 반찬 / What's ~ for the goose is ~ for the gander. (속담) 한쪽에 들어맞는 것은 다른 쪽에도 들어맞는다. 3 U 《美·캐나다》 과일의 설탕 조림. 4 U 《구어》 건방짐, 뻔뻔스러움; 건방진 말. ¶What ~! 참 건방지구나! 5 U 〔고어〕 (고기에 곁들이는) 야채. 6 (the ~) 〔속어〕 독한 술. —되다.
be lost in the sauce 〔속어〕 술취하다, 고주망태가 되다.
hit the sauce 《美俗》 술독에 빠지다, 실컷 술을 마시다.
None of your sauce! 건방진 소리 마라!
off the sauce 〔속어〕 금주하여,
on the sauce 《美俗》 많은 술을 마시는, 위스키를 많이 마시는.
poor man's [or **carrier's**] **sauce** 공복, 식욕.
serve a person **with the same sauce; serve the same sauce to** a person 남에게 대갚음하다.
The sauce is better than the fish. 주요부보다 오히려 부속이 낫다.
―동타 (**sauc·es** [-iz]; ~**d** [-t]; **sauc·ing**) 1 …에 소스를 치다, 소스로 맛을 내다. 2 …에 흥미를 주다, 자극을 주다. 3 《구어》 (남)에게 건방진 말을 하다. 4 …의 불쾌함[엄함]을 누그러뜨리다.
~**·less** 형

sauce·boat [sɔ́ːsbòut] 명 배모양을 한 소스 그릇. 찲 butter boat

sauce·box [sɔ́ːsbɑ̀ks/-bɔ̀ks] 명 《구어》 건방진 녀석[놈].

sauced [sɔːst] 형 〔속어〕 술취한. (또는 ~ **óut**) [sauceboat]

sáuce hòund 명 《美俗》 주정뱅이.

*__sauce·pan__ [sɔ́ːspæ̀n/-pən] 명 (자루가 달린) 스튜 냄비.

sáuce pàrlor 명 《美구어》 술집.

sauce·pot [sɔ́ːspɑ̀t/-pɔ̀t] 명 뚜껑 있는 냄비.

‡__sau·cer__ [sɔ́ːsər] 명 (略 ~s [-z]) 1 (컵의) 받침 접시. ¶a cup and ~ [kʌ́pənsɔ́ːsər] 받침 접시가 딸린 컵. 2 받침 접시 모양의 것; 화분 받침; (토지의) 얕은 구덩이. ¶a flying ~ 비행 접시. 3 《속어》 눈.
―동타 1 …을 받침 접시 모양으로 만들다. 2 (액체)를 받침 접시에 붓다. ―재 받침 접시 모양으로 되다.
saucered and blowed 《속어》 사전 준비가 다 되어.
~**·less**, ~**·like** 형

sau·cer-eyed [-áid] 형 눈이 접시처럼 둥근, 눈을

sáucer éyes 몡 (접시처럼) 둥근 눈.
sau·cer·lip [sɔ́ːsərlip] 몡 《美俗》 흑인.
sau·cer·man [sɔ́ːsərmæn] 몡 비행 접시 승무원, 우주인.
sau·cier [sɔːsjéi] 몡 소스 전문 요리사. 〔<F〕
sau·cis·son [F sosisɔ́] 몡 (대형) 소시지.
***sau·cy** [sɔ́ːsi] 휑 **1** 건방진, 주제넘은, 뻔뻔스러운. ⇨IMPERTINENT 유의어 ¶ a ~ child 건방진 아이. **2** 쾌활한; 날씬한, 멋진, 위세가 있는. **3** 《구어·완곡적》 품위 없는, 음탕한. **-ci·ly** 튄 **-ci·ness** 몡
Sau·di [sáudi/sɔ́ː-] 휑 사우디 아라비아인(人)[국민]. ── 몡 사우디 아라비아인의.
Sau·dia [sáudiə] 몡 사우디 항공(사우디 아라비아의 국영 항공사(Saudi Arabian Airlines)).
Sáudi Arábia 몡 사우디 아라비아(아라비아 반도의 회교 왕국; 수도 Riyadh). **Sáudi Arábian** 휑몡
Sáudi Arábian Áirlines 몡 =Saudia.
sau·er·bra·ten [sáuərbrɑ̀ːtn] 몡 식초·와인 따위에 절여서 찐 쇠고기. 〔<G〕
sau·er·kraut [sáuərkràut] 몡U 소금에 절인 양배추. 〔<G〕
Sauk [sɔːk] 몡 (屢 ~(s)) **1** 소크족(북미 인디언의 한 종족); 소크족의 한 사람. **2** 소크 방언. (또는 **Sac**)
saul [sɔːl] 몡 《식물》 =sal².
Saul [sɔːl] 몡 《성서》 **1** 사울(이스라엘의 초대 왕. ← 사무엘기 상(1 Sam.) 9:2). **2** (또는 ~ **of Társus**) 사울(사도 Paul의 히브리어 이름).
sault [suː] 몡 폭포; 급류, 여울. 〔<F〕
Sáult Ste. Ma·ríe Canáls [sú: sèint məríː-] 몡몡 (the ~) 수 세인트 마리 운하(Sault Ste. Marie 강의 급류를 피하기 위해 만든 3개의 운하; 미국과 캐나다의 국경에 있다).
Sau·mur [F somyːR] 몡 소뮈르(프랑스 Loire 지방 산(産) 백포도주). 〔<F〕
sau·na [sɔ́ːnə, sáu-] 몡 (핀란드의) 사우나 목욕(탕). ── 恩 사우나 목욕탕에 들어가다.
saun·ter [sɔ́ːntər] 돈돈 **1** 산책하다, 어슬렁어슬렁 걷다. ⇨STROLL 유의어 **2** 《고어》 빈둥거리다, 게으름 피우다. ── 몡 어슬렁어슬렁 걷기, 산책.
saunter about 어슬렁어슬렁 산책하다.
saunter by 어슬렁거리며 지나가다.
saunter through life 빈둥거리며 일생을 보내다.
── 몡 어슬렁어슬렁 걷기, 산책.
~·er 몡
-saur [sɔːr] 영합 lizard의 뜻. ¶ dinosaur. (또는 **-saurus, saur(o)-**)
sau·rel [sɔ́ːrəl] 몡 《어류》 전갱이.
sau·ri·an [sɔ́ːriən] 몡휑 도마뱀류의 (동물).
sau·roid [sɔ́ːrɔid] 휑 도마뱀 같은. ── 몡 도마뱀류의 동물. ── 몡 《龍脚類》.
sau·ro·pod [sɔ́ːrəpɑ̀d/-pɔ̀d] 몡 《고생물》 용각류.
-sau·rus [sɔ́ːrəs] 영합 =-saur. ¶ brontosaurus.
sau·ry [sɔ́ːri] 몡 꽁치류의 물고기.
‡**sau·sage** [sɔ́ːsidʒ/sɔ́s-] 몡 (屢 **-sag·es** [-iz]) **1** UC 소시지, 순대; 소시지 모양의 것. **2** 〔항공〕 소시지형 관측 기구; (속어) **ballóon**) **3** 《美俗》 독일인. **4** 《美俗》 실력 없는 운동(프로 권투) 선수. **5** 《美俗》 멍청이, 바보.
have not a sausage (호주머니에) 한 푼도 없다.
sáusage cùrl 몡 (소시지 모양으로) 컬한 머리.
sáusage dòg 몡 《英구어》 =dachshund.
sáusage-fill·er [-fìlər] 몡 소시지 채우는 기계.
sáusage fínger 몡 굵고 뭉툭한 손가락.
sáusage-grìnd·er [-ɡràindər] 몡 **1** 소시지 가는 기계. **2** 《美俗》 구급차.
sau·sage-ma·chine [-məʃìːn] 몡 **1** 소시지 제조기. **2** (비유적) 획일적인 인간을 만드는 기관.
sáusage mèat 몡 소시지용 다진 조미 고기.
sáusage ròll 몡 **1** (英) 소시지 롤(빵). **2** (S- R-) (속어) 폴란드인. **3** (속어) 실업 수당.

Saus·sure [soːsjúər/F sosyːR] 몡 **Ferdinand de ~** 소쉬르(1857-1913: 스위스의 언어학자; 구조주의의 선구자).
S. Aust. South Australia.
sau·té [soutéi, sɔː-] 휑 살짝 튀긴[부친], 소테로 한.
── 몡恩 (**~ed; ~·ing**) …을 살짝 튀기다[부치다].
── 몡 살짝 튀긴[부친] 것, 소테 (요리). 〔<F〕
Sau·terne [soutə́ːrn, sɔː-] 몡 (때로 s-) 소테른(미국 California산(産)의 독한 백포도주).
Sau·ternes [soutə́ːrn/F sotɛRn] 몡U (때로 s-) 소테른(프랑스 Sauternes산(産)의 백포도주).
sauve qui peut [F sov ki pœ] 몡 총퇴각, 대패주, 궤주(潰走). 〔<F save (himself) who can〕
sav·a·ble [séivəbl] 휑 구조할 수 있는; 저축[절약]할 수 있는.
‡**sav·age** [sǽvidʒ] 휑 (**-ag·er, more ~; -ag·est, most ~**) **1** 야만스런, 미개의. ⇨BARBARIAN 유의어 ¶ ~ tribes 미개 부족[종족]. **2** (동물이) 야생의, 길들여지지 않은; (식물이) 야생의; (사람이) 잔인한. ⇨CRUEL 유의어 ¶ ~ **punishment** 잔인한 형벌. **3** 막돼먹은, 무례한, 거친, 세련되지 못한. **4** (고어) (풍경 따위가) 황량한, 자연 그대로의; (토지 따위가) 황폐한. **5** 《구어》 격분한, 몹시 성난. **6** 맹렬한, 열광적인. **7** 《속어》 최고의, 멋진. **8** (페어) 인가에서 떨어진. **9** 《문장》 나체의.
get savage with …에게 몹시 격분하다.
make a person savage 남을 격분시키다.
make a savage attack upon …을 맹렬히 공격하다.
── 몡 (屢 **-ag·es** [-iz]) **1** 야만인, 미개인; 잔인한 사람; 버릇없는 사람. **2** 야생 동물; 버릇 나쁜 말. **3** 《美俗》 무턱대고 채포하려는 젊은 경찰관.
── 恩 (**-ag·es** [-iz]; **~d; -ag·ing**) (말이) 날뛰며 …을 물다, …을 짓밟다; …을 맹렬히 공격[비난]하다.
~·ly 튄 **~·ness** 몡
sav·age·ry [sǽvidʒri] 몡 **1** U 야만[미개] (상태). **2** 흉포성(凶暴性), 잔인; C 만행. **3** U (자연계가) 황폐함, 황량함. **4** (집합적) 야수, 맹수; 미개인, 야만인.
sav·age·ism [sǽvidʒizm] 몡U 야만, 만풍.
SAVAK [sǽvæk, saːváːk] 몡 사바크(이란의 비밀 경찰(1957-79)). (또는 **Savak**)
*****sa·van·na(h)** [səvǽnə] 몡 사바나(아프리카 동부·미국 동남부 등 (아)열대지방의 나무가 없는 대초원).
sa·vant [səvɑ́ːnt/sǽvənt] 몡 (저명한) 학자, 석학, (대)과학자. 〔<F〕 ── 몡 《근 빤》. 〔<F〕
sav·a·rin [sǽvərin] 몡 사바랭(럼주를 섞어 만든 둥근 케이크).
sa·vate [səvǽt] 몡U 프랑스식 권투(발도 사용한다). 〔<F *old shoe*〕
‡**save¹** [seiv] 돈 (**~s** [-z]; **~d; sáv·ing**) 恩 **1** (위험·재난·손해 따위에서) …을 구하다, 구해내다, 구조하다 (*from*). ¶ ~ **a person** *from* **drowning** 남이 익사하는 것을 구해내다.

[유의어] **save** "구하다"의 뜻의 일반적인 말. **rescue** 재난·위험에서 (신속·적극적인 행동으로) 구출하다. **deliver** 감금·속박·고뇌 따위에서 해방하다.

2 …을 (안전하게) 지키다, 보호하다; 보존하다. ¶ ~ **one's honor** 명예를 지키다. **3** …을 모으다, 모아 두다, 저축하다, 남겨 두다(*up*) (*for*); 절약하다; 아끼다, 소중히 하다. ¶ ~ **some milk for lunch** 점심 때 마실 우유를 약간 남겨 두다 // *A penny ~d is a penny gained.* (속담) 한푼 안 쓰면 한푼 버는 셈이다. **4** (금전·곤란·노고 따위)를 덜다, 쓰지 않고 지내다, 면하게 하다, 줄이다 (*doing*). ¶ ~ **trouble** 수고를 덜다 // (~+**-ing**) **This shirt ~s ironing.** 이 셔츠는 다리미질을 안 해도 된다 // (~+**恩**+**恩**) **He ~d me a disappointment.** 네 덕분에 내가 실망하지 않았다 // *A stitch in time ~s nine.* (속담) 제때의 한 땀은 때늦은 열 땀. **5** …의 시간에 대다. **6** (신학) …을 (죄에서) 구하다, 구원하다 (*from*). ¶ *S*~ **us** *from* **temptation.** 유혹에서 구해 주소서. **7** (미식 축구 따위에서) 상대편에

게 〔득점〕을 못하게 하다; 〔야구〕 (구원 투수가) 〔승리〕를 지키다. **8** (…을 위해) 〔물건〕을 보관하다, 맡아 두다. **9** 〔눈 따위〕를 (피로하지 않도록) 소중히 하다, 돌보다. **10** 〔컴퓨터〕 세이브하다(프로그램·데이터를 주 기억 장치에서 보조 기억 장치로 옮기다).

— [자] **1** 구하다, 구제하다. **2** 모으다, 저축[저금]하다 (*up*)(*for*); 절약하다; 절약하며 살다. ¶ (~+[副]) (~+[前]+[名]) ~ *up for* a trip abroad 해외 여행을 위해서 저금하다 / ~ *for* a rainy day 만일의 경우를 위해서 저축[준비]하다. **3** 〔신학〕 (죄·방황으로부터) 인간을 구하다, 구제하다; 제도(濟度)하다. **4** (음식물이) 썩지 않다, 오래 가다. ¶These peaches won't ~. 이 복숭아는 오래 가지 않을 것이다. **5** (미식 축구 따위에서) 골을 지키다, 상대편에게 득점 못하게 하다; 〔야구〕 (투수가) 세이브를 기록하다.

as I hope to be saved 맹세코, 절대로, 반드시.
God save the Queen [***King***]***!*** 여왕[국왕] 폐하 만세(영국의 국가).
save ground 〔경마〕 인코스를 따라서 달리다.
save it 《美속어》 ① 《명령문에서》 (그 이야기는) 그만해라! ② 전기[조명]를 끄다. ③ (여성이) 정조를 지키다; 성교는 하지 않다.
Save [or ***God save***] ***me from my friends!*** (친구인 체하고) 참견 마라!, 내 걱정은 마라!
save on 〔식량·연료 따위〕를 절약하다. ¶~ *on* gas 휘발유를 절약하다.
save one's ass ⇨ASS[2].
save one's bacon ⇨BACON.
save one's breath ⇨BREATH.
save one's face 체면이 서다, 면목을 잃지 않다.
save one's **(*own*)** ***neck*** [or ***skin***] 《구어》 생명을 지키다, 재앙을 면하다.
save one's pocket 지출을 면하다, 손해를 보지 않다.
save the day 《구어》 가까스로 승리[성공, 해결]하다.
save the mark 아이구 실례했습니다, 천만에, 이런! 이럴 수가 있나! (* 특정한 표현에 대해 비꼬는 문구).
save the situation 시국을 수습하다, 절박한 난국을 타개하다; 기회를 놓치지 않다.
save the tide 조수가 빠지지 않을 동안에 출항[입항]하다; 기회를 놓치지 않다.
Save us!; God save us! 아이구 깜짝이야!

— [명] **1** (미식 축구 따위에서) 상대편의 득점을 방해하기; 〔야구〕 (투수의) 세이브; 〔카드놀이〕 (브리지에서) 큰 손실을 막기 위해 쓰는 수. ¶make a ~ 상대편의 득점을 방해하다. **2** 〔컴퓨터〕 보관, 세이브(주기억 장치에서 보조 기억 장치로 복사하여 옮긴 데이터의 보존).

sáv·a·ble [형] **sáv·a·ble·ness** [명] **∠·a·ble** [형] **∠·a·ble·ness** [명]

⁑save[2] [전] …을 제외하면, …이외는(* 《英》에서는 고어·문어로서, 《美》에서는 except 정도는 아니나 보통 흔히 쓰인다). ⇨EXCEPT [유의어] ¶the last ~ one 끝에서 두 번째 / all ~ him 그 사람 이외는 모두.

save and except …이외에는, …을 제외하면.
save errors 〔상업〕 오산은 별도로 하고.
save for …을 제외하고는.
save that 그 외에는, 그것을 제외하면.

— [접] **1** …임을 제외하고는, …이외에는 (*that* [節]). ¶I'm well ~ *that* I have a cold. 감기가 들었을 뿐 건강합니다. **2** 《고어》 만일 …아니면.

save-all [∠ɔ̀ːl] [명] **1** 절약 장치. **2** 양초받이 (접시). **3** 《방언》 위아래로 이어진 작업 바지; (아이의) 겉옷, 덧옷. **4** 〔해사〕 (바람을 많이 받기 위한) 보조돛. **5** 《방언》 (아이들의) 저금통. **6** 《英》 구두쇠, 노랭이. **—** [형] 인색한.

sáve as you éarn [명] 《英》 정기 적립 저축 제도.

save·en·er·gy [séivènərdʒi] [명] 《美》 에너지 절약.

sav·e·loy [sǽvəlɔ̀i] [명][U][C] 《英》 건제 소시지.

sav·er [séivər] [명] 구조자, 구제자; 절약가; 저축가; 《복합어로》 절약 장치. ¶a coal ~ 석탄 절약기. 「기금.

Sáve the Chíldren Fùnd [명] (the ~) 아동 구제

Sáv·ile Rów [sǽvil-] [명] 《英》 새빌가(街)(London의 고급 양복점 거리).

sav·in(e) [sǽvin] [명] 〔식물〕 노간주나무의 일종; [U] 그것으로 만든 약; =red cedar.

⁑sav·ing [séiviŋ] [형] (*more* ~; *most* ~) **1** 구하는, 구조하는. **2** 절약하는; 알뜰한. **3** 벌충[보상]이 되는, 손해가 안 되는. ¶a ~ bargain 손해를 안 보는 거래. **4** (법률 조항 따위가) 보류하는, 제외의. ¶a ~ clause 유보 조항, 단서.

by the saving grace of God 신의 가호로.

— [명] (복 **~s** [-z]) [U][C] **1** 구조, 구제. **2** 절약, 검약; 절약한 것; (~s) 저금, 저축(액). ¶*From ~ comes having.* 《속담》 절약은 부의 근원. **3** 〔법률〕 보류, 유보, 제외.

savings from mortality 〔보험〕 사망률의 저하로 생기는 보험 이익.

— [전] …이외는, …을 제외하고; …에 경의를 표하면서.

saving correction 《드물게》 잘못된 일인지는 몰라도.

saving your presence [or ***reverence***] 당신의 면전이지만, 실례입니다만.

— [접] 《고어》 《that 절과 함께》 …이외는, …을 제외하고는.

~·ly [부] **~·ness** [명]

sáving gráce [명] **1** 구원의 은혜, 은총. ¶by the ~ of God 신의 은총으로. **2** (다른 결점을 메우는) 쓸모, 장점. ¶He has the ~ of modesty. 그에게는 겸손할 줄 안다는 장점이 있다.

sávings accòunt [명] 《美》 예금 계정; 《英》 저축 장려 예금.

sávings and lóan associàtion [명] 《美》 저축 대출 조합(주택 금융 기관; [약] S&L).

sávings bànk [명] 저축 은행; 저금통.

sávings bònd [명] 《美》 (정부 발행의) 저축 채권.

sávings ràtio [명] 〔경제〕 저축률.

sávings stàmp [명] 《美》 저축 스탬프(일정 액수에 달하면 savings bond로 전환할 수 있다).

***sav·ior,** 《英》 **-iour** [séiviər] [명] **1** 구조자, 구제자. **2** (the [*or* our] S–) 그리스도, 구세주.

~·hòod, ~·shìp [명]

sa·voir-faire [sǽvwɑːrfέər] [명][U] 임기 응변의 재주, 재치(tact); 사교술에 대한 자신. 〔<F〕

sa·voir-vi·vre [sǽvwɑːrvíːvrə] [명][U] 예의 범절, 처세술. 〔<F knowing how to live〕

Sav·o·na·ro·la [sæ̀vənəróulə] [명] **Girolamo ~** 사보나롤라(1452–98: 이탈리아의 도미니크회 수도사).

***sa·vor,** 《英》 **-vour** [séivər] [명][C][U] **1** 맛; (특별한) 풍미, 향미. ⇨TASTE [유의어] **2** 흥취, 재미, 흥미, 자극. ¶Danger gives a ~ to rock-climbing. 암벽 등반에는 위험이 따르므로 재미가 난다. **3** (어떤 성질·경향·영향 따위의) 기색, 경향 (*of*). ¶There is a ~ *of* sadness in her manner. 그녀의 태도에는 어딘지 슬픈 데가 있다. **4** 독특한 맛, 특성. **5** 《고어》 명성, 평판.

— [동][자] …의 맛[향미]이 나다; …의 기미[느낌]가 있다 (*of*). ¶ (~+[前]+[名]) His opinion ~*s of* dogmatism. 그의 의견은 일방적인 데가 있다. **—** [타] **1** 《드물게》 …에 맛[향미]을 내다; …의 기미를 보이다. **2** …을 맛보다, 음미하다; …을 감상하다. **3** …을 즐기다.

savor of the pan 본성을 드러내다.

~·er [명] **~·ing·ly** [부] **~·less, ~·ous** [형]

sa·vor·y[1], 《英》 **-vour-** [séivəri] [형] **1** 맛[풍미] 좋은, 냄새가 좋은, 향기로운, 맛있어 보이는, 식욕을 돋구는. ¶a ~ dish 맛있는 요리. **2** 《부정문에서》 기분좋은, 평판이 좋은, 건전한, 마음에 드는, 바람직한, 유익한. ¶He does not have a very ~ reputation. 그의 평판은 그다지 좋지 않다. **3** 〔요리〕 짠, 자극적인 맛이 나는.

— [명] 《英》 (식전·식후의) 짭짤한 요리, 입가심.

-vor·i·ly [부] **-vor·i·ness** [명]

sa·vor·y[2] [명] (유럽산(産)) 꿀풀과(科)의 식물.

sa·voy [səvɔ́i] [명] 양배추의 일종.

Sa·voy [səvɔ́i] [명] 사보이(프랑스 동남부의 지방); 옛 이탈리아 왕가(1861–1946).

Savóy Álps [명] (the ~) 사보이 알프스(프랑스 동남부의 산맥).

Sa·voy·ard [səvɔ́iərd/-ɑ́ːd] 图 Savoy 사람[방언]; (영국 London의) Savoy 오페라 극장의 배우[연출자, 팬]. — 图 Savoy의.

sav·vy [sǽvi] (구어) 알다, 이해하다. — 图U 이해력, 판단력, 직감, 분별, 지력, 기지. — 图 빈틈없는, 잘 아는, 영리한, 경험 있고 박식한. (또는 **savvey**)

‡**saw**¹ [sɔː] 图 (복 ~s [-z]) 1 톱; 톱 비슷한 연장[도구]. ¶ the teeth of a ~ 톱니 / cut a tree with a ~ 톱으로 나무를 자르다. 2 (동물) 톱니 모양의 부분[기관].
— 图 (~s [-z]; ~ed; ~ed, ~n) 题 1 …을 톱으로 켜다(*away, down, off, through*); 톱으로 켜서 …을 만들다. ¶ (~+图+前+名) ~ a log *in* half [*or* two] 통나무를 두 토막으로 켜다 // (~+图+圖) ~ a tree *down* 나무를 톱으로 켜서 쓰러뜨리다 / ~ wood *up* 나무를 잘게 켜다. 2 (톱질하듯이) …을 앞뒤로 움직이다. ¶ (~+图+前+名) ~ a knife *through* meat 칼로 고기를 썰다 / (~+图+前+名) ~ out a tune *on* the violin 바이올린으로 한 곡을 켜다. 3 (제본) (책의 등 부분)에 금을 내다.
— 匣 1 나무를 켜다, 톱질하다. ¶ ~ longways [crossways] of the grain 나뭇결을 세로[가로]로 켜다. 2 (나무가) 톱으로 켜지다. ¶ (~+圖) This timber ~s easily [*badly*]. 이 재목은 톱으로 잘[안] 켜진다. 3 톱질하는 듯한 동작을 하다. ¶ (~+圖) (~+图+前+名) He ~ed away dissonantly *at* the violin. 그는 바이올린을 서투르게 마구 켰다.

saw a chunk [*or* **length, piece**] **off** (속어) 섹스하다.
saw gourds (속어) 크게 코를 골다.
saw the air 톱을 앞뒤로 움직이다. ¶ (야구) 헛치다.
saw wood (美구어) ① 자기 일에만 힘쓰다. ② 코를 골다. ⌐·**er** ⌐·**like** ③ 자다.

‡**saw**² 图 see¹의 과거.

saw³ 图 1 속담, 격언. ¶ a wise ~ 금언 / a familiar ~ 자주 인용되는 속담. 2 (美속어) 10달러 (지폐). 3 (美속어) 집주인, 하숙집 주인.

SAW (통신) surface acoustic wave(표면 탄성파).
saw·bill [sɔ́ːbìl] 图 (조류) 비오리(merganser); 톱니 같은 부리를 가진 새.
saw·bones [sɔ́ːbòunz] 图 (단수취급) (美속어) 외과 의사(surgeon); (익살) 돌팔이 의사.
saw·buck [sɔ́ːbʌ̀k] 图 = sawhorse; (美속어) 10달러 지폐; 10년 형.
sáwbuck táble 图 X자형 다리가 달린 테이블.
saw·der [sɔ́ːdər] 图 (英구어) 图U 아부, 아첨. — 匣 (남)에게 아첨을 하다.
saw-doc·tor [-dàktər] 图 톱날 세우는 기계[사람].
saw·dust [sɔ́ːdʌ̀st] 图 1 톱밥. 2 (美속어) 다이너마이트. 3 (美학생 속어) 사탕.

let [*or* *knock*] *the sawdust out of* …의 결점을 들춰 내다; (…의) 거만한 콧대를 꺾다.
sáwdust èater 图 (美속어) 제재소 노동자, 벌목 인부.
sáwdust pàrlor 图 (美속어) 대중 술집[나이트 클럽, 식당].
saw·dust·y [sɔ́ːdʌ̀sti] 图 1 톱밥으로 가득한. 2 무미 건조한, 지루한.
sawed [sɔːd] 图 (美속어) (술) 취한.
sawed-edged [′édʒd] 图 톱니 모양의, 들쭉날쭉한.
sawed-off [sɔ́ːdɔ́ːf, -ɑ́f/-ɔ́f] 图 총신이 짧은. ¶ a ~ shotgun 총신이 짧은 산탄총. 2 표준보다 작은, 보통 키[보다] 작은. (또는 **sawn-off**)
saw·fish [sɔ́ːfìʃ] 图 톱가오리.
saw·fly [sɔ́ːflài] 图 (곤충) 잎벌.
sáw fràme [**gàte**] 图 톱테, 톱틀.
sáw gìn 图 (톱니가 달린) 조면기(繰綿機).
sáw gràss 图 (식물) 참억새류.
saw·horse [sɔ́ːhɔ̀ːrs] 图 (X자형의) 톱질 모탕.

sáw lòg 图 (美) 널 재목(켜서 판자를 만드는 통나무), 판재(板材).
*saw-mill [sɔ́ːmìl] 图 제재소[공장]; 제재용 톱.
*sawn [sɔːn] 图 saw¹의 과거분사.
Saw·ney [sɔ́ːni] 图 1 (속어) 스코틀랜드 사람(경멸적인 별명). 2 (s-) 얼간이, 바보. ¶ (구어) 멍청한, 바보의. (또는 **Sawny**)
sáw pìt 图 톱질 구덩이(위아래로 두 사람이 나무를 켤 때 아랫사람이 들어가는 구덩이). (또는 **sáwpit**)
sáw sèt 图 톱날 세우는 연장.
saw-tim·ber [sɔ́ːtìmbər] 图 제재하기에 알맞은 나무.
saw·tooth [sɔ́ːtùːθ] 图 1 톱니. 2 (건축) 톱니 지붕. — 图 들쭉날쭉한, 톱니 모양의.
saw-toothed [′tùːθt] 图 톱니 모양의, 들쭉날쭉한.
saw·yer [sɔ́ːjər] 图 1 톱질하는 사람(sawer). 2 (곤충) 하늘소. 3 유목(流木)(떠다니는 나무).
sax¹ [sæks] 图 (구어) = saxophone; = saxophonist.
sax² [sæks] 图 슬레이트(석판) 자르는 칼.
Sax. Saxon; Saxony.
sax·a·tile [sǽksətil] 图 암석(사이)에 사는(생기는).
Saxe [sæks] 图 1 색스니 청(靑), 짙은 청색 (염료). 2 (s-) (사진) 난백지(卵白紙)(인화지). (< F)
Sáxe blúe 图 = Saxon blue.
Saxe-Co·burg-Go·tha [sæksk(óubəːrggóuθə] 图 1 독일 중앙부에 있던 공국(公國). 2 현재의 영국 왕가의 옛 이름(1901–1917).
sáx·horn [sǽkshɔ̀ːrn] 图 색스혼(금관 악기).
sax·ic·o·lous [sæksíkələs] 图 = saxatile.
sax·i·frage [sǽksəfridʒ] 图 (식물) 범의귀(속).
sax·ist [sǽksist] 图 (구어) = saxophonist.
sax·i·tox·in [sæksətɑ́ksin/-tɔ́k-] 图 (생화학) 삭시톡신(분비하는 강한 신경독).
*Sax·on [sǽksn] 图 1 색슨 사람; (the ~s) 색슨족 (독일 서북부에 살고 있던 민족; 5,6세기경 그 일부가 영국에 침입). 2 영국인, 잉글랜드 사람. 3 앵글로색슨 사람. 4 (독일의) Saxony의 사람. 5 U 색슨 말; 색슨 말. — 图 색슨 사람[말]의; 영국인의; 앵글로색슨 사람[말]의. ⌐·**dom** (한 염료).
Sáxon blúe 图 밝은 담청색(인디고를 황산으로 용해.
Sax·on·ism [sǽksənìzm] 图U 앵글로색슨 어법. 앵글로색슨 기질, 영국혼. -**ist** 图 앵글로색슨어 학자; 색슨 역사[문화]학자. (만들니다)
Sax·on·ize [sǽksənàiz] 匣 색슨풍(風)으로 하다.
sax·o·ny [sǽksəni] 图 Saxony 산(産) 고급 털실. 4 색스니 모직(표면이 반들반들한 고급 모직의 일종).
Sax·o·ny [sǽksəni] 图 1 작센(독일 중동부의 주; 주도 Dresden). 2 독일 중동부에 있던 Weimar 공화국 시대의 자유주(州). 3 중세의 독일 북부 지방.
Sax·ó·ni·an 图 **Sax·ón·ic**, **Sax·ón·i·cal** 图
Sax·ón·i·cal·ly 图
sax·o·phone [sǽksəfòun] 图 색소폰(목관 악기). ⌐**phón·ic** -**phòn·ist** 图 색소폰 연주자.
sax·tu·ba [sǽkstjùːbə/-tjùː-] 图 색스튜바(저음의 대형 saxhorn).

‡**say** [sei] 图 (~s [sez]; said) 图 1 …을 말하다, 이야기하다; (말로) 표현하다; …라고 (…에게) 말하다, 전하다 (*that* 图, *to*); …이라고 주장[언명, 판단]하다, (견해 따위)를 진술하다(*that* 图). ⇨ SPEAK 유의어 ¶ ~ a few words 몇 마디 말하다, 간단하게 인사말하다 / Who shall I ~, sir? 누구시라고 여쭙까요? / I mean what I ~. 내 말은 진정이야 / So you ~! 그런가요!(의심을 나타낸다) // (~+*that* 图) The spokesman *said* (*that*) little damage was caused. 대변인은 손해가 거의 없었다고 말했다 // (~+*wh*. 图) S— *when* you want to start. 언제 출발하고 싶은지 말해라 / *Easier said than done.* (속담) 말하기는 쉽고 행하기는 어렵다 / *The less said about it the better.* (속담) 말은 적을수록 좋다. 2 …로 (확신하여) 단정하다, 확언하다, 분명

히 말하다 (wh.帥, wh. to do). ¶I cannot ～ when to go out. 언제 나갈지 모른다. 3 …을 암송하다. 외다. 보 창하다. ¶～ one's lessons (선생 앞에서) 배운 것을 암송하다 /～ grace (식전 식후에) 감사의 기도를 올리다. 4 (세간 풍문 따위에서) …이라고 말하다, 남의 이야기를 하다, 전하다(that帥); (수동형으로) …이라고 전해지고 있다 (to be, to do), (책·신문 따위가) …라고 서술하고 있다, …이라고 씌어져 있다(that…; wh.帥, wh.帥 to do). ¶(～+that帥) Today's paper ～s that we'll have rain tonight. 오늘 신문에 의하면 밤에 비가 온다고 한다/It …는 in the Bible that…: The Bible ～s that… …이라고 성서에 씌어 있다/He is said to be a good painter. 그는 그림을 잘 그린다고들 한다. 5 (예술가·작품 따위가) (사상·견해·의견 따위)를 (…에게) 전하다, 호소하다. 6 (시계·지도·달력 따위가) …을 나타내다, 표시하다, 표현하다. 7 (대체적으로) …이라고 말하다, 가정하다 (that帥); (명령형으로) …이라고 (가정)한다면(if); (삽입적으로) 말하자면, 이를테면, 글쎄요. ¶Come and see me one of these days, ～, about next Saturday. 근일 중에, 글쎄요, 다음 토요일경에 놀러오시지요 // (～+that帥) S- it were true, what then? 그것이 정말이라면 어떻다는 거요? 8 (美구어) …을 명하다, …하라고 말하다((to) do). ¶(～+to do) He said (for me) to start at once. 그는 곧 출발하라고 (나에게) 말했다. 9 (아이 들)[남]을 꾸짖다, 설득하다.
— 自 1 말하다, 이야기하다. ¶It is just as you ～. 바로 네 말대로다 // (～+帥) S- on! 말을 계속해라! 2 의견을 말하다. ¶I cannot. ～. 나로서는 무어라 말할 수 없다, 잘 모르겠다. 3 (美구어) 저어, 이봐, 여보세요, 이봐요(英) I ～). ¶S- there! 여보세요! […하다.
and so say all of us 도 그것이 모두의 의견이기도 as…as they [or people] say (구어) 소문대로 …한.
as [or like] I was saying (구어) 늘 말하는 바와 같이.
as much as to say …라고나 말하려는 듯이, 마치 …이라고 말하려는 것처럼.
as one [or you] might say 말해 본다면.
as who should say (고어) …이라고 말하려는 [사람] 같이.
As you say. (구어) ① 말씀대로 하겠습니다(＊ I will do as you say.의 단축형). ② 그 말이 전적으로 옳다.
(As) you were saying? 다시 계속해서 주십시오(＊상대의 말을 중단시켰다가).
be not saying much 별것[놀랄 만한 일]은 아니다.
be saying something (美속어) 아주 매력적이다.
don't say (구어) …이라니 설마 거짓말일 것이다.
Enough said!; Say no more! 더 이상 말하지 마라!
go without saying ⇒GO.
have a lot to be said for …에는 장점이 많이 있다.
have something [nothing] to say to [or with] …에 관계가 있다[없다], 할 말이 있다[없다].
having said that 그래도 역시.
hear say …하다고 하는 것[이라는 소문]을 듣다, …라는 풍문을 듣다. [합니다.
How say you? (英)〔법률〕(배심원의) 판결을 요구
I can't [or couldn't] say… (구어) …라고는 말할 수 없다.
I can't say that I do.; I can't say's I do.; I can't say (as) I do. (구어) 확실하지 않다, 잘 알 수 없다(＊ 애매한 대답을 할 때의 표현).
I dare say 아마 …일 것이다.
I'll say. (구어) 말 그대로다, 물론이지.
I mean to say (구어) ① 정확히 말하면, 다시 말하면, ② (놀람·불신 따위를 나타내어) 손들었다, 원 이런.
I'm not just saying this. (구어) 건성으로 말하는 것이 아니다.
I'm not saying. 질문에 대답할 수 없다.
I must say (구어) (강조) 진짜로, 정말로.

I say (英구어) 어이, 여보세요, 이봐; 어머나, 깜짝이야(＊ 주의를 환기시키거나 발언할 때, 놀람을 나타낼 때에 쓴다). ¶I～, Henry! 이봐, 헨리!
I should say so [not]! 그렇다고[그렇지 않다고] 생각해! [위]도 없다.
It goes without saying that… …은 말할 것[以
it is in …에 나와[쓰여] 있다. [있지 않다.
it is not for me to say… 나는 …라고 말할 입장이
It is not too much to say that… …라고 해도 지나친 말이 아니다.
It is said that… …라는 소문이 있다.
It is saying a great deal. 대단하다; 큰일났다.
It says a lot [very little] for… 그것은 (사람·물건이) …임을 잘 나타내고 있다[있지 않다].
I wouldn't say no. (英구어) (…을) 기꺼이 승낙한다.
I would rather not say. 그것에 대해서는 대답하고 싶지 않다.
I [or We] would [or 英 should] say; I'd [or We'd] say (완곡히) 아마도 …일 것이다.
let it be said 말하자면.
let us say 이를테면; 글쎄.
more than one can say for [or of] …에는 전혀 Never say die! 낙담하지 마라! [해당되지 않다.
No sooner said than done. (속어) 말이 떨어지기가 무섭게 실행되다. [이 아닌.
not too much to say that… …라고 말해도 과언
not to say …이라고는 말할 수 없어도[말 못해도]. ¶She is very frugal, not to ～ stingy. 그녀는 인색하다고까지는 말 못해도 대단한 절약가이다.
say against 비난하다, 나쁘게 말하다.
say a good word for …을 추천하다, 좋게 말하다.
say away [or on] (구어) 거침없이 말하다.
say boo to a goose 위협[놀라게]하다; 우쭐하다.
say fairer (than that) (英구어) 보다 좋은 조건을
say for oneself 변명하다. [제시하다.
say it with flowers ⇒FLOWER.
say much for …을 칭찬하다, …에 대해서 좋게 말하 say no 아니라고 말하다; 동의하지 않다. [다.
Say no more! (구어) 더 이상 말하지 마라!
say nothing to [남]을 감동시키지 못하다.
say one's piece (구어) 말하고 싶은 바를 말하다, 할 say out 터놓고[숨김없이] 말하다. [말을 하다.
say over (again) 되풀이해서 말하다; 외다.
says I; I says (속어) 내 말은, 내가 말한 것일 것 Says me! (美속어) 정말이다! [(said I).
say something ① 식전[식후]에 감사 기도를 드리다. ② 간단히 연설하다. ③ (…의) 좋은 점을 말하다 (for).
Says which? (속어) 뭘라고?, 어쨌다고?
Says you [who]! (구어) 설마!, 그럴 리가 있나!, 정 say the word 명령을 내리다. [말입니까!
say to oneself 마음 속으로 생각하다; 혼잣말을 하 say well 당연한 말을 하다. [다.
say well [bad, evil] of …을 좋게[나쁘게] 말하다.
Say what? (美속어) 뭐라고?, 다시 말해 봐.
say what you like [or will] 아무리 반대해도.
Say when. ⇒WHEN.
So say I [or all of us]! (익살) 응, 정말 그래!
so to say [or speak] 말하자면. [니다.
strange to say 이상한 이야기지만.
That is not to say that… 그것이 …라는 것은 아 that is (to say) ① 바꿔 말하면, 즉. ② 적어도.
That's all there is to say. 더 이상 할 말이 없다.
That's not a nice thing to say about …에 관해 그렇게 말하면 안 된다. [말이야.
That's what I say. (구어) 그 말에 찬성이다, 그럴 That's what the man said. 그렇다는 얘기다, 그렇게 알고 있다.
That's what you say. 너만이 그렇게 말하고 있을

SAYE

뿐이다(* 상대의 발언에 대한 불신을 나타낸다).
There is much to be said for …에는 그럴 만한 충분한 이유가 있다.
though I say it; who [or **(구어) as**] ***should not say it*** 내 입으로 말하는 것은 무엇하지만, 자랑은 아니지만.
to say nothing of …은 제쳐 놓고[고사하고], …은 말할 것도 없고.
to say the least (of it) ⇨LEAST. 할 것도 없고.
Well said! (구어) 그 말대로다!, 잘한 말이다!
What are you saying? (구어) 도대체 무슨 말이냐?
What can I say? (구어) 무어라 말할지 설명할 도리가 없다. 「말대로 됐네.
What did I say! (구어) 그 봐 내가 뭐라고 했니?(내
What do you say? 어떻게 생각해요?, 어때요?
What (do you) say to…? (구어) …은 어떨까요?, …하면 어떨까요? ¶*What do you ~ to a walk* [or *going for a walk*]? 산책(하는 것)이 어떨까요?
What do you want me to say? (구어) 나에게 무슨 대답을 하라고 하느냐(대답할 말이 없다. 「느냐?
What would you say if…? …이라면 어떻게 하겠
when [or ***after***] ***all is said (and done)*** 결국, 필경(after all). 「바로 그렇다.
You can say that (again). (구어) 너의 말대로다.
You could say (that) …라고 말할 수 있으리라, …라고 말해도 별로 틀림없을 것이다.
You don't say (so)! (구어) 설마, 그럴 리가 없다(비꼬아) 아무려면.
You (really) said a mouthful. 맞았어, 바로 그거야.
You [or ***You've***] ***said it!*** (구어) 네 말이 옳다, 정말 그렇다.
── 图 1 (one's ~) 하고 싶은 말, (해야) 할 말. 2 ⓊⒸ (a ~, one's ~) 발언권, 발언할 차례; (美) (the ~) (최종적) 결정권(*in, about*). ¶*It's now my ~.* 이번에는 내가 말할 차례다// *He has a* [no] *~ in that matter.* 그는 그 일에 발언권이 있다[없다]. 3 (방언) 이야기, 담화. 4 (고어) 격언, 금언, 속담.
have the say 최종적인 결정권을 갖다(*in, on*).
say one's say 하고 싶은 말을 하다.
── 图 (英구어) **1** (놀람·기쁨을 나타내어) 어머나. **2** (상대의 주의를 끌기 위해) 여보세요. **3** (인사로) 여어.
♣-a·ble 图 표현할 수 있는, 말할 수 있는 사람.
SAYE (英) save as you earn(정기 적립 저축 제도).
say·ee [seií:] 图 말하는 상대편.
say·est [séiist] 图 (고어) say의 2인칭·단수·직설법 현재. (또는 **sayst**)
‡**say·ing** [séiiŋ] 图 (폐 ~s [-z]) **1** 말하기, 한 말, 말. ¶*~s and doings* 언동, 경구(警句), 격언, 금언(金言). ¶*as the ~ goes* [or *is*] 속담에 있듯이, 속담대로. 「(*that* 接, *wh.* 接).
there is no saying (…은) 말할 수 없다, 모르겠다.
say-so [⁓sòu] 图 (美구어) **1** (one's ~) 단언, 독단. **2** (the ~) 결정권, 최고 권위, 권위, 권력; 권위 있는 말, 명령, 지령.
say·yid [sá:jid, séiid] 图 **1** (회교국에서) Mohammed의 자손이라 불리는 사람. **2** (유목민의) 장로, 족장. **3** 1, 2에 대한 존칭. (또는 **sayid**)
Sb ㉠ (화학) antimony. **SB** simultaneous broadcast(동시 방송). **sb.** substantive. **s.b., sb** (야구) stolen base(s)(도루). **S.B.** (라틴) *Scientiae Baccalaureus*(=Bachelor of Science)(이학사(理學士)); Shipping Board; South Britain. **SBA** (美) Small Business Administration(중소 기업청); standard beam approach.
S-band [ésbænd] 图 S주파대(1550~5200 메가헤르츠의 초고주파대(帶)).
SBC (컴퓨터) single board computer(단일 보드 컴퓨터); small business computer(사무용 소형 컴퓨터).
S.B.D. (美속어) silent but deadly(방귀가) 몹시 구

scaffold

리다). **SbE** south by east(남미동(南微東)). **SBIC** Small Business Investment Company.
SBKKV (군사) space-based kinetic kill vehicle(우주 공간 설치형 운동 에너지식 파괴체). **SBLI** Savings Bank Life Insurance.
'sblood [zblʌ́d] 图 (고어) 빌어먹을!, 제기랄!, 아차!
SBN Standard Book Number(표준 도서 번호).
SBR styrene-butadiene rubber(합성 고무의 일종).
® NBR **SBS** sick building syndrome; Special Boat Service. **SBU** (경영) strategic business unit(전략 사업 단위). **SbW** south by west(남미서(南微西)). **Sc** ㉠ (화학) scandium; (기상) stratocumulus. **sc.** scale; scene; science; (라틴) *scilicet*(= namely). **Sc.** Scotch; Scotland; Scots; Scottish. **s.c.** (인쇄) small capitals; supercalendered. **S.C.** Sanitary Corps; Security Council (of the U.N.); Signal Corps; South Carolina; Staff Corps; Supreme Court. **SCA** shuttle carrier aircraft(셔틀 운반용 항공기).
scab [skæb] 图 **1** (상처의) 딱지. **2** Ⓤ (동물의, 특히 양의) 개선(疥癬); 옴; 부패병(감자·사과 따위에 딱지가 생기게 한다). **3** (美속어) 악한, 악당, 무뢰한. **4** (경멸적) 파업 불참가자; 파업을 깨뜨리는 노동자. **5** (美속어) 못생긴 여자. **6** (목공) 부목(副木). **7** (물리) 충격 박리(剝離). ── 图 (-bb-) ⓐ **1** (상처에) 딱지가 앉다, 딱지가 생기다. **2** 파업을 깨뜨리다. **3** (노면에) 작은 구멍이 생기다. **4** 충격 박리를 하다. ── ⓣ **1** (남)에게 파업 방해자라는 낙인을 찍다. **2** 충격 박리시키다.
♣-like 图
*****scab·bard** [skǽbərd] 图 **1** (칼·단검 따위의) 집. **2** (美) (카빈총·톱 따위의) 휴대용 케이스.
fling [or ***throw***] ***away the scabbard*** 단호하게 싸울 결심을 하다, 끝까지 싸우다.
── ⓣ ⓣ (칼 따위를) 칼집에 넣다.
♣-less 图
scábbard fish 图 (어류) 갈치.
scab·bed [skǽbid, skæbd] 图 **1** 딱지가 앉은[있는]; (동물이) 개선[옴]에 걸린; (식물이) 부패병에 걸린. **2** (美속어) 질이 나쁜, 가짜의. **3** (폐어) 천한, 인색한.
♣-ness 图 「듬다.
scab·ble [skǽbl] 图 (석재(石材) 따위)를 대충 다
scab·by [skǽbi] 图 **1** =scabbed. **2** (동물이) 개선[옴]에 걸린; (식물이) 부패병에 걸린. **3** (구어) 비열한, 비천한. **4** (美속어) 선명하지 못한. **-bi·ly** 图 **-bi·ness** 图
scab·i·cide [skǽbəsàid, skéib-] 图 옴 벌레 살충제.
── 图 옴 벌레 살충제.
sca·bies [skéibiiz/-bii:z] 图 (단수취급) (병리) 옴, 개선(疥癬). **-bi·ét·ic** 图 「(식물).
sca·bi·o·sa [skèibióusə, skæb-] 图 체꽃속(屬)의
sca·bi·ous¹ [skéibiəs] 图 개선(疥癬)(성)의; 딱지 투성이의.
sca·bi·ous² 图 =scabiosa. 「가 낀 지대].
scab·land [skǽblænd] 图 기복 있는 화산 용암지
scab·rous [skǽbrəs/skéib-] 图 **1** 울퉁불퉁한, 꺼칠꺼칠한. **2** 몹시 어려운, 곤란한, 골치 아픈. **3** 온당치 않은, 아슬아슬한, 외설적. **♣-ly** 图 **♣-ness** 图
scad¹ [skæd] 图 (어류) 전갱이.
scad² 图 (~s) (美속어) **1** 다량, 다수, 많음. ¶~s *of money* 거액의 돈. **2** 거금; 달러. ── 图 매우, 몹시. (또는 **skad**) 「항 무장 유인기(誘引機)).
SCAD subsonic cruise armed decoy(아음속의 순
scaf [skæf] 图 (美속어) 매력적이면서 실용적인 인기상품(의복·화장품 따위).
*****scaf·fold** [skǽfəld, -fould] 图 **1** (건축용의) 비계, 발판. **2** 처형대, 교수대, 단두대; (the ~) (비유적) 사형. **3** (일시적인) 조립식 야외 무대, (야외의) 관람석; 대(臺). **4** (해부) 뼈대, 골격. **5** (야금) 로(爐)의 시렁걸이.
go to [or ***mount***] ***the scaffold*** 사형에 처해지다.
send [or ***bring***] *a person* ***to the scaffold*** 남을

scaffolding

교수형에 처하다.
— 图 1 …에 비계[발판]를 만들다; …을 발판으로 받치다. 2 [문학 작품 따위]의 윤곽을 확정시키다.
~·er

scaf·fold·ing [skǽfəldiŋ, -fould-] 图回 1 비계, 발판; 발판 재료. 2 골격, 뼈대.

scag [skæg] 图回 [美속어] 1 질이 나쁜 헤로인. 2 추한 여자, 기생충, 공초. 3 하찮은 녀석. 5 독한 술, 증류주. — 图(-gg-) 담배를 피다. (또는 **skag**)
be scagged out 마약에 취하다.

scág jònes 图 [美속어] 헤로인의 습관[중독 상태].

scagl·io·la [skæljóulə] 图 (장식용) 인조 대리석 [화장암]. **-list**

scal·a·ble [skéiləbl] 图 1 측정할 수 있는. 2 (비늘 등을) 벗길 수 있는. 3 (산·경사가) 오를 수 있는.
-bíl·i·ty, **~·ness** 图 **-bly** 图

sca·lar [skéilər] 图 1 (수학) 스칼라(實數)로 표시할 수 있는 수량. 图 vector ~ 1 사다리 모양의. 2 (수학) 스칼라의. 3 (행정·조직 따위가) 단계적인.

scálar árchitecture 图 [컴퓨터] 스칼라 아키텍처 (한 번에 한 가지 처리밖에 못하는 마이크로프로세서나 아키텍처).

sca·lar·i·form [skələrəfɔ́:rm] 图 [식물] 계단 모양의; [동물] 사다리꼴의. **~·ly** 图

scal·a·wag [skǽləwæg] 图 1 [구어] 불량배, 건달. 2 图(美) 남북 전쟁 후 점령군을 지지한 남부의 백인. 3 [발육 불충분·노령 때문에] 도움이 되지 않는 동물. (또는 **scallywag**, [英] **scallawag**)
~·ger·y 图 **~·gery** 图

***scald**[1] [skɔːld] 图回 1 (뜨거운 물·김 따위로) 데게 하다(with, on, by). ¶ (~ + 目 + 前 + 图) He ~ed himself with boiling water. 그는 끓는 물에 데었다. 2 [그릇 따위]를 열탕 소독하다, 끓는 물[열탕]로 씻다 [헹구다](out); …을 열탕에 잠그다. 3 (우유 따위)를 비등점 가까이까지 가열하다; [과일·야채 따위]를 열탕 처리하다. — 图 데다.
like a scalded cat 맹렬한 기세로.
— 图 1 [뜨거운 물·김에 의한] 화상; (햇볕 따위에 의한) 덴 상처와 같은 증상. 2 [식물 병리] (더위에 의한) 나뭇잎의 탐; (과일 따위의) 무더워서 썸음.
get a good scald on [美방언] …에 크게 성공하다.
2 열탕 처리함.

scald[2] [skɔːld] 图 =skald. **~·ic**

scald[3] [skɔːld] 图 =scabby. 图回 1 열탕 소독기, 펄펄 끓이는 기구.

scald·er [skɔ́ːldər] 图 열탕 소독기, 펄펄 끓이는 기구.

scáld héad 图 [고어] (어린이의) 기계충 (머리).

scald·ing [skɔ́ːldiŋ] 图回 1 열탕 소독; 열탕 처리. 2 (~s) 열탕, 끓인 액체. — 图 1 데일 듯한, 끓어오르는, 뜨거운, 타는 듯한. 2 (비평 따위가) 통렬한, 엄한.

***scale**[1] [skeil] 图(图~**s** [-z]) 1 (동물) 비늘. ¶ ~ of a snake 뱀의 비늘. 2 비늘 모양의 것, 비늘질(質)의 것. 3 비늘 조각; 피부의 얇은 조각, (나비 따위의) 인분(鱗粉). 4 (병리) 딱지. 5 갑옷의 미늘(쇠 또는 가죽 조각), 6 (식물) (싹·봉오리를 보호하는) 인편(鱗片), 포엽(苞葉), (곡물의) 껍질, (콩의) 꼬투리. 7 (~s) (비유적) 눈을 흐리게 하는 것(— 사도 행전(Acts) 9:18). ¶ The ~s fell off from his eyes. 그의 눈에서 비늘이 벗겨져 떨어졌다, 그는 자기의 잘못을 깨달았다. 8 回 (보일러의 안쪽에 생기는 물때; (달군 쇠의 표면에 생기는) 쇠똥; 치석(齒石). 9 (또는 **~ ínsect**) 回回 깍지벌레, 개각충(介殼虫); [속어] 이.
fall in scales [페인트 따위가) 흐슬부슬 벗겨져 떨어지다.
remove the scales from one's eyes 진실을 깨닫게 하다, 현실에 눈을 뜨게 하다.
— 图(~**s** [-z]; ~d; scál·ing) 围 1 …의 비늘을 벗기다, 껍질을 벗기다(가까다). ¶ ~ peas 완두콩의 꼬투리를 까다. 2 …의 물때를 벗기다; 치석을 제거하다(off). ¶ (~ + 目 + 前 + 图) ~ tartar *from* the teeth 치석을 제거하다. 3 …을 비늘로 덮다; …에 딱지[물때, 치석]가 생기게[끼게] 하다. 4 [납작한 돌 따위]를 수평으로 팽이 날듯이 던지다[날려 보내다]. 5 [美속어] 줄이다, 깎다(down).
— 图 1 (비늘처럼) 벗겨져 떨어지다(off)(off, from). ¶ (~ + 圖) (~ + 前 + 图) The paint is *scaling off* (the door). (문의) 페인트가 벗겨져 나가고 있다. 2 (보일러 따위에) 물때가 끼다. 3 [濠·뉴질 속어] 무임 승차하다, **~·less**, **~·like** 图

‡**scale**[2] 图(图~**s** [-z]) 1 천칭의 접시. 2 (~**s**) 저울, 천칭; 저울자리. ¶ a pair of ~s 천칭 / a spring ~ 스프링 저울. 3 (~s) (비유적) 가치 판단의 기준, (운명을 결정하는) 저울. ¶ the ~s of justice 정의의 저울. 4 (the S-s) [천문] 천칭자리. 5 (가축의) 무게, 크기. 6 [방언] 컵.
be in the scale(s) 매우 위급하다.
go [or ride] to scale 체중을 달다.
go to scale at 체중이 …이다.
hang in the scale 아직 어느 쪽으로도 결정되지 아니하다.
hold the scales even [or true, equally] 공평하게 판정하다.
throw one's sword into the scale ⇨SWORD.
tip the scale(s) ① 무게가 …나가다(at). ② 한쪽을 우세하게 하다.
turn the scale(s) ① 국면을 일변시키다; 형세를 결정적으로 만들다. ② …의 무게가 나가다(at).
weight [or load] the scale(s) (유리하게) 정세를 바꾸다, 국면을 일신시키다.
— 图(~**s** [-z]; ~**d**; scál·ing) 围 …을 천칭[저울]로 달다; …을 저울에 달다, 견주다, 비교하다. — 图 무게가 …나가다[이다]. ¶ (~ + 图) It ~s 10 pounds. 그것은 10 파운드 나간다.

‡**scale**[3] 图(图~**s** [-z]) 1 눈금, 저울눈, 척도(of, on). 2 비례, 비율; 축척; 비례자[척], 자(ruler). ¶ a calculating ~ 계산자 / a map drawn to a ~ of one to fifty thousand 축척 5만분의 1의 지도. 3 回回 (on ~) 규모, 정도, 스케일. 4 (급 · 과세 따위의) 등급표; (가격 · 임금 체계 따위의) 등급표; [英] (건축가나 변호사의) 요금표. ¶ a ~ of wages 임금률. 5 계급, 등급(rank); 계층. ¶ the social ~ 사회 계층 / at the bottom [top] of the ~ 어떤 계급의 최하위[최상위]에. 6 (수학) 기수법(記數法), …진법(進法). ¶ the decimal ~ 10진법 / the ~ of notation 기수법. 7 (음악) 음계. ¶ the major [minor] ~ 장[단]음계. 8 (교육·심리) (지능·적성 검사 따위의) 측정 척도, 기준. 9 回 [건축] 상대적 치수, 적당한 치수. 10 (현미경, 사다리, 계단. 11 [컴퓨터] 스케일, 크기 조정, 등급화, 기준화(基準化).
economies of scale 대량 생산에 의한 원가 절감, 스케일 메리트.
in scale 일정한 비율로; (…과) 균형을 이루어(with).
learn one's scales 음악을 배우기 시작하다.
on a large [small] scale 대[소]규모로.
on a scale of one to ten (10을 최고로 하여) 1부터 10의 척도로.
out of scale (너무 크거나 작아서) 균형이 안 잡힌.
sink in the scale 하위로 떨어지다, 열등해지다.
to scale 일정한 비율로.
— 图(~**s** [-z]; ~**d**; scál·ing) 围 1 …을 (기어) 오르다 (사다리 따위로) …에 오르다 ⇨ CLIMB 유의어 2 …을 축척으로 제도[설계]하다; …을 율(率)에 따라서 정하다; [인물·품질 따위]를 일정한 기준으로 평가하다; (통나무 따위)의 재적(材積)을 어림하다. 3 [濠속어] [교통 기관]에 무임 승차하다. 4 [컴퓨터] …을 기준화하다. — 图 1 기어오르다. 2 (수량 따위가) 비례하다; 공통의 척도를 가지다. 3 단계로 되어 있다, 점점 높아지다. 4 음계를 연주하다[노래하다]. 5 [英속어] 뺑소니치다.
scale down [up] …을 어떤 비율로 줄이다[늘리다].
scale on …을게에 따른; 축척으로 만들어진.

scále àrmor 图 미늘 갑옷.

scále bèam 〖명〗 (대저울의) 저울대, (앉은뱅이 저울의) 눈금 달린 대.
scale·board [skéilbɔ̀ːrd] 〖명〗 (액자·거울의) 뒤판; 〖인쇄〗 얇은 목제 인테르; (베니어판용의) 얇은 널
scále bùg 〖곤충〗 개각충. 「빤지.
scaled [skeild] 〖형〗 **1** 비늘[비듬]로 덮인; 비늘 모양의 무늬가 있는. **2** (갑옷이) 미늘을 포갠. **3** 눈금이 있는.
scále-down [-dàun] 〖명〗 일정한 비율에 의한 축소[삭감].
scále ínsect 〖곤충〗 깍지벌레. 「감〗, 비례 축소.
scále lèaf 〖명〗 비늘 모양의 잎.
scále mòdel[dràwing] 〖명〗 축척도(縮尺圖).
scále mòss 〖식물〗 비늘이끼.
sca·lene [skeilíːn/∠-] 〖형〗 〖기하〗 부등변의: (원뿔이) 축이 비스듬한: 〖해부〗 사각근(斜角筋)의. ── 〖기하〗 부등변 삼각형: 〖해부〗 사각근.
sca·le·nus [skeilíːnəs] 〖명〗 (⑫ **-ni** [-nai]) 〖해부〗 사각근(斜角筋).
scale·pan [skéilpæ̀n] 〖명〗 천칭의 접시.
scal·er¹ [skéilər] 〖명〗 비늘[물때]을 벗기는 사람[도구]; 〖치과〗 치석 제거기.
scal·er² 〖명〗 천칭[저울]으로 다는 사람.
scal·er³ 〖명〗 **1** 기어오르는 사람. **2** (성 따위에) 기어올라가 공격[점령]하는 병사. **3** 〖전자〗 계수(計數) 회로.
scale-up [skéilʌ̀p] 〖명〗 일정한 비율에 의한 증대.
scale-winged [∠-wìŋd] 〖형〗 〖곤충〗 나비목(目)의, 날개에 비늘을 가진.
scale-work [∠-wə̀ːrk] 〖명〗 (기와를 겹친 것 같은) 비늘 세공.
scal·i·ness [skéilinis] 〖명〗 U 비늘이 있음, 비늘 모양[질].
scal·ing [skéiliŋ] 〖명〗 **1** 물고기로부터의 비늘 제거; (금속 표면으로부터의) 염분 제거. **2** 〖치과〗 치석 제거. **3** (금속 표면의) 산화물[무기물] 분야; (보일러 따위의) 물때 부착.
scáling círcuit 〖전자〗 계수 회로.
scáling làdder 〖명〗 공성(攻城) 사다리; 소방 사다리.
scall [skɔːl] 〖명〗 머리 부스럼, 두창(頭瘡).
scal·la·wag [skǽləwæ̀g] 〖명〗 〖英〗=scalawag.
scal·lion [skǽljən] 〖명〗 〖식물〗 골파류의 파(shallot), 부추류, 줄기가 길고 잎이 푸른 양파.
scal·lop [skáləp, skǽl-/skɔ́l-] 〖명〗 **1** 가리비. **2** 가리비의 조가비; (굴 따위를 요리하는) 조개 냄비, (조가비 모양의) 질냄비. **3** 가리비의 조개 관자; (조가비 관자 요리. **4** (~s) 부채꼴 가장자리 장식, 스캘럽(가리비의 가장자리와 같은 물결 무늬). ── 〖통〗 **1** 조개 냄비로 요리하다. **2** 부채 모양으로 하다, 부채꼴 가장자리 장식으로 꾸미다.
scal·lop·ing [skáləpiŋ, skǽl-/skɔ́l-] 〖명〗 U **1** 가리비 채취[잡이]. **2** 부채꼴 가장자리 장식.
scal·lo·pi·ni [skàləpíːni] 〖명〗 스칼로피니(얇게 썬 송아지 고기를 기름에 튀긴 이탈리아 요리). (또는 **scaloppine**)〈F〉
scállop shèll 1 (그리스도 교도가 순례의 표시로 몸에 지녔던) 가리비 껍질. **2** 가리비 껍질 모양의 접시.
scal·ly [skǽli] 〖명〗 〖英속어〗 **1** 젊은이, 젊은 남자. **2** 불량배. **3** 영국 Liverpool 지구의 남자.
scal·ly·wag [skǽliwæ̀g] 〖명〗=scalawag.
scal·o·gram [skéiləgræ̀m] 〖명〗 〖심리〗 스케로그램, 반응도(反應圖).
***scalp** [skælp] 〖명〗 **1** (사람의) 머리 가죽, 머리털이 붙은 머리 가죽(아메리칸 인디언이 전리품으로서 채집했다). **2** 전리품, 승리의 상징. **3** 둥근 민둥산 꼭대기(scaup). **4** (개·이리 따위의) 머리가죽. **5** 〖美구어〗 (주식·표 따위의 중매(仲買)에서) 얻은 적은 이윤. **6** 〖英〗 (바닷물·조개 따위에 둘러싸인) 바위: 대륙붕(大陸棚).
call for *a* **person's scalp** 남을 해치려 하다; 몹시 화내다.
have the scalp of …을 패배시키다; …에게 복수하다.
out for scalps ① 머리 가죽 사냥에 나가서. ② 당장 싸울 듯이, 호전적으로.
take scalps ① 머리 가죽을 벗겨 내다. ② 이기다.
── 〖통〗 **1** …의 머리 가죽을 벗기다; 〖英〗 〖남〗의 머리를 짧게 깎다. **2** (정치가로부터) 지위[세력]을 빼앗다: 〖남〗을 속이다. **3** 〖美구어〗 …을 박리(薄利)로 팔다, …의 차익금을 바라고 상거래하다; 암표상 노릇을 하다. **4** 〖나무〗을 베다; 표토의 풀[뿌리]을 제거하다. ── 〖자〗 **1** 〖美구어〗 박리로 팔다. **2** 머리 가죽을 벗기다.
∼-**less** 〖형〗 「메스를 넣다.
scal·pel [skǽlpəl] 〖명〗 외과[해부]용 메스. ── 〖통타〗
scalp·er [skǽlpər] 〖명〗 **1** 머리 가죽을 벗기는 사람. **2** 매매 차익금을 따먹는 사람, 남의 수입의 일부를 떼어먹는 사람; 암표상. **3** (조각용) 둥근 끌.
scálp hàir 〖명〗 머리털.
scálp lòck 〖명〗 (인디언 전사가 적에 대한 도전으로 머리 가죽에 남기는) 한 타래의 머리카락.
scal·y [skéili] 〖형〗 **1** 비늘[물때]로 덮인, **2** 비늘 모양의, 비늘질(質)의, 벗겨 떨어지는. **3** 깍지벌레가 붙은. **4** 〖속어〗 천한, 비열한, 인색한, 치사한.
scály ánteater 〖명〗=pangolin.
scam [skæm] 〖명〗 〖美속어〗 **1** 신용 사기, 계획 도산. **2** 정보; 소문.
What's the scam? (〖美속어〗) 무슨 일이야?
── 〖통〗 (-**mm**-) 〖타〗 …을 속이다, 사기치다. ── 〖자〗 **1** 〖美학생속어〗 여자에게 접근하다 (*on*). **2** 〖美속어〗 섹스하다. **3** 〖美속어〗 빈들거리며 지내다. ∼-**mer**
SCAMA Station Conferencing and Monitoring Arrangement(〖로켓〗 발사장 모니터 장치).
scam·mo·ny [skǽməni] 〖명〗 〖식물〗 스카모니아(소아시아 지방산(產)의 메꽃과(科) 식물); U (그 뿌리에서 채취하는) 스카모니아 수지(樹脂)(하제용(下劑用)).
scamp [skæmp] 〖명〗 **1** 악한, 무뢰한, 불량배. **2** 장난꾸러기, 악동. **3** 능성어과(科)의 식용 물고기. **4** (고어) 노상 강도. ── 〖통타〗 〖일 따위〗를 되는대로[소홀히] 하다, 아무렇게나 하다. ∼-**ing·ly** 〖부〗 ∼-**ish** ∼-**ish·ly** 〖부〗 ∼-**ish·ness**
***scam·per** [skǽmpər] 〖자〗 **1** 빨리 달리다[뛰어 들어가다](*into*); 급히 떠나다, 허둥지둥 도망가다(*away*, *off*, *by*); (어린이가) 뛰어다니다. (장난치며) 깡충거리다 (*about*, *around*). ¶(~+〖前〗+〖名〗) I saw a fox ~ *into* an earth. 나는 여우가 굴로 뛰어 들어가는 것을 보았다. **2** 급히 여행하다; 급히[대충] 읽다 (*through*). ¶(~+〖前〗+〖名〗) ~ *through* Europe 유럽을 급히 여행하다. ── 〖명〗 급히 달리기[뛰어 다니기, 떠나기, 도망가기]; 뛰어다니기. **2** 급히 하는 여행; 급히 읽기 (*through*). ¶take a ~ *through* a novel 소설을 급히 읽다.
be on [or *upon*] *the scamper* 뛰어다니다, 깡∼**er** 〖명〗   「충거리다. ② 급한 여행을 하다.
scam·pi [skǽmpi] 〖명〗 **1** 가시발새우과(科)의 새우. **2** 새우를 기름 또는 버터로 구운 이탈리아 요리.
scámpi bélt 〖英〗 (런던 주변의) 중류 주택지.
***scan** [skæn] 〖통〗 (-**nn**-) 〖타〗 **1** …을 자세히 조사하다, 정밀 검사하다; …을 눈여겨보다, 유심히 보다. **2** (신문·책 따위)를 대충 훑어보다, 급히 읽다. **3** 〖시〗의 운율을 살피다, (시행(詩行))을 운각(韻脚)으로 나누다; 〖시〗를 운율적으로 낭독하다. **4** 〖TV〗 (영상)을 주사(走査)하다. **5** 〖레이더〗…에 전파를 발하다. **6** 〖데이터〗를 (광(光)스캐너로) 읽다. **7** 〖넓은 장소〗을 몇 번이나 둘러보다. **8** (비판적으로) 판단을 내리다; 식별하다. **9** 〖페어〗…을 해석하다. ── 〖자〗 **1** 시의 운율을 살피다; 시행의 운각으로 나누어 지다. **2** 〖TV〗 (영상)이 주사하다. ── 〖명〗 **1** 정밀 검사, 음미; 눈여겨보기. **2** 대충[급히] 읽기. **3** 〖시〗의 운율 살피기, 운각 나누기, 운율적 낭독. **4** 〖TV〗 주사. **5** 시야 이해의 범위. **6** 〖의학〗 컴퓨터 단층 촬영 (한 화상). **7** 레이더의 디스플레이 장치. ∼-**na·ble** 〖형〗
Scan. Scandinavia. **Scand.** Scandinavia(n).
***scan·dal** [skǽndl] 〖명〗 (⑫ ∼**s** [-z]) **1** UC 추문,

scandalfest

스캔들, (세상을 떠들썩하게 하는) 부정 행위[사건], 오직[독직] 사건, 의옥(疑獄) *(over, about).* ⇨ GOSSIP 유의어 **2** ⓒ (추문에 대한) 물의, 반감, 분개: (보통 a ~) 치욕, 불명예, 체면 손상, 명예 손상 *(to).* ¶ a national ~ 국치(國恥). **3** ⓤⓒ 욕설, 중상, 비방, 악평 *(about).* ¶ talk ~ 욕을 하다, 중상하다 / make up a ~ 악평을 하다. **4** (남에게) 치욕이 되는[반감을 사는] 일을 하는 사람. **5** (古) 중상적인 진술. **6** (古) 교회의 명예를 더럽히는 행위.
cause *[or **create**, **give rise to**] scandal* 세간에 물의를 일으키다.
to the scandal of …을 분개시킨 것은. ¶ *To the ~ of his mother he had stolen some money.* 그가 얼마간의 돈을 훔친 것이 어머니를 분개시켰다.
— 타 (*-l-, -ll-*) 타 (古) …의 악평을 부채질하다, 욕을 하다, …을 비방[중상]하다; (廢) …을 모욕하다.
scan·dal·fest [skǽndlfèst] 명 스캔들 축제.
scan·dal·ize [skǽndəlàiz] 타 1 (부정 행위·무례함으로) (남을) 아연케 하다, 분개시키다. ¶ ~ a person *with [or by]* …으로 남을 아연케 하다, 분개시키다. **2** (古) …의 험담을 하다, …을 중상하다. **3** [해사] 바람을 빠지나가다; 돛의 면적을 줄이다.
be scandalized by [*or at*] …에 분개하다.
-i·zá·tion 명 아연케 하기, 분개시키기. **-iz·er** 명
scan·dal·mon·ger [skǽndlmʌ̀ŋɡər] 명 남의 욕을 하고 다니는 사람. **~·ing** 명 험담하기.
***scan·dal·ous** [skǽndləs] 형 1 불명예스러운, 면목이 없는, 수치스러운: 괘씸한, 언어 도단의. 2 중상적인, 비방하는; 중상하기 좋아하는, 남의 욕을 하는. 3 스캔들에 흥미를 가진. **~·ly** 부 **~·ness** 명
scándal shèet 명 1 (美) 가십[폭로] 신문[잡지]. 2 (美속어) (실제보다 불린) 경비 청구서; (美軍속어) 급료 지급 명부.
scan·dent [skǽndənt] 형 (동·식물이) 기어오르는 성질을 가진(climbing). ⎡DIUM.
scan·dic [skǽndik] 형 (화학) 스칸듐의. ⇨SCAN-
Scan·di·na·vi·a [skæ̀ndənéiviə] 명 1 스칸디나비아(Norway, Sweden, Denmark의 총칭), 북유럽. 2 = Scandinavian Peninsula.
***Scan·di·na·vi·an** [skæ̀ndənéiviən] 형 스칸디나비아의, 스칸디나비아 사람[말]의. — 명 1 스칸디나비아 사람. 2 ⓤ 스칸디나비아 말.
Scandinávian Áirlines Sỳstem 명 스칸디나비아 항공(덴마크·노르웨이·스웨덴 3국의 공동 기업체; 略 SAS). ⎡(형) 반도.
Scandinávian Península 명 (the ~) 스칸디나
scan·di·um [skǽndiəm] 명 ⓤ (화학) 스칸듐(금속원소; 記 Sc). ⎡차·항공기 (제작사)).
Sca·ni·a [skéiniə] 명 (상표) 스카니아(스웨덴의 자동
scank [skæŋk] 명 (美속어) 매력없는[못생긴] 여자, 추녀. ⎡한.
scank·ie [skǽŋki] 명 (美속어) 칠칠치 못한, 지저분
scan·ner [skǽnər] 명 1 정밀히 조사하는 사람. 2 (詩行)을 운각(韻脚)으로 나누는 사람. 3 (TV) 주사기(走査機), 주사판(板); 주사 공중선.
scan·ning [skǽniŋ] 명 ⓤ 1 = scansion. 2 정사(精査). 3 (TV) 주사(走査)(하기). 4 인체에 방사성 물질을 넣어 그 분포를 사진으로 찍어 진단하는 방법.
— 형 정사하는.
scánning bèam 명 (TV) 주사 광선(走査光線).
scánning dìsk [(英) **dìsc**] 명 (TV) 주사판.
scánning eléctron mícrograph 명 주사식 (走査式) 전자 현미경 사진. ⎡(전자 현미경(略 SEM).
scánning eléctron mícroscope 명 주사식
scánning líne 명 (TV) 주사선.
scánning rádar 명 (전자) 주사식(走査式) 레이더.
scánning túnneling mícroscope 명 주사식 터널 현미경(略 STM).

scapiform

scan·sion [skǽnʃən] 명 ⓤⓒ (운율) 시의 운율 (구조): 운율, 운율에 따라서 낭독하기.
scan·so·ri·al [skænsɔ́ːriəl] 형 (동물) 나무에 기어오를 수 있는, 나무에 기어오르는 (습성이 있는); (딱다구리처럼 발이) 기어오르기에 알맞은.
***scant** [skænt] 형 1 불충분한, 부족한 *(of, in).* ⇨ SCANTY 유의어 ¶ a ~ retiring allowance 얼마 안 되는 퇴직 수당 / be ~ *in sense* 상식이 모자라다 / be ~ *of breath* 숨을 헐떡이다. **2** (일정한 양에) 조금 못 미치는, 가까스로의, 빠듯한. ¶ a ~ three meters 3m에 조금 모자라는 길이. **3** (크기·양이) 한정된, 작은, 빈약한. **4** (방언) 아까워하는, 인색한. ¶ treat a person with ~ courtesy 남을 예절에 벗어나게 대하다. **5** (해사) 강
pay scant attention 그다지 주의를 기울이지 않다.
with scant attention to …에 충분한 주의를 기울이지 않고.
— 타 1 [수량·공급]을 줄이다; …을 내기 아까워하다, 인색하게 굴다. 2 …을 아무렇게나 다루다, 경시하다. 3 가까스로, 겨우, 간신히.
~·ly 부 **~·ness** 명
scan·ties [skǽntiz] 명 (여성용의) 아주 짧은 팬티.
scan·tle [skǽntl] 명 (건축) 슬레이트 측정기.
scant·ling [skǽntliŋ] 명 ⓤ 1 (서까래 따위에 쓰는) 작게 쪼갠 재목, 작은 각재(角材); (집합적) 작은 각재류. 2 ⓒ (목재 따위의) 마구리 치수. 3 (a ~) 소량, 소액. 4 (古) 견본, 표본.
***scant·y** [skǽnti] 형 (*scant·i·er; scant·i·est*) 1 근소한, 모자라는; 불충분한, 부족한(ample).

> 유의어 **scanty** 수량·정도 따위가 필요분에 달하지 못하는. **scant** 겨우 차거나 약간 부족한. **meager** 질적으로도 빈약하고 수량도 한정되어 최저의 필요도에 도 못 미치는. **spare** 궁한 것은 아니나 근검 절약 위주로 수량이 충분치 않은. **short** 양이 기준에 달하지 않는. **sparse** 넓은 지역에 흩어져 밀도가 낮은.

2 좁은, 작은, 옹색한. 3 성긴, 듬성듬성한. 4 인색한.
scánt·i·ly 부 **scánt·i·ness** 명
SCAP [skæp] *Supreme Commander for the Allied Powers* (연합군 최고 사령관). **SCAPA** *Society for Checking the Abuses of Public Advertising*.
scape[1] [skeip] 명 1 (식물) 꽃줄기(튤립 따위와 같이 땅속에서 직접 나오는 것). 2 (곤충) (촉각의 첫째 마디를 이루는) 병절(柄節). 3 (조류) 깃대. 3 (건축) 주신(柱
scape[2] 명 타 (古) = escape. (또는 **'scape**) ⎡身).
SCAPE (우주) self-contained atmospheric pressure ensemble (대기압 자급 시스템).
-scape [skeip] 연결 「풍경, 경치, 풍경화」의 뜻. ¶ land*scape*, sea*scape*, sky*scape*.
scape·goat [skéipɡòut] 명 1 남의 죄를 대신 지는 것[사람], 희생(양). 2 (성서) 속죄의 염소(고대 유대에서 속죄일에 인간의 죄를 대신 지워 황야에 내다버린 염소. ← 레위기(Lev.) 16:8). — 타 …에게 죄[책임]을 전가시키다. **~·er** 명
scape·goat·ism [skéipɡòutizm] 명 죄[책임]의 전가. (또는 **scapegoating**) ⎡꾸러기, 개구쟁이.
scape·grace [skéipɡrèis] 명 건달, 밥벌레; 말썽
scape·ment [skéipmənt] 명 = escapement.
scápe whèel 명 = escape wheel.
scaph·o- [skǽfou, -fə] 연결 boat의 뜻(*모음 앞에서는 scaph-). ¶ scapho*cephaly*.
scaph·o·ceph·a·ly [skæ̀fəséfəli] 명 (병리) 상두증(舟狀頭症)(두개골의 기형).
(또는 **scaphocephalism**) **-lous** 형
scaph·oid [skǽfɔid] 형 배 모양의. — 명 (해부) 주상골(舟狀骨). ⎡기 모양의.
sca·pi·form [skéipifɔ̀ːrm/skǽp-] 형 (식물) 꽃줄

sca·pose [skéipous] 〖植〗 꽃줄기를 가진[로 이루어져는]; 꽃줄기 모양의.

s. caps. 〔인쇄〕 small *capitals*. 「甲骨).

scap·u·la [skǽpjulə] 〖해부〗 어깨뼈, 견갑골(肩

scap·u·lar [skǽpjulər] 〖해부〗〖견갑골의.
— 〖명〗 1 〔가톨릭〕 스카풀라리오(수사가 어깨에 걸치는 겉옷). 2 〔외과〕 견갑 붕대. 3 〖동〗 견갑골. 4 〔조류〕 어깨깃.

scápular árch 〖해부〗 견갑대(肩甲帶).

scap·u·lar·y [skǽpjuléri/-ləri] 〖명〗〖형〗=scapular.

‡**scar**¹ [skɑːr] 〖명〗(複 ~s [-z]) 1 (상처·화상·종기의) 자국, 흉터. ¶life long ~s from fires 평생 남을 화상의 자국. 2 (비유적) 마음의 상처: (신용·명예 등의) 오점, 타격. 3 〔식물〕 엽흔(葉痕), 잎자국. — 〖동〗(~s [-z]; **-rr-**) 〖타〗 …에 상처 자국을 남기다 (with). ¶be ~red with [or by] smallpox 얼굴에는 천연두 자국이 남아 있다. — 〖자〗 상처 자국이 남다(over). ¶The cut will ~ over. 그 벤 상처는 자국(흉터)이 남을 것이다.
~-less 〖형〗 상처 자국(흉터)이 없는.

scar² 〔英〕 깎아지른 바위; 암초.

SCAR Scientific Committee on Antarctic Research (남극 과학 위원회).

scar·ab [skǽrəb] 〖명〗 1 풍뎅이. 2 (고대 이집트 사람이 신성시한) 성(聖)투구풍뎅이, 스카라베. 3 스카라베 돌(도장)(부적 따위로 쓰였다).

scar·a·bae·id [skǽrəbíːid] 〖형〗 풍뎅잇과(科)의 (곤충). [scarab 3]

scar·a·bae·oid [skǽrəbíːɔid] 〖형〗 1 풍뎅이 같은. (또는 **scaraboid**) 2 성투구풍뎅이 (돌) 같은. — 〖명〗 모조 성투구풍뎅이 돌(도장).

scar·a·bae·us [skǽrəbíːəs] 〖명〗 성(聖)투구풍뎅이; 성투구풍뎅이를 새긴 보석.

Scar·a·mouch [skǽrəmàutʃ, -mùːʃ/-mùːtʃ] 〖명〗 1 이탈리아 옛 희극에 나오는 겁이 많고 허세부리는 어릿광대. 2 (s-) 허세부리는 겁쟁이, 허풍선이, 건달. (또는 **Scaramouche**)

‡**scarce** [skɛərs] 〖형〗(**scarc·er**; **scarc·est**) 1 (서술 용법) (일시적으로) 부족한, 불충분한, 모자라는 (of). ¶Food becomes ~ in wartime. 전시에는 식량이 부족해진다 / Vegetables are getting ~. 야채가 모자라 가고 있다. 2 드문, 희귀한. ¶a ~ book 희귀서. 3 (옛어) 인색한, 알뜰한.
make oneself *scarce* (구어) 슬쩍(살금살금) 떠나다; 퇴거하다, 출석 등을 회피하다 (at).
— 〖부〗 (고어·문어) =scarcely.
~-ness 〖명〗.

‡**scarce·ly** [skɛ́ərsli] 〖부〗 1 겨우, 간신히, 가까스로. ~ thirty people 30명이 될까말까한 인원. 2 거의 …않다. ⇨HARDLY 〖유의어〗 ¶I ~ see him now. 이젠 그와 거의 만나지 않는다. 3 아마(설마) …아니다. ¶What he said can ~ be true. 그가 말한 것은 아마 사실이 아닐 것이다. 4 단연코(결코, 확실히) …아니다. ¶I can ~ believe such a foolish thing. 그런 어리석은 일은 결코 믿어지지 않는다.
scarcely any 거의 없다. 「코 믿어지지 않는다.
scarcely…*but* …않는 …은 거의 없다. ¶There is ~ a rule *but* has some exceptions. 예외 없는 법칙은 없다.
scarcely ever ⇨EVER. 「거의 없다.
scarcely less 거의 같게.
scarcely…*when* [or *before*] …하자마자, …함과 동시에, ≒hardly…when (⇨HARDLY) ¶He had ~ [or *S*- had he] started *when* the rain began to fall. 그가 출발하자마자 비가 오기 시작했다.

scarce·ment [skɛ́ərsmənt] 〖명〗〔건축〕 벽의 발판, 벽면의 턱, 벽의 작은 단(段).

*__scar·ci·ty__ [skɛ́ərsəti] 〖명〗〖U〗 1 부족, 결핍; 생활필수품 부족, 식량 부족, 기근. ⇨LACK 〖유의어〗 2 드묾, 희귀함.

scárcity príce 〖명〗 희소 가격, 품귀 가격.

scárcity sèason 〖명〗 단경기(端境期).

scárcity vàlue 〖명〗 희소 가치.

‡**scare**¹ [skɛər] 〖동〗(~s [-z]; ~d; scar·ing) 〖타〗 1 …을 겁나게 하다, 깜짝 놀라게 하다 (with). ¶a ~d face 겁먹은 얼굴 / be ~d to death 섬뜩(오싹)해지다 / be ~d stiff 몸을 움직이지 못할 만큼 놀라다. 2 …을 위협하여(겁주어) …시키다 (into); …을 겁주어 쫓아버리다 (away, off). ¶(~+〖목〗+〖전〗+〖명〗) ~ a person *into* confession 남을 위협하여 자백시키다 / (~+〖목〗+〖명〗) ~ *away* birds 새를 쫓아 버리다. — 〖자〗 겁내다, 놀라다, 두려워하다 (at). ¶(~+〖전〗+〖명〗) She ~d at a lizard. 그녀는 도마뱀에 놀랐다.
be more scared than hurt 무서웠을 뿐 실제로 피해는 없다; 공연한 걱정을 하다.
scare a person into 남을 위협하여 …시키다.
scare a person out of his seven senses …을 단단히 겁나게 하다, 깜짝 놀라게 하다.
scare a person shitless [or *spitless, witless*] (美속어) 남에게 몹시 겁주다.
scare at nothing 아무것도 아닌 일에 놀라다.
scare out =*scare up*.
scare the dickens [or *shit, bejazus, living shit, hell*] *out of a person* (美속어) 〔남〕을 움츠러들게 하다. 「게 하다.
scare the pants off a person (美속어) 남을 놀라
scare up (美구어) ① (숨어 있는 사냥감을) 몰아내다, 날아오르게 하다. ② (온 따위)를 마련하다, 급히 변통하다, 그러모으다; 겨우 손에 넣다; …을 가까스로 발견하다.
— 〖명〗 (~s [-z]) 1 (이유 없이) 겁나기, 무서워하기, 놀라기; 공포, 불안, 세상을 떠들썩하게 하기, 소동. ¶give a good ~ 호되게 위협하다. 2 공포의 시간, 공황 상태; 경제 공황. 3 (the ~) 공갈, 협박.
cause a scare 소란을 피우다.
throw a scare into a person (美구어) 남을 깜짝 놀라게 하다, 질겁하게 하다.
— 〖형〗 두려움을 갖게 하는; 공황 상태의.
scár·er 〖명〗 **scár·ing·ly** 〖부〗.

scare² 〖명〗 골프 클럽의 머리와 자루의 접합 부분.

scáre bàdge 〖명〗(美軍속어) 낙하산 부대 등에서 혹독한 훈련을 받은 증표로 주는 배지.

scáre búying 〖명〗 사재기.

‡**scare·crow** [skɛ́ərkròu] 〖명〗(複 ~s [-z]) 1 허수아비. 2 허깨비. 3 누더기를 걸친 사람, 초라한 사람, 여윈 사람. **~·ish**, **~·y** 〖형〗.

scared [skɛərd] 〖형〗 깜짝 놀란, 겁먹은.
run scared (美구어) 겁먹은 행동을 하다; 낙선〔실패〕하지 않을까 하는 생각만 못하다.
scared shitless [or *spitless, witless*] (美속어) 몹시 겁먹어 (of).

scared·y-cat [skɛ́ərdikæ̀t] 〖명〗(구어) 남달리 겁많은 사람, 겁쟁이, 소심한 사람. (또는 **scáirdy cát**)

scare·head [skɛ́ərhèd] 〖명〗(美구어) (신문의) 특대 표제. — 〖동〗〖타〗 (뉴스)를 큰 제목으로 내보내다.

scáre héadline 〖명〗=scarehead.

scare·mon·ger [skɛ́ərmʌ̀ŋgər] 〖명〗 세상을 소란케 하는 사람, 유언비어를 퍼뜨리는 사람. — 〖동〗〖자〗 (유언비어를 퍼뜨려) 세상을 놀래게 하다. **~·ing** 〖명〗.

scáre tràp 〖명〗(美속어) (가연공(架緣工) 등의) 안전 벨트, (비행기의) 좌석 벨트. (또는 **scáred tràp**)

‡**scarf**¹ [skɑːrf] 〖명〗(複 ~s, **scarves** [skɑːrvz]) 1 스카프, 목도리. 2 (17세기의) 남성용 스카프; 넥타이. 3 (美) 웃장·피아노·테이블 위의 씌우개, 보. 4 (군인 등이 어깨에 걸치는) 어깨띠, 현장(懸章). — 〖동〗~ed [-t] 〖타〗 1 …에 스카프를 두르다. 2 …을 스카프처럼 사용하다(걸치다). **~·ed** [-t], **~·less**, **~·like** 〖형〗.

scarf² 〖명〗 1 (목재·금속 따위를 접합하기 위해) 깎아낸 한 쪽. 2 =~ joint. 3 (고래의) 잘라낸 토막. — 〖동〗〖타〗 1 (목재·금속 따위)를 접합하다, 끼워 잇다. 2 (고래)를

scarf 잘게 토막내어 가죽과 지방을 벗기다. ∼**er** 图

scarf³ (美俗語) 图 1 (…을) 게걸스럽게 먹다, 꿀꺽꿀꺽 마시다(*up, down*). 2 (美口語) (…을) 훔치다, 날치기하다(*up*). 3 (美口語) (…을) 버리다, 단념하다. — 图 게걸스럽게 먹다. 「먹을 것, 식사.
scarf out (美) 게걸스럽게 먹다.

scar-faced [∠feist] 图 얼굴에 흉터가 있는.

scárf clòud (버섯의) 갓. 「접합.

scárf jòint (목재·금속 따위의) 끼워 잇기, 잇기,

scárf-pin [skáːrfpìn] 图 (英) 넥타이핀, 목도리 핀.

scárf-ring [skáːrfrìŋ] 图 넥타이용 고리; 스카프 링.

scárf-skin [skáːrfskìn] 图 ① 표피(表皮), 상피(上皮), 손톱 뿌리의 표피.

scárf-weld [skáːrfwèld] 图 금속의 용접에 의한 이어 잇기. 「구리에 걸쳐.

scarf-wise [∠wàiz] 图 비스듬하게; 어깨서부터 옆

scar·i·fi·ca·tion [skæ̀ərəfikéiʃən/skɛ́ər-] 图 ① 1 (외과) 난자(亂刺)(법). 2 신랄한 비평, 혹평. 3 (농업) 발고르기, 종피(種皮) 처리.

scar·i·fi·ca·tor [skǽərəfikèitər/skɛ́ər-] 图 (외과) 난자(亂刺)기(器); 난자[난절]하는 사람.

scar·i·fi·er [skǽərəfàiər/skɛ́ər-] 图 1 =scarificator. 2 혹평하는 사람. 3 흙갈퀴. 4 도로면을 갈아해치는 [파헤치는] 기계[사람].

scar·i·fy [skǽərəfài/skɛ́ər-] 图(-*fied*) 1 (외과) (피부)를 난자[난절]하다. 2 …을 혹평하다, 깎아내리다, 헐뜯다, …의 감정을 상하게 하다. 3 (농지)를 파 일으키다; (도로면)을 파헤치다. 4 (식물) (씨앗의 표피)에 상처를 내어 싹을 빨리 내다.

scar·i·ous [skɛ́əriəs] 图 (식물) 얇은 막 모양의 막질(膜質)의. (또는 **scariose**)

scar·la·ti·na [skàːrlətíːnə] 图 ① (병리) 성홍열. **-nal**, **-nous** 图

scar·la·ti·noid [skàːrlətíːnɔid, skáːrlətnɔ̀id] 图 (병리) 성홍열(의 발진)과 비슷한.

Scar·lat·ti [skɑːrláːti] 图 **Alessandro** ∼ 스칼라티 (1660-1725: 이탈리아의 작곡가; 나폴리 악파의 시조).

‡**scar·let** [skáːrlit] 图 1 ① C 주홍색. (또는 ∼ **rèd**) 2 심홍색(육군 장교·판사·추기경의 예복 따위에 쓰이는 색깔). 3 ① 주홍색 천; 주홍색 옷. 4 ① 죄악을 상징하는 주홍색. — 图 1 주홍색의. 2 주홍색 옷을 입은. 3 얼굴이 빨개진. 4 죄 많은; 죄 많은; 음란한.

scárlet féver (병리) =scarlatina.

scárlet hát 图 추기경의 주홍색 모자; 추기경의 직위.

scárlet lády 图 =scarlet woman.

scárlet létter (美) 주홍 글씨(간통자 가슴에 달게 했던 주홍색 천으로 만든 adultery의 머리글자 A).

scárlet pímpernel (식물) 별봄맞이꽃.

scárlet rásh (병리) 장미진(疹), 홍진(紅疹).

scárlet rúnner 图 붉은꽃강낭콩(남미산(產)).

scárlet tánager 图 (조류) (미국산(產)) 풍금조.

scárlet wóman 图 1 음탕한 여자, 간통한 여자, 매춘부. 2 (S- W-) (성서) 자줏빛과 붉은빛 옷을 입은 탕녀(—요한 계시록 Rev. 17: 1-6). 3 세속화한 로마 가톨릭 교회(가톨릭 교회를 경멸하는 말).

scarp [skɑːrp] 图 1 가파른 비탈길, 급경사. 2 (축성) (성의 외호(外濠)의) 안쪽 둑. ② counterscarp — 图 1 …의 비탈을 급경사지게 하다. 2 (외호)에 안쪽 둑을 구축하다.

scarp·er [skáːrpər] 图재 (英俗語) (대금을 지불하지 않고) 도망치다, 내빼다. — 图 도망, 줄행랑.

scar·ry [skáːri] 图 흉터가 있는.

scart [skɑːrt] 图 (스코) (…을) 할퀴다, 비비다, 문지르다; 상처를 남기다. — 图 1 할퀴기; 찰과상. 2 (글씨의) 휘갈겨쓰기.

scarves [skɑːrvz] 图 scarf¹의 복수형.

scar·y [skɛ́əri] 图 (口語) 1 무서운, 무시무시한, 겁나는. 2 겁 많은, 소심한. 3 (美口語) 추한, 못생긴. (또는 **scarey**)

scár·i·ly 图 **scár·i·ness** 图

scat¹ [skæt] (口語) 图 (-*tt*-) 困 서둘러 떠나다; (명령문에서) 저리 가라, 꺼져. — 图 (고양이 따위)를 쉿 소리를 내어 내쫓다. — 图 쉿.

scat² 图① (재즈) 스캣(가사 대신에 의미 없는 음절을 부르는 창법). — 图 (-*tt*-) 困 스캣으로 부르다.

scat³ 图 1 동물의 똥. 2 (美俗語) 헤로인. 3 (美口語) 질이 나쁜 위스키.

SCAT School and College Ability Test; supersonic commercial air transport.

scat·back [skǽtbæ̀k] 图 (미식축구) 스캣백(태클을 교묘히 피하는 민첩한 러닝백의 선수).

scathe [skeið] 图 1 …을 혹평하다, 호되게 까다. 2 (고어) …을 해치다, 상처를 입히다, …에게 손해[손상]를 주다[입히다]. — 图 ① (고어) 손해, 손상, 상처. ∼**·less** ∼**·less·ly** 图

scath·ing [skéiðiŋ] 图 1 (비평 등이) 통렬한, 신랄한, 가차없는. 2 상처를 입히는, 해치는. ∼**·ly** 图

scat·o- [skéitou, -tə] 연결 「대변」의 뜻; **scatology**.

sca·tol·o·gy [skətɑ́lədʒi/-tɔ́l-] 图① 1 분변학(糞便學). 2 (의학) 분변(에 의한) 진단. 3 분석학(糞石學).

scàt·o·lóg·ic, **scàt·o·lóg·i·cal** — **gist** 图

sca·toph·a·gous [skətɑ́fəgəs/-tɔ́f-] 图 (동물계) 분식성(糞食性)의. 「검사(법).

sca·tos·co·py [skətɑ́skəpi/-tɔ́s-] 图① (의학) 대

scát singing 图 (재즈) =scat².

‡**scat·ter** [skǽtər] 图 (∼**s** [-z]) 图 1 …을 뿌리다, 흩뿌리다, 살포하다, (씨)를 뿌리다(*on, over, with*). ¶ ∼ leaflets 삐라를 뿌리다 // (∼+图+前+图) ∼ seeds *over* the fields; ∼ the fields *with* seeds 밭에 씨를 뿌리다.

類義語 **scatter** 널리 흩뿌리다. **sprinkle** 물방울·낱알을 뿌리다. **strew** 표면을 덮듯이 빽빽하게 뿌리다.

2 …을 사방으로 흐트러뜨리다, 쫓아버리다. ¶ The policeman ∼*ed* the mob. 경관이 군중을 쫓아버렸다. 3 (희망·망상·의심 따위)를 사라지게 하다, 없애다. ¶ ∼ one's fear 공포심을 없애다. 4 (재산)을 마구 뿌리다, 낭비하다. 5 (탄환)을 산발(散發)하다, 흐트러지게 쏘다. 6 (물리) (빛)을 확산시키다. — 图 1 흩어지다, 뿔뿔이 헤어지다, 분산하다. ¶ The crowd ∼*ed.* 군중은 사방으로 흩어졌다. 2 (총포가) 탄환을 산발하다.

scatter to the winds (돈)을 날리다[낭비하다].
— 图 (∼**s** [-z]) 1 ①ⓒ 흩뿌리기; 살포; 분산; ⓒ 흩뿌려진 것. 2 ① (산탄의) 비산(飛散) 범위. 3 (통계) (측정치의) 산포도(散布度). 4 (美俗語) 무허가 술집; 은신처; 아파트의 방. 5 (야구) (안타 따위의) 산발. 6 (the ∼s) 설사.

∼**·a·ble** 图 ∼**·er** 图 「안정.

scátter àrm (俗語) (스포츠) 투구[스로잉]의 불

scat·ter·a·tion [skæ̀təréiʃən] 图 분산, 흩어진 상태[모습]; 조성금(助成金)의 분산.

scat·ter·brain [skǽtərbrèin] 图 주의가 산만한 사람, 정신이 흩어지는 사람, 차분하지 못한 사람.

scat·ter·brained [skǽtərbrèind] 图 침착하지 못한, 들뜬, 경솔한, 주의력이 산만한.

scátter cúshion 图 (美) (소파용) 소형 쿠션.

scátter diagram (통계) 산포도(散布圖). (또는 **scatterplòt**)

‡**scat·tered** [skǽtərd] 图 1 흩뿌려진; 산재(散在)해 있는; 드문드문 있는; 뿔뿔이 헤어진. ¶ ∼ hamlets 드문드문 있는 부락. 2 (생각 따위가) 정리되지 않는, 산만한, 마음이 산란한. 3 (조직·요소 따위가) 분산[분열]된. 4 (음악) 分散和音의. ∼**·ly** 图 ∼**·ness** 图

scat·ter·good [skǽtərgùd] 图 낭비가(浪費家).

scat·ter·gun [-gʌ̀n] 图 1 (美口語) 산탄총. 2 (俗語) (경)기관총. — 图 =scattershot.

scat·ter·ing [skǽtəriŋ] 명 1 (一) 흩뿌리기, 살포. 2 흩뿌려진 것, 조금. ── 형 1 뿔뿔이 흩어진, 드문드문한; 산발적인. 2 표가 분산된[갈라진]. **~·ly** 부

scáttering làyer 명 산란층(散亂層)(바다 속의 소리를 산란·반향시키는 플랑크톤층).

scat·ter·om·e·ter [skætərɑ́mətər/-rɔ́m-] 명 스캐터미터(전파를 널리 방사하여 모든 방향에서 반사파를 수신하는 레이더 모양의 장치).

scátter propagàtion [communicàtion] 명 (통신) 산란(散亂) 통신(전파의 산란을 이용한 통신).

scátter rùg 명 (의자 앞 따위에 놓는) 작은 융단.

scátter shòt 명 산탄(散彈).

scat·ter·shot [skǽtərʃɑ̀t/-ʃɔ̀t] 형 무차별로 광범위에 걸친, 닥치는 대로의, 무턱대고 하는.

scat·ter·site [skǽtərsàit] 형 (美) (저소득자용 주택 따위의) 위치를 분산하는 방식의.

scáttersite hòusing 명 (美) 분산 주택 단지(대도시 저소득자를 분산시키기 위해 짓는 공영 주택).

scat·ty [skǽti] 형 (英구어) 미친 (듯한); 어리석은; 침착하지 못한. **-ti·ly** 부 **-ti·ness** 명

scaup [skɔːp] 명 (방언) =scalp: = ~ duck.

scáup dùck 명 검은머리흰죽지(바다 오리의 일종).

scau·per [skɔ́ːpər] 명 (조각용) 둥근 끌.

scaur [skɑːr/skɔːr] 명 (스코) =scar².

scav·enge [skǽvindʒ] 타 ⓔ 1 (거리 따위)를 청소하다. 2 (내연 기관)을 배기(排氣)하다. 3 (용해 금속)을 순화하다. ── 자 1 거리의 청소부로 일하다, 쓰레기를 치우다[뒤지다]. 2 (내연 기관)이 배기하다. 3 먹을 것을 찾아다니다.

scávenge pùmp 명 (내연 기관의) 배유(排油) 펌프.

scav·en·ger [skǽvindʒər] 명 1 거리 청소부. 2 청소 도구. 3 청소 동물(독수리·하이에나·개 따위). 4 추잡한 글을 즐겨 쓰는 작가. 5 (화학) 방사성 물질을 침전시키어 제거하기 위한 담체(擔體) (유리기(遊離基)) 포착제(劑). **-·y** 형

scávenger bèetle (곤충) 청소 풍뎅이(부식물을 먹는 물방땅잇과(科)의 곤충).

scávenger hùnt 명 물건 갖추기놀이(지정된 물건을 사지 않고 빨리 모아서는 팀이 이기는 게임).

ScB =S.B.(이학사). **ScBC** *Bachelor of Science in Chemistry.* **ScBE** *Bachelor of Science in Engineering.* **SCC** *Sea Cadet Corps.* **SCCA** *Sports Car Club of America.* **ScD** =S.D.(이학 박사). **ScDHyg** *Doctor of Science in Hygiene.* **ScDMed** *Doctor of Medical Science*(의학 박사). **SCE** *Scottish Certificate of Education.*

sce·na [ʃéinə] 명 세나(가극의 한 장면; 가극 속에서의 극적인 독창곡). (<It scene)

sce·nar·i·o [sinɛ́əriòu/-nɑ́ːr-] 명 1 시나리오, 각본; 시나리오 대본. 2 행동 계획, 계획안. (<It)

sce·nar·ist [sinɛ́ərist, -nɑ́ːr-/síːnər-] 명 영화 각본 작가, 시나리오 라이터.

sce·nar·ize [sinɛ́əraiz, -nɑ́ːr-/síːnəràiz] 타 (…)을 영화화하다, 영화를 위해서 각색하다.

scend [send] (항해) 자 (배가) 뒷질하다; 큰 파도에 밀려 앞으로 나아가다.

── 명 파도의 추진력[출렁거림]; 뒷질. (또는 **send**)

‡**scene** [siːn] 명 (복 ~s [-z]) 1 (the ~) (행위·사건의) 장소, 장면, 현장; (인간의 활동하는 자리로서의) 무대, 인생, 현세, 세계; ¶a ~ of disaster 조난 현장. 2 (연극에서 사건이 일어나는) 장소, 장면, 무대. ¶The ~s of *A Tale of Two Cities* are laid in London and Paris. '두 도시 이야기'의 무대는 런던과 파리이다. 3 경치, 풍경, 광경. ⇒VIEW 유의어 ¶a night ~ 야경. 4 (연극의) 장(場), (영화의) 장면, 신. ¶Julius Caesar Act V, S-iii 줄리어스 시저 제5막 제3장. 5 (연극의) 배경, 무대 도구, 무대 장치. ¶shift the ~s 배경을 바꾸다. 6 (현실 생활의) 사건, 상황, 사태, 정세, 사정. 7 (a ~s) 소동, 야단법석; 추태. ¶make a ~ 울고불고 야단법석을 떨다. 8 (문학) (이야기 속의) 삽화, 장면, 배경. 9 (고어) (고대 그리스·로마의 극장) 무대. 10 (속어) 분야, 방면, 사정, …계. ¶the drug ~ 마약계, 마약 사정.

a change of scene 환경의 변화; 전지(轉地).

behind the scenes ① 무대 뒤에서, 막후에서. ② 내막에 밝아서. ③ 남몰래, 비밀리에.

come [or *appear*] *on the scene* ① 무대에 나타나다, 등장하다. ② 모습을 나타내다.

create [or *make*] *a scene* 한바탕 소란을 피우다.

have a scene (英속어) (…와) 성관계를 갖다 (*with*).

lay a scene on a person 남을 비난하다; 놀라게 하다.

make the scene (美속어) (활동·행사에) 참가하다, 끼다; (화려하게) 나타내다; 성공하다; 시도해보다. ¶Let's *make the* ~ *at the club tonight.* 오늘밤은 클럽에 가자.

on the scene 현장에; 그 자리에 마침 있어서. 「죽다.

quit the scene ① 그 자리를 떠나다, 퇴장하다. ②

set the scene ① 배경을 자세히 이야기하다. ② 예비 지식을 주다, 준비하다 (*for*).

steal the scene (구어) (중요한 일·사람 따위로부터) 주의를 딴 데로 돌리다. 「어때?

What's the scene in…? (구어) (장소) 의 경기는

scène [F sɛn] 명 =scene. (<F)

en scène 상연되어.

scéne dòck [bày] 명 (극장의) 배경실, 장치실.

scéne·man [síːnmən] 명 =sceneshifter.

scéne pàinter 명 (극장의) 배경 화가.

scéne pàinting 명 (원근법을 이용한) 무대의 배경 화(법); (비유적) 대담하고 생생한 묘사.

‡**scen·er·y** [síːnəri] 명 1 (한 지방 전체의) 풍경, 광경, 경치, 경관(景觀). ⇒VIEW 유의어 ¶the mountain ~ 산의 경치. 2 ⓤ (집합적) 무대 장치, 무대 배경, 무대 도구.

change of scenery 상황의 변화.

chew (*up*) *the scenery* 과잉 연기를 하다. 「자.

scéne·shift·er [síːnʃìftər] 명 (극장의) 도구 담당

scène(s)-of-crime [-(z)əvkráim] 명 (경찰의) 감식의.

scéne-stéal·er [-stíːlər] 명 관객의 주목을 잘 끄는 배우; 주역을 압도하는 단역.

*‡**sce·nic** [síːnik, sén-] 형 1 경치의, 풍경의. ¶~ representation 풍경 묘사. 2 경치가 좋은, 아름다운. ¶a ~ resort 경치가 아름다운 휴양지. 3 무대의, 극의; 무대 배경의, 무대 장치의. ¶~ effects 무대 효과. 4 극적인, 연극 같은, 삽화조의. 5 (장면·행동 따위가) 생생한, 여실한, 연극을 보는 듯한. ¶a ~ picture 생생하게[여실히] 묘사된 그림. (또는 **scenical**)

── 명 1 풍경 사진[영화]. 2 명승지 순례.

-ni·cal·ly 부

scénic ráilway 명 (유원지·박람회 따위의) 인공적으로 만든 풍경 속을 달리는 꼬마 철도.

sce·no·graph [síːnəgræf, -grɑ̀ːf] 명 원근도(遠近圖), 투시도; (고대 그리스의) 무대 배경화.

sce·no·graph·ic [sìːnəgrǽfik, sèn-] 형 원근 화법의, 배경 도법의. **-i·cal** **-i·cal·ly** 부

sce·nog·ra·phy [siːnɑ́grəfi/-nɔ́g-] 명 ⓤ (연극 따위의) 무대 배경 미술; (고대 그리스의) 배경 도법.

‡**scent** [sent] 명 1 ⓤⓒ 냄새, 향기, 향내. ⇒SMELL 유의어 ¶the ~ *of fruits* [*roses*] 과일[장미]의 향기. 2 ⓤⓒ (사람·동물 따위가 지나간 뒤에 남기는) 남긴 냄새, 냄새 흔적; (비유적) 자국, 단서. ¶a cold [hot] ~ 희미한[진한] 냄새 흔적. 3 명 향수, 향료. 4 ⓤⓒ (a ~) 후각; 냄새맡는 감각, 직각(直覺), 알아차리는 힘 (*for*). ¶a keen ~ 날카로운 후각 // have an acute ~ 예민한 후각을 가지고 있다. 5 (숨래잡기에서 술래가 된 아이가 뿌리는) 종이 조각. 6 (동물·물고기를 꾀어내기 위해 후림수로 쓰는) 가짜 냄새.

a false [or **wrong**] **scent** 헛짚은 단서.
follow up the scent (사냥개가) 사냥감을 추적하다. (사람이) 단서를 찾아내서.
get [or **take the**] **scent of** …을 냄새맡다. 눈치채다.
lose the scent 단서를 놓치다.
off the scent ① 냄새의 흔적을 놓치고. ② 단서를 놓
on the scent 냄새 흔적을 뒤쫓아서; 단서를 얻어; 추적하여. ¶ We are not yet *on the right* ~. 우리는 아직도 정확한 단서를 얻지 못하고 있다.
put *a person* **on a false** [or **wrong**] **scent**; **put** [or **throw**] *a person* **off the scent** 남을 당황하게 하다. (추격자)를 따돌리다.
──⑤⑪ 1 (사냥개 따위가)…을 냄새맡다, 냄새로 알아차리다(out). ¶ ~ (out) game 냄새로 사냥감을 찾아내다. 2 [비밀 따위]를 탐지해 내다, 알아차리다. ¶ ~ a plot 음모를 알아차리다. 3 …을 향기로 채우다, 향기나게 하다. 향긋하게 하다. ¶ Lilies ~ the air. 백합이 공기를 향긋하게 해주고 있다. 4 …에 향수를 바르다[뿌리다].
──㉮ 냄새 흔적을 따라[후각으로] 추적하다: (…의) 냄새를 내다; 기미가 있다 (*of*).
scént bàg 圄 향주머니; 동물의 발향선(發香腺).
scent-bot·tle [-bàtl/-bɔ̀tl] 圄 **(英)** 향수병.
scent·ed [séntid] 圄 향수를 바른; 좋은 냄새가 나는; (복합어로)…냄새의.
scént glànd 圄 (동물) 사향(麝香) 분비선, 향선.
scent·ism [séntizm] 圄⑫ 향수 냄새를 맡기 싫은 사람에게 향수 뿌리기; 향수 공해.
scent·less [séntlis] 圄 1 냄새[향기]가 없는. 2 냄새 자극이 없는, 자국을 맡지 못하는.
scént màrk 圄 후각 표지(嗅覺標識)(동물이 배출물 따위로 지표에 남기는 고유한 냄새).
scent-om·e·ter [sentɑ́mətər/-tɔ́m-] 圄 취기(臭氣) 오염 분석 장치.
scént òrgan 圄 (동물) 냄새 기관(향선 따위).
scep·sis [sképsis] 圄 (英) =skepsis.
*scep·ter** [séptər] 圄 (왕권의 상징으로 임금이 갖는) 홀(笏); (the ~) 왕권, 주권, 왕위. [물러나다.
lay down the scepter 왕위[제위]를
sway [or **wield**] **the scepter** 군림하다, 지배하다.
──⑪ …에게 홀을 주다, 왕권을 주다.
~ed, ~·less
scep·tic [sképtik] 圄圄 **(英)** =skep- [scepter]
tic. **-ti·cal -ti·cal·ly -ti·cism**
scep·tre [séptər] 圄⑪ **(英)** =scepter.
scf standard *cubic foot*. **SCF (美)** *sectional center facility*(우체국의 지역별 중앙 집배소). **scfh** standard *cubic feet per hour*. **scfm** standard *cubic feet per minute*. **ScGael** *Scottish Gaelic*.
sch *scholarship; scholastic; school; schooner*.
Scha·den·freu·de [ʃɑ́:dnfrɔ̀idə] 圄 남의 불행에 고소해하는 마음. [<G]
Schan·ze [ʃántsə] 圄 (스키) 산체, 도약판. [<G]
schap·pe [ʃɑ́:pə/ʃǽpə] 圄⑪ (명주실 보무라지)를 발효시켜 세리신(sericin)을 제거하는, (또는 ~
silk 견방사(絹紡絲). [결혼 중매인[업자].
schat·chen [ʃɑ́:txən, ʃɑ:txɑ́:n] 圄 (유대인 사이의)
schat·zi [ʃɑ́:tsi] 圄 (속어) 연인, 그리운 사람. [<G]
‡sched·ule [skédʒu:l/ʃédju:l] 圄 (~**s** [-z]) 1 ⑫⑪ **(美)** (계획·행사의) 날짜 잡기, 일정, 기일, 스케줄, 예정, 예정표 ¶ *ahead of* ~ 예정보다 빨리. 2 **(美)** 시각표; 발차(發車) 시각표(timetable). 3 표, 일람표, 목록. ⇒LIST 유의어. (본문에 붙은) 별표, 명세표. ¶ a ~ *of advertising rates* 광고료 일람표. 4 (통계) 조사(질문)표. 5 (폐어) 문서.
behind schedule 예정보다 늦게.
on [or **according to, up to**] **schedule** 시간표

[예정표]대로, 정시에; 예정대로.
──⑪ (~**s** [-z]; ~*d*; -*ul·ing*) 1 …의 표[일람표, 목록, 예정표]를 만들다; …을 표[일람표, 목록, 예정표]에 써넣다[기입하다], 예정에 넣다. 2 (수동형으로) …을 (어떤 기일로) 예정하다 (*for, to do*). ¶ (~+图+*to do*) He is ~*d to arrive here tomorrow*. 그는 내일 이곳에 도착할 예정이다 (~+图+전+图) *The general meeting is* ~*d for December*. 총회는 12월에 있을 예정이다. 3 (법안)에 별표(부대 사항)를 첨부하다. 4 (건물 따위) 보호 기념물 리스트에 추가하다.
schéd·uled cástes [skédʒu:ld-] 圄 (복수급) (인도 사회의) 불가촉(不可觸) 천민(계급 제도(castes)에서 제외된 최하층의 천민). ⓐ untouchable
schéduled flíght 圄 (항공) 정기 항공편. ⓐ charter flight [(圈).
schéduled térritories 圄 (경제) 영국 파운드권
Schédule 1 [-wán] 圄 **(美)** 1급 분류표(법률로 소지 및 사용이 규제되어 있는 마약 일람표).
scheel·ite [ʃéilait/ʃíː-] 圄⑫ 회중석(灰重石)(텅스텐이 주성분인 광석).
Sche·her·a·za·de [ʃəhèrəzɑ́:də, -zɑ́:d, -hìər-/ʃihèərəzɑ́:də] 圄 세라자드. 1 페르시아 왕비로「천일야화」를 왕에게 이야기해 준 사람. 2 Rimsky-Korsakov가 작곡한 교향 모음곡(1888).
scheik [ʃí:k, ʃeik] 圄 =sheikh.
Schel·ling [ʃélɪŋ] 圄 **Friedrich Wilhelm Joseph von** ~ 셸링(1775–1854: 독일의 낭만파 철학자).
~·i·an 圄 **~·i·an·ism, ~·ism**
sche·ma [skí:mə] 圄 1 적요, 개요. 2 설계(도); 도식, 도표. 3 (3단 논법의) 격(格). 4 (칸트 철학의) 선험적(先驗的) 도식. 5 비유. [<L]
sche·mat·ic [skiːmǽtik] 圄 개요의; 도식의, 도표에 따른. 圄 개념도, (배선) 약도. **-i·cal·ly** 閂
sche·ma·tism [skí:mətizm] 圄⑫ 1 (사물의) 특별한 형태, 배치. 2 (지식 따위의) 조직적 체계. 3 (칸트 철학의) 도식화, 도식론.
sche·ma·tize [skí:mətàiz] (* **(英)** -**tise**)⑤⑪ …을 도식화[체계화]하다, 조직적으로 배치하다.
-ti·zá·tion, -tiz·er
‡scheme [skiːm] 圄 (~**s** [-z]) 1 계획, 설계, 안 (⇒PLAN 유의어). **(英)** 시책. ¶ a drastic ~ 과감한 계획 / *adopt a* ~ 계획을 채택하다. 2 실행 불가능한 계획 (안). 3 음모, 책동, 계략, 획책 (*to do*). ¶ a ~ *to hijack a plane* 비행기 납치 음모. 4 (교양·주장·학설 따위의) 조직, 체계. 5 (관련된 사물·부분 간의) 배열, 상관성; 구성, 조직. ¶ the ~ *of color* 색깔의 배합 / the ~ *of Kantism* 칸트 철학의 체계. 6 분류(표); 도식, 도해, 약도; (점성) 천상도(天象圖). 7 대요, 적요, 개략.
in the scheme of things 체제상[구성상] 당연히.
lay [or **form, devise, make**] **a scheme** 계획을 세우다.
the best laid schemes of mice and men 여럿이 심사숙고하여 짜낸 계획(도 실패로 끝나는 경우가 많다).
──⑤ (~**s** [-z]; ~*d*; *schem·ing*) ⑪ 1 …을 계획하다, 설계하다, 고안해 내다(*out*). ¶ ~ (*out*) *a new airline* 새로운 항공 노선을 계획하다. 2 …의 음모를 꾸미다, …을 책동하다, 기도하다 (*to do*). ¶ ~ *to overthrow the Cabinet* 내각 타도를 꾀하다. ──㉮ 계획을 세우다; 음모를 꾸미다, 책동하다 (*against, for*).
scheme on (속어) …과 희롱거리다, 농탕치다.
~·ful, ~·less [2 음모자, 책동자, 모사.
schem·er [skí:mər] 圄 1 계획자, 설계자, 고안자.
schem·ing [skí:miŋ] 圄 계획을 세우는, 고안하는; 음모를 꾸미는; 교활한. ── 圄 음모, 책동. **~·ly** 閂
scher·zan·do [skɛərtsɑ́:ndou, -tsǽn-] 圄閂 (음악) 해학적인[으로], 장난 기분의[으로], 스케르찬도의 (~**s**) 스케르찬도의 악장[악절]. [<It]
scher·zo [skɛ́ərtsou] 圄 **(樂)** (~**s, -zi**) (음악) 스케

Schick tèst [ʃík-] 명 시크 (반응) 시험[디프테리아 면역 시험법]. [<헝가리 태생의 미국 소아과 의사 Béla Schick(1877-1967)의 이름]

Schie·dam [skíːdæm, -dɑ́ːm] 1 스키담(네덜란드 서남부의 도시). 2 ⓤ (그 지방산(産)) 향기가 강한 진(술).

Schiff('s) reágent [ʃif-] [화학] 시프 시약(試藥)(알데히드 검출용). [<독일 화학자 Hugo Schiff (1834-1915)의 이름]

schil·ler [ʃílər] 명 (광물) 섬광; 광채; (딱정벌레 따위의) 무지개빛 광택[색채].

Schil·ler [ʃílər] 명 **Johann Christoph Friedrich von ~** 실러(1759-1805: 독일의 시인·극작가).

schil·ling [ʃíliŋ] 명 **1** 실링(오스트리아의 화폐 단위: 100 groschen; 약 S., Sch.); 실링 백동화. **2** 옛날 독일에서 사용되던 각종 소액 주화. (산의 작은 개).

schip·per·ke [skípərki/ʃíp-] 명 시퍼키(벨기에 원산의 작은 개).

schism [sizm, skízm] 명 **1** ⓤⓒ (대립되는 단체로) 갈라지기, 분열, 불화. **2** ⓤⓒ (특히 종파의) 분리, 분파. **3** 분리된 단체[교파(教團), 교회], 당파. **4** ⓤ 분리의 죄, 종파 분리죄. ~·less 형

schis·mat·ic [sizmǽtik, skiz-] 형 **1** 분리의, 분열의. **2** 분리[분립]에 찬성하는; 교회 분리죄를 범한. (또는 **schismatical**) — 명 (또는 **schismatist**) 분리 찬성론자, 교회 분리파 교도. -i·cal·ly 부 ~·ness 명

schis·ma·tize [sízmətàiz, skíz-] 자 (종파·분리 운동에) 가담하다, 분열을 꾀하다; 교회 분열을 시도하다. — 타 ...을 분열시키다; 교회 분리를 일어나게 하다.

schist [ʃist] 명 ⓤ (광물) 편암(片岩), 결정(結晶) 편암 (엽편(葉片) 모양의 변성암(變成岩)).

schis·tose [ʃístous] 형 편암의, 편암 모양[질, 성]의. (또는 **schistous**)

schis·to·some [ʃístəsòum] 명 주혈흡충(住血吸蟲)(사람·동물의 혈관에 기생하여 흡혈하는 벌레의 총칭). — 형 (또는 **schistosomal**) 주혈흡충의, 주혈흡충에 의한.

schis·to·so·mi·a·sis [ʃìstəsoumáiəsis] 명 ⓤ (병리) 주혈 흡충병.

schiz [skits/skidz] (미속어) 명형 =schizo.
— 자 (-zz-) 자제심을 잃다, 명해지다 (out). (또는 **schizz**) [phrenic]

schiz·o [skítsou, skiz-] 명형 (구어) =schizo-.

schiz·o- [skízou, -zə/skíts-] 연결 「분열」의 뜻(*모음 앞에서는 schiz-). ¶ *schiz*ophrenia.

schiz·o·carp [skízəkɑ̀ːrp, skítsə-/skítsou-] [식물] 분리과(果).

schiz·o·gen·e·sis [skìzədʒénəsis, skìtsə-/skítsou-] 명ⓤ (생물) 분열 생식.

schiz·o·ge·net·ic [skìzoudʒənétik, skìtsou-] 형 (생물) 분열 생식의[에 의한]. (또는 **schizogenic**) -i·cal·ly 부

schi·zog·o·nous [skizágənəs, skitsɑ́g-] 형 (생물) 중원(增員) 생식의[에 의한]. (또는 **schizogonic**)

schi·zog·o·ny [skizágəni, skitsɑ́g-/skitsɔ́g-] 명 (생물) 증원[전파] 생식.

schiz·oid [skítsoid, skíz-] 형 (병리) 정신 분열 (성)의. — 명 정신 분열증 환자.

schízoid pérson 명 분열성 인간.

schiz·o·my·cete [skízoumáisiːt, -máisit] 명 분열 균류(菌類), 세균 식물(bacterium).

schiz·o·my·co·sis [skìzoumaikóusis/skìtsou-] 명 (병리) 분열균증, 박테리아증(症). [분열병 환자.

schiz·o·phrene [skítsəfrìːn/skítsou-] 명 정신

schiz·o·phre·ni·a [skítsəfríːniə/skítsou-] 명 ⓤ (정신의학) 정신 분열증[병]; (심리) 분열성 성격.

schiz·o·phren·ic [skítsəfrénik, skíz-] 형명 정신 분열증의 (환자); 모순된 태도[감정]를 가진 (사람).

schiz·o·phyte [skízəfàit, skítsə-] 명 분열 식물.

schiz·o·thy·mia [skìtsəθáimiə/skítou-] 명 (정

schiz·y [skítsi] 명 (구어) 분열병질의, 분열병적인. (또는 **schizzy**) [schlange]

schlang [ʃlæŋ] 명 (미속어) 음경(penis). (또는 [schlange])

schle·miel [ʃləmíːl] 명 (미속어) 바보; 불운한 녀석. (또는 **schlemihl, shlemiel**)

schlen·ter [ʃléntər] 형 속이다. — 명형 (남아공) (다이아몬드의) 모조품(의).

schlep [ʃlep] (미속어) 통 (-pp-) 타 (귀찮은 것을) 끌다, 끌고 가다. — 자 (귀찮은 것을) 나르다; 발을 끌며 걷다. — 명 **1** 무능한 사람. **2** 먼 도정(道程); 힘든 일. (또는 **schlepp, shlep(p)**)

schlep·per [ʃlépər] 명 (미속어) (남의 호의 등을 언제나 기대하고 있는) 성가신[귀찮은] 사람. (또는 **shlepper**)

Schles·wig-Hol·stein [ʃléswighóulstain/ʃlézwighɔ́l-] 명 슐레스비히홀슈타인. **1** 덴마크의 2개의 옛 공국(公國)(19세기 중엽 프러시아에 각각 합병되었다). **2** 독일 동북부의 주(주도 Kiel).

Schlie·mann [ʃliːmɑ̀ːn] 명 **Heinrich ~** 슐리만 (1822-90: 독일의 고고학자).

schlock [ʃlak/ʃlɔk] 명 (미속어) 통 싸구려의. — 명 싸구려 물건; (집합적) 마약. (또는 **shlock**)

schlóck jòint[shòp, stòre] 명 (미속어) 싸구려를 파는 가게.

schlock·meis·ter [ʃlákmàistər/ʃlɔ́k-] 명 (미속어) **1** 싸구려 물건 판매[제작]인. **2** TV(의 퀴즈) 프로그램 사회자.

schlock·y [ʃláki/ʃlɔ́ki] 명 (미속어) =schlock.

schlong [ʃlaŋ/ʃlɔŋ] 명 = schlang. (또는 **shlong**)

schlontz [ʃlɔ(ː)nts, ʃlants] 명 (미속어) =penis.

schmaltz [ʃmɑːlts, ʃmɔ́lts] 명 **1** (미속어) 감상적인 곡[작품]. **2** ⓤ (음악·방송국 따위의) 극단적인 감상주의. **3** (닭의) 지방, schmalz, shmaltz, shmalz)

schmaltz·y [ʃmɑ́ːltsi, ʃmɔ́ːltsi] 명 (속어) 몹시 감상적인. (또는 **schmalzy, shmaltzy, shmalzy**)

schmat·te [ʃmɑ́ːtə] 명 (미속어) **1** 낡은 옷. **2** (일반적으로). **3** 걸레처럼 취급당하는 사람.

schmear [ʃmíər] 명 (미속어) **1** (관련이 있는) 일, 사항, **2** 뇌물: 팁. **3** 중상, 욕설, 비난. — 통 타 **1** (버터 따위를) 바르다, 칠하다. **2** 뇌물을 주다, 매수하다; 아첨하다. **3** …을 거칠게 다루다. (또는 **shmear**)

schmeck [ʃmek] 명 (미속어) 한 입 (먹기); 헤로인, 마약. ~·er 명 헤로인 중독자.

Schmidt [ʃmit] 명 **Helmut (Waldemar)** ~ 슈미트(1918- : 독일의 정치가·수상).

Schmídt cámera [ʃmít-] (광학) 슈미트 카메라(천체 관측용의 밝고 시야가 넓은 카메라).

schmo [ʃmou] 명 (미속어) 명청이, 바보; 괴짜. (또는 **schmoe, shmo**)

schmooze [ʃmuːz] (미속어) 통자 시시한 이야기를 하다; 수다떨다. — 명ⓤ 수다, 시시한 이야기. (또는 **schmoos(e), shmoose, shmooze**)

schmuck [ʃmʌk] 명 (미속어) 명청이, 시시한 놈.

schmut·ter [ʃmʌ́tər] 명 (속어) 의복, 의류.

schmutz [ʃmuts] 명 (속어) 더러움, 얼룩, 쓰레기. (또는 **shmutz**) [긴, 더러운.]

schmutz·y [ʃmútsi] 명 (속어) 더러워진, 얼룩이 생

Schna·bel [ʃnɑ́ːbəl] 명 **Artur ~** 슈나벨(1882-1951: 오스트리아의 피아니스트·작곡가).

schnapps [ʃnɑːps, ʃnæps] 명ⓤ 독한 술; 네덜란드 진(Holland gin). (또는 **schnaps, shnaps**) [에게].

schnau·zer [ʃnáuzər] 명 슈나우저(독일종의 테리어).

schnei·der [ʃnáidər] 명통 (카드놀이에서) (상대) 에게 득점을 주지 않고 이기다. — 통 (카드놀이에서) 어느 쪽이 일방적으로 승점에 도달하기.

schnit·zel [ʃnítsəl] 명ⓤⓒ (독일 요리의) 송아지 고기의 커틀릿. [<G]

schnook [ʃnuk] 명 《美속어》무능자, 잘 속는 사람, 얼간이. (또는 **schnuck, shnook**)

schnor·kel [ʃnɔ́ːrkl] 명 =snorkel.

schnor·rer [ʃnɔ́ːrər] 명 《美속어》거지(beggar);〔객.

schnoz(z) [ʃnɑz/ʃnɔz] 명 《美속어》(남달리 큰) 코. **(right) on the schnoz(z)** 정확히, 제시간에

schnoz·zle [ʃnɑ́zl] 명 《속어》코.

schol [skɑl/skɔl] 명 《英구어》장학금(scholarship); (~s) 장학금 취득 시험.

‡schol·ar [skɑ́lər/skɔ́lə] 명 1 학자: 고전학자. ¶an accomplished ~ 대학자. 2 〔고어〕 학생, 생도; 문하생, 제자; 배우는 사람, 학습자. ⇨PUPIL¹ 【유의어】 ¶a dull [an apt] ~ 이해력이 나쁜[좋은] 사람. 3 장학생. 4 (방언) 교육받은 사람, 외국어를 아는 사람. ¶He is a good French ~. 그는 프랑스어를 잘한다. 5 〔고어〕 읽고 쓸 줄 아는 사람. **~·less** 형

schol·arch [skɑ́lɑrk/skɔ́l-] 명 〔고대 아테네의〕철학 학파의 대표자: (일반적으로) 교장.

‡schol·ar·ly [skɑ́lərli/skɔ́l-] 형 1 학자의, 학자[학구]적인. 2 박식한, 학문을 좋아하는. ¶a ~ person 박식한 사람. 3 학문(연구)상의, 전문적인. — 부 학자답게, 학구적으로. **-li·ness** 명

‡schol·ar·ship [skɑ́lərʃip/skɔ́l-] 명 1 박학, 학식; 특히 고전상의 학식, 학력. ⇨INFORMATION 【유의어】 ¶~ in archaeology 고고학 지식. 2 ⓒ 장학금, 장학[육영] 제도. ¶award [receive, win] a ~ 장학금을 주다[받다] / study on a ~ 장학금을 받고 공부하다. 3 장학생의 신분[자격]. 4 장학 재단, 육영회.

‡scho·las·tic [skəlǽstik] 형 1 학교의, (학교) 교육의; 대학의; 중등 교육의; 교사의, 학구적인. ¶the ~ post 교직 / ~ records 학업 성적. 2 학자(풍)의, 학자적인; 엄격한, 딱딱한; 형식에 얽매인. ¶a narrow mind 편협[옹졸]한 학자 기질 / ~ attire 학자풍의 복장. 3 (때로 S-) (중세의) 스콜라 철학[신학](자)의. ¶S- philosophy [theology] 스콜라 철학[신학]. — 명 1 (S-) 스콜라 철학[신학]자. 2 학자인 체하는 사람; (예술상의) 전통주의자. 4 〔고어〕 학생, 생도. **-ti·cal·ly** 부

scholástic ágent 명 교직 알선업자.

Scholástic Asséssment Tèst 명 《美교육》대학 진학 적성 시험(대입 수능 시험)(⑦ SAT).

scho·las·ti·cism [skəlǽstəsizm] 명 ⓤ 1 (때로 S-) 스콜라 철학. 2 학풍 고집, 전통적 교리 고집.

scho·li·ast [skóuliæst] 명 1 고전 주해[주석]자, 고주석자. 2 (일반적으로) 주해[주석]자. **-ás·tic** 형

scho·li·um [skóuliəm] 명 주석, 주해; (고전의) 난외 주석; (수학 책 따위의 해법에 의한) 보주(補註).

Schön·berg [ʃǽnbɜːrg] 명 **Arnold ~** 쇤베르크 (1874-1951; 오스트리아의 작곡가).

‡school¹ [skuːl] 명 (복 **~s** [-z]) 1 (시설로서의) 학교 (*주로 초·중·고등 학교를 말한다; (대학과 대비해서) 고등 학교. ¶an elementary ~ 초등 학교 / enter a ~ 입학하다 / establish [or found] a ~ 학교를 설립하다.
2 교사, 교실, 교장(敎場); 강당, 학당(敎場); 강습소. ¶a newly-built ~ 신축 교사 / the fifth form ~ 〔英〕 5학년 교실.
3 (the ~) 〔단수취급〕 전교 학생, 교사·학생 전체. ¶address the whole ~ 전교 학생에게 연설하다.
4 ⓤ (무관사로) 수업 (시간), 학업; 학교 출석, 재적. ¶finish ~ 졸업하다 / leave ~ 퇴학하다; 졸업하다 / stay away from ~ 학교를 결석하다 / put [or send] a child to ~ 아이를 학교에 보내다.
5 (특수한 기능을 가르치는) 교습소, 연수원, 훈련소, 양성소. ¶a beauticians' ~ 미용사 양성소 / a dancing ~ 댄스 교습소 / a finishing ~ 신부 학교.
6 시련의 장, 단련장, 도장; (시련적인) 환경, 경험. ¶in the ~ of adversity 역경이라는 시련 속에서. 7 (대학의) 학부(faculty), 학교 건물. ¶the ~ of medicine 의학부. 8 (Oxford 대학의) 학위 시험 과목; (~s) (대학의) 학위 시험 (장), 우등 졸업 시험. 9 (the ~s) (집합

적) 대학, 학계. 10 (중세 대학의) 강당, 강의실. 11 (학문·예술 따위의) 학파, 유파(流派); 제자, 문하생. ¶the Socratic ~ of philosophy 소크라테스파의 철학/the romantic ~ 낭만파. 12 (습관·생활·사고 따위의) 양식, 방식, …식. ¶a lady of the old ~ 옛날식 귀부인. 13 (군사) 교련 규정; 각개 훈련; 밀집 훈련. 14 〔음악〕 교본, 입문서, 교습서. 15 〔英·濠·뉴질〕 〔구어〕 도박(실)친구; 《속어》 도둑의 한패. 16 《美속어》 (주립) 교도소.
after shool 방과 후.
at school 취학중, 수업중.
attend school 학교에 다니다, 통학하다.
come to school (구어) 행실을 고치다, 이전의 잘못을 뉘우치다.
go to school ① 학교에 다니다, 통학하다. ② 〔골프〕 남의 타법을 보고 그린의 상태를 배우다.
go to school to [or **in**] …에게서 가르침을 받다, …에게서 배우다. ¶He went to ~ to the wisdom of ants. 그는 개미의 지혜에서 배운 바 있었다.
in a severe school 모진 시련하에.
of the new school 새 유파의, 신식의.
of the old school 구식의; 고상한.
teach school 《美》 교사 노릇을 하다.
tell tales out of school 내부의 비밀을 외부로 누설하다; 수치를 드러내다.
— 명 1 학교(교육)의[에 관한]. ¶a ~ cap 학생모 / ~ land 학교 부지 / ~ grammar (학교 문법에 대하여) 학교 문법 / a ~ library 학교 도서관. 2 속임수의, 말뿐인. 3 미숙한. 4 (페어) 스콜라 철학자의.
— 타 (**~ed** [-z]) ⓣ 1 …을 교육하다, 가르치다, 단련하다, 훈육하다 (in, to); …에게 (…하도록) 훈련시키다 (to do). ¶~ a bad temper 고약한 성미를 다스리다 / (~+부+前+명) be well ~ed in French 프랑스어를 잘 교육받고 있다 / ~ oneself against …하지 않도록 마음을 단련하다. 2 …을 학교에 보내다, …에게 학교 교육을 받게 하다. 3 〔고어〕 …을 꾸짖다, 타이르다, 깨우치다. — 자 1 통학하다. 2 말을 타고 돌판을 —**·a·ble, ~·less, ~·like** 형 —횡단하다.

school² 명 (물고기 따위의) 떼. ⇨FLOCK¹ 【유의어】 ¶a ~ of fish 물고기 떼. — 자 (물고기 따위가) 떼짓다, 떼를 지어 나아가다. ¶Sardine are ~ing. 정어리가 떼를 지어 간다.

schóol áge 명 1 학령, 취학 연령. 2 의무 교육 연한. **schóol-àge** 형 취학기에 달한.

school·bag [skúːlbæg] 명 학교 가방.

schóol bèll 명 학교 종, 수업 개시[종료]의 종.

schóol bòard 명 1 (美) (지방의) 교육 위원회. 2 〔英역사〕 학무 위원회.

school·book [skúːlbùk] 명 교과서(textbook).
— 형 교과서식의, 개괄적으로 정리한.

‡school·boy [skúːlbɔ̀i] 명 (복 **~s** [-z]) 1 (초·중등 학교의) 남학생. 2 《美흑인 속어》(범죄 따위의) 미경험자, 신참.
every schoolboy knows 초등학생이라도 안다, 누구든지 알고 있다.
~·ish 형

schóolboy cáke 명 《英구어》(건포도를 넣은) 값싼 프루트케이크.

schóol bùs 명 통학 버스.

school·child [skúːltʃàild] 명 학동(學童), 어린 학생.

schóol còlor 명 (유니폼 따위의) 교색(校色); 특정한 색의 교복.

schóol commíttee 명 《美》=school board 1; (뉴질) (초등 학교의) 후원회 임원.

school cróssing patròl 명 (英) 학생 등·하교시 교통 정리(원)(lollipop man[woman]).

school·dame [skúːldèim] 명 (英) dame school의 경영자[교장]. 〔창 시절, 학생 시대.

schóol dày 명 수업일; (하루의) 수업 시간; (~s) 학

schóol dístrict 명 학구(學區), 학군.

schóol divíne 명 〔고어〕 스콜라 철학자[신학자].

school doctor 명 교의(校醫).
school edition 명 학생판(版), 학생용판(본문이 압축되고 주석 따위가 많은 책).
school·er [skúː|ər] 명 (복합어로) (…의) 학생.
school fee 명 (때로 ~s) 수업료.
school·fel·low [skúːlfèlou] 명 학우, 동창생, 교우.
‡**school·girl** [skúːlgɚːrl] 명 (쁓 ~s [-z]) (초·중등 학교의) 여학생. ~·ish 형
school governor 명 (英) 학교 운영회 이사.
school guard 명 (학생 등하교시의) 교통 정리원. (또는 **school cróssing guàrd**)
‡**school·house** [skúːlhàus] 명 (쁓 **-hous·es** [-hàuziz]) 1 교사(校舍). 2 (英) (public school에 부속된) 교장 사택; 교장 사택의 기숙생.「어」여학생.
school·ie [skúːli] 명 (濠속어) 교사(敎師); (英속
*school·ing** [skúːliŋ] 명U 1 학교 교육. 2 (학교의) 수업, 교육; (통신 교육의) 교실 수업; (경험자·전문가로부터 배우는) 훈련, 수양. 3 가르치는 일, 교수. 4 학비, 교육비. 5 조마(調馬), 승마 훈련. 6 (고어) 견책.
school inspector 명 장학사, 장학관.
school·kid [skúːlkìd] 명 (구어) 학동(schoolchild).
school leaver 명 (英) 이학자(離學者)(의무교육 연한(16세)에 달하여 학업을 중단하고 취업하려는 사람).
school·man [skúːlmən] 명 1 (S-) (중세 대학의) 신학(철학) 교수; 스콜라 학자. 2 (美) 학교 교사, 교육가. 3 치밀하게 학문을 논하는 사람.
school·marm [skúːlmɑːrm] 명 1 (고어) (시골 학교의 엄격하고 딱딱한) 여교사. 2 (구어) (잔소 체하는) 교사 같은 사람. (또는 **schoolma'am**) ~·ish 형
school·mas·ter [skúːlmæstər/-mɑ̀ːs-] 명 1 (남자) 교사, 선생; (특히 중학교의) 교장. 2 (일반적으로) 가르치는 사람. 3 도미의 일종.
The schoolmaster is abroad. 교육이 널리 행해지고 있다; (반어적) 교육이 기능 상태에 있다.
— 동 (…의) 선생 노릇을 하다, 가르치다.
~·ish 형 ~·ly 튄 ~·ship 명
school·mas·ter·ing [skúːlmæstəriŋ/-mɑ̀ːs-] 명U 교직; 학교 교사.「친구.
*school·mate** [skúːlmèit] 명 동창생, 학우, 학교
school miss 명 여학생; (경멸적) 약간 건방진(세상 모르는) 여자.「교장.
school·mis·tress [skúːlmìstris] 명 여선생; 여
school·mis·tress·y [skúːlmìstrisi] 명 (구어) 딱딱하고 까다로운.「은 마을의 공회당.
school of árts (濠) (전에 성인 교육용이던) 작
School of Láw 명 (the ~) (중국 철학의) 법가(法家)(제자백가의 하나).
School of Mind 명 (the ~) (중국 철학의) 심학(心學).
school·pho·bi·a [skúːlfóubiə] 명U 학교 공포증[혐
school report 명 (英) 성적[생활] 통지표. 「오].
‡**school·room** [skúːlrùːm, -rùm] 명 (쁓 ~**s** [-z]) 1 (학교의) 교실, 교장(敎場). 2 (가정의) 공부방, 학습실.
in the schoolroom (젊은 처녀가) 아직 사회[사교계]에 나오지 않고.
school run 명 (英) 통학하는 어린이의 전송과 마중.
school ship 명 (선원 양성용) 연습선(船).
school·teach·er [skúːltìːtʃər] 명 (초·중·고교의) 교사.
school·teach·ing [skúːltìːtʃiŋ] 명U 1 수업, 과
school tie 명 =old school tie.「업. 2 교직.
school·time [skúːltàim] 명U 1 수업 시간. 2 학교[학생] 시절. 3 수련[훈련] 기간.
school welfare officer 명 (英) 학교 복지 직원.
school·work [skúːlwɚːrk] 명U 학업, 학교 공부.
school·yard [skúːljɑ̀ːrd] 명 교정; (학교) 운동장.
school year 명 학년(英·美에서는 9월에 시작하여 6월에 끝난다)(academic year).
*schoon·er** [skúːnər] 명 1 스쿠너(돛대가 2-4개 있는 세로돛식의 경쾌한 범선). 2 (美구어) 포장 마차. 3 (美·캐나다·濠) 대형의 맥주컵; (英) 셰리[포트와인]용의 큰 유리컵.
schoon·er-rigged [-rìgd] 형 스쿠너(범선)식의.
Scho·pen·hau·er [ʃóupənhàuər] 명 **Arthur ~** 쇼펜하우어(1788-1860: 독일의 철학자).
~·i·an 형 ~·ism 염세주의 철학.
schorl [ʃɔːrl] 명 (광물) 흑전기석(黑電氣石).
schot·tische [ʃɑ́tiʃ/ʃɔ́t-] 명 (음악) 쇼티셰(polka와 비슷한 2박자의 윤무); 쇼티셰(를 위한) 곡.
— 동 쇼티셰를 추다.
Schótt·ky bàrrier [ʃɑ́tki-/ʃɔ́t-] 명 (물리) 쇼트키 장벽(반도체와 금속이 접촉할 때 생기는 계면 영역).
[<독일의 물리학자 Walter Schottky]
Schóttky dèfect (결정) 쇼트키 결함(결정(結晶) 격자 안의 어떤 원자가 결여한 결함 구조).
Schóttky nòise 명 (전자) =shot effect.
schpritz [ʃprits] 동타 (美속어) 공격하다, 중상 모략하다. — 명 조금, 약간, (약의) 1회분.
Schrö·ding·er [ʃróudiŋər, ʃréi-] 명 **Erwin ~** 슈뢰딩거(1887-1961: 오스트리아의 이론 물리학자; 파동 역학 확립자).
schtick [ʃtik] 명 =shtick. (또는 **schtik**)
schtoonk [ʃtuŋk] 명 (속어) 치사한 녀석. (또는
schtum [ʃtʌm] 형 침묵하는.「**schtunk**)
schtup [ʃtup] (속어) 명 (여자와) 섹스하다. — 명 1 섹스만을 하기 위한 상대. 2 섹스. (또는 **shtup**)
Schu·bert [ʃúːbərt] 명 **Franz Peter ~** 슈베르트(1797-1828: 오스트리아의 작곡가).
Schu·ma·cher [G ʃúːmaxɐ] 명 **Ernst Friedrich ~** 슈마허(1911-77: 독일 태생의 영국 경제학자).
Schu·mann [ʃúːmɑːn] 명 **Robert ~** 슈만(1810-56: 독일의 작곡가).
Schum·pe·ter [ʃúmpeitər] 명 **Joseph Alois ~** 슘페터(1883-1950: 오스트리아 태생의 미국 경제학자).
schuss [ʃu(ː)s] (스키) 명 직활강(直滑降).
(…을) 직활강하다. 「렬한 속도로 활주하다.
schuss·boom [ʃúsbuːm] 동자 (美) (스키) 맹
schvartz·e [ʃvɑ́ːrtsə] 명 (美속어·경멸적) 흑인. (또는 **shvartze, swartze**)
schvar·tzer [ʃvɑ́ːrtsər] 명 (美속어·경멸적) 흑인 남자, 흑인 노동자. (또는 **schwartzer**)
schvug [ʃvʌg] 명 (美속어) 흑인.
schwa [ʃwɑː] 명 (음성) 1 슈와, 모호한 모음(예: ago, system 따위의 [ə] 소리). 2 모호한 모음의 발음 기호 [ə]. (또는 **shwa**)「섬유초(鞘) 세포).
Schwánn cèll [ʃwɑːn-] 명 (생물) 슈반 세포(신경
Schweit·zer [ʃwáitsər, ʃváit-] 명 **Albert ~** 슈바이처(1875-1965: 프랑스 태생의 독일 신학자·철학자·의사·음악가·사회 봉사자; 노벨 평화상 수상(1952)).
sci [sai] 명 (컴퓨터) 사이(USENET의 뉴스 그룹의 최상위 분류의 하나; 학술 정보를 취급). [<*sci*ence]
sci. science; scientific.
sci·a·gra·phy [saiǽgrəfi] 명 =skiagraphy.
sci·am·a·chy [saiǽməki] 명 가상적(假想敵)과의 싸움, 상상 속의 싸움; 모의 전투. (또는 **sciomachy**)
sci·am·e·try [saiǽmitri] 명U =skiametry.
sci·at·ic [saiǽtik] 형 1 (해부) 좌골(신경)의, 궁둥이의. 2 좌골 신경통의[에 걸린]. — 명 (해부) 좌골부.
~·**i·cal·ly** 부
sci·at·i·ca [saiǽtikə] 명U (병리) 좌골 신경통.
sciátic nérve 명 (해부) 좌골 신경.
SCID (병리) severe combined *immune deficiency*(중복 면역 부전증(不全症)).
‡**sci·ence** [sáiəns] 명 (쁓 **-enc·es** [-iz]) 1 U C 과학(연구), 학술, 체계적 지식, 학문; ~ 의, 과학의 한 부문. ⇨INFORMATION 용어의 ¶ abstract[applied] ~ 이론[응용] 과학 / exact ~ 정밀 과학 / the ~ of language 언어학 / economic[medical] ~ 경제[의]학. 2 U 자연

과학, 이학(理學). 3 (일반적으로) 지식 체계; (구체적으로) 지식. 4 ⓤ (체계화된 훈련에 의한) 술(術), 기량, 숙련. ¶the ~ of boxing 권투술. 5 (S-) =Christian S-.
blind...with science (英俗) 과학 용어(의 설명)으로 …을 혼란시키다. 「완벽하다.
have...down to a science …에 대한 지식(기능)이
the seven liberal sciences 7개 고등 학예(문법·수사(修辭)·논리·산술·기하·음악·천문).
science fíction 명 공상 과학 소설(略 SF).
Science Párk 명 첨단 과학 단지(집중 지역).
sci·en·ter [saiéntər] 명(形) (법률) 고의(로).
sci·en·tial [saién∫əl] 형 1 학문(지식)이 있는, 박식한, 지능 있는. 2 과학의, 학문의, 지식의.
‡**sci·en·tif·ic** [sàiəntífik] 형 (*more ~; most ~*)
1 과학의, 자연 과학(상, 용)의. ¶~ books[studies] 과학 서적[연구]. 2 과학적 원리에 따른; 학리(學理)적인; 정확한, 엄밀한; 체계적인. ¶a ~ research 과학적 연구 / a ~ argument 체계적인 토론. 3 과학 연구에 종사하는; 과학적으로 생각하는; 과학과 관련된, 과학에서 사용하는. ¶have a ~ mind 과학적으로 생각하는 머리를 가지다. 4 (경기·업무 따위에서) 과학적 방법을 도입한, 전문적 지식[기술]을 살린, 기교가 뛰어난, 숙련된. ¶~ farming 과학적 영농 / a ~ boxer 기량이 뛰어난 권투 선수. **-i·cal·ly** 부 「주의.
scientific empíricism 명 (철학) 과학적 경험
scientific mánagement 명 과학적 관리법.
scientific méthod 명 과학적 방법.
scientific náme 명 (생물) 학명(學名).
scientific notátion 명 (수학) 과학적 기수법(記數法).
scientific sócialism 명 과학적 사회주의.
sci·en·tism [sáiəntìzm] 명 ⓤ 1 (경멸적) 과학주의. 2 과학적 방법; 과학자의 태도. 3 과학 용어.
‡**sci·en·tist** [sáiəntist] 명 1 과학자; 물리학자, 자연 과학자, 과학 연구자. 2 (S-) =Christian S-.
sci·en·tis·tic [sàiəntístik] 형 과학 만능주의의; 과학적 원리[방법, 태도]의, 과학자적인, 과학자인 체하는. **-ti·cal·ly** 부 「원리를 적용하다.
sci·en·tize [sáiəntàiz] 타 (* 英) **-tise**) 명(目) 과학적
Sci·en·tol·o·gy [sàiəntáləʤi/-tɔ́l-] 명 사이언톨로지 (미국의 L. Ronald Hubbard에 의한 정신 치료의 종합 과학). **-gist** 명 「science fiction.
sci-fi [sáifái] (구어) 명 공상 과학 소설의. ── 형 =
scil. scilicet. 「[scil., sc.).
scil·i·cet [síləsèt, sáil-] 부 즉, 바꿔 말하면(略
scil·la [sílə] 명 무릇속(屬)의 식물.
scim·i·tar [símətər] 명 (아라비아인·페르시아인 등이 쓰는) 초승달 모양의 칼, 언월도(偃月刀). (또는 **scimiter**).
scin·coid [síŋkɔid] 명(形) 도마뱀의; 도마뱀 비슷한 (동물).
scin·ti·gram [síntəgræm] 〔scimitar〕
명 (의학) 섬광도(閃光圖), 섬광 계수도(計數圖).
scin·tig·ra·phy [sintígrəfi] 명 ⓤ 섬광 계수법(방사성 물질 추적법의 하나).
scin·til·la [sintílə] 명 1 불꽃, 번쩍임. 2 (부정문에서) 미량, 극소, 조금 (*of*). ¶There is not a ~ of evidence. 증거가 조금도 없다. 「리는. **~·ly** 부
scin·til·lant [síntələnt] 형 불꽃을 튀기는, 번쩍거
scin·til·late [síntəlèit] 명(자) 1 불꽃을 튀기다; 번쩍거리다, (별 따위가) 반짝반짝 빛나다. 2 (재치·기지가) 번뜩이다 (*with*). 3 (전자) 레이더 표시판의 광점이나 상이 깜박거리다, 흔들리다. 4 (물리) (전자파의 진폭·위상 따위가 불규칙적으로) 동요하다, 움직이다. ── 명 …을 번역하여 말하다. **-làt·ing** 명
scin·til·la·tion [sìntəléi∫ən] 명 ⓤ 1 불꽃을 튀김. 2 불꽃; 번쩍임, 번득임. 3 (재치·기지의) 번득임. 4 〔천문〕 항성(恒星)의 번쩍임. 5 (물리) 신틸레이션(형광체(螢光體)에 방사선을 쬐었을 때의 섬광).
scintillátion càmera 명 체내의 방사선 물질의 움직임을 탐지하는 카메라.
scintillátion còunter 명 (물리) 신틸레이션 계수관 (방사선의 검출·측정용 기구). 「석기.
scintillátion spectròmeter 명 신틸레이션 분
scin·til·la·tor [síntəlèitər] 명 1 (물리) 신틸레이터(방사선을 쬐면 빛이 나오는 형광체). 2 (별 따위) 빛나는 것. 3 (재치 따위가) 번득이는 사람. 4 (물리) =scintillation counter.
scin·til·lom·e·ter [sìntəlámətər/-lɔ́m-] 명 = **scintillation counter**.
scin·ti·scan·ner [síntəskænər] 명 신티스캐너 (scintigram을 작성하는 장치).
scin·ti·scan·ning [síntəskæniŋ] 명 〔의학〕 = scintigraphy. 「아는 체하기.
sci·o·lism [sáiəlìzm] 명 ⓤ 천박한(겉핥기의) 지식;
sci·o·list [sáiəlist] 명 천박한 학자, 아는 체하는 사람. **-lís·tic** 형 어설픈, 아는 체하는.
sci·ol·to [∫óːltou/∫ɔ́l-] 형 (음악) 자유로운[롭게]; 단음적(斷音的)인[으로]. (< It in free manner)
sci·o·man·cy [sáiəmænsi] 명 ⓤ 심령점(心靈占), 영매술(靈媒術), (무당의) 공수. **-mán·tic** 형
sci·on [sáiən] 명 1 (특히 귀족·명문의) 자손, 후손. 2 (또는 **cion**) (접목의) 접수(接穗), 접순, 접지(接枝).
sci·oph·i·lous [saióféləs] 형 (식물) 음지에서 자라는, 음지의.
sci·o·phyte [sáiəfàit] 명 〔식물〕 음지 식물.
sci·op·tic [saiáptik/-ɔ́p-] 형 암상자[암실]의를 사용하는 (카메라 따위).
Scip·i·o [sípiòu, skíp-] 명 스키피오. 1 **Publius Cornelius ~ Africanus Major**(237–183 B.C.; 제2차 포에니 전쟁에서 Hannibal을 패배시킨 로마의 장군·정치가). 2 **Publius Cornelius ~ Aemilianus Africanus Minor**(185–129 B.C.; 제3차 포에니 전쟁에서 카르타고를 멸망시킨 로마의 장군).
sci·re fa·ci·as [sáiəri féi∫iæs] 명 〔법률〕 (판결 따위가 집행[취소] 불가능하다는 이유를 밝히라는) 고지(告知) 영장; 그 소송 절차.
sci·roc·co [∫irákou/-rɔ́k-] 명 1 =sirocco. 2 (상표) 시로코(독일 Volkswagen사의 소형 승용차).
scir·rhoid [skírɔid] 형 〔병리〕 경성암(硬性癌) 모양의에 가까운.
scir·rhous [skírəs] 형 〔병리〕 경성암(성)의, 경성암을 구성하는. **scir·rhós·i·ty** 명
scir·rhus [skírəs] 명 〔병리〕 경성암.
scis·sel [sísəl/skís-] 명 ⓤ (집합적) (판금을) 잘라 낸 부스러기, 뽑아낸 부스러기.
scis·sile [sísəl/-sail] 형 잘라지기[베어지기] 쉬운, 찢어지기 쉬운; 자를 수 있는.
scis·sion [síʒən, sí∫-] 명 ⓤ 1 절단, 분할, 분열, 분리. 2 〔화학〕 (분자·화합물 따위의) 분열.
scis·sor [sízər] 동(他) 1 …을 가위로 자르다(*off, up*); …을 오려내다, 도려내다, 잘라내다(*out*). ¶~ *out* a paragraph from a newspaper 신문의 한 절을 오려내다. 2 (말·기록 따위를) 삭제하다, 지우다 (*from*). 3 …을 삭감[축소, 삭제]하다. ── 명 =scissors.
~·er 명 **~·wise** 부 가위처럼.
scis·sor·bill [sízərbìl] 명 1 집게제비갈매기. 2 (美俗) 봉급 생활자가 아닌 사람, 부자. 3 (조합에 가입하려고 하지 않는) 계급 의식이 없는 노동자; 바보. 4 (美俗) 철도 공안원, 경찰관. (또는 **scissorsbill**).
scis·sor·ing [sízəriŋ] 명 1 가위로 자르기. 2 (~s) (가위로) 자른[도려낸] 것.
‡**scis·sors** [sízərz] 명(주) 1 (복수취급) 가위. ¶a pair [three pairs] of ~ 가위 한 자루[세 자루]. 2 (단수취급) (체조) (양다리를 가위처럼 놀리기) (레슬링) 상대의 머리를 양다리로 죄기.
give a person scissors (구어) 남을 꾸짖다.

have scissors to grind (꼭 해야) 할 일이 있다. ¶I have my own ~ to grind. 나도 내 할 일이 있다(그래서 당신의 일에까지는 손이 돌아가지 않는다).
scissors and paste 가위와 풀로 하는 일(다른 사람이 쓴 것을 오려내어 책 따위를 편집하는 일).
scis·sors-and-paste [-ənpéist] 형 가위와 풀로 편집한, 독창성이 없는.
scissors kick 〔수영〕 (횡영(橫泳)에서) 양다리를 가위처럼 놀리기; 〔축구〕 시저스 킥(점프하여 한쪽 발을 올렸다가 바로 다른 쪽 발로 공을 머리 위에서 차기).
scissors truss 〔건축〕 가위 모양의 교각 버팀목 〔트러스〕.
scis·sor·tail [sízərtèil] 명 타이런새의 일종.
scissor tooth (육식 동물의) 가위와 같은 이빨.
scis·sure [síʒər, síʃ-] 명 **1** 〔고어〕 틈새, 갈라진 금. **2** (폐어) (단체 따위의) 분열, 분리.
sclaff [sklæf] 〔골프〕 타 〔골프채〕를 스클래프 치기로 하다. 자 스클래프 치기하다. 명 스클래프 (골프채 머리를 땅바닥에 스치며 치는 타법).
Sclav [sklɑ:v, sklæv] 명형 〔고어〕 =Slav.
SCLC (미) Southern Christian Leadership Conference(남부 기독교 지도자 회의).
scle·ra [sklíərə] 명 〔해부〕 (눈의) 공막(鞏膜).
scle·rec·to·my [sklɪəréktəmi] 명 〔외과〕 공막 절제(술), 경화(硬化) 고막 절제(술).
scle·re·id [sklíəriəd] 명 〔식물〕 후막(厚膜) 세포.
scle·ren·chy·ma [sklɪərénkəmə] 명 〔식물〕 (호두·밤 따위의 외피의) 후막(厚膜) 조직, 〔피증(皮症)〕.
scle·ri·a·sis [sklɪəráiəsis/sklə-] 명U 〔병리〕.
scle·ri·tis [sklɪəráitis] 명U 〔병리〕 (눈의) 공막염.
scle·ro- [sklírou, -rə, sklér-] 〔연결〕 「굳은(hard), 딱딱한」의 뜻(* 모음 앞에서는 scler-). ¶sclerenchyma, sclerometer.
scle·roid [sklíərɔid, sklér-] 명 〔생물〕 경질(硬質)의, 경조직의. 「직 경화증.
scle·ro·ma [sklɪəróumə] 명 〔병리〕 경종(硬腫), 조
scle·rom·e·ter [sklɪərɑ́mətər/-rɔ́m-] 명 〔광물용〕 경도계(硬度計).
scle·ro·pro·tein [sklɪ̀ərouprɔ́uti:n] 명 〔생화학〕 경(硬)단백질(물·염·소금·알코올 따위에 녹지 않는 섬유상(狀)의 단순 단백질).
scle·rose [sklɪəróus] 명 〔의학〕 경화시키다〔하다〕.
scle·rosed [sklɪəróust, sklɪ́ərouzd] 형 **1** 〔병리〕 (경화증의) 경화된. **2** 〔식물〕 목화된(목질화된).
scle·ro·sis [sklɪəróusis] 명U 〔병리〕 **1** 경화(증), 경변(硬變). **2** 〔식물〕 세포벽 경화. **-ró·sal** 형
scle·rot·ic [sklɪərɑ́tik/-rɔ́t-] 형 **1** 〔해부〕 공막(의). **2** 〔병리〕 경화(중)의. **3** 〔식물〕 세포벽 경화의. —명 (the ~) 〔해부〕 공막(sclera). 「scleritis.
scle·ro·ti·tis [sklɪ̀ərətáitis/sklə-] 명 〔병리〕 =
scle·rous [sklíərəs/sklɔ́-] 형 **1** 굳은, 경화된. **2** 뼈 모양의, 골질(骨質)의.
ScM (라틴) Scientiae Magister(=Master of Science)(이학 석사). **SCM** State Certified Midwife; Student Christian Movement. **ScMHyg** Master of Science in Hygiene.
scob [skɑb/skɔb] 명 〔영방언〕 (보통 ~s) (나무·금속 따위의) 깎은 부스러기, 줄밥, 톱밥, 대팻밥.
scobe [skoub] 명 (속어) 흑인.
***scoff¹** [skɔ:f, skɑf/skɔf] 명 **1** (보통 ~s) 비웃음, 조롱, 조소; 놀림(jeer)(at). ¶aim ~s at a person 남을 비웃다. **2** 웃음거리, 웃음감(of). ¶the ~ of the world 세상의 웃음거리. —자 비웃다, 조소〔조롱〕하다, 놀리다(at, that 절). ¶(~+前+명) ~ at the recent fad 최근의 유행을 비웃다. —타 …을 비웃다, 조소〔조롱〕하다, 놀리다. **~·er** 명 **~·ing** 명 **~·ing·ly** 부
scoff² 명UC (속어) 음식물; 식사. —자타 **1** …을 게걸스럽게 먹다(down, up). **2** …을 훔치다. **3** (마약을

주사하는 것이 아니라) 먹다. —자 게걸스럽게 먹다 (down, up).
scoff·ings [skɔ́:fiŋz] 명 (美속어) 음식; 식사.
scoff·law [skɔ́:flɔ̀, skɑ́f-/skɔ́f-] 명 (美속어) 법을 우습게 보는 사람; (법규 따위의) 상습적 위반자.
‡**scold** [skould] 자 (~s [-z]) 타 …에게 잔소리를 하다, …을 꾸짖다(about, for). ⇨REPROACH 유의어 ¶~ a naughty child 장난꾸러기를 꾸짖다 // (~+명+前+명) ~ a person for his carelessness 부주의하다고 남을 꾸짖다. —자 잔소리를 하다, 꾸짖다; 야단치다, 호통치다, 상스럽게 욕하다(at). ¶~ at each other 서로 욕하다. —명 **1** 잔소리가 심한 사람; 잔소리가 많은 여자. **2** 심한 비난, 질책. **~·a·ble** 형
scold·ing [skóuldiŋ] 명 (여자가) 잔소리가 많은. —명UC 잔소리, 호된 꾸지람, 질책. **~·ly** 부
sco·lex [skóuleks] 명 〔동물〕 (촌충류의) 머리마디.
sco·li·o·sis [skòulióusis, skὰli-/skɔ̀li-] 명 〔병리〕 척추 만곡(彎曲), 척추 측만(側彎)(증).
scol·lop [skɑ́ləp/skɔ́l-] 명자 =scallop.
put on scollops (美속어) (이민이) 새 나라의 옷을 입다〔습관을 익히다〕.
scol·o·pen·drid [skɑ̀ləpéndrid/skɔ̀l-] 명 지네과(科)의 동물; 지네. **-drine** [-drain] 형
scom·ber [skɑ́mbər/skɔ́m-] 명 〔어류〕 고등어속(屬)의 물고기.
sconce¹ [skɑns/skɔns] 명 (벽에 달린) 돌출 촛대(의 양초꽂이).
sconce² 명 (다리나 도로를 지키기 위한) 작은 성채; 차폐물, 피신처. —명타 (축성) (보루로) …을 방어하다.
sconce³ 명타 (영국의 대학에서) (예절을 어긴 하급생에게) 벌을 과하다. —명 벌.
build up a sconce 지불을 미루어 두었다가 지불금을 속이다; 속이다.
sconce⁴ [skɑns/skɔns] 명 **1** 머리, 두개골. **2** (口) 재치, 분별.   [sconce¹]
scone [skoun, skɔn/skɔn] 명 **1** (英) 둥근 과자빵; 그것을 4개로 자른 조각. **2** (濠속어) 머리. —자타 (濠속어) …의 머리를 때리다.
do one's **scone** (濠·뉴질 속어) 화내기 시작하다.
off one's **scone** (濠속어) 화가 나서, 미쳐.
Scone [sku:n, skoun] 스코틀랜드 Perthshire에 있는 마을(스쿤의 돌이 있던 수도원의 소재지).
the Stone of Scone 스코틀랜드 왕이 즉위했을 때에 앉았던 돌(현재는 Westminster 사원의 대관식용 옥좌 밑에 놓여 있다).
*****scoop** [sku:p] 명 **1** (밀가루·설탕 따위를 퍼내는) 작은 삽, 국자, 주걱, 큰 숟가락; (아이스크림 따위를 떠내는 그릇〔숟가락〕. ¶take out salt with a ~ 큰 숟가락으로 소금을 떠내다. **2** (美) 석탄통. **3** (준설기의) 버킷, 진흙 퍼내는 통; (토목용) 삽(흙·모래 따위를 파고 깎는 기구). **4** 〔외과〕 (이물(異物)을 떠내는) 큰 숟가락. **5** (도려내어 생긴) 움푹 들어간〔패인〕 곳, 구멍, 골짜기. **6** 한 번 퍼〔떠〕내기; 그 양; 그러모으기. ¶make a ~ 한 번 퍼〔떠〕내다. **7** (구어) (신문·잡지·방송의) 특종, 스쿠프; 독점 보도〔기사〕; 앞지르기; 지식, 정보, 데이터, 기밀. ¶get a ~ on other papers 특종으로 타사를 앞지르다. **8** (구어) 큰 벌이, 큰 이익. ¶make a ~ over an investment 투자로 큰 벌이를 하다. **9** (여성복의) 깊이 파인 목깃. **10** (TV·영화 촬영용) 조명등. **11** (하키에서) 스쿠프(공을 스틱으로 퍼올려 높이 날리기). **12** 〔음악〕 포르타멘토(portamento)의 효과. **13** (濠속어) 일제 검거〔체포〕. **14** (美속어) 술, 한 잔의 맥주. 「번에.
at [or **in, with**] **one** [or **a**] **scoop** 한 번 퍼서, 단
on the scoop (속어) 술자리를 벌리고, 마시고 놀면서, 방랑하여.   「물 없는 인사에 사용).
What's the scoop? (속어) 아무 변화도 없느냐(* 허
—자타 **1** …을 푸다, 뜨다, 퍼〔떠〕내다(up, out)(from,

out of, off); [진흙 따위]를 쳐내다 (*out*). ¶(~+图+匣) ~ a boat dry 보트의 물을 몽땅 퍼내다 // (~+图+前+名) ~ water *out of* a barrel 통에서 물을 퍼내다. **2** …을 파다, 도려내다(*out*)(*in*). ¶(~+图+前+名) ~ (*out*) a hole *in* the sand 모래에 구멍을 파다. **3** (구어) (특종으로) [타사]를 앞지르다. ¶ ~ a rival paper 특종을 내어 경쟁지를 앞지르다. **4** (구어) …을 자꾸 벌다, 큰 이익을 보다(*in*); …을 그러모으다. **5** (속어) 검거하다. **6** (美속어) 키스하다; (지나가는 사람을) 바라보다. — *자* **1** (국자로) 떠내다, 그러모으다. **2** (음악) 포르타멘토로 연주[노래]하다.
scoop in (英속어) (사람을) 유인하다.
scoop the pool (英속어) (증권 따위로) 크게 벌다.
~·ing·ly *부*
scóop·ful [skú:pfùl] *명* 한 숟가락(주걱, 삽) 분량.
scóop nèck [nèckline] *명* (드레스·블라우스 따위의) 둥글게 파진 깃.
scóop nèt *명* 떠[퍼]내는 그물, 뜰채.
scóop whèel *명* (물방아의) 물을 푸는 바퀴.
scoot¹ [sku:t] (구어) *자* 서둘러 가다(달리다, 돌진하다; 활주하다(*along, away, past*). — *타* …을 뛰게 하다, 돌진시키다. —————— *명* [히 *아니* (*to*).
scoot over (美) 자리를 좁혀 앉다(앉게 하다); 황급히. — *명* **1** 달리기, 돌진, 질주. **2** 검둥오리(scoter). **3** (베어낸 통나무를 운반하는) 썰매. **4** (美속어) 달러. **5** (the ~s) (美속어) 설사.
on the scoot (濠속어) 마시고 떠돌어. [달리다.
scoot² *명* (속어) 자동차, 스쿠터. — *자* (俗) 스쿠터로
scoot·er¹ [skú:tər] *명* **1** 한 발 스케이트(한 발을 오리고, 다른 발로 땅을 차서 달리게 하는 어린이의 탈것). **2** (모터) 스쿠터. **3** (美·캐나다) (수상·빙상용의) 활주 범선. — *자* 스케이트[스쿠터]로 달리다(나아가다).
~·ist *명*
scoot·er² *명* =scoter. [가 혼란한.
scoot·ers [skú:tərz] *명* (美속어) 머리가 돈, 머리
scoot·ie [skú:ti] *명* (인도) 3륜 택시, 시클로(cyclo).
‡scope [skoup] *명* **1** (관찰·활동의) 범위. ⇔ RANGE **유의어** ¶an investigation of wide ~ 광범위한 조사 / broaden the ~ of one's work 자기 일의 범위를 넓히다. **2** (U) 지력, 식견, 시야. ¶a man of wide [limited] ~ 식견이 넓은[좁은] 사람. **3** 여유, 여지; 기회; 배출구, 출구 (*for*). ¶have ample [or full] ~ *for* one's activities 활동하는 데 충분한 여지를 갖다 / have no ~ *for* imagination 상상의 여지가 없다. **4** 넓이, 퍼짐, 지역. ¶a great ~ of land 넓은 토지. **5** 길이. **6** (드물게) 목적, 의도. **7** (화살의) 사정(射程). **8** [해사] (정박한 배가 밖으로 내뻗은) 닻줄의 길이. **9** (구어) 보는(관찰하는) 기계(microscope, telescope, oscilloscope, horoscope, periscope, radarscope 따위). — *타*(U) (평가하기 위해) 자세히 보다(조사하다); (E) (美속어) 수색하다. — *자* (美속어) (의학) 내시경 검사를 하다. [역량의 범위 밖에서.
beyond one's scope; out of one's scope 이해[이
scope a vic (美속어) (강도 따위가) [대상]을 찾다.
scope out [or *on*] (속어) ① 잘 보다, 바라보다, 조사하다. ② [문제·문서]를 풀다.
seek scope for …의 기회를 찾다.
within the scope of …의 범위 내에서.
~·less *형*
-scope [skoup] *연결* 「…경(鏡), 검 (기器)」의 뜻. ¶microscope, telescope.
sco·pol·a·mine [skəpáləmi:n, skòupələ́mɪn] *명*(U) (약학) 스코폴라민(진정제·수면제). (제·수면제).
sco·po·line [skóupəli:n, -lin] *명* 스코폴린(마취
sco·po·phil·i·a [skòupəfíliə] *명* (정신의학) 절시증(竊視症)(남의 나체·성행위 따위를 보고 성적 쾌감을 느끼는 증상. (또는 **scoptophilia**)
scop·u·la [skápjulə/skɔ́p-] *명* (동물) (거미의 다리 나 집게 끝에 있는) 거미털 치는 데 쓰는 강모군(剛毛群).

scop·u·late [skápjuleit, -lət/skɔ́p-] *형* (동물) 비 모양의, 솔처럼 생긴(brushlike). [scopy.
-sco·py [skəpi] *연결* 「…검사, …관찰」의 뜻. ¶tele-
scor·bu·tic [skɔ:rbjú:tik] *명* (병리) 괴혈병(壞血病)의, 괴혈병에 걸린. —— *명* 괴혈병 환자. (또는 **scorbutical**) **-ti·cal·ly** *부*
scor·bu·tus [skɔ:rbjú:təs] *명* = scurvy.
‡scorch [skɔ:rʧ] *동* (~*es* [-iz]; ~*ed* [-t]) (E) **1** [물건]의 겉을 태우다; …을 그슬리다, 눋게 하다. ¶She ~*ed* her blouse while ironing it. 그녀는 다리미질을 하다가 블라우스를 눋게 했다. **2** (햇볕 따위가) [식물 따위]를 시들게 하다, 말려 죽이다; 무력하게 하다. ¶The sun ~*ed* the wheat in the field. 심한 볕으로 밭의 밀이 말라 죽었다. **3** (구어) …을 마구 혈뜯다, 깎아내리다, …에게 욕지거리하다. **4** …을 초토화하다. — *자* **1** 타다, 눋다; 마르다, 시들다. **2** (구어) (자동차 따위로) 질주하다(*off, away*). ¶(~+图) He ~*ed off* on a motorcycle. 그는 오토바이로 질주했다. **3** (야구) 강속구를 던지다.
— *명* **1** 타기, 눋기; 탄 자국. **2** (구어) (자동차 따위에 의한) 질주. **3** (연극 따위의) 혹평. **4** (원예) 해충·살충제에 의한 작물의 상처. **5** (속어) 최고급품.
scorched [skɔ:rʧt] *형* **1** 탄, 그을은 (듯한). **2** (美속어) (술·마약에) 취한.
scórched éarth (침략군에게 쓸모있는 모든 것을 불태워 버리는) 초토(상태, 전술).
scorched earth policy 초토화 작전; (경영) (기업 탈취 저항책으로서의) 경영 기반 초토 작전.
scorch·er [skɔ:rʧər] *명* **1** 태우는[눋게 하는] 사람 (것). **2** (구어) 찌는 듯이 더운 날씨. **3** 통렬한 것, 신랄한 것, 혹평. **4** (구어) (자동차 따위를) 마구 몰아대는 사람. **5** 센세이션을 일으키는 것. **6** (美속어) 섹스에 적극적인 여자.
scorch·ing [skɔ:rʧiŋ] *형* **1** 태우는, 타는 듯한; 몹시 더운, 타는 듯한. ¶a ~ day 불덩이처럼 뜨거운 날. **2** 호된, 통렬한. ¶~ sarcasm 통렬한 비꼼. **3** 놀랄 만한, 센세이셔널한. — *명*(U) **1** 태우기, 눋기. **2** (구어) 질주.
~·ly *부*
‡score [skɔ:r] *명*(*s* [-z]) **1** (경기의) 득점, 스코어, 득점 기록[표]. ¶a clean ~ 전승 득점 / count the ~ 점수를 세다(keep (the) ~ 득점을 기록하다 / make [or get] a good [or large] ~ 대량 득점하다.
2 (교육·심리) (시험·검사의) 점수, 성적 (*in, on*). ¶the average ~ 평균점 / get [or make] a perfect[poor] ~ *on* the test 테스트에서 만점을[나쁜 점수를] 얻다.
3 새긴 금, 긁힌 상처, 베인 상처; (셈 따위를 외어 두려고 막대기에 새긴) 계산용 눈금. ¶a deep ~ of distress on a person's face 얼굴에 남은 고뇌의 깊은 자국.
4 (옛날 선술집의) 계산용 기록[메모]; 셈, 부채, 외상; 빚. ¶drink beer on a person's ~ 남의 계산으로 맥주를 마시다. ¶*Death pays all ~s.* (속담) 죽으면 셈은 끝난다, 죽음은 모든 원한을 씻는다.
5 경계선; (경기의) 출발[결승]점; 사격선(射擊線)(사수의 위치). ¶start off from the ~ 출발선에서 스타트하다.
6 (~) 20 (명, 개). ¶three ~s and ten (인생) 70년 — 시편(Ps.) 90 : 10 / He died about a ~ of years ago. 그는 약 20년 전에 죽었다. **7** (~s) 다수, 다량. ¶*in*[or *by*] ~s 다수(에), 많은/~s of times 수십 번, 몇 번이고. **8** 이유, 근거, 원인, (…라는) 점 (*of*). ¶*on* the ~ *of* economy 경제라는 점에서는. **9** (the ~) (구어) 진상, 사실, 이유. **10** 남을 꼼짝 못하게 하는 재치있는 소리[행동]; 성공, 행운; 좋은 수[솜씨]. ¶What a ~! 참 운도 좋지! **11** (음악) 총보(總譜), 악보. ¶a piano ~ 피아노의 악보. **12** (美속어) 요약; 결론; 총계. **13** (속어) (여자를) 잘 구워 삶는 일; 성교 상대; (매춘부의) 손님. **14** 마약 장수; (경찰에 대한 마약 장수의) 뇌물; 강도, 절도; (훔친) 돈.

clear [or *pay off, rub out, settle, wipe out*] *a score* [or *an old score, old scores*] (남에게) 원한을 풀다, 보복하다, 다툼을 해결하다 (*with*).
go [or *set, start*] *off at (full) score; start off from score* ① 전속력으로 달리기 시작하다. ② 힘차게 시작하다; 자랑스럽게 말하기 시작하다. ③ (자기 스스로가) 억제하지 못하게 되다.
go over the score; have a few over the score (스코 구어) 곤드레 만드레 취하다.
have a score to settle 복수해야 할 원한이 있다, 빚이 있다.
in score (음악) 총보(總譜)로.
in [or *by*] *scores* 다수의, 많은.
know the score 사정(사실)을 알고 있다, 일을 낙관하지 않다. ¶He got to *know the* ~ *of the affairs*. 그는 사건의 진상을 알게 되었다.
make a score (美속어) (마약 밀매·강도·사기 따위의) 범죄를 저지르다.
make a score [or *scores*] *off* (속어) …을 이겨내다. 꼼짝 못하게 하다.
make a score off one's own bat 혼자 힘으로 하다.
on more scores than one 많은 정당한 이유로.
on that [*this*] *score* 그(이) 점에 관하여(는); 그(이) 때문에.
on the score of …의 이유로, …때문에.
Upon what score? 무엇 때문에, 어째서.
— 圄 (~s [-z]; ~d; scor·ing) ① (경기에서) …을 득점하다; (심판이) …에게 (득점)을 주다(*for*, *to*); (야구) (히트를 쳐서) (주자)를 홈인시키다. ¶~ *a century at cricket* 크리켓에서 100점을 따다. 2 …의 가치가 있다, …에 상당(필적)하다; …점이 되다. 3 (교육·심리) (시험 따위)를 채점하다, 평가하다. 4 (음악) …을 관현악으로 편곡(작곡)하다; (음악)을 (…용으로) 작곡(편곡)하다 (*for*); …의 반주를 쓰다. 5 (요리) (고기 따위)에 얇게 칼집을 내다. 6 …에 새긴(벤] 자국을 내다, 표를 내다, 선을 긋다. ¶~ *timber* 재목에 금을 그어 표시하다. 7 (득점)을 기록하다. 8 (부채) 금액을 장부에 기입하다 (*up*). 9 (성공)을 거두다, (이익 따위)를 얻다. ¶*The comedy* ~*d a great success*. 그 희극은 큰 성공을 거두었다. 10 (일 따위)를 출발점에 데리고 오다. 11 (美) …을 꾸짖다, 헐뜯다, 비난(비평)하다. 12 (美속어) (여자)를 손에 넣다; (마약)을 입수하다. — 困 ① (경기에서) 득점하다 (*in*, *at*); (야구) (주자가) 홈인하다; (경주마가) 레이스에 우승하다. 2 득점을 기록하다, 점수를 계산하다. 3 성공하다, 이익을 얻다, 재미보다. 4 새긴(벤] 자국을 내다, 선을 긋다. 5 빚이 늘다; 외상으로 사다.
score a bull's eye [or *a bull*] 핵심을 찌르다.
score a connection (美속어) 마약을 사다.
score a point [or *points*] *off* [or *against*, *over*] *a person; score off a person* ① …보다 유리해지다, …을 이기다. ② (구어) …을 욕보이다, 굴복시키다.
score a run (야구) 득점하다.
score out [or *through, off*] …을 줄을 그어 지우다, 삭제하다; 말살하다.
score up 기록하다; 장부에 기입하다; 계산하다; 외상으로 달아 놓다.
score (*up*) *against* [or *to*] *a person* ① 빚을 기록하다. ② …때문에 (남)을 나쁘게 보다.
score under …에 밑줄을 긋다.
score yoks (英속어) 모두를 웃기다.
∠·less 무득점의. **scór·er** 圄 득점 기록계; 득점자.
***score·board** [skɔ́ːrbɔ̀ːrd] 圄 스코어보드, 득점 게시판.
score·book [skɔ́ːrbùk] 圄 득점 기입장, 득점부.
score·card [skɔ́ːrkɑ̀ːrd] 圄 (경기의) 득점표; 채점표; (선수의 이름·번호 따위를 인쇄한) 선수 일람표.
score draw 圄 (축구뽀) 동점으로 비김.
score·keep·er [skɔ́ːrkìːpər] 圄 기록원, 기록계.
score·sheet [-ʃìːt] 圄 득점 기입표.
sco·ri·a [skɔ́ːriə] 圄⒰ 광재(鑛滓), 쇠똥; ⒰Ⓒ 화산암의 암재(岩滓), 스코리아.

sco·ri·a·ceous [skɔ̀ːriéiʃəs] 圄 광재의.
sco·ri·fi·ca·tion [skɔ̀ːrəfikéiʃən] 圄 〔야금〕 소용(燒溶)(광재)(귀금속의 농축·분리법).
sco·ri·fi·er [skɔ́ːrəfàiər] 圄 〔야금〕 소용(燒溶) 그릇, 소용(燒融) 그릇, 스코리파이어(금은의 건식 시금(乾式試金)에 쓰이는 그릇).
sco·ri·fy [skɔ́ːrəfài] 圄(困) (금은의 시금으로) …을 광재로 만들다, 소용(소용)하다.
scor·ing [skɔ́ːriŋ] 圄⒰Ⓒ 1 득점; 시합 기록. 2 (관현악의) 총보 작성. 3 (집합적) 긁힌 상처.
scóring position 圄 〔야구〕 스코어링 포지션(득점 가능성이 높은 2, 3루).
‡**scorn** [skɔːrn] 圄 (복 ~s [-z]) 1 ⒰ 경멸, 모욕, 깔봄, 조소, 냉소. 2 경멸당하는 사람(것), 경멸의 대상, 웃음거리, 조롱감.
become [or *be*] *the scorn of* …의 웃음거리가 되다.
have [or *feel*] *scorn for* …에게 경멸감을 품다.
hold a person in scorn 남을 경멸하다, 깔보다.
laugh a person to scorn; pour scorn on a person (문어) 남을 비웃다, 조롱하다, 일소에 부치다.
think [or *hold*] *it scorn to do* …하는 것을 수치로 여기다.
think scorn of …을 경멸하다, 깔보다.
— 圄 (~s [-z]) 困 1 …을 경멸하다, 깔보다. ⇒DESPISE 2 …을 치사하게 생각하다(*to do*, *doing*). ¶~ *to tell a lie*: = *telling a lie* 거짓말하는 것을 부끄럽게 여기다. — 困 비웃다, 냉소하다.
~·**er** 囹 ~·**ing·ly** 囹
***scorn·ful** [skɔ́ːrnfəl] 圄 경멸하는, 비웃는, 깔보는, 냉소적인. ~·**ness** 圄
***scorn·ful·ly** [skɔ́ːrnfəli] 囹 경멸하여, 깔보고.
scor·per [skɔ́ːrpər] 圄 조각용 둥근 끌.
Scor·pi·o [skɔ́ːrpiòu] 圄 〔천문〕 전갈자리; 〔점성〕 천갈궁(天蠍宮)(황도의 제 8 궁)(⇨ZODIAC 그림); 〔동물〕 전갈속(屬).
SCORPIO submersible craft for ocean repair, positioning, inspection and observation(유삭식(有索式) 무인 잠수 작업 장치).
scor·pi·oid [skɔ́ːrpiɔ̀id] 圄 전갈 같은; 전갈류(類)의; 〔식물〕 (꽃차례가) 전갈의 꼬리처럼 말린.
***scor·pi·on** [skɔ́ːrpiən] 圄 1 전갈. 2 전갈 비슷한 도마뱀(뭉긋), 물진. 3 (the S—) 〔천문〕 전갈자리. 4 〔성서〕 전갈 채찍(←열왕기 상(1 Kings) 12: 11). 5 〔역사〕 고대의 투석기(投石機). 6 〔軍俗〕 Gibraltar 사람(별명). 7 [scorpion 1] (구어) (전갈처럼) 엄격한 사람.
scórpion fish 圄 〔어류〕 쏨뱅이.
scórpion gràss 圄 〔식물〕 물망초(forget-me-not).
Scor·pi·us [skɔ́ːrpiəs] 圄 〔천문〕 전갈자리.
scot [skɑt/skɔt] 圄 〔역사〕 요금; 세금; 할당액.
pay scot and lot 완납하다, 청산하다.
***Scot**[1] [skɑt/skɔt] 圄 1 스코틀랜드인. 2 스코트족(族)의 사람(6세기경 아일랜드에서 영국 서북부로 이주한 게일인(Gael)의 한 사람).
Scot[2] 圄 God의 전화(轉化). * Scott라고도 쓴다. ¶*Great* ~! 참!, 아차!, 저런!
Scot. Scotch; Scotland; Scots; Scottish.
scotch [skɑtʃ/skɔtʃ] 圄(困) 1 (죽지 않을 정도로) 상처를 입히다, 베다. 2 (풍물 따위를) 뭉개 버리다; 탄압 (억압)하다. ¶~ *a plot* 음모를 꺾어버리다. 3 (바퀴굄이나 쐐기 따위로) …을 움직이지(구르지) 않도록 하다.
— 圄 1 얕은 상처; 벤(자른] 자리(자국). 2 (차의) 바퀴굄, 멈 받치는 쐐기. 3 (돌차기) 놀이에서 지면에 그은 선.
out of all scotch and notch 끝없이.
‡**Scotch** [skɑtʃ/skɔtʃ] 圄 1 스코틀랜드의; 스코틀랜드인(의). 2 (보통 s—) (구어) 인색한.

USAGE Scotch는 잉글랜드의 중·남부의 방언이며, 스코틀랜드 이외의 곳에서 일반적으로 널리 쓰인다. Scots, Scottish는 스코틀랜드와 잉글랜드 북부에서 즐겨 쓴다.

— 图 1 (the ~) (복수취급) 스코틀랜드인. 2 =~ whisky. 3 ⓤ 스코틀랜드어. 4 (상표) 스카치(접착 테
Scótch bléssing 图 (구어) 심한 질책. 「이프.
Scótch bróom 图 (식물) 양골담초.
Scótch bróth 图 양고기·야채·보리로 만든 진한 수프.
Scótch cáp 图 (스코틀랜드 고지 사람이 쓰는) 챙 없는 작은 모자. 「이 보통과 반대의 것).
Scótch cátch 图 (음악) 스카치 스냅(점음표의 리듬
Scótch cóffee 图 커피 대용품.
Scótch égg 图 1 저민 고기로 잘 삶은 달걀을 싸서 튀긴 요리. 2 (英속어) 다리(leg).
Scótch fír 图 유럽소나무.
Scotch-I·rish [스áiəriʃ] 图 스코틀랜드계 아일랜드인의; 스코틀랜드계와 아일랜드인의 혼혈의. — 图 스코틀랜드계 아일랜드인.
scotch·man [skátʃmən/skɔ́tʃ-] 图 (항해) (삭구 (索具)에 붙이는 쇠나 나무의) 마찰을 덜게 하는 기구.
Scotch·man [skátʃmən/skɔ́tʃ-] 图 1 스코틀랜드인. 2 (s-) 쥐노래미과(科)의 식용 물고기(북태평양 연안산)(lingcod). 3 (美속어) 구두쇠. 4 (英속어) 곰피.
Scótch míst 图 (英) 1 ⓤⓒ (스코틀랜드 산악 지대의) 짙은 안개, 보슬비. 2 잘게 부순 얼음에 스카치 위스키를 따른 칵테일. 3 비현실적인 것.
Scótch páncake 图 철판에 구운 핫케이크.
Scótch píne 图 =Scotch fir.
Scótch snáp 图 (음악) =Scotch catch.
Scótch tápe 图 (美상표) 스카치 테이프.
Scótch térrier 图 =Scottish terrier.
Scótch thístle 图 (식물) 유럽엉겅퀴속(屬)의 총칭(엉겅퀴는 스코틀랜드의 상징).
Scótch vérdict 图 증거 불충분한 평결(評決); 애매한 결정(선언). 「치 (위스키).
Scótch whísky 图 스코틀랜드산(産) 위스키, 스카
Scotch·wom·an [skátʃwùmən/skɔ́tʃ-] 图 스코틀랜드의 여성.
Scótch wóodcock 图 반죽한 안초비(anchovy paste)를 발라 달걀을 얹은 토스트.
sco·ter [skóutər] 图 검둥오리. (또는 **scooter**)
scot-free [⸍fríː] 图 1 무사한, 해를 입지 않은; 처벌을 면한. 2 면세의; 지불이 면제된.
 go [or **get off**] **scot-free** 벌을 면하다, 무사히 지나가다. 「깊이 판 쇠시리.
sco·tia [skóuʃə] 图 (건축) (원기둥의 받침돌로 쓰는)
Sco·tia [skóuʃə] 图 (문어) =Scotland.
Scot·i·cism [skátəsìzm/skɔ́t-] 图 =Scotticism.
Sco·tism [skóutizm] 图ⓤ (철학) 스코투스 철학 (13세기의 Duns Scotus의 철학). **-tist** 图 스코투스 학파의 사람). **Sco·tís·tic, Sco·tís·ti·cal** 图
‡**Scot·land** [skátlənd/skɔ́t-] 图 스코틀랜드(Great Britain의 북부를 차지하는 대영 제국의 일부; 수도 Edinburgh).
Scótland Yárd 图 1 스코틀랜드 야드가(街)(영국 런던 경찰청의 옛 소재지). 2 런던 경찰청; 특히 그 형사부.
 call in Scotland Yard 런던 경찰청에 수사를 의뢰하다. 「의 뜻. ¶ *scotoma*.
sco·to- [skátou, -tə/skɔ́t-] (연결) darkness (어둠)
scot·o·din·i·a [skàtədíniə/skɔ̀tədái-] 图ⓤ (의학) 실신성 현기증.
scot·o·graph [skátəgræf, -grɑ̀ːf] 图 장님용 사자기(寫字器), 암중(暗中) 사자기; 뢴트겐 사진기.
sco·to·ma [skoutóumə/skɔ-] 图 (병리) (망막(網膜)상의) 암점(暗點); ⓤ 암점증(症).
sco·to·phil·ic [skàtəfílik/skɔ̀t-] 图 (생물이) 호암

성(好暗性)의, 어두운 곳을 좋아하는. (또는 **scotophil, scotophile, scotophilous**)
scot·o·pho·bin [skàtəfóubin/skɔ̀t-] 图 (생화학) 스코토포빈(어두운 곳을 싫어하도록 훈련받은 쥐의 뇌 속에 증가된다는 펩티드). **-bic** 图
sco·to·pi·a [skətóupiə, skou-] 图 (안과) 암소시(暗所視), 암순응. **-tóp·ic** 图
Scots [skats/skɔts] 图 (the ~) (집합적) 스코틀랜드인; ⓤ 스코틀랜드어, 스코틀랜드 방언. — 图 스코틀랜드의; 스코틀랜드인(어)의.
Scóts Gáelic 图 스코틀랜드 고지인의 게일어. (또는 **Scóttish Gáelic**)
Scots Gréy 图 1 (곤충) 열대풀모기. 2 (the ~s) (英) 스코틀랜드 용기병 연대.
Scots·man [skátsmən/skɔ́ts-] 图 1 =Scotchman. 2 (The ~) 에든버러 발행의 고급 일간지. 3 (美속어) 구두쇠.
Scots·wom·an [skátswùmən/skɔ́ts-] 图 1 =Scotchwoman. 2 (美속어) 구두쇠.
Scott [skat/skɔt] 图 스코트. 1 **George C.** ~ (1928–1999: 미국의 영화 배우). 2 **Robert Falcon** ~ (1868–1912: 영국의 남극 탐험가). 3 **Walter** ~ (1771–1832: 스코틀랜드의 소설가·시인).
scot·ti·ce [skátisi/skɔ́t-] 图 스코틀랜드어(방언)로.
Scot·ti·cism [skátəsìzm/skɔ́t-] 图ⓤⓒ 스코틀랜드 말씨, 스코틀랜드 사투리.
Scot·ti·cize [skátəsàiz/skɔ́t-], (英) **-cise** 图 1 (말·습관 따위가를) 스코틀랜드풍(식)으로 되다(하다), 스코틀랜드어로 옮기다. 2 스코틀랜드어로 옮기다.
Scot·tie [skáti/skɔ́ti] 图 (구어) 1 스코틀랜드인. 2 =Scottish terrier.
*__Scot·tish__ [skátiʃ/skɔ́tiʃ] 图 1 스코틀랜드의; 스코틀랜드인[어, 문학]의. 2 (익살) 인색한. — 图 1 (the ~) (집합적) 스코틀랜드인. 2 ⓤ 스코틀랜드어.
 ~·ly 图 **~·ness** 图
Scóttish térrier 图 스코틀랜드산(産)의 테리어, 스카치 테리어(개). (또는 **Scotty**)
*__scoun·drel__ [skáundrəl] 图 악당, 악한, 무뢰한, 깡패. ⇒ KNAVE 유의어 — 图 악당의, 무도한; 불명예스러운, 부도덕한. **~·dom,** **~·ism** 图
scoun·drel·ly [skáundrəli] 图 1 악당의, 악한 같은. 2 뻔뻔스러운, 비열한; 타락한.
*__scour__[1] [skauər] 图@ 1 ···을 문질러 닦다, 갈다. ¶ ~ saucepans 스튜 냄비의 때를 닦아 없애다. 2 ···을 문질러 씻다, 빨다, 세탁하다(*down, out*)(*with*). ¶ ~ *dirty clothing* 더러워진 옷을 빨다. 3 (녹·얼룩 따위)를 비벼 [문질러] 없애다, 빨아 없애다(*off, away, out*)(*off, from*). ¶ (~+图+쀤+图) ~ *rust off* a knife 칼의 녹을 문질러 없애다. 4 (하수관 따위)를 훑어내다, 쳐내다, (물로) ···을 씻어 내리다, (강바닥 따위)를 쳐내다(*out*). ¶ (~+图)(+쀤)) ~ (*out*) a ditch 물을 흘려보내어 도랑을 깨끗이 쳐내다. 5 (하제(下劑) 따위가) ···의 창자 속을 씻어 내리다, ···에 하제를 쓰다. ¶ ~ a *horse* 말의 창자 속을 씻어 내리다. 6 ···을 일소하다, 소탕하다 (*of*); (장소에서) 제거하다 (*from*). ¶ (~+图+쀤+图) This *poison* ~*ed* my house *of rats*. 이 독약으로 집안의 쥐를 일소했다. 7 (면화·양모 따위)에서 불순물을 제거하다; [곡식]에서 껍질 따위를 골라내다. 8 (폐어) [동물]을 내쫓다. 9 (스코) 변배의 술잔을 한꺼번에 마시다.
— 图 1 문질러 닦다; 빨다, 세탁하다. 2 닦아서 윤이 나다. 3 설사하다, 배가 꺼지다. 4 (삽·쟁기 따위가) 사용하는 동안에 닦여서 깨끗해지다.
— 图 1 문질러 닦기, 2 (물살로 모래 따위를) 씻어 흘려보내기[흘려보내는 작용). ¶ the ~ *of a drainpipe* 하수관을 씻어 흘려보내기. 3 물살로 토사가 흘려내려서 생긴 우묵한 곳. 4 (보통 ~s) (단·복수 양용) 가축의 설사. 5 마분(磨粉)·비누류.
scour[2] 图@ 급히 찾아다니다, 뛰어다니다(*about*)

(*for*, *after*); 질주하다. ¶ (~+[副]) The fox ~*ed about* in search of food. 여우는 먹을 것을 찾아다녔다. —[타] 1 …을 급히 찾아다니다, 구하려고 헤매다 (*for*). ¶ (~+[目]+[前]+[名]) He ~*ed* the library *for* the book. 그는 그 책을 찾으려고 서고 속을 헤맸다. 2 …을 급히 지나쳐가다, 뛰어 지나다. 3 …을 대충 생각하다[훑어보다].

scour·er[1] [skáuərər] [명] 문질러 닦는 사람, 세탁하는 사람; 닦는 기구, 세탁기, 세제, 연마제.

scour·er[2] [명] 돌아다니는 사람; 질주자; (17-18세기에) 밤거리를 배회하던 부랑자[밤도둑].

***scourge** [skəːrdʒ] [명] 1 (징벌에 쓰는) 회초리, 매(whip). 2 신이 내리는 벌(돌림병·전쟁·천재 따위), 벌, 징벌, 천벌. ¶the ~ of war 전화(戰禍)/the white ~ 폐병. 3 재앙의 원인, 원한(의 씨); 사회악. ¶Flies are a regular ~ in summer. 여름의 파리는 아주 골칫거리다. —[동][타] 1 …을 채찍질하다. 2 호되게 벌주다, 따끔한 맛을 뵈다; …에게 고통을 주다, 괴롭히다. 4 〔토지〕를 황폐케 하다. **scóurg·er** [명] **scóurg·ing·ly** [부]

scour·ing [skáuəriŋ] [명] 1 (~s) 문질러서 닦아낸 오물. 2 (제분하기 전에 제거하는) 곡물의 찌끼. 3 (~s) 인간 쓰레기; 사회 최하층에 속하는 사람. 4 〔지질〕 연마 작용. 5 〔화학〕 정련(精鍊). 6 〔섬유〕 스커링(원모의 지방분이나 티글 따위를 떨구는 것).

scóuring rùsh [명] 속새(속새과(科)의 상록 다년초).

scouse [skauz, skaus] [명][U] 1 《英》 〔해사〕 굳은 빵을 가루로 만들어 고기·야채 따위를 섞어 만든 스튜(선원 음식). 2 《美속어》 (맛없는) 싼 요리, (묽은) 수프.

Scouse [skaus] 《英속어》 (때로 s-) [명] 1 리버풀 방언. 2 (또는 **scouser**) 리버풀 시민.
—[형] (또는 **scousian**) 리버풀의.

‡**scout**[1] [skaut] [명] 1 척후, 정찰병, 수색병; 정찰함, 정찰기. 2 〔스포츠〕 (상대방 팀을) 내탐하는 사람, 스카우트 선수 담당자; (예능계의) 신인을 발굴해 내는 사람. 3 정찰자, 내탐자; 스파이. 4 정찰, 탐색, 사찰, 망보기. 5 (때로 S-) 《英》 =Boy[Girl] S-. 6 《구어》 놈, 녀석. ¶a good [*or* an old] ~ 좋은 녀석. 7 (Oxford 대학의) 학생을 돌보는 고용원. 8 스카우트 로켓(소형 인공 위성을 쏘아올리기 위한 미국의 4단 로켓).
be on* [or *in*] *the scout 정찰하고 있다.
Scout's honor! 정말이야, 거짓말이 아니야.
—[동][자] 정탐하다, 정찰하다; (스포츠·연예계 따위에서) 스카우트의 일을 하다; (…을) 찾아 돌아다니다 (*for*). —[타] 1 (정보 따위를 얻으려고) …을 정찰하다. 2 《구어》 …을 찾다, 찾아내다(*out*, *up*).
***scout about* [or *round*]** 찾으러 돌아다니다, 찾아 헤매다.

scout[2] [동][타] 〔제의·제안 따위〕를 거절하다, 퇴짜놓다; …을 상대도 하지 않다, 업신여기다. —[자] 비웃다, 업신여기다 (*at*).

scóut càr [명] 〔美군사〕 정찰 자동차; 기관총을 장치한 고속 장갑차.

scout·craft [skáutkræ̀ft/-krɑ̀ːft] [명][U] 정찰술; 보이[걸] 스카우트의 활동(에 필요한 훈련이나 기술).

scout·er [skáutər] [명] 정찰자, 감시하는 사람; (18세 이상의) 보이 스카우트 단원.

scout·hood [skáuthùd] [명][U] (때로 S-) 보이[걸] 스카우트의 단원임[신분].

scout·ing [skáutiŋ] [명][U] 1 척후[정찰] 활동. 2 (S-) 보이[걸] 스카우트의 활동. 3 〔스포츠〕 (팀·선수의) 전력 분석. ~**·ly** [부]

scout·mas·ter [skáutmæ̀stər/-mɑ̀ːs-] [명] 정찰대장, 척후 대장; 보이 스카우트 단장.

scóut pláne [명] 정찰기.

scow [skau] [명] 1 스카우(운송용 대형 평저선(平底船)), 거룻배. 2 낡은 배; 폐선(廢船). 3 《美속어》 (트럭 운전사 사이에서) 대형 트럭. —[동][타] …을 스카우로 나르다[운반하다].

***scowl** [skaul] [동][자] 1 얼굴을 찡그리다, 언짢은 낯을 하다; 노려보다, 쏘아보다(*at*, *on*). ¶ (~+[前]+[名]) The prisoner ~*ed at* the jailer. 죄수는 교도관을 노려봤다. 2 (날씨가) 사나워지다. —[타] 1 …을 상을 찌푸려 쫓아내다(*away*), …에게 싫은 표정을 지어 …시키다. 2 얼굴을 찌푸리고 …을 나타내다. ¶He ~*ed* his disappointment. 그는 얼굴을 찌푸리고 실망의 빛을 내보였다. —[명] 1 찌푸린 얼굴, 우거지상. 2 (날씨의) 사나움. **∠·er** [명] **∠·ful** [형] **∠·ing·ly** [부]

SCP 〔생화학〕 *s*ingle-*c*ell *p*rotein(단세포 단백질).

SCPO *S*enior *C*hief *P*etty *O*fficer. **SCPS** *S*ociety of *C*ivil and *P*ublic *S*ervants. **SCR** 〔전자〕 *s*ilicon-*c*ontrolled *r*ectifier(실리콘 제어 정류기).

scr. scruple. **S.C.R.** 《英》 *S*enior *C*ombination [or *C*ommon] *R*oom((Cambridge, Oxford 대학 등의) 특별 연구원 사교실).

scrab·ble [skrǽbl] [동][타] 1 (손·손톱으로) 〔문 따위〕를 할퀴다[긁다](*with*); 마구 뒤지며 찾다(*about*, *around*)(*for*). 2 …을 아무렇게나 쓰다, 휘갈겨 쓰다, 낙서하다. —[자] 맞붙어 싸우다, 뒤얽혀 싸우다; (앞을 다투어) 뺏으려고 하다.
scrabble about for …을 휘저어 찾다.
—[명] 1 휘저어 찾기, 더듬어 찾기. 2 아무렇게나[휘갈겨] 쓰기, 낙서. 3 서로 뺏기.

Scrab·ble [skrǽbl] [명] 《상표》 스크래블(어구의 철자 바꾸기 놀이와 crossword puzzle을 혼합한 놀이).

scrab·bly [skrǽbəli] [형] 《구어》 삐걱거리는, 깔쭉거리는; 조그만, 하찮은.

scrag [skræg] [명] 1 바싹 마른 사람[동물]. 2 [U] 양[송아지]의 목고기. 3 《속어》 (사람의) 가는 목. 4 《英》 휘어진 나무[가지]. 5 《美속어》 추한 여자.
—[동][타] (*-gg-*) 1 《속어》 …의 목을 조르다; …을 목졸라 죽이다; 교수형에 처하다. 2 《구어》 거칠게 다루다. 3 〔야금〕 〔스프링 강철〕을 구부려서 시험하다.

scrág ènd [명] 양[송아지]의 목덜미 고기.

scrag·gly [skrǽgli] [형] 울툭불툭한, 들쭉날쭉한; (털 따위가) 텁수룩한.

scrag·gy [skrǽgi] [형] 바싹 마른; 빈약한, 불모의; 울툭불툭한, 들쭉날쭉한. **-gi·ly** [부] **-gi·ness** [명]

scram [skræm] 《구어》 [동][자] (*-mm-*) 1 《명령형으로》 나가다; 달아나다. 2 (원자로가) 긴급 정지되다.
—[타] 〔원자로〕를 긴급 정지시키다. —[명] 1 《美속어》 도주. 2 《구어》 원자로의 긴급 정지.

scrám bàg [명] 《美속어》 언제든지 들고 나갈 수 있도록 채비해 놓은 여행 가방.

‡**scram·ble** [skrǽmbl] [동] (~*s* [-z]; ~*d*; *-bling*) [자] 1 《부사(구)와 함께》 (손발을 써서) 기어오르다(*up*); 타고 내려오다(*down*); (기듯이) 애써 나아가다[해내다](*along*, *on*, *through*); 기어 다니다(*about*). 2 서로 쟁탈하다[빼앗다] (*for*); 앞을 다투어 (…하려고) 애쓰다 (*to* do). ¶ (~+[前]+[名]) ~ *for* a seat 자리 다툼을 하다. 3 바삐 서둘러서 하다 (*through*). ¶ (~+[前]+[名]) ~ *through* one's work 바삐 서둘러서 일을 해치우다. 4 〔군사〕 (적기를 요격하기 위하여) 긴급 출격하다. 5 (덩굴풀 따위가) 뻗어 퍼지다, 무성하게 자라다. 6 〔미식축구〕 엄호하는 사람 없이 공을 갖고 돌진하다. 7 《美속어》 《명령형으로》 도망쳐라, 사라져라.
—[타] 1 급히 …을 긁어모으다 (*from*, *out of*); …을 휘저어 섞다, 마구 뒤섞다(*up*, *together*). ¶ (~+[目]+[副]) He ~*d* the papers *up* on the desk. 그는 책상 위의 서류를 후닥닥 그러모았다. 2 …을 혼동하여 잘못 짚다[알다]. ¶She ~*d* our names and faces. 그녀는 급한 나머지 우리들의 얼굴과 이름을 혼동했다. 3 〔군중 등〕을 급히 이동[피난]시키다 (*out of*, *into*). 4 〔절벽 따위〕를 기어올라가다 (*to*). 5 〔달걀〕을 버터나 밀크 따위와 뒤섞어서 익히다. 6 (도청 방지를 위해) …의 파장을 바꾸다. 7 〔군사〕 …을 긴급 출격시키다.
***scramble along* [or *on*]** 기어서 나아가다; 이럭저럭 나아가다[살아가다].
scramble for a living 이럭저럭 먹고 살다.

scramble through [일]을 허둥지둥 하다, 간신히 끝내다.
── 圈 (輿) ~s [-z] 1 기어오르기, 붙잡고 올라가기. 2 서로 다투어 빼앗기, 쟁탈 (*for*). 3 뒤섞기, 긁어[그러]모으기. 4 혼란 (상태); (…의 무질서한) 덩어리 (*of*). 5 (군사) (전투기의) 긴급 출격, 스크램블. 6 있는 재료만 모아 만든 요리. 7 산길 오토바이 경주. 8 《美속어》 경마. 9 《美속어》 공중전. 10 《美속어》 돈.
‡**scrám·bled éggs** [skrǽmbld-] 圈 1 스크램블 에그스(버터·우유를 섞어 지진 달걀). 2 《軍속어》 (장교의 모자 챙을 장식하는) 금실 수. 3 《美속어》 선임 장교.
scram·bler [skrǽmbləɼ] 圈 scramble하는 사람 [물건]; (비밀 통신의) 주파수대 변환기.
scrámbler telephone 圈 도청 방지 전화.
scram·bling [skrǽmbliŋ] 圈 서로 다투어 빼앗는; 무질서한, 불규칙한. **~·ly** 㿎
scram·jet [skrǽmdʒèt] 圈 《항공》 초음속 기류에서 연료를 연소시키는 램제트. [<*supersonic combustion ramjet*]
scrám mòney 圈 《美속어》 언제든지 들고 나갈 수 있도록 준비해 놓은 돈.
scran [skræn] 圈 ① 《속어》 (음식) 찌꺼기; 음식.
Bad scran to you! 《아일 구어》 망할 자식!
out on the scran 《속어》 구걸하여.
scran·nel [skrǽnl] 圈 《고어》 가냘픈, 여윈; 빈약한, 힘 없는; (목소리가) 잠긴, 가늘어 귀에 거슬리는.
scran·ny [skrǽni] 圈 《英방언》 바싹 마른.
‡**scrap**[1] [skræp] 圈 1 작은 조각, 자투리, 동강. 2 (~s) 먹다 남은 것[밥, 음식]; 토막 찌꺼기, 생선 찌꺼기. 3 (~s) (신문 따위의) 오려낸 것, 스크랩, 오려내어 붙인 책, (글 따위의) 발췌, (시 따위의) 단편(断片). 4 ①(집합적) 쓰레기, 폐물, 잡동사니; 고철부스러기, 파쇠; (비유적) 파기된 약속[조약]. 5 약간, 조금.
a (*mere*) *scrap of paper* 휴지 조각; (비유적) 휴지나 다름없는 약속[조약].
a scrap of a... (애정·경멸의 뜻을 담아서) 조그마한
not a scrap of 조금도 …이 아닌. ¶ It did*n't* make *a ~ of* difference. 거의 차이가 없다.
── 쓰레기가 된, 폐물이 된; 남은 것으로 만든.
── 圈他 (*-pp-*) 1 …을 쓰레기[폐물, 스크랩]로 만들다, 찢어버리다. 2 …을 폐기하다, 쓰레기[파쇠, 파철]로서 버리다.
~·ping·ly 㿎
scrap[2] 《구어》 圈 다툼, 싸움; 프로 복싱 시합. ¶ *have a ~ with a person* 남과 다투다. ── 圈自 (*-pp-*) 다투다, 언쟁하다 (*with*).
***scrap·book** [skrǽpbùk] 圈 (신문·사진 따위를) 오려내어 붙인 책, 스크랩북.
scráp càke 圈 기름을 짜낸 물고기 찌꺼기(가축의 사료).
‡**scrape** [skreip] 圈 (*-d* [-t]; *scráp·ing*) 他 1 …을 문지르다(*down*); …을 긁어 벗기다, 닦아내다(*away, off*) (*from, off*). ¶ (~+目+副) ~ *paint off* 페인트를 긁어내다. 2 …을 박박[북북] (…에) 문질러[긁어, 비벼] 대다; …에 생채기를 내다 (*on, against*). ¶ (~+目+前+名) ~ *a pen on the paper* 종이를 긁듯이 펜으로 쓰다. 3 《구어》 (돈·사람 따위를) 고생해서 그러모으다 (*up, together*). ¶ ~ *together enough money for* …에 쓸 수 있을 만큼의 돈을 애써서 긁어모으다. 4 …을 긁어내다(*away*); (긁어내어) …을 파다, 도려내다(*out*). ¶ He ~*d out a hole in the garden.* 그는 뜰에 구멍을 팠다. 5 (포장하지 않은 도로)를 평평하게 고르다. 6 (현악기로) 귀에 거슬리는 소리를 내다.
── 自 1 문지르다, 긁다, 스치다 (*against, on, at*). ¶ (~+前+名) *There is something scraping against the window.* 무엇인가가 창문을 스치고 있다. 2 그럭저럭 지내다(*by, along*)(*on*), 그럭저럭 빠져나가다[합격하다](*through*). ¶ (~+前+名) ~ *through an examination* 그럭저럭 시험에 합격하다, 빠듯한 점수로 시험에 합격하다. // (~+副) *She ~d along without her parents' help.* 그녀는 양친의 도움을 받지 않고 그럭저럭 살아갔다. 3 (절을 할 때) 한쪽 발을 뒤로 빼다. 4 (현악기를) 삑삑삑삑 소리를 올리다 (*on*). ¶ (~+前+名) ~ *on a violin* 바이올린을 삑삑삑삑 켜다. 5 꾸준히 모으다, 몹시 절약하다(*up*). 6 (페인트 따위가) 벗겨지다.
bow and scrape ⇨BOW[1].
go and scrape oneself 나가다, 사라지다.
pinch and scrape; *scrape and screw* [or *save*] (…을 위해) 무섭게 절약하다.
rake and scrape 돈벌이에 힘쓰다.
scrape a bow 어색하게 인사하다.
scrape a leg ⇨LEG.
scrape a living 근근이 생계를 이어가다.
scrape away (사람·바람 따위가) (끊임없이 …을) 문질러 대다 (*at*). [가다.
scrape by 이럭저럭 생계를 꾸려 나가다, 간신히 살아
scrape down ① …을 긁어내다, 매끄럽게 하다. ② 《美》 (바닥을 올려) (남)을 침묵시키다. ¶ *The students ~d down the speaker.* 학생들은 발을 굴러 연사가 말을 못하게 했다.
scrape home 간신히 지위[결과]를 얻다.
scrape in ① (좁은 장소 따위에) 겨우 들어가다. ② (구어) (학교 따위에) 들어가다.
scrape into (경쟁 끝에) 겨우 들어가다.
scrape (*the bottom of*) *the barrel* ⇨BARREL.
scrape through (시험 따위에) 합격시키다.
scrape up ① (돈 따위)를 고생해서 모으다. ② (구어) [이야기·변명 따위]를 꾸며대다.
scrape (*up*) *an acquaintance with* (아무 소개도 없이) …와 억지로[간신히] 사귀게 되다.
── 圈 1 문지르기, 긁기, 스치기. 2 생채기; 긁은 자국. ¶ *a ~ on the shin* 정강이의 생채기. 3 문지르는[긁는] 소리, 삑삑삑[북북] 소리, 삑떡 소리, 켜는 소리. ¶ *the ~ of a bough on the windowpane* 큰 가지가 창유리를 스치는 소리. 4 (자초된) 곤경, 궁지. ⇨PREDICAMENT 유의어 ¶ *get into* [*out of*] *a ~* 궁지에 빠지다[에서 벗어나다]. 5 의견의 차이; 다툼. 6 (절할 때) 한 발을 뒤로 빼기. 7 (버터 따위를) 얇게 바른 것. 8 (소나무에서 채취하는) 테레빈유(油).
a scrape of the pen (스코) (중요한 말 따위를) 갈겨 쓰기, 몇 자 적기, 단신(短信) (*from*).
bread and scrape 버터를 조금만 바른 빵.
have a narrow [or *close*] *scrape* 귀찮은 일에서 간신히 벗어나다.
in a scrape 궁지에 빠져서.
the whole scrape 《美》 전부.
scráp·a·ble 圈
scrape-pen·ny [-pèni] 圈 구두쇠(miser).
scrap·er [skréipəɼ] 圈 1 깎는[긁는, 문지르는] 사람; 깎는 도구, 긁어 내는 막대; 땅을 고르는 기계. 2 (경멸적) 서툰 바이올린쟁이. 3 구두쇠, 수전노. 4 이발사. 5 (문간의) 구두흙 털개. 6 광석 따위를 긁어모으는 운반기. 7 간단한 타악기.
scráp·heap [skrǽphìːp] 圈他 쓰레기통에 버리다; (무가치[불필요]하여) 버리다.
── 圈 1 쓰레기 더미. 2 (쓰레기) 폐차장; 폐품 적치장. 3 《美속어》 낡은 차. (또는 **scráp hèap**)
the scrapheap of history 망각의 뒤안길. [병).
scrap·ie [skrǽpi] 圈 스크래피(양·염소의 뇌 전염
scrap·ing [skréipiŋ] 圈①① 1 깎기, 긁기. 2 깎는 소리, 긁는 소리. 3 (~s) 깎아낸 부스러기, 긁어낸 것; 긁어모은 것. ── 圈 1 삑삑삑[북북] 소리나는. 2 인색한, 욕심 많은. **~·ly** 㿎 [키.
scráp íron 圈 쇠부스러기, 고철; 《美속어》 값싼 위스
scráp mèrchant 圈 고철상, 폐품 수집업자.
scráp mètal 圈 파쇠, 고철. [의 폭발 파편.
scrap·nel [skrǽpnl] 圈 (수제 폭탄의) 스크램 금속
scráp pàper 圈 (재생용) 헌 종이, 파지; 메모용지.

scrap·per[1] [skrǽpər] 명 쓰레기를 치우는 사람.
scrap·per[2] 명 《구어》 프로 복서: 툭하면 싸우는 사람; 투사.
scrap·ple [skrǽpl] 명① 〔요리〕 스크래플(잘게 썬 돼지고기·야채·옥수수 가루로 만든 뛰김 요리).
scrap·py[1] [skrǽpi] 형 1 부스러기의, 찌꺼기의. 2 단편적인, 토막 난, 산만한. **-pi·ly** 부 **-pi·ness** 명
scrap·py[2] 형 《구어》 경쟁[논쟁]하기 좋아하는, 툭하면 싸우는.
scrap-yard [-jὰːrd] 명 고철[폐물] 하치장.
‡**scratch** [skrǽtʃ] 타 (~**es** [-iz] ~**ed** [-t]) 타 1 …을 긁다, 할퀴다; …에 생채기를 내다(up). ¶The cat ~ed my face. 고양이가 내 얼굴을 할퀴었다 / S- a Russian, and you will find a Tartar. 《속담》 문명인도 한꺼풀 벗기면 야만이다. 2 《구멍 따위를》 긁어서 파다(out), 《(~+목+부) ~ out a hole in the ground 땅바닥에 구멍을 긁어서 파다. 3 《가려운 곳을》 긁다, 비비다. ¶~ mosquito bites 모기에 물린 데를 긁다 / S- my back and I'll ~ yours. 《속담》 내 등을 긁어주면 너희 등도 긁어주겠다. 오는 정이 있어야 가는 정이 있다. 4 …을 지워 없애다, 삭제하다, 취소하다(off, out, through); 《경기의 선수·말》을 출전 명부에서 없애다(from); 《美》 《정치》 《후보자의 이름》을 지워버리다(from). ¶(~+목+부) His name was ~ed out from the list. 그의 이름은 명부에서 지워져 있었다. 5 〔문자·표시 따위〕을 긁어서 새기다[쓰다]; …에 《문자 따위》를 새기다(on, in, with). 6 《돈 따위》를 긁어모으다, 저축하다(up, together). ¶(~+목+부) She ~ed up some money for holidays. 그녀는 휴가를 위해서 돈을 좀 저축했다. 7 …을 갈겨[휘갈겨] 쓰다. ¶~ a note 짧은 편지를 휘갈겨 쓰다. 8 얕게 경작하다. 9 《美속어》 《지폐·서류 따위》를 위조하다.
— 자 ① 긁다, 할퀴다; 긁어서 생채기를 내다; 긁어파다 (about); 뒤져 찾다(about, around). ¶(~+부) ~ about for evidence 증거를 찾으려고 뒤져 찾다. 2 긁어서 데를 긁다. 3 득득[북북] 소리를 내다, 긁히다(against, at, on). ¶This pen ~es. 이 펜은 득득 긁힌다. 4 긁힌 자국이 남다. 5 꾸준히 일해서 돈을 저축하다; 이럭저럭 생활을 해나가다(along). ¶(~+부) ~ along on very little money 아주 적은 돈으로 이럭저럭 살아가다. 6 《정보·증거 따위》를 그러모으다(for). 7 후보자의 이름을 삭제하다; 《등록한 뒤에》 출전을 그만두다. 8 《당구》 요행수로 들어맞다. 9 《카드놀이 따위에서》 득점이 없다, 점수가 오르지 않다. 10 《美구어》 빨리 가다, 급히 여행하다.

have not a sixpence to scratch with 무일푼이다.
scratch about [or **around**] **for** …을 찾아 헤매다.
scratch a living 근근히 먹고 살아가다.
scratch a person's back 《美속어》 보답을 기대하고 …에게 알랑거리다, 아첨하다.
scratch a person's eyes out 《구어》 《질투하는 여자가》 상대를 해치다.
scratch a person where he itches 가려운 데를 긁어 주다.
scratch away 《페인트 등을》 긁어 없애다[벗기다].
scratch for oneself 《美속어》 자기 스스로 해나가다, 자기 스스로의 이익을 돌보다.
scratch it 《구어》 지체없이 떠나다.
scratch one's jaw 턱을 긁다; 생각에 잠기다.
scratch the surface of …의 겉만 핥다, 문제의 핵심까지 파고들지 않다.
— 명 (복 ~**es** [-iz]) 1 할퀴기; 찰과상. ¶escape without a ~ 생채기 하나 입지 않고 달아나다. 2 긁는 [할퀴는] 소리, 득득[북북] 하는 소리. ¶the ~ of a pen 펜의 득득 하는[긁적거리는] 소리. 3 출발선; 《권투의》 시합 개시선. 4 《美구어》 우연한 안타; 《경마의》 출전 사퇴 [취소] 선수[경주마]. 4 휘갈겨쓰기. 5 《당구》 요행수로 들어맞음, 플루크(fluke). 6 U 《美속어》 돈; 빛. 7 =~ wig. 8 《음악》 스크래치(디스크 자키 등이 활용하는 사

운드의 일종). 9 〔컴퓨터〕 스크래치(컴퓨터 내부 또는 외부의 작업용 기억 매체). 10 《美속어》 마권(馬券). 11 《닭 따위에게 뿌려 주는》 모이, 먹이. 12 무명인 사람. 13 《美속어》 좋은 인상.

a scratch of the pen 단번에 쓰기; 서명.
come (up) to (the) scratch 《구어》 출발할 준비가 되다; 의무[약속]를 완수[이행]하다, 기대한 바대로의 행동을 하다; 소정의 기준에 도달하다.
from [or ***at, on***] ***scratch*** 《구어》 출발점부터, 아주 처음부터; 무에서부터.
no great scratch 《속어》 대수롭지 않은.
on scratch 《구어》 제시간에, 정각에. ¶start [arrive] on ~ 제시간에 출발하다[도착하다].
up to scratch ① 《경기자의》 시합 개시선[출발점]에 위치하여. ② 《구어》 《사업 따위에 대한》 준비[각오]가 되어. ③ 《구어》 좋은 상태에서, 표준에 달해서; 기대한 대로의.
— 형 1 낙서용의, 메모용의. ¶~ paper 메모 용지. 2 핸디캡이 없는, 《입장이 서로》 평등한. 3 《구어》 긁어[그러]모은, 있는 대로 추려낸. ¶a ~ team 그러모은 팀 / a ~ dinner 마침 있는 것을 가지고 차려낸 식사. 4 《구어》 요행수의, 우연의. 5 〔컴퓨터〕 일시적으로 사용하는.
~·a·ble 형 **~·a·bly** 부 **~·less,** 형 **~·ness** 명

Scratch [skrætʃ] 명 (Old ~) 악마(Satan).
scratch·back [skrǽtʃbæk] 명 《등 긁기용》 효자손.
scratch·board [skrǽtʃbɔ̀ːrd] 명 스크래치보드(긁어서 그림을 그릴 수 있는 초크 칠된 판지). (또는 **scratchcard**)
scratch·cat [skrǽtʃkæ̀t] 명 《뉴질》 짓궂은 여자.
scrátch còat 《미장공 등의》 막초칠, 초벌칠.
scrátch dìal 《낡은 교회의 벽에 새겨진》 해시계.
scratch·er [skrǽtʃər] 명 1 《땅바닥이나 나무의 껍질 따위를 긁어내기 위해서》 기구를 사용하는 사람. 2 긁어내는[문지르는] 사람[기구]; 긁어 없애는 사람. 3 《속어》 위조자. 4 《英속어》 짓궂은 녀석.
scratch·es [skrǽtʃiz] 명 《단수취급》 《수의》 《말다리에 생기는》 습진성 염증.
scrátch fìle 〔컴퓨터〕 스크래치 파일(데이터를 일시적으로 기억시켜두는 파일).
scrátch hìt 《야구》 우연한 안타.
scratch·ies [skrǽtʃiz] 명 《濠구어》 긁으면 그자리에서 당락이 나타나는 즉석 복권.
scrátch lìne 《경기의》 출발선; 《창던지기의》 투척선, 《3단 뛰기의》 도약선.
scrátch pàd 1 《美》 잡기[메모]용 편지지. 2 〔컴퓨터〕 스크래치 패드(데이터의 일시적 기억 따위의 작업용으로 사용되는 보조적 메모리). 〔per.〕
scrátch pàper 잡기[메모] 용지.((英) scrap paper)
scrátch ràce 명 핸디캡 없이 하는 경기.
scrátch shèet 명 =dope sheet.
scrátch tèst 《광물의 경도(硬度) 시험》; 《의학》 피부 반응 시험(알레르기 반응을 시험하는 것).
scrátch vìdeo 명 스크래치 비디오(짤막짤막한 많은 화상을 순서 없이 연결한 필름에 rap의 사운드 트랙을 붙인[넣은 비디오]).
scrátch wìg 명 《18세기에 유행한》 반가발(scratch).
scratch·y [skrǽtʃi] 형 1 《펜 따위가》 긁히는, 득득[박박] 소리나는. ¶a ~ pen 긁히는 펜. 2 《팀·선원 등의》 급조의, 갑자기 만든. ¶a ~ team 갑자기 만들어 낸 팀. 3 《문자·그림 따위가》 갈겨쓴, 휘갈긴. 4 가려운, 따끔따끔하는. 5 까다로운; 《여자가》 짓궂은. 6 들성드성한; 결여된. **scrátch·i·ly** 부 **scrátch·i·ness** 명
scraunch [skrɔːntʃ] 타 《美속어》 패배시키다.
scraunched [skrɔːntʃt] 형 《美속어》 술취한.
*__scrawl__ [skrɔːl] 타자 …을 아무렇게나 쓰다, 휘갈겨 쓰다, 마구 쓰다; 낙서하다. ¶a letter 편지를 휘갈겨 쓰다 // (~+목+전+명) He ~ed a few sentences on the blackboard. 그는 몇 개의 문장을 칠판에 갈겨썼다.

—[자] 갈겨[휘갈겨]쓰다, 낙서하다.¶ (∼+[前]+[名]) The boy ∼*ed over* the wall. 그 소년은 벽에 낙서를 했다. —[명] 휘갈겨 쓰기, 갈겨쓰기; 휘갈겨 쓴 편지. ¶write bad ∼*s* 서투른 글씨를 쓰다.

scrawl·er [skrɔ́:lər] [명] **1** 아무렇게나 쓰는 사람, 낙서하는 사람. **2** (농업용의) 이랑을 만드는 기계.

scrawl·y [skrɔ́:li] [형] 휘갈겨 쓴, 갈겨 쓴, 악필의; 겉날리는, 아무렇게나 하는. **scráwl·i·ness** [명]

scrawn·y [skrɔ́:ni] [형] 수척한, 뼈만 앙상한. ⇨THIN [유의어] **scráwn·i·ly** [부] **scráwn·i·ness** [명]

screak [skri:k] [동][자] **1** 째지는[새된] 목소리를 내다. **2** 삐걱삐걱하다, 삐걱거리다. —[명] 째지는[새된] 목소리; 삐걱거리는 소리. (또는 **screek**) **∼·y** [형]

‡scream [skri:m] [동] ([목] ∼*s* [-z]) [자] **1** 소리지르다, 새된 목소리로 외치다[말하다, 노래하다, 연기하다]; 비명을 지르다(*out*)(*in, with, for*); (아이가) 앙앙 울다.¶ (∼+[前]+[名]) scream *in* anger 화가 나서 깩[째지는] 소리를 치다[내다]. **2** 낄낄 웃다.¶ (∼+[前]+[名]) The girls ∼*ed with* laughter. 소녀들은 배꼽이 빠지도록 깔깔 웃어댔다. **3** (새 따위가) 날카로운 소리로 울다; (바람이) 쌩쌩 불다; (기적 따위가) 삑 울리다. **4** (격한 어조로) 외치다; (신문 따위가) 전통적인 기사를 쓰다. **5** (… 에 대해) 분노[불만, 항의]의 소리를 터뜨리다(*out*)(*about*). **6** (가수·악기 따위가) 귀에 거슬리는 소리로 노래[연주]하다. **7** 《구어》 (의복·색깔 따위가) 야하여 어울리지 않다. **8** 《속어》 공범자에게 불리한 정보[증거]를 제공하다. —[타] **1** …이라고 새된 목소리로 말하다, 큰 소리로 말하다(*out*)(*to, at, that*[節]).¶ (∼+[目]+[副]) ∼ *out* a curse [an order] 새된 목소리로 저주[명령]하다 // (∼+*that*[節]) She ∼*ed that* her baby was being killed. 그녀는 아기가 죽는다고 째지는 목소리로 외쳤다. **2** 《재귀용법으로》 째지는 목소리를 질러 …으로 되게 하다.¶ (∼+[目]+[補]) ∼ oneself hoarse 큰소리로 외쳐서 목이 쉬다. **3** 목청을 높여 요구[항의]하다(*that*[節]). **4** 선전하며 다니다. **5** (신문이) 〔뉴스〕를 센세이셔널하게 다루다(*out*).

kick and scream 싫다싫다하고 떠들다.
scream bloody murder 분노[공포]의 소리를 지르다.
scream down (비행기·폭탄이) 쇳소리를 내며 강하하다 (*on*); 〔남〕에게 고래고래 소리지르다.
scream** one's **head off 있는 힘을 다내어 소리지르다.

—[명] ([목] ∼*s* [-z]) **1** 째지는 소리, 비명(*for*); (새·동물 따위의) 날카로운 울음소리; (높은) 웃음소리; (기적 따위의) 삑 소리; (기계·바람 따위의) 예리한 소리.¶ give a ∼ 비명을 지르다.

> [유의어] **scream** 공포·고통 따위로 인한 크고 날카롭고 긴 외침; 놀라서 숨이 막힐 때의 희미한 외침. **shriek** scream 보다도 더욱 날카롭고 짧은 외침; 여자들이 들떠서 깩깩대는 소리. **screech** 째진 목소리의 불쾌함·귀에 거슬림·천함 따위를 강조하는 말.

2 《구어》 매우 우스꽝스러운 사람[물건].¶It was a perfect ∼. 아주 우스워 죽을 지경이었다. **3** 《美속어》 아이스 크림. **4** 《속어》 (공범자에게 불리한) 정보[증거]를 제공하는 일; 경찰에의 통보. **5** 《속어》 시급한 연락.

scream·er [skrí:mər] [명] **1** 날카롭게 소리지르는 사람, 새된 목소리[소리]를 내는 사람[물건], 째지는 목소리를 내는 사람. **2** 《구어》 깜짝 놀랄 만한 물건[사람], 포복 절도할 이야기, 굉장히 센 사람. **3** 《속어》 〔인쇄〕 감탄 부호. **4** 《美속어》 (신문의) 선정적인 커다란 표제. **5** 《속어》 〔야구〕 강렬한 라이너. **6** 명매기의 일종(남미산(產)). **7** 《濠속어》 눈에 띄게 뛰어난[큰] 사람[동물]; 쉽게 술 취하는 사람. **8** 《속어》 음향 폭탄. **9** 《속어》 정보 제공자, 밀고자; 불평하는 사람. **10** (the ∼s) 초조, 불안.

scream·ing [skrí:miŋ] [형] **1** 날카롭게 소리 지르는, 째지는 소리를 내는; 쌩쌩 소리를 내는, 삐걱삐걱 소리를 내는. **2** 야한; (신문 표제 따위가) 선정적인.¶ ∼ colors 야한 빛깔. **3** 깜짝 놀랄 만한, 포복 절도할; 낄낄 소리내어 웃는. **4** (수완·기교가) 놀라운, 훌륭한. **5** 《구어》 대단한, 정말 그러한. —[명][U][C] 째지는 소리(를 냄), 삐걱삐걱하는 소리(를 냄). **∼·ly** [부]

scréaming éagle [명] 《美軍속어》 제대 기장(記章).

scream·ing-mee·mies [-mí:miz] [명][복] 《단·복수 양용》 (보통 the ∼) **1** 《속어》 신경 과민, 히스테리. **2** (제2차 세계 대전 때의) 독일군 로켓포. **3** (또는 **scréamie-méemie**) 날카롭게 소리지르는 어린이[어른].

scréam shèet [명] 《속어》 타블로이드판 신문.

scréam thèrapy [명] 절규(絶叫) 요법(억압된 감정을 절규로 발산시키는 심리 요법). **scréam thèrapist** [명]

scream·y [skrí:mi] [형] **1** 날카롭게 외치는, 절규하는. **2** 요란한, 야한, 강렬한. **scréam·i·ly** [부] **scréam·i·ness** [명]

scree [skri:] [명][U] 〔지질〕 (산허리의) 돌 부스러기의 퇴적, 바위 부스러기, 잔돌.

***screech**[1] [skri:tʃ] [명] (찢는 듯한) 외마디 소리, 날카로운 외침; 삐걱삐걱 소리. ⇨SCREAM [유의어] ¶let out a ∼ 새된 외마디 소리를 지르다. —[동][자] 외마디 소리를 지르다, (공포·고통 따위로) 비명을 지르다(*out*); (브레이크 따위가) 끽 소리를 내다; (자동차 따위가) 갑자기 서다.¶The brakes ∼*ed* as the car suddenly stopped. 차가 급정거하자 브레이크가 끽 하는 소리를 냈다. —[타] …을 찢는 듯한 소리로 외치다(*out*).¶ (∼+[目]+[副]) She ∼*ed out* her innocence. 그녀는 찢는 듯한 소리로 자기의 결백을 외쳤다. **∼·er** [명]

screech[2] [명] 《속어》 **1** (Newfoundland의) 독한 럼주(酒). **2** 《美》 (밀조된) 싸구려 위스키.

screeh·ing [skrí:tʃiŋ] [형] 외마디 소리를 지르는, 끽 소리를 내는; 《美속어》 술 취한(∼ drunk). **∼·ly** [부]

scréech òwl [명] 《美》 가면올빼미(barn owl).

screech·y [skrí:tʃi] [형] 외마디 소리의; 끽끽 소리내는.

screed [skri:d] [명] **1** (불평·비난의) 장광설. **2** 허물없는 편지, 사신(私信); 비공식 기사. **3** (미장이가 사용하는) 자 막대기.

‡screen [skri:n] [명] ([복] ∼*s* [-z]) **1** 가리개, 병풍, 칸막이; (교회의) 강당 칸막이.¶a fire ∼ (난로 따위의 앞에 놓는) 열 가리개 / a folding ∼ 병풍 / a sliding ∼ 미닫이, 미세기 / set up a ∼ 병풍[칸막이]을 치다. **2** (창 따위의) 쇠그물, 그물창; (방충)망.¶a window ∼ 창의 쇠그물. **3** 〔TV·전자〕 화면, 형광면(螢光面); 〔컴퓨터〕 스크린. **4** (영화의) 영사막, 은막, 스크린; (the ∼) 《집합적》 영화, 영화 산업, 영화계. **5** 차폐물, 보호물, 그늘.¶a smoke ∼ 연막 / behind a ∼ of trees 나무 그늘에 숨어서. **6** (석탄·모래 따위의) 체. **7** 〔군사〕 전위부대, 전위 함대.¶a ∼ of cavalry 기병 전위 부대. **8** 〔물리〕 (전기·자기 따위의) 차벽(遮壁). **9** 〔사진〕 필터(filter). **a)** 초점판. **b)** (망판(網版)용의) 가느다란 눈금을 친 유리판. **10** 〔스포츠〕 스크린 플레이, 차단 전법; (크리켓에서 타자가 볼을 잘 볼 수 있도록 쳐 놓은 흰 칠을 한 이동식) 널빤지[캔버스]. **11** 심사[선발, 선별]제도, 감별. **12** 〔기상〕 백엽상(百葉箱).

put on a screen of indifference 모른 체하다, 시치미를 떼다.
under screen of night 야음을 틈타서.

—[동] (∼*s* [-z]) [타] **1** …을 가리다, 덮다; …을 감싸다, 보호하다(*off*)(*from*).¶ ∼ a guilty man 죄를 범한 자를 감싸다 // (∼+[目]+[前]+[名]) The trees ∼ his house *from* public view. 그의 집은 나무로 사람 눈에 잘 띄지 않게 가려져 있다 // (∼+[目]+[副]) One corner of the room was ∼*ed off*. 방의 한 구석은 칸막이가 되어 있었다. **2** …을 영사[상영]하다; 〔소설·연극 따위〕를 영화화하다; …을 촬영하다. **3** 〔모래·석탄 따위〕를 체질하여 분류하다, 체질하다. **4** 〔남〕을 심사[선발]하다.¶a ∼*ing* committee 전형 위원회. **5** 〔전기·자기의 간섭〕을 차단하다. **6** 〔창 따위〕에 방충망을 치다. **7** 〔스포츠〕 〔상대〕를 차단하다. **8** 〔인쇄〕 …에 망(網) 분해[처

리]를 하다. **9** =silkscreen. ━ ⓐ **1** 상영[영사]되다; (배우 등이) 영화에 알맞다. ¶(~+則) He ~s well [badly]. 그는 영화에 적격[부적격]하다. **2** (게임·스포츠에서) 상대를 막다.
screen off …을 간막이하다.
screen out …을 제거[배제]하다; (빛·열 따위)를 커튼 따위로 차단하다.
━ ⓐ **1** 그물눈이 있는, 쇠그물을 친. **2** 영화의, 영화에 관한. **3** 실크 스크린 날염법의(silkscreen).
◇~·a·ble ⓐ ~·er ⓝ ~·less, ~·like ⓐ (SAG).
Scréen Áctors Guíld ⓝ 〖美〗영화 배우 조합(약)
screen-cast [ˈkæst/-kàːst] ⓝⓥ (보통 과거분사로) 뉴스 영화에 설명을 붙이다.
scréen dóor ⓝ 망(網)으로 된 문.
scréen fónt ⓝ 〖컴퓨터〗화면용 폰트(디스플레이 표시용의 폰트). 〖페 그리드.
scréen gríd ⓝ 〖전자〗(전자관(管)의) 차폐 격자, 차
screen·ing [skríːniŋ] ⓝⓤⓒ **1** 가리기, 차폐하기, 방호; (석탄·광석·돌 따위의) 체질. **2** (지원자·종업원 따위의) 심사, 선발. **3** 영사하기, 영화의 상영. **4** (~s) (단·복수 양용〗(밀 따위의) 키질, 체로 치고 남은 찌꺼기. **5** (창문 따위에 치는) 망.
scréening commìttee ⓝ 적격 심사 위원회.
scréening tèst ⓝ 선발 시험.
screen·land [skríːnlænd] ⓝ 영화계(filmdom).
screen·play [skríːnplèi] ⓝ 영화 각본, 시나리오; 영화.
scréen prínting [prócess] ⓝ 스크린 인쇄.
scréen sáver ⓝ 〖컴퓨터〗스크린 세이버(같은 화면 표시를 계속함으로써 CRT가 타는 것(burnout)을 방지하기 위한 프로그램).
scréen stár ⓝ 영화 스타.
scréen tèst ⓝ 스크린 테스트, 촬영 오디션.
screen-test [ˈtèst] ⓥ 스크린 테스트를 하다[받다].
screen·wash·er [skríːnwɔ̀ʃər, -wɔ̀ː-/-wɔ̀ʃ-] ⓝ 〖英〗자동차의 앞 유리 자동 세척 장치.
screen·writ·er [skríːnràitər] ⓝ 영화 각본[시나리오] 작가.

screeve [skriːv] ⓥ 〖英〗(거두 화가가 통행인에게 구걸하기 위하여) 보도에 그림을 그리다. ━ⓣ …에게 구걸 편지를 쓰다.
screev·er [skríːvər] ⓝ 〖英〗거리의 화가.
‡**screw** [skruː] ⓝ (ⓟ ~s [-z]) **1** 나사, 나사못, 나사 볼트. ¶tighten up a ~ 나사를 단단히 죄다. **2** 나사 모양의 것; 나사 모양의 물건. **3** (배의) 스크루, 추진기; (드물게) 스크루선(船). **4** 코르크 병마개 뽑이. **5** (the ~s) 압박, 강제, 위압, 협박, 강요. **6** 〖英〗(담배·설탕·소금 따위의) 한 봉지, 한 줌의 양(of). **7** (나선·나사의) 한 바퀴 돌리기, 한 번 죄기. ¶give a nut a good ~ 너트를 단단히 죄다. **8** 구두쇠. 〖속어〗봉급, 삯. **9** 〖폐마(廢馬)〗, 말라빠진 말. **10** (a ~) 〖英구어〗봉급, 임금, 급료. ¶a monthly ~ 월급 / draw a ~ 급료를 받다. **11** (당구·테니스) 공을 깎아치기. ¶put a ~ on a tennis ball 테니스 공을 깎아치다. **12** 〖英속어〗(죄수들의 입장에서 본) 교도관. **13** 〖美학생〗(학생을 골리는) 교사; 시험 기간: 어려운 문제. **14** (비어) 섹스 (상대). **15** (속어) 기인, 괴짜, 미친 사람; 바보. **16** (속어) 여벌 열쇠. **17** (the ~s) 류머티즘. **18** 〖수학〗나선체(螺旋體).
another turn of the screw 더욱 압박[압력]을 가하는 일; 고장; (머리·정신이) 이상한 것.
apply the screw to [or **put the screw on**] a person 남에게 강제하다, 남을 아주 못살게 굴다.
a screw loose [or **missing**] (ⓒ) **1** 늦추어진 나사; 결함, 고장, 실수. ¶There's a ~ loose somewhere. 어딘가 고장이 있다. **2** 머리가 이상함. ¶He has got a ~ loose. 그는 머리가 좀 돌았다.
put a debtor under the screw 채무자에게 심하게 빚 독촉을 하다.

put the screw(s) on; turn [or **tighten**] **the screw(s) (on)** (구어) 〖남〗에게 압력을 가하다: 〖남〗에게 (돈 따위를) 강제로 지불하게 하다; (남의 것)을 갈취하다.
━ⓥ (~s [-z]) ⓣ **1** …을 나사로 고정하다. 죄다(up, down)(on, to). ¶(~+則+前+名) ~ on a knob 손잡이를 나사로 죄다 / ~ open a bottle 나사를 돌려서 병마개를 따다 / (~+則+前+名) ~ a bracket to a wall 벽에 가로대를 나사로 고정시키다. **2** 나사로 구멍을 뚫다, 나사로 공작하다. **3** 〖美〗(학생)을 시험으로 골탕먹이다. **4** (양, 효율)을 증대시키다; (용기 따위)를 불러 모으다; (남)을 긴장시키다(up). **6** (몸·팔 따위)를 비틀다, 굽히다; (얼굴)을 찡그리다; (눈 따위)를 가늘게 뜨다. ¶~ a person's arm 남의 팔을 비틀다 // (~+則+名) ~ one's head round 목을 꼬다 // (~+則+前+名) ~ one's face into wrinkles 얼굴을 잔뜩 찌푸리다. **7** …을 짜다, 짜내다; …을 억지로 빼앗다 (out of, from). (~+則+前+名) ~ water out of a towel 타월의 물을 짜다. **8** …에게 강요하다; …을 압박하다; 〖매도인〗에게 에누리를 강요하다 (down). ¶(~+則+名) be ~ed down by strict rules 엄한 규칙에 얽매이다. **9** 〖돈 따위〗를 마지못해 내다. ¶(~+則+名) He ~ed out ten thousand won for the dish. 그는 식값으로 만원을 마지못해 냈다. **10** (당구 따위의 공)을 비틀어 치다, 깎다. ¶(~+則+前+名) ~ the red into the pocket 붉은 공을 비틀어 쳐서 포켓에 밀어넣다. **11** …의 의미를 곡해하다. **12** 도둑질하여 들어가다. **13** (속어) 빤히 바라보다. **14** (속어) …을 속이다. **15** (비어) (여자)와 성교하다. ━ⓐ **1** (나사가) 돌다; 나사처럼 돌다. **2** 나사로 고정하다. **3** (몸 따위)를 비틀다. **4** (공)이 비틀리다. **5** 인색하게 굴다. 지나치게 아끼다. **6** 착취하다; 강요하다, 압제하다. **7** 도둑질하다. **8** (속어) 급히 가버리다. **9** (비어) (여자)와 성교하다.
get one's **own head screwed on** (구어) 정신 차리
Go screw! (속어) 꺼져 (버려)!
have (got) one's **head screwed on (right** [or **the right way, properly**]) (구어) 빈틈이 없다, 분별이 있다. ¶The new manager has his head ~ed on the right way. 새 지배인은 빈틈이 없다.
screw a person **over; screw over** a person (美속어) …을 속이다. (남)을 혼내주다, 호되게 꾸짖다.
screw around ① 사소한 일에 시간을 낭비하다. ② (남)에게 실례되는 일을 하다(with). ③ …와 성교하다(with). ④ (물건)을 마구작거리다(with).
screw into …에게 교묘하게 환심을 사다. 〖지다.
screw off ① 자위하다. ② 세월을 허송하다. ③ 사라
screw on (英속어) (차·오토바이)를 달리게 하다.
screw oneself **up to** …에 직면하다, …할 태세를 갖추다.
screw out of (속어) (남)에게 강제하다, 책략을 쓰다; (물건)을 등쳐 빼앗다. 압력을 넣어 얻어내다.
screw over (美속어) (남을) 골탕 먹이다, 속이다, 호되게 꾸짖다.
screw the pooch (美속어) 헛되게 시간을 보내다.
screw up ① …을 바짝 죄다. ¶~ up the strings of a violin 바이올린 줄을 팽팽하게 죄다. ② …을 둥글게 말다. ¶~ up a piece of paper into… 종이를 돌돌 말아 …으로 만들다. ③ …을 긴장시키다; (용기)를 불러일으키다. ¶~ up one's courage [discipline] 용기를 내다[규율을 한층 엄하게 하다]. ④ (눈, 입)을 가늘게 하다, 오므리다. ⑤ (속어) 잘못을 저지르다, 엉망을 만들다. ⑥ 〖잔세 따위)를 터무니없이 올리다. ⑦ (보통 수동형으로) (남)을 당황하게 만들다, 걱정케 하다 (정신적으로) 동요시키다 (about, at).
◇~·a·ble ⓐ ~·less, ~·like ⓐ
screw·ball [skrúːbɔ̀ːl] ⓝ **1** 〖美속어〗괴짜, 기인. **2** 〖야구〗스크루볼(회전하면서 떨어지는 공). **3** 〖美속어〗

(통속적인) 재즈 음악. —[형] 《속어》 특이한, 별난, 괴짜의. ¶a ~ plan 특이한 계획.

scréw bòlt [명] 〔기계〕 나사 볼트. 「받이.

scréw bòx [명] 〔기계〕 (나무 나사를 깎는) 나사틀; 나사

scréw càp [명] (병 따위의) 나사 뚜껑.

scréw convèyor [명] 스크루 컨베이어(반원형 관 속에서 스크루 축을 돌려 물건을 운반하는 장치).

scréw còupling [명] 〔기계〕 나사 연결용 너트.

scréw cùtter [명] 〔기계〕 나사 깎는 선반.

screw·driv·er [skrú:drài vər] [명] **1** 나사 돌리개, 드라이버. **2** 칵테일의 일종. **3** 《英속어》 수석 교도관.

screwed [skru:d] [형] **1** 나사로 죈. **2** (나사 모양의) 홈이 있는. **3** 구부러진, 일그러진. **4** 《속어》 소용없게 된. **5** 《속어》 곤란해진. **6** 《속어》 얼근히 취한. **7** 《속어》 사기당한, 속은. 「속은; 고주망태가 된.

screwed, blued, and tattooed 《속어》 감쪽같이

screwed-up [´-ʌ̀p] [형] 《속어》 혼란된, 엉망이 된; 곤혹한, 노이로제의. 「선형(모양)의 것.

screw·er [skrú:ər] [명] **1** screw하는 사람[기계]. **2** 나

scréw èye [명] (대가리가 고리로 된) 나사못.

scréw gèar [gèaring] [명] 나사 톱니바퀴.

scréw hòok [명] (대가리가 갈퀴 모양의) 나사못.

scréw jàck [명] 나사잭, 나선 기중기(jackscrew).

scréw kèy [명] 나사 돌리개, 스패너.

screw-loose [´-lú:s] [명] 《속어》 비정상적인[머리가 이상한] 사람; 광기; 고장, 결함.

scréw nùt [명] 볼트를 죄는 암나사, 너트.

screw-off [´-ɔ̀:f] [명] 《속어》 게으름뱅이.
(또는 **scréwòff**)

scréw pìle [명] 나선형 말뚝.

scréw prèss [pùnch] [명] 나사 프레스[압착기].

scréw propèller [명] (기선·항공기 따위의) 나선[스크루] 추진기, 프로펠러.

scréw spìke [명] 〔철도〕 나사못(레일을 침목에 고정시키는 큰 못). 「린 배.

scréw stèamer [명] 스크루선(船), 나사 추진기가 달

scréw tàp [명] 〔기계〕 (수도 따위의) 암나사틀, 물고

scréw thrèad [명] 나사의 날, 나사줄. 「동.

scréw tòp [명] =screw cap. **scréw-tòp** [형]

screw·up [skrú:ʌ̀p] [명] 《속어》 **1** 실패, 실수, 실책. **2** 바보, 머리가 돌지 않는 사람. **3** 《美속어》 대혼란.

scréw whèel [명] =screw gear.

scréw wrènch [명] 나사 돌리개, 나사렌치.

screw·y [skrú:i] [형] **1** 나선 모양의, 꾸불꾸불 돈. **2** 인색한; 타산적인. **3** 《속어》 얼근히 취한. **4** 《속어》 머리가 이상한, 돈; 괴짜의.

Scri·a·bin [skriá:bin/skriǽb-] [명] **Aleksandr Nikolaevich** ~ 스크랴빈(1872–1915: 러시아의 작곡가·피아니스트). (또는 **Skryabin**)

scrib·al [skráibəl] [형] **1** 붓으로 쓴, 필사(筆寫)의. **2** 서기(書記)의[에 의한]. ¶a ~ error 오사(誤寫). **3** (유대의) 율법학자의.

*__scrib·ble__[1] [skríbl] [동][타] **1** …을 휘갈겨 쓰다. ¶~ a letter 편지를 휘갈겨 쓰다. **2** …을 아무렇게나 쓰다. —[자] **1** 휘갈겨 쓰다; 낙서하다. ¶No *scribbling*! 《게시》 낙서 금지. **2** 서투른 글[시]을 쓰다. **3** 《경멸적》 시[소설]를 쓰다.

scribble out 〔문자 따위〕를 난폭하게 지우다.

—[명] **1** 휘갈겨 쓰기, 난필. **2** 졸작(拙作).

-bling·ly [부] **-bly** [형]

scrib·ble[2] [동][타] 〔양모〕를 얼레빗질하다.

scrib·bler[1] [skríblər] [명] **1** 휘갈겨 쓰는 사람, 난필가. **2** 졸작만 내놓는 작가, 3류 문인. **3** 메모 용지.

scrib·bler[2] [명] 얼레빗질하는 기계. 「scratch pad.

scríb·bling blòck [pàd] [skríbliŋ-] [명] =

scrib·bling-pa·per [-péipər] [명] =scratch pad.

scribe[1] [skraib] [명] **1** 필기하는 사람, 필경사. **2** 대서인, 서기; 여자 비서; 달필가. **3** 문인, 신문 기자, 저작자. **4** 〔성서〕 유대의 율법학자. **5** 《美속어》 필기 도구. —[동][자] 필기자[대서인, 서기]로 일하다; 쓰다. —[타] …을 쓰다.

scribe[2] [명] 〔목재 따위〕에 선을 긋다, 먹통으로 선을 긋다; 《드물게》 …을 쓰다, 적어두다.

scrib·er [skráibər] [명] (목공·석공용의) 먹통, 먹줄. (또는 **scribe, scríbe-àwl**)

scrim [skrim] [명][U] 스크림(안감용 면포 또는 마포).

scrim·mage [skrímidʒ] [명] **1** 난투, 싸움, 격투, 드잡이. **2** 〔럭비〕 스크럼. —[동][타] **1** …과 난투[격투]하다, 맞붙잡고 싸우다. **2** 〔럭비〕 〔볼〕을 스크럼 속에 넣다. —[자] **1** 난투하다. **2** 〔럭비〕 스크럼을 짜다.

scrimp [skrimp] [동][타] …을 절약하다; 〔음식 따위〕를 바짝 줄이다. —[자] 인색하게 굴다, 절약하다(*on*). ¶She ~*s on* food. 그녀는 음식에 인색하다.

scrimp and save [or *scrape*] 검소하게 살다, 조 —[형] =scrimpy. —[명] 구두쇠. 「금씩 저축하다.

scrimp·y [skrímpi] [형] 절약하는, 인색하게 구는; 부족한, 모자라는. **scrímp·i·ly** [부] **scrímp·i·ness** [명]

scrim·shank [skrímʃæ̀ŋk] [동][자] 《英속어》 (직무 따위를) 게을리 하다, 태만히 하다. **~·er** [명]

scrim·shaw [skrímʃɔ̀:] [명] **1** 조각 세공, 조각물; (특히) 포경선 선원이 고래의 수염·이빨에 조각하는 세공품. **2** (선원의) 수공예품 조각 기술. —[동][자] 조각 세공을 하다. —[타] 〔고래의 이빨·뼈〕를 조각품으로 만들다.

scrip[1] [skrip] [명] **1** 영수증, 증명서; 각서, 메모. **2** 종이 조각; 간단한 서류. **3** 〔상업〕 가주권(假株券). **4** [U] 《집합적》 가(假)증권류(類). **5** [U] (점령군의) 군표(軍票). **6** 〔美역사〕 (1달러 미만의) 소액 통화; 《美속어》 1달러 지폐. **7** 《美속어》 위조자; 위조. **´·less** [형] 「대.

scrip[2] [명] 《고어》 (여행자·순례자 등의) 작은 자루, 전

scri·poph·i·ly [skripáfəli/-pɔ́f-] [명] (골동품적 가치가 있는) 옛날 증권 수집. **-póph·i·lìst** [명]

script [skript] [명] **1** [U] 손으로 쓰기; 손으로 쓴 글[원고]; 서체, 필적. **2** [U] 〔인쇄〕 필기체 활자. **3** 〔영화〕 각본, (TV·라디오 방송용의) 대본, 스크립트. **4** 〔법률〕 원본, 정본; 유서(의 초고). **5** 《美속어》 의사의 처방전. **6** (~s) 《英》 (시험의) 답안. —[동][타] …의 대본을 쓰다; 원고를 쓰다; 입안하다.

Script. Scriptural; Scripture.

scrípt èditor [명] 스크립트 에디터(정부의 규제나 회사 방침에 일치하는지 방송 대본을 교열하는 사람).

script·er [skríptər] [명] =scriptwriter.

scrípt gìrl [명] 스크립트 걸(영화·TV 촬영 현장의 진행 기록 (여성) 담당자).

scrip·to·ri·um [skriptɔ́:riəm] [명] ([복] **~s, -ri·a** [-riə]) (수도원·도서관 따위의) 필사실(筆寫室), 기록실.

scrip·tur·al [skríptʃərəl] [형] (때로 S–) 성서의, 성서에 관한, 성서에 입각한. **~·ly** [부] **~·ness** [명]

scrip·tur·al·ism [skríptʃərəlìzm] [명] 성서주의(성서의 말을 그대로 믿는 것).
-ist [명] 성서 (본위) 주의자; 성서 연구가.

*__Scrip·ture__ [skríptʃər] [명] **1** (the ~) 성서. * Holy ~(s)라고도 한다([약] Script.). **2** 성서에서 인용한 한 구절[장]. **3** (종종 s–) (기독교 이외의) 성전, 경전. ¶the *s*– of Islam 회교의 성전. **4** (학교 수업 과목으로서의) 성서.

Scrípture rèader [명] (빈민·문맹자의 집을 찾아 다니며) 성경을 읽어 주는 평신도.

script·writ·er [skríptràitər] [명] **1** 대본 작가, 각색가, 스크립트라이터. **2** 《美속어》 처방약을 부정 판매하는 의사.

scrive·ner [skrívnər] [명] 《고어》 **1** 필경사, 서기. **2** 공증인. **3** (무명) 작가. **4** 금융업자.

scrívener's pálsy [명] 〔의학〕 서경(書痙)(글씨를 쓸 때에만 손이 경직되는 병)(writer's cramp).

scrod [skrɑd/skrɔd] [명] 《美》 (요리용) 대구 새끼. (또는 **schrod**)

scrof·u·la [skrɑ́fjulə/skrɔ́f-] [명][U] 〔병리〕 연주창.

scrof·u·lous [skrɔ́fjuləs/skrɔ́f-] 형 1 연주창의 [에 걸린], 선병질의. 2 타락한. **~·ly** 부 **~·ness** 명

***scroll** [skroul] 명 1 두루마리, 족자. 2 (장식의) 소용돌이 무늬; 소용돌이꼴. 3 (인명 따위의) 일람표, 명부; 목록. 4 ¶on the ~ of fame 이름을 역사에 남기고. 4 짧게 쓴 편지, 전하는 말; 화압(花押). 5 【컴퓨터】 스크롤, 화면 이동. — 타 1 (수동형으로) …을 소용돌이꼴로 장식하다. 2 【컴퓨터】 〔표시 화 [scroll 1, 2] 면〕을 상하[좌우]로 움직이다. — 자 말다, 두루마리가 되다; 【컴퓨터】 스크롤[화면 이동]하다. **~-like** 형

scróll gèar [whèel] 명 소용돌이꼴 톱니바퀴.
scróll·head [skróulhèd] 명 〖해사〗 소용돌이꼴 뱃 「머리 장식.
scróll sàw 명 곡선용 톱, 실톱.
scróll·work [skróulwə̀ːrk] 명ⓤ 소용돌이꼴 모양[무 늬], 소용돌이꼴 장식; 구름당초(唐草) 무늬. 「취한.
scronched [skrɑ́ntʃt/skrɔ́ntʃt] 형 〖美俗〗 술에
scrooch [skruːtʃ] 자타 〖美방언〗 1 웅크리다, 쭈그리고 앉다(*down*). 2 밀어넣다(*in*). 3 (눈을) 가늘게 뜨다(*up*). (또는 *scrootch*)
scrooched [skruːtʃt] 형 〖美俗〗 술에 취한.
Scrooge [skruːdʒ] 명 1 스크루지(C. Dickens작 *A Christmas Carol*의 늙은 구두쇠). 2 (s-) 수전노.
scroop [skruːp] 자 (비단 따위가) 부스럭거리는 소리나다. — 명 (비단 따위가) 부스럭거리는 소리.
scro·tum [skróutəm] 명 (복 *-ta* [-tə], *~s*) 〖해부〗 음낭(陰囊). **scró·tal** 형
scrouge [skraudʒ, skruːdʒ] 타 〖방언〗 밀다, 밀어붙이다, 쑤셔넣다. (또는 *scrooge*)
scrounge [skraundʒ] 타자 1 …을 슬쩍 훔치다. [남의 것을] 슬쩍 집어가다. 2 …을 등치다. 3 징발하며 찾아다니다. — 자 (남의 것을 훔치려고) 어슬렁거리다.
scrounge up 〖美구어〗 눈을 가늘게 뜨다.
— 명 (또는 1, 3에서 **scróung·er**) 1 들치기, 날치기, 식객; 거지; 〖美속어〗 더러운 녀석. 2 찾아 모으기, 슬쩍 훔치기. 3 찾아 모은 것, 슬쩍 훔친 것.
scroung·y [skráundʒi] 형 〖美구어〗 1 훔치는 버릇이 있는; 천한. 2 인색한. 3 (옷차림이) 남루한, 더러운.

***scrub¹** [skrʌb] 타 (~s [-z]; *-bb-*) 1 (손·마루 따위를) …을 북북 문지르다, (더럼·때 따위를) 문질러 닦아내다[없애다](*out, down, away*)(*off, from*). ¶(~ +囧) ~ a poster *off* the pillar 기둥에 붙은 포스터를 문질러 긁어내다// (~+囧+뵈) ~ the walls *clean* 벽을 깨끗이 문질러 닦다. 2 (물 따위에 넣어) 〔가스 따위의 불순물〕을 제거하다, 세정(洗淨)하다(*out*). 3 〖로켓〗 (미사일 발사)를 중지하다, 연기하다. 4 〖속어〗 …을 폐지하다, 취소하다(*out*). ¶S- your travel. 여행을 취소해라. 5 마찰하다, 비비다. 6 〖美속어〗 못쓰게 만들다; 잊다. 7 〖英학생속어〗 마구 갈겨 쓰다. 8 〖컴퓨터〗 〔파일〕을 지워 깨끗이 하다; 〔테이프〕를 편집하여 수정하다. — 자 1 북북 문지르다[씻다]; 북북 문질러서 빨래하다. 2 (외과 의사가 수술 전에) 손을 씻다(*up*). 3 〖화학〗 가스 세정하다.
scrub along 〖美구어〗 가까스로 생계를 유지하다.
scrub round 〖英구어〗 ① (회합 따위)를 없었던 것으로 하다, 잊어버리기로 하다. ② (규칙 따위)를 무시하다.
— 명 1 북북 문지르기[씻기]; 물청소. 2 물청소 용구, 브러시; 물청소하는 사람. 3 〖로켓〗 미사일 발사 중지. 4 〖속어〗 취소. 5 (the ~) 〖濠속어〗 인가에서 멀 ~**·ba·ble** 형 「리 떨어진 곳, 시골.
scrub² 명 1 ⓤ 관목숲; 덤불; 잡목림. 2 발육이 나쁜 사람[것]. 3 작아서 하찮은[보잘것없는] 사람[것]. 4 (가축 따위의) 잡종, 열등종. 5 〖美구어〗 2류 선수, 후보 선수; (~s) 2군 팀. 6 1 성장을 그친, 조그마한. 2 열등한, 쓸모없는 〖美구어〗 〔팀 따위의〕 2류 선수로 이루어진, 급조한. ¶a ~ game 2류 선수의 시합. 4 관목 〔덤불이〕 우거진, 덤불로 뒤덮인.
scrub·bed [skrʌ́bid] 형 〖고어〗 =scrubby.
scrub·ber¹ [skrʌ́bər] 명 1 청소부, 갑판 청소부. 2 브러시, 수세미. 3 가스 세정기.
scrub·ber² 명 1 (소의) 잡종; 발육이 좋지 못한 거세된 소. (濠) 숲으로 도망쳐 야생으로 되돌아간 가축(특히 소); 숲에 사는 사람[동물].
scrub·ber³ 명 (英·濠속어) 바람난 여자; 매춘부.
scrúb·bing brùsh [skrʌ́biŋ-] =scrub brush.
scrúb brùsh 명 세탁용 브러시, 마루 청소용 수세미.
scrub·by [skrʌ́bi] 형 1 (나무가) 잘 자라지 못한, 작은. 2 잡목이 우거진. 3 초라한; 좀스러운. 4 (동물이) 열등한. 5 〖美구어〗 난잡한, 혼잡한. **-bi·ly** 부 **-bi·ness** 명
scrúb clùb 명 (실패만 거듭하는) 무능 집단(회사·연구소 따위); 무익한 계획. 「기.
scrúb·down [skrʌ́bdàun] 명 싹싹 비비기, 잘 씻
scrúb·land [skrʌ́blæ̀nd] 명 관목지(灌木地).
scrúb nùrse 명 수술실 근무 간호사.
scrúb pìne 명 왜소한 소나무.
scrúb sùit 명 수술복.
scrúb tùrkey 명 〖동물〗 무덤새.
scrúb týphus 명 〖병리〗 털진드기병(病).
scrub-up [-ʌ̀p] 명 깨끗이 씻기, 외과 수술 전의 신체[국소] 무균 세척.
scrub·wom·an [skrʌ́bwùmən] 명 청소부(婦), (일용의) 잡역부.
scrud [skrʌd] 명 〖美속어〗 (고통이 따르는) 중병; 성 「병.
scruff¹ [skrʌf] 명 1 목덜미, 뒷덜미. 2 (코트의 깃, 바지의 엉덩이 따위) 의복의 낡아빠진 부분.
take [or *seize*] *a person by the scruff of the neck* 남의 목덜미를 잡다.
scruff² 명 1 〖야금〗 스크러프(주석을 도금할 때 용기 위에 뜨는 찌꺼기). 2 〖구어〗 쓸모없는 사람. 3 〖구어〗 평판이 나쁜 사람; 악당. 4 〖방언〗 =scruffy.
scruf·fo [skrʌ́fou] 명 〖美〗 지저분한 녀석, 노숙자.
scruff·y [skrʌ́fi] 형 〖구어〗 칠칠치 못한, 초라한, 지 **scrúff·i·ly** 부 **scrúff·i·ness** 명 「저분한.
scrum [skrʌm] 명 1 격투, 난투, 작은 충돌. 2 〖럭비〗 스크럼. — 자 (-*mm*-) 1 서로 치고받다, 격투하다. 2 〖럭비〗 스크럼을 짜다. (또는 명 2, 동 2에서 *scrummage*) 「(보호용).
scrúm·cap [skrʌ́mkæ̀p] 명 〖럭비〗 헤드기어(머리에 넣는 하프백).
scrúm hàlf 명 〖럭비〗 스크럼 하프(볼을 스크럼 사이에 넣는 하프백). 「명 2.
scrum·mage [skrʌ́midʒ] 명동 =scrum 「에서) 훔치다.
-mag·er 명
scrump [skrʌmp] 타자 〖英구어〗 (과일)을 〔과수원에서〕 훔치다.
scrump·tious [skrʌ́mpʃəs] 형 〖구어〗 유쾌한, 훌륭한, 굉장한; 맛좋은; 멋진. ¶have a ~ time 유쾌한 시간을 보내다. **~·ly** 부 **~·ness** 명
scrump·y [skrʌ́mpi] 명ⓤ 〖英구어〗 영국 West Country산(産) 사과주.
scrunch [skrʌntʃ] 타자 1 =crunch. 2 웅크리다 (*down*). — 명 =crunch. 「된 머리 리본.
scrunch·y [skrʌ́ntʃi] 명 (둥근 천의 고무로 훑치게
scrunge [skrʌndʒ] 명 〖美속어〗 더러운 것, 쓰레기, 진흙. 「조잡한, 나쁜.
scrun·gy [skrʌ́ndʒi] 형 〖美속어〗 더러운, 불결한;

***scru·ple** [skrúːpl] 명 1 ⓒ 양심의 가책; ⓤ (보통 no, without 뒤에서) 의심, 주저. 2 〖고어〗 조금, 미량. 3 스크루플(약량(藥量)의 단위; 20 grains(1.296g)).
a man of no scruples 예사로 나쁜 짓을 하는 사람.
have scruples [*no scruple*] *about* …에 대해 양심의 가책을 느끼다[느끼지]; 망설이다[망설이지 [않다. *make no scruple to do* 예사로 …하다.
stand on scruple 사양하다, 꺼리다.

scrupulosity

without scruple 예사로, 거리낌없이.
—동 (부정형으로) 양심의 가책을 느끼다, 꺼리다. 주저하다(*to do, about*[or *at*] *doing*).¶(~+전+명) He doesn't ~ *at* doing wrong. 그는 나쁜짓 하기를 주저하지 않는다. —타 1 …을 주저하다, …의 양심의 가책을 받다.¶(~+*-ing*) ~ *giving* one's opinion of the 견을 말하기를 주저하다// (~+*to do*) Do not ~ *to* do as you like. 서슴지 말고 하고 싶은 대로 하여라. 2 의심하다, 의문을 품다.
do not scruple to say 서슴없이 말하다.
~**·less** 형

scru·pu·los·i·ty [skrù:pjulásəti/-lɔ́s-] 명 U 조심, 꼼꼼함; 정직; 용의주도함.

***scru·pu·lous** [skrú:pjuləs] 형 1 건실한, 양심적인, 성실한.¶with ~ honesty 양심적이고 성실한 태도로. 2 용의주도한, 정확한, 면밀한.¶a ~ investigation 주도 면밀한 조사. 3 (고어) 망설이는, 주저하는.
~**·ly** 부 ~**·ness** 명

scru·ta·ble [skrú:təbl] 형 (정밀 조사에 의하여) 해명[판독]할 수 있는. **-bíl·i·ty** 명 [람, 검사자.

scru·ta·tor [skru:téitər] 명 정밀하게 조사하는 사

scru·ti·neer [skrù:təníər] 명 검사자: (英) (투표의) 개표 검사원((美) canvasser). —동타 (자동차 따위)를 검사하다.

***scru·ti·nize** [skrú:tənàiz] (* (英) **-nise**) 동타 1 …을 면밀히 검사하다. 2 (남의 얼굴 따위)를 찬찬히 살피다. —자 면밀히 검사[조사]하다, 검토하다.
-ni·zá·tion, -niz·er 명 **-níz·ing·ly** 부

***scru·ti·ny** [skrú:təni] 명 1 UC 응시, 찬찬히 쳐다보기. 2 UC 정밀한 조사, 면밀한 음미, 꼬치꼬치 따지기. ⇨EXAMINATION 유의어 ¶~ of reference books 참고 문헌의 정독. 3 (英) (투표의) 개표. 4 감시, 감독.
make a scrutiny into …을 자세히 조사하다.
under scrutiny 감시 받고.

scry [skrai] 동자 수정(水晶)점을 치다. —명 수정점. ~**·er** 명

SCS *Soil Conservation Service*.

SCSI [skázi] 명 스커지 (소형 컴퓨터용의 주변 기기 접속을 위한 인터페이스). (또는 **scuz·zy**)
[<*s*mall *c*omputer *s*ystem *i*nterface]

sct scout. **sctd.** scattered. **SCU** *stroke care unit*(뇌졸중 집중 치료실).

scu·ba [skjú:bə] 명 1 잠수용 수중 호흡 장치, 스쿠버. 2 =~ *diving*. 3 (英속어) 사회 민주 노동당(SLD) 지지자. —동자 =scuba-dive. [<*s*elf-*c*ontained *u*nderwater *b*reathing *a*pparatus]

scu·ba-dive [-dàiv] 동자 스쿠버 다이빙을 하다.
-dìv·er 명 스쿠버 다이버.

scúba dìving 명 스쿠버 다이빙.

scud[1] [skʌd] 동 (**-dd-**) 자 1 질주하다, 급히 움직이다.¶a ~*ding* rain 지나가는 비. 2 (구름 따위가) 바람을 타고 흘러가다. 3 (화살이) 과녁을 벗어나 높이 날아가다. 3 [해사] 순풍을 받아 달리다.¶Our yacht ~*ded* before the breeze. 우리 요트는 순풍을 받고 달렸다. — 타 1 질주시키다. 2 (스코) 세게 때리다. —명 1 질주, 빨리 날기. 2 (바람에 날리는) 구름: 지나가는 비; 비보라: 돌풍. 3 (S-) =Scud.

scud[2] 명 (美구어) =scutwork.

Scud [skʌd] 명 스커드 미사일 (옛 소련제 지대지 장거리 미사일).—명 (S-) …에 중대한 피해를 주다.

scu·do [skú:dou] 명 **-di** [-di:] 이탈리아의 옛 금[은]화.

scuff [skʌf] 동자 1 발을 질질 끌고 걷다. 2 (발로) 비비다. (마찰되어) 상처가 나다(*up*). —타 1 (물건)을 발로 비비다(*up*); (발 따위)를 (…위에) 비비다. 2 (발을 질질 끌고) 걷다 (구두 바닥 따위)를 마모시키다(*up*). — 명 1 질질 끌고 걷기[걷는 소리]. 2 (닳아서) 손상된 곳. 3 슬리퍼. 4 (스코) 따귀. 5 (美속어) 닳아빠진 타이어.

scuff·er [skʌ́fər] 명 (英속어) 경찰관; (美속어) 매춘부.

scuf·fle [skʌ́fl] 동자 1 난투하다, 붙들고 싸우다 (*with*). 2 허둥지둥 가다. 3 발을 질질 끌다. 4 (美속어) (내키지 않는 직업으로) 겨우 생계를 꾸려가다. 5 (美속어) 춤추다(*along*). —타 1 [표면]을 어지럽히다; 혼란시키다. 2 (美속어) (돈 따위)를 손에 넣다, 얻다(*up*). — 명 1 난투, 맞붙잡고 싸우기. 2 발을 질질 끌고 걷기

scuf·fler [skʌ́flər] 명 경운기. [(걷는 소리).

scug [skʌg] 명 (英학생 속어) 똑똑하지 못한 학생, 있으나마나한 학생; 매력없고 보잘것없는 사람.

scull [skʌl] 명 1 노. 2 스컬(두 손에 한 개씩 가지고 젓는 작은 노). 3 (또는 **sculler**) (스컬로 젓는) 보트. 4 (a ~) 스컬로 젓기; (~s) 스컬 보트 경기.
—동타 (배)를 스컬로 젓다. —자 스컬로 젓다.
scull around [or *about*] (英구어) 정처없이 헤매다.
~**·er** 명 [는 곳.

scul·ler·y [skʌ́ləri] 명 식기실, (조리실에 딸린) 식기

scúllery màid 명 부엌데기.

scul·lion [skʌ́ljən] 명 1 (英고어) (주방의) 심부름꾼, 접시닦기. 2 비천한 사람.

sculp [skʌlp] 명 (구어) =sculpture.

scul·pin [skʌ́lpin] 명 [어류] 둑중개.

sculp·ser·unt [skʌlpsiə́rʌnt] 동 …이 이것을 조각하다. [L they sculptured (it)]

sculp·sit [skʌ́lpsit] 동 …의 작(作), …이 이를 조각하다(조각의 서명; sc.). [L he [or she] carved it]

sculpt [skʌlpt] 동 [미술] 새기다. 조각하다.

sculp·tor [skʌ́lptər] 명 1 조각가(여 sculptress).
2 (S-) [천문] 조각실자리(약 Scl).

Scúlptor's Tóol 명 (the ~) [천문] 조각도(刀)자리.

sculp·tur·al [skʌ́lptʃərəl] 형 조각의, 조각술의; 조각적인. ~**·ly** 부

***sculp·ture** [skʌ́lptʃər] 명 1 U 조각, 조각술; 조소술(彫塑術). 2 (개개의) 조각(물); U [집합적] 조소[조소] 작품. 3 [동·식물] (식물의 표면·조가비의) 조각과 같은 무늬. 4 [지질] (풍화[침식]에 의한) 지형 변화.
—타 1 동 1 …을 조각하다, 새기다, 파다(in, *in, out, of*).
¶~ a statue *in* [*out of*] stone 돌에[로] 상(像)을 새기다. 2 …에 조각하다, …을 조각으로 장식하다 3 [지질] …을 침식하다, (지형)을 변화시키다.¶The river has ~*d* the rock. 강이 바위를 침식했다. —자 1 조각하다. 2 조각가가 되다.

sculp·tur·esque [skʌ̀lptʃərésk] 형 1 조각 같은, 조각한 것 같은. 2 모양이 단정한; 당당한.¶~ beauty 조상미(彫像美). ~**·ly** 부 ~**·ness** 명

scum [skʌm] 명 1 U (끓거나 발효한 뒤에 생기는) 뜨는 찌끼, 거품, 더껑이. 2 찌꺼기, 부스러기. 3 광재(鑛滓). 4 (the ~) [집합적·비유적] 인간 쓰레기, 쓸모없는 사람.¶the ~ *of* the earth 인간 쓰레기. 5 (美속어) 정액. —동 (**-mm-**) 타 …에서 뜬 찌꺼기를 걷어내다.
—자 뜬 찌꺼기가 생기다, 뜨는 찌끼[더껑이]로 뒤덮이다.
~**·less, ~·like** 형 ~**·mer** 명 [것; 싫은 녀석.

scum·bag [skʌ́mbæg] 명 (비어) 콘돔. 2 더러운

scum·ble [skʌ́mbl] [그림] 동타 1 (불투명색 또는 반투명색을 엷게 발라) (색채)를 부드럽게 하다; (윤곽)을 흐리게 하다. 2 (불투명·반투명으로) 흐리게 하는 칠하기, 흐리게 하기. 3 (흐리게 하는 데 쓰는) 그림 물감.

scum·my [skʌ́mi] 형 1 뜨는 찌끼투성이의, 거품의, 거품 같은. 2 쓸모없는; 비열한.¶a very ~ trick 매우 비열한 책략. **-mi·ly** 부 **-mi·ness** 명

scunge [skʌndʒ] 명 (濠속어) (물건을) 꾸다; 기식(寄食)하다. —명 1 시시한 녀석, 더러운 놈. 2 (물건을) 늘 빌리기만 하는 녀석, 기식자.

scun·gy [skʌ́ndʒi] 형 (濠속어) 지저분한; 불쌍한 (남아공 속어).

scun·ner [skʌ́nər] 명 증오, 혐오.
take [or *have*] *a scunner at* [or *against*] …을

scunnion 몹시 싫어하다, …에 반감을 품다.
— 自他 〔남〕을 진저리나게 하다; …을 몹시 싫어하게 하다. — 자 메스꺼워지다; 싫증나서 못 견디게 되다 *(at, with)*.
scun·nion [skʌ́njən] 명 ∗ 다음 숙어로만 쓴다.
bring scunnion [or ***smoke***] ① 〔남에게〕 불안감(공포심)을 주게 하다. ② 집중 포화를 퍼붓다. 〔용어〕
scup [skʌp] 명 (북미 대서양 연안산(産)) 도미과의 식용어.
scup·per[1] [skʌ́pər] 명 1 〔해사〕 (갑판의) 배수구, 배수관. 2 (지붕 따위의) 물받이. 3 〔속어〕 매춘부.
full to the scuppers 〔구어〕 배가 잔뜩 불러.
— 자 〔美구어〕 술〔맥주〕을 마시다 *(up)*.
scup·per[2] 自他 1 〔英군사〕 …을 압도〔괴멸〕시키다; 급습하여 파괴〔살육〕시키다. 2 〔구어〕 (수동형으로) 꼼짝 못하게 하다.
scup·per·nong [skʌ́pərnɔ̀ːŋ, -nə̀ŋ/-nɔ̀ŋ] 명 (미국 남부산(産)) 머스캇 포도; ▣ 머스캇 백포도주.
scurf [skəːrf] 명① 1 비듬. 2 찌꺼기, 때. 3 (the ~) 〔英속어〕 사회의 쓰레기; 인간 쓰레기. — 타 비듬 (모양의 것)을 긁어 떨어뜨리다; 비듬모양의 것으로 희게 덮다. **~-like** 형
scurf·y [skə́ːrfi] 형 비듬투성이의, 비듬 같은.
scur·rile [skə́ːril/skʌ́rail] 형 〔고어〕 =scurrilous.
scur·ril·i·ty [skəríləti] 명 1 ▣ 상스러움, 천함, 입이 더러움. 2 ⓒ (-ties) 품위 없는 말, 독설.
scur·ril·ous [skə́ːrələs/skʌ́r-] 형 품위 없는, 입이 더러운, 독설의. **~·ly** 부 **~·ness** 명
∗**scur·ry** [skə́ːri, skʌ́ri/skʌ́ri] 자타 1 종종걸음으로 달리다, 황급히 달리다 *(about, along, away, off) (for).* 2 (눈·나뭇잎 따위가) 바람에 날리다. — 타 …을 허둥대게 하다, 서두르게 하다; 난무시키다. — 명 1 황급히 달리기, 질주; 허둥댐. 2 황급한 발소리. 3 단거리 경주〔경마〕. 4 소나기, 별안간 오는 눈, (눈·비를 동반한) 돌풍, 질풍. ¶ *There seems to be a ~ soon.* 곧 소나기〔눈〕가 올 것 같다.
scurve [skəːrv] 명 〔속어〕 치사한〔비열한〕 녀석.
scur·vied [skə́ːrvid] 형 괴혈병(壞血病)의〔에 걸린〕.
scur·vy [skə́ːrvi] 명 〔의리〕 괴혈병. — 형 〔구어〕 야비한, 비열한, 추잡한. ¶ *a ~ trick* 비열한 책략.
-vi·ly 부 **-vi·ness** 명
scúrvy gràss 겨잣과 식물의 일종(괴혈병 치료).
'**scuse** [skjúːz] 자 〔구어〕 =excuse. 〔약〕
scut[1] [skʌt] 명 (토끼·사슴의) 짧은 꼬리.
scut[2] [skʌt] 명 〔美속어〕 1 쓸모없는 인간, 식충이. 2 신참내기, 애송이. 3 (병원에서) 몹시 푸대접받는 환자.
scu·ta [skjúːtə] 명 scutum의 복수형.
scu·tage [skjúːtidʒ] 명 〔역사〕 병역 면제세(봉건시대에 영주에게 납부한 세금).
scu·tate [skjúːteit] 형 〔식물〕 둥근 방패 모양의; 〔동물〕 방패 모양의 비늘이 있는.
scutch [skʌtʃ] 타 (면(綿)·마(麻) 따위를 두드려 섬유를 고르게 하다; (벽돌·돌 따위의) 모서리를 다듬다. — 명 =scutcher.
scutch·eon [skʌ́tʃən] 명 1 =escutcheon. 2 (동물) 인갑(鱗甲). 3 열쇠 구멍 덮개. 4 명찰, 명패.
~·less, ~·like 형
scutch·er [skʌ́tʃər] 명 타면〔마〕기(打綿[麻]機).
scute [skjuːt] 명 〔동물〕 인갑(鱗甲); 큰 비늘.
scu·tel·late [skjuːtélət, -eit/skjúːtəlèit] 형 〔동물〕 인갑이 있는; 방패꼴의. (또는 **scutéllated**)
scu·tel·lum [skjuːtéləm] 명 (복 **-la** [-lə]) 1 〔식물〕 (볏과 식물의) 배반(胚盤). 2 〔동물〕 소인편(小鱗片). 3 〔곤충〕 소순판(小楯板).
scu·ti·form [skjúːtəfɔ̀ːrm] 형 방패 모양의〔꼴의〕.
scút pùppy 명 〔美속어〕 〔병원의〕 인턴 *(intern)*.
scut·ter [skʌ́tər] 자 〔英방언〕 =scurry.
∗**scut·tle**[1] [skʌ́tl] 명 1 (실내용의) 석탄통. 2 〔英방언〕 (곡물 운반용) 큰 광주리. 3 〔美속어〕 흑인 (승객).

scut·tle[2] 자 서둘러 가다; 황급히 달아나다 *(away, off)*. 부산히 걷기〔달아나기〕, 흩어지기〕; 종종걸음.
scut·tle[3] 명 1 〔선박〕 (갑판 위의) 소형 승강구; 그 뚜껑. 2 천창(天窓), 현창(舷窓), 창. — 타 1 (배)를 선저(底) 밸브를 열어〔배 밑에 구멍을 뚫어〕 침몰시키다. 2 (계획·희망 따위)를 버리다.
scut·tle-butt [skʌ́tlbʌ̀t] 명 1 〔해사〕 (갑판 위의) 뚜껑 달린 음료수통; (배의) 분수식 급수대. 2 ▣ 〔美구어〕 〔헛〕소문, 가십.
scu·tum [skjúːtəm] 명 (복 **-ta** [-tə]) 1 〔동물〕 인갑(鱗甲); 〔곤충〕 (가슴이나 다리의) 순판(楯板). 2 (고대 로마의) 큰 장원형의 방패. 3 〔천문〕 (S-) 방패자리.
scut·work [skʌ́twə̀ːrk] 명 〔구어〕 (아랫사람이 하는) 허드렛일; (병원에서 아랫사람에게 맡기는 단순 작업); 싫은 일. (또는 **scút wòrk**)
scuzz [skʌz] 명 〔속어〕 1 불쾌한 놈〔일, 것〕. 2 〔美〕 (10대 사이에서) 못생긴 여자. (또는 **scuzzbag**, **scuzzball**, **scuzzbucket**, **scuzzo**) **~·y**
scuzzy. — 자타 (10대 사이에서) 지겨울〔구역질나게〕 만들다.
scuzz-food [-fùd] 명 〔美속어〕 하찮은〔시시한〕 음식(포테토칩·팝콘·시리얼 등).
scuz·zy [skʌ́zi] 형 〔속어〕 불쾌한, 추접스러운.
SCV *Sons of Confederate Veterans*.
Scyl·la [sílə] 명 1 (또는 **Scilla**) 스킬라(이탈리아의 Messina 해협에 있는 바위). 2 (또는 **Skylla**) 〔그리스신화〕 스킬라(선원들을 잡아먹는 6두(頭) 12족(足)의 여자 괴물).
between Scylla and Charybdis 〔문어〕 진퇴양난의.
fall from Scylla to Charybdis 갈수록 태산이다.
scy·phus [sáifəs] 명 (복 **-phi** [-fai]) 1 〔식물〕 (꽃의) 배상부(杯狀部). 2 (고대 그리스의 손잡이가 둘 달린) 큰 잔. **-phose**
∗**scythe** [saið] 명 1 큰 낫 (sickle); 〔역사〕 전차 낫(옛날 전차의 두 바퀴에 단 낫). — 타 …을 큰 낫으로 베다. **~·less, ~·like** 형
Scyth·i·a [síθiə/síð-] 명 스키타이(옛날 흑해와 카스피해 연안에 있었던 지방).
Scyth·i·an [síθiən/síð-] 형 스키타이의; 스키타이 사람(어)의. — 명 스키타이 사람; ▣ 스키타이어.

[scythe]

SD *sea-damaged*; *South Dakota*; 〔통계〕 *standard deviation*. **sd.** *said; sewed; sound*. **s.d.** 〔라틴〕 *sine die* (=without a day)(무기한으로). **S.D.** 〔라틴〕 *Scientiae Doctor* (=Doctor of Science); 〔보험〕 *sea damaged* (terms); *senior deacon; sight draft; South Dakota; special delivery*(빠른 우편, 속달); *stage direction*; 〔통계〕 *standard deviation*. **S/D** 〔상업〕 *sight draft*(일람불 환어음). **SDA** *Scottish Development Agency*(스코틀랜드 개발 공사); *Seventh Day Adventists*. **S.Dak.** *South Dakota*.
'**sdeath** [zdeθ] 감 〔고어〕 (노여움·놀람 등을 나타내어) 제기랄!, 빌어먹을!, 아차! 〔<God's death〕
SDF *Self-Defense Forces*((일본의) 자위대). **SDI** *selective dissemination of information*(정보 선택 제공); *Strategic Defense Initiative*(전략 방위 구상).
SDLP *Social Democratic and Labour Party*(북아일랜드의 사회 민주 노동당). **S.Doc.** *Senate document*. **SDP** *Social Democratic Party*((독일·영국의) 사회 민주당). **SDR(s)** *special drawing rights*((국제 통화 기금의) 특별 인출권(引出權)). **SDS** 〔美〕 *Students for a Democratic Society*(민주 사회주의 학생 동맹(신좌익 학생 단체)); *Satellite Data System* (위성 데이터 시스템); *special discount sale*(특별 할인 판매). **Se** 〔화학〕 *selenium*. **SE** *sound effect*

SE 〔효음〕; southeast(ern); systems engineering.
SE, S/E Stock Exchange(증권 거래소).
se- [si, sə, se] 〔연결〕 「떨어져, 떠나서; …없이」의 뜻. ¶ seduce; select.

‡**sea** [si:] 圀 (圀 **~s** [-z]) **1** (the ~) 바다, 해양, 대양; 바닷물(* 〔美〕에서는 「바다」의 뜻으로는 ocean이 흔히 쓰인다. ¶ the open ~ 외해, 공해 / have the command of the ~ 제해권을 장악하다 / Praise the ~, but keep on land. 〔속담〕 군자는 대로(大路)행(行)이라.
2 (보통 the S-) (육지에 둘러싸인) 해양의 일부, …해 〔바다〕. ¶ an inland ~ 내해 / the Mediterranean S- 지중해 / the Yellow S- 황해.   「사해.
3 (큰) 염수호; 대호(大湖); 큰 담수호. ¶ the Dead S-
4 ⓤⓒ (특정 상태의) 바다; 파도, 파랑, 큰 파도; 조수. ¶ a calm [or peaceful] ~ 잔잔한 바다 / a stormy [or rough] ~ 거친 바다 / a full ~ 만조, 사리 / a ~ like a looking glass; a glassy ~ 거울 같은 바다 / The ~ is running high. 파도가 높다. **5** (파도의 상태로 본) 해면, 호수면, 강면. **6** (비유적) (바다처럼) 많은 [방대한] 양, 다량; 광대한, 넓은 범위(of). ¶ a ~ of blood 피바다 / a ~ of flame [trees] 불바다 [수해(樹海)]. **7** (the ~) 선원 〔해상〕 생활. **8** 〔성서〕 (솔로몬 성전에 있던) 큰 놋대야. **9** 〔천문〕 (달·화성 따위의) 바다(검게 보이는 부분). **10** 〔英〕 해변, 바닷가. **11** 〔美속어〕 코카인.
above (the level of) the sea 해발….
across the sea(s) 해외에 〔로〕, 외국에.
all at sea = at sea ③.
at full sea (滿潮에서): 절정기에.
at sea ① 항해중에, 해상에서. ② 선원으로 고용되어. ③ 어쩔 줄 모르는.
between the devil and the deep sea ⇨BE-TWEEN.   「외에.
beyond [or **over, across**] **(the) sea(s)** 해외국
by sea 해로로, 뱃길로; 배편으로. 맵 overland.
by the sea 바닷가에.
follow the sea 선원이 되다; 선원이다.
get [or **find**] **one's sea legs** ⇨SEA LEGS.
Go (**and**) **jump in the sea.** ⇨JUMP.
go out to sea 바다로 나가다.
go to sea ① (배가) 출항하다. ② 선원이 되다.   「의.
go to the sea 해안으로 가다.
half seas over 〔속어〕 거나하게 취한; 곤드레만드레
keep the sea ① 제해권을 유지하다. ② (배가) 항해를 계속하다; (배가) 육지를 떠나 (바다에) 있다.
not the only fish in the sea 흔히 볼 수 있는 것, 평범한 것 〔사람〕.
on the sea ① 해상에서, 선상에서. ② (집 따위가) 바다에 면한, 해안의. ¶ a hotel on the ~ 해안의 호텔.
put (**off** [or **out**]) **to sea; stand out to sea** 출항하다; 출범하다.
ship a sea (보트·사람 등이) 파도를 뒤집어 쓰다.
sound the sea 바다의 깊이를 재다.
stand to sea 먼 바다로 나가다.
take sea (배가) 침수하다, 바닷물이 들어오다.
take the sea ① 승선하다. ② (배가) 출항하다, 출범하다; 진수하다. ③ 바다로 나가다.
use the sea 선원 생활을 하다.
when the sea gives up its dead 〔성서〕 바다가 죽은 자들을 내어줄 때; 부활하는 날에(수장할 때 하는 말.←요한계시록(Rev.) 20 : 13).
wish a person **at the bottom of the sea** 남이 물귀신이 되었으면 좋겠다고 생각하다, 남을 저주하다.
worse [or **stranger**] **things happen at sea** 해상에서는 더 나쁜 일도 일어난다; 이 정도로 끝나서 다행이다.
── 圀 **1** 바다의 [에 관한], 해상의, 해양(성)의; 선원의. **2** 해군의. ¶ ~ bases 해군 기지.

SEA Southeast Asia.
séa àcorn 圀 〔동물〕 따개비.
séa áir 圀 바닷가의 공기, 해상 공기.
séa ànchor 圀 〔해사〕 (정박중에 띄우는) 해묘(海錨).
séa anèmone 圀 말미잘.
séa àster 圀 갯개미취.
séa bàg 圀 세일러 백(수병·선원 등이 의복이나 소지품을 넣는 원통형의 즈크 부대).
séa bànk 圀 해안 제방(sea wall).
sea-based [-béist/-﹅] 圀 해상에 기지를 가진; (미사일 따위가) 해상 기지에서 발사되는.
séa bàss [-bæs] 圀 농어과(科)의 식용어.
séa bàthing 圀 해수욕.
séa-bèach [si:bi:tʃ] 圀 해변.
séa bèar 圀 흰곰, 북극곰; 물개.
sea-bed [si:bèd] 圀 해저.
Sea-bee [si:bi:] 圀 **1** 〔美〕 해군 건설 대원; (the ~s) 해군 건설대. **2** 시비선(船)(화물을 바지선과 함께 싣는 대형 화물선). [<CB(Construction Battalion)]
séa bèlls 圀圀 〔단·복수 양용〕 갯메꽃.
séa bìrd [si:bə̀:rd] 圀 바닷새, 해조. (또는 **séa bird**)
séa bìscuit 圀 선원용 건빵.
sea-board [si:bɔ̀:rd] 圀 해안, 해변; 해안지방, 연해지(沿海地); 해안선. ⇨SHORE 유의어 ── 圀 바다에 접한 〔면한〕, 해안의.
séa bòat 圀 외항선(배에 실은) 구명정(救命艇).
sea-born [-bɔ̀:rn] 圀 바다에서 태어난 〔생긴〕. ¶ the ~ goddess 바다에서 태어난 여신(Venus, Aphrodite 등).   「수송의, 해운의. ¶ ~ articles 수입품.
sea-borne [si:bɔ̀:rn] 圀 해로로 〔배〕로 운반된, 해상
séa brèach 圀 **1** (바닷물에 의한) 제방 붕괴. **2** 파괴적인 (일련의) 파도.
séa brèad 圀 = ship biscuit.
séa brèam 圀 도미과(科)의 식용어.
séa brèeze 圀 바닷바람, 해연풍(海軟風)(낮에 바다에서 육지를 향해 부는 바람). 맵 land breeze
séa bùs 圀 〔캐나다〕 수상 〔해상〕 버스(대형 페리선).
SEAC School Examination and Assessment Council; South-East Asia Command.
séa càbbage 圀 = sea kale.
séa càlf 圀 참깨점박이바다표범.
séa canàry 圀 흰돌고래.
séa càptain 圀 선장, 함장; (시) 대항해자(大航海者), 대(大)제독(commander at sea).
séa càt 圀 바다표범; 물개(fur seal).
séa chànge 圀 바다의 작용에 의한 변화; (용모 등의) 현저한 변화. ¶ undergo a ~ 면모를 일신하다.
séa chèst 圀 〔해사〕 (선원의) 사물함; 해수함(선체의 흡수선(吃水線) 아래에 있는 해수 배출입 설비).
séa chèstnut 圀 = sea urchin.   「〔幕〕.
sea-cloth [﹅klɔ̀:θ] 圀 〔연극〕 (무대 배경막) 파도막
séa còal 圀 〔英고어〕 석탄. 맵 charcoal
*****sea-cóast** [si:kòust] 圀 해안, 해안선.
séa còck [si:kɑ̀k/-kɔ̀k] 圀 〔해사〕 해수판(瓣), 선저 밸브. (또는 **séa connèction**)
séa còok 圀 〔경멸적〕 배의 요리사.
séa-còp·ter [si:kɑ́ptər/-kɔ́p-] 圀 수륙 양용 헬리콥터. [<sea+helicopter]
séa còw 圀 해우(海牛), 듀공(dugong); 바다코끼리.
séa-craft [si:kræ̀ft] 圀 **1** 원양 항해선. **2** 항해술.
séa cròw 圀 바다오리, 붉은부리갈매기.
séa cùcumber 圀 해삼.
sea-cul·ture [si:kʌ̀ltʃər] 圀圀 해산물 양식(養殖).
séa dèvil 圀 〔열대산의〕 쥐가오리.
séa dòg 圀 **1** 물개. **2** 상어. **3** (북미 캘리포니아 주 연안의) 작은 해달. **4** 〔익살〕 선원, 노련한 뱃사람. **5** 해적.
sea-dog [si:dɔ̀g/-dɔ̀g] 圀 안개무지개(fogbow).
séa drágon 圀 〔어류〕 돛양태; 실고기.

sea·drome [síːdròum] 圏 〔항공〕 수상비행기 기지.
séa dùty 圏 《美해군》 본토 밖에서의 근무[임무].
séa dỳke 圏 바다 제방.
séa èagle 圏 **1** 흰꼬리수리. **2** 《美구어》 물수리.
sea-ear [-ìər] 圏 전복(abalone).
séa èlephant 圏 코끼리바다표범.
séa explòrer 圏 《보이스카우트의》 해양 훈련 대원.
séa fàn 산호충의 일종; 《서인도 제도산(産)》 부채꼴 산호.
sea·far·er [síːfɛ̀ərər] 圏 선원, 수부; 해상 여행자, 항해자.
sea-fa·ri [siːfɑ́ːri] 圏©Ⓤ 해양 모험 여행. [<*sea*+ *safari*]
sea-far·ing [síːfɛ̀əriŋ] 圏 해상 여행의; 항해중에 일어나는; 배타기를 업으로 하는, 《~ 의 안에 가두는》 선원의. ── 圏Ⓤ© 해상 여행, 바다 여행; Ⓤ 선원살이.
séa fàrming 圏 수산물 양식, 양식 어업.
séa fèather 圏 해새류(海鰓類).
séa fight 圏 해전. **séa fighter** 圏
séa fire 圏 바다 생물의 발광(發光).
séa fish 圏 《민물고기와 대조하여》 바닷물고기.
sea-floor [síːflɔ̀ːr] 圏 해저(seabed).
sea-flow·er [síːflàuər] 圏 말미잘.
séa fòam 圏 해면의 거품[포말]; Ⓤ 《광물》 해포석(海泡石).
séa fòg 圏 바다 안개.
sea·food [síːfùːd] 圏Ⓤ© **1** 해산물 요리. **2** 《美속어》 위스키. **3** 《美속어》 《동성애의 상대인》 선원.
séa fòrces 圏(複) 해군.
séa fòwl 圏 (® ~(s))=seabird.
séa fòx 圏 환도상어.
séa frònt 圏 《다를 향한 쪽. 임해(臨海) 지구; 해안 거리; 《건물의》 바다 쪽.
séa gàuge 圏 흘수(吃水); 자동 해심(海深) 측정기.
sea-girt [síːgə̀ːrt] 圏 《문어》 바다에 둘러싸인.
sea-god [-gɑ̀d/-gɔ̀d] 圏 바다의 신.
sea-god·dess [-gɑ̀dis/-gɔ̀d-] 圏 바다의 여신.
sea·go·ing [síːgòuiŋ] 圏 《원양》 항해의[에 알맞은]. ¶a ~ vessel 외양선. **2** 배를 타고 살아가는, 선원 살이의. **3** 《물고기가 산란을 위해》 바다로 내려가는. ── 圏 =seafaring.
séagoing béllhop 圏 《美속어》 해병대원.
séa grànt còllege 圏 《美》 연방 정부의 자금 원조를 받는 해양학 연구 대학.
séa gràpe 圏 《식물》 모자반; (~s) 오징어의 알주머니.
séa gréen 圏 해록색(海綠色).
sea-green [-gríːn] 圏 해록색의.
séa gùll 圏 **1** 갈매기. **2** 《속어》 항구의 매춘부. **3** 《美해군 속어》 닭고기; 《함대가 입항하기 전에 대기하고 있는》 아내, 애인. **4** 《濠·뉴질 속어》 부두의 임시 노동자. (또는 séagùll)
sea·gull [síːgʌ̀l] 圏(自) 《美속어》 비행기로 가다.
Sea-hawk [síːhɔ̀ːk] 圏 **1** 시호크(미해군의 대잠수함 헬리콥터). **2** 《the ~s》 시호크스(미국의 프로 미식축구팀). **3** (s-) 도둑갈매기.
séa hèdgehog 圏 성게; 복어(globefish).
séa hòg 圏 쥐돌고래.
séa hòrse 圏 **1** 《어류》 해마. **2** 《그리스 신화》 해마《말 머리, 물고기 꼬리의 괴물로 해신의 수레를 끈다고 한다》. **3** 바다코끼리.
séa-is·land cótton [-àilənd-] 圏 해도면(海島綿) (Sea Islands에서 재배되던 목화; 현재는 서인도 제도산(産). 《또는 **Séa Ísland cótton**》
Séa Íslands 圏 《the ~》 미국 South Carolina 주, Georgia 주, Florida 주 북부 연안의 제도.
sea·jack [síːdʒæ̀k] 圏 선박의 납치. ── 圏(他) 《배》 해상에서 납치하다. **~·er** 圏 〔은 식용〕.
séa kàle 圏 갯배추(유럽산(産) 십자화과(科) 식물. 잎
sea·kind·ly [síːkàindli] 圏 《배가》 파도에 견딜 수 있는; 거친 바다를 쉽게 항행하는.
séa kìng 圏 **1** 《중세 북유럽의》 해적왕, 바이킹의

목. **2** (S- K-) 《美》 시킹(해군의 대형 헬리콥터).
‡**seal¹** [siːl] 圏 **1** 《문서 따위가 진짜임을 보증하는》 표장 《標章), 인장, 문장(紋章), 증인(證印). ¶under ~ 조인되어, 압인(押印) 증명되어. **2** 《문장·머리문자·약자 따위를 새긴》 도장, 《인감(印鑑), 옥새(玉璽).** the Great S- 《英》 국새(國璽)/privy ~ 《英》 옥새. **3** 봉(封), 봉인. **4** 《봉랍·봉연(封蠟) 등의》 봉인제(劑); 봉인, 봉인지(紙)[테이프]. **5** 《비유적》 비밀 엄수의 약속[의무], 사람의 입을 봉하는 것. **6** 《보증·확증·증명 따위의》 증표; 두드러진 징후, 상(相). ¶a ~ of friendship [love] 우정[사랑]의 증표/the ~ of death 죽음의 상. **7** 《자선 사업 따위가 모금 운동으로 발행되는》 기념[장식]스탬프, 실. ¶a Christmas ~ 크리스마스 실. **8** 《배관 《하수관의》 방취(防臭) 밸브; 《그 안에 가두는》 봉수(封水). **9** 《the ~s》 《英》 《대법관·국무장관 따위의》 관직[지위]의 상징인 인장. **10** 《濠·뉴질》 포장 도로의 표면.
break the seal 봉인을 뜯다; 개봉하다.
give the seal 보증[증명]하다.
put the seal 봉인하다.
return the seals 사임하다.
set [or **put**] **one's seal to** …에 날인하다; …을 승인하다.
set [or **put**] **the seal on** ① …을 승인하다, 보증하다. ② 《구어》 원만하게 결말을 짓다, 공식적으로 끝내다.
under [or **with**] **a flying seal** 개봉으로.
under one's hand and seal 서명 날인되어.
under seal of secrecy 비밀을 지킨다는 약속으로.
── 圏(他) **1** 《인가·확증의 증표로서》 …에 도장을 찍다, 날인하다, 조인하다; 《품질 따위를 증명하여》 …에 검인을 찍다. **2** 《날인하여》 《사면 따위의》 특사를 내리다; 하사(下賜)하다, 양여하다. ¶(~+間+前+名) He has ~ed his will to his son. 그는 유서에 날인하여 아들에게 건네주었다. **3** …을 봉하다, 봉인하다. **4** 《밀봉[밀폐]하다, …에 이음매칠을 하여 《틈을 막다(up, down) (with); 봉쇄하다. ¶(~+間+間) ~ up a letter 편지를 봉하다/~ up the window 창에 이음매칠을 하다. **4** 《비유적》 《눈》을 꼭 감다, 《입》을 꼭 다물다. ¶eyes ~ed in death 죽어서 꼭 감은 눈. **5** …을 확실하게 하다, 확인[인정]하다, 증명[보증]하다. ¶We ~ed the promise with a handshake. 그 약속을 우리는 악수로써 보증했다. **6** …을 결정하다, 지정하다; 《운명 따위》를 정하다. ¶Your casual words have ~ed his fate. 네가 어쩌다 한 말이 그의 운명을 결정해 버렸다. **7** 힘껏 조이다, 꼭 가두다(up, down). **8** 《전기》 《소켓 따위》를 꽂다. **9** 《모르몬교》 《부부·양자 등의 영원한 결연을 맺다. **10** 《하수관 따위의》 물이 새는 곳을 막다, 밀폐[밀봉]하다. **11** 《토목》 《방수를 위해》 《구조물의 표면》에 얇은
seal in 봉하다, 가두다. ┌피막을 입히다.
seal off ① 밀봉[밀폐]하다. ② 봉쇄하다. ¶~ off the area 지역을 봉쇄하다.
seal² 圏 (® ~(s)) **1** 바다표범; 《일반적으로》 기각류 (鰭脚類)의 바다짐승《강치·물개 따위》. ¶a harbor ~ 점박이바다표범/a fur ~ 물개. **2** Ⓤ 바다표범[물개]의 털가죽; 그 대용품. **3** Ⓤ 《암》갈색.
── 圏(自) 바다표범[물개] 사냥을 하다.
~-like 圏 **~-ing** 圏 바다표범 사냥.
SEAL [siːl] 《美해군》 *sea, air, land* (team)《특수 부대》
séa láb [síːlæ̀b] 圏 《美》 《해군의》 해저 거주 실험실.
séa làdder 圏 뱃전의 사다리.
séa làmprey 圏 바다칠성장어.
séal·ant [síːlənt] 圏 **1** 밀봉[밀폐]제(劑). **2** 방수제.
séa làvender 圏 불꽃별질경이, 기송(磯松).
séa làwyer 圏 **1** 《속어》 따지기 좋아하는 선원; 《주어진 명령 따위에》 불평 잘하는 선원. **2** 상어.
séal bròwn 圏 진한 갈색, 암갈색.
seal-eas·y [síːzi] 圏 쉽게 봉합할 수 있는.
séa lèather 圏 상어[돌고래]의 가죽.
sealed [siːld] 圏 **1** 조인된; 봉인된; 밀봉된. **2** 불가

sealed-beam 해한, 잘 알지 못하는, 불명의. **3** (濠·뉴질) (도로가) 포장된. **4** (美구어) 해결[처리]된.

sealed-beam [ˈbiːm] 휑 (자동차 전조등처럼) 반사경·렌즈의 초점을 맞추어 밀봉한 전등의.

sealed bóok 몡 **1** 봉인되어 있는 책; 신비, 수수께끼. **2** (the S— B—) 영국 국교회의 흠정판 기도서(1662).

séaled móve 몡 〔체스〕봉수(封手).

séaled órders 몡 봉함 명령.

séaled páttern 몡 〔英군사〕(무기·군복 따위의) 표준[공인]형, 영국 군인식(式).

séa lègs 몡〔복〕 **1** 흔들리는 갑판 위에서 균형을 유지할 수 있는 능력. **2** 뱃멀미하지 않음.

find [*or get, have*] *one's sea legs* 배의 흔들림에 익숙해지다, 갑판 위를 비틀거리지 않고 걸을 수 있게 되다, 뱃멀미를 하지 않게 되다.

get one's sea legs off 육지의 보행에 익숙해지다.

lose one's sea legs 뱃멀미를 하다.

séa lèmon 몡 (노란) 해우(연체 동물).

séa lèopard 몡 바다표범류의 총칭.

seal·er¹ [síːlər] 몡 **1** 날인자. **2** 도량형(度量衡) 검사관. **3** (통조림 따위를) 밀폐하는 기계[장치].

seal·er² 몡 바다표범[물개] 사냥꾼[배].

seal·er·y [síːləri] 몡 바다표범[물개] 어업; ⓒ 그 어장[번식장](seal fishery)

séa lètter 몡 (전시의) 중립국 선박 증명서[통행 허가증].

séa lèttuce 몡 파래, 청태(靑苔)〔샐러드용 해조류〕.

séa lèvel 몡 해수면, 평균 해면. ¶ 2,000 meters above ~ 해발 2,000m.

séa-level préssure 몡 해면 기압.

séal físhery 몡 바다표범[물개] 사냥(터).

sea-lift [síːlìft] 몡 (긴급) 해상 수송.
── 타 〔사람·화물〕을 해상 수송하다.

séa líly 〔동물〕갯나리(극피〔棘皮〕 동물의 일종).

séa líne 몡 수평선; 해안선.   (fishery).

seal·ing [síːliŋ] 몡 바다표범[물개] 사냥업(seal

séaling wàx 몡 봉랍(封蠟).

séa líon 몡 바다사자류, 강치.

séal límb(s) 몡 (약해〔藥害〕) 해표 지증(海豹肢症), 단지증(短肢症).

séa lòch 몡 〔스코〕후미, 협강(峽江).

Séa Lórd 몡 〔英〕해군본부 위원(해군본부 위원회(Board of Admiralty) 무관속 위원의 직명).   [séa líon]

séal póint 몡 〔동물〕샴고양이의 일종.

séal ríng 몡 도장이 새겨진 반지.

séal ròokery 몡 바다표범[물개]의 집단 번식지.

seal·skin [síːlskìn] 몡 Ⓤ 바다표범[물개] 모피; ⓒ 그것으로 만든 의복[물건]. ── sealskin으로 만든.

Séa·ly·ham térrier [síːlihæm-/-liəm-] 몡 (영국 웨일스산(産)의) 테리어 개. (또는 **Séaly hàm**)

‡**seam** [síːm] 몡 **1** 솔기, 이은자리; 겹친 자리. **2** 갈라진 틈, 홈. **3** 광맥. **4** 상처 자국, 흉터. **5** 〔해부〕(두개골의) 봉합선. **6** 〔지질〕박층(薄層), 얇은 광맥층.

burst at the seams (장소가) 넘칠 듯이 대만원이다.

come [*or fall, break*] *apart at the seams* (구어) (계획 따위가) 실패로 돌아가다, 무너지다; 악화되다; 침착성을 잃다; (정신적·육체적으로) 못쓰게 되다.

in a good seam 돈을 벌어, 경기가 좋아

── 타 **1** …을 꿰매다, 이어[꿰매어, 철하여] 맞추다 (*together, up*). ¶ ~ *up* a dress 옷을 꿰매다/~ *two pieces of cloth together* 두 조각의 천을 이어붙이다. **2** (주로 수동으로) …에 상처[흠]를 내다; …에 주름을 잡다 (*by, with*). ¶ a face ~*ed with* wrinkles 주름진 얼굴. **3** 〔편물〕…을 뒤집어 떠서 줄무늬를 만들다. ── 자 **1** 갈라진 틈[주름]이 생기다. **2** 〔편물〕뒤집어 뜨러 줄무늬를 내다.
~**-er** ~**-like**

sea-maid [́ːmèid] 몡 〔시〕인어(人魚); 바다의 요정 [여신]. (또는 **séa-màiden**).

séa màil 몡 선편(의 우편물).

‡**sea·man** [síːmən] 몡 (복 **-men** [-mən]) **1** 뱃사람, 선원(* 〔英〕상선에서는 선장·수로 안내인·연습생, 〔美〕상선에서는 연습생을 제외한 선원 전체). ¶ a merchant ~ 상선 선원 / a good [poor] ~ 배의 조종이 능숙한[서툰] 선원. **2** 〔美해군〕 상등 수병. ¶ a leading ~ 1등 수병 / an able [*or* able-bodied] ~ 수병 (略 A.B.) / an ordinary ~ 3등 수병 (略 O.S.). **3** 남자 어인.

séaman appréntice 몡 〔美해군〕 1등 수병.

séa·man·like [síːmənlàik] 휑 뱃사람[수병]다운; 배의 조종이 능숙한. (또는 **seamanly**)

séaman recrúit 몡 〔美해군〕 2등 수병.

sea·man·ship [síːmənʃìp] 몡 Ⓤ 선박 조종술.

séa·mark [síːmɑːrk] 몡 항로 표지[목표]; 만조선

séa màt 몡 이끼벌레의 일종.   〔滿潮線〕.

séa mèw 몡 갈매기, (특히) 유럽종(種)의 갈매기.

séa míle 몡 해리(海里)(nautical mile).

séa míne 몡 기뢰(機雷).

seam·ing [síːmiŋ] 몡 **1** 솔기[이음매] 만들기; 〔장식적인〕 솔기. **2** (또는 ~ **làce**) 솔기에 대는 가장자리 레이스, 구슬 가장자리.

séa míst 몡 바다 위에 끼는 안개.

seam·less [síːmlis] 휑 **1** 솔기가 없는, 이음매가 없는. **2** 질이 균일한, 다같은. ~**-ly** 혼 ~**-ness** 명

séa mónster 몡 **1** 바다 괴물, 괴어. **2** 은상어.

sea·mount [síːmàunt] 몡 해산(海山)(해저에 있는 높이 1,000m 이상인 산).

seam·ster [síːmstər/sém-] 몡 〔英〕재봉사, (특히) 양복 만드는 사람.

seam·stress [síːmstris/sém-] 몡 여자 재봉사.

séa mùd 몡 해니(海泥), 바다 진흙.   침모.

séa mùle 몡 (거룻배를 끄는) 상자 모양의 예인선.

seam·y [síːmi] 휑 **1** 보기 흉한; 이면(裏面)의. ¶ the ~ *side of* life 인생의 이면. **2** 솔기[이음매]가 있는.

séam·i·ness 명

Sean·ad (Éir·eann) [ʃǽnəd (ɛ́ərən)] /ʃǽnəd-] 몡 아일랜드 공화국 의회의 상원. 魯 Dail Eireann

séa néttle 몡 (독침이 있는 대형) 해파리.

séa nýmph 몡 〔그리스 신화〕바다의 요정.

séa ònion 몡 해총(海葱)(지중해 지방 원산의 나리과의 다년생 식물); 해총 근(根)(말려서 약용으로 이용).

séa òtter 몡 해달(북태평양산(産)); 그 모피.

séa óx 몡 바다코끼리(walrus).

séa párrot 몡 =puffin.

séa páss 몡 =sea letter.

séa páy 몡 해상 근무 수당.

séa pèar 몡 멍게.   〔일종〕.

séa pèn 몡 바다조름(해저에 사는 강장(腔腸) 동물의

séa píe 몡 소금에 절인 고기 파이(선원용); 〔조류〕 〔英〕 검은도요.

sea·piece [síːpìːs] 몡 바다 그림(seascape).

séa píg 몡 돌고래, 돔.

séa pílot 몡 검은머리물떼새.

séa pínk 몡 아르메리아(기층과의 다년초).

séa pláin 몡 〔지질〕해식(海蝕)으로 생긴 평지.

sea·plane [síːplèin] 몡 수상 비행기.

sea·port [síːpɔ̀ːrt] 몡 해항, 항구 (도시).

séa pòwer 몡 해군국; ⓤ 해군력, 제해권, 해상 병력.

séa pùrse 몡 (상어·홍어 따위의) 알주머니.

SEAQ *Stock Exchange Automated Quotation System* (런던 증권 거래소의 시세 자동 표시 시스템).

sea·quake [síːkwèik] 몡 해진, 해저 지진.

sear [sɪər] 타자 **1** …을 그스르다, 태우다; …에 낙인을 찍다; 〔상처 따위〕를 뜨거운 인두로 지지다 (*with*).

¶~ the meat 고기를 태우다. **2** …을 마비시키다, 무감각하게 하다. **3** …을 시들게 하다. ¶Cold wind ~ed the leaves. 찬 바람에 나뭇잎이 시들었다. ── 困 (종이 들이) 시들다, 마르다; 타다. ── 困 (문어) 시든, 마른. (또는 sere) ¶ 시든 상태; 탄(낡인) 자국.

‡**search** [sə:rtʃ] 困 (~·es [-iz]; ~ed [-t]) 电 **1** …을 찾다, 수색(탐색)하다; (책 따위)를 자세히 살피다 (for). ¶~ a ship 배를 임검하다; (~+目+前+名) 따위를 찾아) 책을 자세히 조사하다 // (~+目+前+名) ~ one's pockets for money 호주머니를 뒤져 돈을 찾다. **2** (숨긴 것을 찾아) (남)을 몸수색하다(for). ¶ ~ a person for smuggled goods[weapons] 밀수품(흉기)를 갖고 있는지 수색하다. **3** (반응·기분 따위를 알려고) (얼굴 따위)를 유심히 살펴보다, 뺀히 바라보다(for). **4** (상처)를 살펴보다. ¶~ a wound 상처를 살피다. **5** (문어) (바람·추위가)…에 스며들다, 스미다; (광선이) …에 비쳐들다. ¶The cold wind ~ed her ragged clothings. 찬 바람이 그녀의 다 해진 옷 속으로 스며들었다. **6** (조사·탐사 따위를 통해) 발견하다, 폭로하다 (out). **7** 【컴퓨터】 (데이터베이스·파일 따위)에서 (특정 항목을 찾기 위해) 탐색하다(for).
── 困 (…을) 찾다; 구하다(for, after); 찾아 돌아다니다 (about, around); (…을) 수색(탐색)하다(among, through, in); 정사(精査)하다, 조사하다(into). ¶(~+ 前+名) ~ after happiness 행복을 추구하다.
search out …을 찾아(알아)내다; …을 밝혀내다. ¶~ out the truth 진상을 캐내다.
You can search me!; Search me! (구어) (질문에 답하여) 나는 모른다, 알 리 있나.
── 困 (쵝) ~·es [-iz]) UC **1** 수색, 탐색; 추구(for, after, of). ¶~ for a missing fisherman 실종된 어부의 수색. **2** 조사, 음미, 파고(캐고)들기(for). **3** (중립국 선박의) 임검, (권리에 입각한) 수색. ¶the right of ~ (중립국 선박에 대한) 수색권. ¶서.
in search of; in the [or a] search for …을 찾아 **make a search for [or after, of]** …을 수색하다.
~·a·ble 困 ~·a·ble·ness 困

search-and-de·stroy [~əndistrɔ́i] 困 (게릴라전에서) 수색 소탕의, 토벌 작전의.
séarch and réscue tréaty 困 (해사) 해상 수색 구조 조약(SAR treaty).
séarch còil (전기) (자장의 세기를 재는) 탐색 코일.
séarch èngine (컴퓨터) 검색 엔진(다른 소프트웨어의 요구를 받아 검색을 하는 프로그램 본체).
search·er [sə́:rtʃər] 困 **1** 수색자, 탐색(탐사자관); 추구하는 사람. **2** 세관[선박] 검사관. **3** (죄수의) 신체 검사관. **4** 대포 검사기. **5** (의사용) 탐침(探針).
*search·ing [sə́:rtʃiŋ] 困 UC 수색; 추구; 음미. ¶the ~s of heart 양심의 가책. ── 困 **1** 수색하는, 음미. a ~ party 수색대. **2** (검사 따위가) 면밀한, 철저한, 엄중한; (눈매 등이) 날카로운; (광선이) 꿰뚫어보는. ¶a ~ glance 날카로운 눈길. **3** (추위가) 살을 에는 듯한. **4** (사격이) 격렬한, 심한.
~·ly 囲 ~·ness 困
search·less [sə́:rtʃlis] 困 **1** 수색할 수 없는; 포착하기 어려운, 헤아릴 수 없는.
séarch·light [sə́:rtʃlàit] 困 **1** 서치라이트, 탐조등. **2** 그 빛.
séarch pàrty 困 (집합적) 수색대.
séarch wàrrant 困 (법률) (가택) 수색 영장.
séa rèach 困 (바다에 가까운 강물의) 직선 수로.
sear·ing [síəriŋ] 困 **1** 타는 듯한; (구어) (성적으로) 불타게 하는. ~·ly 튀
sear·ing·i·ron [~àiərn] 困 인두.
séa risk 困 (~s) (등) 해난(海難)(의 위험).
séa ròad 困 해로, 항로.
séa ròbber 困 해적; 도둑갈매기.
séa ròbin 困 성대류의 물고기.
séa ròom 困 조선 여지(操船餘地)(장애물이 없어 배를 조종하기에 충분한 해역); 충분한 활동 여지.

séa ròute 困 해로(sea road).
séa ròver 困 해적(pirate); 해적선; (속어) 청어.
Sears, Roe·buck & Co. [síərz róubʌk-] 시어즈 로벅 회사(미국 최대의 소매업체).
Séars Tówer 困 시어즈타워(미국 Chicago에 있는 초고층 건물; 높이 443m).
séa sàlt 困 바다 소금. 困 rock salt
Sea·sat [sí:sæt] 困 (우주) 시새트(미국의 해양 관측 위성). [<sea satellite] ¶진.
séa·scape [sí:skèip] 困 바다 경치; 바다 그림[사]
séa scòut 困 =sea explorer.
séa·scout·ing [sí:skàutiŋ] 困 해양 소년단.
séa sèrpent 困 **1** 큰바다뱀(뱀꼴을 한 가상의 괴물). **2** =sea snake. **3** (the S-S-) (천문) 바다뱀자리.
séa·shell [sí:ʃèl] 困 조개; 조가비. (또는 séa shèll)
‡**sea·shore** [sí:ʃɔ̀:r] 困 해안, 해변(⇔SHORE 類義). (법률) 해안(만조선(線)과 간조선(線) 사이의 땅).
*sea·sick [sí:sìk] 困 뱃멀미의, 뱃멀미하는. ¶get ~ 뱃멀미가 나다. ~·ness 困 [SHORE 類義]
‡**sea·side** [sí:sàid] 困 (the ~) 해변, 바닷가. ⇨ go to the seaside (英) 해수욕하러) 해변에 가다.
── 困 해변의, 임해(臨海)의. ¶a ~ resort 해수욕장, 해안 피서(한)지/a ~ school 임해 학교.
séa slùg 困 **1** 나새류(裸鰓類). **2** =holothurian.
séa snàke 困 바다뱀; =sea serpent 1, 「의 별칭).
Séa Sóldiers 困복 (the ~) 해병대(Royal Marines)
‡**sea·son** [sí:zn] 困 (~·s [-z]) **1** (달력상의) 계절, 철. ¶the four ~s 사철. **2** (…의) 절기, 철, 시절. ¶the dry ~ 건(조)기/The rainy ~ has set in. 우기로 접어들었다. **3** (the ~) (과일 따위의) 한창때, 한물, 제철; (농작물 수확의) 시기, 철; (꽃의) 개화기; 유행기. ¶the apple[harvest] ~ 사과철[수확기]/the ~ for pruning (가지 따위의) 전지기(剪枝期). **4** (스포츠·행사 따위의) 시기, 시즌. ¶the baseball ~ 야구 시즌/a tourist ~ 관광 시즌/a closed[an open] ~ 금렵(수)렵기. **5** (어떤) 기간, 시기; 잠간, 잠시. ¶a dull ~ in trade 무역 불황기/live in London for a ~ 잠시 동안 런던에서 살다. **6** (…할) 좋은 기회[시기](for, to do). **7** (英구어) 정기권. **8** (문어) 연령, …세. **9** (고어) 조미료.
at all seasons 사철을 통해서, 일 년 동안 계속.
behind the season 철이 지난.
come into season (과일·생선 따위가) 제철이 되다.
for a season (문어) 잠시 동안.
in due season 멀지 않아, 때가 오면; 적절한 시기에.
in good season 마침 알맞게; 좀 일찌감치.
in season ① (어류·과일 따위가) 제철인, 한창인; 성수기인. ¶fishes in ~ 제철을 맞은 물고기. ② 사냥 철에. ③ 시기가 적절하게, 때마침, 제때에. ¶a word in ~ 때에 맞는 충고.
in (season) and out of season 언제든지, 때를 가리지 않고, 시도 때도 없이, 자나깨나. ¶He would talk about golf in ~ and out of ~. 그는 자나깨나 골프 이야기뿐이었다.
out of season ① 시기(철)를 벗어나, 제철을 잃어; 한물간, 한창때를 지나. ② 금렵기(禁獵期)에. ③ 시기에 맞지 않은, 호기를 놓치고[놓친].
Season's Greetings!; With the greetings of the season. 시후(時候)의 문안 올립니다(크리스마스 때 방송이나 카드에 쓰이는 인사말).
── 困타 **1** (양념 따위로) (음식)에 맛을 내다, 양념을 치다(with). ¶~ a dish with salt 요리에 간을 맞추다. **2** (기지 따위로)…에 흥미를 돋우다, 멋을 내다(with). ¶conversation ~ed with humor[wit] 유머[재치]로 흥을 돋운 대화. **3** (수동형·재귀용법으로) (기후 따위에) …을 길들이다; 익숙해지게 하다(to). ¶ She ~ed herself to the heat. 그녀는 더위에 익숙해졌다. **4** 성숙하게 하다; (사람)을 단련시키다. **5** (문어) 완화하

다, 누그러뜨리다. **6** 〔목재 따위〕를 건조시키다, 말리다. **—** [자] 익다; 길들다; (재목 따위가) 건조되다.

sea·son·a·ble [síːzənəbl] [형] **1** 제철의, 계절에 맞는. ¶~ weather 계절에 맞는[제철] 날씨. **2** 《문어》 때에 알맞은, 시기 적절한, 기회가 좋은, 호기의. ⇨ OPPORTUNE [유의어] ¶a ~ gift 때에 알맞은 선물. **~·ness** [명] **-bly** [부]

***sea·son·al** [síːzənl] [형] 계절의, 계절적인; 계절마다의, 주기적인, 정기적인. ¶a ~ wind 계절풍 / ~ goods 계절 상품. **—** [명] 계절의 산물, 계절 노동자. **sea·so·nal·i·ty** [ˊ-nǽləti] [명] **~·ly** [부] **~·ness** [명]

séasonal affėctive disórder [명] 〔정신의학〕 계절성 정서 장애(약 SAD).

sea·soned [síːznd] [형] **1** 조미한, 맛을 들인. **2** (재목 따위가) 잘 마른. **3** 익숙한, 경험을 쌓은. **~·ly** [부]

sea·son·er [síːznər] [명] 조미[양념]하는 사람; 양념, 조미료.

sea·son·ing [síːzəniŋ] [명] **1** [U] 조미(하기); 간을 맞춤; [C] 조미료. **2** [U] (재목을) 건조시키기; 길들기, 길들이기, 순화(馴化). **3** 흥을 돋우기. **~·lìke** [형]

sea·son·less [síːznlis] [형] 계절의 구별이 없는.

séason tícket [명] 《英》 정기(승차)권(《美》 commutation ticket); (연주회 따위의) 정기 입장권.

séa spìder [명] 바다거미; 거미게.

séa squàb [명] 〔어류〕 복어.

séa squìrt [명] 멍게, 우렁쉥이(원삭(原索) 동물).

séa stàghorn [명] 〔식물〕 청각채.

Séa Stàllion [명] 〔美군사〕 대형 수송용 헬리콥터.

séa stàr [명] 〔동물〕 불가사리.

séa stèps [명][복] (선박의) 뱃전의 승강단(段).

séa stòres [stòck] [명][복] 항해 전에 준비하는 필수품.

sea·strand [síːstrǽnd] [명] 해안, 해변.

séa swàllow [명] 《속어》 제비갈매기; 《英방언》 쇠바다제비.

‡seat [siːt] [명] **1** 좌석, 자리; 관람석. ¶a reserved[an unreserved] ~ 예약[보통]석 / take[*or* have] a ~ 자리에 앉다, 착석하다 / a window[an aisle] ~ 창가[통로측] 좌석 / a ~ of honor 윗자리, 상석 / rise (up) from one's ~ 기립하다; 자리를 뜨다 / resume one's ~ 자리로 돌아가다.

2 걸상, 의자, 벤치; (걸상·의자의) 앉는 부분, 앉는 자리. ¶the ~ of a chair 의자의 앉는 자리.

3 (기계 따위의) 대(臺), 좌(座), 대좌; (물건이 위에) 얹혀질 부분. ¶the ~ of an engine 기관좌(機關座).

4 (몸의) 엉덩이; (의복의) 엉덩이 부분. ¶the ~ of one's trousers 양복바지의 엉덩이 부분 / be out at the ~ 엉덩이 부분이 찢어져 있다.

5 (말 따위에 올라탄) 자세, 앉음새.

6 (의원의) 지위[신분], 의석; 왕위, 왕권, 왕좌; 주교의 지위[권한]; (증권거래소 따위의) 회원권. ¶take one's ~ on the throne 왕위에 오르다. **7** 소재지, 장소, 위치; 본거지, 중추부; (질병의) 부위. ¶the ~ of learning 학문의 중심지 / the ~ of war 싸움터. **8** (귀족의 시골) 저택, 땅.

a safe seat 당선이 확실한 선거구.

be in the driver's seat 책임자의 입장에 있다.

by the seat of one's pants 《구어》 육감으로, 경험에 의해.

have a good seat on …을 잘 타다.

hold a seat in …에 한 자리를 차지하다.

in* [or *on*] *the hot seat 매우 어려운[중대한] 입장에서.

lose one's* [or *the*] *seat 의석을 잃다, 낙선하다.

on seat 《남아공 구어》 (관리가) 일하여, 근무하여.

take a back seat 눈에 띄지 않는[나약한] 입장이 되다; (사물이) 부차적[2차적]인 것이 되다.

vacate* [or *resign*] *one's seat 의원직을 그만두다.

win* [or *get*] *one's seat 의석을 획득하다, 당선되다.

— [동][타] **1** 《수동형·재귀용법으로》 …을 착석시키다, 앉히다(*on, in*). ¶(~+[目]+[前]+[名]) ~ a person *in* a sofa 남을 소파에 앉히다 / Please be ~*ed*. 자리에 앉아 주십시오. **2** (극장 등이) …명분의 좌석이 있다; …을 수용하다. ¶The theater can ~ 1,000 people. 그 극장은 천 명을 수용할 수 있다. **3** …에 (의자 따위의) 앉는 부분을 대다[만들어 달다]; 〔바지 따위〕에 엉덩이받이를 대다. **4** (권위있는 지위에) …을 취임시키다; …으로 선출하다, 의석을 얻게 하다(*on, in*). **5** 《수동형·재귀용법으로》 (어떤 장소에) …을 설치하다(*on, in*); 〔남〕을 정주시키다. ¶(~+[目]+[前]+[名]) They ~*ed* themselves *along* the shore. 그들은 해안에 정주했다.

— [자] **1** (마개·뚜껑 따위가) 꼭 맞다, 고정되다. **2** (옷의) 엉덩이 부분이 헐렁해지다. **3** 《고어》 자리에 앉다.

seat a candidate 후보자를 선출하다.

seat oneself 착석하다, 앉다.

ˊ·less [형]

séa tàngle [명] 다시마(다시마속(屬)의 각종 해초류).

séat bèlt [명] 좌석[안전] 벨트. (또는 **séatbèlt**)

séat còver [명] 《美속어》 매력없는 여성 운전자.

séat èarth [명] 〔지질〕 하반(下盤) 점토(석회층 밑에 있거나 바닥을 형성하는 점토층). (또는 **séat-èarth**)

seat·ed [síːtid] [형] **1** (자리에) 앉은. **2** 《복합어로》 걸상이 …인; 뿌리가 …인. ¶a cane-~ chair 등나무 의자 / a deep-~ disease 뿌리 깊은 병, 고질.

seat·er [síːtər] [명] **1** 《복합어로》 (자동차·비행기 따위의) …인승. ¶a two-~ 2인승. **2** 앉는 사람[것].

séa tèrm [명] 항해[해사(海事)] 용어.

seat·ing [síːtiŋ] [명][U] **1** 착석(시키기). **2** 좌석 배치[설비], 수용력. ¶a ~ capacity 좌석수; 수용력. **3** 의자의 재료, 안에 넣는 속 재료, 깔천[가죽]. **4** 승마 자세. **5** (기계 따위의) 좌대(座臺). **—** [형] 의자[좌석]의[에 관한]; 착석자의. **~·less** [형]

seat·man [síːtmən] [명] (직업적인) 카드 딜러.

seat·mate [síːtmèit] [명] (탈것 따위의) 옆자리 사람, 동석자.

séat mìle [명] 〔항공〕 좌석 마일(유료 여객 1인 1마일의 수송 단위).

SEATO [síːtou] *S*outh*e*ast *A*sia *T*reaty *O*rganization(동남 아시아 조약 기구). [참] NATO

seat-of-the-pants [ˊ-əvðəpǽnts] [형] **1** 직감[추측, 경험]에 의한, 짐작에 의존한. **2** (항공기 조정에서) 계기(計器)를 사용하지 않는.

sea·train [síːtrèin] [명] 열차 수송선(화물을 적재한 열차 차량의 수송선).

séa trìals [명][복] (새로 만든 배의) 시험 운항.

séa tròut [명] **1** 바다송어, (특히) 브라운 트라우트. **2** 송어 비슷한 바닷물고기(쥐노래미 등).

Se·at·tle [siǽtl] [명] 시애틀(미국 Washington 주의 항구 도시).

séa tùrn [명] 〔기상〕 안개를 동반하는 바닷바람.

seat·work [síːtwə̀ːrk] [명][U] 《美》 자습 과제(학생이 교실의 자기 자리에서 하는 학습이나 과제).

séa ùrchin [명] 성게(해저 바위 틈에 사는 극피(棘皮)동물).

séa vegètable [명] 《美》 식용 해초.

séa wàll [명] 방파제, 방조제. **séa-wàlled** [형]

***sea·ward** [síːwərd] [부] 바다 쪽으로, 바다로 향하여. (또는 **seawards**) **—** [형] 바다에 면한, 바다로 향한; (바람 따위가) 바다에서 불어오는. ¶a ~ wind 해풍. **—** [명] (the ~) 바다 쪽[방향], 앞바다.

sea·ware [síːwὲər] [명][U] (해안에 밀려온) 해초, 해조(비료용).

séa wàter [명] 해수, 바닷물.

sea·way [síːwèi] [명][C] **1** 해로, 항로. **2** 외해, 외양, 공해(公海). **3** [U] 항진(航進). ¶make ~ 항진하다. **4** 거친 물결, 거친 바다. ¶in a ~ 거친 파도에 휘말려서. **5** (외항선이 통과할 수 있는) 내륙 수로, 운하.

***sea·weed** [síːwìːd] [명][U][C] **1** 해초, 해조(海藻). **2** 《美속어》 시금치.

séa whìp [명] 채찍산호.

sea·wife [síːwàif] [명] ([복] **-wives**) 놀래깃과(科)의 물고기.

séa wìnd [명] =sea breeze.

séa wòlf [명] **1** =wolffish. **2** 해적. **3** 잠수함.

Sea·wolf [síːwùlf] [명] 《美》 공격형 원자력 잠수함.

sea·wor·thy [síːwə̀ːrði] [형] (배가) 항해에 적합한; 내항성(耐航性)의. [참] airworthy **-thi·ness** [명]

séa wráck 〖명〗 (해안에 밀려온) 해초[해조] 더미.
se·ba·ceous [sibéiʃəs] 〖형〗 〖생리〗 지방질의, 피지(皮脂)성의; 지방을 분비하는. ¶~ **gland** 피지선(皮脂腺).
Se·bas·tian [sibǽstʃən] 〖명〗 세바스천. **1 Saint** ~ 성 세바스찬(?-288?: 로마의 군인·초기 그리스도교 순교자). **2** 남자 이름.
SEbE southeast by east(남동미동(南東微東)). **SEbS** southeast by south(남동미남(南東微南)).
se·bum [síːbəm] 〖명〗〖U〗〖생리〗 피지(皮脂)(피지선에서 분비되는 지방성 분비물). [<F]
sec[1] [sek] 〖형〗 (포도주가) 맛이 쌉쌀한, 달지 않는.
sec[2] 〖명〗 (구어) 순간, 잠시 동안. [<second]
sec[3] 비서. [<secretary]
sec[4] 〖명〗 ~**s, sex**〖미구어〗 세코날(Seconal)의 캡슐[정제].
sec secant. **SEC, S.E.C.** (美) Securities and Exchange Commission(증권 거래 위원회). **sec.** secondary; second(s); secretary; section(s); sector; (라틴) secundum; 「의 방식).
SECAM [síːkæm] 〖명〗 세캄(프랑스가 개발한 컬러 TV
se·cant [síːkænt/-kənt] 〖형〗 (기하) 할선(割線)(⇒ CIRCLE 그림) 〖삼각함수〗 정할(正割), 시컨트(약 sec). ―〖명〗 (선이나 면이 다른 선·면과) 교차하는, 나누는, 가르는. ~**·ly** 부.
sec·a·teurs [sékətər, -tə̀ːr/sékətəz] 〖명〗〖복〗 (단·복수 양용) (英) 전지[전정] 가위.
sec·co [sékou] 〖명〗〖U〗 (마른 회벽 위에 그리는) 프레스코 화법(畵法). 〖음악〗 (약절이) 짧게 끊어 연주되는. ―〖형〗 짧게 끊어, 짧게 끊은 저음만의 연주로. [<It dry]
Sec·co·tine [sékətiːn] 〖명〗〖상표〗 세코틴(접착제).
Sec·cy [séki] 〖명〗〖미구어〗 세코날(Seconal) 정제.
Sec·def [sékdèf] 〖명〗〖미구어〗 국방 장관.
[<Secretary of Defense] 「리하다(from).
se·cede [sisíːd] 〖명〗짜 (정당 따위에서) 탈퇴하다; 분
se·ced·er [sisíːdər] 〖명〗 **1** 탈퇴자, 분리자. **2** (S−) (스코틀랜드의) 분리 교회 신자.
se·cern [sisə́ːrn] 〖명〗타 …을 구별하다, 식별하다. ―〖명〗짜 〖생리〗 분비하다, 식별되다.
se·cern·ent [sisə́ːrnənt] 〖생리〗 분비하는.
―〖명〗 분비 기관; 분비 기능; 분비 촉진제.
se·ces·sion [siséʃən] 〖명〗 **1** 〖U〗〖C〗 (정당·종교 단체 따위로부터의) 탈퇴, 분리. **2** (S−) 〖U〗〖미역사〗 주권론(州權論)에 입각한 연방 탈퇴(특히 1860−61년의 남부 11주의 연방 탈퇴). ¶the War of S− 남북 전쟁(the Civil War). **3** (S−) 〖U〗 〖미술〗 분리파(19세기말 비엔나에서 시작된 건축 사상의 혁신적 예술 운동). **4** (S−) (1733년 Erskine의 종교 개혁에 의한) 스코틀랜드의 영국국교회 탈퇴. ~**·al** ~**·ism** 분리[탈퇴]론.
Secéssion Chúrch 〖명〗 (the ~) (1733년 스코틀랜드 국교회에서 탈퇴된) 분리 교회.
se·ces·sion·ist [siséʃənist] 〖명〗 분리[탈퇴]론자 (S−) (美역사) 남북 대립 시기의 분리론자; (S−) (미술) 분리파 예술[건축]가. ―〖형〗 분리[탈퇴]론의.
Séck·el (pèar) [sékəl(-)] 〖명〗 세겔(서양배의 품종; 열매가 작고 맛이 좋다). 「모, 변태, 성범죄자.
sec·ko [sékou] 〖명〗 ~**s** (濠구어) 성도착자, 변
sec. leg. (라틴) secundum legem(=according to law)(법률에 따라, 법조문에 비추어).
*****se·clude** [siklúːd] 〖명〗타 …을 틀어박혀 살게 하다, 은둔시키다; …을 (…에게서) 떼어놓다, 차단하다, 격리하다(from). ¶ ~ (+목+전+명) … a person from his companions 남을 동료에서 떼어놓다.
seclude oneself **from** …으로부터 은둔하다.
se·clud·ed [siklúːdid] 〖명〗 격리된, 은둔한, 틀어박힌; 호젓한, 한적한, 인가에서 멀리 떨어진. ¶a ~ life 은둔 생활. ~**·ly** 부. ~**·ness** 명.
*****se·clu·sion** [siklúːʒən] 〖명〗〖U〗 **1** 격리, 차단. ¶a policy of ~ 쇄국 정책. **2** 은퇴, 은둔, 독거(獨居), 한거

(閑居). ¶live in ~ 은둔 생활을 하다/be in the ~ of one's own home 자기 집에 틀어박혀 있다. **3** 격리된 장소, 인가에서 떨어진 곳, 벽지. ~**·ist** 은둔주의자.
se·clu·sive [siklúːsiv] 〖형〗 틀어박히기를 좋아하는, 은둔하는. ~**·ly** 부. ~**·ness** 명 (은 정치).
SECO [로켓] sustainer engine cutoff(제2단 엔진 연
sec·o·bar·bi·tal [sèkoubάːrbətɔ̀ːl, -tæ̀l] 〖명〗 (약학) 세코바르비탈(신경 안정제·수면제).
Sec·o·nal [sékənɔ̀ːl/-næ̀l] 〖명〗 (상표) 세코날(secobarbital의 제품명).
‡**sec·ond**[1] [sékənd] 〖명〗〖형〗 **1** (the ~)의 제2의, 두 번째의, 2등(약 sec., 2nd); 2류의; 부수적인, 2차적인(to). ¶goods of the ~ grade 2등[2류]품/the ~ (day) of the month 달의 2일째/the ~ man from the left 왼쪽에서 두 번째 사람. **2** (the ~) (2개의 비슷한 부분에서) 한 쪽의, 나머지(후자)의. ¶the ~ half of a motion picture 영화의 후반부. **3** 하나 건너의, 하나 거른. ¶every ~ evening 하룻밤 걸러. **4** (a ~) 또 하나의, 다른, 추가의; 아주 닮은, 제2의. ¶a ~ helping (식사의) 또 한 그릇/a ~ Solomon 제2의 솔로몬. **5** (문법) 2인칭의(을 나타내는). **6** 〖음악〗 (같은 악기·음성에서) 저음부의; 2도(음정부)의. ¶ ~ **alto** 제2 알토/ ~ **trombone** 제2 트롬본. **7** (자동차) 세컨드(기어)의, 2 단식의.
a second time 재차, 다시. [의] 제2단의.
be second only to …에 버금가다, …을 빼면 첫째 이다. 「않다.
be second to none 누구에게도[무엇에도] 뒤지지
cut one's second teeth (남자가) 분별이 생기다, 어른이 되다, 결혼 적령기에 다다르다.
in the second place 다음으로, 두 번째로.
play second fiddle 보조 역할을 하다.
―부 **1** 두 번째로; 2등[2등으로]. **2** 〖美〗 (경주에서) 2등[위]이 되다/travel ~ 2등칸으로 여행하다.
second off 〖美구어〗 두 번째로.
―〖명〗 〖C〗 ~**s** [-z] **1** (the ~) (지위·경쟁·시합 따위에서) 제2위인 사람, 차석[2착(등)], 2번; 제2세, 제2대; 두 번째 남편(아내); 제2일; 2등차; (야구) 2루(수). ¶a good ~ 1등과 큰 차가 없는 2등/get into a ~ 2 등차를 타다. **2** 보조(지원)하는 사람, 보좌관, 후원자; (결투·복싱 따위의) 세컨드, 보조인(앵 principal). ¶act as a most useful ~ 오른팔이 되다. **3** (~s) 2등품, 2류품, 2급 밀가루(의 빵). **4** (자동차의) 제2단, 세컨드 (기어). **5** 〖음악〗 2도 음정; 2도 음; 2도 음의 결합에 의한 협화음(協和音), 2도음(低音部). **6** (~s) 〖속〗 (식사의) 또 한 그릇; (한 번 끓인 차 따위의) 재탕. **7** (속) 회) 재청(再請)하는 사람. **8** 〖야구〗 2급[2등]품 양철. **9** 〖문법〗 2인칭.
―〖명〗타 **1** …을 원조(후원)하다; (결투·복싱 따위의) …의 세컨드[보조인]가 되다. ¶ ~ **a person's efforts** 남의 노력을 뒷받침하다. **2** (목적 따위를) 촉진[조장]하다; (동의·결의)에 찬성[재청]하다. ¶ ~ **a bill** 법안에 찬성하다. **3** (발언·목적 따위를) 보강하다.
‡**sec·ond**[2] [sékənd] 〖명〗〖C〗 ~**s** [-z] **1** 초, 1초시 (時)(약 ⑦). 〖기하〗 초, 세컨드(각도 단위; 약 ⑦ ″). ¶20 degrees, 8 minutes, and 40 ~s 20도 8분 40초(20° 8′40″). **2** 〖물리〗 초(국제 단위계(SI)에서 시간의 기본 단위; ⑦ s, S; 약 sec). **3** (구어) 잠깐, 순간. ⇒MOMENT 유의어) ¶in a ~ 금방, 순식간에/Wait a ~ for me. 잠깐 기다려라.
not for a [or **one**] **second** 조금도…않다(never).
se·cond[3] [sikánd/-kɔ́nd] 〖명〗타 (英) (수동형으로) (장교·공무원 따위를) (일시적으로) 배치를 바꾸다(for, to).
Sécond Ádvent (the ~) (그리스도의) 재림.
Sécond Ádventist 〖명〗 =Adventist.
Sécond Améndment 〖명〗 (美) 수정 제2조(주(州)의 민병 유지 권리를 보장한 1791년의 헌법 수정 조항).
sec·ond·ar·i·ly [sèkəndérəli/sékəndər-] 〖명〗 제2

secondary

(위)로, 두 번째로; 2차적[종속적]으로; 보조적으로.

:sec·ond·ar·y [sékəndèri/-dəri] 형 1 제2(위)의, 두 번째의; 2등(급)의, 2류의(⊛ primary). ¶a ~ road 2급 도로. **2** 다음의, 부⋯, 종속[부차]적인, 보조적인; 파생적인, 본래의 것이 아닌. ¶a ~ cause 부차적인 원인/a ~ product 부산물. **3** 중등 교육[학교]의. ¶ ~ education 중등 교육. **4** 〔전기〕 2차의; 〔화학〕 제2의. ¶a ~ current 2차 전류. **5** 〔지질〕 2차적인, 2차로 생긴. ¶a ~ mineral 2차적 광물. **6** 〔문법〕 **a)** (단어가) 파생적인. **b)** (그리스어·라틴어 등에서) 과거 시제의. **c)** 2차 어구의, 형용사(상당 어구)의(⊛ primary). **7** 〔조류〕 둘째 날개깃의. **8** 〔의학〕 속발성(續發性)의; 제2차 [기]의, 뒤에 생기는. **9** 〔식물〕 나중 나온.

of secondary importance 별로 중요하지 않은, 2차적으로 중요한.

— 명 (*pl.* *-ar·ies*) **1** 제2번째(자리)의 사람[것], 2차적인 것. **2** 대리인; 보좌역. **3** 〔전기〕 2차 회로, 2차 B 코일. **4** 〔페어〕 〔지질〕 중생대. **5** 〔문법〕 2차어(구), 형용사 (상당 어구); 〔언어〕 = ~ accent. **6** 〔조류〕 둘째 날개깃. **7** (*-ar·ies*) 〔곤충〕 (나비 따위의) 뒷날개. **8** (원색을 섞어 만드는) 2차색, 등화색(等和色). **9** (*-ar·ies*) 〔의학〕 제2기 증후. **10** 〔증권〕 = ~ distribution. **11** 〔천문〕 제2권(圈), 종권(從圈); 위성. **12** 〔미식축구〕 제2 수비진.
-ar·i·ness 명 ⊛ primary accent

sécondary áccent 명 〔언어〕 제2 악센트[강세].
sécondary bóycott 명 2차적[제2차] 보이콧(쟁의와 직접 관계가 없는 거래선을 보이콧하는 일).
sécondary cáche 명 〔컴퓨터〕 2차 캐슈(external)(마이크로프로세서의 motherboard에 있는 캐슈 메모리). 〔逆〕 전지.
sécondary céll 명 〔전기〕 2차 전지(電池), 가역(可
sécondary cólor 명 2차색, 등화색(等和色)(원색 두 가지를 같은 양으로 섞은 색).
sécondary consúmer 명 〔생태〕 2차 소비자(1차 소비자[초식 동물]를 잡아먹는 동물).
sécondary cóntact 명 〔사회〕 2차적[간접] 접촉, 2차적 관계. ⊛ primary contact
sécondary dáta 명 〔마케팅〕 2차 데이터(이미 다른 목적을 위해 수집된 자료).
sécondary derivátive 명 **1** 〔언어〕 2차 파생어 (pennilessness 따위). **2** 〔수학〕 2차 도함수.
sécondary distribútion 명 〔증권〕 2차 분매(分賣)(이미 발행된 증권을 대량으로 일반에게 파는 일).
sécondary educátion 명 중등 교육.
sécondary eléctron 명 〔물리〕 2차 전자.
sécondary emíssion 명 〔물리〕 2차 전자 방출.
sécondary féather 명 〔조류〕 둘째 칼깃.
sécondary gróup 명 〔사회〕 2차 집단, 특수 이해 관계 집단(학교·회사·정당 등). ⊛ primary group
sécondary índustry 명 2차 산업. 〔소〕
sécondary márket 명 유통[제2] 시장; 증권 거래 소.
sécondary méristem 명 〔식물〕 2차[기] 분열 조직.
sécondary métal 명 〔야금〕 2차[재생] 금속.
sécondary módern schóol 명 〔英〕 신(新)중등 학교(제2차 세계 대전 후에 설치된 실용 과목을 중시하는 중등 학교). 〔tion.
sécondary óffering 명 =secondary distribu-
sécondary plánet 명 〔천문〕 위성.
sécondary próduct 명 2차 산품, 부산물. 〔개.
sécondary ráinbow 명 〔쌍무지개의〕 바깥쪽 무지
sécondary recóvery 명 〔생산이 중지된 유정(油井)에서의〕 재채유(再採油), 2차 채유.
sécondary róad 명 2급 도로, 곁길.
sécondary róot 명 〔식물〕 곁뿌리.
sécondary schóol 명 중등 학교.
séc·ond·ar·y-schòol
sécondary séx charactèristic 명 〔의학〕 2차 성징(性徵). (또는 **sécondary séx chàracter**)

sécondary stórage 명 〔컴퓨터〕 보조 기억 장치.
sécondary stréss 명 **1** 〔언어〕 =secondary accent. **2** 〔공학〕 2차 응력(應力). 〔목.
sécondary súbject 명 (英) (대학의) 부전공 과
sécondary téchnical schóol (英) 중등 실업 학교. ⊛ secondary modern school
sécondary tíssue 명 〔식물〕 2차 조직(형성층에 의해 만들어지는 조직).
sécondary wáll 명 〔식물〕 2차 세포벽.
sécondary wáve 명 〔지진의〕 제2파, S파.
sécondary wórd 명 〔언어〕 2차 파생어.
sécond ballóon 명 (美軍속어) 소위.
sécond bállot 명 결선[2차] 투표.
sécond banána 명 〔美구어〕 (코미디 등의) 조역 (助役); (일반적으로) 종속적인 사람. ⊛ top banana
sécond báse 명 〔무관사〕 〔야구〕 2루; 2루수의 위치.
sécond báseman 명 〔야구〕 2루수. 〔비 위치.
sécond bést 명 차선(次善)의 사람[것].
sec·ond-best [-bést] 형 두 번째로 좋은, 차선의.
¶one's ~ clothes 두 번째로 좋은 옷. — 명 둘째[2위]
come off second-best 2위가 되다. 지다. 〔로.
Sécond Bírth 명 〔신학〕 중생(重生), 거듭남.
Sécond Chámber 명 (양원제 의회의) 상원.
sécond chíldhood 명 노쇠, 노망.
sécond cláss 명 **1** 2류의 사람[것]; (기차 따위의) 2등. **2** 〔英대학〕 2급 우등 학위. ¶get [*or* take] a ~ in law 법학에서 2급 우등 학위를 받다. **3** 제2종 (우편물).
sec·ond-class [-klǽs/-klɑ́ːs] 형 **1** 2등의, 2급의. ¶a ~ carriage 2등 차. **2** (우편물 따위의) 제2종의. ¶ ~ matter 제2종 우편물(신문 따위). **3** 2류의, 하급의. — 부 **1** 제2종 우편으로. **2** 2등으로, 2등차 승객으로. ¶travel[*or* go] ~ 2등(칸)으로 여행하다.
sécond-class cítizen 명 2등 시민(경제적·정치적으로 차별 받는 시민; 존중 받지 못하는 사람.
Sécond Cóming 명 (the ~) =Second Advent.
sécond cóusin 명 육촌, 재종.
sécond cóver 명 (the ~) (잡지의) 표2, 표지 뒷면. (또는 **ínside frònt cóver**)
sécond déath 명 〔기독교〕 둘째 죽음, 영원한 죽음.
sec·ond-de·gree [-digríː] 형 〔화상(火傷)·죄상(罪狀) 따위의〕 2급[도]의.
sécond-degree búrn 명 〔병리〕 2도 화상.
sécond-degree múrder 명 〔법률〕 2급 살인.
sécond dístance 명 〔미술〕 중경(中景).
sécond divísion 명 〔집합적〕 **1** 〔英〕 (시험을 통해 채용된) 하위직 공무원. **2** 〔스포츠〕 B 클래스, 하위 팀 [그룹]. 〔점으.
sec·ond-draw·er [-drɔ́ːər] 형 〔구어〕 2류의, 차
se·conde [sikǽnd/-kɔ́nd] 명 〔펜싱〕 제2의 자세 (방어 자세). 〔<F〕 〔의) 지지자, 찬성자.
sec·ond·er [sékəndər] 명 지지자, 후원자; (동의
sécond estáte 명 〔집합적〕 (옛 신분제 사회에서의) 제2 계급; (프랑스의) 귀족; (영국의) 상원 의원(귀족 출신 의원의 총칭).
sécond fíddle 명 **1** 〔구어〕 (오케스트라의) 제2 바이올린 (연주자); 제2조, 단역; 보좌역. ¶play ~ to a person 남의 보좌를 하다. **3** 차선[2류]의 인물[것].
sécond flóor 명 〔美〕 2층; 〔英〕 3층. ⊛ first floor
Sécond Frónt 명 **1** 제2전선(독일군 점령하의 유럽 상륙 작전). **2** (s-f-) (적의 힘을 분산시키기 위한) 분단
sécond géar 명 (자동차의) 2단 기어. 〔작전.
sec·ond-gen·er·a·tion [-dʒènəréiʃən] 형 **1** 2 세대의. **2** (기계가) 제2세대의(컴퓨터 2세대의(고체 소자(素子) 반도체를 쓰는).
sécond generátion compúter 명 (the ~) 2 세대 컴퓨터. ⊛ fifth generation computer
sécond grówth 명 (처녀림 벌채 후에 자연 발생하는) 2차림, 재생림.

sec·ond-guess [-gés] 图티 **1** (美·캐나다 구어) [행위 따위]를 나중에 비판하다, [지난 일]을 비판하다. **2** …을 예언하다; [남]을 앞지르다. ~·**er** 图

***sécond hánd** 图 **1** (시계의) 초침. **2** 조수, 조력자; 중개인, 매개물.
at second hand ① 전해 듣고, 간접적으로; 중개인 [매개물]을 통하여. ② 고물로, 중고품으로.

***sec·ond-hand** [sékəndhǽnd] 图 **1** 간접적인, 전해 들은. ¶ ~ information 전해 들은 정보. **2** 중고의; 고물의. ¶ ~ clothes 헌옷. **3** 고물상[중고품상]의. ¶ a ~ bookseller 헌 책방.
a secondhand woman (속어) 과부, 후처.
— 图 **1** 고물[중고]로. **2** 전해 듣고, 간접적으로. ¶ I heard the news ~. 그 소식을 전해 들었다.
~·**ed·ness** 图

sécondhand smóke 图 간접 흡연.

sécond hóme 图 (주말·휴가용의) 별장; 제2의 고향; 평소에 많은 시간을 보내는 곳.

sec·ond-in-com·mand [-inkəmǽnd, -máːnd] 图 **1** (군사) 부사령관. **2** 차장(次長).

Sécond Internátional 图 (the ~) 제2 인터내셔널(1889년 Paris에서 조직되고, 1923년에 사회주의 노동자 인터내셔널에 흡수).

sécond jóhn 图 (美육군 속어) 소위.

Sécond Lády 图 (s- l-) (美) 부통령 부인.

sécond lánguage 图 **1** 제2 언어 (모국어 다음 가는) 제2 언어. **2** (학과로서의) 제1 외국어.

sécond lieuténant 图 (군사) 소위. 圈 lieutenant

***sec·ond·ly** [sékəndli] 图 둘째로, 다음으로.

sécond mán 图 (전차·기관차의) 운전사[기관사] 조수.

sécond márk 图 초(秒) 부호(〃).

sécond máster 图 (英) 부교장, 교감.

sécond máte 图 (상선의) 2등 항해사.

se·cond·ment [sikándmənt/-kɔ́nd-] 图 (英) (장교·공무원의) 임시 파견[배치 변경].

sécond mórtgage 图 2번[2순위] 저당.

sécond náme 图 성(姓); =middle name.

sécond náture 图 후천적 성벽(性癖). ¶ *Habit is* (a) ~. (속담) 습관은 제2의 천성이다.

se·con·do [sikándou/sekɔ́n-] 图 (图 **-di** [-di:]) (음악) (피아노 2중주의) 저음부 연주(奏者)). (＜It)

sécond ófficer 图 =second mate.

sécond opínion 图 다른 의사의 진단[소견].

sécond pápers 图 (美구어) 제2차 서류(미국 국적 취득을 위한 최종 신청서). 圈 citizenship

sécond pérson 图 (the ~) (문법) 2인칭.

sec·ond-rate [-réit] 图 **1** 2류의, 2급의. **2** 열등한; 평범한. ~·**ness**, **-rát·er** 图 2류의 것[사람].

sécond réading 图 (의회의) 제2 독회(讀會).

sécond rún 图 (영화) 2차 상영, 재개봉. 「의 친구.

sécond sélf 图 (one's ~) 둘도 없는 친구, 일심동체

sécond sérvice 图 (영국 국교회의) 성찬식, 성찬 배수(拜受).

sécond séx 图 (the ~) 제2의 성. (집합적) 여성.

sécond shéet 图 (이름·주소 따위가 인쇄되지 않은) 편지지; 카본 복사지.

sécond síght 图 천리안; 투시력, 혜안(慧眼).

sécond síghted 图 **sécond síghtedness** 图

sécond sóurce 图 (컴퓨터) (하드웨어 따위의) 2차 공급원(源). 「가 되다.

sec·ond-source [-sɔ́ːrs] 图티 …의 2차 공급자

sec·ond-sourc·ing [-sɔ́ːrsiŋ] 图 2차 공급자의.

sécond stóry 图 =second floor.

sec·ond-sto·ry [-stɔ́ːri] 图 **1** (美) 2층(집)의. **2** (美구어) (강도 따위의) 2층 창문으로 들어오는[들어온]. **3** (英) 3층의. 「어오는 강도.

sécond-story mán 图 (美구어) 2층 창문으로 들

sec·ond-strike [-stráik] 图 (핵전쟁에서의) 제2격

의, 첫 반격용의. — 图 최초의 반격, 제2격.

sécond string 图 **1** (美·캐나다) (집합적) (운동 경기의) 후보 선수, 교체 요원. **2** (기업의) 두 번째 지위.
a second string to one's *bow* (英) 제2의 수단.

sec·ond-string [-stríŋ] 图 2류의; 대리의; 쓸모 없는. ~·**er** 图 2류(군) 선수; 시시한 것[사람]; 대안.

sécond téeth 图 영구치(齒).

sécond thígh 图 (네 발 동물의) 정강이.

sécond thóught 图 (~s) 재고(再考).
Don't give it a second thought. (상대의 무례 따위를 용서할 때) 너무 괘념치 마라, 그 정도면 됐다.
on second thought(s) 다시 잘 생각하여(보니).

sécond wínd [-wínd] 图 **1** (심한 운동 후의) 정상 호흡 회복, 호흡 조정. **2** 원기 회복.
get one's *second wind* 원기를 회복하다.

Sécond Wórld Wár 图 (the ~) 제2차 세계 대전.

‡**se·cre·cy** [síːkrəsi] 图 (图 **-cies** [-z]) **1** 비밀, 은밀; 은둔. ¶ *in* ~ 비밀로, 은밀히. **2** 비밀 엄수 (능력); 비밀주의; 과묵. ¶ rely on a person's ~ *in something* 남의 그 비밀을 엄수해 줄 것을 믿다.

sécrecy agréement 图 기밀 유지 계약.

‡**se·cret** [síːkrit] 图 (*more* ~; *most* ~) **1** 비밀의, 기밀의; 남모르는; 쉬쉬하는(*from*). ¶ a ~ treaty 비밀 협정/~ negotiations 비밀 교섭/a ~ passage 비밀 통로/the ~ parts (몸의) 음부. **2** (구어) 비밀을 지키는, 입이 무거운(*about*). **3** (장소 따위가) 남의 눈에 띄지 않는, 깊숙한, 외진, 인가에서 떨어진. ¶ a ~ valley 깊숙한 골짜기/the ~ depths of the sea 심해의 바다. **4** 인간으로는 헤아릴 수 없는, 심원한. ¶ the ~ Providence of God 헤아릴 수 없는 신의 섭리. **5** (한정용법) 공표되지 않은. **6** (정보·문서 따위가) 극비인; 극비 정보[문서]를 다룰 자격이 있는.
be secret as the grave[or *a mouse*] 입이 매우 무겁다.「이 있다.
be secret in one's *habit* 숨기는[비밀로 하는] 습관
bid a person be secret 남에게 입을 다물도록 하다. 「하다.
keep…secret from a person …을 남에게 비밀로
— 图 **1** ⓒ⓾ 비밀, 기밀, 숨겨진 것. ¶ an open ~ 공공연한 비밀/let out a ~ ; tell a ~ 비밀을 누설하다. **2** (图 ~s) 신비, 불가사의. ¶ the ~s of nature 자연의 신비. **3** (직접적으로 파악하기 어려운) 숨겨진 의미, 참뜻, 비밀을 푸는 열쇠. **4** (the ~) 비결, 비전(秘傳), 요령(*of, to*). ¶ the ~ *of success* 성공의 비결. **5** (S-) (가톨릭) (미사의) 묵송(默誦). **6** (美) 극비(기밀 구분의 하나). **7** (~s) 음부.
be in on the secret (of) (…의) 비밀을 알고 있다.
break a secret 비밀을 누설하다.
disclose a secret 비밀을 폭로하다.
in secret 비밀로, 몰래, 은밀히. ¶ hold a meeting *in* ~ 은밀히 회합하다.
in the secret 비밀을 알고 (있는).
keep a secret 비밀을 지키다.
keep something a secret 어떤 일을 비밀로 하다.
let a person into[or *in on*] *a secret* 남에게 비밀을 누설하다.
make a secret of …을 비밀에 부치다.
smell out secrets 비밀을 탐지하다.
~·**ness** 图

se·cre·ta [sikríːtə] 图(图) 분비물.

sécret accóunt 图 비밀 계좌.

sécret ágent 图 비밀 공작원; 첩보원, 스파이, 간첩.

se·cre·taire [sèkrətέər] 图 =secretary 5.

sec·re·tar·i·al [sèkrətέəriəl] 图 **1** 서기(관)의, 비서(관)의. **2** 장관의 일. **2** 장관의.

sec·re·tar·i·at [sèkrətέəriət] 图 **1** (국제 조직의) 사무국; (대사관 따위의) 서기국. ¶ the ~ *of the United Nations* 유엔 사무국. **2** (집합적) 사무국원, 서기관 (전

원〕, 비서실 직원. **3** 비서실; 사무국(의 건물). **4** 비서〔서기〕(관)의 직함〔지위〕. (또는 **secretariate**)

‡**sec·re·tar·y** [sékrətèri/-təri] 명 (목 -*tar·ies* [-z])
1 (단체·회사의) 비서, 서기. **2** (협회 따위의) 사무장, 간사, 총재; (관청 따위의) 사무관, 서기관, 비서관; (회사의) 문서부장; 총무부장. ¶ an honorary ~ (영) 명예 간사 // be ~ to the president 사장(학장) 비서로 근무하다. **3** (S-) (미국·영국의) 장관(戀 minister); the S- of Defense [Agriculture, Commerce] (미) 국방〔농무, 상무〕장관 / the Home S- (영) 내무장관 / the Foreign S-; the S- of State for Foreign Affairs (영) 외무장관. **4** (영) 차관(undersecretary). ¶ a parliamentary[permanent] ~ 정무〔사무〕차관. **5** (서류 정리용 장과 접히는 뚜껑이 달린) 책상; (위에 책꽂이가 달려 있는) 책상. **6** 영 (인쇄) 필기체 활자.
— 图자 비서로 일하다.
~·ship 명 secretary의 지위(직, 임기).

|관련어| 미국 연방 정부의 각 부(**Department**) 직급: secretary 장관 / deputy secretary 부장관(우리 나라의 차관급) / undersecretary 차관 / assistant secretary 차관보 / deputy assistant secretary 부차관보.

sécretary bird 명 (조류) 뱀잡이수리(아프리카산(産)). 「서의 세계(일, 직).
sec·re·tar·y·dom [sékrətèridəm/-təri-] 명 비
sec·re·tar·y·gen·er·al [-dʒénərəl] 명 (목 *sec·re·tar·ies*-) 사무 총장, 사무 국장, (공산당 따위의) 서기장. ~·**ship** 명
sécretary of state 명 (때로 S- of S-) **1** (the ~) 국무장관. **2** (영) …장관(대신). **3** (미) (주(州) 정부의) 서기관.
sécret bállot 명 비밀〔무기명〕 투표. ® **open ballot**
se·crete[1] [sikríːt] 图타 …을 분비하다. ¶ a *secret*ing cell 분비 세포. → (생물) 분비물.
se·crete[2] 图타 **1** …을 숨기다. 비밀로 하다. ¶ ~ oneself 숨다. **2** 횡령하다. 착복하다. ⇒HIDE¹ 유의어
se·cre·tin [sikríːtin] 명 (생화학) 세크리틴(소장에서 분비되는 호르몬).
sécret ínk 명 은현 잉크(불에 쬐면 글씨가 나타난다).
se·cre·tion [sikríːʃən] 명 UC **1** (생리) 분비 (작용); 분비액[물]. **2** 숨김, 은닉. ~·**ary** 형
se·cre·tive[1] [síːkritiv, sikríː-] 형 숨기는; 비밀주의의; 입을 다무는. ~·**ly** 및 ~·**ness** 명
se·cre·tive[2] [sikríːtiv] 형 =SECRETORY.
~·**ly** 및 ~·**ness** 명
sécret kéy 명 (암호화된) 비밀 열쇠.
‡**se·cret·ly** [síːkritli] 및 (*more* ~; *most* ~) 비밀로, 은밀히, 남모르게; (기도할 때) 소리를 낮추어서, 들리지 않게. 「비선, 분비 기관.
se·cre·tor [sikríːtər] 명 (생리) 분비자. (해부) 분
se·cre·to·ry [sikríːtəri] 형 분비(성)의; 분비하는; 촉진하는; 분비물(액)의. 图 분비선, 분비선.
sécret pártner 명 (공동 경영 기업체의) 익명 사원.
sécret políce 명 비밀 경찰.
sécret resérve 명 (회계) 비밀 적립금.
sécret sérvice 명 **1** (the ~) (정부의) 첩보부(부)관. **2** (S- S-) (미) 재무부 비밀 검찰국(국가 요인의 경호, 지폐 위조범 적발을 담당). **3** 첩보 활동.
sé·cret-sérv·ice
sécret sérvice màn 명 (미) 재무부 비밀 검찰국원(국가 요인의 특별 경호원).
sécret sérvice mòney 명 (영) 기밀비.
sécret society 명 비밀 결사.
secs. seconds; sections.
‡**sect** [sekt] 명 **1** (종교의) 분파, 교파, 종파: (영국 국교에서 분리한) 비국교파. **2** (학문·사상 따위의) 파(派), 학벌, 학파; 당파. **3** (고어) 성(性).

sect. section; sectional.
-sect [sekt] 연결 「자르는, 잘린」의 뜻. ¶ inter*sect*.
sec·tar·i·an [sektɛ́əriən] 형 **1** 분파의〔종파, 교파〕의, 학파의. **2** 종파〔당〕심이 강한; 파벌적인. ¶ ~ politics 파벌 정치. **3** (관심의 폭 따위가) 좁은; 근시안적인, 편협한. — 명 **1** 교도, 신도; 파벌에 속한 사람. **2** 종파심이 강한 사람, 파벌적인 사람. ~·**ly** 및
sec·tar·i·an·ism [sektɛ́əriənìzm] 명 U 종파주의, 파벌심; 파벌학벌주의.
sec·tar·i·an·ize [sektɛ́əriənàiz] 图타 당파심을 조장하다, 파벌적으로 하다; 파벌 싸움을 두다. — ⓐ 신도로 활동하다, 분파 활동을 하다; 분파로 갈라지다.
sec·ta·ry [séktəri] 명 **1** 종파〔파벌〕에 속한 사람, 교도, 문도, 신도; 종파〔파벌〕심이 강한 사람. **2** (S-) (영국의) 비국교도 신교도.
sec·tile [séktil/-tail] 형 (부드러운 광물이) 절단할 수 있는; (칼로) 매끄럽게 자를 수 있는.
sec·til·i·ty [sektíləti] 명
‡**sec·tion** [sékʃən] 명 (목 ~s [-z]) **1** ⓒ 잘라낸 부분, 조각. ⇒ PART 유의어 ¶ a triangular ~ of cheese 3각형으로 자른 치즈. **2** (다른 것과 확실히 구별되는) 부분: (공유지 따위의) 구획, 지구, 구역; (사회적) 계급, 계층; (부족·집단 따위의) 일부; (회사·관청 따위의) 부, 과, 반, 부문, 파; (정당의) 당파. ¶ the business ~ 상업 지구 / an accounting ~ 경리과. **3** (책·법률·음악 따위의) 절, 항(項)(의 약어. §); (신문 따위의) 난(欄); (음악의) 악절(樂節). **4** (조립식 제품 따위의) 접합 부분, (조립) 부품품; (대의) 마디; (귤 따위의 알맹이의) 한 쪽. ¶ a bookcase built in ~s 조립식 책장. **5** 절단; 분단, 분할, 분리. **6** (외과·해부의) 절개; (현미경용) 박편(薄片). ¶ a ~ of diseased bone 환부의 뼛조각. **7** (물건의) 절단면; (기하) (입체의) 단면, 단면도. ¶ a midship ~ 선체 중앙의 단면도 / a conic ~ 원뿔 곡선 / a cross [or transverse] ~ 횡단면. **8** (군사) **a)** 반(2분대 이상으로 이루어지는 단위). **b)** 참모부〔과〕(대의). **⇒** ARMY 주의 **9** (철도) (침대차의) 구획; 보선구(保線區); 폐색(閉塞) 구간. **10** (생물) 절(節)(속과 종의 중간에 위치하는 분류 계급). **11** (제본) 접지(摺紙). **12** (美·뉴질) (버스 따위의) 요금 구간. **13** (美·뉴질) (건축용의) 지정지; 개척되지 않은
in section 단면으로.
in sections 해체하여.   「땅.
— 图타 **1** …을 분할〔구분, 구획〕하다; …을 단락(段落)짓다, 항으로 나누다. **2** …의 단면도를 그리다: (현미경용으로) …의 단면이 나오도록 자르다. **3** (외과) 절개 〔절단〕하다. **4** (영) (정신병 환자를) 정신병원에 수용하다. — ⓟ 부분으로 나누어지〔절단되다〕; 부분을 이루다.
sec·tion·al [sékʃənl] 형 **1** 특정 구역에 관한〔한정된〕, 국지적〔지방적〕인; (사회·지역 따위의) 특정 부분에 속하는. ¶ ~ interests 지방적 이해 관계. **2** 부분의, 부분적인; 구분〔구획〕된; 절(단락)의. **3** 파벌〔분파〕적인. ¶ ~ quarrels 파벌 다툼. **4** (가구 따위가) 조립식의. ¶ a ~ house 조립식 주택. **5** 부(部)〔과〕의, 부문의. **6** 단면(도)의. ¶ a ~ plan of a building 건물의 단면〔설계〕도. — 명 조립식 가구〔도구〕. ~·**ly** 및
sec·tion·al·ism [sékʃənəlìzm] 명 U 지역(지방〕주의〔편중); 지방적 편견, 지역 감정; 파벌〔분파〕주의.
-ist 명
sec·tion·al·ize [sékʃənəlàiz] (•(영) -**ise**) 图타
…을 부분〔부문〕으로 나누다; …을 구분〔구획〕하다.
-i·zá·tion 명
séction éight 명 (S- E-) (미) **1** 병역(징병) 면제. **2** 병역 부적격자(약 S&E). **3** (속어) 머리가 돈 사람.
sec·tion·eight [-éit] 图타 (美軍속어) (군인으로서 부적격하여) 제대시키다.
séction gàng [crèw] 명 (美철도) 보선구(保線區) 작업반.
séction hànd [màn] 명 (美철도) 보선구 작업원.

séction hòuse 图 1 (英) (관할 구역의) 독신 경찰관 기숙사. 2 (美) 철도 보선 작업원 숙소; 철도 보선구의 기자재 창고.

séction màrk 图 〔인쇄〕 절(節) 표[부호](§).

séction pàper 图 (英) 모눈종이(graph paper).

***sec·tor** [séktər] 图 1 〔기하〕 부채꼴. 2 함수(函數)자; 자. 3 〔기계〕 부채꼴 톱니바퀴. 4 〔군사〕 (전선의) 선형 전구(扇形戰區); 방위 구역, 작전 지역. 5 (일반적으로) 구역, 지역. 6 (산업 따위의) 부문, 분야. ¶ the private[public] ~ 민간[공공] 부문. 7 〔천문〕 측각기(測角器). 8 〔컴퓨터〕 섹터(자기 디스크나 디스크팩의 트랙을 보다 작게 나눈 부분). 9 〔통신〕 레이더의 유효 범위. —— 图 … 을 부채꼴로 분할하다. —— 图 (세균이 돌연변이에 의해) 다른 종(種)이 되다. **~·al** 图

sec·to·ri·al [sektɔ́ːriəl] 图 1 부채꼴의. 2 〔동물〕 (이가) 고기를 찢기에 알맞은. —— 图 (육식 동물의) 살을 물어뜯는 이. **~·ly** 图

séctor scàn 图 〔통신〕 (레이더의) 부채꼴 주사(走)

***sec·u·lar** [sékjulər] 图 1 세속의, 세속적인, 이 세상의; 비종교적인(图 spiritual, religious, sacred). ¶ ~ affairs 세속적인 일 / the ~ power [or arm] 세상 권력. 2 (교육·학교 따위가) 종교와 관계없는, 비종교적 과목에 관한 것을 다루는. 3 (성직자가) 수도회에 소속되지 않은. 4 (성직자와 구별하여) 속인의; 세속주의(옹호)의. 5 (축제 따위가) 한 시대[1세기]에 한 번의. ¶ the ~ games of Rome (고대) 로마의 백년제. 6 (명성·변화·분쟁 따위가) 몇 세기나 존속하는, 오랜 세월에 걸친; 〔시〕 극히 오랜, 오래 묵은. ¶ the ~ bird 불사조. 7 〔경제〕 장기적인, 영속적인. 8 (성직자와 구별하여) 속인(俗人). 2 교구 사제. **~·ly** 图 「는 변화.

sécular chánge 图 장기간에 걸쳐 서서히 일어나

sécular húmanism 图 세속적인 인본주의.

sec·u·lar·ism [sékjulərìzm] 图 세속주의, 비성직주의(图 clericalism); 정교(政敎) 분리론, 교육·종교 분리론; 세속성. **-ist** 图 **-ís·tic** 图

sec·u·lar·i·ty [sèkjulǽrəti] 图 1 = SECULARISM. 2 세상일에 몰두함, 속된 마음, 세속성; ⓒ 세속적인 일.

sec·u·lar·ize [sékjulərài z] 图 1 … 을 세속화하다; 정신적[종교적]인 관계[영향]에서 이탈시키다. 2 (종교) (성직자)를 환속시키다; (가톨릭) (수도(修道) 사제)를 교구 사제로 바꾸다; (교회용 재산)을 일반용으로 하다. **-i-zá·tion** 图 ⓤ 세속화; 교육과 종교의 분리. **-íz·er** 图

se·cund [síːkʌnd/sikʌ́nd] 图 〔식물〕 편측생(偏側生)의, 한쪽에 치우친. —— 图 〔식물〕 편측생. **~·ly** 图

se·cun·do [səkʌ́ndou] 图 둘째로. ⟨L secondly⟩

se·cun·dum [səkʌ́ndəm] 图 … 에 따르면[따라], … 에 의거하여. ¶ ~ legem [líːdʒem] 법률에 따라 / ~ artem 기술[규칙]에 따라; (처방전에서) 평소의 방법에 따라; 과학적[인공적]으로 / ~ naturam [natúːram] 자연에 따라, 자연히. ⟨L according to⟩

se·cun·dus [səkʌ́ndəs] 图 (처방전에서) 제2의, 다음의, 뒤에 이어지는. 图 primus ⟨L⟩

se·cur·a·ble [sikjúərəbl] 图 손에 넣을 수 있는; 확실히 할 수 있는; 안전하게 할 수 있는.

***se·cure** [sikjúər] 图 (**more ~, -cur·er; most ~, -cur·est**) 1 (장소 따위가) 안전한, 위험이 없는, 난공불락의 (from, against), ⇒ SAFE 유의어 ¶ a ~ landing spot 위험이 없는 상륙[착륙] 지점 / a ~ fortress 난공불락의 요새. 2 (건물 따위가) 튼튼한, 안정된; (받침대가) 쓰러지지 않는, 튼튼한 / a ~ knot 단단한 매듭 / a ~ foundation 튼튼한 토대 / make a row of bookshelves ~ to the wall 책장을 벽에 단단히 붙여 세우다. 3 (서술용법) 안전하게 보관된; 엄중하게 감금된. ¶ keep prisoners ~ 죄수를 엄중하게 감금해 두다. 4 (서술용법) 불안이 없는, 장래에 대하여 걱정이 없는 (about, as to). ¶ a ~ old age 안정된 노년. 5 (일이) 확보된, 보증된; 확실한; (관계·명성 따위가) 확립된, 부동의; (논의·판단 따위가) 신뢰할 수 있는, 믿을 수 있는. ¶ Victory is ~. 승리는 확실하다. 6 (전화 회선 따위가) 도청될 위험이 없는. 7 〔해사〕 수납[고정]된. 8 〔고어〕 과신하고 있는, 우쭐한; 방심한.

be secure against [or *from*] … 할 위험이 없다.

be secure of … 을 확신하다.

feel secure as to … 에 대해 안심하다.

have one's mind secure 마음 놓다.

make secure 굳게 하다. 공고히 하다.

—— 图 (**~s** [-z]; **~d; -cur·ing**) 图 1 … 을 안전하게 하다, 단단히 지키다 (against, from). ¶ ~ (+ 图 + 图 + 图) They ~d their town from an assault. 그들은 마을을 공격으로부터 지켜냈다. 2 … 을 확실하게 하다, 보증하다; 〔금융〕 (담보를 잡혀) … 의 지급을 보증하다; 보험에 넣다. ¶ ~ a loan 차관에 담보를 잡히다 // ~ oneself against accidents 상해 보험에 들다. 3 … 을 단단히 죄다[고정시키다](to); (남)을 감금하다, 묶다. ¶ ~ a door 문단속을 하다 / ~ a prisoner 죄수를 감금하다. 4 (원하는 것)을 확보하다, 손에 넣다, 획득하다 (from); (남)에게 … 을 확보해 주다 (for). ⇒ GET 유의어 ¶ ~ a position 지위를 얻다 / ~ the freedom of speech 언론의 자유를 확보하다 // (~ + 图 + 图) (~ + 图 + 图 + 图) ~ a person a seat; ~ a seat for a person 남의 자리를 잡아두다. 5 〔해사〕 … 을 일에서 해방시키다, … 에게 작업을 그만두게 하다. 6 〔외과〕 (지혈을 위해 실로) (동맥·정맥)을 묶다. 7 〔군사〕 (진지·하천 따위)를 확보하다, 지키다. 8 〔고어〕 (위험 따위)를 방지하다, 위험한 일을 못하게 하다 (from doing). —— 图 1 안전하다[하게 되다](against). ¶ (~ + 图 + 图) ~ against accidents 사고로부터 몸을 지키다. 2 〔해사〕 (선원이) 작업을 그만두다; (배가) 정박하다.

secure arms 〔군사〕 (비에 젖지 않도록) 총을 총구가 아래로 향하게 하여 겨드랑이에 끼다. ¶ S— arms! (구령) 팔에 총!

—— 图 〔해사〕 작업 중지 신호.

~·ly 图 **~·ness** 图 「경호, 경비.

se·cure·ment [sikjúərmənt] 图 1 확보; 보증. 2

se·cur·er [sikjúərər] 图 안전하게 하는 사람; 보증하는 사람. 「양의.

se·cur·i·form [sikjúərəfɔ̀ːrm] 图 〔생물〕 도끼 모

Se·cú·ri·ties and Exchánge Commíssion [sikjúərətiz-] (the ~) (美) 증권 거래 위원회 (图 SEC).

Secúrities and Invéstments Bòard 图 (the ~) (英) 증권 투자 위원회 (图 SIB).

se·cu·ri·tize [sikjúərətài z] 图图 (은행이) 금융을 증권화하여 자금을 조달하다. **-ti-zá·tion** 图 (금융의) 증권화. **-tìz·er** 图

‡**se·cu·ri·ty** [sikjúərəti] 图 (**-ties** [-z]) 1 ⓤ 안전, 무사; 안보, 보안, 치안. 图 insecurity ¶ national 国家 안전. 2 ⓤ 안심, 자신, 확신, 마음 든든함; 방심 (in). ¶ feel great ~ in … 에 크게 안심하다 / S— is the greatest enemy. (속담) 방심은 금물. 3 ⓤ 방어, 방위, 경비; ⓒ 보호물, 방어물; 방어[방위] 수단; 안전 보장 (against, from). 4 (범죄·스파이 따위에 대한) 경계; 예방 조치. 5 (재정상의) 안정; 경제 변동에 대한 보장. 6 증권 부서 [담당자]; 경비 회사. 7 ⓤⓒ 〔법률〕 보증; 보증인[금]; 저당[담보]; 저당[담보]물 (for). ¶ personal ~ 인적(人的) 담보. 8 (~ties) 유가 증권. ¶ government securities 국채, 공채. 9 〔컴퓨터〕 보안.

as security for … 의 담보로.

give security against … 로부터 보호해주다.

go [or *stand*] *security for* … 의 보증인이 되다.

in security 무사히, 평온하게.

in security for … 의 보증[담보]으로.

on good security 좋은 담보를 잡고.

on security of … 을 담보로 하여.

secúrity ànalyst 图 증권 분석가. (또는 **secúri-**

security blanket 1 유아가 심리적 안정감을 얻기 위해 껴안는 담요. 2 안도감을 느끼게 해주는 사람[물건]; 정신 안정제. 3 (경찰 따위의) 특별 경계 체제.
security check 〔항공〕 (공중납치 방지를 위한) 보안 검사.
security clearance (정부·군의) 기밀 취급 허가.
Security Council (the ~) (유엔의) 안전 보장 이사회(약 SC).
security forces 1 공안부대; 방위군. 2 (S- F-) UN군(United Nations Peacemaking Force).
security guard 경비원, 보안 요원.
security industry 경비 산업.
security interest 〔법률〕 선취득권, 담보권.
security man 경비원, 경호원, 보디가드.
security officer 공안 경찰; 경비원.
security pact[treaty] 안전 보장(방위) 조약.
security police (집합적) 1 (공항·공공 따위의) 공안(보안) 경찰; 경호대. 2 비밀 경찰.
security risk (정부의 요직에 있으면서 국가 안보를 위협하는) 위험 인물.
security service 국가 보안 기관(CIA 따위).
sec'y, secy secretary.
SED *Scottish Education Department; shipper's export declaration.*
se·dan [sidǽn] 세단형 자동차; = ~ chair.
sedan chair (17-18 세기의) 의자 가마.
se·date [sidéit] 1 조용한; 침착한, 냉정한; 진지한, 근엄한. 2 (색깔·디자인이) 수수한, 차분한. ━⑤他 …에게 진정제를 투여하다; 〔남〕을 진정시키다, 침착하게 하다. ~·ly ⓐ ~·ness 몡
se·da·tion [sidéiʃən] ⓤ 〔의학〕 진정 (작용); 진정 상태. [sedan chair]
sed·a·tive [sédətiv] 진정시키는, 누그러뜨리는; 〔의학〕 진정 작용이 있는. ━몡 진정제.
se de·fen·den·do [siː diːfendéndou] 〔법률〕 자기 방어를 위하여, 정당 방위를 위하여. 〈L〉
*****sed·en·tar·y** [sédntèri/-təri] 1 앉아 있는; 앉아서 일하는, 앉아 있는 데서 생기는. ¶ a ~ posture 앉은 자세/a ~ occupation 앉아서 일하는 직업. 2 늘 앉아 있는, 정착성의. ¶ lead a ~ life 늘 앉아 있는〔정착성의〕 생활을 하다. 3 (동물) (새 따위가) 이주하지 않는, 정착하는(⚔ migratory). 4 (페어) 활발하지 못한, 느린. ━몡 1 (the ~) (집합적) 늘 앉아 있는 사람; 앉아 일하는 직업을 가진 사람. 2 (동물) 정착성 거미.
-**tar·i·ly** [-tèrəli/-tər-] ⓐ -**tàr·i·ness** 몡
Se·der [séidər] 몡 (꽃) (~s, **-da·rim** [sidáːrim]) (유대교) 유월절의 첫날밤 축제.
se·de·runt [sidíərənt] 몡 (스코) 1 (회의 따위를 위해) 오랜 시간 앉아 있기. 2 회의, 정치자 회의. 3 (집합적) (정치자) 회의 참석자; 참석자 명부.
sedge [sedʒ] 몡 사초속(屬)의 식물; …속의 일종.
sedge warbler[wren] 〔조류〕 유럽산 개개비.
sedg·y [sédʒi] 사초가 우거진; 사초의〔같은〕.
se·di·le [sedáili] 몡 (꽃) **-dil·i·a** [-díliə/-dáil-]) (교회) 사제석, 목사석.
*****sed·i·ment** [sédəmənt] ⓤ 1 침전물, 찌꺼기, 앙금. 2 〔지질〕 퇴적물. 3 〔의학〕 침사(沈渣)(체액 따위의 밑바닥에 가라앉는 불용성 물질). ━ [sédəmènt] ⓥ他 침전시키다. ━闽 (물질 등이) 침전하다; (액체가) :**mén·tous** [침전물을 만들어 내다.
sed·i·men·ta·ry [sèdəméntəri] 침전물(로)의, 침전(퇴적)물로 된, 침전 작용에 의한. ¶ ~ rock 퇴적암. (또는 **sedimental**) ━ 〔지질〕 퇴적암.

-tar·i·ly [-məntéərəli/-diméntər-] ⓐ
sed·i·men·ta·tion [sèdəməntéiʃən] 몡ⓤ 퇴적 〔침적〕 (작용); 〔물리〕 침강(沈降) (작용).
sedimentation rate 몡 침강 속도.
sed·i·men·tol·o·gy [sèdəməntálədʒi/-tɔ́l-] 〔지질〕 퇴적학. -**men·to·log·ic** [-mèntəládʒik/-lɔ́dʒ-], **-to·log·i·cal** -**gist** 몡
se·di·tion [sidíʃən] 몡ⓤ 1 (폭동·소요의) 선동, 선동 행위; (언론에 의한) 반정부적 선동 행위(죄); 폭동 교사 행위; 치안 방해. 2 (고어) 불은, 소요.
se·di·tion·ar·y [sidíʃənèri/-ʃənəri] 반란 교사의; 선동적인. ━ 선동자, 폭동 교사자; 치안 교란자.
se·di·tious [sidíʃəs] 선동적인, 치안 교란의, 반란〔폭동〕적인. ~·ly ⓐ ~·ness 몡
*****se·duce** [sidjúːs/-djúːs] ⑤他 1 (남)을 부추기다〔꾀다〕, 교사하다; (의무·옳은 일에서) (남)을 벗어나도록 하다, ~는 길로 유혹하다, 타락시키다(away)(into, to do, from). ⇒TEMPT 유의어 ¶ (~+囲+前+图) ~ a person *into* error 남을 꾀어 잘못을 저지르게 하다/ ~ a person *from* his duty 남에게 의무를 저버리게 하다/ ~ a person *from* diligence *to* idleness 근면한 남을 꾀어 게으르게 만들다. 2 (부녀자)를 유혹하다. 3 (좋은 뜻으로) …을 매혹시키다, 반하게 하다.
~·**a·ble** -**dúc·er** -**dúc·i·ble** -**dúc·ing·ly** ⓐ
se·duce·ment [sidjúːsmənt/-djúːs-] 몡 = seduction.
se·duc·tion [sidʌ́kʃən] 몡 1 ⓤⓒ 유혹, 성적 유혹; 부추기기, 꾀기(to). 2 (~s) 유혹물〔수단〕, 남을 미혹시키는 것; 매력. 3 〔법률〕 (부녀자) 유혹(죄).
se·duc·tive [sidʌ́ktiv] 유혹하는, 매혹적인, 매력적인. ~·ly ⓐ ~·ness 몡
se·duc·tress [sidʌ́ktris] (남자를) 유혹하는 여자.
sé·dui·sant [F sedɥizɑ̃] (남성이) 사람을 매혹하는, 매력적인. 〈F〉
se·du·li·ty [sidjúːləti/-djúː-] 몡ⓤ 부지런함, 근면.
sed·u·lous [sédʒuləs/-dju-] (문어) 근면한, 끈기있는, 끈질긴, 지칠 줄 모르는; 공들인, 꼼꼼한.
play the sedulous ape to (작가가) …의 스타일을 흉내내다, …식의 문체로 쓰다.
~·**ly** ⓐ ~·ness 몡
se·dum [síːdəm] 몡 꿩의비름속(屬)의 식물.
‡**see**[1] [siː] ⑤ (~s [-z]; **saw; ~n; ~ing**) 他 1 …을 보다, …이 보이다. (주의하여) …을 보다((to) do, doing); (책 따위)를 읽다. ⇒LOOK (책 따위). ¶ (~+囲+*do*) I *saw* her go out. 그녀가 외출하는 것을 보았다 / She was ~*n* to go out. 그녀가 외출하는 것이 눈에 띄었다(* 수동형에서는 to부정사를 수반한다) / (~+囲+ing) I *saw* her *knitting* wool into stockings. 나는 그녀가 털실로 양말을 뜨고 있는 것을 보았다.

USAGE see+목적어+*do*와 see+목적어+-*ing*—
일반적으로 원형부정사 *do*를 쓴 경우는 어떤 행위 전체를 본다는 뜻이 되고, -*ing*를 쓴 경우는 진행중인 행위, 또는 그 일부를 보는 것이 된다: I *saw* him *cross* the road.(=He *crossed* the road and I *saw* it.)/I *saw* him *crossing* the road.(=He *was crossing* the road, and I *saw* him while he was doing this.)

2 (명소 따위)를 구경(관광)하다, (연극 따위)를 보다. ¶ ~ a play 연극을 보다 / ~ (the sights of) Rome 로마를 구경하다.
3 …을 이해하다, 알다, 깨닫다(*that*節, *wh.*節, *wh.* to *do*); (…라는 것)을 (신문 따위로) 알다, 알고 있다(*that*節) ⇒UNDERSTAND 유의어 ¶ ~ the use [fun] of *doing* …는 가치〔재미〕를 알 알다 / I ~ (구어) 네 말을 알아듣겠다 // (~+*wh.* 節) I ~ *what* you mean. 네 말 뜻을 잘 안다 // (~+*that*節) I ~ *that*

he is joking. 그 사람 농담하는 거야.
4 …을 살펴보다, 확인하다, 잘 보다, 검사[조사]하다 (*wh*. 節, *that* 節, 節) ¶ (명령문으로) …을 참조하라. ¶ (~+*wh*. 節) S- who it is. 누구인지 가서 알아보아라 // (~+*that* 節) (~+*wh*. 節) S- *that* [or *if, whether*] the door is locked. 문이 잠겼는지 확인하여라 // S- page 25. 25페이지를 참조하라.
5 …을 경험하다, (사건 따위에) 봉착하다. ¶~ life 세상 물정을 알다 / ~ service 군복무 경력이 있다 / She has ~n better days. 그녀는 한때 잘 산 적도 있다.
6 (…하도록) 주의하다, 배려하다, 조치를 취하다 (*that* 節, *done*)(⇒see (to it) that). ¶ (~+目+done) I'll ~ the work *done*. 그 일이 틀림없이 끝나도록 조치하겠다. **7** (남)을 만나다; 면회하다; 교제[데이트]하다. ¶ I am very pleased to ~ you again. 또 뵙게 되어 정말 반갑습니다 / I haven't ~n you for ages. 오랫동안 못 뵈었습니다, 오랜만입니다. **8** (전문가 등)을 만나다, 방문하다; 면담하다; (의사)에게 진찰을 받다 / You had better ~ a lawyer. 변호사와 상의하는 것이 좋겠다 / I'd like to ~ a doctor. 의사에게 진찰받고 싶다. **9** …와 동행하다; …을 배웅하다, 바래다 주다. ¶ (~+目+副) ~ a person *home* 남을 집까지 바래다 주다 / (~+目+前+名) I *saw* my friend *to* the station. 친구를 역까지 배웅했다. **10** …을 도와주다, 돌보아 주다. ¶ ~ a person through college 남을 대학 졸업 때까지 뒷바라지하다. **11** …을 찾아내다, 인식하다, 알아차리다 (*in, that* 節, *wh*. 節). ¶ (~+目+前+名) I *saw* the charming points *in* him. 그에게서 몇 가지 끌리는 점을 발견했다 // (~+*that* 節) I *saw* at once *that* I had made a mistake. 내가 틀렸다는 것을 금방 알아차렸다 // (~+*wh*. 節) It remains to be ~n *whether* he is reliable or not. 그가 믿을 만한지의 여부는 두고 보아야 한다. **12** (구어) (부정문에서; it과 함께) (생각 따위의 정당성)을 인정하다; (제안 따위)에 찬성하다. **13** (인공 위성·레이더 따위가) …을 시계에 포착하다; (초능력자가 제3의 눈으로) 보다; (능력이) 인지하다. **14** …을 예견[예측]하다 (*wh*. 節). ¶ ~ war ahead 전쟁을 예견하다. **15** …을 상상하다, 마음속에 그리다, 생각하다 (*as, doing*). ¶ ~ a vision 몽상하다 / (~+目+*as* 補) I can't ~ him *as* a teacher. 그가 교사가 된 모습을 도저히 상상할 수 없다 // (~+目+-*ing*) I can't ~ her *knowing* my secret. 그녀가 내 비밀을 알고 있다고는 상상할 수도 없다. **16** …을 (…으로) 생각하다, 간주하다, 가정해 보다. ¶ as I ~ it 내가 생각하는 바로는 / I can't ~ the matter that way. 이 문제를 그렇게는 생각하지 않는다. **17** (부정문·의문문에서) …을 묵인하다, 내버려두다 (*do(ing), done*). ¶ (~+目+-*ing*) I can't ~ him *making* use of me. 나는 그에게 이용당하고만 있지는 않을 것이다 // (~+目+*do*) I can't ~ many people *suffer*. 나는 많은 사람들이 고통받는 것을 가만히 보고만 있을 수는 없다. **18** (카드놀이) (포커 따위에서) (상대방의 내기)에 응하다, (상대방)과 같은 액수를 걸다. **19** (구어) …에게 뇌물을 먹이다, …을 매수하다.
── 자. **1** 보이다, 눈에 띄다. ¶ as far as I can ~ 눈에 보이는 데까지는 / S-, the sky is very blue. 보아라, 하늘이 정말 파랗구나 / It's dark; I can't ~ to read. 어두워서 읽을 수가 없구나 / Just born animals do not ~. 갓 태어난 동물들은 볼 수 없다. **2** 이해[납득]하다, 알다, 깨닫다, 간파하다. ¶ as far as I can ~ 내가 아는[판단하는] 한에는 / ¶ (구어) 아하, 알았소, 그렇군요 / You shall ~. 곧 알게 될 겁니다 / Oh, I ~ now, he was only joking. 아아, 이제 보니, 그는 농담하고 있었군요. **3** 생각하다, 숙고하다 (*about*). ¶ Let me ~. =Let's ~. 으응, 가만 있자, 좀 생각해보자. **4** 살펴보다, 확인하다, 조사하다 (*into*). ¶ Go and ~ for yourself. 직접 가서 확인해 보아라 // (~+前+名) He will ~ *into* the matter. 그는 그 문제를 조사해 볼 것

이다. **5** (…하도록) 마음을 쓰다, 배려하다, 유의하다, 조치하다 (*to*). **6** (기계가 인간처럼) 지각하다, 보다; 인지하다. **7** (구어) 악보를 읽다.
as I see it 내가 보기에는.
as you see 보다시피, 보는 바와 같이.
Be seeing you! (구어) 안녕(Good-bye!).
be seen no more 이미 있지 않다; 죽었다.
have seen better days 좋았던 시절도 있었다.
I'll [or **We'll**] **(have to) see.** (구어) 앞으로 차차 알게 될 것이다; 상황을 보고 결정하겠다.
(I'll) see you (later, soon)!; **(I'll be) seeing you (later, soon)!** =See you later!
It will be seen that… …임이 명백해질 것이다.
I've seen better [worse]. (그것은) 별것 아니다[아직은 편이다].
Let me see. ⇒ 自 타 3.
live to see 살아서 …을 보게 되다.
Now you see it, now you don't. 자네가 틀렸는지도 몰라, 잘 모르겠군.
see about ① …을 조사하다[찾다]. ② …에 유의[배려]하다; …을 조치하다. ③ (결정하기 전에) 잘 생각[검토]하다. ¶ Let me ~ *about* it. 좀더 생각해 볼게요.
see…across ① (…까지) (남)을 따라가다. ② (남)을 따라서 (행길 따위)를 건너다.
see after …을 돌보다, …에 유의하다.
see ahead 앞을 보다; (…의) 미래[앞]를 내다보다.
see a lot of *a person* 남을 자주 만나다. …하다.
see a man [or **friend**] (남을 만난다는 뜻에서) 한잔
see *a person* **(all) right** (구어) 남이 손해 보지 않도록 하다, 남을 돕다.
see *a person* **back** 남을 데려다 주다.
see *a person* **coming** 남에게 바가지를 씌우다, (모르는 것을 기화로 하다).
see *a person* **damned** [or **blowed, hanged, farther, further, in hell**] **first** [or **before**] (구어) (…하는 것은) 절대로 싫다, (…하는 경우는) 결코 없다 (* 어떤 제안·요구를 단호히 거절할 때). ¶ I'll ~ him *farther before* I'll do what he asks. 그가 부탁하는 것을 결코 안할 것이다.
see *a person* **in his** *true* **colors** 남을 있는 그대로 보다, 남을 있는 그대로 보다.
see *a person* **off** 남을 배웅하다.
see *a person* **right** (구어) (남)에게 정당한 보수를 받도록 조치하다; (돈이) (남)의 생계를 유지하다.
see better days =have seen better days.
see beyond …의 저쪽을 보다; (can't와 함께) …의 앞을 내다보다.
see daylight ⇒ DAYLIGHT.
See everything clear! 준비!(보트를 내릴 때의 구령).
see fit [or **good, proper, right**] **to** *do* …하는 것이 좋다고 생각하다.
see for …을 찾다.
see for *oneself* 자신이 직접 보다; (…을) 스스로 확인하다.
See here! 여보세요(Look here!; (英) I say!).
See if I care! (구어) 마음대로[알아서] 해!
see in ① 안이 보이다, 들여다보다. ② (신년)을 맞이하다. ③ (남)을 안내하여 방[건물]에 들어오게 하다; (차)를 잘 유도하여 입고시키다.
Seeing that… …하기 때문에, …한 이상.
see into ① …을 들여다보다. ② …을 살피다, 조사하다.
see it through 끝까지 가다, …을 간파하다.
see much [**something, nothing**] **of** *a person* 남을 자주 만나다(가끔 만나다, 전혀 만나지 않다).
see no further than *one's* **nose** 한 치 앞도 내다보지 못하다.
see off ① 배웅하다. ② (구어) (침입자 등)을 쫓아버리다. ③ (英) (어려움·적 따위)를 극복하다, 이기다.
see off a book (책을 읽다가) 한눈팔다.

see one's way to doing 어떻게든 …하다.
see out ① …을 끝까지 보다[해내다].¶~ a long play *out* 긴 연극을 끝까지 보다. ② [남]을 배웅하여 문까지 가다. ③ (구어) (술 따위로) [남]을 이기다. ④ (구어) …보다 오래 살다; 버텨 내다. ⑤ (묵은 해)를 보내다. ⑥ (운전자)에게 (차고에서) 잘 나가도록 유도하다.
see over [or **round**] ① …너머로 보다.¶~ *over* a fence 울타리 너머로 보다. ② …을 검사[시찰]하다.
see red (구어) 격노하다. 「살살이 살피다.
see snakes ⇒SNAKE.
see steve (美속어) 코카인을 복용하다.
see the color of *a person's* **money** 남에게 돈을
see the devil (속어) 몹시 취하다. 「치르게 하다.
see the last of …와 손을 끊다. …을 내쫓다.
see the light at the end of the tunnel (오랜 고생 끝에) 마침내 빛이 보이다.
see the light (of day) ⇒LIGHT.
see the old year out and the new year in 송 구영신(送舊迎新)하다, 묵은 해를 보내고 새해를 맞다.
see the red light ⇒RED LIGHT.
see the time when …한 꼴[경우]을 당하다.
see things 환각을 일으키다.
see through ① …을 해내다, 성취하다.¶~ a scheme *through* 계획대로 해내다. ② [남]을 끝까지 도와주다[뒤를 보아주다].¶~ a person *through* his troubles 곤경에 처한 사람을 끝까지 도와주다. ③ …을 간파하다, 꿰뚫어보다. ④ …을 이해하다.¶~ *through* a person 남의 사람됨을 간파하다. ④ …을 통하여 보다.
see through a ladder ⇒LADDER.
see to …에 주의[주의]하다, 배려[조치]하다.¶~ *to* the health 건강에 조심하다 / I saw *to* the work done at once. 일이 곧 끝나도록 조치했다.
see (to it) that… …하도록 마음쓰다, 배려하다, 조치하다, 꼭 …하게 하다. 「다.
see up 위쪽을 보다[보이다]; 윗층까지 안내[배웅]하
see visions 선견지명이 있다, 장래를 내다보다.
see with …와 의견이 일치하다, …에 동의하다.
See you in court. (속어) 나중에 다시 만나자.
See you [or **ya**] **(later** [or **again, around, soon**])*!* (구어) 안녕!, 또 만나요(So long!).
So I see. (상대의 말을 받아) 아마 그렇겠지요, 알 만
things see (실제로) 관찰한 사물. 「합니다.
wait and see 관망하다, 서두르지 않고 지켜보다.
We'll (soon) see about that! (구어) 그런 짓을 못하게 하겠다. 「느긋하게 하라.
We shall see. (英) ① 일이 되어가는 것을 보자. ②
When you've seen one(…)you've seen them all.; **See one and you've seen them all.** (속담) 하나를 보면 열을 안다. 「었다.
will never see…again (구어) 벌써 …을 지났다[넘
You'll see. 어디 두고 보자(내 말대로 될 것이다).
You see. (구어) 저, 알았지(강조 또는 주의를 끌기 위함); (발언에 앞서) 저어, 어.¶You ~, do it like this. 자, 이렇게 해라.
you see if… (구어) …라는 일이 있으면 구경거리다, …하는 일은 아마도 있지 않을 것이다.
You shall see. 곧 알게 된다, 다음에 이야기하자.
— 图 (구어) 보기, 주목; 만나기; (美속어) 상사에게 인정받는 일, 칭찬; 방문, 시찰.

see² 图 (가톨릭) 1 주교관구; 주교좌(座). 2 (S-) 교황청.¶the Holy [or Apostolic, Papal] S- ; the S- of Rome 교황좌, 로마 주교관구.

see·a·ble [síːəbl] 圈 볼[이해할] 수 있는. **~·ness** 图

Sée·beck effèct [síːbek-] (the ~) (물리) 제 벡 효과; 열전(熱電) 효과(thermoelectric effect).

see·catch [síːkætʃ] 图 (복 ~*·ie*) (알래스카산(産)의 성숙한) 물개의 수컷.

‡**seed** [síːd] 图 (복 ~**(s)** [-(z)]) 1 (식물의) 씨, 종자; ⓤ (집합적) 씨앗.¶sow [or put] ~(s) in the ground 씨를 뿌리다. 2 씨에 해당하는 부분(딸기의 열매 등); 새롭게 성장하는 부분(구근·구경·싹 등). 3 (보통 the ~s) 근원, 원인, 발단.¶Oppression sows the ~*s* of revolt. 압제는 반란의 씨를 뿌린다. 4 (집합적) (성서) 자손; (~s) 아이들.¶the ~ of Abraham 아브라함의 자손, 헤브라이 사람. 5 ⓤ 정액(精液), 정자; 어백(魚白), 이리; (새우·굴 따위의) 알; (양식용의) 씨굴, 종자굴. 6 (유리 속의) 기포(氣泡). 7 (구어) 종자까지 남는 실력 있는 경기자. 8 (결정) 과포화 용액에서 결정을 적출하기 위해 가하는 미소한 핵(核). 9 (스포츠) (토너먼트의) 시드 선수. 10 (물·화) 시드(방사성 원소의 소형 용기; 암의 방사선 치료용).
go [or **run**] **to seed** (꽃이) 결실기에 접어들다; 한창때를 지나다, 한물가다, 쇠퇴하다.
in seed (식물에) 씨가 생겨; (땅이) 씨가 뿌려져.
in the seed (美) (면화가) 조면기로 타지 않은.
raise up seed(s) (성서) (아버지가) 자식을 보다.
sow the good seed ① 좋은 씨를 뿌리다. ② 복음을 널리 전하다.
sow the seed(s) of …의 씨를 뿌리다; (사상 따위를)
— 图 (~**s** [-z]) 태 1 (땅에) (…의) 씨를 뿌리다, 구근을 심다(*with*); (식물의 씨(종자)를) …에 뿌리다[심다](*in*); (1 ~+图+前+名) ~ the field *with* corn; ~ corn *in* the field 밭에 곡물의 씨를 뿌리다. 2 (과실의) 씨를 가려내다.¶~ raisins 건포도의 씨를 가려내다. 3 (스포츠) (우수 선수·팀)을 시드하다; (대진표 추첨)을 시드제(制)로 하다(우수 선수·팀끼리 처음부터 대전하지 않게 하다). 4 (인공 강우를 위하여 구름에) [드라이아이스 따위의 약제]를 뿌리다. 5 (이익을 목적으로) …을 도입하다; …에(성장·발전을 촉진시키는 것을) 공급하다(*with*). 6 …을 살포하다; 분산시키다(*with*). 7 (생물) (배양기에) 심다; 접종하다. — 재 1 씨를 뿌리다. 2 씨가 생기다. 3 종자를 떨어뜨리다.
— 图 1 씨의, 종자 채취용의. 2 (사업을 위한) 밑천이 되는. 3 성숙하지 않은.
~·**less** 图 ~·**less·ness** 图 ~·**like** 图

seed·age [síːdʒ] 图 실생(實生) 번식.
séed bànk 图 종자 은행. 「의 온상(of).
seed·bed [síːdbèd] 图 모판, 못자리; (비유적) (…
seed·cake [síːdkèik] 图 (caraway seed 따위의) 씨가 박힌 과자. 「입 자본.
séed càpital 图 (금융) (벤처 사업 따위의) 초기 투
seed·case [síːdkèis] 图 (식물) (씨를 싸는) 삭(朔), 과피(果皮). (또는 **séed càpsule**)
séed còat 图 (식물) 씨껍질, 종피(種皮).
séed còral 图 알갱이 산호(장식용).
séed còrn 图 종자용 곡물; 씨옥수수; (이익이 기대
séed drìll 图 파종기(機). 「되는) 자산(투자).
seed·eat·er [síːdìːtər] 图 곡물을 먹는 작은 새.
seed·ed [síːdid] 圈 1 씨가 뿌려진; (식물에) 씨가 있는; 성숙한. 2 (건포도 따위) 씨가 제거된. 3 (복합어로) …의 씨가 있는. 4 접종된. 5 (스포츠) 시드된. 6 (직물) 반점이 있는.
seed·er [síːdər] 图 1 씨뿌리는 사람[기계]. 2 (건포도 따위의) 씨 빼는 기계. 3 (인공 강우용) 약제 살포 장치.
séed fìsh 图 알 밴 물고기.
seed·ing [síːdiŋ] 图 ⓤ 1 씨뿌리기. 2 인공 강우 약제
séeding machine 图 파종기. 「살포.
séed lèaf 图 (식물) 떡잎.
séed·less [síːdlis] 圈 씨가 없는. ~·**ness** 图
*seed·ling [síːdliŋ] 图 실생(實生) 식물; 높이 1m 이하의 어린 나무; 묘목.
seed·lip [síːdlìp] 图 ⓤ (英) (파종용) 종자 그릇.
seed·man [síːdmən] 图 =seedsman.
séed mòney 图 (사업의) 밑천, 자본금, 착수금.

séed òyster 명 (양식용) 종자 굴.
séed pèarl 명 종자 진주(작은 알갱이).
séed plànt 명 종자 식물.
seed-plot [´plɑ̀t/-plɔ̀t] 명 모판, 묘상(苗床); (비유적) 온상, 둥지, 기르는 곳.
séed potàto 명 씨감자.
seeds·man [síːdzmən] 명 씨를 뿌리는 사람; 종자[종묘] 상인. (또는 **seedman**)
seed·stock [síːdstɑ̀k/-stɔ̀k] 명 (농업) 1 (파종을 위해 보존하는) 씨앗, 덩이줄기, 뿌리. 2 (종족 보존용의) 선종(選種) 보호 동물. (또는 **séed stòck**)
séed·time [síːdtàim] 명 U 파종기; 준비 기간, 양성[초창]기.
séed trèe 모수(母樹)
séed vèssel 명 (식물) 과피(果皮).
séed wòol 명 씨를 빼지 않은 목화(종자용).
seed·y [síːdi] 형 1 씨가 많은. 2 (개화기를 지나) 씨가 생긴, 열매를 맺은. 3 (브랜디가) 풀냄새가 나는. 4 (복장 따위가) 허름한, 초라한. 5 (구어) 기분이 좋지 않은; (육체적으로) 맥을 못 추는. ¶feel ~ 기분이 언짢다. 6 평판이 좋지 않은, 저급한.
séed·i·ly 부 **séed·i·ness** 명

*****see·ing** [síːiŋ] 명 U C 보기; 시각, 시력. ¶S- is believing. (속담) 백문이 불여일견. ── 형 1 눈이 보이는, 눈 뜬. 2 (the ~) 명사적 눈이 보이는 사람들. ── 접 …이라는 점에서 보건대, …을 고려하면; 때문에 [이니까]. ¶His English is not bad, ~ that he has learned it only for a year. 배운 지 1년밖에 되지 않은 것을 감안하면 그의 영어는 서툴지 않다.
~·ly 부 **~·ness** 명

séeing éye 매직 아이(광전도 기억 소자를 사용한 감광 장치).
Séeing Éye dòg (상표) 장님을 이끄는 개, 맹도견(盲導犬). (또는 **séeing-eye dòg**)
séeing glàss 명 (영방언) 체경, 거울.
seeing-to [-túː] 명 (영속어·완곡적) 폭행; (남자가 행하는) 폭력적 섹스.

‡**seek** [siːk] 동 (**sought**) 타 1 …을 찾다, 찾으러 가다; …을 찾아내다(out). ¶~ a new house 새 집을 찾으러 가다 / ~ out the lost manuscript 분실 원고를 찾아내다. 2 …을 조사[탐사]하다. ¶~ the causes of a disease 병의 원인을 조사하다. 3 …을 얻으려고 애쓰다, 구하다, 요구하다, 추구하다, 노리다. ¶~ fame 명성을 추구하다 / a person's advice 남의 조언을 구하다 (~+명+전+명) a lady's hand in marriage 여자에게 구혼하다. 4 (문어) (…하려고) 노력하다, 시도하다(to do). ¶~ to find an answer 해답을 찾으려고 노력하다. 5 (고어) …에 가다, 향하다. (~+명+전+명) He sought the woods for peace. 그는 조용히 있기 위하여 숲으로 갔다. ── 자 1 찾다(for), 샅샅이 뒤지다(through). ¶(~+전+명) He is ~ing for employment. 그는 일자리를 찾고 있다 / He sought through the park but he couldn't find his son. 그는 공원 안을 샅샅이 뒤졌으나 아들을 찾지 못했다. 2 구하다, 추구하다(for, after). ¶He is always ~ing for[or after] power. 그는 항상 권력을 추구하고 있다. 3 (고어) …하려 하다, 수요[인기]가 있다.
be (much, most, quite) sought after 요구되다.
be sadly to seek 몹시 결핍되어 있다.
be to seek (고어) ① (사람·물건·일이) 아직 발견되지 않고 있다. ② 결여되어 있다, 부족하다. ¶Industry is much[or far, sadly] to ~ among them. 그들에게는 노력이 크게 모자란다.
be yet to seek 아직 없다.
not far to seek (이유·동기 따위가) 금방[쉽게] 알 수 있는; 명백한.
seek after …을 찾다, 구하다.
seek a person's life 남의 생명을 노리다.
seek a quarrel 싸움을 걸다.
Seek (dead)! (사냥개에 대한 명령) 사냥한 짐승을 찾아와!
seek one's bed 잠자리에 들다.
seek one's fortune 출세할 방도를 찾다.
seek out …을 찾아내다, 색출하다.
seek through 샅샅이 찾다[뒤지다]. ⇨ 자 1. ── 명 (컴퓨터) 탐색(자기 디스크 장치 따위에서 헤드가 새로운 탐색 장소로 이동하는 것).
seek·er [síːkər] 명 1 수색[탐구]자; 구도자(求道者). 2 (미사일의) 목표물 탐색 장치; 그 장치가 붙은 미사일. 3 (해부·수술용) 탐침(探針), 소식자(消息子).
seel [siːl] 동 타 1 (길들이기 위하여) (매)의 눈꺼풀을 꿰매다. 2 (고어) (눈)을 감다; …의 눈을 보이지 않게 하다.
see·ly [síːli] 형 (고어) 1 약한, 가냘픈, 빈약한; 가련한. 2 행복한, 운이 좋은. 3 선량한, 경건한; 행운의, 다행한. 4 어리석은, 단순한. **-li·ly** 부

‡**seem** [siːm] 동 자 (~s [-z]) 1 (겉보기에) …인 것 같다, …인 듯하다(to be, to do). ¶He ~s (to be) an honest man. 그는 정직한 사람인 것 같다 / He ~s glad to see us. 그는 우리를 보고 반가워하는 것 같다 // He ~ed to think so to me. 내게 그가 그렇게 생각하고 있는 것처럼 보였다.

│유의어│ **seem** 주관적으로 보아 진실성이 있어 보이는 것에 사용. **appear** 실제는 그렇지 않아도 외견상으로 그런 인상을 주는 것에 사용. **look** 외관도 실제도 모두 그렇다는 것을 암시하는 말.

2 (1인칭을 주어로 하여) …인 것처럼 생각되다, …같은 생각이 들다(to do). ¶I ~ to have heard his name. 그의 이름을 들은 일이 있는 것같이 생각된다.
3 (there seems…로) …이 있는 것 같다(to be). ¶There ~s (to be) no need to hurry. 서둘 필요가 없는 것 같다.
4 (It을 주어로 하여) …이 정말인 것 같다, …인 것 같다(to, to do, that절). ¶It ~s likely to rain. 비가 올 것 같다 / It ~s good to me to do so. 내게는 그렇게 하는 것이 좋을 것 같다 // It ~s (that) he was not there. 그는 그곳에 없었던 것 같다 / It would ~ that the weather is improving. 날씨가 좋아질 것 같다(* It ~s that…보다 조심스러운 말투) / It ~s to me that he likes study. 내게는 그가 공부하기를 좋아하는 것으로 생각된다(* He ~s to like study to me.로 바꾸어 쓸 수 있다).
as it seems (겉보기에).
as (it) seems best 가능한 한 좋게.
can't seem to do (구어) 할 수 있을 것 같지 않다.
do not seem to do (구어) 아무래도 …안할 것 같다. ¶I do not ~ to like that fellow. 아무래도 그를 좋아할 수 없을 것 같다.
It seems not. (부정문을 받아) 그럴 것 같다; (긍정문을 받아) 그렇지 않을 것 같다.
It seems so.; So it seems. (긍정문을 받아) 그런 것 같다.
It would[or should] seem… (문어) …인 것 같은 생각이 든다, 어쩐지 …인 듯하다.
seem·er [síːmər] 명 겉치레[겉꾸밈]하는 사람.
*****seem·ing** [síːmiŋ] 형 (문어·한정용법) 겉에 나타난, 외관상의; 표면상의, 허울만의, 그럴싸한. ── 명 U 외관, 외양; 허울. **~·ness** 명
*****seem·ing·ly** [síːmiŋli] 부 겉보기에는, 겉으로는.
seem·ly [síːmli] 형 1 품위 있는. 2 어울리는, 알맞은, 적당한. 3 풍채 좋은, 보기에 아름다운, 태가 나는. ── 부 품위 있게; 보기에 아름답게, 풍채 좋게; (고어) 어울리게. **-li·ness** 명

‡**seen** [siːn] 동 see1의 과거분사. ── 형 1 눈에 보이는. 2 (고어) (…에) 정통[통달]한(in).
seep[1] [siːp] 동 자 1 (액체 따위가) 스며나오다, 배어나오다(out, away)(through, from); 새어들다(into). 2 (사상 따위가) 서서히 침투하다, 퍼져나가다. ── 타 침투시키다; 여과시키다. ── 명 1 스며나온 액체[습기]. 2 (지하수·석유 따위가) 스며들어 고인 곳.
seep[2] 명 (미) 수륙 양용 지프.

seep·age [síːpidʒ] 명 ⓤ (액체의) 삼출(滲出), 침출, 누출(漏出); 삼출·누출, 침출량.

seep·y [síːpi] 형 (토지 따위가) 물에 잠긴, 질척질척한, 물이 스며 나오는.

*__se·er__[1] 명 1 [síːər] 보는 사람, 관찰자. 2 [síər] 선견지명이 있는 사람, 선각자, 현인(賢人), 선지자, 예언자; 점술사. ~**-like** 형 ┌(온스).

seer[2] [síər] 명 시어(인도의 중량 단위; 약 2파운드 1

se·er·ess [síəris] 명 seer[1]의 여성형.

seer·fish [síərfìʃ] 명 고등어류의 물고기.

seer·suck·er [síərsʌ̀kər] 명ⓤ (인도산(産)의) 청·백의 얼룩무늬가 있는 아마·면직물.

*__see·saw__ [síːsɔ̀ː] 명 1 ⓤ 시소 놀이; ⓒ 시소(틀). ¶play (at) ~ 시소 놀이를 하다. 2 ⓤⓒ 상하 운동; 전후 운동; (비유적) 일진일퇴, 시소 게임; 변동.
go seesaw (일이) 변동[일진일퇴]하다; (마음 따위가) 흔들리다.
── 형 상하[전후]로 움직이는; 동요하는, 일진일퇴의. ¶a ~ game 일진일퇴의 접전, 시소 게임 / a ~ policy 기회주의적 정책.
── 통 ⓐ 1 시소 놀이를 하다. 2 위아래로 움직이다; 동요하다; 변동하다. 3 (결심·태도 따위가) 계속 바뀌다, 우유부단하다, 양다리 걸치다. ── 타 ── 를 상하[전후]로 움직이게 하다; 동요[변동]시키다.

*__seethe__ [siːð] 동 (~**d**, (고어) **sod**; ~**d**, (고어) **sod·den**; **seeth·ing**) ⓐ 1 끓다, 비등하다. ⇒BOIL [유의어] 2 (파도가) 물거품이 일다, 소용돌이치다. 3 (사람·나라 등이) (불만 따위로) 소연하다, (장소가) (사람으로) 들끓다, 흥분하다(*with*). ── 타 1 물에 담그다. 2 (고어) …을 삶다, 데치다.
── 명 1 비등; 끓어 오름. 2 흥분한[소연해진] 상태.

seeth·ing [síːðiŋ] 형 1 끓을 정도로 뜨거운, 비등하는. 2 심하게 움직이는, 동요하는. 3 격렬한, 강렬한. ── 부 끓을 정도로. ~**·ly** 부

see-through [~θrùː] 형 (옷 따위가) 비쳐 보이는; (구조상) 빛이 통과하는. (또는 **seethru**)
── 명 1 비쳐 보이는 옷. 2 투명성; (종이·섬유 따위가) 투명해 보이는 것; 차단되지 않은 시야.

see·ya·bye [síːjəbái] 감 (속어) (캘리포니아에서) 안녕, 또 만나. 〈See you bye〉

seg[1] [seg] 명 1 (美구어) 인종 차별주의자(segregationist). 2 (美속어) 격리 수용; 독방(segregation unit). (또는 **seggie**)

seg[2] 명ⓤ (속어) =segue.

seg segment.

se·gar [sigáːr] 명 =cigar.

*__seg·ment__ [ségmənt] 명 1 단편, 조각, 부분, 구분. ⇒PART [유의어] ¶a ~ of an orange 귤 한쪽. 2 (기하) (원의) 활꼴; (직선의) 선분(線分). 3 (환형(環形) 동물·절지(節肢) 동물의) 마디, 체절(體節). 4 (기계의) 부채꼴 톱니바퀴(도래함). 5 (컴퓨터) (프로그램) 구분, 구분 세그먼트(데이터 베이스 내의 데이터 단위). 6 (언어) 분절(分節)(음).
── 동 [ségment/-́] 타 …을 나누다, 분단[분할]하다, 분열시키다. ── 자 갈라지다, 분열하다.

seg·men·tal [ségméntl] 형 1 단편의, 조각의, 부분[구획]의. 2 (기하) 활꼴의; 선분의. 3 (동물) 환절의, 체절(體節)의. 4 (언어) 분절(分節)의. ~**·ly** 부

seg·men·tal·i·za·tion [sègməntəlàizéiʃən/-laiz-] 명ⓤ 구분함, 분할함; (언어) 분절화(化).

seg·men·tal·ize [ségméntəlàiz] 타 분할하다, 분열시키다, 세분화하다. **-ized -i·zer**

segmental phoneme 명 (언어) 분절[1차] 음소(音素). ┌tal.

seg·men·tar·y [ségməntèri/-təri] 형 =segmen-

seg·men·ta·tion [sègməntéiʃən] 명ⓤ 1 구분, 분할, 분열. 2 (생물) 분절(分節); 세포 분열, 난할(卵割); 분절(分節) 운동. 3 (언어) 분절.

ségment gèar 명 (기계) 세그먼트[부채꼴] 톱니바퀴.
ségment sàw 명 (기계) 활 모양의 톱. ┌[기어].

se·gno [séinjou, sén-] 명 (약 **se·gni** [séinjiː]) (음악) 1 기호. 2 반복 부호. 〈It〉

se·go [síːgou] 명 (복 ~**s**) = ~ lily.

ségo lily 명 세고나리(미국 서부산(産); Utah 주의 주화(州花)); 그 구근(식용).

Se·go·vi·a [səgóuviə] 명 세고비아. 1 **Andrés** ~ (1893-1987: 스페인의 기타 연주자). 2 스페인 중부의 도시.

seg·re·gate 동 [ségrigèit] 타 1 (사람 따위)를 나누다, 분리시키다, (…로부터) 격리시키다(*from*). 2 (어떤 인종·종교·단체 따위)를 일반 사회에서 떼어놓다, 차별대우하다. ── 자 1 (사람 따위가 …와) 갈라지다, 관계를 끊다, (…에서) 분리되다(*from*). 2 차별[구별하다]; 인종 차별을 하다. 3 (유전) (감수분열 때 대립유전자·형질이) 분리하다. ── 형 [ségrigət, -gèit] 1 분리된 것, 구별된 사람[것], 차별된 사람[집단]. 2 (유전) (유전형질이) 분리된 것. ── 명 다른 분리계(分離系). [ségrigət, -gèit] 1 (생물) 분리의(대립 유전자가 융합하지 않고 다른 배우자에 들어가는 것). 2 (名) (영) =**-ga·ble** [-gəbl] 형 ┌segregated.

seg·re·gat·ed [ségrigèitid] 형 1 분리[격리]된; 구분된, 갈라진. 2 인종 차별을 하는(integrated). ¶~ education 인종 차별[분리] 교육. ~**·ly** 부 ~**·ness** 명

seg·re·ga·tion [sègrigéiʃən] 명ⓤ 1 분리, 격리; ⓒ 분리[격리]된 것. 2 (흑인에 대한) 인종 차별 (대우). 3 (지학) 분리 수용; 독방. 4 (유전) (감수분열시의 대립유전자·형질의) 분리; (결정) 분정(分晶). 5 (사회) 응리(凝離)(인구의 지역적 특화 현상). 6 (지질) 분결(分結)(암석 중 특정 성분의 국부적 응집). ~**·al** 형

seg·re·ga·tion·ist [sègrigéiʃənist] 명 분리[격리] 주의자; 인종 차별주의자. ── 형 인종 차별주의의.

seg·re·ga·tive [ségrigèitiv] 형 잘 분리되는; 비사교적인; 인종 차별적인, 차별 대우의.

seg·re·ga·tor [ségrigèitər] 명 1 분리자, 격리자. 2 (의학) 요분별기(尿分採器), 분뇨기(分尿器).

se·gue [séigwei/ség-] 자ⓐ 1 (음악) (다음 악장·악곡 따위로) 계속해서 이어지다; 계속해서 연주하다. 2 단절 없이 계속되다. ── 명 1 (음악) (단절 없이) 계속해서 연주하기. 2 (라디오·TV) 앞의 프로그램과 끊어지지 않고 계속되는 프로그램. 〈It〉

sei [sei, sai] 명 정어리고래(~ whale).

sei·del [sáidl, zái-] 명 (뚜껑 달린) 큰 맥주잔. 〈G〉

Séid·litz pòwder(s) [sédlits-] 명 세들리츠알 (散), 비등산(沸騰散)(주석산 칼리·중탄산소다 따위를 섞어 만드는 발포성 완화제).

sei·gneur [siːnjə́ːr/se-] 명 (S-) 1 봉건 군주, 영주. 2 (캐나다) 장원(莊園) 영주. 3 (존칭으로) …님. **-gneu·ri·al** [-njə́ːriəl] 형 〈F lord〉

seign·ior [siːnjər/séi-] 명 (S-) 1 봉건 군주; 지배자, 주인. 2 =seigneur 3.

seign·ior·age [siːnjəridʒ/séi-] 명ⓤⓒ 1 (고어) 군주[영주]의 통치권; 통치, 권력. 2 화폐 주조로 얻는 이익[세]. (또는 **seignorage**)

seign·ior·y [siːnjəri/séi-] 명 1 ⓤⓒ 군주[영주]의 권력[권위, 영지]. 2 주권, 지배권. 3 (중세 이탈리아 도시 국가의) 시회(市會); 귀족. (또는 **signory**)

sei·gno·ri·al [siːnjóːriəl/sei-] 형 1 군주의, 영주의. (또는 **seigniorial, seigniorial, seignoral**)

Seil [zail] 명 등산용 밧줄, 자일. 〈G〉

seine [sein] 명 예인망(曳引網), 후릿그물. (또는 ~ **nèt**) ── 동ⓐ 후릿그물로 (물고기)를 잡다; …에 후릿그물을 치다. ── 타 후릿그물로 물고기를 잡다, 후릿그물을 치다.

*__Seine__ [sein/F sεn] 명 (the ~) 센 강. ┌물을 치다.

sein·er [séinər] 명 예망 어부[어선].

seise [siːz] 타 (법률) =seize.

sei·sin [síːzn/-zin] 명 (법률) =seizin.

seism [saizm/saism] 명 지진(earthquake).
seis·mal [sáizməl] 형 =seismic.
seis·mic [sáizmik] 형 1 지진의; 지진에 의한; 진동(성)의. 2 (정도가) 심한, 큰. (또는 seismal, seismical) **-mi·cal·ly** 부
séismic árray sýstem 명 (지하 핵실험 검증을 위한) 지진파 측정 시스템.
seis·mic·i·ty [saizmísəti] 명ⓤ 지진 활동도(活動度)
séismic observátion 명 지진 관측.
séismic próspecting 명 (지질) 지진 탐사(탐광) (인공 지진에 의한 지질 구조 추정 방법).
séismic séa wáve 명 해일.
séismic tomógraphy 명 단층 촬영법.
séismic wáve 명 지진파.
seis·mism [sáizmizm] 명ⓤ 지진 현상; 지진 활동.
seis·mo- [sáizmou, -mə] 연결 「지진」의 뜻. ¶ *seismology.*
seis·mo·gram [sáizməgræm] 명 (지진계가 기록한) 진동도(震動圖).
seis·mo·graph [sáizməgræf, -grɑ̀:f] 명 지진계.
seis·mo·graph·ic [sàizməgrǽfik] 형 지진계의, 지진계학의; 지진학의. (또는 **seismographical**)
seis·mog·ra·phy [saizmágrəfi/-mɔ́g-] 명ⓤ = seismic observation; =seismology. **-pher** 명 지진학자.
seis·mo·log·i·cal [sàizməládʒikəl/-lɔ́dʒ-] 형 지진학의. **~·ly** 부
seis·mol·o·gy [saizmálədʒi/-mɔ́l-] 명 지진학. **-gist** 명 지진학자.
seis·mom·e·ter [saizmámətər/-mɔ́m-] 명 지진계.
seis·mom·e·try [saizmámətri/-mɔ́m-] 명 지진 계측학(計測學). **-scóp·ic** 형
seis·mo·scope [sáizməskòup] 명 감진기(感震器).
SEIU Service Employees International Union.
seiz·a·ble [síːzəbl] 형 잡을 수 있는; 강탈할 수 있는; 압수(압류)할 수 있는.
‡**seize** [siːz] 타 (*seiz·es* [-iz]; **~d**; **séiz·ing**) ⓔ 1 …을 (갑자기) 꽉 잡다, 쥐다(by). ⇨TAKE 유의어 ¶ ~ a rope 로프를 꽉 잡다// (~+톰+젠+톰) ~ a person by the hand 남의 손을 붙잡다. 2 (뜻)을 파악하다, 이해하다, 납득하다. ¶ I ~d your meaning. 네가 뜻하는 바를 알았다. 3 (기회)를 잡다, …을 이용하다. ¶ ~ an opportunity to ask questions 질문할 기회를 포착하다. 4 …을 강탈하다, 빼앗다; (법에 따라) 차압하다, 몰수하다. ¶ ~ enemy ship 적선을 나포하다 / ~ a person's goods 남의 재산을 몰수하다. 5 (수동형으로) (공포·병 따위가) 엄습하다, 침범하다; (욕망 따위가) 〔사람〕을 사로잡다(with, by). ¶ He was ~d with terror. 그는 공포에 사로잡혔다. 6 (수동형으로) **a)** (법률) 〔남〕에게 (토지 등을) 점유(소유)케 하다(of). ¶ He is ~d of three farms. 그는 3개의 농장을 가지고 있다. (또는 **seise**) **b)** (의사 일정에 따라) 〔의회 따위〕에 (…을) 심의케 하다 (of, with). 7 〔범인〕을 체포하다. 8 〔해사〕 〔밧줄〕을 동여매다(together)(to). ¶ ~ ropes together 밧줄과 밧줄을 동여매다.
─ 자 (또는 (英) **seise**) 1 붙잡다, 쥐다(on, upon). ¶ (~+젠+톰) ~ on〔or upon〕 a rope 로프를 붙잡다. 2 (기회)를 포착하다 (on, upon). ¶ ~ on a chance 기회를 포착하다. 3 (공포·병 따위가) 엄습하다(on, upon). 4 (방법·수단)을 강구하다 (on, upon). 5 (과열 따위 때문에 기계가) 움직이지 못하게 되다, 서다(up).
be seized of 〔법률〕 …을 소유(점유)하고 있다.
be seized with (병 따위에) 걸리다; (공포 따위에) 사로잡히다. 〔대 따위에) 동여매다.
seize a person up 〔해사〕 (매질하기 위하여) 남을 돛 **seize at straws** 지푸라기라도 붙잡으려 하다, 도움도 안되는 것에 의지하다.
seize hold of …을 붙잡다, 잡다. ¶ He ~d hold of the first weapon that came to hand. 그는 가까이 있는 무기를 잡았다.
seize the day〔or *hour, moment*〕 ① 오늘을 즐기다, 내일을 생각지 말라. ② 기회를 포착(활용)하다.
seize up ① (기계 따위가) 움직이지 않게 되다: (사람의) 관절 따위가 피로로 움직일 수 없게 되다. ② (英) 일의 진행이 둔해지다; (교통이) 막히다.
seize…with both hands 두 손을 들고 (기꺼이) 〔기회·제안 따위를〕 받아들이다.　「않는.
seized 형 (美구어) (엔진이 과열하여) 움직이지
seiz·er [síːzər] 명 붙잡는 사람; 압수하는 사람.
seize-up [ˊʌp] 명 (기계의) 고장.
sei·zin [síːzin/-zin] 명 〔법률〕 1 (부동산의) 점유; (자유 보유 부동산의) 점유(권), 소유(권). (또는 **seisin**)
seiz·ing [síːziŋ] 명 1 〔해사〕 잡기, 붙잡기. 2 〔법률〕 몰수, 압류; (부동산의) 점유. 3 〔해사〕 동여매기, 꼴착(括着); (~s) 꼴착 로프, 매는 밧줄. 형 주목할 만한, 인상적인.
sei·zor [síːzər] 명 〔법률〕 1 점유자; (자유 보유권의) 소유자. 2 압류인.
*‡**sei·zure** [síːʒər] 명 1 〔U〕 붙잡기, 잡기. 〔seizing 3〕 2 〔UC〕 압수(물), 몰수(물), 압류(물); 약탈, 강탈. 3 (고어) (갑자기) 병에 걸리기, (뇌일혈 따위의) 발작; (감정·공포 따위의) 폭발, 엄습. (또는 (英) **seisure**) (엔진의) 이상 정지.　「세우고 앉은 자세의.
se·jant [síːdʒənt] 형 〔문장〕 (사자 따위가) 앞다리를
Sejm [seim] 명 폴란드 의회.
sé·jour [F seʒuːʀ] 명 체재 (기간); 거류. ⟨F⟩
Sekh·met [sékmet] 명 〔이집트 신화〕 세크메트(전쟁의 여신).
se·kos [síːkas/-kɔs] 명 1 (고대 그리스의) 성소(聖所); 신전의 내부. 2 (일반적으로) 신전, 사원; 성역.
sel. select; selected; selection(s); selector. **SELA** *Sistema Económico Latino Americano*(라틴 아메리카 경제 조직: 1975년 10월 창설).
se·la·chi·an [siléikiən] 명형 (상어·가오리 따위의) 연골어(軟骨魚)에 속하는.
sel·a·choid [sélǝkɔ̀id] 형 상어를 닮은; 상어류의.
sel·a·gi·nel·la [sèlədʒənélə] 명 바위손(속 식물).
se·lah [síːlǝ, sélǝ] 명 셀라(구약 성서 시편에 나오는 의미 불명의 히브리어(語); 악곡에서 소리나 주악의 가락을 높이거나 멈추기를 지시하는 말).
‡**sel·dom** [séldəm] 부 좀처럼 …않는, 드물게, 모처럼. ¶ He is ~ late. 그는 좀처럼 늦지 않는다/*S— seen, soon forgotten.* (속담) 자주 보지 않으면 잊혀지기 마 **not seldom** 이따금, 흔히. 〔련이다.
seldom, if ever 좀처럼 …않다. ¶ He ~, *if ever*, speaks ill of others. 그는 좀처럼 남을 헐뜯지 않는다.
seldom or never 좀처럼 …않다, 전혀 …않다. ¶ He ~ *or never* watches television. 그는 좀처럼 TV를 ─ 형 드문, 좀처럼 없는. 〔보지 않는다.
~·ness 명
‡**se·lect** [silékt] 타자 …을 고르다, 선발하다, 발췌하다(*out of, from, among*). ⇨CHOOSE 유의어 ¶ (~+톰+젠+톰) *She ~ed out* the biggest pearl. 그녀는 제일 큰 진주를 골라냈다. ── 자 고르다, 선택하다.
select a person out 남을 그만두게 하다.
select oneself out (동아리에서) 이탈하다.
── 형 1 선택(선발)된, 뽑힌, 발췌된; 고급의, 최상의. ¶ a ~ book 양서. 2 입회 조건이 까다로운. ¶ a ~ club 입회 자격이 까다로운 클럽. 3 신중하게 가려낸, 비개방(배타)적인(*in*); 상류 계급의. ¶ a ~ society 상류 사회 / the ~ few 전문가, 통(通) / be ~ *in* making friends 친구 선택이 까다롭다. 4 특선의, 판매용의. ── 명 (~s) 1 특선[최상]품. 2 (고어) 선택된 집단[계급].

~·ly 부 ~·ness 명
se·lect·ance [siléktəns] 명 〔통신〕 분리도(度)(희망하는 전파를 선택하는 수신기의 능력 수치).
seléct commíttee 명 (의회의) 특별 위원회.
se·lect·ed [siléktid] 형 선택된, 뽑힌, 발췌된.
se·lect·ee [silèktíː] 명 〔美〕 선발된 사람, (선발 징계 제도에 의해 뽑힌) 징집병.
‡**se·lec·tion** [silékʃən] 명 (복 ~s [-z]) 1 ŪC 선발, 선택, 정선(精選). ⇨CHOICE 〔유의어〕¶a good ~ of material 재료의 올바른 선정. 2 선택된 것, 정선품, 발췌, 선집(選集); 〔집합적〕 선택된 사람[물건들]. ¶a wide ~ of winter goods 각종 겨울 상품 / ~s for a match 시합에 뽑힌 사람들. 3 (선택·구매 따위를 위한) 전시품, 선택의 대상이 되는 물품. 4 〔생물〕 도태, 선택. 5 〔언어〕 선택. 6 〔濠〕 (법적) 자유 선택 제도에 의해 얻은 토지. 7 〔音〕 위험의 선택. ~·al 형 ~·al·ly 부
be a good selection (…가) 최적임이다.
make a selection [or *selections*] *from* …에서 선택하다.
se·léc·tion·al restríction [silékʃənl-] 명 〔언어〕 (생성 문법의) 선택 제한.
seléction commíttee 명 선발 위원회.
se·lec·tion·ist [silékʃənist] 명형 자연 도태파의 (유전학자).
*se·lec·tive** [siléktiv] 형 1 선택력이 있는, 선택하는; 선택[발췌]의. 2 엄선된, 특선의. 3 (행위 따위가) 선택적인. 4 〔생물〕 도태의. 5 〔물리·전기〕 선택도[분리도]가 높은, 선택성이 있는. ~·ly 부 ~·ness 명
seléctive atténtion 명 〔심리〕 선택적 주의(많은 정보 중에서 특정한 것을 선택하여 받아들이는 과정).
seléctive emplóyment táx 명 〔英〕 선택 고용세(노동 인구를 제3차 산업에서 제2차 산업으로 이동시키기 위해 제정한 국세; 略 SET).
seléctive sérvice 명 〔美〕 선발 징병, 의무 병역.
Seléctive Sérvice System 명 〔美〕 선발 징병제(1947년에 폐지되었다가 48년에 부활; 略 SSS).
se·lec·tiv·i·ty [silèktívəti] 명 1 선택(성); 도태. 2 〔무선〕 (수신기의) 선택도(度), 감도, 분리도.
se·léct·man [siléktmən] 명 〔美〕 (New England 여러 주의) 도시 행정 위원.
se·léc·tor [siléktər] 명 1 선택자; 선택기(器); 〔컴퓨터·통신〕 선택 장치, 선별기. 2 〔英〕 (스포츠 위원회 따위의) 선수 선발 위원.
seléctor lèver 명 (자동차) (클러치 없는 차의) 변속레버, 체인지 레버.
sel·e·nate [séləneit] 명 〔화학〕 셀렌산염(酸鹽).
Se·le·ne [silíːni] 명 〔그리스 신화〕 셀레네(달의 여신; 로마 신화의 Luna에 해당). 〔acid 셀렌산(酸).
se·le·nic [silíːnik, -lén-] 형 〔화학〕 셀렌의.¶~
se·le·ni·ous [silíːniəs] 형 〔화학〕 아(亞)셀렌의.
¶~ acid 아셀렌산. (또는 **selenous**)
sel·e·nite [sélənàit] 명 1 〔광물〕 셀레나이트, 투명 석고. 2 〔화학〕 아(亞)셀렌산염. 3 [[英] silíːnait] (S-) (상상적인) 달나라 사람. **-nít·ic, -nít·i·cal** 형
se·le·ni·um [silíːniəm] 명 ŪC 〔화학〕 셀렌, 셀레늄 (비금속 원소의 하나; 기호 Se). 〔계 따위에 사용〕.
sélénium cèll 명 〔전기〕 셀렌광 전지(사진의 노출
sélénium rèctifier 명 〔전기〕 셀렌 정류기(整流器).
se·le·no-¹ [silíːnou, -nə-] 〔연결〕 '달; 초승달 모양의'의 뜻. ¶*seleno*graphy. (또는 **selen-, seleni-**)
se·le·no-² [silíːnou, -nə-] 〔연결〕 '셀렌, 셀레늄'의 뜻. ¶*selenosis*. (또는 **selen-, seleni-**)
se·le·no·cen·tric [silìːnouséntrik] 형 〔천문〕 달중심의, 달을 중심으로 하는.
sel·e·nod·e·sy [sèlənádəsi/-nɔ́d-] 명 ŪC 월면 측량학, 측월학(測月學). **-sist** 명 〔月面圖〕.
se·le·no·graph [silíːnəgrà̀ef/-grà̀ːf] 명 월면도
sel·e·nog·ra·phy [sèlənágrəfi/-nɔ́g-] 명 ŪC 월학(月學/月理學); 월면(지리)학. **-pher, -phist** 명
sel·e·nol·o·gy [sèlənálədʒi/-nɔ́l-] 명 ŪC 월학(月學), 월리학(月理學).
se·le·no·log·i·cal [silìːnəládʒikəl] 형 **-gist** 명
sel·e·no·sis [sèlənóusəs] 명 (가축의) 셀렌 중독.
‡**self** [self] 명 (복 **selves** [selvz]) 1 ŪC 자기, 자신; 그 자체. ¶beauty's ~ 아름다움 그 자체/one's own [*or* very] ~ 자기 자신/one's larger ~ 대아(大我)/my poor [*or* humble] ~ 보잘것없는 이 사람, 저(보통 one's true [old] ~) 개성, 특질, 본성; 진면목; 성격의 일면.¶one's better ~ 자기의 좋은 면, 양심. 3 Ū 사리, 사욕, 이기심. 4 Ū (the ~) 〔철학〕 자아. ¶the essence of the ~ 자아의 본질. 5 〔생물〕 (복 ~s) 자기 수분[수정]. 〔복되어 있다.
be [*or* *feel*] *one's old self* 상태가 좋다, 완전히 회*beside one's self* 정신[머리]이 돌다.
put self first 자기 본위로 하다.
rise above self 자신을 초월하다; 사리사욕을 버리다.
Self do, self have. 〔속담〕 자업자득.
your good selves (상업 통신문에서) 귀하, 귀사.
your honored self 각하.
Your Royal Self 전하(殿下).
── 명 〔상업 용어·익살〕 본인; 나그, 그녀, 당신 자신. ¶pay to ~ 서명자앞 지불(수표의 문구)/a room for ~ and wife 우리 부부의 방.
── 형 1 (색 따위가) 한결같은, (꽃 따위가) 단색인. 2 (다른 것과) 같은 종류[재료]의; (활이) 한 나무로 만들어진. 3 〔생물〕 자기 수정(하는)[시키는]. 〔진.
self- [self] 〔연결〕 '자기(를); 스스로, 자기 자신(에 대하여); 그 자체(로); 자주[독립](의); 자동(의)'의 뜻. ¶*self*-control; *self*-government; *self*-help; *self*-conscious; *self*-evident. 〔방종한.
self-a·ban·doned [ˌsélfəbǽndənd] 형 자포자기한,
self-a·ban·don·ment [ˌsélfəbǽndənmənt] 명 ŪC 자포 자기; 방종, 방일. (또는 **sélf-abándon**)
self-a·base·ment [ˌsélfəbéismənt] 명 ŪC (수치감·죄책감에의) 자기 정벌[비하], 열등감.
self-ab·hor·rence [ˌsélfəbhɔ́ːrəns, -hɑ́ːr-/-hɔ́ːr-] 명 Ū 자기 혐오[증오].
self-ab·ne·ga·tion [ˌsélfæbnigéiʃən] 명 Ū 자기 부정; 자기 희생, 헌신. **-áb·ne·gà·ting** 형
self-ab·sorbed [ˌsélfəbsɔ́ːrbd, -zɔ́ːrbd] 형 자기 생각에 잠긴, 자기 일에 몰두한.
self-ab·sorp·tion [ˌsélfəbsɔ́ːrpʃən, -zɔ́ːrp-] 명 Ū 자기 도취, 자아 몰두; 〔물리〕 (방사선의) 자기 흡수.
self-a·buse [ˌsélfəbjúːs] 명 Ū 1 자기 질책[비난], 2 자기 남용, 독직 행사, 3 = masturbation 〔감〕.
self-ac·cu·sa·tion [ˌsélfækjuːzéiʃən] 명 Ū 자책
self-ac·cus·ing [ˌsélfəkjúːziŋ] 형 자책의[하는]. 〔한.
는 self-accusatory
self-ac·quired [ˌsélfəkwáiərd] 형 자기 힘으로 쟁취
self-act·ing [ˌsélfǽktiŋ] 형 자동(식)의.
self-ac·tion [ˌsélfǽkʃən] 명 자주적 행동[활동], 독자적 행동; 자동. 〔위가) 자동 시동식의.
self-ac·ti·vat·ing [ˌsélfǽktəveitiŋ] 형 자발 장치(따
self-ac·tive [ˌsélfǽktiv] 형 자발적으로 움직이는.
self-ac·tor [ˌsélfǽktər] 명 자동식 기계, (특히) 자동식 물 방적기.
self-ac·tu·al·i·za·tion [ˌsélfæktʃuəlizéiʃən/-lai-] 명
self-ac·tu·al·ize [ˌsélfǽktʃuəlàiz] 자 자아 실현을 하다, 스스로의 잠재력을 충분히 발휘하다. **-iz·er** 명
self-ad·dress [ˌsélfədrés] 명 〔언어〕 자칭(말하는 사람이 자신을 가리키는 것).
self-ad·dressed [ˌsélfədrést] 형 (봉투 따위가) 발신인 이름 앞으로 된, 반송용(返送用)의.
self-ad·he·sive [ˌsélfədhíːsiv] 형 (봉투가) 풀이나 물을 쓰지 않고 봉합할 수 있는. (또는 **sélf-adhéring**)
self-ad·just·ing [ˌsélfədʒʌ́stiŋ] 형 자동 조절의.

self-ad·just·ment [-ədʒʌ́stmənt] 명(U) (환경 따위에 대한) 자기 적응. 「투여하다.
self-ad·min·is·ter [4ədmínistər] 동(타) …을 자기
self-ad·mi·ra·tion [4ædmərèiʃən] 명 자기 예찬, 자화자찬.
self-ad·mir·ing [4ədmáiəriŋ] 형 자찬[자만]하는.
self-ad·mit·ted [4ædmítid/-əd-] 형 혐의나 기소 사실을 스스로 인정한, 자백한.
self-ad·vance·ment [4ədvǽnsmənt] 명 자력향상; 자기 계발; 사리(私利) 추구.
self-ad·ver·tise·ment [4ædvərtáizmənt] 명 자기 선전.
self-ad·vo·ca·cy [4ǽdvəkəsi] 명 자기 변호[주장].
self-af·fect·ed [4əféktid] 형 자부하는, 허세 부리는. 「(인단정); (논리) 자기 확증.
self-af·fir·ma·tion [4æfərméiʃən] 명(U) 자기 화
self-ag·gran·dize·ment [4əgrǽndizmənt] 명 자기 권력의 확대, 자기 확장.
self-al·ien·a·tion [4èiljənéiʃən] 명 자기 소외.
self-a·nal·y·sis [4ənǽləsis] 명 자기 분석. **-an·a·lýt·i·cal** 형
self-an·ni·hi·la·tion [4ənàiəléiʃən] 명 1 자기 파괴, 자살. 2 (묵상에 의한) 자기 멸각[포기], 무아(無我).
self-an·ti·gen [4ǽntidʒən] 명 (의학) 자체 항원 (抗原). 「찬의.
self-ap·plaud·ing [4əplɔ́ːdiŋ] 형 자만의, 자화자
self-ap·plause [4əplɔ́ːz] 명 자만, 자화자찬.
self-ap·point·ed [4əpɔ́intid] 형 스스로 결정한, 자인(自認)의, 자천(自薦)의.
self-ap·pre·ci·a·tion [4əprìːʃiéiʃən] 명 자기 찬양.
self-ap·pro·ba·tion [4æprəbéiʃən] 명 자기 찬미.
self-ap·prov·al [4əprúːvəl] 형 자화자찬.
self-as·sem·bly [4əsémbli] 명 (생화학) (생체 고분자·바이러스 따위의) 자기 집합.
self-as·sert·ing [4əsə́ːrtiŋ] 형 =self-assertive. **~·ly** 부 「넘게 나섬.
self-as·ser·tion [4əsə́ːrʃən] 명(U) 자기 주장; 주제
self-as·ser·tive [4əsə́ːrtiv] 형 자기를 주장하는, 주제넘은. **~·ly** 부 **~·ness** 명
sélf asséssment 명 과세액 자체 평가, 신고 납세.
self-as·sumed [4əsúːmd] 형 제멋대로 결정한.
self-as·sump·tion [4əsʌ́mpʃən] 명 자기 과신, 자기 도취.
self-as·sur·ance [4əʃúərəns] 명(U) 자신(自信); 자기 과신. ⇒CONFIDENCE 【유의어】
self-as·sured [4əʃúərd] 형 자신이 있는, 확신을 가지고 있는; 자기 과신의. **~·ly** 부 **~·ness** 명
self-a·ware [4əwéər] 형 자기를 의식하는, 자각한.
self-a·ware·ness [4əwéərnis] 명 자기 인식, (가치있는 인간으로서의) 자각. 「자생의.
self-be·got·ten [4bigɑ́tn] 형 자기 힘으로 태어난.
self-belt [4bélt] 명 (옷과) 같은 천의 벨트.
self-be·tray·al [4bitréiəl] 명 자기 현시(顯示).
self-bind·er [4báindər] 명 (농업) (보릿단 따위의) 자동 결속기(結束機).
self-burn·ing [4bə́ːrniŋ] 명(U) 분신 자살.
self-care [4kέər] 명 자기를 스스로 돌보기.
self-ca·ter·ing [4kéitəriŋ] 명형 (휴가 시설 따위의) 자취(自炊)(의).
self-cen·tered [4séntərd] 형 1 자기 중심의, 이기적인, 자기 본위의. 2 독립된, 자주적인, 자급자족의. 3 (고어) 고정된, 불변의. **~·ly** 부 **~·ness** 명 「식의.
self-charg·ing [4tʃɑ́ːrdʒiŋ] 형 자동 충전[장전]
sélf-chéck·ing númber [4tʃékiŋ-] 명 (컴퓨터) 자기 검사 번호[숫자].
self-clean·ing [4klíːniŋ] 형 자동 세척식의. 「식의.
self-clos·ing [4klóuziŋ] 형 (문 따위가) 자동 폐쇄
self-col·lect·ed [4kəléktid] 형 침착한, 냉정한; 자제력이 있는. **~·ness** 명

self-col·ored [4kʌ́lərd] 형 (꽃 따위가) 단색의; 자연색의.
self-com·mand [4kəmǽnd/-máːnd] 명(U) 자제(自制), 극기(克己); 침착. 「자아 성찰.
self-com·mun·ion [4kəmjúːnjən] 명 내성(內省)
self-com·pla·cence [4kəmpléisns] 명(U) 자기 만족, 자기 도취. (또는 **self-complácency**)
self-com·pla·cent [4kəmpléisnt] 형 자기 만족[도취]의. **~·ly** 부
self-com·posed [4kəmpóuzd] 형 차분한, 침착. **-pós·ed·ly** 부 **~·ness** 명 「한.
self-con·ceit [4kənsíːt] 명(U) 자만, 자부심, 허영 **~·ed** 형 **~·ed·ly** 부 **~·ness** 명 「심.
self-con·cept [4kánsept] 명 자아 개념, 자아상(像).
self-con·cern [4kənsə́ːrn] 명 자신에 대해 병적[이기적]으로 신경을 쓰는 일. **~ed** 형
self-con·dem·na·tion [4kɑndemnéiʃən/-kɔn-] 명(U) 자책, 양심의 가책.
self-con·demned [4kəndémd] 형 자책의.
self-con·fessed [4kənfést] 형 자인[자칭]하는. ¶He is a ~ gambler. 그는 자칭 노름꾼이다. **-con·fés·sion** 명
self-con·fi·dence [4kánfədəns/-kɔ́n-] 명(U) 자신; 자신 과신. ⇒CONFIDENCE 【유의어】
self-con·fi·dent [4kánfədənt/-kɔ́n-] 형 자신이 있는; 자기를 과신하는. **~·ly** 부
self-con·grat·u·la·tion [4kəngrǽtʃuléiʃən] 명 자기 만족[의], 자축(自祝). **-grát·u·lat·ing** 형
*****self-con·scious** [4kánʃəs/-kɔ́n-] 형 자의식 과잉의, 남의 이목을 의식하는[꺼리는]; 자기 존재[자아]를 의식하는. **~·ly** 부 **~·ness** 명
self-con·se·cra·tion [4kɑ̀nsəkréiʃən] 명 자기 성별(聖別)(스스로 직무·성직을 인수하는 일).
self-con·se·quence [4kánsəkwèns/-kɔ́n-] 명 자만, 건방짐; 거드름 피우기, 거들먹거림.
self-con·sis·ten·cy [4kənsístənsi] 명(U) 자기 모순이 없음, 시종 일관, 조리 정연.
self-con·sis·tent [4kənsístənt] 형 자기 모순이 없는, 시종일관한; 조리가 정연한. **~·ly** 부
self-con·sti·tut·ed [4kɑ̀nstətjúːtid/-kɔ́n-] 형 (역할 따위가) 스스로 정한, 자신이 설정한.
self-con·sum·ing [4kənsúːmiŋ] 형 스스로 소비하는, 자기 소모적인.
self-con·tained [4kəntéind] 형 1 자기 충족적인; 자급자족의. 2 (英) (아파트 등이) 호별 독립식의. 3 (사람이) 마음을 터놓지 않는, 자제하는, 말수가 적은. 4 (기계가) 자체로서 완비된. **~·ly** 부 **~·ness** 명
self-con·tain·ment [4kəntéinmənt] 명 1 (U) 자기 충족. 2 자기 껍질 속에 틀어 박혀 있는 것.
self-con·tempt [4kəntémpt] 명(U) 자기 경멸[비하].
self-con·tent [4kəntént] 명(U) 자기 만족. (또는 **self-conténtment**) —— 형 자기 만족을 하고 있는.
self-con·tent·ed [4kəntént·id] 형 스스로 만족하고 있는. **~·ly** 부 **~·ness** 명
self-con·tra·dic·tion [4kɑ̀ntrədíkʃən/-kɔ̀n-] 명(U) 자기 모순; C 모순된 진술[성명].
-dic·ting, -dic·to·ry · -dic·to·ri·ly 부
*****self-con·trol** [4kəntróul] 명(U) 자제(력), 극기; 자기 관리. **~led** 형
self-cor·rect·ing [4kərέktiŋ] 형 자동 조정(식)의. (또는 **self-corrective**) **-cor·réc·tion** 명 「임명한.
self-cre·ated [4kriéitid] 형 자기가 창조한; 자기가
self-crit·i·cal [4krítikəl] 형 자기 비판적인. **~·ly** 부
self-crit·i·cism [4krítəsìzm] 명(U) 자기 비판.
self-cul·ti·va·tion [4kʌ̀ltivéiʃən] 명(U) 자기 수양.
self-cul·ture [4kʌ́ltʃər] 명(U) 자기 수양[단련].
self-deal·ing [4díːliŋ] 명(U) 사적(私的) 금융 거래, 자기 거래, 회사[재단] 돈의 사적 이용.

self-de·ceit [ˈdiːsíːt] 명 =self-deception.
self-de·ceived [ˈdiːsíːvd] 형 자신을 과대 평가하는, 우쭐한; 착각하고 있는.
self-de·ceiv·er [ˈdiːsíːvər] 명 자신을 속이는 사람.
self-de·ceiv·ing [ˈdiːsíːviŋ] 형 자신을 속이는, 자기 기만적인; (말 따위가) 기만적인.
self-de·cep·tion [ˈdiːsépʃən] 명ⓊⒸ 자기 기만.
self-de·cep·tive [ˈdiːséptiv] 형 자기를 기만하는.
self-ded·i·ca·tion [ˈdèdikéiʃən] 명 자기 헌신.
self-de·feat·ing [ˈdiːfíːtiŋ] 형 자멸적인; 자기의 목적을 파괴하는. 「당 방위.
***self-de·fense** [ˈdiːféns] 명Ⓤ 자기 방어, 자위; 정
 in self-defense 자위 수단으로, 정당 방위로.
 the (noble) art of self-defense 호신술.
 -fén·sive 형 자위의, 호신의, 자위적인.
self-de·liv·er·ance [ˈdiːlívərəns] 명 자살.
self-de·lud·ed [ˈdiːlúːdid] 형 =self-deceived.
self-de·lu·sion [ˈdiːlúːʒən] 명ⓊⒸ 자기 기만.
self-de·ni·al [ˈdináiəl] 명Ⓤ 자제(自制), 극기; 자기 부정, 무사(無私).
self-de·ny·ing [ˈdináiiŋ] 형 자제하는, 극기의; 자기 부정의, 무사의. **~·ly** 부
self-de·pend·ent [ˈdipéndənt] 형 남에게 의지하지 않는, 자력 의존의. **-ence** 명 자기 신뢰, 자력 의존.
self-dep·re·cat·ing [ˈdéprikèitiŋ] 형 자신을 비하하는. (또는 **sélf-déprecatory**) **~·ly** 부
self-de·pre·ci·a·tion [ˈdipriːʃiéiʃən] 명 자기 비하.
self-des·ig·na·tion [ˈdèzignéiʃən] 명 자칭.
self-de·spair [ˈdispéər] 명 자신에 대한 절망, 자포자기. 「멸자.
self-de·stroy·er [ˈdistrɔ́iər] 명 자기 파괴자, 자
self-de·struct [ˈdistrʌ́kt] 통형 자기 파괴[자폭]하다; 자멸하다. ─ 형 자기 파괴[자폭, 자멸]하는.
self-de·struc·tion [ˈdistrʌ́kʃən] 명Ⓤ 자멸; 자살; 자폭.
self-de·struc·tive [ˈdistrʌ́ktiv] 형 1 자살적인, 자멸시키는, 자멸형의. 2 (로켓·장치 따위가) 자기 파괴 [자폭] 기능을 가진. **~·ness** 명 **~·ly** 부
self-de·ter·mi·na·tion [ˈditɜ̀ːrmənéiʃən] 명Ⓤ 자결(自決), 자기 결정, 자율; 민족 자결(권).
-te·tér·mined 형 스스로 결정한.
self-de·ter·min·ing [ˈditɜ́ːrminiŋ] 형 스스로 결정하는. 「도안[계발].
self-de·vel·op·ment [ˈdivéləpmənt] 명 자기
self-de·vot·ed [ˈdivóutid] 형 헌신적인. **~·ly** 부
self-de·vo·tion [ˈdivóuʃən] 명Ⓤ 1 헌신, 자기 희생. 2 (일 따위에 대한) 몰두, 열중.
self-di·ag·no·sis [ˈdaiəgnóusis] 명 1 (의학) 질병의 자기 진단. 2 (전자 장치의) 자기 진단 능력.
self-di·rect·ed [ˈdiréktid, -dai-] 형 자신의 방향을 스스로 결정한; 자기 결정적인. 「자제(自制).
self-dis·ci·pline [ˈdísəplin] 명Ⓤ 자기 단련[수양];
self-dis·cov·ery [ˈdiskʌ́vəri] 명Ⓤ 자아 발견.
self-dis·play [ˈdispléi] 명Ⓤ 자기 현시(顯示)[과시], 자기 선전.
self-dis·trust [ˈdistrʌ́st] 명Ⓤ 자신감 상실, 자기 불신. **~·ful**, **~·ing** 형
self·dom [sélfdəm] 명 자아의 본질, 자아 영역.
self-doubt [ˈdáut] 명Ⓤ 자기 불신[의혹].
self-drive [ˈdráiv] 형 (英) 렌터카의, 「엔진 내장의,
self-driv·en [ˈdrívən] 형 자동 추진(식)의, (기계가)
self-ed·u·cat·ed [ˈédʒukèitid] 형 독학의.
self-ed·u·ca·tion [ˈèdʒukéiʃən] 명 독학.
self-ef·face·ment [ˈiféismənt] 명 (겸양으로) 표면에 나서지 않음.
self-ef·fac·ing [ˈiféisiŋ] 형 표면에 나서지 않는, 자기를 내세우지 않는. **~·ly** 부 「업의.
self-em·ployed [ˈimplɔ́id] 형 자영(自營)의, 자유

self-em·ploy·ment [ˈimplɔ́imənt] 명 자영(업), 자유업.
self-en·rich·ment [ˈenrítʃmənt] 명Ⓤ (지적·정 「신적인) 자기 충실.
self-es·teem [ˈistíːm] 명Ⓤ 자존, 자부심, 자만.
⇒PRIDE 유의어 **~·ly** 부
***self-ev·i·dent** [ˈévədənt] 형 자명한. **-dence** 명
self-ex·al·ta·tion [ˈègzɔːltéiʃən] 명 자기 예찬; 자만. **-ex·ált·ing** **-ex·ált·ing·ly** 부
self-ex·am·i·na·tion [ˈigzæmənéiʃən] 명Ⓤ 자기 성찰, 반성; 자기 검사.
self-ex·cit·ed [ˈiksáitid] 형 [전기] (발전기가) 자기 여자(勵磁)(식)의. **-ci·tá·tion**, **-cít·er** 명
self-ex·e·cut·ing [ˈéksəkjùːtiŋ] 형 (조약 따위가) 자동 발효되는. **-ex·e·cú·tion** 자력 집행; 자살.
self-ex·ile [ˈégzail, -éks-] 명 (자기 의사에 따른) 망명(유랑)(인). **-éx·iled** 형
self-ex·ist·ent [ˈigzístənt] 형 독립적으로 존재하는, 자존하는; (국가 따위가) 자립[독립]한. **-ence** 명
self-ex·plan·a·to·ry [ˈikspláenətɔ̀ːri/-təri] 형 설명이 필요없는, 자명한. (또는 **sélf-expláining**)
self-ex·plo·ra·tion [ˈèksplɔːréiʃən] 명 (미개발 능력에 대한) 자기 탐구.
self-ex·pres·sion [ˈikspréʃən] 명Ⓤ (예술 따위에서의) 자기[개성] 표현. **-sive** 형 「식의.
self-fan·ning [ˈfǽniŋ] 형 (카드 따위가) 자동 인출
self-feed [ˈfíːd] 통형 (**-fed**) (농업) (가축)에게 먹고 싶은 대로 사료를 주다; (가축을) 자동 사료 공급기로 기르다. **~·ing** 형 사료 자동 공급식의.
self-feed·er [ˈfíːdər] 명 자동 사료 공급 장치.
self-feel·ing [ˈfíːliŋ] 명 자기 중심적인 감정.
self-fer·tile [ˈfɜ́ːrtl] 형 (생물) 자가 수정의(을 할 수 있는). **~·ly** 부 **~·ness** 명
self-fer·ti·li·za·tion [ˈfɜ̀ːrtəlizéiʃən/-lai-] 명Ⓤ (생물) 자가 수정(自家受精). 图 cross-fertilization
self-fill·ing [ˈfíliŋ] 형 자동 주입식의.
self-flat·ter·y [ˈflǽtəri] 명 자기 만족, 자기 찬양.
self-fo·cus·ing [ˈfóukəsiŋ] 형 자동 초점식의.
self-for·get·ful [ˈfərgétfəl] 형 자기의 이익[득실]을 초월한, 사심이 없는, 욕심 없는. **~·ly** 부 **~·ness** 명
self-for·get·ting [ˈfərgétiŋ] 형 =self-forgetful.
self-formed [ˈfɔ́ːrmd] 형 자성(自成)의.
self-ful·fill·ing [ˈfulfíliŋ] 형 스스로의 힘으로 목적 [포부 따위]을 달성하는, 자기 실현적인; (예언 따위가) 자기 충족적인.
self-ful·fill·ment [ˈfulfílmənt] 명 (자력에 의한) 소원 성취, 욕망 충족, 자기 달성. 「자기 생성의.
self-gen·er·at·ed [ˈdʒénərèitid] 형 자연 발생의,
self-gen·er·at·ing [ˈdʒénərèitiŋ] 형 1 자연 발생 [자기 생성]하는. (또는 **sélf-génerative**) 2 자가 발전 의; 자발[자립]적인. 「한.
self-giv·en [ˈgívən] 형 스스로 얻은, 자력으로 획득
self-giv·ing [ˈgíviŋ] 형 자기 희생적인, 헌신적인.
self-glo·ry [ˈglɔ́ːri] 명 오만, 허영
self-gov·erned [ˈgʌ́vərnd] 형 자치의, 독립의; 자동 조절의; 스스로 결정하는; 자제하는.
self-gov·ern·ing [ˈgʌ́vərniŋ] 형 자치의; 자제의.
***self-gov·ern·ment** [ˈgʌ́vərnmənt] 명Ⓤ 1 (국가·사회 등의) 자치; 민주 정체. 2 자주적 운영, 자치제. 3 자제, 극기.
self-grat·i·fi·ca·tion [ˈgrǽtəfikéiʃən] 명 1 자기 만족, 자기 충동을 만족시키는 것. 2 =masturbation.
self-hard·en·ing [ˈháːrdniŋ] 형 (야금) 자경성 (自硬性)의.
self-hate [ˈhéit] 명 자기 혐오[증오]. (또는 **self-hatred**) **-hát·ing** 형 「식물, 약초.
self-heal [sélfhìːl] 명 1 골풀. 2 치료 효과가 있다는
***self-help** [ˈhélp] 명Ⓤ 1 자조, 자립. 2 (법률) 자구(自救) 행위. 3 자기 정신 요법, 자조 노력. ─ 형 자기

수양의. ~·er 명 ~·ful 형 ~·ful·ness 명 ~·ing 명
self·hood [sélfhùd] 명ⓤ 1 자아. 2 개성, 인격. 3 자기 중심, 이기주의.
self-hu·mil·i·a·tion [⁴hju:mìliéiʃən] 명 비하(卑下), 겸손.
self-hyp·no·sis [⁴hipnóusis] 명 자기 최면. **-hyp·nót·ic** 형 지난.
self-i·den·ti·cal [⁴aidéntikəl] 형 self-identity를
self-i·den·ti·fi·ca·tion [⁴aidèntəfikéiʃən] 명ⓤ (다른 사람[사물]과의) 자아 일체 의식.
self-i·den·ti·ty [⁴aidéntəti] 명 동일성, 자기 동일성 (의 의식); (자기 동일성에 의한) 개성, 특성; 귀속 의식.
self-ig·nite [⁴ignáit] 명재 (내연기관 따위가) 자체 점화[자연 발화]하다.
self-im·age [⁴imidʒ] 명 자아상(自我像). 정.
self-im·mo·la·tion [⁴iməléiʃən] 명 자기 희생[부 신].
self-im·por·tant [⁴impɔ́:rtənt] 형 거만한, 으스대 는, 자만심이 강한. **-tance** 명 ~·ly 부 해서 하는.
self-im·posed [⁴impóuzd] 형 스스로 과한, 자진
self-im·prove·ment [⁴imprú:vmənt] 명ⓤ 자기 개선, 자기 수양. 양[의.
self-im·prov·ing [⁴imprú:viŋ] 형 자기 개선[수
self-in·crim·i·nat·ing [⁴inkrímənèitiŋ] 형 (증 언 따위가) 자신을 유죄로 만드는, 자기 혐의를 자초하는.
self-in·duced [⁴indjú:st/-djú:st] 형 1 자기가 끌 어들인. 2 (전기) 자기 유도의.
self-in·duc·tion [⁴indʌ́kʃən] 명ⓤ (전기) 자기 유 **-in·dúc·tive** 형 도.
self-in·dul·gent [⁴indʌ́ldʒənt] 형 제멋대로 하는, 방종한. **-gence** 명 ~·ly 부
self-in·flict·ed [⁴inflíktid] 형 스스로 과한, 자초한.
self-in·struct·ed [⁴instrʌ́ktid] 형 독학의, 독습의.
self-in·struc·tion·al [⁴instrʌ́kʃənəl] 형 독학[독 습](용)의.
self-in·sur·ance [⁴inʃúərəns] 명 자가(自家) 보험.
***self-in·ter·est** [⁴intərəst] 명ⓤ 이기주의, 이기심, 사리(私利). ~·ed 형 ~·ed·ness 명 소개.
self-in·tro·duc·tion [⁴intrədʌ́kʃən] 명ⓤ 자기
self-in·vent·ed [⁴invéntid] 형 스스로 꾸며낸.
self-in·vit·ed [⁴inváitid] 형 불청객으로 방문하는.
‡**self·ish** [sélfiʃ] 형 제멋대로의, 이기적인; 이기주의 의, 자기 본위의. ~·ly 부 ~·ness 명
sélfish géne 명 (유전) 이기적 유전자.
self-judg·ment [dʒʌ́dʒmənt] 명 자기 판단.
self-jus·ti·fi·ca·tion [dʒʌ̀stəfikéiʃən] 명ⓤ 자기 정당화, 자기 변호[변명], 핑계.
self-jus·ti·fy·ing [dʒʌ́stəfàiiŋ] 형 자기 변명의, 자기 변호를 하는, 정당화시키려 하는.
self-kin·dled [⁴kíndld] 형 자동 점화의. 식, 자각.
self-knowl·edge [⁴nálidʒ/-nɔ́l-] 명ⓤ 자기 인
self·less [sélflis] 형 자기를 돌보지 않는, 이기심이 없는, 무욕의. ~·ly 부 ~·ness 명
self-lim·it·ed [⁴límitid] 형 자체적[본질적]으로 제 약이 있는; (병이) 한정된 과정을 겪는, 자체 한정적인.
self-lim·it·ing [⁴límitiŋ] 형 스스로 제한[제약]하 는; 자체 제어식의.
self-liq·ui·dat·ing [⁴líkwidèitiŋ] 형 1 (상품 따위 가) 당장 팔리는, 곧 현금화되는. 2 (투자 따위가) 스스로 청산되는, 자체 회수형의.
self-load·ing [⁴lóudiŋ] 형 (총 따위가) 자동 장전식 의, 반자동식의. 가 잠기는.
self-lock·ing [⁴lákiŋ/-lɔ́k-] 형 자동독으로 자물쇠
self-love [⁴lʌ́v] 명ⓤ 1 자애(自愛), 자기애. 2 이기 주의, 자기 본위. 3 자만, 허영심. **-lóv·ing** 형
self-made [⁴méid] 형 1 자수성가(自手成家)한, 2 자기가 만든, 손수 만든. 수 있는 팸플릿[인쇄물].
self-mail·er [⁴méilər] 명 봉투에 넣지 않고 우송할
self-mail·ing [⁴méiliŋ] 형 봉투에 넣지 않고 우송 할 수 있는.

self-mas·ter·y [⁴mǽstəri/-máːs-] 명ⓤ 극기, 자 제; 침착.
self-med·i·cate [⁴médəkèit] 명재 자신이 치료하다.
self-mock·ing [⁴mákiŋ/-mɔ́k-] 형 자조적인.
self-mor·ti·fi·ca·tion [⁴mɔ̀:rtəfikéiʃən] 명ⓤ 금 욕; (자진해서 하는) 고행.
self-mo·tion [⁴móuʃən] 명ⓤ 자발적 운동.
self-mov·ing [⁴múːviŋ] 형 자동의.
self-mur·der [⁴mə́:rdər] 명ⓤ 자살, 자진.
self-ne·glect [⁴niglékt] 명 자기 무시.
self-ness [sélfnis] 명 =selfhood.
self-noise [⁴nɔ́iz] 명 1 (해사) 자생 잡음(배 자체에서 나는 엔진음 따위 잡음). 2 (통신) 자기 잡음(송수신기 자체의 잡음).
self-ob·ser·va·tion [⁴àbzərvéiʃən/-ɔ̀b-] 명ⓤ 자기 관찰; 반성, 내성(內省).
self-op·er·at·ing [⁴ápərèitiŋ/-ɔ́p-] 형 자동(식) 의, 자동 제어의. (또는 **sélf-óperative**) 고함.
self-o·pin·ion [⁴əpínjən] 명ⓤ 자기 평가; 자만심, 완
self-o·pin·ion·at·ed [⁴əpínjənèitid] 형 1 자만 심이 강한. 2 (자기의 의견 따위에) 완고한. (또는 **sélf-opínioned**) 신이 면허한
self-or·dained [⁴ɔːrdéind] 형 스스로 제정한, 자
self-paced [⁴péist] 형 (학과 따위가) 학생 자신의 진 도에 맞게 학습할 수 있는, 자기 페이스대로 할 수 있는.
self-par·o·dy [⁴pǽrədi] 명 자기 풍자.
self-par·ti·al·i·ty [⁴pɑ̀ːrʃiǽləti] 명 자기 편애; (주 장 따위의) 자기 본위.
self-pay [⁴péi] 명 자기 부담 (방식). (像).
self-per·cep·tion [⁴pərsépʃən] 명 자아 인식[상
self-per·pet·u·at·ing [⁴pərpétʃuèitiŋ] 형 영속 가능한; 언제까지나 유임하는[할 수 있는]. **-per·pet·u·á·tion** 명
self-pit·y [⁴píti] 명ⓤ 자기 연민. ~·ing 형 ~·ing·ly 부
self-pleased [⁴plíːzd] 형 스스로 기뻐하는.
self-pleas·ing [⁴plíːziŋ] 형 자신의 마음에 드는.
self-poise [⁴pɔ́iz] 명 자연히 균형 잡혀 있는 것; 냉 정, 침착. **-póised** 형 수분하다[시키다].
self-pol·li·nate [⁴pálənèit/-pɔ́l-] 명재 (식물) 자가
self-pol·li·na·tion [⁴pàlənéiʃən/-pɔ̀l-] 명ⓤ (식 물) 자가 수분.
self-pol·lu·tion [⁴pəlúːʃən] 명ⓤ 자위, 수음.
self-por·trait [⁴pɔ́ːrtrit, -treit] 명 자화상. (또는 **sélf-pórtraiture**)
self-pos·sessed [⁴pəzést] 형 냉정한, 침착한.
self-pos·ses·sion [⁴pəzéʃən] 명ⓤ 냉정, 침착.
self-praise [⁴préiz] 명 자찬, 자만.
self-pres·er·va·tion [⁴prèzərvéiʃən] 명ⓤ 자기 보존, 자기 방위; 자위 본능.
self-pride [⁴práid] 명 긍지; 자만, 자부.
self-pro·duced [⁴prədjúːst] 형 자기 생산의, 스 스로 만든, 자기(그 자체) 안에서 생기는.
self-pro·nounc·ing [⁴prənáunsiŋ] 형 (발음 기 호에 의하지 않고) 직접 철자에 발음을 나타내는 부호로 표시하는.
self-pro·pelled [⁴prəpéld] 형 자력으로 추진하는, 자동 추진식의; (대포 따위가) 자주(自走)식의. ¶ a ~ gun 자주포. (또는 **sélf-propélling**) 원.
sélf-propélled sándbag 명 (美속어) 해해병대
self-pro·tec·tion [⁴prətékʃən] 명ⓤ 자기 방위. **-pro·téc·tive** 형
self-pub·lished [⁴pʌ́bliʃt] 형 자비 출판한.
self-pu·ri·fi·ca·tion [⁴pjùərəfikéiʃən] 명ⓤ 자연 정화, 자정(自淨) 작용; (인간의) 자기 정화.
self-ques·tion·ing [⁴kwéstʃəniŋ] 명 자기 행동 [동기]의 재음미; 자문(自問), 자기 반성.
self-rais·ing [⁴réiziŋ] 형 (英) =self-rising.

self-re·al·i·za·tion [-ri:əlizéiʃən/-riəlaiz-] 명 U 자아 실현, 자기 개발.
self-rec·og·ni·tion [-rèkəgníʃən] 명 U 자기(자아) 인식: 〈생화학〉(면역계(系)의) 자기 인식.
self-re·cord·ing [-rikɔ́:rdiŋ] 형 자동 기록(식)의.
self-re·flec·tive [-rifléktiv] 형 내성적인.
self-re·gard [-rigá:rd] 명 U 이기(심), 자애; 자존(심). ~·ing 형 ~의, 자기식(自己式)의.
self-reg·is·ter·ing [-rédʒistəriŋ] 형 자동 기록식.
self-reg·u·lat·ed [-régjulèitid] 형 자동 조절[자기 통제]된; 자치의, 자동식의.
self-reg·u·lat·ing [-régjulèitiŋ] 형 자동 조절의.
self-reg·u·la·tion [-règjuléiʃən] 명 U 1 자기 조직 상의) 자기 관리, 자치; (정부나 법률에 의하지 않는) 자기 통제. 2 자기 조정, 자동식. [self-identity].
self-re·la·tion [-riléiʃən] 명 U (사물의) 동일성
self-re·li·ance [-riláiəns] 명 U 자기 의존, 자립, 독립 독행. 「독립 독행하는. ~·ly 부
self-re·li·ant [-riláiənt] 형 자기를 믿는, 자립의.
self-re·new·al [-rinjú:əl] 명 U 자기 재생.
self-re·nun·ci·a·tion [-rinʌnsiéiʃən] 명 U 자기 희생, 헌신; 무아, 무욕, 무사(無私).
self-rep·li·cat·ing [-réplǝkeitiŋ] 형 1 자동적으로[스스로] 재생하는, 자기 재생[증식]하는. 2 〈유전〉 자기 복제의[하는]. **-rep·li·cá·tion** 명
self-re·pres·sion [-ripréʃən] 명 U 자기 억제.
self-re·proach [-ripróutʃ] 명 U 자책, 후회, 양심의 가책. ~·ful 형 ~·ing 형 ~·ing·ly 부 ~·ing·ness 명
self-re·pro·duc·ing [-ri:prədjú:siŋ] 형 =self-replicating.
self-re·proof [-riprú:f] 명 U 자책, 양심의 가책.
self-re·pug·nant [-ripʌ́gnənt] 형 자가 당착의, 자기 모순의.
***self-re·spect** [-rispékt] 명 U 자존(심), 자중. ~·ful, ~·ing 형 자존심이 있는. ⇨PRIDE 유의어
self-re·straint [-ristréint] 명 U 극기, 자제.
self-re·veal·ing [-rivi:liŋ] 형 사적인 감정[태도]을 겉으로 드러내는, 자기 현시(顯示)적인.
self-rev·e·la·tion [-rèvəléiʃən] 명 U 자기 현시; 자기 발견[계시].
self-rev·er·ence [-révərəns] 명 U 강한 자존심.
self-re·ward·ing [-riwɔ́:rdiŋ] 형 자신에게 도움이 되는, 그 자체가 보답이 되는.
self-right·eous [-ráitʃəs] 형 스스로 옳다고 하는, 독선적인. ~·ly 부 ~·ness 명
self-right·ing [sélfráitiŋ] 형 (구명 보트 따위가) 자동적으로 복원하는, 전복되지 않는.
self-ris·ing [-ráiziŋ] 형 (효모(酵母)를 넣지 않아도) 저절로 부풀어오르는. (또는 (英) sélf-ráising)
self-rule [-rú:l] 명 U 자치. **-rúl·ing** 형
***self-sac·ri·fice** [-sǽkrəfàis] 명 U 자기 희생, 헌신. **-fic·er** 명 **-fic·ing** 형 **-fic·ing·ly** 부
self·same [sélfsèim] 형 완전히 동일한, 똑같은. ~·ness 명 「만족, 자만, 독선.
***self-sat·is·fac·tion** [-sǽtisfǽkʃən] 명 U 자기
self-sat·is·fied [-sǽtisfàid] 형 자기 만족의, 독선적인. 「는.
self-sat·is·fy·ing [-sǽtisfàiiŋ] 형 자기 만족을 주
self-seal·ing [-sí:liŋ] 형 (타이어가) 펑크가 나도 자동적으로 막혀 있는; 자동 누출 방지식의. ¶a gas tank 자동 누출 방지식 가스 탱크. **-séal·er** 명
self-search·ing [-sə́:rtʃiŋ] 명 형 자성(自省)적인.
self-seek·er [-sí:kər] 명 이기적인 사람, 자기 일밖에 모르는 사람; (라디오의) 자동 선국(選局) 장치.
self-seek·ing [-sí:kiŋ] 명 이기주의, 제멋대로의 행기, 자기 본위. ― 형 이기적인, 제멋대로의, 자기 본위의; (라디오가) 자동 선국식(選局式)의. ~·ness 명
self-serve [-sə́:rv] 형 셀프 서비스의.

self-serv·ice [-sə́:rvis] 명 U (식당 따위의) 셀프 서비스, 자급식(自給式). ― 형 셀프 서비스의, 자급식의.
self-serv·ing [-sə́:rviŋ] 형 자기 이익을 도모하는, 이기주의의; 자기 이익에 도움이 되는.
self-slaugh·ter [-slɔ́:tər] 명 U (법률) 자살, 자멸.
self-sown [-sóun] 형 (식물 따위가) 저절로 자란, 자생의; (종자 따위가) 저절로 뿌려진.
self-start·er [-stá:rtər] 명 1 자동 시동기(가 달린 자동차). 2 (구어) 자발적으로 시작하는 사람.
self-steer·ing [-stíəriŋ] 형 (보트·항공기의 장치가) 자동 조타의. ― 명 자동 조타.
self-ster·ile [-stéril] 형 〈동물〉 자가 불임성(不妊性)의; 〈식물〉 자가 불임성(不稔性)의.
self-stick [-stík] 형 뒤에 접착제가 발라져 있는, 누르기만 하면 붙는. (또는 **sélf-stícking**)
self-stim·u·la·tion [-stìmjuléiʃən] 명 U 〈심리·생리〉 자기 자극.
self-stud·y [-stʌ́di] 명 U 독학; 자기 분석, 자아 성찰. ― 형 독학용의; 독학으로 배운.
self-styled [-stáild] 형 자칭의, 자임(自任)하는.
self-sub·sist·ent [-səbsístənt] 형 자립[독립]한. (또는 **self-subsísting**)
self-suf·fi·cient [-səfíʃənt] 형 1 자급 자족할 수 있는. 2 자만심이 강한, 오만한. (또는 **sélf-sufficing**) **-cien·cy** 명 U 자기 자족; 자신 과잉. ~·ly 부 「시.
self-sug·ges·tion [-səgdʒéstʃən] 명 U 자기 암
self-sup·port [-səpɔ́:rt] 명 U 자활, 자립, 자급, 자영. ~·ed 형 ~·ed·ness 명
self-sup·port·ing [-səpɔ́:rtiŋ] 형 자활[자립]하는, 자급하는. ~·ly 부
self-sur·ren·der [-səréndər] 명 U 자기 포기, 이종(忍從), 굴복; 몰아(沒我).
self-sus·tain·ing [-səstéiniŋ] 형 1 자급의, 자영의, 독립의, 자립한. 2 〈물리〉 (핵반응 따위가 시동 후에) 자동적으로 계속되는. **-táined** 형 ~·ly 부
self-taught [-tɔ́:t] 형 독학의; 독학으로 습득한.
self-tim·er [-táimər] 명 (카메라의) 자동 셔터, 자동 개폐기(開閉器), 셀프 타이머. 「한) 자학, 고행.
self-tor·ment [-tɔ́:rment] 명 (걱정·죄책감에 의
self-tor·ture [-tɔ́:rtʃər] 명 U 난행, 고행.
self-trust [-trʌ́st] 명 =self-confidence.
self-vi·o·lence [-váiələns] 명 U 자기 학대; (완곡히) 자살.
self·ward [sélfwərd] 부 1 자기 쪽으로, 자기를 향하여. 2 자기 내부로, 마음속으로. (또는 **selfwards**) ― 형 자기에게 향해진. ~·ness 명
self-will [-wíl] 명 U 아집, 제멋대로 굶, 완고. ~ed 형 ~·ed·ly 부
self-wind·ing [-wáindiŋ] 형 (시계가) 자동으로 감기는.
Sel·juk [seldʒú:k] 명 셀주크 사람; 셀주크 왕조의. ― 형 셀주크 왕조(11-13세기에 중근동(中近東) 지역을 지배했던 터키 왕조); 셀주크 족[사람]. (또는 **Seljukian**)
‡**sell** [sel] 통 (~s [-z]; **sold**; ~·ing) 타 1 …을 팔다, 매각하다(at, for)(반 buy). ¶To ~. (게시) 팝니다/ ~ goods cheap[dear] 물건을 싸게[비싸게] 팔다// (~+목+전+명) ~ goods at a discount 물건을 할인하여 팔다/ ~ goods at a profit[loss, sacrifice] 물건을 이익[손해]을 보고 팔다. 2 …을 판매하는다, 취급하다. ¶This store ~s imported cigars. 이 가게에서는 수입 담배를 팔고 있다. 3 …을 잘 팔리도록 하다, 판매를 촉진시키다. ¶Good advertising will ~ goods. 선전을 잘하면 매상이 늘어난다. 4 (구어) (아이디어 따위)를 (…에게) 선전하다, 팔아먹다(to); …에게 (아이디어 따위)를 납득시키다, 받아들이게 하다(on). ¶~ an idea to a person; ~ a person (on) an idea 아이디어를 남에게 팔아먹다. 5 (비유적) (명예·조국 따위)를 팔다, 배신하다(for). ¶~ one's country for money

돈 때문에 나라를 팔다 / ~ a game[*or* match] 뇌물을 받고 경기에 일부러 지다, 사기 시합을 하다 / ~ one's honor 명예를 버리다. **6** **《구어》** **《수동형으로》** …을 (감쪽같이) 속이다; …을 실망시키다. ¶be *sold* over the transaction 거래에서 속다 / *Sold* again! 또 속았다!; 아차, 또 넘어갔다!

—[자] **1** 장사하다. ¶My brother ~*s* in Boston. 나의 형은 보스턴에서 장사하고 있다. **2** 팔리다, (…에) 팔리다(*at, for*); (물건이) (…하게) 팔리다, 수요가 있다. ¶(~+[副]) The book ~*s well*. 그 책은 잘 팔린다 // (~+[前]+[名]) This chair ~*s for* fifty dollars. 이 의자는 50달러에 팔린다. **3** 점원으로 일하다, 영업하다. **4** **《구어》** (생각 따위가) 받아들여지다, 채용[인정]되다, 환영받다(*to*). ¶His idea will ~. 그의 아이디어는 먹혀들 것이다.

be sold on …에 열중하다, 정신이 팔리다.
be sold out of …이 매진[품절]되다.
made to sell (품질 따위는 생각지 않고) 단지 팔기 위해서 만든.
sell** a person **a bill of goods 남에게 사기치다, 엉터리 상품을 팔다.
sell** a person **a pup ⇨PUP.
sell** a person **down the river ⇨RIVER.
sell forward …을 선매(先賣)하다.
sell like hot cakes 불티나게 팔리다.
sell off ① (시세·가격이) 하락하다, 떨어지다. ② …을 싸게 팔다, 방출하다.
***sell** oneself* ① 자기 몸을 팔다, 매춘하다. ② **《구어》** 자기 선전을 하다.
sell** one's **life dear [or ***dearly***] 적에게 큰 손해를 입히고 죽다, 개죽음하지 않다.
sell out ① …을 다 팔아치우다; 〔증권〕 한몫 보고 팔아치우다. ② 〔가게 등〕을 정리[처분]하다, 경매에 부치다. ③ **《美구어》** 〔친구 등〕을 배반하다. ④ **《美구어》** 겁쟁이가 되다, (두려워서) 타협하다; (돈 때문에) 주장을 굽히다.
sell over …을 매도하다; …을 전매(轉賣)하다.
sell short ① (증권에서) 현물 없이 팔다, 공매(空賣)하다. ② **《구어》** …을 경시하다.
sell the pass ⇨PASS.
sell time 상업 방송을 하다; 방송 광고를 허용하다.
sell up **《英》** ① …을 팔아치우다. ② 〔채무자의 재산〕을 경매에 부치다. ¶They *sold* him *up*. 그들은 그의 재산을 경매에 부쳤다.

—[명] **1** (a ~) **《속어》** 협잡, 사기; **《英구어》** 실망. ¶What a ~! 보기좋게 속았군!, 실망했어! **2** [U] 팔기, 판매술. **3** 〔증권〕 매물(賣物).

sell·a·thon [séləθɑn/-θɔn] [명] 장기 바겐 세일; (TV의) 장시간 상품 안내 프로.

séll-by dàte [ˊ-bai-] [명] **《英》** (식품 따위의) 판매[유효] 기간(**《美》** pull-by date).

‡sell·er [sélər] [명] **1** 파는 사람, 판매인, 행상. **2** 잘 팔리는 물건. ¶a best-~ 제일 잘 팔리는 물건[책], 베스트셀러. **3** **《구어》** =selling race.

séllers' màrket [명] 판매자 시장(수요에 비해 공급이 적어서 판매자에게 유리한 시장)([참] buyers' market). (또는 **séller's màrket**)

séller's òption [명] 판매자 선택권(뉴욕 증권거래소에서 파는 사람이 증권 인도 시기를 임의 선택할 수 있는 권리; [약] s.o., S.O.).

‡sell·ing [séliŋ] [형] **1** 판매의, 판매에 관한. ¶a ~ price 판매 가격. **2** 판매업의. ¶a ~ agent 판매 특약점. **3** 잘 팔리는. **—**[명][U] 판매, 매각.

sélling àgent [명] 판매 대리인[점].

sélling clìmax [명] 〔증권〕 대량 투매에 따른 주가 폭락. [반] buying climax

sélling plàte [명] 〔경마〕 =selling race.

sélling pòint [명] 판매상의 강조점.

sélling ràce [명] **《英》** 매각 경마(우승한 말이 경매에 부쳐진다는 조건으로 하는 것).

sell-off [ˊɔ̀:f/-ɔ̀f] [명] **1** 〔증권〕 주식의 대량 판매로 생기는 주가 또는 증권의 급격한 하락. **2** 〔경제〕 기업의 보유 자금 방출. (또는 **sélling-òff**)

Sel·lo·tape [séloutèip] [명] **《英》** **《상표》** 셀로테이프(**《美》** Scotch-tape). **—**[동][타] …을 셀로테이프로 붙이다. 〔<*cellulose tape*〕

sell·out [sélàut] [명] **1** 매각; 매절. **2** (쇼 따위의) 좌석 매진, 만원. ¶a ~ audience 만원인 청중. **3** **《구어》** 배반, 배신 행위; 변절. **4** **《구어》** 배신자, 밀고자.

sell-through [ˊθrù:] [명] 판매할 목적으로 출시된 상품(특히 비디오).

selt·zer [séltsər] [명][U] (때로 S–) 셀처 탄산수[광천수](독일 Nieder Selters의 천연 광천수); (상품용으로 가공한) 탄산수. (또는 ∠ **wàter**)

sel·vage [sélvidʒ] [명] (직물의) 가장자리, 귀; (벽지의 잘라버리는) 가두리; (자물쇠의) 가장자리 쇠. (또는 **selvedge**) **-vaged** [형]

sel·va·gee [sèlvidʒí:] [명] 〔해사〕 셀비지(낡은 로프의 올 따위를 모아 묶은 것; stopper로 사용).

selves [selvz] [명] self의 복수형.

SEM *s*canning *e*lectron *m*icroscope(주사(走査) 전자 현미경). **sem.** semester; semicolon; seminar(y). **Sem., Sem** Seminary; Semitic.

se·man·teme [simǽnti:m] [명] 〔언어〕 의의소(意義素)(사전적 의미를 가진 최소 단위). [참] morpheme.

se·man·tic [simǽntik] [형] **1** 어의(語義)의, 의미의. **2** 의미론의, 어의(발달)론의. (또는 **semantical**) **-ti·cal·ly** [부]

semántic análysis [명] 〔심리〕 의미 해석[분석].

semántic nét [명] 〔컴퓨터〕 의미 네트(워크)(언어의 의미·개념간의 관계·지식 따위를 나타내는 네트워크).

se·man·tics [simǽntiks] [명][복] **《단수취급》** **1** 〔언어〕 의미론, 어의(발달)론. **2** 〔논리〕 기호론. **-ti·cist** [-təsist], **-ti·cian** [sì:mæntíʃən] [명]

sem·a·phore [séməfɔ̀:r] [명] (철도 등의) 가로대식 신호기; 수기(手旗) 신호. **—**[동][타] …을 신호(기)로 알리다, 신호하다. **—**[자] 신호하다.
-phór·ic, -phór·i·cal [형] **-phór·i·cal·ly** [부]

se·ma·si·ol·o·gy [simèisiɑ́lədʒi/-ɔ́l-] [명] 〔언어〕 =semantics 1.

se·mat·ic [simǽtik] [형] 〔생물〕 경계색의. ¶a ~ color 경계색.

sem·bla·ble [sémbləbl] **《고어》** [형] **1** 닮은, 유사한. **2** 외견상의, 겉치레의. **—**[명] 유사한 것[사람]; 유사. **2** (one's ~) 친구, 동료.

***sem·blance** [sémbləns] [명] **1** [C][U] 외관, 외형, 외양. ¶a manly ~ 남자다운 외모. ⇨APPEARANCE [유의어] **2** 유사, 비슷한 것, 닮은 얼굴. **3** (진실을 위장한) 겉보기, 위장, 꾸밈.

have the semblance of …와 비슷하다.
in semblance 겉보기로는, 외견상은.
in the semblance of …와 비슷한 모습으로.
put on a semblance of …의 시늉을 하다, …인 체하다.
to the semblance of …와 비슷하게.
under the semblance of …을 가장하여.
without even the semblance of …하는 체도 하지 않고, 시늉도 않고.

seme [si:m] [명] 〔언어〕 기호; 의의소(意義素).

se·mé [səméi/sémei] [명][형] 〔문장〕 (별·꽃 따위의) 작은 무늬(가 깔린). (또는 **semée**) 〔<F〕

se·mei·og·ra·phy [sì:miɑ́grəfi, sèmi-/-ɔ́g-] [명] 〔의학〕 증후[징후]학.

se·mei·ol·o·gy [sì:maiɑ́lədʒi/-ɔ́l-] [명][U] 기호학(記號學); 기호 언어; 〔의학〕 증후학(症候學).

se·mei·ot·ics [sì:maiɑ́tiks, sèm-/-ɔ́t-] [명][복] **《단수취급》** 증후학(symptomatology).

sem·eme [sémi:m, sí:m-] [명] 〔언어〕 의의소(意義素). [참] semanteme

se·men [sí:mən/-men] [명] ([복] ***sem·i·na*** [sémənə)〕〔생리〕정액(精液)(sperm).

Se·më·nov [simjɔ́:nəf/-mjɔ́nɛf] 圐 **Nicolai Nicolaevich ~** 세묘노프(1896-1986: 러시아의 화학자; 노벨 화학상 수상(1956년)).

*se·mes·ter [siméstər] 圐 (미국·독일 등의 1년 2학기제 대학의) 학기. **-tral, -trial**

seméster hòur 圐 (美) (교육) 학기 이수 단위.

sem·i [sémi, -mai] 圐 =semicolon; (英) =semidetached house; (美) =semifinal; =semitrailer.

SEMI [sémi, sémai] (美) *S*emiconductor *E*quipment and *M*aterial *I*nstitute(반도체 제조 장비 재료 협회).

sem·i- [sémi, -mai] 연결 「반, …한 쪽의; 부분의(으로); …에 2회의」의 뜻. ¶*semi*annual, *semi*dome (*고유 명사 또는 i로 시작되는 낱말과 결합할 때는 보통 하이픈을 붙인다.

sem·i·ab·stract [²æbstrǽkt] 圐 (그림·조각이) 반(半)추상의, 구상적 표현에 추상성을 가미한.

sem·i·ac·tive [sèmiǽktiv, sèmai-] 圐 레이더 반사파에 의한 미사일의 목표 추적 방식의.

sem·i·an·nu·al [sèmiǽnjuəl, sèmai-] 圐 반년마다의, 연 2회의; (식물) 반 년생의. **~·ly** 튀

sem·i·ar·id [sèmiǽrid, sèmai-] 圐 (기후가) 강우량이 적고 증발이 심한, 반건조성(半乾燥性)의.

sem·i·au·to·mat·ed [sèmiɔ́:təmèitid, sèmai-] 圐 반자동(화)의.

sem·i·au·to·mat·ic [sèmiɔ̀:təmǽtik, sèmai-] 圐 반자동식의; (화기가) 반자동 장전의. — 圐 반자동 장전식 소총[화기]. 「선 따위의) 반축(半軸).

sem·i·ax·is [sèmiǽksis, sèmai-] 圐 (수학) (쌍곡

sem·i·bal·lis·tic [sèmibəlístik, sèmai-] 圐 (구어) 화난. ¶go ~ 화나다[내다].

sem·i·bar·bar·i·an [sèmibɑ̀:rbɛ́əriən, sèmai-] 圐 준(準)야만의, 반(半)개화의. — 圐 준야만인, 반개화인. ~·**ism** 「인.

sem·i·base·ment [sèmibéismənt, sèmai-] 圐 반지하실. 「온음표.

sem·i·breve [sémibrì:v, sémai-] 圐 (英) (음악)

sem·i·cen·ten·ni·al [sèmisenténiəl, sèmai-] 圐 50년마다의, 圐 50년제(祭). (또는 semicentenary)

sem·i·cho·rus [sémikɔ̀:rəs, sèmai-] 圐 (음악) 소합창대; 소합창곡. 「형(의 것). 〈L〉

sem·i·cir·cle [sémisə̀:rkl, sémai-] 圐 반원, 반원

sem·i·cir·cu·lar [sèmisə́:rkjulər, sèmai-] 圐 반원(형)의; 반원형으로 늘어선. ~·**ly** 튀 ~·**ness** 圐

semicírcular canál (해부) (귀의) 반고리관(管).

sem·i·civ·i·lized [sèmisívəlàizd, sèmai-] 圐 반문명의, 반미개의. **-civ·i·li·zá·tion** 圐

sem·i·clas·sic [sèmiklǽsik, sèmai-] 圐 1 준(準)고전적인 작품[음악]. 2 많은 사람의 귀에 익은 곡(曲).

sem·i·clas·si·cal [sèmiklǽsikəl, sèmai-] 圐 1 (음악·문학에서) semiclassic의. 2 (물리) 준고전적인 (뉴턴 역학과 양자역학의 중간적 이론). ~·**ly** 튀

‡sem·i·co·lon [sémikòulən/²-⁴-] 圐 세미콜론(;).

sem·i·co·lo·ni·al [sèmikəlóuniəl, sèmai-] 圐 반식민지적의. ~·**ism** 圐

sem·i·co·ma [sèmikóumə, sèmai-] 圐 (목 **~s**) 반혼수(상태). ~·**tose** 圐

sem·i·con·duc·tor [sèmikəndʌ́ktər, sèmai-] 圐 (전자) 반도체; 반도체를 사용한 장치. **-dúct·ing** 圐

semicondúctor làser 圐 (전자) 반도체 레이저.

sem·i·con·scious [sèmikɑ́nʃəs, sèmɔ́n-] 圐 의식적인, 반은 의식이 있는. ~·**ly** 튀 ~·**ness** 圐

sem·i·con·ser·va·tive [sèmikənsə́:rvətiv, sèmai-] 圐 (유전) (2중 사슬 DNA의 복제가) 반보존 ~·**ly** 튀 ~·**ness** 圐 「적인.

sem·i·cus·tom [²kʌ́stəm] 圐 반(半)특별 주문의.

sem·i·cyl·in·der [sèmisílindər, sèmai-] 圐 반원통(형). **-cy·lín·dric, -cy·lín·dri·cal** 圐

sem·i·dai·ly [sèmidéili, sèmai-] 圐 1일 2회의.

sem·i·dark·ness [sèmidɑ́:rknis, sèmai-] 圐 어스름, 어둑함.

sem·i·dem·i·sem·i·qua·ver [sèmidèmisémikwèivər, sèmai-] 圐 (英) 64분 음표. 「(지대).

sem·i·des·ert [sèmidézərt, sèmai-] 圐 반사막

sem·i·de·tached [sèmiditǽtʃt, sèmai-] 圐 반쯤 떨어진; (英) 한쪽 벽이 옆집과 이어진.

sem·i·de·vel·oped [sèmidivéləpt, sèmai-] 圐 반쯤 개발된, 개발 도중의.

sem·i·di·am·e·ter [sèmidaiǽmətər, sèmai-] 圐⑪ⓒ 반지름, 반경. 「절의, 반일의; 1일 2회의.

sem·i·di·ur·nal [sèmidaiə́:rnl, sèmai-] 圐 한나

sem·i·di·vine [sèmidiváin, sèmai-] 圐 반신성(半神性)의, 반신(半神)의.

sem·i·doc·u·men·ta·ry [sèmidɑ̀kjuméntəri, sèmai-/sèmidɔ̀k-] 圐 (사실과 픽션을 혼합시킨) 반기록 영화. 「봉. **-dómed** 圐

sem·i·dome [sémidòum, sémai-] 圐 반원형 지

sem·i·do·mes·ti·cat·ed [sèmidəméstikèitid, sèmai-] 圐 (야생 동물이) 반사육 상태인, 반쯤 길들여진. (또는 **semidomestic**)

sem·i·dom·i·nant [sèmidɑ́mənənt, sèmai-] 圐 (유전) 반우성의(半優性)의. **-nance** 圐

sem·i·dry [sèmidrái, sèmai-] 圐 반쯤[적당히] 건조한; 약간 짭짤한. ~·**ing** 圐 (기름이) 반건성의.

sem·i·du·ra·bles [sèmidjúərəblz, sèmai-/sèmidjúər-] 圐 반내구(耐久) 상품(가구, 의복 따위). (또는 **semidúrable góods**)

sem·i·ev·er·green [sèmiévərgrì:n, sèmai-] 圐 (식물) 반상록성의.

sem·i·farm·ing [sèmifɑ́:rmiŋ, sèmai-] 圐⑪ 1 (가축의) 방목; 조방(粗放) 재배[농업]. 2 반농업(근대적 양계에 대해서 안뜰에서 닭을 기르는 따위).

sem·i·fi·nal [sèmifáinl, sèmai-] 圐 (스포츠) 준결승의. — 圐 준결승. 참 quarterfinal ~·**ist** 圐 준결승 진출 선수. 「의, 부분적으로 완성된.

sem·i·fin·ished [sèmifíniʃt, sèmai-] 圐 반제품

sem·i·flu·id [sèmiflú:id, sèmai-] 圐 반유동체(半流動體)의. — 圐 반유동체. 「유동체[성]의.

sem·i·flu·id·i·ty [sèmiflu:ídəti, sèmai-] 圐⑪ 반

sem·i·for·mal [sèmifɔ́:rməl, sèmai-] 圐 준공식(準公式)의, 준예장(準禮裝)의; 약식의.

sem·i·hard [sèmihɑ́:rd, sèmai-] 圐 알맞게 단단한, (특히) 쉽게 잘리는.

sem·i·hard·y [sèmihɑ́:rdi, sèmai-] 圐 (식물) 내한성의. 「fluid.

sem·i·liq·uid [sèmilíkwid, sèmai-] 圐 =semi-

sem·i·lit·er·ate [sèmilítərət, sèmai-] 圐 읽기 쓰기를 조금밖에 못하는, 반문맹의; 읽을 수는 있으나 쓰지는 못하는. **-a·cy** 圐

sem·i·lu·nar [sèmilú:nər, sèmai-] 圐 반달 모양의, 초승달 모양의. ¶a ~ valve (해부) 반월판(半月瓣).

sem·i·man·u·fac·tures [sèmimænjufǽktʃərz, sèmai-] 圐⑪ 반(半)제품(철강·신문 인쇄 용지 따위).

sem·i·month·ly [sèmimʌ́nθli, sèmai-] 圐⑪튀 보름[반달]마다(의), 월 2회의, 한 달에 두 번. — 圐 월 2회 일어나는 것, 월 2회의 간행물.

sem·i·na [sémənə] 圐 semen의 복수형.

sem·i·nal [sémənl] 圐 1 정액(精液)의. 2 (식물) 종자의. 3 발생의, 생식의. ¶~ power 생식력. 4 미발달의; 근본의; 장래성이 있는, 발달 가능성이 있는. 5 (책·작품 따위가) 생산적인, 매우 독창적인; (사람이) 중요한, 매우 영향력이 있는. **-nál·i·ty** 圐 ~·**ly** 튀

séminal dúct 圐 (해부) 정관(精管).

séminal flúid 圐 정액; 정장(精漿)(정액 중 정자를 제외한 액체 부분).

sem·i·nar [sémənɑ̀ːr] 명 (통 ~s [-z]) 1 (대학 따위의) 연구 그룹; 세미나, 연습. 2 연구실, 연습실. 3 (대학의) 연구반, 대학원 과정. 4 연구 집회; (美) 전문가 회의. ¶a closed-door ~ 비공개 세미나.

sem·i·nar·i·an [sèmənɛ́əriən] 명 =seminarist.

sem·i·nar·ist [sémənərist] 명 (英) 신학교 학생; (신학교 출신의) 성직자; (대학) 세미나 참석자.

***sem·i·nar·y** [sémənèri/-nəri] 명 1 (기독교 각파의) 신학교. 2 (종교 단체가 경영하는) 학교, 학원, 전문학교. 3 =seminar 1. 4 (악 따위의) 발생지, 온상. ¶a ~ of vice 악의 온상. ─ 형 1 (작품 따위가) 독창적인, 생산적인. 2 (폐어) 정액의, 종자의. **-nár·i·al**

sem·i·nate [séməneit] 타(E) =inseminate.

sem·i·na·tion [sèmənéiʃən] 명(U)(C) 씨뿌리기, 파종(播種); 보급, 전파; 정자 진입(精子進入).

sem·i·nif·er·ous [sèmənifərəs] 형 (해부) 정자를 나르는, 정액 생성의; (식물) 종자가 생기는.

Sem·i·nole [sémənòul] 명 (북미의) 세미놀 인디언족(의 한 사람); 세미놀 언어. ─ 형 세미놀 인디언족의; 세미놀어(語)의.

se·mi·o·chem·i·cal [sèmioukémikəl] 명 (신호[정보) 화학 물질(페로몬 따위).

sem·i·of·fi·cial [sèmiəfíʃəl, sèmai-] 형 반공식적인, 반관(半官)의. ¶a ~ organ 반관영 기관. ~·ly 부

se·mi·ol·o·gy [sìːmiάlədʒi/sèmiɔ́l-] 명 =semeiology. **-o·lóg·ic, -o·lóg·i·cal -gist** 명

se·mi·o·sis [sìːmióusis/sèmi-] 명 (언어·논리) 기호 현상, 기호 작용. (또는 **semeiosis**)

se·mi·ot·ic [sìːmiάtik/sèmiɔ́t-] 형 기호의, 기호론[학]의; (의학) 증후(症候)의. ─ 명 =semiotics. (또는 semiotical) **-i·cal·ly** 부 **-o·tí·cian** 명

se·mi·ot·ics [sìːmiάtiks/sèmiɔ́t-] 명(복) (단수취급) 기호학; (논리·철학) 기호론; (의학) 증후학.

sem·i·par·a·sit·ic [sèmipǽrəsitik] 형 (생물) 반기생(半寄生)의. **-pár·a·site, -pár·a·sit·ism**

sem·i·per·ma·nent [sèmipə́ːrmənənt, sèmai-] 형 반영구적인. ~·ly 부

sem·i·per·me·a·ble [sèmipə́ːrmiəbl, sèmai-] 형 (膜) 따위가) 반투성(半透性)의.

sem·i·post·al [sèmipóustl, sèmai-] 명 기부금 포함된 우표. ─ 형 (우표가) 기부금이 붙은.

sem·i·pre·cious [sèmipréʃəs, sèmai-] 형 준(準) 보석의. ¶a ~ stone 준보석.

sem·i·pri·vate [sèmipráivət, sèmai-] 형 반사용(私用)의; (병실이) 2-3 인용인. **-va·cy** 명

sem·i·pro [sémiprðu, sèmai-] 형 (통 ~s) (구어) =semiprofessional.

sem·i·pro·fes·sion·al [sèmiprəféʃənl, sèmai-] 형 세미 프로의, 반직업적인. ─ 명 반직업적인 스포츠 선수. ~·ly 부

sem·i·pub·lic [sèmipʌ́blik, sèmai-] 형 1 반공공(半公共)의; 반관 반민의. 2 반공개적인.

sem·i·qua·ver [sémikwèivər, sèmai-] 명 (英) (음악) 16분 음표(의) (美) sixteenth note).

sem·i·re·tire·ment [sèmiritáiərmənt] 명 (퇴직 후의 재고용에 의한) 비(非)상근 (근무).

sem·i·rig·id [sèmirídʒid, sèmai-] 형 1 반강체(半剛體)의. 2 (항공) (비행선의) 반경식(半硬式)의.

sem·i·ru·ral [sèmirúərəl] 형 약간 시골풍의, 다소 전원적인.

sem·i·sealed [sèmisíːld] 형 (봉투가) 반쯤 봉해진.

sem·i·skilled [sèmiskíld, sèmai-] 형 (직공 등이) 반숙련의. ─ (즈 따위가) 반쯤 무른.

sem·i·soft [sèmisɔ́ːft, sèmai-/sémisɔ́ft] 형 (치즈 따위가) 반쯤 무른.

sem·i·sol·id [sèmisάlid, sèmai-/sèmisɔ́l-] 형(명) 반고체(의).

sem·i·sub·mers·i·ble [sèmisəbmə́ːrsəbl] 형 반잠수형 해양 굴착 장치. (또는 ~ **ríg**) ─ 형 반잠수형

해양 굴착의. 「반쯤 침몰한.

sem·i·swamped [sèmiswάmpt/-swɔ́mpt] 형

sem·i·sweet [sèmiswíːt, sèmai-] 형 약간 달콤한, 지나치게 달지 않은.

sem·i·syn·thet·ic [sèmisinθétik, sèmai-] 형 (화학) 반합성의. 「의.

sem·i·tai·lored [-téilərd] 형 반기성복(半旣成服)

Sem·ite [sémait/síːm-] 명 1 노아의 장남 셈의 자손. 2 유대인(含 Aryan). 3 셈족(의 사람).

Se·mit·ic [səmítik] 형 셈인(人)[족]의; 셈어(語)의. ─ 명 (U) 셈어계(語系)(아라비아어·헤브라이어 등).

Sem·i·tism [sémətizm] 명 1 셈풍[기질]; (특히) 유대풍, 유대인 기질. 2 셈 어법(語法).

Sem·i·tist [sémətist] 명 1 셈(어)학자; 셈 문학 연구가. 2 (S─) 유대인을 좋아하는 사람.

Sem·i·to-Ham·it·ic [sémətouhǽmítik] 형 셈·햄 어족의(아프리카 아시아 어족의 옛 이름).

sem·i·tone [sémitòun] 명 (음악) 반음(정). **-tón·al -tón·al·ly -tón·ic**

sem·i·trail·er [sémitrèilər, sèmai-] 명 세미 트레일러(조종부와 트레일러 부분이 분리되는 대형 화물[합승] 자동차).

sem·i·trans·par·ent [sèmitrænspɛ́ərənt, sèmai-] 형 반투명의. **-en·cy** 명(U) **-ness** 명

sem·i·trop·i·cal [sèmitrάpikəl, sèmai-/sèmitrɔ́p-] 형 아(亞)열대의. (또는 **semitropic**) ~·ly 부

sem·i·vo·cal·ic [sèmivoukǽlik, sèmai-] 형 반모음의. (또는 **semivocal**)

sem·i·vow·el [sémivàuəl, sèmai-] 명 (음성) 반모음([j][w]따위); 반모음자(w, y 따위).

sem·i·week·ly [sèmiwíːkli, sèmai-] 형 주 2 회의. ─ 명 주 2 회의 간행물. ─ 부 주 2 회.

sem·i·works [sèmiwə́ːrks] 명(복) (신제품·신제법의) 시험[실험] 공장.

sem·i·year·ly [sèmijíərli, sèmai-] 형 연(年) 2 회의. ─ 명 연 2 회의 간행물. ─ 부 연 2 회.

sem·mit [sémit] 명 (스코) 속옷, 내의.

sem·o·li·na [sèməlíːnə] 명(U) 세몰리나, 조(粗)소맥분(마카로니·푸딩의 원료).

semper fidélis [sémpər fidéilis, -díː-] 언제나 충실한(미 해병대의 motto). (<L)

semper parátus [sémpər pəréitəs] 언제나 준비가 되어 있는(미 해안 경비대의 motto). (<L)

sem·pi·ter·nal [sèmpitə́ːrnl] 형 (문어) 영원한, 영구적인. ~·ly 부 **-ni·ty** 명

sem·pli·ce [sémplitʃei/-tʃi] 형(부) (음악) 단순한[히], 간단한[히]; 단음(單音)의, 장식음이 없는. (<It)

sem·pre [sémprei/-pri] 부 (음악) 항상, 끊임없이. ¶~ forte 항상 강하게. (<It always)

semp·stress [sém(p)stris] 명 여자 재봉사. 「(약).

Sem·tex [sémteks] 명 (상표) 셈텍스(플라스틱 폭

sen, sen., Sen. senate; senator; senior. **SEN** (英) special educational needs (문제 학생에 대한 특별 교육의 필요); (英) State Enrolled Nurse.

se·nar·i·us [sinɛ́əriəs] 명 (운율) (그리스·라틴 시의) 6각(脚) 시구.

sen·a·ry [sénəri/síːn-] 형 6 의, 6 으로 이루어지는. ¶the ~ scale (수학) 6 진법(進法).

‡sen·ate [sénət] 명 1 의회, 입법 기관. 2 (the S─) (미국·프랑스·오스트레일리아 등의) 상원. 3 (美) 의회의 건물, 방), 의사당(⑧ congress). 4 (로마 역사) 원로원. 5 (대학의) 평의원회, 이사회.

Sénate Appropriátions Commíttee 명 (the ~) (美) 상원 세출 위원회(略 SAC).

Sénate Éthics Commíttee 명 (the ~) (美) 상원 윤리 위원회. 「의원 회관, 이사 회관.

sénate hòuse 명 1 상원 의사당. 2 (대학 등의) 평

‡sen·a·tor [sénətər] 명 (통 ~s [-z]) 1 상원(上院)

senatorial 의원; (S-) (美) (성명 앞에 붙여) …상원 의원. **2** (대학의) 평의원, 이사. **3** (로마 역사) 원로원 의원.
~·**ship** 명 의원직(임기).

sen·a·to·ri·al [sènətɔ́ːriəl] 형 **1** 상원(의)의. **2** (美) 상원 의원 선거권을 가진. ¶ a ~ district 상원 의원 선거구. **3** (대학의) 평의원의. **4** (로마 역사) 원로원(의원)의. ~·**ly** 부

senatórial cóurtesy 명 (美) 상원 의례(儀禮)(대통령의 지방 관료 임명시 그 지방 출신 상원 의원의 동의가 없으면 임명에 동의하지 않는 관례). 「구.

senatórial dístrict 명 (美) (주의) 상원 의원 선거

se·na·tus con·sul·tum [sənéitəs kənsʌ́ltəm] 명 (고대 로마의) 원로원 포고(布告). [<L]

‡**send**[1] [send] 타 (~s [-z]; **sent**) 타 **1** …을 보내다, 부치다, 발송하다 (to). ~ a telegram 전보를 치다 // (~+목+부) ~ a person home 남을 집까지 바래다 주다 // (~+목+목) (~+목+전+명) ~ a person a parcel; ~ a parcel to a person 남에게 소포를 보내다 / ~ one's love [or regards] to a person 남에게 안부를 전하다.
2 …을 가게 하다, 파견하다, 심부름을 보내다 (on). ¶ (~+목+부) ~ a person abroad 남을 해외로 파견하다 // ~ a person on an errand 남을 심부름 보내다. **3** [접시·술 따위]를 돌리다, 차례로 돌리다.
4 …을 쫓아보내다, 억지로 보내다; (독자 등에게) …을 참조케 하다, 조사시키다 (to). ¶ S- the cat out of the room. 고양이를 방에서 쫓아내라.
5 …을 던지다, [탄환 따위]를 쏘다, [빛·연기 따위]를 내다, 발하다 (forth, off, out, through). ¶ ~ a ball 볼을 던지다 // (~+목+부) ~ out smoke [light] 연기 [빛]를 내다 / ~ forth buds 싹을 내다 / ~ a rocket to the moon 달을 향하여 로켓을 발사하다.
6 (보어와 함께) 〔파견된 상태〕에 빠뜨리다, 몰아넣다 (to, into); …하게 하다 (doing). ¶ (~+목+보) ~ a person mad [or crazy] 남을 미치게 하다 // ~ a person into tears [laughter] 남을 울리다 [웃기다] / (~+목+-ing) ~ a stone rolling down the hill 언덕에서 돌을 굴려 떨어뜨리다. **7** [소리 따위]를 발하다, 지르다 (forth, off, out); (구름이) [비 따위]를 내리게 하다 (forth, off, out). ¶ ~ a roar 포효하다. **8** (문어) (신이) …을 부여하다, 허용하다, …하게 하다. **9** (전기) …을 전도 (傳導) 하다; [신호]를 보내다 (out). **10** (속어) …을 매혹시키다, 흥분시키다. ¶ His trumpet used to ~ me. 그의 트럼펫은 언제나 나를 매료시켰다.
— 자 **1** 사람을 보내다, 심부름을 보내다 (for, to do). ¶ (~+전+명) (~+to do) He sent to me to come soon. 그는 나한테 곧 오라고 사람을 보내왔다. **2** 편지를 보내다, 써서 보내다, 알리다 (to do). **3** (전기) 발신하다. **4** (속어) (음악 따위에) 청중이 흥분하다, 열광하다.

send after ① 조회하다, 물어보다. ② (남의 뒤를) 따라가게 하다, 뒤쫓게 하다. 보내다.
send ahead 미리 연락하여 […을] 준비시키다 (for).
send along ① (구어) …을 (급히) 보내다, 가게 하다. ② …을 쫓아내다. ③ …의 진행[성장]을 빠르게 하다, 진척되게 하다.
send and do 사람을 보내어 …하게 하다.
send a person **about his business** (구어) 즉석에서 해고하다; 쫓아버리다.
send a person **packing** ⇒ PACK.
send a person **to Coventry** ⇒ COVENTRY.
send a person **to the showers** (美속어) ① (야구) (선수를) 벤치로 불러들이다. ② 그만두게 하다, 해고하다. 「물로 취급하다.
send a person **up the wall** 남을 업신여기다. 방
send around (여기저기) 보내다, 돌리다 (for).
send away ① …을 멀리 가지러 보내다, 먼데서 가져오다. ② …을 추방하다, 해고하다.

send away [or **off**] **for** …을 우편으로 주문하다.
send back …을 돌려주다, 되돌려보내다.
send before [남을] 출두시키다.
send down ① …을 내리다, 하락하게 하다, 강등시키다, 좌천시키다. ② (英) (Oxford, Cambridge 대학에서) …을 정학시키다, 제적하다.
send flying ① [불꽃 따위]를 튀게 하다. ② [남]을 밀어 나가떨어지게 하다. ③ [적]을 궤주(潰走)시키다.
send for ① …을 가지러 보내다, 부르러 보내다; …을 주문하다. ¶ ~ for a doctor 의사를 부르러 보내다 / ~ for help 도움을 청하다. ② [정당 지도자]를 총리로 임명하기 위해 초치하다.
send forth ① …을 내다, 쏘다, 발하다. ⇒타 5. ② …을 보내다, 파견하다. ③ …을 수출하다. ④ …을 발행하다, 출판하다. ⑤ …을 낳다, 만들어내다.
send forward …을 미리 보내다.
send in ① …을 제출하다. ¶ ~ in one's papers 서류를 제출하다; (군인이) 사표를 내다. ② (명함·이름)을 전하다. ¶ ~ in one's name 이름을 전하게 하다; (경기 따위에) 참가 신청을 내다. ③ (방 따위에) (남)을 들게 하다. ④ (요리)를 식탁에 내어 놓다. ⑤ (군대 따위)를 파견하다.
send it home (美속어) 마약을 주사하다.
send off ① …을 발송하다. ② …을 전송하다. ¶ ~ a person off 남을 전송하다. ③ (선수)를 (반칙 따위로)
send off for = send away for. 「퇴장시키다.
send on ① (편지 따위)를 회송하다, 전송 (轉送)하다. ② (배우·선수)를 (무대·경기에) 등장(출장)시키다.
send out ① ⇒타 7. ② …을 송부[배부]하다 (to). ③ (남)을 멀리 파견하다 (to do). ④ (남)을 가지러 (사러) (남)을 보내다 (for). ⑤ (아이)를 (벌로서) 밖으로 내보내다. ⑥ (신호·무선 따위)를 보내다, 발신하다.
send over …을 파견하다. ¶ ~ a person over to …에게 남을 파견하다. ② …을 방송하다.
send round …을 돌리다, 회송하다.
send through [통신 따위]를 전하다, 알리다.
send to the skies 죽이다, 없애다.
send up ① …을 올리다, 오르게 하다. ② (값 따위)를 들게 하다. ③ (공 따위)를 보내다. ④ (서류)를 제출하다. ⑤ (美속어) (남)을 투옥하여 …의 형에 처하다. ⑥ (英속어) …을 놀리다, 익살스럽게 말 흉내를 내다. ⑦ (학생)을 교장에게 출두시키다.
send up rotten (美속어) 비난하다, 헐뜯다.
send up the river = send up ⑤.
send word 전언하다, 보고하다.
send[2] 명[동] (海) =scend.

Sén·dai vírus [séndai-] 명 (병리) 센다이((仙台) 바이러스 (돼지의 폐렴을 일으키는 균).
sen·dal [séndl] 명 (고어) 센들 천 (중세의 얇은 견직물); 센들 천의 의복 (법의 (法衣), 기(旗)). (또는 **cendal**)
*****send·er** [séndər] 명 **1** 발송인, 화주, 발신자. **2** 발신(송신, 송화)기. **3** (속어) 멋진 사람; 크게 흥분시키는 것; (재즈 음악 따위에서) 청중을 열광시키는 연주자.

Sen·de·ro Lu·mi·no·so [Sp sendero luminóso] 명 센데로 루미노소 (페루의 좌익 게릴라 조직).

send-off [-ɔ̀ːf, -àf/-ɔ̀f] 명 (구어) **1** 전송, 송별. ¶ He was given a good ~. 그는 성대한 전송을 받았다. **2** (사람·물건 따위의) 출발, 스타트. **3** (美속어) 장례식.

send-up [-ʌ̀p] 명 (英구어) 익살스러운 흉내, 익살스러운 풍자. (또는 **séndùp**)

Sen·e·ca[1] [sénikə] 명 **1** (북미 인디언의 한 종족인) 세네카족 (사람). **2** U 세네카어(語).

Sen·e·ca[2] 명 **Lucius Annaeus** ~ 세네카 (?4 B.C.-65 A.D.: 로마의 철학자·정치가).

sen·e·ga [sénigə] 명 세네가 (북미산(産) 원지과 (科) 식물); 그 뿌리 (이뇨제·거담제, 도 astringent로 쓰임).

Sen·e·gal [sènigɔ́ːl, -gáːl] 명 **1** 세네갈 (아프리카 서부의 공화국; 수도 Dakar). **2** (the ~) 세네갈 강 (세

네갈의 북쪽 국경을 거쳐 대서양으로 흘러든다).

Sen·e·ga·lese [sènigəːlíːz/-gəliːz] 형 세네갈(사람, 말)의. 명 세네갈사람; 명 세네갈어.

Sen·e·gam·bia [sènigǽmbiə] 명 1 세네감비아 지방(아프리카 서부의 Senegal 강과 Gambia 강 사이의 지방). 2 세네감비아(1982년 세네갈과 잠비아 간에 체결된 동맹). **-bi·an** 형

se·nes·cent [sinésnt] 형 노경의, 연로한; 늙은; [의학] 노화를 나타내는. **-cence** 명 노경, 노쇠.

sen·e·schal [sénəʃəl] 명 1 (중세 왕후·귀족의) 집사, 가령(家令). 2 (英) (성당의) 직원.

se·nhor [sinjɔ́ːr] 명 (포르투갈에서) …님, 씨(영어의 Mr., Sir에 해당하는 경칭); 약 Sr.); 신사. [< Port]

se·nho·ra [sinjɔ́ːrə] 명 (포르투갈에서) …부인, 영부인(영어의 Mrs., Madam에 해당하는 경칭; 약 Sra.); 기혼 여성. [< Port]

se·nho·ri·ta [sìːnjɔːríːtə, sèin-/sènjɔ-] 명 (포르투갈에서) …양, 영애(영어의 Miss에 해당하는 약 Srta.); 미혼 여성. [< Port]

se·nile [síːnail, -nil, sén-] 형 고령의, 노쇠한, 망령든; (지형이 침식 주기의) 노년기의. — 명 고령자.
~·ly 부

sénile deméntia [병리] 노인성 치매(痴呆).

sénile psychósis [병리] 노인[노년]성 정신병.

se·nil·i·ty [sinílət i] 명U 고령, 노쇠, 노망.

‡**sen·ior** [síːnjər] 형 1 연상의, 연장의(to)(*Sr.로 줄여서 동명의 부자·형제 따위를 구별하기 위하여 이름 뒤에 쓴다)(↔ junior).¶ a ~ statesman 정계의 원로 / She is three years ~ to me. 그녀는 나보다 세 살 연상이다. 2 선배의, 선임의; 상위의, 상급의; 나이가 든, 고참의.¶ a ~ officer 선임 장교 / a ~ man (英) 상급생. 3 (美) (고교·대학 따위의) 최상급의, 최고 학년의. 4 본가(本家)의.¶ the ~ branch of a family 본가. 5 고령자(를) 위한. 6 (…보다) 이전의, (…에) 앞선. 7 (금융) (배당·재산·지불 청구권에 대해) 우선의. — 명 ~s [-z] 1 연장자, 원로, 어른, 장로.¶ the town ~s 그 도시의 원로들. 2 선배, 상관, 선임자, 고참자, 수석. 3 (美) (고교·대학 따위의) 최상급생(약 freshman, sophomore, junior); (英) 상급생. — 동(자) (美속어) 어른처럼 행세하다.

sénior chíef pétty òfficer 명 (美해군) 하사관 계급의 하나(chief petty officer의 위이고 master chief petty officer의 아래); 약 SCPO).

sénior cítizen 명 고령자, 노인.

sénior cóllege 명 (美) (bachelor 학위를 주는) 4년제 대학; 4년제 대학의 후반 2년.

se·ni·o·res pri·o·res [sèníɔːreis prí·ɔːreis] 연장자를 우선적으로, 연장자 우선. [< L elders first]

sénior hígh (schòol) 명 (美) 고등 학교.

sen·ior·i·tis [sìːnjəráitis] 명 (美학생 속어) 학문에 흥미를 잃고 졸업만을 생각하는 증상.

sen·ior·i·ty [siːnjɔ́rəti, -jár-/siːnjɔ́r-] 명UC 1 연상, 연장. 2 상위; 선임, 선배임. 3 (-ties) (회사 따위의 근속 연수에 따른) 연공 (서열), 선임(권); 근속 연수.

seniórity rúle 명 (美) (의회의) 연공 서열(위원회에서 다수당 출신 최고참 위원을 위원장으로 선임하는 관례).

seniórity sýstem 명 연공 서열제.

sénior máster sérgeant 명 (美) 공군 상사.

sénior núrsing òfficer 명 (英) (병원의) 간호 실무 책임자.

sénior offícial 명 고관, 정부 고위층[머리]

sénior pártner 명 (조합·합명회사 따위의) 장, 사장.

sénior sérvice 명 (the ~) (英) 해군.

sénior více président 명 (회사의) 상무; (드물게) 전무(약 SVP).

sen·na [sénə] 명 1 센나(석결명·결명차류의 콩과(科) 초본); U (약학) 센나 잎(하제(下劑)].

sen·net [sénit] 명 나팔 신호(엘리자베스 여왕 시대 연극에서 배우의 등장·퇴장시 무대 신호).

sen·night [sénait, -nit] 명 (고어) 1주일. (또는 **se'nnight**)

sen·nit [sénit] 명 꼰 밧줄; 밀짚. [se'nnight]

se·ñor [seinjɔ́ːr, siːn-] 명 (복 ~**s**) (스페인에서) …님, 씨(Mr., Sir에 해당하는 경칭); 신사. [< Sp]

se·ño·ra [seinjɔ́ːrə, siːn-] 명 (스페인에서) …부인, 마님(Mrs., Madam에 해당); 기혼 여성. [< Sp]

se·ño·ri·ta [sèinjəríːtə] 명 (스페인에서) …양(Miss에 해당); 미혼 여성. [< Sp]

Se·nous·si [sənúːsi] 명 =Senusi.

Senr. Senior.

sen·sate [sénseit] 형 1 감각의, 오관으로 느낄 수 있는. 2 (폐어) 감각을 가진. 3 유물적(唯物的)인, 감각 중심의. **~·ly** 부

‡**sen·sa·tion** [sensèiʃən] 명 (복 ~**s** [-z]) 1 ① 감각 (작용), 지각, 지각력; C (a ~, the ~) 느낌; 기분(of, that 절). ⇒ FEELING 유의어.¶ a pleasant ~ 쾌감 // have[or feel] a ~ of cold[pain] 차가운[아픈] 느낌이 있다. 2 UC 감동, 큰 이야깃거리, 센세이션, 감흥.¶ a scientific ~ 과학상의 큰 화제 / chill the ~ 감동을 깨다. 3 큰 인기의 근원, 큰 소동의 원인; 대사건, 인기가 있는 것.¶ cause[or create, make] a ~ 센세이션을 불러일으키다. 4 (막연한) 느낌; 불쾌[불안]감, 의심. 5 (생리) 감각을 느끼는 기능, 감각 기능. **~·less** 형

‡**sen·sa·tion·al** [senseíʃənl] 형 (**more ~**; **most ~**) 1 지각의, 감각의. 2 세상을 깜짝 놀라게 하는; 선정적(煽情的)인, 인기를 끄는.¶ a ~ event 세상을 떠들썩하게 하는 사건 / a ~ novel [writer] 선정적 소설[작가]. 3 굉장한, 경이적인, 눈부신. 4 (철학) 감각론의.

sen·sa·tion·al·ism [senseíʃənlizm] 명U 1 선정주의, 선정적 작품[문체]. 2 (철학) 감각론. 3 (윤리) 감각주의. **-ist** 명 **-ís·tic** 형 감각주의(자)의.

sen·sa·tion·al·ize [senseíʃənəlaiz] (* (英) **-ise**) 동 (태) …을 센세이셔널하게[선정적으로] 다루다[보도하다]. **-i·zá·tion** 명

sen·sa·tion·ism [senseíʃənizm] 명 =sensationalism. **-ist** 명 **-ís·tic** 형

‡**sense** [sens] 명 (복 **sens·es** [-iz]) 1 감각, 관능, 감각 기능.¶ the (five) ~**s** 5감 / the ~ of sight [hearing, smell, taste, touch] 시각[청각, 후각, 미각, 촉각] / have keen ~**s** 감각이 날카롭다.

2 (a ~) 느낌, 의식, 지각. ⇒ FEELING 유의어.¶ a ~ of delight 쾌감 / a ~ of warmth [uneasiness] 따뜻한 느낌[불안감].

3 (지적(知的)·도덕적) 관념, 감각, 의식, 분별.¶ a ~ of social responsibility 사회적 책임감 / a religious ~ 신앙심 / the ~ of justice 정의감 / have no ~ of citizenship 시민 의식이 없다 / a ~ of time 시간 관념.

4 (보통 a ~) 지각[감각] 능력, 센스, 감(of).¶ a good musical ~ 훌륭한 음악적 센스 / a ~ of humor 유머 감각 / cultivate a language ~ 언어 감각을 기르다.

5 (보통 ~**s**, one's ~**s**) 제정신; 정상적인 의식, 건전한 정신; 본심.

6 U 판단력, 사려 분별(이 있는 일), 양식(이 있는 일) (to do); 도리에 맞는 일.¶ common ~ 상식 / ~ and sensibility 이지와 감정 / a man of ~ 사려 분별이 있는 사람 / He has more ~ than to say such a foolish thing. 그는 분별이 있으니 그런 어리석은 말은 하지는 않는다. 7 (행동·발언 따위의) 진의, 의의, 의미; 요점, 골자. ⇒ MEANING 유의어.¶ in a chemical ~ 화학적 의미로는 / a word used in a very narrow ~ 매우 좁은 뜻으로 쓰인 말 / In what ~ do you use the word? 그 말은 어떤 뜻으로 쓰는 것인가? 8 U 가치, 진가, 중요성, 유용성; 장점.¶ There is no [or little] ~ in complaining to her. 그녀에게 불평해 봤자 헛수고다 / What is the ~ of studying so hard? 그렇게 공부만 해서 어쩌겠다는 거냐? 9 U (the ~) (집회 참가

자·집단의) 의견, 의향, 판단(*of*). ¶take the ~ *of a meeting* 회의에 모인 사람들의 의향을 확인하다. **10** 〔수학〕 벡터(vector)의 한쪽 방향.
beat [or *knock, drive*] *(some) sense into a person* (구어) [남]의 생각[행동]을 강력한 방법으로 바꾸게 하다. [가 돌았다.
be out of one's senses 제정신을 잃고 있다, 머리
bring a person to his senses 제정신이 들게 하다, (잘못을) 일깨워 주다.
collect one's senses 마음을 가라앉히다.
come to [or *be brought back to, regain*] *one's senses* 의식을 회복하다, 정상으로 돌아오다.
have enough sense to come in out of [or *from*] *the rain* 자기 일을 알아서 할 정도로 빈틈이 없다. [로 분별이 없다.
have more sense than to do 하지 않을 정도
have no much sense 그다지 영리하지 못하다.
in all senses 모든 점[의미]에서.
in a [or *one, some, a certain*] *sense* 어떤 의미에서는; 어느 정도(까지는).
in a very real sense (강조) 실은.
in every sense (of the term) 모든 의미에서.
in no sense; not in any sense 결코 …이 아닌.
in one's senses 제정신으로.
in the strict sense 엄밀하게 말하면.
keep one's senses 제정신을 잃지 않다.
lose one's senses 기절하다; 미치다.
make sense 말이 되다, (어떤 일이) 사리에 맞다; (표현·행동 따위가) 의미를 지니다, 이해할 수 있다. ¶ His answer does not *make* ~. 그의 대답은 이치에 닿지 않는다.
make sense (out) of (보통 의문문·부정문에서) …의 뜻을 이해하다. ¶I can't *make* ~ (*out*) *of* what he means. 그가 말하는 의미를 모르겠다.
recover [or *come round*] *one's sense* 제정신으로 돌아오다.
see sense 도리를 알다, 분별력을 갖다.
stand to sense (英속어) (일이) 사리에 맞다.
take leave of one's senses 정신이 이상하다, 미친듯이 행동하다.
take the sense of 의향[의사]를 묻다.
talk [or *speak*] *sense* 사리에 맞는 말을 한다.
There is a sense in which... 어떤 의미에서는 [말하자면] …이 아닌가.
think sense 건전한 생각을 하다. [을 느끼고.
under a sense of wrong 부당하게 취급된다는 것
use a little sense 약간 머리를 쓰다.
with a sense of relief 안도하는 기분으로.
── 围 (*sens·es* [-iz]; ~*d* [-t]; *sens·ing*) **1** …을 감지하다, 느끼다, …을 깸알채다(*that* 節). ¶He vaguely ~*d that* danger was approaching. 그는 위험이 다가오고 있다는 것을 어렴풋이 감지했다. **2** …을 이해하다, 깨닫다. ¶The president ~*d* the grave national danger. 대통령은 중대한 국가적 위기를 깨달았다. **3** 〔컴퓨터〕 (기록 매체상의 정보를 광학적 방법으로) 판독하다. **4** (기계 장치가) (빛·온도·방사능 따위를) 탐지하다.
sénse cènter 围 감각 중추.
sénse dàtum 围 〔심리〕 (5관의 감각적 자극에 의한) 감각 자료[데이터]. [현명한; 적정한]
sense·ful [sénsfəl] 围 분별이 있는, 판단력이 있는,
*****sense·less** [sénslis] 围 **1** 감각이 없는, 무감각의. ¶knock a person ~ 남을 때려서 기절하게 하다, 깜짝 놀라게 하다. **2** 무분별한, 어리석은. ¶He is not so ~ as to do such a thing. 그는 그런 짓을 할 만큼 어리석지는 않다. **3** 무의미한.
fall [or *lie*] *senseless* 기절하다.
~*·ly* 围 ~·*ness* 围
sénse òrgan 围 감각 기관.

sénse percéption 围 (지적(知的) 인식에 대한) 감각 인식, 감각, 지각.
*****sen·si·bil·i·ty** [sènsəbíləti] 围 **1** ⓤ 감각(력), 감성. ¶an unusual ~ *for* [or *to*] colors 이상한 색채 감각. **2** ⓤ 잘 느낌[탐], 민감함. ¶~ *to kindness* 친절을 느끼기. **3** (-*ties*) 〔심리〕 감수성, 감정, 정서. ¶a person of strong *sensibilities* 감수성이 예민한 사람/injure [or wound] one's *sensibilities* 감정을 해치다.

〔유의어〕 **sensibility** 섬세한 정서적·지적 감지력, 특히 미적·정서적 자극에 반응하는 능력. **susceptibility** 어떤 영향, 특히 정서적 자극에 움직이기 쉬운 성질; 복수로는 sensibility와 같은 뜻으로 쓴다. **sensitiveness** 외부의 자극에 쉽게 반응하는 민감함. **sensitivity** 생리적 또는 물리·화학적 자극에 대한 민감성의 정도.

4 (-*ties*) 신경 과민, 감정이 상하기 쉬움. **5** (측정기 따위의) 감도.
‡**sen·si·ble** [sénsəbl] 围 (*more ~; most ~*) **1** 양식[분별]이 있는, 현명한, 이해가 빠른; 재치가 있는. ¶a ~ man 이해가 빠른 사람. **2** 느끼고 있는, 의식하고 있는(*of*). ¶be ~ *of* one's fault 자기의 결점을 의식하고 있다. **3** (양·정도 따위가) 눈에 띌 만큼의, 상당한. ¶a ~ difference in the temperature 상당한 온도 차. **4** (몸·기관이) 지각할 수 있는, 감각 능력을 가진. **5** 실체가 있는. **6** 마음에 느껴지는, 이해할 수 있는(*to*). ¶ intelligible. **7** 실용 위주의. ¶~ clothes 기능 위주의 옷. **8** (고어) 느끼기 쉬운, 민감한(*to*). ── 围 **1** 지각할 수 있는[에 호소하는] 것. **2** 민감한 사람. **3** (음악) = ~**·ness** [leading tone.
sénsible héat 围 (물·화) 현열(顯熱)(그 양에 비례하여 물체에 온도 변화를 일으키게 하는 열).
sénsible horízon 围 (천문·항공) 지상(地上) 지평.
*****sen·si·bly** [sénsəbli] 围 **1** 눈에 띌 만큼, 느낄 수 있을 만큼, 상당히. **2** 분별 있게, 현명하게.
sénsing device [**instrument**] [sénsiŋ-] 围 (대상에게서 오는 신호에 대한) 반응[감지] 장치.
‡**sen·si·tive** [sénsətiv] 围 (*more ~; most ~*) **1** 민감한, 예민한, 섬세한. ¶a ~ skin 섬세한 피부/~ *to cold* 추위에 민감한. **2** 감수성이 강한, 섬세한, 느끼기 쉬운; 신경질적인, 신경 과민한; 신경을 잘 쓰는. ¶be ~ *to literature* [*blame*] 문학에 대한 감수성이 예민하다[비난에 대해서 신경 과민이다]. **3** (시장이) 변동하기 쉬운, 불안정한. ¶a ~ stock market 변동하기 쉬운 주식 시장. **4** 고도의 신중을 요하는, 기밀을 요하는, (국가 안보 기밀 취급자의) 절대적인 충성을 필요로 하는. **5** (필름 따위) 감광성(感光性)의; 고감도의. **6** (기기 따위가) 감도가 좋은. ¶a ~ thermometer 예민한 온도계. **7** (생물) 자극에 쉽게 반응하는. **8** (문제 따위가) 미묘한; 까다로운, 다루기 힘든. ── 围 민감한 사람; 최면술에 걸리기 쉬운 사람. ~·*ly* 围 ~·*ness* 围
sénsitive páper 围 감광지(感光紙), 인화지.
sénsitive plánt 围 **1** (식물) (미모사 따위) 감각식물. **2** 민감한 사람; (구어) 동요되기 쉬운 사람.
*****sen·si·tiv·i·ty** [sènsətívəti] 围ⓤⓒ **1** 민감, 예민함; 감수성. **2** (생리) 감수성. **3** (전기) 감도; (필름의) 감광도. ⇒SENSIBILITY 〔유의어〕 [훈련 참가자 집단]
sensitívity gròup 围 (심리) 감수성 집단[이나.
sensitívity tràining [**sèssion**] 围 감수성 훈련 (자유 토론을 통한 상호간의 이해를 목적으로 하는 집단 요법의 하나).
sen·si·ti·za·tion [sènsətizéiʃən] 围ⓤ **1** 민감하게 하기. **2** 〔심리〕 예민화. **3** 〔면역〕 감작(感作).
sen·si·tize [sénsətàiz] 围 **1** …을 민감하게 하다. **2** (사진) (필름)에 감광성(性)을 주다. **3** 〔면역〕 감작(感作)하다. ── 围 민감해지다, 느끼기 쉽게 되다.
-tiz·er 围 감광제.
sen·si·tom·e·ter [sènsətámətər/-tóm-] 围 (사

진) 감광계(感光計).
-to·mét·ric 〖 -to·mét·ri·cal·ly 〖 「감각 기관.
sen·sor [sénsər, -sɔr/-sə] 〖 감지기[장치], 센서.
sén·sor-based compúter [-bèist-] 〖 (컴퓨터) 센서 베이스 컴퓨터(센서로 물리적 상태 따위를 입력하여 자동 제어를 하는 컴퓨터).
sen·so·ri·um [sensɔ́ːriəm] 〖 1 (해부·심리) 감각 중추; 감각[지각] 기관. 2 감각기. 3 (일반적으로) 두뇌, 마음. 4 (정신의학) 의식, 지각.
sen·so·ry [sénsəri] 〖 1 감각(상)의. 2 (생리) 지각의, 감각 중추의. ¶a ~ nerve 감각 신경. (또는 **sen·sorial**) —〖 감각 기관. **sen·só·ri·al·ly, -ri·ly** 〖
sénsory néuron 〖 지각 뉴런(감각 기관의 자극을 신경 중추로 전달하는 신경 세포).
*__sen·su·al__ [sénʃuəl/-sju-] 〖 1 육체적 감각의, 육욕의, 관능적인. ⇒SENSUOUS 유의어 ¶ ~ pleasures 육체적 쾌락/~ lips 육감적인 입술. 2 도덕적으로 방종한, 호색의, 음란한. ¶a ~ expression 음란한 표현. 3 감각적인. 4 세속적인; 무종교의. 5 (드물게) (철학) 감각론의. **·ly** 〖 **~·ness** 〖
sen·su·al·ism [sénʃuəlizm/-sju-] 〖 1 육욕에 탐닉하기, 호색(好色). 2 (윤리) 관능주의; (철학) 감각론[주의]. 3 (미술) 관능주의.
sen·su·al·ist [sénʃuəlist/-sju-] 〖 감각론[주의]자, 관능주의자; 호색가. **-ís·tic** 〖
sen·su·al·i·ty [sènʃuǽləti/-sju-] 〖 관능[육욕]적임; 관능성; 탐닉하기, 호색.
sen·su·al·ize [sénʃuəlàiz/-sju-] 〖 …을 육욕에 탐닉하게 하다; …을 타락시키다. **·i·zá·tion** 〖
sen·su·ous [sénʃuəs/-sju-] 〖 1 감각의, 감각에 호소하는. ¶ ~ description 감각적 표현. 2 (관능적 뜻이 아닌) 미적인, 심미적인, 민감한.

> 유의어 **sensuous** 주로 미적 감각의 만족에 관한 것을 뜻하는 말. **sensual** 외설적·호색적인 의미를 함유한 말. **voluptuous** 감각적·관능적인 욕구를 충분히 만족시키는 것을 뜻하는 말.

-ós·i·ty 〖 **~·ly** 〖 **~·ness** 〖
Sen·sur·round [sénsəràund] 〖 (상표) 센서라운드 (방식)(현장감을 높이는 영화의 음향 효과 시스템).
‡**sent** [sent] 〖 send의 과거·과거분사.
sent. sentence.
‡**sen·tence** [séntəns] 〖 (〖 **-tenc·es** [-iz]) 1 (문법) 문(文), 문장. ¶a declarative [an interrogative, an imperative, an exclamatory, an optative] ~ 서술 [의문, 명령, 감탄, 기원]문 / a simple [compound, complex] ~ 단[중, 복]문. 2 (어떤 문제에 대한) 의견, 결정. ¶My ~ is against innovation. 내 의견은 개혁에 반대이다. 3 〖 (법률) 판결, 선고, 형벌. ¶a ~ of five-year imprisonment 5년 금고형의 판결. 4 (음악) 음절. 5 (음악) 〖 금언, 경구, 격언. 6 (S~) (성서로부터의) 간단한
be under sentence of …의 선고를 받다.　[인용].
pass [or **pronounce**] **sentence upon** …에게 형을 선고하다; …에 대한 의견을 말하다.
reduce a sentence to …으로 감형하다.
serve the sentence 복역하다.
—〖 -**tenc·es** [-iz]; ~**d** [-t]; -**tenc·ing**) 1 …에게 판결을 내리다, 형을 선고하다(to). 〖 (~+〖+ 前+ 〖) ~ a person to death 남에게 사형 선고를 내리다. 2 (종종 수동형으로) (어려운 상황에) 몰리다, 운명 지워지다.
be sentenced for theft 절도죄로 형을 받다.
be sentenced to death 사형을 선고받다.
séntence páttern 〖 (문법) 문형.
séntence stréss 〖 (음성) 문장 악센트.
séntence wórd 〖 (문법) 문장에 해당하는 단어 (Sure!, Go! 따위).
sen·ten·tial [senténʃəl] 〖 1 판결의. 2 (문법) 문

장의[에 관한], 문장의 형태를 한. **~·ly** 〖
sen·ten·tious [senténʃəs] 〖 1 (책 등이) 금언[격언]이 많은; (사람이) 격언을 즐겨 쓰는, 톡 쏘는, 딱딱한; 독선적인. 3 (표현이) 함축성 있는, 간결한.
~·ly 〖 **~·ness** 〖
sen·ti [sénti] 〖 (〖 ~) 센티(탄자니아의 보조 화폐; 실링(shilling)의 100분의 1에 해당).
sen·tience [sénʃəns] 〖 〖 느끼기, 감각이 있음, 감각성; 감각(력), 직감. (또는 **sentiency**)
sen·tient [sénʃənt] 〖 느끼는, 지각[감각]력이 있는. —〖 감각이 있는 사람[것]; 마음, 정신. **~·ly** 〖
‡**sen·ti·ment** [séntəmənt] 〖 1 〖〖 (종종 ~s) (감정이 섞인) 의견, 의향, 생각; 감상, 소감(*about, in, on*). ¶general ~ 여론, 세론 // express one's ~ *about*[*or on*] the subject 그 주제에 대한 소감을 말하다. 2 〖〖 (고상한) 감정, 정, 정서. ⇒FEELING 유의어 ¶a ~ of pity 연민의 정 / patriotic ~ 애국심 / a man of tender ~ 정이 많은 사람 // have friendly ~s toward …에 대하여 우정을 품다. 3 〖 (문학·예술·음악 따위에 나타나는) 세련된 감정, 정조(情操); 정서, 정감; 감상성. 4 감상(感傷), 눈물이 많음[헤픔], 다감(多感)(*about, for*). ¶a man of ~ 다정다감한 사람 / have no ~ *for* things of the past 과거사에 대한 감상을 가지지 않다. 5 (견배 때의) 간단한 인사, 소감. ¶ Mr. Jones was called on for a ~. 존즈씨는 간단한 인사말을 요청받았다. **~·less** 〖
*__sen·ti·men·tal__ [sèntəméntl] 〖 1 감정적인, 감상적인, 감정의 의한. ¶ ~ reasons 감정적인 이유 / strike a ~ note (연설에서) 감상조가 되다. 2 눈물이 헤픈; 지나치게 감상적인. ¶a ~ schoolgirl 다정다감한 여학생. —〖 눈물이 많은 사람, 감상적인 사람. **·ly** 〖
sen·ti·men·tal·ism [sèntəméntəlizm] 〖〖 감상적인 성격, 눈물이 많음[헤픔]; 다감, 감정[감상]주의; 〖 감정[감상]적인 언동. **-ist** 〖
sen·ti·men·tal·i·ty [sèntəmentǽləti] 〖〖 감정[감상]적임, 눈물을 잘 흘림; 〖 감정[감상]적 언동, 감정[감상]의 표출.
sen·ti·men·tal·ize [sèntəméntəlàiz] 〖〖 감상에 젖다, 감정[감상]적이 되다, 다정다감하게 되다 (*about, over*). —〖 …을 감정[감상]적으로 되게 하다, 감상적으로 다루다. **·i·zá·tion, -iz·er** 〖
sentiméntal válue 〖 감정적 가치(개인적 추억 등으로 인해 생기는 가치).
sen·ti·mo [séntəmòu] 〖 (〖 ~*s*) 센티모(centavo)(필리핀의 통화 단위; 1/100 peso).
*__sen·ti·nel__ [séntənl] 〖 1 파수, 감시인, 보초(병). ¶stand ~ (*over*) prisoners 죄수를 감시하다, 보초를 서다. 2 (컴퓨터) 센티넬(정보의 시작이나 끝을 나타내는 기호 따위의 표지). —〖 (**-l-**/-, (英) **-ll-**) 보초로서 …을 감시하다, …을 감시인으로 세우다.
~·like 〖 **~·ship** 〖
*__sen·try__ [séntri] 〖 1 보초, 감시병; 파수꾼. ¶stand [*or* be] on ~ *over* captives 포로를 감시하다. 2 (미국 공군의) 조기 경계 관제기(管制機).
go on [**come off**] **sentry** 보초 근무를 서다[끝내다].
keep [*or* **stand**] **sentry over** …의 망을 보다.
séntry bóx 〖 초소, 보초[파수]막.
séntry dúty 〖 보초 근무.
sen·try-go [-gòu] 〖〖 (英) 위병 교대 신호; 보초 근무. ¶be on[*or* do] ~ 보초 근무를 하다.
séntry rádar 〖 (지상 부대용) 감시 레이더.
Se·nu·si [sənúːsi] 〖 시누시 교단(敎團)(북아프리카 회교도의 한 파). (또는 **Senussi**) **~·an** 〖 **-sism** 〖
sen·za [séntsə, -tsɑː] 〖 (이탈) …을 빼고, 없이. ¶ ~ *organo* 오르간 없이(영 s.). [<It without]
Se·oul [soul] 〖 서울(대한 민국의 수도).
Seoul·ite [sóulait] 〖〖 서울 사람[시민](의).
SEP *s*implified *e*mployee *p*ension (plan)(간이 방식

sep. 종업원 연금 제도). **sep.** sepal; separable; separate(d); separation. **Sep.** September; Septuagint.

se·pal [síːpəl] 명 〖식물〗 꽃받침의 조각.

-sep·al·ous [sépələs] 〖연결〗「꽃받침이 있는」의 뜻. ¶poly*sepalous*(많은 꽃받침이 달린).

sep·a·ra·ble [sépərəbl] 형 1 분리[구별]할 수 있는, 뗄 수가 있는. 2 〖수학〗 가분(可分)의. 3 〖문법〗 분리 가능한. **-bíl·i·ty**, **~·ness** 명 **-bly** 부

‡sep·a·rate 동 [sépərèit] **(-rat·ed; -rat·ing)** 타 1 …을 떼어놓다, 떼어놓다, 가르다; 구획하다. ¶~ the white and yolk of an egg 달걀의 흰자와 노른자를 갈라 놓다. 2 (힘으로) [남]을 떼어놓다; [남]을 떼어놓게 하다, 이간시키다(*from*). ¶~ fighting two boys 싸우고 있는 두 소년을 떼어 놓다// (~+명+전+명) ~ oneself *from* one's family 가족과 헤어지다. 3 …을 골라내다, 분류하다, 분리해서 꺼내다(*out*)(*from*). ¶~ cream *from* milk 우유에서 크림을 분리하다[탈지(脫脂)하다].

> 유의어 **separate** 붙어 있는 것을 따로 떼어 놓다. **divide** 몇 개 부분으로 분할하다. **part** 밀접하게 일체가 되어 있는 것을 완전히(때로는 영구히) separate 하다. **sever** 절단하다, 힘으로 완전히 separate 하다.

4 (보통 수동형으로) (부부가) 별거하다; (근무·근무로부터) 해제되다, (美) 해고되다(*from*). 5 …을 식별하다, 구별하다; …을 떼어 놓고 생각하다. ¶(~+명+전+명) ~ good *from* evil 선악을 구별하다. 6 (땅 부위)를 나누다; …을 세분하다, 구분하다. ¶(~+명+전+명) ~ a big tract of land *into* small plots 넓은 땅을 작은 땅덩어리로 분할하다. 7 〖수학〗 (변수)를 분리하다.

separate the grain [or *wheat*] *from the chaff* 가치 있는 것과 가치 없는 것을 가르다.

—자 1 떨어지다, 갈라지다, 독립하다, 분리되다(*up, out*)(*from, in*); 교제를 끊다, 절연하다. ¶(~+전+명) ~ *from* the mother country 모국으로부터 독립하다. 2 (부부가) 별거하다, 이혼하다. 3 (일부 성분이) 분리되다, 이탈하다(*from*). ¶Oil ~s *from* water. 기름은 물에서 분리된다. 4 헤어지다, 해산[산회]하다. ¶After dinner, we ~*d*. 만찬 후에 우리는 헤어졌다. 5 끊기다.

—형 [sépərət] 1 분리된, 떨어진(*from*). ¶live ~ *from* others 타인과 떨어져 살다. 2 개개의, 공유하지 않는, 개별적인, 개인적인; 이질적인, 독특한. ⇨ DIFFERENT 유의어 ¶These are ~ questions. 그것은 각각 별개의 문제이다. 3 다른 것과 관계가 없는, 독립된. ¶~ houses 독립 가옥. 4 실체가 없는, 무형의, 영적인. 5 (S~) 분리주의 교회(파)의.

in their separate ways 각각 다른[독자적] 방법으로.

—명 [sépərət] 1 〖학술 잡지 등의〗 발췌 인쇄물, 분책(分冊)(offprint); 단행(單行) 논문. 2 (~s) 위아래 따로 된 여성복. **~·ness** 명

séparate but équal 분리 평등 원칙의(주거·학교 등은 흑·백인을 분리하지만, 시설은 흑·백인용 차별을 없앤다는 방책).

sép·a·rat·ed mílk [sépərèitid-] 탈지[脫脂] 우유(skim milk).

séparate estáte 명 〖법률〗 (아내의) 특유(特有) 재산.

*sep·a·rate·ly [sépərətli] 부 떨어져서, 갈라져서, 따로따로; 독립하여.

séparate máintenance 명 〖법률〗 별거 수당[부양료].

séparate schóol (캐나다에서) 소수 민족[종교상의 소수파]의 자녀를 받아들이는 학교; 특히 로마 가톨릭교의 교구 학교.

‡sep·a·ra·tion [sèpəréiʃən] 명 (독 ~s [-z]) UC 1 분리, 분열, 이탈; 구별(*from*). ¶the ~ of church and state 정교(政教) 분리. 2 분리된 곳, 분할선. 3 이별, (특히 부부의) 별거. ¶judicial ~ (법정의 판결에 의한) 부부 별거. 4 이직(離職), 퇴직, 해고, 제대, 제대, 전역

학. ¶the ~ *from* the service 이직. 5 갈라진 틈[금], 구멍. 6 〖식물〗 분구(分球). 7 〖지질〗 (단층 따위의) 격리 거리. 8 〖항공〗 =burble.

separation of powers (입법·사법·행정의) 삼권 분립.

separátion allówance 명 (출정 군인의 아내에게 지급하는) 별거 수당.

separátion anxíety 명 〖심리〗 분리 불안(유아가 어머니와 헤어졌을 때 나타내는 불안·공포감).

separátion cénter 명 동원 해제[교체] 사무 본부.

sep·a·ra·tist [sépərətist] 명 1 (종교상의) 분리주의자; 정교(政教) 분리주의자; 국교 이탈자. 2 분리 독립주의자[운동]가; (캐나다) Quebec주 독립 추진파. —형 정교 분리주의(자)의. (또는 **separationist**) **-tism** 명 (정교 등의) 분리주의. **-tís·tic** 형

sep·a·ra·tive [sépərətiv, -pərèi-] 형 1 분리성의, 분리시키는, 분리하는 경향이 있는. 2 분리의 원인이 되는. 3 (생물) (종이) 별개의. **~·ly** 부 **~·ness** 명

sep·a·ra·tor [sépərèitər] 명 분리하는 사람[것], (우유의) 크림 분리기, 겨 분리기; 선광기(選鑛器); 〖전기〗 격리판(隔離板). —형 분리용의.

sep·a·ra·to·ry [sépərətɔ̀ːri/-təri] 형 분리시키는,

sepd. separated. **sepg.** separating.

Se·phar·dim [səfáːrdim/-fáːdim] 명복 (독 **-di** [-di]) 스페인과 포르투갈의 유대인.

se·pi·a [síːpiə] 명 1 오징어의 먹; (그 먹으로 만드는) 암갈색 그림물감. 2 암갈색, 세피아색. 3 ⓒ 오징어의 일종. 4 (사진) 세피아색의 사진 인화, 세피아 화(畫). —형 세피아색[암갈색]의. **~·like, sé·pic** 형

se·poy [síːpɔi] 명 (옛 영국군의) 인도 현지인 보병.

Sépoy Rebéllion [Mútiny] 명 세포이의 항쟁 (인도의 농민·병사에 의한 반영 봉기; 1857-59).

seps [seps] 명 1 독(毒) 도마뱀의 일종.

sep·sine [sépsi(ː)n] 명 〖생화학〗 셉신(동물 조직의 부패로 생기는 유독 물질의 총칭). 「작용.

sep·sis [sépsis] 명 U 〖병리〗 패혈증(敗血症), 패혈

sept [sept] 명 (아일랜드·스코틀랜드의) 씨족(氏族); (인류) (공동 조상에서 나왔다고 믿어지는) 집단; (고어) [=clan.

*Sept. September; Septuagint.

sept- [sept] 〖연결〗 ⇨SEPTI-.

sep·ta [séptə] 명 septum의 복수형.

sep·tal [séptl] 형 〖생물〗 격막(隔膜)의.

sep·tan [séptən] 형 7일마다 반복되는. ¶~ fever 〖의학〗 7일열. ⇨ tertian

sept·an·gle [séptæŋgl] 명 7각형.

sept·an·gu·lar [septæŋgjulər] 형 7각(형)의.

sep·tate [sépteit] 형 〖생물〗 격벽[격막]이 있는[으로 나누어진]. [-bral

‡Sep·tem·ber [septémbər] 명 9월(略 Sep., Sept.).

Septémber Mássacre 명 (the ~) 9월 학살 (1792년 프랑스 혁명당의 왕당과 대학살 사건).

Septémber pèople 명 55세 이상의 중년기 후반에 든 사람.

Sep·tem·brist [septémbrist] 명 9월 당원(프랑스의 9월 학살에 가담한 혁명당원). [으로 나누어진.

sep·tem·par·tite [sèptempáːrtait] 형 7개 부분

sep·te·nar·y [séptənèri/-nəri] 형 7의; 7배의; 7개로 된; 7개씩의; 7년간의; 7년간의. —명 1 7개 1조, (1 기간으로서의) 7년간 2. 2 (운율) 7각의 시행(詩行).

sep·te·nate [séptənèit, -nət] 형 〖식물〗 (잎) 일곱 부분으로 갈라진.

sep·ten·nate [septénət] 명 7년간, 7년 임기.

sep·ten·ni·al [septéniəl] 형 7년마다의, 7년에 1회의; 7년(간)의. —명 7년마다 일어나는 일[것].

sep·ten·ni·um [-niəm] 명 (독 ~s) 7년간, 7년(기간).

sep·ten·tri·on [septéntriən/-ɔn] 명 (폐어) 북, 북부, 북방; (the S-s) 〖천문〗 북두칠성. **-o·nal** 형

sep·tet [septét] 명 1 7인(7개) 1조(組). 2 7중창[주](단), 7중창[주]곡. (또는 (英) **septette**)

sept·foil [séptfɔil] 명 1 =tormentil. 2 〔건축〕 7엽 (葉)형〔장식〕.

sep-ti- [sépti, -tə] 연결 「7…」의 뜻(＊모음 앞에서는 sept-). ¶septilateral, septillion, septet.

sep·tic [séptik] 형 1 〔병리〕 (화농균으로) 감염되는, 전염성의; 패혈(敗血)성의, 패혈병성의. 2 부패(성)의, 부패를 초래하는. 3 (비유적) 부패(타락)한; (속어) 지독한, 싫은. — 명 부패하게 하는 것, 부패 물질. **-ti·cal·ly** 부 **sep·tíc·i·ty** 명 부패, 부패성.

sep·ti·ce·mi·a [sèptəsí:miə] 명 ⓤ 〔병리〕 패혈증. (또는 英) **septicaemia**) **-mic** 형

séptic sóre thróat 명 〔병리〕 패혈성 인후염.

séptic tànk 명 오수(汚水) 처리 탱크, 부패조(槽)(박테리아를 이용하는 가정 정화조). ¶7면을 가진.

sep·ti·lat·er·al [sèptilǽtərəl] 형 7변(邊)이 있는,

sep·til·lion [septíljən] 명 1 (美) 1000의 8승(1에 0을 24개 붙인 수). 2 (英) 1000의 14승(1에 0을 42개 붙인 수). — 형 septillion에 달하는.

sep·ti·mal [séptəməl] 형 7의, 7을 기초로 한.

sep·time [sépti:m] 명 〔펜싱〕 제7의 자세(8개 방어 자세의 하나).

sep·tu·a·ge·nar·i·an [sèptʃuədʒənέəriən/-tju:-] 형 70세(대)의. — 명 70세(대)의 사람.

sep·tu·ag·e·nar·y [sèptʃuǽdʒənèri/-tjuədʒí:nəri] 형명 =septuagenarian.

Sep·tu·a·ges·i·ma [sèptʃuədʒésəmə/-tju-] 명 〔가톨릭〕 칠순절(의 주일), 〔교회〕 사순절(四旬節) 전의 제3 일요일.

Sep·tu·a·gint [séptʃuədʒint/-tju-] 명 70 인역(譯) 성서(가장 오래된 그리스어역(譯) 구약 성서). **~·al** 형

sep·tum [séptəm] 명 1 〔생물〕 격막(隔膜), 중격(中隔). 2 〔물리〕 격벽(隔壁).

sep·tu·ple [séptjupl/-tju-] 형명 7곱(의), 7 겹 (의). — 타 …을 7 배하다. — 자 7 배가 되다.

sep·tup·let [septáplit/-tjú:p-] 명 1 7개 1조. 2 일곱 자식 중의 하나; (~s) 일곱 자식. 3 (또는 **septolet**) 〔음악〕 일곱잇단음표.

*** sep·ul·cher, (英) -chre** [sépəlkər] 명 1 〔문어〕 무덤, 분묘, 매장지; 지하 매장소. 2 〔그리스도교〕 (순교자 등의) 성(聖) 유물 수납소; 성체 안치소. 3 (비유적) 종착점, 안식처.

the (Holy) Sepulcher 그리스도의 성묘(聖墓).
— 타 …을 묘에 묻다, 매장하다; …의 무덤이 되다.

se·pul·chral [səpʌ́lkrəl] 형 1 묘의, 묘소의. ¶ a ~ stone 묘석. 2 매장의. ¶ ~ rites 매장식. 3 묘와 같은; 음산한; (소리 따위가) 낮게 깔린, 공허한. ¶ a ~ voice 낮게 깔린 목소리. **~·ly** 부

sep·ul·ture [sépəltʃər] 명ⓤ 〔문어〕 매장; ⓒ 〔고어〕 묘, 묘지. **se·púl·tur·al** 형

seq. sequel; sequence; (라틴) sequens(=the following (one))(…이하의 (것)). ¶ p. 3 seq.(3페이지 이하). **seqq.** (라틴) sequentes; sequentia; sequentibus(=the following (ones))(하기(下記)의 (것)).

se·qua·cious [sikwéiʃəs] 형 일관된, 조리가 통하는; (고어) 추종적인, 맹종하는; 독창적이 아닌.
~·ly 부 **~·ness** 명

se·quac·i·ty [sikwǽsəti] 명ⓤ 맹종하기, 맞음.

se·quel [sí:kwəl] 명 1 이어짐, 속편, 후편(to). ¶the ~ to a novel 소설의 속편. 2 결과, 귀결(of, to). ¶in the ~ 결국에.

se·que·la [sikwí:lə] 명 〔병리〕 후유증; 결과.

‡se·quence [sí:kwəns] 명 (복 **-quenc·es** [-iz]) 1 ⓤ 잇따라 가는 것, 연속, 계속; ⓒ (서로 관계가 있는) 연속물. ➪ SERIES 유의어 ¶the ~ of the seasons 사계의 순환/a sonnet ~ 일련의 소네트(14행시). 2 ⓤ 순서, 경로. ¶in alphabetical (regular) ~ 알파벳 순으로 (순서있게). 3 ⓒⓤ 결과, 귀결, 도리, 인과적(因果的) 관련 (to). ¶the natural ~ to the folly 어리석은 짓의 당연한 귀결. 4 〔가톨릭〕 속창(續唱)(미사의 답창 시편에 이어지는 찬가와 그 가사). 5 〔영화〕 일련의 화면, 한 국면. 6 〔카드놀이〕 (3 매 이상의) 수가 연속되는 동종의 패. 7 〔수학〕 수열(數列). 8 〔음악〕 반복 진행. 9 〔유전〕 고분자를 구성하는 분자의 배열 순서. 10 〔논리〕 일방 계열.

in regular sequence 질서 있게, 순서대로.
in sequence 차례로.
the sequence of tenses 〔문법〕 시제의 일치(호응).
— 타 1 일정한 순서로 배열하다. 2 〔생화학〕 …의 배열을 결정하다. 3 〔컴퓨터〕 〔데이터〕를 배열하다.

se·quenc·er [sí:kwənsər] 명 1 설정한 순서에 따라 기계 작동을 자동적으로 제어하는 장치. 2 〔생화학〕 해산 염기(아미노산) 배열 분석 장치. 3 육아 휴직 후에 복직하려는 여성.

se·quen·cy [sí:kwənsi] 명 순서; 연속.

se·quent [sí:kwənt] 형 1 계속하여 일어나는, 연속되는. ➪ SUCCESSIVE 유의어 2 결과로서 생기는 (on, upon). — 명 차례(결과)로 일어나는 일. **~·ly** 부

se·quen·tes [sikwénti:z] 명(복) 이하(以下)의 (것) (복 sqq., seq., sqq., sqq.). (또는 **sequentia**) (<L)

se·quen·tial [sikwénʃəl] 형 1 잇따라 일어나는, 결과로서 일어나는(to). ➪ SUCCESSIVE 유의어 2 〔컴퓨터〕 축차(逐次)의. 3 (약음) 순서대로 복용하는. — 명 순서대로 복용하는 약(피임약 따위). **-ti·ál·i·ty** 명 **~·ly** 부

sequéntial áccess 명 〔컴퓨터〕 순차적 액세스.

sequéntial númbering sỳstem 명 일련 번호부여 방식.

sequéntial prócessing 명 〔컴퓨터〕 순차적(順次的) 처리.

sequéntial scánning 명 〔TV〕 순차적 주사(走査).

***se·ques·ter** [sikwéstər] 타 1 (재귀용법으로) 은퇴(隱退)하다; …을 물러나게 하다, 격리하다(from). 2 〔법률〕 …을 일시적으로 압류하다, 압수(몰수, 접수)하다; 〔국제법〕 〔적국의 재산〕을 압수(접수)하다. — 자 (미망인이) 죽은 남편의 유산에 대한 권리를 포기하다.

sequester oneself 은퇴(은거)하다.
— 명 1 〔로마법〕 소송물 관리인. 2 =sequestrum.

se·ques·tered [sikwéstərd] 형 1 은퇴한, 세상을 버린. ¶a ~ life 은퇴(은둔) 생활. 2 호젓한, 들어앉은. ¶a ~ village 벽촌. 3 일시적으로 압류된, 압수된.

se·ques·tra·ble [sikwéstrəbl] 형 압류(몰수)할 수 있는, 압수(몰수)할 수 있는.

se·ques·trate [sikwéstreit] 타 1 〔법률〕 〔재산〕을 가처분하다, 공탁하다; …을 몰수하다. 2 …을 떼어 놓다, 은퇴시키다. 3 〔병리〕 …에 부골(腐骨)을 만들다. — 자 〔병리〕 부골이 되다.

se·ques·tra·tion [sì:kwestréiʃən, sikwes-] 명ⓤ 1 제거, 분리; 추방, 구축, 2 은퇴, 은둔; 격리. 3 〔법률〕 재산의 가처분(몰수, 압수). 4 〔화학〕 금속 이온의 봉쇄 (작용). 5 〔외과〕 부골 형성.

se·ques·tra·tor [sí:kwestrèitər, sikwés-] 명 〔법률〕 가압류자; 몰수자, (가압류 재산의) 관리인.

se·ques·trum [sikwéstrəm] 명 〔병리〕 (질병 따위 때문에 건전한 뼈로부터 분리하는) 부골(腐骨). **-tral** 형

se·quin [sí:kwin] 명 1 (의복 따위에 꿰매 다는 원형의) 장식용 금속편[판]. 2 (또는 **zecchino, zechin**) (옛날) 이탈리아·터키의 금화. **~ed** 형

se·quoi·a [sikwɔ́iə] 명 세쿼이아(미국 California 주 산(産) 삼목과(科)의 거대한 침엽수).

se·quoi·a·den·dron [sikwɔ̀iədéndrən] 명 큰 침엽수의 일종; 세계수(big tree).

Sequóia Nátional Párk 명 세쿼이아 국립 공원 (미국 California 주 중부의 공원).

ser [siər, sɛər/siə] 명 =seer².

ser. serial; series; serine; sermon; service.

ser- [siər, sər] 연결 =SERO-.

se·ra [sírə] 명 serum의 복수형.

sé·rac [sirǽk/sérak] 명 세락(빙하의 균열이 교차

하는 부분에 생기는 커다란 얼음탑. 〔<F〕
se·ragl·io [siræljou/seráːliòu] 图 1 (회교국의) 궁전; 후궁(後宮): 처첩실(妻妾室): (그 안에 사는) 처첩. 2 (the S-) (터키의) 구왕궁. 3 (인가된) 유곽. (또는 serail) 〔<It〕
se·rai [səráːi/seréi] 图 (인도 등지의) 여인숙, 대상
se·rang [səræŋ] 图 (인도) (인도인·파키스탄인) 갑판장, (작은 상선의) 선장.
se·ra·pe [səráːpi] 图 세라페(라틴 아메리카에서 쓰는 화려한 색의 어깨걸이(무릎덮개)).
ser·aph [sérəf] 图 (성서) 치품 천사(熾品天使)(천사의 위계의 하나). ⇨ANGEL [주의] ~·like 图
se·raph·ic [siræfik] 图 천사의(와 같은); 신성한; 청순한, (또는 **seraphical**) **-i·cal·ly** 图 **-i·cal·ness** 图
ser·a·phim [sérəfim] 图 seraph의 복수형.
Se·ra·pis [siréipis/sérə-] 图 〔그리스·이집트 신화〕 세라피스신(神)(지옥의 신). (또는 **Sarapis**)
Serb [səːrb] 图图 =Serbian; Serbo-Croatia.
Ser·bi·a [sáːrbiə] 图 세르비아(유럽 남부의 옛 왕국; 현재 유고슬라비아의 한 공화국; 수도 Belgrade).
Ser·bi·an [sáːrbiən] 图 세르비아인(人); ⓤ 세르비아 말. —图 세르비아의; 세르비아인[말]의.
Ser·bo-Cro·a·tian [sáːrboukrouéiʃən] 图ⓤ 세르보크로아티아 말(유고슬라비아에서 쓰이는 슬라브계의 언어). —图 세르보크로아티아어[계 주민]의.
Ser·bo·ni·an [səːrbóuniən] 图 (고대 이집트의) 세르보니아 늪의.
Serbónian Bóg 图 1 세르보니아 늪(옛날 나일 삼각주와 수에즈 지협(地峽) 사이에 있었던 위험한 늪). 2 (비유적) 곤경, 궁지.
SERC (英) Science and Engineering Research Council; (美) Smithsonian Environmental Research Center.
sere¹ [siər] 图 (시) 마른, 건조한, 시든; (고어) 닳아
sere² [生態] 천이(遷移) 계열.
se·rein [sərǽn, -réin] 图 (기상) 천읍(天泣)(일몰 후 구름이 없는 하늘에서 내리는 가랑비).
*ser·e·nade [sèrənéid] 图 소야곡, 세레나데(특히 야간에 남자가 애인 집 창밑에서 부르는 악곡): 야곡(夜曲)(營 nocturne). —图 (…에게) 소야곡을 불러[연주해] 주다. **-nád·er** 图
ser·e·na·ta [sèrənáːtə] 图 〔음악〕 1 칸타타(cantata). 2 세레나타(모음곡과 교향곡의 중간 형태의 기악곡). 3 소야곡.
ser·en·dip·i·ty [sèrəndípəti] 图 1 ⓤ 기대하지 않았던 것을 뜻밖에 찾아내는 재능, 횡재 잘하기. 2 행운. **-it·er, -tist**
serendípity bèrry 图 =miracle fruit.
ser·en·dip·per [sèrəndípər] 图 뜻밖의 행운을 잘 만나는 사람.
‡se·rene [səríːn] 图 (-ren·er, more ~; -ren·est, most ~) 1 (수면 따위가) 잔잔한, 조용한. ¶a ~ lake 잔잔한 호수. 2 (마음이) 차분한, 침착한, 잔잔한, 평정한, 평화로운. 含CALM [유의어] ¶~ courage 침착한 용기. 3 (일기 따위가) 화창한, 맑은, 청명한: 구름 한 점 없는. ¶a ~ sky 구름 한 점 없는 하늘. 4 (S-) (왕후(王候)의 3 칭호의) 존엄하신. ¶His[Her] S- Highness 전하(營 H.S.H.)/Your S- Highness 전하/Their S- Highnesses 전하(營 T.S.H.).
All serene! 이상 없음(all right).
—图 (the ~) 잔잔함, 조용함, 평온; (고어·시) 맑은 하늘; 잔잔한 바다[호수].
—图 (~d; -ren·ing) (시) …을 맑게 하다; …을 잔잔하게 하다, 침착하게 하다, 진정시키다.
~·ly 图 ~·ness 图
Ser·en·get·i [sèrəngéti] 图 세렝게티(탄자니아 북서부의 대초원; 야생 동물 보호 구역을 포함).
*se·ren·i·ty [sərénəti] 图 1 ⓤ 조용함, 평온; 침착.

2 ⓤ 청명, 청징(淸澄). 3 (S-) (유럽 대륙에서) 전하.
serf [səːrf] 图 농노(農奴); 노예. **~·age, ~·dom, ~·hood ~·ish ~·ish·ly** 图 **~·ish·ness** 图
Serg. Sergeant. **~·like** 图
*serge [səːrdʒ] 图ⓤ 서지, 세루(양복지). 〔<F〕
ser·gean·cy [sáːrdʒənsi] 图ⓤ sergeant의 직.
*ser·geant [sáːrdʒənt] 图 1 병장, (corporal보다 상위의) 하사관; 미 공군에서는 airman first class 위의 하사관. (營 Serg., Sergt., Sgt.). 2 경사(美) captain 또는 lieutenant[美] inspector) 바로 밑의 계급). 3 =~ at arms. 4 =~ at law. 5 [페어] (knight 밑의) 영민(領民). 6 (美) (S-) 1단식 지대지 탄도 미사일. (또는 (英) **serjeant**) **~·ship** 图
sérgeant at árms 图 (營 **sergeants a- a-**) (의실·의회·법정 등의) 경위, 경호원; (군주의) 무장 호위관.
sérgeant at láw 图 (營 **sergeants a- l-**) =serjeant at law.
sérgeant fírst cláss 图 〔美육군〕 중사.
sérgeant májor 图 〔美군사〕 원사(營 SM, Sgt-Maj).
ser·geant·y [sáːrdʒənti] 图ⓤ 〔英역사〕 토지 보유법(토지 보유권에 따른 봉사·부역의 의무).
ser·gette [səːrdʒét] 图 얇은 서지 천.
Sergt. sergeant. **SERI** (美) Solar Energy Research Institute(태양 에너지 연구소).
*se·ri·al [síəriəl] 图 1 (잡지·영화·TV 따위의) 연속물, 연재물; (연재물·시리즈의) 1회분. 2 (연속적으로 간행되는) 분책(分册) 출판물.
write in serials 연속[연재물]을 쓰다.
—图 1 연속물의, 연재물의; 연속적으로[차례로] 출판[방송]하는, 정기의. ⇨SUCCESSIVE 图 ¶a ~ story 연재 소설. 2 연속의; 일련의; 순차(順次)의. ¶in ~ order 연속하여, 번호순으로. 3 〔컴퓨터〕 (데이터 전송·연산의) 직렬의. **‖ parallel**
in the serial form 연재 형식으로.
~·ly 图
sé·ri·al-ác·cess mèmory [-ǽkses-] 〔컴퓨터〕 순차 접근 기억 장치.
sérial ínput 图 〔컴퓨터〕 직렬 입력.
sérial ínterface 图 〔컴퓨터〕 직렬 인터페이스.
se·ri·al·ism [síəriəlìzm] 图 1 ⓤ 〔음악〕 12음 음악, 12음절 기법. 2 계기설(繼起說), 시간 전이설(轉移說).
se·ri·al·ist [síəriəlist] 图 1 연재[연속]물 작가. 2 (교육) 계열 학습을 하는 사람.
se·ri·al·i·ty [sìəriǽləti] 图ⓤ 연속(되고 있음), 연속성.
se·ri·al·ize [síəriəlàiz] 图 …을 연재하다, 연재[연속]물로 간행[연재, 방송]하다. **-i·zá·tion** 图
sérial kíller 图 연쇄 살인범.
sérial márriage [monógamy] 图 연속 결혼(8~10년마다 배우자를 바꾸는 결혼 형태).
sérial móuse 图 〔컴퓨터〕 시리얼 마우스.
sérial númber 图 1 일련 번호. 2 (군사) 인식 번호; (항공기 따위의) 조달 등록 번호. 3 (도서관의) 축차(逐次) 번호.
sérial óutput 图 〔컴퓨터〕 직렬 출력.
sérial pórt 图 〔컴퓨터〕 시리얼 포트(직렬 접속용 단자).
sérial prínter 图 〔컴퓨터〕 직렬 프린터.
sérial ríghts 图 (작품의) 연재권(連載權).
se·ri·ate 图 [síəriət, -rièit] 연속적으로 배열된[일어나는]. —图 [síərièit] …을 계속하다, 연속적으로 배열하다. **~·ly** 图
se·ri·a·tim [sìəriéitim, sèr-] 图 차례로, 이어서.
se·ri·a·tion [sìəriéiʃən] 图ⓤ 연속 배치[배열].
ser·i·cate [sérikət, -kèit] 图 비단의, 비단과 같은.
se·ri·ceous [sirí:ʃəs] 图 1 비단의[과 같은](silky). 2 (식물) (잎 따위가) 솜털로 덮여 있는.
ser·i·cin [sérəsin] 图ⓤ 〔화학〕 세리신(명주에서 채취하는 단백질의 일종; 별명 silk gum).

ser·i·cite [sérəsàit] 명U 견운모(絹雲母). **-cít·ic** 형
ser·i·cul·ture [sérəkÀltʃər] 명U 양잠(업). (또는 **sericiculture**) **-cúl·tur·al** 형 **-cúl·tur·ist** 명
‡**se·ries** [síəri:z] 명 (복 ~) 1 (a ~) 연속, 일련; 한 벌. ¶a ~ of columns 서로 줄 서서 있는 기둥들/a ~ of victories 연승/in a continued ~ 연속하여.

> 유의어 **series** 서로 관련된 동종의 것의 연속; 연속된 것 전체를 하나로 강조하여 하는 말. **sequence** 시간적·논리적·인과적 관련이 매우 밀접한 것의 연속. **succession** 서로 반드시 연관되지는 않은 것의 연속. **chain** 논리적·인과적 관련이 인정되는 series 또는 succession. **train** 어떤 것에 부수적[결과적]으로 연속하여 따르는 것. **string** 성격이나 모양 따위가 한 가닥 실에 매인 것 같은 연속.

2 연속 강의; 연속[연재]물, 총서, 연속 출판물, 시리즈(물). ¶the first ~ 제1집, 3 (경기 따위의) 쟁탈전, 연속 시합, 시리즈. 4 (같은 종류의 화폐·우표 따위의) 한 세트. 5 〔수학〕 급수(級數), 수열(數列); 〔화학〕 계열; 〔전기〕 직렬(直列); 〔지질〕 통(統); (동물) 속(屬), 과(科); 〔음악〕 음렬(音列); 〔수사〕 대동구(對等句)의 연속. ¶an arithmetical [a geometric] ~ 〔수학〕 등차(等差) [등비(等比)] 급수/a ~ circuit 〔전기〕 직렬 회로(直列 回路).
in series ① 연속하여; 총서로서. ② 〔전기〕 직렬로.
── 형 〔전기〕 직렬(식)의.
séries génerator 명 직렬 발전기.
séries párallel 명 〔전기〕 직병렬(直並列).
séries winding 명 〔전기〕 직렬 감기.
se·ries-wound [-wàund] 형 〔전기〕 직렬로 감은.
ser·if [sérif] 명 〔인쇄〕 세리프(I, M 따위 활자의 종선(縱線) 끝머리에 있는 가늘고 짧은 선)(ceriph).
ser·i·graph [sérəgræf, -grà:f] 명 1 실크 스크린 날염(捺染)의 채색화(彩色畵). 2 (S-) 〔상표〕 생사(生絲) 검사기(器). 「인쇄(법).
se·rig·ra·phy [sirígrəfi] 명U 실크 스크린 채색화
ser·in [sérin] 명 검은방울새류의 새.
ser·ine [séri(:)n, sìər-] 명 〔생화학〕 세린(인체 내에서 합성 가능한 아미노산의 일종).
se·ri·o·com·e·dy [sìəriouká:mədi/-kɔ́m-] 명 희비극(喜悲劇).
se·ri·o·com·ic [sìəriouká:mik/-kɔ́m-] 형 심각하면 서도 우스운. (또는 **seriocomical**) **-i·cal·ly** 부
‡**se·ri·ous** [síəriəs] 형 (**more ~; most ~**) 1 진지한, 엄숙한, 심각한; 잠긴; (짓궂) 정색을 한, 근엄하기만 한. ⇒EARNEST 유의어 ¶a ~ face 진지[심각]한 얼굴/be ~ about one's work 자기 하는 일에 진지하다. 2 진심의, 진정의, 농담이 아닌. ¶a ~ offer 진심으로 하는 제의, 진지한 제의/Are you ~? 진정인가? 3 중대한, 방심할 수 없는, 예삿일이 아닌. ¶a ~ mistake 중대한 과오. 4 위독한, 위험한. ¶a ~ illness 중병/He is in a ~ condition. 그는 중태다. 5 딱딱한 문제를 다룬, 오락물이 아닌. ¶~ reading 딱딱한 읽을 거리. 6 종교[도덕, 윤리]에 관한; (고어) 신심(信心)이 깊은. 7 (美속어) 근사한, 훌륭한, 최고의. 8 (구어·익살) (금액 따위가) 상당한. ¶~ money 큰 돈.
for serious (美속어) 진지하게, 심각하게, 진심[으로]. ¶take something for ~ …을 진담으로 받아들이다.
── 명 (the ~) 대사, 중대사.
── 부 (구어) =seriously.
sérious críme squád 명 (영국 경찰의) 강력반.
Sérious Fráud Óffice 명 (the ~) (英) 대형 부정(Satan)[사기] 수사국(略 SFO).
‡**se·ri·ous·ly** [síəriəsli] 부 (**more ~; most ~**) 1 진지하게, 진정으로. 2 심각하게; 위험스럽게. ¶be ~ ill 중병이다. 3 진심으로 대단히, 매우. 4 (문 엄청나게 돈이 많은. 4 (구어) (글머리에) 그건 그렇고 치고(by the way), 객소리[농담]는 그만두고. ¶But ~, who

wrote this? 그건 그렇고 누가 이걸 썼지?
se·ri·ous-mind·ed [-máindid] 형 진지한, 성실한. **~·ly** 부 **~·ness** 명 「서 우러남; 중대함.
*****se·ri·ous·ness** [síəriəsnis] 명U 진지함, 진심에
ser·iph [sérif] 명 =serif.
ser·jeant [sá:rdʒənt] 명 (英) =sergeant.
sérjeant at árms 명 (복 **serjeants a- a-**) (英) =sergeant at arms.
sérjeant at láw 명 (복 **serjeants a- l-**) (英) (옛날의) 상급 변호사.
‡**ser·mon** [sá:rmən] 명 (복 **~s** [-z]) 1 설교, 강론, 설법, 훈화; 교훈. ¶deliver [or preach] a ~ 설교[강론]하다. 2 지루한 설교, 잔소리; 지루한 이야기.
at [**after**] **sermon** 설교(예배)중에(「가 끝나고」.
sermons in stones (돌 따위에 숨은) 대자연의 교훈 (←Shakespeare 작 *As You Like It* II. i).
treat *a person* **to a sermon** 남에게 설교[잔소리] 「하다.
~·less 형
ser·mon·et(te) [sə̀:rmənét] 명 짧은 설교.
ser·mon·ic [sə:rmá:nik/-mɔ́n-] 형 설교의, 설교 적인. (또는 **sermonical**) **-i·cal·ly** 부
ser·mon·ize [sá:rmənàiz] (* (英) **-ise**) 자타 설교하다; 잔소리를 하다. 1 …에게 설교하다. …에게 잔소리하다. 2 …에게 훈계하다, …을 타일러 …의 상태로 만들다. ¶~ a person awake[into energy] 설교하여 남을 주의[분기]하게 하다. **-iz·er** 명
Sérmon on the Móunt 명 (the ~) 〔성서〕 산상 수훈(←마태 복음(Matt.) 5-7).
se·ro- [síərou, -rə, sér-] 연결 serum의 뜻(* 모음 앞에서는 ser-). ¶serology. 「-이-」 의 혈청 역학(疫學).
se·ro·ep·i·de·mi·ol·o·gy [sìərəèpədi:miálədʒi/-
se·ro·log·ic [sìərəládʒik/-lɔ́dʒ-] 형 혈청학(血淸學)의. (또는 **serological**) **-i·cal·ly** 부
se·rol·o·gy [siráládʒi/-rɔ́l-] 명U 혈청학.
se·ro·neg·a·tive [sìərounégətiv] 형 〔의학〕 혈청 (반응) 음성(陰性)의. **-nèg·a·tív·i·ty** 명
se·ro·pos·i·tive [sìərəpázətiv/-pɔ̀z-] 형 〔의학〕 혈청 (반응) 양성(陽性)의. **-pòs·i·tív·i·ty** 명
se·ro·sa [sìrósə, -zə] 명 (복 **~s, -sae** [-si:]) 1 (동물·발생) 장(액)막(漿液膜). **-sal** 형 「液)(성)의.
se·ros·i·ty [sìrásəti/-rɔ́s-] 명U 〔생리〕 장액(漿
se·ro·ther·a·py [sìərouθérəpi] 명U 〔의학〕 혈청 요법(serum therapy). **-pist** 명
se·rot·i·nal [sirát(ə)nəl, sèrətáinəl] 형 =serotinous.
ser·o·tine [sérətin/-tàin] 명 =serotinous.
se·rot·i·nous [sirát(ə)nəs, sèrətái-] 형 〔식물〕 늦되는, 늦여름에[철 늦게] 피는.
se·ro·to·nin [sèrətóunin, sìər-] 명 〔생화학〕 세로토닌(혈관 수축 작용을 하는 호르몬).
se·ro·type [síərətàip] 명 〔의학〕 (미생물의 항원성에 의한) 혈청형(血淸型), 항원형. ──타 …의 혈청형[항원형]을 결정하다, 혈청형으로 분류하다.
se·rous [síərəs] 형 1 장액(漿液)(성)의; 장액을 가진[내는]. 2 물 같은(watery), 희박한.
se·rós·i·ty, ~·ness 명
sérous flúid 명 장액(漿液)(체내의 투명 액체).
sérous mémbrane 명 〔동물·해부〕 장막(漿膜).
Ser·pens [sá:rpənz] 명 〔천문〕 뱀자리(the Serpent).
‡**ser·pent** [sá:rpənt] 명 1 큰 뱀(snake) 2 음흉한 사람, 교활한 사람. 3 (the Old S-) 〔성서〕 악마(Satan)(←창세기(Gen.) 3:1-5). 4 뱀 모양의 불꽃. 5 (음악) (옛날의) 뱀 모양의 저음 관악기. 6 〔천문〕 (the S-) 뱀자리. ── 자타 꾸불꾸불 구부러지다.
***cherish a serpent in** one's

[serpent 5]

~·less, ~·like
sérvant girl[màid] 圏 하녀.
‡**serve** [səːrv] 圏 (~s [-z]; ~d; sérv·ing) 〘타〙 **1** …에 봉사하다, 시중들다; …을 위하여 일하다; …을 섬기다. ¶~ God 신을 섬기다; 착한 일을 하다/~ the devil 악마를 섬기다; 나쁜 짓을 하다/~ mankind [one's country] 인류에 봉사하다[국가를 위해 일하다]//(~+目+副) ~ a family *well* 어떤 집에서 일을 잘하다.

2 (임기·임무 따위)를 채우다, 복무하다; (역할)을 다하다; (…의 죄로) 복역하다 (*for*). ¶~ two terms as mayor 시장을 두 번 역임하다/~ 10 years *for* robbery 강도죄로 10년을 복역하다.

3 (점원이) [손님]을 응대하다, [손님]의 주문을 받다, [손님]에게 보여주다 (*with*). ¶~ a customer 손님 접대를 하다// (~+目+前+名) What may I ~ you *with*? 무엇을 보여드릴까요?

4 (안주인 등이) (음식 따위)를 내다[제공하다]; [손님]에게 식사 시중을 들다. ¶Dinner is ~d. 식사 준비가 다 되었습니다/The dish must be ~d hot. 요리는 뜨거울 때 내놓아야 한다/*First come, first* ~d. (속담) 먼저 온 사람이 제일, 선착순.

5 …에 도움이 되다[소용이 있다], 공헌하다; (물건·시설 따위가) (목적)에 맞다, …의 역할을 하다 (*as, for*). ¶This box ~s us *as* a table. 이 상자는 식탁 역할을 한다.

6 …의 요구를 충족시키다; (규칙적·계속적으로) (필요한 물건)을 공급하다; …에 (…을) 공급하다 (*with*). ¶~ one's will 소망을 충족시키다/The hospital ~s the entire city. 그 병원은 그 도시 전체의 환자를 떠맡고 있다// ~ a town *with* gas; ~ gas *to* a town 도시에 가스를 공급하다. **7** …을 취급하다, 대우하다, 다루다; …에 보답하다. ¶(~+目+目) ~ a person a trick 남에게 속임수를 써서 골탕먹이다//(~+目+副) ~ a person *cruelly* [*well*] 남을 학대하다[친절하게 대하다]. **8** (법률) (영장 따위)를 송달[집행]하다; (남)에게 (영장 따위)를 송달하다 (*with, on, upon*). ¶~ a person *with* a summons; ~ a summons *on* [*upon*] a person 남에게 소환장을 송달하다. **9** (美俗어) (남)을 지배하다. **10** (테니스·배드민턴 따위에서) (공)을 서브하다 (*to*). **11** (대포·총 따위)를 조작[발사]하다; (해사) (기계)를 움직이다; (로프 따위)를 감다, 묶다. **12** (종마 따위가) (암컷)과 교미하다. **13** (가톨릭) (미사에서) 복사(服事) 노릇을 하다. **14** (고어) (여성)에게 말을 걸고 접근하다, 구애하다.

— 〘자〙 **1** 봉사하다, 섬기다; 근무[복무]하다 (*as, under*); (…의) 일원으로서 일을 하다 (*in, on*). ¶(~+前+名) ~ *on* a farm [*in* the kitchen] 농장[주방]에서 일하다/~ *at* a hospital 병원에 근무하다/~ *with* a company 회사에 근무하다/~ *under* the general 그 장군 휘하에서 근무하다 //(~+*as*補) ~ *as* a clerk in a shop 가게에서 점원으로 일하다. **2** 시중들다, 손님을 돌보다[시중들다]. **3** (날씨·기일 따위가) 알맞다, 형편이 좋다. **4** 쓸모가 있다, (목적에) 맞다 (*as, for*); (…까지는) 역할[구실]을 하다 (*to do*). ¶(~+前+名) ~ *for* a wing 날개 구실을 하다// (~+*as*補) ~ *as* a bed (소파 따위가) 침대 구실을 하다//(~+*to do*) It ~s *to* show her honesty. 그것은 그녀의 정직성을 잘 나타내주고 있다. **5** (테니스 따위에서) 제1구를 보내다, 서브하다(~). ¶(~+副) ~ *well* [*badly*] 서브가 좋다[나쁘다]. **6** (가톨릭) (미사에) 복사(服事)하다.

as memory serves 기억나는 대로.
as occasion serves 기회 있는 대로. 「없다면.
if my memory serves me right 내 기억이 틀림
It serves [or (구어) *Serve*(*s*)] *you* [*him,* etc.] *right!* 꼴 좋다, 그거 싸다.
serve a person a bad turn 남을 혼내 주다.
serve a person out 남에게 보복하다.

serve *a person* **right** 남에게 마땅한 대우를 하다; 남에게 당연한 보복이 되다.　　　　　　［되다.
serve *a person's* **turn** 남에게 도움이 되다, 소용이
serve *a person* **(with)** *the same sauce* 남에게
serve at table 식사 시중을 들다.　　　　［보복하다.
serve behind the counter 점원 노릇을 하다.
serve for nothing 아무 짝에도 못쓴다.　　　［치다.
serve *one's* **time** 고용 계약 기간[임기]을 끝마치［마
serve out ① (식량 따위)를 분배하다 (*to*). ② (임기·형기)를 모두 마치다. ③ (남)에게 (…의) 복수를 하다 (*for*). ④ =*serve up* ①.
serve round (음식 따위)를 차례로 분배하다.
serve tables (성서) (하느님의 말씀을 제쳐놓고) 공궤(供饋)를 일삼다, 육체적 필요를 채우다(← 사도행전 (Acts) 6:2).
serve the time [or **hour**] 시세(時勢)에 영합하다.
serve time 복역하다.
serve two ends 일거양득하다.
serve up ① …을 대접하다, 식탁에 내다. ② (여전히) 같은 말[시시한 일]을 꺼내다.
when the tide serves (좋은) 때가 되면, 형편이 좋
──圏 (복) *~s* [-z] ⓤⓒ (테니스 따위의) 서브 (방식); (one's ~) 서브권.
give…a serve (濠속어) …을 가혹하게 취급하다, …을 엄하게 비판하다[꾸짖다].

sérv·a·ble, -́a·ble 圏

*__serv·er__ [sə́ːrvər] 圏 1** 근무자; 봉사자, 시중드는 사람. **2** (테니스 따위에서) 서브하는 사람, 서버. **3** (가톨릭) (미사에서 사제를 돕는) 복사(服事)(⑥ acolyte). **4** 쟁반, 접시, 다기 한 벌; 식탁에서 음식을 나누어 담는 식기(포크·스푼·주걱 따위). **5** (컴퓨터) 서버(각종 데이터를 제공하는 컴퓨터).

sérver applicàtion 圏 (컴퓨터) 서버 애플리케이션.
serv·er·y [sə́ːrvəri] 圏 식기실.
Ser·vi·a [sə́ːrviə] 圏 Serbia의 다른 이름.
Ser·vi·an [sə́ːrviən] 圏圏 Serbian의 고어형.

‡**ser·vice**[1] [sə́ːrvis] 圏 (복) *-ic·es* [-iz] **1** ⓒⓤ (…에서의) 근무(*with*); (종종 ~s) (의사·변호사 등의 전문적) 업무; (일반적으로) 서비스 업무, 근무. ¶(드물게) 고용(살이); (형용사적으로) 업무용의. ¶outpatient ~s 외래 환자 진료/a ~ entrance 업무용 입구// commend her for her 20 years' ~ with the company 회사에서 20년 근속한 그녀를 표창하다.
2 ⓤ 관공서 업무; ⓒ (개개의) 사업; (英) ((the) ~) (관공서 업무의. ¶the diplomatic ~ 외교관 근무; (집합적) 외교관/inside ~ 내근/the public ~ 공무//enter government ~ 공무원이 되다.
3 ⓤ (종종 ~s) (군사) 근무, 병역; ⓒ 군 (육·해·공군). ¶(병기) 대포의 조작. ¶the military [naval] ~ 육[해]군 (병역)/the (fighting) ~s 육·해·공군.
4 ⓤ (종종 ~s) (…에의) 공헌, 봉사, 공로; ⓒ (경제) (보통 ~s) 용역, 노역(勞役); 유용; 도움 (*to, of*). ¶public [or social] ~ 사회 봉사/distinguished ~s 수훈(殊勳)/render many ~s to the cause of education 교육을 위하여 많은 공헌을 하다.
5 ⓒⓤ (전신·전화 따위의) 공공 사업; 시설; (차 따위의) 편(便), 운전; (가스·수도·전기 따위의) 공급; 부설; (병원의) 과(科). ¶a bus ~ 버스편/the telephone ~ 전화 업무/water ~ 급수/the pediatric ~ 소아과.
6 =answering ~. **7** ⓒⓤ (종교) 예배, 근행(勤行); 성가(聖歌); 의식. ¶a church ~ 예배/a burial ~ 장례식. **8** ⓤ 손님 시중, 서비스. ¶poor ~ 소홀한 서비스/give good ~ 좋은 서비스를 하다. **9** ⓒ (전기 기구 따위의) 애프터서비스; 점검, 수리. ¶television repair ~ TV 수리 서비스. **10** (식기 따위의) 한 벌, 세트(set). ¶a table ~ 식기 한 벌/a tea ~ 차(茶) 도구 한 벌, 차 세트. **11** ⓤ (법률) (영장 따위의) 송달. **12** ⓒⓤ (테니스 따위에서) 서브하기, 서브 차례. ¶Whose ~ is it? 누가 서브할 차례인가? **13** (집합적) (해사) (배의 로프를 동여매는) 가는 줄, 권삭(捲索). **14** (말 따위의) 흘레 붙이기, 교배. **15** (고속 도로 따위의) 휴게소, 서비스 에어리어. **16** ⓤ (고어) 안부 인사, 경의 (*to*). ¶(Give) My ~ *to* her. 그녀에게 안부 전해 주세요.

at a person's **service** 제멋대로, 임의로. ¶I am *at* your ~. 무슨 일이든 시켜 주십시오.
be in **service** ① 재직하고 있다. ② (군대) 복무중이다. ③ (철도·자동차 따위가) 사용되고 있다.
be of **service** *to* …에게 도움이 되다.
break (*one's*) **service** (테니스) 상대편의 서비스 게임을 따다.　　　　　　　　［사용하기 시작하다.
bring…into **service** (철도·자동차 따위)를 (공적으로)
come into **service** 사용하게 되다.
enter [or *go into*] *the* **service** 입대하다.
enter [or *go into*] *the* **service** *of* …에 고용되다.
enter [or *go*] *upon* **service** 현역에 고용되다.
find **service** 일자리를 얻다.　　　　　［전에 나가다.
get some **service** *in* (속어) …에 약간의 경험을 쌓
go out of **service** 사용하지 않게 되다.
in [or *on*] *active* **service** 현역 복무중인; 재직중인.
in **service** 재직[복무]중인; 고용되어.
It's all part of the service! (英) 전부 서비스의 일환입니다.　　　　　　　　　　　　　　　　［합니다(* 편지의 문구).
My **service** *to you.* 귀하께 경의를 표하며, 잘 부탁
of **service** 쓸모 있는, 유익한.
on his [or *her*] *Majesty's* **service** (英) 공용(公用)(공문서 용어); (略) O.H.M.S.).
on **service** 사용되고; 재직[복무중]인[에].
out of **service** 퇴직하여; 퇴역하여; 일자리를 잃고.
place…at *a person's* **service** …을 남에게 마음대로 쓰게 하다.　　　　　　　　　　　　　　　　　　　［작한다.
put…in [or *into*] **service** …을 사용[운전]하기 시
see **service** ① 종군하다, 실전 경험을 얻다. ② (완료형)으로) 오랫 동안 근무해 오다; (물건이 오래 써서) 낡아 빠지다.
take a person into one's **service** 남을 고용하다.
take **service** ① 군인이 되다; 실전에 나가다 (*in*). ② (…에서) 근무[봉사]하다 (*with*); (…의 밑에서) 섬기다 (*under*).
──圏 **1** 도움이 되는, 유용한. **2** 근무의; 평상시의. ¶~ clothes 평상복. **3** 업무용의, 직원[종업원]용의. ¶~ stairs 직원 전용 계단. **4** 봉사의, 서비스를 제공하는. ¶a ~ restaurant 배달을 하는 음식점. **5** 유지[수리]를 하는. ¶a ~ department 서비스부. **6** 군용의, 군의.
──돼 (*-ic·es* [-iz]; *~d* [-t]; *-ic·ing*) **1** (전기·가스·수도 따위)를 공급하다. **2** …의 애프터서비스를 하다; …을 수리하다. **3** …에게 원조[정보]를 제공하다, 서비스를 제공하다. **4** (금융) (꾼 돈)의 이자를 지급하다. **5** (동물) (암컷)과 교미하다.

ser·vice[2] 圏 마가목(~ tree); 그 열매.
*__serv·ice·a·ble__ [sə́ːrvisəbl] 圏 1** 쓸모있는, 도움이 되는, 편리한, 유용한 (*to*). ¶a ~ animal 유용한 동물. **2** 오래 가는, 실용적인. **3** 쓰기[입기] 편한, 세탁[수리]하기 쉬운. **4** (고어) 친절한, 돌봐주기 좋아하는.
-bíl·i·ty, -́ness, -bly 圏
sérvice áce 圏 (테니스) 서비스 에이스(ace).
sérvice àrea 圏 **1** =service plaza. **2** (공익 사업의) 관할 구역; (방송) 가시청(可視聽) 지역.　　　［(書).
sérvice bòok 圏 기도서, 예배식 책, 미사 전서(典
sérvice bòx 圏 서비스 박스(squash racquets나 핸드볼에서 서브하는 장소).
sérvice brèak 圏 (테니스) 서비스 브레이크(상대의 서비스 공격을 막아내고 얻은 득점).
sérvice càble 圏 (전기) 인입 케이블, 인입(引入) 케이블.
sérvice càp 圏 (군사) (차양이 있는) 군모, 제모.
sérvice cèiling 圏 (항공) 실용 상승 한도(항공기

sérvice cènter 图 (자동차·기구 등의 수리·부품 교환 등을 해주는) 서비스 센터.
sérvice chàrge 图 1 (호텔 따위의) 봉사료. 2 수수료. 3 (아파트의) 관리비.
sérvice clùb 图 1 사회 봉사 단체, 친목(복지) 단체. 2 (군대의) 사교·오락 시설, 서비스 클럽.
sérvice cóntract 图 고용 계약; (애프터)서비스 계약.
sérvice cóurt 图 〔테니스〕 (코트의) 서브(를 넣어야 하는) 구역.
sérvice dépot 图 =service station.
sérvice drèss 图 〔英軍史〕 군복, 제복.
sérvice èlevator 图 〔美〕 업무용 엘리베이터.
sérvice enginèer 图 수리 기술자, 수리공.
sérvice èntrance 图 종업원 출입구, 통용문.
sérvice fèe 图 =service charge.
sérvice flàg 图 붉은 테의 백기(전시중 종군 용사 또는 전사자가 있는 집·직장 따위에 내건다).
sérvice flàt 图 〔英〕 (식사가 제공되는) 하숙 아파트.
sérvice hàtch 图 〔英〕 (주방의) 음식을 내보내는 쪽 〔문(窓)〕.
sérvice ìndustry 图 서비스(산)업.
sérvice lìfe 图 (경제적) 사용 기간, 내용(耐用) 연수.
sérvice lìft 图 〔英〕 (음식점에서) 요리 운반용 엘리베이터.
sérvice lìne 图 〔테니스 등의〕 서브 라인.
sérvice màin 图 급수(배수) 본관(本管).
sérv·ice·man [sə́ːrvismæ̀n] 图 1 군인. ¶ an ex-~ 재향 군인. 2 수선공; 주유소 종업원.
sérvice màrk 图 〔법률〕 서비스 마크(운수·금융·요식업 등 자기가 제공하는 서비스를 타업체와 구별하기 위한 상징적인 표지 또는 표어).
sérvice médal 图 〔美軍史〕 무공 훈장.
sérvice mèter 图 (전화의) 통화 도수계.
sérvice mòdule 图 〔우주〕 기계선(機械船)(로켓 동력 장치 등 필수품을 적재한 부분선(部分船)). ⓐ SM).
sérvice nèeds 图 행정 수요(행정 관청의 업무 범위).
sérvice òfficer 图 공무원, 관공리.
sérvice·per·son [sə́ːrvispə̀ːrsn] 图 군인; 수리공(남녀 공용음).
sérvice pìpe 图 (수도·가스의) 옥내 파이프.
sérvice pláza 图 (고속 도로변의) 서비스 플라자, 휴게소(식당·주유소 등이 있다).
sérvice provìder 图 〔컴퓨터〕 인터넷 접속 서비스 업자(기업).
sérvice rìfle 图 군용 소총.
sérvice ròad 图 〔英〕 지선(支線) 도로.
sérvice stàtion 图 1 주유소(filling station). 2 (라디오 따위의) 부품 판매소; 수리점.
sérvice strìpe 图 〔美軍史〕 (군복의 왼쪽 소매에 다는) 정근장(精勤章). (또는 **hásh màrks**).
sérvice tówer 图 미사일 정비 발사탑.
sérvice trèe 图 1 (유럽산(産)의) 마가목; 그 열매. 2 〔美〕 채진목(荣振木)(Juneberry).
sérvice ùniform 〔英〕 **drèss** 图 〔軍〕 (작업복·예복과 구별하여) 평상복. ⓐ dress uniform, full dress
sérvice wìre 图 〔전기〕 옥내선.
sérv·ice·wom·an [sə́ːrviswùmən] 图 1 여군 (병사). 2 여자 수리공.
ser·vi·ette [sə̀ːrviét] 图 〔英·캐나다〕 냅킨(napkin).
***ser·vile** [sə́ːrvil, -vail/-vail] 图 1 노예의, 노예와 같은. ¶ ~ drudgery 고역. 2 비천한, 비열한, 아첨하는, 노예 근성의. 3 독창성(자주성)이 없는, 맹종적인(to). ¶ ~ imitation 맹목적 모방/be ~ to public opinion 여론에 추종하다. 4 〔문법〕 덧붙은 글자의. 5 〔가톨릭〕 육체 노동의. ¶ 〔언어〕 문법 관계만 나타내는 언어 요소. ~·ly 图 ~·ness 图
sérvile létter 图 보조 모음자(자신은 발음되지 않고 선행(先行) 모음이 장음임을 나타내는 글자; stone, make의 e 등).
sérvile wórk 图 〔가톨릭〕 축일이나 주일에 금지되

는 육체 노동.
ser·vil·i·ty [səːrvíləti] 图 〔U〕 1 노예 상태(slavery); 노예 근성; 비굴, 추종. 2 극단적인 모방, 맹종.
serv·ing [sə́ːrviŋ] 图 〔U〕 1 봉사하기; 대접하기. 2 (음식을) 그릇에 담기, 급식하기. 3 음식 한 그릇, 음료 한 잔. 4 (전선·케이블 따위의) 보호용 피복재(被覆材). ── 图 (요리를) 나누어 담기 위한, 급식용의.
sérv·ing·man [sə́ːrviŋmæ̀n] 图 〔古語〕 남자 머슴 〔고용인〕, 하인(manservant).
sérving tàble 图 왜건(식사를 가져올 때 사용되는 바퀴 달린 테이블); 소형 식기대.
ser·vi·tor [sə́ːrvətər] 图 〔古語·詩〕 1 하인, 종복. 2 (유리를 부는) 유리공(工). 3 〔英〕 (원래 Oxford 대학에서) 장학생. ~·ship 图
***ser·vi·tude** [sə́ːrvətjùːd/-tjùːd] 图 〔U〕 1 노예 상태, (…에의) 예속(to). 2 〔법률〕 강제 노동. ¶ penal ~ 징역형. 3 〔법률〕 지역권(地役權)(통행·채광 등에 관해서 남의 토지를 이용하는 권리).
ser·vo [sə́ːrvou] 图 (图 ~s) 1 =servomechanism. 2 =servomotor. ── 图 1 서보(기구(機構))의에 관계가 있는. 2 서보 기구의 일부로서 작용하는. ── 图타 (어떤 기구를) 서보 기구로 제어(보조)하다.
ser·vo·con·trol [sə́ːrvoukəntròul] 图 1 서보 기구에 의한 제어. 2 (억제력으로 쓰이는) 서보 기구. 3 〔항공〕 서보 탭(조종간에 의해 직접 조작되는 보조 날개).
── 图타 [`--´] (-ll-) (기계 따위를) 서보 조종 장치로 조작하다.
ser·vo·mech·a·nism [sə́ːrvoumèkənìzm] 图 〔U〕 서보 기구(機構)(다른 동력원을 사용해서 무거운 물건을 작은 힘으로 움직이도록 한 일종의 자동 제어 장치).
-me·chán·i·cal 图 **-me·cán·i·cal·ly** 图
ser·vo·mo·tor [sə́ːrvoumòutər] 图 〔U〕 보조 전동기, 서보 모터(서보 기구의 일부).
sérvo sýstem 图 서보계(系)(자동 제어 기구를 쓴 제어계).
sérvo tàb 图 〔항공〕 =servocontrol 3.
servt. servant. **SES** socioeconomic status(사회 경제적 지위); Solar Energy Society(태양에너지 협회).
***ses·a·me** [sésəmi] 图 1 참깨; (집합적) 참깨씨(~ seed); 〔U〕 참기름(~ oil). 2 =open ~.
ses·a·moid [sésəmɔ̀id] 图 〔해부〕 참깨씨 모양의; 종자골(種子骨)의. ¶ a ~ cartilage 종자 연골(軟骨).
── 图 종자(연)골.
sesh [seʃ] 图 1 〔구어〕 세션(session); 〔英〕 술판 (drinking session).
ses·qui- [séskwi, -kwə] 〔연결〕 1 one and a half (1배 반)의 뜻; ¶ *sesqui*centennial. 2 〔화학〕 「원소의 화합 비율이 3:2의」의 뜻; ¶ *sesqui*oxide (삼이산화물).
ses·qui·cen·ten·ni·al [sèskwisenténiəl] 图 150년(제)의; 150년 기념의, 150년제. ── 图 150년 기념제. ~·ly 图
ses·qui·pe·da·li·an [sèskwipidéiliən, -ljən] 图 1 1피트 반이나 되는. 2 (어구가) 매우 긴; 음절 수가 많은; 장황한. 3 긴 낱말을 쓰기 좋아하는. ── 图 기다란 말. (또는 **sesquipedal**) ~·ism, -dál·i·ty 图
sess [ses] 图 =cess[1].
sess. session.
ses·sile [sésil/-sail] 图 1 〔식물〕 꼭지나 줄기가 없는. ¶ a ~ leaf 무병엽(無柄葉). 2 〔해부·동물〕 고착한, 정착한. **ses·síl·i·ty** 图
séssile óak 图 〔식물〕 (유럽산) 참나무의 일종.
‡ses·sion [séʃən] 图 (图 ~s [-z]) 1 〔U〕 (의회의) 개회, (법정의) 개정; (거래소의) 개장, 개회. 2 (의회의) 회기; 개정(開廷)기. ¶ extend the ~ 회기를 연장하다. 3 (대학의) 학년(academic year); 학기(term); 수업 (시간), 과업. ¶ the morning ~ 오전 수업. 3 (~s) 〔英法〕 치안 판사 특별 회의; (경범죄 또는 인가 사항을 처리하는) 법원. ¶ petty ~s 간이(즉결) 법원. 5 (the S-) 〔스코〕 의회 민사 법정(the Court of S-). 6 (목사와 장로로 구성되는) 장로 교회의 관리 기관. 7 (집단 활동의) 시간. 8 〔美〕 어떤 일을 하는 한동안의 시간, 2인 이상으로

무엇인가를 하기. ¶a television ~ 함께 TV를 보기. **9** 〔드물게〕 착석. **10** 〔美구어〕 쓰라린 경험, 호되게 당한 일. **11** 〔집합적〕 구세군 (구세 사관 양성 학교 동기생). **12** 〔컴퓨터〕 세션 (단말기 사용 개시부터 종료까지의 시간).
go into session 개회하다.
in full session 총회에서.
in session 개회(개정)중에(의).
the Court of Session (스코틀랜드의) 최고 민사 법원.

ses·sion·al [séʃənl] 📖 **1** 개회(개정)의, 회기(중)의. ¶~ *orders* [or *rules*] (영국 의회에서) 회기중의 의사 규정. **2** 회기마다 반복되는. ~**·ly**

ses·sion·man [séʃənmæn] 📖 세션맨 (특정 악단에 속하지 않고 여러 연주가와 공연하는 뮤지션). (또는 *séssion musician*)

ses·terce [séstərs] 📖 고대 로마의 화폐 (은화, 후에는 동화(銅貨); 4 분의 1 denarius).

ses·ter·ti·um [sestə́rʃiəm, -ʃəm, -tiəm] 📖 (복) **-tia** [-ʃiə] 고대 로마의 화폐(1,000 sesterces).

ses·tet [sestét, ́-] 📖 〔운율〕 (14 행시(sonnet)의) 후반 6 행; 〔음악〕 6중창[주](sextet).

ses·ti·na [sestí:nə] 📖 ~**s**, **-ne** [-nei] 〔운율〕 6행 6연체(聯體) (6 행절 6 연(聯)과 끝에 3 행절 1연이 있는 시). (또는 *sextain*)

‡**set** [set] 📖 (~; ~**ting**) 🔵 **1** …을 두다, 놓다, 얹어 놓다, (자리잡아) 앉히다 (*put* 보다 문어적). ⇒ PUT 〔유의어〕 ¶(~+目+前+名) ~ *chairs for* six people 6인분의 의자를 놓다/~ a vase *on* a table 탁자 위에 꽃병을 놓다/~ *foot in* a person's house 남의 집에 들르다 [들어가다] // (~+目+副) ~ *down* the load 짐을 내려놓다.
2 …을 대다, 접근시키다, 붙이다; 〔도장 따위〕를 찍다 (*on, to*). ¶(~+目+前+名) ~ *fire to* a house; ~ a house *on* fire 집에 불을 놓다/~ a glass *to* one's lips 컵에 입술을 대다.
3 …을 배치하다; …을 시키다. ¶~ a watch 파수꾼을 세우다/~ a guard *at* the gate 문지기를 세우다/~ spies *on* a person 남에게 스파이를 붙이다.
4 …을 (어떤 상태로) 되게 하다[만들다]. ¶(~+目+補) ~ a dog loose 개를 풀어놓다//~ one's room *in order* 방을 치우다[정리 정돈하다].
5 〔식탁 따위〕를 차리다, 준비하다 (*for*). ¶~ the table *for* dinner 식사하기 위한 상을 차리다.
6 〔일·문제 따위〕를 맡기다, 내다, 지정하다. ¶He ~ me a difficult question. = He ~ a difficult question *for* me. 그는 내게 어려운 문제를 냈다. **7** …을 앉히다(seat). ¶~ oneself *down* 착석하다 // ~ a person *on* the throne 남을 왕위에 앉히다. **8** 〔남〕에게 …시키다, …을 명하다; 〔재귀용법으로〕 …하려고 노력하다. ¶~ a person *to* paint the door 남에게 문에 페인트칠을 하게 하다/She ~ herself *to* finish the homework. 그녀는 숙제를 마치려고 애썼다. **9** 〔시계·눈금 따위〕를 맞추다; 〔타이머 따위〕를 맞춰 놓다 (*to, for*). ¶~ one's watch *by* the time signal 시계를 라디오 시보에 맞추다/~ a micrometer *to* zero 측미계의 눈금을 0에 맞추다/~ an alarm *for* 7 o'clock 자명종 시계를 7시에 맞추다. **10** 〔기계·장치 따위〕를 (작동하도록) 조정하다, …을 사용 가능한 상태로 하다, 준비하다. ¶~ a camera 카메라를 세트하다. **11** 〔모범 따위〕를 보이다, 형(型)을 정하다; 〔선례〕를 만들다, 〔유행 따위〕를 열다. ¶~ a person an example; ~ an example *to* a person 남에게 모범을 보이다/~ the fashion 유행의 선구가 되다. **12** …을 끼워 박다, 〔보석 따위〕를 촘촘히 박아 넣다, 〔…에〕 거미발을 걸다. ¶~ a diamond *in* gold 다이아몬드에 황금 거미발을 물리다/~ gold *with* jewels 금에 보석을 온통 박아 넣다. **13** …을 심다, 〔씨〕를 뿌리다. ¶~ plants 묘목을 심다/~ seeds 씨를 뿌리다. **14** 〔암탉〕에게 알을 안기다. ¶~ a hen *on* eggs; ~ eggs *under* a hen 암탉에게 알을

품게 하다. **15** 〔진로〕를 잡다, 향하게 하다 (*to, toward, on, against*); 〔마음〕을 …으로 돌리다, …에 집중하다. ¶~ one's eyes *toward* the wood 눈을 숲쪽으로 돌리다/~ one's mind *against* a person's petition 남의 청원에 귀를 기울이지 않다/He ~ his heart [or *hopes*] *on* becoming a novelist. 그는 어떻게든 소설가가 되겠다고 마음먹었다. **16** 〔값〕을 매기다, 평가하다. ¶~ a price *on* an article 상품의 값을 정하다. **17** …을 고정시키다. ¶~ a butterfly 나비를 핀으로 고정시키다. **18** 〔얼굴·근육 따위〕를 경직시키다, 굳어지게 하다. ¶with his mouth ~ in a sunken line 입을 한일자로 꼭 다물고. **19** 〔규칙·규범 따위〕를 (정)하다, 설정하다 (*on, to*). ¶~ a speed limit 제한 속도를 정하다. **20** 〔장소·일시 따위〕를 정하다, 지정하다 (*for*). ¶~ a place and time *for* a meeting 회합의 장소와 시간을 결정하다. **21** 〔우유〕를 굳히다, 응고시키다. ¶~ milk with rennet 응유(凝乳) 효소로 우유를 응고시키다. **22** 〔음악〕 〔가사〕에 곡을 붙이다, 작곡하다; 〔곡〕에 가사를 붙이다; …을 편곡하다. ¶(~+目+前+名) ~ a psalm *to* music 찬송가를 작곡하다. **23** 〔머리〕를 (…의 상태로) 세트하다 (*in*). ¶have one's hair ~ 머리를 세트하다. **24** 〔연극〕 (소도구·조명 따위)를 갖추어 〔무대〕를 장치하다; 〔무대 장면〕을 설정하다. ¶~ the stage 무대 장치를 하다/~ a scene *in* Hawaii 장면을 하와이로 설정하다. **25** 〔스포츠〕 〔기록 따위〕를 세우다, 수립하다(up). **26** 〔인쇄〕 〔활자〕를 조판하다; 〔원고〕를 활자로 짜다(up). **27** 〔외과〕 접골(接骨)하다, 맞추다. **28** 〔칼·면도칼 따위〕를 예리하게 하다, 갈다. ¶~ (the edge of) a razor 면도칼을 갈다. **29** 〔컴퓨터〕 〔어느 비트(bit)〕에 값 1 을 주다. **30** (공격하도록) 부추기다 (*on, upon, onto, at, against*). ¶~ the hounds *on* a trespasser 사냥개를 부추겨 침입자에게 덤벼들게 하다. **31** 〔과수(果樹)〕의 열매를 맺게 하다. **32** (사냥개가) 〔짐승〕의 위치를 가리키다. **33** (부풀리기 위하여) 〔반죽〕을 발효시키다.

── 🔘 **1** (해·달이) 지다, 넘어가다; (비유적) (세력이) 기울다. ¶(~+前+名) The sun ~s *in* the west. 해는 서쪽으로 진다. **2** (꽃이) 피다; (과실이) 열리다, 결실하다. ¶The apple trees have ~ well this year. 금년에는 사과가 잘 열렸다. **3** (액체 따위가) 응고하다, 굳어지다; (검감 따위가) 정착하다; (표정이) 굳어지다; (머리가) 세트되다, 모양이 잡히다. ¶His face has ~. 그의 표정이 굳어졌다. **4** (사냥개가 멈춰서서) 사냥감의 소재를 가리키다. ¶(~+副) This dog ~s well. 이 개는 사냥감이 있는 곳을 잘 찾아낸다. **5** (암탉이) 알을 품다. ¶(~+前+名) A hen ~s *on* [or *upon*] eggs. 암탉이 알을 품고 있다. **6** (조류·바람 따위가) 향하다, 불다, 흐르다(*in, out*); (감정·의견 따위가) 기울다, 흐르다 (*to*). ¶(~+前+名) The wind ~s *to* [*from*] the north. 바람이 북쪽으로[북쪽에서] 분다/(~+副) The tide ~s *in* [*out*]. 조수가 밀려든다[빠진다]. **7** 종사하다; 착수하다. ⇒ *set about*, *set to*. **8** 움직여 나아가다, 출발하다. ⇒ *set forth*, *set forward*, *set out*. **9** (옷이) 맞다 (* 이 뜻으로는 *fit* 가 보통임). ¶(~+副) That dress ~s *well* [*badly*]. 그 옷은 몸에 잘 맞는다 [맞지 않는다]. **10** (날씨 따위가) 개다. ¶The autumn weather has ~ fair. 가을 날씨가 맑아졌다. **11** (춤에서) 상대방과 마주서다. **12** 〔해사〕 (돛이) 바람을 받도록 펴지다. **13** (경주 따위에서) 출발 위치에 서다. **14** (방언) =sit. **15** 〔인쇄〕 행(行) 길이가 …이 되다. ¶This copy ~s *to* forty picas. 이 인쇄물은 행폭이 40파이카로 되어 있다.
be set (up) (for life) 〔美구어〕 돈이 무진장 많다.
be well set up 몸이 강건하다; 돈이 무진장 많다.
have [or get] a person set 〔濠·뉴질 구어〕 남에게 원한을 품다.

set about ① …에 착수하다, 시작하다(start). ¶~ *about* one's job 일에 착수하다. ② (구어) …을 공격

하다. ③ **(英)** 〔소문 따위〕를 퍼뜨리다.

set...above ① 〔물건〕을 …보다 높은 곳에 두다. ② 〔사람·물건·일〕을 …보다 중시하다. 「공개하다.

set abroad **(고어)** 〔소문 따위〕를 세상에 퍼뜨리다,

set against ① 〔남〕에게 반감을 품게 하다, …에 적대[반대]하게 하다. ② …과 비교[대조]하다. ③ **(종종 수동형으로)** …에서 공제하다, …와 상쇄하다.

set ahead 〔일(의 시기)〕를 앞당기다, 〔시계바늘〕을 앞으로 돌려 놓다. ¶*S*– your clocks *ahead* one hour. 여러분의 시계를 1시간 앞당겨 놓아라.

set apart ① …을 따로 떼어 두다, 따로 하다 *(for)*. ② …을 눈에 띄게 하다. 「지 안내하다.

set** a person **on** his **way **(고어·방언)** 남을 도중까

set** a person **over **(美속어)** 남을 죽이다.

set aside ① …을 따로 제쳐 두다, 챙겨 두다 (reserve) *(for)*. ② …을 무시하다; …을 물리치다; …을 취소하다, 무효로 하다; …을 거절하다; …을 파기하다; …을 제외하다. ¶~ *aside* a claim 요구를 물리치다. 「기다.

set at …을 공격하다; (개 따위를) …에 덤벼들게 부추

set** a thing **at naught [or ***nothing***] …을 무시하다.

set** a thing **before ① (남 앞에) …을 늘어놓다; 〔음식〕을 차려 내다. ¶~ food *before* a guest 손님에게 음식을 차려 내다. ② 〔계획 따위〕를 (남에게) 설명[제시]하다. ③ =*set...above* ②.

set...at rest [or ***ease***] …을 안심시키다, 진정시키다.

set back ① …을 저지하다, 방해하다; …을 퇴보시키다. ② 〔시계 바늘 따위〕를 되돌리다. ¶~ *back* one's watch three minutes 시계 바늘을 3분 되돌리다. ③ **(美속어)** (비용을) 〔남〕에게 지불시키다.

set before 〔물건·음식·술 등을〕 (…앞에) 내놓다; 〔안 등을〕 제시하다. 「[비교하다].

set beside …와 나란히 맞대보다, …와 견주어 보다

set by ① …을 저장해[따로 떼어] 두다. ¶~ money *by* for the future 장래를 위해 저금하다. ② …을 귀하게 여기다, 중시하다.

set down ① …을 (밑에) 놓다. ② 〔승객〕을 내리다. ¶ *S*– me *down* at the station. 역에서 내려다오. ③ …을 적어 두다 *(in)*, 인쇄하다. ¶~ a thing *down in* one's notebook …을 노트에 적어 두다. ④ …을 …의 탓으로 하다, …의 탓으로 돌리다 *(to)*. ¶~ *down* one's success *to* luck 성공을 행운 덕으로 돌리다. ⑤ …을 …으로 간주하다 *(as)*. ⑥ …을 꾸짖다. ⑦ …을 규정하다. ⑧ …을 윽박지르다. ⑨ **〔야구〕** 〔타자〕를 삼진시키다.

set eyes on …을 보다, 발견하다.

set fair (날씨가) 개다, 맑아지다.

set forth ① (여행에) 나서다, 출발하다 *(on, for, from)*. ② …을 말하다; …을 설명[제창]하다 *(to, in)*. ¶He ~ *forth* his view upon the subject. 그는 그 문제에 관해서 의견을 진술했다. ③ …을 진열[전시]하다 *(on)*.

set forward **(고어)** ① …을 촉진[추진]하다. ② (시계의) 바늘을 앞으로 돌리다. ③ 〔의견 따위〕를 발표하다. ⌊④ 출발하다.

set free 석방하다.

set going 〔일〕을 진척시키다, 〔기계 따위〕를 작동시키다. ¶~ the engine *going* 시동을 걸다.

set in ① (계절 등이) 시작되다, …이 되다. ¶Winter has ~ *in* early this year. 금년은 겨울이 빨리 왔다. ② 밀물이 들어오다; (바람이) 육지로 불다. ⇨[자] 6. ③ (좋지 않은 일이) 시작되다. ¶before influenza ~*s in* 독감이 번지기 전에.

set it in at (경매에서) …로부터 시작하다.

set little [*or* ***light***] ***by*** …을 경시하다. ¶I ~ *little by* his opinion. 그의 의견은 별로 중요하지 않다.

set off ① 출발하다; …을 출발시키다. ¶~ *off* soon after daybreak 날이 밝자마자 출발하다. ② …을 돋보이게 하다; 치장하다. ③ …을 촉발[유발]하다; …을 폭발시키다. ④ 〔남〕에게 …을 하게[착수하게] 하다 *(on, doing)*. ¶~ a person *off laughing* 남을 와 하고 웃게 하다. ⑤ …을 상쇄하다, 벌충하다 *(against)*. ⑥ …을 구획하다, 칸막이하다. ¶~ *off* a clause by a comma 절을 콤마로 끊다.

> [USAGE] **set off, set out, start off**——**(1)** set off, set out는 둘 다 다소 문어체의 구로서, set out는 사람의 경우에만 쓰고 열차 따위에는 쓰지 않는다. 또한 보행의 경우에 많이 쓴다: He ~ *off* for New York. / He ~ *out* at 5a.m. **(2)** start off는 구어적이며, set off가 목적지를 의식시키는 데 반하여, start off는 출발한[하는] 사실만을 나타낸다: He *started off* last night.

set on ① (개 등을) 부추기다; (사람을) 선동하다, 교사하다; (개 등을) 부추겨서 …을 덮치게 하다. ¶~ *on* a dog 개를 부추기다(*on은 부사) / ~ a dog *on* a person 개를 부추겨 남에게 덤벼들게 하다(*on은 전치사). ② …을 습격하다. ③ 〔사람·기계 등〕에게 일을 시키다, 작동시키다, 움직이게 하다. ④ 출발하다.

set** one's **cap at [or ***for***] ⇨CAP[1].

set** one**self down (…에) 앉다 *(in, on)*.

set** one**self to 열심히 …하다, …하려고 애쓰다.

set** (oneself) **up as …을 자처[자칭]하다.

set** one's **face [or one***self***] ***against*** …을 외면하다; …에 강경히 반대하다.

set out ① 출발하다 *(for)*. ⇨*set off* [USAGE] ② 착수[시작]하다 *(in, with)*. ③ (도식적으로, 정연하게) 전시[배열, 진열]하다; 장식하다. ④ …을 구획하다. ⑤ (상세히) 말하다, 설명하다. ⑥ 〔위치〕를 측정하다; …을 설계하다. ⑦ (사이를 두고) 〔나무 따위〕를 심다.

set over …을 지배하다; …을 양도하다; …을 위에 놓다; 감독자로 정하다. 「하다.

set [or ***put***] ***pen to paper*** 붓을 잡다, 쓰기 시작

set sail 돛을 펴다, 출범[출항]하다. ¶ ~ *sail* for America 미국으로 출항하다.

set store by …을 존중하다, 중시하다.

set straight ⇨STRAIGHT.

set to ① …에 종사하다, 착수하다. ② …을 본격적으로 시작하다; **(복수 주어를 수반하여)** 〔싸움·전쟁〕을 시작하다. ③ 먹기 시작하다(*to는 부사). ¶He ~ *to* with a good appetite. 그는 왕성한 식욕으로 먹기 시작했다.

set up ① …을 건립하다, 세우다, 똑바로 세우다; …을 조립[설비]하다; …을 표장(表裝)하다. ② …을 위에 두다; …에게 권력을 잡게 하다; …을 출세시키다. ③ (…인) 척하다 *(for)*. ¶~ *up for* a scholar 학자인 척하다. ④ …을 창설하다, 시작하다; (장사 따위를) 시작하다 *(in)*, 개업하다 *(as)*. ¶~ *up as* a baker 빵집을 시작하다. ⑤ …을 제의[발의, 제기]하다. ⑥ 외치다, 〔음성〕을 높이다. ⑦ …을 공급하다; …을 설비하다. ¶be well ~ *up with* money 충분히 돈을 받고 있다. ⑧ …을 단련하다, 훈련시키다. ⑨ …에게 힘을 내게 하다, …을 회복하다; …을 우쭐하게 하다. ⑩ 〔활자〕를 짜다, 조판하다. ⑪ **〔컴퓨터〕** 〔컴퓨터〕를 (계산을 위해) 설정하다; 〔식〕을 풀다; 〔계산〕을 하다. ⑫ …을 보이다, 게시하다. ⑬ **(속어)** 〔술〕을 한턱 내다, …을 취하게 하다. ⑭ 〔신기록〕을 세우다, 수립하다. ⑮ **(수동형으로)** 〔병 따위〕를 일으키게 하다.

set up against …에 대항하다[시키다].

set upon =*set on*. 「다.

set up** one's **staff 거처를 마련하다[정하다], 정착하

—[형] **1** 고정된, 움직이지 않는; (눈초리 따위가) 차분한. ¶a ~ machine 설치된 기계 / ~ eyes 움직이지 않는 눈. **2** 확고한, 단호한 *(on, upon, against)*; (이를) 악문; **(속어)** 완고한, 고집센. ¶a man of ~ opinions 완고한 의견을 가진 사람 / with ~ teeth 이를 악물고, 굳은 결심으로. **3** 예정된; 일정한. ¶a ~ distance 일정

한 거리/at a ~ time 규정된 시간에. **4** 틀에 박힌, 규정대로의, 정식의; (기도 따위가) 지정된, 정해진, 지정된. **1** a ~ phrase 상투적인 말/~ forms of prayer 격식대로의 기도. **5** 준비가 된: (스포츠) (경주·경영에서) 스타트 자세로 된. **6** (서체가) 명확한, 명료한. **7** (대결에 대비하여) 전열을 정비한.
all set (구어) 만반의 준비가 되어.
get set 준비를 갖추다. ¶On your mark[Get ready]! *Get* ~! Go! (美) (경주에서) 제자리에, 출발!
on set purpose 확고한 목적으로.
── 圖 (경주 따위에서) 준비. ¶Ready! *Set*! Go! 제자리, 준비, 출발!
── 圈 **1** ⓤ (시) (해가) 짐, 일몰(⇔ rise). ¶at (the) ~ of sun 일몰시에(at sunset). **2** (기구의) 한 벌, 한 짝, 한 쌍, (우표 따위의) 세트. ¶a ~ of tools 도구 1벌/a complete ~ of Kant 칸트 전집. **3** (라디오의) 수신기, (TV의) 수상기. **4** (공통의 이익·관심·관심·직업·지위 따위로 결집된) 집단. =족(族), 패거리, 동아리, 당: (집합체) 사회; (알의) 한 배 치, 둥지 속의 알. ¶a fine ~ of men 훌륭한 사람들/the best ~ 상류 사회. **5** (the ~) 경사, 굽이, 비뚤어짐, 휜 정도; 경향, 추세; [해사] (바람·조류의) 방향. ¶the ~ of public opinion 여론의 경향/the ~ of a wind 풍향. **6** (the ~) 체격, 몸매, 자세, 태도; 옷(모자)의 입음새, 매무새. ¶the ~ of her shoulders 그녀의 어깨 모양/the ~ of a coat 옷의 매무새. **7** 묘목, 꺾꽂이. **8** (the ~) (액체의) 응고, 응결(凝結). **9** [무용] (스퀘어 댄스 따위의) 한 쌍, 춤곡. **10** [테니스] 세트. **11** 나사 돌리개, 단철(鍛鐵) 마무리 기구, 끌망치, 펜치. **12** 톱날; 톱날 세우기 (기구). **13** [연극·영화] 무대 장치, 대도구, 세트. **14** [광산] 1구획; (갱도(坑道)의) 지주. **15** (사냥개가 사냥감을 발견하여) 멈춰 서기; (사냥감을 잡는) 명. **16** (벽의) 마무리칠, 마감칠, 걸칠. **17** (머리의) 세트. **18** [수학] 집합. **19** 오소리의 굴. **20** (英) (도로 포장용의) 포석(鋪石). **21** (생물) (굴 따위의 물에 떠다니는 유생(幼生)이 다른 물체에) 정착하기. **22** [해사] (바람·조류의) 방향; (눈 따위의) 형태, 배열. **23** [목공] = nail ~. **24** [음악] 나이트 클럽 등에서 (재즈·댄스 음악의) 1회 연주 (시간); (약 30분의) 즉흥 재즈 연주회. **25** [인쇄] 활자의 폭.
have [or *take*] *a set on* (濠·뉴질) …에게 앙심[원한]을 품다.
make a dead set at …에 단호한 태도를 취하다.
Set [set] 圈 [이집트 신화] 세트(오시리스(Osiris)의 동생으로 짐승 머리에 뾰족한 코를 가진 암죤과 밤과 악의 신). (또는 **Seth**)
SET secure *e*lectronic *t*ransactions(인터넷에서 신용 카드로 안전하게 결제할 수 있게 하는 규격).
se·ta [síːtə] 圈 (覆 **-tae** [-tiː]) 圈 (동·식물) 강모(剛毛); 가시; 강모 모양의 부분. **-tal** 圈
se·ta·ceous [sitéiʃəs] 圈 강모(센털)와 같은, 강모 모양의; 강모가 난. **-ly** 圈
set-a·side [´əsàid] 圈 **1** (특정 목적을 위해) 유보해 둔 것(토지, 이윤 따위). **2** (자연 보호·석유 자원 개발 따위를 위한) 특별 지정 구역. **3** (정부의 식량·자원의) 비축; (정부 명령에 의한) 물품의 사용 금지, 보류.
set·back [´bæk] 圈 [측량] 초과거리.
set·back [sétbæk] 圈 **1** (진보 따위의) 방해; 역행, 역전; 퇴보; 좌절, 패배, 실패. ¶receive a ~ 좌절을 맛본다. **2** [건축] (벽면의) 단형(段形) 후퇴(채광·통풍을 위해 고층 건축물의 벽면을 아래에서 위로 순차로 후퇴시키는 건축법).
sét bòok 圈 (英) (특히 졸업 시험용) 과제 도서(문학 작품).
sét chísel 圈 (볼트·대갈못 따위의) 대가리 절단용 끌(氣).
set·down [sétdàun] 圈 **1** 콧대를 꺾기, 기죽이기, 질책, 매도(罵倒). ¶give a person a ~ 남을 야코죽이다. **2** 착륙.
sét-fáir [⌣fɛ̀ər] 圈 (회반죽의) 마무리칠(을 한 표면).
sét gùn 圈 (방아쇠에 연결된 줄을 건드리면 발사되는) 용수철 총.
Seth¹ [seθ] 圈 셋. **1** [성서] 아담(Adam)의 셋째 아들로 노아(Noah)의 선조(←창세기(Gen.) 4 : 25). **2** 남자 이름.
Seth² [seit] 圈 [이집트 신화] = Set.
SETI Search for Extra-Terrestrial Intelligence(지구외 지성[문명] 탐사 계획). ⓐ CETI
se·ti·form [síːtəfɔ̀ːrm] 圈 강모(剛毛)[센털] 모양의.
se·tig·er·ous [sitídʒərəs] 圈 강모(剛毛)[가시]가 있는(난). (또는 **setiferous**)
set-in [⌣ìn] 圈 시작; (철의) 접어듬; 끼워넣기. ── 圈 붙박이의, 박아 넣은.
sét·line [sétlàin] 圈 (美) (고기를 잡는) 주낙. = trotline.
set-off [sétɔ̀ːf, -àːf/-ɔ̀f] 圈 **1** (여행의) 출발. **2** 돋보이게 하는 것; 장식. **3** [회계] (부채 따위의) 공제(控除), 상쇄; (손실 따위를) 메우기, 보상. **4** [건축] 벽단(壁段). **5** [인쇄] 오프셋 인쇄(offset).
se·ton [síːtn] 圈 **1** [외과] 1 관선(串線)법. **2** 관선.
Se·ton [síːtn] 圈 **Ernest Thompson** ~ 시튼(1860-1946; 미국에서 활약한 영국의 동물 소설가·삽화가; 「동물기」로 유명).
se·tose [síːtous, sitóus] 圈 강모[가시]가 많은. (또 **setous**)
set·out [sétàut] 圈 **1** (식기의) 한 벌, 한 쌍. **2** ⓤⓒ 준비, 채비; 복장. **3** ⓤ 출발, 개시. **4** (구어) 동아리, 패.
at the first setout 최초에.
sét phráse 圈 성구(成句); 상투어.
sét píece 圈 **1** (미술·문학·음악 따위의) 정형(화된 작품); (연극 따위의) 상투적 행위[장면]. **2** (연극) 소도구. **3** 특수 장치된 꽃불. **4** 엄밀한 계획에 따른 군사 작전[행동].
sét pòint 圈 [테니스] 세트의 승패를 정하는 1점.
sét scène 圈 [연극] 무대 장치; [영화] 촬영용 장치.
sét screw [sétskrùː] 圈 [기계] 멈춤나사, 고정나사 (톱니바퀴·바퀴 따위의 굴대에 죄어 두는 나사).
sét scrúm 圈 [미식축구] 세트 스크럼(심판의 지시로 짜는 스크럼).
sét spèech 圈 사전에 준비된 연설.
sét squàre 圈 삼각자(triangle).
sett [set] 圈 **1** (금속 가공용) 정(stake). **2** (도로 포장용) 포석(鋪石), 네모로 자른 돌(pitcher).
set·tee [seti:] 圈 등받이가 있는 긴 의자, 소파.
set·ter [sétər] 圈 **1** 놓는[두는] 사람; 상감(象嵌) 세공인; 식자공. **2** 선동자; 야바위꾼, 앞잡이, 스파이, 꼬임. **3** 세터(사냥감의 위치를 알려주는 사냥개). **4** (배구의) 세터. **5** = saw set.
setter-on [⌣án/⌣ɔ́n] 圈 (覆 **setters-on**) 공격하는 사람; 선동자.
sét thèory 圈 [수학] 집합론.
***set·ting** [sétiŋ] 圈 **1** ⓤ 놓기, 설치함. **2** ⓤ (해·달의) 지기. **3** ⓤ 경화, 응고, 응결(특히 콘크리트 따위); ⓒ 겉칠. **4** ⓤ 박아 끼우기, 상감(inlaying); ⓒ (보석 따위의) 거미발; 대좌(臺); (기계 따위의) 대(臺). **5** (소설·영화 따위의) 때와 장소; 이야기의 배경[무대]. **6** (연극) 무대 장치, 배경, 도구 설비. **7** 경우, 환경. **8** (톱의) 날 세우기. **9** ⓤⓒ 작곡, 곡조 붙이기; (가사에 붙인) 곡. **10** (바람의) 방향; (조류(潮流)의) 밀려듬. **11** ⓤⓒ (사냥개가) 사냥감 있는 곳을 가리키기; (식용란) 식기 한 벌. **12** (벽의·곡물 따위의) 집적 장소, 출하지. **13** (교육) (영국에서 과목별로 이루어지는) 능력별 반편성. **14** ⓤ (인쇄) 식자. **15** 한 번에 품는 알.
sétting bóard 圈 (곤충) 전시판(展翅板), 표본대.
sétting circle 圈 (망원경 따위의) 지표환(指標環).
sétting còat 圈 (벽 따위의) 겉칠, 마감 칠.
sétting hèn 圈 둥지 트는 암탉.
set·ting-lo·tion [⌣lóuʃən] 圈 헤어로션(여성의 머리를 세트용).
sétting nèedle 圈 표본 고정침[핀].

sétting pòint 명 [물리] 빙점, 응고점.
sétting rùle 명 [인쇄] (금속제의) 식자용 자, 세팅.
sétting stìck 명 [인쇄] 스틱(식자용구의 일종).
sétting tìme 명 [시멘트의] 응고 시간, (수지(樹脂)의) 경화(硬化) 시간.
sét-ting-úp [-ʌ́p] 명 형 조립(용의); 체력 강화(용의), 신체 유연성 증진(용의).
sétting-úp éxercises 명복 =calisthenics.
‡**set·tle**[1] [sétl] 타 (~s [-z]; ~d; -tling) ① 1 (움직이지 않도록) …을 놓다, 설치하다.¶(~+목/+목+전+명) ~ oneself in an armchair 안락의자에 앉다 / ~ a thing in one's heart 어떤 일을 마음속 깊이 새겨 두다. 2 …에 정착하다, 정주하다, 이주하다.¶They ~d Canada. 그들은 캐나다에 이민했다.
3 [남] 에게 직업을 갖게 하다; …을 안정시키다.¶~ oneself in business 실업에 종사하다/He ~d his daughter by marriage. 그는 딸을 출가시켜 살게 했다. 4 [마음·신경·위 따위]를 진정시키다, 가라앉히다.¶~ a disordered brain 흔란된 머리를 진정시키다 / ~ one's stomach 위를 진정시키다, 구토를 달래다.
5 [문제 따위]를 해결하다, 처리하다(up).¶~ doubts 의문을 풀다/The affair was ~d and done with. 문제의 건은 말끔히 해결되었다.
6 …을 결정[확정]하다, 결심하다.¶~ one's route 진로를 정하다// Have you ~d what to do? 어떻게 할 것인지 정했느냐? 7 [시간·가격·조건 따위]를 정하다; …에 동의하다, 매듭짓다.¶~ the terms 조건을 정하다. 8 [계산서]를 청산하다, 지불하다(up)(with).¶I have a debt to ~ with him. 그에게 갚아야 할 빚이 있다. 9 [제도 따위]를 확립시키다, 영구적인 것으로 하다./Custom is ~d by a long experience. 관습이란 오랜 경험에 의하여 고정된다. 10 [눈]을 (…에) 고정시키다, (시선)을 (…에) 멈추게 하다. 11 …을 침전시키다, [액체]를 맑게 하다(down).¶The rain will ~ the dust. 비가 왔으니 먼지가 일지 않을 게다. 12 [법률] [재산·권리 따위]를 …에게 계승시키다, 양도하다, 나누어주다(on, upon).¶He has ~d his estate on his son. 그는 재산을 아들에게 물려주었다. 13 [남]을 조용[얌전]하게 만들다, [반발·반대 따위]를 가라앉히다, 제압하다; …을 침묵시키다, [적]을 해치우다.¶One blow ~d him. 그는 일격에 나가 떨어졌다. 14 [도로 따위]를 평평하게 하다, 다지다.¶~ the ground 지면을 다지다. 15 [복장 따위]를 단정히 하다, [모자 따위]를 고쳐 쓰다. 16 [소화 따위]를 촉진하다. 17 [가축]을 (암컷에게) 교배시키다. 18 [美속어] …을 (무기 징역으로) 투옥하다.
— 자 1 자리잡다, 정주하다, 정착하다(down)(in).¶(~+전+명) They ~d in Brazil. 그들은 브라질에 정주했다//(~+부) ~ down to the married life 마음을 잡고 결혼 생활로 들어가다. 2 (날씨 따위가) 가라앉다, 안정되다(in). The weather is settling. 날씨가 안정되어 가고 있다. 3 (일)에 전념하다, 마음을 붙이다(down)(to).¶(~+부+전+명) He ~d to his work. 그는 마음을 붙이고 일에 착수했다/(~+부+명) ~ down to reading 독서에 열심히 책을 읽다. 4 (감정 따위가) 가라앉다, 진정되다(down). 5 정하다, 결정하다(on, upon, with).¶(~+부+명) Have you ~d on the day for the meeting? 회합 일자를 결정했느냐? 6 (새 따위가) 내려앉다, (비행기 따위가) 착륙하다(down)(upon, over, on).¶(~+부+명) The bird ~d on a bough. 새가 가지에 앉았다. 7 유숙하다(in); …에 묵다(down).¶~ down at an inn 여관에 묵다. 8 (병 따위가) 버티고 있다, 고정되다(in).¶A cold ~d in my head. 감기가 떨어지지 않았다. 9 (토대 따위가) 내려앉다; (배가) 가라앉다. 10 (찌꺼기가) 가라앉다, (액체가) 맑아지다(down). 11 (안개 따위가) 내리다, 끼다; (침묵·우울 따위가) 지배하다(in, down)(in, on, over).¶(~+전+명) Silence ~d on the lake. 호수에 정적이 깃들

었다. 12 (비·서리 따위가 내린 후) 지면이 굳어지다. 13 새끼를 배다. 14 빚을 갚다, 청산하다(up)(with); (…의) 셈을 치르다 (for).
séttle a bíll 계산을 치르다.
séttle accóunts with *a person* 남에게 셈을 치르다, 남과 셈을 청산하다.
séttle *a person's* **hásh** [or **búsiness**] ⇒HASH.
séttle báck (의자에) 편히 기대다.
séttle dówn ① 안정하다, (결혼하여) 자리잡다; 정주하다. ② 전념하다, 본격적으로 착수하다(to). ③ (흥분 따위가) 가라앉다, 진정되다. ④ (찌꺼기가) 가라앉다, 맑아지다. ⑤ (배가) 가라앉다.
séttle for 불만스럽지만 받아들이다, 참다.
séttle ín 이사하다, 거처를 정하다, 안정(安定)하다[시키다].
séttle ínto shápe 틀[윤곽]이 잡히다; 정리되다.
séttle ón …으로 결정하다; …에 동의하다; …에게 [재산 등을] 나누어주다.
séttle óne's affáirs (유언장 따위로) 뒷일을 정해 놓다, 신변을 정리하다.
séttle óne's dífference (with...) (…와) 화해하다.
séttle (onesélf) dówn to 마음을 가라앉히고 …에 착수하다.
séttle úp ① 결말짓다, 처리하다. ② 지불하다.
séttle wíth ① …와 화해하다, 해결을 보다. ② …을 청산[결제]하다. ③ …에게서 보복하다, …을 처리하다.
That séttles it.; That's[It's] séttled. (구어) 이것으로 이야기는 끝났어, 이것으로 매듭짓는다.
~·a·bíl·i·ty 명 ~·a·ble 형
set·tle[2] 명 (팔걸이와 높은 등받이가 있는 목제의) 긴 의자.
***set·tled** [sétld] 형 1 고정된, 확립된, 정착한.¶a ~ people 정주 민족.(반 nomadic people). 2 [토지가] 사람이 이민한, 정주민이 사는. 3 (병이) 만성의. 4 (날씨 따위가) 안정된, 고요[쾌청]한. 5 청산이 끝난; 협정이 된.
~·ly 부 ~·ness 명
‡**set·tle·ment** [sétlmənt] 명 1 UC 확정, 결정, 처리.¶the ~ of the date [one's affairs] 날짜의 결정[신변 정리]/come to [or reach] a ~ 낙착되다. 2 U (상담(商談)이) 매듭지어짐, 결말이 남: (의견 차이 따위의) 조정.¶the ~ of labor dispute 노동 쟁의의 조정. 3 U 정주(함), 안정, (결혼 따위로) 안정되기; 직업을 가짐. 4 정착, U 식민, 이민. 5 이민단; 식민지, 이민지; 거류지; [美] (개척) 부락. 6 UC (대차 따위의) 청산, 결산. 7 U [법률] (재산) 수여, 양도,¶the ~ duty 유산 상속세. 8 UC [사회사업] 인보(隣保) 사업, 세틀먼트(빈민가에 정주하여 그 지역의 향상을 도모하는 복지 사업(단)); (그) 사회 복지 시설, 인보관(隣保館). 9 U 액체가 맑아짐, 침전; (일기 등이) 안정됨. 10 U (건물·지반의) 침하.
the Act of Séttlement [英史] 왕위 계승령.
séttlement dày 결산일, 결제일, 대금 지불일.
séttlement hòuse 명 인보관(隣保館).
séttlement óption 명 [보험] 보험금 지급 방법의 선택(권).
séttlement wòrker 명 인보 사업가.
‡**set·tler** [sétlər] 명 (~s [-z]) 1 (논쟁 따위의) 해결자. 2 침전기(沈澱器). 3 (구어) 최후의 결말을 내는 것, 결정타. 4 이주자, 식민지 정착자. 5 인보 사업자.
set·tling [sétliŋ] 명 1 결정; 해결; 결산. 2 C 정주, 진정, 안정. 4 이민, 식민. 5 (보통 ~s) 침전물, 찌꺼기.
séttling dày 명 1 [美] (주식 거래의) 청산일, 결산일. 2 = settlement day.
séttling rèservoir 명 침전지(沈澱池).
séttling tànk 명 침전 탱크.
set·tlor [sétlər] 명 [법률] (계속적 부동산 처분 또는 신탁의) 설정자, 재산 양도자.
set-to [tú:] 명 (복 ~s) (구어) 난투전, 싸움; 격론.
set·top [séttɑ̀p/-tɔ̀p] 형 =~ box. — 명 셋톱 박스처럼 장치에 얹어 놓고 쓰는.
séttop bòx 명 셋톱 박스(TV 위에 얹어 놓을 정도의

set-up [-ʌ̀p] 형 1 정해진. 2 (구어) 잘난 체하는. 3 체격이 좋은. 4 (속어) 기운이 넘치는.
‡set·up [sétʌ̀p] 명 1 기구, 조직. 2 (실용품) 장치, 설비. 3 몸놀림, 자세, 태도; (군인풍의) 거동; 체격. 4 (美구어) 미리 짜고 하는 일(시합). 5 (美) 술을 마시는 데 필요한 것 일습(一襲)(술잔·소다수·얼음 따위). 6 (무대 장치·배우·촬영 기재 따위의) 배치, 특정 장면 필름의 길이. 7 사는 장소, 집, 아파트; (축제 따위에서의) 노점. 8 (측량) 측점(測點), 3각점. 9 행동 계획.
Seu·rat [sərɑ́ː/-́] 쇠라(1859–91; 프랑스의 화가; 신인상주의를 창시; 점묘(點描)화법으로 유명).
sev., sevl. several.
‡sev·en [sévən] 형 7의, 7개의, 7인의. 명 1 the ~ chief [or cardinal, principal] virtues 일곱 가지 덕목(德目)(신의·희망·자선·현명·절제·정의·용기) / the ~ deadly sins 7대 죄악(오만·탐욕·사음(邪淫)·노여움·탐식·질투·나태) / the ~ liberal arts 자유 7과(科)(중세의 교양 과목: 문법·논리·수사(修辭)·산수·기하·음악·천문) / the City of the S- Hills 7개 언덕의 도읍 (Rome의 통칭).
knock seven bells out of a person (속어) (해사) 남을 여지없이 때려 눕히다.
scare seven bells out of a person (속어) (해사) 남에게 겁을 주다, 남을 위축되게 하다.
— 명 (美) ~s [-z] 1 일곱, 7인, 7개. ¶ ~ of them 그것들 중의 7개(그들 중의 7인). 2 7시; 7세. 3 (일곱 번째의) 물건[사람]; (카드놀이) 7의 패. 4 7, 7의 문자 (7, vii, VII). 5 7인[7개]의 한 조. 6 7인제 럭비 경기.
at [or *to*] *sixes and sevens* ⇒ SIX.
in [or *by*] *sevens* 일곱 개[사람]씩.
throw a person *the* ~ *seven* (美속어) 죽다; 기절하다.
7-E·lev·en [sévənilévən] (상표) 세븐일레븐(미국의 24시간 영업 편의점 체인).
sev·en·fold [sévənfòuld] 형 7배의; 일곱 겹의; 7개의 부분으로 된. — 부 7배로; 일곱 겹으로.
sév·en-léague bóots [-líːg-] 명복 (the ~) (동화 *Hop-o'-my-Thumb*에 나오는) 한 걸음에 7리그(약 21 마일)가 가는 마법의 구두[장화].
Séven Ságes 명복 (the ~) 고대 그리스의 7현인.
séven séas 명복 (the ~) 7대양(남북 태평양·남북 대서양·인도양·남빙양(南冰洋)·북빙양).
773H [sévənsèvnθriːéit] 명 (美속어) 지옥(HELL을 거꾸로 보면 비슷하게 생긴 데서).
sev·en-sis·ters [-sìstərz] 명복 (봉) ~ 선인장의 일종.
Séven Sísters 명복 (the ~) 1 (천문) 묘성(昴星) (Pleiades). 2 (미국 동부의) 유명 여자 대학 7개교 (Barnard, Bryn Mawr, Mount Holyoke, Radcliffe, Smith, Vassar, Wellesley). 3 세계 7대 석유 회사.
Séven Sléepers 명복 (the ~) 7면자(眠子)(로마 황제 Decius에게 기독교도라고 박해를 받아 암굴 속에 갇혀 187년 동안 잠이 들었으나 잠을 깨고 보니 로마 제국이 기독교화되었더라는 7인의 귀족).
sev·en-spot [-spàt] 명 (구어) (카드의) 7의 패.
Séven Stárs 명복 (the ~) (천문) =Pleiades.
‡sev·en·teen [sèvəntíːn, ⁴-́-̀] 형 17의, 17개의, 17인의. — 명 (美) ~s [-z] 1 17; 17인. 2 17세. 3 17개. ¶ *sweet* ~ 방년 17세, 묘령. 3 17, 17의 문자(17, xvii, XVII). 4 17인[17개]의 한 조.
sev·en·teen·er [sèvəntíːnər] 명 (美속어) 시체 (corpse). (<file seventeen)
‡sev·en·teenth [sèvəntíːnθ] 형 1 제17의, 열일곱 번째의. 2 17분의 1의. — 명 1 (the ~) 제17번째, 열일곱 번째의 것, (달의) 17일. 2 17분의 1.
sév·en·teenth-year lócust [-jiər-] 명 미국산 (産) 17년 매미(땅속의 유충기가 13-17년에 이른다).
‡sev·enth [sévənθ] 형 1 제7의, 일곱 번째의. 2 7분의 1의. — 명 1 (the ~) 제7번째, 일곱 번째의 것, (달의) 7일. 2 7분의 1. 3 (음악) 제7도, 7도 음정. **~·ly**
Séventh Ávenue 명 (the ~) 미국 New York 시의 거리 이름(의류 산업의 중심지); 미국 의류업계[산업].
séventh dày 명 (유대교의) 안식일.
sev·enth-day [-déi] 형 제7일인 토요일의; 토요일을 안식일로 하는.
Sév·enth-Day Ádventist 명 (the ~s) 제7일 안식일 재림파(교단, 그 신도).
Séventh Fléet 명 (美) 제7 함대.
séventh héaven 명 (the ~) 제 7 천국; 최고의 행복, 지복(至福), 하늘 나라. ¶ 기뻐하여.
in the seventh heaven 그지없는 환희에, 미칠 듯
the seventh heaven of happiness 행복의 절정.
sev·en·ti·eth [sévəntiiθ] 형 1 제70의, 일흔 번째의. 2 70분의 1의. — 명 1 (the ~) 제70번째, 일흔 번째의 것. 2 70분의 1.
‡sev·en·ty [sévənti] 형 70의, 70개의, 70인의.
seventy times seven (성서) 일흔 번씩 일곱 번이라도, 몇 번이고 되풀이하여(←마태 복음(Matt.) 18:22).
— 명 -ties [-z] 1 70, 70인, 70개; 2 70세. ¶ *the* -ties 70대, (세기의) 70년대. 3 70, 70의 문자 (70, LXX). 4 70인[70개]의 한 조; (the S-) 70인역 (譯) 성서(Septuagint) 작성에 종사한 학자들.
sev·en·ty-eight, 78 [-éit] 명 (구어) 78회전 반, SP판(옛날의 표준형 레코드).
sev·en·ty-five [-fáiv] 형 1 75의, 75개의, 75인의. — 명 1 75, 75인. 2 75세. 3 75, 75의 문자(75, LXXV). 4 75인[75개]의 한 조. 5 (군사) 75밀리 포; 75밀리 야포(제1차 세계 대전 때 프랑스·미국군이 사용).
sev·en-up [-ʌ̀p] 명 1 ⓤ 2-4명이 하는 카드놀이의 일종. 2 (Seven-Up) (상표) 세븐업(청량 음료의 일종).
Séven Wéeks' Wár 명 (the ~) 7주 전쟁(1866년의 오스트리아-프러시아 전쟁).
Séven Wónders of the Wórld 명복 (the ~) 세계의 7대 불가사의(Egypt의 Pyramids, Halicarnassus의 Mausoleum, Ephesus의 Artemis 신전, Babylon의 공중 정원인 Hanging Gardens, Rhodes섬의 아폴론 거상인 Colossus, Olympia의 Zeus 신상, Alexandria의 Pharos 등대).
sév·en-year ítch [-jiər-] 명 (의학) 옴; (결혼 후 7년째의) 바람기.
Séven Yéars' Wár (the ~) 7년 전쟁(러시아·프랑스의 지원을 받은 오스트리아와 영국과 동맹한 프러시아의 전쟁(1756–8)).
‡sev·er [sévər] 타자 1 …을 절단하다, 끊다 (*from*). ¶ ~ *a rope* 로프를 끊다 // (~+명+전+명) ~ *a bough from* a tree 나무에서 가지를 잘라내다. 2 …을 떼어 놓다, 가르다; …에 개재하다 (*from, into*). ¶ (~+명+전+명) *The world is* ~ed *into two blocks*. 세계는 두 진영으로 나뉘어 있다. 3 (유대·관습 따위)를 끊다; 탈퇴[탈당]시키다, 불화하게 하다, …의 사이를 갈라 놓다. ¶ ~ *husband and wife* 부부 사이를 갈라 놓다. 4 (법률) (재산·권리·책임 따위)를 분리하다, 나누다(divide), 별개의 것으로 취급하다. ¶ ~ *an estate* 재산을 분리하다. 5 식별하다, 분간하다, 구별하다 (*from*). — 자 1 끊어지다, 갈라지다, 떨어지다. 2 단절하다, 사이를 끊다.
sever oneself from …에서 몸을 빼다, 탈퇴하다.
sever the good from the bad 선악[양부(良否)]을 판별하다.
sév·ered·ly, ~·ing·ly 부
sev·er·a·ble [sévərəbl] 형 절단할 수 있는, 끊을 [자를] 수 있는; (법률) 분리할 수 있는. **-bíl·i·ty**
‡sev·er·al [sévərəl] 형 1 몇몇의, 몇 개의, 몇 사람의 (*보통 3, 4 또는 4, 5를 뜻하며, a few보다는 많고,

severalfold

many보다는 적다는 뜻을 나타낸다.¶ ~ times 몇 번씩 / myself and ~ others 나와 그 밖의 몇 사람. **2** 여러 가지의, 따로따로의, 각각의; 각기 다른.¶ *S— men, ~ minds.* 《속담》 각인 각색. **3** 《법률》 단독의, 개별의.
each [or **every**] **several** 각자의, 각각의.
go one's **several ways** 각자의 길을 가다, 흩어져 가다.
in several minds 갈피를 못 잡고.
joint and several 《법률》 연대(連帶)의.¶ *joint and ~ responsibility* 연대 책임.
── 떼 몇몇, 몇 개, 몇 사람, 몇 마리.¶ ~ *of them* 그 중 몇 개[그들 중 몇 사람].
in several 몇 사람, 몇 개.
── 명 **1** 《고어》 개인 소유지, 사유 재산. **2** (~s) 《방언》
sev·er·al·fold [sévərəlfòuld] 형 몇 겹의, 몇 배의. ── 튀 …으로, 각각.
sev·er·al·ly [sévərəli] 튀 《문어》 따로따로, 개별적으로
sev·er·al·ty [sévərəlti] 명 ⓤ 별개임, 각자, 각각; 《법률》 〔토지의〕 단독 소유.
sev·er·ance [sévərəns] 명ⓤ **1** 절단, 분리, 격리. **2** ⓤⓒ 〔관계 따위의〕 단절. **3** 〔법률〕 분할, 분리. **4** =
séverance pày 명 해직[퇴직] 수당, 이직금.
séverance tàx 명 《美》 〔경제〕 천연 자원 채취세 (州稅)의 하나).
‡**se·vere** [səvíər] 형 (-ver·er; -ver·est) **1** 〔사람·규율 등이〕 엄한, 용서 없는 (*on, with, toward*); 〔비판 등이〕 통렬한, 신랄한(형 lenient).¶ ~ *punishment* 엄벌 / ~ *criticism* 혹평 / *a ~ rule* 가혹한 규칙 // ~ *in* one's *treatment of others* 남에 대한 취급이 엄한 / *He was very ~ with his children.* 그는 자기 아이들에게 매우 엄했다.

〔유의어〕 **severe** 엄함을 뜻하는 일반적인 말. **stern** 상대로 타협하지 않고 외견상으로도 위엄 있는. **strict** 기준·조건 따위를 완전히 지킬 것을 요구하는. **stringent** strict하게 속박·제한을 가하는. **rigid** 때로는 필요 이상으로 타협성이나 융통성이 없는. **rigorous** rigid하면서 고통·곤란을 받는. **austere** 사람의 습관·생활 양식·생활 태도·감정(情)·색채·장식·생기가 없는; 자제·검소 따위를 칭찬하는 뜻이 되는 수도 있다. **harsh** 부드러운 맛이나 매끄러움이 없어 불쾌한; 냉혹 무정한.

2 〔태도·외견이〕 엄숙한; 무서운, 가까이하기 어려운.¶ *a ~ face* [or *look*] 엄숙한 표정. **3** 〔태풍·병 따위가〕 맹렬한.¶ *a ~ rain*[*wind*] 호우[폭풍] / *a ~ winter*[*heat*] 엄동[혹서] / ~ *illness* 중병. **4** 〔예이·문체 따위가〕 간소한, 수수한.¶ ~ *architecture* 간소한 건축. **5** 진지한(serious), 엄격한, 엄정한.¶ ~ *reasoning* 엄정한 추론(推論). **6** 〔경쟁·심사 따위가〕 어려운, 까다로운, 능력[노력]을 요구하는.
be severe on [or *upon*] …에게 가혹하게 대하다.
~·ness 명 엄격하다.
severe combined immune deficiency 명 〔병리〕 중증(重症) 복합형 면역 부전증(약 SCID). 《또는 **severe combined immunodeficiency**》
‡**se·vere·ly** [səvíərli] 튀 (*more ~; most ~*) 심하게, 엄격하게; 격심하게.¶ *be ~ ill* 중병이다.
leave [or *let*]...*severely alone* 〔싫어서〕 …을 고의로 피하다, 경원하다.
***se·ver·i·ty** [səvérəti] 명 ⓤ **1** 엄격, 엄함; 가혹; 〔기후의〕 격렬, 혹심; 중대성. **2** 〔문체 따위의〕 간소, 수수함. **3** (종종 -ties) 혹독한 처사[체험].
Sev·ern [sévərn] 명 (the ~) 세번 강《영국 Wales 중부로부터 Bristol 해협으로 흘러드는 강》.
Se·ville [səvíl] 명 세빌랴《스페인 남서부, Guadalquivir 강에 면한 항구 도시》. **-vil·lian** 명형
Sev·in [sévin] 명 세빈《농약의 일종》.
Sè·vres [sévrə/séivrə] 명 **1** 프랑스 Paris 부근의 도시. **2** ⓤ 세브르 도자기《Sèvres 산(産)의 고급 자기》.

sev's [sevz] 명 《美속어》 =7-Eleven.
‡**sew** [sou] 통 (~*s* [-z]; ~*d*; ~*d, sewn*) 태 **1** …을 꿰매다, 깁다, 꿰매어 붙이다[달다](*on*) (*on, to*).¶ ~ *cloth* 천을 꿰매다 // (~+目+前+名) ~ *a button on a coat* 웃옷에 단추를 꿰매어 달다 // (~+目+副) ~ *a button on* 단추를 꿰매다. **2** …을 꿰매어 만들다.¶ ~ *a shirt* 셔츠를 꿰매다. **3** 〔책〕을 매다(bind), 제본하다. **4** 〔상처 따위〕를 봉합하다(*up*). ── 짜 바느질[재봉]을 하다; 재봉틀로 박다.
sew down 〔주머니 따위〕를 완전히 꿰매 붙이다.
sew...in [or **into**] …을 넣고 꿰매다.¶ ~ *flour in a bag* 밀가루를 자루에 넣고 꿰매다.
sew up ① ⇨태 4. ② …을 매우 취하게 하다; 녹초가 되게 하다. ③ 〔속어〕 〔상담 따위〕를 잘 결말짓다. ④ 《美구어》 …을 독점하다, …의 지배권을 쥐다; 〔배우 등과〕 독점 계약하다.
sew up *a person's* **stocking** 《英속어》 남을 침묵시키다, 찍소리[꼼짝달싹] 못하게 하다.
-·a·ble 형 **-·a·bil·i·ty** 명

sew. sewage; sewer; sewerage.
sew·age [sú:idʒ/sjú:-] 명 ⓤ 〔하수의〕 오물, 오수.
séwage dispósal 명 하수 처리.¶ *a ~ plant* 하수 처리장.
séwage ejéctor 명 하수 배출 장치. 처리 공장.
séwage fàrm 명 〔하수·분뇨〕 이용 농장.
séwage wòrks 명 《종종 단수취급》 하수 처리장.
se·wan [sí:wən] 명 =wampum.
*__**sew·er**__**[1]** [súər/sjú(ː)ə] 명 **1** 〔도시의〕 하수구(溝), 하수도. **2** 〔해부〕 배설 구멍. **3** 《美속어》 동맥, 정맥.
── 태재 〔도시 따위〕에 하수 설비를 하다.
~·less, ~·like 형
sew·er[2] [sóuər] 명 꿰매는 사람, 재봉사.
sew·er[3] [súːər/sjúː(ː)ə] 명 〔중세 유럽에서 왕족·귀족 저택의〕 조리장, 급사장(給仕長).
sew·er·age [súːəridʒ/sjú(ː)ər-] 명 하수도; ⓤ 하수 설비, 하수 처리, 하수 공사.
séwer gàs 명 하수(下水) 가스《메탄 가스·이산화탄소를 함유》.¶ ~ *poisoning* 하수 가스 중독.
séwer·mouth [súːərmàuθ] 명 입정사나운 사람.
séwer ràt 명 시궁쥐; 나쁜 상말을 하는 사람.
sew·in [súːin/sjúː-] 명 《영국산(産)》 송어의 일종.
*__sew·ing__ [sóuiŋ] 명 ⓤ **1** 바느질, 재봉; 꿰맴; 바느질 감. **2** (~s) 삯. ── 형 (용)의, 재봉에 쓰는.
séwing círcle 명 자선 재봉 봉사회. 질용 실.
séwing cótton 명 무명 재봉실, 튼튼하게 꼰 바느
séwing machíne 명 재봉틀·제본용] 기계, 재봉틀.
séwing nèedle 명 바느질 바늘; 《美방언》 잠자리 (dragonfly).
*__sewn__ [soun] 통 sew의 과거분사.
‡**sex** [seks] 명 (복 ~·*es* [-iz]) **1** ⓤⓒ 성, 〔남녀·자웅의〕 성별.¶ *both* [or *two*] ~*es* 남녀, 양성. **2** 〔집합적〕 남성, 수컷(males); 여성, 암컷(females); 《익살》 여성, 여자(women).¶ *the fair* [or *gentler, softer, weaker*] ~ 여성 / *the rough* [or *sterner, stronger*] ~ 남성 / *the female* ~ 여성, 여자. **3** ⓤ 〔남녀의〕 성징(性徵); 성에 수반하는 생리 현상, 성행동, 성욕. **4** ⓤ 성교. **5** ⓒ 성기.
have sex (*with*) 《구어》 …와 성교하다.
without distinction of age or sex 남녀 노소의 구분 없이.
without sex 무성(無性)의.
── 《구어》 성의, 성에 관한.¶ ~ *education* [or *instruction*] 성교육 / *a ~ impulse*[*instinct*] 성의 충동 〔본능〕 / ~ *reversal* 성전환.
── 태 **1** 〔병아리 외〕의 성(性)을 감별하다. **2** 《구어》…의 성적 매력을 증진시키다(*up*); …의 성욕을 돋우다(*up*). ── 짜 성교[섹스]하다.
sex it up 〔속어〕 서로 열렬히 애무하다.
sex up 〔구어〕 ⇨통 태 2.
-·er 명

sex. sextant; sextet; sexual.
sex- [seks] 〔연결〕 six의 뜻. ¶*sex*digitate.
séx abúse 〔美〕 =sexual abuse.
séx àct 성행위, 성교.
sex·a·ge·nar·i·an [sèksədʒənɛ́əriən] 형 60세(대)의. — 명 60세(대)의 사람.
sex·ag·e·nar·y [seksǽdʒəneri/-nəri] 형 1 60의, 60씩의, 60단위의. ¶the ~ cycle 60년의 주기, 간지(干支). 2 =sexagenarian. — 명 =sexagenarian.
Sex·a·ges·i·ma [sèksədʒésəmə/-dʒési-] 명 〔교회〕 사순절(四旬節)(Lent) 전의 제2 일요일(~ Sunday) (*가톨릭에서는 폐어).
sex·a·ges·i·mal [sèksədʒésəməl] 형 60의, 60을 기본으로 하는. — 명 60분수(分數). **~·ly** 부
sex·an·gle [séksæŋgl] 명 〔수학〕 6각형.
sex·an·gu·lar [seksǽŋgjulər] 형 6각(형)의.
séx appéal 성적 매력.
séx attràctant 명 (동물) 성유인(性誘引) 물질.
sex-blind [⁴bláind] 형 성에 대해 관심이 없는, 성에 무지한.
séx bòmb 명 (속어) =sexpot.
sex·ca·pade [sékskəpèid] 명 (속어) 별난 성적 행위, 성적 모험. 〈*sex*+e*scapade*〉
séx cèll 명 생식 세포.
sex·cen·te·nar·y [sèkssentínəri] 형 600의; 600년(제)의. — 명 600년제.
séx chànge 명 성전환. 「verification의 구칭」
séx chèck 명 〔스포츠〕 (여자 선수의) 성검사(gender
séx chròmatin 〔유전〕 성염색질(質).
séx chròmosome 명 〔생물〕 성염색체.
séx clìnic 명 성문제 상담실(진료소).
sex·cur·sion [sekskə́rʒən, -ʃən] 명 (남자의) 섹스 관광 여행. 〈*sex*+e*xcursion*〉 「(작용).
séx determinàtion 명 (수태할 때의) 성의 결정
sex·dig·i·tate [seksdídʒətèit] 형 육(六)손의. (또는 **sexdigital**)
séx discriminàtion 명 성차별.
sexed [sekst] 형 1 성별이 있는; 성욕이 있는; 성적 매력이 있는. 2 (병아리가) 성감별이 된.
sex·en·ni·al [sekséniəl] 형 6년에의; 6년 계속되는; 6년에 한 번의. — 명 6년제. **~·ly** 부
sex·foil [séksfɔ̀il] 명 1 〔식물〕 6엽(葉)성의 식물 [꽃]. 2 〔건축〕 6엽 장식.
séx glànd 〔해부〕 =gonad. 「(특히 여배우).
séx gòddess 명 (美속어) 섹스의 여신, 섹스 심벌
séx hòrmone 명 〔생화학〕 성호르몬.
séx hýgiene 명 성 위생(학).
sex·i- [séksə] 〔연결〕 ⇒SEX-. 「의(hexadecimal).
sex·i·dec·i·mal [sèksədésəməl] 형 16진법(進法)
sex·il·lion [seksíljən] 명 =sextillion. 「괄적인.
sex·in·clu·sive [⁴inklúːsiv] 형 (말 따위가) 성 포
sex·ism [séksizm] 명 ⓤ 성차별주의적인 태도(행위); 특히 남성 우위의) 성차별주의.
sex·ist [séksist] 명 성차별주의자; 성차별적인, 남녀를 차별하는. — 명 성차별주의자.
séxist lánguage 명 성차별어(man으로 인간 전체를 나타낸다거나, he는 남녀 양성을 포함하여 사용하는 따위).
sex·i·va·lent [sèksəvéiələnt] 형 〔화학〕 6가(價)의 (hexavalent). (또는 **sexavalent**)
séx jòb 명 (속어) 성욕을 일으키는 여자; 여자 색정광, 쉽게 낚을 수 있는 여자. 「아가씨.
séx kitten [bùnny] 명 (구어) 성적 매력이 있는
sex·less [sékslis] 형 무성의, 성별이 없는, 중성의; 성적 욕망이 없는, 성적 매력이 없는. **~·ly** 부 **~·ness** 명
séx life 명 성생활.
sex-lim·it·ed [⁴límitid] 형 〔유전〕 (유전 형질이) 한 성(限性)의(어느 한 쪽 성에만 나타나는 현상).
sex-link·age [⁴líŋkidʒ] 명 ⓤ 〔유전〕 반성(伴性) 유전.

sex-linked [⁴líŋkt] 형 〔유전〕 반성(伴性)의.
sex-ma·chine [⁴məʃìːn] 명 (美속어) 섹시한 사람.
séx màniac 색정광(色情狂).
séx òbject 명 1 성적 대상. 2 성적 관심을 끄는 사람(대상).
séx offénder 명 성범죄자.
sex·ol·o·gy [seksálədʒi/-sɔ́l-] 명 ⓤ 성과학(性科·**ol·óg·i·cal** -**gist** 명 「學).
séx òrgan 명 성기. 「루어진.
sex·par·tite [sekspɑ́ːrtait] 형 6개의 부분으로 이
sex·pert [sékspərt] 명 (속어) 성문제 전문 카운슬러. 〈*sex*+ex*pert*〉
séx plày 명 (애무·전희 등) 성희(性戲).
sex·ploi·ta·tion [sèksploitéiʃən] 명ⓤ 성을 이용하는 일, 성영화 제작; 성적 착취. **-plói·ta·tive** 형
sex·ploit·er [sèksplɔ́itər] 명 성을 상품화하는 영화, 포르노 영화; 성을 상품화하는 사람.
séx·pot [sékspɑt/-pɔ̀t] 명 (美속어) 대단히 성적 매력이 있는 사람(특히 여성). (또는 **séx pòt**)
séx ràtio 〔사회〕 성비(性比)(여성 100에 대한 남성의 인구비).
séx revolútion 명 성(性)혁명.
séx ròle 명 성적 분업(역할)(성별에 따른 일·역할의 분담; 현재는 성차별적 용어로 되어 있음). 「게).
séx shòp 명 포르노 숍(각종 성관련 상품을 파는 가
sex-starved [⁴stɑ́ːrvd] 형 (속어) 성에 굶주린.
séx sỳmbol 명 (속어) 성적 매력의 상징인 사람.
sext [sekst] 명 1 〔교회〕 (기도〔성무(聖務) 일과)의) 육시과(六時課). 2 〔가톨릭〕 (the S-) 제6서(書). 3 〔음악〕 6도 음정.
sex·tain [sékstein] 명 〔운율〕 6행 연구(聯句).
sex·tan [sékstən] 명 (말라리아가) 엿새째마다 일어나는. — 명 6일열(日熱)(~ fever).
Sex·tans [sékstənz] 명 〔천문〕 육분의(六分儀)자리.
sex·tant [sékstənt] 명 1 육분의. 2 (둘레의) 원의 6분의 1. 3 (the S-) 〔천문〕 =Sextans.
séx tèst 명 〔스포츠〕 =sex check. 「창(주).
sex·tet(te) [sekstét] 명 1 6개 1조. 2 (음악) 6중
séx thérapy 명 (성불능·불감증 등을 치료하는) 성적 장애 치료, 섹스 요법.
sex·tile [sékstil/-tail] 명 〔천문〕 서로 60도 떨어진 두 행성의 위치(위상(位相)).
sex·til·lion [sekstíljən] 명 1 (美·프랑스) 1,000의 7제곱. 2 (英·독일) 100만의 6제곱. — 명 sextillion의. **~·th** 형
sex·to [sékstou] 명 (복 ~s) 6절판(의 책).
sex·to·dec·i·mo [sèkstoudésəmòu] 명 (복 ~s) 16절판의 책(16mo 또는 16°로 쓰고 sixteenmo라고 읽는다). — 형 16절판의. 「**~·ship** 명
sex·ton [sékstən] 명 (교회의) 교회지기; 무덤파는 일꾼.
sex·tu·ple [sekstjúːpl/sékstju-] 형 1 여섯 겹의, 6배의. 2 (음악) 6박자의. — 명 6배. — 타자 6배를 하다(가 되다). **-ply** 부
sex·tu·plet [sekstʌ́plit/sékstju-] 명 1 여섯 쌍둥이 중의 하나. 2 여섯 개 한 조(벌). 3 〔음악〕 6연음부.
sex·tus [sékstəs] 명 (처방전에서) 제6의, 여섯 번째의. 「**-typed** 형
sex-typ·ing [⁴tàipiŋ] 명 성별 분업, 성적 분업화.
sex·u·al [sékʃuəl/-ʃu-, -sju-] 형 1 성의, 성적인, 성에 관한. ¶ ~ morality 성도덕. 2 양성(兩性)(간)의, 남녀(자웅)의. ¶ ~ equality 남녀 평등. 3 성욕의, 성행위의. ¶ ~ appetite [or desire] 성욕. 4 유성(有性)의; 생식(기)의. ¶ ~ generation [reproduction] 유성 세대 (생식)/~ organs 생식 기관. **~·ly** 부
séxual abúse 명 성적 학대.
séxual assáult 명 (완곡적) (성)폭행, 강간.
séxual déviant 명 성도착자.
séxual deviátion 명 〔정신의학〕 성도착(性倒錯).
séxual discriminátion 명 성차별.

séxual haréssment 몡 (특히 여성에 대한) 성적 괴롭힘, 성희롱. 「성행위(coitus).
sexual íntercourse [cómmerce] 몡 성교.
*séx·u·ál·i·ty [sèkʃuǽləti/-ʃu-, -sju-] 몡(U) **1** 성별, 성적 특질. **2** 성욕; (강한) 성적 관심; 성생활; 성능력. **3** 성의 표출[강조].
séx·u·al·ize [sékʃuəlàiz/-sju-] ((英) -ise) 匽(他) …에 남녀[암수]의 구별을 짓다, 성적 특징을 부여하다, …을 성적으로 하다. ¶an early ~d child 성적으로 조숙한 아이. -i·zá·tion 몡
séxual transmítted diséase 몡 성행위 감염증. 「증(略 STD).
séxual moléster 몡 치한, 색한.
séxual polítics 몡 성적 정치(한쪽 성이 다른 성을 지배하는 사회 질서).
séxual relátions 몡 성교, 교접; 성적인 행위.
séxual reprodúction 몡 (생물) 유성 생식[번식].
séxual seléction 몡 (생물) 자웅 선택, 성도태.
sex·y [séksi] 혱 (구어) **1** 성적인; 외설적인. **2** 성적 매력이 있는, 성적 자극이 있는, 섹시한.
séx·i·ly 用 섹시하게. **séx·i·ness** 몡 섹시함.
Sey·chelles [seiʃél, -ʃélz] 몡 (the ~) 세이셸 (공화국)(인도양 서부 세이셸 제도로 구성; 수도 Victoria).
Séy·fert gálaxy [sáifərt-, si:-] 몡 (천문) 세이퍼트 은하(중심핵이 밝은 한 무리의 소우주).
SEZ Special Economic Zone(중국의 경제 특구).
sez you [sez jú:] 몡 (美俗) (비꼬듯이) 말씀은 그러하시나 글쎄올시다[어떨까 생각하는데요].
sf (야구) Sacrifice fly; science fiction; signal frequency; sinking fund. **SF** San Francisco; science fiction; Sinn Fein; Special Forces. **sf.** (음악) sforzando. **s-f** science fiction. **s.f.** signal frequency; sinking fund. (라틴) sud finem(=near the end)((참조의 장·절 등의) 끝부분에); surface foot. **SFA** Scottish Football Association(스코틀랜드 축구 협회); Sports for All(만인을 위한 스포츠). **Sfc** sergeant first class.
sfer·ics [sfíəriks/sfér-] 몡 **1** (단수취급) 전자 기상 관측 장치. **2** (복수취급) 공중 방전. **3** (또는 spherics) (복수취급) 공전(空電)학[연구](atmospherics).
sfgd safeguard. **SFO** Serious Fraud Office. **SFOF** (美) Space Flight Operations Facility (of NASA).
sfor·zan·do [sfɔːrtsáːndou] 혱(用) (음악) 강음의[으로], 힘찬[차게](略 sf.). ── 몡 (復 ~s, -di [-diː]) 스포르찬도 (화)음. (또는 **forzando, S.F.R.C.** 스포르찬도**) [<It]
SFr., Sfr. Swiss franc(s). **S.F.R.C.** (美) Senate Foreign Relations Committee(상원 외교 위원회); Steel Fiber Reinforced Concrete(강섬유 강화 콘크리트).
sfu·ma·to [sfuːmáːtou] 몡 (미술) 스푸마토, 바림.
SFX special [sound] effects((영화 등의) 특수[음향] 효과). **sfz, sfz.** (음악) sforzando. **sg, sg.** (문법) singular. **SG** Secretary General(사무 총장); (美해군) senior grade(상급(上級)); Solicitor General; specific gravity; Surgeon General(군의관). **s.g.** specific gravity. **S.G.** Solicitor[Surgeon] General. **sgd.** signed. **SGHWR** Steam-Generating Heavy-Water Reactor(증기 발생 중수 원자로). **sgl.** single. **SGML** Standard Generalized Markup Language (표준 마크업 언어 규약).
sgraf·fi·to [skraːfíːtou/It zgraffíːto] 몡 (復 -ti [-tiː]) 스크라피토(도자기 따위의 마무리 끝손질법; scratch work라고도 한다).
Sgt. Sergeant. **Sgt. Maj.** Sergeant Major.
sh, shh [ʃ] 갑 (* 조용히 하라는 소리).
sh. sheep; (제본) sheet; shilling(s); shunt. **S.H.** School House(public school의 기숙사·교장 주택).
SHA (해사) sidereal hour angle.
Shab·bat(h) [ʃəbáːt, ʃɑ́ːbəs] 몡 = Sabbath.

:shab·by [ʃǽbi] 혱 (-bi·er; -bi·est) **1** 닳아 해진, 누더기의. ¶~ clothes 닳아 해진 옷. **2** 초라한, 꾀죄죄한, 추레한. **3** 천한(mean), 비열한; 조잡한. **4** 열등한, 떨어지는, 서투른.
not too shabby (美구어) 근사한, 나쁘지 않은.
── 匽(他) 낡게 하다, 상하다.
-bi·ly 用 -bi·ness 몡
shab·by·gen·teel [-dʒentíːl] 혱 영락(零落)했으면서도 체면 차리는, 몰락한 양반 같은. -tí·li·ty 몡
shab·rack [ʃǽbræk] 몡 (군사) (경기병(輕騎兵)의) 안장 깔개. (또는 **shabraque**)
Sha·bu·oth [ʃəvúːous] 몡 유대의 오순절(五旬節). (또는 **Shabuot, Shavuoth**)
shack [ʃæk] 몡 **1** 판잣집, 오두막. **2** (美구어) 무선통신실. ── 匽(自) (美속어) **1** 동서(同棲)하다; 불의의 관계를 가지다(up, together)(with). **2** 살다, 머무르다 (up)(in).
sháck féver 몡 (美속어) 피곤, 지침, 나른함, 싫증, 졸림. 「동거자).
sháck jòb 몡 (속어) 동서(同棲) (상대자), 내연(의)
*shack·le [ʃǽkl] 몡 **1** 수갑; 족쇄(鎖). ¶put ~s on …에 수갑[족쇄]을 채우다. **2** (빗장 자물쇠의) 걸쇠; (철도의) 연환(連環). **3** (전기) 소반 모양의 애자(碍子). **4** (보통 ~s) 거추장스러운 것; 속박, 구속(restraint); (행제·결혼 등의) 맺음. ¶the ~s of convention 인습의 속박/knock [or throw] off the ~s 속박을 벗어던지다. ── 匽(他) (수동태로) **1** …에 수갑[족쇄]을 채우다. **2** …을 속박하다, 구속하다, 방해하다. -ler
sháck màn 몡 (속어) 유부남; (美속어) 정부를 두고 있는 남자. 「(man).
sháck ràt 몡 (美속어) 정부를 두고 있는 남자(shack
shack-up [ʃǽkʌp] 몡 (속어) 이성과의 동거, 섹스.
shad [ʃæd] 몡 (C) (魚) 청어류.
shad·ber·ry [ʃǽdbèri/-bəri] 몡 채진목(朶振木)의 열매.
shad·bush [ʃǽdbùʃ] 몡 채진목. 「열매.
shad·dock [ʃǽdək] 몡 왕귤 나무; 그 열매.
*shade [ʃeid] 몡 (~s [-z]) **1** (U)(C) 그늘, 응달; 그늘진 곳. ¶under the ~ of a tree 나무 그늘에서.
2 (the ~s) (문어) 땅거미, 어스름, 어둠. ¶the ~s of night 밤의 장막.
3 (~s) 구석진[후미진] 곳, 사람 눈에 띄지 않는 곳. ¶some forest ~s 어떤 숲속의 으슥한 곳.
4 (the ~) 드러나지 않음, 알려지지 않음, 눈에 띄지 않음. ¶throw [or put, cast] a person into the ~ 남의 빛을 잃게 하다, 무색하게 하다; 남을 이기다.
5 (문어) 유령, 망령; 영상(影像), 환상. ¶speak with the ~ of …의 영혼[망령]과 이야기하다.
6 저승에 사는 사람; (~s) (집합적) 죽은 사람의 혼; (the ~s) 저승, 황천(Hades), 죽은 사람의 세계. **7** (U) (C) (보통 ~s) (시) 그림자; (그림의) 색조의 어두운 부분; (C) (검은 빛깔을 섞어서 생기는) 농담(濃淡)의 색조, 명암의 정도. ⇒COLOR (유의어) ¶various ~s of blue 청색의 여러 가지 색조, 청색의 여러 가지 농담/people of all ~s of opinion 여러 가지 의견을 말하는 사람들. **8** (a ~) 극히 조금, 약간; (뜻 따위의) 미묘한 차이, 사소한 차이, 기미(氣味). ¶a delicate ~ of meaning in synonyms 동의어에 있어서의 뜻의 미묘한 차이/There is not a ~ of doubt [hesitation]. 조금도 의심[주저]의 빛이 없다/The patient is a ~ worse today. 환자가 오늘은 조금 상태가 좋지 않다. **9** (얼굴에 나타나는) 슬픔[불만]의 표정[감정], 그늘, 어두움. **10** 차양; 해가리개; (美) 블라인드, 커튼; 양산; 남포의 갓; (눈의) 차광기; (~s) (美속어) 선글라스; 보호(保護). ¶under the sweet ~ of …의 보호 아래. **11** (~s) 술·맥주의 지하 저장실; 술집. 「잊혀지다.
fall into the shade 그림자가 희미해지다; 세상에서
go down to the shades; join the shades of the ancient 저승[황천]길로 가다, 죽다.

shaded

have it made in the shade 성공이 확실시되다.
in the shade ① 응달[그늘, 나무 그늘]에서. ② 은퇴하여; 눈에 띄지 않게, 세인의 기억에서 사라져. ¶*in the* ~ *of obscurity* 남의 눈을 피하여; 세상에서 잊혀져.
light and shade 명암; (비유적) 천양지차. [혀져.
put [or throw, cast]...in [or into] the shade ···을 눈에 띄지 않게 하다, 무색하게 하다; 패배시키다.
remain in the shade 세상에 알려지지 않다.
shades of (구어) ···을 생각나게 하는 것.
the shadow of a shade 환상의 그림자, 더없이 허망한 것, 환영.
throw shade (美속어) 헐뜯다, 깎아내리다.
without light and shade (그림에) 명암이 없는; (문장·성질 따위에) 변화가 없는, 단조로운.
— *vt* (~s [-z]; ~d; shád·ing) 1 ···에 그늘지게 하다, ···에 그늘을 만들다 (*from, with*). 2 ···을 어둡게 하다, 흐리게 하다 (*with*). ¶A sullen look ~*d* his face. 시무룩한 표정이 그의 얼굴을 어둡게 했다// (~+目+前+名) a face ~*d with* melancholy 우울하여 그늘진 얼굴. 3 (보이지 않도록) ···을 감추다. 4 (물건에 빛[열]이) 비치지 않게 하다; (가리개 따위로) (빛·열)을 막다, 가리다; ···을 덮다. ¶a ~*d* lamp 갓을 씌운 전등 / ~ *a light* 불빛을 가리다 // ~ *one's eyes with* one's *hand* 손으로 햇볕을 가리다. 5 (그림에) 그늘을 만들다, 바림하다; ···에 명암(농담(濃淡))이 지게 하다 (*in*). 6 (의견·관습 따위)를 점차로[조금씩] 변화시키다 (*away, down*) (*into*). 7 (물건값)을 조금 내리다. ¶~ *the price* 값을 깎다. 8 (美속어) 헐뜯다, 깎아내리다. — *vi* (의견·뜻·방법·색채 따위가) 점차로 변화하다 (*away, off*) (*into, to*).
shade off [*or away*] 차차 변화하다[꺼져버리다].
shade up (가축 따위가) 그늘에서 더위를 피하다.
~·ful

shad·ed [ʃéidid] *a* 1 그늘이 있는, 그늘진. 2 차양(갓)을 단[씌운]. ¶a ~ lamp 갓을 씌운 등. 3 어두워진, 어둠이 짙은. 4 (인쇄) 그림자 붙은 활자의. 5 바람을 가려 색조의, 차츰 흐리게 그린. ~·ness

shade·less [ʃéidlis] *a* 응달[그늘]이 없는, (빛을) 막아주는 것이 없는. ~·ness

sháde plànt *n* (적은 빛으로도 생육할 수 있는) 음지 식물; 녹음 짓는 나무. [는 나무.

sháde trèe *n* (美) 그늘을 짓는 나무, 햇빛을 가려주

shad·ing [ʃéidiŋ] *n* ①Ｕ 1 응달[그늘]지게 하기, 차양. 2 (그림) 명암법, 음영. 3 (색 따위의) 점차적 변화.

‡shad·ow [ʃǽdou] *n* (愚) ~s [-z]) 1 그림자, (물건의) 투영(投影); 人의 *a person* [*house*] 사람[집]의 그림자 / *throw a* ~ *over* ···에 그림자를 던지다.
2 Ｕ 어둠, 컴컴함. ¶Her face was in deep ~. 그녀의 얼굴은 (모자 따위로) 완전히 그늘져 있었다.
3 (~s) (저녁의) 어둠. ¶The ~s *of evening are falling*. 저녁 어둠이 깔리고 있다.
4 Ｕ 피난처; 비호(庇護), 보호. ¶*under the* ~ *of the Almighty* 신의 가호 아래.
5 (a ~) 극소량, ···한 기미; 흔적, 자취. ¶*There is not a* ~ *of hope* [*doubt*]. 털끝만큼의 희망[의심]도 없다.
6 유령; 망령; 헛것, 환영(幻影), 허무한 것. 7 이름뿐인 것; 희미한 모습. ¶*have only a* ~ *of freedom* 명목뿐인 자유를 얻다 / *He is only a* ~ *of his former self*. 그는 지난날의 모습을 약간 띠고 있을 뿐이다. 8 (거울·수면 따위의) 영상(映像). ¶*one's own* ~ *in the water* 물 위에 비친 자신의 모습. 9 (그림·사진 따위의) 음영(을 그려넣기), 음영이 있는 그늘; (제도(製圖)의 음영 도법에서) 그림자. 10 (비유적) (불행·불신·의혹·우수 따위의) 어두운 그림자, 어두운 그늘. ¶*happiness without a* ~ 마음의 그늘이 없는 행복. 11 (공포·위압감 따위로) 사회 전반을 뒤덮고 있는) 암운, 불안. ¶*live under the* ~ *of war* 전쟁의 위협 아래서 살다. 12 (우정·명성 따위에 대한) 검은 그림자, 흐림; 마음의 어두

움. ¶*the* ~*s of old age* 노쇠의 그림자 / *the* ~ *of death* 죽음의 그림자, 사상(死相). 13 그림자처럼 따라다니는 사람, 아첨꾼; 미행자, 탐정. 14 (종종 a ~, ~s) 전조(前兆), 조짐. ¶~*s of things to come* 앞으로 일어날 일의 조짐. 15 (the ~) 남의 눈에 띄지 않음, 세상에 알려지지 않음. 16 (고어) 식객(食客). ② 오래오래 흑인, 검둥이. 18 (英) (정치) 예비 내각의 각료(~ *minister*).
a shadow of one's [*or its*] ***former self*** 옛 모습.
be afraid of one's (***own***) ***shadow*** 제 그림자에 놀라다, 몹시 겁을 내다. [척[쇠약]하다.
be worn to a shadow 그림자처럼 여위다, 몹시 수
beyond the shadow of doubt 반드시, 필히.
cast a long shadow 큰 영향력을 미치다, 중요한
catch at shadows 헛수고하다. [의미가 있다.
grasp at the shadow and lose the substance 그림자를 쫓다가 실체[실질]를 놓치다.
in shadow 그늘이 져서. [아래.
in the shadow of ···에 아주 접근하여; ···의 영향
live in the shadow of 세상에 알려지지 않고 살아가다.
May your shadow never grow [or be] less! 더욱 번영하시기를 (빕니다)!, 오래오래 건강하시기를!
the shadow of a shade ⇒SHADE.
the shadow of death 죽음의 그림자.
The shadows lengthen. ① 저녁이 가까워진다.
② 점점 나이가 든다, 죽음이 가까워진다.
the shadows of night 어둠의 장막, 야음.
under the shadow of ① ···의 보호 아래. ⇒4. ②
···에 매우 근접하여. ③ ···의 위험에 직면하여.
— *a* (한정용법) 1 그림자의, 그늘이 많은. 2 실체가 없는, 이름뿐인. 3 비공인[비공식]의; (英) 예비 내각의.
— *vt* (~s [-z]) ⊕ 1 ···에 그림자를 던지다; ···을 늘리게 하다. ¶Huge oaks ~*ed the house*. 큰 떡갈나무의 그림자가 그 집을 덮고 있다. 2 ···을 어둡게 하다, 흐리게 하다. 3 ···에 빛[열]이 비치지[닿지] 않게 하다; (빛·열)을 가리다. ¶(~+目+前+名) ~ *the heat from* one's *face* 얼굴에 열이 미치지 않도록 가리다. 4 ···을 막연히 나타내다, 상징하다; (···의 조짐)을 보이다 (*forth, out*). ¶~ *forth future events* 장차의 일의 조짐을 나타내다. 5 ···을 그림자처럼 따라다니다, 미행하다. ¶He testified that he had been ~*ed by a man*. 그는 한 사나이에게 미행을 당했다고 증언했다. 6 (구어) ···을 보호하다, 지키다. 7 (페어) (그림) ···에 그늘지게 하다, ···을 흐릿하게 하다. — *vi* 1 (색채 따위가) 차츰 변화하다 (*into*). 2 (얼굴이) 어두워지다, 그늘지다
~·er *n* ~·less, ~·like *a* [(*with*).

shádow bànd *n* (천문) (개기식 전후에 보이는 음영대(陰影帶). [로 된 상자.

shádow bòx *n* (보석 따위의) 전시용 앞면이 유리

shad·ow·box [ʃǽdoubàks/-bɔ̀ks] *vi* 1 섀도복싱을 하다. 2 적극적[직접적, 결정적]인 행동을 피하다, 적을 견제하다.

shad·ow·box·ing [ʃǽdoubàksiŋ/-bɔ̀ks-] *n* Ｕ 1 섀도복싱(상대를 가상하여 혼자서 권투 연습을 하는 일). 2 비현실적인 노심초사. [보자들).

shádow càbinet *n* (英) 예비 내각(야당 각료 후

shádow dànce *n* 섀도 댄스(스크린에 비춰진 무용수의 그림자를 보여주는 댄스).

shádow fàctory *n* 유사시에는 군수 산업으로 전환할 수 있는 공장.

shádow fìgure *n* 실루엣(silhouette).

shádow gàzer *n* (美속어) X선 기사.

shad·ow·graph [ʃǽdougræf, -grɑ̀:f] *n* 1 (벽이나 스크린에 손 따위로 만들어 비치는) 그림자 그림. 2 뢴트겐 사진(radiography). -**gráph·ic** *a*, -**ist**, -**y** *n*

shad·ow·i·ness [ʃǽdouinis] *n* Ｕ 어두움, 몽롱.

shad·ow·ing [ʃǽdouiŋ] *n* Ｕ 1 광선[일광]의 차단. 2 그림자를 지음, 바림; 그림자, 명암. 3 전조, 예시(像示). 4 미행.

shad·ow·land [ʃǽdoulænd] 명 ⓤⓒ 유명계(幽冥界), 영계(靈界); 무의식의 영역[경지]; 애매모호.

shádow màsk 명 〔TV〕 섀도 마스크(컬러 TV 브라운관의 형광면 바로 앞에 설치된, 색깔의 얼룩을 막기 위한 얇은 금속판; aperture mask라고도 한다).

shádow pìcture 명 X선 사진(Roentgen picture).

shádow plày 명 그림자 연극. (또는 **shádow pàntomime[shòw, thèater]**)

shádow tèst 명 〔안과〕 검영법(檢影法)(retinoscopy).

***shad·ow·y** [ʃǽdoui] 형 1 그림자가 있는; 그림자가 많은.¶a ~ tree 그늘지게 하는 나무. 2 그늘진.¶a garden 그늘진 정원. 3 그림자 같은; 몽롱한, 아련[희미]한.¶a ~ outline [form] 희미한 윤곽[그림자]/the ~ past 어렴풋한 먼 과거. 4 (진의 따위가) 불분명한, 의심스러운; (사람·행동 따위가) 이상한, 수상쩍은. 5 실체[실질]가 없는, 형태[이름]뿐인. 6 공허한, 텅 빈, 덧없는(unreal).¶a ~ hope 허망한 희망.
-ow·i·ly 부

***shad·y** [ʃéidi] 형 1 그늘진, 그늘이 많은; 그늘을 이루는.¶a ~ path 그늘진 오솔길/a ~ spot 응달. 2 희미한; 요괴의. 3 (구어) 뒤가 구린, 수상쩍은.¶a ~ character (occupation, hotel) 수상한 인물[직업, 호텔]/the ~ side 내리막길; 암흑면, 4 칙칙한, 거무스름한. **keep shady** (美속어) 남의 눈을 피하다, 숨어 있다. **on the shady side of** ⇒SIDE.
shád·i·ly 부 **shád·i·ness** 명

SHAEF [ʃeif] Supreme Headquarters Allied Expeditionary Forces(연합군 파견군 최고 사령부).

‡**shaft** [ʃæft, ʃɑːft/ʃɑːft] 명 1 창의 손잡이, 자루; 화살, 창.¶~s of envy [satire] (비유적) 질투의 화살[갈날같이 날카로운 풍자의 화살]/direct a ~ of ridicule (비유적) 조소의 화살을 퍼붓다. 2 한 줄기 광선, 번개, 전광.¶a ~ of sunlight 한 줄기의 햇빛. 3 (망치·골프 클럽 따위의) 자루, 손잡이; 깃대; (수레의) 채(thill). 4 (수레의) 채, 나룻. 5 〔기계〕 샤프트, 굴대; 〔건축〕 (원주의) 기둥, 기둥몸; 굴뚝의 땅 위로 내민 부분); (장식의) 기념탑, 방첨탑(方尖塔)(obelisk). 6 (빌딩 내부의) 엘리베이터의 통로(수직 공간); 〔광산〕 수갱(竪坑); 환기갱(換氣坑). ⇒CAISSON.¶put down [or sink] a ~ 수갱을 파다. 7 〔식물〕 줄기; 〔동물〕 깃대, 우간(羽幹)(scape). 8 가지 모양으로 갈라진 촛대의 축. 9 (~s) (美속어) 여성의 매력적인 다리.
get the shaft (美속어) 속다.
give a person **the shaft** (美속어) 남을 속이다.
— 타 1 …에 자루[채]를 달다. 2 (美속어) …을 속이다. 3 장대[삿대]로 밀어 나아가게 하다.
~·less, ~·like 형

sháft àrtist[màn] 명 (美속어) 사기꾼.

sháft gràve[tòmb] 명 〔고고〕 수갱(竪坑)식 분묘.

sháft-horse [-hɔ̀ːrs] 명 (짐수레의) 채에 맨 짐말.

sháft hórsepower 명 〔기계〕 축(軸)마력(원동기의 회전축 끝에서 나오는 출력; 略 shp, SHP).

shaft·ing [ʃǽftiŋ/ʃɑ́ːft-] 명 〔집합적〕 샤프트; 축계(軸系); 축재(軸材).

shag[1] [ʃæg] 명 1 거친 털, 조모(粗毛), 길게 난 털. 2 (직물의) 보풀(nap); 보풀이 일게 짠 천. 3 하등품 살담배. — 타 (**-gg-**) 1 (초목)을 무성하게 자라게 하다. 2 …을 텁수룩하게 하다; 까칠까칠하게 하다, 보풀이 일게 하다. ~=shaggy. ~·like 형

shag[2] 명 (유럽산(産)) 가마우지의 일종.
like a shag on a rock (濠속어) 고독한, 비참한.

shag[3] 동자 (**-gg-**) 번갈아 한 발로 뛰는 스텝으로 춤추다. — 명 (the ~) 교대로 한 발로 뛰는 춤의 스텝.

shag[4] 동타 (**-gg-**) 1 …을 추적하다, 뒤를 쫓다; 쫓아가서 데려오다, 가서 가져오다. 2 (야구) (타격 연습에서) (뜬 공)을 잡아 던져주다. 3 (못속어) …와 성교하다. — 자 1 (구어) 공받기를 하다. 2 (속어) =masturbate. 3 (美속어) 제때 도망치다, 내빼다.¶1

(英비어) 성교(의 상대); 도색 유희(배). 2 (美속어) 데이트 (상대). — 타 1 (美속어) 데이트에서의, 함께의. 2 아주 멋진, 굉장한. — 형 미행하는 사람.

shag·a·nap·pi [ʃǽgənæpi] 명 (캐나다) (생)가죽 끈.

shag·bark [ʃǽgbɑ̀ːrk] 명 히코리(hickory)의 일종; 그 열매.; ⓤ 그 목재.

shagged [ʃǽgd] 형 (구어) 지친, 녹초가 된; 몹시 취한.

***shag·gy** [ʃǽgi] 형 1 털북숭이의, 털이 텁수룩한. 2 더부룩한, 단정치 못한. 3 (초목이) 무성한. 4 (직물이) 보풀이 일어선. 5 (작품 따위가) 날림의; (사고 따위가) 혼란한, 명석하지 못한. **-gi·ly** 부 **-gi·ness** 명

shággy càp 〔식물〕 =shaggy-mane.

shág·gy-dóg stòry 1 듣는 사람에게는 지리하고 따분한 긴 이야기, 2 말하는 동물이 나오는 우화.

shag·gy-mane [-mèin] 〔식물〕 식용 버섯의 일종(shaggy mushroom).

sha·green [ʃəgríːn, ʃæ-] 명ⓤ 새그린 가죽, 우돌투돌한 가죽; 상어 가죽(연마용).

Shah [ʃɑː, ʃɔː] 명 이란 국왕의 존칭. 참 Padishah

Shak. Shakespeare.

shak·a·ble [ʃéikəbl] 형 진동할 수 있는, 휘두를 수 있는; 동요시킬 수 있는. (또는 **shakeable**)

‡**shake** [ʃeik] 동 (**shook; shak·en; shak·ing**) 자 1 흔들리다, 진동하다(vibrate).¶The trees are shaking in the wind. 나무가 바람에 흔들리고 있다. 2 (몸·손 따위가) 떨리다; 부들부들 떨다(from, with).¶Her courage began to ~ when she heard the news. 그 소식을 듣자 그녀는 용기가 꺾이기 시작했다 // ~ with cold [fear, fever] 추위(공포, 열)로 덜덜[벌벌] 떨다/His voice was shaking with anger. 그의 목소리는 노여움으로 떨리고 있었다.

> **[유의어]** **shake** 「떨리다」의 뜻으로 가장 일반적으로 쓰이는 말. **tremble** 추위·공포·흥분 따위로 부들부들 계속 떨리다. **quake** 크게 tremble하다. **quiver** 악기의 현(絃)처럼 가볍게 떨다; 공포·걱정 따위보다도 정신의 긴장을 암시. **shiver** 추위로 떨다; 비유적으로 기대·예감 따위에도 사용된다. **shudder** 큰 공포·혐오로 갑자기 심하게 몸을 떨다. **vibrate** 가늘게 일정한 리듬으로 진동하다.

3 (과일·곡물 따위가) 후두두 떨어지다(down, off).¶(~+閉) Sand ~s off. 모래가 홀홀 떨어진다. 4 악수하다.¶Let's ~ and be friends again. 악수하고 다시 사이좋게 지내자. 5 (잘 섞이도록) 흔들다, 흔들어 섞다.¶S— (well) before using. (잘) 흔들어서 사용하세요. 6 (결심·용기 따위가) 흔들리다, 동요하다; (제도·경제 따위가) 불안정해지다. 7 〔음악〕 떠는 목소리로 노래하다. 8 허리를 흔들(며 춤추)다. 9 (목재가) 균열이 생기다.
— 타 1 …을 흔들다, 뒤흔들다; …을 흔들어 떨다(down, off, out)(from, out of); 〔소금 따위〕를 뿌리다(on, into, over).¶~ a bottle of milk 우유병을 흔들다/~ oneself 온몸을 흔들다/To be ~n before taking 복용 전에 흔들 것(약병의 주의서)// (~+閉) ~ the snow off. 그녀는 눈을 털었다// (~+閉+前+呂) ~ fruit from a tree; ~ a tree for fruit 나무를 흔들어 과일을 떨어뜨리다/~ a person by the shoulder 남의 어깨를 잡아 흔들다. 2 …을 진동시키다, 떨게 하다; …을 뒤흔들다(rock).¶The earthquake shook the tall building. 지진 때문에 고층 건물이 흔들렸다. 3 (막대기·주먹 따위)를 휘두르다(at). 4 〔신앙 등〕을 동요하게 하다, 흔들리게 하다; (남)의 마음을 어지럽히다(up)(at, by, with); (자신 따위)을 약화시키다; (남)의 의기를 꺾다; ~ one's faith[resolution] 신념[결심]이 흔들리다/He was visibly ~n by [or with, at] the news. 그는 그 소식을 듣고 눈에 띄게 동요했다/She has been ~n out of all reason. 그녀는 완전히 이성을 잃었다. 5 〔국가·

제도 따위)를 뒤흔들다, 흔들리게 하다, 불안정하게 하다. ¶~ the very foundations of society 사회의 근저를 뒤흔들다. 6 (인사로) [남의 손]을 잡다. 7 [남]을 분발하게 하다. 8 [음악] (목소리·악기 소리)를 떨게 하다, 떠는 소리로 노래하다. 9 (던지기 전에 손 안에서) (주사위)를 흔들다. 10 (속어) [약습·나쁜 친구 등]을 떨어버리다, 떼어버리다(off). ¶~ off temptation 유혹을 뿌리치다//He shook (off) the police. 그는 경찰을 따돌려버렸다. 11 (속어) 공갈하여 빼앗다; (濠속어) …을 훔치다, 날치기하다.

more than one *can shake a stick at* (美) 셀 수 없을 정도로 매우 많은.

shake a foot [or *leg*] ① 댄스를 하다, 춤추다; 바삐 걷다. ② 서두르다(hurry).

shake a person ***by the hand; shake hands with*** a person ⇒HAND.

shake a person ***out of*** 남에게 쇼크를 주어 (지금까지의 버릇 등)을 버리게 하다.

shake down ① …을 흔들어[휘둘러] 떨어뜨리다. ② …을 흔들어 꽉 채우다, 흔들어 고르게 하다. ¶~ grain down 곡식을 흔들어 추스르다. ③ (동료·주위에) 익숙해지(게 하)다. ¶~ oneself down to [or at] one's new school 새 학교에 익숙해지다. ④ 임시 잠자리를 마련하여 자다. ⑤ (美속어) …에게서 돈을 빼앗다, 강요하다. ⑥ (배·기계 등의) 성능 테스트를 하다, 시운전하다.

shake (***hands***) ***on*** 악수하여 (계약 등)을 체결하다.

shake in one's ***shoes*** ⇒SHOE.

shake it (***up***) (구어) 서두르다, 빨리 움직이다(가다).

shake like a jelly [or *leaf*] (구어) (공포·초조 따위로) 벌벌 떨다[떨리다].

shake off ① (먼지 따위)를 털어내다. ② (병·악습 따위)를 고치다, 버리다. ¶I can't ~ off my cold. 도무지 감기가 떨어지지 않는다. ③ [나쁜 친구 따위]와 관계를 끊다. ④ (뒤쫓는 사람)을 떼치다, 따돌리다. ⑤ (요청 따위)를 거절하다. ⑥ (야구) (투수가) (포수의 사인)을 고개를 흔들어 거부하다.

shake off the dust of one's ***feet***; ***shake the dust off*** one's ***feet*** ⇒DUST.

shake one (식당에서) 밀크셰이크를 만들다.

shake oneself ***free from*** …에서 몸을 뿌리쳐 빼내다, 벗어나다.

shake oneself ***together*** 분발하다, 용기를 내다.

shake one's ***finger at*** …에게 집게손가락을 까딱하며 움직이다(협박·경계·질책을 나타내는 동작).

shake one's ***fist*** [***stick***] ***in*** a person's ***face*** [or ***at*** a person] [남]에게 주먹[몽둥이]을 휘두르며 으르대다.

shake one's ***habit*** 나쁜 버릇을 고치다.

shake one's ***head*** ① 머리를 가로젓다(부정·실망·비난 따위의 표시). ② 머리를 끄덕이다(승인의 표시).

shake one's ***sides*** 배를 움켜쥐고 웃다.

shake on it (구어) …에 동의하여 악수하다.

shake out ① (모래 따위)를 털다. ② (옷 따위)를 (먼지 따위를 털기 위해) 펼쳐서 털다. ¶(손·손수건 따위를 흔들어 펼치다. ③ (내용물)을 흔들어 비우다. ④ (군대가) (적을 수색하기 위해) 산개 대형을 취하다.

shake the elbow 주사위를 만지작거리다, 도박하다.

Shake the lead out. (美속어) (명령형으로) 서둘러라.

shake the money tree (美속어) 큰 이익을 보다, 크게 벌다.

shake together 잘 흔들어서 채우다; (그림 물감)을 섞다; (사람들이) 의좋게 지내다.

shake up ① …을 흔들어 섞다. ¶~ up a bottle of medicine 약병을 잘 흔들어 섞다. ② …을 흔들어 깨우다, …을 격려하다. ¶S~ yourself up. 기운을 내라. ③ (베개 따위)를 흔들어 모양을 바로잡다. ④ 흔들어서 (승객 등)의 기분을 나쁘게 하다.

shake with laughter =*shake one's sides*.

What's shakin' (***bacon***)? (美속어) (인사로) 어이, 어떤가?

── 명 1 (보통 a ~) 흔들기, 한 번 흔들기. ¶with a ~ of the head 머리를 가로저으며[까딱이며]/give a tree a ~ 나무를 흔들다. 2 진동, 흔들림, 동요; (차 따위의) 요동; 격동; (구어) 지진. 3 떨림, 전율(tremor). ¶a ~ in the voice 목소리의 떨림. 4 (the ~s) (단수취급) (구어) 오한(chill). ¶have the ~s 오한이 나다. 5 타격; 충격; (마음의) 동요. 6 악수. 7 (美) 밀크 셰이크. 8 (지면의) 갈라진 틈, 균열; (목재의) 갈라진 금. 9 (음악) 전음(顫音), 트릴(소리를 떨게 하기). 10 순간(instant). ¶Wait a ~. 잠깐 기다려라. 11 (구어) (a ~) 취급, 조치. ¶get a good[or fair] ~ 공평한 취급을 받다. 12 (美속어) (싫은 사람·물건 따위를) 없애기, 제거하기; 해고; (친구와) 관계를 끊기. 13 동치기, 강탈.

a fair shake of the dice (구어) 호기(好機), 찬스.

all of a shake 덜덜 떨어.

be no great shakes (속어) 대단한 일이 못 되다.

be some shakes (美구어) 대단하다, 굉장하다.

get the shake 해고되다.

give a person ***the shake*** 남을 해고하다.

give a person ***the shakes*** 소름 끼치게 하다.

give a shake 한 번 흔들다; 내쫓다.

in a brace [or ***couple***] ***of shakes; in two shakes of a lamb's tail*** 즉시, 당장(in no time).

put a person ***on the shake*** 남을 등치다.

shake·down [ʃéikdàun] 명 1 ⓊⒸ (美속어) 갈취, 돈을 알겨 먹기. 2 철저한 수색. 3 임시 침상, 임시 침대. 4 흔들어 떨어뜨리기. 5 ⓊⒸ (美구어) (배·비행기의) 시험 항해[비행]; (기계 따위의) 시운전, 조정 (기간). ── 형 익히기 위한, 조정을 위한; 시운전의, 성능 시험용의.

sháke-hand gríp [-hænd-] 명 [탁구] 셰이크핸드 그립(탁구채를 악수하듯이 쥐는 법). 참 penholder grip

shake-hands [ʃéikhæ̀ndz] 명 (단수취급) 악수.

‡**shak·en** [ʃéikən] 통 shake의 과거분사.

shake-out [ʃéikàut] 명 1 (경제) (기업·제품의) 도태; (증권) 주식의 폭락. 2 (경제) 진정화(인플레 따위 후의 경제 활동의 회복). 3 (인사·정책 따위의) 근본적 변혁, 합리화, 재편; 기업 개선, 구조 조정.

shak·er [ʃéikər] 명 1 흔드는 사람, 떠는 사람; 흔드는 기구, (소금·설탕 따위를) 뿌리는 용기; (칵테일용) 셰이커. 2 흔들어서 섬을 내는 타악기. 3 선동자. 4 (S—) 셰이커 교도(미국의 기독교의 일파).

Shak·er·ism [ʃéikərìzm] 명 Ⓤ 셰이커 교도 교리.

Shake·speare [ʃéikspiər] 명 **William** ~ 셰익스피어(1564-1616: 영국의 시인·극작가).
(또는 **Shakespear, Shakspere**)

*****Shake·spear·e·an** [ʃeikspíəriən] 형 셰익스피어(풍(시대))의. ── 명 셰익스피어 학자.
(또는 **Shakespearian**) **~·ism** 셰익스피어류(의 어법).

Shake·spear·e·an·a [ʃeikspìəriǽnə/-á:nə] 명 (복) 셰익스피어 문학[문헌]. (또는 **Shakespeariana**)

Shakespéarean sónnet 명 셰익스피어풍 14행시(Elizabethan sonnet, English sonnet).

shake-up [-ʌp] 명 1 (기구의) 대개편, 재편성, 인사의 쇄신; (정책의) 대전환. 2 흔들어 섞기, 흔들어 모양을 바로잡기. 3 급조[임시 변통]한 물건, 급조 건물. 4 낙담시키는 것.

shak·ing [ʃéikiŋ] 명ⓊⒸ 1 흔들어(밀어) 움직이기; 진동(振動), 동요. 2 소름, 학질. 3 (~s) 진동에 의해서 떨어진 물건; 빵 조각이나 옷 나부랭이. ── 형 흔들리는, 떨리는. **~·ly** 부

sháking pálsy 명 (병리) =Parkinson's disease.

shak·o [ʃǽkou, ʃéik-] 图 (圈 ~(e)s) 샤코 모자(깃털 장식이 있는 원통형의 군모). (또는 **shacko**)

Shaks. Shakespeare.

Shak·spere [ʃéikspiər] 图 = Shakespeare.

Shak·ti [ʃʌ́kti, ʃɑ́ːk-] 图 〔힌두교〕 샤크티(여성의 생식력; 신비(神秘), 특히 시바신(神)의 비(妃). ⇨ SIVA). (또는 **Sakti**)

Shak·tism [ʃʌ́ktizm, ʃɑ́ːk-] 图 ⓤ (shako) 〔힌두교〕 샤크티즘 숭배. (<는 **Saktism**)

*****shak·y** [ʃéiki] 圈 1 흔들리는; 떠는; 비틀비틀하는. 2 불확실한, 불안정한, 기대할 수 없는. 3 약한, 병약한. 4 (지면이) 울퉁불퉁한; (목재가) 균열이 많다.

shák·i·ly 튄 **shák·i·ness** 图

shale [ʃeil] 图ⓤ 혈암(頁巖), 이판암(泥板岩). ᚕ·like, shál·ey, shál·y 圈

shále clày 图 〔지질〕 혈암 점토.

shále òil 图 혈암유.

‡shall ⇨ SHALL. ⟨p. 2501⟩

shal·loon [ʃəlúːn] 图ⓤ 셜룬 천(능직(綾織)의 얇은 모직물).

shal·lop [ʃǽləp] 图 〔노·돛으로 달리는〕 조각배, 〔벼운 배〕

shal·lot [ʃǽlət/ʃəlɔ́t] 图 골파류(類)의 파, 셜롯.

‡shal·low [ʃǽlou] 圈 (~·er; ~·est) 1 얕은(圂 deep). ¶a ~ stream 개울의 시냇물. 2 천박한. ¶a ~ mind 천박한 생각. 3 (호흡이) 약한. — 图 (~s) (단·복수 양용) 얕은 곳, 여울. — 图图 …을 얕게 하다. — 图 얕아지다. — 图 〔야구〕 홈 플레이트 가까이에서.

~·ly 튄 ~·ness 图

shal·low-brained [-bréind] 圈 천박한, 어리석은.

shal·low-heart·ed [-hɑ́ːrtid] 圈 박정한, 야박한. ~·ly 튄 ~·ness 图

shal·low-pat·ed [-péitid] 圈 =shallow-brained. (또는 **shállow-mínded**)

sha·lom [ʃəlóum] 图튄 안녕하세요, 안녕(* 유대인의 인사말). (또는 **sholom**)

shalt [ʃælt, 약 ʃəlt] 图 (고어) shall의 2인칭 단수 현재형. *주로 thou와 함께 사용한다.

shal·war [ʃʌ́lwɑːr] 图 (복수취급) (동남아에서 착용하는 남녀 공용의) 헐렁한 바지. (또는 **shulwar**)

shal·y [ʃéili] 圈ⓤ 혈암(頁巖)의, 혈암질[상]의.

sham[1] [ʃæm] 图 1 가짜, 모조물; (때로 a ~) 속임수, 야바위. ¶These diamonds are all ~s. 이 다이아몬드들은 전부 모조품이다. 2 허풍선이; 사기꾼, 야바위꾼; 괴통쟁이. 3 (베개 따위의) 씌우개. ¶a pillow ~ 베갯잇. — 圈 1 겉보기의; 가짜의, 허위의. ¶a ~ doctor 가짜 의사/~ piety 거짓 신앙심/a ~ examination 모의 시험/a ~ fight 모의전, 군사 연습. 2 모조의, 위조의. ¶a ~ pearl 모조 진주.

— 图 (-mm-) 巴 1 …인 체하다, …을 가장하다. ⇨ PRETEND 유의어 ¶~ madness 미친 체하다 / ~ sleep 자는 체하다. 2 모조[위조]하다. 3 (속어) 속이다. — 图 거짓 꾸미다, 가장하다. ¶He is only ~ming. 그는 그저 가장하고 있을 뿐이다 // (~+圄) ~ dead 죽은 체하다.

sham[2] 图 (속어) 샴페인(champagne).

sha·mal [ʃəmɑ́ːl] 图 샤말(이라크 및 페르시아 만 근처의 열기와 먼지를 동반한 북서풍).

sha·man [ʃɑ́ːmən/ʃǽm-] 图 (圈 ~s) 샤먼, 무당; (일반적으로) 마술사. **sha·man·ic** [ʃəmǽnik] 圈

sha·man·ism [ʃɑ́ːmənizm/ʃǽm-] 图ⓤ 샤머니즘 (shaman을 중심으로 한 주술적(呪術的)이며 신비주의적인 원시 종교 현상).

sha·man·ist [ʃɑ́ːmənist/ʃǽm-] 图 샤머니즘 신자. — 圈 샤머니즘의. ᚕ·**ís·tic** 圈 「양의 신.

Sha·mash [ʃɑ́ːmɑːʃ/-mæʃ] 图 (아카드(Akkad)의) 태

sham·a·teur [ʃǽmətʃuər, -tər] 图 (속어) 사이비 아마추어 선수, 세미 프로 선수. 〔<sham+amateur〕

sham·a·teur·ism [ʃǽmətʃuərizm, -təːr-] 图 (속어) 세미 프로 선수를 아마추어로 취급하기.

sham·ba [ʃǽmbə] 图 (동아프리카) 경작지, 밭; 대농원(plantation).

sham·ble[1] [ʃǽmbl] 图 1 (보통 a ~, ~s) (단·복수 양용) 도살장; 유혈 장면, 수라장. 2 (고어) 정육점.

sham·ble[2] 图 비틀거리다, 비슬비슬 걷다(along, away, past). — 图 비틀걸음. **-bling** 圈

sham·bol·ic [ʃæmbɑ́lik/-bɔ́l-] 圈 (英구어) 혼란스러운, 몹시 난잡한. (<shambles+symbolic)

‡shame [ʃeim] 图 1 ⓤ 부끄럼, 부끄러운 생각, 수치심(at, for). ¶in ~ 창피하여/She has no ~. 그녀는 창피를 모른다/It brought him no ~. 그는 그것을 조금도 부끄러워하지 않았다 // feel ~ at the recollection of one's conduct 자기의 행위를 뒤돌아보고 부끄러움을 느끼다. 2 ⓤ 치욕, 불명예, 수치(on). ⇨ DISGRACE 유의어 ¶bring ~ on [or upon] oneself [one's family] 면목을 잃게 되다[집안 망신이 되다]. 3 수치스러운 일, 망신감(to). ¶He is a ~ of [or to] his family. 그는 집안의 망신감이다. 4 (a ~) 면목 없는 일, 심한 일, 유감스러운 일. ¶It's a ~ that he was swindled. 그가 사기당한 것은 유감이다. 5 (여자의) 좋지 못한 행실, 난잡.

a child of shame 사생아.

Ain't it a shame? (구어) 너무 지나치잖아.

a life of shame (고어) 추업(醜業).

bear shame 수치를 참다.

bring [or *put*] *a person to shame* ① 남에게 창피를 주다, 남을 모욕하다. ② 남을 압도하다, 앞지르다.

burn with shame 쥐구멍에라도 들어가고 싶다.

cannot do…for [or *from, out of*] *shame* 창피해서 …못한다. ¶I cannot do it for ~. 창피해서 그런 짓은 못하겠다.

cry shame upon …을 수치도 모른다고 비난하다.

dead [or *lost*] *to shame* 창피함을 모르는.

feel [or *think*] *shame to do* …하는 것을 부끄럽게[무라하다고, 유감으로] 여기다.

Fie for shame!; For shame!; Shame (on you)! 창피한 줄 알아라!

flush [or *blush*] *with* [or *for*] *shame* 부끄러워 얼굴을 붉히다.

suffer the shame of …을 수치로 여기다.

That's [*It's*] *a shame.* 유감이다, 그럴 수 있어?

The shame of it! 창피하게시리! 「괘씸하군.

To my shame, I must confess that… 창피한 얘기지만 실은….

What a shame! 그것 참 너무[괘씸]하군, 그거 안됐구나[유감이다].

— 图巴 (~s [-z]; ~d; shám·ing) 1 …을 창피하다, …을 망신시키다, …의 체면을 깎다; 모욕하다. ¶He was ~d before the whole school. 그는 전체 학생 앞에서 망신을 당했다. 2 창피를 주어 (남을) …(못)하게 하다 (into doing, out of doing). ¶His example ~d me into working hard. 그의 모범적 행위에 나는 부끄러워서 열심히 일하게 되었다 / He was ~d of his bad habits. 그는 수치를 느껴 악습을 끊었다.

tell [or *speak, say*] *the truth and shame the devil* 큰 맘 먹고[눈 딱 감고] 사실을 말하다.

shám·a·ble, **shám·a·bly** ᚕ·**a·ble** ᚕ·**a·bly**

sháme cùlture 图 〔사회〕 수치의 문화(남의 비난·조소를 두려워하여 행동을 규제하는 문화형).

shame·faced [ʃéimfèist] 圈 부끄러워하는(shy), 수줍어하는, 겸손한, 얌전한; 암띤.

ᚕ·**fác·ed·ly** 튄 ᚕ·**fác·ed·ness** 图

‡shame·fast [ʃéimfæst/-fɑ̀ːst] 圈 (고어) = shamefaced. ~·ly 튄 ~·ness 图

'…하도록 되어 있다. … 할 의무가 있다'가 원뜻인 shall은 과거에는 미래 시제 조동사로서의 역할을 will과 양분하고 있었다. 그러나 오늘날 특히 일상에서 shall은 상대방의 의지를 묻는 Shall I[we]…? 와 단순미래의 I[We] shall… 의 용법에 국한되고, 그밖에 종래 shall의 용법은 will로 통용되는 경향이 있다. 이 현상은 특히 《美》에서 두드러지나, 《英》에서도 점차 강하게 나타나고 있다. 또 shall, will을 구별할 필요가 없는 I'll, we'll, you'll 등의 간략형이 일상에서 일반화되고 있다.

‡**shall** [ʃæl, 약 ʃəl] * shall의 의미를 강조하고 싶을 때는 Yes, I *shall*.과 같이 문장 끝에서는 [ʃæl]로 발음하고, 그 외에는 일반적으로 [ʃəl]로 발음한다. 찐 (현재 단수 1인칭 **shall**; 2인칭 **shall**, (고어) **shalt**; 3인칭 **shall**; 현재 복수 **shall**; 과거 단수 1인칭 **should**; 2인칭 **should**, (고어) **shouldst, should·est**; 3인칭 **should**; 과거 복수 **should**) * 부정 단축형은 **shan't** [ʃænt, ʃɑːnt]; **should·n't** [ʃúdnt].

I. 미래 시제 조동사

1 〔단순미래〕 **a)** (1인칭 주어의 평서문에서) …일 것이다, …이겠죠, (예정을 담아) …하게 되어 있다. ¶I ~ start tomorrow. 내일 출발할 예정이다 / I ~ be thirty in July. 오는 7월에는 30세가 된다 / I'm sure we ~ miss you. 네가 보고 싶을거야 / This time next week I ~ be sunbathing in Miami. 내주 이맘 때면 나는 마이애미에서 일광욕을 하고 있을 것이다 / Excuse me, I *shan't* be long. 잠깐 실례합니다만, 곧 돌아오겠습니다 / The doctor tells me that I ~ be quite well in a couple of days. 이틀만 지나면 완쾌될 거라는 의사의 말씀입니다.

주의¹ 《美》에서는 will이 일반적이며, shall은 격식을 차린 경우에 한해 쓴다. 《英》에서도 will을 쓰는 경향이 점점 강해지고 있다.

b) (英) (1·2인칭 주어의 의문문에서) …할까, …일까; …할 예정입니까? ¶S– I live long? 나 오래 살까? / How long ~ you stay in Seoul? 서울에는 언제까지 체재할 예정입니까? / S– I be there in time if I start at once? 곧 출발하면 시간 안에 닿을까요?

주의² shall은 격식을 차린 문체에 쓰이며, will과 거의 같은 뜻이다. 주어가 1인칭인 경우에는 《美》《英》 모두 will을 쓰는 것이 보통이고, 2인칭인 경우에는 will, shall보다 be going to쪽이 일반적으로 쓰인다.

c) (간접화법의 종속절에서). ¶He thinks himself that he ~ recover.(<"I ~ recover.") 자기는 회복될 것으로 그는 생각하고 있다 / He said he *should* be back late this evening.(<"I ~ be back….") 그는 오늘 저녁 늦게 돌아온다고 했습니다 / Are you sure you ~ arrive by the first train tomorrow?(<"I ~ arrive….") 틀림없이 내일 첫 기차로 도착하시겠지요?

주의³ 위의 예처럼 직접 화법의 shall은 간접 화법에서 주어의 인칭이 바뀌어도 shall(과거 시제에서는 should) 그대로 쓰이는 것이 원칙이며, 현재는 주어의 인칭에 맞추어 …he *will*(과거 시제에서는 *would*) recover; he *would*(현재 시제에서는 *will*) be back…; …you *will*(과거 시제에서는 *would*) arrive…라 하는 것이 보통.

d) (have+과거분사와 함께 미래완료를 만든다). ¶We ~ have finished the work by Saturday. 우리는 토요일까지 그 일을 끝낼 것이다 (* 단순 미래형으로 대용하는 경우도 많다: We ~ finish the work before Saturday.).

2 〔말하는 사람의 의지〕 **a)** (1인칭 주어의 평서문에서) …하겠다[할 작정이다]. ¶I ~ do everything I can. 내가 할 수 있는 일이라면 무엇이든지 하겠다 / I *shan't* go till you pay me. 지불해줄 때까지 이 자리에서 움직이지 않겠다 / S– we push him down, or isn't he worth it? 저 놈을 쓰러뜨려 버릴까, 아니 그럴 가치가 없지?

주의⁴ will쪽이 일반적. I will이 그 때, 그 장소의 의지를 나타내는 데 비해, I shall은 심사 숙고한 다음의 판단 또는 강한 결의·도전적인 의지를 나타내며, 일반적으로 의미가 강하다. 강형으로 발음되며, 비교적 드물게 의문에도 쓰여 의지의 자문 자답을 나타낸다.

b) (2·3인칭 주어의 평서문에서) …시키겠다, …하게[하도록] 하겠다; …했으면 한다, …해도 좋다. ¶You ~ do it.(=I want you to do it.) 그것은 네가 해주어야겠다 / He ~ do it. 그것을 그에게 시킬 것이다 / You ~ never regret doing a good action. 올바른 행위를 하고 후회하는 일 따위는 없다(내가 보증하겠다) / You ~ [ʃəl] stay with us as long as you like. 있고 싶을 때까지 묵어도 좋다 / Give it to me, or you ~ [ʃæl] not go unpunished. 그것을 내게 주게, 안 그러면 반드시 벌을 받을거야(* 온화한 약속·보증을 나타낼 때는 약형, 결의·협박·거절 따위를 의미할 때는 강형으로 발음된다). **c)** (2인칭 주어의 평서문에서) …해라. ¶You ~ obey my orders! 내가 시키는 대로 해! / You ~ not do so. 그래서는 (결코) 안 보통) / S– we love thy neighbor as thyself. 〔성서〕 네 이웃을 네 몸과 같이 사랑하라(←레위기(Lev.) 19:18)(* 이 shall에는 언제나 강세를 둔다).

3 〔상대방의 의지, 상대방에게의 제안〕 (1·3인칭 주어의 의문문에서) …할까요?, …시킬까요? ¶S– I call you again later? 나중에 다시 전화할까요? / S– we go someplace next Sunday? 이번 일요일에 어디 가지 않겠습니까? / Let's drink to that, ~ we? 그것을 축하하여 건배하지 않겠습니까? / S– my daughter do your shopping for you? 대신에 딸을 쇼핑하러 보낼까요?(* Do you want my daughter to do your shopping for you? 쪽이 보통) / S– he be told? — He ~. 그에게 말할까요? — 그렇게 하세요 / When the wedding be? (결혼 당사자에게) 결혼식은 언제 하나요?(* 당사자 이외의 사람에게 묻는 경우에는, When will the wedding be?가 된다) / What ~ I do? (약형으로 발음하여) 무엇을 할까요?; (강형으로 발음하여) 어떻게 해야 할지 모르겠군.

II. 법조동사

4 《문어》 (규칙·법령) …해야 한다, …으로 정하다. ¶There ~ be no photographs taken. 사진 촬영을 금함 / The President ~ be Commander-in-Chief of the Army and Navy of the United States. 대통령은 합중국 육해군의 최고 사령관이 된다(미국 헌법).
5 《문어·고어》 (예언·운명적 필연) 반드시 …일 것이다. ¶Every life ~ one day end. 모든 생명체는 언젠가는 죽을 것이다 / Heaven and earth ~ pass away, but my words ~ not pass away. 천지는 없어지겠으나 내 말은 없어지지 아니하리라(←마태 복음(Matt.) 24:35).
6 《문어》 (Who shall…?의 형태로 반어적(反語的) 의문문을 만든다) 누가 …할 수 있겠는가? ¶Who ~ ever unravel the mysteries of the sea? 바다의 신비를 누가 풀 수 있겠는가? / Who ~ decide, when doctors disagree? 학자들의 의견이 제각기 다르다면 누가 결정 할 수 있겠는가? / Who ~ conceive the horrors of my secret toil? 내 숨겨진 노고의 뼈아픔을 누가 상상할 수 있으리.

7 (문어) (종속절에서 가정법에 상당하는 어구를 이끈다) a) (명사절) ¶How sad that the language ~ change! 국어가 변화된다는 것은 얼마나 슬픈 일인가! / Our civilization demands that we ~ be social creatures. 문명은 우리에게 사회적 동물이 되기를 요구한다(* 이런 경우, (美)에서는 shall을 뺀 원형동사(가정법), (英)에서는 shall 대신 should(가정법)을 쓰는 경우가 많다). b) (형용사절) ¶I ~ never be startled by the good things you ~ do. 당신들이 하시는 좋은 갖가지 일마다 경이의 눈으로 지켜볼 수도 없을 것입니다. c) (때·조건 부사절) ¶if he ~ come 그가 올 경우에는 / If the weather ~ clear up, I'll go with you. 날씨가 개면 따라가겠습니다 / I will not drink of the fruit of the vine, until the kingdom of God ~ come. 내가 이제부터 하느님의 나라가 임할 때까지 포도나무에서 난 것을 다시 마시지 아니하리라 (←누가 복음(Luke) 22 : 18)(* b),c) 모두 shall은 주어의 인칭에 관계없이 단순 미래. 보통 고어문 또는 그와 비슷한 문체에서 볼 수 있으며, 현재는 일반적으로 직설법 또는 should를 쓴다). d) (목적 부사절) ¶I have to learn how to read and write so that I ~ not be ashamed in the town. 동네에서 창피한 꼴을 당하지 않도록 나는 읽기와 쓰기를 배워야겠다(* 이 shall 대신 can, may를 쓰는 경우가 많다).
── ⓥ (고어) 가려하고 있다, 갈 것이다; 가지 않으면 안된다.

*__shame·ful__ [ʃéimfəl] ⓐ 부끄러운, 창피스러운, 면목없는; 괘씸한; 추잡한. ~**·ly** ⓐⓓ ~**·ness** ⓝ
*__shame·less__ [ʃéimlis] ⓐ 부끄럼을 모르는, 파렴치한, 뻔뻔스러운; 추잡한, 음란한. ~**·ly** ⓐⓓ ~**·ness** ⓝ
__sham·mer__ [ʃǽmər] ⓝ 야바위꾼, 사기꾼, 협잡꾼.
__sham·mus__ [ʃáiməs] ⓝ (美속어) =shamus.
__sham·my__¹ [ʃǽmi] ⓝ =chamois.
__sham·my__² (美속어) 샴페인.
__sham·oy__ [ʃǽmɔi] ⓝ =chamois.
__sham·poo__ [ʃæmpúː] ⓥⓣ **1** (머리)를 감다, 세발하다, 샴푸하다; (융단·소파 따위)를 샴푸로 빨다. **2** (고어) (목욕 후) ~를 마사지하다.
__shampoo out__ (더럼 따위)를 샴푸로 씻어 없애다
── ⓝ **1** 샴푸하기, 세발(洗髮). **2** 세발제, 샴푸. **3** (속어) =champagne. ~**·er** ⓝ 샴푸하는 사람.
__sham·rock__ [ʃǽmrɑk/-rɔk] ⓝ **1** 토끼풀(클로버류의 식물: 아일랜드 공화국의 국화)(⇒ rose). **2** 짙은 황록색.
__sha·mus__ [ʃáːməs, ʃéi-] ⓝ (美속어) 사립 탐정; 경찰관; 파수꾼.
__Shan__ [ʃɑːn, ʃæn] ⓝ **1** (pl. ~(s)) 샨족(族)(의 한 사람). **2** 샨어(語).
__Shan·dong__ [ʃɑːndɔ́ːŋ/ʃǽndʌ́ŋ] ⓝ =Shantung.
__shan·dry·dan__ [ʃǽndridæn] ⓝ (英) (구식의) 경2륜 포장마차; 덜거덕거리는 고물 마차.
__shan·dy__ [ʃǽndi] ⓝⓤ 샌디(맥주와 레모네이드의 혼합 음료).
__shan·dy·gaff__ [ʃǽndigæf] ⓝⓤ (英) 샌디가프(맥주와 진저 에일의 혼합주).
__shang·hai__ [ʃæŋhái] ⓥⓣ **1** (속어) (남)을 마취약·술 따위로 의식을 잃게 하고 배에 납치해서 선원으로 만들다. **2** (속어) (남)을 속여 억지로 ~하게 하다(나쁜 지위에 앉히다). **3** (濠·뉴질) (고무줄) 새총으로 쏘다.
── ⓝ (또는 shaneye) (濠·뉴질) (고무줄) 새총.
__Shang·hai__ [ʃæŋhái] ⓝ **1** 상하이(上海)(중국의 항구 도시). **2** 다리가 긴 닭의 일종.
__Shan·gri-la__ [ʃǽŋgrəlàː/-́-́] ⓝ 생그릴라. **1** 지상 낙원(James Hilton의 소설 Lost Horizon(1933) 중의 이상향의 이름). **2** 아무도 모르는 장소, 비밀 장소.
__shank__ [ʃæŋk] ⓝ **1** (고어) (해부) 정강이, 정강이 뼈; (소·양 따위의) 정강이살(⇒ BEEF 그림); 다리. **2** (기물(器物)의) 다리 부분; (연장의) 자루, 손잡이, (낚싯바늘·전축 바늘·숟가락 따위의) 대, 축(軸), 닻의 몸체(shaft); (인쇄) (활자의) 몸체; (구두창의) 땅에 닿지 않는 부분. **3** 다른 것을 달기 위한 돌출부(고리, 귀 따위). **4** (美구어) (기간의) 시초; 끝. **5** (골프) 생크(골프채의 뒤축으로 치는 강한 우측 방향의 타구). **6** (속어) 뾰족한 무기, 나이프, 2 매춘부.
__the shank of the evening__ 황혼이 깃들 무렵.
__the shank of the morning__ 아침이 끝날 무렵, 낮가까이.
── ⓥⓣ (골프) (공)을 채의 뒤축으로 치다, 생크하다.
── ⓥⓘ **1** (잎·꽃이 썩어서) 떨어지다. **2** (스코) 도보 여행을 하다, 터벅터벅 걷다.
__shank it__ (스코·방언) 걷다, 산책하다(walk).
__shanked__ [ʃæŋkt] ⓐ (복합어로) (~의) 정강이가 있는. ¶spindle-~ 다리가 가늘고 긴.
__shánk's póny__ [máre] ⓝ (구어) 자기 다리; 도보.
__by shank's pony__ 걸어서.
__ride__ [or __go__, __come__] __on__ [or __by__] __shank's pony__ (타지) 않고 걸어가다(오다), 터벅터벅 걷다.
*__shan't__ [ʃænt/ʃɑːnt] shall not의 단축형.
__Shan·tou__ [ʃɑːntóu/ʃǽntáu] ⓝ 산터우(汕頭)(중국 광둥성 동부의 항구 도시). (또는 Swatow)
__Shan·tung__ [ʃǽntʌ́ŋ] ⓝ **1** (중국 동북부의) 산둥성(山東省)(성도(省都)는 지난(濟南)); 산둥 반도. **2** ⓤ (때로 s-) 산둥산(山東) 비단.
__shan·ty__¹ [ʃǽnti] ⓝ 오두막, 판잣집; 초라한 집, 산막, 산속의 오두막집.
__shan·ty__² [ʃǽnti] ⓝ =chantey.
__shan·ty·town__ [ʃǽntitàun] ⓝ (美) (도시의) 판자촌 지역, 변두리의 빈민가, 달동네.
__Shan·xi__ [ʃɑːnʃíː/ʃǽn-] ⓝ **1** 산시성(山西省)(중국 북부의 성; 성도는 타이위안(太原)). (또는 __Shansi__) **2** (또는 __Shaanxi__, __Shensi__) 산시성(陝西省)(중국 북부의 성; 성도는 시안(西安)).
__shap·a·ble__ [ʃéipəbl] ⓐ 형성되는, 형체를 이룰 수 있는.
‡__shape__ [ʃeip] ⓝ **1** ⓤⓒ 모양, 형상, 형체; 체형(體型). ⇒ FORM (유의어) ¶a building of a square ~ 4각형의 건물 / It resembles a ball in ~. 그 형체는 공과 같다 / What ~ is it? 그것은 어떤 형입니까? **2** ⓤⓒ 모습, 외양. ¶an enemy in the ~ of a friend 우군을 가장한 적. **3** 윤곽으로 나타낸 것, 어렴풋한 모습, 실루엣, 그림자. ¶A vague ~ appeared through the mist. 희미한 그림자가 안개 속에서 떠올랐다. **4** 환상, 유령. ¶A white ~ appeared from the shadows. 그늘에서 흰 유령이 나타났다. **5** ⓤⓒ 구체화된 형태, 뚜렷한 모양; 본연의 모습. **6** 몸매, 체격; (성적 매력이 있는) 여자의 몸. ¶She's ugly, but she's got a great ~. 그녀는 못생겼지만 몸매는 그만이다. **7** ⓤ 상태, 형세; (몸의) 형편, 상태. ¶The market is in good [bad] ~. 시장은 호황[불황]이다 / He is in good [bad] ~. 그는 컨디션이 좋다[좋지 않다]. **8** 종류. ¶dangers of every ~ 모든 종류의 위험. **9** 형, 목형(木型), 젤리 틀; 모형. ¶a hat ~ 모자의 골[목형]. **10** (건축·금형) 형강(形鋼), 형재(形材)(H자형, L자형, I자형 따위의 강재). **11** (연극) 무대용 의장(衣装).
__assure__ *one's* __own shape__ 정체를 나타내다.
__find a shape__ 구체화하다, 실현하다 (__in__).
__get__ [or __put__]... __into shape__ ···을 계획하다, 정리하다. ¶__get__ *one's* __ideas__ *into* ~ 생각을 정리하다[구체화하다].
__give shape to__ ···에 모습을 부여하다, ···을 정리하다; (생각 따위)를 (명확히) 표현하다.
__hold__ [__lose__] *one's* __shape__ 모습이 망가지지 않다[망가지다].
__in any shape or form__ (부정어와 함께) 종류·방법

여하에 관계없이, 어떤 형이든지; 결코 …않다.
in bad shape ① 불황인. ②《美속어》부상하여, 쇠약하여; 임신중인; 술취하여.
in no shape 조금도 …아니다(not at all).
in shape ① 정상은. → 1. ② 본래의 상태로, 정상 상태로. ③ (몸이) 호조로(好調로).
in the shape of …의 형태로[의], …으로서(의). ⇒ 1, 2. ¶ I have nothing in the ~ of food. 식량이라고는 아무것도 없다.
keep in [put out of] shape 형태를 허물어지지 않[게 하다[허물다].
lick [or knock]…into shape = whip…into shape. 〔편하여.
out of shape ① 모양이 엉망이 되어. ② (몸이) 부조[不調]로.
press…into shape …을 눌러 납작하게 [어떤 모양으로] 만들다.
take shape 모습을 갖추다, 구체화하다 (in).
take the shape of …의 모습으로 나타나다.
the shape of the things to come 미래를 예고하는 징후, 앞으로 다가올 사태.
throw…into shape …을 구체화하다.
whip…into shape《구어》① …을 정상화하다. ② 사람으로 만들어 놓다.
— 邸 (~d; sháp·ing) 他 1 …을 모양짓다, 만들다 (from, into, out of). ⇒ MAKE 〔유의어〕¶ (~+囿+前+名) ~ clay into a ball 진흙으로 공을 만들다 / ~ clay like an apple 진흙으로 사과 모양을 만들다. 2 (비유적) …을 형체짓다, 구체화하다. ¶ ~ one's plan 계획을 구체화하다 // (~+囿+前+名) ~ one's rough materials into a book 조잡한 소재[素材]를 책으로 만들다. 3 …을 적응시키다, (…에) 맞추다 (to). ¶ ~ shoes to one's feet 신발을 발에 맞추어 만들다 / You should ~ your plans to your abilities. 능력에 맞는 계획을 세워라. 4 (진로·방침)을 정하다. 5 고안[안출]하다, 계획하다. 6 (질문·성명 따위)를 말로 표현하다, 표명하다; (사상 따위)를 형성하다. 7 《동물·심리》 《행동·습관》을 형성하다.
— 邸 (…의) 형태를 취하다, 형체가 되다: (계획 따위가) 구체화되다; 정리되다, (…으로) 발전하다, 되어가다 (up)(into). ¶ (~+圃) Our plan is shaping (up) well. 우리의 계획은 잘 구체화되고 있다 / He will ~ up into a fast runner. 그는 발빠른 선수가 될 것이다.
shape in with …와 사귀다.
shape one's **course** 진로를 정하다: 나아가다 (for,
shape oneself 잘[멋있게] 하다.
shape up 《구어》① 일정 형태[상태]가 되다. ② 잘되다. ¶ Everything is shaping up well. 만사가 잘 진전되고 있다. ③ 뜻하는 대로 하다; 동조하다, 따르다. ④ 몸의 상태를 조절하다. ⑤ 용감히 맞서다(to).
Shape up or ship out!《美속어》열심히 하지 않을 사람은 나가라!
SHAPE, Shape [ʃeip] Supreme Headquarters Allied Powers in Europe (유럽 연합군 최고 사령부).
shape·a·ble [ʃéipəbl] 〖 〗 = shapable.
shaped [ʃeipt] 〖 〗 shape의 과거분사. — 〖 〗 《복합어로》 (…)형의. ¶ bell- ~ 종 모양의. 〔(탄)圓錐彈).
sháped chárge 〖 〗 《군사》 성형[成形] 폭약, 원추
*** shape·less** [ʃéiplis] 〖 〗 (일정한) 형이 없는; 볼품없는, 영성한. ~·ly 閔 ~·ness 閔
shape·ly [ʃéipli] 〖 〗 〖 형 좋은, (여성이) 균형 잡힌. -li·ness 閔
shápe mèmory 〖 〗 형상 기억 (어떤 합금이 일정한 온도가 되면 본래의 모양으로 되돌아가는 현상).
shap·en [ʃéipən] 〖 〗 《고어》 shape의 과거분사.
— 〖 〗 《복합어로》 (…)의, …형의. ¶ ill- ~ 볼품없는.
shap·er [ʃéipər] 〖 〗 형을 만드는 사람[것]; 《기계》 형삭반(形削盤), 세이퍼.
shape-up [~Ap] 〖 〗 1 미용 체조; (정기적인) 미용 체조 프로그램. 2《美·캐나다》(부두) 노동자 선발 (방식).

sha·rav [ʃɑːrɑːv] 〖 〗 샤라브(중동에서 4-5월에 부는 뜨겁고 건조한 동풍).
shard [ʃɑːrd] 〖 〗 1 도자기·질그릇의 파편. 2《동물》비늘, 단단한 껍질; (곤충) 딱정벌레 따위의 겉날개, 시초(翅鞘)(elytron). (또는 **sherd**)
‡**share**¹ [ʃɛər] 〖 〗 (~s [-z]) 1 (a ~, one's ~) 몫, 배당몫. ¶ one's fair ~ 당연한 몫 // claim a ~ in [or of] profits 이익 배당을 요구하다 / We had a ~ of laughs. 우리는 함께 웃었다. 2 (a ~, one's ~) 할당량, 분담량, 지분[持分], 출자의 한 몫; 부담 (in, of). ¶ Do your ~ of the work. 자기에게 배당된 일을 해라 / Your ~ of the expenses is fifty dollars. 너의 지출 분담금은 50 달러이다. 3 U 《종종 a ~》 역할; 관여; 진력, 공헌 (in). ¶ contribute a large ~ to …에 큰 공헌을 하다. 4 C (회사에의) 출자; 《英》 (~s) 주(株), 주식(《美》 stock), 주권(in). ¶ ordinary ~ 보통주 / deferred [preferred] ~s (이익) 후배주(後配株)[우선주] / a ship owned in 50 ~s 50명의 출자자 공유 선박 / an issue of 1,000,000 ~s 100만 주의 발행 / The ~s pay fifteen percent. 그 주식의 배당은 15%이다 / I have [or hold] 2,000 ~s in the bank. 나는 그 은행의 주식을 2 천 주 가지고 있다. 5 U[C] (a ~, one's ~) 시장 점유율, 셰어. ¶ Korea's ~ of world trade 세계 무역에서의 한국의 시장 점유율.
bear [or take] one's **share of** …을 분담하다.
get [or come in for] a share of …의 몫을 받다.
go shares 나누다, 공동으로 하다; 분담하다 (with, in). 〔다, 한몫 끼다.
have [or take] one's **share in** …에 가담[관여]하
on [or upon] shares 이해 관계를 함께 하여, 공동으로. ¶ work on ~s 이해 관계를 함께 하여 일하다.
take the lion's share 가장 큰 몫[좋은 부분]을 차지하다.
— 邸 (~s [-z]; ~d; shár·ing) 他 1 …을 분배하다, 나누다 (out) (among, between, with). ¶ (~+囿+前+名) ~ (out) food and clothing to [or with] the poor 빈민에게 의식(衣食)을 분배하다 / He ~d (out) his property among his three children. 그는 세 아이에게 재산을 분배했다. 2 …을 (…와) 공유하다; 분담하다; …에 참가하다; (…와) 함께[공동으로] 쓰다 (with). ¶ ~ expenses 비용을 분담하다 / ~ the blame 함께 그 문책을 받다 // (~+囿+前+名) ~ a room with a person 남과 방을 같이 쓰다 / He ~d nothing with his father. 그는 부친과는 전혀 딴 세상을 살고 있었다. 3 (생각·사건 따위)를 (남에게) 이야기하다 (with). ¶ I have some wonderful news to ~ with you. 네게 이야기해 줄 근사한 뉴스가 있다. — 邸 1 분배를 받다; 분담하다 (with); 참가하다 (in). ¶ (~+前+名) ~ in profits 이익의 분배를 받다 / ~ in a person's distress; ~ with a person in his distress 남과 고난을 함께하다. 2 평등하게 배당을 받다, 등분하다.
share a bed 동침하다, 또, 갈두부담하다.
share and share alike 동등하게 나누다, 등분하게
share a taxi 택시에 합승하다.
share joys and sorrows of life 인생의 고락을 함
shár·a·ble, <·a·ble [〖 〗 께하다.
share² 쟁기의 날, 보습(plowshare).
sháre accóunt 〖 〗《美》 신용 조합의 저축 예금; 주
sháre bèam 쟁기 자루, 쟁깃술. 〔식 계좌.
share·bro·ker [ʃɛərbròukər] 〖 〗 1 = discount broker. 2 《英》 주식 중개인(《美》 stockbroker).
sháre certíficate 〖 〗《英》 주권(株券).
share·crop [ʃɛərkrɑp/-krɔp] 〖 〗 (-pp-)《美》 (토지를) 물납(物納) 계약으로 소작하다. **-per** 閔 물납 소작인. 〔공용[공동] 화장실.
sháred báthroom [ʃɛərd-] 〖 〗 (아파트 따위의)
sháred cáre 〖 〗 분담 간호(사회 복지 사무소와 피부양 신체 장애자가 있는 가족간의 간호·보호에 관한 합의).

shared file 명 〔컴퓨터〕 공용(共用) 파일.
shared housing 명 양로(養老) 공동 주거.
shared line 명 〔英〕 (전화의) 공동 회선.
shared logic 명 〔컴퓨터〕 공용 논리(하나의 호스트 컴퓨터에 복수의 I/O장치가 연결된 시스템).
shared ownership 명 〔英〕 공동 소유권 방식의 주택 구입 제도.
shared parenting 명 〔美〕 =joint custody.
share draft 명 〔美〕 신용조합의 당좌 예금 계좌; 이 예금 계좌에서 제3자에게 발행되는 어음.
shared resources 명복 〔단수취급〕 〔컴퓨터〕 공용 자원(복수의 사용자가 동시에 공용하는 주변 기기).
share farmer 명 (濠) 분익(分益) 농업인(타인의 토지를 빌려 농사 짓고 수익을 지주와 분배하는 농업인).
share·hold·er [ʃέərhòuldər] 명 〔英〕 주주(株主) (stockholder).
share index 명 〔증권〕 주가(株價) 지수.
share list 명 〔英〕 주식 시세표(〔美〕 stock list).
share option 명 〔英〕 〔증권〕 자사주(自社株) 구입권.
share-out [-àut] 명 분배, 배당.
share premium 명 〔英〕 자본 잉여금(〔美〕 capital surplus).
share-push·er [ʃέərpùʃər] 명 〔英〕 불량주를 팔러 다니는 외판원.
shar·er [ʃέərər] 명 1 분배자, 배급자. 2 분배[배당, 배당]을 받는 사람, 공유[참가]자, 동업자.
share·ware [ʃέərwὲər] 명 〔컴퓨터〕 셰어웨어(저작권이 있는 소프트웨어로, 일정 기간 시험 사용 후 계속해서 사용하고 싶은 경우에 요금을 지불하는 것).
share warrant 명 〔英〕 전액 납입 주권.
sha·ri·'ah [ʃəríːə] 명 (코란과 모하메드의 교훈으로 된) 회교 율법. (또는 **sharia**)
‡**shark**¹ [ʃɑːrk] 명 상어. ¶the blue ~ 청새리상어 / the great white ~ 백상아리. **~-like** 형
shark² 명 1 탐욕스러운 사람; 고리 대금업자(usurer); 사기꾼. 2 〔英속어〕 세관원. 3 〔美속어〕 명인, 달인; 〔美학생속어〕 잘하는 학생. ¶He is a ~ at golf [mathematics]. 그는 골프의 명수다[수학에 능하다].
— 통태 …을 사취하다, 속이다(up). — 자 사기를 하다, 악착스런 짓을 하다.
shark·bait [ʃɑːrkbèit] 명 (상어가 출몰하는 위험 지역에서) 원영(遠泳)하다. 명 원영자(遠泳者).
~·er 명 원영자.
shark bell 명 (濠) (해수욕장에서의) 상어 출현 경보.
shark net 명 (濠) 상어 포획망, 상어 침입 방지망. (또는 **shárk nètting**[**mèsh**])
shark oil 명 상어 기름.
shark patrol 명 (濠) (해수욕장 상공에서의) 상어 경계 순찰.
shark-proof [ʃɑːrkprùːf] 형 상어 방지의 (그물·약).
shark repellent 명 〔어류〕 기업 매수 방지책.
shark siren 명 =shark bell.
shark·skin [ʃɑːrkskìn] 명 U 1 상어 가죽. 2 샤크 스킨(직물의 일종).
shark's mouth 명 〔해사〕 돛대나 밧줄 등을 통과시키기 위해 갑판의 천막에 뚫은 구멍. (remora).
shark·suck·er [ʃɑːrksʌ̀kər] 명 〔어류〕 빨판상어
shark watcher 명 〔경영〕 (적대적 기업 매수 등에 대비한) 기업 매수 대응 감시 전문가.
Shar·on [ʃǽərən, ʃέərən] 명 샤론 평야(이스라엘 남서부의 비옥한 연안 평야). (persimmon).
Sharon fruit 명 (Sharon 평야에서 재배되는) 감
‡**sharp** [ʃɑːrp] 형 (**~·er**; **~·est**) 1 (날·끝이) 날카로운, 예리한(형 dull). ¶a knife with a ~ edge 날이 예리한 칼.

┌───┐
│ 유의어¹ **sharp** 날이나 끝이 예리한. **keen** (비교적 │
│ 긴) 날이 날카로운. **acute** 각도 각도가 예리한. │
└───┘

2 (형이) 모가 난, 끝이 뾰족한; 급격히 굽은; 가파른, 가파른. ¶a ~ peak 뾰족한 봉우리 / ~ features 날카로운

용모 / a ~ ascent[descent] 가파른 오르막[내리막]. 3 선명한, 뚜렷한; (빛이) 선명한, 눈이 부신. ¶a ~ impression 선명한 인상 / ~ differences of opinion 뚜렷한 의견의 차이 / the ~ contrast between black and white 흑과 백의 분명한 대조. 4 (맛·냄새가) 강렬한, 격심한; 얼얼한; (추위·바람 따위가) 모진, 매서운; (고통·통증·병 따위가) 심한, 강렬한. 5 (소리가) 날카로운, 드높은 소리의; 〔음악〕 반음 높은, 샤프의, 반음 올림의⑦〔圖〕〔圖〕 flat; 〔음성〕 경음(硬音)의, 무성음의〔圖〕 flat〕. ¶a ~ voice 날카로운 소리. 6 (감각이) 예민한, 민감한; (두뇌가) 예민한, 영리한; 빈틈없는, 잔꾀가 많은; 약은. ¶~ intelligence 예리한 지성 / ~ eyes 형안(炯眼) / a ~ nose 예민한 코 / ~ practices 교활한 방법 / keep a ~ watch for …을 빈틈없이 감시하다 // (~ + 前+몫) be ~ at figures 계산이 빠르다, 빈틈없다.

┌───┐
│ 유의어² **sharp** 이해·분석력의 신속·정확·빈틈없음 │
│ 을 뜻한다. **keen** 분석력의 명석·신속 이외에 열의를 │
│ 뜻한다. **acute** 미묘한 점을 식별하는 감수성의 예리 │
│ 함을 뜻한다. │
└───┘

7 (언사가) 심한, 통렬한, 신랄한; 과격한, 강렬한. ¶a ~ answer 신랄한 대답 / a ~ tongue 독설. 8 (동작이) 기민한, 재빠른, 활발한. ¶a ~ run 질주 / go for a ~ walk 활발하게 산책을 하다. 9 (속어) (복장이) 멋진, 멋내는, 맵시있는. ¶a ~ dresser 복장이 멋진 사람, 미끈하게 차려입은 사람. 10 〔무선·전자〕 분리가 잘 되는, 감도가 좋은.

(as) sharp as a needle [or *razor, tack*] ① (말 따위가) 몹시 날카로운. ② 대단히 총명한.
be sharp on a person 남에게 심하게 굴다, 엄격하다.
have a sharp tongue 독설을 퍼붓다.
Sharp's the word! 〔구어〕 서둘러라!, 빨리빨리!
so sharp one'll cut oneself 머리가 영리함을 과시하려다가 자기가 상처를 입다.
— 통타 1 〔음악〕 …을 반음 올리다, …의 음조를 높이다. 2 …을 속이다, 사기하다. 3 〔고어·방언〕 ~=sharpen.
— 자 1 〔음악〕 반음 올리다. 2 부정을 저지르다.
— 부 (~*·er*; ~*·est*) 1 예리하게, 심하게, 통렬하게. 2 불의에, 급히. 3 민감하게; 기민하게, 재빠르게; 빈틈없이. ¶look out ~ 빈틈없이 주의를 하다. 4 정각에, 제시간에 꼭. ¶at four o'clock ~ 4시 정각에. 5 〔음악〕 높은 음조로, 반음 높게.
Look sharp! 빨리 해!; 조심해!
— 명 1 예리한 것, 날카로운 바늘. 2 〔음악〕 샤프음[기호]〔圖〕 flat〕; 〔음성〕 무성음. 3 〔구어〕 사기꾼. 4 〔美어〕 전문가. 5 (~s) 〔英〕 거친 밀가루.
~·ness 명 선명함.
sharp-cut [-kʌ́t] 형 예리하게 잘린; 윤곽이 뚜렷한, 선명한, 예리한.
sharp-eared [-íərd] 형 귀가 뾰족한; 귀가 밝은.
sharp-edged [-édʒd] 형 날이 날카로운, 잘 드는; 신랄한, 예리한.
*****sharp·en** [ʃɑːrpən] 통타 1 〔날붙이·연필 따위를〕 날카롭게[뾰족하게] 하다, 갈다, 깎다. ¶~ a pencil 연필을 깎다. 2 (욕망·아픔 따위를) 격심하게 하다, 강하게 하다, 돋우다. ¶~ one's appetite 식욕을 왕성하게 하다. 3 (감각·재치 따위를) 예민하게 하다; 〔말 따위〕를 신랄하게 하다; 〔소리를〕 날카롭게 하다; 〔맛·냄새〕를 자극이 강하게 하다; 〔법률 등〕을 엄하게 하다. ¶~ one's tongue 독설을 퍼붓다. 4 〔英〕 〔음악〕 반음 올리다. — 자 1 날카롭게 되다, 뾰족해지다. 2 격화되다, 심해진다. 3 민감해지다, 영리해진다.
sharpen one's pencil 작업[공격] 준비를 하다(for).
sharp end 명 〔구어〕 선수(船首); 〔비유적〕 전선(前線), 활동의 장(場).
at the sharp end (일이) 가장 어려운 곳에서.
sharp·en·er [ʃɑːrpənər] 명 (복합어로) 가는[깎는] 사람[것, 도구]. ¶a pencil-~ 연필깎이. 〔전문 도박사〕.
sharp·er [ʃɑːrpər] 명 사기꾼, 협잡꾼(swindler).

sharp-eyed [-áid] 〖형〗 눈치 빠른, 관찰이 예리한.
sharp-freeze [-fríːz] 〖동〗〖타〗=quick-freeze.
sharp·ie [ʃáːrpi] 〖명〗 1 (원래 New England 지방의) 3각 돛과 하나[두 개]의 마스트를 가진 바닥이 평평한 배. 2 =sharper. 3 《美구어》 매우 빈틈없는 사람. 4 《속어》 멋쟁이 복장을 한 사람.
sharp·ish [ʃáːrpiʃ] 〖형〗〖부〗 《구어》 다소 날카로운[날카롭게], 좀 높은[높게]. 《英구어》 다소 빨리.
‡**sharp·ly** [ʃáːrpli] 〖부〗 (**more** ~; **most** ~) 1 날카롭게. 2 급하게, 급격하게. 3 선명하게, 뚜렷이. 4 격렬하게, 강렬하게. 5 민감하게, 주의 깊게. 6 엄하게, 신랄하게. 7 재빨리, 기민하게. 8 《강조》 대단히, 매우.
sharp-nosed [-nóuzd] 〖형〗 1 코가 뾰족한; 정면이 뾰족하게 튀어나온. 2 후각(嗅覺)이 예민한.
sharp-point·ed [-pɔ́intid] 〖형〗 끝이 뾰족한.
sharp-set [-sét] 〖형〗 1 몹시 배고픈, 굶주린(*for*). 2 열망하는, 갈망하는. 3 예각(銳角)이 되게 붙인.
sharp-shoot·er [ʃáːrpʃùːtər] 〖명〗 사격의 명수; (군사) 1등 사수, 저격병.
sharp-shoot·ing [ʃáːrpʃùːtiŋ] 〖명〗〖U〗 정확한 사격; (언론 등에 의한) 정곡을 찌르는 공격.
sharp-sight·ed [-sáitid] 〖형〗 1 눈썰미가 예리한, 눈치 빠른. 2 통찰력이 예리한, 현안(炯眼)의.
~·**ly** 〖부〗 ~·**ness** 〖명〗
sharp-tongued [-táŋd] 〖형〗 말이 신랄한, 독설의.
sharp-wit·ted [-wítid] 〖형〗 재치[기지]가 있는, 명석한, 영리한, 총명한. ~·**ly** 〖부〗 ~·**ness** 〖명〗
sharp·y [ʃáːrpi] 〖명〗 =sharpie.
Shás·ta dá·isy [ʃǽstə-] 〖명〗 샤스타데이지(데이지와 해변국화의 교배종).
shas·tra [ʃáːstrə] 〖명〗 (힌두교의) 성전(聖典).
‡**shat·ter** [ʃǽtər] 〖동〗 (~**s** [-z]) 〖타〗 1 …을 산산이 부수다, 분쇄하다; …을 파괴하다, 엉망으로 만들다. ⇨ BREAK 〖유의어〗 the houses ~*ed* by the typhoon 태풍으로 파괴된 집들. 2 (건강 따위)를 망치다. (희망·자신 따위)를 꺾다, 해치다. —〖자〗 1 (유리 따위가) 산산이 부서지다, 산산조각이 나다. 2 (건강이) 나빠지다. (희망·자신·꿈 따위가) 꺾이다, 깨지다. —〖명〗 (보통 ~s) 《방언》 파편; 난맥.
in [*into*] *shatters* 산산이 부서져.
shát·ter còne 〖지질〗 (화산 분화나 운석(隕石)의 충돌에 의한) 분쇄추(粉碎錐).
shat·ter·ing [ʃǽtəriŋ] 〖형〗 파괴적인; 귀청이 떨어질 것 같은; 놀라운, 강렬한(체험 따위). 《英구어》 녹초가 되게 하는.
shat·ter·proof [ʃǽtərprùːf] 〖형〗 (유리 따위가) 잘게 바스러지지 않는.
‡**shave** [ʃeiv] 〖동〗 (~**s** [-z]; ~*d*; ~*d*, **shav·en**; **shav·ing**) 〖타〗 1 (얼굴 따위)를 면도하다; (수염 따위)를 깎다(*off*). ¶ ~ *a customer* 손님을 면도해 주다 / ~ *one's chin* 턱수염을 깎다 / get ~*d* 수염을 깎게 하다. 2 …을 깎다, 밀다; …을 대패질하다; (잔디 따위)를 짧게 깎다. ¶ ~ *wood* 재목을 대패질하다. 3 …을 스치다, …을 스칠 듯 지나가다. ¶ *His car just* ~*d the fence.* 그의 자동차는 담을 스칠 듯 지나갔다. 4 (어음·증권 따위)를 대폭 할인하여 사다; (상점에서) (값)을 깎다. ¶ ~ *a note* 어음을 대폭 할인하여 사다 / ~ *the prices of coats* 코트의 값을 깎다. —〖자〗 수염을 깎다, 면도하다. ¶ ~ *every day* 매일 면도하다.
shave away [*or off*] 깎아내다, 밀어버리다.
shave oneself (자기 얼굴)을 면도하다. 〔주다.
shave points (스포츠·도박) 《美속어》 짜고 지다, 져 —〖명〗 (~**s** [-z]) 1 (보통 a ~) 수염깎기. *have a clean* ~ 매끈하게 면도하게[하다]. 2 대팻밥. 3 면도 기구; 면도칼; 껍질 깎는 기구. 4 스치고 지나가기. 5 근소한 일일. 5 (美속어) (어음 따위의) 고율 할인. 6 《英》 사기, 협잡, 속임수, 야바위(trick).
by a narrow [or *close, near*] *shave* 간신히, 아주 근소한 차이로.

get [or *have*] *a shave* 수염을 깎다, 면도하다.
have a close shave (*of it*) 간신히 위기를 모면하다.
shaved [ʃeivd] 〖형〗 《속어》 1 (자동차가) 주행에 불필요한 부품을 모두 떼어낸. 2 《美구어》 술에 만취한.
shave·ling [ʃéivliŋ] 〖명〗 1 《경멸적》 까까중. 2 애송이, 어린 녀석.
shav·en [ʃéivən] 〖형〗 shave의 과거분사.
— (수염·머리)를 깎은; (잔디 따위)를 짧게 깎은.
shav·er [ʃéivər] 〖명〗 1 (얼굴 따위)를 면도하는 사람, 이발사; 대패질하는 사람. 2 면도하는[깎는] 도구; 전기 면도기(electric razor). 3 《구어》 어린 녀석, 애송이. 4 사기꾼; 고리 대금업자.
shave·tail [ʃéivtèil] 〖명〗 《美속어》 1 《육군》 (신임) 소위(second lieutenant). 2 갓 훈련받은 노새.
Sha·vi·an [ʃéiviən] 〖형〗 G.B. Shaw의, Shaw류(流)의. ¶ ~ *humor* 쇼류의 유머. — 〖명〗 쇼 연구자[숭배자].
*shav·ing [ʃéiviŋ] 〖명〗 1 〖UC〗 (얼굴을) 면도하기, 면도; 깎아냄. 2 (종종 ~s) 깎아낸 부스러기, 대팻밥.
sháving brùsh 〖명〗 면도용 솔.
sháving crèam 〖명〗 면도용 크림.
sháving fòam 〖명〗 면도용 (비누)거품.
sháving hòrse 〖명〗 대패질용 받침대.
sháving sòap 〖명〗 면도용 비누.
shaw [ʃɔː] 〖명〗 《고어·시·방언》 작은 숲; 덤불(thicket).
Shaw [ʃɔː] 〖명〗 쇼. 1 **George Bernard** ~ [1856-1950: 영국의 극작가·비평가·소설가; 약 **GBS**]. 2 **Irwin** ~ [1913-84: 미국의 극작가·소설가].
*shawl [ʃɔːl] 〖명〗 (여성용) 숄, 어깨 걸치개. —〖타〗…에 숄을 걸치다, …을 숄로 싸다. 〔게 늘어진 옷깃〕
sháwl cóllar 〖명〗 숄칼라(숄 모양으로 목에서 갸름하스의 일종.
sháwl-dance [-dæns] 〖명〗 (숄을 펄럭이며 추는) 댄 〔여자.
shawl·ie [ʃɔ́ːli] 〖명〗 《아일·스코 구어》 숄을 걸친[쓴]
sháwl páttern 〖명〗 숄 무늬(중근동(中近東)의 숄에서 본뜬 화려한 무늬).
shawm [ʃɔːm] 〖명〗 숌(오보에의 전신인 목관 악기).
Shaw·nee [ʃɔːníː] 〖명〗 쇼니족(원래 미국 중동부에 살던 Algonquin 족에 속하는 인디언); 〖U〗 쇼니어(語).
shay¹ [ʃei] 〖명〗 《美구어·고어·방언》 =chaise.
shay² (비어) 〖명〗 성교; 성교 상대. —〖동〗〖타〗(여자)와 성교하다. ~·**er** 〖명〗
Shay·tan [ʃaitáːn] 〖명〗 사탄(Satan), 악마.
sha·zam [ʃəzǽm] 〖감〗 셔잼, 야앗(물건을 사라졌다 나타났다 하게 하는 데 쓰이는 주문(呪文)).
‡**she** [ʃiː, 약 ʃi] 〖대〗 〖인칭 대명사·3인칭·단수·여성·주격〗《복》 **they**; 소유격 **her**, 목적격 **her**, 소유대명사 **hers**) 그녀는[가], 그 여자는[가]. ¶ *Who is* ~? 저 여자는 누구냐?

〖USAGE〗 **she**의 용법 —(**1**) baby, child, infant는 보통 it로 받으나 성별이 분명하고 다소라도 그것의 중요성을 지닐 경우에는 he 또는 she로 받는다. (**2**) 개·고양이도 (1)에 준한다. 그 외에 dove, lark, hare, swallow 따위 순한 동물이나 rose, lily, ivy 따위 꽃 또는 식물은 의인화되어 문체에서 she로 받는다. (**3**) 선박·기차·비행기 따위 탈것은 친근감을 가지고 she로 받기도 한다: *Our boat was constantly fired upon from both the banks as* ~ *drifted along.* 우리 배는 표류하는 동안 양쪽 기슭으로부터 잇단 포격을 받았다. (**4**) 문어에서는 moon, sea, earth, country (및 나라 이름), city (및 도시 이름)나 Nature, Fortune, Science, Liberty, Mercy, Peace 따위 추상 명사는 다소 의인화되어 여성 취급을 받는 일이 있다: *The moon was showing her cold face in the sky.*/*England at that time was not the maritime power* ~ *has since become.*

Who's 'she' the cat's mother? 《英》 '그녀' 라니

she- —명 1 여자, 여성, 계집애(⇔he). ¶Is the child a he or a ~? 그 아기는 사내아이인가요, 계집아이인가요? 2 암컷. ¶Our cat is a ~. 우리집 고양이는 암컷이다.

she- [ʃiː] 연결 「여성, 암컷」의 뜻. ¶*she-cat, she-devil, she-goat*(암염소), *she-cousin*.

s/he [ʃíːrhiː, ʃíːhiː] 대 그녀 또는 그가(는)(she or he, he or she). (또는 **she/he, he/she**)

shéa bùtter [ʃiː-] 시어 버터(shea tree에서 채취하는 식물성 유지; 식용 또는 비누·양초의 원료).

***sheaf** [ʃiːf] 명 (복 **sheaves** [ʃiːvz]) 1 (베어낸 곡물의) 단, (일반적으로) 다발(of). ¶a ~ of hay 한 다발의 건초 / a ~ of papers 한 묶음의 서류. ──타 …을 묶다, 다발 짓다.

***shear** [ʃiər] 명 (~ed; ~ed, shorn [ʃɔːrn]) 타 1 (큰 가위 따위로) …을 깎다, 베어내다; [기계] 깎아서 변형시키다, 전단(剪斷)하다(off); …의 털을 깎다(off, away). ¶a ~ sheep 양의 털을 깎다 / ~ cloth 직물의 보풀을 베어버리다 // (~+图+젼+刨) ~ wool *from* sheep 양털을 깎다. 2 (종종 수동형으로) (비유적) (남)으로부터 박탈하다, 빼앗다(of). ¶(~+图+젼+刨) He was *shorn* of all his privileges. 그는 모든 특권을 빼앗겼다. 3 (스코) …을 낫으로 베다. 4 …을 뚫고 나아가다. ¶The bird ~ed the sky. 새가 하늘을 가르며 날았다. ──자 1 큰 가위 따위를 쓰다; 양털을 깎다; (가위로) 잘리다; [기계] 전단(剪斷)되다. 2 (가르듯이) 나아가다(through). ¶(~+젼+刨) The ship ~ed *through* the waves. 배는 파도를 가르며 나아갔다.

shear off *a person's* **plume** 남의 오만한 콧대를 꺾어버리다.

shear through …을 뚫고 나아가다. ⇒자2.

──명 1 (보통 ~s) (때로 단수취급) 큰 가위, 전단기(剪斷機). ¶a pair of ~s 한 자루의 큰 가위. 2 ① [물리] 전단 변형(剪斷變形); 비뚤어짐, 엇갈림. 3 깎기, 자르기; (특히 양털) 깎기, (양의 나이를 가리키는) 털 깎은 횟수; (양털 따위) 깎아낸 것. ¶a sheep of three ~s 털깎기 세 번을 한 양, 세 살된 양. 4 (보통 ~s) (보통 복수취급) 두 발 기중기.

shear·er [ʃiərər] 명 1 (곡물 따위를) 베는 사람; 양털을 깎는 사람. 2 전단기(剪斷機). ¶A bad ~ never had a good sickle. (속담) 선무당이 장구 탓한다.

shéar·grass [ʃíərɡræs/-ɡrɑːs] 명 잎이 뾰족한 풀, 사초류.

shear·hog [ʃíərɑɡ/-rɔɡ, -hɔɡ] 명 (英방언) 처음으로 털 깎은 양.

shéar hùlk (해사) 두 발 기중기선(船).

shear·ing [ʃiəriŋ] 명 ⓤⓒ 1 양털 깎기; 깎아낸 양털. 2 전단, 전단 변형(剪斷變形).

shéaring stréss [물리] 전단 응력(應力).

shéar lègs 명 두 발 기중기.

shear·ling [ʃíərliŋ] 명 (英) 털을 한 번 깎은 양, 한 살박이 양; 한 살박이 양에게서 깎아낸 짧은 양모.

shéar pin [기계] 시어핀(기계의 주요 부분을 보호하기 위해 삽입한 핀).

shéar stèel (야금) 전단강(剪斷鋼), 날붙이 제조용 강철.

shear·wa·ter [ʃíərwɔ̀ːtər] 명 1 섬새과(科)에 속하는 바다새. 2 집게제비갈매기.

sheat·fish [ʃíːtfíʃ] 명 (복 ~(·es)) 유럽메기.

***sheath** [ʃiːθ] 명 (복 ~s [ʃiːðz, ʃiːθs]) 1 (칼·나이프 따위의) 칼집; (도구류의) 덮개, 상자. 2 (식물) 엽초(葉鞘); (생물) (풍뎅이의) 시초(翅鞘). 3 (전기) (전선의) 외피(外被). 4 강가슴의 도단. 5 (英) 콘돔. 6 몸에 밀착되는 드레스. ──타 =sheathe.

sheathe [ʃiːð] 타 1 ~을 칼집에 넣다. ¶~ the sword 칼을 칼집에 넣다; 화해하다. 2 …을 덮다, 싸다. (판자·금속판 따위로) 덮다, (전선 따위에) 외피를 입히다(with, in); …을 상자에 넣다. 3 (발톱을) 오므리다.

sheath·ing [ʃíːðiŋ] 명 ⓤⓒ 1 칼집에 넣기; 싸기. 2 피복하는 것(배 밑바닥의 외장판·지붕 기와 및 밑에 까는 널빤지 따위); 피복(被覆) 재료; (케이블의) 외장(外裝).

shéath knìfe 명 칼집있는 작은 칼, 장도.

shéa trèe [식물] 시어 버터 나무(서아프리카 사바나의 적철과(科) 식물).

sheave¹ [ʃiːv] 타 …을 다발로 묶다.

sheave² [ʃiː(ː)v] 명 (활차의) 도르래, 고패.

sheaves¹ [ʃíːvz] 명 sheaf의 복수형.

sheaves² [ʃíː(ː)vz] 명 sheave²의 복수형.

She·ba [ʃíːbə] 명 (성서) 1 시바(Saba)(아라비아 서남부에 있었던 옛 왕국). **2 the Queen of ~** 시바의 여왕(어려운 문제를 가지고 솔로몬 왕을 시험하러 온 여왕이라고 하였다).

she·bang [ʃəbǽŋ] 명 (美구어) 1 (조직·계획·사건 따위의) 골격, 뼈대, 짜임새. ¶the whole ~ of an affair 사건의 전모. 2 오두막집; 매음굴; 파티; 소란.

she·been [ʃəbíːn] 명 (스코·아일) 무허가 선술집.

***shed**¹ [ʃed] 명 1 오두막집, 벽에 붙여 지은 결채. 2 헛간, 광; 차고, 격납고; 가축 우리. ¶an engine ~ 기관차고(車). ── 타 (-dd-) …을 shed에 집어넣다.

~·like 형

***shed**² 명 (~s [-z]; ~; ~·ding) 타 1 (피·눈물 따위를) 흘리다, 쏟다. ¶~ sweat 땀을 흘리다. 2 (빛·소리·냄새를) 내다, 발산하다; (영향·생각 따위를) 주다, 미치다. ¶(~+图+젼) Roses ~ their fragrance around. 장미는 주위에 향기를 풍긴다. 3 (방수포·기름종이 따위가) (물을) 튀기다. 4 (잎 따위를) 자연히 떨어뜨리다, (표피·허물·뿔 따위를) 벗다; (의복을) 벗어 던지다; (볼필요한 것·악습 따위를) 버리다, 포기하다. 5 …와 이혼(결별)하다. ── 자 (잎·종자 따위가) 떨어지다, 쏟아지다; (털이) 탈피(탈모)하다.

shed blood ① 피를 흘리다. ② 죽이다, 살해(참살)하다. ¶~ **much** [or **others'**] **blood** 많은 사람을 죽이다, 살육하다 / ~ (one's) *blood* for …을 위해 죽다.

shed light on …에 빛을 던지다; …을 밝히다.

── 명 1 (뱀 따위의) 허물; (섬유) 북길(날실을 아래위로 갈라서 북(shuttle)이 통과할 수 있도록 한 구멍). 2 버려진 것. 3 (물리) 셰드(원자핵의 단면적의 단위).

~·a·ble, ~·da·ble 형

she'd [ʃiːd] she had[would]의 단축형.

SHED (우주) *s*olar *h*eat *e*xchanger *d*rive(태양열 교환기 추진).

shed·der [ʃédər] 명 1 흘리는 사람(것). 2 탈각기(脫殼期)의 게(새우). 3 나무에서 떨어진 열매. 4 낙(酪)농장에서 우유를 짜는 사람.

shed·ding¹ [ʃédiŋ] 명 1 ① 흘리기, 발산. 2 (보통 ~s) 벗어버린 허물(껍데기). 3 ① 나누기, 분계(分界).

shed·ding² 명 판재, 헛간; 차고, 격납고. 「자, 악녀.

she-dev·il [ʃíːdèvl, ⌐⌐] 명 독부(毒婦), 악마 같은 여

shéd hànd (호주) 양털 깎는 일꾼.

shee-it [ʃíːət] 감 (美비어) =shit.

sheen [ʃiːn] 명 ① 1 번쩍임, 광채; 섬광. 2 광택, 윤(luster). ¶the ~ of pearls 진주의 광택. 3 화려한 의상. ── (고어) 번쩍이는, 빛나는; 아름다운. ── 자 (스코·北英) 빛나다, 번쩍이다.

~·ful, ~·less, ~·ly 형

sheen·y¹ [ʃíːni] (시) 빛나는, 번쩍이는; 광택 있는.

shee·ny² 명 (속어) (경멸적) 유대 사람.

***sheep** [ʃiːp] 명 (복 ~) 1 양, 면양(綿羊) ewe, lamb, ram). ¶One may [or might] as well be hanged for a ~ as (for) a lamb. (속담) 어차피 사형당할 바에야 새끼 양보다 어미 양을 훔쳐(껍데기)다. 2 양피(羊皮). ¶a book bound in ~ 양피 표지의 책. 3 (양처럼) 순한 사람; 암띤 사람, 겁쟁이; 바보. 4 (the ~) (집합적) (군인) 신자, 교구민(敎區民).

a lost [or **stray**] **sheep** (성서) 길 잃은 양; 옳은 길에서 벗어난 사람(←마태 복음(Matt.) 15 : 24). 「리.

a wolf in sheep's clothing (성서) 양가죽을 쓴 이

count sheep (구어) (잠이 오지 않을 때 상상으로

양의 머릿수를 세다.
follow like sheep 맹종하다.
like [or ***as***] ***a sheep*** [or ***lamb***] **(*led*) *to the slaughter*** 아주 양순하게.
make [or ***cast***] ***sheep's eyes at*** ⇒SHEEP'S EYES.
return to *one's* ***sheep*** 이야기의 본론으로 돌아가다.
separate [or ***divide***] ***the sheep from*** [or ***and***] ***the goats*** 〔성서〕 양과 염소를 분별하다; 선인과 악인을 구별하다(←마태 복음(Matt.) 25 : 32).
sheep that have no shepherd; sheep without a shepherd 오합지졸.
shéep·back 圀 〔지질〕 양배암(羊背岩).
sheep·ber·ry [ʃíːpbèri, -bəri-bəri] 圀 가막살나무속(屬)의 관목(북아메리카산(産)); 그 열매.
sheep-cote [ʃíːpkòut] 圀 (英고어) 양 우리.
sheep-dip [-díp] 圀 (수의) (양의 피부에 붙은 기생충을 구제하기 위한) 세양액(洗羊液); (美속어) 값싼 술. ── 圀(美속어) (劊人을 (스파이로 보내기 위해) 민간인으로 위장시키다.
sheep·dog [ʃíːpdɔ̀ːg/-dɔ̀g] 圀 양 지키는 개, 목양견. (또는 **shéep dòg**)
shéepdog trìal 圀 (종종 ~s) 목양견(牧羊犬) 대회.
sheep-faced [ʃíːpfèist] 圀 몹시 수줍어하는.
sheep-farm·er [-fɑ̀ːrmər] 圀 (英) 목양업자(牧 [man.
sheep·fold [ʃíːpfòuld] 圀 양 우리. [sheepman.
sheep·herd·er [ʃíːpə̀ːrdər] 圀 양치기(shepherd).
sheep·hook [ʃíːphùk] 圀 양치기의 지팡이.
sheep·ish [ʃíːpiʃ] 圀 (양처럼) 순한, 겁 많은, 내성적인, 소심한(timid). **~·ly** 凰 **~·ness** 圀
shéep kèd 〔곤충〕 양에 기생하는 파리.
shéep lòuse 〔곤충〕 양에게 꾀는 이.
sheep·man [-mæn, -mən] 圀 (美) 목양업자(牧羊業者)((英) sheep-farmer); 양치기. [man.
sheep·mas·ter [ʃíːpmæ̀stər] 圀 (英) =sheep-
sheep-pen [-pèn] 圀 (英) =sheepfold.
shéep rùn (오스트레일리아의) 광대한 목양장.
shéep's-bit [ʃíːpsbit] 圀 유럽산(産) 초롱꽃과(科)의 식물, 결손질.
shéep's èyes 圀 추파, 곁눈질.
make [or ***cast***] ***sheep's eyes at*** (구어) …에게 추파를 던지다[곁눈질하다].
sheep-shank [ʃíːpʃæ̀ŋk] 圀 1 양의 정강이. 2 (밧줄을 일시 짧게 하기 위하여) 짧게 줄여 묶기.
sheeps·head [ʃíːpshèd] 圀 1 (미국 대서양 근해산(産)의) 도미과(科)의 식용어. 2 (요리된) 양(羊)의 머리. 3 (폐어) 바보. [털 깎는 기계.
sheep-shear·er [ʃíːpʃìərər] 圀 양털을 깎는 사람;
sheep-shear·ing [ʃíːpʃìəriŋ] 圀U 양털깎기; 양털 깎는 시기; 양털 수확 축제.
sheep·skin [ʃíːpskìn] 圀 1U 양피(羊皮), 양가죽; C 양피 외투[모자, 깔개 따위]. 2C 양피지. 3 (美구어) (대학의) 졸업장(diploma). [본].
shéep sórrel 圀 애기수영(마디풀과(科)의 다년생 초
sheep·tick [ʃíːptìk] 圀 =sheep ked.
shéep tráck 圀 양이 다녀 만들어진 길.
sheep·walk [ʃíːpwɔ̀ːk] 圀 (英) 목장장(牧羊場).
shéep wàsh 세양장(洗羊漿); (英) sheep-dip.
‡**sheer**¹ [ʃiər] 圀 (**~·er; ~·est**) 1 (한정용법) 완전한, 순전한, 절대적인. ¶ ~ *waste* 완전한 낭비. 2 (경사가) 가파른, 깎아지른 듯한. ¶ *a mountain pass of* ~ *ascent* 가파른 오르막의 산길. 3 (직물 따위가) 투명한, 얇은. ¶ ~ *silk* 얇은 견직물. 4 섞인 것이 없는, 물을 타지 않은, 진국의. ¶ ~ *whisky* 물을 타지 않은 위스키.
by sheer force 우격다짐으로.
── 凰 1 참으로, 완전히, 전혀(quite). 2 수직으로, 똑바로; (경사가) 가파르게. ── 圀 비치는 얇은 천.
~·ly 凰 **~·ness** 圀
sheer² 閩 (배가) 침로(針路)에서 벗어나다; 방향을 바꾸다(*away, off*); (英구어) (싫은 사람·일 따위를) 피하다(*away, off*)(*from*). ¶ *The yacht* ~*ed away* [or *off*]. 요트가 방향을 바꿨다. ── 티 (배)를 침로에서 벗어나게 하다. …의 방향을 바꾸게 하다. ¶ ~ *a boat off* 보트의 방향을 바꾸다. ── 圀 1 (배의) 침로 전환, 만곡 진행. 2 현호(舷弧)(배의 이물과 고물 사이의 곡선 각도). 3 닻을 하나만 내리고 정박하여 움직이기 쉬운 배의 상태.
sheer·legs [ʃíərlègz] 圀閩 =shear legs. [태.
shéer plán 圀 〔조선〕 측면선도(線圖), 종단면도(面圖). 閩 body plan, half-breadth plan
sheers [ʃiərz] 圀 =shear legs. [소리).
sheesh¹ [ʃiː] ④ 쳇, 치, 제기 (불쾌감·불만의
sheesh² (美속어) 해시시(hashish).
‡**sheet**¹ [ʃiːt] 圀 1 시트, 홑이불. 2 (종이) 한 장, (서류의) 1매. ¶ *two* ~*s of paper* 종이 두 장. 3 인쇄물, 팸플릿; 전표; 인쇄된 종이 (유표의) 시트; (구어) (타블로이드판) 신문. 4 (빛·눈·불길 따위의) 가득 퍼짐. ¶ *a* ~ *of water*[*fire*] 몰[몰]바다 / ~ *s of rain* 장수비(豪雨). 5 (금속·유리 따위의) 얇은 판; (음식을 굽는) 철판. ¶ *a* ~ *of iron*[*glass*] 철판[유리] 한 장. 6 (수의(壽衣)); (참회자가 입는) 흰옷. 7 (시) 돛(sail). 8 (지질) 암상(岩床).
a blank sheet ① 백지. ② (선·악 어느 쪽에나 물들 수 있는) 백지와 같은 사람[마음]. [물.
a clean sheet 전과가 없는[품행이 바른, 선량한] 인
(as) white [or ***pale***] ***as a sheet*** (죽은 사람처럼) 창백한, 핏기가 없는.
get between the sheets 잠자리에 들다, 자다.
in sheets ① 얇은 판으로 펴서, 박(箔)으로 만들어. ② (인쇄 용지가) 인쇄된 채 아직 제본되지 않은. ③ (비·안개 따위가) 심하게, 질게. ¶ *The rain was falling in* ~*s*. 비가 억수같이 쏟아지고 있었다. [개하다.
put on [or ***stand in***] ***a white sheet*** 참회하다, 회
── 閩 1 …에 시트를 깔다. …을 시트로 싸다. 2 …을 온통 뒤덮다. ¶ *a lake* ~*ed with ice* 얼음으로 뒤덮인 호수. 3 …을 얇은 판으로 만들다. 4 …에게 수의를 입히다.

sheet² 圀 〔해사〕 돛 밑을 묶는 밧줄, 범각삭(帆脚索). 2 (~s) (이물·고물의) 빈자리, 공간.
a sheet in [or ***to***] ***the wind*** (구어) 얼근히 취하여.
have a sheet in the wind [or ***wind's eye***] (속어) 얼근히 취하여.
have [or ***be***] ***three*** [or ***both***, ***two***] ***sheets in*** [or ***to***] ***the wind*** 곤드레만드레 취하다.
six sheets to the wind (구어) 고주망태가 되어.
── 圀圀 〔해사〕 (돛 밑을 묶는 밧줄로) (돛)을 펴다.
sheet (*sails*) *home* 범각삭을 잡아당겨 돛을 활짝 펴다.
shéet ànchor 圀 1 〔해사〕 (비상용의) 커다란 예비 닻, 시트 앵커. 2 최후의 희망, 마지막으로 믿는 것.
shéet bénd 圀 시트 벤드(굵기가 다른 두 밧줄을 잇는 방법).
shéet còpper 圀 동판(銅板), 구리 박판(薄板).
shéet erósion 圀 〔지질〕 표층 침식(表層浸蝕).
sheet-fed [-fèd] 圀 (인쇄기가) 매엽식(枚葉式)의; 매엽식 용지로 인쇄한.
shéet féeder 圀 〔컴퓨터〕 시트 피더(프린터의 낱장 공급[급지]장치).
shéet film 〔사진〕 시트 필름, 대형 카메라용 필름.
shéet gláss 圀 (얇은) 판유리. 閩 plate glass
sheet·ing [ʃíːtiŋ] 圀U 1 시트로 싸기[씌우기]. 2 시트감. 3 판금(板金); 〔토목〕 콘크리트나 흙이 흘러 내리지 않도록 막는 판자 울타리(sheet pile의 열(列)).
shéet íron 圀 얇은 강판, 철판.
shéet líghtning 圀 막전(幕電), 막전 현상(번갯불이 구름에 반사되어 하늘 전체가 환하게 밝아지는 현상).
shéet métal 圀 판금, 얇은 금속판.
shéet músic 圀 시트 뮤직(철하지 않은 한 장의 악보로 된 음악).
shéet píle 圀 〔토목〕 방축 말뚝(흙이 무너지지 않도록 박는). [금 동판.
Shéf·field pláte [ʃéfiːld-] 圀 셸필(硬質) 은(銀)도

she·getz [ʃéigits] 명 (목 **shkotz·im** [kɔ́ːtsim]) (종종 경멸적) 1 유대인이 아닌 소년[남자]. 2 (사고·행동이) 비(非)유대인적(인) 유대인 남자.

she-goat [-ɡòut] 명 암염소. 통 he-goat

sheik [ʃiːk/ʃeik] 명 1 (아랍권에서) 가장(家長), 수장, 족장: (이슬람교의) 교주. (또는 **sheikh**) 2 (구어) 여자가 본 매력적인 남자, 색남, 색골.
  Sheik ul Islam 이슬람교(敎)의 교주.
  ~**dom** sheik가 지배하는 영토.

shei·la [ʃíːlə] 명 (濠구어) 소녀, 젊은 여성; 여자 친구.

shek·el [ʃékəl] 명 1 세켈. **a)** 이스라엘의 화폐 단위. (또는 **sheqel**) **b)** 고대 바빌로니아 등에서의 무게의 단위(약 1/2 온스). 2 세켈 은화(1b)와 같은 무게의 헤브라이 은화. 3 (~s) (구어) 돈, 현금.

She·ki·nah [ʃikíːnə, -kái-/ʃekái-] 명 (신학) (신좌에 나타난) 여호와의 모습; 하느님의 시현(示現).

shel·drake [ʃéldrèik] 명 (목 ~(**s**)) 1 혹부리오리. 2 =merganser.

‡**shelf** [ʃelf] 명 (목 **shelves** [ʃelvz]) 1 선반; 선반형의 받침. ¶ **put up a ~** 선반을 매다. 2 선반처럼 생긴 것; 바위 시렁; 사주(砂洲), 여울목, 암초. 3 (채광·지질) 암상 (岩床), 평판층(層); 대륙붕. 4 선반 위에 얹힌 것. 5 (궁술) 숨손의 윗부분(* 화살이 얹히는 부분). 6 (濠구어) 밀고자.
  off the shelf (재고품이 있어) 당장 손에 넣을 수 있는.
  on the shelf (구어) ① 선반에 얹혀져; 버림받아; 폐지되어. ¶ **put a bill** *on the* ~ 법안을 보류하다. ② (여자가) 혼기를 놓친, 결혼할 가망이 없는.
  ── 통 1 (속어) …을 보류하다. 2 (남)을 해고하다.
  ~**like** (濠구어) 밀고하다.

shelf·ful [ʃélfùl] 명 선반 하나 가득(한 양).

shélf ìce 붕빙(棚氷)(빙붕(ice shelf)을 구성하는, 또는 빙붕에서 떨어져 나온 얼음).

shélf lìfe (식품·약 따위의) 저장[보존] 기간.

shelf·list [ʃélflìst] 명 (도서관의) 서가(書架) 목록.

shélf màrk (책의 등에 붙인) 서가 기호.

shelf·y [ʃélfi] 명 사주(砂洲)(암초)가 많은.

‡**shell** [ʃel] 명 (목 ~**s** [-z]) 1 (동·식물의) 딱딱한 외피(外皮), 껍질, 조가비, 등딱지, 비늘, 시초(翅鞘), 번데기의 외피; (콩류의) 꼬투리. 2 껍질 비슷한 것; 건물의 바깥 윤곽; 뼈대; 선체(船體); (계획 따위의) 개요, 출거리, ¶ The house is a mere ~. 그 집은 겨우 뼈대뿐이다. 3 껍질이 있는 연체 동물, 조개. 4 (감정을 숨기기 위한) 껍데기, 외관, 외형, 외형, 걸치레. ¶ I could not penetrate her ~. 그녀의 겉모습에는 속마음을 알 수가 없다. 5 셸(길고 좁은 경주용 보트). 6 포탄, 유탄(榴彈), 탄환; (美) 탄약통(筒)(* 이 의미에서는 복수형도 shell 이 된다). 7 (고어·시) 7현금(弦琴)(lyre). 8 (英) (퍼블릭 스쿨의) 중간 학년. 9 (美) 여성용의 헐렁한 소매 없는 블라우스. 10 (물리) (원자의) 각(殼), (전자) 껍질. 11 (해부) 외이(外耳), 귓부리. 12 둥근 지붕이 있는 경기장; 받침 접시 모양의 경기장. 13 맥주용의 작은 글라스[잔]. 14 ~ company. 15 (컴퓨터) 셸(프로그램 본체는 숨겨져 있는 소프트웨어).
  bring *a person* **out of** *his* **shell** 남을 마음을 터놓게 하다.
  cast the shell 껍데기를 벗다.
  come out of *one's* **shell** 껍데기에서 나오다, 마음을 터놓다.
  in the [or **one's**] **shell** ① 껍질에 싸인 채로, (알이) 부화하지 않고. ② (비유적) 미발달 단계에서, 미숙하게. ③ (英) 중간 학년 재학중에.
  retire [or **go, retreat**] **into** *one's* **shell** 자기를 드러내지 않다, 마음을 터놓지 않다.
  ── 통 (~**s** [-z]) 타 1 …의 껍질을 벗기다, (콩)의 꼬투리를 까다. ¶ ~ **nuts** [**oysters**] 나무 열매[굴]을 까다. 2 (옥수수)의 알을 떨다, …을 탈곡하다. 3 …을 껍질로 싸우다, …에 껍질을 깔다. 4 …을 포격하다, 폭격하다. 5 (속어) (야구) (상대 투수)에게 안타를 퍼붓다. ¶ He was ~**ed**. 그는 난타를 당했다. ── 자 껍질이 벗겨지다 [떨어지다]; (금속편(片) 따위가) 벗겨지다(*off*).
  (as) **easy as shelling peas** (구어) 누워서 떡먹기 같은, 아주 손쉬운.
  shell out (구어) [돈을] (부득이) 치르다[쓰다, 내다]; 돈을 지불하다.
  ── 형 (한정용법) 껍질이 있는; 껍질로 이루어진; 조개 껍질로 만든.
  ~**less**, ~**like** 형.

‡**she'll** [ʃiːl, 약 ʃil] she will[shall]의 단축형. ⇒HE'LL

shel·lac [ʃəlǽk] 명 U 셸락(lac을 정제하여 얇은 조각으로 만든 것으로 니스의 원료); 셸락 니스. ── 통 (-*lacked*; -*lack·ing*) 1 …에 셸락 니스를 칠하다. 2 (美속어) (막대기 등으로) 때리다; 철저히 쳐부수다; (스포츠에서) …을 대패시키다. (또는 **shellack**)

shéll accòunt (컴퓨터) 셸어카운트(단말에서 서버에 로그온하여 그 셸에서 텍스트 베이스어 액세스하기록 된 인터넷의 값싼 이용 방법). [홈터 두들겨 맞은.

shel·lacked [ʃəlǽkt] 형 1 셸락을 칠한. 2 (美속어)

shel·lack·ing [ʃəlǽkiŋ] 명 U C (속어) 구타, 몽둥이로 때리기; (스포츠의) 완패, 대패.

shell·back [ʃélbæk] 명 (속어) (해사) 늙은 선원; 배로 적도를 넘어본 (적이 있는) 사람.

shéll bàrk [ʃélbɑːrk] 명 히코리(호두의 일종).

shéll bèan (깍지를 벗기고) 알맹이만 먹는 콩(강낭콩·잠두 따위). [실] 회사.

shéll còmpany [**corpòration**] 명 명목상[부

shéll còncrete (건축) 셸[강화] 콘크리트.

shéll constrùction (건축) 셸 구조(철골(鐵骨)로 보강한 얇은 곡면(曲面) 콘크리트 구조물).

shelled [ʃeld] 형 1 껍질을 벗긴. 2 (종종 복합어로) 껍질이 있는. ¶ thick-~ 두꺼운 껍질의.

shéll ègg (가공하지 않은) 보통의 달걀.

shell·er [ʃélər] 명 1 껍질을 벗기는 사람; 껍데기를 벗기는 기계. 2 조가비 수집가. [開圖].

shéll expànsion (조선) 외판(外板) 전개도(展

Shel·ley [ʃéli] 명 셸리. **1** Mary Wollstonecraft ~ (1797-1851): 영국의 소설가). **2** Percy Bysshe ~ (1792-1822: 영국의 서정 시인). **3** 사람 이름.

Shel·ley·an [ʃélian] 형 P. B. Shelley(작품)의[에 특유한]. (또는 **Shellian**) ── 명 P. B. Shelley의 작품 연구[숭배]자.

shell·fire [ʃélfàiər] 명 U C (군사) 포격, 포화.

*‡**shell·fish** [ʃélfìʃ] 명 (목 ~(-*es*)) 1 갑각류 동물(새우·게 따위); 조개. 2 (목) 어패류. [어획고]

shell·fish·er·y [ʃélfìʃəri] 명 조개류·갑각류 어업

shell·flow·er [ʃélflàuər] 명 (식물) 조가비샐비어.

shéll fòlder 명 여행 안내 책자[팸플릿].

shéll gàme 협잡 도박의 일종; 사기.

shéll hèap 명 패총(貝塚), 조개무지.

shéll hòle 명 땅에 난 포탄 구멍.

shéll hòuse [**hòme**] 명 골격만 된 주택.

shell·ing [ʃéliŋ] 명 U C 껍데기 벗기기; 포격, 폭격.

shéll jàcket (열대 지방의) 남성용 약식 예복; (英) 육군 장교의 평상복.

shell-lime [-làim] 명 U 조가비회(灰).

shéll mìdden [**mòund**] 명 =shell heap.

shéll mòney 조가비 화폐, 패각(貝殼) 화폐.

shell-out [-àut] 명 (당구) (세 사람 이상이 하는) 피라미드 놀이의 일종.

shell·proof [ʃélprùːf] 형 폭격[포격]에 견디는, 방탄

shéll shòck (정신의학) 포탄 쇼크, 전쟁 신경증.

shell-shocked [-ʃɑ̀kt/-ʃɔ̀kt] 형 (정신의학) 포탄 쇼크[전쟁 신경증]에 걸린; (지나친 스트레스로) 머리가 혼란된. [되어 있다].

shéll sùit 보온복(겉은 방수 나일론, 안은 면으로

shell·work [ʃélwə̀ːrk] 명 U C 조가비 세공. [같은.

shell·y [ʃéli] 형 조가비가 많은; 조가비로 된; 조가비

‡**shel·ter** [ʃéltər] 명 (목 ~**s** [-z]) 1 피난처, 은신처, (버스 따위의) 대합실; 방공호, 대피호(*from, against*).

¶ a bus ~ 버스 대기소 / an air-raid ~ 방공호 // a ~ *from* the rain 비를 피하는 곳. **2** ⓤ 보호; 피난; 옹호, 비호, 원호(*from*). ¶ He sought ~ at my house. 그는 우리집으로 피난해 왔다. **3** ⓤ 주거, 집. ¶ food, clothing and ~ 의식주. **4** (일시적인) 보호[수용] 시설; (美) 동물의 수용소.

give [or ***provide***] ***shelter to*** …에게 피신처를 제공하다, …을 비호[보호]하다, 숨겨주다.

take [or ***find***] ***shelter from*** …로부터 피난하다[숨다], …을 피하다.

under the shelter of …의 비호하에.

— ⓣ (~s [-z]) ⓣ …을 보호하다, 비호하다(*from*); …에 피난처를 제공하다; …을 덮다, 감추다. ¶~ a person for the night 남을 하룻밤 재워 주다 // (~+ 몸+前+名) The hills at the back ~ the harbor *from* the north wind. 그 항구는 뒷산이 가려 주어 북풍을 받지 않는다. — ⓘ 피난하다; (비·바람·햇빛 따위를) 피하다; 숨다(*from*). ¶ (~+前+名) ~ *from* the shower under a tree 나무 밑에서 소나기를 피하다.

shelter oneself 몸을 피하다(*in*, *under*); (남의 권위 따위에) 의지하다(*under*, *behind*, *beneath*). ¶ He ~ed himself *in* the crannies of the rocks. 그는 바위 틈으로 몸을 피했다.

~·er 피난자; 보호자. ~·ing·ly ⓐ ~·less ⓐ ~·less·ness ⓝ

shélter bèlt ⓝ 방풍림(防風林).
shélter dèck ⓝ (해사) 방파(防波) 갑판.
shel·tered [ʃéltərd] ⓐ **1** (산업·기업이 국제 경쟁에서) 보호받고 있는. **2** (위험 등에서) 보호받고 있는. **3** 신체 장애자·노인 등에 취직·사회 복귀 장소를 제공하는. ¶ a ~ industry 보호 산업.
shéltered hóusing ⓝ (노인·장애자의) 보호 수용 시설. (또는 **shéltered accommodátion** (hómes))
shéltered tráde ⓝ (英) (국내) 독점 사업. 「업장.
shéltered wórkshop ⓝ (장애자를 위한) 보호 작
shélter hàlf ⓝ (shelter tent의) 절반의 천막.
shélter tènt ⓝ (군대에서 사용하는 2인용) 소형 천막(shelter half 2개로 되어 있다).
shélter trènch ⓝ (군사) 산병호(散兵壕).
shel·ter·y [ʃéltəri] ⓐ 피난처를 제공하는, 피신처가 되는.
shel·ty [ʃélti] ⓝ = Shetland pony.
shelve[1] [ʃelv] ⓣ **1** …을 선반에 얹다. ¶ The books are ~d in order. 책들은 선반 위에 정돈되어 있다. **2** (의안·문제·계획 따위) 보류하다, 깔아 뭉개다. ¶~ a 법법안을 보류하다. **3** …을 면직하다, 해고하다(*dismiss*). **4** …에 선반을 달다. **shélv·er** ⓝ
shelve[2] ⓘ 서서히 비탈지다, 완만하게 경사지다.
shelves [ʃelvz] ⓝ shelf의 복수형.
shelv·ing[1] [ʃélviŋ] ⓝ **1** 선반에 얹어 두기; (비유적) 보류. **2** 선반의 재료. **3** (집합적) 선반.
shelv·ing[2] ⓝⓤ 서서히 치받이가 되기; ⓒ 뜬 물매, 완만한 경사. — ⓐ 완만한 비탈의, 기울기가 진.
Shem [ʃem] ⓝ 셈(노아의 장남으로 셈족의 조상. 창세기(Gen.) 10 : 21). 「(속어) 여자역의 호모.
she·male [ʃiːmeil] ⓝ (美 구어) (싫은) 여자, 계집년.
Shem·ite [ʃémait] ⓝ = Semite. **She·mit·ic** [ʃəmítik] ⓐ 「소동.
she·moz·zle [ʃəmázl/-mɔ́zl] ⓝ (英 속어) (보통 ~s) **1** ⓤ 곡속임수, 거짓, 허위. **2** (나쁜) 장난.
Shen·yang [ʃànjɑːŋ/ʃènjǽŋ] ⓝ 선양(瀋陽) (중국 랴오닝(遼寧) 성의 성도(省都)).
She·ol [ʃíːoul] ⓝ (성서) (히브리 사람의) 죽음의 나라; 저승(Hades); 저승; (s-) 지옥(Hell).
Shep·ard [ʃépərd] ⓝ **Alan Bartlett ~, Jr.** 셰퍼드(1923- : 미국의 우주 비행사; 1961년 미국인으로서 최초의 우주 비행을 했다).
‡**shep·herd** [ʃépərd] ⓝ (em ~s [-z]) **1** 양치기, 목양자(牧羊者). **2** 목사; 지도자, 보호자, 수호자. **3** (the Good) S-) 예수 그리스도(←요한 복음(John) 10 : 11). **4** = sheepdog. — ⓣ (~s [-z]) **1** (양)을 지키다; …을 잘 감시하다. ¶~ flocks 양떼를 지키다. **2** (군중 등)을 안내하다, 인도하다(*around*, *in*, *out*)(*into*). ¶ (~+몸+前+名) ~ the children *into* the bus 아이들을 버스에 태우다. ~·less, ~·like ⓐ
shépherd dòg ⓝ = sheepdog. 「처녀.
shep·herd·ess [ʃépərdis] ⓝ 양치는 여자; 시골
Shépherd King ⓝ 양치기 왕(고대 이집트의 힉소스(Hyksos) 왕조의 왕).
shépherd's cálendar ⓝ **1** 양치기의 달력(믿을 수 없는 일기 예보 등에 쓰임). **2** 별봄맞이꽃(scarlet pimpernel).
shépherd's chéck ⓝ 흑백의 체크 무늬(의 천).
shépherd's cróok ⓝ = sheephook.
shépherd's píe ⓝ (英) 다진 고기를 으깬 감자에 싸서 구운 파이.
shépherd's pípe ⓝ 양치기의 피리.
shep·herd's-purse [ʃépərdzpə́ːrs] ⓝ 냉이.
she-pine [ʃːpain] ⓝ (오스트레일리아산(産)) 남양노송나무(나한송과(科)의 교목).
shep·py [ʃépi] ⓝ (英) 양우리(sheepcote).
Sher·a·ton [ʃérətən] ⓝ 셰러턴. **1 Thomas ~** (1751-1806: 영국의 가구 제작자). **2** 영미(英美)의 호텔 체인. ⓐ (가구가) 셰러턴 풍(風)의.
sher·bet [ʃə́ːrbit] ⓝⓤⓒ **1** 셔벗(빙과의 일종). **2** (英) 과즙에 물을 타서 차게 한 청량 음료.
sherd [ʃəːrd] ⓝ = shard.
she·reef [ʃəríːf] ⓝ = sherif.
Sher·i·dan [ʃéridən] ⓝ 셰리든. **1 Philip Henry ~** (1831-88: 미국 남북 전쟁 당시의 북군의 장군). **2 Richard Brinsley ~** (1751-1816: 아일랜드 태생의 영국 극작가·정치가).
she·rif [ʃəríːf] ⓝ **1** (Muhammad의 자손인) 메카(Mecca)의 총독. **2** 아랍의 수장(군주, 지배자).
‡**sher·iff** [ʃérif] ⓝ (美) 보안관(군(county)의 치안 책임자); (英) 주 장관(원래 county는 shire의 집정 장관). ~·al·ty [-əlti] ⓝ sheriff의 직위[권한]. ~·dom ⓝ sheriff의 관할 구역(직무). ~·hòod, ~·shìp ⓝ
sher·lock [ʃə́ːrlɑk/-lɔk-] ⓝ (구어) (때로 S-) 사설 탐정; (종종 비꼬아) (직감이 예리한) 명추리자. — ⓣ 사립 탐정을 하다. — ⓘ 탐색[추리]하다.
Sher·lock Holmes [ʃə́ːrlɑk hóumz/-lɔk-] ⓝ 셜록 홈스. **1** Conan Doyle의 추리소설에 등장하는 명탐정. **2** (a ~) = sherlock.
Sher·lock·ian [ʃəːrlákiən/-lɔk-] ⓐ 셜록 홈스의 (적인, 의 특색인). — ⓝ 셜록 홈스의 팬(연구가).
Sher·pa [ʃə́ːrpə] ⓝ **1** 셰르파(족(族)의 사람)(Himalaya 산맥의 티벳 사람; 등산대의 길안내·보조로 유명). **2** (英 속어) 짐꾼, 세르파. **3** (때로 s-) (외교) (수뇌 회의 따위의) 예비 외교 교섭 담당자.
shérpa mèeting ⓝ 셰르파 회의(선진국 수뇌 회의의 준비 담당관 회의). (또는 **Shérpas mèeting**)
Sher·riff [ʃérif] ⓝ **Robert Cedric ~** 셰리프 (1896-1975: 영국의 극작가·소설가).
Sher·ring·ton [ʃériŋtən] ⓝ **Charles Scott ~** 셰링턴(1861-1952: 영국의 생리학자; 노벨 생리·의학상(1932)).
sher·ry [ʃéri] ⓝⓤ 셰리주(酒)(스페인 남부산(産)의
Sher·wood [ʃə́ːrwud] ⓝ 셔우드. **1 Mary Martha ~** (1775-1851: 영국의 아동 문학 작가). **2 Robert Emmet ~** (1896-1955: 미국의 극작가).
Shérwood Fórest ⓝ 셔우드의 숲(영국 중부 Nottinghamshire 주(州)에 있던 옛 왕실 소유림; Robin Hood의 전설로 유명).
‡**she's** [ʃiːz] she is [has]의 단축형.
she-she [ʃíːʃíː] ⓝ (美 속어) 젊은 여자, 아가씨.

Shet·land [ʃétlənd] 명 1 셰틀랜드(스코틀랜드 최북방의 주; Shetland Islands로 구성). 2 =~ pony. 3 =~ wool. **~·er** 명

Shétland Íslands 명 (the ~) 영국 Scotland의 동북방에 있는 제도(諸島).

Shétland póny 명 셰틀랜드 포니(Shetland 제도산(產) 조랑 말). 「털.

Shétland wóol 명 Shetland 제도의(產) 가는 양

Shev·ard·na·dze [ʃevərdnɑ́ːdze] 명 Eduard A. ~ 셰바르드나제(1928- : 옛 소련의 외무 장관; 그루지야 국가 평의회 의장). 「show.

shew [ʃou] 동 (~ed; ~n [ʃoun]) 명 〔고어〕 =

shew·bread [ʃóubrèd] 명 〔성서〕 진설병(陳設餠) (←출애굽기(Exod.) 25 : 30, 레위기(Lev.) 24 : 5–9).

SHF, shf 〔통신〕 superhigh frequency.

Shí·'ah [ʃíːə] 명 〔회교〕 시아파(의)(마호메트의 사위 Ali를 정통 후계자로 추대). 형 Sunni (또는 Shi'a)

shib·bo·leth [ʃibəliθ-lèθ] 명 1 (어떤 계급·단체의) 특유한 발음, 관습, 복장. 2 시험해 보는 말, 암호말. 3 〔성서〕 쉽볼렛(에프라임 사람과 구별하기 위해 길르앗 사람이 사용한 말. ←사사기(Judg.) 12 : 4–6).

shi·cer [ʃáisər] 명 1 (속어) (濠) 사기꾼. 2 파렴치한 인간; 악덕 변호사. 3 〔고어〕 생산이 없는 금광. 4 쓸데없는 요구.

shick [ʃik] 형 (濠·속어) 술취한. ―명 술; 술고래.

shick·er [ʃíkər] 명 (속어) 대주가; 술, 알코올 음료. ¶on the ~ 취해서. ―형 술취한. ―동 (습관적으로) 술을 마시다; 취하다. (또는 **shikker**)

‡**shield** [ʃiːld] 명 (~s [-z]) 1 방패: 방패 비슷한 것. 2 방어물, 보호물: 보호자. ¶taking the ~ of faith 〔성서〕 믿음의 방패를 가지고(←에베소서 6 : 16). 3 (美) (경찰관 등의) 배지. 4 (군사) 방순(防盾)(포수를 보호하는 방패); (채광) 구순(構盾), 실드(광부를 보호하는 틀); (기계 제작의) 개장(鎧裝). 5 (동물) 갑각(甲殼); 방패꼴의 보호물. 6 (의복의) 땀받이(dress ~). 7 (문장) 방패 모양으로 된 바탕. 8 〔지질〕 순상지(楯狀地). 9 (the S―) 〔천문〕 방패자리. 「안막.

both sides of the shield 방패의 양면; 사물[문제]의

one [or the other] side of the shield 방패의 뒷면; 사물[문제]의 다른 일면.

―동 (~s [-z]) 타 1 …을 방패로 막다; …을 보호하다, 감싸다(from, against). ⇒ DEFEND 유의어 ¶(~+目+前+名) a person from danger 남을 위험에서 막아 주다. 2 …을 감추다: 은폐하다. ―자 보호하다; **~·er** 명 보호자, 방어물. **~·like** 형 「방패가 되다.

shield báck 명 하트[방패] 모양의 의자 등받이.

shield béarer 명 방패잡이(옛날 knight의 시종).

shield cáble 명 〔전기〕 차폐(遮蔽) 전선.

shield hánd 명 〔고어〕 왼손(방패를 잡는 손).

shield láw 명 (美) 비밀 수호권법(저널리스트가 취재원(源)을 밝히지 않는 따위의 비밀 수호권 보장 법률).

shield·less [ʃíːldlis] 형 방패가 없는; 무방비의. **~·ly** 부 **~·ness** 명 「기의 오두막집.

shiel·ing [ʃíːliŋ] 명 (스코) 1 방목장(放牧場). 2 양치

shi·er¹ [ʃáiər] shy¹의 비교급.

shi·er² 명 잘 놀라는 말(馬). (또는 **shyer**)

shiev·er [ʃíːvər] 명 (美·속어) 배신자, 밀고자.

‡**shift** [ʃift] 동자 1 이동하다, 옮기다, 위치를 변경하다, 바꾸다(to). ¶ The scene ~s. 장면이 바뀐다∥(~+前+名) She ~ed about for many years. 그녀는 여러 동안 여기저기 옮겨 살았다∥(~+前+名) ~ from one place to another 한 장소를 이리저리 옮기다 / The wind has ~ed (round) to the south. 바람이 남풍으로 바뀌었다. 2 여러 가지로 해보다, 변통하다, 꾸려나가다. ¶(~+前+名) ~ with little money 적은 돈으로 그럭저럭 꾸려가다. 3 속이다, 핑계대다. 4 (자동차의) 기어를 바꿔넣다(up, down)(into, to). ¶(~+부) ~ automatically 자동으로 변속하다. 5 (타이프라이터 등의) 시프트 키를 누르다. 6 〔언어〕 음운(音韻)이 변화하다. 7 〔고어·방언〕 옷을 갈아입다. ―타 1 …을 이동하다, …의 위치를 바꾸다[옮기다](from, to); 〔책임 따위를〕 (남에게) 전가하다(off)(on)(to). ¶(~+目+前+名) ~ a burden to the other shoulder 짐을 다른 어깨로 옮기다∥~ the blame onto others 책임을 남에게 전가하다. 2 …을 바꾸다, 변경하다. ¶ ~ the helm 키의 방향을 바꾸다. 3 (美) (자동차의) 〔기어〕를 바꾸다(up, down). 4 〔언어〕 〔소리〕를 계통적으로 변화시키다. 5 …을 제거하다, 없애다: 〔적 등〕을 격퇴하다, 죽이다. ¶(~+目+前+名) ~ obstacles out of the way 장애물을 제거하다. 6 (속어) 음식을 먹어치우다. 7 〔컴퓨터〕 〔데이터〕를 시프트하다. 8 〔고어·방언〕 …을 갈아입다.

shift back 앞당기다. 「다.

shift down 저속 기어로 바꾸다. 「하다.

shift for oneself (구어) 자력으로 꾸려 나가다, 자활

shift gear(s) ⇒ GEAR. 「전가하다.

shift off ① 〔의무·토론 따위〕를 피하다. ② 〔책임〕을

shift one's ground 입장[논거]을 바꾸다.

shift over 자리를 채우다, 한쪽으로 몰리다.

shift through life 이럭저럭 살아가다.

―명 1 변화, 변경; 전환, 이동; (사물의) 변천. ¶ a ~ of wind 풍향의 변화. 2 교체; (교대제의) 근무 시간; (집합적) 교대조(組). ¶ a double ~ 주야 근무∥an eight-hour ~ 8시간 교대제∥on the night ~ 야간 근무의∥They work in two ~s of eight hours at the factory. 그 공장은 8시간 2교대제 근무이다. 3 [CU] 수단, 방법, 수완, 궁리, 방편, 변통. ¶ the last ~ 최후의 수단. 4 책략, 계략, 속임수; 발뺌, 핑계. 5 (美) (자동차의) 변속 장치, 기어 전환 장치. 6 시프트 드레스; 〔고어〕 (여성의) 속옷. ¶ 〔방언〕 갈아입을 옷. 7 〔미식축구〕 시프트(시합 직전의 공격 위치의 이동); 〔야구〕 수비 위치의 이동. 8 〔채광·지질〕 광맥의 단층(斷層). 9 〔음악〕 (현악기를 연주할 때의) 손놀림. 10 〔언어〕 (음의) 추이(推移)(sound ~); (단어의) 기능 전환(functional ~)(작물). ¶ a vowel ~ 모음 추이. 11 〔농업〕 윤작(輪作)(작물). 12 〔물리〕 (전파·빛·음파 등의) 주파수의 차이. 13 〔컴퓨터〕 시프트, 자리 이송. 14 〔석공〕 줄눈의 어긋남; 벽돌 호접법(互接法). 15 배변(排便).

be put [or reduced] to shifts 궁여지책을 쓰다.

for a shift 임시 변통으로, 미봉책으로. 「가다.

get a shift on (구어) 피치를 올리다; 서두르다; 나

in shifts 교대로.

live by [or on] shift(s) 변통하여 그럭저럭 살아가다.

make (a) shift ① 그럭저럭 꾸려 나가다(with, without). ② (…하기 위해) 최대의 노력을 하다(to do).

relieve a shift 교대하다.

shift of crops 돌려짓기, 윤작(輪作).

the shifts and changes of life 인생의 유위 전변(有爲轉變), 무상함. 「자를 바꿀 수 있는.

shift·a·ble [ʃíftəbl] 형 1 이동[변경] 가능한. 2 소유

shift·er [ʃíftər] 명 1 바꾸는[옮기는] 사람, 이동 장치. 2 (구어) =shift lever. 3 (美속어) 속이는 사람; 장물아비.

shift·ing [ʃíftiŋ] 형 1 이동하는, 변하는; (바람·방향 따위) 변하기 쉬운. ¶ ~ sand 흐르는 모래, 2 권모술수를 쓰는, 속임수의. ―명 [UC] 1 속임수, 핑계, 술책, 잔재주. 2 이동, 변화; 교환, 교대, 변동, 경질.

shífting cultivátion 명 이동 경작(耕作)(열대 아프리카 등지의 토지 경작 이용법).

shift kéy 명 (keyboard의) 시프트 키.

shift·less [ʃíftlis] 형 속수무책의, 무능한, 무기력한; 게으른, 칠칠치 못한. **~·ly** 부 **~·ness** 명

shíftless generátion 명 〔심리〕 무기력 세대.

shift léver 명 (자동차의) 변속 레버.

shift lóck 명 (타이프라이터의) 시프트 로크(대문자 등을 치기 위해 shift key를 고정시키는 키). 「스터

shift régister 명 〔컴퓨터〕 시프트[이송(移送)] 레지

shift stick 〖美〗 변속 레버(〖英〗 gear lever).
shift·work [ʃíftwə̀ːrk] 〖 교대 근무.
shift·y [ʃífti] 〖 1 연구심이 왕성한, 수완이 있는. 2 교활한, 속임수에 능한, 정직하지 못한. 3 수상쩍은.
shift·i·ly 〖 **shift·i·ness** 〖
shift·y-eyed [-áid] 〖(속어) 교활한 듯한 눈매의. (또는 shíftie-èyed)
shig·el·lo·sis [ʃìgəlóusis] 〖 세균성 적리(赤痢).
Shi·ism [ʃíːizm] 〖(회교) 시아파(派)(Shí'ah)의 교리.
Shí·ite [ʃíːait] 〖(회교) 시아파의 신도. ― 〖 시아파(신도)의. **Shí·it·ic** [ʃíːitik] 〖
Shi·jia·zhuang [ʃəːdʒjàːdʒwáːŋ] 〖 스자좡(石家莊)(중국 허베이(河北)성의 성도(省都)). (또는 Shíh·chia·chuang)
shi·kar [ʃikáːr] 〖(인도) 사냥, 수렵. ― 〖Ⓒ (-rr-) 사냥하다.
shi·ka·ri [ʃikáːri] 〖(인도) 사냥꾼, 사냥 안내인. (또는 **shikaree**)
shik·sa [ʃíksə] 〖 1 (경멸적) 유대인이 아닌 여자. 2 (생각·행동 따위가) 비(非)유대인적인 유대 여자. 〖 shegetz
shill[1] [ʃil] 〖Ⓒ 〖(미속어) (사기꾼의) 끄나풀 [한통속] (노릇을 하다).
shill[2] 〖(미속어) 경찰봉.
shil·le·lagh [ʃəléiliː, -lə] 〖(아일) (참나무 따위로 만든) 곤봉. (또는 **shillala**(h), **shilleláh**)
‡**shil·ling** [ʃíliŋ] 〖(복) ~s [-z] 〖 1 실링(1971년 이전의 영국의 화폐 단위; 12 pence, 1/20 pound에 해당; 〖 실링 은화(새로운 5 펜스에 해당). 2 18–19세기의 미국 각지의 화폐 단위(가치는 주마다 달랐다). 3 = ~ mark.
cut a person off with [without] a shilling 1실링만 주고[1실링도 주지 않고] …와 의절하다 「하다.
pay twenty shillings in the pound 전액을 지불
take the King's [or Queen's] shilling (英) 병사가 되다.
turn [or make] an honest shilling 정직하게 돈을 벌다.
shílling màrk 실링 기호(/)(실링과 펜스 사이에 표시, 예: 2/6 (2실링 6펜스)).
shílling shòcker 〖(英) (빅토리아조(朝) 후기의) 범죄[폭력] 소설; 선정적인 단편 소설.
shil·lings-worth [ʃíliŋzwə̀ːrθ] 〖 1 실링으로 살 수 있는 분량[것]; 1 실링의 가치.
shil·ly-shal·ly [ʃíliʃæ̀li] 〖Ⓐ 망설이다, 꾸물대다. ― 〖 우유부단, 망설임. ― 〖 우유부단한, 꾸물대는. ― 〖 망설이며, 꾸물거리며.
shi·ly [ʃáili] 〖 =shyly.
shim [ʃim] 〖 틈새를 막는 나무[금속] 조각, 사이에 끼우는 나무[금속]. ― 〖Ⓣ (-mm-) …에 나무[금속] 조각으로 틈을 메우다.
*****shim·mer** [ʃímər] 〖Ⓐ (반사하여) 아른아른 빛나다, 희미하게 빛나다; (열 따위로) 어른거리다. ⇨ SHINE
〖유의어〗 ― 〖 아른아른하는 빛, 희미한 빛. 「빛나는.
shim·mer·y [ʃíməri] 〖 아른아른 빛나는, 희미하게
shim·my [ʃími] 〖(美) 〖 1 시미(어깨나 허리를 흔들며 추는 미국의 재즈 춤). 2 (자동차 앞바퀴의) 심한 진동. 3 (구어) =chemise. ― 〖Ⓐ 〖 1 시미 춤을 추다. 2 흔들리다, 진동하다.
*****shin** [ʃin] 〖 1 정강이. 2 정강이뼈, 경골(脛骨). 3 (英) (소의 정강이살(shank). ― 〖 (-nn-) 〖Ⓣ 1 기어오르다. ¶ (~+前+名) ~ **up** a tree 나무에 기어오르다. 2 걷다, 뛰어 돌아다니다(about, along, off). ¶ (~+前+名) (~+副) ~ **along (the street)** (거리를) 걸어가다. ― 〖Ⓣ 1 …을 기어오르다(up). 2 …의 정강이를 차다. ¶ (~+目+前+名) ~ oneself **against** a rock 바위에 정강이를 부딪치다.
shin it [or away, off] 떠나다, 헤어지다.
Shí·nar [ʃáinəːr] 〖(성서) 성경 속의 지명(地名)(종종 Sumer와 동일시된다).
Shín Bèt 〖 이스라엘의 국내 안전부.

shin·bone [ʃínbòun] 〖 정강이뼈, 경골(脛骨).
shin·dig [ʃíndìg] 〖(구어) 떠들썩한 파티, 연회.
shin·dy [ʃíndi] 〖(구어) 법석, 소동; =shindig.
kick up a shindy 소동을 일으키다.
‡**shine** [ʃain] 〖 (~s [-z]; **shone** [ʃoun/ʃɔn], ~d; **shin·ing**) 〖Ⓐ 1 빛나다, 비치다, 빛을 내다: (반사광 따위로) 반짝이다(on). ¶ The moon ~s bright. 달이 밝게 빛난다 // (~+前+名) The sun **shone on** the water. 해가 수면에 비치고 있었다.

〖유의어〗 **shine** 빛이 변함없이 빛나거나 반사하다. **beam** 찬연하게 밝은 빛을 낸 채하다. **flash** 갑자기 순간적인 빛을 낸다. **glare** 쨍쨍 내리쬐다. **gleam** 매체를 통하여 또는 비교적 어두운 배경에서 약하게 빛나다. **glisten** 젖은 표면에서 비치듯이 반들반들 빛나다. **glitter** 강하게 번쩍번쩍 빛나다. **glow** 불꽃같이 밝은 빛을 낸다. **shimmer** 희미한 빛이 가물거리며 빛나거나 반사하다. **sparkle** 불꽃을 튀기며 빛나며, 강하게 glitter하다. **twinkle** 부드럽게 어른거리듯이 단속적으로 빛나다.

2 밝게 빛나다, 환하게 빛나다(with); (기쁨 따위가) 얼굴에 나타나다(out, through). ¶ (~+前+名) Happiness ~s **on** her face. =Her face ~s **with** happiness. 행복으로 그녀의 얼굴은 환히 빛나고 있다. 3 (구어) 이채를 띠다, 두드러지다, 탁월하다(in, at). ¶ (~+前+名) ~ **in** society[school] 사교계[학교]에서 이채를 띠다 / (~+as補) He ~s **as** a scholar. 그는 학자로서 출중하다. ― 〖Ⓣ 1 ~을 빛내다, 반짝이게 하다: (불빛·거울 따위를) 비추다(at, on, over, in). ¶ (~+目+前+名) S- your flashlight **on** my steps. 회중전등으로 내 발밑을 비춰다오. 2 (~d) (구어) (구두·식기 따위를) 닦다, …의 윤을 내다(up). ¶ ~ shoes 구두를 닦다.
improve the shining hour 시간을 잘 이용하다.
shine down …보다 우수하다. ¶ She ~s me **down**. 그녀 앞에서는 나도 초라한 모습이 된다.
shine on (美속어) 무시하다; 모른 체하다. 「러지다.
shine out (빛이) 확 비치다; (덕 따위가) 빛나다, 두드
shine up to [or around] a person (美구어) (* 과거형은 shined) ① (남)에게 환심을 사다, 아첨하다. ② (이성)에게 잘 보이려고 하다.
― 〖 1 Ⓤ 광채(光彩), 빛남, 빛. 2 Ⓤ 광택, 윤(luster). 3 〖 맑음; 맑게 갠 날씨. 4 (구두·마루의) 윤내기; 닦기. ¶ give a good ~ **to** one's shoes 구두를 반들반들 윤나게 닦다. 5 (~s) (구어) 장난, 희롱. 6 (속어) 소동. 7 (美속어) 흑인.
(come) rain or (come) shine; come rain, come shine; (in) rain or shine ⇨RAIN 〖
cut a shine (심하게) 장난치다. 「떨다.
kick up [or make] a shine 소란을 피우다, 법석을
make no end of a shine (속어) 대소동을 일으키다.
take a shine to [or for] (구어) …이 좋아지다, 마음에 들다.
take the shine off [or out of] (구어) ① …의 빛[광택]을 없애다. ② …을 무색게 하다.
shin·er [ʃáinər] 〖 1 빛나는 것; 출중한 사람, 이채를 띤 사람. 2 (속어) (매 맞아) 멍든 눈. 3 (복) ~(s) (美) 작은 은빛 담수어(淡水魚). 4 (英속어) 금화(金貨); (~s) 돈. 5 (~s) (비단·레이온 따위 직물의) 휘선(輝線). 6 (~s)(제지) 빛나는 반점. 7 (美속어) 주류 밀조[밀매]자, 8 (英속어) 창 닦는 일을 하는 사람.
*****shin·gle**[1] [ʃíŋgl] 〖 1 지붕널, 지붕 이는 널빤지. 2 (여성 머리의) 치켜 깎기, 싱글 컷. 3 (美속어) (의원·법률 사무소 등의) 작은 간판. 「돌았다.
be [or have] a shingle short (濠구어) 머리가 좀
hang out [or up] one's shingle; put [or set] up one's shingle (구어) (의사·변호사 등이) 개업하다, 간판을 내걸다.

──图曰 1 …을 지붕널[판자]로 이다. 2 [머리]를 치켜깎다.
shin·gle² [图①] (英) (해안의) 조약돌, 자갈; 자갈 해변.
shin·gles [ʃíŋglz] [图⑨] (단·복수 양용) (병리) 대상포진(帶狀疱疹).
shin·gly¹ [ʃíŋgli] [图] 판자로 지붕을 이은; 지붕 판자모양의.
shin·gly² [图] (英) 조약돌[자갈]이 많은.
shín guàrd [图] (보통 ~s) (운동선수의) 정강이 보호대.
shin·ing [ʃáiniŋ] [图] 번쩍이는, 빛나는; 이채를 띠는, 훌륭한. ¶ ~ talent 탁월한 재능 / a ~ example 훌륭한 예. ~·ly [부] ~·ness [图]
shin·ny¹ [ʃíni] [图] 시니 (하키를 단순화한 경기); 시니에 쓰는 타구봉. ── [图자] 시니 경기를 하다. (또는 shinney) 「(up).
shin·ny² [图자] (美구어) (나무 따위에) 기어오르다
shin·ny³ [图] (美속어) 술(liquor).
shín pàd [图] =shin guard.
shin·plas·ter [ʃínplæstər/-plɑ̀:s-] [图] 1 정강이 붙이는 고약. 2 (美) 소액 지폐; 가치가 하락한 지폐.
Shin·to [ʃíntou] [图] (일본의) 신도(神道). (또는 Shintoism) ── [图] (또는 Shintoistic) 신도의.
~·ist 신도 신자(信者)(의).
shin·ty [ʃínti] [图] =shinny¹.
‡**shin·y** [ʃáini] [图] 1 반짝이는, 빛나는(bright); 광택[윤기]이 나는. 2 햇빛이 쬐는, 맑게 갠. 3 (의복 따위) 오래 입어 반들반들한. ── [图] (美속어) 술(liquor).
shín·i·ly [부] **shín·i·ness** [图]
‡**ship** [ʃip] [图] 1 배, 함선(* 종종 여성으로 취급한다). ⓐ boat, vessel ¶ a capital ~ 주력함 / a hospital ~ 병원선 / a merchant ~ 상선 / the ~ of state 국가, 나라 / the ~ of the desert 사막의 배(낙타) / a ~'s doctor 선의(船醫) / the ~'s journal 항해 일지 / a ~'s officer 고급 선원 / launch a ~ 배를 진수(進水)시키다 / leave a ~ 배에서 내리다 / go out on [or in] a ~ 선편으로 떠나다. 2 (해사) (돛대가 셋 이상인) 대형 범선. 3 (집합적; 복수취급) (배의) (전)승무원, 선원; (때로) 승선객. 4 (美구어) 비행선; 비행기; 우주선.
About ship! 배를 돌려라!, 침로를 바꾸어라!
burn one's ships (behind one) 배수진을 치다.
by ship 선편으로. ¶ travel *by* ~ 배로 여행하다.
give up the ship ① 배를 버리다, 단념[항복]하다. ② 무리를 하다, 궁지에 빠지다.
jump ship ① (선원이) 배를 버리다; 배에서 달아나다. ② (단체·활동 따위에서) 이탈하다.
on board (a) ship 선상[배 위]에서, 배 안에. ¶ *go on board a* ~ 승선하다.
run a tight ship 좌지우지하다, 쥐고 흔들다. 「들.
ships that pass in the night 스치고 지나가는 사람
speak a ship (해사) 다른 배와 신호[통신]하다.
spoil the ship for a coat of tar; lose one's ship for a ha'p'orth of tar (속담) 기와 한 장 아껴 대들보 썩힌다.
take ship 승선하다; 배로 가다. 「면, 돈이 생기면.
when one's ship comes home [or in] 부자가 되── [图] (*-pp-*) 曰 1 …을 배에 싣다; …을 선편으로 보내다; (일반적으로) …을 수송하다. ¶ ~ cattle by railroad 소를 철도로 수송하다 // (~+ 目 + 前 + 名) The corn was ~*ped to* Africa. 곡물이 배로 아프리카에 수송되었다. 2 (배가) (파도를) 뒤집어쓰다. 3 …을 배 안에 넣다. ¶ ~ rigging 삭구(索具)를 배 안에 넣다. 4 (선원 등)을 고용하다. ¶ ~ a new crew 새로운 선원을 고용하다. 5 (배의 장비)를 제자리에 장치하다. ¶ ~ oars 노를 노자리에 걸다. 6 (사람)을 이동[전송]시키다, 쫓아버리다, 멀리 보내다; (물건)을 옮기다, 제거하다(*off*) (*to*). 7 (美속어) 해고하다. ── 囯 1 승선하다. 배를 타다. 2 선원이 되어 근무하다. ¶ (~+ 前 + 名) ~ *as* purser *on* an ocean liner 외국 항로 정기선의 사무장이 되다. 3 (먹을 것이) 수송에 견디다. ¶ Some fruit doesn't ~ well. 수송에 적합하지 않은 과일도 있다.
shíp wàter [or *a sèa*] 파도를 뒤집어쓰다.
ship off ⇒ 曰 1 ②.
ship òut ① (배로) …을 (외국에) 보내다[전송시키다]. ¶ ~ soldiers *out* to a foreign country 외국으로 파병하다. ② 배로 나라를 떠나다. ③ (구어) 그만두다. ④ (美속어) 해고당하다.
-ship [ʃip] [접미] 1 명사에 붙여 condition, character, office, skill 따위의 뜻의 추상 명사를 만든다. ¶ friend*ship*, king*ship*, leader*ship*, scholar*ship*. 2 형용사에 붙여 추상 명사를 만든다. ¶ hard*ship*.
ship bíscuit [brèad] [图] 선원용 건빵(hardtack).
ship·board [ʃípbɔːrd] [图⑨] 배; (고어) 뱃전.
on shipboard 선상(에서). ¶ *go on* ~ 승선하다.
ship·borne [ʃípbɔːrn] [图] 배로 운반된.
ship bòy [图] =cabin boy.
ship-brèak·er [-brèikər] [图] 선박 해체업자[회사].
ship bròker [图] 선박 중개인.
ship·build·er [ʃípbìldər] [图] 조선 기사, 조선업자; 조선 회사. 「[학].
ship·build·ing [ʃípbìldiŋ] [图⑨] 조선(업).
ship búrial [图] (고고) 선관장(船棺葬) (시체를 주형관(舟形棺)에 넣어 매장하는 법).
ship canàl [图] 선박용 운하.
ship chándler [图] 선구상(船具商).
ship chándlery [图] 선구업; (집합적) 선구.
ship decànter [图] (밑바닥이 넓은) 유리 포도주병.
ship fèver [图] 티푸스(typhus).
ship-fit·ter [ʃípfìtər] [图] (선박 부재(部材)의) 설치공(工), (함내의) 판금공(板金工).
shíp lètter [图] (우편선 이외의) 배로 탁송된 편지.
ship·load [ʃíploud] [图] 배 한 척분의 적하량[승객수]; 선화(船貨); 대량, 다수.
ship·man [ʃípmən] [图] (고어·시) 선원, 뱃사람(sailor); 선장. 「의) 선장.
ship·mas·ter [ʃípmæstər/-mɑ̀:s-] [图] 상선
ship·mate [ʃípmèit] [图] (같은 배의) 동료 선원.
*‡**ship·ment** [ʃípmənt] [图] 1 ⓤ 선적(船積); (화물의) 발송, 수송. ¶ ~ *by* railroad 철도 탁송. 2 ⓤⓒ 적하(積荷)(량), 탁송 화물. ⓐ freight.
ship mòney [图] (英역사) 함함세(建艦稅) (전시에 군함 건조비로 항구나 해변의 도시에 부과한 세금).
ship-own·er [ʃípòunər] [图] 선주, 선박 소유자.
ship·pa·ble [ʃípəbl] [图] 선적[해운]에 알맞은.
ship·pen [ʃípən] [图] (英방언) 외양간, 가축 우리.
ship·per [ʃípər] [图] 하주(荷主), 하송인(荷送人).
‡**ship·ping** [ʃípiŋ] [图ⓤ] 1 선적; 탁송. 2 해운업, 해상 운송업. 3 (집합적) 선박(수(數)), 상선; 선박 톤수. 4 (배의) 항해(업). 「[지점].
shípping àgent [图] 선박 운송 회사, 선박 회사 (대
shípping and hándling chàrges [图] (상업) (운임·포장·보험료를 포함한) 발송 제(諸)경비.
shípping àrticles [图⑥] 선원 고용 계약서.
shípping bìll [图] (상업) 화물 송장(送狀), 선하증권.
shípping clèrk [图] (화물의) 발송계.
shípping fòrecast [图] 해상 기상 예보.
shípping làne [图] 대양 항로.
shípping lìne [图] 해운 회사.
shípping màster [图] (英) (고용 계약 따위에 입회하는) 선원 감독관.
ship·ping-of·fice [-ɔ̀:fis/-ɔ̀f-] [图] 해운업 사무소.
shípping òrder [图] (무역) 적재(船積) 지시서.
shípping ròom [图] (회사·상점 따위의) 발송실.
ship·plane [ʃíplein] [图] 함재기(艦載機).
ship ràilway [图] 1 (수리 등을 위해 선박을 해상에서 육지로 올리는) 선박용 레일. 2 배 운반용 철도.
ship-rigged [-rígd] [图] (해사) 3개의 돛대에 가로돛
ship's àrticles [图⑥] =shipping articles. 「을 단.

ship's biscuit 명 =cabin biscuit.
ship's boat 명 구명 보트, 작업용 보트.
ship's boy 명 =cabin boy.
ship's company 명 (배의) 전(全)승무원.
ship's corporal 명 (英해군) 위병 병장.
ship·shape [ʃípʃèip] 형 정연한, 정돈된.
(all) shipshape and Bristol fashion (英) 깨끗이.
— 부 정연히, 말쑥하게.
ship's husband 명 (소유주 대리의) 선박 관리인.
ship·side [ʃípsàid] 명 선적[승선, 하선]장, 독.
ship's papers 명 선박 서류(선박 국적 증명·선원 명부·항해 일지·적하 목록 따위의 필요 서류).
ship's service 명 해군용 매점.
ship's stores 명 선박용품.
ship's time 명 〔해사〕 선박시(時)(선박이 쓰는 소재 표준시).
shipt. shipment. 〔지의 지방씨〕.
ship-to-shore [-təʃɔːr] 형 배에서 뭍으로의; 육지 사이의. — 부 배에서 육지로. — 명 배와 육지 사이의 무선기; (美俗) 무선 전화.
ship·way [ʃípwèi] 명 조선대(造船臺); =ship canal.
ship·worm [ʃípwəːrm] 명 좀조개.
***ship·wreck** [ʃíprèk] 명 1 ⓤ 난파, 난선(難船); ⓒ 조난 사고. ¶suffer[be saved from] ~ 난파하다[난파에서 구조되다]/They perished in a ~. 그들은 배의 조난 사고로 사라졌다. 2 난파선. 3 ⓤ 파멸, 파괴; 실패 (of). ¶the ~ of one's hopes 희망의 좌절.
make shipwreck of …을 파멸시키다, 망쳐놓다.
— 동타 1 (수동형으로) …을 난파[난선]시키다. ¶a ~ed vessel 난파선 / A few little boats were ~ed. 수척의 작은 배가 난파되었다. 2 …을 파멸[실패]하게 하다. ¶It ~ed his prosperous career. 그것으로 그의 양양한 앞길이 파탄을 당했다. — 자 1 난파[난선]하다. 2 파멸[실패]하다.
ship·wright [ʃíprait] 명 〔조선〕 선장(船匠), 조선공.
***ship·yard** [ʃípjɑːrd] 명 조선소.
shir [ʃəːr] 동타 (-rr-) =shirr.
Shi·raz [ʃiəráːz] 명 시라즈(이란 남서부의 도시; 근교에 Persepolis 등 고대유적이 많다).
shire [ʃaiər] 명 1 (영국의) 주(州)(현재의 county에 해당하는 행정 구역)(* 주로 county 이름의 어미로 쓰인다. 예: Hampshire, Yorkshire). 2 (the S-s) -shire를 어미로 하는 주의 총칭; (특히) 영국 중부 지방(초원이 많고 여우 사냥으로 유명). 〔용 말〕.
shire horse 명 샤이어 horse(원산의 강건한 농경마용 말).
shire town 명 (美) 군청 소재지; 상급 법원이 개정되는 도시.
shirk [ʃəːrk] 동타 〔일·의무·책임 따위〕를 회피하다, 피하다; 게을리하다(doing). ¶ ~ military service 병을 기피하다 // (~+-ing) ~ going to school 학교에 가기를 게을리하다. — 자 의무를 회피하다, 일의 무를 게을리하다(from). ¶ (~+前+名) ~ from one's duty 의무를 회피하다.
shirk away [or **out**] =shirker; 살금살금 내빼다[피하다].
— 명 =shirker; 책임 회피, 일의 기피.
shirk·er [ʃəːrkər] 명 게으름뱅이; 기피[회피]자.
Shir·ley [ʃəːrli] 명 **James** ~ 셜리(1596-1666: 영국의 극작가).
shirr [ʃəːr] 동타 1 (천)에 장식 주름을 잡다. 2 (달걀)을 얕은 접시에 익히다. ~ =shirring.
shirr·ing [ʃəːriŋ] 명 ⓤ 주름잡기; 장식 주름.
‡**shirt** [ʃəːrt] 명 1 (남자용) 와이셔츠, 셔츠. ¶work in one's ~ 셔츠 바람으로 일하다. 2 (美) 내의, 속옷. ¶Near [or Close] is my ~, but nearer [or closer] is my skin. (속담) (아무리 친할지라도) 남의 일보다 내 일이 더 중하다. 3 (美) =shirtwaist; (주로 남성용). 〔빼는〕.
(as) stiff as a boiled shirt (태도가) 딱딱한, 점잔 빼는.
bet [or **lay, put**] **one's shirt on** (속어) [경주마 따위] 에 있는 돈을 몽땅 걸다; 확신하다. 「게 하다.
get a person's **shirt out** [or **off**] (구어) 남을 화나
give a person **a wet shirt** 땀이 나도록 남을 부리다.
give a person **the shirt off** one's **back** (구어) 남에게 무엇이든 주어 버리다.
have not a shirt to one's **back** 입을 셔츠도 없다.
have [or **get**] one's **shirt out** [or **off**] (속어) 화내다, 짜증내다.
in one's **shirt sleeves** 상의를 벗고, 셔츠 바람으로.
keep one's **shirt on** (구어) (보통 명령형으로) 냉정해라, 화내지 마라.
lose one's **shirt** (구어) (노름 따위로) 무일푼이 되다.
stripped to the shirt 셔츠 바람으로, 몸에 걸친 것을 몽땅 털리고.
the shirt off one's **back** 마지막 재산.
— 동타 …에게 셔츠를 입히다[입게 하다]. 〔소맷부리〕.
~·less 형
shirt·band [ʃəːrtbænd] 명 와이셔츠의 깃; 셔츠의
shirt·blouse [-blàus] 명 =shirtwaist 1.
shirt·dress [-drès] 명 =shirtwaist 2.
shirt·ed [ʃəːrtid] 형 와이셔츠[셔츠]를 입은.
shirt front 명 와이셔츠의 가슴 부분; 가슴판(dickey).
shirt·ing [ʃəːrtiŋ] 명 와이셔츠감. 「(shirt-jac)
shirt jacket 명 셔츠 재킷(셔츠 모양의 상의). (또는
shirt-lift·er [-lìftər] 명 (濠속어) 남자 동성 연애자.
shirt·mak·er [ʃəːrtmèikər] 명 셔츠 제조(업자); (美) 남자 와이셔츠 비슷한 여자용 블라우스(shirtwaist).
shirt-off-his-back [-ɔfhisbæk] 형 매우 헌신적인, 지나치게 친절한.
shirt-sleeve [-slìːv] 형 1 상의를 입지 않은, 와이셔츠 바람의. 2 솔직한, 빼기지 않는; 비공식적인. ¶ ~ diplomacy 비공식 외교. 3 세련되지 않은, 속된; 실제적인, 실무적인. ¶ ~ philosophy 통속 철학. (또는 **shirt-sleeves**[-sleeved]) — 명 와이셔츠 소매.
shirt suit 명 셔츠 수트(셔츠 재킷과 그것에 어울리는 바지로 된 캐주얼 수트).
shirt·tail [ʃəːrttèil] 명 1 와이셔츠 자락. 2 〔저널리즘〕 (기사 끝에 추가하는) 간단한 관련 기사.
hang onto a person's **shirttail** 남에게 전적으로 매달리다.
shirt·waist [ʃəːrtwèist] 명 (美·캐나다) 1 (여성용) 와이셔츠식의 블라우스. 2 (또는 ~ **dress, shirt-waister**) 와이셔츠식 드레스(위쪽이 와이셔츠형으로 된 원피스).
shirt·y [ʃəːrti] 형 (英·濠속어) 기분이 좋지 않은, 화난.
shish ke·bab [ʃíʃ kəbàb/-bæb] 명 시시커밥(불고기 요리의 일종). (또는 **shish kabob**)

[shirtwaist]

shit [ʃit] 명 (속어·비어) 1 똥, 대변. 2 배변(排便). 3 엉터리, 거짓말. 4 ⓒ 쓸모없는 것, 보잘것없는 인간, 동쌀 놈. 5 (美) 마약, 헤로인. 6 (the ~) (美) 멋진[대단한] 것[사람]. ¶ He thinks he's the ~. 그는 자기가 대단한 존재라고 생각하고 있다.
a bit of a shit (美) 지겨운 녀석.
act like one's **shit doesn't stink** 잘난 체 뻐기다, 거드름피우다.
beat [or **kick, knock**] **the** (**living**) **shit out of** (美) …을 늘씬하게 패주다, 찍 소리도 못할 정도로 두들겨 패다.
catch shit 호되게 야단맞다.
clean up one's **shit** (美) 개과천선하다.   「하다.
eat [or **take**] **shit** (美) 굴욕을 참다, 싫은 일을 감수
feel like a shit 자기가 싫어지다, 자기 혐오에 빠지다.
feel like shit 기분이 나쁘다.   「다.
frighten [or **scare**] **the shit out of** a person 남을 흠칫하게[벌벌 떨게] 하다.
full of shit 거짓[허풍]투성의.

get [or **have**] *one's* **shit together** (일·생활에서) 잘[야무지게] 하다; 마음을 가다듬다 ; 신변의 일을 정리하다.
grip *a person's* **shit** 남을 불쾌하게 하다.
have shit for brains (美) 구제 불능의 돌대가리다.
in shit order 깨끗이, 많이 채워넣다. [색인.
in the shit 어려운 지경이 되어.
like shit 지독한[히]; 필사적으로; 절대로 …않는, 질
like shit through a tin horn (美) 맹렬히, 죽죽.
look like ten pounds of shit in a five-pound bag (美) (꼭 끼는 옷을 입고) 단정치 못한 꼴을 하고 있다; 너무 많이 채워넣다. [장!, 이크!
no shit (놀람·불신·비웃음을 나타내어) 제기랄!, 젠
not care a flying shit (…따위는) 전혀 개의치 않 [다.
not…for shit 못하다[안하다].
not give a shit 조금도 신경 쓰지 않다.
not worth a shit 전혀 가치가 없다.
shit for the birds 시시한 소리[허풍].
Shit on…! …따위 알게 뭐냐.
shit on wheels (美) 아주 콧대 높은 녀석.
shoot the shit (美) 말 같지 않은 소리를 지껄이다.
shovel (**the**) **shit** (美) 터무니없는 허풍을 떨다, 시
take a shit 똥누다. [시한 소리를 늘어놓다.
talk shit (美) 욕을 하다; 허풍 떨다, 말 같지 않은 소
than shit 지독히. [리를 하다.
the shit hits the fan 큰일나다, 긴급 사태가 일어나다, 궁지에 몰려. [궁지에 몰려.
up shit [or **shit's**] **creek** (**without a paddle**) 궁지에 몰려.
What [**Who**, *etc.*] (**in**) **the shit…?** 도대체 무엇이 [누가]…?
worth (**a**) **shit** 조금은 (가치있는) (부정문에서) 티 [끌만큼도…않은.
── 图 (~, **shat**; ~**ting**) (속어·비어) 困 ① 똥누다; 쇼크를 주다. ② (남에게) 가혹하게 대하다(*on*). ③ (남을) 경찰에 밀고하다(*on*). ― 他 1 …에 똥을 싸다. 2 …에게 실없는 소리를 하다. 3 (남)을 밀고하다, 경찰에 고자질하다. 4 (남)에게 (남)을 놀리다; 속이다.
be shat on 야단맞다, 경치다; 혼나다.
shit a brick [or **bricks, bullets**] ① (변비로) 몹시 굳은 똥을 누다. ② 지독히 고생[격정]하다.
shit around 빈둥거리다, 농땡이부리다.
shit hot 아주 좋다, 근사하다.
shit on *a person* (남)을 몹시 꾸짖다; 비난하다; (남)을 (경찰 등에) 밀고하다. [리다.
shit oneself ① 깜짝 실수하다. ② (무거워서) 흠칫거
shit on *one's* **own doorsteps** 성가신 일을 자초하
Shit or get off the pot! 최후까지 해라. [다.
── 圈 (美) 진절머리 날 정도로 많은.
── 問 (美) 체!, 빌어먹을!, 우라질! [않은.
shit-all [＜ɔ́ːl] 图 (비어) 조금도[전혀, 눈곱만큼도]…
shit·ass [＜ǽs] 图 (비어) 치사한[비열한] 녀석, 악당.
── 圈 (비어) 비열한 짓을 하는. [통집, 뒷간.
shit·bag [ʃítbæg] 图 (비어) (사람의) 배, 몸통; (~s)
shit·box [ʃítbɑks/-bɔ̀ks] 图 (속어) 화장실.
shit·head [ʃíthed] 图 (비어) 빌어먹을 녀석, 똥 같은 놈; 마리화나[대마초] 상용자.
shit·heel [ʃíthiːl] 图 (비어) 비열한 녀석, 악당, 고얀 놈. (또는 **shithook**) [잘하는; 발군의.
shit-hot [＜hát/-hɔ́t] 图 (비어) 되게 열심인; 되게
shit·house [ʃíthaus] 图 (비어) 변소; 메스껍도록 더러운 곳.
a shithouse full of… (美) 굉장히 많은 …, 지독도
── 圈 시시한, 지독한, 최저의. [록 운, 때를 못 벗은.
shit·kick·ing [ʃítkikiŋ] 图 (비어) 거칠고 촌스러운.
shit·less [ʃítlis] 图 (비어) 똥도 못 쌀 몹시. ¶ scared ~ 몹시 놀라서.
shit·load [ʃítloud] 图 (보통 a ~) 대량, 다수, 잔뜩.
shit-scared [＜skéərd] 图 (비어) 질겁을 한.
shit stàin 图 (비어) 치사한[비열한] 녀석.
shit·sure [ʃítʃùər] 图圖 절대로 틀림없는[없이], 확

신을 가진[가지고] (*of*); 절대로; (강조적으로) 그렇고 말고, 물론이야, 옳소.
shiv [ʃiv] 图 (속어) 날붙이, 칼, 나이프.
Shi·va [ʃíːvə] 图 (힌두교) 시바(Siva).
shiv·a·ree [ʃívəriː] 图 1 (신혼 부부를 위하여) 냄비나 놋대야를 두드리며 놀려대기. 2 (구어) 야단법석.
‡shiv·er[1] [ʃívər] 图(困) (~s [-z]) 1 (추위·공포·흥분따위로) 떨다, 몸서리치다(*from, with*). ⇨ SHAKE 유의어 ¶ (~+前+图) ~ **with** cold 추위로 떨다. [해사] (바람에 돛이) 떨리다, 펄럭이다. ── 图 (~, ~s [-z]) 1 몸서리치기, 전율. 2 (the ~s) 한기, 오한; 오싹한 느낌.
give *a person* **the shivers** (구어) (남)을 오싹하게 하다.
send shivers [or **a shiver**] **up** [or **down, up and down**] 등골을 오싹하게 하다; (공포로) 가늘
~**·er** 图 [이 떨리게 하다.
shiv·er[2] [ʃívər] 图他 …을 산산조각으로 부수다, 조각을 내다. ── 圓 산산조각이 되다, 부서지다. ── 图 (보통 ~s) 파편, 조각. [지다.
break in [or **into**] **shivers** 박살나다, 산산이 부서
shiv·er·ing [ʃívəriŋ] 图 떨림, 몸서리침. ── 圈 떨고 있는, 떨리는, 전율하는. ¶ a ~ fit 오한.
~**·ly** 副 떨려서, 몸서리쳐서.
shiv·er·y[1] [ʃívəri] 图 잘 떠는; 떨기 쉬운, 곧잘 떠는; 오슬오슬 추운, 한기를 느끼는.
shiv·er·y[2] 图 부서지기 쉬운, 무른(brittle).
shlep [ʃlep] 图(동) =schlep.
shlock [ʃlɑk/ʃlɔk] 图圈 =schlock.
shlook [ʃluk] 图 (美속어) 대마초의 한 대. ── 图 (대마초를) 피우다.
shmen [ʃmen] 图(美) (美속어) 신입생(freshmen).
*shoal[1] [ʃoul] 图 1 (바다나 강의) 물이 얕은 곳, 여울, 여울목; 주(洲); 사주(砂洲). ¶ **deeps** and ~**s** 깊은 곳/**strike** [or **strand**] **on** a ~ 여울에 배가 올라섰다. 2 (~s) 숨은 위험[장애물], 함정. ── 圈 얕은. ── 图他 1 …을 얕게 하다. 2 [해사] (배)를 얕은 곳으로 가게 하다.
shoal[2] 图 1 (보통 ~s) (구어) (사람·물건의) 떼, 다수, 다량. ¶ ~**s of** people 많은 사람들 / ~**s of** butter 다량의 버터. 2 어군(魚群). ⇨ FLOCK[1] 유의어. ── 图困 떼를 짓다, 무리를 이루다.
in shoals 떼를 지어, 많이, 대량으로.
shoal·y [ʃóuli] 图 얕은 곳[여울]이 많은.
shoat [ʃout] 图 1 (젖 떨어진) 새끼 돼지. 2 양과 염소의 교배종(geep).
‡shock[1] [ʃɑk/ʃɔk] 图 1 충돌, 격돌; 충격, 격렬한 진동. ¶ the ~ of an earthquake 지진의 충격. 2 ⓊⒸ (마음의) 충격, 타격, 동요, 경악; 분개. ¶ to one's ~ 놀랍게도 / receive [or **get**] a ~ 쇼크를 받다 / a ~ **of** grief 슬픔의 타격, 심한 비탄 / give a person a ~ 남을 놀라게 하다. 3 충격[타격]을 주는 사건. ¶ His death was a great ~ **to** his friends. 그의 죽음은 친구들에게 큰 충격이었다. 4 Ⓤ [병리] a) 쇼크, 충격. ¶ **die of** ~ 쇼크사(死)하다. b) (구어) 마비; 졸중. 5 (감전에 의한) 쇼크, 전격(電擊). ¶ **get an electric** ~ 감전되다. 6 (종종 ~s) (구어) = ~ **absorber**. 7 Ⓤ [의학] = ~ **therapy**.
come as a shock 쇼크를 느끼다; 정신적 충격을 받다.
── 图 (~**ed** [-t]) 他 1 …에 충격[타격]을 주다, …을 깜짝 놀라게[소름끼치게] 하다(*at, by, about, to do, that*) (때); …을 분개하게 하다. ¶ His bad language ~ed everyone there. 그의 못된 입버릇에 그곳에 있던 모든 사람들이 아연실색했다 // I was ~ed **at** the news. 그 뉴스를 듣고 나는 놀랐다 // (~+to do) They were ~ed **to** hear of his scandal. 그에 대한 추문을 듣고 그들은 깜짝 놀랐다. 2 (남)을 깜짝 놀라게 하여 …한 상태에 빠뜨리다(*into*). ¶ be ~ed **into** silence 충

격을 받아 말문이 막히다. **3** (고어) 세게 부딪치다, 격돌하다. **4** (보통 수동형으로) …을 감전시키다. —⑨ 격돌하다; 쇼크를 받다, 동요하다.

shock² ⑨ **1** 곡물의 단을 쌓은 가리, 볏가리. **2** (美) 옥수수 가리. —⑨⑩ …을 볏가리로 하다, 다발지어 쌓다; [옥수수 따위]를 다발로 묶다.

shock³ ⑨ **1** ① 엉클어진 털, 난발(亂髮). **2** =∼ dog. —⑨ 털이 엉클어진. ¶a ∼ head 텁수룩한 머리.

shóck absòrber ⑨ [기계] 완충기, 완충 장치.
shóck àction ⑨ [군사] 충격 작전, 급습.
shóck còrd ⑨ (항공 모함 따위의) 완충 고무줄.
shóck dòg ⑨ 털이 길고 텁수룩한 개.
shock·er [ʃákər/ʃɔ́k-] ⑨ (구어) **1** 쇼크를 주는 사람[것], 오싹하게 하는 사람[것]. **2** 선정적인 소설[기사, 영화 따위]. **3** =shock absorber. 「충격파면(面).
shóck frònt ⑨ **1** [물리] 충격파의 전면. **2** [천문]
shock·head·ed [ʃákhèdid/ʃɔ́k-] ⑩ 머리털이 흩어진, 머리가 텁수룩한.
shock-hor·ror [ʧɔ̀:rər, -hàr-] ⑩ (익살) (신문 표제가) 선정적인, 센세이셔널한, 충격적인.
*__shock·ing__ [ʃákiŋ/ʃɔ́k-] ⑩ **1** 충격을 주는, 충격적인, 쇼킹한, 소름끼치는. ¶the ∼ news of his death 그의 죽음에 대한 충격적인 소식. **2** 어이없는, 불쾌한. **3** 고약한, 지독한. ¶a ∼ voice 형편없는 목소리/a ∼ coward 지독한 겁쟁이. —⑨ (구어) 매우, 아주. ¶∼ hot 아주 더운/a ∼ poor play 아주 초라한 연극.
∼·ly ⑨ ∼·ness ⑨

shócking pínk ⑨ 선명하고 아주 밝은 핑크.
shócking-pínk ⑩

shóck jòck ⑨ (과격하거나 야한 발언으로 인기가 있는) 라디오의 디스크자키.
shóck probàtion ⑨ 쇼크 요법적 보호 관찰.
shock·proof [ʃákprùːf/ʃɔ́k-] ⑩ (시계·기계 장치 따위가) 내진성(耐震性)의, (또는 **shóck-pròof**)
—⑨⑩ [시계 따위]를 충격에서 보호하다.
shock-re·sist·ant [-rizístənt] ⑩ 내(耐)충격성의.
shock-rock [-rák/-rɔ́k] ⑨ 쇼크록(쇼크를 줄 만한 연주·복장·소품의 록음악).
shóck stàll ⑨ [항공] 충격파(波) 실속(失速).
shóck tàctics ⑩⑧ (단·복수 양용) **1** [군사] 급습 전술. **2** (비유적) 갑작스런 난폭한 행동[동작].
shock-test [-tèst] ⑨⑩ (기기(機器)·재료의) 내(耐) 충격 테스트를 하다. 「법(정신병의 치료법).
shóck thèrapy [trèatment] ⑨ [의학] 충격 요
shóck tròops ⑨⑧ [군사] 돌격 부대, 특공대.
shóck tùbe ⑨ 충격파관(管)(실험실에서 충격파를 만드는 장치). 「반향.
shóck wàve ⑨ [물리] 충격파; (대사건 등의) 여파.
send [**spread**] **shock waves through** …에 충격을 주다.
shóck wòrkers ⑨⑧ (옛 소련의) 특별 작업대(표준 이상의 작업을 행한다). (또는 **shóck-brigàde**)
shod [ʃad/ʃɔd] ⑩ shoe의 과거·과거분사.
—⑩ 신발[구두]을 신은; 타이어를 끼운.
shod·den [ʃádn/ʃɔ́dn] ⑩ shoe의 과거분사.
shod·dy [ʃádi/ʃɔ́di] ⑨⑩© **1** 재생한 털실, 재생 모직물(= mungo). **2** 가짜, 위조품, 값싼 물건. —⑩ **1** 재생 털실[모직물]의. **2** 조잡한, 가짜의.
-di·ly ⑨ -di·ness ⑨

‡shoe [ʃuː] ⑨ (⑧ ∼s [-z]) **1** 신, 구두; (英) 단화 ((美) low ∼)(⑧ boot¹). ¶a pair of ∼s 구두 한 켤레/ have one's ∼s on 구두를 신고 있다(take off] one's ∼s 구두를 신다[벗다]. **2** 편자(horseshoe); 구두 모양의 물건, (썰매 따위의) 미끄럼쇠. **3** (지팡이·장대 따위의) 끝에 씌운 쇠, 물미. **4** 타이어의 겉saying. **5** (바퀴의) 제동자(制動子)(drag). **6** (원래 중국의) 마제은(馬蹄銀), 말굽은, (전동차의) 집전(集電) 장치. **7** [가구의 다리 아래쪽에 붙인 보호·장식용] 금속 커버. **9** [건

축] 물받이. **10** (∼s) 경제[사회]적 지위; 입장, 관점. **11** (美속어) 사복 형사; 위조 여권.

another (pair of) shoes 전혀 다른 것, 별개 문제.
as good a man as ever trod shoe leather ⇨ SHOE LEATHER.
Blast my old shoes (if I don't). (구어) 정말이야.
dead men's shoes 후계자가 탐내는 지위[재산].
die in *one's* **shoes; die with** *one's* **shoes on** ① 변사(變死)하다. ② 교수형당하다. 「리를 하다.
drop the other shoe (주로 좋지 않은 일의) 끝마무
fill *a person's* **shoes; fill the shoes of** *a person* 남을 대신하다.
If the shoe [or (英구어) **cap**] **fits, wear it.** 자기에게 맞는 것이 제일 좋은 것이다; 그 말이 옳다고 생각되거든 그대로 따르게.
in *a person's* **shoes** 남의 입장이 되어, 남을 대신하여.
lick *a person's* **shoes** ⇨ LICK. 「넣어두지 않다.
not give up the shoe (美) 일을 그만두지 않다, 단
Over shoes, over boots. ⇨ BOOT¹.
over [or **up to**] **(the) shoes** 몰두하여.
put *oneself* **in** [or **into**] *a person's* **shoes** 남의 입장이 되어 생각하다.
put the shoe on the right [or **proper**] **foot** 책망할 만한 사람을 책망하다, 칭찬할 만한 사람을 칭찬
save shoe leather ⇨ SHOE LEATHER. 「하다.
shake [or **tremble**] **in** *one's* **shoes** 부들부들 떨다, 겁내다.
step into *a person's* **shoes** 남의 후임이 되다.
The shoe is on the other foot. 사정[형세]은 역전(逆轉)되고 있다.
wait for *a person* **to drop the other shoe for; wait the other shoe to drop** (구어) 결말을 확정적으로 예측하다; 마음 졸이며 기다리다.
wait for dead men's [or **a dead man's**] **shoes** 남의 유산[지위]을 노리다.
where the shoe pinches [or **wings**] (*one*) 재앙·슬픔 따위의 원인. ¶*Only the wearer knows where the* ∼ *pinches.* (속담) 진짜 고생은 당해 본 사람만이 안다.
—⑧⑩ (∼s [-z]; **shod** [ʃad/ʃɔd], ∼d; **shod**, ∼d, **shod·den** [ʃádn/ʃɔ́dn]) **1** …에 구두를 신기다 (*with*): (말)에 편자를 박다. **2** …끝에 쇠붙이를 달다; …에 물미를 달다.

shoe·black [ʃúːblæ̀k] ⑨ (英) 구두닦이(bootblack).
shoe·box [ʃúːbàks/-bɔ̀ks] ⑨ (두꺼운 종이의) 구두 상자; 상자형(型) 건조물[주택, 빌딩].
shoe·brush [ʃúːbrʌ̀ʃ] ⑨ 구둣솔.
shóe bùckle ⑨ 구두 죄는 쇠불이.
shoe·horn [ʃúːhɔ̀ːrn] ⑨ 구둣주걱. —⑧⑩ 좁은 장소로 밀어넣다[쑤셔넣다].
shoe·lace [ʃúːlèis] ⑨ 구두끈.
shóe lèather ⑨ 구두 가죽; (집합적) 구두.
as good a man as ever trod shoe leather 누구 못지않게 착한[정직한] 사람.
save shoe leather (버스를 타는 등) 될 수 있는 대로 걷지 않다. 「수선공.
*__shoe·mak·er__ [ʃúːmèikər] ⑨ 제화공[업자], 구두
shoe·mak·ing [ʃúːmèikiŋ] ⑨① 구두 제조(업), 구두 수선(업). 「키.
shóe pòlish ⑨ 구두약; (美속어) (싸구려) 술, 위스
sho·er [ʃúːər] ⑨ 편자공(工).
shoe·shine [ʃúːʃàin] ⑨ (美) 구두닦기(英) boot polish); 닦은 구두의 광택. -**shìn·er**
shóeshine bòy ⑨ (美속어) 구두닦이 소년.
shoe·string [ʃúːstrìŋ] ⑨ **1** 구두끈. **2** (구어) 적은 돈[자본]. **3** (∼s) =∼ potatoes.
on a shoestring (구어) 약간의 돈으로.
—⑩ (재원이) 거의 없는; 아슬아슬한, 겨우 자라는;

shoestring catch 〖야구〗 땅을 스치는 듯한 공 [을 잡기.] 구둣끈 모양의.
shóestring càtch 〖야구〗 땅을 스치는 듯한 공 [을 잡기.]
shóestring majórity 〖정 겨우 되는 과반수. 「김.
shóestring potátoes 〖정 잘게 썬 감자 튀
shoe·tree [ʃúːtriː] 〖정 (모양 보존을 위해 넣어두는).
sho·far [ʃóufər] 〖정 (유대교) 뿔피리. 「구들.
sho·gun [ʃóugən, -gʌn, -guːn] 〖정 〖일본 역사〗 (막부(幕府)의) 쇼군(將軍). —**al** 〖정
sho·gun·ate [ʃóugənət, -nèit] 〖정 쇼군직(職); 쇼군 정치, 막부(幕府).
Sho·lo·khov [ʃɔ́ːləkɔ̀ːf, -kɑ̀f/-kɔ̀f] 〖정 **Mikhail Aleksandrovich ~** 솔로호프(1905–84; 러시아의 소설가; 노벨 문학상(1965)).
‡**shone** [ʃoun/ʃɔn] 〖정 shine의 과거·과거분사.
shoo [ʃuː] 〖정 쉬, 쉬이(새 따위를 쫓는 소리).
—〖정 쉬이라고 하다. (…을) 쉬이 하고 쫓다.
shoo-fly [ʃúːflài] 〖정 1 어린이용 흔들의자. 2 〖철도〗 가설 선로. 3 〖정〗 당밀 파이(~ pie).
shoo-in [-ìn] 〖정 〖구어〗 아버지의 경마의 우승마); 승리가 확실한 후보자(경쟁자); 낙승할 수 있는 경기.
shook¹ [ʃuk] 〖정 1 〖통·가구 따위를 짜는〗 한 벌의 판자. 2 〖밀·옥수수 따위의〗 단을 쌓아올린 더미. —〖정 타…의 판 널을 다발지다; 다발지다.
shook² 〖정 shake의 과거. —〖정 〖정〗 =shook-up.
shook-up [-ʌ́p] 〖정 〖속어〗 충격을 받은, 동요된, 당황한; 흥분한, 들뜬.
‡**shoot**¹ [ʃuːt] 〖정 (shot) 타 1 〖사람·동물 등〗을 〖총·활 따위로〗 쏘다; 쏘아 잡다, 사살하다, 총살하다(in, through). ¶ ~ a bird 새를 쏘다 // ~ oneself 〖총으로〗 자살하다 // (~ +몸 +前 +圓) He was shot in the left arm. 그는 왼팔에 총을 맞았다 // (~ +몸 +圓) (~ +몸 +前 +圓) ~ a person dead; ~ a person to death 남을 사살하다 // (~ +몸 +圓) He had his arm shot off. 그는 포탄에 팔을 잃었다.
2 〖총·대포〗를 쏘다, 〖탄환〗을 발사하다, 〖화살〗을 쏘다 (off)(at, to). ¶ ~ a gun 총을 쏘다.
3 〖질문 따위〗를 쉴 새 없이 연발하다〖퍼붓다〗(at). (~ +몸 +前 +圓) ~ question after question at a person 남에게 연속적으로 질문을 퍼붓다.
4 〖어떤 장소〗에서 사냥하고 다니다; 〖사냥감〗을 쏘다. ¶ ~ a woodland 숲에서 사냥하다.
5 〖급류 따위〗를 쏜살같이 통과하다, 쏜살같이 내려가다. ¶ ~ the rapids in a canoe 카누를 타고 급류를 내려가다.
6 〖빛〗을 발하다; 〖그물·시선 따위〗를 던지다; 〖용암·가스 따위〗를 분사(噴射)하다. ¶ ~ a fishing net 투망을 치다 // (~ +몸 +前 +圓) ~ a light on the stage 광선을 무대에 비추다. 7 〖짐 따위〗를 내던지다(out); 〖손·발 따위〗를 내밀다(out); 〖초목이〗 〖싹〗을 내다(forth, out). ¶ ~ an anchor 닻을 내리다 // (~ +몸 +圓) ~ out buds 싹이 트다 // (~ +몸 +前 +圓) He shot his finger at my nose. 그는 내 코 앞에 손가락을 들이댔다. 8 〖스포츠〗 〖공 따위〗를 숫하다; 〖구슬·주사위 따위〗를 튕기다, 던지다. 9 〖사진〗 …의 사진을 찍다; 〖영화 따위〗를 촬영하다(film). 10 〖천체〗의 고도를 측정하다. 11 〖보통 수동형으로〗 …에 다른 색의 실 따위를 섞어 짜다, 다른 것을 혼합하다(with). ¶ (~ +몸 +前 +圓) silk shot with gold 금실을 섞어 짠 견직물 / a story shot with humor 유머가 섞인 이야기. 12 〖빗장 따위〗를 걸다, 끼우다. 13 〖대패로〗 〖목재〗를 곱게 밀다. 14 〖항공〗 〖조종〗을 되풀이해서 연습하다. 15 〖속어〗 …을 건네〖넘겨〗주다(pass); 보내주다. ¶ S– the salt to me. 소금을 건네 주시오. 16 …에게 예방 주사를 놓다; 〖속어〗 〖마약〗을 주사하다. 17 〖폭약〗을 폭발시키다; 〖석탄·석유〗를 폭파하여 채굴하다. 18 〖법안 따위〗를 거부〖각하〗하다. 19 〖속어〗 〖생각·계획 따위〗를 단념하다, 집어치우다. 20 〖비어〗 〖정액〗을 방출하다. ¶ ~ the stuff 사정하다. 21 〖속어〗 〖음식물〗을 토하다. 22 〖레이스 따위에서〗 〖상대〗를 앞지르다.

—재 1 쏘다, 발사하다, 사격하다(at); 〖총으로〗 사냥하다. ¶ ~ wide of the mark (탄환 따위가) 표적에서 멀리 빗나가다 / S– to kill ! 쏴 죽여라! // He ~s well [ill]. 그는 사격 솜씨가 좋다[나쁘다] // (~ +前 +圓) ~ at a target [bird] 표적[새]을 쏘다. 2 〖총에서〗 탄환이 튀어나가다. 3 세차게 날다〖나아가다〗, 돌진하다, 쏜살같이 지나가다, 번쩍이다; 분출하다(out, forth, along, in, up)(from). ¶ (~ +圓) Flames shot up from the burning house. 불난 집에서 불길이 확 치솟아 올랐다 / A motorboat shot past. 모터 보트가 세차게 지나갔다 // (~ +前 +圓) A glance shot from his eyes. 그는 흘깃 시선을 보냈다 / Blood shot from the wound. 상처에서 피가 터져나왔다. 4 〖초목이〗 싹트다, 발아(發芽)하다; (쑥쑥) 성장하다(forth, out, up, upward). ¶ (~ +圓) The leaves have begun to ~ forth. 나뭇잎의 새싹이 돋기 시작했다. 5 〖곳 따위가〗 돌출하다; 〖산 따위가〗 우뚝 솟다(out)(into). ¶ (~ +圓) (~ +前 +圓) a cape ~ing out into the sea 바다로 돌출한 곳 / The mountain ~s up against the blue sky. 산이 푸른 하늘에 우뚝 솟아 있다. 6 〖사진〗 사진을 찍다; 〖영화〗 촬영하다. 7 〖스포츠〗 슛하다. 8 몸이 욱신거리다, 쑤시듯이 아프다. ¶ (~ +前 +圓) A sharp pain shot through me. 격심한 통증이 나의 전신을 쑤셨다. 9 〖총〗 〖마약을 정맥에〗 주사하다, 약을 쓰다(up)(on). 10 〖비어〗 사정하다. 11 〖정구어〗 말을 꺼내다: 〖명령문에서〗 시작하다, 말하기 시작하다. 12 〖동물 따위가〗 사지를 뻗다, 죽어 뻗다.

(all) shot to pieces 〖구어〗 엉망진창이 되어, 대혼란에 빠져. 「다, …이 섞여 있다.
be shot (through) with 〖구어〗 …로 가득 차 있
I'll be shot if… 〖강한 부정·거절〗 만일 …이면 죽어도 좋다; 절대로 …은 아니다.
shoot a card 〖속어〗 명함을 놓아두다.
shoot ahead ① 힘차게 나아가다; (…을) 앞지르다 (of). ② 〖제품 따위가〗 개발되다.
shoot a line ⇨LINE¹.
shoot…(all) to hell 〖구어〗 …을 완전히 사살하다 〖파괴하다〗; …을 엉망진창으로 만들다.
shoot at [or for] …을 겨냥하여 쏘다; 〖미구어〗 …을 달성하려고 애쓰다. 「쏘다.
shoot away ① 〖탄약〗을 다 쏘아버리다. ② 잇따라
shoot down ① …을 쏘아 떨어뜨리다, 격추하다, 쏘아 죽이다. ② 〖토론 따위에서〗 〖상대〗를 완전히 이기다.
shoot fire 〖눈이〗 반짝이다.
shoot first and ask questions afterwards [or later] 우선 발포해 놓고 자기의 정당성을 확인하다 (냉혹한 처사에 대해 하는 말).
shoot from the hip 조급하게 말하다〖행동하다〗.
shoot home 표적을 맞추다.
shoot in 〖보병 부대 따위의〗 엄호 사격을 하다.
shoot it out 〖속어〗 분쟁 따위를 무력으로 해결하다; 결말이 날 때까지 쏘다〖싸우다〗.
shoot off ① (차가) 급발진하다, (사람이) 급히 움직이다〖떠나다〗. ② 발포하다 (for). ③ 〖비어〗 사정(射精)하다. ④ …을 쏘아서 떼어내다〖파괴하다〗. ⑤ 〖총〗을 공중을 향해 발사하다; 〖꽃불 따위〗를 쏘아올리다.
shoot off one's [or at the] mouth [or face] 〖속어〗 ① 경솔하게 말하다, 무심코 말해 버리다. ② 과장해서 말하다, 허풍 떨다.
shoot one's wad ① 가진 돈을 다 써 버리다. ② 마음에 있는 것을 다 말해버리다.
shoot out ① 〖손·발 따위〗를 불쑥 내밀다. ② 〖곶 따위가〗 돌출하다. ③ …을 무력으로 해결하다.
shoot straight [or square] 〖구어〗 (…에 대해) 공정〖정직〗하게 처신하다 (with).
shoot the breeze ⇨BREEZE¹.
shoot the bull [or crag] ⇨BULL¹.

shoot the cat (속어) 토하다, 게우다.
shoot the crow (스코 속어) 도망가다, 야반 도주하다.
shoot the moon ⇒MOON.
shoot the shit (미) ⇒SHIT.
shoot the sitting pheasant 약한 사람을 괴롭히다.
shoot the sun (해사) (정오에 육분의(六分儀)로) 태양의 높이를 재다.
shoot the works ⇒WORK.
shoot through (濠·뉴질 구어) 나가다, 달아나다, 사라지다; (濠구어) 죽다.
shoot up ① 급속히 성장하다. ② 우뚝 솟다. ③ (물가가) 급등하다, 뛰어오르다. (생산(량) 따위가) 늘다. ④ 마구 쏘아대다; (구어) 총을 난사하여 위협하다. ⑤ (마약을) 주사하다.
── 명 1 사격, 발포, 발사. 2 (영) 유럽회(遊獵會), 수렵여행. 3 사냥터. 4 사격 대회. 5 (풀·나무의) 발아(發芽), 성장; 햇가지, 새싹. ≒BRANCH (유의어) 6 (지층 따위의) 지맥(지맥), 분맥(分脈). 7 급류, 여울; 분수(噴水), 7 돌진; 급속한 발전. 9 (빛의) 조명(照明). 10 (석탄·곡물 따위의) 운반 홈통. 11 (보트의) 한 번 젓는 동안의 시간. 12 전율; 찌르는 듯한 아픔. 13 (야구) 커브, 슈트. 14 투망(投網). 15 (구어) (영화·TV) 촬영 (기간).
the whole (bang) shoot (속어) 몽땅.
shoot² 감 (초조·놀람·불쾌·후회 따위를 나타내어) 이런!, 제기랄!, 젠장! [<shit의 완곡한 말]
shoot-'em-up [ʃúːtəmʌp] 명 (미구어) 총격(유혈, 교전, 폭력) 장면이 많은 영화(TV 프로); 서부극. (또는 shóot 'em ùp)
shoot·er [ʃúːtər] 명 1 사수(射手), 포수; 사냥꾼; (스포츠에서) 슛하는 사람, 슈터. 2 [보통 복합어로] (연발총, 권총. ¶a six-~ 6연발총. 3 (크리켓) 땅을 스쳐 날아가는 공. 4 (유희) 구슬치기에서 튀기는 구슬. 5 (유전 발굴의) 발파공(工); (구어) 아마추어 사진가.
‡**shoot·ing** [ʃúːtiŋ] 명 1 ①ⓒ 사격, 발포; 사살. 2 ① 총사냥, 총렵권(銃獵權); (영) 사냥터. 3 ① 심한 통증. 4 (사진) 촬영. [solutely yes.]
Sure as shooting. (미구어) 두말하면 잔소리지(Ab- ── 형 급속한, 돌진하는. ── 감 (영구어) 나이스 슛! (*스포츠 관전 따위에서 쓴다.)
shóoting bòx 명 (영) 사냥터의 오두막집.
shóoting gàllery 명 1 사격장, 실내 사격 연습장. 2 (미속어) 마약 상용자가 주사를 맞으러 가는 곳[파티].
shóoting iron 명 (미구어) 화기(火器), (특히) 권총.
shóoting màtch 명 1 사격 대회. 2 (구어) (집합적) 많은 사람[것]; (어떤 사물에 관해) 모든 것, 일체.
the (whole) shooting match (구어) 모든 일, 모든 것.
shóoting ràng 명 사격 연습장. [든 것.
shóoting script 명 (TV·영화) 촬영 대본.
shóoting stár 명 1 유성(流星). 2 (미국산) 앵초과 식물.
shóoting stìck 명 사냥용 지팡이.
shóoting wàr 명 실전(實戰), 무력 전쟁.
shoot-out [-àut] 명 (미구어) 1 (총으로 하는) 결투; 총격전. 2 (구어) (농구·아이스하키 따위의) 대접전; (미구어) 언쟁, 논쟁; (축구) 승부차기. [총격(전).
shoot-up [-ʌp] 명 (속어) 마약 정맥 주사; (구어)
‡**shop** [ʃɑp/ʃɔp] 명 1 (영) 상점, 소매점(미) store). ¶a flower ~ 꽃집/a grocer's ~ 식품점/open a ~ 개점하다, 장사를 시작하다/run a ~ 상점을 경영하다. 2 전문점, 특정품 매장. ¶a gift ~ 선물 가게. 3 (장인(匠人) 등의) 작업장, 일터(workshop); 이발소, 공방. ¶a barber's ~ 이발소/a carpenter's ~ 목공소. 4 공장, 제작소, 회사, 기업; (구어) 근무처, 직장; 일자리. ¶an engineering ~ 기계 공장. 5 (영속어) (연극 관계의) 일, 출연 계약. 6 (영구어) 교도소. 7 (교육) 직업 훈련 과정; 직업 훈련 교실. 8 자기의 일[직업, 장사, 전문 분야의 이야기. ¶Cut the ~! 일 이야기는 그만둬라! 9 (영) (초·중학교의) 공작실(工作室); ① 공작. [잠하게.
all over the shop (영구어) 도처에; 어질러 놓고, 난

close up shop = shut up shop.
come [or go] to the wrong shop (속어) 엉뚱한 사람에게 부탁하러 가다, 번지수를 잘못 짚다.
fold up shop (미구어) 가게를 정리하다[그만두다].
go around the shops 가게들을 기웃거리며 다니다.
hit a person all over the shop (영구어) 남을 쉽사리 이기다.
keep a shop 가게를 차리다, 장사를 하다.
keep shop 가게를 지키다[보다].
live over the shop 일자리에서 먹고 자다.
mind the shop 가게를 맡다; 일시 가게에 전념하다.
set up shop 일[사업]을 시작하다, 개업[개점]하다.
shut up shop ① 폐점하다, 일을 쉬다. ② 가게를 그만두다, 폐업하다. ③ (단체·조직 따위가) 해산하다.
sink the shop 자신의 일(생업, 직업)을 숨기다.
smell of the shop 장사꾼 티가 나다; (말 따위가) 전문가 티를 내다.
talk shop (때·장소를 가리지 않고) 자신의 일[생업, 직업]에 관해 말하다, 전문적인 이야기만을 하다.
the other shop 경쟁업체.
── 동 (-pp-) 자 가게에 가다, 물건을 사다, (…을) 사러 가다(for, at). ¶go ~ping 장보러[물건을 사러] 가다.
── 타 1 (미구어) (가게)의 상품을 보러 다니다, (가게)에서 물건을 사다; (물품)을 사다. 2 (영구어) …을 교도소에 넣다, 투옥하다; (공범자 등)을 밀고하다. 3 (미) 해직하다.
shop around (미) ① 일자리를 찾아다니다. ② 상품(상점)을 보고 다니다. [다니다.
shop for (싼 물건·투자 대상 따위)를 물색하러, 찾아 ── 명 (손님이 점원에게 부탁할 때 써서) 여보세요.
shop·a·hol·ic [ʃɑpəhɔ́lik/ʃɔ́pəhɔ́lik] 명 쇼핑광(狂), 쇼핑 중독자. [<shop+alcoholic]
shóp assistant 명 (영) 점원(미) salesclerk).
shóp automàtion 명 제조 현장(shop)의 자동화.
shóp·boy [ʃɑ́pbɔ̀i/ʃɔ́p-] 명 (영) (남자) 점원.
shóp chairman 명 =shop steward.
shóp committee 명 (노동 조합의) 직장 위원회.
shóp dèputy 명 (노동 조합의) 직장 대표.
shóp dràwing 명 (기계의) 공작도, 제작도, (건축 공사 따위의) 시공도.
shop-fit·ter [ʃápfitər/ʃɔ́p-] 명 점포 설계자.
shop-fit·ting [ʃápfitiŋ/ʃɔ́p-] 명 (~s) 점포용 비품; 점포 설계[장식].
shóp flóor 명 (회사·공장 따위의) 작업 현장; (the ~) (집합적) (공장) 노동자, 노동자층.
shop·front [ʃápfrʌnt/ʃɔ́pfrʌnt] 명 가게의 정면, 점두(店頭).
shóp·girl [ʃɑ́pgə̀ːrl/ʃɔ́p-] 명 (영) 여점원(salesgirl).
shóp hòurs 명복 가게의 영업 시간. 참 business hours
shop·keep·er [ʃápkìːpər/ʃɔ́p-] 명 (영) 가게 주인, 소매 상인. 참 merchant
a nation of shopkeepers 장사꾼의 국민(* Napoleon이 영국인을 경멸하여 부른 데서). [소매업.
shop·keep·ing [ʃápkìːpiŋ/ʃɔ́p-] 명① 상점 경영;
shop·lift [ʃáplift/ʃɔ́p-] 동 물건을 사는 체하고 훔치다, 들치기하다. ~·er, ~·ing 명
shop·man [ʃápmən/ʃɔ́p-] 명 1 점원. 2 (영) 가게 주인(shopkeeper). 3 (미) 직공, 수리공.
shóp mànagement 명 공장 관리.
shoppe [ʃɑp/ʃɔp] 명 (고어) =shop.
shop·per [ʃápər/ʃɔ́p-] 명 1 물건을 사는 사람, 손님. 2 (미) 대리 구매인. 3 (미) 광고 신문, 생활 정보지. 4 (미) (상점의) 경쟁 상품 조사 담당(comparison ~); (영속어) 밀고자(informer). 5 =shopping bag; = shopping cart.
‡**shop·ping** [ʃápiŋ/ʃɔ́p-] 명 1 ① 물건 사기, 쇼핑, 장보기. 2 구매 시설, 상품 (재고); 구매의 편의. 3 (집합

shopping bag

적) 구입한 물품.
do one's [or *the*] *shopping* 쇼핑하다, 장보다.
── 휑 쇼핑(용)의. [rier-bag).
shópping bàg 똉 (美) 쇼핑백, 장바구니((英) car-
shópping-bag làdy 똉 (전재산을 쇼핑백에 담은)
떠돌이[노숙] 중년 여성.
shópping càrt 똉 (슈퍼마켓의) 손님용 손수레.
shópping cènter 똉 쇼핑 센터, 상점가(商店街).
shópping lìst 똉 구입 품목 리스트, (회의의) 논의
사항, 요구[주의] 사항. 「내의 한 구획.
shópping màll 똉 보행자 전용 상점가, 쇼핑 센터
shópping plàza 똉 (美) =shopping center.
shópping prècinct 똉 (英) 보행자 전용 상점가.
shop·py [ʃápi / ʃɔpi] 휑 **1** 상점이 많은; 상업의다
운; 소매의. ¶a ~ district 상점가. **2** (화제 따위가) 일
[장사, 직업]에 관한, 전문적인.
shop·soiled [ʃápsɔild/ʃɔp-] 휑 (英) =shopworn.
shóp stèward 똉 (美) (노동 조합의) 직장 대표.
shóp strèet 똉 상점가, 번화가.
shop·talk [ʃáptɔːk/ʃɔp-] 똉 ⓤ 직업상의 용어[회
화]; (사적인 경우의) 장사전문 · 일에 관한 이야기.
shop·walk·er [ʃápwɔːkər/ʃɔp-] 똉 (英) =floor-
walker.
shop·win·dow [ʃápwindou/ʃɔp-] 똉 (상점의) 진
열창, 쇼윈도(show window).
put all one's goods [or *have everything*] *in the shopwindow* 있는 상품을 모조리 진열하다;
깊이가 없다, 천박하다.
shop·wom·an [ʃápwùmən/ʃɔp-] 똉 여점원.
shop·worn [ʃápwɔːrn/ʃɔp-] 휑 **1** (美) (상품이) 오
랫 동안 내놓아 찌든((英) shopsoiled). **2** 신선미가 없
는; 진부한.
shor·an [ʃɔːræn] 똉 (항공기의) 쇼랜, 단거리 무선
항법 장치. 웹 loran [<*short range navigation*]
‡**shore**¹ [ʃɔːr] 똉 ~**s** [-z] **1** (바다 · 호수 · 하천의)
기슭, 물가, 해안, 호반.

유의어 **shore** 하천 · 호수 · 바다의 기슭: 가장 일반적
인 말. **bank** 하천의 기슭; 반드시 제방과 같이 경사
지지 않아도 무방하다. **beach** (간조기(干潮期)에도 넓어
지는) 모래밭이나 자갈밭. **coast** 바다에 접한 지역,
육지에서 본 바다와의 경계. **seaboard** 육지와 바다
의 경계선. **seashore** 해안; 엄밀하게는 만조시의 해
안과 간조시의 해안 사이의 지역. **seaside** 휴양지 ·
유람지로서의 해안 지방, 해변.

2 (종종 ~s) (특정한) 지방, 나라. ¶one's native ~ 고
향 / foreign ~s 외국. **3** ⓤ 땅, 육지(land). **4** [법률] 둔
치(고조선(高潮線)과 저조선(低潮線) 사이의 땅).
come [or *go*] *on shore* 상륙하다.
in shore 해안 가까이에, 물이 얕은 곳에.
off shore 해안에서 떨어져서, 난바다에서. 「인.
the wilder shores of 극단적인, 과도적인, 비정상적
within these shores 이 나라 안에, 이 지방에.
shore² 똉 (전체 · 건물 · 수목
따위의) 지주(支柱), 버팀목.
──⑤타 ①로 버티다.
②…에 버팀목을 대다(*up*).
shore³ 똉 (고어) 濠 shear
의 과거.
shore-based [⬝bèist] 휑
(비행기가) 육상에 기지를 둔.
shore·bird [ʃɔːrbɜːrd] 똉
도요새 · 물떼새류.
shóre dìnner (美) 해 [shore²]
산물 요리, 어패류의 요리.
shóre lèave (해사) 상륙 허가; 상륙 허가 기간.
shore·less [ʃɔːrlis] 휑 끝없는; 상륙할 해안이 없는.
shore·line [ʃɔːrlàin] 똉 해안선.

short

shóre pàrty (군사) 상륙 전초 부대.
shóre patròl (종종 S- P-) (美) 해군 헌병대
(웹 SP); 연안 경비[초계].
shore·ward [ʃɔːrwərd] 휑 해안(육지) 쪽으로[에].
(또는 **shorewards**) 휑 해안 쪽의, 해안으로 향한;
(바람 따위가) 해안에서 불어오는.
shor·ing [ʃɔːriŋ] 똉ⓤ (집합적) 지주(支柱), 버팀목;
지주로 받치기.
shorn [ʃɔːrn] 통 shear의 과거분사. ──휑 깎아낸,
잘린; (…을) 빼앗긴, 잃은(*of*). ¶*God tempers the wind to the* ~ *lamb.* (속담) 하느님은 털을 갓 깎인
어린 양(약자)에게는 찬바람을 보내지 않는다.
‡**short** [ʃɔːrt] 휑 (~**·er; ~·est**) **1** (길이 · 거리 · 시간 따
위가) 짧은, 가까운(⇔ long). ¶a ~ bill 단기 어음 / a
~ life 짧은 인생, 단명 / a ~ story 단편 소설 / a ~
sword 단검 / a ~ way off 조금 떨어져서 / for a ~
while 잠시 동안 / in a ~ time 잠시 후에. **2** (이야기 따
위가) 짧은, 간결한; (…의) 생략인. ¶to cut [or make] a
long story ~ 짧게 (줄여) 말하면 / His remark was ~
and to the point. 그의 말은 간결하고 요령이 있었다.

유의어 **short** 시간적 · 거리적으로 짧은; 때로는 불완
전 · 중단 · 미완결(未完結) 따위를 암시. **brief** 시간적으
로 짧은; 때로는 내용의 압축을 암시.

3 신장(키)이 작은(똉 tall).
4 멋없는, 무뚝뚝한, 퉁명스러운. ¶She answered in a
~ way [or manner]. 그녀는 퉁명스럽게 대답했다.
5 (생각 · 기억 등이) 표준에 미치지 않는, 얕은, 불충분
한, (중량 · 길이 등 따위가) 모자라는 (숨겨 야위가) 빠른.
⇒SCANTY 유의어 ¶a ~ thinking 앞을 내다보지 못하는
[얕은] 생각 / a ~ temper 성급한 / a ~ crop 흉작 / a
~ hour 한 시간 미만 / ~ weight [measure] 중량(치수)
부족 / ~ wind 숨가쁨; 끈기가 없음 / in ~ supply 공
급이 달려 / have a ~ memory 기억력이 나쁘다 // ~
of breath 숨이 차서.
6 (지력 · 능력 등이) 열등한, 약한(*in, on*). ¶He is ~
on brains. 그는 머리가 좋지 않다 / He is ~ *in
common sense.* 그는 상식이 모자란다. **7** (비스킷 따위
가) 아삭아삭(바삭바삭)한(crisp); (점토 · 금속 따위가)
부서지기 쉬운, 무른. **8** (英구어) (술 따위가) 물타지 않
은, 진국의, 독한; 작은 잔에 따른, 소량의. ¶ some-
thing ~ (위스키 따위의) 한 잔, 한 모금 / a ~ beer 작
은 잔에 따른 맥주. **9** (서술용법) 돈이 모자란. ¶I am
six dollars ~. 돈이 6달러 모자란다. **10** (증권) 현물
부족의; 현물 없이 파는. ¶a ~ *sale* 공매(空賣). **11** (음
성) 단음(短音)의; 강세가 없는. ¶~ vowels 단음모음. **12**
(크리켓) (야수가) 수비 위치가 얕은; (투구된 공이) 타
자 쪽에서 먼 곳에 던져진, 삼주문에 닿지 않는 공. **13** (美
속어) 머지않아 제대하는; 형기가 얼마 남지 않은.
be short of ① …이 부족하다 (모자라다). ¶*be* ~ *of
money*[*hands*] 돈 (일손)이 부족하다. ② …에 이르지
못하다, 못 미치다. ¶*His age is* ~ *of forty.* 아직 그
는 마흔 살이 못 되었다.
by a short head 가까스로, 근소한 차이로.
get the short end of it [or *the deal, the stick*]
손해를 보다, 불리한 제비를 뽑다, 운이 나쁘다.
in the short run ⇒RUN¹. 「않다.
keep a person short 남에게 (물건을) 충분히 주지
little short of 거의 …의, …에 가까운.
make short work of …을 빨리 처리하다.
My name is short. 바빠서 기다릴 수 없어.
nothing short of 아주 …한.
short and sweet 간략하고 요령있는; (비꼬아) 아주
짧은, 당면 문제와 관계되는. ¶Make your speech ~
and sweet. 말을 간단히 해주시오.
short for …의 단축 (단축)형인.
short on (구어) …이 부족하여(short of).
take a [or *the*] *short cut* 지름길을 택하다.

to be short 간단히 말하면, 요컨대.
— 閉 (~·**er**; ~·**est**) 1 짧게, 간략하게, 간단히. 2 쌀쌀맞게, 무뚝뚝하게. 3 급히, 갑자기. ¶stop ~ 갑자기 그만두다[세우다], 중단하다. 4 (목표에) 못 미쳐, 도중에서. ¶jump ~ 뛰어내 실패하게다. 5 모자라서, 불충분하게. 6 (증권) 공매(空賣)로.
be caught short (…이) 부족하다, 모자라다 (*of*).
be taken short 불의에 당하다; (구어) 갑자기 뛰가 마려워지다.
break short (off) 뚝 꺾다[꺾이다]; 갑자기 중단하다.
bring [or pull] up short 갑자기 서다[세우다].
come [or fall] short ① (…에) 못 미치다 (*of*). ¶His speech came ~ of my expectation. 그의 이야기는 나의 기대에 어긋났다. ② 부족분[부족]하다.
cut...short ① (목숨·행동 따위)를 갑자기 끝내다. ② (말)을 가로막다. ③ (예산 따위)를 삭감하다.
go short (…)없이 해나가다, 부족을 참다 (*of*).
run short (…이) 부족하다; (…이) 떨어지다 (*of*).
sell short ⇒SELL.
short of …을 제외하고, …은 별문제로 하고.
stop short of doing …까지는 하지 않다.
take a person up short 남의 말을 가로막다.
— 閉 1 ⓒ 짧은 것; ⓤ 짧음, 간결, 간단. 2 (the ~) 요점, 개요. 3 (~s) 반바지, 운동 팬츠; (美) 남자용 속 팬츠(英) pants). 4 (~s) 중급품[中級品]; 중급 밀가루. 5 (군사) 표적에 닿지 않는 탄환. 6 (전기) 단락 (~ circuit). 7 (운율) 단음, 단음절; 단모음. 8 (야구) 유격수(shortstop); ⓤ 유격수의 수비 범위. 9 (영화) =~ subject. 10 (~s) (口語) 짜투리[추가] 부수. 11 (金融) 공매 자동차; 시가 전차. 12 (~s) 공매; (金融) 공매 중개업자; (~s) 단기 국채. 13 부족, 결손; (~s) 부족분[액]. 14 (美) 스트레이트 위스키 한 잔.
a case of the shorts (속어) 돈이 없음, 돈에 쪼들림.
Eat my shorts! (美속어) 빌어먹을!, 돼져라!, 이 바보야!
for short 생략하여. ¶We call her Beth *for* ~. 우리는 그녀의 이름을 줄여서 베스라고 부른다.
in short 짧게 말하면, 요는.
push shorts (美속어) 시중에서 소량의 마약을 팔다; 중량을 속여 적게 마약을 팔다.
take it in the shorts (美속어) 참패를 당하다, 큰 손해를 입다, 혼나다.
the short and (the) long (of) 전체; 요점.
— 閉 (전기) 단락[쇼트]시키다[되다](*out*).

shórt accòunt 閉 (金融) 단기 (豫測) 매각, 공매(空賣) 계정[총액].
short-act·ing [ˊæ̀kiŋ] 閉 (약이) 단시간 작용성의.
‡**short·age** [ʃɔ́ːrtidʒ] 閉 (**-ag·es** [-iz]) 1 ⓤⓒ (양(量)의) 부족, 결핍 (*of*). ⇒LACK 類義語 ¶ a ~ of *money* 자금 부족. 2 부족량, 부족 금액.
shórt and cúrlies 閉閉 (the ~) (속어) 거웃, 음모(陰毛).
get [or have, grab, catch] *a person* ***by the short and curlies*** (속어) 남의 급소를 쥐다, 좌지우지하다.
short-arm [ˊɑ̀ːrm] 閉 (속어) 1 음경. 2 (美) =~ inspection. 3 권총.
short-árm inspèction [drìll] 閉 (美속어) (군대에서의) 성병(검사).
shórt bàllot 閉 (美政治) 요직만 선거하고 나머지는 임명하는 투표 방식.
shórt bíll 閉 단기 어음.
shórt bónd 閉 (證券) (만기일이 5년 이내인) 단기 채권(債券).
short·bread [ʃɔ́ːrtbrèd] 閉閉 버터를 넣은 쿠키의 일종.
short·cake [ʃɔ́ːrtkèik] 閉閉 쇼트케이크.
short-change [ʃɔ́ːrtʧʃéindʒ] 閉 1 …에게 거스름돈을 덜 주다. 2 …을 속이다(cheat), 부당하게 다루다.
— 閉 부족한 거스름돈. -**cháng·er** 閉

shórt-change ártist 閉 (美속어) 거스름돈을 속이는 상인[점원].
shórt círcuit 閉 (전기) 단락, 쇼트; 누전.
shórt-cir·cuit [-sə́ːrkit] 閉閉 1 (전기) …을 단락[쇼트, 누전]시키다. 2 …을 짧게[간단하게] 하다. 3 …을 방해하다. — 閉 (전기) 합선하다, 쇼트되다.
shórt-circuit reàction 閉 (심리) 단락(短絡) 반응(충동적으로 일으키는 반응).
shórt·clothes [ʃɔ́ːrtklòuz, -klòuðz] 閉閉 (긴 유아복이 아닌) 아동[유아]복.
shórt·coat [ʃɔ́ːrtkòut] 閉閉 (갓난아기)에게 배내옷을 입히다.
*****short·com·ing** [ʃɔ́ːrtkʌ̀miŋ] 閉 (보통 ~s) 1 단점, 결점. ⇒FAULT 類義語 2 부족; 불충분한 점. 3 (농작물의) 흉작.
short-com·mons [ˊkɑ́mənz/-kɔ́m-] 閉閉 (단수취급) (美南部·英) 식량의 공급 부족.
shórt cón 閉 (美속어) 간단히 해먹을 수 있는 사기.
shórt còvering 閉 (證券) 공매한 증권의 환매.
short-cut [ˊkʌ̀t] 閉 (~; ~·**ting**) 閉 (손쉬운 방법을 써서) …을 간단히 하다, 바짝 줄이다. — 閉 지름길로 가다; 손쉬운 방법으로 하다. — ·**ter** 閉
short-cut [ʃɔ́ːrtkʌ̀t] 閉 1 지름길. ¶take a ~ 지름길을 통하다. 2 손쉬운 방법, 간단한 방법. — 閉 손쉬운, 간단한.
shórtcut kèy 閉 (컴퓨터) 단축키(메뉴를 거치지 않고 키보드 조작만으로 기능이 수행되거나 특정 메뉴가 나타나도록 배정된 키의 조합).
short-dat·ed [ˊdéitid] 閉 (어음 따위가) 단기의.
short-day [ˊdéi] 閉 (식물) 단일성(短日性)의, 낮의 길이가 짧을 때 자라는.
shórt drínk 閉 (구어) (a ~) (조금씩 마시는) 독한 술.
*****short·en** [ʃɔ́ːrtn] 閉 1 …을 짧게 하다, 축소하다, 줄이다.

類義語 **shorten** 시간·정도·공간을 짧게 하다. **abridge** 요약이나 압축 따위로 길이·크기를 축소하다. **curtail** 줄이다; 짧게[축소]하기 위하여 일부분이 결여되어 불완전한 것이 되는 것을 암시.

2 …을 멀다, 삭감하다. 3 (해사) (돛)을 말아 올리다. 4 (빵 따위)를 부서지기 쉽게 하다, 바삭바삭하게 하다. — 閉 1 짧아지다, 줄어들다. 2 감소[축소]되다.
shorten down (해사) 돛을 줄이다, 축범(縮帆)하다.
shorten in (해사) (밧줄을) 짧게 하다.
shorten *one's* arm 팔을 끌어당기다.
shorten the arm [or hand] of …의 힘을 제한하다.
~·**er** 閉 「거래.
shórt énd 閉 (속어) 더 나쁜 쪽, 지는 쪽, 손해 보는
short-end·er [ˊèndər] 閉 (美구어) 패자(敗者).
short-en·ing [ʃɔ́ːrtəniŋ] 閉 1 ⓤ 단축, 축소. 2 ⓤ 쇼트닝(제과용 재료의 버터·라드 따위). 3 (언어) ⓤ 생략(省略)(법); ⓒ 생략어.
shórt éyes 閉 (단수취급) (美속어) 어린이에 대한 성희롱자.
short·fall [ʃɔ́ːrtfɔ̀ːl] 閉 부족(액).
shórt fíeld 閉 (야구) 유격수의 수비 범위.
shórt fúse 閉 (美구어) 성급함, 불둑성.
‡**short·hand** [ʃɔ́ːrthæ̀nd] 閉ⓤ 속기(술). — 閉 속기(술)의, 속기로 쓴. ¶a ~ *writer* 속기사.
short-hand·ed [ˊhǽndid] 閉 일손이 모자라는, 사람이 부족한. ~·**ness** 閉
shórthand machìne 閉 속기록기(機).
shórthand týpist 閉 (英) 속기 타이피스트.
shórt hául 閉 근거리; 단거리 수송[여행]; (the ~) 비교적 짧은 기간.
over the short haul 일간에, 가까운 시일내에.
short-haul [ˊhɔ̀ːl] 閉 (항공기 따위) 근거리용의, 근거리 수송의.
shórt-haul communicàtions 閉閉 (통신) 단거리 통신(10마일 이내의 음성·데이터 통신).

shórt hèad 명 (영) (경마에서) 말 머리 하나의 차(差)[거리]; 신승(辛勝).

short·head¹ [ʃɔ́ːrthèd] 명 **1** 단두형(短頭型)의 사람(반 longhead). **2** (인류학) 단두(두지수(頭指數)가 80을 넘는 사람). ~ed 형 ~·ed·ness 명

short·head² 명타 (영) (경마) …을 말 머리 하나 차이로 이기다.

shórt héist 명 (속어) 아마추어의 일, 졸개짓의 도둑.

shórt·hold [ʃɔ́ːrthould] 명 단기 임차(의).

Short·horn [ʃɔ́ːrthɔ̀ːrn] 명 뿔이 짧은 소. (또는 Durham) [중량의 단위; 100lb).

shórt húndredweight 명 쇼트 헌드레드웨이트

short·ie [ʃɔ́ːrti] 명 =shorty.

shórt ínterest 명 (금융) 공매(空賣) 총액, 신용매(信用買) 합계. (또는 **shórt accòunt [posítion]**)

short·ish [ʃɔ́ːrtiʃ] 형 **1** 좀 짧은, (키가) 좀 작은: 다소 간단한. **2** (음성) 약간 단음의.

short-life [-láif] 형 (영) =short-lived.

shórt lìst 명 (영) 최종 선발 후보자 명부.

short-list [⌐lìst] 타 (영) (보통 수동형으로) …을 최종 선발 후보자 명부에 올리다.

short-lived [-láivd/-lívd] 형 단명의; 덧없는.

‡**short·ly** [ʃɔ́ːrtli] 부 (**more ~; most** ~) **1** 곧, 이윽고. ¶ ~ **after** the war 전후 얼마 안 있어. **2** 간단히, 짤막하게. ¶ to say ~ 간단하게 말하면. **3** 무뚝뚝하게, 통명스럽게. ¶ answer ~ 통명스럽게 대답하다.

short mark 명 (음성) 단음 부호(breve)(~).

short·ness [ʃɔ́ːrtnis] 명 U **1** 짧음; 부족, 결핍. **2** 간단, 간결. **3** 무뚝뚝함, 난폭함. **4** 파삭파삭함.

shortness of breath 숨가쁨.

shortness of memory 기억력이 나쁨, 건망증.

shórt ódds 명 (도박에서의) 반반의 확률.

shórt òrder 명 (식당 따위의) 즉석 요리.

in short order (미) 즉시, 재빨리. [처리한.

shórt-or·der [⌐ɔ̀ːrdər] 형 즉석 요리 전문의; 즉각

shórt-pe·ri·od váriable [-píəriəd-] 명 (천문) 단주기 변광성(短週期變光星).

shórt pínt 명 (美속어) 꼬마.

shórt posítion 명 (금융) **1** =short interest. **2** 공매를 하는 상태. [의.

short-range [-réindʒ] 형 사정 거리가 짧은; 단기

shórt ránge attáck míssile 명 단거리 공격 미

shórt ríbs 명(복) 소의 갈비살. [사일(약 SRAM).

shórt róbe 명 (the ~) (군인이 입는) 짧은 옷; 군인

shórt rún 명 비교적 단기간. [들.

short-run [-rʌ́n] 형 단기간의, 단기 상영의.

shórt sále 명 (중권) 주식의 공매(空賣).

shórt séller 명 (금융) 공매자(空賣者).

shórt sélling 명

short-sheet [-ʃíːt] 타 (사람을 끌리려고) 침대 시트 한 장을 둘로 접어 상하 두 장의 시트가 있는 것처럼 꾸미다; (속어) 장난치다.

*****shórt shórt stóry** 명 장편(掌篇) 소설, 초단편 소설. (또는 **shórt-shòrt**)

shórt shríft 명 **1** (사형 집행 직전의) 참회와 면죄를 위한 짧은 시간[유예]. **2** 용서 없음, 용서 없는 처사, 무자비. ¶ give ~ to …을 재빨리 해치우다[처치하다].

shórt síght 명 근시(myopia), 근시안; 단견, 단견적 견해.

‡**short-sight·ed** [ʃɔ́ːrtsáitid] 형 **1** 근시(안)의. **2** 선견지명이 없는, 근시안적인. ~·ly 부 ~·ness 명

short-sleeved [-slíːvd] 형 (옷의) 반소매의.

shórt snórt 명 (美속어) (술을) 단숨에 마시기.

short-spo·ken [-spóukən] 형 말수가 적은; 무뚝뚝한, 통명스런, 상냥하지 못한.

short-staffed [-stǽft/-stɑ́ːft] 형 직원[부원]이 모자라는. [자.

shórt-stak·er [-stèikər] 명 (美속어) 뜨내기 노동

shórt·stop [ʃɔ́ːrtstàp/-stɔ̀p] 명 (야구) 유격수; (사진) 현상(現像) 정지액(液)(욕(浴))(stop bath).

shórt stóry 명 단편 소설.

shórt sùbject 명 단편 영화.

shórt táke-off and lánding áircraft 명 단거리 이착륙 비행기(약 STOL).

short-tem·pered [-témpərd] 형 성급한, 성마른.

short-term [-tə́ːrm] 형 단기(간)의; 단기 만기의.

shórt tíme 명 **1** 조업 단축. **2** (속어) 매춘부와 단시간 보내기; (여관에서의) 휴식. **shórt-time** 형

short-tim·er [-táimər] 명 (군) 단기 복역수; (美軍속어) 곧 제대할 군인; (속어) (여관의) 휴식 손님.

shórt tón 명 미(美) 톤(중량 단위 2,000 lb). 图 ton¹

shórt tráck ràce 명 (스포츠) 쇼트 트랙 경기(한바퀴가 111,12미터인 타원형 트랙에서 하는 스피드 스케이팅 경기)(short track speed skating).

short-waist·ed [-wéistid] 형 허리가 올라간; (의상 따위가) 허리가 짧은.

short-wave [ʃɔ́ːrtwéiv] (무선) 명 단파; 단파 수신기. 형 단파의. 타 단파로 보내다.

shórtwave rádio 명 단파 수신[송신]기.

short-weight [⌐wèit] 명 (상품의) 중량 부족.
— 타 (…의) 무게를 속여 팔다.

short-wind·ed [⌐wíndid] 형 **1** 곧 숨이 가빠지는, 숨이 찬. **2** 간결한; 요령이 있는. 반 long-winded

shórt·y [ʃɔ́ːrti] 명 **1** (구어) 키 작은 사람, 꼬마(shortie). **2** (구어) 기장이 짧은 옷; (美속어) 단편 영화.

Sho·sta·ko·vich [ʃàstəkóuvitʃ/ʃɔ̀s-] 명 Dimitri Dimitrievich ~ 쇼스타코비치(1906-75; 옛 소련의 작곡가).

‡**shot**¹ [ʃat/ʃɔt] 명 **1** 발사, 발포, 사격; 총(포)성(聲). **3** ¶ a ~ of distress 조난 신호포. **2** 사정, 착탄 거리. **3** 저격, 조준 사격(at). **4** (옥) ~) 탄환, 포탄; (집합적) 산탄(散彈)(동) shell, bullet). ¶ ~ **and** shell 탄약. **5** (경기용) 투환(砲丸). **6** (구어) (구기) (한 번) 치기[찌르기, 차기, 던지기]; (야구) 투구; 홈런. **7** 사수(射手). ¶ a dead [or crack] ~ 사격의 명수. **8** (구어) 시도(試圖), 도전(for, at); 추측, 짐작. **9** 빗대어 말하기. ¶ **make a parting** ~ 떠나면서 빗대는 말을 내뱉다. **10** (채광) 발파, 폭파. **11** (구어) (술의) 한 잔; 한 모금; (피하) 주사; (투하) 투하(投擲)의 한 번 던짐. **12** (구어) (사진의) 촬영, 사진, 스냅; 촬영 거리; (영화 따위의) 샷; 한 장면. ¶ a close [long] ~ 근접[원거리] 촬영. **13** (해사) (닻줄의) 한 마디(길이 90 피트). **14** (구어) 승산, 가망, 찬스. **15** (구어) 소량의 알코올 음료; (美속어) 스트레이트 한 잔. **16** (英구어) (선술집의) 계산(bill).

a bad shot 서툰 사수; 잘못 짚음[짐작].

a big shot 유력자, 거물, 명사.

a flying shot 비상물(飛翔物)[나는 새] 사격.

a good shot 능숙한 사수; 적중, 맞힘.

a long shot =long shot.

a queer shot (속어) 괴짜.

a shot in the arm ① 활력소, 기운을 회복시키는 것, 자극물[제]. ② (한 잔의) 술. ③ (1회의) 마약 주사.

a shot in the dark (구어) 억측, 막연한 추측.

a shot in the [or one's] locker (구어) 대비, 저축; 소지금; 유사시에 의지가 되는 것.

at a shot 단발에.

by a long shot ⇒LONG SHOT.

call (all) the shots (속어) 지배하다, 감독하다.

call one's shots (美구어) 목표[노리는 것]를 미리 말하다; 결과[진전 과정]를 예언하다.

have [or take] a shot at ① …을 시도하다. ② …을 겨누어 쏘다. ③ (濠구어) (남)을 혹평하다.

like a shot (구어) ① 즉시, 급히. ② 기꺼이, 흔쾌히.

make a shot at …을 어림으로 짐작하다.

out of [within] shot 사정거리 밖[안]에.

pay one's shot 각자가 비용을 지불하다.

peg a shot at (속어) (사람)을 겨누어 발사하다.
put the shot 포환을 던지다.
stand shot to …의 계산을 떠맡다, …에게 한턱 내다.
take a pot shot 겨냥을 하지 않고 쏘다; 운에 맡기고 하.
That's the shots. (濠속어) 그렇게 하면 돼.
— 타 (-tt-) 타 1 …에 총알을 재다, 장전(裝塡)하다. 2 총을 …의 추로 삼다. — 자 (~ tower 따위로) 산탄 ~.less, ~.like …을 만들다.

shot² 통 shoot의 과거·과거분사.
— 형 1 비단벌레 색깔(천)의, (각도에 따라) 색이 달라 보이게 짠. 2 (…의 색으로) 온통 물든(with). ⇒SHOOT 타 11. ¶the evening sky ~ with red 붉게 물든 저녁 하늘. 3 못 쓰게 된, 황폐[피폐]한. 4 (속어) 술에 취한.
shot about (英속어) 지칠 대로 지친.
shot down (美속어) ① 못 쓰게 된. ② (젊은 여성에게) 차인. ③ 마약에 취한.
shot through 침투된, 가득 찬.
shot to hell (속어) 아주 망한, 엉망이 된.
shot up (전차·수송 등이) 큰 타격[손상]을 입은.

-shot [ʃɑt/ʃɔt] 결미 1 「…이 미치는 범위」의 뜻. ¶earshot/rifleshot. 2 「(피가) 모인」의 뜻. ¶bloodshote [ʃout] 명 =shoat. ¶shot.

shót efféct 명 (전자) (진공관의 음극에서 방사되는 열전자의) 산탄(散彈) 효과.
shot-fir·er [-fàiərər] 명 (광산) (발파의) 점화 담당.
shót gláss 명 (양주용의) 작은 유리잔.
shot·gun [ʃátgʌ̀n/ʃɔ́t-] 명 1 산탄총, 엽총. 2 (美속어) 경찰의 자동차 속도 측정 장치; 트럭의 운전 조수(석). 3 (美속어) 쌈발야 소스. 4 (속어) 결혼 중매인.
ride shotgun ① (美서부) (역마차 등을) 무장 경호하다; 호위로 동승하다. ② (美속어) 길동무로 차[트럭]에 타다. [무차별의].
— 형 엽총의, 엽총으로 쏜; 강압적인; 무턱대고 하는.
— 타 (-nn-) …을 엽총으로 쏘다; …에 강압적으로 단을 쓰다. [성용 마이크].
shótgun mícrophone 명 샷건 마이크(미약한 음
shótgun wédding[márriage] 명 (구어) 1 강제 결혼(임신했기 때문에 마지못해 하는 결혼). 2 필요에 쫓겨서 하는 타협[합병, 합동].
shót hòle 명 1 다이너마이트의 발파용 구멍. 2 (잎의) 천공병(穿孔病); (곤충 따위에 의한) 나무 구멍.
shot·mak·ing [ʃátmèikiŋ/ʃɔ́t-] 명 (농구 등의) 슛 능력, (골프 등의) 샷 솜씨. [管)마이크의].
shót nòise 명 (전자) 산탄(散彈) 잡음(전자관(電子
shot·proof [ʃátprù:f/ʃɔ́t-] 형 방탄의.
shót pùt 명 (the ~) 투포환, 또는 **shót-pùt**).
shot-put·ter [-pùtər] 명 투포환 선수. -ting
shot·ten [ʃátn/ʃɔ́tn] 형 (청어 따위가) 산란 후의.
shót tòwer 명 산탄 제조탑(용해된 납을 밑에 있는 물속에 떨어뜨려 산탄을 만든다).

‡**should** ⇒SHOULD. ⟨p. 2522⟩

‡**shoul·der** [ʃóuldər] 명 (~**s** [-z]) 1 어깨; 어깨 관절; (~s) 견부(肩部), 윗등. ¶look over one's ~ 어깨 너머로 보다/dislocate[or put out] one's ~ 어깨뼈를 접질리다. 2 (종종 ~s) (구어) (비유적) (책임을 지는) 두 어깨(능력). 3 (짐승의) 어깨살, (큰 고깃덩어리로서의) 동물의 앞다리. 4 어깨 부분; (의복의) 어깨; (산·쟁기 따위의) 어깨; (모양의 돌출부). 5 (인쇄) (활자의) 어깨; (건축) 장부(tenon)가 튀어나와 있는 단면; 도로의 양 옆, 갓길; 견각(肩角)(능보(稜堡)의 전면과 측면의 이루는 각). 6 (군사) 어깨총 자세. 7 (서평) (물결의) 어깨.
a shoulder to cry on 고민거리의 상의에 응해주는 사람, 어려울 때 의지가 되는 사람.
come to the shoulder 어깨총을 하다.
cry on a person's shoulder (동정을 사기 위해서) 고민을 털어놓다, 푸념하다.

get the cold shoulder from *a person*; ***give*** *a person* ***the cold shoulder*** ⇒COLD SHOULDER.
have a (***good***) ***head on*** one's ***shoulders*** ⇒ HEAD.
have broad shoulders ① 어깨가 넓다. ② 무거운 짐[책임]을 견디다; 의지가 되다.
head and shoulders above ⇒HEAD.
lay the blame on the right[***wrong***] ***shoulders*** 책할 만한[책임이 없는] 사람을 책하다.
open one's ***shoulders*** (크리켓) (타자가 상반신을 써서) 마구 치다.
put[or ***set***] one's ***shoulder to the wheel*** 온 힘을 다 쏟다, 열심히 노력하다.
rub shoulders with ⇒RUB¹.
shift the blame[or ***responsibility***] ***to***[or ***onto***] ***other shoulders*** 남에게 책임을 돌리다.
shoulder to shoulder ① 어깨를 나란히 하여; 밀접하여. ② 서로 협력하여.
(***straight***) ***from the shoulder*** 정면에서; 솔직하게.
take on one's ***own shoulders*** 책임을 지다.
turn a scornful shoulder on …에게 조소적인 태도를 취하다.
— 타 (~**s** [-z]) 타 1 …을 어깨에 메다[짊어지다]. 2 (비유적) (책임·부담 따위를) 떠맡다, 양 어깨에 짊어지다. ¶~ great responsibilities 중대한 책임을 지다. 3 …을 어깨로 밀다[밀어젖히다], 어깨로 밀치고 나아가다. ¶(~+图+前+名) ~ a person out of the way 남을 어깨로 밀어젖히다/~ one's way through a crowd 군중을 헤치고 나아가다. 4 …을 어깨로 밀다.
Shoulder arms! (구령) 어깨총!
shóulder bàg 명 (여성용) 어깨에 메는 백, 숄더백.
shóulder bèlt 명 1 (군사) 멜빵, 견대(肩帶). 2 = shoulder harness.
shóulder blàde[**bòne**] 명 어깨뼈, 견갑골.
shóulder bòard 명 (美해군) (장교의) 견장. (또는 **shóulder màrk**) 2 (일반적으로) (군복의) 견장.
shóulder bràce 명 새우등 교정기(矯正器).
shoul·dered [ʃóuldərd] 형 1 어깨에 짊어진[맨]. ¶ stand ~ 어깨에 짊어진 자세를 취하다. 2 (복합어로) 어깨가 …한. ¶round-~ 어깨폭이 넓은.
shóulder flàsh 명 (군사) 견장(肩章).
shóulder hàrness 명 (자동차의) 안전 벨트; (어린 아이를 업을 때 쓰는) 아기띠.
shoul·der-hit·ter [-hìtər] 명 무법자, 난폭자.
shóulder hòlster 명 (권총 장착용) 어깨띠.
shóulder knòt 명 (리본 따위의) 어깨 장식; (군사) (장교의) 견장.
shoul·der-length [-lèŋθ] 형 (머리털 등이) 어깨 길이의, 어깨까지 닿는.
shóulder lòop 명 (美) (육군) (장교의) 견장.
shóulder màrk 명 =shoulder board 1.
shóulder pàd 명 (옷의) 어깨심, 어깨 패드.
shóulder pàtch 명 (美군사) (어깨 밑의) 부대 표지; 수장(袖章).   (옷의) 어깨죽지 미늘.
shoul·der·piece [ʃóuldərpì:s] 명 (갑옷의) 어깨받이; (갑
shóulder rèst 명 (바이올린의) 어깨받이.
shóulder stràp 명 1 바지[스커트]의 멜빵. 2 (군사) =shoulder loop.   화기.
shóulder wèapon 명 (소총 등) 어깨에 대고 쏘는
‡**should·n't** [ʃúdnt] should not의 단축형.
shouldst [ʃudst, ʃutst, 약 ʃədst, ʃətst] 조 (고어) shall의 2인칭 단수 과거형. * thou에 수반한다. ⇒SHOULD. (**should·est** [ʃúdist])
shouse [ʃaus] 명 (濠속어) 화장실, 변소. — 형 침울한, 기운이 없는.

‡**shout** [ʃaut] 자 1 외치다, 큰 소리로 부르다, 큰 소리를 내다(out)(for, to, to do). ⇒CRY 유의어² ¶ (~+前+名) ~ for a waiter 큰 소리로 급사를 부르다/~

본래 shall의 과거형이지만 거의 가정법 전용이 된 결과, 요즈음에는 명백히 현재형 shall에 대응한다고 볼 수 있는 경우는 극히 드물다. 즉 직설법에서 시제의 일치를 위한 경우(⇒1)와 일부 가정법 귀결절에 쓰이는 경우(⇒3)가 고작이다. 특히 미국에서는 should를 shall의 과거로서가 아니라 must나 ought to처럼 화자(話者)의 심적 태도를 나타내는 modal auxiliary(법조동사)의 하나로 취급하기도 한다. 이런 경향에 맞춰 본 항에서는 should를 I. shall의 과거, II. 가정법 과거, III. 법조동사로 나누어 설명했으며, 그 중에서도 특히 마지막 III. 법조동사에 큰 비중을 두었다.

‡**should** [ʃud, 약 ʃəd] 조 (shall의 과거; (고어) 2인칭 단수 과거 should·(e)st; 부정 단축형 should·n't ⇨SHALL).

I. 미래 시제 조동사 shall의 과거

1 (주절의 동사가 과거인 경우의 간접화법의 피전달문에서) …일 것이다. ¶He said he ~ be ready soon. =He said, "I *shall* be ready soon." 그는 곧 준비가 다 될거라고 말했다 / You said you ~ go to the library after school. 너는 방과 후 도서관에 갈거라고 말했다 / He told me that I ~ succeed. 그는 나에게 내가 성공할 것이라고 말했다(=He said to me, "You will succeed.") / He asked me if he ~ call a taxi. 그는 택시를 부를까요라고 물었다(=He said to me, "Shall I call a taxi?") / I thought I ~ go mad. 나는 미칠 것만 같았다((美)에서는 모든 인칭에서 would를 쓴다) (정 shall ⇨주의³).

II. 가정법 과거

2 (조건절에서 강한 가정을 나타내어) 만일[만약] …한다면[하더라도]. ¶Even if the river ~ flow backward, I will not betray you. 비록 강물이 역류하는 일이 있다 하더라도 나는 너를 배반하지 않을 것이다 / If anyone ~ come to see me, tell him I am not at home. 누가 찾아오거든 내가 부재중이라고 말해 라 / I will go, unless it ~ be rainy. 비가 오지 않는 한 나는 가겠다 / Even if movies ~ fail, there is still the television to fill up the void. 설령 영화가 없어진다 해도 TV가 여전히 그 빈자리를 메우게 될 것이다.

3 (주어가 1인칭인 조건·양보의 귀결절에서). ¶If he came, we ~ be delighted. 그가 와준다면 우리는 참 기쁠 텐데 / If I were rich, I ~ donate to charity. 내가 부자라면 자선 사업에 돈을 기부할 텐데 / Were he to arrive, I ~ be pleased. 만일 그가 도착한다고 하면, 저는 기쁘겠습니다만 / If I had been in your place, I ~ have done as you are doing. 만일 내가 당신의 입장이었다 해도, 저도 당신이 지금 하시는 것처럼 했을 것입니다.

4 (조건을 내포하고, 완곡한 표현으로서) 어쩌면[아마] …한 듯하다(*I should… 에서의 …은 제안의 뜻을 나타낸다). ¶It ~ seem that the ancients thought that way. 아마 옛 사람들은 그러한 생각을 했던 것 같다(* 보통은 should가 아니고 would를 쓴다) / He is over 60, I ~ say. 그는 아마 60세가 넘었을걸 / Is he going to give it up?—Yes, I ~ think so. 그가 그것을 단념하려는 걸까?—그래, 아마 그런 것 같아 / I ~ get it back as soon as possible. 나 같으면 되도록 빨리 그것을 되찾아 놓을 텐데.

III. 법(法)조동사

5 (의무) …하지 않으면 안된다(must), (당연) …해야 하다(ought to), (기대) …할 것이다. ¶You ~ obey traffic regulations while driving. 운전할 때에는 교통 법규를 지켜야 한다 / You ~ not do that. 그런 짓을 해서는 안된다 / We ~ study harder, ~*n't* we? 우리 공부를 더 열심히 해야하지 않겠어? / Teachers ~ be careful not to discourage students. 교사는 학생들이 낙담하지 않도록 주의해야 한다 / I knew something was not as it ~ be. 나는 어딘지 모르게 잘못된 점이 있다는 것을 알았다 / He did the job because he felt he ~. 그는 그 일을 하지 않으면 안된다고 생각했기 때문에 그 일을 했다.

6 (have+과거분사와 함께, 과거의 동작·상태에 대한 비난·후회를 나타내어) …했어야 했다, …해야 마땅했다. ¶I ~*n't* have missed such a golden opportunity. 나는 그런 절호의 기회를 놓치지 말았어야 했는데 (놓쳐서 후회스럽다) / He began to think that he ~*n't* have hiked so long. 그는 그렇게 오랫동안 걷지 말았어야 했는데 하는 생각이 들기 시작했다.

7 아마[틀림없이] …할 것이다. ¶Shortly I ~ get used to the work. 나는 곧 그 일에 익숙해질 것이다 / It was not to be expected that they ~ help each other. 그들이 서로 도울 것이라고 기대하지 말았어야 했다.

8 (why, how 따위와 함께 의아·의외·놀라움을 나타내어) ¶Why ~ he spend so much time in the coffee shop? 도대체 무엇 때문에 그는 커피숍에서 그렇게 많은 시간을 보내는 거지? / How ~ you have come to know that? 너는 어떻게 그것을 알게 되었느냐? / By what right ~ the oil belong to any of these countries? 도대체 어떤 권리로 그 석유가 이들 나라 가운데 어느 나라에 속한단 말인가? / Who ~ come next but my old friend A? 다음에 찾아온 것은 뜻밖에도 나의 옛 친구 A였다.

9 (권고·희망·의도·명령·결정 따위를 나타내는 명사절에서) (*(美)에서는 종종 should를 생략하고 가정법 현재가 된다). ¶The king commanded that all the people (~) be assembled at once. 국왕은 모든 사람들이 즉시 집합하도록 명령했다 / It was proposed [or suggested] that he (~) stay with his uncle. 그는 숙부의 집에 머무는 것이 어떻겠느냐는 제안을 받았다 / The doctor insisted that she (~) keep her bed. 의사는 그녀가 자리에 누워 있어야 한다고 주장했다.

10 (의외·유감·당연시 따위의 감정을 나타내는 명사절에서) (*(美)에서는 종종 should를 생략하고 가정법 현재가 된다). 의견·감정을 말하는 주절에서는 It is fit [natural, necessary, important, proper, strange]… 따위를 사용한다). ¶It is strange that he ~ say so. 그가 그런 말을 한다는 것은 이상하다(* 이런 경우에, 의견·감정의 부분이 생략되는 때도 있다). ¶That he ~ say so! 그가 그런 말을 하다니! / It is a pity that she (~) have been deserted like that. 그녀가 그런 식으로 버림을 받았다니 안타까운 일이다 / I regret that things (~) come to this. 사태가 이 지경이 되었다니 유감스럽다 / It is natural enough that he (~) not understand it. 그가 그것을 이해하지 못하는 것은 당연하다 / It is right that you (~) decline his proposal. 네가 그의 제의를 거절하는 것은 당연하다 / It is time that you (~) go to bed. 이제 너는 자야 할 시간이다.

11 (so that이나 lest에 연결되는 목적을 나타내는 부사절에서) (*(美)에서는 should를 생략하고 가정법 현재가 된다). ¶He turned away sharply so that she ~ not notice the tears in his eyes. 그는 눈에 맺힌 눈물을 그녀가 보지 못하도록 재빨리 얼굴을 돌렸다 / I will note it lest I ~ forget (it). 잊어버리지 않도록 그것을 적어 두어야겠다.

12 (문어) (관계절 안에서 가정적 조건을 나타내어) ¶Anyone who ~ wish to come will be welcome. 오고자 하는 사람은 누구나 환영을 받을 것이다.

as who should say (고어) …라고 말하려는 듯이. (I[We]) *should like to do* …하고 싶다(* (美)에서는 would like to를 쓴다).¶I ~ *like to* stay here. 나는 이곳에 머무르고 싶다/I ~ *have liked to* stay here. =I ~ *like to have stayed here*. 나는 이곳에 있고 싶었는데.

to [or *for*] *a person to come* 남에게 오라고 소리지르다/~ *at a girl* 소녀에게 큰소리치다. **2** 고함지르다 (*with, for*).¶(~+前+名) ~ *with* [or *for*] *joy* 환호하다/~ *with one voice* 이구동성으로 외치다. **3** (濠) 술(식사를 한턱 내다. **4** (美속어) (찬송가 등을) 정성들여 부르다. **5** (속어) 적절한 말을 하다. ── 囮 **1** …라고 외치다, 큰 소리로 말하다(*out*).¶~ *approbation* 큰 소리로 찬성하다// (~+目+圖) ~ *an order out* 큰 소리로 명령하다// (~+*that* 節) He ~ed that it had stopped raining. 그는 비가 멎었다고 소리쳤다. **2** …에게 큰 소리를 내어 …하게 하다. **3** (속어) …에게 술 따위로 한턱 내다.

be all over but [or (英구어) *bar*] *the shouting* (구어) (경쟁·시합 따위가) 대세가 결정되다, 승부가 나다.

be something [*nothing*] *to shout about* 상당한 것이다[별것 아니다].

shout a person down; shout down a person 남을 침묵시키다; (큰 소리를 쳐서) 남이 하는 말을 못 알아듣게 하다.

shout for (美) (후보자 등)을 열광적으로 지지하다.

shout from the housetops [or *rooftops*] (특히 개인적 비밀 등을) 모두에게 알리다.

shout oneself hoarse 목이 쉬도록 외치다.

shout out 외치다, 큰 소리로 말하다.

shout with laughter 큰 소리로 웃다.

── 图 **1** 외침, 큰소리; 환성. **2** (英·濠구어) 한턱 낼 차례.¶It is my ~. 내가 한턱 낼 차례다. **3** (속어) (美) 흑인 영가의 지지자.

~**er** 图 외치는[큰 소리 내는, 큰 소리로 말하는] 사람; (美)열광적인 지지자.

~**ing·ly** 图

shóut·ing blúes [ʃáutiŋ-] 图图 절규하듯이 노래하는 블루스.

shóuting dístance 图 아주 가까운 거리.
within shouting distance 바로 가까이에.

shóuting mátch 图 시끄러운 말다툼, 고함을 지르는 소란한 싸움.

shout·line [ʃáutlàin] 图 (광고 기사에서 굵은 활자나 선으로 표시하는) 요점 강조 부분. (=가囮).

shóut sóng 图 샤우트 송(흑인들의 리드미컬한 종교가).

shout-up [-ʌp] 图 (구어) 시끄러운 논쟁.

‡**shove** [ʃʌv] 国囮 **1** (뒤에서) 밀다, 밀어 움직이다; (거칠게) 밀치다, …을 밀어젖히다(*away, aside*), 밀어 붙이다(*against, at*). ⇨PUSH 유의어 ¶(~+目+前+名) ~ *a person over a cliff* 남을 벼랑에서 밀어 떨어뜨리다/~ *a person out of the room* 남을 방 밖으로 밀어내다/~ *one's way to the front* 남을 밀어젖히고 앞으로 나가다/~ *each other* 서로 밀치락달치락하다. **2** …을 놓다; 집어[밀어] 넣다(*in, into*).¶(~+目+前+名) ~ *something in one's pocket* 어떤 것을 주머니에 밀어 넣다//(~+目+圖) ~ *something down on paper* 종이에 무엇인가 적어 놓다. **3** (美속어) …을 죽이다, 살해하다. ── 图 밀다, 찌르다(*at*); 밀고 나아가다(*along, past, through*); 떼밀어내다.

shove along 밀고 가다; (美속어) 떠나다.
shove a person around 남을 마구 부려먹다, 혹사하다.
shove back 되밀다.
shove…down a person's throat ⇨THROAT.
shove in (억지로) 밀고 들어가다, 밀어넣다.

shove off [or *out*] ① 배를 해안에서 밀어내다. ② (구어) (보통 명령형으로) 떠나다, 출발하다.
shove on 밀고[뚫고] 나아가다; (옷)을 입다.
shove over 자리를 조금 좁히다.
shove past [or *by, through*] 밀어젖히며 나아가다.
shove up 자리 따위를 좁히다.
── 图 (보통 a ~) 밀기, 떠밀기, 찌르기(*off*); 밀치고 나감.¶*shove the boat a ~* 보트를 (기슭에서) 밀어내다/*give a person a ~ off* 남을 떠밀다.

shove-ha'pen·ny [ʃʌ́vhèipəni] 图回 동전 밀어내기놀이(술집 따위에서 동전 등을 엄지손가락으로 밀어 구멍에 넣는 놀이). (또는 **shòve-hálfpenny**)

‡**shov·el** [ʃʌ́vəl] 图 (複 ~s [-z]) **1** 삽, 부삽; 동력삽; (美속어) 스푼. **2** 한 삽 가득(한 분량)(shovelful). **3** (구어) = ~ *hat*.

be put to bed with a shovel (속어) ① 곤드레만드레 취해 있다. ② 죽어서 파묻히다.
cling [or *stick*] *like shit to a shovel* (美속어) ① (물건이) …에 달라붙다. ② (사람이 남에게 의지[의뢰])하다, 매달리다.
put a person to bed with a shovel (속어) 남을 (죽여서) 파묻다, 매장하다.
put in one's shovel (구어) 관여하다, 참견하다.

── 動 (~s [-z]; *-l-*, (英) *-ll-*) 囮 **1** …을 삽으로 푸다[떠내다]. ¶~ *up coal* 석탄을 삽으로 떠내다. **2** …을 삽으로 파다, (길 따위)를 (삽으로 파서) 만들다.¶(~+目+前+名) ~ *a path through the snow* 삽으로 눈을 치워 길을 내다. **3** …을 대량으로 그러모으다[넣다](*down, in*)(*into*).¶(~+目+前+名) ~ *sugar into one's coffee* 커피에 설탕을 듬뿍 넣다.
── 图 삽질하다.

shovel food into one's mouth 음식을 마구 퍼넣다, 게걸스럽게 먹다.
shovel (the) shit (美속어) 허풍을 떨다.
shovel up [or *in*] *money* 돈을 긁어 모으다.

shov·el·bill [ʃʌ́vəlbìl] 图 =shoveler 2.
shov·el·board [ʃʌ́vəlbɔ̀ːrd] 图 **1** =shuffleboard. **2** =shove-ha'penny.
shov·el·er, (英) **-el·ler** [ʃʌ́vələr] 图 **1** 삽질하는 사람; (美속어) 과장벽이 있는 사람. **2** (조류) 넙적부리.
shov·el·ful [ʃʌ́vəlfùl] 图 한 삽 가득(한 양).
shóvel hát 图 셔블 모자(주로 영국 국교회 성직자가 쓰는 챙 넓은 모자).
shov·el·man [ʃʌ́vəlmæ̀n, -mən] 图 (동력)삽공.
shov·er [ʃʌ́vər] 图 shove하는 사람; (美속어) 가짜 돈[수표] 사용자; = *pencil pusher*.

‡**show** [ʃou] 動 (~s [-z]; ~ed; shown, ~ed) 囮 **1** (물건·자취 따위)를 보이다, 나타내다, 제시하다(*to*).¶(~+目) (~+目+前+名) He ~ed me a book. =He ~ed a book to me. 그는 나에게 한 권의 책을 보여주었다// (~+目+前+名) She ~ed the letter to all her friends. 그녀는 그 편지를 친구 모두에게 보여주었다.

유의어 **show** 「보여주다」를 뜻하는 가장 일반적인 낱말. **display** 돋보이도록, 눈앞에 펼쳐[치켜올려] 보이다. **exhibit** 특히 남의 주의를 끌어 관심있게 볼 수 있도록 공개하거나 내보이다. **parade** 아주 뽐내는 듯이 오만하게 자랑해 보이다. **flaunt** 경솔하게 자랑삼아 과시하다. **manifest** 의심할 여지없이 명백하게 드러내 보이다. **evince** 감정·관심·능력 따위의 징후를

I should think so [*not*]! 당연히 그렇겠지[그건 아니겠지]. ¶Father never goes to a disco. —*I ~ (just) think not*, at his age. 아버지는 디스코테크에는 절대 가시지 않아. —당연하지, 그 연세에.
It should seem… 아무래도 …인 것 같다. ⇨4.
no better than one should be ⇨BETTER.

드러내다. **demonstrate** 주로 감정을 명백히 (때로는 고의로) 표면에 드러내다.

2 …을 진열[전시]하다. 출품하다; [연극]을 상연하다. [영화]를 상영하다.
3 …(라는 짓)을 보이다, 나타내다(*that* 補); …을 표시하다; …을 증명하다, 밝히다, 설명하다(*to be, that* 補, *wh.* 節). ¶My watch ~s ten. 내 시계는 10시를 가리키고 있다 // (~+图+图) ~ oneself a foolish man 자기 스스로 바보라는 것을 드러내다 / If you are a gentleman, you must ~ yourself such. 신사라면 신사임을 보여주어야 한다 // (~+*that* 補) (~+图+*to be* 補) The fact ~s *that* he is honest. =The fact ~s him *to be* honest. 그 사실은 그가 정직하다는 것을 보여준다 // (~+图+*that* 補) He ~ed me *that* it was true. 그는 그것이 사실임을 나에게 보여 주었다 // (~+*wh.* 節) This letter ~s *what* he is. 이 편지는 그의 정체를 말해 준다.
4 …을 지시하다, 지적하다; (길 따위)를 가리켜 주다 (*to*). ¶ (~+图) ~ a person the way to the station 남에게 정거장으로 가는 길을 가리켜 주다 // (~+图+*wh.* 節) She ~ed me *where* the bank was. 그녀는 내게 은행이 있는 곳을 가리켜 주었다 // (~+图+*wh. to do*) S~ me *what to do.* 무엇을 해야 할지 가르쳐 다오.
5 …을 안내[인도]하다(*to, into*), 전송하다(*out*) (*out of*). ⇨GUIDE 類義 ¶ (~+图+前+名) ~ a person *into* the living room 남을 거실로 안내하다 // (~+图+圖) a guest *in* [*out*] 손님을 안내[전송]하다.
6 (감정 따위)를 나타내다; (호의·친절 따위)를 베풀다, 보이다 (*to*). ¶ ~ one's pleasure at the news 소식을 듣고 얼굴에 기쁨을 나타내다 // (~+图+前+名) ~ a cold shoulder *to* a person 남에게 무정하게 대하다 / ~ mercy *on* a person 남을 불쌍히 여기다 // (~+图+图) ~ a person much kindness 남에게 매우 친절하게 하다. **7** (법률) …을 진술하다. ¶ ~ (good) cause 정당한 사유를 진술하다.

── 凾 **1** 보이다, 나타나다; 눈에 띄다; (…을 통해) 보이다(*through*). ¶ (~+補) The mountain ~s purple from here. 그 산은 이곳에서 자줏빛으로 보인다 // (~+图+名) The blood vessel ~s *through* the skin. 혈관이 피부를 통해서 보인다 / Grief ~ed *in* her face. 그녀의 얼굴에 슬픈 빛이 떠올랐다. **2** 전시회를 열다; 공연[흥행]하다; 상영[상연]되다. **3** (구어) 《美 중 앞에 나타나다, 모습을 보이다. 출석하다. **4** (美속어) (경마) 3등(이내)로 들어오다.

have nothing [something] to show for [시간·노력]에 대한 보여줄 만한 성과가 없다[있다].
It (all [or **just**]**) goes to show (you) (that)…** (구어) …임을 증명하고 있다, …임이 명백하다.
show a bold front 단호히 반대의 태도를 보이다.
show *a person* **around** [or **over**] 남에게 장소를 안내하며 다니다, 남을 사람들에게 인사시키려고 데리고 다니다.
show *a person* **the door** ⇨DOOR.
show around 찾아오다, 내방하다(visit).
show a thing the fire …을 살짝 데우다.
show down (포커에서) 가진 패를 죄다 보이다.
show forth [고어] 전시하다; 설명[해설]하다.
show off (구어) ① (역량 따위)를 과시하다. ② …을 돋보이게 하다.
show *one's* **cards** [or **hand**] ⇨CARD¹.
show *one's* **colors** ⇨COLOR.
show oneself 남 앞에 나아가다, 모습을 보이다.
show *one's* **face** [or **head, nose**] 나타나다, 얼굴을 내놓다.
show *one's* **teeth** 이를 드러내다, 성내다.
show the way ① 길을 가리켜 주다. ⇨ 他 4. ② (문어) 본보기가 되다.

show through ① …을 통해서 보이다. ⇨ 凾 1. ② (본성 따위가) 드러나다.
show to advantage 돋보이다.
show up ① …의 정체를 밝히다, …을 폭로하다, 폭로하여 …임을 밝히다(*as, for, to be*). ② (어떤 상태로) 나타나다. 보이다; 돋보이다, 돋보이게 하다(*against*). ¶Hallasan ~*s* up *against* the sky. 한라산이 하늘 밑에 선명하여 잘 보인다; (모임에) 출석하다(*at, for*). ¶ ~ up at a meeting 집회에 출석하다.

── 图 ─**s** [-z] **1** ① ⓒ (종종 a ~) 보이기, 나타내기, 표시: (감정·의견 따위의) 표명, 표출. ¶ in open 공공연히. **2** 구경거리, 쇼; 행렬; 연극; 흥행, 상연; 영화(관); (라디오·TV의) 프로그램. ¶ the greatest ~ on earth 지상 최대의 쇼, 서커스 / give two ~s a day (극장 따위가) 하루 2회 공연하다. **3** 전시(전람, 품평, 공진)회; (영화) 시사회; 전시, 공개. ¶ a dog ~ 개 품평회 / hold a one-man ~ of one's paintings 자기 그림의 개인전을 열다. **4** 웃음거리, 놀림감. **5** 경치, 경관. **6** 징후, 흔적. 자국; (의학) (출산·월경 때의) 출혈. **7** ⓊⒸ 겉치레, 꾸밈, 허식. ¶be fond of ~ 겉치레를 좋아하다. **8** Ⓤ (때로 a ~) (보통 경멸적) 자랑하기, 과시; (종종 a ~) 외관, 외양, 체면; 시늉, 흉내. ¶with some ~ of reason 다소 그럴듯하게. **9** (구어) 기회, 호기(好機). **10** (구어) 사업, 일; 사건; 기획; 단체, 기관. **11** Ⓤ (美속어) (경마 따위의) 3등. ⓑ place, win 「저기에.
all over the show (英구어) 대혼란을 일으켜, 여기
Bad show! (英구어) 형편 없군!, 보기 싫다!
boss the show (구어) 지배하다, 좌지우지하다, 우위를 잡다.
by (a) show of hands (찬반의) 거수로.
do a show (속어) 영화[연극 따위]를 보러 가다.
for show 보이기[과시하기] 위해.
get [or **put**] **the show on the road** (구어) 활동[사업]을 개시하다, 계획안을 실행에 옮기다. 「다.
give *a person* **a fair show** 남에게 좋은 기회를 주
give the (whole) show away 비밀[계획]을 (무심코, 고의로) 누설하다. 「근사하다!
Good [or **Jolly**] **show!** (英구어) 잘했다, 훌륭하다!
in show 표면은, 걸보기는. 「품이 있다[없다].
make a good [poor] show (사람·보석 따위가) 볼
make a show of …을 과시하다, 자랑하다.
make a show of *oneself* 웃음거리가 되다, 어리석은[수치스런] 짓을 하다.
on show 진열[공개]되어. ¶goods *on* ~ 진열품.
Poor show! =Bad show!
put up a good show 훌륭하게 해내다.
run the show 운영하다, 꾸려나가다.
show of force 실력 행사의 시위.
show of hands (찬반을 묻는) 거수.
stand [or **have**] **a show** (…할) 가망(성)이 있다 (*of doing, to do*).
steal [or **walk off with**] **the show** ① (조연이 주연의) 인기를 가로채다. ② 가장 뛰어나다, 최대의 볼만한 장면이다.
stop the show (앙코르가 계속되어 다음 프로를 못할 정도로) 대인기를 끌다.

shów and téll 图 (학생의) 의견 발표회; (익살) (신제품 따위의) 발표[설명]회.
shów bill 图 **1** 광고 전단, 포스터. **2** (새 연극 시즌의) 상연 예정표, 출연표. (또는 **shówbill**)
shów biz 图 (美구어) **1** =show business. **2** 야단법석, 화려한 행동. (또는 **shówbiz**)
show-boat [ʃóubòut] 图 **1** 연예선, 쇼보트(옛날 미국 미시시피 강 등을 운항했던 무대 설비를 갖춘 증기선). **2** 남의 이목을 끄는 사람, 화려한 경기를 하는 선수(show-off). ── 凾 (…을) 구경거리로 내놓다.
show-bread [ʃóubrèd] 图 (유대교) =shewbread.

shów bùsiness 몡 (연극·영화·TV 따위의) 흥행업, 연예업.
That's show business (for you)! 《美속어》 이런 일도 있다, 세상이란 이런 것이다!
shów càrd 몡 광고 플래카드(쪽지); 상품 견본이 붙어 있는 카드.
show·case [ʃóukèis] 몡 1 진열장, 진열 상자, 쇼케이스; 《美》 공개[전열] 장소[매체]. 2 전시, 진열.
——통 1 전시[진열]하다; (신인·신제품 등)을 소개하다. 2 …을 전시(선)하여, 피로(披露)하다.
shów còpy 몡 《영화》 상영용 완성판[필름].
show·down [ʃóudàun] 몡 1 《포커에서》 가진 패를 모두 내보여주기. 2 폭로, 공개, 공표. 3 《구어》 최종 단계, 막판; 대결. ¶~ vote 결선 투표.
‡**show·er¹** [ʃáuər] 몡 (—**s** [-z]) 1 《종종 ~s》 소나기; (우박·싸라기눈 따위의) 갑자기 내림. ¶be caught in a ~ 소나기를 만나다. 2 《종종 a ~》 (눈물·탄환·질문 따위의) 빗발침, (…의) 소나기(*of*); 《종종 a ~》 다량, 홍수(*of*). ¶a ~ *of bullets* 탄환의 소나기 / *a ~ of presents* 많은 선물. 3 《美》 파티. 4 = ~ bath. ¶take [*or* have] a ~ 샤워를 하다. 5 《英속어》 쓸모없는 녀석(들). 6 《물리》 (우주선(線) 따위의) 소나기.
send...to the showers 《야구》 《투수》를 강판하다; 《선수》를 교체하다. ¶Two home runs *sent* him *to the* ~*s*. 홈런 두 방을 맞고 그는 강판되었다.
——(~**s** [-z]) 돤 1 …을 소나기로 적시다, …에 물을 쏟다. 2 …을 비물처럼 붓다, 아낌없이[많이] 주다(*on, with*). ¶(~+图+图+㈎) He ~*ed gifts on* [*or upon*] *his son.* =He ~*ed his son with gifts.* 그는 아들에게 선물을 많이 주었다. —— ㈊ 1 소나기가 오다; 비처럼 쏟아지다(*down*)(*on*); 다량으로 오다. ¶(~+㈎+图) Tears ~*ed down* her cheeks. 눈물이 그녀의 볼을 타고 비오듯 흘러내렸다. 2 샤워를 하다.
show·er² [ʃóuər] 몡 보이는[나타내는] 사람[것].
shówer bàth [ʃáuər-] 몡 샤워; 샤워 장치.
shówer càp 몡 샤워 캡(샤워할 때 머리에 쓰는 것).
shówer gèl 몡 샤워 젤(샤워용 젤 상태의 비누).
shówer pàrty [ʃáuər-] 몡 (특정한) 선물을 하기 위한 파티; 신부가 되는 여성에게 선물을 하는 파티.
show·er·y [ʃáuəri] 몡 소나기가 많은; 소나기의[와 같은]. **-er·i·ness** 몡
show·folk [ʃóufòuk] 몡웹 예능인들.
shów gìrl 몡 (쇼나 나이트클럽의) 코러스 걸; (연기보다 몸매가 좋은) 간판 여배우. (또는 **shówgìrl**)
shów gròund [ʃóugràund] 몡 품평회장, 전시회장.
shów hòuse 몡 극장; 전시 주택. (또는 **shówhòuse**)
show·i·ly [ʃóuəli] 튀 보란 듯이; 사치하게, 화려하게.
show·i·ness [ʃóuinis] 몡回 사치, 화려함.
***show·ing** [ʃóuiŋ] 몡回㈜ 1 전시, 진열; 전시[전람]회. 2 (a ~) 성과, 성적; 외관, 외양. 3 (on ~) (사실 따위의) 설명, 표시. 4 흥행, 상연, 상영. 5 선전 포스터, 게시판.
make a good [*poor*] *showing* 외관이 좋다[나쁘다]; 좋은[나쁜] 성적을 거두다.
on one's own showing 자신의 말로 판단한다면.
shów jùmping 몡 《馬術》 장애물 비월 경기.
show·man [ʃóumən] 몡 (연극·영화의) 흥행사; 연예인, 쇼맨. **-ly** 튀
show·man·ship [ʃóumənʃìp] 몡回 연예인[흥행사]으로서의 솜씨[능력]; 흥행술, 쇼맨십.
show-me [-mìː] 몡 《美속어》 증거를 요구하는, 증거에 구애받는; 의심이 많은.
Shów Mè Stàte 몡 (the ~) 미국 Missouri주의 별칭.
‡**shown** [ʃoun] 몡 show의 과거분사.
show-off [-ɔ́ːf, -ɑ̀f, -ɔ̀f] 몡回㈜ 과시, 자랑; ⓒ 자랑삼아[뽐내] 보이는 사람. **~·ish** ㈜ **~·ish·ness** 몡
shów-off làne [ʃóuɔ̀ːf-/-ɔ̀f-] 몡 추월선(線).

show·piece [ʃóupìːs] 몡 진열[전시]품; 우수한 견본.
show·place [ʃóuplèis] 몡 명소; 명물, 구경할 만한 곳.
show·room [ʃóurù(ː)m] 몡 진열[전시]실, 쇼룸[.곳].
show·shop [ʃóuʃàp/-ʃɔ̀p] 몡 극장; 상품 전시점.
show-stop·per [-stɑ̀pər/-stɔ̀p-] 몡 《연극》 (대갈채를 받는) 대사연기, 배우; 이목을 끄는 사람[사물].
Show-Sun·day [-sʌ́ndei, -di] 몡 《英》 1 Oxford 대학 창립 기념일 전의 일요일. 2 (예술가의) 전람회에 작품을 반입하기 전의 일요일. **쳐 보이기.**
show-through [-θrù:] 몡回 인쇄가 종이 뒤에 비
show·time [ʃóutàim] 몡 《프로그램(영화, 쇼)의 개시 시각》 《속어》 《스포츠의》 멋들어진 장면.
shów trìal 몡 《전체주의 국가에서의》 공개 재판.
show-up [ʃóuʌ̀p] 몡 1 폭로, 들통; 적발. 2 《용의자를 확인하기 위한》 대질.
shów wìndow 몡 《상점의》 진열창, 쇼윈도; 《비유적》 견본, 모범. **「한; 걸치레하는.**
*****show·y** [ʃóui] ㈜ 사치스러운, 눈에 띄는; 화려한, 야
shp, SHP, s.h.p., S.H.P. shaft *horsepower*.
shpil·kes [ʃpílkəs] 몡 《美속어》 마음이 뒤숭숭함; 초조, 불안.
shpos [ʃpɑs/ʃpɔs] 몡 《美병원속어》 싫은 환자.
shrank [ʃræŋk] 몡 shrink의 과거.
shrap·nel [ʃræpnl] 몡 《軍》 유산탄(榴散彈)(의 파편). 《발명자인 H. Shrapnel(1761-1842)의 이름》
shred [ʃred] 몡 1 (가느다란) 끄트러기, 조각, 단편. ¶in ~s 갈기갈기[조각조각] 찢겨. 2 (a ~) 《보통 부정문에서》 조금, 근소(bit). **「(끊다).**
tear…into [*or in, to*] *shreds* …을 갈기갈기 찢다
——통 (~·**ded**, ~; -·**ding**) 돤 …을 갈기갈기 찢다[르다]. —— ㈊ 1 갈가리 찢기다. 2 《美속어》 《서핑》 물살을 가르며 나아가다.
shred the tube 서핑을 하다.
~·less, ~·like ㈜
shred·ded [ʃrédid] ㈜ 《美속어》 술취한.
shred·der [ʃrédər] 몡 문서 절단기; 강판; (곡물·야채·금속 등의) 분쇄기.
shrew¹ [ʃru:] 몡 잔소리 심한 여자, 입이 험한 여자.
——통 《폐어》 …에게 욕을 퍼붓다. **~·like** ㈜
shrew² (동물) 뒤쥐(shrewmouse).
‡**shrewd** [ʃru:d] ㈜ (~·**er**; ~·**est**) 1 (세상 물정 따위에) 빈틈없는, 약삭빠른; 통찰력 있는, 예민한, 기민한. ¶a ~ *comment* 통찰력 있는 논평 / He is ~ *in business.* 그는 장삿속이 밝다. 2 (고통·추위 따위가) 매서운, 혹독한; a ~ *blow* 통타(痛打). 3 《고어》 심술궂은, 악의에 찬; 《폐어》 불길한; 잔소리 많은.
do a person a shrewd turn 남에게 심술궂은 짓을
~·ly 튀 **~·ness** 몡 **「하다.**
shrewd·head [ʃrúːdhèd] 몡 =shrewdie.
shrewd·ie [ʃrúːdi] 몡 《濠俗語》 빈틈없는 녀석, 교활한 놈. (또는 **shrewdy**)
shrew·ish [ʃrúːiʃ] ㈜ 입버릇 나쁜, 잔소리 심한; 심술궂은. **~·ly** 튀 **~·ness** 몡
shrew·mouse [ʃrúːmàus] 몡 =shrew².
‡**shriek** [ʃri:k] 몡 1 (날카로운) 외침[울음] 소리, 비명, 새된 목소리, 예리한 소리; 《美속어》 헤로인. ⇒SCREAM 유의어 ¶give [*or* utter] a ~ 비명을 지르다.
——(~·**ed** [-t]) ㈊ …을 새된 목소리로 말하다(*out*)(*at*). ¶(~+图+图+㈎) ~ *curses at* a person 날카로운 목소리로 남을 저주하다 // (~+图+튀) ~ *out* a warning 새된 음성으로 경고하다. ——돤 날카로운 소리[비명]를 지르다(*with*), ¶(~+㈎+图) ~ *with* pain 아파서 비명을 지르다. **~·er** 몡 **~·ing·ly** 튀
shriek alárm 몡 (여성이 가지고 다니는) 치한 격퇴.
shriev·al [ʃríːvəl] ㈜ sheriff의. **「용 경보기.**
shriev·al·ty [ʃríːvəlti] 몡回 sheriff의 직(職)[권한, 임기, 관할].
shrift [ʃrift] 몡回 《고어》 1 보속(補贖)의 부과; (고

shrike [ʃraik] 명 〔조류〕 때까치.

‡shrill [ʃril] 형 (~·er; ~·est) 날카로운, 새된; 시끄러운; (빛·음성 따위가) 강렬한, 예리한. — 자태 새된 목소리로 말하다. ¶ ~ an order 날카로운 음성으로 명령하다. — 타 날카로운 목소리[새된 소리]를 내다 (out). — 명 새된 목소리, 날카로운 음성. — 부 (드물게) 새된 목소리로, 날카로운 소리로.
~·ness 명 **shril·ly** [ʃrílli] 부

*__shrimp__ [ʃrimp] 명 (~(s)) 1 (식용) 작은 새우. 2 (구어) 꼬마; 하찮은 사람. — 자태 작은 새우를 잡다. — 형 (요리가) 작은 새우가 든[로 만든]; 작은 새우의; 작은 새우잡이[가공, 매매]의. **~·like** 형

shrimp boat 새우잡이 어선; 〔항공〕 슈림프 보트 (항공 관제사가 비행 상태를 추적하기 위해 레이더 화면 위의 기영(機影) 옆에 붙여 놓는 작은 플라스틱 조각).

shrimp·er [ʃrímpər] 명 새우잡이 어부[배].

shrimp pink 진한 핑크색. | 2 (구어) 작은 새우.

shrine [ʃrain] 명 (~s [-z]) 1 성궤[성물]함, 감실(龕室). 2 (예배나 순례의 대상이 되는) 성당, 영묘(靈廟). 3 신성시되는 장소[것]; 성지, 순례지. 4 (성인·신 등에게 봉헌된) 제단, 예배당, 사당, 신전.
— 타태 (~s [-z]; ~d; shrín·ing) =enshrine.
~·less, ~·like 형

shrink [ʃriŋk] 자 (shrank, shrunk; shrunk, shrunk·en) 1 줄다, 오그라들다, 수축하다. ¶~ in the wash (모직물 따위가) 빨면 줄다. 2 (분량이) 줄다, 감소하다. (~+前+名) ~ from drought (수량 따위가) 가뭄으로 줄다. 3 물러서다, 피하다; 움츠리다(back, away, up). ¶ (~+前+名) ~ from danger 위험을 피하다 / ~ from speaking in the public 대중 앞에서 이야기하는 것을 두려워하다 // (~+副) ~ up 움츠러들다 / ~ back [or away] from a person 남을 피하다.
— 타 1 …을 수축시키다, 줄어들게 하다. 2 〔섬유〕〔천〕에 방축(防縮) 가공을 하다. 3 〔금공〕 …을 가열 접합하다. 「의 고민을 들어주다.
shrink a person's head 남의 정신 분석을 하다, 남 *shrink into oneself* 움츠러들다.
shrink into ridges 주름이 지다.
shrink to nothing 점점 줄어들어 없어지다.
— 명 1 뒷걸음질, 망설임, 위축. 2 =shrinkage. 3 (또는 **shrinker**) (속어) 정신과 의사, 정신 분석 의사.
You'd better see a shrink. (속어) 머리가 이상해진 게 아니냐.
~·a·ble 형 줄어들기 쉬운; 수축할 수 있는.
~·ing·ly 부 꽁무니 빼고; 겁을 내어.

shrink·age [ʃríŋkidʒ] 명UC 1 줄기, 축소; 수축; 수축량, 수축도. 2 (분량·가치 따위의) 감소, 하락; 감소량[도]. 3 (가축의) 원중량과 가공 정육 중량과의 차이.

shrink·er [ʃríŋkər] 명 1 꽁무니 빼는 사람. 2 줄어드는[들게 하는] 것; 수축제(劑); 수축 장치. 3 (속어) shrink 3. 「성적[소극적]인 사람.

shrínking víolet 명 (구어) 수줍음을 타는 사람, 내성

shrink-pack [-pǽk] 명타 =shrink-wrap.

shrink-proof [-prúːf] 형 빨아도 줄어들지 않는, 수축 방지의. (또는 **shrínk-resístant**)

shrink-wrap [-ræp] 명타 (-pp-) …을 (플라스틱 피막으로) 수축 포장하다. — 명U 수축 포장 필름.

shrive [ʃraiv] (shrove, ~d; shriv·en [ʃrívən], ~d; shriv·ing) 타 (고어) …의 참회[고해]를 듣고 면죄를 선언하다; …에게 속죄의 고행을 시키다; 〔남〕의 고해를 듣다. 2 (재귀용법으로) 참회[고해]하고 면죄를 받다. — 자 고해를 듣다; 참회하다.

shriv·el [ʃrívəl] 자태 (-l-, (영) -ll-) 1 주름지다; 줄다; 시들다, 말라죽다(up). ⇒WITHER 〔유의어〕 ¶ Flowers ~ed away [or up]. 꽃이 시들었다. 2 약해지다, 못쓰게 되다, 무력해지다. — 타 …을 오그라들다, 주름지게 하다, 시들게 하다; …을 무력하게 하다.

shriv·en [ʃrívən] 타 shrive의 과거분사.

shroff [ʃrɔf/ʃrɔf] 명 1 (인도의) 환전상(換錢商). 2 (중국 등의) 화폐 감정인. — 명태 (화폐를 감정하다.

Shrop·shire [ʃrɑ́pʃiər, -ʃər/ʃrɔ́p-] 명 1 슈롭셔 (잉글랜드 서부의 주; 주도는 Shrewsbury). 2 슈롭셔 종(種)의 뿔 없는 양.

shroud [ʃraud] 명 1 수의(壽衣). 2 싸는 물건, 보자기; 장막, 막. 3 (~s) 〔해사〕 돛대 밧줄(돛대 꼭대기에서 양 뱃전에 치는 밧줄). 4 〔항공〕 낙하산의 장구(裝具)를 산체(傘體)에 매는 줄. (또는 ~ line) 5 〔전기〕 보호관, 저폐(絶緣). (또는 shrouding) 6 〔로켓〕 슈라우드 (우주선 발사 때의 고열로부터 보호하는 섬유 유리). 7 (보통 ~s) (英고어) 지하 예배당. — 타 …에게 수의를 입히다; …을 싸다, 덮다(in, by). ¶ a city ~ed in snow 눈에 뒤덮인 도시. ~·less 형 수의를 입지 않은; 덮여 있지 않은. ~·like 형

shrove [ʃrouv] 타 shrive의 과거. 「직전 일요일).

Shróve Súnday 명 참회 주일(Ash Wednesday

Shrove·tide [ʃróuvtàid] 명 참회의 3일간(Ash Wednesday 전의 일·월·화요일의 3일간). 「의 전날.

Shróve Túesday 명 참회 화요일(Ash Wednesday

‡**shrub**[1] [ʃrʌb] 명 (~s [-z]) 관목(灌木), 떨기나무.
~·less, ~·like 형

shrub[2] 명U 시럽(과즙에 설탕·럼주를 탄 음료).

shrub·ber·y [ʃrʌ́bəri] 명 (집합적) 관목; C 관목 숲, 식수한 관목들; 관목 생울타리.

shrub·by [ʃrʌ́bi] 형 관목(모양)의; 관목[떨기나무]이 -bi·ness 명 「우거진.

*__shrug__ [ʃrʌg] 타 (-gg-) 타 (두 손바닥을 위로 하여) 〔어깨〕를 으쓱하다, 움츠리다. — 자 어깨를 움츠리다.
shrug away …을 무시해 버리다, 뿌리치다. 「다.
shrug into 〔옷〕에 어깨를 움츠려 해서 팔을 끼어 넣
shrug off ① 〔모욕·의견 따위〕를 어깨를 움츠리는 시늉으로 무시[경시]하다, 과소평가하다. ② …을 떨쳐 버리다, 뿌리치다; …에서 벗어나다, 자유롭게 되다. ③ 〔옷〕을 어깨를 움츠리듯 해서 벗다.
shrug on 〔옷〕을 어깨를 움츠리듯 해서 입다.
shrug one's shoulders 어깨를 움츠리다[으쓱해 하다] (불쾌·절망·놀람·의심·냉소 따위의 몸짓).
— 명 어깨를 움츠리기; 허리까지 오는 짧은 스웨터[재

*__shrunk__ [ʃrʌŋk] 타 shrink의 과거·과거분사. 「킷].

shrunk·en [ʃrʌ́ŋkən] 타 shrink의 과거분사.

shtar·ker [ʃtáːrkər] 명 (美속어) 강한[억센, 용맹한] 남자; 흉악범, 깡패. (또는 **schtarker, starker**)

shtetl [ʃtétl, ʃtéitl] 명 (~s, shtet·lach [-lɑːx, -ləx]) (이디시어) (옛날 동유럽의) 유대인촌.

shtick, shtik [ʃtik] 명 (美속어) 1 (무대 따위에서) 상투적인 동작[개그]; 남의 이목을 끌기 위한 것; 특수한 재능. 「잠자고 있다(up).

shtoom [ʃtum] 형 (속어) 입을 다문, 묵묵한. — 자

shtup [ʃtup] 명태 (속어) =schtup.

shuck [ʃʌk] 명 1 (옥수수·밤 따위의) 껍질, 꼬투리, (조개의) 조가비. 2 (美 ~s) (美구어) 시시한[무가치한] 것. ¶ not worth ~s 아무 값어치도 없는. 3 (美 *not a shuck* 조금도 …않는. 「어) 까짜. — 타 1 …의 껍질[꼬투리, 깍지]를 벗기다; 〔껍질〕을 까다. 2 (속어) 〔웃옷 따위〕를 벗다(off); 〔약속 따위〕를 버리다(off). — 자 〔옷을〕 벗다(down) (out of). — 감 (美 ~s) (美구어) 〔불쾌 따위를 나타내어〕 저런!, 아차!, 체!
shuck and jive (美속어) 농담하다, 놀리다; 속이다.

‡**shud·der** [ʃʌ́dər] 자태 (~s [-z]) 1 떨다, 전율하다; 몸서리치다, 오싹하다(at, with, to do). ⇨SHAKE 〔유의어〕 ¶ (~+前+名) (~+to do) ~ at the thought of: ~ to think of …을 생각하면 오싹해지다. 2 (기계 따위가) 진동하다. — 명 (~s [-z]) 몸을 떪, 전율; (the

~s) 《구어》 몸서리.
shud·der·ing [ʃʌ́dəriŋ] 형 1 (공포·추위 따위로) 떨고 있는; 몸서리치는. 2 (또는 **shuddery**) 떨리게[몸서리치게] 하는. **~·ly** 부

*****shuf·fle** [ʃʌ́fl] 타 1 〔발〕을 질질 끌며 걷다. 2 〔춤〕을 발을 끌며 추다. 3 〔카드 따위〕를 치다; …을 뒤섞다(*together*). ¶ ~ *the papers together* 서류를 뒤섞어 놓다. 4 …을 이리저리 움직이다. 5 …을 뒤 쩍 섞어 놓다(*in*), 속에서 빼내다(*out*). 6 …을 급하게 하다; 〔옷〕을 서둘러 입다, 걸치다(*on*); …을 서둘러 다는 대로 벗다(*off*). ¶ (~+목+부) ~ *one's clothes on* [*off*] 옷을 서둘러 입다[벗다]. ── 자 1 발을 질질 끌며 걷다(*along*). ¶ He ~*s along*. 그는 발을 질질 끌며 걷는다. 2 발을 끌며 춤추다. 3 (옷 따위)를 걸치다(*on*)(*into*), 벗다(*off*)(*out of*). 4 핑계대다, 발뺌하다; 용케 헤어나다(*out of*, *through*). ¶ (~+전+명) ~ *out of* one's *responsibilities* 교묘하게 책임을 벗어나다 / ~ *through* one's *task* 일을 해치우다. 5 카드를 섞어 치다.
shuffle off ① 발을 끌며 물러나다. ② …을 (벗어) 버리다; 빼놓다. ③ 〔책임〕을 전가하다(*upon*, *onto*).
shuffle on 〔옷〕을 아무렇게나 걸치다.
shuffle out of =*shuffle off* ②; 〔책임 등〕을 교묘하게 피하다(⇨ 자 4). 〔책〕을 바꾸다.
shuffle the cards ① 카드를 쳐서 떼다. ② 역할[정책]을 바꾸다.
shuffle through …을 해치우다. ⇨ 자 4.
── 명 1 발을 질질 끌며 걸어가기[춤추기]. 2 카드를 섞어치기; 뒤섞음질. 3 뒤바꿈, 발뺌, 술책. 4 혼잡한 상태. 5 재편성, 교체; 내각 개편(reshuffle). 6 (팝 뮤직의) 셔플(부기우기의 변형 리듬).
lose…in the shuffle 《美》 무심결에 …을 빠뜨리다.
shuf·fle·board [ʃʌ́flbɔ̀ːrd] 명 1 셔플보드(긴 막대기로 점수가 매겨진 반(盤) 위에 원반을 밀어 넣는 놀이). 2 =shove-ha'penny.
shuf·fler [ʃʌ́flər] 명 1 발을 끌며 걷는[춤추는] 사람. 2 사기꾼. 3 〔카드놀이 전에〕 카드를 쳐서 떼는 사람. 4 〔방언〕 〔조류〕 검은머리흰죽지.
shuf·ty, -ti [ʃʌ́fti, ʃʌ́f-] 명 《英속어》 보기, 한 번 봄.
Shultz [ʃults] 명 슐츠. 1 **Charles** ~ (1922-2000: 미국의 만화가). 2 **George Pratt** ~ (1920-: 미국의 경제학자·정치가·국무 장관).
*****shun** [ʃʌn] 타 **-nn-** …을 피하다, 비키다, 멀리하다(*doing*); 꺼리다. ⇨ ESCAPE 유의어
~·less 형 피할 길 없는. **~·na·ble** 형 **~·ner** 명
'shun [ʃʌn] 감 차려!《구령》. 〔<atten*tion*〕
shun·pike [ʃʌ́npàik] 명 《美》 〔유료(고속) 도로 이외의〕 옆길, 피난 도로. ── 자 〔유료(고속) 도로를 피해〕 옆길[뒷길]을 차로 가다. **-pik·er** 명
shunt [ʃʌnt] 타 1 …의 방향을 돌리다, 〔화제 따위〕를 바꾸다; 〔책임〕을 전가[회피]하다; …을 제쳐놓다, 〔남〕을 따돌리다. ¶ (~+목+전+명) ~ *the conversation on to another subject* 이야기를 딴 화제로 돌리다 / (~+목+부) *be ~ed aside* 따돌림을 당하다. 2 〔전기〕 …에 분로(分路)를 만들다. 3 〔철도〕 〔열차〕를 〔다른 선로로〕 옮겨 놓다, 전철(轉轍)하다. ¶ (~+목+전+명) ~ *a train into the siding* 열차를 측선으로 넣다. 4 〔외과〕 〔혈액〕을 다른 부분으로 돌리다. ── 자 1 한쪽으로 비키다; 피하다. 2 전철[대피]하다.
── 명 1 한쪽으로 비키기[피하기], 전환. 2 〔전기〕 분로(分路). 3 전철기. 4 〔해부〕 문합(吻合). 5 〔외과〕 측로, 분류(分流)(다른 곳으로 돌린 피의 유로(流路)). 6 《美》 뒷길. 7 《속어》 《자동차 레이스의》 접촉으로 인한 사고.
shúnt dýnamo 명 분로(分路) 직류 발전기.
shunt·er [ʃʌ́ntər] 명 1 〔철도〕 전철수(轉轍手); 전철기, 입환용(入換用) 기관차. 2 《속어》 수완이 있는 조직자.
shúnt·ing èngine [ʃʌ́ntiŋ-] 명 《英》 전철 기관차.
shunt-wound [-wáund] 형 〔전기〕 〔발전기가〕 분로(分路) 연결된.

shush [ʃʌʃ] 감 쉿!, 조용히! ── 타 …을 잠잠하[조용하게] 하다. ── 자 잠잠[조용]해지다. **~·er** 명

‡shut [ʃʌt] 타 (**~; ~·ting**) 1 〔창·문 따위〕를 닫다(*up*, *down*), 잠그다; …의 뚜껑을 닫다(*up*)(뚜 open). ⇨CLOSE 유의어 ¶ Please ~ *the window*. 창문을 닫아주십시오. 2 〔책 따위〕를 닫다, 접다, 오므리다(*up*). ¶ ~ *an umbrella* 우산을 접다. 3 …을 가두어 넣다(*up*)(*into*, *in*); …을 에워싸다; …을 가로막다. ¶ (~+목+전+명) ~ *a monkey into a cage* 원숭이를 우리 속에 가두다. 4 〔공장·점포 따위〕를 폐쇄하다, 문 닫다(*up*, *down*). ¶ (~+목+부) He ~*s* (*up*) *his store for the winter*. 그는 겨울 동안 가게문을 닫는다. 5 〔손가락·옷 따위〕를 (…에) 끼게 하다(*in*). ¶ (~+목+전+명) ~ *one's clothes in a door* 문틈에 옷이 끼이다. 6 …을 내쫓다, 배제[제외]하다; 〔재귀용법으로〕 (…와) 관계를 끊다(*from*); …을 차단하다(*out*)(*from*, *out of*). 7 …을 융접하다(*together*). ── 자 1 닫히다, 잠기다(*down*). ¶ The door won't ~. 문이 안 닫힌다. 2 〔일시〕 폐쇄하다, 휴업하다(*down*, *up*). 3 〔어둠 따위〕가 깃들이다, 내리다(*in*).
keep one's **mouth shut (about)** (…에 관해서) 입 다물고 있다. 〔고립시키다(*from*).
shut away …을 가두다(*in*); …을 멀리[격리]하다.
shut down ① 〔창·문 따위〕를 닫다, 내리다. ② 《구어》 〔임시로〕 〔공장 따위〕를 폐쇄하다, …을 휴업하다. ③ (안개 따위가) 내리다.
shut in ① 가두다. ② 가리다, 보이지 않게 하다. ③ 〔종종 수동형으로〕 …을 둘러싸다.
shut into 〔손가락 등〕을 〔문틈 따위에〕 끼우다; …에 넣다, 가두다.
Shut it! 입 닥쳐!
shut off ① 〔가스·라디오 따위〕를 잠그다[끄다]. ② …을 제외하다, 차단하다, 떼어내다(*from*). ③ 〔기계 따위가〕 멈추다.
shut oneself of 《구어》 …와 인연을 끊다.
shut one's eyes [***ears***] ***to*** …을 보지[듣지] 않으려 하다.
shut one's face 《속어》 입을 다물다.
shut one's lights (***off***) 죽다, 자살하다. 〔지 않다.
shut one's mind [***or heart***] ***to*** …을 아예 받아들이
shut one's teeth 이를 악물다.
shut out ① …을 못 들어오게 하다, 쫓아내다; …을 안 보이게 가리다, 차단하다(*of*, *from*). ② 〔야구 따위에서〕 …을 완봉하다, 셧아웃하다.
shut the door on [*or* ***against***] *a person* 남의 눈 앞에서 문을 닫다; 남(의 이야기)을 받아들이지 않다.
shut to 〔문 따위가〕 닫히다: 〔문 따위〕를 닫다.
shut together …을 융접하다.
shut up ① ⇨ 타 1, 2, 3, 4. ② (S-) 입 닥쳐!; …을 입다물게 하다, 입다물다. ③ 정말이야?
── 형 1 닫힌, 잠긴. ¶ *with* ~ *eyes*; *with one's eyes* ~ 눈을 감고. 2 〔음성〕 폐쇄음(閉鎖音)의.
shut of 《구어》 …을 면하여; …와 인연이 끊어져서. ¶ I *was* ~ *of him*. 나는 그와 인연이 끊어졌다 / *He got* ~ *of all his debts*. 그는 모든 빚을 갚아버렸다.
── 명 1① 닫음, 폐쇄; 종료[종업, 폐점] 시간. 2 〔음성〕 폐쇄음(p, b, t, k 따위). 3 융접 부위.

shut·down [ʃʌ́tdàun] 명 〔공장 따위의〕 일시 휴업[폐쇄], 조업 정지; 〔기계 따위의〕 활동[운전] 정지; 방송 중지 (시간).

shut·eye [ʃʌ́tài] 명 ① 《구어》 잠, 수면; 무의식, 인사불성. ¶ *catch* [*or* *get*] *a little* ~ 한숨 자다. (또는 **shút·èye**)

shut-in [⌐ìn] 《美》 명 〔병 따위로 집·병원 등에〕 틀어박힌, 집안에 갇힌; 〔정신의학〕 고독벽(癖)의. ── 명 〔집·병원 등에〕 틀어박혀 있는 사람.

shut·off [ʃʌ́tɔ̀ːf, -àf/-ɔ̀f] 명 마개, 꼭지쇠; 차단하는 것(밸브 따위); 중단, 정지(stoppage); 금렵기.

shut-out [ʃʌ́tàut] 명 (美) 1 내쫓기, 내쫓긴 상태; 공장 폐쇄. 2 (스포츠) 완봉승, 셧아웃; 완봉 경기.

‡**shut·ter** [ʃʌ́tər] 명 (∼s [-z]) 1 닫는 사람[것]. 2 덧문, 겉문; 뚜껑. 3 (사진) 셔터. 4 (오르간의) 개폐기. 5 (∼s) (美속어) 눈꺼풀.
put up the shutters ① 겉문을 닫다; (밤이 되어) 폐점하다. ② (영업 부진으로) 가게를 걷어치우다.
take down the shutters 덧문[겉문]을 열다.
── 타 1 (창)에 덧문[겉문]을 달다, …을 덧문[겉문]으로 닫아 놓다; (사진기 따위에) 셔터를 달다. 2 (가게 따위)를 (일과를 마치고) 닫다; (영구히) 폐쇄하다.
∼·less

shut·ter·bug [ʃʌ́tərbʌ̀g] 명 (구어) 사진광(狂).

*__shut·tle__ [ʃʌ́tl] 명 1 (직조기의) 북; (재봉틀의) 북실통, 셔틀. 2 (근거리의) 정기 왕복 항공기[열차, 버스]; (종종 S-) 우주 왕복선(space ∼). 3 =shuttlecock 1. 4 (정치) 왕복 외교(에 있어서의) 일련의 왕복. ── 타 좌우로 움직이게 하다(움직이다), 바삐 왕복시키다[하다]; (TV) (비디오 테이프)를 고속 전진시키다. ── 자 근거리 왕복의, 왔다갔다하다.

shúttle ármature 명 (전기) 이동 전기자(電機子).
shúttle bómbing 명 왕복 폭격.
shúttle bús 명 근거리 왕복 버스, 셔틀 버스.
shut·tle·cock [ʃʌ́tlkὰk/-kɔ̀k] 명 1 (배드민턴 따위의) 깃털공, 셔틀콕. 2 □ 깃털공[배드민턴, 제기 따위] 놀이. 3 (의논 따위에서) 주고받기, ── 를 서로 받아서 치다, 교환하다, 주고받다. ── 자 왕복하다. 형 왕복하는.
shúttle diplómacy 명 (정치) 왕복 외교(두 나라 사이를 제3국의 중개자가 오가면서 협상하기).
shúttle diplomat 명
shúttle sérvice 명 셔틀 서비스, 근거리 왕복 운행.
shúttle tráin 명 근거리 왕복 열차(편).
shúttle véctor 명 (생물) 셔틀 벡터(세균과 효모 따위 두 종류의 생물 사이를 왕복하여 어느 쪽에서도 자율 증식할 수 있는 vector).
shut·tle·wise [ʃʌ́tlwàiz] 부 왔다갔다, 여기저기.
shút·tling upbrínging [ʃʌ́tliŋ-] 명 왕복 육아 (별거[이혼]한 부모가 교대로 하는 육아).
shuz·it [ʃʌ́zit] 명 (美속어) 마리화나.
s.h.v. (라틴) *sub hoc voce* (=under this word).
shvantz [ʋænts] 명 (美속어) 음경.

‡**shy¹** [ʃai] 형 (∼·er, shí·er; ∼·est, shí·est) 1 (사람이) 암띤, 부끄럼타는, 소심한, 수줍어하는. ¶a ∼ smile 수줍은 듯한 미소/He is very ∼ with women. 그는 여자를 보면 몹시 부끄럼을 탄다.

> [유의어] **shy** 소심하거나 경험 부족 때문에 남들과 어울리지 못하고 꽁무니 빼는. **bashful** 본능적으로 남의 눈에 띄는 것을 피하고 부끄러워하며 어쩐지 어색한 언행을 하는. **diffident** 자신이 없기 때문에 언행을 주저하는. **modest** 자신은 있으나 겸손하여 주제 넘게 나서지 않는. **demure** 겸손한 척하며 얌전빼고 새침한. **coy** 얌전한 척하고 교태를 부리는.

2 (동물이) 잘 놀라는, 사람을 보면 곧 달아나는. 3 의심 많은, 믿지 않는; 조심성 있는, 조심하는 (*of*); 마음내키지 않는, 꺼리는 (*of*). ¶ He is ∼ *of* asking foreigners a question. 그는 소심해서 외국인에게 질문하기를 꺼린다. 4 (속어) …이 부족한[없는] (*of*, *on*). ¶They are ∼ *of* funds. 그들은 자금이 부족하다. 5 (식물이) 열매를 잘 맺지 않는; (동물이) 새끼를 잘 낳지 않는.
fight shy of …을 싫어하다; …을 피하다. [고 있다.
look shy at [or *on*] …을 의심스러운 눈으로 보다.
── 자 (*shies* [-z]; *shied*) 재 1 (사람이) 꽁무니빼다, 움찔하다, 겁내다(*away*, *off*) (*at*, *from*). ¶Her eyes ∼ *away from* mine. 그녀는 나에게서 시선을 피하
2 (특히 말이) 뒷걸음질치다 (*at*). ── 타 …을 피하다, 비키다. ¶∼ *danger* 위험을 피하다 (*away*, *off*).

shy clear of …을 피하다. [물러서기.
── 명 (∼ *shies* [-z]) (놀라거나 하여) 뒷걸음질치기.
∼·er, shí·er 명 공무니빼는 사람; 잘 놀라는 말. ∼·ly, shí·ly 부 수줍어서, 부끄러워. ∼·ness 명 수줍음.

shy² 명(동 타 (돌 따위)를 잽싸게 던지기, 팔매질하다. ¶∼ a stone at a wall 벽에 돌팔매질을 하다. ── 자 잽싸게 던지다, 내던지다. [조롱, 놀림.
── 명 1 팔매질. 2 (구어) 시도; 겨냥; 기회. 3 (구어) *have* [or *take*] *a shy at* …을 놀리다, 조롱하다.
② …을 시도하다.
-**shy** [ʃai] 연결 shy¹의 뜻. ¶gun-*shy*, work-*shy*.

Shy·lock [ʃáilɑk/-lɔk] 명 1 샤일록(Shakespeare 작 *The Merchant of Venice*의 냉혹한 고리 대금업자). 2 (s-) 비정한 고리 대금업자.
── 타자 (s-) 고리 대금업을 하다. ∼·er **Shy·lóck·i·an**, ∼·y 명
shy·ster [ʃáistər] 명 (美구어) 엉터리[악덕] 변호사; 협잡꾼.
Shý Tówn 명 (美속어) (시민 라디오에서) 미국의 Chicago시. (또는 **Chí Tówn**)

si [si:] 명 (음악) (도레미파 창법의) 시(제7음).
sí [si:] 부 네(yes). ⟨Sp⟩
Si ⑰ (화학) silicon. **SI** *Sandwich Islands*; (의학) *seriously ill*; (*Order of the*) *Star of India* (인도 성(星) 훈장); *Staten Island*; (프랑스) *Système International (d'Unités)* (=International System of Units) (국제 도량형국). **SIA** *Securities Industries Association*; (美) *Semiconductor Industry Association* (반도체 공업 협회). **SIAD** *Society of Industrial Artists and Designers*.
si·al [sáiæl] 명 (지질) 시알(지각의 표층부).
si·ál·ic 형 (<*si*licium+*al*uminium)
si·al- [sáiæl] 연결 →SIALO-. [선염(炎).
si·a·lad·e·ni·tis [sàiəlædənáitis] 명 (병리) 타액
si·a·la·gog·ic [sàiələgɔ́dʒik/-gɔ́dʒ-] (의학) 형 타액 분비를 촉진하는. ── 명 =sialagogue. (또는 **sialogogic**)
si·a·la·gogue [sáiæləgɔ̀(:)g, -gὰg] (의학) 형 =sialagogic. ── 명 타액 분비 촉진제. (또는 **sialogogue**) [에서는 sial-).
si·al·o- [sáiælou, -lə] 연결 saliva의 뜻(* 모음 앞
si·a·log·ra·phy [sàiəlɔ́grəfi/-lɔ́g-] 명 (의학) (뢴트겐 촬영을 위한) 침샘[타액선] 조영(造影).
si·a·loid [sáiəlɔ̀id] 형 침 같은, 타액 모양의. [다.
si·al·or·rhea [sàiələríːə] 명 (병리) 타액 (분비) 과
Si·am [saiǽm, ⸺⸺] 명 샴(Thailand의 옛 이름).
si·a·mang [si:əmǽŋ/sáiə-] 명 샤망, 주머니긴팔원숭이 (수마트라산(産)).
Si·a·mese [sàiəmíːz, -míːs] 형 1 샴국(인, 어)의. 2 (샴)쌍둥이; 밀접한; 비슷한. ── 명 (∼) 1 샴인; □ 샴어. 2 (보통 s-) 두 갈래 소화전(消火栓). 3 = ∼ cat.
Síamese cát 명 샴고양이.
síamese connéction 명 (때로 S- c-) =Siamese 명 2. (또는 **síamese cóupling [jóint]**)
Síamese fíghting fish 명 (어류) 샴 투어(鬪魚) (타이산(産)으로 지느러미가 길다).
Síamese twíns 명(복) 1 샴 쌍둥이 (허리가 붙은 기형의 쌍둥이 Chang과 Eng(1811-74)). 2 몸이 붙어서 태어난 쌍둥이; 밀접한 관계에 있는 한 쌍(의 것).
sib [sib] 명 (스코) 혈연 관계가 있는, 혈족의(*to*).
── 명 혈연자, 형제 자매, 친척; (집합적) 친척 일동, 친족; (인류) 씨족(氏族).
SIB *Securities and Investments Board*; (英) *Special Investigation Branch* (육군 헌병대 특별 수사대).
Sib. *Siberia*; *Siberian*.
Si·be·li·us [sibéiliəs, -ljəs] 명 Jean ∼ (1865-1957) 핀란드의 작곡가).
*__Si·be·ri·a__ [saibíəriə] 명 시베리아(러시아의 우랄 산

맥 동쪽 지역); 유형지(流刑地); 좌천 벽지 근무지; (벌로서 가해진) 하기 싫은 일.

Si·be·ri·an [saibíəriən] 형 시베리아의.
── 명 1 시베리아인. 2 (또는 ~ **Húsky**) 시베리안 허스키(썰매 끄는 개의 일종).

Sibérian expréss 명 《美속어》 시베리아 특급(캐나다와 미국으로 부는 북극의 찬바람).

sib·i·lance [síbələns], **-lan·cy** [-lənsi] 명 ① 《음성》 치찰음성(齒擦音性).

sib·i·lant [síbələnt] 형 1 쉬쉬 하는 (소리가 나는). 2 〔음성〕 치찰음의[이 있는]. ── 명 〔음성〕 치찰음(s, z, ʃ, ʒ 따위). ~**·ly** 부

sib·i·late [síbəlèit] 자타 쉬쉬 소리내다(hiss); 치찰음을 내다; 치찰음으로 발음하다.
-**lá·tion** 명①ⓒ 치찰음(화(化)). -**là·tor** 명

sib·ling [síbliŋ] 명 1 (보통 ~s) (양친 또는 부모 한쪽이 같은) 동기, 형제, 자매. 2 〔인류〕 씨족의 공동 구성원. ── 형 동기의. ¶~ **rivalry** 동기간의 항쟁.

sib·ship [síbʃip] 명 〔인류〕 씨족(sib)의 일원임; (유전) 동포군(群); 친연 관계(kindred).

sib·yl [síbəl] 명 1 (고대 그리스·로마 등의 신탁(神託)을 전하는) 무당, 무녀; 여자 예언자; 마녀. 2 (S-) 시빌(여자 이름). (또는 sibil)

sib·yl·line [síbəlìːn/síbəlàin] 형 (종종 S-) sibyl 의[같은], sibyl이 말해 놓은[는]; 예언적인, 신탁의[같은]; 신비적인. (또는 **sibyl**(**l**)**ic**)

Sibylline Bóoks 명圈 (the ~) (그리스어로 씌어진 신비적인 유래가 있는) 고대 로마의 신탁집(集).

sic[1] [sik] 타 (~**ked, ~ced** [-t]; ~**·k·ing, ~·cing**) 1 (특히 개에 대한 명령) …을 공격하다 (attack). ¶ **S~** him! 저 사람에게 덤벼라! 2 〔개 따위〕를 (…에게) 덤벼들게 하다(on).

sic[2] [sik] 〈라틴〉 원문 그대로(so, thus)(인용 어구 따위가 틀린 것으로 생각될 때 그 뒤에 (sic)이라고 괄호 안에 써넣어 원문 그대로임을 나타낸다).

Sic. Sicilian; Sicily.

sic·ca·tive [síkətiv] 형 건조시키는, 건조를 돕는.
── 명 (특히 페인트에 쓰는) 건조제.

sice[1] [sais] 명 (주사위 눈의) 6.

sice[2] [sais] = syce.

Si·chuan [sítʃwáːn, sítʃuàːn] 명 쓰촨(四川)성(중국 중서부의 성; 성도(省都)는 청두(成都)).
(또는 Szechwan, Szechuan, Ssuch'uan)

Si·cil·ian [sisíljən, -liən] 형 시칠리아섬[사람]의; 시칠리아 방언의. ── 명 시칠리아 사람; ⓤ 시칠리아 방언.

si·cil·i·a·no [sisìːljáːnou/It sitʃiljáːno] 형 (It ~**s**) Sicily의 우아한 민속 무용; 그 춤곡.
(또는 **siciliana**)

***Sic·i·ly** [sísəli] 명 시칠리아섬, 시실리섬(이탈리아 반도 남단의 지중해 최대의 섬).

‡**sick**[1] [sik] 형 (~**·er; ~·est**) 1 병든, 병난, 몸이 편찮은; 병에 걸린(卧 well) (**with**, 〈고어〉 **of**) (* 《英》에서는 서술용법으로는 일반적으로 ill을 쓴다). ¶ a ~ man 환자/She was taken ~. 그녀는 병에 걸렸다 // I am ~ **with** a cold. 감기들었다/He is ~ **in** bed. 그는 병으로 누워있다. 2 《美》《서술용법》구역질이 나는, 메스꺼운(**with, from**). ¶ I am going to be ~. 나는 토할 것 같다/The sight made me ~. 그것을 보고 나는 메스꺼웠다. 3 《한정용법》 병자용의, 환자용의, 병 ~ ward 병동. 4 (…에) 싫증난, 진절이 난(**of**). ¶ be ~ **of** doing nothing 놀고 먹는 데 지치다. 5 《구어》《서술용법》 진절머리가 나서, 속이 상하여, 짜증이 나서, 화가 나서; 실망하여, 낙담하여(**at, about**). ¶ He was rather ~ **at** missing the train. 그는 기차를 놓치고 좀 화가 났다. 6 《구어》 애태우고, 그리워하고 (**for**). ¶ She is ~ **for** her home. 그녀는 고향을 그리워하고 있다. 7 (얼굴빛 따위가) 병색이 짙은, 창백한; 오싹하게 하는; (사상 따위가) 병적인, 불건전한. ¶ ~

skin 창백한 피부 / ~ thoughts 불건전한 사상. 8 (탈것 따위가) 수리해야 할, 결함이 있는. 9 (물건이) 불량한; (포도주 따위가) 맛이 변한, 싱거운; (눈(雪)) (땅이) 생산이 없는. 10 월경중인. 「의」 컨디션이 아주 나쁜.
(as) sick as a dog 《cat, horse, parrot》
become [or 《美》 **get**, 《英문어》 **fall**, 《문어》 **be taken**, 〈드물게〉 **take**〉 **sick** 병들다.
be off sick 병으로 쉬다.
call in sick 아파서 결근한다고 전화하다.
feel [or **turn**] **sick** 몸이 찌뿌드드하다; 메스껍다.
go [or **report**] **sick** 《군사》 의무실에 가다.
look sick ① 안색이 나쁘다. ② 《구어》 (남과 비교해서) 대수롭지 않아 보이다, 존재가 희미해 보이다.
make...sick 〈구어〉 …을 화나게 하다, 걱정하게 하다
sick at heart 고민[비관]하는.
sick to death; sick and tired 아주 지긋지긋하여, 아주 싫증이 나서.
worried sick 〈구어〉 …로 몹시 걱정하여 (**about**).
── 명 1 (the ~) 〈문어〉 《집합적; 복수취급》 환자; 《英구어》 구토물; (~s) 구토; 《속어》 (마약 등에 의한) 금단 상태. 2 ⓤ 《보통 단수취급》 병. ¶ sea ~ 뱃멀미.
on the sick 《英구어》 질병 수당을 받아서.
── 타 《구어》 토하다, 게우다(**up**); (페어) 병들(게 하)다.

sick[2] 형·타 = sic[1].

sick báy[**bérth**] 명 (선박 안의) 진료실; (학교 등의) 의무실, 양호실.

sick·bed [síkbèd] 명 병상.

sick bénefit 명 《美》 (건강 보험의) 질병 수당.

sick building 명 (입주자·근무자 등에게) 내부 환경이 열악한 빌딩.

sick building sýndrome 명 빌딩 질환 증후군 (건물의 오염된 공기로 생기는 갖가지 증상; ⓐ SBS).

sick cáll 명 1 《군사》 환자(진료) 소집 (신호); 환자 소집 시간. 2 (의사의) 왕진; (목사의) 병자 방문.

sick dáy 명 (유급의) 병결일(病缺日).

***sick·en** [síkən] 자 1 병들다 (**with**); 《美》 병든 징후가 나타나다 (**for**) ¶ He is ~**ing for** measles. 그는 홍역 증상을 보이고 있다. 2 메스꺼워지다, 욕지기 나다 (**at, to do**). ¶ a ~**ing** sight 속이 메스꺼워지는 광경 // I ~ed at the mere sight of the rat. 나는 쥐를 보기만 했는데 속이 메스꺼워졌다. 3 싫증이 나다, 넌더리나다 (**of**). ¶ I am ~**ing of** my daily routine. 나는 날마다 되풀이되는 일상 업무에 넌더리가 난다. 4 약해지다, 쇠약해지다; 시들다; 악화[몰락]하다. ── 타 1 …을 병나게 하다. …을 메스꺼기나게 하다. 2 …을 싫증나게 하다. 3 …을 약하게 하다.

sick·en·er [síkənər] 명 진저리나는 것[일, 경험].

sick·en·ing [síkəniŋ] 형 병들게 하는 (일); 욕지기[넌더리]나게 하는 (일). ~**·ly** 부

sick·er[1] [síkər] 명 《美軍속어》 입원 환자.

sick·er[2] [스코] 형 안전한; 신뢰할 수 있는. ── 부 안전하게, 확실하게.

sick flág = quarantine flag.

sick héadache 명 〔병리〕 구토성 두통; 편두통.

sick·ie [síki] 명 1 《美속어》 변태자, (특히) 정신병 환자(sicko). 2 (濠·뉴질 구어) 병가.

sick·ish [síkiʃ] 형 1 좀 메스꺼운, 구역질 날 듯한. 2 병날 것 같은, 속이 좀 언짢은. ~**·ly** 부 ~**·ness** 명

***sick·le** [síkl] 명 1 낫, 작은 낫(卧 scythe). 2 (S-) 〔천문〕 (사자자리(Leo) 한의 낫 모양의 별무리. 3 (장닭 꼬리의) 낫 모양의 깃 (~ **feather**). ── 타 1 낫으로 자르다. 2 〔병리〕 〔적혈구〕를 낫 모양으로 하다.

sick léave 명 병가(病暇), 의병(依病) 휴가 (기간).

síckle cèll 명 〔병리〕 겸상(鎌狀) 적혈구.

síck·le-cèll

síckle cèll anémia 명 〔병리〕 겸상 적혈구성(性) 빈혈(흑인의 유전병). (또는 **síckle-cell disèase**)

síckle cèll tráit 명 〔병리〕 겸상 적혈구 체질.

sick·le·mi·a [sikliːmiə] 명 ⓤ 겸상 적혈구증(症).

sick list 명 환자 명부.
on the sick list 병으로, 병에 걸려.
*****sick·ly** [síkli] 형 **1** 건강이 좋지 않은, 병약한, 병난. **2** 병으로 인한; (안색 따위가) 창백한, 병적인; (지역·시기 따위가) 병병하기가 많은, 이환율이 높은; (기후 따위가) 건강에 나쁜. **3** 정나미가 떨어진, 욕지기나게 하는, 진저리나게 하는(*with*). ¶ a ~ smell 욕지기나게 하는 악취. **4** (빛·색깔이) 퇴색한, 바랜, 약한. **5** 감상적인. — 부 병적으로, 병으로. — 타 (고어) …을 창백하게 하다(*over*). **-li·ly** 부 **-li·ness** 명
sick-mak·ing [-mèikiŋ] 형 (영구어) =sickening.
‡**sick·ness** [síknis] 명 (복 ~·es [-iz]) **1** © 병. ⇒ ILLNESS 유의어. ¶a severe [*or* major] ~ 중병/ a minor [*or* light, slight] ~ 가벼운 병. **2** © 욕지기, 메스꺼움, 구토; 멀미.
sickness bènefit 명 (영) (국민 보험의) 질병 수당 ((미) sick benefit). 「= sickinid]
sick·nick [síknik] 명 (미구어) 정서 불안정자. (또 「명부.
sick nòte [síknik] 명 (영구어) (종업원이 제출하는) 병결 증
sick nùrse 명 간호사, 간호인.
sick·o [síkou] 명 (미구어) 명 (복 ~s) 변태자, 정신이상자(sickie). — 형 미친, 변태의, 소름끼치는, 병적인.
sick-out [síkàut] 명 (미구어) 병가(病暇) 파업(을 하다).
sick paràde 명 (영) =sick call.
sick pày 명 =sick benefit. 「(무보건)식.
sick·room [síkrù(:)m] 명 병실; (학교 따위의) 의
sick-sick-sick [síksíksík] 형 (미구어) 이상해진, 변태의; 소름끼치는, 병적인.
sick·y [síki] 명 (복 -ies) =sickie.
sic trans·it glo·ri·a mun·di [sík trǽnsit glóːriə mʌ́ndi] 이리하여 이 세상의 영예는 흘러간다.
 《L thus passes away the glory of this world》
SICU [síkjù:] *s*urgical *i*ntensive *c*are *u*nit (외과 집중 치료실). **SID** *s*udden *i*onospheric *d*isturbance (돌발성 전리층 소란).
Sid·dhart·ha [sidáːrtə, -θə] 명 싯다르타, 실달다 (悉達多) 《석가의 어릴 때 이름》; 《뜻》; 불가사의한 힘.
sid·dhi [síddi] 명 (불교) 실지(悉地) (성취·완성의
‡**side** [said] 명 (복 ~s [-z]) **1** (물체의 전후·좌우·상하 따위의) 측, 측면, 옆 부분; (얇은 물체의 겉·뒤의) 면. the front [back] ~ 앞[뒤]쪽/the right ~ 우측/the right [wrong] ~ of cloth 천의 표면[뒷면]/on this ~ of Easter 부활절 전에/the near [off] ~ (차도로 봐서의) 좌[우]측/¶ He wears his coat (with) the wrong ~ out. 그는 상의를 뒤집어 입고 있다.
2 (신체의) 옆구리, 허구리, 늑골; 겨드랑이; (소 따위의) 옆구리 고기; (사람의) 옆, 가까운 곳.¶on one ~ 측근에. **3** (문제 따위의) 면, 양상, 국면.¶The blind ~ 약점, 빈틈/Life has two ~s; bright and dark. 인생에는 명암의 양면이 있다.

유의어 **side** 상하·좌우·표리 따위와 같이 대립된 것을 예상하는 면(面). **aspect** 특정의 관점에서 본 면; 관점이 달라지면 다른 면이 나타남을 암시. **phase** 발전·전개·변화의 단계로서의 면; 관점은 변치 않고 대상 그 자체의 변화를 암시. **facet** 동일한 면이 다수 있는 중의 하나. **angle** 한정된 범위의 관점에서 보이는 면.

4 (중심권[부]에서 본) 지역, 방면, 방향; (동서남북의) 쪽, 향.¶the south ~ of a city 시의 남쪽[남부]. **5** (middle, center에 대하여) 끝, 가, 언저리.¶a shop by the ~ of a road 길가에 있는 가게. **6** (수학) (3각형 따위의) 변, (입방체의) 면. **7** (경기 따위의) 편, 팀, (적·자기편의) 쪽, 당파.¶the credit [debit] ~ 대변[차변]/play ~s 편을 짜서 하다/ I took ~s with Frank in his argument with his brother. 프랭크가 그의 동생과 말다툼하고 있을 때 나는 프랭크의 편을 들었다/*The Lord is on my* ~. 주님은 내 편

이시다(←시편(Ps.) 118:6). **8** 고개, 산허리; (고개 따위의) 비탈, 경사. **9** (혈통의) ~쪽, 계(系).¶the paternal [*or* spear] ~ 아버지쪽, 부계/the maternal [*or* distaff, spindle] ~ 어머니쪽, 모계. **10** (英俗) 뺏전, 현, 현측(舷側).¶the port [starboard] ~ 좌[우]현. **11** ⓤ (英) (당구) 틀어치기(English). **12** (문장) 세로줄 (무늬). **13** (구어) (인쇄물·사본 따위의) 지면, 페이지. ¶a pamphlet of 14 ~s 14페이지의 소책자. **14** (보통 ~s) (연극) (대본의) 대사; (배역의) 대사. **15** ⓤ (英속어) 거드름, 젠 체하기, 거만함, 오만함.
by the side of ① …곁에, …가까이. ② …에 비하여.
change sides 탈당하다, 당적을 바꾸다.
choose sides (경기 따위에서) 편을 짜다.
come out on the right [**wrong**] **side** (장사꾼이) 손해를 안 보다[보다].
from all sides; from every side 온갖 방면에(서);
from side to side 좌우로, 옆으로. 「빈틈없이.
get [*or* **have**] **a little** [*or* **some**] **on the side** (미구어) 바람나다[피우다].
get on the right [**wrong**] **side of** [*or* **at**] (구어) …의 마음에 들다[들지 않다]. 「떠나다, 탈주하다.
go over the side (미해군 속어) 무단히 배[기지]를
have lots of side (英속어) 뽐내다. 「있다.
have…on *one's* **side** (…을) 유리한 점으로서 가지고
keep on the right side of the law 법을 지키다, 법률을 위반하지 않다. 「류하다.
leave…on [*or* **to**] **one side** (문제 따위를) 잠시 보
let the side down (스포츠 따위에서) 자기편을 불리하게 하다, 배신하다.
look on [*or* **see**] **the bright** [*or* **sunny**] **side** 사물의 밝은 면을 보다, 낙관하다.
No side! (럭비) 경기 종료!
off [**on**] **side** (축구) 반칙[정규] 위치에. 「서.
on all sides; on every side 사방팔방에서, 도처에.
on *a person's* **bad** [*or* **wrong**] **side** 남에게 미움받아. 「받아.
on *a person's* **good** [*or* **right**] **side** 남에게 호평을
on the right [*or* **better, bright, sunny, hither**] **side of** …살을 넘지 않은.
on the side (구어) ① 본체(本體)[요점]에서 떠나. ② 부업으로, 본업 외에, 아르바이트로; 덤으로, 따로. ③ (美) 곁들여 나오는 요리로. ④ 몰래.
on the…side 다소 ~한 기미가 보이는.¶The consumers' prices are *on the* high ~. 소비자 가격은 상승세에 있다.
on the wrong [*or* **other, shady, thither**] **side of** …살을 넘은. 「모른 체하며.
pass by on the other side 어려운 사람을 보고도
put…on [*or* **to**] **one side** ① …을 치우다, 간수하다. ② 따돌리다, 무시하다. ③ …의 처리를 연기하다.
put on side ① (속어) 젠 체하다. ② (당구) 공을 틀어치다. 「력하여.
side by side ① 나란히; 막상막하로. ② 결탁하여, 협
split [*or* **burst, hold**] *one's* **sides** (**laughing** [*or* **with laughter**]) 배를 쥐고 웃다, 배꼽을 빼다, 포복절도하다. 「(위해) (남)을 곁으로 부르다.
take…on [*or* **to**] **one side** (내밀 이야기를 하기
take sides; take *a person's* **side** (논쟁 따위에서) 한쪽을 편들다[지지하다] (*against, with*).
the other side (때로 O- S-) 저승, 사후 세계.
this side of (구어) ① …의 이쪽에. ② …의 일보 직전에, 거의 …하여.
— 형 **1** 측면의, 한쪽의, 옆의, 곁의, 옆구리의; 옆[한쪽]에서의; 측면으로의.¶a ~ glance 곁눈질. **2** 부차[부수]적인, 이차적인, 종속적인; 지엽 또는 부가의.¶a ~ job 부업.
— 동 (~s [-z]; sid·ed; sid·ing) 자 (…의) 편에 서다 (*with, against*); (…에) 편을 들다 (*with*). — 타 **1** …에 측면을 대다. **2** (美방언) (그릇·식탁 따위를) 치우

다(*away*, *up*). **3** …과 나란히 서다, 나란히 걷다.

síde àrm 圀 (보통 ~s) (권총·대검 따위) 허리에 차는 무기, 휴대 무기.

side-arm [sáidɑ̀ːrm] 圀匣 (야구 따위에서) 옆으로 던지는[던게]. ¶ **a ~ delivery** (공을) 옆으로 던지기.

síde bànd 圀 (무선) 측파대(側波帶).

side-bar [⊥bɑ̀ːr] 圀 부차적인, 보조적인, 파트타임의.

side-bar [sáidbɑ̀ːr] 圀 주요 뉴스에 곁들여 측면에서 해설하는 짧은 뉴스.

síde bèt 圀 (카드놀이 따위에서) 개인 사이의 부차적 인 내기.

*__side-board__ [sáidbɔ̀ːrd] 圀 **1** 찬장, 식기대. **2** 측면 판(側面板). **3** (~s) (英구어) =side whiskers. **4** (~s) (아이스하키) 사이드보드(링크를 둘러싸는 펜스).

side-bone [sáidbòun] 圀 **1** (새의) 허리뼈. **2** (때로 ~s) (단수취급) (수의) 측연골증(側軟骨腫).

side-burns [sáidbə̀ːrnz] 圀區 짧은 구레나룻.

side-by-side [⊥baisáid] 圀 나란히 서 있는, 늘어서 있는.

side-car [sáidkɑ̀ːr] 圀 **1** (오토바이의) 사이드카. **2** 칵테일의 일종.

síde chàin 圀 (화학) 측쇄(側鎖).

síde chàir 圀 (식당 따위에 놓는) 팔걸이 없는 의자.

síde chàpel 圀 (교회당) 부속 예배당.

-sid-ed [sáidid] 圀區 「측면[변]이 있는」의 뜻.

síde dìsh 圀 (주요리의) 곁들임 요리 (접시), 반찬.

síde dòor 圀 **1** 옆으로 들어가는 문, 샛문. **2** (비유적) 간접적인 접근법.

side-dress [⊥drès] 圀匣 (농작물) 가까이에 시비 (施肥)하다, 측면 시비(施肥)하다. ── 圀 측면 시비[추비법].

síde drùm 圀 =snare drum.

síde effèct 圀 **1** (약품의) 부작용. **2** 뜻하지 않은 결과. (또는 **síde-effèct**)

síde fàce 圀 옆얼굴; 측면. (또는 **síde-fàce**)

side-foot [sáidfùt] 圀 (축구) 발 측면으로 차다.

side-glance [⊥glæns/⊥glɑ̀ːns] 圀 곁눈질; 흘기는 눈.

síde gràft 圀 (원예) 복접(復接), 배접.

side-head [sáidhèd] 圀 (인쇄) (책·잡지 등의 난외에) 단 작은 표제. 또는 **sideheading**.

side-hill [sáidhìl] 圀 언덕의 비탈, 산리.

síde hòrse 圀 (the ~) (체조) 안마(鞍馬).

síde issue 圀 지엽 문제, 부차적인 문제[일·것].

side-kick [sáidkìk] 圀 (속어) 친구, 동료, 짝패(mate); 조수; (美) (바지) 옆 주머니.

síde làmp 圀 (英) (자동차의) 측등(側燈)(sidelight).

side-light [sáidlàit] 圀 **1** UC 측광(側光), 옆에서 비추는 빛. **2** 측등(側燈); 옆창, 채광창; (배의) 현등(舷燈); (군함의) 현무등(舷門燈). **3** UC (사정 따위의) 측면에서의 설명, 간접의 해명[정보]. ── 하다.
throw [or **let in**] **a sidelight on** …을 방증(傍證) 하다.

side-line [sáidlàin] 圀 **1** 측선, 횡선. **2** (가게의) 전문외 상품; 부업, 내직. **3** (스포츠) (축구 경기장 따위의) 측선, 사이드라인; (~s) 사이드라인의 바깥쪽.
on the sidelines 방관자로서, 시합에 나가지 않고.
── 匣 **1** (족쇄로) 말의 한쪽 앞뒤 다리를 함께 묶다. **2** (구어) (부상 따위로) (선수)를 출장 못하게 하다.

side-lin-er [sáidlàinər] 圀 방관자.

side-ling [sáidliŋ] 匣 =sidelong.

side-long [sáidlɔ̀ːŋ/⊥lɔ̀ŋ] 圀 경사진, 한쪽으로 기운; 옆(으로)의, 곁의; 노골적이 아닌, 완곡한, 간접적인.
cast [or **give**] **a sidelong glance upon** [or **at**] … 엇비슷하게; 옆으로, …을 곁눈질로 보다.

side-look-ing [⊥lùkiŋ] 圀 (군사) 측방[측면] 감시(용)의 (레이더·소나(sonar) 따위).

side-man [sáidmæn, -mən] 圀 (재즈 밴드나 오케스트라의) 악기 주자; 보조 악기 연주자.

síde mèat 圀 (美중남부) 소금에 절인 돼지 안심.

síde mìrror 圀 =sideview mirror. 「방주(傍註).

síde nòte 圀 (인쇄) (작은 활자로 단)

side-on [⊥ɑ́n/⊥ɔ́n] 圀 측면을 보이고, 측면에서.

── 圀 측면에서의[으로의].

síde òrder 圀 (美) 곁들임 요리(side dish).

side-out [sáidàut] 圀 사이드 아웃(배구·배드민턴에서 서브측이 득점하지 못해 서브권을 잃는 일).

síde-piece [sáidpìːs] 圀 측면부; 옆에 덧붙인 물건.

síde pòcket 圀 허리에 단 호주머니.

síd-er [sáidər] 圀⇒SIDER-¹,². 「an east-*sider*.

-sid-er [sáidər] 連結 「…의 곁에 사는 사람」의 뜻.

síde reàction 圀 (화학적인) 부(副)반응; =side effect 1. 「자리의. ~·**ly** 匣

si·de·re·al [saidíəriəl] 圀 (천문) 별의, 항성의, 별

sidéreal clóck 圀 (천문) 항성 시계.

sidéreal dáy 圀 (천문) 항성일.

sidéreal hóur 圀 (천문) 항성시.

sidéreal mónth 圀 (천문) 항성월.

sidéreal périod [**revolútion**] 圀 (천문) 항성 주기.

sidéreal yéar 圀 (천문) 항성년.

sid·er·ite [sídəràit] 圀 U (광산) **1** 능철광(菱鐵鑛). **2** 운철, 철(질)운석. **-ít·ic** 圀

sid·er·o-¹ [sidərou, -rə] 連結 iron의 뜻(* 모음 앞에서는 sider-). ¶*sidero*lite, *siderite*.

sid·er·o-² 連結 star의 뜻(* 모음 앞에서는 sider-).

síde ròad 圀 옆길, 샛길. ¶*sidero*stat, *sidereal*.

síde ròd 圀 (기관차의 동력 전달의) 연결봉.

sid·er·o·lite [sídərəlàit] 圀 석철 운석.

sid·er·o·sis [sìdəróusis] 圀 U (병리) 철분 폐진증(鐵粉肺塵症). **-ót·ic** 圀

sid·er·o·stat [sídərəstæt] 圀 (천문) 시데로스탯(천체의 빛을 항상 일정 방향으로 인도하는 반사경의 일종).

side-sad-dle [sáidsædl] 圀 여성용 곁안장. ── 匣 결안장에 올라타다.

side-scan [⊥skæn] 圀 (군사) =side-looking.

síde-scan sònar 圀 사이드스캔 소나(측면 감시용 수중 음파 탐지기).

síde scène 圀 (연극) 무대의 좌우 공간; (이동식) 보조 도구; (주요 장면의) 곁에서 연출되는 보조 장면.

síde·seat [sáidsìːt] 圀 (버스 따위의) 옆자리.

side-show [sáidʃòu] 圀 **1** (서커스 따위의) 여흥, 촌극. **2** 부차적인 문제, 지엽 말단의[부수적인] 문제.

side-slip [sáidslìp] 圀匣 (-**pp**-) (자동차·자전거 따위가) 옆으로 미끄러지다; (비행기가) 횡접(橫轉)하다. ── 圀 **1** 옆으로 미끄러짐; 횡접. **2** (英) 샛길. **3** (비유적) 사생아, 서자.

sides·man [sáidzmən] 圀 (영국국교회의) 교구 위원[집사보], 교회 일을 보는 사람.

side-spin [sáidspìn] 圀 사이드스핀(구기에서 공을 수평으로 회전시키기).

side-split·ter [sáidsplìtər] 圀 (배꼽이 빠지도록) 웃기는 농담[사건, 상황]; 폭소.

side-split·ting [sáidsplìtiŋ] 圀 우스워 배꼽 빼는, 포복 절도할, 우스워 견딜 수 없는. ~·**ly** 匣

síde stèp 圀 **1** 옆으로 한발 비켜 서기; (스키 따위의) 사이드 스텝. **2** (차의 옆에 댄) 디딤판.

side-step [sáidstèp] 圀 (-**pp**-) 한발짝 비키다; (일·책임 따위를) 회피하다. ~·**per** 圀 「기.

síde stìck 圀 (인쇄) (조판할 때 판을 죄는) 나무 쐐

síde stìtch 圀 옆매기(제본 방법의 하나), 평철(平綴).

síde-strad·dle hòp [⊥strǽdl-] 圀 =jumping jack. 「담배에서 나오는 (독한) 연기.

síde-stream smòke [sáidstrìːm-] 圀 타고 있는

síde strèet 圀 골목길. ❨ back street

síde stròke 圀 (수영) 횡영, 사이드 스트로크; 부수적인 행위. ── 圀匣 횡영으로 헤엄치다.

side-swipe [sáidswàip] 圀 (…을) 옆을 스치듯 가볍게 때리다, 스치듯이 때리다. ── 圀 살짝 때리기, 가볍게 치기. **-swíp·er** 圀

síde tàble 圀 (벽쪽에 세워 놓는) 사이드 테이블.

síde tòol 圀 (기계) 외날 바이트.

side·track [sáidtræk] 명 (철도의) 측선, 대피선; (비유적) 탈선, 빗나감.
━━타 1 …을 측선[대피선]에 넣다. 2 (주제·본론에서) …을 빗나가게 하다, 제외하다. ━━자 1 측선으로 들어가다. 2 (주제·본론에서) 빗나가다, 탈선하다.

síde trip (어떤 사람·장소를 찾아 보기 위해) 여행 일정에서 벗어난 일시 방문. 「(側瓣式) 기관.

side-valve éngine [´-vælv-] 명 [기계] 측판식

síde view 명 측면도, 측경(側景); 옆얼굴, 옆모습.

síde-view mìrror 명 (자동차의) 사이드미러; 옆쪽을 보기 위한 거울.

‡**side·walk** [sáidwɔ̀ːk] 명 (美) (포장한) 인도, 보도 ((英) pavement). 「니다.
hit the sidewalks (美속어) 걷다, 일자리를 찾아다

sídewalk àrtist 명 보도 화가 (보도 위에 분필 등으로 그림을 그리고 돈을 받음); 가두 초상화가. 「전거.

sídewalk bìke 명 (보조 뒷바퀴가 달린) 어린이 자

sídewalk cafè [´-´] 명 카페 테라스, 보도 노천 카

sídewalk sàle 명 노상 할인 판매. 「폐.

sídewalk superinténdent 명 (美구어) 건축 현장의 구경꾼; 비평하는[잔소리하는] 사람.

sídewalk sùrfing 명 (美속어) 스케이트 보드타기.

side-wall [sáidwɔ̀ːl] 명 측벽; 타이어의 측면부.

side·ward [sáidwərd] 형 옆의, 곁의, 측면의, 비스듬한. ━━부 (또는 ~s) 옆으로, 비스듬하게, 곁에.

side·way [sáidwèi] 명 옆길, 샛길, 골목길; 인도, 보도. ━━형부 =sideways.

‡**side·ways** [sáidwèiz] 형 1 옆의, 곁의, 측면의; 비스듬한, 옆으로 향한. 2 간접의. ━━부 옆으로, 측면으로, 옆쪽에; 비스듬히; 옆에서. ¶ *look ~ at* …을 곁눈으로 보다.
knock [or *throw*] *… sideways* (사람에게) 충격을 주다, 당황하게 하다; (사물에) 나쁜 영향을 주다.

side-wheel [´hwìːl] 형 [해사] (배가) 외륜이 있는.

side-wheel [sáidhwìːl] 명 [해사] (배의) 외륜(外輪), 물갈퀴.

side-wheel·er [´hwìːlər] 명 1 (美) 외륜선. 2 (美속어) [야구] 왼손잡이, 왼손잡이 투수(southpaw).

síde whìskers 명 (긴) 구레나룻.

síde wìnd 명 옆바람; 간접 공격[방법].

side·wind·er [sáidwàindər] 명 1 (美) (남서부의 사막에 사는) 작은 방울뱀. 2 (구어) 옆으로부터의 강한 일격. 3 (S-) (美군사) 사이드와인더(공대공 미사일).

side·wise [sáidwàiz] 형부 =sideways.

síde yàrd 명 (집의) 옆뜰.

sid·ing [sáidiŋ] 명 1 (철도의) 측선, 대피선. 2 U (美) (건물의 외벽에 붙인) 널빤지, 판자. 3 U 편들기. 4 [조선] (선수재(船首材)나 늑재를 측면에서 보아 전후 방향으로 잰 경우의) 폭, 사이딩.

si·dle [sáidl] 자타 1 옆걸음질치다, 비스듬히 걷다. 2 (무섭거나 부끄러워서) 가만가만 걷다(*along, up, away*)(*to, from*). ━━명 옆걸음질치기; 다가들기, 다가서기. **-dler** 명 **-dling·ly** 부

Sid·ney [sídni] 명 **Philip ~** 시드니(1554-86: 영국의 궁정 시인·정치가·군인). (또는 **Sydney**)

Si·don [sáidn] 명 시돈(고대 페니키아의 가장 오래된 항구 도시). **Si·do·ni·an** [saidóuniən] 형명

SIDS *sudden infant death syndrome*(유아 돌연사 (突然死) 증후군).

‡**siege** [siːdʒ] 명 (복 *sieg·es* [-iz] CU 1 포위, 포위 공격, 공략; 포위 기간. ¶ *a regular ~* 정공법(正攻 法) / *stand a ~* 포위 공격을 견디다, 농성을 계속하다. 2 (비유적) 집요한 노력[설득]. 3 (병 따위의) 괴롭히고 지루한 기간. 4 (백로 따위 새의) 무리.
lay siege to …을 포위공격하다; 끈질기게 설득하다.
lay siege to a lady's heart 여자를 끈질기게 유혹하다.

press [or *push*] *the siege* 포위 공격하다.
raise [or *lift*] *the siege of* …의 포위를 풀다, 포위 공격을 중지하다.
state of siege 계엄 (상태). 「공격을 당하다.
undergo a siege 포위 공격을 당하다.
━━타 (*sieg·es* [-iz]; ~d; *sieg·ing*) …을 포위 (공격)하다, 공략하다. ←·a·ble 형

siege ecónomy 명 농성 경제(전쟁·경제 제재 등으로 인하여 완전히 고립된 경제).

siege-gun [-gàn] 명 (역사) 공성포(攻城砲).

siège mentálity 명 (항상 공격이나 압박을 받고 있다거나 고립되어 있다고 느끼는) 피[被]포위 관념.

Síege Périlous 명 (아서왕의 원탁에 있던) 위험한 자리(성배(聖杯)를 찾아낼 운명을 가진 기사 이외는 누구나 앉으면 죽었다고 한다).

siege piece 명 긴급 화폐(공격을 받아 포위된 지역에서 발행되는 임시 법화임을 명시하는 금·은화).

siege-works [síːdʒwə̀ːrks] 명 공성 보루(堡壘).

Sieg·fried [síː(ɡ)friːd/G zíːkfrit] 명 지크프리트 (거룡(巨龍)을 퇴치한 독일의 전설 *Nibelungenlied*의 영웅). 명 **Brunhild**

Siegfried Líne (the ~) 지크프리트선 (제2차 세계 대전 전에 만들어진 독일 서부 일대의 요새선).

sie·mens [síːmənz, zíː-] 명 [전기] 지멘스(도전율 (導電率)의 단위; 기호 S). 「종합 전기제품 제조회사.

Sie·mens [síːmənz/G zíːməns] 명 지멘스(독일의 세계적

si·en·na [siénə] 명 U 1 시에나토(土), 농황토(濃黃土). ¶ *raw ~* 생 시에나토 (황갈색의 안료) / *burnt ~* 구운 시에나토 (적갈색 안료). 2 황(적)갈색, 시에나 색.

si·er·ra [siérə] 명 1 (톱니 모양의) 뾰족뾰족한 산맥, 연봉. 2 삼치(고등어과의 물고기). 「(보호 단체).

Siérra Clúb (the ~) 시에라 클럽(자연환경

Siérra Le·ó·ne [-lióun] 명 시에라리온(아프리카 서부에 있는 영방내 공화국; 수도 Freetown).

Siérra Má·dre [-máːdrei] 명 (the ~) 시에라마드레 산맥(멕시코를 횡단).

si·er·ran [siérən] 형 1 산맥(주변부)의; 산맥 주민의. 2 (S-) 시에라네바다 산맥의. ━━명 (S-) 시에라네바다 산맥 (주변)의 주민.

Siérra Nevá·da (the ~) 시에라네바다 산맥. 1 미국 California주 동부의 산맥. 2 스페인 남부의 산맥.

si·es·ta [siéstə] 명 CU (스페인·라틴 아메리카 등지에서 점심 뒤에 자는) 낮잠. *take a siesta* 낮잠을 자다. [<Sp]

sieur [F sjœːr] 명 남자에 대한 옛 경칭(현재는 법률 용어). [<F *sir*]

‡**sieve** [siv] 명 1 체, 조리, 여과기(濾過器). 2 입이 가벼운 사람, 비밀을 못 지키는 사람. 「잘 잊어 먹음.
a memory [or *head*] *like a sieve* 기억력이 나쁨,
draw water with a sieve; pour water into a sieve 헛수고하다.
━━타 (…을) 체질하다, 거르다.
←·like 형

sie·vert [síːvərt] 명 (물리) 시버트(인체가 방사선에 피폭된 정도를 나타내는 SI파생단위; 기호 Sv).

síeve tìssue 명 [식물] 체관부(phloem).

síeve tùbe 명 [식물] 체관; 체관 세포.

sif·fleur [siflə́ːr] 명 휘파람 부는 사람. [<F *whistler*]

‡**sift** [sift] 타 1 …을 체질하다, 체로 치다, 가리다, 분류하다(*out*)(*from*). ¶ (~ +뒴+뢴+명) *~ the wheat from the chaff* 밀알을 밀짚에서 가려내다. 2 (설탕 따위)를 뿌리다(*upon, over, onto*). 3 …을 엄밀히 조사하다, 정밀 검사[감별]하다. ━━자 1 체질하다, 체에서 빠져 떨어지다. 2 (빛·눈 따위가) 새어들다 (*through*). ¶ *The moonlight ~s through the window*. 달빛이 창문으로 새어든다.

sift·er [síftər] 명 1 체질하는 사람, 가리는 사람. 2 정밀 검사하는 사람. 3 체(sieve), (후추 따위의) 뿌리개.

sift·ing [síftiŋ] 명 체질; 감별, 정밀 검사; (~s) 체질한(것 같은) 것(찌꺼기).

SIG *special-interest* group. **sig., Sig.** signa; signal; signature; signor.

si·gan·id [sigǽnəd, -géi-] 명 〔어류〕 독가시치.

‡**sigh** [sai] 자 (~s [-z]) ㉮ **1** 한숨 쉬다(짓다)(*away*); 탄식하다, 한탄하다 (*with, for*). ¶ (~+쩐+图) ~ *for* grief 탄식하다/~ *with* relief 안도의 한숨을 쉬다. **2** (바람 따위가) 한숨 같은 소리를 내다. **3** 사모하다, 그리워하다 (*for*). ¶ (~+쩐+图) She ~ed *for* the happy old days. 그녀는 지나간 즐거웠던 시절을 그리워했다. ── 타 ···을 탄식하며[한숨 쉬며] 말하다[슬퍼하다, 보내다](*out*). ¶ (~+图+톰) ~ *out* one's grief 한숨 지으며 슬픔을 이야기하다. ── 명 **1** 한숨, 탄식, 한탄. ¶ *draw* [*or heave*] *a* ~ 한숨 짓다. **2** (바람 따위의) 한숨 짓는 듯한 소리.

give a sigh of relief 안도의 숨을 쉬다, 한시름 놓다.

~·**er** 명, ~·**less**, ~·**like** 형

sigh·ing·ly [sáiiŋli] 부 한숨 지으며, 탄식하고.

sigh-off [⁴ɔ̀ːf] 명 **1** 방송 종료. **2** (美속어) 안녕 (farewell).

sigh-on [⁴ɑ̀n/-ɔ̀n] 명 **1** 방송 개시. **2** 입대(入隊).

‡**sight** [sait] 명 **1** ⓤ (보통 *a* ~) 보기, 봄[일]; 언뜻 보기, 일견, 일별. ¶ *in a person's* ~ 남의 면전에서, 남의 눈으로 보면/*have a* ~ *of* ···을 언뜻 보다/He fell in love with her at first ~. 그는 그녀에게 한눈에 반했다/*At* (*the*) ~ *of* a policeman, he ran away. 경관이 눈에 띄자 그는 도주했다. **2** ⓤ 시력, 시각(vision). ¶ *have good*[*bad*] ~ 시력이 좋다[나쁘다]/*have long*[*or far*] ~ 원시다. 먼 데를 내다보다/*have short*[*or near*] ~ 근시다/She lost her ~. 그녀는 실명했다. **3** ⓤ 시계(視界), 시야, 안계(眼界). ¶ *a line of* ~ 시선/*come in* ~ 시야에 들어오다/*vanish from* ~ 안 보이게 되다/*keep something in* ~ ···을 눈에서 사라지지 않도록 하다/*Get out of my* ~! 내 앞에서 꺼져! **4** 조망, 광경, 풍경, 경치; 장관; (the ~s) 명소. ⇨VIEW [유의어] ¶ *a perfect* ~ 진짜 꼴불견. **5** (구어) 색다른 것, 구경거리; 꼴불견, 웃음거리. ¶ *a* ~ *for sore eyes* [*or the gods*] 보기만 해도 기쁜[즐거운] 것; 귀한 손님[물건]. **6** ⓤ 견지, 견해, 의견, 판단. ¶ Money is trash in his ~. 그의 눈에는 돈 같은 것은 쓰레기와 같다. **7** (총포 따위의) 겨냥, 조준(aim); (측량 기기 따위의 의한) 측정; (사진기의) 파인더; (총포의) 가늠자, 가늠쇠. ¶ *take a* ~ 겨냥하다, 조준을 맞추다. **8** (구어) (*a* ~ *of*) 다수, 다액, 많음; (부사적) 훨씬, 많이. ¶ *a* ~ *of money* 거액의 돈/This pen is a (long ~) better. 이 펜이 훨씬 좋다. **9** (금융) (채무자에 대한 어음·수표의) 제시. ¶ *after* ~ 일람후.

a damn(*ed*) *sight* (美속어) 훨씬.

a line of sight 시선, 조준선.

a (long) sight (구어) 훨씬; (부정문에서) 아마 ···않다, 결코 ···않다.

a sight for sore eyes [*or the gods*] 보기만 해도 기쁜[즐거운] 것; 귀한 손님[물건].

at first sight 첫눈에, 즉시.

at sight ① 보자 곧 당장, 보자마자. ② (상업) 제시하자 마자, 일람불(一覽拂). ¶ *a bill payable at* ~ 일람불 어음.

at the sight of ···을 보고.

by sight 얼굴은 알고 있는. [싫다.

cannot stand [*or bear*] *the sight of* ···은 보기도 *catch* [*or get*] *sight of* ···을 찾아내다; 흘끗[언뜻] 보다.

feast one's sight with ···를 눈요기하다.

find [*or get*] *favor in a person's sight* 남에게 호 감을 주다.

have [*or get*] (*lined up*) *in one's sights*; *have* [*or get*] *one's sights* (*lined up*) *on* ···에 조준 을 맞추다, 목표를 삼다.

in a person's sight 남의 면전에서.

in one's (*own*) *sight* 자신의 견해에 따라.

in sight (···가) 보이는 곳에[의](*of*); (···을) 기대하 여. ¶ Our success is just *in* ~. 우리의 성공은 바로 눈앞에 있다.

in the sight of ···의 판단[의견]으로는.

It is a sight. (대단한) 구경거리다, 보니 놀랍다.

keep sight of; *keep...in sight* 놓치지 않도록 지 켜보다.

know...by sight [사람·물건] 을 본 적이 있다, ···에 대한 면식이 있다. ¶ I *know* him *by* ~, but I know nothing about him. 그의 얼굴은 본 적이 있지만 어 떤 사람인지는 전연 모른다.

learn by sight 보고 알고 있다. [추다.

line up in one's sights [표적·짐승]에 조준을 딱 맞 *lose sight of* ① ···을 시야에서 놓치다. ② ···을 기억 에서 잃다. ③ ···의 소식이 끊기다. [리다.

lower one's sights ① 조준을 낮추다. ② 목표를 내 *make oneself a sight*; *make a sight of oneself* 남의 눈에 띄는[아롯한] 몸차림을 하다.

not by a long sight (구어) 절대로 ···하지 않다.

on [*or upon*] *sight* 발견하는 대로.

Out of my sight! 썩 꺼져라!

out of sight ① 보이지 않는 곳에; 먼 곳에. ¶ *Out of* ~, *out of mind*. (속담) 떠난 사람은 날로 소원해진 다. ② (물건 값·표준이) 매우[터무니없이] 높은. ③ 훨 씬. ¶ This is *out of* ~ better than that. 이것은 저 것보다 훨씬 좋다. ④ (美속어) 뛰어난, 멋진.

put something out of sight ① ···을 숨기다. ② ··· 을 무시하다. [다.

raise one's sights ① 조준을 올리다. ② 목표를 높이 *see* [*or do*] *the sights* 명승지 구경을 하다.

set one's sights on ···에 조준을 맞추다, ···에 목표 를 정하다.

sick of the sight of ···은 보기만 해도 지긋지긋한.

sight unseen 〔상업〕 현물을 보지 않고.

within sight =*in sight*. ¶ The plan is already *within* ~. 그 계획은 이미 실현 단계에 와 있다.

── 타 **1** ···을 보다, 인지하다, 발견하다. **2** (계기 위로) ···을 관측[측정]하다. **3** ···에 조준을 맞추다, ···을 겨냥하다; ···에 조준기를 달다; ···의 조준기를 조정하 다. **4** 〔상업〕 [어음 따위]를 (수령인에게) 제시하다[일람 시키다]. ── 자 조준을 맞추다, 겨누다; (특정한 방향을) 잘 살피다 (*along, on*).

~ *and shoot* 처음 본, 처음 보고 즉석에서 행하는.

~·**a·ble** 형

sight dràft [(英) **bìll**] 명 〔상업〕 일람불 환어음.

sight·ed [sáitid] 형 **1** [복합어로] 시력이 ···의. ¶ *near* [*or short*]-~ 근시(안)의/*far* [*or long*]-~ 원시 (안)의. **2** (구어) 조준기가 달린.

sight·er [sáitər] 명 **1** (사격·양궁) 6발의 연습 탄환 [화살]. **2** 총기의 조준을 test하는 사람. **3** =sighting shot.

sight gàg 명 동작에 의한 개그[희극적 효과].

sight·hole [sáithòul] 명 (관측 기계 등의) 보는 구 멍. [견문; 목격, 관측.

sight·ing [sáitiŋ] 명ⓤ 관측되는 것; ⓒ 불가한 것.

sighting shòt 명 (사격에서의) 시사(試射)(탄).

sight·less [sáitlis] 형 보지 못하는, 눈먼; (시)눈 에 안 보이는. ~·**ly** 부, ~·**ness** 명 시선.

sight-line [sáitlàin] 명 (극장 등에서 관객이 무대를 **sight·ly** [sáitli] 형 **1** 보기 좋은, 외모가 좋은. ¶ *a* ~ castle 아름다운 성채. **2** 경치가 좋은, 전망이 좋은. ¶ *a* ~ hill 전망이 좋은 언덕. ── 부 보기 좋게; 매력적으 로; 전망 좋게. **-li·ness** 명

sight-read [⁴riːd] 타 (~ [-rèd]) (외국어나 악보 를) 한번 보고 알다, 첫눈에 읽다[연주하다, 노래하다].

sight-read·er [⁴riːdər] 명 예습 없이 외국어를 읽 는 사람, 악보를 보고 그 자리에서 연주[노래]하는 사람.

sight-read·ing [⁴riːdiŋ] 명ⓤ 예습 없이 외국어를 수월하게 읽기, 악보를 보고 그 자리에서 연주[노래]하 기; (외국어·악보 따위의) 즉석 이해력.

sight·see [sáitsìː] 자타 (-*saw*; -*seen*) …을 구경하다, 관람[관광]하다.

‡**sight·see·ing** [sáitsìːiŋ] 명 ① 관광, 구경, 유람. ¶ go ~ 관광하러 가다. — 형 관광[구경, 유람]의. ¶ a ~ tour [bus] 관광 여행[버스].

*****sight·se·er** [sáitsìːər] 명 관광객, 유람객, 구경꾼.

sight·wor·thy [sáitwə̀ːrði] 형 볼 만한, 볼 가치가 있는. **-thi·ness** 명

sig·il [sídʒil] 명 1 도장, 인장(seal). 2 (불가사의한 힘을 가지고 있는) 부적. ~·**lar·y**, ~·**lis·tic** 형

sig·il·late [sídʒəlèit, -lət] 형 1 (고대 로마의 도기 (陶器)가) 음각 무늬로 있는. 2 (식물) (뿌리 줄기가) 도장 모양의 무늬가 있는.

sig·il·log·ra·phy [sìdʒəlágrəfi/-lɔ́g-] 명 인장(印章)학.

sig·int [sígint] 명 암호·신호 정보 수집. 형 humint (또는 SIGINT) [<*signal intelligence*]

sig·ma [sígmə] 명 1 시그마 (그리스어 알파벳의 제 18자(Σ, σ, ς)의 명칭; 영어의 S, s에 해당한다). 2 (물리) 시그마 입자. (또는 ~ pàrticle) 3 =~ factor.

sígma fàctor 명 (생화학) 시그마 인자(RNA 합성을 자극하는 단백질).

sígma pìle 명 (원자력) 시그마 파일(중성자의 성질을 조사하기 위한 감속재(減速材)의 집합체).

sig·mate 명 [sígmət, -meit] Σ자[S자] 형의. — 자타 [sígmeit] …의 어미에 Σ[S]를 붙이다. **-má·tion** 명 확한 발음.

sig·ma·tism [sígmətìzm] 명 (음성) 마찰음의 부정

sig·mic [sígmik] 형 (물리) 시그마 입자의[를 함유한].

sig·moid [sígmɔid] 형 S[C]자형의, S[C]모양 만곡부의. (또는 sig·mói·dal) — 명 S[C] 모양(만곡부).
sig·mói·dal·ly 부

sígmoid flèxure 명 1 (동물) (새나 거북의 목 등의) S자형으로 굽은 곳. 2 (해부) (또는 **sígmoid còlon**) 에스상(S狀) 결장(結腸).

sig·moid·o·scope [sigmɔ́idəskòup] 명 (의학) S 자형 결장경(鏡). ~·**scóp·ic** 형 **-moid·ós·co·pist** 명

‡**sign** [sain] 명 (복 ~*s* [-z]) 1 표, 표상; 부호, 기호 표지, 표시; 수학[음악] 기호. ⇨MARK 유의어 ¶ deaf and dumb ~*s* 수화(手話) 문자(finger alphabet) / phonetic ~ 음표(音標) 문자 / the negative [*or* minus] ~ (수학) 음 부호[-] / the positive [*or* plus] ~ (수학) 양 부호[+]. 2 몸짓, 손짓; (…하라는) 신호 (*to do*), 암호 (*to do, that*); 표시 (*of*). ¶ talk in [*or* by] ~*s* 손짓으로 말하다. 3 징후, 징조, 전조; 기색(*of*); (의학) (병든) 징후. ¶ ~*s of* madness 미친광이의 징후 / The swallow is a ~ *of* summer. 제비는 여름의 전조이다. 4 간판, 게시, 도표(道標), 표지. ¶ an inn ~ 여인숙 간판 / a traffic ~ 교통 표지. 5 (부정문으로) 흔적, 자취(*of*). ¶ There was no ~ *of* houses. 아무런 인적도 없었다. 6 (美) (사냥) (야수의) 발자국. ¶ deer ~*s* 사슴이 다닌 발자국. 7 (신 (神)의) 표적, 기적. 8 궁(宮)(황도(zodiac)의 12구분의 하나).

a sign and countersign 암호(말).
in sign of …의 표시로서.
make [*or* ***give*] a sign to*** …에 신호하다.
make no sign 의식을 잃은 것 같다; 아무런 의사 표시가 없다.
make the sign of the cross 성호를 긋다.
not a [*or* ***no*] *sign of*** …의 형적이 없는. ⇨명 5.
signs and wonders 기적. 「(Matt.) 16 : 3).
the signs of the times 시대의 징조(←마태 복음 — 자타 (~*s* [-z]) 1 …에 서명[사인]하다; …에 서명하고 승인[보증]하다 (*on, to*). ¶ ~ *a letter* 편지에 서명하다 / ~ *and seal a paper* 증서에 서명 날인하다 // (~+명+전+명) ~ *one's name to a check* 수표에 서명하다. 2 (권리 따위)를 서명하여 양도[처분]하다, 건네주다(*away, off, over*). 3 (계약서에 서명에 의해) (직업 선수 등)을 전속시키다. ¶ ~ *a new baseball player* 새 야구 선수와 전속 계약하다. 4 …에 표를 하다; (세례 따위에서) …에게 성호를 긋다, …을 십자를 그어 축복하다. 5 (손짓·몸짓 따위로) (남)에게 …을 신호하다, 알리다, 보이다 (*to do, that* 절); …을 ~ *one's assent* [*dissent*] (몸짓으로) 찬성[반대]을 표시하다 // (~+명+*to do*) He ~*ed us to enter the room*. 그 는 우리들에게 방에 들어가도록 신호했다. 6 (길 따위)에 표지를 세우다, …을 표시하다. — 자 1 서명하다 (*for*); 계약하다, 조인하다 (*with*). 2 (손짓·몸짓 따위로) 신호하다 (*to*, (美구어) *for*/*to do*). ¶ The policeman ~*ed to* [*or for*] *me to stop*. 그 경찰관이 나에게 멈추라고 손짓했다. 3 (도로 따위에) 표지를 세우다.
be signed and sealed 결정되다. 「다.
sign away (충분히 생각하지 않고 문서에 서명하여) (재산·권리 등)을 처분하다[팔아 넘기다].
sign in ① (회사·클럽 등의 기록부에) 서명하고 들어가다: 서명하여 도착했음[시간 기록계로 출근 시간]을 기록하다. ② (회원이) 서명하여 (비회원)을 안으로 넣어 가입시켜 주다[가입시키어 주다].
sign off (구어) ① (라디오·TV의) 방송 마감을 알리다, 방송을 끝내다. ② (권리 따위)를 포기하다, (계약 따위)를 파기하다. ③ (속어) 입을 다물다, 말을 중지하다. ④ 서명하고 (술 따위)를 끊다 (*from*).
sign off on (美속어) (계획 등)을 서명하지 않고 비공식적으로 승인하다.
sign on ① …을 서명 조인하고 고용하다; 계약하다, 고용되다. ¶ ~ *on as a pitcher* 투수로 전속되다. ② (라디오·TV의) 방송 개시를 알리다, 방송을 시작하다.
sign oneself …라고 사인하다.
sign on for …에 종사할 것을 서명 계약하다.
sign out ① 서명하고 외출 시간[시간 기록계로 퇴근 시간]을 기록하다. ② 서명하고 (책 등)을 대출받다.
sign over 서명하고 매도[양도]하다, 정식으로 (인도 등)을 승인하다.
sign up (구어) ① 계약서에 서명하고 고용되다, (…와) 계약하다 (*for*); (고용주가) 계약서에 서명하여 …을 고용하다. ② (…에) 참가하다, (美) 응모하다, 가입하다.
~·**less**, ~·**like** 형

sig·na [sígnə] 명 (명령형으로) (처방전에서) 표기하시오(write), 표시하시오(mark), 레테르를 붙이시오 (label)((略) Sig.). [<L]

sign·age [sáinidʒ] 명 (지시·경고 따위를 나타내기 위한) 도형·기호·문자.

‡**sig·nal** [sígnəl] 명 (복 ~*s* [-z]) 1 신호, 군호; (미리 정해둔) (…하라는의) 몸짓[암호] (*to do, for*); 신호기, 시그널, 신호등, 봉화. ⇨MARK 유의어 ¶ a *danger* ~ 위험 신호 / *an alarm* [*or a warning*] ~ (비상) 경보 / *the international code of* ~ 국제 통신 규약 / *a* ~ *of distress; a distress* ~ 조난[난파] 신호, 2 계기, 동기, 도화선 (*for*). ¶ *the* ~ *for resistance* 저항 운동의 도화선. 3 (드물게) 표, 증표(token); 징조, 전조, 징후. 4 (카드놀이) (자기와 한편인 동료에 대한) 신호. 5 (통신) 송신[수신]되는 전파(충격파·음파 따위).
give the signal for …의 신호를 하다.
Royal Corps of Signal (英육군) 통신대.
— 형 (한정용법) 1 신호[암호]의, 신호용의, 신호[암호] 역할을 하는. ¶ *a* ~ *bell* [*whistle*] 신호 종[기적]. 2 뛰어난, 두드러진, 현저한, 주목할 만한. ¶ *a* ~ *victory* 대승리 / *a* ~ *historian* 저명한 역사학자.
— 동 (~*s* [-z]; *-l-*, (英) *-ll-*) 타 (사람·배 따위에) 신호[암호]하다 (*to do, that* 절); …에 신호로 통지 하다[알리다], 경보를 보내다. ¶ ~ *an S.O.S.* 조난 신호를 보내다 // (~+명+*to do*) He ~*ed me to stop talking*. 그는 나에게 이야기를 중단하라고 신호했다.
— 자 신호하다, 눈짓하다, …에게/…하도록) 신호(눈짓)로 알리다 (*to*/*to do*). ¶ ~ *for a rescue boat* 구조선을 부르는 신호를 보내다. 「책,

sig·nal·book [-bùk] 명 (육·해군의) 암호부, 전신

signal bòx 명 (英) =signal tower.
Sígnal Còrps 명 (美육군) 통신대(略 SC). 「호기.
sig·nal·er, **(英) -nal·ler** [sígnələr] 명 신호수; 신
signal gènerator 명 (전자) 신호 발생기.
signal gùn 명 (난파선 등의) 신호포(砲).
sig·nal·ing [sígnəliŋ] 명 ⓤ 신호법; 신호를 나타내 「기.
sig·nal·ize [sígnəlàiz] 타 1 …을 유명하게 하다.
돋보이게 하다. ¶He ~d himself by discovering a
new comet. 그는 새 혜성을 발견해서 유명해졌다. 2
…을 지적하다; …에게 신호를 보내다. — 名 (드물게)
신호(암호)를 보내다. **-i·zá·tion** 명 「지게.
sig·nal·ly [sígnəli] 부 뛰어나게, 돋보이게, 두드러
sig·nal·man [sígnəlmən] 명 (철도 따위의) 신호
수; (군사) 통신병.
sig·nal·ment [sígnəlmənt] 명 ⓤ (범인 따위의) 인
signal pòst 명 신호 기둥. 「상 착의.
signal sérvice 명 (군의) 통신 기관.
signal stréngth 명 (통신) 신호의 강도.
sig·nal-to-nóise rátio [-tənɔ́iz-] 명 (전기) 신
호 대(對) 잡음비, SN비(比).
signal tòwer 명 (철도의) 신호소[탑].
sig·na·to·ry [sígnətɔ̀ːri/-təri] 명 (계약·조약 따위
에) 서명한, 서명 조인한. ¶the ~ powers to a peace
treaty 평화 조약의 조인국. —명 서명[조인]자; 조약
가맹국.
‡sig·na·ture [sígnətʃər,-tʃùər/-tʃə] 명 (略 **∼s** [-z])
1 서명, 사인; 서명하기. 2 (음악) 기호. ¶a key[time]
~ 조(調)[박자] 기호. 3 (라디오·TV) (프로그램의) 테마
음악, 테마 송. 4 (제본) 접지, 접장(인쇄된 전지(全紙)를
페이지 순으로 접은 것); (인쇄) 접지 번호; (접지 번호가
붙어 있는) 인쇄 전지. 5 (의학) (의사가 처방전에 쓰는)
사용법, 표시(略 S., Sig.). 6 (고어) 특
write** one's **signature 서명하다. 「징; 흔적.
∼·less 형
signature dynámics 명ⓤ (단수취급) 서명 역학
(署名力學)(서명 진위 여부 확인 기술).
signature lòan 명 신용 대출, 무담보 대출금. 「시.
signature màrk 명 (인쇄) 접지(摺紙) 번호, 쪽지
signature pìece 명 (美속어) 가장 뛰어난 장기, 정
signature tùne 명 =theme song. 「평 있는 것.
sign bìt 명 (컴퓨터) 부호(符號) 비트.
sign·bóard [sáinbɔ̀ːrd] 명 간판, 게시판.
sign dìgit 명 (컴퓨터) 부호 (자리) 숫자.
signed Énglish 명 수화(手話) 영어(수화(ASL)를
사용한 의사소통법(法)의 일종). (또는 **Sígn Énglish**)
signed númber 명 (수학) 부호 달린 숫자.
sign·ee [saini:, ́-] 명 서명자, 조인자.
sign·er [sáinər] 명 1 서명자; (종종 S-) (美) 독립
선언의 서명자. 2 수화(手話)를 하는 사람.
sig·net [sígnit] 명 (古) 도장, 일반 도장. ¶the ~
ring. 3 (the ~) 옥새(玉璽). 4 찍힌 도장, 날인(捺印).
—타 …에 도장을 찍다, 날인하다.
sígnet rìng 명 도장을 새긴 반지.
‡sig·nif·i·cance [signífikəns] 명 ⓤ 1 의미, 의의,
취지. ⇒MEANING 유의어 2 함축성 있는 것, 의미 심
장. ¶with some ~ in one's face 의미 심장한 듯 표정을
짓고. 3 중요성, 중대성. ⇒IMPORTANCE 유의어 ¶The
matter is of no[little] ~. 그 일은 전혀 의미가 없다
[그리 중요하지 않다]. **sig·níf·i·can·cy** 명
significance lèvel 명 (통계) 유의(有意) 수준(통계
적 가설 검정(檢定)에서 가설이 옳은데도 불구하고 이를
기각하는 확률). 「性」 검정.
significance tèst 명 (통계·사회학) 유의성(有意
‡sig·nif·i·cant [signífikənt] 형 (***more ∼; most
∼***) 1 중요한, 중대한, 주목할 만한(略 insignificant).
¶Today is a ~ date for this school. 오늘은 이 학교
의 뜻 깊은 날(기념일)이다. 2 뜻이 있는; …의 뜻을 나
타내는, 시사적인(of). ¶a gesture ~ of dislike 싫다

는 것을 나타내는 몸짓. 3 함축성 있는, 의미심장한, 암
시적인. ¶a ~ look 의미심장한 얼굴 표정. 4 (英속어)
매력적인. **∼·ly** 부
significant dígits [fígures] 명⊕ (수학) 유효
숫자(0을 뺀 1에서 9까지).
significant óther 명 1 (사회학) 중요한 타인(부모
처럼 자신의 행동이나 자존심에 큰 영향을 미치는 사람).
2 (美구어) 중요한 상대, 배우자, 동거중인 연인.
significant sýmbol 명 (사회학) (말이나 미소처
럼) 의미 있는 언어나 몸짓.
sig·ni·fi·ca·tion [sìgnəfikéiʃən] 명 1 ⓤ 의미, 의
의; ⓒ 어의(語義). ⇒MEANING 유의어 2 ⓤⓒ 표시, 지
시. 3 (英부어) 중요성.
sig·nif·i·ca·tive [signífikèitiv/-kət-] 형 1 표시
하는, …의 뜻을 나타내는 (of). 2 의미 있는, 의미 심장
한, 암시적인. **∼·ly** 부 **∼·ness** 명
sig·nif·i·ca·tor [signífikèitər] 명 1 뜻을 나타내
는 사람[것], 표시자. 2 사람의 운명을 가리키는 별.
sig·ni·fi·er [sígnəfàiər] 명 =significator.
*sig·ni·fy [sígnəfài] 동타 1 (몸짓·말·행동 따위로)
…을 뜻하다, …을 나타내다 (to, that接, wh.接). ¶~
one's intention 의향을 알리다 / What does it ~? 도
대체 그것이 어떤 뜻이 있단 말이냐(그리 중요한 일이 아
니지 않느냐)? // (~+that接) With a nod he signi-
fied that he approved. =He signified his app-
roval by nodding. 그는 고개를 끄덕여 찬성의 뜻을 나
타냈다. 2 …의 전조가 되다. ¶A halo signifies rain.
(해 또는 달의) 무리는 비의 전조이다. —자 (부정문에
서) 중요하다, 영향을 끼치다. ¶(~+副) It does not
~ much. =It signifies little. 그것은 대수로운 일이
-fi·a·ble 형 [아니다.
sig·ni·fy·ing [sígnəfàiiŋ] 명 (美속어) 욕하기 시합
(도시 흑인 청년들 사이의 말 장난).
sign-in [4in] 명 서명 운동.
sign·ing [sáiniŋ] 명 1 서명; 계약. 2 수화(手話).
si·gnior [sí:njɔr, ́-ˊ] 명 =signor.
sígn lànguage 명 몸짓[손짓] (언어), 수화; ⓤ 수화
(법)(dactylology).
sígn mánual 명 (略 ***-s m-***) 1 (국왕의) 친서(親署),
자서(自署). 2 각 사람 특유의 서명[특징].
sígn of aggregátion 명 괄호 부호, 묶음표.
sign-off [-ɔ́:f, -àf/-ɔ́f] 명 방송 종료(의 신호); (카
드놀이에서) 돈지르기의 마감.
sígn of the cróss 명 (손으로 긋는) 십자, 성호.
sígn of the zódiac 명 (점성) 궁(宮). ⇒ zodiac
sign-on [4ɑn/-ɔ̀n] 명 방송 개시(신호); 서명 (계약,
등록, 취직).
si·gnor [sí:njɔːr, sinjɔ́ːr] 명 (略 ***∼s, It -gno·ri***
[-riː]) 1 (S-) …씨, 님, 선생, 각하 (Mr., Sir에 해당하
며, 이름 앞에 붙여 쓴다). 2 신사, 귀족. ⟨It⟩
si·gno·ra [siːnjɔ́ːrə] 명 (略 ***∼s, It -re*** [-re]) (S-)
…부인, 마님, 여사(Madam, Mrs.에 해당하다); 기혼의
귀부인. ⟨It⟩ 「signor 2.
si·gno·re [siːnjɔ́ːrei] 명 (略 ***∼s, It -ri*** [-riː]) =
si·gno·ri·na [siːnjɔːríːnə] 명 (略 ***∼s, It -ne***
[-ne]) 1 (S-) …양(孃)(Miss에 해당하며 이름 앞에 붙
인다). 2 미혼 여성, 아가씨, 영애. ⟨It young lady⟩
si·gno·ri·no [siːnjɔːríːnou] 명 (略 ***∼s, It -ni***
[-ni]) 1 (S-) 젊은 남자에 대한 이탈리아어의 경칭
(Master에 해당한다). 2 도련님 …씨, 군.
sig·no·ry [síːnjəri] 명 =seigniory. 「각).
sign·out [ˊàut] 명 (略) 외출·퇴실시(時)의 서명(시
sígn páinter [wríter] 명 간판장이.
sígn pén 명 사인펜.
sign·post [sáinpòust] 명 도표(道標), 푯대; 교통
표지의 기둥; 간판 기둥. —타 (도로)에 안내 표지를
세우다.
sign-up [ˊʌp] 명 (단체·조직 등에의) 가입[참가] 서

명; 서명 등록(자)(者). (또는 **sígnùp**)
Sig·urd [sígərd/-guəd] 명 지구르트(북유럽 전설 *Volsunga Saga*의 주인공: 독일 전설 *Nibelungenlied*의 Siegfried와 같음). 图 — Brynhild
Sikh [si:k] 명 시크 교도. 图 시크교(도)의.
Sikh·ism [sí:kizm] 명 ① 시크교(16세기에 인도 북부의 Punjab 지방에서 일어난 힌두교의 개혁파).
Sik·kim [síkim] 명 시킴(Nepal과 Bhutan 사이에 있는 인도의 주; 주도 Gangtok).
Si·kor·sky [sikɔ́:rski] 명 **Igor** ~ 시코르스키(1889-1972: 러시아 태생의 미국 항공 기술자; 헬리콥터 실용화에 성공).
si·lage [sáilidʒ] 명图 =ensilage.
‡**si·lence** [sáiləns] 명 (pl. **-lenc·es** [-iz]) 1 ① ~는 a ~) 침묵, 무언, 과묵, 정숙, 무성(無聲). ¶a man of ~ 과묵한 사람 / in dead ~ 매우 정숙하여 /*S~ gives consent.* (속담) 침묵은 승낙의 표시 /*Speech is silvern* [or *silver*], ~ *is golden* [or *gold*]. (속담) 웅변은 은이요, 침묵은 금이다. 2 ① (a ~) 고요, 정적; (S~) 죽음. ¶the ~ of midnight 심야의 정적. 3 ① 무소식, 소식 두절. ¶Please excuse me for my long ~. 오랫동안 소식을 전하지 못한 것을 용서하십시오. 4 ① 언급 없음, 묵비; 침묵을 지킴, 비밀. ¶pass over a matter in ~ 어떤 일을 묵살하다. 5 ① 막간(oblivion). 6 ①ⓒ (음악) 휴지(休止)(부(符)); (운율) 휴지.
break [**keep**] **silence** 침묵을 깨다[지키다].
buy a person's **silence** 아무에게 돈을 주어 입을 막다.
give the silence 무시하다.
in silence 조용히, 침묵하여.
pass into silence (기억에서) 잊혀지다.
pass with silence 묵과하다.
put [or **reduce**] a person **to silence** 남을 찍소리 못하게 하다.
— 동태 (**-lenc·es** [-iz]; ~**d** [-t]; **-lenc·ing**) 1 ~을 침묵시키다, …을 입다물게 하다; (의심 따위)를 가라앉히다. ¶~ one's objector 반대자의 입을 다물게 하다. 2 …의 소리를 없애다, (소음 따위)를 가라앉히다[없애다]. 3 (군사) (적의 포화)를 침묵시키다. ¶~ the enemy's gun 적의 포화를 침묵시키다. ¶~ ! 시요.
— 图 조용히!, 입닥쳐!, 쉬! ¶S~, please. 조용히 하십시오.
sílence clòth 명 (美) 테이블보 밑의 깔개.
si·lenced [sáilənst] 형 침묵당한 (총이) 소음(消音)장치의.
si·lenc·er [sáilənsər] 명 1 침묵시키는 사람[것]. 2 (총포·화기 따위의) 소음 장치; (내연 기관의) 소음기(消音器). 3 (美) =silence cloth.
‡**si·lent** [sáilənt] 형 (**more** ~; **most** ~) 1 조용한, 소리를 안 내는, 정숙한, 이용운(CALM 비교) 2 무언의, 과묵한, 침묵의. ¶offer a ~ prayer 묵념하다 / Be ~ ! 조용히 해! 3 아무 언급[기록]이 없는 (*about, on*). ¶The paper was ~ *on* the matter. 그 신문은 그 사건을 묵살해 버렸다. 4 (기계 따위가) 가동되지 않는; 휴화산(休火山)의. 5 (음성) 발음되지 않는, 묵음의; (연극) 무언의; (영화) 무성의. ¶a ~ letter 묵자 / a ~ film 무성 영화(窗 sound film). 6 (상업) 익명(匿名)의.
give the silent treatment 묵살[무시]하다.
silent as the grave [or a **cemetery, death**, a **tomb**, (a) **stone**] 조용하여, 정적에 싸여.
~·**ness** 명
sílent áuction 명 (발성 없는) 입찰식 경매.
sílent bútler 명 (손잡이·뚜껑 달린) 쓰레기통.
sílent díscharge 명 (전기) 무음 방전(放電).
sílent kíller 명 (모르는 사이에 죽음에 이르는) 고혈압증, 협심증 (등). 「잠자코, 말없이.
‡**si·lent·ly** [sáiləntli] 부 조용히, 소리없이, 묵묵히,
sílent majórity 명 (the ~) (美) 말없는 국민의 대다수; 일반 대중. **sílent majoritárian** 명 말없는 다수의 사람.
sílent pártner 명 (美) 업무에 관여하지 않는 출자사원((英) sleeping partner); 익명 사원(secret partner).
sílent sérvice 명 (the ~) (英) 해군; 잠수함대(隊).
sílent sóldier 명 (軍속어) 지뢰, 위장 폭탄.
sílent spríng 명 침묵의 봄(공해에 의한 자연 파괴로 새 소리도 없는 봄). [<Rachel Carson의 저서]
sílent sýstem 명 (교도소에서 죄수에게 과하는) 침묵 제도. 「는) 묵살, 무시.
sílent tréatment 명 (경멸·부인·거절 등을 나타내
sílent vòte 명 (선거의) 부동표.
Si·le·nus [sailí:nəs] 명 (pl. **-ni** [-nai]) 1 (그리스 신화) 실레노스(주신(酒神) Bacchus의 양아버지). 2 (s~) 사튀로스(satyr) 비슷한 숲의 요정. (또는 S(e)ilenos)
Si·le·sia [silí:ʒə, -ʃə/saili:ziə] 명 1 실레지아 (유럽 중부의 지방으로 현재 폴란드령과 체코령으로 나뉘어져 있음). 2 ① (s~) 실레지아 천(안감용 면직물).
-sian 형 실레지아의 (사람).
si·lex [sáileks] 명 1 =silica. 2 ① 내열 유리. 3 (S~) (상표) 사일렉스(내열 유리로 된 진공식 커피 포트).
*****sil·hou·ette** [silu:ét] 명 1 (흑색의) 반면 영상(半面影像), 그림자 그림, 실루엣. 2 ¶the ~ of the mountain against the moon 달빛을 배경으로 뚜렷이 나타난 산 그림자. 「으로.
in silhouette 실루엣으로, 그림자 그림으로, 윤곽만
— 동 (수동형으로) …을 실루엣으로 그리다, …의 그림자를 비추다 (*against*). ¶the castle ~d against the sunset 석양을 배경으로 검은 윤곽을 드러내고 있는 성. [<프랑스의 재무대신 Étienne de Silhouette (1709-67)의 이름]
sil·i·ca [sílikə] 명 ① (화학) 실리카, 무수 규산(無水硅酸), 2산화 규소(硅素).
sílica brìck 명 규석(硅石) 벽돌(내화성이 강함).
sílica cemènt 명 실리카 시멘트(내화재).
sílica gèl 명 (화학) 실리카[규산] 젤(흡습·건조제).
sílica glàss 명 석영(石英) 유리, 실리카 글라스.
sil·i·cal·cite [silikɔ́lsàit] 명① 모래와 석회로 된 발포성(發泡性) 콘크리트.
sil·i·cate [sílikət, -kèit] 명 (화학) 규산염(鹽).
sil·i·cat·ed [sílikèitid] 형 (화학) 규산 혼화(混和)의, 규산과 화합한.
si·li·ceous [səlíʃəs] 형 (화학) 규산을 함유한, 규산질로서 나는. (또는 **silicious**) 「규토(硅土)의.
si·lic·ic [səlísik] 형 (화학) 규소를 함유한, 규산의,
silícic ácid 명 (화학) 규산.
sil·i·cide [sílisàid, -sid] 명 (화학) 규소 화합물, 규화물(珪化物). 「**-fi·cá·tion** 명
si·lic·i·fy [səlísəfài] 동태 (화학) …을 규산화하다.
si·li·ci·um [səlíʃiəm/-lís-] 명 (화학) 규소(silicon). 「**silicule**)
sil·i·cle [sílikl] 명 (식물) 단각과(短角果). (또는
sil·i·co- [sílikou, -kə] (연결) flint, silica, silicon의 뜻 (*모음 앞에서는 silic-*). ¶*silicosis*.
sil·i·con [sílikən] 명 1 ① (화학) 규소(비금속 원소; 기호 Si). 2 (컴퓨터속어) (컴퓨터의) 하드웨어, 아이시 (IC). ¶a ~ brain 실리콘 두뇌(처리 장치).
sílicon cárbide 명 (화학) 탄화(炭化) 규소.
sílicon chíp 명 (컴퓨터) 실리콘 칩.
sílicon-contròlled rectífier 명 (전자) 실리콘 제어 정류기(整流器).
sílicon dióxide 명 (화학) 이산화 규소(silica).
sil·i·cone [sílikòun] 명 (화학) 실리콘(수지) 화합물; 기름·그리스·고무·수지 등의 성질을 함유한 것).
sil·i·cone-gel ímplant [-dʒèl-] 명 (여성 유방의) 실리콘젤 이식.
sil·i·co·nize [sílikənàiz] 동태 …을 실리콘화하다; …을 실리콘으로 덮다[처리하다], …에 실리콘을 바르다.
sílicon nítride 명 질화 규소.

silicon rectifier 〔전자〕실리콘 정류기(整流器).
silicon syndrome 〔美〕〔의학〕실리콘 증후군 (기술자·과학자 남편들이 일에 몰두한 나머지 부부 생활에 금이 가게 하는 증상).
Silicon Valley 실리콘 밸리(미국 샌프란시스코 근교 산타클라라 지구의 별명; 첨단 산업 단지).
sil·i·co·sis [sìləkóusis] 〔병리〕규폐증(硅肺症),규분증(硅粉症).
sil·i·cot·ic [sìləkátik/-kɔ́t-] 규폐증에 걸린.
── 규폐증 환자.
si·lique [silíːk, sílik] 〔식물〕장각과(長角果).
sil·i·qua·ceous [sìləkwéiʃəs] 〔식물〕장각과(果)가 있는; 장각과 모양의. (또는 **siliquous** [-kwəs])
‡**silk** [silk] 1 명주실, 생사; 비단[명주](천), 견직물. ¶ artificial [raw, thrown] ~ 인조견[생사, 꼰 명주실]. 2 (~s) 명주[비단] 옷. ¶ Silks and satins put out the fire in the kitchen. 《속담》 옷치레가 심하면 끼니를 굶게 된다. 3 《英구어》 왕실 변호사의 제복; 왕실 변호사(King's or Queen's Counsel). 4 (보석 따위의) 명주실 같은 광택. 5 (거미줄 따위) 명주실 같은 것; 《美》 옥수수의 수염(corn ~). 6 (양) = ~ broad.
be dressed in silks and satins 호화로운 옷차림을 하고 있다.
hit [or **take to**] **the silk** (속어) 낙하산으로 비행기에서 탈출하다[뛰어내리다].
make a silk purse out of a sow's ear 어림없는 짓을 하다, 말도 안 되는 소리를 하다.
silk and satin 《美속어》 (섹스 상대로서의) 여자.
take (the) silk 《英》 왕실 변호사가 되다.
── 1 명주[비단]의, 명주실의; 명주[비단]로 만든. 2 명주[비단]와 같은, 명주 모양의.
── ⓥ (옥수수가) 꽃이 피다; (니스(varnish)가) 비단 같은 광택을 내다.
~·**like**
silk bròad 〔美흑인 속어〕 백인 여자.
silk cótton = kapok.
silk-cot·ton trèe [-kàtn-/-kɔ́tn-] = kapok tree.
*silk·en** [sílkən] 1 명주(실·천)의; 명주로 만든. 2 (명주처럼) 명주빛이 있는, 보드라운, 촉감이 좋은. ¶ ~ hair 명주처럼 윤기 있는 머리카락. 3 명주 옷을 입은; 사치한, 화려한. 4 (태도가) 부드러운, 유한, 품위있는, 우아한; 비위를 맞추는. ¶ have a ~ tongue 말솜씨가 번드르르하다.
sílken cúrtain 실크 커튼(겉으로는 부드럽지만 실제로는 엄격한 영국의 외사(外事) 검열).
silk gówn 《英》 왕실 변호사의 제복.
silk gùm = sericin.
silk hát 실크 해트.
silk mòth 〔곤충〕 누에나방.
silk-pa·ja·ma jòurnalism [-pədʒɑ́ːmə-] 부자(유명 인사) 방문 회견 프로.
Silk Ròad [Ròute] (the ~) 실크 로드, 비단길.
silk·screen [sílkskrìːn] 실크스크린; = ~ process. ── ⓥ 실크스크린 날염(捺染)하다.
silkscreen prínting 〔인쇄〕 실크스크린 인쇄.
silkscreen pròcess 실크스크린 날염법.
silk-stock·ing [-stákiŋ/-stɔ́k-] 1 명주 양말을 신은; (옷이) 사치스러운, 고상한 옷차림을. 2 부유한, 귀족적인, 고상한.
silk-stocking district [or **quarter**] 공화당 지지자들이 많이 사는 지역. 「사람, 귀족.
── 옷차림이 사치스러운 사람; 부유층[상류 계급]의
silk trèe 〔식물〕 자귀나무.
silk·weed [sílkwìːd] 당면(唐綿)(박주가릿과(科) 당속속(屬) Asclepias 식물의 총칭).
silk·worm [sílkwə̀ːrm] 누에.
silk·y [sílki] 1 비단(실)의[같은], 비단[명주]천의. 2 광택이 있는, 보드라운. 3 나긋나긋한, 상냥한; 말솜씨가 매끄러운. 4 〔식물〕 (잎 따위가) 명주실 모양의 보풀이

난. **silk·i·ly** 부 **silk·i·ness** 명
sill [sil] 1 (집·울타리·토대 따위의) 토대. 2 문지방, 문턱. 3 〔지질〕실 (지면에 평행 또는 거의 수평인 관입(貫入) 암상(岩床). 4 갱도의 바닥, 탄충상(炭層床).
sil·la·bub [síləbʌ̀b] 실러버브(우유나 크림에 포도주 또는 사과주를 섞고 설탕과 향료를 넣어 만든 음식·음료). (또는 **sillibub, syllabub**)
sil·ler [sílər] 〔스코 방언〕 은; 돈(money).
Sil·ler·y [síləri] 실러리 샴페인 (프랑스 Sillery 산(産)의 고급 포도주).
sil·li·ly [síli] 바보같이, 어리석게(도).
sil·li·ness [sílinis] 어리석음, 우둔(한 짓).
‡**sil·ly** [síli] (-li·er; -li·est) 1 바보 같은, 어리석은; 생각이 모자라는; 어이없는 (of). ⇨ FOOLISH 〔유의어〕 ¶ a ~ ass 바보 같은 놈 // You are very ~ to go by taxi. = It is very ~ of you to go by taxi. 택시로 가다니 너 참 어리석구나. 2 망령된, 노망된; 저능한. ¶ get ~ in one's old age 늙어서 망령들다 / Don't be ~! 바보 같은 소리[짓] 마라! 3 〔구어〕 (서술용법) (얻어맞아) 기절한. ¶ He knocked me ~. 그는 나를 때려 기절시켰다. 4 〔크리켓〕 (야수가) 3주문에서 아주 접근한. 5 〔고어〕 단순한, 순진한; 검소한, 신분이 낮은.
play silly buggers [or **bleeders**] 빈둥거리다.
── 명 (복 -lies [-z]) 〔구어〕 바보 (같은 사람); 멍청이, 바보(* 주로 아이들에게 쓰는 말).
Don't be a silly! 바보 같은 소리 하지 마라!
sílly àss 명 멍청이, 바보.
sílly bílly 명 〔구어〕 우수운 사람, 바보. 「름 무렵.
sílly sèason 명 (the ~) 〔구어〕 뉴스 고갈 시기(늦여
si·lo [sáilou] 명 (복 ~s) 1 (저장용) 지하실, 사일로. 2 《美》 사일로 (발사 준비된 미사일의 지하 격납고).
── ⓥ (곡물·목초 따위)를 사일로에 넣다, 저장하다.
silo búster 《美軍속어》 사일로 파괴용 핵미사일.
silo sítter 《美軍속어》 사일로 배치 요원.
silt [silt] 명 침니(沈泥), 실트(모래보다 작고 진흙보다 거친 침적토(沈積土). ── ⓥ (침니로) 막다[막히다].
silt·á·tion 명 침니(모양)의; 침니로 꽉 찬.
silt·y 침니(모양)의; 침니로 꽉 찬.
Si·lu·ri·an [silúəriən/sai-] 1 (고대 영국의) 실루리아 사람(Silures)의; 실루리아 사람이 살던 지방의. 2 〔지질〕 실루리아기(紀)[계](系)의. ── 명 (the ~) 〔지질〕 실루리아기[계].
sil·va [sílvə] 명 (복 ~s, -vae [-viː]) (특정 지역의) 삼림, 수림(일정 지역의) 수림지(樹林誌). (또는 **sylva**)
sil·van [sílvən] 명 형 = sylvan. **sil·ván·i·ty** 명
Sil·va·nus [silvéinəs] 명 1 〔로마신화〕 실바누스 (삼림·농업·목축의 신; 뒤에는 Pan과 동일시). 2 (s-) 명 -**ni** [-nai] 숲의 요정. (또는 **Sylvanus**)
‡**sil·ver** [sílvər] 명 (복 ~s [-z]) 1 〔화학〕 은 (㉠ Ag); 〔fine [or refined, pure〕 ~ 순은. 2 은돈, 화폐, 돈. ¶ give the change in ~ 거스름돈을 은화로 주다. 3 (집합적) 은그릇, 은세공품; 식기류. ¶ table ~ 식기류. 4 은빛 물건; 은색; 은과 같은 광택·색깔을 가진 물질. 5 《美》 〔사진〕 질산은, 브롬화은(銀). 6 ⓒ 은메달. 「매수되어.
for a handful of silver 한 줌의 은화 대신에, 돈에
── 형 1 은의, 은으로 만든, 은을 입힌; 은을 함유하는[산출하는]. 2 은과 같은 광택을 가진, 은색의, 은백색의. ¶ ~ hair 은발. 3 〔경제〕 은본위제의. 4 (음성이) 낭랑한, 맑은; 말 잘하는, 유창한. ¶ He has a ~ tongue. 그는 능변이다. 5 (결혼 기념일 등이) 25년째의(golden). 6 제2의(금을 1위로 하여).
be born with a silver spoon in one's **mouth**
⇨ SPOON.
── ⓥ 된 1 …에 은(과 같은 것)을 입히다; 〔사진〕…에 질산은을 칠하다, 은도금하다. 2 〔색깔·광택 따위〕을 은처럼 하다; …을 은색[백발]으로 하다. ¶ Time ~ed her hair. 세월이 흘러 그녀의 머리는 백발이 되었다. ── ⓦ

은빛으로 빛나다, 은(백)색으로 되다.
~**·er** 명, ~**·ish**, ~**·less**, ~**·like** 형 ~**·ness** 명

sílver áge 명 1 (the ~) 〔신화〕 백은시대(신화 시대의 제2기로서, 쾌락과 불신앙의 시대)(⇔ golden age, bronze age). 2 〔문예상의〕 은시대(라틴 문학에서는 Augustus 황제가 죽은 뒤의 융성기(14-138); 영문학에서는 Anne왕 시대(1702-15)). 〔기념일[축제].

sílver annivérsary 명 〔결혼·즉위 등의〕 25주년

sílver bánd 명 (英) (은으로 도금한 금관악기로 편성된) 브라스밴드. 〔(容器).

sílver báth 명 〔사진〕 감광액, 질산은 용액의 용기

sílver béll 명 때죽나무류의 관목(북미산(產); 흰 방울 모양의 꽃이 핀다). (또는 **sílver-bèll trèe**)

sil·ver·ber·ry [sílvərbèri] 명 〔북미산(產)〕 볼레나무.

sílver bírch 명 =paper birch.

sílver brómide 명 〔화학〕 브롬화은(銀).

sílver búllet 명 (美속어) (문제 해결의) 묘책, 특효약(werewolf 따위 요괴 사냥에는 은제 탄환을 써야 한다는 속설에서).

sílver certíficate 명 (美) 은화(銀貨) 증권.

sílver chlóride 명 〔화학〕 염화은.

sílver córd 명 은줄(생명의 줄); 탯줄: 모자간의 유대.

sílver dísc 명 (英) LP로 6만장 또는 싱글로 20만장 팔린 레코드.

sílver dóctor 명 〔연어·송어용〕 제물낚시의 일종.

sílver dóllar 명 (미국·캐나다의) 1달러 은화.

sil·ver·fish [sílvərfìʃ] 명 1 (魚 ~**es**) (은빛) 붕어, 금붕어; 은백색 물고기. 2 (蟲 ~) 〔곤충〕 좀벌레.

sílver fóil 명 은박(銀箔).

sílver fóx 명 은빛 여우; 그 모피.

sílver fróst 명 우빙(雨氷)(glaze).

sílver gílt 명 은도금.

sílver góose 명 (美속어) 직장경(直腸鏡).

sílver gráy 명 (때로 a ~) 은백색, 은회색.

sil·ver-gray [-gréi] 형 은백색의.

sil·ver-haired [-hέərd] 형 은발의, 백발의.

sil·ver·ing [sílvəriŋ] 명ⓤ 1 은 입히기, 은도금 (하기); 은을 입힌[은도금한] 물건. 2 〔사진〕 질산은으로 감광(感光)처리하기.

sílver íodide 명 〔화학〕 요오드화은(銀).

sílver júbilee 명 25주년. ⓐ jubilee

sílver kéy 명 (the ~) 뇌물.

sílver Látin 명 silver age의 라틴어.

sílver léaf 명 (매우 얇은) 은박.

sil·ver·line [sílvərlàin] 명타 …에서 희망을 발견하다, 〔비관적인 상황〕에 대하여 낙관적인 희망을 표명하다. ¶ Every cloud has a ~. (속담) 어떤 먹구름도 안은 은빛으로 빛난다, 비관 속의 광명.

sílver líning 명 밝은 희망; (구름의) 환한 언저리. ¶

sil·ver·ly [sílvərli] 부 (색·광택 따위가) 은처럼(빛나); (목소리 따위가) 은방울 굴리듯 아름답게, 맑게.

sílver médal 명 은메달. 「은으로 장식한.

sil·ver-mount·ed [-máuntid] 형 은으로 받친.

sil·vern [sílvərn] 형 (고어·시) 은의, 은으로 만든.

sílver nítrate 명 〔화학〕 질산은. 「은과 같은.

sílver páper 명 은박(銀箔)(으로 찍을 종이), 은종이; 〔사진〕 은 감광지; 석박(錫箔). 「도금한 물품.

sílver pláte 명 〔집합적〕 은그릇(류), 은식기; (美) 은

sil·ver-plate [-pléit] 타 은도금하다.

sil·ver-plat·ed [-pléitid] 형 은도금의.

sílver póint 명 〔물리〕 은점(銀點)(은의 응고점).

sil·ver·point [sílvərpɔ̀int] 명ⓒⓤ 은필(銀筆), 은필화 (법).

sílver prínt 명 〔사진〕 질산은 사진. 「필화(법).

sílver sánd 명 백사(白砂)(조경용의 고운 모래).

sílver scréen 명 (the ~) (구어) (영화의) 영사막, 은막; 〔집합적〕 영화(계). 「있는 살코기.

sil·ver·side [sílvərsàid] 명 (英) 소의 허벅지의 맛

sil·ver·smith [sílvərsmìθ] 명 은세공사, 은장이,

은그릇 제조인[공].

sílver stándard 명 (the ~) 은(화)본위제.

Sílver Stár Mèdal 명 (미군의) 은성 훈장.

Sílver Státe 명 (the ~) 미국 Nevada 주의 별칭.

sílver Stréak 명 (the ~) (英구어) 영국 해협.

sil·ver·tail [sílvərtèil] 명 〔곤충〕 반대좀(silverfish); (구어) 돈 많은 유력인사, 명사.

sílver tháw 명 우빙(雨氷)(glaze); 무빙(霧氷)(rime).

sil·ver-tongued [-táŋd] 형 구변 좋은, 능변[웅변]의, 설득력 있는. 「은제품; 은식기류.

sil·ver·ware [sílvərwὲər] 명ⓤ 〔집합적〕 은그릇.

sílver wédding 명 은혼식(결혼 25주년 기념).

sil·ver·weed [sílvərwìːd] 명 뱀딸기류의 식물.

sílver wíng 명 (美속어) 50센트 은화.

sil·ver·work [sílvərwə̀ːrk] 명 은세공(품), 은그릇.

***sil·ver·y** [sílvəri] 형 1 은과 같은, 은백색의. 2 (美소리 따위가) 은방울 굴리듯 아름다운, 맑은. 3 은을 함유한; 은을 입힌. **-ver·i·ness** 명

sil·vi·cal [sílvikəl] 형 삼림(생태학)의.

sil·vi·chem·i·cal [sìlvəkémikəl] 명 나무에서 추출되는 화학 물질의 총칭.

sil·vics [sílviks] 명 삼림 생태학.

sil·vi·cul·ture [sílvəkÀltʃər] 명ⓤ 산림 재배, 삼림학, 식림[조림]법. (또는 **sylviculture**) **-cúl·tur·al** 형 **-cúl·tur·al·ly** 부 **-cúl·tur·ist** 명

s'il vous plaît [siːl vuː pléi] 제발, 부디, 미안합니다만. 〔F if you please; please〕

sim. similar; simile; simulation; simulator.

si·ma [sáimə] 명ⓤ 〔지질〕 시마(대륙 지각(地殼)의 하부나 해양 지각 구성 물질의 총칭). **si·mát·ic** 형 (<**si**licium+ma**g**nesium) 「약(除草藥).

si·ma·zine [sáiməzìːn] 명ⓤ 〔화학〕 사이머진(제초

Sim·e·on [símiən] 명 1 〔성서〕 시므온(Jacob과 Leah의 아들. ─ 창세기(Gen.) 29 : 33). 2 〔성서〕 (예루살렘의) 시므온(← 누가복음(Luke) 2 : 25).

Símeon Sty·lí·tes [-stailáitiːz] 명 **Saint** ~ 성 시메온(390?-459: 30년간 기둥 위에서 살며 설교했다는 시리아의 수도사.

sim·i·an [símiən] 형 원숭이의[같은], 유인원(類人猿)의[같은]. ─ 명 원숭이, 유인원. **-an·i·ty** 명

‡**sim·i·lar** [símələr] 형 (**more** ~; **most** ~) 1 유사한, 비슷한, 꼭같은, 마찬가지의, 동류의, 동종의 (to). ⇒SAME 〔유의어〕 ¶ Your watch is ~ to mine in shape and color. 너의 시계는 모양과 색깔이 내 것과 비슷하다. 2 〔수학〕 상사(相似)의, 닮은 꼴의. ¶~ figures 닮은 꼴. 3 〔음악〕 둘 이상의 성부(聲部)가 평행하게 진행하는. ¶ ~ motion 병진행(竝進行).
─ 명 유사물, 상사물, 닮은 사람.

‡**sim·i·lar·i·ty** [sìməlǽrəti] 명 1ⓤ 비슷함, 닮음, 유사, 상사 (between, in, to). ⇒LIKENESS 〔유의어〕 ¶There is a wonderful ~ between the twins. 그 쌍둥이는 놀랍도록 닮았다. 2 (보통 -ties) 유사점; 유사물, 상사물 (between).

similárity transformàtion 명 〔수학〕 닮음 변환.

*****sim·i·lar·ly** [símələrli] 부 유사[비슷]하게, 상사적으로, 마찬가지로.

sim·i·le [síməli] 명ⓒⓤ 〔수사〕 직유(直喩), 명유(明喩) (like, as, so 따위의 비교를 나타내는 말을 사용하여 직접 다른 것과 비교하는 수사법. 예: light like a feather). ⓐ metaphor

si·mil·i·tude [similətjúːd/-tjùːd] 명 1ⓤ 유사, 상사; ⓒ 닮은 사람[것], 유사물[점], 상사물[점]; 아주 닮은 면. ¶ They show common ~s. 그들에게는 공통점이 있다. 2 (성경에 있는) 비유 (이야기), 우화. 3 ⓤ 모습, 외형, 외모. 4 〔수학〕 상사(相似).

assume the similitude of …의 외형을 갖추다.

in similitudes 비유로. 「모습으로.

in the similitude of …을 본떠서[모방하여]; …의

sim·i·lize [símǝlàiz] (*(英) **-lise**) 🏷 직유(直喻)를 사용하다; 직유로 설명하다.

sim·i·tar [símǝtər] 🏷 =scimitar.

SIMM [sim] 🏷 〖전자〗심(여러 메모리 칩을 탑재한 작은 회로판). [<single inline memory module]

*****sim·mer** [símər] 🏷🏷 1 (요리 따위가) 부글부글 끓다, (물 따위가) 비등하다. 〖유의어〗⇨BOIL 2 (비유적) (억제하고 있는 노여움·웃음 따위가) 금방이라도 폭발하려고 하다, (생각 따위가 머릿속에서) 부글부글 끓다 (with).¶ (~+前+名) He ~ed with indignation. 그는 노여움을 참느라 속이 부글부글 끓었다. ─🏷 …을 부글부글[서서히] 삶다[끓이다], 약한 불로 끓이다.

símmer dòwn (끓은 것이) 서서히 식다; (노여움 따위가) 가라앉다, 진정되다, 누그러지다.

símmer òff 〖속어〗〖명령형으로〗진정해라.
─🏷 1 부글부글 끓기[끓이기], 부글부글 끓는[끓이는] 상태; (노여움·웃음이) 금방이라도 폭발하려는 상태.

at a [or **on the**] **simmer** 끓어 올라; (노여움·웃음이) ~**ing·ly** [ ] 등이] 금방이라도 폭발하려고 하여.

sím·nel (càke) [símnəl] 🏷 (英) 심넬 케이크(크리스마스나 부활제 등에 쓰이는 프루트 케이크).

si·mo·le·on [səmóuliən] 🏷 (美俗) =dollar.

Si·mon [sáimən] 🏷 1 사이먼(남자 이름). 2 〖성서〗시몬(Simon Peter)(베드로(Peter)의 본명).

si·mo·ni·ac [simóuniæk] 🏷 성직 매매자. =simoniacal.

si·mo·ni·a·cal [sàimənáiəkəl, sìm-] 🏷 성직 매매(죄)의. ~**·ly** 🏷

si·mo·nism [sáimənìzm, sím-] 🏷 성직 매매 행위.

si·mon·ist [sáimənist, sím-] 🏷 =simoniac.

si·mon·ize [sáimənàiz] (*(英) **-ise**) 🏷🏷 (에나멜을 칠한 자동차의 차체를) 왁스로 닦다.

Simon Le·grée [-lígriː] 🏷 1 사이먼 리그리(Stowe작 *Uncle Tom's Cabin*에 나오는 냉혹·잔인한 노예 매매업자). 2 냉혹·잔인한 주인(고용주).

Simon Mág·us [-méigəs] 🏷 〖성서〗마술사 시몬(Samaria의 마술사)(←사도행전(Acts) 8:9).

Símon Péter 🏷 ⇨SIMON 2.

si·mon-pure [-pjúər] 🏷 진짜의, 틀림이 없는, 진정한. [<영국의 극작가 S. Centlivre(1667?-1723)작 *A Bold Stroke for a Wife* 중의 인물 Simon Pure]

Simon sáys 🏷 어린이 놀이의 하나(사이먼 역이 "사이먼 왈"이라고 하면 그가 하는 동작과 명령을 전원이 즉시 흉내내는 놀이).

si·mo·ny [sáiməni, sím-] 🏷 ⓤ 1 성직 매매에 의한 이익(←사도행전(Acts) 8:18-24). 2 성직 매매(죄).

si·moom [simúːm] 🏷 시뭄(북아프리카·아라비아 사막의 건조한 모래 열풍).

simp [simp] 🏷 (美口語) 바보, 숙맥(simpleton).

sim·pa·ti·co [simpáːtikòu, -pǽt-] 🏷 성질[기질]이 맞는; 매력이 있는, 마음을 끄는.

sim·per [símpər] 🏷🏷 히죽히죽 웃다, 선웃음치다, (억지) 웃음을 웃다. ─🏷 …을 히죽히죽 웃으며[선웃음치며] 말하다. ─🏷 (얼빠진) 바보 웃음, 선웃음.
~**·er** 🏷 ~**·ing** 🏷

sim·per·ing·ly [símpəriŋli] 🏷 선웃음치면서.

‡**sim·ple** [símpl] 🏷 (**-pler; -plest**) 1 쉬운, 용이한, 다루기 수월한, 단순한, 간단한.¶ a ~ work 쉬운 일 / a ~ method 간단한 방법 / The story is written in ~ English. 그 이야기는 알기 쉬운 영어로 씌어 있다. 2 간소한, 간결한, 꾸밈없는; 검소한, 수수한.¶ a ~ style of architecture 간소한 건축 양식 / live a ~ life 검소한 생활을 하다.

┌─────────────────────────────────
│〖유의어〗**simple** 복잡하여 공이 많이 드는 데가 없는;
│때로는 자발적으로 선택한 검소[간소]를 암시한다.
│**plain** 장식 따위가 넘치는 것이 전연 없고 남의 눈에
│잘 띄지 않는; 때로는 담백한 데서 오는 우아함을 암
└─────────────────────────────────

시한다.

3 있는 그대로의, 흥감부리지 않는, 솔직한.¶ ~ manners 꾸밈없는 태도. 4 순진한, 티 없는, 소박한.¶ He is as ~ as a child. 그는 아이처럼 순진하다. 5 순전한, 순.¶ a ~ fact 분명한 사실 / ~ madness 순 미친 지랄 / It is a trick pure and ~. 그것은 순전한 속임수이다. 6 보통의, 여느.¶ a ~ citizen 일개 시민. 7 신분이 낮은, 평민 출신의; 하찮은. 8 무지한, 순진한, 좀 모자라는, 속기 쉬운. ⇨FOOLISH 〖유의어〗9 단일의, 부분으로 나누어져 있지 않은; (전문 용어로서) 단(單)-, 순-.¶ a ~ substance 〖화학〗단체(單體) / a ~ curve 〖수학〗단일 곡선 / ~ interval 〖음악〗1옥타브 이상에 걸치지 않는 음정.

─🏷 1 바보, 속기 쉬운[단순한] 사람, 어수룩한 사람. 2 단(일)체, 단순물. 3 〖고어〗약초(로 만든 약). 4 〖고어〗신분이 낮은 사람. 5 (~s) (英방언) 어리석은 행동.
~**·ness** 🏷 「대수(代數) 확장.

simple algebráic exténsion 🏷 〖수학〗단순

simple árc 🏷 〖수학〗단순호(弧). (또는 **Jórdan árc**)

simple béam 🏷 〖건축〗단순 보. 「bud

simple búd 🏷 〖식물〗홑눈, 단아(單芽). 🏷 mixed

simple clósed cúrve 🏷 〖수학〗단일 폐곡선.

simple enumerátion 🏷 〖논리·철학〗단순 열거법(임의로 현실적 실례를 누적시키는 방법).

simple equátion 🏷 〖수학〗일차 방정식.

simple éye 🏷 〖동물〗(절지(節肢)동물, 특히 곤충의) 홑눈, 단안(單眼).

「명청한 얼굴의.

simple-faced [-féist] 🏷 보통[흔한] 얼굴 생김의;

simple fráction 🏷 〖수학〗단분수(單分數).

simple frácture 🏷 〖의학〗단순 골절. 「과(單果).

simple frúit 🏷 〖식물〗(한 개의 암술에서 생기는) 단

sim·ple-heart·ed [-háːrtid] 🏷 순진한, 성실한; 티없는, 담백한. ~**·ly** 🏷 ~**·ness** 🏷 「interest

simple ínterest 🏷 단리(單利). 🏷 compound

simple íntervál 🏷 〖음악〗단음정, 단순 음정.

simple léaf 🏷 〖식물〗홑잎, 단엽(單葉).

simple machíne 🏷 〖기계〗단순 기계(지렛대, 바퀴와 굴대, 도르래, 쐐기, 나사 따위).

simple majórity 🏷 단순 다수(과반수는 아닌 당선 [결정]에 필요한 최저 표수). 🏷 absolute majority

simple microscope 🏷 확대경.

sim·ple-mind·ed [-máindid] 🏷 1 소박한; 천진난만한, 순진한. 2 사람 좋은, 속기 쉬운. 3 정신 박약의; 어리석은. ~**·ly** 🏷 ~**·ness** 🏷 「등).

simple mótion 🏷 단순 운동(직선·나선·원운동

simple péndulum 🏷 〖물리〗단진자(單振子).

simple séntence 🏷 〖문법〗단문(單文). 🏷 complex sentence, compound sentence

Símple Símon 🏷 바보 사이먼(영국 전승 동요의 어리석은 주인공); 바보; (美俗어) 다이아몬드.

simple súgar 🏷 〖화학〗단당(單糖).

simple ténse 🏷 〖문법〗단순 시제(주동사가 조동사를 수반하지 않은 시제).

simple time [méasure] 🏷 〖음악〗단순 박자.

sim·ple·ton [símpltən] 🏷 바보, 얼간이, 숙맥.

sim·plex [símpleks] 🏷 단순한, 단일의; 단신(單信)의(한 줄의 전선으로 송·수신을 번갈아 하는 것의). ─🏷 (寮) ~**·es, -pli·ces** [-pləsìːz]) 〖수학〗단체(單體). 〖문법〗단순어.

‡**sim·plic·i·ty** [simplísəti] 🏷 (寮) **-ties** [-z]) ⓤ 1 단일(성), 단순. 2 간단, 간이, 평이. 3 간소, 수수함. 4 꾸밈없음, 소박, 천진난만, 순진. 5 무지, 우둔; ⓒ 어리석은 짓, 말.

sim·pli·fi·ca·tion [sìmpləfikéiʃən] 🏷🏷ⓤⓒ 간소[간략]화, 단순[단일]화, 평이[간이]화.

sim·pli·fied [símpləfàid] 🏷 간이화한.

*****sim·pli·fy** [símpləfài] 🏷🏷 …을 간단히 하다, 단순화하다, 쉽게 하다. **-fi·er, -fi·cà·tor** 🏷

sim·pli·mat·ic [sìmpləmǽtik] 형 (구조·취급 등이) 간단하며 자동적인.

sim·plism [símplizm] 명U 과도한 간소주의, 지나친 단순화.

sim·plist [símplist] 명 단순화주의자.

sim·plis·tic [simplístik] 형 극단적으로 단순화(간소화)한. **-ti·cal·ly** 부

Sim·plon [símplɑn/-plɔn] 명 (the ~ Pass) 1 심플론 고개(스위스·이탈리아 사이의 알프스 산길). 2 (the ~ Tunnel) 심플론 터널(1의 동북부를 관통하는 19,824m 길이의 터널).

‡**sim·ply** [símpli] 부 (*more* ~; *most* ~) 1 간단히, 간편하게. 2 알기 쉽게, 평이하게. 3 꾸밈없이, 수수하게. 4 있는 그대로, 순진하게, 천진난만하게. 5 무턱대고, 어리석게. 6 오직, 다만 (…만으로). ¶I believe a person ~ on his word 말만 듣고 남을 믿다. 7 (강조용법) 아주, 정말; (부정어의 앞에서) 도저히, 결코. ¶~ awful 아주 지독한/I ~ can't betray him. 그를 도저히 배신할 수 없다.
not simply A but (also) B ⇒NOT.
simply and solely (강조하여) 그저 그저 (…할 뿐).

sim·ply-con·nect·ed [-kənéktid] 형 (수학) (집합·영역이) 단일 연결의.

Símp·son Désert [símpsən-] 명 (the ~) 심프슨 사막(오스트레일리아 중부).

Símp·son's rúle [símpsənz-] 명 (수학) 심프슨 법칙(정적분(定積分)의 근사치를 구하는 방법의 하나).

simp·y [símpi] 형 (속어) 바보같은, 얼간이의.

si·mul[1] [sáiməl, síməl] 명 (서양장기) 동시 대국 (simultaneous display). [(together).

sim·ul[2] [síməl] 부 (처방전에서) 함께, 동시에, 같이

sim·u·la·crum [sìmjuléikrəm] 명 (복 **-cra** [-krə]) 그림자, 환영; 상(像), 모습; 가짜, 모조품.

sim·u·lant [símjulənt] 형 가장하는, 흉내내는; …처럼 보이는 (*of*). (생물) 의태(擬態)[의색(擬色)]의. —명 흉내내는 사람, 닮은 물건[장치].

*****sim·u·late** 동 [símjulèit] 타 1 …인 체하다, 시늉을 하다. ⇒PRETEND 유의어 ¶~ death 죽은 체하다. 2 …을 ება하다, …을 가장하다, …로 분장하다. 3 (생물) …의 의태를 하다, 의색하다. ¶Some insects ~ leaves. 곤충 중에는 나뭇잎 같은 모습을 한 것이 있다. 4 (컴퓨터·우주) …의 모의 실험을 하다, …을 시뮬레이트하다. —형 가장하는, 체하는, 속이는, 의장하는.
—형 [símjulət] (고어) =simulated. **-la·to·ry**

sim·u·lat·ed [símjulèitid] 형 진짜가 아닌, 가장한, …과 같이 보이는, 흉내낸, 모조의, 가짜의. ¶~ pearls [fur] 모조 진주[모피]. [지위.

símulated ránk (문관(文官)의) 무관에 해당하는

sim·u·la·tion [sìmjuléi∫ən] 명UC 1 가장, 흉내; 속이기. 2 (컴퓨터·우주) 시뮬레이션, 모의 실험; (경제) 시뮬레이션(모델에 의한 정치, 사회, 경제 등의 실험수법). 3 모조품, 가짜 물건. 4 (정신의학) 꾀병.

sim·u·la·tive [símjulèitiv] 형 흉내내는, (…인) 체하는, (…을) 가장하는, 의태하는 (*of*). **~·ly** 부

sim·u·la·tor [símjulèitər] 명 흉내내는[가장하는, 속이는] 사람[것]; 시뮬레이터, 모의 장치.

si·mul·cast [sáiməlkæst/síməlkɑ:st] 명UC 텔레비전·라디오 동시 방송 (프로그램). —동타 (~·ed) (프로그램)을 텔레비전과 라디오[AM과 FM]로 동시에 방송하다.

si·mul·ta·ne·i·ty [sàiməltəníːəti/sim-] 명U 동시에 일어나기[작용하기, 존재하기], 동시성.

*****si·mul·ta·ne·ous** [sàiməltéiniəs, sim-/sìm-/sím-] 형 1 동시에 일어나는, 동시에 존재하는 (*with*). ¶a ~ interpreter 동시 통역자/His treason was almost ~ *with* the king's death. 그의 반역은 왕의 죽음과 거의 동시에 있었다. 2 (수학) 연립시킨. **~·ness** 명

simultáneous displáy 명 (서양장기) 동시 대국.

simultáneous equátions 명복 (수학) 연립 방정식.

simultáneous interpretátion 명 동시 통역.

*****si·mul·ta·ne·ous·ly** [sàiməltéiniəsli, sìm-/sìm-] 부 동시에, 일제히.
simultaneously with …와 동시에.

simultáneous reáction 명 (화학) 동시 반응.

‡**sin**[1] [sin] 명 (복 ~s [-z]) 1 UC (종교·도덕상의) 죄, 죄업(罪業) (*against*). ⇒CRIME 유의어 ¶one's besetting ~ (유혹 따위에 의해) 빠지기 쉬운 죄악 / commit a ~ 죄를 범하다 / cloak a ~ 죄를 숨기다. 2 (예절에 어긋나는) 과실, 위반, 반칙 (*against*). 3 (구어) 어리석은 짓, 바보 같은 일. ¶It is a ~ to waste your money on such a fruitless work. 그런 헛된 일에 돈을 낭비하는 것은 바보 짓이다.
(as)...as sin (구어) 실로, 참으로, 되게. ¶be ugly *as* ~ 참으로 못생긴.
for one's sins (익살) 무슨 인과인지, 무슨 죄로.
lay one's sins at another's threshold 죄를 남에게 덮어 씌우다.
like [or *as*] *sin* (속어) 몹시, 격심하여, 맹렬히. ¶hate a person *like* ~ 남을 몹시 미워하다.
live in sin (결혼하지 않고) 동거하다.
sin against good manners 예의에 벗어남, 예절상의 실수.
sins of omission 태만죄. [이 없음, 무례.
social sin 사회적 관습 위반.
than sin (구어) 참으로, 심히.
the man of sin 그리스도의 적, 악마; 죄인.
the sin against the Holy Ghost 성령 모독죄; 절대로 용서할 수 없는 죄.
the sin of Adam 원죄(原罪).
visit a sin upon a person 아무에게 벌을 내리다.
—동 (~ s [-z]; *-nn-*) 자 죄를 범하다; (예의 범절 따위에) 어긋나다 (*against*). ¶(~ + 전 + 명) ~ *against* God 신을 거역하다 / ~ *in company with* …과 같은 죄를 저지르다. —타 (드물게) (죄악)을 범하다. (죄)를 짓다. ¶~ a sin 죄악을 범하다.
sin against the canons 법규를 위반하다. [범하다.
sin in good company 훌륭한 사람들도 같은 죄를
sin one's mercies 받은 복을 고맙게 여기지 않다.
~·like 형 **~·ning·ly** 부 **~·ning·ness** 명

sin[2] [sain] = $\sin^1$.

Si·nai [sáinai, -niài] 명 1 시나이 반도(이집트의 동북부에 위치). 2 Mount ~ (성서) 시내 산(山) (모세가 십계명을 받은 곳).

Si·na·ic [sinéiik], **Si·na·it·ic** [sàinəítik] 형

Si·nan·thro·pus [sinǽnθrəpəs, sin-] 명 (인류) 시난트로푸스(Peking man).
(또는 ~ **pe·ki·nen·sis** [-pi:kənénsis])

sin·a·pism [sínəpizm] 명 (의학) 겨자 고약; 자극제.

Sin·ar·quism [sínɑːrkwìzm] 명 (멕시코의) 국수적(國粹的) 전체주의. (또는 **Sinarchism**)

Si·na·tra [sinɑ́ːtrə] 명 **Frank Albert ~** 시내트라 (1915-98; 미국의 가수·영화배우).

Sin·bad [sínbæd] 명 =Sindbad the Sailor.

‡**since** ⇒SINCE. <p. 2541>

sin·cere [sinsíər] 형 (*-cer·er, more ~; -cer·est, most ~*) 1 성실한, 진심에서 우러난 (⇒HEARTY 유의어); 진실의, 정직한, 거짓없는, 솔직한. (⇒EARNEST 유의어) ¶a life of ~ devotion 진심으로부터 헌신하는 일생 / He is ~ *in* his words. 그에게는 표리가 없다, 그는 약속을 지킨다. 2 순수한, 섞이지 않은 (*of*).
~·ness 명

‡**sin·cere·ly** [sinsíərli] 부 (*more ~; most ~*) 성실히, 충심으로, 진심으로, 진정으로.
Yours sincerely; Sincerely (yours) 여불비례(餘不備禮), 경구(敬具)(편지의 끝맺음말).

*****sin·cer·i·ty** [sinsérəti] 명UC 성실, 진실, 정직, 진심.
in all sincerity 진정으로. [⇒HONESTY 유의어]

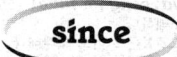

부사·전치사·접속사로 쓰이는데, 어느 품사로서나 과거의 어느 시점으로부터 그 후의 기준시(基準時)까지의 시간 폭을 가리킨다. 따라서 완료형(현재완료, 과거완료, 미래완료)과 함께 쓰는 경우가 많고, 「…이래 현재까지」의 뜻일 때는 현재완료와 함께 쓰는 것이 원칙이다. 다만 계속적·습관적임을 나타내는 동사의 경우에는 현재형도 쓴다: Since when do you paint like that? 언제부터 그림을 그런 식으로 그렸니?/ (Ever) Since my teeth were pulled out, I can't eat anything solid. (이를 뽑은 후로는 딱딱한 것을 먹을 수 없다.

since는 그 밖에 접속사로서「…하므로, …인 까닭에」의 뜻으로도 쓰인다.

‡**since**[sins] 젠 **1** (문미(文尾)에서) 그 뒤[후] 줄곧(＊현재완료형과 함께 써서 계속되고 있는 상태의 시작을 나타낸다. 뜻을 강조하기 위해 종종 ever를 앞에 놓는다). ¶He has remained abroad ~. 그는 그 뒤 줄곧 외국에 있다/He was elected in 1995 and has been chairman ever ~. 1995년에 선출된 이후 그는 줄곧 회장이다.
2 (have와 과거분사 사이에서) 과거의 어떤 때와 현재 사이의, 그 후 (지금까지의 사이에서). ¶He at first refused but has ~ consented. 그는 처음에는 거절했으나 뒤에 가서는 승낙했다/They have ~ become more friendly. 그들은 그 후로 한층 친밀해졌다/The old house has ~ been pulled down. 그 낡은 집은 그 뒤 철거되었다.
3 (현재보다) …전에. ¶a moment ~ 조금 전에/The trees cast their leaves a month ~. 나무는 1개월 전에 잎이 졌다/I saw her not long ~. 나는 그녀를 얼마 전에 만났다/He went away a little while ~. 그는 바로 조금 전에 떠났다.
── 젠 **1** …이래 줄곧; …으로부터 지금까지, …으로부터 세어(counting from). ¶the greatest invention ~ 1990 1990년 이래 최대의 발명/It has been warm ~ noon. 정오부터 줄곧 따뜻하다/I have been practicing law ~ graduation. 나는 학교를 졸업한 후 줄곧 변호사업에 종사하고 있다/He has been ill ~ leaving college. 그는 대학을 나온 뒤 줄곧 병을 앓고 있다.
2 …이후에, …이후 지금까지의 사이에. ¶There have been many changes ~ the war. 전후에 많은 변화가 있었다/We have had no trouble of any kind ~ then. 그 이후 우리에게 어려운 일은 전혀 일어나지 않았다/They had not met ~ childhood. 그들은 어린 시절 이후 줄곧 만나지 못했다.

주의¹ **since a week ago**──since…ago는 전혀 쓰이지 않는 것은 아니지만, (英)에서는 for a week, for the last five years, these five years 따위와 같이 쓰는 것이 보통.

── 접 **1** …한 후에. ¶She has moved house six times ~ she came here. 그녀는 이곳에 온 후로 여섯 번 이사했다/He has written once ~ he left. 그가 떠난 후 한 번 편지를 보내왔다/Has anything happened ~ I left home? 제가 고향을 떠난 후로 어떤 변화가 일어났습니까?/Many improvements have been made ~ this century began. 이번 세기에 접어든 이래 수많은 개선이 이루어지고 있다/I have not played tennis ~ she has been confined to her bed. 그녀가 병으로 자리에 누운 이후로 나는 한 번도 테니스를 하지 않았다 (＊내용이 현재도 계속중인 일의 기점(起點)에 관계되는 경우에는, since 이하에 완료형을 쓰기도 한다).
2 a) …한 이래 죽[내내], …한 때부터 줄곧. ¶He has worked[or has been working] ~ he left school. 그는 학교를 졸업한 이후로 줄곧 일했다/I have known her ever ~ she was a child. 나는 그녀를 어렸을 때부터 죽 알고 있다/He hasn't spoken ~ he sat down. 그는 앉고 나서는 죽 한 마디도 하지 않는다/We've been friends (ever) ~ we met at school. 우리는 학창 시절 친구이다.
b) (It be…since의 형태로) …하고부터, …의 때부터 세어서 (＊(美)에서는 It has been…since의 형을 쓰는 일이 적지 않다). ¶It is [or has been] five years ~ the war ended. 전쟁이 끝난 지 5년이 된다/It must be almost ten years ~ he left school. 그가 학교를 떠난지 거의 10년이 될거다/It was seven years since he had entered the Navy. 그가 해군에 입대한 지 7년이 되었다/It had been so long ~ we had seen each other. 우리는 정말 오래간만에 만났다.
3 …이므로, …때문에. ¶S- I am old enough, I have permission to get married. 적령기가 되었기 때문에 나는 이제 결혼을 해도 된다/S- we're not very busy just now, we can get away from the office. 지금은 그다지 바쁘지 않기 때문에 우리는 사무실을 빠져 나갈 수 있다/S- you're already here, you might as well stay. 모처럼 오셨으니까, 좀 들어오시지요./I've come to take a last look at you, ~ I am not going to see you for some time. 얼마 동안 만나지 못할 것 같아서 인사차 한 번 뵈러 왔습니다.

주의² (1) because만큼 강한 인과 관계를 나타내지는 않는다. (2) (美)에서는 가벼운 이유를 나타내는 as보다 즐겨 쓰인다. (3) 보통 since절이 주절보다 앞에 온다. (4) why로 시작하는 의문문에 대한 대답에는 since를 쓰지 않는다. (5) 강조구문에 있어, 이유를 강조할 경우의 접속사는 since가 아니라 because이다: It was *because* Tom arrived that Sam left. 샘이 떠난 것은 탐이 도착했기 때문이다.

sin·ci·put [sínsəpλt, -pət∧] (목 **~s, -cip·i·ta** [sinsípətə]) 〔해부〕 **1** 전두부(前頭部). **2** 두정부(頭頂部). **-cíp·i·tal** 휑

Sin·clair [sinklέər/síŋkleə] 곤 **Upton (Beall)** ~ 싱클레어(1878-1968): 미국의 소설가·사회운동가).

Sind [sind] 곤 신드(파키스탄의 Indus강 하류 지역).

Sínd·bad the Sáilor [sín*d*bæd-] 곤 뱃사람 신드바드(*The Arabian Nights*에 나오는 Bagdad의 부상(富商)).

Sin·dhi [síndi] 휑 (**~s**) 휑 신드족(Sind 지방에 살며 주로 이슬람교도); 신드 어.

sin·do·nol·o·gy [sìndənάlədʒi/-nɔ́l-] 명 〔기독교〕 (예수의) 성수의(聖壽衣) 연구. **-gist** 명

sine¹ [sain] 명 〔수학〕 사인, 정현(正弦).

si·ne² [sáini] 전 …없이. (<L without)

sin-eat·er [∫í:tər] 명 죄식꾼(罪食꾼)(옛날 영국에서 죽은 사람의 죄를 떠맡기 위해 제사 음식을 먹도록 고용된 사람).

sin-eat·ing [∫í:tiŋ] 명 죄식(罪食)의 습관.

síne bàr 명 〔기계〕 사인 바(각도의 정밀한 설정·측정에 사용하는 기구).

si·ne·cure [sáinikjùər, sín-] 명 **1** (명목뿐이며 책무(責務)가 별로 없는) 한직(閑職). **2** (교회(敎化)) 임무를 맡지 아니한 유급(有給) 성직. ── 휑 한직의, 명예직의. **~·ship, -cur·ism** 명

si·ne·cur·ist [sáinikjùrist, sín-] 명 한직에 있는

사람, 명목만의 적격에 있는 사람.
sine curve 圕 〔수학〕 사인 곡선.
si·ne di·e [´ dáii] 圕 무기한으로. 〈<L〉
si·ne no·mi·ne [´ námənèi] 圕 이름(의 기재) 없이(없는). 〈<L〉 〔것, 필수 조건. 〈<L〉
si·ne qua non [´ kwei nán/-nɔ́n] 圕 불가결한
***sin·ew** [sínju:] 圕 1 건(腱), 힘줄(tendon), 근육, 근골, 체력, 완력. 3 (~s) 자력(資力), 자금; 크게 의지가 되는 것.
the sinews of war 군자금, (일반적) 자금.
— 個 …을 힘줄로 잇다, …에 근력을 붙이다, 기운을 돋우다. 〔북돋우다.
~**less** 圕
sine wave 圕 〔물리〕 정현파(正弦波).
sin·ew·y [sínjui] 圕 1 건(힘줄)의, 건과 같은; 강인한, 질긴, 힘줄이 불거진. 2 근골이 건장한, 강건한. 3 (문체가) 박력 있는, 긴축체(體)의. **-ew·i·ness** 圕
sin·fo·ni·a [sìnfouní:ə] 圕 (~**s**, **-ni·e** [-ní:ei]) 〔음악〕 교향곡, 심포니; (초기 이탈리아 가극의) 서곡. 〈<It〉 〔악〕 협주 교향곡.
sinfonía con·cer·tán·te [-kɑ̀nsərtɑ́:nti] 〔음
sin·fo·niet·ta [sìnfənjétə, -foun-] 圕 〔음악〕 신 포니에타, 소교향악(단).
***sin·ful** [sínfəl] 圕 죄 있는, 죄 많은, 사악한, 죄받을.
~**ly** 圕 ~**ness** 圕
‡**sing** [siŋ] 圕 (~**s** [-z]; **sang**, (고어·드물게) **sung**; **sung**) ㉯ 1 노래하다(*away, on*)(*to, for*). ¶(~+前+名) ~ *away*[or *on*] 계속 노래를 부르다 // (~+前+名) ~ *to* the piano 피아노에 맞추어 아이들에게 노래해 주다 / ~ *in*[*out of*] *tune* 가락을 맞춰[엉터리 가락으로] 노래하다. 2 시[노래]를 짓다[읊조리다], 시[노래]로 찬미[예찬]하다(*of, about*). ¶(~+前+名) Homer *sang* of the Trojan War in his *Iliad*. 호머는 「일리아드」에서 트로이 전쟁을 시로 읊었다. 3 (화살·총알·바람 따위가) 노래하듯이 울리다; (말·목소리 등이) 언제까지나 남아 있다, 메아리치다. 4 (새·벌레 따위가) 울다, 지저귀다; 귀가 울리다. ¶A bad cold made his ears ~. 그는 고약한 감기에 걸려 귀가 울렸다. 5 기뻐하다, 광희[환희]하다(*for*). ¶(~+前+名) ~ *for joy* 기뻐서 마음이 설레다. 6 (가사 따위가) 노래가 되다, 노래로 부를 수 있다. ¶(~+圓) The lyrics of the song may ~ *well*. 그 가사는 노래가 잘 될 수도 있다. 7 〔美속어〕 (남을 끌어들이기 위하여) 입을 열다, 자백하다, 밀고하다.
— 個 1 〔노래〕를 부르다: 〔미사의 시편 따위〕를 읊다, 낭송하다. ¶(~+圓+圖) S— me the songs I delighted to hear. 내가 듣기 좋아했던 노래를 불러다오. 2 노래하여 …시키다(*to*). ¶(~+圓+圖) ~ *a child to sleep* 노래 불러 아이를 잠재우다 / ~ *a person into good humor* 노래 불러 남의 기분을 즐겁게 해 주다. 3 노래 불러 〔지난 해[새해]〕를 보내다[맞이하다](*out, in*), 〔길〕을 노래하며 가다; 노래하며 지내다(잇따 (*away*)). ¶~ *one's way* 노래하며 가다 // (~+圓+圖) ~ *the old year out* and *the new year in* 노래로 묵은 해를 보내고 새해를 맞이하다 / ~ *one's days away* 날마다 콧노래를 부르며 지내다. 4 …을 칭찬하다, 칭송하다, 노래로써 축하하다; (새·벌레 따위가) 〔노래〕를 지저귀다, 울다.
make a person's head sing 남의 머리를 쾅 때리다.
sing another song [or *tune*] 말투[태도 등]를 바꾸다, 방침을 바꾸다; 겸손해지다, 저자세로 나오다.
sing dumb 침묵하다, 침묵해 있다.
sing for air 숨차하다, 헐떡이다.
sing for one's supper 응분의 답례를 하다.
sing low ⓛ 저음으로 노래하다. ⓒ 〔구어〕 (패배하여) 겸허해지다.
sing on the other [or *wrong*] *side of one's mouth* =*sing another song*.
sing out (구어) 큰소리로 노래하다; 외치다, 고함치다.

sing small ⇨SMALL.
sing the blues 걱정을 늘어놓다, 비관적인 말을 하다.
sing the praises of …을 칭찬[찬양]하다.
sing the same [or *old*] *song* [or *tune*] ⇨SONG.
sing to …에 맞추어 노래하다.
sing up (보통 명령형으로) 큰 소리로 노래해라.
— 圕 1 ⓤ 노래 부르기; 노래하는 능력. 2 ⓒ (美구어) 창가회, 합창회. 3 ⓤ (총알 따위의) 픽픽 소리; (물건이) 내는 소리, 울리는 소리.
on the sing (주전자가) 피어피어 끓어.
~**a·ble** 圕 노래할 수 있는, 노래하기 쉬운.
sing. single; singular.
sing·a·long [síŋəlɔ̀:ŋ/-lɔ̀ŋ] 圕 노래 부르기 위한 모임. (또는 **síng-alòng**)
Sin·ga·pore [síŋɡəpɔ̀:r] 圕 싱가포르 (말레이 반도 남단의 섬나라; 그 수도). **-pó·re·an** 圕圕 싱가포르의 (주민).
singe [sindʒ] 個 1 …의 표면을 (살짝) 굽다, 그스르다. 2 (머리칼의 끝)을 지지다: (새·짐승 따위의) 털을 그스르다 (천 따위의) 보풀을 태우다. ¶ ~ *a person's hair* 남의 머리칼을 지지다. 3 (비유적) …을 손상하다, …을 상처 입히다. — ㉯ 눋다, 타다.
singe one's feathers [or *wings*] 명성을 더럽히다, 평판을 떨어뜨리다; 손해를 입다, 실패하다, 애먹다.
— 圕 그을음, 눌음, 탐; 그을린 자국.
~**ing·ly** 圕
‡**sing·er¹** [síŋər] 圕 (~**s** [-z]) 1 노래하는 사람, 가수, 성악가. 2 가인(歌人), 시인. 3 우는 새, 명금(鳴禽).
sing·er² [síndʒər] 圕 그을리는 사람[것], 털을 태우는 사람[것].
sing·er-song·writ·er [´-sɔ̀:ŋráitər/-sɔ́ŋ-] 圕 가수겸 작곡가[작사가]. (또는 **sínger-wríter**)
Sin·gha·lese [sìŋɡəlí:z, -lí:s] 圕 스리랑카(Ceylon) (사람, 말)의. — 圕 (똥 ~) 스리랑카 사람; (U) 스리랑카 말. 〔노래하는 음악 행사.
sing-in [´in] 圕 (美구어) 노래부르기 집회; 청중도
‡**sing·ing** [síŋiŋ] 圕 (~**s** [-z]) ⓤⓒ 1 노래(하기), 창가. 2 (새·벌레 등의) 우는 소리. 3 귀울림, 이명(耳鳴). — 圕 노래하는, 우는, 지저귀는.
sing·ing-man [-mæ̀n] 圕 (교회의) 성가대원.
síng·ing màster 노래[음악] 선생; (교회의) 성가대 지휘자.
‡**sin·gle** [síŋɡl] 圕 1 단 하나의, 하나뿐인, 한 개의, 개개의; 단독의(⇨ONLY 유의어); (부정문에서) 단 하나도 …않다. ¶He spoke not a ~ word. 그는 단 한마디도 말하지 않았다 / *Misfortunes never come* ~. (속담) 화불단행(禍不單行), 엎친 데 덮친다. 2 단순한, 단일의, 〔식물〕 (꽃 따위가) 단판(單瓣)의, 한 겹의. ¶a ~(-petaled) *flower* 단판화. 3 1인(한 가족)용의, 한 사람 (가족)에게 적합한. 4 혼자의, 고독한; 독신의, 미혼의. ¶a ~ *life* 독신 생활/ ~ *blessedness* 홀가분한 독신. 5 (경기·승부 따위에서) 단 둘이서 싸우는, 1대 1의. 6 정직한, 순진한, 올바른, 성실한. ¶a man of ~ *meaning* 표리가 없는 사람. 7 일치한, 단결한. ¶with a ~ *voice* 일제히 (한 소리로). 8 〔英〕 편도(片道)의. ¶a ~*ticket* 편도 차표(〔美〕 a one-way ticket). 9 필적할 상대가 없는. 10 혼자서 연기하는. ¶ ~ *act* 원맨쇼. 11 〔음악〕 단순 대위법의. 12 〔부기〕 단식의.
each [or *every*] *single* 각자의, 하나하나의 (* *each* [*every*] 의 강조형). ¶ *each* ~ *citizen* 개개의 시민.
with a single eye 성심 성의로.
— 圕 1 (사람·물건에 대하여) 한 사람, 한 개, 단일; (美구어) (~**s**) 독신자. ¶ arrive in ~**s** *and pairs* 한 사람씩 또는 쌍쌍이 도착하다 /a *party for* ~**s** 독신자들만의 파티. 2 〔야구〕 단타(單打); (美구어) 1루수(~**s**); 〔정구〕 단식 경기; 〔골프〕 2인 경기. 3 〔英〕 편도 차표. 4 〔美구어〕 1달러 지폐. 5 단판화(單瓣花).
in singles 한 사람 한 사람, 하나하나.

—囲 (~s [-z]; -gled; -gling) 囮 1 …을 뽑아내다, 선발하다(out). 2 〔단타〕를 치다. —囮 혼자서, 단독으로 치다. —㉿ 〔야구〕 단타를 치다.
~·hood 囮 독신.
sin·gle-act·ing [-ǽktiŋ] 囮 단동(單動)(식)의, 한 쪽 방향으로만 운동하는. ㉿ double-acting
sin·gle-ac·tion [-ǽkʃən] 囮 1 단동식의(single-acting). 2 (발사 전에) 총의 공이치기를 세우기로 된.
sín·gle-án·swer mèthod [-ǽnsər-/-ɑ́ːn-] 囮 찬반 질문법.
sín·gle-bank [-bǽŋk] 囮囮 〔해사〕 (노젓기) 연습을 〔위해〕 한 사람씩 젓게 하다.
sín·gle-bar·rel [-bǽrəl] 囮 단신총(單身銃).
sín·gle-blind [-bláind] 囮 〔의학〕 단순 맹검(盲檢)의(약효를 조사할 때 피실험자가 그 약을 먹은 줄을 모르게 하여 행하는 검정 방법에 관해서 말하는). ㉿ double-
síngle bónd 囮 〔화학〕 단일 결합, 단결합. [blind
sin·gle-breast·ed [-bréstid] 囮 (상의·조끼 따위가) 싱글의, 한 줄로만 단추를 단. ㉿ double-breasted
sin·gle-cell [-sél] 囮 〔생물〕 단세포의. ¶ ~ animals 단세포 동물.
síngle-céll prótein 囮 〔생화학〕 단세포 단백질.
sín·gle-chip [-tʃíp] 囮 〔전자〕 단일 칩의.
síngle cómbat 囮 1대 1의 대결, 결투.
sín·gle-cóp·y sàles [-kápi-/-kɔ́pi-] 囮 (잡지의) 낱권 판매(예약 구독이 아닌).
síngle créam 囮 저지방 크림(커피용 크림 따위).
sin·gle-cross [-krɔ́ːs] 囮 〔유전〕 단교잡(單交雜)(2 종의 품종 또는 계통간의 교배).
sin·gle-deck·er [-dékər] 囮 1 단층선(單層船) 〔合艦〕. 2 〔英〕 단층 버스〔전차〕. [밀도.
sin·gle-den·si·ty [-dénsəti] 囮囮 〔컴퓨터〕 단일
sin·gle-dig·it [-dídʒit] 囮 한 자리수의; 10 이내 의. ¶ ~ rates of inflation 한 자리수의 인플레율.
sin·gle-en·ten·dre [-ɑːntɑ́ːndrə] 囮 꼭 들어 맞는 말, 결정적인 마디; 노골적인 말투.
síngle éntry 〔부기〕 단식 부기. ㉿ double entry
sín·gle-én·try 囮 〔종교〕 〔魔 evil eye
síngle éye (종교) 사물을 올바로 보는) 바른 눈.
sin·gle-eyed [-áid] 囮 단안(單眼)의; 딴 마음이 없는, 순직한. ~·ly 囲 ~·ness 囮 [갈.
síngle file 囮囲 (군사) 일렬 종대(로).
sin·gle-fire [-fáiər] 囮 (탄약 따위) 단발(單發)의.
sin·gle-foot [-fút] 囮 (말의) 가벼운 구보. —囮㉿ (말이) 가벼운 구보로 달리다.
sin·gle-hand·ed [-hǽndid] 囮 1 독립적, 혼자 힘으로 하는, 단독의; 1대 1의. 2 한 손의, 한 손을 쓰는. ~·ly 囲 ~·ness 囮 [람.
sin·gle-hand·er [-hǽndər] 囮 단독 항해하는 사
sin·gle-heart·ed [-hɑ́ːrtid] 囮 성실한, 딴 마음이 없는, 순진한. ~·ly 囲 ~·ness 囮 [팔]의 거지.
sin·gle-jack [-dʒǽk] 囮 (美속어) 외눈(외다리, 외
sín·gle-lens réflex (càmera) [-lénz-] 囮 단안(單眼) 리플렉스 카메라(㉿ SLR).
sin·gle-line [-láin] 囮 (철도) 일방 통행의; 단일 품목[어종]의; (수산) 외줄낚시의.
sin·gle-load·er [-lóudər] 囮 단발총.
sin·gle-malt [-mɔ́ːlt] 囮 (위스키가) 블렌드되지 않고 단일 몰트위스키로 된. —囮 싱글몰트 위스키(=~ whiskey). [market 유럽 단일 시장.
síngle márket 囮 단일 시장. ¶ single European
sin·gle-mind·ed [-máindid] 囮 1 성실한. 2 한 가지 목표[목적]에만 골몰하는. ~·ly 囲 ~·ness 囮
síngle móther 囮 미혼모, 편모.
síngle-náme pàper 囮 〔상업〕 단명〔자기앞〕 어음.
sín·gle-ness [síŋglnis] 囮囮 1 단일(성), 단독. 2 성실, 정직, 일편단심. 3 독신.
síngleness of heart 일편단심, 성실, 진심.
síngleness of purpose 한 가지 목적에만 골몰함.
sin·gle-o [-òu] 囮 (美속어) 囮 독신의, 홀몸의; (범인·

범죄가) 단독(범)의. —囲 단독(범)으로. —囮 단독범(에 의한 범행).
síngle párent 囮 홀어버이, 편친(片親).
sín·gle-pár·ent 囮
sín·gle-phase [-féiz] 囮 〔전기〕 단상(單相)의.
síngle precísion 囮 〔컴퓨터〕 단일 정밀도, 단정도 (單精度).
síngle prémium 囮 〔보험〕 일시납 보험료.
síngle-ràil tráck círcuit 囮 〔철도〕 단(單)레일 궤도 회로, 단궤조(單軌條) 회로.
síngle róom 囮 1인용 침실.
sin·gles [síŋglz] 囮 (속어) 독신자(전용)의.
síngles bàr 囮 독신 남녀 전용 바.
síngle séater 囮 1인승의 탈것; 단좌 비행기[자동차]. [분의, 1회분의.
sin·gle-serv·ice [-sə́ːrvis] 囮 (음식물 등이) 1인
sin·gle-sex [-séks] 囮 (남녀 중) 어느 한쪽만의[을 위한]. [수동 장전의.
sin·gle-shot [-ʃát/-ʃɔ́t] 囮 (총기) 단발식의, 단발
síngle sídeband 囮 〔통신〕 단측파대(單側波帶).
sin·gle-space [-spéis] 囮 행간을 띄우지 않다(좁혀서) 타자를 치다[인쇄를 하다].
síngle stándard 囮 1 〔화폐의〕 단본위제(單本位 制). 2 (남녀 공통의) 평등한 (성) 도덕률.
síngle stém 囮 〔스키〕 반제동(半制動).
sín·gle-step [-stép] 囮囮 〔컴퓨터〕 (프로그램)에 손으로 한 번 조작할 때마다 한 스텝의 명령을 주다.
sin·gle-stick [síŋglstik] 囮 (한 손으로 잡는) 목도 (木刀)(예전에 펜싱에서 쓰였다), 봉(棒); (한 손에 목도를 잡고 하는) 목도 시합.
sin·gle-stick·er [síŋglstikər] 囮 〔구어〕 돛대가 하나인 요트, 범주용의 슬루프(sloop).
sin·glet [síŋglit] 囮 1 (육상 경기용의 소매 없는) 러닝셔츠; (英) (남성용) 내의, 속옷, 안을 대지 않은 조끼. 2 〔물리〕 1중항(重項). 囮 을 띠게 칸 테이프.
síngle tápe 囮 싱글 테이프(한쪽 면에만 자성(磁性)
síngle tàx 〔경제〕 단일세; (특히) 지조(地租).
sín·gle-tàx 囮 [魔 return ticket
síngle tícket 囮 (英) 편도표(美) one-way ticket).
sin·gle·ton [síŋgltn] 囮 1 〔카드놀이〕 (수중에 있는) 한 장 패(pair에 대한 말). 2 하나씩 일어나는 것; 한 개의 것; 단생아(單生兒)(쌍둥이에 대한 말).
sin·gle-tongue [-tʌ́ŋ] 囮囮 〔음악〕 (취주악기에서) 텐포가 빠른 악절)을 단절법(單切法)으로 연주하다.
sin·gle-track [-trǽk] 囮 1 〔철도〕 단선의. 2 융통성 없는: 시야가 좁은.
sin·gle-tree [síŋgltriː] 囮 = whiffletree.
sin·gle-us·er [-júːzər] 囮 〔컴퓨터〕 싱글유저용의.
*sin·gly [síŋgli] 囲 혼자서, 단독으로; 하나씩, 한 사람씩; 혼자 힘으로; 성실히, 정직하게.
Sing Sing [síŋ síŋ] 囮 1 미국 New York주(州) Ossining에 있는 주립 교도소. 2 Ossining의 옛이름.
sing·song [síŋsɔ̀ːŋ/-sɔ̀ŋ] 囮 1 단조로운 시가(詩歌). 2 단조로; 단조로운 어조[리듬]. ¶ in a ~ 단조롭게. 3 (英) 음악 애호가의 음악회, 즉흥 합창회. —囮 단조로운, 억양이 없는. —囮 단조롭게 노래[이야기]하다.
Sing·spiel [síŋʃpìːl] 囮 (또는 s~) (18세기 독일의) 오페라의 일종, 경가극(輕歌劇).
‡**sin·gu·lar** [síŋgjulər] 囮 (*more ~; *most ~) 1 보통이 아닌, 주목할 만한, 두드러진. 2 뛰어난, 훌륭한, 꽤장한. 3 이상한, 색다른, 기묘한, 기이한. ⇒STRANGE 〔유의어〕 ¶ a ~ coincidence 기이한 일치. 4 단일의, 한 사람의, 단독의; 단 혼자의 단 하나의; 〔문법〕 단수(형) 의(反 sing.; ㉿ dual, plural). 5 〔법률〕 각자의, 개개의. 6 〔논리〕 단칭(單稱)의.
all and singular; *each and singular* (古어) 어느 것이나, 전부, 모든(every); 각각, 각자.
singular to say 이상한 이야기지만.

singularity — 명 1 (고어) 한 사람[개]; 일례. 2 (문법) 단수(형). ~**ness** 명 3 (논리) 단칭 명제(單稱命題).

sin·gu·lar·i·ty [sìŋɡjuləærəti] 명 1 단일, 단독. 2 ⓤ 이상, 비범. 3 ⓤ 기묘, 기이. 4 ⓤ 색다름; ⓒ 색다른 것, 기행. 5 특성, 특색. 6 (수학) 특이점.

sin·gu·lar·ize [síŋɡjuləraìz] (* (英) **-ise**) 타 1 …을 두드러지게 하다, 현저하게 하다; …을 색다르게 하다. 2 …을 단수형으로 하다. **-i·zá·tion** 명

sin·gu·lar·ly [síŋɡjulərli] 부 1 비범하게, 두드러지게; 대단히. 2 혼자서, 단독으로. 3 괴상하게, 기묘하게.

sin·gu·lar·y [síŋɡjuləri] 형 (논리) 단항(單項)의 (한 일 요소로 구성되어 짝을 이루지 않은).

sin·gul·tus [siŋɡʌ́ltəs] 명 딸꾹질(hiccup). (또는 **singultation**) **-tous** 형

Sin·ha·lese [sìnhəli:z] 형 명 =Singhalese.

***sin·is·ter** [sínəstər] 형 1 불길한, 상서롭지 못한. 2 나쁜, 사악한, 악의를 품은. 3 부정직한, 부패한. 4 불행한, 불운한. 5 왼쪽의, 좌측의. 6 (문장) (방패 무늬 바탕의) 왼편의. 반 dexter. **~·ly** 부 **~·ness** 명

sin·is·tral [sínəstrəl] 형 왼쪽의, 좌측의; (조가비가) 왼쪽으로 말린; 왼손잡이의. 명 왼손잡이. ~**·ly** 부 반 dextral

sin·is·tral·i·ty [sìnəstrǽləti] 명 ⓤ 왼쪽[왼손]을 사용하기, 왼손잡이.

sin·is·trous [sínəstrəs] 형 불길한, 불운한; =sinis·tral.

‡**sink** [siŋk] 자 (**sank**, (美) **sunk**; **sunk**) ⓥ 1 가라앉다, 침하[침몰]하다; 함몰하다, 기울다 (*to, toward*). ¶ (~+젠+명) The boat *sank to* the depths of the sea. 보트는 바다 깊이 가라앉았다 / The road ~s *toward* the river. 그 길은 강 쪽으로 경사져 있다.

2 (해·달 따위가) 수평선[지평선] 밑으로 지다, 보이지 않게 되다 (*in, behind, beyond*). ¶(~+젠+명) The sun was ~*ing in* the west. 해는 서쪽으로 넘어가고 있었다.

3 감수(減水)하다; 줄다; (화재·폭풍 등의 기세가) 약해지다; (음성·가락 등이) 낮아지다, 약해지다. ¶(~+부) The flames have *sunk down*. 불기운이 약해졌다.

4 (수량 따위가) 감소하다; (가치·가격 따위가) 하락하다 (*to*). ¶(~+젠+명) The stock *sank to* nothing. 재고가 바닥났다.

5 (목·팔 따위가) 축 늘어지다, 처지다, (눈이) 내리깔다(*down*)(*on*). ¶(~+부) (~+젠+명) His head *sank down on* his chest. 그는 고개를 푹 숙였다.

6 쇠약해지다, 체력이 쇠퇴하다; 쓰러지다, 폴썩 주저앉다(*down, back*)(*from, into, to*). ¶~ *from* exhaustion 과로로 쓰러지다 // She *sank down* wearily *into* a chair. 그녀는 의자에 폴썩 주저앉았다. 7 (절망·망각·절망 따위에) 빠지다 (*in, into*). ¶~ *into* silence 침묵하다, 조용해지다. 8 (눈이) 쑥 들어가다, 움펑해지다; (볼이) 홀쭉해지다(*in*). ¶His cheeks have *sunk in*. 그는 뺨이 홀쭉해졌다. 9 타락하다, 영락하다; (지위·명성 따위를) 잃다 (*into, to*). ¶~ *into* evil habits [poverty] 악습[빈곤]에 빠지다. 10 스며들다, 침투하다 (*in*)(*into*, *through*); 깊이 명심되다(*in*)(*into*). ¶The rain *sank through* the clothes. 빗물이 옷에 스며들었다 // His sayings have *sunk deep into* my mind. 그의 말은 나의 마음에 깊은 감명을 주었다. 11 덮다, 덮치다, 내리다. ¶Silence *sank on* all around. 온 주위가 조용해졌다.

타 1 …을 가라앉히다, 격침하다, 침하시키다. 2 (말뚝 따위를) 땅에 박다 (*into*). ¶(~+목+젠+명) ~ piles *into* the ground 땅 속에 말뚝을 박다. 3 (땅 따위를) 파내리다, (우물 등을) 파다. 4 …을 새기다, 파다, 조각하다. ¶ ~ a die 주형(鑄型)을 파다. 5 …을 숙이다, 드리우다, 내리깔다. ¶~ one's head *on* one's chest 고개를 숙이다. 6 [목소리·가락 따위를] 낮추다, 떨어뜨리다; [수량 따위를] 줄이다; [가격·가치 따위를] 내리다, 낮게 하다; [평가·권위 따위를] 떨구다, 손상시키다. ¶*S*– your voice *to* a whisper. 목소리를 낮추어 소곤소곤 이야기해라. 7 …을 감수(減水)시키다: 빼게 하다. 8 …을 망치다, 파멸[멸망]시키다, 약화시키다. ¶(~+목+젠+명) Their crime has *sunk* them *to* the dust. 죄악이 그들을 멸망시켰다. 9 …을 무시하다, 제외하다, 생략하다; (신원 따위를) 숨기다. ¶~ one's identity 신원을 숨기다 / He *sank* his position. 그는 지위를 감추었다. 10 (자본) 을 고정(固定)시키다, …에 투자하다; (불운한 투자에 의하여) …에 손실을 입다. ¶~ one's capital *in* a mine 광산에 투자하다. 11 …을 상환하다, 감채(減債)하다. ¶~ the principal 원금을 갚다. 12 (항해) (배가 항행함에 따라) …이 보이지 않게 되다, …에서 멀어지다. 13 (속어) (맥주 따위를) 빨리 마시다. 14 (인쇄) 한 행(行)을 내리다. 「이게 하다.

sink down (해·달이) 지다; 맥없이 주저앉다; 안 보

sink in (구어) 마음에 새기다; 충분히 인식[이해]되다.

sink in a person's estimation 남의 신용을 잃다.

sink into …에 스며들다; 차츰 …이 되다.

sink into absurdity 어리석은 짓을 하다.

sink into oblivion 망각되다.

sink one's difference 의견의 차이를 버리다.

sink oneself [or *one's* **own interests**] 이기심을 버리고 남의 이익을 꾀하다.

sink one's mind to …에 몰두[열중]하다.

sink or swim 성패간에, 흥하든 망하든. ¶I have decided to go in, ~ *or swim*. 성패는 하늘에 맡기고 해보기로 결심했다.

sink the shop 직업[전문]을 숨기다.

sink tooth into (속어) …을 먹다. 「못하다.

sink under a burden 무거운 짐[중책]을 감당하지 — 명 1 (부엌 따위의) 싱크, 물 버리는 곳; 수채, 수챗 구멍, (지붕의) 낙수홈통, (美) 세면기. 2 (물이 괴는) 낮은 땅, 소택지, 호소(湖沼). 3 (비유적) 쓰레기 터, …의 소굴. 4 (연극) 대도구(大道具)를 아래위로 움직이는 홈.

sink·a·ble [síŋkəbl] 형 가라앉힐 수 있는; 침몰할 위험성이 있는. 「하 물체; (인쇄) 행(行) 내리기.

sink·age [síŋkidʒ] 명 ⓤ 침하, 함몰, 침하도(度); 침

sink·box [ˋbàks/-bɔ̀ks] 명 (들새 사냥꾼 잠복용의) 뗏목식 너벅선(船). (또는 **sínkboat**)

sink·er [síŋkər] 명 1 가라앉는 사람[것]. 2 우물 파는 사람, 조각하는 사람. 3 (낚시줄 따위의) 봉돌, 추. 4 (美속어) 도넛. 5 (야구) 싱커(타자 가까이에서 갑자기 떨어지는 투구). 6 (美속어) 달러; (英속어) 실링; 위조 주화. 7 (~s) (美속어) 발. 8 (속어) = sinking fund.

sink·hole [síŋkhòul] 명 1 하수통; (부엌 개수대의) 배수구. 2 악의 소굴. 3 (지질) 지호(地壺)(석회암 지대의 지표에 절구 모양으로 팬 땅). 「JIANG UYGUR.

Sin·kiáng Úy·gur [sìnkjáŋ wi:gər] 명 ⇒ XIN-

sink·ing [síŋkiŋ] 명 1 가라앉기, 침몰. 2 함몰. 3 파 내음. 3 의기 소침, 쇠약. 4 파임, 움푹 팬 땅. 5 (건축) 구멍받이. — 형 가라앉는, 쇠하는.

sínking fúnd 명 (감채) 기금, 상각(償却) 적립금.

sínking sánd 명 유사(流砂); (~s) (비유적) 위태로운 도덕 기반.

sínking spéed 명 (새·비행기의) 강하 속도.

sínking spéll 명 (경기·건강 등의) 일시적 하락[악화].

sink·less [síŋklis] 형 (선박 등이) 가라앉지 않는, 불침(不沈)의.

sink-or-swim [ˋɔ:rswím] 형 흥하느냐 망하느냐 「의, 운명을.

sínk tídy 명 싱크대 삼각 쓰레기통.

sínk únit 명 =kitchen unit.

sin·less [sínlis] 형 죄없는, 결백한; 순진[순결]한. ~**·ly** 부 ~**·ness** 명

***sin·ner** [sínər] 명 1 (종교·도덕상의) 죄인, 죄 많은 사람. 2 (사회적 규율·관습 따위의) 위반자, 품행이 좋지 않은[음란한] 여자. 3 (익살) 악한(*가벼운 뜻), 장난꾸 「러기.

as I am a sinner 정말로, 확실히.

Sinn Fein [ʃín féin] 명 신 페인 운동(아일랜드 독립 운동); 신 페인당(黨); 신 페인 당원. — *Sinology*.
Si·no- [sáinou, -nə, sín-] 연결 Chinese의 뜻. ¶
sín óffering 속죄를 위한 공물[제물].
Si·no-Ko·re·an [-kəríːən] 형 한·중(사이)의.
Si·no·logue [sáinəlɔːg, sín-/-lɔ̀g] 명 중국학자, 중국 연구가.
Si·nol·o·gy [sainálədʒi, si-/-nɔ́l-] 명U 중국학.
-no·lóg·i·cal 형 **Si·nol·o·gist** [sainálədʒist] 명
Sin·o·phile [sáinəfàil, sín-] 명 중국을 좋아하는, 중국풍을 좋아하는. — 명 중국을 좋아하는 사람. (또는 **Sin·o·phil** [-fil])
Sin·o·phobe [sáinəfòub, sínə-] 형명 중국을 혐오하는 (사람).
Sin·o·pho·bi·a [sàinəfóubiə, sìnə-] 명 중국 혐오, 중국 공포증.
Si·no-Ti·bet·an [-tibétn] 명U 형 시노티베트어족(語族)(의). 「(항법 장치).
SINS ship's *i*nertial *n*avigation *s*ystem(선박 관성
sin·se·mil·la [sìnsəmílə] 명 씨 없는 마리화나. (또는 **sinse**)
sín súbsidy 명 (세무) 위반 조성금, 죄악 보조(기혼 부부가 각자 미혼의 개인으로 소득을 신고, 소득세를 경감하는 것). 「부과되는 세금.
sín tàx 명 (美구어) 악행세(술·담배·도박·경마 등에
sin·ter [síntər] 명U 1 (온천의) 탕화(湯花), 버캐. 2 (야금) 소결물(燒結物), 소괴(燒塊). — 타 (야금) …을 소결시키다.
sin·u·ate 동자 [sínjuèit] 꾸불꾸불 구부러지다, 굴절하다. — 형 [sínjuət, -èit] 1 꾸불꾸불한, 물결 모양의. 2 (식물) (잎 가장자리가) 파상(波狀)의.
~·ly 부 **-á·tion** 명 곡행, 굴곡; 파도 모양.
sin·u·os·i·ty [sìnjuásəti/-ɔ́s-] 명 1 U (또는 -ties) 만곡(彎曲), 꾸불꾸불함. 2 (-ties) 꾸불꾸불 구부러지는 운동, 3 (강의) 만곡부, (도로의) 모퉁이.
sin·u·ous [sínjuəs] 형 1 꾸불꾸불한, 물결 모양의; 완곡한, 에두르는; (성질 따위가) 비뚤어진. 2 (식물) = sinuate. 3 복잡한, 뒤얽힌. ~·ly 부 ~·ness 명
si·nus [sáinəs] 명 1 만곡(부), 2 구멍, 우묵한 곳, 3 (병리) 누(瘻); (해부) 공동(空洞), 두(竇). 4 (식물) 결각(缺刻) (잎의 열편(裂片) 사이의 후미진 부분). ~·like 형
si·nus·i·tis [sàinəsáitis] 명 (병리) 정맥동염(靜脈洞炎); 부비강염(副鼻腔炎).
si·nus·oid [sáinəsɔ̀id] 명 1 (수학) 사인[정현(正弦)] 곡선. 2 (해부) 동양(洞樣) (혈관) 구조.
si·nus·oi·dal projéction [sàinəsɔ́idl-] 명 (지도) 상송(Sanson) 도법(圖法), 정현(正弦) 곡선 도법.
Si·on [sáiən] 명 = Zion.
-sion [ʃən, ʒən] 접미 「동작·상태」 따위를 나타내는 추상 명사를 만든다. 참 -tion
Siou·an [súːən] 명형 = Sioux.
Sioux [suː] 명 (복 ~ [-(z)]) 수족(族)(아메리카 인디언의 하나); U 수어(語). — 형.
Sioux Státe (the ~) 미국 North Dakota 주의
†**sip** [sip] 타 (**-pp-**) 타 1 …을 조금씩 마시다, 찔끔찔끔 마시다, 홀짝이다. ¶ ~ (*up*) one's coffee 커피를 홀짝이다. 2 …에서 찔끔찔끔 마시다. — 자 찔끔찔끔 마시다, 홀짝이다 (*at, on*). — 명 홀짝거림, 한번 홀짝임, 한 모금; 한번 홀짝거릴 분량. ~**·ping·ly** 부
SIPC (美) *S*ecurities *I*nvestor *P*rotection *C*orporation(증권 투자자 보호 공사(公社)).
*****si·phon** [sáifən] 명 1 사이펀, 흡수관. 2 사이펀 병, 탄산수 병. 3 (동물) 수관(水管), 흡관(吸管).
— 타 1 …을 사이펀으로 빨아올리다[옮기다](*off, out*). ¶ (~ + 명 + 전 + 명) ~ *gasoline from a tank* 탱크에서 가솔린을 빼내다. 2 (비유적) …을 빨아내다, 흡수하다(*off*). — 자 사이펀을 지나다. ¶ (~ + 전 + 명) A fine spray ~s *from the hole*. 미세한 분

무가 구멍에서 사이펀에서처럼 뿜어 나온다. (또는 **syphon**)
siphon the python (속어·비어) (익살) 소변을 보다.
~·al, si·phón·ic, ~·less, ~·like 형
si·phon·age [sáifənidʒ] 명U 사이펀 작용.
síphon baròmeter 명 (기상) 사이펀 기압계.
síphon bòttle 명 (탄산수를 넣는) 사이펀 병.
síphon cùp 명 (기계) 주유(注油) 사이펀.
síphon gàuge 명 (기계) 곡관(曲管) 압력계.
si·pho·no·phore [sáifənəfɔ̀ːr, saifán-] 명 (동물) 관(管)해파리. **-nóph·o·rous** 형
sip·id [sípid] 형 풍미있는, 흥미있는. **si·píd·i·ty** 명
sip·pet [sípit] 명 (굽거나 기름에 튀긴) 빵조각.
SIPRI [sípri] *S*tockholm *I*nternational *P*eace *R*esearch *I*nstitute(스톡홀름 국제 평화 연구소).
sip·ster [sípstər] 명 (美속어) 술꾼, 모주꾼.
†**sir** [sɔːr, 약 sər] 명 (호 ~**s** [-z]) 1 님, 귀하, 선생, 각하, 나리 (손윗 남자에 대한 존칭적·의례적 호칭; 점원이 남자 손님을 호칭할 때에도 쓰인다). ¶ Excuse me, ~. 실례합니다 / Good morning, ~. 안녕하십니까? / May I help you, ~? 뭘 도와드릴까요? 2 이봐, 이놈아, 이 양반아 (노여움·경멸·비꼬는 표현에 쓴다). ¶ Go out, ~. 이봐, 꺼져. 3 (S-) 서, 경(卿)(영국에서 baronet 또는 knight에 대한 존칭. 일상의 호칭 용법은 사람의 이름과 병용한다). ¶ S- Winston Churchill 원스턴 처칠경. 4 (S-) 근계(謹啓), 배계(拜啓)(편지의 첫머리의 인사말로 쓰인다); (S-s) 각위(各位), 귀중(貴中) (회사 등으로 보내는 상용문에서 쓰인다). ¶ Dear S-; (Dear) *Sirs* 배계. 5 (S-) ∼선생, ∼가(家) (직업 따위에 붙인 빈정대는 경칭). ~ *critic* 비평가 선생님. 6 (고어) …님 (지위·직업 등에 붙인 남성의 경칭). ¶ ~ *priest* 사제님.

USAGE **Sir**의 주요한 용법 — (1) 나이트작(爵) (knight) 및 준남작(准男爵)(baronet)에 쓰인다. *Sir Winston Churchill*과 같이 full name 앞에 붙인다. *Sir Churchill*처럼 성에만 붙이는 것은 잘못이다. * Sir가 붙는 사람의 부인은 정확하는 Dame을 붙이지만 Lady를 붙여도 된다.
(2) 손윗사람에 대한 경어로서 자기의 발언의 맨앞이나 대답의 끝에 붙인다. 편지의 첫머리 인사로는 Sir 이외에 Dear Sir, My Dear Sir 따위가 있다. 그러나 Sir[님]는 정식의 경우에는, 특히 미국에서는 이제는 그다지 쓰지 않는다. 또 (美구어)에서는 경칭으로서가 아니라 그저 강조로서 Yes, sir.; No, sir. 라고 말하는 경우가 있다. 그 외에 남에게 항의·충고를 하는 경우에 my dear sir를 쓰는 일이 있으며, 남을 꾸짖을 경우에도 sir를 쓰는 일이 있다. * 옛날에는 sir를 여성에게도 썼다.

— 타자 (~*red*, ~'*d*; ~*ring*) …에게 sir라고 부르다. ¶ Don't ~ *me* so much. 나에게 그렇게 존대말을 쓰지 말아 주게. 「색).
SIR *s*elective *i*nformation *r*etrieval(선택적 정보 검
sir·car [sɔ́ːrkɑːr, -́-] 명 (인도) 1 정부, 정청(政廳), 국가. 2 (존칭으로) 나리. 3 집사, 회계원. 4 (무굴 제국의) 주(州). (또는 **sirkar, circar**)
sir·dar [sərdɑ́ːr/sɔ́ːdɑː] 명 1 (인도 등의) 군 지휘관, 사령관, 대장(隊長). 2 (옛날 이집트군의) 영국인 사령관. (또는 **sardar**)
*****sire** [saiər] 명 1 (부르는 말로) 폐하 (남성에게만 쓰인다). 2 (시) 아버지, 조상. 3 (말 따위의) 아비, 종마(種馬). — 타 (씨말이) (새끼)를 낳다. ~·less 형
*****si·ren** [sáiərən] 명 1 (S-) (그리스 신화) 사이렌(반인 반조의 半人半鳥)의 바다 요정. 아름다운 노랫소리로 뱃사람들을 유혹했다). 2 요부, 마녀, 목소리가 아름다운 여성 가수; 인어(人魚). 3 호적(號笛), 사이렌. 4 뱀장어 비슷한 사이렌과(科)의 양서류. — 형 사이렌의; 매혹[유혹]적인. — 동자 (소방차 등이) 사이렌을 울리

sirenian

며 가다. ― 타 …을 유혹하다. ~-**like** 형
si·re·ni·an [sairí:niən] 명 해우(海牛類)의 동물.
― 형 해우(류)의.
si·ren·ic [sairénik] 형 사이렌의[같은]; 매혹적인; 미성(美聲)의. (또는 **sirenical**) **-i·cal·ly** 부
síren sòng 명 유혹[기만]의 말[호소].
síren sùit 명 (英) 1 (제2차 세계대전 중 공습 경보 때 입던) 방공복(防空服). 2 몸에 착 붙는 작업복[유아복].
Sir·i·an [síriən] 형 Sirius의.
si·ri·a·sis [siráiəsis] 명 (병리) 일사병; (치료를 위한) 일광욕.
Sir·i·us [síriəs] 명 (천문) 시리우스, 천랑성(天狼星) (Dog Star). (또는 **Seirios**)
sir·kar [səːrkɑːr, -´] 명 (인도) =sircar.
sir·loin [səːrlɔin] 명UC 소의 허리 상부의 고기, 설로인. ⇨BEEF 그림. ¶ a ~ steak 설로인 스테이크.
si·roc·co [sirákou/-rɔ́k-] 명 (~**s**) 1 시로코 (북아프리카에서 남유럽으로 몰아치는 열풍). 2 (비를 동반하는) 남풍; 찌푸른 열풍. (또는 **scirocco**)
si·ro·nize [sáirənàiz] 명타 (濠) (모직물을) 방축 (防縮)가공하다.
si·ro·set [sáirousèt] 명 사이로셋(오스트레일리아 연방 과학 산업 연구 기구(CSIRO)가 개발한, 모직물에 퍼머넌트 프레스 효과를 주는 화학적 가공법).
sir·ra(h) [sírə] 명 (고어) 이봐, 야, 이놈아(경멸·화·비난을 나타내는 소리). (또는 **sir**)
sir·ree [sərí:] 명 (美) yes 또는 no의 뒤에 붙여 뜻을 세게 하는 말(sir의 강조형). (또는 **siree**)
***sir·up** [sírəp, səː́r-] 명 =syrup.
sir·up·y [sírəpi, səː́r-] 형 =syrupy.
sir·vente [səːrvént/F sirvɑ́:t] 명 (프랑스 중세 음유 시인들의) 풍자시. (또는 **sirvéntes**) 〈<F〉
sis [sis] 명 (구어) =sister.
SIS (군사) Satellite Interceptor System(위성 요격 시스템); Scientific Intelligence Survey(과학 정보 조사단); (경영) strategic information system(전략적 정보 시스템). ┌ **hèmp**〕Ü 사이잘마(麻).
si·sal [sáisəl, sís-] 명 용설란(龍舌蘭)의 일종; (또는
sis-boom-bah [sísbù:mbɑ́:] 명 이겨라! 이겨라! ― (美속어) 보는 스포츠(특히 미식 축구); 그 열광적
sis·kin [sískin] 명 (조) 검은방울새. ¶ (화합의 합성).
Sis·ley [sísli] 명 Alfred ~ 시슬레(1839-99; 프랑스에서 활동한 영국의 화가). ┌는 소리.
siss [sis] 동 쉬우 하는 소리를 내다. ― 명 쉬우 하는
sis·si·fied [sísəfàid] 형 =sissyish.
sis·si·fy [sísəfài] 동타 (사람을) 나약하게 만들다.
sis·soo [sísu:] 명 시수나무(인도산(産)의 콩과(科)의 검고 견고한 나무). (또는 **sissu**)
sis·sy [sísi] 명 (구어) 1 여자 같은 사내[소년], 뱅충맞이, 2 소녀. 3 (美속어) 동성애의 남자. 4 (美속어) (탄산이 든) 소프트 드링크. ― 형 =sissyish.
-si·ness, **~·ness** 명
síssy bàr 명 (오토바이의) 등받이.
sis·sy·ish [sísiiʃ] 형 유약한, 여자 같은.
‡**sis·ter** [sístər] 명 (복 **~s** [-z]) 1 자매, 누이, 언니, 여동생(형 brother). 2 의붓 자매, 배다른 자매; 의자매; 젖자매. 3 자매처럼 친한 사람[친구]; 자매선(船); 자매어(語). 4 동료 자매, 여성의 동급생[동료], 같은 종파의 여성 회원. 5 (가톨릭) 수녀, 시스터; (S-s) (자선·교육 따위의 사업을 하는) 여성 단체, the S-s 수녀회. ¶ the mother Superior and the ~s 수녀원장과 수녀들 / the Sisters of Loretto 로레토 수녀회. 6 (英) 간호사, 수간호사(head nurse). 7 (구어) (여성에 대한 호칭으로서, 악날·경멸의 뜻을 나타내어) 아주머니, 언니, 여자. 8 (美 ~s) 흑인 여성. 9 (the ~s) (그리스 신화) 운명의 3여신(the Fates).
be like sisters 매우 친밀하다.
― 형 1 자매의, 자매(와 같은) 관계인. ¶ ~ ships 자매

선[함] / ~ arts 자매 예술. 2 (생화학) (염색체 등이) 자
~-**less**, ~-**like** 형 └매의.
síster àct 명 (美속어) 동성애자간의 성적 관계; 남성 동성애자와 (동성애자가 아닌) 여성과의 성적 관계.
síster cíty 명 자매 도시. ┌매(full sister).
síster gér·man [-dʒə́:rmən] 명 (복 **-s g-**) 친자
sis·ter·hood [sístərhùd] 명 1 Ü 자매임, 자매 관계. 2 (공통의 목적·신앙·직업을 가진) 여성 단체, 수녀회. ┌된다).
síster hòok 명 (해) 쌍 갈고리(맞추면 8자 모양이
***sis·ter-in-law** [sístərinlɔ́:] 명 (복 **sis·ters-**) 의자매 (형수·제수·시누이·올케·처형·처제 등).
síster lànguage 명 (언어) 자매어.
sis·ter·ly [sístərli] 형 자매의, 자매와 같은, 자매다운; 의좋은. ― 부 자매처럼, 자매답게. **-li·ness** 명
Síster of Chárity 명 (the ~) (가톨릭) 1 애덕회 (愛德會)수녀(1634년 St. Vincent de Paul이 창립한 수녀회의 회원; 환자 간호에 종사). 2 자선 수녀회의 회원.
Síster of Lo·rét·to [-lərétou] 명 (가톨릭) 로레토회(會) 수녀(1812년 미국 Kentucky 주 Loretto에서 창립된 수녀회 회원; 포교·교육에 종사).
Síster of Mércy 명 (가톨릭) 자비의 성모 동정회 (童貞會) 수녀(1827년 C. McAuley가 Dublin에서 창립한 수녀회의 회원; 자선·교육 사업에 종사).
Síster of Próvidence 명 (가톨릭) 섭리(攝理) 수녀회 회원(1726년 Lorraine에서 창립된 수녀회의 회원; 주로 여성 교육에 종사).
sis·ter·ship [sístərʃìp] 명 =sisterhood.
sis·ter·u·ter·ine [-jú:tərin/-ràin] 명 (복 **sis·ters-**) 이부 동모(異父同母) 자매. 형 half-sister.
Sis·tine [sístiːn, -tain] 명 1 로마 교황 식스투스 (Sixtus)(특히 Sixtus IV(1471-84) 또는 Sixtus V(1585-90))의. 2 시스틴 예배당의. (또는 **Sixtine**)
Sístine Chápel 명 (the ~) 시스틴 성당(Vatican의 교황 예배당).
sis·trum [sístrəm] 명 (복 **~s, -tra** [-trə]) 시스트럼(딸랑이(rattle) 비슷한 고대 이집트의 타악기; 여신 Isis 제(祭) 때에 썼다.
Sis·y·phe·an [sìsəfí:ən] 명 1 Sisyphus 왕의. 2 끝없는, 헛수고의. ¶ a ~ labor 아무리 되풀이하여도 헛수고가 되는 일. (또는 **Sisyphian**)
Sis·y·phus [sísəfəs] 명 (그리스 신화) 시시포스 (욕심 많고 사악한 코린트(Corinth)의 왕).
the stone of Sisyphus 끝없는 헛고생.
‡**sit** [sit] 동 (**sat**, (고어) **sate**; **sat**, (고어) **sit·ten**; **~·ting**) 자 1 앉다, 걸터 앉다, 착석하다(down)(at, in, on), 1 ~ at a table 식탁에 앉다 / ~ on a chair 의자에 앉다 / ~ on one's knees 무릎 꿇다 / (~+閨) Please ~ down. 앉으십시오 / S- up straight. 똑바로 앉아라.
2 (새 등이) 앉다, 쭈그리다; (새가) (나뭇가지에) 앉다; 보금자리에 들다, 알을 품다(on). ¶ (~+前+名) ~ on a branch (새가) 가지에 앉다 / ~ on eggs 알을 품다.
3 (초상화나 사진을 위해) 포즈를 취하다 (to, for). ¶ ~ to a photographer 사진을 찍게 하다 / ~ for a painter 화가의 모델이 되다. ┌nation 시험을 치다.
4 (英) (시험 따위를) 치르다 (for). ¶ ~ for an examination 시험을 치르다.
5 앉은 채로 있다. 꼼짝 않고 있다; (사태 따위가) 변화하지 않다. ¶ He sat at home all day. 그는 하루 종일 집에서 빈둥거렸다 / let the matter ~ 사태를 그대로 방치하다.
6 (…에) 위치하다, 놓여 있다. ¶ The temple ~s among the bamboos. 그 절은 대나무숲 속에 있다. 7 (바람이 …에서) 불어오다 (in). ¶ The wind ~s in the north. 바람이 북쪽에서 불어오고 있다. 8 (재판관·관리 따위가) 직위[벼슬]에 앉다 (on, in). ¶ ~ on the bench 재판관이 되다 / ~ in Parliament [or Congress] 국회의원이 되다. 9 (의회가) 개회하다, (법원이) 개정하다. ¶

Parliament is ~ting now. 국회는 지금 개회중이다. **10** 마음에 걸리다, 부담이 되다; (먹은 것이) 얹히다 (*at, on*). ¶Grief ~s heavily *at* her heart. 슬픔이 그녀의 마음을 몹시 괴롭히고 있다 / The dishes ~ *on* my stomach. 그 요리는 위에 부담스럽다. **11** (옷 따위가) 몸에 맞다, 어울리다(fit); (지위·행동 따위가) 적합하다 (*on, upon*). ¶The dress ~s badly *on* her. 그 옷은 그녀에게 맞지 않는다. **12** (…대신에) 아이를 보다(baby-sit) (*for*); (병자·신체장애자를) 돌보다 (*with*). **13** …처럼 받아들여지다[생각되다]. **14** (군대가) 마을을 포위하는) 진을 치다.
— 타 **1** …을 앉히다, 착석시키다(*down*). ¶(~+目+副)(~+目+前+名) I *sat* myself *down* beside him. 나는 그의 옆에 앉았다 / I *sat* him *down* in a chair. 나는 그를 의자에 앉혔다. **2** (말·보트 따위)를 타다. ¶She ~s her horse well. 그녀는 말을 잘 탄다. **3** (英) (시험)을 치르다.
be sitting and doing 다만 …하고 있을 뿐이다.
sit around [or ***about***] (…의 주변을) 빈둥거리다; 빈둥거리며 세월을 보내다.
sit at home 하는 일 없이 집에 있다, 죽치고 있다, 활동하지 않다. ⇒**feet** ⇒FOOT.
sit at the feet of a person; ***sit at a person's feet*** ⇒**5.**
sit back ① (의자에) 깊숙이 앉다. ② (일한 뒤에) 편안히 쉬다. ③ (아무 것도 하지 않고) 방관하다; (일에서) 손을 떼다. ④ (집 따위)(…에서) 들어간[떨어진] 곳에 있다 (*from*).
sit by …에 소극적인[무관심한] 태도를 취하다; (美) 가까이 앉다; 식탁에 앉다.
sit down 앉다; 자리잡다; …에 진을 치다, 포위하다.
sit down and... (퍼져) 앉아서 …하다.
Sit down before you fall down. (美속어) 잠자코 앉아 있어라.
sit down (***hard***) ***on*** [or ***upon***] (美) …에 강경히 게 반대하다.
sit down to …에 열심히 착수하다.
sit down under (모욕·비난 따위)를 순순히 받다.
sit down with …을 참가[에 만족하다].
sit fat (美속어) 유력한 입장에 있다, 순조롭다.
sit for ① …의 선출 의원이다. ② (초상)을 그리게 하다. ③ (英) (시험)을 치르다.
sit in ① (경기에) 참가하다 (*at*); (회의 따위에) 출석 [방청]하다. ② (英구어) (고용되어) 어린애를 보다 (baby-sit). ③ (…을) 대리하다 (*for*). ④ 연좌 데모를 하다.
sit in judgment on [or ***upon***] ⇒JUDGMENT.
sit in on [or ***at***] …을 방청[참관, 청강]하다. ¶~ *in on* a class 수업을 청강하다.
sit lightly on a person 남에게 고통[부담]이 안 되다.
sit loose on [or ***upon***] ⇒LOOSE.
sit next to Wellie (美속어) 남이 하는 것을 보고 일을 배우다.
sit on [or ***upon***] ① (위원회 등)의 일원이다. ② …을 조사하다, 협의하다. ¶~ *on* a case 어느 사건을 심리하다. ③ (구어) (남)을 윽박지르다, 둘부다: (남)에게 잔소리를 하다. ④ (구어) (나쁜 소식·계획 따위)를 덮어 두다.
sit on a lead (스포츠) 리드를 유지하기 위해 조심해서 경기를 진행하다.
sit on a volcano 문제나 위험이 느닷없이 터질 곳에 있다.
sit on it (명령형으로) 조금 조용히 해요.
sit on one's ass (행동을 취해야 할 때에) 아무 것도 안하고 있다.
sit on one's hands ⇒HAND.
sit on the bench 재판관이 되다.
sit on the fence ⇒FENCE.
sit on the lid 소동[폭동]을 저지하다.
sit on the throne ⇒THRONE.
sit on [or ***upon***] ***thorns*** ⇒THORN.
sit out ① (연극·음악 따위)를 마지막까지 보다[듣다]. ② (다른 방문객)보다 더 오래 머무르다. ③ (댄스·경기 따위)에 참가하지 않다. ④ 옥외에 앉(아 있)다.

sit pretty (구어) 유리한[쾌적한] 입장[상태]에 있다; 유복하다.
sit still for …을 (말없이) 받아들이다, 관대하게 받아들이다.
sit through …가 끝날 때까지 가만히 있다.
sit tight ⇒TIGHT. 출석하다.
sit under a person 남의 설교를 듣다; 남의 강의에 들다.
sit up ① 일어나 앉다; (개 따위가) 앞발을 세우고 앉다; 단정히 앉다. ② 자지 않고 일어나 있다. ¶~ *up* late 밤 늦도록 안 자다(* 특별한 목적을 말할 때는 till 을 쓰는 일이 많다). ¶~ *up* all night 철야하다 / ~ *up* for a person 돌아올 때까지 자지 않고 기다리다 / ~ *up* with a person 남을 자지 않고 간호하다. ③ 강한 흥미를 보이다; 놀라다; 정신차리다, 분발하다, 갑자기 …하다. ¶make ~ *up* 놀라게 하다. ④ (식탁에) 앉다.
sit up and take notice ⇒NOTICE.
sit well with (사람·사물에) 어울리다, 받아들여지다. (*to, at*).
sit with a person 남과 동석하다, (…에게) 어울림이 있다. (옥의) 어울림.

— 명 앉음, 착석; 기다림, 기다리는[앉아 있는] 시간;
SIT *special interest travel* [or *tour*] (특정 목적의 여행); *static induction transistor* (정전(靜電) 유도 트랜지스터).
si·tar [sitɑ́ːr] 명 시타르(인도의 현악기). (또는 sittar) ~**·ist** (표준 국제 무역 분류).
SITC *Standard International Trade Classification*
sit·com [sítkàm/-kɔ̀m] 명 (구어) =situation comedy. (또는 sitchcome)
sit-down [<dàun] 명 **1** (英구어) 편히 쉼; 편히 쉬는 때[곳]. **2** (는 ⇐ demonstrátion) (항의석에의) 연좌. (또는 ⇐ **strike**) 연좌[농성] 파업. —형 앉은 자세로 하는. ~**·er** 연좌[농성] 파업중인 노동자.
‡site [sait] 명 **1** 위치, 장소; 용지, 부지. ¶a ~ *for* a new stadium 새 경기장의 용지 / The bank has a good ~ *in* town. 은행은 시에서도 좋은 장소에 있다. **2** 유적, (사건 따위가 있었던) 장소. ¶*historic* ~*s* 사적(史蹟). **3** (컴퓨터) 사이트 (인터넷에서 정보를 보거나 빼낼 수 있는 장소). ¶Web ~ 웹 사이트.
— 타 (**sít·ed**; **sít·ing**) …의 위치를 정하다; (대포 따위)를 (어느 장소에) 배치하다, 붙박아 놓다.
síte addrèss 명 (컴퓨터) 사이트 주소(인터넷에서 dot으로 구분된 문자로 이루어진 어드레스).
síte lìcense 명 (컴퓨터) 사이트 라이센스(구입한 소프트웨어를 시설 내의 복수 단말에 이용하는 것을 허가하는 계약).
síte lèasing 명 사이트 리스(소프트웨어 회사가 수수료를 받고 기업 내에서의 복제를 인정하는 방식).
síte plàn 명 (집단 주택)의 단지 계획.
site-spe·cif·ic [<spísifik] 형 특정 장소에 설치하기 위해 제작설계·선발]된.
sith [siθ] 접[전][부] (고어) =since. (또는 **sithence, sithens**)
sit-in [<in] 명 연좌[농성] 항의. =sit-down (strike).
sit·ing [sáitiŋ] 명 (건축) 부지; 부지 계획.
Sít·ka sprúce [sítkə-] 명 가문비나무의 일종.
si·tol·o·gy¹ [saitɑ́lədʒi/-tɔ́l-] 명[U] 영양학, 식품학.
si·tol·o·gy² 명[U] (건축) 입지학(立地學).
si·to·ma·ni·a [sàitəméiniə, -njə] 명 (의학) 병적 기아, 폭식증.
si·to·pho·bi·a [sàitəfóubiə] 명 (의학) 거식증(拒食).
sít spìn (피겨스케이팅) 웅크린 자세로 한쪽 다리를
sit·tar [sitɑ́ːr] 명 =sitar. 뻗치고 하는 스핀.
sit·ten [sitn] 동 (고어) sit의 과거분사.
*****sit·ter** [sítər] 명 **1** 앉아 있는 사람, 착석자; (초상화를 그리게 하기 위하여) 앉는 사람; 알을 품은 새. **3** =baby-~. **4** (英) 쉽게 명중하는 사격; 금방 잡을 수 있는[수월한] 일. **5** (美속어) 엉덩이. ~**·ship**.
sit·ter-in [sítərín] 명 (복 ~~**sit·ters-**) (英) =baby-
*****sit·ting** [sítiŋ] 명 **1** [U] 앉음, 착석, 앉아 있음. **2** (모델·독서 따위를 위한) 한 번 앉기(의 시간); 한 바탕의

sitting duck 일, 단숨, 단번.¶at a ~ 한 번에, 단숨에/She is giving ~s to a painter. 그녀는 화가의 모델 일을 하고 있다. **3** (교회의) 지정석. **4** 알 품기; (1회의) 포란수(抱卵數). **5** (의회의) 개회, 회기; (법정의) 개정(開廷), 개정 기간. **6** (배 안의) 식당; 식사 시간. ── 혱 **1** 앉아 있는; 앉아서 하는; 알을 품고 있는. **2** 현직의.

sítting dúck 몡 (속어) (비유적) (맞히기) 쉬운 목표.
sítting héight 몡 앉은 키. 몡 [좋은 봉(dupe).
sítting pàrk 몡 벤치만 있는 작은 공원.
‡**sítting ròom** 몡 거실. 圉 living room
sítting ténant 몡 현재 차용 중인 입주자, 현차인 (現借家人), 현차지인(現借地人).

‡**sit·u·ate** 퇭톍 [sítʃuèit] (-at·ed; -at·ing) …을 (어느 장소에) 놓다, 설치하다, …의 위치를 정하다.
── 혱 [sítʃuət, -èit] (고어) =situated.

‡**sit·u·at·ed** [sítʃuèitid] 혱 **1** (…에) 위치하여 있는, 있는; …에 놓여진 (at, on). ¶a house nicely ~ 좋은 위치에 자리잡고 있는 집//the orchard ~ on the hillside 산허리에 있는 과수원. **2** 경우[입장]가 …

‡**sit·u·a·tion** [sítʃuéiʃən] 몡 (쪽 ~s [-z]) **1** 장소, 위치; 부지(site). **2** 입장, 상태, 사정, 경우. ⇨STATE [유의어] **3** 사태, 정세, 형세, 상황, 시국, 국면.¶a political ~ 정국/a grave ~ 중대 사태. **4** (연극·소설 따위의) 중대한 국면[장면], 절정. **5** (사회·심리) 장(場), 장면, 상황. **6** 지위; 일자리. ⇨POSITION [유의어]¶S-wanted. (광고) 일자리 구함.
save the situation 사태를 수습하다.
sit·u·a·tion·al [sítʃuéiʃənl] 혱 상황[장면]에 따른.
~**ly** 뫼
~ ㄷ⋯ 몡 (또는 **sitcom**)
situátion cómedy 몡 (TV의) 상황 코미디[희극].
situátion éthics 몡⁀멩 (단수취급) 상황 윤리.
situátion ròom 몡 (군사) 전황(戰況) 보고실, 상황실; (美) 지휘 센터(긴급시 주요 각료의 집결지; 백악관 지하실에 있다).
sit·u·a·tion·wise [sítʃuéiʃənwàiz] 뫼 정세로 보아, 정황으로서는.

sit-up [⁀lp] 몡 윗몸 일으키기, 복근 운동.
sit-up·on [⁀əpán/-ɔ́pɔn] 몡 (英구어) 엉덩이.
si·tus [sáitəs, sí:-] 몡 (쪽 ~) **1** 위치. **2** (신체 기관 따위의) 정상적 위치, 원 위치; 태위(胎位).
sítus in·vér·sus [-invə́:rsəs] 몡 (의학) 역위(逆位)(내장 기관이 정상과는 반대쪽에 있는 기형).
sítus pícketing 몡 전(全)건설현장 피켓.
sitz bàth 몡 (입욕) 좌욕(座浴;浴槽).
sitz·fleisch [sítsflèiʃ, zits-] 몡 (美속어) 인내.
sitz·krieg [sítskrì:ɡ, zits-] 몡 교착전(膠着戰). ⋏ blitzkrieg (< G)
sitz·mark [sítsmà:rk, zits-] 몡 (스키) 시츠마크 (활주중 넘어져서 눈 위에 남긴 자국).

SI ùnit [èsái-] 몡 국제 단위(국제 단위계(Système International d'Unités)의 단위); 미터·킬로그램·초·암페어 따위).
Si·va [síːvə, ʃíː-] 몡 (힌두교) 시바(브라마(Brahma)·비슈누(Vishnu)와 함께 힌두교 3대 신을 이루고 있는 파괴와 창조의 신). (또는 **Shiva**)
~**ism**, ~**ist** ~**·is·tic** 혱

SIW *self-inflicted wound*(자해, 자해자).
Si·wash [sáiwɑʃ, -wɔʃ] 몡 **1** (종종 old ~) 작은 시골[지방] 대학. **2** (종종 s-) (美속어) 인디언(언어), 난폭자, 낙오자. ── 톅(美) 녹슥하다. ── 퇭 …을 블랙리스트에 올리다.

‡**six** [siks] 혱 6의, 6명의, 6개의. ── 몡 (쪽 ~**es** [-iz]) **1** 6명, 6개. **2** 6시; 6세.¶a child of ~ 여섯 살 된 아이. **3** (시리즈의) 여섯 번째의 것[사람]; (카드놀이·도미노 따위의) 6점의 패; (주사위의) 6의 눈; (장갑·구두 따위의) 6호 사이즈의 것. ¶ the ~ of spades 스페이드의 6. **4** 여섯, 6, 6의 문자 6, VI, vi). **5** 6명[6개] 일조(一組).¶in ~es 6명[6개] 일조로. **6** (英) 6펜스, 6실

링.¶~ and ~ 6실링 6펜스. **7** (크리켓) =sixer 1.
at [or *to*] *six(es) and seven(s)* ① 난잡하게, 혼란하여.¶Everything went to ~es and sevens. 모든 것이 혼란해졌다. ② 불화로, 일치하지 않아.
(It is) six of one and half-a-dozen of the other. =It is six and two threes. 오십보 백보, 비슷비슷하다.
knock [or *hit*]…*for six* (英) …에게 큰 타격을 주다, 크게 패배시키다.
six and eight (pence) (英) 변호사에 대한 타당한 사례(*18세기 법정 변호사의 보수가 6실링 8펜스였음).
six feet under (구어) 매장된, 묘에 (들어가).
six of the best (英속어) 채찍에 의한 벌.
six to one 6대 1; (비유적) 대차(大差).

six-by [⁀bài] 몡 (속어) 대형 트렁크.
Síx-Day Wár [⁀dèi-] 몡 6일 전쟁(제3차 중동 전쟁; 1967년 6월 5-10일).
six-éight (tíme) [⁀éit-] 몡 (음악) 8분의 6박자.
six·er [síksər] 몡 **1** (크리켓) 6점타(打). **2** (美속어) 6개월형(刑). **3** (美속어) =six-pack.
six·fold [síksfòuld] 혱 6겹의; 6배의; 6부분으로 이루어진. ── 뫼 6겹으로, 6배로.
six-foot·er [⁀fútər] 몡 (구어) 신장 6피트의 사람.
six-gun [ɡʌ̀n] 몡 (美) 육연발 권총(six-shooter).
six·mo [síksmou] 몡 (쪽 ~s) Ⓤ (책의) 6절판(sexto); 6절판의 책[종이] (얓 6mo.)
Síx Nátions (the ~) (북아메리카 인디언의) 6부족 연합.   [606]
six-o-six [⁀óusíks] 몡 606호(매독 치료제). (또는 ~)
six-pack [⁀pæ̀k] 몡 (병·깡통 따위) 6개 들이 종이 상자; 6개 들이 팩; 6갑[병]의 맥주 (따위). ── 퇭톀 6갑 [병]의 맥주를 마시며 지내다.
*****six·pence** [síkspəns] 몡 (쪽 ~, -**penc·es**) (英) 6펜스(의 금액[가치]); 6펜스 은화(1971년 2월 폐지).
spit sixpences (속어) 목이 칼칼하다.
six·pen·ny [síkspèni/-pəni] 혱 **1** 6펜스의.¶a ~ bit [or piece] 6펜스 은화. **2** 싼, 싸구려의; 하찮은. **3** (못의) 2인치의. ── 몡 6펜스짜리 물건.
six-shoot·er [⁀ʃúːtər] 몡 (美구어) 6연발 권총.
síx spèed drìve 몡 (컴퓨터) 6배 속도 드라이브.
sixte [sikst] 몡 (펜싱) 여섯 번째의 수비 자세.

‡**six·teen** [síkstíːn, ⁀⁀] 혱 16의, 16명의, 16개의. ── 몡 (쪽 ~**s** [-z]) **1** 16명, 16개. **2** 16세. **3** (시리즈의) 16번째의 것; (의복의) 16호 사이즈의 것. **4** 16, 16의 문자(16, XVI, xvi). **5** 16명[16개]의 일조(一組). **6** (~s) 16절판(折判)(의 책)(sixteenmo).

1600 Pennsylvánia Avenue [síkstìːnhándrəd-] 몡 (美) White House의 별칭. (<백악관 주소]
six·teen·mo [síkstíːnmòu] 몡 (쪽 ~**s**) Ⓤ 16절판(약 4.5×6.75 인치)(sextodecimo); Ⓒ 그 크기의 책.

‡**six·teenth** [síkstíːnθ] 혱 **1** 제16의, 16번째의. **2** 16분의 1의.¶the ~ 제16번째, 제16번째의 것; (달의) 16일. **2** 16분의 1.¶five ~s 16분의 5. **3** (음악) =
sixtéenth nòte 몡 (음악) 16분 음표. [~ note.
sixtéenth rèst 몡 (음악) 16분 쉼표.

‡**sixth** [siksθ] 혱 **1** 제6의, 6번째의. **2** 6분의 1의. ── 몡 **1** (the ~) 제6번째, 6번째의 것; (달의) 6일. **2** 6분의 1.¶five ~s 6분의 5. **3** (음악) 6도(의) 음정, (음계의) 제6음. **4** (펜싱) =sixte. ~**·ly** 뫼
síxth chòrd 몡 (음악) 6의 화음(3화음의 제1자리 바꿈에서 베이스에 제3음을 두는 것).
síxth cólumn 몡 제6열, 제6부대(제5열을 돕는 그룹; 제5열에 대항하여 싸우는 그룹). ⇨FIFTH COLUMN.
Síxth Commándment 몡 (십계명의) 제6계명; "살인하지 말지니라".
Síxth dáy 몡 금요일(퀘이커 교도의 용어).
sixth (fórm) 몡 (the ~) (英) 제6학년(그래머[퍼블

릭] 스쿨 최상급 학년; 한국의 고교 3년에 해당).

six-three-three [ˊθriːθríː] [형] (교육 제도가) 6·3·3제의.

síxth sénse [명] 제6감, 직감(intuition).

‡six·ti·eth [síkstiiθ] [형] **1** 제 60의, 예순 번째의. **2** 60분의 1의. **—**[명] **1** (the ~) 제60번째, 예순 번째의 것. **2** 60분의 1. ¶seven ~*s* 60분의 7.

Six·tine [síksti(ː)n, -tain] [형] =Sistine.

Six·tus [síkstəs] [명] 식스투스(로마 교황 5명의 이름). **1** ~ Ⅳ(1414–84: 이탈리아 출신의 교황; Sistine Chapel을 건립). **2** ~ Ⅴ(1521–90: 이탈리아 출신의 교황; 바티칸 도서관을 건립).

‡six·ty [síksti] [형] 60의, 60개의, 60명의. **—**[명] ([복] **-ties**) **1** 60명, 60개. **2** 60세, 60년; (-ties) (연령의) 60대(代), (세기의) 60년대. ¶She is under ~. 그녀는 아직 예순 살이 안 되었다 / He is in his *sixties*. 그는 60대다. **3** 60, 60의 문자(60, LX, lx).

like sixty 《구어》 쉽게, 잽싸게; 세차게, 맹렬하게.

six·ty·fold [síkstifòuld] [형][부] 60배의[로].

síx·ty-four-dól·lar quéstion [-fɔ́ːrdɑ́lər-/-dɔ́l-] [명] (the ~) 《美구어》 매우 중대한[결정적인, 관심을 모으는] 문제. 〔<1940년대의 CBS 라디오 퀴즈 프로에서 64달러가 최고 상금이었던 데서〕

six·ty-four·mo [-fɔ́ːrmou] [명] ([복] **~s**) [U][C] 64절판(의 책). **—**[형] 64절판의.

síxty-fóurth nòte [명] 〔음악〕 64분 음표.

síx·ty-fóur-thou·sand-dóllar quéstion [-fɔ́ːr-θàuzənddɑ́lər-] [명] (the ~) =sixty-four-dollar question. 〔<1950년대 TV 퀴즈 프로에서 최후의 문제〕

síxty-fóurth rèst [명] 〔음악〕 64분 쉼표.

six·ty·ish [síkstiiʃ] [형] 60세 가량의[쯤 되어 보이는].

six·ty-nine [ˊnáin] [명] 69; 《비어》 식스티나인(남녀가 서로의 성기를 빨기).

siz·a·ble [sáizəbl] [형] 상당한 크기의, 꽤 큰. (또는 **sizeable**) **~·ness** [명] **-bly** [부]

siz·ar [sáizər] [명] (Cambridge·Dublin 대학교의 Trinity College 등의) 장학생. (또는 **sizer**) **~·shìp** [명]

‡size¹ [saiz] [명] ([복] ***siz·es*** [-iz]) **1** [U] 크기, 치수, 몸집; [C] (옷 따위의) 사이즈, 형(型), (종이 따위의) 판(判). ¶the ~ of a book 책의 크기 / a small ~ 소형. **2** [U] 큼, 상당한 크기. ¶a man of ~ 몸집이 큰 사람. **3** [U] 규모, 정도, 수량. ¶What is the ~ of the enemy army? 적군의 병력은 어느 정도인가? **4** [U][C] 역량, 수완, 기량(器量). ¶a man of large ~ 대수완가(大手腕家). **5** (the ~) 《구어》 실상, 진상. ¶This is about the ~ of his business. 그의 사업의 실상은 대개 이 정도이다. **6** 《英》 (음식물의) 기준량, 정량(定量); (Cambridge 대학 식당의) 정량 음식물.

be half [twice] the size of …의 절반[두 배]의 크기이다.

by size 크기에 따라.

cut [or ***chop, whittle***] ***down to size*** ① …을 잘라서 적당한 크기로 하다. ② (과대 평가되고 있는 일·사람을) 실상[실력]에 따라 평가하다.

for size ① 크기[사이즈]를 정하기 위하여. ② 크기에 따라서.

life size; the size of life 실물 크기.

of all sizes 대소 여러 가지의.

of a size 같은 크기[사이즈]의.

of some size 꽤 큰. ¶It's *of some* ~. 그것은 상당한 크기다.

take the size 치수를 재다.

That's (about) the size of it. 《구어》 실상은 (대체로) 그러하다.

to size 맞는 크기로, 원하는 크기로.

try on [or ***out***] ***for size*** 〔옷〕을 입어 보다, 〔모자〕를 써 보다, 〔신발〕을 신어 보다.

—[동] (***siz·es*** [-iz]; **~*d***; ***siz·ing***) [타] **1** …을 어떤 치수[크기]로 만들다 (*to, for*). ¶(~+[目]+[前]+[名]) ~ a hat *to* one's head 모자를 머리에 맞추어 만들다. **2** …을 크기에 따라 분류하다 (*into*), 크기 순으로 늘어놓다; 〔군사〕 …을 키 순으로 세우다. ¶~ the clothes *into* three classes 의복을 사이즈에 따라 3단계로 분류하다. **3** …을 계량하다, 재다; …을 평가하다. **4** 《폐어》 …을 어느 표준에 따라 조정하다. **—**[자] 《英》 (Cambridge 대학 식당에서) 정식[정량 음식물]을 주문하다.

size down …을 큰 것부터 차례로 늘어 놓다; …을 차츰 작게 하다.

size up 《구어》 ① …의 크기를 재다; 〔인물 등〕을 평가하다, 〔정세 따위〕를 판단하다. ② (…의 규준에) 달하다, (필요 조건 따위에) 맞다, (…만) 못하지 않다, 필적하다 (*to, with*).

—[형] 《복합어로》 …형(型)의, 사이즈가 …인. ¶a small-~ hat 작은 사이즈의 모자.

size² [명][U] (종이·천이 번지는 것을 막는) 아교물, 도사(陶砂); 직물에 먹이는 풀; 박(箔) 밑에 칠하는 와니스. **—**[동][타] …에 사이즈를 칠하다; …에 풀을 먹이다.

size·a·ble [sáizəbl] [형] =sizable.

sized [saizd] [형] 《종종 복합어로》 …사이즈의, 크기가 …인, …형의. ¶a large-~ car 대형차 / a family-~ bottle of milk 패밀리 사이즈의 병 우유.

size-friend·ly [ˊfrèndli] [형] 넉넉한, 큰 사이즈의.

size·ism [sáizizm] [명] 뚱뚱한 사람을 차별하기.

siz·er¹ [sáizər] [명] (진주 따위의) 정립기(整粒器), (과일의) 선과기(選果機), 선별기; 치수 측정기; 크기에 따라 분류하는 사람.

siz·er² [명] =sizar.

síze stìck [명] (발의 치수를 재는) 제화공의 자.

size-up [ˊʌ̀p] [명] 《美구어》 평가, 판단.

síze-wéight illúsion [ˊwéit-] [명] 〔심리〕 크기와 중량의 착각(같은 무게라도 부피가 클수록 가볍게 느껴지는 착각).

siz·ing¹ [sáiziŋ] [명] **1** [U] 크기 차례로 늘어놓기; 정립(整粒). **2** 《英》 (Cambridge 대학 식당의) 정식(定食), 정량 음식물.

siz·ing² [명][U] 아교 처리, 풀 먹이기. ⇨SIZE².

siz·y [sáizi] [형] 《고어》 찐득찐득한. **síz·i·ness** [명]

sizz [siz] [동][자] 지글지글 소리나다. **—**[명] 지글지글하는 소리.

siz·zle [sízl] [동][자] **1** (튀김 따위가) 지글지글 소리나다. **2** 《구어》 찌는 듯이 덥다. **3** 《구어》 성나서 (속이) 부글부글 끓다. **4** 《美》 좋은 성적을 올리다. **5** 《美속어》 전기 의자에서 처형 당하다. **—**[타] 《美속어》 〔사형수〕를 전기 의자에서 처형하다. **—**[명] 지글지글 끓는 소리.

siz·zled [sízld] [형] 《美구어》 술에 취한.

siz·zler [sízlər] [명] 《구어》 지글지글 끓는 것; 뜨거운 것, 찌는 듯이 더운 날.

siz·zling [sízliŋ] [형] 지글지글 소리내는; 몹시 더운[뜨거운].

sizz-wa·ter [ˊwɔ̀ːtər] [명] 《美속어》 탄산수, 탄산 음료.

SJ *S*ociety of *J*esus (예수회).

sjam·bok [ʃæmbɑ́k/ʃǽmbɔk] [명] (무소·하마의 가죽으로 만든) 무거운 채찍. **—**[동][타] …을 무소 가죽 채찍으로 때리다.

SJC *S*upreme *J*udicial *C*ourt(대법원).

ska [skɑː] [명] 스카(자메이카 기원의 포퓰러 음악; 초기의 reggae).

skad [skæd] [명] =scad².

skag [skæg] [명] 《속어》 =scag.

skald [skɔːld, skɑːld] [명] (고대 북유럽의) 음유 시인. (또는 **scald**) **ˊ·ic** [형] **ˊ·shìp** [명]

skank [skæŋk] 《美속어》 [명] 불쾌한 것[사람], 기분 나쁜 녀석[것]; 못생긴 여자, 추녀; 매춘부. **—**[동][자] (얼굴이) 못생기다.

skank·y [skǽŋki] [형] 《美속어》 (여자가) 싫은, 불쾌한, 못난.

skat¹ [skɑːt, skæt] [명][U] 스카트(3명이 하는 카드 놀이의 일종). (또는 **scat**)

skat² [명] 《美속어》 맥주(beer).

‡skate¹ [skeit] [명] **1** 스케이트 구두(ice ~); 롤러스케이트 구두(roller ~). * 스포츠로서의 스케이트는 skating. **2** (스케이트의) 날, 에지.

get [or ***put***] ***one's skates on*** 《英구어》 서두르다.

skate — 타 (*skat·ed; skat·ing*) 1 스케이트[롤러스케이트]를 타다. 2 미끄러지듯[빨리] 달리다.
skate on [or *over*] *thin ice* 살얼음을 밟다; 아슬아슬한 문제를 다루다, 모험을 하다.
skate over [*round*] …을 경시하다, 피하다, 대충 다루다.
∠·a·ble 형 충 다루다.

skate² 명 (복 ~(s)) 〔어류〕 홍어.

skate³ 명 (복 ~s) 1 사람, 녀석. ¶a good ~ 좋은 녀석. 2 경멸할 만한 사람, 하찮은 사람. 3 노쇠한 말.

skate⁴ 명 《美구어》 1 소란한 술자리. 2 모주꾼, 술 취해 떠드는 사람. 图 술에 취하다.

skate·board [skéitbɔ̀:rd] 명 스케이트보드. 国 재 스케이트보드를 타다. ~·er, ~·ing 명

skate·park [skéitpà:rk] 명 skateboard장.

*****skat·er** [skéitər] 명 1 스케이트를 타는 사람, 스케이터. 2 (곤충) 물꾸미, 소금쟁이, 물매암이.

skáte ràt 명 《美구어》 스케이트보드를 잘 타는 사람.

‡**skat·ing¹** [skéitiŋ] 명 ① 스케이팅, 얼음 지치기. ¶go ~ 스케이트 타러 가다. ― 형 스케이트를 타는.

skat·ing² 형 《美구어》 마약에 취한.

skát·ing rínk 명 롤러[아이스]스케이트장.

skat·ole [skǽtoul] 명 ① 〔생화학〕 스카톨(똥 냄새의 성분). (또는 **scatole, skatol**)

skat·y-eight [skéitiéit] 명 《美속어》 다수, 상당수.

skean [skí:n] 명 (옛날 아일랜드·스코틀랜드 고지의) 중(單)손잡이 양날 단도. (또는 **skeen, skene**)

sked [sked] 명国 《구어》 = schedule.

ske·dad·dle [skidǽdl] 国 《구어》 재 황급히 도망가다. ― 명 황급히 도망치기.
(또는 **skidoodle**) 「망치는 사람[것].

ske·dad·dler [skidǽdlər] 명 도망자, (황급히) 도

skee¹ [ski:] 명 재 (복 ~s) 国 = ski.

skee² 명 《美속어》 위스키; 아편.

skee·sicks [skí:ziks] 명 《美속어》 쓸모없는 사람, 불한당. (또는 **skeezicks**)

skeet [ski:t] 명 ① 트랩 사격(trapshooting)의 일종.
(또는 ∠ **shòoting**) 「꺼운.

skeev·y [skí:vi] 형 《美속어》 더러운, 초라한, 역

skein [skein] 명 1 (실 따위의) 타래, 토리. 2 (머리카락 따위의) 다발. 3 (날고 있는 들새의) 무리, 떼. 4 (비유적) 엉킴, 혼란. ― 国 (실을 타래에 감다.

skel·e·tal [skélətl] 형 골격의, 해골의; 해골 같은, 말라 빠진. ~·ly 뷔

skéletal múscle 명 골격근.

‡**skel·e·ton** [skélətn] 명 (복 ~s [-z]) 1 골격, 해골, 뼈, 소묘 바가지. 2 《구어》 앙상한 사람[동물]. ¶a mere [or *living, walking*] ~ 뼈와 가죽만 남은 사람. 3 (건물 따위의) 뼈대; (불탄 집 따위의) 잔해; (잎의) 조직, 줄기. ¶the steel ~ of a building 건물의 철골. 4 (문예 작품 따위의) 줄거리, 골자. 5 본질적[기간적]인 부분, 최소한. 6 《문자》 분자골격 구조.
a [or *the*] *skeleton at the feast* [or *banquet*] 흥을 깨뜨리는 사람[것], 파흥(破興)거리.
a [or *the*] *skeleton in the cupboard* [or *closet, house*]; *a family skeleton* 남의 이목을 꺼리는 집안의 비밀[수치].
worn [or *reduced*] *to a skeleton* 피골이 상접한.
― 형 1 해골의; 뼈와 가죽뿐인. 2 뼈대의, 기본적인. 3 개요의, 최소한도 인원의, 기간(基幹)의.
~·less, ~·like 형

skéleton càr 명 〔철도〕 골격차(무게 화차로서 통나무 컨테이너를 운반하는 데 사용).

skéleton clóck 명 (기계 속이 보이는) 투시 시계.

skéleton construction 명 〔건축〕 (고층 건물의) 골격[철골] 구조.

skéleton crèw 명 〔해사〕 기간 선원.

skéleton drill 명 〔군사〕 가설 연습[훈련].

skel·e·ton·ize [skélətnàiz] 国 (*英) -ise*) 国 1 …을 해골로 만들다, …의 살을 없애 버리다. 2 …의 개략[대요]을 적다. 3 …의 인원을 극도로 삭감하다.

skéleton kéy 명 곁쇠(master key의 일종).

skéleton sèt 〔연극〕 골격 세트(상연중 바뀌지 않는 기본적 무대 장치).

skell [skel] 명 《속어》 부랑자, 노숙자.

skel·lum [skéləm] 명 《스코》 악당, 무뢰한, 부랑자.

skelp [skelp] 명 《스코·英방언》 国재 …을 철썩 때리다; 손바닥으로 쳐서 (동물)을 쫓다. ― 명 손바닥으로 치기, 찰싹 치는 소리. (또는 **scelp**)

skel·ter [skéltər] 재 서두르다, 허둥지둥하다.

ske·ne¹ [skí:ni] 명 (복 **-nai** [-nai]) 스케네(고대 그리스의 극장에서 무대의 배경을 이룬 건물).

skene² [ski:n] 명 = skean.

skep [skep] 명 (농가에서 쓰는) 등근 바구니; 등근 바구니 가득한 분량; (짚으로 만든) 꿀벌집.

skep·sis [sképsis] 명 ① 철학적 회의(懷疑); 회의적 견해. (또는 《英》 **scepsis**)

skep·tic [sképtik] 명 1 의심 많은 사람. 2 기독교를 믿지 않는 사람; 종교적 회의론자. 3 (S-) 《철학》 (고대 그리스의) 회의파의 사람; 회의 철학자. ― 형 = skeptical. (또는 《英》 **sceptic**)

*****skep·ti·cal** [sképtikəl] 형 1 의심 많은, 회의적인.
⇒ DOUBTFUL 유의어 ¶be ~ *about* [or *of*] …에 대하여 의문[의심]을 가지다. 2 믿지 않는; 종교의 교의를 의심하는. 3 (S-) 회의론(자)의. (또는 《英》 **sceptical**)
~·ly 뷔 ~·ness 명

skep·ti·cism [sképtəsìzm] 명 ① 의심, 회의; 〔철학〕 회의론(주의); 회의적 태도; 기독교[종교]를 믿지 않음. (또는 《英》 **scepticism**)

sker·rick [skérik] 명 (보통 not a ~) 《美·濠구어》 소량, 작은 조각, 조금. ¶Not even a ~ of cake was left. 과자는 한 조각도 남지 않았다.

‡**sketch** [sketʃ] 명 (복 ~·es [-iz]) 1 스케치, 사생화[도], 소묘(素描); 밑그림; 약도, 겨냥도. 2 초고, 초안. 3 개략, 대요, (인물 등의) 점묘(點描). ¶a biographical ~ 약전(略傳). 4 (문학·연극·음악 작품 따위의) 소품, 단편, 촌극, 소곡. 5 〔음악〕 스케치(짧은 피아노곡). 6 《속어》 (언행이) 별난 사람, 재미있는 사람. 7 《美속어》 아주 긴박한[아슬아슬한] 일.
― 国 (~·*es* [-iz]; ~*ed* [-t]) 国 1 …을 스케치하다, 사생하다. 2 …의 밑그림[약도, 겨냥도]을 그리다. ⇒ DEPICT 유의어 ¶ ~ Mont Blanc 몽블랑을 스케치하다. 2 …의 개략을 쓰다, …을 약기(略記)하다; (인물 등)을 묘사하다. ― 재 스케치를 하다, 사생하다; 약도를 그리다. ¶(~+전+명) ~ *from* nature 사생하다.
sketch out [or *in*] ① …을 스케치하다, 소묘하다. ② …의 개략을 쓰다, 대강의 줄거리를 세우다.
∠·ing·ly 뷔 ∠·like 형

sketch·a·ble [skétʃəbl] 형 스케치하기 알맞은.
∠·bíl·i·ty 명 「생화첩.

skétch blòck 명 (떼어 쓸 수 있게 된) 도화지첩, 사

sketch·book [skétʃbùk] 명 1 스케치북, 사생첩. 2 소품집, 단편집, 수필집.

sketched [sketʃt] 형 《美속어》 이상한, 겁먹은.

sketch·er [skétʃər] 명 스케치하는 사람, 겨냥도를 그리는 사람.

skétch màp 명 약도, 겨냥도.

sketch·pad [skétʃpǽd] 명 = sketchbook 1.

skétch plàn 명 〔건축〕 스케치 플랜(시공도(施工圖) 이전의 개요 계획).

sketch·y [skétʃi] 형 1 스케치 형식[풍]의; 개략뿐인, 대강의, ¶a ~ hand 휘갈겨 쓰기. 2 불완전한; 대수롭지 않은, 간단한. ¶a ~ breakfast 간단한 아침 식사.
skétch·i·ly 뷔 **skétch·i·ness** 명

skew [skju:] 재 1 빗나가다, 벗어나다; 비스듬해지다, 비스듬히 나아가다; 비뚤어지다. 2 곁눈질하다 (*at*); 스쳐보다; 사팔뜨기다. ― 国 1 …을 비스듬히 하다;

skewback

…을 구부리다, 비뚤어지게 하다. 2 …을 곡해하다, 억지로 갖다 붙이다, 왜곡하다. ── 형 1 비스듬히 나아가는; 비뚤어진, 굽은: 빗나간. 2 (수학) 비대칭(非對稱)의. ── 휑 1 (the ~) 비스듬함, 사행(斜行); 비뚤어짐, 굽음. 2 (건축) 갓돌, 사절석(斜切石).
on the[or **a**] **skew** 비스듬히, 기울어지게.
skew·back [skjúːbæk] 휑 (건축) 기공석(起拱石), 공좌석(拱座石), 홍예받침돌 (아치의 양끝을 받치는 면(面)이 사면(斜面)인 받침돌); 그 사면. **~ed** 휑
skew·bald [skjúːbɔ̀ːld] 휑휑 (흰색과 갈색) 얼룩의 (동물)(특히 말).
skéw cùrve 휑 (수학) 3차원(공간) 곡선, 왜(歪)곡선.
skéw distribútion 휑 (통계) 비(非)대칭 분포.
skew·er [skjúːər] 휑 꼬챙이, 꼬치, 구이 꼬치; 꼬치 모양의 것, 핀; (익살) 검, 칼. ── 휑 …을 꼬챙이에 꿰다; 꼬챙이를 꽂다(고정시키다).
skew-eyed [-àid] 휑 곁눈질의; 사시(사팔뜨기)의.
skéw fíeld 휑 (수학) 비가환체(非可換體).
skéw línes 휑 (수학) (동일 평면 안에 없는) 비틀린 위치의 직선(군(群)). 「비대칭도(度), 곡선(曲面)도.
skew·ness [skjúːnis] 휑ⓤ 뒤틀림, 굽음; (통계)
skew-whiff [skjúːʍíf] 휑휑 (英) =askew. (또는 skéw-whíff)
‡**ski** [skiː] 휑 (휑 ~(**s**)) 스키 (용구). * 스포츠로서의 스키는 skiing. ── (~**s** [-z]; ~**ed**; ~**ing**) 夃 스키를 타다, 스키로 달리다. ── 타 …을 스키로 가다. 「겐 사진.
 (는 skee) ~·**a·ble** 휑
ski·a·gram [skáiəgræm] 휑 1 투시도. 2 X선(뢴트)
ski·a·graph [skáiəgræf, -gràːf] 휑 뢴트겐 사진.
── 타 …의 뢴트겐 사진을 찍다.
-gráph·ic, -gráph·i·cal 휑 **-pher** 휑
ski·ag·ra·phy [skaiǽgrəfi] 휑ⓤ 뢴트겐 사진술.
ski·am·e·try [skaiǽmətri] 휑 (의학) 검영법(檢影法)에 의한 눈의 조절 측정.
ski·a·scope [skáiəskòup] 휑 (의학) (눈의 굴절을 판정하는 데 쓰이는) 검영기(檢影器).
ski·as·co·py [skaiǽskəpi] 휑ⓤ (의학) 1 검영법 (skiascope로 검사하는 법). 2 X선 검사법.
ski-boat [-bòut] 휑 수상스키용 모터 보트.
ski·bob [skíːbàb/-bɔ̀b] 휑 스키봅(스키와 봅슬레이를 합친 썰매). ~·**ber** 휑
skí bòot 휑 (~**s**) 스키화.
ski-borne [-bɔ̀ːrn] 휑 스키로 움직이는. 왱 airborne ¶ a ~ troop 스키부대.
skí bùm 휑 (美俗) 스키광(狂)(스키장 근처에서 일자리를 구하며 전전하는).
skí bùnny 휑 (俗) =snow bunny.
skid [skid] 휑 1 (무거운 물건을 밀어 움직일 때 밑에 까는) 활재(滑材); 미끄럼, 스키드. 2 (비탈길에 쓰는) 지륜(止輪) 장치, 미끄럼막이. 3 (비행기의) 활주부(滑走部). 4 (~**s**) (해사) 방현재(防舷材); (~**s**) 미끄럼 판. 5 (the ~) (자동차 바퀴의) 공전, 옆으로 미끄러지기. 6 (美俗) 별볼일없는 사람, 몰락의 길.
grease the skids (구어) 차바퀴에 기름을 치다; (비유적) (뇌물을 주어) 일을 원활하게 진행하다. 「다.
hit the skids (美俗) 내리막이 되다, 파멸(영락)하
on the skids (美俗) 실패할 것 같은; 해고당할 것 같은; 내리받이에 선, 한물 간.
put the skids under[or **on**] **a person** (美俗) 남을 몰락하게 하다, 실패하게 하다.
── 夃 (-**dd**-) ── 타 1 …을 활재 위에 놓(고 끌)다. 2 (수레 바퀴 따위)을 미끄럼막이로 멈추게 하다. ── 夃 (수레 바퀴가) 미끄러지다, 옆으로 미끄러지다.
skid·board [skídbɔ̀ːrd] 휑 (해사) (뱃전의 손상을 막기 위한) 방현재(防舷材).
skid cháin 휑 =tire chain.
skid·der [skídər] 휑 1 미끄러지는(사람). 2 통나무 운반차. 3 (俗) 부랑자.

skid·ding [skídiŋ] 휑ⓤⓒ (자동차·수레바퀴의) 옆으로 미끄러지기(slip). 「(또는 **skidoo**)
skid-doo [skidúː] 휑夃 (美俗) 가버리다, 나가다.
skid·dy [skídi] 휑 미끄러지기 쉬운. 「수직 안정판.
skíd fin (항공) (초기 비행기에서) 주익(主翼) 아래
skíd·lid [skídlìd] 휑 (英俗) (오토바이용) 안전 헬멧(crash helmet). (또는 **skíd-lìd**)
skíd màrk 휑 (노면에 검게 남은) 타이어가 미끄러진 자국; (美俗) 흑인.
ski·doo¹ [skiːdúː] 휑 스키스쿠터(ski-scooter).
ski·doo² 휑 =skiddoo
skíd pàd 휑 1 (자동차 따위의) 미끄럼 운전 연습 코스. 2 (자동차의) 바퀴 멈추개.
skíd·pan [skídpæn] 휑 (英) 1 =skid pad 1. 2 브레이크 장치. 「끄러지지 않게 한.
skíd-proof [skídprùːf] 휑 (타이어·노면 따위가) 미
skíd ròad (활재(滑材) 길(통나무를 깔아 목재가 굴러가게 한); =skid row. 3 (美俗) 의 소굴, 홍등가.
skíd ròw [-róu] 휑 (부랑자들이 모이는) 하층 사회
skíd·way [skídwèi] 휑 (굴림대·미끄럼 침목을 늘어놓은) 화물 운반로, (무거운 짐을 싣거나 내리기 위한) 미끄럼판.
ski·er [skíːər] 휑 스키를 타는 사람, 스키어.
skiff [skif] 휑 1 스키프, 소형(모터) 보트. 2 소형 경장(輕裝) 범선. ~·**less** 휑
skif·fle [skífl] 휑 1 스키플(블루스나 포크송 따위에서 나온 1920년대의 재즈 음악). 2 컨트리와 로큰롤을 혼합한 음악(1960년대에 영국에서 유행).
skí flying 휑 스키플라잉(비거리(飛距離)만을 겨루는 스키 점프). **skí flì·er** 휑
skig [skig] 휑 (美俗) 팔기 힘든 상품에 대한 수수료(구전); 팔기 힘든 상품을 취급하는 판매원.
skí héil [-háil] 휑 스키하일(스키어의 인사말). [<G>
‡**ski·ing** [skíːiŋ] 휑ⓤ (스포츠로서의) 스키.
ski·jor·ing [skiːdʒɔ́ːriŋ, ʼʼ-] 휑 말 또는 차가 스키를 끌고 달리는 동계스포츠의 일종. **-jór·er** 휑
skí jùmp 휑 스키 점프; 스키 점프장(場). ── 夃 스키 점프를 하다. **skí jùmp·er** 휑
‡**skil·ful** [skílfəl] 휑 =skillful. ~·**ness** 휑
*****skil·ful·ly** [skílfəli] 휑 =skillfully.
skí lift 휑 (skier를 실어 올리는) 리프트.
‡**skill¹** 휑ⓤ (~**s** [-z]) 1 (U) 숙련, 노련, 능란; 뛰어난 능력, 역량, 솜씨(**in, on, at, to do**). ¶ a man of ~ 숙련자, 노련한 사람, 솜씨가 있는 사람// He has no ~ in diplomacy. 그에게는 외교적 수완이 없다/ He showed wonderful ~ in rowing. 그는 참으로 능란한 솜씨로 보트를 저었다. **2** 기능, 기술. ¶ ~ **s** to tune a piano 피아노 조율의 기술. **3** (英방언) 예측, 기호(**of**). **4** (폐어) 이유, 원인. 「(英방언) 이해하다.
skill² 휑夃 (고어) 문제가 되다; 도움이 되다. ── 타
‡**skilled** [skild] 휑 1 숙련된, 노련한, 뛰어난 기술을 가지고 있는(**in, at**). ⇒SKILLFUL 유의어 ¶ a workman 숙련공// He is ~ in speech. 그는 말을 잘한다/ He is ~ in teaching. 그는 노련하게 잘 가르친다. **2** (일이) 숙련을 요하는, 특수 기술을 요하는. ¶ ~ work 숙련을 요하는 일.
skílled lábor 휑 숙련 노동; (집합적) 숙련공.
skil·let [skílit] 휑 1 =frying pan. 2 (英) (발이 달리고) 손잡이가 긴 작은 냄비. 3 (美俗) 흑인.
skil·ley [skíli] 휑 (俗) 육즙, 그레이비(gravy).
‡**skill·ful** [skílfəl] 휑 (* (英) **skil·ful**) (**more** ~; **most** ~) 1 숙련된, 솜씨 좋은, 교묘한(**at, in, with**). ¶ He is ~ at skiing. 그는 스키를 잘 탄다/ She became ~ in painting. 그녀는 그림 솜씨가 좋아졌다.

> 유의어 **skillful** 「숙련된」이라는 뜻의 가장 일반적인 말. **skilled** ① 어느 일에 있어서 세부까지 완전히 익힌. ② (산업계에서) 사용자가 정한 일정한 기술적 수

skillfully

준에 합격한. **proficient** 훈련·연습의 결과 평균 이상으로 능란한. **adept** 적응성·재주·영리함을 강조하는 말. **expert** 고도로 proficient 또는 adept한. **dexterous** 조작·동작 따위를 아주 거침없이 기민하게 하는. **adroit** dexterous 뿐 아니라 익숙하지 아니한 정세에도 대처할 수 있는 능력을 가진.

2 솜씨를 나타내는, 교묘하게 잘 하는. ¶ a ~ piano solo 능숙한 피아노 독주. ~·ness 명
*skill·ful·ly [skílfəli] 부 교묘하게, 솜씨 있게, 능란하게, 숙련되게. (또는 (英) skilfully)
skil·lion [skíljən] 명 (美구어) 방대한 수.
skill·less [skíllis] 형 미숙한, 서투른; (고어) 무식한. (또는 skilless) ~·ness 명 「일종의 죽.
skil·ly [skíli] 명 U (英) (오트밀에 고기를 조금 넣은)
‡skim [skim] 동 (~s [-z]; -mm-) 타 1 (액체 표면에서) (떠올린·웃물 따위)를 걷어내다, 떠내다 (off, away) (from, off). ¶ (~+목+부) ~ off the harshness 이물(異物)을 걷어내다 // (~+목+전+명) ~ the cream from [or off] milk 우유에서 지방분을 걷어내다. 2 (수면·지표면)을 스치듯 날아가다, 미끄러지듯 달리다. ¶ The sailboat ~med the calm sea. 돛배가 조용한 바다 위를 미끄러지듯 지나갔다. 3 (수면·지표면을 스치게) …을 던지다 (over). ¶ ~ a flat stone over the water 납작한 돌멩이를 수면을 스치게 날리다. 4 (신문·책 따위)를 급히 대충 훑어 보다. 5 (액체)를 엷은 막으로 덮다. 6 …에서 가장 좋은 부분을 취하다. 7 (야금) (용해한 금속 표면에서) (광재·찌꺼기)를 걷어내다. 8 (속어) 탈세하기 위하여 (수입의 일부)를 숨기다; (도박 등의 수익)을 속여서 신고하다.
— 자 1 스치듯 날아가다, 미끄러져 가다 (over, along). ¶ The plane ~s 200 feet above ground. 그 비행기는 지상 200피트 높이를 난다. 2 대충 훑어보다 (over, through). ¶ (~+전+명) ~ over a paper 신문을 대충 훑어보다. 3 (액체가) 엷은 막으로 덮이다; (액체에) 더껑이[든 찌꺼기]가 생기다. ¶ (~+부) The boiled milk ~s over. 끓인 우유는 위에 막이 생긴다. 4 (속어) (탈세를 위해) 도박의 수익을 속이다. 「취하다[뽑다].
skim the cream off 가장 좋은 것[유능한 사람]을
skim the surface of …을 피상적으로 다루다.
— 명 1 U (액체의 더껑이 따위를) 걷어[떠]내기; (떠낸) 더껑이[찌끼]; (액체에 낀) 막[층], 박피(薄皮). 2 (美속어) 소득 은폐. 3 U =~ milk.
skí màsk 스키 마스크(스키어가 쓰는 마스크 또는 눈·입만 내놓고 머리부터 뒤집어쓰는 두건 모양의 것).
skim·ble-scam·ble [skímblskǽmbl] 형 지리멸렬한; 종잡을 수 없는; 두서없는, 산만한; 어이없는, 터무니없는. (또는 skimble-skamble)
skim·board [skímbɔ:rd] 명 스킴보드(파도타기 널). ⑧ surfboard
skimmed mílk [skímd-] 명 =skim milk.
skim·mer [skímər] 명 1 (액체의) 더껑이[든 찌끼]를 걷어내는 사람; 그물 국자. 2 대충[급히] 훑어 읽는 사람. 3 제비갈매기류(수면을 스치듯 나는). 4 챙이 넓은 맥고 모자. 5 (美) 소매가 없는 간이복.
skím mílk 탈지유, 스킴 밀크. ⑧ whole milk
skim·ming [skímiŋ] 명 U 1 (액체의 더껑이[든 찌끼·웃물]를 걷어냄. 2 (~s) 걷어[떠]낸 것(더껑이·찌끼 따위); (야금) 뜬 찌끼. 3 (美) 탈세를 위하여 도박장의 매상을 속이기.
skimming còat 명 (건축) (벽의) 마무리 칠.
skimming príce pòlicy 명 (경영) 상류층 흡수 가격 정책.
ski·mo·bile [skí:məbi:l] 명 =snowmobile.
skí mountainèering 명 산(山) 스키, 스키 등산.
skimp [skimp] 동 (음식·먹이 따위)를 찔끔 찔끔 주다; …을 인색하게 내다[주다], 인색하게 굴다, 절약하다. ¶ ~ food 먹을 것을 절약하다 // ~ a dog

skin

with [or **in**, **for**] **food** 개밥 주기를 아까워하다. 2 (일)을 되는 대로. — 자 ~하다, 노랑이다, 절약하다 (on). — 명 인색한, 내기 아까워하는. — 형 (방언·구어) 작은 것[상품], 몸에 꼭 들어맞는 옷.
skimp·ing·ly [skímpiŋli] 부 째째하게, 인색하게, 되는 대로, 적당히.
skimp·y [skímpi] 형 불충분한, 빈약한; 인색한, 째째한; (옷이) 꼭 끼는. **skímp·i·ly** 부 **skímp·i·ness** 명
‡**skin** [skin] 명 (복 ~s [-z]) 1 CU (동물의) 가죽; (the ~) (사람의) 피부, 살갗. ¶ the outer ~ 표피/the true [or inner] ~ 진피(眞皮)/ Near is my shirt, but nearer (is) my ~. (속담) 내 몸보다 소중한 것은 없다. 2 CU (가공한) 가죽[피혁], (깔개·장식용의) 짐승 가죽; (술 따위를 넣는) 가죽 부대[주머니]. 3 외피(外被), 표면; (액체 표면에 생기는) 엷은 막[층], 상피(上皮). 4 (과실의) 껍질; (과실 씨의) 껍질.

유의어 **skin** 동물·식물의 '가죽·피부'를 뜻하는 가장 일반적인 말. **hide** 큰 짐승의 가죽 (가공된 경우 skin이라 한다). **pelt** 작은 동물의 무두질하지 않은 생가죽. **fur** pelt에 붙어 있는 짧고 부드러운 털; **pelt**를 가공한 털옷류, 모피(毛皮). **leather** 생가죽을 무두질하여 부드럽게 만든 가죽. **rind** 과실·훈제 식품 따위의 단단한 껍질. **bark** 나무껍질. **peel** 과실 따위의 손으로 벗길 수 있는 연한 껍질.

5 (배의 늑재(肋材)를 덮는) 외판(外板), 외각(外殼). 6 (美속어) 사기꾼, 협잡꾼; 구두쇠. 7 (속어) 야윈 말; (익살) 사람, 녀석, 놈. 8 (~s) (美속어) (재즈 밴드의) 드럼 (세트). 9 (美속어) 1 달러. 10 (美속어) (자동차) 타이어; 콘돔. 11 (英軍속어) 여자, 소녀; (美속어) 성적 매력(이 있는 여자). 12 =skinhead. 13 (美속어) 생명; 건강.
a bit of skin (아일 속어) 아가씨. 「의 입장에 서다.
be in a person's **skin** 남의 처지가 되어 생각하다. 남
be no skin off one's **back** [or **nose**, **teeth**] (구어) 전혀 영향이 없다, 관계 없다, 알 바 아니다.
be wet to the skin 흠뻑 젖다.
by the skin of one's **teeth** 가까스로, 간신히.
change one's **skin** 성격을 바꾸다, 딴 사람이 되다.
get under a person's **skin** (구어) ① 남을 화나게 하다, 약올리다. ② 남을 감동케 하다, 남의 마음을 사로잡다.
give [or **slip**] a person **some skin** (美구어) (손바닥을 치[]듯) 남과 악수하다.
have a thick [**thin**] **skin** 둔감[민감]하다.
have got a person under one's **skin** 남에게 열중하다, …에 사로잡혀 있다, …이 잊혀지지 않다.
in a bad skin 기분이 나쁜, 화가 나서.
in a whole skin (구어) 다치지 않고, 무사히.
in one's **skin** 벌거벗고, 알몸으로.
jump [or **fly**, **leap**] **out of** one's **skin** (기쁨 따위로) 날뛰다, 펄쩍 뛰다. 「다.
knock a person some skin (美속어) 남과 악수하
no skin off a person's **back; the next of skin** 남에게 피해가 되지 않는 것[일].
risk one's **skin** (위험한 일·모험 따위에) 생명을 걸다.
save one's **skin; keep a whole skin** (구어) 다치지 않고 넘기다; 무사히 빠져나가다.
skin and bone(s) (바짝 말라) 뼈와 가죽뿐인 (사람·동물).
skin naked 속옷을 입지 않은.
The skin off your nose! (구어) 건배!
to the skin 속살까지; 완전히, 모두.
under the skin 한 꺼풀 벗기면, 내심[실제]은.
wear close [or **next**] **to** one's **skin** 맨몸에 그대로
with a whole skin =in a whole skin. 「입다.
with the skin of one's **teeth** =by the skin of one's teeth. 「다루는, 포르노의.
— 형 1 살갗[피부]의. 2 (美속어) 나체의, 나체[섹스]를

skin-beater

──타 (-nn-) 타 1 〔짐승 따위〕의 가죽을 벗기다; 〔과실 따위〕의 껍질을 벗기다; 〔무릎·손 따위〕를 생채기내다. ⇨PEEL 〔유의어〕 2 〔가죽을 벗기듯이〕 …을 벗기다, 벗겨내다(off). 3 〈구어〉 〔남〕에게서 〔돈·소지품을〕 빼앗다, (도박에서) 깡그리 벗겨 먹다 (of). 4 〔상처 따위에〕 새살이 나게 하다. 5 〔가죽 따위〕를 몰아대다. 6 〈속어〉 …을 완패시키다, 해치우다. 7 〔美속어〕 …을 혹평하다; …을 호되게 꾸짖다.

──재 1 껍질이 생기다(over). ¶The wound will ~ over soon. 상처는 곧 아물 것이다. 2 〈속어〉 급히[슬쩍] 빠져나가다(out); 기어오르다(up), 기어내리다(down). 3 〔美속어〕 = ~-pop. ─ 패(完敗)시키다.

have (got) a person skinned (a mile) 남을 완전 *keep one's eyes skinned* 〈속어〉 지켜보고 있다, 경계하고 있다, 방심하지 마.
skin a flea for its hide (and tallow) 〈구어〉 몹시 인색하다, 인색한 짓을 하다.
skin a flint ⇨FLINT
skin a goat 〔美속어〕 토하다, 게우다.
skin...alive ① 〔동물·사람〕의 생가죽을 벗기다. ② 〔美구어〕 …을 몹시 꾸짖다[벌주다]; …을 완전히 해치우다, …에 크게 이기다.
skin a razor 〈구어〉 불가능한 짓을 하다.
Skin me!; Give [or Slip] me some skin! 〔美속어〕 악수하자!, 손뼉 마주치자!

skin-beat·er [ˊbìːtər] 몡 〔美속어〕 드러머(drummer).
skin-bound [ˊbaund] 몡 표피[피부]가 뻣뻣하게 굳어진; 〔의학〕 경피증(硬皮症)의.
skin cáncer 몡 〔의학〕 피부암.
skin cáre 몡 피부 보호[관리]. (또는 **skíncare**)
skin-deep [ˊdiːp] 몡 살갗 한 꺼풀 깊이의; 피상적인, 거죽만의. ── 문 살갗 한 꺼풀만, 피상적으로.
skin diséase 몡 〔의학〕 피부병.
skin-dive [ˊdaiv] 재 스킨다이빙을 하다.
‡skin díver 몡 (옥 ~s [-z]) 스킨다이빙을 하는 사람.
‡skin díving 몡 스킨다이빙.
skin efféct 몡 〔전기〕 표피(表皮) 효과.
skin flíck 몡 〔美속어〕 섹스[외설] 영화. (또는 **skín-flìck**)
skin-flint [skínflìnt] 몡 지독한 구두쇠(miser).
~-flìnt·i·ly 甲 **-flìnt·i·ness** 몡 **~·y** 몡
skin fóod 몡 (피부 영양 크림 따위) 스킨 크림.
skin fríction 몡 〔물리〕 표면 마찰.
skin fríction dràg 〔항공〕 표면 마찰 항력.
skin·ful [skínful] 몡 1 가죽 부대 하나 가득(의 분량). 2 〈구어〉 배불리 잔뜩(의 분량); 잔뜩 취한 술의 분량. ¶with a ~ 잔뜩 취해서. 「잠.
skin gáme 몡 〔美속어〕 불공정 거래; 사기(도박), 협
skin gràft 몡 〔의학〕 이식용 피부 조각. 「(술).
skin gràfting 몡 〔외과〕 식피(植皮)(술), 피부 이식
skin-head [skínhèd] 몡 1 〔英속어〕 까까머리속, 스킨헤드족(族). 2 〔美〕 해병대 신병.
skin hóuse 몡 〔美속어〕 스트립 극장, 포르노 영화관.
skink [skiŋk] 몡 도마뱀(蛇類).
skink·ing [skíŋkiŋ] 몡 〔스코〕 (액채·수프 등이) 싱거운, 묽은. 2 민감한, 과민한.
skin·less [skínlis] 몡 가죽[껍질]이 없는(을 벗긴).
skinned [skind] 몡 1 (보통 복합어로) 가죽[피부·껍질]이 …한. ¶dark-~ 피부색이 검은[thick-~ 가죽이 두꺼운; 둔감한. 2 가죽[껍질]을 벗긴. 3 (운동장이) 잔디가 없는. 4 [무기를] 갖고 있지 않은. 5 〈속어〉 = skint.
skin·ner [skínər] 몡 1 가죽 벗기는 사람. 2 피혁상, 모피상. 3 사기꾼, 협잡꾼, 야바위꾼. 4 〔美속어〕 (말·노새들) 모는 사람. 5 〔美속어〕 (트랙터·불도저의) 운전사.
Skin·ner [skínər] 몡 **B**(urrhus) **F**(rederic) ~ 스키너 (1904-90: 미국의 심리학자·저술가; 신행동주의를 주장).

Skin·ner·i·an [skiníəriən] 몡 스키너 이론의 (지
skin·nery [skínəri] 몡 피혁 가공소[공장]. 「지자).
skin·ny [skíni] 몡 1 피골이 상접한, 말라 빠진. ⇨THIN 〔유의어〕 2 가죽 모양의, 피질(皮質)의. 3 폭이 좁은. 4 〈속어〉 몸에 꼭 맞는, 5 열등한, 부적절한. ── 몡 〔美속어〕 (정확한) 정보, 사실; 극비의 뉴스, 내막.
── 타 * 다음 성구로만 쓴다.

skinny a thing down 〔美구어〕 〔예산 등〕을 바짝 **-ni·ness** 몡 「줄이다.
skin·ny-dip [-dìp] 〔美구어〕 재 (-pp-) 벌거벗고 해엄치다. ── 몡 벌거벗고 해엄치기.
~·per, **~·ping** 몡 「pumping)
skin póp 몡 〔美속어〕 마약의 피하 주사. (또는 **skín-pop** [ˊpɔp/-pɔ̀p] 〔美속어〕 재 (-pp-) (마약을) 피하 주사하다. (또는 **skin**) **~·per**, **~·ping** 몡
skín reáction 〔의학〕 피부 반응.
skin séarch 몡 벌거벗겨 불법 물품 소지나 마약주사 자국 등을 조사하는 일, 피부 수사.
skín spècialist 몡 〔의학〕 피부과 전문의.
skint [skint] 몡 〔英속어〕 빈털터리의.
skin tést 〔의학〕 피부 시험(allergy 시험 따위).
skin·tight [skíntàit] 몡 (옷이) 몸에 꼭 끼는[맞는].
‡skip¹ [skip] 몡 (-pp-) 재 1 깡충거리다, 가볍게 뛰어다니다(around, about)(about); 뛰면서 나아가다(along); (돌이) 수면을 스치며 날다(over). ⇨JUMP 〔유의어〕 ¶ ~ about for joy 기뻐서 깡충거리다 // Don't ~ about [or in] the room. 방안에서 뛰어다니지 마라 // He ~ped along the street. 그는 거리를 뛰어 다녔다. 2 줄넘기를 하다. 3 (어떤 데를) 건너뛰고 나아가다 (over, across, from, to); (책을) 띄엄띄엄 읽다 (through); (…으로) 갑자기 화제를 옮기다(about, around) (to). ¶ ~ [+전+명] ~ over difficult passages 어려운 구절을 건너뛰고 읽다 // ~ from dance to mathematics 춤 이야기에서 수학 이야기로 건너뛰다. 4 〔교육〕 월반하여 진급하다, 월반하다. 5 〈구어〉 급히 여행하다(to); 급히 떠나다, 도망치다(off, out). ¶ ~ over to Seoul 잠깐 서울로 가다 /~ out [off] without paying the bill 지불하지 않고 내빼다. ── 타 1 …을 가볍게 뛰다, 뛰어 넘다. 2 〔美속어〕 〔돌 따위〕를 물수제비뜨다. ¶ ~ a stone on the river 강에서 수면을 스치키며 돌을 튕기다. 3 …을 건너뛰다, 빼다, 생략하다; …을 읽지 않고 넘어가다; …을 건너뛰고 읽다. 4 〈구어〉 …로부터 급히[슬쩍] 빠져나가다, 내빼다. ¶ ~ the room 방을 살짝 빠져나가다. 5 (수업 따위)를 빼먹다, 결석하다, 빠져나가다.

skip it 〈구어〉 (급히) 떠나다, 달아나다. 「돼!
Skip it! 〔美구어〕 없었던 것으로 해!, 됐어!, 그만 해
skip off ⇨재 5. ② (학교·직장 등에서 무단으로)
skip on 〔美속어〕 꺼지다, 사라지다. 「조퇴하다.
skip one's bail 보석 중에 행방을 감추다.
skip out on 〈구어〉 …에서 도피하다, …을 저버리다.
skip over (문제·잘못 등을) 묵과하다, 도외시하다.
── 몡 1 가볍게 뛰기, 경충 뛰기; 가벼운 도약; 깡충거리는 걸음걸이. 2 날리기, 건너뛰기, 생략; (여행 따위의) 뛰어 다니기; 날려 읽기.
skip² 몡 (curling이나 bowling팀의) 주장; 선장 (skipper). ── 타재 (-pp-) 주장을 맡다; (2 선박)의 선장을 맡아 보다(skipper). 「잠원.
skip³ 몡 〔英〕 (Dublin 소재 Trinity College의) 사환.
skip⁴ 몡 1 〔광산의〕 〔수직갱·사갱에서 쓰는 운반용 철제 바구니. 2 (공장 따위에서 쓰는) 광주리, 양동이; (용광로용) 무개차.
skí pants 〔美속어〕 스키용 바지.
skip-bomb [ˊbɑm/-bɔ̀m] 타 〔군사〕 (목표물에) 저공 (측면) 폭격을 가하다.
skíp bómbing 〔선박 등 저공 비행〕 폭격법.
skíp càr (코크스·철광석을 용광로로 나르는) 광차.
skíp dìstance 몡 〔라디오〕 (단파 전파의) 도약 거리

skip·jack [skípdʒæk] 명 (통 ~(s)) 1 (가다랭이·참치 따위) 수면 위로 뛰어오르는 바닷물고기. 2 (곤충) 방아벌레. 3 (美) 소형 sloop선(굴양식·요트용).

ski·plane [skíːplèin] 명 스키 비행기(동체에 썰매를 단).

skí pòle 명 (스키) 지팡이. [부착한 비행기].

skíp·a·ble [skípəbl] 형 (책 따위가) 건너뛰며 읽을 수 있는, 생략할 수 있는; 건너뛰며 읽기 쉬운.

skip·per[1] [skípər] 명 1 (특히 소형 상선·어선의) 선장. 2 (팀의) 주장, 지도자; 감독. ——타 …의 선장[주장]을 맡아보다.

***skip·per**[2] 명 1 뛰는 사람[것]. 2 (방아벌레 따위) 깡충깡충 뛰는 곤충; 팔랑나비. 3 지각없는 젊은이.

skip·per[3] 명 부랑자, 부랑자의 임시 숙소. 2 노숙. ¶do a ~ 거리나 공공 장소에서 잠자다. ——자 노숙하다, 노상에서 살다.

skip·per·ing [skípəriŋ] 명 (속어) 집세를 내지 않고 무단으로 빈집에 입주하는 일. [높은 파도.

skípper's dáughters 명(복) 흰 물마루를 일으키는

skip·ping·ly [skípiŋli] 부 깡충거리면서; 빠뜨리고.

skíp ròpe 명 (美) 줄넘기의 줄((英) skipping-rope). (또는 **júmp ròpe**)

skíp trácer 명 (美俗어) 행방 불명된 채무자 수색원. (또는 **skíp-tràcer**) [skip distance

skíp zòne 명 (통신) 도약대(帶), 불감(不感) 지대. 영

skí resórt 명 스키 행락지(스키장·호텔 시설 등이 갖추어져 있는 곳).

skirl [skəːrl] 동(자) 풍적(風笛)[백파이프]를 불다; (백파이프 같은) 삐삐 소리를 내다; (스코·北英) 째지는 듯한 소리를 내다. —— (음악)을 백파이프로 연주하는 듯 (째는 듯한 소리)를 내다. ——명 (a ~, the ~) 백파이프(스코·北英) 째지는 듯한 소리.

***skir·mish** [skə́ːrmiʃ] 명 1 (군사) 소충돌, 소규모 접전. 2 사소한 충돌, 작은 논쟁. ——자 작은 접전을 벌이다(with).

skir·mish·er [skə́ːrmiʃər] 명 소접전을 하는 사람; (군사) 척후병, 전위, 산병(散兵).

skírmish lìne 명 (군사) 산병선(散兵線).

skirr [skəːr] 동 급히 가다, 달려가다, 날아가다, 서두르다. ——명 삐걱거리는 소리.

‡**skirt** [skəːrt] 명 1 치마, 스커트. ¶a divided ~ 여성용 승마 바지. 2 (가운·코트 따위의) 자락. 3 (말의) 안장양 옆의 자락. 4 (건축) =skirting board. 5 (~s) (물건의) 가장자리, 변두리; 교외, 변두리, 특히 the ~s of a city 도시의 교외. 6 (속어) (성적 상대로서의) 여자, 아가씨; 성교, 섹스. 7 (동물의) 횡격막; (소의) 옆구리살. 8 (기계 따위의) 스커트, 덮개. 9 (해사) 가로돛의 밑자락, 리치(leech).

clear *one's* **skirts** 죄를 모면하다; 누명을 벗다.

hide behind the skirts of …의 그늘에 피난하다, …의 보호를 받다.

on the skirts of …의 변두리[주변]에; …에 접하여.

shake *one's* **skirt** (美속어) (여자가) 춤을 추다.

——동(타) 1 …의 가(가장자리)에 있다, 둘을 에워싸다, …의 경계를 이루다. ¶The road ~s the wood. 그 길은 숲을 싸고 돈다. 2 …에 자락을 대다, …을 자락으로 덮다. 3 …을 피하여, 비켜 가다, …의 가를 지나다. —— 자 1 가에 있다. 2 가장자리[끝]를 지나가다, 가장자리를 따라 나아가다(along). ¶(~+전+명) ~ along the edge of a cliff 낭떠러지 가장자리를 지나가다.

skirt around [or *round*] (문제를) 회피하다. 「한.

skírt chàser 명 여자 꽁무니를 쫓아다니는 사내, 색

skírt dànce 명 스커트 댄스(긴 치맛자락을 날리면서 추는 춤). [long-~ 긴 스커트의.

skirt·ed [skə́ːrtid] 형 (복합어로) …한 스커트의. ¶

skirt·ing [skə́ːrtiŋ] 명 치맛자락, 스커트; 스커트[치마]감. 2 (英) (건축) =~ board.

skírting bòard 명 (英) (건축) 걸레받이, 굽도리널.

skirt-roof [ˈrùːf] 명 (건축) (건물의 층과 층 사이에 내어 댄) 차양 지붕.

skí rùn 명 스키용 경사면[활강면].

ski-scoot·er [ˈskùːtər] 명 (英) =skidoo[1].

skí stìck 명 =ski pole.

skí sùit 명 스키복.

skit[1] [skit] 명 가벼운 풍자, 희문(戲文); 소(小)희극; 촌극; 조소, 조롱; (英방언) 신소리, 익살, 농담.

skit[2] 명 (주로 ~s) (英구어) 떼, 군중; 다수(lots). ¶~ of money 많은 돈.

skite[1] [skait] 명 (스코) 옆으로부터의 갑작스런 일격, 강타; 농담, 장난; 놀림감.

skite[2] (濠구어) 자(자) 자랑하다, 빼기다. ——명 자랑하는 이야기, 과시; 자랑을 일삼는 사람.

skí tòuring 명 크로스컨트리(cross-country) 스키; 스키 투어. **skí tòur·er** 명

skí tòw 명 스키토(스키를 신은 채 로프를 잡은 스키어를 슬로프로 끌어올리는 스키 리프트의 일종).

skí tròops 명 (군사) 스키 (전투) 부대.

skit·ter [skítər] 자 1 재빨리 달리다[나아가다]. 2 (수면을) 스쳐 날다. 3 낚싯줄을 물위에 끌면서 낚다. ——타 수면을 스치게 …을 날리다[던지다].

skit·ter·y [skítəri] 형 =skittish

skit·tish [skítiʃ] 형 1 (말 따위가) 잘 놀라는, 겁많은. 2 (여자가) 활발하고 수선스러운; 말괄량이의; 변덕스러운. 미덥지 못한. 3 수줍은. ~**ly** 부 ~**ness** 명

skit·tle [skítl] 명 (英) (~s) (단수취급) 구주희(九柱戱) (ninepins). 2 (구주희의) 나무 기둥.

all beer and skittles 단순한 오락. ¶Life is not *all beer and* ~*s*. 인생은 장난은 아니다.

——명 (~s) (英구어) 바보같은 소리, 어리석은 소리 마.

——자 구주희를 하다. ——타 (돈·기회 따위를) 헛되이 버리다.

skíttle àlley [gròund] 명 (英) 구주희장(場).

skíttle bàll 명 구주희용 원반.

skive[1] [skaiv] 동(타) 1 (가죽[껍질] 따위를) 벗기다[찢다]; (보석을) 갈다. ——명 (보석을 가는) 다이아몬드

skive[2] 동(자) (英구어) 일을 게을리하다. [바퀴.

skive off 회피하여 떠나다, 교묘히 뺑소니치다. ——명 책임 회피, 태업.

skiv·er[2] [skáivər] 명 (가죽 따위를) 벗겨내는 사람(칼, 연장); ① (제본용의) 얇은 양피.

skiv·vy[1] [skívi] 명 (美속어) (남성용) 면 T셔츠; (-vies) (T셔츠와 팬츠가 한 벌인) 속옷.

skiv·vy[2] 명 (英속어) (경멸적) 하녀.

ski·vy [skáivi] 형 (英속어) 정직하지 못한, 교활한.

skí-wear [skìːwɛ̀ər] 명 ① 스키복. 「따분한 사나이.

sklonk [skləːŋk, sklæŋk/sklɔŋk] 명 (美학생 속어)

sko [skou] (美속어) =Let's go. (또는 **sgo**)

skoal [skoul] 감 (건강을 기원하며) 건배합시다 (Bottom up). ——명 건배. ——자 건배하다. (또는 **skol**)

skol·ly [skɑ́li/skɔ́li] 명 (남아공) (흑인·혼혈의) 갱, 악당, 깡패. (또는 **skollie**)

skoo·kum [skúːkəm] 명 (美·캐나다) 1 큰; 강력한, 용감한; 인상적인. 2 일류의, 훌륭한.

skorts [skɔːrts] 명 스커트식 쇼트 팬츠, 짧은 치마바지. [<*skirt+shorts*]

Skry·a·bin [skriɑ́ːbin/skriǽ-] =Scriabin.

Skt., Skt., Skr., Skrt. Sanskrit.

sku·a [skjúːə] 명 도둑갈매기; (英) =jaeger.

skul·dug·ger·y [skʌldʌ́gəri] 명 ⓤ (美구어) 부정 행위, 사기, 속임수. (또는 **skullduggery**)

skulk [skʌlk] 자 1 (나쁜 이유로) 숨다, 남의 눈을 피하다, ⇒LURK 유의어. 2 살금살금 숨어 다니다[행동하다], 피해서 숨다. 3 (英) 꾀부리다, 꾀병 부리다. ——명 1 숨어다니는 사람. 2 늑대의 떼. 3 (드물게) 숨기.

skulk·er [skʌ́lkər] 명 몰래 숨는[숨어 행동하는] 사람.

skulk·ing·ly [skʌ́lkiŋli] 부 몰래 숨어서.

skull [skʌl] 圀 **1** 두개(頭蓋), 두개골. **2** (경멸적) 머리, 두뇌. ¶have a thick ~ 머리가 나쁘다, 둔하다. **3** (갑옷의) 투구. **4** (구어속어) 지도자, 장(長), 전문가.
 bored out of *one's* ***skull*** (속어) 심심해서 미칠 지경이, 지루해 죽을 만큼.
 go out of *one's* ***skull*** (미속어) ① 몹시 긴장되다, 신경질이 되다. ② 몹시 흥분하다. ③ 지루하다.
 out of *one's* ***skull*** 머리가 이상해진; 술에 취한. ━ 屄(속어) **1** …의 머리를 때리다. **2** (濠) (술)을 〜**·less**, 〜**·like** 圀   [마시다.
skúll and cróssbones 圀 해골 마크(두개골 밑에 대퇴골 두개를 십자로 교차시킨 도안. 옛날 해적들의 깃발·독약의 표시). **skúll-and-cróss-boned** 圀
skull-bust·er [⌐bʌ̀stər] 圀 (미속어) 어려운 과목 [수업]; 경관; 난폭자, 폭력을 휘두르는 자.
skull·cap [skʌ́lkæp] 圀 **1** 스컬캡(성직자 등이 쓰는 테두리 없는 베레모). **2** (해부) 정수리. **3** (식물) 골무꽃 (꽃받침이 헬멧 모양).
skúll crácker 圀 건물 해체용 철구(鐵球).
skull-drag [⌐dræg] 圀阨 맹렬히 공부하다, 필사적으로 하다.
skúll práctice [**sèssion**] 圀 (미속어) (축구 따위의) 교실에서(교본상)의 작전 연구; (정보나 의견 교환을 위한) 두뇌 회의.
***skunk** [skʌŋk] 圀 (옹 ~(s)) **1** 스컹크(북미산 족제비과(科)의 작은 동물; 그 모피. **2** (구어) 싫은 놈, 상종못할 놈. **3** (미군 속어) 미확인 선박(표적).
 (as) drunk as a skunk (미속어) 곤드레만드레 취한.
 ━ 屄阨 (미속어) (경기에서) …을 완패[영패]시키다. **2** (빚 따위)를 떼먹다; 사취하다.
skúnk bèar (동물) 오소리의 일종.   「초).
skúnk càbbage (앉은부채(천남성과(科)의 다년
skunk-drunk [⌐drʌ̀ŋk] 圀 (미속어) 고주망태가 된.
skunked [skʌŋkt] 圀 (속어) 고주망태가 된.
skúnk wòrks 圀阨 (단·복수 양용) (컴퓨터·항공기 등의) (비밀) 연구 개발 부문.
skurf [skəːrf] 圀阨 스케이트보드를 타다(skateboard). 〜**·er**, 〜**·ing**
skut·te·rud·ite [skʌ́tərʌ̀dait] 圀 (광물) 방(方)코발트광(코발트·니켈의 원광).
‡sky [skai] 圀 (옹 **skies** [-z]) (옹옹 **skies**) **1** 하늘, 창공. ¶a blue ~; blue *skies* 푸른 하늘. **2** 구름이 있는 곳, 상공. ¶threatening *skies* 비가 올 듯한 하늘. **3** 하늘, 천국. **4** 기후, 풍토; 날씨. ¶a foreign ~ 타국 / *the sunny skies of Southern California* 남 캘리포니아의 맑은 날씨.

 [USAGE] **sky**와 **skies**── 보통 the sky처럼 단수형을 쓰지만, 문어체나 시에서는 (특히 끝없는 넓이를 강조하여) the *skies*처럼 복수형을 쓸 때가 있다. praise a person *to the skies* (남을 극구 칭찬하다), be in *the skies* (의기양양하다) 따위 숙어에서는 보통 복수형을 쓴다. ✻ 날씨·기후에 관하여 말할 때는 (구어)에서도 복수형을 쓸 때가 있다: our *northern gloomy skies* 북쪽 지방의 찌푸린 날씨.

 aim for the sky (미구어) 높은 목표를 노리다, 대망을 품다.
 be in the skies [*or* ***sky***] ① 천국에 있다, 죽었다. ② 의기양양하다, 기뻐서 어쩔줄 모른다.
 be raised to the skies 승천(昇天)하다, 죽다.
 drop from the skies 갑자기 [느닷없이] 나타나다.
 hit the sky (구어) (스카이다이빙에서) 하늘을 날다.
 laud [*or* ***praise***] *a person **to the skies*** …을 극구 찬양하다, 극찬하다.
 out of a [*or* ***the***] ***clear (blue) sky*** 느닷없이, 뜻밖에.
 pie in the sky ⇒ PIE¹.
 Reach for the sky. 손을 높이 들어라.
 rend the skies (문어) 큰 음향을 내다.
 send to the skies (구어) 죽이다, 없애다(kill).
 shoot for the sky (미구어) 대망을 품다; (속어) 가진 돈을 몽땅 걸다.
 The sky is falling. 하늘이 내려 앉는다, 엄청난 일이 벌어진다.   「무제한이다, 얼마든지 있다.
 The sky is the limit. (구어) 천정부지(天井不知)다.
 to the skies [*or* ***sky***] 한껏, 몹시, 매우 높이, 크게.
 under a foreign sky 타국 하늘 아래서.
 under the open sky 야외에서, 옥외에서.
 ━ 屄 (**skied**, **skyed**; **sky·ing**) 旰 (구어) **1** (공 따위)를 하늘 높이 쳐올리다. **2** (그림)을 (천장에 가까운) 높은 곳에 걸다(그림이 신통치 않아서). ━ 枝 (골프 등에서) 공을 하늘 높이 치다; 급격히 상승하다; (미속어) 비행기로 가다.
 sky the wipe (濠속어) 패배를 인정하다.
 sky up (매 사냥에서) 사냥감이 하늘 높이 달아나다.
ský bèar (미속어) 헬리콥터에 탄 경찰, 경찰 헬리
ský blòck 고층 맨션가(街).   「콥터.
ský blúe 圀 (때로 a ~) 하늘색(azure).
ský-blúe
ský-blue pínk [⌐blùː-] 圀圀 (익살) 하늘색 핑크 (의), 있을 수 없는(기묘한) 색(의).
sky-born [⌐bɔ̀ːrn] 圀 (시) 하늘 나라에서 태어난.
sky-borne [skáibɔ̀ːrn] 圀 공수(空輸)의(airborne).
sky·bridge [skáibridʒ] 圀 **1** 두 빌딩 사이를 잇는 구름다리(통로). **2** 건물 내의 안마당 등에 설치한 연결 통로.   「(하나).
ský búrial 풍장(風葬), 조장(鳥葬)(티베트 장례법
ský·cap [skáikæp] 圀 (미) 공항의 수화물 운반원.
sky·car [skáikɑ̀ːr] 圀 수직 이착륙식 소형 비행기.
sky·clad [skáiklæ̀d] 圀 (속어) 알몸의, 벌거벗은.
sky·coach [skáikòutʃ] 圀 (최하급의) 여객기.
sky·dive [skáidàiv] 圀 스카이다이빙을 하다.
-div·er 스카이다이버.
sky·div·ing [skáidàiviŋ] 圀𝕌 스카이다이빙(낙하산 강하 스포츠). (또는 **ský dìving**).
Skye [skai] 圀 스카이(스코틀랜드 북서부 Hebrides 제도의 한 섬); 〜 **terrier**.
sky·er [skáiər] 圀 (크리켓) 비구(飛球).
Skýe térrier 스카이종(種)의 테리어(털이 길고 다리가 짧다).
sky·ey [skáii] 圀 (문어) 하늘의; 하늘에서 내려온; 하늘에 있는; 높은; 하늘 같은, 하늘색의.
ský flát 고층 아파트(맨션).   「이(높은).
sky-high [⌐hái] 𝔸圀 하늘 높이(처럼 높은), 매우 높
 blow sky-high 완전히 파괴해버리다; 논파하다.
sky-hitch·ing [⌐hìtʃiŋ] 圀𝕌 항공기의 히치하이크 [무전 여행].
sky·hook [skáihùk] 圀 **1** 하늘에 매달려 있다는 상상의 갈고리. **2** 헬리콥터에 매달려 있는 것 같은 물품 운반 장치. **3** 항공기에서 물품을 투하할 때 하강 속도를 줄이는 장치.
skýhook ballóon 圀 고공 과학 관측용 기구.
sky·ish [skáiiʃ] 圀 하늘같은; 하늘에 닿을 듯한.
sky·jack [skáidʒæ̀k] 圀阨 (비행기)를 공중 납치하다. ━ 圀 비행기 공중 납치(범). 〜**·ing**
sky·jack·er [skáidʒæ̀kər] 圀 비행기 공중 납치범.
Sky·lab [skáilæ̀b] 圀 스카이랩(실험용 우주 정거장).
‡sky·lark [skáilɑ̀ːrk] 圀 **1** 종달새. **2** (구어) 법석떨기. ━ 圀 (구어) 법석떨다, 떠들며 장난치다; (미군속어) 게으름 피우다.
sky·less [skáilis] 圀 하늘이 보이지 않는; 흐린.
sky·light [skáilàit] 圀 (천장의) 채광창, 천창(天窓).
***sky·line** [skáilàin] 圀 **1** 지평선, 수평선, (빌딩 따위의) 하늘을 배경으로 한 윤곽, 스카이라인. (또는 **ský line**)
sky·lounge [skáilàundʒ] 圀 스카이라운지 차(車) (시내의 여객 터미널과 공항을 헬리콥터로 매달아 운반하는 대형실행의 차).
sky·man [skáimən] 圀 (구어) 비행가(aviator); 낙

sky marker 图 하산병(paratrooper).
sky màrker 图 (군사) 낙하산 달린 조명탄.
sky màrshal 图 항공 보안관[경관].
sky pàrlor 图 《미속어》 고미다락(방).
sky pìece 图 《미속어》 모자, 가발.
sky pìlot 图 《속어》 **1** 목사, 공군 종군 목사. **2** 조종사.
sky·rock·et [skáirɑ̀kit/-rɔ̀k-] 图 살별 모양의 불꽃, 봉화. ━图图 (물가가) 치솟다: (명성 따위가) 급상승하다. ━图 (물가를) 급등시키다: (명성을) 높이다.
sky rùg 《미속어》 남자용 가발.「대의 윗돛.
sky·sail [skáisèil, 《해사》-sə̀l] 图 《해사》 셋째 돛
sky·scape [skáiskèip] 图 하늘 경치(를 그린 그림).
sky scòut 图 《미속어》 = chaplain.
***sky·scrap·er** [skáiskrèipər] 图 **1** 초(超)고층 빌딩, 마천루. **2** 《해사》 skysail 바로 위에 단 삼각형의 돛. ⇨SKYSAIL. **3** 《미속어》 《야구》 높이 솟은 플라이.
sky·scrap·ing [skáiskrèipiŋ] 图 마천루와 같은, 매우 높은.「기로부터의 선전.
sky-shout·ing [́ʃàutiŋ] 图 (확성기에 의한) 비행
sky sìgn 图 공중(상) 광고물, 스카이 사인.
sky sùrfing 图 행글라이더 타기. **sky sùrfer** 图
Sky Swéeper 图 《상표》 스카이스위퍼(레이더·컴퓨터를 갖춘 자동 대공포(對空砲)).
sky·tel [skaitél] 图 전세기·자가용기 등을 위한 호텔.
Sky Tèlevision 图 1989년에 시작된 영국의 위성방송.
sky tràin 图 **1** (캐나다 등의) 고가 전철. **2** 공중 열차(air train)(1대 이상의 글라이더와 그것을 끄는 비행기).
sky·troops [skáitrùːps] 图 공수 부대(paratroops).
sky·trùck 图 《구어》 대형 화물 수송기.
sky·walk [skáiwɔ̀ːk] 图 = skybridge.「한(해].
sky·ward [skáiwərd] 图图 하늘로(의), 하늘을 향
sky·wards [skáiwərdz] 图 = skyward.
sky·watch [́wɑ̀tʃ, ́wɔ̀tʃ] 图 방공 경계.
sky wàve 图 《라디오》 공간파(空間波), 상공파(上空波). ◎ ground wave
sky·way [skáiwèi] 图 《구어》 항공로; 고가 도로.
sky wìre 图 《미속어》 라디오의 안테나.
sky·write [skáirài] 图图 공중 문자를 쓰다. ━图 (광고 따위를) 공중 문자로 쓰다. **-wrì·ter** 图 **-writ·ing** 图[U] 비행기나 연막으로 공중에 문자를 쓰기.
SL steam locomotive(증기 기관차). **sl.** slightly; slow. **s/l.** (라틴) sine locō (= without place) (출판사명 없음). **SL.** sea level; Sergeant-at-Law; Solicitor-at-Law; south latitude.
***slab¹** [slæb] 图 **1** (돌·나무 따위의) 폭이 넓은 두꺼운 널빤지, 판상물(板狀物). **2** (빵·케이크 따위의) 두꺼운 조각. ¶a ~ of bread 두툼한 빵조각. **3** (재목의) 죽데기 널판. **4** 《야구》 《속어》 투수판(pitcher's plate). ━图图 (-bb-) …을 두꺼운 널빤지로 켜다; [재목에서] 죽데기를 켜내다.
slab² 图 《스코》 걸쭉한, 끈적끈적한.
slab·ber [slǽbər] 图图 图 = slobber.「한; 길쭉한
slab·sid·ed [́sàidid] 图 《구어》 측면이 길고 평
slab·stone [slǽbstòun] 图 판석(板石).
***slack¹** [slæk] 图 **1** 느슨한, 늘어진. **2** 부주의한, 태만[소홀]한 (in, at), 는 ¶ a workman 태만한 직공/He is ~ in his study. 그는 공부를 게을리한다. **3** 느린, 굼뜬, 꾸물거리는. ¶at a ~ pace 느릿느릿한 발걸음으로. **4** (장사 등이) 활기 없는, 불경기의; (날씨 따위가) 끄물거리는, 나른한. ¶~ weather 끄물거리는 날씨/feel ~ 몸이 나른하다. **5** (조류·바람 따위가) 완만한, 순한. ¶~ wind 정지(靜止) 상태의 바람. **6** (빵 따위가) 설 구워진, 덜 말린. **7** (음성) 이완(弛緩)음의, 개구음(開口音)의. **8** (화학) (석회가) 소화(消和)된. ¶~ lime 소석회.
be slack in [or **about**] **doing** …하는 것이 느리다.
keep a slack hand [or **rein**] 고삐를 늦추다, 너그럽게[관대하게] 다루다.
slack in stays 《해사》 (돛배가) 뱃머리 돌리는 속도가 느린.
━图 느슨히; 천천히, 느릿느릿, 완만히; 불충분하게.
━图 **1** 느슨함, 이완(弛緩). **2** (the ~) (밧줄·돛의) 느슨해진 부분. ¶ pull in the ~ 느슨해진 곳을 죄다. **3** 《구어》 한숨 돌리기. **4** (장사 따위의) 부진(한 시기), 저조(低調). **5** [지리] = ~ water. **6** (산 사이 또는 지표의) 움폭 들어간 곳, 골짜기. **7** (운율) 이약음(弛弱音). **8** 《영방언》 주제넘음, 건방짐.
give [or **cut**] **some slack** 《미구어》 …에 이해를 나타내다, 기회[여유]를 주다.
take in [or **up**] **the slack** ① (로프의) 느슨함을 죄다. ② 활력을 넣다, 부족한 것을 보충하다. ③ (조직 등의) 기강을 바로잡다[쇄신하다].
━图图 **1** (직무 따위를) 게을리하다. **2** (노력·속력 따위를) 늦추다, 경감하다 (up, off). **3** (밧줄 따위를) 늦추다 (off, away, out). ¶ (~ + 图 + 图) ~ off a rope 밧줄을 늦추다. **4** (석회를) 소화(消和)하다. ━图 **1** (직무 따위를) 게을리하다, 무책임하게 되는 대로 하다(off) (at, on). **2** (경기 따위가) 활발치 못하게 되다, 한산해지다(off, up); (속력이) 느려지다, (힘이) 약해지다(up). **3** (밧줄 따위가) 느슨해지다. **4** (석회가) 소화되다.
slack back (기중기·잭 등이) 무게로 인해 내려앉다 [느슨해지다].
slack off ① 늦추다. ② 노력하지 않다, 태만히 하다.
slack up ① 속력을 떨어뜨리다, 늦추다. ② (노력) 을 ~ing·ly, ~·ly 图 ~·ness 图「게을리하다.
slack² 图[U] 분탄(粉炭)(coal dust).
slack-baked [-béikt] 图 설 구워진; 반숙의, 미숙한; (결과가) 어중간한, 불완전한.
***slack·en** [slǽkən] 图 **1** 완만하게 되다[하다], 활발하지 않게 되다[하다]; (속도가) 늦어지다, (…의) 속도를 늦추다. ¶~ in one's energy 기운이 없어지다 / ~ one's work 일을 게을리하다, 태만히 하다. **2** 느슨해지다, ━图 느끼다.
slack·er [slǽkər] 图 책임 회피자; 게으른 사람; 병역 기피자.
slack-fill [-fíl] 图图 (곡물 용기에) 꽉 채우지 않고 느슨하게. **~ed** 图「딱 벌린, 어안이 벙벙한.
slack-jawed [-dʒɔ̀ːd] 图 (놀라움·당혹으로) 입을
slack-off [-ɔ̀ːf] 图 《구어》 태업, (일의) 템포를 늦춤.
slacks [slæks] 图图 헐거운 바지, 슬랙스(남녀의 스포티한 바지). 「불경기 시기.
slack séason 图 《미속어》 (장사의) 한산한 시기.
slack sùit 图 《미》 슬랙스와 재킷으로 된 벌의 남성용 평상복(여성용으로는 pants suit).
slack wáter 图 정지 상태의 조류, 게류(憩流), 게조(憩潮); 괸 물.
slag [slæg] 图[U] 용재(鎔滓), 광재(鑛滓), 슬래그. **2** 화산암 찌꺼기. ━图 (-gg-) 图 슬래그를 제거하다. ━图 화산암 찌꺼기처럼 되다. ~·a·bìl·i·ty 图 ~·ging 图 ~·less 图 ~·less·ness 图
slág cèment 图 슬래그 시멘트(고로(高爐) 슬래그를 이용한 화산재 시멘트).
slag·gy [slǽgi] 图 용재(모양)의; 화산암 찌꺼기(모양)의; 《속어》 찌꺼기 같은; (여자가) 칠칠치 못한.
slag·heap [slǽghìːp] 图 《영》 광석을 정련하고 남은 돌 찌꺼기 더미. 「받는.
on the slagheap 《구어》 버림받은, 무용지물 취급을
slág wóol 图 광석 찌꺼기로 만든 섬유질, 광물면(鑛物綿) (mineral wool).
***slain** [slein] 图 slay 의 과거분사.
slake [sleik] 图 **1** (욕망) 을 채우다, (화) 를 녹이다, 진정시키다, 만족시키다. ¶~ one's thirst 갈증을 풀다. **2** (불)을 끄다. **3** …을 둔화시키다, 약화시키다, (열정 따위)를 식히다, 달래다. **4** (석회) 를 소화(消和)하다, **5** (페이) 느슨하게 하다, 늦추다. ━图 **1** (석회가) 소화되다. **2** (고어) 활발치 못하게 되다, 누그러진다.
slák·a·ble, ~·a·ble, ~·less 图

sláked líme [sléikt-] 명 소석회(消石灰).
slak·er [sléikər] 명 1 부드럽게 하는[만족케 하는, 나아가게 하는] 사람[것]. 2 소석회(消石灰) 제조자.
sla·lom [slɑ́:ləm, -loum] 명 〔스키〕 슬랄롬, 회전경기; 지그재그로 달리는 자동차 경주. ─ 자 〔스키〕 회전 활강을 하다; 많은 굴곡이 있는 코스를 따라가다.
~·er, ~·ist
*__slam__¹ [slæm] 통 (**-mm-**) 타 1 〔문·창문 따위〕를 쾅[탕] 닫다. ¶ (~+목+부) ~ *down* the lid of a box 상자 뚜껑을 쾅[탕] 닫다 // Don't ~ the door. 문을 쾅 닫지 마라. 2 〔물건〕을 털썩 내려놓다(*down*); 찰싹 때리다[던지다](*on, upon, onto*); 〔브레이크 따위〕를 급히 밟다(*on*). ¶ ~ a book *on* a desk 책을 책상 위에 털썩 놓다 // ~ *on* the brakes = ~ the brakes *on* 급하게 브레이크를 밟다. 3 (美구어) …을 혹평하다, 깎아내리다. 4 (야구) 〔홈런〕을 치다, 강타하다. 5 (속어) …에게 낙승하다. 6 (美속어) 〔여자〕와 성교하다. 7 (美속어) 〔술〕을 꿀꺽꿀꺽 마시다.
─ 자 〔문·창문 따위가〕 쾅[탕] 닫히다; (…에) 세게 부딪다(*into*). ¶We heard the door ~ in the wind. 문이 바람에 쾅 닫히는 소리가 들렸다.
__slam a gate__ (속어) 문간에서 음식을 구걸한다.
__slam some beers__ (美속어) 맥주를 (여러 잔) 꿀꺽꿀꺽 마시다.
__slam the door__[or *__gate__*] *__in a person's face__* 남의 면전에서 문을 닫다, 남을 쫓아 버리다.
__slam the door on__[or *__upon__*] 문을 닫고 …을 들이지 않다, …에 대하여 문호를 폐쇄하다.
─ 명 1 찰칵 잠그기, 탁 때리기. 2 쾅, 쿵, 탕, 털썩. *with a ~* 쾅[탕]하고, 철썩[털썩]하고; 거칠게. 3 (美구어) 혹평. 4 (美속어) 구치소(prison).
─ 부 쾅[털썩] 하고; 난폭하게. 「놀이의 일종.
slam² 명 〔카드놀이〕 1 (브리지에서) 전승. 2 구식 카드
slam³ 명 (the ~) (美속어) =SLAMMER.
slam-bang [⁴bǽŋ] 부 (구어) 쾅 하고, 털썩하고, 쾅쾅[탕탕], 세차게; 무모하게; 재빨리. ─ 형 쿵쾅거리는; 스릴 만점의; 철저한. ─ 타자 거칠게 굴다. ─ 타 공격하다, 거칠게 때리다. ─ 명 거친 소리; (권투의) 거친 시합. **~·er**
slám dàncing 명 슬램 댄싱(열광적으로 뛰고 서로 부딪거나 벽에 몸을 부딪치기도 한다).
slám dùnk 명 =DUNK SHOT.
slam-dunk [⁴dʌ̀ŋk] 타 (농구) (공)을 슬램덩크[덩크슛]하다. 명 , 문간.
slam·mer [slǽmər] 명 (속어) 1 교도소, 유치장.
s.l.a.n., SLAN (라틴) *sine loco, anno, vel nomine*(=without place, year or name).
*__slan·der__ [slǽndər/slɑ́:n-] 명UC 1 중상, 비방, 욕설. 2 (법률) 구두(口頭) 비방(말로 하는 명예 훼손). 형 libel ─ 타 …을 나쁘게 말하다; 중상하다, (…의) 명예를 훼손하다; (…의) 허위 선전을 하다.
~·ing·ly 부
slan·der·er [slǽndərər/slɑ́:n-] 명 중상하는 사람.
slan·der·ous [slǽndərəs/slɑ́:n-] 형 중상하는, 입버릇이 나쁜; 명예를 훼손하는. **~·ly** 부 **~·ness** 명
‡**slang** [slæŋ] 명 1 속어, 슬랭(일상 회화 때 쓰이나 표준어로는 인정되지 않는 말). 2 (어떤 계급·사회의) 통용어, 전문어, 술어, 변말. ¶doctors' ~ 의사 용어 / college ~ 학생어. 3 (도둑 따위의) 은어, 변말, 상말. ─ 자 속어[상말]를 쓰다. ─ 타 (英) …을 상스러운 말로 욕하다, …의 욕을 하다. 「현.
slan·guage [slǽŋgwidʒ] 명 속어, 슬랭, 속어적 표
sláng wòrd 명 (개개의) 속어 (표현).
slang·y [slǽŋi] 형 속어의, 속어적인; 속어를 많이 쓰는; (복장·태도 따위가) 야한, 속된.
sláng·i·ly 부 **sláng·i·ness** 명
slank [slæŋk] 동 (고어) SLINK¹ 의 과거.
*__slant__ [slænt/slɑ:nt] 자타 1 …을 경사지게 하다, 기울이다. 2 비스듬히 베다[자르다], 비스듬히 가로지르다. 3 (美구어) …을 특수한 각도에서 말하다[쓰다]; (기사 따위)를 특정 독자층에 맞도록 하다(*for, toward, in favor of, against*). ¶ (~+목+전+명) ~ a story *for* children 어린이에 맞도록 이야기를 고쳐 쓰다. 4 (세뇌·강제 등으로) …의 사고 방식을 왜곡시키다.
─ 자 1 비스듬해지다, 경사지다(slope)(*away*)(*to*). ¶ (~+부+전+명) ~ *to* the right 오른쪽으로 기울다. 2 (…의) 경향이 있다(*toward*). 3 비스듬히 가다[나아가다]. 4 빗나가다.
─ 명 1 경사, 구배, 비탈; 사면, 사선. 2 (마음의) 경향, 편향(偏向). 3 (구어) 힐끗 보기, 일별(一瞥)(glance); 곁눈질. 4 (주로 美) 견지, 관점; 견해, 의견(*on*); 태도; 양상. ¶from a new ~ 새로운 관점에서. 5 (저널리즘) (특정의) 집필[편집·출판] 경향[각도]. 6 (美속어) 동양인(눈초리가 치켜 올라간 데서). (또는 **~-èye, slants**) 7 빙정돌. 8 (속어) 호기, 기회. 9 (세균의) 사면배양(기).
__a slant of wind__ (항해) (일진의) 순풍(順風).
__give__[or *__take__*] *__a slant at__* …을 힐끗 보다.
__on a__[or *__the__*] *__slant__* 비스듬히, 경사져서.
─ 형 비스듬한, 경사진; 편견을 품은(나타내는).
~·ing **~·ly** 부 비스듬히, 경사져서.
slánt bòard 명 슬랜트 보드, 경사판(복근(腹筋) 운
slánt-eye [⁴ai] 명 (美속어) 동양인. 「동용).
slánt-eyed [⁴àid] 형 눈초리가 치켜올라간; (경멸적) 아시아인(동양계의. 「사 천공(穿孔).
slánt-hole drílling [⁴hòul-] 명 (유정(油井)의) 경
slant·in·dic·u·lar [slæ̀ntindíkjulər/slɑ̀:nt-] 형 (속어) 1 비스듬한, 좀 경사진(형 perpendicular). 2 간접의, 완곡한. (또는 **slantendicular**)
slant·ing·ly [slǽntiŋli/slɑ́:nt-] 부 비스듬히; 넌지시, 간접적으로.
slánt ràng 명 (군사) (목표물까지의) 직거리.
slánt rhỳme 명 (운율) 불완전운(韻), 근사운.
slant·wise [slǽntwàiz/slɑ́:nt-] 부 비스듬히.
─ 형 비스듬한. (또는 **slántwàys**)
‡**slap**¹ [slæp] 명 1 손바닥으로 (뺨)치기, 찰싹 치기. 2 찰싹 (뺨)치는 소리. 3 통렬한 비판, 빈정거림, 비난; 모욕(*at*). 4 뜻밖의 재난[불행], 타격. 5 (英속어) (연극) 분장.
(a bit of) slap and tickle (英속어) (남녀간의) 시시덕거림, 농탕치기.
__a slap in the face__[or *__eye, kisser, teeth__*] ① 얼굴을 찰싹 때리기. ② 모욕, 창피; 거절; 비난; 실망(*for, from*).
__a slap on the back__ 등을 두드리기; 칭찬, 찬사.
__a slap on the wrist__ (구어) 가벼운 비난[질책, 경고]
__at a slap__ 갑자기, 돌연(all at once). 「(*for*).
__have a slap at__ (구어) …을 혹평하다; 〔어렵다고 생각하는 일〕을 해보다.
─ 타 (**-pp-**) 1 (손바닥으로·납작한 것으로) …을 찰싹 치다(*in, on, across*). ⇒BEAT 유의어 2 을 세게[탁, 털썩] 치다[놓다, 던지다]. 내동댕이치다(*down, on, against*). ¶ (~+목+전+명) He ~ped his hand *on* the table. 책상을 손으로 탁 쳤다. 3 (페인트·화장품 따위)를 철썩[덕지덕지] 바르다(*on*); (옷)을 아무렇게나 입다(*on*). 4 (구어) 비판[질책]하다, 모욕하다. 5 (세금 부과 등으로) …에 과하다; (수입 제한) 을 (관장·금지령 등)을 송부하다, 집행하다; (美) …을 벌금으로 처벌하다. 6 (야구) (안타)를 치다. ─ 자 찰싹 치다; (파도 따위가) 철썩 소리를 내다.
__slap a person in the face; slap a person's face__ (구어) 남을 모욕하다; 거절하다, 퇴짜 놓다(*with*).
__slap a person on the back__ …의 등을 가볍게 두드리다; 칭찬하다.
__slap a person on the wrist; slap the wrist of a person; slap on the__[or *__a person's__*] *__wrist__*

slap / slaughter

slap around ① 〔남〕을 두들겨 패다, 마구 때리다. ② 〔남을〕거칠게 다루다. ③ 〔보고서 따위〕를 혹평하다.
slap down ① 내동댕이치다, 내던지다. ② 털썩 놓다. ③ (구어) 억누르다, 침묵시키다; 비난하다, 질책하다; 곤혹스럽게 하다.
slap in 〔속담 따위〕를 아무렇게나 끼워 넣다.
slap on 휙 입대(쓰)다.
slap on [or **onto**] (구어) 〔세금·할증료〕를 부과하다.
slap skin 〔남의 손바닥을〕맞대다.
slap the book at 〔범죄자〕에게 최고 형벌을 과하다.
slap to 〔문 따위〕를 쾅하고 닫다.
slap together 날림으로〔아무렇게나〕만들다.
slap up 〔남을 위해〕급히 만들다(for).
— 图 **1** 찰싹, 세게. **2** (英구어) 갑자기. **3** (구어) 독바로, 직접. **4** 완전히.
~·per 图
slap² 图 (스코) **1** 균열, 벌어진 틈; 길. **2** 산길, 고개. **3** 찢어진 상처, 깊은 상처. — 图他 (**-pp-**) **1** …에 틈을 내다, 깨뜨리다. **2** (구어) …에 벌금을 부과하다. 「위〕애무.
slap-and-tick·le [ˊ-əntikl] 图 (英) 〔키스·포옹 따**slap·bang** [ˊbǽŋ] 图 (英구어) 세차게; 갑자기; 독바로, 쏜살같이. — 图 (구어) 세찬, 격렬〔맹렬〕한.
slap-dab [ˊdǽb] 图 (美구어) 직접.
slap·dash [slǽpdǽʃ] 图 무턱대고, 함부로, 무모하게; 독바로. — 图 저돌적인, 무모한, 성급한; 되는 대로의; 깔끔하지 못한, 허술한. — 图他 앞뒤 가리지 않기, 무모, 되는 대로 하기; 초벌칠(roughcast).
with slapdash 아무렇게나, 되는 대로. 「어〕곤폭.
slap-down [ˊ-dàun] 图 완전히, 전혀. — 图 (美구**slap·hap·py** [slǽphæpi] 图 (구어) **1** (머리를 맞아) 휘청거리는. **2** (술에 취해) 기분이 좋은. **3** 쾌활하고 무책임한, 분별없는. **-pi·ly** 图 **-pi·ness** 图
slap·head [slǽphèd] 图 (속어) 머리가 벗어진〔머리를 민〕사람, 대머리.
slap·jack [slǽpdʒæk] 图 **1** ⓤ 간단한 카드놀이의 일종. **2** (美) 핫케이크류의 과자.
Slapp [slæp] 图 시민 참여에 대한 전략적 소송.
— 图他 …을 시민 참여에 대한 전략적 소송으로 제소하다. (< strategic lawsuits against public participation)
slap·ping [slǽpiŋ] 图 (속어) **1** 매우 빠른, 나는 듯이 빠른. **2** 매우 큰, 큼직한. **3** 멋들어진, 훌륭한.
slap·stick [slǽpstik] 图 **1** ⓤ 왁자지껄한 광대놀이(저속한 희극). **2** (광대가 상대역을 때리는 데 쓰는) 막대기. — 图 왁자지껄한 광대놀이(식)의.
slap-up [ˊ-ʌ̀p] 图 (英구어) 제1급의, 일류의, 훌륭한.
SLAR (항공) side-looking airborne radar (기상 측시(側視) 레이더).
***slash¹** [slæʃ] 图他 **1** (칼·나이프 따위로) …을 썩 베다, …을 깊이 베다; …을 난도질하다. **2** (말)을 매질하다. **3** 〔예산·급료 따위〕를 깎다, 크게 삭감하다. ¶Our budget has been ~ed. 예산이 삭감되었다. **4** 〔작품·이야기 따위〕에서 일부를 삭제하다. **5** (수동형으로) 〔의복의 안이 보이도록 일부분을〕 터놓다. **6** …을 혹평하다, 힐뜯다. **7** 〔토지〕를 개간하다. — 图 (싹) 베다, 베어 젖히다; 마구 베며 나아가다; 돌진하다; (비 따위가) (…에) 세차게 내리치다(against). — (속어) 소변을 보다.
slash at …을 잽싸게 공격하다; …을 혹평〔비난〕하다.
— 图 **1** (칼로) 휙 베기, 후려치기, 일격(一擊). **2** 줄이기, 삭감. **3** 깊은 상처, 큰 부상. **4** (의복 따위의) 터진 곳, 슬릿. **5** (잔가지·나뭇조각 따위가 흩어져 있는) 숲속의 빈터; 흩어져 있는 잔가지(나뭇조각). **6** /(사선(斜線)(/). **7** (속어) 소변. ¶go for a ~ 소변을 보다. **8** 〔크리켓〕 강한 타격. **9** (美속어) 한잔의 술. **10** (美속어) 여성의 성기.
— 图 싹, 썩, 휙(벨 때 나는 소리).
slash² 图 (종종 ~es) (美) 관목이 무성한 습지.
slash-and-burn [ˊ-ənbə́ːrn] 图 나무를 베어 태운,

화전의. ¶~ farming 화전농(경). — 图他 〔지역〕을 (화전으로 만들기 위해) 벌목하여 태우다.
slash·er [slǽʃər] 图 **1** 칼; 약자를 괴롭히는 사람. **2** (또는 ~ film [mòvie]) 잔혹·폭력 영화(비디오). **3** (濠·뉴질) 슬래셔(잔나무 베는 기계).
slash·ing [slǽʃiŋ] 图 **1** 마구 베는. **2** 맹렬한, 위세 좋은; 통렬한. 3 (구어) 대단한; 거대한. ¶a ~ success 대성공. — 图ⓤⓒ (칼로) 베기. **~·ly** 图
slat¹ [slæt] 图 **1** (발·침대 따위에 쓰는) 잘게 켠 널빤지, 얇은 널판자. **2** (~s) (속어) 갈비뼈; 궁둥이. **3** (美속어) 스키. **4** 마른 여자; (S-) 키 큰 남자(별명). **5** 슬레이트(조각). — 图他 (**-tt-**) …에 얇은 널빤지를 대다, 얇은 널빤지로 …을 만들다.
slat² (英방언) 图 (**-tt-**) 图他 …을 세차게 던지다. — 图 (돛 따위가) 소리내어 펄럭이다, 소리내어 부딪치다; 세게 때리다〔부딪치다〕; 강타.
S. Lat. south latitude(남위(南緯)).
‡slate¹ [sleit] 图 **1** ⓤ 점판암(粘板岩). **2** (지붕을 이는) 슬레이트(판). **3** ⓤ 석판(石板). **3** ⓤ 슬레이트색, 푸른빛이 도는 회색. **4** (美) 후보자 명부; (집합적) 전후보자; (시합 따위의) 예정표. **5** 점차기, 점자용 필기구.
***a clean slate** 흠잡을 데 없는 경력. ¶start with *a clean* ~ 백지로 돌아가서 새로 시작하다, 갱생하다.
clean the slate; scrub the slate clean 백지로 돌리다, 기왕의 일은 없었던 것으로 하다.
have a slate loose (英) 머리가 좀 이상하다.
put it on the slate (英구어) 외상으로 달아놓다.
wipe off the slate ① = *clean the slate.* ② (美속어) 죽이다, 없애다.
— 图他 **1** (지붕을) 슬레이트로 이다. ¶~ a house 지붕을 슬레이트로 이다. **2** …을 후보자 명부에 올리다, 후보로 내세우다(for, to do). **3** (美속어) (수동형으로) …의 예정을 세우다(for); …에게 (…하게 할) 예정이다(to do). ¶(~+图+图+to do) The meeting is ~d for August. 그 모임은 8월에 열릴 예정이다.
— 图 (지붕을) 슬레이트로 인; 슬레이트의, 석판의; 슬레이트색의.
slate² 图他 **1** 몹시 때리다. **2** (英구어) …을 혹평하다, 비난을 퍼붓다. **3** 꾸짖다; 엄벌하다(for).
slate³ 图他 (英) 〔개〕를 (사람·동물)에게 공격하게〔덤벼들게〕 하다(sic)(on, at, against).
sláte blàck 약간 자주색을 띤 흑색.
sláte blúe 图 회색을 띤 청색.
sláte clùb 图 (英) (매주 소액의 돈을 각출하여 크리스마스 때까지 적립하는) 공제회(共濟會).
sláte còlor 슬레이트색(어두운 파랑 또는 녹색 띤 회색).
sláte péncil 图 석필(石筆). 「회색.
slat·er¹ [sléitər] 图 슬레이트 직공.
slat·er² 图 (英구어) 혹평하는 사람.
slath·er [slǽðər] 图他 (구어) **1** …을 듬뿍 바르다(on, with). **2** (돈 따위)를 아낌없이〔헤프게〕쓰다(on).
— 图 (~s) (美) 대량, 다수. ¶~s of money 많은 돈. (濠·뉴질) 완전한 자유.
open slather
slat·ing [sléitiŋ] 图ⓤ (지붕을) 슬레이트로 이기(이는 일); 지붕용 슬레이트.
slat·ing² [sléitiŋ] 图 비난, 꾸짖음; 혹평. 「한 여자; 매춘부.
slat·tern [slǽtərn] 图 (몸가짐이) 단정치(깔끔치) 못**slat·tern·ly** [slǽtərnli] 图 깔끔하지 못한, 칠칠치 못한; (여자가) 몸가짐을 함부로 굴리는. — 图 칠칠치 못하게, 게으르게. **-li·ness** 图
slat·ting [slǽtiŋ] 图 널 조각을 붙이기〔으로 만들기〕; 그렇게 짜 얇은 널 조각(slats); 그 재료〔원목〕.
slat·y [sléiti] 图 슬레이트의〔와 같은〕, 석판질(質)〔모양〕의; 슬레이트색의. **slát·i·ness** 图
***slaugh·ter** [slɔ́ːtər] 图 **1** (소·돼지 따위의) 도살. **2** 학살, 살육; 대량 살인〔학살〕. **3** 투매(投賣). **4** ⓤⓒ (美) 완패. — 图他 **1** …을 도살하다. ⇨KILL (유의어) ¶~ cattle 소를 잡다〔죽이다〕. **2** …을 학살하다, 대량으로

죽이다. 3 …을 투매하다. 4 《美》 …을 완패시키다. ~·a·ble 형 ~·er 명 도살자; 학살자. ~·ing·ly 부
slaugh·tered [slɔ́:tərd] 형 《美속어》 취한.
slaugh·ter·house [slɔ́:tərhàus] 명 도살장; 《비유적》 수라장; 《속어》 싸구려 매춘굴.
slaugh·ter·man [slɔ́:tərmən] 명 도살자; 살육자.
slaugh·ter·ous [slɔ́:tərəs] 형 살육을 좋아하는, 잔악한, 살인의; 파괴적인. ~·ly 부
Slav [slɑ:v, slæv] 명 슬라브 사람; 슬라브 민족(유럽 동부·동남부·중부에 널리 분포되어 있는 인종); 슬라브 말. — 형 슬라브 민족[말]의(Slavic); 슬라브적인(풍의).
Slav, Slav. Slavic; Slavonic.
‡**slave** [sleiv] 명 (‹ ~s[-z]) 1 노예. 2 (노예처럼) 뼈빠지게 일하는 사람. 3 (비유적) (욕망·악습 따위의) 포로, (…에) 사로잡힌 사람, 열중하는 사람(of, to). ¶ a ~ to love 사랑의 노예. 4 종속 제어 장치; (방사성 물질 취급용) 원격 조종 장치. 5 = ~ ant. 6 《사진》 보조 플래시램프. 7 《美흑인 속어》 일(job). 8 (통신) = ~ station. 9 《컴퓨터》 슬레이브(주장치(主裝置)의 보조 장치).
make a slave of …을 노예처럼 부려먹다, 혹사하다. — 자 1 노예처럼 일하다, 뼈빠지게 일하다(away) (*at, over, at doing*). ¶ (~+前+名) ~ *for* money to buy daily food 하루 하루의 끼니를 위하여 뼈빠지게 일하다. 2 노예 매매[운반]를 하다. — 타 1 …을 노예로 삼다[노예처럼 부리다]. — 형 1 노예(제)의, 노예적인. 2 (기계) 종속 제어의; 원격 조작의. ~·less, ~·like 형 ¶ [예로 일하는 개미].
sláve ànt 명 노예개미(다른 종류의 개미 사회에서 노예 제도를 만듦).
sláve bàngle 명 (보통 위팔에 끼는 부인용) 팔찌.
sláve-bòrn [-bɔ̀:rn] 형 노예로 태어난.
sláve bràcelet 명 (팔찌처럼) 발목에 끼는 장식.
Sláve Còast 명 (the ~) 노예 해안(아프리카 서부, Guinea 만의 북부 해안의 속칭; 16-19세기 노예 매매의 중심지).
sláve driver 명 노예 감시인; (구어) 혹독한 고용자.
sláve-drive 타 [엄한 교사.
slave-driv·ing [-dràiviŋ] 명 ⓤ (구어) 부하를 혹사하는 일.
sláve-grown [-gròun] 형 노예를 부려서 재배한[된].
slave·hold·er [sléivhòuldər] 명 노예 소유자.
slave·hold·ing [sléivhòuldiŋ] 명 ⓤ 노예 소유.
— 형 노예 소유의. [백인].
sláve hùnter 명 (노예로 쓸[팔] 흑인을 잡는 사람
sláve hùnting 명 (아프리카의) 노예 사냥.
sláve làbor 명 1 노예 노동. 2 (포로 수용소 따위에서의) 강제 노동, (일반적으로) 강제적인[저임금] 노동. 3 (집합적) (정치범·포로 따위의) 강제 노동자.
slave·ling [sléivliŋ] 명 (노예처럼) 혹사당하는 사람.
sláve machìne 명 (비디오) 슬레이브 VCR(비디오 카세트를 dubbing할 때 마스터 VCR에 연결되어 녹화하는 데 쓰이는 VCR).
sláve-màk·ing ànt [-mèikiŋ-] 명 노예военный(主) 개미 (다른 종의 개미들을 노예로 삼는다). (또는 **sláve màker**)
sláve màrket 명 1 노예 (매매) 시장. 2 《美구어》 (고용주와 직접 만나는) 직업 소개[알선]소.
slav·er¹ [sléivər] 명 1 노예 상인[소유자]. 2 = slave ship. 3 = white ~.
slav·er² [slǽvər, slǽv-, slɑ́:v-] 자타 1 침을 흘리다; (…을 보고) 군침을 삼키다(*over*). 2 아첨하다, 아부하다. 3 열망하다, 간청하다(*after*). — 타 (고어) …을 침으로 젖게 하다[더럽히다]; …에게 아첨하다. — 명 ⓤ 침; (노골적인) 아첨. ~·er 명
‡**slav·er·y¹** [sléivəri] 명 ⓤ 1 노예의 신분[처지]. 2 노예 제도; 노예 소유. ¶ *abolish* ~ 노예 제도를 폐지하다. 3 몹시 고된 일, 고역. 4 (…의) 포로가 된 상태, (욕망·악습 따위에) 사로잡히기(*to, of*); 예속, 굴종.
slav·er·y² [slǽvəri, sléiv-] 명 (고어) = slobbery.

sláve shìp 명 노예(무역)선.
Sláve Stàte 명 (the ~s) 《美역사》 노예주(州)(남북 전쟁까지 노예 제도가 합법적이었던 미국 남부 여러 주).
sláve stàtion 명 (통신) 자국(子局), 종국(從局).
sláve tràde 명 노예 매매. **sláve-tràd·er** 명 노예 매매상. **sláve-tràd·ing** 명 노예 매매.
sláve tràffic 명 노예 매매.
slav·ey [sléivi] 명 《英구어》 (하숙집의) 하녀.
Slav·ic [slɑ́:vik, slǽv-] 형 슬라브 민족의; 슬라브 어파(語派)의. — ⓤ 슬라브어(파). (또는 **Slavónic**)
Slav·i·cism [slɑ́:vəsìzm, slǽv-] 명 = Slavism.
Slav·i·cist [slɑ́:vəsist, slǽv-] 명 슬라브어 학자, 슬라브 문학[문화] 연구가. (또는 **Slavist**)
slav·ish [sléiviʃ] 형 1 노예의; 노예 같은, 노예 근성의. 2 천한, 비굴한, 비열한, 상스러운. ¶ a ~ follower 비굴한 추종자. 3 모방적인, 독창성이 없는. 4 (일 따위가) बिना, 고역의; 비천한. 5 (고어) 압제적인.
~·ly 부 ~·ness 명
Slav·ism [slɑ́:vizm, slǽv-] 명 ⓤ 1 슬라브인의 기질. 2 슬라브 민족(통일)주의; 친(親)슬라브주의. 3 ⓒ 슬라브 어법(語法), 슬라브 말투. (또는 **Slavicism**)
Slav·o- [slɑ́:vou, -və, slǽv-] 연결 Slav의 뜻. ¶ *Slavo*phile.
slav·oc·ra·cy [sleivɑ́krəsi/-vɔ́k-] 명 ⓤⓒ 노예 소유자들의 지배 (세력); 노예 소유자의 지배 단체.
Sla·vo·ni·a [sləvóuniə] 명 슬라보니아(크로아티아 북부의 지방).
Sla·vo·ni·an [sləvóuniən] 형 1 슬라보니아의; 슬라보니아 사람의. 2 = Slavic. — 명 1 슬라보니아 사람, 슬라보니아인(Slav). 3 ⓤ 슬라보니아어(Slavonic).
Sla·von·ic [sləvɑ́nik/-vɔ́n-] 형 1 = Slavonian. 2 = Slavic. — 명 ⓤ 슬라브어(Slavic).
Slav·o·phile [slɑ́:vəfàil, -fil, slǽv-] 명 친(親)슬라브파. — 형 슬라브 편을 드는, 친(親)슬라브의. (또는 **Slav·o·phil** [slɑ́:vəfil, slǽv-])
Slav·o·phobe [slɑ́:vəfòub, slǽv-] 명 슬라브를 싫어하는 사람, 슬라브 공포증에 걸린 사람. — 형 슬라브를 싫어[두려워]하는.
slaw [slɔ:] 명 ⓤⓒ (美·캐나다) 잘 게 썬 양배추 샐러드.
‡**slay** [slei] 타 (*slew; slain*) 1 …을 죽이다, 살해하다(⇒KILL 유의어). 2 …을 학살하다. 2 …을 소멸[절멸]시키다, 파괴하다. 3 (~*ed*) 《美구어》 강한 영향[인상]을 주다; …을 꼼짝 못하게 하다; (농담 따위가) 〔사람〕을 크게 웃기다. 4 = sley. — 자 죽이다, 살해하다. — 명 = sley. ~·a·ble 형 ~·er 명 살해자.
SLBM sea-[submarine-]launched *b*allistic *m*issile (해상[잠수함]) 발사 탄도 미사일). **SLCM** sea-[submarine-]launched *c*ruise *m*issile(해상[잠수함] 발사 순항 미사일). **sld** sailed; sealed; sold; solid. **SLD** (英) *S*ocial *a*nd *L*iberal *D*emocrats(사회 자유 민주당). **SLE** *s*ystemic *l*upus *e*rythematosus.
sleave [sli:v] 타자 (얽힌 실 따위)를 풀다, 풀어서 가는 실로 만들다. — 자 풀어서 가는 실이 되다. — 명 ⓤ 1 얽힌 것. 2 얽힌 실. 3 풀솜(floss), 실밥.
sléave sìlk 명 《펴어》 = floss silk.
sleaze [sli:z] 명 ⓤ 1 저속함, 추잡한 것. 2 《美구어》 저속한[끔찍한, 부도덕한] 놈; 몸이 헤픈 여자; 끔찍한 곳. — 자타 《美》 궁둥이가 가볍다; 몸이 헤프다. — 타 …을 조르다; …을 얻어내다, 훔치다.
sleaze-bag [slí:zbæ̀g] 명 《美구어》 = sleaze 2.
sleaze-ball [slí:zbɔ̀:l] 명 《美구어》 보기 싫은 놈, 밉살맞은 놈.
sleaze-buck·et [-bʌ̀kit] 명 《美속어》 보기 싫은 추잡한(영화·잡지 따위). — 형 추잡한 놈[것, 곳].
sléaze fàctor 명 스캔들 요인, 부패 요소(측근의 스캔들이나 부패상이 인기도나 선거에 끼치는 영향).
sleaze·mon·ger [slí:zmʌ̀ŋgər] 명 《美속어》 외설 오락물 제작자[판매자].

slea·zo [sli:zou] 형명 (美속어) 저속한 (것), 포르노(의). 「한[몹쓸]놈.
slea·zoid [sli:bɔid] (속어) =sleazy. — 명 저속
slea·zy [slí:zi, sléi-] 형 1 (직물이) 얇은, 아주 얄팍한, 조잡한, 값싼, 겉치레뿐인; 보잘것없는. 3 (구어) 행실이 나쁜, 칠칠[단정]치 못한. (또는 sleazo(id))
-zi·ly 부 -zi·ness 명

***sled** [sled] 명 1 썰매(sledge). 2 (활강용의) 소형 썰매. 3 목화 따는 기계, 면적기. 4 (美속어) 대형차.
Nova under snow on a sled (美속어) 훈제 연어와 크림치즈를 얹은 영국식 머핀(muffin).
— 동 (**-dd-**) 자 썰매를 타다, 썰매로 가다. — 타 …을 썰매로 나르다; 면적기로 (목화)를 따다.
~·like 형 「말개.
sled·der [slédər] 명 1 썰매 타는 사람. 2 썰매 끄는
sled·ding [slédiŋ] 명 1 썰매로 나르기, 썰매 타기. 2 (썰매 탈 수 있는) 눈의 상태. 3 혈매의 진행 상태; (비유적) 일의 진행 상태. ¶hard [or rough, tough] ~ 힘드는 일, 불리한 상황. 4 (목화 따는 기계로) 목화 따기.
sléd dòg 명 썰매 끄는 개.
***sledge**[1] [sledʒ] 명 1 (승용·짐 수송용) 썰매. 2 (英) (놀이·경기용의) 소형 썰매, 터보건(toboggan).
— 자 …을 썰매로 나르다. — 자 썰매로 가다, 썰매를 타다. **slédg·er** 명
sledge[2] 명동 =sledgehammer.
slédge dòg 명 =sled dog. 「쓰는) 큰 망치.
sledge·ham·mer [slédʒhæ̀mər] 명 (두 손으로
take a sledgehammer to crack [or *break*] *a walnut* [or *nut*]; *crack* [or *break*] *a walnut* [or *nut*] *with a sledgehammer* 작은 일을 하는 데 큰 도구를 쓰다; 닭 잡는 데 소 잡는 칼을 쓰다.
— 타 큰 망치로 치다; (비유적) 큰 타격을 가하다.
— 형 큰 망치 같은; 아주 강력히; 무자비한.

***sleek** [sli:k] 형 1 (모발·모피 따위가) 매끄러운, 윤기 있는, 2 혈색이 좋은, 토실토실 살쪘난 살찐; 번드르한. 3 (동작·말투가) 미끈한, 세련된; 구변 좋은. ¶a ~ salesman 구변 좋은 세일즈맨. — 동타 …을 매끄럽게[부드럽게] 하다; …에 광택을 내다; …을 반반하게 매만지다. — 자 복장을 단정히 하다, 몸치장을 하다.
~·er 명 **~·ly** 부 **~·ness** 명
sleek·en [slí:kn] 타 매끈하게[깔끔하게] 하다.
sleek·y [slí:ki] 형 1 매끄러운, 반들반들한. 2 남을 속이는, 약은; 말재주 있는. (또는 **sleeked**, **sleekit**)

‡sleep [sli:p] 자 (**slept**) 1 자다, 수면하다. ¶~ *well* 잘 자다. 2 (밤에 식물이 꽃잎·잎 따위를 오므리고) 자다. 3 (재능 따위가) 잠자고 있다; 활동 안하는: (바다 따위가) 잔잔하다. ¶The town *slept*. 온 도시는 잠자듯 조용했다. 4 죽어 있다, 영면하다, 묻혀 있다. ¶~ *in the grave* 지하에 잠들어 있다. 5 방심하다, 깜박하다, 경계심을 늦추다. 6 묵다, 숙박하다(*in*, *at*). ¶I shall ~ *in London tonight*. 오늘 밤은 런던에서 묵는다. 7 요요(Yo-Yo)가 줄 끝에서 계속 회전하다, (팽이가) 서다[빨리 돌아서 멈춘 것처럼 보이다]. 8 (구어) (이성과) 동침하다 (*together*)(*with*). — 타 1 (동족 목적어와 함께) 잠자다. ¶~ *a pleasant sleep* 기분좋게 잠자다. 2 숙박시키다, …을 숙박시킬 수 있다, …의 숙박 시설이 있다. ¶a hotel that can ~ 300 *people* 300명이 숙박할 수 있는 호텔. 3 잠자며 (시간을) 보내다(*away*, *out*). 4 잠들어 낫게 하다[제거시키다](*away*, *off*). 5 (재귀용법으로) 잠자서 …이 되게 하다. ¶~ *oneself sober* 한숨 자서 술이 깨다. 6 (요들) (줄 끝에서) 계속 돌게 하다, (팽이)를 선 듯이 보이게 하다.
look as if one has slept in that suit for a week 너저분한 옷차림을 하고 있다, 초라한 모습을 하고 있다.
sleep around (속어) 여러 남자[여자]와 동침하다.
sleep around the clock; sleep the clock (a)round (英) 12[24]시간 내내 자다, 종일 자다.
sleep away ① …을 잠자며 보내다. ¶~ *the day away* 하루를 잠자며 보내다, 허송하다. ② =*sleep off*. 「다.
sleep in ① 고용된 집에서 묵으며 일하다. ② 늦잠자
sleep like a log [or *top*] 폭 자다, 숙면하다.
sleep off 잠으로 잊혀[떨쳐] 버리다. ¶~ *off* one's *hangover* 잠으로 숙취(宿醉)를 떨쳐 버리다.
sleep on [or *upon*, *over*] ① …을 하룻밤 자며 생각하다, …의 결단을 다음날로 미루다.
sleep out ① 옥외에서 자다, 야숙하다. ② 고용된 집에서 묵지 않고 통근하다. ③ 외박하다.
sleep over ① (구어) (…의 집에서) 외박하다(*at*). ② 간과하다. ③ =*sleep on*.
sleep rough (美속어) 아무데서나 자다.
sleep through 깨지 않고 자다; 잠자고 있어 …을 깨닫지 못하다.
sleep together (2인 이상이) 침대를 같이 쓰다; (구어) (남녀가) 잠자리를 같이하다.
sleep with …와 자다, 성교하다, 동침하다.
— 명 U C 1 잠, 수면 (상태); C 한잠 (자는 시간). ¶a *broken* ~ 가끔 잠이 깨는 얕은 잠 / a *dead* ~ 숙면, 단잠 / *read a child to* ~ 책을 읽어 주어 아이를 잠들게 하다. 2 활동 정지, 활발하지 못함; 마비; (동물의) 동면. 3 영면, 죽음. ¶one's *last* ~ 죽음, 영면. 4 (구어) 눈곱. 5 졸림. 6 하룻밤, 일박(의 일정, 여정); (美속어) 1년의 형기, 짧은 형기(刑期).
can do a thing in one's sleep (美구어) (여러 번 해서) 아주 간단히도 할 수 있다, 자면서도 할 수 있 「다.
get to sleep 잠들다.
go to sleep ① 잠들다. ② (구어) (팔·다리가) 저리다, 마비되다.
have one's sleep out 깨어날 때까지 자다.
lay to sleep 잠재우다; 매장하다.
lose sleep over [or *about*] (부정문에서) (구어) …을 크게 염려하다, …으로 애태우다.
put...to sleep …을 잠들게 하다; (완곡적) 안락사시키다; (수술 따위를 위해) (남)을 마취시키다; (구어) …을 죽이다. ¶*put* a baby *to* ~ 아기를 잠재우다.
tear off some sleep 잠깐이 잠을 자다.
the sleep of the just (문어) 안면, 숙면.
sléep àpnea 명 수면시 무호흡.
sleep-a·way [´-əwèi] 형 (장소가) 숙박용인. (또는 **sléepawày**) 「오는 남자용 잠옷).
sléep·coat [slí:pkòut] 명 슬리프코트 (무릎까지 내
***sleep·er** [slí:pər] 명 1 잠든[자는] 사람[동물]; 동면 동물; 잠꾸러기. ¶a *good* [*bad*] ~ 잘 자는[못 자는] 사람. 2 (철도의) 침목; (건축) 마루 명에. 3 침대차 (sleeping car). 4 (美구어) 뜻밖에 성공하는[진가를 발휘하는] 사람; (영화·연극·책 따위가) 예상외로 히트한 것; 우연히 입수한 진귀한 물건(고본 따위). (英구어) 다크호스. 5 (보통 ~s) 유아용 내리닫이 잠옷. 6 (볼링 속어) 슬리퍼 (스페어를 딸 때 다른 핀에 가려 보이지 않는 핀). 7 (美속어) 수면제. 8 잘 팔리지 않는[뒤늦게 팔리는] 상품. 9 (침대 겸용) 소파, 가구. 10 눈곱. 11 대기[잠재] 스파이. 12 (美속어) 야경(夜警). 13 (美학생 속어) 지루한[쉬운] 강의. — 자 (드물게) 침대차로 여행하다. — 타 (송아지)에 귀표를 달다.
sléeper àgent 명 대기[잠재] 첩보원(긴급 사태에 대비하고 있다가 발동하는 첩보원(sleeper)).
sléeper sèat 명 (열차 등의) 침대 겸용 소파.
sleep·fest [slí:pfèst] 명 (美속어) (지루하여) 잠이 오는[잠들게 하는] 행사[강연].
sleep-in [´in] 명 1 입주 고용인. 2 집단 잠자기 농성.
— 형 (고용인이) 입주한. — 동자 입주하여 일하다.
‡sleep·ing [slí:piŋ] 형 1 자고 있는, 쉬고, 움직이지 않는. ¶*Let* ~ *dogs lie*. (속담) 잠자는 개를 깨우지 마라, 긁어 부스럼을 만들 것 없다. 2 수면[숙박]용의. 3 최면성(性)의.

sléeping accommodàtion 명 숙박 시설.
sléeping bàg 명 침낭(寢囊), 슬리핑 백.
Sléeping Béauty 명 1 (the ~) 잠자는 미녀(잠자는 숲속의 공주). 2 (때로 s- b-) 잠자고 있는[의식 없는] 사람.
sléeping càr [(英) càrriage] 명 침대차.
sléeping dóg 명 잠자는 개; (~s) 불쾌한 사실[추억].
sléeping dráught 명 (물약으로 된) 수면제.
sléeping Jésus 명 《美俗語》 지겨운 녀석; 멍해 있는 마약 복용자.
sléeping pártner 명 (英) =silent partner.
sléeping píll[táblet] 명 (정제·캡슐로 된) 수면제.
sléeping políceman 명 《英口語》 과속 방지턱.
  * 정식명은 (英) hump, (美) (speed) bump.
sléeping síckness 명 《의학》 수면병(열대 아프리카의 풍토병); 기면성(嗜眠性) 뇌염.
sléeping súit 명 = sleeper 5.
sleep-léarn·ing [⸍ləːrniŋ] 명 수면 학습.
sleep·less [slíːplis] 형 1 잠 못 이루는, 불면(중)의. ¶ a ~ night 잠 못 이루는 밤. 2 방심하지 않는. 3 쉬지 않는, 늘 움직이는. **~·ly** 부 **~·ness** 명
sléep móde 명 《컴퓨터》 슬리프 모드(일정 시간 이상 사용하지 않던 디스크 등이 동작을 멈춘 상태).
sleep-out [⸍àut] 명형 밖에서 자고 출근하는 (사람·가정부·간호사 등); 야외에서 자는(자기).
sleep-o·ver [⸍òuvər] 명 외박; 외박하는 사람.
sléep shàde 명 (안면(安眠)용) 눈가리개.
sléep sòfa 명 침대 겸용 소파.
sleep-téach·ing [⸍tìːtʃiŋ] 명 =sleep-learning.
sléep-wáke cỳcle [⸍wéik-] 명 《생리》 수면 각성 주기.
sleep-walk [slíːpwɔ̀ːk] 명 = sleepwalking.
  — 동자 잠결에 걸어다니다.
sleep·wálk·er [slíːpwɔ̀ːkər] 명 몽유병자.
sleep·wálk·ing [slíːpwɔ̀ːkiŋ] 명 ⓤ 《의학》 몽유병. — 형 몽유병의.
sleep·wear [slíːpwɛ̀ər] 명 =night clothes.
‡**sleep·y** [slíːpi] 형 (**sléep·i·er; ~·i·est**) 1 졸리는, 졸음이 오는; 잠이 많은. ¶ feel ~ 졸음이 오다. 2 졸리운 듯한. ¶ a ~ look 졸리운 표정. 3 나른한, 잠이 덜 깬; (장소 따위가) 조용한, 활기가 없는. ¶ a ~ little town 조는 듯이 조용한 소도시. 4 졸리게 하는. 5 (과실 따위가) 썩기 시작한. **sléep·i·ly** 부 **sléep·i·ness** 명
sléep·y-éyed [-àid] 형 잠이 덜 깬 눈의.
*****sléep·y·hèad** [slíːpihèd] 명 잠이 많은 사람, 잠꾸러기. **~·ed** 형
sléepy síckness 명 (英) =sleeping sickness.
*****sleet** [slíːt] 명 ⓤ 진눈깨비. — 동 《비인칭의 it를 주어로 하여》 진눈깨비가 내리다; 진눈깨비처럼 내리다. ¶ It is ~ing. 진눈깨비가 내리고 있다.
sleet·y [slíːti] 형 진눈깨비의, 진눈깨비 같은; 진눈깨비가 내리는. **sléet·i·ness** 명
‡**sleeve** [slíːv] 명 (~s [-z]) 1 (옷의) 소매, 소맷자락. ¶ Every man has a fool in his ~. 《속담》 약점이 없는 사람은 없다. 2 음반(音盤)의 종이 케이스. 3 《기계》 슬리브, 투관(套管)(긴 축 따위를 끼우는 관(管) 모양의 쇠붙이). 4 《군사》 = ~ target.
a sleeve across the windpipe 통렬한 일격.
hang on a person's sleeve 남에게 의지하는, 남의 의견에 따라 자기 생각을 결정하는. 「게 여기다.
laugh in [or *up*] *one's sleeve* 몰래 웃다, 고소하다.
pin one's faith on [or *upon, to*] *a person's sleeve* 남을 완전히 신뢰하다, 남에 대한 신뢰를 공공연히 나타내다.
put the sleeve on a person 《美俗語》 ① [남]을 체포하다; (얼굴 등을 보고) [남]을 확인하다. ② [남]을 불러 세워 기부를 부탁하다[돈을 꾸어 달라고 하다].
turn [or *roll*] *up one's sleeves* 소매를 걷어 올리다[붙이다]; 싸움[일]을 할 준비를 하다.
up one's sleeve 몰래 자기가 맡아 두고[둔].
wear one's heart on one's sleeve ⇒ HEART¹.
⸺·like 형 1 …에 소매를 달다. 2 《기계》에 슬리브[투관]를 끼우다[달다].
sleeve-board [slíːvbɔ̀ːrd] 명 소매 다림질판.
sléeve bùtton 명 소매 단추, 커프스 단추.
sleeved [slíːvd] 형 소매가 달린; (복합어로) …소매의. ¶ long-~ 긴 소매의. **~·ness** 명
sleeve·less [slíːvlis] 형 소매 없는; 무익한, 쓸데없는.
sleeve·let [slíːvlit] 명 슬리브레트, 소매 커버.
sléeve lìnk 명 (英) 커프스 단추((美) cuff link).
sléeve nòte 명 (英) 레코드 재킷에 인쇄된 해설문 ((美) liner note).
sléeve tàrget 명 《군사》 (비행기에 매다는 대공 사격 연습용) 기류(旗旒) 표적. 「원통형 밸브.
sléeve vàlve 명 《기계》 (내연 기관의) 슬리브 판(瓣),
sleez·y [slíːzi(ː)] 형 《美俗語》 = sleazy.
‡**sleigh¹** [sléi] 명 1 썰매, 큰 썰매(여객·짐 운반용으로 보통 말이 끈다). 2 포가(砲架)의 활동부(滑動部).

[sleigh¹ 1]

throw off the back of the [or *a*] *sleigh* 동아리 [한 패에서] 떼어버리다.
— 동자 썰매를 타다, 썰매로 가다. — 타 …을 썰매로 나르다.
⸺·er 명
sleigh² 명동 = sley.
sléigh bèlls 명 썰매 방울.
sléigh·ing [sléiiŋ] 명 1 썰매타기, 썰매로 가기[여행하기]; 썰매의 달림새; 썰매가 달릴 눈의 상태.
sléigh-rìde [sléiràid] 《美俗語》 명 1 코카인(에 의한 도취). 2 인생의 호조기(好調期). 3 이용[사기]당함.
— 동자 코카인[마약]을 복용하다.
-rìd·er 명 코카인 상용자[중독]자.
sleight [sláit] 명ⓤⓒ 《고어》 능란한 솜씨; 날랜 솜씨, 재주; 술책, 책략; 간지(奸智).
sléight of hánd 날랜 손재주; 요술; 교묘하게 속임. **sléight-of-hánd** 형
sléight of móuth 능란한 말재주[구변].
sléight-of-móuth 형
‡**slen·der** [sléndər] 형 (~·er; ~·est) 1 가느다란, 호리호리한, 날씬한. ⇒ THIN 유의어 ¶ a ~ girl 몸매가 호리호리한 소녀. 2 (양 따위가) 얼마 안되는, 빠듯한, 빈약한. ¶ ~ family finances 빠듯한 가계. 3 (가치·근거 따위가) 박약(빈약)한, 미덥지 못한. ¶ a ~ hope 가냘픈 한줄기 희망. 4 (소리 따위가) 약한, 가냘픈. 5 (음성) 협음(狭音)의. **~·ly** 부 **~·ness** 명
slen·der·ize [sléndəràiz] 타 (* (英) **-ise**) 1 …을 가늘게 하다, 마르게 하다. 2 …을 호리호리[날씬]하게 보이게 하다. 자 여위다, 호리호리해지다.
-i·zá·tion, -iz·er 명
‡**slept** [slépt] 동 sleep의 과거·과거분사.
sleuth [slúːθ] 명 《구어》 탐정, 형사; 경찰견(bloodhound). — 타 …의 냄새 자취를 쫓다; …을 추적하다. — 자 탐정 노릇을 하다.
sleuth·hound [slúːθhàund] 명 경찰견(bloodhound); 《美俗語》 탐정, 형사.
*****slew¹** [slúː] 동 slay의 과거.
slew² 명 비틀기, 회전. — 타 …을 비틀다, 돌리다, 회전시키다. — 자 비틀리다, 돌다.
slew³ 명 (美) 늪지대, 습지.
slew⁴ 명 (종종 ~s) 《구어》 많음, 다수, 다량(lot). ¶ a ~ of people 많은 사람들.
slew⁵ 동자 《美俗語》 취할 때까지 마시다.
slewed [slúːd] 형 1 《속어》 술 취한. (또는 **sléw·y**) 2 《濠俗語》 오지에서 길을 잃은.

sléw ràte 〔전자〕 슬루 레이트(증폭기에서 방형파(方形波) 또는 계단 신호 입력에 대해 출력 전압이 변하는 비율의 최대값).

sley [slei] 🅝 (옷 ~s) 베틀의 바디, 슬레이.
── 🅣 〔날실〕을 베틀 바디에 꿰다.

‡**slice** [slais] 🅝 (*slic·es* [-iz]) **1** 얇은 조각, 한 조각 (*of*).¶a ~ *of* bread[bacon] 빵[베이컨] 한 조각. **2** 부분, 몫.¶a ~ *of* profits 이익의 몫. **3** 얇은 주걱, 튀김 뒤지개; 얇은 칼; 생선 써는 칼; (인쇄용) 잉크 개고 바르는 주걱. **4** 〔스포츠〕(골프·야구 등의) 슬라이스, 우곡구(右曲球). **5**〔英〕과세 소득의 계층 구분. **6**〔전자〕슬라이스(얇은 원반형의 반도체 단결정(單結晶)). **7** 궁지, 곤란한 처지.
a real slice 〔美속어〕 재수없는 날, 지겨운 하루.
cut a slice (*off the joint*) (남자가) 성교하다.
It's been a slice! 〔美속어〕 즐거웠어요.
slice and dice film 〔美속어〕(인체를 토막 내는 잔혹한) 공포 영화.
── 🅣 (*slic·es* [-iz]; ~*d* [-t]; *slic·ing*) 🅣 **1** …을 얇게 베어내다(*away, off*) (*from*), 저미다(*up*); (주걱 따위로) …을 잘라[긁어]내다(*off*).¶~ *off* a piece of meat 고기를 한 점 베어[잘라]내다. **2** 가르다, 나누다, 분할하다. ¶(~+🄸+🄰) ~ a watermelon *in* four 수박을 네 토막으로 쪼개다. **3** (물 따위)를 가르고 나아가다. ¶The steamer ~*d* the sea. 기선이 파도를 가르고 나아갔다. **4** 〔스포츠〕(공)을 깎아 치다, 슬라이스시키다; 슬라이스로 치다. **2** 얇게 베다. **3** 가르듯이 나아가다. **4** 〔골프〕(잘못하여) 베다(*into*).
any way you slice it 〔美속어〕 어느 모로 보나도.
no matter how [or *whichever way*] *you slice it* 〔美속어〕 어떻게 보아도[생각해도].
slice up (*like lunch meat*) 〔美속어〕 혹평하다.
the best [or *greatest*] *thing since sliced bread* 〔구어〕 최고의 사람[물건], 일품.
⌐·a·ble *slíc·ing·ly* 🄐

slíce bàr 🅝 불쏘시개(* 용광로 따위에 쓴다).
slíce of lífe 🅝 〔광고〕 실생활의 한 단면을 묘사한 상업 선전 광고. 〔한 단면을 묘사한.
slice-of-life [⌐əvláif] 🄐 (희곡·소설에서) 실생활의
slíc·er [sláisər] 🅝 얇게 베는 사람(연장, 기계), 슬라이서 (빵 따위를 얇게 자르는 기구); 〔전기〕 슬라이서, 진폭 게이트.

***slick** [slik] 🄐 **1** 매끄러운, 반들반들한, 윤기나는; 미끄러운. ¶a ~ road 미끄러운 길. **2** 〔구어〕 구변이 좋은; 붙임성있는; 약삭빠른; 교활한. **3** 교묘한, 능란한; 교묘히 고안된. **4** (얼음·기름 따위로) 미끌미끌한. **5** 〔美속어〕 멋들어진, 팡창한, 일류의. **6** (문학 작품을 싣지 않은) 대중 잡지(풍)의. **7** (경주용 자동차의 타이어가) 흠이 없는. **8**〔美〕(소·말 따위) 낙인을 찍지 않은(unbranded). ── 🅝 **1** 매끄러운[반들반들한] 장소, 미끄러운 곳; 유막(油膜). **2** 〔구어〕(광택지를 쓴) 고급 잡지. **3** (표면을 매끄럽게 하는) 매끄럼 도구. **4** (목이 넓은) 목공용 끌. **5** (경주용 자동차의) 미끄럼 방지 없는 타이어. **6** 〔美〕(방목장의) 소인 안찍은 가축. **7** 〔美속어〕 사기꾼; 교활한 자; 독차로.── 🅣 **1** …을 매끈매끈[반들반들]하게 하다. **2** 〔구어〕 …을 훌륭하게[깔끔하게] 만들다; 멋지게 만들다(*up*); 〔머리를〕(기름 따위로) 매만지다(*down*) (*with*).
⌐·ly 🄐 **⌐·ness** 🅝

slíck chíck 🅝 〔美속어〕 (현대적) 매력이 있는 젊은 여성. (또는 **slick-chíck**).
slíck-ear [⌐ìər] 🅝 귀표 없는 가축.
slicked-up [slíktʌ́p] 🄐 〔속어〕 말끔하게 치운[처리된]; 세련된, 매력있는.
slick·ens [slíkənz] 🅝🅥 유적(流積) 실트(silt)층; 〔야금〕(쇄광기(碎鑛機)에서 나오는) 광석 가루.
slick·en·side [slíkənsàid] 🅝 (보통 ~s) 〔지질〕

활면(滑面), 경암(鏡岩)(단층운동의 마찰로 매끄러워진 암석의 면).
slick·er [slíkər] 🅝 **1** 〔美〕(길고 헐거운) 레인코트. **2** 〔美속어〕 사기꾼, 야바위꾼, 교활한 놈. **3** 도시 출신의 세련된 사람. ── 🅣 속이다. 〔다[갈취하다].
slicker a person out of... 〔남〕을 속여 …을 우려내
── ~*ed* 🄐 슬리커를 입은.
slíck·rock [slíkràk, -rɔ̀k] 🅝 (풍화로) 맨들맨들한
slíck·ster [slíkstər] 🅝 〔美〕 = slicker 2.
slick·um [slíkəm] 🅝 〔美속어〕 머릿기름, 포마드.
***slid** [slid] 🅣 slide의 과거·과거분사.

‡**slide** [slaid] 🅣 (~s [-z]; *slid*; *slid, slíd·den*; *slíd·ing*) 🅥 **1** 미끄러지다, (얼음·눈에서) 미끄러지다(*on, over*); 미끄러져 내리다(*down*); 〔서핑〕 파도타기를 하다. ¶(~+🄸+🄰) ~ *down* the snow-covered hill 눈 덮인 언덕을 미끄러져 내려가다.

〔유의어〕 **slide** 미끄러져 이동하다: 때로 짧은 시간의 이동, 는 가속적인 이동을 표시. **glide** 매우 매끄럽게 소리 없이 흐르듯 미끄러지다. **slip** (보통 부주의·사고 따위로) 갑자기 쭉 미끄러지다.

2 (물건이 미끄럽게 쑥 움직이다, (손 따위에서) 미끄러져 떨어지다(*from, off*); (사람이) (헛디뎌서) (…에서) 미끄러지다(*out of*); (자동차 따위가) 옆으로 미끄러지다, 슬립하다. **3** 미끄러지듯 가다[움직이다], 미끄러져 들어가다: 살짝 들어가다[나다], 떠나다(*into, out of*); (일이) 진전되다, 되어가다. ¶(~+🄸+🄰) ~ *into* a room 방에 슬쩍 들어가다. **4** (매가) 쏜살같이 지나가다(*by, past, away*). ¶(~+🄸) The years slid away. 어느덧 세월이 흘렀다. **5** (나쁜 버릇 따위에) 빠져들다, 저도 모르게 …이 되다(*into, to*). ¶(~+🄸+🄰) ~ *into* bad habits 나쁜 습관에 빠지다. **6** (가치·가격이) 떨어지다. **7** (동물이) 기어가다; (액체가) 흐르다. **8** (눈·시선이) (…으로) 옮겨가다. **9** 〔야구〕(주자가) 슬라이딩하다(*into*). 〔美속어〕 인기를 잃다.
── 🅣 **1** …을 미끄러지게 하다, 활주시키다. ¶(~+🄸+🄸+🄰) ~ a glass *across* the table 유리잔을 테이블 건너로 미끄러뜨려 보내다. **2** …을 슬쩍 들여보내다[집어 넣다](*in, into*). ¶(~+🄸+🄸+🄰) ~ a note *into* a person's hand 남의 손에 지폐[메모지]를 쥐어주다.
let...slide ① …을 되어가는 대로 내버려두다. ② 〔구어〕 …을 소홀히 하다, (사태가 악화되는 것을) 방치하다. ¶*let* things ~ 일을 되는 대로 내버려두다.
let...slide by ① 〔자격 없는 자를〕 그대로 통과시키다. ② 〔중요한 날·약속 등을〕 잊다; 〔시간을〕 낭비하다, 흘려 보내다.
slide over …을 깨끗이 해치우다. ¶~ *over* a difficult subject 까다로운 문제를 깨끗이 처리하다.
── 🅝 (옷 ~s [-z]) **1** 미끄러지기, 활주; 〔서핑〕 파도타기. ¶have a ~ *on* the ice 얼음을 지친다. **2** 활주로; 미끄럼[비탈]길; 활강(滑降) 운반 장치; 미끄럼틀; (기계 따위의) 활동부(滑動部); (곡물 등을 운반하는 평미등) 활주로(滑走部)가 달린 운반 장치, 큰 썰매. **3** 〔지질〕 산〔땅〕사태; 눈사태. **4** (현미경·환등기의) 슬라이드. **5** 〔음악〕 앞꾸밈음; 포르타멘토(portamento); (트롬본 따위의) U자형 활주관(滑奏管). **6** 타락, (운의) 쇠퇴; (가격의) 하락. **7** (가구에 넣었다 뺐다 하는) 선반, 시렁. **8** 〔야구〕 슬라이딩. **9** 슬리퍼; (~s) 〔美속어〕 구두. **10** 머리핀(barrette); 슬라이드(옷이 흘러내리지 않게 하는 장신구). **11** = sliding seat. **12** 〔美속어〕 바지 주머니.
on the slide (업적·이익 등이) 악화되어, 하락하여; (英) (건강 상태가) 서서히 악화하여.

slíd·a·ble **slíd·a·ble·ness** **slíd·a·bly** 🄐
slíde bàr 🅝 〔기계〕 (증기 기관의) 활봉(滑棒), 미끄럼
slíde fástener 🅝 〔美〕 지퍼, 척, 파스너. 〔막대.
slíde·film [sláidfilm] 🅝🅥🅒 환등 필름(슬라이드용).
slíde knót 🅝 (올가미 따위의) 미끄럼 매듭.

slid·er [sláidər] 명 1 미끄러지는 사람[것]. 2 (기계의) 활동부(滑動部). 3 〖야구〗 슬라이더(타자 가까이에서 외각(外角)으로 빠지는 공). 4 (북미산) 거북의 일종. 5 (전차의) 전선 접속판. 6 〖美학생 속어〗 쉬운 과목. 7 〖컴퓨터〗 =tab key.

slíde ràil 명 가동(可動) 레일.

slíde rùle 명 계산자, 계산척(滑尺).

slíde vàlve 명 〖기계〗 활판(滑瓣); (오르간의) 슬라이드 판.   [(기계의) 활구(滑溝).

slide-way [sláidwèi] 명 활주로, 활사로(滑斜路).

slid·ing [sláidiŋ] 형 1 미끄러지는, 활동(滑動)하는. ¶a ~ snake 스르르 움직이는 뱀. 2 (사정에 따라) 이동하는, 변화하는. ¶a ~ (미끄러지어) 조작(操作)하는, 당기는. ¶a ~ door 미닫이 문. ── 명 1 미끄러지기, 활주; 〖야구〗 미끄러져 들어가기, 슬라이딩. 2 =~ scale 1. ~·ly 부 ~·ness 명

slíding fríction 명 〖기계〗 미끄럼 마찰.

slíding róof 명 (자동차의) 개폐식 지붕.

slíding rúle 명 〖고어〗 =slide rule.

slíding scále 명 1 〖경제〗 순응률(順應率); 물가 연동제(連動制)(임금 따위를 물가 변동에 연동시키는 방식). 2 계산자(slide rule).

slíding séat 명 (경주용 보트의) 활좌(滑座).

slíding tíme 명 《美》 =flextime.

sligh [slai] 명〖美속어〗얕은 잠을 청겨하다.

‡**slight** [slait] 형 (~·er; ~·est) 1 (양·정도 따위가) 약간의, 근소한, 적은; (최상급 형태로 부정문·의문문에서) 조금도 …않는. ¶a ~ difference 사소한 차이 / a ~ meal 가벼운 식사 // It's not the ~est use losing your temper. 화를 내봤자 아무 소용이 없어요. 2 하찮은, 보잘것없는. ¶a ~ argument 사소한 시비. 3 가는, 호리호리한. ¶a ~ girl 몸매가 호리호리한 소녀. 4 무른, 약한, 5 (병 따위가) 경미한, 가벼운. ¶a ~ cold 가벼운 감기. 6 알맹이가 없는, 실속 없는.
I haven't the slightest idea. (구어) (질문을 받고) 전혀 모르겠다.
make slight of …을 얕잡다, 경시하다.
not...in the slightest 조금도 …않다. ¶haven't changed *in the* ~*est* 조금도 변하지 않았다.
── 타 …을 얕잡다, 경시하다; …을 경멸하다, 무시하다, 모욕하다; (일 따위)를 소홀히 하다, 되는 대로 하다; (단어 따위)를 불명료하게 발음하다. ⇒NEGLECT 유의어   「욕.
── 명 얕봄, 경시; 경멸; 등한, 소홀(*on, to*); 무례, 모욕. *put a slight upon* a person 남을 얕잡아 보다, 경시하다.
~·er 명 ~·ish 형 ~·ness 명   「시하다.

slight·ing [sláitiŋ] 형 경멸하는, 경시하는, 모욕하는. ¶a ~ remark 남을 무시(모욕)하는 말. ~·ly 부

slight·ly [sláitli] 부 1 약간, 조금, 얼마쯤. 2 약하게; 섬세히, 가냘프게. 3 어지간히, 꽤; 대략; 부주의하게; 경멸하여.

slightly obvious 《美속어》 일목요연한, 누가 보아도

sli·ly [sláili] 부 =slyly.

*****slim** [slim] 형 (~·mer; ~·mest) 1 가느다란, 호리호리한, 날씬한. ⇒THIN 유의어 ¶a ~ figure 날씬한 몸매. 2 얼마 안되는, 적은; 여유가 없는, 보잘것없는. ¶a ~ income 얼마 안 되는 수입. 3 (옷이) 날씬한 체형에 맞는 (사이즈의); 얇은, 얄팍한. 4 (길이) 좁은. 5 교활한, 약삭빠른.   「어지간하다.
── 자 (-*mm*-) 여위다, 여위게 하다; 가늘어지다, 가늘

slim down ① (절식하여) 마르다. ② …의 규모를 줄이다; (기업의 규모를) 축소화하다.
── 명 1 (양복 사이즈의) 마른 체형의 것. 2 다이어트; 감량. 3 《美속어》 =cigarette. 4 《美속어》 (경찰의) 스파이.
── 타 (~ S—) ~ ~ disease.
~·ly 부 ~·ness 명   「(AIDS의 별칭).

slím disèase 명 〖아프리카〗 (때로 S— d—) 슬림병

slime [slaim] 명 1 Ⓤ 진흙, 곤죽, 연니(軟泥); 늪의 링이. 2 Ⓤ Ⓒ (불결하거나 악취가 나는) 점착성(粘着性) 물질; 끈끈끈한 것. 3 Ⓤ (뱀·물고기·식물 따위의) 점액(粘液). 4 (속어) 점액. 5 부패, 타락(한 사람).
── 타 1 (점액 따위)로 …을 뒤덮다, 바르다. 2 (통조림으로 하기 위하여) (물고기)의 점액을 빼다. 3 (광석)을 부수어 경니(輕泥)로 만들다. ── 자 슬쩍 빠져 나가다. 미끄러지같이 빠져 나가다.

slíme bactèria 명복 점액 세균.

slíme·bag [sláimbæg] 명 (속어) =slimeball.

slíme·ball [sláimbɔ̀ːl] 명 (속어) 불쾌한[보기 싫은] 녀석.

slíme·búck·et [sláimbʌ́kit] 명 (속어) =slimeball.

slíme mòld [《英》 mòuld] 명 〖식물〗 1 변형[점균(變形)[粘菌]]. (또는 **slíme fùngus**) 2 무주자균(無走子菌).

slíme pit 명 역청갱(瀝青坑), 이광갱(泥鑛坑).

slim·jim [slímdʒìm] 명 1 깡마른 사람, 가냘픈 것; (자동차 도둑이 쓰는) 얇은 금속 조각. (또는 **slím Jím [Jím], Slím Jím**) ── 형 가냘픈, 호리호리한.

slim·line [slímlàin] 명 1 호리호리한. 2 날씬한 (디자인의). (형광등의) 가는. 3 낭비없는, 경제적인.

slim·ming [slímiŋ] 명 체중을 줄이는. ¶~ exercise 체중 감량 운동. ── 명 Ⓤ 슬리밍(식이 요법·운동 등에 의한 체중 감량법).

slim·mish [slímiʃ] 형 약간 호리호리한[약한].

slim·nas·tics [slìmnǽstiks] 명복 (단·복수 양용) 감량(미용, 살빼기) 체조. [< *slim + gymnastics*]

slim·sy [slímzi] 형 (첫 따위가) 얄팍한; 약한, 무른. [< *slim + flimsy*]

slim·y [sláimi] 형 1 끈적끈적한, 질척질척한, 곤죽 같은. ¶a ~ liquid 점액. 2 진흙투성이의. 3 (英) 비굴한, 추종적인; 비열한. **sli·mi·ly** 부 **-i·ness** 명

***sling[1]** [sliŋ] 명 1 투석기(投石器); 고무줄 새총. 2 (투석기에 의한) 투석, 내던지기; (부상한 팔을 거는) 삼각붕대, 삼각건(巾). 4 (총·가방 따위의) 멜빵. 5 (짐을 끌어 올리는) 쇠사슬, 밧줄. 6 =~·back. 7 (속어) 뇌물; 팁. (또는 ~ **bàck**) 8 (~s) 〖항해〗 (보트 따위를 달아올리고 내리는) 쇠사슬.
have [or *get, put*] *one's ass in a sling* 곤란하게 [귀찮게] 되다, 침울해 있다; 상사의 노여움을 사다.
the slings and arrows 신랄하기 이를 데 없는 공격.
── 타 (**slung**) ① …을 (투석기로) 던지다; …을 내던지다 (*at*). 2 (밧줄·사슬로) …을 달아 올리다. 3 …을 매단다; (멜빵 따위로) …을 걸머지다 (*over*). ¶ (~+목)+전+명) ~ a rifle *over* one's shoulder 총을 어깨에 메다. ── 자 1 투석기로 돌을 던지다. 2 (스코·北英·濠) 활보하다. 3 (濠구어) 뇌물을 주다; 팁을 주다.

slíng a násty fóot [or **ánkle**] (美속어) 멋지게[신나게] 춤추다.

slíng bèer (美속어) 바텐더[급사] 일을 하다.

slíng hásh (美속어) 웨이터[웨이트리스]로 일하다.

slíng ínk (속어) 글을 함부로 끄적거리다; 작가[신문 기자]가 되다.   「을 주다, 팁을 주다.

slíng ìt ① (속어) 수다(허풍) 떨다. ② (濠구어) 뇌물

slíng mùd (속어) 헐뜯다, 중상하다: (사람의) 얼굴에 먹칠을 하다, 혐담하다 (*at*).

slíng óff (濠·뉴질 구어) 비웃다, 조소하다 (*at*).

slíng òneself úp 술을 올라가다.

slíng óne's hóok 살그머니 도망치다.

slíng Ss (美교도소 속어) 빤히[뚫어지게] 보다.

slíng the búll = *sling it* ①.

sling[2] 명 Ⓤ Ⓒ (美) 슬링(진·브랜디에 물·설탕·레몬 주스·향료 따위를 섞어 얼음을 곁들인 음료).

sling-back [-bæ̀k] 명 1 (또는 ~ **chàir**) =sling chair.   「정하는 숙녀화. 2 뒤에 벨트가 달린.

slíng·bag [-bæ̀g] 명 솔더 백, 멜 가방.   「하는 차.

slíng càrt 명 (대포 따위 무거운 물건을) 매달아 운반

slíng chàir 명 캔버스 체어, 데크 체어.

sling·er [slíŋər] 명 1 (옛날의) 투석 병사. 2 달아 올리는 사람. 3 던지는 사람. 4 웨이터, 웨이트리스. 5 (美俗) 수다(허풍)쟁이. 6 (~s) (英俗) 흙차에 적신 빵.

slínger rìng 명 (항공) (프로펠러에 부동액을 뿌리는) 결빙 방지제 파이프. [여성용 구두.

sling pùmp 명 (보통 ~s) (급이 낮은) 샌들 모양의

sling·shot [slíŋʃàt/-ʃɔ̀t] 명 1 (미국, 고무줄 새총)(英) catapult). 2 슬링샷(카레이스에서 급스피드로 앞차를 추월하기). 3 (운전석이 뒷바퀴 뒤에 있는) 레이스용 자동차. (또는 **slíng-shòt**)

slink¹ [sliŋk] 동(A) (**slunk**) 1 살금살금 걷다, 몰래 도망치다(into). ⇒LURK 유의어 ¶ ~ **into a corner** 슬쩍 구석으로 물러나다. 2 (여자가 선정적으로) 엉덩이를 흔들며 걷다. ~**·ing·ly** 부

slink² 동(A) (~**ed, slunk**) (소 따위가)(새끼를 조산(早産)하다. ─ 형 조산의, 달이 덜 찬. ¶**a ~ calf** 조산된 송아지.

slink·y [slíŋki] 형 1 살금살금 몰래하는, 남의 눈을 피하는. 2 (여자 옷이) 신체의 선을 드러내는; (몸매가) 부드럽고 아름다운. **slínk·i·ly** 부 **slínk·i·ness** 명

slio·ter [líter] 명 헐링(hurling)의 공.

‡slip¹ [slip] 동 (**-pp-**) 困 1 미끄러지다 ⇒SLIDE 유의어); 미끄러지듯 가다(지나가다). 살짝 들어가다(나오다)(**away, out, past, off**)(**into, out of**). ¶(~+前+名) **He** ~**ped into the room.** 그는 살짝 방안으로 들어갔다. 2 (손 따위가) 미끄러다. (물건이) 미끄러져 떨어지다. 벗겨지다, 풀리다. (개 따위가 줄을) 벗어버리고 도망치다(**off, from**). ¶(~+前+名) **The cat** ~**ped off my knee.** 고양이가 무릎에서 빠져 나갔다. 3 미끄러져 넘어지다, 걸려 넘어지다, 헛디디다(**on**). ¶(~+前+名) **on the ice** 얼음 위에서 미끄러져 넘어지다. 4 (기억 따위에서) 사라지다(**from, out of**). ¶(~+前+名) **His name has** ~**ped from my memory.** 그의 이름을 깜박 잊었다. 5 (모르는 사이에) 시간이 지나다, 경과하다: (기회 따위가) 사라지다(**away, by, past, on, along**). ¶**let a good chance** ~ 호기를 놓치다 // (~+副) **The years** ~**ped by** [or **away**]. 어느덧 세월이 흘렀다. 6 (무심코·엉겁결에) 입 밖에 내다(**out**), (입을) 놀리다; 잘못을 저지르다(**up**)(**in, on, over**); (정도를) 벗어나다, 틀리다. ¶(~+前+名) **She often** ~s **in her grammar.** 그녀는 문법을 가끔 틀리다. 7 (옷을) 잽싸게(아무렇게나) 입다(벗다)(**into, out of**). ¶(~+前+名) ~ **into a dress** 옷을 얼른 입다 / ~ **off one's shoes** 신발을 얼른 벗다. 8 (물가·질·양이) 떨어지다. (능력이) 저하되다, 떨어지다; (건강이) 나빠지다, 악화되다(**back**). ¶**Prices have** ~**ped**. 물가가 하락했다. 9 (항공) (비행기)가 옆으로 미끄러지다. 10 (쉽게) 익숙해지다, 융합되다; (모르는 사이에) …의 상태에 빠지다(**into, off to**). ¶ ~ **into a new way of life** 새로운 생활 양식에 곧 익숙해지다 /~ **off to** [or **into**] **sleep** 모르는 사이에스르르 잠이 들다. 11 (독서·연구 따위에서) (…을) 빠뜨리다, 못 보고 지나가다(**over**). ¶ ~ **over the most important part** 가장 중요한 부분을 빠뜨리다(간과하다). 12 (해사) 닻을 내리다. 13 (권투) (상대의 편치를 피해) 머리(상체)를 재빨리 좌우로 흔들다.
─ 타 1 …을 미끄러지게 하다, 미끄러져 들어가게 하다(**in, into**); …을 슬쩍(재빨리) 끼우다(벗기다)(**on, off**); 슬그머니 놓다; 슬며시 이내다(건네)다. ¶(~+目+前+名) ~ **a ring on** [**off**] **one's finger** 반지를 손가락에(에서) 끼우다(벗기다) /~ **a note into a person's hand** 남의 손에 몰래 메모를 살짝 쥐어주다. 2 (옷 따위)를 아무렇게나(급히) 입다(벗다)(**on, off**). ¶(~+目+副) ~ **one's clothes on**[**off**] 옷을 얼른 입다(벗다). 7 (기억 따위)에서 사라지다. ¶**The appointment** ~**ped my memory.** 약속을 깜빡 잊었다. 4 (속박·근심 따위)에서 벗어나다; (추적자 따위)를 벗어나다; …을 따돌리다. ¶ ~ **off all one's care** 모든 근심에서 해

방되다 / ~ **one's pursuers** 추적자를 따돌리다. 5 (매·사냥개 따위)를 풀다, 풀어주다. 6 (매듭 따위)를 풀다; (해사) (닻·돛을)을 풀다, 풀어놓은 채로 두다, 벗기다. 7 (기회 따위)를 놓치다; …을 모르고 넘기다(지내다); …을 못 보고 넘기다. ¶ ~ **an opportunity** 기회를 놓치다. 8 …을 생략하다; …을 쓰지(말하지) 않고 빼먹다. (뜨개의 코)를 빠뜨리고 뜨다. 9 (가축이) …을 조산(유산)하다. 10 (뱀 따위가) (허물)을 벗다. 11 (관절)을 탈구(脫臼)하다. 12 (권투) (편치)를 (몸을 돌려) 피하다. 13 (英) (추적자)를 빠져버리고 놓다. 14 (하강 중인 낙하산을 조정하여) 옆으로 날게 하다.

let slip ① …을 놓아주다; (사람)을 놓치다; (기회 따위)를 놓치다. ② (심코) …을 입 밖에 내다(**out**).

let slip the dogs of war (시) 전쟁을 시작하다.

slip a cog (美俗) 실수하다.   [다.

slip along 황급히 가다; (시간이) 지나다, 흐르

slip away[or **off, out**] (말도 없이) 살짝 가버리다.

slip back 살짝 돌아가다(돌려놓다).

slip down (음료 따위)를 꿀꺽 삼키다; (눈물 따위가) 흘러 내리다; (물건이) (…에서) 떨어지다(**from**).

slip into (속어) ① …을 후려치다. ② …을 실컷 먹다. ③ (의자 따위)에 쿵하고 앉았다. ④ …에 빠지다. ⑤ (옷)을 후딱 입다. [어](여자)와 성교하다.

slip it to a woman; slip a woman a length (속어) **Slip me five!** 악수하자! (Give me five!)

slip on [**off**] (옷 따위)를 얼른 입다(벗다); (반지 따위)를 손가락에(에서) 끼우다(빼다).

slip one for something, a trick] **over on a person** (美俗) 남을 속이다, 사기치다, 꼭두다.

slip one's breath [or **cable, wind**] 죽다.

slip one's trolley (美俗) 머리가 돌다.

slip up ① 미끄러져(걸려) 넘어지다. ② 잘못하다; 실패하다; 자취를 감추다.

slip up on …에 몰래 다가가다.

─ 명 1 미끄러지기, 미끄럼, 미끄러져 넘어지기; (자동차 따위의) 슬립. ¶**a ~ on the ice** 얼음 위에서 미끄러져 넘어지기. 2 실책, 틀림, (말·글의) 오류, 잘못; 빠뜨리기, 간과. ⇒MISTAKE 유의어 ¶**a ~ of the tongue** 말실수/**There's many a ~ twixt**[or **between**] (**the**) **cup and** (**the**) **lip**. (속담) 컵을 입술에 가져가는 사이에도 실수는 얼마든지 있다, 방심은 금물이다. 3 (소행상의) 잘못, 과실; 경솔한 행동, 비행; (돌연한) 불운, 재난. ¶**make a slight moral** ~ 도덕적으로 약간의 잘못을 저지르다. 4 흘렁 입는(벗는) 물건, 쉽게 벗겨지는 것. 5 (낙하산을) 옆으로 미끄러져 내리기. 6 (추적자로부터의) 도주, 도피. 7 (물가·질·양 따위의) 저하, 하락. 8 (여성용) 속옷, 슬립; (어린이의) 턱받이; 베갯잇; (~s) (英) (남자용) 수영 팬티. 9 (개를 매는) 개사슬. 10 (해사) (경사진) 조선대(造船臺). 11 (배·항공기 따위의) 슬립(프로펠러의 회전에 대한 실속력 감소의 비율); (펌프의) 누출, 샘; (기계) 공전(空轉), (부품 사이의) 이완. 12 (크리켓) 슬립(삼주문(**wicket**)의 뒷쪽, 타자가 볼 때 왼쪽의 위치); 그 위치의 외야수. 13 (지질) (단층의) 어긋남; 소단층(小斷層). 14 (~s) (英) 극장 무대의 옆 출입구. 15 좁고 흠한 길, 협로. 16 (가축의) 조산, 유산. 17 활주하기 쉬운 것; (페인트 따위의) 붓에 잘 배기.

get the slip 놓치다; 따돌림당하다.   [따돌리다.

give…the slip (구어) …을 속이고 달아나다, …을

one's slip is showing 슬립이 드러나 보인다; 출신이 알 만하다.

─ 형 (한정용법) 1 미끄러져 움직이는. 2 떼어낼 수 있는. 3 끄르는 매듭이 있는. 4 간단히 벗겨지는.

~**·less** 형 ~**·ping·ly** 부

slip² 명 1 꺾꽂이 가지, 삽목지. 2 (나무·종이·토지 따위의) 가늘고 긴 조각. ¶**a ~ of paper** 가늘고 긴 종이 조각. 3 전표(傳票). 4 호리호리한 젊은이. ¶**a ~ of a boy**[**girl**] 가냘프게 생긴 소년(소녀). 5 (美) (교회의) 신도석, 회중석. 6 (인쇄) 교정쇄. ─ 동(타) (**-pp-**) …을

slip³ 명U 점토액(도예용).
SLIP [slip] 명 〔인터넷〕 슬립(모뎀과 시리얼 회선을 써서 IP 접속하기 위한 통신 절차).
slip càrriage 명 **(英)** (진행중의 급행 열차가 통과역에서) 떼어놓고 가는 차량.
slip·case [slípkèis] 명 책(을 넣는 종이) 케이스.
slip·cov·er [slípkÀvər] 명 **1** (소파·의자 따위 가구의) 덮개. **2** 책커버. — 타 〔가구〕에 덮개를 씌우다.
slip jòint 명 미끄럼 이음매, 활동(滑動) 접합부.
slip·knot [slípnɑ̀t/-nɔ̀t] 명 **1** (당기면 쉬 풀리는) 매듭. **2** 당겨서 쥐어지는 매듭. 〔리즐, 올가미.
slip·noose [slípnùːs] 명 (당기면 쉽게 풀리는) 올
slip·on [´-ɑ̀n, -ɔ̀n/-ɔ̀n] 형 (스웨터처럼) 머리부터 내리 입는; 간편하게 입었다 벗었다 할 수 있는. — 명 **1** 머리부터 내리 입는 옷(스웨터 따위). **2** (끈없는) 쉬 신었다 벗었다 할 수 있는 구두.
slip·o·ver [slípòuvər] 형명 =pullover.
slip·page [slípidʒ] 명U **1** 미끄러짐; 그 정도. **2** 탈락[저하]의 정도. **3** (목표·기일 따위의) 불이행, 지연; (경제적) 손실, 감소; (지지율) 저하. **4** 〔기계〕 미끄림; (기계의 미끄럼 따위로 인한) 작업 손실량.
slipped dísk [slípt-] 명〔병리〕추간판(椎間板) 헤
‡**slip·per** [slípər] 명 (※ ~s [-z]) **1** 슬리퍼, (실내용) 덧신.¶a pair of bedroom ~s 침실용 슬리퍼 한 켤레. **2** (차 바퀴의) 브레이크. **3** 사냥개를 풀어놓는 사람. — 타 **1** (아이)를 슬리퍼로 때리다, 엄하게 벌주다. **2** (발)에 슬리퍼를 걸치다. — 자 슬리퍼를 신고[끌며] 걷다. ~·like 형
slipper bàth 명 (욕조 끝에 덮개가 있는) 슬리퍼 모양의 욕조; (~s) (개별 욕조를 갖추고 있는) 공중 목욕
slípper chàir 명 (침실용의 낮은) 소형 의자. 〔탕.
slip·pered [slípərd] 형 슬리퍼를 신은; 마음 편한.
slip·per·ette [slìpərét] 명 (기내용 따위의) 1회용 (종이) 슬리퍼.
slip·per-slop·per [-slɑ́pər-/-slɔ́p-] 형 (방언) (드물게) 헐렁한 슬리퍼를 신은, 초라한; 감상적인.
slípper sòck 명 슬리퍼 양말(실내용 가죽바닥 양말).
‡**slip·per·y** [slípəri] 형 **1** 미끄러운, 잘 미끄러지는. ¶a ~ floor 미끄러운 마룻바닥. **2** (손에서) 잘 빠져나가는, 잡기 어려운; (비유적) 파악하기 어려운.¶a ~ rope 미끄러운 밧줄. **3** (사람·동작 따위가) 미덥지 못한; 속임수의.¶a ~ witness 믿을 수 없는 증인. **4** 불안정한.¶a ~ condition 불안정한 상태. **5** 부도덕한, 음란한. **6** (美俗어) (차가) 유선형인.
a [or the] *slippery slope* **(英)** 파멸[전락]에 이르 *as slippery as an eel* 아주 미끄러운. 〔는 길. -per·i·ly 부 -per·i·ness 명
slíppery díp 명 (濠구어) (유원지의) 미끄럼대.
slíppery élm 명 (북미 동부산) 느릅나무의 일종; U 그 속껍질(진통제 원료).
slíp pròof 명 〔인쇄〕 가(假)조판 교정쇄.
slip·py [slípi] 형 **(英구어)** 미끄러운; **(英구어)** 재빠른, 약삭빠른, 빈틈없는. 〔다, 약고 빈틈없이 하다.
be [or *look*] *slippy about it* **(英속어)** 잽싸게 하
-pi·ness 명
slíp rìng 명 〔전자〕 집전환(集電環). **slíp-rìng** 형
slip-road [´-ròud] 명 **1** (고속 도로의) 진입로, 램프. **2** 우회로(by-pass road).
slip·sheet [slípʃìːt] 명 간지(間紙)(인쇄지 사이에 끼우는 얇은 종이). — 통 …에 간지를 끼우다; 간지로 보호하다.
slip·shod [slípʃɑ́d/-ʃɔ̀d] 형 **1** (옷차림·습관이) 단정치 못한; 되는 대로의. **2** (구두의) 뒤축이 닳은; 초라한, 누추한. **3** (고어) 뒤축이 닳은[헐렁한] 신을 신은. ~·di·ness, ~·ness 명
slip·slop [slípslɑ̀p/-slɔ̀p-] 명U **1** 쓸데없는 이야기, 무의미한 문장, 시시한 책; 감상적인 이야기[문장]. **2** (이상한) 말의 오용(을 범하는 사람). **3** 〔고어〕 수분이 많은 (싱거운) 음식, 싱거운 음료[술]. **4** =thong.
— 통자 **(-pp-)** 헐렁한 덧신을 신고 터덕터덕 걷다.
— 형 (술이) 싱거운; 알맹이[내용이] 없는; 시시한.
slip·sole [slípsòul] 명 (구두의) 깔창; (높이 조절)
slip·stick [slípstìk] 명 (美속어) 계산자. 〔밑깔창.
slíp stítch 명 공그르기(실 땀이 겉으로 나오지 않게 꿰매기). 〔로 꿰매다.
slip-stitch [´-stìtʃ] 통 공그르기를 하다, 공그르기
slip·stream [slípstrìːm] 명 〔항공〕 프로펠러의 후류(後流); (질주하는 자동차 뒤의) 난류(기류로 흡입력이 강함). — 통타 (뒤의 차가) (앞차)의 후류를 타다.
slipt [slipt] 통 (고어) slip'의 과거.
slip-up [´-Àp] 명 (구어) 착오, 잘못, 누락, 간과; 재난.
slip·way [slípwèi] 명 〔항해〕 (경사진) 조선대; 선가(船架). 〔베껴오.

***slit** [slit] 통 (~; ~·ting) 타 **1** (선을 따라) …을 베어 가르다, 째어 가르다. **2** …을 가느다랗게 베다[째다].¶ (~+目+前+名) ~ cloth *into* strips 천을 여러 조각으로 째다. — 자 (좁고 길게) 째지다[찢어지다]. — 명 **1** 가늘고 길게 째진 곳.¶a ~ *in* one's coat 코트의 째진 곳. **2** 갈라진 틈; (스커트 따위의) 아귀. **3** (공중 전화 따위의) 요금 넣는 구멍. **4** (속어) 여성 성기. — 형 **1** 가늘고 긴. ¶~ eyes 가느다란 눈. **2** (의복 등이) 아귀가 있는. ~·less, ~·like 형
slit-eyed [´-àid] 형 눈이 가느다란.
slith·er [slíðər] 통자 주르르 미끄러지다; 미끄러지 듯 나아가다[걷다]. — 타 …을 (주르르) 미끄러뜨리다. — 명 주르르 미끄러지기, 미끄러짐. ~·y 형 미끄러운.
slít pòcket 명 (천에 일부러) 아귀를 낸 포켓.
slit·ter [slítər] 명 **1** 가늘고 길게 베는[째는] 기구. **2** 그것으로 베는 사람.
slít trènch 명 〔군사〕 개인용 참호(1-2인 수용).
slit·ty [slíti] 형 (눈이) 가느다란.
sliv·er [slívər] 명 **1** (나무 따위의) 길쭉한 조각; 조개진 조각. ¶a ~ of cheese 치즈의 길쭉한 조각. **2** (낚싯밥으로 쓰는) 작은 생선을 가른 조각. **3** 〔방적〕 슬라이버, (꼬아 짜려고 다듬어 놓은) 술이 굵은 섬유. — 통타 …을 길쭉하게 베다[째다], 세로로 쪼개다. — 자 가늘고 길게 찢어[쪼개]지다. ~·like 형
slíver building 명 폭이 좁은 고층 빌딩.
sliv·o·vitz [slívəvìts, -wits, slíːv-] 명U 슬리보비 츠(동유럽산 살구 브랜디). (또는 **slivovic, slivowitz**)
SLMA Student Loan Marketing Association.
Slo. Sligo(아일랜드의 주).
Slóane Ránger [slóun-] 명 **(英)** 슬로운족(族)((런던의) 보수적이나 유행에 민감한 상류층 젊은이). [<런던의 Sloane Square에서]
slob [slɑb/slɔb] 명 **1** U (아일) (물가의) 진흙(땅). **2** (구어) 지저분한 사람, 멍청이. ~·bish 형
SLOB secured lease obligation bond(담보부 임대차 계약 채권).
slob·ber [slɑ́bər/slɔ́b-] 통자 **1** 군침을 흘리다; 입에서 음식물[음료]을 흘리다; (…을) 흘리면서 먹다 (*over*). **2** 몹시 감상적이 되다, 우는 소리를 하다. — 타 (군침·음식 따위로) …을 적시다, 더럽히다. **2** (침·액체 따위)를 흘리다. **3** 흘깍거리며 말하다; …을 연거푸 입을 맞추다.
slobber over …을 지나치게 귀여워하다[칭찬하다].
— 명 **1** 침. **2** (입에서 흘리는) 음식물. **3** 우는 소리, 감상적인 말; 연거푸 입맞추기. (또는 **slabber**)
slob·ber·er [slɑ́bərər/slɔ́b-] 명 군침을 흘리는 사람; 우는 소리를 하는 사람.
slob·ber·y [slɑ́bəri/slɔ́b-] 형 **1** 군침 흘리는; 군침으로 젖은. **2** 젖어서 기분이 나쁜[푸글푸글한]. **3** 우는 소리[푸념]을 하는. **4** 진흙투성이의, 진창의; 널절한.
slob·by [slɑ́bi/slɔ́bi] 형 **1** 질퍽거리는. **2** =
slób íce 명 해상의 작은 부빙(浮氷). 〔slobbery.

SLOC sea line of communication(해상 교통로).

sloe [slou] 图 1 벚나무의 일종; 미국산 야생 오얏(벚나무속(屬)); 그 열매. 「초리가 치켜올라간.

sloe-eyed [-'àid] 图 (sloe 열매처럼) 눈이 검은;

slóe gín 图 오얏 열매를 넣은 술, 슬로진.

sloe-worm [-'wə̀ːrm] 图 (英) =slowworm.

slog [slag/slɔg] 图 (*-gg-*) 1 (권투·크리켓 따위서) …을 강타하다. 2 터벅터벅 걷다(*on*); 부지런히 (공들여) 일하다(*away*) (*at*). — 图 1 강타, 난타. 2 터벅터벅 걷기. 3 앓들히 힘겹게 하는 일; 고투, 난항(難航).

slog it out 악착같이 싸우다, 심하게 서로 때리다.

slog one's guts out ⇨GUT.

slog one's way 꾸준히 나아가다, 참을성 있게 해내다.

slo·gan [slóugən] 图 (粤 *~s* [-z]) 1 (단체·당파·개인 등의) 슬로건, 표어. 2 선전 문구. 3 (옛날 스코틀랜드 고지 사람들의) 전투 때의 함성, 모이라는 외침. *~ed*, *~·like* 图

slo·gan·eer [slòugəníər] 图 (美) 슬로건[표어]을 만들어 쓰는 사람. — 图정 슬로건을 만들다[사용하다]. *~·ing* 图 선전 활동, 슬로건 제작[사용].

slo·gan·ize [slóugənàiz], (* (英) *-ise*) 图 (美) …을 슬로건으로 말하다, 표어화하다. — 图정 슬로건을 내놓다; 슬로건을 만들다. *-is·tic*

slog·ger [slágər/slɔ́g-] 图 (야구·권투·크리켓 따위의) 강타자; 근면한 사람.

sloid [sloid] 图 =sloyd. (또는 slojd)「sloak」

sloke [slouk] 图 (식용) 해초(파래·김 따위). (또는

slo-mo [slóumóu] 图 (구어) (영화·비디오의) 슬로 모션 (장치). 「선). 2 =~ of war.

sloop [sluːp] 图 (해사) 1 슬루프(돛대가 하나인 법

slóop of wár 图 (예전의) 슬루프형 포함(砲艦)(1개의 갑판에 포를 설치한 범선·증기선의 해군 함정).

sloop-rigged [-'rìgd] 图 슬루프형으로 범장(帆裝)한.

sloosh [sluːʃ] 图 (구어) 씻기, 알칵 쏟기; 씻는[쏟는] 소리. — 图정 세차게 흐르다; 철벅철벅 소리내다; 철 썩 퍼붓다.

slop¹ [slap/slɔp] 图 (*-pp-*) 图 1 (액체)를 흘리다[쏟다], …에 튀기다. 2 …에 흘러서[쏟아서] 더럽히다 (*with*). ¶ ~ *a floor with some paint* 페인트를 엎질러 바닥을 더럽히다. 3 (돼지 따위)에 남은 음식을 주다. 4 (美속어) 게걸스럽게 먹다, 꿀꺽꿀꺽 마시다(*up*). — 图정 1 엎질러지다(*about*), (액체가) 넘쳐내리다, 넘치다(*into*), 3 진흙 [진창] 속을 걷다(*along*), 3 (감상적으로) 지껄여대다(*over*).

slop around [or *about*] (액체가) 철벅철벅 튀기다, 철렁거리다; (물웅덩이 따위에) 뛰어다니다; (저저분한 차림으로) 어슬렁어슬렁 돌아다니다(*in*).

slop out (오물이나 더러운 물을) 내다 버리다.

slop over ① 넘치다, 넘쳐 흐르다. 2 (구어) 마구 지껄여대다; 실없이 감상조가 되다; 푸념을 늘어놓다.

slop up (美속어) 취해버리다.

— 图 1 엎질러진 물; (~s) 구정물, 오수(汚水). 2 (~s) (英) 반(半)유동식; 맛없는 음식. 3 (~s) 부엌에서 생기는 찌꺼기(돼지 따위의 사료); (英) 차의 찌꺼기; (~s) (배속) 배설물. 4 ⓤ 진창, 흙탕물. 5 (~s) (美) (술) 찌꺼기. 6 ⓤ (구어) 값싼 감상; 감상적인 말[작품]. 영화. 7 싸구려 레스토랑. 8 시시한[칠칠치 못한] 놈.

slop² [slap/slɔp] 图 1 (~s) 선원에게 지급하는 단 위. 2 (~s) (재킷 따위) 헐거운 상의. 3 (~s) 싸구려 기성복. 「쓴 말」

slop³ [slap/slɔp] 图 순경, 경찰관.〈*police*를 거꾸로

slóp básin [**bówl**] 图 (英) (식탁에서) 찻잔 속의 찌꺼기 따위를 받는 그릇.

slóp chèst 图 1 (美) 선원에게 지급하는 일용품(의복·담배 따위). 2 그 물건을 넣는 상자. 3 (선내의) 매점.

＊slope [sloup] 图 (~*d* [-t]; *slóp·ing*) 图 1 경사지다, 비탈지다(*up*, *down*)(*to*, *toward*). 2 (~+젊) (~+젊+图) The hill ~s gently *down* to the foot. 그 구릉은 기슭까지 부드럽게 경사져 있다. 2 비스듬히 가다[올라가다, 내려가다], 3 (구어) 도망치다; 탈옥하다 (*off*, *away*); 가버리다(*out*); 어슬렁거리다, 헤매다 (*about*). — 图 1 …을 경사지게 하다; …을 구배(勾配) 지게 하다. ¶ ~ *the standard* 군기를 비스듬히 기울이다(¶ 경례의 한 형식). 2 (총 따위)를 메다.

Slope arms! (구령) 어깨 총!

— 图 1 비탈, 사면(斜面); (스키장의) 슬로프; (~s) 경사지; 언덕, 구릉 지대. 2 ⓤⓒ 경사(도), 기울기, 구배. 3 (英군사) (the ~) 어깨총의 자세. 4 경기 하락[후퇴]. 5 (美軍속어) 아시아인(특히 베트남인).

do a slope (구어) 도망치다.

give a slope to …을 경사지게 하다.

— 图 (시) 경사진, 비스듬한; 기운.

slope·head [slóuphèd] 图 (美속어) (경멸적) 동양인, (특히) 베트남인.

slop·er [slóupər] 图 1 경사지게 하는 사람[것]. 2 슬로퍼(기성복의 견본용 옷).

slope·wise [slóupwàiz] 图 경사져서, 비스듬히.

slo·pey [slóupi] 图 (美속어) (경멸적) 동양인, (특히) 베트남인, 중국인.

slop·ing [slóupiŋ] 图 기울어진, 경사진.
~·ly 图 *~·ness* 图

slóp jàr 图 (부엌의) 구정물통; 침실용 변기, 요강.

slop-o·ver [-óuvər] 图 (구어) 1 (액체를) 엎지르기, 흘리기. 2 흘린 양; 넘치기, 범람; 넘친 물. 「통.

slóp pàil 图 (부엌의) 구정물통; (가축용) 남은 음식물

slop·py [slápi/slɔ́pi] 图 1 진흙투성이의, 질척질척한; (액체로 더러워진, 엎질러 물에 젖은. 2 싱거운, 맛없는. 3 (구어) (이야기 따위가) 몹시 감상적인. 4 부주의한; 조잡한. 5 (옷 따위가) 단정치 못한; 너저분한. 6 (구어) 코스가) 질퍽거리는. 7 (구어) (바다가) 파도가 이는. 8 술에 취한. *-pi·ly* 图 *-pi·ness* 图

Slóppy Jóe 图 (구어) 1 (때로 s- j-) 헐렁한 여성용 스웨터. 2 토마토 소스로 맛을 내고 빵에 얹어 먹는 다진 고기. 3 옷차림이 단정치 못한 남자.

Slóppy Jóe's 图 (美속어) 간이 식당. 「판대상.

slop-sell·er [slápsèlər/slɔ́p-] 图 (싸구려) 기성복

slop-shop [slápʃàp/slɔ́pʃɔ̀p] 图 (싸구려) 기성복 가게.

slóp sínk 图 (바닥이 깊은) 개수대, 수채.

slop·work [slápwə̀ːrk/slɔ́p-] 图ⓤ 1 (싸구려) 기성복 제조; 값싼 의류, 기성복. 2 날림 일. *~·er* 图

slop·y [slóupi] 图 경사진. — 图 = slopey.

slosh [slaʃ/slɔʃ] 图 1 진창, 눈이 녹은 길. 2 물이 튀기는 소리, 파도치는 소리. 3 (액체의) 소량. 4 (구어) 싱거운[멀건] 음료; 맥주; 술. 5 (英속어) 구타, 따귀를 때림. — 图정 1 흙탕물을 튀기다, (흙탕물 속에서) 뛰어다니다. 2 (용기 안에서 액체가) 출렁거리다. — 图 1 …을 첨벙첨벙 휘젓다[씻다]. 2 (액체)를 철썩 튀기다. ¶ *coffee over one's knees* 커피를 무릎 위에 쏟아 튀기하다. 3 (구어) (술)을 벌컥벌컥 마시다(*down*). 4 (英속어) (연달아) …을 치다, 때려 눕히다.

sloshed [slaʃt/slɔʃt] 图 (속어) 술취한(drunk).

slosh·y [sláʃi/slɔ́ʃi] 图 1 눈이 녹기 시작한, 진창의. 2 흘짝거리는. 3 감상적인.
slósh·i·ly 图 **slósh·i·ness** 图

slot¹ [slat/slɔt] 图 1 가늘고 길쭉한 구멍[홈]. 2 (자동판매기 따위의) 동전 구멍. 3 협도, 좁은 길. 4 (한 구획의) 주차 공간. 5 (신문사의) 편집부장(석). 6 (항공기의) 이착륙 시간[장소]. 7 (~) (美구어) 슬롯머신(= ~ *machine*). 8 (컴퓨터) (확장) 슬롯; (항공) 슬롯(비행기의 큰 날개 앞가장자리에 뚫은 좁고 긴 틈). 9 (美구어) (조직 안에서의) 지위, 위치; (TV 등의) 시간대. ¶ *the 9 o'clock time ~ on the radio* 라디오의 9시대의 프로그램. 10 (속어) (여성 성기의) 갈라진 곳.

in the slot (美속어) 출연에 대기하여.

— 图 (*-tt-*) 图 1 길쭉한 구멍[홈]을 내다. 2 (단계적으

로) 배열하다, 구분하다. **3** 스케줄[예정]에 끼워넣다; …을 참가시키다(*in*)(*in, to, into*). **4** 《英軍속어》 쏘아 죽이다, 사살하다. **—** [자] (…에) 잘 들어맞다(*in, into*).

slot² [명] (사슴 따위의) 발자취, 냄새 자취; (일반적으로) 자취. **—** [동][타] (*-tt-*) …의 뒤를 밟다, 추적하다.

slót càr [명] 《美·캐나다》 슬롯 카(원격 조종으로 홈 위를 달리게 하는 장난감 경주용 자동차).

***sloth** [slɔːθ, slouθ/slouθ] [명] **1** [U] 나태, 게으름. **2** 〔동물〕 나무늘보. **3** 《속어》 게으름뱅이.

slóth bèar [명] 게으름쟁이곰(인도·실론산(産)).

sloth·ful [slɔ́ːθfəl/slóuθ-] [형] 나태한, 게으른, 빈둥거리는. ⇨IDLE [유의어] **~·ly** [부] **~·ness** [명]

***slót machìne** [명] 자동 판매기; 자동[공중] 전화기; 슬롯 머신(자동 도박기).

slót màn [명] (신문사의) 편집부장.

slót ràcing [명] 슬롯 카 경주.

slot·ted [slátid/slɔ́tid] [형] 홈이 파인[있는].

slótted scréw [명] 마이너스 나사.

slouch [slautʃ] [동][자] **1** 앞으로 수그리다, 구부정한 자세로 앉다[서다, 걷다]. ¶~ *about* [or *along*] 꾸부정하게 몸을 수그리고 돌아다니다. **2** (모자의 챙 따위가) 앞으로 늘어지다. **—** [타] **1** 〔어깨 따위〕를 앞으로 구부리다. **2** 〔모자챙 따위〕를 앞으로 늘어뜨리다.

— [명] **1** 앞으로 수그림; 앞으로 구부린 (흉한) 자세. **2** =~ hat. **3** 《구어》 솜씨가 무딘 사람, 게으름뱅이; 변변치 못한 사람[것]. **4** 나태.

no slouch at 《美구어》 …을 잘하는. ¶She is *no* ~ *at* conversation. 그녀는 회화를 잘한다.

∠·er [명] **∠·ing** [형] **∠·ing·ly** [부]

slóuch hát [명] (앞챙이 늘어진) 소프트 모자.

slouch·y [sláutʃi] [형] (자세가) 앞으로 수그린; 단정치 못한, 게으른. **slóuch·i·ly** [부] **slóuch·i·ness** [명]

slough¹ [slau] [명] **1** 늪, 습지. **2** (도로 따위의) 진창, 진구렁, 수렁. **3** [sluː] 《美·캐나다》 갈대가 무성한 소지(沼地)[못, 후미]. (또는 **slew, slue**) **4** 《비유적》 (타락·절망 등의) 수렁, 구렁텅이. **5** 《美속어》 형사; 체포.

the Slough of Despond 절망의 구렁텅이〔←Bunyan 작: *Pilgrim's Progress*〕.

— [동][타] 《美》 …을 진구렁(같은 상태)에 빠뜨리다; 《美속어》 …을 체포하다, 가두다(*in, up*).

slough² [slʌf] [명] **1** (뱀 따위의) 허물; 탈피(脫皮). **2** 《비유적》 벗어버린 것(습관, 편견 따위). **3** 〔병리〕 썩은 살, 괴사괴(壞死塊); (부스럼) 딱지. **4** 〔카드놀이〕 버린 패. **—** [동][자] **1** (뱀의 허물 따위가) 벗겨지다, 허물벗다. **2** (딱지 따위가) 떨어지다, 벗겨지다. **3** 〔카드놀이〕 패를 버리다. **—** [타] **1** 〔껍질 따위〕를 벗다, …을 탈피하다(*off*). **2** 《비유적》 …을 버리다, 벗어버리다(*off*). ¶(~+[目]+[副]) ~ *off* old habits 오랜 습관을 벗어던지다. **3** 〔병리〕 〔딱지 따위〕를 벗기다. **4** 〔카드놀이〕 〔불필요한 패〕를 버리다. (또는 **sluff**)

slough over …을 가볍게 보다, 경시하다; …을 속이다; 고치다.

slough³ [slʌf] [동][타] 《美속어》 때리다.

slough·y¹ [sláui, slúːi] [형] 흙탕물 구덩이가 많은, 질퍽거리는; 늪지[습지]의.

slough·y² [slʌ́fi] [형] 허물의[같은]; 딱지의[같은]; 벗겨져 나가는; 탈락(脫落)하는. **slough·i·ness** [명]

Slo·vak [slóuvaːk/-væk] [명] 슬로바키아 사람; [U] 슬로바키아말. **—** [형] 슬로바키아(사람, 말)의.

Slo·va·ki·a [slouváːkiə/-vǽk-] [명] 슬로바키아(옛 체코슬로바키아 연방의 일부였으나 1993년 1월 분리 독립. 정식 명칭은 Slovak Republic; 수도 Bratislava). **-an** [명][형] =Slovak.

slov·en [slʌ́vən] [명] **1** (옷차림·외양 따위가) 단정치 못한[꾀죄죄한] 사람. **2** (말·동작·일이) 깔끔하지 못한 [되는 대로 하는] 사람. **~·ry** [명]

Slo·vene [slóuviːn, -∠] [명] 슬로베니아 사람; [U] 슬로베니아말. **—** [형] 슬로베니아(사람, 말)의.

Slo·ve·ni·a [slouvíːniə, -njə] [명] 슬로베니아(옛 유고슬라비아 연방의 한 공화국이었으나, 1991년 6월에 분리 독립; 수도 Ljubljana). **-an** [명][형] =Slovene.

***slov·en·ly** [slʌ́vənli] [형] (옷차림 따위가) 단정치 못한; (일·말씨 따위가) 거친, 아무렇게나 하는.

— [부] 칠칠치[단정치] 못하게; 엉성하게; 게으르게.

-li·ness [명]

‡slow [slou] [형] (*~·er; ~·est*) **1** (속도가) 느린, 더딘, 완만한. ¶a ~ train 완행 열차/a ~ stream 느린[완만한] 흐름/*S– and* [or *but*] *steady wins the race.* 《속담》 느려도 착실히 하면 이긴다, 드문드문 걸어도 황소 걸음. **2** (동작이) 느린; (변화·작용 따위가) 더딘, 완만한; 시간이 걸리는. ¶a ~ growth 완만한 성장/with ~ steps 느린 걸음걸이로. **3** (두뇌 움직임·감각 따위가) 둔한, 우둔한; (…하는 것이) 더딘(*of, in*). ¶be ~ *of* speech 입이 무겁다/He is ~ *in* [or *of*] understanding. 그는 이해가 늦다. **4** (…하는 것이) 늦는(*to* do); 좀처럼 …하지 않는(*to*). ¶be ~ *to* take offense 쉽게 화내지 않다/~ *to* anger 좀체로 화내지 않는. **5** (경기·무역 따위가) 활발치 못한; (화력이) 약한, 잘 안 타는. ¶a ~ season 불경기/a ~ fire 약한[뭉근한] 불. **6** 《서술용법》 (시계 따위가) 더디 가는; (사람이) 시간에 늦는. ¶This watch is five minutes ~. 이 시계는 5분 늦다//The guests are ~ *in* arriving. 손님들의 도착이 늦다. **7** 《한정용법》 (사람·교통 따위의 진행 속도가) 늦는[떨어지는]; (도로가) 서행의. ¶a ~ worker 일손이 더딘 사람/a ~ road 서행 도로. **8** (세월 따위가) 더디 가는; (어느 지역이) 침체한, 구태의연한, 보수적인; 《구어》 (사람·물건·일이) 시시한, 지루한, 재미없는. ¶a ~ town 활기없는 도시/a ~ party 지루한 파티. **9** 〔사진〕 감광(感光) 시간이 걸리는; (필름이) 감도가 낮은. **10** 《한정용법》 (비온 후 경기장 따위가) 질퍽거리는; (경기장이) 공이 잘 구르지 않는.

be slow on the uptake; 《英》 ***be slow off the mark*** 《구어》 반응이[이해가] 더디다.

slow and sure 천천히 착실하게 일을 해나가는.

slow but sure 늦어도 확실하게 일을 해나가는.

— [부] 더디게, 느리게, 천천히(＊go, run, speak, burn 따위 동사의 뒤, 또는 감탄문에서 how 다음에 쓰인다). ¶Drive ~. 서행(徐行)/Please read ~*er*. 더 천천히 읽어 주시오.

go slow ① 천천히 하다[가다]. ② 《英》 (노동자가) 태업하다. ③ 천천히 신중하게 하다, 조심하다.

take it slow 《속어》 천천히 신중하게 하다.

— [동][자] 속력[속도]이 떨어지다, 속력[속도]을 늦추다; 늦어지다(*down, up, off*). **—** [타] 〔속력〕을 떨어뜨리다, 늦추다; …을 줄이다(*down, up, off*).

slow down 느긋해지다; 〔속도·진행〕을 늦추다; (기력이) 쇠해지다; 《美》 (노동자가) 태업하다.

slow oneself down 침착해지다. 「하다.

slow up (노령·병약 등으로) 기력이 쇠하다; 느긋하게

— [명] (the ~s) 《英속어》 꾸물대기, 꾸물대는 버릇.

∠·ish [형] **∠·ness** [명][U] 느림; 우둔.

slów-beat gúy [∠bìːt-] [명] 《美속어》 싫은 놈.

slów búrn [명] 《구어》 **1** 점점 약이 오르기; 화가 치밀어오르기. **2** 〔연극〕 조크에 대한 (관객의) 둔한 반응.

do a slow burn 점점 화가 치밀어 오르다.

slow·coach [slóukòutʃ] [명] 굼벵이, 미련퉁이; 시대에 뒤떨어진 사람.

slów cóoker [명] 저온 조리기(전기 솥).

***slow·down** [slóudàun] [명] **1** 감속. **2** 조업(操業) 단축; 태업(怠業)(《英》 go-slow). **3** 경기 후퇴. **4** 〔스포츠〕 지연 작전. 「射).

slów fíre [명] (시간 제한이 없는) 정밀 사격, 완사(緩

slow-foot·ed [∠fútid] [형] 발이 느린, 느림보의. **~·ly** [부] **~·ness** [명]

slów inféction [명] 〔병리〕 슬로 바이러스 감염(잠복기가 긴 감염증).

slów láne 图 (고속 도로의) 저속용 차선.
slow·ly [slóuli] 图 (*more* ~; *most* ~) 천천히, 더디게, 느리게.
slów márch 图 《군사》 느린 행진; 장송 행진.
slów mátch 图 《폭발용》 도화선, 화승. [**sló-mó**]
slow-mo [⌐móu] 图 《구어》 =slow motion. (또는)
slów mótion 图 1 《영화·TV의》 슬로모션 (효과). 2 슬로모션을 휴내낸 동작.
slow-mo·tion [⌐móuʃən] 图 1 (동작·운동이) 느린. 2 (고속 촬영에 의한) 슬로모션의.
slow-mov·ing [⌐múːviŋ] 图 1 걸음이 느린, 느릿느릿 움직이는; 진보가 더딘. 2 (상품 따위의) 매출이 부진한. ¶ ~ *stock* 움직임이 느린 주식.
slów néutron 图 《물리》 저속(低速) 중성자.
　slów-néu·tron 图
slów óven 图 저온도 오븐.
slow·poke [slóupòuk] 图 《속어》 느림보; 진보가 느린 사람.
slów púncture 图 서서히 공기가 빠져나가는 펑크.
slów reáctor 图 저속 중성자 원자로.
slow-re·lease [⌐rilíːs] 图 《군사》 완개방(緩開放)의; 《화학·약학》 완효성(緩效性)의(sustained-release).
slów-scan télevision [⌐skǽn-] 图 저속 주사(走査) 텔레비전.
slów stárter 图 성적이 좋지 않은 학생.
slowth [slouθ] 图 《속어》 저(低)경제 성장.
slów tíme 图 1 《구어》 (서머타임에 대하여) 표준시(標準時)(↔ daylight saving time). 2 《군사》 장송 행진 따위의 느린 보조.
slow-up [⌐ʌp] 图 (행동·진행의) 지체; 저하.
slów vírus 图 슬로[지발성(遲發性)] 바이러스(장기간 잠복하는 만성병 바이러스).
slów-wáve sléep [⌐wéiv-] 图 《생리》 서파(徐波) 수면(뇌파가 완만하여 거의 꿈을 꾸지 않는 숙면 상태).
slow-wit·ted [⌐wítid] 图 머리가 나쁜, 아둔한.
　~·ly 图　**~·ness** 图
slow·worm [slóuwə̀ːrm] 图 (유럽산(產)) 굼벵이무.
sloyd [sloid] 图 ⓤ (목공(木工)에 중점을 둔 스웨덴식) 공작(工作) 교육 (과정). (또는 **sloid, slojd**)
SLP Socialist Labor Party(사회 노동당). **SLR** self-loading rifle; 《사진》 single-lens reflex(단안(單眼) 리플렉스 카메라). **SLSI** 《전자》 super large scale integration(초(超) 대규모 집적 회로).
slub [slʌb] 图图 (*-bb-*) 《양털·솜 따위의 슬라이버 (sliver)로 초벌 꼬다, …을 시방(始紡)하다.
　—— 图 시방사, 초벌 꼰 방적사. ⌐**bing** 图
slub·ber¹ [slʌ́bər] 图 시방기(機).
slub·ber² 图图 1 …을 되는 대로 하다, 서둘러 아무렇게나 하다. 2 《英방언》 …을 더럽히다. **~·ing·ly** 图
sludge [slʌdʒ] 图 ⓤ 1 진흙, 진창, 녹은 눈. 2 (강바닥의) 연한 진흙, (수조 따위의) 침전물; (보일러 내의) 침전물, 앙금, 곤죽이 된 폐수; 광유(鑛油)의 불순물[찌꺼기]. 3 《항해》 해상의 작은 부빙. 4 (고운 분말과 물의 혼합액. 5 (미생물이 많이 발생하는) 활성 오니(汚泥). 6 =swarf. 7 《의학》 혈니(血泥), 핏덩어리.
sludge-ball [slʌ́dʒbɔ̀ːl] 图 《美속어》 싫은[칠칠치 못한] 놈, 불쾌한 놈.　　　　　　(낚싯밥).
sludge-worm [slʌ́dʒwə̀ːrm] 图 실지렁이의 일종
sludg·y [slʌ́dʒi] 图 진흙투성이의, 진창의.
slue¹ [sluː] 图图 =slew².
slue² 图 =slew³.
slue³ 图 =slew⁴.
*****slug¹** [slʌg] 图 1 민달팽이, 팔태충(括胎蟲): 팔태충모양의 나방유충의 총칭. 2 느린 사람[차, 동물]. 3 슬러그, 작은 쇳덩어리. 4 (공기총 따위의) 산탄, 탄환. 5 《자동 판매기용》 대용 동전; 가짜 동전. 6 《인쇄》 《라이노타이프의》 활자의 행; 두께곻 공목[인테르]. 7 《물리》 슬러그(1파운드의 무게가 작용해 매 1 foot/s² 의 가속도를 내는 질량; 약 32.2 파운드). 8 《美속어》 한잔의 음료[술]. 9 (신문의) 1행 표제. 10 《美》 (공중 전화용) 5센트짜리 동전. 11 《원자력》 슬러그(짧은 막대꼴의 핵연료). 12 《美속어》 《엔진의》 피스톤. 13 (a ~) 《美속어》 1회.
　—— 图 (*-gg-*) 图 1 공을 피우다, 빈둥거리다. 2 《英》 민달팽이를 잡다. ——图 1 《시간》을 빈둥거리며 보내다. 2 《인쇄》 …에 공목[인테르]을 끼우다. 3 《신문 기사에》 제목을 1행 붙이다. 4 《용접할 이음매에》 금속조각을 끼우넣다.　⌐**·like** 图
slug² 《美구어》 图 (*-gg-*) 图 1 《주먹으로》 …을 강타하다, 때리다. 2 《야구·크리켓에서》 《공》을 강타하다, 멀리 날려 보내다. 3 《술》을 단숨에 마시다. 4 《비유적》 …을 거칠게 다루다; …에게 약[마약]을 마시게 하다; …을 갈취하다; 《금액》을 부풀리다; …을 대량으로 만들다.
　—— 图 강타하다; 격렬하게 싸우다; 《애써》 나아가다.
slug it out ① 《주먹으로》 끝까지 싸우다. ② 분투 노력하다.
　—— 图 《주먹에 의한》 강타.　　　　력하여 싸우다.
put the slug on *a person* 《美속어》 남을 후려갈기
slug·a·bed [slʌ́gəbèd] 图 《고어》 잠꾸러기; 게으름 다[혹평하다].　　　　　　　　　　　　뱅이.
slug·fest [slʌ́gfèst] 图 《美구어》 1 《권투》 강타를 주고받기. 2 《야구》 격렬한 타격전, 난타전. 3 격렬한 전투. 4 논쟁.
slug·gard [slʌ́gərd] 图 게으름뱅이, 나태한 사람.
　—— 图 게으른, 일을 귀찮아하는.　**~·ness** 图
slug·gard·ly [slʌ́gərdli] 图 게으른, (매사에) 귀찮아하는.　**-li·ness** 图
slug·ger [slʌ́gər] 图 《美구어》 《야구의》 강타자; 《방어는 영한》 강타자 권투 선수; (보통 ~s) 구렛나루.
slúg·ging àverage [slʌ́giŋ-] 图 《야구》 장타율 (長打率). (또는 **slúgging percéntage**)
slúgging mátch 图 《美구어》 =slugfest.
*****slug·gish** [slʌ́giʃ] 图 1 게으른, 나태한. ⇒INACTIVE
《유의어》 2 《반응·움직임 따위가》 둔한, 느린; 《흐름 따위가》 완만한. 3 활기가 없는, 굼뜬. 4 《상황(商況) 따위가》 활발하지 못한, 불경기의.　**~·ly** 图　**~·ness** 图
slúggish schizophrénia 图 나태 분열증(옛 소련 치하에서 정치범에 걸던 병명).
slug-nut·ty [⌐nʌ̀ti] 图 《美속어》 《권투에서》 머리에 펀치를 맞고 멍해진(punch-drunk).
sluice [sluːs] 图 1 봇둑; 수문. 2 수문에서 흘러나오는 물, 봇물. 3 (여분의 물을 흘려 보내는) 수로, 방수로 (放水路); 배수구(溝); (목재 따위를 떠내려보내는) 인공 수로, 수랑(水廊) 세광(洗鑛)용 홈통, 물받이. (또는 ⌐**bòx**) 5 (감정 따위의) 배출구.
open [or **free, let loose**] **the sluices** ① 수문을 열다. ② 와락 감정[말]을 터트리다.
　—— 图图 1 (수문을 열어) 《물》을 흘려보내다(*out, down*). 2 (수문을 열어) 《물》을 끌다(*into, from, out of*). ¶ ⌐(+图+전+图)⌐ ~ *water into* a pond 연못에 물을 끌어 들이다. 3 …에 수문을 설치하다. 4 《물을 흘려》 …을 씻어내다[없애다]. 5 《재목》을 인공 수로로 흘려보내다. 6 《광산》 《사금》을 세광(洗鑛) 홈통으로 채취하다.　——图 《수문에서 쏟아져 나오듯, 세차게 흐르다.　⌐**·like** 图　　　　　　　　　　　다.
slúice gàte 图 수문.
slúice vàlve 图 《수문의》 제수(制水) 밸브, 제수판(瓣).
sluice·way [slúːswèi] 图 수문구(水門溝), 방수로; 인공 수로; = sluice 图 4.
sluic·y [slúːsi] 图 왈칵 쏟아져 나오는, 분출하는.
slum¹ [slʌm] 图 1 (~s) 빈민굴, 슬럼가(街), 빈민가. 2 초라한 거리; 《구어》 수상쩍은 곳. 3 《美속어》 싼[모조] 보석; 싸구려 상품. 4 《형용사적》 싸구려의.
　—— 图图 (*-mm-*) 《호기심 또는 자선을 위하여》 빈민굴을 방문(訪問)하다. 2 난잡한 무리와 교제하다, 수상쩍은 지역[오락 시설]에 출입하다.
go slumming 빈민굴 구경을 하다.
slum it 《구어》 아주 검소하게 살아가다.
　⌐**·dom** 图　⌐**·less** 图　⌐**·ming** 图 슬럼가 시찰.

slum² [U] 이광(泥鑛).

‡**slum·ber** [slʌ́mbər] 图困 1 선잠을 자다, 잠시 졸다. 2 (화산 따위가) 활동을 멈추다. ─图 1 (시간을) 잠자며 보내다, 허송하다(*away, out, through*). ¶ (~+图+圖) I ~ed away the daytime. 나는 낮 동안 잠자고 지냈다. 2 (불안 등을) 잠으로 잊어버리다(*away*). ─图图 1 (특히 가볍은) 잠, 선잠, 졸음, 얕은 잠. 2 무활동 상태, 침체. ~**·er** 图

slum·ber·land [slʌ́mbərlæ̀nd] ~[U|C] 잠의 나라 (아이들이 꿈속에서 찾아간다는 가상의 나라).

slum·ber·ous [slʌ́mbərəs] 圖 졸린, 꾸벅꾸벅 조는; 졸리게 하는, 잠들게 하는; 조용한, 잠자는 듯한 ¶a ~ pill 수면제 / a ~ village 잠자듯[쥐죽은듯] 조용한 마을. (또는 **slum·brous** [slʌ́mbrəs])

slúmber pàrty 圖 ((英) 파자마 파티((美) pajama party))(10대 소녀들이 동성의 친구집에서 자며 노는 파티).

slum·ber·wear [-wɛ̀ər] 圖 잠옷. [(티).

slúm cleàrance 슬럼가 철거 (정책); 불량 주택가 개량 사업, 도시 재개발.

slum·dwel·ler [slʌ́mdwèlər] 圖 빈민굴의 주민.

slum·gul·lion [slʌ̀mɡʌ́ljən, ∠-] 圖[U] (美구어) 묽은 싸구려 스튜; (俗) 시시한[째째한] 녀석.

slum·ism [slʌ́mizm] 圖 슬럼화(化).

slum·lord [slʌ́mlɔ̀ːrd] 圖 (美구어) 슬럼가(街)의 (악덕) 집주인. (또는 **slúm làndlord**) ~**·ship** 圖

slum·mer [slʌ́mər] 圖 슬럼가의 주민; 슬럼가 시찰인; 슬럼가에서 봉사 활동을 하는 사람.

slum·my [slʌ́mi] 圖 1 슬럼가(風)의. 2 《美구어》 더러운. ─图 1 《英구어》 슬럼가 거주민. (또는 **slummie**) 2 《美구어》 볼품없고 매력없는 여자. **-mi·ness** 圖

slump [slʌmp] 图困 1 쿵하고 떨어지다 (수렁 따위에) 빠지다. ¶ ~ *down into a hole* 구멍으로 쿵하고 떨어지다. 2 (건강이) 쇠퇴하다; 기력이 떨어지다, 슬럼프에 빠지다. 3 (물가 따위가) 폭락하다. 4 (사업·인기 따위가) 급격히 쇠퇴하다. 5 (몸이) 구부정해지게 되다. ─图 1 쿵[툭] 떨어지기, 2 부진, 슬럼프. 3 (물가 따위의) 폭락. 4 (사업·인기 따위의) 부진, 불황, 불경기; 급락(急落); (the S─) 대공황. 5 구부정한 자세. 6 토사 붕괴, 사태. 图 **boom**

slump·fla·tion [slʌmpfléiʃən] 圖 불황기의 인플레이션. 图 **stagflation** (<*slump*+*inflation*)

*****slung** [slʌŋ] 图 sling 의 과거·과거분사.

slúng shót 밧줄·가죽 끈·쇠사슬 따위 끝에 무거운 추[쇠뭉치]를 매단 무기.

slunk [slʌŋk] 图 slink¹·²의 과거·과거분사.

slur [sləːr] 图 (**-rr-**) ㉠ 1 …을 본체만체하다, 못보고 지나가다(*over*). 2 (의무 따위) 를 아무렇게나 해치우다. 3 (말 따위를) 똑똑치 않게 (빨리) 발음하다; (글씨 따위를) 알아보기 힘들게 잇대어 쓰다. 4 (음악) …에 연결선을 붙이다; (음표) 를 잇대어 연주[노래]하다. 5 …을 힐듯다, 중상하다; (명예 따위를) 더럽히다, 깎아내리다. 6 질질끌며 나아가다. 7 (인쇄) 잇대어 똑똑치 않게 말하다(읽다, 발음하다). 2 질질글며 나아가다.
─图 1 또렷하지 않게 잇대어 발음하기; 불명료한 발음. 2 《인쇄》 선명치 않은 부분. 3 《음악》 이음줄, 연결선. 4 비방, 중상. 5 오명, 치욕(*on, upon*).
cast [or *put*] *a slur upon*; *cast* [or *throw*] *slurs at* …을 비방하다, …에 상처를 입히다, 명예를 손상시키다. 오명을 잡다. [*slum*+*suburb*]

slurb [sləːrb] 圖 교외의 빈민가(슬럼가). **~·an** 圖

slur·bi·a [slə́ːrbiə] 圖[U] 교외 빈민 지구 (주민).

slurp [sləːrp] 图 (음식물을 후루룩 소리내며 먹다(마시다). 2 《美구어》 (컴퓨터 프로그램이) (데이터 파일을) 단숨에 입력하다. ─图 후루룩 큰 소리를 내며 먹다.
─图 1 시끄럽게 먹기. 2 철썩거리는 소리.

slur·ry [slə́ːri/slʌ́ri] 圖 슬러리(석회·석고 따위와 같은 불용해물에 물을 탄 현탁액(懸濁液); [도예] 슬러리 (농도가 묽은 이장(泥漿)). ─图 슬러리의(모양의).

slur·vi·an [sləːrviən] 圖 (보통 S─) 발음이 분명치 않은 [는 눈; 곤죽, 진창. 2

slush [slʌʃ] 圖[U] 1 녹기 시작하는 눈; 곤죽, 진창. 2 〔항해〕 (배의 조리실에서 생기는 눈) 찌꺼기. 3 (윤활유 따위가 중합(重合)하여 생긴) 폐유; 백연 석회제(白鉛石灰劑)(녹 방지제). 4 지나치게 감상적인 이야기[글], 푸념, 실없는 소리. 5 《美속어》 뇌물, 매수 자금; 가짜 돈. 6 [C] 〔英방언〕 게으름뱅이. 7 《美》 잘게 조갠 (식용의) 얼음덩이. 8 (시멘트·모래·물을 섞은) 모르타르(mortar). 9 =~ **pile**. ─ ㉠ 1 〔진흙 따위를〕 튀기다, 끼얹다; …에 윤활유로서 폐유를 바르다. 3 …에 모르타르[시멘트]를 채워넣다(하반다). 4 (갑판 따위에) 물을 쏟아부어 씻다. ─ ㉠ 1 진창길[녹은 눈길]을 지나가다. 2 물을 부어 며 씻다.

slush up (길 따위가) 진창이 되다; 진창이 되게 하다.

slúsh fúnd 圖 1 (배에서 요리하고 남은 찌꺼기를 팔아 얻은) 자금. 2 (정치적) 매수[뇌물] 자금, 비자금.

slúsh làmp 圖 《美속어》 (빈 깡통을 이용한) 간이 램프(bitch lamp).

slúsh pile 圖 《구어》 (출판사에 출판을 의뢰해 온) 쌓여 있는[산더미 같은] 원고.

slúsh pùmp 圖 《美속어》 트롬본(trombone).

slush·y [slʌ́ʃi] 圖 1 진창의; 눈이 녹은. 2 실없는; 감상적인. **slúsh·i·ly** 圖 **slúsh·i·ness** 圖

slut [slʌt] 圖 1 깔끔하지 못한[행실이 나쁜] 여자. 《美》 매춘부. 2 말괄량이. 3 《고어》 암캐. 4 하녀, 가정부.

slut·tish [slʌ́tiʃ] 圖 1 깔끔[단정]치 못한, (여자가) 행실이 나쁜. 2 추잡한, 상스러운. **~·ly** 圖 **~·ness** 圖

SLV satellite launch vehicle.

‡**sly** [slai] 圖 (**~·er, sli·er; ~·est, sli·est**) 1 (행동 따위가) 교활한, 간교한, 엉큼한 ¶a ~ *scheme* 엉큼한 계획 / a ~ *dog* 교활[엉큼]한 놈. 2 남모르게 살짝 하는, 비밀의, 은밀한. 3 장난기가 있는, 장난꾸러기의, 익살맞은. 4 《激》 밀수의(밀매의), 불법의. 5 〔방언〕 교묘한.
on the sly 살짝, 남몰래.
~·ness 圖

slý·boots [sláibùːts] 圖 《단수취급》 (아이·동물 따위의) 장난꾸러기; 엉큼한 사람, 교활한 사람. [럼.

sly·ly [sláili] 圖 교활하게; 음험하게; 장난꾸러기처

slype [slaip] 圖 〔건축〕 (트랜셉트(transept)에서 교회당으로 통하는) 지붕이 있는 복도.

Sm ㉠ 〔화학〕 samarium. **SM** (프랑스) *Sa Majesté* (=His[Her] Majesty); (라틴) *Scientiae Magister* (=Master of Science 이학 석사); sergeant major; service mark; service module; 〔운율〕 short meter [measure]; soldier's medal; stage manager; State Militia(국민군); stationmaster; 〔우주〕 system management(시스템 관리). **sm.** small. **S-M, S/M, SM** sadomasochism; sadomasochist; sadomasochistic. **SMA** Sergeant Major *of the Army*; Standard Metropolitan Area(표준 도시 지역); Surplus Marketing Administration.

*****smack¹** [smæk] 圖 1 맛, 풍미, 향기, 독특한 풍미[향기, 맛]. ¶an orange *with a bitter* ~ 쓴맛이 나는 오렌지. 2 기미, 양념, 듯한 점, …다운 데[점]. 3 한 입, 소량, 조금 (*of*). ¶a ~ *of wine* 소량의 포도주. 4 《美속어》 헤로인. ─图困 1 맛이 나다; (…의) 풍미[향기]가 있다(*of*). 2 그 기미가 있다, …다운[…같은] 데가 있다 (*of*). ¶ (~+图+图) Her talk ~s *of* the stage. 그녀의 말투에는 배우 같은 데가 있다.

*****smack²** [smæk] ㉠ (…의) 입맛을 다시다(*over*). ¶ (~+图+图+图) ~ *one's lips over* the soup 수프가 먹고 싶어 입맛을 다시다. 2 (손바닥 따위로) 찰싹 때리다, 세게 치다; [아이]를 때려 주다[다]. 3 (공 따위를) 쳐서 날려 보내다. 4 (회초리 따위를) 휙휙[탁탁] 휘둘러 소리내다. 5 …에 크게[쪽] 소리를 내

며 키스하다(on). 6 《미속어》 쳐서 부수다. ── ㉠ 1 입맛을 다시다(at); (…에) 쪽소리를 내며 키스하다(at). 2 세게 때리다, 부딪치다(against). 3 철썩[탁]하고 소리를 내다. 「…을 실각시키다.
smack dówn 《미속어》 ① …을 호되게 질책하다. ②
smack one's líps over …에 입맛을 다시다.
── ㉡ 1 입맛 다시기. 2 (손바닥 따위로) 찰싹 때리기. 3 크게[쪽] 소리를 내며 하는 키스. 4 《구어》 시험해 보기; 1회. 「퇴짜.
a smack in the éye [or **fáce**] 무앙을 주기, 호통,
have a smack at 《구어》 …을 해보다(try).
── ㉢ 《구어》 1 찰싹하고, 갑자기 세차게. 2 똑바로, 정면으로, 바로. ¶~ **run** — **into** …과 정면 충돌하다.
smack³ ㉡ 1 (연안 항행 및 어업용의) 소형 돛단배[범선]. 2 《미》 스맥(배 안에 활어조(活魚槽)를 갖춘 어선).
smack⁴ ㉡ 《구어》 헤로인.
smack⁵ ㉡ 《미속어》 지옥(hell).
smack-dab [´dæb] ㉢ 《미속어》 정통으로, 세게; 정확히. ¶~ **in the míddle of** 한 가운데에.
smacked-out [smǽkàut] ㉣ 《속어》 헤로인 중독의; 헤로인에 취한.
smack·er [smǽkər] ㉡ 1 입맛을 다시는 사람. 2 찰싹 때리는 사람[일]. 3 (~s) 《미속어》 1 달러(《영속어》 1 파운드). 4 쪽 하고 소리나는 키스. 5 《영》 훌륭한 것, 일품(逸品). 6 《속어》 입; 얼굴.
smack·er·oo [smæ̀kərúː] ㉡ (~s) 《속어》 1 세게 손바닥으로 때리기; 강타. 2 1달러[파운드]. 3 키스.
smack·head [smǽkhèd] ㉡ 《속어》 헤로인 상용자, 헤로인 중독자. (또는 **smáck frèak**)
smack·ing [smǽkiŋ] ㉡Ⓤ Ⓒ 1 입맛 다시기. 2 찰싹 때리기.── ㉣ 1 입맛을 다시는. 2 (키스·소리가) [큰] 소리를 내는. 3 (바람 따위가) 세찬. 4 《영구어》 아주 큰; 매우 좋은. ~**·ly** ㉢
smack-on [´ɔn] ㉣ 꼭[딱] 맞게, 정확히.
smacks·man [smǽksmən] ㉡ 스맥(smack³)의 선주[선원].
smack·y [smǽki] ㉣ * 다음 숙어로만 쓴다.
play smácky líps [or **móuth**] 《미속어》 키스하다.
SMaj *Sergeant Major*.
‡**small** [smɔːl] ㉣ (~·er; ~·est) 1 a) (크기·모양 따위가) 작은, (같은 종류의 다른 것과 비교하여) 소형의; (허리·손목 따위가) 가는. ➡LITTLE ㊂㊂㊂¶The girl is ~ for her age. 그 소녀는 나이에 비해서 작다(* little 이 나타내는 '귀여운, 사랑스러운' 따위의 감정적 요소를 포함하지 않는다). b) 《고어》 세로에 비하여 가로가 좁은. c) (수량·가격 따위가) 적은, 얼마 안 되는, 약간의. ¶a ~ **number** 얼마 안 되는 수. 2 시시한, 하찮은, 사소한, 중요하지 않은; 《예술품 따위가》 저급의, 3류의. ¶a ~ **fault** 사소한 잘못. 3 수수한, 참한, 조그마한; (사업·활동이) 소규모의, 소자본의. ¶**on a** ~ **scale** 소규모로 / **a** ~ **enterprise** 소규모[영세] 기업. 4 마음이 좁은, 도량이 좁은; 인색한, 비열한. ¶**a man of** ~ **character** [or **mind**] 마음이 좁은 사람 / **a** ~ **nature** 인색한 근성. 5 신분이 낮은; 무명의. ¶**a** ~ **poet** 무명의 시인. 6 어린, 미숙한. ¶**a book for** ~ **children** 유아용의 책. 7 (소리가) 약한, 작은, 낮은. ¶**a** ~ **voice** 작은 목소리. 8 (맥주·술 따위가) 싱거운, 묽게 한, 약한. 9 부끄러운, 기가 죽은, 초라하게 느끼는. 10 힘이 약한, 약간의. ¶**a** ~ **nation** 약소국. 11 (시간 따위가) 짧은. 12 (문자가) 소문자의, 소문자체. 13 (지도가) 소축척(小縮尺)의.
feel smáll 부끄럽게 여기다, 초라하게 느끼다, 기가 죽다. 「죽다.
in a smáll wáy 소규모로, 검소하게, 조촐하게.
look smáll 부끄러워하다, 주눅들다, 움츠리다.
no smáll 작지 않은, 대단한. ¶He showed **no** ~ **skill**. 그는 대단한 솜씨를 보였다.
smáll wónder =(*it is*) *no* WONDER.
── ㉢ 1 작게; 조촐하게; 가늘게. 2 (소리 따위가) 낮게, 약하게, 조용하게. 3 경멸하여, 얕보아.

sing smáll ① 낮은 목소리로 노래하다. ② 공손하게 굴다; 풀이 죽다.
── ㉡ 1 (the ~) 작은 것[사람]; 얼마 안 되는 것, 소량; 작은 조각. 2 (the ~) 작은 부분, 세부, (특히) 허리의 잘록한 부분. ¶**feel pain in the** ~ **of the back** 등허리 부분에 통증을 느끼다. 3 (the ~) 《집합적》 신분이 낮은 사람; 재능이 모자라는 사람. ¶(*the*) *great and* (*the*) ~ 신분이 높은 사람들과 낮은 사람들. 4 (~s) 자질구레한 것, 소형의 상품(장신구 따위). 5 (~s) 《영》 (Oxford 대학의) B.A. 학위를 취득하기 위한 제1차 시험. 6 (~s) 《영구어》 (자질구레한) 세탁물; 속옷. 7 (~s) 《광산》 탄, 분광(粉鑛). 8 《자동차》 소형차. 9 (~s) 《영》 규정량 이하의 소형의 화물(* 특별 요금을 문다).
by smáll and smáll 조금씩, 서서히(bit by bit).
do the smálls 《영》 지방 순회 공연을 하다.
in (**the**) **smáll** 작게, 소규모로.
smáll and éarly 소수 인원으로 빨리 끝나는 만찬회.
~·ness
smáll ád ㉡ 《영》 =classified *advertisement*.
small·age [smɔ́ːlidʒ] ㉡ 《식물》 (야생의) 셀러리.
smáll ále ㉡ 약하고 싼 에일.
smáll árm ㉡ 1 《영》 휴대용 병기(소총·권총 따위).
smáll béer ㉡ 1 《영》 싱거운 맥주. 2 《영속어》 하찮은 사람[것]. 「경멸하다.
think smáll béer of …을 하찮게 여기다, 깔보다.
small-bore [-bɔ̀ːr] ㉣ 1 (22구경) 소총의. 2 (시야·식견이) 좁은, 편협한, 작은 일에 구애되는.
smáll bréad ㉡ 《미속어》 적은 돈, 푼돈.
smáll búsiness ㉡ 소(小)기업.
Smáll Búsiness Administràtion ㉡ 《미》 (the ~) 중소기업청(略 SBA, S.B.A.).
smáll búsinessman ㉡ 소기업 경영자.
smáll cálorie ㉡ 소(小)칼로리. ➡CALORIE.
smáll cápital ㉡ 《인쇄》 작은 대문자(소문자 크기의 대문자; 略 s. c.). (또는 **smáll cáp**)
smáll cárd ㉡ 《카드의》 숫자가 적은 패.
smáll cháir ㉡ (팔걸이가 없는) 소형 의자.
smáll chánge ㉡ 잔돈; 하찮은 것[사람, 대화].
smáll círcle ㉡ 《수학》 소원(小圓). ㉢ great circle
smáll-cláims còurt [-kléimz-] ㉡ 소액(少額) 재판소. (또는 **smáll-débts còurt**)
small-clothes [smɔ́ːlklòuz, -klòuðz] ㉡㊂ (18세기에 유행한) 꼭 끼는 반바지; 자질구레한 의류(속옷·손수건·아이 옷 따위). 「주의보.
smáll cráft advísory ㉡ 《기상》 소형 선박에 대한
smáll·est róom [smɔ́ːlist-] ㉡ 화장실, 변소. 「상당한 금액, 대금.
smáll fórtune ㉡ 《구어》 (보통 a ~) (비용·대가가)
smáll frúit ㉡ (씨없는) 작은 과실(soft fruit) (딸기 따위). 「시시한 사람]
smáll frý ㉡ 《집합적》 작은 물고기, 잡어; 어린이들;
small-fry [´frài] ㉣ 2류의, 중치가 않은; 어린이(용)의, 아이들 같은. 「big game
smáll gáme ㉡ 《집합적》 《사냥》 작은 사냥거리. ㉣
small-goods [smɔ́ːlgùdz] ㉡ 1 (濠·뉴질) 조제한 육류(소시지 따위). 2 작은 상품. (또는 **smáll gòods**)
smáll góvernment ㉡ 《정치》 작은 정부(기구를 축소하여 재정 지출을 줄이는 정부).
smáll háil ㉡ 《기상》 우박. 「hólder)
smáll hólder ㉡ 《영》 소규모 자작농. (또는 **smáll-**
smáll hólding ㉡ 《영》 소규모 자작 농지. (또는 **smáll-holding**)
smáll hóurs ㉡㊂ (the ~) 밤중(자정에서 새벽까지)의 시간).
smáll intéstine ㉡ (the ~) 《해부》 소장, 작은창자.
small·ish [smɔ́ːliʃ] ㉣ 좀 작은, 자그마한.
smáll létter ㉡ 소문자. ㉣ capital letter
smáll líttle ㉣ 《남아공》 작은.

small mércy 자그마한 보답[이득].
small-mind·ed [ˊmáindid] ⓐ 속[도량]이 좁은, 옹졸한; 인색한, 비열한. ~**ly** ⓐ ~**ness** ⓝ
small níckel ⓝ (美속어) 500달러.
small óne 작은 것[놈]; (美속어) 소량의 위스키, (가벼운) 한 잔. 「ⓐ **pica**¹」
small píca [인쇄] 스몰 파이커(11포인트 활자).
small potátoes ⓝ (단·복수 양용) (美구어) 그다지 중요하지 않은 사람[것], 시시한 사람[것].
***small-pox** [smɔ́ːlpɑ̀ks/-pɔ̀ks] ⓝ ⓊⓋ (병리) 천연두. ¶ bovine ~ 우두.
small prínt ⓝ = fine print.
small-sat [smɔ́ːlsӕt] ⓝ 소형 통신 위성.
small-scale [ˊskéil] ⓐ **1** 소규모의. ¶ ~ integration (전자) 소규모 집적(화). **2** (지도 따위가) 소축척률
small scréen ⓝ (the ~) (구어) 텔레비전. 「의.
small-shot [smɔ́ːlʃɑ̀t/-ʃɔ̀t] ⓝ (美속) 하찮은 놈, 조
small stúff ⓝ (해사) 가는 밧줄류. 「무래기.
small-sword [smɔ́ːlsɔ̀ːrd] ⓝ 찌르는 칼(펜싱·결투 따위에서).
small tálk ⓝ 잡담, 세상 이야기.
small-talk [ˊtɔ̀ːk] ⓥ (…와) 잡담하다.
small tíme (연극) (하루 3회 이상 공연하는) 싸구려 극장; 3류 구경거리.
small-time [ˊtáim] ⓐ 하찮은, 시시한, 3류의; (연
smáll-tím·er ⓝ [극] 출연료가 싼. ⓝ **big-time**
small-town [ˊtáun] ⓐ (美구어) **1** 마을의, 촌의. **2** 지방의, 시골의; 소박한. (또는 **small tówn**) ~**·er** ⓝ
small véhicle ⓝ 소승(小乘)(Hinayana).
small·ware [smɔ́ːlwἐǝr] ⓝ (英) (보통 ~s) 자질구레한 상품; 장신구; 대수롭지 않은 양품류. **2** 폭이 좁은 직물. 「감청색의 그림 물감.
smalt [smɔːlt] ⓝ (보통 ~s) 화려한 감청색; 화려한
sma·rag·dine [smǝrǽgdin] ⓐ 에메랄드의; 에메랄드색의; 황록색의. 「(드물게) 에메랄드. ⓝ 翠石.
sma·rag·dite [smǝrǽgdait] ⓝ (광물) 녹섬석(綠
smarm [smɑːrm] (구어) ⓥⓣ **1** …에 기름[포마드]을 바르다(down). **2** …에게 아첨하다. ━ⓥⓘ 계속 지껄이다, 아첨하다(over, about).
smarm one's **way** 아첨하여 출세하다.
━ⓝ 겉치렛말; 아첨.
smarm·y [smɑ́ːrmi] ⓐ **1** (구어) 지나치게 아첨하는, 간살을 부리는. **2** (머리에) 기름을 바른. **3** (美속어) 양기의 풍부한, 낭랑한. **4** (美속어) 독선적인.
smárm·i·ly ⓐ **smárm·i·ness** ⓝ
‡**smart** [smɑːrt] ⓐ (~**·er; ~·est**) **1** 영리한, 약삭빠른, 재치있는, 현명한, 재기(才氣)가 있는. ⓝ CLEVER
유의어 ¶ a ~ child 영리한 아이/ It was ~ of him to make the proposal. 그는 영리하게도 그 제안을 했다. **2** 빈틈없는; 교활한; 허술한 점이 없는. ¶ a ~ salesman 빈틈없는 외판원. **3** 건방진, 아니꼬운, 뻔뻔스러운. ¶ say ~ things 건방진 소리를 치다. **4** a) (몸차림 따위가) 단정한, 맵시있는, 세련된, 멋진. ¶ a ~ man 멋진 사나이. b) (복장 따위가) 유행을 따른, 현대풍의. ¶ a ~ shawl 유행하는 숄. **5** (아픔 따위가) 심한, 호된, 저리는 듯한; (상처 따위가) 극국 쑤시는; (귀국) 쑤시는 쓰린. ¶ a ~ cut 쿡쿡 쑤시는 벤 상처. **6** (타격 따위가) 센, 날카로운, 통렬한; (술이) 독한. ¶ a ~ blow 강타. **7** (사람의 행동 따위가) 활발한, 기민한, 척척 해내는, 빠른. **8** (구어·방언) 꽤 많은, 제법 큰. ¶ a ~ price 상당한 값. **9** (사무 기기·빌딩·무기 따위가) 전자 제어 장치[컴퓨터]로 작동하는, 컴퓨터화한. ⓓ **dumb**
a **smart few** 꽤 많은.
as **smart** *as* **a steel trap** (美구어) 매우 기민[영리]
as **smart** *as* **three pence** 매우 영리한.
get **smart** (구어) 재치있게 하다, 상황을 확실히 파악하다, 영리해지다; (美구어) (…에 대해) 뻔뻔스러운 [스스럼없는] 태도를 취하다.
Look smart! 빨리 해라!, 꾸물대지 마라!
make a smart job of it 척척[솜씨 좋게] 해내다.
━ⓐ = **smartly**.
play it smart (美구어) 잘 생각해서 척척 행동하다.
━ⓥⓘ **1** (상처 따위가) 따끔따끔[쿡국] 쑤시다, 쓰리다; (약 따위가) 스며들다, 얼얼하다. ¶ The burn ~s. 화상이 아리다. **2** 상심하다, 마음 아파하다(under, over); 감정이 상하다, 화내다(from, with, at). ¶ (~+젼+똉) ~ at a person's remarks 남의 말에 분개하다/ ~ under an injustice 부당한 취급을 받고 마음 아파하다. **3** 벌을 받다, 괴로워하다(for). ━ⓥⓣ …을 아프게 하다, 쓰라리게 하다; …을 괴롭히다.
smart for … 때문에 괴로움을 당하다[벌받다].
━ⓝ **1** (상처·타박 따위의) 아픔, 고통, 동통, 쑤심. **2** 마음의 아픔, 고뇌, 상심; 분노, 분개. **3** (~s) (美속어) 지성; 지혜; 빈틈없음.
~·ing·ly ⓐ
smart-al·ec [ˊӕlik] (구어) ⓝ = **smart aleck**.
━ⓐ = **smart-aleck**.
smárt ál·eck [-ӕlik] ⓝ (구어) 매우 자부심이 강한 사람; 아는[똑똑한] 체하는 사람, 건방진 놈.
smart-al·eck [ˊӕlik] ⓐ 자부심이 강한, 젠체하는.
━ⓝ = **smart aleck**. **~·ism**, **~·ry** ⓝ **~·y** ⓐ
smart-ass [-ӕs] ⓝ (美속) 똑똑한 체하는 녀석, 건방진 놈. (또는 **smart-arse**)
smárt bómb ⓝ (軍사) 스마트 폭탄(레이저 광선과 TV카메라로 유도된다).
smárt búilding ⓝ 스마트 빌딩(엘리베이터·냉난방·조명·방화 장치 등을 모두 컴퓨터로 자동화한 빌딩).
smárt cár ⓝ (반)자동 운전 승용차.
smárt cárd ⓝ (컴퓨터) 스마트 카드(반도체 칩을 내장한 카드). (또는 **smártcàrd, Smárt Càrd**)
smárt drúg ⓝ 머리를 좋게 하는 약, 지능 향상약.
smart·en [smɑ́ːrtn] ⓥⓣ **1** …을 말쑥[산뜻]하게 하다, 깨끗하게 하다(*up*). ¶ (~+똉+젼) ~ *up* a room 방을 깨끗하게 하다/ ~ oneself *up* 몸차림을 산뜻하게 하다. **2** …을 교육하다, 가르치다, 견문을 넓히다(*up*). **3** …을 활발하게 하다; [보조 따위를] 빠르게 하다.
━ⓥⓘ **1** 멋내다, 꾸미다(*up*). **2** 활발해지다; 강해지다. ¶ a ~ing wind 점점 세차게 부는 바람.
smárt hóme ⓝ 자동화·전산화된 가정. 「(전문가).
smárt-home technícian ⓝ 가정 자동화 기술자
smart·ly [smɑ́ːrtli] ⓐ **1** 호되게, 심하게, 얼얼[따끔따끔]하게. **2** 활발하게, 기민하게. **3** 눈치 빠르게, 영리하게. **4** 빈틈없이. **5** 말쑥[산뜻]하게; 멋지게; 유행을 좇아. **6** 꽤, 상당히.
smárt móney ⓝ **1** (법률) 벌금, 손해 배상금; (英) (군인의) 부상 수당; (고용주가 종업원에게 지불하는) 치료비. **2** (美) 투기꾼의 투자금; 투기꾼들. 「것이다.
smart money is on 전문가가 보건대 …이 성공할
smart-mouth [smɑ́ːrtmàuθ] ⓝ (美속어) 건방지게 딱딱거리는 녀석[입버릇]. 「빈틈없음.
smart·ness [smɑ́ːrtnis] ⓝ 멋; 활발, 기민; 영리;
smárt phóne ⓝ (고기능, 다용도) 첨단 휴대폰. (또는 **smartphone**)
smárt quótes ⓝⓟⓛ (컴퓨터) 날씬한 따옴표(인쇄에 썼던 재래식 인용 부호(''')). (또는 straight quotes
smárt sét (the ~) (집합적) 유행의 첨단을 걷는 사람들, 사교계의 명사들, 멋쟁이들.
smárt términal ⓝ (컴퓨터) 스마트 단말기(접속시킨 대형 컴퓨터의 부담을 덜어주는 단말 장치).
smart·weed [smɑ́ːrtwìːd] ⓝ 버들(여뀌); 쐐기풀 따위 살갗을 쏘는 풀.
smárt wíndow ⓝ 빛은 들어오지만 열은 나가지 않
smart·y [smɑ́ːrti] ⓝ **1** (美구어) 자만심이 강한 사람, 아니꼽게 잘난 체하는 사람. **2** (美속어) 웃차림이 멋진 사람; smart set의 일원. **3** (또는 **smartie**) (漢구어) 빈틈없는 사람, 약삭빠른 녀석; 사기꾼; 책략가.
━ⓐ (美속어) 자만심이 강한, 잘난 체하는, 시건방진.

smart·y-pants [-pæntsJ 명⊗ (단수취급) =smarty. 명 1. (또는 **smárty-bòots**)

***smash** [smæʃ] 타 1 …을 산산이 부수다, 분쇄하다 (*up, down, in*)(*to, into*). ⇨BREAK 유의어 ¶~ +目) ~ a door *in* [or *down*] (밖에서) 문을 때려부수다//~ a bottle *into* pieces 병을 산산조각으로 깨뜨리다(~+目+補) ~ a window open 창을 때려부수고 열다. 2 (신체의 일부)를 강타하다, 후려치다, 세게 때리다. ¶He ~ed me *with* his fist. 그는 주먹으로 나를 힘껏 때렸다(*on, in*). 3 (테니스·배드민턴·탁구) (공)을 스매시하다. 4 …을 철저하게 격파[분쇄]하다, 대패시키다(*up*); (비유적) (건강 따위)를 해치다. ¶~ a theory 학설을 타파하다. 5 …을 파산[도산]시키다. 6 (美속어) (가짜 돈)을 사용하다.
── 자 1 산산이 부서지다[깨지다], 박살나다(*up*)(*into, to*). ¶The glass ~ed into pieces. 컵은 산산조각으로 깨졌다. 2 격돌하다 (*against, into, through*). 3 파산하다(*up*). 4 (테니스 따위에서) 스매시하다. 5 (제책) (접지의 접은 부분의) 등고르기를 하다.
smash into …와 격돌하다.
smash to pieces 산산이 부서지다.
── 명 1 분쇄; 도괴(倒壞); 부서지는 소리, 2 격돌, 충돌(음). 3 격파, 파멸. 4 도산, 파산. 5 강타, 강렬한 일격. 6 (테니스·배드민턴·탁구) 스매시. 7 ⓤⓒ 스매시(알코올 음료의 일종). 8 (美) 크게 적중함, 대성공, 히트.
go [or *come*] *to smash* (구어) ① 산산이 부서지다, 깨지다. ② 파산하다. ③ 완패하다.
play smash (美) (俗) 대혼란, 몰락하다.
── 부 쨍그랑 하고; 정면으로.
go [or *run*] *smash into* …와 정면 충돌하다.
── 형 (한정용법) (구어) 대성공의, 크게 적중한, 히트 ~·a·ble 형

smash-and-grab [-'əngræb] 형 (英구어) 진열장을 깨고 진열품을 털어가는. ¶~ raid 진열창을 깨고 진열품을 털어가는 도둑질.

smash·ball [smǽʃbɔ̀ːl] 명 스매시볼(라켓으로 공을 땅에 떨어뜨리지 않고 서로 치는 경기).

smashed [smæʃt] 형 (俗) 인사불성으로 취한.

smash·er [smǽʃər] 명 1 분쇄자, 분쇄기; 분쇄공. 2 강타; 혼된 추락. 3 (英구어) 훌륭한[멋진 것/사람]. 4 (테니스 등에서) 스매시하는 사람. 5 (상대를) 믿고 따르게 하는 주장. 6 가짜 돈 사용자.

smash·e·roo [smæ̀ʃərúː] 명 (俗) =smash hit.

smásh hít 명 (구어) (연극 등의) 대성공, 대히트.

smash·ing [smǽʃiŋ] 형 1 분쇄하는. 2 (구어) 맹렬한, 압도적인; 훌륭한. ¶win a ~ victory 대승리를 거두다. 3 (俗) 위조의. ~·ly 부

smash-up [smǽʃʌ̀p] 명ⓒ 1 (열차·자동차 등의) 대충돌. ¶a head-on ~ 정면 충돌. 2 완전 붕괴, 파괴; (비유적) (경제의) 폭락; (사업의) 파탄; (건강의) 쇠약.

smat·ter [smǽtər] 동 아는 체하고 이야기하다, 어설픈 지식을 자랑하다; 어설프게 알다. ── 명 수박 겉핥기(식 지식). [람].

smat·ter·er [smǽtərər] 명 수박 겉핥기로 아는 사

smat·ter·ing [smǽtəriŋ] 명 (a ~) 수박 겉핥기식 지식, 어설프게 아는 지식 (*of*). ¶a ~ *of* Greek 어설픈 그리스어 지식. ── 형 어설프게 아는, 수박 겉핥기의. ~·ly 부

SMATV *s*atellite [or *s*mall] *m*aster *a*ntenna *t*ele*v*ision(호별·공동 주택에서 한 안테나로 위성 방송을 수신하여 각 방으로 보내는 방법).

smaze [smeiz] 명ⓤⓒ smog보다 옅은 연기와 아지랭이가 섞인 것. (*sm*oke+h*aze*)

sm.c., sm.cap. *sm*all *cap*ital.

***smear** [smiər] 타 1 (기름·페인트·오일 따위)를 바르다; (상처 따위에) 유상(油狀) 약제 따위를 도포하다[바르다](*on*). ¶~ butter *on* bread 빵에 버터를 바르다. 2 …을 문질러 더럽히다; …을 못 알아보게 하다. 3 (명성·명예 등)을 손상하다. 4 (美속어) …을 완패시키다, 철저하게 해치우다. 5 (美속어) …에게 뇌물을 주다. ── 자 더러워지다; 희미하게 되다. ── 명 1 더러움, 얼룩, 오점. 2 흐린 자국, 유성(油性)[점성(粘性)]을 갖는; (도기)의 유약. 3 도말(塗抹) (표본)(현미경의 검경판(檢鏡板)에 바른 극소량의 피검(被檢) 재료). 4 명예 훼손, 중상; 중상하는 말 (~ word). 5 (美속어) (카드놀이) (피노클에서) 선물(膳物)(자기의 득점패를 파트너에게 줌).

sméar campáign 명 (언론에 의한) 조직적인 중상.

smear-case [smíərkèis] 명 (美북부) =cottage

smear-sheet [-ʃiːt] 명 저속 신문[잡지]. [cheese.

sméar tèst 명 도말 표본 검사(Pap test [smear]).

sméar wòrd 명 중상, 비방; 중상하는 말.

smear·y [smíəri] 형 더럽혀진; 기름이 밴; 끈적거리 **sméar·i·ly** 부 **sméar·i·ness** 명 [는.

smec·tic [sméktik] 형 (물·화) 스멕틱 상태의(액정의 분자가 한 방향으로 서고, 중심(重心)이 층상(層狀)으로 분포하고 있는 상태).

smec·tite [sméktàit] 명 (광물) 녹점토(綠粘土).

smed·dum [smédəm] 명 1 고운 가루[분말]. 2 원기, 활력, 활기. [기[증기]를 뿜다.

smeech [smiːtʃ] 명 (英방언) 짙은 연기, 연기. **smeg·ma** [smégmə] 명ⓤ 피지(皮脂); (특히) 치구 (恥垢)(성기에 생기는 때). **-mát·ic** 형

‡**smell** [smel] (~*s* [-z] ; ~*ed*, *smelt*) 타 1 …을 냄새 맡다, 냄새 맡아서 알다; …의 냄새를 알아채다. ¶S— it to see what it is. 무슨 냄새인지 맡아보아라// (~+目+ing) Nobody ~ed gas leaking. 아무도 가스 새는 냄새를 맡지 못했다. 2 냄새 맡아서 알아[찾아] 내다; …을 찾아 내다(*out*). 3 …의 냄새를 피우다; …을 악취로 채우다(*up*). ¶You ~ beer. 맥주 냄새가 난다. 4 (美속어) (분말로 된 마약)을 흡입하다. ── 자 1 냄새를 맡다, 후각이 작용하다, 후각이 있다 (*at, of*). ¶(~+前+名) She is ~*ing at* lilacs. 그녀는 라일락꽃의 냄새를 맡고 있다 / Just ~ *of* this herb. 잠깐 이 풀의 냄새를 맡아 보세요. 2 냄새 맡으며 돌아다니다, 찾아다니다 ((*a*)*round, about*). 3 냄새가 풍기다, (…의) 냄새가 나다, 고약한 냄새가 나다 (*of, like, as if*). ¶(~+補) ~ good 좋은 냄새가 나다// (~+前+名) His breath ~s *of* garlic. 그의 입김에서 마늘 냄새가 난다. 4 악취를 풍기다, 구리다. ¶The eggs ~. 그 달걀은 상한 냄새가 난다. 5 (비유적) …한 데가 있다; …의 껍새가 있다.

I smell you. (美속어) 자네 말은 알겠다.
smell about [or *around, round*] 냄새를 맡으며 돌아다니다; 탐색하다.
smell a rat 의심하다, 낌새를 채다.
smell it up (美속어) 마약(코카인)을 흡입하다.
smell of the lamp [or *oil, candle*] 밤 늦게까지 공부한 흔적이 보이다; 노력한 흔적이 있다.
smell of the shop 상인 기질을 보이다, 상혼(商魂)이 들여다보이다.
smell one's oats 생기가 나다, 신나다. [풍기다.
smell out 냄새를 맡아내다; 탐지하다; …에 악취를
smell powder 종군 경험이 있다, 실전 경험을 하다.
smell the bottom [or *ground*] (배가) 수심이 얕아 속도를 줄이다[방향을 바꾸다].
smell up (美속어) (장소)를 악취로 채우다.
── 명 (복 ~*s* [-z]) 1 ⓤ 후각. 2 ⓤⓒ 냄새, 향기. ¶a pleasing ~ 좋은 냄새.

〔유의어〕 **smell** 「냄새·향기」의 뜻의 가장 일반적인 말. **odor** 물질의 화학적 특성으로서의 smell; 강하게 발산해서 즉시 맡을 수 있는 느낌 smell. **scent** 약한 smell. 종종 예민한 후각이 아니면 맡을 수 없음을 암시한다. **fragrance** 꽃 및 그 밖의 성장하는 것이 발산하는 신선한 좋은 smell. **perfume** 강한 fragrance. **aroma** 주위에 퍼져서 후각·미각을 돋우는 향기.

3 ⓤⓒ 악취, 구린내. **4** (냄새를) 맡기. **5** ⓤⓒ 기미, 낌새; 분위기(atmosphere).
gét a sméll at (英俗) (부정문에서) …에 접근하다.
táke a sméll at; háve a sméll of …의 냄새를 맡다. ~·a·ble, ~·less ⟨형⟩
smell·er [smélər] ⟨명⟩ **1** 냄새 맡는 사람, 후각이 있는 사람; 후각이 있는 동물. **2** 촉각, 촉모(觸毛). **3** (俗) 코; (코를) 강타하기.
smell·ie [sméli] ⟨명⟩ (장면에 따라) 냄새를 풍기는 영화.
smélling bòttle [smélin-] ⟨명⟩ 정신들게 하는 약병, 냄새 맡는 병(smelling salts를 넣은 작은 병).
smélling sàlts ⟨명⟩⟨복⟩ 정신들게 하는 약.
Smell-O-Vi·sion [⌢ouvìʒən] ⟨명⟩ (商標) 스멜오비전(냄새를 풍기는 영화).
smell·y [sméli] ⟨형⟩ 악취가 나는, 악취를 풍기는. **smél·i·ness** ⟨명⟩
smelt[1] [smelt] ⟨동⟩⟨타⟩ (광석 따위)를 용해하다; (용해하여)…에서 금속을 뽑아내다, …을 제련하다. ~·ing ⟨명⟩
smelt[2] ⟨명⟩ (⟨복⟩~(s)) 빙어(氷魚)류의 식용어.
‡**smelt**[3] ⟨동⟩ smell의 과거·과거분사. 〔용광로〕
smelt·er [sméltər] ⟨명⟩ 제련업자; 제련공; 제련소(smelter).
smelt·er·y [méltəri] ⟨명⟩ 제련소(smelter).
smelt·ing-fur·nace [smélṭɪŋfə́ːrnis] ⟨명⟩ 용광로.
Sme·ta·na [smétənə] **Bedřich ~** 스메타나(1824–84: 체코슬로바키아의 작곡가).
smew [smju:] ⟨명⟩ 흰비오리(오릿과(科)의 물새).
SMI (프랑스) *Sa Majesté Impériale*(=His [Her])
smice [smais] ⟨명⟩ 빙무(氷霧). 〔Imperial Majesty〕.
smid·gen [smídʒən] ⟨명⟩ (美口) 소량, 조금(bit). (또는 **smidge, smidgin, smidgeon**)
smier·case [smɪərkèis] ⟨명⟩ =smearcase.
smi·lax [smáilæks] ⟨명⟩ 청미래덩굴속(屬)의 식물.
smi·la·ca·ceous [smàiləkéiʃəs] ⟨형⟩
‡**smile** [smail] ⟨명⟩ (~**s** [-z]; ~**d**; **smíl·ing**) ⟨자⟩ **1** 미소짓다, 생긋 웃다, 생글생글하다. ⇒LAUGH ⟨유의어⟩ (~ *to do*) She ~*d* to see the sight. 그 광경을 보고 그녀는 미소지었다. **2** (풍경 따위가) 보기에 즐겁다, 환하다. ¶*smiling* flowers 만개한 꽃. **3** (운 따위가) 트이다, 열리다(*on*, *upon*). ¶(~+前+名) Fortune ~*d* upon him. 그에게 운이 트였다.
—⟨타⟩ **1** (동족 목적어와 함께) …한 미소를 짓다. ¶~ a sweet [happy] ~ 상냥하게 [즐겁게] 미소짓다. **2** 미소로 …을 나타내다. ¶ approval 미소로 찬성을 나타내다. **3** 미소하며 …시키다(*away*)(*into*, *out of*). ¶(~+目+前+名) ~ a person *into* peace of mind 생긋 웃어 남을 안심시키다 //(~+目+副) ~ one's grief [or tears] *away* 미소지어 슬픔[눈물]을 감추다.
còme up smíling (口) (곤란을 당하고도) 기운차게 일어서다: 〔미소짓다〕 (권투 선수 등이) 다음 라운드[어려운 일]에 기운차게 맞서다.
Ì should smíle. (美俗·경멸적) 웃기는군, 그렇군.
kéep smíling (종종 명령형으로) 기운 내라, 마음 편히 해라.
Smíle and cómb your háir. (美俗) 전방에 경찰의 속도를 측정 장치 있음, 서행하라.
smíle *a person* **óut of** 빙긋 웃어 남으로 하여금 …을 잊게 하다. 〔…을 꼭 참다.〕
smíle *at* …을 보고 미소짓다; …을 비웃다; …에 부치다.
smíle *away* …을 일소에 부치다, 웃고 넘기다.
Smíle when you sáy thát. (口) 무례한 말을 할 때, 농담이라는 신호라도 해다오.
—⟨명⟩ (⟨복⟩ ~**s** [-z]) **1** 미소, 방싯거림; 희색. **2** (~s) 호의, 은혜. ¶the ~s of fortune 운명의 미소, 행운. **3** (풍경 따위의) **4** (俗) 위스키 한 잔.
be áll smíles 싱글벙글 웃고 있다. 〔하게 하다.〕
pùt a smíle on *a person's* **fáce** (口) 남을 흐뭇
wípe [or táke] the smíle òff *one's* [*a person's*] **fáce** (口) 히죽거림을 그치다 [그치게 하다]. (갑자기) 진지해지다 [진지해지게 하다].
with a smíle 빙긋 웃으며. ¶ *with a* ~ *on one's face*
smíl·er [smáilər] ⟨명⟩ 〔얼굴에 미소를 머금고.〕
smile·less [smáillis] ⟨형⟩ 웃지 않는; 진지한, 시치미 떼는. **~·ly** ⟨부⟩ **~·ness** ⟨명⟩
smil·ey [smáili] ⟨형⟩ 생글거리는, 미소 띤.
*****smil·ing** [smáiliŋ] ⟨형⟩ 생글거리는, 방긋 웃는; (경치가) 밝은; 청명한, 화창한. **~·ly** ⟨부⟩ **~·ness** ⟨명⟩
smi·lo·don [smáiledàn/-dɔ̀n] ⟨명⟩ (고생물) 스밀로돈(홍적세에 북부 아메리카에 살던 검치호(劍齒虎)).
Smin·the·us [smínθiəs, -θjuːs] ⟨명⟩ (그리스 신화) 스민테우스(Apollo의 다른 이름).
smir(r) [smɔːr] ⟨명⟩ 안개비. —⟨동⟩ 안개비가 내리다.
smirch [smɔːrtʃ] ⟨동⟩⟨타⟩ …을 더럽히다, 때묻히다; (명예)를 손상하다; 욕되게 하다. —⟨명⟩ 더러움, 얼룩, 오점; 오명, 불명예. **~·er** ⟨명⟩ **~·less** ⟨형⟩
smirk [smɔːrk] ⟨동⟩⟨자⟩ 뽐내며[점잔빼며] 웃다; 억지로 웃다. —⟨명⟩ 뽐내는 웃음, 선웃음.
~·er ⟨명⟩ **~·i·ly, ~·ing·ly** ⟨부⟩ **~·ing, ~·y** ⟨형⟩
SMIS *S*ociety for *M*anagement *I*nformation *S*ystems.
smit [smit] ⟨명⟩ (the ~) (北英) 감염.
smitch [smitʃ] ⟨명⟩ (口) =smidgen.
*****smite** [smait] ⟨동⟩ (**smote**; **smit·ten**; **smit·ing**) (古·詩) (* 현재는 strike를 쓴다) ⟨타⟩ **1** …을 강타하다, 세게 때리다[치다](*with*). ¶(~+目+補) ~ a person *dead* 남을 때려 죽이다. **2** …을 패배시키다, 때려 죽이다. ¶~ the enemy 적을 완패시키다. **3** (보통 수동형으로) (질병·재해 따위가) …을 갑자기 덮치다; (사람·경치·매력 등이) …의 마음을 사로잡다, 매혹하다(*by*, *with*). **4** (남의 마음)을 괴롭히다; 양심을 발하다. ¶My conscience ~*s* me. 양심에 가책이 되어 괴롭다. **5** (생각 따위가 갑자기) (머리)에 떠오르다. ¶A good idea *smote* me. 좋은 아이디어가 떠올랐다. **6** (소리·냄새 따위가 갑자기) (감각 기관)을 덮치다, 자극하다. **7** (古) (하프 등)을 타다, 연주하다. —⟨자⟩ **1** 강타하다, 때리다, 부딪다. ¶(~+副) His knees *smote together* in awe. 그는 두려워서 무릎이 덜덜 떨렸다. **2** 덮치다 (*on*, *upon*).
smíte híp and thígh ⇒HIP[1].
—⟨명⟩ 때리기, 강타, 타격; 시도, 기도; ¶have a ~ at
smít·er ⟨명⟩ 〔…을 해보다, 시도하다.〕
*****smith** [smiθ] ⟨명⟩ (복합어로) 금속 세공인; 대장장이. ¶a black ~ 대장장이.
Smith [smiθ] ⟨명⟩ **Adam ~** 스미스(1723–90: 영국의 경제학자).
smith·er·eens [smìðəríːnz] ⟨명⟩⟨복⟩ (口) 산산조각, 작은 파편(bits). (또는 **smithers**)
bréak [or **máke**]…**into smithereens** …을 산산이 부수다. 〔장.〕
smith·er·y [smíθəri] ⟨명⟩ⓤ 대장장이의 직; ⓒ 철공
Smith·field [smíθfiːld] ⟨명⟩ 스미스필드(London 북쪽의 공개 처형장이 있던 지구로, 지금은 중앙 육류 시장).
Smith·só·ni·an Institùtion [smiθsóuniən-] ⟨명⟩ (the ~) 스미스소니언 협회(Washington, D.C.에 있는 학술 협회. 1846년 창립); (동협회 소속의) 미국 국립 박물관. 〔간; 대장장이(blacksmith).〕
smith·y [smíθi, smíði] ⟨명⟩ 대장장이의 일터, 대장
smit·ten [smítn] ⟨동⟩ smite의 과거분사. —⟨형⟩ 매혹 맞은; 몹시 괴로워하는; 홀딱 반한, 매료된. 〔의〕.
smit·tle [smítl] ⟨명⟩⟨형⟩ (北英) 감염(성
SMM (라틴) *Sancta Mater Maria*= Holy Mother Mary; (우주) (美) *Solar Maximum Mission*(태양 활동 관측 위성).
SMO *S*enior *M*edical *O*fficer.
*****smock** [smak/smɔk] ⟨명⟩ (헐거운) 겉옷, 작업복. —⟨동⟩⟨타⟩ …에 smock을 입히다; 주름으로 장식하다. **~·like** ⟨형⟩
smóck fròck ⟨명⟩ (유럽의 농부가 입는) [smock]

작업복.
smock·ing [smákiŋ/smɔ́k-] 명① 거북등 모양의 장식 주름, 쇠사슬 자수.
‡**smog** [smɑg/smɔg] 명⑪ⓒ 스모그, 연무(煙霧)(매연·배기 가스가 섞인 안개). ⇨FOG [유의어] ── 타 (**-gg-**) 스모그로 덮다. **~·less** 형 [<*smoke*+*fog*]
smog-bound [smágbàund/smɔ́g-] 형 스모그로 덮인. 「지 않는.
smog-free [´-fríː] 형 매연이 없는, 스모그가 발생하
smog·gy [smági/smɔ́gi] 형 스모그의; 스모그가 많이 낀. **-gi·ly** 부 「상태.
smog-out [smágàut/smɔ́g-] 명 스모그가 자욱한
smok·a·ble [smóukəbl] 형 =smokeable.
‡**smoke** [smouk] 명 ① 연기; ⓒ 연기의 줄기. ¶emit black ~ 검은 연기를 내다/hang [*or* dry] a salmon in ~ 연어를 훈제(燻製)로 만들다/be stifled by ~ 연기에 목이 메다/*There is no* ~ *without fire*. (속담) 아니 땐 굴뚝에 연기날까/*There is no fire without* ~. (속담) 연기 안 내고 불을 피울 수 없다 ; 무슨 일에나 선악 양면이 있다. **2** 연기와 비슷한 것(증기·안개·아지랭이 따위). ¶the ~ of a volcano 화산에서 뿜어내는 연기. **3** 실체가 없는 것, 쓸데 없어지는 것, 덧없는 것; 분명하지 않은 상태. **4** ⓒ 흡연, (담배나 마리화나의) 한 모금, 한 대 피우는 시간. **5** (보통 ~s) (속어) 담배, 엽궐련. ¶a box of ~s 담배 한 상자. **6** 김 (수증기). **7** (속어) 집에서 빚은 술; 싸구려 술. **8** (공의) 스피드. **9** ⓒ (美속어) 흑인. **10** (구어) (the (big) S―) 대도시. **11** (속어) 거짓(말), 거짓 정보.
blow smoke (속어) 마리화나를 피우다; 허풍을 떨다, 쓸데없는 이야기를 하다.
cut no smoke (美속어) 조금도 영향을 미치지 않다, 조금도 중요하지 않다. 「산.
from smoke into smother 갈수록 태산, 산넘어 ***go into smoke*** (濠속어) 자취를 감추다, 사라지다.
go [*or* ***end*] *up in smoke*** (집 등이) 소실되다; (구어) (계획 따위가) 수포로 돌아가다.
in smoke (濠속어) 가리숙하여, 숨겨져. 「재빨리.
like smoke; like a smoke on fire (속어) 쉽게;
sell smoke (英) 속이다, 협잡하다.
smoke and mirrors (美속어) 교묘한 속임(수).
take [*or* ***have*] *a smoke*** 담배 한 대 피우다.
── 타 (~*d* [-t]; *smok·ing*) 자 **1** 연기를 내다, 연기가 나다, (불이 잘 타지 않고) 연기만 내다. **2** 김(수증기)을 내다. **3** 담배를 피우다, 흡연하다; (속어) 마리화나를 피우다. ¶Do you mind my *smoking* in the room? 방에서 담배를 피워도 좋습니까? **4** (속어) 먼지를 내며) 질주하다; (濠) 도망치다; 실종하다. **5** (美속어) 얼굴을 붉히다. **6** (고어) 고통을 맛보다, 중벌을 받다. **7** (美속어) 화가 머리끝까지 나다. ── 타 **1** (담배·파이프 따위를) 피우다; 흡연하여 …하게 하다(*down*). ¶(~+목+부) ~ one's bad temper *down* 담배를 피워 화를 억누르다. **2** …을 연기나게 하다, 태워서 연기를 내다, 그을리다. **3** …을 훈제로 만들다. ¶~ *ham* 햄을 훈제로 만들다. **4** …을 연기로 훈증(燻蒸)하다; (여우 따위에) 연기를 피워 몰아내다(*out*). **5** (고어) …을 놀리다, 희롱하다. **6** (고어) …을 알아채다, 탐지하다. **7** (사격) (표적) 을 산산조각 내다. 「이다.
smoke and joke (美속어) 긴장이 풀리다, 마음이 놓
smoke and mirrors 교묘히 남을 속이다, 착각이 일어나게 하는 것, 위장(偽裝). 「우며 보내다.
smoke away (***the afternoon***) (오후를) 담배를 피
smoke off (濠속어) 도망치다, 서둘러 떠나다.
smoke oneself ***into composure*** 담배를 피우며 마음을 가라앉히다. 「(정신이 있다.
smoke oneself ***sick*** [***silly***] 담배를 피워서 어지럽다
smoke out ① …을 연기로 몰아내다. ② (美) …을 탐지해내다, 알아내다. ③ 훈증(燻蒸)하다. ④ 공표
~·like 형 「[[폭로]하다.

smóke abátement 명 (도시의) 굴뚝 연기 규제.
smoke·a·ble [smóukəbl] 형 담배 피우기에 적합한. ── 명 (~s) (집합적) (美) 담배류. (또는 **smokable**)
smóke báll 명 (군사) 연막탄, 발연통(發煙筒); (야구) 강속구(强速球).
smóke béll 명 (남포 따위의) 그을음받이.
smóke bómb 명 (군사) 연막탄, 발연탄.
smoke-box [smóukbɑ̀ks/-bɔ̀ks] 명 (기계) (증기기관 따위의) 연실(煙室).
smóke cát 명 스모크 캐트(집고양이의 일종).
smóke chàmber 명 (벽난로의) 연실(煙室).
smoke-chas·er [smóuktʃèisər] 명 (美) (가벼운 장비의) 삼림 소방대원.
smóke chópper 명 (美속어) 경찰 헬리콥터.
smóke consùmer 명 완전 연소 장치.
smóke detéctor [alàrm] 명 연기 탐지기(화재 경보 장치의 하나).
smóke dóme 명 (연실(煙室)) 덮개. 「보기의 하나).
smoke-dried [´-dràid] 형 훈제로 만든, 훈제의.
smoke-eat·er [´-ìːtər] 명 (美속어) 소방대원.
smóke-filled róom [´-fíld-] 명 (美) 막후 협상실, 밀실(정치적인 막후 흥정이 이루어지는 방).
smóke-free [smóukfríː] 형 금연의.
smóke hélmet 명 (소방용의) 방독면; 소방모(帽).
smoke·house [smóukhàus] 명 (복 **-hous·es** [-hàuziz]) (살코기·물고기 따위의) 훈제소(場).
smoke-in [´-in] 명 흡연 집회, (합법화를 요구하면서 하는) 마리화나 파티. 「장치, 연차(煙車).
smoke·jack [smóukdʒæ̀k] 명 구이꼬치를 돌리는
smoke-jump·er [smóukdʒʌ̀mpər] 명 (美) (낙하산으로 강하하는) 삼림 소방대원.
smoke·less [smóuklis] 형 연기를 내지 않는, 무연의. **~·ly** 부 **~·ness** 명 「산.
smókeless pówder 명 무연 화약.
smókeless tobácco 명 코담배, 씹는 담배.
smókeless zòne 명 무연 연료만 쓰도록 된 지역, 매연 금지 지역.
smoke-o [smóukòu] 명 (美) (오전·오후의 노동자의) 휴식 시간. (또는 **smoko, smóke-òh**)
smoke-out [smóukàut] 명 (담배 끊기의 한 단계로) 서의) 1일 금연.
smóke pìpe 명 연도관(煙道管).
smóke plánt 명 =smoke tree.
smóke póle 명 (속어) 총, 소(小)화기. 「공해.
smóke pollùtion 명 연기 공해[오염], 담배 연기
smóke pót 명 발연통. 「가 들어오지 않는.
smoke-proof [smóukprùːf] 형 (방 따위가) 연기
*****smok·er** [smóukər] 명 **1** 흡연자; 연기를 내는 것. ¶a heavy ~ 담배를 많이 피우는 사람. **2** =smoking car. **3** (英) =smoking-concert. **4** (美) (남자만의) 흡연 사교회. **5** 훈제업자. **6** (美속어) 배기 가스를 심하게 내는 트럭. **7** =smoking stand.
smoke-ring [´-rìŋ] 명 (담배의) 연기 고리.
smóke róom 명 (英) =smoking room. 「장병.
smóker's héart 명 (the ~) 흡연으로 일어나는 심
smóke scréen 명 (군사) 연막; (비유적) 위장(偽裝).
smoke-shade [smóukʃèid] 명⑪ⓒ 대기 속의 연진도(煙塵度); 연진. 「동.
smóke shéll 명 (군사) 발연탄(發煙彈).
smóke shóp 명 담배 가게.
smoke-stack [smóukstæ̀k] 명 (기선·공장 따위의) 굴뚝; (~s) 제조업(특히 중공업). ── 형 (자동차·철강 따위의) 기간 중공업의[에 의존하는].
smoke-stick [´-stìk] 명 (속어) 총, 소(小)화기.
smoke-stone [´-stòun] 명⑪ⓒ 연수정(煙水晶).
smóke trèe 명 거망옻나무, 황로(黃櫨).
smok·ey [smóuki] 명 **1** (美) 삼림 감시원의 복장을 한 곰(산불 방지용 마크). **2** (美속어) 고속도로 순찰대원; 순찰차. ¶a ~ *beaver* (속어) 여성 경찰관/a ~ *on rubber* (속어) 이동중인 순찰차. (또는 **S― Béar**)

smok·ing [smóukiŋ] 몡U 1 연기를 냄, 연기가 남, 그을림. 2 (상습적인) 흡연, 끽연. 3 발한(發汗), 땀이 남. — 휑 1 연기를 내는. 2 김을 내는; 땀이 나는. 3 흡연하는, 흡연이 허용되는: 금지 되어 있는 장소에서도 흡연이 허용되는. // ~ hot 김이 날 정도로 뜨거운, 따끈따끈한. ~·ly 튀

smóking càr 몡 (열차의) 끽연차(smoker).

smóking compàrtment 몡 (기차의) 흡연실.

smok·ing-con·cert [-kʌnsəːrt/-kɔ̀nsət] 몡 (英) 담배를 피워도 되는 음악회.

smóking gùn [pístol] 몡 확실한 증거. 「평상복.

smóking jàcket 몡 스모킹 재킷(남자용의 헐거운

smóking mìxture 몡 (파이프용) 혼합 담배.

smóking ròom 몡 끽연실(흡연실).

smok·ing-room [-rù(ː)m] 휑 흡연실에서의, 흡연실에 알맞은; 저속한, 야비한.

smóking stánd 몡 스탠드식 재떨이.

smok·o [smóukou] 몡 (~s) (濠) =smokeo.

*****smok·y** [smóuki] 휑 1 (대량의) 연기를 내는, 그을리는; 연기가 자욱한; 흐릿한(hazy). 2 연기빛의; 연기 같은, 연기나 나는. 3 연기로 더러워진, 그을린. **smók·i·ly** 튀 **smók·i·ness** 몡 「gorm).

smóky quártz 몡 연수정(煙水晶)(cairn-

smóky séat 몡 (美俗) 전기 의자.

smol·der [smóuldər] 똥재 1 연기나다, 그을다 (up). 2 (노여움·불만 따위가) 마음속에 쌓이다, 울분이 되다; 속에 맺히다, 사무치다. 3 (억압된 감정이) 밖으로 나오다. — 몡U 연기나는 불, 내는 불, 연기(남); (감정의) 울분. (또는 **smoulder**)

smolt [smoult] 몡 2년생 연어.

SMON [smɑn/smɔn] 몡U 스몬병, 아급성(亞急性) 척수 시신경증(視神經症). (또는 ~ **disèase**) (<subacute *myelo-optico neuropathy*)

smooch[1] [smuːtʃ] 몡동 =smudge.

smooch[2] (俗) 몡동 키스하다; 애무하다. — 몡 키스, 애무. (또는 **smooge, smouge**) ~·**er**, ~·**ing**

‡**smooth** [smuːð] 휑 (~·er; ~·est) 1 (물체의 표면이) 매끄러운, 매끈매끈한, 평탄한, 요철(凹凸)이 없는; (닳아서) 반들반들해진. ⇒LEVEL 유의어 // ~ **skin** 미끈한 피부 // The fabric is ~ to touch. 그 직물은 감촉이 매끄럽다. 2 (수면이) 물결치지 않는, (날씨·바다 따위가) 잔잔한, 평온한. 3 (피부에) 털이 난 (얼굴에) 수염이 없는; (모발 따위가) 손질이 잘 된, 윤이 나는. 4 (버터·소스 따위가) 응어리가 없는, 잘 이겨진, 고른; (음식물이) 입맛에 맞는; (소리 따위가) 귀에 거슬리지 않는. 5 (기계 따위가) 원활하게 움직이는, 고장이 없는; (사람의) 술술 나오는, 능숙한, 순조로운, 평온 무사한. The airplane made a ~ landing. 비행기는 무사히 착륙했다. 6 (감정·기질 따위가) 온건한, 조용한, 부드러운. 7 (말·태도가) 유창한, 술술 나오는, 남의 기분을 잘 맞추는; 말솜씨가 좋은. ¶speak ~ things 듣기 좋은 말을 하다. 8 (말·문체 등이) 유창한, 술술 나오는, **(구어)** 세련된; (음성) 기식음의(氣息音의) 없는. 9 즐거운, 매력있는.

in smooth water 잔잔한 수면(水面) 위로; 순조롭게, 평온 무사하게, 원활히.

make things smooth 일을 수월하게 하다[만들다].

reach [or *get to*] *smooth water* 곤란을 극복하다.

— 튀 =smoothly. 「이다.

run smooth ① 순조롭게 되어가다. ② 느긋하게 움직 — 동 (~**s** [-z]) 1 (물체의 평면을) 매끄럽게 하다. 평탄하게 하다, 고르다. 2 (주름·천 따위를) 펴다, (깃털·두발 따위를) 매만지다(*down*, *out*). 3 (곤란·장애 따위를) 제거하다, …을 쉽게 하다(*away*, *out*, *over*). 4 …을 가라앉히다, 달래다(*down*). 5 (말 따위를) 유창하게 하다; (태도 따위를) 세련되게 하다. 6 …을 잘 얼버무리다, (과실 따위를) 숨기다(*over*). 7 (수학) 간략히 하다. — 재 1 매끈해지다, 평탄해지다. 2 (일이) 원활하게 되다, 순조롭게 되다, 안정되다(*down*).

smooth away [or *off*] (장애 따위를) 없애다, 제거 하다; 매끄럽게 하다.

smooth down ① ⇒ 타 2, 4. ② 순조롭게 되다. ¶Everything has ~*ed down*. 모든 것이 순조롭게 되었다. 「숨기다.

smooth over (분화 따위를) 가라앉히다; 제거하다;

smooth the way 장애물(곤란)을 제거하다.

— 몡 1 매끈한[평탄한] 것, (머리 따위를) 매만지기. ¶give a ~ to one's hair 머리를 매만지다. 2 매끄러운 물건[부분], 평면, 평지; (美) 초원, 목초지.

take [or *accept*] *the rough with the smooth* 인생의 고락을 태연히 받아들이다, 현실을 있는 그대로 받아들이다.

~·**a·ble** 휑 ~·**er** 몡 ~·**ish** 휑 ~·**ness** 몡

smóoth árticle 몡 (구어) =smoothie 1.

smooth·bore [smúːðbɔ̀ːr] 몡 (총기가) 선조식(旋條式)이 아닌, 활강총의. — 몡 활강총[포]. ⓓ rifle

smooth·en [smúːðən] 동 =smooth.

smooth-faced [-féist] 휑 1 (얼굴에) 수염이 없는. 2 (표면이) 매끈한. 3 불임성 있는, 본성을 숨기는.

smooth·hound [smúːðhàund] 몡 (유럽산(産)) 별상어리의 일종. (또는 ~ **shárk**).

smooth·ie [smúːði] 몡 1 (구어) 세련된 사람, 말씨가 좋은 사람, 애교가 있는 사람; 여성의 비위를 맞추는 남자. 2 (美俗) (유광지(有光紙)의) 고급 잡지. 3 스무디(과일·우유·요구르트·아이스크림 등을 섞은 음료). (또는 **smoothy**)

smóoth·ing circuit [smúːðiŋ-] 몡 (전기) 평활(平滑) 회로(정류기의 맥동(脈動)을 줄이는 회로).

smóothing iron 몡 인두, 다리미.

smóoth(ing) pláne 몡 (목공) 끝손질용의 대패.

‡**smooth·ly** [smúːðli] 튀 (*more* ~; *most* ~) 매끄럽게; 술술, 원활히; 유창하여; 평온하게; 붙임성있게.

smóoth múscle 몡 (해부) 평활근(平滑筋).

smóoth óperator 몡 (구어) 멋진 사람, 싹싹한 사람, 말솜씨가 좋은 사람. 「은.

smooth-shav·en [-féivən] 휑 수염을 말끔히 깎

smooth-spo·ken [-spóukən] 휑 온화하게 말하는; 설득력이 있는, 말솜씨가 좋은, 아첨을 잘 하는.

smooth-talk [-tɔ̀ːk] 몡타 그럴듯한 말로 구슬리다, 아첨으로 구워삶다.

smooth-tongued [-tʌ́ŋd] 휑 말솜씨가 좋은.

smóoth wínterberry 몡 (북미산(産)) 감탕나무속(屬)의 가시 없는 식물.

smooth·y [smúːði] 몡 =smoothie 1.

smop [smɑp/smɔp] 몡 (美) (해커속어) 프로그램 제작중의 잔일. (<*small matter of programing*)

smor·gas·bord [smɔ́ːrgəsbɔ̀ːrd] 몡U 스모가스보드, 바이킹 요리(북구(北歐)의 서서 먹는 모듬 요리); 그러모은 것, 뒤범벅. (또는 **smörgåsbord**)

*****smote** [smout] 동 smite의 과거 과거분사.

*****smoth·er** [smʌ́ðər] 동타 1 …을 숨막히게 하다, 질식시키다 (*with*); …을 질식사시키다; …의 성장·발전을 저지하다. ¶(~+因+(前+名)) be ~*ed with* smoke 연기로 숨이 막히다. 2 (덮어씌워서) (불을) 끄다; (등불을 옮겨 가리다 (*with*); put a fire *with* ashes 재를 덮어 불을 끄다. 3 (연기·안개·천 따위로) …을 완전히 덮다, 둘러싸다, 싸다. 4 …을 진하게 바르다, 도포하다 (*with*, *in*). 5 (사실·추문 따위를) 덮어 숨기다, 깔아뭉 개다(*up*); (제안 등을) 묵살하다. ¶The serious scandal was ~*ed up*. 그 중대한 스캔들은 흐지부지 얼버무려졌다. 6 (감정·충동 따위를) 억제하다, 누르다. 7 (…에게) (키스·선물 등을) 숨도 못 쉴 정도로 퍼붓다 (*with*). 8 (요리) …을 찌다, 찜으로 하다. 9 (골프) (공을) (실수로 땅 위를 스치듯) 낮게 치다. — 몡 1 목이 메다, 숨이 막히다, 질식(사)하다. 2 (감정 따위가) 억압 되다, 울적하다. 3 (죄 따위가) 은폐되다; (제안 등이) 묵살되다.

— 몡 1 짙은 연기, 농무, 자욱한 먼지. 2 연기가 남, 그

음; 연기내는 것. 3 큰 소동, 대혼란, 혼란 상태.
~·a·ble 혱 ~·er 몡 ~·y 혱 숨막히는.
smóth·ered máte [smʌ́ðərd-] 몡 〔서양장기〕 킹이 자기편 졸 때문에 움직일 수 없을 때 나이트로 장군 부르기.
smudge [smʌdʒ] 몡 (美속어) 버릇없는 사람, 덜렁쇠.
smoul·der [smóuldər] 몡 =smolder.
SMP statutory maternity pay(법정 출산(出産) 수당).
s.m.p. (라틴) sine mascula prole(=without male issue).
smrit·i [smríti] 몡 〔힌두교〕 스므리티, 성전(聖傳)문학.
SMS shuttle mission simulator(우주 비행사 훈련용 모형).
SMSA 〔美〕 Standard Metropolitan Statistical Area(표준 대도시 지구). **SMSgt** senior master sergeant. **SMTAS** 〔우주〕 shuttle model test and analysis system(셔틀 모델 시험 분석 시스템).
SMTP 〔컴퓨터〕 Simple Mail Tranfer Protocol.
smudge [smʌdʒ] 몡 더러움, 얼룩, 오점; (美) 연기를 피우는 모닥불, 모깃불. ― 타 (美)(해충의 구제(驅除)·과수의 서리 방지를 위하여) …에 모닥불[연기]를 피우다. ― 자 더러워지다, 번지다, 얼룩이 나다, 그을다.
smudg·ed·ly [smʌ́dʒidli] 閉 ~·less
smúdge pòt 몡 (美) 과수원 등에서 서리 제거를 위해 기름 등을 태워 연기를 피우는 통.
smudg·y [smʌ́dʒi] 혱 더러워진, 얼룩투성이의; 불명료한; 연기나는; (英방언) (기후가) 음습한, 습도가 높은. **smúdg·i·ly** 閉 **smúdg·i·ness** 몡 : 찌는.
smug [smʌg] 혱 (-gg-) 1 자부심이 강한, 자기 만족의. 2 점잔빼는, 잘난 체하는. 3 말쑥한. ― 몡 (英학생속어) 공부 벌레. ~·ly 閉 ~·ness 몡
*smug·gle [smʌ́gl] 타자 1 …을 밀수입[수출]하다 (in, out). ¶ ~d goods 밀수품. 2 …을 밀입국[출국]시키다, 밀항시키다 (into, from, out of). 3 …을 몰래 가지고 들어오다, 몰래 운반하다, 숨기다(through)(to, into, through, past). ¶ ~ a note into a person's hand 종이 조각을 남의 손에 살짝 넘기다. ― 자 밀수입[수출]하다; 밀입국[출국]하다. **-gling** 몡혱
*smug·gler [smʌ́glər] 몡 밀수업자; 밀수선.
smurf [sməːrf] 몡 (美속어) (자금 출처를 감추려고) 돈세탁하는 사람. ― 타 〔불법 자금 등〕을 돈세탁하다.
smúrf·brain [smə́ːrfbrèin] 몡 (美속어) 순진한[단순한] 사람, 호인.
smurfed [smə́ːrft] 혱 (美속어) 돈세탁된.
smush [smʌʃ] 몡 입. ― 몡타 부수다.
smut [smʌt] 몡 검댕, 석탄가루; 얼룩; □ 음탕한 말, 음담; □ 〔식물〕 흑수병(黑穗病)(균). ― (-tt-) 타 (검댕 따위로) …을 더럽히다, 검게 하다; …을 흑수병에 걸리게 하다. ― 자 더러워지다; 흑수병에 걸리다.
smutch [smʌtʃ] 몡타 =smudge.
smutch·y [smʌ́tʃi] 혱 더러워진, 우중충한.
smút grass 〔식물〕 (서인도제도 원산의) 볏과(科) 쥐꼬리새속(屬)의 식물.
smut·ty [smʌ́ti] 혱 그을은, 더러워진, 불결한; 거무스름한, 검은빛을 띤; 흑수병에 걸린; 음탕한, 음란한. **-ti·ly** 閉 **-ti·ness** 몡
SMV slow-moving vehicle(저속차(低速車)).
Smyr·na [smə́ːrnə] 몡 스미르나(Izmir의 옛 이름).
Sn 기 〔화학〕 (라틴) stannum(=tin). **SN** service number(군번); serial number(일련 번호). **Sn.** Sanitary. **S/N** (상업) shipping note; 〔전기〕 signal-to-noise ratio(신호·잡음比). 뫀(portion).
‡snack [snæk] 몡 간단한 식사, 간식; (음식)의 한 입; go snack [or snacks] 몫으로 나누다.
Snacks! 내몫을 다오.
― 자 간단히 식사하다, 간식을 하다.
snack off (of) …을 조금씩 찢어[떼어] 먹다.
snáck bàr 몡 (美) 간이 식당(英) snack counter).

snáck tàble 몡 (접게 된) 소형 테이블, (1인용) 소형 식탁. 「돌린 종이쪽.
snaf [snæf] 몡 (프린트용 연속 용지에서 떼어낸) 구멍
snáf·fle[1] [snæfl] 몡 (말)의 작은 재갈.
ride a person on [or *in, with*] *the snaffle* 남을 부드럽게 다루다; 남을 수월하게 다루다.
― 타 (말)에 작은 재갈을 물리다; (작은 재갈로) …을 제어하다, (비유적) …을 제어하다.
snaf·fle[2] 몡타 (英속어) …을 훔치다, 날치기하다.
sna·fu [snæfúː ´-´] 몡 (속어) 혼란한, 뒤죽박죽의. ― 혱타 …을 혼란 상태에 빠뜨리다. (<situation normal all fucked up)
snag [snæg] 몡 1 (강·호수 따위에서 항행을 방해하는) 잠긴 나무, 쓰러진 나무. 2 그루터기, (바람 따위로 꺾여진) 돌출한 짧은 가지; 마디, 옹이. 3 부러지고 남은 이 뿌리, 고드름 뿌리의 이, 뻐드렁니. 4 (옷 따위의) 걸려서 찢어진 곳. 5 (뜻하지 않은) 장애, 곤란.
come [or *run*] (*up*) *against a snag; catch on* [or *hit, strike*] *a snag* (구어) (뜻밖의) 장애에 부딪치다.
― 타 (-gg-) 타 1 (보통 수동형으로) 〔배〕를 잠긴 나무에 걸리게 하다(걸려서 찢어지게 하다. 2 (옷 같은 데) 걸려서 찢어지게 하다(on). 3 (강 바닥 등)의 잠긴 나무를 제거하다; (그루터기를 남기고)(가지)를 베어내다. 4 …을 방해하다. ― 자 1 얽히다. 2 (배가) 잠긴 나무에 걸리다.
~·**like** 혱 「나무에 충돌하다.
snág bòat 몡 침목 인양 장치가 달린 배.
snag·ged [snǽgəd] 혱 =snaggy.
snág·gle·tooth [snǽgltùːθ] 몡 (複 **-teeth**) 고르지 못한 이, 뻐드렁니, 덧니. ~**ed** [-t] 혱
snag·gy [snǽgi] 혱 1 그루터기가 많은, 마디[옹이] 투성이의. 2 (물 속에) 잠긴 나무가 많은. 3 장애가 많은.
‡snail [sneil] 몡 (複 ~**s** [-z]) 1 달팽이. ¶ *at a* ~*'s pace* 느릿느릿. 2 고둥, 권패(卷貝). 3 (비유적) 게으른 뱅이, 늘보. 4 〔기계〕 와형(渦形) 캠(cam). ― 자 느릿느릿 행동하다. ― 타 〔시간〕을 빈둥거리며 보내다.
~·**ish** 혱 ~·**ish·ly** 閉
snáil dárter 〔어류〕 퍼치과(科)의 담수어.
snail·er·y [snéiləri] 몡 식용 달팽이 사육장.
snáil fèver =schistosomiasis.
snáil-like [snéilàik] 혱 달팽이 같은(snailish).
snáil màil 몡 (e-mail에 비해 도착하는데 시간이 걸리는) 기존의 보통 우편(물).
snail-paced [-pèist] 혱 걸음(동작)이 매우 느린.
snail-slow [-slóu] 혱 =snail-paced.
snáil's páce[*gállop*] 몡 매우 느린 걸음, 정말 느림.
‡snake [sneik] 몡 1 뱀. ¶ *a poisonous* ~ 독사. 2 (비유적) (뱀처럼) 음흉하고 냉혹한 사람, 방심할 수 없는 자. ¶ *He's a real* ~. 그는 정말 교활[음흉]한 사람이다. 3 〔건축〕 리드선(線)(전선을 배관 속에 꿰어 넣는 데 쓰는 강철체 와이어); 연관(鉛管) 청소기. 4 (~s) (구어) 알코올 중독. 5 (군사) 스네이크(지뢰 파괴용의 폭약이 든 긴 파이프). 6 (美軍속어) 공격용 헬리콥터. 6 (the ~) 〔경제〕 (속어) 공동 변동 환시세제(制). 7 (濠속어) 오줌, 소변; 화장실. 8 (속어) 밀고.
a snake in the grass ① 숨은 적, 눈에 보이지 않는 위험. ② (우정을 가장한) 방심할 수 없는 사람.
be above snakes (구어) 살아 있다.
have snakes in one's boots 알코올 중독에 걸려 있다.
lower than a snake's belly 아주 더러운, 몹시 비열한. 「피우다.
raise [or *wake*] *snakes* 소동을 일으키다, 소란을 *see snakes* ① (美구어) 알코올 중독에 걸려 있다.
② 망상(妄想)의 날개를 펴다.
Snakes! 제기랄.
warm [or *cherish*] *a snake in one's bosom* 은혜를 원수로 보답받다, 믿는 도끼에 발등 찍히다.
― 자 (~**d** [-t]; **snak·ing**) 자 (뱀처럼) 꿈틀거리다,

snakebird

꿈틀거리며 움직이다. —(타) 1 [신체 따위]를 휘어 구부리다, 꿈틀거리다, 뒤틀다. 2 (美구어) (통나무 따위)를 끌다, 세게 당기다(끌다], 휙 끌어[잡어]당기다.
get snaked (美속어) 끌치 아프게 되다, 봉변을 당하다.
snake·bird [snéikbə̀ːrd] 명 가마우지의 일종.
snake·bit [snéikbìt] 형 독사에 물린; (美속어) 불행한, 불운한. (또는 **snakebitten**)
snake·bite [snéikbàit] 명 뱀에 물린 상처[고통].
snákebite rèmedy [mèdicine] 명 (익살) 독주(毒酒), (저질의 밀조) 위스키.
snáke chàrmer 명 뱀 부리는 사람.
snáke dànce 명 1 (북미 인디언의 종교적인) 뱀춤. 2 (항의 데모나 승리 축하의) 지그재그 행진.
snake-dance [-dæns] 명자 뱀춤을 추다; 지그재그 행진을 하다.
snáke dòctor 명 (곤충) = hellgrammite. 2 잠자리.
snáke èater 명 (美軍속어) (정글이나 사막에서의) 생존 훈련을 받는 병사.
snake-eat·er [-iːtər] 명 = secretary bird.
snáke èyes 명복 주사위의 2점(1의 눈이 두 개).
snáke fèeder 명 (美중부) (곤충) 잠자리.
snáke fènce 명 가로대가 갈지(之)자 모양인 울타리.
snake·head [snéikhèd] 명 나도사향풀.
snake-hipped [-hípt] 형 허리가 가늘고 나긋나긋한.
snake·hips [snéikhìps] 명 (단수취급) 허리를 비트는 스윙댄스의 일종; (美속어) 허리를 잘 쓰는 사람.
snáke jùice 명 (방언) 싸구려 위스키, 독주.
snake·let [snéiklit] 명 작은 뱀.
snáke òil 명 (美) (약장수가 파는) 수상쩍은 묘약, 가짜 (만능) 약; 허풍. **snàke-òil** 명
snáke pàlm 명 (식물) 뱀곳부과.
snáke pit 명 뱀을 기르는 구덩이; (구어) 환자가 어잔 정신 병원; (구어) 몹시 불결하고 혼잡한 장소.
snake·root [snéikrùːt] 명 뱀풀(뱀에 물린 상처에 잘 듣는다는 식물(쥐방울 따위)).
snákes and ládders 명복 (단수취급) 주사위놀이의 일종.
snake·skin [snéikskìn] 명U 뱀가죽.
snake·stone [snéikstòun] 명 1 뱀에 물린 데 잘 듣는다는 돌. 2 (방언) = ammonite¹.
snake·weed [snéikwìːd] 명 범꼬리속(여뀌과(科)의 다년초.
snake·wood [snéikwùd] 명U (브라질산(產)) 뱀무늬가 있는 나무.
snak·y [snéiki] 형 뱀의, 뱀 같은; 뱀이 많은; 꾸불꾸불한; 음흉한, 교활한, 간사한. (또는 **snakey**)
snák·i·ly 부 **snák·i·ness** 명

‡**snap** [snæp] (동) (**-pp-**) (자) 1 찰깍[딱] 하고 소리나다. 2 찰깍[탕] 하고 닫히다[잠기다]. 3 딱[똑] 부러지다, 툭 끊어지다(off). 4 (눈이 노여움·비꼼 따위를 나타내어) 번쩍 빛나다(flash). ¶His eyes are ~ping with anger. 그의 눈은 노여움으로 번쩍이고 있다. 5 재빨리 행동하다[집다], 날래게 움직이다. 6 (사진) 스냅 촬영을 하다, 순간 촬영을 하다. 7 (덥석) 달려들어 물다, 물어뜯다; 덤벼들다(at). 8 딱딱거리다, 갑자기 고함치르다(느닷없이) 날카롭게 말하다(at). ¶ ~ and snarl 딱따거리다, 마구 욕하다. —(타) 1 ···에 달려들다, ···을 덥석 다투어 손에 넣다; ···을 잡아[낚어]채다, 빼앗다(up, off). ¶ (~+목+부) ~ a bargain up 앞을 다투어 거래하다 / ~ a bag from a person 남에게서 가방을 빼앗다. 2 ···에 달려들어 물다, ···을 물다, 물어뜯다(up, off). 3 (판결 따위)를 충분히 심리하지 않고 재빨리 내리다. 4 ···을 짤까[딱] 하고 소리나게 하다, (손가락 따위)를 딱하고 소리나게 꺾다; (권총 따위)를 쏘다; (뚜껑·자물쇠 따위)를 찰깍[탕] 하고 채우다[열다]. ¶ ~ a whip 채찍을 짤까 하고 소리내다. 5 (구어) ···에게 날카롭게 말을 걸다, 심술궂게 말참견하다(up); ···을 호통하듯 말하다(out). ¶ (~+목+부) ~ out one's criticisms 딱따거리며 비난하다. 6 ···을 딱[똑] 부러뜨리다 [꺾다], 툭 끊다(off). ¶ ~ a stick into two 막대기를 둘로 딱 분지르다. 7 ···을 급히 움직이다[던지다]. ¶ ~ a ball to second 공을 2루에 재빨리 던지다. 8 (사진) ···을 속사(速寫)하다, ···의 스냅 사진을 찍다. 9 (미식축구) (센터가) (공)을 재빨리 뒤로 던지다. 10 (사냥) (총)을 속사하다. 11 (야구) (점수의 균형)을 깨다. ¶ ~ a 1-1 tie 1대 1의 균형을 깨다. 12 (건축) 먹줄을 치다. 13 (크리켓) (wicket 쪽에서) (타자)를 아웃시키다.
snap a person's nose [or head] off 콧대를 꺾다; 남의 이야기를 방해하다; 남에게 딱따거리다.
snap back ① (용수철 따위가) 튀어 돌아오다; (병 위에서) 빨리 회복하다. ② (날카롭게) 말대꾸하다.
Snap it up [or off]!; Snap to [or into] it! (구어) 빨리, 해!, 서둘러!; 조심해! ¶ Come on. S- it up! — I'm hurrying! 자, 서둘러! — 알았어!
snap one's cap (美속어) 흥분하다; 갈팡질팡하다.
snap one's fingers (at) (···을) 경멸하다.
snap out of (어떤 기분·습관)에서 재빨리 벗어나다; 기운을 차리다, 회복하다.
snap short 뚝 부러지다, 끊어지다.
snap to attention 잽싸게 차려 자세를 취하다.
snap up 잡아 채다; 교양 없이 남의 말을 가로막다; 덥석 물다.
—명 1 획[탁, 찰싹] 소리나기, 그 소리, 똑[똑] 부러지기[는 소리]. ¶ a ~ of glass 유리가 쨍그랑 깨지는 소리. 2 [물어, 걸어; 쥠쇠, 방아쇠, 스냅. 3 U (미·문체 따위가) 힘참고 명쾌한 부분; (구어) (행동 따위의) 활기, 민활함, 정력. 4 (보통 a ~) 덥석 물기, 물어뜯기; 잡아채기; 급히 먹는 식사. 5 한 번 무는 양, 한입분, 조금, 소량. 6 (a ~) 딱딱거리기, 통명스러움, 말다툼, 논쟁. ¶ have a ~ with one another 서로 말다툼하다. 7 (날씨의) 일시적인 급변, (특히) 갑작스러운 추위(치기). ¶ a cold ~ 갑작스러운 추위. 8 (사진) 순간 촬영한 사진, 스냅. ¶ take a ~ of ···의 스냅 사진을 찍다. 9 (구어) ···(하기) 편하고 쉬운 일; 수월한 직업. 10 (미식축구) 스냅백(센터가 공을 재빨리 뒤로 던지기). 11 CU 작고 무른 과자, 생강이 든 쿠키. 12 U (카드놀이) 어린이의 패 맞추기 놀이. 13 UC (英방언) (노동자·여행자의) 도시락.
in a snap 곧, 당장에.
not a snap 전혀 ···아닌(not at all).
not care [or give] a snap of one's fingers for ···을 아무렇지 않게 생각하다, 조금도 개의치 않다.
not worth a snap 한 푼의 가치도 없는.
with a snap 찰깍하고[똑] 하며.
—형 1 (멈춤쇠 따위가) 찰깍 하고 채워지는, 용수철 장치의. 2 불의의, 즉석의. 3 (속어) 수월한.
—부 똑, 딱, 찰깍; 민첩하게, 빨리. 2 (英) 꼭 들어맞게.
∼**·less**, ∼**·pa·ble** 형 ∼**·ping·ly** 부
SNAP [snæp] 명 (우주) 스냅, 보조 원자력 시스템. (< systems for nuclear auxiliary power)
snap·a·way [snǽpəwèi] 형 (서류철의) 점선 절취식의. (또는 **snáp·òut**)
snap·back [snǽpbæ̀k] 명 1 (미식축구) = SNAP 명 10. 2 갑작스런 반발[반동]; (이전 상태로의) 회복.
snáp bèan 명 (美) 강낭콩, 꼬투리째 먹는 콩.
snáp bòlt 명 (용수철 장치의) 자동식 빗장.
snap-down [-dáun] 명 (군사) 스냅다운(저공비행하는 목표물을 공대공 미사일로 쏘기; 그 능력).
snap·drag·on [snǽpdrægən] 명 1 금어초(金魚草). 2 = flapdragon.
snáp fàstener 명 스냅, 똑딱단추.
snáp hòok 명 = spring hook.
snap-in [-ín] 형 스냅으로 잠그는.
snáp lìnk 명 스냅 고리(용수철 달린 사슬고리로 딴 고리와 연결).
snáp lòck 명 = snap bolt.
snap-off [-ɔ́ːf] 형 찰깍 하고 여는.
snap-on [-án/-ɔ́n] 형 스냅식의.
snapped [snæpt] 형 (~ up) (美속어) 술취한; 체포된.
snap·per [snǽpər] 명 1 (형 ~(s)) 도미 비슷한 식

용 물고기. 2 =snapping turtle. 3 =click beetle. 4 짤싹 하고 소리나는 것; 딱딱거리는 사람.
snap·per-up [-´ʌp] 명 (복 **-pers-up**) 싸구려 물건·특가품 등에) 달려드는 사람.
snap·ping [snǽpiŋ] 형 딱 하고 소리내는; 달려들
snápping bèetle [bùg] 명 (곤충) 방아벌레.
snápping túrtle 명 (북미산) 늑대거북; 악어거북.
snap·pish [snǽpiʃ] 형 1 (개 따위가) 물려고 덤비 듯한, 무는 버릇이 있는. 2 딱딱거리는; 성질이 급한, 골잘내는. 3 무뚝뚝한. ~·ly 부 ~·ness 명
snap·py [snǽpi] 형 1 (개 따위가) 무는 버릇이 있는 (snappish). 2 무뚝뚝한. 3 (불이) 바작바작 타는. 4 재빠른, 힘찬. (구어) 팔팔한, 민활한. 5 (추위나) 살을 에는 듯한. 6 말쑥한, 멋진. 7 (사진) (음화·양화의) 콘트라스트가 뚜렷한. 8 (치즈 등이) 푸석푸석한.
look snappy (英구어) 서두르다.
Make it snappy. (구어) 서둘러라, 빨리 해라.
-pi·ly 부 **-pi·ness** 명
snáp ròll 명 (항공) (비행기의) 급횡전(急横轉).
snap·shoot [snǽpʃùːt] 타자 (**-shot**) …의 스냅 사진을 찍다. ~·er 명
snap·shot [snǽpʃɑt/-ʃɔt] 명 1 스냅, 순간 촬영 사진. 2 (사격) 속사(速射).
take a snapshot of …의 스냅 사진을 찍다.
── 타 (**-tt-**) (…의) 스냅 사진을 찍다(snapshoot).
snápshot dùmp 명 (컴퓨터) 스냅샷 덤프(프로그램 실행중에 지정된 내용을 프린트하는 일).
*__snare__¹ [snɛər] 명 1 올가미, 덫. 2 (비유적) 유혹, 함정. ¶Popularity is often a ~, 인기에 편승하다가 함정에 빠지는 일이 종종 있다. 3 (외과) 종기를 제거하는 기구.
a snare and a delusion 올가미, 함정.
lay [or *set, spread*] *a snare* 올가미[덫]를 놓다.
── 타 1 (올가미로) 잡다, 덫(올가미)에 걸리게 하다. ¶~ a fox 여우를 올가미로 잡다. 2 …을 함정에 빠뜨리다(entrap), 꾀어들이다. 3 (일거리(자리) 따위)를 교묘하게 얻다.
~·less 형 **snár·er** 명 **snár·ing·ly** 부
snare² 명 (작은 북의) 향현(響紘).
snáre drùm 명 (작은 북(향현이 쳐져 있다). (또는 side drum)
snark [snɑːrk] 명 1 괴상한 동물(Lewis Carroll작의 *The Hunting of the Snark*(1876)에 나오는 가공의 동물). 2 (S-) 미국의 지대지(地對地) 전략용 미사일.
snark·y [snɑ́ːrki] 형 1 (英구어) 불쾌한. 2 (美구어) 짓궂은, 점잖은.
*__snarl__¹ [snɑːrl] 자타 1 (개가 이빨을 드러내고) 으르렁거리다(*at*). ¶The dog ~ed at me. 그 개는 나를 보고 으르렁거렸다. 2 딱딱거리다, 고함(호통)치다 (*at, against*). ── 타 …을 딱딱거리며 말하다, …이라고 호통치다, 소리지르며 …을 보이다(*out*). ¶(~+目+圖) He ~ed out his anger. 그는 성이 나서 소리질렀다. ── 명 1 으르렁거림, 으르렁대는 소리. 2 딱딱거리기, 고함소리, 노호(怒號). ~·ing 명 ~·ing·ly 부
snarl² 명 1 (실·머리카락 따위의) 얽힘. ¶Her hair is full of ~s. 그녀의 머리는 몹시 엉클어져 있다. 2 (a ~) 혼란, 갈등, 분규. ⇒CONFUSION 유의어 ¶all in a ~ 완전히 뒤얽혀서. 3 (나무의) 마디; (철사 따위의) 꼬임. 4 (금속 용기의) 돋을무늬.
── 타자 1 (실·머리카락 따위)를 얽히게 하다(*up*). 2 (사태)를 혼란하게 만들다, 분규시키다(*up*). ¶The traffic was ~ed for a time owing to an accident. 사고 때문에 교통이 한동안 혼란에 빠졌다. 3 (금속 세공에서) (무늬 따위)를 도드라지게 하다. ── 자 (실 따위가) 얽히다(*up*); (사태가) 혼란하게 되다.
snarl³ 명 (나무의) 혹. ── 타자 snarling iron으로 (금속 세공)에 돋을무늬를 넣다.
snarl·er [snɑ́ːrlər] 명 딱딱거리는(호통치는) 사람.

snárl·ing íron [snɑ́ːrliŋ-] 명 금공(金工)용 정(용기의 내부에 들을 대고 외부에 무늬를 내는 공구).
snarl-up [´ʌp] 명 혼란, 교통 체증. …통치는.
snarl·y¹ [snɑ́ːrli] 형 으르렁거리는; 딱딱거리는, 호
snarl·y² 형 (실 따위가) 얽힌; (사태 따위가) 혼란한.
*__snatch__ [snætʃ] 타 (~·es [-iz]; ~ed [-t]) 잡아(낚아)채려 하다, 덤벼(달려)들다 (*at*). ¶(~+前+名) ~ *at* a handbag 핸드백을 낚아채려 하다. ── 타 1 …을 잡아(낚아)채다, 잡아잠다(쥐다), 강탈하다, 붙잡다 (*away, off, up*) (*from, out of*). ⇒TAKE 유의어 ¶~ one's hat [rifle] 모자[총]을 움켜쥐다 // ~ a purse *from* [or *out of*] a woman's hand 여인의 손에서 핸드백을 잡아채다 / I ~ed his pistol *up*. 나는 그의 권총을 뺏었다. 2 (기회를 놓치지 않고) (식사 따위)를 급히 들다(먹다), 겨우(윤좁게), 급히 …을 하다. ¶~ a meal 급히 식사를 하다 / ~ an hour's sleep 틈을 보아 1시간을 자다. 3 …을 갑자기 가져다 버리다[숨기다]; …을 처치하다. 죽이다(*away*) (*from*). ¶(~+目+前+名) He was ~ed away *from* the face of the earth. 그는 이 세상에서 모습을 감추었다. 4 …을 간신히 구출하다 (*from*). 5 (속어) (어린아이)를 채가다, 유괴하다. 6 (역도) (바벨)을 스내치로 들어올리다.
snatch a kiss 갑자기 키스하다 (*from*).
snatch a nap 잠을 자다.
snatch at a chance 기회를 덥석 잡다.
snatch a victory out of defeat 기사회생으로 승리하다, 가까스로 이기다.
── 명 (~·es [-iz]) 1 잠아채기, 낚치기, 달려[덤벼]들기(*at*). 2 (~es) (노래·대화 따위의) 단편(斷片), 한 조각; 단문, 단구(短句). ¶I overheard ~es of the conversation. 나는 그 대화를 군데군데 엿들었다. 3 (일·잠 따위의) 짧은 시간, 한바탕 잠깐. ¶a ~ of rest 잠깐의 휴식 / catch ~es of sleep 잠깐 잠시 자다. ¶(by the ~) (속어) 유괴, 도둑. ¶a ~ racket (美속어) 유괴업. 5 (비어) 여자의 성기; 성교; 궁둥이. 6 (역도) 인상.
by (fits and) snatches 때때로 (생각난 듯이).
get some snatch 여자와 자다.
in snatches of time 틈틈이.
look like Mag's snatch (속어) 칠칠치 못하다.
make a snatch at …을 낚아채려고 하다; …에게 갑자기 덤벼들다. 유괴하다; …을 훔치다.
put the snatch on (美속어) …을 체포하다; …을
~·a·ble 형 **~·er** 명 **~·ing·ly** 부
snátch blòck 명 개폐(開閉) 도래.
snátch squàd 명 (주동자) 색출 체포반.
snatch·y [snǽtʃi] 형 단속적인, 이따금씩의, 불규칙한.
snátch·i·ly 부
snath [snæθ] 명 큰 낫(scythe)의 긴 자루.
snáved ín [snéivd-] 형 (美속어) 마약에 도취된.
snaz·zy [snǽzi] 형 (美속어) 멋진, 모양새 좋은, 훌륭한. **-zi·ly** 부 **-zi·ness** 명
SNCC [snik] 명 학생 비폭력 조정 위원회(1960년대에 활동한 미국의 시민권 단체). (또는 **Snick**) [<Student National[원래 Nonviolent] Coordinating Committee].
SNCF (프랑스) *Société Nationale des Chemins de Fer Français*(=French National Railways)(프랑스 국유 철도).
*__sneak__ [sniːk] 자 (~ed, (美구어) **snuck**) 1 몰래 움직이다, 살금살금 들어가다[나오다](*into, out of*), 배회하다; 살짝 도망치다(*away, off*). ⇒LURK 유의어 ¶~ *into* a pawnshop 살짝 전당포에 들어가다 // ~ *away from* company 몰래 동료들로부터 빠져나오다. 2 비굴하다, 비겁한 행동을 하다. 3 (구어) (좀) 도둑질을 하다. 4 (英속어) 급실거리다, 아첨하다 (*to*). 5 (英학생 속어) (교사에게) 고자질하다 (*on, to*). 6 (미식축구) (쿼터백이) 스니크(로 득점)하다(⇒QUARTERBACK SNEAK).

──㉠ 1 …을 몰래 하다[움직이다, 놓다, 처치하다]; …을 몰래 가지고 돌아오다[나가다](*into, out of*). ¶~ a smoke 몰래 담배를 피우다 / (~+目+前+名) He ~*ed* his hand *to* the pistol. 그는 몰래 손을 권총 쪽으로 움직였다. **2** (구어) …을 훔치다, 날치기하다. **3** (라디오·TV) (소리)를 조용히 나게 하다[끄다], (영상)을 서서히 보여주다[끄다](*in, out*).
snéak óut of …을 슬쩍 피하다.
snéak úp 몰래 다가가다 (*on, to*).
──图 1 살그머니 하는 사람, 비열한 사람. **2** (구어) 몰래 하기[떠나기]. **3** 좀도둑, 빈집털이. **4** (英학생 속어) 고자질하는 학생. **5** (~s) (구어) =SNEAKERS. **6** (크리켓) 땅볼. **7** =~ PREVIEW. **8** (카드놀이) (휘스트·브리지에서) 슈트의 singleton을 내놓는 것. **9** (미식축구) **on the sneak** 몰래, 그늘에서. =quarterback ~.
snéak attáck 图 (군사) (선전 포고로부터 전의) 기습.
sneak·er [sníːkər] 图 **1** 몰래 하는 사람, 비열한 사람; 몰래 출몰하는 동물. **2** (~s) 스니커즈(고무창을 댄 운동화).
sneak·er·net [sníːkərnèt] 图 (컴퓨터) 스니커넷 (network)이 아닌 disk에 의한 운용 시스템).
sneak·ing [sníːkiŋ] 图 몰래[살그머니] 하는, 소리 없이 걷는, 은밀한; 비열한; 내밀의, 비밀의.
~·ly 图 **~·ness** 图
snéak préview 图 (美속어) 스니크 프리뷰(관객의 반응을 보기 위해 제목을 알리지 않고 하는 영화 시사회).
sneak-raid [-rèid] 图 (구어) 기습 폭격[공습].
snéak thíef 좀도둑(prowler), 빈집털이.
sneak·y [sníːki] 图 몰래 하는; 천한, 비열한, 비겁한.
snéak·i·ly 图 **snéak·i·ness** 图
snéaky péte 图 (美속어) 싸구려 포도주[술], 밀주.
sneap [sniːp] 图他 (英방언) …을 야단치다; (고어) (추위로) 시들게 하다. ──图 (고어) 책망; 비난.
sneck¹ [snek] 图 (北英·스코) (문의) 걸쇠(latch).
──图他 (문)에 걸쇠를 걸다.
sneck² [석공] 메움 자갈(석축의 큰 돌 사이에 채우는 자갈·쇄석). ──图他 (석축 틈)에 자갈을 채우다.
sned [sned] 图他 (-dd-) (스코·北英) (가지)를 치다, (나무)를 손질하다.
*****sneer** [sniər] 图㉠ **1** 조소하다, 비웃다, 코웃음치다 (*at*). ⇒LAUGH 图의 ¶ (~+前+名) The courtiers ~*ed at* the countryman. 정신(廷臣)들은 그 시골 사람을 비웃었다. **2** 빗대어 빈정대다, 비꼬아 말하다 (*at*).
──㉠ **1** …을 비웃으며 말하다, 코웃음치며 말하다. **2** …을 조소하여 붙이다, 조소하여 …하게 하다 (*away, down*)(*into, out of*). ¶ (~+目+副+名) ~ a person's fame *away* 남의 명성을 일소에 부치다 / ~ a person *down* 남을 냉소하여 침묵시키다 // ~ a person *into* insignificance 남을 헐뜯어 하찮게 만들다 / ~ a person *out of* countenance 남을 냉소하여 망신주다.
──图 조소, 냉소, 남을 업신여기는 표정[말](*at*); 경멸.
have a sneer at …을 비웃다, 냉소하다. [모욕.
~·er 图 **~·ful** 图 **~·ful·ness** 图 **~·ing** 图
~·ing·ly 图 **~·less** 图
sneesh [sniːʃ] 图 (스코·北英) 경멸하다(snuff).
*****sneeze** [sniːz] 图㉠ 재채기하다; (구어) 코웃음치다.
nothing to sneeze at; not to be sneezed at (구어) 가볍게 볼 수 없는, 만만치 않은. ¶$50,000 is nothing to ~ at. 5만 달러는 만만치 않은 금액이다.
──图 **1** 재채기. **2** (속어) 체포; 유괴. **3** (속어) 코카인.
sneeze-guard [sníːzgàːrd] 图 재채기 막이(오염 방지를 위해 식품 위에 덮는 유리[플라스틱]판).
sneez·er [sníːzər] 图 **1** 재채기하는 사람. **2** (속어) 코(nose). **3** 한 대단한, 비범한 사람.
snéez·ing gàs [sníːziŋ-] 图 재채기 가스. 「는.
sneez·y [sníːzi] 图 재채기가 나는, 재채기를 일으키
snell¹ [snel] 图 목줄(낚싯줄에 매는 낚시 달린 짧은 줄).
──图他 (낚시)를 목줄에 달다.

snell² (스코) 图 (동작이) 날쌘; 기지[재치] 있는; (추위 등이) 살을 에는, 혹독한. ──图 재빠르게, 신속하게.
Snél·len's chárt [snélənz-] 图 (안과) 스넬렌 시력표(영어권에서 널리 사용되는 시력표). (<네델란드의 안과 의사 Hermann Snellen(1834–1908)의 이름)
Snéllen tèst Snellen's chart에 의한 시력 검사.
SNF short-range nuclear forces(단거리 핵전력); skilled nursing facility; (영양) solids non fat; spent nuclear fuel. **SNG** satellite news gathering (이동형 방송 중계 송신용 위성 TV국); substitute [synthetic] natural gas(대체[합성] 천연 가스).
snib¹ [snib] 图 (스코) 图 (문의) 걸쇠, 빗장.
──图他 (**-bb-**) …에 걸쇠를 걸다, 빗장을 지르다.
snib² [snib] 图 (스코) 图 =SNUB.
snick [snik] 图他 **1** …을 가위로 자르다; …에 새김 눈을 내다(*off, out*). ¶ ~ *out* a superfluous part 나머지 부분을 잘라내다. **2** …을 강타하다. **3** (방아쇠)를 짤깍 당기다, (칼)을 뽑다. **4** (크리켓) (공)을 깎아치다.
──图 쌕둑 자르기; 새김눈; (크리켓) 공의 깎아치기.
Snick 图 =SNCC. ⌊짤깍 하는 소리.
snick·er [sníkər] 图㉠他 히죽히죽 웃다, 소리를 죽이고 웃다; (말이) 울다(neigh). ──图他 …을 히죽히죽 웃으며 말하다. ──图 히죽히죽 웃기, 소리를 죽이고 웃기, (또는 (英) **snigger**) **~·ing·ly** 图
snick·er·snee [sníkərsniː] 图 비수, 단도.
snide [snaid] 图 (보석 따위가) 가짜인, 모조의; 명예를 손상시키는; 천한, 비열한, 정직하지 못한. ──图 가짜; 비열한 사람. **~·ly** 图 **~·ness** 图, **snídery** 图
Sni·der [snáidər] 图 스나이더식 총(구식 후장총(後裝銃). (<미국의 발명가 Jacob Snider(?–1866)의 이름)
snid·ey [snáidi] 图 (英속어) 잔꾀가 많은, 교활한. (또는 **snid(d)y**)
*****sniff** [snif] 图 [*-ed* [-t]] ㉠ **1** 코로 들이마시다. **2** 코를 훌쩍이다, 코를 막히게 하다. **3** 킁킁거리며 냄새를 맡다 (*at*). ¶ (~+前+名) ~ *at* roses 장미의 냄새를 맡다. **4** 흥 하고 코방귀뀌다 (*at*). ¶I ~*ed at* his proposal to show my disapproval. 나는 그의 제안에 코방귀를 뀌며 불찬성의 뜻을 나타냈다. ──图 **1** …을 코로 들이마시다(*in, up*). ¶ (~+目+副) ~ an opiate *up* 마취제를 들이마시다. **2** …의 냄새를 맡다. **3** …을 킴새맡다, 알아차리다(*out*). **4** (드물게) 코로 흥 하고 소리내어 …을 경멸하다. ⌊않다.
not sniff at (구어) (제안 따위)를 쉽게 받아들이지 **~** 图 **1** 코로 들이마시기[마시는 소리]; 코를 훌쩍거리기. ¶Let's take a ~ of the open air. 바깥 공기 좀 마시자. **2** 코로 냄새를 맡기; 한 번의 냄새. ¶give a ~ 코를 킁 하고 냄새를 맡다. **3** 코웃음치기. **4** (위험 따위의) 낌새.
~·ing 图 **~·ing·ly** 图 ⌊아차리기.
sniff·er [snífər] 图 냄새 맡는 사람[것]. **2** 킴새맡는 사람, (냄새) 탐지기; 사람 냄새 탐지기(people ~). **3** (속어) 코; (美속어) 손수건. **4** 마약 중독자. (또는 **snifty**) **5** (美속어) 환경 보호론자(posy-~). **6** 마약 탐색견, 폭약 탐색견(~ dog).
sniff·ish [snífiʃ] 图 교만한, 남을 깔보는. ¶a dowager 콧대높은 귀족 미망인. **~·ly** 图 **~·ness** 图
snif·fle [snífl] 图㉠他 코를 훌쩍이다, 훌쩍이며 울다, 흐느껴 울다. ──图 **1** 코를 킁킁거리기[거리는 소리]. **2** (the ~s) 코감기, 코가 막힘; 흐느껴 울기.
-fler 图 **-fly** 图
snif·fy [snífi] 图 **1** (구어) 코웃음치는, 교만한, 얕보는; 경멸적인. (또는 **snifty**) **2** (英) 악취가 나는.
sníff·i·ly 图 **sníff·i·ness** 图
snif·ter [sníftər] 图 (서양배 모양의) 술잔; (美속어) (브랜디 따위의) 미량(微量), 한 모금, 단 한 잔. (또는 **snífter válve**)
sníft·ing válve [sníftiŋ-] 图 (증기 기관의) 배기판 (排氣瓣), 배출 벨브. (또는 **snífter válve**)
snig·ger [snígər] 图 (英) =SNICKER.
~·er 图 **~·ing·ly** 图

snig·gle [sníɡl] 자타 (뱀장어의) 구멍낚시질을 하다.
── 타 (뱀장어)를 구멍낚시질하다. **-gler** 명

snip [snip] 타 (**-pp-**) 他 …을 싹둑 자르다, (가위 따위로) …을 잘라내다, 싹둑 베다(*away, off*)(*from*). ¶ ~ *a hole* 잘라 구멍을 내다 // (~+目+副) ~ *off the ragged ends of a cloth* 천의 가지런하지 못한 가장자리를 잘라내다. ── 자 싹둑 자르다(*at*).
── 명 1 싹둑 자르기[잘라내기]; 싹둑 자르는 소리. 2 한 번의 가위질, 한 번 썰기. 3 자투리, 단편; 소량. (또는 **snipping**) 4 (英속어) 재단사, 재봉사. 5 (~s) (금속판을 자르는) 손가위. 6 (英속어) 확실한 일; 싸게 산 물건(*bargain*); (경마) 확실한 가망. 7 (美구어) 하찮은 [시시한] 사람, 애송이, 풋내기. 8 (英속어) 잘 산 물건. **~·per** 명

snipe [snaip] 명 1 (⑧ ~(**s**)) 도요새. 2 (숨은 곳으로부터의) 저격. 3 (美속어) 담배 꽁초. 4 경멸해야 할 인간. ── 자 1 도요새 사냥을 하다. 2 (군사) 저격하다; 익명으로 비난하다(*at*). ── 타 (군사) (적)을 저격하다; (통나무)의 끝을 둥글게 하다. **~·like** 형

snipe-bill [^Lbìl] 명 (목공) 개탕 대패(쇠시리의 개탕을 치기 위한 대패). (또는 **snipesbill, snipe's bill**)

snipe·fish [snáipfìʃ] 명 (어류) 대주둥치.

snip·er [snáipər] 명 (군사) 저격병; 도요새 사냥꾼.

snip·er·scope [snáipərskòup] 명 야간 저격용 조준경.

snip·pet [snípit] 명 1 작은 조각, 토막, 자투리. ¶ *cut into* ~s *and shreds* 여러 토막으로 자르다. 2 (~s) 토막 지식; (문예 작품에서의) 짧은 발췌. 3 (美구어) 하찮은 사람, 풋내기(snip).

snip·pe·ty [snípəti] 형 1 자그마한(petty), 하찮은. 2 =snippy. **-pet·i·ness** 명

snip·py [snípi] 형 1 단편적인, 굵어 모은. 2 (구어) 무뚝뚝한, 상냥치 못한, 건방진. **-pi·ly** 부 **-pi·ness** 명

snip-snap [snǽp] 명 1 (가위로 싹둑싹둑 자르기) 자르는 소리). 2 임기응변의 응답, 적중(的中)한 답.
── 자타 (**-pp-**) 싹둑싹둑 잘라내다.

snit [snit] 명 (美) 흥분, 초조.

snitch[1] [snitʃ] 자타 (속어) …을 낚아채다, 훔치다.
── 명 절도.

snitch[2] [snitʃ] 자 (속어) 고자질[밀고]하다 (*on, to*). ¶ ~ *on a person* 남을 고자질하다. ── 명 1 밀고자. (또는 **snítch·er**) 2 (英) 코. 「화내는, 신경질적인.

snitch·y [snítʃi] 형 (英·濠) 안달복달하는, 걸핏하면

sniv·el [snívəl] 자 (**-l-**, (英) **-ll-**) 콧물을 흘리다; 코를 훌쩍이다; 눈물을 흘리다, 훌쩍훌쩍 울다; 울먹이는 소리를 내다. ── 타 …을 코멘 소리로 말하다.
── 명 1 울먹이는 소리를 내기, 훌쩍훌쩍 울기; 거짓눈물, 애처로운 모습. 2 ⓤ 콧물. 3 (*the* ~s) 코감기.
~·(l)er 명 **~·(l)ing·ly** 부 「가련한.

sniv·el·(l)y [snívəli] 형 흐느껴 우는, 코멘 소리의;

SNMP (컴퓨터) *Simple Network Management Protocol*(네트워크에 접속되어 있는 기기를 관리하는 프로토콜).

SNO *Senior Naval Officer*.

snob [snɑb/snɔb] 명 1 속물(俗物), 사이비 신사, 지위·재산 숭배자, 윗사람에게 아첨하고 아랫사람에게 뽐내는 사람; 학자인 체하는 사람, 어떤 일에 통달한 체하는 사람. 2 (고어) 신분이 천한 사람; 평민, 서민. 3 (학생·고어) 도회인, 읍내 사람. 4 (英) 파업 파괴자; (英방언) 구두장이(shoemaker).

snób appéal [**válue**] 명 (고가·진귀·외제품 등) 구매자의 속물 근성을 부추기는 요소.

snob·ber·y [snɑ́bəri/snɔ́b-] 명 ⓤ 속물 근성, 지위·재산 숭배, 신사연하기; ⓒ 속물적 행위.

snob·bish [snɑ́bíʃ/snɔ́b-] 형 속물(근성)의, 지위·재산을 숭배하는, 신사연하는. **-ly** 부 **-ness** 명

snob·by [snɑ́bi/snɔ́bi] 형 자못 은혜라도 베푸는 듯한 이 구는, 생색내는(patronizing); 속물적인(snobbish). **-bi·ly** 부 **-bi·ness, -bism** 명

snob·oc·ra·cy [snɑbákrəsi/snɔbɔ́k-] 명 ⓤ 속물 사회, 속물 패거리, 사이비 신사들.

SNO·BOL [snóubɔːl] 명 (컴퓨터) 스노볼(문자열(文字列) 처리 프로그램 언어). (<*String Oriented Symbolic Language*)

snób zóning 명 (美) 스놉선(線) 구획 책정(빈곤층의 부동산 취득을 막기 위한 택지의 허용 최저 면적을 규정하는 것).

Sno-Cat [snóukǽt] 명 (상표) 스노캣(캐터필러가 달린) 설상차(雪上車)의 일종). 「만취한.

snock·ered [snákərd/snɔ́k-] 형 (속어) 술 취한.

snod [snɑd/snɔd] 형 (스코·北英) 매끈한; 말쑥한, 정돈된. **-ly** 부

snoek [snuːk] 명 (남아공) (어류) 꼬치고기류(類).

sno·fa·ri [snoufɑ́ːri] 명 스노파리(설상차(雪上車) 등에 의한 설원·극지 탐험). (<*snow*+*safari*)

snoff [snɔːf, snaf] 명 (美속어) 일시적인 여자 친구.

snog [snɑɡ/snɔɡ] (英속어) 자타 (**-gg-**) 애무하다, 페팅을 하다. ── 명 애무.

snol·ly·gos·ter [snáligɑ̀stər/snɔ́liɡɔ̀s-] 명 (美속어) 교활하고 지조 없는 사람(특히 정치가).

snood [snuːd] 명 1 머리띠 리본 (옛날 스코틀랜드나 북부 영국의 미혼 여성의 표시). 2 (美) (뒷머리를 넣는 자루 모양의) 머리망(網), 머리망 모양의 모자. 3 목줄(snell).
── 타 (머리)에 머리띠 리본을 두르다[매다], (뒷머리)를 머리망으로 싸다.

snook[1] [snu(ː)k] 명 엄지 손가락을 코끝에 대고 남은 손가락을 펴는 동작(경멸·불신의 표시). [snood 1]
cock [or *cut, make*] *a* [or *one's*] *snook*(*s*) *at* (구어) …에게 경멸의 동작을 하다, …을 업신여기다.
Snooks! 시시하게!

snook[2] [snuːk] 명 (⑧ ~(**s**)) 가숭어류(類)의 식용 물고기.

snook·er [snú(ː)kər] 명 스누커(공을 쳐서 21개의 공을 포켓에 넣는 당구). (또는 **~ pool**) ── 자타 (英구어) (끼어들어) …을 훼방하다, 방해하다; (속어) 속이다, 기만하다.

snoo·kums [snúːkəmz] 명 (美속어) (강아지·아기·애인에 대한 호칭으로) 내 새끼, 귀여운 것.

snoop [snuːp] 자 (구어) 방황하다, 기웃거리며 다니다; 몰래 캐고들다. ── 타 (英구어) …을 미행하다; …을 캐고들다; …을 훔치다, 슬쩍 훔치다. ── 명 방황하는 사람, 캐고드는 사람; 방황하기, 캐고들기.

snoop·er [snúːpər] 명 (구어) 1 기웃거리며 다니는 사람. 2 빈집털이, 좀도둑. 3 (美속어) 감사관(investigator). 4 정찰기; 참견꾼.

snoop·er·scope [snúːpərskòup] 명 (물리) 적외선 암시경(暗視鏡).

snoop·y [snúːpi] 형 엿보며[기웃거리며] 다니는; 캐기 좋아하는(curious), 참견하기 좋아하는. ── (S-) 스누피(미국 만화 *Peanuts*에 등장하는 beagle 개). **snóop·i·ly** 부 **snóop·i·ness** 명

snoot [snuːt] 명 1 (美속어) 코. 2 (경멸을 나타내는) 찡그린 얼굴. 3 (美구어) 속물(俗物).
cock [or *make*] *a snoot* [or *snoots*] *at* …을 업신여기다. 「취하다.
have [or *get*] *a snoot full* (美속어) 진력이 나다; ── 타 (~에게 코방귀 뀌다, …을 업신여기다.

snoot·ful [snúːtfùl] 명 (구어) 취할 만한 양의 술.

snoot·y [snúːti] 형 (구어) 속물 근성의; 자만하는, 건방진, 교만한. **snóot·i·ly** 부 **snóot·i·ness** 명

snoo·za·mo·rooed [snúːzəmərùːd] 형 (美속어) 고주망태가 된.

snooze [snuːz] 자타 (구어) 졸다(doze). ── 타 (시간)을 빈둥빈둥 보내다. ── 명 앉아서 졸기, 선잠.

snóoz·er [명] snóoz·y [형]

snoo·zle [snúːzl] [동] 《방언》 =nuzzle.

snop [snɑp/snɔp] [명] 《美속어》 마리화나.

snopes [snoups] [명] 《美》 (특히 남부의) 파렴치한 정치가[실업가].

***snore** [snɔːr] [동][자] 코를 골다. ¶He ~s horribly. 그는 코를 몹시 곤다. ―[타] 1 〔시간〕을 코를 골며 보내다 (*away, out*). ¶ (~+[목]+[부]) ~ *away* the whole night 밤새껏 코를 골다. 2 (~ oneself) 코를 골며 …시키다. ¶~ oneself awake 자신의 코고는 소리에 잠을 깨다 // ~ oneself *into* a nightmare 자신의 코고는 소리에 가위눌리다. ―[명] 코골기, 코고는 소리.

snor·er [snɔ́ːrər] [명] 1 코고는 사람. 2 《英속어》 코.

***snor·kel** [snɔ́ːrkəl] [명] 1 잠수함의 환기 장치. (또는 **schnorkel, schnorchel**) 2 스노클(잠수용의 호흡 기구). ―[동][자] (*-l-*, 《英》 *-ll-*) 스노클을 쓰고 잠수하여 헤엄치다.

***snort** [snɔːrt] [동][자] 1 (말 따위가) 코를 울리다[킁킁거리다], 콧김을 뿜다. 2 (경멸·노여움 따위로) 코웃음치다, 코방귀뀌다, 씩씩거리다. 3 (증기 기관차가) 증기를 내뿜다. 4 큰 소리로 웃다. ―[타] 1 씩씩거리며 …이라고 말하다; 〔경멸·노여움 따위〕를 씩씩거리며 나타내다 (*out*). ¶He ~*ed out*, "I'll be damned if I do." "절대로 그런 일을 하지 않겠다"라고 그는 고함쳤다. 2 〔증기 따위〕를 내뿜다. 3 《美속어》 〔마약〕을 코로 흡입하다.
―[명] 1 거센 콧김[콧바람], 씩씩거림. 2 (증기 따위를) 내뿜기, 배기음(排氣音). 3 (술을 스트레이트로) 쭉 들이마시기; (마약의) 흡입. 4 《英》 =snorkel 1.
∠·ing [형] ∠·ing·ly [부]

snort·er [snɔ́ːrtər] [명] 1 콧김 센 사람[동물]. 2 떠들썩한[세찬] 것; 《英속어》 폭풍. 3 질책. 4 《구어》 뛰어난 것. 5 (코에 대한) 일격(一擊). 6 술을 쭉 들이켬. 7 《속어》 허풍선이.

snort·y [snɔ́ːrti] [형] 콧숨[콧김]이 거친; 경멸적인; 화 잘 내는; 불만스러워 보이는.

snot [snɑt/snɔt] [명] 1 [U] 《비어》 콧물; 코딱지. 2 《속어》 지겨운 놈. ―[동][타] …에게 깔보는 태도를 취하다, 거드름피우다.

snot·nose [snɑ́tnòuz/snɔ́t-] [명] 《속어》 건방진 놈. (또는 **snóttynòse**)

snot·nosed [snɑ́tnòuzd/snɔ́t-] [형] 《구어》 (젊은 놈이) 염치없는, 건방진. (또는 **snótty-nòsed**)

snot-rag [∠ræ̀g] [명] 《속어》 손수건; 싫은 녀석.

snot·ty [snɑ́ti/snɔ́ti] [형] 1 《비어》 콧물의, 콧물로 더러워진. 2 《구어》 교만한, 건방진; 속물의. ―[명] 《英속어》 해군 소위 후보생. **-ti·ly** [부] **-ti·ness** [명]

snout [snaut] [명] 1 (돼지 따위의) 코; (바구미 따위의) 주둥이, (동물의) 주둥이 모양의 돌기(rostrum). 2 (사람의 크고 흉한) 코. 3 (수도 따위의) 주둥이, 꼭지. 4 (절벽 따위의) 쑥 내민 벼랑. 5 《英속어》 담배. 6 《英속어》 (경찰에) 밀고하는 사람. 「품다.
have (got) a snout on 《濠속어》 …에게 한[악의]을
―[동][타] …에 주둥이를 붙이다. ―[자] 주둥이로 파다.
∠·ed, ∠·less, ∠·like [형]

snóut bèetle [명] 〔곤충〕 바구미.

snout·y [snáuti] [형] 코[주둥이, 꼭지] 같은; 코를 가진.

‡**snow**[1] [snou] [명] ([복] ~**s** [-z]) [U] 1 〔기상〕 눈; 강설(snowfall); (~s) 적설(량), 설원(雪原). ¶*Deep ~ in winter; tall gain in summer.* 《속담》 눈은 풍년의 징조. 2 [U][C] 눈과 비슷한 것, 눈 모양의 것. 3 《시》 순백, 설백(雪白); 흰 꽃; 겨울; (종종 ~s) (노령에 의한) 백발(white hair). ¶a virgin with the breast of ~ 눈처럼 흰 가슴을 가진 처녀 / the ~*s* of age 늙은이의 백발. 4 〔요리〕 스노(계란 흰자위를 거품을 일으켜서 만든 디저트). 5 〔화학〕 고체 무수 탄산(無水炭酸), 드라이 아이스(dry ice); 고체 아세틸렌. 6 《속어》 분말 코카인, 헤로인. 7 〔TV〕 스노 노이즈(전파 방해에 의한 화면의 흰 반점). 8 [C] 연(年)(year)(* 인디언식 표현). ¶thirty ~*s* ago 30년 전. 9 《美속어》 감언이설.
(as) pure as (the) driven snow 《때로는 반어적으로》 순진한, 품행 방정한.
―[동] (~**s** [-z]) [자] 1 《비인칭 it를 주어로 하여》 눈이 내리다. 2 (꽃 따위가) 눈처럼 떨어지다; 대량으로 쏟아지다(*in*). ¶ (~+[부]) Threatening letters come ~*ing in*. 협박장이 잇따라 쏟아져 들어오고 있다.
―[타] 1 …을 눈으로 묻다[가두다](*in, over, under, up*). 2 …을 눈처럼 내리게 하다, 뿌리게[쏟아지게] 하다. ¶The ground is ~*ed with* flowers. 꽃이 땅 위에 눈처럼 뿌려져 있다. 3 …을 눈 모양으로 하다; 〔머리 따위〕를 희게 하다. ¶a man ~*ed with* age 늙어서 백발이 된 사람. 4 《美속어》 …을 깜짝 놀라게 하다; 감언으로 〔사람〕을 속이다.
be snowed in [or ***over, up***] 눈에 갇히다.
be snowed off 〔스포츠〕 폭설 때문에 취소되다.
be snowed under ① 눈에 파묻히다. ② 《美속어》 압도되다, (선거 등에서) 완패하다.
snow out 《속어》 의식을 잃다.
∠·less, ∠·like [형]

snow[2] [명] 가로돛 장치를 한 작은 범선.

Snow [snou] [명] 스노. 1 **Baron Charles Percy ~** (1905–80: 영국의 소설가·물리학자). 2 **Edgar ~** (1905–72: 미국의 중국통 기자).

snów àpple [명] 미국산(産) 붉은 사과(Fameuse).

***snow·ball** [snóubɔ̀ːl] [명] 1 눈뭉치, 눈덩이. ¶have a ~ fight 눈싸움을 하다. 2 =guelder rose. (또는 ∠ **trée**) 3 《구어》 (시럽을 쳐서 종이 컵에 넣는) 빙과의 일종. 4 《英》 눈덩이식 모금(募金). 5 《익살》 백발의 흑인. 6 《구어》 거의 실현 불가능한 희망, 만의 하나의 가능성.
a snowball('s) [or ***snowflake's***] ***chance (in hell)*** 《구어》 전혀 실현성[가망]이 없는 희망.
―[동][자] 1 눈뭉치를 던지다 (*at*). 2 눈덩이식[가속적]으로 커지다. ―[타] 1 …에게 눈뭉치를 던지다. 2 …을 눈덩이식[가속적]으로 늘리다.

snow·bank [snóubæ̀ŋk] [명] (바람에) 쌓인 눈더미.

snow·belt [snóubèlt] [명] 1 대설(大雪) 지대. 2 (S–) (또는 **Snów Bèlt**) 스노 벨트(눈이 많은 미국 북부 지역). 「인동과(科)의 관목.

snow·ber·ry [snóubèri/-bəri] [명] (북미산(産)의)

snow·bird [snóubə̀ːrd] [명] 1 =snow bunting. 2 =junco. 3 《美속어》 코카인[헤로인] 상용자.

snow-blind [∠blàind] [형] 설맹(雪盲)의.

snów blìndness [명] 설맹(雪盲).

snow·blink [snóublìŋk] [명][U] (설원(雪原)·빙원(氷原)의) 반사광. [참] iceblink

snów blòwer [명] 분사식 제설기. (또는 **snów·blòwer, snów thròwer**) 「는) 방설판(防雪板).

snów bòard [명] (지붕 등에서 눈이 떨어지는 것을 막

snow·board [snóubɔ̀ːrd] [명] 스노보드(snurfing용 보드). **~·er, ~·ing** [명]

snów bòot [명] 《英》 (~s) 눈장화. 「에 꼼짝 못하는.

snow·bound [snóubàund] [형] 눈에 갇힌, 눈 때문

snow·break [snóubrèik] [명] 1 눈녹음, 눈석임 (thaw). 2 수목이 눈으로 부러짐[부러지는 지역]. 3 방설림(防雪林). 「은 눈; 찬 음료.

snow-broth [∠brɔ̀ːθ, -brɑ̀θ] [명][U] 눈 녹은 물, 녹

snów bùnny [명] 《속어》 (여성) 스키 초심자; 남성과 사귈 목적으로 스키장에 가는 여성.

snów bùnting [명] 〔조류〕 흰멧새.

snow·cap [snóukæ̀p] [명] 1 산정[우듬지]의 눈. 2 〔조류〕 벌새(머리 꼭대기가 희다). 「눈 덮인.

snow-capped [∠kæ̀pt] [형] (산 따위가) 꼭대기에

snow-cat [∠kæ̀t] [명] 설상차(雪上車).

snow-clad [∠klæ̀d] [형] 눈으로 덮인.

snów còver [명] 적설(積雪); 적설량; 적설 지역.

snow-cov·ered [∠kʌ̀vərd] [형] 눈에 덮인.

snów dày [명] 폭설로 인한 휴일.

snów dèvil 명 (캐나다) 눈회오리.
Snow·don [snóudn] 명 스노든 산(영국 웨일스의 최고봉; 1,085m).
snow·drift [snóudrìft] 명 눈이 바람에 날려 쌓임, 그렇게 쌓인 곳; 바람으로 쌓인 눈더미.
snow·drop [snóudràp/-drɔ̀p] 명 1 스노드롭(초봄에 순백의 꽃이 핀다). 2 아네모네의 일종. 3 (美속어) 헌병.
Snów Dròp 명 백설공주(Snow White).
***snow·fall** [snóufɔ̀ːl] 명UC 강설(량).
snów fènce 명 방설책(防雪柵).
snow·field [snóufìːld] 명 만년설, 설원(雪原).
***snow·flake** [snóuflèik] 명 1 눈송이, 설편(雪片). 2 (식물) 영란수선. 3 =snow bunting.
snów flèa 명 (곤충) 초봄에 눈에 모이는 벌레.
snów gàuge 명 설량계(雪量計).
snów gòggles 명복 눈(雪)안경, 스키용 안경.
snów gòose 명 (조류) 흰기러기.
snów gràins 명복 싸락눈.
snów gròuse 명 (조류) 뇌조(雷鳥).
snów ìce 명 설빙(雪氷).
snów jòb 명 (美속어) 권유[설득]하는 말; 달콤한 말; 꾸며대는 말.
do a snow job on a person 남을 감언이설로 속이다.
snow-job [‑dʒɑb/‑dʒɔb] 타 (남)을 감언이설로 속이다.
snów lèopard 명 표범(ounce). [피다.
snów líly 명 백합과(科) 얼레지속(屬)의 식물. (또는 *glacier lily*)
snów lìne 명 설선(雪線)(만년설의 하한선).
snow·mak·er [snóumèikər] 명 인공설(雪) 제조기.
snow·mak·ing [snóumèikiŋ] 명 인공설 제조.
— 형 인공설 제조(용)의.
***snow·man** [snóumæ̀n] 명 (복 **-men** [-mèn]) 1 눈사람. 2 눈 연구[전문]가. 3 =Abominable S-.
snow·mo·bile [snóuməbìːl] 명 설상차(雪上車), 눈 자동차. — 자 (또는 **skimobile, snowcat**) 설상차로 가다. -**bil·er, -bil·ing, -bìl·ist**
snow-on-the-moun·tain [‑ɑnðəmáuntən/‑ɔn‑] 명 (식물) 천일초의 일종(미국 서부산(産)).
snow·pack [snóupæ̀k] 명 눈덩이에 덮인 들판.
snów pèllets 명복 눈싸라기.
snow·plow [snóuplàu] 명 1 눈 치는 넉가래, 제설기[차]. 2 (스키) 전제동(全制動) 활강.
snow·scape [snóuskèip] 명 눈경치, 설경. [설비.
snow·shed [snóuʃèd] 명 (철로상의) 눈사태 방지
***snow·shoe** [snóuʃùː] 명 (~s) (동철(冬鐵) 박은) 눈신. — 자 눈신을 신고 걷다.
snow·slide [snóuslàid] 명 눈사태(avalanche).
snow·slip [‑slìp] 명 (英) =snowslide.
***snow·storm** [snóustɔ̀ːrm] 명 눈보라.
snow·suit [snóusùːt] 명 눈옷(어린이용 방한복).
snow·surf·ing [snóusə̀ːrfiŋ] 명 스노서핑(snowboarding). -**sùrf** 동자
snów tìre 명 (자동차의) 스노 타이어.
***snow-white** [‑hwáit/‑wáit] 형 눈같이 흰, 순백의.
Snów Whìte 명 백설공주(Grimm 동화의 주인공).
‡**snow·y** [snóui] 형 (**snow·i·er; snow·i·est**) 1 눈의, 눈이 내리는, 눈이 많은. ¶~ *weather* 눈이 내릴 듯한 날씨/a ~ *month* 눈이 많은 달. 2 눈이 쌓인, 눈에 덮인. 3 눈과 같은, 순백의; 맑은, 깨끗한, 오점이 없는. **snów·i·ly** 부 **snów·i·ness** 명
snówy ówl 명 (조류) 흰올빼미.
snówy plóver 명 (조류) 흰물떼새.
SNP *Scottish National Party*(스코틀랜드 민족당).

Snr (英) Senior.
snub [snʌb] 타 (**-bb-**) 1 …을 냉대하다, 무시하다. 2 …에게 퇴박주다, 딱 잘라 거절하다, 호되게 야단치다. ¶~ *a person into silence* 남을 야단쳐서 입을 다물게 하다. 3 (해사) (사슬·밧줄·케이블 따위)를 갑자기 멈추다; (배·말 따위)를 급정지시키다. 4 (담배)를 비벼 끄다. — 명 1 경멸, 냉대, 퇴짜. 2 급히 멈추기. 3 (해사) =snubbing post. 4 (드물게) 들창코.
— 형 1 들창코의. (또는 **snubbed**) 2 땅딸막한.
∠·bing·ly 부
snub·ber [snʌ́bər] 명 1 냉대하는 사람; 꼼짝 못하게 하는 사람. 2 (밧줄 따위를) 급히 멈추는 장치. 3 (美) 자동차의 완충기.
snúb·bing pòst [snʌ́biŋ‑] 명 (해사) 부두 말뚝 (밧줄을 걸어 배의 항진을 막는 데 사용). (또는 **snub**)
snub·by [snʌ́bi] 형 1 냉대하는, 업신여기는. 2 들창코 비슷한. 3 땅딸막한. -**bi·ness**
snúb nòse 명 들창코.
snub-nosed [‑nóuzd] 형 들창코의; (권총의) 총신이 짤막한; 끝이 뭉툭한.
snuck [snʌk] 동 (美방언) sneak의 과거·과거분사.
***snuff**[1] [snʌf] 동타 (* (英)에서는 현재 보통 sniff를 쓴다) 1 …을 코로 들이쉬다(*up*). ¶~ *the fresh air* 신선한 공기를 들이마시다. 2 …의 냄새를 맡다. 3 (동물이) …을 킁킁거리며 냄새를 맡다. 3 …을 냄새로 찾아[알아] 내다, 깸새채다(*at*). ¶(~+명+부) ~ (*up*) *danger* 위험을 알아채다. 4 (담배)를 들이쉬다[맡다]. — 자 1 코를 킁킁거리며 냄새를 맡다. 2 코담배를 맡다[들이다]. 3 (폐마) (경멸·불쾌를 나타내어) 코방귀를 뀌다.
— 명 1 코로 들이쉬기. 2 냄새. 3 □ 코담배(의 한 줌). ¶take a pinch of ~ 한 줌의 코담배를 맡다.
beat a person to snuff 남을 때려눕히다.
give a person snuff 남을 호되게 야단치다[응징하다].
in high snuff 의기양양하게.
up to snuff (구어) ① (건강·품질 따위가) 양호하여, 만족할 만한. ② (英속어) 빈틈없는. ¶put *a person up to* ~ 남을 일깨워주다, 훈수하다.
∠·ing·ly 부
snuff[2] 명 1 □ 양초[남포] 심지의 탄 부분. ¶go off like the ~ of a candle 급사(急死)하다. 2 가치가 없는 것, 무가치한[시시한] 우수리. — 동타 1 (양초 따위)의 심지를 잘라내다. 2 (심지를 잘라서) (촛불 따위)를 끄다.
snuff it (英속어) 죽다(die). [다.
snuff out ① (촛불 따위)의 심을 잘라 끄다. ② …을 멸망시키다. ③ (구어) 죽다(die); (희망 따위)를 꺾다.
snuff·box [snʌ́fbɑ̀ks/‑bɔ̀ks] 명 코담뱃갑. [의.
snuff-col·ored [‑kʌ́lərd] 형 코담배 색의, 황갈색
snuff·er[1] [snʌ́fər] 명 1 코를 킁킁거리는 사람[동물]. 2 코담배를 맡는[들이쉬는] 사람.
snuff·er[2] 명 (양초 따위의) 심지를 자르는 사람; (~s) 심지 자르는가위.
snúff fìlm [mòvie] 명 스너프 무비(실제의 가학(加虐)·살인을 촬영한 엽기적 포르노 영화).

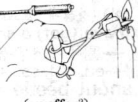
[snuffer[2]]

snuff·ing [snʌ́fiŋ] 명 (美속어) 살인.
snuf·fle [snʌ́fl] 자 1 코를 킁킁거리며 냄새를 맡다, 코를 킁킁거리다. 2 콧소리를 내며 숨을 쉬다, 콧소리로 [노래]하다. — 타 …을 콧소리로 말[노래]하다(*out, forth*). 1 코를 킁킁거리며 냄새를 맡기, 코를 킁킁거리기; 애처로운 목소리. 2 (the ~s) 코가 멤, 코감기, 비(鼻)카타르(nasal catarrh).
-**fler** -**fling·ly** 부 -**fly**
snúff stìck 명 코담배를 이나 잇몸에 바르기 위한 이쑤시개 비슷한 막대.
snuf·fy [snʌ́fi] 형 1 코담배의[같은]. 2 코담배를 상용하는[하여 더러워진]. 3 누추한, 구중중한; 남을 불쾌

하게 하는. **4** 화를 잘 내는, 불쾌한. **5** (美속어) 취한.
— 圀 **1** (美속어) 마약 중독자. **2** (美軍속어) 신병.
snúff·i·ness 圀
snúff zòne 圀 금연 구역.
***snug** [snʌg] 휑 **1** 아늑한, 편안한(cozy), 안락한.
⇨COMFORTABLE 유의어 **2** 조촐한, 깔끔한, 아담한, 말쑥한. **3** (의류가) 꼭 맞는. **4** (수입 따위가) 꽤 유복한. ¶a ~ little income 알맞은 생활을 할 수 있는 수입. **5** 숨은, 비밀의; 집안끼리의. ¶lie ~ 숨어 있다. **6** (배 등이) 잘 정비되어 있는, 항해에 견디는. **7** 밀실의.
as snug as a bug in a rug (소파 따위에) 매우 기분 좋게 자리잡고 앉은[앉아서], 편안하게 앉은[앉아서].
— 円 아늑하게, 기분 좋게, 안락하게, 조촐하게, 깔끔하게; 꼭 맞도록. — 图 (*-gg-*) 편안히[기분 좋게] 쉬다[지내다]. ⑨ 〔사람·장소〕를 기분 좋게 하다, 잘 정돈하다. **2** 〔햇사·빗줄·돛〕등을 정연하게 개키다〔감다〕(*down*). — 图 **1** (英속어) 술집의 별실(別室), (호텔)의 술 파는 곳. **2** (美속어) (숨기기 쉬운) 소형 권총. **~·ly** *ad.* **~·ness** *n.* ~충.
snug·ger·y [snʌ́gəri] 圀 (英) 아늑한 장소[방], 사실(私室); (호텔)의 술 파는 곳. (또는 **snuggerie**)
snug·gies [snʌ́giz] 圀 (구어) 따스한 털실의 속옷[긴 팬츠](여성·어린이용).
snug·gle [snʌ́gl] 图 ⑨ 다가붙다, 바싹 다가서다(*to*); (온기(溫氣)를 찾아) 몸을 쉬다. ¶~ *up* in a blanket 모포로 폭 싸이다. — 图 …을 껴안다, 끌어안다; 〔머리·코 따위〕를 …에 가까이 대다(*to*).
— 圀 다가붙기, 껴안기.
snug·gle-pup [-pʌ̀p] 圀 (십대 사이의) 연인. (또는 **snúggle-pùpper [pùppy]**)
snug·gy [snʌ́gi] 圀 (美속어) 섹시해서 좋은 여자.
snurf·ing [snə́:rfiŋ] 圀 스노 서핑, 스너핑(스노보드를 타고 활강하는 스포츠). [<*snow*+*surfing*]
snye [snai] 圀 (美·캐나다) (하천의) 수로(水路), 지류.
‡so[1] ⇨ so. <p. 2584>
so[2] [sou] 圀 (음악) =sol[1].
So. south; southern. **S.O.** seller's option; shipping order; Signal Officer; Special[Standing] Order; 〔야구〕 strikeout(s).
‡soak [souk] 图 (*~ed* [-t]) ⑨ **1** 잠기다, 젖다; 흠뻑 젖다. **2** 스며들다, 스미다, 스며나오다(*in, out*)(*in, into, through*). **3** (비유적) 천천히 머리에 들어오다, 차차 알게 되다(*in, through*). ¶(~+㉠+㉢) The facts *~ed into* his mind. 그는 사실을 차차 알게 되었다. **4** 술을 진탕 마시다.
— 图 **1** …을 적시다, 잠그다, 담그다(steep); …을 흠뻑 적시다(*in, with*). ⇨DIP 유의어 ¶(~+㉠+㉢+㉡) ~ *dirty clothes in* water 더러워진 옷을 물에 담그다. **2** 〔물·습기 따위〕에 스며들다(*in*)(*into, through*). **3** …을 빨아들이다; (비유적) 〔지식 따위〕를 흡수하다(*in, up*). **4** …을 스며나오게 하다, 빨아내다(*out*)(*out of, from*). **5** 〔술〕을 진탕 마시다; …을 취하게 하다. **6** (속어) …을 엄벌하다, 몹시 때리다; …에게 부당하게 높은 값을 요구하다, …에서 우려내다(빼앗다); …에게 중세(重稅)를 과하다. **7** (속어) …을 전당 잡히다. **8** (전기) (축전지)를 충전하다.
Go soak yourself [*or your head*]*!* (美속어) 웬만큼 해 둬!, 쓸데없이 나서지 말아라!, 꺼져!
soak it 혼내주다(*to*); (美) 벌주다.
soak its way (물·이해 따위가) 배어들다[스며들다].
soak off 물에 물려 떼어내다.
soak oneself in …에 전념하다, 몰두하다.
soak one's face (美구어) 술을 벌컥벌컥 마시다.
soak out (얼룩 따위가[를]) 스며나오게 하다.
soak up …을 빨아들여, 흡수하다.
— 圀 **1** 담그기, 적시기, 스며들게 하기, 스며들기. **2** 침액(浸液), 담그는 국물. **3** 큰 비, 호우. **4** (속어) 술고래; 통음(痛飮), 주연. **5** (속어) 강타. **6** ⓤ (속어) 전당 잡히기. **7** (속어) 터무니없는 대금. **8** (濠) (일시적으로 생기는) 늪, 웅덩이(pool). **9** (美속어) 세게 때리기.
in soak 전당 잡혀.
soak·age [sóukidʒ] 圀ⓤ 담그기, 적시기; 침투(량).
soaked [soukt] 혱 (비·땀 따위로) 흠뻑 젖은; (가슴에) 새겨진(*with, into*); (속어) 만취한.
soak·er [sóukər] 圀 **1** 담그는 사람[것]. **2** 술고래. **3** 호우, 억수. **4** (~s) 소커즈(흡습성(吸濕性)이 있는 기저귀 커버).
soak·ing [sóukiŋ] 圀ⓤⓒ 담그기, 흠뻑 젖음; 스며들기. — 혱 스며드는; 흠뻑 젖은. — 円 흥건하게. ¶ be [*or* get] ~ wet 흠뻑 젖다.
soak·ing·ly [sóukiŋli] 円 흠뻑 젖어서; 서서히, 차츰.
sóaking solùtion 圀 콘택트렌즈 보존액.
***so-and-so** [sóunsòu] 圀 (圀 ~s) 아무개; 무엇무엇.
‡soap [soup] 圀ⓤ **1** 비누. ¶a cake of ~ 비누 한 개 / toilet [washing] ~ 화장[세탁] 비누 / hard ~ 경질 비누 / soft ~ 연질 비누. **2** (화학) 지방산의 알칼리 금속염. **3** (속어) 돈, 금전; (정치가에게 주는) 뇌물; 아첨. **4** = ~ opera.
no soap (속어) 불가(不可); 실패; 모름. ¶I asked her for help, but she said, "*No* ~" 그녀에게 도움을 청했으나 '싫다'고 했다.
not know a person from a bar of soap (濠구어) 남을 전혀 알지 못하다.
wash one's hands in invisible soap (아첨·당황의 표현으로) 손을 비비다.
— 图 (*~ed* [-t]) **1** …을 비누로 문지르다[빨다](*up, down*). **2** (속어) …에게 아첨하다(flatter)(*up*). **3** (美속어) 매수하다.
soap out (속어) (크기·힘 등이) 줄어들다.
soap the ways 일을 쉽게 하다.
~·like 혱.
soap·ber·ry [sóupbèri, -bəri] 圀 무환자 나무; 그 열매(비누의 대용이 된다). (또는 **chinaberry**)
soap-boil·er [-bɔ̀ilər] 圀 비누 제조업자.
soap-box [sóupbɑ̀ks/-bɔ̀ks] 圀 **1** 비누를 넣는 나무 상자. **2** (가두 연설 따위의 연단으로 쓰는) 빈 비누 상자. (또는 **sóap bòx**) 「내세우지 않다].
get on [*off*] *one's soapbox* 자기 주장을 내세우다 (for).
— 图⑨ 가두 연설을 하다; 열변을 토하다 (*for*).
— 혱 **1** 비누 상자 모양의. **2** 가두 연설(자)의; 열변의.
~·er 圀 가두 연설자.
Sóap Bòx Dérby 圀 (美) 소프 박스 더비(모터가 없는 자동차로 언덕길을 내려가는 아이들의 경주).
sóap bùbble 圀 **1** 비눗방울, 비누 거품. **2** 겉보기만 그럴듯한 물건. **3** (비유적) 덧없는 것.
sóap chìps 圀 =soap flakes.
sóap dìsh 圀 (욕실 따위의) 비누 그릇, 비눗갑.
soap·er [sóupər] 圀 비누 제조인[판매인]; (美구어) =soap opera.
soap·er·y [sóupəri] 圀 비누 공장.
soap·fish [sóupfìʃ] 圀 〔어류〕 농어과(科)의 물고기 (몸에서 비누 모양의 점액을 분비).
sóap flàkes 圀ⓤ (선전용의) 조각 비누.
soap-grease [sóupgrìːs] 圀 (방언) 돈.
soap·less [sóuplis] 혱 **1** 비누가 없는, 비누를 쓰지 않는. **2** 씻지 않은(unwashed), 더러운.
sóapless sóap 圀 (유지를 쓰지 않는) 합성 세제.
soap-mak·ing [sóupmèikiŋ] 圀 비누 제조(업).
sóap nùt 圀 soapberry의 열매.
sóap òpera 圀 (美구어) 소프 오페라(낮 시간에 가정 주부를 상대로 방송되는 연속 멜로드라마).
sóap plànt 圀 〔식물〕 (미국 California 산(産)) 백합과(科)의 다년초(구근이 비누 대용으로 쓰였다).
sóap pòwder 圀 가루 비누, 분말 세제.
soap·stone [sóupstòun] 圀ⓤ 활석(滑石)의 일종.
soap·suds [sóupsʌ̀dz] 圀ⓟⓤ 거품이 인 비눗물, 비

so는 부사·접속사·대명사·감탄사 등 여러 가지 품사로 쓰이지만 어디까지나 부사용법이 기본이며, 우리말의 「그렇게, 그런 식으로」에 해당한다. 그리고 그 뜻에서 알 수 있듯이 대체로 앞에서 한 말이나 보여준 것의 대용어(代用語)로서의 기능이 두드러진다. 따라서 기본의 부사용법을 양태·정도·강조의 세 가지로 분류하여 설명했지만 그 모두에 대용의 의미가 포함되어 있다고 보면 좋을 것이다.

또한 as, that 따위와 결합하여 여러 가지 상관접속사가 되기도 한다.

‡SO¹ [sou, 약 sə] 《부》 I. 양태·방식

1 (양태를 나타내서) 그렇게, 그와 같이, 그런 식으로. ¶Do it *so*. 그렇게 하여라/Hold your racket just *so*. 라켓은 바로 그런 식으로 잡으시오/You must not behave *so*. 그렇게 행동을 해서는 안된다/She should not be treated *so*. 그녀를 그렇게 다루어서는 안된다.

2 (문두(文頭)에서) 이렇게 해서, 이리하여, 그리하여, 그래서(thus). ¶So it turned out. 그래서 이런 결과가 되었다/So it ran. 이상과 같이 쓰여 있었다/So his nights succeeded each other. 그런 식으로 그는 매일 밤을 보냈다/So most discussions ended. 대부분의 토론은 그렇게 끝났다/So the years rolled on, and all seemed happy as before. 이렇게 세월도 지나서 모두 예전처럼 행복해 보였다.

3 (보여, 또는 보여적으로) 그리하여, 그대로, 그와 같이, 그런 식으로, 그러한 상태로; 그런 이름[명칭]으로. ¶Is that *so*? 그렇습니까?; 정말이야?, 그래요?/If *so*, the affair was urgent. 만일 그렇다면 사태는 절박했던 것이다/It is broken and has long been *so*. 그것은 파손되어 오랫동안 그대로 있다/She was always called *so*. 그녀는 언제나 그렇게 불리고 있었다/Is he rich?—Yes, immensely *so*. 그 사람은 부자입니까?—예, 대단한 부자이지요.」

4 (as와 호응하여) …과 같은 방법으로, (…처럼) 그렇게, ¶As a man thinks and feels, *so* will he write. 사람은 생각하고 느끼는 대로 쓰게 된다/You must learn, *as* he learned. 그가 배운 것처럼 너희들도 그렇게 배워야 한다.

5 이미 말한 대로, 그렇게, 그와 같이: So ended the speech, and the listeners arose and cheered. 그렇게 연설이 끝나자 청중들은 일어나서 갈채를 했다.

6 그리고, 그리하여; 그 다음에, 이어서(subsequently) (보통 and so로 사용한다). ¶And *so* to bed. 그래서 잠을 잤다/Say "Good-by" and *so* be off. "안녕히 계세요"라고 인사하고 가거라/You will release the souls of the dead, and *so* gain virtue. 망자의 영을 위로하고, 그래서 덕을 쌓는 것이 된다/The audience was seated, and *so* the famous speech began. 청중은 앉았고, 그러자 그 유명한 연설이 시작되었다.

II. 정도·한도

7 그런 정도로, 그처럼, 그렇게, 그만큼. ¶Do not walk *so* fast. 그렇게 빨리 걷지 말아라/In no other time did religion play *so* important a part. 종교가 그만큼 중요한 역할을 한 시대는 일찍이 없었다/My house is not *so* large as his. 내 집은 그의 집만큼 크지 않다/He never looks *so* happy as when he is busy. 바쁠 때만큼 그가 행복해 보이는 일은 없다/No one is *so* old but that he may learn. 배울 수 없을 만큼 늙은 사람은 없다, 아무리 늙었어도 배울 수는 있다.

8 (부사 앞에서, as와 함께) 그 한도에서, 그 범위에서. ¶*so* far as I know 내가 아는 한에서는/*so long as* it is interesting 재미있기만 한다면.

9 …도 또한[역시], 마찬가지로(*so+술어+주어의 어순을 취한다). ¶If he is going, then *so* am I. 그가 간다면 나도 가겠다/I did it, and *so* did he. 내가 그것을 하니까, 그도 했다/Health improves. *So* do spirits. 건강이 증진된다. 그러면 정신도 고양(高揚)된다/Factories multiplied; *so* too did coal mines. 공장수는 몇 배나 늘었고, 탄광도 마찬가지로 늘었다.

10 …하도록, …이 되도록. ¶*So* live your life that old age will bring you no regrets. 나이 들어서 후회하지 않도록 사십시오.

Ⅲ. 강조

11 (형용사·부사 따위를 수식하여) 대단히, 실로, 정말, 매우, 아주, 몹시(* 여성들이 즐겨 쓴다). ¶I'm *so* sad. 나는 정말 슬프다/You are *so* kind. 정말 친절하시군요/Life is *so* short, and books *so* countlessly many. 인생은 대단히 짧은데 책은 실로 무수히 많다/Love *so* seldom endures. 사랑은 오래 가는 일이 좀처럼 드물다/It is a pity that *so* few of us have read the book. 이 책을 읽은 사람이 아주 적다는 것은 유감스러운 일이다.

12 (동사를 수식하여) 몹시, 지독하게, 굉장히. ¶My head aches *so*! 머리가 몹시 아프다/His time is *so* filled up. 그에게는 전혀 짬이 없다/She talks *so*. 그녀는 굉장히 수다쟁이다/He suffered *so* from the summer heat. 여름 더위 때문에 그는 몹시 고통을 겪었다/I wanted *so* to see the Alps. 나는 알프스 산맥을 굉장히 보고 싶었다.

13 (앞서 말한 내용을 강하게 긍정하여) 틀림없이, 정말로, 말씀과 같이(most certainly)(*so+주어+술어의 어순을 취한다). ¶I said I would come, and *so* I will. 나는 간다고 말했는데, 틀림없이 갈 작정이다/It is hot today. *So* it is. 오늘은 덥다. —정말 덥다.

(USAGE) ¹ **So am I.와 So I am.** ——(1) 예를 들면 A가 "I am a college student."라고 말한 데 대하여 B가 "Só am I."라고 하는 것은 「I」를 강조하여 「나도 그렇습니다」의 뜻. (2) A가 B에게 "I think you are a college student."라고 말한 데 대하여 B가 "Só I ám."이라고 답하면 A의 발언을 강하게 긍정하여 「예, 맞습니다」의 뜻.

---

14 (상대방의 부정적 진술이나 의심 따위를 반박하여) 실제로, 정말로(indeed, truly); 그런데, 그렇지만, 천만에. ¶You don't mean it. —Oh, I do *so*. 설마 그럴라구. —정말 그렇다네/I was *so* at the party! 천만에 나는 파티에 있었다구!/I did *so* tell the truth! 천만에 나는 정말 사실을 말했어!

and so forth [or on] ⇨ AND.

as…, so… …과 마찬가지로 …하다. ¶As you sow, so shall you reap. (속담) 뿌린대로 거두리라, 인과응보(因果應報).

be so for …에 적용되다.

even so ⇨ EVEN¹.

ever so 매우(very), 대단히(greatly).

ever so much (구어) 매우. ¶The patient is *ever so much* better today. 환자의 용태가 오늘은 매우 좋다.

How so? (구어) 어찌 그런가?

If so 만일 그렇다면. ¶If *so*, for what reason? 만일 그렇다면 무슨 이유입니까?

not so… as …만큼 …하지 않다. ¶He is *not so* stupid *as* he looks. 그는 겉보기만큼 그렇게 어수룩하지는 않다.

not so much as ⇨ MUCH.

Quite [or Exactly, Precisely, Just] so. 정말로 그렇다.

so as to *do* (구어) …하도록, …하기 위하여. ¶He struck the snake with his stick *so as to* kill it. 그는 뱀을 죽이려고 막대기로 쳤다.

***so...as to** do (정도·결과) …할 만큼. 倒 *so... that*. ¶Will you be *so* good *as to* summon all the others? 다른 사람들을 모두 불러 모아주시겠습니까? /I got up *so* early *as to* be in time for the first train. 나는 아침 일찍 일어났기 때문에 첫 기차 시간에 댈 수 있었다.
so be it; let it be so (체념·승락의 말로서) 그렇다면 좋다[할 수 없지], 멋대로 하라지. ¶If they shovel up scandal, *so be it*. 그들이 추문을 자꾸 들추어내려 든다면 할 수 없지.
so far ⇒FAR.
so [or ***in so*] far as** ⇒FAR.
so far from *doing* …은 커녕. ¶The rain, *so far from being* seasonable, did a good deal of damage to the crops. 단비는 커녕 농작물에 큰 손해를 끼쳤다.
So I do. 그렇고 말고. ⇒도 14. └를 끼쳤다.
So long! ⇒LONG¹. **so long as** ⇒LONG¹.
so many ⇒MANY. **so much** ⇒MUCH.
so much for ⇒MUCH.
so much so that 매우 그러하므로 …하다. ¶He is diligent—*so much so that* he is always at the top of his class. 그는 열심히 공부한다. 그래서 언제나 학급의 수석이다.
so much the better 그만큼 더욱 좋다.
so so (구어) 좋지도 않고 나쁘지도 않은, 그저 그만한. ¶Her performance is *so so*. 그녀의 연기는 그저 그만하다.
so that ① (목적) …하기 위하여. ¶I am going to the theater early *so that* I may get a good seat. 나는 좋은 좌석을 차지하려고 일찍 영화관에 가고 있는 중이다. ② (결과) 그 결과, 그러므로, 그 때문에 (* 구어에서는 보통 that이 생략된다). ¶His father died suddenly, *so that* he was obliged to leave school. 그는 아버지가 갑자기 돌아가셔서 학교를 중퇴해야만 했다. ③ (고어) (조건) …하기만 하면. ¶You may go *so that* you are back by dinner time. 식사 시간에 돌아오기만 한다면 가도 좋다.
so...that ① (결과·정도) 대단히 …하므로; …할 만큼 (* 구어에서는 종종 that이 생략된다). ¶It is *so* dark *that* I can't see my hand before me. 너무 어두워서 눈 앞의 손도 보이지 않는다, 눈앞의 손이 보이지 않을 정도로 어둡다. ② (목적) …하기 위하여, …하도록. ¶We should *so* act *that* we shall have nothing to regret. 우리는 후회하는 일이 없도록 행동해야만 한다.
so then 그러면, 그러니까. └다.
so to speak [or ***say***] 말하자면. ¶I was an outsider, *so to speak*. 나는 말하자면 문외한이었다.

without so much as ⇒MUCH.
— 倒 **1** (구어) 그 결과, 그러므로, 그래서, 따라서. ⇒THEREFORE [유의어](* 종종 and *so*, *so that*의 형으로 쓴다. 倒 *so that* ②). ¶He looked honest, (and) *so* I lent him that money. 그가 정직해 보여서 나는 그 돈을 꾸어주었다.
2 (구어) (문두에서 감탄사적) 그럼, 자, 드디어, 그럭저럭. ¶*So* we have met at last, 우리는 드디어 만나게 되었군요/*So* you are back again! 그래, 또 돌아왔구나!
3 (美구어) …하도록, …하기 위하여(倒 *so that* ①). ¶I will give you the data *so* you can judge for yourself. 당신 자신이 판단할 수 있도록 자료를 드리겠습니다.
4 (고어) (just 뒤에서) …하기만 하면(倒 *so that* ③). ¶Let him go just *so* he comes home in time. 시간에 맞게 귀가할 수 있다면 그를 가게 하십시오/*So* it is done, it matters not how. 할 수만 있다면 방법은 어떻든지 상관이 없다.
So that's that. ⇒THAT.
So what? ⇒WHAT.
— 倒 (do, call, say, tell, think, speak, hope, expect, suppose, imagine, hear 따위의 목적어 또는 보어 대신으로) 그렇게, 그처럼. ¶I think *so*. 그렇게 생각한다/I hope *so*. 그렇기를 바란다/He says. I think *so*. 그는 그렇게 말한다/*So* saying, he went out. 그렇게 말하고 그는 외출했다.

[USAGE] ² **I hope so.**의 용법──예를 들면 A가 "I believe he is safe."라고 말한 데 대하여 B가 "I hópe *so*."라고 답한 경우, 이 so는 선행한 문장 전체(he is safe)의 반복을 피하기 위하여 막연히 쓰인 지시대명사이다. 또 "He isn't here now."에 대하여 "*So* I've heard."라고 말한 경우의 so도 지시대명사이지만, 문두에서는 다소 접속사의 역할을 겸하고 있어서 앞 예문의 후치(後置)된 so보다 뜻이 강해진다.

like so 이와 같이, 이렇게. ¶Then fold the paper *like so*. 그리고 종이를 이렇게 접으시오.
or so …정도, …안팍[쯤]. ¶five hundred *or so* 500 정도[안팍] / a beggar *or so* 거지 비슷한 사람.
so and so =so-and-so. ┌이겠지.
You don't say so? (놀라움을 나타내어) 설마, 납담. — 倒 **1** 됐어, 그것으로 좋아. ¶*So*! I finished! 됐어! 끝났구나/*So, so.* 좋아, 좋아/A little louder, *so.* 좀더 큰 소리로, 그대로 좋아. **2** 저런, 설마. ¶*So*! 정말입니까! **3** 조용히, 가만히.

---

sóap wòrks 倒⑧ (단수취급) 비누 공장.
soap-wort [sóupwə̀ːrt] 倒 거품장구채풀(패랭이과의 다년생 식물. 옛날에는 그 잎을 비누 대용으로 썼다).
soap·y [sóupi] 倒 1 비누의, 비누 같은, 비누질의; 매끄러운. 2 비누(사포닌)를 함유한. ¶ ~ water 비눗물. 3 비누(거품)투성이인. 4 (속어) 상냥한, 말주변이 좋은, 알랑거리는. **sóap·i·ly** 倒 **sóap·i·ness** 倒
‡**soar** [sɔːr] 倒 (~s [-z]) ⑭ 1 (새 따위가) 날아오르다(up); 하늘 높이 날다, (새가) 미끄러지듯이 날다. ⇒FLY [유의어] 2 (비행기 따위가) 일정한 높이에서 활공하다. 3 (산 따위가) 높이 솟다(tower); (연기 따위가) 높이 오르다. 4 (물가 따위가) 치솟다; (온도 등이) 급상승하다 (to). 5 (희망·사상 등이) 솟구치다, 높아지다. — 倒 1 높이 날기, 비상(飛翔). 2 높이 날 수 있는 한도; 고도. **∠·er** 倒 높이 나는 사람[것]; 고성능 활공기.
*****soar·ing** [sɔːriŋ] 倒 1 하늘 높이 날기. 2 치솟기, 상승. 3 (스포츠) 소링(글라이더 등으로 상승 기류를 이용하여 장시간 활공하기). — 倒 높이 나는, 치솟는; 상승하는; (희망 등이) 원대한, 고매한(lofty). **∼·ly** 倒
‡**sob¹** [sɑb/sɔb] 倒 (~s [-z]) **-bb-** ⑭ 1 흐느껴 울

sober

메어] 울다. ⇒CRY [유의어] **2** (바람이) 윙윙 소리내며 불다; (증기 기관 따위가) 쉭쉭 하는 소리를 내다; (파도 따위가) 쏴쏴 소리를 내다. **3** 숨을 헐떡거리다. — ⑤ **1** 흐느껴 울며 …을 털어놓다; 눈물을 흘리며 …을 이야기하다(*out*). **2** (재귀용법으로) 흐느껴 울며 …을 (…하게) 하다(*into*, *to*). ¶~ oneself to sleep 흐느껴 울다가 잠들다.
sob away 계속 흐느껴 울다. └들다.
sob one's eyes out 눈이 퉁퉁 붓도록 울다.
sob one's heart [or ***soul***] ***out*** 가슴이 터지도록 흐느껴 울다.
— 倒 (~s [-z]) 흐느껴 울기[우는 소리]; 윙윙거리는 바람 소리. — 倒 (美구어) (한정용법) 눈물을 자아내는, 울게 만드는. **∠·ber·bing·ly** 倒 **∠·ful** 倒
sob² (英속어) 1 파운드. 倒 sov
SOB, s.o.b. (속어) son *of a bitch.*
‡**so·ber** [sóubər] 倒 (**∼·er**, ***more*** ~; **∼·est**, ***most*** ~) **1** 술에 취하지 않은, 술을 마시지 않은, 맑은 정신의. **2** 절주하고 있는, 술을 안마시는. **3** 온전한, 절도 있는. **4** (성질·태도 등이) 진지한; 근엄한; 차분한, 냉정한(cool). ¶in ~ earnest 진지하게. **5** 과장이 없는; 사실

을 왜곡하지 않은. **6** 이성이 있는; 건전한, 올바른 정신의(sane); (정신·감정이) 균형 잡힌. ¶in one's ~ senses 똑바른 정신으로, 냉정히; 맑은 정신으로. **7** (색깔·옷 따위가) 수수한; *appeal from Philip drunk to Philip sober* 재고를 요청하다(앞서 한 말은 취중에 한 실언이었다는 뜻).
(as) sober as a judge (on Friday) 매우 진지한.
— 图 (~s [-z]) ② **1** 술이 깨다(*off, up*). **2** 진지[침착, 냉정]해지다(*down*). — 图 …의 술을 깨게 하다 (*up*); …을 진지[냉정]하게 하다, 가라앉히다(*down*).
~·ly 图 말짱한 정신으로, 진지하게. ~·ness 图
so·ber-head·ed [-hédid] 图 두뇌가 명석한, 논리적인, 즉흥적이 아니라 분별 있게 생각하는.
so·ber·ing [sóubəriŋ] 图 사람을 정신나게 하는, 정색하게 하는. ~·ly 图
so·ber-mind·ed [-máindid] 图 냉정한, 침착한; 진지한, 절도있는, 분별있는(sensible). ~·ness 图
so·ber·sides [sóubərsàidz] 图图 (단·복수 양용) 진지하고 침착한 사람, 근엄한 사람.
So·bor [sɔbɔ́ːr] 图 (그리스 정교) 주교 회의, 집회.
so·bri·e·ty [səbráiəti, sou-] 图 ① 취하지 않은 상태, 맑은 정신; 절주, 금주; 진지함; 엄숙; 침착, 냉정.
sobríety chéckpoint 图 음주 운전 검문소. ⓔ drunk driver trap
so·bri·quet [sóubrəkèi, -kèt, ╵╵sóubrikèi] 图 별명. (또는 **soubriquet**) **·quet·i·cal** 图
sób sìster 图 (美俗) 감상적인 기사를 쓰는 (여)기자; 매우 감상적인 사람.
sób stòry 图 (美俗) **1** =sob stuff. **2** (듣는 사람의 동정을 사려는) 변명. 「라는 흥행물(작품).
sób stùff 图 (美俗) 달콤하고 감상적인 이야기, 울음 매우 감상적인 것.
soc¹ [sous, souʃ] 图 (美俗) 사회학(sociology).
soc² 图 (컴퓨터) Usenet 뉴스 그룹의 최상위 분류의 하나; 사회 문제 전반을 취급. (<*soc*ial>)
SOC *social overhead capital; Space Operations Center*((NASA의) 유인 우주 정거장). **Soc.** socialist; (종종 s~) *society; sociology*.
so·ca [sóukə] 图 소카(솔과 칼립소가 융합한 음악). (<*so*ul+*ca*lypso>)
‡**so-called** [4kɔ́ːld] 图 소위; 이른바, 흔히 일컫는. ¶a ~ upstart 이른바 벼락 부자.
‡**soc·cer** [sákər/sɔ́k-] 图 ① 축구, 사커(association football). ⓔ Rugby (<*ass*ociation football+-*er*>)
sóccer mòm 图 (美) 사커 엄마(도시 교외에 살며 학교에 다니는 아이가 있는 전형적인 (백인) 어머니).
Sóccer Trìbe 图 영국의 열광적인 프로 축구 팬들.
soch [souʃ] 图 (美俗) 사교에 열성이 있는 사람[여자], 사교인, 입신 출세를 노리는 사람. (또는 **soc, sosh**).
so·cia·bil·i·ty [sòuʃəbíləti] 图 ① 사교성; 붙임성, 교제를 좋아함, 사근사근함.
***so·cia·ble** [sóuʃəbl] 图 **1** 사교적인, 붙임성있는, 교제를 좋아하는, 사근사근한. **2** 친목의, 우의를 다지는. **3** (동물 따위가) 군서(群棲)하는(social). — 图 **1** (2명씩 마주앉게 되어 있는) 지붕 없는 4륜 마차. **2** (2인용의) S자형 안락 의자. **3** (美) (교회 신자들의) 친목회.
~·ness **-bly** 图
‡**so·cial** [sóuʃəl] 图 (**more ~; most ~**) **1** 사회의, 사회에 관한, 사회적인. **2** 사회 생활을 하는, 사회적인. ¶Man is a ~ being[*animal*]. 인간은 사회적 존재[동물]이다. **3** 상냥한, 붙임성이 있는(sociable), 사교적이. **4** 사교의, 허물없는. **5** 사회 복지 사업의[에 관한]. **6** 사회주의의. **7** 상류 사회의[에 관한]. ¶a *column of ~ gossip* (신문 따위의) 상류 사회 가십란. **8** (동물) 군서(群棲)하는 ⓔ solitary). **9** (식물) 군생(群生)하는. ¶~ *plants* 군생 식물. **10** (로마·스코 법률) 사회(조합, 법인, 회사, 단체)의. **11** (역사) 동맹국(연합국) 사이의. — 图 (~**s** [-z]) 친목회, 간친회, 사교 클럽.
~·ly 图 ~·ness 图

sócial accóunting 图 사회 회계(일정 기간의 일
sócial áction 图 사회적 행위. 「국의 경제적 통계).
sócial anthropólogy 图 사회 인류학.
sócial assístance 图 (정부의) 사회 복지.
sócial cláss 图 사회 계층[계급].
sócial clímber 图 입신 출세주의자, 야심가.
sócial clímbing 图
sócial clúb 图 사교 클럽; (英俗語) 술집.
sócial cómpact 图 =social contract.
sócial cónscience 图 사회적 양심.
sócial cóntract 图 (the ~) 사회 계약설, 민약론(民約論)(17–18세기에 Hobbes, Locke, Rousseau 등의).
sócial contról 图 (사회) 사회 통제. 「이 제창).
Sócial Crédit 图 (경제) 사회 신용설.
sócial dáncing[dánce] 图 사교 댄스.
Sócial Dárwinism 图 (때로 s– D–) 사회 진화론.
Sócial Dárwinist 图 「의.
Sócial Demócracy 图 (때로 s– d–) 사회 민주주
Sócial Démocrat 图 (유럽의) 사회 민주주 당원.
sócial differentiátion 图 (사회) 사회적 분화.
sócial disèase 图 (결핵, 빈곤 등) 사회병; 성병.
sócial disorganizátion 图 (사회) 사회 해체.
sócial dístance 图 (사회) 사회적 거리.
sócial drínker 图 사교적 음주가(사교적인 자리에서만 적당히 마시는 사람).
sócial drínking 图 사교상의 음주.
sócial dúmping 图 소셜 덤핑(저임금으로 생산한 제품을 해외에 덤핑하는 일).
sócial dynámics 图 (단수취급) 사회 동역학.
sócial ecólogy 图 사회 생태학. 「nomics.
sócial ecónomics 图 (단수취급) =socioeco-
sócial enginéer 图 사회 공학자; 사회 사업가.
sócial enginéering 图 사회 공학.
sócial évil 图 사회악; (the ~) (완곡적) 매춘.
sócial evolútion 图 (사회) 사회 진화.
sócial héritage 图 (사회) 사회적 유산.
sócial hýgiene 图 성(性)위생(학).
sócial impérialism 图 사회 제국주의.
sócial índicator 图 (사회) 사회 지표.
sócial insúrance 图 사회 보험(실업 보험, 후생 연
sócial invésting 图 사회적 투자. 「금 보험 등).
*so·cial·ism** [sóuʃəlizm] 图 ① 사회주의(정책·운동).
sócial isolátion 图 (사회) 사회적 고립.
*so·cial·ist** [sóuʃəlist] 图 사회주의자; (S–) 사회당원. — 图 사회주의(자)의. ¶a ~ *state* 사회주의 국가.
so·cial·is·tic [sòuʃəlístik] 图 사회주의의, 사회주의적인, 사회주의자의(socialist). **-ti·cal·ly** 图
Sócialist Internátional 图 (the ~) 사회주의 인터내셔널(1951년 설립; 본부는 London에 있음).
Sócialist párty 图 (the ~) **1** (美) 사회당. **2** 사회주의 정당.
sócialist réalism 图 사회주의 리얼리즘. 「사람).
so·cial·ite [sóuʃəlàit] 图 사교계의 명사(가 되려는
so·ci·al·i·ty [sòuʃiǽləti] 图 **1** ① 사교(성), 붙임성, 교제를 좋아함. **2** ① 사회적 행동[관습]; 사교[친목]의 모임. **3** 사회성; 군거성(群居性).
*so·cial·i·za·tion** [sòuʃəlizéiʃən/-laiz-] 图 ① 사회화, 사회주의화.
*so·cial·ize** [sóuʃəlàiz] (* (英) **-ise**) 图 ⓔ **1** …을 사회화하다, 사회적으로 만들다; …을 사교적으로 만들다; …을 사회적인 목적을 위해 사용하다. ¶~ one's *manners* 예의의 범절을 공석에 나가도 부끄럽지 않도록 다듬다. **2** …을 사회주의화하다; …을 국유(국영)화하다 (nationalize). **3** (교육) (학습)을 그룹 활동으로 하다. **4** (이성) 과 사귀다. — ⓔ **1** 사회 활동에 참여하다. **2** 사귀다 (*with*). **-iz·a·ble** 图 **-iz·er** 图
só·cial·ized médicine [sóuʃəlàizd-] 图 의료 사회화 제도.

sócial márketing [명] 소셜 마케팅(마케팅의 여러 개념·기법을 사회적 목표 달성에 이바지하는 일).
sócial médicine [명] 사회 의학, 공중 의학.
so·cial-mind·ed [-máindid] [형] 사회 상태[복지]에 관심이 있는. ~·**ly** [부]
sócial órder [명] 사회 질서[체제].
sócial órganism [명] (the ~) 〔사회〕 사회 유기체.
sócial organizátion [명] 〔사회〕 사회 조직.
sócial óverhead cápital [명] 〔경제〕 사회 간접 자본(㉾ SOC).
sócial pathólogy [명] 사회병(病); 사회 병리학.
sócial psychólogy [명] 사회 심리학.
sócial réalism [명] 사회적 리얼리즘; =socialist realism.
Sócial Régister [명] 《상표》 《美》 (한 지역의) 명사록.
sócial sáfety nèt [명] 사회 안전망(최저한의 생활을 보장하는 사회 복지 계획).
sócial science [명] 사회학; 사회 과학. [참] natural science
sócial sécretary [명] 사교(社交) 업무 담당 비서.
sócial secúrity [명] **1** 사회 보장 (제도). **2** (보통 S– S–) 《美》 (정부가 1935년에 제정한) 사회 보장 (제도).
Sócial Secúrity Àct [명] (the ~) 《美》 사회 보장법(1935년 승인).
sócial secúrity nùmber [명] (흔히 S– S– N–) 《美》 사회 보장 번호(㉾ SSN).
sócial seléction [명] 〔사회〕 사회 도태.
sócial sérvice [명] 사회 복지 사업.
sócial sníffer [명] 기분 전환으로 코카인을 피우는 사람.
sócial státics [명][복] 《단수취급》 〔사회〕 사회 정역학(靜力學).
sócial strúcture [명] 사회 구조.
sócial stùdies [명][복] 《단수취급》 (초·중학교의) 사회과 과목.
sócial únit [명] 사회적 단위.
sócial unrést [명] 사회 불안.
Sócial Wár [명] (the ~) 동맹시(同盟市) 전쟁. **1** 〔그리스 역사〕 Athens와 그 동맹시와의 싸움(357–355 B.C.). **2** 〔로마 역사〕 로마와 그 동맹시와의 싸움(91–87 B.C.).
sócial wélfare [명] 사회 복지; 사회 사업.
sócial wòrk [명] 사회 (복지) 사업.
sócial wòrker [명] 사회 사업가. [참] caseworker
so·ci·e·tal [səsáiətl] [형] 사회의, 사회 활동[관습]의.
socíetal márketing [명] =social marketing.
‡**so·ci·e·ty** [səsáiəti] [명] ([복] ***-ties*** [-z]) **1** [U] 사회, 사회 집단; 세상 (사람들); [C] (특정한) 사회, 공동체. ¶a danger to ~ 사회를 위태롭게 하는 사람[사상]/get on in ~ 출세하다. **2** [U][C] 〔동물〕 군거(群居), 〔식물〕 군생(群生); 동·식물의 사회. **3** [U] 상류 사회, 사교계 (사람들). ¶the fashionable [*or* polite, select] ~ 상류 사회. **4** [U] 교제; 함께 있기, 남의 면전. ¶He keeps aloof [*or* far] from ~. 그는 세상 사람들과 어울리려 하지 않는다. **5** [U] 《집합적》 교제하고 있는 사람들, 교우, 동료. **6** 조직, 집단; 회, 협회, 조합, 단체.
go [or ***get***] ***into society*** 사교계[사회]에 나가다.
in society 사람들 앞에서. ¶He was laughed at *in* ~. 그는 사람들 앞에서 조소를 당했다.
live in society 군거[군생]하다.
move in society 사교계에 출입하다.
— [형] 상류 사회[사교계]의. ¶a ~ column (신문의) 사교계란/a ~ reporter 상류 사회 담당 기자.
~·**less** [형]
Socíety for the Prevéntion of Crúelty to Ánimals [명] (the ~) 동물 학대 방지 협회(㉾ S.P.C.A.).
Socíety for the Propagátion of the Góspel [명] (the ~) 복음 전도회(㉾ S.P.G.).
Socíety Íslands [명][복] (the ~) 소시에테(Société) 제도(남태평양상의 프랑스령 제도; 주도(主島)는 Tahiti).
Socíety of Fríends [명] (the ~) 프렌드 교파(퀘이커 교파의 공식 명칭). (또는 **Religious ~, Quakers**)
Socíety of Jésus [명] (the ~) 예수회(가톨릭 교회의 수도회; ㉾ S. J.).
Socíety of the Sácred Héart [명] (the ~) 성심회(聖心會)(가톨릭의 여수도회).
socíety vèrse [명] (상류 사교계 취향에 맞는) 경쾌하고 우아한 시.
so·ci·o- [sóusiou, -siə, -ʃi-] [연결] social, sociological, society의 뜻. ¶*socio*metry.
so·ci·o·bi·ol·o·gy [sòusioubaiáləd͡ʒi/-ɔ́l-] [명][U] 사회 생물학.
-o·lóg·i·cal [형] **-o·lóg·i·cal·ly** [부] **-gist** [명]
so·ci·o·cul·tur·al [sòusioukʌ́ltʃərəl] [형] 사회 문화적인. ~·**ly** [부]
so·ci·o·e·col·o·gy [sòusiouikáləd͡ʒi/-kɔ́l-] [명] 사회 생태학.
so·ci·o·ec·o·nom·ic [sòusiouìːkənámik/-nɔ́m-] [형] 사회 경제적인. **-i·cal·ly** [부]
socioeconómic gróup [명] 사회 경제적 집단.
so·ci·o·ec·o·nom·ics [sòusiouìːkənámiks/-nɔ́m-] [명][복] 《단수취급》 사회 경제학. (또는 **sócial económics**)
so·ci·o·gram [sóusiəgræ̀m, -ʃi-] [명] 〔사회〕 소시오그램(집단 내의 인간 관계 또는 집단 구조의 도표).
sociol. sociological, sociology.
so·ci·o·lect [sóusiəlèkt, -ʃi-] [명] 사회 방언(social dialect).
so·ci·o·lin·guis·tics [sòusiouliŋgwístiks] [명][복] 《단수취급》 사회 언어학.
-lín·guist [명] **-tic** [형] **-ti·cal·ly** [부]
so·ci·o·log·i·cal [sòusiəlád͡ʒikəl, -ʃi-/-lɔ́d͡ʒ-] [형] 사회학(상)의; 사회 문제의. (또는 **sociologic**) ~·**ly** [부]
***so·ci·ol·o·gist** [sòusiáləd͡ʒist, -ʃi-/-ɔ́l-] [명] 사회학자.
***so·ci·ol·o·gy** [sòusiáləd͡ʒi, -ʃi-/-ɔ́l-] [명][U] 사회학, 사회 과학.
so·ci·om·e·try [sòusiámətri, -ʃi-/-ɔ́m-] [명][U] 사회 측정학, 계량 사회학. **-o·mét·ric** [형] **-trist** [명]
so·ci·o·path [sóusiəpæ̀θ, -ʃi-] [명] 반사회적 인물, 사회를 적대시하는 사람. **-páth·ic** [형] **-á·p·a·thy** [명]
so·ci·o·po·lit·i·cal [sòusioupəlítikəl, -ʃi-] [형] 사회 정치적인.
so·ci·o·psy·cho·log·i·cal [sòusiousàikəlád͡ʒikəl/-lɔ́d͡ʒ-] [형] 사회 심리학적인.
so·ci·o·re·li·gious [sòusiourilíd͡ʒəs] [형] 사회 종교적인.
so·ci·o·tech·no·log·i·cal [sòusioutèknəlád͡ʒikəl/-lɔ́d͡ʒ-] [형] 사회 공학적인.
‡**sock**[1] [sak/sɔk] [명] **1** ([복] **~s, sox**) 짧은 양말([참] stocking 1). **2** (구두 속에 까는) 바닥 가죽, 안창. **3** (고대 희극 배우가 사용한) 가벼운 신발; 희극(comedy)([참] buskin). ¶the ~ and buskin 희극과 비극, 연극.
be walking on rocky socks 《美속어》 거나하게 취해 걷고 있다, 거나하게 취하다.
knock [or ***beat, blow, rot***] *one's* [or ***the***] ***socks off*** 《구어》 …에게 큰 영향을 미치다, 타격을 주다.
pull up *one's* ***socks; pull*** *one's* ***socks up*** 《英구어》 정신을 차리고 새로 시작하다, 분기하다.
Put [or ***Stuff***] ***a sock in*** [or ***into***] ***it.*** 《속어》 조용히 해, 입 닥쳐.
the socks off 《美구어》 철저하게, 완전히.
— [동][타] …에게 양말을 신기다.
sock away 《구어》 〔돈〕을 감추어 두다, 모으다.
∠·less [형] **∠·less·ness** [명]
sock[2] 《속어》 [동][타] …을 강타하다, 때리다; 해치우다.
sock in 《보통 수동형으로》 (안개 따위가) 〔활주로〕를 뒤덮다; (악천후로) 〔공항·비행기〕를 비행불능케 하다.
sock it (out) 《속어》 음악을 시끄럽게 연주하다.
sock it to *a person* 《美속어》 남에게 한 대 먹이다; 강렬한 인상을 주다; 몹시 비난하다.
Sock it to me. 자 덤벼라, 무슨 말이든 해봐.
— [명] 때리기, 강타; (연극 따위의) 대성공(wow); 《美

속어) 얼간이, 바보 같은 녀석; (속어) (야구) 안타, 히트. *give a person socks* 남을 때리다.
— 형 정통으로.
sock³ 명 (英속어) 맛좋은 것, 과자, 간식, 음식.
—동(남)에게 한턱 내다, 물건을 주다. —자 먹다.
sock⁴ 명 (英방언) 보습, 보습 주걱(plowshare).
sóck cýmbal 명 (음악) 풋심벌.
sock·dol·a·ger [sakdάləd͡ʒər/sɔkdɔ́l-] 명 (美속어) 1 엄청난 것, 엄청나게 큰[무거운] 것. 2 결정적인 논의[대답], 결정적인 한 마디. 3 최후의 일격, 결정타. (또는 socdollager)
socked [sakt/sɔkt] 형 (美속어) 술취한.
sock·er¹ [sákər/sɔ́k-] 명 (英) =soccer.
sock·er² 명 (속어) 강(强)타자.「성공작.
sock·er·oo [sàkərúː/sɔ̀k-] 명 (동 ~s) 대성공; 대
***sock·et** [sákit/sɔ́k-] 명 1 꽂는[끼우는] 구멍, (촛대의) 초꽂이; (전기) 소켓. 2 (해부) 와(窩), 강(腔). ¶ an eye ~ 안와(眼窩). —동타 …을 소켓에 끼우다.
sócket óutlet 명 (전기) (벽의) 콘센트.
sócket wrènch 명 박스 스패너(box spanner).
sock·eye [sákài/sɔ́k-] 명 붉은 연어, 붉은 송어 (red salmon). (또는 ~ **sálmon**)
sóck hòp 명 양말만 신고 추는 춤. **sóck-hòp** 명
sock·ing [sákiŋ/sɔ́k-] (속어) 부 아주, 굉장히.
—형 패심한, 고약한.
sock·o [sákou/sɔ́k-] 명 (美속어) 훌륭한, 대성공의.
—명 (동 ~s) 대성공; (권투) 통타. —감 쾅, 팍(타격). —동타 대성공을 거두다; (권투) 통타하다.
sóck suspènders 명동 (英) (남성용) 양말 대님 ((美) garters).
so·cle [sákl/sóukl] 명 (건축) (기둥 따위의) 받침, 주춧돌; (조상(彫像) 따위의) 대좌(臺座)(plinth).
Soc·ra·tes [sákrətìːz/sɔ́k-] 명 소크라테스(469?-399 B.C.; 고대 그리스의 철학자).
So·crat·ic [səkrǽtik, sou-] 명 소크라테스(식)의; 소크라테스 철학의. —명 소크라테스 학도[파].
-i·cal·ly 부 **-i·cism, Sóc·ra·tìsm** 명
Socrátic eléncus 명 소크라테스의 문답 대화.
Socrátic ìrony 명 소크라테스식 반어법(무지를 가장하여 역으로 상대의 무지를 깨우치게 하는 논법).
Socrátic méthod 명 (the ~) 소크라테스식 문답법 [변증법].
***sod**¹ [sad/sɔd] 명U 잔디; C 잔디밭; 뗏장(turf).
the old sod (아일) 고향, 조국.
under the sod 매장되어, 저승에서.
—동타 (-dd-) …에 잔디를 깔다, …을 뗏장으로 덮다.
sod² 동 (폐어) seethe의 과거.
sod³ (英비어) (경멸적) 남색자(男色者) (sodomite); 녀석(guy, chap); 새끼(kid).
not give [or *care*] *a sod* (속어) 전혀 상관 안하다.
sod all 전혀 …없다, 제로.
—동타 (-dd-) (명령형으로) 뒈져버려, 망할 녀석.
Sod it! (英속어) 제기랄!, 빌어먹을!
sod off! (英속어) 나가!, 꺼져!
‡**so·da** [sóudə] 명 (동 ~s [-z]) 1 U 소다, (중)탄산소다, 중조; 나트륨염(塩). 2 UC 소다수(~ water); 사이다(~ pop). ¶ (a) whisky and ~ 소다수를 탄 위스키. 3 (카드놀이) (faro에서) 맨 먼저 젖혀 놓는 카드.
~·**less** 형
sóda ásh 명 (화학) 소다회(灰).
sóda brèad 명 소다빵.「커.
sóda cràcker 명 (얇고 단맛이 없는) 살짝 구운 크래
sóda fòuntain 명 소다수 판매장[대]; (꼭지가 달린) 소다수 용기.
sóda jèrk(er) 명 (구어) soda fountain의 판매인.
sóda lìme 명 소다 석회. **só·da-lime** 명
so·dal·i·ty [soudǽləti] 명 U 동료임, 교제; 우정; C 조합; 협회; (가톨릭) 신도회.

sóda pòp 명 (美) 소다수, 사이다.
so·dar [sóudɑːr] 명 음파 기상 탐지기.
(<*sound* + *detecting* + *a*nd + *ranging*)
sóda wàter 명 소다수, 탄산수; =soda pop.
sod·bust [sádbʌst/sɔ́d-] 동자 (캐나다·美서부 속어) 농사를 짓다. ~·**er** 명 (경멸적) 농사군.
***sod·den** [sádn/sɔ́dn] 형 1 (물 따위에) 잠긴, 흠뻑 젖은. 2 (음식 따위가) 물에 불은; (빵 따위가 설구워져서) 늘컹거리는. 3 (얼굴 따위가) 부석부석한. 4 (술로) 머리가 멍청해진, 생기가 없는(inert). 5 (고어) 찮은.
—동타 …을 담그다, 젖게 하다; …을 물에 붙게 하다; …을 멍청하게 만들다. —자 물에 잠기다, 젖다; 물에
~·**ly** 부 ~·**ness** 명「붇다.
sod·den² 동 (폐어) seethe의 과거분사.
sod·ding [sádiŋ/sɔ́d-] 형 (英속어) 지독한, 싫은.
sod·dy [sádi/sɔ́di] 형 잔디가 난, 잔디가 많은 (turfy). 명 (美서부) 떼로 이은 집, 뗏집.
***so·di·um** [sóudiəm] 명U (화학) 나트륨(natrium), 소듐(기호 Na). C (약학) 나트륨염(塩).「조(重曹).
sódium bicárbonate 명 (화학) 중탄산나트륨, 중
sódium cárbonate 명 (화학) 탄산 나트륨.
sódium chlóride 명 (화학) 염화 나트륨, 식염.
sódium cýanide 명 (화학) 시안화 나트륨.
sódium flúoride 명 (화학) 플루오르화 나트륨.
sódium hydróxide 명 (화학) 수산화 나트륨, 가성 소다.
sódium hyposúlfite 명 (화학) 하이포아황산 나트륨(티오 황산 나트륨; 수산화 나트륨).
sódium íodide 명 (화학) 요오드화나트륨(사진 유제(乳劑) 및 호흡기·신경성 질환 치료용).
sódium lámp 명 (전기) =sodium-vapor lamp.
sódium nítrate 명 (화학) 질산 나트륨.
sódium óxide 명 (화학) 산화 나트륨(Na₂O).
sódium pén·to·thal [-péntəθɔ̀ːl] 명 (약학) 펜토탈 나트륨(마취·수면제용).「열·소염제).
sódium salícylate 명 (화학) 살리실산 나트륨(해
sódium sílicate 명 (화학) 규산 나트륨.
sódium thiopéntal 명 (약학) 티오펜탈 나트륨.
sódium thiosúlfate 명 (화학) 티오황산 나트륨.
só·di·um-va·por lámp [-véipər-] 명 (전기) 나트륨등(燈).
Sod·om [sádəm/sɔ́d-] 명 1 (성서) 소돔(사해 근처에 있던 옛 도시; 하늘에서 내린 불로 멸망했다. ←창세기(Gen.) 19: 24-28). 2 죄악이 성행하는 곳.
sod·om·ist [sádəmist/sɔ́d-] 명 =sodomite 2.
sod·om·ite [sádəmàit/sɔ́d-] 명 1 소돔 사람. 2 (s-) 남색자(男色者); 수간자(獸姦者).
sod·o·mit·i·cal [sàdəmítikəl/sɔ̀d-] 형 남색[수간]의, 수간(獸姦)의, (또는 **sodomític**) ~·**ly** 부
sod·om·ize [sádəmàiz/sɔ́d-] 동타 …에게 남색[비역] 행위를 하다.
-ist 명
sod·om·y [sádəmi/sɔ́d-] 명U 남색; 수간.
sód wídow 명 (美속어) 미망인. 참 **grass widow**
so·ev·er [souévər] 부 1 비록 …이라 할지라도 (* 문어체 용법이며, 보통 no matter who, what, when, where, how 따위의 뒤에 오지만, 종종 그 사이에 형용사·부사·명사 따위가 삽입된다). ¶ how dark ~ the night may be 밤이 제아무리 어둡다 할지라도. 2 (부정문에서) 결코[조금도] …아닌(at all). ¶ He has no home ~. 그에게는 집이라곤 없다.
-so·ev·er 연결 의문대명사[부사]와 결합해서 "비록 …일지라도"의 뜻을 강조. ¶ whoso*ever*, what*soever*.
SOF *sound on film*; *Special Operation Forces*(특수작전 부대).
***so·fa** [sóufə] 명 (동 ~s [-z]) 소파, 긴 안락 의자.
SOFA *Status of Forces Agreement*((한미) 주둔군 지위 협정).
sófa bèd 명 침대 겸용 소파.
sófa lízard 명 (美속어) 인색해서 밖에 나가지 않는

녀석; 데이트 비용을 아끼려고 여자 집만 찾아가는 녀석.
so·far [sóufɑ:r] 圐 수중 측음(測音) 장치.
[<sound+fixing+and+ranging]
sof·fit [sáfit/sɔ́f-] 圐 [건축] (arch나 beam 따위의) 아랫면.
So·fi·a [sóufiə, soufí:ə] 圐 소피아. 1 불가리아의 수도. (또는 **Sofiya**) 2 (또는 **Sophia, Sophie**) 여자 이름.
S. of S. (美) Secretary of State. **S. of Sol** (성서) Song of Solomon(솔로몬의 아가(雅歌)).
‡**soft** [sɔ:ft, sɑft/sɔft] 圐 (**~·er; ~·est**) 1 부드러운, 유연한(圐 hard, tough).¶a ~ hat 중절 모자/~ as clay [or butter] 아주 부드러운. 2 촉감이 보드라운, 매끄러운, 보들보들한(圐 coarse, rough). 3 쾌적한, 아늑한. 4 (음성이) 부드러운, 낮은, 조용한. 5 (색깔·광선이) 번쩍거리지 않는, 차분한. 6 (선·윤곽 따위가) 억세지 않은; 희미한, 부드러운. 7 (바람·비 따위가) 잔잔한; (기후가) 온화한, 상쾌한.¶a ~ winter 온난한 겨울/ a ~ wind 산들바람. 8 (英) (날씨가) 눅눅한, 비오는, 눈이 녹는. 9 (성격이) 고운, 부드러운, 순한, 인정이 많은; 감동하기 쉬운, 다정다감한, 여린(on, with). ⇒ GENTLE 유의어 ¶be ~ with children 아이들에게 부드럽게 대하다. 10 (말 따위가) 달콤한, 구변이 좋은, 다정한. 11 (조건·협정 따위가) 엄하지 않은, 너그러운; [경제] (물가·시세 따위가) 하락세인, 떨어진; 불안정한; (대출이) 장기 처리의. 12 (근육·성격 따위가) 약한, 유약한, 섬세한. 13 쉬운, 수월한.¶a ~ job 수월한 일. 14 속기 쉬운, 어리석은, 호감을 주는.¶a bit ~ in the head 머리가 좀 모자라는. 15 (물이) 연성(軟性)의; (금속 따위가) 비교적 연한, 무른, 연질(軟質)의.¶~ water 연수. 16 (음식물이) 입에 순한, 먹기 부드러운; (음료가) 소화가 잘 되는; (술 따위가) 독하지 않은; (음료가) 알코올 성분이 없는. 17 (사진) 연조(軟調)의(圐 contrasty). 18 (음성) 연음(軟音)의(lenis) (cent의 [s], gem의 [dʒ] 따위의). 유성(有聲) 연음의 (슬라브계 언어에서 자음이) 구개음화(口蓋音化)된(圐 hard). 19 (군사) (기지 따위가) 취약한, 견고하지 않은; (우주 로켓이) 연(軟)착륙하는. 20 (화폐가) 지폐인; (통화가 금 또는 외국 통화와 교환이 안되는) 연화(軟貨)인(圐 hard). 21 (세제가) 분해되는. 22 (예술 작품이) 소프트한, 부드러운 소재를 쓴. 23 (약이) 습관성이 없는, 약한. 24 [구어] 영향을 받기 쉬운, 어수룩한, 속기 쉬운. 25 (야금) (땜납이) 녹기 쉬운. 26 [물리] (방사선의) 투과력이 약한; 저에너지의. 27 (유권자 따위가) 지지 후보자를 결정하지 않은, 부동(浮動)의. 28 (美구어) 취한, 취기가 도는. 29 (제본) (책 표지가) 얇은, 종이의, 소프트한.
be soft on ① …을 부드럽게 다루다. ② …을 연모하다
have a soft spot for …을 귀여워하다.
soft and nasty (like cat shit) (美구어) 참을 수 없을 정도로 불쾌한.
the soft [or *softer*] *sex* 여성.
── 圐 1 부드러운 것[부분]; Ⓤ 부드러움. 2 모자라는 사람, 멍청이. 3 (쉽게 번) 돈; (the ~) 돈. 4 (~s) (상업) =~ commodities.
── 圐 부드럽게, 조용히(gently); 상냥하게, 온건하게 (softly)(* 비교급으로 쓰이는 경우가 많다).¶speak ~*er* 좀더 조용하게 말하다.
── 圐 (고어) 1 조용히 해, 쉿(hush).¶*Soft!* Someone comes. 조용히 해! 누가 온다. 2 천천히 가라; 멈추어 ⌐. ~·**ness** 圐 └라; 기다려라(stop).
sóft àrmor 圐 누빈 천의 갑옷.
sóft árt 圐 소프트 아트(완성보다는 창조 과정을 중시하고, 연체(軟體) 조각처럼 부드러운 소재를 쓰는 미술).
soft·back [sɔ́:ftbæk/sɔ́ft-] 圐圐 =paperback.
soft·ball [sɔ́:ftbɔ:l/sɔ́ft-] 圐 Ⓒ 소프트볼; Ⓒ 소프트볼에 쓰이는 공. ── (美구어) 사소한, 하찮은.
soft-boiled [-bɔ́ild] 圐 (달걀이) 반숙인; (문제가) 건전하고 도덕적인; 감상적인. 匣 hard-boiled
soft·bound [sɔ́:ftbàund] 圐 =soft-cover, paper-back. 匣 hardbound
soft-cen·tered [-ʼséntərd] 圐 (초콜릿 등의 속에) 크림 같은 것을 넣은; (사람이) 온순한.
sóft cháncre 圐 [병리] 연성하감(chancroid).
sóft cóal 圐 연탄(軟炭), 역청탄(瀝靑炭), 유연탄.
sóft commódities 圐圐 (선물 거래의) 비금속 상품(설탕·곡물 등).
sóft cópy 圐 [컴퓨터] 소프트 카피(인쇄용지에 기록되는 hard copy에 대해, Video[Visual] Display Terminal의 스크린에 표시되는 비(非)영구적인 출력). 匣 hard copy
soft-core [-kɔ́:r] 圐 1 (포르노 영화·잡지 따위가) 별로 노골적이 아닌(圐 hard-core).¶~ porn 패 점잖은 포르노. 2 알기 쉬운. ── (또는 **sóft córe**) 별로 노골적이 아닌 포르노.
sóft córn 圐 1 연립종(軟粒種) 옥수수. 2 발가락 사이 티눈.
soft-cov·er [sɔ́ftkʌvər] 圐 (책이) 표지가 얇은. 匣 hardcover ── 圐 표지가 얇은 책(paperback).
sóft cúrrency 圐 [경제] 1 연화(軟貨)(금·다른 화폐와 자유로이 교환할 수 없는 통화(圐 hard currency). 2 (경제 불안한 나라 등의) 약세(弱勢) 통화.
sóft detérgent 圐 연성 세제.
sóft dóck 圐 [우주] 연(軟)결합(두 우주선이 기계적 결합이 아니라 나일론 끈 따위로 결합하는 일.
sóft drínk 圐 소프트 드링크(알코올 성분이 없는 음료).
sóft drúg 圐 약한 마약(마리화나 따위).
‡**soft·en** [sɔ́:fən, sɑ́ft-/sɔ́ft-] 圐 (~**s** [-z]) 匣 1 (물건을 부드럽게 하다, 유연하게 하다(*with*)(圐 harden).¶~ the bread *with* milk 빵을 우유에 적셔 부드럽게 하다. 2 …을 온순하게 하다; 온화하게 하다; [고통·노여움 등을] 누그러지게 하다, 가라앉게 하다. 3 …을 연약하게 하다, 나약하게 하다. 4 (소리·색깔·광선 따위를) 부드럽게 하다, 낮추다(lower), 수수하게 하다.¶~ coloring 수수한 채색을 수수하게 하다. 5 (경수를) 연수로 바꾸다. 6 (물가를) 내리다; (수요를) 억제하다. 7 (적의) 저항을 약화시키다(up). ── 匣 1 부드러워지다; (경수가) 연수로 되다. 2 (마음이) 누그러지다, 온화해지다; (노여움 따위가) 가라앉다, 풀리다; 연약[온화]해지다.
soften into tears 감동해서 울다.
soften up 1 부드러워지다, (태도 따위가) 누그러지다. 2 (물건을) 부드럽게 하다; (남)의 태도를 약화시키다. 3 (구어) …의 저항력을 약화시키다.
soft·en·er [sɔ́:fənər/sɔ́ft-] 圐 1 부드럽게 하는 사람[것], 연화(軟化) 하는 사람[것]. 2 [화학] 경수를 연수로 바꾸는 약품, 연화제.
sóft énergy 圐 소프트 에너지(태양열·풍력 따위).
sóft·en·ing of the bráin [sɔ́:fəniŋ-] 圐 [병리] 1 뇌연화(증). 2 (구어) 노망.
sóft fíber 圐 연질 섬유(아마·대마·모시 등).
sóft fócus 圐 (사진) 소프트 포커스, 연초점(軟焦點).
sóft-fò·cus 圐
soft-foot·ed [-ʼfútid] 圐 (사람이) 조용히 걷는.
sóft fúrnishings 圐圐 (英) 실내 장식용 커튼(벽걸이 따위).
sóft góods 圐圐 (英) 비내구(非耐久) 소비재, 섬유 잡화. (또는 **sóftgòods**(美)) 匣 hard goods
sóft háil 圐 싸라기눈(graupel).
sóft hánds 圐 (속어) (야구) 땅볼을 잘 처리하는 유연한 글러브 솜씨.
sóft hát 圐 (美) 중절 모자(felt hat).
soft·head [sɔ́:fthèd/sɔ́ft-] 圐 바보, 멍청이.
soft-head·ed [-ʼhédid] 圐 어리석은, 머리가 모자라는(foolish, stupid), 멍청한. **~·ness** 圐
soft-heart·ed [-ʼhɑ́:rtid] 圐 마음씨 고운, 인정 많은(tender). **~·ly** 圐 **~·ness** 圐
soft·ie [sɔ́:fti/sɔ́fti] 圐 =softy. └껌을 주는.
soft·ish [sɔ́:fti∫/sɔ́ft-] 圐 좀 부드러운, 부드러운 느
soft-land [-ʼlǽnd] 圐 연(軟)착륙하다[시키다].

—[명] 연착륙.
soft-land·er [ˊlæ̀ndər] [명] 연착륙형 우주선(船).
sóft lánding [명] (우주선의) 연착륙; (경제의) 안정 성장 진입, 소프트 랜딩.
sóft lég(s) [명] 《美속어》 소녀, 여자.
sóft léns [명] 소프트[콘택트] 렌즈.
sóft líne [명] 유연[온건] 노선. **sóft-líne** [형]
soft-lin·er [ˊláinər] [명] 유연[온건]파[노선]의 사람.
sóft lòan [명] 〔경제〕 소프트 론(dollar 따위 국제 통화로 빌리고 현지 통화로 상환하는 유리한 차관); 장기 저리 대부. 「럽게, 조용히; 상냥하게.
‡soft·ly [sɔ́:ftli/sɔ́ft-] [부] (*more* ~; *most* ~) 부드
sóft móney [명] 1 지폐, 어음; (구매력[가치]이 떨어진) 약세 통화. 2 《美》 (선거 관리 위원회의 규제를 받지 않는 노조·기업 등의) 선거 기부금.
soft·nom·ics [sɔ:ftnámiks/sɔftnɔ́miks] [명][복] 《단수취급》 소프트노믹스(제조업에서 정보 기술 산업으로의 변화를 다루는 학문 분야).
〔<*soft*ware+eco*nomics*〕
sóft nóthings[thíngs] [명][복] (남녀간의) 잠자리의 말, 달콤한 속삭임; 겉치레 말.
sóft óption [명] 쉬운 선택, 무난한 쪽. 「hard palate
sóft pálate [명] 〔해부〕 연구개(軟口蓋)(velum). [참]
sóft pàth [명] 소프트 패스(soft technology의 응용).
sóft pédal [명] (피아노의) 약음(弱音) 페달.
step on the soft pedal 《구어》 어조[가락]를 부드럽게 하다, 약하게 하다; 약해지다.
soft-ped·al [ˊpédl] [동] (*-l-*, 《英》 *-ll-*) [자] 약음 페달을 밟다. —[타] 1 〔피아노의 음〕을 약음 페달을 밟아 부드럽게 하다. 2 《구어》 〔어조·가락 따위〕를 부드럽게 하다; …을 돋보이지 않게 하다, 적당히 조절하다.
sóft pórn [명] 《구어》 별로 노골적이 아닌 포르노.
sóft róck [명] 소프트 록(섬세한 록 음악).
sóft róe [명] (물고기 수컷의) 생식 기관(milt).
sóft sáwder [명] 《속어》 아첨, 아부(flattery).
soft-saw·der [ˊsɔ̀:dər] [동][타] …에게 아첨하다.
sóft scíence [명] 소프트 사이언스(정치학·경제학·사회학·심리학 등의 사회 과학·행동 과학의 학문).
sóft scùlpture [명] 연체(軟體) 조각(플라스틱·고무 등을 소재로 한 조각). **sóft-scùlp·ture** [형]
sóft séll [명] (the ~) 은근한[점잖은] 판매 방식.
soft-shell [ˊʃèl] [형] (게 따위가) 겉껍질이 연한; 《구어》 온건한. (또는 **sóft-shélled**)
—[명] 겉껍질이 연한 동물(게·자라 따위).
sóft-shèlled túrtle [ˊʃèld-] [명] 자라.
sóft shóulder [명] (큰길의) 포장하지 않은 갓길.
sóft sóap [명] 연성 비누, 물비누; 《구어》 아첨.
soft-soap [ˊsóup] [동][타] 1 …에 연성[물] 비누를 쓰다. 2 《구어》 …을 부추기다; …에게 아첨하다(flatter).
—[자] 연성[물] 비누로 씻다.
sóft sólder [명] 금속용 가용성(可溶性) 땜납(450° C 이하에서 녹는다). [참] hard solder
soft-sold·er [ˊsádər/-sɔ́ldər] [동][타] …을 납땜하
sóft sóre [명] 〔병리〕 연성하감(chancroid). 「다.
soft-spo·ken [ˊspóukən] [형] 상냥하게 말하는, 온화한; (말씨가) 부드러운; 설득력이 있는.
sóft spòt [명] 1 약점, 불리한 입장[지위, 상태]. 2 민감, 감수성; 《구어》 기호, 편애(*for*).
have a soft spot for ⇨SPOT.
sóft stéel [명] 연강(mild steel).
sóft súgar [명] 가루[연질] 설탕.
sóft tàck [명] (뱃사람들의 말로) 보통 빵. [참] hard tack
sóft tárgets [명][복] 〔군사〕 취약 목표(방호 수단을 갖지 않은 취약한 군사 목표).
sóft technólogy [명] 소프트 테크놀러지(태양열·풍력 따위 자연력 이용에 관한 과학 기술). 「터보트].
soft-top [ˊtàp/-tɔ̀p] [명] 지붕을 접을 수 있는 차[모
sóft tóuch [명] 《구어》 1 잘 속는 사람, 잘 넘어가는 사람, 어수룩한 사람(easy mark). 2 간단히 지는 사람[팀]. 3 수월한 돈벌이; 수월하게 들어온 돈. 「점.
sóft underbélly [명] 쉽게 공격 받을 수 있는 지역, 약
***soft·ware** [sɔ́:ftwὲər/sɔ́ft-] [명][U] 1 〔컴퓨터〕 소프트웨어(컴퓨터의 프로그램 체계의 총칭)([참] hardware). 2 (기계·설비의) 이용법, 이용 기술. 3 (로켓·미사일 따위의) 설계·연료 따위. 4 (어학 실습실 따위의) 프로그램·교재 따위.
sóftware càche [명] 〔컴퓨터〕 소프트웨어 캐시(RAM의 일부로 확보되는 캐시).
sóftware engineéring [명] 소프트웨어 공학.
sóftware hòuse [명] 소프트웨어 (개발·판매) 회사.
sóftware pàckage [명] 〔컴퓨터〕 범용(汎用) 소프트웨어 제품(많은 기업들에 공통으로 이용될 수 있도록 미리 작성된 기제(旣製) 프로그램).
sóftware ròt [명] 《美속어》 소프트웨어 부후증(腐朽症)(못 쓰는 프로그램을 병든 것에 비유한 말).
soft-wit·ted [ˊwítid] [형] =soft-headed.
soft·wood [sɔ́:ftwùd/sɔ́ft-] [명] 1 [U] 연한 나무, 연한 재목, 침엽수 재목. 2 〔식물〕 침엽수. —[형] (또는 **sóft-wóoded**) 연한 재목의.
soft·y [sɔ́:fti/sɔ́fti] [명] 《구어》 1 감상적(感傷的)인 사람; 온화한[유화적인] 사람. 2 사내답지 못한 남자, 나약한 남자. 3 바보, 멍청이, 잘 속는 사람. (또는 **softie**)
sog [sɑg/sɔg] [동] 흠뻑 젖다[젖게 하다]; 축축해지다, 축축하게 하다.
sog·gy [sági/sɔ́gi] [형] 1 (토지 따위가) 물에 잠긴, 흠뻑 젖은. 2 진득진득한; 부석부석한. 3 기운[기력]이 없는, 맥이 빠진, 멍청한. **-gi·ly** [부] **-gi·ness** [명]
soh[1] [sou] [감] 《고어》 =so[1].
soh[2] [명] 〔음악〕 =sol[1].
so·ho [souhóu] [감] 자!, 저것 봐라!(남의 주의를 끌 때 쓰는 말; 원래는 사냥할 때 썼다).
So·ho [sóuhou, -ˊ] [명] 소호(런던시 Oxford가(街)에 있는 지구; 외국인이 경영하는 식당이 많다).
So·Ho [sóuhou] [명] 소호(New York시 Manhattan남부의 지구; 패션·전위 예술 등의 중심지). (또는 **Soho**)
SOHO *S*mall *O*ffice, *H*ome *O*ffice(소호; 벤처 기업 따위 소규모 업무 형태). 「바. 〔<F self-saying〕
soi-di·sant [swὰ:di:zɑ́:ŋ] [형] 자칭하는; 소위, 이른
soi·gné [swɑ:njéi] [형] 공들여 화장한; 빈틈없는; 몸차림이 단정한. [여] soi·gnée 〔<F〕
‡soil[1] [sɔil] [명] ([복] ~**s** [-z]) 1 [U] (종류는 [C]) 흙, 토양; (the ~) (농민이 일하는) 경지; 농업.¶ a son of the ~ 농민, 농부 / the lord of the ~ 영주(領主), 지주. 2 [U][C] 나라, 지방; 출생지; (악 따위의) 온상(hotbed), 태어나서 자란 곳(*for*). ¶ one's native ~ 고향 / a friendly ~ 우호국 / on foreign ~ 이역에서.
fall on good soil 지리(地利)[때]를 얻다, 좋은 땅에 떨어지다(←마태복음(Matt.) 13 : 8).
***soil**[2] [동][타] 1 …을 더럽히다, …을 얼룩지게 하다.¶ ~ one's clothes 옷을 더럽히다. 2 (죄 따위로) 〔명예·도덕〕을 오손(汚損)하다(sully). —[자] 더러워지다, 얼룩이 지다; 오손되다; 타락하다. —[명][U] 1 더럽히기, 더러워지기, 더러움; [C] 더러워진 장소[점]. 2 오물, 하수(下水); 똥; 비료(manure).
soil[3] [동][타] 〔가축〕을 갓 벤 꼴을 먹여 살찌우다.
sóil bànk [명] 《美》 (잉여 농산물) 휴경(休耕) 보조금 제도. **sóil-bànk** [형] 「토양성의.
soil·borne [sɔ́ilbɔ̀:rn] [형] 토양에 의해 운반되는,
soil-ce·ment [ˊsimént] [명] 흙시멘트(흙과 시멘트를 섞어 적당한 물을 붓고 굳힌 것; 도로 포장의 기초 따위에 쓴다).
sóil condìtioner [명] 토양 개량제[약].
sóil conservàtion [명] 토양 보전.
sóil deplétion [명] 토양의 소모.
soil·less [sɔ́illis] [형] 토양이 없는, 토양을 쓰지 않는.
sóil mechànics [명][복] 《단·복수 양용》 토질 역학.
sóil pìpe [명] 오수관(汚水管).

sóil pollútion 명 (생태) 토양 오염.
sóil science 명 토양학(pedology). **sóil scientist**
sóil sùrvey 명 토질[토양] 조사.
soi·ree [swɑːréi/ -́ -] 명 야회(夜會), 밤의 모임. ¶a musical ~ 음악의 밤. (또는 **soirée**) (<F)
***so·journ** [sóudʒəːrn/sɔ́dʒ-, sʌ́dʒ-] 동자 묵다, 체류하다; 기류(寄留)하다 (at, in, with). ── 명 체류, 체재; 기류.
so·journ·er [sóudʒəːrnər/sɔ́dʒ-, sʌ́dʒ-] 명 1 일시 체류자; 기류인. 2 (the S-) 소저너 호(화성 탐사 로봇; 1997. 7). [판(사법)관구.
soke [souk] 명 (古英법률) 명 재판[사법]권; ⓒ 재
so·kol [sóukɔːl] 명 건강 증진 협회. [는 so(h)n).
sol[1] [soul/sɔl] 명 (음악) 솔(전음계의 다섯째 음). (또
sol[2] [soul, sɑl] 명 솔(옛날 프랑스 화폐로 20분의 1 livre). (또는 **sou**)
sol[3] [soul, sɑl] 명 (® ~s, Sp **so·les** [sóles]) 솔 (페루의 화폐 단위로 100 centavos); 솔 은화[지폐]; (옛날의) 솔 금화. ⇨ gel
sol[4] [sɔːl, sɑl/sɔl] 명 (화학) 졸(유동성의 콜로이드
sol[5] [sɑl] 명 (美속어) 독방 감금(solitary confinement).
sol[6] [sɑl/sɔl] 명 솔(화성의 하루; 24시간 37분 22초).
Sol [sɑl/sɔl] 명 1 (고대 로마인의) 태양신(그리스의 Helios에 해당하는). 2 (익살) 태양(the sun).
sol. solicitor; soluble; solution. **Sol.** Solicitor; (Song of Solomon).
so·la[1] [sóulɑː/-lə] 명 (인도산(産)의) 자귀풀(콩과(科)의 관목성 초본; 줄기는 헬멧의 재료).
so·la[2] [sóulə] 형 solus의 여성형. (<L alone)
***sol·ace** [sáləs/sɔ́l-] 명 위로, 위안: ⓒ 위안물, 위로가 되는 것. ¶ find ~ in …에서 위안을 얻다. (또는 **sólacement**) ── 동타 ¶ ~ oneself with …으로 자위하다. 2 …을 덜어주다, 누그러뜨리다. **-ac·er**
so·lán·der [səlǽndər] 명 쏠랜더 케이스(지도, 서류 따위를 넣는 책 모양의 상자). (또는 ~ **càse**[**bòx**])
só·lan (**góose**) [sóulən-] 명 =gannet.
so·la·num [souléinəm] 명 가짓과(科)의 식물.
***so·lar**[1] [sóulər] 형 1 태양의, 태양에 관한(® lunar). ¶a ~ spot 태양 흑점. 2 태양의 운행에 의해 측정되는; 태양에 의해 생기는[일어나는]. 3 (점성) 태양의 영향을 받는. ── 명 (구어) 태양 ~ energy. 2 =solarium 1.
so·lar[2] [sólər/sóul-] 명 (중세 영국 주택의) 개인방, 위쪽 방, (또는 **sollar, soller**)
sólar árt 명 솔라 아트(태양 광선을 렌즈 초점에 모아 흰나무판을 태워서 그린 낙화(烙畫)의 일종).
sólar báttery 명 태양 전지(여러 개 solar cell의 병
sólar céll 명 태양 전지(併列). [렬이나 직렬).
sólar colléctor 명 태양열 수집(집열)기. **sólar colléction** 명 [는 태양 에너지의 기준치).
sólar cónstant 명 (천문) 태양 상수(常數)(지표에 도달하는
sólar cýcle 명 (천문) 1 태양 주기(태양 활동의 소장(消長) 주기; 약 11년). 2 태양 순환기, (율리우스력으로 매월의 요일순(曜日順)이 같아지는 기간; 28년).
sólar dáy 명 (천문) 태양일(태양이 2회 같은 자오선을 통과하는 데 소요되는 시간). ® lunar day
sólar eclípse 명 일식(日蝕). **sólar eclíptic** 명
sólar énergy 명 태양 에너지. (또는 **solar**)
sólar fárm 명 (공학) 솔라 팜(사막 같은 넓은 지역에서 태양 에너지를 전기 에너지로 전환하는 시설).
sólar fláre 명 태양 플레어(태양면의 폭발 현상).
sólar fúrnace 명 태양로(爐).
sol·ar-heat [-híːt] 동타 (건물) 을 태양열로 난방하
sólar hóuse[**hóme**] 명 태양열 (난방) 주택. [다.
so·lar·im·e·ter [sòulərímətər] 명 태양(복사)열 측정기. [양 중심설, **-ist** 명
so·lar·ism [sóulərìzm] 명 ⓤ (신화·전설 따위의) 태

so·lar·i·um [səléəriəm, sou-] 명 (® **-i·a** [-riə]) 1 일광욕실, 선룸. 2 해시계(sundial).
so·lar·i·za·tion [sòuləraizéiʃən/-raiz-] 명 ⓤ (사진) 솔라라이제이션(화상(畫像)의 명암이 거꾸로 나오는 현상), 반전 현상.
so·lar·ize [sóulərǎiz] (* (英) **-ise**) 동타 1 (사진) …을 지나치게 노출시키다, (노출 과다로) 반전(反轉)시키다. 2 …을 햇빛에 쬐다, 감광(感光)시키다. ── 자 (건판이) 노출 과다로 상하다.
sólar mónth 명 태양월(month).
sólar mýth 명 태양 신화(神話).
Sólar Óne 명 미국의 태양열 발전 프로젝트.
sólar pánel 명 태양 전지판.
sólar párallax 명 (천문) 태양 시차(視差).
sólar pléxus 명 (the ~) 1 (해부) (위(胃)의 후부에 있는) 태양 신경총(神經叢). 2 (구어) 명치.
sólar pónd 명 태양 축열지(蓄熱池).
sólar pówer 명 태양 에너지; 태양열 발전.
só·lar-pòw·ered [-pàuərd] 형 태양열 동력의.
sólar próminence 명 (천문) 태양의 홍염(紅炎).
sólar radiátion 명 태양 방사(放射).
sólar rádio emíssion 명 태양 전파(電波) 방사.
sólar rádio nòise 명 태양 전파 잡음.
sólar sáil 명 태양범(帆) 항법(태양 광선을 받아서 우주선이나 우주탐사기의 추진력을 얻는 장치).
sólar sált 명 천일염(天日塩).
sólar still 명 태양 증류기(器)(태양열로 바닷물·오염수를 증류수로 바꾸는 장치).
sólar sýstem 명 (the ~) (천문) 태양계. [흐름.
sólar wínd 명 태양풍, 태양 플라스마, 태양 미립자의
sólar yéar 명 (천문) 태양년(지구가 태양의 둘레를 도는 시간의 길이; 365일 5시간 48분 46초). ® lunar year
sol·ate [sóuleit, sóul-/sɔ́l-] 동자 (화학) 졸화(化)하다.
sol·á·tion 명
so·la·ti·um [souléiʃiəm] 명 (® **-ti·a** [-ʃiə]) 위자료, 위문금, 배상금(reparation).
***sold** [sould] 동 sell의 과거·과거분사.
sol·der [sádər/sɔ́l-] 명 1 ⓤ 땜납, 백랍(白鑞). 2 결합물; 굴레, 유대(bond). ── 동타 1 …을 땜질하다. 2 …을 결합하다, 3 …을 고치다, 수리하다. ── 자 땜질하다; 결합하다. ~**·a·ble** 형 ~**·er** 명 ~**·less** 형
sól·der·ing ìron [sádəriŋ-/sɔ́l-] 명 땜질 인두.
***sol·dier** [sóuldʒər] 명 (® s- [-z]) 1 (육군) 군인, 병사, 병졸. ¶a ~ of fortune (돈과 모험을 위해 일하는) 용병(傭兵); 풍운아. 2 병졸; 하사관. 3 역전의 군인; 맹장, 용사. 4 (주의 따위를 위해) 싸우는 사람, 투사. ¶a ~ of Christ [or the cross] 기독교 전도자. 5 (구어) 일하는 체하고 게으름만 피우는 사람, 농땡이치는 사람(drone). 6 =~ ant. 7 (속어) 훈제한 청어. 8 소라게(hermit crab). 9 (美속어) (마피아의) 평단원. 10 (美속어) =dead ~. 11 =soldierfish.
come [or **play**] **the old soldier** 고참[선배]인 체하다; 꾀병부리다. [되다.
go [or **enlist**] **for a soldier** 군에 지원하다, 군인이
old soldier ① 노련한 군인, 고참병; 노련한 사람. ② (속어) 빈병; (담배) 꽁초(butt).
play at soldiers 병정놀이를 하다.
sink the soldier (英속어) (사기꾼 따위가) 성공하다.
Sod [or **Fuck**] **this for a game of soldiers!** (英속어) 빨리빨리 해!, 꾸물대지 마!
soldiers and sailors 육군과 해군.
── 동자 1 군인이 되다, 병역에 복무하다. ¶ go ~ing 군인이 되다/He ~ed in two wars. 그는 두 차례의 전쟁에 종군했다. 2 (구어) 농땡이치다, 꾀병을 부리다 (on).
soldier on (구어) 군인 생활을 계속하다; 꼭 참다, 꾸준히 일하다.
~**·ship** 명
sóldier ánt 명 (곤충) 병정개미.
sóldier bèetle 명 (곤충) 딱정벌레류(類).

sóldier bùg 図 〔곤충〕 노린재.
sóldier còurse 図 〔건축〕 세워 쌓기 줄(벽돌의 긴 쪽을 세로로 죽 쌓은 줄). 「dler crab.
sóldier cràb 図 〔동물〕 1 =hermit crab. 2 =fid-
sol·dier·fish [sóuldʒərfiʃ] 図 〔어류〕 얼게돔.
sóldier flỳ 図 〔곤충〕 줄동에등에과(科)의 등에의 총칭.
sol·dier·ing [sóuldʒəriŋ] 図Ⓤ 군인 생활; 병역; 〔구어〕 농땡이부리기, 꾀병부리기.
sol·dier-like [-làik] 図⊞ =soldierly.
sol·dier·ly 図 퇴역 군인의 원호 시설. 다운; 용감한. ── 図 군인답게. **-li·ness** 図
sóldier's fárewell 図 〔속어〕 작별 때의 욕설.
sóldiers' hòme 図 퇴역 군인 원호 시설.
Sóldier's Mèdal 図 (美) (전투 이외의 영웅적인 행위에 대한) 군인 훈장.
sóldier's wìnd 図 〔해사〕 순풍(順風).
sol·dier·y [sóuldʒəri] 図 1 〔집합적〕 군인, 병정. 2 Ⓤ 군인이라는 직업(신분). 3 Ⓤ 군사 훈련; 군사적 기술.
sol·do [sáldou/sɔ́l-] 図 (豊 **-di** [-di:]) 솔도(이탈리아의 옛 동전). 〔<It〕
sold-out [-áut] 図 매진된, 품절의.
‡**sole**¹ [soul] 図 1 한 사람뿐인, 하나뿐인, 유일한. ⇒ONLY 2 독특한, 달리 유례가 없는(unique). 3 독점적인, 도맡은. 4 〔법률〕 독신의, (여성의) 미혼의. 5 〔고어〕 외톨이의(alone), 고독한. ~**ness** 図
*__sole__² 1 발바닥; 신바닥, 구두창. 2 (일반적으로 물건의) 밑바닥, 기부(基部), 토대(bottom). ──⊕ 〔구두 따위〕에 밑창을 달다. …의 밑바닥을 갈다. ~**less** 図
sole³ 図 (~(s)) 〔어류〕 서대기.
sol·e·cism [sáləsìzm/sɔ́l-] 図 문법[어법] 위반, 파격(破格); 버릇없음, 무례, 실례; 잘못(mistake), 부당.
-cist [-sist] 図 문법[어법] 위반자; 버릇없는 자.
sol·e·cis·tic [sὰləsístik/sɔ̀l-] 図 문법[어법] 위반의, 파격의, 버릇없는, 무례한; 잘못된, 부당한. (또는 **solecistical**) **-ti·cal·ly** 図
sóle cústody 図 〔법률〕 단독 친권(이혼·별거중에 부모 가운데 한 사람만이 자식을 보살피는 것).
soled [sould] 図 〔복합어로〕 바닥이 한[…로 된] 의. ¶thin-~ 밑창이 얇은/rubber-~ shoes 고무창 구두.
sóle léather 図 (구두창용의) 튼튼하고 두꺼운 가죽.
‡**sole·ly** [sóulli] 図 1 혼자서, 단독으로. 2 오로지, 단지.
‡**sol·emn** [sáləm/sɔ́l-] 図 (**more** ~, **-er**; **most** ~, **-est**) 1 진지한, 엄숙한, 장엄한. ¶on ~ occasions 엄숙한 경우에. 2 진지한 체하는, 거드름 피우는. 3 중대한, 소중한. 4 엄숙한 기분을 차리는, 격식에 맞는. 5 종교상의, 신성한. ¶a ~ sacrifice 제물(祭物). 6 〔법률〕 정식의. ~**ness** 図
sol·em·ni·fy [sáləmnəfài] 図㊀ …을 엄숙[장엄]하게 하다.
*__sol·em·ni·ty__ [sáləmnəti] 図Ⓤ 1 엄숙, 장중, 장엄. 2 진지함, 진지한 체하기. 3 ⓒ (종종 **-ties**) 의식, (종교상의) 식전(式典). 4 〔법률〕 정식(正式).
sol·em·nize [sáləmnàiz/sɔ́l-] (*(英) **-nise**) 図㊀ 1 …을 식을 올려 축하하다. 2 〔식〕을 올리다, (특히 〔결혼식〕을 올리다. 3 …을 엄숙한, 장중[위엄]하게 하다. ── 図 엄숙[장엄]해지다. **-ni·zá·tion, -niz·er** 図
*__sol·emn·ly__ [sáləmli/sɔ́l-] 図 엄숙하게, 장엄하게, 거룩하게; 진지하게, 점잔 빼며; 정식으로.
Sólemn Máss 図 〔가톨릭〕 장엄 미사(High Mass).
so·len [sóulin, -lən, -len] 図 맛조개(razor clam).
so·le·noid [sóulənɔ̀id] 図 〔전기〕 1 원통형 코일, 솔레노이드. 2 (또는 ~ **switch**) 솔레노이드식 스위치.
so·le·noi·dal [sòulənɔ́idəl] 図 솔레노이드의; 관상 (管狀)의.
sólent góose [sóulənt-] 図 =solan (goose).
sóle párent 図 〔濠〕 편친(偏親), 홀로된 어버이.
sole·plate [sóulplèit] 図 〔건축〕 (샛기둥용의) 바닥판, 상판(床板). (또는 **sole, solepiece**)

sóle·prìnt 図 (병원에서 갓난아기를 식별하기 위한) 발바닥 무늬, 족형(足形).
sóle tráder 図 〔법률〕 =feme-sole trader.
so·le·us [sóuliəs] 図 (豊 **-le·i** [-liài], ~**-es**) 〔장딴지의〕 비장근(腓腸筋).
sol-fa [sòulfá:] 図Ⓤⓒ 〔음악〕 도레미파 음계; 도레미파로 노래부르기, 계명(階名) 창법. ── 図 도레미파로 노래하다. ~**ist** 계명 창법을 쓰는 사람[교사].
sol·fège [sɑlféʒ, soul-/sɔl-] 図 〔음악〕 =solfeggio.
sol·feg·gio [sɑlfédʒiou, -dʒiòu/sɔlfédʒiòu] 図 (豊 **-feg·gi** [-fédʒi:], ~**s**) 〔음악〕 계명 창법. 〔<It〕
Sol. Gen. Solicitor General.
so·li [sóuli:] 図 solo의 복수.
sol·i-¹ [sóulə, sálə/sóuli, sɔ́li] 〔연결〕 alone, solitary의 뜻. ¶**solifidian**.
sol·i-² [sóulə] 〔연결〕 sun의 뜻. ¶**soliform**.
*__sol·lic·it__ [səlísit] 図㊀ 1 …을 […에게] 간청하여 원하다, 간청하다, 졸라대다 (of, from, for, to do). ⇒BEG 유의어 ¶(~+目+前+名) ~ a person for help; ~ help from a person 남의 도움을 간청하다. 2 (못된 짓을 하도록) [남]을 부추기다, 유혹하다 (to); (창녀가)(남자)를 끌어들이다. ──㊁ 1 간청하다 (for); 거래[주문]를 원하다; 구걸하다. 2 못된 짓에 유혹하다; (창녀가) 손님을 끌다. 「사람.
so·lic·i·tant [səlísətənt] 図 간청[탄원·신청]하는
so·lic·i·ta·tion [səlìsətéiʃən] 図Ⓤⓒ 1 간청, 졸라 대기. 2 (창녀가 손님을) 끌기, (못된 짓으로의) 유혹. 3 〔법률〕 교사죄.
*__so·lic·i·tor__ [səlísətər] 図 1 간청하는 사람. 2 (美) (상사 따위의) 권유원, 주문받는 사람; 선거 운동가. 3 (美) (시·읍 따위의) 법무관. (英) 소송 대리인, 사무 변호사(법정 변호사와 의뢰인 사이에서 사무 담당). ¶LAWYER 유의어. ~**-shìp** 図 solicitor의 직[지위].
solícitor géneral 図 (豊 **-s g-, s- -s**) 1 (美) a) (S- G-) (연방 정부의) 법무 차관. b) (몇몇 주의) 법무 장관. 2 (英) 법무 차관, 검사장.
so·lic·i·tous [səlísətəs] 図 1 걱정하는, 염려하는, 근심하는 (about, of). 2 간절히 바라는; 몹시 …하고 싶어하는 (for, of, to do). ¶be ~ to be promoted 승진하기를 갈망하다 / be ~ for one's success 성공을 갈망하다. ~**ly** 図 **-ness** 図
so·lic·i·tude [səlísətjù:d/-tjù:d] 図Ⓤ 걱정, 근심 (about); 갈망; 지나친 걱정 (for); (~**s**) 근심거리.
‡**sol·id** [sálid/sɔ́l-] 図 (~**-er**; ~**-est**) 1 고체의, 고형 (固形)의; liquid, fluid, gaseous). ⇒HARD 유의어 ¶~ food 고형 음식. 2 속이 비지 않은, 빽빽한, 실속있는, 알찬; 속까지 질이 같은, 도금이 아닌, 진짜의, 순수한. ¶a ~ meal 실속이 있는 식사/~ gold 순금. 3 (체격 따위가) 건장한, 튼튼한; (기초가) 단단한. ¶a man of ~ frame 체격이 건장한 사람. 4 (재정적으로) 견전한; 틀림없는, 신용이 있는, 믿을 수 있는. 5 일치 단결한, 만장 일치의; (美구어) 사이가 좋은 (with). ¶a ~ vote 만장 일치의 투표. 6 연속된, 끊긴 데가 없는, 둘린 구멍이 없는; 완전한, 중단없는. ¶spend two ~ hours in …하는 데 꼬박 2시간이 걸리다. 7 (색깔·색조가) 고른, 변화가 없는. 8 (구름·안개 따위가) 짙은; 두꺼운; 무거운. 9 (수학) 입체의, 입방의. 10 (印刷) 하이픈 없이 한 낱말로 된. 11 (印刷) 행간에 인테르를 넣지 않은, 행간을 떼지 않은. 12 (美구어) 충분한, 철저한, 힘찬(*강조어로서 good 뒤에 온다). ¶a good ~ scolding 실컷 꾸지람을 하기[듣기]. 13 (음악) a) 강한 비트가 있는 리듬의. b) (美속어) (음악·리듬 따위가) 훌륭한. 14 (의학) 강한 도전에 견디는, 충실한.
be [or go] solid against …을 반대하다. 「지]하다.
be [or go] solid for [or in favor of] …을 찬성[지
be solid from the neck up 지성의 그림자라고는
be solid with …와 사이가 좋다. 「전혀 없다.

—명 (복 ~s [-z]) 1 고체, 고형물(환 liquid, gas); (~s) 고형식(固形食). 2 (수학) 입체, 청용면체.
—팀 1 만장일치로. 2 (감탄사로 쓰여) 바로 그렇다. *Solid, Jackson.* 그렇다, 자네 말이 옳다.
~·ly 팀 ~·ness 명

sólid ángle 명 (기하) 입체각(立體角).

sol·i·da·rism [sáləd∂rìzm/sól-] 명 1 연대주의. 2 =solidarity. 3 (또는 **So·li·da·ris·mo** [*Sp* solidarísmo]) (라틴 아메리카의) 노사 협조, 종업원 경영 참가제. **-rist** 명 연대주의자.

sol·i·dar·i·ty [sàlədǽrəti/sòl-] 명 ⓤ 1 단결, 결속; 연대 의식, (이해·목적 등의) 일치. ⇨UNION 유의어 2 (단체 내·단체 간의) 연대 책임. 3 (S-) 연대(폴란드의 자유 노조).

sol·i·da·rize [sáləd∂ràiz/sól-] 동自 단결하다, 연대[결속]하다.

sol·i·dar·y [sáləd∂ri/sólidəri] 형 연대 책임의, 공동 이익의. **-dàr·i·ly** 팀 [로. **sól·id-fú·eled** 형

sólid fúel (로켓의) 고체 연료; (석탄 따위) 고체 연료

sólid geólogy 명 입체 지질학.

sólid geómetry 명 입체[공간] 기하학.

sol·i·di [sáləda̍i/sól-] 명 *solidus*의 복수형

so·lid·i·fy [səlídəfài] 동他 1 …을 고체로 만들다, 굳히다, 응고시키다; …을 결정(結晶)시키다. *¶the ~ing point* (물리) 응고점. 2 …을 일치 단결시키다. —동自 고체가 되다, 응고하다; 결정하다; 단결하다.
-fi·a·bíl·i·ty 명 **-fi·a·ble** 형 **-fi·cá·tion, -fi·er** 명

sólid injéction 무기 분사[무분사](내연 기관에 연료를 가압 분사하는 것). 환 air injection

so·lid·i·ty [səlídəti] 명 ⓤ 1 고체성, 고형성, 단단함 (환 fluidity). 2 실질적임, 속이 비지 않음; 질음. 3 (정신·인격·재정 따위가) 튼튼함; 견실, 견고. 4 입체성; (수학) 체적, 용적. [해서 신뢰가 가는.

sol·id-look·ing [⁴lùkiŋ] 형 단단하게 보이는; 침착

sólid néwel 나선형 계단의 주(主)기둥.

sólid propéllant 형 =solid fuel. [SRB).

sólid rócket bòoster 명 고체 연료 추진기(환

sólid solútion 명 고용체(固溶體).

Sólid Sóuth 명 (the ~) (美) (전통적으로 민주당을 지지하는) 남부의 여러 주.

sol·id-state [-stéit] 형 1 (전자) 솔리드스테이트의, 고체 소자(素子)[반도체]를 이용한, 고체 상태의. 2 (물리) 고체(물리)의. [전자 공학.

sólid-state electrónics 명(환) (단수취급) 고체

sólid-state máser 명 (전자) 고체 메이저.

sólid-state phýsics 명(환) (단수취급) 고체 물리

sólid-state phýsicist 명 [학.

sólid-státe technólogy 명 (전차) (반도체 소자·집적 회로에 쓰이는 기술) 고체 기술(환 SST).

sol·id·un·gu·late [sàlidʌ́ŋgjulət, -lèit/sòl-] 형 (동물) 단제(單蹄)인. —명 단제 동물(solipied).

sol·i·dus [sáləd∂s/sól-] 명 (복 **-di**) 1 로마 제국의 금화; (중세 유럽의) 12 denarii에 상당하는 화폐. 2 사선(斜線)(shilling과 pence의 구분·날짜·분수 따위를 나타낸다: 3/5 = 3 shillings 5 pence; 7/5 (美) = July 5th, (英) = May 7th; 2/3 = two-thirds).

sólid wáste 명 (환경) 고형(固形) 폐기물.

sol·i·fid·i·an [sàləfídiən/sòl-] 명 (신학) 유신론자 (唯信論者). ~·**ism** 명

so·li·fluc·tion [sòuləflʌ́kʃən, sàl-/sòlə-] 명 (지질) 토양류(土壤流), 유토(流土); 하강점동(下降漸動)(암설의 일부가 서서히 강하하는 현상. 또는 **solifluxion**)

so·lil·o·quist [səlíləkwist] 명 혼잣말하는 사람; (연극의) 독백자.

so·lil·o·quize [səlíləkwàiz] 동自 (* (英) -**quise**) 혼잣말하다; (연극에서) 독백하다.
-quiz·er 명 **-quiz·ing·ly** 팀 [(속에) 독백.

so·lil·o·quy [səlíləkwi] 명ⓤⓒ 혼잣말; ⓒ (연극

sol·i·on [sáliən/sól-] 명 (전자) 솔리온(용액 중의 이온 이동을 이용하는 검출·증폭 장치).

sol·i·ped [sáləpèd/sól-] 명(형) =solidungulate.

sol·ip·sism [sálipsìzm/sól-] 명 ⓤ (철학) 유아론 (唯我論). **-síst** 명 **-síst·ic** 형

sol·i·taire [sáləté∂r/sòlitɛ́∂] 명 1 (반지 따위) 외알박이 보석, (다이아몬드의) 외 알. 2 ⓤ 혼자서 하는 카드놀이. 3 (고어) 은둔자(hermit).

‡**sol·i·tar·y** [sáləteri/sólitəri] 형 (*more* ~; *most* ~) 1 혼자의, 혼자뿐인; 고독한, 외로운(lonely); 은둔 생활의. ⇨ ALONE 유의어 2 유일한, 단일의. *¶a ~ example* 유일한 예. 3 외딴, 고립한, 사람들이 별로 가지 않는, 인적이 드문. 4 (동물) 군거(群居)하지 않는(환 social); (식물) 송이를 이루지 않는, 단생(單生)의. *¶~ inflorescence* 단정꽃차례(튤립 따위).
—명 (복 **-tar·ies** [-z]) 1 독신자; 은둔자. 2 ⓤ (구어) 독방 감금. **-tàr·i·ly** 팀 **-tàr·i·ness** 명

sólitary confínement [imprísonment] 명

sólitary wáve 명 (수학·물리) 고립파. 1. 독방 감금.

sol·i·ton [sálitàn/sòlitòn] 명 (수학·물리) 솔리톤 (고립파를 나타내는 편미분 방정식의 해(解)); (넓은 뜻으로) 고립파. [<*solitary*+*-on*¹)

‡**sol·i·tude** [sálətjù:d/sólitjù:d] 명 (복 ~s [-z]) 1 ⓤ 혼자 살기, 독거(獨居); 고독, 쓸쓸함. 2 외딴[쓸쓸한] 장소, 한적한 곳.

in solitude 고독하게, 혼자서 쓸쓸하게. [*nous* 명

-tu·di·nar·i·an [ˋtjù:din∂néəriən] 명 은둔자. **-tú·di·**

sol·lar [sálər/sól-] 명 =solar², (또는 **soller**)

sol·ler·et [sálərèt/sòlərét] 명 (중세 기사의) 쇠구두.

sol·lick·er [sálikər/sól-] 명 (英·濠속어) 힘(force), 기세; 탄성. —형 (또는 **sóllicking**) 거대한, 현저한; 대단한. (또는 **soliker**)

sol·mi·za·tion [sàlməzéiʃən/sòl-] 명 ⓤ (음악) [도레미파(계명) 창법(sol-fa).

soln. solution.

*so·lo [sóulou] 명 (복 ~**s**, **-li** [-liː]) 1 (음악) 독창(곡), 독주(곡), 솔로(환 trio 1). 2 혼자서 추는 춤, 단독 연기; 단독 비행. 3 ⓤ (카드놀이) 1명이 3명을 상대로 하는 휘스트(~ whist). —형 1 (음악) 독창의, 독주의. 2 혼자서 하는, 단독의(single). —팀 혼자서, 단독으로. —동自 혼자서 (연기)하다; 단독 비행을 하다.

so·lo·ist [sóulouist] 명 독창자, 독주자; 단독 연기자. **-ís·tic** 형 [에서 발견된 화석 인류.

Sólo màn 명 (인류) 솔로인(人)(Java의 Solo강 부근

‡**Sol·o·mon** [sáləmən/sól-] 명 1 솔로몬(기원전 10 세기의 현명한 이스라엘왕). 2 대현인(大賢人)(sage).
(as) wise as Solomon 대단히 현명한.

the Song of Solomon (성서) 아가(雅歌)(구약 성서 중의 한 서(書)).

Sol·o·mon·ic [sàləmánik/-mɔ́n-] 형 솔로몬의[같은]; 지혜로운, 현명한. (또는 **Solomonian**).

Sólomon Íslands 명(환) (the ~) 솔로몬 제도(남태평양 New Guinea 동쪽의 제도; 1978년 독립).

Sólomon Íslander 명

Sólomon's séal 명 솔로몬의 봉인(삼각형 2개를 엇걸어 맞춘 별 모양으로, 신비로운 힘이 있다고 믿어졌다).

Sol·o·mon's-seal [sáləmənzsiːl/sól-] 명 둥굴레(백합과(科) 둥굴레속(屬) 식물의 총칭.

sólo mótor cỳcle 명 단차(單車)(사이드카가 딸리지 않은 오토바이).

So·lon [sóulən/-lɔn] 명 1 솔론(638?-558? B.C.; 고대 아테네의 입법가로서 그리스 7현인 중의 한 사람). 2 (종종 s-) 현명한 입법가, 현인; (美구어) 국회 의원.

So·lo·ni·an [soulóuniən], ~·**ic** 형

sò lóng 팀 안녕(good-bye). (또는 **sò-lóng**)

sol·stice [sálstis/sɔ́l-] 명 1 (천문) 지점(至點) (태양이 적도로부터 북쪽 또는 남쪽으로 가장 치우쳤을 때를 말한다). *¶the summer [winter]* ~ 하지[동지]. 2 최고점, 극점.

sol·sti·tial [sɑlstíʃəl/sɔl-] 형 〔천문〕 지(至)의, 하지의, 동지의.
sol·u·bil·i·ty [sɑ̀ljubíləti/sɔ̀l-] 명 ⓤ 용해성, 가용성, 용해도; (문제 따위의) 해결 가능성.
sol·u·bi·lize [sɑ́ljəbəlàiz] 타 가용성으로 하다, …의 용해도를 높이다. **-li·zá·tion** 명
‡**sol·u·ble** [sɑ́ljubl/sɔ́l-] 형 1 녹는, 가용성의, 용해할 수 있는 (*in*). 2 해결할 수 있는, 설명이 가능한.
~·ness 명 **-bly** 부
sóluble gláss 명 물유리(sodium silicate; water glass).
sóluble RNÁ 명 =transfer RNA.
sóluble stárch 명 가용성 녹말.
so·lus [sóuləs] 형 《서술용법》 혼자서, 단독으로 (alone)(* 연극의 무대 지시 용어). 여 **sola** ¶Enter Hamlet ~. 햄릿 혼자 등장. 〔L alone〕
sol·ute [sɑ́ljuːt, sóuljuːt/sɔ́ljuːt] 명 〔화학〕 용질(溶質), 용해된; 〔식물〕 유리(遊離)된.
‡**so·lu·tion** [səlúːʃən] 명 1 (~**s** [-z]) ⓤ 해명, 해결, 해석; ⓒ 해결법, 해답 ¶a ~ *of* [or *to*, *for*] the problem 문제의 해답. 2 〔수학〕 해법, 해식(解式). 3 분리, 분해; 소산(消散). 4 ⓤ 녹음, 녹음, 용해, 액화(液化). 5 ⓤ 〔화학〕 용액, 용제(溶劑), 용해 상태. ¶rubber ~ 고무풀. 6 〔약학〕 물약.
in solution ① 용해하여, 녹아서. ② (생각 따위가) 정리되지 않고, 흔들려서.
~·al 형
so·lu·tion·ist [səlúːʃənist] 명 (문제의) 해답자; (특히 퀴즈 따위의) 해답 전문가.
solútion míning 명 용해 채광법.
solv·a·ble [sɑ́lvəbl/sɔ́l-] 형 해결[해답]할 수 있는; 분해할 수 있는. **-bíl·i·ty, ~·ness** 명
solv·ate [sɑ́lveit/sɔ́l-] 명 용매(溶媒) 화합물.
── 타 용매화하다[시키다]. **sol·vá·tion** 명
Sól·vay pròcess [sɑ́lvei-/sɔ́l-] 〔화학〕 솔베이법(法), 암모니아 소다법(탄산 나트륨 제조법).
‡**solve** [sɑlv/sɔlv] 타자 (~**s** [-z]; ~**d**; **solv·ing**) 1 …을 풀다, 해명하다; (어려운 따위를) 해결하다; (수학 문제 따위)를 풀다. 2 (부채 따위)를 갚다. **sólv·er** 명
sol·ven·cy [sɑ́lvənsi/sɔ́l-] 명 ⓤ 지불 능력.
***sol·vent** [sɑ́lvənt/sɔ́l-] 형 1 지불 능력이 있는, 2 녹이는, 용해력이 있는. 3 마음을 부드럽게 해주는, 약화시키는 힘이 있는. ── 명 1 용제, 용매(溶媒). 2 (일 따위)를 설명[해결]하는 것. 3 (마음 따위를) 부드럽게 해주는 것, 약화시키는 것. **~·less** 형 **~·ly** 부
sólvent abúse 명 본드 흡입.
sol·vol·y·sis [sɑlvɑ́ləsis/sɔlvɔ́l-] 명 ⓤ 〔화학〕 가용매(加溶媒) 분해, 용매 분해.
Sol·zhe·ni·tsyn [sɔ̀ːlʒəníːtsən, sɑ̀l-] 명 **Aleksandr ~** 솔제니친(1918–: 러시아의 작가; 노벨 문학상(1970)).
Som. Somaliland; Somerset; Somersetshire.
so·ma¹ [sóumə] 명 (복 ~**ta** [-tə], ~**s**) 〔생물〕 신체, 체(body). 2 (생식 세포 이외의) 체세포(體細胞).
so·ma² [sóumə] 명 소마(인도산(産)) 박주가릿과(科)의 명굴식물); ⓤ 그 액즙으로 빚은 성주(聖酒).
So·ma·li [soumɑ́ːli, sə-] 명 (복 ~, ~**s**) 1 소말리인(동아프리카에 사는 아라비아인·흑인 등의 혼혈 종족(族)). 2 ⓤ 소말리어. ── 형 소말리족[어]의.
So·ma·li·a [soumɑ́ːliə, -ljə] 명 소말리아(아프리카 동부의 공화국; 수도 Mogadishu). **-an** 형
So·ma·li·land [soumɑ́ːlilænd, sə-] 명 소말리랜드(아프리카 동부의 해안 지방, 지부티, 소말리아 및 에티오피아의 Ogaden 지구를 포함함).
So·man [sóumən] 명 옛 소련군의 신경 가스.
so·mat- [soumǽt, sóumət] 연결 ⇒SOMATO-.
so·mat·ic [soumǽtik, sə-] 형 1 (해부·동물) 체강(體腔)의, 체강벽의, 2 〔생물〕 체세포의, 3 신체의, 육체의(physical). **-i·cal·ly** 부

somátic céll 명 〔생물〕 체세포. ⓑ germ cell
somátic déath 명 〔의학〕 신체사(身體死).
so·mat·i·cize [səmǽtəsàiz, sóumətə-] 타 〔정신의학〕 〔정신적 장애〕를 신체적 증상으로 전환하다. **-ci·zá·tion** 「신경계.
somátic nérvous sỳstem 명 〔생물〕 체성(體性)
somátic thérapy 명 =somatotherapy.
so·mat·o- [soumǽtou, -tə, sə-, sóumət-] 연결 body의 뜻(* 모음 앞에서는 somat-). ¶ *somatology*.
so·ma·tol·o·gy [sòumətɑ́lədʒi/-tɔ́l-] 명 ⓤ 생체학, 인체학, 인체 생리학. **so·màt·o·lóg·ic, -to·lóg·i·cal so·màt·o·lóg·i·cal·ly** 부 **-gist** 명
so·mat·o·plasm [səmǽtəplæ̀zm, sóumətə-] 명 〔생물〕 체세포 원형질; 체세포질. **-plás·tic** 형
so·ma·to·sen·so·ry [sòumətəsénsəri, səmǽtə-] 명 체성(體性) 감각의, 체지각의(눈·귀 따위의 1차 감각 기관을 제외한 신체 감각의).
so·mat·o·ther·a·py [səmǽtəθérəpi] 명 〔정신의학〕 (신체적인 것에) 신체요법. **-pist** 명
so·mat·o·ton·ic [səmǽtətɑ́nik/-tɔ́nik] 형 〔심리〕 신체형의.
so·mat·o·tróp(h)·ic hórmone [səmǽtətróufik, -tróuf-] 명 〔생화학〕 성장 호르몬.
so·mat·o·tro·pin [səmǽtətróupin, sòumətə-] 명 〔생화학〕 성장 호르몬. (또는 **somatotrophin**)
so·mat·o·type [səmǽtətàip, sóumətə-] 명 (사람의) 체격(physique).
*****som·ber**, 《英》 **-bre** [sɑ́mbər/sɔ́m-] 형 1 어두컴컴한, 흐린. 2 (색 따위가) 칙칙한, 수수한. 3 우울한 음산한; 엄숙한 ¶a man of ~ character 성격이 침울한 사나이. **~·ly** 부 **~·ness** 명
som·bre·ro [sɑmbrɛ́ərou, sɔm-] 명 (복 ~**s**) 솜브레로(스페인·멕시코·미국 서남부에서 쓰는 챙 넓은 펠트 모자). **-ed** 형
som·brous [sɑ́mbrəs/sɔ́m-] 형 (고어) =somber.

[sombrero]

‡**some** ⇒SOME. <p. 2595>
-some¹ [səm] 접미 명사나 형용사에 붙여서 「…에 적합한, …의 경향이 있는, …을 낳는」을 뜻하는 형용사를 만든다. ¶ burden*some*, lone*some*, tire*some*.
-some² [səm] 접미 수사(數詞)에 붙여서 「집합체·무리」의 뜻의 명사·형용사를 만든다. ¶ two*some*, three*some*.
-some³ [sòum] 연결 body의 뜻. ¶ chromo*some*.
‡**some·bod·y** [sʌ́mbɑ̀di, -bʌ̀di, -bədi/-bədi] 대 (긍정문에서) 어떤 사람, 누군가(some person, someone). ¶ ~ else 누군가 다른 사람.

> ⸻USAGE⸻ **somebody**와 **someone** ──(1) somebody는 구어적이고, someone은 문어적. (2) someone *of* the boys는 옳지도, *somebody of* the boys는 불가. (3) 소유격은 명사로는 쓰지 않는다. (4) 인칭 대명사는 모두 he(또는 she)로 받는 것이 보통이지만, somebody는 they로 받는 경우도 있다.

somebody or other 누군가.
── 명 (복 **-bod·ies** [-z]) (종종 관사 없이) 어엿한 인물, 대단한 인물(person of importance), 상당한 사람 (영 something). ¶ think oneself to be (a) ~ 자기를 상당한 인물로 생각하다. 「느님 덕택이다.
Somebody up there likes me. 하늘이 도왔다, 하
some·day [sʌ́mdèi] 부 언젠가, 언젠든, 훗날.
some·deal [sʌ́mdìːl] 부 (고어) =somewhat.
‡**some·how** [sʌ́mhàu] 부 1 어떻게 해서든지, 그럭저럭, 아무튼. 2 어찌된 일인지, 암만 해도. 「인지.
somehow or other 어떻게 해서든, 그런대로; 웬일

some은 부정(不定)의 수량을 나타내는 말로서는 가장 중도적(中道的)이라고 할 수 있다. 즉 수(數)만을 나타내는 many나 few, 그리고 양(量)만을 나타내는 much나 little의 중간에서 수와 양을 고루 나타낸다. 양극인 전부(全部)의 all과 전무(全無)의 no 중간에서 일부를 나타낸다. 이렇게 중도적인 some의 뜻은 주로 긍정문에서 쓰이며, 의문문·부정문·조건문 따위에서는 any로 바뀌는 경우가 많다.

‡**some** [sʌm, 약 səm] 형 **1** [보통 səm] (복수명사 또는 불가산(不可算)명사와 함께) 얼마간의, 약간의, 다소의. ¶~ pencils 몇 자루의 연필 / ~ years ago 몇 년 전에 / ~ water 약간의 물 / for ~ time 얼마 동안 / You can trust him to ~ extent. 어느 정도까지는 그를 믿어도 되겠지요 / They had ~ little difficulty in understanding each other. 그들은 서로 이해하는 데 약간의 어려움이 있었다 / She is, in ~ ways, an efficient secretary. 그녀는 몇 가지 점에서 유능한 비서이다.

USAGE **some**과 **any** —— (1) 긍정문에서는 some을, 부정문·의문문·조건문에서는 any를 쓰는 것이 원칙: If you want *any* coffee, I'll give you ~ coffee. 커피를 원하신다면 좀 드리겠습니다 / I don't want *any* French book(s). 프랑스어 책은 필요하지 않다. (2) 부탁·희망을 나타내거나 권유할 경우에는 의문문에도 some을 쓴다: Will you please lend me ~ money? 돈을 좀 빌려 주십시오 / Will you have ~ coffee? 커피를 좀 드시지 않겠습니까? (3) 긍정문에서 「any+가산명사(加算名詞)의 단수」는 「어떠한 …이라도」의 뜻: *Any* book will do. 어떤 책이라도 좋다 (참 형 2).

2 [보통 sʌm] (단수명사와 함께) (분명히 알 수 없는 사람·물건 따위를 가리켜) 어떤, 무슨, 어딘가의. ⇒ CERTAIN USAGE ¶S- fool has turned things topsy-turvy. 어떤 바보 녀석이 일을 망쳐놓았다 / There must be ~ reason for it. 그렇게 된 데는 반드시 무슨 이유가 있다 / She went to ~ place in America. 그녀는 미국의 어딘가에 갔다 / Put it away in ~ secret place. 어딘가 은밀한 곳에 치워 두어라.

3 [보통 sʌm] (some 혹은 others 따위와 대조적으로 써서) 개중에는 (…도 있다), …인[…하는] (것도 있다). ¶S- laws are bad. 악법도 있다 / S- fish can fly. 나는 물고기도 있다 / S- students are from France. 학생들 중에는 프랑스인도 있다 / S- books are new; ~ are old. 새 책도 있고 헌 책도 있다 / S- passengers were rescued and others drowned. 구조된 승객도 있었지만 나머지는 익사했다 / S- boys came in time, ~ on time, and the others late. 소년들 중에는 시간 전에 온 아이도 있고 시간에 맞춰 온 아이도 있었지만 나머지는 지각했다.

4 [보통 sʌm] (수사(數詞) 앞에서) 약, …정도의, …쯤의(about). ¶~ hundred books 백 권쯤 되는 책 / ~ hundreds of books 수[몇] 백 권의 책 / We were ~ 90 in all. 우리는 모두 합쳐 90명쯤 되었다 / He stayed there ~ ten years. 그는 10년 가량 그곳에 체류했다.

5 [보통 sʌm] (구어) 꽤 많은(considerable), 상당한; (구어·속어) (성질 따위에 관하여) 어지간한, 굉장한. ¶a man of ~ experience 상당한 경험을 가진 사람 / You need ~ courage to face this. 이 일에 직면하는 데는 상당한 용기가 필요하다 / This is ~ war. 이것은 굉장한 전쟁이다 / S- nerve! 대단한 배포이군!

6 (英속어)(경멸적) 당치도 않은, 형편없는, 변변찮은. ¶She was dancing with ~ boy. 그녀는 변변치 않은 녀석과 춤추고 있었다 / S- girl! 형편없는 계집애야!

주의 some에 관한 주의 —— (1) some과 any에 관해서는 ⇒ 주의 (2) 어떤 것을 다른 것과 구별할 경우의 some은 [sʌm]으로 강하게 발음하고, 관사적 또는 습관적으로 쓰는 some은 [səm]으로 약하게 발음한다: All glass is not transparent; ~ [sʌm] is and ~ [sʌm] is not. 유리는 모두 투명한 것이 아니며, 투명한 것도 있고 그렇지 않은 것도 있다 / There are ~ [səm] books on the desk. **(3)** some이 가산명사(加算名詞)의 단수형에 붙을 때는 「몇 개의」가 아니라 「어떤」의 뜻이 된다: He went to ~ lonely place in the north. 그는 북쪽의 어떤 외딴 곳으로 갔다.

(at) *some* time or another 이런저런 때에, 언젠가.
(at) *some* time or other; *some* or other time (구어) (과거 또는 미래의) 어떤 때(에), 언젠가.
by *some* means or other 이럭저럭하여.
for *some* reason or other 어떤 이유에선지, 왠지.
in *some* way or other 이럭저럭, 어떻게든.
***some* day** [or **other**] 언제가는. 웹 someday
***some* few** ⇒ FEW.
***some* little** 소량의, 얼마간의, 약간의(a little).
***some* one** ① [sʌm wʌn] 어느 것인가 하나(의), 누군가 하나(의). ② [sʌm wʌn] 누군가, 어떤 사람. 웹 someone
***some* other time** [or **day**] 언젠가 다시.
***some* place** ① 어딘가, 어떤 장소에. ② (美구어) 어딘가로, 어딘가에, 어딘가에서. 웹 someplace
***some* time** ① (명사적·부사적) 얼마 (동안). ② 언제가는, 머지 않아. 웹 sometime
***some* way** ① 그 어떤 방법, 어떤 방식[견해]. ② (거리에 관해서) 얼마간, 어느 정도. ③ (美구어) 어떻게 해서든지. 웹 someway

—대 **1** (불특정한 수·양을 나타내어) 얼마간, 다소, 약간. ¶S- of them are absent. 그들 중 몇 사람은 결석이다 / Take ~ of the books you like. 마음에 드는 책을 몇 권 잡으시오 / Give me ~ of that brandy. 그 브랜디를 좀 주십시오. **2** (others와 대조적으로 써서) (불특정의 사람·사물을 나타내어) 어떤 사람, 어떤 물건, (…하는[…인]) 사람[물건](도 있다) (웹 형 3). ¶S- will say no. 반대를 하는 사람도 있을 것이다 / S- think he is bright, but others do not. 그가 머리가 좋다고 생각하는 사람도 있고 그렇지 않다고 생각하는 사람도 있다 / S- say one thing and others another. 사람마다 말이 다르다 / S- are good, and ~ are bad, and others are indifferent. 좋은 것도 있고, 나쁜 것도 있고, 이도 저도 아닌 것도 있다.

and then *some* (美구어) 그쁜이 아닌, 그 이상. ¶I paid ten thousand dollars *and then* ~. 나는 1만 달러 이상의 돈을 지불했다.

***some* of these days** 가까운 장래에, 금명간에.

—대 **1** (구어) 얼마간, 다소, 조금은(somewhat). ¶I feel ~ better today. 오늘은 다소 기분이 좋다 / It amused me ~. 그것은 얼마간[조금은] 재미있었다. **2** (美구어·속어) 크게, 몹시, 대단히(very), 상당히 (considerably); 대단히 빨리; 대단히 긴 시간 동안. ¶She got ~ scared. 그녀는 완전히 겁을 먹고 말았다 / That's going ~! 굉장한 속도군! / He passed out ~. 그는 장시간 뻗어 있었다.

‡some·one [sʌ́mwʌ̀n, -wən] [대] 누군가, 어떤 사람. ⇨SOMEBODY.

> [USAGE] **someone**과 **some one** — sóme òne은 someone과 마찬가지로 사람에 대해 쓰며, 보통 한 낱말로 붙여 쓴다. sóme óne은 「누군가[무엇인가] 한 사람[하나]」의 뜻으로 사람이나 물건에 대해 다 쓰며, 뒤에 부분을 나타내는 of가 오는 경우가 많다: *Sóme óne* of them must have made a mistake. 그들 중 누군가 한 사람이 실수를 저질렀음에 틀림없다.

some·place [sʌ́mplèis] [부] 《美구어》 =somewhere.

***som·er·sault** [sʌ́mərsɔ̀ːlt] [명] **1** 공중제비, 재주넘기. **2** 《비유적》 (의견·태도 따위의) 180도 전환, 돌변. ¶make [*or* turn] a ~ 공중제비하다.
—[동][자] 공중제비를 하다, 재주를 넘다.
(또는 **somerset, summersault, summerset**)

som·er·set [sʌ́mərsèt] [명][동] =somersault.

Som·er·set [sʌ́mərsèt, -sit] [명] 서머셋. **1** 미국 Massachusetts 주 남동부의 도시. **2** 잉글랜드 남서부의 주.

Sómerset Hòuse [명] 영국 London의 Thames 강변에 있는 호적 본청 건물. 「set 2.

Som·er·set·shire [sʌ́mərsetʃìər] [명] =Somer-

som·es·the·sia [sòmisθíːziə/sɔ̀m-] [명] 〔생리〕 (촉각·통각 따위) 체성 감각, 체감. (또는 **somatesthesia, somesthesis**) **-thé·tic** [형]

‡some·thing [sʌ́mθiŋ] [대] **1** 어떤 것[일], 그 무엇, 무엇인가. ¶~ to drink 무엇인가 마실 것 / There is ~ wrong with the machine. 이 기계는 어딘가 고장이 있다(✱ 한정 형용사는 anything, nothing의 경우와 마찬가지로 뒤에 온다) / He is [*or* has] ~ in the firm. 그는 그 회사에서 무엇인가 하고 있다 / 《수사(數詞) 다음에서 부사적으로》 The train leaves at four ~. 기차는 4시 몇 분인가에 떠난다.

> [USAGE] 보통 긍정문에 쓰지만, 의문문·조건문에 쓸 때도 있다. 부정문에서는 anything을 쓴다. ⇨SOME

2 얼마간, 다소 (*of*). ¶He has ~ *of* the musician in him. =He is ~ *of* a musician. 그는 상당한 음악가이다. **3** 무엇인가 마실[먹을] 것, 한 잔(의 술) (drink). ¶take a drop [*or* glass] of ~ 술을 한 잔 하다.
—[명] **1** 꽤 중요한 사람[것], 상당한 인물, 대단한 사람[물건, 일]. ¶He thinks himself ~. =He thinks ~ of himself. =He thinks he is ~. 그는 (사실은 시시한 인간인데도) 자기가 상당한 인물이라고 생각하고 있다. **2** 실제로 존재하는 것, 실재물, 무엇인가 알맹이[값어치]가 있는 것. ¶*S*– is better than nothing. 무엇이든 있는 것이 없는 것보다는 낫다. **3** (a ~) 어떤 것, 얼마간의 물건[돈]. ¶an indeterminate ~ 어떤 막연한 물건.

a little something 약간의 물건[선물]; 한잔, 간단한 식사.

be something to write home about 《구어》 대서특필할 만하다, 최고다.

find something 《속어》 할 일을 찾아내다, 일거리를 얻게 되다. 「하다 (*with*).

get something going 《英구어》 (남과) 교제를 시작

have something about one 《구어》 남을 끌어당기는 무엇이 있다.

have something on 《美구어》 …에 불리한 정보를 쥐고 있다, …의 약점을 쥐고 있다. 「있다.

have [*or* ***be***] ***something to do with*** …와 관계가

It comes [*or* ***We come***] ***to something (when …)*** 《구어》 …라니 놀라운 일이다.

It does something (for…). 그것은 (…에게) 플러스가[뭔가] 된다.

I will tell you something. 《구어》 저 말이야; 할 이야기가 있습니다만.

make something of ① …을 활용[이용]하다. ② …을 중요시하다. ③ 《구어》 …을 문제[싸움의 구실]로 삼다. 「하다.

make something of oneself [*or* ***one's life***] 성공

make something out of nothing 《속어》 생트집

or something 《구어》 …인지 무엇인지. 「을 잡다.

say something ① 간단한 연설을 하다. ② 식전[식후]에 감사 기도를 드리다.

***see something of** a person* 남과 때때로 만나다, 남과 조금 사귀다.

something doing 《구어》 재미있는[이상한] 일.

something else 《美속어》 특별한[훌륭한] 것; 뭔가 다른 것[일]; =*something else again*.

something else again 별개의 문제.

something of a …상당한; 좀, 다소…. 「양[수].

something over [***under***] …보다 얼마간 많은[적은]

Something's got to give. 《구어》 지금 당장 결단을 내려야 한다, 사태가 급박하다.

Something tells me [*or* ***us, etc.***] ***(that)…*** 《구어》 아마 …이 아닐까 생각되다.

start something ⇨START.

There is something (strange) about (you). (너)에게는 뭔가 (이상한 구석이) 있다.
—[부] **1** (✱ ~ like 이외는 고어) 얼마간, 약간, 다소 (somewhat). ¶He is ~ better today. 오늘 그는 다소 좋아진 편이다. **2** 《속어》 꽤, 대단히(very). ¶It rained ~ awful last night. 어젯밤 비가 꽤 왔다.

something like ① 다소 …을 닮은, 약간 …비슷한[하게]. ② 거의, 약(about). ③ 《구어》 (like를 강조하여) 대단한, 굉장한, 훌륭한(excellent).

some·thingth [sʌ́mθiŋθ] [형] 몇 번째인가의. ¶in his seventy-~ year 일흔 몇 살인가에.

‡some·time [sʌ́mtàim] [부] **1** 언젠가, (미래의) 어떤 때, 근간에, 조만간에, 훗날에. ¶~ or other 언젠가, 근간에, 조만간. **2** 《고어》 일찍이, (과거의) 어떤 때, 이전에(formerly). **3** 《드물게》 =~s. —[형] 《한정용법》 **1** 이전의(former). **2** 이따금의, 때때로의(occasional).

‡some·times [sʌ́mtàimz] [부] **1** 이따금, 때로는. **2** 《폐어》 일찍이, 이전에.

some·ti·mey [sʌ́mtàimi] [형] 《美속어》 (마음이) 잘 바뀌는, 변덕스러운.

some·way [sʌ́mwèi] [부] 어떻게든지 해서, 그럭저럭(somehow). (또는 **sóme wày, someways**)

‡some·what [sʌ́m*h*wʌ̀t, -*h*wɑ̀t, -*h*wət/-wɔ̀t] [부] 어느 정도, 얼마간, 다소.

more than somewhat 《구어》 몹시, 대단히.
—[대][명] 약간, 다소, 좀(something). ¶He lost ~ of his power. 그는 권력을 다소 잃었다.

somewhat of a… 상당한 …; 얼마간, 다소.

some·when [sʌ́m*h*wèn] [부] =sometime.

‡some·where [sʌ́m*h*wɛ̀ər] [부] **1** 어디선가, 어딘가에[로]. **2** (시간·나이·수량 따위가) 언젠가, …쯤, …경, 대략 (*about, around, near, in, between*). ¶He is ~ *near* fifty. 그는 쉰 살쯤 되었다.

get somewhere 《구어》 진보[성공]하다.

I will see you somewhere first! 이 우라질 놈아!, 넌 정말 싫은 놈이야!

somewhere else 어딘가 다른 곳에서[으로].
—[명] 어느 곳, 모처. 「where.

some·wheres [sʌ́m*h*wɛ̀ərz] [부] 《방언》 =some-

some·while [sʌ́m*h*wàil] [부] 《고어》 일찍이; 언젠가(sometime); 가끔(at times); 얼마 동안.

some·whith·er [sʌ́m*h*wìðər] [부] 《고어》 어딘가로, 어디론가(to some place).

some·why [sʌ́m*h*wài] [부] 어떤 이유로.

some·wise [sʌ́mwàiz] [부] 《고어》 어찌어찌해서(somehow); 얼마간.

so·mite [sóumait] [명] 〔동물〕 체절(體節), 원(原)체절.

so·mi·tal [sóumitl], **so·mit·ic** [soumítik] 형
som·ma [sámə/sɔ́mə] 명 (지질) 외륜산(外輪山).
som·me·lier [sàməljéi/səmélio] 명 (식당 따위) 포도주 담당 급사(給仕)(웨이터). [<F]
som·nam·bu·lar [samnǽmbjulər, səm-/sɔm-] 명 몽유병의.
som·nam·bu·late [samnǽmbjuleit/sɔm-] 자 자면서 돌아다니다, 몽유하다.
-lance **-lant** 명 **-là·tor** 명 =somnambulist.
som·nam·bu·la·tion [samnæmbjuléiʃən/sɔm-] 명 U 자면서 돌아다니기, 몽유.
som·nam·bu·lism [samnǽmbjulìzm, səm-/sɔm-] 명 U 몽유병(sleepwalking). **-list** 명 몽유병자(sleepwalker). **-lís·tic** 명 몽유병(자)의. ¶**níferous**.
som·ni- [sámnɪ-/sɔ́m-] 연결 sleep의 뜻. ¶ **som**-
som·ni·fa·cient [sàmnəféiʃənt/sɔ̀m-] 명 최면성의. — 명 최면약.
som·nif·er·ous [samnífərəs/sɔm-] 명 최면(催眠)의; 졸리게(잠오게) 하는. ¶ a ~ drug 수면제.
~**·ly** 부 「최면의.
som·nif·ic [samnífik/sɔm-] 명 잠이 오게 하는.
som·nil·o·quy [samnílokwi/sɔm-] 명 U 잠꼬대, 잠꼬대하는 버릇. **-quence** [-kwəns] 명 잠꼬대 버릇. **-quist** 명 **-quous** 명 잠꼬대하는 (버릇이 있는).
som·nip·a·thy [samnípəθi/sɔm-] 명 (의학) 1 수면 장애. 2 최면 상태.
som·no·lent [sámnələnt/sɔ́m-] 명 졸리는; 졸리게 하는. **-lence, -len·cy** 명 졸음, 졸림. ~**·ly** 부
Som·nus [sámnəs/sɔ́m-] 명 (로마 신화) 잠의 신 (죽음의 신 Thanatos의 형제).
SOMPA [sámpə/sɔ́m-] 명 (美) 솜파(문화적 배경이 비슷한 아이들의 득점을 대조함으로써 문화의 상이에 의한 IQ의 편향을 배제하는 평가법). [<System of **M**ulticultural **P**luralistic **A**ssessment]
SOMS shuttle orbiter medical system(승무원용 구급약 상자). **Soms.** Somerset(shire).
‡**son** [sʌn] 명 (복 ~s [-z]) 1 아들, 자식, 남자 아이; 양자; 사위(son-in-law)(↔ daughter). 2 (~s) (남자) 자손. ¶ the ~s of Abraham 아브라함의 자손, 유대인. 3 계승자. ¶ a ~ of Apollo [or the Muses] 시인/a ~ of Mars 군인/a ~ of Neptune 선원/~s of Satan [or Belial] 신이 내친 사나이, 악당. 4 (부르는 말로) 젊은이여, 벗이여. ¶ Old ~! 벗이여! 5 화신, 권화(權化). 6 (~s) (어떤 나라의) 국민, 주민. ¶ ~s of Korea 한국인. 7 (종교·각종 운동·주의의) 신봉자, 회원.
a son of a bitch [*or bachelor, sow*] (경멸적) 개자식, 개새끼, 후레자식.
a son of Adam 아담의 아들, 남자.
a son of a gun (구어) 악당, 나쁜 놈; (호칭) 자네, 대장; 골치거리; (놀람·실망을 나타내어) 저런, 아차.
a son of a white hen 행운아.
a son of God 천사.
a son of the soil 농부; 토착민, 고장 사람.
be one's father's son 아버지를 빼쏘다.
every mother's son 누구나, 누구든.
one's son and heir 대를 이을 아들, 장남. 「교도.
sons of darkness 어둠의 자식(들), 비(非)그리스도
sons of light 광명의 자식(들), 그리스도 교도.
the Son (of God) 신의 아들, (구세주로서의) 예수 그리스도(←마태 복음(Matt.) 16:16).
the Son (of Man) (신약) 사람의 아들, 인자(人子), 예수 그리스도, 구세주(←마태 복음(Matt.) 25:31); (구약) 아담의 자손.
the sons of men 인류, 인간.
so·nal [sóunl] 명 음(音)의, 음파[음성]의(sonic).
so·nance [sóunəns] 명 U 울림; 유성(有聲)음.
so·nant [sóunənt] 명 1 울리는, 소리나는. 2 (음성) 유성(有聲)(음)의. ↔ surd — 명 (음성) 유성음(↔ surd); 음절 주음(主音). **-nan·tal** [sounǽntl] 명 유

성(음)의.
so·nar [sóunɑːr] 명 수중 음파 탐지기((英) asdic). [<*so*und *n*avigation *r*anging]
so·nar·man [sóunɑːrmən] 명 (美해군) 수중 음파 탐지기 조작원, 소나 담당 하사관.
***so·na·ta** [sənáːtə] 명 (음악) 소나타, 주명곡(奏鳴曲).
sonáta fòrm 명 (음악) 소나타 형식.
son·a·ti·na [sànətíːnə/sɔ̀n-] 명 (복 ~s, -ne [-nei]) (음악) 소나티나, 소(小)주명곡.
son·dage [sándidʒ] 명 (고고) 시굴(試掘); 충위(層位)를 조사하기 위한 깊은 시굴 도랑.
sonde [sand/sɔnd] 명 1 (로켓) 고층 기상 측정기, 존데. 2 의료용 소식자(消息子).
sone [soun] 명 손(감각으로 느끼는 소리의 크기 단위).
son et lu·mière [F sɔ̃ e lymjɛːr] 명 송 에 뤼미에르(사적(史蹟) 따위에서 빛과 음향을 써서 벌이는 장려한 쇼). [<F *s*ound *and l*ight]
‡**song** [sɔːŋ, saŋ/sɔŋ] 명 (복 ~s [-z]) 1 C U 노래, 창가; 가곡; 성악; 노래하기. ¶ a popular ~ 대중 가요, 유행가/break [*or* burst] into ~ 노래하기 시작하다. 2 (가창용의) 서정시, 발라드; U (문어) 시가(詩歌), 시(詩). ¶ famous in ~ 노래로 유명한. 3 U C (문어) 노래·작은 새 따위의 울음 소리, 지저귐; (주전자의) 끓는 소리; (시냇물의) 물소리. ¶ The bird is in full ~s. 새가 한창 지저귀고 있다. 4 하찮은[변변찮은] 것; 푼돈, 헐값.
a song and dance ① 노래와 춤의 공연(쇼). ② (구어) 믿을 수 없는 이야기; 변명, 구실. ③ 싸구려.
for a (mere) song; for an old song 헐값으로.
make a song (and dance) about (英구어) (…의 일로) 소동을 벌이다, 흥분하다.
nothing to make a song about (英구어) 아무 짝에도 못쓰는 것, 시시한 것.
not worth a [or an old] song 아무 가치도 없어.
on (full) song (英구어) 아주 쾌조로서, 호조로.
sing another [*or a different, a new*] *song* [*or tune*] 태도[생각]를 일변하다.
sing the same [*or old*] *song* [*or tune*] 똑같은 소리만 늘어놓다, 넋두리하다.
the Song of Solomon (구약 성서의) 아가(雅歌)(애(Song of Sol.).
song·bird [sɔ́(ː)ŋbə̀ːrd] 명 명금(鳴禽); 여자 가수.
song·book [sɔ́(ː)ŋbùk] 명 창가집, 찬송가집.
sóng cỳcle 명 (음악) 연작(連作) 가곡(같은 시인·작곡가에 의한 통일된 주제·발상을 가진 일련의 가곡).
song·fest [sɔ́(ː)ŋfèst] 명 1 (대중 가요·민요 따위를) 노래 부르는 모임. 2 연주자와 청중이 함께 노래하는 음악회.
sóng fòrm 명 (음악) 가곡 형식, 리트 형식.
song·ful [sɔ́(ː)ŋfəl] 명 노래가 많은; 가락이 아름다운(melodious). ~**·ly** 부 ~**·ness** 명
song·less [sɔ́(ː)ŋlis] 명 노래가 없는; (작은 새 따위가) 지저귈 수 없는, 노래하지 못하는.
song·plug·ging [-plʌ̀ɡiŋ] 명 (방송 따위로 떠들어대는) 가곡 선전.
song·smith [sɔ́(ː)ŋsmìθ] 명 가곡 작곡가, 가요 작「가.
song·ster [sɔ́(ː)ŋstər] 명 노래하는 사람, 가수; 시인; 명금, 울새. 「가수; 여류 시인.
song·stress [sɔ́(ː)ŋstris] 명 (대중 가요의) 여자
sóng thrùsh 명 (유럽산(産)) 노래지빠귀.
song·writ·er [sɔ́(ː)ŋràitər] 명 (대중 가요 따위의) 작곡[작사]가.
son·ic [sánik/sɔ́n-] 명 1 소리의; 음향의. ¶~ waves 음파. 2 음속의.
sónic altímeter 명 (물리) (비행기의) 음향 고도계.
son·i·cate [sánikèit/sɔ́n-] 명 타 (세포·박테리아 따위를) 고주파[초음파]로 분해[파괴]하다.

-cá·tion, -cà·tor
sónic bárrier[wáll] 명 =sound barrier.
sónic bóom[(英) báng] 명 소닉 붐(항공기의 음속 돌파 폭발음).
sónic dépth finder 명 음향 측심기(測深機).
sónic guide 명 소닉 가이드(안경에 장착된 맹인용 초음파 송수신 장치). (또는 **Sónic guìde**)
sónic míne 명 음향 기뢰(acoustic mine).
sónic prófiling sùrvey 명 (해양) 음파 탐사.
són·ics [sániks/sɔ́n-] 명(⑧) (복수취급) 음속.
sónic spéed 명 음속. [(단수취급) 음향학.
so·nif·er·ous [sənifərəs, sou-/sɔ-] 형 소리를 전달하는, 소리를 내는.
son-in-law [⌒ínlɔ̀ː] 명 (⑧ **sons-**) 사위; 양자.
son·less [sánlis] 형 아들 없는.
*son·net [sánit/sɔ́n-] 명 (운율) 소네트, 14행시.
—타(작) 소네트를 쓰다. —타 소네트로 …을 찬양하다.
～-like 형
son·net·eer [sànətíər/sɔ̀n-] 명 소네트 시인.
—타(작) 소네트를 짓다.
son·net·ize [sánətàiz/sɔ́n-] 타(작) 소네트를 쓰다[만들다]. —타 …에 대하여 소네트를 쓰다; 소네트로 써 찬양하다. ᆡ·zá·tion 명
sónnet sèquence 명 연작 소네트(집).
son·ny [sáni] 명 (친근한 호칭으로) 애, 아가, 자네; (경멸적) 너, 야. [전파 발신 부표.
son·o·bu·oy [sánəbùːi/sɔ́nəbɔ̀i] 명 (항해) 자동
son·o·chem·is·try [sànoukémestri/sɔ̀n-] 명 초음파 화학. **-chém·i·cal** 형
son·o·gram [sánəgræm, sóun-/sɔ́n-] 명 (의학) 초음파 그램(초음파로 종양 등의 크기·밀도를 측정).
son·o·graph [sánəgræf/sóunəgràːf, sɔ́n-] 명 소노그래프(소리나 지진의 진동을 도형으로써 표시하는 장치). **son·o·gráph·er, son·o·gráph·y** 명
so·nom·e·ter [sənámətər/-nɔ́m-] 명 (의학) 청력(聽力) 측정 장치; 음향 측정기.
son·o·ra·di·og·ra·phy [sànəreidiágrəfi/-ɔ́g-] 명 초음파 X선 사진.
so·no·rant [sənɔ́ːrənt, sou-/sɔnə-, sóunə-] 명 (음성) 공명음(共鳴音)([l][r][m][n][j][w] 따위).
so·no·rif·ic [sànərifik/sɔ̀n-] 형 (귀뚜라미 따위가) 소리를 내는.
so·nor·i·ty [sənɔ́ːrəti, -nár-/-nɔ́r-] 명(UC) 울려 퍼짐; 공명; (음성) (소리의) 들림.
*so·no·rous [sənɔ́ːrəs, sánərəs/sɔ́nər-, sənɔ́ːr-] 형 1 (물건·장소가) 잘 울려퍼지는, 울려 나가는; 잘 울리는, 낭랑한. 2 (시문·문체 따위가) 격조 높은, 당당한; (연설 따위가) 과장된. ～·ly 부 ～·ness 명
son·ship [sánʃip] 명(U) 아들임; 아들의 신분; 부자 관계.
son·sy [sánsi/sɔ́n-] 형 (英) 1 행운의. 2 (여성이) 통통하고 귀여운, 풍만한; 쾌활한, 유쾌한. (또는 **sonsie**)
soo·ey [súːi] 감 수이(돼지를 부를 때 내는 소리).
‡soon [suːn] 부 (～·er; ～·est) 1 곧, 머지않아, 얼마 안 있어. ¶He will graduate from college ～. 그는 머지않아 대학을 졸업한다. 2 일찍, 일찌감치. ¶It would be better for you to start ～. 일찌감치 출발하는 편이 좋을 거야. 3 빨리; 수월하게, 용이하게. ¶**S- got, ～ gone.** (속담) 쉽게 얻은 것은 쉽게 잃는다/ **Least said, ～est mended.** (속담) 말은 적을수록 좋
all too soon 너무도 빨리; 어이없이. [다.
as [or (구어) *so*] *soon as* …하자마자, …하자 곧. ¶He went home *as ～ as* he got the phone call. 그는 전화를 받자마자 집으로 갔다.
as soon as not 기꺼이(most willingly).
as soon as possible [or *maybe, one can*] 되도록 빨리. ¶Please write to me *as ～ as possible.* 가급적 빨리 편지 주십시오.
at the soonest (아무리) 빨라도.
none too soon 꼭 알맞은 때에.
no sooner A than B A 끝나기가 무섭게 B, A하자마자 B, A한 순간에 B. ¶*No ～er* had he left home *than* he began to run for school. 그는 집에서 나오자마자 학교를 향해 뛰기 시작했다/*No ～er* said *than* done. 말이 떨어지기가 무섭게 실행되었다.
sooner or later; soon or late 머지않아, 조만간.
Sooner than you think. (구어) 예상 외로 빨리 (일어날 것 같다).
would (*just*) *as soon*...(*as not*) 어느 쪽이냐 하면 …하고 싶다. ¶I *would just as ～ stay at home as not.* 어느 쪽이나 하면 집에 있고 싶다.
would [or *will*] *do as soon as look at you* (구어) 곧 …하다(* 보통 나쁜 일에 쓰인다).
would [or *had*] *sooner A* (*than B*); *would* [or *had*] (*just*) *as soon A* (*as B*) (B하느니) 오히려 A하고 싶다, 차라리 A하겠다. ¶I *would ～er* die *than* live in slavery. 노예로 살 바에는 차라리 죽음을 택하겠다.
soon·er [súːnər] 명 1 (美) 선점(先占) 이주자(서부 지방에서 정부의 개방 허가 이전에 선취권을 얻기 위해 앞질러 간 사람); 남몰래 앞지르는 사람. 2 (S-) Oklahoma주 주민의 속칭.
Sóoner Státe 〔the ～〕 (美) 미국 Oklahoma주의 별칭.
soon·ish [súːniʃ] 부 상당히[꽤] 일찍.
*soot [sut, suːt/sut] 명(U) 검댕, 매연, 유연(油煙).
—타(작) …을 검댕으로 더럽히다, 그을음투성이로 만들다. ～-less, ～-like 형
sooth [suːθ] 명(U) (고어) 진실, 사실.
in (*good*) *sooth* 진실로, 실제로.
(*the*) *sooth to say* [or *tell*]; *to say* [or *tell*] (*the*) *sooth* 사실을 말하면.
— 형 (고어) 부드러운, 마음을 달래주는; 진실의.
～-ly 부
‡soothe [suːð] 타 〔～-s[-z]; ～-d; sóoth·ing〕 1 (남의 기분 따위)를 가라앉히다, 달래다, 진정시키다. 2 (고통 따위)를 덜어주다, 편하게 하다. ¶～ *pain* 고통을 덜어주다. 3 …을 기쁘게 하다, …의 비위를 맞추다.
—자 가라앉히다, 달래다, 위로하다.
sooth·er [súːðər] 명 위로하는 사람, 비위를 맞추는 사람; 고무 젖꼭지.
sooth·fast [súːθfæst/-fàːst] 형 (고어) 진실의 (true); 충실한, 성실한. ～-ly 부 ～-ness 명
sooth·ing [súːðiŋ] 형 달래는, 진정시키는; 덜어주는. ～-ly 부 ～-ness 명
sooth·say [súːθsèi] 자(타) (-said) 예언하다, 점치다. —명 예언, 점; 전조.
sooth·say·er [súːθsèiər] 명 예언자; 점쟁이.
sooth·say·ing [súːθsèiiŋ] 명(U) 예언, 점.
*soot·y [súti, súːti/súti] 형 검댕의, 검댕 같은; 그을은, 검댕으로 더러워진; 검댕처럼 검은.
sóot·i·ly 부 **sóot·i·ness** 명
sop [sap/sɔp] 명 1 (우유·수프 따위에 적신) 빵조각. 2 함빡 젖은 사람[것]. 3 비위를 맞추기[달래기] 위한 선물, 뇌물. 4 겁쟁이, 뱅충맞이.
a sop in the pan ① 고기즙으로 튀긴 빵; 맛있는 것[음식]. ② 선물, 뇌물.
give [or *throw*] *a sop to Cerberus* (지옥으로 가는 개) 케르베로스에게 먹을 것을 주다; 까다로운 사람을 매수하다.
—타 (**-pp-**) 1 (빵조각 따위)를 수프[액체]에 적시다. 2 …을 함빡 젖게 하다(*through*). ¶I was ～*ped through*. 나는 함빡 젖었다. 3 (물 따위)를 빨아들이다 (*up*). —자 (액체가) 스며들다, 배다.
SOP *S*tanding *[*or *S*tanding] *O*perating *P*rocedure (관리 운용 규정); *S*tudy *O*rganization *P*lan (시스템 설계 수법의 하나). **sop.** soprano.

soph [saf/sɔf] 圀 (美) =sophomore.
soph. sophister; sophomore.
So·phia [səfíːə, sóufiə/səféiə] 圀 소피아(여자 이름).
So·phie [sóufi] 圀 소피(여자 이름). (또는 **Sophia**)
soph·ism [sáfizm/sɔ́f-] 圀ⓊⒸ 궤변, 억지 이론; Ⓤ 궤변법.
soph·ist [sáfist/sɔ́f-] 圀 **1** (종종 S-) 소피스트(고대 그리스의 철학·수사학(修辭學) 교사); 궤변학자. **2** 궤변가. **3** 학자.
soph·ist·er [sáfistər/sɔ́f-] 圀 **1** (영국 대학의) 2, 3학년 학생.¶a junior [senior] ~ 2[3]학년 학생. **2** 궤변가.
so·phis·tic [səfístik] 圀 **1** 궤변의, 궤변을 늘어놓는; 궤변가의.¶a ~ tyrant 궤변을 늘어놓는 폭군. **2** (고대 그리스의) 궤변학파의. (또는 **sophistical**)
-ti·cal·ly 凰 **-ti·cal·ness** 圀
so·phis·ti·cate [səfístəkèit] 岡 **1** …의 순진성을 잃게 하다, …을 세파에 물들게 하다.¶a person too much ~d 닳고닳은 사람. **2** (드물게) (불순물을 섞어) …의 품질을 불순하게 하다, 질을 떨어뜨리다. **3** (원문 따위)를 함부로 손질하다. **4** (기계 따위)를 복잡하게 하다, 정교하게 하다. **5** …을 궤변으로 속이다. **6** (취미 따위)를 세련시키다, 도시적 감각을 주다; 복잡 미묘함을 알게 하다. — 岡 궤변을 부리다, 견강부회(牽強附會)하다. — 圀 [səfístəkət, -kèit] **1** 닳고닳은 사람; 안식이 높은 사람, 세련된 사람. **2** (의상) 도시적인 세련.
***so·phis·ti·cat·ed** [səfístəkèitid] 圀 **1** 순진성을 잃은, 굴러먹은. **2** (드물게) 불순물을 섞은 **3** 교양 있는, 안식이 높은, 세련된. **4** (기계·기술 따위가) 정교한; (문체 따위가) 기교에 치우친, 멋부린. **5** (음악·소설 따위가) 지식인 취향의, 고급의. **~·ly** 凰
so·phis·ti·ca·tion [səfístəkéiʃən] 圀Ⓤ **1** (드물게) 궤변을 부리기, 궤변. **2** 닳고닳음, 때묻음, 불순. **3** 교양이 있음; 세련되어 있음; 세련; (설계·기계 따위의) 정교[복잡]함.
soph·ist·ry [sáfistri/sɔ́f-] 圀ⓊⒸ 궤변법; 궤변.
Soph·o·cles [sáfəkliːz/sɔ́f-] 圀 소포클레스(495?-406? B.C.; 그리스의 비극 시인). **-cle·an** [-klíːən] 圀
***soph·o·more** [sáfəmɔ̀ːr/sɔ́f-] 圀 (美) (미국의 대학·4년제 고교의) ⓑ freshman, junior, senior). **2** 2년째 되는 사람.¶a ~ in Congress 당선 2년째의 국회 의원. — 圀 **1** (고교·대학의) 2학년생의. **2** 미숙한, 유치한, 어린 티가 나는.
***soph·o·mor·ic** [sàfəmɔ́ːrik, -már-/sɔ̀fəmɔ́r-] 圀 (美) 2학년생의; 2학년생다운; 아는 체하는, 자만하지만 미숙한, 건방진. (또는 **sophomorical**) **-i·cal·ly** 凰
So·phy[1] [sóufi, sáfi] 圀 (때로 s-) 페르시아 사비비(Safavi) 왕조(1500-1736)의 왕의 칭호. (또는 **Sophi**)
So·phy[2] [sóufi] 圀 =Sophie. ¶philosophy.
-so·phy [səfi] 연결 science(…학(學))의 뜻.
so·por [sóupər] 圀 (병리) 비정상적인 깊은 잠, 혼수; (S-) (상표) 수면제(methaqualone).
sop·o·rif·er·ous [sàpərífərəs, sòup-/sɔ̀p-] 圀 잠재우는, 최면의. **~·ly** 凰 **~·ness** 圀
sop·o·rif·ic [sàpərífik, sòup-/sɔ̀p-] 圀 최면의; 졸리는, 꾸벅꾸벅 조는.¶~ sounds 졸음이 오는 소리. — 圀 수면제. **-i·cal·ly** 凰
sop·o·rose [sápərous, sóup-/sɔ́p-] 圀 (의학) 혼수(상태)의, 병적 수면의. (또는 **soporous**)
sop·ping [sápiŋ/sɔ́p-] 圀 함빡 젖은, 축축한; (美 구어) 술 취한. — 凰 **1** 함빡.¶be ~ wet 함빡 젖어 있다.
sop·py [sápi/sɔ́pi] 圀 함빡 젖은; 질퍽질퍽한, 축축한; 비오는, 궂은; (구어) 눈물이 많은; (美속어) 술취한.
***so·pran·o** [səprǽnou -prá:n-/-prá:n-] 圀 (圀 ~s, -pra·ni [-niː]) (음악) **1** (the ~) 소프라노; (여성·어린이의) 최고음. ⇒BASS[1] **2** (the ~) (곡의) 최고 음부. **3** 소프라노 가수.

in soprano 소프라노로.
— 圀 소프라노의 (음역(音域)을 가진).
SOR (물리) synchrotron orbital radiation(싱크로트론 光양(放射)).
sorb[1] [sɔːrb] 圀 (유럽산(産)) 마가목류 나무; 그 열매.
sorb[2] [sɔːrb] 岡 (화학) 흡수하다, 흡착하다. **~·a·ble** 圀 **~·a·bíl·i·ty** 圀 (수·흡착된 물질).
sor·bate [sɔ́ːrbeit, -bət] 圀 (화학) 소르베이트(흡수된 것).
sor·be·fa·cient [sɔ̀ːrbəféiʃənt] (의학) 흡수 촉진성의. — 圀 흡수 촉진제.
sor·bent [sɔ́ːrbənt] 圀 (화학) 흡수[흡착]제.
sor·bet [sɔ́ːrbət, sɔːrbéi/sɔ́ːbei, -bət] 圀Ⓤ (과즙) 빙수, 셔벗(sherbet).
sór·bic ácid [sɔ́ːrbik-] 소르브산(酸)(방부제).
Sor·bon·ist [sɔːrbánist, -bǽn-, sɔ́ːrbən-/sɔːbɔ́n-] 圀 소르본 대학(원)의 학생[졸업생].
Sor·bonne [sɔːrbán, -bǽn/-bɔ́n] 圀 (the ~) 소르본 대학(파리 대학교의 문과 대학).
sor·cer·er [sɔ́ːrsərər] 圀 마법사, 마술사.
sor·cer·ess [sɔ́ːrsəris] 圀 sorcerer의 여성형.
sor·cer·ous [sɔ́ːrsərəs] 圀 마법의; 마술을 거는. **~·ly** 凰 **1** 마법, 마술.
sor·cer·y [sɔ́ːrsəri] 圀ⓊⒸ (악령의 힘을 빌려 행하) 마법, 마술; 마술을 사용하여 저지르는 행위; 요술, 마력.
***sor·did** [sɔ́ːrdid] 圀 **1** 더러운, 불결한, 비참한.¶a ~ room 누추한 방. **2** (사람·행위 등이) 탐욕스러운, 치사한. ⇒MEAN[2] 유의어 **3** (동·식물) 칙칙한 흙빛의. **~·ly** 凰 **~·ness** 圀 「(mute).
sor·dine [sɔːrdíːn] 圀 (음악) (트럼펫의) 약음기
sor·di·no [sɔːrdíːnou] 圀 (圀 **-ni** [-niː]) (음악) (현악기에 붙이는) 약음기, (피아노의) 지음기(止音器).
***sore** [sɔːr] 圀 (**sor·er**; **sor·est**) **1** 아픈, 피부가 까진, 염증을 일으킨 (**from**); 쓰린, 아파하는¶~ feet 구두에 닿아서 까진 발/an arm ~ from a burn 불에 데어 진무른 팔. **2** 슬픈, 비탄에 잠긴; (정신적으로) 괴로운, 걱정이 되는 (**over, after**); 화가 나는 (**at, about, over, for**).¶He is very ~ about the rumor. 그는 그 소문을 듣고 몹시 화를 내고 있다. 「것.
a sight for sore eyes 눈요기, 보기만 해도 즐거운
like [or *(as) cross as*] *a bear with a sore head* 기분이 언짢은.
get sore on [or *over, at*] …에 화를 내다.
stick [or *stand*] *out like a sore thumb* (구어) 눈에 띄다, 두드러지다.
touch a person on a sore place [or *spot*]; *touch a sore point with a person* 남의 아픈 데를[약점을] 건드리다.
— 圀 (圀 **~s** [-z]) 상처, 진무른 데, 종기; 고통·원한의 원인, 옛 상처.¶rub old ~s 옛 상처를 건드리다.
— 凰 (고어) 몹시, 심하게(sorely).
~·ness 圀
sore·head [sɔ́ːrhèd] 圀 (美 구어) 화를 잘 내는 사람, 늘 투덜대는 사람, 불평가; 져서 분해하는 사람. (또는 **sóreheàded**)
***sore·ly** [sɔ́ːrli] 凰 쓰라리게, 애처롭게; 격렬하게; 대단히.¶be ~ tired 녹초가 되다.
sore spot 아픈 곳, 약점. (또는 **sóre póint [pláce]**)
sore throat 圀 (병리) 인후염(咽喉炎). 「시럽.
sor·ghum [sɔ́ːrgəm] 圀Ⓤ 수수류(類); Ⓒ 수수
sor·go [sɔ́ːrgou] 圀 (圀 **~s**) (식물) 사탕수수(설탕·시럽 제조용 및 사료용으로 개량한 수수).
sor·i·cine [sɔ́ːrəsàin, -sin, sár-/sɔ́r-] 圀 (동물) 뾰족뒤쥐류의 특을 닮은. — 圀 뾰족뒤쥐(shrew).
sor·i·tes [sɔːráitiːz/sɔ-] 圀 (圀 ~) 연쇄식(連鎖式)(많은 3단 논법에 의해 성립되는 논법의 일종); 그 논법.

so·rop·ti·mist [səráptəmist/-rɔ́p-] 명 (종종 S-) 국제 여성 사업가 클럽의 회원.

so·ro·ral [sɔ́:rəl] 형 자매의[와 같은], 자매처럼 사이가 좋은. ~·ly 부

so·ror·i·cide [sɔːríːrəsàid, -rǽr-/-rɔ́r-] 명UC 자매(姉妹) 살해(자). **-cíd·al** 형

so·ror·i·ty [səróːrəti, -rǽr-/-rɔ́r-] 명 ⓒ 여성만의 클럽, 여성 종교 단체; (美) (대학 등의) 여학생 클럽.

sorórity hòuse 명 (美) 여대생 클럽 회관.

so·ro·sis¹ [səróusis] 명 (복 -ses [-siːz]) (식물) 상과(桑果)(오디·파인애플 따위), [랍, 여성 단체.

so·ro·sis² 명 (복 -ses [-siːz], -es) 여성 사교 클

sorp·tion [sɔ́ːrpʃən] 명UC (화학) 수착(收着) (adsorption(흡착), absorption(흡수)에 의한 물질의 결합 현상). **-tive** 형

sor·ra [sɔ́(ː)rə, sáːrə] 명 (아일·스코) =sorrow. —동 (il) 아니(not, never).

sor·rel¹ [sɔ́ːrəl, sǽr-/sɔ́r-] 형 적갈색의, 밤색 털의. ¶a ~ horse 구렁말. —명UC 밤색: ⓒ 구렁말.

sor·rel² 명 (식물) 참소리쟁이·수영류; 괭이밥류.

Sor·ren·to [səréntou] 명 소렌토(이탈리아 서남부 Naples만 남안에 있는 항구 도시; 유명한 피서지).

‡**sor·row** [sɑ́rou, sɔ́ːr-/sɔ́r-] 명 (~s [-z]) UI 슬픔, 비애, 비탄, 애도; (~s) 불행, 곤란, 고뇌(*for, over, at*). ¶in ~ and in joy 슬프거나 즐겁거나 / feel ~ for ...을 슬퍼하다 / be in great[or deep] ~ 몹시 슬퍼하다 / Her ~s turned her hair white. 온갖 불행 때문에 그녀의 머리는 백발로 변했다.

> [유의어] **sorrow** 소중한 사람·물건을 잃거나 중대한 죄·과실을 범하는 것에 대한 깊은 마음의 아픔을 나타내는 가장 일반적인 말. **grief** 비교적 짧고 격렬한 sorrow. **sadness** 가벼운 우울에서 깊은 비탄까지를 가리키는 넓은 뜻의 말; 마음이 무거움. **woe** 위로할 길 없는 깊은 슬픔·고통을 나타내는 문어.

2 후회, 유감(*for*). **3** 서운함, 석별의 정.
drown** one's **sorrows (속어) 술로 슬픔을 잊다. ¶drown one's ~s in a bottle of whisky 위스키를 마시고 슬픔을 달래다.
more in sorrow than in anger 노여움보다도 슬픔으로.
the Man of Sorrows 고뇌의 사람, 그리스도.
to** one's **sorrow 애석하게도, 슬프게도.
—동 (~s [-z]) 슬퍼하다, 한탄하다, 유감으로 생각하다 (*at, for, over*); (남을) 가엾게 생각하다 (*for*); (고인을) 애도하다 (*after, for*).
~·er 명 ~·less 형

‡**sor·row·ful** [sɑ́rəfəl, sɔ́ːr-/sɔ́r-] 형 (**more** ~; **most** ~) **1** 슬픈, 비탄에 잠긴. ⇨SAD [유의어] **2** 슬픔이 감도는, 슬픔을 자아내는, 슬픔을 나타낸. **3** 슬프게 하는, 애처로워하는; 서운해하는. ~·**ly** 부 ~·**ness** 명

sor·row-strick·en [-strìkən] 형 비탄에 잠긴.

‡**sor·ry** [sɑ́ri, sɔ́ːri/sɔ́ri] 형 (**-ri·er; -ri·est**) **1** (서술 용법) 가엾은, 딱한 (*for, about, to do, that* 절). ¶I am ~ for him. 그 사람이 가엾다 // I am ~ (that) you have been ill for a long time. 오랫동안 앓으셔서 안됐습니다 // We are ~ to hear of your sad traffic accident. 교통 사고를 당하셨다니 안됐습니다. **2** (서술용법) 유감인, 아쉬운 (*for, about, to do, that* 절). ¶I am ~ about it. 그것은 유감이다 // I am ~ (that) I must be going. 아쉽지만 가봐야겠습니다 // I am ~ to say (that) I cannot come. 유감스럽게도 갈 수가 없습니다 // Can you stay with me?—S-, but I can't. 같이 있어 주겠니?—유감스럽지만 그럴 수가 없어. **3** (서술용법) 미안하게 생각하는, 잘못했다고 생각하는, 후회하는 (*for, about, to do, that* 절). ¶I am ~ I am a poor correspondent. (편지에서) 편지를 자주 올리지 못해 죄송합니다 // I am ~ to trouble you much. 폐를 끼쳐 죄송합니다. **4** (한정용법) 불쌍한, 처량한, 한심한, 시시한; 비참한; 빈약한. ¶a ~ fellow 시시한 녀석 / a ~ horse 형편없는 말 / a ~ excuse 구차한 변명.
Sorry about that. (구어) 미안해요, 미안하게 됐소.
***sorry for** oneself* (구어) 풀이 죽어.
-ri·ly 부 **-ri·ness** 명

‡**sort** [sɔːrt] 명 **1** 종류, 부류; 품종; (…한) 종류의 것 [사람]. ¶people of every ~ and kind 온갖 종류의 사람들 / things of this ~; (구어) these ~ of things 이런 종류의 일들 / He is not (of) my ~. 그런 사람은 내 타입이 아니다[싫다] / They are all of a ~. 그들은 모두 비슷비슷하다 / He is not the ~ of man to do such a mean thing. 그는 그런 치사한 짓을 할 사람이 아니다 / Nothing of the ~! You're quite wrong. 천만에! 네가 전적으로 잘못했어.

> [유의어] **sort** 엄밀한 기준에 의하지 않고 어떤 공통점을 인정한 막연한 종류; 경멸적 암시를 지니는 일이 있다. **kind**=sort: 때로 부차적인 특징에 의한 분류를 암시. **type** 다른 것과는 분명히 다른 뚜렷한 공통의 특징을 기준으로 하는 종류. **species** 어떤 종류를 다시 세분한 종류; 막연하게 앞의 3단어와 같은 뜻으로 쓰이는 일도 많다. **class** 상하·우열 등의 가치 판단을 암시하는 종류. **category** 명확한 논리적 기준에 의한 종류.

2 (구어) 성질, 품질, 질. ¶a girl of a nice ~ 마음씨가 고운 소녀. **3** (고어) 방법, 방식, 모양, 태도; 정도. **4** (~s) (인쇄) 어떤 종류의 활자 중 각 활자. **5** (컴퓨터) 정렬(整列)(데이터 항목을 지정된 순서로 바꾸어 놓는 일).
***after** [or **in**] a sort* 어느 정도, 얼마간; 그럭저럭; 어떤 의미에서는. ¶He is strange *after a ~* 그에게는 어딘지 별난 데가 있다.
all sorts of 모든 종류의; 많은.
a sort of (a) (속어) 일종의 …, … 비슷한 것.
in bad sorts 안절부절 못하여, 신경질이 나서.
in some sort 얼마간, 약간, 어느 정도.
nothing of the sort (강한 부정) 그런 것이 아니다; 그런 일은 안 한다, 천만에, 당치도 않다.
of sorts [or ***a sort***] ① 2류의, 시시한, 신통치 않은, 이름뿐인. ¶a poet *of ~s* 2류 시인. ② 어떤 종류[정도]의; 정리되어 있지 않은.
of the sort 그런, 그와 같은. ¶He said something *of the ~*. 그는 대강 그 같은 말을 했다.
out of sorts ① (구어) 기분이 좋지 않은, 건강이 좋지 않은. ② (구어) 기분이 언짢은, 화가 난. ③ (인쇄) 활자가 갖추어지지 않은.
sort of; sort o'; sorter; sorta (구어) (부사적) 얼마간, 다소, 약간. ¶I ~ *of* like music. 나는 음악을 조금은 좋아한다.
sort of thing (英구어) (문장 끝에 붙여서 애매함을 나타내어) 말하자면…; 마치….
What sort of...? (불만을 나타내어) 도대체 어떻게 된 …인가? ¶*What ~ of* a report is this? 이걸 리포트라고 썼어?
—동 **1** …을 분류하다, 구분하다; …을 선별하다 (*out*). ¶~ mail 우편물을 구분하다 // (~+명+부) She ~ed out her books in the bookshelves. 그녀는 책장 속의 책을 선별했다. **2** …을 (특정 계급·집단 따위로) 가르다; (사람들을) (…으로) 갈라놓다. **3** (컴퓨터) (데이터)를 소팅하다, 정렬하다. **4** (스코) …에게 음식과 주거를 주다 (*with*); …을 정리[정돈]하다. **5** (구어) (벌하거나 나무라서) 행동을 바로 하게 하다. —자 **1** (고어) 조화되다, 어울리다 (*with*). ¶~ well [ill] *with* …과 조화되다[되지 않다]. **2** (英방언) 사귀다, 교제하다 (*with*).
sort** oneself **out (정세가) 가라앉다; (사람이 오해를 풀고) 서로 화해하다, 진정되다, 정상으로 되돌아가다.

sort out ① 분류[구분]하다. ② 《英구어》 [문제 따위]를 처리하다, 해결하다; [집단 따위]의 체제[조직]를 정리[정비]하다.
～·a·ble **～·a·bly**
sort·a [sɔ́ːrtə] 《속어》 =SORT of.
sort·er¹ [sɔ́ːrtər] 명 분류하는 사람, 선별하는 사람; 선별기; 《컴퓨터》 분류기(특정 데이터 항목의 대소순(大小順)으로 카드를 바꾸어 놓는 기계).
sort·er² 《속어》 다소, 얼마간(somewhat).
sor·tes [sɔ́ːrtiːz] 명《복》(성서 등을) 임의로 펴서 나온 페이지의 한 구절로 치는 점.
sórtes Bí·bli·cae [-bíbləsiː] 성서 점(占).
sor·tie [sɔ́ːrtiː] 명 1 (포위된 군대의) 반격, 출격; 반격[출격] 부대. ¶make a ~ 반격하다. 2 (공군) 단기(單機) 출격. 3 《英구어》 (익숙하지 않은 곳으로의) 소여행; (새로운 분야에의) 진출(into). — 동자 출격하다, 반격하다.
sórtie làb[càn, mòdule] 명 우주 실험실.
sor·ti·lege [sɔ́ːrtəlidʒ] 명《고》 1 제비(뽑기) 점. 2 마법, 마술. **-leg·ic** [-lédʒik], **-le·gious** [-líːdʒəs] 형
sort·ing [sɔ́ːrtiŋ] 명 구분, 분류; 〔지질〕 분급(分級) 과정[작용].
sórting trácks 명《복》 분류선(조차장(操車場)이나 역 구내에서 열차를 편성하기 위해 사용되는 선로들). (또는 **sórting yárd**)
sor·ti·tion [sɔːrtíʃən] 명U 제비뽑기, 추첨(에 의한 결정).
sórt kèy 〔컴퓨터〕 소트[정렬] 키.
sort·o' [sɔ́ːrtə] 명《속》 =SORT of.
sort-out [<ˈaut] 명 1 《英구어》 정리, 정돈. 2 《英속어》 싸움, 다툼.
so·rus [sɔ́ːrəs] 명 (《복》 **-ri** [-rai]) 《식물》 양치류의 포자낭군(胞子囊群).
SOS¹ [ésòués] 명 (《복》 **～'s** [-iz], **～s** [-z]) 1 (무선에 의한) 조난 신호. 2 (일반적으로) 구조 신호, 구원을 청하는 소리. — 동 1 구원을 청하다. 2 《해커 속어》 어느 숫자에서 1을 빼다.
SOS² 《美軍속어》 그 지겨운 것(허풍·딱딱한 이야기나 형편 없는 음식 따위).
SOS³ 《美軍속어》 비프스튜를 얹은 토스트(shit on a shingle).
so's [souz] 《속어》 =so that.
so-so [<sóu] 형부 그저 그만하게 나쁘지도 않은, 그렇고 그런. — 부 그저 그만하게, 꽤(tolerably).
sos·sled [sázld/sɔ́z-] 형 =sozzled.
sos·te·nu·to [sàstənúːtou, sòus-/sɔ̀s-] 〔음악〕 형[부] 소스테누토(로), 음을 계속[연장]한[하여]. — 명 (《복》 **～s**, **-ti** [-ti]) 음을 계속[연장]하여 연주[노래]하기 [하는 부분]. 〔<It〕
SOSUS 《군사》 Sound Surveillance System(잠수함에 대한 미국의 음향 감시 시스템).
sot [sat/sɔt] 명 술고래, 주정뱅이, 모주꾼. — 통 (**-tt-**) 태 [시간·재산 등]을 술로 탕진하다(away). — 자 술에 빠지다.
SOT stay on tab(음료수 깡통 따개의 일종).
Soth·e·by's [sʌ́ðəbiz] 명 소더비(London의 New Bond Street에 있는 골동품·미술품 등의 경매상).
So·thic [sóuθik, sɔ́θ-] 형 시리우스의, 천랑성의(Dog Star)의.
So·this [sóuθis] 명 시리우스성. 〔<Gk〕
sots [sats/sɔts] 명 소츠(옛 소련에서 사회주의 리얼리즘을 주창한 반체제적 예술 양식).
sot·tish [sátiʃ/sɔ́t-] 형 술고래의, 주정뱅이의, 모주꾼의. **～·ly** 부 **～·ness** 명
sot·to vo·ce [sátou vóutʃi/sɔ́t-] 부 작은 목소리로; 방백(傍白)으로(aside). 〔<It〕
sot-weed [<wìːd] 명《구어》 담배.
sou [suː] 명 수(프랑스의 옛 5상팀 동전, 1/20 프랑); 《구어》 얼마 안 되는 금액. ¶I haven't a ~. 나는 무일푼이다. 〔<F〕
sou·a·ri [suári] 명 〔식물〕 (남미 열대산) 버터넛나

souári nùt 명 수아리 넛, 버터넛(버터넛나무의 열매).
sou·brette [suːbrét] 명 (연극 중의) 몸종, 시녀; 그 배역을 연기하는 여배우; 말괄량이, 왈가닥.
sou·bri·quet [súːbrəkei/-bri-] =sobriquet.
sou·chong [sùːtʃɔ́ŋ, -tʃɑ́p/-tʃɔ́ŋ, -tʃɑ́ŋ] 명U 소총(小種)(중국산(産)의 고급 홍차). 〔<Chin〕
Sou·dan [F sudã] 명 Sudan의 프랑스어 이름.
Sou·da·nese [sùːdəníːz, -niːs] 명 (《복》) = Sudanese.
souf·fle [súːfl] 〔의학〕 (청진기에 들리는) 부드러운 취명(吹鳴), 잡음.
souf·flé [suːfléi/<ˈ] 명 수플레 요리(달걀 흰자와 화이트 소스·생선살·치즈 따위를 넣고 달걀 환자를 거품내어 구운 요리); 같은 방식의 단맛나는 과육(果肉) 요리. — 형 (또는 **souf·fléed**) 수플레 요리의, 가볍게 부푼. — 타 ···을 수플레 요리로 하다. 〔<F〕
sough¹ [sau, sʌf] 명자 윙윙[쏴쏴] 소리내다; 속삭이는 듯한 소리를 내다; 《北英》 단조로운 목소리로 이야기[설교]하다. — 명 윙윙[쏴쏴] 하는 소리; 《北英》 한숨; 단조로운 이야기. **～·ful·ly** 부 **～·less** 형
sough² 《英》 명 배수로, 고랑, 하수구; 소택지. — 동 태 〔토지·광갱〕에서 (방수로·배수구 따위를 설치하여) 배수하다(drain).
‡**sought** [sɔːt] seek의 과거·과거분사.
sought-af·ter [<ˈæftər/-ɑ́ːf-] 형 수요가 많은; 인기 있는. ¶a ~ speaker 인기 있는 강연자.
‡**soul** [soul] 명 (《복》 **～s** [-z]) 1 U넋, 영혼(魂)(body, flesh). ¶immortality of the ~ 영혼 불멸/two ~s in one breast 이중 인격. 2 UC 정신, 마음. ⇨ MIND 유의어 ¶put one's whole ~ into one's work 일에 온힘을 쏟다. 3 U 활력, 생기, 기력; 정열. ¶The painting lacks ~. 그 그림에는 생동감이 없다//He has no ~ for art. 그에게는 예술에의 정열이 없다. 4 핵심, 정수(精髓), 생명. ¶Brevity is the ~ of wit. 간결은 재치의 정수 (←Shakespeare작 Hamlet II. ii.). 5 (활동의) 중심 인물, 지도자. ¶He is the (life and) ~ of the movement. 그는 그 운동의 중심 인물이다. 6 화신, 권화(權化). ¶He is the ~ of diligence. 그는 굉장히 부지런한 사람이다. 7 죽은 사람의 영혼, 망령. ¶May his ~ rest in peace! 그의 명복을 빕니다! 8 사람, 인간. ¶a simple ~ 소박한 사람; 바보/a thirsty ~ 술꾼/my good ~ 여보게, 여보시오. 9 U《美구어》 a) 흑인혼, 흑인의 민족 의식; 성실성, 진국. b) =~ food. c) =~ music.
cannot [or **not be able to**] **call** one's **soul** one's **own** 완전히 남에게 좌지우지당하고 있다.
commend one's **soul to God** (죽게 된 사람이) 영혼을 신에게 위탁하다, 사후의 명복을 빌다.
for my soul; for the soul of me; to save my soul 단언코, 아무리해도, 도저히 (···할 수 없다).
(God) bless my soul! 이거 놀랍군!
have a soul above ···을 못떳떳하게 여기다.
in one's **soul of souls** 마음 속에서는.
keep body and soul together ⇨BODY.
search one's **soul** (구어) 반성하다.
sell one's **soul** (돈 따위를 위해) 영혼을 팔다.
to save one's **soul** 아무리 해도, 도저히(* 삽입구로서 쓰인다). ¶Tom, to save his ~, could not let this pass. 톰은 도저히 이것을 보고 지날 수가 없었다.
upon [**on, by**] **my soul** ① 맹세코, 틀림없이. ② 《구어》 〔감탄사적〕 이거 놀랍군!
with one's **heart and soul** 온 정신을 기울여.
— 형 《美구어》 흑인의, 흑인의 넋을 가진; 성실한, 진 **～·like** 형 국[진짜]의.
sóul bròther 명 (흑인 동포로서) 형제 같은 흑인.
Sóul Cíty 명 《美혹인속어》=Harlem; 〔조로운.
soul-de·stroy·ing [-distrɔ́iŋ] 형 (일이) 몹시 단**souled** [sould] 형 《복합어로》 ···의 마음[정신]을 가진. ¶narrow-~ 마음이 좁은.

sóul fòod 명 《美구어》 흑인 특유의 음식. **sóul-fòod** 형

soul·ful [sóulfəl] 형 넋이 담긴; 감동[감상]적인; 활기에 찬, 열정적인. **~·ly** 부 **~·ness** 명

sóul kíss 명 =French kiss.

soul-kiss [ːkìs] 자 (…에게) 격렬한 키스를 하다.

soul·less [sóullis] 형 혼이 없는, 정성이 담기지 않은; 인정이 없는; 비천한; 활기[기력]가 없는. **~·ly** 부 **~·ness** 명

sóul màte 명 마음맞는 (이성의) 사람; 정부(情夫), 정부(情婦).

sóul mùsic 명 〔음악〕 솔 뮤직(리듬 앤드 블루스의 일종).

sóul ròck 명 〔음악〕 솔 록(soul music의 영향을 받은 록의 반성).

soul-search·ing [ːsə̀ːrtʃiŋ] 명 U 자기 분석, 양심의 반성.

sóul sìster 명 흑인 동포로서의 흑인 여성.

‡**sound**[1] [saund] 명 **~s** [-z] 1 U C 소리, 음, 음향. ¶ a joyful ~ 환성 / make a ~ 소리를 내다 / S-travels slower than light. 소리는 빛보다 느리게 전달된다. 2 (음·목소리·말 따위의) 느낌, 울림, 인상. ¶ The rumor has a sinister ~. 그 소문에는 불길한 느낌이 있다. 3 U C 〔음성〕 소리, 음(phone). ¶ speech ~ 언어음[言語音] / voiced[voiceless] ~s 유성[무성]음. 4 U 소음, 잡음, 소란. 5 U 음성이 들리는 범위. 6 사운드(어느 개인·그룹·지역 등에 특유한 음악 스타일). 7 〔고어〕 소식; 통지. 8 〔곳에(서).

beyond [or *out of*] *the sound of* …이 안 들리는

catch the sound of …의 의미를 대충 파악하다.

like [or *be fond of*] *the sound of one's voice*
자기 목소리에 스스로 도취되어 수다스럽게 지껄이다.

much sound but little sense 헛소동.

sound and fury 소음과 격노; 의미 없는 소음.

within the sound of …이 들리는 곳에.

— 자 (~s [-z]) 자 1 울리다, 소리가 나다. 소리를 내다. The trumpets are *~ing*. 나팔이 울리고 있다 / (~+圖) The music ~s sweet. 음악이 아름답다. 2 생각되다, 들리다, …처럼 보이다, …인 것 같다(seem) (*뒤에 명사, 형용사, 전치사구나 like, as if가 이끄는 구·절이 온다). ¶ How does the idea ~ to you? 너는 그 의견을 어떻게 생각하느냐? // (~+圖) The story ~s plausible. 그 이야기는 그럴 듯하게 들린다 / That ~s great. 그것 정말 괜찮을 것 같다. 3 〔법률〕 관계되다(…에) 근거하다(*in*). ¶ (~+前+名) His action ~s *in* contract. 그의 소송은 계약에 관한 것이다. 4 …로 발음되다, …로 읽히다. — 타 1 …의 소리를 내다, …을 울리다. ¶~ *a trumpet* [*drum*] 나팔을 불다[북을 치다]. 2 …을 소리내어 말하다, 발음하다. ¶ He ~*ed a note of surprise*. 그는 놀라서 소리를 질렀다. 3 (나팔·북·종 따위로) …의 신호를 하다, …을 알리다. ¶ The clock has ~*ed* noon. 시계가 12시를 쳤다. 4 (가슴 따위)를 타진하다; (재목·레일 따위)를 두드려서 조사하다. ¶~ *the lungs* 폐를 청진하다. 5 (소문 따위)를 퍼뜨리다, 널리 전하다. 6 《美속어》 (남)을 비웃다, …을 (조롱하여) 화나게 하다.

sound off ① 〔군사〕 (기상·소등 따위의) 신호 나팔을 불다; 《美속어》 (점호 따위에서) 이름[번호]을 큰소리로 말하다. ② 드러내놓고 말하다, 불평을 늘어놓는다.

strange as it may sound 이상하게 들릴지 모르나.

‡**sound**[2] 형 (*~·er*; *~·est*) 1 (신체·정신이) 건전한, 강건한, 정상인. ⇒ HEALTHY 유의어. ¶ A ~ *mind in a ~ body*, 《속담》 건전한 정신은 건강한 신체에. 2 상하지 않은, 온전한. 3 (재정적으로) 건실한, 지불 능력이 있는. 4 튼튼한, 확실한; 이론적으로 옳은. 5 내용이 있는, 실질적인; 영속적인. 6 (행위 따위가) 양식이 있는, 사려 분별이 있는; 안전한, 성실한. 7 (권리가 법적으로) 유효한. 8 (교리 따위가) 정설의, 정통의. ¶ He is ~ *on* religion. 그는 정통적인 종교관을 갖고 있다. 9 철저한, 충분한; (수면이) 깊은, 연속적인. ¶ a ~ *recovery* 완쾌 / a ~

sleep 숙면. 10 (도덕적으로) 결함이 없는, 고결한.

(as) sound as a bell [or *colt, roach*] 매우 건전한.

(as) sound as a top 푹 잠든.

safe and sound 무사 안전한.

sound in wind and limb 건강한, 오체(五體) 건전한.

— 부 (*~·er*; *~·est*) (잠과 관련하여) 잘, 깊이, 푹, 충분히. ¶ be ~ asleep 푹 잠들어 있다 / sleep ~ 숙면하다.

~·ness 명

‡**sound**[3] 타 (~s [-z]) 타 1 (측연(測鉛)·측간(測桿) 따위로) 〔물 깊이·깊은 곳]을 측량하다, (바다·호수·연못 따위)의 수심을 재다. ¶~ *the depths of the ocean* 해저의 깊이를 재다. 2 〔남의 생각이나 기분]을 떠보다, 타진하다(*out*). ¶ (~+圖+副) They tried to ~ me *out*. 그들은 내 의중을 탐지하려 했다 / (~+圖+前+名) I have ~*ed his views about* [or *on*] *the matter*. 그 일에 대해 그의 의견을 떠보았다. 3 〔의학〕 (외과용 탐침(探針)을 써서) (방광 따위)를 살피다. — 자 1 (측연 따위로) 수심을 재다. 2 해저에 닿다; (고래 따위가) 깊이 잠수한다. 3 (남의 생각·기분 따위)를 떠보다. — 명 〔의학〕 (외과용) 탐침.

sound[4] 명 1 해협, 작은 해협. 2 작은 만, 후미. 3 물고기의 기포(氣胞)[부레].

sóund absórption 〔음향〕 흡음(吸音).

sound·a·like [sáundəlàik] 명 비슷한 이름의 사람[것]; (목소리·노래 따위가) 유명인과 비슷한 사람. — 형 소리[울림]가 비슷한. (또는 **sóund-alíke**)

sound-and-light [ːənláit] 형 (환경 예술에서처럼) 소리와 빛을 사용한. 〖佛〗 son et lumière

sóund-and-líght shòw 소리와 빛의 쇼(유적지·건물 등을 조명하고 그 연혁이나 역사를 내레이션·음향 효과·음악 등에 의해 연출적으로 해설하는 쇼).

sóund bàrrier 명 (the ~) 음속(音速) 장벽.

sóund bìte 명 1 (뉴스 프로그램에서) 사건을 짤막하게 전하는 영상(*흔히 반복적으로 사용된다). 2 방송용으로 발췌한 짧은 어구, 정치인의 어록[소견].

sound-bite [ːbàit] 명 자 (사건 따위)를 TV[라디오] 방송용으로 간략히 줄이다.

Sóund Blàster 명 〔컴퓨터〕 사운드 블래스터(IBM 호환 PC용 sound card의 상표명).

sound·board [sáundbɔ̀ːrd] 명 =sounding board.

sóund bòard 명 〔컴퓨터〕 사운드 보드(sound card).

sound·box [sáundbɑ̀ks/-bɔ̀ks] 명 (악기의) 공명상자, 음향실; (축음기의) 사운드 박스.

sóund broàdcasting 명 라디오 방송.

sóund càmera 명 (영화의) 동시 녹음용 카메라.

sóund càrd 명 〔컴퓨터〕 사운드 카드(음성 입출력용 확장 카드).

sóund chànge 명 〔음성〕 음 변화, 음운(音韻) 변화.

sóund chèck 명 사운드 체크(연주 직전의 조율).

sound-con·di·tion [ːkəndiʃən] 자 타 …의 음향 효과를 좋게 하다.

sóund efféct 명 (보통 ~s) 음향 효과.

sóund enginéer 명 (방송의) 음향 기사.

sound·er[1] [sáundər] 명 울리는 사람[것]; 〔전신〕 음향기.

sound·er[2] 명 수심을 재는 사람[기구].

sóund fìeld 명 〔물리〕 음장(音場).

sóund fìlm 명 녹음 필름; 발성 영화.

sóund hèad [gàte] 명 (영사기의) 발성부.

sóund hòle 명 (현악기 울림판의) 향공(響孔).

sound·ing[1] [sáundiŋ] 형 1 소리가 나는, 소리를 내는. 2 울려 퍼지는, 반향하는. 3 어마어마하게 들리는, 과장된. ¶ a ~ *name* 어마어마한 이름 / (의향 따위의) 타진. 3 《美속어》 (불량 소년들이 하는) 욕설 주고 받기.
~·ly 부 울려 퍼질 듯이; 당당하게, 인상적으로.
~·ness 명

sound·ing[2] 명 C U 1 (종종 ~s) (측연(測鉛)에 의한) 측심(測深), 수저(水底) 조사. 2 (~s) 측연으로 측심 가능한 수역(600피트 이내); 측량된 수심. 3 〔기상〕 (라디

sounding balloon

오존데·로켓 등을 이용한) 대기 조사, 고층 기상 관측.
be in soundings (배가) 측연이 미치는 곳에 있다.
(get) off soundings 측연이 닿지 않는 곳에 (가다); 서투른 일에 (착수하다).「은 일에 (착수하다).
(get) on soundings 측연이 닿는 곳에 (가다); 손익을 재다.
strike soundings 측연을 물밑에 닿게 하다, 수심을 재다.「태를 알아보다.
take soundings ① (…의) 수심을 재다 (in). ② 사
sóunding ballòon 图 [기상] 기상 관측 기구.
sóunding bòard 图 1 (악기의) 공명판; 반향판. 2 선전해 주는 사람[집단, 것]; (반응을 알아보기 위해) 이용되는 사람(들).
sóunding lèad [-lèd] 图 측연(測鉛)(수심 측정용).
sóunding line 图 측연선(線)(측연에 단 줄).
sóunding ròcket 图 [기상] 관측 로켓.
sóunding ròd 图 측봉(測棒), 측간(測桿).
sóund làw 图 [음성] 음성(음운) 법칙(phonetic law).
sound·less[1] [sáundlis] 图 소리나지 않는, 울림이 없는, 고요한. **~·ly** 图 **~·ness** 图
sound·less[2] 图 깊이를 잴 수 없는, 매우 깊은.
~·ly 图 **~·ness** 图
sound·ly [sáundli] 图 1 건전하게; 확실하게. 2 깊이. ¶sleep ~ 푹 자다. 3 전적으로, 완전히. 4 몹시, 심하게. ¶beat a person ~ 남을 호되게 때리다.
sóund màn 图 1 =sound mixer 1. 2 음향 효과 담당자.「리의 조정 혼합 장치.
sóund mìxer 图 1 (방송·녹음의) 음향 기술자. 2 소
sóund mòtion pìcture 图 발성(發聲) 영화.
sóund-múl·ti·plex bròadcast [-múltəplèks-] 图 음성 다중 방송.「방식.
sóund-múltiplex sýstem 图 [방송] 음성 다중
sóund pollùtion 图 소음 공해(noise pollution).
sóund pòst 图 [음악] (현악기의) 울림막대.
sóund prèssure 图 [물리] 소리의 압력, 음압(音壓).
sound·proof [sáundprúːf] 图 방음의, 방음 장치의. ──图图 …에 방음 장치를 하다. **~·ing** 图
sóundproof brá 图 (美속어) 패드가 든 브래지어.
sóund rànging 图 (싸움터에서 사용하는) 음원 탐지법.「(音源) 탐지법.
sóund recòrding 图 녹음.
sound·scape [sáundskèip] 图 음경(音景), 소리의 풍경, 음악적 파노라마.
sóund sculpture 图 소리가 나는 조각(금속 막대 따위를 사용하여 상쾌한 소리를 내게 만든 추상 조각).
sóund shèet 图 (속어) 소노 시트(보통 음반보다 얇은 플라스틱 음반; 광고·판매용).
sóund shift 图 [물리] 음추이(音推移), 음변화.
sóund spèctrogram 图 음향 스펙트로그램, 음향 분석도.「음향 분석기.
sóund spèctrograph 图 음향 스펙트로그래프.
sóund stàge 图 사운드 스테이지(영화 촬영용 방음 설비를 한 건물).
sóund sýstem 图 1 [언어 등의] 음체계. 2 음향 시스템.「[필름 가장자리의 녹음대(帶)].
sound·track [sáundtræk] 图 [영화] 사운드 트랙
sóund trùck 图 (확성기가 달린) 선전차.
sóund wàve 图 [물리] 음파.

‡**soup** [suːp] 图图 1 (종류를 말할 때는 ⓒ) 수프, 고깃국(물). ¶vegetable ~ 야채 수프/eat ~ (스푼으로) 수프를 먹다(＊보통 drink soup라고는 하지 않는다). 2 (속어) 짙은 안개. 3 강화된 힘; 마력(馬力); (속어) (비행기·자동차의) 강화 연료; (속어) 스피드. 4 (속어) (겔고탈이의) 니트로글리세린, 다이너마이트. 5 (화학 용의) 폐액(廢液), 잔류액. 6 (속어) (사진) 현상액. 7 (속어) (경주마에게 마시게 하는) 흥분제. 8 수프(primordial ~) (생명을 발생시킨 것으로 생각되는 유기분자가 농축된 수용액). 9 (서핑) 파도가 부서진 흰 거품.
from soup to nuts (美구어) 처음부터 끝까지, 몽땅, 모두; (식사 코스에서) 수프에서 디저트까지.

in the soup (구어) 곤경에 빠져, 난처하여.
Soup's on! (구어) 식사가 준비됐어요!
──图图 (보통 수동형으로) (구어) 곤경에 빠뜨리다.
soup up ① …의 마력을 높이다, 속도를 빨리 하다; [차 따위의 엔진]을 개조하다. ② …을 한층 더 자극적으로 만들다, …의 재미를 돋우다; …에 활력을 주다.
~·less, **~·like** 图「야회복.
soup-and-fish [⌐ənfíʃ] 图 (美구어) 남자의 정식
soup·bone [súːpbòun] 图 1 수프거리로 우리는 뼈. 2 (美속어) (투수의) 주로 쓰는 팔.「[<F]
soup·çon [suːpsɔ́ːŋ/⌐-] 图 조금, 소량; 기미(of).
souped-up [súːptÁp] 图 (속어) 1 (엔진·자동차 마력가) 마력을 높인, (스피드가 나게) 개조한. 2 가치[매력]가 증대한; 보다 자극적[극적]으로 만든.
sóup hòuse 图 (美속어) 싸구려 식당.
sóup jòb 图 (美속어) 강력하게 개조한 차[비행기].
sóup jòckey 图 (美속어) 웨이터, 웨이트리스.
sóup kìtchen 图 (빈곤자들을 위한) 무료 급식소; (軍속어) 이동 주방.
sóup plàte 图 우묵한 수프용 접시.
soup·spoon [súːpspùːn] 图 수프용의 큰 스푼.
sóup tìcket 图 (무료 급식)의 식권.
soup·y [súːpi] 图 1 수프 같은, 걸쭉한. 2 (안개 따위가) 짙은. 3 (美속어) 감상적인, 다정 다감한, 눈물이 많은.
‡sour [sauər] 图 (~·**er**; ~·**est**) 1 시큼한, 신(图 sweet). 2 시어진, 산패(酸敗)한 (냄새가 나는). ¶The milk turned ~. 그 우유는 시어졌다.

> 유의어 **sour** 발효·부패·미숙 따위로 맛이 신. **acid** 화학적 특성으로서 신맛이 나는. **tart** 톡 쏘는 듯한 신 맛이 있고 상쾌한.

3 꾀까다로운, 기분이 언짢은; 싫은, 불쾌한; 심술궂은; 모진, 가혹한. 4 표준 이하의, 빈약한, 서투른. ¶a ~ game 시시한 시합. 5 [농업] (땅이) 산성의; 불모의; (날씨가) 구중중한, 냉습한. 6 (휘발유 따위가) 유황 화합물이 섞인. 7 (구어) [음악] 가락[음정]이 틀린.
(as) sour as vinegar 매우 무뚝뚝한 듯한.
be sour on (美구어) …에 적대하여, …을 싫어한다, …이 싫다.
for sour apples (속어) 서투르게, 보기 흉하게.
go [or **turn**] **sour** ① (음식물 따위가) 시어지다. ② 원활하게 진행되지 않다, 못쓰게 되다. ③ 흥미를 잃다 (on); …에게 혐오감을 느끼다 (on).
──图 1 신 것. 2 (the ~) 싫은 것, 괴로운 일. 3 ⓊⒸ (美) 사워(위스키나 진에 레몬즙과 설탕을 넣은 새콤한 산성 음료). 4 (표백·염색 등을 위한) 산욕(酸浴).
in sour 잘못 되어, 난처하게.
take the sweet with the sour 인생의 고락을 감수하다, 낙천적으로 받아들이다.
──图图 1 …을 시게 하다, 산패[악화]시키다. 2 …을 화나게 하다, (마음)을 비뚤어지게 하다; 낙담[실망]시키다. 3 (세탁물 따위)를 산성 물질로 처리하다. ──图 1 시어지다. 2 (마음이) 비뚤어지다, 꾀까다로워지다. 3 흥미를 잃다, 실망[낙담]하다. 4 (농업) (땅이) 산성화하다.
sour a person on (美) …에 대한 관심[열의]을 없게 하다.「하다.
sour on (美) …에 관심[열의]을 잃다.
~·ly 图 **~·ness** 图
sour·ball [sáuərbɔ̀ːl] 图 1 (맛이 새큼한) 드롭스 (英) acid drop). 2 (美속어) 성미 까다로운 사람, 불평가.

‡source [sɔːrs] 图 (图 **sourc·es** [-iz]) 1 근원, 근본, 원인. ⇨ORIGIN 유의어 ¶one's chief ~ of income 주된 수입원 / Idleness is the ~ of all evil. (속담) 나태는 모든 악의 근원이다. 2 수원(口), 원천, 발원. ¶the ~s of the Rhine 라인강의 수원. 3 출처, 전거, 출전(出典), 자료, 정보원(源). ¶news from a reliable ~ 믿을 만한 소식통에서 나온 정보. 4 (이자·배당 따위의) 지불자.

source book 2604 **South Dakota**

5 [고어] 천연의 샘[저수지]. 6 제조업자, 공급자. 7 [컴퓨터] =～code. 8 (the S-) 소스(회중 전등의 한쪽에 전류가 흐르는 포크 모양의 돌기가 있는 공격용 무기; 경관이 범인 체포용으로 쓴다).
at source 원천에 있어.
── (*sourc·es* [-iz]; ～*d* [-t]; *sourc·ing*) 🔞 **1** …의 정보원(源)[출전]을 밝히다. ¶ The research paper was not accurately ～*d*. 그 연구 논문은 전거가 엄밀히 밝혀지지 않다. **2** (수동형으로) [부품·자료 따위]를 공급[제공]하다. **3** (생산 활동을) (…으로) 하다, 전개하다 (*in*). ── 🔞 **1** (회사 등이) 제조업자[공급자]로 제약하다. **2** (인재 등에 대하여) 정보를 구하다, 가능성을 찾다. **3** (저널리즘에서) 정보원을 밝히다.
～*·ful* 🔞 ～*·ful·ness* 🔞 ～*·less* 🔞
sóurce bòok 🔞 (역사·문학 따위의) 원전, 사료(史料)(집).
sóurce còde 🔞 [컴퓨터] 원시[바탕] 부호, 소스 코드(연산 실행 전에 컴파일러(compiler), 판독기, 어셈블러(assembler)에 의해서 기계어 코드(object code)로 변환되어야 하는 프로그램 명령).
sóurce dàta 🔞 [컴퓨터] 바탕 자료, 소스 데이터.
sóurce dìsk 🔞 [컴퓨터] 바탕 판, 소스 디스크(복사될 파일이나 프로그램을 갖고 있는 디스크).
sóurce dòcument 🔞 [컴퓨터에 기억시킬] 원문서; [컴퓨터] 소스[작성자측의] 문서.
sóurce fòllower 🔞 [전자] 소스 폴로어(전기장 효과 트랜지스터(field-effect transistor)의 전력 증폭 회로).
sóurce lànguage 🔞 **1** [컴퓨터] 바탕 언어(번역 처리의 입력이 되는 당초의 프로그램 언어). **2** 기점(起點) 언어(번역되는 문장의 원어(原語); 기점 언어(외국어를 습득할 때 학습 장애의 원인이 되는 언어; 모국어).
sóurce matérial 🔞 (연구·조사 등의) 원자료(기록·일기·수기 따위).
sóurce prògram 🔞 [컴퓨터] 바탕 프로그램.
sóur chérry 🔞 [식물·원예] 산과(酸果) 앵두나무 (서남 아시아 원산; 열매는 신맛이 강하다); 그 열매.
sóur crèam 🔞 사워 크림(생크림을 유산 발효시킨 것). (또는 **sóured crèam**)
sour·dine [suərdíːn] 🔞 [음악] **1** 약음기(mute). **2** 소형 바이올린; 구식 오보에. **3** 수르딘(군대에서 진군 신호용으로 쓰인 트럼펫의 일종).
sour·dough [sáuərdòu] 🔞 **1** Ⓤ (美) (다음번에 쓰려고 남겨 두는) 누룩 반죽, 이스트, 효모(酵母). **2** (캐나다나 알래스카에서 한해 겨울을 난) 탐광자(探鑛者), 개척자. ── 🔞 이스트로 부풀린.
sóur grápes 🔞(복) 지기 싫어하기, 오기(傲氣)(이솝 우화 중의 「여우와 포도」이야기에서 유래).
sóur gùm 🔞 (美) =tupelo.
sour·ish [sáuəriʃ] 🔞 조금 신, 새콤한.
sóur màsh 🔞 산성 맥아즙.
sóur órange 🔞 광귤나무(bitter orange).
sour·puss [sáuərpùs] 🔞 (美구어) 시무룩한 사람, 침울한 얼굴을 한 사람; 꼴보기 싫은 놈.
sóur sált 🔞 산미염(酸味鹽), 결정 구연산.
sour·sop [sáuərsàp/-sɔ̀p] 🔞 가시여지(荔枝)(서인도 제도산(産)의 작은 나무); 그 열매.
sou·sa·phone [súːzəfòun, -sə-] 🔞 수자폰(관악기의 일종). **-phòn·ist** 🔞 [<미국의 취주악 지휘자 J. P. Sousa (1854–1932)의 이름]
sous-chef [súːʃèf] 🔞 부(副) 요리장. [<F]
souse[1] [saus] 🔞(타) **1** …을 물(따위)에 담그다[처넣다](*in*); (물 따위를) 끼얹다(*over*). ¶ ～ *water over a thing* 물건에 물을 끼얹다. **2** …을 흠뻑 적시다. **3** …을 소금에 절이다(pickle). **4** (속어) …을 술에 취하게 하다. ¶ *get* ～*d* 술에 취하다. ── 🔞 **1** 물 속(따위)에 뛰어들다, 첨벙 빠지다. **2** 흠뻑 젖다. **3** (속어) 술에 취하다.
── 🔞Ⓤ **1** 소금에 절이기; (특히 돼지의 머리·족·귀 따위의) 소금절이. **2** 간국, 소금물. **3** ⓒ 흠뻑 젖음, 물에 담금, 물에 처넣음[처넣는 소리], 첨벙(물소리). **4** ⓒ (美속어) 술고래, 모주꾼. ── 🔞 첨벙, 풍덩, 텀벙.
souse[2] [고어] 🔞 (맹금(猛禽)이) 내리덮치다[급습하다], ── 🔞 (매가 사냥감을 쫓아) 날아오름, 내리덮침.
── 🔞 (美) 곤두박이쳐서.
soused [saust] 🔞 (속어) 몹시 취한. ¶ ～ *to the gills* 고주망태가 되어.
sóuse pòt 🔞 (속어) 주정뱅이, 술고래.
sous-sous [súːsúː] 🔞 [발레] 수수르(제5포지션의 자세에서 시작하여 제5포지션으로 끝나는 작은 점프).
sou·tache [suːtǽʃ] 🔞 가두리 장식용의 모헤어·인조 견사·명주로 된 납작한 끈, 장식끈.
sou·tane [suːtɑ́ːn, -tǽn] 🔞 [가톨릭] 수단(성직자가 입는 긴 법의(法衣)).
sou·te·neur [sùːtənə́ːr] 🔞 매춘굴의 포주. [<F]
south [sauθ] 🔞 (보통 the ～) **1** Ⓤ 남(쪽)(🔞 S, S., s.). ¶ ～ *by east* 남미동(南微東) (🔞 SbE) / ～ *by west* 남미서(南微西) (🔞 SbW). **2** 남쪽, 남부. ¶ *in* the ～ *of* …의 남부에 / *on* the ～ *of* …의 남단(南端)에, 남쪽에 / *to* the ～ *of* …의 남쪽에, 남쪽 방향에. **3** (the S-) (나라·도시의) 남부 지방; 남극 지방[권]. **4** (the S-) (美) 남부의 여러 주(州). ¶ the Deep *S-* 미국 최남부 (Georgia, Alabama, Mississippi, Louisiana의 4 주). **5** (the S-) (북반구의 선진국에 대하여) 남반구의 발전 도상국. **6** (시) 남풍.
a mouth full of South (美구어) 남부 사투리.
── 🔞 남(쪽)의, 남부[남방]의; 남쪽을 향한; 남쪽으로부터의. ¶ *a* ～ *wind* 남풍 / the ～ *latitude* 남위(南緯).
── 🔞 남으로, 남부로, 남쪽으로(southward); 남쪽으로부터, 남부로부터, 남방에서. ¶ The wind blows ～ 「로에서」.
down south 남쪽으로[에(서)]; (美) (미국의) 남동부
go [or *head*] *south* (美) **1** 남쪽으로 가다. **2** (美속어) 모습을 감추다[숨기다]; (…을 가지고) 도망가다(*with*). **3** (美속어) (주가 따위가) 하향하다.
── 🔞(자) [sauθ, sauð] **1** 남으로 향하다, 침로를 남쪽으로 잡다. **2** [천문] (달 따위가) 남중(南中)하다; (천체 따위가) 자오선을 통과하다.
Sòuth África 🔞 남아프리카 (공화국) (수도; [행정상으로는] Pretoria, [입법상으로는] Cape Town).
Sòuth Áfrican 🔞 남아프리카의; 남아프리카 공화국의. 🔞 남아프리카 공화국의 주민, (백인계의) 남아프리카 사람.
Sòuth Áfrican Dútch 🔞 =Afrikaans (🔞 SAfrD); 보어 사람, 네덜란드계 아프리칸스 사람.
‡**Sòuth América** 🔞 남아메리카[남미] (대륙).
Sòuth Américan 🔞 남아메리카(사람)의. ── 🔞 남아메리카 사람.
South·amp·ton [sauθhǽmptən] 🔞 사우샘프턴 (잉글랜드 남부 Hampshire 주의 항구 도시; Pilgrim Fathers의 출발지).
Sòuth Ásia 🔞 남아시아.
Sòuth Austrália 🔞 사우스 오스트레일리아 (오스트레일리아의 남부에 있는 주(州)).
Sòuth Bànk 🔞 (the ～) 사우스 뱅크(London의 중심부에서 Thames 강의 남안(南岸) 지구; Royal Festival Hall을 비롯하여 미술관·극장 등이 모여 있다).
south·bound [sáuθbàund] 🔞 남행의, 남쪽으로 가는.
Sòuth Brónx 🔞 사우스 브롱크스 (빈곤·범죄·마약·황폐의 전형이라고 할 수 있는 New York 시의 지구).
*Sòuth Carolína** 🔞 사우스 캐롤라이나 (미국 동남부 대서양 연안의 주; 주도 Columbia; 🔞 S.C.). **Sòuth Carolínian** 🔞(🔞) South Carolina (주)의 (사람).
Sòuth Chína Séa 🔞 (the ～) 남중국해.
*Sòuth Dakóta** 🔞 사우스 다코타 (미국 중북부의 주; 주도 Pierre; 🔞 S. Dak.).
Sòuth Dakótan 🔞(🔞) South Dakota 주의 (사람).

South·down [sáuθdàun] 사우스다운(종(種))의. — 명 사우스다운종의 양(羊). 〔<원산지 South Downs〕 〔드 남부의 구릉(丘陵) 지대〕.
Sóuth Dówns 명복 (the ~) 사우스 다운스(잉글랜드 남부의 구릉(丘陵) 지대).
‡**south-east** [sàuθí:st, 〔해사〕 sàuí:st] 명 (보통 the ~) 1 □ 동남(쪽)(생 SE). ¶ ~ by east 동남미동(微東)(생 SEbE)／~ by south 동남미남(생 SEbS). 2 (the ~) 동남 지방, 동남부. 3 (the S-) 《美》 미국 동남부; 영국 동남부, 특히 London 지방. — 형 동남쪽의(에) 있는, 동남쪽에서의 ; (바람 따위가) 동남에서 오는. — 부 동남쪽(으로); 동남에서.
Sóutheast Ásia 명 동남 아시아. **Sóutheast Ásian** 형명 동남 아시아의(사람).
Sóutheast Ásia Tréaty Organizàtion 명 (the ~) 동남 아시아 조약 기구 (생 SEATO).
south-east-er [sàuθí:stər, 〔해사〕 sàuí:st-] 명 동남풍, 동남쪽에서 불어오는 강풍〔폭풍〕.
south-east-er-ly [sàuθí:stərli, 〔해사〕 sàuí:st-] 형 동남의, 동남쪽으로 향하는; 동남으로부터의. — 부 동남에(으로); 동남에서.
*****south-east-ern** [sàuθí:stərn, 〔해사〕 sàuí:st-] 형 동남의, 동남쪽으로부터 부는. **~·er** 명 1 동남부 출신자〔의 주민〕; S-) 《美》 동남부의 주민(출신자).
south-east-ward [sàuθí:stwərd, 〔해사〕 sàuí:st-] 부 동남쪽으로. (또는 **southeastwards**) — 형 동남의, 동남쪽에 있는, 동남쪽에의(으로의). — 명 (보통 the ~) 동남쪽, 동남부. **-ly** 형부 =southeasterly.
south-er [sáuðər] 명 남풍, 남쪽에서 불어오는 강풍.
south-er-ly [sáðərli] 형 남쪽으로 향하는; 남쪽으로부터의; 남쪽에서 불어오는. ¶a ~ course 남쪽으로의 진로. — 부 남쪽으로〔부터〕. — 명 남풍.
‡**south-ern** [sáðərn] 형 1 남(쪽)의, 남부 지방의, 남쪽에 있는. 2 (바람이) 남쪽에서 불어오는. 3 남쪽 지방〔남국〕에 속하는, 남국 특유의. 4 (S-) 《美》 미국 남부 여러 주의. 5 (때로 S-) 〔천문〕 황도대(黃道帶) 남쪽의. — 명 1 (종종 S-) =southerner 2. 2 □ (S-) 《美》 미국 남부 여러 주의 방언. **~·ize** 타 **~·ly** 부 =southerly.
Sóuthern Álps 명 (the ~) 서던알프스 산맥(뉴질랜드 South 섬의 산맥; 최고봉은 Mt. Cook(3,764m)).
Sóuthern Brítish Énglish 명 남부 영어(잉글랜드 남부의 교양 있는 사람들의 영어). (Crux).
Sóuthern Cróss 명 (the ~) 〔천문〕 남십자성
Sóuthern Énglish =Southern British English; =Southern 2.
south-ern-er [sáðərnər] 명 1 남쪽 사람, 남국인. 2 (S-) 《美》 미국 남부(여러 주)의 주민.
Sóuthern Físh 명 〔천문〕 남쪽물고기자리.
South-ern-fried [-fráid] 형 1 《미국》 남부식으로 튀긴(밀가루·계란·빵가루를 입힌 치킨). 2 (종종 s-) 《속어》 미국 남부에 독특한, 미국 남부가 기원인.
Sóuthern Hémisphere 명 (the ~) 남반구.
south-ern-ism [sáðərnìzm] 명 《미국》 미국 남부 발음〔사투리, 어법〕; (사람의 행동 등에 보이는) 미국 남부의 특색, 남부(인) 기질.
sóuthern líghts 명복 (the ~) 〔천문〕 남극광.
south-ern-most [sáðərnmòust] 형 가장 남쪽의, (최)남단의.
sóuthern péa 명 〔식물〕 남부, 광저기(cowpea).
Sóuthern Rhodésia 명 남로디지아(Zimbabwe의 옛 이름).
Sóuthern strátegy 명 《美》 남부 전략(선거에서 남부의 백인 표를 장악하면 승리한다는 생각).
south-ern-wood [sáðərnwùd] 명 〔남유럽산(産)의〕 쓴 쑥의 일종(다년생 초본으로 맥주 주조용).
Sóuthern Yémen 명 남예멘(1990년 5월 북예멘과 통합되어 예멘 공화국(Republic of Yemen)이 됨).
Sou·they [sáuði, sáði] 명 **Robert** ~ (1774–1843; 영국의 계관 시인·전기 작가).

Sóuth Frígid Zòne 명 (the ~) 남한대(南寒帶).
south·ing [sáuðiŋ] 명□© 1 남향, 남행, 남항(南航), 남진. 2 〔천문〕 자외선 통과, 남중(南中). 3 〔해사〕 남향 행정(行程).
Sóuth Ísland 명 남섬(뉴질랜드의 최대의 섬).
Sóuth Koréa 명 한국, 남한(대한 민국(Republic of Korea)의 속칭; 수도 Seoul). **Sóuth Koréan** 형명
south·land [sáuθlənd, -lænd] 명 1 남쪽 나라. 2 한 나라의 남부 지방(지역).
south·most [sáuθmòust] 형 =southernmost.
Sóuth Pacífic 명 (the ~) 남태평양.
south·paw [sáuθpɔ̀:] 명 《구어》 왼손잡이(인 사람); 〔스포츠〕 (야구의) 왼손잡이(좌완) 투수, 사우스포; 왼손잡이 권투 선수. — 형 왼손잡이의.
Sóuth Póle 명 (the ~) (지구의) 남극; (하늘의) 남극; (s- p-) 자석의 자남극(磁南極).
south·ron [sáðrən] 명 《방언》 남부인, 남국 사람 (southerner); (S-) 《스코》 잉글랜드 사람.
Sóuth Sèa Íslands 명복 (the ~) 남양 제도.
Sóuth Sèa Íslander 명 남양 제도의 주민.
Sóuth Séas 명복 (the ~) 남양(南洋)(적도 이남의 해양), 남태평양.
south-seek·ing póle [′sì:kiŋ-] 명 (자석이 가리키는) 남극.
south-south-east [′sàuθsàuí:st] 명 사우스사우이:st] 명□ (the ~) 남남동 (생 SSE). — 형 남남동의, 남남동에 있는; 남남동으로부터의. — 부 남남동에(으로); 남남동으로부터.
south-south-west [′sàuθwést] 명 사우스사우웨스트] 명□ (the ~) 남남서 (생 SSW). — 형 남남서에 있는; 남남서로부터의. — 부 남남서에(로); 남남서로부터.
Sóuth Témperate Zòne 명 (the ~) 남온대(南溫帶)(남회귀선과 남극권 사이의 지대). 「남.
Sóuth Vietnám 명 (통일되기 전의) 남 베트남, 월
*****south·ward** [sáuθwərd, 〔해사〕 sáðərd] 형 남(쪽)으로의, 남쪽의, 남쪽에 있는; 남쪽으로 가는; 남향의. — 부 (또는 **southwards**) — 명□ (the ~) 남쪽, 남방, 남부. **-ly** 형부
south·wards [sáuθwərdz] 부 =southward.
‡**south-west** [sàuθwést, 〔해사〕 sàuwést] 명 (the ~) 1 □ 서남(생 SW). ¶ ~ by south 남서미남(微南)(생 SWbS)／~ by west 남서미서(微西)(생 SWbW). 2 서남 지방, 서남부. 3 (the S-) 《美》 미국 남서의〔쪽에 있는〕; 서남쪽으로 향하는; (바람 따위가) 서남쪽에서 불어 오는. ¶a ~ wind 서남풍. — 부 서남쪽에〔으로〕; 서남쪽으로부터.
Sóuth-West África [′wèst-] 명 서남 아프리카 (Namibia의 옛 이름).
south-west·er [sàuθwéstər, 〔해사〕 sàuwést-] 명 1 서남풍, 서남의 강풍. 2 =sou'wester 2.
~·ly 형 서남쪽의(으로부터의). — 부 서남쪽에(으로).
*****south-west·ern** [sàuθwéstərn, 〔해사〕 sàuwést-] 형 서남의, 서남쪽에 있는; 서남쪽으로부터 오는. **~·er** 명 1 서남부 출신자〔주민〕. 2 (S-) 《美》 미국 서남부 출신자(주민).
south-west·ward [sàuθwéstwərd, 〔해사〕 sàuwést-] 부 서남쪽으로 (southwestwards). (또는 **south-westwards**) — 형 서남쪽의, 서남쪽에 있는; 서남쪽으로의. — 명□ (the ~) 서남쪽, 서남부.
~·ly 형부 =southwesterly.
Sóuth Yémen 명 남예멘.
Sóuth Yórkshire 명 사우스 요크셔(잉글랜드 북부의 주(州); 주도 Barnsley).
‡**sou·ve·nir** [sù:vəníər, ′‐‐] 명 기념품, 유품, 선물; 추억(memory)(*of*). — 통(타) …을 기념품으로 갖고 가다.
souvenír shèet 명 기념 우표 시트. 「슬쩍하다.
sou'·west·er [sàuwéstər] 명 1 =southwester 1. 2

sov [sʌv/sɔv] 〈英구어〉 1파운드 금화(sovereign).

‡sov·er·eign [sávərən, sáv-/sóv-] 형 (관) ～s [-z] 1 주권자; 통치자, 군주, 국왕. 2 주권 단체; 독립 [주권] 국가. 3 (영국의 옛날) 1파운드 금화 (略 sov.). ── 형 1 최고의 권력을 가진, 주권[통치권] 있는, 군주의. ¶a ～ ruler of a country 나라의 통치자, 국왕. 2 자주의, 독립의. ¶a ～ state 독립국. 3 최고의, 지상의. ¶the ～ good 지고선(至高善), 최고선. 4 (성질·중요성·우수함이) 다른 것보다 위인, 다른 것을 능가하는, 탁월한; (약 따위가) 특효가 있는.
～**·ly** 부 뛰어나게; 효과적으로; 군주로서.
sov·er·eign·tist [sávərəntist, sáv-/sóv-] 명 (캐나다의) 주권 연합(sovereignty association) 지지자.

‡sov·er·eign·ty [sávərənti, sáv-/sóv-] 명 回 1 군주임, 군주의 신분. 2 주권, 통치권. 3 回 독립국.
sóvereignty associátion 명 (캐나다의) 주권 연합(Quebec주를 독립시키고, 캐나다와 형식적인 연대 관계를 유지시키려고 하는 운동).

‡so·vi·et [sóuvièt, -viit, sòuviét/sóuviət] 명 1 (옛 소련의) 회의, 평의회, 소비에트; (그와 같은 사회주의 국가의) 회의. 2 (the S-s) 소련 정부[지도자, 군, 인민]. 3 (the S-) = the S·Union. ── 형 소비에트의, 소비에트의; (S-) 소련의. [<Russ sovét council]

So·vi·et·ism [sóuviitìzm] 명 回 1 (때로 s-) 소비에트식 정치 조직[기구]. 2 (s-) 공산주의; 소비에트 정부의 정치 이념. 3 소련의 방식. **-ist** 명

So·vi·et·ize [sóuviitàiz] 타 (종종 s-) …을 소비에트[공산주의]화하다; 소련의 영향[지배]하에 두다.
-i·zá·tion 명

So·vi·et·ol·o·gy [sòuviitálədʒi/-tɔ́l-] 명 回 소련 연구(Kremlinology), 소련학. **-gist** 명

Sóviet Rússia 명 the Soviet Union의 통칭; = Russian Soviet Federated Socialist Republic.

Sóviet Únion 명 (the ～) 소비에트 사회주의 공화국 연방, 소련(정식 명칭 Union of Soviet Socialist Republics; 略 U.S.S.R.; 1991년 붕괴).

Sóviet Zóne 명 소련 점령 지역(1945-49년 동안 소련군이 점령했던 독일 지역).

sov·khoz [sɑfkɔ́ːz, -kɔ́ːs/sɔfkɔ́z] 명 (관 *-kho·zy* [-kɔ́ːzi/-kɔ́zi], ～*es*) 소프호스(옛 소련의 국영 농장). 참 kolkhoz. [<Russ]

SOV lánguage 명 〔언어〕 SOV 언어(한국어·일본어·터키어·타밀어(Tamil) 등 기본적으로 주어·목적어·동사의 어순을 가진 언어).

Sov. Un. Soviet Union.

sov·prene [sávpriːn/sóv-] 명 回 합성 고무.

sov·ran [sávrən, sáv-] 명 형 〈시〉 = sovereign.

‡sow¹ [sou] 타 (～*s* [-z]; ～*ed; sown, ~ed*) 타 1 (씨)를 뿌리다; (씨감자 따위)를 심다; (논밭 따위)에 씨를 뿌리다. ¶(~+图+前+名) ～ flower seeds in a garden 정원에 화초의 씨앗을 뿌리다/～ a field with barley 밭에 보리를 파종하다. 2 (싸움·소문 따위)의 씨를 뿌리다. ¶～ distrust 불신의 원인을 만들다. 3 (수동형으로) …을 흩뿌리다, 촘촘히 박아넣다 (*with*). ¶the sky ～*n* with stars 별이 총총한 하늘. ── 자 씨를 뿌리다, 파종하다. ¶*As a man* ～*s, so shall he reap.* 〈속담〉 뿌린 자가 거두게 마련, 자업자득.
sow one's wild oats 젊어서 난봉을 부리다.
sow the wind and reap the whirlwind ⇒ WIND.
～·**a·ble** 형 ～·**er** 명 ～·**ing** 명

sow² [sau] 명 1 암퇘지(⇒ PIG 유의어); (돼지 이외의 포유 동물의) 성숙한 암컷. 2 퉁퉁하고 칠칠치 못한 여자; 〈英속어〉 싫은 여자. 3 〔야금〕 대형 주물[鑄鐵]; 큰 주형(鑄型). 「곤드레로 되어.
(as) drunk as a [or **David's**] **sow** 몹시 취하여, **get** [or **have, take**] **the wrong** [**right**] **sow by the ear** 엉뚱한 사람[것]을 잡다[잘못 잡다]; 잘못된[올바른] 결론에 도달하다.
make a silk purse out of a sow's ear 어림없는 [불가능한] 짓을 하다, 말도 안 되는 소리를 하다.
～·**like** 형

so·war [souwáːr, -wɔ́ːr] 명 (인도의) 현지인 기병.
sow·back [sáubæ̀k] 명 길게 뻗은 낮은 언덕.
sow·bel·ly [sáubèli] 명 回 〈美구어〉 소금에 절인 돼지고기, 베이컨.
sow·bread [sáubrèd] 명 回 야생 시클라멘(앵초과의 다년초로 원예 식물).
sów bùg [sáu-] 명 〈동물〉 쥐며느리.
sow·er [sóuər] 명 씨뿌리는 사람[기계]; (소문 의) 유포자, 제창자.
So·we·to [səwíːtou, -wéi-] 명 소웨토(남아공화국 Johannesburg 서남쪽에 있는 흑인 거주 구역).
-tan 명 형 [<*Southwestern townships*]

*sown [soun] 형 sow¹ 의 과거분사.

sów thistle [sáu-] 명 〔식물〕 방가지똥.
sox [saks/sɔks] 명 〈美구어〉 sock¹ 의 복수형.
soy [sɔi] 명 1 간장; 回 = soybean.
soy·a [sɔ́ijə] 명 = soybean.
soy·bean [sɔ́ibìːn] 명 콩. (또는 **sóya bèan**)
sóybean mìlk 명 두유(豆乳). (또는 **sóya mìlk**)
sóybean òil 명 콩기름. (또는 **sóya (bèan) òil**)
sóy ìnk 명 콩기름 잉크(무공해의 인쇄 잉크).
soy·milk [sɔ́imìlk] 명 = soybean milk.
sóy sàuce 명 간장. (또는 **sóya sàuce**)
So·yuz [sɔ́ːjuːz/sɔiúːz] 명 (옛 소련의) 유인 우주선.
so·zin [sóuzin] 명 〔생화학〕 소진(혈청 내에 있는 항병성(抗病性) 단백질).
soz·zle [sázl/sɔ́zl] 명 타 … 을 점벙점벙 씻다[헹구다]; 술취하게 하다. ── 자 빈둥거리다. 2 〈속어〉 술 마시다. **-zler** [〈美속어〉 술꾼, 모주꾼.
soz·zled [sázld/sɔ́z-] 형 〈속어〉 곤드레로 취한. (또는 **sozzly**)

SP self-propelled; Shore Patrol; shore police; Socialist party; Southern Pacific; 〔군사〕 specialist(기술병); starting price; Submarine Patrol(잠수함 초계). **sp.** special; species; specific; specimen; speed; spelling; spirit; sport. **Sp.** Spain; Spaniard; Spanish. **s.p.** self-propelled; (라틴) *sine prole*(=without issues)(자식 없음).

spa [spɑː] 명 1 광천(鑛泉), 온천. 2 온천장(의 호텔).
── 형 (음식이) 미식(美食)적이고 건강식인. [<Spa]

Spa [spɑː] 명 스파(벨기에 동부의 소도시; 광천 휴양지로 유명).

‡space [speis] 명 (관) *spac·es* [-iz]) 1 回 공간. ¶time and ～ 시간과 공간/*celestial* ～ 천계(天界), 하늘. 2 回 (지구의 대기권 밖의) 우주. ⇒ UNIVERSE 유의어 3 回 여지(room), (빈) 자리, 지면, ¶*blank* ～ 여백/*There is some* ～ *left for that.* 그것을 넣을 만한 여지는 있다. 4 (특정한 목적을 위한) 장소, 구역, 용지(用地). ¶*There are 90 parking* ～*s in this parking lot.* 이 주차장은 90대를 주차할 수 있다. 5 回 (기차·비행기 따위의) 좌석, 자리 (a ～, the ～) (시간의) 사이; (특정한 길이의) 시간 (*of*); 간격, 거리. ¶*for a short* ～ 잠시 동안/*in the* ～ *of a moment* 순식간에. 7 回 (라디오·TV의) 광고 방송 시간; 프로 방송 시간; (잡지 등의) 광고란. 8 回回 〔전신〕 스페이스(신호와 신호 사이의 간격). 9 回回 〔음악〕 보선(譜線)의 사이, (선間). 10 回回 〔인쇄〕 행간(行間), 어간(語間), 스페이스, 11 回回 〔그림〕 공간, 스페이스. 12 回回 〔수학〕 공간. 13 〔컴퓨터〕 반.
take up space 장소를 잡다. ┌시오, 걸(乞)인대.
watch this space (신문에서) 이 난을 지켜보아 주
── 타 (*spac·es* [-iz]; *-t*; *spac·ing*) 1 …에 일정한 간격을 두다(*out*). ¶(~+图+團) ～ *out* the payment over two years 2년간의 분할 지불로 하다/The farms were ～*d out* three or four miles

apart. 농장은 3, 4마일의 간격으로 떨어져 있다. **2** … 의 행간[어간]을 띄우다(*out*). ¶ (~+[目]+[副]) ~ *out* types 활자의 행간을 띄우다. ── [자] **1** 스페이스를 띄우다[잡다], 행간[어간]을 띄우다. **2** 《美속어》 멍청하게 있다, (마약으로) 멍해지다; 공상에 빠지다(*out*). ¶ Hey, stop *spacing* and listen to me. 이봐, 멍청하게 있지 말고 내 말을 들어봐.

be spaced out (마약 따위로) 멍해지다.

── [형] 《한정용법》 **1** 공간의. **2** 우주의. ¶ a ~ weapon 우주 병기. **3** 우주 탐험[탐사, 개발]용의. ¶ ~ tools 우주 탐험용 도구[용구].

Spáce Àge [명] (때로 s- a-) 우주 시대.

space-age [´èidʒ] [형] **1** 우주 시대의. **2** 최신 기술을 사용한, 시대의 첨단을 가는. **3** 현대의, 최신의.

spáce-air vèhicle [´ɛ̀ər-] [명] 우주·대기 겸용선.

spáce bàndit [명] 《속어》 =press agent.

spáce bàr [명] **1** (타이프라이터의) 스페이스 바. **2** 〔컴퓨터〕 사이띄우개, 스페이스 바.

spáce biòlogy [명] 우주 생물학.

spáce blànket [명] 알루미늄 코팅을 한 얇은 플라스틱 시트(보온 효과가 높다).

spáce bòmb [명] 궤도 폭탄. [참] FOBS

spáce bómber [명] 우주 폭격기(미국의 X-33).

space·borne [spéisbɔ̀ːrn] [형] **1** 지구 궤도를 도는. ¶ a ~ surveillance system 궤도상 감시 시스템. **2** 우주로 운반되는; 우주 중계의.

space-bound [´bàund] [형] 우주로 향하는[가는].

spáce bùs [명] 우주 버스, 우주 왕복 연락선.

spáce cadèt [càse] [명] 《美속어》 **1** 멍한 사람, 좀 모자라는 사람; 마약으로 황홀해져 있는 사람. **2** 우주 비행 훈련생; 우주 여행을 꿈꾸는 사람.

spáce càpsule [명] 우주 캡슐.

spáce càrrier [명] 우주 공간 수송 장치.

spáce chàracter [명] 〔컴퓨터〕 간격 문자(워드프로세서나 컴퓨터로 쳐넣는 1자분의 공백).

spáce chàrge [명] 〔전기〕 공간 전하(電荷).

spáce còlony [명] 우주 식민지, 우주도(島)(우주 생활용 대형 인공 위성).

Spáce Commánd [명] 〔군사〕 우주군(宇宙軍)(미국 공군의 항공군으로 군사 우주 계획 및 방위를 통할한다).

space·craft [spéiskræ̀ft/-krɑ̀ːft] [명] ([복] ~) 우주선, 우주 공간 비행체. ¶ a manned ~ 유인 우주선.

spaced [speist] [형] 《속어》 = ~-out. 「진.

spaced-out [´áut] [형] 《美속어》 마약을 써서 멍청해

space·far·ing [spéisfɛ̀əriŋ] [형] 우주 여행의.

── [명] 우주 여행. **-fàr·er** [명]

spáce fìction [명] 우주를 무대로 한 SF 소설.

space·flight [spéisflàit] [명] 우주 비행, 우주 여행. (또는 **spáce flìght**)

spáce fòods [명] 우주식(食). 「위).

spáce gèar [명] 우주 장치(로켓·인공 위성·우주선 따

space·girl [spéisgə̀ːrl] [명] 《구어》 여자 우주 비행사.

spáce gùn [명] **1** 우주총(우주선 밖에서 사용하는 휴대식 제트 추진 장치). **2** 장난감 레이저총.

spáce hèater [명] (이동식) 실내 난방기. 「ing).

spáce hèating [명] 국소(局所) 난방([반] central heat-

spáce jùnk [명] (우주에 폐기되는) 우주 쓰레기.

spáce kèy [명] =space bar.

Space·lab [spéislæ̀b] [명] (종종 s-) 스페이스 래브, 우주 실험실. (또는 **Spáce Làb [làb]**)

spáce làboratory [명] (우주선 안의) 우주 실험실.

spáce làttice [명] (결정(結晶)의) 공간 격자(格子).

spáce làw [명] 우주법.

space·less [spéislis] [형] 무한한; 스페이스[여지]가 없는, 꽉 찬; (점 따위) 장소를 차지하지 않는.

spáce lìnkup [명] 도킹(docking).

⁑**space·man** [spéismæ̀n, -mən] [명] ([복] ***-men*** [-mèn, -mən]) **1** 우주 비행사(astronaut); 우주 과학[기술]자. **2** 우주인. **~·shìp** [명] 우주 비행술; 우주 정책. 「띄우기를 지시하는 기호).

spáce màrk [명] 〔인쇄〕 간격 기호(#; 교정에서 어간

spáce mèdicine [명] 우주 의학.

spáce mìne [명] 우주 기뢰(적의 인공 위성을 폭파하기 위해 폭약을 장치한 공격용 위성 병기).

spáce mìrror [명] 우주 반사경(지구를 향한 거울 위성).

spáce mótion sìckness [명] =space sickness.

spáce òpera [명] 《美구어》 우주 (모험) 영화, 우주극.

spáce óptics [명][복] 《단수취급》 우주 광학. 「석.

space-out [´àut] [명] 《속어》 멍해진 사람, 멍청한 녀

space·plane [spéisplèin] [명] 우주 비행기[연락선].

spáce plàtform [명] =space station.

space·port [spéispɔ̀ːrt] [명] 우주 공항, 우주선 기지.

spáce pròbe [명] 우주 탐사기. ⇨PROBE 4.

spac·er[1] [spéisər] [명] **1** 간격을 띄우는 사람[것, 장치]; 〔인쇄〕 스페이서(자간(字間) 사이에 끼우는 것); 〔전기〕 도체와 도체 사이의 절연물. **2** =space bar.

spac·er[2] [명] (SF 소설에서) 우주인; 우주선.

spáce ràce [명] (미국과 옛 소련의) 우주 (개발) 경쟁.

spáce ròcket [명] 우주선 발사용 로켓. 「수 작업.

spáce sàlvage [명] (수명을 다한 위성 등의) 우주 회

spáce sàtellite [명] 우주 위성. [참] artificial satellite

space-sav·ing [´sèiviŋ] [형] 공간을 효율적으로 이용하는, 공간 절약의. ── [명] 공간[공지(空地)]의 절약.

space·scape [spéisskèip] [명][U] 우주 풍경.

spáce scìence [명] 우주 과학.

⁑**space·ship** [spéisʃìp] [명] 우주선.

Spáceship Éarth [명] (종종 s- e-) 우주선 지구호(號)(지구를 자원이 유한(有限)한 우주선에 비유한 말).

Spáce Shòes [명][복] 《상표》 특별 맞춤 구두.

space·shot [spéisʃɑ̀t/-ʃɔ̀t] [명] (우주선의) 대기권 밖으로의 발사, 우주 비행.

spáce shùttle [명] (종종 S- S-) (유인) 우주 왕복선.

space·sick [spéissìk] [형] 우주 멀미의.

spáce sìckness [명] 〔병리〕 우주 멀미, 우주병. (또는 **spáce adaptátion sỳndrome**)

spáce spectróscopy [명] 우주 분광학(分光學).

⁑**spáce stàtion** [명] 우주 정거장.

space·suit [spéissùːt/-sjùːt] [명] **1** 우주복. **2** 〔항공〕 =anti-G suit. (또는 **spáce sùit**)

spáce technòlogy [명] 우주 공학[기술].

Spáce Tèlescope [명] (종종 s- t-) 우주 망원경(인공 위성에 설치한 대형의 천체 망원경; Hubble ~).

spáce thùnder [명] 우주뢰(雷)(지구 자기장(磁氣場)의 호(弧)를 따라 우주로 향하여 발생한다).

space-time [´táim] [명] = ~ continuum.

spáce-tíme contìnuum [명] 〔물리〕 시공(時空) 연속체(제4차원). 「트랙, 우주 공격 경계망.

Space·track [spéistræ̀k] [명][U] 〔美군사〕 스페이스

⁑**spáce tràvel** [명] 우주 여행. 「연락).

spáce tùg [명] 우주 연락선(우주선과 우주 정거장을

spáce vèhicle [명] =spacecraft.

spáce velòcity [명] 우주 속도, 지구 탈출 속도.

space·view [spéisvjùː] [명] 우주(에서)의 조망.

space·walk [spéiswɔ̀ːk] [명] 우주 유영(遊泳). (또는 **spáce wàlk**) ── [동] 우주 유영을 하다. **~·er, ~·ing** 「[명]

space·ward [spéiswərd] [부] 우주로 (향해).

spáce wàrp [명] 공간 왜곡(歪曲)(공상 과학 소설에서 가상적인 초공간적 왜곡 또는 그 왜곡 공간으로의 틈).

spáce wátch càmera [명] 우주 감시 카메라(지상 망원경으로는 관찰할 수 없는 소행성을 발견·분석한다).

space·wom·an [spéiswùmən] [명] 여성 우주 비행사.

space·wor·thy [spéiswə̀ːrði] [형] 우주를 여행할 수 있는; 우주 여행을 견딜 수 있는. 「스트[작가].

spáce wrìter [명] 원고량에 따라 보수를 받는 저널리

spac·ey [spéisi] [형] =spacy.

spa·cial [spéiʃəl] 형 =spatial. 「어간, 행간, 자간.
spac·ing [spéisiŋ] 명 간격을 갖기[두기]; 간격;
***spa·cious** [spéiʃəs] 형 넓은, 널따란; 거대한, 용대한; (도량이) 넓은, 고매한. ~·ly 부 ~·ness 명
spac·y [spéisi] 형 넓디넓은, 광대한. 2 (속어) 도취시키는; (전자 음악의) 우주 감각의. 3 =spaced-out.
spác·i·ness 명
SPADATS (美) space detection and tracking system(우주 탐지 추적 시스템).
***spade¹** [speid] 명 1 가래, 삽. 2 (반동을 막는) 포차(砲車) 꼬리의 스페이드. 3 고래 (절개용) 끝. 「다.
 call a spade a spade 솔직히 말하면, 까놓고 말한
 in spades (美속어) ① 단연코, 확실히. ② 까놓고, 솔직하게; 극도로.
 — 타 1 〈땅〉을 가래로 파다(up).¶~ *up* the garden 정원을 파다. 2 〈고래〉를 고래끝로 잘라내다. — 자 가래질 하다.
 ~-like 형 spád·er 명
‡**spade²** 명 1 〔카드놀이〕 스페이드(의 패); (~s) (단·복수 양용) 스페이드의 벌. 2 (美속어·경멸적) 흑인.
spade·ful [spéidfùl] 명 가래로 하나 가득, 한 삽.
spade·work [spéidwə̀ːrk] 명 힘드는 기초 작업[연구], 사전 준비; 삽질, 가래질.
spadg·er [spædʒər] (英구어) 명 참새(sparrow); 소년. — 자 참새를 잡다.
spa·dix [spéidiks] 명 (복 -**di·ces** [spéidəsìːz, spéidəsìːz]) 〔식물〕 육수 화서(肉穗花序)〔꽃차례〕.
spa·do [spéidou] 명 (복 **spa·do·nes** [speidóuniːz]) 불깐 사람〔동물〕, 악대; 〔법률〕 생식 불능자.
spag [spæg] 명 (구어) 스파게티(spaghetti).
spa·ghet·ti [spəɡéti] 명 1 Ⓤ 스파게티(이탈리아 국수 요리). 2 〔전기〕 (배선용의) 가느다란 절연관. 3 (또는 ~-èater [-bèndər]) (속어·경멸적) 이탈리아인. 4 (美속어) 소방 호스; TV 안테나(의 인입선). 5 (구어) 〔컴퓨터〕 명령의 흐름이 혼란스럽게 코딩된 컴퓨터 소프트웨어. 「가(마피아) 영화.
spaghétti bàngbang 명 (美속어) 총질하는 암흑
spaghétti júnction 명 여러 층으로 이룬 복잡한 입체교차로.
spa·ghet·ti·ni [spəgətíːni] 명 Ⓤ 스파게티니(spaghetti보다 가늘고 vermicelli보다 굵은 것).
spaghétti stràp 명 (드레스 따위의) 가는 어깨 끈.
spaghétti wéstern 명 (구어) 마카로니 웨스턴(이탈리아에서 만든 서부극 영화).
spa·hi [spɑ́ːhiː] 명 1 (프랑스 육군의) 알제리 원주민 기병. 2 중세 터키군 기병. (또는 **spahee**)
‡**Spain** [spein] 명 스페인, 에스파냐(유럽 서남부의 왕국; 수도 Madrid).
 castle in Spain ⇒ CASTLE.
spake [speik] (고어·방언) speak의 과거.
spall [spɔːl] 명 〔돌·광석 따위의〕 깨진 조각, 부스러기. — 타 〔광석 따위〕를 깨다, 바수다; 〔석재〕를 대강 다듬다. — 자 깨지다, 부서지다.
spall·a·tion [spɔːléiʃən] 명 〔물리〕 파쇄(破碎)(원자핵에서 핵입자가 방출되는 핵반응).
spal·peen [spælpíːn, ⊥-⊥] 명 (아일) 1 어린이, (특히) 팔팔한 소년. 2 식충이; 건달.
Spam [spæm] 명 〔상표〕 돼지고기 통조림; (s-) (컴퓨터) 상대방이 원하지 않는 e-mail을 계속 보내기.
Sp. Am. *Spanish America*; *Spanish American*.
‡**span¹** [spæn] 명 (복 ~**s** [-z]) 1 한 뼘(엄지손가락과 새끼손가락을 편 길이, 보통 약 9인치(23cm)); 짧은 길이〔거리, 동안〕. *in the short ~ of human life* 사람의 짧은 일생 동안에. 2 지름, 전장(全長); 〔항공〕 (비행기의) 날개 길이, 날개 폭.¶*the ~ of one's arms* 팔의 길이 / *the whole ~ of a bridge* 다리의 전장. 3 (우리의) 경간(徑間)(지주 사이의 거리). ⇒ARCH¹ 그림. ¶*a bridge of four ~s* 경간이 넷인 다리(지주가 3개 있는 다리). 4 〔컴퓨터〕 스팬, 범위(어떤 양 또는 함수가 취하는 수 있는 최대값과 최소값의 차).
 — 타 (~**s** [-z]; -**nn**-) 타 1 …을 손가락을 펴서[뼘으로] 재다; 목측하다.¶~ *a distance* 간격을 뼘으로 재다. 2 …을 단단히 쥐다. 3 〈강〉에 (다리 따위)를 놓다.¶*A beautiful rainbow is ~ning the sky.* 하늘에 아름다운 무지개가 떠 있다. 4 〔기억·상상·일 따위가〕 …에 미치다; (시간적으로) …에 걸치다, 뻗치다; 〔왕조 따위〕를 메우다.¶*Her reign ~ned more than 50 years.* 그녀의 치세는 50년 이상에 걸쳤다. 5 〔궁술〕 〔활시위〕를 당기다. — 자 1 뻗다, 미치다. 2 (자벌레처럼 폈다 오므렸다 하여) 천천히 나아가다.
span² 명 1 (한 명에게 매인) 한 쌍의 소말 따위]. 2 〔해사〕 건너매 밧줄(양끝을 가운데를 V자형으로 늘인 밧줄). — 타 (-**nn**-) 1 〈소 따위〉를 〈수레〉에 매다. 2 〔해사〕 …을 밧줄로 매다, 동여매다.
span³ 명 (고어) spin의 과거.
span⁴ 형 =spick-and-span.
Span. *Spaniard*; *Spanish*. 「우레탄의 탄성 섬유).
Span·dex [spǽndeks] 명 〔상표〕 스판덱스(폴리
span·drel [spǽndrəl] 명 1 〔건축〕 삼각 소간(小間)(인접한 두 아치 사이에 낀 3각형 모양의 곳). 2 〔우표 수집〕 귀퉁이의 장식. (또는 **spandril**)
span·dy [spǽndi] (美구어) 형 훌륭한, 굉장한, 멋진. — 부 완전히, 아주.
spang¹ [spæŋ] 부 (美구어) 직접, 정면으로; 정확히; 완전히. [spandrel 1]
spang² (美구어·스코) 명 뜀, 되뜀; 급격한 움직임. — 자 뛰다, 되뛰다. — 타 …을 (내)던지다.
***span·gle** [spǽŋgl] 명 1 스팽글(연극·영화 따위에서 의상에 다는 번쩍거리는 금속 장식 조각). 2 반짝거리는 작은 물건; (반짝반짝 빛나는) 별. 3 〔야금〕 스팽글(아연 도금한 강판에 나타나는 무늬). — 타 (수동형으로) 1 …을 반짝이는 것으로 장식하다 (*with*). 2 〔반짝이는 것〕을 흩뿌리다, 촘촘히 박다 (*with*).¶(~+명+전+명) *the sky ~d with stars* 별이 총총한 하늘. — 자 (장식으로) 반짝반짝 빛나다. -**gly** 형
spán·gled gláss [spǽŋgld-] 명 투명 유리층 속에 운모(雲母) 박편을 넣어 색유리를 씌운 공예 유리.
Spang·lish [spǽŋgliʃ] 명 Ⓤ 스페인식 영어(미국 남부나 라틴아메리카의 영어). 「〔람〕주민〕.
‡**Span·iard** [spǽnjərd] 명 (복 ~**s** [-z]) 스페인 사
***span·iel** [spǽnjəl] 명 1 스패니얼(애완견의 일종). 2 알랑쇠, 빌붙는 사람, 아첨꾼.¶*a tame ~* 남이 시키는 대로 하는 사람. ~·**like** 형
‡**Span·ish** [spǽniʃ] 형 스페인의; 스페인 사람[말]의. 2 스페인어[풍]의; 스페인 문학의.
 walk Spanish (美속어) (목덜미와 바지 엉덩이를 잡혀) 발 끝으로 엉거주춤 걷게 되다; 〔남〕을 집어내다; 내쫓다, 해고하다.
 — 명 1 (the ~) 〔집합적〕 스페인 사람. 2 Ⓤ 스페인어.
Spánish América 명 스페인어권(圈) 아메리카(브라질·가이아나 등을 제외한 옛 스페인령 라틴아메리카).
Spánish Américan 명 (스페인어권의) 중남미인 〔주민〕; 미국에 사는 라틴[스페인]계 미국인.
Span·ish-A·mer·i·can [-əmérikən] 형 1 (스페인어권의) 중남미의. 2 스페인과 미국의. 3 미국에 사는 라틴[스페인]계 미국인의. 「전쟁(1898).
Spánish-Américan Wár 명 (the ~) 미서(美西)
Spánish Armáda 명 (the ~) 스페인 무적 함대 (the Invincible Armada). 「〔생 초본〕.
Spánish bayonét 명 유카난초(백합과의 다년
Spánish bláck 명 스패니시 블랙(검정 그림 물감).
Spánish brówn 명 스패니시 브라운. 1 산화철을 포함한 적갈색의 흙. 2 적갈색(그림 물감).

Spánish cédar 〖〖(식물)〗 스페인 참죽나무; 그 목재(향기가 있어 엽궐련 상자 등에 쓰는).
Spánish Cívil Wár (the ~) 스페인 내란 〔(1936–39)〕.
Spánish flú 〖 스페인 독감(1918–19년에 스페인에서 유행하기 시작하여 약 2천만명이 죽었다).
Spánish flý 〖 가뢰류(類)의 곤충; (속어) 최음제(催淫劑).
Spánish Inquisítion 〖 (the ~) 〖(가톨릭)〗 (15–16세기경 이단자에 대한 냉혹·잔학한) 스페인의 종교 재판.
Spánish Máin 〖 (the ~) 〖(역사)〗 카리브해 연안의 남미 북부 지방; 카리브해(Caribbean Sea).
Spánish móss 〖(식물)〗 소나무겨우살이이끼(미국 남부산(産)).
Spánish ómelet 〖 스페인식 오믈렛(볶은 토마토·피망·양파, 때로는 감자를 넣고 소스를 친다).
Spánish ónion 〖 스페인양파.
Spánish papríka 〖 서양고추, 피망; (스페인산(産)의) 피망으로 만든 파프리카.
Spánish túmmy 〖(구어)〗 스페인 배(여행자가 스페인에서 걸리는 설사).
Span·ish-walk [´wɔ̀ːk] 〖타〗 (美속어) 내쫓다, 집어내다.
***spank¹** [spǽŋk] 〖자타〗 **1** (아이의 볼기 따위를) (벌로써) 찰싹 때리다. **2** (풍선·공 따위)를 (손바닥으로) 튀어 올리다. **3** …을 심하게 꾸짖다(비난하다). **4** (속어) …을 (경기 등에서) 지우다, 해내다. ── 〖名〗 손바닥으로 때리기, 찰싹 때리기. 〔(along)〕.
spank² 〖자〗 빨리(민활하게) 움직이다, 질주하다
spank·er [spǽŋkər] 〖名〗 **1** (해사) 스팽커(횡범선의 맨 뒷돛대 밑에 다는 세로돛). **2** (구어) 활발하게 움직이는 사람(동물), (특히) 준마(駿馬). **3** (방언) 훌륭한 사람(것), 특히 뛰어난 사람(것). **4** (속어) 스팽커(마스트의).
spank·ing¹ [spǽŋkiŋ] 〖形〗 **1** (말 따위가) 기세 좋게 달리는, 질주하는. **2** 민첩한, 팔팔하는. **3** 바람이 세차게 부는. **4** (구어) 아주 멋진, 큰.
── 〖副〗 (구어) 굉장하게, 멋있게; 매우, 대단히(very).
spank·ing² 〖名〗〖UC〗 (버릇을 고치기 위해 아이의 볼기)를 손바닥으로 때리기.
take a spanking (속어) 당하다, 혼나다, 벌받다.
span·less [spǽnlis] 〖形〗 잴 수 없는, 헤아릴 수 없는.
span·ner [spǽnər] 〖名〗 뼘으로 재는 사람; 자벌레; (英) 스패너(wrench).
span-new [´nju- / ´njú ː] 〖形〗 갓 만든(brand-new).
spán ròof 박공(膊栱) 지붕, 맞배 지붕.
Span·sule [spǽnsəl, -sjul / -sjuːl] 〖名〗 (상표) 시간을 두고 조금씩 녹는 캡슐 약제. 〔<span+capsule〕
span·worm [spǽnwɜ̀ːrm] 〖名〗 자벌레.
spar¹ [spaːr] 〖名〗 **1** (해사) 둥근 목재. **2** (항공) 익형(翼桁). ── 〖타〗 (-rr-) (배 따위)에 둥근 목재를 대다.
spar² 〖자〗 (-rr-) **1** (닭이) 서로 발길질하다. (권투 선수 등이) 스파링(실전 연습)을 하다. **2** 말다툼하다, 서로 욕하다, 논쟁하다. ── 〖名〗 (권투의) 실전 연습, 스파링; 권투 시합; 닭싸움; 말다툼.
spar³ 〖名〗〖UC〗 (광물) 벽개성(劈開性) 광물, 섬광(閃光) 광석. 〔lazure ~ 유리(瑠璃), ~like 형〕
Spar, SPAR [spaːr] 〖名〗 (美) 해안 경비대 여성 예비대원. 〔<L s(emper) par(atus) always prepared〕
spar·a·ble [spǽrəbl] 〖名〗 (구두 뒷굽·바닥에 쓰는) 쐐기 모양의 대가리 없는 작은 못.
spár buoy 〖名〗 (해사) 원주 부표(圓柱浮標).
spár dèck 〖名〗 (해사) 상갑판(upper deck).
‡**spare** [spɛər] 〖타〗 (~s [-z]; ~d; spar·ing) **1** …을 용서하다, 목숨을 살려주다. ¶I hope to see you again if I am ~d. 제발 목숨만은 살려주시오/O ~ my life! 제발 목숨만은 살려주시오 /(英) Please ~ him his life. 제발 그의 목숨을 살려 주십시오. **2** …에게 해를 입히지 않고 두다, 인정(자비)을 베풀다. ¶The storm ~d few houses in the village. 마을에서 폭풍우의 피해를 면한 집은 거의 없었다. **3** 〔수고 따위〕를 끼치지 않다, 〔남〕에게 …시키지 않다. ¶ (~+目+目) I will ~ you the trouble. 네게 수고를 끼치느니 내가 하겠다. **4** …을 아끼다, 아끼고 쓰지 않다, 절약하다; 〔재귀용법으로〕 몸을 사리다. ¶He ~s no pains to please her. 그는 그녀의 비위를 맞추기 위해 온갖 노력을 한다/He ~s himself. 그는 몸을 사린다/S- the rod and spoil the child. 〔(속담)〕 매를 아끼면 자식 망친다. **5** (어떤 목적·이유로) …을 떼어 두다. ¶ ~ a room for guests 손님을 위해 방을 잡아두다. **6** (보통 can(not) ~) …없이 넘기다(지내다)(do without). ¶My office cannot ~ me. 내가 없으면 우리 사무실이 곤란해진다 / I can't possibly ~ you. 당신 없이는 도저히 지낼 수 없다 / I can ~ you tomorrow. 내일은 너의 힘을 빌리지 않아도 되겠다. **7** (불편·성가심·손실 을 입히지 않다) …을 나누어 주다, 빌려 주다, 할애하다. ¶Can you ~ me ten dollars till payday? 봉급날까지 10달러를 빌려 줄 수 있을까요?/That ~d us several hours. 그 덕택에 몇 시간의 여유가 생겼다. **8** (英고어) …을 삼가다, 사양하다. ¶ (~+to do) ~ to speak 말을 삼가다 // (~+-ing) He ~d coming here. 그는 사양하고 오지 않았다. **9** (볼링) 스페어로 하다(두 번의 투구로 핀을 전부 쓰러뜨리다). ── 〖자〗 절약하다; 용서하다, 허용하다.
and to spare 많은. ¶time *and to* ~ 충분한 시간.
don't spare the horses 전속력으로 가다; 수고를 아끼지 않다.
enough and to spare 남아 돌아갈 만큼의.
spare a person's blushes 남에게 창피를 주지 않다.
spare oneself 수고를 아끼다, 몸을 사리다, 애쓰지 않다. 〔돈〕.
to spare 여분의. ¶money *to* ~ 마음대로 쓸 수 있는 ── 〖名〗 (※) ~s [-z]) **1** 예비품, 비상 준비품; 예비 타이어; (~s) 〖(英)〗 예비 부품(~ part). **2** car ~s 자동차 예비 부품. **3** (볼링) 스페어(두 번의 투구로 10핀을 전부 쓰러뜨리기); 그 결과 얻는 득점. **3** (익살) 배불뚝이, 중년 비만. **4** 〖U〗 (고어) 절약, 검약.
make spare 절약하다, 검약하다.
without spare 가차없이.
── 〖形〗 (spar·er; spar·est) **1** 예비의, 따로 떼어놓은. **2** 여분의, 당장 쓰지 않는. ¶ ~ time 여가. **3** 여윈, 마른. ⇒THIN 유의어 ¶a man of ~ figure 깡마른 남자. **4** 절약(검약)의, 검소한; 빈약한 (of). ⇒SCANTY 유의어 ¶a ~ meal 빈약한 식사. **5** 〖(英속어)〗 흐트러진, 당황한.
go spare 〖(英속어)〗 몹시 걱정하다(허둥대다, 화내다).
~·a·ble ~·ly ~·ness
spáre mán 〖名〗 보결 선수.
spáre pàrt 〖名〗 부품(部品), 교환[예비] 부품.
spáre-part súrgery 〖名〗 장기 이식(移植) 수술.
spare·rib [spɛ́ərrib] 〖名〗 **1** (~s) 살이 붙은 돼지갈비, **2** (美속어) 정부, 첩. 〔〕활동.
spare-time [´tàim] 〖形〗 여가의. ¶ ~ activities 여가
spáre tíre 〖名〗 **1** 예비 타이어. **2** (익살) 허리의 군살 (love handle). **3** (속어) 귀찮은 존재, 싫은 놈. (또는 (英) **spáre týre**)
sparge [spaːrdʒ] 〖타〗 (…을) 살포하다, 뿌리다.
spar·ing [spɛ́əriŋ] 〖形〗 **1** 검약(절약)하는, 인색한 (in, of). ⇒ECONOMICAL 유의어 **2** 인정 있는; 관대한. **3** (물건 따위가) 꾸밈없는, 빈약한. **4** (자료·사물 등이) 모자라는, 부족한.
be sparing of oneself (사람이) 수고를 아끼다, 몸을 사리다.
~·ly ~·ness
‡**spark¹** [spaːrk] 〖名〗 **1** 불꽃, 불똥, 불티. ¶ ~s from a flint 부싯돌에서 나오는 불똥. **2** 광채, 섬광; (재능 따위의) 번득임; 번쩍이는 작은 물건, 작은 보석, 다이아몬드의 작은 조각. ¶ ~s of gems 보석의 광채 / a ~ of light 섬광 / a ~ of genius 천재의 번득임. **3** (a ~) 〔보통 부정문에서〕 조금, 약간, 흔적 (of). ¶He doesn't show a ~ of interest in politics. 그는 정치에 티끌

spark

만큼도 흥미를 갖고 있지 않다. **4** 생기, 활기.¶the vital ~ 생명, 생기. **5** 〔전기〕(방전할 때의) 스파크. ¶불꽃 방전: (내연 기관의) 점화 장치. **6** (~s) 〔단수취급〕(속어) (배·비행기의) 무전 기사; (영화 스튜디오의) 전기 기사. **7** 〔英〕(속어) 방사선과(科). 「연적으로.
as the sparks fly upward 자연의 이치에 따라, 필
divine spark (인간 속에 있는) 신성(神性)의 뻔짝임.
get a spark up 〔뉴질 구어〕 술로 기운나게 하다.
make the sparks fly 야단을 치다; 격렬한 논쟁[반대]을 일으키다.
pass spark out (英속어) (술·공포 따위로) 기절하다, 의식을 잃다; (드물게) 죽다.
strike sparks off each other 서로 자극을 주다, 자극을 주고 받아 좋은 결과를 낳다.
strike sparks out of a person 남의 재질[특질]을 발휘하게 하다.
the spark of life 생명의 불꽃. 「벌어지다.
(the) sparks fly 성난 목소리가 난무하다: 대소동이
—⑧困 **1** 불꽃을 튀기다, 불꽃처럼 번쩍이다, 불통이 튀다, 섬광을 발하다(*off, out*); 〔전기〕스파크하다: 점화하다. **2** (구어) 즉시 반응하다. —⑩ **1** 〔전기〕…을 스파크시키다, 스파크시켜 …하다. **2** 〔美구어〕…을 자극하여 (…)시키다(*to, into*); 〔불꽃 따위〕을 자극하다; (도화선에) 불을 붙이다〔英〕*off*).
spark out =*pass spark out*.
~·**less** 〔⑧ ~·**less·ly** 〔⑨ ~·**like** 〔⑨

spark² 〔⑨ **1** 화사한[멋진] 젊은이, 미남자, 멋쟁이. **2** 미모에 재치를 겸한 젊은 여자. **3** 애인. **4** (bright ~로) 〔英〕머리가 좋은 사람. —⑩ (구어) 구애[구혼]하다.
spark it 구애하다.
~·**like** 〔⑨ 〔전기〕스파크 방지 장치.
spárk arréster 〔노(爐)·굴뚝 따위의〕 불동작막;
spárk chàmber ⑨ 〔물리〕 방전함(放電函).
spárk còil ⑨ 〔전기〕 점화(불꽃) 코일.
spárk dischàrge ⑨ 불꽃 방전.
spark·er¹ [spáːrkər] ⑨ **1** (내연 기관의 점화 장치 같은) 불꽃[스파크]를 튀기는 것. **2** (전선의) 절연 검사기.
spark·er² ⑨ 애인, 연인(남자). 「장치.
spárk eròsion ⑨ (금속의) 방전(放電) 가공.
spárk gàp ⑨ 불꽃 갭(방전의 최대 간격).
spárk gènerator ⑨ 〔전기〕 불꽃식 발전기(불꽃 갭에서 방전하는 축전기가 붙은 교류 전원).「plug 1.
spárk·ing plùg [spáːrkiŋ-] ⑨ (英) =spark
spárking vòltage ⑨ 〔전기〕 스파크 갭을 넘어 방전이 시작되는 전압. (또는 **spárk potèntial**).
spark·ish [spáːrkiʃ] ⑨ (구어) 멋쟁이의, 멋부린, 미남인 체하는; 화려한. ~·**ly** 〔⑨ ~·**ness** ⑨
spark-kill·er [⁴kìlər] ⑨ 〔전기〕 불꽃 지우개.
✱**spar·kle** [spáːrkl] ⑨ (⑩ ~*s* [-z]) **1** 불꽃, 불통, 불티, 섬광(spark). **2** (보석 따위의) 번쩍임, 광채, 광택; (포도주 따위의) 거품. **3** 생기, 활기, **4** 재치.
—⑩ (~*s* [-z]; ~*d*; *-kling*) ⊕ **1** 불꽃을 튀기다. ¶The fireworks ~*d*. 꽃불이 불꽃을 튀기었다. 〔보석 따위가〕 번쩍이다, 번득이다. ⇨ SHINE〔유의어〕 **3** (재치[활기]가) 넘치다, 빛나다. ¶His wit always ~*s*. 그의 기지[재치]는 언제나 빛이 난다. 〔포도주 따위가〕 거품이 일다. —⑩ **1** …에 불꽃을 튀기게 하다, 눈부시게 하다. **2** …을 찬란하게 발하다. ¶Her eyes ~*d* her joy. 그녀의 눈에는 기쁨이 넘쳤다.
spar·kler [spáːrklər] ⑨ **1** 불꽃을 튀기는 것, 반짝반짝 빛나는 것. **2** 폭죽, 꽃불. **3** (특히 젊은) 미인; 재사, 뛰어난 사람, 가인. **4** (~s) (구어) (반짝반짝 빛나는) 보석; (구어) 다이아몬드. **5** (~s) (구어) 빛나는 눈. **6** =sparkling wine.
spark·let [spáːrklit] ⑨ 작은 불꽃, 작은 섬광; 번쩍번쩍 빛나는 작은 것; (옷 따위의) 반짝이는 작은 장식.
✱**spar·kling** [spáːrkliŋ] ⑨ **1** 불꽃을 튀기는, 스파크하는, 번득이는, 반짝이는. **2** 재기가 넘치는, 이채를 내

는; 활기 있는. **3** 거품이 이는. ~·**ly** 〔⑨ ~·**ness** ⑨
spárkling wáter ⑨ 소다수(soda water).
spárkling wìne ⑨ 발포(發泡) 포도주.
spar·kly [spáːrkli] ⑨ **1** 불꽃을 튀기는, 반짝반짝 빛나는; 생기에 찬, 활기 있는. **2** (포도주가) 발포성의.
spárk plùg ⑨ **1** (내연 기관의) 점화전(栓), 스파크 플러그. (또는 **spárking plùg**) **2** (구어) 중심적 인물, 지도자, 격려(고무)하는 사람.
spark-plug [spáːrkplʌg] ⑨ 〔⑩(구어)(동료)를 격려하다; …에서 지도적 역할을 하다; …에 활기를 돋우다.
spárk transmìtter ⑨ 〔무선〕 불꽃식 송신기. 「한.
spark·y¹ [spáːrki] ⑨ 불꽃을 튀기는; 활발한, 생생
spark·y² ⑨ (美) 전기 기사. (또는 **sparkie**). 「쟁.
spar·ring [spáːriŋ] ⑨ 〔권투〕 스파링; 말다툼, 논
spárring pàrtner[màte] ⑨ 권투의 연습 상대, 스파링 파트너; (우호적인) 논쟁 상대.
✱**spar·row** [spǽrou] ⑨ (⑩ ~*s* [-z]) 참새(북미산 (產)의 멧새속(屬) 참새의 일종; (S-) (군사) 스패로(미공군·해군의 공대공 미사일). ~·**less**, ~·**like** ⑨
spar·row-brain [-brèin] ⑨ (구어) 참새의 두뇌, 지성이 모자란[모자라는 사람].
spar·row-grass [spǽrougræs/-gràːs] ⑨ (방언) 아스파라거스(asparagus).「(科)의 식물.
spárrow hàwk ⑨ 〔조류〕 미국황조롱이; 새매(매과
spar·ry [spáːri] ⑨ 벽개성(劈開性) 광물(모양)의 (spathic) 벽개성 광물이 많은.
✱**sparse** [spɑːrs] ⑨ **1** 성긴, 드문드문한; (인구 따위가) 희박한. ¶a ~ population 희박한 인구. ⇨ SCANTY 〔유의어〕 **2** 숱이 적은. ¶~ grey hair 숱이 적은 백발. **3** 부족한, 빈약한(⑩ abundant). ~·**ly** 〔⑨ ~·**ness** ⑨
spár·si·ty [spáːrsəti] ⑨〔U〕 성김, 산재(散在), 희박; 빈약.
✱**Spar·ta** [spáːrtə] ⑨ 스파르타(고대 그리스 남부 Laconia의 수도).
Spar·ta·cist [spáːrtəsist] ⑨ 스파르타쿠스 당원 (1918년 독일에서 생긴 과격파 사회주의 집단의 당원).
Spár·ta·cus Párty [spáːrtəkəs-] ⑨ 스파르타쿠스단(團)(제1차 세계 대전 말에 독일 공산주의자인 Liebknecht가 창설한 공산주의 과격파 조직).
✱**Spar·tan** [spáːrtn] ⑨ (고대) 스파르타(사람)의; (종종 s-) 스파르타식의, 엄격하고 간소한, 엄격한 단련을 받은. ¶~ simplicity 스파르타식 간소(簡素). (또는 **Spar·tan·ic** [spɑːrtǽnik]) —⑨ 스파르타 사람; 굳세고 용맹스런 사람. ~·**ism** ⑩(U) 스파르타주의[정신, 기질]. ~· 〔테인(강심제용).
spar·te·ine [spáːrtiːn, -tiin] ⑨(U) 〔화학〕 스파르
spasm [spǽzm] ⑨ **1** 〔의학〕 경련, 쥐(convulsion). ¶a clonic ~ 간대성(間代性) 경련 / a tonic ~ 강직성 경련. **2** 발작적 활동, 격정의 발작. ¶a ~ of coughing 기침의 발작.
spas·mod·ic [spæzmádik/-mɔ́d-] ⑨ 경련(성)의; 발작적인, 단속적인; (드물게) 격정적인, 흥분한. (또는 **spasmódical**) -**i·cal·ly** 〔⑨
spas·mo·lyt·ic [spæzməlítik] ⑨ 〔의학〕 진경(鎭痙)(성)의. (또는 **spas·mol·y·sant** [spæzmálə zənt/-mɔ́l-])
spas·tic [spǽstik] ⑨ 〔병리〕 경련(성)의; 강직성 경련의. —⑨ 경련 환자; 경련성 뇌성 마비 환자; (속어) 괴짜, 등신. **-ti·cal·ly** 〔⑨ ~·**i·ty** [spæstísəti] ⑨
spástic parálysis ⑨ 〔병리〕 경련성[강직성] 마비.
SPASUR [spéisər] ⑨ 스페이서(인공 위성 감시 레이더 시스템). (또는 **Spasur**) (<*Space Surveillance*)
spat¹ [spæt] ⑨ 승강이, 말다툼; 가볍게 때리기, 손바닥으로 찰싹 때리기. —⑩ (*-tt-*) ⊕ 승강이하다, 말다툼하다; 가볍게 찰싹 때리다; (비 따위가) 후두둑 내리다. ¶rain *-ting* against a window 창을 때리는 비. —⑩ (드물게) …을 가볍게 때리다.
✱**spat²** ⑨ spit의 과거·과거분사.
spat³ ⑨ **1** (보통 ~s) 스팻(복사뼈의 조금 위까지 덮는

spat⁴ [speit] 명 1 조개의 알, 굴의 알. 2 ⓤ 〔집합적〕 새끼 굴. ― 동 (-tt-) (굴이) 산란하다, (알을) 슳다.

spatch·cock [spǽtʃkɑ̀k/-kɔ̀k] 명 즉석 새고기 요리. ― 타 (새를 잡아서 곧 요리하다; (나중에 생각 나서) …을 급히 써넣다, 삽입하다 (*in, into*).

spate [speit] 명 1 (감정 따위의) 격발; (사건 따위의) 속발(續發); 말을 쏟아 붓기. ¶a ~ of angry words 노성(怒聲)의 연발. 2 〔英〕 홍수, 범람; (강의) 급격한 증수(增水); 호우, 큰 소나기. 3 대량, 다수 (*of*). ¶a ~ of books 대량의 책.

spathe [speið] 명 〔식물〕 천남성과 꽃차례, 불염포(佛焰苞).

spath·ic [spǽθik] 형 〔광물〕 벽개성 광물(spar)(모

*****spa·tial** [spéiʃəl] 형 1 공간의, 공간적인. 2 장소의, 공간에 존재하는(일어나는), 장소(공간)를 차지하는. 3 우주의. (또는 **spacial**)
-ti·al·i·ty [-ʃiǽləti] 명 ⓤ 공간성, 공간적 넓이. **~·ly** 부

spa·ti·og·ra·phy [spèiʃiɑ́grəfi/-ɔ́g-] 명 ⓤ 우주 지리학(대기권 밖 공간의 특성에 관한 연구).

spa·ti·o·per·cep·tu·al [spèiʃiouperséptʃuəl] 형 공간 지각의.

spa·ti·o·tem·po·ral [spèiʃioutémpərəl] 형 시공(時空)(space-time)의[에 관한]. **~·ly** 부

*****spat·ter** [spǽtər] 타 1 (물·진흙 따위)를 튀기다; …에게 (물·진흙 따위)를 끼얹다(*on*); …을 끼얹어 더럽히다(*with*). ¶A car ~ed mud *on* my dress. 자동차가 내 옷에 진흙을 튀겼다/I was ~ed *with* mud by a car. 차가 나에게 진흙을 끼얹었다. 2 …을 뿌리다; …에 흩뿌리다(*with, on*). ¶~ the ground *with* water 땅에 물을 뿌리다/~ water *on* a pavement 포장 도로에 물을 뿌리다. 3 …에게 (욕설 따위)를 퍼붓다, …을 중상하다(*with*). ¶~ a person *with* slanders 남을 중상하다. ― 자 1 (비 따위가) 후두둑 (소리를 내며) 내리다(*down*)(*on*). ¶The rain is ~ing *on* my umbrella. 비가 우산에 후두둑 내리고 있다. 2 (끓는 물이) 물방울을 튀기다, (끓는) 기름 따위가) 튀다. 3 (총알 따위가) 비오듯 날아오다. 4 (이야기할 때) 침을 튀기다, 입에 거품을 물다. ― 명 1 튐; 튄 것; 튀는 소리. ¶a ~ of mud 진흙의 튐. 2 빗소리; 멀리서 들리는 연속적인 총소리; 가랑비. 3 (a ~) 조금, 소수, 소량(*of*). 4 (용접) 스패터(용접 때 튀는 금속이나 광재(鑛滓)의 입자). **~·ing·ly** 부

spat·ter·dash [spǽtərdæ̀ʃ] 명 (보통 ~es) (진흙막이로 착용하는) 긴 각반(spat).

spat·ter·dock [spǽtərdɑ̀k/-dɔ̀k] 명 〔북미산(産)〕 개연꽃의 일종.

spátter glàss [spǽtər-] 명 다색(多色) 장식 유리.

spat·u·la [spǽtʃulə] 명 1 주걱(석고·에나멜·그림 물감 따위를 펴는 데 쓴다). 2 〔의학〕 압설자(壓舌子).
-lar 형 주걱의, 주걱 모양의.

spat·u·late [spǽtʃulət, -lèit] 형 주걱 모양의; 〔식물〕 주걱 모양의. 〔내분〕 그 혹.

spav·in [spǽvin] 명 (수의) (말의) 비절 내종(內腫)

spav·ined [spǽvind] 형 비절 내종에 걸린, 절뚝거리는; 노후한, 낡아빠진, 털털이의.

*****spawn** [spɔːn] 명 ⓤⓒ 1 〔동물〕 (물고기·개구리 따위의) 알. 2 〔식물〕 균사(菌絲). 3 〔경멸적〕 우글거리는 자식 새끼들; 〔단·복수 양용〕 (…의 혈통의) 자손; (사상 따위의) 소산, 산물. 4 〔물고기·개구리 따위·조개·새우 따위가) 알을 낳다. ― 타 (알)을 낳다, 슳다; …을 생기게 하다, 일으키다; …을 많이 낳다; …에 균사를 심다.
~·er 명 산란기의 물고기; 낳는 사람[것].

spawn·ing [spɔ́ːniŋ] 명 (물고기 등의) 산란, 방란(放卵). 〔비유적〕 발상지.

spáwning gròund [물고기 등의] 산란장.

spay [spei] 타 〔동물〕 난소를 제거하다.

spaz [spæz] 〔속어〕 명 둔신, 바보, 과장되게 떠드는 놈; 발작, 욱하기. ― 동 (자) 〔다음 숙어로〕 (또는 **spazz**)
spaz around 〔美〕 빈둥거리다.
spaz down 〔美〕 자리잡다. 「하다.
spaz out 〔美〕 경련하다, 몸이 굳어지다, 몹시 흥분
spaz-out [-áut] 명 〔美속어〕 감정적인 반응, 욱하기.
spaz·zy [spǽzi] 형 〔속어〕 어리석은, 별난, 머리가 돈. (또는 **spassy**)

SPB 〔美〕 Surplus Property Boards(잉여 물자국(剩餘物資局)).

S.P. bòat [éspìː-] 명 〔해군〕 대(對) 잠수함 초계정. (＜Submarine *P*atrol *boat*).

SPC *S*ociety for the *P*revention of *C*rime(범죄 예방 협회); *S*outh *P*acific *C*ommission(남태평양 위원회); *S*uicide *P*revention *C*enter(자살 방지 본부).

SPCA *S*ociety for the *P*revention of *C*ruelty to *A*nimals(동물 학대 방지 협회; R.S.P.C.A.의 전신).

SPCC *S*ociety for the *P*revention of *C*ruelty to *C*hildren(아동 학대 방지 협회; N.S.P.C.C.의 전신).

SPCK *S*ociety for *P*romoting *C*hristian *K*nowledge(기독교 지식 보급 협회). **SPD** 〔독일〕 *S*ozial demokratische *P*artei *D*eutschlands(사회 민주당).

SPD, spd *s*teamer *p*ays *d*ues(본선 제세(諸稅) 부담).

SPDA *s*ingle-*p*remium *d*eferred *a*nnuity.

SPE 〔英〕 *S*ociety for *P*ure *E*nglish(영어 순화 협회).

‡**speak** [spiːk] 자 (*spoke; spo·ken*) 1 말하다, 지껄이다. ¶This baby cannot ~ yet. 이 아기는 아직 말을 못한다.

〔유의어〕 **speak** 말하는 것을 의미하는 넓은 뜻의 말. **talk** 이치에 맞는 이야기를 하다; 듣는 이의 존재를 암시. **converse** talk의 딱딱한 말; 특히 사상·의견의 교환을 고하다. **say** 단순히 말을 하다, 는, speak하여 어떤 내용을 진달하는 것을 강조하는 말. **tell** 방법에 관계없이 어떤 내용을 전하는 것을 강조하는 말. **state** 명확한 말로 say하다. **utter** 말이나 소리를 입으로부터 내는 행위를 강조.

2 담화하다 (*with*), 말을 걸다(붙이다) (*to*), …에 대하여 말하다, 이야기하다 (*about, of*). ¶(This is) Jones ~ing. (전화에서) 존스입니다 // (~+前+명) The woman ~ing with him is my mother. 그와 이야기하고 있는 여성은 제 어머니입니다/S— when you are spoken to. 이야기를 걸어 오거든 말을 해라/What is he ~ing about? 그는 무슨 이야기를 하고 있지?/I have nothing to ~ of. 특별히 할 말은 없다/S— of the devil, and he is sure to appear. 〔속담〕 호랑이도 제 말 하면 온다.

3 (…에 대해) 연설[강연]을 하다 (*on*). ¶Mr. A is to ~ *on* temperance today. A씨는 오늘 금주에 관하여 강연할 예정이다.

4 (의견·감정 따위)를 전하다, 표명하다, (말 이외의 방법으로) 의미를 알리다, 이야기하다. ¶He said nothing, but his eyes spoke. 그는 아무 말도 안했지만 그의 눈은 모든 것을 이야기했다/Actions ~ louder than words. 〔속담〕 말보다는 행동이 더 효과적이다.

5 변론하다, 변호하다 (*for*), (문서 따위로) 성명하다. ¶You must know that I ~ in general. 나는 일반론을 말하고 있다는 것을 알아주게.

6 (악기·총포 따위가) 소리를 내다, 울리다. ¶The guns were beginning to ~. 포성이 울리기 시작했다. 7 (컴퓨터가 데이터·정보를) 음성으로 내다. 8 (음성) (언어의) 소리를 내다, 음성을 발하다. 9 〔英〕 (명령·지시에 따라 개가) 짖다: (사냥개가 냄새의 흔적을 찾아내어) 짖다. 10 증언하다. 11 (남에게) 구혼하다 (*to*). 12 (신호 따위로) 알리다 (배의 기적으로) 통신하다.

― 타 1 …을 말하다, 이야기하다, 지껄이다. ¶These were the last words he spoke. 이것이 그의 마지막 말이었다. 2 (어떤 언어)를 말할 수 있다, 쓰다, 할 줄 알다. ¶~ German 독일어를 말하다/What language

speakable / **spearfish**

do they ~ in Brazil? 브라질에서는 어떤 언어를 씁니까? / English spoken. 영어가 통용됩니다(상점·호텔 등의 게시). **3** 〔진실·마음 따위〕를 말하다, 전하다: 〔의견 등〕을 (문서 따위로) 표명(진술)하다. ¶ ~ one's mind 심중을 털어놓다 / ~ the truth 진실을 말하다. **4** 〔해사〕 …와 (해상에서) 교신하다; …에게 신호하다, 소리치다. ¶ ~ several vessels 몇 척의 배와 교신하다. **5** (컴퓨터가) 〔데이터·정보〕를 음성으로 표시하다. **6** 〔고어〕 …을 나타내다, 보이다, 증명하다. ¶ (~+目+補) His words ~ him true. 말씨로 그가 성실한 남자임을 알 수 있다.
as they [or **men**] **speak** 소위, 이른바.
as we speak (구어) 마침(바로) 지금; 곧.
generally [**broadly, historically, practically, legally, roughly, strictly**] **speaking** 일반적으로 [넓게, 역사적으로, 실제면에서, 법적으로, 대충, 엄밀하게] 말하면.
nothing worth speaking of 특별히 말할 만한 것.
so to speak ⇒SO. 은 못 되다.
speak against *a person* 남의 욕을 하다: 남에게 반대 의견을 말하다.
speak *a person* **fair** 남에게 공손한 말씨를 쓰다.
speak aside 옆을 향해 (살짝) 말하다; (무대에서 배우가) 방백(傍白)하다. 하다.
speak as *one* **finds** (고어) 자기가 본(느낀) 대로 말.
speak at …에 빗대어 말하다.
speak by the book; speak like a book 정확하게 이야기하다, 격식을 차려 말하다, 권위 있게 말하다.
speak down to (필요 이상으로) …에게 친절히(겸양하여) 말하다.
speak for ① 대변하다, 변호하다; …을 대신하여 견해(의견)을 말하다. ② (수동형으로) …을 부탁하다, 신청하다; (사람·개 등이) …을 달라고 말하다(짖다). ¶ This item is already spoken for. 이 품목은 예약이 끝났다. ③ …을 증명하다; …을 나타내다, 가리키다. ¶ ~ for racial consanguinity 같은 인종임을 나타내다.
speak highly of …을 극구 칭찬하다.
speak for itself [or **themselves**] 자명하다.
speak for oneself 자신을 변호하다; 자기 생각을 말.
speak from experience 체험으로 말하다. 하다.
speak from *one's* **heart** 심중을 토로하다.
speak ill for …의 좋지 않음을 증명하다. 하다.
speak ill [or **evil**] **of** …을 나쁘게 말하다, …의 욕을.
Speaking. (구어) (전화 받을 때) 접니다.
speaking as …의 입장에서 말하면.
speaking for myself 내 의견을 말한다면.
speaking generally =generally speaking.
speaking (quite) frankly [or **candidly**] 솔직히 말하면.
speak of ① …에 관하여 말(평)하다. ¶ Speaking of movies, have you seen King and I? 영화에 관해 말하면 「왕과 나,를 본 적이 있는가? ② …이라는 말(용어)을 쓰다. ¶ He spoke of 'professional'. 그는 「프로,라는 말을 사용했다.
Speak of the devil. (구어) 호랑이도 제 말하면 온.
speak *one's* **mind** 털어놓고 말하다. 다.
speak out [or **up**] 거리낌없이 이야기하다; (종종 명령문으로) 분명하게 말하다; 큰 소리로 말하다. ¶ S- it out clearly. 분명히 말해 주시오.
speak to ① (남)에게 말을 걸다; …에 언급하다, 논하다. ¶ ~ to oneself 혼잣말을 하다. ② …을 증명(증언)하다, 증거를 내세우다. ③ (구어) (물건·디자인 등이) 〔사람·마음〕에 호소하다, 영향을 주다; 〔예술 작품이나 〔남〕을 감동시키다. ④ (구어·완곡적) 〔남〕을 꾸짖다, …에게 주의를 주다. ¶ Papa, will you ~ to Tom? 아빠, 톰을 꾸짖어 주세요.
speak together (…에 관해) 상의(협의)하다 (about).
speak under *one's* **breath** 속삭이다, 소곤소곤 이야기하다.
speak up against …에 강력히 반대하다.
speak up for …을 강력하게 변호하다.
speak volumes (美) 웅변으로 말하다, 증명하고도 남음이 있다: 의미 심장하다 (for).
speak well for …의 우수함(유효함)을 증명하다.
speak well of …을 좋게 말하다.
speak with ① …와 이야기를 나누다, 담화하다. ② (구어) …을 꾸짖다.
speak without book 기억을 더듬어 이야기하다.
to speak of (부정문에서) 이렇다 할 만한. ¶ That's nothing to ~ of. 그것은 별 것 아니다.
to speak the truth ⇒TRUTH.

speak·a·ble [spíːkəbl] 형 말할 수 있는; (드물게) (말을 할) 능력이 있는. **~·ness** **-bly** 부
speak·eas·y [spíːkìːzi] 명 (금주법 시행 당시의) 주류 밀매점.
‡**speak·er** [spíːkər] 명 (복 **~s** [-z]) **1** 말하는 사람. **2** 연설자, 웅변가. ¶ He is a good [poor] ~. 그는 연설을 잘하다(이 서투르다). **3** (S-) (영·미 국회의) 하원 의장. **4** 스피커, 확성기. **5** (복합어로) …을 말하는 사람: 말씨가 …한 사람. ¶ a French-~ 프랑스어를 말하는 사람.
be on speakers =be on SPEAKING term.
catch the Speaker's eye (英) (의회에서) 발언 기회를 얻다.
~·ship 명U 의장의 직(임기).
Spéaker of the Hóuse [(英) **Cómmons**] 명 (the ~) 하원 의장.
speak·er·phone [spíːkərfòun] 명 스피커폰(전화기의 스피커·마이크 겸용 장치).
‡**speak·ing** [spíːkiŋ] 명 (복 **~s** [-z]) **1** U 말하기; 담화, 연설. **2** (~s) 구전(口傳) 문학. **3** 정치적 집회.
at this [or **the**] **present speaking** (美) 이렇게 말하고 있는 현재, 바로 지금.
— 형 **1** 말(이야기)하는, 지껄이는. **2** 말하는 것 같은, 표정이 풍부한, 살아 있는 듯한. ¶ ~ eyes 말을 할 것 같은 눈초리, 표정이 풍부한 눈 / a ~ portrait 아주 잘 그린 초상화. **3** 말할 때 쓰는, 말하기 알맞은, 담화의. ¶ ~ voice 말소리 / ~ distance 말이 들리는 거리. **4** 말을 할 정도의. ¶ have a ~ knowledge of English 영어는 말이나 할 정도는 알고 있다. **5** (복합어로) …어(語)를 말하는; 말투가 …한. ¶ English-~ nations 영어를 말하는 나라들.
be on speaking terms (**with** *a person*) (남과) 만나면 인사나 할 정도의 사이다.
have a speaking acquaintance with …와 말을 건넬 정도의 사이다.
~·ly 부 **~·ness** 명
spéaking clóck 명 (英) 전화 시간 안내.
spéaking trúmpet 명 확성기, 메가폰.
spéaking túbe 명 통화관(通話管), 전성관(傳聲管).
speak-out [-áut] 명 (체험·의견을) 자유롭게 말하는 모임.
‡**spear**¹ [spiər] 명 (복 **~s** [-z]) **1** 창(槍), 던지는 창. **2** (물고기를 잡는) 작살. **3** (시) 창잡이, 창기병. **4** (창 따위로) 찌르기. 임을 지다.
take the spear (**in** *one's* **chest**) (美속어) 모든 책.
— 타 (**~ed** [-t]) **1** 창으로 찌르다; (작살로 물고기) 작살로 찌르다. — 자 (창처럼) 꽂히다, 뚫고 나아가다.
— 형 부계(父系)의; 남자의.
spear² 명 (식물의) 싹, 순(筍), 어린 가지, (풀의) 가느고 긴 잎. — 자 싹이 나오다, 무럭무럭 자라다.
spéar càrrier 명 **1** (연극·오페라 따위의) 엑스트라; (그룹·회사·정당 따위의) 말단, 수하. **2** (정당·운동 따위의) 선두에 서는 사람, 리더, 기수. (또는 **spéar-càrrier**)
spear·fish [spíərfìʃ] 명 (복 **~**(**·es**)) 청새치.
— 자 (수중에서) 작살로 물고기를 잡다.

spéar gùn 명 수중총, 작살 발사총.
spear·head [spíərhèd] 명 창끝; (공격 따위의) 최전선; (사업 따위의) 제일선, 선두. ─타 (공격·사업)의 최전선에 서다, 선두에 서다. 「창을 쓰는 사람.
spear·man [spíərmən] 명 창병(槍兵), 창수(槍手).
spear·mint [spíərmìnt] 명 (식물) 양박하.
spéar sìde 명 (the ~) 부계(父系), 남계(男系). ⑭ spindle [distaff] side
spec¹ [spek] 명 1 (보통 ~s) (구어) =specification. 2 UC (구어) 투기(speculation). 3 (美구어) 연예, 구경거리; 호화판 텔레비전 쇼.
on spec 투기로, 요행수를 바라고.
─형 =speculative.
─타 (~'d, ~ked, ~ced [-t]; ~'·ing, speck·ing ~·cing) 세부를 지정하다.¶This car was ~'d by a computer. 이 차는 컴퓨터로 세부까지 설계되었다.
spec² 명 (美구어) 기술자, 전문 요원(specialist).
SPEC Society for Pollution and Environmental Control; South Pacific Bureau for Economic Cooperation(남태평양 경제 협력 기구). ⓐ SPF **spec.** special(ist); specially; specific(ation); speculation.
‡**spe·cial** [spéʃəl] 형 (*more ~; most ~*) 1 특수한, 특별한.¶a ~ case 특별한 경우/a ~ key 특수 열쇠.

> [유의어] **special** 같은 종류의 다른 것과 구별하여 보통 이상의 취급을 받는[받을 만한]. **especial** special과 같은 뜻이나 보통 더 좁은 의미로 뛰어나다는 의미로 쓰이는 말. **particular** 주의를 끌므로 같은 종류의 다른 것과 구별된; special과 같은 뜻으로 쓰기도 한다. **specific** 실례로서 또는 구체적으로 다루기 위해 뽑힌. **peculiar** 다른 것에는 없는 독특한 성질을 가진.

2 전문의, 전공의.¶a ~ hospital 전문 병원/make a ~ study of English literature 영문학을 전공하다. 3 전용의, 고유의.¶one's ~ car 전용 자동차/one's ~ duty 개인의 특별 임무. 4 별난, 특이한, 예외의, 각별한; 특히 소중한[친한], 마음에 드는.¶a ~ friend 각별한 친구. 5 특정의, ¶for a ~ purpose 특정의 목적으로/on a ~ day 어떤 특정한 날에. 6 특별용의, 특별히 마련한, 특설의, 임시의.¶a ~ train 특별[임시] 열차/a ~ correspondent 특파원/a ~ edition 호외/a ~ number 특별호. 7 (기술(記述) 따위가) 정밀한.¶a ~ statement 정밀한 진술.
─명 (~s [-z]) 1 특별한 사람[것]. 2 특사; 특파원; (美) 선과생(選科生); (英) 임시 경관. 3 특별[임시] 열차[버스]; (신문의) 특별판, 호외; (TV) 특별 프로; (연극) 스포트라이트. 4 특별 통신; 속달편. 5 (음식점의) 특별한 요리, 정식; 오리지널 상품, 특가품. 6 임시 시험. 7 특별상. ─타 (속어) (간호원이 한 환자를) ~ness 「전속 간호하다.
spécial accóunt 명 특별 회계. 「법률).
spécial áct 명 특별법(특정한 사람·지역에 적용되는
spécial ágent 명 특별 수사관(FBI의 수사관, IRS 국세 사찰관 등); 특별 대리인.
Spécial Air Sèrvices 명 (英) (the ~) 공군 특수 부대 (ⓐ SAS). (또는 ~ **Régiment**).
spécial área 명 (英) 지구(distressed area (빈민 지구), development area (개발 지구) 따위).
spécial asséssment 명 (美) 특별 재산세.
Spécial Bránch 명 (英) (the ~) (런던 경시청의) 공안부.
spécial cháracter 명 [컴퓨터] 특수 문자.
spécial cónstable 명 (英) (긴급시에 임명되는) 특별 경찰관.
spécial cóurt-martial 명 (美군사) 특별 군법 회의. ⓐ general[summary] court-martial 「(delivery).
spécial delívery 명 (美) 속달 우편(물)((英) express
spécial divídend 명 특별 배당(extra dividend).

spécial dráwing rìghts 명(복) (국제 통화 기금의) 특별 인출권(ⓐ SDR, S.D.R.). 「경제 특구.
spécial económic zóne 명 (the ~) (중국의)
spécial educátion 명 특수 교육(심신 장애자·지진아·특수 재능을 가진 아동 등을 대상으로 하는 교육).
spécial efférts 명 (영화·TV) 특수 효과.
Spécial Fórces 명(복) (美군사) 특수(임무) 부대.
spécial hándling 명 (美) (우편물의) 특수 취급(특별 요금을 지불한다).
spécial ínterest 명 특수 이익 집단(법적·경제적으로 특별 우대 조치를 받고 있는 단체·법인·산업).
spe·cial·ism [spéʃəlìzm] 명 UC 전문(화), 전공 (분야), 세분화.
*spe·cial·ist [spéʃəlist] 명 전문가, 전공자; 전문의(醫); (美군사) 기술[특과]병.¶a medical ~ 전문의. ─형 전문(가)의(specialistic). 「인.
spe·cial·is·tic [spèʃəlístik] 형 전문(가)의.
spé·cia·li·té de la mai·son [spesiɑ:líːtéi də lɑ: meizɔ́ːŋ] (레스토랑 등의) 간판(특제, 명물) 요리. (<F specialty of the house).
*spe·ci·al·i·ty [spèʃiǽləti] 명 (英) =specialty.
*spe·cial·i·za·tion [spèʃəlizéiʃən/-laiz-] 명 UC 1 (의미·사항의) 한정, 제한. 2 특수화, 전문화. 3 (생물) 분화(分化).
‡**spe·cial·ize** [spéʃəlàiz] (*(英) -ise*) 동 (*-iz·es* [-iz]; *~d; -iz·ing*) 자 1 전문으로 하다, 전공하다; 전업으로 하다 (*in*). ¶(~+젠+명) ~ *in* economics 경제학을 전공하다/~ *in* the manufacture of hats 모자 제조를 전업으로 하다. 2 전문화하다, 특수화하다. 3 상세히 말하다. 4 (생물) 분화하다, 진화하다. ─타 1 …을 특수화하다, 전문화하다. 2 …을 한정하다, 국한하다. 3 …을 상설(詳說)하다. 4 (어음 따위를) 배서하여 수취인을 지정하다. 5 (생물) …을 분화시키다, 진화[특수화]시키다. ¶(~+젠+명) A rooster's spurs are toes ~*d for* fighting. 수탉의 며느리발톱은 공격용 무기로 특수화된 발가락이다. 「(화(분화)된.
spe·cial·ized [spéʃəlàizd] 형 전문의; (생물) 특수
spécial júry 명 (법률) 1 특별 배심(blue-ribbon jury). 2 =struck jury.
spécial líbrary 명 전문 (분야) 도서관.
spécial lícence 명 (英법률) 특권 허가증; (Canterbury 대주교가 내주는) 결혼 특별 허가증.
‡**spe·cial·ly** [spéʃəli] 부 특히, 특별히; 임시로.
Spécial Méssage 명 (미국 대통령이 의회에 보내는) 특별 교서.
Spécial Olýmpics 명(복) (the ~) 특별 올림픽 (1968년부터 4년에 한번 개최되는 정신 박약자들의 국제 스포츠 대회).
spécial órder 명 (군사) 개별[특별] 명령(개인 또는 특정 그룹의 인원에 대하여 사령부가 내리는 관리상의 지령); (보ст 등의) 특별 수칙.
spécial pártner 명 (경제) 유한(有限) (책임) 사원.
spécial pléader 명 특별 변호사.
spécial pléading 명 1 (법률) (상대방의 진술에 반증을 대는) 특별[새로운 사실의] 진술. 2 궤변적 이론, 아전 인수격인[제멋대로의] 진술.
spécial prívilege 명 (법률에 의한) 특권, 특전.
spécial prósecutor 명 특별 검사(independent counsel의 예 이름).
spécial púrpose compúter 명 특수(목적) 컴퓨터(한정된 분야의 문제만을 처리). 「ity.
spécial relatívity 명 =special theory of relativ-
spécial schóol 명 (英) (장애자를 위한) 특수 학교.
spécial séssion 명 (회기 이외에 열리는) 특별 의회.
spécial situátion 명 (증권) 특수 상황(회사 합병 등의 예외적 사유로 주가가 특등할 가망이 있는 상황).
spécial stáff 명 특별 참모. ⓐ general staff
spécial stúdent 명 (美) (대학의) 청강생.

spécial théory of relativity 명 〔물리〕 특수 상대성 이론.

spe·cial·ty [spéʃəlti] 명 (＊ (英)에서는 5 이외의 경우에는 보통 speciality를 쓴다) **1** 전문, 전공; 본직. ¶Sugar retailing is my ~. 설탕 소매가 내 본업이다. **2** 특제품, 특별 우량품, 특가품. ¶Shoes are a ~ in this store. 신발은 이 가게의 특제품이다. **3** 신제품, 신형, 특색, 특성; 특별사항, 특징. **5** 〔법률〕 날인 계약
in specialty 특히, 특별히(specially). 〔증서〕.
make a specialty of …을 전문으로 하다.

spécialty shòp[stòre] 명 (美) (특선품을 취급하는) 전문점.

spe·ci·ate [spíːʃièit, -si-] 자 〔생물〕 종(種)을 형성하다, 신종(新種)으로 분화하다. **-á·tion** 명

spe·cie [spíːʃi;] 명ⓤ 정금(正金), 정화(正貨). ¶a ~ bank 정금 은행 /~ reserve 정금 준비.
in specie ①같은 종류의 것으로. ②(지폐·어음이 아닌) 정금으로. ③같은 방법으로. ④ 〔법률〕 규정된 대로, 특정히.

spe·cies [spíːʃiːz -siːz] 명 (pl. ~) **1** 종류; 인종. ⇒ SORT 유의어 **2** 〔생물〕 종(種)(genus(속)의 하위 분류 단위). ⇒ CLASSIFICATION 주의 ¶*The Origin of S*— 「종의 기원」 (Charles Darwin의 저서) /Barley is a ~ of grass. 보리는 풀의 일종이다. **3** 〔논리〕 종(개념)(genus의 하위 개념). **4** 〔법률〕 형식, 체재. **5** 〔가톨릭〕 축성(祝聖)된 후의 빵과 포도주의 형태; 미사에 쓰는 빵 또는 포도주. **6** 〔화학〕 화학종(분자·이온·유리약(遊離藥) 등의 다른 화학적 실체). **7** 〔물리〕 핵종(核種)(nuclide).
a species of 일종의.
our [or ***human, the***] ***species*** 인류.

spe·cies·ism [spíːʃiːzìzm, -siː-] 명 종(種)차별, 종편견. **-ist** 명

specif. specific; specifically. 「할 수 있는.

spec·i·fi·a·ble [spésəfàiəbl] 형 명시[특정, 구별]

spe·cif·ic [spisífik] 형 **1** 특수한, 특유의; 일정한, 특정의; 명확한, 분명한. ⇒ SPECIAL 유의어 ¶a ~ aim 특정의 목적 /a ~ sum of money 일정 금액 / a ~ number 명확한 수 /a ~ reason 분명한 이유 /a ~ record 명확한 기록. **2** 특유의, 독특한(*to*). ¶a feature 특징 //The faculty of speaking is ~ *to* mankind. 언어 능력은 인간에 특유한 것이다. **3** 〔생물〕 종(種)의[에 특유한]. ¶the ~ name of a plant 식물의 종명. **4** 〔의학〕 **a)** 특효가 있는. ¶a ~ remedy[medicine] 특효약. **b)** (병의) 특이성의. ¶a ~ disease 특이병. **5** 〔상업〕 (과세가) 종량(從量)의. **6** 〔물리〕 (단위량 또는 물리량에 대한) 비(比)의, 고유의. **7** 〔논리〕 종(개념)의. — 명 **1** 특별[특정]한 것; (때로 ~s) 특질, 특색. **2** (보통 ~s) 명세, 세목; 시방서, 명세서. **3** 〔의학〕 (…의) 특효약(*for*).

spe·cif·i·cal·ly [spisífikəli] 부 **1** 명확히, 특정적으로. **2** (형용사 앞에서) 특히. **3** 구체적으로[분명히] 말하면.

spec·i·fi·ca·tion [spèsəfikéiʃən] 명 **1** ⓤ 명확히 말하기[적기], 상기(詳記), 상술. **2** (보통 ~s) 설계 명세서, 시방서. **3** ⓤⓒ 명세 사항, 세목, 내역. **4** (특허 출원 때의) 특허 설명서.

specífic cáuse 명 (어떤 병의) 특이적 원인.
specífic cháracter 명 〔생물〕 (다른 종과 구별되는) 특이성, 특징. 「자의 전기량과 질량의 비.
specífic chárge 명 〔물리〕 비전하(比電荷)(하전 입
specífic condúctance 명 〔전기〕 도전율(導電
specífic dúty 명 〔상업〕 종량세(從量稅). 「率)
specífic grávity 명 〔물리〕 비중(relative density).
specífic héat 명 〔물리〕 비열(比熱).
specífic ímpulse 명 (로켓 추진의) 비추력(比推力).
spec·i·fic·i·ty [spèsəfísəti] 명ⓤⓒ 특수성, 전문성; (생화학·약학) 특이성.

＊**spec·i·fy** [spésəfài] 타 **1** …의 이름을 일일이 들다; …을 명확히 말하다, 상술(詳述)하다, 명기하다. ¶~ the number needed 필요한 수를 명시하다. **2** …을 수화(修化)하다, …에 특성을 부여하다. **3** …을 조건으로 말하다, …이라는 조건을 붙이다(*that*), …에 이름을 들어 말하다, 구체적으로 말하다, 명확히 하다[적다]. **-fi·ca·tive** [-fikèitiv] 형 **-fi·cà·tive·ly** 부 **-fi·er** 명

‡**spec·i·men** [spésəmən] 명 (pl. ~s) **1** 견본, 실례; 광물·부품 등의) 견본, 표본, 전형(典型). ⇒ EXAMPLE 유의어 ¶~s preserved in spirits 알코올 속에 보관된 표본. **2** (의학·미생물학 등에서 쓰이는) 표본, 피검물(被檢物), 시험품. **3** (구어·경멸적) 놈, 녀석. ¶a queer ~ 괴짜, 별난 녀석 /You're a fine ~! (반어적) 대단한 녀석이군.

spe·ci·ol·o·gy [spìːʃiɑ́lədʒi, -ɔ́l-] 명ⓤ 종족학.
spe·ci·os·i·ty [spìːʃiɑ́səti, -ɔ́s-] 명 **1** ⓤ 겉만 번드르르함; 겉만 번드르르한 물건[사람]. **2** 아주 그럴듯한 언동. **3** ⓤⓒ (폐어) 아름다움, 아름다운 것.

spe·cious [spíːʃəs] 형 허울[외관]이 좋은, 그럴 듯한. ⇒ PLAUSIBLE 유의어 ¶a ~ gift 허울 뿐인 선물. **~·ly** 부 **~·ness** 명

＊**speck¹** [spek] 명 **1** 작은 반점, 얼룩; (과일의) 흠; (비유적) 오점(汚點). **2** 작은 조각, 미진(微塵). **3** 적은 양(量), 미량. **4** (거리가 멀어서) 점같이 보이는 것, 점.
not (…) ***a speck*** (美) 전혀 (…이) 아니다.
— 타 (수동형으로) …에 반점[얼룩]을 찍다[내다].
~·ed 형 **~·ness** 명 **~·less** 형 **~·less·ly** 부 「컨.

speck² 명ⓤ (고래·물개 따위의) 지방; 지방육; 베이

＊**speck·le** [spékl] 명 **1** 반점, 반문. **2** (피부 따위의) 기미, 검버섯; 얼룩. — 타 (수동형으로) …에 반점을 찍다, …을 얼룩덜룩하게 하다(*with*).
-led 형 얼룩진, 반점이 있는. **~·less** 형 **~·less·ly** 부 **~·less·ness** 명

spéckle in·ter·fer·óm·e·try [-ìntərfərɑ́mətri/-rɔ́m-] 명 **2** 〔천문〕 스페클 간섭법(干涉法)(미소 변위(微少變位) 측정법).

speck·y [spéki] 형 (英구어) 안경을 낀.
specs [speks] 명(복) (구어) **1** 안경(spectacles). (또는 **specks**) **2** = specification 2.
SPECT 〔의학〕 single photon emission *CT*(단광자(單光子) 방사선 단층 촬영(법)).

‡**spec·ta·cle** [spéktəkl] 명 (~s [-z]) **1** (인상적인) 광경, 장관, 기관(奇觀); 불쾌한[애처로운] 광경, 참상. **2** (호화로운) 구경거리, 쇼. **3** (~s) 안경; (비유적) 선입관, 색안경. ¶a pair of ~s 안경 하나. **4** (종종 ~s) (형태나 기능이) 안경 비슷한 것. **5** (~s) (英구어) (크리켓) 타자의 두 차례의 무득점.
make a spectacle of oneself 남의 웃음을 살 짓[옷차림]을 하다, 남 앞에서 창피한 꼴을 보이다.
see [or ***look at, behold, view***]...***through rose-colored*** [or ***rosy***] ***spectacles*** [or ***glasses***] …을 낙관적으로 보다.
~·less, ~·like 형

spec·ta·cled [spéktəkld] 형 안경을 낀; (동물이) 안경 모양의 반문(斑紋)이 있는.

spéctacled béar 명 〔동물〕 안경곰 (cobra).
spéctacled cóbra 명 〔동물〕 인도코브라(Indian

＊**spec·tac·u·lar** [spektǽkjulər] 형 **1** 구경거리의; 장관인, 굉장한, 볼 만한. ¶a ~ scene 장엄한 광경. **2** 극적인, 스릴이 있는. — 명 **1** 호화 텔레비전 쇼. **2** 초대작(超大作); (남의 눈을 끄는) 대형 옥외 광고.
-lar·i·ty [-lǽrəti] 명ⓤⓒ 장관. **~·ly** 부

spec·tate [spékteit] 자 (구어) 방관하다, 구경하다.
‡**spec·ta·tor** [spékteitər, -́-] 명 (pl. ~s [-z]) **1** 구경꾼, (관)람객; 방관자, 목격자. **2** =~ pump.
-to·ri·al [-tɔ́ːriəl] 형 방관자의. **~·ism** 명 방관자주의(자기는 플레이하지 않는다).

spec·ta·tor·i·tis [spèktèitəráitis] 명 관전[방관]증(症)(관전만 하고 스스로는 운동을 하지 않는 일).

spéctator pùmp 圀 (보통 s- -s) 스펙테이터 펌프 스(구두의 코와 뒤꿈치 부분의 빛깔이 돋보이는 여성용

spéctator spòrt 圀 보는 스포츠.   [펌프스.

***spec·ter**, (英) **-tre** [spéktər] 圀 유령, 요괴, 귀신, 도깨비; (일반적으로) 무서운 것, 공포의 씨앗(원인).

a specter of the Brocken 브로켄의 요괴(妖怪).

raise the specter of …을 떠들어대다.

spec·ti·no·my·cin [spèktənouméɪsn/-sɪn] 圀 〔약학〕 스펙티노마이신(임균에 의한 감염증 치료약).

***spec·tra** [spéktrə] 圀 spectrum의 복수형.

***spec·tral** [spéktrəl] 圀 1 유령의, 요괴(귀신) 같은; 실체가 없는. 2 스펙트럼의. ¶*a* ~ *analysis* 스펙트럼 분석. ~·**ly** 凰 ~·**ness** 圀   [影).

spec·tral·i·ty [spektrǽləti] 圀Ⓤ 유령임, 환영(幻

spéctral líne 圀 〔광학〕 스펙트럼선(線).

spéctral overcrówding 圀 〔통신〕 전파 할당 주파수의 과밀 사용 상태.

spéctral séries 圀 〔물리〕 스펙트럼 계열.

spéctral týpe [cláss] 圀 〔천문〕 스펙트럼형 (型)(항성의 스펙트럼의 특징에 의한 분류).

spéctra yéllow 圀 선황색(鮮黃色)(Hansa yellow).

spec·trin [spéktrɪn] 圀 〔생화학〕 스펙트린(적혈구 피막에 있는 단백질 분자). ¶*spectrogram*.

spec·tro- [spéktrou, -trə] 〔연결〕 spectrum의 뜻.

spec·tro·bo·lom·e·ter [spèktrouboulάmətər/ -lɔ́m-] 圀 〔물리〕 스펙트로볼로미터(스펙트럼 중의 복사 에너지의 분포를 측정하는 기구).

spec·tro·chem·i·cal [spèktroukémɪkəl] 圀 분광 화학의[을 응용한].

spec·tro·chem·is·try [spèktroukémɪstri] 圀Ⓤ 분광(分光) 화학.

spec·tro·col·or·im·e·ter [spèktroukʌlə̀rɪ́mɪtər] 圀 〔광학〕 분광 비색계(比色計).

spec·tro·flu·o·rim·e·ter [spèktroufluərɪ́mətər] 圀〔분광〕분광 형광계. (또는 **spectrofluorometer**)

spec·tro·gram [spéktrəgræ̀m] 圀 1 스펙트럼[분광] 사진. 2 (sound spectrograph에 의한) 기록도.

spec·tro·graph [spéktrəgræ̀f, -grὰːf] 圀 1 스펙트럼[분광] 사진기. 2 = sound ~. **-trog·ra·pher** [spektrάgrəfər/-trɔ́g-] **-tro·gráph·ic** 圀

spec·trόg·ra·phy 圀 분광 사진술.

spec·tro·he·li·o·gram [spèktrouhíːliəgræ̀m]
圀 단광(單光) 태양 사진.

-graph 圀 단광 태양 사진기.

spec·tro·he·li·o·scope [spèktrouhíːliəskòup] 圀 단광 태양 망원경.

spec·trol·o·gy [spektrάlədʒi/-trɔ́l-] 圀Ⓤ 유령 연구. **spèc·tro·lóg·i·cal** 圀

spec·trom·e·ter [spektrάmətər/-trɔ́m-] 圀 〔광학〕 분광계(分光計). **spèc·tro·mét·ric** 圀

spec·tro·pho·tom·e·ter [spèktroufoutάmətər/-tɔ́m-] 圀 분광 광도계, 분광 측광기.

-try [-tri] 圀Ⓤ 분광 광도 측정법, 분광 측광(分光測光).

spec·tro·po·lar·im·e·ter [spèktroupòulərɪ́mɪtər] 圀 〔광학〕 분광 편광계.

spec·tro·scope [spéktrəskòup] 圀 〔광학〕 분광기. ─ 圀㉠ …을 분광기로 조사하다.

-scop·ic [-skάpɪk/-skɔ́p-], **-scóp·i·cal** 圀

spec·tros·co·py [spektrάskəpi/-trɔ́s-] 圀Ⓤ 1 분광학. 2 분광기의 사용(법). **-pist** 圀

***spec·trum** [spéktrəm] 圀 (圀 **-tra** [-trə], ~**s**) 1 〔물리〕 스펙트럼, 분광(分光). ¶*a solar* ~ 태양 스펙트럼. 2 (망막에 남는) 잔상(殘像). 3 〔통신〕 =radio ~. 4 광범한 연속체; 영역, 범위. ¶*the* ~ *of political beliefs* 다양한 정치적 신조. 5 〔전기〕 =electromagnetic ~.   [분석.

spéctrum análysis 圀 스펙트럼 분석, 분광 화학

spéctrum ánalyzer 圀 스펙트럼 분석기.

spec·u·la [spékjulə] 圀 speculum의 복수형.

spec·u·lar [spékjulər] 圀 거울 같은, 반사하는; 〔의학〕 검경(檢鏡)의[에 관한]; (반사광이) 정반사성의.

***spec·u·late** [spékjulèɪt] 圀㉠ 1 깊이 생각하다, 사색(숙고)하다; 추측하다 (*upon, on, about, as to*). ⇨ THINK 〔유의어〕 ¶~ *about* one's *future* 장래를 깊이 생각하다. 2 투기를 하다, 시세를 예측하고 사다(팔다) (*in, on*). ¶~ *in* shares 증권에 손을 대다 / ~ *on a rise* 품귀를 예상하고 투기를 하다.

‡spec·u·la·tion [spèkjuléɪʃən] 圀 (圀 ~**s** [-z]) 1 ⒰Ⓒ 심사 숙고, 사색, 고찰(*on, upon, about*); 추측, 추론(*that* 節). 2 Ⓤ 공리(空理), 공론. 3 ⒰Ⓒ 투기 (매매)(*in*). ¶*on* ~ 투기로, 요행수를 바라고. 4 Ⓤ 스페큘레이션(카드놀이의 일종).

***spec·u·la·tive** [spékjulèɪtɪv, -lət-] 圀 1 명상적인, 사변적인. 2 이론적인; 추리적인. 3 투기의, 투기 매매의; 투기적인; 위험한. 4 호기심이 어린.

~·**ly** 凰 ~·**ness** 圀

spéculative philósophy 圀 사변 철학.

***spec·u·la·tor** [spékjulèɪtər] 圀 1 사색가, 이론가; 공론가(空論家). 2 투기꾼, 증권 투기사, 협잡군(*in*). 3 입장권을 매점하는 사람, 암표상.

spec·u·lum [spékjuləm] 圀 (圀 **-la** [-lə], ~**s**) 1 (망원경 따위의) 금속경(鏡), 반사경. 2 〔외과〕 (눈·귀·코 따위를 진단하는) 검경(檢鏡). 3 〔조류〕 (새 날개의) 찬점(燦點)(오리·닭 따위가 날개를 접었을 때 제2 칼깃에 보이는 영롱한 색채가 있는 부분).

‡sped [sped] 圀 speed의 과거·과거분사.

‡speech [spiːtʃ] 圀 (圀 ~·**es** [-ɪz]) 1 Ⓤ 말하기; 말씨, 말투; 발언. ¶*S― is silver* [or *silvern*], *silence is golden*. 《속담》 웅변은 은, 침묵은 금이다. 2 Ⓤ (one's ~) 말하는 능력, 언어 능력. ¶*Humankind alone has the gift of* ~. 인간만이 말할 수가 있다. 3 연설, 강연, 스피치(*on, about*); 이야기, 담화; Ⓤ 연설법. ¶*make an after-dinner* ~ 테이블 스피치를 하다.

> 유의어 **speech** 길이·성격·준비의 유무 따위에 관계 없이 청중에 대하여 하는 이야기. **talk** 격의없는 담화조의 speech 또는 lecture. **address** 이야기하는 사람 또는 기회에 중점이 있는 딱딱한 speech. **lecture** 지식을 주기 위한 목적의 speech; 청중이 한정된 기회에 하는 미사 여구를 늘어놓은 대연설; 때로는 내용이 없는 호언 장담을 암시.

4 Ⓤ 말하는 말, 언어. ¶*the* ~ *of the high society* 상류 사회의 말. 5 (한 나라의) 국어, 언어(⇨ LANGUAGE 〔유의어〕), 방언. 6 Ⓤ 〔문법〕 화법. ¶*the direct* [*indirect*] ~ 직접[간접] 화법. 7 〔고어〕 소문. 8 Ⓤ (악기의) 음색.

a figure of speech ⇨ FIGURE.   [음향.

a part of speech 〔문법〕 품사.

be slow of speech 말씨가 느리다; 눌변이다.

find [or *recover*] *one's speech* 말이 나오게 되다.

give speech to …을 입 밖에 내다, 표현하다.

have speech with a person 남과 이야기하다.

lose one's speech 말을 제대로 할 수 없게 되다.

put a speech into a person's mouth 남이 하지도 않은 말을 한 것으로 하다.

the speech from the throne (英国방에서) 의회의 개회[폐회]사(英) the Queen's [King's] speech).

spéech clìnic 圀 언어 장애 교정소.

spéech commùnity 圀 〔언어〕 언어 공동체.

spéech corrèction 圀 언어 교정.

spéech dày 圀 (英) 졸업식[종업식]날.

spéech dèfect [disòrder] 圀 언어 장애.

speech·i·fy [spíːtʃəfàɪ] 圀㉠ (익살·경멸적) 연설하다, 열변을 토하다. **-fi·cá·tion, -fi·er** 圀

spéech impèdiment 圀 언어 장애.

spéech ìsland 圀 〔언어〕 언어 섬(한 언어 지역 내의 고립된 작은 언어 지역).

*speech·less [spíːtʃlis] 형 **1** 말을 하지 못하는, 벙어리의. ⇨DUMB 유의어 **2** (공포 따위로) 말을 못하는, 잠자코 있는 (*with*). ¶ be ~ *with* exhaustion 지친 나머지 말도 못하고 있다. **3** 말로 표현할 수 없는, 형언할 수 없는. ¶ a ~ grief 형언할 수 없는 슬픔. **4** 〖英俗어〗 ~·ly 튀 ~·ness 명

speech·mak·er [spíːtʃmèikər] 명 연설가, 변사.
speech·mak·ing [spíːtʃmèikiŋ] 명 연설하기, 강연하기. 형 연설을 하는.
spéech òrgan 명 음성[발음] 기관.
speech·read [spíːtʃrìːd] 탄 (…을) 독화술(讀話術)로 이해하다. ~·er 명
speech·read·ing [spíːtʃrìːdiŋ] 명 (벙어리의) 독화법(讀話法), 독순술(讀脣術)[lip reading].
spéech recognítion 명 〖컴퓨터〗 음성 인식(voice recognition). 〖…따위에 대한 보통의 소리〗.
spéech sóund 명 〖음성〗 언어음(기침·재채기 소리
spéech sýnthesis 명 〖전자〗 음성 합성(컴퓨터로 사람의 음성을 합성하여 스피커를 통해 재생).
spéech sýnthesizer 명 〖전자〗 음성 합성 장치.
spéech thèrapy 명 언어 요법(療法), 언어 (장애) 치료(법). **spéech thèrapist** 명 언어 요법사.
speech tráining 명 (남 앞에서 말하는) 화술 훈련; 발음 교정 훈련. 「어 표현형(型)[방식].
speech·way [spíːtʃwèi] 명 (특정 집단·지역의) 언
speech·writ·er [spíːtʃràitər] 명 (정치가 등을 위한) 연설 원고 작성자. (또는 **spéech writer**)

‡**speed** [spíːd] 명 (복 ~s [-z]) **1** ⓤ 빠름, 신속. ¶ *More haste, less* ~. 〖속담〗 급할수록 천천히. **2** ⓤⓒ 속도, 속력. ¶ at a ~ of 60 miles an hour 시속 60 마일로.

유의어 **speed** 「속도」라는 뜻의 일반적인 말. **velocity** 일정 궤도에서 달리는 것의 속도(전문적인 말).

---

3 ⓤⓒ (자동차 따위의) 변속 장치. **4** ⓤ 〖고어〗 성공, 번영; 행운. **5** ⓤ 〖美俗어〗 각성제, 흥분제(필로폰 따위); (특히) 암페타민. **6** ⓤⓒ 〖사진〗 a) 감도, 감광도. b) =F number. c) 셔터 스피드; 노광(露光) 속도. **7** (구어) 능력[성격, 취미]에 맞는 것[일], 좋아하는 사람[것]. **8** ⓤ 〖야구〗 구속(球速).

at full [or *top*] *speed* ① 전속력으로. ② 힘껏.
at (*high*) *speed* 급속도로, 고속으로.
bring [or *keep*] *a person up to speed* 남에게 필요한 정보를 주다, 상황을 이해시키다.
Full speed ahead! 열심히 해라[일해라]! 「다.
get up [or *pick up, gather*] *speed* 속력을 높이
God send [or *give*] *you good speed!* (고어) 성공을 빕니다!
make speed 서두르다.
put on full speed 전속력을 내다.
wish a person good speed; wish good speed to a person 남의 성공을 빌다.
with all speed 전속력으로.
with speed 신속하게.

— 통 (~s [-z], ~ed) 탄 **1** …을 서두르게 하다, 빠르게 하다. ¶ ~ a horse 말을 빨리 몰다. **2** …을 진척시키다, 촉진시키다. **3** 〖기계 따위의〗 속도를 조정하다, 속력을 높이다(*up*). ¶ (~+목+부) an engine *up* 기관의 회전을 빠르게 하다. **4** 〖여행하는 사람의 도중의 안전을 빌다〗, …에게 작별 인사를 하다. **5** 〖고어〗 …을 성공시키다, 번영시키다. 탄 **1** 서두르다, 질주하다(*off*). ⇨HASTEN 유의어 ¶ (~+전+명) ~ *through* one's work 일을 서두르다 / ~ *along* [or *down*] the street 거리를 질주하다. **2** (자동차 따위가) 속도를 늘리다(*up*); 제한 이상의 속도를 내다, 속도 위반을 하다. (~+목) The car ~ed up. 그 차는 속력을 높였다. **3** (그런 저력) 해나가다; (사물이) 잘 되어가다. ¶ How have you *sped*? 어떻게 지내셨는지요? **4** (고어) 성공하다, 번영하다. **5** (각성제를) 먹다[맞다]; (각성제로) 황홀해지다.

God speed you! 부디 성공하시기를!
speed ill [*well*] 순조롭게 안 되다[되다].
speed up 속도를 빠르게 하다[높이다], 가속하다.
~·ful 형 ~·ful·ly 튀 ~·ful·ness 명 ~·ing·ly 튀
~·ing·ness 명 ~·less 형

speed·ball [spíːdbɔ̀ːl] 명 **1** (美) 스피드볼(축구 비슷한 구기). **2** 〖美俗어〗 스피드볼(흥분제와 진정제를 혼합한 마약); 마약 중독자.
speed·boat [spíːdbòut] 명 고속[쾌속] 모터보트. ~·ing 명 고속 모터보트 타기[로 유람하기].
speed·boy [spíːdbɔ̀i] 명 〖美俗어〗 발빠른 선수.
spéed bràke 명 〖항공〗 스피드 브레이크(비행중에 감속하기 위한 보조 날개). 「(lip reading).
spéed bùmp [**hùmp**] 명 (주택 지구나 학교 주변
spéed còp 명 (속어) 속도 위반 단속 경관.
spéed còunter 명 (엔진 따위의) 회전 계수기.
spéed dèmon 명 (구어) 맹렬한 기세로 움직이는 사람[기계]; 매우 발빠른 사람; (자동차의) 스피드광.
speed·er [spíːdər] 명 **1** 속도 조절[가감] 장치. **2** 속도 위반자; 〖美俗어〗 속도 위반 호출장. **3** 〖美俗어〗 암페타민[필로폰] 정제[캡슐, 앰플]; 암페타민[필로폰] 사용자.
spéed frèak 명 〖美俗어〗 암페타민 상습 복용자; 필로폰 중독자.
spéed gèar 명 변속 장치.
spéed gùn 명 속도 측정기, 스피드 건.
speed·head [spíːdhèd] 명 〖美俗어〗 =speed freak.
***speed·i·ly** [spíːdili] 튀 빨리, 서둘러, 급히, 즉시.
spéed ìndicator 명 속도계(speedometer).
speed·ing [spíːdiŋ] 명 고속으로 움직이는; (자동차가) 제한 속도를 넘은. — 명 ⓤ (자동차의) 속도 위반; 지나친 고속 운전[운행].
spéeding tìcket 명 속도 위반자의 호출장.
spéed king 명 (속어) 자동차 경주의 챔피언.
spéed light [**flàsh**, **làmp**] 명 〖사진〗 스피드 라이트(보통 스트로보라고 불리는 전자 섬광등).
spéed lìmit 명 (자동차 따위의) 제한 속도.
spéed mèrchant 명 (속어) (美俗어) 스피드광; 발빠르고 민첩한 스포츠 선수.
speed·o [spíːdou] 명 (복 ~s) (구어) =speedometer; 〖濠·뉴질 속어〗 인명 구조대의 수영복; 〖美俗어〗 마약 중독자.
speed·om·e·ter [spiːdámətər/spidɔ́m-] 명 (자동차 따위의) 속도계; (美) 주행(走行) 거리계.
speed·read [¹ríːd] 통 (-*read* [-rèd]) 탄 …을 속독하다. (또는 **spéedrèad**) ~·er 명 속독하는 사람. ~·ing 명 ⓤ 속독술[법].
spéed shòp 명 (구어) 스피드 숍(중고[개조] 자동차 운전광 상대로 자동차 부품을 파는 점포).
spéed skàte 명 =racing skate.
spéed skàting 명 스피드 스케이트 (경기). (또는 **spéedskàting**) **spéed skàter, spéedskàter** 명
speed·ster [spíːdstər] 명 **1** 고속으로 자동차를 운전하는 사람; 발빠른 사람[동물]; 행동이 신속한 사람. **2** 고속의 탈것(경주차·모터보트 등). **3** =speeder 2.
spéed tràp 명 속도 위반 감시 구역(복찰 장치).
***speed-up** [⁴ʌp] 명 ⓤⓒ 속력 증가, 가속; (美) 생산 능률 촉진; 노동 강화. 「직이는 보도.
speed·walk [spíːdwɔ̀ːk] 명 (에스컬레이터식의) 움
speed·way [spíːdwèi] 명 자동차·오토바이 따위의 경주장; (美) 고속 자동차 도로(expressway).
spéed·well [spíːdwèl] 명 꼬리풀속(屬)의 식물.
speed·writ·ing [spíːdràitiŋ] 명 속기술(기호를 쓰지 않고 알파벳 문자를 사용한다).

‡**speed·y** [spíːdi] 형 (**speed·i·er; speed·i·est**) **1** 빠른, 신속한; 재빠른. ⇨QUICK 유의어 **2** 즉시의, 즉석의. — 명 (속어) 배달인, 메신저; 속달 우편물.
spéed·i·ness 명

speiss [spais] 명U (야금) 스파이스, 비피(砒鈹) (납 광석을 제련할 때 생기는 비소 따위의 화합물).

spe·l(a)e·an [spilíːən] 형 동굴의(에 사는).

spe·l(a)e·ol·o·gy [spìːliːɑ́lədʒi/-ɔ́l-] 명U 동굴학. **-o·log·i·cal** [-əládʒikəl/-lɔ́dʒ-] 형 **-gist** 명

‡**spell**[1] [spel] 통 (~s [-z]; ~ed, (영) spelt) 타 1 〔낱말〕을 철자하다, …의 철자를 말하다[쓰다]. ¶ How do you ~ your name? 성함은 어떻게 씁니까? 2 〔글자〕를 한자음 읽더[판독하다](out, over). ¶(~+目+剾) He ~ed it out. 그는 그것을 판독했다. 3 〔글자가〕〔단어〕를 만들다, …이라는 철자이다, …이라고 읽다. C-A-P ~s cap. C-A-P 라고 철자하고 cap으로 읽는다. 4 …의 결과를 초래하다. (결과적으로) …이 되다. ¶ The disturbance ~ed a great danger to us. 그 소요의 결과 우리는 큰 위험에 부닥쳤다. — 자 (바르게) 낱말을 철자하다, 철자를 쓰다[말하다].「하다, 오해하다.
spell backward ① 문자를 거꾸로 철자하다. ② 곡해
spell down a person; **spell** a person **down** (미) 〔상대〕를 철자 경기에서 패배시키다.
spell out ① 판독하다. ② 상세히 설명하다, 천천히 주의 깊게 철자를 말하다. ③ 생략치 않고 전부 쓰다.
spell over 고려하다.
⌒·a·ble 형

‡**spell**[2] 명 (복 ~s [-z]) 1 주술(呪術), 주문(呪文). 2 마력(魔力), 매력, 매혹.
cast [or **put, lay**] **a spell on** [or **over**] a person; **lay** [or **put**] a person **under a spell** 남에게 마술을 걸다. 「에 사로잡히다.
come [or **fall**] **under** a person's **spell** 남의 매력
— 명타 …을 주문으로 얽어매다; …을 매혹하다.
⌒·ful, ⌒·like 형

***spell**[3] 명 1 한바탕(의 일); 근무 시간; 교대, 교대할 차례, 한동안의 계속, 한차례; 잠시 동안. ¶ a ~ of fine weather 한동안 계속되는 맑은 날씨. 3 (미) 병의 발작, 불쾌한 한때. ¶ have a ~ of coughing 한바탕 기침이 나오다. 4 (濠) 휴식 시간. 5 (드물게) 교대자.
by spells; spell and [or **for**] **spell** 교대로, 번갈아.
for a spell 잠시.
give a person **a spell** 남과 일을 교대해 주다.
Spell oh [or **ho**]! (구령·신호) (일을 쉬어)!
take [or **have**] **a spell at** 교대하여 …하다.
— 동타 1 (미) …대신 들어서다, …와 교대하다. 2 (濠) 〔말 따위〕에게 휴식 시간을 주다. — 자 교대로 일하다; (濠) 휴식하다.

spell·bind [spélbàind] 동타 (**-bound** [-bàund]) …을 주문으로 얽어매다; …을 매혹[황홀하게] 하다.
⌒·ing·ly 부
spell·bind·er [spélbàindər] 명 1 (미) 웅변가, 청중을 매료하는 정치가. 2 훌륭한 작품. 「된, 홀린.
spell·bound [spélbàund] 형 주문에 얽매인; 매혹
spéll chècker 명 (컴퓨터) =spelling checker.
spell·down [spéldàun] 명 (미) 철자 놀이[경기].
spell·er [spélər] 명 1 철자하는 사람, 글자를 쓰는 사람. 2 철자법 교과서.
‡**spell·ing** [spélŋ] 명 (복 ~s [-z]) UC 1 철자법, 정자법(正字法) (orthography), 철자, 스펠링; 철자하기.
spélling bèe 명 철자 경기 (spelldown).
spélling bòok 명 =speller 2.
spélling chècker 명 (컴퓨터) 스펠 체커(영문 워드 프로세서에 내장된 오자 검출 기능).
spélling pronunciàtion 명 철자 발음(예: boatswain [bóusn] 을 [bóutswèin] 처럼 발음하기).
spélling refórm 명 철자 개혁 운동(영어 낱말의 철자를 발음에 가깝게 고치려는 시도).
spelt[1] [spelt] 동 **spell**[1] 의 과거·과거분사.
spelt[2] 명U (식물) 스펠트밀(가축의 사료).
spel·ter [spéltər] 명U 아연(zinc); 아연 주괴(鑄塊).
spe·lunk·er [spilʌ́ŋkər] 명 동굴 탐사가.

-lúnk·ing 명UC 동굴 탐험.

spence [spens] 명 (英방언) 식품 저장실, 식기실 (pantry); (스코) 안방.

spen·cer[1] [spénsər] 명 1 모피가 붙은 짧은 웃옷 (19세기의 여성·어린이용 의복). 2 칼라가 붙은 짧은 외투(18세기 말부터 19세기 초에 유행한 남자용 의복). 3 18세기의 영국식 가발.「는 세로 돛.
spen·cer[2] [spénsər] 명 (해사) 스펜서(앞돛대큰 돛대에 덧
Spen·cer [spénsər] 명 스펜서. 1 **Herbert** ~ (1820-1903: 영국의 철학자; 진화론에 기초한 Synthetic Philosophy를 수립). 2 **Platt Rogers** ~ (1800-64: 미국의 펜습자의 대가).
Spen·ce·ri·an [spensíəriən] 형 1 H. Spencer(철학)의. 2 (펜습자가) 스펜서체(體)의. — 명 H. Spencer 파의 철학자. **~·ism** 명

‡**spend** [spend] 동 (~s [-z]; **spent**) 타 1 〔돈 따위〕를 쓰다, 소비하다, 들이다(for, in, on). ¶ (~+目+前+名) ~ $15,000 on [or for] a new car 새 차 구입에 15,000달러를 쓰다 // Ill gotten [or got], ill spent. (속담) 부정하게 번 돈은 쉬이 없어진다.

USAGE **spend on**과 **spend in** — 보통 금전의 소비에는 on을, 시간의 소비에는 in을 쓴다고 하지만, 엄밀하게 구별하여 쓰고 있지는 않으며, 대체로 spend on 편이 자주 쓰인다. 뒤에 동명사가 올 경우는 in을 쓰는 일이 많지만, 구어에서는 in을 생략하는 일도 있으며, 그 경우에는 -ing형은 오히려 현재 분사로 생각된다: He *spent* all the money *on* books. / I *spent* the time (*in*) reading.
유의어 **spend** 돈 따위를 「쓰다」라는 뜻의 일반적인 말. **expend** 특정한 목적에 비교적 많은 액수의 돈을 쓰다; 장사나 정부의 지출 따위에 쓰는 일이 많다.

2 〔노력·말·시간 따위〕를 소비하다, 쓰다. ¶ ~ one's energy [or strength] to no purpose 정력을 헛되이 쓰다. 3 (시간)을 보내다, 지내다 (*in, on*). ¶ (~+目+前+名) He *spent* all his life *in* poverty. 그는 평생을 가난하게 지냈다. 4 (수동형·재귀용법으로) …을 다 써버리다, …을 지치게 하다. ¶ 우리 탄약이 바닥났다 / Her anger will soon ~ *itself*. 그녀의 화는 곧 가라앉을 것이다 / The night *is* far *spent*. (고어) 밤이 깊었다. 5 (해사) (배가 악천후나 사고 때문에) 〔돛대 따위〕를 잃다. 6 (물고기가) 〔알·이리 따위〕를 내깔기다.
— 자 1 〔돈 따위를〕 쓰다, 소비하다, 낭비하다. 2 (물고기가) 알을 낳다. 3 〔폐어〕 써 없애다, 바닥이 나다.
spend one's breath [or **words**] 쓸데없는 말을 하다; 충고를 해도 소용없게 되다.
spend oneself 지쳐 빠지다; 정력이 다하다; (속어) 사정(射精)하다.
⌒·a·ble 형 쓸[소비할] 수 있는. **⌒·er** 명 돈을 쓰는 사람; 낭비가.
spend·a·hol·ic [spèndəhɔ́ːlik, -hɑ́l-/-hɔ́l-] 형명 (구어) 소비[쇼핑] 중독의[중독자].
spend-all [-ɔ̀ːl] 명 낭비가(spendthrift).
spend·ing [spéndiŋ] 명UC 지출; 소비.
spénding mòney 명 (미) 용돈(pocket money).
spend·thrift [spéndθrìft] 명 돈 씀씀이가 헤픈 사람, 낭비가; 한량, 방탕자. — 형 낭비하는, 방탕한.
spend-up [-ʌ̀p] 명 (구어) 마음껏 돈을 쓸 기회.
spense [spens] 명 (고어·방언) =spence.
Spen·ser [spénsər] 명 **Edmund** ~ 스펜서 (1552?-99: 영국의 시인).
Spen·se·ri·an [spensíəriən] 형 스펜서(류)의.
— 명 스펜서파의 시인; 스펜서 시형(의 시).
Spensérian stánza 명 스펜서 시형(詩形)(Spenser 가 *The Faerie Queene*에서 쓴).
‡**spent** [spent] 동 spend의 과거·과거분사. — 형 1 사용된, 소비된. 2 다 써버린; 지쳐버린, 녹초가 된. 3

(물고기 따위가) 산란(産卵)한.
sperm¹ [spə:*r*m] 圏⑪ 정액(精液)(semen); (~(s)) 정충, 정자(spermatozoon). ⌈~ oil.
sperm² 圏 1 ⓤ =spermaceti. 2 =~ whale. 3 =
sperm- [spə:*r*m] 연결 ⇨SPERMO-. ⌈nosperm.
-sperm [spə:*r*m] 연결 sperm¹의 뜻. ¶gym-
sper·ma·cet·i [spə̀:*r*məséti, -síti] 圏ⓤ 경랍(鯨蠟), 경뇌유(鯨腦油). **~·like** 圏
sper·ma·ry [spə́:*r*məri] 圏 〔동물〕 정소(精巢), 고환(睾丸); 〔식물〕 웅기(雄器), 조정기(造精器). ⌈TO-.
sper·mat- [spə:*r*mæt] 연결 ⇨SPERMA-
sper·mat·ic [spə:*r*mǽtik] 圏 1 정자의, 정액의, 정소의; 수정(관)의; 고환의. 2 생식(生殖)의. **-i·cal·ly** 부
spermátic córd 圏 〔해부〕 정삭(精索), 정사(精絲). (또는 **spermátic funículus**)
spermátic flúid 圏 정액(semen).
spermátic sác 圏 〔해부〕 정낭(精囊).
sper·ma·tid [spə́:*r*mətid] 圏 〔생물〕 정자 세포.
sper·mat·o- [spə:*r*mǽtou, -tə/spə́:mət-] 연결 sperm¹의 뜻(* 모음 앞에서는 spermat-). ¶*spermatozoon*, *spermatid*.
sper·mat·o·blast [spə:*r*mǽtəblæ̀st/spə́:mət] 圏 〔생물〕 정자(정소) 세포; 정아(精芽) 세포. ⌈cide.
sper·mat·o·cide [spə:*r*mǽtəsàid] 圏 =spermi-
sper·mat·o·cyte [spə:*r*mǽtəsàit/spə́:mət-] 圏 〔생물〕 정모(精母) 세포.
sper·mat·o·phore [spə:*r*mǽtəfɔ̀:*r*/spə́:mət-] 圏 〔동물〕 정포(精包), 정협(精莢).
sper·mat·o·phyte [spə:*r*mǽtəfàit/spə́:mət-] 圏 종자 식물.
sper·ma·tor·rh(o)e·a [spə̀:*r*mətərí:ə] 圏ⓤ 〔병리〕 유정(遺精), 누정(漏精). ⌈자의.
sper·ma·to·zo·al [spə̀:*r*mətəzóuəl] 圏 〔생물〕 정
sper·ma·to·zo·id [spə̀:*r*mətəzóuid] 圏 〔식물〕 이동 웅성 배우자(配偶子); 정자(精子).
sper·ma·to·zo·on [spə̀:*r*mətəzóuən] 圏 (복 **-zo·a** [-zóuə]) 〔생물〕 정자, 정충.
spérm bànk 圏 정자(精子) 은행.
spérm cèll 圏 〔생물〕 1 =spermatozoon. 2 (일반적으로) 웅성 배우자.
spérm còunt 圏 (정액 속의) 정자 수의 측정.
sper·mic [spə́:*r*mik] 圏 =spermatic.
sper·mi·cide [spə́:*r*məsàid] 圏 (피임용) 살정자제(殺精子劑). (또는 **spermaticide, spermatocide**)
sper·mi·o·gen·e·sis [spə̀:*r*mioudʒénəsis,] 圏 〔세포·생물〕 정자 발생(형성).
spérm nùcleus 圏 〔생물〕 정핵(精核), 웅핵(雄核).
sper·mo- [spə́:*r*mou, -mə] 연결 sperm¹의 뜻(* 모음 앞에서는 sperm-). ¶*spermogonium*.
sper·mo·go·ni·um [spə̀:*r*məgóuniəm] 圏 (복 **-ni·a** [-niə]) 〔식물·균류〕 정자기(精子器), 웅정기(雄 ⌈精器).
spérm òil 圏 (향유고래의) 경유(鯨油).
sper·mous [spə́:*r*məs] 圏 정자의(같은); 향유고래의.
-sper·mous [spə́:*r*məs] 연결 -sperm으로 끝나는 명사에서 형용사를 만든다. ¶gymno*spermous*.
spérm whàle 圏 향유고래.
spew [spju:] 타⑧⑭ 1 토하다, 게우다; 유출[분출]하다. 2 (연속 사격으로 총구가) 휘다. — 타 〔음식물 따위를〕 토해내다; …을 방사시키다. — 圏ⓤ 토해낸 것; 스며[비어져] 나온 것. **~·er** 圏
SPF *South Pacific Forum*(남태평양 포럼, 남태평양 국가(지역) 회의); *sun protection factor*(화장품의 자외선 방지 효과 지수). **SPG.** (美) *Society for the Propagation of the Gospel*(복음 전도 협회); 지금은 USPG). **sp. gr.** *specific gravity*.
sphac·e·late [sfǽsəlèit] 자타 〔병리〕 탈저(脫疽)[괴저]에 걸리다[걸리게 하다]. **-lá·tion** 圏

sphag·nous [sfǽgnəs] 圏 물이끼의(가 많은).
sphag·num [sfǽgnəm] 圏ⓤ (복 **-na** [-nə]) ⌈과.〔식물〕물이끼.
sphal·er·ite [sfǽləràit, sféil-] 圏ⓤ 섬(閃)아연
S phàse 圏 〔세포 생물〕 S기(期)(세포 〔분열〕 주기의 하나; 이 시기에 DNA의 합성이 일어난다).
sphen- [sfi:n] 연결 ⇨SPHENO-.
sphe·nic [sfí:nik] 圏 쐐기 모양의(wedge-shaped).
sphe·no- [sfí:nou, -nə] 연결 wedge(쐐기)의 뜻(* 모음 앞에서는 sphen-). ¶*sphenogram*.
sphe·no·gram [sfí:nəgræ̀m] 圏 설형(楔形) 문자.
sphe·noid [sfí:nɔid] 圏 쐐기 모양의; 〔해부〕 접형골(蝶形骨)의. — 圏 〔해부〕 접형골. ⌈완벽한.
spher·al [sfíərəl] 圏 구(球)의, 구형의; 균형이 잡힌;
‡**sphere** [sfiə*r*] 圏 (복 **~s** [-z]) 1 구, 구체(球體), 구면(球面). 2 지구의, 천구의(天球儀). 3 〔천문〕 천구, 천체, 별. 4 (시) 하늘, 창공. 5 (세력) 범위, 영향의 영역, 권(圈), 본분. ¶the ~ of vision 시계(視界). 6 사회적 지위, 신분, 계급. 7 《美어》 (야구·골프 따위의) 공.
be in [out of] *one's* **sphere** 자기의 영역 내[밖에] 있다; …이 할 일이다[이 아니다].
keep [or remain] within *one's* **(proper) sphere** 자기의 본분을 지키다.
sphere of influence 세력 범위[권](한 나라의 정치적·경제적 영향력이 미치는 다른 나라의 영토).
the music of the spheres 천상의 음악(천체의 운행에 따라 생긴다고 상상했던 오묘한 소리).
—타자 (**~s** [-z]; **~d; spher·ing**) 1 …을 구 안에 넣다. 2 …을 구 모양으로 하다. 3 …을 천체 사이에 두다.
-sphere [sfiə*r*] 연결 sphere 의 뜻. ¶plani*sphere*.
*****spher·i·cal** [sférikəl, sfíər-/sfér-] 圏 1 구형의, 구상(球狀)의. 2 구면의. 3 천체의, 천구의. (또는 **spheric**). **~·ly** 부 **~·ness** 圏
sphérical aberrátion 圏 (렌즈·거울 따위의) 구면 수차(球面收差).
sphérical ángle 圏 〔기하〕 구면각(球面角).
sphérical astrónomy 圏 구면(球面) 천문학.
sphérical coórdinates 圏 〔수학〕 구(면) 좌표.
sphérical geómetry 圏 구면 기하학.
sphérical sáiling 圏 〔해사〕 구면 항법(航法)(지구가 둥근 것을 이용하여 최단 거리를 취하는 항법).
sphérical tríangle 圏 〔기하〕 구면 삼각형.
sphérical trigonómetry 圏 구면 삼각법.
sphe·ric·i·ty [sfirísəti] 圏ⓤ 구상(球狀), 구형.
spher·ics¹ [sfériks] 圏ⓤ 〔단수취급〕 구면 기하학.
spher·ics² 圏ⓤ 〔단수취급〕 =sferics. ⌈구면 삼각법.
sphe·roid [sfíərɔid, sfér-] 〔기하〕 圏 회전 타원체면. — 圏 =spheroidal.
sphe·roi·dal [sfíərɔ́idl] 圏 회전 타원체(면)의. (또는 **spheroidic**). **~·ly, -rói·di·cal·ly** 부
sphe·roi·dic·i·ty [sfíərɔidísəti, sfə̀r-] 圏ⓤ 회전 타원체(형). (또는 **spheroidity**). ⌈(球面計).
sphe·rom·e·ter [sfiərάmətə*r*/-rɔ́m-] 圏 구면계
sphe·ro·plast [sfíərəplǽst, sfér-] 圏 〔세균〕 구상(球狀) 원시 세포.
spher·ule [sférju:l, sfíər-/sférul] 圏 소구(小球)(의). **u·lar** [-julə*r*], **-u·late** [-juléit] 圏
spher·u·lite [sférjulàit, sfíər-/sférə-] 圏 〔암석〕 구립(球粒). **-lit·ic** [-lítik] 圏 ⌈별 같은.
spher·y [sfíəri] 圏 구상(球狀)의; 천체의, 천체 같은.
sphex [sfeks] 圏 〔곤충〕 조롱박벌.
sphinc·ter [sfíŋktə*r*] 圏 〔해부〕 괄약근(括約筋). **~·al, ~·ate** [-rət, -rèit], **-te·ri·al** [sfíŋktiəriəl], **-ter·ic** [sfiŋktérik] 圏
‡**sphinx** [sfiŋks] 圏 (복 **~·es** [-iz], **sphin·ges** [sfíndʒi:z]) 1 (S~) 〔그리스 신화〕 스핑크스. 2 스핑크스상(象)(이집트 Giza 부근의 거상(巨像)). 3 수수께끼의 인물, 불가해한 사람. 4 =~ moth. 5 =mandrill.

sphinx·like [sfíŋkslàik] 형 스핑크스와 같은; 수수께끼 같은, 불가해한.
sphínx mòth 명 (곤충) 박각시나방. 〖享學〗의.
sphra·gis·tic [sfrədʒístik] 형 도장의, 인장학(印
sphra·gis·tics [sfrədʒístiks] 명(단수취급) 인
sp. ht. specific heat. 장학.
sphyg·mic [sfígmik] 형 (의학) 맥박의[에 관한].
sphyg·mo- [sfígmou, -mə] 연결 sphygmus(맥박)의 뜻. ¶sphygmogram.
sphyg·mo·gram [sfígməgræm] 명 맥파(脈波)
sphyg·mo·graph [sfígməgræf, -grɑ̀ːf] 명 맥파기록기(묘사기). **-gráph·ic** sphyg·mog·ra·phy [sfigmágrəfi/-mɔ́g-] 명 맥파 기록법. 〖-의같은〗.
sphyg·moid [sfígmoid] 형 (생리) 맥파(脈波) 모양
sphyg·mol·o·gy [sfigmálədʒi/-mɔ́l-] 명 (의학) 맥박학(脈搏學).
sphyg·mo·ma·nom·e·ter [sfigməmənάmətər/-nɔ́m-] 명 (생리) 혈압계, 맥압계(脈壓計).
sphyg·mom·e·ter [sfigmάmətər/-mɔ́m-] 명 (생리) 맥박계, 맥파계(脈波計).
sphyg·mus [sfígməs] 명 (생리) 맥박, 고동(pulse).
SPI service price index(서비스 가격 지수); 〖우주〗 surface position indicator(지표면 위치 지시계).
spic [spik] 명 (美俗어·경멸적) 1 스페인계 미국인, 라틴 아메리카계 사람. 2 스페인어, 스페인 방언의 영어. — 형 중남미의; 중남미계 미국인의. (또는 **spi(c)k**).
spi·ca [spáikə] 명 (복 -cae [-siː], ~s) 1 곡식의 이삭. 2 (식물) 수상(穗狀) 꽃차례. 3 (S-) (천문) 스피카(처녀자리의 일등성). 4 (의학) 나선상(螺線狀) 붕대, 스파이카 붕대.
spi·cate [spáikeit] 형 (식물) 이삭이 있는; 수상화(穗狀花)의. (또는 **spi·cat·ed**).
spic·ca·to [spikάːtou] 형 (음악) 스피카토 연주법(활을 현 위에서 튕기는 연주법). — 명 스피카토의.
‡spice [spais] 명 (복 **spic·es** [-iz])①ⓒ 1 양념; (집합적) 양념류, 향신료. 2 (시) 향기, 방향(芳香). 3 (보통 a ~) (비유적) 풍미, 정취, 묘미; (…한) 맛(of). ¶There is a ~ of madness in his conduct. 그의 행동에는 약간의 광기가 있다. 4 (고어) 소량, 미량, 한 조각. — 명(복) (**spic·es** [-iz]; ~**d** [-t]; **spic·ing**) 1 …에 양념(향료)을 넣다. ¶(~+图+前+名) The dish is ~d with ginger. 이 요리는 생강으로 양념이 되어 있다. 2 …에 풍취를 주다[결들이다].
⁓·a·ble, ⁓·less, ⁓·like spíc·er
spice·ber·ry [spáisbèri/-bəri] 명 (북미산(産)) 바위앵두류(類)의 관목.
spíce bòx 명 양념통. 〖류의 관목〗.
spice·bush [spáisbùʃ] 명 (북미산(産)) 털조장나무
spic·er·y [spáisəri] 명①U 1 (집합적) 양념류, 향신료. 2 방향; 짜릿한 맛. 3 ⓒ (고어) 향료 저장소.
spice·wood [spáiswùd] 명 =spicebush.
spick-and-span [spíkənspǽn] 형 아주 신품인; 산뜻한, 말쑥한. — 명 말쑥하게, 산뜻하게.
spic·u·la [spíkjulə] 명 (복 -**lae** [-liː]) =spicule.
spic·u·lar [spíkjulər] 형 =spiculate.
spic·u·late [spíkjulèit, -lət] 형 작은 이삭·침골(骨)이 있는[로 덮인]; 작은 이삭[바늘] 같은.
spic·ule [spíkjuːl/spáik-] 명 1 침상체(針狀體). 2 (식물) 작은 이삭; (동물) (해면·해삼 따위의) 침(상)골. 3 (천문) 스피큘(태양의 반채층(反彩層)에서 돌출하는 가스의 분류(噴流)).
spic·u·lum [spíkjuləm] 명 (복 -**la** [-lə]) (동물) 침상체(針狀骨); (극피(棘皮) 동물의) 침상부, 침상부; (선충류의) 교미침.
‡spic·y [spáisi] 형 1 양념을 한, 향료를 넣은. 2 향료가 풍부한, 향료를 산출하는. 3 향기로운, 향긋한. 4 신랄한; 매서운. 5 야비한, 상스러운. ¶a ~ talk 음담 패설. 6 (구어) 원기 왕성한, 씩씩한. (또는 **spicey**).

spic·i·ly 부 **spíc·i·ness** 명
‡spi·der [spáidər] 명 (복 ~**s** [-z]) 1 거미, 거미류의 절지 동물. 2 거미 같은 것. 3 (냄비 따위를 얹는) 삼발이; (美) (다리 달린) 프라이팬. 4 계략 따위로 남을 함정에 빠뜨리는(유혹하는) 사람. ¶a ~ and a fly 농락하는 자와 농락당하는 자. 5 (기계) 스파이더; 십자 이음쇠 (cross). 6 (경운기에 달린) 흙덩어리 분쇄기. 7 (전기) (스피커 코일의) 스파이더. 8 (인터넷) 스파이더, 넷자동 검색 프로그램. 9 (소의) 젖 분비 장애. 10 =~ fly. 11 (S-) (카드놀이) 스파이더(수열 맞추기 놀이).
⁓·ish, ⁓·less, ⁓·like
spíder cràb 명 (동물) 거미게.
spíder flỳ 명 (낚시) 거미 모양의 제물낚시의 일종.
spíder hòle 명 (군사) (저격병의) 잠복호. 〖잠어새〗.
spi·der·hunt·er [spáidərhʌ̀ntər] 명 (조류) 거미
spíder lìnes 명(복) (광학) (망원경 따위의 초점에 새겨진) 십자선(十字線). 〖spiderlet〗
spi·der·ling [spáidərliŋ] 명 거미의 새끼. (또는
spi·der·man [spáidərmæ̀n] 명 (英) 빌딩 건축장 고소(高所) 작업원; =steeplejack.
spíder mìte 명 (곤충) 잎진드기. 〖이의 일종〗.
spíder mònkey 명 (동물) 거미원숭이(긴꼬리원숭
spíder wèb 명 거미줄[집]. (또는 **spíder's wèb**).
spi·der·web [spáidərwèb] 명 (-**bb**-) 거미줄[집]로 덮다, 거미줄 모양의 그물로 덮다.
spi·der·wort [spáidərwə̀ːrt, -wɔ̀ːrt] 명 (식물) 자주닭개비. 〖가늘고 긴; 거미가 많은〗.
spi·der·y [spáidəri] 형 거미(줄) 같은; (거미줄처럼)
spie·gel·ei·sen [spíːgəlàizn] 명 (야금) (거울 철) (망간이 많이 함유된 선철. 강철 제조용). [<G]
spiel [spiːl, ʃpiːl] 명 (구어) 1 U 이야기; ⓒ 연설; 호객하는 말(pitch); (라디오·텔레비전의) 선전 문구. 2 사기, 부정한 장사. — 명(자) 1 크게 과장하여 말하다 (away); (가게 앞에서) 손님을 끌기 위해 선전 연설을 하다. 2 음악을 연주하다. — 명(타) 1 흥감스럽게 떠벌리다. 2 (준비한 식사(式辭)를 낭독하다(off).
spiel·er [spíːlər, ʃpíːl-] 명 1 말로 손님을 끄는 사람, 호객꾼. 2 (讓) (카드놀이의) 사기꾼. 3 (美俗어) 구변 좋은 사람; (광고 담당의) 아나운서. 4 (英俗어) 도박꾼.
spi·er [spáiər] 명 탐지(감시)하는 사람; 스파이.
spiff¹ [spif] 명(타) (구어) …을 말쑥하게 하다, 모양내다 (up).
spiff² (속어) 명 (제조업자가 소매업자에게 주는) 판매 촉진 장려상(보너스). — 명(타) (세일즈맨)에게 판매 장려상을 주다.
spiff·y [spífi] 형 (구어) 말쑥한, 멋진; 훌륭한(fine). (또는 **spiffing**, (英) **spivvy, spivving**) — 부 훌륭히, 잘, **spíff·i·ly** 부 **spíff·i·ness** 명
spif·li·cate [spíflikèit] 명(타) (속어) …을 힘으로 해치우다, 때리다(beat). (또는 **spifflicate**).
spig [spig] 명 =spic.
spig·ot [spígət] 명 1 (통의) 마개; 주둥이, 물꼭지, 콕. 2 (파이프의) 끼우는 부분.
spik [spik] 명 =spic.
***spike¹** [spaik] 명 1 대못(철도 선로용) 대못. 2 (담 위의) 담장못. 3 (구두 바닥의) 스파이크; (~s) 스파이크화. 4 (대포의) 화문전(火門栓). 5 새끼사슴의 외가닥 뿔. 6 새끼 고등어. 7 (속어) 총검. 8 (英俗어) 완고한 고교회파(高敎會派)의 사람, 교회 의식 고수주의자. 9 (속어) 구빈원(救貧院). 10 (배구) 스파이크(상대방 코트에 공을 내리치기). 11 (속어) 주사 바늘. 12 (그래프 등에서) 산 모양으로 꺾어 올라간 부분. 13 (美俗어) (칵테일 용) 독주.
hang up one's **spikes** (美俗어) 야구계(프로 스포츠계)에서 은퇴하다.
have [or **get**] **the spike** 화를 내다, 노하다.
— 명(타) 1 …에 대못을 박다, 대못으로 고정시키다. 2 …에 스파이크(담장못)를 박다. 3 (배구) (공)을 스파이

spike 크하다, 내리치다; (야구 따위에서) [남]을 스파이크로 상처 입히다. **4** (대포 따위의) 화문전을 하다. **5** (계획 따위) 방해하다. ¶〈신문〉〈기사〉를 채택하지 않다. ¶~ a rumor 소문의 뿌리를 뽑다. **6** 《美俗》〈음료〉에 독주 [마약]를 타다. **7** 〈원자로〉에 특정 동위 원소를 가하다; …에 특정 물질을 조금 가하다. **8** 《英俗》 ~ mike를 설치(하여 도청)하다.

spike *a person's* **guns** 남의 계획을 뒤엎다; 남을 해치우다.
⁓·like 형

spike² 명 **1** (밀 따위의) 이삭; 수상(穗狀) 꽃차례. **2** 라벤더. ¶~ oil 라벤더 기름.

spíke héel 명 《美》 (여성화의) 높고 가느다란 굽.

spíke·let [spáiklit] 명 〔식물〕 소수상화(小穗狀花), 작은 이삭.

spíke mìke 명 벽에 박아넣어 옆방을 도청하는 마이크. (또는 **spíke microphone**)

spike·nard [spáiknɑːrd/-nɑːd] 명 감송(甘松); 땅두릅류(類)의 식물; ⓤ 감송향.

spik·er [spáikər] 명 **1** spike 하는 사람; 배구 선수. **2** 땅 속의 관수(灌水)용으로 꽂는 끝이 뾰족한 파이프.

spik·y [spáiki] 형 **1** 대못이 있는, 대못투성이의; 대못 같은, 길고 끝이 뾰족한. **2** 《英口》 성마른, 성미가 까다로운, 심술궂은. **3** 《英俗》 고(高)교회파의 교리의 식을 고수하는. **spík·i·ly** 부 **spík·i·ness** 명

spile¹ [spail] 명 **1** (통 따위의) 나무 마개. **2** (건물 기초용의) 말뚝, 파일(pile). **3** 《美》 (수액(樹液)을 받아내는) 삽관(揷管). ── 타 **1** (통 따위에) 마개를 끼우다. (구멍 따위를) 마개로 막다. **2** …에 말뚝을 박다. **3** (통 따위의) 주둥이를 내다, …에 삽관을 달다.

spile² 타자 《방언》 =spoil.

spíle·hòle [spáilhòul] 명 (통 따위의) 공기 구멍.

spil·ing [spáiliŋ] 명 《집합적》 말뚝(spiles).

‡**spill¹** [spil] 타 (~d [-d, -t], **spilt** [spilt]) ⓔ **1** 〈액체·가루 따위〉를 엎지르다(*from, out of, on, over*), 〈피 따위〉를 흘리다. ¶ ~ salt 소금을 엎지르다/ the blood of a person 남을 죽이다/ *It is no use crying over spilt milk*. 《속담》 엎지른 물은 다시 담을 수 없다, 지나간 일은 생각하지 마라. **2** …을 쏟아뜨리다, 살포하다. ¶ ~ sand 모래를 뿌리다. **3** 〈해사〉 〈돛〉에서 바람을 빼다. **4** 《口》 〈말·차 따위에서〉 …을 내던지다, 팽개치다, 떨어뜨리다 (*from, out of*). ¶ He was ~*ed from the horse*. 그는 말에서 떨어졌다. **5** 《俗》 〈비밀 따위〉를 누설하다, 폭로하다, 〈말〉을 퍼뜨리다.
── 자 **1** (액체 따위가) 엎질러지다, 넘쳐 나오다(*over*) (*from, out of, on, over, to*). ¶ Water ~*ed from the glass*. 물이 컵에서 엎질러졌다. **2** 떨어지다, 떨어져서 엎질러지다. **3** 《俗》 비밀 따위를 누설하다, 폭로하다. **4** 《古》 죽다.

spill money 《俗》 (도박 따위에서) 돈을 잃다.
spill out (용기에서) 흐르다, 흘리다(*of*); (사람들이) 넘치다.
spill over 넘치다, 넘쳐 흐르다.
spill the beans [or *soap, it*] 《俗》 비밀을 누설하다.
── 명 **1** 엎지름, 엎지른 양. **2** 《口》 (말 따위에서) 떨어지기, 낙마. **3** (액체 따위의) 유출. **4** =spillway. **5** (또는 ~ **líght**) (연극·사진용 조명 기구에서) 새어나오는 여분의 광선. 그 광선에 조명된 무대면.
⁓·a·ble 형

spill² 명 **1** (나무·대나무 따위의) 얇은 조각(splinter). **2** (점화용의) 불쏘시개, 심지. **3** (구멍·통풍구 따위를 막는) 작은 마개(spile). **4** 작은 금속 막대기, 핀.

spill·age [spílidʒ] 명 **1** =spill¹. ── 자 잡치다.
spíll·bàck [spílbæk] 명 (교차로·진입로의) 차량 혼잡.
spil·li·kin [spílikin] 명 =jackstraw. ¶ (~s) 《단수 취급》 jackstraw를 사용하는 놀이.
spíll·òver [spílòuvər] 명 **1** 넘침, 넘친 것. **2** 부작용, 여파. **3** 〔경제〕 일출(溢出)[누출, 유출] 효과(어느 분야의 경제 활동이 다른 분야에 미치는 영향). **4** 〔통신〕 스필 오버(방송 위성의 전파가 목적 지역 이외(의 나라)까지 도달하는 것). ── 형 안으로 들어갈 수 없는, 넘치는.

spill·pipe [spílpàip] 명 〔해사〕 체인 파이프, 닻줄관(管)(닻줄이 오르내릴 때 지나가는 관).
spill·proof [spílprùːf] 형 (용기 따위가) (밀봉되어) 속의 것이 엎질러지지 않는.
spill·way [spílwèi] 명 (댐 따위의) 방수로(放水路).
*****spilt** [spilt] 동 spill¹의 과거·과거분사.
spilth [spilθ] 명 ⓤⓒ **1** (액체의) 넘쳐 흐르기, 새어나오기. **2** 지스러기, 폐품; 여분, 나머지.

‡**spin** [spin] 동 (~s [-z] ; **spun**; ~·ning) 타 **1** 〈실〉을 잣다, 방적(紡績)하다(*out*) (*into, to, from, out of*). ¶ (~+目+전+名) cotton *into* threads = ~ threads *from* [*or out of*] cotton 솜을 자아 실로 만들다. **2** (거미·누에 따위가) 〈실〉을 내다; 〔줄 따위〕를 치다. ¶ Silkworms ~ cocoons. 누에가 고치를 친다. **3** (팽이 따위)를 빙빙 돌리다, 빠른 속도로 회전시키다. ¶ ~ a top 팽이를 돌리다/~ a ball 볼에 스핀을 주다. **4** (선반 따위로) …을 회전시켜 만들다. **5** (이야기 따위)를 만들다; 〔말〕을 길게 끌다. **6** 〔일 따위〕를 오래[길질] 끌다(*out*). ¶ (~+目+부) She *spun* the project *out* for over five months. 그녀는 그 계획을 5개월 이상이나 끌어갔다. **7** 《英俗》 …을 지치게 하다, 녹초가 되게 하다; 《英俗》 …을 낙제[불합격]시키다. **8** (빙판 위에서) 〈차바퀴〉를 헛돌리게 하다. **9** (세탁기의 탈수조로) 〈빨래〉를 탈수건조시키다. **10** (낚시) (호수 위)에서 spinning reel로 낚시하다. **11** (우주) (로켓 따위)에 회전력을 주다, 회전시키다. ── 자 **1** (팽이 따위가) 빙빙 돌다, 빠른 속도로 회전하다. →TURN 《유의어》 **2** (거미·누에가) 실을 내다, 줄을 치다, 고치를 치다. **3** 잣다, 방적하다. **4** (차가) 질주하다(*along*), ¶ ~ 빨리 지나가다(*away*). ¶ (~+부) Time ~*s away*. 시간은 빨리 지나간다. **5** 어질어질하다, 현기증이 나다. ¶ My head ~*s*. 현기증이 난다. **6** (항공) 나선식으로 강하하다. **7** 《英俗》 낙제하다(*in*).

send a person spinning 남을 힘껏 후려치다.
spin a yarn 장황하게 이야기하다.
spin down (천문) (항성·행성이) 스핀다운하다.
spin off (원래의 기업·재산을 다치지 않고) 분리 신설하다; (부수적으로) 다른 것을 파생시키다.
spin out (1) (세월)을 오랫동안 보내다, 허송 세월하다. (2) (돈 따위)을 오래 지니다, (토론·상담 따위)를 질질 끌다.
spin the bottle 병을 돌려서 키스 게임을 하다.
spin the drum 《英俗》 가택 수색을 하다.
spin up (천문) (항성·행성이) 스핀업하다(명 spinup).
── 명 **1** 회전(시키기), (공 따위의) 스핀. **2** (탈것 따위로 하는) 질주, 한바탕 달리기. ¶ take a ~ in a car 자동차로 한바탕 달리다. **3** (물리) 스핀 (소립자의 각(角)운동량). **4** (급한) 하락, 강하. **5** (항공) 나선식 강하. **6** 《美俗》 특정 견해, 편견; 정보 조작.
get into a flat spin (비행기가) 나선식으로 떨어지다; (사람이) 정신적으로 동요되다[흔란해지다].
go for a spin 드라이브하러 가다; 보트[자전거]로 한 차례 돌다.
in a (flat) spin 현기증이 나서; 혼란스러워서.
⁓·na·bíl·i·ty 명 ⁓·na·ble 형

spin- [spain] 연결 ⇨SPINO-.
spi·na bif·i·da [spáinə bífidə, -báif-] 명 〔병리〕 척추 피열(披裂).
spi·na·ceous [spinéiʃəs] 형 시금치의(같은).
*****spin·ach** [spínitʃ/-nidʒ] 명 **1** 시금치. **2** 《美俗》 필요없는 것, 군더더기; 《美俗》 돈. ⁓·like 형
spi·nal [spáinl] 형 **1** 〔해부〕 척골(脊骨)의, 척추의, 척수의. **2** 가시의, 바늘의, 가시 모양 돌기의. ── 명 〔의학〕 척수 마취. ⁓·ly 부
spinal anesthésia 〔의학〕 척수 마취.
spínal còlumn 명 〔해부〕 척주(spine, vertebral

spínal còrd 〖해부〗 척수.
spínal gánglion 〖해부〗 척수 신경절(節).
spínal màrrow 〖해부〗 척수(脊髓).
spínal nérve 〖해부〗 척수 신경.
spin·ar [spínɑːr] 〖천문〗 고속 회전성(回轉星)(은하계 외성운의 중심핵으로 고속 회전하는 천체).
[<*spinning* star]
spín contról 〖美속어〗 (매스컴에 대한) 정보 조작.
*__spin·dle__ [spíndl] 〖명〗 1 (실을 자을 때 손에 쥐는) 물레가락; 방추(紡錘). ⇒DISTAFF 그림. 2 축, 굴대. ¶a live ~ 회전축. 3 스핀들(무명실·삼실을 재는 단위). 4 호리호리한 사람[것]. 5 〖생물〗 방추체. 6 액체 비중계 (hydrometer). 7 〖건축〗 (층층대의 손잡이·난간 등의) 엄지 기둥(newel). 8 물레가락 같은, 길쭉한.
——〖자〗 …을 방추 모양으로 하다; …에 물레가락을 달다. ——〖자〗 길쭉해지다, (식물이) 긴 줄기로 되다.
spin·dle·age [spíndlidʒ] 〖명〗 (한 공장·지방의) 방추(紡錘)의 총수.
spíndle fíle 〖쇠못 모양의〗 탁상용 서류꽂이.
spin·dle-leg·ged [-lèged] 〖형〗 다리가 가늘고 긴.
spín·dle-lègs [spíndllègz] 〖명〗〖복수취급〗 가늘고 긴 다리; 〖단·복수 양용〗〖구어〗 다리가 가늘고 긴 사람.
spíndle óil 스핀들유(油), 축용활유. [ged.
spin·dle-shànked [-ʃæ̀ŋkt] 〖형〗 =spindleleg-
spin·dle-shànks [spíndlʃæ̀ŋks] 〖명〗〖단수취급〗
=spindlelegs. [spear side
spíndle sìde 〖the ~〗 모계(母系), 어머니쪽. 〖밥〗
spíndle trèe 〖식〗 화살나뭇과(科)의 관목.
spin·dling [spíndlíŋ] 〖형〗 가늘고 긴, 호리호리한; (가지 따위가) 가늘고 길게 자라는. ——〖명〗 호리호리한 사람[것].
spin·dly [spíndli] 〖형〗 방추 모양의; 가늘고 긴, 호리호리한. **-dli·ness**
spín dóctor 〖美속어〗 언론 대책 전문가, 언론 담당자, 홍보 요원; 선거 운동[정치 활동] 고문.
spin-down [spíndàun] 〖명〗 1 〖천문〗 스핀다운(항성·행성의 자전 각속도의 감소). 2 〖물리〗 스핀다운(스핀업(spinup)과 역방향의 축(軸)벡터를 가진 소립자의 각(角)운동량).
spin·drift [spíndrìft] 〖명〗〖영〗 모래 먼지; 눈보라. (또는 **spoondrift**)
spin-dry [-drái] 〖동〗〖타〗 (세탁물을) 원심력으로 탈수하다. **spín-drí·er, -er** 탈수기.
*__spine__ [spain] 〖명〗 1 척추, 등뼈. 2 (등뼈 모양의) 돌기, 가시 모양의 돌기; (호저(豪豬) 따위의) 가시; (경골 어류의) 지느러미가시. 3 (식물의) 가시. 4 (산 따위의) 등성이. 5 〖제본〗 (책의) 등. 6 기골, 기개, 결의.
spined 척추[등뼈]가 있는; 가시가 있는. **∼-like**
spine-bash·er [´bæ̀ʃər] 〖명〗 〖濠속어〗 게으름뱅이, 건달.
spine-chill·er [´tʃìlər] 〖명〗 등골이 오싹해지는 소설 [영화 따위]. (또는 **spíne-frèezer**) **-chill·ing**
spi·nel, -nelle [spinél] 〖명〗〖U〗 〖광물〗 첨정석(尖晶石).
spine·less [spáinlis] 〖형〗 1 뼈가 없는, 척추가 없는. 2 용기가[결단력이] 없는. 3 〖식물〗 가시[바늘]이 없는. **∼·ly** 〖부〗. **∼·ness**
spinél rúby 홍첨정석(紅尖晶石)(보석).
spi·nes·cent [spainésnt] 〖형〗 1 〖식물〗 가시 모양으로 되는; 끝이 가시[바늘]처럼 뾰족해진; 가시가 있는[돋은]. 2 〖동물〗 가시 모양의; (털 따위가) 뻣뻣한.
spine-shàt·ter·ing [-ʃæ̀tərìŋ] 〖형〗 골수에 사무치는.
spin·et [spínit/spinét] 〖명〗 1 (16~18세기의) 소형 하프시코드. 2 소형 피아노; 소형 전자 오르간.
spine-tin·gling [-tìŋlìŋ] 〖형〗 가슴이 두근거리는, 스릴 넘치는.
spín fishing 〖명〗 =spinning 2.
spin-flip [-flíp] 〖명〗 〖물리〗 스핀 반전(反轉)〖플립〗(소립자·원자핵 등의 스핀의 방향이 역전하는 현상).
spín-flip láser 〖물리〗 스핀플립 레이저(전자의

스핀플립 때 방출되는 빛을 발진(發振)시키는 반도체 레
spi·ni- [spáini, -nə] 〖연결〗 =spino-. [이저).
spi·nif·er·ous [spainífərəs] 〖형〗 가시가 있는[많은].
spi·ni·form [spáinəfɔ̀ːrm] 〖형〗 가시 모양의.
spín màster 〖美속어〗 =spin doctor.
spin·na·ker [spínəkər] 〖해사〗 큰 삼각돛.
*__spin·ner__ [spínər] 〖명〗 1 실 잣는 사람, 방적공(紡績工)[업자]; 방적 기계. 2 (빙빙 돌며 반짝이는) 후림 미끼. 3 〖동물〗 =spinneret. 4 〖英구어〗 =nightjar. 5 〖미식축구〗 스피너(공을 가진 경기자가 상대방을 교란시키기 위해 빙빙 도는 플레이). 6 〖서핑〗 파도타기에서 자로 도는 동작. 7 〖美〗 홍보 요원[전문가](spin doctor).
spin·ner·et [spínərèt, ^-⌣-] 〖명〗 〖동물〗 (거미·누에 따위가 실을 내는) 방적(紡績) 돌기.
spin·ner·y [spínəri] 〖명〗 방적 공장.
spin·ney [spíni] 〖英〗 덤불, 잡목숲.
‡**spin·ning** [spíniŋ] 〖명〗 1 방적(업). 2 후림 미끼로 물고기를 낚기, 던질낚시. 3 급회전. 4 (금속판의) 스피닝. ——〖형〗 잣는, 방적의. **∼·ly**
spínning fràme 〖명〗 정방기(精紡機).
spínning hóuse (옛날 영국의) 윤락 여성 갱생원.
spínning jénny (초기의) 다축(多軸) 방적기.
spínning machìne 〖명〗 방적기.
spínning mìll 〖명〗 방적 공장.
spínning rèel 〖명〗 스피닝 릴.
spínning ród 〖낚시〗 스피닝 로드(스피닝 릴을 달아 사용하는 탄력성이 풍부한 낚싯대).
spínning tóp 〖명〗 (장난감) 팽이.
spínning whèel (옛날에 실을 잣는 데 쓴) 물레.
spi·no- [spáinou, -nə] 〖연결〗 backbone, thorn의 뜻(* 모음 앞에서는 spin-). ¶*spinosity*. (또는 spin-).
spin-off [-ɔ̀ːf/-ɔ̀f] 〖명〗 1 〖경제〗 스핀오프(모(母)회사가 자회사에 자(子)회사 주식을 분배하는 일). 2 계열사, 자회사; 지사. 3 부산물, 파생물; 파급. 4 (∼s) (우주 로켓 또는 유도 미사일을 우주 공간에서 분리하는 것. 5 〖TV〗 연속 프로의 속편. 6 〖속어〗 정신 장애. ——〖형〗 파생적으로 발생한. ¶~ products 부산물 / ~ effects 파생적 효과. (또는 **spinoff**)
spin·or [spínər] 〖명〗 〖수학〗 스피너(2[4]차원 공간에서의 복소수(複素數)를 성분으로 하는 벡터).
spi·nose [spáinous, -´-] 〖생물〗 가시가 있는[많은]; 가시 모양의. **∼·ly** 〖부〗.
spi·nos·i·ty [spainάsəti/-nɔ́s-] 〖명〗〖U〗〖C〗 1 가시가 있음; 가시 모양의 부분. 2 버릇없음; 가시돋친 말, 신랄한[짓궂은] 평.
spi·nous [spáinəs] 〖형〗 1 (식물이) 가시가 있는; (동물이) 침샘(針狀) 돌기가 있는. 2 가시 모양의. 3 가시 돋친. 4 다루기 어려운.
spin-out [-àut] 〖명〗 스핀아웃(차가 고속으로 커브를 돌 때 도로에서 튀어나가는 일). (또는 **spínòut**)
Spi·no·za [spinóuzə] 〖명〗 **Baruch ∼** 스피노자 (1632-77; 네덜란드의 철학자).
Spi·no·zism [spinóuzìzm] 〖명〗〖U〗 스피노자의 범신론(汎神論) 철학. **-zist** 〖명〗
spín stabilizàtion 〖명〗 〖로켓〗 스핀 안정화(化)(로켓 등을 회전시켜 방향 안정성을 부여하는 일).
*__spin·ster__ [spínstər] 〖명〗 1 노처녀, 독신 여성(old maid); 〖법률〗 미혼 여성(〖밥〗 bachelor). 2 실 잣는 여자. **∼·ish ∼·ish·ly** 〖부〗. **∼·like** 〖형〗
spin·ster·hood [spínstərhùd] 〖명〗〖U〗 (여성의) 독신, 미혼. 〖밥〗 bachelorship
spin·thar·i·scope [spinθǽrəskòup] 〖명〗 〖물리〗 스핀사리스코프(알파선의 형광판에서의 발광(發光)을 확대 관찰하는 기기).
spín the bóttle 〖美〗 병 돌리기 키스놀이.
spín the pláte [plátter] 〖美〗 접시 돌리기 놀이 (한 사람이 접시를 세워서 돌리고 지명된 사람이 접시가 넘어지기 전에 잡는 놀이; 실패하면 벌금을 물게 된다).

spin·to [spíntou] 형 목소리가 극적으로 서정적인, 스핀토의. [<It]

spi·nule [spáinju:l, spin-] 명 (동·식물) 작은 가시. **spin·u·lose** [spínjulòus, spái-], **spin·nu·lous** [spínjuləs] 형 작은 가시로 덮인(모양의).

spin-up [spínʌ́p] 명 1 (천문) 스핀업(항성·행성 등의 자전 각속도의 증대). 2 (물리) 스핀업(스핀다운 (spindown)과 역방향의 축(軸)벡터를 가진 소립자의 각(角) 운동량). 「의하여 전파되는 파」

spin wave 명 (물리) 스핀파(波)(핵 스핀의 변화에

spin·y [spáini] 형 (동·식물) 가시가 있는, 가시로 덮인; 가시 모양의; 어려움이 많은, 성가신, 귀찮은. **spín·i·ness** 명

spíny ánteater 명 가시두더지(echidna).

spín·y-héad·ed wórm [-hèdid-] 명 구두충(鉤頭蟲)(기생충의 일종).

spíny lóbster 명 왕새우, 닭새우, 대하.

spíny rát 명 고슴도치(hedgehog).

spi·ra·cle [spáiərəkl, spír-] 명 1 공기 구멍, 통풍구. 2 (동물) (곤충의) 기문(氣門); (상어·가오리 따위의) 호흡공(呼吸孔); (고래류의) 분수공(噴水孔). 3 (지질) (화산의) 분기공(噴氣孔). (또는 **spiráculum**)

spi·rac·u·lar [spairǽkjulər], **spi·rac·u·late** [spərǽkjəlèit] 형

spi·rae·a [spaiərí:ə/-ríə] 명 =spirea.

‡**spi·ral**[1] [spáiərəl] 형 (~**s** [-z]) 1 나선; (기하) 소용돌이선. 2 나선형의 것; 나선 용수철; (철도·도로의) 환상선(環狀線). 3 (항공) 나선 비행. 4 (미식축구) 스파이럴(장축을 중심으로 회전시키는 킥[패스]). 5 (경제) 연속적 변동, (악순환에 의한) 나선상 진행 과정. ¶an inflationary[a deflationary] ~ 진행성 인플레이션[디플레이션]. — 형 1 나선형[상]의, 나선형의, 나선 장치의. ¶a ~ staircase 나선 계단. 2 (기하) 소용돌이선의. — 통 (~**s** [-z]; -**l**-, (英) -**ll**-) 타 ~을 나선형[상]으로 하다, 소용돌이 모양으로 나아가게 하다. — 자 1 나선형[상]으로 되다, 소용돌이 모양이 되다 (급속히) 움직이다; (연기 따위가) 소용돌이처럼 오르다. 2 (착실히) 전진(증가)하다, 상승하다. 3 (항공) 나선 선회 [상승, 강하]하다.

~·i·ty [spaiərǽləti] 명 소용돌이 모양. ~·ly 부

spi·ral[2] 형 뾰족탑의(같은), 뾰족하게 높이 솟은.

spíral árm 명 (천문) (나선 은하의) 나선팔.

spíral bével gèar 명 (기계) 나선형 베벨 기어.

spíral bínding 명 (제본) 나선철(綴).

spi·ral-bóund 형 「상 도수관」

spíral cásing 명 스파이럴 케이싱(수차에 의한 나선

spíral gálaxy 명 (천문) 나선 은하.

spíral géar 명 나선형 기어.

spíral nébula 명 (천문) =spiral galaxy.

spíral spríng 명 나선형 스프링.

spi·rant [spáiərənt] 형명 (음성) 마찰음(의).

‡**spire**[1] [spaiər] 명 (~**s** [-z]) 1 뾰족탑, 첨탑(尖塔), (탑 따위의) 꼭대기. 2 끝이 뾰족한 것(나무의 꼭대기·뾰족한 산꼭대기 따위). 3 (식물의) 가는 잎). 4 절정, 정점(頂點). — 통자 돌출하다, 뾰족이 솟다; 싹트다. — 타 ~에 첨탑을 달다. ~·**less** 형

spire[2] 명 소용돌이, 나선(의 한 바퀴); (동물) (고둥 따위의) 돌돌 말린 껍질 부분. ~·**less** 형

spi·re·a [spairí:ə/-ríə] 명 조팝나무속(屬)의 관목. (또는 **spiraea**)

spired [spaiərd] 형 끝이 뾰족한; 첨탑이 있는.

spire·let [spáiərlit] 명 작은 첨탑. 작은 탑. 「絲)

spi·reme [spáiəri:m] 명 (생물) (염색체의) 핵사(核

spi·ril·lum [spairíləm] 명 (복 -**ril·la** [-rílə]) (세균) 나선균, 나균(螺菌).

‡**spir·it** [spírit] 명 1 Ⓤ 정신, 마음; 영혼 (body, flesh). ⇒MIND 유의어 ¶the poor in ~ 마음이 가난한 자. 2 신령, 망령, 유령; 요정; 악마. ¶the forest ~s 숲

의 요정/the abode of ~s 명부(冥府)/the work of ~s 요정의 소행/call up ~s 신령을 불러내다. 3 Ⓤ (보통 the ~) 기운(氣運), 경향, 풍조, 시세(時勢). ¶the ~ of the age[or times] 시대 정신. 4 (the S-) 신, 성령 (Holy Spirit). 5 Ⓤ 기질, 성품, 마음씨, 기풍. ¶public ~ 공공심(公共心)/be meek in ~ 마음씨가 곱다. 6 (~s) 감정, 기분(mood), 7 (~s) 활기, 원기, 쾌활; 기력, 기개, 기개(氣槪), 용기. 8 (정신·기질 따위로 본) 사람, 인물. ¶a bold[generous] ~ 대담[관대]한 사람/a master ~ 걸출한 인물. 9 Ⓤ 충성심, 소속 단체를 사랑하는 마음. ¶ college ~ 애교심. 10 (종종 a ~) (정신적) 태도, 의도, …하는 마음. ¶a ~ of enmity 적대심/The remark was made from [or in] a ~ of contradiction. 그 말은 반박하려는 속셈에서 한 것이었다. 11 Ⓤ (the ~) (표면·형식에 대하여) 참뜻, 진의, 정신(a letter). ¶the true ~ of the law 법의 진의/in letter and in ~ 형식과 정신이 모두. 12 Ⓤ (종종 ~s) 증류주(蒸溜酒), 화주(火酒). 13 Ⓤ (英) 알코올. 14 Ⓤ (종종 ~s) 주정, 에틸알코올; 주정제(酒精劑), 용제(溶劑), 엑스. ¶~s of salt 염산.

as the spirit takes [or *moves*] *one* 마음 내키는 대로, 마음이 시키면.

be full of spirits 원기 왕성하다. 「각하고 있다.

be with a *person in spirit* 마음 속으로는 남을 생

break a person's spirits 남의 기운을 꺾다.

catch a person's spirits 남의 의기에 감동하다.

dampen a person's spirits ① 남을 기죽게 하다. ② 술에 물 타위를 타다. ③ 선수, 트집을 잡으려고.

from the spirit of contradiction 반발하는 마음

give a person spirits 남을 기운나게 하다.

give [or *yield*] *up the spirit* 죽다.

in a spirit of fun 장난삼아.

in good [*bad*] *spirits* 기분이 좋아[언짢아].

in high [or *great, excellent*] *spirits* 기분이 매우 좋아[좋게]. 「이, 의기소침하여.

in low [or *poor*] *spirits; out of spirits* 기운 없

keep up one's spirits 사기를 잃지 않도록 하다, 정신을 바짝 차리고 있다. 「부수다.

knock the spirit out of (구어) …을 철저히 때려

lose one's spirits 사기를 잃다, 낙심하다.

recover [or *pick up*] *one's spirits* 기운을 되찾다.

say in a kind spirit 친절한 마음으로 말하다.

spirit(s) and water 물을 탄 화주.

spirit(s) of hartshorn 암모니아수.

spirit(s) of wine 알코올.

spirit(s) of wood 메탄올.

take in a wrong spirit 나쁘게 해석하다, 성내다.

That's the spirit! (격려조) 그대로 해!

throw one's spirit into …에 전력을 기울이다.

to one's spirit 마음속까지.

with spirit 기운 좋게, 힘차게.

— 통타 1 …을 기운나게 하다, …에 활기를 불어넣다. ¶~ (**up**+目+前+名) ~ a person *with* wine 남에게 술을 먹여 기운을 돋우다. 2 …을 격려하다, 분발시키다; …을 선동하다(*up*). 3 몰래 데려[가져]가다; …을 행방 불명이 되게 하다, 유괴하다(*away, off*) (*from*). ¶ (~+目+酮) ~ *away* a girl 소녀를 유괴하다.

*spir·it·ed** [spíritid] 형 1 활발한, 힘찬, 용기있는. ¶a ~ horse 사나운 말. 2 (복합어로) …의 정신을 가진, 기질이 …한. ¶high-[low-]~ 원기왕성한[기운이 없는]/mean-~ 비열한/proud-~ 자존심이 강한.

~·ly 부 ~·ness 명 「의 일종.

spírit gùm 명 (가짜 수염 따위를 달 때 쓰는) 고무풀

spir·it·ing [spíritiŋ] 명Ⓤ (문어) 정신 작용, 정신 활동; 영감(inspiration).

spir·it·ism [spíritizm] 명 =spiritualism.

spir·it·ist [spíritist] 명 =spiritualist. -**ís·tic** 형

spírit làmp 명 알코올 램프.

spir·it·less [spírítlis] 형 원기[용기, 열의]가 없는, 생기가 없는; 마음이 내키지 않는; 정신[생명]이 없는.
~·ly 부 ~·ness 명
spirit lèvel 명 알코올 수준기(水準器).
spirit of hártshorn 명 암모니아수(水).
spi·ri·to·so [spìːrətóusou] 형[부] 〔음악〕 힘찬[차게], 활발한[하게]. 〔<It〕 〔術師〕.
spirit ràpper 명 강신술사(降神術師), 교령술사(交靈術師).
spirit ràpping 명 강신술, 교령술(혼백이 책상 따위를 똑똑 두드려 의사를 소통한다고 한다).
‡**spir·it·u·al** [spírítʃuəl] 형 (*more* ~; *most* ~) **1** 영혼의, 혼백의. **2** 정신의, 정신적인(⇔ sensual). ¶the ~ man 인간의 영성(靈性) 〔성서〕 회개한 사람. **3** 신의, 성령(聖靈)의. **4** 숭고한, 기품있는(⇔ mundane). **5** 종교(상)의, 종교적인; 교회의; 신성한. ¶a ~ court 종교 재판소/~ songs 성가. — 명 **1** 영가(靈歌). **2** Negro ~ 흑인 영가. **2** (~s) 교회[종교] 관계의 사항. **3** 정신적인 것[사항]. **4** (the ~) 정신계(界).
~·ly 부 ~·ness 명 〔혼의〕 고향.
spiritual hóme 명 (one's ~) 정신적인[마음의, 영혼의] 고향.
spir·it·u·al·ism [spírítʃuəlìzm] 명 **1** 강신설(降神說), 심령론; 강신술. **2** 〔철학〕 (형이상학적 의미에서) 유심론(唯心論), 관념론(⇔ materialism). **3** 정신적 특성[경향]. **4** 정신주의.
spir·it·u·al·ist [spírítʃuəlist] 명 **1** 심령주의자; 강신술사. **2** 〔철학〕 유심론자. **3** 정신주의자.
spir·it·u·al·is·tic [spìrítʃuəlístik] 형 **1** 강신설[술]의, 심령론의. **2** 〔철학〕 유심론의. **3** 정신주의의.
-ti·cal·ly 부
spir·it·u·al·i·ty [spìrítʃuǽləti] 명[UC] **1** 정신적[영적]임, 정신적 경향[기풍], 정신성, 영성(靈性)(⇔ sensuality, materiality). **2** 영적인 것, 영(靈), 정령(精靈). **3** (종종 -ties) 교회[성직자]의 수입[재산].
spir·it·u·al·i·za·tion [spìrítʃuəlizéiʃən] 명[U] 영화(靈化), 정화; 정신적의 의의 부여.
spir·it·u·al·ize [spírítʃuəlàiz] 타 **1** …을 영[정]적으로 하다; (마음·인격 따위)를 정화(淨化)하다, 고상하게 하다, 탈속(脫俗)시키다. **2** …에 정신적 의의를 부여하다, …을 정신적으로 해석하다(⇔ literalize). **3** …에 영성(靈性)을 부여하다. **-iz·er** 명
spi·ri·tu·el(le) [spírítʃuél] 형 **1** 세련된; 우아한, 품위 있는. **2** (움직임이) 경쾌한, 아름다운. 〔<F *spiritual*〕
spir·it·u·ous [spírítʃuəs] 형 **1** 알코올(성)의, 알코올 성분을 (많이) 함유한. **2** (주류가) 증류한.
~·ly 부 ~·ness 명
spir·i·tus [spírətəs] 명 주정(酒精); 〔그리스어 문법〕 기식(氣息) (breathing).
spirit várnish 명 휘발성 니스.
spi·ro-[spáirou, -rə] 연결 respiration(호흡)의 뜻. ¶*spirograph*.
spi·ro-[연결] spiral(나선형의), coil의 뜻. ¶*spirochete*, *spiro*id(spiral 비슷한).
spi·ro·ch(a)ete [spáirəkìːt] 명 〔세균〕 스피로헤타, 나선상균. **-chét·al, -ché·tic** 형
spi·ro·graph [spáirəgræf, -gràːf] 명 호흡 운동기록기, 호흡 묘사기. **-gráph·ic** 형
spi·ro·gy·ra [spàiərədʒáiərə] 명 해캄(수면속)〔屬〕의 녹조류. 〔의.
spi·roid [spáiərɔid] 형 나선형의, 소용돌이 모양
spi·rom·e·ter [spaiərάmətər/-rɔ́m-] 명 폐활량계. **-ro·mét·ric, -ro·mét·ri·cal** 형 **-róm·e·try** 명
spi·ro·plas·ma [spáirəplæzmə] 명 〔생물〕 스피로플라스마(나선형으로 세포벽이 없는 미생물).
spirt [spəːrt] 명[동] =spurt.
spir·y[1] [spáiəri] 형 **1** 첨탑(尖塔) 모양의, 끝이 가늘고 뾰족한. **2** 첨탑이 많은.
spir·y[2] 형 나선형의, 소용돌이 모양의.

‡**spit**[1] [spit] 동 (~, **spat**; ~·**ting**) 자 **1** 침 뱉다; (…에) 침 뱉다(*at, in, into, on, upon*). ¶~ *in* a person's face 남의 얼굴에 침을 뱉다 // No ~*ting*.〔게시〕 침 뱉지 마시오. **2** (비유적) 몹시 싫어하다, 경멸(증오)하다 (*at, in, on, upon*). **3** (고양이 따위가 화가 나서) 으르렁거리다 (*at*). **4** (끓는 물·기름 따위가) 보글보글[지글지글] 소리내다; (양초 따위가) 질질 흘러내리다. **5** (비·눈 따위가) 후두둑 내리다. — 타 **1** 〔침·피·음식물 따위)를 토하다(*out, up*)(*at, on, onto*). ¶The kettle is ~*ting* boiling water. 주전자에서 뜨거운 물이 넘치고 있다. **2** 〔욕지거리·독설 따위〕를 내뱉다, 내뱉듯이 말하다, 퍼붓다(*out*)(*at*). ¶~ *threats* 위협하다 // (~+目+前+名) ~ one's *words at* …을 향해 내뱉듯이 말하다 / ~ one's *contempt at* a person 남에게 경멸적인 말을 내뱉다. **3** 〔도화선 따위〕에 점화하다.
spit at [or *on*] …에게 침을 뱉다; 모욕하다.
spit blood (구어) ① 격노하다. ② (스파이가) 탄로날까봐 두려워하다.
spit chips (濠구어) 목이 타다; 몹시 화내다.
spit in one's *hands* 손에 침을 바르고 벼르다.
spit in the eye of …을 경멸하다.
spit it out (구어) 숨김없이 말하다, 자백[실토]하다.
spit up 〔음식물〕을 게우다.
— 명 **1** 침(saliva); (곤충이 내뿜는) 거품. **2** 침 뱉기. **3** (비·눈 따위가) 뿌리기. **4** (구어) 꼭[빼] 닮은 것. **5** 짧은 거리. 〔피우기.
a spit and a drag [or *draw*] (英속어) (몰래) 담배
be the dead [or *very*] *spit of*; *be the spit and image of* (구어) 꼭 닮다, 빼쏘다.
give spit (부정문에서) 전혀 신경쓰지 [걱정하지] 않다, 괘념치 않다.
go for the big spit (濠속어) 게우다. 〔다.
not count for spit (속어) 하찮다, 전혀 대수롭지 않
not worth a bucket of spit (속어) 아무 가치도
spit and image =spitting image. 〔없다.
spit and polish (英) (군인·선원의) 닦는 작업; 표면적인 깨끗함.
swap spits (美속어) 키스하다. 〔~·**like** 형
spit[2] 명 **1** (고기를 구울 때 쓰는) 꼬챙이, 쇠꼬챙이. **2** 모래톱; 갑(岬), 곶. — 명[타] (**-tt-**) **1** …을 쇠꼬챙이에 꿰다. **2** …을 찌르다.
spit[3] 명 (英) (가래의 날만큼의 깊이); 한 가래분의 흙.
spit·ball [spítbɔ̀ːl] 명 **1** 종이 덩이(종이를 씹어서 동그랗게 뭉친 것). **2** 〔야구〕 스핏볼(공의 일부에 침을 칠해서 던지는 반칙 변화구). **3** (속어) 가벼운 비난. — 동 **1** 〔야구〕 스핏볼을 던지다. **2** (속어) 생각나는 대로 지껄이다. **~·er** 명 〔야구〕 스핏볼을 던지는 투수.
spitch·cock [spítʃkὰk/-kɔ̀k] 명 배를 갈라서 꼬치구이한 뱀장어. — 동[타] **1** (뱀장어 따위)를 꼬치구이하다. **2** …을 학대하다, 엄하게 다루다.
spitch·ered [spítʃərd] 형 (속어) 망가진, 못쓰게 된. 〔머리.
spit cùrl (美구어) 이마(볼 따위)에 찰싹 붙인 곱슬
‡**spite** [spait] 명[UC] 악의, 심술; 원한, 앙심, 한풀이 ⇒MALICE. 유의어 ¶vent one's ~ upon a person 남에게 화풀이하다 // I have a ~ against him. 나는 그에게 앙심을 품고 있다.
from [or *out of, in*] *spite* 앙갚음으로, 화풀이로.
in spite of …에도 불구하고, …을 무릅쓰고. ¶We're going to get married, *in* ~ *of* the opposition of her family. 그녀 가족의 반대에도 불구하고 우리는 결혼할 작정이다. 〔에도 불구하고.
in spite of a person's *teeth* [or *nose*] 남의 반대
in spite of everything (이것저것 생각한 끝에) 결국.
in spite of oneself 자기도 모르게, 무심코. 〔국.
in spite of that [or *it all*] 그럼에도 불구하고.
— 동[타] (*spit·ed; spit·ing*) **1** …에게 심술을 부리다, …의 훼방을 놓다. **2** …을 괴롭히다, 귀찮게 하다.

cut off *one's* ***nose*** **to spite** *one's* ***face*** ⇨NOSE.
~·less 형
spite·ful [spáitfəl] 형 악의 있는, 심술궂은(malicious); 앙심을 품은. ~·ly 분 ~·ness 명
spit·fire [spítfàiər] 명 1 화를 잘 내는 사람, 성미가 급한 사람; 잔소리가 심한[성미가 급한] 여자. 2 불을 뿜는 것(대포·화산 따위), 불을 뿜는 오둑이(화약을 사용하는 장난감). 3 성난 고양이. 4 (S—) 제2차 세계 대전에 사용된 영국의 전투기.
spit·less [spítlis] 형 (공포 따위로) 입안이 바싹 마른.
spit-shine [-ʃàin] 명 (광택을 내기 위해) 침으로 구두를 닦기. —분 타 침으로 (구두)를 번쩍거리게 닦다.
spit·ter[1] [spítər] 명 1 침을 뱉는 사람. 2 《구어》 《야구》 =spitball 2.
[brocket].
spit·ter[2] 명 (뿔이 아직 갈라지지 않은) 어린 사슴
spít·ting dístance [spítiŋ-] 명 짧은 거리, 손이 닿을 거리.
spítting ímage 명 (the ~) 《구어》 꼭 닮은 것.
spit·tle [spítl] 명 ◎ (뱉은) 침; (거품벌레의) 거품.
lick a person's ***spittle*** 아첨하다, 알랑거리다.
spit·tle·bug [spítlbʌ̀g] 명 =froghopper.
spit·toon [spitúːn] 명 타구(唾具)(《美》 cuspidor.
spitz [spits] 명 스피츠(포메라니아종의 개).
Spitz·en·burg [spítsənbə̀ːrg] 명 (미국산(産)) 사과.
spiv [spiv] 명 《英구어》 (일정한 직업 없이 암거래 따위로 살아가는) 건달; 암거래 상인, 협잡꾼.
spiv·(v)er·y [spívəri] 명 《英속어》 건달 생활.
spiv·vy [spívi] 형 《英속어》 멋진, 세련된, 말쑥한. (또는 **spivving, spivvish**) 《신경의에 관한》.
splanch·nic [splǽnknik] 형 내장(內臟)의; 내장 장신경의
splanch·nol·o·gy [splæŋknáləʤi/-nól-] 명 《해부》 내장학
splanch·not·o·my [splæŋknátəmi/-nɔ́t-] 명 내장절개(술)
‡**splash** [splæʃ] 동 (~es [-iz]; ~ed [-t]) 타 1 (물·흙탕)을 튀기다, 튀겨 끼얹다(*about*)(*on, over, with*); 튀겨서 더럽히다[적시다].¶ (~+图+前+名) ~ *a person with* mud 남에게 흙탕물을 튀기다 / *dirty water on a person* 남에게 흙탕물을 튀기다. 2 (물 따위가) …에게 튀다.¶ The dirty water ~ed her dress. 흙탕물이 그녀의 옷에 튀었다. 3 철벅철벅 소리를 내면서[튀기면서] …하다. ¶ They ~ed their way *up* the brook. 그들은 철벅철벅 소리를 내면서 시내를 거슬러 올라갔다. 4 …을 얼룩무늬로 하다(*with*). 5 《적기 구어》를 격추하다. 6 《광고 따위》를 요란하게 펼치다, 《신문 따위》에 대서특필하다(*across, on, over*); 《英구어》 《돈》을 (여봐란 듯이) 쓰다(*about, around, out*)(*on*). 7 《똥나무》를 댐의 물을 방류하여) 흘리다.
—자 1 튀다, 튀기다; 튀어 흘어지다 (*on, against*).¶ (~+前+名) The rain ~ed *against* the window. 비가 후두두두둑 창에 부딪다. 2 철벅철벅 소리를 내면서[튀기면서] 가다[나아가다] (*along, across, through*); 텀벙 떨어지다 (*into*).¶ ~ *across* a stream 철벅철벅 개울을 건너다. 3 《英구어》 돈을 흥청망청 쓰다(*out*).
splash about (아이가) 물을 첨벙첨벙 튀기다.
splash down (우주선이) 착수(着水)하다.
splash *one's* [**or the**] ***boots*** 《속어》 (남자가) 오줌 (뿌리다.
splash *one's* ***money about*** 《속어》 돈을 마구 쓰다
splash *one's* ***way*** 물을 첨벙거리며 건너다, 흙탕을 —명 (~es [-iz]) 1 튀기기; 튀기는 소리, 철벅철벅 하는 소리.¶ ~ 텀벙 하고 소리를 내며. 2 (흙탕물 따위의) 튄 것, 얼룩. 3 얼룩무늬, 반점. 4 《구어》 (위스키 등에 타는) 소량의 소다수. 5 《구어》 화려한 겉치레; (신문 따위의) 화려한[대서 특필한] 기사; 대성공. 6 《U》 댐의 방류에 의한 통나무 흘려 보내기; 방류된 물.
have a ***splash*** 《英구어》 (남자가) 소변 보다.
make [**or** *cut*] *a* ***splash*** 《구어》 세상을 깜짝 놀라게

하다, 평판이 자자해지다; 텀벙 하는 소리를 내다.
—명 첨벙첨벙[철벅철벅] 하고.
~·ing·ly 분 김막이판.
splash·back [splǽʃbæ̀k] 명 (싱크대 따위의) 물튀 (김막이판.
splash·board [splǽʃbɔ̀ːrd] 명 (자동차 따위의) 흙받기; (배 따위의) 물보라막기.   /水 (지점, 시각).
splash·down [splǽʃdàun] 명 (우주선의) 착수(着水).
splash·er [splǽʃər] 명 1 (물 따위를) 튀기는 사람 (것). 2 (자동차 따위의) 흙받기(splashboard). 3 《英구어》 돈 씀씀이가 헤픈 사람.
splásh erósion 명 빗물에 의한 침식.
splásh guárd 명 (자동차의) 흙받기.
splásh héadline 명 《美》 (신문) 큰 제목.
splásh lubricàtion 명 《기계》 비말(飛沫) 주유법 (내연기관 따위의 윤활유 치는 방법의 하나).
splash·y [splǽʃi] 형 1 튀기는; 흙탕이 튀는, 물보라를 일으키는; 철벅철벅 소리내는. 2 진창의. 3 얼룩[반점]투성이의. 4 《구어》 두드러진, 눈에 띄는.
splásh·i·ly 분 **splásh·i·ness** 명
splat[1] [splæt] 명 (의자 등받이의) 세로로 댄 널빤지.
splat[2] 명 (물이 튀거나 젖은 것이 내동댕이쳐졌을 때의) 철썩[찰싹] 하는 소리. —분 철썩 하고. —자 (-tt-) 《구어》 (…에 부딪혀) 철썩 소리를 내다(소리가 나게 하다](*against*).
splát gùn 명 《경찰·군사》 스플랫총(착색제를 방출하여 체포 대상자 등을 가려낸다.
splat·ter [splǽtər] 동 타 (물·흙탕 따위)를 튀기다 (*up*). —자 (물·흙탕 따위)가 튀기다(*up*). —명 (기세 좋게) 튀기기, 철벅철벅, 철벅철벅.
splat·ter·dash [splǽtərdæ̀ʃ] 명 야단법석, 소동.
splát·ter mòvie [fìlm] 명 《속어》 유혈 낭자한 영화, 잔학 영화. (또는 **splát mòvie[fìlm]**)
splay [splei] 동 타 1 (다리·팔꿈치 따위)를 벌리다(*out*). 2 (통 따위)를 위쪽을 벌려 나팔꽃 모양으로 만들다. 3 《건축》 《창문·출입구·문설주·총안(銃眼) 따위)를 바깥쪽으로 벌어지게 하다. 4 …을 탈구(脫臼)시키다. —자 1 바깥쪽으로 벌어진. 2 보기 흉한. 3 비스듬한, 뒤틀린. 2 《건축》 사면(斜面), 모따기.

[splay 3]

splay·foot [spléifùt] 명 (*pl.* **-feet**) 편평족(扁平足), 외반족(外反足). —형 편평족의; 보기 흉한.
splay·foot·ed [spléifùtid] 형 =splayfoot.
~·ly 분
spleef [spliːf] 명 《美속어》 대마초 (담배)(spliff).
spleen [spliːn] 명 1 《해부》 비장(脾臟). 2 《U》 기분이 언짢음, 성미가 급함, 악의, 원한. 3 《U》 《고어》 우울.
bear [**or** *have, take*] *a* ***spleen against*** …에게 앙심을 품다.
in a fit of the ***spleen*** 홧김에, 발끈하여.
vent one's ***spleen on*** …에게 화풀이를 하다.
spleen·ful [splíːnfəl] 형 불쾌한, 성미가 급한, 심술 궂은. ~·ly 분 ~·ness 명
spleen·ish [splíːniʃ] 형 =spleenful.
spleen·wort [splíːnwə̀ːrt/-wə̀t] 명 양치 식물의 일종; 차꼬리고사리.
spleen·y [splíːni] 형 =spleenful.
splen- [splin, splen] 《연결》 ⇨SPLENO-.
splen·dent [spléndənt] 형 《고어》 (태양 따위가) 빛나는; (금속 따위의) 광택이 있는; 눈부신, 휘황찬란한.
‡**splen·did** [spléndid] 형 (*more ~*; *most ~*) 1 호화로운, 화려한, 장려(壯麗)한, 눈부신. ¶ a ~ palace 화려한 궁전.

| 유의어 | **splendid** 광휘·아름다움·우수함 따위로 눈부실 정도인. **gorgeous** 다채롭고 대단한 아름다움으 |

로 감탄을 자아내는. **glorious** 번쩍번쩍 빛나서 아름다운, 또는 걸출하여 칭찬을 받거나 명성을 얻을 가치가 있는. **sublime** 헤아릴 수 없을 만큼 품위있는 아름다움·힘 따위로 가득 찬. **superb** 생각할 수 있는 한 최고의.

2 웅대한, 웅장한. ¶a ~ scene 웅장한 풍경. 3 두드러진, 빛나는, 탄복할 만한, 걸출한. ¶a ~ achievement 위대한 업적 / a ~ victory 혁혁한 승리. 4 (재능 따위가) 훌륭한, 눈부신, 장한. ¶a ~ talents 굉장한 재능. 5 (구어) 멋있는, 즐거운. ¶have a ~ time 즐거운 시간을 보내다. ~·ly 甲 ~·ness 명

splen·dif·er·ous [spléndifərəs] 형 (구어·익살) 훌륭한(splendid), 화려한. ~·ly 甲 ~·ness 명

‡**splen·dor**, (英) **-dour** [spléndər] 명 (複 ~s [-z]) 1 (U) 화려함, 장관(壯觀); 장려(壯麗). ¶live in ~ 호화스럽게 생활하다. 2 (~s) (건물 따위의) 장려[화려](함); (명성 따위의) 탁월함; 영예, 영광. 3 (U) 빛남, 광채(brilliance). ¶the ~ of the sun 태양의 빛남 / in full ~ 번쩍번쩍 빛나서. (J) 화려하게 움직이다 [행진하다]. ─ 타 화려하게[눈부시게] 장식하다.

splen·dor·ous [spléndərəs] 형 번쩍번쩍 빛나는; 장려한, 찬란한, 볼 만한. (또는 **splendrous**)

sple·nec·to·my [splinéktəmi] 명 (U) [외과] 비장(脾臟) 절제(술).

sple·net·ic [splinétik] 형 1 비장(脾臟)의; 비장병의. 2 성미가 까다로운, 성미가 급한, 짓궂은(spiteful). ─ 명 성미를 잘 내는[성미가 까다로운] 사람, 성미가 급한[심술궂은] 사람. **-i·cal·ly** 甲

splen·ic [splí:nik, splén-] 형 비장[지라]의. (또는 **splenical**)

splénic féver 명 (수의) 비탈저(脾脫疽).

sple·ni·form [splí:nifɔ̀:rm] 형 =splenoid.

sple·ni·tis [splináitis] 명 (U) (병리) 비염(脾炎).

sple·ni·us [splí:niəs] 명 (複 **-ni·i** [-niài]) (해부) (목덜미 양쪽에 있는) 판상근(板狀筋).

sple·ni·za·tion [splì:nizéiʃən/-naiz-] 명 (U) (병리) (공기 결핍·충혈에 의한 폐의) 비장화(脾臟化).

sple·no- [splí:nou, -nə] 연결 「비장(spleen)」의 뜻 (*모음 앞에서는 splen-). ¶ *splenomegaly* (비장 비대증).

sple·noid [splí:nɔid] 형 비장[지라] 모양의.

splib [splib] 명 (美속어·경멸적) 차별에는 반대하지만 현상을 변화시킬 의지는 없는 흑인 (남자) 흑인.

splice [splais] 타 1 (밧줄 따위를) 꼬아 잇다. 2 (재목 따위를) 잇다, 겹쳐 잇다. 3 (속어) …을 결혼시키다. 4 접합하다. 5 (유전) (DNA·RNA의 절편)을 접합하다.

[splice]

get spliced 결혼하다.
splice the main brace ⇒MAIN BRACE.
─ 명 1 (밧줄 따위의) 꼬아 잇기, (재목 따위의) 겹쳐 잇기; 이어 맞춘 것, 접목. 2 접합[결합]부. 3 (속어) 결혼.
sit on [or **upon**] **the splice** (英속어) (크리켓에서) 신중히 수비를 치다.
∽·a·ble 형

splic·er [spláisər] 명 영화 필름[녹음 테이프] 접착기.

spliff [splif] 명 (美속어) 마리화나 (담배).

spline [splain] 명 1 (나무·금속 따위의) 가늘고 긴 박판, 판금(板金). 2 (운형(雲形)) 자. 3 (기계) 스플라인, 키홈(keyway)(차바퀴와 축속이 함께 움직이도록 하기 위한 홈); (건축) 임시 장부촉. 4 (목공) 딴 혀 쪽매널임. 5 (수학·공학) 스플라인 함수. ─ 타 (기계) …에 스플라인[키홈]을 내다.

splint [splint] 명 1 얇은 널조각[나무오리]; (식물의) 변재(邊材). 2 (접골용의) 부목(副木). 3 (수의) 관골류 (管骨瘤), 비골(腓骨). 4 (갑옷 따위의) 미늘. 5 (英방언) (나무·돌 따위의) 파편. ─ 타 1 …에 부목을 대다. 2 고정시키다, 받치다. ∽-**like** 형

splint ármor 명 쇠미늘 갑옷[방호복].

splint bòne 명 부목골(副木骨); 비골(fibula).

splint còal 명 촉탄(燭炭)(cannel coal).

*‡**splin·ter** [splíntər] 명 1 (나무나 돌의) 부스러기, 파편; (나무나 대(竹) 따위의) 가시. ¶into ~s 산산조각으로. 2 (정치·종교 따위의) 분파 (~ group). 3 부목. ─ 타 (파편 따위에서) 분리하다; 당하고; 분열한다.
─ 명 타 1 산산조각을 내다, 가루로 만들다 (off); …을 찢다, 쪼개다. 2 (소집단으로) 분리시키다. ─ 자 1 산산조각 나다, 산산이 부서지다(off). 2 쪼개지다.

splinter *one's* **toupee** (美속어) 미치다. 「장.

splínter bàr 명 (마차 따위의) 옆수철을 받치는 가로

splínter bòne 명 (구어) 비골(fibula).

splínter dèck 명 (해사) 탄편(彈片) 방어 갑강판.

splínter gròup [pàrty] 명 (정치) 분파, 소수파.

splin·ter·less [splíntərlis] 형 잘 깨지지 않는, 깨져도 튀지 않는 (유리 따위).

splin·ter·proof [splíntərprù:f] 형 탄편을 막는; 금 가지 않는. ─ 명 탄편 방어 장치.

splin·ter·y [splíntəri] 형 찢어진 조각의, 파편의; 찢어지기[쪼개지기] 쉬운; 파편투성이의.

‡**split** [split] 타 (~; **~·ting**) 1 …을 (세로로) 쪼개다, 찢다, 자르다(up)(in, into). ⇨TEAR 유의어 ¶~ wood 나무를 쪼개다 // (~+目+前+名) ~ a log into three 통나무를 세 쪽으로 쪼개다 // (~+目+補) ~ peas open 콩을 까다. 2 쪼개어[찢어서] 떼어 내다(off) (from). ¶~ (off) pieces *from* a pine cone 솔방울에서 한 조각씩 떼어 내다. 3 …을 나누다, 분할하다(up) (into, between); …을 분배하다, 분담하다(up). ¶~ profits 이익을 분배하다 / ~ a job 일을 분담하다 / ~ one's vote [or ticket] (美정치) 분할 투표를 하다 / ~ a bottle of wine with a friend 한 병의 술을 친구와 나누어 마시다. 4 (단체·정당 따위를) 분열시키다, 내분을 일으키다(up). ¶~ a party into three factions 당을 세 파벌로 분열시키다. 5 (화학) (화합물)을 분해하다(up)(into); 분해하여 분리시키다(off, out); (물리) (원자)를 원자로 분열시키다. (원자)를 핵분열시키다. 6 (美) (증권) (주식)을 분할하다. 7 (정치) (표)를 분할하다, 분할 투표하다. 8 (광산) (갱도)를 기둥으로 분할하다. 9 (속어) (비밀 따위)를 누설하다, 밀고하다. 10 (美) (위스키 등)에 물 등을 타다. 11 (스포츠) (더블 헤더 등)을 무승부로 끝내다[비기다]. 12 (문법) (부정사)를 분리시키다. 13 (구어) 떠나다, 가버리다. ─ 자 1 (세로로) 쪼개지다, 갈라지다, 파열하다 (off, up)(in, into); (둘로) 쩨지다. ¶(~+補) Peas ~ open when they are roasted. 완두는 볶으면 터진다. 2 (단체 따위가) 분열하다, 분리하다, 사이가 틀어지다(up) (with, over, on). ¶~ with one's companions 동료와 사이가 틀어지다. 3 (불화(不和) 로) 갈라서다. 4 (구어) (남과 함께) 나누어 가지다 (with). 5 (美) (증권) (주식)이 분할되다. 6 (美속어) 떠나다, 돌아가다; 도망치다. 7 (英속어) 밀고하다, 배반하다(on, to).

be split in two (구어) (사랑과 미움 따위의) 상반되는 감정으로 괴로워하다.

split across 둘로 갈라지다, 쪼개지다.

split a **gut** 폭소를 터뜨리다.

split a **person's ears** 남을 귀벼거리로 만들다.

split away [or **off**] 찢어지다, 갈라지다(에서).

split hairs [or **a hair, straws, words**] 극단적으로 세밀하게 구별하다, 하찮은 일을 시끄럽게 말하다.

split on [or **upon**] …을 밀고하다.

split on [or **upon**] a **rock** 난파(難破)[분열]하다.

split *one's* **sides** 포복절도하다.

split *one's* **vote** [or **ticket, ballot**] (연기명 투표에

서) 상반되는 정당의 후보자에 표를 나누다.
split the difference 접근[타협]하다.
split the scene 돌아오다.
split the ticket [or ***one's vote***] 분할 투표하다.
split the vote 표를 분산시키다.
split up 분열[분리]시키다; 분열하다, 쪼개지다(*into*); (구어) 이혼하다, 갈라지다(*with*).
— 图 1 찢어지기, 쪼개지기. 2 찢어진 틈, 쪼개진 틈, 금. 3 쪼개진 조각, 파편, 단편. 4 (~s) (광주리 제조용의) 쪼갠 버들가지. 5 (단체·정당 따위의) 내분, 분열, (동료간의) 불화; 분파, 분리파. ¶a ~ *in the cabinet* 내각의 분열. 6 (구어) 얇게 썬 과일과 시럽을 곁들인 아이스크림. 7 (구어) (위스키·소다수 따위의) 반 잔, 작은 병. 8 (구어) (소득 따위의) 몫, 분할. 9 (종종 ~s) 두 다리를 180도로 벌리고 앉는 곡예의 한 가지. 10 (볼링) 스플릿(쓰러지고 남은 핀 사이가 벌어진 상태). 11 (美) (증권) 주식 분할. 12 정보 제공자, 밀고자; 사복 경찰관[형사]. 13 (스포츠) 비기기. 14 분할 근무.
a split of a hurry (구어) 황급, 아주 급함.
at full split (속어) 전속력으로, 황급히.
run like split (美) 전속력으로 달리다.
— 图 1 쪼개진, 찢어진. 2 분열된, 분리된. 3 (주식이) 분할된. 4 (인쇄) 많은 색을 동시에 인쇄할 수 있는.
split bàr 图 (컴퓨터) 윈도의 분할선.
split clóth 图 끝이 여러 가닥으로 된 붕대(머리나 얼굴에 감음). 〔양혁권〕
split cústody 图 (법률) (이혼·별거시 자녀의) 분리
split decísion 图 (권투) 불일치 판정(레퍼리와 심판 전원이 일치하지 않는 판정).
split énd 图 1 (미식축구) 스플릿 엔드(스크럼 대형 밖에 있는 공격측 전위 선수). 2 끝이 갈라진 머리털.
split-fin·gered fástball [-fɪŋɡərd-] 图 (야구) 스플릿 핑거(속구 같은 팔 동작으로 던지는 포크볼 비슷한 변화구).
split infinitive 图 (문법) 분리 부정사(to-부정사 사이에 부사어구가 들어 있는 형태. 예: to really *understand*).
split kéyboarding 图 (컴퓨터) 분할 입력.
split-lev·el [-lévəl] 图图 (건축) 1·2층과 중간 2층으로 나뉜 (집).
split mínd 图 정신 분열증(schizophrenia).
split-off [-ɔ́ːf] 图 1 찢어내기, 분리, 분할; 찢어낸 것, 분리된 것. 2 (경영) 스플릿오프(계열 회사 또는 합병된 회사의 전 주식이 주(主)회사의 주식의 일부와 교환으로 주 회사의 주주에게 위양되는 구조 조정의 한 방법).
split páge 图 1 신문의 먼저 나온 판과 같은 내용의 기사를 모양만 바꾼 페이지. 2 (신문의 제2부의 제1면.
split péa 图 (~s) (수프용) 까서 말린 완두콩.
split personálity 图 =schizophrenia; 이중 인격.
split púlley 图 (기계) 분할 피대 바퀴.
split rún 图 (광고) 스플릿 런(동일 제품에 대해 몇 가지 서로 다른 광고를 사용하는 일).
split-screen technique [-skríːn-] 图 (영화·TV) 분할 스크린 기법.
split sécond 图 순식간에(instant).
in a split second 눈 깜짝할 사이에.
split-sec·ond [-sékənd] 图 1 아주 정확한. 2 순간적인, 순식간의.
split shíft 图 분할 근무.
splits·ville 图 ⓤ (美속어) 이혼, 이혼.
split·ter [splítər] 图 1 쪼개는 사람[기구], 찢는 사람[기구]. 2 분열자. 3 (구어) (생물) 세분주의 분류학자. 4 마약 흡연 부랑자. 5 (야구) =split-fingered fastball.
split ticket 图 (美정치) 분할 투표(둘 이상의 정당 후보자에 대한 분할 연기식(連記式) 투표).
split·ting [splítiŋ] 图 1 찢는, 찢어지는, 쪼개지는, 쪼개는. 2 (구어) 포복절도하는. 3 (통증 따위로 머리가) 빠개질 듯한, 몹시 아픈.¶My head is ~. 머리가 빠개

질 듯이 아프다. — 图 1 (~s) 쪼개진[찢어진] 것; 파편, 조각. 2 (정신분석) 분열.
split-up [-ʌp] 图 1 (둘 이상의 부분으로) 나누어지는 [분할되는] 일. 2 분열, 분리, 해체, 이간; (美속어) 이혼, 별거. 3 (상업) 주식 분할.
split wéek 图 1 (속어) (연극) (배우가 두 군데 극장에) 매일 겹치기 출연하는 주(週). 2 (美속어) (포커에서) 가운데 패가 빠져 스트레이트가 되다 만 것.
split whéel 图 =split pulley.
splodge [splɑdʒ/splɔdʒ] 图 (英) =splotch.
splosh [splɑʃ/splɔʃ] 图 =splash. — 图 =splash; ⓤ (英속어) 돈; 여자. ~·y 图
splot [splɑt/splɔt] 图 철썩, 찰싹.
splotch [splɑtʃ/splɔtʃ] 图 큰 반점, 오점, 얼룩. — 他图 …에 큰 반점[얼룩]을 만들다. — 自 얼룩지다, 더러워지다. ~·y 图 반점[얼룩]이 있는, 더러워진.
splurge [spləːrdʒ] 图 (美속어) 图图 돈을 마구 쓰다; 과시하다, 허세를 부리다. — 他 (돈)을 물쓰듯하다. — 图ⓤ 자랑하기, 과시; 흥청망청 돈 쓰기.
splut·ter [splʌ́tər] 图图 =sputter. ~·er 图
SPM suspended *p*articulate *m*atter((대기중의) 부유(浮游) 입자 물질).
Spock [spɑk / spɔk] 图 스팍. 1 **Benjamin (McLane)** ~ (1903-98) 미국의 소아과 의사·교육자; 육아법으로 유명). 2 미국의 SF 드라마 *Star Trek*에 나온 과학반장의 이름.
Spode [spoud] 图ⓤ (또는 s-) 스포드 도자기(~ware [*or* china])(영국의 도예가 Josiah ~(1754-1827) 그의 회사 제품).
spod·u·mene [spɑ́dʒumiːn/spɔ́dju-] 图ⓤ (광물) 리티아 휘석(輝石)(리튬의 중요 광석).
spof·fish [spɑ́fiʃ/spɔ́fiʃ] 图 (英속어) 소란스러운, 안달복달하는, 방정떠는.
‡**spoil** [spɔil] 图 (~**s** [-z]; ~**ed, spoilt** [-t]) 他 1 ...을 망쳐놓다, 손상하다; 상하게 하다, 못쓰게 만들다. ⇒ INJURE 類義語 ¶The movement was ~ed by the radicals. 그 운동은 과격파 때문에 망쳐버렸다 /The plan was spoilt by the rain. 계획은 비 때문에 잡쳤다 / Too many cooks ~ the broth. (속담) 요리사가 지나치게 많으면 수프를 망친다, 사공이 많으면 배가 산으로 올라간다. 2 너무 귀여워하여 (아이)를 버리다, 못쓰게 만들다, 우쭐거리게 하다.¶~ a child by indulgence 아이의 응석을 받아주어 성격을 버려놓다 / a *spoilt* child 응석둥이, 버릇없는 아이 / *Spare the rod and ~ the child*. (속담) 매를 아끼면 아이를 망친다(← 잠언(箴言) (Prov.) 13:24) // (~+图+图) ...을 칭찬하여 우쭐거리게 하다. 3 (흥미·식욕 따위)를 감퇴시키다, 흥을 깨다, 엉망을 만들다.¶~ the trip 여행의 흥을 깨다. 4 (美속어) (사람)을 죽이다. 5 (고어) (* 이 뜻일 때의 과거·과거분사는 **spoiled**) ...으로부터 빼앗다, 강탈(약탈)하다 (*of*).¶~ a person *of* goods 남에게서 물건을 빼앗다.
— 自 1 (음식물 따위가) 나빠지다, 못쓰게 되다, 상하다, 썩다. ⇒ DECAY 類義語 ¶Vegetables and fruits soon ~ in warm weather. 채소와 과일은 따뜻하면 쉬이 상한다. 2 약탈하다, 강탈하다. 3 (진행형으로) 갈망하다, 몹시 ...하고 싶어하다 (*for, to* do).
be spoiling for (구어) 하고 싶어 좀이 쑤시다.¶ He is ~*ing for* a fight. 그는 싸우고 싶어 안달이다.
spoilt for choice 선택지(肢)가 너무 많아서 선택이 어려움. (←출애굽기(Exod.) 12:36).
spoil the Egyptians 적의 물건을 사정없이 빼앗다
— 图 (图 ~**s** [-z]) 1 (종종 ~s) 약탈품, 노획품, 전리품; ⓤ (고어) 노획, 약탈. ¶the ~s of war 전리품. 2 (美) (선거에 이긴 정당으로의) 이권, 관직, 관직에 따른 부수입; (노력 따위의) 성과, 뜻밖의 발굴물, 수집품. 3 ⓤ (준설기로 파낸) 흙, 토사, 암석. 4 ⓤ (제조 과정에서 나온) 불량품, 폐물. 5 약탈의 대상, 먹이, 희생물.

spoil·a·ble [spɔ́iləbl] 못쓰게 만드는[되는].
spoil·age [spɔ́ilidʒ] 图 **1** 못쓰게 하기[되기], 손상, (음식물의) 부패. **2** 망가진 물건, 손상된 물건. **3** 〔인쇄〕 인쇄중 못쓰게 된 종이.
spóiled príest 图 환속 신부.
spoil·er [spɔ́ilər] 图 **1** 망쳐놓는 사람[것]; 응석을 받아주는 사람. **2** 약탈자, 강탈자. **3** 〔항공〕 스포일러 (비행기의 감속 하강이나 좌우 기울기 조정을 용이하게 만드는 장치). **4** 〔스포츠〕 자기보다 상위팀[선수]을 잘 이기는 팀[선수], 상수잡이. **5** (동) 방해 입후보자. **6** (자동차) 스포일러(고속 주행시 차체가 뜨는 것을 방지하는 장치). **7** 〔속어〕 도박사. **8** (시험·선발·추첨 따위에서) 방해 응모자[참가자]. **9** 불법 더빙[녹화, 녹음] 방지 장치. **10** 〔언론〕 김을 빼는 기사.
spóiler pàrty 图 〔美〕 방해 정당(2대 정당의 한쪽을 선거에서 방해하기 위해 결성되는 제3당).
spóil gròund 图 (바다 속에 지정된) 준설물 폐기장.
spoils·man [spɔ́ilzmən] 图 엽관(獵官) 운동자, 이권 운동자.
spoil·sport [spɔ́ilspɔ̀:rt] 图 남의 놀이를 훼방놓는 사람, 남의 흥을 깨뜨리는 사람. [원에게 배분하는 일].
spóils sỳstem 图 엽관제(집권당이 관직·이권을 당
spoilt [spɔilt] 图 spoil의 과거·과거분사. — 图 버릇없이 자란; 못쓰게 된.
spoke¹ [spouk] 图 **1** (차바퀴의) 살, 스포크. **2** 〔해사〕 타륜(舵輪)의 손잡이. **3** (사다리꼴의) 발판, 단(段). **4** (자동차의) 바퀴쐐기(chock).
put [or **thrust**] **a spoke in** *a person's* **wheel** 남을 방해하다[훼방놓다]. [대다].
— 图 他 (바퀴에) 살을 달다; …에 바퀴쐐기를 걸다
~·less 图
***spoke²** 图 speak의 과거; (고어) speak의 과거분사.
‡**spo·ken** [spóukən] 图 speak의 과거분사.
— 图 **1** 입으로 말하는, 구술(口述)의(帝 written); 구어(체)의(帝 literary). ¶ a **~** protest 구두에 의한 이의 제기 / a **~** title (영화의) 회화 자막 / **~** English 구어 영어. **2** (복합어로) 말솜씨가 …한. ¶ fair-**~** 구변이 좋은 / plain-**~** 노골적으로 말하는.
spoken for 요구되어, 이미 예약된[약혼된]. [輻刀].
spoke·shave [spóukʃèiv] 图 바퀴살 자귀, 둥근
***spokes·man** [spóuksmən] 图 (*pl.* **-men** [-mən]) 대변인, 스포크스맨; 대표자; 연설가.
spokes·per·son [spóukspə̀:rsn] 图 =spokesman (* 여권 신장을 이유로 man을 피한 표현).
spokes·wom·an [spóukswùmən] 图 여성 대변인. [의].
spoke·wise [spóukwàiz] 图副 방사상(放射狀)으로
spo·li·a [spóuliə] 图图 약탈품, 전리품(spoils).
spo·li·ate [spóulièit] 图 (…을) 빼앗다, 강탈[약탈] 하다; 파괴하다. **-à·tor** 图
spo·li·a·tion [spòuliéiʃən] 图 图 **1** 약탈, 강탈 (중립국 선박의) 나포(강탈). **2** (어음·유서 따위의) 문서 파기. **4** 〔교회법〕 교회 재산 횡령.
spon·da·ic [spɑndéiik/spɔn-] 图 〔운율〕 장장(長長)격의, 강강(强强)격의. (또는 **spondaical**)
spon·dee [spándi:/spɔ́n-] 图 〔운율〕 (고전 시의) 장장격; (영시(英詩)의) 강강(强强)격.
spon·du·licks [spɑndúliks/spɔn-] 图图 〔美속어〕 돈, 현찰(money). (또는 **spondoolick, spondulix**)
spon·dyl- [spándəl/spɔ́n-] 연결 vertebra(척추)의 뜻. ¶ **spondyl**itis [척추염].
spon·dy·li·tis [spàndəláitis/spɔ̀n-] 图 〔병리〕
‡**sponge** [spʌndʒ] 图 (图 **spong·es** [-iz]) **1** 해면 동물. **2** 〔동〕 〔식〕 해면. **3** 〔美〕 해면[스펀지] 모양의 것. **4** 〔C〕〔U〕 〔외과〕 솜을 채운 멸균 가제. **5** 〔U〕〔C〕 〔요리〕 빵효모를 넣어서 부풀린 반죽, 부풀은 과자. **6** = **~ pudding. 7** (대포의 내부를 소제하는) 세간(洗桿), 소간 (掃桿). **8** (지식 따위를 받아들이는 힘이 있는 사람. **9** (구어) 식객. **10** (구어) 술군, 술고래(drunkard). **11** 스펀지로 문지르기.
have a sponge down 해면을 써서 몸을 씻다.
pass the sponge over …을 해면으로 훔치다; …을 깨끗이 잊다.
throw [or ***toss***] ***up*** [or ***in***] ***the sponge*** (권투에서 기권 신호로) 해면[스펀지]을 던지다; 패배를 인정하다, 항복하다.
— 图 (**spong·es** [-iz]; **~d; spong·ing**) 他 **1** …을 해면으로 닦다[훔치다, 씻어내다](*off, away, out, down*) (*from*). ¶ (**~** + 图 + 副) **~** *down* one's body 스펀지로 몸을 닦다 / **~** *away* an unpleasant memory 불쾌한 추억을 잊어버리다. **2** …을 해면으로 빨아들이다 (*up, away*). ¶ **~** *up* water 물을 빨아들이다. **3** 〔구어〕 (남의 순진함·우정 따위에 편승하여) …을 얻다, 뜯어내다, 빌붙다 (*from, off, on*). ¶ **~** a dinner *from* a friend 친구에게 식사를 얻어[빼앗이] 먹다. — 图 **1** 해면을 채집하다. **2** (해면 따위가) 빨아들이다. **3** 〔구어〕 뜯어내다, 빌붙다; 기식하다, 식객이 되다 (*off, on, upon*).
sponge out (해면으로) 닦아내다.
~·less, ~·like 图 **spóng·ing·ly** 副
spónge bàg 图 〔英〕 (휴대용) 세면 도구 주머니.
spónge bàth 图 (욕조에 들어가지 않고) 젖은 스펀지나 수건으로 몸을 닦기.
spónge biscuit 图 = sponge cake.
spónge càke 图 스펀지 케이크(카스텔라의 일종).
spónge clòth 图 (취복 따위에 쓰는) 올이 굵은 천.
spónge cùcumber 图 = sponge gourd.
sponge-down [spʌ́ndʒdàun] 图 = sponge bath.
spónge finger 图 〔英〕 = ladyfinger.
spónge gòurd 图 수세미외(dishcloth gourd).
spónge iron 图 해면철(海綿鐵).
spónge pùdding 图 〔英〕 스펀지 모양의 푸딩.
spong·er [spʌ́ndʒər] 图 **1** 스펀지로 씻는[빨아들이는] 사람[것]. **2** 〔구어〕 기식자, 식객. **3** 해면 채취자(선 船)]. **4** 해면 세탁기.
spónge rúbber 图 스펀지 고무. [자 구치소.
spóng·ing hòuse [spʌ́ndʒiŋ-] 图 〔英역사〕 채무
***spon·gy** [spʌ́ndʒi] 图 **1** 해면질의, 해면 모양의. **2** 해면의에 관한다. **3** 작은 구멍이 많은. **4** 흡수력[성]이 있는. **5** (뼈·금속 등이) 다공성이고 경질인.
-gi·ly 副 **-gi·ness** 图
spon·sion [spánʃən/spɔ́n-] 图 ⓊⓁ **1** 보증; 보증인이 되기. **2** 〔국제법〕 무권한 대표에 의한 협정(권한을 부여받지 않은 기관이 국가를 위해 행한 약정).
spon·son [spánsən/spɔ́n-] 图 **1** 〔군함의〕 돌출된 포좌(砲座); (탱크의) 측면 포문. **2** 〔해사〕 뱃전 밖으로 내민 부분; (카누의 양쪽에 설치한) 부대(浮袋), 부낭. **3** 〔항공〕 (수상 비행기의) 날개 끝의 부주(浮舟).
‡**spon·sor** [spánsər/spɔ́n-] 图 (图 **~s** [-z]) **1** 보증인; 신원 보증인 (*for, of*). **2** (라디오·TV의) 프로 제공자, 광고주. **3** 제안자, 발기인, 후원자. **4** 대부모(代父母)(godparent). — 图他 **1** …의 보증인이 되다, …을 약속하다. ¶ I'll **~** him. 내가 그의 보증인이 되겠다. **2** …을 발기(發起)하다, 주최하다. ⇒ SUPPORT 유의어 ¶ **~** a person's cause 남의 주장을 지지하다. **3** …의 스폰서[광고주]가 되다. ¶ **~** a television program TV 프로의 스폰서가 되다.
stand sponsor to …의 대부[대모]가 되다.
spon·sored [spánsərd/spɔ́n-] 图 **1** 자선사업 기금 모금을 위한. **2** (복합어로) …의 후원을 받는. ¶ a government-**~** research 정부 지원의 연구[조사].
spónsored wálk 图 자선 크로스컨트리 경보.
spon·so·ri·al [spɑnsɔ́:riəl/spɔn-] 图 보증인의, 후원자의, 스폰서의; 대부모의.
***spon·sor·ship** [spánsərʃip/spɔ́n-] 图 Ⓤ **1** 보증 인[스폰서]임; 발기, 후원. ¶ under the **~** of …의 발기[후원] 아래. **2** 대부모(代父母)임.

spon·ta·ne·i·ty [spὰntəníːəti/spɔn-] 圈 ⓤ 자발성, (식물의) 자생(自生); ⓒ 자발적 행위; 자연성, 자연스러움.

*__spon·ta·ne·ous__ [spɑntéiniəs/spɔn-] 圈 **1** (행동 따위가) 자연스러운, 자연 발생적인, 의식적이 아닌.¶a ~ expression of joy 무의식중에 튀어나온 기쁨의 환성./a ~ suggestion 자연스러운 생기(想起). **2** 자발적인, 자유 의지의[에 의한], 수의(隨意)의, 임의의.¶a ~ offer of assistance 자발적인 원조. **3** 천연의, 자연의. **4** (식물·과실 따위가) 야생의, 자생(自生)의. **5** 〖의학〗 자연 발생의, 특발성(特發性)의. **6** (문제 따위가) 시원스러운, 자연스러운. **~·ness** 圈

spontáneous abórtion 圈 자연 유산.
spontáneous combústion 圈 자연 발화[연소].
spontáneous emíssion 圈 〖물리〗 자연 방출(정상 상태에 있는 원자가 외부 자극에 의하지 않고 전자파(電磁波)를 방출하는 일).
spontáneous generátion 圈 〖생물〗 = abiogenesis.

spon·toon [spɑntúːn/spɔn-] 圈 단창(短槍)(17-18세기에 영국군이 사용); 경찰봉.

spoo [spu:] 圈 《美속어》 정액.

spoof [spu:f] 〖속어〗 圈 **1** 속어 넘김[먹기], 협잡. **2** (가볍고 악의 없는) 놀림, 조롱; 패러디, 경쾌한 풍자. —圈⋑ …을 놀리다; …을 속이다. —圈 놀리다; 속이다. **~·er** 圈

spook [spu:k] 〖구어〗 圈 **1** 유령, 도깨비.¶a ~ house 유령의 집. **2** 〖경멸적〗 흑인, 검둥이. **3** 《美속어》 스파이, 중앙 정보국의 첩보원 (the S—) 야간 공습 헬리콥터. **4** 《美軍속어》 = ghostwriter. **5** 〖속어〗 = ghostwriter. —⋑ (유령이)…에 달라붙다, 출몰하다; 〔남〕을 위협하다, 섬득하게 하다; 대작(代作)하다. —圈 《美구어》 무서워 떨다; 놀라 달아나다. **~·er·y** 圈

spooked [spu:kt] 圈 《美구어》 재수가 옴 붙은; 겁먹은, 평정을 잃은 (흔히 ~ up) 신경질 난.

spóok fàctory (the ~) 《美속어》 스파이 공장 (미국의 CIA).

spook·ish [spúːkiʃ] 圈 〖구어〗 = spooky.

spook·y [spúːki] 圈 〖구어〗 **1** 유령 같은; 유령이나올 듯한. **2** 기분 나쁜, 섬뜩한, 무시무시한. **3** 《美》 (말(馬) 따위가) 신경질적인, 잘 놀라는.

spool [spu:l] 圈 **1** 실감개, 실패, 얼레. **2** 실패 모양의 물건, 필름 감개, (녹음 테이프의) 빈 릴. **3** 한 두루마리의 양. —⋑ **1** …을 실패에 감다. **2** (실패에서) …을 풀어내다(*off*, *out*). **3** 〖컴퓨터〗 〖입출력 장치를 스풀[얼레치기]하다(주[보조]기억장치 중의 완충 기억장치 (buffer)를 써서 조작한다). **~·er**, **~·ing** 圈 **~·like** 圈

SPOOL [spu:l] 圈 〖컴퓨터〗 스풀(카드나 프린터의 입출력을 보조 기억 장치를 경유시키지 않고 효율적으로 복수(複數) 프로그램의 동시 처리를 하는 일). 〔<simultaneous peripheral operation *on-line*〕

‡**spoon** [spu:n] 圈 (閃 **~s** [-z]) **1** 숟가락, 스푼.¶He should have a long ~ that sups with the devil. 〖속담〗 악마와 함께 식사하는 사람은 긴 숟가락이 필요하다, 교활한 상대자에게는 슬기롭게 대처해야 한다. **2** 숟가락 모양의 것. **3** 한 숟가락 가득(spoonful)(*of*).¶two ~s of sugar 설탕 두 숟가락. **4** 〖골프〗 스푼, 3번 우드. **5** 후림 미끼(물 속에서 회전시켜 물고기를 유인하는 가짜 미끼).
be born with a silver spoon in one's mouth 부유한 집에 태어나다, 행운을 안고 태어나다.
be past the spoon 이미 어린아이가 아니다.
be spoons with [or *on*] …에 반해 있다. 「워!
Gag me with a spoon! 《美속어》 구역질난다, 지겨워!
hang up the spoon 〖속어〗 죽다. 「번 해보다.
make a spoon or spoil a horn 망하든 흥하든 한
on the spoon 설득하여, 친근히.
—⋑⋑ **1** …을 숟가락으로 뜨다[푸다](*up*, *out*). **2** 〖골프〗 (공)을 떠올리듯이 치다. **3** 〖속어〗 …을 애무하다

(*with*). —⋑ **1** 〖골프〗 공을 떠올리듯이 치다. **2** (물고기를) 후림낚시로 낚다. **3** 〖속어〗 애무하다.
~·less, **~·like** 圈

spóon bàit 圈 = spoon 5.
spoon·bill [spúːnbil] 圈 노랑부리저어새. (또는 **spóonbèak**)
spóon brèad 圈 《美》 (우유·달걀이 든) 말랑말랑한 빵.
spoon-drift [spúːndrift] 圈 ⓤ 물보라(spindrift).
spoon·er [spúːnər] 圈 숟가락질하는 사람; 숟가락톱.
spoon·er·ism [spúːnərizm] 圈 ⓤⓒ 두음 전환(頭音轉換)(둘 이상의 단어의 두음이 서로 바뀌지는 일. 예: our queer old dean→our dear old queen).   [spoonbill]
spoon-fed [-féd] 圈 **1** (젖먹이·환자 등이) 숟가락으로 떠먹이는. **2** 과보호로 버린; 자주성이 없는. **3** (산업 따위가) 보호 육성된.
spoon-feed [-fíːd, -fíːd] ⋑⋑ (**-fed**) …에게 숟가락으로 떠먹이다; …을 지나치게 소중히 하다.
spóon fòod 圈 = spoon meat.
spoon·ful [spúːnfùl] 圈 한 숟가락 가득, 한 숟가락 (의 분량); 소량.¶a ~ of sugar 한 숟가락의 설탕/by ~s 한 숟가락씩, 조금씩. 「〖동식〗(食).
spóon mèat 圈 숟가락으로 떠먹는 식품, 유동[반유]
spoon-net [-nét] 圈 사냐끼, 손그물.
spoon·y [spúːni] 圈 〖구어〗 **1** 여자에게 무른[사족을 못 쓰는], 홀딱 반한. **2** (英) 어리석은, 바보 같은. —圈 **1** 〖구어〗 여자에게 무른 남자. **2** (英) 얼간이.
spóon·i·ly 圈 **spóon·i·ness** 圈

spoor [spuər, spɔːr] 圈 (동물의) 발자국, 냄새 자국, 흔적. —⋑ (발자국·냄새 자국을 따라) (동물의) 뒤를 쫓다, 추적하다.

spor- [spɔːr] 〖연결〗 ⇒ SPORO-.

spo·rad·ic [spəˈrædik] 圈 **1** 때때로[산발적으로] 일어나는. **2** (병 따위가) 돌발성의, 산발성의. **3** (사건 따위가) 우발적인, 단발성의. **4** 산재하는, 고립한.
-i·cal·ly 圉 **-i·cal·ness**, **spò·ra·díc·i·ty**, **spó·ra·dìsm** 圈

spo·ran·gi·um [spəˈrændʒiəm] 圈 (閃 **-gi·a** [-dʒiə]) 〖식물〗 포자낭. **-gi·al** 圈

*__spore__ [spɔːr] 圈 〖생물〗 포자, 홀씨, 아포(芽胞); 배종(胚種), 생식 세포. ⋑ 포자가 생기다. —⋑ …을 포자(따위)로 번식시키다. **spó·ral**, **spó·roid** 圈
spóre càse 圈 〖식〗 = sporangium.
spóre fruit 圈 〖식물〗 자실체(子實體), 자낭과(子囊果).
spork [spɔːrk] 圈 끝이 갈라진 스푼(포크 겸용). 〔<spoon+fork〕
Spork 圈 《상표》 스포크(스푼과 포크를 겸한 것).
spo·ro- [spɔ́ːrou, -rə] 〖연결〗 seed, spore의 뜻(* 모음 앞에서는 **spor-**),¶*sporocarp*(아포과(芽胞果)).
spo·ro·go·ni·um [spɔ̀ːrəgóuniəm] 圈 (閃 **-ni·a** [-niə]) 〖식물〗 (이끼류(類) 따위의) 포자체(胞子體).
spo·rog·o·ny [spərɑ́gəni/-rɔ́g-] 圈 ⓤ 〖생물〗 포자 생식, 전파(傳播) 생식.
spo·ro·phore [spɔ́ːrəfɔ̀ːr] 圈 〖식물〗 담포자체(擔胞子體), 아포엽(芽胞葉), 포자체.
spo·ro·phyll [spɔ́ːrəfil] 圈 〖식물〗 포자엽, 실엽(實葉)(포자를 만들어 직접 생식에 관여하는 잎).
spo·ro·phyte [spɔ́ːrəfàit] 圈 〖식물〗 포자체, 조포체(造胞體). **-phýt·ic** 圈
spo·ro·zo·an [spɔ̀ːrəzóuən] 圈 포자충(胞子蟲)에 속하는. —圈 (또는 **sporozoal**) 포자충에 속하는.
spor·ran [spɔ́ːrən/spɔ́r-] 圈 (차고 다니는) 모피 주머니. ⇒ KILT 그림.

‡**sport** [spɔːrt] 圈 **1** ⓤ 스포츠, 운동; ⓒ (개개의) 스포츠.¶athletic ~s 운동 경기/love of ~s 스포츠 애

호. 2 (~s) 운동회, 경기 대회, 체육 대회. ¶ school ~*s* 학교 운동회. 3 [U] 오락, 재미, 기분 전환 (*for*), 레크리에이션. ⇨PLAY [유의어] ¶ What ~! 정말 재미있군! 4 《구어》 농담을 이해하는 사람, 잔재주가 있는 사람. 5 [U][C] 농담, 희롱, 장난; 놀림, 조롱. 6 (the ~) 조롱거리, 웃음거리; (운명·풍파 따위에) 농락당하는 것, 노리개, 놀림감 (*of*). ¶ become the ~ *of* others 남의 웃음거리가 되다 / the ~ *of* nature 자연의 농락물. 7 《구어》 스포츠맨다운 사람; 싹싹[소탈]한 사람, 좋은 녀석, 승패에 구애받지 않는 사람; 재미있는 남자; 《부르는 말로》 이봐, 자네. 8 사냥꾼, 수렵가. 9 〔생물〕 돌연변이 (mutation); (사람·동물 따위의) 변종. 10 《美구어》 노름(특히 스포츠 도박)을 좋아하는 사람; 도박꾼. 11 (~s) 《美》 (신문의) 스포츠란.

a sport of terms [or ***wit, words***] 말장난, 재담.
Be a sport! 스포츠맨답게[떳떳하게] 해라.
have a sport with …을 조롱하다.
have good sport (사냥·어로에서) 많이 잡다.
in [or ***for***] ***sport*** 농담으로, 장난삼아.
make sport of …을 조롱하다, 놀리다.
old [or ***good***] ***sport*** 《부르는 말로》 여보게, 자네.
spoil the sport 흥을 깨뜨리다.

— [동][자] 1 즐기다, 기분 전환을 하다; (옥외에서) 운동하다. 2 (아이·동물 따위가) 놀다, 장난치다. 3 조롱하다 (*at*); 농락하다 (*with*). 4 〔생물〕 돌연변이를 일으키다.

— [타] 1 《구어》 …을 자랑해 보이다, 뽐내다. ¶ ~ a title 직함을 뽐내다. 2 〔시간·돈 따위〕를 낭비하다(*away*). ¶ ~ one's time *away* 시간을 허비하다. 3 〔생물〕 …에 돌연변이를 일으키다.

sport a wood 《美속어》 발기(勃起)하다.
sport *one's* ***oak*** 《英》 ⇨OAK.

— [형] 《한정용법》 =sports.

ˊ·less [형]

sport. sporting.

spórt càr [명] =sports car.

spórt clìmbing [명] 인공 암벽 등반.

spórt còat [명] 스포츠 코트(스포티한 상의).

sport·er [spɔ́ːrtər] [명] =sportsman; 스포츠[수렵]에서 쓰는 동물[용구].

sport·er·ize [spɔ́ːrtəràiz] [동][타] 〔라이플총 등〕을 엽총으로 개조하다.

spórt fish [명] 스포츠피시(스포츠[바다] 낚시의 대상이 되는 물고기).

sport·ful [spɔ́ːrtfəl] [형] 재미있는, 즐거운; 장난치는, 명랑한, 장난삼아 하는. **~·ly** [부] **~·ness** [명]

spor·tif [spɔ́ːrtif] [형] 스포츠를 좋아하는; (옷이) 스포티한, 캐주얼의. 〔<F〕

***sport·ing** [spɔ́ːrtiŋ/spɔ́ːt-] [형] 1 운동가다운; 정정당당한. 2 스포츠용의. ¶ ~ goods 스포츠 용품 / a ~ writer 스포츠 담당 기자. 3 모험적인; (스포츠) 도박을 좋아하는; 《구어》 승부의 확률이 반반인. ¶ I'll give you a ~ chance. 나한테 핸디캡을 붙여서 네게 대등한 시합을 할 수 있는 기회를 주마. 4 〔생물〕 돌연변이하는. 5 《美속어》 모양이 좋은, 늘씬한. 6 《美구어》 매춘에 관여하는[사용되는]. — [명][U] 스포츠, 취미로 하는 사냥(* 주로 형용사적으로 쓴다). **~·ly** [부]

spórting blóod [명] 모험심.

spórting dòg [명] (수렵 훈련용) 조류 사냥개.

spórting èditor [명] =sports editor.

spórting gìrl [wòman] [명] 매춘부.

spórting gùn [명] 엽총.

spórting hòuse [명] 《美구어》 도박장; 매춘굴.

spor·tive [spɔ́ːrtiv] [형] 스포츠의; 장난치는, 명랑한, 재미있는; 농담의, 장난삼아 하는.

~·ly [부] **~·ness** [명]

sports [spɔːrts] [형] 《한정용법》 스포츠의[에 관한], 운동 경기의[에 알맞은]. ¶ ~ outfits 스포츠 용구 / ~ shoes 운동화.

spórts acrobátics [명][복] 곡예 체조.

spórts càr [명] 스포츠 카(sport car).

sports·cast [spɔ́ːrtskæ̀st] [명] 《美구어》 스포츠 방송[프로, 뉴스]. **~·er** [명] 스포츠 담당 아나운서. **~·ing** [명] 스포츠 방송.

spórts cènter [명] 스포츠 센터.

spórts còat [명] 《美·濠·뉴질》 =sport coat.

sports·dom [spɔ́ːrtsdəm] [명] 스포츠계, 체육계.

spórts èditor [명] (신문사·잡지사 등의) 체육부장, 스포츠 편집장.

spórt shìrt [명] 스포츠 셔츠.

spórts jàcket [명] 스포츠 재킷(트위드 또는 체크 무늬의 캐주얼한 상의).

‡sports·man [spɔ́ːrtsmən] [명] ([복] ***-men*** [-mən]) 1 스포츠맨, 운동가, 체육인. 2 사냥꾼, 낚시꾼. 3 정정당당하게 하는[운동가 정신을 가진] 사람. 4 《美고어》 (경마) 도박꾼, 노름꾼.

sports·man·like [spɔ́ːrtsmənlàik] [형] 스포츠맨[운동가]다운, 정정당당한.

sports·man·ly [spɔ́ːrtsmənli] [형] =sportsmanlike.

‡sports·man·ship [spɔ́ːrtsmənʃip] [명][U] 1 《고어》 운동 경기[사냥, 낚시] 따위의 기량[솜씨]. 2 스포츠맨 정신[기질], 정정당당함, 스포츠맨십.

spórts mèdicine [명] 스포츠 의학.

spórts pàge [명] (신문의) 스포츠면.

sports·per·son [spɔ́ːrtspə̀ːrsn] [명] 스포츠퍼슨, 체육인(* 성차별을 피한 말).

spórts shìrt [명] =sport shirt.

sports·wear [spɔ́ːrtswɛ̀ər] [명][U] 스포츠웨어, 운동복.

sports·wom·an [spɔ́ːrtswùmən] [명] 여성 운동가[체육인].

sports·writ·er [spɔ́ːrtsràitər] [명] 스포츠 담당 기자. **-writ·ing** [명] 스포츠 기사를 쓰는 일.

spórt-u·til·i·ty vèhicle [ˊ-jutìləti-] [명] 스포츠 범(汎)용차(소형 트럭 차대의 튼튼한 4륜 구동차).

sport·y [spɔ́ːrti] [형] 《구어》 1 (의복 따위가) 야한, 화려한. 2 (외양 따위가) 말쑥한; (태도가) 발랄한. 3 스포츠맨[운동가]다운; 스포츠에 적합한. 4 《英》 스포츠에 뛰어난[를 잘하는]. 5 《구어》 《감탄사적》 이보게.

spórt·i·ly [부] **spórt·i·ness** [명]

spor·u·late [spɔ́ːrjulèit/spɔ́r-] [동][자] 〔생물〕 포자(胞子)[홀씨] 분열[생식]하다, 포자를 형성하다.

spor·ule [spɔ́ːrjuːl/spɔ́r-] [명] 〔생물〕 (소)포자, 소아포(小芽胞).

’spose [동] 《구어》 suppose의 단축형.

‡spot [spɑt/spɔt] [명] 1 얼룩, 더럼, 오점, (주위와 색조가 다른) 반점(斑點), 얼룩점; 〔천문〕 (태양의) 흑점 (sunspot). ¶ a white tie with blue ~*s* 파란 물방울 무늬가 있는 흰 넥타이. 2 부스럼, 여드름. 3 약점, 결함; 오명, 오점(blemish). ¶ a weak ~ 결함. 4 (특정한) 점, 장소, 지점. ¶ a fine ~ 명승지 / look for a quiet ~ to fish 조용히 낚시할 수 있는 장소를 찾다. 5 지위; 직업. 6 (~s) 〔상업〕 현물. 7 (~s) 《구어》 환락장; 행락지, 관광지. 8 《구어》 〔라디오·TV〕 =~ announcement. 9 《美》 (특정) 위치; 입장, 순위; 《구어》 (쇼·방송프로 등에서의) 나갈 차례. 10 《美속어》 나이트클럽. 11 (반점이 있는) 집비둘기의 일종; (검은 반점이 있는) 조기류(類)의 물고기. 12 〔당구〕 스폿(당구대의 공 놓는 자리). 13 《美속어》 달러 지폐. ¶ a five ~ 5 달러 지폐. 14 《英구어》 (술의) 소량(drop). ¶ Won't you have a ~ of whisky? 위스키 한 모금 마시지 않겠어요? 15 《속어》 (우승을 예상하여) 점 찍어두기; 점 찍힌 사람[말]. 16 〔카드놀이〕 (다이아몬드·클로버 따위의) 표시. 17 = spotlight. 18 =~ price. 19 《英》 소수점(decimal point). 20 《美속어》 형기(刑期).

a high spot 눈에 띄는 특색[부분].
a spot in the sun 태양의 흑점; 《비유적》 옥에 티.
a tender [or ***sore***] ***spot*** 약점, 아픈 곳, 급소.
change *one's* ***spots*** 타고난 성질을 바꾸다; 사는 방식을 바꾸다.
get off the spot 곤경을 벗어나다.

have a soft [or **tender, warm**] **spot for** …을 좋아하다, 귀여워하다, …가 마음에 들다; …에 약하다. 「논의하다.
hit the high spots (구어) (계약이 있어서) 요점만
hit the spot (구어) 만족스럽다, 더할 나위 없다.
in a (**tough** [or **bad**, (英) **tight**]) **spot** (구어) 난처해져서, 곤란한 입장에 있다.
in spots ① 때때로, ② 어떤 점에서는, 어느 정도는.
keep off the spot (美속어) 궁지에서 벗어나 있다.
knock (**the**) **spots off** [or **out of**] …을 완패시키다; …보다 훨씬 낫다.
on [or **upon**] **the spot** ① 현장에서[으로, 의]. ② 즉석에서, 당장, ③ (대답을) 준비를 갖추고, 빈틈없이. ④ (속어) 위험[곤란]한 상황에서, 난처하여.
put a *person* **on the spot** ① [남]을 곤란하게 하다. ② (美속어) [남]을 죽이기로 결정하다.
rooted to the spot (공포·놀람 따위로) 그 자리에서 꼼짝못하고[얼어붙어서].
running on the spot 제자리걸음으로, 답보 상태로.
touch the (**tender**) **spot** 급소를 찌르다, 성공하다.
── 타 (-tt-) 타 1 …에 반점을 찍다, …을 얼룩지게 하다, 더럽히다 (*with*), 맛가뜨리다, …의 명예[인격]를 손상시키다 (*by*). ¶ (～+몜+前+名) ～ the wall *with* ink 벽을 잉크로 더럽히다. 3 …을 여기저기 놓다, 산재시키다 (*with*). ¶ ～ one's men at strategic spots 부하를 요소요소에 배치하다. 4 (구어) …을 분간하다, …임을 알아보다, 알다 (*for, as*). ¶ I ～ted him at once *for* [or *as*] an American. 그가 미국 사람이라는 것을 곧 알았다. 5 (구어) 찾아내다, 발견하다, (소재를) 밝혀내다. ¶ ～ a restaurant run by a Korean 한국 사람이 경영하는 음식점을 찾아내다. 6 (드라이 클리닝 따위에서) …의 더럼을 빼다, 얼룩을 빼다 (*out, up*). ¶ ～ *out* the stain 얼룩을 빼다. 7 [열차 따위]를 정해진 위치에 정확히 두다. 8 =spotlight. 9 (구어) …에게 핸디캡을 주다. ¶ I ～ted my opponent five points. 상대방에게 5점의 핸디캡을 주었다. 10 (체조에서 연기자가 다치지 않도록) 감시하다, 보조하다. 11 (군사) 탄착점[착탄점]을 관측하다, 표정(標定)하다. ── 자 1 얼룩이 생기다, 더러워지다. ¶ (～+몜) White shirts ～ *easily*. 흰 와이셔츠는 쉬이 더러워진다. 2 (구어) (빗방울이 it를 주어로 하여) 빗방울이 뚝뚝 떨어지다. 3 (스포츠) (체조에서) 경기보조원을 하다.
── 형 (한정용법) 1 즉석의. ¶ a ～ retort 즉각적인 반박. 2 현금 지불의. ¶ a ～ sale 현금 판매. 3 (라디오·TV) 지방국으로부터의; 현지로부터의; (광고 방송 따위가) 프로 사이에 낀. ¶ a ～ report 현지 보도[보고].
── 튀 (英구어) (시간적으로) 정확히, 딱.
spot on (英구어) 아주 정확히, 꼭.
～-**like** 형 「ing.
SPOT [spɑt/spɔt] satellite positioning and track-
spót annòuncement 명 (라디오·TV) (프로 사이에 삽입되는) 스폿 광고, 광고 방송, 광고하는 말.
spót báll 명 (당구) 검은 점이 있는 흰 공.
spót cásh 명 (상업) 현금 (지불). 「불시 점검.
spót chéck 명 (1) 무작위 추출(無作爲抽出) 조사; (2)을 불시 점검하다.
spot-check [스tʃèk] 타 을 불시 점검하다.
spót ecònomy 명 현물(現物) 경제. 「투자 자금.
spót fúnds 명 (증권) 스폿 펀드(특정 주식에의 즉각
spót héight 명 독립 표고(標高)(어느 지점의 높이·해발, 또는 각 지점의 높이를 나타내는 지도상의 수치).
spót kíck 명 (구어) (축구) =penalty kick.
*spot·less [spɑ́tlis/spɔ́t-] 형 1 더러워지지 않은, 얼룩이 없는, 아주 깨끗한. ¶ a ～ kitchen 아주 깨끗한 부엌. 2 (성격 따위가) 결점[오점]이 없는, 흠잡을 데 없는, 결백한. ～-**ly** 튀 ～-**ness** 명
*spot·light [spɑ́tlàit/spɔ́t-] 명 1 스포트라이트, 각광. 2 스포트라이트용 전구(電球). 3 (자동차 따위의) 조사등(照射燈). 4 (세인의) 주목, 주시.

hold the spotlight 세상의 이목을 끌다. 「끌다.
steal the spotlight (조역 배우가) 주역보다 주목을
── 타 을 스포트라이트로 비추다; 돋보이게 하다.
～-**er** 명 「my.
spót màrket 명 (경제) 현물 시장. 약 **spot** econo-
spót néws 명 스폿 뉴스, (짤막한) 속보(速報) 뉴스.
spot-on [ˈɑn/-ˈɔn] 형 (英구어) 꼭 맞는(맞게).
spót príce 명 현물 가격(즉시 인도 상품 가격).
spót quotàtion 명 (경제) 현물 시세.
spót stárter 명 (야구) 임시 선발 투수.
spót stríke 명 (노조의 한 지부의) 점 파업.
spot·ted [spɑ́tid/spɔ́t-] 형 얼룩이 있는, 더러워진; 반점이 있는. ～-**ly** 튀 ～-**ness** 명
spótted díck 명 (英) 1 건포도를 넣은 수잇 푸딩 (suet pudding). 2 (종종 S- D-) 얼룩개.
spótted dóg 명 1 얼룩개. 2 (종종 S- D-) = Dalmatian. 3 =spotted dick 1. 「티푸스 등).
spótted féver 명 (병리) 반점열(뇌척수막염·발진
spótted hyéna 명 (아프리카산(産)) 얼룩하이에나.
spot·ter [spɑ́tər/spɔ́t-] 명 1 민간 대공(對空) 감시원. 2 (美구어) (종업원의 행동을 지켜보는) 감시인. 3 (군사) 탄착(彈着) 관측자. 4 얼룩 빼기 담당 계원. 5 (체조) (선수 부상을 방지하기 위한) 경기 보조원.
spót tèst 명 1 =spot check. 2 (화학) 반점 시험.
spot·ty [spɑ́ti/spɔ́ti] 형 1 얼룩투성이의, 반점이 있는. 2 발진(發疹)이 있는. 3 고르지 않은.
-**ti·ly** 튀 -**ti·ness** 명
spot-weld [ˈwèld] 타 (점(點) 용접하다. ── 명 점용접부(部). ～-**er** 명
spót wélding 명 점[부분] 용접.
spous·al [spáuzəl] 형 결혼의. 명; (종종 ～s) 결혼식. ～-**ly** 튀
*spouse 명 [spaus, spauz] 1 배우자, 남편, 아내. 2 (美구어) 정식 연인. ── 타 [spauz, spauz] (폐어) …와 결혼하다. ～-**hood** 명 ～-**less** 형
spóuse abúse 명 배우자 학대.
*spout [spaut] 타 1 [액체 따위]를 내뿜다, 분출시키다 (*out*). ¶ (～+몜+前) ～ *out* flames 불꽃을 내뿜다. 2 …을 청산유수로 지껄이다, 막힘없이 말하다, (시 따위)를 읊다. 3 (속어) …을 저당잡히다. ── 자 1 분출하다, 용솟음쳐 나오다, 솟아나오다 (*out*) (*from*). ¶ (～+몜) A fountain is ～*ing out*. 샘물이 솟아나온다 // Blood ～*ed from* his wound. 그의 상처에서 피가 쏟아져나왔다. 2 막힘없이[도도히] 말하다 (*off*).
── 명 1 (분수·주전자·펌프 따위의) 주둥이; 홈통 주둥이, (빗물받이) 홈통; 관(管). 2 (고래의) 분수 구멍. 3 분수, 분출(噴出); 용오름, 물기둥. 4 (전당포의) 저당물 승강 운반기. (英속어) 전당포. 5 =razor clam.
down the spout (美속어) 망해서, 파산하여.
up the spout (英속어) ① 저당잡혀. ② 몹시 난처하여, 절망적 상태로. ③ 임신하여.
～-**less** 형 (주전자 따위가) 주둥이가 없는. ～-**like** 형
spóut cúp 명 (유동식 따위를 담아서 먹는) 젖병식 컵.
spout·er [spáutər] 명 1 웅변가. 2 분출하는 유정(油井)[가스정]. 3 물을 내뿜는 고래. 4 포경선; 포경 선장.
spóut hóle 명 (고래의) 분수 구멍.
spp. species(specie의 복수형). **SPQR** (라틴) *Senātus Populusque Rōmānus*(=the Senate and People of Rome)(로마 원로원과 시민); *small profits and quick returns*(박리다매). **SPR** *Society for Psychical Research*(심령 연구회)(또는 **S.P.R.**); (美) *Strategic Petroleum Reserve*(전략 비축유(備蓄油)).
Spr. (英) Sapper.
sprad·dle [sprǽdl] 타 =sprawl. ── 자 1 성큼성큼 걷다. 2 =sprawl.
sprag[1] [spræg] 명 (자동차의) 바퀴쐐기; (광산) (탄갱의) 버팀목, 지주. ── 타 자 (-gg-) 1 (바퀴)를 굄목으로 받치다[움직이지 않게 하다]. 2 (濠속어) 방해하다.

sprag² 몡 대구의 치어(young cod).
sprain [sprein] 몡탄 〖발목·손목 따위〗를 삐다, 염좌(捻挫)하다. ━몡 삐기, 염좌.
‡**sprang** [spræŋ] 통 spring의 과거.
sprat [spræt] 몡 1 〖유럽산(産)〗 청어속(屬)의 작은 물고기. 2 〖익살〗 하찮은 사람; 어린애.
 throw a sprat to catch a herring [or ***mackerel, whale***] 새우로 도미를 낚다, 큰 이익을 위해 작은 이익을 버리다.
 ━통자 (-**tt**-) 청어속의 물고기를 낚다.
sprat day 몡 〖英〗 London 시장(市長) 취임식날(Lord Mayor's Day. 11월 9일, 청어철이 되다).
sprat・tle [sprǽtl] 몡 〖스코〗 투쟁, 격투.
sprat weather 몡 〖英〗 11–12월의 음침한 날씨.
spraun・cy [sprɔ́ːnsi] 몡 〖英속어〗 멋진, 날씬한, 끝내주는.
*****sprawl** [sprɔːl] 몡자 1 손발을 아무렇게나[버릇없이] 쭉 뻗다, 쭉 뻗고 엎드리다[드러눕다](*on*). ¶ ~ *on the sand* 모래 위에 쭉 뻗고 드러눕다. 2 엎드리다, (엎드려) 기어가다(*out, about*). ¶ *Two figures* ~*ed out*. 두 사람이 기어나왔다. 3 〖도시·건물 따위가〗 보기 흉하게[불규칙하게] 퍼지다, 마구 뻗다(*out*). ¶ *The city is* ~*ing out into the suburbs.* 그 도시는 교외로 불규칙하게 뻗어 나가고 있다. 4 (군대가) 불규칙하게 산개하다. 5 (고어) 허위적거리다. ━타 1 〖손·발〗을 아무렇게나 [버릇없이] 뻗다(*out*); …을 큰 대자로 때려눕히다, 엎드리게 하다. 2 …을 불규칙하게 뻗게 하다.
 send *a person* ***sprawling*** 때려눕히다.
 sprawl *one's* ***last*** 최후의 노력을 하다.
 ━몡 1 손발을 아무렇게나 쭉 뻗고 드러눕기, 엎드리기; 허위적거리기. 2 불규칙한 발전; (도시의) 스프롤 현상.
 lie in a sprawl 큰 대자로 눕다.
 ～**・er**
sprawl・y [sprɔ́ːli] 몡 1 보기 흉하게[불규칙하게] 뻗은, 널리 퍼진. 2 (그림 따위가) 멋대로 그려진.
‡**spray**¹ [sprei] 몡 (~**s** [-z]) 1 〖또는 a ~〗 물보라, 물안개, 비말(飛沫). 2 ⓊⒸ (소독약·향수의) 분무; 그 액. 3 분무기, 향수 뿌리는 기구, 흡입기(吸入器). 4 공중에 비산하는 것. ¶ a ~ *of bullets* 빗발치는 총탄, 탄우(彈雨). ━타 1 …에 물보라를 일으키다, 물안개를 날리다. 2 …에 (…을) 뿌리다 (*with*). ¶ ~ (+몡+젠+몡) ~ *plants with insecticide* 식물에 살충제를 뿌리다. 3 …을 (…에) 뿜어대다, 분무하다, 끼얹다(*out*) (*on, upon, over*). ¶ ~ *insecticide upon flies* 파리에 살충제를 뿜다. ━자 물보라[물안개]가 일다, 분무가 되다 (*on, over*).
 ～**・a・bíl・i・ty** ～**・a・ble** ～**・less** ～**・like** 몡
spray² 몡 1 잔가지. 2 (보석 따위의) 가지 모양의 장식.
spray can 몡 에어로솔통, 스프레이통. 「가지 무늬.
spray・er [spréiər] 몡 물보라[물안개]를 뿜는 사람[것]; 분무기, 흡입기. 「는.
spray・ey¹ [spréii] 몡 물보라 같은; 물보라를 일으키
spray・ey² 몡 잔가지로 된; 잔가지 같은; 갈라져 뻗은.
spray gun 몡 (도료·페인트 따위의) 분무기.
spray hitter 몡 〖야구〗 스프레이 히터, 광각(廣角) 타자.
spray nozzle [head] 몡 분무기 노즐.
spray paint 몡 분무기에 담은 도료.
spray-paint [-péint] 타 …을 분무기로 칠[도장]하다; (그림·글자 따위를) 스프레이로 뿜어 그리다.
spray plane 몡 농약 살포기[비행기].
spray tank 몡 〖항공〗 압축 공기 탱크.
‡**spread** [spred] 통 (~**s** [-z]; ~) ━타 1 …을 펴다, 펼치다, 벌리다, 뻗다, 늘이다(*out*) (*on, over*). ¶ ~ *wings* 날개를 펴다 // *A tree* ~*ing its branches* 가지를 뻗고 있는 나무 // (~+몡+젠+몡) ~ *out the newspaper* 신문을 펼치다 // (~+몡+젠+몡) ~ *one's hands to the fire* 두 손을 불에 쬐다. 2 …을 펼쳐 보이다, 늘어놓다, 진열하다. 3 〖마른·곡식 따위〗를 펼치다; 흩

뿌리다. ¶ ~ *corn*[*hay*] *to dry* 곡식[마른 풀]을 널어서 말리다. 4 (시간적으로) …을 연기하다, 미루다, 질질 끌다 (*out*) (*over*). ¶ ~ *payments over a two-year period* 지불을 2년이나 질질 끌다. 5 …을 칠하다, 바르다 (*with, on*). ¶ ~ *jam on bread*; ~ *bread with jam* 빵에 잼을 바르다. 6 …(으로)…을 뒤덮다(*with*). ¶ *The hillside is* ~ *with autumn flowers.* 언덕의 사면은 가을꽃으로 뒤덮여 있다. 7 (건물 따위)를 (어느 지역·장소에) 세우다, 산재시키다(*around, about, over*). 8 (소리·빛 따위)를 발산[방사]하다, 퍼지게 하다. 9 (음식물을) 차려놓다 (*with*), (식사) 준비를 하다. ¶ *The table is* ~ *for breakfast.* 아침 식사가 준비되었다. 10 (뉴스·명성 따위)를 퍼뜨리다, 보급시키다, 유포하다; (병·불평)을 만연시키다, 전파시키다. ¶ ~ *a disease* 병을 만연시키다.

〚유의어〛 **spread** 여기저기에 흩뿌리듯이 퍼뜨리다. **circulate** 순환하듯이 쉬지 않고 자유로이 돌리다. **disseminate** =spread. **diffuse** 구석구석까지 스며들도록 확산하다. **propagate** 같은 종류의 것을 늘리다.
---

11 〖부(富) 따위〗를 분배하다, 〖일 따위〗를 분담시키다. 12 〖선로·의자 다리 따위〗를 벌어지게 하다; 〖리벳(rivet)의 끝 따위〗를 두들겨 넓히다. 13 〖美〗 …을 기록하다, 기재하다 (*on*). ¶ ~ *a protest on the records* 이의를 기록하다.
 ━자 1 퍼지다, 펼쳐지다, 넓어지다, 확대되다. ¶ (~+몡) *The roots of the tree* ~ *wide.* 그 나무는 넓게 뿌리를 뻗고 있다. 2 (광경·풍경 따위가) 전개되다(*out*). 3 (인구·토지 따위가) 분산되다, 흩어져 있다. 4 (사상·명성·소문·병 따위가) 퍼지다, 번지다, 전해지다, 만연하다, 전염되다 (*into, to, through, over*). ¶ (~+몡) *His fame* ~ *far and wide.* 그의 명성은 널리 퍼졌다. 5 분리되다, 밀려 늘어나다. 6 (버터·페인트 따위가) 늘어나다; (잉크가) 번지다. 7 (활동·차입·상황 따위가) 장기간에 미치다, 걸치다(*out*). 8 (선로·의자의 다리 따위가) 벌어지다. 「리다.
spread abroad …을 넓게 뻗다; (소문 따위)를 퍼뜨
spread for *a person* (美속어) (여자가) …에게 몸을 허락하다.
spread it on thick =LAY¹ *it on thick.*
spread oneself ① 퍼지다, 늘어나다; 큰 대자로 드러눕다. ② 분발하다, 노력[발전]하다. ③ (구어) 허세를 부리다; 자만하다 (*on*). ④ 지껄여대다, 써대다.
spread oneself out 주제넘게 나서다. 「고 하다.
spread oneself thin 〖美〗 한꺼번에 많은 일을 하려
 ━몡 1 확대, 확장, 넓어짐, 퍼짐; Ⓤ 몸이 나기; 퍼지는 정도, 넓어진 거리. ¶ *the* ~ *of a bird's wings* 새가 날개를 펴기 / *a wide* ~ *of wilderness* 광막한 황야 / *a* ~ *of 10,000 acres* 1만 에이커의 넓이. 2 (금속·고무 따위의) 늘어나는 정도, 전성(展性). 3 〖美〗 책상보, 침대 시트. 4 분포 (상태). ¶ *the* ~ *of plants* [*population*] 식물[인구]의 분포 (상태). 5 (구어) 맛있는 음식, 진수성찬; 향응, 연회. 6 ⓊⒸ 스프레드(빵에 바르는 버터 따위). 7 Ⓤ ((the) ~) (사상·지식·소문 따위의) 보급, 유포; (병 따위의) 만연. ¶ *the* ~ *of rumor* 소문의 유포. 8 틈, 간격, 차이. ¶ *the* ~ *between ideal and reality* 이상과 현실의 괴리. 9 〖美구어〗 〖상업〗 원가[정가]와 매출가의 차이, 이윤. 10 〖항공〗 날개 폭. 11 〖美〗 (신문·잡지 따위의) 서로 마주보는 페이지의 광고. 12 (구어) 자랑삼아 내보이기. 13 〖서부〗 목장; 가축의 떼.
give a spread 연회를 열다.
no end of a spread 푸짐한 음식, 성찬.
 ～**・a・ble** ～**・a・bíl・i・ty**
spread beaver 몡 〖비어〗 (나체 사진 등의) 벌린 여자 음부, (앉은 여자의) 들여다보이는 음부. 「된 도시.
spread city 몡 〖美〗 무질서하게 뻗어나간[개발·확대
spread eagle 몡 1 날개를 편 독수리(미국의 문장

spread-eagle

(紋章). 2 (피겨스케이트) 스프레드 이글(양팔을 활짝 벌린 활주 자세). 3 (바퀴 따위에) 손발을 벌려 묶인 사람. 4 등을 갈라서 구운 닭. 5 (미국의) 광신적 애국자, 애국자적 연사, 허풍쟁이.

spread-ea·gle [a:gl] 형 1 날개를 편 독수리 같은 모양을 한. 2 《美구어》 너무 미국에 대하여 자만하는, 과장된 애국심의, 제 나라 자랑하는. — 타 1 독수리 날개처럼 펴다. 2 (피겨스케이트) 스프레드 이글 연기를 하다.

spread-ea·gle·ism [-i:glizm] 명U 《美》 미국 자랑; (미국에 대한) 과장된 애국주의. **-ist** 명

spréad énd 명 〔미식축구〕 =split end.

spréad·er [sprédər] 명 1 유포자; 퍼뜨리는 사람 [것]; 분무기; 버터 나이프. 2 (통신) (안테나의) 세움대. 3 〔해사〕 (마스트의) 가로대.

spréad F 명 〔통신〕 스프레드 F(전리층의 F층에서 반사된 약하고 고르지 않은 전파의 수신 상태).

spréad·head [sprédhèd] 명 신문의 큰 제목.

spréad·ing cénter [sprédiŋ-] 명 〔지질〕 확대센터, 확대 중심(축). 「〔동 시간 신축(伸縮) 제도.

spréad·o·ver (sýstem) [-ouvər-] 명 《英》 노

spréad·sheet [sprédʃi:t] 명 1 〔회계〕 매트릭스 정산표. 2 〔컴퓨터〕 =electronic ~.

spréadsheet prògram 명 〔컴퓨터〕 표 계산 소프트웨어. 「(이) 튼, 어린, 쓰린.

spreathed [spri:ðd] 형 〔英남서부·남웨일스〕 (살갗

spree [spri:] 명 1 들떠서 법석대기, 흥청대기; 주연(酒宴). 2 활발〔왕성〕한 활동 (기간). — 자 진탕 마시고 떠들다(*about*). 「물쓰듯함, 물건을 마구 사들이기.
a buying [or *spending, shopping*] *spree* 돈을
be [or *go*] *on the spree* 흥청망청 마시고 떠들다.
have a spree 통음(痛飮)하다.

sprig [sprig] 명 1 (꽃이나 잎이 달린) 잔가지, 어린 가지(twig). ¶ a ~ of laurel 월계수의 잔가지. 2 (도자기·직물 따위의) 잔가지 무늬. 3 (익살) 아들, 자손. 4 (경멸적) 애송이, 풋내기. 5 대가리가 없는 작은 못. — 타 (-*gg*-) 1 (도자기·직물 따위)에 작은 가지 무늬를 넣다, ~을 잔가지로 장식하다. 2 〔식물〕에서 잔가지를 제거하다. 3 ⋯에 대가리 없는 못을 박다. 「지 같은.

sprig·gy [sprígi] 형 잔가지(어린 가지)가 있는; 잔가

***spright·ly** [spráitli] 형 명랑한, 활기있는. ⇨ GAY 유의어 — 부 명랑하게, 활발하게. **-li·ness** 명

‡**spring** [spriŋ] 명 (⑧ ~**s** [-z]) 1 〔무관사·단수 또는 the ~〕 봄, 봄철.

USAGE **spring**과 정관사 — 계절 이름에는 보통 the를 붙이지 않지만, spring에는 붙이는 수가 많다. 또 in the spring of 1998과 같이 in, 특히 during의 다음에는 보통 the를 붙인다.

2 ①ⓒ 초기, 청춘, 성장기; (고어) 동틀 무렵, 새벽. ¶ the ~ of life 인생의 봄, 청춘. 3 한사리 (때). 4 뛰기, 튀기, 도약. ¶ (스코) 야단법석 활발한 노래, 춤. ¶ an air ~ 공기 스프링 / wind a ~ 태엽을 감다. 6 ⓤⓒ 반동(recoil); 탄성(彈性), 탄력. ¶ There is a strong ~ in his arms. 그의 팔에는 강한 탄력이 있다. 7 ⓤⓒ 정력, 활력. ¶ the ~ of mind 마음의 생기. 8 (판자 따위의) 휘어짐, 뒤틀림; (돛대 따위의) 갈라진 틈, 균열. 9 샘, 수원(지), 원천. ¶ hot ~s 온천. 10 근원, 본원, 근본, 기원; (행위 따위의) 원동력, 동기, 동인(動因). ¶ the ~ of wisdom 지혜의 원천 / the ~ of human activities 인간 활동의 원동력. 11 (스코) 피곤하고 활발한 노래, 춤. 12 〔건축〕 (아치의) 홍예(虹霓)밑, 스프링. 13 〔해사〕 새는 구멍, 누수되는 곳; 계류(繫留) 밧줄. 14 상어리(teal)의 떼.
a spring in one's step 발걸음의 경쾌함.
give [or *take*] *a spring* 팔짝 뛰다.
make a spring at ⋯에 덤벼들다, 달려들다.
with a spring 후딱, 단숨에.

— 자 (~**s** [-z]; **sprang**, **sprung**; **sprung**) ⑤ 1 튀어오르다, 뛰다, 통기다(*up, down, out, back*). ⇨ JUMP 유의어 ¶(~+ 부) ~ *aside* 옆으로 뛰어서 비키다/ ~ *up* 뛰어오르다, 튀어오르다. ¶(~+ 부+ 전) ~ *out of bed* 잠자리에서 뛰어나오다. 2 통기다, 되튀다. ¶ The lid *sprang to.* 뚜껑이 탕 하고 닫혔다 // The door *sprang open.* 문이 확 열렸다. 3 갑자기 (일약) 이 되다 (*into*). ¶ His new novel *sprang into* unexpected popularity. 그의 신작(新作) 소설은 금방 예기치 않은 호평을 얻었다. 4 (물·눈물 따위가) 나오다, 솟아나다(*forth, out, up, from*). ¶ The tears of joy *sprang into* [or *from*] her eyes. 그녀의 눈에서는 기쁨의 눈물이 솟았다 // (~+ 부) Water *sprang up.* 물이 솟아올랐다. 5 자라다, 싹이 나다(*up*); 일어나다, 생기다(*up*); ⋯으로부터 발(發)하다(비롯하다) (*from*); (마음에) 떠오르다. ¶ The river ~*s from* the side of the mountain. 그 강은 산의 중턱에서 발원한다. 6 (⋯의) 태생이다, 출신이다 (*of, from*). ¶ He ~*s from* [or *of*] a famous stock. 그는 명문가 출신이다. 7 (재목·판자 따위가) 굽다, 휘어지다, 쪼개지다. 8 (탑 따위가) 우뚝 솟다, 솟아오르다. 9 (지뢰 따위가) 폭발하다. 10 (~이) 출옥(出獄)하다, 석방되다; 탈옥하다. 11 (고어) (빛 따위가) 비치다, (날이) 새다. 12 (수의) (가축이 임신하여) 배가 불룩해지다; (가축의 유방이) 부풀다.

— 타 1 ⋯을 되튀게 하다, 뛰어오르게 하다. ¶(~+ 목+ 부) ~ *a lid open* 뚜껑을 확 열다// (~+ 목+ 부) ~ *a horse ahead* 말을 질주시키다. 2 ⋯을 폭발시키다. ¶ ~ *a mine* 지뢰를 폭발시킨다. 3 ⋯을 급히 꺼내다 [말하기 시작하다], 갑자기 알리다 (*on, upon*). ¶ ~ *a joke on a person* 남에게 돌연 새 계획을 제시하다. 4 (드물게) ⋯을 뛰어넘다. ¶ ~ *a fence* 담장을 뛰어넘다. 5 (사냥감) 을 (숨은 곳에서) 날아오르게[뛰어오르게] 하다 (*from*). ¶ ~ *a pheasant from the covert* 꿩을 숨은 곳에서 날아오르게 하다. 6 ⋯을 뒤로 휘게 하다; ⋯을 쪼다, 째다. ¶ ~ *one's racket* 라켓에 금이 가게 하다. 7 ⋯에 용수철을 붙이다. 8 (美속어) (죄수 따위)를 출옥시키다 (*out*). 9 (英구어) (돈)을 내다, (⋯에게) 한턱 내다. 10 (건축) (탑·아치 따위)를 쌓아올리다.

spring a somersault 공중제비하다.

spring a surprise on a person 남을 갑자기 놀라게 하다, 재주를 넘다. 「들다.

spring at [or *upon*] *a person* 남에게 덤벼[달려]

spring back ① 튀어[튀겨] 물러나다. ② 되튀다.

spring forth 튀어나가다, 돌출하다.

spring off (손톱 따위) 튀기다.

spring over ⋯을 뛰어넘다. 「다.

spring the luff 뱃머리를 바람 불어오는 쪽으로 돌리

spring up ① 뛰어오르다. ② 싹이 트다. ¶ The rice is beginning to ~ *up*. 벼이삭이 나오기 시작하고 있다.

spring with (구어) ⋯와 함께 나타나다, ⋯을 소개하다[알리다].

— 형 1 봄의, 봄 같은. ¶ ~ *flowers* 봄꽃. 2 용수철의[이 있는], 스프링을 장치한. 3 샘의, 샘으로부터 흐르나온, ¶ ~ *water* 샘물. 4 튀는.

spring·al(d) [spríŋəl(d)] 명 (고어) 젊은이.

spring bálance 명 용수철 저울.

Spring (Bánk) Hóliday 명 《英》 (the ~) 봄 공휴일(5월의 마지막 월요일). 「보.

spring béam 명 (사이에 기둥이 없는) 이음보, 대들

spring béauty 명 클레이토니아(미국산 쇠비름과의 야생풀).

spring béd 명 용수철 침대.

spring·board [spríŋbɔ̀ːrd] 명 1 (수영의 다이빙) 도약판; (체조의) 구름판. 2 출발점.

spring·bok [spríŋbɑ̀k/-bɔ̀k] 명 (⑧ ~**s**) 스프링복(남아프리카산(産) 영양의 일종).

spring bólt 명 용수철 달린 빗장.

spring bréak 명 (학교의) 봄 방학.

spring·buck [spríŋbʌk] 명 (복 ~(s)) =spring-
spring cárriage 명 용수철 달린 마차[차량]. bok.
spring càrt 명 용수철 달린 짐수레[손수레].
spring chícken 명 1 영계, 어린 닭. 2 (속어) 경험 없는 젊은이, 애송이, 풋내기; 숫처녀.
spring-clean [＇klíːn] 명타 …의 봄철 대청소를 하다. —— 명 (英) =spring-cleaning.
spring-clean·ing [＇klíːniŋ] 명 U 춘계 대청소.
springe [sprindʒ] 명 덫, 올가미. —— 타 …을 덫에 걸리게 하다. —— 자 덫[올가미]을 놓다.
spring équinox 명 (the ~) 춘분(점).
spring·er [spríŋər] 명 1 뛰어오르는 사람[것], 뛰는 사람[것]. 2 (건축) (홍예문의) 기공석(起拱石), 홍예석. ⇒ARCH¹ 그림. 3 =~ spaniel. 4 =springbok. 5 범 고래. 6 새끼새, 병아리.
springer spániel 명 스패니얼종의 사냥개(평사냥용).
spring féver 명 춘곤(春困), 봄에 느끼는 우울한 기분, 춘수(春愁).
Spring·field [spríŋfiːld] 명 스프링필드. 1 미국 Massachusetts 주 남부의 공업 도시. 2 미국 Missouri 주 서남부의 도시. 3 미국 Illinois 주 중부 소재 주도(州都). 4 미국 Ohio 주 중서부의 도시.
springfield rifle 명 스프링필드 단발 소총.
spring gréen 명 (~s) 어린 양배추 잎.
spring gùn 명 =set gun. 「이 증세(stringhalt).
spring·halt [spríŋhɔːlt] 명 U (수의) 말의 절름발
spring háre 명 날토끼(jumping hare).
spring·head [spríŋhèd] 명 수원(水源), 원천(源泉).
spring hínge 명 (건축) 스프링 경첩.
spring hóok 명 1 (용수철로 채우는) 스프링훅, 호크. 2 (낚시) 용수철 낚시.
spring·house [spríŋhàus] 명 (샘·시내 따위 위에) 세운 유제품·육류 따위의 냉장 보관소.
spring·ing [spríŋiŋ] 명 1 도약, 스프링. 2 용수철, (자동차 따위의) (완충) 스프링 장치. 3 (건축) =spring 12. ~·ly 부   「카토 주법, 도약식(跳躍式).
springing bów [-bóu] 명 (음악) (현악기의) 스피
spring·less [spríŋlis] 형 용수철이 없는; 기운[활기] 없는.
spring·let [spríŋlit] 명 작은 샘; 시내, 세류(細流).
spring·like [spríŋlàik] 형 1 봄 같은, 봄다운. 2 용수철 같은.
spring-load·ed [＇lóudid] 형 (기계) (부품이) 스프링으로 정상 위치에 고정되어 있는.
spring·lock [spríŋlàk/-lɔ̀k] 명 용수철 자물통.
spring máttress 명 스프링 매트리스.
spring ónion 명 (英) (결구 전의) 봄 양파(scallion).
spring róll 명 (英) 잘게 썬 각종 재료를 얇은 밀전병으로 말아 기름에 튀긴 중국 요리(egg roll).
spring sálmon 명 차위화연어(king salmon).
spring scàle 명 (美) 용수철 저울.
spring·tail [spríŋtèil] 명 (곤충) 톡토기.
spring tíde 명 1 (음력 초순과 보름 때 일어나는) 대조(大潮), 한사리. 2 분류(奔流), 급류, 홍수.
spring·tide [spríŋtàid] 명 =springtime.
‡**spring·time** [spríŋtàim] 명 U 1 봄, 봄철. 2 (문어) 초기, 청춘. ¶ the ~ of love 사랑의 싹틈.
spring tráining 명 (프로야구팀 따위의) 봄철 훈련.
spring·wa·ter [spríŋwɔ̀ːtər] 명 1 샘물, 용천(湧泉).
spring·wood [spríŋwùd] 명 (재목의) 춘재(春材); 어린 나무의 숲.
spring·y [spríŋi] 형 1 용수철이 있는, 탄력이 있는, 경쾌한. ⇒FLEXIBLE 유의어 2 샘물이 많은, 습기가 많은.
spring·i·ly 부 **spring·i·ness** 명
‡**sprin·kle** [spríŋkl] 타 (~s [-z]) ① 1 …을 뿌리다, 끼얹다, 흩뿌리다 (on, over, with). ⇒SCATTER 유의어 ¶ (~+目+前+名) ~ water on the street; the street with water 길에 물을 뿌리다. 2 (수동형으로) …을 드문드문 흩뜨리다, 산재(散在)시키다 (over, about); …에 섞다 (with). ¶ villages ~ed over the plain 들판에 산재해 있는 마을. 3 (기독교) …에 물을 뿌려 깨끗이하다[세례하다]. 4 (책책) (책의 가장자리 따위)에 물감을 뿌려 점무늬로 물들이다. —— 자 1 (물 따위를) 뿌리다. 2 산재하다, 흩어지다. 3 (비인칭의 it를 주어로 하여) 비가 뿌리다. —— 명 1 흩뿌림. 2 뿌려진 것; (~s) (초콜릿·설탕 따위의) 끼얹음. 3 소량, 아주 작은 양. ¶ a ~ of people 겨우 몇 사람. 4 부슬부슬 내리는 비, 가는 비.
sprin·kler [spríŋklər] 명 물뿌리개, 살수차(撒水車), 물 뿌리는 사람; 살수 장치, 스프링클러. —— 타 …에 살수 설비를 하다. ~ed 형 살수 설비를 한.
sprínkler sýstem 명 자동 방수(放水) 소화 장치.
＊**sprin·kling** [spríŋkliŋ] 명 1 U 흩뿌림, 살포(撒布). 2 (비·눈 따위가) 조금 내림. 3 소량, 소수. ~·ly 부
sprínkling càn 명 물뿌리개(watering pot).
sprint [sprint] 명 (단거리를) 전속력으로 달리다. —— 명 1 단거리 경주; (결승점 앞에서의) 전력 질주. 2 (美) (단시간의) 전력 분투.
sprint càr 명 스프린트 카(경주용 자동차). 「속 열차.
sprint·er [spríntər] 명 단거리 경주 선수; 단거리 쾌
sprint ráce 명 단거리 경주.
sprit [sprit] 명 (해사) 사형(斜桁)(돛을 펴는 데 쓰는 원재(圓材)).
sprite [sprait] 명 1 요정(妖精) (fairy), 꼬마 요정(elf), 귀신 (goblin). 「명
~·hood 명 ~·less, ~·like
sprit·sail [spritsèil] (해사) -səl] 명 (해사) 사형(斜桁)돛.
spritz [sprits, ʃprits] (구어) 타 뿌리게 하다; 뿌리다. —— 명 내뿜기, 분출; 뿌리기, 치기.
spritz·er [spritsər, ʃprits-] 명 1 스프리처(찬 백포도주와 소다수로 만든 칵테일). 2 (美속어) 신용 사기꾼.
spritz·y [spritsi, ʃpritsi] 형 (구어) 가벼운, 경쾌한.
sprock·et [sprákit/sprɔ́k-] 명 (기계) 사슬 물개(사슬을 걸고 도는 톱니(바퀴)), 스프로켓.
sprócket whèel 명 (기계) (자전거 따위의) 사슬 톱니바퀴, 사슬 물개; (필름의 끝 구멍에 걸리게 된) 스프로켓.
[sprocket wheel]
sprog [sprɔːg/sprɔg] 명 (英속어) 1 애송이, 애숭이. 2 (공군의) 신병; 항공정비병. 3 (교도소의) 신참자.
＊**sprout** [spraut] 자타 1 자라기 시작하다, 발아(發芽)하다(up)(from). ¶ The new leaves have ~ed up. 새 잎이 돋아났다. 2 (아이가) 갑자기 자라다; (도시 따위가) 급성장하다. 3 (의심 따위가) 생기다, 싹트다. —— 타 1 …에 싹이 돋아나게 하다. ¶ The warm weather ~ed seeds. 따뜻한 날씨로 씨앗의 싹이 텄다. 2 [수염·뿔 따위]를 나게 하다, 자라게 하다, 기르다. ¶ ~ a mustache 콧수염을 기르다. 3 …으로부터 새싹을 따다. ¶ ~ potatoes 감자의 싹을 따다.
—— 명 1 싹. 2 (~s) 싹눈양배추(Brussels ~s).
put** a person **through a course of sprouts (美구어) 남을 맹렬히 훈련시키다, 혼내주다; 남을 때리다.
sprout·ing bróccoli [spráutiŋ-] 명 브로콜리, 모란채(야채).
sprout·ling [spráutliŋ] 명 작은 싹, 새싹.
sprouts·y [spráutsi] 형 (美) 채식주의자의.
＊**spruce¹** [spruːs] 명 가문비나무속(屬)의 상록 교목; 그 목재.
spruce² 형 깔끔한, 몸차림이 말끔한, 스마트한, 말쑥한. 2 재치있는. —— 타자 …을 깔끔하게 하다, 스마트

spruce

하게 하다(*up*). ¶She ~d herself *up*. 그녀는 옷매무새를 매만졌다. — ㉠ 모양내다, 멋을 내다(*up*).
~·ly ⓐ ~·ness ⓝ

spruce³ [spruːs] ⓐ 거짓말을 하다, (거짓말로) 속이다, 꾀바른이다. 「지로 만든다.」

sprúce bèer ⓝ 가문비나무 술(가문비나무의 잎과 가

sprúce fír ⓝ (독일) 가문비나무.

sprúce gùm ⓝ 스프루스 검(전나무·가문비나무에서 채취하는 수지; 추잉검의 재료가 된다).

sprue¹ [spruː] ⓝ (금속 용액을 틀에 붓는) 주둥이.

sprue² ⓝⓊ (병리) 스프루(열대병의 일종으로 설염(舌炎)·위장 장해·설사 따위를 수반한다).

spruik [spruːk] ⓥⓘ (호주속어) 열변을 토하다, 일장 연설하다; 열심히 권유하다. ~·er ⓝ

‡**sprung** [sprʌŋ] ⓥ spring의 과거·과거분사. — ⓐ 1 용수철이 달린, 스프링 넣은. 2 (구어) 술이 거나한, 취한. 3 (美속어) 열중한, 정신이 없는 (*on*).

sprúng rhýthm ⓝ 스프링 리듬(운율법의 일종).

spry [sprai] ⓐ (~·er, sprí·er; ~·est, sprí·est) 기운찬, 활발한, 날랜. ~·ly ⓐ ~·ness ⓝ

SPS service propulsion system((우주선의) 보조 추진 장치). **spt.** seaport.

SPUC [spʌk] ⓝ 태아 보호 협회. [<Society for the Protection of the Unborn Child]

spud [spʌd] ⓝ 1 (체초용) 작은 삽. 2 (구어) 감자 (potato). 3 스퍼드(나무껍질 벗기는 데 쓰는 끌 모양의 도구). 4 스퍼드(도랑 또는 굴 파는 기계). 5 (美속어) 보드카(vodka). — ⓥⓣ (-dd-) …을 작은 삽으로 파다, 작은 삽으로 제거하다(*out, up*).
spud in …에 (유정 굴착을 위한) 보링 설비를 하다.

spúd bàrber ⓝ (英속어) 감자 껍질 벗기는 사람[기구].

spud·der [spʌ́dər] ⓝ =spud 3.

spud·dle [spʌ́dl] ⓥⓘ (고어) =puddle.

spud·dy [spʌ́di] ⓐ = pudgy. 「다, 분기시키다.」

spudge [spʌdʒ] ⓥⓘ (美속어) 분투하다, 열심히 노

spue [spjuː] ⓥⓝ (문어) = spew.

spume [spjuːm] ⓝ (문어) 거품을 일으키다. — ⓝⓤⓒ 거품. ⇨ FOAM 유의어

spu·mes·cence [spjuːmésns] ⓝⓤ 거품 모양, 거품이 일어남. **-cent** ⓐ 거품이 인.

spu·mo·ne [spuːmóuni] ⓝⓤ (설탕 친 과일이나 견두 등을 넣은) 이탈리아식 아이스크림. (또는 **spumoni**)

spu·mous [spjúːməs] ⓐ = spumy.

spum·y [spjúːmi] ⓐ 거품의, 거품이 많은, 거품이 이는(foamy). **spúm·i·ness** ⓝ

‡**spun** [spʌn] ⓥ spin의 과거·과거분사. — ⓐ 1 자은, 실을 뽑은. ¶~ gold 금실. 2 잡아 늘인. 3 (이야기 따위가) 질질 끄는. 4 (英속어) 지쳐 빠진.

spun·bond·ed [spʌ́nbàndid/-bɔ̀ndid] ⓐ 스펀본드법의(화학 섬유 방사(紡絲)시 만들어진 부직포(不織布)의). 「색의.」

spun-dyed [′-dàid] ⓐ (합성 섬유 따위가) 스펀 염

spunge [spʌndʒ] ⓝⓥ = sponge.

spún gláss ⓝ 실유리, 유리실; 유리 섬유.

spunk [spʌŋk] ⓝ 1 (구어) 용기, 기력; 노여움. 2 부싯깃. 3 (스코) 불꽃(spark).
get one's spunk up (구어) 기운을 내다.
spunk of fire 작은 불, 화염.
— ⓥⓘ 1 밝은 데로 나가다, 탄로나다(*out*). 2 (美) 용기[원기]를 내다, 분발하다(*up*). — ⓥⓣ [용기 따위를] ~·less ⓐ 「내다; 분기시키다.」

spunk·ie [spʌ́ŋki] ⓝ (스코) 1 도깨비불, 여우불 (will-o'-the-wisp). 2 원기왕성한 사람, 용감한 사람.

spunk·y [spʌ́ŋki] ⓐ (구어) 1 용기있는, 원기왕성한. 2 화를 잘 내는, 성마른.
spúnk·i·ly ⓐ **spúnk·i·ness** ⓝ

spún ráyon ⓝ 방적 인견(紡績人絹).

spún sílk ⓝ 견방사(絹紡絲); 그 실로 짠 천.

spún súgar ⓝ (美) 솜사탕((英) candy floss).

spún yárn ⓝ 방적실; (해사) 곤 밧줄.

‡**spur** [spəːr] ⓝ (~s [-z]) 1 박차(拍車). 2 (비유적) 격려, 고무; 자극(물), 유인, 동기. ⇨ STIMULUS 유의어

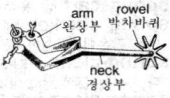

(spur 1)

¶Necessity is the ~ to invention. 필요는 (자극이 되어) 발명을 낳는다. 3 (새 다리 뒤쪽의) 며느리발톱(☞COCK¹그림), (싸움닭의 며느리발톱에 끼우는) 쇠발톱; (나무의) 뾰족 나온 부리나 잔가지; (식물) 며느리발톱(제비꽃 따위의 주머니 모양의 부분). 4 (등산용) 아이젠, 신발에 대는 쇠발톱. 5 (바위·산 따위의) 돌출부, 낭떠러지. 6 (건축) 방장(方杖), 버팀벽. 7 (철도) = ~ track; 지선 도로.
give the spur 격려하다, 자극하다.
on [or **upon**] **the spur** 전속력으로, 아주 급히.
on [or **upon**] **the spur of the moment** 충동적으로, 앞뒤 가리지 않고; 당장에, 돌연히.
put [or **set, clap**] **spurs to** ① …에 박차를 가하다. ¶put ~s to one's horse 말을 급히 몰다. ② …을 격려하다.
win [or **get, gain**] **one's** [or **the**] **spurs** ① (무공을 세워) knight 작위를 받다. ② 처음으로 공훈을 세우다, 기성하다, 「히, 서둘러, 당황하여.」
with whip and spur; with spur and yard 황급
— ⓥ (~s [-z]; **-rr-**) ⓥⓣ 1 (말에) 박차를 가하다(*on*). ¶(~+ ⓟ) ~ a horse *on* 말에 박차를 가하다. 2 (비유적) …을 자극하다, 격려하다, 고무하다(*to do, to, into*). ¶Ambition ~red him *on to* success. 그는 공명심에 (노력해서) 성공했다 / (~+ⓟ+ 젅+명) What ~red him to join the party? 왜 그는 그 당에 가입할 마음이 생겼을까? 3 (싸움닭에) 쇠발톱으로 차다 [상처를 입히다]. 4 (건축분사학으로) (주두)에 방장을 붙이다. — ⓥⓘ 말에 박차를 가하다, 질주하다, 서둘다 (*on, forward*). ¶(~+ⓟ) Wheeling the white horse, he ~red *away*. 그는 흰 말을 돌려 질주해 갔다 // (~+ 젅+명) ~ *into* a fight (며느리발톱으로) 싸움을 시작하다.
spur a willing horse 필요 이상으로 독려하다.
~·less, ~·like ⓐ ~·er ⓝ

spurge [spəːrdʒ] ⓝ 등대풀속(屬)의 식물.

spúr gèar ⓝ (기계) 평(平)톱니바퀴.

spúr gèaring ⓝ (기계) 평톱니바퀴 장치.

spu·ri·ous [spjúəriəs] ⓐ 1 가짜의, 위조의(↔ genuine). 2 사생아의. 3 (식물) (기능·형태상) 비슷하나 다른, 의사(擬似)의. ~·ly ⓐ ~·ness ⓝ

‡**spurn** [spəːrn] ⓥⓣ 1 …을 쫓아내다, 추방하다 (*away*). ¶(~+ⓟ+ 젅+명) He ~ed away those who were against him. 그는 그에게 반대하던 자들을 추방했다. 2 …을 물리치다, 일축하다; …을 냉대하다. ⇨ REFUSE 유의어 ¶~ a person's proposal 남의 제안을 무시하다. — ⓥⓘ 경멸하다, 모욕하다 (*at*). ¶~ *at* an offer 제안을 일축하다.
spurn the ground (호칭) 뛰다, 뛰다.
— ⓝ 1 일축, 퇴짜, 냉대. 2 걷어차기, 멸시.
~·er ⓝ

spur-of-the-mo·ment [′-əvðəmóumənt] ⓐ (사전 준비 없는) 충동적인, 순간적인, 즉석에서의. ¶a ~ decision 충동적으로 내린 결정.

spurred [spəːrd] ⓐ 박차를 단; 자극을 받은.

spur·ri·er [spəːriər/spʌ́r-] ⓝ 박차 제조업자.

spur·ry [spəːri/spʌ́ri] ⓝ (식물) 양벌꽃.

‡**spurt** [spəːrt] ⓥⓘⓣ 1 분출하다, 뿜어나오다(*out, up*)(*from*). ¶(~+ⓟ) ~ *out* in streams 콸콸 쏟아져 흐르다 // (~+ 젅+명) Water ~ed *from* the crack. 갈라진 틈으로 물이 뿜어나왔다. 2 (단시간에) 모든 힘을 쏟다, 분투하다, 전력으로 달리다[헤엄치다, 젓다]. 3 싹

[어린 가지]이 나다. **4** (주식·배당 등이) 갑자기 오르다.
— [타] …을 뿜어내다, 분출시키다(*out, up*)(*from*). ¶~ *up* water very high 물을 매우 높게 분출시키다.
— [명] **1** 뿜어나옴, 분출; (감정 따위의) 폭발. ¶a ~ of jealousy 격렬한 질투의 불꽃. **2** (최후의) 역주(力走), 힘차게 헤엄치기, (단시간의 전력) 분투, 스퍼트. ¶a last ~ (경주 따위에서의) 라스트 스퍼트, 최후의 역주. **3** (가격의) 급등 기간; (장사 따위의) 급성장. **4** 짧은 시간, 한순간. (또는 **spirt**)
by* [or *in*] *spurts 때때로, 어쩌다 생각난 것처럼, 단속적으로, 마음내키는 대로. ｢하다.
put a spurt on; make* [or *put on*] *a spurt 역주
spúr·tive [형] **spúr·tive·ly** [부]
spúr tràck [명] 〔철도〕 단거리의 지선(支線).
spúr whèel [명] 〔기계〕 =spur gear.
sput [spuːt, spʌt] [명] 《속어》 =sputnik.
sput·nik [spútnik, spʌ́t-] [명] (종종 S-) 스푸트니크 (옛 소련의 인공 위성). 〔<Russ traveling companion〕
***sput·ter** [spʌ́tər] [동][자] **1** (흥분한다거나 하여) 침·음식물 따위를 입 밖으로 튀기다. **2** (불꽃 따위가) 바지직거리며 튀다, 탁탁 튀다, 딱딱 소리를 내다. ¶fat ~*ing* in the frying pan 프라이팬 속에서 지글거리며 튀는 기름 // (~+[副]) The candle ~*ed out*. 촛불이 바지직 소리를 내면서 꺼졌다. **3** 다급하게 말하다(*at*). **4** 갑자기 격렬한 소리를 내다. ¶The car ~*ed down* the road. 차가 소리를 내면서 달려갔다. **—** [타] **1** 〔침·음식물 따위〕를 입에서 튀기다. **2** …을 딱딱[바지직] 소리를 내면서 튀기다. **3** …을 다급하게 이야기하다(*out*). ¶(~+[目]+[副]) ~ *out* a story 서둘러 이야기하다. **—** [명] **1** 입에서 침·음식물 따위를 튀김; 입에서 튀어나온 것; 바지직 하는 소리. **2** 서두르면서 다급히 말하기. ¶keep up a continual ~ 다급히 지껄여대다. **~·er** [명]
sput·ter·ing·ly [spʌ́təriŋli] [부] 바지직[딱딱] 소리를 내면서; 다급한 목소리로. ｢담, 가래; 침, 타액.
spu·tum [spjúːtəm] [명] ([복] ***-ta*** [-tə]) [U][C] 〔의학〕
‡spy [spai] [명] ([복] ***spies*** [-z]) **1** 간첩, 스파이, (군사) 탐정, 밀정; 《드물게》 스파이 행위. ¶a military [an industrial] ~ 군사[산업] 스파이. **2** (one's ~) 개인적 [사적, 비공식] 정보원(源).
a spy in the cab 《구어》 택시 미터.
a spy in the sky 《구어》 스파이 위성[비행기].
be a spy on …을 염탐하다.
***set a spy on* [or *upon, after*]** …의 뒤를 밟게 하다.
— [동][타] **1** …을 주의깊게[면밀히] 조사하다. **2** 정밀 검사로 …을 알아내다(*out*); …을 알다. ¶(~+[目]+[副]) He *spied out* the secret. 그는 비밀을 눈치챘다 // (~+[目]+*-ing*) I *spied* a stranger *coming* up the path. 나는 낯선 사람이 길 이쪽으로 오고 있는 것을 알아차렸다. **3** 〔토지·지역 따위〕를 몰래 조사하다; …을 발견하다, 찾아내다(*out*). ¶~ *out* natural resources 천연 자원을 몰래 탐사하다. **—** [자] 염탐하다, 비밀히 조사하다, 정찰하다(*on, upon, for*); 망보다, 경계하다. ¶~ *on* the enemy 적정(敵情)을 정찰하다 / ~ *into* a person's actions 남의 행동을 몰래 염탐하다.
I spy strangers. ⇨STRANGER.
∠·ship [명]
spy·er [spáiər] [명] =spier. ｢경.
spy·glass [spáiglæ̀s/-glɑ̀ːs] [명] (휴대용) 소형 망원
spý hòle [명] 들여다보는 구멍(peephole).
spy-in-the-sky [∠inðəskái] [명] 정찰[첩보] 위성; 《美속어》 (경찰의) 헬리콥터.
spy·mas·ter [spáimæ̀stər/-mɑ̀ːs-] [명] 스파이 조
spý plàne [명] 첩보기. ⌊직의 지휘자.
spý sàtellite [명] 정찰 위성.
spý shìp [명] 간첩선.
SQ [가] Singapore Airlines(싱가포르 항공사); *survival quotient*(장수 지수). **sq.** sequence; 《라틴》 *sequēns*(=the following (one))(…이하). **Sq.** Squadron; Square. **SQC** *statistical quality control*(통계적 품질관리 기법). **sq. cm.** *square centimeter*(s) (제곱센티미터). **sqd.** squad. **sq. ft.** *square foot* [*feet*](평방 피트). **sq. in.** *square inch*[*inches*](평방 인치). **sq. km.** *square kilometer*(s). **SQL** 〔컴퓨터〕 *structured query language*(구조적 질의 언어). **sq. m.** *square meter*(s). **sq. mi.** *square mile*(s) (평방 마일). **sq. mm.** *square millimeter*(s). **sqn.** squadron. **Sqn. Ldr.** *Squadron Leader*. **sqq.** 《라틴》 *sequentia*(=the following (ones)) (…이하).
squab¹ [skwɑb/skwɔb] [명] **1** 땅딸막한[똥똥한] 사람. **2** 비둘기 새끼, 새 새끼. **3** 《美속어》 아가씨, 색시. **4** 《英》 두껍고 부드러운 쿠션, 소파. **—** [형] **1** 땅딸막한. **2** (새가) 갓 부화한. ¶a ~ pigeon 갓 부화한 비둘기.
squab² [부] 쿵[털썩] 하고. ¶fall down ~ on the roof 지붕 위에 쿵 하고 떨어지다.
squab·ble [skwɑ́bl/skwɔ́bl] [동][자] **1** 하찮은 일로 다투다. **2** (조판한 활자가) 흩어지다. **—** [타] 〔인쇄〕 〔조판한 활자〕를 흩뜨리다, 해판(解版)하다. **—** [명] 시시한 언쟁, 입씨름. **-bling·ly** [부]
squab·bler [skwɑ́blər/skwɔ́b-] [명] 하찮은 일로 다투는 사람; 〔인쇄〕 해판(解版)하는 사람.
squab·by [skwɑ́bi/skwɔ́bi] [형] 땅딸막[모찰]한.
squáb pìe [명] 비둘기고기 파이; 양고기·양파·사과로 만든 파이.
squad [skwɑd/skwɔd] [명] **1** (군대의) 분대, 반(班). ⇨ARMY [주의] ¶an awkward ~ 신병 분대; 미숙한 사람들. **2** 일단(一團), 팀. ¶a basketball ~ 농구팀.
— [동][타] (***-dd-***) …을 분대로 편성하다.
squad. 〔군사〕 squadron.
squád càr [명] 경찰의 순찰차.
squad·der [skwɑ́dər/skwɔ́d-] [명] 대원(隊員). ¶a riot ~ 진압[기동] 대원 / a fire ~ 소방 대원.
squad·die [skwɑ́di/skwɔ́di] [명] 《구어》 분대원, 반원; 《英》 신병, 병사. (또는 **squaddy**)
squád lèader [명] 〔군사〕 분대장, 반장.
squad·rol [skwɑ́droul/skwɔ́d-] [명] 《美》 구급차 겸용 순찰차. 〔<*squad*+patrol〕
***squad·ron** [skwɑ́drən/skwɔ́d-] [명] **1** 소함대, 전대(戰隊)([참] fleet). **2** 기병 대대. **3** 비행 중대. **4** 단체, 집단. **5** 〔군사〕 방진(方陣). **—** [동][타] …을 소함대[기병 대대, 비행 중대]로 편성하다.
squádron lèader [명] 《英》 비행 중대장, 공군 소령.
squád ròom [명] **1** (경찰서의) 경찰관 집합실. **2** 〔군사〕 분대 막사[내무반].
squail [skweil] [명] 《英》 **1** (~s) 《단수취급》 스퀘일즈(원탁 중앙의 표적을 구슬로 튀겨 맞히는 놀이). **2** 스퀘일즈용 작은 원탁. **—** [동] 《방언》 (납 따위를 채운) 단장을 던지다[으로 치다]. ｢유된 탄화수소).
squa·lene [skwéiliːn] [명] 스콸렌(상어의 간유에 함
squal·id [skwɑ́lid/skwɔ́l-] [형] 더러운, 불결한 (⇨DIRTY [유의어]); 불쌍한, 비참한; 비열한.
~·ly [부] **~·ness** [명] ｢열함.
squa·lid·i·ty [skwɑlídəti/skwɔ-] [명][U] 불결, 비
***squall¹** [skwɔːl] [명] **1** (때로 눈·비를 동반하는) 질풍, 돌풍, 스콜. ¶an arched ~ 아치형 스콜(적도 부근의 스콜) / a thick ~ 천둥 번개·우박 따위를 동반하는 광풍. **2** 《구어》 (갑작스런) 소란, 소동, 싸움, 위험.
look out for squalls 위험에 대비하다.
— [동][자] 《비인칭의 it를 주어로 하여》 질풍[돌풍]이 불
∠·ish [형] ⌊다.
squall² [동][자] 큰 소리로 외치다, 비명을 지르다. **—** [타] (찢어지는 소리로) …이라고 말하다(*out*). ¶She ~*ed out* her complaints. 그녀는 날카로운 소리로 불평을 늘어놓았다. **—** [명] 날카로운 소리, 비명. **∠·er** [명] 울부
squáll clòud [명] 스콜 구름. ⌊짖는 사람[아이].
squal·ly [skwɔ́ːli] [형] 질풍의, 폭풍우가 일 것 같은; 《美구어》 험악한.

squa·loid [skwéilɔid] 형 상어의[같은].
squal·or [skwálər/skwɔ́l-] 명U 더러움, 지저분함; 비열함, 천박함.
squa·ma [skwéimə] 명 (복 ~e [-mi:]) 〖생물〗 늘, (식물의) 인편(鱗片).
squa·mate [skwéimeit] 형 비늘[인편]이 있는.
squa·mose [skwéimous] 형 =squamous.
squa·mous [skwéiməs] 형 비늘[인편]로 뒤덮인, 비늘 모양의. ~·ly 부 ~·ness 명
squámous céll 명 〖의학〗 편평 상피(上皮) 세포.
squan·der [skwándər] 타 (돈·시간 따위)를 낭비하다, 함부로 쓰다(away). 2 …을 마구 뿌리다. —자 1 낭비하다, 허투루 쓰다, 산재(散財)하다. 2 여기저기 흩어지다. 3 유랑하다, 헤매다. —명 〖드물게〗 낭비, 함부로 씀. ~·er 명 낭비가. ~·ing·ly 부 낭비하여.
squan·der·ma·ni·a [skwàndərméiniə/skwɔ̀n-] 명U (정부의 경비) 남용, 낭비.
‡**square** [skwɛər] 명 (복 ~s [-z]) 1 정사각형, 사각(형의 것). ¶a ~ of carpet 정사각형의 융단. 2 (사방이 길로 둘러싸인) 구역(區域)(block), (네모진) 광장. ¶Trafalgar S– 트라팔가 광장. 3 (바둑판 따위의) 눈. 4 직각자, 곱자, 丁자·T자. 5 〖수학〗 제곱, 평방. ¶The ~ of 5 is 25. 5의 제곱은 25이다. 6 《美속어》 고리타분한 사람, 딱딱한 사람, 유행에 무관심한 사람; 물정 모르는 사람, 샌님. ¶a five-cornered ~ 꽉 막힌 사람. 7 《군사》 막사에 가까운 연병장; 방진(方陣). 8 스퀘어(바닥 따위의 면적 단위; 100 feet². 9 (권투의) 링. 10 면화의 봉오리. 11 〖해사〗 승강구(hatchway) 바로 밑의 바닥. 12 (~s) 《美구어》 푸짐한[알찬] 식사. 13 (머리화나 담배에 대해 보통의) 쿨런. 14 (글자의) 해서(楷書). 15 (대지의) 4각모.
back to square one 출발점[원상태]으로 되돌아서.
break square(s) 질서를 문란하게 하다. ¶It *breaks* no ~(s), 그것은 조금도 행해하지 않는다.
by the square 《고어》 정확히, 엄밀히.
from square one 《英구어》 다시 처음부터.
on the square ① 직각으로, ② 《구어》 정직한[하게], 공정한[하게]. ③ 동등하게, 동격으로.
out of square ① 직각이 되지 않고. ② 《구어》 일치되지 않게, 부정확하게, 불규칙적으로.
—타 (~s [-z]) 타 1 …을 정사각형으로 만들다, (목재 따위)를 네모지게 하다, 네모로 자르다. 2 …을 직각으로 하다. ¶(어깨·팔꿈치 따위)를 펴다. ¶one's elbows 팔꿈치를 펴다. 3 (자를 사용해서) …의 직각(직선, 평면)으로부터의 편차를 재다. 4 〖수학〗 a) …을 제곱하다. b) …의 면적을 구하다. 5 (시합의 득점)을 동점으로 만들다. 6 …을 맞추다, 일치시키다, 조화시키다(to, with). ¶(~+목+전+명) He does not ~ his conduct with his words. 그의 행동은 그가 말하는 것과 일치하지 않는다. 7 (대차 관계)를 청산하다, 결제하다. 8 〖해사〗 (돛배의 활대)를 용골(龍骨)과 직각되게 하다. 9 《속어》 …을 매수하다. —자 ① 직각을 하다, 맞다(with). ¶(~+전+명+명) His present job does not ~ with his inclination. 그의 현재의 일은 그의 성품에 맞지 않는다. 2 청산하다, 결제하다(up) (for). ¶~ for one's meal 밥값을 지불하다 // (~+부) I've just ~d up. 지금 막 청산을 마쳤다. 3 《美구어》 정직하게 이야기하다, 털어놓고[숨김없이] 이야기하다. 4 (권투 등에서) 시합 자세를 취하다; (비유적) 진지하게 달려들다(off, up). ¶~ up to hard work 어려운 일과 열심히 씨름하다. 5 (면화가) 봉오리가 맺히다.
square accounts with ① …와의 계산을 청산하다. ② …와의 감정을 풀다.
square a person's circle 《美속어》 성교하다.
square around 〖야구〗 (투수에게 정면으로) 칠 자세를 취하다.
square away ① 〖해사〗 돛의 활대를 직각으로 하여 바람을 등지고 달리게 하다. ② (권투 등에서) 경기 자세를 취하다. ③ 《구어》 정비하다, 갖추다.
square off 《구어》 (권투 따위에서) 자세를 취하다, (…에게) 수세[공세]를 취하다.
square oneself 《구어》 (자신의 과오·부정에 대해) 보상[변상]하다, 과거를 청산하다.
square the circle ① 원과 면적이 같은 정사각형을 만들다. ② 불가능한 일을 기도하다.
square up ① 청산하다, 결제하다. ¶~ *up* a debt 빚을 갚다. ② …을 해결하다, 결말을 내다. ③ (물건의 끝)을 직각으로 펴다. ④ 마약과 손을 끊기 하다.
square with …와 화해하다; …에게 사과하다; …와 대화로 [문제]를 해결하다.
—형 (squar·er; squar·est) 1 정사각형의, 4각의; 방형(方形)의. ¶a ~ chest 네모진 상자. 2 직각의, 직각을 이루는. ¶a ~ corner 직각 모서리. 3 모난, 튼튼한. ¶a ~ jaw 모나고 실팍한 턱. 4 〖수학〗 평방의, 제곱의. ¶three ~ meters 3평방미터. 5 (표면이) 평평한, 수평의. 6 대차(貸借)가 없는, 청산된. 7 정직한; 공정한, 공평한. 8 솔직한, 단도직입적인. 9 명확한 단호한 거부. 9 정연한, 깨끗하게 정돈된. 10 (시합 따위가) 동점의, 호각(互角)의(even). 11 《구어》 (식사 따위가) 실속 있는, 충분한. 12 (카드놀이·춤 등에서) 1조가 된. 13 〖해사〗 (돛의 활대가) 용골(龍骨)과 직각을 이룬. 14 《속어》 구식의, 인습적인; 융통성 없는.
all square ① 만반의 준비를 갖춘. ② (골프 따위에) 호각의. 3 청산이 끝난, 결제된.
back to the square one ⇒ SQUARE ONE.
call it (all) square 청산이 끝난[해결된] 것으로 하다; 반반[호각]으로 생각하다.
get one's accounts square 결산[청산]하다.
get square with ① …와 대차 관계를 청산하다. ② …와 대등해지다. ③ …에 앙갚음하다, 보복하다.
get things square 《구어》 정돈하다; 일을 납득하다.
square to the wood 아주 미(美)숙한.
—부 1 네모지게, 4각으로. ¶cut a sheet of paper ~ 종이를 네모지게 자르다. 2 직각으로. ¶This street turns ~ to the right at the end. 이 길은 막다른 끝에서 오른쪽으로 직각으로 꺾어진다. 3 정면으로, 곧바로. 4 정직하게, 공정하게.
fair and square 공정하게, 정정당당히.
hit a person square 남을 정면으로 치다.
play square 공명정대하게 행동하다, 정정당당히 경기하다.
squár·a·ble, ∠-like 형 …기하다.
squáre ápple 명 《美속어》 =square John.
squáre báck 명 〖제본〗 각배(角背), (책의) 각진 등. ⇒ round back
square·bash [skwɛ́ərbæ̀ʃ] 자타 《英軍속어》 군사 교련을 하다[받다]. ~·ing 명 군사 교련. ~·er 명
squáre bódy 명 〖선박〗 (선체의) 평행부.
squáre brácket 명 각(角)괄호, 꺾쇠 괄호([ ]).
squáre bróad 명 《美속어》 (매춘부가 아닌) 보통 여자, 여염집 여자.
square-built [-bílt] 형 딱 벌어진, 실팍한.
squáre cáp 명 대학모, 사각모. [추는 춤.
squáre dánce 명 스퀘어 댄스(남녀 4쌍이 마주서서
square-dance [-dǽns] 자 스퀘어 댄스를 추다.
squáred círcle [skwɛərd-] 명 =squared ring.
squáre déal 명 1 공평한 처사, 공정한 거래. ¶get a ~ 공평한 처우를 받다. 2 (S– D–) 《美역사》 공평 정책. 3 (카드놀이) 패를 공평하게 도르기.
square·dom [skwɛ́ərdəm] 명 《美속어》 고지식한 [촌스러운] 세계.
squáred páper 명 그래프 용지, 모눈종이. [ring).
squáred ríng 명 4각의 링, 복싱 링(boxing
square-eyes [-áiz] 명 《英속어》 텔레비전만 보고 있는[에 푹 빠져 있는] 사람.
square·face [skwɛ́ərfèis] 명U 《美속어》 진(gin).
square-faced [-féist] 형 모난 얼굴의.

square fóot 명 제곱 피트(약 sq. ft.).
square·head [skwéərhèd] 명 《美俗어》 1 바보, 멍청이. 2 《경멸적》 (미국에 이주한) 독일인·네덜란드인·스칸디나비아인.
squáre ínch 명 제곱 인치(약 sq. in).
Squáre Jóhn 명 (때로 s-j-) 《美俗어》 정직한 사람.
squáre knót 명 옭매듭(reef knot). [선량한 시민.
square-law [-lɔ́ː] 명 《전자》 제곱 검파(檢波)의. ¶ a ~ detector 제곱 검파기.
squáre lèg 《크리켓》 1 타자의 좌측, 삼주문 정면 부근의 수비 위치. 2 그 위치의 야수(野手). (또는 **squáre-lèg**)
*__square·ly__ [skwéərli] 부 1 정사각형으로, 4각으로; 직각으로. 2 맞받아서, 정면으로. ¶ He stared her ~ in the face. 그는 그녀의 얼굴을 똑바로 쳐다보았다. 3 정직하게; 공정하게; 솔직히. 4 단호하게, 분명히. ¶ refuse to answer 대답을 단호히 거절하다. 5 《속어》 배부르게, 잔뜩.
squáre mátrix 명 《수학》 정방 행렬(正方行列).
squáre méal 명 (질·양 면에서) 실속있는[푸짐한] 식사. ¶ make a ~ 충분한 식사를 하다.
squáre méasure 명 《수학》 제곱적(積); 면적 단위.
squáre méter 명 제곱 미터.
squáre míle 명 제곱 마일. 〔직(공정)(함)〕.
squáre·ness [skwéərnis] 명U 정사각형(임); 정
squáre númber 명 《수학》 제곱수.
squáre óne 명 출발점, 처음 상태.
back to square one 처음으로 되돌아가서.
squáre pég 명 《美俗어》 (환경·일 따위에) 맞지 않는 사람[것], 부적합한 사람.
a square peg in a round hole 부적임자.
squáre piáno 명 각형(角型) 피아노(18세기에 유행한 직사각형 피아노). 〔뜨는 사람.〕
squar·er [skwéərər] 명 목재·석재 따위를 4각으로
square-rigged [-rígd] 형 《해사》 가로돛을 단.
square-rig·ger [-rígər] 명 《해사》 횡범선(橫帆船).
squáre róot 명 《수학》 제곱근.
squáre sáil 명 《해사》 횡범(橫帆), 가로돛.
squáre shóoter 명 《구어》 공명정대한 사람.
square-shoul·dered [-ʃóuldərd] 형 어깨가 떡 벌어진, 어깨에 힘이 들어간.
squares·ville [skwéərzvil] 명U (때로 S-) 《속어》 케케묵은(인습적인) 세계(사회). — 형 낡아빠진, 구식의, 딱딱한.
squáre thréad 《기계》 사각 나사.
square-toed [-tóud] 형 1 (구두코가) 넓적하고 네모진. 2 (사상 따위가) 구식의, 고루한. ~·**ness** 명
square-toes [-tóuz] 명(복) 《단수취급》 구식 사람; 딱딱[엄격]한 사람. 〔파(矩形波).〕
squáre wáve 《수학·물리》 방형파(方形波), 구형
squáre yárd 명 제곱 야드.
squar·ish [skwéəriʃ] 형 거의 정사각형의; 모가 난. ~·**ly** 부 ~·**ness** 명
squar·rose [skwéərous, skwɑ́ːr-] 형 《식물》 표면이 까칠까칠한, 들쭉날쭉한. ~·**ly** 부 〔갑 지주.〕
squar·son [skwɑ́ːrsn] 명 《英·익살》 국교회의 목
*__squash¹__ [skwɑʃ, skwɔ(ː)ʃ] 타 — 1 …을 눌러 으깨다, 짓눌러 뭉크러뜨리다, 짓이기다. 2 (반란 따위) 진압하다. ¶ a riot 폭동을 진압하다. 3 《구어》 〔상대방〕을 꼼짝 소리 못하게 하다, 입을 다물게 하다. 4 〔제안 따위〕를 기각하다, 묵살하다. 5 …을 우겨넣다(up)(into, in).
— 자 1 짓이겨지다, 으스러지다. 2 (무겁고 부드러운 물건이) 철썩 떨어지다. 3 철썩철썩 소리를 내다. 4 억지로 비집고 들어가다(up); 밀쳐고, 나아가다(in, into). ¶ (~+전+명) ~ into a crowded bus 혼잡한 버스에 억지로 올라타다. 〔다.〕
squash up against …에 세게 밀어 붙이다, 압박하

— 명 1 CU 눌러 으깸[으깨어짐]; 털썩 떨어지는 소리. ¶ go to ~ 무너지다; 파멸하다. 2 UC 짓이겨져 흐물흐물해진 덩어리; 부드러워 으깨지기 쉬운 것. 3 붐빔, 혼잡; 군중. 4 UC 《英》 스쿼시(과일즙에 소다수를 섞은 음료). 5 a) = ~ rackets. b) = ~ tennis.
— 부 철썩[철벅] (하고).
~·**er** 명
squash² 명 (복 ~es) 1 호박. 2 《美俗어》 (싫은) 얼
squásh bùg 명 호박을 해치는 노린재의 일종. [굴.
squásh hát 명 (접을 쓴) 테 넓은 소프트 모자.
squásh ràckets[ràcquets] 명(복) 《단수취급》 스쿼시 라켓(벽으로 둘러싸인 코트에서 2명 또는 4명이 벽면에 공을 치는 변형 테니스). 〔와 비슷한 구기〕.
squásh ténnis 명 스쿼시 테니스(squash rackets
squash·y [skwɑ́ʃi/skwɔ́ʃi] 형 뭉크러지기 쉬운; (땅·도로 따위가) 질퍽질퍽한, 물품 빠지는; (과일 따위가 너무 익어서) 흐물흐물한, 모양이 찌그러진.
squásh·i·ly 부 **squásh·i·ness** 명
*__squat__ [skwɑt/skwɔt] 자 (~·**ted**, ~; ~·**ting**) 1 웅크리다, 쪼그리다(down)(on); 《구어》 앉다(down). 2 (동물 따위가) 땅에 엎드리다, 몸을 숨기다. 3 a) (공유지나 미개간지에) 무단히 들어가 살다 (in, on). b) (소유권 획득을 위해 공유지에) 합법적으로 입주하다. 4 〔해사〕 (항해중에) 고물이 가라앉다. — 타 1 〔재귀용법으로〕 …을 웅크려 앉히다(down). ¶ He ~ted himself down before the stove. 그는 난로 앞에 웅크리고 앉았다. 2 〔장소〕를 불법 점거하다, 〔토지〕에 불법 정착하다.
squat hot 《美俗어》 전기의자에 앉다.
— 형 1 웅크린, 쪼그리고 앉은. 2 작달막한. 3 낮고 폭이 넓은. — 명 1 웅크리기, 쪼그리기, 쪼그려 앉기. 2 쪼그려 앉은 자세. 3 (동물 따위가) 주저앉은 장소. 4 《속어》 돈, 금전. 5 불법 점거 토지[가옥]. 6 (작은 동물의) 보금자리.
cop a squat 앉다, 편하게 하다.
not...squat 조금도 …아닌.
~·**ly** 부 ~·**ness** 명
squat·ter¹ [skwɑ́tər/skwɔ́t-] 명 1 웅크리는 사람[동물]. 2 공유지 무단 거주자, 토지 불법 점거자, 소유권 획득을 목적으로 한 공유지 정착자. 3 《濠》 목장 공유지 임차인. ~·**dom** 명 〔물에 뛰어들다.〕
squat·ter² [skwɑ́tər] 자 1 물 속을 철벅거리며 나아가다. 2
squátter's ríght 《구어》 《법률》 (공유지) 점거자의 권리, 시효 취득자의 권리.
squat·toc·ra·cy [skwɑtɑ́krəsi/skwɔtɔ́k-] 명 (濠) (사회적·정치적 집단으로서의) 정주자(squatter), (재력 있는) 목축업자.
squat·ty [skwɑ́ti/skwɔ́ti] 형 땅딸막한, 낮고 폭이 넓은. **-ti·ly** 부 **-ti·ness** 명 〔여편네, 아내.〕
squaw [skwɔː] 명 북미 인디언 여자[주부]; 《익살》
squaw·fish [skwɔ́ːfiʃ] 명 (복 ~**es**) 1 《북미 태평양 연안산》 망상어의 일종. 2 (북미 서부산(産)) 잉어과 (科)의 큰 민물고기.
squawk [skwɔːk] 자 1 (물새 따위가) 꽥꽥 소리 내어 울다. 2 《구어》 큰 소리로 불평하다(about). 3 《美俗어》 밀고하다. — 타 1 …을 큰소리로 떠들다. 2 〔비밀·나쁜 짓 따위〕를 누설하다. — 명 1 (물새 따위가) 꽥꽥 우는 소리. 2 《美俗어》 큰 소리로 하는 불평. 3 푸른해오라기.
squáwk bòx 《구어》 (인터폰 따위의) 스피커. 2 선내(기내·사내(社內)) 통화 장치(intercom).
squawk·er [skwɔ́ːkər] 명 꽥꽥(꽥꽥) 우는 것; 큰 소리로 불평하는 사람.
squawk·y [skwɔ́ːki] 형 소리가 불쾌한, 귀에 거슬리는 음조의. 〔인디언 이외의) 남자.〕
squáw màn 북미 인디언을 아내로 삼은 (백인 등
squáw wínter 《美》 (Indian summer 전에 잘 나타나는) 겨울 같은 가을 날씨.
*__squeak__ [skwiːk] 명 1 (어린애의) 앙앙 우는 소리, (차 바퀴·악기 따위의) 삐걱삐걱 하는 소리, 《구두의》 삐

거덕거리는 소리, (쥐 따위의) 찍찍 우는 소리. **2** (구어) 기회, 찬스. **3** (구어) (파멸·위험·죽음 따위로부터) 벗어남, 모면함; 위기일발. **4** (속어) 밀고.
have a narrow [or ***close, near***] ***squeak*** 아슬아슬하게 모면하다.
── 圄匢 **1** (어린애가) 앙앙 울다. (차 바퀴·악기 따위가) 삐걱삐걱 소리내다, (구두가) 삐걱거리다, (쥐가) 찍찍 울다. **2** (구어) 간신히 성공하다(이기다, 도망치다)(*through, by*). **3** (英속어) 밀고하다, 배반하다.
匜 …라고 뻑뻑거리는 소리로 말하다.
squeak by [or ***through***] (구어) 간신히 성공하다.
∼**ing·ly** 閏　　　［겨우 곤경에서 벗어나다[헤어나다].
squeak·er [skwí:kər] 閏 **1** 삐걱삐걱 소리를 내는 것, 시끄럽게 말하는 사람. **2** (英속어) 밀고자, 배신자. **3** (美구어) 위기일발; 신승.
squeak·y [skwí:ki] 閏 날카로운 목소리의, 삐걱대는. **squéak·i·ly** 閏　**squéak·i·ness** 閏
squéaky cléan 閏 (美구어) 청결한; 청순한.
squéaky whéel 閏 목소리가 큰 사람.
squeal [skwí:l] 閏 **1** (고통·공포로 인한) 비명. **2** (속어) 밀고, 배신. **3** (속어) 불평, 항의. ──匢 **1** 비명을 지르다, 길고 높은 소리로 울다. **2** (속어) 밀고하다, 배신하다(*on*). **3** (속어) 불평을 늘어놓다, 항의하다. ──匜 **1** …라고 길고 목청 높은 소리로 말하다(*out*). ¶The violin ∼*ed out* loud notes. 바이올린은 매우 높고 날카로운 소리를 냈다. **2** (속어) (비밀)을 누설하다. **3** 밀고하다, 일러바치다; 배반하다.
make a person squeal (구어) 남을 협박하다, 어르다.
squeal·er [skwí:lər] 閏 **1** 삑삑 우는 동물, 어린 새 (특히 비둘기). **2** (새끼) 돼지. **3** (속어) 밀고자, 배반자.
squéaler's márk 閏 (속어) (밀고의 보복 따위로) 얼굴의 상처.
squéal láw 閏 (美구어) 밀고법(18세 미만의 소녀가 피임약을 구입할 경우 진료소는 그 부모에게 통지할 의무를 지게 하는 법). (또는 **squéal rùle**)
squeam·ish [skwí:miʃ] 閏 **1** 잘 토하는, 약간 메스꺼운. **2** 까다로운(*fastidious*), 결벽증이 있는. **3** 대단히 신중한, 점잔빼는. ∼**·ly** 閏　∼**·ness** 閏
squee·gee [skwí:dʒi:, -´] 閏 **1** 고무 걸레, 고무비. **2** (사진) (인화지 건조용) 고무 롤러[고무 비] ──匜 **1** …을 고무 걸레[고무 비]로 청소하다. **2** (사진) …을 고무 롤러로 문지르다.
squeez·a·bil·i·ty [skwì:zəbíləti] 閏匝 압착(壓搾)할 수 있음; (돈을 우려내기 위한) 협박이 먹혀 들어감.
squeez·a·ble [skwí:zəbl] 閏 **1** 압착할 수 있는. **2** 갈퀴힘들어 먹을 수 있는. **3** 끌어안고 싶은.
∼**·ness** 閏　**-bly** 閏
‡**squeeze** [skwí:z] 匢 (*squeez·es* [-iz]; ∼*d*; *squeez·ing*) 匜 **1** …을 압착하다, 짜다. **2** …을 (∼+匝+前+图) ∼ *the water out* (*from, out of*). ¶ (∼+匝+前+图) ∼ *the water out* 물을 짜내다 // (∼+匝+前+图) ∼ *juice from* [or *out of*] *an orange* 오렌지로부터 과즙을 짜내다 // ∼ *a lemon dry* 레몬즙을 모조리 짜내다. **3** …을 강하게 죄다; …을 꼭 껴안다. ¶ ∼ *a person's hand* (애정·우정 따위의 표시로서) 남의 손을 꼭 쥐다. **4** …을 쑤셔넣다, (*into*). ¶ ∼ *clothes into a small bag* 작은 가방에 의복을 쑤셔넣다. **5** (무거운 세금 따위로) [남]을 압박하다(*with*); 강요하다, [금전]을 우려내다 (*from, out of*). ¶ ∼ *money from a person* 남에게서 돈을 뜯어내다. **6** (구어) 남을 협박하다, 공갈을 쳐서 빼앗다. **7** [남]을 경제적으로 괴롭히다, 압박하다; (이윤·재산 따위)를 줄이다. **8** (두 개 이상의 노선 따위)를 통합하다. **9** (눌러서) …의 본을 뜨다; 탁본을 뜨다. **10** (야구) 스퀴즈로 득점하다(*in*). **11** (총의 방아쇠)를 꽉 잡아당기다, a *trigger* 방아쇠를 힘껏 잡아당기다. **12** (구어) (어떤 연령)에 접근하다.
── 匢 **1** 압력을 가하다. ¶ The strike began to ∼. 스트라이크의 효력이 나타나기 시작했다. **2** 압착되다, 짜지다. **3** 헤치고 나아가다, 억지로 뚫고 나아가다(*in*) (*through, into*). ¶He ∼*d up* the staircase. 그는 사람들을 비집고 계단을 올라갔다. **4** (노선 따위가) 통합되다, 하나가 되다. **5** (법안 따위가) (의회를) 간신히 통과하다 (*through*).　　　　　　　　　　　　「포하다.
squeeze off (방아쇠를 당겨) [탄환]을 발사하다, 발
squeeze one's way through …을 헤치고 나아가다.
squeeze out 갈궈하다; 모략으로 파산시키다.
squeeze through [or ***by***] (구어) 간신히 성공하다
squeeze to death 압살하다.　　　　　　　　「[극복하다.
squeeze up [승객 등]을 밀어넣다; (승객 등이) 밀려　　　　　　　　　　　　　　　　　　　　　　　　　　　「들다.
squeeze up against …에 몸을 밀어 붙이다.
── 閏 (∼*s* **squéez·es** [-iz]) **1** 압착, 짜내기. **2** 꽉 쥐기; 포옹. **3** (a ∼) 혼잡, 붐빔. **4** 꽉 짜서 얻은 작은 양 (의 것). ¶ a ∼ *of lemon juice* 소량의 레몬즙. **5** (a ∼) 곤경, 궁지, 위급함. **6** 본드기, (종이로 그림을 눌러 베낌, 눌러서 뜬 본, 틀. **7** 匝 (보통 the ∼) 강요, 협박, 압력; 갈취, 등침; (관리 따위가 뜯어내는) 부당한 수수료, 뇌물. **8** (a ∼, the ∼) 경제적 압박, 긴축; 부족. **9** (야구) = ∼ play.
at [or ***upon***] ***a squeeze*** 위기를 당하여.
be in a tight squeeze (구어) 궁지에 빠지다. 진퇴양난에 빠지다.　　　　　　　　　　　　　　　　　　　「하다.
put the squeeze on …에 압력을 가하다, …을 협박
── (美속어) **1** 행운의, 요행의. **2** 빈약한.
squéez·ing·ly 閏　　　　　　　　　　　　　「기.
squéeze bóttle 閏 내용물을 짜내게 된 플라스틱 용
squeeze-box [skwí:zbὰks/-bɔ̀ks] 閏 (구어) = concertina, accordion.
squéeze búnt 閏 (야구) 스퀴즈 번트.
squéezed órange 閏 이용가치가 없어진 것[사람].
squeeze-pidg·in [-pìdʒən] 閏 (英속어) 뇌물.
squéeze pláy 閏 **1** (야구) 스퀴즈 플레이, 스퀴즈. **2** (카드놀이) (브리지에서) 상대편의 귀중한 패를 내게 하기[하는 수]. **3** 압력, 협박.
squeez·er [skwí:zər] 閏 **1** 죄는 사람, 압박자. **2** 레몬즙 짜는 기구. **3** 압착 기계. **4** 위쪽 왼편에 점수를 표시한 트럼프.
squeg [skweg] 圄匢 (-*gg*-) (전자 회로가) 불규칙하게 발진(發振)하다.　　　　　　　　　　　　　　「(發振器).
squeg·ger [skwégər] 閏 (전기) 단속 발진기(斷續
squelch [skweltʃ] 匜 **1** …을 눌러[밟아서] 뭉크러뜨리다, 밀어 넘어뜨리다. **2** (소란 따위)를 억압하다, 진압하다. **3** (구어) …을 침묵시키다, 핀잔주다; [토론]을 억압하다. ──匢 **1** 철벅철벅 소리를 내다. **2** (진흙탕 따위에서) 철벅철벅 소리를 내면서 걸어다니다. ¶ The children went ∼*ing* through the mud. 아이들은 진흙탕 속을 철벅벅거리며 걸었다. ── 閏 **1** 짓이겨서 뭉크러뜨린 물건. **2** 철벅철벅 하는 소리. **3** (구어) 입을 다물게 함, 핀잔주기. **4** (전자) 스켈치 회로(∼ *circuit*). ∼**·er** 閏 남을 꼼짝 못하게 하는 사람[주장]. ∼**·ing·ly** 閏 철벅철벅 소리내면서. ∼**·ing·ness** 閏
squélch circuit ∼ =squelch 4.
squff [skʌf] 匜 (속어) 실컷[배불리] 먹다.
squib [skwib] 閏 **1** 풍자, 빈정거림. **2** (신문 따위의) 공간 매우기 토막 기사. **3** 꽃불, 폭죽. **4** (로켓 엔진의 고체 연료) 점화 장치. **5** (美·뉴질) 겁쟁이, 무기력한 사람; 겁이 많은[기력이 없는] 말(馬). ── 圄 (-*bb*-) 匢 **1** 풍자문을 쓰다. **2** 폭죽을 던지다; 탕 하고 튀기다. **3** 무서워하다, 두려워하다. **4** 이리저리 쏘다니다. ── 匜 **1** …을 풍자하다. **2** (폭죽)을 터뜨리다. ∼**·bish** 閏
squib kick 閏 (미식축구) 스퀴브 킥(킥오프에서 상대방이 공을 잡기 어렵도록 낮게 차기).
squid[1] [skwid] 閏 (∼*s*) **1** (각종의) 오징어, 말린 오징어. **2** 오징어 모양의 가짜 낚시 미끼. **3** (몇 개의 포신을 가진) 폭뢰 발사 장치. **4** (美학생 속어) 착실한 학생. ── 圄 (-*dd*-) 匢 **1** (낙하산이 공압으로) 오징어 모

squid² 명 (때로 S-) [물리] 초전도 양자(量子) 간섭계. [<superconducting quantum interference device]
squidge [skwidʒ] 명 (美속어) 손끝. ─ 〔척〕휙.
squidg·y [skwídʒi] 형 (英구어) 질퍽질퍽[질척질]
squiff [skwif] 통자 (속어) 함부로[마구] 먹다.
squiff out (속어) 곤드레만드레가 되다.
─ 명 * 다음 숙어로만 쓴다.
on the squiff 진탕 마시고.
squiffed [skwift] 형 (英속어) =squiffy. [na].
squif·fer [skwifər] 명 (英속어) 손풍금(concerti-
squif·fy [skwifi] 형 (英속어) 얼근히 취한.
squig·gle [skwigl] 명 1 (문자나 그림의) 짧고 불규칙한 곡선[비틀림]; 함부로 갈겨 쓴 글씨. 2 (美속어) 물결 기호(~). ─ 통자 짧고 불규칙한 곡선을 그리면서 움직이다. ¶ ⋯을 갈겨 쓰다.
-like 형 ⋯같은[가네.
squil·gee [skwíldʒi:, -´] 명통 =squeegee.
squill [skwil] 명 1 해총(海蔥), 해총의 구근(球根)을 얇게 잘라 말린 것(き담(去痰)제). 2 무릇속(屬)의 식물.
-like 형 [가데.
squil·la [skwilə] 명 (~s, -lae [-li:]) (동물) 갯
squil·la·gee [skwílədʒi:] 명통 =squeegee.
squil·li·on [skwíljən] 명 (속어) 1 수백만이라는 수(의). 2 거금(의).
squinch¹ [skwintʃ] 명 (건축) 스퀸치(4각탑 위에 얹은 8각탑을 떠받치는 탑 안쪽의 받침 홍예).
squinch² 통 (美) (⋯을) 눈을 흘겨 노려보다, (얼굴을) 찡그리다, 눈살을 찌푸리다; 짓이기다; 몸을 조그리다; 맞섬하다.
***squint** [skwint] 통자 1 사팔뜨기다. 2 눈을 가늘게 뜨고 보다. ¶ We ~ when we sight a gun. 우리는 총을 조준할 때 눈을 가늘게 뜬다. 3 결눈질[사팔뜨기]로 보다, 슬쩍 보다(at); 틈새로 들여다보다(through). 4 암시하다; (⋯의) 경향이 있다(toward). ¶ (~+젠+명) His article ~s toward radicalism. 그의 논설에는 급진적 경향이 있다. ─ 타 1 (눈)을 가늘게 뜨다. 2 ⋯을 흘겨보다. ─ 명 1 눈을 가늘게 뜨고 보기; 눈흘김. 2 (안과) 사시(斜視). ¶ have a bad [or fearful] ~ 매우 심한 사팔뜨기다. 3 (구어) 슬쩍 보기, 일별(一瞥)(at). ¶ He gave a ~ at me. 그는 나를 힐끗 쳐다보았다. 4 결눈질, 추파. 5 간접적 언급, 귀띔. 6 경향, 편향(偏向)(to, toward). 7 (건축) (교회의) 제단 요배창(祭壇遙拜窓). ─ 형 1 결눈질의; 결눈의. 2 (美시어) 사시의.
-er 명 사팔뜨기, 결눈질로 보는 사람. *-ing·ly* 부 사시로, 결눈질로. *-ing·ness* 명 [가 있는.
squint-eyed [²àid] 형 1 사시의; 편견을 가진, 악의
‡**squire** [skwaiər] 명 (~s [-z]) 1 (영국 지방의) 대지주, 지방 명사, 시골 신사. 2 (역사) 기사(騎士)의 종자(從者); (고관의) 남성 종자. 3 (美) 여성에 시중드는 신사. 4 (美) 치안[지방] 판사의 경칭. 5 (英구어) 손님, 나으리(* 점원의 손님에 대한 호칭; sir보다 정중한 말). ─ 통타 1 (여인)에게 시중들다, 종자로서 따라다니다. 2 (사교적 모임 등에서) (여성)을 에스코트하다.
-less, -like 형 [<esquire]
squire·arch [skwáiərɑ̀:rk] 명 (영국의) 지주 계급의 사람, (특히) 지방의 지주.
squir(e)·ar·chy [skwáiərɑ̀:rki] 명 (the ~) 1 (영국의) 지주 계급; ⓤ 지주 정치. 2 지주 계급에 의한 지배, 지주 정치. *-ár·chal, -ár·chi·cal* 형
squire·dom [skwáiərdəm] 명 1 =squirearchy. 2 지주의 지위[신분, 영지].
squi·reen [skwaiərí:n] 명 (아일) 소지주.
squire·hood [skwáiərhùd] 명 =squiredom.
squire·let [skwáiərlit] 명 소지주, 젊은 지주.
squire·ling [skwáiərliŋ] 명 =squirelet.
squire·ship [skwáiərʃip] 명ⓤ 지주의 신분[지위].
squirm [skwə:rm] 통자 1 (벌레처럼) 꿈틀거리다, 몸부림치다; 꿈틀거리며 나아가다(along, out). 2 어색해하다, 주저주저하다. ─ 명 꿈틀거림, 몸부림; 꿈지락거림. ─ 통타 꿈틀거리게[버둥거리게] 하다; 몸부림치며 ⋯을 해내다.
squirm out of (책임 등)에서 벗어나다.
-er 명 *-ing·ly* 부 [는; 우물쭈물하는.
squirm·y [skwə́:rmi] 형 꿈틀거리는, 꿈지락거리는
‡**squir·rel** [skwə́:rəl, skwʌ́r-/skwír-] 명 (~(-s) [-(z)]) 1 다람쥐. 2 다람쥐의 모피. 3 (美속어) 물건을 모아들여 쌓아놓는 사람. 4 (美속어) 정신과 의사. 다람쥐의, 다람쥐 모피로 된[장식된]. ─ 통 (-l-, (英) -ll-) 타 (돈·귀금속 등)을 (장래를 위해) 저장하다 (away). ─ 자 (美속어) (hot rod로) 길을 누비듯이 달리다; 바쁘게 움직이다.
squirrel out of (美구어) (싫은 상황)으로부터 겨우
~ish, ~like [빠져나오다.
squirrel càge 명 1 (쳇바퀴 달린) 다람쥐 집. 2 (구어) 무의미한 반복. 3 다람쥐 집 모양의 선풍기.
squir·rel·(l)y [skwə́:rəli/skwír-] 형 1 다람쥐 같은. 2 신경과민의. 3 상궤를 벗어난; 머리가 돈.
squirrel mònkey 명 (남미산) 다람쥐원숭이.
squirrel rífle [gùn] 명 22구경 소총.
squirt [skwə:rt] 통자 1 (작은 구멍에서 액체 따위가) 분출하다, 솟구쳐 나오다(from, out of). ¶ The blood ~ed out of the wound. 상처에서 피가 솟아나왔다. 2 물보라를 날리다, 물방울을 튀기다(over). 3 돌진하다, 재빠르게 움직이다. ─ 타 1 (액체 따위)를 뿜어내다(from, out of). ¶ The tank ~ed waste fluid. 탱크에서 폐수가 분출했다. 2 (분수에서) 액체 따위(로) ⋯을 적시다; ⋯에 물[액체]을 뿌리다[끼얹다](with). ─ 명 1 분출, 뿜어나오기, 분류(噴流), 분수. ¶ a ~ of exhausted gas 배기 가스의 분류. 2 주사기, 세정기(洗淨器), 물총. 3 소량의 분출물. 4 (구어) 애송이, 풋내기; 자기만이 옳다고 젠체하는 쓸모없는 사람, 벼락 출세한 사람. 5 (공군속어) 기총 소사; 제트 비행기. 6 (~s) [설사.
have a squirt (속어) 오줌 누다.
-er 명 분출기[장치]; 뿜어내는 사람. *-ing·ly* 부
squirt càn 명 기름치는 통, (밑을 눌러 기름이 뿜어 나오게 하는) 주유통.
squirt gùn 명 물총. [(남부 유럽산) 오이의 일종.
squirt·ing cúcumber [skwə́:rtiŋ-] 명 (식물)
squish [skwiʃ] 통타 (방언) ⋯을 압착하다, 으깨어 부수다, 짓눌러 뭉그러뜨리다. ─ 자 (물 속에서) 첨벙 첨벙 소리를 내다(내며 나아가다). ─ 명 1 철벅철벅 하는 소리. 2 ⓤ (美학생 속어) 마말레이드(marmalade). 3 (美속어) 하라는 대로 하는 사람.
squish·y [skwíʃi] 형 1 질퍽한, 녹진녹진한. 2 철벅거리는, 질퍽거리는. 3 감상적인. *squish·i·ness* 명
squit [skwit] 명 (英속어) 1 쓸모없는 사람. 2 실없는 소리. 3 (~s) (英속어) 설사.
squit·ter [skwítər] 명 (보통 ~s) =squirt 6.
squiz [skwiz] 명 (濠·뉴질 속어) 통타 (-zz-) 훔쳐보다; 흘끗[언뜻] 보다. ─ 명 (~·zes) 흘끗[슬쩍] 보기, 일별; (캐는 듯한) 눈초리. [<squint+quiz]
squizzed [skwizd] 형 (美속어) 술 취한.
sq. yd. *square yard*(평방 야드). **sr** (수학) stera-dian(입체각의 단위). **Sr** ⓐ (화학) strontium. **SR** ⓐ Swissair(스위스 항공); (물리) synchrotron radiation. **Sr.** Señor; Senior; *Señor*; Sir; Sister. **S.R.** (英) Southern Railway. **S-R** *stimulus-re-sponse*. **Sra.** *Senhora*; *Señora*. **SRAM** *short-range attack missile*(단거리 공격 미사일); [컴퓨터] *static random-access memory*(정적 임의 접근 기억 장치). **SRAMS** *static random access memory chips*. **SRB** *solid rocket booster*. **SRBM** *short-range ballistic missile*(단거리 탄도 미사일). **SRC** (英) Science Research Council; (美) Semiconductor Research Corporation(반도체 기술 연구 개발 회사).

S-R connèction 〔심리〕 자극-반응 결합.
S. Rept. Senate report. **Sres.** (스페인) *Señores*.
S. Res. Senate resolution.
sri [sri:, ʃri:] 〔명〕 스리. 1 힌두의 신·성자 등에 대한 경칭. 2 인도에서 Mr., Sir에 해당하는 경칭.
S.R.I. (라틴) *Sacrum Romanum Imperium*(= Holy Roman Empire)(신성 로마 제국).
Sri Lan·ka [sriː láːŋkə, -lǽŋkə] 〔명〕 스리랑카(인도 남쪽 Ceylon섬으로 된 나라; 수도는 Colombo).
SRN (英) State Registered Nurse(국가 공인 간호사).
SRO single-room occupancy(1실 거주); standing room only(입석 이외의 만원). 「텔.
SRO hotel 〔명〕 (美) (고령자 등을 위한) 1실 거주 호
Srta. *Senhorita*; *Señorita*. **SRV** space rescue vehicle. **ss** (라틴) (처방전에서) *semis*(=a half)(약품의) 절반). **SS** steamship; supersonic; stewardess; service station(주유소). **ss.** (라틴) *scilicet* (=namely); sections; (야구) shortstop. **SS., ss.** Saints. **S.S.** (독일) *Schutzstaffel*(나치의 친위대); screw steamer(스크루 기선); Secretary of State; (라틴) *sensū strictō*(=in the strict sense)((처방전에서) 엄밀한 의미에서); Silver Star(은성 훈장); steamship; Straits Settlements; Sunday School.
SSA Social Security Administration. **SSAT** (美) Secondary School Admissions Test (중등학교 입학 전형 시험). **SSB** (통신) single side band(단측 파대(單側波帶)); Social Security Board.
SSBN [ésèsbìːén] 탄도 미사일 탑재 원자력 잠수함. (<*SS*(=submarine)+*b*allistic+*n*uclear)
SSCAE (美) Special Senate Committee on Atomic Energy(상원 원자력 특별 위원회). **SSD** (라틴) *Sacrae Scripturae Doctor*(=Doctor of Sacred Scripture). **SS.D.** (라틴) *Sanctissimus Dominus* (=Most Holy Lord)(교황 폐하). **SSDDS** self-service discount department store. **SSDS** self-service discount store. **SSE, s.s.e.** south-southeast.
SS-11 〔명〕(美군사) 대전차 로켓탄.
S.Sgt., S/Sgt. staff sergeant. **SSI** (전자) small-scale integration[integrator](소규모 집적회로).
S sleep 〔생리〕 S 수면(synchronized sleep).
SSM (군사) surface-to-surface missile(지대지(地對地) 미사일); super supermarket(대형 종합 슈퍼마켓).
SSN [ésèsèn] 〔명〕 원자력 잠수함.
(<*SS*(=submarine)+*n*uclear)
SSR Soviet Socialist Republic(소비에트 사회주의 공화국). **SSS** Selective Service System(선발 징병제); (골프) standard scratch score. **SSSI** (英) site of special scientific *i*nterest(자연보호협회 특별 지정 지구). 「(port).
SST [éːsèstíː] 〔명〕 초음속 여객기(supersonic trans-
S-state [ésstèit] 〔명〕 〔물리〕 정상(定常) 상태.
SS-24 〔명〕 옛 소련의 신형 ICBM의 암호명.
SSW, s.s.w. school social worker(학생 상담역); south-southwest. **st** (기상) stratus. **ST** speech therapy[therapist](언어 요법, 요법사). **st.** stanza; statute(s); stet; stone(중량의 단위); strait; street;
‡St. Saint; statute(s); Strait; Street. **s.t.** short ton.
-st [st] 〔접미〕 1 형용사·부사의 최상급을 나타내는 어미. ¶*first*; *least*. 2 (고어) 시) thou에 수반하는 동사의 어미(* 2인칭·단수·현재형 및 과거형에 쓰인다). ¶thou seest; thou hast.
sta. station; stationary.
‡stab [stæb] 〔명〕 (~*s* [-z]; -*bb*-) 〔타〕 1 (단검 따위로) …을 찌르다 (*with*); 찔러 죽이다; (끝이 뾰족한 것을) 찔러 세우다 (*into*). ¶(~+ 목+ 전+ 명) ~ a person *with* a knife 칼로 남을 찌르다 / ~ a knife *into* a per-

son 남을 칼로 찌르다. 2 (명예·감정 따위를) 심히 해치다[상처내다], 중상하다. 3 (손가락 따위로) 찌르다, 찌르듯 내밀다; 가리키다. 4 (제본) (꿰매기 전에) 철사 구멍을 뚫다. 5 (회반죽을 바르기 전에) (벽돌벽의 표면)을 거칠거칠하게 하다. ─ 〔자〕 1 찔러 꿰뚫다; 찌르며 덤비다(*at*). 2 (사람의 마음 따위)를 찌르다(*at*); (통증이) 찌르는 듯한 느낌을 주다. 3 (명예에) 상처를 입히다(*at*).
stab a person in the back ① 남의 등을 찌르다. ② 남의 험담을 하다, 중상하다.
── 〔명〕 1 찌르기 (*at*). 2 감정 따위를 상하게 하는 것, 중상. 3 찔린 상처, 자상(刺傷); 찌르는 듯한 아픔. 4 (구어) (…에 대한) 기도(企圖), 시도(attempt) (*at*).
a stab in the back 협담, 중상; 배신.
make [or have] a stab at …을 시도하다, 해보다.
stab. stabilization; stabilizer; stable.
Sta·bat Ma·ter [stáːbɑt máːtər, stéibæt méi-/ stáːbæt máːti] 스타바트 마테르, 슬픔에 잠긴 성모(그리스도가 십자가에 못박혔을 때의 성모의 슬픔을 노래한 찬미가); 그 노래의 곡. [<L the mother was standing] 「물건, 단도, 송곳.
stab·ber [stǽbər] 〔명〕 찌르는 사람, 암살자; 찌르는
stab·bing [stǽbiŋ] 〔명〕 1 꿰뚫음. 2 마음 상하게 하는. 3 (아픔이) 찌르는 듯한; 신랄한. **~·ly** 〔부〕
stáb cùlture 〔명〕 〔세균〕 천자(穿刺) 배양.
Stabex [stéibeks] 〔명〕 (EC의) 수출 소득 안정 보장 제도. (<*Stab*ilization of *Ex*port Earnings)
sta·bile [stéibil, -bail] 1 안정된, 정착한. 2 (의학) 내열성의(耐熱性의); (전기 요법에서) 전극(電極)을 환부에 고정시켜 놓는. ── [stéibiːl/-bail] 〔명〕 〔미술〕 스테이빌(고정 추상 조각 작품). ⓐ mobile
‡sta·bil·i·ty [stəbíləti] 〔명〕 (-*ties* [-z]) Ⓤ C 1 안정, 고정; (물·화) 안정성. ¶the moment of ~ 안정률. 2 착실, 견실. ¶a man of ~ 착실한 사람. 3 (마음 따위의) 불변, 부동(성). 4 (기상) (상승 기류가 없는) 대기의 안정. 5 (배 등의) 안정(성), 복원력(성).
‡sta·bi·li·za·tion [stèibəlizéi ʃ ən/-laiz-] 〔명〕 1 Ⓤ 안정, 고정; (물가 따위의) 안정. 2 (사진) 안정화 처리.
‡sta·bi·lize [stéibəlàiz] (* (英) -lise) 〔타〕〔자〕 1 …을 안정시키다, 고정시키다, 튼튼하게 하다. ¶ ~ currency 통화를 안정시키다. 2 (항공·해사) …의 안정을 유지하게 하다.
sta·bi·liz·er [stéibəlàizər] 〔명〕 1 안정시키는 사람 [것]. 2 안정기, 안정 장치. 3 (항공) 수평 미익(水平尾翼); (해사) 안정 장치, 스테이빌라이저; 자이로스코프식 안정 장치. 4 (화학) 안정제. 5 (군사) 안정화 장치. 6 (전기) 안정기. 7 (~s) (어린이용 자전거의) 보조 바퀴.
‡sta·ble¹ [stéibl] 〔명〕 1 마구간, 마방(馬房); (경주마의) 조련장(調練場), 외양간. 2 (집합적) 같은 마구간에 속한 모든) 말, 경주마; 마부, 기수. 3 (구어) (집합적) 조직에 속하여 같은 일에 종사하는 사람들. 4 동일 산업·회사 따위에 의해 생산되는 제품. 5 같은 매니저 밑에서 일하는 사람들(복서·신문 기자·매춘부 등). 6 (구어) (프로 선수를 육성하는) 훈련 시설, 도장, …클럽, …단. ¶be out of the same ~ 같은 도장 출신이다.
go out of the stable (말이) 경주에 나가다.
── 〔타〕 …을 마구간에 넣다. ── 〔자〕 마구간에 들어가다 [넣어져 있다]; (사람이) 외양간 같은 곳에 살다.
‡sta·ble² [stéibl] (-*bler, more ~; -blest, most ~*) 1 안정된, 견고한, 튼튼한, 불변의. ⇨ FIRM [유의어] ¶a ~ political power 안정된 정권. 2 (성격 따위가) 착실한, 지조가 굳은. ¶a man of ~ character 착실한 사람. 3 신뢰할 수 있는, 정신적으로 건전한. 4 (물리) 안정성이 있는, 복원력(復原力)이 있는. 5 (화학) 안정된, 분해하기 어려운. **~·ness** 〔명〕 **-bly** 〔부〕
sta·ble·boy [stéiblbɔ̀i] 〔명〕 마구간지기 (소년), (마부. 「하라는) 신호(나팔소리). 「마부.
sta·ble-call [-kɔ̀ːl] 〔명〕 (군사) 말을 보살피라는[손질

stáble compànion 〔명〕 〔구어〕 같은 팀[클럽]의 동료 선수(stablemate).
stáble flý 〔명〕 〔곤충〕 침파리.
sta·ble·lad [stéibləd] 〔명〕 =stableboy.
sta·ble·man [stéiblmən, -mæn] 〔명〕 마구간지기.
sta·ble·mate [stéiblmèit] 〔명〕 같은 마구간에 있는 말; 같은 클럽[팀] 소속원[선수].
stáble pùsh 〔美俗〕 〔경마의〕 내부 정보.
sta·bler [stéiblər] 〔명〕 마구간지기.
sta·bling [stéibliŋ] 〔명〕〔U〕 마구간에 넣기; 마구간의 설비; 〔집합적〕 마구간.
stab·lish [stǽbliʃ] 〔동〕 〔고어〕 =establish.
stacc. 〔음악〕 staccato.
stac·ca·to [stəká:tou] 〔음악〕 〔동〕 단음적(斷音的)인, 단주(斷奏)의, 스타카토의, 〔반〕 legato — 〔부〕 단음적으로, 스타카토로. — 〔명〕 (〔복〕 ~s, -ti [-ti:]) 단음, 단주, 스타카토.

***stack** [stæk] 〔명〕 1 〔건초·밀짚 따위를 쌓아놓은〕 더미, 낟가리. 2 〔물체의〕 퇴적(堆積), 쌓아올린 무더기. ⇨PILE 〔類義〕 ¶a wheat ~ 밀 더미. 3 (~s) 서가(書架), 책꽂이 선반; 〔도서관의〕 서고. 4 〔군사〕 〔세 자루의〕 걸어총. 5 굴뚝; 〔여러 개의 굴뚝을 모아〕 짜맞춘 굴뚝. 6 〔英〕 한 가리(장작·숯 따위의 부피를 재는 단위; 108 입방 feet). 7 송풍관, 통풍관; 〔여러 층에 통해 있는〕 수직 배수관(排水管). 8 〔항공〕 〔집합적〕 착륙 대기중인 복수의 비행기. 9 〔구어〕 다수, 다량. ¶ I have ~s of affairs to settle today. 오늘은 볼 일이 태산같이 많다. 10 〔컴퓨터〕 스택, 후입선출열(後入先出列). 11 〔카드놀이〕 손님이 한 번에 살 수 있는 최대한의 칩. 12 〔英〕 〔스코틀랜드에서〕 바다 가운데 솟아오른 뾰족바위.
blow one's stack 〔속어〕 발끈 화내다.
— 〔동〕 1 〔건초·밀짚 따위〕를 쌓아올리다. 2 〔총〕을 걸다, 걸어총을 하다. 3 〔카드놀이〕 〔카드〕를 부정한 방법으로 치다. 4 …을 부정한 수단으로 하다. 5 〔항공〕 〔착륙을 기다리는 항공기〕에 고도차를 매겨 선회 대기시키다. 6 〔사람·차 따위〕를 지체시키다.
— 〔자〕 〔건초 따위가〕 더미로 되다, 겹쳐 쌓이다.
have the cards stacked against one 지극히 불리한 입장에 있다.
Stack arms! 걸어 총!
stack the cards [or *deck*] ① ⇨〔동〕3. ② 〔남이 불리하도록〕 사전 준비를 하다, 부정 수단을 쓰다.
stack up ① 〔비행기에〕 선회 대기시키다. ② 합계 …이 되다(*to*); …와 비교하다, 필적하다(*with*, *against*). ③ 〔美구어〕 앞뒤가 맞지 않다; 지내다, 해나가다; 〔속어〕 자동차 사고를 일으키다.
— 〔형〕 〔속어〕 1 근사한, 멋있는. 2 지독한, 구제 불능의.
~·a·bíl·i·ty 〔명〕 ~·a·ble 〔형〕 쌓아올릴 수 있는.
~·less 〔형〕 「는.
stacked [stækt] 〔형〕 〔美속어〕 〔여성이〕 육체미가 있.
stácked déck 〔명〕 농간 부린 카드 한 벌.
play with a stacked deck 속임수를 쓰다, 농간을 부리다.
「만든 여성용 구두 힐).
stáck(ed) héel 〔명〕 스택 힐(가죽을 여러 겹 포개서
stack·ing [stǽkiŋ] 〔명〕 〔항공〕 선회 대기.
stáck ròom 〔명〕 〔도서관의〕 서고.
stack-up [stǽkʌ̀p] 〔명〕 〔항공〕 착륙을 기다리는 항공기에 고도차를 매겨 대기 선회 비행을 시키기.
stac·te [stǽkti] 〔명〕〔U〕 〔고대의〕 향료, 몰약(沒藥).
stac·tom·e·ter [stæktáməᵼər/-tɔ́m-] 〔명〕 적량계(滴量計).
sta·di·a¹ [stéidiə] 〔측량〕 〔명〕 스타디아 측량(법), 시거의(視距儀) 측량(법); 스타디아(시거) 측정. — 〔동〕 〔명〕
sta·di·a² 〔명〕 stadium의 복수형. 「디아 측량(법)의.
sta·di·om·e·ter [stèidiámətər/-óm-] 〔명〕 〔곡선의 길이를 재는〕 스타디오미터.
sta·di·um [stéidiəm] 〔명〕 (〔복〕 **~s, -di·a** [-diə]) 1 (~s) 육상 경기장, 야구장, 축구장, 스타디움. 2 〔고대 그리스〕 a) 경기장. b) 길이의 단위(약 200m). 3 〔곤충〕 〔탈피와 탈피 사이의〕 기(期). 4 〔의학〕 병의 단계(stage), 제 …기(期).
stadt·hold·er [stǽthòuldər] 〔명〕 〔옛 네덜란드〕 주지사, 7개 주(州) 연합의 총독. (또는 **stadholder**)

‡**staff¹** [stæf, sta:f/sta:f] 〔명〕 (〔복〕 **staves** [steivz], **~s**) 1 막대기, 지팡이, 몽둥이; 〔무기 따위의〕 기대는 자루; 지주(支柱), 깃대; 〔측량용의〕 표척(標尺). 2 〔지위·권위를 상징하는〕 지휘봉, 권표(權標). 3 의지가 되는 것. ¶He is a ~ to his family. 그는 집안의 기둥이다. 4 (~s) (the ~) 〔집합적〕 직원, 부원, 사원. ¶ the editorial ~ 편집부원/the teaching ~ of college 대학의 교수진/the embassy ~ 대사관원. 5 (~s) (the ~) 〔집합적〕 〔군사〕 참모, 막료. ¶the general ~ 참모본부. 6 〔음악〕 보표(譜表), 오선(stave). 7 〔의학〕 도뇨 소식자(導入消息子). 8 〔철도〕 〔단선 구간의〕 통표(通票).
at staff's end 〔고어〕 팔을 뻗으면 닿는 곳에.
be on the staff 부원[직원]이다.
set up one's staff 주거를 정하다, 정착하다.
the staff of life 생명의 양식, 주식. ¶Bread is the ~ of life. 빵은 생명의 양식이다.
— 〔동·타〕 1 …에 직원[부원]을 두다. 2 …의 직원으로 근무하다. 3 …의 직원을 늘리다, 증원하다 (*up*).
— 〔형〕 〔한정용법〕 1 참모의, 간부(진)의. ¶a ~ member 스태프의 일원 / ~ meetings 간부 회의. 2 전속의. ¶a ~ writer 전속 작가.
~ed [-t], ~·less 〔형〕 「한 석고로서 건축 자재」.
staff² 〔명〕〔U〕 담장이를 넣은 석고(담장이를 썰어 넣어 굳
staf·fage [stəfá:ʒ] 〔명〕 〔풍경화 따위의〕 점경인물(點景人物).
stáff associàtion 〔명〕 직원 조합. 「景人物).
stáff càptain 〔명〕 〔대형 외항선[여객선]의〕 항해 담당 선장, 부선장.
stáff còllege 〔명〕 〔英군사〕 참모 대학(수료하면 이름 앞에 psc(passed staff college)라고 적는다).
staff·er [stǽfər/stá:f-] 〔명〕 〔관청·편집국·군대 따위의〕 직원, 국원.
staff·man [stǽfmæn/stá:f-] 〔명〕 =staffer.
stáff notàtion 〔명〕 〔음악〕 기보법(記譜法).
stáff òfficer 〔명〕 〔군사〕 참모 장교; 〔美육군〕 비군사적 직책의 장교(군의관·군목 등).
Staf·ford·shire [stǽfərdʃjər, -ʃər] 〔명〕 스태퍼드셔(잉글랜드 중부의 주). 또는 **Stafford, Staffs**) 「실.
staff·room [stǽfrù(:)m] 〔명〕 〔英〕 〔학교의〕 교직원
stáff sèction 〔명〕 〔군사〕 참모부.
stáff sérgeant 〔명〕 〔복〕 1 〔공군〕 air man first class와 technical sergeant 사이의 계급. 2 〔육군〕 sergeant와 sergeant first class 사이의 계급. 3 〔해병대〕 sergeant와 gunnery sergeant 사이의 계급.
stáff wòrk 〔명〕 스태프[참모]의 업무(조언·기안 등의 일).

***stag** [stæg] 〔명〕 (〔복〕 **~(s)**) 1 수사슴. 2 〔기타 동물의〕 수컷; 〔거세한〕 수퇘지. 3 〔사교 모임에〕 여자를 동반하지 않은 남자; 남자만의 모임(~ party). 4 〔英〕 권리주(權利株) 전문가, 신주(新株)를 사서 차익을 버는 사람. 5 〔英〕 밀고자. ¶ turn ~ 밀고하다.
go stag 〔美구어〕 여자를 동반하지 않고 사교 집회에
— 〔형〕 1 남성용의, 남성 전용의; 여성을 동반하지 않는, 남자만의. 2 〔포르노 따위〕 남성 취향의.
— 〔동〕 (**-gg-**) 〔자〕 1 〔美〕 〔모임 따위에〕 여자를 동반하지 않고 참석하다. 2 〔英속어〕 〔주식〕 차익을 따먹다. 3 〔英〕 밀고자가 되다. — 〔타〕 1 〔英〕 〔남〕의 뒤를 몰래 밟다, 염탐하다(spy on). 2 〔美〕 〔의류〕를 짧게 자르다, 〔바지〕를 무릎으로 잘라내다(*off*). — 〔부〕
~·like 〔형〕 「여성을 동반하지 않고.
stág bèetle 〔명〕 사슴벌레.

‡**stage** [steidʒ] 〔명〕 (〔복〕 **stag·es** [-iz]) 1 〔발달·진행 따위의〕 단계, 국면, 기(期), 시대 〔동·중상의〕 …기(期). ¶ the early ~ of civilization 문명의 초기 단계/the embryonic ~ 태생기(胎生期) / the barter ~ 물물교환 시대 / the early ~s of cancer 암의 초기. 2 무대, 스테

이지, 연단. ¶a revolving ~ 회전 무대 / put [or bring, present] a play on the ~ 연극을 상연하다 / have ~ nerve 무대에 익숙하다. **3** (the ~) 극, 연극, 극문학; 연극계, 극단, 배우 직업. **4** (활동) 무대, 장(場). ¶the ~ of one's activities 활약의 무대. **5** (건축 현장 따위의) 발판, 비계; 선창, 부두, 잔교(棧橋). **6** 역마차, 승합 마차(stagecoach). **7** (여행 도중의) 역, 역참(驛站), 여정(旅程), 역참간의 거리. **8** (지질) 계(階)(연대 구분의 기(期)(age)에 대응하는 지층). **9** (현미경의) 검경대(檢鏡臺). **10** 〔무선〕 증폭단(增幅段). **11** 〔로켓〕 (다단식 로켓의) 단(段). **12** (군의) 기(期), 령(齡). **13** (英) (버스 따위의) 동일요금 구간. **14** 〔전자〕 (다단(多段) 증폭기의) 단. **15** 생선 건조대. **16** 1년 동안에 이수하는 대학의 *be on the stage* 무대에 서다, 배우이다. 〔과목. *by easy stages* 천천히, 쉬엄쉬엄. *come on* [or *upon*] *the stage* ① 무대에 오르다. ② 세상에 나오다, 등장하다. *go on the stage* 배우가 되다. 〔끌다. *hold the stage* ① 연속 상연되다. ② 관객의 관심을 *on stage* (배우가) 무대에 서서, 연기중. *quit* [or *leave*] *the stage* ① 무대를 떠나다. ② 물러나다, 은퇴하다. 〔갖추다. *set the stage for* …의 준비를 하다, 만반의 태세를 *stage by stage* 단계적으로.
—⑤ (*stag·es* [-iz]; *~d*; *stag·ing*) ⑪ **1** …을 상연하다, 각색하다. **2** …에 무대를 설치하다. 무대[단]을 설치하다. **3** …을 계획하다, 실행하다, 훌륭히 수행하다. ¶He ~d a comeback. 그는 훌륭하게 컴백했다. **4** 〔병〕 특히 암의 진행]을 단계짓다. **5** 〔군사〕 〔부대·자재 따위를〕 이동[집결]시키다. **6** 〔우주〕 (로켓의 단)을 윗단에서 분리시키다. **7** 〔인쇄〕 〔판〕에 부식 방지액을 칠하다. **8** 〔로켓〕 을 다단식(多段式)으로 하다. ⑪ **1** 상연할 만하다, 공연에 적합하다. ¶(~+劃) This play does not ~ well. 이 극본은 잘 상연되지 않는다. **2** 역마차로 여행하다. **3** (군사) 진지를 구축하다, 기지를 설치하다.
~·a·bíl·i·ty ⑧ ~·a·ble ⑧ ~·a·ble·ness ⑧ ~·a·bly 〔튀.
stáge box ⑨ (극장의) 무대 옆 특별 객석.
stáge búsiness ⑨ 〔연극〕 몸짓, 거동, 동작.
***stage·coach** [stéidʒkòutʃ] ⑨ (정기적인) 역마차, 합승 마차. **~·man** ⑨ 역마차의 마부.
stage·craft [stéidʒkræft/-krɑ̀ːft] ⑨Ⓤ 극작법; 극작의 재능. 〔서.
stáge diréction ⑨ (~s) 연기 지시(서), 무대 주의
stáge diréctor ⑨ (英) 무대 감독; (美) 연출자.
stáge dóor ⑨ 극장의 뒷문, 무대 출입구.
stáge-door Jóhnny ⑨ [구어] 여배우나 쇼걸을 사귀려고 뻔질나게 극장에 드나드는 남자.
stáge effect ⑨ **1** 무대 효과. **2** (관객의 인기를 얻기 위한) 연출적인 연기; 가식.
stáge fèver ⑨ 연극열, 배우 지망열.
stáge fright ⑨ 처음 무대에 선 사람의 두려움, 무대 공포증. ¶get ~ (관객 앞에서) 얼다.
stage·hand [stéidʒhænd] ⑨ (도구·조명 따위를 다루는) 무대 담당.
stáge léft ⑨ (관객을 향해서) 무대 좌측.
stage-man·age [´mænidʒ] ⓣ⑪ **1** …의 무대 감독을 보다, 배우로 연출하다, [회합 등]을 솜씨 좋게 운영하다. **3** 몰래 …을 준비하다. —⑩ 무대 감독을 하다. **~·ment** ⑨.
stáge mànager ⑨ 무대 감독.
stáge managership ⑨.
stáge náme ⑨ (배우의) 예명(藝名).
stáge pláy ⑨ 무대 연기; (방송극이 아닌) 무대극.
stag·er [stéidʒər] ⑨ **1** (종종 *old* ~) 경험을 쌓은 [노련한] 사람, 경험자, 베테랑. **2** (古) 배우(actor).
stáge right ⑨ 〔연극〕 **1** (관객을 향해서) 무대 오른쪽. **2** (~s) (연극의) 상연권, 흥행권.

stáge sèt ⑨ =stage setting.
stáge sètting ⑨ 무대 장치(를 하기). 〔동경하는.
stage-struck [stéidʒstrʌ̀k] ⑧ 무대[배우] 생활을
stáge whísper ⑨ **1** (극중 관객에게 들리도록 큰 소리로 하는) 방백(傍白). **2** (일부러 제3자에게 들리도록 하는) 혼잣말. **stáge-whís·per** ⓣ.
stage·wise [stéidʒwàiz] ⑧ 연극에 정통한; 연출 면에서 본. 〔무대에서는.
stage·y [stéidʒi] ⑧ (美) =stagy.
stág film ⑨ (英) =stag movie.
stag·fla·tion [stægfléiʃən] ⑨Ⓤ (英) 스태그플레이션(경기 침체 속의 인플레). **~·ar·y** ⑧
 [<*stag*nation + in*flation*]
:**stag·ger** [stǽgər] ⑨ (~s [-z]) ⑪ **1** 비틀거리다, 비척거리다(*about, around*), 갈짓자로 걷다, 흔들흔들 걷다(*along, down*). ¶(~+劃) ~ *along* 비틀거리면서[갈짓자로] 걷다/~ *back* 비틀거리며 뒷걸음질치다, 비슬비슬하다.

〔유의어〕 **stagger** 끊임없이 몸의 평형을 잃고 똑바로 가지 못하다. **reel** 갈짓자로 걷다, 흔들흔들하면서 금방 넘어질 듯하다. **totter** (어린애·노인처럼) 비척 비척 걸어가다.

2 주저하다, 망설이다(*at*); (마음이) 흔들리다, 동요하다. **3** (토론·전투 따위에서) 질리다, 기가 죽다, 절뚝매다. **4** (전투 대열이) 무너지기 시작하다, 도망치려 하다. ¶(~+前+图) The enemy ~ed *at* the first attack. 적은 최초의 공격으로 무너지기 시작했다. **5** (선박 따위가) 심하게 흔들리다, 요동하다. **6** (곤경에 굴하지 않고) 어떻게든 해나가다, 헤쳐 나가다.
—ⓣ **1** …을 비틀거리게[휘청거리게] 하다. **2** …을 망설이게 하다, 주저하게 하다; 동요시키다. **3** (슬픔 등이) …에게 충격을 주다. …을 깜짝 놀라게 하다, 당황하게 하다. ¶be ~ed *at* [or *by*] …을 보고[듣고] 깜짝 놀라다. **4** …을 엇갈리게 배열하다. ¶The teeth of saws are ~ed. 톱니는 서로 엇갈리게 되어 있다. **5** 〔항공〕 (복엽 비행기의 위·아래 날개)를 앞뒤로 엇갈리게 배열하다. **6** (근무·식사 등)에 시차를 두다.
stagger to one's feet 비척거리며 일어서다.
—⑨ **1** 비틀거림, 흔들거림, 갈짓자 걸음. ¶walk with a ~ 비틀거리며[갈짓자로] 걷다. **2** (차바퀴의 살처럼) 서로 엇갈리게 하기. **3** (항공) (복엽 비행기의 날개의) 엇갈린 배치(정도). **4** 시간차 출근(근무). **5** (~s) 어지러움. **6** (~s) (단수취급) (수의) (가축의) 훈도(暈倒)병, 어지러움병.
—⑧ (한정용법) (출근시간 따위가) 조금씩 다른, 시차적인, 상호 교차적인. ¶a ~ system 시차 출근 제도.
stág·gered bóard [stǽgərd-] ⑨ (선출 시기가 다른 임원으로 구성된) 임기별 임원회. 〔무〕, 출근 시차제.
stággered (óffice) hóurs ⑨ 시차(제) 출근근
stag·ger·er [stǽgərər] ⑨ **1** 비틀거리는 사람. **2** 깜짝 놀라게 하는 것; 큰 사건, 어려운 문제.
***stag·ger·ing** [stǽgəriŋ] ⑧ **1** 비틀거리는, 비척거리는. **2** 비틀거리게 하는. **3** 주저하는, 머뭇거리게 하는. **4** 깜짝 놀라게 하는, 당황하게 하는. **~·ly** 〔튀.
stag·ger-through [-θrùː] ⑨ 텔레비전 카메라 앞에서 하는 첫 리허설; (연극) 총연습.
stag·ger·y [stǽgəri] ⑧ 비틀거리는, 휘청거리는.
stag·gy [stǽgi] ⑧ (여자가) 사내 같은; (암컷이) 성숙한 수컷의.
stag·horn [stǽghɔ̀ːrn] ⑨ **1** 수사슴의 뿔; 수렵용 나팔. **2** 〔식물〕 석송(石松). **3** 사슴뿔 모양의 가지가 있는 산호(珊瑚)의 일종. 〔사냥개.
stag·hound [stǽghàund] ⑨ (사슴 따위 사냥용)
stag·ing [stéidʒiŋ] ⑨ **1** Ⓤ Ⓒ 발판, 비계; (온실의) 식물을 올려 놓는 선반. **2** Ⓤ 상연, 연출. **3** Ⓒ Ⓤ 역마차(業); 역마차 여행. **4** Ⓤ (우주) (로켓의) 스테이징(한 단 분리한 후 다음 점화까지의 작업). **5**

staging area ⓒⓤ (부대·자재 등의) 집결, 이동.
stáging àrea 웹 1 (군사) (전투 지역으로 향하는) 집결지, 2 (비유적) 중요한 준비 단계, 3 도중 정차[정박].
stáging pòst 웹 (英) =staging area. [작륙]지.
Stag·i·rite [stǽdʒəràit] 웹 1 (고대 그리스 Macedonia의 도시) 스타기라(Stagira)의 주민[출신]. 2 (the ~) 아리스토텔레스(Aristotle)의 별칭. **-rít·ic** 웹
stág líne 웹 (여성을 동반하지 않고 댄스파티에 혼자 와 있는 남자들.
stág mòvie 웹 (美) (남성용의) 포르노 영화.
stag·nan·cy [stǽgnənsi] 웹ⓤ 1 괴어 있음, 정체. 2 침체, 활발치 못함; 불경기, 부진. **-nance**
***stag·nant** [stǽgnənt] 웹 1 (액체·공기 따위가) 고여 있는, 흐르지 않는. 2 발전[진보, 성장, 향상]이 없는, 3 활기가 없는, 침체해 있는; 불경기의, 부진한. **~·ly**
stag·nate [stǽgneit/-´-] 웹타 1 흐르지 않다, 괴다. 2 (물 따위가) 썩어서 쓰다. 3 발전[진보, 성장, 향상]이 없다. 4 활기가 없어지다, 침체되다; (장사 따위가) 경기가 없어지다. ── 타 …을 정체[침체]시키다; 해이해지게 하다. **-na·to·ry** [-nətɔ̀:ri/-təri] 웹
stag·na·tion [stægnéiʃən] 웹 =stagnancy.
stág pàrty [nìght] 웹 1 남자 끼리의 모임[파티]. 2 결혼 전(날 밤) 친구들이 신랑을 위해 여는 파티. 웹 hen party
stag·y [stéidʒi] 웹 연극의, 구경거리의; 연극 같은, 겉으로 보이기 위한. **stág·i·ly** 웹 **-i·ness** 웹
staid [steid] 웹 (고어) stay¹의 과거·과거분사.
── 웹 1 조용한, 침착한; 진지한. ¶ ~ coloring 차분한 색조. 2 (드물게) 정착하는, 안정된, 불변의.
~·ly 웹 **~·ness** 웹
‡**stain** [stein] 웹(⑥ ~s [-z]) 1 얼룩, 때. ¶ a blood ~ 핏자국. 2 (동물 따위의) 반점, 2 (명성 등의) 흠, 오점, 4 ⓤ 착색, 유약을 칠해 굽기, 5 ⓤⓒ (유리 따위의) 착색제, 염료; 스테인(목재 착색용); (현미경의 피검체에) 착색하는 염료. 6 (~s) (英학생 속어) 아주 고지식한[재미없는] 녀석들.
── 타(~s [-z]) 타 1 …을 더럽히다, …에 얼룩지게 하다. ¶ (~+웹+웹+웹) ~ one's clothes with grease 옷에 기름 때를 묻히다 / kettles ~ed with soot 그을음으로 더럽혀진 냄비. 2 흠집을 내다; …을 더럽히다. ¶ ~ one's reputation 명성을 떨어뜨리다. 3 (직물·유리 따위에) 착색하다, 유약을 칠해 굽다《stained glass》; (현미경의 피검체에) 착색하다. ── 재 얼룩지다, 더럽혀지다; 녹슬다. **~·ful** 웹
stain·a·ble [stéinəbl] 웹 더럽혀지는, 얼룩지는; 착색할 수 있는, 유약을 칠해 구울 수 있는.
-bíl·i·ty 웹 염색성. **~·ness** 웹 **-bly** 웹
stáined gláss [stéind-] 웹 구워서 착색한 유리, 스테인드 글라스. **stáined-gláss** 웹
stain·er [stéinər] 웹 착색공, 인화공(印畵工); 착색액, 착색 염료.
stain·less [stéinlis] 웹 1 얼룩이 없는; 때가 묻지 않은; 오점이 없는, 2 (강철이) 녹슬지 않는; 스테인레스제(製)의. ── 웹 1 스테인레스제 식기류. 2 =~ steel. **~·ly** 웹 **~·ness** 웹
stáinless stéel 웹 스테인레스 (강철).
stain·proof [stéinprù:f] 웹 더럼 방지의, 녹 방지의.
‡**stair** [stɛər] 웹(⑥ ~s [-z]) 1 계단의 1단(step). 2 (~s) 계단, 사다리의 발판. ¶ a flight of ~s (하나로 이어진) 계단. 3 (통로로서의) 계단(stairway). ¶ an escape ~ 비상 계단 / a screw ~ 나선식 계단. 4 (~s) =landing stage.
above stairs (원래 하인의 방에 대해 주인이 사는) 위층에[으로].
below stairs ① 아래층에서; 지하실에서. ② 하인의 방에.
down[up] stairs 아래[위]층에[으로].
~·less, ~·like 웹
stáir cárpet 웹 계단용 융단[카펫].

*****stair·case** [stɛ́ərkèis] 웹 (난간이 있는 하나로 이어지는) 계단; 건물의 계단 부분. ¶ a moving ~ 에스컬레이터.
stair·foot [stɛ́ərfùt] 웹 계단 밑(올라가는 자리).
stair·head [stɛ́ərhèd] 웹 계단의 꼭대기.
stáir ròd (계단의) 양탄자 누르개.
stair·step [stɛ́ərstèp] 웹 1 (계단의) 한 단. 2 나이·키 차이가 거의 일정한 형제 동의 하나.
***stair·way** [stɛ́ərwèi] 웹 (통로로서의) 계단.
stair·well [stɛ́ərwèl] 웹 (건축) 건물의 계단을 포함한 수직의 공간.
staith [steiθ] 웹 (英) 1 제방, 둑; 해안, 강가. 2 축제(築堤). 3 석탄을 하역하는 부두. (또는 **staithe** [steið])
‡**stake**¹ [steik] 웹 1 말뚝, 막대기. ¶ drive (in) a ~ 말뚝을 박다 / plant [or put up] a ~ 말뚝을 세우다. 2 화형주(火刑柱); (the ~) 화형(火刑). 3 (화물차·트럭의 짐칸 가장자리에서) 짐받이 버팀목. 4 (양철 떡갈용) 작은 쇠모루. 5 금속 가공용 정. 6 모르몬교의 교구.
burn a person at the stake (남)을 화형시키다.
drive [or *stick*] *one's stakes* 천막을 치다; 정착하다.
go to the stake (자신의 주의를 위해서는) 어떠한 시련[고통]도 감수하다, 어떠한 벌도 달게 받다.
pull up stakes 퇴거하다; 주소[직업]를 바꾸다.
up stakes (美속어) (어떤 곳·도시를) 떠나다.
water a stake (말뚝에 물 주듯) 헛수고를 하다.
── 타 (~d [-t]; stak·ing) 1 …에 말뚝[기둥]을 세워 표시를 하다. …을 막대기로 칸을 막다. 막대기로 둘러싸다; …에 새끼줄을 치다《off, out》. ¶ (~+웹+웹) ~ off [or out] one's land 소유지에 말뚝을 박아 경계를 정하다. 2 (동물)을 말뚝에 매다; (처형하기 위해) (사람)을 말뚝에 붙들어매다. 3 (수목 따위)를 받침목으로 받쳐주다. ¶ I transplanted a pine tree and ~d it with three poles. 소나무를 이식하여 3개의 받침목으로 받쳐주었다. 4 말뚝으로 고정시키다. 5 …을 막대기로 찌르다, 찔러 꿰뚫다(*through*).
stake off [or *out*] *a claim* ① 말뚝을 박아 자신의 소유지를 구획하다. ② 권리를 주장하다.
stake out (용의자)를 감시하다; (특정 지역을 감시하기 위해) (경찰관)을 배치하다.
‡**stake**² 웹 1 (종종 ~s) 내기; 내기에 건 돈, 내기의 밑천. 2 (종종 ~s) (경마 따위의) 현상금. 3 (~s) (단수취급) 돈내기 경마. 4 (구어) =grubstake. 5 (일·금전상의) 이해 관계, 상관(*in*). 6 개인적[감정적] 관심.
at stake 위험에 처하여, 문제가 되어. ¶ My life itself is at ~. 내 생명 자체가 위험에 처해 있다.
have a stake in …에 이해 관계가 있다.
make a stake 한 밑천 잡다.
play for high stakes 큰 돈을 노리고 게임을 하다.
stakes are high 리스크가 크다, 위험성이 높다.
── 타 (~d [-t]; *stak·ing*) 1 …을 걸다《*on*》. ¶ (~+웹+웹+웹) ~ *much money on* a race 경마에 큰돈을 걸다. 2 (구어) =grubstake. 3 (구어) (반환할 것을 예상하고) (남)을 재정적으로 원조하다.
stáke bòat 웹 1 (겨룻배 따위를 매어 놓는) 계류선. 2 (경조에서 반환점을 표시하기 위한) 고정 보트.
stake·hold·er [stéikhòuldər] 웹 판돈 보관인.
stáke hòrse 웹 주로 stake race에 출장하는 말.
stake·out [stéikàut] 웹 (美) 1 잠복 근무 (지역). 2 잠복 감시[감시]하는 사람.
stáke(s) ràce 웹 (경마) 현상 경마, 스테이크 레이스.
Sta·kha·nov·ism [stəkɑ́:nəvìzm/stækǽnə-] 웹 ⓤ 스타하노프제(옛 소련의 노동 생산성 향상 보상 제도), 스타하노프 운동.
Sta·kha·nov·ite [stəkɑ́:nəvàit/stækǽn-] 웹 스타하노프제에 의해 보상을 받은 노동자. ── 웹 스타하노프제의, 보상을 받은 노동자의.
sta·lac·tic [stəlǽktik] 웹 =stalactitic. [의.
sta·lac·ti·form [stəlǽktəfɔ̀:rm] 웹 종유석 모양
sta·lac·tite [stəlǽktait/stǽləktàit] 웹 ⓤ 종유석.

stal·ac·tit·ic [stæləktítik] 형 종유석의[같은]; 종유석으로 뒤덮인. (또는 **stalactitical**) **-i·cal·ly** 부

sta·lag [stǽlæg] 명 (2차 대전 때의 독일의 하사관·사병용) 포로 수용소.　　　　　　　　　[石笋]

stal·ag·mite [stəlǽgmait/stǽləgmàit] 명 석순.

stal·ag·mit·ic [stæləgmítik] 형 석순(모양)의, 석순질의. (또는 **stalagmitical**) **-i·cal·ly** 부

stal·ag·mom·e·ter [stæ̀ləgmámətər/-mɔ́m-] 명 (물·화) 적수계(滴數計)(표면 장력 측정용).

sta·lag·mo·met·ric [stəlæ̀gməmétrik] 형 **-try** 명 적수계 측정.

***stale**[1] [steil] 형 **1** (식품이) 신선하지 않은, 상한; (맥주 따위가) 김이 빠진; (빵 따위가) 딱딱해진; (공기가) 후텁지근한. **2** 창의[신선미]가 없는, 진부한. ¶ a ~ **talk** 진력나도록 들은 이야기 / **grow** ~ 진력나다. **3** (과로 때문에) 머리가 둔해진, 지쳐 있는. **4** [법률] 법적 효력을 상실한, 무효의. **5** (선수 등이 연습과다(부족)로 부조에서 **go stale** 컨디션이 나빠지다.　　　　　[興의].
——타 (맥주 따위의) 김을 빠지게 하다; …을 낡아빠지게 하다. ——자 (맥주 따위가) 김이 빠지다; 낡아빠지다. **~·ly** 부 **~·ness** 명

stale[2] 명 (마소 따위의) 오줌, 소변. ——자 (마소 따위가) 방뇨하다, 오줌을 누다.

***stale·mate** [stéilmèit] 명 **1** (서양장기) (쌍방의 수가) 꽉 막힌 상태. (쌍방 어느 쪽도 말을 움직이면 지게 되는 상태의) 막다른 수. **2** 정돈(停頓)(된) 상태, 난국 (deadlock). ——타 **1** (서양장기) …을 꼼짝못하게 만들다. **2** …을 정돈[교착] 상태에 빠뜨리다, 정돈시키다.

Sta·lin [stáːli(ː)n, stæ-] 명 **Joseph V.** ~ 스탈린 (1879-1953: 옛 소련의 정치가·공산당 서기장·수상). **~·ism** 명 **~·ist** 명형 **~·ize** 타 스탈린주의화하다. **~·oid** 형명 스탈린주의를 지지하는[에 영향을 받은](사람).

‡**stalk**[1] [stɔːk] 명 **1** (식물의) 줄기, 대, 잎자루. **2** 꽃자루, 배주병(胚珠柄); 버섯의 자루[균병(菌柄)]. **3** (동물의) 경상(莖狀) 기관, 육경(肉莖), 우경(羽莖). **4** [건축] 줄기 모양 장식. **5** 가느다란 버팀대; 높은 굴뚝; (포도주잔의 길쭉한) 다리; (온도계의) 관경(管莖). **6** (古어) 우쭐걸음. **~·like** 형 **~·let** 명

***stalk**[2] 자타 **1** (사냥감 따위에) 살금살금 접근하다, 몰래 다가가다. **2** 활보하다, 잘난체하며 걷다, 성큼성큼 걷다. (유행병 따위가) 퍼지다, 유행하다. ——타 **1** (사냥감에) 몰래 접근하다; (이성)에게 집요하게 추근대다, …의 뒤를 몰래 쫓다. **2** …을 활개치며 [으스대며] 걷다, 활보하다. **3** (유행병·기근·공포 따위가) …에 널리 퍼지다, 만연하다. ——명 **1** 살금살금 접근하기, (집요하게) 추근대기; 수렵. **2** 활보하기.
~·a·ble 형 **~·ing** 명 스토킹, 추근대기. **~·ing·ly** 부

stalked [stɔːkt] 형 줄기가 있는, 대가 있는. [멱

stalk·er [stɔ́ːkər] 명 **1** 활보하는 사람. **2** 집요하게 남을 따라다니는 사람, (사냥감 따위에) 살그머니 접근하는 사람. **3** 수렵 관리인.

stalk·ing-horse [stɔ́ːkiŋhɔ̀ːrs] 명 **1** 위장 말(사냥꾼이 몸을 숨겨 사냥감에 다가가기 위한 말 또는 말 모양의 것). **2** 구실, 위장. **3** (정치) (상대방의 표를 분산시키기 위한) 들러리 후보자.

stalk·less [stɔ́ːklis] 형 줄기[대]가 없는.

stalk·let [stɔ́ːklit] 명 작은 줄기, 작은 꽃자루.

stalk·y [stɔ́ːki] 형 **1** 줄기가 많은, 줄기가 있는. **2** 줄기와 같은; 길고 가느다란(slender).
stálk·i·ly 부 **stálk·i·ness** 명

‡**stall**[1] [stɔːl] 명 (~**s** [-z]) **1** (외양간 따위의) 칸막이, 한 구획; 마구간, 우사(牛舍), 축사. **2** 상품 진열대, 매점, 노점, 스탠드. **3** (교회의 안쪽에 있는 성직자석). **4** (남자 화장실 따위의) 작은 칸막이, 소(小)구획실. ¶ a shower ~ 샤워실. **5** =carrel. **6** (주차장 따위의) 구획된 직사각형의 공간. **7** (항공) (공중에서의) 실속(失速). **8** (고무) 골무. **9** (英) (극장의) 1층 앞쪽의 특석. **10** (야금) 배소(焙燒)실, 스톨. **11** (英) (광산) 채탄장.

set a flower stall 꽃가게를 내다.
——타 **1** (마소 따위)를 우리에 넣다. **2** (축사)에 칸을 막다. **3** (말·마차 따위)를 진흙탕[눈구덩이]에 몰아넣어 꼼짝 못하게 만들다, 오도가도 못하게 만들다. **4** (항공) (조종사가) (비행기)를 실속시키다. ——자 **1** (가축이) 축사에 들어가다; (개가) 개집에 들어가다. **2** 진흙탕[눈구덩이] 따위에 빠져 움직이지 못하게 되다, 옴짝 못하다; (엔진이) 멎다. **3** (항공) 실속하다.
~·like 형

stall[2] 명 **1** (구어) **1** 농간, 속임수; 핑계, 구실. **2** (소매치기패의) 바람잡이. **3** (스포츠) (패스를 이리저리 돌리는) 시간 벌기 작전. ——자타 **1** 속이다, 사기치다. **2** 시간을 끌다. **3** (스포츠) (상대를 속이기 위해) 전력을 다하지 않고 경기하다. ——타 (말로 얼버무려) …을 연기하다; …을 피하다, 속이다(*off*).

stall for time 지연 전술을 쓰다.

stall·age [stɔ́ːlidʒ] 명 U (古英법률) 노점 영업권; 노점의 잣퍼세.

stáll bàr (체조 경기용) 늑목(肋木).

stall-fed [-féd] 형 외양간[마구간] 안에서 비육된.

stall-feed [-fíːd] 타 (-**fed**) (가축 따위)를 우리에 가두어 기르다; (식육용으로) (가축)을 비육하다.

stall·hold·er [stɔ́ːlhòuldər] 명 (英) (시장의) 좌판[매점] 상인, 노점상.

stálling spéed [stɔ́ːliŋ-] 명 (항공) 실속(失速).

stal·lion [stǽljən] 명 종마(種馬).

***stal·wart** [stɔ́ːlwərt] 형 **1** 건장한, 강건한. STRONG 類의. **2** 강하고 용기있는, 용감한. **3** 착실한, 의지가 굳은; (주의·주장 등에) 충실한. ——명 **1** 강건한 사람. **2** 신뢰할 수 있는 사람, 충실한 사람.
~·ly 부 **~·ness** 명

***sta·men** [stéimən/-men] 명 (~**s, stam·i·na** [stǽmənə]) (식물) 수술, 웅예(雄蕊). **~ed** 형

stam·i·na[1] [stǽmənə] 명 U 체력, 정력, 근기, 지구력, 스태미나.

stam·i·na[2] [stǽmənə] 명 **stamen**의 복수형.

stam·i·nal[1] [stǽmənl] 형 체력의, 체력[스태미나]의.

stam·i·nal[2] 형 (식물) 수술의.

stam·i·nate [stǽmənət, -nèit] 형 (식물) 수술이 달린; 수술만 있는. ¶ a ~ flower 수꽃.

‡**stam·mer** [stǽmər] 자 (~**s** [-z]) 말을 더듬다; 더듬거리며 말하다. ¶ ~ badly 말을 몹시 더듬다.

類의 **stammer** 공포·당혹·긴장 따위로 말이 술술 나오지 않다. **stutter** 습관적·선천적으로 말을 더듬다.

——타 …을 더듬으면서 말하다(*out*). ¶ (~+目+튀) ~ *out* a negative answer 더듬거리며 싫다고 대답하다. ——명 말더듬기; 더듬는 발성.

~·er 말더듬이. **~·ing** 명 **~·ing·ly** 부 말을 더듬으며.

‡**stamp** [stæmp] 타 (~**ed** [-t]) 자 **1** …을 짓밟다; …을 (발로) 짓누르다. ¶ The earth대지를 쾅쾅 짓밟다. **2** …을 밟아 부수다, 유린하다. ¶ (~+目+튀+前+名) ~ a snake *to* death 뱀을 밟아 죽이다. **3** …에 인형(印形) (인장, 도장)을 찍다; (우편물)에 소인을 찍다; …에 검인(검인, 증인(證印) 따위)를 누르다; 상표 따위를 찍다. ¶ ~ a maker's mark *on* an article 상품에 메이커의 상표를 찍다. **4** (편지·중서 따위)에 우표[인지]를 붙이다. **5** (압형(押型) 따위)로, …에 인장[무늬 따위]를 찍다, …을 틀로 찍어내다(*out*). ¶ ~ *out* a coin 화폐를 찍어내다. **6** (반란 따위)를 진압하다, 억누르다; …을 박멸하다. **7** (막자·공이 따위)로 짓이기다, 눌러 으깨다, 분쇄하다, 찧다. ¶ ~ grapes 포도를 으깨다. **8** …을 (마음에) 깊이 새기다. ¶ a face ~*ed* with the troubles of life 인생의 고뇌의 흔적이 생생하게 나타나 있는 얼굴. **9** …의 특색을 나타내다, 본성을 나타내다, …임을 보여주다. ¶ (~+目+*as*補) His utterance ~*s* him *as an* honest man. 그가 하는 말을 들으면 정직한 사람이라

는 것을 알 수 있다. ── ⓣ **1** 짓밟다(*on*); 발을 구르다.¶(~+前+名) ~ *on* a frog 개구리를 밟다. **2** (씨름 등이) 사지에 힘을 주다. **3** (노여움 따위로) 발을 꽝꽝 구르다, 쿵쿵 소리내며 걷다. **4** (제안 따위를) 거부하다.
stamp down 짓밟다.┃하다(*on*).
stamp on [or **upon**] (구어) (생각·제안 따위를) 단념하게 하다; …을 방해하다.
stamp out ① (불 따위를) 밟아서 끄다. ② (반란 따위를) 진압하다; (역병·사교(邪敎) 따위를) 근절하다.
── 名 **1** 발을 구름, 밟기. **2** 도장, 수압(手押); 스탬프, 소인(消印), 검인, 증인(證印). **3** 우표, 인지, 증지(證紙). ¶a postage [revenue] ~ 우표[수입] 인지. **4** 압인기(押印器), 압형(押型), 압단기(壓斷機). **5** (야금) (쇄광기(碎鑛機)의) 쇠절굿공이. **6** 표, 자국, 흔적. ¶leave one's ~ *on* …에 발자취를 남기다. **7** 특징, 특질; 종류, 형(型). **8** =trading ~. **9** =food ~. **10** (英구어) 국민 보험료 (납부). ┃[타입의, 같은]다른] ~ 종류의. **of the same** [**a different**] **stamp** 동일한[다른] 형. **put** *a thing* **to stamp** (고어) …을 인쇄에 부치다.
⌐a·ble, **⌐less** 形

Stámp Àct (the ~) 《美史》 인지 조례(1765년 영국이 미국 식민지에 부과했으나 1766년에 폐지).
stámp àlbum 名 우표 앨범, 우표첩.
stámp bòoklet 名 우표첩.
stamp-col·lect·ing [-kəlèktiŋ] 名 우표 수집.
stamp-col·lec·tor [-kəlèktər] 名 우표 수집가.
(또는 **stámp collèctor**)
stámp dùty 名 =stamp tax.
***stam·pede** [stæmpí:d] 名 **1** (가축떼가) 한꺼번에 도망치기. **2** (군대 등이) 우르르 도망침, 한꺼번에 붕괴함, 패주. **3** (美) 갑자기 일제히 일어나는 대중 행동, 물려듦, 쇄도. **4** (美서부·캐나다) (로데오·박람회 등의) 모임, 축제. ── 動 **1** (가축 따위가) 일제히 우르르 달아나다. **2** (군대 등이) 한꺼번에 궤멸하다, 패주하다. **3** 일제히 우르르 몰려들다. ── ⓣ **1** (가축 따위가) 한꺼번에 도망치게 하다. **2** …을 패주시키다. **3** …에 앞다투어 몰려들게, 쇄도하다. **-péd·er** 名
stamp·er [stǽmpər] 名 **1** 도장을 찍는 사람. **2** (우체국에서) 소인 찍는 직원, 자동 압인기(押印器). **3** (쇄광기(碎鑛機)의) 절굿공이. **4** (음반 복제용) 금형.
stámp·ing ground [stǽmpiŋ-] 名 (구어) (사람·짐승이) 잘 가는[모이는] 곳.
stámping mill 名 =stamp mill.
stámp machine 名 우표 자동 판매기.
stámp mill 名 〔야금〕 쇄광기(碎鑛機). 〔됨〕.
stámp nòte 名 (세관의) 관세납부필증(양륙허가증이 됨).
stamp-of·fice [-ɔ̀:fis] 名 (英) 인지국(局).
stámp pàper 名 수입 인지를 바른 서류[증서]; 스탬프 시트.
stámp tàx 名 인지세.
***stance** [stæns/stɑːns] 名 **1** 서 있는 자세, 포즈; 위치, 장소. **2** 〔스포츠〕 **a)** (야구·골프 따위에서) (타자의) 자세, 발의 위치, 스탠스. **b)** (암벽 등반시의) 발 딛는 곳. **3** (사물에 대한) 태도, 자세. **4** (스코) (건물 따위의) 위치; 버스 정류장, 택시 타는 곳.
stanch¹ [stɔːntʃ/stɑːntʃ] 動 **1** (출혈을) 막다. **2** …의 흐름을 막다; (새는 구멍 따위를) 막다. **3** (고어) …을 저지하다, 가라앉히다, 달래다. ── 自 (피·액체의 유출) 멎다.
stanch out (속어) 첫발을 내딛다, 시작하다.
── 名 (수위를 높이기 위한) 임시 갑문, 유출 수문. (또는 **staunch**) **⌐a·ble** 形 **⌐ly** 副 **⌐ness** 名
stanch² 形 =staunch¹.
stan·chion [stǽntʃən, -tʃən/stɑ́ːn-] 名 **1** 기둥, 지주(支柱)(support), **2** (외양간의) 칸막이 말뚝.
── ⓣ **1** …에 지주를 대다, 기둥을 세우다, 기둥으로 받치다. **2** (가축 따위를) 칸막이 말뚝에 매다.
‡**stand** [stænd] 動 (~s [-z]; **stood**) 自 서다, 서 있다, (물건이) 세워져 있다. ¶Please let the bottle ~ so that the lees will settle. 앙금이 가라앉도록 병을 세워서 놓아주십시오// (~+副) ~ *straight* 똑바로 서다// (~+-*ing*) They *stood bowing* as the King passed. 왕이 통과하는 동안 그들은 머리를 숙이고 서 있었다// (~+前+名) a ladder ~*ing against* the wall 벽에 기대어 놓은 사다리/Our college ~*s on* the hill. 우리 대학은 언덕 위에 우뚝 서 있다/The egg will not ~ *on* either edge. 달걀은 어느 한쪽 끝으로도 서지 않는다/Her hair *stood on* end with terror. 너무 무서워 그녀의 머리카락이 뻣뻣하게 섰다.
2 일어서다, 기립하다(*up*). ¶S~ and fight! 일어나 싸워라!// (~+副) Please ~ *up*. 기립해 주십시오.
3 a) 정지하다, 움직이지 않다. ¶S~ or I fire. 서지 않으면 쏜다. **b)** (물 따위가) 흐르지 않다, 괴다. ¶The water appears to ~ here. 이곳에 물이 괴어 있는 것 같다. (눈물·땀 따위가) 괴다. ¶Sweat *stood on* his forehead. 그의 이마에 땀이 배어 있었다.
4 (보어·부사(구)를 수반하여) **a)** (어떤 상태·관계에) 있다. ¶(~+補) ~ a person's friend 남의 친구[판매]이다 / ~ first in one's class 반에서 일등이다 / ~ innocent of crime 결백하다, 무죄이다 // ~ *under* heavy obligation 중대한 의무를 지고 있다. **b)** (높이·가격·정도가) …이다. ¶(~+補) How many feet do you ~? 신장이 몇 피트입니까? / Pork has *stood* 20% higher than last month. 돼지고기는 지난달보다 20%가 올랐다 // (~+前+名) The thermometer ~*s at* 25℃. 온도계는 섭씨 25도를 가리키고 있다. **c)** (득점·계산 따위가) …이다, (대차 관계 따위가) …이다(*at*, *as*). ¶Unemployment now ~*s at* 10%. 실업률은 현재 10%이다 // The score *stood* 40 to 35 at the half. 전반에 득점은 40대 35였다.
5 (…에) 있다, 위치하다. ¶(~+前+名) ~ *on the* Thames 템즈 강가에 있다 / The village ~*s against* the hill. 마을은 언덕을 마주보고 있다.
6 a) 유지하다, 존속하다. ¶Will these colors ~? 이 색깔은 바래지 않을까? / How much of his philosophy will ~? 그의 철학 가운데 얼마만큼이나 남게 될 것인가? // (~+副) The house will ~ *another century*. 그 집은 앞으로 1세기는 더 유지될 것이다. **b)** 유효하다. ¶The order given three days ago still ~*s*. 3일 전에 나온 명령은 아직도 유효하다. **7** (사람·차 따위가) 멈춰서다; (기계·차 따위가) 정지하다; (열차·차 따위가) 일시 정차하다. ¶No *Standing* (게시) 주차 금지 / ~ *waiting for the green light* 푸른 신호가 떨어지기를 기다리고 있다. **8** …할 것 같다, …한 형세에 있다 (*to do*). ¶He ~*s to* gain a sizable profit through the sale of the house. 그는 집을 팔아 상당한 이익을 볼 것 같다. **9** (英) 입후보하다 (*for*). ¶(~+前+名) ~ *for* Parliament 국회 의원에 입후보하다. **10** (…에) 찬성[반대]의 태도를 취하다 (*for*, *against*). ¶He ~*s for* free trade. 그는 자유 무역에 찬성한다. **11** 〔해사〕 (배가) …항로를 잡다[유지하다]; …방향으로 향하다. ¶~ *offshore* 앞바다로 향하다. **12** (사냥개가) 멈춰 서서 사냥감이 있는 곳을 가리키다. **13** (가축, 특히 종마가) 씨받이로 쓰이다. **14** (크리켓) 심판을 보다.
── ⓣ **1** …을 세우다. ¶(~+目+前+名) I will ~ you *in the corner*. (벌로써) 구석에 서 있도록 할 테다. **2** …을 놓다, 앉히다(*up*); …을 꽂아 세우다; 기대 세우다 (*against*). ¶~ a *pole in the ground* 막대를 지면에 세우다. **3** …을 참다, 견디다, 인내하다, 용납하다. **4** (물건이) 지탱하다, 영향을 받지 않다. ¶BEAR 유의어 ¶(~+-*ing*) This cloth will not ~ *washing*. 이 천은 세탁되지 않는다. **5** …을 고집하다, 버티다; (약속 등을) 굳게 지키다. **6** (공격 따위에) 맞서다, 대항하다; …을 참다, 감당하다. **7** (구어) …을 대접하다, …의 비용을 부담하다. ¶(~+目+目) Do you ~ me a drink today? 오늘은 네가 나에게 마실 것을 사주겠니? **8** …의 임무를 수행하다, …에 끼다, (당번 등을) 하다. **9** (남)에게 (…

stand

의) 비용을 쓰게 하다 (*in*). ¶ (~+圓+圓) It *stood* me 100,000 won. 그것에 10만 원이 들었다. **10** (돈)을 내다, 기부하다. **11** (사냥개가) (사냥감의 소재)를 보여주다. **12** [수말]을 (종마로) 쓰다. **13** (탈것 따위에) …의 입석(立席)이 있다.
as it stands ① 현상태로(는); 그대로(as it is). ② (주택·점포 등에 관해) 가구·장식 따위도 모두 포함해서.
as the case stands 일이 이런 형편이므로, [로(는).
as things [or *matters*] *stand* 현상태로(는), 그대
from where I stand 내가 보기에는, 내 견해로는.
how a person stands 남의 처지 [생각하는 바].
It stands to reason [or *sense*] (*that*)... …은 사리에 맞다, 당연하다.
know [or *learn, find out*] *where* [or *how*] *one stands* (구어) 남이 자신을 어떻게 생각하는지를 알
leave...standing (구어) …을 훨씬 능가하다. [다.
stand a chance [or *show*] …의 가능성이 있다, … 할 듯하다 (*of*).
stand against ① …에 저항[반대]하다. ② …에 기대다, 고립하다. ③ 비할 데 없다.
stand alone 고립하다. ③ 비할 데 없다.
stand aloof [or *apart*] *from* …에서 떨어져 서다 [초연하다]. [도가 쓰는 말].
Stand and deliver! 가진 돈 모조리 내놔(* 노상 강
stand apart (…와는 분명히 다르다 (*from*).
stand a person in 남에게 …의 돈이 들게 하다.
stand (*a person*) *in* (*good*) *stead* …에게 도움이 ⇒STEAD.
stand a person up 남을 세우다; (구어) (약속 시간을 지키지 않고) 남을 기다리게 하다, 남과의 약속을 어기다.
stand around [or *about*] 우두커니 서 있다.
stand aside ① (종종 명령문으로) 옆으로 비켜라. ② 아무것도 하지 않고 방관하다. ③ (입후보자 등이) (예정되어 있던) 입후보를 사퇴하다.
stand at ① …에 서다. ② …을 나타내다. ③ …을 주
stand at bay 궁지에 빠지다. [저하다.
stand at ease 쉬어 자세를 취하다.
stand away 가까이 하지 않다, 떨어져 있다.
stand back 뒤로 물러나다; (…에서) 손을 떼다 (*from*).
stand behind 뒤에서 밀어주다, 후원하다.
stand between...and... (장애물 등이) …(사람)과 …(하려는 일) 사이에 방해를 하다.
stand by ① (…의) 근처에 있다, 옆에 서 있다; 결으로 다가서다. ② 방관하다. ③ …을 원조하다, 지지하다. I will ~ *by* you in case of need. 만일의 경우에는 원조를 해주겠소. ④ (약속·협정 등)을 지키다, 고수하다. ⑤ 대기하다; (라디오·TV) 다음 방송을 대기하다; [항해] 준비하다. ¶*S~ by* to raise the anchor! 닻 감아올릴 준비!
stand clear (안전 등을 위하여) 떨어져 있다 (*of*).
stand corrected ⇨CORRECT.
stand down ① [법률] 증인석에서 내려오다. ② (경쟁 따위에서) 물러나다, 사퇴하다.
Stand easy! (구령) 쉬어!
stand fire 적의 포화[비판]에 감연히 맞서다.
stand for …을 상징하다, 의미하다. ¶What does LP ~ *for*? LP란 무슨 약어인가? ② …을 대표[대리]하다. ③ (英) (국회 의원 등에) 입후보하다. ⇨ 9. ④ (주의·주장)을 위해 싸우다. ⑤ …의 편을 들다, …을 지지하다. ¶(구어) …을 참다, 인내하다.
stand from under …의 밑에서 다시 일어서다; (구어) 난관을 벗어나다.
stand good 여전히 진실이다[유효하다].
stand in ① (…의) 대역(代役)을 하다 (*for*). ② (항해) 해안으로 향하다.
standing on one's head 수월하게.
stand in with ① (美속어) (나쁜 일 따위에) 살짝 끼다, 한패거리가 되다. ② …의 편을 들다, …을 지지하다. ③ …와 분담하다, …와 나눠 갖다. ④ (구어) …와

사이가 좋다.
stand off ① 멀리 떨어져 있다; …을 멀리하다. ② 동의하지 않다. ③ (채권자 등)을 피하다. ④ (고용인)을 일시 해고하다. [졌다 하면서 항해하다.
stand off and on (항해) 육지에서 떨어졌다 가까웠
stand on [or *upon*] ① …에 기초하다, …에 의거하다. ② …에 만족하다, …을 확신하다. ③ …을 주장하다; …에 까다롭다. ④ …을 의지하다, 신뢰하다. ¶*S~ on* me. (英) 나를 믿어다오. ⑤ (*stand on의 형으로만 쓴다) (항해) 같은 진로로 계속 나아가다, 침로(針路)를 유지하다.
stand one's colors 끝까지 버티다, 고수하다.
stand one's ground (비유적) 자기 주장[입장]을 고
stand one's word 약속을 지키다. [집하다.
stand on one's head (*and hands*) 물구나무서다.
stand on one's own legs [or *feet*] 자립하다.
stand or fall by (사람·물건)과 (주의·결과 따위)와 운명을 같이하다.
stand out ① 튀어 나오다. ② 눈에 띄다, 걸출(傑出)하다. ③ 견디다, 굴복하지 않다; 완강하게 반대하다. ④ 주장하다, 고집하다. ⑤ (항해) 해안으로부터 떨어지다. ¶ ~ *out to sea* 바다로 나아가다.
stand over ① 다음으로 넘기다, 연기되다. ② …을 (가까이에서) 감시[감독]하다.
stand pat ⇨PAT². ¶(…을) 참다 (*for*).
stand still ① 가만히 있다; 현상을 유지하다. ② (美)
stand tall ⇨TALL.
stand to ① 활동 부서에 배치되어 있다, 적의 공격에 대비하여 대기하다(* to는 부사). ② (약속·주의·입장 따위)를 고수하다. ③ (의견 따위)를 고집하다, …을 주장하다. ④ (항해) …을 향해 출항[출범]하다. ¶ ~ *to*
stand to do ~图 8. [*sea* 출항[출범]하다.
stand together (의견 따위)가 일치하다; 결속[단결]
stand to reason ⇨REASON. [하다.
stand under …을 견디다; (고발 등)을 받다[받을 만하다].
stand up ① 똑바로 서다, 기립하다. ② 견디다, 오래가다. ③ 눈에 띄다, 두각을 나타내다. ④ (美속어) …을 기다리다 지치게 만들다, 바람 맞히다.
stand up against …에 저항하다.
stand up for (주의·사람 등)을 지지하다, 옹호하다, 가담하다. ¶ ~ *up for* human rights 인권을 옹호하다.
stand up for oneself 자립하다, 남에게 좌우되지 않다.
stand upon ① …에 근거를 두다, …에 의존[의거]하다. ② …을 주장하다, …을 굳게 지키다.
stand up to (적·위험 따위)에 용감히 맞서다.
stand up with ① …와 짝이 되어 춤을 추다. ② (구어) (신랑·신부의) 들러리가 되다.
stand well with …에게 호감을 사다, …에게 평이 좋
stand with ① …와 일치하다, 조화를 이루다. ¶ ~ *with* one's reputation 명성과 일치하다. ② …에 찬성하다; …을 주장하다.

—圖 (愛) ~*s* [-z] **1** 서기, 일어서기, 서 있기, 기립. **2** 멈춰 서기, 정지, 중지. **3** 장소, 위치. ¶take one's ~ near the door 문 옆에 자리를 잡다. **4** (사회적) 지위, 신분. **5** 입장, 논거, 근거; 견해, 태도(*on*, *against*, *for*). ¶I have made my ~ clear. 나는 내 입장을 분명히 밝혔다. **6** 반항, 방어 (*against*, *for*). **7** 영업 장소[위치]; 영업용 땅. **8** (美) [법정의] 증인석. **9** (야구장 따위의) 관람석, 스탠드; (야외 연주용의) 음악당; 연단. **10** 매점, 스탠드, 노점. ¶a cigar ~ 담배 가게. **11** (물건 따위를 늘어놓거나 올려놓는) 대, 받침대, 진열대, 작은 테이블; 걸이, 꽂이. ¶a hat ~ 모자걸이; a music ~ 악보대. **12** (탈것의) 주차장, 정류장. **13** 입목(立木), 수목; (자라고 있는 농작물(보리 따위)); [집합적] 숲의 나무. **14** (새의) 깃드는 나무. **15** (연극) (지방 순회 극단의) 흥행, 흥행지. **16** (美) (학생의) 성적, 석

차, 점수. **17** 하룻밤의 정사(情事); 하룻밤의 (관계를 가진) 상대. **18** (⑧) ~(s) (⑨) (군사) (병사 1인분의) 장비 한 벌. **19** (濠·뉴질) 양털 깎는 도구 한 벌. **20** (메니스의) 발기. **21** (사냥개가) 사냥감 있는 곳을 알려 *be at a stand* 막히다, 어쩔 바를 모르다. *bring* [or *put*]...*to a stand* ① …을 정지시키다, 오도가도 못하게 하다. ② …을 꼼짝못하게 만들다, 당혹케 하다.
come to a stand ① 정지하다. ② 막다른 곳에 부닥치다, 꽉 막히다.
high stand 우등.
hit the stands (美속어) 발매되다.
make a stand 멈춰서다; 저항하다 (*against, for*); 일정한 입장[견해]을 지키다.
take a [or *one's*] *stand* ① (성 따위에) 들어박히다. ② 태도를 정하다. ¶*take a similar* ~ 같은 입장을 취하다.
take the stand (美) 증인대에 서다.
stand·a·lone [ˊəloun] ⑧ (컴퓨터) 자체만으로 작동되는, 독립형의.
‡**stand·ard** [stǽndərd] ⑨ (⑧ ~**s** [-z]) 1 (~s) 표준, 기준, 규범, 전형. ¶*the* ~ *of living* [or *life*] 생활 수준/ *below the* ~ 표준 이하의 / *come up to* [*fall short of*] *the* ~ 표준에 도달하다[하지 못하다].

[유의어] *standard* 어떤 것의 가치·품질·수준 따위를 결정하기 위해 대조해 보는 권위있는 원칙·척도·형·견본 따위. *criterion* 판단·비평을 위한 기준.

2 기; (군사) 군기; (국왕·국가 등을 상징하는) 깃발. ¶*a royal* ~ 왕실기. **3** (조폐) (화폐의) 법정 순도. **4** 본위 (제)(화폐 제도의 가치 기준). ¶*the gold*[*silver, single, double*] ~ 금[은, 단, 복]본위(제) / *the gold bullion* [*currency, exchange*] ~ 금지금(金地金)[금화 유통, 금태환(金兌換)] 본위제. **5** (도량형) 원기(原基, 原器). **6** (영국 초등 학교의) 학년, 학급. **7** 똑바로 선 기둥, 전주. **8** 수직 촛대, (교회의) 높은 촛대; 잔의 다리; 받침대가 달린 큰 잔. **9** (원예) 쪽 곧은 나무, 자연목; (접목 붙이는 l 대목(臺木). **10** (음악) 스탠더드 넘버, 표준 연주 곡목; 인기 곡목. **11** (식물) 기판(旗瓣)(vexillum), **12** (S-) (군사) 미해군의 함대공(艦對空) 미사일. **13** 수직 수도그 스캔트. **14** 캔구어) = ~ *lamp*.
by a person's standards 남의 기준[가치관]에서 본다면[보아].
join the standard of …의 깃발[기치] 아래 참가하다.
raise one's [or *the*] *standard* 기치를 선명히 하다, (의도를 밝히고) 행동을 개시하다; 군대를 일으키다. ¶ *raise the* ~ *of revolt* 반기를 들다.
under the standard of …의 깃발[기치] 아래서.
up to the standard 합격하여.
— ⑧ (*more* ~; *most* ~) **1** (공인된) 표준의, 표준에 따른, 표준[기준]이 되는; 법정 순도의. ¶*a* ~ *coin* 본위 화폐 / *the* ~ *time* [*size, unit*] 표준시[행, 단위]. **2** 모범적인, 일류의, 권위있는. ¶*a* ~ *reference book* 권위있는 참고서. **3** 받침대가 붙은. **4** (원예) 자연목의, 자연목으로 만든. **5** 수동의, 전동[자동]이 아닌. **6** (英) (달걀 이) 표준 굵기의. **7** (음향기) 알파벳순으로 배열된.
stándard aménities ⑨ 《英》 주택 표준 설비.
Stándard & Póor's Corporàtion ⑨ 스탠더 드 앤드 푸어스 사(社)(미국의 통계 서비스 회사).
stándard átmosphere ⑨ 표준 대기(항공 및 닭 도 계산에 쓴다).
stand·ard-bear·er [-bɛ̀ərər] ⑨ **1** (군사) 기수. **2** (사회운동 등의) 주창자, 지도자. **~·ship** ⑨
Stándard Bóok Nùmber ⑨ 표준 도서 번호(약 SBN).
stándard bréad ⑨ 《英》 (밀가루 80%의) 표준 빵.
stand·ard-bred [-brèd] ⑨ (종종 S-) (특히 말 따위가) 표준 성능에 맞도록 사육된.
Stand·ard·bred [stǽndərdbrèd] ⑨ (미국산(産)) 발 빠르고 내구력이 강한 말.
stándard céll ⑨ (전기) 표준 전지(표준 전압용).
stándard cóin ⑨ 표준 화폐, 본위 화폐.
stándard condítion ⑨ (물·화) (일련의 실험에서의) 표준 상태; (~s) (온도·기압의) 표준 상태.
stándard cóst ⑨ 표준 원가, 표준 생산비.
stándard deviátion ⑨ (통계) 표준 편차.
Stándard Énglish ⑨ 표준 영어.
stándard érror ⑨ (통계) 표준 오차.
stándard fúnction ⑨ (컴퓨터) 표준 함수.
stándard gàuge [**gàge**] ⑨ (철도) 표준 궤간(軌間)(영미에서는 1.435m).
stándard I/O devíces ⑨ (컴퓨터) 표준 입출력 장치.
stand·ard·i·za·tion [stæ̀ndərdizéiʃən/-daiz-] ⑨ 표준화, 규격 통일.
*****stand·ard·ize** [stǽndərdàiz] (* (英) **-ise**) ⑧⑨ **1** …을 표준[규격]에 맞추다, 통일시키다. **2** …을 표준으로 하다. **3** …의 규격을 정하다. —⑧ 표준화[규격화]
-iz·a·ble **-iz·er** ⑨
stándard lámp ⑨ (英) (높이를 조절하는) 스탠드 램프(《美》floor lamp).
stándard léngth ⑨ (동물) (물고기의) 체장(體長)
stándard móney ⑨ (경제) 본위 화폐.
stándard óperating procèdure ⑨ 표준 실시 요령; (컴퓨터) 표준 조작 절차. [코드).
stándard pláy ⑨ 표준판, SP판(1분간 78회전의 레
stándard stár ⑨ (천문) 표준성(다른 천체나 지상 물체의 위치를 정하기 위한 대조 기준이 되는 별).
stándard tìme ⑨ **1** (한 나라·한 지방의) 표준시 (Greenwich time). **2** (경영) 표준 (작업) 시간(표준적인 작업자가 소정의 작업을 하는 데 소요되는 시간).
*****stand·by** [stǽndbài] ⑨ (⑧ ~**s**) **1** 의지할 수 있는 사람[것]; 한편, 찬성자, 지원자. **2** 대역(代役); (대기중의) 교체 요원; 대신; (비행기·열차 따위의) 공석 대기 승객. **3** (전기) 수신 장치를 켜놓고 통신을 기다리기; 대기 신호. **4** (TV·라디오의) 예비 프로. **5** 비상용 대기선.
on standby 대기하여.
— ⑧ (한정용법) 예비의, 비상용으로 대기시켜 놓은; 대역의; 빈자리가 나기를 기다리는; 대기(중)의. ¶ ~ *credit* 대기 차관/ ~ *pay* 대기 수당.
— ⑨ 대기자로서, 대기하다가.
stándby pàssenger ⑨ 대기 승객(빈 자리가 나기를 기다리는 승객). [장치.
stándby (pówer) sỳstem ⑨ 예비 발전[배전]
stánd càmera ⑨ 삼각대 달린 카메라.
stand-down [ˊdàun] ⑨ 활동 휴지(休止).
stand·ee [stændíː] ⑨ (구어) (열차·극장 등의) 입석 승객[관객]; 입석 승용용 버스[열차].
stand-er-by [stǽndərbái] ⑨ (⑧ *stand·ers-*) 방관자, 구경꾼(bystander). [위치.
stand·fast [stǽndfæ̀st/-fàːst] ⑨ 확고한[안정된]
*****stand-in** [ˊin] ⑨ **1** (영화) 스탠드인(위험 장면에서의 대역 배우). **2** 대리인; 대용품. **3** (구어) (권력자 등의) 연줄, 연고(緣故); 유리한 입장.
‡**stand·ing** [stǽndiŋ] ⑨ (⑧ ~**s** [-z]) **1** ⓤⓒ 서 있기; 기립; 서 있는 기간[장소]. **2** ⓤⓒ (사회적) 지위, 신분, 입장. **3** (~s) (스포츠) (팀·경기자 등의) 순위표. **4** ⓤ 계속, 존속; 지속[존속] 기간. ¶*an official of long* ~ 장기 근속 공무원. **5** (법률) 원고(原告) 적격.
in good standing (회비·가입비 따위를) 완불하여.
of old standing 예로부터의, 오래된.
standing to sue (법률) 원고[소송 당사자] 적격.
— ⑧ (한정용법) **1** 서 있는, 서서 하는. **2** 벌채하지 않은, 자란 그대로의. **3** 흐르지 않는, 고여 있는. ¶ ~ *water* 고여 있는 물. **4** (기계 따위가) 쉬고 있는, 멈춰 있는. **5** 고정된, 움직이지 않는. **6** 선 채(자세)로 하는. **7** 영속적인, 오래 계속되는, 효용[효력] 있는. **8** (시일이 지나도 지속되는, ¶*a* ~ *dye* 색이 바래지 않는 염료. **8** 상비[상설]의. **9** 똑같은, 늘 하는. ¶*a* ~ *excuse* 늘 하는

standing army

변명. 10 받침대가 붙은. 11 〔인쇄〕 짜놓은, 해판(解版)하지 않는. ¶를 찔러, *all standing* ① 〔해사〕 돛을 내릴 시간도 없이. ② 허
stánding ármy 몡 상비군.
stánding bróad jùmp 몡 제자리멀리뛰기.
stánding committee 몡 상임 위원(회); (S- C-) (중국 공산당) 상무 위원회.
stánding cróp 몡 1 〔농업〕 아직 베어들이지 않은 농작물, 입도(立稻). 2 〔생태〕 (한 시점에 있어서 특정한 공간내의) 생물의 총체, 현존량.
stánding cúp 몡 (중세·르네상스 시대의) 장식용 잔.
stánding Ó [-óu] 몡 =standing ovation.
stánding óperating procèdure 몡 =standard operating procedure.
stánding órder 몡 1 (~s) 〔군사〕 군대 내무 규칙, 복무 규정. 2 (~s) (의회의) 의사 규칙. 3 현행 규칙. 4 계속되고 있는 (유효한) 주문. 5 (英) (은행에 대한) 자동 이체 (의뢰). 6 (보통 ~s) (신문·잡지 등의) 정기 구독.
stánding ovátion 몡 기립 박수.
stánding róom 몡 1 서 있을 만큼의 여지. 2 (극장 따위의) 입석. ¶ *S- R- Only* 입석외의 만원(® S.R.O.).
stánding rúle 몡 (~s) 잠정 규칙; 정관(定款).
stánding stárt 몡 〔스포츠〕 스탠딩 스타트. 1 도움닫기 없는 스타트(® flying start). 2 직립 자세에서의 출발(® crouch start).
stánding stóne 몡 〔고고〕 선돌(menhir).
stánding vóte 몡 기립 표결(rising vote).
stánding wáve 몡 〔물리〕 정상파(定常波).
stand·ish [sténdiʃ] 몡 〔고어〕 펜꽂이, 잉크 스탠드.
stand-off [sténdɔ̀(ː)f/-ɔ̀f] 몡 1 떨어져 있음; 서먹서먹함, 삼가함, 사양함. 2 (시합의) 비기기, 동점. 3 상쇄하기(하는 것), 메워 넣기. 4 〔럭비〕 스탠드오프. 5 (연기) 격리 애자(碍子). 6 (英) 휴게(休憩). 7 (美) 꽉 막힘, 교착[정돈] 상태(deadlock). — 형 1 떨어져 있는; 서먹서먹한, 사양하고 있는. 2 〔군사〕 (미사일·폭격기 따위가) 원격 공격형의. ¶ a ~ *bomber* 원격 폭격기.
stándoff hálf 〔럭비〕 스탠드오프 하프(스크럼 하프로부터의 송구를 받는 하프백).
stand-off·ish [-ɔ́(ː)fiʃ/-ɔ́f-] 형 서먹서먹한, 멋적은, 냉담한(cold); 뾰로통한. ~**·ly** 튀 ~**·ness** 몡
stánd óil 몡 스탠드 오일, (페인트·인쇄 잉크용) 중합 아마인유(重合亞麻仁油).
stand·out [sténdàut] 몡 〔구어〕 1 뛰어난[멋들어진] 사람[것]. 2 지론을 당치않는 사람, 타협할 줄 모르는 사람. 3 눈에 띄는, 훌륭한. (또는 **stánd-óut**)
stand·pat [sténdpǽt] 몡 (美구어) =standpatter. — 형 현상 유지를 고집하는, 지독히 보수적인. ~**·tism** 몡
stand·pat·ter [sténdpǽtər] 몡 (美구어) (정치적) 현상 유지를 고집하는 사람, 개혁 반대자.
stand·pipe [sténdpàip] 몡 배수(配水)탑, 저수탑.
‡**stand·point** [sténdpɔ̀int] 몡 견지, 관점, 논점, 입장. ¶ *from the historical* ~ 역사적 견지에서.
stand·still [sténdstìl] 몡 ⓤ 정지, 휴지(休止), 멈춤(halt); 꽉 막힘.
  be at a standstill 정돈(停頓) 상태에 빠져 있다.
  come [or *be brought*] *to a standstill* 멈추다, 정지하다, 막다르다.
  — 형 정지해 있는, 꽉 막힌; 정지시키는, 현상 유지의. ¶ a ~ *negotiation* 정돈 상태에 빠진 교섭.
stand-to [-tù] 몡 (英) 〔군사〕 대기(待機). ¶ *be on* ~ 대기중이다.
stand-up [-ʌ̀p] 형 1 서 있는, 곧추선(erect). ¶ a ~ *collar* 선(세운) 옷깃. 2 (식사 따위) 선 채로 하는. ¶ a ~ *meal* 서서 먹는 식사. 3 (권투 따위 시합에서) 맹렬히 치고받는, 정정당당한. 4 (희극 배우가 무대에서) 단독 연기를 하는.
stand-up·per [-ʌ̀pər] 몡 (TV에서) 현장 리포터에

의한 뉴스 보도[인터뷰].
Stán·ford-Bi·nét tèst [sténfərdbinéi-] 몡 〔심리〕 스탠퍼드-비네 검사(지능검사법의 하나).
stan·hope [sténhòup/sténəp] 몡 (2륜 또는 4륜의 1인승) 포장 없는 경마차.
sta·nine [stéinain] 몡 〔교육〕 9단계 평가법의 한 구분. ¶ <*standard* (*score*)+*nine*〕 〔한: 오싹한.
stank[1] [stæŋk] 몡 stink의 과거. — 몡 〔美속어〕 추
stank[2] 몡 1 (英) 작은 댐, (강의) 둑. 2 〔北英·스코〕 못, 늪. 3 〔英방언〕 배수로; (부엌의) 개수대, 설거지대. — 튜 …에 둑을 만들다.
Stan·ley [sténli] 몡 스탠리. 1 *Henry Morton* ~ (1841-1904): 웨일스 태생의 미국 저널리스트; 아프리카 탐험가). 2 *Mount* ~ 스탠리 산(아프리카 중동부의 산). ¶ ~ *상사사*(우표 관계 서적도 출판한다).
Stánley Gíb·bons [-gíbənz] 몡 영국의 우표 거
stann- [stæn] 〔연결〕 "주석」의 뜻. ¶ *stannate*.
stan·na·ry [sténəri] 몡 주석 광구(鑛區); (英) 주석 광산. — 튜 주석 광구[광산]의.
stan·nate [stæneit] 몡 〔화학〕 주석산염(朱錫酸鹽).
stan·nic [sténik] 튜 〔화학〕 주석의, 제2 주석의.
stan·nif·er·ous [stəníf̆ərəs] 튜 〔화학〕 주석이 나는, 주석이 함유된. 〔유하는: 제1 주석의.
stan·nous [sténəs] 튜 〔화학〕 주석의, 주석을 함
stan·num [sténəm] 몡 ⓤ 〔화학〕 주석(tin)(기호 Sn).
***stan·za** [sténzə] 몡 〔운율〕 연(聯), 절(節)(보통 4 행 이상으로 이루어진다).
stan·za·ic [stænzéiik] 튜 〔운율〕 (시의) 연[절]의; 연[절]으로 이루어지는. (또는 **stanzaio**) **-i·cal·ly** 튀
sta·pes [stéipiːz] 몡 (용) ~, -*pe·des* [stəpídiːz] 〔해부〕 (중이(中耳)의) 등골(鐙骨), 등자뼈.
staph [stæf] 몡 〔구어〕 =staphylococcus.
staph·y·lo- [sté̆fəlou, -lə] 〔연결〕 「포도송이, 목젖」의 뜻. (*모음 앞에서는 staphyl-). ¶ *staphylococcus*.
staph·y·lo·coc·cus [stǽfəloukákəs/-kɔ́k-] 몡 (용) -*coc·ci* [-káksai] 포도상구균.
*,**sta·ple**[1] [stéipl] 몡 1 (~s) 주요 산물, 명산물; 주요 상품. 2 주요소, 주성분. 3 (이야기의) 주제, 요항(要項), 특색. 4 ⓤ 원료, 재료, 소재. 5 주요 식품. 6 ⓤ (양모·목화 따위의) 섬유; (그 품질·길이 따위의) 품등, 표준 길이. ¶ *cotton of fine* ~ 고급 품질의 목화. 7 〔연사〕 특정 상품의 매입·수출이 공인된 장소; 상거래 중심지. — 형 (한 지방의 산물 중에서) 주요한, 중요한; (수요·거래가) 많은. ¶ ~ *agricultural products* 주요 농산물 / ~ *industries* 기간 산업. — 튜 〔양모 따위〕를 (길이·품질에 따라) 분류하다, 선별하다.
sta·ple[2] 몡 1 (물건을 고정시킬 때 쓰는) U자 모양의 쇠못[꺾쇠]. 2 (제본이나 서류를 철하는) 스테이플, 호치키스용 철침. — 튜 …을 꺾쇠[호치키스]로 고정시키다; …을 꺾쇠로 철하다.
stáple fíber [(英) fíbre] 몡 인조 섬유, 스프.
stáple gùn 몡 대형 호치키스[스테이플러].
sta·ple·punc·ture [stéiplpʌ̀ŋktʃər] 몡 〔의학〕 스테이플 침(鍼) 요법(외이(外耳)에 침을 꽂아 식욕·약물장애를 줄임).
sta·pler[1] [stéiplər] 몡 양모 선별공; 양모 중개인.
sta·pler[2] 몡 (제본용의) 철사 철하는 기계; 스테이플러, 호치키스.
stá·pling machìne [stéipliŋ-] 몡 =stapler[2].
‡**star** [staːr] 몡 (용) ~**s** [-z] 1 별; 〔천문〕 항성(恒星). ¶ *the Polar* [or *North*] *S-* 북극성 / *a shooting* [or *falling*] ~ 유성(流星), 별똥별 / *this* ~ (美) 지구. 2 〔점성〕 (운명에 영향을 주는) 사운성(司運星); (종종 ~s) 운세, 운수, (고어) 운명. 3 별 모양(의 것); 성장(星章), 성형 훈장, (별 모양의) 꽃; 〔인쇄〕 별표. 4 〔美군사〕 a) 종군 청동 성장(battle ~). b) 금성장(해군에서 같은 훈장을 두 번 수여하는 대신에 주는 것). 5 (소나 말의 이마 위에 있는) 흰 얼룩. 6 거물, 제1 인자, 대가, 에이스;

(연극·영화·가수 따위의) 스타, 인기 배우[가수), 주연 배우. ¶ a literary ~ 문단의 대가 / a film [or movie] ~ 영화 배우. **7** 《美》 50개 주의 하나를 나타내는 별. **8** 《英》 《당구》 떨려난 사람이 돈을 내고 사는 공치는 차례. **9** (종종 ~s) 도달 불가능한 목표. **10** 〖보석〗 스타 커트된 보석(☞ star cut).
a bright particular star 심혈을 기울이는 대상[인물].
a guiding star [or *light*] 본이 되는 사람, 사표.
be born under a lucky [*an unlucky*] *star* 행운 [불운]을 타고나다.
be through with one's star 운세가 다하다.
curse one's star 운명을 저주하다.
get stars in one's eyes 《美》 눈을 빛내다, 행복한 기분이 되다; 의기양양해지다.
have stars in one's eyes 꿈꾸는 듯한 기분이다; 예능계를 동경하고 있다.
My stars (*and garters*)! 《익살》 아이구 깜짝이야!
One's star has set [or *is*] *on the wane.* 남들에게 잊혀지기 시작하다.
see stars 《구어》 (얻어 맞아) 눈에서 불이 나다, 눈이 아찔하다, 어찔하진다.
thank one's (*lucky*) *stars* 행운에 감사하다.
trust one's stars 행운[성공]을 믿다.
— 囮 **1** 별(모양)의. ¶ a ~ atlas 성좌도. **2** 인기있는; 일류(주연)의. ¶ a ~ performer 주연자. **3** 훌륭[저명]한.
— 囲 (~s [-z]; -rr-) 囮 **1** …을 별 모양으로 (번쩍번쩍 하는 것)으로 장식하다, …에 별(모양)의 장식물을 홑뿌리다 (*with*). ¶ (~+图+前+图) a crown ~*red with diamonds* 다이아몬드로 온통 박아 놓은 왕관. **2** …에 별표를 달다. **3** …을 스타로 만들다, 주역을 시키다. — 困 **1** 별처럼 빛나다, 반짝이다. **2** 눈에 띄다, 두드러지다, 우수하다; 주역을 맡아 연기하다, 주연하다 (*in*). **3** 《英》 《당구》 돈을 주고 칠 차례를 사다.
star it 주연하다. ¶ She always ~s *it* in the troupe. 그녀는 언제나 그 극단에서 주역을 맡고 있다.
STAR satellite telecommunication with automatic routing; 《항공》 standard terminal arrival route.
star·board [stá:rbərd, -bò:rd] 囮囲 **1** 《항해》 (이물(bow)을 향해서) 우현(右舷)(☞ larboard). ¶ We bore away to the ~. 우리는 우측 방향으로 진로를 잡았다. **2** (비행기의 기수(機首)를 향해서) 우측 방향.
— 囮 《항해》 우현의, 우현에 있는. ¶ a ~ anchor 우현의 큰 닻. — 囲甲 (배의 키)를 우현으로 돌리다. ¶ S— (the helm)! 《구령》 우현으로! — 困 《항해》 (배가) 진로를 우측으로 잡다(돌리다).
stár bóarder 囲 《美어어》 밥을 많이 먹는 사람.
*starch [sta:rtʃ] 囲 **1** 전분, 녹말, (전분으로 만든) 풀. **2** (~es) 전분질이 많은 식품; 죽. **3** 《비유적》 거북살스러움, 딱딱함, 격식을 차림. **4** 《구어》 정력, 활기, 원기.
take the starch out of a person 《구어》 사람을 맥빠지게 하다, 실망시키다.
— 囲甲 **1** …에 풀을 먹이다, 풀을 먹여 빳빳하게 하다. **2** …을 딱딱하게 [거북살스럽게] 하다, 격식을 차리게 하다 (*up*). — 囮 (사람이) 딱딱한, 어색한.
~·er 囲 ~·less, ~·like 囮
Stár Chàmber 囲 **1** (the ~) 《英역사》 성법원(星法院)(고등 법원(1487-1641)). **2** 불공정한 법정[위원회].
stár chàrt 囲 《천문》 별자리표, 별지도(star map).
stárch blòcker 囲 (다이어트 요법의) 전분 차단제.
starched [stá:rtʃt] 囮 풀을 먹인; 딱딱한, 형식적인; 《美어어》 몹시 취한.
stárch gùm 囲 호정(dextrin).   [줄인.
starch-re·duced [-rídjù:st] 囮 (식품이) 전분을 **starch·y** [stá:rtʃi] 囮 전분(질)의 [을 함유하는]; 풀을 먹인, 빳빳하게 한; 거북살스러운, 격식을 차리는.
stárch·i·ly 囲 **stárch·i·ness** 囲
stár clòud 囲 《천문》 항성운(恒星雲).

stár clùster 囲 《천문》 성단(星團)
star-crossed [krɔ̀:st/-krɔ̀st] 囮 《문어》 운수가 나쁜, 불길한, 불운한, 불행한(ill-fated). ¶ ~ lovers (로미오와 줄리엣처럼) 불행한 연인들.
stár cùt 囲 스타 커트(보석의 브릴리언트 커트의 일종).
stár·dom [stá:rdəm] 囲 《집합적》 스타계(界), 스타들; Ⓤ 스타의 자리[처지]. ¶ *attain ~* 스타가 되다.
stár drìft 囲 《천문》 성류(星流) (운동) (태양 근처의 별들이 다른 성군(星群)에 대해 반대 방향으로 움직이는 것처럼 보이는 현상). 〔錐).
stár drìll 囲 (석수·미장이용) 별 모양의 천공추(穿孔 **stár·dust** [stá:rdʌst] 囲Ⓤ **1** 성진(星塵), 소우주(小星團). **2** 《구어》 황홀함, 넋을 잃은[꿈 같은] 경지. (또는 **stár dùst**) Ⓢ— 스타더스트(미국의 무인 우주선).
‡stare [stɛər] 囲 (~s [-z]; ~d; stár·ing) 困 **1** …을 말똥말똥[빤히, 유심히] 쳐다보다, 응시하다. ¶ (~+图+圖) a ~ *a person up and down* 남을 머리 꼭대기에서 발끝까지 훑어보다. **2** …을 노려보아 …하게 하다(*into*, *out of*). ¶ (~+图+前+图) We ~d the girl *into confusion*. 우리들이 빤히 쳐다보니 그 소녀는 어쩔 줄을 몰랐다// (~+图+囮) ~ *a person dumb* 남을 노려보아 입을 다물게 하다. — 囲甲 **1** 말똥말똥[빤히, 유심히] 보다, 응시·노려·놀라움·놀리움의 눈을 동그랗게 크고 보다 (*at, in, into*). ☞ GAZE 〔유의어〕 ~ vacantly 어이 없어 하다// (~+前+图) ~ *into* the darkness 어둠 속을 노려보다// (~+图) ~ *with astonishment* 놀라서 눈이 휘둥그래지다. **2** (빛깔·모양 따위가) 요란하게 눈에 띄다, 야하게 보이다(*out*)(*at*). **3** (털·깃털 따위가) 곤두서다.
stare a person down [*《英》out*] …을 노려보아 눈길을 피하게 하다.
stare a person in the face ① 남의 얼굴을 빤히 쳐다보다. ② (파멸 따위가) 눈앞에 다가오다, 아주 명백하다. ¶ Ruin ~d him *in the face*. 파멸이 그에게 다**stare at a person** 남을 뚫어지게 바라보다.〔가왔다.
— 囲 (~s [-z]) 빤히[말똥말똥] 쳐다보기, 응시.
¶ *in a ~ of dumb surprise* 멍하니 눈을 크게 뜨고
stár·er [stɛ́ərər] 囲 빤히 쳐다보는 사람.
stár·fish [stá:rfìʃ] 囲 (圖 ~(·es)) 《동물》 불가사리.
stár·flow·er [stá:rflàuər] 囲 별 모양의 꽃이 피는 식물(큰기생초속(屬)의 식물 등).
stár-fuck·er [stá:rfʌ̀kər] 囲 《비어》 영화[록] 스타와 놀아나는 녀석, 스타와 자는 여자.
stár·gaze [stá:rgèiz] 圉困 별을 쳐다보다[관측하다]; 공상에 잠기다(daydream).
stár·gaz·er [stá:rgèizər] 囲 **1** 별을 쳐다보는 사람; 점성가(占星家); 천문 학자; 공상가, 몽상가. **2** 통구명과(科)의 물고기. **3** 머리를 높이 쳐드는 말.
stár·gaz·ing [stá:rgèiziŋ] 囲 별을 응시[연구]하기; 공상에 잠기기, 꿈꾸듯 황홀하기.
*star·ing [stɛ́əriŋ] 囮 **1** 응시하는, 뚫어지게 보는. **2** 《英》 (빛깔·모양 따위가) 두드러지게 눈에 띄는, 현란[요란]한. ¶ a ~ modern building 유난히 눈에 띄는 현대 건축물. **3** (털이) 곤두서는. ¶ Her eyebrows were ~ with anger. 그녀는 화가 나서 눈썹을 치켜올렸다.
— 囲 아주, 완전히.
be stark, staring mad 아주 미쳐 있다.
~·ly 囲
*stark [sta:rk] 囮 **1** 순전한, 완전한, 진짜의. ¶ ~ nonsense 순전한 난센스. **2** 황량한, 쓸쓸한. **3** 꾸밈이 없는, 있는 그대로의; 알몸의. **4** (시체 따위가) 굳은, 뻣뻣한. 경직된; 엄격한. ¶ ~ *and cold* 차갑고 경직된. **5** (윤곽·모양 따위가) 뚜렷한. **6** 강한, 힘찬. — 囲 **1** 완전히, 아주, 정말로. **2** 《스코·北英》 엄격하게, 단호하게; 힘차게. ~·ly 囲 ~·ness 囲
Stark [sta:rk] 囲 **1 Dame Freya (Madeline)** ~ 스타크(1893-1993; 영국의 여행 작가). **2 Johannes** ~ 슈타르크(1874-1957; 독일의 물리학자).
Stárk efféct 囲 《물리》 슈타르크 효과(광원이 전자장

starkers

에 있으면 스펙트럼선이 갈라지는 현상).
stark·ers [stá:rkərz] 형 《英구어》 알몸의, 전라(全裸)의. (또는 **starko**)
stark-nak·ed [⁻néikid] 형 홀랑 벗은, 전라(全裸)의.
star·less [stá:rlis] 형 별이 없는, 별이 안 보이는. ~·ly 부 -·ness 명
star·let [stá:rlit] 명 1 작은 별. 2 《美》 장래가 촉망되는 젊은 여배우[아역 배우].
*****star·light** [stá:rlàit] 명|U| 별빛. ─ 형 (또는 **star-lighted**) 별빛의, 밝은 밤의. [럼 빛나는.
star·like [stá:rlàik] 형 별과 같은, 별 모양의; 별처
star·ling¹ [stá:rliŋ] 명 《조류》 찌르레기.
star·ling² 명 (교각 보호용의) 물을 가르는 말뚝.
star·lit [stá:rlìt] 형 별이 밝은.
stár màp = star chart.
Stár of Béthlehem 명 (the ~) 《성서》 (그리스도가 탄생할 때에 나타나 세 명의 현자(Magi)를 인도했던) 베들레헴의 별.─마태 복음(Matt.) 2 : 1−10).
star-of-Beth·le·hem [⁻əvbéθlihèm, −liəm] 명 (複 **stars**−) 별 모양의 흰꽃이 피는 백합과의 식물.
Stár of Dávid 명 (the ~) 다윗의 별, 6각의 별 모양 (✡; 유대교의 상징)(Solomon's Seal).
stár of dáy[nóon] 명 (the ~) 태양.
star·quake [stá:rkwèik] 명 〖천문〗 성진(星震)(중성자별(中性子星) 따위의 급격한 변동).
Starr [sta:r] 명 **Ringo (Richard Starkey)** ~ 스타 (1940− : 영국의 록 가수; The Beatles의 멤버).
starred [sta:rd] 형 1 별이 총총한, 별빛 밝은 밤의. ¶the ~ sky 별이 총총한 하늘. 2 스타가 된, 주연의. 3 별로 장식한; 성장(星章)을 단, 별표를 붙인. 4 별 모양의. ¶~ leaves 별 모양의 잎. 5 (複합어로) …의 운수를 타고나는. ¶ill−~ 불운한, 박명(薄命)한. [극].
star·rer [stá:rər] 명 《구어》 1류 스타 주연의 영화[연
stár ròute 명 《美》 민간 위탁 우편물 운반 루트.
*****star·ry** [stá:ri] 형 1 별이 많은; 별이 총총히 박힌. ¶a ~ night 별빛 밝은 밤. 2 별의, 별에서 발하는, 별로 이루어진. ¶~ light 별빛. 3 별 모양의. ¶a ~ cell 별 모양의 세포. 4 별처럼 빛나는, 반짝이는. ¶~ eyes 빛나는 눈. -·ri·ly 부 -·ri·ness 명
star·ry-eyed [−àid] 형 《구어》 공상[몽상]적인, 비현실적인, 이상적인. [기(旗).
Stars and Bárs 명 (the ~) 《美역사》 남부 연맹
Stars and Stripes 명 (the ~) 성조기(미국 국기).
stár sápphire 명 《광물》 성채 청옥(星彩靑玉), 스타 사파이어. [사와일.
stár shèll 명 《군사》 조명탄.
star·ship [stá:rʃip] 명 《항공간》 우주선.
stár shòwer 명 〖천문〗 유성우(流星雨).
stár sìgn 명 《점성》 궁 (宮), (…)자리(sign).
star-span·gled [⁻spæŋgld] 형 별이 총총히 박힌.
Stár-Spangled Bánner 명 (the ~) 성조기 (Stars and Stripes); 미국 국가(國歌).
star·stone [stá:rstòun] 명 성광석(星光石), 성채 (星彩) 청옥.
star-stream [⁻strì:m] 명 〖천문〗 성류(星流) (운동).
star·struck [stá:rstrʌ̀k] 형 스타들[스타 세계]에 매혹된.
star-stud·ded [⁻stʌ̀did] 형 별로 가득한, 별을 아로새긴; 유명인[유명 배우]들이 출연[참여]한.
stár sỳstem 명 (the ~) (영화 제작에서 관객 동원을 위한) 인기 스타 중심 방식.
‡start [sta:rt] 자타 1 출발하다, 떠나다(leave)(*out*, *off*) (*from*, *for*, *toward*). ¶ (~+전+명) The express ~*ed from* London on time. 급행 열차는 제시간에 런던을 출발했다 /He ~*ed on* a journey. 그는 여행길을 떠났다. 2 시작되다, 시작하다, 개시하다, 착수하다 (*with*, *from*, *on*, *at*). ¶The show ~*s at* eight. 쇼는 8시에 시작된다 // (~+전+명) ~ *on* an enterprise 사업에 착수하다 /The dictionary ~*s with* the letter A. 사전은 A부터 시작한다. 3 갑자기 일어나다, 생기다, 나타나다, 나오다. ¶How did the war ~? 전쟁은 어떻게 일어났는가? /Tears ~*ed from* her eyes. 그녀의 눈에서 눈물이 왈칵 쏟아져 나왔다. 4 뛰어나가다, 뛰어오르다, 갑자기 움직이다(*from*, *out of*); (기계가) 시동하다(*up*). ¶ (~+[부]) S− aside! 비켜라! 5 (공포 따위로) 움찔[덜컥]하다, 섬뜩[철렁]하다(*at*); (눈 따위가) 튀어나오다. ¶He ~*ed at* the sight of a snake. 그는 뱀을 보고 움찔했다. 6 (건재(建材) 따위가) 느슨해지다, 어긋나다, 빠지다; 휘다, 구부러지다. 7 (경기에) 참가[출전]하다. ─ 타 1 …을 움직이다, 발동시키다(*up*). ¶The engine was ~*ed*. 엔진이 움직이기 시작했다. 2 (사업 따위를) 시작하다, 설립하다. ¶ ~ a new business 새로운 사업을 시작하다. 3 …을 시작하다, …하기 시작하다, 일으키다, …에 착수하다(*to do*, *doing*). ⇒BEGIN 유의어 ¶ ~ a book 책을 읽기 시작하다 / ~ a fire 화재를 일으키다 / When shall we ~ dinner? 저녁 식사는 몇 시에 할까요? // (~+−*ing*) (~+*to do*) ~ *crying*; ~ *to cry* 울기 시작하다. 4 남에게 (여행·장사 따위를) 시작하게 하다 (*on*, *in*, *doing*). ¶ (~+目+전+명) ~ one's son *in* business 아들에게 장사를 시작하게 하다 / (~+目+−*ing*) What he had said ~*ed me thinking*. 그의 말이 나를 생각하도록 했다. 5 (경기에서) …에게 출발 신호를 하다; …을 (경기에) 참가[출전]시키다. 6 (건재·못 따위를) 느슨하게 하다, …을 빼내다, 휘게 하다. ¶Not a rivet was ~*ed*. 리벳 한 개도 느슨하지 않았다. 7 (문제·화제·불평 따위를) 꺼집어내다, 주창하다. ¶~ a new theory 신학설을 제창하다. 8 (사냥감)을 몰이하다, 날아 오르게 하다(*from*). 9 (술통)의 주둥이를 열다, 마개를 뽑다; (통 따위를) 비우다. [(을) 시작하게 하다.
get...started (엔진 등의) 시동을 걸다; [남]에게 (… **get started (on...)** (일 등을) 시작하다.
start after …을 쫓다. [하다.
start against …에 대항하다, …에 대항해서 입후보
start (all) over again 처음부터 다시 시작하다.
start a person **in** 남을 채용하다 (*as*).
start back 겁충 물러서다; 뒷걸음질치다.
start for …을 향해 출발하다; …의 후보로 나서다.
start in 《구어》 시작하다, 착수하다 (*to do*, *on doing*); 《美구어》 (남을) 호통치기[비평하기] 시작하다 (*on*).
start out [or **off**] ① 출발하다. ② 뛰어나다. ③ 《구어》 착수하다 (*to do*). ¶He ~*ed out* to write his autobiography. 그는 자서전 집필에 착수했다. [다.
start over 다시 시작하다, [남]에게 다시 시작하게 하
start something 《구어》 말썽을 일으키다.
to start to one's **feet** 갑자기 일어서다.
start up ① (놀라서 벌떡) 일어서다, 뛰어[날아]오르다. ¶He ~*ed up* from his chair. 그는 깜짝 놀라 의자에서 벌떡 일어났다. ② 갑자기 나타나다, 일어나다; 마음에 떠오르다. ③ 조업을 재개하다. ④ …을 시동시키다. ¶~ *up* a motor 모터를 발동시키다.
to start with (문두(文頭)·문미에서) 맨 먼저, 우선 첫째로. ¶*To* ~ *with*, I must thank you for your advice. 무엇보다도 먼저 당신의 충고에 감사드립니다.
─ 명 1 출발, 여행길을 떠나기. ¶get ready for the ~ 출발 준비를 하다. 2 시작, 개시, 착수, 시동; 발단. ¶ *from* the ~ 시초부터 / the ~ *of* the book 책의 맨 첫 부분. 3 (경기의) 스타트; 스타트 신호; 출발 지점. 4 놀라움, 섬뜩(오싹·철렁)함; 펄쩍 [일어섬]. 5 (경기 따위의) 선발(先發)(권); 기선(機先), 유리한 입장, 선도(先導). ¶I have thirty seconds ~ 30초 먼저 출발할 수 있는 권리가 있다. 6 첫출발의 축하. 7 (건재·못 따위의) 느슨함, 비뚤어짐, 어긋남, 휘어짐.
at the start 처음에는.
by fits and starts ⇒FIT².
for a start 《구어》 제일 먼저, 우선.
from start to finish 처음부터 마지막까지, 시종일관.

get a start (가슴이) 덜컥하다, 흠칫 놀라다.
get [or ***be***] ***off to a good***[***bad***] ***start*** 출발이 좋다[나쁘다].
get the start on [or ***of***] …의 기선을 제압하다.
give *a person* ***a start*** 남을 깜짝 놀라게 하다.
give *a person* ***a start in life*** 남을 세상에 내보내다.
make [or ***take***] ***a fresh start*** 새로 시작하다.
make a start (on…) (…에) 착수하다, (…을) 시작하다.
with a start 깜짝 놀라서.

START [stɑːrt] 廢 전략 무기 감축 조약.
[<*Strategic Arms Reduction Talks*[*Treaty*]]
stárt dàte 廢 출발일.
***start·er** [stɑ́ːrtər] 廢 **1** 출발자, 개시자, 첫시자. **2** 경주(경마)에 출장한 사람(말); 선발 멤버; (야구) 선발 투수. **3** 출발 신호 담당, 스타터; (탈것의) 발차 담당. **4** (내연 기관의) 시동 장치. **5** (낙농) 발단 배양(發端培養). **6** (英구어) (식사의) 제1 코스. **7** 누룩 반죽, 효모, 이스트. **8** (화학) (화학 반응) 유발제(誘發劑). **9** (전기) (형광등의) 스타터. **10** (카드놀이) 개시 패. **11** (濠·뉴질) 실행 가능한 계획. **12** (야구) 선발 투수.
for [or ***as***] ***a starter; for starters*** (구어) 우선, 첫째로.
under starter's orders (경주마 따위가) 출발 신호
──廢 첫시작의, 기초가 되는.
stárter hòme 廢 처음으로 장만한 집, 처음으로 사
start·ing [stɑ́ːrtiŋ] 廢 출발, 개시.
stárting blòck 廢 (경주의) 스타트대(臺).
stárting gàte 廢 (경마 등의) 출발문.
stárting grìd 廢 (자동차 경주의) 스타팅 그리드(출
stárting lìne 廢 출발선, 스타트 라인.
stárting líne-up 廢 (야구) 스타팅 라인업(선발로 출장하는 선수의 타순).
stárting pístol 廢 (경주 따위에서) 출발 신호용 총.
stárting pítcher 廢 (야구) 선발 투수.
‡**stárting póint** 廢 출발점, 기점.
start·ing-post [-pòust] 廢 (경마 따위의) 출발점.
stárting pòst 廢 (경마 따위의) 출발점.
stárting príce (英) (경마 따위의) 시작 직전에
stárting rául 廢 (항공) 활주 궤도(滑走軌道).
stárting sálary 廢 초봉(初俸).
stárting stálls 廢 =*starting gate*.
‡**star·tle** [stɑ́ːrtl] 廢 (~s [-z]; ~d; -tling) 陀 …을 깜짝 놀라게 하다, 펄쩍 뛰게 하다; (남을 자극하여) …시키다 (*into, out of, from*). ¶ (~+回+前+名) ~ *birds out of* [or *from*] *their sleep* 놀라게 하여 새들을 깨우다. ── 陀 깜짝 놀라다, 움찔[덜컥]하다, 펄쩍 뛰다 (*at*). ¶ (~+前+名) I ~*d at* the knocking at midnight. 나는 한밤중에 문 두드리는 소리에 깜짝 놀랐다.
be startled at …에 깜짝 놀라다. ¶He *was* ~*d at* the sight. 그는 그 광경에 깜짝 놀랐다.
── 廢 놀라기; 놀라게 하는 것. ¶The news gave me a great ~. 그 소식을 듣고 나는 깜짝 놀랐다.
~·ment 廢
stártle còlor 廢 경막색(동물이 위험을 느꼈을 때 나타내는 선명한 색).
star·tler [stɑ́ːrtlər] 廢 깜짝 놀라게 하는 것(일, 사람); 놀랄 만한 것(일, 사람). **~·ly** 廢
*****star·tling** [stɑ́ːrtliŋ] 廢 놀랄 만한, 깜짝 놀라게 하
stár topólogy 廢 (컴퓨터) 스타 토폴로지(네트워크를 구성하는 장치(node)의 접속 방식의 하나).
Stár Trèk 廢 스타 트렉(미국 NBC TV의 과학 시리즈 (1966–69); 거대 우주선 *Enterprise*호와 그 승무원이 우주를 탐험하는 모험의 내용).
start-up [stɑ́ːrtʌp] 廢 조업 개시; 벤처 기업; 창업 단계의 기업, 신생 기업. ── 廢 조업 개시의; 신진의; 새 계획에 대한 투자가 많은. (또는 **stártup**)
Start-up 廢 (컴퓨터) 스타트업(Windows에서 시동 때 우선 실행해야 할 프로그램 아이콘을 격납하는 그룹).

stártup dìsk 廢 (컴퓨터) 시동 디스크(boot disk).
*****star·va·tion** [stɑːrvéiʃən] 廢 Ⓤ 기아, 아사 (상태); 굶핍, 결핍. 「싼 임금).
starvátion wàges 廢(廢) 기아 임금(굶주릴 정도로
‡**starve** [stɑːrv] 廢 (~s [-z]; ~d; starv·ing) 陀 **1** 굶주리다, 아사하다. **2** 절식[단식]하다. **3** (구어) 몹시 배고프다. ¶I'm simply *starving*. 나는 배가 몹시 고프다. **4** 극빈(굶주림)에 시달리다. **5** 갈망(열망)하다 (*for, of*). ¶ (~+前+名) ~ *for* mother's love 어머니의 사랑에 굶주려 있다. **6** (英방언) 얼어 죽다, 추위에 시달리다. ── 陀 **1** …을 굶기다, 굶주려서 괴롭히다, 아사시키다(*out*). ¶ (~+回+前+名) be ~*d to* death 굶어 죽다. **2** …을 굶겨서 …하게 하다, (적군의) 양도(糧道)를 끊어 굶주리게 하다. ¶ ~ the enemy *into* surrender 적의 양도를 끊어 항복하게 하다. **3** (재귀용법·수동형으로) (…에게) …을 갈망하게 하다 (*for, of*); …에게 (필수품 따위의) 결핍을 느끼게 하다. ¶ ~ oneself *for* love 사랑에 굶주리다. **4** (英방언) …을 동사시키다.
starve for …을 갈망하다. ⇨ 陀 5.
Starve the bears. (美속어) 속도 위반 딱지를 떼지 않도록 하시오.
starv·ed [stɑ́ːrvəd] 廢 (복합어로) …에 굶주린. ¶TV-~ people TV를 몹시 보고 싶어하는 사람들.
starve·ling [stɑ́ːrvliŋ] 廢 굶주린, 영양이 나쁜, 못 먹어 여윈; 찢어지게 가난한, 빈약한, 지지러진.
── 廢 (경구려서) 여위어 빠진 사람[동물].
stárveling strátegy [**táctics**] 廢 (군사) 기아 전술[전략], 군량(軍糧) 전술[전략].
star-war·ri·or [-wɔ̀ːriər] 廢 스타 전사(戰士)(Star Wars 계획의 지지자).
Stár Wàrs (defènse) 廢 (美) (군사) 별들의 전쟁(미국의 전략 방위 구상(SDI)의 별칭). 廢 SDI
[<George Lucas 감독의 SF영화 제목]
star·wort [stɑ́ːrwɔ̀ːrt] 廢 (식물) 개미취; 별꽃.
stash¹ [stæʃ] 廢(廢) (美구어) …을 치워 두다, 따로 간직해 두다, 숨겨두다(*away*). ── 廢 **1** (美·캐나다 구어) 숨겨 둔 물건; 숨긴 장소. **2** (美속어) 숨겨 둔 마약, 마리화나. **3** (속어) 집, 숨어 사는 집.
stash² 廢 (美속어) 콧수염.
stásh bàg 廢 마리화나를 넣어두는 작은 주머니; (속어) 루즈·운전 면허증을 넣어두는 작은 주머니.
Sta·si [ʃtɑ́tzi] 廢 (the ~) 슈타지(옛 동독의 비밀 경찰). [<G *Staats+Sicherheitsdienst*]
sta·sis [stéisis] 廢 Ⓤ Ⓒ (廢 -ses [-siːz]) **1** (병리) 울혈(鬱血), 혈액 정체. **2** (가스·액체 따위의) 정체, 정지(靜止). **3** (대립하는 두 세력의) 균형 상태; (문학의) 정체.
-sta·sis [stéisis, stǽ-, stə-] 廢 「정지·안정 상태」의 뜻. ¶bacterio*stasis*.
stat¹ [stæt] 廢 (구어) **1** =*thermostat*. (또는 **'stat**) **2** =*photostat*.
stat² (구어) 廢 통계량; (보통 ~s) 통계(학). ── 廢 통계의.
stat³ (구어) 廢 (병원에서) 즉시, 당장; 어서, 빨리.
stat. statics; (라틴) *statim*(=immediately); (처방전에서) 즉시); stationary; statistical; statistics; statuary; statue; statute.
stat- [stæt] 廢 (전기) 「cgs 정전(靜電) 단위계의」의 뜻. ¶*stat*ampere 스태트암페어(전류의 정전 단위).
-stat [stæt] 廢 standing, stationary의 뜻. ¶gyro*stat*, helio*stat*, thermo*stat*.
stat·al [stéitl] 廢 (美 등의) 주(state)의[에 관한].
‡**state** [steit] 廢 **1** 상태, 형편, 모양, 양상, 사태, 사정, 형세. ¶a liquid[solid] ~ 액체[고체]의 상태 / a mental ~ 정신 상태 / the married [single] ~ 결혼해 있음[독신 상태] / the larval [pupal] ~ of an insect 곤충의 유충[번데기] 시기 / fall into ~ of coma 혼수 상태에 빠지다 / He is in a good[poor, delicate] ~ of health. 그의 건강 상태는 좋다[나쁘다, 좋지 않다].

[유의어] **state** 「상태」를 의미하는 가장 일반적인 말. **condition** 어떤 원인이나 환경의 영향을 받은 (일시적인) state. **situation** 여러 사정이 서로 관련돼서 사람의 성격·환경에 영향을 준 결과의 condition. **status** 법적·사회적 또는 경제적 고려에서 결정되는 state 또는 condition.

2 정신 상태; (구어) 근심, 걱정, 흥분 상태; 불안한 상태. ¶in a calm ~. 침착하게, 조용하게 / His affairs are in a ~. 그는 사업이 신통치 않다. 3 계급, 계층, 지위, 신분; 높은 지위. ¶persons in every ~ of life 모든 계층의 사람들 / His conduct is not fit for his ~. 그의 행동은 지위에 어울리지 않는다. 4 (美) 위용, 위풍, 거드름 피우기; 의식, 공식; 장관(壯觀), 훌륭함, 화려. 5 (종종 S-) 나라, 국가; 정권, 정부; 국토, 영토. ¶a welfare ~ 복지 국가 / the Secretary of S- (美) 국무 장관 / Church and S- 교회와 국가, 정교(政敎). 6 (보통 S-) (미국·오스트레일리아의) 주. ¶the United States of America 아메리카 합중국 / Free S- (美역 사) (노예 제도를 금지했던) 자유주 / the Southern States 미국 남부 제주. 7 (the S-s) (구어) 미국(＊재미 미국인이 흔히 쓴다). 8 〔인쇄〕 인쇄의 종류. ¶the first ~ of the revised edition 개정판의 제1쇄. 9 (개미·꿀벌 따위 사회성 동물의) 집단, 콜로니(colony). 10 〔컴퓨터〕 (컴퓨터를 포함한 automaton의) 상태; 〔물리〕 (물리계(系)가 취하는) 상태. 11 (英) 군사(軍事) 고서. 12 (古어) 계산서, 회계 보고서.

get into a state 흥분하다.
in a state of nature 발가벗고; 미개하여.
in great state 위엄 있는 태도로.
in quite a state 어수선하게 흐트러져, 몹시 흥분하여.
in state ① 공식으로. ¶The Queen received the French ambassador *in* ~. 여왕은 프랑스 대사를 공식으로 접견했다. ② 위엄을 갖추고, 당당하게, 정식으로, 정장하여.
keep (*up one's*) *state* 위엄을 지키다, 거드름 피우다.
lie in state (유해가) 식장에 정장하여 안치되다.
lose a state (美구어) (선거에 져서) 주(州)를 잃다.
of state 호화로운; 공식의. ¶a visit *of* ~ 공식 방문.
— 圏 (한정용법) 1 (중앙) 정부의, 국가의, 국사에 관한. ¶ ~ control[policies] 국가 통제[정책] / ~ service 국무 / ~ funeral 국장(國葬). 2 (종종 S-) (美) 주(州)의, 주립의. ¶a ~ highway 주도(州道) / the S- capitol 주의사당 / the S- governor 주지사. 3 공식(용)의, 의식 (용)의; 훌륭한. ¶a ~ dinner[call] 공식 만찬회[방문].
— 圓 (*stat·ed*; *stat·ing*) 1 (명확하게) …을 진술하다, 말하다, 보도하다, 알리다. ⇒SPEAK [유의어] ¶ (~ + *that*閤) It is ~*d that*… …이라는 이야기이다 // (~ + *wh.*閤) You should have ~*d how* much it would cost. 비용이 얼마나 들 것인지를 말해 주었어야 했는데. 2 〔문제·관계 따위〕를 밝히다, 명시하다. ¶ ~ a problem [proposition] 문제[제의]를 명시하다. 3 〔일시(日時) 따위〕를 정하다, 지정하다. 4 …을 부호[식]로 나타내다, …의 식을 세우다.
as stated above 상술한 바와 같이.
  stát·a·ble, <-a·ble

Státe aid 圏 (美) 주정부 보조(금); 국고 보조(금).
státe attórney 圏 (美) 변호사(state's attor- [ney).
státe bánk 圏 (美) 주립 은행.
státe bírd 圏 (美) (주(州)를 상징하는) 주조(州鳥).
státe cápitalism 圏 국가 자본주의.
státe chàmber 圏 의식용으로 쓰이는 넓은 방.
státe chúrch 圏 국교회(established church).
státe cóllege 圏 (美) 주립 단과 대학.
state·craft [stéitkræft, -krɑ̀ːft] 圏Ⓤ 치국책(治國策), 국정 운영의 기술[묘(妙)], 정치적 수완.
stat·ed [stéitid] 圏 1 정해진(fixed); 일정한, 정기

의. ¶at ~ times 정각에. 2 인정된, 정식의. 3 명백히 진술된. **~·ly** 圏
Státe Depártment 圏 (the ~) (美) 국무부(the Department of State).
státe educátion 圏 (英) (사립 학교 교육과 구별하여) 공교육. 「(英) SEN). 圏 SRN
State Enrólled Núrse 圏 (英) 국가 등록 간호사
státe flówer 圏 (美) 주화(州花)(주를 상징하는 꽃).
state·hood [stéithùd] 圏Ⓤ 1 국가임, 국가의 지위. 2 (美) (territory에 대해) 주(州)임; 주의 지위.
state·house [stéithàus] 圏 (美) 주의회 의사당.
state·less [stéitlis] 圏 나라가 없는, 국적이 없는; 위엄이 없는. **~·ness** 圏
‡**state·ly** [stéitli] 圏 (*-li·er; -li·est*) 당당한, 웅대한; 장려한, 장엄한; 위엄 있는, 품위가 있는. ¶a ~ tree 우람한 나무. — 圏 (드물게) 당당하게. -li·ness 圏
státely hóme 圏 (英) (일반에 공개된) 대저택.
státe médicine 圏 국가 의료, 의료의 국가 관리.
‡**state·ment** [stéitmənt] 圏 1 ⓊⒸ 성명, 스테이트 먼트, 진술; 신고, 공술. ¶make a ~ 성명을 내다. 2 성명서, 진술[공술]서. 3 〔상업〕 계산서, 명세서, (사업) 보고서. 4 (음악) (주제·주 선율의) 제시. 5 (상황·상황·기분 따위의) 간접적[비(非)언어적] 전달(법). 6 〔컴퓨터〕 문, 문장, 명령문, 스테이트먼트(프로그램 기술상 필요한 기본적 표현). 7 〔법률〕 공식 항변[변호]. 8 〔문법〕 평서문, 서술문.
make a statement to the effect that …라는 뜻의 진술을 하다. 「(구에) 있는 섬.
Stát·en Ísland [stǽtn-] 圏 미국 New York 만 입
state-o [óu] 圏 (~**s**) (美속어) 죄수복(服).
státe of affáirs[thíngs] 圏 (the ~) 상황, 정세, 현상. 「동·방조국).
státe of concérn 圏 〔외교〕 우려 대상국(테러 주
státe of the árt 圏 (the ~) (과학 따위의) 최첨단 기술 (수준). **státe-of-the-árt** 圏 최신식의.
Státe of the Únion mèssage[addrèss] 圏 (the ~) (美) (대통령의) 연두 교서.
state-owned [-óund] 圏 국유의. ¶a ~ bank [chemical plant] 국유 은행[화학 공장].
státe páper 圏 (정부의) 공문서.
státe políce 圏 (집합적) (美) 주(州)경찰.
státe pówer 圏 공권력.
státe príson 圏 (美) 주(州) 교도소(중범을 수용한다); 국사범 교도소. 〔또는 **státe's príson**〕
státe prísoner 圏 국사범, 정치범; (또는 S-) (美) 주(州) 교도소의 죄수.
stat·er¹ [stéitər] 圏 말하는 사람, 성명자, 진술자.
sta·ter² 스타테르(고대 그리스의 금[은]화).
Státe Régistered Núrse 圏 (英) 국가 공인 간호사(英 SRN)(美 Registered Nurse).
státe relígion 圏 국교(國敎).
státe ríghts 圏複 =states' rights.
state·room [stéitrù(:)m] 圏 1 (궁중 따위의) 알현실, 접견실. 2 (배·열차의) 특별실.
state-run [-rʌ̀n] 圏 국영의.
státe's attórney 圏 =state attorney.
státe school 圏 (英) 공립 학교.
státe's évidence 圏 (美) 공범 증인(공범자가 자기의 감형을 위해 친소하는 다른 피고에게 불리한 증언) ((英) King's [or Queen's] evidence).
turn state's evidence 불리한 공범 증언을 하다.
States-Gen·er·al [stéitsdʒén∂rəl] 圏 (the ~) 1 네덜란드 의회. 2 (역사) (혁명 이전의) 프랑스 의회.
state·side [stéitsàid] 圏 (종종 S-) (美구어) 圏 (국외에서 보아) 미(美)국의, 미본토의. ¶a ~ custom 미국의 관례. — 圏 미국에서[으로, 에]. — 圏 미국 본토.
‡**states·man** [stéitsmən] 圏 (圓 -**men** [-mən]) 1 정치가. ⇒POLITICIAN [유의어] 2 (英방언) 소(小)자작농.

states·man·like [stéitsmənlàik] 형 정치가다운[에 걸맞는], 정치적 수완이 있는.
states·man·ly [stéitsmənli] 형 =statesmanlike.
states·man·ship [stéitsmənʃip] 명U 정치수완.
státe sócialism 명 국가 사회주의. **-ist** 명
states·per·son [stéitspə̀ːrsn] 명 (남녀 구별 없이) 정치가. 寬 statesman, statewoman
státe's prison 명 =state prison. 「자.
státe's ríghter 명 (종종 S-) 《美구어》 주권(州權)론
states' rights 명(복) 《美》 주(州)의 권리.
states·wom·an [stéitswùmən] 명 여성 정치가.
státe trée 명 《美》 주목(州木)(주를 상징하는 나무).
státe tríal 명 국사범 재판.
státe tróoper 명 주경찰의 경찰관.
státe univérsity 명 《美》 주립 대학.
státe vísit 명 (국가 원수의 외국) 공식 방문.
state·wide [stéitwáid] 《美》 형 《美》 주 전체의, 전(全) 주에 걸친. —부 주 전체에, 전(全) 주적으로.
***stat·ic** [stǽtik] 형 1 정지(靜止)하고 있는, 변화하지 않는; 움직임이 없는 (opp. dynamic). (= **sta·tical**) 2 《물리》 정적인, 정압(靜壓)의. ¶~ pressure 정압. 3 《전기》 정전(靜電)(기(氣))의; 공전(空電)의. 4 《사회·경제》 정태(靜態)의, 정적인. ¶~ equilibrium 정적 균형. 5 《컴퓨터》 정적(靜的)(재생하지 않아도 기억 내용이 유지되는). —명U 1 《전기》 정전기; 공전(空電) (atmospherics); 공전에 의한 전파 장해. 2 《美속어》 격렬한 반대(비난), 말썽. **-i·cal·ly** 부 「만듦.
-sta·tic [stǽtik] 《연결》 -stasis에 대응하는 형용사를
stat·ice [stǽtəs, -təsi;/-tisi] 명 갯질경잇과(科)의
státic electrícity 명 《전기》 정전기(靜電氣). 「식물.
státic fíring 명 (로켓 엔진의) 지상 연소 시험.
státic líne 명 (낙하산의) 자동 인출삭(引出索)(낙하산 수납 주머니와 비행기를 잇는 줄).
státic mémory 명 《컴퓨터》 정적(靜的) 기억 장치.
státic RÁM 명 《컴퓨터》 스태틱 램, 정적 램.
stat·ics [stǽtiks] 명 《단수취급》 《물리》 정역학(靜力學). 寬 dynamics, kinetics
státic stórage 명 =static memory.
státic tésting 명 (로켓·미사일·엔진 등의) 정지(靜止) 시험, 지상(地上) 시험.
‡**sta·tion** [stéiʃən] 명 (복 ~s [-z]) 1 역, 정거장, 발착장, 정류장; 정거장 건물; 역참(驛站). ¶a railroad ~ 철도역 / a freight ~ 화물역. 2 장소, 위치; 담당한 일터, 부서. 3 …소(所), 서(署), 국, 부, 본부, 국(局); 스테이션, 국(局). ¶a broadcasting ~ 방송국 / a filling [or gas] ~ 주유소 / a fire ~ 소방서 / a police ~ 경찰서. 4 U(C) 신분, 지위, 계급; 높은 지위. ¶men of (high) ~ 귀인·명사들, 지위가 높은 사람들. 5 《군대의》 주둔지, 위수지(衛戍地); 군항, 통제부. 6 《생물》 《동물 따위의》 서식지, 산지. 7 《濠》 (가축의) 사육장, (토지·건물을 포함한) 목장, 농장. 8 《측량》 측점(測點), 3각점. 9 《종교》 정진(精進), 금육재(禁肉齋), 단식(육식을 금하는 일). 10 《가톨릭》 (십자가의 길의) 기도처(處).
above one's **station** 자기의 신분을 잊고, 자기 분수를
be on station (배가) 정박중이다. 「를 모르고.
out of station (자기) 부서를 떠나.
take (up) one's **station** 담당 부서에 임(任)하다.
the stations [or **Stations**] **of the cross** 십자가의 길(그리스도의 수난을 그린 14개의 상(像)); 신자들은 그 상 앞을 차례로 지나면서 기도하고 묵상하다).
—동(타) (~s [-z]) …을 배치하다, 부서에 배치하다, 주재(주둔)시키다 (at, on). ¶(~+명+전+명) The police were ~ed inside the gate. 경찰관이 문 안에 배치되었다.
~·al 형 「master
státion ágent 명 《美》 (작은 역의) 역장. 寬 station-
*****sta·tion·ar·y** [stéiʃənèri/-ʃənəri] 형 1 움직이지 않는, 정지하는. ¶Remain ~! 움직이지 마라! 2 이동시킬 수 없는, 고정된, 설치(장치)된. 3 정주한, 머물러 있는, 주둔(주재(駐在))하고 있는. ¶a ~ field hospital 고정 야전 병원. 4 변화가 없는, 일정 불변의; 정체하고 있는. ¶a ~ temperature 일정 불변의 온도. —명 1 움직이지 않는 사람(물건). 2 (-aries) 주둔군, 주재군(駐留軍).
-àr·i·ly -àr·i·ness
státionary áir 명 《의학》 잔류 공기(호흡할 때 폐에 남는 공기). 「구.
státionary bíke[bícycle] 명 페달 밟기 운동 기
státionary éngine 명 (건물 안의) 정치(定置) 기관.
státionary enginéer 명 정치 기관 기사.
státionary frónt 명 《기상》 정체(停滯) 전선.
státionary órbit 명 《우주》 정지(靜止) 궤도(지구의 자전 속도와 똑같은 회전 주기를 가진 궤도).
státionary sátellite 명 《우주》 정지 (궤도) 위성.
státionary státe 명 《물리》 정상(定常) 상태.
státionary wáve 명 정상파(波).
státion atténdant 명 급유 담당 직원.
státion bréak 명 《라디오·TV》 《美》 스테이션 브레이크(프로그램 사이의 방송국 이름 등을 알리기 위한 시간). 「출판업자.
sta·tion·er [stéiʃənər] 명 문방구상; 《고어》 서적상,
Stationers' Cómpany (the ~) 《英》 문구 출판업 조합(1557년 London에서 결성된 동업자 조합).
Stationers' Háll (the ~) 《英》 (런던) 서적 출판업 조합 사무소.
*****sta·tion·er·y** [stéiʃənèri/-ʃənəri] 명U 문방구, 지필묵류(紙筆墨類); 편지지, 필기 용지.
Státionery Óffice (the ~) 《英》 정부 (간행물) 출판국 (정식 명칭은 Her[His] Majesty's Stationery Office; 略 HMSO).
státion hòspital 명 《군사》 위수(衛戍)(기지) 병원.
státion hóuse 명 《美》 (시골의) 역사(驛舍), 정거장; 경찰서; 소방서.
státion indicàtor 명 《英》 열차 시간 게시판.
sta·tion·mas·ter [stéiʃənmæstər/-mɑ̀ːs-] 명
státion pòinter 명 《측량》 3각(脚) 각도기. 「역장.
státion pòle[ròd, stàff] 명 《측량》 폴, 표척(標尺), 표주(標柱).
sta·tion-to-sta·tion [-təstéiʃən] 형(부) (장거리 전화에서) 번호 통화제로(상대방 전화에 누가 나오든 통화된 것으로 간주); 《美》 **personal call, person-to-person**
státion wágon 명 스테이션 왜건(좌석 개폐식 자동차)(《英》 estate car [or wagon]).
stat·ism [stéitizm] 명U (정치·경제의) 국가 통제; 국가 통제주의. 「통제주의(자)의.
stat·ist[1] [stéitist] 명 국가 통제주의자. —형 국가
stat·ist[2] 명 =statistician.
sta·tis·tic [stətístik] 명 《통계》 통계치(量).—형 (드물게) =statistical. 「**~·ly** 부
*****sta·tis·ti·cal** [stətístikəl] 형 통계의, 통계(학)상의.
statístical mechánics 명(복) 《단수취급》 통계 역
statístical phýsics 명 통계 물리학. 「학.
stat·is·ti·cian [stæ̀tistíʃən] 명 통계자(학자).
‡**sta·tis·tics** [stətístiks] 명(복) 《단수취급》 통계학, 통계론; 《복수취급》 통계, 통계 자료. ¶vital ~ 인구 동태 통계 / ~ of population 인구 통계.
sta·tive [stéitiv] 《문법》 형 상태를 나타내는, 상태적인. —명 상태 동사. ¶*statocyst*
stat·o- [stǽtou, -tə] 《연결》 「휴지(休止), 정지」의
stat·o·cyst [stǽtəsist] 명 1 《동물》 평형포(胞) (무척추 동물의 평형 감각을 다스리는 기관). 2 《식물》 감수립(感受粒) (statolith)을 가지고 있는 세포. **·cýst·ic** 형
stat·o·lith [stǽtəliθ] 명 1 《동물》 평형석(平衡石), 이석(耳石)(평형포에 들어 있는 석회·모래 따위의 알갱이). 2 《식물》 감수립(感受粒), 평형립(粒)(전분립 따위의 세포 함유물). **·líth·ic** 형 「rotor
sta·tor [stéitər] 명 《물리·전기》 고정자(固定子). 寬

stat·o·scope [stǽtəskòup] 명 〖물리〗 미동(微動)기압계. 〖항공〗 승강계.

stat·u·ar·y [stǽtʃuèri-tjuəri] 형〖집합적〗 조상(彫像), 소상(塑像); 조소술(彫塑術); ⓒ 〖드물게〗 조각가(sculptor). ― 명 조상(의, 입상(立像)의; 조상용의.

‡**stat·ue** [stǽtʃuː] 명 (통 ~s [-z]) 상, 조상, 소상, 입상. ¶carve a ~ 상을 새기다. **~·less, ~·like** 형

stat·ued [stǽtʃuːd] 형 조상(彫像)으로 나타낸; 조상으로 장식한, 조상을 고정 장치한.

Státue of Líberty 명 1 (the ~) 자유의 여신상 (New York 항 내의 Liberty Island에 있는 대형 청동상). 2 〖미식축구〗 자유의 여신 (플레이)(백이 패스하는 체하며 공을 높이 쳐들어 뒤로 돈 선수에게 건네주는 트릭 플레이).

stat·u·esque [stætʃuésk] 형 조상(彫像) 같은; (조상처럼) 뛰어나게 아름다운, 균형이 잡힌; 당당한, 위엄이 있는. ¶a ~ attitude 당당한 태도. **~·ly** 부 **~·ness** 명

stat·u·ette [stætʃuét] 명 작은 조상. 〔F〕

‡**stat·ure** [stǽtʃər] 명〖U〗 1 키, 신장. ⇨ HEIGHT 〖유의어〗 ¶a man of high [short] ~ 키가 큰[작은] 사람. 2 〖드물게〗 (물체의) 높이. 3 (신체·도덕적) 발달, 성장 (도), 진보; 재능. ¶He is of meaner moral ~. 그는 도덕적으로 비열한 남자다.

‡**sta·tus** [stéitəs, stǽt-] 명〖U〗ⓒ 1 지위, 신분; (사회적으로 인정받는) 높은 지위, 신망; 〖법률〗 신분. ⇨ STATE 〖유의어〗 ¶the ~ of a doctor 의사의 지위/people of equal ~ 동등한 지위의 사람들. 2 상태, 사정, 사태. ¶the present ~ of affairs 현황. 3 〖법률〗 (법률상의) 법적 지위[신분]. ¶the ~ of a minor 미성년자의 신분. 4 〖항공〗 (항공권에 표시된) 이용 구간의 예약 상황. 5 〖컴퓨터〗 (입출력 장치의 동작) 상태.

status of forces agreement 주둔군 신분 협정.
― 형 높은 지위[신분]를 부여하는. ¶a ~ job 사회적으로 지위가 높은 직업. 〔<L position, standing〕

státus líne 명 〖컴퓨터〗 스테이터스(표시)행(애플리케이션 프로그램에서 편집 중인 파일명(名) 등의 정보를 표시하는 행).

státus offénder 명 (美) (법원의 감독을 받고 있는) 우범 소년.
státus offénse 명 비행(非行).
státus quó [-kwóu] 명 (the ~) 현상(現狀); 현상 유지. (또는 **státus in quó**) 〔<L state in which〕
státus quó án·te [-ǽnti] 명 (the ~) 본래[이전]의 상태, 구태(舊態).
státus snéaker 명 출세의주자, 지위를 탐내는 자.
státus sýmbol 명 지위[신분]의 상징.   「타내는.
sta·tus·y [stéitəsi] 형 (구어) 높은 지위를 가진[나
stat·u·ta·ble [stǽtʃutəbl] 형 =statutory.
~·ness 명 **-bly** 부

*** stat·ute** [stǽtʃuːt-tjuːt] 명〖U〗ⓒ 1 〖법률〗 법령, 법규; 제정법. ¶LAW 〖유의어〗 ¶a public[private, general] ~ 공법[사법, 일반법] / ~s at large 법령집. 2 (단체 등)의 정관, 규칙, 규약.

státute bòok 명 법령 전서, 법령집.   「case law
státute làw 명 성문법, 실정법. ⓐ common law.
státute míle 명 법정 마일(1,609.3m).
státute of limitátions 명〖법률〗 출소(出訴) 기한법.
stat·u·to·ry [stǽtʃutɔ̀ːri-tjutəri] 형 1 법령[에 관한]. 2 법정의, 법규에 근거한, 합법의. ¶a ~ minimum 법정 최소한. 3 법률상 처벌되어야 할.
státutory críme =statutory offense.
státutory ínstruments 명(複) 〖英법률〗 〖행정 기관의〗 명령.   「unwritten law.
státutory láw 명 성문법, 제정법. ⓐ case law.
státutory offénse 명〖법률〗 제정법상의 범죄, 법정 범죄(statutory crime).   「년자에 대한 강간.
státutory rápe 명 〖美법률〗 제정법상의 강간, 미
***staunch** [stɔːntʃ, stɑːntʃ] 형 1 지조(志操)가 있는

(굳은); 사람 등이) 충실한, 충성스러운; 신뢰할 수 있는. ¶a ~ friend 성실한 벗. 2 튼튼[단단]한, 견고한. ¶a ~ bridge 견고한 다리. 3 물이 스며들지[새지] 않는 (watertight), 항해를 견디어내는. ¶a ~ ship 항해를 이겨낼 수 있는 배. (또는 **stanch**) **~·ly** 부 **~·ness** 명

stau·ro·scope [stɔ́ːrəskòup] 명 십자경(十字鏡)(편광계(偏光計)의 일종). **scóp·ic** 형 **scóp·i·cal·ly** 부

***stave** [steiv] 명 1 (술통 따위의) 통널. 2 막대기, 빗장, 장대. 3 (사닥다리의) 단, 디딤대; (의자 다리에 건너지른) 가로대. 4 (시의) 연(聯), 절(節) (시행(詩行)의) 두운(頭韻). 5 〖음악〗 보표(譜表).
― 동 (~d, stove) 타 1 (술통 따위의 널빤지를) 뜯어내다[부수다, 구멍을 내다]; (통 따위의 널을 뜯어내서) 산산조각내다; (통을) 부수다, 찌그러뜨리다, 박살내다; 〔구멍을 뚫다[내다](in). ¶(~ + 목 + 부) The deckhouse had been ~d in by the enormous waves. 갑판실이 큰 파도로 박살이 나 있었다. 3 ···에 옆 널빤지를 대다; (사닥다리에) 단을 붙이다. ― 재 1 부서지다, 찌그러지다. 2 서둘러 걷다.

stave off ···을 저지하다, 막다, 피하다.

stav·er [stéivər, stǽv-] 명 (美구어) 정력가, 활동가.

stáve rhýme 명 〖운율〗 두운(頭韻), 두성(頭聲).

staves [steivz] 명 staff¹·stave의 복수형.

staves·a·cre [stéivzèikər] 명 〖식물〗 참제비고깔(미나리아재비과(科), 유럽산(産). 그 종자를 토제(吐劑)로 사용).

stav·ing [stéiviŋ] 형 (美) 강력한; 굉장한.

‡**stay¹** [stei] 동 (~s [-z]) 재 1 (장소·지위에) 머무르다, 체류하다, 묵다 (at, in, with), (~ +부). ¶ ~ outside 밖에 있다 / ~ overnight 하룻밤 묵다, 일박하다 / ~ back in the class 유급[낙제]하다 // (~ +전 +명) ~ at a hotel 호텔에 묵다 / ~ at home all day 하루 종일 집에 있다 / ~ with a person 남의 집에 머무르다 / ~ in bed 잠자리에 있다 / Can you ~ for[or to] supper? 저녁 식사 때까지 계실 수 있겠습니까? 2 (어떤 상태에) 머무르다, 그대로[···인 채로] 있다(remain). ¶ (~ +보) The weather will ~ fine. 이 좋은 날씨는 그대로 계속될 것이다. 3 (구어) 계속 지탱하다, 버티다, 견디어내다, (경기에서) 따라가다 (with). ¶He ~ed to the end of the course. 그는 끝까지 달렸다. 4 (잠깐) 멈추다, 기다리다, 정지하다, 꾸물거리다. 5 (카드놀이) 포커에서 거는 돈 액수가 자꾸 커져도 패를 바꾸지 않고 갖고 있다. 6 (고어) 중지하다, 그만두다(from).
― 타 1 ···을 멈추게 하다; ···을 막다, 방해하다. ¶ ~ one's steps at the entrance 입구에서 멈추어 서다. 2 〔욕망 따위를〕 일시적으로 채우다[억누르다], 〔굶주림을〕 견디어 내다. ¶ ~ one's thirst 갈증을 풀다. 3 ···을 연기하다, 유예하다, 중지하다. ¶ ~ judgment 판결을 연기하다. 4 〔식사·연예 등〕에 남다, ···까지 남아 있다, ···을 지속하다. ¶Let's ~ the musical [supper]. 뮤지컬[저녁 식사]이 시작될 때까지 기다리자. 5 ···보다 오래 머무르다(out). 6 (고어) ···을 기다리다(await).

be here to stay 기초가 다져져 있다, 정착하다.
〔따위가〕 오래 가다, 정착하다.
come to stay (구어) ① 묵을 셈으로 오다. ② (기후 따위가) 오래 가다, 정착하다.
stay after ···에 뒤에 머물다; ···에게 ···(하도록) 계속 독촉하다; (계획 등)의 추진을 계속 촉구하다.
stay away ① 떨어져 있다. ② (집회 등에) 결석하다, 참가하지 않다 (from). ¶ ~ away from school 학교를 쉬다. ② 비우다.   「움직이지 않게 하다.
stay back 나서지 않다; (야구) (타자가) 앞으로 몸이
stay behind 뒤에 남다, 잔류하다.
stay down ① (음식물·약 따위가) 토하거나 소화되지 않고 위에 머물러 있다. ② (핸들·스위치 따위가) 내려진 채로 있다. ③ (갱부가) 갱내에서 농성 파업을 하다. ④ (英) 유급(留級)하다. ⑤ 저자세를 유지하다.
stay in ① 집에 있다, 밖에 나가지 않다. ② (학교 따위에) 별로 남아 있다. ③ 농성 파업을 하다.

stay off ① 삼가다, 멀리하다. ② …에서 떨어져 있다. ③ (학교 따위에) 출석하지 않고 있다.
stay on ① (학교·회사 등에) 남아 있다, 유임하다. ② (뚜껑 따위가) 덮인 채로 있다. ③ (등불·TV 따위가) 계속 켜져 있다.
stay one's stomach ⇨STOMACH. [속 켜져 있다.
stay out ① 밖에 나가 있다; 외출하다. ② 파업을 계속하다. ③ …의 끝까지 남아 있다.
stay out of …에 참견하지 않다.
stay over (…에서) 외박하다 (*at, in*).
stay put 움직이지 않고 있다, 한 곳에 머물러 있다.
stay the course (경주를) 끝까지 완주하다; 끝까지 버티다[단념하지 않다], 장사를 계속해 나가다.
stay up 일어나[자지 않고] 있다. ¶ ~ *up till late* [*all night*] 밤늦게까지 일어나[밤샘하고] 있다. ② 떨어지지[넘어지지, 가라앉지] 않고 있다. (값·열 따위가) 올라간 채 있다.
stay with ① 〔남〕의 집에서 머물다. ② 〔일 따위〕를 계속하다; 〔물건〕을 계속 쓰다. ③ 〔美俗〕 〔일〕에 열중하다. ④ 〔口語〕 (싫어도) 계속 경청하다.
— 图 **~s** [-z] 1 멈추다[멈추게 하기], 정지, 멈추어 쉬기. 2 체재, 체류 (기간). ¶ *make a long* [*short*] ~ 오래[단기간] 체류하다. 3 〔U C〕〔법률〕연기, 유예, 중지. ¶ *a* ~ *of execution* 집행 유예. 4 〔U〕〔구어〕 인내력, 지속력, 끈기. 5 〔古語〕 막힘, 정돈(停頓). 6 〔폐어〕 제한, 방해, 저지. ¶ *put a* ~ *on* …을 억제하다.
stay² 图 1 지주(支柱), 버팀막대, 〔로프 따위〕 떠받치는 것, 버팀목. 2 (코르셋 따위의) 심(지). 3 (~s) 〔英〕코르셋.
— 图目 1 …을 받치다, 안정시키다(*up*). 2 …을 (정신적으로) 지지하다, 격려하다.
stay³ 图 〔해사〕 지삭(支索)(돛대를 받치는 굵은 밧줄); (전신주 따위의) 버팀줄; 밧줄, 로프.
in stays (뱃머리가) 바람 불어오는 쪽으로 돌아서.
miss [*or refuse*] *stays* (배를) 바람 불어오는 쪽으로 돌리지 못하다.
— 图目 〔배〕를 지삭으로 받치다[바람 불어오는 쪽으로 돌리다]. — 图 (배가) 바람 불어오는 쪽으로 돌다.
stay-at-home [-əthòum] 圈 집에만 틀어박혀 있는 (사람), 거주지[모국]를 떠나지 않는 (사람); (~s (선거의) 기권자.
stáy-at-home employée 图 재택(在宅) 근무자.
stáy-at-home society 图 재택(在宅) 사회(고도의 통신망과 컴퓨터의 보급으로 재택 근무가 주류를 이루는 사회).
stay-bar [-bɑ̀ːr] 图 받침대, 지주.
stay-be·hind [-bihàind] 图 잔류자, 잔류 활동가.
stáy-down stríke [-dàun-] 图 (탄광의) 갱내 연좌(連坐) 파업. 참 sit-down 2
stay·er [stéiər] 图 1 체재자. 2 끈기가 강한 사람[동물]. 3 지지자[물], 옹호자. 4 억제하는 것.
stáy·ing pówer [stéiiŋ-] 图 내구력; 인내력.
stáy-in (strike) [-ìn-] 图 〔美〕 = sit-down 2
stay·lace [stéilèis] 图 〔英〕 코르셋의 끈.
stay·less¹ [stéilis] 圈 계속 움직이고 있는, 쉬지 않는; 한군데 정착하지 못하는. [없는.
stay·less² 圈 코르셋을 입지 않은; 〔폐어〕받치는 것이
stay·mak·er [stéimèikər] 图 코르셋 제조자.
stay·o·ver [stéiòuvər] 图 체류, 체재.
stay·sail [stéisèil] 〔해사〕 [stéisəl] 图 〔해사〕 지삭(支索)에 단 3각형의 세로돛.
STB (라틴) *Sacrae Theologiae Baccalaureus*(= Bachelor of Sacred Theology)(신학 학사). **stbd** starboard. **STC** (美) *Satellite Television Corporation* (통신위성 회사); 〔英〕 *Senior Training Corps*(고급 장교 양성). **STD** *sexually transmitted diseases* (성병(性病)); 〔英〕 *subscriber trunk dialling*(가입자 장거리 다이얼 방식). **S.T.D.** (라틴) *Sacrae Theologiae Doctor*(= *Doctor of Sacred Theology*)(신학 박사). **STD còde** 〔英〕 *subscriber trunk dialling code* (다이얼 직통 장거리 전화 지역 국번(美) area code)).

STDN *space tracking and data network*(우주 추적 데이터 통신망). **STE** *Society of Telecommunications Engineers*. **Ste.** (프랑스) *Sainte*(=Saint: 여성에 대해 사용).
‡**stead** [sted] 图〔U〕 1 대신, 대리(place). 2 유용, 이익 (advantage). 3 〔C〕 〔古語〕 장소(place), 위치, 소재지.
in a person's stead 남 대신에, 남을 대신해서.
in stead of …대신에, …하지 않고(instead of).
stand (*a person*) *in* (*good*) *stead* 크게 (남의) 도움이 되다.
stead (*of*…) …의 도움이 되다, 이익이 되다.
*‡**stead·fast** [stédfæst/-fὰːst] 圈 확고한, 불변의, 부동의, 튼튼한, 꿋꿋한. ¶ *a* ~ *gaze* 응시/*a* ~ *bed* 견고한 침대//*be* ~ *to one's principles* 자기 주의를 꿋꿋이 지키다. (또는 stedfast) **~·ly** 団 **~·ness** 图
stead·i·ly [stédili] 団 (*more* ~; *most* ~) 견실하게, 착실하게, 착실하게, 침착하게; 꾸준히, 끊임없이.
stead·ing [stédiŋ] 图 〔스코〕 1 농장(farmstead); 농장에 딸린 건물. 2 건축용 땅, 부지(site).
‡**stead·y** [stédi] 图 (*stead·i·er*; *stead·i·est*) 1 확고한, 튼튼한, 안정된. ⇨FIRM 유의어 ¶ *a* ~ *ladder* 튼튼한 사다리/*a* ~ *foundation* 튼튼한 기초 공사. 2 끊임없는, 부단한; 한결같은, 고른, 일정한, 불변의. ¶ *a* ~ *breeze* 끊임없이 불어오는 산들바람/*a* ~ *moviegoer* 영화광(狂)/*a* ~ *girl friend* 계속 만나는 여자 친구/*Slow and* ~ *wins the race.*(속담) 일을 급히 서두르면 실패한다. 3 차분한, 침착한, 의젓한; 절제가 있는. ¶ *a man of* ~ *temper* 침착한 사람. 4 (주의 등이) 확고한, 변함없는, 부동의. ¶ *a* ~ *policy* 흔들리지 않는 정책/*a* ~ *faith* 굳건한 신앙. 5 (성격이) 견실한, 착실한. 6 〔해사〕 침로(針路)가 변하지 않는. 7 〔물리〕 불변의, 정상(定常)의.
go steady 〔美俗〕 특정한 이성 한 사람과 교제하다 (*with*); (…을) 진지하게[착실하게] 하다 (*with*).
Keep her steady! 〔해사〕 진로를 그대로! (Steady!).
play steady 덤비지 않다.
— 囘 1 침착해!, 정신 차려! 2 〔해사〕 진로 그대로!
— 图 (*stead·ies* [-z]) 1 대(臺), 받침. 2 〔美俗〕 정해 놓은 데이트 상대; 애인.
— 图 (*stead·ies* [-z]) 団 …을 안정시키다, 일정하게 하다, 튼튼하게 하다, 가라앉히다. ¶ ~ *one's mind* 마음을 가라앉히다. — 图 (사람 등이) 안정되다, 견실[침착]해지다(*down*). ¶ (~+團) *He will* ~ *down when he gets older.* 그도 좀더 나이가 들면 착실해질 것이다.
— 団 = steadily.
stéad·i·ness 图
stead·y·go·ing [-góuiŋ] 圈 착실한, 견실한, 신뢰할 수 있는; 변치 않는, 부단의.
stéady hánd 떨리지 않는 손; 단호한 명령.
stéad·y-hánd·ed 圈 지도[통솔]력이 있는.
stéady mótion 图 정상(定常) 운동.
stéady státe 图 〔물리〕 정상(定常) 상태.
stead·y-state [-stèit] 圈 〔천문〕 정상 우주론(적)의, 우주의 정상 팽창의. **-stàt·er** 图 정상 우주론 지지자.
stéady státe thèory[**mòdel**] 图 (the ~) 〔천문〕 정상(定常) 우주설, 우주 무한 팽창설.
‡**steak** [steik] 图〔U C〕 1 〔요리용〕 고기[생선]를 두툼하게 베어낸 살; (특히) 쇠고기를 베어낸 살. 2 불고기, 스테이크: 비프스테이크(beefsteak). ¶ *hamburg* ~ 햄버그 스테이크.
steak·house [stéikhàus] 图 (-*hous·es* [-hàuziz]) 스테이크 전문 요리집.
stéak knìfe 〔美〕 (톱니가 있는) 스테이크 나이프.
stéak sèt 图 〔美〕 스테이크용 포크와 나이프 세트.
‡**steal** [stiːl] ⑤ (~*s* [-z]; *stole; stol·en*) 団 1 …을 (몰래) 훔치다(*away*) (*from*); …을 도용하다. ⇨ROB 유의어 ¶ ~ *a design* 디자인을 도용하다/*My wallet*

stealage

was *stolen*. 내 지갑을 도둑맞았다 // (~+目+前+名) ~ money *from* a safe 금고에서 돈을 훔치다. **2** …을 몰래[교묘하게] 손에 넣다; …을 남모르는 사이에 하다 (*from*). ¶ ~ a nap 몰래 졸다 / ~ a person's heart 모르는 사이에 남의 애정을 사다 / (~+目+前+名) ~ a glance *at* a person …을 힐끗 훔쳐보다 / ~ a kiss *from* a girl 소녀에게 도둑 키스를 하다 / ~ a ride *on* a train 기차에 무임 승차를 하다. **3** …을 몰래 움직이다 [날라 가다, 놓아 두다](*into*). ¶ He *stole* the letter *into* her bag. 그는 그녀의 백에다 슬쩍 편지를 집어넣었다. **4** (구어) (잠깐) 빌리다. ¶ Can I ~ your pen? 펜 좀 빌려 줄래? **5** [야구] …을 도루하다. ¶ ~ a base 도루하다.
— 자 **1** 훔치다, 좀도둑질을 하다(*from*). **2** 몰래 가다 [오다, 지나가다, 덮치다](*into*, *from*, *out of*). ¶ (~+前+名) ~ *into* the room 방으로 몰래 숨어 들다 / A tear *stole down* her cheek. 한 줄기 눈물이 그녀의 뺨으로 흘러내렸다 / Mist *stole on* [or *over*] the valley. 모르는 사이에 안개가 산골짜기를 뒤덮었다. **3** [야구] 도루하다.

steal a march on *a person* ⇒MARCH¹.
steal *a person* ***blind*** (구어) (어느 새) 남에게 고스란히[몽땅] 훔치다.
steal *a person's* ***thunder*** ⇒THUNDER.
steal away 몰래 가버리다. ¶ He *stole away* from the scene. 그는 그 자리에서 슬그머니 떠나버렸다.
steal by (세월 따위가) 어느덧 지나가다. ¶ Long years *stole by*. 어느덧 오랜 세월이 흘렀다.
steal in 몰래 들어가다; 밀수하다.
steal off 가지고 도망치다.
steal one's way 몰래 나아가다[가다, 오다].
steal the show ⇒SHOW.
steal up on ① 서서히[몰래] [남·물건]에게 접근하다. ② (감정이) [남]에게 어느새 다가가다.

— 명 (~s [-z]) **1** (구어) 몰래 훔치기, 절도. **2** (구어) 훔친 물건, 장물. **3** (구어) 거저나 다름없이 손에 넣은 물건, 횡재, 의외로 싸게 산 물건(bargain). **4** [야구] 도루.
That's a steal. (구어) 공짜나 마찬가지다, 횡재다.
～·a·ble 형

steal·age [stíːlidʒ] 명 훔치기, 도둑질(stealing); 도난의 손해. [하는 사람.
steal·er [stíːlər] 명 훔치는 사람, 도둑; [야구] 도루
*steal·ing [stíːliŋ] 명 ⓤ 몰래 훔치기, 절도. **2** (보통 ~s) 장물. — 형 몰래 훔치는, 몰래 하는. ～·ly 부
*stealth [stelθ] 명 ⓤ **1** 은밀, 비밀, 내밀. **2** (폐어) 훔치기, 절도(theft). **3** (군사) 자취를 감추어 도망침. **3** (군사) (美) (S-) 스텔스(레이더·적외선·가시(可視) 광선 따위에 잡히지 않게 하는 것); (형용사적) 스텔스의. ¶ ~ technology 스텔스 기술.
by stealth 남몰래, 슬쩍.
～·ful 형 ～·ful·ly 부 ～·less 형

stéalth áircraft [pláne] 명 (군사) 스텔스기(레이더에 포착되지 않게 만든 항공기).
stéalth bómber 명 (군사) 스텔스 폭격기.
*stealth·y [stélθi] 형 남몰래 하는, 살그머니 하는, 남의 눈을 피하는[꺼리는], 은밀한.
stéalth·i·ly 부 stéalth·i·ness 명

‡**steam** [stiːm] 명 ⓤ **1** 수증기, 증기, 스팀. ¶ saturated ~ 포화 증기 / turn on[off] ~ 증기를 내다[멈추다]. **2** 김, 안개. ¶ a cloud of ~ 연기처럼 솟아오르는 김. **3** (구어) 정력, 힘, 기운. **4** (美속어) [김 / 밀매, 밀수) 위스키; (濠속어) (메틸 알코올을 섞은) 싸구려 술. **5** 라디오 (~ radio) (* TV보다 구식이라는 생각에서).
(at) full steam 증기력을 모조리 내어; 전속력으로.
by steam 증기로; 기선으로. ¶ rooms heated *by* ~ 스팀 난방이 된 방 / travel *by* ~ 기선으로 여행하다.
full steam ahead ① (명령형으로) 전속력으로 전진

(함장의 명령). ② 전력을 기울여 (*with*, *on*). ¶ go *full* ~ *ahead* with the plans 계획을 전적으로 추진하다.
get up [or ***put on***] ***steam*** ① 증기를 일으키다. ② (구어) 기운을 내다, 분발하다.
keep the steam up 기운을 내다, 힘내다.
let [or ***blow***] ***off steam*** ① 불필요한 증기를 빼다. ② (구어) 정력을 발산시키다; 울분을 풀다.
put up steam 속도를 올리다.
run out of steam (구어) (사람이) 탈진하다; (공격·경제 따위가) 활력을 잃다, 정체하다.
Steam was [is] ***coming out of*** *a person's* ***ear.*** 남이 몹시 화내고 있었다[있다].
under *one's* [or *its*] ***own steam*** 자력[독력]으로, 남의 도움을 빌지 않고.
under steam ① 증기의 힘으로; (기선이) 항해중에 [의]. ② 기운을 내어, 분발하여.
work off steam 기운을 내다, 열심히 하다.

— 자 (~s [-z]) 자 **1** 증기를 내다, 김을 내다[올리다](*away*). ¶ (~+閉) This boiler ~s *well*. 이 보일러는 증기가 잘 난다. **2** 증발하다, 발산하다(*away*), 땀흘리다. ¶ (~+閉) ~ *away* [or *up*] 증발해 버리다 // (~+前+名) The heat is ~*ing out of* the woods. 열기가 숲에서 발산하고 있다. **3** 김에 휩싸이다[흐려지다](*up*, *over*). ¶ (~+閉) The windowpane ~*ed up*. 유리창이 김으로 흐려졌다. **4** 증기의 힘으로 나아가다. ¶ (~+閉) The ship is ~*ing in*. 기선이 들어오고 있다 // (~+前+名) The ship ~*ed down* the river. 배가 강물을 따라 내려갔다. **5** (구어) 성내다, 성나서 씩씩거리다 (*about*, *over*). **6** 잽싸게 움직이다. — 타 **1** [식품 따위]를 찌다. **2** …에 증기를 쐬다. ¶ (~+目+閉) ~ an envelope open 증기를 봉투에 쐬어 개봉하다. **3** …을 증발[발산]시키다(*up*). ¶ ~ *up* liquid 액체를 증발시키다. **4** (기선 따위)를 증기력으로 달리게 하다. **5** [남]을 노발대발하게 하다. **6** (英속어) [버스·상점·열차 따위]를 집단으로 습격하다.
be [or ***get***] (***all***) ***steamed up*** (구어) 노발대발하고 있다[대노하다].
steam ahead [or ***away***] (구어) ① 속도를 올리다, 스피드를 내다. ② 정력적으로 일하다; (일이) 착착 진행되다.
steam in 싸움판에 끼어들다, 싸움판을 벌이다.
steam off (우표 따위)에 증기를 쐬어 떼내다.
steam open = steam off.
steam up ① 흐려지다. ② 기운을 내다; …을 격려하다, 흥분시키다. ¶ He got ~*ed up*. 그는 발끈했다. ③ (술에) 취하다.

— 형 증기의[로 움직이는]; 증기를 통하는.
～·less 형

stéam báth 명 증기 목욕(탕), 한증막(汗蒸幕).
stéam béer 명 스팀 맥주(거품이 많이 나는 맥주).
‡**stéam-boat** [stíːmbòut] 명 기선, 증기선.
stéam bóiler 명 기관(汽罐), 증기, 보일러.
stéam bráke 명 [기계] 증기 브레이크.
stéam cábinet 명 증기탕의 증기 목욕통.
stéam chést [**bóx**] 명 (증기 기관의) 증기실.
stéam cóal 명 보일러용 석탄. [기 염색.
stéam cólor 명 [염색] (색이 바래지 않게 하는) 증
stéam crácking 명 [화학] 증기 분해.
stéam cýlinder 명 증기통, 증기 실린더.
stéam distillàtion 명 증기 증류.
steamed-up [stíːmdʌ́p] 형 (구어) 몹시 화난; 흥
*stéam éngine 명 증기 기관(차). [분한; 취한.
like a steam engine 원기 왕성하게.
stéam-èn·gine 형

‡**steam·er** [stíːmər] 명 (~s [-z]) **1** 기선, 증기선. **2** 증기 기관. **3** 찌는 그릇, 찜통, 시루. **4** 다량조개 (soft-shell clam). **5** (보통 ~s) (英속어) (집단으로 버스·상점 따위를 습격하는) 강도, 도둑. — 자 기선으

로 여행하다.
stéamer bàsket [명] (여객선 여행자에게 주는) 선물 바구니.
stéamer chàir [명] 《美》 =deck chair.
stéamer rùg [명] 배의 갑판 의자용 무릎 덮개 (모포).
stéamer trùnk [명] (두께가 얇고 폭이 넓은) 선박 여행용 트렁크.
stéam fiddle [명] 《美속어》 (서커스의) 증기 오르간.
stéam fitter [명] 증기관(管) 시설[수리]공.
stéam fitting [명] 증기관 시설[수리] 공사.
stéam gàuge [명] (증기 기관의) 증기 압력계, 기압계(汽壓計).
stéam hàmmer [명] 증기 망치.
stéam héat [명] 증기열; 증기 열량.
stéam héating [명] 증기 난방 설비.
steam·ing [stíːmiŋ] [형] 증기[김]를 내는[올리는]. ¶a ~ kettle 김이 오르고 있는 주전자. ━[부] 김이 날 만큼. ¶~ hot 김이 날 만큼 뜨거운, 몹시 더운. ━[명][U] 김내기, 김쐬기; 기선으로의 여행 (거리). ¶a distance of one hour's ~ from the coast 해안에서 (증)기선으로 한 시간 거리.
stéam ìron [명] 증기 다리미.
stéam jàcket [명] (실린더 둘레의) 증기 재킷.
stéam làunch [명] 기정(汽艇), 작은 증기선.
stéam locomòtive [명] 증기 기관차.
stéam nàvvy [명] 《英》 =steam shovel.
stéam òrgan [piàno] [명] 증기 오르간.
steam·pipe [stíːmpàip] [명] 증기관[파이프].
stéam pòint [명] (물의) 끓는점.
stéam pòrt [명] 증기구(口), 기문(汽門).
stéam pòwer [명] 증기 동력, 증기력.
stéam prèssure [명] 증기압.
stéam pùmp [명] 증기 (양수(揚水)) 펌프.
stéam rádio [명] 《英구어》 라디오 (방송). ⇨STEAM [명] 5.
steam·roll·er [stíːmròulər] [명] 1 (도로 공사용) 증기 롤러. 2 강압 수단. ━[통][타] 1 (증기 롤러로) 〔도로〕를 고르게 하다. 2 〔반대 따위〕를 깔아뭉개다[무릅쓰고 밀어부치다], 압도하다(overwhelm); 〔의안 따위〕를 억지로 통과시키다. ¶~ the bill 그 의안을 억지로 통과시키다. ━[형] 강압적인, 압제적인.
stéam ròom [명] 증기 목욕탕, 한증탕.
⁑**steam·ship** [stíːmʃìp] [명] 기선, 상선(㋾ S.S.).
stéam shòvel [명] (토목 공사 굴착용) 증기삽.
stéam tàble [명] 스팀 테이블(요리를 그릇째 증기 보온하는 대(臺)).
steam·tight [stíːmtàit] [형] 증기가 새지 않는; 기밀(氣密)의. ~·**ness** [명]
stéam tràin [명] 증기 기관차.
stéam tùg [명] 증기 예인선(曳引船).
stéam tùrbine [명] 증기 터빈.
stéam whìstle [명] 기적(汽笛).
steam·y [stíːmi] [형] 1 증기의, 증기 같은; 김이 자욱한. 2 안개가 짙은, 축축한. 3 고온다습한. 4 에로틱한. ━[명] 《美속어》 포르노[에로] 영화.
stéam·i·ly [부] **stéam·i·ness** [명]
ste·ap·sin [stiǽpsin] [명][U] 〔생화학〕 스테압신(췌장에서 분비되는 지방 분해 효소).
ste·a·rate [stíːərèit/stíə-] [명] 〔화학〕 스테아린산염(酸鹽).
ste·ar·ic [stiǽrik, stíər-] [형] 〔화학〕 스테아린의.
ste·a·rin(e) [stíːərin, stíər-] [명][U] 〔화학〕 스테아린, 경유(硬油)(지방의 주성분); 스테아린산(酸)(양초 제조용).
ste·a·tite [stíːətàit/stíə-] [명][U] 〔광물〕 동석(凍石)(덩어리 모양의 활석). **-tít·ic** [형]
ste·a·to- [stíːətou, -tə, stiǽt-/stíət-] [연결] 「지방(脂肪), 수지(獸脂)」의 뜻(＊ 모음 앞에서는 steat-). ¶*steato*pygia (둔부 지방 축적), *steat*orrhea.
ste·a·tol·y·sis [stìətáləsis/-tɔ́l-] [명] 〔생리〕 (소화 과정에서의) 지방 융해. **-to·lýt·ic** [형]
ste·at·or·rh(o)e·a [stiæ̀tərí:ə/stìət-] [명] 〔병리〕 지방변증(脂肪便症), 지루증(脂漏症).
ste·a·to·sis [stìːətóusis] [명] (복) **-ses** [-siːz]) 〔의학〕 지방증(脂肪症).
sted·fast [stédfæ̀st/-fəst] [형] =steadfast.
***steed** [stiːd] [명] 《문어·익살》 말, 승용마; 준마(駿馬); 군마(軍馬). ∠·**lìke** [형]
steek [stiːk] [명] 한 땀, 한 코(stitch).
⁑**steel** [stiːl] [명] (복) ~**s** [-z]) 1 [U] 강철, 강(鋼). ¶mild [medium, hard] ~ 연강(軟鋼)[중강(中鋼), 경강(硬鋼)]/stainless ~ 스테인리스 강. 2 강철 제품; (보통 단수형으로) 칼, 검, 총검. ¶a cold ~ 칼. 3 (코르셋 따위의) 강철로 만든 둥근 버팀테. 4 부시. ¶a flint and ~ 부싯도구. 5 강철 숫돌. 6 철강업, 제강업; (~s) 철강주(株)[시세]. 7 [U] 《비유적》 (철강 같은) 단단함, 견고, 냉혹함.
a heart of steel 냉혹한 마음, 철석 같은 마음.
draw** one's **steel 칼[권총]을 뽑아 들다.
lift ring of steel 군대를 철수시키다.
worthy of** one's **steel 상대로서 부족함이 없는. ¶a foe *worthy of one's* ~ 호적수.
━[형] 1 《한정용법》 철강의, 철강제의, 철강빛의. ¶a ~ cap 철모. 2 (강철같이) 단단한, 견실한; 냉혹한, 무감각한. ¶a ~ temper 완고한 성질.
(as) hard as steel 강철과 같이 단단한.
━[통][타] (~**s** [-z]) 1 …에 강철을 입히다; …에 강철의 날을 붙이다; …을 (강철처럼) 단단하게 하다. 2 〔마음 따위〕를 굳게 하다(harden), 냉혹[무감각]하게 하다 (*for, against*); 결심하다 (*to* do). ¶(~+[目]+[前]+[名]) The king ~*ed* himself *against* the appeal of the people. 왕은 냉혹하게 백성들의 호소에 귀를 기울이지 않았다.
∠·**less**, ∠·**lìke** [형]
stéel bánd [명] 〔음악〕 스틸 밴드(서인도 제도의 Trinidad에서 시작된 악단; 강철제 드럼통을 악기로 사용).
stéel bár [명] 봉강(棒鋼), 강철봉.
stéel blúe [명] (때로 a~) 강철빛, 강청색(鋼靑色).
steel-clad [∠klæ̀d] [형] 장갑(裝甲)의; 갑옷을 입은.
stéel-col·lar wórker [∠kàlər-/-kɔ̀l-] [명] 산업용 로봇.
stéel drúm [명] 스틸 드럼(steel band의 타악기).
Steele [stiːl] [명] **Richard** ~ 스틸(1672-1729: 아일랜드 태생의 영국 저널리스트·극작가·정치가).
stéel èlbow [명] 사람을 밀치고 나아가는 힘.
stéel engràving [명] 〔인쇄〕 강판 조각(술); 강판 인화.
stéel gráy [명] (때로 a~) 푸른빛을 띤 회색.
stéel-gráy [형]
stéel guitár [명] 1 스틸 기타(금속 공명기가 달려 있는 경음악용 전기 기타의 일종). 2 페달식 스틸 기타. 3 =Hawaiian guitar.
steel·head [stíːlhèd] [명] 〔어류〕 강해성(降海性) 무지개송어.
steel·ie[1] [stíːli] [명] 《구어》 강철 구슬.
steel·ie[2] [명] 《구어》 =steelhead.
steel·mak·er [stíːlmèikər] [명] 제강업자.
steel·mak·ing [stíːlmèikiŋ] [명] 제강(製鋼).
steel·man [stíːlmən] [명] =steelmaker.
stéel mìll [명] 제강 공장.
stéel órchestra [명] 〔음악〕 =steel band.
stéel plàte [명] 강판(鋼板).
stéel-plàt·ed [형] 강판을 댄; 장갑의.
stéel tráp [명] 강철제의 올가미[덫].
have a mind like a steel trap 매사에 이해가 빠르다.
steel-trap [∠træ̀p] [형] 이해가 빠른, 예민한; 강력한.
stéel wóol [명] (연마용) 강면(鋼綿), 강철 솜.
steel·work [stíːlwə̀ːrk] [명][U] 강철 제품; (건축물의) 강철제 골조; (~s) 《단·복수 양용》 제강소.
steel·work·er [stíːlwə̀ːrkər] [명] 제강소 공원.
steel·y [stíːli] [형] 강철의, 강철제의; (강철처럼) 굳은; 완고한, 무정한. **stéel·i·ness** [명]
steel·yard [stíːljàːrd] [명] 대저울.
steen·bok [stíːnbàk, stéin-/-bɔ̀k] [명] 스타인복(아프리카산(産) 작은 영양(羚羊)). (또는 **steinbok**)
⁑**steep**[1] [stiːp] [형] (~·**er**; ~·**est**) 1 험준한, 가파른;

경사가 급한. ¶a ~ grade 가파른 경사 / a ~ pass 험준한 산길. **2** (구어) (가격·요구 따위가) 터무니없는, 당치않은, 엄청난. ¶a ~ price 엄청나게 비싼 값. **3** (구어) 과장된, 어처구니없는, 터무니없는. ¶a ~ story 터무니없는 이야기. ── 험준한 곳, 가파른 경사, 낭떠러지.
~·ly ~·ness

*steep² 톱 **1** (액체에) …을 담그다, 적시다; …을 축이다; …을 함혹 젖게 하다; …을 달이다, 우려내다 (in). ⇒DIP 유의어 ¶ (~+图+前+名) ~ seeds in water before sowing 씨를 뿌리기 전에 물에 담그다. **2** …을 몰두하게 하다, 열중하게 하다, 빠지게 하다 (in). ¶ He is ~ed in vice. 그는 나쁜 짓만 하고 있다. **3** (연기 따위가) …에 자욱하게 끼다, …을 둘러싸다; (빛 따위가) …에 넘쳐날 듯 가득하다 (in). ¶ The woods are ~ed in the bluish moonlight. 숲은 푸른 빛을 띤 달빛을 흠뻑 받고 있다. ── 잠겨 있다, 젖다.
be steeped in ⇒ 톱 2, 3.
steep oneself in …에 빠지다, …에 열중하다.
── 图 ⓒ 담그기, 담그어지기, 적시기, 적셔지기; 담그는[적시는] 액체.
in steep 잠기어, 담기어.
steep·en [stíːpən] 톱 가파르게 하다[되다], 급경사로 되다[되다].
steep·er [stíːpər] 图 담그는[적시는] 사람; 담그는 통.
steep·ish [stíːpiʃ] 톱 가파른, 험한; 터무니없는.

*stee·ple [stíːpl] 图 (교회·빌딩 등의) 뾰족탑, 뾰족탑이 있는 빌딩.
(as) tall as a steeple 높이 솟은.
~·less, ~·like 「무류(類)의 관목.
stee·ple·bush [stíːplbùʃ] 图 (북미산(産)) 조팝나무」
stee·ple·chase [stíːpltʃèis] 图 장애물 경주; 크로스 컨트리 경마; 장애물 경주. 图 flat race
── 통ⓐ (야외) 장애물 경주에 출전하다.
-chàs·er 图 steeplechase에 출전하는 사람(기수, 말).
stee·ple-crowned [-kràund] 图 (모자의) 꼭대기가 뾰족한, 원추(圓錐) 모양의. ¶a ~ hat 꼭대기가 뾰족한 모자.
stee·pled [stíːpld] 图 뾰족탑이 있는, 뾰족탑 모양의.
stee·ple·jack [stíːpldʒæk] 图 (뾰족탑·높은 굴뚝 따위의) 수리 직공, 높은 데서 일하는 사람.
stee·ple-top [stíːpltɑ̀p/-tɔ̀p] 图 **1** 뾰족탑 꼭대기. **2** 뾰족탑 모양 장식 세공. **3** 수염고래류의 일종.
steep·y [stíːpi] 图 (고어) 가파른, 험준한.

‡**steer¹** [stiər] 톱 (~s [-z]) **1** …의 키를 잡다, …을 조종하다. ¶ (~+图+图) ~ a ship westward 배를 서쪽으로 향하게 하다 // (~+图+前+名) ~ an automobile toward the beach 차를 해안쪽으로 몰다. **2** (일정 방향으로) …을 향하게 하다, 나아가게 하다 (to, into); …을 안내하다, 인도하다 (through). ¶ (~+图+前+名) ~ one's way to …으로 나아가다, 향하다. ¶a team to victory 팀을 승리로 이끌다 / She ~ed herself around the corner. 그녀는 길모퉁이를 꺾어 돌아갔다 / Our teacher ~ed our studies in the proper direction. 선생님이 우리들의 연구를 적절한 방향으로 지도해 주셨다. **3** (구어) [손님]을 끌다.
── ⓐ **1** 키를 잡다, 조종하다; (어떤 방향으로) 나아가다, 향하다 (for, to). ¶ (~+前+名) ~ for a harbor 배를 항구 안으로 유도하다 / Where are you ~ing for? (구어) 어디로 가는 중이지? **2** 처신하다, 행동하다. ¶ (~+前+名) ~ between two extremes 중용의 길을 취하다. **3** (배 따위가) 키가 잘 듣다, 조종할 수 있다. ¶ (~+图) This boat ~s easily [badly]. 이 보트는 조종하기 쉽다[어렵다]. **4** (구어) 손님을 끌다; 바람잡이 노릇을 하다.
steer by [or **past**] (…의) 옆을 지나가다, 비켜 가다.
steer clear of …에 가까이 가지 않다, …을 비키다.
── 图 (֎ ~s [-z]) (美구어) 충고, 조언, 말을 거들음 (tip); (도박 따위의) 정보.
steer² 图 수송아지, (식용의) 거세한 수소. ⇒OX 유의어

── 톱⓶ [수소]를 거세하다.
steer·a·ble [stíərəbl] 图 (기구 따위가) 조종할 수 있는, (안테나 따위가) 움직일 수 있는. **-bíl·i·ty** 图
steer·age [stíəridʒ] 图 **1** ⓤ 조종, 조타(操舵). **2** 선미(船尾), 고물. **3** 三등 선실, (군함의) 하급 사관실. ── 图 三등으로. ¶ **go** [or **travel**] ~ 三등 선실로 여행하다.
stéerage pàssenger 图 [항해] 三등 선객.
steer·age·way [stíəridʒwèi] 图 ⓤ [해사] 타효(舵效) 속력[속도](키작동이 가능한 최저 속도).
steer·er [stíərər] 图 키잡이, 조타수.
steer·ing [stíəriŋ] 图 ⓤ 조종, 조타; 지도.
stéering commíttee 图 (美) 운영 위원회.
stéering géar 图 (배·자동차 따위의) 조타 장치.
stéering whèel 图 (배의) 타륜(舵輪); (차의) 핸들.
sit behind the steering wheel ① (자동차를) 운전하다, (배를) 조종하다. ② (기구 조직 따위를) 이끌다, 운영 책임을 지다.
steers·man [stíərzmən] 图 조타수, 키잡이; (자동차 따위의) 운전 기사. ~·**ship** 图
steeve¹ [stiːv] [해사] 톱⓶ [면화·양모 따위]를 선창(船倉)에 가득 싣다; …을 기중 돛대로 싣다. ── 图 기중 돛대.
steeve² 图 [해사] 사장 앞각(斜檣仰角). ── 图 돛대.
── 톱⓶ 기울게 하다, 기울다, 앞각을 내다[이루다].
Sté·fan-Boltz·mann láw [stéfənbóultsmən-] 图 [물리] 슈테판볼츠만의 법칙(흑체의 총방사(總放射) 에너지는 절대 온도 T의 4제곱에 비례한다). (또는 **Stéfan's láw**) 〈오스트리아의 물리학자 Josef Stefan (1835-93)와 Ludwig E. Boltzmann(1844-1906)〉
Ste·fa·no [It stéfano] 图 **Giuseppe di ~** 스테파노(1921- : 이탈리아의 테너 가수).
steg·o·don [stégədɑ̀n/-dɔ̀n] 图 스테고돈(동아시아에서 아프리카에 걸쳐 분포한 대형 화석 코끼리).
steg·o·my·ia [stègəmáiə] 图 연대풀모기(황열병(黃熱病) 매개 곤충).
steg·o·sau·rus [stègəsɔ́ːrəs] 图 (֎ **-ri** [-rai]) (고생물) 검룡(劍龍). (또는 **stegosaur**)
stein [stain] 图 (美) (오지로 만든) 맥주잔, 조끼.
Stein [stain] 图 **Gertrude ~** 스타인(1874-1946: 프랑스에서 활약한 미국의 시인·소설가).
Stein·beck [stáinbek] 图 **John (Ernst) ~** 스타인벡(1902-68: 미국의 소설가; 노벨 문학상 수상(1962)).
Stein·berg·er [stáinbə̀ːrgər] 图 ⓤ 백포도주의 일종. 「**steenbok**.」
stein·bok [stáinbɑ̀k/-bɔ̀k] 图 (֎ ~(**s**)) =
Stein·way [stáinwèi] 图 **1 Henry Engelhard ~** 스타인웨이(1797-1871: 독일 태생의 미국 피아노 제작자). **2** 1이 창립한 피아노 회사; 그 제품.
ste·la [stíːlə] 图 (֎ **-lae** [-liː]) = stele 1-3.
ste·le [stíːli, stíːl] 图 (֎ **-lai** [-lai], ~**s** [-z]) **1** (고고) (비문·조각 따위가 있는) 돌기둥, 석비. **2** (건축) (건축물의 정면 입구 따위의) 현판(懸板), 문자[조각]반(盤). **3** 스텔(고대 로마의 묘석). **4** 图 stiːl, stíːli] (식물) 중심주(中心柱). -**lar** 图
Stel·la [stélə] 图 스텔라(여자 이름).
stel·lar [stélər] 图 **1** 별의[같은]; 별 모양의; 별이 많은. ¶a ~ night 별빛이 밝은 밤. **2** 인기 있는, 각광을 받는, 스타의; 주요한, 일류의. ¶a ~ role 주역.
stel·lar·a·tor [stélərèitər] 图 (물리) 스텔러레이터 (핵융합 반응 연구의 실험 장치).
stéllar evolútion 图 [천문] 항성 진화.
stéllar wínd [-wind] 图 [천문] 항성풍(恒星風)(항성에서 나오는 플라스마의 흐름).
stel·late [stélət, -leit] 图 별 같은, 별 모양의; 방사 모양의; (잎이) 돌려나기의. (또는 **stellated**) ~**·ly** 图
stel·len·bosch [stélənbɑ̀ʃ/-bɔ̀ʃ] 톱⓶ (英軍속어) (사관)을 격하시키다, 좌천시키다.
Stél·ler's séa lion [stélərz-] 图 (동물) (북태평양산(産)) 바다사자.

stel·li·form [stéləfɔ̀ːrm] 형 별 모양의; 방사 모양의.
stel·li·fy [stéləfài] 타동 …을 별로 바꾸다; …을 스타로 만들다; …에게 영광을 주다.
Stel·lite [stélait] 명U (상표) 스텔라이트(특수 합금).
stel·lu·lar [stéljulər] 형 작은 별 모양의; 작은 방사 모양의; 별 무늬가 있는. **-ly** 부

‡**stem**[1] [stem] 명 (복 **~s** [-z]) 1 줄기, 대(trunk). 2 잎꼭지, 꽃자루[꼭지], 과일의 꼭지. 3 줄기·대 따위와 비슷한 것, 줄기처럼 생긴 부분; (공구(工具) 따위의) 자루; (온도계의) 몸통, 유리관; (컵 따위의) 굽; (자물쇠의) 열쇠를 끼우는 둥근 막대; (시계의) 축(軸); (담뱃대의) 대; (동물) 깃대, 우간(羽幹). 4 (문법) 어간(語幹). 5 (음악) (음표의) 기둥; (인쇄) (활자의) 굵은 종선(縱線). 6 종족, 혈통, 가계, 가문(ancestry). ¶descend [or be descended] from an ancient [or old] ~ 오래 된 가문 출신이다. 7 (~s) (속어) 사람의 다리. 8 (속어) (시가의) 큰 거리; (철도의) 주요 간선. 9 (美속어) 아편(코카인) 파이프. 10 (美속어) 음경(penis). 11 (英속어) 구걸; 비렁뱅이.
work the stem (美속어) 구걸하다.
― 동 (~s [-z], **-mm-**) 자 1 일어나다, 생기다, 유래하다 (*from, out of*). ¶(~+前+名) *Yankee ~s from the Dutch word Jan Kaas*, Yankee란 단어는 네덜란드어의 Jan Kaas에서 유래한다. 2 (美속어) (길에서) 구걸하다. ― 타 1 …의 줄기[대]를 없애다. ¶~ tobacco leaves 담배 잎줄기와 잎맥(脈)을 없애다. 2 (조화) 의 줄기를 만들다.
stem from… …에서 기인하다, 유래하다. ⇨자 1.
∼·less 형 **∼·let** 명 **∼·like** 형

stem[2] (**-mm-**) 타 1 …을 저지하다, 막다, 멈추게 하다; (물결 따위)를 막다. ¶~ a reformation 개혁을 저지하다. 2 …을 거슬러 나아가다, 저항[반항]하다. ¶~ the tide 조류를 거슬러 나아가다. 3 (구멍)을 틀어막다. 4 (스코) (출혈)을 멈추게 하다(stop). 5 (스키) 멈춰 서기 위해서 (스키)의 방향을 돌리다, 제동 회전시키다.
― 자 (스키) 제동 회전하다.
stem back 저항하다; 저지하다.

stem back (스키) 회전하기 위해서 스키를 V자 모양으로 벌리는 제동 동작.

stem[3] 명 (해사) 1 선수(船首), 이물; 선수재(材).
from stem to stern 이물에서 고물까지, 배 전체에 걸쳐; 모조리, 완전히.
give~the stem (다른 배에) 부딪혀 가다.
stem for stem 배 속력을 맞추어.
stem on 이물을 돌려.
stem to stern 이물을 마주 대하고.

STEM [stem] 명 주사 투과(走查透過) 전자 현미경.
〔<*s*canning *t*ransmission *e*lectron *m*icroscope〕

stém cèll 명 (생물) 간(幹)(幹세포.
stem·head [stémhèd] 명 선수(船首), 이물.
stem·ma [stémə] 명 (복 **~s, ~·ta** [-tə]) 1 계도(系圖), 가계, 가문. 2 (동물) 홑눈; 촉각 기부(觸角基部).
stemmed [stemd] 형 (복합어에서) 1 줄기(대)가 있는. ¶a short-~ herb 줄기가 짧은 풀. 2 줄기를 없앤.
stem·mer [stémər] 명 (담배·과일 따위의) 줄기(대) 를 없애는 사람; 줄기(대) 제거 기구.
stem·mer·y [stéməri] 명 담배의 줄기 제거 공장.
stem·my [stémi] 형 줄기가 많은, 줄기뿐인.
stem·ple [stémpl] 명 (광산의) 수갱(竖坑)의 계단이나 발판용 재목; 지주(支柱), 받침목. (또는 **stempel**)
stém rùst (식물병리) (보리·목초의) 흑수병(黑穗病), 깜부기병; 흑수균.
stém tùrn (스키) 제동 회전. ⇨STEM[2] 명
stem·ware [stémwèər] 명U 굽이 달린 유리잔.
stem·wind·er [stémwáindər] 명 1 용두(龍頭)로 태엽을 감는 시계. 2 (美) 일류의 사람(물건); 감동을 주는 웅변가.
stem·wind·ing [stémwáindiŋ] 형 1 용두로 태엽을 감는. 2 (美) 아주 좋은, 일류의. 3 (美구어) (연설 따위가) 설득력 있는. ― 명 (美구어) 설득력.
Sten [sten] 명 =~ gun.
sten. stencil; stenographer; stenography.
stench [stentʃ] 명U 고약한 냄새, 악취.
∼·ful 형 악취가 심한. **∼·y** 형 냄새 고약한.
sténch tràp (하수관의) 방취판(防臭瓣).
sten·cil [sténsəl] 명 1 스텐실, 원판, 형판(型板), 형지(型紙), 본을 놓고 적는 무늬판; 스텐실로 본을 떠낸 문자[무늬]. 2 (등사판의) 원지. ― 타 (-l-, (英) -ll-) (스텐실로) …에 본을 놓고 찍다(*with*), …의 본을 뜨다(*on*).

[stencil 1]

∼·er 스텐실로 본을 뜨는 사람. **∼·ing** 명 스텐실에 의한 본뜨기. **∼·ize** 타동 스텐실 가공을 하다.
sténcil pàper 등사판용 원지.
sténcil pèn (등사판용의) 철필.
sten·cil-plate [-plèit] 명 형판(stencil).
Sten·dhal [stendάːl, stæn-] 명 스탕달(1783-1842: 프랑스의 소설가; 본명 Marie-Henri Beyle).
Stén gùn 명 스텐 건(영국제 경기관총).
sten·o [sténou] 명 (복 **~s**) (美속어) =stenographer; =stenography. ¶*stenography*.
sten·o- [sténou-, -nə] 연결 「작은, 좁은」의 뜻.
sten·o·chro·my [sténəkròumi] 명U (인쇄) 스테노크로미, 다색(多色) 인쇄법.
ste·nog [stənάg/-nɔ́g] 명 (구어) =stenographer.
sten·o·graph [sténəgræ̀f, -grὰːf] 명 1 속기용 기호(문자). 2 속기록. 3 속기용 타이프라이터. ― 타동 …을 속기하다.
*ste·nog·ra·pher** [stənάgrəfər/-nɔ́g-] 명 속기자; 속기 타이피스트. (또는 **stenographist**)
sten·o·graph·ic [stènəgrǽfik] 형 속기(술)의.
-i·cal -i·cal·ly 부
*ste·nog·ra·phy** [stənάgrəfi/-nɔ́g-] 명U 속기(술).
ste·no·ky [stənóuki/ste-] 명 (생태) 협환경성(狹環境性)(좁은 환경 조건에서만 서식할 수 있는 성질).
-kous [-kəs] 형 〔 좁 〕 .
ste·nosed [stinóust, -nóuzd] 형 (의학) 협착(狹窄)의.
ste·no·sis [stinóusis] 명U (병리) 협착(狹窄)(증).
-not·ic [-nάtik, -nɔ́t-] 형
sten·o·type [sténətàip] 명 (S-) (상표) 속기용 타이프라이터, 스테노타이프. (스테노타이프용) 속기 문자.
sten·o·typ·y [sténətàipi] 명U 보통의 알파벳 문자를 쓰는 속기법. **-typ·ic** [-típik] 형 **-ist** 명
Sten·tor [sténtər] 명 1 스텐터(*Iliad*에 나오는 큰 목소리를 가진 전령). 2 (s-) 목소리가 큰 사람. 3 (s-) (동물) 나팔벌레. 「**∼·ly** 부
sten·to·ri·an [stentɔ́ːriən] 형 목소리가 매우 큰.
sten·tor·phone [sténtərfòun] 명 1 매우 큰 목소리로 말하는 사람. 2 고성능 확성기.

‡**step** [step] 명 1 걸음, 스텝. ¶*at a ~* 한걸음에[으로]/*every ~* 한 걸음 한 걸음 한 걸음에/*take a ~ back* 한걸음 물러서다/*One small ~ for a man, one giant leap for mankind*, 한 사람의 인간에게는 작은 한 걸음이지만 인류 전체에는 커다란 약진. (―Neil Armstrong)
2 한 걸음의 거리, 보폭; 근거리. ¶*It is only a ~ from here to my home.* 여기서 나의 집까지는 아주 가깝다/*From genius to insanity is but a ~*. 천재와 광기와는 겨우 종이 한 장 차이다.
3 발자국(footprint). ¶*No traces of his ~s are left.* 그의 발자국은 하나도 없다.
4 발소리(footfall). ¶*A dog knows his master by his ~s*. 개는 발소리만 듣고 주인을 알아본다.
5 UC 걸음걸이, 걸음새(gait); 보조; (댄스의) 스텝. ¶*double-quick ~* 구보/*with light [heavy] ~s* 가벼운

[무거운] 걸음걸이로 / walk with quick [slow, long, short] ～*s* 빠른[느린, 큰, 작은] 걸음걸이로 걷다. **6** (목적·목표에의) 일보, 하나의 진보, 한 단계, 진척. ¶the first ～ in democracy 민주주의의 제일보 / make a ～ toward success 성공을 향하여 한발짝 다가가다. **7** 방법, 수단(means), 조치, 방책. ¶take concrete [diplomatic, drastic] ～*s* 구체적[외교적, 과감한] 수단을 취하다 / take ～*s* to avoid troubles 말썽을 피할 조치를 취하다. **8** (계단·사닥다리의) 단, 디딤대, 층층대, 층계, (탈것의) 승강단; (～s) 계단, (英) 계단식 사닥다리. ¶a ～ of a ladder [stairs] 사닥다리[계단]의 단 / a flight [*or* staircase] of 10 ～*s* 10단의 계단 / go up the ～*s* 계단을 올라가다. **9** 계급, 단계(rank); (군인 등의) 승진, 승급. **10** 〔음악〕 음정. **11** 〔기계〕 축받이; 〔해사〕 장좌(檣座)(돛대의 아랫 부분을 받치는 받침 구멍·받침대). **12** (로켓의) 단(stage). **13** 〔컴퓨터〕 스텝(단일한 계산기 명령[조작]).

a step in the right* [*wrong*] *direction 합당한[합당치 않은] 방책, 적절한[부적절한] 조치.

bend** one's **steps (문어) (…쪽으로) 걸음을 옮기다, 가다 (*toward*).

be one step ahead of the sheriff [or ***law***] (美속어) 빚 때문에 절절 매다, 파산 일보 직전이다.

break step ① (보행·행진에서) 보조를 흩뜨리다[그만두다]. ② 동료 사이가 갈라지다, 규칙을 깨다.

change step 보조를 바꾸다.

fall into step (…와) 보조를 맞추어 걷기 시작하다; (…의) 방법을 받아들이다 (*with*).

follow in** a person's **steps 남이 하는 대로 하다, 예에 따르다.

get** one's **step 승진하다.

give** a person **a step 남을 승진[진급]시키다.

go up the steps (英속어) 고등 법원에 출두하다.

in** a person's **steps 〔남〕의 예에 따라서.

in [or ***into***] ***step*** 가락을 맞추어, 보조를 맞추어.

keep (in) step with [or ***to***] …와 보조를 맞추다.

miss** one's **step 발을 헛디디다.

on the step (물 위를) 활주하여.

out of step 보조를 맞추지 않고, 조화되지 않고.

pick** one's **steps 조심조심 나아가다, 발밑을 조심하며 걷다.

rise a step in** a person's **opinion [***estimation***] 남에게 더욱 중요시되다[잘 보이다].

step by step 한 걸음 한 걸음, 점차로; 착실히.

step for step 같은 보조로.

take a wrong step 정도를 벗어나다.

take steps 조처를 취하다. ⇨[명] 7.

tread in the steps of** a person**; tread in** a person's **(foot)steps ① 남의 뒤를 따라가다. ② 남의 예를 모방하다, 남을 본뜨다.

turn** one's **steps to [or ***toward***] …쪽으로 방향을 바꾸어 걷다.

watch [or ***mind, pick***] *one's* ***step*** ① (구어) 조심하다. ② 조심해 걷다, 발끝을 조심하다.

— [동] **(-pp-)** [자] **1** (가까운 거리를) 걷다, 조금 걷다; 가다, 걸음을 옮기다, 나아가다. ¶ (～+[前]+[名]) ～ *across* a street 길을 건너가다 / ～ *into* a boat 보트에 오르다 / ～ *on to* [or *onto*] a terrace 테라스로 내려서다 // (～+[副]) ～ *upstairs* 2층으로 올라가다. **2** (댄스에서) 가락에 맞추어 걷다, 스텝을 밟다 (*to*). ¶She ～*ped to* the music. 그녀는 음악에 맞추어 스텝을 밟았다. **3** 밟다 (*on, upon*). ¶～ *on* a snake 뱀을 짓밟다. **4** (구어) 빨리 걷다, 달리다, 서두르다. **5** (어떤 상태로) 되다, (어떤 지위를) 차지하다, …을 얻게 되다, (…이) 손에 들어오다 (*into*).

— [타] **1** 〔발〕을 들여놓다, 내딛다, 〔발〕을 밟다. ¶～ foot *on* [or *in*] the enemy's soil 적지에 들어가다. **2** 〔댄스의 스텝〕을 밟다, 춤추다. **3** …을 층층으로 만들다, …을 단계별로 하다. ¶～ tests 단계적으로 테스트하다 / He ～*ped* the hillside leading to the orchard. 그는 과수원으로 통하는 언덕에 층계를 냈다. **4** …을 걸음으로 재다(*off, out*). ¶～ the distance 거리를 걸음으로 재다. **5** 〔해사〕 (장좌(檣座)에) 〔돛대〕를 세우다(*up*); 〔기계〕 …을 축(軸)받이에 끼우다.

step along 출발하다, 떠나다.

step aside ① 옆으로 비키다. ② 탈선하다. ③ 몸을 빼다, 사직하다 (*as, in favor of*).

step back ① 한발 뒤로 물러나다. ② 거리를 두고 생각하다 (*from*). ③ 회고하다. ¶～ *back* into the past time 옛날을 회고하다.

step down ① 단을 내려가다 (*from*). ② (후임을 위해, …의 지위를) 퇴진[사직]하다. ③ 〔전압 따위〕를 내리다.

step forward ① 앞으로 나가다. ② (정보·원조 등을 제공하기 위해) 출두하다.

step high (말이) 발을 높이 올리고 나아가다.

step in ① 들어가다; (차에) 올라타다. ② (구어) 잠깐 들르다. ③ 참가하다. ④ 끼어들다, 간섭하다.

step in for 남을 대신해서 근무[일]하다.

step into ① 〔일 따위〕를 시작하다. ¶～ *into* journalism 기자가 되다. ② 〔재산·지위 따위〕를 노력[고생]하지 않고 손에 넣다, 〔역할 따위〕를 인수하다.

step into an estate [or ***a fortune***] 재산을 이어받다.

step into** a person's **shoes 남의 후임으로 앉다, 사업을 이어받다.

step into the breach ⇨BREACH.

step it ① (구어) 춤추다. ② 걷다. ③ …와 보조를 맞추다 (*with*).

step it out 활발히 춤추다.

step off ① 〔군사〕 행진을 개시하다. ② (폐어) 죽다. ③ 〔탈것〕에서 내리다.

step off on the right [***wrong***] ***foot*** (구어) (일·교제 따위의) 시작을 잘하다[그르치다], 첫 단추를 잘[잘못] 꿰다.

step off the deep end (구어) (확인도 하지 않고) 행동으로 나타내다; 말려들다; (美속어) 미치다; 죽다.

step on (구어) 〔남의 감정〕을 해치다; 〔남〕을 야단치다; …을 (짓)밟다.

step [or ***tread***] ***on** a person's **toes*** [or ***corns***] 남의 감정을 상하게 하다.

step on it (종종 명령형으로) 서두르다; 속력을 내다.

step [or ***tread***] ***on the gas*** ⇨GAS.

step out ① (집·방에서) 나오다; (자리를) 비우다; (차에서) 내리다. ② 바쁜 걸음으로 가다, 서둘러 걷다. ③ 사직하다. ④ 죽다. ⑤ (美구어) 데이트하러 나가다.

step out of line 독립 행동을 하다; 행동을 그르치다.

***step out on** a person* 〔남〕을 배반하다.

step outside (美속어) (싸우기 위해) 밖으로 나가다, 자리를 뜨다.

step over 〔장애물〕을 넘다; 〔금기〕를 범하다.

step short [***long***] 잔 걸음으로[성큼성큼] 걷다.

Step this way, please. 이리 오십시오.

step up ① 올라가다; (…으로) 다가가다 (*to*); 청혼하다 (*to*). ② 증대시키다, 높이다. ③ (美구어) 촉진하다, 빠르게 하다. ¶We ～*ped up* our pace. 우리들은 걸음을 빨리했다. ④ 승진하다, …을 승진시키다.

step- [step] [연결] 「의붓…, 이복…, 계(繼)…」의 뜻. ¶*step*mother, *step*child.

step·broth·er [stépbrʌ̀ðər] [명] 이복 형제.

step-by-step [ˊbəstép, -bai-] [형] 단계적인, 점진적인.

step·child [stéptʃàild] [명] (복) **-chil·dren**) **1** 의붓자식. **2** 냉대받는 사람[조직, 기획].

step·dame [stépdèim] [명] (고어) =stepmother.

step·dance [stépdæ̀ns/-dɑ̀ːns] [명] 스텝 댄스. **-dànc·er, -dànc·ing** [명]

step·daugh·ter [stépdɔ̀ːtər] [명] 의붓딸.

step-down [ˊdàun] [형] 〔전기〕 전압을 낮추는; (기어가) 감속의. — [명] 감소.

step·fam·i·ly [stépfæ̀məli] [명] 복합[혼성] 가족(이혼·재혼 등으로 혈연이 없는 사람이 가족으로 포함되는 새로운 가족).

step·fa·ther [stépfɑ̀:ðər] 명 의붓아버지, 계부. ~·ly 부

stép fáult 명 〔지질〕 계단 단층(근접한 평행 단층).

stép fúnction 명 〔수학〕 계단 함수.

Steph·a·nie [stéfəni] 명 스테파니(여자 이름).

steph·a·no·tis [stèfənóutis] 명 박주가릿과(科) 설퇴초류의 덩굴 식물.

Ste·phen [stí:vən] 명 **1** Saint ~ 성 스데반(?―c35: 최초의 그리스도교 순교자). **2** Leslie ~ 스티븐(1832-1904: 영국의 비평가·전기 작가).

Ste·phen·son [stí:vənsn] 명 George ~ 스티븐슨(1781-1848: 영국의 발명가·기술자; 최초의 증기 기관차를 제조·운전(1814)).

step-in [⌐ìn] 형 (속옷·구두 따위를) 발을 집어넣어 입는(신는). ― 명 (~s) (발을 집어넣어 입는) 속옷, 팬티; (끈이 없이) 그냥 발을 집어넣어 신는 신.

Step·in·fetch·it [stépənfétʃit] 명 (美·캐나다) 알랑거리는(비굴한) 흑인 하인. (또는 **Stépin Fétchit**)

step·lad·der [stéplædər] 명 (들어 나를 수 있는) 발판 사다리, 접사다리.

***step·moth·er** [stépmʌ̀ðər] 명 의붓어머니, 계모. ~·li·ness 명 ~·ly 형

step·ney [stépni] 명 (옛 자동차의) 예비 바퀴.

step-off [⌐ɔ́:f, -ɑ̀f] 명 **1** 급격한 전락, 추락. **2** 해안선에서 바다가 급격히 깊어지기; 그런 장소.

step·par·ent [stéppɛ̀ərənt/-pɛ̀ər-] 명 의붓부모.

step·par·ent·ing [stéppɛ̀ərəntiŋ] 명 의붓부모에 의한 양육.

steppe [step] 명 **1** (나무가 자라지 않는 대초원. **2** (the S~s) 스텝 지방(중앙 아시아의 대초원 지대).

stepped [stept] 형 계단식인, 층층대로 되어 있는.

stepped-up [⌐ʌ́p] 형 속력을 올린; 증가된; 강화된.

step·per [stépər] 명 **1** 발을 높이 올리고 걷는 사람 [말]. **2** (속) 댄서(dancer). 「off place.

stép·ping-óff pláce [stépiŋɔ́:f-] 명 =jumping-

stépping rèlay 명 〔전기〕 스테핑 계전기(繼電器). (또는 **Stépping Swìtch**)

step·ping·stone [stépiŋstòun] 명 **1** 디딤돌, 징검다리 돌. **2** (오르내리는) 섬돌, 승마용 섬돌(horse block). **3** (비유적) (출세 따위를 위한) 발판, 수단, 방법.

stép ròcket 명 다단식 로켓.

STEPS solar thermionic electrical power system.

step·sis·ter [stépsìstər] 명 이복 자매.

step·son [stépsʌ̀n] 명 의붓자식, 의붓아들.

stept [stept] 동 (고어) step의 과거·과거분사.

stép túrn 명 〔스키〕 스템 턴, 한 발씩 바꾸어 디디는 방향 전환.

step-up [⌐ʌ́p] 형 **1** 증가하는, 강하게 하는. **2** 〔전기〕 전압을 올리는. ― 명 증가, 증대.

step·way [stépwèi] 명 (연속된) 계단.

step·wise [stépwàiz] 부 계단 모양으로; 한 걸음 [단]씩. ― 형 점차적인(gradual). (<F

ster. stereotype; sterilization; sterilize(r); ster-

-ster [stər] 결미「…인 사람, …하는 사람」의 뜻. ¶ youngster, songster.

ste·ra·di·an [stəréidiən] 명 〔기하〕 스테라디안(입체각의 크기의 단위: 기호 SR).

stere [stiər] 명 〔F〕 1세제곱 미터(약 ST), (<F

***ster·e·o** [stériòu, stíər-] 형 (약 ~s) **1** 입체 음향; ⓒ 입체 음향 재생 장치, 스테레오, 스테레오용 레코드[테이프]. **2** 입체경(stereoscope); 입체 사진; ⓤ 입체 사진술. **3** =stereotype 1,2. ― 형 **1** = stereophonic. **2** =stereotypical.

ster·e·o- [stériou, -riə, stíər-] 연결 firm, solid, three-dimensional의 뜻. ¶ stereoscope, stereophony.

ster·e·o·cam·er·a [stèriəkǽmərə, stíər-] 명 입체 사진 촬영용 카메라.

ster·e·o·chem·is·try [stèrioukéməstri, stíər-] 명ⓤ 입체 화학(원자의 입체 구조를 연구).

-**ic**, -**i·cal** 형 -**i·cal·ly** 부

ster·e·o·gram [stériəgræ̀m, stíər-] 명 **1** (입체감을 주는) 실체 도표, 실체화. **2** =stereograph.

ster·e·o·graph [stériəgræ̀f, stíər-/-grɑ̀:f] 명 입체경(立體鏡)용의 사진, 입체 사진. ― 타 …의 입체 사진을 만들다. -**er** 명 입체 사진 작가.

ster·e·o·gráph·ic pro·jéction [stèriəgrǽfik-, stíər-] 명 〔수학〕 입체 사영(射影), 극사영(極射影).

ster·e·og·ra·phy [stèriágrəfi, stíər-/-ɔ́g-] 명 입체[실체] 화법. -**o·gráph·ic**, -**o·gráph·i·cal** 형 입체[실체] 화법의. -**o·gráph·i·cal·ly** 부

ster·e·o·i·so·mer [stèriouáisəmər, stíər-] 명 〔화학〕 입체 이성체(異性體). -**i·so·mer·ic** 형 -**i·sóm·er·ism** 명ⓤ 〔화학〕 입체 이성(異性).

ster·e·ol·o·gy [stèriáləʤi, stíər-/-ɔ́l-] 명 (평면적인 측정 결과에서 3차원 정보를 이끌어내는) 입체 해석학(解析學).

ster·e·om·e·ter [stèriámətər, stíər-/-stìəriɔ́m-] 명 입체 용적계; 체적계; 비중계.

ster·e·om·e·try [stèriámətri, stíər-/-ɔ́m-] 명ⓤ 용적[체적] 측정(법); 비중 측정(법). -**o·mét·ric**, -**o·mét·ri·cal** 형 -**o·mét·ri·cal·ly** 부

ster·e·o·mi·cro·scope [stèriəmáikrəskòup, stíər-] 명 입체 현미경. (또는 **stereoscópic mícroscope**) 「용 헤드폰.

ster·e·o·phone [stériəfòun, stíər-] 명 스테레오

ster·e·o·phon·ic [stèriəfánik, stíər-/-fɔ́n-] 형 스테레오의, 입체 음향(효과)의. 참 monophonic -**i·cal·ly** 부

ster·e·o·phon·ics [stèriəfániks, stíər-/-fɔ́n-] 명ⓤ (단수취급) 입체 음향학.

ster·e·oph·o·ny [stèriáfəni, stíər-/stìəriɔ́f-] 명ⓤ 입체 음향 (효과).

ster·e·o·pho·tog·ra·phy [stèrioufətágrəfi, stíər-/-tɔ́g-] 명ⓤ 입체 사진술. -**phó·to·gràph** 명 -**to·gráph·ic** 형

ster·e·op·sis [stèriápsis, stíər-/-ɔ́p-] 명 〔생리〕 입체시(視), 입체 영상.

ster·e·op·ti·con [stèriáptikən, stíər-/-ɔ́ptikən] 명 〔광학〕 입체[실체] 환등기.

-can 명 -**op·tí·cian** 명

ster·e·op·tics [stèriáptiks, stíər-/-ɔ́p-] 명(복) (단수취급) 입체 광학.

ster·e·o·scope [stériəskòup, stíər-] 명 입체[실체]경, 스테레오스코프.

ster·e·o·scop·ic [stèriəskápik, stíər-/-skɔ́p-] 형 입체[실체]경의; 입체적인. (또는 **stereoscopical**) -**i·cal·ly** 부

[stereoscope]

ster·e·os·co·py [stèriáskəpi, stíər-/-ɔ́s-] 명ⓤ 입체[실체]경 시각; 입체[실체]경 사용법. 「ic.

ster·e·o·son·ic [stèriəsánik, stíər-] 형 =stereophon-

ster·e·o·spe·cif·ic [stèriəspisifik, stíər-] 형 〔화학〕 (중합체(polymer)가) 입체 특이성(特異性)의, 입체적으로 규칙성이 있는. (또는 **stereoregular**) -**spec·i·fíc·i·ty** [-spesəfísəti] 명 「음 테이프.

ster·e·o·tape [stériətèip, stíər-] 명 스테레오 녹

ster·e·o·tax·ic [stèriətǽksik, stíər-] 형 〔해부〕 정위(定位)의(뇌의 깊숙한 특정 부위에 전극(電極) 따위를 3차원 좌표에 따라 삽입하는 기술·장치).

ster·e·o·tax·is [stèriətǽksis, stíər-] 명 〔생물〕 주촉성(走觸性), 주고성(走固性)(생물체가 고체가 있는, 또는 그 반대 방향으로 이동하는 성질).

-**tác·tic** 형 -**tác·ti·cal·ly** 부

ster·e·o·type [stériətàip, stíər-] 명 1 (인쇄) 연(鉛)판. 2 ⓤ 연판 제조(법), 연판 인쇄(법). 3 (사회) 판에 박은 형식, 틀에 박힌 양식[방식], 상투 문구, 인습. ── 타 1 …을 연판으로 하다; …의 연판으로 인쇄하다. 2 …을 고정[형식화]하다, 틀에 박다.
-typ·er, -typ·ist 명
ster·e·o·typed [stériətàipt, stíər-] 형 1 연판의 [으로 뜬]; 연판으로 인쇄한. 2 상투적인, 진부한, 틀에 박힌(conventional). ¶a ~ idea 틀에 박힌 생각.
ster·e·o·typ·i·cal [stèriətípikəl] 형 1 연판법의 [에 의한]. 2 진부한, 틀에 박힌. (또는 **stereotypic**)
~·ly 부
ster·e·o·typ·y [stériətàipi, stíər-] 명ⓤ 1 연판 제조(법); 연판 인쇄(법). 2 (정신의학) 상동증(常同症)(무의미한 행위를 반복 계속하는 병적 현상).
ster·e·o·vi·sion [stériəvìʒən, stíər-] 명ⓤ 입체시(視)(3차원의 시각).
ster·ic [stérik, stíər-] 형 (화학) 입체(구조)의. (또는 **sterical**) **-i·cal·ly** 부 [학, 제초제; 멸균기.
ster·i·lant [stérələnt] 명 (화학) 살균[멸균]제, 소독
ster·ile [stéril/-rail] 형 1 (토지가) 불모의(barren); 열매를 못 맺는, 흉작의(fertile). ¶a ~ year 흉년. 2 아기[새끼]를 못 낳는, 불임의; (식물) 열매를 맺지 않는, 중성의, 수[암]술이 없는. 3 균이 없는, 살균한. ¶~ culture 무균 배양. 4 효과가 없는, 헛된, 무익한. 5 사상(감성)이 빈곤한, 빈약한, 보잘것없는. 6 (미구어) (전화 따위가) 기밀 유지 장치가 설치된.
~·ly 부 **~·ness** 명
ste·ril·i·ty [stəríləti] 명ⓤ 불모, 메마름; 흉작; 불임, 불임증; (식물) 열매를 맺지 않는 성질, 중성(中性); 무균 상태; 무효과, 무익, 헛됨; 무미건조.
ster·i·li·za·tion [stèrəlizéiʃən/-laiz-] 명ⓤ 불모화; 불임화, 불임법, 단종(斷種)(법); 멸균, 소독.
ster·i·lize [stérəlàiz] 타 (* 英) **-lise**) 1 …을 불모화하다, 메마르게 하다. 2 …을 불임화하다, 단종하다. 3 …을 살균[멸균]하다, 소독하다. ¶~d milk 살균 우유. 4 …을 무효로 하다, 무익하게[쓸모 없게] 하다. 5 …을 무미건조하게 하다, 흥미없게 하다. 6 (미) (전화 따위)에 기밀 유지 장치를 설치하다; [기밀 자료]에서 기밀 부분을 삭제하다. **-liz·a·ble** 형 **-liz·a·bil·i·ty** 명
ster·i·lized [stérəlàizd] 형 (공항에서) 금속 탐지 검사를 받지 않은 사람의 탑승을 금지하는.
ster·i·liz·er [stérəlàizər] 명 불모화 하는 것; 끓인 물로 하는) 멸균 소독기[장치]; 소독 담당. [어.
ster·let [stə́rlit] 명 (어) (카스피 해(海)의) 작은 철갑상
ster·ling [stə́rliŋ] 명 1 영국 법정 순도의 금[은]을 함유한. 2 영화(英貨)의, 파운드화의(* stg. 또는 s.로 약기하여 파운드 뒤에 붙인다). ¶£1,000 stg. 영화 1,000파운드. 3 (은이) 영국 법정 은화와 같은 순도의, 순은의; 순은제의(은함유량 92.5%). 4 순수한, 진짜의; (비유적) (성격 따위가) 매우 뛰어난, 훌륭한. ¶a ~ article 진짜, 진품. ── 명 ⓤ 영국 금화[은화]의 결정 순도; 영화 (英貨); 순은, 순은 제품. **~·ly** 부 **~·ness** 명
stérling bálance 명 (경제) 파운드 잔고(殘高).
stérling blòc[àrea] 명 (the ~) 파운드권(圈), 스털링 지역.
‡**stern¹** [stə:rn] 형 (**~·er, ~·est**) 1 엄격한, 준엄한. ⇒ SEVERE 명 엄한, 인정 사정 없는; 단호한. ¶He is ~ to [or with, toward] his servant. 그는 하인에게 엄하다. 2 (세태·형편 따위가) 아주 어려운, 가혹한, 답답한, 가차없는. ¶a ~ fact 엄연한 사실. 3 (표정 따위가) 무시무시한(grim). ¶~ eyes 매서운 눈매. 4 황량한, 무시무시한, 몹시 황폐한.
the sterner sex 남성. [한, 몹시 황폐한.
~·ly 부 **~·ness** 명
‡**stern²** [stə:rn] 명 1 (해사) 선미(船尾), 고물(@ stem²). ¶at ~ 선미에. 2 물건의 뒷부분; 엉덩이. 3 (사냥) 사냥개의 꼬리.
down by the stern (해사) 고물이 내려앉아서.
Stern all [or *hard*]! (항해) 뒤로!

stern foremost 고물을 진행 방향으로 돌려서.
stern on 고물을 이쪽으로 돌려서.
Stern [stə:rn] 명 1 **Isaac** ~ (1920- : 러시아 태생의 미국 바이올린 연주자). 2 **Otto** ~ (1888-1969: 독일 태생의 미국 물리학자; 노벨 물리학상 수상(1943)).
ster·na [stə́:rnə] 명 sternum의 복수형.
ster·nal [stə́:rnl] 형 흉골(胸骨)의; 흉골부에 있는.
stérnal rib 명 (해부) 흉골, 늑골(true rib).
stérn chàse 명 (해사) 바로 뒤로부터의 추적[추격].
stérn chàser 명 (군함의) 함미포(艦尾砲).
Sterne [stə:rn] 명 **Laurence** ~ 스턴(1713-68: 영국의 성직자·소설가).
stérn fàst[líne] 명 (해사) 선미 계삭(船尾繫索), 고물에 매는 계선(繫船) 밧줄.
stern·fore·most [stə̀:rnfɔ́:rmòust/-məst] 부 1 (해사) 선미를 앞으로 하여, 배진(背進)하여. 2 꼴사납게 도(awkwardly); 겨우, 간신히.
stern·most [stə́:rnmòust/-məst] 형 (해사) 고물에 가장 가까운; 후미의(rearmost). [올 연료.
Ster·no [stə́:rnou] 명 (상표) (깡통에 든) 고형 알코
stern·post [stə́:rnpòust] 명 (해사) 선미재(材).
stérn shèets 명 복 (해사) 정미좌(艇尾座).
ster·num [stə́:rnəm] 명 (복 **-na, ~s**) (해부·동물) 흉골(이나 갑각류의) 복판(腹板).
ster·nu·ta·tion [stə̀:rnjutéiʃən] 명 재채기(하기).
ster·nu·ta·tor [stə́:rnjutèitər] 명 (군사) 재채기 가스(이유발제).
ster·nu·ta·to·ry [stərnjú:tətɔ̀:ri/-njú:tətəri] 형 재채기 나게 하는 것[약]. ── 명 (또는 **sternutative**) 재채기의, 재채기 나게 하는.
stern·ward [stə́:rnwərd] 형 선미의, 뒤쪽의.
── 부 (또는 **sternwards**) 선미 쪽으로, 뒤쪽으로.
stern·way [stə́:rnwèi] 명ⓤ (배의) 후진(後進).
stern·wheel·er [stə́:rn-hwì:lər] 명 선미 외륜선(外輪船).

(sternwheeler)

ste·roid [stíərɔid, stér-] 명 (생화학) 스테로이드(스테롤·담즙(膽汁)산·성호르몬 따위 지방 용해성 화합물).
── 형 (또는 **ste·roi·dal** [stiərɔ́idl]) 스테로이드의.
ste·roi·do·gen·e·sis [stiərɔ̀idədʒénəsis, stər-] 명 스테로이드 합성. [(<cholesterol)
ste·rol [stíərɔ:l, -rɑl/-rɔl] 명 (생화학) 스테롤.
ster·tor [stə́:rtər] 명 (병리) (병으로 인하여) 크게 코골기; 목에서 가르랑거리는 소리.
ster·to·rous [stə́:rtərəs] 형 (병으로 인한) 크게 코골기의, 크게 코를 고는. **~·ly** 부 **~·ness** 명
stet [stet] 자 (**-tt-**) 되살리다(원고·인쇄 교정 따위에서 지웠던 부분을 되살리라는 지시; @ st.). ── 타 (지운 부분)을 살리다.
steth·o·graph [stéθəgræf] 명 호흡 운동 기록 장치.
steth·om·e·ter [steθάmətər/-θɔ́m-] 명 스테토미터, 측흉기(測胸器)(흉벽·복벽의 호흡 운동 측정 장치).
steth·o·scope [stéθəskòup] 명 (의학) 청진기.
── 타 …을 청진(기)로 진찰하다, 청진하다.
-scòped 형 **ste·thos·co·pist** [steθάskəpist]
steth·o·scop·ic [stèθəskάpik/-skɔ́p-] 형 청진기의(에 의한), (또는 **stethoscopical**) **-i·cal·ly** 부
ste·thos·co·py [steθάskəpi, stéθəskòupi/steθɔ́skəpi] 명ⓤ (의학) 청진법.
Stet·son [stétsn] 명 (상표) 스테트슨 모자(챙이 넓고 운두가 높은 펠트 모자), 카우보이 모자.
Stéu·ben gláss [stjú:bən-] 명 (상표) 스튜번 유리(미국의 고급 유리 제품). [의 별칭).
Steve [sti:v] 명 스티브(남자 이름; Steven, Stephen

ste·ve·dore [stíːvədɔ̀ːr] 명 《배의》 하역 인부, 부두 인부. —동 《뱃짐을》 싣다[내리다].

Ste·ven [stívən] 명 스티븐(남자 이름).

Ste·ven·graph [stíːvəngræf, -grὰːf] 명 스티븐 그래프(명주에 짜 넣은 오색 찬란한 자수 그림). (또는 **Stevensgraph**) 〈영국의 견직공 Thomas Stevens (1828-88)의 이름〉

Ste·ven·son [stíːvənsn] 명 스티븐슨. **1** Adlai Ewing ~ (1835-1914: 미국의 부통령(1893-97)). **2** Robert Louis ~ (1850-94: 영국의 소설가·시인; *Treasure Island*(1883)).

***stew**¹ [stjuː/stjuː] 명타 **1** 《음식물》을 뭉근한 불로 끓이다, 찌다, 스튜 요리를 하다. ⇨BOIL [유의어] **2** …에 조바심하게 하다, …에 안달나게 하다(up). ¶(~+图+用+名) ~ oneself *into* a fever 속을 태워 열을 내다 // (~+图+用) He is ~ed up with anxiety. 그는 걱정이 되어 안달복달하고 있다. —㉑ **1** 《뭉근한 불에》 흐물흐물하게 끓다. **2** 쩌지다, 덥다, 더위에 쩌지다, 땀 투성이가 되다. **3** 조바심 치다, 안달이 나다(fret)《about, over》. ¶~ *over* a matter 어떤 문제로 애태우다. **4** 《영 학생속어》 공부만 들이파다《over》.

let a person *stew* (고어) 《자업자득이므로》 《남》을 돕지 않고 두다.

stew in one's *own juice* 자업자득으로 괴로워하다.

—명 **1** UC 스튜 《요리》. ¶mutton ~ 양고기 스튜. **2** 근심, 걱정, 조바심, 안달, 불안. **3** 《美속어》 술주정꾼. **4** 《美속어》 혼란. **5** 범죄. **6** 슬럼가(街).

get into a stew 마음 졸이게 되다, 속이 타다.

in a *stew* 엉망진창이 되어; 마음 졸이며, 애가 타서. ¶She is in a ~. 그녀는 안달복달하고 있다.

—명 《속어》 =stewed 2.
ᛌ·a·ble 형

stew² 명 (the ~s) 《고어》 매음굴, 유곽(遊廓).

stew³ 명 《英》 양어장, 활어조; 굴 양식장(養殖場).

stew⁴ 명 《속어》 = steward; = stewardess.

***stew·ard** [stjúːərd/stjú(ː)əd] 명 **1** 《재산·가사 따위를 맡아보는》 집사, 가령(家令); 재산 관리인. **2** 《조합·단체 따위의》 사무장, 지배인(manager), 대표. **3** 《호텔·병원 따위의》 조리부; 용도(用度) 부서; 《배의》 주방장, 《식당 따위의》 급사장. **4** 《기선·비행기 따위의》 급사, 보이, 스튜어드, 승객 담당. **5** 《경마·무도회·음악회의》 간사. **6** 《…의》 주인, 관리자.

***stew·ard·ess** [stjúːərdis/stjú(ː)əd-] 명 《비행기·기선·열차 따위의》 여승무원, 스튜어디스.

stew·ard·ship [stjúːərdʃìp/stjú(ː)əd-] 명 U **1** steward의 직(職). **2** 관리, 직무. **3** 《비유적》 책임, 의무.

Stew·art [stjúːərt] 명 스튜어트(남자 이름).

stew·build·er [stjúːbìldər] 명 《美, 요리소》 쿡, 요리사.

stew·bum [stjúːbʌ̀m] 명 《美속어》 주정뱅이, 모주망태(drunkard); 부랑자. (또는 **stéw bùm**)

stewed [stjuːd/stjuːd] 형 **1** 뭉근한 불로 찐, 스튜 요리로 한. **2** 《속어》 곤드레만드레 취한. **3** 《英》 《차를》 너무 끓인. **4** 안달복달하는, 안절부절 못하는.

stewed to the ears [or *eyebrows, gills*] 《구어》 곤드레만드레가 되어.

stew·ie [stjúːi/stjú-] 명 《美속어》 싸구려 술을 마시는 술꾼.

stew·pan [stjúːpæ̀n/stjúː-] 명 《바닥이 깊은》 요리[음식] 냄비.

stew·pot [stjúːpɑ̀t/stjúːpɔ̀t] 명 《손잡이가 두 개이며 바닥이 깊은》 스튜용 냄비.

St. Ex. *Stock Exchange*. **STG** *Space Task Group* (of NASA). **stg.** sterling. **stge.** staging; standing; storage. **Sth** *South*.

St. He·le·na [-həliːnə/-iliː-] 명 세인트헬레나 섬 《대서양 남부의 아프리카 서해안 난바다에 있는 영국령 섬; Napoleon I의 유배지》.

sthe·ni·a [sθəneíə, sθìːniə] 명 U 〖병리〗 강장(强壯), 항진(亢進).

sthen·ic [sθénik] 형 **1** 체격이 좋은, 늠름한; 활력이 왕성한(active), 힘센. **2** 《질병의》 항진성(亢進性)의.

STI *scientific and technical information*.

stib·i·al [stíbiəl] 형 〖화학〗 안티몬의[과 같은].

stib·i·um [stíbiəm] 명U 〖화학〗 안티몬(antimony).

sti·cho·myth·i·a [stìkəmíθiə] 명UC 〖고대 그리스 연극 등에서 두 사람의 배우가》 한 행(行)씩 번갈아 대사를 말하기, 격행 대화(隔行對話).

‡**stick**¹ [stik] 명 **1** 막대기, 막대 토막, 잘라낸 나뭇가지; (~s) 장작. **2** 《英》 단장, 지팡이(walking ~). **3** 《나무로 만든》 매, 곤봉, 몽둥이; (the ~) 곤장질[형벌], 매질[채찍질]하기; 《비유적》 압력, 위협. ¶He wants the ~. 그는 매를 좀 맞아야 되겠다. **4** 《구어》 바보, 멍청이, 얼간이; 《美속어》 키다리; 야바위꾼, 한패, 한통속. **5** 《조릿 따위의》 막대 모양의 것; 《美속어》 만년필; 《음악》 지휘봉; 딱딱이; 북채(drum~); 《자동차의》 기어용 레버[지렛대]; 《항공》 조종간(桿); 《인쇄》 식자가(植字架); (스키의) 지팡이; 《스포츠》 a) 치는 막대기(하키의 스틱, 골프의 클럽, 야구의 배트, 당구의 큐 따위). b) (~s) 장애물, 허들; 《해사》 돛대, 활대, 둥근 재목. **6** 《건축용》 재목; 《美속어》 가구. ¶a few ~s *of* furniture 얼마 안 되는 가구. **7** 《횟차 따위에 넣는》 소량의 술(브랜디 따위). **8** 〖군사〗 일렬 연속 투하 폭탄. **9** 《美속어》 마리화나 든 궐련. **10** 《식용 야채의》 줄기. **11** (the ~s) 《美구어》 도회지에서 떨어진 곳; 시골, 두메. **12** (~s) 《속어》 다리(legs). **13** 《속어》 경찰봉; 경찰봉을 들고 걷는 사람.

(*as*) *cross as two sticks* 《구어》 성미가 아주 까다로운.

(*as*) *thin as a stick* (사람이) 야윈.

a stick in the mud ⇨STICK-IN-THE-MUD.

a stick with which to beat; a stick to beat with 상대를 공격[비난, 처벌]할 재료.

at the stick's end 멀리, 얼마간의 거리를 두고.

beat a person *all to sticks* 《美속어》 완전히 패배시키다, 호되게 혼내주다.

be on the stick 《美속어》 기민《유능》하다.

carry the stick 《美속어》 방랑 생활을 하다.

cut one's *stick*(*s*) 《속어》 도망치다, 가버리다, 돌아가다.

eat stick (몽둥이로) 두들겨 맞다.

get [or *have*] *hold of the dirty* [or *short, sticky*] *end of the stick* 《구어》 부당한 취급을 받다, 야단 맞다.

get [or *have*] (*hold of*) *the right end of the stick* (이론·발언 따위를) 바르게 이해하다.

get [or *have*] (*hold of*) *the wrong end of the stick* 오해하다, 잘못 알다, 진상을 알 수 없다.

get on the stick 《구어》 일을 시작하다.

get (*the*) *stick* (구어) ① =*eat stick*. ② 혹평을 받다.

give a person *the stick* (벌로) 남을 몽둥이질하다.

go to sticks and staves 산산조각 나다, 와해하다.

hold sticks with; hold a stick [or *the sticks*] *to* …와 대등하게 겨루다.

hop the stick [or *twig*] ⇨HOP.

in a cleft stick 《구어》 진퇴양난에 빠져.

more than one *can shake a stick at* ⇨SHAKE.

on the sticks 《美속어》 빈틈없는, 유능한.

out in the sticks 핵심에서 벗어나서; 시골에(서).

play a good stick 바이올린을 잘 켜다; 맡은 일을 훌륭히 완수하다.

pull up sticks 《英구어》 거처를 옮기다.

shake a stick at 《美구어》 …을 알아차리다, …에 눈

to sticks ① 산산조각으로, 박살이 나서. ② 완전히.

up the stick 《속어》 상궤를 벗어난; 미친; 《英속어》 임신한.

work behind the stick 《美속어》 경찰관 노릇하다, 순찰 경관으로서 일하다.

—동타 **1** 〖식물 따위〗를 막대기로 받치다. ¶~ peas

‖**stick**² (*stuck*) 图 1 (예리한 것으로)…을 찌르다, 꿰뚫다 (*with, on*); 〔끝이 뾰족한 것을〕 (…에) 찌르다 (*in, into, through*); 찔러 죽이다. ¶ (~+国+圖+名) ~ a beefsteak *with* a fork: ~ a fork *into* a beefsteak 비프스테이크를 포크로 찍다 // (~+国+圖) His chest was *stuck through with* a dagger. 그는 비수에 흉부를 찔렸다. 2 …을 끼워 넣다(insert), 끼우다, 찔러 넣다; …을 놓다, 장치하다, 핀 따위로 고정시키다 (*on, over, in, to*). ¶ ~ a landscape *on* the wall 벽에 풍경화를 걸다 // *S*~ it *down* there. 그것을 거기에 내려놓아라. 3 …을 내밀다(*out, up*)(*out of, into*). ¶ ~ one's arms *out of* one's sleeves 소맷자락에서 팔을 내밀다. 4 (풀 따위로) …을 붙이다, 들러붙게 하다, 고착시키다(fasten)(*together*)(*on, over, to, with*). ¶ ~ a stamp *on* a letter 편지에 우표를 붙이다. 5 (수동형으로) …을 꼼짝 못하게 하다, 빠지게 하다. ¶ A cart is *stuck in* the mud. 짐차가 진창에 빠져 꼼짝 못하고 있다. 6 (구어) …을 당혹[난처]하게 하다 (*with, by, for*). ¶ ~ a person *with* questions 질문으로 남을 애먹이다. 7 (속어) 〔싫어하는 일을〕 (남)에게 강제로 시키다 (*with, for*); …을 속이다, 사기치다 (cheat). ¶ ~ a person *for* money 남에게서 돈을 편취하다. 8 (英속어) …을 참다, 견디다. ¶ (~+国+圖) I cannot ~ it *out* any longer. 더 이상 참을 수 없다.

— 图 1 찔리다, 박히다 (*in*). ¶ (~+圖+名) A needle ~*s in* my shirt. 바늘이 셔츠에 꽂혀 있다. 2 점착(粘着)하다, 고착하다, 들러붙다 (*to, on*). ¶ A stamp ~*s to* an envelope. 우표는 봉투에 달라붙어 떨어지지 않는다. 3 고집하다, 고수하다, 충실히 지키다 (*to*); 끈기 있게[착실히] 하다. ¶ (~+圖+名) ~ *to* one's promise 약속을 어김없이 지키다.

유의어 **stick** 문자 그대로 또는 비유적으로 착 달라붙어서 떨어지지 않다. **adhere** =stick; 사람에게 쓰이면 자발적인 의지로 받아들이는 것을 암시. **cohere** 같은 성질의 것이 stick하여 큰 덩어리가 되다. **cling** 팔·덩굴 따위로 매달리다; 자신을 떠받칠 필요가 있음을 암시.

4 빠져나오지 못하다, 선 채로 꼼짝 못하다, 움직이지 못하게 되다. 5 〔꼼짝 않고〕 그대로 있다, 떠나지 않고 있다, 그대로 남아 있다 (*in*). ¶ one's childhood memories ~*ing in* one's mind 언제까지나 기억에 남아 있는 어린 시절의 추억 // You ~ *indoors* too much. 너는 집에 너무 오래 틀어박혀 있다. 6 당혹하다, 어쩔 줄 모르다, 망설이다, 주저하다 (*at*). 7 튀어나오다(*up, out*)(*out of, from*). ¶ Her arms *stuck out of* her sleeves. 그녀의 팔이 소맷자락에서 나와 있었다.
be stúck for 〔대답 따위〕에 궁하다, 막히다.
be stúck on (구어) …에 미치다, 빠지다.
be stúck úp (구어) 자만하고[우쭐하고] 있다.
get stúck in (英구어) ① 〔일 따위〕에 힘을 내기 시작하다. ② …을 먹기 시작하다.
get stúck ínto (구어) …에 본격적으로[진지하게] 착수하다.
máke...stick (구어) 실증(實證)하다, 유효로 하다.
stick aróund [or *abóut*] (구어) 가까운 데서 기다리다; 부근을 어슬렁거리다.
stick át ① …을 열심히 하다. ② …에 구애되다.
stick at it (구어) 끈기있게 하다, 꾸준히 하다. 〔do
stick at nóthing (…하기 위해) 어떤 일이든 하다〔to
stick bý a person 남에게 끝까지 충실[성실]하다.
stick dówn (구어) ① …을 붙이다, 바르다. ② 〔구어〕 아래에 놓다. ③ (구어) 〔이름 등〕을 종이에 쓰다.
Stick 'em úp! (속어) 손들어! 〔막히다.
stick fást ① 꽉 붙다, 점착하다. ② 〔난처하여〕 꽉
stick ín 집 안에 있다, 집에 매달리다.
stick in a *person's gízzard* [or *cráw, cróp*] ①
(행위 따위가) 남을 화나게 하다, 남의 마음에 들지 않다. ② (음식물이) 비위에 맞지 않다, 소화되지 않다.
stick in one's thróat (말이) 입밖으로 나오지 않다, 말하기가 어렵다.
stick in the múd ⇒MUD.   〔장해서 말하다.
stick it ón [or *ín*] (속어) ① 비싼 값을 부르다. ② 과
stick it (*óut*) (구어) 견디다, 참다(endure); 버티다.
Stíck it thére! (美구어) 악수하자, 화해하자.
stick it to (속어) …을 심하게 다루다; …에게 불평을 들이대다, 불만을 토로하다.
Stíck it úp (*your áss*)! (속어) 엿 먹어라, 뒈져라.
stick óne on (구어) …에 대 갈기다.
stick one's néck óut ⇒NECK.
stick óut (구어) ① (…을 찬성[반대]하여) 끝까지 주장하다 (*for, against*). ② (사람·물건이) 두드러지다, (일·사실이) 분명하다. ③ …라는 정당성을 계속 주장하다(*that*節). ④ …을 내어놓다. ⑤ 파업을 계속중이다.
stick [or *stánd*] *óut a míle* (구어) 몹시 두드러지다, 명료하다.
stick óut for …을 끈질기게 청구[요구]하다.
stick tó ① 〔주의·결정 등〕을 고수하다; 〔남〕에게 충실하다. ② (美) 끝까지 해내다. ③ 〔주제 따위〕에서 벗어나지 않다. ④ 〔일 따위〕를 끝까지 해내다. ⑤ 합착(合著)하다.
stick to a *pérson's fíngers* (구어) (돈)을 횡령 당하다.
stick togéther ① 단단히 들러붙다. ¶ The two notes are *stuck together*. 두 장의 표가 들러붙어 있다. ② 서로 충성하다, 사이가 좋다.
Stíck to [or *wíth*] *it.* (구어) 힘 내라!, 포기하지 마.
stick [or *stánd*] *to one's gúns* ⇒ GUN.
stick to one's knítting 눈앞의 일을 열심히 하다.
stick to one's lást (구어) 최선을 다하다, 끝까지 버티다.
stick to one's [or *the*] *ríbs* (구어) (음식이) 영양가가 있다, 피가 되고 살이 되다.
stick úp ① 위로 튀어나오다. ¶ His hair ~*s up*. 그의 머리털이 곤두서 있다. ② (속어) (강도 등)을 덮치다. ③ (구어) …을 게시하다; (기 따위)를 게양하다.
stick úp for (구어) …을 변호하다, 옹호하다(defend) 〔권리 따위〕를 지키다.
stick úp to ① (구어) …에 반항하다, 저항하다. ② (방언) 〔여성〕에게 구애하다.
stick wíth ① (일 따위)을 계속하다. ② 함께 있다; 뒤따라 가다. ③ …에 충실하다, …을 지지하다.
— 图 1 한 번 찌르기[쑤시기]. 2 끈적거림, 점착성, 점착력; 점착성 물질. 3 장해, 장애물. 4 막힘, 정체.
at a stíck 당황하여.
in a cléft stíck 진퇴양난이 되어, 곤경에 빠져.
~·a·ble ⑨. ~·a·bíl·i·ty ⑨ 인내력, 참을성.
stick-at-it-ive [ǽtitiv] ⑨ (구어) =stick-to-itive. ~·ness ⑨
stick-at-noth·ing [-ǽtnʌ́θiŋ] ⑨⑨ (구어) 무슨 일에나 서슴지 않는 (사람).
stick·ball [stíkbɔ̀ːl] ⑨⑨ (좁은 장소에서 하는) 약식 야구. ~·er ⑨
stíck drȧwing ⑨ =stick figure.
stick·er [stíkə*r*] ⑨ 1 찌르는 [쑤시는] 사람. 2 찌르는 막대, 찌르는 도구. 3 도살하는 사람, 도살용 칼. 4 (美) 가시(thorn), 밤송이. 5 광고·삐라를 붙이는 사람 (billposter). 6 잘 달라붙는 것. 7 (美) (풀을 묻힌) 스티커, 벽보. 8 끈기 있는 사람, 고집하는 사람. 9 (크리켓) 끈질긴 타자. 9 망설이는[고집하는] 사람. 10 팔다 남은 상품. 11 (풍금의) 키와 송풍 조절판을 연결하는 대. 12 (구어) 어려운 문제, 난제. 13 (美속어) (무기명) 칼. 14 (자동차의) 주차 위반 딱지.
stícker príce ⑨ (할인이 되는) 생산자 표시 가격, 희망 소비자 가격.
stícker shóck ⑨ (美속어) (자동차) 값이 비싼데 놀라움.
stíck fígure ⑨ 스틱 피겨(사람을 머리는 원으로, 사

지는 직선으로 간략하게 그리는 그림).
stick·han·dler [stíkhændlər] 명 하키 선수.
stick·ing [stíkiŋ] 명 1 찌르기, 쑤시기. 2 달라붙기, 끈적끈적함. 3 (목공) 쇠시리 대패질. ─형 끈적끈적한, 달라붙는.
sticking plàce 명 1 발판; 발붙일 곳; 고정시킬 수 있는 곳. 2 (짐승을 죽일 때 칼을 꽂을) 목의 급소.
screw one's courage to the sticking place 용기를 북돋우다.
sticking plàster 명 [가~]는 북돋우다.
sticking pòint 명 1 (문제 해결의) 장애, 난관. 2 = sticking place1.
stick insect 명 대벌레(walking stick).
stick-in-the-mud [-índəmÀd] (구어) 명 진보성[독창성]이 없는; 보수적인; 우둔한; 보잘것없는.
──명 1 바보, 둔자; 보수적인 사람, 시대에 뒤진 사람 (old fogy). 2 (英구어) 이름이 생각나지 않는 사람.
Mr. Stick-in-the-mud 아무개 씨.
stick-jaw [stíkdʒɔ̀ː] 명 (英구어) 입 안에 달라붙어서 씹기 힘든 캔디[껌, 푸딩]. 「(shellac)의 원료.」
stick làc 명 (화학) 스틱랙(깍지벌레의 분비물로 셸락
stick·le [stíkl] 자 1 (하찮은 일을) 억척스레 우기다, 이의를 내세우다. 2 반대하다. 3 주저하다.
stick·le·back [stíklbæk] 명 (어류) 가시고기.
stick·ler [stíklər] 명 1 까다로운 사람, 깐깐한 사람 (for). ¶ a ~ for rules 규칙에 까다로운 사람. 2 (구어) 어려운 문제, 난제.
stick·man [stíkmæn] 명 1 도박장의 점수 보는 사람. 2 (스틱을 사용하는) 하키 선수. 3 드럼 연주자. 4 (美속어) 순찰 경찰관.
stick-on [-ɑ̀n/-ɔ̀n] 형 (우표처럼) 접착식의.
stick-out [stíkàut] 명 (속어) 빼어난[두드러진 사람[것]; 출중한 말, 우승 후보. ──형 뛰어난, 두드러진.
stick·pin [stíkpìn] 명 넥타이핀, 장식 핀.
stick·seed [stíksìːd] 명 (식물) 들지치.
stick shift 명 (자동차의) 수동 변속 레버.
stick·tight [stíktàit] 명 (식물) 미국도깨비바늘.
stick-to-it·ive [-túːitiv] 형 (美구어) 끈덕진, 끝까지 버티는, 집요한. **~·ness** 명 「[어] 포마드.
stick·um [stíkəm] 명 (美속어) 접착물, 접착제; (속어)
stick·up [stíkÀp] 형 (한정용법) 1 (깃을) 세운, 세운 깃의. 2 (강도가 권총을 들이대고) 손을 들게 하는.
──명 (美속어) 권총 강도(holdup), (또는 stick-úp)
stíckup màn 명 (美구어) 권총 강도, 노상 강도.
stick·wa·ter [stíkwɔ̀ːtər] 명 점성 폐액(廢液)(습식법으로 어분(魚粉)을 만들 때 생기는 악취가 나는 폐액; 가축 사료의 원료).
stick·work [stíkwə̀ːrk] 명 Ⓤ (하키 따위에서의) 스틱 놀리는 솜씨; 북채 다루는 솜씨; (야구) 타력.
‡stick·y [stíki] 형 1 끈적거리는, 진득진득하는, 끈끈한 것이 붙은(with); (날씨가) 무더운. 2 (구어) 완고한, 옹고집의; 이의를 내세우는, 고집하는, 꼼짝 않는. 3 좀처럼 팔리지 않는. 4 (구어) 골치 아픈, 난감한. 5 (속어) 몹시 불쾌한, 기분이 나쁜. 6 (구어) 감상적인; 성미가 다루는.
the sticky end of the stick (속어) 가장 손해 보
stíck·i·ly 부 **stíck·i·ness** 명 「는 몫[역할].
stick·y·beak [stíkibìːk] 자명 (濠속어) 꼬치꼬치 캐다, 참견하다.
sticky chárge 명 (군사) 점착 폭탄, 점착성 폭약. (또는 **stícky bómb[grenáde]**) 「점착성 말단.
stick·y·ends 명 (생화학) (중합 사슬 핵산 분자의)
stick·y·fin·gered [-fìŋgərd] 형 (美속어) 손버릇이 나쁜, 도벽이 있는.
sticky fíngers 명 (復) (美속어) 손버릇이 나쁨, 도벽.
have sticky fingers (속어) ① 도벽이 있다. ② (미식축구) 패스를 잘 받다.
sticky tápe 명 (英) =Scotch tape.
stícky wícket 명 (크리켓) 스티키 위킷(비온 후 질척거려 공이 잘 튀지 않는 위킷(wicket) 주변의 지면).
be [or bat] on a sticky wicket 곤경에 처해 있다.
stic·tion [stíkʃən] 명 (공학) (가동(可動) 부분 사이의) 정지마찰(靜止~).
STID *Scientific and Technical Information Division* 「(of NASA).
‡stiff [stif] 형 (**~·er**; **~·est**) 1 굳은, 뻣뻣한.
⇨HARD (유의어) ¶ be ~ with starch 풀을 먹여 뻣뻣하다. 2 짙은, 빽빽한; 끈적이는. ¶ ~ jelly 굳은 젤리. 3 (관절 따위가) 굳은, 경직된, (몸이) 쑤시는; (기계 따위가) 시동걸기 힘든, 잘 돌아가지 않는. ¶ My body is ~ from heavy labor. 중노동을 해서 몸이 뻐근하다. 4 격식에 치우친, 딱딱한, 서먹서먹한, 어색한(with); 완고한, 고집하는; 단호한. ¶ ~ manners 딱딱하고 거북스러운 예의범절. 5 (구어) (다루기가) 어려운, 힘든, 곤란한. 6 (구어) 값비싼, 터무니없는, 깜짝 놀라게 하는, (벌 따위가) 엄한. ¶ a ~ demand 과도한[지나친] 요구. 7 (바람 따위가) 세찬, 격렬한. ¶ ~ winds 강풍. 8 (술이) 독한. ¶ a glass of gin 도수가 높은 진 한 잔. 9 (시세가) 강세인. 10 (속어) 곤드레만드레 취한. 11 (항해) (배가) 쉽사리 기울지 않는, 안정성이 높은. 12 (스코·北英) 튼튼한, 건강한.
(as) stiff as a crutch (濠) 무일푼의.
as stiff as a poker (태도·행동 따위가) 매우 딱딱한.
a stiff 'un 말을 듣지 않는 늙은 선수; 독한 것 한 잔; (속어) 시체. 「다.
keep a stiff face [or lip] 시치미 떼다; 동하지 않
keep [or carry, have] a stiff upper lip ⇨LIP.
scare a person stiff 남을 기겁을 시키다.
stiff with (구어) …이 풍부한, 풍성하게 많은.
take a stiff line 강경한 태도를 취하다.
──부 1 굳게, 딱딱하게. *be frozen ~* 딱딱하게 얼어붙어 있다. 2 (구어) 심하게, 되게, 크게, 몹시; 아주, 완
be scared stiff (속어) 1 시체. 2 딱딱한 사람, 격식에 치우치는 사람. 3 노랑이, 구두쇠; 팁 주기 아까워하는 사람. 4 술주정뱅이. 5 녀석, 놈. ¶ a lucky ~ 행복한 녀석. 6 깡패 같은 녀석; 부랑자; 얼간이. 7 용통 어음; 돈; 위조 수표. 8 편지; 증명서. 9 노동자. 10 (질 것이 뻔한) 경주마. 11 히트하지 않는 레코드[물건]. 12 (속어) 발기.
──타 1 (속어) 1 (웨이터) 에게 팁을 주지 않다, 팁 주기를 아까워하다. 2 …을 속이다, …에게 야바위치다. 3 …을 부당하게[심하게] 다루다, 학대하다. 4 (경마) (말)을 지게 하다. 5 …을 죽이다. 6 (美속어) …와 섹스하다. ──자 (흥행·스포츠 등에서) 실패하다.
~·ish 형 조금 단단한. **~·ness** 명 「다.
stiff-arm [-ɑ̀ːrm] 타명 (상대방을) 팔을 뻗어서 밀어젖히다. ── 밀어젖힘, 밀쳐내기(straight-arm).
stiff cárd 명 (美속어) 정식 초대장.
‡stiff·en [stífən] 타자 1 …을 굳어지게 하다, 경직시키다(*up*). ¶ (~+몸/+전+몸) ~ cloth *with* starch 풀을 먹여 천을 뻣뻣하게 하다. 2 …을 되게 개다. 3 (태도·결심 따위) 를 경화시키다, 굳게 하다, 완고하게 하다. ¶ ~ one's attitude 완고한 태도를 취하다. 4 …을 강화하다. 5 (복싱에서) (상대)를 녹아웃시키다. 6 (손발)을 마비시키다. ──자 1 뻣뻣해지다, 경화하다; 굳어지다(harden). 2 딱딱해지다, 서먹서먹해지다(*at*); (태도·결심 따위가) 굳어지다, 완고해지다. 3 강해지다, 강화되다; (바람 따위가) 세어지다. ¶ The breeze ~ed *to* a gale. 산들바람이 강풍으로 변했다. 4 (구어) (물가가) 등귀하다; (금리가) 오를 기미를 보이다; (시황(市況)이) 강세를 나타내다.
stiff·en·er [stífənər] 명 1 단단하게 하는 사람[것]; (결심 따위를) 굳게 하는 것. 2 (띠·옷깃·책의 표지 따위의) 심. 3 (구어) 자극제, 강장제, 독한 술.
stiff·en·ing [stífəniŋ] 명 Ⓤ 굳어지기; 굳게 하는 것. ──형 굳어지는, 굳어지게 하는.
stiff-heart·ed [-hɑ́ːrtid] 형 (聖) 고집센, 완고한.
‡stiff·ly [stífli] 부 단단하게, 뻣뻣하게

stíff néck 명 1 (류머티즘 때문이거나 잘못 자서) 뻣뻣한 목. 2 완고한 사람, 옹고집쟁이.
with stiff neck 완고하게.

stiff-necked [-nékt] 형 1 목이 뻣뻣해진(굳어진), 목이 아파 돌아가지 않는. 2 고집센, 완고한(stubborn), 옹고집의. **-néck·ed·ly** 부 **-néck·ed·ness** 명

stíff úpper líp 불굴의 정신.
stíff-úp·per·líp 형

*****sti·fle**[2] [stáifl] 타 1 …의 숨을 막다, …을 질식(사)시키다(suffocate); …을 숨막히게 하다. ¶ ~ a person *with* smoke 연기로 남을 질식시키다. 2 (감정·불평 따위)를 억누르다, 억제하다, 참다, 감추다; (반란 따위)를 억압(진압)하다; (소문 따위)를 덮어버리다. ¶ ~ one's anger 노여움을 참다. 3 (불 따위)를 끄다; (소리 따위)를 들리지 않게 하다. — 자 질식(사)하다; 숨막히다, 숨이 가쁘다; 억압당하다.
Stifle it! (美속어) 입닥쳐! **-fler** 명

sti·fle[2] 명 1 (말·개 따위의) 뒷무릎 관절. (또는 ~ jòint) 2 (위) 슬개골병(膝蓋骨病), 무릎 관절병.

sti·fling [stáifliŋ] 형 숨막히는, 답답한, 질식할 것 같은(suffocating). **~·ly** 부

*****stig·ma** [stígmə] 명 (복 ~s, 특히 4, 5, 6에서는) **~·ta** [-tə]) 1 더럼; 오명, 오욕, 불명예. 2 (고어) (노예·죄인 등에 찍은) 낙인(brand). 3 (식물) 암술머리. 4 (동물) 기공(氣孔)(pore), 기문(氣門); (원생동물의) 안점(眼點). 5 (의학) (피부의) 반점, 홍반(紅斑); 징후. ¶ hysterical ~ 히스테리의 징후. 6 (~ta) 성흔(聖痕)(십자가에 못박힌 그리스도의 상처와 같은 모양의 흔적).
-mal 형

stig·mas·ter·ol [stigmǽstəròːl, -ròul/-ròl] 명 〔생화학〕 스티그마스테롤(프로게스테론 제조의 원료).

stig·mat·ic [stigmǽtik] 형 1 오욕의, 치욕의, 오명의; 추악한. 2 낙인이 찍힌. 3 (식물) 암술머리의. 4 (동물) 기공의, 기문의. 5 (의학) 홍반증이 있는. 6 (광학) 무비점 수차(無非點收差)의. 7 성흔(聖痕)이 있는. — 명 (가톨릭) 성흔이 있는 사람.

stig·mat·i·cal [stigmǽtikəl] 형 =stigmatic.
~·ly 부 **~·ness** 명

stig·ma·tism [stígmətìzm] 명 [U] 1 (병리) 홍반(紅斑) 출현. 2 (광학) (렌즈의) 무비점 수차. 3 (안과) 정시(正視). 4 (가톨릭) 성흔 발현(聖痕發現).

stig·ma·tize [stígmətàiz] 타 1 …에 오명을 씌우다; …을 비난하다. ¶ (~+目+as 補) ~ a person as a liar 남을 거짓말쟁이라고 비난하다. 2 (노예·죄인 등)에 낙인을 찍다. 3 (병리) …에 홍반이 생기게 하다; …에 성흔이 생기게 하다. **-ti·zá·tion, -tìz·er** 명

stil·bes·trol [stilbéstrɔːl, -troul, -trəl/-trɔl] 명 1 (약학) =diethylstilbestrol. 2 (생화학) 스틸베스트롤(결정상(狀)의 합성 화합물). (= **stilboestrol**)

*****stile**[1] [stail] 명 1 (목장·농장 따위의) 넘어다니는 계단(가축은 지나가지 못함). 2 회전식 출입문. 3 (고어) 장애물, 장벽.
help a lame dog over a stile ⇒DOG.

stile[2] 명 (건축) 쇠문, 문설주.

sti·let·to [stilétou] 명 (복 **~(e)s**) 1 단도, 단검. 2 (자수용의) 코 내는 바늘, 구멍 뚫는 기구. 3 (英구어) = ~ heel.
— 타 …을 단검으로 찌르다. **~·like** 형

stilétto héel 명 스틸레토 힐(spike heel보다 가늘고 높은 굽).

‡**still**[1] [stil] 형 (**~·er; ~·est**) 1 움직이지 않는, 정지해(가만히) 있는(motionless). CALM 유의어 2 소리 없이 누워 있다. 3 고요한, 조용한(quiet); (마음이) 평정(平靜)한; (물결 따위가) 잔잔하는, 흐르지 않는. ¶ live a ~ life 조용한 생활을 하다. / *S~ waters run deep.* (속담) 잔잔한 물이 깊다, 말없는 사람이 생각이 깊다. 3

(음성이) 낮은, 작은, 가느다란, (목소리를) 죽인, 낮은. 4 소리를 내지 않는, 침묵한, 잠잠한. 5 (포도주 따위가) 거품이 일지 않는, 비등하지 않는(⇔ sparkling). 6 (사진)(영화에 대해서) 보통 사진의; (영화 장면에서 딴) 스틸의. 「용한.
(as) still as a stone 돌처럼 움직이지 않는; 아주 조 *(as) still as still* (구어) 아주 조용히(한).
a still small voice 세미한 소리(하느님·양심의 소리)(一열왕기상(1 Kings) 19 : 12).
hold [or *stand*] *still for* …을 가만히(얌전히) 참다.
stand still 가만히 멈춰 서다.
— 타 …을 고요하게 하다, 진정시키다, 달래다, 침묵시키다; (식욕·정열 따위)를 만족시키다; …을 누그러뜨리다. ¶ ~ a person's fury 남의 분노를 달래다. — 자 (드물게) 조용해지다; (바람이) 자다.
— 명 1 (U) (시) (the ~) 고요, 정적. 2 (영화에 대해) 보통 사진; (영화의) 스틸; 정물화(靜物畵). 3 = alarm.
— 부 1 아직도, 여전히; 전과 마찬가지로. ¶ I shudder ~ now. 아직도 몸서리가 난다. 2 (형용사·부사의 비교급 앞에서) 더욱더, 한층. 3 (접속사적) 그럼에도 불구하고, 그래도 아직. ¶ He is old, (and) ~ he is able. 그는 늙었지만 그래도 아직 유능하다. 4 조용히. 5 (고어) 끊임없이, 항상.
still and all 그럼에도 불구하고; 역시, 결국.
still less 더더구나 …아닌.
still more 한층 더 …한.

still[2] 명 1 증류기. 2 증류주(화주) 양조장(distillery). — 타 (드물게) (…)을 증류하여 화주를 만들다.

stil·lage [stílidʒ] 명 연장·물건 따위를 올려놓는 나지막한 대(臺).

stíll alàrm 명 (美) (전화 따위에 의한) 화재 경보.

stíll bànk 명 (동물 모양의) 저금통.

still-birth [stílbə̀ːrθ] 명 (U)(C) 사산(死産); (C) 사산아.

still-born [stílbɔ̀ːrn] 형 사산의, 유산의(abortive); (비유적) 성공하지 못한. — 명 사산아.

stíll càmera 명 스틸 카메라(보통 사진기).

stíll fràme 명 (영화·TV의) 정지 화상.

stíll hùnt 명 1 (美) 사냥감에 몰래 다가가기. 2 (美구어) 남몰래 추적하기; (정치의) 이면(비밀) 공작.

still-hunt [-hʌ̀nt] 자 몰래 다가가서 (…의) 사냥을 하다; (美구어) (…을) 몰래 추적하다. **~·er** 명

stil·li·cide [stíləsàid] 명 [법률] 적하권(滴下權)(지붕의 빗물을 남의 땅으로 흘릴 수 있는 권리).

stil·lion [stíljən] 명 (속어) =zillion.

stíll lífe 명 (복 **s~ ~s**) 정물(靜物), 정물화.

still-life [-láif] 형 정물(화)의. 「장치 담당 기사.

still·man [stílmən] 명 증류소 소유(경영)자; 증류

*****still·ness** [stílnis] 명 (U) 1 고요, 정적, 적막, 침묵. 2 조용한 장소. 3 부동, 정지(靜止). 3 평온, 평화.

stíll pícture 명 (영화·사진) 스틸 사진, 정지 화면.

still-room [stílrùːm] 명 1 증류실. 2 (대저택의) 식료품 따위의 저장실. 「렌치, L자형 드라이버.

Stíll·son (wrènch) [stílsən-] 명 (상표) 파이프

stil·ly [stílli] (구어) 조용히, 소리없이, 가만히.
— [stíli] (시) 조용한, 고요한.

stilt [stilt] 명 1 (보통 ~s) 죽마(竹馬). 2 (가옥의) 각주(脚柱), 지주, 토대 기둥. 3 (복 ~(s)) (조류) (또는 ~ plóver) 장다리물떼새.
on stilts ① 죽마를 타고. ② 과장하여, 호언장담하여.
— 타 …을 죽마(脚柱)에 태우다.
~·less, ~·like 형

stilt·ed [stíltid] 형 1 죽마를 탄 (것 같은). 2 (문체·태도 따위가) 과장된, 거드름피우는, 으스대는, 허풍떠는. 3 (건축) (아치가) 기둥으로 높이 떠받쳐진. ¶ a ~ arch 스틸티드 아치. **~·ly** 부 **~·ness** 명

Stíl·ton (chéese) [stíltn-] 명 (U) (상표) 스틸튼 치즈(영국제 Stilton산(產) 고급 치즈).

sti·lus [stáiləs] 명 =stylus.

stim. stimulus. 「일견.
stime [staim] 명 《스코·아일》 미량; 한 방울; 한 입;
***stim·u·lant** [stímjulənt] 형U©1 〖생리·의학〗 흥분제, 자극제. ¶ a general ~ 전신성(全身性) 흥분제. 2 커피, 차, 술. 3 자극, 자극물, 격려. ⇨STIMULUS 유의어
— 형 〖생리·의학〗 자극시키는; 자극성의, 격려하는.
‡**stim·u·late** [stímjulèit] 타 (-*lat·ed*; -*lat·ing*) 타
1 …을 자극[고무]하다, 〔남〕을 자극하여 …하게 하다 (*to do*), 격려하는 (…를) 시키다 (*to*, *into*). ⇨PROVOKE
유의어 ¶ High wages ~*d* the national economy. 고임금이 국가 경제를 자극했다// (~+图+*to do*) Praise ~*s* students *to* work hard. 칭찬을 하면 학생들은 자극을 받아 열심히 공부하게 된다. 2 〖생리·의학〗 〔기관 따위〕를 자극하다. 3 〔술·커피 따위로〕 …을 기운나게 하다. — 자 자극이 되다, 격려가 되다.
-**la·bíl·i·ty** 명 -**la·ble** 형
stim·u·lat·er [stímjulèitər] 명 =stimulator.
stim·u·lat·ing [stímjulèitiŋ] 형 자극적인; 격려가 되는, ~·**ly** 부 ~: 흥분.
***stim·u·la·tion** [stìmjuléiʃən] 명U 자극, 격려, 고무.
stim·u·la·tive [stímjulèitiv/-lət-] 형 자극하는, 흥분시키는, 격려하는. — 명 자극물, 자극제.
~·**ly** 부 ~·**ness** 명
stim·u·la·tor [stímjulèitər] 명 자극을 주는 사람[것], 격려[고무]하는 사람[것].
***stim·u·lus** [stímjuləs] 명 (복 -*li* [-lài]) 1 U© 자극, 자극〔격려〕이 되는 것. 2 〖생리·심리〗 자극(물), 흥분제. 3 〖식물〗 가시(털); 〖곤충〗 바늘, 침.
under the stimulus of …의 자극을 받아.

┌───┐
│ 유의어 **stimulus, stimulant** 전자는 감각 기관이 감지하면 신경의 반응을 일으키는 것을 가리키는 생리·심리학적 용어. 후자는 전신 또는 기관의 기능을 활발하게 하는 것을 가리키는 생리·의학적 용어; 일반적으로 활동·과정을 활발하게 하는 것, 자극하며 바꿔 쓸 수 있는 말. **excitant** 활동·과정을 일으키는 자극. **incitement** 당장 어떤 행동을 하도록 재촉하는 것. **incentive** 남을 경쟁시켜 성적을 올리게 하는 자극, 그를 위한 보수. **inducement** 남에게 어떤 행동을 시키기 위한 유인(誘因). **impetus** 이미 진행중인 행동의 힘을 더욱 크게 하는 것. **spur** impetus 의 구어적 익. │
└───┘

sti·my [stáimi] 명동 =stymie.
‡**sting** [stiŋ] 명 (~*s* [-z]; *stung*) 타 1 〔바늘·독아(毒牙)·가시 따위로〕 …을 찌르다(prick). ¶ A bee *stung* my arm. = A bee *stung* me *on* the arm. 벌이 내 팔을 쏘았다. 2 〔혀 따위〕를 자극하다, 얼얼하게 하다; …에 쏘는 듯한 통증을 주다. 3 …을 괴롭히다, …에 괴로움을 주다, …의 감정을 해치다. ¶ He was *stung* by remorse. 그는 깊은 뉘우침으로 괴로워했다 / Her conscience *stung* her. 그녀는 양심이 찔렸다. 4 …을 자극하여 …하게 하다, …을 내대다(stir up)(*to*, *into*, *to do*). ¶ be *stung* with vanity 허영심에 자극되다 // The ridicule *stung* him *into* taking the desperate steps. 그는 그러한 조롱을 당하자 분발하여 무모한 짓을 저지르고 말았다. 5 〖속〗 〔수동형으로〕 …을 속이다, 속여서 빼앗다 (*for*). ¶ be *stung* for a fiver 속아서 5달러를 빼앗기다 / I was *stung* by him in the business. 나는 그 거래에서 그에게 속았다. — 자 1 〔바늘·가시 따위로〕 찌르다; 바늘〔가시〕이 있다. 2 짜릿한 맛이 있다. 3 찌르듯이 아프다, 얼얼〔욱신욱신〕하다. 4 괴로워하다, (정신적인) 고통을 주다; 괴로워하다, 짜증내다.
— 명 (복 ~*s* [-z]) 1 찌르기; 자상(刺傷). 2 찌르는 듯한 아픔, (마음의) 고통. 3 자극성; 비꼼, 풍자. ¶ His words have a ~ in them. 그의 말에는 가시가 있다. 4 〖식물〗 가시털(stinging hair) 〔쐐기풀처럼 자극성 있는 액체를 분비하는 털〕. 5 〔동물〕 독침, 독아(毒牙). 6 〖속〗 복잡한 신용 사기(confidence game); 함정 수사; 범죄로 얻은 돈; 훔친 물건. 7 〖속〗 독주(毒酒); 경주마에 주사하는 약.
a [or *the*] *sting in the* [or *its*] *tail* ① 〖美〗 (이야기 따위의 최후에 폭로되는) 놀라운 사실. ② (말·편지 따위의) 씁쓸한 뒷맛, 비꼼.
have no sting in it 가시가 없다, 맛이 없다.
take the sting out of (구어) 〔실망·실패·비난 따위〕의 혹독함을 완화시키다.
sting·a·ree [stíŋərí:, ´-´] 명 =stingray.
sting·er [stíŋər] 명 1 찌르는 사람(것); 찌르는 동물 〔식물〕. 2 괴로워하게 하는 것, 고통[고민]거리. 3 〔벌레의〕 독침, 〔뱀의〕 독아; 〔식물〕 가시. 4 (구어) 찌르는 듯한 말, 비꼬는 말, 비꼼; 통격(痛擊). 5 〖美〗 브랜디와 리큐어에의 칵테일; (英구어) 하이볼(highball). 6 (S-) 〖美군사〗 스팅어 미사일〔어깨에 올려 놓고 발사할 수 있는 지대공 미사일〕. (또는 S-´ missile) 7 〖속〗 〖우주〗 우주인의 선외 작업용 갈퀴창. 8 (속어) 〖폭격기의〗 기미(機尾) 기관총. 9 〖속〗 철도원. 10 〖속〗 어려운 문제, 장해(障害).
sting·ing [stíŋiŋ] 형 찌르는, 쏘는; (아픔 따위가) 찌르는, 날카로운; 〔풍자 따위가〕 신랄한.
~·**ly** 부 ~·**ness** 명
stinging cápsule 명 =nematocyst.
stínging háir 명 〖식물〗 가시털.
stínging néttle 명 〖식물〗 쐐기풀.
stin·go [stíŋgou] 명(U) 1 독한 맥주. 2 정력 (energy), 원기, 활력; 열의(zest).
stíng operàtion 명 〖美〗 함정 수사(entrapment).
sting·ray [stíŋrèi] 명 〖어〗 노랑가오리(꼬리에 독가시가 있다).
STINGS *stellar inertial guidance system.* 〖묘다〗.
stin·gy¹ [stíndʒi] 형 1 인색한, 구두쇠의, 금전을 아끼는(miserly). 2 부족한 것이, 적은, 근소한.
be stingy with …을 내기 아까워하다.
-**gi·ly** 부 -**gi·ness** 명
sting·y² [stíŋi] 형〔가시〕이 있는; 찌르는.
***stink** [stiŋk] 자 (*stank*, *stunk*; *stunk*) 타 1 악취를 풍기다(*of*). ¶ This ham ~*s*. 이 햄은 악취가 난다// (~+前+名) He ~*s of* wine. 그에게서 술냄새가 난다. 2 평판이 몹시 나쁘다. 3 〖美속〗 아무 쓸모도 없다, 질이 나쁘다. ¶ It ~*s* here, and you guys ~. 여긴 아주 형편없는 곳이고 너희들도 형편없어. 4 〖美속〗 (썩을 정도로) 많이 가지고 있다 (*of*, *with*). ¶ (~+前+名) ~ *of* money 많은 돈을 가지고 있다.
— 타 1 …에 악취를 풍기게 하다 (*up*, *out*). 2 (속어) …의 냄새를 맡다, 냄새를 알아채다.
act like one's shit doesn't stink 〖美속·비어〗 자기 똥은 구리지 않은 것처럼 굴다, 잘난 체하다.
stink in a person's nóstrils; stink in the nóstrils of a person 남의 혐오감을 사다.
stink on ice 〖美속〗 너무 형편없다 (* 얼어도 냄새가 날 정도로 썩어도 지나는 뜻에서).
stink out …을 악취로 몰아내다; 〔장소〕를 악취로 가득하게 하다. 「다; 아주 좋지 않다.
stink to high heaven (구어) 지독한 악취를 풍기다
— 명 1 악취, 고약한 냄새. 2 (구어) 소동; 스캔들, 물의. 3 (~*s*) 〔단수급〕 〖英속〗 화학; 자연 과학. 4 지겨운 녀석.
big stink 〖美속〗 굉장한 스캔들, 대소동.
like stink 〖속〗 격렬하게, 필사적으로, 맹렬히.
raise [or *make*] *a stink* 평판을 나쁘게 하다, 물의 — 명 〖美속〗 훌륭한, 멋진. 〖를 일으키다.
stink·ard [stíŋkərd] 명 (드물게) 1 아주 싫은 사람 〔동물〕(stinker). 2 역겨운 놈. 3 = teledu.
stink·a·roo [stíŋkərú:, ´-´] 명 (~*s*) (속어) 형편없는〔역할한〕 것; 저질 영화〔연극〕. (또는 **stinkeroo**)
stínk·ball [stíŋkbɔ́:l] 명 =stink bomb.
stínk bòmb 명 악취탄; 지독한 것.

stínk bùg 명 악취를 풍기는 벌레, 노린재, 방귀벌레.
stink·er [stíŋkər] 명 1 구린내나는 사람(동물); (조류) 왕바다제비. 2 (속어) 아주 싫은 사람; 비난의 편지. 3 (속어) 저속한 흥행(영화, 연극). 4 (속어) 난제(難題). 5 악취를 내는 장치(악취탄 따위).
stink·er·oo [stìŋkərúː] 명 =stinkaroo
stínk finger 명 (비어) 손가락으로 여자 음부를 애무하기.
stink·ing [stíŋkiŋ] 형 악취를 풍기는, 냄새 고약한; (속어) 몹시 싫은; (속어) 지독한; 몹시 취한.
crý stínking físh 자기 편을 나쁘게 말하다.
── 부 (속어) 진절머리날 정도로, 지독히.
~**·ly** 부 ~**·ness** 명
stínking róger 명 악취가 나는 각종 식물.
stínking smút 명 =bunt³.
stink·o [stíŋkou] 형 (속어) (몹시) 취한, 곤드레만드레가 된; 고약한; 냄새 나는. ──명 지겨운 녀석.
stink·pot [stíŋkpɑt/-pɔ̀t] 명 1 요강, 변기; (옛날 해전에서 쓰이던) 악취탄. 2 아주 싫은 사람. 3 큰 바다거북의 일종. 4 (미속어) 모터 보트(motorboat).
stink·stone [stíŋkstòun] 명 취석(臭石)(치거나 마찰하면 악취를 풍기는 돌의 총칭).
stínk tràp = stench trap.
stink·weed [stíŋkwìːd] 명 악취를 풍기는 각종 풀.

*****stint¹** [stint] 타 1 …을 제한하다; …을 줄이다, 아까워하다 (*of*, *in*). ¶ She ~s her children in food. 그녀는 아이들의 음식을 줄이고 있다. 2 (고어) …을 그만두다, 중지하다. ── 자 1 절약하다, 검약하다. 2 (고어) 그만두다, 중지하다.
stint oneself in [or **of**] (음식 따위)를 줄이다.
── 명 1 □ 제한, 아까워함, 절약. 2 정량, 정액; 할당된 일. 3 (폐어) 중지.
do one's stint (구어) 자기에게 할당된 일을 하다.
labor without stint 몸을 아끼지 않고 일하다.
without [or **with no**] **stint** 무제한으로, 아낌없이.
~**·ed·ly** 부 ~**·ed·ness** 명 ~**·less** 형
stint² 명 작은 도요류(도요새 따위).
stint·er [stíntər] 명 제한하는 사람[것]; 아까워하는 「사람.
stint·ing·ly [stíntiŋli] 부 제한하여, 인색하게.
stipe [staip] 명 1 (식물) 줄기; (양치류의) 엽병(葉柄); (버섯류의) 균병(菌柄). 2 (동물) 육경(肉莖)(stalk).
sti·pel [stáipəl] 명 (식물) 작은 턱잎(탁엽(托葉)).
sti·pel·late [staipélət, -leit, stáipəlèt, -lèit] 형 (식물) 작은 턱잎이 있는.
sti·pend [stáipend] 명 (목사·교사 등의) 봉급; (정기적인) 지급금, 급여금, 수당; 연금. ~**·less** 형
sti·pen·di·ar·y [staipéndièri/-diəri] 형 1 봉급을 받는, 유급의. 2 봉급으로 지불되는. 3 연공(年貢)으로 내는. ── 명 1 유급자. 2 (영) 유급 목사, 유급 치안 판사.
sti·pes [stáipiːz] 명 (복 **stip·i·tes** [stípətìːz]) 1 (동물) (갑각류·곤충 따위의) 접교절(蝶咬節). 2 (식물) =stipe 1.
stip·i·tate [stípətèit] 형 엽병(균병(菌柄))이 있는.
stip·ple [stípl] 타 (…을) 점각(點刻)하다, 점묘(點描)하다. ── 명 (또는 **stippling**) 1 □□ 점각(법), 점묘(법). 2 점각 작품, 점묘 작품. **-pler** 명 「이 있는.
stip·u·lar [stípjulər] 형 (식물) 턱잎(탁엽)의, 턱잎
stip·u·late¹ [stípjulèit] 타 자 1 (계약·약정서 조항 속에) …을 명기하다, 규정하다, 명문화하다. ¶ It is ~d that the payment should be in cash. 현금 지불이라는 약정이 되어 있다. 2 …을 계약 조건으로 요구하다. ── 자 계약 조건으로서 요구하다 (*for*). ¶ ~ *for* an indemnity 배상을 요구하다. -**la·ble**, -**la·tive** 형
stip·u·late² [stípjulət, -lèit] 형 (식물) 턱잎(탁엽)이 있는. (또는 **stipulated**)
stip·u·la·tion [stìpjuléiʃən] 명 □□ 계약, 약정; 계약 조건, 계약 조항. 「조건[약속]으로.
on [or **under**] **the stipulation that...** …이라는
stip·u·la·tor [stípjulèitər] 명 계약자, 약정자.
stip·ule [stípjuːl] 명 (식물) 턱잎, 탁엽.

*****stir¹** [stəːr] 타 (~**s** [-z]; **-rr-**) 타 1 …을 휘젓다, 뒤섞다 (*with*, *into*). ¶ (~+목+전+명) ~ one's milk *with* a spoon 숟가락으로 우유를 휘젓다 / ~ smoldering coals *with* a poker 부지깽이로 연기가 나는 석탄을 휘젓다 / ~ vinegar *into* salad oil 초를 샐러드 기름에 넣어 젓다. 2 …을 흔들다, 움직이다; …을 옮기다. 3 …을 각성시키다, 분기시키다(*up*). ¶ S- yourself. 분발해라. 4 …을 흥분시키다, 감동시키다(*up*); …을 자극하다, 선동하다(*up*). ⇒ PROVOKE (유의어) ¶ ~ a person's blood 남을 흥분시키다, 열중시키다 // (~+목+부) ~ *up* one's imagination 상상력을 자극하다 / ~ *up* one's desires 욕망을 자극하다 // ~ *up* the people *to* revolution 국민을 선동하여 혁명을 일으키게 하다. 5 (고어) …의 주의를 환기하다; …을 의제에 올리다. 6 (고어) …을 교란하다. ── 자 1 움직이다; 몸부림치다, 움직이기 시작하다. 2 (사람이) (바쁘게) 돌아다니다; 활동하고 있다; 눈을 뜨다, 일어나 있다. ¶ He is not ~ring yet. 그는 아직 일어나지 않았다. 3 (물건이) 자극을 받고 활발하게 되다, 활동하기 시작하다. 4 (헛소문·뉴스 따위가) 전해지다, 유포되다; 유통하다. ¶ There's no news ~ring. 아무것도 달라진 것은 없다. 5 감동하다, (감정이) 끓어오르다. 6 (가루·페인트 따위가) 섞이다. ¶ (~+부) The mixture ~s well. 그 혼합제는 잘 섞인다. 7 (고어) 소동을 일으키다.
do not stir a finger 조금도 노력하지 않다.
do not stir an eyelid 눈 하나 깜짝이지 않다, 까딱도 하지 않다.
look as if *a* **thing has been stirred with a stick** (구어) (방·집 따위가) 어질러져 있다, 뒤숭숭하게 널려 있다. 「② 척척 걸어 나가다.
stir one's stumps (구어) ① 서두르다, 빨리 걷다.
stir one's tail (고어) ① 분발하다. ② 소동을 일으키다.
stir up ① …을 잘 뒤섞다. ② …을 분발시키다. ③ …을 선동하다, 휘젓다; …을 선동하다.
── 명 (복 ~**s** [-z]) □□ 1 뒤섞기, 휘젓기. 2 (흔들어) 움직이기, 바스락(거리는 소리). 3 활동, 활약. 4 (일시적인) 흥분, 흥분. 5 큰 소동, 혼란; 평판. ¶ The event made a great ~. 그 사건은 논란의 대상이 되었다. 6 찌르기, 밀기.
Stir, stir! (구어) 또 한 바탕 휘저으려[선동하려] 하다!
~**·ra·ble** 형
stir² 명 □□ (속어) 교도소(prison).
stir·a·bout [stə́ːrəbàut] 명 (영) □□ 오트밀 죽. ── 형 활동적인, 바빠 보이는.
stir-cra·zy [-krèizi] 형 (미속어) (오랜 수감 생활에서 오는) 정신 이상의, 교도소 생활로 머리가 돈. (또는 **stír háppy**) **-zi·ness** 명
stir-fry [-frài] 타자 (중국 요리에서) (잘게 썬 재료들을) 프라이팬을 흔들면서 센 불에 재빨리 익히다. ── 명 그렇게 해서 만든 요리. ── 형 stir-fry(식)의.
stirk [stəːrk] 명 (영) 살 찐 소; 바보.
stir·less [stə́ːrlis] 형 움직이지 않는, 조용한.
~**·ly** 부 ~**·ness** 명
stir·pi·cul·ture [stə́ːrpəkʌ̀ltʃər] 명 □□ 우종 양식(優種養殖), 종족 개량. -**cúl·tur·al** 형 -**cúl·tur·ist** 명
stirps [stəːrps] 명 (복 **stir·pes** [stə́ːrpiːz]) 1 혈통, 가계, 종족. 2 (법률) 조상. 3 (생물) 유전 단위, 유전소(遺傳素). 〈L〉
stir·rer [stə́ːrər] 명 1 뒤섞는 사람. 2 교반기(攪拌器). 3 활동가, 소동을 일으키는 사람, 선동자.
*****stir·ring** [stə́ːriŋ] 형 1 감동시키는; 자극하는, 고무하는. 2 활동적인, 활발한, 바쁜. 3 혼잡한, 번화한, 떠들썩한. ── 명 (마음의) 동요. ~**·ly** 부
stírring bàr 명 교반(攪拌)용 막대 자석.
*****stir·rup** [stə́ːrəp/stír-] 명 1 등자(鐙子), 등자쇠. 2 등자 꼴의 기구. 3 (해사) 등삭(鐙索). 4 (또는 ~ **bòne**) (해부) 등골(鐙骨). ~**·less**, ~**·like** 형
stírrup cùp 명 (영) (옛날 먼길을 떠나기 위해 말에

stírrup íron 图 (승마용의) 등자, 등자쇠. ⇨SADDLE
stírrup lèather [stræp] 图 등자 매는 가죽.
stírrup pànts 图 고리 바지(바짓자락의 끈을 발바닥에 걸치게 된 여성용 바지).
stírrup pùmp 图 소화용의 소형 수동식 펌프.
stír wise 图 《美속어》 교도소에 익숙해진.
‡**stitch**¹ [stitʃ] 图 (**~·es** [-iz]) 1 (바느질감의) 한 바늘, 한 땀, 한 코; (뜨개질의) 한 번 뜨기; (상처 매는) 한 바늘. ¶take up a ~ 한 바늘 꿰매다/*A ~ in time saves nine.* 《속담》 적당한 때에 한 번 꿰매 놓으면 나중에 아홉 번 꿰매는 수고를 던다. 2 바늘땀, 솔기; 바늘코; 한 바느질에 쓸 실. ¶make long [small] ~*es* 솔기를 길게[짧게] 꿰매다. 3 뜨는[꿰매는, 짜는, 감치는]법. ¶a buttonhole ~ 단추 구멍 감치기. 4 천, 헝겊, 자투리. 5 《구어》 근소한 양, 아주 조금. ¶He hasn't done a ~ of work today. 그는 오늘 손끝 하나 까딱하지 않았다. 6 (보통 a ~) (옆구리 따위의) 격통, 쑤심. 7 (편물의) 철(綴). 8 (a ~) 《美속어》 밝고 즐거운 사람[것]; (the ~es) 우스워서 뱃살이 꼬임.
do not have a dry stitch on one 옷이 함빡 젖어 있다.
drop a stitch 바늘코를 빠뜨리다.
every stitch of one's clothes 가진 옷 전부.
in stitches 포복절도하여. 「하나 없다.
not have a stitch to one's back 변변하게 입을 옷
put stitches in a wound 상처를 꿰매다.
 ─ 图目 1 …을 꿰매다; 봉하다(*up*). ¶(~+图+團) ~ *up* a rent 터진 곳을 꿰매다. 2 …을 꿰매어 꾸미다, 수놓다. 3 (제본에서) …을 매다(*together*, *up*).
 ─ 目 꿰매다, 바느질을 하다.
~·er 图 **~·less** 图 **~·like** 图
stitch² [英방언] (보행) 거리; 일정한 시간. ¶a good ~ 상당한 거리.
stitch·er·y [stítʃəri] 图 =needlework. 「입기.
stitch·ing [stítʃiŋ] 图 꿰매기; 일련의 솔기; 꿰매어
stitch·work [stítʃwə̀ːrk] 图 자수(embroidery).
stitch·wort [stítʃwə̀ːrt] 图 《식물》 별꽃.
stith·y [stíði, stíθi] 图 《고어·방언》 1 모루(anvil). 2 대장간. ─ 图目 (모루 따위로) 메우다.
sti·ver [stáivər] 图 1 스타이버(네덜란드의 옛 화폐; 1/20 guilder에 상당). 2 소액의 돈; 소량.
St. Jámes's (Pálace) 图 성 제임스궁(宮)(St. James's Park 안에 있는 왕궁).
St. Jámes's Párk 图 세인트 제임스 공원(영국
Stk. stock. 「London 소재).
St. Láwrence 图 (the ~) 세인트 로렌스 강(Ontario 호에서 발원하는 캐나다 최대의 강).
STLO Scientific and Technical Liaison Officer.
St. Lou·is [sèint lúːis/sənt-] 图 세인트 루이스(미국 Missouri 주 Mississippi 강가의 항구 도시).
St. Lu·cia [sèint lúːʃə, -sìə] 图 세인트루시아 섬(서인도 제도의 Windward 제도 중 최대의 섬).
St. Lúke's súmmer 图 《英》 (10월 18일의 성 누가 축제일의) 화창한 가을 날씨.
STM Master of Sacred Theology; scanning tunneling microscope; short-term memory.
St. Mar·tin [sèint máːrtin/sənt máːtin] 图 상마르탱 섬(서인도 제도의 Leeward 제도 중의 섬).
St. Mártin's súmmer 图 《英》 따뜻한 날씨.
stmt statement. **stn.** stain; station. **stnd.** stained. **STO** sea transport officer; standing order.
sto·a [stóuə] 图 (**~s, -ai** [-ai], **-ae** [-iː]) 1 《그리스 건축》 주랑(柱廊), 회랑, 난랑(步廊). 2 (the S-) 《철학》 스토아 철학, 스토아 학파.
stoat¹ [stout] 图 (**~(s)**) (여름철에 털이 갈색이 되었을 때의) 족제비. ⇒ERMINE 1 「다위, 감치다.
stoat² 图目 (솔기가 안 보이도록 천 가장자리 따위를]

sto·chas·tic [stəkǽstik] 图 추측상의; 《통계》 확률적인. ¶~ function 확률 함수. **-ti·cal·ly** 图
‡**stock** [stak/stɔk] 图
① 图 재고(품), 저장품, 사들인 물건. 2 □□ 축적, 저장, 비축; 온 축(蘊蓄). ¶devote [*or* apply] one's whole ~ of knowledge 있는 지식을 다 쏟아 넣다. 3 □□ 《經》 주식 자본, 주식, 주(shares). 4 □□ 《英》 공채 증서, 국고 채권; (the ~s) 공채; 국채. 5 □ 《집합적》 (농장·목장 따위의)
[stock 14]
가축(图 livestock). ¶farming ~ 가축 6 《식물》 줄기; 근경(根莖). 7 《고어》 (수목의) 그루터기; 통나무, 나무 토막. 8 《원예》 (접목의) 대목(臺木); (접지를 잘라내는) 어미그루. 9 (기구·기계 따위의) 대(臺), 대목, 자루, 개머리판. ¶a MACHINE GUN 그림; 《해사》 조선대(造船臺); 《철도》 =rolling ~. 10 바보, 멍청이(blockhead); 웃음거리, 조소의 대상. 11 □□ **a)** (인류 분류상의) 족(族), 민족, 인종, 종족; (동식물의) 종족. **b)** (언어 분류상의) 어계(語系), 어족. **c)** 조상, 시조; 가계, 혈통, 가문. ¶He comes [*or* is] of a good ~. 그는 명문 출신이다. **d)** 《생물》 군체(群體), 군서(群棲), 군락(群落). 12 □□ 《식물》 자라난화(紫羅欄花)(겨잣과(科)의 다년초; 관상용). 13 (~s) 《英》 (바깥벽에 쓰는) 고급 벽돌. 14 (~s) 〔역사〕 (형벌용의 족쇄 구멍이 있는) 차꼬. 15 (~s) (편자를 박거나 할 때 말 따위를 묶는) 틀. 16 □ 원료; (고기 그밖의) 삶아낸 국물, 수프거리. 17 □ 《인쇄·출판》 (어떤 종류의) 종이, 인쇄 용지; 《제지》 제지 재료. 18 (옛날의 칼라와 넥타이를 겸용한 것 같은) 폭넓은 장식깃. 19 《해사》 닻장, 닻의 스톡(생크(shank) 위쪽에 있는 나무 또는 쇠로 된 가로대). 20 《연극》 =~ company. 21 《지질》 암주(岩株). 22 《석유》 원료유(油). 23 《도서관》 장서.
have [*or keep*] *something in stock* …의 재고가 있다. 「있다.
in stock 비축되어, 재고로.
off the stocks (배가) 진수(進水)하여, 완성되어.
on the stocks ① (배가) 건조중인. ② 기획[고안]중인.
out of stock 품절[매진]이 되어.
put stock in …을 신용[신뢰]하다.
sit in the stocks 차꼬가 채워져 수치를 당하다.
stock in trade ⇨STOCK IN TRADE.
stocks and stones 무생물, 목석; 둔감[냉혹]한 사람들; 나무나 돌의 우상(←예레미야서(書)(Jer.) 3 : 9).
stop a stock 〔거래소〕 계약 때의 시세를 특정수(數)의 주를 후일에 팔기[사기]로 동의하다.
take no stock in …을 신용하지 않다.
take stock ① 재고 조사를 하다. ② (비유적) 현황을 점검하며, 실적을 평가하다.
take stock in ① …의 주식을 사다. ② 《비유적》 …에 관심을 가지다. 「(精査)하다. ② 〔남〕을 찬찬히 살펴보다.
take stock of ① …의 품질을 조사하다, …을 정사
 ─ 图 1 가지고 있는, 재고의. ¶~ articles 재고품. 2 (상품 따위가) 주요한, 표준의. 3 보통의, 흔히 있는, 흔한; 고리타분한. ¶a ~ phrase 고리타분한 문구. 4 주식의, 《英》 공채의. 5 가축의, 가축용의, 목축의, 번식의. ¶a ~ bull 번식용 수소. 6 《연극》 전속 극단(~ company)의; 그 상연 목록의.
 ─ 图目 (-ed [-t]) 图 1 (가게에) 《상품》을 사들이다, 사재다(*with*, *on*, *for*); 《상품 따위》를 비축하다, 저장하다(*up*). ¶ (~+目+團+图) The store is well ~*ed with* excellent goods. 저 가게에는 좋은 물건이 많다. 2 …을 공급하다; 《농장》에 가축을 넣다. 《못·강·연못》에 물고기를 방류하다, 《밭 따위》에 씨를 뿌리다(*with*). ¶ ~ a river with carp 강에 잉어를 방류하다. 3 …에 자루[대(臺)], 받침나무 따위를 달다. 4 《죄인》을

차꼬에 채우다. **5** (고어) …을 파다, 파 일으키다(up).
—㉠ **1** 사들이다, 사재다, 비축하다(up). ¶ ~ up with necessities 필수품을 저장하다 / ~ up on food 식품을 사재다. **2** (식물) 어린 가지를 내다, 새싹을 내다(tiller).
stock in on (美) …을 사재다, 사들이다.
stock up on ⇒ **1**.
stóck accóunt 圏 (英) (상업) 재고품 계정.
***stock·ade** [stɑkéid/stɔ́k-] 圏 방책(防柵); 말뚝 방
파책; 말뚝을 둘러친 울; (美군사) 영창.
—(동)(타) …을 말뚝울타리로 둘러싸다.
stock-a·gent [-éidʒənt] 圏 (濠·뉴질) 가축 매매업
자. (또는 **stóck and státion àgent**) 「로커.
stock-a·teer [stɑ̀kətíər] 圏 (속어) 엉터리 증권 브
stóck bòok 圏 상품 재고장, 현품 대장, 재고 원장
(stores ledger); 주식 대장; (말 따위의) 혈통 대장.
stock·breed·er [stɑ́kbrì:dər/stɔ́k-] 圏 목축업자.
-brèed·ing 圏(U) 목축(업).
stock·bro·ker [stɑ́kbròukər/stɔ́k-] 圏 주식 중
매인. (또는 **broker**) 「=stockbroking.
stock·bro·ker·age [stɑ́kbròukəridʒ/stɔ́k-] 圏
stóckbroker bèlt 圏 (英구어) (런던 근교의) 고급
주택 지구(exurbia) 「(중매업).
stock·brok·ing [stɑ́kbròukiŋ/stɔ́k-] 圏(U) 주식
stóck càr 圏 **1** 레이스용 개조(改造) 자동차. ¶ ~ racing 개조 자동차 경주. **2** (철도) 가축 운반용 화차. **3** 재고가 있는 승용차; 표준 승용차. **stóck-càr** 圏
stóck certíficate 圏 (美) 증권 거래소; (英) 공채 증서.
stóck còmpany 圏 **1** 주식 회사. **2** (연극) 레퍼토
리식 전속 극단(일정한 레퍼토리를 갖고 일정한 극장에
stóck cùbe 圏 고형(固形) 수프 원료. [출연한다].
stóck dívidend 圏 (금융) 주식 배당; 배당으로 지
불된 주식.
stóck dòve 圏 (유럽산(産)) 애기숲비둘기.
stock·er [stɑ́kər/stɔ́k-] 圏 **1** stock하는 사람[것].
2 (집약 사육 전의) 송아지. **3** (美구어) =stock car.
stóck exchànge 圏 (the ~) 증권 거래소; 주식 중
매인 조합; 주식 거래. 「매인 조합; 주식 거래.
stóck fàrm 圏 목축[축산]장.
stóck fàrmer 圏 목축업자.
stóck fàrming 圏 목축업.
stock·fish [stɑ́kfìʃ/stɔ́k-] 圏 (複 ~(·es)) (소금에
절이지 않은) 건어, 건어물(동대구 따위).
***stock·hold·er** [stɑ́khòuldər/stɔ́k-] 圏 주주(株
主); (英) shareholder; (英) 공채[국채] 소유자; (濠)
가축 소유자, 목축업자. **-hòld·ing** 圏(閒)
stóckholder of récord 圏 등록 주주.
Stock·holm [stɑ́khoulm/stɔ́khoum] 圏 스톡홀름
(스웨덴의 수도).
Stóckholm Appèal 圏 (the ~) 스톡홀름 어필(원
자력 병기를 사용하는 정부를 인류에 대한 범죄자로 간
주한다는 것).
Stóckholm sýndrome 圏 (정신의학) 스톡홀름
증후군(인질이 범인에게 모종의 애정을 품게 되는 것).
[<1973년에 Stockholm에서 일어난 사건]
Stóckholm tár [pítch] 圏 스톡홀름 타르(송진에
서 채취하는 타르; 조선·삭구(索具)용).
stóck hòrse 圏 (美서부·濠) (소를 모으는 데 쓰는)
카우보이용의 말, 목축마.
stóck hùt 圏 (濠·뉴질) 목부(牧夫)의 오두막.
stock·i·net(te) [stɑ̀kənét/stɔ́k-] 圏(U) **1** (英) (기
계로 짠) 메리야스 천. **2** 메리야스 짜기.
‡**stock·ing** [stɑ́kiŋ/stɔ́k-] 圏 (複 ~s [-z]) **1** (보통
~s) 긴 양말, 스타킹(醫 sock[1]). ¶ a pair of ~s 긴 양
말 한 켤레. **2** 긴 양말 모양의 것; (동물의 다른 부분과
다른 빛깔의) 다리 털. **3** =stockinet 2.
in one's stockings; in one's stocking feet (신을
신지 않고) 양말만 신은.
sew up a person's ***stocking*** (英속어) 남을 꼼짝
도 못하게 하다, 입다물게 하다.

wear yellow stockings 시기하다.
~ed, ~·less 圏
stócking càp 圏 (스케이트장에서 쓰는) 원뿔꼴 털
실 모자. 「스 선물.
stócking fìller 圏 (英) (양말 속에 넣는) 크리스마
stócking fràme 圏 양말 짜는 기계(메리야스 편물
기의 일종). (또는 **stócking lòom [machìne]**)
stócking màsk 圏 (강도 따위가 사용하는) 나일론
스타킹 복면.
stócking stùffer 圏 (美) 성탄절에 양말에 담아 주
는 선물, 작은 크리스마스 선물.
stóck in tráde 圏 **1** 재고품. **2** (상인의) 장사 도구.
3 필요 수단; 상투 수단. (또는 **stóck-in-tráde**)
stock·ish [stɑ́kiʃ/stɔ́k-] 圏 나무 그루터기 같은;
얼빠진, 아둔한. **~·ly** 圏 **~·ness** 圏 「업자.
stock·ist [stɑ́kist/stɔ́k-] 圏 (英) (특정 상품) 구입
stock·job·ber [stɑ́kdʒɑ̀bər/stɔ́kdʒɔ̀b-] 圏 **1**
(英) (증권 거래소의) 주식 중매인. **2** (美)
(경멸적) 증권 브로커, 투기업자. **~·y, -bing** 圏
stock·keep·er [-kì:pər] 圏 **1** 재고품 관리자. **2**
(濠·뉴질) 축산업자, 목축업자; 목부.
stock·less [stɑ́klis/stɔ́k-] 圏 **1** (닻이) 스톡이 없
는; 대(台)가 없는; 개머리판이 없는. **2** 재고가 없는.
stóck lìst 圏 증권 시세표; 재고품 목록.
stock·man [stɑ́kmən/stɔ́k-] 圏 **1** (美·濠) 목축업
자. **2** (濠) 목장에서 일하는 사람, 목동. **3** 재고품(창고)
담당자.
***stóck màrket** 圏 **1** 증권 시장, 증권 거래소(stock exchange); 증권 매매. **2** 증권 시세. **3** 가축 시장.
stóck óption 圏 (임직원의) 주식 매입 선택권.
stóck pìgeon 圏 =stock dove.
stock·pile [stɑ́kpàil/stɔ́k-] 圏 (도로 개수 공사 따
위를 위한) 보급 자재 더미; 광석·석탄 더미; (특히
(비상시용) 중요 물자의 축적, 저장 자재[식량]; 원자 무
기의 저장. —(동) (석탄·보급 자재·원료 따위를) 저축
[저장]하다, 비축하다; 자재를 비축하다. **-pìl·er** 圏
stóck plànt 圏 (원예) =stock 6.
stock·pot [stɑ́kpɑ̀t/stɔ́kpɔ̀t] 圏 수프(소스) 냄비.
stock·proof [stɑ́kprù:f/stɔ́k-] 圏 (울타리 따위
가) 가축이 빠져나갈 수 없는.
stóck ràising 圏 목축(업), 축산(업).
stock·rid·er [stɑ́kràidər/stɔ́k-] 圏 (濠) 승마 목
동, 카우보이(cowboy).
stock·room [stɑ́krù(:)m/stɔ́k-] 圏 **1** (상품·자재
등의) 저장소(실], 창고. **2** (호텔 안의) 상품(견본] 전시실.
stock-route [-rù:t] 圏 (濠·뉴질) 가축 도로(공인된
가축의 이송용 도로).
stóck sìze 圏 기성(旣成)[표준] 사이즈.
stóck splìt 圏 주식 분할. 「하는.
stock-still [-stíl] 圏 전혀 움직이지 않는, 꼼짝도 안
stock·tak·ing [stɑ́ktèikiŋ/stɔ́k-] 圏 **1** (정기적
인) 재고품 조사, 재고 조사. **2** (일반 사업 따위의) 성적
stóck tìcker 圏 =ticker 2. [(실태) 조사.
stóck wátering 圏 주식 물타기(자산의 뒷받침을
초과하여 주식을 발행하기).
stock·whip [stɑ́khwìp/stɔ́kwìp] 圏 (英·濠) 가축
몰이용 채찍. —(동)(타) (가축)을 채찍으로 모으다.
stock·y [stɑ́ki/stɔ́ki] 圏 **1** 땅딸막한, 튼튼한. **2** (식
물 따위) 줄기가 튼튼한. **3** (英방언) 완고한, 격식을
차리는, 거친. **stóck·i·ly** 圏 **stóck·i·ness** 圏
stock·yard [stɑ́kjɑ̀:rd/stɔ́k-] 圏 (도살장·시장에
보내기 전의 일시적인) 가축 우리; 가축 사육장.
stodge [stɑdʒ/stɔdʒ] 圏 (구어) **1** (U) (소화
가 잘 안 되는) 기름진 음식; 풍부하게 담은 성찬. **2** 게
걸스럽게 먹는 사람. **3** 지루하고 재미없는 생각(문학 작
품]. —(동)(타) …을 게걸스럽게 먹다, 배불리 먹다.
—㉠ (구어) (무거운 발로) 터벅터벅 걷다. **stódg·er** 圏
stodg·y [stɑ́dʒi/stɔ́dʒi] 圏 **1** (음식물이) 기름진, 소

stoep 화가 잘 되지 않는. **2** 꽉 채워 넣은, 부푼. **3** (문체 따위가) 답답한, 지루한, 진부한; 고풍의; 품위 없는. **4** (구어) 땅딸막한. **stódg·i·ly** 튀 **stódg·i·ness** 명

stoep [stu:p] 명 (남아공) (네덜란드풍 집 전면 및 측면의) 툇마루, 베란다(veranda).

sto·gy [stóugi] 명 (美구어) **1** 가늘고 긴 싸구려 엽궐련. **2** 튼튼하고 무거운 구두. (또는 **stogey, stogie**)

Sto·ic [stóuik] 형 스토아 파派[철학]의; (s-)= stoical. — 명 (S-) 스토아파 철학자; (s-) (스토아 학파적인) 금욕주의자, 극기주의자.

sto·i·cal [stóuikəl] 형 금욕의, 극기의; 냉정한, 태연한; (S-) 스토아학파(철학)의. **~·ly** 튀 **~·ness** 명

stoi·chi·ol·o·gy [stɔ̀ikiálədʒi/-ɔ́l-] 명 세포 조직 [생리]학. (또는 **stoicheiology**) **-o·lóg·i·cal** 형

stoi·chi·o·met·ric [stɔ̀ikaiəmétrik] 형 (화학) 화학량론(化學量論)의(에 관한); 화학량적인. (또는 **stoicheiometric, stoichiometrical**) **-ri·cal·ly** 튀

stoi·chi·om·e·try [stɔ̀ikiámətri/-ɔ́m-] 명 화학량론(化學量論). (또는 **stoechiometry**)

Sto·i·cism [stóuəsizm] 명[U] 스토아 철학, 스토아주의; 금욕주의; 금욕, 극기, 냉정, 태연.

stoke[1] [stouk] 타자 **1** (불을 때다, 돋우다(stir up) (up)(with, on); (기관차·난로 따위의) 불을 때다(up). ¶~ up a furnace 화덕에 연료를 지피다. **2** (비유적) (미움 따위를) 불러일으키다. **3** (구어) (음식을) 빨리 먹다. — 자 **1** 불을 피우다; 불을 때다, 화부 노릇을 하다. **2** (구어) 급히 식사를 하다, 배불리 먹다(feed heartily) (up)(with).
Stoke me (up)! (美속어) 멋지다; 고맙다.
stoke up ① 연료를 보급하다. ② (중요 따위를) 북돋우다. ③ 실컷 먹다. ④ (…에) 대비하다 (for).

stoke[2] 명 (물리) =stokes.

stoked [stoukt] 형 (美속어) **1** 열중하여, 열광하여. **2** 몹시 취한 (마약으로) 기분이 좋아진. **3** 흥분하여, 행복하여. **4** 지칠대로 지친(out).

stoke·hold [stóukhòuld] 명 (기선 따위의) 기관실, 화부실.

stoke·hole [stóukhòul] 명 =stokehold. (기관의) 화구(火口).

stok·er [stóukər] 명 (英) (기차·기선 따위의) 화부(fireman); 자동 급탄(給炭) 장치, 급탄기. **~·less** 형

Sto·ker [stóukər] 명 Bram ~ 스토커(1847-1912): 아일랜드 태생의 영국 소설가; *Dracula* 창작자.

stokes [stouks] 명 (물리) 스토크스(유체가 운동할 때의 점도(粘度)의 단위; ⑦ St). (<영국의 물리학자 G. Stokes의 이름〉(국화과(科)의 식물).

sto·ke·si·a [stoukí:ʒiə, stóuksiə] 명 스토케시아 (국화과의 식물).

STOL [éstɔ:l] 명[U] 단거리 이착륙(의); [C] 단거리 이착륙기(의). (<*s*hort *t*akeoff and *l*anding aircraft)

stole[1] [stoul] 동 steal의 과거.

stole[2] 명 **1** 스톨, 영대(領帶) (어깨에 걸쳐 무릎까지 늘어뜨린 성직자의 제복). **2** 스톨(모피 따위의 숙녀용 어깨걸이). **3** (고어) (고대 로마의) 주부용 길고 헐거운 옷.
~-like 형

sto·len [stóulən] 동 steal의 과거분사.
— 형 훔친. ¶ ~ goods 도난품 /a ~ base (야구) 도루.

stol·id [stálid/stɔ́l-] 형 둔감한, 무신경의(impassive), 무감동의, 굼뜬; 완고한. **~·ly** 튀 **~·ness** 명

sto·lid·i·ty [stəlídəti] 명 U 둔감, 무신경; 완고.

stol·len [stóulən] 명 스톨렌(과일·호도를 넣은 빵).

sto·lon [stóulən] 명 (식물) 포복지(匍匐枝); (동물) 아체(芽體), 주근(走根).

STOL·port [stóulpɔ̀:rt] 명 STOL용 공항.

sto·ma [stóumə] 명 (복 **~·ta** [-tə], **~s**) (식물) 기공(氣孔)(pore); (생물) 소공(小孔); (곤충 따위의) 기공, 기문(氣門). **-mal**

‡**stom·ach** [stámək] 명 **1** (해부·동물) 위(臟). ⇒ ALIMENTARY CANAL 그림. ¶ be sick at the ~ 메스껍다 / have a pain in the ~ 위가 아프다 /A ~ is a digestive organ. 위는 소화 기관이다. **2** 배, 복부(belly), 아랫배.

〔유의어〕**stomach** 좁은 뜻으로는 위, 넓은 뜻으로는 abdomen. **abdomen** 횡격막과 골반 상변 사이의 복부. **belly, paunch** 둘 다 abdomen, 특히 불룩한 [돌출한] 배를 뜻하는 쉬운 말.

3 (비유적) 욕망, 식욕 (for); 기호, 의향; 성미. **4** (폐어) 기분, 용기; 자랑, 자부; 노여움.
act against one's *stomach* 자기 기분에 어긋나는 행동을 하다. 「이 내키지 않다.
have no stomach for …할 생각이 없다, …에 마음
lie on one's *stomach* 엎드리다.
make a person's *stomach heave* [*turn*] 남의 기분을 나쁘게 하다. 「배가 몹시 고프다.
My stomach thinks my throat is cut. (美구어)
on a full stomach 배부를 때에, 식후에.
on an empty stomach ⇒EMPTY.
settle the stomach 위를 달래다, 구역질을 억제하다
stay one's *stomach* 요기하다. 「다.
turn a person's *stomach* 남을 메스껍게 하다.
— 동 타 **1** …을 먹다; 소화하다. **2** (부정문에서) …을 참다. **3** (폐어) …을 화나게 하다.
~·less 형

*****stom·ach·ache** [stáməkèik] 명[U][C] 위통, 복통. **-ách·y** 형

stómach clòck 명 배시계.

stómach crámps 명[복] (단수취급) 위경련.

stom·ach·er [stáməkər] 명 스토마커(15-16세기에 유행했던 호화로운 삼각형의 가슴 장식).

stom·ach·ful [stáməkfùl] 명 위 [배] 가득함, 가득찬 분량.

sto·mach·ic [stoumǽkik] 형 위의; 위에 좋은, 소화를 돕는. (또는 **stomachical**) — 명 건위제, 소화제. **-i·cal·ly** 튀

stómach pùmp 명 (의학) 위액 추출 펌프, 위 세척기.

stómach ròbber 명 (美속어) 벌목장의 요리사.

stómach stàggers 명[복] (단수취급) (수의) (가축의) 위경련. (또는 **stómach-stàggers**)

stómach swéetbread 명 (송아지·새끼양의) 췌장.

stómach tòoth 명 (유아의) 아래턱 송곳니.

stómach tùbe 명 (의학) 위관(胃管) (위액 검사·경관(經管) 영양식의 투여 따위에 쓰이는 가는 고무관).

stómach upsèt 명 =stomachache.

stómach wàrmer 명 (英방언) 탕파(湯婆).

stómach wòrm 명 염전위충(捻轉胃蟲) (양·소 따위의 위에 기생하는 선충(線蟲)의 일종).

stom·ach·y [stáməki] 형 **1** 배불뚝이의, 올챙이배의. **2** 기웃한; 성마른. **3** (구어) (소리가) 배에서 나오는.

sto·mal [stóuməl] 형 =stomatal.

sto·mat- [stóumət/stɔ́m-] 연결 ⇒STOMATO-.

sto·ma·ta [stóumətə, stɔ́m-] 명 stoma의 복수형.

stom·a·tal [stámətl/stóu-] 형 소공(小孔)[기공]이 있는. (또는 **stomal, stomatous**)

sto·mate [stóumeit] 형 소공[기공]의(이 있는).
— 명 =stoma.

sto·ma·ti·tis [stòumətáitis/stɔ̀m-] 명[U] (병리) 구내염(口內炎). **-tít·ic** 형

sto·ma·to- [stóumətou, -tə/stɔ́m-] 연결 mouth의 뜻(*모음 앞에서는 stomat-). ¶*stomatology*

sto·ma·tol·o·gy [stòumətáladʒi/stɔ̀mətɔ́l-] 명[U] 구강(口)학. 「구강경(口腔鏡).

sto·mat·o·scope [stoumǽtəskòup] 명 (의학)

stom·a·tous [stámətəs/stɔ́m-] 형 =stomatal.

-stome [stoum] 연결 mouth의 뜻. ¶ peri*stome*

-sto·mous [stəməs] 연결 「…의 입을 가진」의 뜻. ¶mono*stomous*(단구(單口)의).

stomp [stamp/stɔmp] 통타 (구어) =stamp.
— 타 1 (구어) =stamp. 2 스탬프를 추다.
— 자 1 (구어) =stamp. 2 스탬프(빠르고 격렬한 리듬의 재즈 음악). 3 스탬프 춤. ㄴ-er 명

stomp·ers [stάmpərz/stɔ́mp-] 명복 (美학생 속어) (카우보이) 부츠; (크고 무거운) 구두.

-sto·my [stəmi] 연결 「절개 수술」의 뜻. ¶gastro*stomy*(위루(胃瘻) 형성술).

‡**stone** [stoun] 명 (복 ~s [-z]) 1 UC 돌, 암석의 작은 조각(* 작은 돌은 pebble, gravel; 옥석·둥근 돌은 boulder; 부순 돌은 ballast). 2 U 석재(건축·포장 공사용 따위). 3 보석(precious ~), 옥(玉). 4 돌로 만든 것; (모양·굳기 따위가) 작은 돌 모양의 것; 숫돌, 연돌, 묘석(gravestone), 기념비, 기석(基石), 디딤돌, 징검돌. 5 싸락눈,우박(hailstone). 6 (보통 ~s) 고환, 불알; 배짱, 담력. 7 【식물】 (복숭아 따위의) 씨, 핵, 내과피(內果皮). 8 【의학】 결석(結石); 결석병. 9 【인쇄】 정판대(整版臺). 10 (복 ~) (英) 스톤(중량의 단위. 체중은 14파운드, 고기·물고기·설탕은 8파운드, 치즈는 16파운드, 양모는 24파운드; 약 st.). 11 운석, 석질 운석 12 (유리에 들어 있는 모래 알갱이 모양의) 불순물. 13 (속어) 마약(마리화나)에 의한 도취.

a heart of **stone** 무정(한 사람).
a rolling **stone** ① 자주 직업·주소를 바꾸어 성공하지 못하는 사람. ② 활동적이고 항상 참신한 사람(←*A rolling ~ gathers no moss*. (속담)).
(as) cold [hard] as (a) **stone** 돌처럼 차가운[단단한, 무정한], 「닫 생활을 하다.
break **stones** ① (도로용으로) 돌을 부수다. ② 밑바
carved in **stone** (부정문에서) 불변인, 최종적인 권위가 있다.
cast [or throw] a **stone** [or **stones**] *at* ① …에 돌을 던지다. ② …을 비난하다.
cast the first **stone** 맨 먼저 비난하다 (*at*); 성급한 판단을 내리다.
give a person a **stone** *for bread* 빵을 청하는 사람에게 돌을 주다, 돕는 체하고 남을 우롱하다.
give a **stone** *and a beating to* …에게 낙승하다.
harden into **stone** (비유적) 석화(石化)하다.
kill two birds with one **stone** ⇒BIRD.
leave no **stone** *unturned* 모든 수단을 다 쓰다.
not carved in **stone** (美구어) 절대적인 것은 아닌, 변경 가능한.
set a **stone** *rolling* ① 돌을 굴리다. ② 엉뚱한 결과를 가져올 일에 손을 대다.
The **stones** [or **Stones**] *will cry out.* (성서) 나쁜 짓은 드러난다. [<누가복음(Luke.) 19:40]
— 형 (한정용법) 1 돌의, 돌로 만든, 석조의. ¶a ~ bridge 돌다리. 2 (종종 S-) 석기 시대의.
— 부 (속어) 전혀, 완전히.
— 타 (~s [-z]; ~d; ston·ing) 타 1 …에 돌을 던지다. 2 …에 돌을 던져 쫓다[죽이다]. ¶~ *a dog to death* 개를 돌로 쳐죽이다. 3 …에 돌을 쌓다[깔다]. 4 (과일)의 씨를 빼다. 5 (가죽 따위)를 돌로 닦다. 6 **a)** (술·마약 따위) (사람)을 제정신을 잃게 하다, 취하게 하다. **b)** (무감각[둔감, 비정, 냉혹]하게 하다.
— 자 (美속어) 취하다; 마약으로 황홀해지다(*out*).
***Stone* me!** (英속어) 와, 놀랍다!, 믿을 수 없다!
stón·a·ble, -a·ble, -´like 형
Stóne Áge (the ~) 석기 시대.
stóne áx 명 돌 자르는 도구; (고고) 돌도끼.
stone-blind [-bláind] 형 아주 눈이 먼. 형 gravel-blind, sand-blind ~ness 명 「매.
stone·boat [stóunbòut] 명 돌멩이[석재] 운반용 썰
stone·break·er [stóunbrèikər] 명 (도로용의) 돌 깨는 인부; 쇄석기.

stone-broke [-bróuk] 형 (속어) 무일푼의, 빈털터리의.
stone brúise 명 돌을 밟아 생긴 발바닥의 상처.
stone-cast [-kæst] 명 =stone's throw.
stone·cat [stóunkæt] 명 (어류) 메기(미국산(産)).
stóne cèll 명 (식물) 석(石)세포(후벽(厚壁) 세포의 하나). 「목의 작은 새.
stone·chat [stóuntʃæt] 명 검은딱새(연작목(燕雀
stóne chína 명 석기(石器)의 일종; 백색 경질(硬質)
stóne círcle 명 (고고) 환상(環狀) 열석. 「도기.
stóne cóal 명 무연탄(anthracite).
stone-cold [-kóuld] 형 1 (냉각 장치·시체 따위가) 돌처럼 차가운. 2 경기가 식어 버린. — 부 완전히. ¶~ *sober* 맨 정신의, 말똥말똥한. 「의 식물.
stone-crop [stóunkrɔp/-krɔp] 명 꿩의비름속(屬)
stóne crùsher 명 쇄석기(碎石機).
stóne cúrlew 명 떼새의 일종. 「계.
stone-cut·ter [stóunkʌtər] 명 석수; 돌 자르는 기
stoned [stound] 형 1 (과일 따위가) 씨를 뺀. 2 (美속어) 술에 만취된, 마약에 취한. 「기운이 돌아.
stoned out of one's mind 정신 없이 취하여; 마약
stone-dead [-déd] 형 완전히 죽은.
stone-deaf [-déf] 형 귀가 완전히 먹은.
stone-faced [-féist, -féist] 형 (돌처럼) 무표정한, 감정을 전혀 드러내지 않는.
stóne fénce 명 1 돌담(stone wall). 2 U (美속어) 사과주와 증류주를 혼합한 음료.
stone-fly [stóunflài] 명 (곤충) 강도래.
stóne frúit 명 핵과(核果), 석과(石果)(drupe).
stóne gínger 명 완전히 확실한, 절대로 될.
stone-ground [-gráund] 명 맷돌로 빻은. 「림없음.
Stone·henge [stóunhéndʒ/-́-] 명 스톤헨지(영국 남부, Wiltshire 주(州) Salisbury 평원에 남아 있는 유사 이전의 커다란 돌기둥의 2중 환열(環列)).

(Stonehenge)

stone-horse [-hɔ̀ːrs] 명 (방언) 종마(種馬).
stone·less [stóunlis] 형 돌이 없는; 석질 없는.
stone·man [stóunmən] 명 석수; (인쇄) 정판공(整版工).
stóne márten 명 목과 가슴팍이 흰 담비; 그 모피.
stone·ma·son [stóunmèisən] 명 석공(石工), 석수.
stone·ma·son·ry [stóunmèisnri] 명U 석공술.
stóne píne 명 (남유럽산(産)) 잣소나무의 일종. [술].
stone-pit [-pìt] 명 채석장(quarry), 쇄석장.
stóne plóver 명 =stone curlew.
ston·er [stóunər] 명 1 투석자. 2 연마사. 3 (과실의) 씨 빼는 기계.
Stones [stounz] 명 ⇒ROLLING STONES.
stóne sáw 명 돌 자르는 톱.
stone's cást 명 =stone's throw. 「경사면.
stóne shóot 명 (등산) (무너지기 쉬운) 돌무더기 급
stóne sílly 형 (美속어) (술·마약에) 취해 버린.
stone-so·ber [-sóubər] 형 취하지 않은, 멀쩡한.
stone's thrów (a ~) 돌을 던지면 닿을 만한 거리, 근거리. ¶*My house is within a ~ of* [*or from*] *the station.* 우리 집은 바로 역 근처에 있다.
stóne wáll 명 1 석벽, 돌담. 2 저항; (정치·사회 문제의) 장해; 방해 행위; 완고한 생각. (또는 **brick wàll**)
stone·wall [stóunwɔ́ːl] 자 1 돌담의; 견고한. 2 완고한. — 타 1 (크리켓) 신중하게 공을 치다. 2 (英) (의사(議事))를 방해하다(filibuster). 3 말로 발뺌하다, 꼬리가 잡히지 않게 행동하다.
stone·wall·er [stóunwɔ́ːlər] 명 1 (크리켓) 신중하게 공을 치는 타자. 2 (英) 의사 방해자.
stone·wall·ing [stóunwɔ́ːliŋ] 명 U 1 (크리켓) 신중한 타격, 2 (英) 의사 방해.

stone·ware [stóunwɛ̀ər] 명 ⓤ 석기(炻器); 자기.
stone·washed [stóunwɑ̀ʃt/-wɔ̀ʃt] 형 (청바지를) 최종 단계에서 돌과 함께 기계 세탁을 한.
stone·weed [stóunwìːd] 명 [식물] 지치(총칭).
stone·work [stóunwə̀ːrk] 명 1 석조(건축)물; 돌[보석] 세공. 2 (~s) (단·복수 양용) 돌 세공소, 석재 공장. ~·er 명 석공.
stone·wort [stóunwə̀ːrt] 명 [식물] 차축조[車軸]
ston·ey [stóuni] 형 =stony. [藻](민물녹조류).
ston·ies [stóuniz] 명 (美속어) 격렬한 성욕.
stonk [stɑŋk/stɔŋk] 명 (英속어) 1 (군사) 맹폭격, 집중 포화. 2 (또는 ∠-òn) (페니스의) 발기; 발기한 페니스. ━ 타 …에 집중 포격[폭격]을 퍼붓다.
stonk·er [stɑ́ŋkər/stɔ́ŋk-] 동타 (濠속어) …을 후려 갈기다, 때려 기절시키다; …의 의표를 찌르다; …을 패배시키다; 당황하게 하다. ━ 명 (英) 1 (속어) 간담을 서늘하게 하는 것[물건]. 2 (~s) (비어) 유방.
stonk·ered [stɑ́ŋkərd/stɔ́ŋk-] 형 (뉴질 속어) 몹시 취한, 몹시 늙어진; 곤드레만드레가 된; 살해된.
stonk·ing [stɑ́ŋkiŋ/stɔ́ŋk-] 형 (英속어) 굉장한, 대단한.
‡**ston·y** [stóuni] 형 (*ston·i·er; ston·i·est*) 1 돌이 많은, 돌투성이의; (과일에) 씨[핵]가 많은. 2 돌의, 석질의; (돌처럼) 단단한. ¶a ~ tile 돌 같은[단단한] 타일. 3 움직이지 않는, 이동이 없는; 무표정의, 무감동의; 무자비한, 냉혹한. ¶a ~ look 응시/a ~ heart 무정한 마음. 4 돌처럼 굳어지는; 몸이 굳어지게 하는. ¶a ~ fear 몸이 움츠러지는 공포. 5 (美속어) 무일푼의. (또는 **stoney**)
stony cold broke (속어) 빈털터리인, 돈 한 푼 없 [는.
stón·i·ly 부 **stón·i·ness** 명
ston·y-broke [-bróuk] 형 (英) =stone-broke.
ston·y-heart·ed [-háːrtid] 형 무자비한, 냉혹한.
‡**stood** [stud] 동 stand의 과거·과거분사.
stooge [stuːdʒ] 명 1 (구어) (희극의) 주역의 놀림감 역; 조연역; 마술사의 조수. 2 (속어) 앞잡이, 졸개, 꼭두각시. 3 (美속어) (경찰의) 끄나풀, 밀고자. 4 (英) 비행 훈련생. ━ 자타 1 놀림감 노릇을 하다 (*for*). 2 (공군속어) 돌아다니다; (軍속어) 날아다니다, 선회하다 (*about, around*).
stook [stu(ː)k] 명 (英) 밀짚가리(shock²).
━ 타 (벤 밀을) 가리로 쌓다, 노적하다. ~·er 명
stook·ie [stúːki] 명 소석고; 석고상, 납인형; 멍청이.
‡**stool** [stuːl] 명 (⑤ ~s [-z]) 1 (등받이가 없는) 의자, 걸상. 2 발판, 무릎 기대는 대. 3 (원예) (움이 돋는) 등걸, 뿌리; 그루터기, 취목(取木); 등걸에서 돋아난 어린 가지. 4 미끼 새를 매어 둔 홰; (美) 미끼(새)(decoy). 5 =~ pigeon 3. 6 창 문턱(window sill), 7 걸터앉는 변기, 실내용 변기, 변소; (종종 ~s) 변통; ⓤ 대변(feces). 8 (가톨릭·영국 국교회의) 주교좌(座).
fall (to the ground) between two stools 두 가지 일을 한꺼번에 하려다가 둘 다 그르치다.
go to stool 변을 보다.
stool of repentance =cutty stool 2.
━ 자 1 싹이 트다. 2 (고어) 변소에 가다, 변을 보다. 3 (속어) 미끼가 되다, 스파이가 되다; 밀고하다. ━ 타 (들새 따위)를 후림새로 꾀어들이다.
∠-**like** 형 [크리켓 비슷한 구기).
stool·ball [stúːlbɔ̀ːl] 명 ⓤ 스툴볼(주로 여성이 하는
stool·ie [stúːli] 명 =stool pigeon 3. (또는 **stooley**)
stóol pìgeon 명 1 미끼(새)로 쓰는 비둘기, 후림 비둘기. 2 (美속어) 미끼 (새), 야바위꾼. 3 (美속어) (경찰 따위의) 끄나풀, 밀고자(informer).
‡**stoop¹** [stuːp] 동 (~*ed* [-t]) 자 1 꾸부리다, 허리를 굽히다(*down*). ¶ (~+튀+用) He ~*ed down* suddenly. 그는 갑자기 허리를 굽혔다// (~+튀+用) She ~*ed over* the journals on the stand. 그녀는 판매대의 잡지 위로 허리를 굽히다// (~+*to* do) ~ *to pick up a coin* 동전을 줍기 위해 꾸부리다. 2 허리가 굽다, 새우등이다. ¶ ~ *from* age 늙어 허리가 굽다 / ~ *in*

walking 꾸부정하게 걷다. 3 (나무 따위가) 굽다 (bend), 기울다. 4 몸을 굽히고[치욕을 참고] 감히 …하다 (*to, to* do(*ing*)). ¶ (~+튀+用) ~ *to* begging 창피하게도 구걸을 하다. 5 (맹금이) 엄습하다, 달려들다 (*on, at*).
━ 타 1 (머리·목·등 따위)를 굽히다, 구부리다. ¶ ~ *oneself* 몸을 굽히다. 2 (고어) …을 굴복시키다.
stoop to conquer 치욕을 참고 목적을 이루다.
stoop to lie 창피를 무릅쓰고 거짓말을 하다.
━ 명 1 꾸부림, 굽힘. 2 굽은 등, 새우등. ¶ walk with a ~ 꾸부정하게 걷다. 3 굴복, 비하(卑下). 4 (맹금의) ∠-**er** 명 ∠-**ing** 형 ∠-**ing·ly** 부 [급습.
stoop² [stuːp] 명 (美·캐나다) 현관 계단; (돌출된) 현관.
stoop³ 명 =stoup.
stoop⁴ 명 (英방언) 기둥(post); 지주(支柱)(prop).
stóop bàll 명 스투프볼(거리·교정 등의 장소에서 하는 야구 비슷한 게임). [(재소 따위).
stóop cròp 명 몸을 구부리고 경작[수확]하는 작물
stooped [stuːpt] 형 새우등의.
stóop làbor 명 (stoop crop에 필요한) 몸을 구부려서 하는 일; (집합적) 그런 일을 하는 미숙련 노동자.
‡**stop** [stap/stɔp] 동 (-*pp*-) 타 1 (스스로) …을 그만두다, 중지하다(discontinue). ¶ ~ *complaints* 불평을 그치다// (~+-*ing*) ~ *working* 일을 그만두다 /He ~*ped talking*. 그는 이야기를 그쳤다. ⇨ 용 1.
2 …을 그만두게 하다; …을 방해하다, 저지하다 (*from*). ¶The policeman ~*ped* the fight. 경관이 싸움을 중지시켰다// (~+用+튀+用) ~ *a person from folly* 남에게 바보짓을 그만두게 하다/~ *a person from doing something;* ~ *a person's doing something* 남에게 어떤 일을 못하게 하다.
3 (움직이는 것)을 정지시키다, 멎게 하다, 누르다. ¶ ~ *a train* 열차를 세우다 /"S― the thief!" was their cry. 그들은 "도둑이야!" 하고 소리쳤다.
4 (지불 따위)를 중단하다, 중지하다; 은행에 (수표의) 지불을 정지시키다. ¶ ~ *payment* 지불을 정지하다 / ~ *a supply of water* 급수를 중단하다.
5 (구멍·길 따위)를 막다, 폐쇄하다; (유출물)을 틀어 막다(*up*) (*with*). ¶ ~ *a decayed tooth* 충치를 메우다 / ~ *water* 물을 막다 / ~ *the way* 길을 막다; 진행을 방해하다 / ~ *a person's mouth* 남을 입다물게 하다 // ~ *a bottle with a cork* 병을 마개로 막다 / ~ *one's ears to* (*or against*) 귀를 막고 …을 듣지 않다.
6 (스포츠) (공격 따위)를 막다, …을 무찌르다; (권투) …을 녹아웃시키다. 7 (들개) …을 해치우다, 죽이다. 8 (사람)을 당황하게 하다, (당혹한) 질문을 걸다 (카드놀이) (브리지에서) …에 스톱을 걸다. 10 (음악) (관악기의 구멍·현악기의 현)을 손가락으로 누르다. 11 (英) (문법) …에 구두점을 찍다(punctuate). 12 (해사) (닻줄)을 풀어내다; (돛 따위)를 밧줄로 묶다.
━ 자 1 (움직이던 것이) 멎다, 정지하다; 서다; (하고 있는 일) 그만두다. ¶The clock has ~*ped*. 시계가 섰다 /Let's ~ and have a smoke. 일을 멈추고 담배 한 대 피우자// (~+*to* do) ~ *to talk* 이야기를 하기 위해 서다, 걸음을 멈추다 /We ~*ped to eat*. 우리는 일을 그만두고 식사를 했다 (* stop+to 부정사는「…하기 위하여 멎다[그만두다], 서서[그만두고] …하다」의 뜻. ⓐ to 부정사는 「목적」을 나타내는 부사적 용법으로 stop의 목적어는 아니다)//The train ~*s at every station*. 그 열차는 역마다 선다. 2 (비·눈 따위가) 그치다, 멎다. ¶The rain has ~*ped*. 비가 그쳤다. 3 (연속물 따위가) 끝나다, 완결되다. 4 묵다, 체재하다, 머무르다 (*at, in, by*). ¶ ~ *at home* 집에 있다 / ~ *at a hotel* 호텔에 묵다 / ~ *with a friend* 친구 집에 묵다 / ~ *in bed* 잠자리에 누워 있다. 5 (관 따위가) 막히다.

┌───┐
│ 유의어 **stop** 움직임·진행의 (갑작스러운) 정지에 쓴   │
│ 다. **cease** 계속되고 있던 상태가 서서히 정지되는 데   │

쓴다. **halt** 보통 명령으로 일시 멎다, 멈추다. **pause** 일시 멎다; 다시 움직이는 것을 예상하는 말. **arrest** 갑자기 완전히 멈추게 하면서 나아가다. **check** 갑자기 어느 정도 또는 한때 멈추다. **quit** (실패를 인정하고) 영원히 그만두다. **discontinue** 습관처럼 해오던 일을 그만두다.

enough to stop a clock (구어) (얼굴 등이) 몹시 추한.
stop a blow with one's head (익살) 한 대 얻어맞다. [(부상하다).
stop a bullet [or *shell*] (軍속어) 탄환에 맞아 죽다
stop and start 쉬엄[멈춰] 가면서 나아가다.
stop a packet (英속어) 살해되다; 부상하다. [이다.
stop a person's breath 남의 숨통을 끊다, 남을 죽
stop a person's mouth 남을 입다물게 하다.
stop at nothing 어떠한 일도 (망설이지 않고) 하다.
stop away 결석하다, (…로부터) 떨어져 있다 (*from*).
stop behind (모임 따위가 끝난 뒤) 남아 있다.
stop by (美) 들르다(drop in).
stop dead [or *cold*] 갑자기 서다[중단하다].
stop…dead 를 완전히 중지하다.
stop down (사진) (조리개로) [렌즈]를 조르다.
stop in ① (구어) =*stop by*. ② (英구어) (벌로서) 학교에 남다; 집에 있다. ③ (불이) 계속 타다.
stop, look, and listen 서시오, 보시오, 들으시오 (*교차점 등에서의 안전 확인); 아주 조심하다.
stop off ① (주형(鑄型)의 불필요한 부분)에 모래를 채우다. ② (美구어) 도중 하차하다; 들르다(*at*). ③ (학교 따위)를 결석하다.
stop on (英) ① (한 곳에) 계속 남다; (일을 계속하다. ② (전등 따위가) 켜진 채로 있다.
stop one's jaw 수다를 그치다.
stop out ① (바람·일광 따위)를 차단하다. ② (에칭에서) (동판(銅版))에 내산액(耐酸液)을 바르다. ③ (英구어) 외박하다. ④ (美) (다른 일을 하기 위하여) 일시 휴학하다. ⑤ (주식)을 지정가로 팔다.
stop over ① =*stop off* ②. ② (여행지에서) 단기 체
stop round (美구어) =*stop by*. [재하다.
stop short at (*doing*) …하는 것으로 끝나다[그만두다]; (…하는) 데까지는 가지 않다.
stop short of (*doing*) …의 바로 앞에서 멈추다; (…하는) 데까지는 가지 않다.
stop short 갑자기 서다[멈추다].
stop the music [or *presses*] (구어) (하던 일 따위를) 멈추다, 중단하다. [나 있다.
stop up ① (구멍)을 막다, 메우다. ② 자지 않고 일어
stop with ① …의 집에 머무르다. ② (남·회사를 위해) 계속 일하다. ③ (美구어) (일)을 그만두다.

──명 1 멎기, 멈춤; 그만두기; 중지, 휴지, 정지, 정차, 끝. 2 (여행 도중 따위의) 체재, 숙박 (*at*, *in*). ¶a ~ *in* Paris 파리 체재. 3 정류장, 정거장, 정차장, 착륙장. ¶a bus ~ 버스 정류장 / I'm getting off at the next ~. 다음 정류장에서 내리죠. 4 장해(물), 방해(물). 5 (구멍을 막기, 메우는 것, 마개(plug); (기계의) 조정 장치; (문틀을 고정시키기 위한) 고정 장치, 쐐기; (건축) 문버팀쇠, 멈춤턱; (해사) 지삭(止索), 괄삭(括索). 6 (음악) (관·현악기의) 구멍(혈)을 손가락으로 누르기; (오르간의) 스톱, 음전(音栓)(~ knob). 7 (음성) (숨의) 폐쇄; 폐쇄음(p, b, t, d, k, g 따위)(⇔ continuant). 8 (英) 말투, 어조. 9 (속어) 장물아비, 10 구두점, 종지부(full ~); (전보 따위에서 종지부 대신에 철자로 다 쓰는) 'stop'이라는 말. 11 (상업) **a)** (수표 따위의) 지불 거절 통고. **b)** = ~ order. 12 (스포츠) 스톱. 13 (사진) (렌즈의) 조리개. 14 (~s) (단수취급) 스톱이 걸릴 때까지 계속되는 게임
be at a stop 정지해 있다. [(카드놀이 따위).
bring…to a stop …을 그만두다, 끝내다.
come to a stop 서다, 끝나다.
make a stop 멈추다.

pull out all (the) stops; pull all the stops out ① (구어) 최대의 노력을 하다, 있는 힘을 다하다. ② (구어) 감정을 최대한으로 나타내다. ③ 음전(音栓)을 전부 작동시켜 오르간을 연주하다. [키다, 끝내다.
put [or *give*] *a stop to* …을 멈추다, 중지[정지]시
with all the stops out 전력을 기울여.
without a stop 끊임없이, 멈추지 않고.
──형 정지의, 정지를 나타내는; (음성) 폐쇄음의.
~·less 형 **~·less·ness** 명
stóp and frísk 명 (경찰의) 정지(停止) 신체 검사권, 검문 검색권.
stop-and-go [´-əngóu] 형 가다 서다 하는, 느림보 운전의; (교통) 신호 규제의. ¶~ traffic 교통 체증.
stop-at-home [´-əthòum] 형 외출하기 싫어하는 사람, 집에 틀어박혀 있는 사람.
stóp báth 명 (사진) (현상) 정지욕(停止浴)[액(液)].
stop·cock [stápkàk/stópkɔ̀k] 명 (파이프 따위의) 마개. [지 원통 인쇄기.
stóp-cyl·in·der préss [´-sìlindər-] 명 (인쇄) 정
stóp drill (일정한 깊이에) 정지 장치가 붙은 드릴.
stope [stoup] 명 (갱내) 계단식 채굴장. ──동 (계단식 채굴장)을 채굴하다.
stóp élement 명 (컴퓨터) 정지 요소(비동기(非同期)식 직렬 전송에 있어서 문자의 맨 끝에 있다는 요소).
stop·er [stóupər] 명 (광산) 스토퍼, 착암기.
stop·gap [stápgæp/stɔ́p-] 명형 1 구멍 메우개(의), 구멍 마개(의). 2 임시 방편(의), 일시 모면(의), 임시(의), 대리(의).
stop-go [´-góu] 명(U) (英) 1 인플레이션과 디플레이션이 번갈아 일어나는 시기[상태]. 2 스톱고 정책, 교호적(交互的) 경기 조정책. ──형 1 정지·전진을 반복하는, 하다 멈추다 하는. 2 스톱고 정책의.
stóp-go sígn 명 (英구어) 교통 신호.
stóp knób (오르간의) 스톱, 음전.
stop·light [stáplàit/stɔ́p-] 명 1 정지 신호; 교통 신호등(traffic light). 2 (= **stóp lámp**) (자동차 후미의) 정지등, 스톱라이트(美 brake light).
stop-loss [´-lɔ̀s] 형 (증권·보험) 손해를 줄이는.
stóp mótion 명 (영화·TV) 스톱 모션(연기자의 움직임을 일시 정지하는 촬영 효과). (또는 **stóp-àction photography**, **stóp-mòtion cinematógraphy**)
stóp-mòtion 형
stop-off [´-ɔ̀f, -àf/-ɔ̀f] 명 =stopover. [시.
stóp òrder 명 (주식 중개인에의) 지정 가격 매매 지
stop-out [´-àut] 명 (美) 주의·목적을 가지고 다른 일을 하기 위하여 학업을 중단하는 학생.
stop·o·ver [stápòuvər] 명 도중 하차; (여행중에) 잠시 들르기, 단기 체재; 도중 하차지(地), 단기 체재지.
stop·pa·ble [stápəbl/stɔ́p-] 형 막을 수 있는.
-bíl·i·ty, **~·ness** 명 **-bly** 부
stop·page [stápidʒ/stɔ́p-] 명(UC) 1 멈춤, 정지, 중지, 저지. 2 지불 정지, (임금 따위의) 공제(控除) 지급. 3 파업, 스트라이크. 4 (몸의) 기능 장애, 고장. [통지].
stóp páyment 명 (상업) (수표의) 지불 정지 지시
stopped [stapt/stɔpt] 형 1 멈춘, 정지된; 저지된. 2 마개를 한; 막힌, 메워져 있는. 3 (음악) 현을 눌러서 낸. 4 (음성) 폐쇄음으로 발음한.
stop·per [stápər/stɔ́p-] 명 1 멈추게 하는 사람[것], 방해자[물]; (기계의) 제지기[장치]. 2 (병·관 따위의) 마개, 꼭지. 3 (구어) 주의·관심을 끄는 것[사람]. 4 (속어) (야구) (실점을 막아주는) 비장의 투수; 릴리프 투수, 구원 투수. 5 (카드놀이) 상대방의 득점을 막아주는 패. 6 (사진) 정지액. 7 (속어) (권투) 녹아웃. 8 (축구) 스토퍼.
put a stopper [or *all the stoppers*] *on* …을 그르다, 막다; …에 마개를 하다; (구어) …을 중지시키다; 울을 꺽소리 못하게 몰아붙이다.
──동타 1 …에 마개를 하다. 2 …을 멈추게 하다.

~·less 형

stop·ping [stápiŋ/stɔ́p-] 명UC 1 정지, 중지; 저지. 2 막기, 메우기; (특히 이의) 틈을 메우는 것, 충전물. 3 구두점을 찍기. 4 [음악] 스토핑(손가락으로 현을 누르기). 5 [광산] (공기·가스의 흐름을 막는) 차단벽. ─형 [한정용법] (열차가) 역마다 정차하는.

stópping tràin 명 [英] 완행 열차, 보통 열차.
stóp pláte 명 (차량의) 축받이.
stop·ple [stápl/stɔ́pl] 명 (병 따위의) 마개; 귀마개. ─타 …에 마개를 하다.
stop·po [stápou/stɔ́p-] 명 [속어] 도주, 도망.
stóp prèss 명 [英] (신문의) 윤전기를 멈추고 집어넣은 최신 기사; 최신 기사를 집어 넣는 난.
stop-press [´près] 형 [英] (뉴스가) 인쇄를 멈추고 삽입한, 윤전기를 멈추는; 최신의, 생생한.
stóp sìgn (도로의) 일시 정지 표지.
stop-start [´stɑ́ːrt] 형 =stop-and-go.
stóp strèet 명 완전 정지 도로(교차점에서 모든 차량들이 일시 정지해야 하는 거리).
stopt [stɑpt/stɔpt] 동 [고어] stop의 과거·과거분사.
stóp vàlve 명 [액체의] 스톱 밸브.
stóp vòlley [테니스] 스톱 발리(날아오는 공을 네트에서 바로 처럼껴 떨어뜨리기).
stop·watch [stápwɑ̀tʃ/stɔ́pwɔ̀tʃ] 명 스톱워치. ─타 (스톱워치로) …의 시간을 재다.
stor. storage.
stor·a·ble [stɔ́ːrəbl] 형 저장할 수 있는. ─명 저장할 수 있는 것[상품]. ·bil·i·ty 명

*__stor·age__ [stɔ́ːridʒ] 명 1 U 저장; 보관; (특히) 창고 보관. ¶in cold ~ 냉장되어. 2 창고, 저장소. 3 UC (창고나 저수지의) 수용력. 4 U (창고의) 보관료. 5 U [전기] 축전. 6 UC [컴퓨터] 기억 장치; 기억(기억된 정보량). 7 (도서관의) 보존 서고(書庫).
stórage bàttery 명 축전지; 축전 장치.
stórage capácity 명 저장 용량[능력]; [컴퓨터] 기억 용량. [않아도 되는) 우편 차량.
stórage càr 명 [철도] (우편물을 수송중에 구분하지
stórage cèll 명 1 =storage battery. 2 [컴퓨터] 기억 소자(素子).
stórage device 명 [컴퓨터] 기억 장치.
stórage hèater 명 [英] 축열(蓄熱) 히터.
stórage òrgan 명 [식물] 저장 기관.
stórage rìng 명 [물리] 축적 링(가속기에서 공급되는 하전(荷電) 입자를 저장하는 장치).
stórage tànk 명 저장용 탱크.
stórage tràck 명 역 구내 배차 대기용 선로.
stórage tùbe 명 [전자] 축적관(蓄積管)(정보가 입력되는 전자관). [선반·캐비닛 따위).
stórage wàll 명 수납벽(收納壁)(벽면에 만들어 붙인
sto·rax [stɔ́ːræks] 명U 1 때죽나무과(科)의 총칭; 소합향 나무. 2 [화학] 소합향(蘇合香)(소합향 나무의 수지로 옛날에 약용·향료로 썼음). [(mark).
storch [stɔːrtʃ] 명 [美속어] 보통의 사람[남자]; 봉
‡**store** [stɔːr] 명 1 가게, 상점 [~s] [美] shop). ¶a retail ~ 소매점. 2 [英] (~s) [단·복수 양용] 백화점[美] department ~); (~s) [단수취급] (일반) 잡화점. 3 [英] 저장, 저장소. 4 (종종 ~s) 식량[생활 필수품]의 저장, 비축; (~s) 저장품, 비품. ¶household [military] ~s 가정용품[군수품] / a ~ of fuel for the winter 겨울철 연료의 비축. 5 (지식 따위의) 축적. ¶have ~s of information 풍부한 지식이 있다. 6 [고어] (보통 a ~) 다수, 다량. ¶a ~ of strawberries 많은 딸기. 7 [英] (살찌우기 위해 사들인) 비육용 어린소; (40 kg 이하의) 젖떼기 전의 새끼 돼지. 8 [英] [컴퓨터] 기억 장치(memory). 9 [항공] 스토어(탑재 폭탄·연료 탱크 따위). 10 (게임판에서) 말 놓기.
***a great store of** 많은….

in store 비축하여, 준비하여. ¶keep food in ~ 식량을 비축하다.
in store for ① …을 위해서 비축하여, 준비하여. ¶I have good news in ~ for her. 그녀에게 좋은 소식이 있다. ② (운명 따위가) 예비되어, 일어나려고 하는, 닥쳐오는. ¶The misfortune was in ~ for him. 그에게는 불행이 닥쳐오고 있었다.
keep store [美구어] 가게를 경영하다[내고 있다].
mind the store 일에 전념하다, (대리로) 가게를 지키다.
out of store 준비되어[갖추어져, 비축되어] 있지 않은.
set [or lay, put] (great) store by [or on] …을 (크게) 존중하다, 중시하다.
set little store by …을 경시하다.
─형 [한정용법] 1 비축[축적]된; 저장용의. 2 [美] (때로 ~s) 상점용의, 상점에 있는; 대량 생산품의, 인조의. ¶~ clothes 기성복. 3 [美] 목축(축산)의; 비육용의.
─통 (~s [-z]; ~d; stor·ing) 타 ① 1 …을 비축하다, 저장하다, 축적하다 (away, up) (for). ¶ (~+목+전+명) ~ (up or away)) food for the winter 겨울에 대비해서 식량을 비축하다 / ~ (up) something in one's memory …을 제대로 기억하다. 2 (저장품 따위를) …에 공급하다 (with). ¶ (~+목+전+명) ~ the mind with knowledge 머리에 지식을 축적하다 / ~ a ship with provisions 배에 식량을 싣다. 3 …을 (창고에) 보관하다; …을 넣다[넣을 여지가 있다]. ¶The warehouse ~s 50 tons of rice. 그 창고에는 쌀이 50톤 들어간다. 4 [전기] …을 축전하다. 5 [컴퓨터] 기억 장치에 기억[저장]하다.
─자 1 필요품[물자]을 사들이다[들이다], 비축하다. 2 (well, badly 등 부사와 함께) (물건이) 저장되다. ¶Flour
stór·er 명 [~s well. 밀가루는 잘 보존된다.

stóre and fórward (swìtching) 명 [컴퓨터] (정보의) 축적 교환.
stóre and fórward sỳstem 명 [통신] 축적(蓄積) 교환[송출] 방식(수신한 메시지·데이터를 축적해두었다가 필요에 따라 송출하는 방식).
store-bought [´bɔ̀ːt] 형 가게에서 산; 기성품의.
stóre brànd 명 스토어 브랜드(소매점 자체의 브랜드로 판매되는 상품).
stóre detèctive 명 (대형 상점의) 매장 감시원.
store-front [stɔ́ːrfrʌ̀nt] 명 1 점두, 가게의 정면. 2 거리에 면한 점포[건물]. ─형 1 점두[진열창];의, 진열창이 있는; 정면이 거리에 면한 건물의. 2 (점두에서) 시민의 도움을 받는 공인 모금 단체의.
*__store·house__ [stɔ́ːrhàus] 명 (pl. -hous·es [-hàuziz]) 1 창고. 2 (지식 따위의) 보고. ¶a ~ of information 지식의 보고.
*__store·keep·er__ [stɔ́ːrkìːpər] 명 1 [美] 상점 경영자, 가게 주인([英]·shopkeeper). 2 창고 관리인; [美해군] 군수품 관리관, 보급계. ─**kèep·ing** 명
store·man [stɔ́ːrmæn] 명 창고[재고] 관리인.
store·room [stɔ́ːrrùː(ː)m] 명 1 저장실, 광. 2 (저장실의) 저장(수용) 여유 공간.
store·ship [stɔ́ːrʃìp] 명 군수[공급] 물자 수송선.
stóres lèdger 명 (제조 공장 등의) 재료[재고] 원장, 상품[재료] 재고장(stock book).
store·wide [stɔ́ːrwàid] 형 점포 전체의.
‡**sto·rey** [stɔ́ːri] 명 [英] =story[2].
sto·ried[1] [stɔ́ːrid] 형 1 역사[전설·이야기]로 유명한. 2 역사화[조각]으로 장식한, 역사[전설·이야기]를 무늬로 나타낸.
sto·ried[2], -reyed (美) [복합어로] …층의. ¶a ten-~ apartment house 10층 아파트.
sto·ri·ette [stɔ̀ːriét] 명 장편(掌篇) 소설, 콩트.
sto·ri·ol·o·gy [stɔ̀ːriɑ́lədʒi/-ɔ́l-] 명U 민화[전설] 연구. ─**o·lóg·i·cal** 형 [는 황새.
*__stork__ [stɔːrk] 명 황새; (the ~) 어린애를 가져다 주

storked [stɔːrkt] 형 《美속어》 임신한.

stork párking 명 임부나 아기를 동반한 어머니를 위한 주차 공간.

stork's-bill [stɔ́ːrksbil] 명 양아욱속(屬)의 식물.

‡**storm** [stɔːrm] 명 (~s [-z]) 1 폭풍우, 폭풍, 거친 날씨.¶the calm before [or preceeding] a ~ 폭풍 전의 고요/A ~ rises. 폭풍우가 발생하다. 2 폭우, 대설; 《기상》(초속 28.5-32.6m의) 폭풍.¶a ~ of rain 폭우. 3 ⓒ|Ū| 《군사》 강습, 습격. 4 (탄환·갈채·비난 따위의) 빗발; (…의) 연발, 쇄도, 대습.¶a ~ of bullets [arrows] 빗발치는 탄환[화살]/a ~ of applause 폭풍 같은 박수 갈채. 5 (정치·사회의) 불온 상태, 격동, 소란.¶a time of social ~ 사회적 격동의 시대. 6 (a ~) (감정 따위의) 격발, 폭발. 7 (~s) 《구어》= ~ window. 8 《의학》 급(성)발작, 급발(증).

a storm in a teacup 내분, 작은 소란, 공연한 소동.

blow [or *cook*] *up a storm* 《美속어》 ① 멋지게 연주하다. ② 격노하다; 대소동을 일으키다.

bring a storm down around [or 《英》 *about*] *one's ears* (사람의 언동이) 매우 격렬한 반대[분노]를 불러일으키다.

in a storm 《美속어》 흥분[혼란]하여.

kick up a storm 큰 소동을 일으키다; 격노하다.

take...by storm ① 강습(強襲)해서 …을 빼앗다. ② (비유적) …의 넋을 빼앗다, …을 황홀하게 하다.

talk up a storm 큰[시끄러운] 소리로 장황하게 지껄이다.

the storm and stress ① 질풍 노도의 시대(18세기 후반의 독일 낭만주의 문학가들의 활동 시대. 독일어의 *Sturm und Drang*의 역어). ② 동란, 격동.

up a storm 《美구어》 극도로; 잔뜩, 듬뿍.

wait out the storm 폭풍이 멎기를 기다리다: 화가 가라앉기를 기다리다.

weather [or *ride*] *the storm* 폭풍우를 뚫고 나오다; 난국을 돌파하다.

─ 통 (~s [-z]) 자 1 (비인칭의 it을 주어로 하여) (날씨가) 거칠어지다, 폭풍이 불다.¶It is ~*ing*. 폭풍우가 몰아치고 있다. 2 돌진하다, 고함치다, 고래고래 소리치다 (*at, about, against*). ¶ (~+젠+명) ~ *at* a person 남에게 고함지르다. 3 돌격하다; 돌진하다; 날뛰다, 난폭하다 (*in, out*). ¶ (~+젠+명) ~ *out* 뛰쳐나가다 // (~+젠+명) ~ *against* a fort 요새에 돌격하다/~ *into* an office 사무실로 밀려들어가다/~ *out of* a hall 회장에서 뛰쳐나오다/~ *through* a crowd 군중을 마구 헤치고 나아가다. 4 (대포 따위로) 맹공격을 가하다, 포화를 퍼붓다. 5 《美속어》 (차로) 속력을 내어 달리다. ─ 타 1 …을 습격하다, 습격하다; …에 밀어닥치다, 쇄도하다; [청중 따위] 사로잡다, 매료하다. 2 (질문 따위를) …에게 퍼붓다 (*with*).¶~ a person *with* questions 남에게 질문 공세를 펴다. 3 (사람)을 괴롭히다. 4 …을 분개하여 말하다, …을 외치다.

storm one's way into [or *across, through*] (군중 따위가) …에 밀어닥치다, 쇄도하다.

~-*like* 형

Storm [stɔːrm/G ʃtɔrm] 명 **Theodor Woldsen** ~ 슈토름(1817-88: 독일의 시인·소설가).

storm-beat·en [-biːtn] 형 폭풍(우)로 파괴된.

storm-belt [ˈbelt] 명 폭풍(우)대(帶).

stórm bòat 명 = assault boat.

storm-bound [stɔ́ːrmbaund] 형 폭풍우 때문에 꼼짝 못하게 된, 항구에 갇힌.

stórm céllar [**càve**] 명 폭풍 대피용 지하실.

stórm cénter [《英》**cèntre**] 명 1 폭풍우의 중심, 태풍의 눈. 2 소란[소동]의 중심; 논쟁의 핵심.

stórm clòud 명 1 폭풍 구름. 2 (~s) (동란 따위의) 전조.

storm·cock [stɔ́ːrmkàk/-kɔ̀k] 명 지빠귓과(科)의 새명.

stórm còllar 명 (웃옷의) 높은 칼라[깃]; 「표지.

stórm còne 명 《英》 (원추형의) 폭풍우 경보(警報)

stórm dòor 명 방풍·방한용 덧문.

stórm dràin 명 (호우용) 빗물 배수관.

stórm drùm 명 폭풍(우) 경보의 원통형 신호 표지.

storm·er [stɔ́ːrmər] 명 고함을 치는 사람, 난폭자, 습격자, 돌격대원.

stórm hòuse 명 《美》 = storm cellar. 「주 빠른.

storm·ing [stɔ́ːrmiŋ] 형 《英속어》 활기 넘치는; 아

stórming pàrty 명 《군사》 습격[공격] 부대.

stórm làmp [**làntern**] 명 《英》 방풍(防風) 램프.

storm·less [stɔ́ːrmlis] 형 폭풍(우)가 없는, 파도가 거칠지 않은. ~·ly 부 ~·ness 명

stórm pètrel 명 1 《조류》 쇠바다제비. 2 불안[동요]을 일으키는 사람. (또는 **stórm-pètrel**) 「풍(耐風)의.

storm-proof [stɔ́ːrmpruːf] 형 폭풍우에 견디는, 내

stórm sàsh 명 = storm window.

stórm sèwer 명 (호우용) 빗물 배수거(渠).

stórm sìgnal 명 폭풍우 신호; 폭풍(우) 경보.

stórm sùrge 명 폭풍에 의한 이상 고조(高潮). (또는 **stórmtìde**)

storm-tossed [ˈtɔ̀ːst] 형 1 폭풍우에 흔들리는[시달리는]. 2 마음이 크게 동요하는.

stórm tràck 명 폭풍우의 진로.

stórm tròoper 명 기습 대원; (옛 나치의) 돌격대원.

stórm tròops 명 (옛 나치의) 돌격대.

stórm wàrning 명 1 폭풍우 신호[표지]의 게시; 폭풍 정보. 2 (위험·동란·분쟁의) 전조.

stórm wìnd 명 폭풍.

stórm wìndow 명 덧창, 방풍창.

‡**storm·y** [stɔ́ːrmi] 형 (**storm·i·er**; **storm·i·est**) 1 폭풍우의, 사나운 날씨의; 폭풍우가 닥쳐올 것 같은.¶The sky looks ~. 하늘이 폭풍을 몰아올 것 같다. 2 (비유적) 폭풍우 같은, 격노한; 격심한, 맹렬한.¶a discussion 격론/He is a man of ~ temper. 그는 화를 잘 낸다. 3 《병리》 급성 발작의.

storm·i·ly 부 **storm·i·ness** 명 「키는 사람.

stórmy pètrel 명 1 = storm petrel. 2 분쟁을 일으

storm-zone [ˈzòun] 명 = storm-belt.

Stor·t(h)ing [stɔ́ːrtiŋ] 명 노르웨이 국회(Lagting (상원)과 Odelsting (하원)으로 이루어져 있다.

‡**sto·ry¹** [stɔ́ːri] 명 (**-ries** [-z]) 1 이야기(*about, of*); 설화, 동화, 옛날 이야기; (단편) 소설. ⇒ NOVEL 유의어 ¶a nursery ~ 동화/the ~ of Robinson Crusoe 로빈슨 크루소 이야기.

유의어 **story** 목적·형식에 관계없이 「이야기, 설화」라는 뜻의 가장 일반적이고 넓은 뜻의 말. **tale** 동화나 옛이야기처럼 한가롭고 공상적인 맛이 나는 것; 약간 시적인 말. **narrative** 소설 실화; 약간 형식적인 말. **anecdote** 유명한 인물의 성격 따위를 엿볼 수 있게 하는 짧고 재미나는 이야기. **account** 실제로 견문한 것을 상세하게 기술한 것.

2 ⓊⒸ (소설·연극 따위의) 줄거리, 스토리.¶outline the ~ of a picture 영화의 줄거리를 말하다. 3 일화, 삽화(揷話), 에피소드.¶a good ~ 재미있는 일화. 4 경력, 신상 이야기; 사연, 내력.¶a ~ of my life 나의 인생 기록. 5 (사건에 관한) 이야기, 전말, 설명; 소문, 남의 말; 말, 진술.¶in a [or one, the same] ~ 모두 말하는 것이 일치하여/according to his own ~ 그 자신의 말에 따르면. 6 신문 기사. 7 구비(口碑), 구전, 전설.¶a character [land] famous in ~ 전설로 유명한 인물[나라]. 8 《구어》 거짓말, 지어낸 이야기; 거짓말쟁이.¶tell stories 거짓말을 하다/Oh, you ~! 원, 거짓말쟁이! 9 《폐어》 역사.

A likely story! (구어) 그럴 듯한[믿기지 않는] 이야기
as the story goes [or **runs**] 소문에 의하면.
But that's (whole) another story. 그것은 (전혀) 다른 이야기이다.
do the story with (美俗어) …와 성교하다, 자다.
Have you heard any good stories lately? (구어) 요즘 무슨 재미있는 이야기는 없습니까?
(It's) the (old,) old story. (구어) 그것은 예의 그 흔한 이야기야, 언제나 하는 이야기야.
It's the same story. 사태는 마찬가지다.
long story short (구어) =*to make a long story short*.
tell *one's* [or *its*] **own story** 일신상의 이야기를 하다; 사정을 밝히다, 그것만으로도 명백하다.
That's [or **It's**] **(quite) a different** [or **another**] **story.** (구어) 그것은 이야기가 (전혀) 다르다.
That's the story of my life. (구어) 이것이 내 인생 이야 (★ 불운이 잇따른 사람이 하는 말).
The story goes that... …라는 이야기이다.
the whole story 일의 전말, 자초지종.
to make a long story short; to make short of a long story 대충 말한다면, 한마디로 말해서.
What's the story on...? …의 형편[사정]은 어떻습니까?
— 동 (*-ries* [-z]) 타 **1** …을 역사[전설]화(畫)로 꾸미다. **2** (폐어) …의 역사[내력·전설]를 이야기하다. —자 이야기하다; 거짓말을 하다.

‡**sto·ry²**, (英) **-rey** 명 (복 *-ries*, (英) *-reys* [-z]) **1** (건물의) 층; (총칭적) 같은 층의 방. ¶a building of thirty-eight *stories* 38층 건물/the first ~ (美) ground floor)/the second ~ 2층((英) first floor). **2** (layer). ¶the *stories* of beehives 꿀벌의 벌집.
the upper story (속어) 머리.

stóry árt 명 스토리 아트(이야기 따위의 언어적 요소와 사진·비디오 등의 시각적 요소를 합친 예술 형태).
sto·ry·board [stɔ́:ribɔ̀:rd] 명 그림 콘티(TV·영화 등의 주요 장면을 간단히 그린 그림을 배열해 놓은 화판).
sto·ry·book [stɔ́:ribùk] 명 **1** 이야기 책, 동화[옛이야기]책. **2** 옛날 얘기의[같은]. —형 한 조연자.
stóry éditor 명 (TV·영화의) 대본 내용·형식에 대
stóry line 명 (연극·소설 등의) 줄거리, 구상(plot).
stóry stóck 명 (증권) 화제주(話題株).
sto·ry·tell·er [stɔ́:ritèlər] 명 **1** 이야기를 하는[쓰는] 사람; 만담가. **2** 이야기 작가, 소설가. **3** (구어) 거짓말쟁이.
sto·ry·tell·ing [stɔ́:ritèliŋ] 명U 이야기하기; (구어) 거짓말하기.
sto·ry·writ·er [stɔ́:riràitər] 명 **1** 이야기[우화·단편] 작가. **2** (라디오·TV의) 뉴스 기자.
stot [stat/stɔt] 자 (가젤 따위가 적으로부터 도망치기 때) 껑충껑충 뛰어가기. —동 (*-tt-*) 타 …을 (통통) 튀게 하다. —자 (통통) 튀다; (또는 **stotter**) 휘청거리다.
sto·tin·ka [stɔːtíŋkɑː, -kə] 명 (복 *-ki* [-ki]) 스토틴카 동전(불가리아의 통화; 100분의 1 lev).
stoup [stu:p] 명 ¶ (교회 입구 부근에 있는) 성수반 (聖水盤). **2** (스코) 물통, 양동이. **3** (스코·北英) 술잔, 한 잔 분의 양.
stoush [stauʃ] (濠·뉴질 구어) 동타 …와 치고 받고 싸우다. [일]과 씨름하다. —명 입씨름; 싸움.

‡**stout** [staut] 형 (~*·er*; ~*·est*) **1** 뚱뚱한, 비만한. ⇒ FAT 유의어. ¶He has a ~ body. 그는 뚱뚱하다. **2** (몸이) 튼튼한, 강건한, 강인하게 생긴(⇒ STRONG 유의어); (말 따위가) 내구력이 지구력이 있는; (만든 것이) 튼튼한, 견고한, 질긴, 오래가는. **3** 용감한, 담대한; 단호한, 강고한, 완고한. ¶~ heart 용기/make a ~ resistance 완강하게 저항하다. **4** 힘찬, 활기찬; (비·바람이) 강한, 억센. ¶a ~ argument 활발한 토론/a ~ wind 강풍. **5** (구어) 실속있는; (술 따위가) 독한.
stout fellow (구어) 용감한 투사; (英구어) 훌륭한

사람, 명사, 높은 양반.
— 명 **1** (英) 스타우트(독한 흑맥주) ((複) beer). **2** 뚱뚱한 사람; 비만형 사이즈의 옷).
~*·ly* 부 ~*·ness* 명

stout·en [stáutn] 동타 …을 튼튼[견고]하게 하다.
— 자 뚱뚱해지다; 튼튼해지다.
stout-heart·ed [-hɑ́:rtid] 형 **1** 담대한, 용감한, 불굴의; 단호한. ~*·ly* 부 ~*·ness* 명
stout·ish [stáutiʃ] 형 약간 뚱뚱한.

‡**stove¹** [stouv] 명 (복 ~*s* [-z]) **1** 스토브, 난로; 요리용 화덕, 가스 레인지; (도자기를 굽는) 가마. **2** 건조실; (英) (원예) 온실. — 타 …을 스토브로 데우다[말리다]; (英) …을 온실에서 촉성 재배하다.
stove² 동 stave 의 과거·과거분사.
stóve cóal 명 스토브용 (무연)탄.
stóve enámel 명 내화(耐火) 에나멜.
stóve léague 명 (美俗어) (야구) (시즌이 지난 후 야구 팬들의) 시즌 회고담; (구단간의) 선수 스카우트 (scout)·트레이드(trade).
stove·pipe [stóuvpàip] 명 **1** 스토브의 굴뚝. **2** (美구어) 높은 실크 해트. (또는 ~ **hát**) **>** ~ pants.
stóvepipe hát 명 (속어) =stovepipe 2.
stóvepipe pànts [tròusers] 명(복) (구어) 홀태 바지.
stóve plànt 명 온실 식물.
sto·ver [stóuvər] 명U **1** (가축용) 거친 사료, 여물. **2** (美) (옥수수 따위의) 사료용 줄기와 잎.
stove·top [stóuvtàp/-tɔ̀p] 명 (요리용) 스토브[레인지]의 윗면. — 형 레인지에 쓰는[쓰기에 적당한], 레인지로 요리하는. ¶ ~ utensils 레인지용 조리 기구.
stove-up [-ʌp] 형 (美·캐나다 속어) 지친, 녹초가 된. — 동 오븐[레인지]으로 요리하다.

STOVL (군사) *s*hort *t*ake-off and *v*ertical *l*anding (단거리 이륙 수직 착륙).

stow [stou] 동타 **1** (해사) (짐 따위를) (…에) 넣다 [치우다]; (물건을) 싣다, 실어[채워] 넣다 (*away*) (*in*, *into*). ¶ (~+目+前+名) ~ goods in a hold 선창에 짐을 싣다/~ books into a box 상자에 책을 담다/~ a letter *away in* a drawer 서랍에 편지를 넣어두다. **2** (장소·용기 따위)를 가득 채우다 (*with*); (장소·용기 따위가) …을 넣을 여지가 있다. **3** (속어) (명령형으로) (떠들기·농담 따위를) 그만두다. ¶ S– it ! 닥쳐! **4** …을 (금고 따위에) 넣어두다, 치우다. **5** (폐어) 숙박[감금]시키다. — 자 채우다, 싣다.
stow away ① 치워두다; (음식물을) 뱃속에 채워 넣다, 다 먹어치우다. ② 밀항하다 (*to*).
Stow the gab! (속어) 입닥쳐!
~*·a·ble* 형

stow·age [stóuidʒ] 명U 짐 싣기, 짐 쌓기[쌓는 방법]; 적하료; 짐 쌓을 여지, 수용력; C 짐 쌓는 장소; 적재물, 적하.
stow·a·way [stóuəwèi] 명 **1** 밀항자; 무임 승객. **2** 숨는 곳. — 형 (항공기 좌석의 테이블이) 접어 넣게 된.
Stowe [stou] 명 **Harriet (Elizabeth) Beecher** ~ 스토(1811-96; 미국의 소설가·노예 폐지론자; *Uncle Tom's Cabin*의 저자).
stoz·zled [stɑ́zld/stɔ́zld] 형 (美구어) 술에 취한.
STP *s*ewage *t*reatment *p*lant(하수[오수] 처리 시설); *s*tandard *t*emperature and *p*ressure; *S*cientifically *T*reated *P*etroleum(가솔린 첨가제). **stp.** *s*tamped.
St. Pátrick's Dày 명 성 패트릭의 날(아일랜드의 축제일; 3월 17일). (또는 (속어) **St. Pát's Dày**)
St. Pául 명 **1** 성 바울(그리스도의 12사도 중의 하나). **2** 세인트 폴(미국 Minnesota 주의 주도).
St. Pául's 명 (London의) 성 바오로 대성당.
St. Péter 명 성 베드로(그리스도 12사도 중의 하나).
St. Péter's 명 (Vatican의) 성 베드로 대성당.
St. Péters·burg [sèint pí:tərzbə̀:rg/sənt-] 명 **1**

상트 페테르부르크 (제정 러시아의 수도. 1924년에 Leningrad라 개칭했다가 지금은 Petersburg로 환원). **2** 〔인트피터스버그〕(미국 Florida주의 항도; 피한지).
St. Péter's Squáre 명 성 베드로 광장.
STR submarine thermal reactor(잠수함 열(熱) 중시로). **str.** steamer; straight; strait; street; 〔음악〕 string(s); stringed; stroke (of an oar).
stra·bis·mus [strəbízməs] 명 〔안과〕 사시.
-**bís·mal** -**bís·mal·ly** -**bís·mic**, -**bís·mi·cal**
stra·bot·o·my [strəbάtəmi/-bɔ́t-] 명UC 〔외과〕 사시(斜視) 수술.
〔군단〕.
STRAC (美) Strategic Army Corps(육군 전략 기동
Strack [stræk] 명 〔美軍속어〕 군인답게 복장을 엄수
Strad [stræd] 명 〔구어〕 =Stradivarius.   〔하냐.
strad·dle [strǽdl] 名자 **1** 양다리를 벌리고 걷다[서다, 앉다]; 다리를 벌리고 넘다, 걸터앉다. **2** (다리가) 크게 벌어져 있다; (가지 따위가) 불규칙하게 퍼지다. **3** 중거주는 태도를 취하다; 〔구어〕 양다리를 걸치다, 기회를 엿보다. ¶He ~s on the reform bill. 그는 개정안에 대하여 찬반을 분명히 하지 않고 있다. **4** 〔英해군〕 사정(射程) 측정을 위해 목표의 앞뒤를 차례로 시사(試射)[폭격]하다. **5** 〔경제〕 양건(兩建)을 하다. —타 **1** …을 다리를 벌리고 넘다, …에 걸터앉다; 두 다리·날개 따위)를 벌리다. **2** 〔구어〕 …에 대하여 양다리를 걸치다, 기회를 엿보다. **3** 〔英해군〕 (사정 측정을 위해) 앞뒤를 시사[폭격]하다.
straddle the fence (어떤 문제에 대하여) 확실한 태도를 취하지[보이지] 않다.
— 명 **1** 다리를 벌려 넘기, 걸터앉기, 양다리로 버티기; 다리를 벌린 거리. **2** 양다리 걸치기, 기회주의. **3** 〔英해군〕 목표 앞뒤로의 시사[폭격]. **4** 〔상업〕 양건(兩建); 지정가 거래, 복합 선택권부 거래. **5** 〔육상경기〕 스트래들 (배를 아래로 향하고 바를 넘는 높이뛰기).
-**dler** -**dling·ly**
Stra·di·va·ri [strὰdəvέəri/-vάːri] 명 Antonio ~ 스트라디바리(1644?-1737: 이탈리아의 바이올린 제작자).
Strad·i·var·i·us [strὰdəvέəriəs] 명 **1** Stradivari 또는 그 일족이 제작한 현악기(특히 바이올린). **2** =Stradivari.
strafe [streif, strɑːf] 名타 **1** …을 기총 소사(機銃掃射)하다; 맹폭격[폭격]하다. **2** (속어) …을 벌주다; …을 호되게 꾸짖다[나무라다]. **3** …을 학대하다; 매질하다.
— 명 **1** 기총 소사, 맹폭격, 맹폭격. **2** 처벌; 비난.
stráf·er 기총 소사자인 사람; 폭격기.
strag·gle [strǽgl] 名자 **1** (길·진로에서) 벗어나다, (대열 따위에서) 뒤떨어지다, 낙오하다. **2** 어슬렁거리다, 헤매다, 돌아다니다. ¶a straggling sightseer 돌아다니는 관광객. **3** 뿔뿔이 흩어지다 (고르지 않게) 흩어지다. ((머리칼 따위가) 형클어지다. **4** …을 산재[점재]시키다. — (a ~) 흩어져 있는 일단[무리, 때일], ¶a ~ of buildings 산재해 있는 건물들.
strag·gler [strǽglər] 명 **1** 빈둥거리는 사람; 부랑자; 낙오자[병]; 무리에서 떨어진 새. **2** 우거져 퍼지는 초목[나무]. **3** (행사가 (3일 이상의)) 무단 외출 선원.
strag·gling [strǽgliŋ] 명 **1** 떨어진, 낙오된. **2** 뿔뿔이 흩어져 나아가는. **3** 흩어져 있는. **4** (머리털이) 형클어진. **5** (초목이) 우거진. ~**ly**
strag·gly [strǽgli] 명 =straggling.
‡**straight** [streit] 명 (~·er; ~·est) **1** 곧은, 똑바른, 일직선의; (털 따위가) 곱슬곱슬하지 않는. ¶a ~ lane 똑바른 길 / ~ hair 곱슬거리지 않는 머리털.
2 수직의; 수평의; 평행의. ¶a ~ back 똑바른 등 / Your tie is not ~. 네 넥타이가 비뚤어져 있다.
3 솔직한; 정직한, 성실한, 진실한; 정결(貞潔)한. ¶a ~ answer 솔직한 대답 / ~ dealings 공정 거래.
4 (사고 방식이) 이치에 맞는, 일관성이 있는, 정연한, 순순 답는. ¶~ reasoning 정연한 추리.
5 (목적을 향해) 직진하는, 일로 매진하는; 전념하는, 진지한. ¶take the ~ way to …으로 직행하다/Go ~ ahead. 똑바로 가라.
6 제대로 정리된, 정돈된; 청산된, 결제가 끝난; (계산이) 정확한. ¶put things ~ …을 정리하다. **7** (구어) (정보·보고·예상 따위가) 신뢰할 수 있는, 확실한. ¶~ information 확실한 정보. **8** 연속되어 있는; (카드놀이) 스트레이트의(2, 3, 4, 5, 6 따위 연속된 패). ¶in ~ succession 연속해서/for five ~ days 5일 동안 연속해서. **9** (美) 철저한. ¶a ~ party man 철저한 당원. **10** 순수한((英) neat); (술이) 물을 섞지 않은. ¶~ whisky 스트레이트 위스키. **11** 수정하지 않은, 있는 그대로의; (연극) 각색이 없는; (저널리즘) (기사가) 객관적인, 공정한, 편견이 없는. **12** (美) (수량에 관계없이) 정찰대로의, 평균의. **13** (美속어) 호모가 아닌; 마약을 쓰지 않는. **14** (기계) (엔진이) 직렬(直列)인. **15** (얼굴이) 진지해 보이는. **16** (인쇄) 평조판의(도표·컷을 넣지 않은 활자만의 민조판). **17** (보수·급여가) 수당이 없는. ¶~ pay 본봉. **18** (스코) (산이) 험한. **19** (증권) (배서없이) 작성되는; 만기일에 환불되는. **20** (권투) (편치가) 스트레이트의.
(as) **straight as a die** (구어) 아주 정직한.
get straight (美속어) (마약으로) 기분이 진정되다.
get…straight (어떤 것) 을 이해하다; 정리하다.
in the straight lane (속어) (범죄·마약 등에 관계 없고) 착실한, 건전한.
keep one's face straight; keep a straight face (웃음을 참고) 진지한 표정을 짓다.
keep straight 정직[착실]하게 해나가다; (여자가) 정조를 지키다.
make straight …을 똑바르게 하다; …을 정돈하다.
put [or **set**]**…straight** …을 정돈하다; …의 오해를 풀다; (오류)을 정정하다.
put oneself straight (美속어) 필요한 마약을 하다 [하여 기분을 좋게 하다].
straight up (위스키가) 스트레이트로; 정직한, 솔직한.
straight up and down (英속어) 아주 정직한; 아주 쉬운.   〔행이〕 바른] 생활[행동].
the straight and narrow (way, path) 정직한[품
— 부 (~·er; ~·est) **1** 똑바로, 일직선으로. **2** 수직으로, 직립하여; 수평으로. ¶stand ~ 직립하다. **3** 솔직하게; 성실하게, 정직하게; 훌륭히, 정숙하게. ¶live ~ 착실하게 살다, 올바르게 살다. **4** 직접적으로, 직행하여, 벗어나지 않고; 단도직입적으로, 에두르지 않고. ¶come ~ home from school 학교에서 곧장 집으로 돌아오다 / think ~ 직선적으로 생각하다. **5** 끊이지 않고, 계속해서, 잇따라. ¶drive ~ on 차가 계속해서 달리다. **6** 일관해서, 조리를 세워서. **7** 정연하게, 정리하여. ¶put a room ~ 방을 치우다. **8** 원작(原作)대로; 윤색하지 않고, 수정[변경] 않고; (저널리즘) 객관적으로, 있는 그대로. **9** (수량에 관계없이) 균일한 값으로, 할인없이. **10** 바른 상태로; 정확히. ¶set the record ~ 기록을 바로잡다. **11** (위스키 따위를) 물타지 않고. **12** (구어) (강조적) 완전히, 정말, 단연.
go straight 성실[정직]하게 살아가다; (구어) (범죄자가 복역후) 성실하게 되다, 갱생하다; 마약을 끊다.
play it straight 속이지[농담하지] 않고 …을 하다; (…와) 공정히 거래하다 (with); =**play it straight**.
play straight 공정한 태도로 대하다 (with); =**play straight**.
put…straight to a person; **tell** a person **straight** 남에게 숨기지 않고 분명히[똑똑히] 말하다.
ride straight 장애물을 뛰어넘다; 장애를 극복하다.
run straight ① 똑바로 달리다. ② 개심[갱생]하다.
set straight …에 옳은 정보를 주다, 정확히 전하다.
straight as they come [or **make them**] (속어) 아주 정직한.
straight away (구어) 곧장, 당장에.
straight from the horse's mouth 믿을 만한 소식통으로부터, 본인의 입으로부터.

straight from the shoulder 솔직히, 정면으로.
straight off (구어) 즉석에서, 이것저것 생각할 것 없
straight out 솔직히; 철저히. 「이.
straight up ① (美구어) (술 따위가) 스트레이트로, 희석하지 않고. ② (英속어) (물음으로) 정말인가?, (대답으로) 정말(그렇다); 정직하게 말해서.
tell *a person **straight*** (구어) 남에게 분명하게 말하다 [입바른 소리를 하다].
think straight (부정문에서) 논리정연하게 생각하다.
(You're) damn(ed) straight...! (美속어) 정말로 …, 절대로 …, 틀림없어…!
— 图 1 (the ~) 곧음, 일직선; 수직. 2 (the ~) (경마장 따위의 결승점 가까이의) 직선 코스. 3 똑바른 자세, 직립한 자세. 4 (속어) 보수적인 사람; 정직한 사람; 마약[동성애]을 하지 않는 사람. 5 (경기) 스트레이트 승(勝), 연속 타격. 6 (카드놀이) (포커의) 스트레이트, 다섯 매 계속. 7 (권투) 스트레이트. 8 (속어) (마리화나가 아닌) 보통 담배. 9 (the ~) (美속어) 거짓 없는 성명, 진상, 진실. 10 (경마) 단승(單勝); 1등, 우승.
on the straight ① 똑바로. ② 정직하게, 착실하게.
out of the straight 굽어서, 틀어져서; 부정하게.
— 图 (스코) =straighten.
~·ly 图 ~·ness 图
stráight Á 图 (성적이) 올 A의, 전과목 수(秀)의. (또는 **stráight-A**). ¶ a ~ student 전 과목 수(秀)의 학생.
— 图 (~'s) 图 전 과목 수.
straight-a·head [ˈ-əhèd] 图 (美) 보통의, 틀에 박힌, 상식파의; 정직한.
stráight àngle 图 평각(180°).
straight-arm [ˈdːrm] 图图 (미식 축구에서 팔을 똑바로 뻗쳐) (상대를) 밀어내다[밀어내기].
stráight árrow 图 (美구어) 정직[성실]한 사람.
stráight·a·way [stréitəwèi] 图 1 직선 코스의, 곧은. 2 솔직한, 정도의. 3 즉시[즉석]의. — 图 직선 코스. — 图 즉시, 당장에.
stráight cháir 图 등이 똑바른 의자.
stráight-cut [ˈkʌt] 图 (담배 잎이) 세로로 길게 썬.
stráight·edge [stréitèdʒ] 图 직선 자; 면도칼.
‡**straight·en** [stréitn] 图 (~*s* [-z]) ⓣ 1 …을 똑바르게 하다, 곧게 하다 (*up, out*). ¶ (~+图+剾) ~ oneself *out* 몸을 펴다. 2 …을 정리하다, 정돈하다; 바로잡다, 고치다; 좋게 만들다; (분쟁을) 해결하다 (*out, up*). ¶ (~+图+剾) ~ *out* difficulties 어려운 일을 해결하다 / S— (*up*) your room. 방을 잘 정돈해라. 3 (英속어) (경찰관)에게 뇌물을 쓰다 (*out*). 4 (주름 등)을 펴다. 5 (속어) …에게 마약을 주다. 6 (속어) …을 거들어 주다. — 图 1 똑바르게 되다 (*out, up*). ¶ (~+剾) She ~*ed up*. 그녀는 몸을 폈다[똑바로 섰다]. 2 정리[정돈]되다, 해결되다 (*out, up*). 3 (항공) 비행 자세가 수평이 되다. 「하다.
straighten one's face 진지한 표정을 하다, 정색을
straighten out ① 똑바르게 하다[되다]. ② …을 명료하게 하다, 정리하다. ③ (문제·오해 따위를) 풀다.
straighten up and fly right (구어) 행실을 고치다, 착실해지다.
~·er 图 똑바로 하는 사람[것]. 「하는 능력.
stráight éye 图 (물건이) 똑바로 되어 있는지 분별
stráight fáce 图 진지한 표정; 태연한 얼굴.
straight-faced [ˈféist] 图 무표정한, 진지한 표정을 지은. ~·ly 图
stráight fíght 图 (英) 두 후보(정당) 간의 맞대결.
stráight flúsh 图 (카드놀이) (포커에서) 같은 패의 다섯 매 연속.
*****straight·for·ward** [strèitfɔ́ːrwərd] 图 1 똑바른, 똑바로 나아가는; 우회하지 않는, 직접의. 2 정직한; 솔직한. ⇨FRANK 图 3 (일 따위가) 간단한. — 图 (또는 **straight·for·wards** [-z]) 똑바로[솔직]하게.
~·ly 图 ~·ness 图

straight-from-the-shoul·der [ˈfrəmðəʃóuldər] 图 솔직한, 노골적인, 단도직입의. 「실).
stráight góods 图 (美속어) 에누리없는 진실(사
stráight gráin 图 세로 곧은 나뭇결.
stráight-grained [ˈgréind] 图 세로 곧은 나뭇결
stráight jób 图 (美속어) 보통의 트럭. 「이 있는.
stráight jóint 图 1 (건축) 한줄 이음, 통이음. 2 (목공) 맞잇기, 맞붙이기.
stráight-laced [ˈléist] 图 =strait-laced.
~·ly 图 ~·ness 图
stráight-leg [ˈlég] 图 일자 바지의(바지가랭이의 위아래 통이 같은). 「무 요원.
stráight lífe insúrance 图 (美육속어) 지상 요원.
stráight lífe insúrance 图 종신 생명 보험.
stráight-line [ˈláin] 图 (기계) 1 일직선으로 배열되어 있는. 2 직선 운동을 하는. 3 (회계) 직선법의, 정
stráight lóss 图 (스포츠) 연패(連敗). 「액법의.
stráight màn 图 희극 배우를 도와 그를 돋보이게 하는 상대역.
stráight màtter 图 (인쇄) 보통 조판(图 display); (광고 기사와 구별하여) 본문 (원고).
straight-out [ˈáut] 图 (美구어) 철저한, 철두철미한, 완전한; 분명한, 솔직한, 단도직입의. — 图 철저히, 순전히; 솔직히.
stráight pláy 图 (연극) 순대사극(純臺詞劇)(음악 없이 대사만으로 연극적 감동을 창출하려는 연극).
stráight póker 图 (카드놀이) 스트레이트 포커 (deal된 5장의 패로 승부하는 것).
stráight quótes 图图 (컴퓨터) 곧은 인용 부호(").
stráight rázor 图 (접고 펴는) 면도칼.
stráight shóoter 图 (美구어) 정직한 사람, 고지식한 인간; 공정한 사람.
stráight tícket 图 (美정치) 1 동일 정당의 후보자에 계만 투표하기. ¶ *cast* a ~ 전부 같은 당 후보에게 투표하다. 2 (지명 후보가 전부 소속 당원인) 공인 후보자 명부. 图 split ticket
stráight tíme 图 (1주일) 규정 노동 시간(에 대한 임금). **stráight-tìme** 图 「의 정보.
stráight típ 图 (경마 따위의) 신뢰할 수 있는 소식통
straight-up [ˈʌ́p] 图 수직의; (구어) 정확한; 정상한, 곧은; (美속어) 섞음질하지 않은, 묽게 하지 않은, (각테일이) 얼음 없이 나오는.
*****stráight·way** [stréitwèi] 图 1 즉각적으로, 즉각, 곧. 2 일직선으로, 똑바로. 图 1 일직선의; 똑바로 흐르는. 「(110 proof의 위스키).
stráight whískey 图 (美) 스트레이트 위스키(80-
stráight wín 图 (스포츠) 연승(連勝).
‡**strain**[1] [strein] 图 (~*s* [-z]) ⓣ 1 …을 팽팽하게 하다, 잡아당기다, 조이다. ¶ a ~ a wire 와이어를 당기다. 2 …을 극도로 부려먹다, 혹사하다. ¶ …을 긴장시키다. ¶ ~ one's ear(s) 열심히 귀를 기울이다 / ~ every nerve 전력을 쏟다. 3 …을 무리하게 쓰다, 과로하게 하다; …을 상하게 하다; (지나치게 무리하게 써서) …을 삐다; (급격한 운동[동작] 때문에) (근육 따위)를 접질리다, 삐다. ¶ ~ an ankle 발목을 접질리다[삐다]. 4 (힘·압력 따위로) …의 모양을 망치다, …을 비틀어놓게 하다, 구부러뜨리다. 5 (의미 따위)를 왜곡하다, 곡해하다; (권력 따위)를 남용하다. ¶ ~ the meaning of a word 말의 뜻을 곡해하다. 6 …을 틈타다, 악용하다; …을 강요하다. ¶ ~ a person's patience 남을 억지로 참게 하다 / ~ a person's hospitality 남의 환대를 악용하다. 7 …을 여과하다 (*through*); (고체) 따위를 걸러내다 (*out, away, off*). ¶ (~+图+前+图) ~ water *through* sand 모래로 물을 거르다. 8 …을 안다, 껴안다. ¶ (~+图+前+图) ~ a baby *to* one's bosom[*or* heart] 아기를 꼭 껴안다.
— 图 1 세게 끌다, 잡아당기다 (*at, on*). 2 열심히 노력하다 (*after, for*); 전력을 다하다 (*to do*). ¶ (~+剾+图) ~ *after* happiness 행복을 찾으려고 노력하

strain 다. **3** 반발하다, 저항하다; 기가 꺾이다(*at*). **4** 굽다, 뒤틀리다, 찌그러지다. **5** 걸러지다, 여과하다, 스며나오다. ¶ (~+圖+图) Hot springs ~ *through* the sandy soil. 온천이 모래 땅에서 뿌리뿌리 스며나온다.
strain after an effect 억지로 효과를 올리려고 하다.
strain a point 양보하다; 파격적인 취급을 하다.
strain at ① …을 잡아당기다. ② …에 열중하다[노력]하다.
strain at a gnat and swallow a camel 하루살이는 걸러내고 낙타는 삼키다, 작은 일에 구애되어 큰 일을 소홀히 하다(Matt.) 23:24).
strain away 계속해서 열심히 노력하다(*at*).
strain courtesy 지나치게 정중하게 하다, 형식에 치우치다.
straining at the leash (구어) 자유롭게 되고 싶어서, 뜻대로 하고 싶어서, 구속에 반발하여.
strain the potatoes (濾속어) 소변을 보다.
— 囝 (獸 ~s [-z]) **1** ⓤⓒ 긴장, 팽팽함: (잡아)당기는 힘. ¶The rope will not bear the ~. 그 로프는 팽팽하게 당겨 놓으면 끊어질 것이다. **2** ⓤⓒ (심신의) 긴장, 과로; 정신적 긴장, 불안; ⓒ (구어) 격무, 무거운 부담, 중압; 압력(*on*). **3** 필사적인[과도한] 노력. ¶desperate ~ for fame 명성을 얻으려는 필사적인 노력. **4** (육체·근육의) 강한 긴장, 전력 발휘(*on*). ¶the ~ of lifting a heavy object 무거운 것을 들어올리려고 온힘을 쓰기. **5** (근육의) 접질림, 삐기, 염좌(捻挫). **6** ⓤⓒ (물리) 찌그러짐, 변형, 응력 변형. **7** (이야기·글의) 투, 말투, 어투, 화법, 문체. ¶in the same ~ 같은 투로. **8** (종종 ~s) 노래 가락, 가곡, 선율, 시가(詩歌)의 한 절. **9** (도달한) 정도, 높이.
at (full) strain; on the strain 긴장하여, 노력하여.
put a strain on …에 중압을 가하다, …을 짓누르다.
stand the strain 중압을 견뎌내다.
under the strain 긴장[과로]하여. ¶break down under the ~. 긴장하여[과로로] 쓰러지다.
∼·a·ble ∼·ing·ly ∼·less ∼·less·ly

strain² 囝 **1** 종족, 민족; 가계, 혈통, 가문, 집안, 조상. ¶He is of a Jewish ~. 그는 유태계이다. **2** (a ~) 유전적 성질; (선천적) 체질, 기질. ¶a weak ~ 허약한 체질 / a ~ of insanity in the family 그 가문에 유전되고 있는 정신병 기질. **3** 기미, 경향. **4** (구어) 종류. **5** (유전) 균주(菌株), 계통. **6** (고어) (집합적) 자손. **7** (폐어) 생식, 출산.

strained [streind] 톃 **1** 팽팽한, 긴장한, 절박한; 불안한, 신경질적인, 지친. **3** 무리한, 부자연스러운, 일부러 꾸민. ¶a ~ laugh 억지 웃음. **4** 무리하여 아픈[탈이 난]; 접질린, 삔. **5** 여과한. ∼·ly 囝 ∼·ness 囝

strain·er [stréinər] 囝 **1** 잡아당기는 사람[것]. **2** 긴장한 사람. **3** 신장기(伸張器). **4** 여과하는 사람; 여과기; 차 거르개, 조리.

stráin gàuge 囝 (기계·지질) 변형 게이지, 스트레인 게이지.

stráin hàrdening 囝 (야금) 변형 경화(硬化).

strain·me·ter [stréinmìːtər] 囝 변형(측정)계.

‡strait [streit] 囝 **1** (~s) (단수취급) 해협, 여울. ¶the *Strait(s)* of Dover 도버 해협. **2** (~s) 난국, 궁지, 곤란, 곤궁. 【EMERGENCY 유의어】¶financial ~s 재정 위기. **3** (드물게) 지협(地峽).
be in great straits 궁지[곤경]에 빠져 있다.
in straits for …에 궁하여.
— (~·er; ~·est) (고어) **1** 제한된, 좁은, 옹색한. ¶*the ~ gate* 좁은 문(← 마태 복음(Matt.) 7 : 14). **2** (규칙 따위가) 엄한, 엄격한, 가혹한. 【방법】
strait and narrow (명사적) 좁고 고정된[틀에 박힌].
∼·ly ∼·ness

strait·en [stréitn] 題 **1** (수동형으로) …을 곤란받게 하다, 난처하게 하다; …을 돈에 궁하게 하다. **2** (범위·금액·자력(資力) 등)을 제한하다. **3** (고어) 좁히다.

be straitened for [or *in*] …에 궁하다[쪼들리다].

strait-jack·et [stréitdʒækit] 囝 **1** (정신병자·죄수 등의 난동을 막기 위한) 재킷. **2** 구속, 속박.
put a person in a straitjacket 남에게 구속복을 입히다: 남의 자유를 구속하다.
— 題囲 (또는 stráit-jàcket) …에게 구속복을 입히다; …의 자유를 제한하다, 구속하다.
(또는 stráight-jàcket)

strait-lace [◁lèis] 題囲 끈으로 단단히 묶다; 구속[속박]하다.

strait-laced [◁léist] 톃 **1** 엄격한, 딱딱한, 신중한. **2** (고어) 끈으로 꽉 조인. **3** 끈으로 꽉 죈 옷을 입은. (또는 stráight-láced) ∼·ly 囝 ∼·ness 囝

Stráits Séttlements 囝囲 (the ~) 해협 식민지 (말레이 반도 남부의 옛 영령(英領) 식민지).

strait-waist·coat [◁wéskət-/-wéiskòut] 囝 (英) = straitjacket.

strake [streik] 囝 **1** (조선) (선체를 보강하기 위한) 배밀판, 뱃전판. **2** (차바퀴의) 테. **straked** 톃

stra·min·e·ous [strəmíniəs] 톃 **1** 짚의, 짚 같은, 짚으로 만든; 가치가 없는, 하찮은. **2** 담황색의.

stra·mo·ni·um [strəmóuniəm] 囝 휜독말풀: ⓤ 그 건조한 잎(진통제·진경제(鎭痙劑).

*strand¹ [strænd] 題 **1** (배·물고기를[가]) 기슭에 올라앉게 하다[올라 오다], 좌초시키다[하다]. **2** (수동형으로) 옴짝 못하게 하다[못하게 되다]. ¶He is utterly ~ed from lack of funds. 그는 자금난으로 궁지에 몰려 있다. — 囝 (시) 물가, 바닷가.

strand² 囝 **1** (새끼·꼰 철사 따위의) 가닥; 한 가닥. **2** 꼰 실, 꼰 밧줄, (직물의) 짜는 실. **3** (동·식물 조직의) 섬유. **4** (머리칼의) 타래; (진주 따위를) 끈으로 꿴 것. ¶a ~ of pearls 한 줄의 진주. **5** 요소, 성분. **6** (유전) 스트랜드, DNA 사슬. **7** (전기) 연선(撚線)(꼰 선), 그 가닥선. — 題囲 **1** …을 꼬다, 꼬아 합치다. **2** (새끼 따위의) 가닥을 끊다. ∼·less 톃

strand³ 囝 (스코) 개울; 수로; 바다.

Strand 囝 **1** (the ~) 런던의 스트랜드 가(街)(호텔·극장가); (또는 ~ Théatre) 스트랜드 극장. **2** 스트랜드 서점(뉴욕의 고서점).

strand·ed [strǽndid] 톃 (복합어로) 몇 가닥[종류]의 밧줄을 하나로 꼰. ¶a five-~ rope 다섯 가닥으로 꼰 밧줄. ∼·ness 囝

strand·er [strǽndər] 囝 밧줄 꼬는 기계.

stránd line 囝 연안선, 해안선.

*strange [streindʒ] 톃 (*strang·er*; *strang·est*) **1** 이상한, 괴상한, 기묘한, 불가사의한, 드문. ¶a ~ accident 이상한 사건 / a ~ agent (美송어) 기인(奇人), 기이한 것 / It is ~ that we should meet here. 우리가 이곳에서 만나다니 이상한 일이다. **2** 미지의, 듣도 보도 못한, 처음인(*to*). ¶~ faces 보지 못하던 얼굴들 / The town is ~ *to* her. 그녀는 이 도시에 처음 왔다.

> 유의어 strange 미지 또는 안면이 없는: 가장 넓은 뜻의 말. singular strange해서 남을 당황하게 하는, 또는 호기심을 자극하는. odd 보통 또는 관례와는 다른 뜻의 강한 암시를 풍기는 말. curious singular 또는 odd하여 눈길을 끌어 살펴보고 싶어지게 하는. peculiar 다른 것과 분명히 다른 독특한 점이 있어 기묘하게 느끼는. queer, eccentric의 뜻으로 쓰이는. queer 매우 odd해서 의심스러운 점이 있는. quaint 양식이 고풍이어서 색다른 아름다움·즐거움을 주는. eccentric 사람의 성격·행동이 상궤를 벗어난.

3 낯선, 생소한, 서먹서먹한; 수줍어하는, 부끄러워하는; 그 자리에 어울리지 않는, 소외된. ¶I felt ~ in Bombay. 봄베이에서는 소외감을 느꼈다. **4** 익숙하지 않은, 경험이 없는, 서투른; 잘 모르는(*to, at*). ¶I am quite ~ here. 나는 이 근방을 전연 모른다 / The new maid is still ~ *to* her work. 새로 온 가정부는 아직

strange bird 일에 익숙치 못하다. **5** (고어) 이국의, 외국의.¶ a ~ land 외국. **6** 다른 곳의, 다른 데서 온; 다른 데 있는. ¶ ~ religions 외래 종교/move to a ~ place 다른 곳으로 옮기다. **7** (물리) (소립자가) 다른 성질을 갖는.
feel strange ① 몸이 좀 이상하다. ② 서먹서먹하다, 소외감을 느끼다.
it feels strange 이상한 느낌이 들다.
make oneself strange 모르는 사람인 체하다, 쌀쌀맞은 태도를 취하다.
strange as it may sound 이상하게 들리겠지만,
strange to say [or *tell, relate*] 이상한 말이지만.
stránge bird 명 (구어) 괴짜(odd bird).
‡**strange·ly** [stréindʒli] 부 이상하게, 기묘하게, 묘하게, 익숙지 않게; 서먹서먹하게.
strange·ness [stréindʒnis] 명 ⓤ **1** 기묘[이상한] 일; 미지, 보도 듣도 못한 일, 진기함; 생소. **2** (물리) 스트레인지니스(소립자(素粒子) 상태를 규정하는 양자수).
stránge pàrticle 명 (물리) 스트레인지 입자(스트레인지니스가 0이 아닌 입자).
strange quárk 명 (물리) 스트레인지 쿼크(스트레인지니스 −1, 전하(電荷) −1/3을 갖는 쿼크).
‡**stran·ger** [stréindʒər] 명 (복 ~s [-z]) **1** 낯선 사람, 남; 타인.¶ I feel shy before a ~. 모르는 사람 앞에서는 부끄러움을 탄다 // She is a ~ to me. 나는 그녀를 모른다. **2** 손님, 찾아온 사람, 방문객. **3** (…을) 모르는 사람, 경험이 없는 사람; 신참자, 처음인 사람; 외부인, 국외자. ⇨FOREIGNER 유의어 ¶ I am a ~ here myself. 이곳에는 나도 처음으로 왔다. **4** 진객(珍客)이 찾아올 전조(날아드는 나방 따위). **5** (영국) 객원종(客員種). **6** (濠·뉴질) 무리에서 떨어진 동물. **7** (美속어) 여보세요(* 이름을 모르는 사람을 부르는 말). **8** (법률) 제3자.
I spy [or *see*] *strangers.* (영국회) 방청 금지(비밀회의)를 요청합니다. 〔하게 대하다.
make a [*no*] *stranger of* …을 남 대하듯 하다[친절
(*the*) *little stranger* (익살) 갓 태어난 아기.
~·**like** 형
stránger ràpe 명 낯선 사람과의 강간.
stránger's gállery 명 (the ~) (의회의) 방청석.
stránge wóman 명 음녀(←잠언(Prov.) 5 : 30).
*****stran·gle** [strǽŋgl] 타 **1** …을 목졸라 죽이다, 질식(사)시키다 (칼라 따위가) (목)을 죄다. (~+목+前+名) ~ a person *to* death 남을 교살하다 // This collar is almost strangling me. 이 칼라는 너무 꽉 낀다. **2** …을 억제[억압]하다, (제안 따위)를 묵살하다; (하품 따위)를 억누르다.¶ ~ a yawn 하품을 억눌러 참다.—자 질식하다. -**gling·ly** 부
stran·gle·hold [strǽŋglhòuld] 명 **1** (레슬링) (반칙도) 목조르기. **2** (사상·활동의) 자유를 억압하는 힘, 장애; 완전 지배.
stran·gler [strǽŋglər] 명 **1** 교살자; 목을 조르는 것. **2** 억누르는 사람[것]; (의안 등을) 묵살하는 사람. **3** (영국어) 부러우리 만큼 운 좋은 사람.
stran·gles [strǽŋglz] 명 (단수취급) (수의) (말 따위의) 선역(腺疫)(전염성 감기); =distemper.
stran·gu·late [strǽŋgjulèit] 타 (외과) **1** …의 혈행(血行)을 눌러 멎게 하다, …을 괄약(括約)하다. **2** …을 목졸라 죽이다, 질식사시키다.
-**la·ble**, -**la·tive**, -**la·to·ry** 형
stran·gu·la·tion [stræ̀ŋgjuléiʃən] 명 ⓤ **1** (병리·외과) 감돈(嵌頓)(내장의 혈행 장해), 협착(狹窄), 염전(捻轉). **2** 교살, 질식. **3** 자연적인 발달[성장]을 막는 것.
stran·gu·ry [strǽŋgjuri] 명 (병리) 유통성(有痛性) 배뇨 곤란. **stran·gú·ri·ous** 형
‡**strap** [stræp] 명 **1** 가죽끈, 끈; 혁대; (전차 따위의) (가죽)손잡이.¶ hang [or hold] on to a ~; hang from a ~ (가죽) 손잡이를 잡다. **2** (바지 따위의) 어깨끈, 견장. **3** 날을 가는 피대(皮帶), 혁지(革砥). **4** (기계) 띠쇠[테]. **5** (해사) (활차의) 띠줄. **6** (식물) 소설편(小舌片). **7** ⓤ (the ~) (英) 신용, 외상. **9** 손목시계의 가죽줄.
on (*the*) *strap* (英) 외상으로.
yank one's strap (美속어) (남자가) 자위하다.
— 타 (-*pp*-) **1** …을 가죽끈으로 묶다[꾸리다], …에 띠(쇠)를 달다(*up, in, down*). **2** …을 혁지로 갈다. **3** (영국) …에게 반창고를 붙이다(*up*). **4** …을 혁대로 때리다, 매질하다. **5** …을 곤궁케 하다(*for*). **6** …을 안전 벨트를 매다(*in*); (英) 바쁘게 일하다; 정력적으로 …하다.
~·**like**, ~·**pa·ble**, ~·**py** 형 일하다.
strap·hang [strǽphæ̀ŋ] 자 (~*ed*) (구어) (버스·지하철에서) 손잡이를 잡다. ~·**ing** 명
strap·hang·er [strǽphæ̀ŋər] 명 (구어) **1** (전차 따위에서) 손잡이를 잡고 서 있는 승객; (버스·지하철의) 승객, 통근객. **2** (美軍속어) 쓸모없는 사람.
strap·less [strǽplis] 형 가죽 손잡이가 없는; 어깨끈이 없는. 〔제(어).
strap·line [strǽplàin] 명 (신문·잡지·광고의) 소표
strap·oil [-ɔ̀il] 명 (英속어에서) 채찍질, 매질.
strap-on [-ɑ̀n/-ɔ̀n] 형 (우주선에) 부착되는.
— 명 부착식 보조 로켓 엔진.
strap·pa·do [stræpéidou, -páː-] 명 (복 ~*es*) ⓤⓒ 매다는 형벌(뒷짐 결박하여 높은 데서 떨어뜨린 형벌); 그 형틀. — 타 …을 매다는 형에 처하다.
strapped [stræpt] 형 **1** 가죽끈으로 맨[묶은], (가죽)끈을 단. **2** (구어) 자금이 떨어진, 무일푼의. **3** (美속어) 총을 가진.
strap·per [strǽpər] 명 **1** (가죽)끈으로 묶는(동여매는) 사람(기구); 채찍으로 때리는 사람. **2** 마구(馬具)를 다는 사람, 마부. **3** (구어) 크고 건장한 사람, 우람한 사람.
strap·ping¹ [strǽpiŋ] 형 **1** 키가 크고 건장한, 덩치 큰. **2** (구어) 굉장히 큰, 터무니없는.
strap·ping² 명 **1** ⓤ (집합적) 가죽끈류; 반창고(를 붙이기). **2** ⓤⓒ 가죽끈으로 때리기, 채찍질.
strass [stræs] 명 ⓤ (인조 보석용의) 납유리.
stra·ta [stréitə/strάːtə] stratum의 복수형.
*****strat·a·gem** [strǽtədʒəm] 명 ⓤⓒ 전략, 군략; 계략, 책략, 모략. -**gém·i·cal** 형 -**gém·i·cal·ly** 부
stra·tal [stréitl] 형 층(지층)의. 〔법.
stráta títle 명 (濠) 다층 건조물의 공간 소유권 등기
*****stra·te·gic** [strətíːdʒik] 형 **1** 전략의, 전략상의. ¶ ~ arms 전략 병기. **2** 전략상 중요한[불가결한].¶ a ~ base [point] 전략 요지[거점] / ~ materials 전략 물자. **3** (일반적으로) 중요한, 효과적인.
(또는 **strategical**)
Stratégic Áir Commànd 명 (美) 전략 공군 사령부(약 SAC). 〔전략상으로.
stra·te·gi·cal·ly [strətíːdʒikəli] 부 전략적으로.
Stratégic Árms Limitátion Tàlks 명복 전략 무기 제한 협상(약 SALT). 〔무기 제한 협정.
Stratégic Árms Limitàtion Trèaty 명복 전략
Stratégic Árms Redúction Tàlks 명복 (the ~) 전략 무기 감축 협상(약 START).
Stratégic Defénse Initiàtive 명 (the ~) (美군사) 전략 방위 구상(적의 미사일을 레이저 광선 또는 입자빔을 발사하여 파괴하려는 구상; 약 SDI).
strategic mánagement 명 (경영) 전략적 경영.
stratégic núclear fórce 명 (군사) 전략 핵전력.
stratégic núclear wéapon 명 전략 핵무기.
stra·te·gics [strətíːdʒiks] 명복 (단수취급) 전략, 병법(strategy).
stratégic tríad 명 (군사) 세 가지 전략 핵무기 (ICBM·SLBM·전략 폭격기). 〔(策士).
strat·e·gist [strǽtədʒist] 명 전략가, 병법가; 책사
strat·e·gize [strǽtədʒàiz] 자 (美) 전략을 다듬다[결정하다]; 주의 깊게 계획하다.
*****strat·e·gy** [strǽtədʒi] 명 ⓤⓒ **1** 용병학; 전략, 병

Strat·ford-on-A·von [strǽtfərdɔnéivən/-ɔn-] 명 스트래트퍼드 온 에이번(잉글랜드 중부의 도시; 셰익스피어의 출생지). (또는 **Stratford-upon-Avon**)

strath [stræθ] 명 (스코) 넓은 골짜기, 대협곡.

strath·spey [stræθspéi, ´-´] 명 경쾌한 스코틀랜드 무도(곡).

strati- [stréti, -tə] 연결 stratum의 뜻. ¶ *stratiform*.

strat·i·fi·ca·tion [strætəfikéiʃən] 명 U C 1 층으로 배열하기, 층 모양으로 하기, 층화(層化). 2 [지질] 성층(成層), 층리(層理); 지층. 3 [생물] (조직의) 층 형성, 층(상)화. 4 [사회] 사회 계층. 5 [언어] 성층. 6 [식물] (종자의) 층적(層積) 저장. 7 [통계] 층화, 층별.

strat·i·fi·ca·tion·al grámmar [strætəfikéiʃənl-] 명 [언어] 성층(成層) 문법.

strát·i·fied (rándom) sámple [strǽtəfaid-] 명 [통계] 층화(層化) 추출 표본.

strat·i·form [strǽtəfɔ̀ːrm] 형 1 [지질] 층상(層狀)의, 층을 이루고 있는. 2 [해부] (연골 조직이) 얇은 층을 이루고 있는, 층상의. 3 [기상] 층상운(雲)의, 운(雲)의.

strat·i·for·mis [strǽtəfɔ́ːrmis] 명형 [기상] 층상운.

strat·i·fy [strǽtəfài] 타 1 …을 층으로 배열하다, 성층화하다. 2 [지질] (암석)을 층을 이루어 형성하다. 3 (종자)를 토양의 층 사이에 넣어 보존하다. 4 [사회] …을 계층[계급]으로 나누다. ― 자 1 층을 이루다. [지질] 성층화하다. 2 [사회] 계층화하다.

stratig. stratigraphy.

stra·tig·ra·phy [strətígrəfi] 명 U 충위학(層位學), 층서학(層序學)(지질학의 한 부문). **-pher** -ti-**graph·ic** [strætəgrǽfik], **strat·i·gráph·i·cal** 형 **strát·i·gráph·i·cal·ly** 부 **-phist** 명

strato- [strǽtou, -tə, stréit-] 연결 stratus의 뜻. ¶ *strato*cirrus. [권층운(卷層雲)]

strat·o·cir·rus [strætousírəs, stréit-] 명 [기상]

stra·toc·ra·cy [strətákrəsi/-tɔ́k-] 명 U 군정, 군인 정치.

strat·o·crat [strǽtəkræt] 명 **stràt·o·crát·ic** 형

Strat·o·cruis·er [strǽtoukrùːzər] 명 (상표) 성층권 비행기(미국 Boeing사의 성층권 민간 항공기).

stra·to·cu·mu·lus [strèitoukjúːmjuləs, strǽt-] 명 [기상] 층적운(層積雲)(약 Sc.).

Strat·o·for·tress [strǽtoufɔ́ːrtris] 명 하늘을 나는 요새(미국 공군의 B-52 폭격기의 애칭).

strat·o·pause [strǽtəpɔ̀ːz] 명 [기상] 성층권 계면(界面)(성층권과 중간권 사이의 경계층).

strat·o·plane [strǽtəplèin] 명 성층권 비행기.

strat·o·sphere [strǽtəsfìər] 명 (the ~) 1 성층권(成層圈). 2 최고(위), 최고점; [물가의] 최고가.

strat·o·spher·ic [strætəsférik] 형 성층권의. (또는 **stratospherical**)

strat·o·vi·sion [strǽtəvìʒən] 명 U 성층권 텔레비전[FM] (중계) 방송(항공기 중계 방식).

***stra·tum** [stréitəm, strǽt-/strάːt-] 명 (복 *-ta* [-tə], *~s*) 1 (평행으로 쌓인) 층. 2 (비유적) 층, 계층. 3 [지질] 지층(地層), 암층(岩層). 4 [생태] (계층). ¶ *herb* [*tree*] ~ 초목[고목(高木)]층. 5 (자연 발생의) 수층(水層), 기층(氣層). 6 [사회] 사회 계층. 7 [생물] 조직층, 층. 8 [고고] (유물 따위가 포함되어 있는) 층. 9 [통계] 계층. 10 시대 구분, 발전 단계. **-tous** 형

stra·tus [stréitəs, strǽt-] 명 (복 *-ti* [-tai]) [기상] 층운. [구름.

strátus fráctus 명 (복 ~) [기상] 단편 층운, 조각

Strauss [straus] 명 슈트라우스. 1 **Johann** ~ (1804-49): 오스트리아의 작곡가; 왈츠의 아버지). 2 **Johann** ~ (1825-99): 오스트리아의 작곡가; 왈츠왕(1의 아들). 3 **Richard** ~ (1864-1949): 독일의 작곡가).

Stra·vin·sky [strəvínski] 명 **Igor (Fyodoro-vich)** ~ 스트라빈스키(1882-1971: 러시아 태생의 미국 작곡가).

‡straw [strɔː] 명 (복 **~s** [-z]) 1 U 짚, 밀짚. ¶ ~ *boots* 짚신/a ~ *work* 짚 세공. 2 지푸라기 하나; 스트로, 빨대. 3 밀짚 제품; 밀짚 모자. ¶ **in white** ~ 흰 밀짚 모자를 쓰고. 4 (비유적) 가치없는 것, 아주 조금. 5 (절망 상태에서의) 일루의 희망. 6 밀짚색, 담황색. 7 (美俗) 마리화나.

a man of straw ① 밀짚 인형; 가상의 상대[적]. ② 재산이 없는 사람; 믿을 수 없는 사람.
as a last straw 잇달 힘들 끝에, 최후의 희망으로.
a straw in the wind; a straw that shows how [or *which way*] *the wind blows* 풍향[세론의 동향]을 나타내는 것; 조짐.
catch [or *clutch, seize, grasp*] *at a straw* 조그마한 찬스에도 필사적으로 매달리다. ¶ *A drowning man will catch at a* ~. (속담) 물에 빠진 사람은 지푸라기라도 잡는다. [개의치 않다.
do not care a straw about [or *for*] …을 조금도
draw straws (지푸라기) 제비를 뽑다.
draw the short straw 밑지는 역[제비]을 뽑다.
gather [or *pick*] *straws* 잠이 오다.
in the straw (고어) 출산중으로.
make bricks without straw ⇒BRICK.
not worth a straw 한푼의 가치도 없는.
out of straws (고어) 출산이 끝나서.
split straws 시시한 일로 다루다[으르렁거리다].
stumble at a straw 하찮은 일로 고생하다.
the last straw (하중(荷重)에 견디지 못하게 되는) 마지막의 한가닥 무게. ¶ *It's the last* ~ *that breaks the camel's back.* (속담) 비록 작은 짐이라도 한도를 넘으면 낙타등을 부러뜨린다. [시도하다.
throw straws against the wind 불가능한 일을
— 형 1 (밀짚)으로 만든]. 2 (밀짚) 색의, 담황색의. 3 (美) 쓸모없는, 가치없는. 4 가짜[허위]의. — 타 …을 짚으로 덮다; …에 짚을 대다.
~·less, ~·like 형

straw bállot 명 =straw vote.

‡straw·ber·ry [strɔ́ːbèri/-bəri] 명 (복 **-ries** [-z]) 1 딸기, 그 열매. 2 딸기색, 진한 적자색. 3 a) (주독에 의한) 딸기코. b) =~ *mark*. c) (美俗) 찰과상.

strawberry blónd(e) 명 불그레한 딸기색 (머리의 여자).

strawberry fields 명 1 딸기 밭. 2 (美俗) (마약인) LSD. 3 (S- F-) 스트로베리 필즈(New York의 Central Park의 서쪽 들판).

strawberry léaves 명 복 (the ~) (英) 공작·후작·백작의 위계[신분](관(冠)에 딸기잎 장식이 있다).

strawberry márk 명 딸기 모양의 혈관종(腫) (모반). [나는) 딸기혀.

stráwberry tòngue 명 [의학] (성홍열에서 나타

straw-blond(e) [´blɔ́nd] 형 (머리가) 담황색을 띤 블론드의.

straw·board [strɔ́ːbɔ̀ːrd] 명 U 마분지.

straw bòss 명 (美구어) 감독 조수; 실권 없는 상관.

straw-boss [´bɔ̀s] 자타 (일)의 감독 대행을 하다.

stráw càt 명 1 =pampas cat. 2 (美俗) (수확기에) 고용하는 뜨내기 노동자.

stráw còlor 명 (때로 a ~) (밀)짚 빛깔; 담황색.

straw-col·ored [´kʌ̀lərd] 형

straw·flow·er [strɔ́ːflàuər] 명 건조화, 영구화.

stráw hàt 명 밀짚 모자.

straw-hat [strɔ́ːhæt] 형 (교외의) 하계(夏季) 극장의. 1 하계 극장. 2 (美俗) 오픈카.

stráwhat (thèater) 명 하계 극장.

stráw mán 명 1 밀짚 인형. 2 남의 앞잡이; 위증자. 3 하찮은 사람[것], 쓸모없는 사람. 4 (간단히 처리하기 위해 고의로 택한) 아무것도 아닌 문제[대립 의견, 적].

stráw plàit 명 (모자 따위를 만드는) 납작하게 엮은

straw poll

밀짚끈.
straw pòll 〖美〗 =straw vote.
stráw ràincoat 〖영〗 도롱이, 짚으로 만든 우장.
stráw vòte 〖영〗〖美〗 (투표 전에 하는) 비공식 여론 조사.
stráw wédding 〖영〗 고혼식(藁婚式)(결혼 2주년 기념).
straw·y [strɔ́ːi] 〖영〗 1 짚의[과 같은]. 2 짚으로 만든, 짚으로 인. 3 하찮은, 쓸모없는.
straw·yard [strɔ́ːjɑ̀ːrd] 〖영〗〖英〗 짚을 깐 가축의 겨울 우리; (구어) 밀짚 모자.
stráw yéllow 〖영〗 =straw color.
‡**stray** [strei] 〖동〗 (~s [-z]) 〖자〗 1 길을 잃다, 일행을 놓치다; 헤매다(*away, off*)(*from*). ⇒ROAM 〖유의어〗 ¶ (~+前+名) The puppy has ~ed *off from* the kennel. 강아지가 개집을 나가 헤맸다. 2 돌아다니다, 방황하다; (강물 따위가) 구불구불 흐르다. 3 나쁜 길로 빠지다, 타락하다, 정도를 벗어나다(*from*). 4 (토론 따위가) 탈선하다, 옆으로 빗나가다(*from*).
stray apart 서로 헤어지다, 서로를 못 찾고 헤매다.
—〖영〗 1 길잃은 사람(가축); 미아; 무숙자. 2 헤매고 다니는 사람; 방랑자. 3 (~s) 〖무선〗 공전(空電). 4 (예상 외의 서식지에서 발견되는) 동식물; 제철이 아닌 식물. 5 (~s) 〖영〗 〖한정용법〗 1 길 잃은, 일행을 놓진, 가출한. ¶ a ~ sheep[child] 길잃은 양[미아]. 2 고립된, 홀어진. ¶ ~ hair 흐트러진 머리. 2 우연의; 이따금 볼 수 있는, 뜻밖에 찾아오는. ¶ a ~ customer 뜨내기 손님. 4 〖무선〗 목표 회로에서 벗어난, 표유(漂游)하는. ¶ ~ capací·er 〖영〗 표유 정전(靜電).
‡**streak** [striːk] 〖영〗 1 줄, 줄무늬; 광선. ¶ a ~ of lightning 한 줄기의 번개. 2 (색·성질이 다른) 줄, 선, 층(層); 〖광산〗 광맥. ¶ ~s in wood 나뭇결. 3 〖광산〗 단기간, 일련(一連). ¶ a ~ of luck 잠시 동안의 행운. 4 〖광산〗 조혼(條痕). 5 〖세균〗 면선(面線)접종. 6 (보통 a ~) 기질, 기미, 경향. ¶ a nervous ~ 신경질. 7 〖식물〗 조반(병)(條斑(病)). 8 =blue ~. 9 〖美구어〗 스트리킹. ¶do a ~ 스트리킹을 하다. 10 〖美학생 속어〗 아주 즐거운 한때. 11 〖濠구어〗 키 크고 마른 남자.
have a streak of ① …의 줄무늬가 있다. ② …한 기미가 있다. ③ 일련의 …이 있다.
hit [or **be on**] **a winning** [**losing**] **streak** (도박 따위에서) 연승[연패]하다. 「화처럼, 전속력으로.
like a streak [or **streaks**] **(of lightning)** 전광석
make a streak for …을 향하여 서두르다.
—〖영〗 (~ed [-t]) 〖타〗 (수동형으로) 1 …에 줄무늬를 넣다(*with*). ¶ (~+目+前+名) a necktie ~ed *with* blue 푸른 줄무늬가 든 넥타이. 2 …을 줄무늬 모양으로 배열하다(정돈하다), 칠하다, 염색하다. 3 …에서 스트리킹을 하다. —〖영〗 1 줄무늬가 되다[지다]. 2 번개처럼 달리다, 질주하다(*out, off, down*). 3 알몸으로 사람을 앞을 달리다, 스트리킹하다. 4 (번개 따위가) 번쩍하다.
~ed·ly **~ed·ness** 〖영〗 **~·like** 〖영〗
stréak càmera 〖영〗 1 스트리크 카메라, 고속 현상(現象) 관측용 카메라. 2 슬리트 카메라(slit camera)(경기의 착순(着順) 판정용). 「한; 괴로워하는.
streaked [striːkt] 〖영〗 줄무늬가 있는; 〖美구어〗 불안
streak·er [stríːkər] 〖영〗 스트리커(남들이 보는 앞에서 알몸으로 달리는 사람).
streak·ing [stríːkiŋ] 〖영〗 1 스트리킹(알몸으로 질주하기). 2 스트리킹(머리를 줄지게 탈색하기). 3 〖TV〗 화상이 옆으로 줄이 가는 현상.
streak·y [stríːki] 〖영〗 1 줄무늬가 있는; (색이) 고르지 않은, 얼룩진. 2 〖구어〗 (기질 따위가) 즉흥적인, 변덕스러운; 성급한. 3 염려하는, 걱정하는.
stréak·i·ly 〖영〗 **stréak·i·ness** 〖영〗
‡**stream** [striːm] 〖영〗 (~s [-z]) 1 시내, 개울, 강. ¶ a mountain ~ 계류(溪流). 2 흐름, 수류, 분류(奔流); 해류; 기류; 광선. ⇒FLOW 〖유의어〗 ¶ the Gulf S–

멕시코 만류/a ~ of tears 흐르는 눈물. 3 (비유적) (보통 the ~) (때·사상 따위의) 흐름, 경향, 형세; 사조. ¶the ~ of history 역사의 흐름/the ~ of thought 사조. 4 (사람·사물의) 끊임없는 흐름, 연속, 이어짐. ¶a ~ of talk 그칠 줄 모르는 이야기. 5 〖컴퓨터〗 스트림(데이터의 흐름). 6 〖英〗 〖교육〗 능력별 학급(과정). 7 〖英〗 (도로의) 차선. 「거슬러서.
against the stream 흐름에 거슬러서; 시류(時流)에
flow in streams 세차게 유출하다.
go [or **drift, swim**] **with the stream** 흐름을 따라가다; 시류를 따르다.
in a stream; in streams 계속하여, 잇따라, 속속.
in the stream ① 강의 흐름 속에. ② 세상 일에 밝은.
off stream (공장 따위가) 생산을 중단하여.
on stream (공장 따위가) 생산중에, 가동하여. 「름.
the stream of consciousness 〖문학〗 의식의 흐
the stream of times 시대의 흐름[조류], 시류.
up [**down**] **the stream** 상류[하류]로.
with the stream 흐름에 따라; 시류에 편승하여.
—〖영〗 (~s [-z]) 〖자〗 1 흐르다, 흘러가다, 흘러나오다. ¶ (~+前+名) A brook ~s *by* our house. 시내가 우리집 옆을 흐르고 있다. 2 (비·눈물 따위가) 흐르다 (*down*); (눈·얼굴이) (눈물·땀 따위가) 흐르다 (*with*). ¶ (~+前+名) A flood of tears ~ed *down from* her eyes. 눈물이 그녀의 눈에서 흘러내렸다 / eyes ~ing with tears 눈물이 흐르는 눈. 3 쏟아지다, 뿜어 나오다. 4 (빛 따위가) 비치다, 흐르다. 5 (깃발 따위가) 펄럭이다, 바람에 나부끼다; (머리칼 따위가) 치렁 치렁 흘러내리다. ¶ (~+前+名) Her long hair ~ed *over* her shoulders. 그녀의 긴 머리가 어깨까지 내려왔다. 6 속속 가다[오다], 끝없이 이어지다, 쇄도하다.
—〖영〗 1 흐름을 흐리다, 유출시키다, 분출시키다. ¶ His eyes ~ed tears. 그의 눈에서 눈물이 흘러내렸다. 2 (수동형으로) …을 흐름으로 뒤덮다, 가득하게 하다 (*with*). ¶ I was much ~ed *with* perspiration. 나는 땀에 흠뻑 젖었다. 3 (기·머리카락 따위를) 나부끼게 하다. 4 (채광) …을 세광(洗鑛)하다. 5 〖英〗 〖학생〗을 능력별로 학급 편성하다(*into*).
~·less, **~·like** 〖영〗
stream·bed [stríːmbèd] 〖영〗 하상, 강바다.
stream·er [stríːmər] 〖영〗 1 흐르는 것; 기(旗)드림, 길다란 기, 페넌트. 2 (가느다란) 장식 리본. 3 가늘고 긴 것; 색종이 테이프, 환송용 테이프; 비행기운(雲). 4 흐르는 빛, (~s) (오로라의) 비치는 빛, 북극광; (~s) (일식의) 태양 코로나의 빛남. 5 〖전기〗 방전광(放電光). 6 〖美〗 (신문의) 제1면 톱 전단에 걸친 큰 표제. 7 퍼지지 않고 떨어지는 낙하산. 8 〖채광〗 탐광인(探鑛人). 9 〖낚시〗 =~ fly. 10 〖컴퓨터〗 스트리머(하드디스크로부터 자기(磁氣) 테이프에 데이터를 복사하는 장치).
stréamer flý 〖낚시〗 작은 고기 비슷한 제물낚시.
stream·flow [stríːmflòu] 〖영〗 (특정 하천을) 흐르는 물; 그 유량(속도).
stream·ing [stríːmiŋ] 〖영〗 1 ① 흐름, 흐르기. 2 〖英〗 능력[적성]별 학급 편성(〖美〗 tracking). 3 〖생물〗 (세포 내부에서의) 원형질 유동(流動). **~·ly** 〖영〗
stream·let [stríːmlit] 〖영〗 개울, 세류.
stream·line [stríːmlàin] 〖영〗 1 …을 유선형으로 하다. 2 (일·계획·조직 등을) 능률적으로 하다, 간소[합리]화하다; 현대적[신식]으로 하다.
*****stream·lined** [stríːmlàind] 〖영〗 1 유선형의; 날씬한. 2 간소화된, 합리화[능률화]된. 3 현대적인, 신식의.
stream·lin·er [stríːmlàinər] 〖영〗 유선형의 탈것; (특히) 유선형 열차[기관차·버스 따위].
stream-of-con·scious·ness [-əvkánʃəsnis/-kɔ́n-] 〖영〗 〖소설〗 의식의 흐름 기법을 사용한.
stream·side [stríːmsàid] 〖영〗 강가의 (땅).
stréam wàlker 〖영〗 하천 감시인(환경 보호 운동원).

stream·way [striːmwèi] 명 1 (하천의) 유상(流床), 바닥. 2 강의 주류.

stream·y [stríːmi] 형 1 흐름이 많은, 강[시내]처럼 흐르는. 2 유출하는; 빛을 발하는. 3 (머리칼 따위가) 아름답게 드리워진; 나부끼는.

‡**street** [striːt] 명 1 거리, 가로(⊗ avenue).¶ a back ~ 뒷골목/a main [or high] ~ 큰 거리(* 보통 High Street라 써서 고유 명사로 쓰인다)/in the open ~ 거리에서, 한데에서; 공공연히.

[USAGE] **in the street와 on the street**──이 경우 (英)에서는 in, (美)에서는 on을 많이 쓴다. (英)에서는 He lives *in* Park Lane.이라 하는데 반해, (美)에서는 He lives *on* Fifth Avenue. 라 한다.

2 …가, …로 (⊗ St.).¶ Downing S― (영국 London의) 다우닝가(수상 관저가 있다). 3 (보도와 구별하여) 차도, 도로. 4 (the ~) (골목길·소로와 구별하여) 큰 거리, 큰 길. 5 (집합적) 거리에 늘어선 집들, 거리 사람들. 6 (the ~) (구어) a) (도시의 극장·오락시설이 많은) 흥행가, 환락가, 오락가. b) (the S―) 상업·금융의 중심지구 ((英)) Lombard S― (London의 금융 중심가); Fleet S― (London의 신문가); (美) Wall S― (New York의 금융가)).

a woman of the street(s) 매춘부.
by a street (英구어) 큰 차로.
down one's street [or *alley*] ＝*up one's street*.
live in the street 외출을 자주 하다.
live [or *go*] *on the streets* 매춘부 생활을 하다.
not in the same street with [or *as*] (구어) (경쟁 따위에서) …와는 비교도 되지 않는; …에 도저히 미치지 못하는.
on easy street (구어) 안락하게, 돈에 쪼들리는 일 없이.
on [or (英) *in*] *the street* [or (英) *streets*] ① 거리에서, 밖에서. ② 실직하여, 집없이. ③ (美속어) 출옥하여, 자유의 몸이 되어. ④ (주식 거래소에서) 영업 시간 후에 매매되어. ⑤ (속어) (마약 따위가) 밀매되어. ⑥ 매춘하여. ⑦ (美속어) 할인 가격으로.
play [or *work*] *both sides of the street* (美) 어느 쪽과도 손을 잡다.
put…on the street (美속어) …의 정보를 흘리다 [누설하다], 모두에게 알리다. [훨씬 앞선.
streets ahead (*of*) (英구어) (학식·능력이) (…보다)
streets apart (구어) 현저히 다른.
streets paved with gold 금으로 포장한 거리; (비유적) 천국(같은 곳).
take it to the street (구어) 문제를 아무에게나 말하다, 개인적인 문제를 공적으로 벌여 싸우다.
take to the streets (美속어) 요구를 내걸고 가두 시위에 나서다.
the man in [or *on*] *the street* 보통 사람, 일반인.
up [or *down*] *one's street* 자기 취미[능력]에 맞아.
walk the street(s) 매춘하다.
work both sides of the street (美구어) (정치가 등이) 모순된 입장[태도]을 취하다, 양다리 걸치다.

stréet acàdemy 명 (美) (빈민가의) 고교 중퇴자를 위한 학교.
stréet àrab 명 (때로 S― A―) (경멸적) 집없는 아이, 유랑아; 집없이 거리를 떠도는 불량자.
stréet bànd 명 (유랑하는) 가두 악대.
street-bright [-bràit] 형 ＝streetwise.
stréet bròker 명 (거리의) 장외 거래인.
‡**street·car** [stríːtkɑ̀ːr] 명 (⊗ ~s [-z]) 노면[시내]전차((英) tramcar).
street-cast·ing [ˈkæ̀stiŋ] 명 (美속어) 배우[모델]로 아마추어를 기용하기.
stréet chìld 명 ＝street arab.
stréet Chrìstian 명 가두 기독교인(1960년대, 교회생활보다 사회적·공동체적 단체 활동에 신앙 생활의 중심을 두려 했던 크리스천).
stréet clèaner 명 가로 청소원[미화원].
stréet clùb 명 (美) 선도를 받는 한 동네 소년들.
stréet créd [credibílity] 명 (구어) (젊은이를 사이의) 유행, 인기.
stréet cries 명(복) (英) 행상인의 외치는 소리.
stréet críme ùnit 명 ＝anticrime unit.
stréet cùlture 명 거리의 문화(도시 환경에서 자라는 젊은이들 간의 공통되는 가치관·생활 양식).
stréet dàncing 명 1 노상[야외]춤. 2 (美) ＝break
stréet dòor 명 (가로에 면한) 앞문, 정문. [dancing.
street·er [stríːtər] 명 1 (방송) 가두 인터뷰. 2 (美속어) 매춘부, 집없는 사람.
stréet fàir 명 거리의 시장[축제].
stréet fùrniture 명 1 가로(街路) 공간 시설물(가로에 설치된 벤치·휴지통·공중 전화 박스·지붕 있는 버스 정류장 등 시설물의 총칭). 2 (속어) 노상에 버린 가구.
stréet gìrl 명 1 매춘부. 2 ＝shopping-bag lady.
street·lamp [stríːtlæ̀mp] 명 가로등.   「생활).
stréet lífe 명 거리의 생활(도시 영세민들이 모여 사는
stréet·light [stríːtlàit] 명 가로등((英) lamp post).
street·man [stríːtmən] 명 (美속어) 거리에서 별이하는 조무래기 범죄자(소매치기·마약 소매인 등).
stréet mínistry 명 (기독교) 가두 전도.
stréet nàme 명 1 (증권) 증권업자 명의(의 증권). 2 (마약의) 통칭, 속칭.
stréet òrderly 명 (英) 가로 미화원.
stréet pàrty 명 (국가적·지역적 축제 때의) 거리의 파티, 가두 축제.
stréet pèople 명 1 노숙자; 히피족. 2 (대도시의) 가두 생활자(노점상 따위). 3 (주택 지역에서) 가로에 떼지어 있는 사람들.
stréet piàno 명 (음악) 야외 연주용 피아노.
stréet príce 명 시중가. 2 것을 경영하는 회사.
stréet ràilway 명 (시내 전차·버스 따위의) 노선; 그
street·scape [stríːtskèip] 명 가두 풍경[환경].
street-smart [ˈsmɑ̀ːrt] 형 (구어) ＝streetwise.
stréet smàrts 명(美구어) 도시 생활의 지혜[영]
stréet swèeper 명 가로 미화원[청소기]. [악함].
stréet tàx 명 자릿세(불량배·폭력단 등이 상인에게서 뜯어가는 돈).
stréet théater 명 가두 연극.
stréet tìme 명 (美속어) 집행 유예 기간.
stréet ùrchin 명 부랑아, 집없는 아이.
stréet vàlue 명 시가(市價), 암거래 가격.
stréet véndor 명 (美) 가두 판매소.   「창녀.
street·walk·er [stríːtwɔ̀ːkər] 명 매춘부, 거리의
stréet·ward [stríːtwərd] 형 거리로 면한. ― 부 가로 쪽으로.
street·wise [stríːtwàiz] 형 도시 물정에 밝은, 도시 생활을 터득한; 새 도시 문화에 통하는.
stréet wòrker 명 (美·캐나다) (지역 청소년을 선도하는) 가두 선도원.

‡**strength** [strenkθ] 명(U) 1 세기, 힘, 완력; 체력; 활력, 원기. ⇨POWER [유의어]¶ gain ~ 힘을 내다; 기운이 나다// I have no ~ left to walk farther. 더 이상 앞으로 걸을 기운이 없다. 2 (정신적인) 힘, 능력, 지력; 담의심; 용기. ¶ ~ of mind[will] 정신력[의지력]/ Union [or Unity] is ~. (속담) 단결이 힘이다. 3 세력, 권력, 자력. ¶ financial ~ 재력. 4 (논의·권유 따위의) 설득력, 효능; 실행력; (작품의) 표현력. 5 내구력, 저항력, 세기, 끈기. ¶ the ~ of a rope 로프의 내구력. 6 정수 (定數), 정원; 병력, 병원(兵員), 군세(軍勢); 다수, 다수의 힘.¶ peace[war] ~ 평시[전시] 병력(수). 7 [C] 의지 [힘]이 되는 것, 의지, 지주. 8 장점, 강점.¶ English is his ~. 영어를 할 수 있는 것이 그의 장점이다. 9 (색음 따위의) 세기, 강도; (약품·술·차 따위의) 농도, 강도, 효력. 10 (감정 허위의) 격렬함.¶ the ~ of anger 노여움의 격렬함. 11 (주식 가격 따위의) 강세. 12 의미, 요점; 사실, 실상. 13 (고어·시) 요새(要塞).

at full strength 전원이 모두[빠짐없이]; (군대가) 총력으로.
below [up to] strength 정원 미달의[정원에 달한].
by main strength (문어) 전력을 다하여[발휘하여].
from strength 강한 입장[위치]에서.
from strength to strength 더욱더, 점점 더.
get the strength of (濠·뉴질) …을 이해하다, …의 진상을 파악하다.
Give me strength! (구어) 더는 못 참겠다!
go from strength to strength 급속도로 강력[유명]해지다.
in full strength ① 전원이 모두. ② (술이) 순수한.
in one's own strength 자력으로.
on the strength (英구어) ① 병적에 올라. ② 조직[회사·단체]에 소속되어.
on the strength of …에 의지하여, 기초하여, …의 도움으로. ¶ I opened a shop *on the ~ of* his help. 나는 그의 도움으로 가게를 열었다.
with all one's **strength** 전력으로, 힘껏.
‡**strength·en** [stréŋθən] 통 (~*s* [-z]) 타 1 …을 강하게 하다, 튼튼하게 하다, 강화[증강]하다; …을 증원하다(⇔ weaken). ¶~ a bridge 다리를 강화하다. 2 …을 격려하다, 활기차게 하다. ── 자 강해지다; 증원하다; 활기차다.
strengthen a person's *hand(s)* (구어) ① (카드의) 패를 좋게 하다. ② …의 입장을 강화하[유리하게] 하다; …을 격려하다
~·er 명 *strengthen*·*ing·ly* 부
strength·less [stréŋkθlis] 형 힘 없는, 무력한.
~·ly 부 ~·ness 명
*strenu·ous** [strénjuəs] 형 1 (행동·노력·생활 등이) 분투하는, 맹렬한, 열심인. ⇒ ACTIVE 유의어 ¶ a ~ worker 분투 노력가. 2 (일·직책 등이) 큰 노력을 필요로 하는, 힘드는. 3 (사람·지력 등이) 활기찬, 활발한; 정력적인.
make strenuous efforts 크게 노력하다.
-ós·i·ty 명 ~·ly 부 ~·ness 명
strep [strep] (구어) 명 연쇄 구균(streptococcus).
── 형 연쇄 구균의.
Streph·on [stréfən] 명 사랑에 고민하는 사나이.
Strephon and Chloe 서로 사랑하는 남녀(pair of lovers). 『 …의 이름』
[<Philip Sidney의 소설 *Arcadia*(1590) 중의 양치기]
strep·i·to·so [strèpətóusou] 형부 (음악) 시끄러운[시끄럽게], 강렬한[히].
strep·o·gen·in [strèpədʒénin] 명 (생화학) 스트레포게닌(구루타민산을 함유한 펩타이드의 일종).
strép thròat 명 (병리) 패혈성(敗血性) 인두염.
strep·to- [stréptou, -tə] (연결형) 1 *twisted*의 뜻. ¶ *streptocarpus*. 2 『연쇄구균』의 뜻. ¶ *streptokinase*.
strep·to·ba·cil·lus [strèptəbəsíləs] 명 연쇄 간균(桿菌).
strep·to·coc·cus [strèptəkákəs/-kɔ́k-] 명 (목 *-coc·ci* [-sai]) 연쇄구균(連鎖球菌).
-cóc·cal, **-cóc·cic** [-kɑ́k-/-kɔ́k-] 형 연쇄구균의[에 의한].
strep·to·my·cin [strèptəmáisn/-sin] 명 (약학) 스트렙토마이신(항생 물질의 하나).
strep·to·thri·cin [strèptəθráisin] 명U (약학) 스트렙토트리신(항생 물질의 하나).
‡**stress** [stres] 명 (목 ~*es* [-iz]) 1 U 압박, 압력, 억압, 강제, 강압. ¶ *in times of* ~ 위급한 때를 당하여서. 3 U 노력, 분투. 4 UC 중요성, 중점; 강조, 역설(*on*, *upon*). 5 UC (음성·음악) 강세, 악센트; 악센트가 있는 음절; (U) (음악) (격조의) 강세, 양음(揚音). ¶ word ~ 단어 강세. 6 UC (기계) 압력; (물리) 응력(應力), 압력(*on*). 7 UC (생리) 스트레스, (정신적) 억압. 8 (고어) 분투, 굉장한 노력. 『 …다.
lay [or *place*, *put*] *stress on* …을 강조[역설]하

no stress (美구어) (감탄사적) 문제 없다, 괜찮다.
under [or *driven by*] *(the) stress of* …에 쫓기어.
── 타 (~*es* [-iz]; ~*ed* [-t]) 타 1 …에 무게[중점]를 두다, …을 강조하다, 역설하다 (*that* 절). ¶ ~ *the study of languages* 어학 학습[연구]에 중점을 두다. 2 (음성) …에 강세[악센트]를 두다, …의 어세를 세게 하다. ¶ *S*- *the second syllable of the word*. 그 단어의 제2 음절에 악센트를 두어라. 3 …을 긴장시키다, 압박하다, 억압하다. 4 (기계) …에 응력[압력]을 가하다. 5 (美속어) 괴롭히다, 초초하게 하다. ── 자 (美속어) 괴로워하다, 초조해하다.
-stress [stris] [연결] -ster의 여성형. ¶ seam*stress*, song*stress*.
stréss àccent 명 (음성) 강세 악센트, 강세.
stressed-out [strést áut] 형 스트레스로 지친, 스트레스가 쌓인.
stréssed skín 명 (항공) 응력(應力) 외피 (구조).
stréss fràcture 명 (의학) 피로 골절(육상 경기자 댄서 등의 다리뼈에 금가기).
stress·ful [strésfəl] 형 긴장[스트레스]이 많은.
~·ly 부 ~·ness 명
stress·less [stréslis] 형 강세[악센트]가 없는; 압력[압박·긴장]이 없는. ~·ness 명
stréss mànagement 명 스트레스 대책[해소책].
stréss màrk 명 강세 기호(′), 악센트 부호.
stres·sor [strésər] 명 스트레스의 요인.
stréss-stràin cùrve 명 응력(應力) 변형 곡선.
stréss tèst 1 (제품의) 내력(耐力) 시험. 2 (의학) 스트레스 테스트(스트레스 하의 심장기능 테스트). 『다.
stress-test [-tèst] 타 스트레스 테스트를 받게 하
‡**stretch** [stretʃ] 통 (~*es* [-iz]; ~*ed* [-t]) 타 1 (신체·수족 따위)를 뻗다, 뻗다; (날개 따위)를 펴다; …을 잡아 늘이다; (구어) …을 (때려서) 뻗게 하다, 눕히다(*out*). ¶ ~ *trousers* 바지의 주름을 펴다. 2 (손 따위)를 앞으로 내밀다, 뻗다(*out*) (*for*). ¶ (~ + 부 + 전 + 명) *She ~ed out her hand for the hat*. 그녀는 모자를 집으려고 손을 내밀었다. 3 [로프 따위]를 치다, (융단 따위)를 깔다(*across*, *upon*). ¶ ~ *a curtain* 커튼을 치다. 4 (고무 따위)를 잡아늘이다 (무리하게) 넓히다, 펴다. ¶ ~ *a rubber band* 고무줄을 잡아늘이다. 5 (근육·인대 따위)를 (잡아당겨) 삐게 하다, 염좌하다. 6 (신경 따위)를 과로시키다, 극도로 긴장시키다. ¶ ~ *every nerve* 긴장하다. 7 …을 과장하다; (말의 뜻 따위)를 확대 해석하다, 견강 부회하다; (진실 따위)를 왜곡하다, 곡해하다, 남용하다. ¶ ~ *the truth* [*or facts*] 진실[사실]을 왜곡하다, 거짓말을 하다. 8 (고어·속어) …을 교수형에 처하다; (유해)의 입관을 준비하다. 9 (술·음식 따위)를 더는 것과 섞어 분량을 늘리다(*with*, *by*). 10 (TV·라디오) (연기)를 질질 끌다, 연장시키다. 『(논의 따위)를 질질 끌다. 11 (고문하여 수족을) 세게 잡아당기다. 12 (눈·입)을 크게 벌리다. 13 (야구) (안타)를 장타가 되게 하다. 14 (공학) (기계의 성능)을 높이다.
── 자 1 (수족·신체 따위를) 뻗다, 기지개를 켜다; (손 따위를) 내밀다(*out*) (*for*). ¶ (~ + 부 + 명) ~ *for a book* 책을 집으려고 손을 뻗다. 2 늘어나다. ¶ (~ + 부) *Rubber* ~*es easily*. 고무는 쉽게 늘어난다. 3 (토지 따위가) 펼쳐지다, 퍼지다, 달하다, 미치다(*out*, *away*) (*across*, *to*, *over*). 4 (일이 시간적으로) (…까지) 계속되다 (*over*); (기억·때가) (…에) 미치다 (*to*, *into*). ¶ *The experiment* ~*ed over a period of two years*. 그 실험은 2년간이나 계속되었다 / *His memory* ~*es back to his early childhood*. 그의 기억은 유년기까지 미친다. 5 (사실을) 과장하다, 늘이어, 말하다. 6 (식료품·돈 따위가) 급한대로 쓸 수 있다, 지탱되다. 7 (해사) 바람의 힘으로 범주하다. 8 필사적으로 노력하다, 전력을 다하다. 9 (속어) 교수형에 처해지다. 10 (라디오·TV) (연기의 속도를 늦추거나 하여) 시간을 벌다[끌다].
stretch a point [or *it a bit*] ⇒ POINT.

stretch one (美속어) (간이 식당에서) 코카콜라의 큰 병을 내놓다. 「을 다하다.
stretch oneself 기지개를 켜다, 팔다리를 뻗다; 전력
stretch one's legs ⇨LEG.
stretch one's luck 스스로 위험을 초래하다.
stretch one's wings =spread one's WINGS.
stretch out ① …을 늘이다, 펼치다. ¶~ oneself out on the grass 풀 위에 벌렁 눕다. ② 길게 눕다, 팔다리[몸]을 뻗다. ¶~ out on the lawn 잔디 위에 길게 눕다. ③ 성큼성큼 걷기 시작하다. ④ (보트 따위를) 힘껏 젓다.
— 图 (豫) ~·**es** [-iz] 1 신장, 팽팽하게 하기; (팔다리 따위를) 뻗기, 기지개. ¶with a yawn and a ~ 하품하며 기지개를 켜서. 2 (피로를 풀기 위한) 산책. 3 단숨, 한번, 단번, 한번 계속되는 시간, 한바탕의 일. 4 (시간·거리 따위의) 길이, 범위, 한도, 퍼짐. ¶a long ~ of rainy weather 오랜[지루한] 장마 / a ~ of twenty years 20년이라는 세월. 5 (신경 따위를) 무리하게 씀, 극도의 긴장. 6 (법률·말 따위의) 확대 해석; 과장; 악용, 남용. ¶a ~ of language 견강 부회, 억지 소리. 7 방향, 진로; (육상·경마) 결승 코스, 홈 스트레치; (선거의) 막바지(에 돌입). 8 (속어) 징역; (보통 a ~, the ~) 형기; (英) 1년의 형기. 9 (해사) 일항정(一航程)의 거리. 10 (美구어) 대형 고급 승용차, 리무진. 11 (S—) (애칭) 키다리. 12 (복식) 자유자재로 신축되는 소재. 13 (美속어) (큰 병의) 코카콜라. 14 (광석·지질) (광맥·지층의) 방향. 15 (야구) 스트레치(주자가 크게 리드를 하지 못하도록 하기 위한 작은 와인드 업).
at [or **on, upon**] **a stretch** ① 단번에, 단숨에. ② 크게 노력하여, 무리하여.
at full stretch ① (몸·수족을) 죽 펴고. ¶lie on the sofa, long legs at full ~ 긴 다리를 죽 뻗고 소파에 눕다. ② 전력을 기울여; 완전 조업을 하여; 전속력으로; 완전히. 「…을 긴장시키다.
bring...to the stretch ① …을 팽팽하게 하다. ②
by any stretch of the imagination 아무리 상상의 나래를 펴 봤자 (…않다).
by a stretch of authority 권력을 남용하여.
on the stretch 긴장하여.
take [or **have**] **a stretch** 산책하다.
— 图 (한정용법) 1 (천·옷 따위가) 신축성의; 방적사가 신축 가공(加工)한. 2 (또는 **stretched**) (리무진 따위의 공기 따위가) 스트레치(타입)의 (좌석을 확장시키거나 발 놓을 자리를 넓힐 수 있게 설비를 개선한 기종).
∼·a·bíl·i·ty 图 **∼·a·ble** 图
*****strétch·er** [strétʃər] 图 1 들것. 2 늘이는[치는, 펼치는] 사람[것]; 구두의 골; (양산의) 펼치는 살. 3 캔버스 (화포)의 틀. 4 (석재·벽돌의) 긴 쪽(⇨header); 노출석(露側石). 5 (항해) 보트의 발 대는 곳, 족가(足架). 6 (건축) 가로대. 7 (속어) 허풍, 거짓말. 8 (~s) (英구어) (신축성의) 긴 나일론 양말. 9 (차의 접는) 포장, 덮개. 10 (낚시) 제물낚시 바늘. 11 (광고·설명용의) 접지 인쇄물. 12 (英속어) (대학 공개 강좌의) 청강생.
— 图 1 (캔버스)를 화틀에 메우다. 2 들것으로 나르 「사람. 다(off).
strétch·er-bear·er [-bɛ̀ərər] 图 들것 드는[메는]
strétch límo (구어) 차체가 긴 호화 리무진. 대는 **strétch lìmousine** 「자국; 임신선(線).
strétch màrks 图(複) (임신 후의) 뱃가죽에 늘어난
strétch-out 图 (구어) (임금 인상을 수반하지 않는) 노동 강화, 노동 시간 연장; (美) (예정 기간·안(案) 등의) 실시 연장.
strétch rèflex 图 (생리) (근육의) 신장(伸張) 반사.
strétch rùnner 图 마지막 스퍼트에 강한 주자; (경마) 뒤쫓는 말.
stretch·y [strétʃi] 图 1 늘어나는, 신축성이 있는. 2 (과도하게) 늘어나는 경향이 있는, 늘어나기 쉬운. 3 (특히 돼지가) 몸뚱이 긴. **strétch·i·ness** 图

*****strew** [stru:] 图图 (~**ed**; ~**ed**, ~**n** [-n]) 1 (꽃·종자 따위)를 뿌리다, 흩뿌리다(about, around)(on, over). ¶(~+圖+图) ~ sand on a slippery road 미끄러운 길에 모래를 뿌리다. 2 …의 표면을 가득히 뒤덮다, …에 뿌려져 덮다(with). ⇨SCATTER [유의어] ¶a big room strewn with chairs 의자가 여기저기 흩어져 있는 큰 방. 3 …의 위에 뿌려져[흩어져] 있다. ¶Sawdust ~ed the floor. 톱밥이 마루에 온통 흩어져 있었다. 4 (소문 따위를) 퍼뜨리다, 유포하다. **∼·er** 图
stri·a [stráiə] 图 (图 **-ae** [-i:]) 1 (평행으로 되어 있는) 가는 선[줄·홈·이랑]. 2 (-ae) (지질) (빙하에 의해서 암면에 생긴) 가느다란 홈; (광물) 줄무늬. 3 (건축) 선조(線條), 원기둥의 세로 홈. 4 (해부) (조직 속의) 선, 줄.
stri·ate [stráieit] 图图 …에 줄[홈]을 내다. — 图 [stráiət, -eit] =striated.
stri·at·ed [stráieitid] 图 (가는) 줄[홈·이랑]이 있는.
stríated múscle 图 가로무늬근.
stri·a·tion [straiéiʃən] 图 1 图 줄(무늬)를 내기, 홈을 내기. 2 (평행으로 되어 있는) 줄[홈, 줄무늬 따위의) 하나(stria). 3 (지질) 줄모양의 홈(빙하가 암석을 깎은 자리). 4 (세포) 횡문(橫紋). 5 (전기) 광조(光條).
strib [strib] 图 (美속어) 교도관, 간수.
‡**strick·en** [stríkən] 图 strike의 과거분사.
— 图 1 (무기 따위로) 상처를 받은, (탄환에) 맞은. 2 병에 걸린, (정신적으로) 괴로워하는, 고뇌하는; (공포 따위에) 사로잡힌. ¶a ~ family 고통받고 있는 가족. 3 (얼굴이) 괴로운듯한, 슬퍼보이는, 시달린. 4 (됫박 등의 내용물이) 평미레질한, 깎은. 5 무능하여진, 쓸모없게 된. 6 (美) (법률) (…에서) 말소[삭제]된.
stricken in years (고어) 연로한, 노령의.
∼·ly 图
strícken fíeld 图 (문어) 전장, 격전(지).
strick·le [stríkl] 图 1 평미레(되나 말에 수북히 담긴 곡물을 평평히 밀어내는 굴대). 2 (낫 등을 가는) 숫돌. 3 (주형(鑄型)용) 평미레(판).
— 图 …을 평미레로 밀다.
‡**strict** [strikt] 图 (~**·er**; ~**·est**) 1 엄격한, 엄한, 가혹한. ⇨SEVERE [유의어] ¶~ discipline 엄격한 훈련[예의 범절의 가르침] / ~ orders 엄명. 2 엄밀한, 정확한, 적확한. ¶~ punctuality 시간 엄수 / make ~ observations 정확한 관찰을 하다. 3 주의깊은, 면밀한. ¶a ~ search 면밀한 조사. 4 완전한, 절대적인; 엄밀한. ¶~ neutrality 엄정 중립. 5 (메어) 긴장된, 팽팽한; 좁은; 친밀한. 6 (식물) 직립성의, 수직의. 「대하다.
be strict with **a person** 남에게 엄격하다, 엄격히
in strict confidence 절대 비밀로.
in the strict sense (**of the word**) 엄밀히 말하면, **∼·ness** 图 「엄밀한 뜻으로는.
stric·tion [stríkʃən] 图图 팽팽함; 긴축, 압축.
‡**strict·ly** [stríktli] 图 (**more ~; most ~**) 1 엄격히, 엄중하게. ¶Smoking is ~ prohibited in the car. 차내 흡연 엄금. 2 엄밀히, 정확히. 3 확실히; 전적; 단호히.
strictly between us 전적으로 우리끼리 이야기이지만, 비밀이지만.
strictly speaking; speaking strictly 엄밀히 말
stric·ture [stríktʃər] 图 1 (~**s**) 비평, 논평; 비난, 혹평. 2 (병리) 협착 (狹窄(症)). 3 구속, 긴축.
pass strictures on [or **upon**] …을 비난하다.
‡**stride** [straid] 图 (图 ~**s** [-z]; **strode; strid·den** [strídn]) 图 1 성큼성큼 걷다(along). ¶(~+圖) ~ away 성큼성큼 걸어서 떠나다. 2 다리를 벌려 넘다, 성큼 건너 뛰다(across, over). ¶(~+圖+图) ~ across a stream 개천을 뛰어 건너다. 3 (가랑이를 벌리고) 걸터앉다. — 图 1 …을 성큼성큼 걷다. ¶~ a street 거리를 활보하다. 2 …을 건너 뛰다, 성큼 건너다. 3 …에 걸터 앉다. ¶~ a horse 말에 걸터앉다.
— 图 (图 ~**s** [-z]) 1 성큼성큼 걷기, 활보, 큰 걸음의 걸음. ¶walk with big [or long] ~s 성큼성큼 걷다. 2

가랑이를 크게 벌림, 한 걸음(의 폭). **3** 정상적인 진행, 일정한 페이스. **4** (~s) 진보, 발달, 전진; (진보·발전의) 일보, 한 단계. **5** (~s) (英·濠구어) 바지.
at [or ***in***] ***a stride*** 한 걸음에.
be thrown out of one's ***stride*** (英) 당황하다.
hit [or ***strike, get into***] one's ***stride*** ① 본래의 컨디션[페이스]을 되찾다. ② 제 가락이 나다, 본 궤도에 오르다. 「이다].
lengthen [***shorten***] one's ***stride*** 속력을 내다[줄
make rapid strides 장족의 발전을 하다.
put a person ***off*** [or ***out of***] ***his stride*** 남의 평소의 페이스를 흐트러뜨리다.
take…in one's ***stride*** …을 수월하게 뛰어넘다; …을 손쉽게 해내다[헤쳐나가다]. ¶ He *took* the barrier *in* his ~. 그는 장애물을 수월하게 극복했다.
with strides 큰 걸음으로.
stríd·ing·ly 부
stri·dent [stráidnt] 형 **1** 삐걱거리는, 소리가 날카로운, 귀에 거슬리는. **2** (빛깔 등이) 야한. **3** (요구 따위가) 집요한. **-dence, -den·cy** 명 **~·ly** 부 「바지.
strid·er [stráidər] 명 stride하는 사람; (~s) (속어)
stri·dor [stráidər] 명 **1** 삐걱거리는 소리, 귀에 거슬리는 소리. **2** (병리) 천명(喘鳴).
strid·u·late [strídʒulèit/-dju-] 자 (귀뚜라미 따위가 다리를 문지르며) 찌르륵거리는 소리를 내다 (곤충이) 울다. **-lá·tion, -là·tor** 명 **-la·tò·ry** 형
strid·u·lous [strídʒuləs/-dju-] 형 **1** 귀에 거슬리는 소리를 내는, 찌르륵[찍찍] 우는. (또는 **stridulant**) **2** (병리) 천명(성)의. **-lance** 명 **~·ly** 부 **~·ness** 명
‡**strife** [straif] 명 **1** 분쟁, 충돌; 불화, 반목, 적대; 싸움, 투쟁, 쟁의. ¶ a labor ~ 노동 쟁의. **2** 경쟁. **3** (고어) 분발, 분투. **4** (濠·뉴질 구어) 내분, 분규.
be at strife with …과 불화하다.
make strife 불화[반목]를 일으키다, 다투게 하다.
~·ful, ~·less 형
strig·il [strídʒəl] 명 **1** (고대 그리스·로마 따위에서 사용한) 때미는 기구. **2** (건축) (특히 고대 로마의) S자형 홈새김 장식. 「가 될 만한.
strik·a·ble [stráikəbl] 형 칠 수 있는; 파업의 빌미
‡**strike** [straik] 동 (***struck; struck***, (고어) ***strick·en; strík·ing***) 타 **1** …을 치다, 때리다, 구타하다, 일격을 가하다. ⇒BEAT 유의어 ¶ (~+目+補) ~ a person *dead* 남을 때려 죽이다 // (~+目+目) ~ a person a blow 남을 때리다 // (~+目+前+名) He *struck* me *on* the head. 그는 내 머리를 쳤다.
2 (칼 따위)를 (…에) 찌르다 (*in, into*); (남)을 (칼 따위로) 찌르다 (*with*). ¶ (~+目+前+名) ~ a person *to* the heart *with* a jackknife / ~ a jackknife *into* a person's heart 잭나이프로 남의 심장을 찌르다.
3 (타격·공격)을 가하다; …을 공격하다. ¶ ~ the fort 요새를 공격하다.
4 (쳐서·마찰하여) …에 불(꽃)이 나게 하다. ¶ ~ a light 불을 붙이다 / ~ a match 성냥을 긋다.
5 (빛 따위)가 …을 닿다, 떨어지다, (소리가) (귀)를 치다[때리다]. ¶ The searchlight *struck* the wreck. 서치라이트가 난파선을 비췄다.
6 …을 충돌하다, 부딪치다; 떨어져서 …에 닿다. ¶ The ship *struck* a rock. 배가 바위에 부딪쳤다 / The lightning *struck* the barn. 벼락이 헛간에 떨어졌다.
7 …이 (마음·머리속에) 떠오르다, …이 생각나다. ¶ A bright idea *struck* me. 묘안이 떠올랐다.
8 …을 우연히 만나다, 우연히 부딪치다; (광맥·유맥 따위)를 발견하다. ¶ ~ an amusing book 재미있는 책을 찾아내다 / ~ the main road 큰 길로 나오다 / ~ oil 석유를 찾아내다.
9 …을 느끼게 하다, …에 (…의) 인상을 심다 (*as*); (주의)를 끌다; …에 감명을 주다; …을 매혹시키다, 반하게 하다. ¶ At first sight he was *struck* by her beauty. 그는 첫눈에 그녀의 아름다움에 매료되었다 / They ~ me *as* abnormal. 그들은 이상하게 느껴진다.
10 (pp. ***struck, strick·en***) (병·죽음이) …을 급습하다 (*down*). (충격·공포·불안이) …을 압도하다, 괴롭히다, 타격을 주다; …을 갑자기 …하게 하다. ¶ be *stricken* (*down*) *with* cholera 콜레라로 쓰러지다 / be *struck with* shame 부끄러워 어찌할 바를 모르다 // (~+目+補) be *struck* speechless 아연실색하다.
11 (화폐·메달 따위)를 주조하다, 찍어내다. ¶ The mint ~s coins. 조폐국은 화폐를 주조한다. **12** (시계·종이) (시각)을 치다, (시간)을 알리다. ¶ Then the church clock was *striking* ten. 그때 교회의 종은 10시를 치고 있었다. **13** (악기 따위)를 울리다, 타다, 연주하다 (*up*). ¶ ~ the harp 하프를 타다. **14** (어떤 활동)을 갑자기 시작하다; (어떤 태도)를 갑자기 취하다. ¶ ~ a polite attitude 갑자기 정중한 태도를 취하다. **15** (공포·한기 따위가) …의 몸에 스며들다 (*to, into*). ¶ Cold ~s me *to* the marrow. 추위가 뼛속까지 스며든다. **16** (무대 장치·소도구 따위)를 들어내다, (조명)을 끄다; (텐트)를 철거하다. ¶ ~ camp 텐트를 접어 캠프를 철거하다 / ~ a stage 무대 장치를 들어내다. **17** (旗·돛·깃발 따위)를 내리다, 끌어내리다; (짐)을 부두로 내리다. ¶ ~ one's [or the] flag 기를 끌어내리다(항복·인사의 표시). **18** (문자·이름 따위)를 지우다, 삭제하다 (*off, out*) (*from*). **19** (계약 따위)를 약정하다, (조약 따위)를 체결하다. ¶ ~ a bargain 매매 계약을 하다 / ~ a treaty 조약을 체결하다. **20** …을 결산하다, 결제하다. ¶ (결론·타협)을 얻다, 도달하다. ¶ ~ a balance 청산하다 / ~ a compromise 타협점에 이르다. **21** (식물이) (뿌리)를 뻗다, (어떤 지역)에 (식물의 뿌리)를 내리게 하다. ¶ ~ root 뿌리를 박다 / ~ a cutting 꺾꽂이한 나무에 뿌리를 내리게 하다. **22** (평균)을 산정하다. ¶ ~ an average 평균을 내다. **23** (낚시) (물고기)를 바늘로 낚아채다; (고래)에 작살을 박아넣다; (물고기에) (미끼)를 물다. **24** (평미레로) (되나 말 속의 곡물)을 명평하게 밀다. **25** (직선)을 긋다; (목수가) …에 먹줄을 튕기다 (지면에 페인트로) 구획선을 긋다. **26** (술통에) 주둥이를 내다. **27** (일)을 그만두다; (노동 조합이 파업을 하여) (조업)을 중지하다, 스트라이크를 선언하다(에 돌입하다). ¶ ~ work 파업에 들어가다. **28** …을 자르다, 떼어내다 (*off, away*). ¶ ~ off a person's head 남의 머리를 자르다. **29** (공포·감동 따위)를 …에 심다, 불어넣다, 일으키다. ¶ ~ a deep response 강한 반응을 불러일으키다 / ~ fear *into* a person 남에게 공포심을 불어넣다. **30** (도로가) …에 이르다, …으로 나오다; (사람에) …에 도착하다, 나오다, …으로 진로를 잡다. ¶ We *struck* Rome before dark. 어두워지기 전에 로마에 도착했다. **31** (배심원)을 뽑다, 특별 선정하다. ¶ ~ a jury 배심원을 뽑다. **32** (구어) (…에게) 몹시 졸라대다, 되게 조르다 (*for*). **33** (조정) (매분) (일정수의 피치)로 젓다. **34** (독사가) …을 물다.
— 자 **1** 치다, 때리다; 공격하다 (*at*). ¶ S~ *while* the iron *is hot*. (속담) 쇠는 달았을 때 두드려라; 호기를 놓치지 마라.
2 부딪치다, 충돌하다 (*against*); (배가) 좌초하다 (*against, on, upon*). ¶ (~+前+名) The ship *struck on* a rock. 그 배는 좌초했다.
3 (…을) 똑똑 두드리다; 가볍게 두드리다 (*at*); (심장이) 고동치다.
4 발화하다, 불이 붙다. ¶ These matches are too wet to ~. 이 성냥은 습기차서 불이 붙지 않는다. 「리다.
5 (빛이) 닿다, 떨어지다 (*on, upon*); (소리가) 귀를 때
6 심금을 울리다, 감동시키다. ¶ (~+前+名) His words *struck on* my mind. 그의 말은 내 심금을 울렸다. **7** 갑자기[우연히] 생각나다, 생각해내다; 뜻밖에 만나다 (*on, upon*). ¶ I *struck on* a happy thought. 좋은 생각이 떠올랐다 / ~ *upon* an unknown road 뜻밖에 모르는 길에 나오다. **8** (시계가) 시각을 알리다.

(때가) 오다. ¶His hour has *struck*. 그의 명운이 다 되었다. **9** (노·수족 따위로) 물을 세게 젓다(*out*). **10** (악기로) 소리를 내다, 음악을 연주하다. **11** (식물이) 뿌리를 내리다, 뿌리박다; (씨가) 싹이 트다. **12** 통하다, 스며들다; 꿰뚫다, 찌르다 (*to, through*). ¶The chill has *struck to* my bones. 추위가 뼛속까지 스며들었다. **13** (새로운 곳으로) 향하다, 가다, 나아가다; 출발하다 (*down, off, out*)(*for, into, to*). ¶ (~+[前]+[名]) ~ *for* home 집으로 향하다 / ~ *into* a harbor 입항하다. **14** (굴 따위의 조가비가) 달라붙다, 밀착하다. **15** 〔해사〕 (항복·인사의 표시로) 깃발을 내리다, 항복의 백기를 올리다. **16** 〔낚시〕 (물고기가) 미끼를 물다; (독사가) 물다. **17** 〔美해군〕 (장교 등의) 당번병이 되다; (진급을 위해) 훈련을 받다 (*for*). **18** 노력하다; 싸우다. ¶ (~+[前]+[名]) ~ *for* freedom 자유를 위해 싸우다. **19** 파업을 하다 (*for, against*). ¶ (~+[前]+[名]) The workers *struck for* higher wages. 노동자들은 임금 인상을 요구하며 파업했다.

be stricken with …병에 걸리다.

be struck with …에 감명받다.

It strikes** one **that... (…에게는) …와 같이 생각된다.

strike a blow for …을 위해 전력을 다하다.

strike a docket 《英》 〔법률〕 (파산 수속의) 서류를 제출하다.

strike a happy medium 중도적인[치우침이 없는] 알맞은 답을 얻다.

Strike a light! 《英구어》 이거 놀랍군!, 정말이냐?

strike a line [or ***path***] 진로를 취하다[잡다].

strike** a person **all of a heap 남을 아연[망연]케 하다.

strike aside 〔창끝·공격〕을 받아넘기다, 피하다.

strike at ① ⇨[자] 1. ② 〔남·일〕을 비난하다, 공격하다.

strike at the root of ⇨ROOT[1].

strike back ① 되치다, 반격하다. ② (불이) 역류하다.

strike camp ① 캠프[진영]를 철거하다. ② 〔연극〕 (연극이 모두 끝나서) 세트를 치우다[철거하다].

strike down ① …을 때려눕히다; …을 죽이다. ② (병이) 〔사람〕을 엄습하다. ③ 〔물고기〕를 조통림해서 저장하다. ④ (태양이) 쪼이다 (*at*).

strike hands 협정을 맺다.

strike home ① 〔못 따위〕를 깊이 박다. ② (발언이) 소기의 효과를 내다, 정곡을 찌르다. ③ 강한 인상[감명]을 주다 (*to*).

strike in ① …을 박아넣다. ② 말참견을 하다, 갑자기 끼어들다.

strike into ① …을 박아넣다, 찌르다. ② 〔말 따위〕에 끼어들다. ③ 갑자기 …하다, 시작하다. ¶~ *into* a laugh 웃음을 터뜨리다. 「다; 갑자기 부자가 되다.

strike it rich 《美구어》 굉장한 유전[광맥]을 찾아내

strike lucky 잘 돼가다, 행운을 만나다.

Strike me blind [or ***dead, pink***]***!; Strike*** (***me***)***!*** 《속어》 놀랍군!

strike me dead [or ***blind, lucky***] ***if*** [or ***but***]***...*** 《속어》 …이라면 목을 내놓겠다, 절대로 …이 아니다.

strike off ① …을 쳐서[잘라] 떨어뜨리다. ② 〔이름 따위〕를 삭제하다. ¶~ *off* a line from a page 한 페이지에서 1행 삭제하다. ③ …을 인쇄하다. ④ 〔시·글 따위〕를 즉석에서 짓다. ⑤ (길이) 옆으로 빠지다, 벗어나다. ⑥ 〔이자 따위〕를 빼다, 할인하다.

strike oil ⇨OIL.

strike on [or ***upon***] ① ⇨[자] 7. ② ⇨[자] 2.

strike** one's **colors 항복하다.

strike out ① 〔장사 따위〕를 시작하다. ② 〔야구〕 (투수가) 〔타자〕를 삼진 아웃시키다. ③ (쉽게) 〔계획〕을 안출하다, 〔학설〕을 발견하다, 〔방침 따위〕를 안출하다. ④ …을 말살하다, 삭제하다. ⑤ 〔권투〕 어깨에서 팔을 뻗어 치다. ⑥ 〔수영〕 (어떤 방향으로) 수족을 놀려서 헤엄치다. ⑦ 《美》 실패하다. ⑧ (타자가) 삼진되다.

strike over (지우지 않은 글자에) 겹쳐서 타자하다.

strike through ① 〔어구 따위〕를 선을 그어 지우다. ¶~ a word *through* 한 단어를 선을 그어 지우다. ② …을 관통하다.

strike together 충돌하다; 충돌시키다; (종을) 일제히 울리다.

strike up ① 〔적의 칼 따위〕를 쳐서 튕기다. ② 〔교제·회화 따위〕를 (초면인 사람과) 시작하다. ③ (악단 등이) 〔곡·노래〕를 연주하다; (지휘자가) 〔악단〕에게 연주를 시작하게 하다. ¶The band *struck up* a march. 밴드는 행진곡을 연주하기 시작했다. ④ 《수동형으로》 …을 곤혹케 하다; …에 홀딱 반하게 하다 (*with, on*). ⑤ 〔주화의 무늬 따위〕를 양각으로 하다.

—[명] **1** 치기, 타격, 구타, 공격. ¶He made a bold ~ *at* the robber. 그는 대담하게도 강도와 맞서 싸웠다. **2** 동맹 파업, 스트라이크. ¶a general ~ 총파업 / a ~ order 파업 지령. **3** 〔야구〕 스트라이크. ¶three ~*s* 삼진. **4** 〔볼링〕 스트라이크(제1투(投)로 핀을 모두 쓰러뜨리기); 그 득점. **5** (시계가) 때를 알림; 그 소리; 시간치는 장치. **6** 〔지질〕 주향(走向). **7** (화폐의) 1회분의 주조액; 주조용의 주물 고르개 판. **8** =strickle 1. **9** 스트라이크(도량형의 단위. 보통 1 bushel). **10** 〔낚시〕 (물고기가) 미끼를 물기; 사냥감을 습격하기. **11** 《美》 (유전·광맥 따위를) 찾아냄; 히트치기, 요행수; 갑작스런 대성공, 큰 벌이. **12** 계획[집중] 공격; 공습; 공습 편대. **13** 《美속어》 강요, 갈취. **14** 〔양조〕 (맥주 따위의) 품질, 등급; 농도, 강도. **15** (문의 자물쇠의) 구멍쇠. **16** 〔화학〕 재가열.

be (***out***) ***on*** (***a***) ***strike*** 파업중이다.

break up a strike 파업을 깨다.

go [or ***come***] (***out***) ***on*** (***a***) ***strike*** 파업에 들어가다.

have two strikes against [or ***on***] ***one*** 《美구어》 스트라이크를 둘 빼앗기다; 《비유적》 불리한 입장에 처하다. ¶*I had two ~s against* me for it. 나는 그 때문에 불리한 입장에 처했다.

on strike 파업중; 〔크리켓〕 공격하여.

strike of day 새벽녘, 여명.

take strike 〔크리켓〕 (타자가) 칠 자세를 취하다.

—[형] 〔군사〕 (전투 폭격기가) 공격용인.

stríke-á·ny·where màtch [-énihwὲər/-wὲə-] [명] 어디에 그어도 켜지는 성냥; 황린(黃燐) 성냥.

stríke bènefit [명] =strike pay.

strike·bound [stráikbàund] [형] 파업으로 기능이 정지된, 파업으로 폐쇄된.

strike·break [stráikbrèik] [동][자] 파업 파괴를 하다.

strike·break·er [stráikbrèikər] [명] 파업 파괴자.

strike·break·ing [stráikbrèikiŋ] [명][U] 파업 파괴.

Stríke Commánd [명] 〔英군사〕 영국 본토 부대.

stríke fàult [명] 〔지질〕 주향 단층(走向斷層).

stríke fòrce [명] **1** 〔군사〕 타격 부대. **2** (경찰의) 조직 범죄 대책반.

stríke fùnd [명] 파업 기금.

strike·less [stráiklis] [형] 스트라이크가 없는.

stríke mèasure [명] 평미레로 밀어 평평하게 된 두량(斗量).

stríke nòte [명] 타종(打鐘)음(조).

strike-off [´ɔ̀:f, ´ɑ̀f/ɔf] [명] **1** 교정쇄, 시쇄(試刷). **2** 마무리용 흙손.

strike-out [´àut] [명] **1** 〔야구〕 삼진; 《美구어》 실패. **2** 〔컴퓨터〕 취소선(의 효과)(워드프로세서에서 문자열(列)을 관통하는 직선).

stríke pày [명] (노동 조합이 지급하는) 파업 수당.

stríke prìce [명] 〔증권〕 =striking price.

strik·er [stráikər] [명] **1** 치는 사람[것], 해머, (시계의) 타기(打器); 시간치는 시계; (총의) 공이(치기), 격침. **2** 파업중인 노동자. **3** 〔美육군〕 당번병; 〔美해군〕 신병. **4** (포경(捕鯨)에서) 작살질; 작살; 작살질하는 사람. **5** 평미레. **6** (손이 미치지 않는 부분을 페인트칠하기 위해) 브러시에 다는 자루[막대]. **7** 《美》 잡역부; 남자 조수. **8** 〔축구〕 스트라이커, 공격수; 〔크리켓〕 타수.

stríke ràte [명] 성공률.

strike·through [stráikθrù:] [명] =strike-out 2.

stríke tòne [명] 《美》 =strike note.

stríke zòne [명] 〔야구〕 스트라이크 존.

‡strik·ing [stráikiŋ] [형] (***more*** ~; ***most*** ~) **1** 치는,

striking distance 때리는, 타격의; 시각을 치는. **2** 남의 눈에 띄는, 인상적인; 두드러진, 주목할 만한, 놀라운. ⇨OUTSTANDING 유의어 ¶a ~ beauty 굉장한 미인. **3** 파업중인. **4** (적을) 공격할 수 있는. ¶~ power 공격력.

~·ly 부 **~·ness** 명 「유효 거리.

stríking dístance 명 타격 가능 거리[범위]; 공격 **within striking distance (of)** (…의) 바로 곁에.

stríking fòrce 명 =strike force.

stríking príce 명 《금융》 (증권·상품 따위의 옵션 거래의) 권리 행사 가격.

strim [strim] 타 스트리머(Strimmer)로 깎다.

Strim·mer [strímər] 명 《상표》 스트리머(금속 날 대신 강한 합성 수지 끝을 회전시켜 깎는 풀 베는 기계).

strine [strain] (때로 S-) 《구어》 명 U 오스트레일리아 영어.

‡**string** [striŋ] 명 (복 ~s [-z]) **1** UC 끈, 노끈, 가는 끈(cord와 thread와의 중간 굵기의 끈), 실; (곡두각시의) 조종줄; (헬리콥터의) 탄주(彈奏). ¶a piece of ~ 끈 하나/tie ~s 끈을 매다/untie ~s 끈을 풀다. **2** (a ~) 염주처럼 꿰어져 있는 것, 한 오리, 한 줄. ¶a ~ of pearls 한 줄로 꿰어이진 진주(목걸이 따위). **3** (두두·모자·에이프런 등의) 매는 끈, 리본. ¶apron ~s 에이프런 끈/boot ~s 구두끈. **4** (a ~) 일련, 한 이음, 일렬, 연속; (사람·동물의) 한 떼, 한 무리; (집합적) (한 마구간의) 경주마. ⇨SERIES 유의어 ¶a ~ of questions 질문의 연발/a long ~ of cars 긴 열을 이루고 있는 차/be in a ~ 연속처럼 이어져 있다. **5** (활의) 시위. ¶lay an arrow on the ~ 시위에 화살을 메기다. **6** (악기의) 현, 줄. **7** (~s) (관현악단의) 현악기(부); 현악기 연주자. ¶touch the ~ 현악기를 연주하다, 탄주(彈奏)하다. **8** (식물의) 섬유; (완두 따위의) 힘줄; 덩굴손. **9** (건축) 돌림띠(stringcourse); 계단 옆판. **10** 《당구》 **a)** 스트링 공을 쳐서 맞은편 쿠션에 맞추어, 퉁겨서 정지한 위치에 따라 경기 순서를 결정하는 일. **b)** 득점수; 득점 계산기. **11** (~s) 《미구어》 부대 조건, 제한. ¶a proposal with no ~s attached 부대 조건이 없는 제의. **12** 방책, 방법, 수, 의지. ¶the first [second] ~ 제1 [제2] 책, 제1[제2]로 의지가 되는 사람[것]. **13** (기량에 따라 나누는 선수·경기자의) 조, 급, 군. ¶players of the first ~ 일군 선수. **14** (폐어) 힘줄, 인대(靱帶), 신경, 건(腱). **15** 《미구어》 험담, 거짓말, 허보(虛報). **16** 《유정 (油井)파》는 수직 굴삭 장치, 굴삭 파이프. **17** 《컴퓨터》 문자열, 스트링. **18** (블링) 한 게임(10 frames로 이루어진다). **19** 《사격》 예정 발사 탄수. **20** (허리 부분에 끈으로 된) 스트링 비키니(~ bikini).

by the string rather than the bow 《구어》 단도직입적으로. 「풀이하다.

harp on one [or **the same**] **string** 같은 것을 되 **have** [or **keep**] **a person on a** [or **the**] **string** 남을 마음대로 조종하다.

have two strings [or **more than one string, another string, an extra string**] **to** one's **bow** 제2의 방책[수단]을 갖고 있다; 다재다능하다.

on a [or **the**] **string** ① (구슬 따위가) 실에 꿰어서. ② 뜻대로 조종되어. 「역할을 하다.

play second string to …을 보좌하다, …의 조연 **pull every string** 전력을 다하다.

pull (**the**) **strings** [or **wires**] ① (인형극에서) 줄을 조종하다. ② 《구어》 배후에서 조종하다; 연줄을 이용해서 목적을 달성하다. 「올리다.

touch a string in a person's **heart** 남의 심금을 ─ 타 현악기의; 실로 퉈서 만든.

─ 타 (~s [-z]; **strung**; **strung**, (드물게) **~ed**) **1** …을 실[끈]을 달다, …을 실에 꿰다. ¶~ beads 구슬을 실에 꿰다. **2** (실·끈 따위를) 묶다, 감다, 매달다; …을 매달아 장식하다(up). ¶~ a packet of books 책의 소포를 묶다(~+目). ¶~ up Christmas decorations 크리스마스 장식을 매달다. **3** (활·악기에) 현[시위]을 매다; (줄을 당겨서) (악기)를 조율하다(up). ¶(~+目+ 부) ~ (up) a violin 바이올린을 조율하다. **4** …을 일렬로 세우다, 배열하다(out). **5** …을 팽팽하게 하다, 펼치다, 잡아늘이다(out); 《수동형으로》 (차 따위가) 연이어지다. ¶(~+目+부) ~ out one's life 수명을 연장하다. **6** 《수동형·재귀용법으로》 (신경·정신·근육 따위를) 긴장시키다, 흥분시키다(up). ¶(~+目+부) ~ oneself up to the highest pitch 극도로 긴장하다 // (~+目+to do) ~ oneself up to do; be strung up to do 힘을 내어 …하다. **7** …의 섬유[힘줄]를 제거하다. ¶~ beans 콩 꼬투리의 힘줄을 제거하다. **8** (미속어) …을 속이다, 사기치다(with). **9** (구어) 교수형에 처하다(up).

─ 자 **1** 줄을이 이어지다, 길게[줄지어] 움직이다. **2** 실처럼 되다; (아교 따위가) 실같이 되다; 실을 당기다. **3** (신문·잡지의 자유[비상근] 통신원[기자]으로 일하다. **4** 《당구》 공을 쳐서 경기 순번을 결정하다.

be strung out (속어) ① 마약을 상용하고 있다. ② 침울하다; 혼란에 빠져 있다, 초조하다.

string along 《구어》 ① (남)을 속이다. ② (남)을 완전히 신용[신뢰]하다. ③ …을 기다리면서 따른다.

string along with (…에) 동조하다, (신뢰하여) …에 따르다, …와 협조하다.

string on (시간을 벌기 위해) …을 속이다.

string out ① ~ 타 **4**. ② …을 매달다. ③ (시간적으로) …을 지연시키다, 연장하다.

string up 높이 매달다; 《구어》 목매달아 죽이다. 교수 ~·**less**, ~·**like** 형 「형에 처하다.

stríng álphabet 명 (맹인용) 끈 문자(알파벳).

stríng bàg 명 망태기.

stríng bánd 명 현악단.

stríng báss [-bèis] 명 콘트라베이스(contrabass).

stríng bèan 명 **1** 꼬투리를 먹는 콩, 깍지강낭콩; 그 꼬투리. **2** (미구어) 키가 후리후리한 사람.

stríng bikíni 명 =string 20. 「장판.

stríng·board [stríŋbɔ̀ːrd] 명 《건축》 계단의 옆 치 **stríng correspòndent** 명 =stringer 6.

stríng·course [stríŋkɔ̀ːrs] 명 《건축》 돌림띠.

stríng devèlopment 명 대상(帶狀) 발전[개발].

stringed [striŋd] 형 **1** (악기가) 현이 있는; (복합어로) 현이 …인, …현의. ¶five-~ 5현의. **2** (고어) 현악기로 연주된. 「악기.

stríng instrument 명 현

strin·gen·cy [stríndʒənsi] 명 (stringcourse) UC **1** 용서 없음, 가혹함. **2** (규칙 등의) 엄격, 엄중. **3** (의론·학설 따위의) 설득력, 납득시키는 점. **4** (금융 사정 따위의) 경색, 핍박, 절박. ¶financial ~ 재정 압박.

strin·gen·do [strindʒéndou] 부형 《음악》 차츰 급속하게(한). [<It]

strin·gent [stríndʒənt] 형 **1** 용서 없는, 엄한, 가혹한; (규칙 등이) 엄격한, 엄중한. ⇨SEVERE 유의어 **2** (토론 따위가) 설득력이 있는; 유력한. **3** (금융 사정 따위가) 긴박한, 절박한; 돈이 안 도는. **4** (맛이) (설익은 과일처럼) 자극이 강한. ~·**ly** 부 「일처럼) 자극이 강한.

string·er [stríŋər] 명 **1** (현악기의) 현을 매는 사람, (활의) 시위를 메우는 사람. **2** 《건축》 수평재, 가로보; (계단의) 옆판; (토목) 세로 도리. **3** 《미》 《철도》 세로 깐 침목. **4** 《군》 (수량재(受梁材)). **5** (속어) 수단 좋은 비상근 신문 기자, 특약 통신원. **7** (복합어로) 《미》 …급 선수. ¶a second-~ 2군[보결] 선수. **8** (잡은 고기를) 꿰어 놓는 줄. **9** (채광) 광조(鑛條)(광석의 가는 맥).

stríng·halt [stríŋhɔ̀ːlt] 명 U (수의) (말의) 파행증(跛行症). (또는 **springhalt**)

~·**ed** 형 ~·**ed·ness** 명 ~·**y** 형

stríng·ing [stríŋiŋ] 명 **1** (가구의) 가는 상감(象嵌)

띠. 2 (라켓의) 거트. [이 없는.
string·less [stríŋlis] 형 1 현이 없는. 2 부대 조건
string·line [stríŋlàin] 명 (건축) (벽돌 쌓기 등에서) 수평으로 친 실.
string órchestra 명 현악 합주단.
string·piece [stríŋpìːs] 명 (건축) (뼈대를 보강·연결하기 위한) 길다란 가로대.
string pláyer 명 현악기 연주자.
string-pull·er [⁻pùlər] 명 배후 조종자.
string-pull·ing [⁻pùliŋ] 명 배후 조종, 음모.
string quartét 명 (음악) 현악 4중주단(곡).
string tie 명 폭이 좁고 짧은 넥타이(나비 넥타이용).
string váriable 명 (컴퓨터) 문자열(列) 변수.
string-whang·er [⁻hwæŋər] 명 (속어) 기타주자.
string·y [stríŋi] 형 1 실(끈)의, 실 같은, 가느다란. 2 힘줄이 많은, 섬유질의. ¶~ meat 힘줄이 많은 고기. 3 (사람이) 힘줄이 단단한, 근골이 튼튼한. 4 (액체 따위가) 끈끈한, 점질(粘質)의. 5 현악기 같은 음색의.
string·i·ly 부 **string·i·ness** 명
‡**strip**¹ [strip] 동 (~ped [-t], (드물게) ~t; ~·ping) 타 1 (겉질 따위를) 벗기다(off)(from, to); (남)의 옷을 벗기다. ¶(~+목+전+명) ~ a person to the skin 남을 발가벗기다 / ~ a tree of its bark; ~ the bark from a tree 나무 껍질을 벗기다 (• of와 from의 용법에 주의) // (~+목+보) ~ a person naked 남을 발가벗기다 // (~+목+부) ~ off one's clothes 옷을 벗다.
2 …에게서 빼앗다, 약탈(박탈)하다; 제거하다, 비우다 (of). ¶(~+목+전+명) ~ a room of its furniture 방의 가구를 모두 치우다 / ~ a person of his money 남에게서 돈을 탈취하다.
3 (겉치레·구실 따위를) 제거하다, 간파하다, 까발리다 (away). ¶~ away a person's secrets 남의 비밀을 벗기다.
4 (벽 따위에서) (낡은 페인트·니스 따위를) 벗겨내다, 떼어내다(down)(from, off). ¶The floor should be ~ped and then refinished. 마루바닥은 니스칠을 벗겨내고 새로 칠해야겠다.
5 (주괴(鑄塊))에서 주형(鑄型)을 떼어내다; (굳은 콘크리트)에서 거푸집을 떼어내다.
6 (외과) (혈관)을 추출하다. 7 (속어) 화물 수송에서 (컨테이너 따위)에서 짐을 내리다. 8 (풀의 씨)를 (기구를 써서) 따다. 9 담배잎을 줄기에서 떼어내다; (담배잎)에서 엽맥(葉脈)(중륵)을 빼내다. 10 (기계) …의 나사 날을 마멸시키다. 11 (소제를 위하여) (총포류)를 분해하다; (배)를 해장(解裝)하다, …의 장치를 뜯어내다 (away). 12 (화학) …을 증류하여 휘발성분을 없애다. 13 (소에서) (우유)를 짜내다; (물고기에서) (알)을 짜내다. 14 (채광) 노천 채굴하다. 15 (직물) (방적기)에서 지스러기를 없애다; (천)을 탈색하다.
— 자 1 옷을 벗다, 벌거벗다(off, down). 2 (수목·과일 따위의 껍질이) 벗겨지다. 3 (담배잎) 잎을 줄기에서 떼내다. 4 (톱니바퀴의 이·날)이 마멸되다, 닳다. 5 스트립 쇼를 하다. 6 (나사의) 날이 마멸되다. 7 (탄환의) 표면 급속이 벗겨지다.
strip away [or *off*] 벗겨내다, 벗겨버리다.
strip down ① (페인트·벽지 따위를) 벗겨내다. ② …의 옷을 벗기다. ③ (기계 따위의 부품을 떼어내다, 분해하다. ④ (구어) …을 꾸짖다.
strip off ① 옷을 벗다. ② …의 옷을 벗기다. ③ = *strip down* ④.
— 명 (구어) =striptease.
‡**strip**² 명 1 길고 가느다란 조각. ¶in ~s 조각나서. 2 (신문 등의) 연재 만화(comic ~). (우표 수집) 3장 이상 붙어 있는 우표. 3 길고 가느다란 땅; (항공) 활주로. 4 (구어) =striplight. 5 (때로 S-) (양측에 점포·음식점 등이 늘어선) 가로, 길; (속어) 미국의 Las Vegas의 큰 거리. 6 (구어) (풋볼 선수가 입는) 유니폼. 7 (TV)

시리즈물. 8 (기계) 스트립, 띠(줄러에 거는).
have a strip torn off =*lose a strip*.
leave a strip (美속어) (급정거하여) 노변에 타이어자
lose a strip (구어) 호되게 야단맞다. [국을 내다.
tear a strip [or *strips*] *off a person; tear a person off a strip* 남을 호되게 야단치다.
— 동 타 (-pp-) …을 길고 가늘게 자르다.
strip ártist 명 스트리퍼(stripteaser).
strip cartóon 명 (英) =comic strip.
strip céll 명 (美속어) (교도소의) 빈 독방.
strip chàrt 명 띠 모양의 그래프 용지.
strip cíty 명 (美) (도시 간을 잇는) 대상(帶狀) 시가
strip clúb 명 =strip joint. [지.
strip cròpping 명 계단식 경작(재배). (또는 **strip fàrming[plànting]**)
‡**stripe** [straip] 명 1 줄무늬, 줄. ¶vertical [lateral] ~s 세로[가로] 무늬. 2 (종종 ~s) 줄무늬의 직물(천). 3 (천·끈의) 짧고 가느다란 조각; 길쭉한 조각. 4 (~s) (군인의) 수장(袖章), 기장(記章); (구어) 공적, 업적, 계급. 5 (인물 등의) 특색, 형(型), 종류. ¶a politician of the Democratic ~ 민주당계의 정치가. 6 (~s) (美) (군복) 죄수복. 7 (~s) (단수취급) (英구어) 호랑이. 8 (영화) 자성대(磁性帶)(magnetic ~). 9 (속어) 벤 상처.
get [*lose*] *one's stripes* (군사) 승진하다(강등되다).
wear (*the*) *stripes* (美) 교도소에 있다, 복역하다.
— 동 타 …에 줄무늬를 넣다.
~·less 형
*****striped** [straipt] 형 줄무늬가 있는, 줄무늬가 든.
striped báss [-bǽs] 명 줄무늬농어(미국산(産)).
striped múscle 명 가로무늬근.
striped-pants [⁻pǽnts] 형 격식을 차리는, 외교 의례적인; 외교 사절의.
striped tróusers 명복 (원래 관리들이 입던) 줄무늬 바지; (비유적) 관료주의.
strip·er [stráipər] 명 (美軍속어) 1 (계급을 나타내는) 수장을 단 해군 사관. ¶a four-~ 해군 대령. 2 (근무 연수를 나타내는) 수장을 단 군인. 3 (구어) =striped bass. 4 줄무늬를 만드는 사람(붓, 기계).
strip fárm 명 대상(帶狀) 재배 농장.
strip fílm 명 (슬라이드 따위에 쓰는) 1 피트 정도 길이
strip·ing [stráipiŋ] 명 줄무늬 넣기; 줄무늬.
strip jóint 명 스트립 쇼 극장.
strip·light [stríplàit] 명 (연극) (수개의 전구를 띠 모양으로 늘어놓은) 투광 조명기, 스트립라이트.
strip lighting 명 막대 형광등에 의한 조명.
strip·ling [strípliŋ] 명 젊은이, 풋내기.
strip máll 명 스트립 몰(한 줄로 가게가 즐비하여 그 앞에 1열 주차장이 있는 쇼핑 센터).
strip míne 명 노천 (채굴) 광산.
strip-mine 동 **strip-min·ing** 명 노천 채굴.
strip·pa·ble [strípəbl] 형 1 (채광) 노천 채굴할 수 있는. 2 벗기낼 수 있는.
strip-pack·ag·ing [⁻pækidʒiŋ] 명 스트립 포장(1회씩 넣어 여러 개 연결시킨 약봉지 포장 형태).
stripped-down [stríptdáun] 형 (자동차 등이) 여분의 장비를 일체 제외한.
strip·per [strípər] 명 1 벗기는 사람, 약탈자. 2 벌거벗는 사람. 3 (속어) 스트리퍼. 4 (껍질을 벗기는) 도구, 박피기(剝皮器), 제모용 빗. 5 탈곡기. 6 스트립퍼(면화씨의 깍지를 벗기는 기계). 7 박리제(剝離劑)(니스·페인트를 벗겨내는 화학약품). 8 전혀 산출이 없는 유정(油井). 9 (속어) 젖이 마른 소. 10 스트리퍼(라디오·에어콘 등을 모두 떼어놓은 차). 11 도둑; 차의 부품을 뜯어가는 사람.
strip plánting 명 =strip cropping.
strip póker 명 질 때마다 한 가지씩 옷을 벗는 포커.
strip sèarch 명 (속어) =skin search.
strip-search [⁻sə̀ːrt̬ʃ] 동 타 발가벗겨 조사하다.
stript [stript] 동 (드물게) strip¹의 과거·과거분사.

strip·tease [stríptiːz] 명 스트립 쇼. (또는 **strip show**) — 자 스트립 쇼를 하다.
strip·teas·er [stríptiːzər] 명 스트리퍼(stripper).
strip·y [stráipi] 형 줄무늬가 있는, 줄무늬가 든.
‡**strive** [straiv] 자 (~s [-z]; **strove**, ~d; **striv·en**, ~d; **striv·ing**) 1 노력하다, 애쓰다, 힘쓰다 (to do); (…을 얻으려고) 분투하다(for, after, toward). ⇨TRY 유의어. ¶ (~+to do) He always ~s to be ahead of others in his class. 그는 반에서 일등을 하려고 항상 노력한다 // (~+[前]+[名]) ~ for independence 독립을 얻으려고 노력하다 / ~ after an ideal 이상을 실현시키려고 노력하다. 2 싸우다, 분투하다 (with, against). ¶ (~+[前]+[名]) ~ against[or with] fate[or destiny] 운명과 싸우다. 3 (페어) 겨루다 (with).
strive an effect 억지로 효과(감명)를 주려고 하다.
striv·er **striv·ing·ly** 부
striv·en [strívən] 동 strive의 과거분사.
strobe [stroub] 명 (구어) 1 =stroboscope 2. 2 =~ lighting. — 스트로보스코프.
stróbe light 명 스트로보 섬광; 스트로보.
stróbe lighting 명 (디스코텍 따위의) 스트로보스코프(stroboscope)(의 사용).
stro·bile [stróubail, -bil] 명 (식물) 구과(毬果)(솔방울 따위).
stro·bi·lus [stroubáiləs/stróubil-] 명 (복 -li [-lai]) (식물) 구형화(球形花); 구과(毬果)(솔방울 따위).
stro·bo [stróubou] 명 (사진) (상표) 스트로보(발전(放電)으로 섬광(閃光) 촬영을 하는 장치).
stro·bo·scope [stróubəskòup] 명 1 스트로보스코프(고속 회전시 회전체(진동)의 상태 변화를 정지한 것처럼 관측·촬영하는 장치). 2 (사진) a) 스트로보, 고속섬광, 스피드라이트. b) 스트로보 발화 장치. c) 스트로보 촬영 사진. 3 (연극·디스코·록콘서트 따위의 조명용) 스트로보스코프, 스트로보 라이트.
-bós·co·py 명
stro·bo·scop·ic [stròubəskápik/-skóp-] 형 stroboscope의. ¶ a ~ lamp 스트로보 램프(장치·전구). (또는 **stroboscopical**) **-i·cal·ly** 부
stroboscópic photógraphy 명 스트로보 사진 (술).
stro·bo·tron [stróubətràn/-trɔ̀n] 명 스트로보 방전관.
strode [stroud] 동 stride의 과거.
‡**stroke**[1] [strouk] 명 1 때리기, 한번 치기, 일격, 한번 찌르기; (벼락의) 치기; (스포츠) (테니스·당구 따위의) 치기, 타법. ¶ a ~ of lightning 낙뢰 / a backhand ~ (테니스의) 백 핸드 / *Little* ~*s fell great oaks*. (속담) 열 번 찍어 안 넘어가는 나무 없다. 2 (기계) (반복 운동의) 한 동작, 한 움직임, 그 행정(行程)(거리). ¶ a ~ of a bird's wing in flight 나는 새의 날개치기. 3 (심장의) 고동; 맥박. 4 일필; 필법, 필치; (글자의) 한 획, 자획; 한번 새김. ¶ a finishing ~ 끝마무리. 5 (시계·종 따위의) 치기; 그 치는 소리. ¶ He started on the ~ of five. 그는 5시를 치자 떠났다. 6 뇌졸중, (뇌졸중의) 발작. ¶ an apoplectic ~ 뇌일혈의 발작 / have a ~ 뇌일혈로 쓰러지다. 7 (고통·죽음 따위의) 일격, (병 따위의) 걸리기. 8 한바탕 일하기; 수완, 공적, 업적, 성공; (목적을 이룩하려는) 분투; (목적을 이루기 위한) 방책, 방책. ¶ make a large fortune at a ~ 일확 천금하다 / It was a great ~ of diplomacy. 그것은 외교상의 일대 성공이었다. 9 (수영) 수족의 놀림, 한 놀림; 수영의 형, 수영법. ¶ the butterfly ~ 버터플라이 수영법. 10 (U)(C) (보트 따위의) 한번 젓기; 조법(漕法); 정조(手)(整漕手). 11 (행운 따위의) 우연히 찾아듦, 우연한 행운. ¶ What a ~ of luck! 운이 아주 좋군! 12 (문학 작품의) 특색있는 필치. 13 (음악) (지휘봉의) 한 번 젓기; (현악기의) 끝 어느 켜기, 끝 사선 (and/or의 경우처럼 선택의 의미로 쓰임). 15 (전자) 스트로크(음극선관(陰極線管)상의 전자 빔의 움직임). 16 (컴퓨터) (키보드의 키를) 한번 누르기, 치기.
a stroke above …보다 한 수 위.

at a* [or *one, a single*] *stroke 일격으로; 일거에.
Different strokes for different folks. (美속어) 십인 십색, 사람마다 제 각각이다.
keep stroke 템포를 맞춰 노를 젓다.   「가 아닌.
off one's stroke 손을 쉬고, 손을 빼고; 평소의 솜씨
on* [or *at*] *the stroke 정각에.
pull a stroke 비열한 수단을 쓰다.
put a person off his stroke (구어) 남의 (일 따위의) 형편을 그르치다(망치다).
— 타 1 (펜 따위로) …에 선을 긋다. 2 (보트)의 정조수 노릇을 하다; (보트)의 젓는 속도(피치)를 정하다. 3 (공)을 치다. 4 (美속어) (엔진)의 마력을 높이다.
stroke[2] 타 1 …을 쓰다듬다, 어루만지다; 달래다. ¶ (~+[目]+[副]) ~ *down* one's hair 머리카락을 쓰다듬어 내리다. 2 (재봉에서) …의 주름을 펴다. 3 (美구어) …에게 자신감을 주다; 치켜세우다; 설득하다. 4 (소)의 젖을 짜다.
stroke a person down …을 달래다.
stroke a person* [or *a person's hair*] *the wrong way 남을 성나게 하다, 짜증나게 하다.
— 자 한배 젓다듬기, 어루만지기.
stróke bòok 명 (속어) 에로[포르노] 책.
stróke hòuse 명 (美속어) 포르노 영화관.
stróke òar 명 (보트에서) 정조수(整漕手)가 젓는 후미의 노; 정조수.
stróke pláy 명 (골프) 타수(打數) 경기.
strokes·man [stróuksmən] 명 정조수(整漕手).
‡**stroll** [stroul] 자 (~s [-z]) 자 1 한가롭게[이리저리] 거닐다; 산책하다(about)(along). ¶ (~+[副]) ~ *about* in the suburbs 교외를 산책하다 / (~+[前]+[名]) ~ *along the beach* 해변을 산책하다.

유의어 **stroll** (운동·구경 따위의) 어떤 목적으로 서둘지 않고 마음 내키는 대로 걷다. **saunter** 한가롭고 즐거운 발걸음으로 걷다. **meander** 뚜렷한 진로도 없이 이리저리 걸으며 나아가다.

2 방랑하다, 유랑하다. 3 (극단 따위가) 순회 공연을 하다.
— 타 …을 이리저리[한가로이] 걸어다니다.   「다.
Stroll on! (속어) 아이구머니, 이크, 이런, 저런.
take* [or *go for*] *a stroll 산책하다.
stroll·er [stróulər] 명 1 한가로이 걸어다니는[산책하는] 사람. 2 방랑자. 3 순회 흥행사(연예인). 4 (접었다 폈다 하는 4륜) 유모차. 5 캐주얼 슈즈의 일종.
stroll·ing [stróuliŋ] 형 유랑하는, 순회 공연하는.
stro·ma [stróumə] 명 (복 **-ta** [-tə]) 1 (해부) (적혈구 따위의) 기질(基質), 기초조직(基組織), 간질(間質). 2 (식물) 자좌(子座); 엽록대(葉綠帶).
-mal, -mát·ic, ~·tous [-təs] 형
stro·mat·o·lite [stroumǽtəlàit] 명 (고생물) 스트로마톨라이트(녹조류 화석을 포함한 층상(層狀) 석회석).
·lít·ic 형
‡**strong** [strɔːŋ, strɑŋ/strɔŋ] 형 (~·*er*; ~·*est*) 1 (신체적으로) 강한, 힘센, 튼튼한, 건강한(반 weak). ¶ the ~*er* sex 남성(반 weaker sex) // He is ~ enough to lift the rock. 그는 힘이 세서 그 바위를 들어올릴 수 있다.

유의어 **strong** 「힘센」의 뜻의 가장 일반적인 말. **robust** 건장하고 활력에 넘치는. **stalwart** 체격이 크고 힘도 세어 믿음직스러운. **stout** 통통하고 굳세며 내구력·저항력이 있는. **sturdy** 체격의 크기보다도 안에 가득찬 활기·결의 또는 긴밀한 조직 따위에 의한 내구력·저항력을 암시. **tough** 취약한 데가 없고 외부의 파괴력에도 강인하게 견디는.

2 (정신력·지력·신념이) 굳센; 강한; 기력이 있는, 의지가 강한. ¶ He has ~ nerves. 그는 배짱이 좋다.
3 (성격·태도가) 공격적인; 고집센. ¶ a ~ personality

strong arm

고집센(공격적인) 성격.
4 유능한, 역량이 있는; (…이) 우수한, 솜씨 좋은 (*in, on*)(⊕ weak). ¶ She is ~ *in* English. 그녀는 영어에 능하다.
5 (도덕적으로) 견고한, 든든한; 용기가 있는. ¶ be ~ *under* temptation 유혹을 이겨 내다.
6 권력(세력)이 있는, 유력한, (재정적으로) 강력한, 재력이 있는; (경제력이) 강한, 건실한, 건전한. ¶ a ~ nation 강국(민), 대국(민) / a ~ economy 건전한 경제.
7 (토론·증거 따위가) 그럴 듯하게 생각되는, 유력한, 효력있는(⊕ weak). ¶ ~ reasons 유력한 이유.
8 (소리가) 높은(큰), 분명하고 힘찬.
9 (축조물 따위가) 견고한; (물건 따위가) 튼튼한. ¶ a ~ fort 견고한 요새 / ~ cloth 튼튼한 천.
10 (음식물이) 질긴, 소화가 안되는.
11 (조치·수단 따위가) 엄한, 강경한. ¶ ~ measures 강경[고압] 수단. **12** (표현이) 명쾌한, 힘있는; (말씨 따위가) 힘찬, 격렬한; (약수 따위가) 힘이 들어간, 힘찬. ¶ a ~ expression 힘찬 표현 / ~ language 심한 말; (특히) 욕설, 독설 / a ~ situation (연극·이야기 따위의) 감동적인 장면 / a ~ handshake 힘찬 악수. **13** (감정·의견이) 강한; 강경한; 열심인, 열렬한. ¶ ~ affection 강한 애정 / a ~ Christian 믿음이 돈독한 기독교도 / She has a ~ sense of duty. 그녀는 책임감이 강하다. // He is ~ *against* compromise. 그는 타협에 강경하게 반대하고 있다. **14** (바람·조류 따위가) 강한, 심한.
15 (유사·대비(對比)가) 분명한, 두드러진; (인상이) 강한. ¶ She bears a ~ resemblance to her mother. 그녀는 어머니를 꼭 닮았다. **16** (광선·색채 따위가) 강렬한. ¶ a ~ light 강렬한 빛. **17** (차·술·약 따위가) 진한, (음료·음식이) 알코올 성분이 많은; 효능이 강한(⊕ weak). ¶ ~ drinks 알코올 성분이 강한 음료; 주류.
18 냄새가 강한; 고약한 냄새가 나는, 악취가 나는. **19** (밀가루가) 끈끈한, 강력한. **20** (전력(戰力)이) 강(력)한; 다수의, 우세한; 병력[인원] …의. ¶ an army 20,000 ~ 2만 병력의 군대. **21** (상업) (시세가) 강세의, 등귀하는, 경기 상승의. ¶ The silk market is very ~. 생사 시장은 아주 강세다. **22** (문법) 강변화의, 불규칙 변화의(⊕ weak). ¶ a ~ verb 강변화 동사. **23** (음성) (음절이) 강세가 있는. ¶ a ~ syllable 강세가 있는 음절. **24** (광학) (렌즈·현미경의) 배율이 높은, 굴절력이 큰. **25** (화학) (산·염기가) 강한, 독한. ¶ ~ acid 강산(強酸). **26** (토지가) 비옥한. **27** (광택이) 두꺼운, 큰.

(as) strong as a horse [or *an ox*] 아주 튼튼한.
be a bit strong (英) 너무 심하다, 말이 지나치다.
be strong for (美구어) …을 매우 편들다(중시하다).
be strong on [or *at*] …을 소중히[중시하다].
by [or *with*] *a* [or *the*] *strong arm* [or *hand*] 완력으로, 우격다짐으로, 폭력으로, 강제적으로.
by the strong hand [or *arm*] 완력으로, 억지로.
have a strong head 술에 강하다(취하지 않다).
strong on (구어) …을 중시하여(강조하여).
take strong root 깊이 뿌리 박다.
the strong arm of the law 법의 힘, 강권.
— 甲 강하게, 맹렬히; 엄청나게.
be (still) going strong (구어) (늙었지만) 튼튼하다, 기운차다; (기계 따위가) (낡았지만) 작동하다.
come [or *go*, *pitch*] *it strong* (英구어) 지나치다; 과장하다.
come on strong [or *like gangbusters*] (속어) 과격하면[멋들어지게], 대담하면서, 야단스럽게] 행동하다; 큰소리치다, 말이 지나치다, 계속 지껄여대다.
put it strong 나쁘게[심하게] 말하다.
— 图데 **1** (음악) 강음(부)(forte). **2** (濠구어) (좋아하는) 팬. — 图데 (~ it로) 지나치다, 지나치게 하다.
~·ness 图 **1** 폭력, 완력. **2** 폭력을 휘두르는 사
stróng árm 图
strong-arm [-áːrm] (구어) 웹 완력[폭력]을 쓰는
— 图데 **1** …에 폭력을 쓰다. **2** …에게서 강탈하다. **3** (협박해서) 강제로 …하게 하다 (*into*).
strong·box [strɔ́(ː)ŋbɑks/strɔ́ŋbɔks] 图 **1** 금고, 귀중품 상자. **2** (英속어) 교도소의 독방. 「의 바람.
strong bréeze 图 (기상) 된바람(풍속 25-30마일
strong drínk 图 독한 술(위스키, 브랜디 따위); 술.
strong fórce 图 (the ~) (물리) 스트롱 포스, 강한 힘(원자핵 안에서 중성자나 양성자를 맺고 있는 힘).
strong fórm 图 (발음의) 강형(強形).
strong gále 图 (기상) 큰센바람, 대강풍(풍속 47-54마일의 바람).
strong·head·ed [strɔ́(ː)ŋhédid/strɔ́ŋ-] 웹 **1** 완고한, 고집센. **2** 머리가 좋은. **~·ly** 甲 **~·ness** 图
strong·heart·ed [strɔ́(ː)ŋháːrtid/strɔ́ŋ-] 웹 용기있는, 용감한. **~·ness** 图
*__strong·hold__ [strɔ́(ː)ŋhòuld/strɔ́ŋ-] 图 **1** 요새, 성채; 아성; 안전한 곳, 피난처. **2** (어떤 사상 따위의) 지주(支柱)(근거); 본거지, 거점.
strong interáction 图 (물리) 강한 상호 작용.
strong·ish [strɔ́(ː)ŋiʃ/strɔ́ŋ-] 웹 힘세인[튼튼해] 보이는.
strong lánguage 图 극단적인 표현, 심한 말; (완곡적) 욕설, 쌍소리.
‡**strong·ly** [strɔ́(ː)ŋli/strɔ́ŋ-] 甲 (*more* ~; *most* ~) **1** 세게, 억세게; 튼튼하게; 단호히. **2** 맹렬히; 용감하게, 대담하게; 열심히.
strong·man [strɔ́(ː)ŋmæn] 图 독재자; (조직내의) 실력자, 실세; 장사; (서커스 따위의) 괴력사.
strong méat 图 **1** 질긴 고기. **2** 공포감·분노·반발 따위를 불러일으키는 것, 소름 끼치는 것. **3** (성서) (일부 열성적인 사람 외에는) 받아들이기 어려운 교리[행위].
strong-mind·ed [-máindid] 웹 **1** 결단력 있는, 마음이 단단한, 자주적인; 머리가 잘 돌아가는. **2** (여성이) 기승스러운, 남자 못지 않은. **~·ly** 甲 **~·ness** 图
strong póint [strɔ́(ː)ŋpɔ̀int/strɔ́ŋ-] 图 장점; (군사) 거점, (전략상의) 요지.
strong·room [strɔ́(ː)ŋrùːm/strɔ́ŋ-] 图 **1** (화재·도난 방지 따위의 설비가 있는) 금고실, 귀중품 보관실. **2** (구속이 필요한 정신 장애자용) 특별실.
strong súit 图 (카드놀이) 높은 곳수 패; (사람의) 강점, 장기, 특기. 「는; 완고한, 고집센.
strong-willed [-wíld] 웹 의지가 강한, 과단성 있
stron·ti·a [strɑ́nʃiə/strɔ́ntiə] 图 (화학) **1** 스트론티아, 산화 스트론튬. **2** 수산화 스트론튬.
stron·ti·um [strɑ́nʃiəm, -tiəm/strɔ́n-] 图 (화학) 스트론튬(2가의 금속 원소; 기호 Sr). ¶ ~ 90 스트론튬 90(방사성 동위 원소). **-tic** 웹
strop [strɑp/strɔp] 图 **1** (면도칼용) 가죽 숫돌, 혁지(革砥). **2** (항해·기계) 도르래줄; (맞줄의) 삭환(索環).
— 图데 (*-pp-*) …을 가죽 숫돌로 갈다.
strop the mulligan (濠속어) (남자가) 자위하다.
stro·phan·thin [stroufǽnθin] 图① (약학) 스트로판틴(강심제).
stro·phan·thus [stroufǽnθəs] 图 스트로판투스 (열대 아프리카산 협죽도과의 식물); 그 열매(맹독이 있어 독화살에 사용했는; 강심제 strophanthin의 원료).
stro·phe [stróufi] 图 **1** (고대 그리스의) 합창 무용단의 좌회전; 그때 부르는 노래(합창가). **2** (핀다로스풍 송가(頌歌)(Pindaric ode)의) 제1연(聯). **3** (현대시에서) 절, 연(聯).
strop·per [strɑ́pər/strɔ́p-] 图 가죽 숫돌로 가는 사람; 날을 면도칼을 가는 기계.
strop·py [strɑ́pi/strɔ́pi] 웹 (英속어) 화를 잘 내는, 싸움[시비]을 좋아하는. **-pi·ly** 甲 **-pi·ness** 图
*__strove__ [strouv] 图 strive의 과거.
strow [strou] 图데 (고어) =strew.
‡**struck** [strʌk] 图 strike의 과거·과거분사.
— 웹 **1** 파업중인. ¶ a ~ factory 파업중인 공장. **2** (…에) (…을) 크게 좋아하는, (…에) 정신이 팔린 (*on, with*).

strúck júry 〖법〗 특별 배심(많은 사람 중에서 쌍방 변호인의 합의로 골라낸 12인의 배심).
strúck méasure 〖상〗 평미레질한 두량(斗量)(말 수). (또는 **stríke méasure**)
strúck óut swínging 〖야구〗 스윙 아웃.
***struc·tur·al** [strʌ́ktʃərəl] 〖형〗 1 구조(상)의, 조직(상)의. 2 구조물의[에 긴요한]. ¶ the ~ beauty of a temple 사원의 구조미. 3 〖생물〗 유기 조직의, 형태상의. 4 〖화학〗 (화학) 구조의. 5 정치[경제] 조직의[에 관한]. 6 〖학문 연구의〗 체계적 구조 분석에 의한, 구조상의; 구조 언어학의. 7 〖지질〗 (암석 따위의) 구조의, 지각(地殼) 구성상의. 8 하중을 떠받치는 건축물의 일부; 그 구조재. **~·ly** 〖부〗
strúctural anthropólogy 〖명〗 구조 인류학.
strúctural enginéering 〖명〗 구조 공학.
strúctural fórmula 〖명〗 〖화학〗 구조식.
strúctural gène 〖명〗 〖유전〗 구조 유전자.
strúctural geólogy 〖명〗 구조 지질학.
strúctural íron 〖명〗 〖건축〗 구조용 철재(鐵材).
struc·tur·al·ism [strʌ́ktʃərəlizm] 〖명〗 〖Ｕ〗 구조주의; 구조 심리학, 구조 언어학.
strúctural ísomer 〖명〗 〖화학〗 구조 이성체(異性體).
struc·tur·al·ist [strʌ́ktʃərəlist] 〖명〗 (심리학·언어학·사회학 따위의) 구조주의자. ― 〖형〗 구조주의의.
-ís·tic 〖형〗
struc·tur·al·ize [strʌ́ktʃərəlàiz] 〖타〗 …을 구조화[조직화]하다. **-i·zá·tion** 〖명〗 ―화.
strúctural linguístics 〖명〗 〖복〗(단수취급) 구조 언어학.
strúctural psychólogy 〖명〗 구조 심리학.
strúctural recéssion 〖명〗 〖경제〗 구조적 불황.
strúctural stéel 〖명〗 구조용 강재.
strúctural unemplóyment 〖명〗 구조적 실업.
‡struc·ture [strʌ́ktʃər] 〖명〗 〖Ｕ〗 ~ **s** [-z] 〖Ｃ〗 1 구조, 구성; 조직, 조립. 2 〖Ｃ〗 구조물, 건조물. ⇨BUILDING 〖유의어〗 3 (전체적으로 고찰한) 체계. 4 〖화학〗 화학 구조. 5 〖생물〗 (조직·기관 따위의) 구성. 6 〖문학·예술〗 구성, 구조. 7 사회 구조. 8 〖지질〗 (암석의) 구조. 9 〖언어〗 (언어) 구조, 배열형. ― 〖타〗 …을 조직화[구조화]하다, 구축하다. 〖는: 카르텔화한.
struc·tured [strʌ́ktʃərd] 〖형〗 구조[구성, 조직]가 있는
strúctured ínterview 〖명〗 〖경영〗 한정 응답식 면접(질의에 대한 응답은 Yes, No, Don't know의 3가지로 한정되는 취재 면접).
strúctured prógramming 〖명〗 〖컴퓨터〗 구조화(構造化) 프로그래밍(개개의 프로그램을 연속·선택·반복의 세 기본 구조로 짜맞추어 표현하는 방법).
struc·ture·less [strʌ́ktʃərlis] 〖형〗 구조[조직]가 없는; 형을 이루지 않은. **~·ness** 〖명〗
struc·tur·ísm [strʌ́ktʃərizm] 〖명〗 〖Ｕ〗 〖미술〗 구조주의(기하학적 도형미를 추구하는 한 사조). **-ist** 〖명〗
struc·tur·ize [strʌ́ktʃəràiz] 〖타〗 …을 구조화하다. **-i·zá·tion** 〖명〗 ―화.
stru·del [strúːdl] 〖명〗 과일·치즈 따위를 밀가루 반죽 속에 싸서 구운 과자.
‡strug·gle [strʌ́gl] 〖자〗〖타〗 1 발버둥치다, 몸부림치다, 날뛰다, 안달복달하다(to do) (적 따위와) 다투다, 싸우다, 격투하다(against, with). ¶ (~+to do) ~ to escape 도망치려고 발버둥치다 // (~+前+名) ~ against fearful odds 무서운 역경과 싸우다. 2 크게 노력하다, 고심하다, 애쓰다(strive), 고투[분투]하다(for, with, to do). ⇨TRY 〖유의어〗 ¶ (~+to do) ~ to calm oneself 냉정해지려고 애쓰다 // (~+前+名) ~ for a living 생활을 위해 악전 고투하다 / ~ with an important problem 중대 문제와 씨름하다. 3 밀치고[헤치고] 나아가다(along, through)(to, through, in); 〖구어〗 간신히 생계를 꾸려 나가다(along, on). ¶ (~+前+名) ~ through a crowd 군중을 헤치고 나아가다. 4 〖美속어〗 댄스를 하다, 춤추다(dance).
― 〖타〗 …을 몸부림치듯 하여 (가까스로) 움직이다[옮기다]; (~ one's way로 써서) 〖길〗을 힘들여 나아가다. ¶ (~+目+前+名) They ~d their way through a crowd. 그들은 군중을 헤치고 나아갔다 / ~ a trunk into a car 트렁크를 간신히 차 안에 밀어 넣다.
strúggle onesélf to do 가까스로(기를 쓰고) …하다.
strúggle one's wáy through …을 헤치고 나아가다.
strúggle to one's féet 가까스로 일어서다.
― 〖명〗 1 (…사이의) 싸움, 전투(between); 맞붙어 싸우기; (…을 얻으려는) 투쟁(for). ⇨QUARREL 〖유의어〗 ¶ a close ~ 접전 / a ~ for liberty 자유를 얻기 위한 투쟁. 2 발버둥, 몸부림(to do); 노력, 분투, 노고(for). ¶ a violent ~ to escape 벗어나려는 심한 몸부림. 3 (달성하는 데) 많은 노력이 필요한 일[목표].
the strúggle for exístence [or **lífe**] 생존 경쟁.
-gler 〖명〗 **-gling** 〖명〗 **-gling·ly** 〖부〗
strum [strʌm] 〖타〗 (**-mm-**) 〖타〗 〖현악기〗를 손가락으로 가볍게 쳐서[퉁겨서] 연주하다. ― 〖자〗 〖현악기〗를 손가락으로 가볍게 쳐서[퉁겨서] 연주하다(on). ¶ (~+前+名) ~ on a guitar 기타를 치다. ― 〖명〗 〖현악기를〗 손가락으로 가볍게 쳐서[퉁겨서] 연주하기; 그 소리. **-mer**
stru·ma [strúːmə] 〖명〗 (〖복〗 **-mae** [-miː]) 1 〖병리〗 연주창(scrofula); 갑상선종(甲狀腺腫). 2 〖식물〗 (이끼 따위의) 혹 모양의 돌기, 소엽절(小葉節).
-mát·ic [-ʰmǽtik] 〖형〗 〖Ｌ〗
stru·mose [strúːmous] 〖형〗 =strumous.
stru·mous [strúːməs] 〖형〗 〖식물〗 혹 모양의 돌기가 있는; 〖병리〗 갑상선종(struma)이 있는. **~·ness** 〖명〗
strum·pet [strʌ́mpit] 〖명〗 〖문어·고어〗 매춘부.
***strung** [strʌŋ] 〖명〗 string의 과거·과거분사.
(악기 등의) 현을 바짝 조인[팽팽하게 맨].
híghly strúng 〖英〗 신경이 극도로 예민해진[긴장한]; 몹시 신경질적인.
strúng óut ① 〖美속어〗 마약 중독인[으로 쇠약해진]; 신경과민이 된. ② (흑인 속어) (사랑에) 빠진[미친].
strúng úp ① 〖美속어〗 몹시 긴장한, 신경과민의. ② 〖美속어〗 마약에 취한.
strúng-out shápe [ʹàut-] 〖명〗 〖美속어〗 기진맥진한 상태.
***strut¹** [strʌt] 〖자〗 (**-tt-**) 〖자〗 뽐내며[점잔빼며] 걷다, 활보하다(about, along); (공작·칠면조 따위가) 깃을 펴고 자랑하듯이 걷다. ― 〖타〗 (마루 위 따위)를 점잔빼며 걷다; …을 자랑하듯 드러내보이다.
strút one's stúff 〖美속어〗 (주의를 끌기 위해) 자신의 가장 좋은 면(의상, 기술 등)을 보이다[과시하다].
― 〖명〗 점잔빼며 걷기, 활보; 과시.
~·ter 〖명〗 **~·ting·ly**
strut² 〖명〗 지주(支柱), 버팀목(prop). ― 〖타〗〖자〗 (**-tt-**) …을 지주로[버팀목으로] 버티다.
'struth [struːθ] 〖간투〗 〖구어〗 어이쿠, 하(놀람·당황을 나타냄). 〖<God's *truth*〗
strut·ting [strʌ́tiŋ] 〖명〗 점잔빼며[으스대며] 걷는; 점잔빼는. **~·ly** 〖부〗
strych·nine [stríknin/-niːn] 〖명〗 〖Ｕ〗 〖약학〗 스트리크닌(취어초과 식물의 열매에서 채취되는 맹독성 알칼로이드; 흥분제로 쓴다). (또는 **strychni(n)a**) **-nic** 〖형〗
Sts Saints. **STS** Serological Test for Syphilis; (우주) Space Transportation System(우주 수송 시스템).
St. Thómas 〖명〗 세인트 토마스(Virgin 제도 중의 미국령 섬).
Stu·art [stjúːərt/stjúː-] 〖명〗 스튜어트. 1 스튜어트 왕가의 사람; (the ~s) 스튜어트 왕가(1371-1603년간 Scotland, 1603-1714년간 Scotland와 England를 통치했다)(the House of ~). 2 남자 이름.
***stub** [stʌb] 〖명〗 1 (나무의) 그루터기; (쓰러진 나무의) 뿌리, 등걸. 2 (연필·펜 따위의) 쓰다 남은 토막, 동강; (담배의) 꽁초. ¶ the ~ of a pencil 쓰다 남은 몽당연필. 3 (말굽쇠의) 낡은 못. 4 〖美〗 (대지(臺紙)에) 보관용 부본, 대지(臺紙). ― 〖타〗 (**-bb-**) 1 〖밭끝〗을

(그루터기·돌 따위에) 채다, 부딪치다 (*against, into*). 2 …을 그루터기로 만들다, …의 끝을 자르다. 3 (그루터기·뿌리)를 파내다(뽑다)(*up*). 4 (궐련 따위)를 비벼 불을 끄다(*out*). **~-ber** 명

stub·bed [stÁbid/stÁb-] 형 그루터기로 된; 짧게 깎은; 그루터기 모양의(stumpy); 땅딸막한; 그루터기 투성이의. **~-ness** 명

*‡**stub·ble** [stÁbl] 명 1 (~s) (보리 따위의) 그루터기; [집합적] 그루터기만 남은 밭. 2 ⓤ 그루터기 모양의 것; 짧게 깎은 머리[수염]. **-bled** 형

stub·bly [stÁbli] 형 그루터기가 많은; 그루터기와 같은; (머리털·수염 따위가) 짧게 자라 억센.

‡**stub·born** [stÁbərn] 형 (*more ~; most ~*) 1 완고한, 고집이 센, 옹고집의. ¶ a ~ child 고집이 센 아이 / He is as ~ as a mule. 그는 옹고집쟁이다.

> (유의어) **stubborn** 타고난 끈질긴 성격으로 목적·의견 따위를 바꾸지 않고, 때로는 다루기 힘든. **dogged** 굳게 마음에 다지고 목적·결의가 흔들리지 않는; 무뚝뚝한 인상을 암시한다. **obstinate** 종종 불합리한 억지를 부리며 완고한. **persistent** 반대나 충고를 무시하거나 남에게 폐가 되는 것을 신경 쓰지 않고 강행하거나 하여 집요한; 좋은 뜻으로 perseverant과 같은 뜻일 수도 있다. **perseverant** 실패·곤란에도 꺾이지 않고 인내·용기를 갖고 목적을 바꾸지 않는; 항상 좋은 뜻으로 쓰인다. **pertinacious** 집요하게 목적을 추구하여 이따금 남에게 폐가 되는. **tenacious** 외부로부터의 모든 공격에 맞서 입장·생각 등을 완고하게 지키는.

2 완강한, 불굴의. ¶ a ~ resistance 완강한 저항. 3 다루기 힘든, 대하기 어려운; (나무·돌 따위가) 단단한 (hard); (금속이) 잘 녹지 않는. ¶ a ~ disease 난치병 / a ~ stone 세공하기 힘든 돌. **~-ly** 부 **~-ness** 명

stub·by [stÁbi] 형 그루터기[와 같은]; 땅딸막한; 그루터기가 많은; (머리털·수염 따위가) 짧고 억센. **-bi·ly** 부 **-bi·ness** 명

stub nail 굵고 짧은 못; (또는 **stub**) 낡은 편자 못.

stuc·co [stÁkou] 명 (*pl*. **~(e)s**) ⓤⓒ 치장 회반죽; 치장 회반죽 세공. — 타 …에 치장 회반죽을 바르다. **~-er** 명

stuc·co·work [stÁkouwə̀ːrk] 명ⓤ 치장 회반죽 세공. **~-er** 명

‡**stuck** [stÁk] 동 stick의 과거·과거분사.

stuck on (구어) …에 빠져[미쳐, 반해].

—형 * 다음 숙어로만 쓴다.

in stuck (구어) 곤경에 빠져.

out of stuck (구어) 곤경에서 벗어나.

stuck-up [-Áp] 형 (구어) 거만한, 건방진. **~-ness** 명

*‡**stud**[1] [stÁd] 명 1 장식용 징, 장식 못. 2 (와이셔츠 따위의 단추 대신 달았다 하는) 장식 단추, 커프스 단추. 3 [기계] 박아 넣는 볼트. 4 [건축] (벽 따위의) 샛기둥. 5 [자동차] (스노타이어의) 징, 스파이크.

— 타 (**-dd-**) 1 …에 장식 징[못]을 박다, 장식 단추를 달다(*with*). ¶ (~ + 목 + 전 + 명) The gate is ~*ded with* big bosses. 그 문짝에는 큰 장식 징이 박혀있다. 2 …에 온통 박아넣다, 뿌려 놓다. ¶ (~ + 목 + 전 + 명) a brooch ~*ded with* pearls 진주가 박힌 브로치. 3 [물건이] …에 점재[산재]해 있다. ¶ Numerous islands ~ the bay. 무수한 섬이 그 만에 산재하고 있다. 4 [건축] …에 샛기둥을 세우다, …을 샛기둥으로 받치다.

be studded with …이 점점이 박혀 있다; …이 산재 (散在)하다.

stud[2] [stÁd] 명 1 (美) 종마(種馬)(stallion); 씨받이용 수컷의 가축, 그의 사육장, 양마장. 3 (수렵·경마·번식용) 말 떼. 4 (美속어) 섹스에 강한 사나이.

at [or *in*] *stud* (수컷이) 번식용의, 종마로서.

be put [*out*] *to stud* 종마로 되다.

— 형 종마(種馬)의; 번식용으로 사육되는; (속어) 정력

이 센. [록부.

stud·book [stÁdbùk] 명 (말의) 혈통 대장, 혈통 등

stud·ding [stÁdiŋ] 명 [건축] 샛기둥(총재).

stud·ding·sail [stÁdiŋsèil, (해사) stÁnsəl] 명 (해사) 스턴슬(stansail), 보조[가로]돛.

(또는 **stun·sail, stuns'l**)

‡**stu·dent** [stjúːdnt/stjúː-] 명 1 (대학·고등 전문 학교 따위의) 학생. * (美)에서는 high school 학생에게도 쓰는 수가 있다. ⇒PUPIL[1] (유의어) a college [university] ~ 대학생 / a medical ~ 의학도. 2 학자, 연구가; 학자풍의 사람. ¶ a ~ of Shakespeare 셰익스피어 연구가. 3 (대학·연구소 따위의) 연구생; (종종 S-) (Oxford 대학의 Christ Church 따위의) 급비생(給費生), 장학생(다른 대학의 fellow, scholar에 해당). 4 (美속어) (특히 마약 복용의) 초심자.

stúdent advíser 명 학생 상담원(카운슬러).

stúdent bódy 명 [집합적] (한 대학의) 학생 전체.

stúdent cárd 명 학생증.

stúdent cóuncil 명 (美) 학생 자치 위원회.

stúdent góvernment 명 학생 자치(회). [관.

stúdent intérpreter 명 (공사관 따위의) 수습 통역

stúdent lámp 명 (조절 가능한) 독서용 스탠드.

stúdent lóan 명 학생[학자금] 대출(졸업 후에 상환하는 것). [수습 간호사.

stúdent núrse 명 (간호 학교·병원의) 간호 실습생.

stúdent pówer 명 스튜던트 파워(학생 자치회에 의한 대학[학교] 관리).

stu·dent·ship [stjúːdntʃip/stjúː-] 명ⓤ 학생의 신분; (英) (대학의) 장학금(scholarship).

stúdent téacher 명 교육 실습생, 교생.

stúdent únion 명 학생 자치회; (대학 구내의) 학생 회관. (또는 **stúdents' únion**)

stúd fàrm 명 (말의 種馬) 사육장.

stúd fèe 명 (수말의) 교배료(交配料).

stud·horse [stÁdhɔ̀ːrs] 명 종마.

stud·ied [stÁdid] 형 1 (한정용법) 의도적인, 고의의, 계획적인, 일부러 하는. ⇒ELABORATE (유의어) ¶ a ~ laugh 억지 웃음. 2 (한정용법) 심사숙고된. ¶ a ~ approval 깊이 생각한 끝의 찬성. 3 (고어) 박식한, 정통한 (*in*). ¶ He is well ~ *in* English literature. 그는 영문학에 정통하다. **~-ly** 부 **~-ness** 명

‡**stu·di·o** [stjúːdiòu/stjúː-] 명 (*pl*. **~s** [-z]) 1 (화가·조각가 등의) 작업실, 화실, 아틀리에(atelier); (무용·연기 등의) 연습장. 2 사진 촬영소, 스튜디오. 3 (방송국의) 방송실, 스튜디오. 4 (~s) 영화 촬영소.

stúdio apártment [flát] 명 (美) 부엌·욕실이 한 방에 달린 아파트, 원룸 아파트; (예술가의 스튜디오처럼) 천장이 높고 큰 창문이 있는 방 한 개의 아파트.

stúdio áudience 명 [집합적] (라디오·TV의) 방송 프로 참가자[방청객].

stúdio cóuch 명 침대 겸용 소파.

stúdio musícian 명 (전속되지 않고) 자유로이 다양한 가수의 레코딩 작업에 참여하는 악사.

stu·di·ous [stjúːdiəs/stjúː-] 형 1 공부를 좋아하는, 학구적인; 학문[학습]상의. ¶ a ~ girl 공부를 좋아하는 소녀. 2 열심인(zealous), 애쓰는 (*to do*); 갈망하는 (*of doing*). ¶ be ~ *to do* …하려고 애쓰다. 3 조심성 있는, 사려 깊은, 신중한. 4 (드물게) 고의의, 부자연스러운(studied).

be studious of doing 몹시 …하고 싶어하다.

~-ly 부 **~-ness** 명

stud·ly [stÁdli] 형 (美속어) 사내다운, 씩씩한; 멋진.

stúd màre 명 번식용 암말.

stud-muf·fin [-mʌ́fin] 명 (美속어) 근골이 우람한 남자, 잘 생긴 남자; 수완가.

stúd póker 명 (카드놀이) 스터드 포커(맨 처음 한 장은 엎어서 돌리고 나머지 4장은 한 장씩 까서 돌리면서 그때마다 betting하는 포커).

stud·work [stÁdwəːrk] 圓 **1** 〔건축〕 샛기둥(stud)을 이용한 건축(물). **2** 징을 박은 가죽 세공(투구 따위).

‡**stud·y** [stÁdi] 圓 (**pl**. **stud·ies** [-z]) **1** ⓤ 공부, 면학. ¶be fond of ~ 공부를 좋아하다.
2 (종종 studies) 연구, 학문(*of*, *in*). ¶the ~ *of* science 과학의 연구/make a special ~ *of* English literature 영문학을 전공하다.
3 조사, 검토, 고찰. ¶under ~ 검토 중/The doctor made a careful ~ *of* the invalid's case. 그 의사는 그 환자의 병을 면밀하게 살폈다.
4 학과, …학; 연구 제목[사항]; 연구 업적, 연구 논문 (*of*, *in*, *on*). ¶social *studies* 사회과와/humane *studies* 인문 학과//Studies in Contemporary Music 현대 음악 연구(논문의 제목으로서)/The proper ~ *of* mankind is man. 인간의 참된 연구 대상은 인간이다 (—Pope작 An Essay on Man(1733)).
5 (a ~) 연구할 가치가 있는 것; 볼만한 것. ¶His character is a perfect ~. 그의 성격은 정말 연구거리이다.
6 (고어) 열성적인 노력, 노고; 노력의 대상, 갈망하는 것. ¶Her constant ~ is to please her mother. 그녀는 항상 자기 어머니를 기쁘게 해드리려고 신경을 쓰고 있다. **7** (a ~) 깊은 생각, 심사숙고. **8** 서재, 공부방, 연구실. **9** 〔문학·미술〕 습작, 연습화, 스케치; 〔음악〕 연습곡, 에튀드(étude). **10** 〔연극〕 〔형용사와 함께〕 대사를 암기하는 것이 (…인) 배우. ¶a quick [slow] ~ 대사 외기를 빠르게[더디게] 하는 배우.

be in a brown study (주위에 아랑곳 없이) 깊은 생각에 잠겨 있다.

── 圓 (**stud·ies** [-z]) 🏵 **1** …을 공부하다, 배우다, 연구하다(⇨LEARN); (대학에서) …의 코스를 밟다. ¶~ physics 물리학 연구를 하다. **2** …을 세밀히 조사[검토]하다. ¶~ the present political situation in France 프랑스의 현 정치 정세를 살피다. **3** …을 잘 주의해 보다, 유심히 보다; 정독하다. ¶~ a person's face 남의 얼굴을 유심히 보다/~ the Bible 성서를 정독하다. **4** 〔연극〕 〔대사 따위〕을 외다, 암기하다. **5** …을 고려하다; […의 이익]을 도모하다. ¶~ one's own interests 자신의 이익을 도모하다. **6** (숙고·연구 끝에) …을 생각해 내다, 고안해 내다. ── 🕀 **1** 공부하다, 배우다, 연구하다 (*for*, *to do*). ¶~ *for* the bar 변호사가 되기 위해 공부하다/~ abroad 해외 유학을 하다. **2** (…하려고) 노력하다, 애쓰다(endeavor)(*to do*). ¶~ *to* be wise 현명해지려고 애쓰다/~ *to* do right 옳은 일을 하려고 노력하다. **3** (美) (…에 관해) 깊이[잘] 생각하다, 숙고하다(*about*, *on*).

study out …을 생각해내다; (수수께끼·문제 따위)를 숙고하여 풀다.

study up (구어) (시험 따위를 위해) …을 (특별히) 공부하다(연구하다).

study up on (美구어) …을 주의깊게 공부(연구)하다.

stúd·i·a·ble 圓 **stúd·i·er** 圓
stúdy círcle =study group.
stúdy gròup 圓 (정기적으로 모이는) 연구회.
stúdy háll 圓 (美) (학교의) 자습실; 자습 시간.

‡**stuff** [stʌf] 圓 ⓤ 재료, 원료; 자료, 자질. ¶building ~ 건축 자재. **2** ⓤ (막연히) 물건(…것), 물질(substance). ⇨MATTER 유의어 ¶cushions filled with some soft ~ 어떤 부드러운 것을 넣은 쿠션 What is this ~ ? 이것은 무엇입니까? **3** (英) (모)직물. **4** (구어) 소지품, 가진 것; 가재 도구, 비품, 가구. ¶Don't forget your ~. 소지품을 잊지 마시오/household ~ 가구. **5** (구어) 음식; 음료; 약; (美속어) 마약, 마리화나, 해로인. ¶green[garden] ~ 야채류/food ~ 식료품/doctor's ~ (약)/hard ~ (구어) 独한 술. **6** 특성; 소질, 재능. ¶He has good ~ in him. 그는 좋은 소질을 가지고 있다. **7** ⓤ 하찮은 것, 잡동사니; 부질없는 소리, 어리석은 말(생각). ¶a lot of ~ and nonsense 많은 부질없는 소리. **8** ⓤ (구어) (어떤 부류[계층]에 독특한) 행동[말씨]. ¶Cut out the rough ~. 난폭한 말은 쓰지 마/That is old ~. 그것은 낡은 수법이다. **9** ⓤ (구어) (문학, 예술, 음악 등의) 작품. ¶dry ~ 따분한 작품(연주, 기사). **10** (구어) (자신과 관련된) 일(업무)의 내용, 요령: 전문 지식. ¶She knows her ~. 그녀는 자기 일에 대한 경험과 기술(요령)을 갖추고 있다(능수능란하다). **11** ⓤ (the ~) (속어) 돈, 현금; 장물. **12** (美) 〔야구〕 (투수의) 제구력, 구종(球種); 커브, 스핀. ¶a pitch with plenty of ~ 스핀을 많이 먹인 투구.

a bit of stuff (英속어) (성적 대상으로서의) 젊은 여
and all that stuff (구어) 그밖에 이것저것, 기타 등등.
…and stuff (like that) (구어) …따위, …같은 것.
do one's **stuff** (구어) …의 장기[솜씨]를 보이다; 잘 해내다.
get one's **stuff together** (美속어) 소지품을 챙기다, 준비하다; (속어) 착실히 하다. [있다.
know one's **stuff** (美속어) 유능하다, 만사를 잘 알고
no stuff (美속어) 거짓이 아닌, 정말(사실)인.
Stuff and nonsense! (구어) 말 같지도 않은 소리! 허튼 소리 마라!
the (sort of) stuff to give them 그들에게 마땅한
That's the stuff. (구어) (동의·시인 따위를 나타내어) 좋았어, 바로 그거야.

── 🕄 (~ed [-t]) 🏵 **1** …에 (가득) 채우다, 채워 넣다 (*with*); …을 채워 넣다 (*into*), (솜·털 따위)를 넣다. ¶~ (+⬚+⬚) a pillow *with* feathers; ~ feathers *into* a pillow 베개에 깃털을 넣다/Night trains are generally ~*ed with* passengers in summer. 여름에 밤 열차는 대체로 만원이다. **2** (구멍·틈 따위)를 메워서 막다(*up*)(*with*); …을 밀어 넣다, 메우다(*into*). ¶(~+⬚+⬚+⬚) ~ one's ears *with* cotton 귀를 솜으로 막다/~ a newspaper *into* one's pocket 호주머니에 신문을 쑤셔 넣다. **3** (속어) …을 배부르게 먹이다. ¶~ oneself 과식하다. **4** 〔요리용의 새 따위〕의 속을 채우다(*with*). ¶(~+⬚+⬚+⬚) ~ a turkey *with* forcemeat 칠면조의 배에 다진 고기를 채우다. **5** 〔박제용의 새 따위〕에 속을 채우다, …을 박제로 하다. ¶a ~ed bird 박제한 새. **6** (지식·생각 따위)를 (머리 따위에) 채워 주입하다. ¶~ one's head [*or* mind] *with* useless knowledge 쓸모 없는 지식으로 머리를 꽉 채우다. **7** (속어) …을 속이다, 이용물로 삼다(*with*). **8** (美) 〔투표함〕에 부정 투표를 하다.
── 🕀 배부르게 먹다.

Get stuffed! (英속어) (상대방에 대한 강한 반감·분노·경멸을 나타내어) 풍이나 처먹어; 꺼져; 이제 그만
Stuff a sock in it! (美속어) 입 닥쳐! [해.
stuff the ballot box (美) (투표함에) 부정표를 넣다.
stuff up (수동형으로) …을 꽉 막다(메우다). ¶My nose is ~ed *up*. 나는 코가 꽉 막혀 있다.
Stuff you [*or* **it**]! =Get stuffed!

stuffed shirt [stÁft-] 圓 (구어) 젠체하는 사람; 세력가, 명사; 부자.
stuff·er [stÁfər] 圓 **1** stuff하는 사람(것). **2** (청구서 따위에) 끼워 넣어 우송하는) 광고지, (안내)독촉)장.
stúff gòwn (英) 나사(羅紗)로 된 가운(하급 변호사가 입는 법복); 하급 변호사. 🏵 silk gown
stuff·ing [stÁfiŋ] 圓 **1** 채우기, 소를 채우기; (소파·인형 따위의) 속. **2** 박제(재료). **3** (요리용의 새 따위에 채우는) 소. **4** (구어) 내장, 창자. **5** (신문 따위의) 빈 자리 메우는 기사(padding).

knock [*or* **beat, take**] **the stuffing out of** a *person* (구어) 남의 코를 납작하게 만들다, 혼내주다; (질병 등이) 남을 쇠약하게(지치게) 하다.

stúffing and strípping 圓 〔해사〕 컨테이너 화물의 하역 작업.
stúffing bòx 圓 〔기계〕 패킹 상자, 스터핑 박스.
Stuff·It [stÁfit] 圓 〔컴퓨터〕 스터핏(Macintosh용의

stuff·less [stʌ́flis] 〖형〗 알맹이[실속]이 없는.
stúff shírt 〖구어〗 =stuffed shirt.
stúff shòt 〖농구〗 덩크 샷(dunk shot).
stuff·y [stʌ́fi] 〖형〗 **1** 통풍이 나쁜, 숨막히는; 답답한, 후텁지근한; 코가 막힌. ¶I feel ~ because of the cold. 감기로 코가 답답하다. **2** (토론·문장 따위가) 재미없는, 지루한. **3** (태도 등이) 엄격한, 딱딱한; 젠체하는, 거드름 부리는; 성마른. **5** 〖美〗 구식의, 케케묵은; 보수적인. **6** 〖美속어〗 (도로 등이) 혼잡한.
stúff·i·ly 〖부〗 **stúff·i·ness** 〖명〗
stug·gy [stʌ́gi] 〖형〗 〖방언〗 땅딸막한, 튼튼한.
Stu·ka [stú:kə/G ʃtú:ka] 〖명〗 슈투카(제2차 세계 대전 때의 독일의 급강하 폭격기).
stull [stʌl] 〖명〗 갱목 지주(支柱); 가로장.
stul·ti·fy [stʌ́ltəfài] 〖타〗 **1** …을 바보처럼 보이게 하다, 바보 취급하다, 우롱하다. ¶(때로 ~ oneself) ~ oneself by a premature decision 속단하여 어리석음을 내보이다. **2** …을 쓸모없게[헛되게] 만들다, 엉망으로 만들다. ¶His carelessness *stultified* his desperate efforts. 그는 부주의 때문에 필사적인 노력이 허사가 되고 말았다. **3** 〖법률〗 …의 무능력임을 주장(증명)하다.
-fi·cá·tion 〖명〗 바보처럼 보이게 하기; 무효화하기.
-fi·er 〖명〗 **~·ing·ly** 〖부〗
stum¹ [stʌm] 〖명〗 **1** 발효되지 않은[일부 발효된] 포도액. **2** (미발효의 포도액을 첨가해) 재발효시킨 포도주.
— 〖타〗 (**-mm-**) (포도주)에 포도액을 넣어 발효를 촉진하다.
stum² 〖명〗 〖美속어〗 마리화나; 진정제, 수면제.
‡**stum·ble** [stʌ́mbl] 〖자〗 **~s** [-z]; **-d; -bling**) **1** (…에 걸려) 넘어질 듯 비틀거리다(*at, on, over*); 비틀비틀거리[휘청휘청] 걷다(*along, about*). ¶(~+前+名) ~ *over* a pebble 돌에 걸려 넘어질 뻔하다. // (~+副) The old man ~d along. 노인은 비틀거리며 걸어갔다. **2** 실수하다, 실패하다; (도덕적이) 잘못을 저지르다. **3** 말을 더듬다, 더듬더듬 말하다; 주저하다(*at, over*). ¶(~+前+名) ~ *at* a straw 하찮은 일에 주저하다. **4** (…와) 우연히 만나다, (…을) 우연히 발견하다(*across, on, upon, into*). ¶(~+前+名) He ~d *across* an old friend. 그는 옛 친구를 우연히 만났다. **5** 〖美속어〗 체포되다, 불잡히다.
— 〖타〗 **1** …을 넘어질 뻔하게[비틀거리게] 하다. **2** …을 난처하게 하다, 당황하게 하다.
— 〖명〗 **1** 비트적거림, 비틀거리기. **2** 잘못, 실수; (도덕상의) 과오. ¶(~s) 〖美속어〗 진정제; 술.
-bler 〖명〗 비틀거리는 사람[것]. **-bling** 〖명〗 **-bling·ly** 〖부〗 비틀거리며.
stum·ble·bum [stʌ́mblbʌ̀m] 〖명〗 〖속어〗 서투른 권투 선수; 실수만 하는[무능한] 사람; 〖美〗 노자자.
stúm·bling blòck [stʌ́mbliŋ-] 〖명〗 장애물, 방해물(*to*); 난점.
stu·mer [stjú:mər/stjú:-] 〖명〗 〖英속어〗 **1** 가짜: 가짜 돈, 위조 지폐, 위조 수표. **2** 쓸모없는 것[사람]; 실패작[자]. (또는 stumor)
‡**stump** [stʌmp] 〖명〗 **1** 그루터기, 베어낸 나무 뿌리. **2** (팔·다리의) 절단되고 난 남은 부분; (부러진 이의) 뿌리; (타다 남은 양초) 토막; (담배) 꽁초; (연필·붓 따위의) 쓰다 남은 것; (닳아 빠진) 짧게 자른 모지; (~s) 짧게 깎은 머리. **3** 의족(artificial leg) (보통 ~s) 〖익살속어〗 다리(legs). **4** 땅딸보. **5** (의족을 단 사람처럼) 무거운 발걸음[발소리]. **6** (정치 연설의) 연단(미국의 개척시대에 나무 그루터기가 연단으로 사용되었던 데서); 유세. **7** 〖미술〗 (연필화(畵) 용의) 찰필(擦筆). **8** 〖가구〗 (외자·소마 등의 짧은 팔걸이 앞 부분의) 지주(支柱). **9** 〖크리켓〗 3주문의 기둥. **10** 〖美속어〗 (난국에의) 도전.
draw stumps 〖크리켓〗 경기를 끝내다; 〖英구어〗 떠나다, 물러가다. 〔넌지시 속을 떠보다.〕
fool around the stump 〖구어〗 꾸물대다; 에둘러 **on the stump** 〖구어〗 정치[선거] 운동중의.
run against a stump 〖구어〗 어려움에 부딪히다.
stir one's stumps 〖구어〗 빨리 걷다; 서두르다.
take [or **go on**] **the stump** 〖美구어〗 선거 연설을 하고 다니다, 유세하다. 〔여, 당황하여.〕
up a stump 〖美구어〗 어찌할 바를 몰라, 곤경에 놓 **wear…to the stumps** …을 닳도록 쓰다.
— 〖타〗 (**~ed** [-t]) **1** …을 그루터기로 하다, (바싹) 베다. **2** (땅)의 그루터기를 제거하다. **3** 〖美남부〗 (그루터기 등에) (발부리 따위)를 채이다. **4** 〖구어〗 곤란하게 하다, 당황하게 하다. ¶be ~ed *with* …으로 시달리다, 질리다 // Your question ~s me. 너의 질문에는 질렸다. **5** 〖美〗 …을 유세하다. ¶He ~ed the whole country before the election. 그는 선거 전에 전국을 유세했다. **6** (美구어) 갱전 하다, 과감하게 ...하다. **7** 〖크리켓〗 3주문 기둥을 쓰러뜨려 (타자)를 아웃시키다. **8** 〖미술〗 …을 찰필로 흐리게 하다. — 〖자〗 **1** (의족으로 걷듯이) 뻣뻣하게[어색하게] 걷다(*along, about*). ¶(~+副) ~ *along* 뚜벅뚜벅 걸어가다. **2** 〖美〗 선거 연설을 하고 다니다, 유세하다.
stump for 〖美〗 …을 적극적으로 지지하다. 〔다.
stump it ① 터벅터벅 걷다; 도주하다. ② 〖美〗 유세하 **stump up** ① …을 뿌리뽑다. ② 〖英구어〗 (돈)을 (마지못해) 지불하다. ③ (말)을 지치게 하다.
~·less, ~·like 〖형〗
stump·age [stʌ́mpidʒ] 〖명〗〖美〗 (시장 가치가 있는) 입목(立木); 입목의 가격; 입목 벌채권.
stump·er [stʌ́mpər] 〖명〗 **1** 그루터기를 없애는 사람[것]. **2** 〖구어〗 어려운 문제[일], 난제. **3** 〖美〗 선거 연설자. **4** 〖크리켓〗 포수(wicketkeeper).
stump-jump·er [´dʒʌ̀mpər] 〖명〗 〖美속어〗 미개한 벽지 주민, 시골뜨기.
stúmp òrator 〖선거[정치] 연설자, 민중 선동가.
stúmp òratory 선거 연설식 웅변.
stúmp spèaker =stump orator.
stúmp spèech 선거[정치] 연설.
stump·work [stʌ́mpwə̀:rk] 〖명〗 스팀프 워크(말총 등을 채워 정교하고 다채로운 색상의 무늬를 도드라지게 한 자수의 일종; 17세기에 유행).
stump·y [stʌ́mpi] 〖형〗 그루터기 모양의; 그루터기가 많은; 뭉뚝한, 땅딸막한. — 〖명〗〖英속어〗 돈, 현금.
stúmp·i·ly 〖부〗 **stúmp·i·ness** 〖명〗
*__stun__ [stʌn] 〖타〗 (**-nn-**) **1** (때려서) …을 기절시키다, 실신시키다. **2** …을 어리벙벙하게 하다, 깜짝 놀라게 하다. **3** (귀)를 멍하게 하다; (머리)를 멍하게 하다.
— 〖명〗 〖U〗〖C〗 충격; 기절시키기[하기]; 인사불성; 망연자실한 상태. **~·ned** 〖형〗〖속〗 몹시 취한.
Stun·dism [stúndizm, ʃtún-] 〖명〗 쉬툰데 파(1860년경 남러시아에서 일어난 신교의 일파). **-dist** 〖명〗
*__stung__ [stʌŋ] 〖동〗 sting의 과거·과거분사.
— 〖형〗 〖속어〗 사기[협잡]에 걸린; (독충 가스의 일종). 〔흡입〕 몹시 취한.
stún gàs 〖명〗 착란 가스(최루가스의 일종). 〔흡입〕
stún grenáde 섬광 수류탄(인질 구출 및 폭동 진
stún gùn 〖명〗 스턴총. **1** 작은 모래주머니 따위를 발사하는 총. **2** 전기 쇼크 총.
stunk [stʌŋk] 〖동〗 stink의 과거·과거분사.
stun·ner [stʌ́nər] 〖명〗 기절시키는[놀라게 하는] 사람[것]. **2** 〖구어〗 근사한 사람[것], 굉장한 미인.
*__stun·ning__ [stʌ́niŋ] 〖형〗 **1** 기절시킬 만한; 어리벙벙하게 하는, 깜짝 놀라게 하는; 귀를 멍하게 하는. ¶a ~ explosion 귀청을 찢는 듯한 폭발. **2** 〖구어〗 근사한, 훌륭한, 놀랄 만큼 아름다운. ¶a ~ success 놀랄 만한 대성공. **~·ly** 〖부〗 〔**stun·s´l**〕
stun·sail [stʌ́nsəl] 〖명〗 =studdingsail.
stunt¹ [stʌnt] 〖타〗 …의 성장을 방해하다, …을 위축하게 하다; …의 발전을 가로 막다. — 〖명〗 성장[발전]의 저해; 성장이 저해된 생물; 〖U〗 〖식물 병리〗 위축병.
~·ing·ly 〖부〗 **~·y** 〖형〗

*stunt² 명 1 묘기, 곡예; 고등[곡예] 비행; (자동차나 오토바이의) 곡예 운전, 스턴트. ¶do a ~ 묘기를 보이다; 곡예를 하다. 2 이목을 끄는 행위.
pull a stunt (어리석은) 계책을 쓰다.
— 자 곡예를 하다; 곡예 비행[운전]을 하다. — 타 …을 이용하여 곡예를 하다.
stunt·ed [stʌ́ntid] 형 성장을 멈춘, 위축된, 왜소한.
stúnt màn 〔영화〕 위험한 장면의 대역(代役), 스턴트 맨.
stúnt wòman 〔영화〕 스턴트 우먼.
stu·pa [stúːpə] 명 〔불교〕 사리탑, 불탑.
stupe¹ [stjuːp/stjuːp] 명 찜질, 온습포. — 타 …에 찜질하다.
stupe² 명 (속어) 얼간이, 바보, 멍청이. (또는 *stoop*)
stu·pe·fa·cient [stjùːpəféiʃənt/stjùː-] 형 마비(마취)시키는(stupefying). — 명 마취제(narcotic).
stu·pe·fac·tion [stjùːpəfǽkʃən/stjùː-] 명 ⓤ 마비(시킴); 마취 (상태); 망연자실, 대경실색. **-tive** 형
*stu·pe·fy [stjúːpəfài/stjúː-] 타 1 (신체 각 기관)의 기능을 둔하게 하다, (지각·감각 따위)를 마취시키다. ¶be *stupefied with* drink 술에 취해 머리가 멍해지다. 2 …을 놀라게 하다, 멍하게 하다.
-fied·ness 명 지각 상실[마비]. **-fi·er** 명 지각을 잃게 하는 사람[것]; 마취제. **~·ing** 형 **~·ing·ly** 부
stu·pen·dous [stjuːpéndəs/stjuː-] 형 1 놀랄만한, 불가사의한, 굉장한. ¶~ news 놀라운 소식. 2 엄청나게 큰, 거대한. **~·ly** 부 **~·ness** 명
‡stu·pid [stjúːpid/stjúː-] 형 (*~·er*, *more ~*; *~·est*, *most ~*) 1 어리석은, 멍청한, 우둔한 ⇨ FOOLISH 유의어. ¶What a ~ idea! 이 얼마나 어리석은 생각인가! // It is very ~ *of* you *to* comply with his request. 네가 그의 요구에 응하는 것은 참으로 어리석은 짓이다. 2 무감각한, 마비된. ¶He is ~ with drink. 그는 술에 취해 제정신을 잃고 있다. 3 시시한, 쓸모 없는; 따분한. ¶a ~ book 재미없는 책. 4 (구어) 성가신, 짜증나게 하는. ¶This ~ drawer won't open. 이 성가신 서랍이 도무지 열리지 않는다.
get stupid (속어) (술·마약에) 취하다.
— 명 (구어) 멍청이, 바보. **~·ly** 부 **~·ness** 명
stu·pid-ass [-ǽs] 명 (속어) 멍청이, 얼간이.
*stu·pid·i·ty [stjuːpídəti/stjuː-] 명 ⓤ 우둔, 어리석음, 멍청함; ⓒ 어리석은 행동[사고, 언사].
stu·por [stjúːpər/stjúː-] 명 ⓤⓒ 마비, 무감각; 기절; 망연자실, 아연실색(한). **~·ous** 형 혼수 상태의.
*stur·dy¹ [stə́ːrdi] 형 1 (신체가) 강건한, 억센, 튼튼한, 기운찬. ⇨STRONG 유의어. 2 (건물 등이) 견고한. 3 (정신이) 불요불굴의. 4 (식물 등이) 성장력이 강한; 추위를 견디는. **-di·ly** 부 **-di·ness** 명
stur·dy² 명 ⓤ (수양)의 어지럼병.
stur·geon [stə́ːrdʒən] 명 (복수 **~(s)**) 철갑상어(그 알을 소금에 절인 것이 캐비아(caviar)).
Sturm·ab·tei·lung [ʃtúərmɑ̀ptailuŋ] 명 (나치스 독일의) 돌격대(略 SA). [〈G]
Sturm und Drang [ʃtúərm unt drɑ́ːŋ] 명 질풍노도(疾風怒濤) 시대(18세기말 독일의 낭만주의적 문학 운동, 괴테, 실러 등이 그 대표). [〈G storm and stress]
sturt [stəːrt] 명 (스코) 격렬한 논쟁.
stut·ter [stʌ́tər] 자 타 …을 더듬거리며 말하다(*out*). 2 말을 더듬다, 입속에서 중얼거리다. ⇨STAMMER 유의어. — 명 말더듬기, 중얼거리다.
~·er 명 말더듬이. **~·ing** 형 **~·ing·ly** 부
STV *Single Transferable Vote*; *standard test vehicle*; *subscription television*.
St. Ví·tus's dánce [-váitəsiz-] 명 〔병리〕 무도병(舞蹈病)(chorea). (또는 **St. Vítus(') dánce**)
sty¹ [stai] 명 돼지 우리(pigpen); (돼지 우리와 같은) 더러운 집, 불결한 장소; 음란한 장소, 갈보집. — 자 타 …을 돼지 우리(같은 더러운 곳)에 넣다. — 타 더러운 집에 살다[묵다]. (또는 **stye**)

sty² 명 〔안과〕 다래끼, 맥립종(麥粒腫). (또는 **stye**)
have a sty in one's eye 눈에 다래끼가 나다.
Styg·i·an [stídʒiən] 형 1 〔그리스 신화〕 삼도(三途) 내(Styx)의; 〔문어〕 지옥의, 저승의. 2 (종종 s-) (문어) 캄캄한, 음침한(gloomy). 3 (문어) (서약 따위가) 취소할 수 없는.
styl- [stail] (연결) ⇨STYLO-¹·². 2; 〔의〕; 〔식물〕 암술대의.
sty·lar [stáilər] 형 첨필(尖筆) 모양의; 펜[핀] 모양의.
‡style¹ [stail] 명 (~**s** [-z]) 1 (외관·조형 따위에 관한 특정의) 종류, 형(型). ¶What ~ of house do you require? 당신은 어떤 양식의 집을 구하십니까? / He is not the ~ of the day. 그는 요즘 사람 같지 않다.
2 (행위·운동 경기 따위의) 방식, 양식, 방법. ¶a special ~ of swimming 특별한 수영 방식 / the modern ~ of living 현대의 생활 양식.
3 ⓤⓒ 생활 양식; 우아한[상류풍의, 화려한] 생활 양식[살림살이]. ¶He lives in (good) ~. 그는 사치스러운 생활을 하고 있다.
4 ⓤⓒ (의상 따위의) 유행형, 스타일, 모양; ⓒ 어떤 모양의 옷. ⇨FASHION 유의어. ¶Your necktie is in [out of] ~. 너의 넥타이는 유행형이다[유행에 뒤져 있다].
5 ⓤⓒ 품위, 품격; 우아함, 멋. ¶have ~ 품위가 있다 / There is no ~ about her. 그녀에게는 품위가 없다.
6 ⓒⓤ 문체, 표현 양식, 표현법; 어조. ¶a concise ~ 간결한 문체 / speak in the ~ of a teacher 교사의 어조로 말하다 / This story is written in the ~ of Graham Greene. 이 소설은 그레이엄 그린의 문체로 되어 있다. 7 ⓤⓒ (예술의) 유(派), 풍; 〔건축〕 양식. ¶the baroque ~ 바로크 양식. 8 칭호, 명칭, 호칭, 직함; 상호. ¶a firm under the ~ of …라는 이름의 상사. 9 첨필(尖筆), 철필(stylus), 철필 비슷한 것, 조각칼; 에칭(식각)용 바늘; (시) 펜, 연필. 10 (해시계의) 바늘(gnomon). 11 역법(曆法), 일시의 계산법. ¶the Old [New] S- 구력[신력]. 12 〔식물〕 화주(花柱), 암술대; 〔동물〕 (곤충 따위의) 침; 침 모양의 돌기. 13 ⓤⓒ 〔인쇄〕 인쇄 양식, 체재.
cramp a person's style (구어) 남의 능력을 제대로 발휘하지 못하게 하다, 남의 자유를 제한하다.
go out of style 유행에 뒤떨어지다. 〔로; 훌륭히.
in style ① 유행하는. ② (구어) 사치스럽게, 호화판으로
like it's going out of style (구어) 정상(正常)을 벗어나, 제멋대로, 자포자기하여. 〔양을 내다.
put on style (美속어) 젠체하다, 거드름 피우다; 모
That's the style. (구어) 그래!, 바로 그거야!
with style 우아하게, 품위 있게.
under the style of …의 명의[명칭, 칭호]로. ⇨ 8.
— 타 (~**s** [-z]; ~**d**; ~**·ing**) 1 (…에게 …라는) 칭호를 주다, (…이)라고 이름짓다, (…을 …이라고) 일컫다[부르다]. ¶(~+몸+몸) ~ oneself a countess 백작 부인이라고 자칭하다. 2 …을 특정한 (유행형에) 맞추어 만들다. ¶~ an evening dress 이브닝 드레스를 유행에 맞추어 짓다. — 자 조각칼로 장식품을 만들다.
‿·less 형 **‿·less·ness** 명 **‿·like** 형
style² 명 〔고어〕 =stile.
-style¹ [stail] (연결) "…한 기둥(이 있는)"의 뜻. ¶poly*style*. [〈G pillar]   [*style*.
-style² (연결) "…스타일의[로]"의 뜻. ¶American-
style·book [stáilbùk] 명 스타일북(복장의 유행형을 수록한 것); 〔인쇄〕 활자 견본책; 인쇄 편람(인쇄인·편집자·작가 등을 위해 약자·구두법 따위를 안내한 책).
styl·er [stáilər] 명 헤어 스타일러(머리를 세팅하는 전기 기구); (드물게) 디자이너(stylist).
sty·let [stáilit] 명 작은 칼, 단검; 〔의학〕 탐침(探針)(probe), 스타일릿(주사 바늘이나 도뇨관(catheter)의 속을 쑤시는 가는 철사); 〔곤충〕 침돌기(針突起).

sty·li [stáilai] 圏 stylus의 복수형.
sty·li- [stáili, -lə] 〔연결〕 stylo-¹의 변형.
sty·li·form [stáiləfɔ̀ːrm] 圏 철필[바늘] 모양의.
styl·ing [stáiliŋ] 圏 (특징) 스타일에 맞추어 장식하기[만들기]; (문장의) 문체 다듬기; 정발(整髮), 머리 세팅.
styl·ish [stáiliʃ] 圏 현대식의, 유행을 따르는; 멋진, 우아한(elegant), 스마트한. **~·ly** 凰 **~·ness** 圏
styl·ist [stáilist] 圏 명문가, 문장가; (의상·실내 장식 따위의) 디자이너, 의장가(意匠家); (특정) 양식[스타일]의 창시자.
sty·lis·tic [stailístik] 圏 문체[양식]의, 문체론의. (또는 **stylistical**) **-ti·cal·ly** [-tikəli] 凰
sty·lis·tics [stailístiks] 圏 〔단수취급〕 문체론.
-ti·cian 圏 문체론 연구가.
sty·lite [stáilait] 圏 〔교회사〕 주두행자(柱頭行者)(중세 때 높은 기둥 위에서 고행하던 행자). **-lít·ic** 圏
styl·ize [stáilaiz] (* 〔英〕 **-ise**) 타 〔표현·수법 따위〕를 어느 양식에 일치시키다, 양식화하다; 관례에 따르게 하다. **-i·zá·tion, -iz·er** 圏
sty·lo [stáilou] 圏 (圏 **~s**) 〔구어〕 =stylograph.
sty·lo-¹ [stailou, -lə] 〔연결〕 pointed, sharp의 뜻(* 모음 앞에서는 styl-). ¶ *stylo*graphy(철필 서법), *stylar*.
sty·lo-² 〔연결〕 column, pillar, tube의 뜻(* 모음 앞에서는 styl-). ¶ *stylo*lite(암석의) 주상물(柱狀物).
sty·lo·bate [stáiləbèit] 圏 〔건축〕 스타일로베이트 (고대 신전의 기대(基臺); 이 위에 기둥이 늘어섬).
sty·lo·graph [stáiləgræ̀f, -gràːf] 圏 첨필(尖筆)형 만년필. (또는 **stylográphic pèn**)
sty·lo·graph·ic [stàiləgræfik] 圏 첨필(尖筆)형 만년필의; 첨필 화법의. (또는 **stylográphical**)
-i·cal·ly 凰 「尖筆畫法」.
sty·log·ra·phy [stailágrəfi/-lɔ́g-] 圏 첨필 화법
sty·loid [stáilɔid] 圏 〔해부〕 첨필 모양의; 줄기[기둥] 모양의. ¶a ~ process 경상(莖狀) 돌기.
sty·lo·sta·tis·tics [stàiləstətístiks] 圏圏 〔단수취급〕 〔언어〕 문체 통계학, 계량(計量) 문체론.
sty·lus [stáiləs] 圏 (~·es, -li [-lai]) 첨필, 철필; (레코드의) 바늘; (해시계의) 바늘; 〔해부〕 필상돌기(筆狀突起); (지진계·심전도 등의) 자동기록 침[바늘]; 〔컴퓨터〕 스타일러스(tablet에서 쓰이는 좌표 입력용의 펜).
sty·mie [stáimi] 圏 〔골프〕 (그린 위에서) 타자의 공과 홀의 직선상에 상대방 공이 가로놓인 상태; 또 그 상태의 공, 스타이미(공); 난처한 상태[문제].
—— 타 …을 스타이미 공으로 방해하다; (비유적) …을 훼방놓다, 방해하다, 좌절시키다. (또는 **stymy, stimy**)
styp·sis [stípsis] 圏 〔의학〕 수렴제(收斂劑)[지혈제]에 의한 처치.
styp·tic [stíptik] 圏 수렴성(收斂性)의; 지혈(止血)의. (또는 **styptical**) —— 圏 〔의학〕 수렴제(劑), 지혈제. **-ti·cal·ness, -tic·i·ty** [-títsəti] 圏 수렴성, 지혈성.
stýptic péncil 圏 립스틱 모양의 지혈봉.
sty·rax [stáiræks] 圏 〔식물〕 (S-) 때죽나무속의 관목.
sty·rene [stáiəriːn, stíər-] 圏圏 〔화학〕 스티렌(방향이 나는 무색 액체; 합성 수지 도료 원료).
sty·rene-bu·ta·di·ene rùbber [-bjùːtədáiiːn-] 圏 스티렌부타디엔 고무(대표적인 합성 고무; 圏 SBR).
styrene rèsin 圏 스티렌 수지(樹脂).
Sty·ro·foam [stáiərəfòum] 圏 〔상표〕 스티로폼 (발포성의 합성 수지의 일종).
Styx [stiks] 圏 〔그리스 신화〕 스틱스, 삼도(三途)내.
(*as*) ***black as Styx*** 캄캄한, 칠흑같이 어두운.
cross the Styx 죽다.
SU *strontium unit*(스트론튬 단위).
su·a·ble [súːəbl/sjúː-] 圏 고소할 수 있는, 소송의 대상이 될 수 있는. **-bíl·i·ty** 圏 **-bly** 凰
sua·sion [swéiʒən] 圏圏 (특히 도덕적) 권고, 설득. ¶ *moral ~* 도의적 권고. **suá·so·ry** 圏

sua·sive [swéisiv] 圏 타이르는, 설득하는; 설득력이 있는. **~·ly** 凰 **~·ness** 圏
suave [swɑːv] 圏 (인품·태도 따위가) 온화한, 상냥한, 부드러운, 우아한, 점잖은; (술 따위가) 입에 순한.
—— 圏 〔美俗語〕 세련된[부드러운] 태도.
sua·vi·ter in mo·do, for·ti·ter in re [swǽvitər in móudou, fɔ́ːrtitər in ríː, swɑ́ːv-] 태도는 온건하게, 행동은 단호히. 〔<L gently in manner, firmly in action〕
suav·i·ty [swɑ́ːvəti, swǽv-] 圏 1 ① 정중함, 유화함; 입에 순함. 2 (-ties) 정중한 태도[언동].
sub¹ [sʌb] 圏 (* sub로 시작되는 여러 낱말의 단축형) 1 잠수함(submarine). 2 대리인, 보충원(substitute); (야구의) 후보 선수. 3 하도급업자(subcontractor). 4 해군 중위, 육군 소위(sublieutenant); 부하, 예관(subordinate); 부관(subaltern). 5 ①ⓒ 기부; 서명; 응모; 예약(subscription). 6 〔英〕 선발 급료. 7 〔구어〕 〔사진〕 =substratum. —— 圏 하위의, 종속적인, 보조적인; 수준 이하의.
—— 타 (**-bb-**) 대신[대행]하다 (*for*). —— 타 1 〔사진〕 〔필름·건판〕에 젤라틴으로 밑칠을 하다. 2 〔英〕 (급료)를 선불하다.
sub² 〔전〕 …의 밑에, …의 아래의. 〔<L under〕
sub- [sʌb, səb] 〔접두〕 under, below; slightly의 뜻. ¶ *sub*acid, *sub*division, *sub*teen, *sub*way.

주의 c, f, g, p, r앞에서는 각각 **suc-, suf-, sug-, sup-, sur-**, ¶ *succeed*; m 앞에서는 **sum-** (또는 **sub-**); s 앞에서는 **su-** (또는 **sub-**)를 쓴다; c, p, t 앞에서는 **sus-**의 형도 있다.

sub. subaltern; subject; submarine; subscription; substitute; suburb; suburban; subway.
sub·ac·id [sʌ̀bǽsid] 圏 약간 신; (의견 따위가) 조금 신랄하고 공격적인. **~·ly** 凰 **~·ness** 圏
sub·a·cid·i·ty [sʌ̀bəsídəti] 圏 약(弱)산성; 〔병리〕 (위액의) 산(酸)감소(증).
sub·a·cute [sʌ̀bəkjúːt] 圏 약간 날카로운; 〔병리〕 아(亞)급성의, 급성과 만성의 중간의. **~·ly** 凰
su·ba·dar [sùːbədɑ́r/ˊ-ˋ-] 圏 (무굴(Mogul) 제국의) 지방 총독; (인도인 용병의) 중대장. (또는 **subahdar**)
sub·a·dult [sʌ̀bədʌ́lt] 圏圏 거의 어른[성체]이 다된 (사람·동물).
sub·aer·i·al [sʌ̀béəriəl] 圏 지면[지표]의. **~·ly** 凰
sub·a·gen·cy [sʌ̀béidʒənsi] 圏 보조 기관; 부(副).
sub·a·gent [sʌ̀béidʒənt] 圏 부대리인. 「대리점.
sub·al·pine [sʌ̀bǽlpain] 圏 알프스 산록 지방의;
〔식물〕 아(亞)고산대에 나는.
sub·al·tern [sʌ̀bɔ́ːltərn/sʌ́bltən] 圏 1 종속의, 부하의, 부(副)의, 하위의. 2 〔英군사〕 대위 이하의 장교의. 3 〔美〕 sʌ̀bəltəːrn〕 〔논리〕 (전제에 관하여) 특칭(特稱)의. —— 圏 1 또는 (구어) **sub**) 1 하급자; 차관, 부관. 2 〔英군사〕 육군 중위[소위]. 3 〔또는 〔美〕 sʌ̀bəltəːrn〕 〔논리〕 특칭 명제. **-tér·ni·ty** 圏
sub·al·ter·nate [sʌ̀bɔ́ːltərnət, -ǽl-] 圏 1 하위의, 차위의, 다음 가는. 2 〔식물〕 (잎이) 준호생(準互生)의. —— 圏 〔논리〕 특칭 명제.
~·ly 凰 **-ter·ná·tion** 圏 「(지방)의.
sub·ant·arc·tic [sʌ̀bæntɑ́ːrktik] 圏 아(亞)남극
sub·aq·ua [sʌ̀bǽkwə] 圏 수중의, 잠수의; 수중 스포츠의. 「생(水水生)의.
sub·a·quat·ic [sʌ̀bəkwǽtik] 圏 〔동·식물〕 반수
sub·a·que·ous [sʌ̀béikwiəs] 圏 물 속에 있는; 물 속에서 일어나는; 수중(용)의.
sub·a·rach·noid [sʌ̀bərǽknɔid] 圏 〔해부〕 지주막(蜘蛛膜)(arachnoid membrane) 아래의. ¶ *~ hemorrhage* 지주막하(下) 출혈. (또는 **sùbarachnóidal**)

sub·arc·tic [sʌbá:rktik] 형 아(亞)북극(지방)의.
sub·ar·ea [sʌ́bèəriə] 명 area의 하위 구분, 소(小)지역.
sub·ar·id [sʌbǽrid] 형 조금 건조한, 반(半)건조의.
***sub·as·sem·bly** [sʌ̀bəsémbli] 명 《美》 (큰 조립품의 일부가 되는 소(小) 조립 부품.
sub·as·tral [sʌbǽstrəl] 형 별 밑의, 지상의.
sub·as·trin·gent [sʌ̀bəstríndʒənt] 형 약수렴성 (弱收斂性)의. ─ 명 약수렴제(劑).
sub·at·mos·pher·ic [sʌ̀bætməsférik] 형 (온도 등이) 대기층보다 낮은. 「(양자·전자 등).
sub·at·om [sʌ́bætəm] 명 《물리》 원자 구성 요소
sub·a·tom·ic [sʌ̀bətámik/-tɔ́m-] 형 《물리》 원자 내부에서 일어나는; 소립자의.
sub·au·di·ble [sʌbɔ́:dəbl] 형 가청(可聽) 주파수 이하의; (소리 등이) 거의 들리지 않는.
sub·au·di·tion [sʌ̀bɔ:díʃən] 명 말 뒤에 숨은 뜻을 꿰뚫음; ⓒ 언외의 뜻. **~·ly** 부
sub·av·er·age [sʌbǽvəridʒ] 형 평균[표준] 이하
sub·base [sʌ́bbèis] 명 1 《건축》 (기둥 등의 토대의) 기부(基部)의 신(新)surbase), (도로의) 보조 기층, (하중) 노반(路盤). 2 《수학》 준기(準基), 부분기(部分基).
·bá·sal 형 「실 밑의 층, 지하 2층.
sub·base·ment [sʌ́bbèismənt] 명 《건물의》 지하
sub·bass [sʌ́bbèis] 명 《음악》 (오르간의) 최저음의 음전(音栓). (또는 subbase)
sub·branch [sʌ́bbræ̀ntʃ/-brɑ̀:ntʃ] 명 (지점 밑의) 출장소, 분점; 잔가지.
sub·breed [sʌ́bbri:d] 명 아(亞)품종.
sub·cab·i·net [sʌ́bkæ̀bənit] 명 《美국어》 대통령의 비공식 고문단(의); 차관급 회의(의). 「搬送波」
sub·car·ri·er [sʌ́bkæ̀riər] 명 《통신》 부반송파(副
sub·cat·e·go·ry [sʌ̀bkǽtəgɔ̀:ri/-gəri] 명 하위(下位) 범주, 하위 구분.
sub·ce·les·tial [sʌ̀bsəléstʃəl] 형 하늘 아래의, 지상의; 현세의, 세속의. ─ 명 지상의 존재(생물).
sub·cel·lar [sʌ́bsèlər] 명 지하실의 방, 지하 2층.
sub·cel·lu·lar [sʌ̀bséljulər] 형 《생물》 세포에 함유된; 세포보다 작은, 아(亞)세포(성)의. 「의 중심(심).
sub·cen·ter [sʌ́bsèntər] 명 부(副)도심(지); 제2
sub·cen·tral [sʌ̀bséntrəl] 형 중심 밑의, 중심에 가까운. **~·ly** 부
sub·chas·er [sʌ́btʃèisər] 명 구잠정(驅潛艇).
sub·class [sʌ́bklæ̀s/-klɑ̀:s] 명 클래스의 하위 분류; 《생물》 아강(亞綱); 《수학》 부분 집합; 하층 계급.
─ 타 …의 세분류를 세분하다.
sub·clas·si·fy [sʌbklǽsəfài] 타 …을 하위 분류[구분]하다. **·fi·cá·tion** 명 「법」 종속절.
sub·clause [sʌ́bklɔ̀:z] 명 《법률》 하위 조항; 《문
sub·cla·vi·an [sʌbkléiviən] 《해부》 쇄골(clavicle) 밑의; 쇄골하(下) 동맥[정맥]의. ─ 명 쇄골하 동맥[정맥], 쇄골 하부. 「極的], 잠재성의.
sub·cli·max [sʌbkláimæks] 명 《생태》 아극상(亞
sub·clin·i·cal [sʌbklínikəl] 형 《의학》 준(準)임상적인, 무(無)증상의, 잠복성의.
sub·col·le·giate [sʌ̀bkəlídʒit, -dʒiət] 형 대학 수준 이하의 (학생을 위한).
sub·com·mis·sion·er [sʌ́bkəmìʃənər] 명 분과위원회 위원, 부위원, 부이사. 「소위원회」
sub·com·mit·tee [sʌ́bkəmìti] 명 분과 위원회.
sub·com·mu·ni·ty [sʌ̀bkəmjú:nəti] 명 (대도시 주변에 있으면서 독자적인 생활 설비를 갖춘) 소(小)사회.
sub·com·pact [sʌbkámpækt/-kɔ́m-] 명 서브컴팩트 카(콤팩트보다 작은 형의 자동차). (또는 ～ cár)
sub·com·po·nent [sʌ̀bkəmpóunənt] 명 서브 컴포넌트(부품의 일부로서 부품의 특성을 가진 부분).
sub·con·scious [sʌbkánʃəs/-kɔ́n-] 형 잠재 의식의; 반(半)무의식의. ¶ ～ desire 잠재 의식적 욕구.

── 명 (the ～) 잠재 의식. **~·ly** 부 **~·ness** 명
sub·con·ti·nent [sʌ̀bkántənənt/-kɔ́nti-] 명 아(亞)대륙(인도·그린란드 등). **-con·ti·nén·tal** 형
sub·con·tract [sʌ̀bkántrækt/-kɔ́n-] 명 하도급 (下都給) 계약, 하도 계약. ── 타 [sʌ̀bkəntrǽkt] 타 …의 하도급 계약을 맺다. ── 자 하도급 맡다.
sub·con·trac·tor [sʌ̀bkántræktər/sʌ̀bkən-] 명 하도급 업자[계약자]. (또는 (구어) sub)
sub·con·tra·ry [sʌbkántreri/-kɔ́ntrə-] 《논리》 소(小)반대의, 소상반(小相反)의. ── 명 소반대, 소반대 명제. **-tra·ri·e·ty** [-trəráiəti] 명
sub·cor·tex [sʌ̀bkɔ́:rteks] 명 (복 **-ti·ces** [-tisi:z] 《해부》 피질(皮質) 하부.
sub·cor·ti·cal [sʌbkɔ́:rtikəl] 형 《해부》 (대뇌) 피질(皮質) 밑의. **~·ly** 부
sub·crust·al [sʌbkrʌ́stl] 형 지각 밑의. 「culture」
sub·cult [sʌ́bkʌ̀lt] 명 이문화(異文化) 집단(sub-
sub·cul·ture [sʌbkʌ́ltʃər] 명 《세균》 2차 배양을, 2차 배양하다. ── 타 《세균》 2차 배양을, 조직 배양의 이식. 2 《사회》 소문화(권), 하위(下位) 문화; (히피 따위의) 반(反)문화, 이(異)문화(집단).
형 counterculture **-tur·al** 형 **-tur·al·ly** 부
sub·cur·rent [sʌ́bkə̀rənt] 명 (사상·의도 따위의) 저류(底流), 이면.
sub·cu·ta·ne·ous [sʌbkju:téiniəs] 형 피하에 있는; 피하의 하는; 피하에서 기생하는. ¶ a ～ injection 피하 주사. **~·ly** 부 **~·ness** 명
sub·cu·tis [sʌbkjú:tis] 명 《해부》 피하(皮下) 조직.
sub·dea·con [sʌbdí:kən, ᛌᛌ-] 명 《교회》 차부제 (次副祭), 부보제(副補祭), 부집사.
sub·dea·con·ate [sʌbdí:kənət, -nèit] 명ⓊⒸ (교회) 차부제[부보제, 부집사]의 직(職)[지위].
sub·deb [sʌ́bdèb] 명 《美구어》 = subdebutante.
sub·deb·u·tante [sʌbdébjutà:nt] 명 《美》 정식으로 사교계에 나가기 전의 처녀; 15-16세의 처녀.
sub·dec·a·nal [sʌ̀bdikéinl] 형 부주교(副主敎) 대리의. 「소(支所)」
sub·de·pot [sʌbdí:pou/-dép-] 명 (군사) 보급창
sub·der·mal [sʌ̀bdə́:rməl] 형 = subcutaneous.
(또는 **subdermic**)
subdérmal implant 명 《의학》 피하(皮下) 이식.
sub·di·ac·o·nate [sʌ̀bdaiǽkənət] 명 = subdeaconate.
sub·di·rec·to·ry [sʌ̀bdiréktəri] 명 《컴퓨터》 서브 디렉토리(다른 자료방(directory) 아래에 있는 자료방).
sub·dis·ci·pline [sʌbdísəplin] 명 (어떤) 학문 분야의 하위 구분.
sub·dis·trict [sʌ́bdìstrikt] 명 소(小)구역, 소관구 (小管區). ── 타 …을 소구역으로 나누다.
sub·di·vide [sʌ̀bdiváid, ᛌᛌ-] 타 1 …을 다시 나누다, 세분하다; …을 해체하다 (into). 2 《美》 (땅)을 (분양 목적으로) 세분하다. ── 자 다시 나뉘다, 세분되다. **·víd·a·ble** 형 다시 나눌[세분할] 수 있는. **·víd·er** 명
***sub·di·vi·sion** [sʌ́bdivìʒən] 명 1 다시 나누기, 세분. 2 (세분된) 일부분; 《美》 (택지로 구분된) 한 구획, 분양 토지. 3 《식물》 아문(亞門).
sub·do·main [sʌbdouméin] 명 《컴퓨터》 서브도메인(어떤 도메인 내의 하위 도메인).
sub·dom·i·nant [sʌbdámənənt/-dɔ́m-] 명 《음악》 버금딸림음(의), (음계의) 제4음(의); 《생태》 아우종(亞優占種)(의). 「化.
sub·du·al [səbdjú:əl/-djú:-] 명 정복; 억제; 완
sub·duct [səbdʌ́kt] 타 …을 제거하다; …을 빼다; 《지질》 《지각판》을 다른 지각판 밑으로 갈리게 하다. ── 자 《지각판》이 다른 판 밑에 갈리다.
sub·duc·tion [səbdʌ́kʃən] 명ⓊⒸ 제거, 공제; 《지

질) 서브덕션, 침입(沈入)(지구의 지각판(plate)이 서로 충돌하면서 한 판이 다른 판 밑으로 깔리는 현상).

subdúction zòne 명 (지질) 침입대(沈入帶).

‡**sub·due** [səbdjúː/-djúː] 타 (~s [-z]; ~d; -du·ing) 1 …을 정복하다, 진압하다; …에 이기다. ⇒ DEFEAT 유의어 ¶ ~ nature 자연을 정복하다. 2 (정신적으로) …을 복종시키다, 위압하다. ¶ ~ a willful child 제멋대로인 아이를 길들이다. 3 (충동)을 억제하다, 억누르다. ¶ ~ one's passions 정욕을 억누르다. 4 (강도(强度))를 완화하다. ¶ a ~d voice 낮춘[죽인] 목소리. 5 (땅)을 개간(개척)하다, (잡초 따위)를 뿌리뽑다. 6 (고통)을 경감(완화)하다. -du·a·ble 형 -du·a·ble·ness 명 -du·a·bly 부 -du·er 명 -du·ing·ly 부

sub·dued [səbdjúːd] 형 정복된; 억제된; 완화된, 낮춘, 부드러운; (지형 등이) 기복이 없는, 밋밋한. ¶ a ~ color [light] 부드러운 색조[빛] / a ~ landscape 단조로운 풍경. **~·ly** 부 **~·ness** 명

sub·du·ral [sʌ̀bdjúərəl] 형 (해부) 경막(硬膜) 아래의.

sub·ed·it [sʌbédit] 타 …의 부주필[편집국 차장] 일을 하다; (英) (원고를) 정리(편집)하다.

sub·ed·i·tor [sʌbédətər] 명 부주필, 부주간, 편집 차장; (英) 원고 정리 편집자.

sùb·ed·i·tó·ri·al 형 **~·ship** 명 「상태의」

sub·em·ployed [sʌ̀bimplɔ́id] 형 반(半)소득 고용의

sub·em·ploy·ment [sʌ̀bimplɔ́imənt] 명 ⓤ 불완 전[저소득] 고용; 반(半)실직.

sub·en·try [sʌ́bèntri] 명 (큰 항목 속의) 작은 항목.

sub·e·qual [sʌbíːkwəl] 형 거의 같은.

sub·e·qua·to·ri·al [sʌ̀bi:kwətɔ́ːriəl] 형 아(亞)적 도대의, 적도에 가까운.

su·ber [súː/sjúː-] 명 (식물) 코르크 (조직), 코르크질 **-ber·ic** [-bérik] 형 「코르크질(質).」

su·ber·in [súːbərin, sjuːbérin/sjúːbər-] 명 (식물) 수베린.

su·ber·ize [súːbəràiz/sjúː-] 타 (*英)(英) -ise) (식물) …을 코르크질로 바꾸다, 숭배시키다. (또는 **suberinize**) -i·zá·tion 명 코르크화(化).

su·ber·ose [súːbəròus/sjúː-] 형 (식물) 코르크질의, 코르크질[모양]의. (또는 **suber(e)ous**)

sub·es·sen·tial [sʌ̀bisénʃəl] 형 필수에 버금가는.

sub·fam·i·ly [sʌ́bfæ̀məli/⌐⌐⌐] 명 (생물) 아과(亞科); (언어) 어족(語族)[어(語)족(family)의 하위 구분].

sub·field [sʌ́bfìːld] 명 (수학) 부분체(部分體); 서브필드(어떤 학문 분야의 하위 분야).

sub fi·nem [sʌ̀b fáinem] 부 (장(章) 따위의) 말미 (末尾)에(약 s.f.). [<L toward the end) 「위].

sub·fix [sʌ́bfìks] 명 하부(下付) 기호글자·숫자(아

sub·floor [sʌ́bflɔ̀ːr] 명 (겉마루 밑에 깐) 애벌 바닥 (마루)의 속바닥.

sub·form [sʌ́bfɔ̀ːrm] 명 파생형, 파생 양식.

sub·freez·ing [sʌ̀bfríːziŋ] 명 빙점[어는점] 이하

sub·fusc [sʌ́bfʌsk/⌐⌐] (英) 형 =SUBFUSCOUS.
— 명 거무칙칙한 의복.

sub·fus·cous [sʌbfʌ́skəs] 형 약간 거무스름한.

sub·gen·re [sʌ̀bʒɑ̀nrə] 명 하위 장르, 하위 구분.

sub·ge·nus [sʌ́bdʒiːnəs] 명 (복 -gen·er·a [-dʒénərə], **~·es**) (생물) 아속(亞屬). -**ge·nér·ic** 형

sub·gov·ern·ment [sʌ̀bgʌ́vərnmənt] 명 제2의 정부(정부에 대한 영향력을 가진 비공식 단체).

sub·grade [sʌ́bgrèid] 명 (토목) (도로·철도의) 노반(路盤), 노상(路床). — 명 노반(노상)의.

sub·group [sʌ́bgrùːp] 명 (group을 분할한) 소집단; (화학) 아족(亞族); (수학) 부분군(群).

sub·gum [sʌ́bgʌ̀m] 명형 (美) 각종 채소를 섞어서 조리한 (미국식 중화요리). 「[신] 저조류(低調速)

sub·har·mon·ic [sʌ̀bhɑːrmánik/-mɔ́n-] 명 (통]

sub·head [sʌ́bhèd] 명 (인쇄물 따위의) 작은 제목 표제), 부(副)표제 (또는 **subheading**); 부교장, 교감.

sub·hu·man [sʌbhjúːmən] 형 (지능·도덕 면에서) 인간 이하의, 인간답지 못한; (동물 따위가) 유인(類人) 의, 사람에 가까운. 「(亞濕)의.

sub·hu·mid [sʌbhjúːmid] 형 다소 습기를 띤, 아습

sub·in·dex [sʌbíndeks] 명 (복 ~·es, -di·ces [-disìːz]) 부(副)색인; (수학) 부지수(副指數). — 타 …에 부(副)색인을 붙이.

sub·in·feu·date [sʌ̀binfjúːdeit] 타 (역사) (봉건 영주가 신하에게) 영지를 다시 나누어 주다, 재분봉(再分封)하다. (또는 **subinfeud**)

sub·in·ter·val [sʌ̀bíntərvəl] 명 (큰 기간의) 부분 기간; (수학) 부분 구간; (음악) 부분 음정.

sub·ir·ri·gate [sʌ̀bírəgèit] 명타 …의 지하 관개[배수]를 하다. (또는 (구어) **sub**) -**gá·tion** 명

su·bi·tize [súːbətàiz, sʌ́b-] 자 (심리) 즉석에서 [순간적으로] 파악하다.

subj. subject; subjective(ly); subjunctive.

sub·ja·cent [sʌ̀bdʒéisnt] 형 아래의, 아래에 위치한; 토대를 이루는. -**cen·cy** 명 **~·ly** 부

‡**sub·ject** [sʌ́bdʒikt] 명 1 주제, 제목, 주지(主旨), 논제, 문제, 화제; (미술 작품의) 테마; (음악) 테마, 주제, 주악상. ¶ the ~ in hand 당면 문제 / a ~ of conversation 대화의 화제 / a ~ for discussion 논제.

유의어 **subject** 대화·토론·연구·예술 작품 등이 취급하는 대상·제재. **theme** 예술 작품의 밑바탕을 이루는 작자의 중심적 사상·주장. **topic** 어느 그룹 사람들에게 공통된 화제의.

---

2 학과, 과목, 교과. ¶ a compulsory ~ 필수 과목. 3 (문어) (…의) 동기, 주인(主因), 원인; (행위·감정의) 대상. ¶ I haven't the least ~ of complaints. 나에게는 불평할 만한 것이 하나도 없다. 4 신민(臣民), 신하, 국민; (the ~) (집합적) 국민. ⇒ CITIZEN 유의어 ¶ a British ~ 영국 국민. 5 (다른 사람[사물]의 영향을 받고 있는 사람[것], 숭배자, 심취한 사람. ¶ a ~ of the Lord Jesus 주 예수의 종. 6 (문법) 주어, 주부(主部) (약 S., subj.). ¶ a formal [real] ~ 형식[진] 주어. 7 실험 재료, 피(被)실험자; (최면술의) 피술자, (해부용) 시체. 8 (주로 좋지 못한) 기질을 가진 사람, (…)성(性)의 환자. ¶ a sensitive ~ 신경질적인 사람. 9 (논리) 주위(主位), 주사(主辭) (약 predicate); (철학) 주체; 주관, 자아(ego) ⓞ object); 실체.

change the subject 화제를 바꾸다.

on the subject of …에 관하여.

— 형 [sʌ́bdʒikt] 1 (…의) 지배를 받는, 복종하는, 종속의(to). ¶ a state ~ to another 남의 나라의 속국. 2 (서술용법) …을 받기[입하기] 쉬운, …에 걸리기 쉬운, …에 빠지기 쉬운 (to). ⇒ LIABLE 유의어 ¶ be ~ to damage 손해를 보기 쉽다 / He is ~ to fits of anger. 그는 화를 잘 내는 성미다. 3 (서술용법) …을 (조건으로) 받아야 하는, (…을) 조건으로 하는 (to). ¶ This agreement is ~ to the approval of the government. 이 협정은 정부의 승인이 필요하다.

subject to …을 조건으로 하여, …이라고 가정하여.

— 타 [səbdʒékt] 1 …을 종속시키다, 복종시키다. ¶ (~+图+前+图) ~ a nation to one's rule 국민을 자기의 지배하에 두다. 2 …에게 (…을) 당하게 하다, 받게 하다 (to). ¶ (~+图+前+图) ~ oneself to ridicule 웃음거리가 되다 / be ~ed to severe criticism 흑평을 당하다. 3 …을 제시하다, 맡기다, 위임하다 (to).

be subjected to …을 받다[당하다]. ⇒ 타 2.

subject *oneself* **to** …을 받다[당하다]. ⇒ 타 2.

-**ject·a·bil·i·ty** 명 **-jéct·a·ble**, **~·less**, **~·like** 형

súbject càtalog (도서관) 주제별 목록.

súbject còmplement (문법) 주격 보어. (또는 **subjéctive cómplement**) 「명(名) 목록.

súbject-hèad·ing [-hèdiŋ] 명 (색인 따위의) 주제

sub·jec·ti·fy [səbdʒéktəfài] 타 …을 주관적으로

해석하다, 주관화하다; 주관적으로 하다. **-fi·cá·tion** 圀

*sub·jec·tion [səbdʒékʃən] 圀Ⓤ 정복; 복종, 종속 (to). *in subjection to* …에 복종하여. ~·al 圀

*sub·jec·tive [səbdʒéktiv] 圀 **1** 주관의, 주관적인(⇔ objective); 마음의. ¶a ~ judgment 주관적 판단. **2** 개인적인; 독자적인; 자기 중심의, 아집(我執)이 센. **3** [문법] 주어의, 주격의. ¶the ~ genitive 주격 소유격(예를 들면 God's love of God's). **4** [심리] 내성(內省)의, 내관적(內觀的)인; [의학] (증상 등이) 자각적인.
— 圀 **1** (the ~) 주관. **2** (또는 ᅩ **cáse**) [문법] 주격.
~·ly 凰 ~·ness 圀

subjéctive idéalism 圀 [철학] 주관적 관념론.

sub·jec·tiv·ism [səbdʒéktəvìzm] 圀Ⓤ [철학·윤리] 주관주의, 주관론. ⓗ objectivism **-tiv·ist** 圀 주관론자. **-ti·vís·tic** ~**ti·vís·ti·cal·ly** 凰

sub·jec·tiv·i·ty [sÀbdʒektívəti] 圀Ⓤ 주관적임, 주관성; 자기 본위; (예술가의) 개성; [철학·윤리] = subjectivism.

sub·jec·tiv·ize [səbdʒéktivàiz] (✻ 〔英〕 **-ise**) 쮔(他) …을 주관화하다, 주관적으로 하다.

súbject mátter 圀 제재, 주제, 테마; …(작품 따위의 형식에 대해) 내용; 소재.

sub·ject-ob·ject [-ábdʒikt/-ɔ́b-] 圀 [철학] 주관적 주체이면서 동시에 그 객체인 자아(自我)(Fichte의 용어); 자기를 인식의 대상으로 하는 자기.

sub·join [səbdʒɔ́in/sʌb-] 쮔(他) …을 추가하다, 덧붙이다(append); …을 증보(增補)하다 (to).

sub·join·der [səbdʒɔ́indər/sʌb-] 圀 추가된 것, 부언(附言), 추신(追伸).

sub·joint [sÁbdʒɔ̀int] 圀 [해부] 부관절(副關節).

sub ju·di·ce [sÀb dʒúːdisi/-si] 凰 심리중의 [에], 미결의[로]. ⟨L *under judgment*⟩

sub·ju·gate [sÁbdʒugèit] 쮔(他) …을 정복하다; …을 복종[예속]시키다; (감정 등) 을 억누르다.
-ga·ble 圀 **-gá·tion,** ~**gà·tor** 圀

sub·junc·tion [səbdʒÁŋkʃən] 圀 추가, 첨가, 증보; 추가[첨가]물.

‡sub·junc·tive [səbdʒÁŋktiv] [문법] 圀 가정법의 (ⓐ imperative, indicative). — 圀 **1** (the ~) 가정법. **2** 가정법 동사. ~·ly 凰

subjúnctive móod 圀 (the ~) [문법] 가정법.

sub·king·dom [sÁbkíŋdəm, ᅩᅩ-] 圀 [생물] 아계(亞界). 「[용어(은어·전문어 따위)].

sub·lan·guage [sÁblæ̀ŋgwidʒ] 圀 2차 언어, 특수

sub·late [sÁbléit] 쮔(他) [논리] 부정[부정]하다(deny, posit); (변증법에서) 지양(止揚)하다. **-lá·tion** 圀

sub·lease [sÁblíːs] 圀 전대(轉貸), 다시 빌려줌.
— 圀 [-꞊] …을 전대하다; …을 전차(轉借)하다.

sub·les·see [sÀblesíː] 圀 전차인(轉借人).

sub·les·sor [sÀblesɔ́ːr] 圀 전대인(轉貸人).

sub·let [sÁblét] 圀 (~; ~·**ting**) …을 전대하다, 다시 빌려 주다; (도급 공사 따위) 를 하도급주다.
— 圀 [ᅩᅩ, ᅩᅩ] 〔미국어〕 전대, 다시 빌려 주기; 전대할 물건[집].

sub·le·thal [sÁblíːθəl] 圀 치사량에 가까운. ¶a ~ dose of poison 치사량에 가까운 독(毒).

sub·lev·el [sÁbléval] 圀 보다 낮은 수평[수준].

sub·li·brar·i·an [sÀblaibréəriən] 圀 도서관 부관장; 사서보(司書補). 「가, 재(再)실시(권).

sub·li·cense [sÀbláisns] 圀 2차 라이센스, 2차 인

sub·lieu·ten·ant [sÀbluːténənt/-let-] 圀 〔英〕 해군 중위. (또는 〔구어〕 **sub**) **-an·cy** 圀

sub·li·mate [sÁbləmèit] 쮔(他) **1** [심리] [성욕 따위] 를 승화시키다. **2** [화학] …을 승화시키다. **3** …을 고상하게 하다, 순화시키다. — 圀 승화하다; 순수하게 되다. — 圀 [-⌇] (mercuric chloride). [화학] 승화물; Ⓤ 승홍(昇汞)
— 圀 [sÁbləmət, -mèit]
— 圀 [sÁbləmət, -mèit] 승화한[된]; 순화된, 고상하게 된. **-ma·ble** [´məbl] 圀 **-ma·ble·ness,** ~**má·tion** 圀Ⓤ 승화; 고상하게 함. ~**má·tion·al** 圀

‡sub·lime [səbláim] 圀 (*more* ~, **-lim·er**; *most* ~, **-lim·est**) **1** 고상한, 숭고한, 기품 있는. ¶a ~ style 고상한 문체 / a ~ spirit of sacrifice 숭고한 희생 정신. **2** 장엄한, 웅장한. ⇒SPLENDID 〔유의어〕¶a ~ ambition 원대한 야망 / ~ scenery 웅장한 풍경. **3** 탁월한, 발군의, 최고의. **4** 〔구어〕 엄청난, 지독한, 굉장한. ¶~ stupidity 극도의 어리석음. **5** 〔고어〕 오만한, 도도한; 의기양양한.
— 圀 (the ~) **1** 숭고[장엄, 고상]인 것. **2** (…의) 극치, 절정 (*of*). ¶the ~ *of* stupidity 어리석음의 극치.
— 쮔(他) **1** …을 고상하게 하다, 순화하다. **2** [화학] …을 승화시키다 (into). — 쮔(自) [화학] 승화하다; 정화[순화]되다, 고상해지다.
~·ly 凰 ~·ness **-lim·er** 圀 승화자[기(器)].

Sublíme Pórte [-pɔ́ːrt] 圀 (the ~) (Angora 천도 이전의) 터키 정부(Porte의 정식 명칭).

sub·lim·i·nal [sÀblímənəl] 圀 [심리] 圀 의식에 떠오르지 않는, 식역(識閾)하의, 잠재 의식의. — 圀 (또는 ᅩ **sélf**) 잠재적 자아. ~·ly [-nəli] 凰

sublíminal ádvertising 圀 잠재 의식에 호소[작용]하는 광고. 「잠재 학습.

sublíminal léarning 圀 [심리] 역하(閾下) 학습.

sublíminal percéption 圀 [심리] 역하 지각.

sublíminal sélf 圀 [심리] 잠재적 자아.

sub·lim·it [sÁblìmit] 圀 부차[2차] 한도(최대한도보다 약간 낮은 한계치).

sub·lim·i·ty [səblímətí] 圀Ⓤ 숭고, 장엄, 웅장, 고상; 절정, 극치; ⓒ 숭고한 사람, 고상한 것, 장엄한 것.

sub·lin·gual [sÀblíŋgwəl] 圀 [해부] 혀 밑의. ¶the ~ gland 혀밑샘. — 圀 혀밑샘; 설하(舌下) 동맥 [신경].

sub·lit·er·ar·y [sÀblítərèri] 圀 문학 이하의.

sub·lit·er·ate [sÀblítərət] 圀 읽고 쓰기가 완전하지 않은; 교양이 부족한.

sub·lit·er·a·ture [sÁblítərətʃər] 圀 수준 이하의 문예 작품; (직원 열람용 등 임시) 서류, 보고서.

sub·lit·to·ral [sÁblítərəl] [생태] 圀 (亞)연안대의, 아연안대에 사는, 저조선(低潮線)과 대륙붕 사이의. — 圀 아연안대, 아조간대(亞潮間帶).

Sub-Lt., Sub·Lt 〔英〕 sublieutenant.

sub·lu·nar [sÁblúːnər] 圀 =sublunary.

sub·lu·nar·y [sÁblunéri/sÀblúːnəri] 圀 달 아래의; 지구상의, 지상의; 현세의, 이승의. 「총, 자동 소총.

sub·ma·chíne gùn [sÀbməʃíːn-] 圀 경(輕) 기관

sub·man [sÁbmæ̀n] 圀 인간적 기능이 뒤떨어지는 사람, 바보. ⓐ superman

sub·man·díb·u·lar glànd [sÀbmændíbjulər-] 圀 [해부] 턱밑샘(submaxillary gland).

sub·mar·gin·al [sÀbmɑ́ːrdʒinl] 圀 **1** 〔생물〕 가장 자리 가까운, 아연(亞緣)의. **2** 한계(최저 기준) 이하의. **3** (땅이) 경작할 가치가 없는, 불모의. ~·ly [-nəli] 凰

‡sub·ma·rine [sÀbməríːn, ᅩᅩ-] 圀 ~**s** [-z] **1** 〔생물〕 잠수정. **2** 해저 동물[식물]. **3** 〔미속어〕 = ~ *sandwich*. **4** [미식축구] 서버머린(공격측 라인맨의 블록 밑으로 낮게 기어들어가기); 〔야구〕 = ~ *ball*. — 圀 [ᅩ-⌇] **1** 바다 속의, 해저의; 바다 속[해저]에서 사는[사용하는]. ¶a ~ cable 해저 전선 / ~ plants 해저 식물. **2** 잠수함의, 잠수함에 의한. ¶~ warfare 잠수함전. — 쮔(他) 잠수함에 탑승하다; 잠수하다; [미식축구] 서버머린으로 기어들다[파고들다]. — 쮔(自) 〔미속어〕 몰래 파괴[방해]하다.

submarine cháser 圀 구잠정(驅潛艇)(잠수함 추격 전함). 「잠수함에서 발사된.

sub·ma·rine-launched [-lɔ́ːntʃt] 圀 (미사일 등)

súbmarine pèn 圀 잠수함 대피소.

sub·ma·rin·er [sʌ̀bməri:nər, səbmǽrənər] 영 잠수함의 승무원; 〔야구〕 언더스로 투수.
súbmarine sàndwich 영 대형 샌드위치(* hero sandwich라고도 한다). (또는 (구어) **sub**)
sub·mas·ter [sʌ́bmæ̀stər, -mà:s-] 영 〔英〕 부(副)교장; 주임 대리.
sub·max·il·lar·y [sʌ̀bmǽksəlèri/sʌ̀bmǽksiləri] 영 하악골(下顎骨)의. ── 영 하악골[부, 동맥].
submáxillary glánd 영 =mandibular gland.
sub·men·u [sʌ́bmènju:] 영 〔컴퓨터〕 서브메뉴(메뉴로부터 어떤 항목을 골랐을 때 표시되는 하위 메뉴).
*__sub·merge__ [səbmə́:rdʒ] 동 1 …을 물 속에 가라앉히다[잠그다, 처넣다]. 2 …을 물에 잠기게 하다, 범람하게 하다. ¶ ~ d houses 침수 가옥. 3 …을 덮다[묻다]. 은폐하다. ── 물 속에 가라앉다; 잠수하다; 안 보이게 되다. **-mer·gence** [-mə́:rdʒəns] 영
sub·merged [səbmə́:rdʒd] 영 1 물 속에 가라앉은, 물 속에 빠진, 침수된; (식물 따위가) 수중의, 수생의. 2 미지의, 숨겨진. ¶ ~ facts 미지의 사실. 3 빈곤[불행]에 허덕이는.
the submerged tenth [or *class*] (*of society*) 사회의 최하층 계급(* 영국 인구의 10%는 빈곤에 허덕인다는 William Booth(1829–1912)의 말에서).
sub·mer·gi·ble [səbmə́:rdʒəbl] 영 =submersible. **-bíl·i·ty** 영
sub·merse [səbmə́:rs] 동타 =submerge. **-mer·sion** [-mə́:rʒən] 영
sub·mersed [səbmə́:rst] 영 1 =submerged. 2 〔식물〕 수생(水生)의.
sub·mers·i·ble [səbmə́:rsəbl] 영 1 물 속에 가라앉는. 2 잠수[잠항]할 수 있는; 수중용의. ¶ a ~ boat 잠수정. ── 영 잠수함, 잠수함. **-bíl·i·ty** 영 「의.
sub·me·tal·lic [sʌ̀bmətǽlik] 영 반(불완전) 금속
sub·mi·cro·gram [sʌ̀bmáikrəgræ̀m] 영 마이크로그램 미만의.
sub·mi·cron [sʌ̀bmáikrɑn/-krɔn] 영 〔전자〕 서브미크론의 1 미크론 미만의, 초미세의.
sub·mi·cro·scop·ic [sʌ̀bmaikrəskɑ́pik/-skɔ́p-] 영 초(超)현미경적인. **-i·cal** **-i·cal·ly** [-ikəli] 부
sub·mil·li·me·ter [sʌ̀bmíləmi:tər] 영 1mm 미만의. ¶ a ~ wave 파장 1mm 미만의 파(波).
sub·min·i·a·ture [sʌ̀bminiətʃər/-nətʃə] 영 초(超)소형 카메라의; (전자 장치 따위가) 초소형의. ── 영 초소형 카메라(~ camera).
sub·min·i·a·tur·ize [sʌ̀bmíniətʃəràiz/-nə-] 동 ~을 초소형화하다. **-i·zá·tion** 영
*__sub·mis·sion__ [səbmíʃən] 영 1 ⓤ 복종, 굴복, 항복. 2 ⓤ 순종, 온순, 공손(한 태도). ¶ with all due ~ 매우 공손하게. 3 ⓤⓒ 부탁, 의뢰; 제출(물); 〔법률〕 중재 의뢰(서). ¶ the ~ of a dispute to arbitration 쟁의 중재 의뢰. 4 ⓤ 〔법률〕 (의견으로의) 개진, 진술, 변론. *In my submission, …* 〔법률〕 본인의 생각으로는, *in submission to* …에 복종하여, …에 따라.
sub·mis·sive [səbmísiv] 영 복종하는, 순종하는, 유순한, 고분고분한. ¶ ~ demeanor 공손한 태도. **~·ly** 부 **~·ness** 영
submíssive déath 영 절망사, 굴복사(막다른 처지에서 체념하고 죽음을 택하는 일).
‡__sub·mit__ [səbmít] 동 (*-tt-*) 타 1 (재귀용법으로) …을 (…에) 순종[복종]하게 하다 (*to*). ⇨ SURRENDER 유의어 ¶ (~+目+前+名) ~ *oneself to* ridicule 조소(嘲笑)를 감수하다. 2 …을 제출[제시]하다, 기탁하다; (의회·법정 따위에) …을 제기하다 (*to*). ¶ Students are required to ~ a term paper. 학생들은 학기말 리포트를 제출하도록 되어 있다 // (~+目+前+名) ~ a case *to* a court 법정에 제소하다. 3 …을 의견으로 진술하다, 상신하다. ¶ (~+*that* 節) I ~ *that* you are mistaken. 실례지만 당신의 생각이 잘못이라는 것을 말씀드립니다. ── 자 복종하다, 굴복하다; (의견 따위에) 따르다; 감수하다; (조치 따위를) 받다 (*to*). ¶ (~+前+名) ~ *to* authority 권위에 복종하다 / ~ *to* one's fate 운명을 감수하다. 「다[감수하다]. ⇨ 타 1.
submit oneself to …에 따르다[복종하다]; …을 받**-mis·si·ble** [-mísəbl], **~·ta·ble** **~·tal** [-əl], **~·ter** [-ər] 영 **~·ting·ly** 부
sub mo·do [sʌ̀b móudou] 부 일정한 조건[제한]하에; 어떤 의미에서. 〔L under a qualification〕
sub·mon·tane [sʌ̀bmǽntein/-mɔ́n-] 영 산(산맥) 아래의; 산기슭의[에 있는]. **~·ly** 부
sub·mu·co·sa [sʌ̀bmju:kóusə, -zə] 영 〔해부〕 점막하(粘膜下) 조직. **-có·sal** 영
sub·mu·cous [sʌ̀bmjú:kəs] 영 점막하(조직)의.
sub·mul·ti·ple [sʌ̀bmʌ́ltipl] 영영 〔수학〕 약수(約數)의.
sub·nar·cot·ic [sʌ̀bnɑ:rkɑ́tik/-kɔ́t-] 영 가벼운 마취성의; (약의 양(量)이) 완전마취시키기에 불충분한.
sub·nor·mal [sʌ̀bnɔ́:rməl] 영 보통[정상] 이하의; 정신 박약의. ── 영 정신 박약자; 〔기하〕 (x축상의) 법선영(法線影), 차(次)법선. **-nor·mál·i·ty** 영 **~·ly** 부
sub·note·book [sʌ̀bnóutbuk] 영 〔컴퓨터〕 서브노트북 컴퓨터[PC]. (또는 ~ **compúter**)
sub·nu·cle·ar [sʌ̀bnjú:kliər/-njú:-] 영 〔물리〕 원자핵보다 작은, 소립자의; 원자핵 안의 입자에 관한.
subnúclear párticle 영 〔물리〕 소립자(素粒子).
sub·nu·cle·on [sʌ̀bnjú:kliɑn/-njú:kliɔn] 영 〔물리〕 (가설의) 핵자(核子) 구성소.
sub·o·ce·an·ic [sʌ̀boʊʃiǽnik] 영 해저의[에 있는]. ¶ a ~ oil field 해저 유전. (또는 **subocean**)
sub·op·ti·mize [sʌ̀bɑ́ptəmaiz/-ɔ́p-] 동 차선(次善)의 상태로 하다; 부분적으로 최선의 상태로 하다.
sub·op·ti·mum [sʌ̀bɑ́ptiməm/-ɔ́p-] 영 최적 상태에 못 미치는, 최적 미달의, 차선(次善)의.
sub·or·bit·al [sʌ̀bɔ́:rbitl] 영 1 (인공 위성 등이) 궤도에 오르지 않은. 2 〔해부〕 눈구멍 밑의.
sub·or·der [sʌ́bɔ̀:rdər] 영 〔생물〕 아목(亞目).
***-ór·di·nal** 영
*__sub·or·di·nate__ [səbɔ́:rdənət] 영 1 하위의, 하급의, …아래의 (*to*). ¶ a ~ officer 하급 장교. 2 (중요성이) 떨어지는, 부차적인, 부수적인. 3 복종하는, 예속되는; 수하의, 부하의. ¶ a ~ state 속국(屬國). 4 〔문법〕 종속의 (⇨ coordinate). ── 영 [səbɔ́:rdənət] 1 부하, 하급자; 부속물. 2 〔문법〕 종속절[어, 구]. ── 동타 [səbɔ́:rdənèit] 1 …을 (…의) 아래에 놓다, 하위에 두다; (…보다) 경시하다 (*to*). ¶ (~+目+前+名) ~ work *to* pleasure 일보다는 노는 데 치중하다. 2 …을 (…에) 복종시키다, 종속시키다 (*to*). ¶ (~+目+前+名) ~ reason *to* reason 이성(理性)으로 노기를 누르다. **-di·na·cy** [-dənəsi] 영 **~·ly** 부 **~·ness** 영
subórdinate cláuse 영 〔문법〕 종속절.
subórdinate conjúnction 영 〔문법〕 종속 접속사. (또는 **subórdinating conjúnction**)
sub·or·di·na·tion [səbɔ̀:rdənéiʃən] 영영 1 하위에 두기, 복종[종속시키기]; 경시(輕視). 2 (드물게) (권위 등에) 복종, 종속, 순종. ¶ *in* ~ 에 종속하여. 3 〔문법〕 종속 (관계).
sub·or·di·na·tion·ism [səbɔ̀:rdənéiʃənìzm] 영ⓤ 〔신학〕 (삼위일체의 성자는 성부 밑에, 또 성신은 성부와 성자 밑에 종속한다고 하는) 종속설; 제 1 위 우**-tion·ist** 영 「월설.
sub·or·di·na·tive [səbɔ́:rdənèitiv/-dənət-] 영 하위[하급]의; 종속적인, 종속 관계를 나타내는; 〔문법〕 =subordinate.
sub·or·di·na·tor [səbɔ́:rdənèitər] 영 종속시키는 것[사람]; 〔문법〕 =subordinate conjunction.
sub·orn [səbɔ́:rn] 동타 (남)을 매수하다, 교사하다; 〔법률〕 (뇌물 따위를 써서) (남)에게 위증시키다.

~·er **-ór·na·tive** 형
sub·or·na·tion [sÀbɔːrnéiʃən] 명U 교사(教唆), 매수; 〔법률〕 위증의 교사.
subornation of perjury 〔형법〕 위증 교사(罪).
sub·ox·ide [sÀbáksaid/-ɔ́ks-] 명 〔화학〕 아(亞)산.
sub·par [sÀbpɑ́ːr] 형 표준 이하의(에). └화물.
subpar. subparagraph.
sub·phy·lum [sÀbfáiləm] 명 (복 **-la** [-lə]) 〔생물〕 아문(亞門). **-lar** 형
sub·plot [sʌ́bplɑ̀t/-plɔ̀t] 명 (희곡·소설 등의) 부차적 줄거리(underplot); 땅(plot)의 소(小)구분.
sub·poe·na [səbpíːnə] 명 〔법률〕 명 소환(호출)장, (불응시의 벌칙이 붙은) 소환 영장.¶serve a ~ on …에게 소환장을 발송(송달)하다. —타동 …을 소환하다, 소환장을 발부하다. (★는 **subpena**)
sub·po·lar [sÀbpóulər] 형 극(지)에 가까운; 아(亞)북(남)극의.
sub·pop·u·la·tion [sÀbpɑ̀pjuléiʃən/-pɔ̀p-] 명 〔통계〕 부분 모집단(母集團); 〔생태〕 (어떤 개체군 중의) 부차(副次) 집단; 소(小)집단.
sub·post óffice [sÀbpóust-] 명 (英) 부(副)우체국(신문 가판대·잡화점에서 겸업하는 작은 우체국).
sub·po·tent [sÀbpóutənt] 형 정상 효력보다는 약한; (유전형질 전달 능력이) 약한. **~cy** 명
sub·pre·fect [sÀbpríːfekt] 명 지방 장관 대리; 부지사; (프랑스의) 군수; 경찰 서장 대리.
sub·prime [sÀbpráim] 형 최고 품질보다 못한; (금융) 최우대 금리보다 낮은(못한).
sub·prin·ci·pal [sʌbprínsəpəl, ∠-́--] 명 1 부회장, 부사장, 부교장, 차관. 2 〔목공〕 보조 벽밑(버팀목). 3 〔음악〕 (오르간의) 개관(開管) 최저 음전(音栓).
sub·pri·or [sʌ́bpráiər] 명 수도원 부원장.
sub·prob·lem [sʌ́bprɑ́bləm/-prɔ́b-] 명 (어떤 문제에 포함된) 부차적인 문제.
sub·pro·fes·sion·al [sÀbprəféʃənl] 명 전문가 수준에 못 미치는; 준(準)전문가의. —명 준전문가.
sub·pro·gram [sʌ́bpròugræm] 명 〔컴퓨터〕 서브 프로그램(독립적으로 번역할 수 있는 부분); =subroutine.
sub·re·gion [sʌ́brìːdʒən] 명 (어떤 지역내의) 소(小)구역; 〔생물〕 〔분포의〕 아구(亞區). **~al** 형
sub·rep·tion [səbrépʃən] 명U 〔법률〕 (교회법정에의 청원에서) 사실의 은폐, 허위 진술; (허위 진술에 의한) 그릇된 추측. **-tí·tious** [sÀbreptíʃəs] 형
sub·res·in [sʌ́brèzən] 명 〔화학〕 서브레진(수지 중에서 비등 알코올로 분해 분리되는 부분).
Sub·roc [sʌ́brɑ̀k/-rɔ̀k] 명 〔군사〕 서브록(대잠(對潛) 미사일), (또는 SUBROC) (<*sub*marine *roc*ket>
sub·ro·gate [sʌ́brəgèit] 타동 1 〔법〕 (남)의 대리를 하다. 2 〔법률〕 (권리 등에 대해) …을 대위(代位)하다, …을 대신 떠맡다. **-ga·tion** [-̀géiʃən] 명U 대리 (행위); 〔법률〕 대위(代位), 대위 변제(청구).
sub ro·sa [sʌb róuzə] 형 비밀히, 남몰래. (<L *under the rose*) └밀한.
sub·ro·sa [sʌ́bróuzə] 형 (연락·회담 등) 내밀한, 은-
sub·rou·tine [sʌ́bruːtìːn] 명 〔컴퓨터〕 서브루틴(특정 또는 다수 프로그램에서 되풀이해서 사용되는 독립된 명령군). └사막 이남의.
sub·Sa·har·an [sÀbsəhǽrən/-hɑ́ːr-] 형 사하라
sub·sam·ple [sʌ́bsæ̀mpl/-sɑ̀ːm-] 명 〔통계〕 부(副)표본. 명 [-́-́-] 부차 표본을 만들다.
sub·sat·el·lite [sʀ́bsæ̀təlàit] 명 인공 위성에서 다시 발사된) 소형 위성; 위성국 안의 소위성국. └의.
sub·sat·u·rat·ed [sÀbsǽtʃərèitid] 형 아(亞)포화
***sub·scribe** [səbskráib] 타동 1 (서명하여)(어떤 금액)을 기부하기로 약속하다, 기부하다, 출자하다 (*for*, *to*). ¶ ~(+目+前+名) ~ $ 100 *for* the new gymnasium [*to* the Red Cross] 신설체육관[적십자사]에 100
달러를 기부하다. 2 …에 (서명하여) 동의[증명]하다. ¶ ~ a contract 계약서에 서명하다. 3 〔성명 등〕을 문서 끝에 쓰다, 서명하다 (*to*). ¶ (~+目+前+名) President ~*d* his name *to* the document. 대통령은 그 문서에 서명했다. —자동 1 (서명하여) 기부 약속을 하다, 기부를 하다, 출자하다 (*for*, *to*). ¶ (~+前+名) ~ *for* 500 dollars 500달러 기부하다. / ~ *to* charities 자선 사업에 기부하다. 2 (신문·잡지를) 예약 구독하다, (입장권 등을) 예약하다; (주식 등을) 신청하다 (*to*, *for*). ¶ (~+前+名) ~ *for* [*or*] a magazine 잡지 예약 구독 하다. 3 (문서 등에) 서명하다, 기명하다 (*to*). ¶ (~+前+名) ~ *to* a document 문서에 서명하다. 4 (서명하여) 동의[찬성, 증명]하다 (*to*). ⇨AGREE 유의어 ¶(~+前+名) ~ *to* a person's opinion 남의 의견에 찬성하다. **-scrib·a·ble** [-əbl] 형
***sub·scrib·er** [səbskráibər] 명 1 기부자, 출자자 (*to*). 2 예약자, 구독자, 응모자; 전화 가입자 (*to*, *for*). 3 서명자; (음악회 등의) 정기 회원. **~ship** 명
subscríber trúnk diálling (英) 다이얼 직통 장거리 전화(약 STD)((美) direct distance dialing).
sub·script [sʌ́bskript] 명 아래에, 낮추어 쓰인(H₂SO₄의 2 따위). —명 (또는 **subfix**) 아래에 쓰인 문자[숫자, 기호].
***sub·scrip·tion** [səbskrípʃən] 명UC 1 기부(금), 기부금 신청; 출자(금) (*to*). 2 (서적·잡지 등의) 예약, 예약 구독 (기간); (예약) 구독료 (*to*); (신규 발행 주식의) 신청(응모), (전화 등의) 가입. 3 (英) (협회·클럽 등의) 회비. 4 서명, 기명; (서명에 의한) 동의, 찬성, 증명. 5 〔약학〕 (처방전(箋)의) 조제법을 지시한 부분.
by subscription 예약으로; 기부로.
raise [or (美) ***make, take up) a subscription*** 기부금을 모으다.
-tive 형 **-tive·ly** 부 └대리점.
subscription ágency 명 〔출판〕 예약 구독 판매
subscription book 명 예약자 명부; 예약 출판 도
subscription cóncert 명 예약제 음악회. └서.
subscription édition 명 〔출판〕 예약(한정)판.
subscription líbrary 명 회원제 대출 도서관.
subscription ráte 명 (예약) 구독료.
subscription séat 명 예약석.
subscription télevision [TV] 명 (회원제) 유료 텔레비전 방송(약 STV). 명 pay-TV
sub·sea [sʌ́bsíː] 형 바다 속의[에서 일어나는].
subsec. subsection.
sub·sec·tion [sʌ́bsèkʃən, -́-́-] 명 (section을 다시 나눈) 소구분, 세분; 분과, 계(係); 〔생물〕 (유전자 등의) 소(小)단위. —타동 소구분으로 나누다, 세별(細別)하다.
sub·se·quence¹ [sʌ́bsikwəns] 명 뒤[다음]에 옴, 연속[계속]; 뒤에 이어지는 것, 잇따라 일어나는 사건.
sub·se·quence² [sʌ́bsìːkwəns] 명 〔수학〕 부분 수열(數列).
***sub·se·quent** [sʌ́bsikwənt] 형 1 (시간적으로) 뒤의, 그 이후의, (…) 직후의 (*to*). ¶ ~ events 그 이후의 사건. 2 (위치·순서가) (바로) 다음의. ¶ the ~ chapter 바로 다음 장(章). 3 〔지질〕 (하천이) 적층(適層)하는(지질 구조가 약한 선을 따라 형성되는 현상). **-ness** 명
***sub·se·quent·ly** [sʌ́bsikwəntli] 부 그 후에, 뒤에, (…에) 이어서(*to*). 그 결과로서.
sub·serve [səbsə́ːrv] 타동 …의 증진[촉진]에 도움이 되다, …을 조장[증진]하다.
sub·ser·vi·ent [səbsə́ːrviənt] 형 1 복종하는, 종속하는. 2 비굴한, 아첨하는. 3 도움이 되는, 유용한 (*to*). **-ence, -en·cy** 명 **~ly** 부
sub·set [sʌ́bsèt] 명 작은 한 벌; 〔수학〕 부분 집합.
sub·shrub [sʌ́bʃrʌ̀b] 명 〔식물〕 아(亞)관목.
***sub·side** [səbsáid] 자동 1 (땅이) 내려앉다, 가라앉다, 함몰하다. 2 (홍수 따위가) 빠지다, (비바람·소동 따위가) 가라앉다, 진정되다. ¶The fury of the storm

has ~d. 사나운 폭풍우가 가라앉았다. **3** (양금 등이) 침몰되다. **4** (사람이) 푹 주저앉다. ¶(~+前+名) ~ *into* a chair 의자에 파묻히듯 앉다. **-síd∙er** 명

sub·sid·ence [səbsáidns, sʌ́bsi-] 명 ⓤⓒ 침하; 침강, 함몰; 진정, 감퇴; 침전.

sub·sid·i·ar·i·ty [səbsìdiǽrəti] 명 **1** 보조의[부차적, 종속의]임; 보완 원칙, 보완성(중앙 권력은 지방 조직이 효율적으로 못하는 기능만을 수행한다는 원칙).

*__sub·sid·i·ar·y__ [səbsídièri/-diəri] 형 **1** 보조의, 보충적인. ¶a ~ business 부업. **2** (…의) 종속적인, 부수적인(*to*). **3** 보조금의[에 의한], 조성금의[에 의한]. ¶~ payments 보조금/~ troops 용병(傭兵). **4** (회사가) 모(母)회사의 지배하에 있는. ─ 명 **1** 보조자[물]; 부속물. **2** = ~ company. **3** 〔음악〕 부주제.
-ar·i·ly [-^ɛ́ərəli] 부 **·ár·i·ness** 명

subsídiary cóin 명 보조 화폐(특히 은화). 참 minor
subsídiary cómpany 명 자(子)회사, 종속 회사.
subsídiary lédger 명 〔회계〕 보조 원장.
subsídiary ríghts 명 〔출판〕 부차권(副次權)(원저작물의 출판권 이외의 부수적인 권리).

sub·si·dize [sʌ́bsədàiz] 타 **1** …에게 보조금[장려금]을 지급하다; …에게 보조금을 주고 협력을 얻다; …을 매수하다. **·díz·a·ble** 형 **·di·zá·tion, ·díz·er** 명

sub·si·dy [sʌ́bsədi] 명 **1** (국가의) 보조금, 장려금; 교부금, 기부금. **2** (국가간의 군사적 원조에 대한) 보상금. **3** 〔영국사〕 (국왕에 대한) 특별 보조금; 특별세.

súbsidy públishing 명 보조[장려]금에 의한 출판.
sub si·len·ti·o [sʌ̀b silénʃiòu, -tiòu] 말없이. [<L *under*[*or in*] *silence*]

*__sub·sist__ [səbsíst] 자 **1** 살아가다, 생활해 나가다(*on, upon, by*). ¶(~+前+名) ~ *upon* scanty food 부족한 식량으로 살아나가다/~ *by* begging 구걸을 하며 살아가다. **2** 존재하다, 존속하다, 잔존하다(…에) 있다(*in*). **3** 〔철학〕 (수·관계 따위가) 시간을 월하여 존속[존재]하다. ─ 타 〔고어〕 …에게 식량을 주다, 부양하다. **~ing·ly** 부

*__sub·sist·ence__ [səbsístəns] 명 생존, 존재; 생활, 생계; 생활 수단; (최소한의 의식주에 필요한) 생활비; 〔철학〕 자체적 존재, 초(超)시간적 존재.

subsístence allówance 명 〔영〕 특별 수당, (출장) 수당; (신병·신임 사원에게 첫 월급 전에 지급되는) 입대[입사] 수당; (군대의) 영외 숙박 수당.
subsístence cróp 명 자급 자족용 작물.
subsístence fármer 명 자급 자족 농민.
subsístence fárming 명 〔미〕 자급 농업; 영세 농업. (또는 subsístence ágriculture)
subsístence hómestead 명 〔미〕 (실업자를 위해 공장 지대 부근에 건설된) 자경자급(自耕自給) 농장.
subsístence lével 명 최저 생활 수준, 생존 수준.
subsístence móney 명 =subsistence allowance.
subsístence wáge 명 최저 생활[생존] 임금.

sub·sist·ent [səbsístənt] 형 존재[실존]하는, 존속하는; (…에) 고유한, 타고난(*in*). ─ 명 〔철학〕 필연적인 존재.

sub·size [sʌ́bsàiz] 형 표준보다 작은, 조금 소형의.
sub·soil [sʌ́bsɔ̀il] 명 ⓤ (표토 바로 밑에 있는 심토 (心土). 하층토. ─ 타 …의 심토까지 파 일구다.
sub·soil·er [sʌ́bsɔ̀ilər] 명 심토(心土)용 쟁기(를 사용하는 사람). 〔기선 사이의〕.
sub·so·lar [sʌ̀bsóulər] 형 태양 아래의; 양(陽) 회상의.
subsólar póint 명 (지구상의) 태양 직하점(直下点).
sub·son·ic [sʌ̀bsɑ́nik/-sɔ́n-] 형 음속 이하의; 아(亞)음속의(참 supersonic); 가청 주파 이하의(infrasonic). **·i·cal·ly** 부
subsónic vibrátion 명 저주파 진동.
sub·space [sʌ́bspèis] 명 (어떤 구역[구획]을 세분한) 소(小)구획; 〔수학〕 부분 공간.

sub·spe·cial·ty [sʌ̀bspéʃəlti, ⸺⸻] 명 부차적 전문 분야, 부(副)전문[전공].
sub spe·ci·e ae·ter·ni·ta·tis [sʌ̀b spékièi aitərnətátis] 부 〔철학〕 영원의 상(相) 아래에서(* Spinoza의 말). [<L *under the aspect of eternity*]
sub·spe·cies [sʌ́bspìːsiːz/⸺⸺] 명 (단·복수 양용) 〔생물〕 아종(亞種)(약 ssp.).
subst. substantive; substantively; substitute.

‡**sub·stance** [sʌ́bstəns] 명 (영 **-stanc·es** [-iz]) ⓤ **1** ⓒ 물질, 물(物)(⇒MATTER 유의어); ⓤ (직물 따위의) 바탕. ¶chemical ~s 화학적 물질. **2** (the ~) 요지, 취지, 대의(purport). ¶the ~ of his proposal 그의 제안의 요지. **3** ⓤ 본질(本質), 실질, 내용, 실(實). ¶sacrifice the ~ for the shadow 실을 버리고 이름 [명목]뿐인 것을 취하다. **4** ⓤ 자산, 자력, 재산, 부(富). ¶a man of ~ 자산가. **5** ⓤ 〔철학〕 실체, 본질; 〔신학〕 실체, 신성(神性). **6** (the ~) 대부분(*of*).
in substance 사실상, 본질적으로, 실질적으로.
~·less 형

súbstance abúse 명 〔의학〕 중독성 물질 남용, 알코올[마약] 중독, **súbstance abúser** 명
súbstance P 명 〔생화학〕 P 물질(아픔의 감각을 일으키는 것으로 여겨지는 화학 물질).
sub·stand·ard [sʌ̀bstǽndərd] 형 **1** 표준 이하의, 불충분한; 〔언어〕 표준어가 아닌, 방언을 쓰는; 〔보험〕 표준 하체(下體)의.
sub·stan·tia al·ba [sʌbstǽnʃiǽlbə] 명 (─**·ti·ae al·bae**) 〔해부〕 (대뇌의) 백질(white matter).

‡**sub·stan·tial** [səbstǽnʃəl] 형 (**more ~; most ~**) **1** (양·크기가) 상당한, 다대한. ¶a ~ income 상당한 수입. **2** 실제적인, 현실적인, 가공이 아닌. **3** 건장한, 견고한, 튼튼한. ¶a man of ~ build 건장한 체격을 가진 사람. **4** 실력이 있는, 믿을 만한; 자력[재산]이 있는, 유복한. ¶a ~ farmer 부농(富農). **5** 실질적인, 내용이 있는, 효과적인. ¶a ~ meal 실속 있는 식사. **6** 본질적인, 중요한; 사실[실질]상의. ¶a ~ victory 사실상의 승리. **7** 물질의, 물질적인. **8** 〔철학〕 실체의, 본질의. (보통 ~s) 실체[실질]적인 것, 중요한 것; 요체(要諦).
~·ness 명

sub·stan·tial·ism [səbstǽnʃəlìzm] 명 ⓤ 〔철학〕 실체론. **·ist** 명 실체론자.
sub·stan·ti·al·i·ty [səbstæ̀nʃiǽləti] 명 **1** ⓤ 실질성, 실재성. **2** ⓤ 실체성, 견고. **3** (음식물의) 주요 성분.
sub·stan·tial·ize [səbstǽnʃəlàiz] (* 〔영〕 **-ise**) 타 실체[실재]화하다, 실현하다.

*__sub·stan·tial·ly__ [səbstǽnʃəli] 부 **1** 크게, 충분히, 넉넉히. **2** 실제적으로, 사실상; 대체로, 요약하여. **3** 튼튼하게, 견고하게.
sub·stan·ti·ate [səbstǽnʃièit] 타 …을 실증[증명]하다; …을 실체[구체]화하다; 강화하다.
·à·ta·ble 형 **·á·tion** 명 ⓤ 실증; 실체화. **·à·tive** 형 실증[증명]하는. **·à·tor** 명
sub·stan·ti·val [sʌ̀bstəntáivəl] 형 〔문법〕 명사의, 실사(實詞)의 명사 구실을 하는. **~·ly** 부

*__sub·stan·tive__ [sʌ́bstəntiv] 명 〔문법〕 실사, 명사; 명사 상당 어구. ─ 형 **1** 〔문법〕 실사의, 명사의; 명사적으로 쓰인; (동사가) 존재를 나타내는. ¶a ~ verb 존재 동사(be 동사). **2** 현실의, 실재하는, 실재의, 구체적인, 자립의. ¶a ~ nation 독립국. **4** 본질적인, 실질적인. **5** 상당한, 꽤 많은. **6** 중요한, 가치 있는. **7** 〔법률〕 실체법(의 adjective). **8** 〔염색〕 (염료가) 직접 물드는. **~·ly** 부 **~·ness** 명
súbstantive cláuse 명 〔문법〕 명사절.
súbstantive dúe prócess 명 〔미법률〕 실체적 적정 과정(입법이 실체로 정당한 것임을 요구하는 헌법 해석의 사고 방식).
súbstantive láw 명 〔법률〕 실체법.
súbstantive ránk 명 〔군사〕 정식 계급[위계].

súbstantive ríght [법] 실체적 권리(생명·자유·재산 등의 권리).

sub·sta·tion [sʌ́bstèiʃən] 명 지서, 출장소, (우체 국의) 분국; 변전소.

sub·stit·u·ent [sʌbstítʃuənt/-tju-] [화학] 명 (원자·원자군의) 치환기(置換基)[분(分)]. ― 형 치환기[분] 로서 작용하는.

‡sub·sti·tute [sʌ́bstətjùːt/-tjùːt] 명 1 대리(인), 대역; 보결(자) (*for*). ¶as a ~ *for* …의 대신으로서. 2 대용품, 대용식 (*for*). ¶an excellent ~ *for* butter 버터의 훌륭한 대용품. 3 [문법] 대용어. (또는 [구어] sub)
― 타 (*-tut·ed; -tut·ing*) ⓐ 1 …에게 대리를 시키다, …을 대신 쓰다, 대용하다 (*for*). ¶(~+목+전+명) ~ nylon *for* silk; ~ silk *by*[or *with*] nylon 비단 대신에 나일론을 쓰다. 2 …에 대신하다, …의 대리를 하다. 3 [화학] …을 (다른 원소로) 치환하다 (*for*). ― 자 1 대리[대신]하다, 대용[대용]가 되다 (*for*). ¶(~+전+명) He ~*d for* the manager who was in hospital. 그는 입원중인 지배인의 대리 노릇을 했다. 2 [화학] 치환하다. ― 형 대리[대용, 대체]의. ¶~ food 대용식.
-tùt·a·bíl·i·ty 명 **-tùt·a·ble** 형 **-tùt·er** 명 **-tùt·ing·ly** 부

*sub·sti·tu·tion [sʌ̀bstətjúːʃən/-tjùː-] 명 UC 1 대리, 대용; 교환, 대체. 2 대리인, 대용품. 3 [화학] 치환; [수학] 대입. 4 [문법] 대용어. 5 [법률] 예비 상속인. **~·al** 형 **~·al·ly** 부 **~·ar·y** [-èri/-əri] 형

substitution cípher [각 문자를 다른 문자·기호로 바꾼] 환자식(換字式) 암호.

substitution reáction [화학] 치환 반응.

sub·sti·tu·tive [sʌ́bstətjùːtiv/-tjùː-] 형 대리[대용]의, 대리가 되는, 대체의, 대체할 수 있는; 치환할 수 있는. **~·ly** 부 **-tu·tív·i·ty** 명 치환 원리.

sub·strate [sʌ́bstreit] 명 1 =substratum. 2 [생화학] 기질(基質)(효소의 작용을 받는 물질). 3 [전자] 회로 기판(基板), 기판.

sub·strat·o·sphere [sʌ̀bstrǽtousfiər] 명 (the ~) 아(亞)성층권(성층권의 바로 아래 대기층).
-sphér·ic [-sférik] 형

sub·stra·tum [sʌ́bstrèitəm, -stræ̀t-, -ˊ-ˋ-] 명 (복 *-ta* [-tə], *~s*) 1 하층(土). 2 토대, 기초, 근본 (*of*). 3 [생물] 저질(底質)(균·암석 등 생물이 생존하는 기반). 4 [농업] =subsoil. 5 [철학] 실체, 본체. 6 [사진] (필름의) 젤라틴 밑칠. 7 [언어] 기층 (언어).
-strá·tal, -strá·tive 형

sub·struc·tion [sʌbstrʌ́kʃən] 명 (건물·댐 등의) 기초 (공사), 토대. **~·al** 형

sub·struc·ture [sʌ́bstrʌ̀ktʃər/-ˊ-] 명 (건조물의) 하부 구조; 토대, 기초 구조; 교각(橋脚). **-tur·al** 형

sub·sume [səbsúːm/-sjúːm] 타 …을 포섭하다, 포함하다, 포괄하다(include).

sub·sump·tion [səbsʌ́mpʃən] 명 포섭, 포함; 포섭된 명제, (3단 논법의) 소전제. **-súmp·tive** 형

sub·sur·face [sʌ̀bsə́ːrfəs, -ˊ--] 명 표면[수면] 아래의. ― 명 지표[수면] 아래에 가까운 부분. [브서시스템].

sub·sys·tem [sʌ́bsìstəm, -ˊ-ˋ-] 명 하부 조직, 서 브시스템.

sub·tan·gent [sʌbtǽndʒənt, -ˊ-ˋ-] 명 [기하] (x축 위의) 접선영(接線影).

sub·teen [sʌ̀btíːn] 명 (미구어) 1 13세 미만의 어린이. (또는 *ˊ-ˋ-ager*) 2 (13세 미만 소녀를 위한) 6-14의 의복 사이즈. ― 형 subteen(용)의, [-帶]의.

sub·tem·per·ate [sʌbtémpərət] 형 아온대(亞溫帶)의.

sub·ten·ant [sʌbténənt] 명 (토지·가옥 등의) 전차 인(轉借人), **-an·cy** 명 전차관계(轉借).

sub·tend [səbténd] 타 1 [기하] (현·삼각형의 변 이) [호(弧)·각]에 마주 대하다, 마주 보다. ¶A hypotenuse ~*s* a right angle. 직각 삼각형의 빗변은 직각에 마주 대한다. 2 [식물] (잎·꽃(苞) 따위]이 엽액(葉腋)으로 끼다. 3 …의 경계[윤곽]를 이루다.

sub·tense [səbténs] 명 [기하] 현(弦), 대변(對邊).

sub·ter- [sʌ́btər] [연결] under, less than의 뜻(참 super-). ¶*subter*fuge. [<L]

sub·ter·fuge [sʌ́btərfjùːdʒ] 명 U 구실, 핑계, 발뺌, 속이기.

sub·ter·hu·man [sʌ̀btərhjúːmən] 형 인간 이하의. 형 superhuman

sub·ter·mi·nal [sʌbtə́ːrmənl] 형 끝[종점]에 가까운 (곳에서 일어나는).

sub·ter·nat·u·ral [sʌ̀btərnǽtʃərəl] 형 (드물게) 좀 부자연스러운.

sub·ter·ra·ne·an [sʌ̀btəréiniən] 형 지하의, 지하에 있는; 숨은, 비밀의. ¶a ~ shopping mall 지하 상점가. ― 명 지하에 사는[일하는] 사람; 지하 동굴.
~·ly 부 [rǽnean.

sub·ter·ra·ne·ous [sʌ̀btəréiniəs] 형 =subter-

sub·ter·rene [sʌ́btəriːn, ˋ-ˊ-] 명 [토목] (암반을 녹여 굴착하는) 용융(溶融) 드릴.

sub·ter·res·tri·al [sʌ̀btəréstriəl/-ti-] 형 지하의.

sub·text [sʌ́btèkst] 명 작품 속에 숨겨진 뜻.

sub·thresh·old [sʌ̀bθréʃhould] 명 역치(閾値) 아래의, (자극이) 반응을 일으키기에는 불충분한.

sub·tile [sʌ́tl, sʌ́btəl] 형 [고어] =subtle. **~·ly** 부 **~·ness** 명 **-til·i·ty** [-tíləti], **-til·ty** 명 =subtlety.

sub·til·i·sin [sʌ̀btə́ləsin] 명 [생화학] 서브틸리신 (고초균(枯草菌)에서 얻어지는 단백질 분해 효소).

sub·til·ize [sʌ́təlàiz, sʌ́btəl-] 타 (* [영] *-ise*) 타 ① …을 세련되게[고상하게] 하다; (감각 따위]를 예민하게 하다; …을 상세히 논[구별]하다; …을 희박하게[엷게] 하다; 정제[순화]하다. ― 자 상세히 논하다[구별하다].
-i·zá·tion 명 UC 세련, 정제; 희박화. **-iz·er** 명

sub·ti·tle [sʌ́btàitl] 명 (책의) 부제, 서브타이틀; (책 속표지의) 약식 표제; [영화] 설명 자막, (외국 영화의) 대사 자막. ― 타 …에 부제[설명 자막]를 붙이다. **-tít·u·lar** [-títʃələr, -títju-] 형

‡sub·tle [sʌ́tl] 형 (*~·r; ~·st*) 1 미묘한, 포착하기 어려운; 신비스러운. ¶a ~ distinction 미묘한 차이/a ~ charm 신비스런 매력. 2 엷은, 은은한, 희미[희박]한. ¶a ~ odor of perfume 은은한 향수 냄새. 3 (감각 등이) 예민한, 민감한, 섬세한(delicate). ¶a ~ insight 예민한 통찰력. 4 음흉한, 교활한. ¶a ~ deception 교활한 사기. 5 교묘한, 솜씨 좋은. ¶a ~ workman 숙련공. 6 (병이) 잠재성의. **~·ness** 명 **-tly** 부

súbtle bódy [신비철학] (5감으로는 식별할 수 없는 초감각적 세계에 존재하는 몸(body)의 총칭).

*sub·tle·ty [sʌ́tli] 명 1 미묘함, 신비, 유현(幽玄); C 미묘한 것; 미묘한 차이. 2 엷음, 묽음, 희박. 3 예민, 민감, 명민. 4 교묘, 정교, 치밀(함). 5 [역사] (식탁 장식용의) 사탕 과자. [饗], 이끌음.

sub·ton·ic [sʌ̀btánik] 명 [음악] 제7음, 도음(導

sub·to·pi·a [sʌbtóupiə] 명 UC ([영]) [경멸적] (무계획적으로 건물이 들어선) 도시 주변의 주택지, 교외.

sub·top·ic [sʌ́btàpik/-tɔ̀p-] 명 (논제(topic) 속에 포함되어 있는) 부(副)논제.

sub·tor·rid [sʌ̀btɔ́:rid, -tár-] 형 =subtropical.

sub·to·tal [sʌ́btòutl, -ˊ-ˋ-] 명 소계(小計). ― 형 거의 전체[전면]적인, 완전에 가까운. ― 타 (*-l-*, ([영]) *-ll-*) 소계하다.

‡sub·tract [səbtrǽkt] 타 …을 빼다, 공제하다; [수학] …을 빼다[제하다](*from, out of*)(반 add). ¶~ 3 *from* 10 10에서 3을 빼다. ― 자 (…에서) 일부를 공제하다; 뺄셈을 하다(*from*). **-er** 명

sub·trac·tion [səbtrǽkʃən] 명 UC 빼기, 감하기, 공제; [수학] 뺄셈. 반 addition

주의 뺄셈의 읽는 법 ― 5-2=3은 Two from five [or Five minus two] equals [or is, leaves] three. 라고 읽는다. 덧셈과는 달리 동사는 보통 단수형을 쓴다.

subtráction sìgn[màrk] [수학] 뺄셈 기호(-).

sub·trac·tive [səbtrǽktiv] 형 빼는, 감하는, 공제하는; (수학) 마이너스 기호(−)가 있는, 마이너스의.

subtráctive prócess 〔사진〕 감색법(減色法), 감법 혼색(混色).

sub·tract·or [səbtrǽktər] 명 〔전자〕 감산기(減算

sub·tra·hend [sʌ́btrəhènd] 명 〔수학〕 감수, 빼는 수. 명 minuend

sub·treas·ur·y [sʌ̀btréʒəri, ㅡㅡㅡ] 명 〔국고 등의〕 분고(分庫); 〔미역사〕 재무부 분국. **-ur·er** 명

sub·tribe [sʌ́btràib] 명 〔생물〕 아족(亞族).

sub·trop·i·cal [sʌ̀btrápikəl/-trɔ́p-] 형 아열대의. (또는 **subtropic**) —— 명 아열대 식물.

subtrópical hígh [anticýclone] 〔기상〕 아열대 고기압.

sub·trop·ics [sʌ̀btrápiks/-trɔ́p-] 명 복 아열대 지방.

sub·type [sʌ́btàip] 명 아류형(亞類型); (일반적으로 내포되어 있는) 특수형. **-týp·i·cal** 형 ...의.

su·bu·late [sú:bjulət, -lèit] 형 〔동·식물〕 송곳 모

sub·u·nit [sʌ́bjù:nit] 명 아(亞)단위; 〔생화학〕 서브유닛(생체 입자[고분자]를 구성하는 기본 단위).

‡**sub·urb** [sʌ́bə:rb] 명 (복 ~s [-z]) 1 (도시에 인접한) 교외 주택 지역, 교외 마을. ¶a Seoul ~ 서울 교외의 한 마을. 2 (the ~s) (집합적) (대도시의) 교외, 근교, 교외 (주택) 지역. ¶He lives in the ~s of London. 그는 런던 교외에서 살고 있다. 3 (~s) 주변, 주위.

유의어 **suburbs** 중심 시가지에 인접한 주택 지역. **outskirts** 어떤 지역의 중심을 벗어난 주변 지역.
USAGE **in the suburbs**와 **in a suburb**——어느 도시의 교외 전체를 말할 경우에는 the suburbs를 쓴다. 교외의 일부 지역을 말할 경우에도 the suburbs를 쓰지만 a suburb를 쓰는 경우도 있다.

*****sub·ur·ban** [səbə́:rbən] 형 1 교외의[에 사는], 도시 주변의[에 있는]. 2 교외 특유의; 소박한; (英) 편협한. —— 명 교외 거주자. **~·ism** 명

sub·ur·ban·ite [səbə́:rbənàit] 명 교외 거주자.

sub·ur·ban·i·ty [sʌ̀bə:rbǽnəti] 명 교외의 특징 [성격, 분위기].

sub·ur·ban·ize [səbə́:rbənàiz] 타 (* (英) **-ise**) 명하 ...에 교외의 특징을 부여하다. **-i·zá·tion** 명

sub·ur·bi·a [səbə́:rbiə] 명 U (집합적) 교외 (거주자); (S-) London의 교외 (거주자); 교외의 생활[문화] 양식.

sub·ur·bi·car·i·an [səbə̀:rbəkέəriən] 형 도시 근교의; (특히) 로마 근교의; 〔가톨릭〕 로마 근교 교구의.

sub·va·ri·e·ty [sʌ̀bvəráiəti] 명 〔생물〕 아변종(亞變種).

sub·vene [səbví:n] 자 지원에 나서다, 도움이 되다.

sub·ven·tion [səbvénʃən] 명 (정부로부터의) 보조금, 장려금; 구원, 원조; 재정 지원. **~·ar·y** 형

sub ver·bo [sʌb və́:rbou] ...이라는 말표제] 아래에. (略 s.v.). 〈L under the word〉

sub·ver·sion [səbvə́:rʒən/-ʃən] 명 U 전복, 타도; 파괴; 파멸(의 원인); C 전복시키는[파괴하는] 것.

sub·ver·sive [səbvə́:rsiv] 형 전복시키는, 파괴적인. —— 명 파괴[불온] 분자, 전복 기도자.
~·ly 부 **~·ness**, **-siv·ism** 명

sub·vert [səbvə́:rt] 타 1 (권위·체제 등)을 전복하다, 뒤엎다, 타도하다; 파멸시키다. 2 (사상·신념 등)을 타락시키다; (차츰) 무너뜨리다. **~·er** 명

sub·vi·ral [sʌ̀bváirəl] 형 (단백질 등) 바이러스의 일부를 이루는 구조의.

sub·vo·cal [sʌ̀bvóukəl] 형 목소리를 (거의) 내지 않는.

sub·vo·cal·ize [sʌ̀bvóukəlàiz] 자타 (혼잣말·암송 등 때에) 목소리를 (거의) 내지 않고 말하다.
-i·zá·tion 명

sub vo·ce [sʌb vóusi] = *sub verbo*. 〈L〉

‡**sub·way** [sʌ́bwèi] 명 (복 ~s [-z]) 1 지하철((美)) underground, (英구어) tube)((영) metro). 2 (英) 지하도((美) underpass). 3 암거(暗渠)(수도·가스·전기선이 통한다). —— 자 (美) 지하철로 가다.

súbway alúmni 〔美속어〕 (졸업생이 아닌) 도시의 대학 미식 축구 응원단. 「온에 적합한.

sub-ze·ro [ˋzíərou] 형 (화씨) 영도 이하의; 영하

suc- [sək, sʌk] 접두 ⇒ SUB-.

suc·cade [səkéid, sʌ-] 명 설탕에 절인 과일.

suc·ce·da·ne·um [sʌ̀ksədéiniəm] 명 (복 **-ne·a** [-niə]) 대용물; 〔의학〕 대용약; (드물게) 대리인.
-ne·ous [-niəs]

suc·ce·dent [səksí:dnt] 형 다음에 이어지는, 잇따

‡**suc·ceed** [səksí:d] 자 (복 ~s [-z]) 1 ① 성공하다, 잘 되다, 성과를 올리다(in). ¶(~+前+名) ~ in business 사업에 성공하다 / ~ in solving a problem 문제의 해결에 성공하다. 2 번영하다, 입신 출세하다 (in). ¶~ in life 출세하다

유의어 **succeed** 좋은 결과가 되다, 목적을 달성하다. **flourish** (단체·사업·학예 등이) 절정을 이루다. **prosper** 물질적으로 번영·성공을 거두다. **thrive** 힘찬 생명력이나 유리한 조건 따위로 인해 활발히 성장·발전하다.

3 상속하다, 계승하다 (to). ⇒ FOLLOW 유의어 ¶ (~+ 前+名) He ~ed to his father's estate. 그는 아버지 재산을 상속했다. 4 계속되다, 잇따르다. ¶ Read the page that ~s. 다음 페이지를 읽어(보)라.
—— 타 1 뒤를 잇다, ...을 계승하다. ¶(~+目+as 補) Elizabeth ~ed Mary as Queen. 엘리자베스가 메리의 뒤를 이어 여왕이 되었다. 2 ...을 뒤따르다, ...의 뒤에 오다(follow). ¶A silence ~ed his words. 그의 말이 끝나자 침묵이 이어졌다.

succeed oneself (美) 재선되다, 유임되다.
~·a·ble 형

suc·ceed·er [səksí:dər] 명 (고어) =successor.

*****suc·ceed·ing** [səksí:diŋ] 형 계속되는, 잇따른, 다음의. **~·ly** 부

suc·cen·tor [səkséntər] 명 〔교회〕 성가대 부대장, (성가대의) 응창대(應唱隊) 지휘자. **~·ship** 명

suc·cès de scan·dale [F syksε də skɑ̃dal] 명 스캔들(추문)을 일으킴으로써 얻은 성공[평판]; (보통 나쁜 의미의) 문제작. 〈F〉

suc·cès d'es·time [F syksε dεstim] 명 U 비평가들로부터 높은 평가받기; 비평에 의한 성공을 거둔 작품. 〈F〉

suc·cès fou [F syksε fu] 명 엄청난 대성공. 〈F〉

‡**suc·cess** [səksés] 명 (복 ~es [-iz]) 1 U 성공, 히트, 대성공. ¶~ in life 출세 / *Nothing succeeds like* ~. (속담) 하나가 잘 되면 만사가 잘 된다/He has tried many times without much ~. 그는 여러번 시도했으나 대단한 성과는 거두지 못했다. 2 입신, 출세. 3 성공자, 히트된 것; 성공한 사람, 합격자. ¶He is a great ~ as a poet. 그는 시인으로 크게 성공한 사람이다/The meeting was a ~. 그 회의는 성공적이었다. 4 (폐어) 결과. 「여 건배하다.

drink success to *a person* (남)의 성공을 축하하
make a success of ...을 성공시키다, ...을 잘 해내다
score a success 성공하다. 「다.
the sweet smell of success 성공의 달콤한 향기, 성공으로의 유혹.
with (good) success (대)성공리에.
~·less 형 **~·less·ly** 부 **~·less·ness** 명

‡**suc·cess·ful** [səksésfəl] 형 (**more ~**; **most ~**) 1 성공한, 좋은 결과의; 크게 히트한; (시험에) 합격한 (in). ¶a ~ candidate 합격자, 당선자/He was ~ in the entrance examination. 그는 입학 시험에 합격했다. 2 입신 출세한, 번영하는.

be successful in …에 성공하다.
~**·ness** 명

‡**suc·cess·ful·ly** [səksésfəli] 부 (**more** ~; **most** ~) 성공적으로, 성공리에, 번창하여; 성대하게.

‡**suc·ces·sion** [səkséʃən] 명 (복) ~**s** 1 ⓤⓒ 연속, 연발; 연속물. ⇒SERIES 유의어 ¶ **a** ~ **of traffic accidents** 교통 사고의 연발 / **two years in** ~ 2년 연속으로. 2 ⓤ 상속, 계승; 상속권, 계승권; 상속 순위; ⓒ (집합적) 상속자들(**to**). ¶ ~ **to the throne** 왕위 계승(권). 3 ⓤⓒ (식물) 천이(遷移) (생태) 갱신, 자연천이; (농업) 윤작(輪作).

by succession 세습에 의해.
claim succession to …의 계승[상속]권을 주장하다.
in due succession 당연한 순서로.
in succession 잇달아, 계속하여.
in succession to …을 계승[상속]하여.
the law of succession (법률) 상속법.

suc·ces·sion·al [səkséʃənl] 형 연속적인, 잇따르는; 상속의, 계승의. ~**·ly** [-nəli] 부

succéssion dúty 명 (종종 -ties) (英) 상속세((美) inheritance tax).

Succéssion Státes 명 (the ~) 오스트리아 헝가리 제국의 분열로 생긴 여러 나라(옛 체코슬로바키아 · 루마니아 · 유고슬라비아 · 폴란드 · 오스트리아 · 헝가리).

succéssion tàx 명 상속세.

‡**suc·ces·sive** [səksésiv] 형 1 연속하는, 잇따르는; (순서가) 다음의. ¶ **on the second** ~ **day** 둘째 날에 / **It rained three** ~ **days.** 3일 동안 계속 비가 왔다.

┌──────────────────────────────────────┐
│ 유의어 **successive** 순서 · 간격에 관계 없이 그저 연
│ 속되는. **consecutive** 일정한 순서로 (거의) 간격 없
│ 이 연속되는. **serial** 동작의 것이 연속하여 하나의 전
│ 체를 이루는. **sequent, sequential** 논리 · 인과 · 시
│ 간 · 관계 따위가 밀접하게 연속되는.
└──────────────────────────────────────┘

2 상속[계승]의, 대대(代代)의.
~**·ly** 부 ~**·ness** 명

‡**suc·ces·sor** [səksésər] 명 (복) ~**s** [-z] 뒤를 잇는 사람[것](**to**); 후계자, 상속자, 후임자((반) predecessor). ¶ **the** ~ **to the throne** 왕위 계승자.
~**·al** 형 ~**·ship** 명

succéss stòry 명 성공담, 입신 출세 이야기.

suc·cinct [səksíŋkt] 형 (표현 따위가) 간결한, 간단명료한; (고어) (의복을) 걷어 올린; (의복이) 몸에 꼭 맞는. ~**·ly** 부 ~**·ness** 명 (숙신)산의.

suc·cin·ic [səksínik] 형 (호박(琥珀)의; (화학) 호박의.

succínic ácid 명 (화학) 호박산(酸), 숙신산.

suc·cor, (英) **-cour** [sákər] 명 (문어) 원조, 구조(help); ⓒ 원조자; (고어) 원군. — 타 …을 도와주다, 후원하다; 구원하다. ~**·a·ble** 형 ~**·er** 명

suc·cor·ance [sákərəns] 명ⓤ 의존(依存); 양육(養育) 의존. ~**·ant** 형

suc·co·ry [sákəri] 명 =chicory.

suc·cose [sákous] 형 즙[수분]이 많은.

suc·co·tash [sákətæʃ] 명ⓤⓒ (북부 인디언 기원의) 옥수수 · 콩 따위를 섞은 야채 요리. [cubus.

suc·cu·ba [sákjubə] 명 (복) **-bae** [-biː]) =suc-

suc·cu·bus [sákjubəs] 명 (복) **-bi** [-bài]) 1 (수면중의 남성과 성교한다는) 마녀(魚) incubus). 2 악마, 악령; 매춘부.

suc·cu·lence [sákjuləns] 명ⓤ (과실의) 다액(多液)(液), 다즙; 흥미진진.

suc·cu·len·cy [sákjulənsi] 명 =succulence.

suc·cu·lent [sákjulənt] 형 1 즙[수분]이 많은(juicy). 2 마음의 양식이 되는, 흥미진진한. 3 (식물) 다육(多肉)의, 다즙 조직의. — 명 다육 식물. ~**·ly** 부

*****suc·cumb** [səkám] 자 1 (…에) 굴복하다, 복종하다, (미지) ⇒SURRENDER ¶ ~ **to** [or **before**] **temptation** 유혹에 넘어가다 / ~ **under misfortunes** 비운에 울다. 2 (병 따위로) 쓰러지다, 죽다(**to**). ¶ ~ **to pneumonia** 폐렴으로 쓰러지다.

suc·cur·sal [səkə́ːrsəl/sʌk-] 형 종속[부속]의, (대사원 따위의) 부속하는.

suc·cuss [səkás] 타 (심하게) 흔들다; (의학) 진탕(震盪) 청진하다, 흉강(胸부) 등의 액체의 유무를 알아보기 위해 (환자를) 흔들다. **-cus·sion** 명

‡**such** ⇒ SUCH. (p. 2708)

such-and-such [-ənsʌ̀tʃ] 형 이러이러한, 여차여차한. ¶ **The treasure was buried in** ~ **a place.** 그 보물은 여차여차한 장소에 숨겨졌다. — 대 이러이러한 일[사람], 여차여차한 일[사람]. (또는 **súch and sùch**)

such·like [sátʃlàik] 형 그와 같은, 이와 같은.
— 대 그(이)와 같은 사람[것]. ¶ **and** ~ …따위.

‡**suck** [sʌk] 동 (~**ed** [-t]) 타 1 …을 빨다, …을 쪽쪽이다; (물 · 공기 따위를) 흡수하다(absorb)(**in, off, up**). ¶ ~ **the breast** 젖을 빨다[멱다] / (~+목+젠+명) ~ **poison from** [or **out of**] **a wound** 상처에서 독을 빨아 내다 // (~+목+부) ~ **out blood** 피를 빨아 내다. 2 …을 빨아(흡수하여) (어떤 상태로) 하다. ¶ (~+목+보) **The child** ~**ed the pineapple dry.** 그 아이는 파인애플즙을 바닥날 때까지 빨아 먹었다. 3 …을 핥다, 핥아먹다, (입에) 넣고 빨다; (비어) (성기) 입으로 애무하다. ¶ ~ **one's finger** 손가락을 빨다. 4 (소용돌이 따위가) (배를) 집어 삼키다(**down**). ¶ (~+목+부) **The whirlpool** ~**ed down the wreck.** 그 소용돌이는 난파선을 집어 삼켰다. 5 (비유적) (지식 따위)를 흡수하다(**in**); (이익 따위)를 얻다, 착취하다(**from, out of**). ¶ (~+목+부) ~ **(in) knowledge** 지식을 흡수하다. 6 (구어) (속이거나 강제로) …에 끌어 넣다(**in, into**).

— 자 1 젖을 빨다; 빨아먹다[마시다], 피우다; (파도) 핥듯이 씻다(**away**)(**at, on**). ¶ (~+전+명) ~ **at a cigar** 시가를 피우다. 3 빨아들이는 소리를 내다; (밴브의 고장 따위로 펌프가) 헛김 나는 소리를 내다. 4 (속어) 알랑거리다, 아첨하다(**off**). 5 (속어) 혐오감을 주다, 아주 불쾌하게 하다.

suck a person's brains 남의 지식[지혜]을 흡수하다 [빌리다]. [다, 얼선거리다.
suck around (美속어) (…에게 비붙으려고) 따라다니
suck…dry …에게 아첨하다; …을 철저하게 흡수하다.
suck face (美속어) 키스하다.
suck in ① …을 빨아들이다. ② (지식 따위)를 흡수하다. ③ (소용돌이 따위가) …을 빨아들이다. ④ (속어) (남)을 속이다(cheat).
suck off (비어) …의 성기를 빨다.
suck rope (美속어) 역겹도록 심하다, 최저이다.
suck up (美속어) (자동차 경주에서) 앞질러 버리다; (지식 등)을 잘 흡수하다.
suck up to (속어) …에게 아첨하다, 비위 맞추다.
suck wind (美속어) 실패하다.
teach one's **grandmother** [**granny**] **to suck eggs** 공자 앞에서 문자 쓰다.

— 명 1 ⓤⓒ 젖을 빨기[빨리기]; 빨아들이기, 빨아 마시기, 흡인; 빨리는 것, 모유(母乳); 빠는 힘[소리]. ¶ **a child at** ~ 젖먹이. 2 (구어) 한 입, 한 모금, 한 번 빨기(sip); (술 따위의) 한 잔. ¶ **a** ~ **of wine** 와인 한 모금. 3 (소용돌이 따위의) 빨아들이기. 4 (~**s**) (英학생 속어) 사탕과자. 5 (속어) 알랑거리는 사람, 아첨꾼. 6 (英속어) 실망, 실패. 7 (속어) 속임, 사기, 협잡.

be at suck 젖을 빨고 있다.
give suck to …에게 젖을 먹이다. [시다].
take [**have**] **a suck at** …을 한 모금 빨다[빨아 마
What a suck!; Sucks (to you)! 꼴 좋다! 그 무슨
~**·less** 형 [꼴이람!

suck-ass [-æ̀s] (美속어) 형 아첨, 아부. — 명 아첨하는, 알랑거리는.

*****suck·er** [sákər] 명 1 빠는 사람[것]. 2 젖먹이; 젖먹

such은 주로 「그러한 (사람(것))」의 뜻으로 형용사와 대명사 용법으로 쓰이는데, 형용사로 쓰일 때 그 위치에 각별한 주의를 요한다. 단수 가산명사를 수식할 때는 부정관사(또는 another) 앞에 놓이며, some, any, no, every, all, many, so와 함께 쓸 때는 그 뒤에 놓인다: such a bright day / We want some such secretaries. 또한 such가 다른 형용사 없이 그대로 명사를 수식하는 경우에는 such에 so good 또는 so bad라는 감탄적인 뜻이 포함되어 있으므로 전후 관계에 따라 풀이하는 것이 좋다: I have never seen such workers. 그런 노동자들은 본 적이 없다.

‡**such**[sʌtʃ, 약 sətʃ] 형 (＊수식하는 명사가 단수인 경우에 such는 a, an의 앞에 놓인다) **1** (전술한 것과 비교하여 수·양·종류·성질·정도 따위가) 그러한, 이러한, 그와 같은; 그와 비슷한, 유사한. ¶~ a man 그러한 사람 / all ~ men 그러한 사람 모두 / S- father, ~ son. (속담) 그 아버지에 그 아들, 부전자전(父傳子傳) / S- a style does not flatter a girl of your age. 그런 스타일은 네 나이의 여자아이에게는 어울리지 않는다 / I was going to do no ~ things. 나는 그런 짓을 할 생각은 없었다.
2 (형용사를 수반하는 명사 앞에서) 그렇게, 이렇게, 그와 같이, 이와 같이; (구어) 대단히, 매우. ¶~ terrible deeds 그렇게(매우) 무서운 행위 / In ~ a dark night as this 이렇게 어두운 밤에 / Simplicity is not ~ an obvious merit as lucidity. 단순하다는 것은 명백하다는 것만큼 뚜렷한 장점은 아니다 / We had ~ a good time of it at the seaside. 우리는 해변에서 매우 즐거운 시간을 보냈다(＊이 용법의 such는 so good a time과 같이 so를 대신 쓸 수도 있다).
3 (명사를 수식하여) 그렇게 좋은(나쁜), 이렇게 좋은(지독한), 멋진, 아주 좋은, 굉장한. ¶S- a boy! 얼마나 착한(나쁜) 아이냐! / He is ~ a scholar. 그는 대단한 학자다 / We have had ~ sport! 우리는 참 재미있었다 / Don't be in ~ a hurry. 그렇게 서둘지 마라.
4 (such...as, such as no의 형으로) …와 같은, …는 것 같은. ¶flowers ~ as violets and tulips 제비꽃이나 튤립과 같은 꽃 / Read ~ books as benefit you. 너에게 도움이 되는 그런 책을 읽어라.
5 (such...that, such...as to, such as to의 형으로) …할 만큼의, …할 정도의, …할 정도까지의; 매우 …하므로. ¶I had ~ a fright that I could not speak. 놀란 나머지 말이 나오지 않았다 / His insolence was ~ as to make all the persons present angry. 그의 거만한 태도는 그 곳에 있던 모든 사람들을 화나게 할 정도였다 / I am not ~ a fool as to make an enemy of him. 나는 그를 적으로 만들 만큼 바보는 아니다.

(USAGE)¹ (1) **such...as(that)**의 용법―― such...as는 종류를 나타내며, as는 관계대명사이므로 뒤에 주어와 타동사가 오더라도 목적어는 필요로 하지 않는다: This book is written in ~ easy English as beginners can understand. 이에 비해 such...that은 결과 또는 정도를 나타내고, that는 접속사이기 때문에 뒤에 주어와 타동사가 오면 목적어(대명사)를 필요로 한다: This book is written in ~ easy English that beginners can understand it.
(2) **such...as**와 **such as**에 대하여―― ~ a man as he 대신에 구어에서는 like를 사용하여 a man like him과 같은 표현을 잘 쓴다. 또 ~ men of letters ~ as Gibbon and Johnson과 같이 such as가 연속되기도 하며, 그럴 경우 men of letters as Gibbon and Johnson과 같이, as만으로 쓰일 경우도 있다. 다만 이 경우 as는 접속사.
(3) **such...as to**와 **such as to**에 대하여―― 전술의 such...as to와 such as는 뒤에 부정사가 붙은 것: His illness was not ~ as to cause anxiety. 그의 병세는 걱정할 정도의 것은 아니었다.
(4) **such...that**와 **so...that**의 용법 차이――

such...that에서는 such의 뒤에 명사가 오지만, 같은 정도·결과를 나타내는 so...that에서는 so의 뒤에 형용사가 온다: This book is so easy that beginners can understand it.
(5) **such...that**의 문어적 용법―― such...that의 such를 글머리에 놓은 S- was his progress that it surprised his teacher.와 같은 구문은 약간 문어조이며, such that을 연속시켜 His progress was ~ that it surprised his teacher.라 하는 것은 더욱 문어적이다.
6 (법률문·통신문 따위에서) 상기의, 전술한, 당해의. ¶during the time of ~ negotiations 상기의 교섭 기간 중 / If any member be behind in his dues, ~ member shall be suspended. 회원이 회비를 납부하지 않으면, 회원으로서의 자격이 정지된다.
7 (특정한 언급은 피하며, 막연히) 이러이러한, 얼마얼마의(~ and ~). ¶Allow ~ an amount for food, ~ an amount for rent, and the rest for other things. 식비로서 얼마의 금액을, 방값으로 얼마만큼의 금액을, 그 밖의 여러 경비에 나머지 금액을 충당한다는 식으로 해 보시오.
8 (선행하는 형용사의 반복을 피하여) 그와 같은. ¶He is not happy, only he seems ~. 그는 행복하지는 않다, 다만 그렇게(행복한 것처럼) 보일 뿐이다 / Never accept things as true because they appear to be ~. 진실인 것처럼 보인다고 해서, 진실이라고 받아들여서는 안된다.
and such like …라느니 하는 따위의 말, 등등.
no such thing ① 그런 것은 아니다, 그런 일은 없다. ¶He did no ~ thing. 그는 그런 일을 하지 않았다. ② (부정의 강조) 전혀 …하지 않다, 그럴 리가 없다. ¶They think him honest, no ~ thing! 그들은 그를 정직하다고 생각하지만 천만에!
such and such 이러이러한. ¶on ~ and ~ a day 이러이러한 날에.
such as it is [or **they are**] 이런 정도지만, 변변치 않지만. ¶We have many rooms, ~ as they are. 변변치는 않지만 우리집에 방은 많다.
There is such a thing as... …한 일도 있을 수 있으니까. ¶There is ~ a thing as misunderstanding. 오해라는 것도 있을 수 있으니까 말입니다.
―대 **1** 그러한 사람(들), 그러한 물건(일); (as와 함께) …와 같은 사람(것). ¶S- are the results of his follies. 이것이 그의 어리석음에서 온 결과이다. **2** 지금 말한 일(것); (상업) 상기(上記)의 물건, 위에 말한 것(일). ¶S- is life. 인생이란 이런 것이다 / S- is the case with me. 이것이 나의 실정이다 / I may have offended, but ~ was not my intention. 나 때문에 기분이 상했을지 모르지만 그것은 나의 본의가 아니었다. **3** (as such의 형으로) 그러한 것으로서, 그런 자격으로; 그것만으로. ¶I am a civilian, and I will be treated as ~. 나는 민간인이니 민간인 대우를 해주길 바란다.

(USAGE)² **as such**에 관하여―― (1) such는 반복의 대명사. 반복의 대명사로서는 보통 one이나 that을 쓰지만, as의 뒤에서는 such를 쓴다. (2) as such는 문미에 오는 수가 많으나 반드시 그런 것은 아니다: As he is the guest of honor, he must be treated as

~.=He is the guest of honor, and as ~ must be treated. 그는 주빈이기 때문에 그에 합당한 대우를 해주어야 한다.
all such 이러한 사람들.
and such (구어) 기타 그런 종류의 것, 따위.¶wine, beer, *and* ~ 포도주, 맥주 따위.
another such 또 하나의 그런 것[사람].

는 새끼 동물(특히 돼지 새끼). **3** (美속어) 잘 속는 사람, 풋내기; (…에) 약한[잘 매료되는] 사람 (*for*). **4** (동물) 빨판; 빨판이 있는 물고기; (어류) 서커(잉어 비슷한 이 물고기). **5** (식물) 흡근(吸根); 기생근. **6** (구어) (막대기에 붙인) 사탕 과자(lollipop). **7** (기계 따위의) 흡입관(吸入管); (펌프의) 피스톤(벨브); (장난감 따위의) 빨대. **8** (美속어) (일반적으로) 사람, 놈[녀석]; 것(thing).
—⑤⑭ **1** (농업) (식물의 곁뿌리)를 떼내다. **2** (美속어) …을 속이다, 사기치다; 놀리다. **3** 흡근이 생기다. ~-**like** 휑 칠성갑은.
súcker báit 휑 (美속어) (남을) 속이기 위한 미기.
súck·er·fìsh [sʌ́kərfìʃ] 휑 (어류) **1** =remora. **2** 서커(sucker).
súcker lìst 휑 (美구어) 구매자[기증자]가 되어 줄만한 인물들의 리스트; 속기 쉬운 사람들의 리스트.
súcker pláy 휑 (속어) 속임수 (쓰기); (미식축구) 서커플레이, 속임수 플레이.
súcker púnch 휑 (美) 느닷없이 치기, 불시의 공격. —⑮⑭ 을 느닷없이 치다, 불시에 후려갈기다.
Súcker Státe 휑 (the ~) 미국 Illinois 주의 별칭.
súck·fish [sʌ́kfíʃ] 휑 =remora.
súck-ìn [-ìn] 휑 (英구어) 속음, 사기당함.
súck·ing [sʌ́kiŋ] 휑 빠는, 숨을 빠는, 아직 젖 떨어지지 않은; (구어) 미숙한, 풋내기의, 신출내기의.
súcking dìsc 휑 (동물) 빨판.
súcking fìsh 휑 **1** =remora. **2** 칠성장어.
súcking pìg 휑 젖먹이 돼지(통구이용).
súck·le [sʌ́kl] ⑮⑭ …에게 젖을 먹이다; …을 기르다; 섭취[흡수]하다. — ⑭ 젖을 빨다[먹다].
súck·ler [sʌ́klər] 휑 포유 동물; =suckling.
súck·ling [sʌ́kliŋ] 휑 젖먹이, 유아; (젖을 빨리는) 새끼 짐승; 철부지, 풋내기. — 휑 아직 젖을 빠는; 아주 어린.
babes and sucklings 순진해서 잘 속는 사람.
súckling fìsh 휑 빨판상어(remora).
súck-òff [sʌ́k:ɔ̀f] 휑 **1** (비어) 성기를 빨기, (특히) 펠라티오. **2** (美속어) 치사한 녀석, 아첨꾼. — 휑 (美속어) 상습하는 사람.
súck úp 휑 (속어) 아첨꾼, 알랑쇠. [은.
súck·y [sʌ́ki] 휑 (속어) 불쾌한, 저속한, 꼴보기 싫
su·crase [sjúːkreis/sjúː-] 휑 (생화학) 수크라아제. [(S).
su·cre [súːkrei] 휑 수크레(에콰도르의 화폐 단위)
su·crose [súːkrous/sjúː-] 휑 ⓤ (화학) 자당(子糖), 수크로오스.
suc·tion [sʌ́kʃən] 휑 ⓤ **1** 빨기, 빨아 올리기, 흡인(력); 흡인. **2** 흡인 통풍, 흡입 흡착. **3** (英속어) 음주. **4** (美속어) 영향력. [얼이 빠진.
in a suction (美속어) 반하고, (사랑에) 열을 올리고, —⑮⑭ (가래 따위를) 흡출(吸出)하여 제거하다. ~-**al** 휑
súction and curéttage 휑 (의학) 흡인 소파술 (임신 초기의 중절 수술 기법).
súction chàmber 휑 (펌프의) 흡입실(吸入室).
súction cùp 휑 흡인 컵, 부항(단지).
súction méthod 휑 (의학) =suction and curettage.
súction pùmp 휑 흡인펌프, 감압 펌프.
súction stòp 휑 (음성) =click³ 3.
suc·to·ri·al [sʌktɔ́ːriəl] 휑 **1** 흡입의, 빨아 올리는; 흡입에 적합한.¶a ~ mouth 흡입구. **2** 흡입[흡착] 기관

as such ⇒ 휑 3, USAGE².
such and such 이러이러한 것[사람], 여차저차한 것[사람].¶Suppose you go to the shop and ask for ~ *and* ~. 가령 그 가게에 가서 여차저차한 것을 찾는다고 하자.¶ ~ *and* ~ 사람들은 이러이러한 사람들.¶"in tents 천막에 사는 사람들.
such as (고어·시) …하는 사람[것]들.¶ ~ *as* dwell
such being the case 그러한[이러한] 사정이므로.

이 있는; (동물) (수액(樹液)·피 따위를) 빨아먹고 사는.
sud [sʌd] 휑 돌연사. [(美속어) unexpected *death*).
Su·dan [suːdǽn, -dáːn] 휑 (the ~) **1** (아프리카 동북부의) 수단 지방. **2** 수단 공화국(수도 Khartoum).
Su·da·nese [sùːdəníːz, -níːs] 휑 (pl. ~) 수단 사람; 수단의; 수단인의. (또는 **Soudanese**)
Sudán gráss 휑 (美) (식물) 수수속(屬)의 목초.
su·dar·i·um [suːdɛ́əriəm/sjuː-] 휑 (pl. **-dar·i·a** [-iə]) **1** (고대 로마에서 쓰인) 손수건. **2** (때로 S-) 베로니카의 손수건(예 veronica); 그리스도의 얼굴을 그린 천, 성안포(聖顔布), 성백(聖巾). **3** =sudatorium.
su·da·to·ri·um [sùːdətɔ́ːriəm/sjùː-] 휑 (pl. **-to·ri·a** [-tɔ́ːriə]) 한증막, 한증탕(hot-air bath).
su·da·to·ry [súːdətɔ̀ːri/sjúː-] 휑 땀을 내는 하는. — 휑 (의학) 발한제; =sudatorium.
sudd [sʌd] 휑 (백나일 강(the White Nile)의 항해를 방해하는) 부유초(浮游草)의 뭉치. [<Arab]
‡**sud·den** [sʌ́dn] 휑 (**more** ~; **most** ~) **1** 돌연한, 별안간의, 불시의, 갑작스러운.¶be ~ in one's action 성급하게 처사하다/~ braking 급브레이크. **2** (고어) 준비 없는, 즉석의.

유의어 **sudden** 서서히 일어나지 않고 갑작스러운; 예상되는 일에도 쓴다. **abrupt** 전혀 예고나 전조 없이 불쾌감·놀라움을 가져오는. **unexpected** 예상하지 않았기 때문에 준비가 전혀 되어 있지 않은.

— 휑 불시, 돌연, 급격. (* 다음 숙어로)
(all) of a sudden; (all) on a sudden 불시에, 불쑥, 갑자기(suddenly).
— 휑 (시) =suddenly.
~-**ness** 휑
súdden déath 휑 **1** 급사, 돌연사. **2** (스포츠) 서든 데스(동점인 경우 한쪽이 득점함으로 끝나는 연장전). **3** ⓤ (구어) 주사위[동전] 던지기에 의한 단판 승부.
súdden ínfant déath sỳndrome 휑 (병리) 유아 돌연사 증후군(영 SIDS).
‡**sud·den·ly** [sʌ́dnli] 휑 (**more** ~; **most** ~) 갑자기, 별안간에, 느닷없이.
su·dor [súːdɔːr/sjúː-] 휑 (의학) 땀; 발한(發汗). ~-**al** 휑 [<L sweat]
su·dor·if·er·ous [sùːdərífərəs/sjùː-] 휑 땀을 내는, 발한(發汗)하는.¶ ~ *glands* 한선(汗腺), 땀샘.
su·dor·if·ic [sùːdərífik/sjùː-] 휑 땀나게 하는, 발한(發汗)을 촉진하는; =sudoriparous. — 휑 발한제.
su·dor·ip·a·rous [sùːdəɾípərəs/sjùː-] 휑 땀을 내는, 발한(發汗)하는, 땀 분비의.
Su·dra [súːdrə/sjúː-] 휑 수드라(인도 4성(四姓) 제도 중의 최하급); ⇒ **caste**
suds [sʌdz] 휑 ⓟ **1** (거품 인) 비눗물; (비누의) 거품. **2** FOAM 유의어. **3** (美구어) 맥주(beer).
bust (some) suds (美구어) ① (약간의) 맥주를 마시다. ② 식기(食器)를 씻다.
crack some suds (美속어) 맥주를 좀 마시다. [여.
in the suds (구어) 난처하여; (맥주에) 취
— ⑮⑭ …을 비눗물로 씻다(*out*). — ⑭ 거품이 일다; (美속어) 맥주를 마시다.
~-**a·ble** 휑
suds·er [sʌ́dzər] 휑 거품이 이는 것; (美속어) = soap opera; 눈물을 자아내는 영화[연극].

suds·y [sʌ́dzi] 형 1 비누 거품의[같은]; 거품이 인, 거품투성이의. 2 (속어) =soapy 4.

***sue** [suː/sjuː] 타 1 (…을 상대로) 소송을 제기하다, 고소하다 (for). ¶(~+목+전+명) ~ a person for damages 남을 상대로 손해배상 소송을 제기하다. 2 (고어) …에게 구혼[구애]하다. 3 (드물게) …에게 탄원 [간청]하다 (for). — 자 1 소송을 제기하다, 고소하다 (for). ¶(~+전+명) ~ for a divorce 이혼 소송을 제기하다. 2 탄원하다, 구하다, 청하다 (for). 3 (고어) 구혼하다.

(So) sue me! (美속어) (그렇다면) 마음대로 해봐.

sue out (영장(令狀) 등을) 청구하여 받아내다.

sú·er 명 「의 애칭」.

Sue [suː/sjuː] 명 수(여자 이름; Susan, Susanna(h)

suede [sweid] 명 1 스웨이드 가죽(안쪽에 보풀이 있는 부드럽게 무두질한 가죽). 2 스웨이드 가죽 비슷한 천. (또는 ~ clòth) — 명 스웨이드 가죽의. — 타 (가죽·천 등을) 보풀이 일어나게 가공처리하다. — 자 가죽[천]에 보풀을 일으키다. (또는 **suède**) [<F]

suede·head [swéidhèd] 명 (英) 대머리족(族)(난폭한 젊은이들의 한패). 참 skinhead

sue·dette [sweidét] 명 모조[인조] 스웨이드.

su·et [súːit/sjúː-] 명 (소·양 따위의 콩팥·허리통 근처의 지방, 요리용·양초 제조용).

~·y [-i] 형 수이트의, 지방질의.

Su·ez [suːéz, ←/-súiz] 명 1 수에즈(이집트의 동북부, 수에즈 운하의 남단에 있는 항구 도시). **2 the Gulf of ~** 수에즈만. **3 the Isthmus of ~** 수에즈 지협(地峽).

Súez Canál 명 (the ~) 수에즈 운하(수에즈 지협을 종단하여 지중해와 홍해를 연결; 1869년 완성).

suf, suff. sufficient; suffix.

suf- [səf, sʌf] 접두 ⇒ SUB-.

Suff. Suffolk; suffragan.

‡**suf·fer** [sʌ́fər] 자 (~s [-z]) 자 1 고통을 받다[겪다], 괴로워하다, 고민하다 (for); (병을) 앓다, 병들다 (from). ¶(~+전+명) ~ from a bad headache 심한 두통을 앓다 / She ~ed from her beauty. 그녀는 아름다움이 화근이 되었다. 2 (…로) 상처입다, 피해 [손해]를 입다; (서서히) 나빠지다 (from, through). ¶One's health ~s from overwork. 사람의 건강은 과로로 손상받는다. 3 벌받다; 사형에 처해지다; 순교하다 (for). ¶(~+전+명) ~ for high treason 반역죄로 사형당하다. 4 (고어) (악·해(害) 따위를) 참다, 견디다. 용서하다. — 타 1 (고통·상해·손해 따위)를 경험하다, 받다, 입다 ⇒ EXPERIENCE (유의어) ¶~ great losses 큰 손해를 입다 // (~+목+전+명) He ~ed the capital punishment for his murder. 그는 살인 죄로 극형을 당했다. ¶(어떤 과정·상태를) 겪다[경험하다]. ¶~ change 변화를 겪다. 3 (부정문·의문문에서) …을 참다; 견디다. ¶I cannot ~ his insolence. 나는 그의 무례를 참을 수 없다. 4 (고어) 을 허용[묵인]하다, (남)를 묵묵히 …하게 하다 (to do). ¶(~+목+to do) He ~ed his son to go abroad. 그는 아들을 외국에 가게 했다.

not suffer fools (gladly) 어리석은 짓을 용서하지 않다.

suf·fer·a·ble [sʌ́fərəbl] 형 참을 수 있는, 견딜 만한; 허용[용인]할 수 있는, 비교적 좋은.

~·ness **-bly**

suf·fer·ance [sʌ́fərəns] 명U 허용, 관용, 묵인; 인내(력), (고어) 고통, 고뇌.

beyond sufferance 참을 수 없는.

on [or *by, through*] *sufferance* 덕분으로, 눈감아 「아 주어,

‡**suf·fer·er** [sʌ́fərər] 명 (~s [-z]) 고통받는 사람; 환자(患者), 병자; 수난자, 재해를 입은 사람. 조난자, 희생자.

‡**suf·fer·ing** [sʌ́fəriŋ] 명 (~s [-z]) U 1 괴로움, 고통; 고생. 2 (종종 ~s) 재난, 고난; 피해, 손해. ⇒ DISTRESS (유의어) ¶the ~s of the Jews 유대 민족의 수난. — 형 1 고통받고 있는, 괴로워하는. 2 병든.

Suffering cats [or *catfish, Christ, saints*]! (속어) 혼났네, 질겁하겠네, 이건 너무하다, 세상에 이런 [일이, 이키!

~·ly 부

‡**suf·fice** [səfáis, -z] 자 (**-fic·es** [-iz]; **~d** [-t]; **-fic·ing**) 자 (필요·목적 따위에 대하여) 충분하다 (for, to do). ¶(~+전+명) Fifty dollars will ~ for the purpose. 그 목적 달성을 위해서는 50달러면 족할 것이다. — 타 …을 만족시키다; …에 충분하다.

Suffice it (to say) that... (지금은) …이라고만 말해 두자, …이라고 말하면 충분하다.

suf·fi·cien·cy [səfíʃənsi] 명U 1 충분(한 상태), 충족; (a~) 충분한 수[양]. ¶a ~ of fuel 충분한 연료. 2 충분한 공급[자력(資力)]. 3 (고어) 충분한 능력, 자격; 자만, 교만.

‡**suf·fi·cient** [səfíʃənt] 형 1 (양·수가) 충분한 (for), (…하기에) 족한 (to do). ⇒ ENOUGH (유의어) ¶That's not ~ to feed a hundred men. 그것으로 100명을 먹이기에는 충분하지 않다 / Eight hundred dollars is ~ for living expenses. 생활비로는 800달러면 충분하다. 2 (고어) 충분한 자격[능력]이 있는.

not sufficient (은행) 자금 부족(예금 부족으로 부도 수표 따위에 적는 말: 略 n.s., NS).

— 명U (구어) 충분(한 수량). ¶I have had ~. 나는 [양껏 먹었다.

~·ness 명

sufficient condition 명 (논리) 충분 조건. 참 necessary condition

suf·fi·cient·ly [səfíʃəntli] 부 충분히, 충족하게.

sufficient réason 명 (철학) 충족 이유.

‡**suf·fix** [sʌ́fiks] 명 (~·es [-iz]) 1 (문법) 접미사 (-er, -ish, -ly, -ness 따위)(참 prefix). 2 부가[첨가]물. 3 (수학) =subindex. — 타 [sʌ́fiks, səfíks] 1 (문법) 접미사로서 …을 붙이다. 2 (일반적으로) …을 끝말[끝]에 붙이다. ~ (문법) 접미사를 붙이다.

~·al **sùf·fix·á·tion, suf·fíx·ion** 명

*suf·fo·cate** [sʌ́fəkèit] 타자 1 …의 숨을 막다, …을 질식시키다. 2 …의 호흡을 곤란하게 하다, 숨이 막히게 하다; …의 목소리가 안 나오게 하다. ¶She was ~d by[or with] grief. 그녀는 슬픔으로 말이 나오지 않았다. 3 타오[말살]하다; (충동 따위)를 누르다, 억압하다. — 자 질식(사)하다, 숨이 막히다; 답답해지다. ¶The child was *suffocating* in water. 그 아이는 익사 직전이었다. **-cat·ing·ly** 부 질식시킬 듯이. **-cá·tion** 명U 질식. **-cà·tive** 형 질식시키는. **-cà·tor**

Suf·folk [sʌ́fək] 명 1 잉글랜드 동부의 주. 2 서포크 종(種) 식용 양(羊)(~ sheep). 3 서포크 종(種) 마차용 말(馬)(~ punch). 4 서포크 종(種) 돼지(몸집이 작고 검은 색).

suf·fo·sion [səfóuʒən] 명 (지질) 지하 침윤(지하의 암석 속에 물이 스며들기).

suf·fra·gan [sʌ́frəgən] (가톨릭·英국교) 형 부(副)사교의, 부감독의, 부주교의. ¶a ~ bishop 부감독, 부사교, 부주교. **~·ship** 명

*suf·frage** [sʌ́fridʒ] 명 1 U 투표권, 선거권, 참정권; 투표(vote). ¶universal ~ 보통 선거[권]/woman ~ 여성 참정[선거]권. 2 (투표에 의한) 찬성, 찬성(표); U 동의. 3 (~s) (영국 국교회) (기도서(新禱書) 중의) 남을 위한 기도, 대도(代禱).

suf·fra·gette [sʌ̀frədʒét] 명 (여성의) 여성 참정권자.

suf·fra·gist [sʌ́frədʒist] 명 참정(선거) 확장론자, (특히) 여성 참정권론자. ¶a woman ~ 여성 선거권론자. **-gism** 명 여성 참정론.

suf·fu·mi·gate [səfjúːməgèit] 타 …에 밑에서 연기(증기)를 쐬다. **-mi·gá·tion** 명

suf·fuse [səfjúːz] 타 (수동형으로) (액체·빛·색 따위가) …을 뒤덮다, 채우다, 가득하게 하다 (*with*, *by*). ¶be ~d with tears 눈물이 넘쳐 흐르다 / The sky was ~d with golden sunlight. 하늘엔 황금빛 햇살이 가득 차 있었다. **-fu·sive** [-fjúsiv] 혱

suf·fu·sion [səfjúːʒən] 몡Ⓤ **1** 충만, 뒤덮음, 가득 함. **2** (얼굴 따위가) 확 빨개지기, 홍조.

Su·fi [súːfi] 몡 이슬람교(回教)의 범신론(汎神論)적 신비 주의자). —몡 수피파의.

-fic [-fik] 혱 **-fism** [-fizm] 몡Ⓤ 수피교[파].

sug- [səɡ, sʌɡ] 됩=sub-. ¶*suggest*.

‡**sug·ar** [ʃúɡər] 몡 (몡 ~s [-z]) **1** Ⓤ **1** 설탕, 자당(蔗糖); [화학] 당(糖). ¶ beet[maple] ~ 첨채(甜菜)[단풍]당[or lump] ~ 각설탕. **2** Ⓒ 설탕 1개, 설탕 한 숟가락; (크림 그릇과 세트로 되어 있는) 설탕 그릇. ¶ I want two ~s in my coffee. 내 커피에 설탕 2개[두 숟가락]만 넣어 주시오. **3** 감언, 겉치레 말(flattery), **4** (美俗어) 돈(money). **5** Ⓤ (종종 S-) (美구어) (부르는 말) 그대, 당신, 여보(darling). **6** (속어) (가루로 된) 마약; LSD. **7** (감탄사적) 젠장, 제기랄(당혹·실망의 표시).

be neither sugar nor salt; be not made of sugar or salt 물에 젖어도 녹지 않다, 비가 와도 상관없다.

sugar of lead [화학] 아세트산 납, 연당(鉛糖).
sugar of milk (美) 젖당, 락토오스(lactose).

—됩 (~s [-z]) 태 **1** …에 설탕을 넣다[뿌리다, 섞다]; …을 설탕으로 달게 하다. **2** …을 달콤해 보이게 꾸미다, 겉치레하다(up). **3** [남]에게 아첨을 하다. **4** (속어) (수동형으로) …을 저주하다. ¶ Liars be ~ed! 거짓말쟁이는 다 죽어버려라! —됩 ① **1** 당화(糖化)하다, 설탕이 되다. **2** (美) 단풍당을 만들다. **3** (英속어) 일을 게 을리하다. [끓이다].

sugar off (단풍당액을) 당밀 모양이 될 때까지 졸이다
sugar the pill 불쾌한 것을 달게 보이게 하다.

súgar àpple 몡 [식물] 번여지(sweetsop)의 열매.
súgar bàsin 몡 (英) =sugar bowl.
súgar bèet 몡 [식물] 사탕무, 첨채(甜菜).
súgar bòwl 몡 (美탁음의) 설탕 그릇.
Súgar Bòwl 몡 (the ~) 슈거볼. **a)** 미국 Louisiana 주 New Orleans에 있는 미식 축구 경기장. **b)** 그 곳에서 매년 1월 1일에 거행되는 대학간 미식 축구 경기.

sug·ar·bush [ʃúɡərbúʃ] 몡 **1** [식물] 옻나무류(屬)의 상록 관목. **2** (또는 **súgar bùsh**) (美·캐나다) 사탕단풍의 재배원.

súgar cándy 몡 (英) 얼음사탕(美) rock candy); (美) (얼음사탕) 캔디, 호인(好人), 달콤함[즐거운] 것.
sug·ar·can·dy [-kǽndi] 혱 달콤한; (사람 등이) 유쾌한, (보기에) 즐거운.
sug·ar·cane [ʃúɡərkèin] 몡Ⓤ 사탕수수. (또는 **súgar càne**)
sug·ar·coat [-kòut] 됩태 **1** (알약 따위)에 당의(糖衣)를 입히다. **2** …의 겉을 좋게 꾸미다, …을 받아들이기 좋게 하다. **-ed** 혱
sug·ar·coat·ing [ʃúɡərkòutiŋ] 몡Ⓤ 당의를 입히기, 당의; 구미에 당기게 하기.
súgar còrn 몡 (美) 사탕옥수수(sweet corn).
sug·ar·cured [-kjúərd] 혱 (햄·베이컨의) 설탕·소금·질산염 등의 피클로 저장 처리한.
súgar dáddy 몡 (구어) (금품을 뿌리며) 젊은 여자와 교제하는 중년 남자; 정치 헌금을 선뜻 내놓는 사람.
súgar diabètes 몡 당뇨병(diabetes mellitus).
sug·ared [ʃúɡərd] 혱 **1** 설탕으로 달게 한, 설탕을 넣은. **2** 감미로운, 감언의. ¶ ~ words 감언(甘言).
sug·ar-free [-fríː] 혱 무가당의, 설탕이 포함되지 않은(sugarless). ¶ a ~ cola 무가당[무설탕] 콜라.
súgar gròve 몡 (美) 사탕단풍 재배원. (美).
súgar gùm 몡 유칼리나무의 일종(오스트레일리아산)
sug·ar·head [ʃúɡərhèd] 몡 (美속어) 밀조 위스키.
Súgar Híll 몡 (美속어) 흑인 사장가; (뉴욕시의) Harlem 가(街)가 내려다보이는 부유층 거주 지역.
sug·ar·house [ʃúɡərhàus] 몡 설탕 공장, 제당소.

sug·ar·less [ʃúɡərlis] 혱 무당(無糖)의, (식품 따위가) 인공 감미료 사용의.
sug·ar-loaf [-lòuf] 혱 막대 설탕 모양의; 원뿔 모양의. (또는 **súgar-lòafed**)
súgar-loaf [ʃúɡərlòuf] 몡 (몡 -*loaves*) **1** 막대 설탕(원뿔꼴로 정제당(精製糖)을 굳힌 것). **2** 원뿔꼴의 모자; 원뿔꼴의 산.
sug·ar-lump [-lʌ̀mp] 몡 **1** 각설탕. **2** (美속어) LSD (환각제).
súgar máple 몡 사탕단풍(수액에서 자당(蔗糖)을 얻는다).
súgar mill 몡 사탕수수 압착기; 제당 공장.
súgar òrchard 몡 (美중부) =sugarbush 2.
súgar pìne 몡 [식물] 사탕소나무(오엽송의 일종; 미국 북서부산(產)).
sug·ar-plum [ʃúɡərplʌ̀m] 몡 **1** 작은 당과(糖菓), 봉봉(bonbon). **2** 감언; 뇌물.
súgar refíner 몡 제당업자.
súgar refínery 몡 제당 공장, 제당소(sugar mill).
súgar repòrt 몡 (美軍·학생 속어) (여자)애인으로 부터의 편지.   [릇].
sug·ar-shak·er [-ʃèikər] 몡 설탕 뿌리는 기구[그
súgar shèll 몡 끝이 조가비 모양의 슈거 스푼.
súgar sòap 몡 흑설탕 비누.
súgar spòon 몡 슈거[설탕] 스푼.
Súgar Státe 몡 (the ~) 미국 Louisiana 주의 별칭.
sug·ar-tit [-tìt] 몡 (설탕을 천으로 싸서 빨아먹이는) 유아용 설탕 젖꼭지. (또는 **súgar-tèat, súgar tìt**)
súgar tòngs 몡(몡) (식탁용의) 각설탕 집게.
súgar trée 몡 =sugar maple.
sug·ar·y [ʃúɡəri] 혱 **1** 설탕 같은, 설탕의, (맛이) 매우 단, 당질의. **2** (말 따위가) 달콤한; 아첨하는; 감상적인(sentimental). **-ar·i·ness** 몡

‡**sug·gest** [səɡdʒést/sədʒést] 됩태 **1** 제의[제안]하다(propose), 말을 꺼내다(*to*); […하면 어떨까라고) 권하다. ¶ (~+됩+젼+몡) I ~ed another plan *to* the committee. 나는 그 위원회에 다른 계획을 제안했다// (~+*that*節) It is ~ed *that* …이라는 제안[설]이 있다/My family doctor ~s (*to* me) *that* I (should) take a walk every day. 주치의는 나에게 매일 산책을 하라고 권한다.(※(美)에서는 should을 생략함, 가정법 현재형[동사 원형]을 쓸 때가 많다)// (~+*wh.*節, *wh.* to do) He ~ed *which* way I should take.=He ~ed *which* way *to* take. 그는 어떤 방법을 택해야 할지 가르쳐 주었다// (~+*-ing*) Father ~ed going on a picnic. 아버지는 소풍을 가면 어떻겠느냐고 말씀하셨다(※ *suggest* me to go의 형식은 잘못).

[유의어] **suggest** 소극적으로[조심스럽게] 제안하다, (…하면 어떨까, …이 아닐까)라고 말을 꺼내다.
propose 적극적으로 제안하다.

2 …을 암시하여 말하다, 비추다(imply), 시사하다. ¶ (~+*that*節) Her words ~ *that* she loves him. 그녀의 말은 그를 사랑하고 있음을 암시하고 있다. **3** (어떤 것이) …을 연상시키다, 생각나게 하다 (*of*). ⇨ HINT [유의어] ¶ Her eyes ~ a cat. 그녀의 눈은 고양이를 연상시킨다// (~+됩+젼+몡) What does the shape ~ *to* you? 그 모양은 너에게 무엇을 연상시키느냐?   [다.
4 (최면술에 의하여) …을 암시하다, …에게 암시를 주다
I suggest that… …라고 생각하는데 사실은 어떤가 (※ 변호사의 심문 등의 말).
suggest itself to (생각 등이) …의 머리[마음]에 떠오르다.
~·ed·ness, ~·er 몡 **~·ing·ly** 튄
sug·gest·i·ble [səɡdʒéstəbl/sədʒ-] 혱 제안[암시]할 수 있는; (최면술 등의) 암시[영향]를 받기 쉬운.
-bíl·i·ty 몡Ⓤ 암시할 수 있음, 피(被)암시성; 암시 감응성. **-bly** 튄
sug·ges·tio fal·si [səɡdʒéstíòu fɔ́ːlsai/sədʒ-

ésti-] 명 (법률) 허위의 암시(⇨ suppressio veri).
[<L suggestion of an untruth]

‡**sug·ges·tion** [səgdʒéstʃən/sədʒ-] 명 (⑧ ~s
[-z]) 1 제안, 제언, 제의. ⇒PROPOSAL 유의어 ¶at his
~ 그의 발의로// I made the ~ *that* he (should) be
promoted. 나는 그가 승진되어야 한다고 제언했다. 2
ⓤ 암시, 시사, 넌지시 비춤. ¶a speech full of helpful
~s 유익한 시사가 많은 강연. 3 ⓤ 생각남, 착상; ⓒ 연
상. 4 (…의) 투, 티, 기색[기미] (*of*). 5 ⓤⓒ (심리) 암시.
 a suggestion of …의 기미[기색, 투]. ¶*a* ~ *of* con-
 tempt in his tone 그의 어조에서 풍기는 경멸적인
 투.
 full of suggestions 시사하는 바가 많은.
 make [or *offer*] *a suggestion* 제안[제의]하다.
sug·ges·tion-book [-bùk] 명 개선 제안 노트.
sug·ges·tion-box [-bÀks/-bɔ̀ks] 명 건의[제안]
함, 투서함.

*__sug·ges·tive__ [səgdʒéstiv/sədʒ-] 형 1 (…을) 암
시하는 듯한, 연상시키는, 생각나게 하는 (*of*). ¶music
~ *of* a tempest 폭풍우를 연상시키는 음악. 2 암시[시
사]하는 바가 많은, 함축성 있는. ¶a *piece of* arti-
cle 시사하는 바가 많은 논설. 3 선정적인, 도발적인.
 ~·**ly** 부 ~·**ness** 명

sug·ges·tol·o·gy [sÀgdʒestáləd ʒi/sÀdʒestɔ́l-]
명 (교육·심리학에 응용하는) 암시학.
-**to·log·ic** [-`təládʒik/-lɔ́dʒ-] 형
sug·ges·to·pae·di·a [səgdʒèstəpí:diə/sədʒès-]
명 암시학 적용[응용](법), 암시[시사]를 이용한 교육.
su·i [sjúːi, -ai] 명 (구어) =suimate.
su·i·cid·al [sùːəsáidl/sjùː-] 형 자살의, 자살적인;
(비유적) 자멸적인, 무분별한. ¶a ~ explosion 자폭/
a ~ policy 자멸 정책. ~·**ly** [-dəli] 부

‡**su·i·cide** [sùːəsàid/sjúː-] 명 (⑧ ~s [-z]) 1 ⓤⓒ
자살; 자결, 자해(自害). 2 ⓤ (비유적) 자살[자멸] 행위.
¶political ~ 정치적 자살 행위. 3 자살자.
 commit suicide 자살하다.
 — 형 (한정용법) 자살의; 결사의, 특공의. — 동 재 자
 살하다. — 타 (재귀용법으로) (자기)를 죽이다. ¶ ~
 oneself 자살하다.
súicide blònde 명 (속어) 금발로 염색한 여자.
súicide càrgo [lòad] 명 (속어) 위험한 하물(폭발
물·극약 등).
súicide machìne 명 자살 방조 장치(불치 병자가
독약이나 일산화탄소를 섭취할 수 있도록 된 장치).
súicide pàct 명 정사(情死)[동반 자살]의 약속.
súicide pìlot 명 자살 특공대(결사대) 조종사.
su·i·cide-prone [-prðun] 형 자살 경향(가능성)이
있는.
súicide sèat 명 (구어) 자동차의 조수석.
súicide squàd 명 (군사) 특공대, 결사대.
súicide squèeze 명 (야구) 스퀴즈 플레이(희생 번
트로 3루 주자가 홈인함) (~ play).
su·i·ci·do·gen·ic [sùːəsaidədʒénik/sjùː-] 형
자살을 유발시키는.
su·i·cid·ol·o·gy [sùːəsaidáləd ʒi/sjùːisaidɔ́l-]
명ⓤ 자살학, 자살의 연구. -**gist** 명
su·i ge·ne·ris [sùːai dʒénəris/sùːi-] 형 (보통 서
술 형용사 또는 명사 뒤에 붙여) 독특한, 독자의; 그[그
녀, 그것, 그들] 자신의. [<L *of its own kind*]
su·i ju·ris [sùːai dʒúəris, sùːi-] 형 (법률) 법적 능
력이 있는, 성년에 달한. [<L *in one's own right*]
su·i·mate [sùːaimèit, sjúːi-] 명 (서양장기) 자살
(self-mate).

‡**suit** [suːt/sjuːt] 명 1 (의복·갑옷 따위의) 한 벌[한
조]; 옷 한 벌. ¶a ~ *of* armor 갑옷 한 벌[일습]/a ~
of clothes 옷 한 벌. 2 슈트(신사복·여성복 정장 한
벌); (어떤 목적의) 의복, …복(服). ¶a two-piece ~ 상
하 한 벌의 슈트(여성복[저고리·바지 또는 저고리·스커
트])/a three-piece ~ 셋 갖춤 슈트[스리피스](two-
piece 슈트에 조끼[블라우스]를 추가한 것)/a dress ~

(남자의) 야회복. 3 (법률) 소송, 고소. ¶a ~ *in law* 소
송/win[lose] a ~ 소송(패소)하다. 4 ⓤⓒ 청원, 탄원,
간청, 소원(訴願). ¶make (one's) ~ 청원[간청]하다. 5
ⓤ (문어) (여성에 대한) 구혼, 구애. 6 (카드놀이) 한
조, 짝패 한 벌(hearts, diamonds, clubs, spades로
된 각 13장); (같은 짝의) 자기 패. ¶a long[short] ~ 4
장 이상[이하]의 짝진 카드패/a long [*or* strong] ~ (비
유적) 특기, 장점. 7 (美) =suite 1, 2, 3, 5, 8 (속어)
간부, 중역; 고급 관료; (지적) 직업인; 원로 정치가.
 bring [or *file*, *enter*, *start*] *a suit against* …을
 상대로 소송을 제기하다.
 follow suit ① 남이 내놓은 패와 같은 짝의 패를 내다.
 ② 남이 하는 대로 하다, 선례를 따르다.
 in one's birthday suit (구어·익살) 벌거벗고.
 in [*out of*] *suit with* (고어) …와 일치하여[하지 않
 고], 조화되어[되지 않고].
 make suit to …에게 청원[탄원]하다.   「치인.
 men in (*dark* [or *gray*]) *suit* (英) 관료; 원로 정
 of a suit with (고어) …와 일치하여.
 plead [or *press*, *push*] *one's suit* 줄기차게 청혼
 [구혼]하다.
 — 동타 1 …을 적합하게 하다, 적응시키다 (*to*). ¶ (~
 +팀+젼) one's speech *to* the audience 청중
 중에 맞도록 말하다; 사람에 맞춰 설명하다. 2 …에 잘
 맞다, 어울리다 (*for*, *to be*). ¶Do these shoes ~ you
 fine? 이 신발은 너에게 잘 맞는가?// (~+팀+ 전+젼)
 (~+팀+*to be* 젼) He is ~*ed for* [*or to be*] a teach-
 er. 그는 선생으로 적격이다. 3 (음식·기후 따위가) …에
 맞다, 적합하다. 4 …에 알맞은, 편리하게, 마음을 만족시
 키다: …의 마음에 들다. ¶No book ~*s* all tastes. 모
 든 사람의 마음에 드는 책이란 없다. 5 (고어) (옷)을 입
 히다.
 — 재 1 맞다, 적합하다, 적당하다, 어울리다 (*with*,
 to). ¶ (~+전+젼) The job ~*s with* his abilities.
 그 일은 그의 재능에 맞고 알맞다. 2 형편이 좋다, 뜻에
 맞다. ¶That date will ~. 그 날이 편리하다.
 be suited to [or *for*] …에 적합하다[맞다].
 suit a person down to the ground …의 마음에
 쏙 들다; …에게 적격이다[딱 맞다].
 suit oneself (구어) 자기 마음대로 하다.
 suit the action to the word (협박 등을) 말한 대
 로 시행하다.
 suit up (美) 제복[유니폼]을 입다.

‡**suit·a·ble** [sùːtəbl/sjúːt-] 형 (*more* ~; *most*
~) (…에) 적당한, 적절한, 타당한; 어울리는, 적격의
(*for*, *to*, *to do*). ⇒ FIT 유의어 ¶a ~ actor *for*
Hamlet 햄릿 역에 적합한 배우.
-**bil·i·ty** [-`biləti] 명 적합, 적당, 어울림, 적성.
 ~·**ness** 명 -**bly** 부   「방.

*__suit·case__ [sùːtkèis/sjúːt-] 명 슈트케이스, 여행 가
súitcase fàrmer (美) (씨뿌릴 때나 수확 시기에
만 찾아오는) 통근 농장경영인.
suit-dress [-`drès] 명 (여성의) 투피스 슈트.

*__suite__ [swiːt] 명 1 한 조, 한 벌, (물건의) 일습. 2 (여
러 개) 붙은 방, (호텔의) 특별실[스위트룸]. 3 한 벌의
가구. ¶a bedroom ~ 침실 가구 한 세트. 4 종자(從者)
의 일행, 수행원. 5 (음악) 모음곡, 조곡(組曲).
 in the suite of …에 수행하여.

suit·ed [sùːtid/sjúːt-] 형 알맞은, 어울리는 (*to*,
for); 잘 조화되는.
suit·ing [sùːtiŋ/sjúːt-] 명ⓤ 양복지.

*__suit·or__ [sùːtər/sjúːt-] 명 1 (문어) (남성의) 구혼자.
2 (법률) 원고, 제소인. 3 탄원자, 청원자. 4 (구어) 기
업 매수자, 유망한 기업 인수자.
suk [suːk] 명 (아랍 국가의) 시장(市場), 난장(souk).
Su·kar·no [suːkáːrnou] 명 **Achmed** [á:kmed]
~ 수카르노(1901-70: 인도네시아의 초대 대통령
(1945-67). (또는 **Soekarno**)

Su·khoi [suːhɔ́i] 圐 수호이(옛 소련의 기사단(技師團); 그 설계에 의한 전투기). (또는 **Sukhoy**)
sul·cate [sʌ́lkeit] 囿 (식물·해부) (가늘고 긴) 홈이 있는; 세로 금이 있는. (또는 **sulcated**)
sul·cus [sʌ́lkəs] 囿 (圏 **-ci** [-sai]) 흠(groove), 깊은 주름; (해부) (특히 대뇌의) 뇌구(腦溝). [<L furrow]
sulf- [sʌlf] 연결 =sulfo-.
sul·fa [sʌ́lfə] 囿 (약학) 술파닐라미드(sulfanilamide)의, 술파제(劑)의. (~s) 술파제(항균성 약제). (또는 **sulpha**)
sul·fa·di·a·zine [sʌ̀lfədáiəziːn, -zin] 囿Ⓤ (약학) 술파다이아진(포도상균·임균(淋菌) 특효약).
súlfa drùg 圐 (약학) 술파제.
sul·fa·guan·i·dine [sʌ̀lfəgwǽnidiːn, -din] 囿Ⓤ (약학) 술파구아니딘(이질 따위 치료제).
sul·fa·mer·a·zine [sʌ̀lfəmérəziːn] 囿Ⓤ (약학) 술파메라진(sulfadiazine을 쉽게 흡수하도록 만든 것).
sul·fa·meth·a·zine [sʌ̀lfəméθəziːn] 囿Ⓤ (약학) 술파메타진(항균 물질).
sul·fám·ic ácid [sʌlfǽmik-] 圐 (화학) 술팜산(酸)(금속·자기 표면 세척제 또는 제초제로 쓰임).
sul·fa·nil·a·mide [sʌ̀lfəníləmàid, -mid] 圐 (약학) 술파닐라미드(세균 감염증 치료제).
sul·fa·níl·ic ácid [sʌ̀lfəníĺik-] 圐 (화학) 술파닐산(酸)(물감·의약품용).
sul·fa·pyr·a·zine [sʌ̀lfəpírəziːn] 圐 (약학) 술파피라진(포도구균·임균 억제제).
sul·fa·pyr·i·dine [sʌ̀lfəpíridìːn, -din] 圐Ⓤ (약학) 술파피리딘(항(抗) 피부염제).
sul·fate [sʌ́lfeit] 囿 황산염. — 囿㉠ …을 황산(염)과 화합시키다; 황산(염)으로 처리하다; …을 황산염으로 만들다; (전기) (축전지의 연판(鉛板)에) 황산연(鉛)화합물을 생성시키다. — ㉠ 황산염이 되다. (또는 **sulphate**) **-fá·tion** 囿 황산화(化).
súlfate pròcess 囿 (화학) 황산염법(펄프화하는 법).
súlfate pùlp 囿 황산염 펄프.
sul·fa·thi·a·zole [sʌ̀lfəθáiəzòul] 囿Ⓤ (약학) 술파다이아졸(이전에 폐렴 구균·포도상 구균의 치료에 사용).
sul·fide [sʌ́lfaid] 囿 (화학) 황화물. (또는 **sulphide**)
sul·fite [sʌ́lfait] 囿 (화학) 아황산염. (또는 **sulphite**)
sul·fít·ic 囿
súlfite pròcess 囿 (화학) 아황산법(펄프화하는 방법).
súlfite pùlp 囿 아황산 펄프.
sul·fo- [sʌ́lfou, -fə] 연결 sulfur(황)의 뜻(* 모음 앞에서는 sulf-, sulph-).¶ *sulf*onyl(황산기), *sulf*ate.
Sul·fo·nal [sʌ́lfənæ̀l] 囿 (상표) (약학) 술포널(수면제).
sul·fon·a·mide [sʌ̀lfənǽmàid/-fɔ́n-] 囿Ⓤ㉢ (약학) 술폰아미드(세균 감염증에 유효한 합성 화학 요법제).
sul·fo·nate [sʌ́lfənèit] 囿 (화학) 술폰산염. — 囿㉠ …을 술폰화하다. (또는 **sulphonate**)
-ná·tion 囿
sul·fon·ic [sʌlfánik/-fɔ́n-] 囿 (화학) 술폰기(基)의, 술폰기를 함유한.
sulfónic ácid 囿 (화학) 술폰산.
sul·fon·meth·ane [sʌ̀lfounméθein] 囿Ⓤ (약학) 술폰메탄(수면제).
‡**sul·fur** [sʌ́lfər] 囿Ⓤ 1 (화학) (유)황. (또는 (英) **sulphur**) 2 유황색, 황록색. 3 Ⓒ (또는 **súlphur bútterfly**) (곤충) 노랑나비. — 囿㉠ =sulfurate. — ㉠ (유)황의; 황을 함유한; 유황색의.
sul·fu·rate [sʌ́lfjurèit/-fju-] 囿㉠ …을 황화하다, 유황과 화합시키다, 황으로 처리하다[그을리다, 표백하다]. (또는 **sulphurate**)
sul·fu·ra·tion [sʌ̀lfjuréiʃən/-fju-] 囿Ⓤ 황화, 유황 훈증(燻蒸), 유황 표백(법). (또는 **sulphuration**)
sul·fu·ra·tor [sʌ́lfjurèitər/-fju-] 囿 유황 훈증기 [표백기, 분무기]. (또는 **sulphurator**)

súlfur dióxide 囿 (화학) 이산화황, 아황산가스.
súlfur dỳe 囿 (화학) 황화 염료.
sul·fu·re·ous [sʌlfjúəriəs] 囿 (유)황의, (유)황 같은; 황을 함유한; 유황색의. (또는 **sulphureous**)
~·ly 閨 **~·ness** 囿
sul·fu·ret [sʌ́lfjurèt] 囿 =sulfide. — 囿㉠ (-*t*-, (英) -*tt*-) …을 황으로 처리하다, 황과 화합시키다.
***sul·fu·ric** [sʌlfjúərik] 囿 (유)황의; 6가의 황을 함유한. (또는 **sulphuric**)
sulfúric ácid 囿 (화학) 황산.
sul·fu·rize [sʌ́lfjuràiz] (* (英) -**phu·rise** [-fju-]) 囿㉠ …을 (유)황과 화합시키다, 황으로 처리하다; 아황산가스로 그을리다, 황으로 표백하다. **-ri·zá·tion** 囿
sul·fur·ous [sʌ́lfərəs] 囿 1 (화학) (유)황의, 황 같은; 4가의 황을 함유한. 2 유황색의. 3 (비유적) 지옥불의[과 같은]; 흥분한, 열광적인; (표현 등이) 모독적인.
~·ly 閨 **~·ness** 囿
súlfurous ácid 囿 (화학) 아황산.
súlfur spring 囿 유황천(泉).
súlfur trióxide 囿 (화학) 삼산화황(SO_3).
sul·fu·ry [sʌ́lfəri] 囿 (유)황의, 황 같은, 유황질의.
sulk [sʌlk] ㉠㉢ 실쭉거리다, 끝내다, 부루퉁해지다. — 囿 1 (종종 ~s) 실쭉거림; 골냄, 부루퉁함. 2 (또는 **súlker**) 실쭉거리는 사람.
have [or **be in**] (**a fit of**) **the sulks** 부루퉁해 있다, 기분이 나쁘다.
*sulk·y [sʌ́lki] 囿 1 부루퉁한, 골이 난, 뚱한.¶ a ~ face 부루퉁한 얼굴. 2 (동작·반응 따위가) 둔한, 느린. 3 (날씨 따위가) 음산한, 음침한. — 囿 말 한 필이 끄는 1인승 경주 마차. **súlk·i·ly** 閨 **súlk·i·ness** 囿
sul·lage [sʌ́lidʒ] 囿Ⓤ 찌꺼기, 하수, 오물, 폐물; 가라앉은 진흙, 침전물; (야금) 광재(鑛滓), 쇠똥.
*sul·len [sʌ́lən] 囿 1 시무룩한, 골난, 뚱한. 2 (날씨·소리 따위가) 음산한, 음울한; 맑지 못한. 3 (흐름 따위가) 느린. — 囿 (the ~s) (방언·고어) 언짢음, 부루퉁함, 음울함. **~·ly** 閨 **~·ness** 囿
Sul·li·van [sʌ́ləvən] 囿 **Annie ~** 설리번(1866-1936; 미국의 교육가; Helen Keller의 스승).
Súllivan Prínciples 囿 (the ~) 설리번 원칙(남아프리카 공화국에 있는 미국 기업은 인종 차별을 하지 않는다는 고용 정책 원칙). [<미국 침례교회 목사 Leon H. Sullivan(1923-)]
sul·ly [sʌ́li] 囿㉢ …을 더럽히다, 오손하다, 녹슬게 하다; (비유적) (명성·정신 따위를) 훼손하다, 상처입히다.¶ ~ a reputation 명성을 더럽히다. — ㉠ 더러워지다, 오손되다. — 囿 (폐어) 오점, 더러움. **-li·a·ble** 囿
sulph- [sʌlf] 연결 ⇒SULFO-.
sul·pha [sʌ́lfə] 囿㉢ =sulfa.
sul·phide [sʌ́lfaid] 囿 =sulfide.
sul·phur [sʌ́lfər] 囿 =sulfur.
sul·phu·rise [sʌ́lfjuràiz] 囿㉠ =sulfurize.
sul·phur·ous [sʌ́lfərəs] 囿 =sulfurous.
súlphur yéllow 囿 유황색(밝은 녹색을 띤 노랑).
*sul·tan [sʌ́ltən] 囿 1 회교국 군주, 술탄. 2 (the S-) (옛날의) 터키 황제; (일반적으로) 전제 군주. 3 술탄(터키 원산의 흰 닭). 4 (식물) 술탄(이란 원산의 수레국화).
sul·tan·ic [sʌltǽnik] 囿 **~·ship** 囿
sul·tan·a [sʌltǽnə/-táːnə] 囿 1 술탄의 왕비[자매, 황태후, 왕녀]. 2 왕후(王侯)의 후궁. 3 Ⓤ (英) 술타나(포도의 한 품종); 그 품종의 씨 없는 건포도. 4 (조류) 자색늪닭할닭. (또는 **~ bírd**)
sul·tan·ate [sʌ́ltənèit, -nət] 囿 (the ~) 술탄의 지위[직권, 통치]; 술탄의 영토[영지].
sul·tan·ess [sʌ́ltənis] 囿 (고어) =sultana 1.
*sul·try [sʌ́ltri] 囿 1 무더운, 찌는 듯이 더운; 몹시 뜨거운. 2 격정적(激情的)인, 격렬한(violent). 3 선정적인, 야한, 관능적인. **-tri·ly** 閨 **-tri·ness** 囿
su·lu [súːlu] 囿 술루(피지 제도에서 허리에 두르는

sum [sʌm] 명 (복 ~s [-z]) 1 합계, 총계, 총량, 총수, 총액(totality).

〖유의어〗 **sum** 2개 이상의 수의 합. **amount** 어떤 전체를 구성하는 모든 수 또는 양의 합계. **total** 특히 하나도 빼놓지 않은 전부의 합계임을 강조.

2 금액, 액수.¶a large [small] ~ of money 거액[소액]의 돈/the ~ insured 보험 금액. 3 (구어) 산수 문제; (~s) (英) (학과로서의) 산수.¶do [or work] ~s 계산하다, 산수 문제를 풀다. 4 (the ~) 요점, 요령, 요지; 개요, 대의.¶the ~ of his view of religion 그의 종교관의 개요. 5 (수학) (차분법의) 합산; 합(合)집합(union). 6 (the ~) (고어) (…의) 절정, 극치.¶the ~ of human folly 인간의 어리석음의 극치.
a good [or *round*] *sum* 목돈, 상당한 금액.
do one's sum (구어) 잘[신중하게] 생각하다, 조리있게 생각하다.
in sum 요컨대, 즉.
(the) sum and substance 요지, 요점.¶the ~ and substance of his argument 그의 주장의 요점.
the sum of things ① 최고의 공공 이익, 공공 복지. ② 우주, 전 존재.
— (~*s* [-z]; -*mm*-) 타 1 …을 합계하다, 총계를 내다(up).¶(~+目+副) ~ up bills 계정을 셈하다. 2 …을 요약하다; …의 요점을 간략하게 말하다(up).¶(~+目+副) His opinion may be ~med up in the following few words. 그의 의견은 다음 몇 마디로 요약될 수 있을 것이다. 3 …을 재빨리 평가하다(up).¶(~+目+副) I ~med up the girl in a moment. 나는 재빨리 그 소녀의 인품을 간파했다. — 자 1 합계가 …이 되다(up, to, into).¶(~+副+名) The expense ~s to [or into] 500 dollars. 비용은 합계 500달러가 된다. 2 계산을 하다. 3 요약하다, 요약해서 말하다; (변호인[판사]이) 요점을 말하다(up).
to sum up 요컨대, 요약해서 말하면.¶*To ~ up,* he is a lucky fellow. 요컨대 그는 행운아다.

SUM surface-to-underwater missile.
sum- [səm, sʌm] 〖접두〗 =sub-(* m의 앞에서).
su·mac(h) [súːmæk, ʃúː-] 명 (식물) 옻나무, 거먕 옻나무; ⓤ 그 건조한 잎의 분말(가죽의 무두질·염료용); 그 목재.
Su·ma·tra [sumáːtrə] 명 수마트라 섬(인도네시아 공화국의 세계 5위의 큰 섬). **-tran** [-trən] 명
sum·bitch [sʌ́mbitʃ] 명 (비어) =son of a bitch.
Su·mer [súːmər] 명 수메르(고대 바빌로니아 남부, Euphrates 강 하류 지방).
Su·me·ri·an [suːmíəriən/sjuː-] 형 Sumer의; 수메르 사람[말]의. — 명 수메르 사람; ⓤ 수메르말.
Su·me·rol·o·gy [sùːməráledʒi/-rɔ́l-] 명 수메르학(수메르의 역사·언어·문화 등의 연구). **-gist**
sum·less [sʌ́mlis] 형 수없는, 무수한, 한량없는.
sum·ma cum lau·de [súmə kʌm láudei, sʌ́mə kʌm lɔ́ːdi] 형 최고의 영예로, 최우수 성적으로 (= *cum laude*). [<L with highest praise]
sum·mar·i·ly [səméːrəli/sʌ́mər-] 부 간소하게; 약식으로, 즉결로, 즉석에서.
*****sum·ma·rize** [sʌ́məraiz] (*英) **-rise**) 타자 요약하다, 간추려 말하다; 개괄하다.
-riz·a·ble **-ri·zá·tion** 명 요약, 개괄. **-riz·er** 명
‡sum·ma·ry [sʌ́məri] 명 요약, 개요, 개괄, 일람.¶make a ~ of a lecture 강의를 요약하다.

〖유의어〗 **summary** 요점을 간단하게 서술[재설명]한 것. **brief** (대개 법률상의) 논설의 개설[개요]로, 제목과 소제목을 붙여 상세히 서술한 것. **digest** 논설·책 등의 요약, 명목·표제[제목]를 붙여 체계적으로 정리한 자료. **synopsis** 보통, 소설·연극 등의 줄거리를 약술한 것.

in summary 요컨대, 요약하면.

— 형 1 요약한, 개략의; 간결한, 간추린.¶a ~ account 간추린 설명, 약술(略述). 2 즉석의, 재빠른, 잽싼.¶make a ~ job of …을 잽싸게 해치우다. 3 (법률) 약식의, 즉결의.¶~ procedure [proceeding] (법률) 약식 절차[재판]. **-ri·ness** 명
súmmary cóurt (법률) 즉결 재판소(약 S.C.).
súmmary cóurt-martial 명 약식 군법 회의.
súmmary júdgment 명 (법률) 사실 심리 없는 판결, 약식 판결.
súmmary jurisdíction 명 (법률) 즉결 재판권.
súmmary offénse 명 약식 기소 범죄, 경범죄.
sum·mat [sʌ́mət] 명부 (방언) =somewhat.
— 대 (英구어·방언) =something.
sum·mate [sʌ́meit] 동타 합계하다; 요약하다.
— 자 합계되다.
sum·ma·tion [səméiʃən, sʌm-] 명ⓤⓒ 1 가산, 합계, 총계; 요약. 2 (법률) (변호인 등의) 최종 변론. 3 (생리) (자극의) 가중(加重). **-al**
sum·ma·tive [sʌ́mətiv] 형 부가적인, 누적되는.
súmmative evaluátion 명 (교육) 총괄적 평가.
‡sum·mer¹ [sʌ́mər] 명 (복 ~s [-z]) 1 a) (보통 무관사 단수 또는 the ~) 여름, 하계, 여름철(美에서는 6, 7, 8월, 英에서는 5월 중순에서 8월 중순까지); 더운 계절.¶in (the) ~ 여름에/the heat of late [or lingering] ~ 늦더위. b) (형용사적) 여름의, 여름의, 하계의; 여름철에 알맞은.¶a ~ resort 피서지/suffer from the ~ heat 여름을 타다. 2 (~s) (시) 나이, 세(歲).¶a girl of twelve ~s 12세의 소녀. 3 ⓤⓒ (비유적) (인생의) 한창때, 한창(prime), 청춘 시절.¶the ~ of life 장년기.
a [or *the*] *long, hot summer* 길고 무더운 여름 (사고·폭동 등으로 얼룩진 여름).
Indian (英) *St. Martin's, St. Luke's] summer* 늦가을의 좋은[봄철 같은] 날씨.
in high summer 한여름에.
— (~*s* [-z]) 자 여름을 지내다, 피서하다.¶~ in the country 시골에서 여름을 지내다. — 타 (가축을) 여름철에 방목하다.
summer and winter ① (…로) 꼬박 한해를 보내다 (*with*). ② …와 변함없이 사귀다[어울리다]; …을 한결같이 지지하다.
~·less 형
sum·mer² [sʌ́mər] 명 (건축) 대들보; 상인방(上引枋)돌; 주춧돌.
Súmmer Bànk Hóliday 명 (the ~) 여름 공휴일 (잉글랜드·웨일즈에서 8월의 마지막 월요일).
súmmer càmp 명 (美) (아동용) 여름[하계] 캠프.
súmmer compláint 명 (어린이들의) 여름 설사. (또는 **súmmer diarrhéa**)
sum·mer·house [sʌ́mərhàus] 명 (복 -*hous·es* [-hàuziz]) (정원 따위에 있는) 정자; 피서용 별장.
sum·mer·ize [sʌ́məraiz] 타자 (집·차 등을) 여름 준비를 하다, 냉방 장치를 하다.
súmmer líghtning 명 (여름밤 멀리 보이는) 번개.
sum·mer·like [sʌ́mərlàik] 형 여름 같은[특유의].
sum·mer·ly [sʌ́mərli] 형 여름의, 여름 같은.
súmmer pérson 명 (美) 피서객.
súmmer púdding 명 (美) 서머 푸딩(조린 적(赤)구스베리 따위가 든 카스텔라).
sum·mer·sault [sʌ́mərsɔ̀ːlt] 명자 =somersault.
súmmer sáusage 명 건조 훈제 소시지.
súmmer schóol 명 하기 학교[강습회].
sum·mer·set [sʌ́mərsèt] 명자 =somersault.
súmmer sólstice 명 (the ~) (천문) 하지.
súmmer squásh 명 (식물) 서양호박, 애호박.
súmmer stóck 명 (美) (집합적) 하계 공연; 하계 극장(에서의 상연). ⇒ **summer theater**
súmmer théater 명 (행락지·교외 등지에서의) 하계[여름] 극장.

sum·mer·tide [sʌ́mərtàid] 명 =summertime 1.
súmmer tìme (英) 일광 절약 시간, 서머 타임 ((美) daylight-saving time).
***sum·mer·time** [sʌ́mərtàim] 명ⓤ 1 여름철, 하계, 하절. 2 (또는 **súmmer tìme**) (英) =daylight-saving time.
sum·mer·weight [sʌ́mərwèit] 형 (옷·신발 따위가) 여름용의. 「에 알맞은.
sum·mer·y [sʌ́məri] 형 여름의, 여름 같은; 여름철
sum·ming-up [sʌ́miŋʌ́p] 명 (복 **-mings-up**) 요약, 개요, 적요; 〔법률〕 (판사가 배심원에게 하는) 사건 개요의 설명.
‡**sum·mit** [sʌ́mit] 명 1 정상, 정점; (산 따위의) 꼭대기, 최고 지점. ⇨TOP 2 (the ~) 극치, 절정. ¶ the ~ of happiness 행복의 절정. 3 수뇌부; 수뇌 회담; 〔형용사적〕 (국가) 수뇌급의. ¶ a ~ talk [or conference] 수뇌〔정상〕 회담. ── 동 자 수뇌〔정상〕 회담에 참가하다. ── 타 …의 정상〔정점〕에 이르다.
~·**al**, ~·**less** 형
súmmit díplomacy 명 정상 외교. 「령·수상 등).
sum·mit·eer [sʌ̀mitíər] 명 수뇌 회담 참석자(대통
sum·mit·lev·el [-lèvəl] 명 (도로·철도 등의) 최고 지점; 최고 수준; 수뇌급. ¶ at ~ (구어) 수뇌급〔회담〕에서(의). ── 형 수뇌급의.
súmmit mèeting 명 수뇌〔정상〕 회담. (또는 **súmmit (cònference)**)
sum·mit·ry [sʌ́mitri] 명ⓤⓒ 수뇌 회담 운영 기법 〔수완〕; 〔집합적〕 수뇌 회담.
‡**sum·mon** [sʌ́mən] 타 (~**s** [-z]) 1 〔남〕을 호출하다, 소환하다, 〔남〕을 (법원에) 출두시키다(to, to do). ¶ (~+목+전+명) He ~ed me to his bedside. 그는 나를 침대 곁으로 불렀다.// (~+목+to do) He was ~ed to appear in court. 그는 법정 출두를 명령받았다. 2 〔의회 등〕을 소집하다, …을 모으다. ¶ ~ parliament 국회를 소집하다. 3 (…할 것을) 요구하다; 〔군대·요새 등에〕 항복을 권고〔요구〕하다 (to do). ¶ (~+목+to do) They ~ed me to sing. 그들은 나에게 노래를 부를 것을 청했다. 4 〔용기 등〕을 불러일으키다, 내다 (up). ¶ (~+목+명) ~ up all one's strength 있는 힘을 다 내다. 5 〔수동형으로〕 (신이 저세상으로) 을 부르다. ~·**a·ble** 형 ~·**er** 명
***sum·mons** [sʌ́mənz] 명 (복 ~**es**) 1 호출, (의회 등으로의) 소집; 호출 신호. 2 〔법률〕 소환, 출두 명령; 소환장. ¶ issue a ~ 소환장을 발부하다. 3 (…하라는) 요구, 권고. ¶ a ~ to surrender 항복 권고. ── 타 법정에 소환하다, 호출하다; …에게 소환장을 보내다.
sum·mum bo·num [sʌ́məm bóunəm] 명 (the ~) 지상선(至上善), 최고선. 〔L highest good〕
sump [sʌmp] 명 1 (물·기름 따위를 모으는) 웅덩이; 오수통. 2 〔기계〕 (엔진 따위의) 기름통. 3 〔광산〕 (갱 (坑) 底의) 물웅덩이, 집수갱(集水坑). 4 〔英방언〕 습지 (swamp), 진창의 물웅덩이. 5 (英) =crankcase.
sum·pin' [sʌ́mpən] 명 (구어) =something.
súmp pùmp 명 배수 펌프, 배유(排油) 펌프.
sump·ter [sʌ́mptər] 명 (고어) 하물 운반용 동물 (말·노새 따위); (짐 싣는 말의) 마부. 「제.
sump·tion [sʌ́mpʃən] 명 〔논리〕 (3단 논법의) 대전
sump·tu·ary [sʌ́mptʃuèri/-tʃuəri] 명 절약의, 사치 금지〔단속〕의. ¶ a ~ law 사치 단속법.
***sump·tu·ous** [sʌ́mptʃuəs] 명 고가의, 사치스러운; 호화스러운, 화려한. ¶ a ~ residence 호화 주택.
-**os·i·ty** [ˋʌsəti/-ɔ́s-] 명 ~·**ly** 부 ~·**ness** 명
súm tótal 명 총계, 합계; (the ~) 전체; 요지.
sum-up [ʹʌp] 명ⓤⓒ (구어) 요약, 종합. (또는 sumup)
‡**sun** [sʌn] 명 (~**s** [-z]) 1 (the S-) 태양, 해.
¶ worship the [or a] rising ~ 일출을 향해 경배하다 (* 형용사를 붙여서 특수한 태양을 말할 때는 부정관사를 쓰는 수가 있다). 2 항성(fixed star)(⇔ planet).

¶ a red ~ 붉은 항성. 3 ⓤ (the ~) 일광, 일조, 양지 쪽, 양달. ¶ bathe[or bask] in the ~ 일광욕을 하다 / let in the ~ 햇빛을 들이다 / Keep the ham out of the ~. 그 햄을 햇볕에 쬐지 마라. 4 (the ~) 태양을 닮은 것, 태양에 견줄만한 것; (the S-) 태양신; 〔점성〕 (one's) ~ 영광; 전성. ¶ His ~ is set. 그의 전성기는 지났다. 5 〔문장(紋章) 따위의〕 태양을 상징한 모양, 일륜상(日輪像)(태양을 발하는 사람의 얼굴 형상). (또는 ~ **in splèndor**) 6 (고어·시) 년(年), 일(日). 7 (고어) 일출 (sunrise), 일몰 (sunset). ¶ from ~ to ~ 일출에서 일몰까지. 8 (시) 기후.
adore [or **hail**] **the rising sun** 신흥 세력에 빌붙
against the sun 〔항해〕 오른쪽에서 왼쪽으로.
a [or **one's**] **place in the sun** 햇볕이 드는 곳, 양지; 유리한 위치〔입장〕; (세상 사람들의) 주목, 인식.
beneath the sun =under the sun.
catch the sun ① (장소가) 햇볕이 잘 든다. ② 햇볕에 탄다.
from sun to sun ⇨ 7. 「에 (약간) 타다.
have been (out) in the sun (속어) 취해 있다.
have [or **have got**] **the sun in** one's **eyes** ① 눈에 햇볕을 받다. ② (속어) 술에 취해 있다. 「다.
hold a candle to the sun 헛된〔쓸데없는〕 짓을 하
in the sun 양지에; 걱정〔고생〕 없이; 뭇사람이 보는 곳에, 사람들의 주목을 받으며.
on which the sun never sets (제국 등이) 해가 지지 않는, 전 세계를 지배하는.
rise with the sun 일찍 일어나다.
see the sun 태어나다; 살아 있다.
shoot the sun (속어) 〔항해〕 (위도를 알기 위해 육분의(六分儀)로) 정오에 태양의 고도를 재다.
take the sun ① 햇볕을 쬐다. ② =shoot the sun.
the sun drawing water; the sun's eyelashes [**backstays**] 구름 사이로 비치는 광선에 공중의 잔먼지가 비쳐 보이는 현상.
think the sun shines out of a person's **bum** [or **backside, behind, bottom**] (속어) 남을 지나치게 높이 평가하다, 홀딱 반해 있다.
touch of the sun 가벼운 일사병.
under the sun ① 하늘 아래, 세상에. ¶ There is no new thing under the ~. 하늘 아래 새 것이 있을 리 없다(←전도서(Eccl.) 1:9). ② (의문사를 강조하여) 도대체, 대관절. ¶ Where under the ~ did they go? 그들은 도대체 어디로 갔는가?
where the sun doesn't shine (美속어) 볕이 안 드는 곳; 항문. 「(wise).
with the sun 〔해사〕 왼쪽에서 오른쪽으로(clock- ── 동 (~**s** [-z]; -nn-) …을 햇볕에 쬐다, 볕에 내놓다. ── 자 햇볕을 쬐다, 일광욕을 하다; 빛나다, 반짝
sun oneself 일광욕을 하다. 「이다.
~·**like** 형
***Sun.** Sunday.
sún-and-plán·et gèar [ʹənplǽnit-] 명 〔기계〕 행성(行星) 톱니바퀴 장치.
sún-and-plánet mòtion 명 〔기계〕 (행성(行星) 톱니바퀴 장치의) 행성 운동.
sun·back [sʌ́nbæ̀k] 명 (옷의) 등〔뒤〕를 깊이 판.
sun·bake [sʌ́nbèik] 〔濠구어〕 명 일광욕 (시간).
── 동 자 일광욕을 하다. 「운.
sun·baked [sʌ́nbèikt] 명 (볕을 따위가) 햇볕에 구
sun·bath [sʌ́nbæ̀θ/-bὰ:θ] 명 일광욕; 태양욕.
sun·bathe [sʌ́nbèið] 동 자 일광〔태양등〕욕을 하다.
-**bath·er** 명 「햇빛. ~·**ed**, ~·**y** 형
‡**sun·beam** [sʌ́nbì:m] 명 (~**s** [-z]) 태양 광선.
sún bèd 명 일광욕용 침대; (태양등과 한 벌로 된) 선 베드.
Sun-belt [sʌ́nbèlt] 명 (美) (the ~) 선벨트(미국 남부의 동서로 뻗은 온난 지대). (또는 **Sún Bèlt**)
sun·bird [sʌ́nbə̀ːrd] 명 태양조(참새목(目)의 새).

sun·blind [sʌ́nblàind] 图 (英) 차양; 블라인드.
sun·block [sʌ́nblὰk/-blɔ̀k] 图 자외선 방지 크림[로션]. (또는 **sún blòck**)
sun·bon·net [sʌ́nbànit/-bɔ̀n-] 图 (여성용) 햇빛 가리는 모자.
sun·bow [sʌ́nbòu] 图 분수(噴水)나 폭포에 생기는 무지개.
Sún Bòwl 图 (the ~) 선볼(Texas 주 El Paso에서 개최되는 대학 대항 미식축구 시합).
*__sun·burn__ [sʌ́nbə̀ːrn] 图C̲U̲ 볕에 탐(@ suntan). ── 图 (~*ed*, *-burnt*) 图 …을 햇볕에 태우다. ── 图 햇볕에 타다, 그을리다. ¶I ~ easily 나는 햇볕에 잘 탄다.
sún bùrner 图 태양등(옛날 큰 방에 썼던 조명용 가스의 화구(火口)).
sun·burst [sʌ́nbə̀ːrst] 图 (구름 사이로 갑자기 비치는) 강한 햇살; 해 모양의 보석(의 브로치), 해같이 퍼지는 불꽃. ── (재봉) (주름 등이) 방사상으로 잡힌.
sun·catch·er [sʌ́nkæ̀tʃər] 图 선캐처(창문을 장식하는 장식물).
sun·choke [sʌ́ntʃòuk] 图 (식물) 돼지감자, 동단지.
sun·cured [⁴kjùərd] 图 (담배·생선 따위가) 햇볕에 _____에 건조시킨.
Sund. Sunday.
sun·dae [sʌ́ndei, -di] 图 선데이(초콜릿·과일·과즙 따위를 얹은 아이스크림).
sún dànce 图 (아메리카 인디언이 하지에 추는) 태양 춤.
Sún Dày 图 태양의 날(태양 에너지 개발 촉진의 날
‡**Sun·day** [sʌ́ndei, -di] 图 (~*s* [-z]) 1 일요일 (주의 제 1 일로서 기독교도의 주일; @ Sun.). ¶on a ~ 어느 일요일에. ⇒ON USAGE / keep [*or* observe] ~ 일요일을 지키다. 2 (형용사적) 일요일의; 일요일(만) 하는[입는], 나들이의, 가장 좋은(best). ¶a ~ carpenter (취미로 하는) 일요 목공.
a month [or *week*] *of Sundays* 오랫동안.
forty [or *six*] *ways to Sunday* (美속어) 온갖 수를 다 써서.
look two [or *both, nine*] *ways to find Sunday* (속어) 사팔뜨기[사시(斜視)]이다.
── 图 (구어) 일요일에. ── 图圈 일요일을 보내다.
Súnday bést =Sunday clothes.
Súnday clóthes 图⑧ (구어) 나들이 옷, 좋은 옷. ¶in one's ~ 나들이 옷 차림으로.
Súnday dínner 图 =Sunday lunch.
Súnday dríver 图 (운전 미숙으로 붐비지 않을 때 운전하는) 일요[휴일] 운전자, 초보 운전자.
Sun·day-go-to-meet·ing [-góutəmìːtiŋ] 图 (구어) 성장한, 나들이용의, 가장 좋은.
Súnday létter 图 =dominical letter.
Súnday lúnch 图 일요일의 점심(오후 1시경 가족끼리 모여서 하는 식사).
Súnday páinter 图 일요 화가, 아마추어 화가.
Súnday pítch 图 (美속어) 강력한 투구.
Súnday púnch 图 (구어) (권투) 최강[결정]타, 녹아웃 펀치.
Súnday róast[jóint] 图 (the ~) 선데이 로스트[조인트](영국 가정에서 전통적으로 일요일 점심에 먹는 로스트비프[스테이크 따위]).
Súnday rún 图 (美속어) 장거리 (여행).
Sun-days [sʌ́ndeiz, -diz] 图 (美) 매주 일요일에, 일요일마다(on Sundays).
Súnday Sáint 图 (속어) 일요일만 독실한 신자인 체하는 사람, 일요 성인(聖人). ¶a ~ and everyday sinner (익살) 일요 성인(聖人).
Súnday schóol 图 주일 학교; (집합적) 주일 학교의 학생[직원, 교사].
Súnday sóldier 图 (美속어) 일요 군인(weekend warrior).

Súnday thínker 图 (美속어) 몽상가, 괴짜.
sún déck 图 일광욕용의 옥상[베란다], 선 덱; (여객선의) 상갑판.
sun·der [sʌ́ndər] 图 (문어) 图 …을 분할[분리]하다; …을 가르다, 절단하다. ¶Nothing can ~ our friendship. 그 어떤 것도 우리의 우정을 가를 수는 없다. ── 图 나누어지다, 분리하다, 쪼개지다.
── 图U̲ 분리, 절단. (* 다음 句로만)
in sunder 산산이[뿔뿔이], 각각, 따로따로. ¶break [tear] *in* ~ 산산이 부수다[찢다].
~*·ance* [-dərəns] 图C̲ 분리, 절단, 분열. ~*·er* 图.
sun·dew [sʌ́ndjùː/-djùː] 图 (식물) 끈끈이주걱.
sun·di·al [sʌ́ndàiəl] 图 해시계. ¶*What is the good of a* ~ *in the shade?* (속담) 그늘에서 해시계가 무슨 소용이 있으랴? (재능을 숨기지 마라).
sun·dog [sʌ́ndɔ̀ːg/-dɔ̀g] 图 1 = parhelion. 2 작은[불완전한] 무지개.
*__sun·down__ [sʌ́ndàun] 图U̲ 일몰 (sunset), 해질 무렵. ── 图 (정신의학) (익숙치 않은 환경 때문에) 밤에 환각을 체험하다.
sun·down·er [sʌ́ndàunər] 图 1 (英구어) (해질 무렵의) 한 잔 술. 2 (濠구어) 방랑자(hobo). 3 (해군 속어) (부하들의 귀선 시간 등에) 기율에 엄격한 간부 선원.

[sundial]

sun·drenched [sʌ́ndrèntʃt] 图 (해안 등이) 햇살이 따가운.
sun·dress [sʌ́ndrès] 图 (팔·어깨·등이 노출되는) 름옷.
sun·dried [⁴draid] 图 (과일·벽돌 따위가) 햇볕에 (바짝) 말린.
sun·dries [sʌ́ndriz] 图 잡다한 물건, 잡일, 잡동사니; 잡비; (부기) 제(諸) 계정.
sun·dries·man [sʌ́ndrizmən] 图 (英) 잡화상.
*__sun·dry__ [sʌ́ndri] 图 (한정용법) 图 1 여러 가지의, 잡다한. ¶~ goods 잡화/~ suggestions 잡다한 제의.
── 图 누구나, 각양각색의 사람[것].
all and sundry 누구나 모두, 각자 전부.
-dri·ly 图 *-dri·ness* 图 _____ 매점.
súndry shòp 图 (말레이시아에서) 중국 식료품 판
sun·fast [sʌ́nfæ̀st/-fὰːst] 图 (美) (색 따위가) 햇볕에 바래지 않는.
SUNFED *S*pecial *U*nited *N*ations *F*und for *E*conomic *D*evelopment(유엔 경제 개발 특별 기금).
sun·fish [sʌ́nfiʃ] 图 (⑧ ~, **~·es**) (어류) 개복치(돗용); 선피시(북미산(産)의 납작하고 작은 민물고기).
sun·fish·er [sʌ́nfiʃər] 图 (美속어) 사나운 말, 한마(悍馬).
sun·flow·er [sʌ́nflàuər] 图 (식물) 해바라기.
Súnflower Státe 图 (the ~) 미국 Kansas 주의 별칭.
‡**sung** [sʌŋ] 图 sing 의 과거·과거분사.
sún gèar 图 태양 톱니바퀴(행성 톱니바퀴 장치의 중심).
sun·glass [sʌ́nglæ̀s/-glὰːs] 图 (태양 광선을 모으는) 화경(火鏡)(burning glass); (~*es*) 색안경, 선글라스. _____ 백광(corona).
sun·glow [sʌ́nglòu] 图 (a ~) 아침[저녁]놀; 태양
sún gòd 图 태양신, 해의 신. (또는 **sún-gòd**)
sún hàt 图 (챙이 넓은) 볕 가리는 모자.
sún hèlmet 图 볕 가리는 헬멧(topee).
‡**sunk** [sʌŋk] 图 sink 의 과거·과거분사. ── 图 1 = sunken 1. 2 (서술용법) (구어) 구제할 길이 없는, 끝장 난(done for). ¶Now I am ~. 이제 나는 끝장이다.
*__sunk·en__ [sʌ́ŋkən] 图 sink 의 과거분사.
── 图 1 (물속에) 침몰한, 물밑[속]의. ¶a ~ ship 침몰선. 2 침하된; 보통[주위]보다 낮은 (곳에 있는). ¶a ~ living room 바닥에 한 단 낮은 거실. 3 홀쭉한, 움푹 들어간(hollow). ¶~ cheeks 홀쭉한 볼.

súnken gárden 图 침상원(沈床園)(지면보다 한층 낮은 정원). (또는 **súnk gárden**)

súnken róck[réef] 图 암초.

súnk fénce 图 (경치를 해치지 않도록 땅을 파고 경계선에 만든) 은장(隱牆)(ha-ha).

súnk relief 图 〔미술〕 음각(陰刻)(cavo-relievo).

sun·lamp [sʌ́nlæmp] 图 **1** (미용·치료용) 태양등. **2** (사진·영화 촬영용) 큰 조명등.

sun·less [sʌ́nlis] 图 해가 들지 않는; 어두운, 쓸쓸한, 음산한. **~·ly** 图 **~·ness** 图

‡**sun·light** [sʌ́nlàit] 图 햇빛, 일광(sunshine). ¶an artificial ~ 태양등. **~·er** 图 《속어》 두 가지 직업[직책]을 동시에 가진 사람. 「을 동시에 가지는 것.

sun·light·ing [sʌ́nlàitiŋ] 图 《속어》 두 직업[직책]

sun·lit [sʌ́nlìt] 图 햇볕에 쬐인, 볕이 드는.

sún lòunge 图 =sun parlor.

Sún Mí·cro·sys·tems [-máikrousìstəmz] 图 선 마이크로시스템사(社)(미국의 컴퓨터 회사).

sunn [sʌn] 图 〔동인도산(産)〕 활나물류의 식물; 그 줄기에서 채취한 섬유. (또는 **sún(n) hémp**)

Sun·na [súnə] 图 〔회교〕 수나(이슬람교의 전통 율법; Muhammad의 언행에 관한 기록에 바탕을 둔 것). (또는 **Sunnah**) (<Arab path, rule)

Sun·ni [súni] 图 〔회교〕 **1** 수니파(派)(회교 2대 분파의 하나; Caliph를 정통 후계자로 인정) 图 Shi'ite). **2** =Sunnite. 图 수니파의.
-nism **-nite** [-nait] 图 수니파(派) 교도.

‡**sun·ny** [sʌ́ni] 图 (**-ni·er; -ni·est**) **1** 햇빛 밝은; 햇볕이 잘 드는, 양지바른. ¶a ~ room 볕이 잘 드는 방. **2** 태양의; 태양에서 (나)오는; (광채 따위가) 태양 같은. ¶ ~ beams [or rays] 일광. **3** (비유적) 쾌활한, 명랑한, 밝은. ¶a ~ disposition [nature] 쾌활한 기질[성질].
-ni·ly 图 **-ni·ness** 图

sunn·ya·see [sʌnjɑ́:si] 图 =sannyasi.

súnny sìde 图 **1** 햇빛이 드는 쪽. **2** 바람직한 면, 좋은 면. **3** 《美속어》 (…보다) 젊은 나이의(⑰ shady side). **look on the sunny side of things** 일을 낙관하다. **on the sunny side of** …세보다 젊게, …세 이전으로. ¶on the ~ of fifty (아직) 쉰 살 미만의.

súnny·sìde úp [sʌ́nisàid-] 图 《美》 (달걀의) 한쪽만 지진 반숙의, 에그프라이의. 图 over easy

sún pàrlor 图 《美》 일광욕실(sunroom).

sún pòrch 图 유리를 두른 베란다; 일광욕실; (바닥이 높게 되어 있는) 개방식 측사.

sún pòwer 图 태양열 에너지.

sun·proof [sʌ́nprù:f] 图 햇빛이 통하지 않는, 색이 바래지 않는(sunfast).

sún protéction fàctor 图 태양 광선 보호 지수 (피부를 햇볕에서 보호하는 지수).

sun·ray [sʌ́nrèi] 图 일광, 태양 광선(sunbeam); (~s) (의료용) 인공 태양 광선.

súnray tréatment 图 자외선 치료.

‡**sun·rise** [sʌ́nràiz] 图 (图 **-ris·es** [-iz]) 回 **1** 해돋이, 동틀녘, 새벽널; 아침놀. ¶ sunset 图 rise at ~ 동틀녘에 일어나다. **2** (시) 해 뜨는 곳, 동쪽. **3** (비유적) 시작, 시초, 초기. —— 图 (산업·과학 기술 등이) 신흥(新興)의.

súnrise industry 图 (선진 기술을 바탕으로 한) 신흥 산업. 图 sunset industry

sun·roof [sʌ́nrùːf] 图 〔자동차〕 선루프(차 지붕의 개폐식 채광창).

sun·room [sʌ́nrù(ː)m] 图 일광욕실, 선룸.

sun·scald [sʌ́nskɔ̀ːld] 图 〔식물〕 (잎·열매 일부의) 햇볕에 타기.

sun·screen [sʌ́nskrìːn] 图 햇볕타기 방지제(劑); 선스크린 로션[크림]. (또는 **sún scrèen**)

sun·seek·er [sʌ́nsìːkər] 图 **1** 피한객(避寒客); **2** 항일(向日) 장치; (우주선의) 태양 추적 장치(광전 장치).

‡**sun·set** [sʌ́nsèt] 图 回 **1** 일몰, 해질녘; 저녁놀(이 진 하늘)(图 sunrise). ¶at ~ 해질녘에. **2** 해지는 곳, 서쪽. **3** (비유적) 종국, 말기, 말로; 만년. ¶the ~ of life 만년.

go [or ride, sail] off into the sunset (반어적) 해피엔드로 끝나다.

—— 图 (산업·과학기술 등이) 쇠퇴하고 있는, 사양(세)의; 《美》 선셋법(sunset law)과 관련된. 图 sunrise indus-

súnset industry 图 사양 산업. 「try

súnset làw 图 《美》 선셋법(法), 행정 개혁 촉진법.

Súnset Státe 图 (the ~) 미국 Oregon 주의 별칭.

sun·shade [sʌ́nʃèid] 图 햇볕 가리개; (창 따위의) 차양, 양산, 테가 넓은 모자; (~s) 《속어》 선글라스.

‡**sun·shine** [sʌ́nʃàin] 图 **1** 햇빛, 일광. ¶bathe in (the) ~ 일광욕을 하다. **2** 양지. **3** 맑은 날씨, **4** 광휘, 밝음; 쾌활, 명랑; 행복의 근원. ¶You are my ~. 당신은 나의 태양. **5** 《英구어》 날씨 좋군요, 안녕하세요. **6** (또는 **~ pìll**) 《美속어》 환각제 LSD의 노란색 알약.
a ray of sunshine 한줄기 햇빛같은 것, 명랑한 사람. 图 《美》 의사(議事) 공개법(sunshine law)의.
~·less 图

súnshine làw 图 《美》 의사(議事) 공개법(Florida [Sunshine State]에서 처음으로 시행).

súnshine recòrder 图 자동 일조계(日照計).

sunshine ròof 图 〔자동차〕 =sunroof. 「칭.

Súnshine Státe 图 (the ~) 미국 Florida 주의 별

sun·shin·y [sʌ́nʃàini] 图 햇볕이 잘 드는, 양지바른; 청명한; 명랑한, 쾌활한, 유쾌한.

sún shówer 图 《美》 맑은 날에 오는 비, 여우비.

sun·spot [sʌ́nspɑ̀t/-spɔ̀t] 图 **1** 태양의 흑점. **2** 〔의학〕 주근깨. **3** 《英구어》 따뜻한 기후의 휴양지.
~·ted 图 「期).

súnspot cỳcle[pèriod] 图 〔천문〕 흑점 주기(周

sun·stone [sʌ́nstòun] 图 〔광물〕 일장석(日長石).

sun·stroke [sʌ́nstròuk] 图 回 〔병리〕 일사병.

sun·struck [sʌ́nstrʌ̀k] 图 일사병에 걸린; 햇빛에 물든(아로새겨진).

sun·suit [sʌ́nsùːt/-sjùːt] 图 (일광욕이나 놀이 때 입는 간단한) 놀이 옷.

sun·tan [sʌ́ntæ̀n] 图 回回 (sunburn 보다 약한) 볕에 그을음; 回 볕에 그을린 빛깔, 담갈색. —— 图 (**-nn-**) 볕에 그을다[그을리다]. **~·ned** 图

sun·tans [sʌ́ntæ̀nz] 图 담갈색의 여름 군복.

sún tràp 图 양지바른 곳(테라스 등).

sun-up [sʌ́nʌ̀p] 图 《美》 해돋이 (때)(sunrise).

sún vìsor 图 (자동차의) 차양판.

sun·ward [sʌ́nwərd] 图 태양 쪽을 향한. —— 图 (또는 **sunwards**) 태양 쪽으로[에], 태양을 향하여.

sun·wards [sʌ́nwərdz] 图 =sunward.

Sun Wen [sún wén] 图 쑨원(孫文)(1866-1925: 중국의 정치가·혁명가).

sun·wise [sʌ́nwàiz] 图 태양의 운행과 같은 방향으로, 왼쪽에서 오른쪽으로. —— 图 오른쪽으로 도는.

sún wórship 图 태양(신) 숭배.

sun·wor·ship·per [sʌ́nwə̀ːrʃipər] 图 태양(신) 숭배자; (구어) 일광욕으로 피부를 그을리기 좋아하는 사람.

SUNY [súːni] 图 State University of New York.

Sun·ya·(ta) [júːnjə(tɑ̀ː)] 图 〔불교〕 공(空). 〔<Skt vacuum〕

Sun Yat-sen [sún jɑ̀ːtsén] 图 쑨이센(孫逸仙)(쑨원(孫文)). ⇨Sun Wen.

su·o ju·re [súːou dʒúəri/L súːɔ: júːrɛ] 자기 권리에 기초해서. 〔<L in one's own right〕

su·o lo·co [súːou lóukou/L súːɔ: lɔ́ːkɔ:] 图 자신이 있어야 할 곳에, 적소(適所)에.
〔<L in one's own (rightful) place〕

sup¹ [sʌp] 图 (**-pp-**) 图 저녁을 먹다 (on, off). ¶ ~

out 밖에서 저녁을 먹다. ― 턔 (드물게) 〔남〕에게 저녁 식사를 먹이다(대접하다).
sup with Pluto ⇨PLUTO.

sup² [sʌp] 턴 (**-pp-**) 턔 1 〔수프 따위〕를 홀짝홀짝 마시다(sip), …을 숟가락으로 떠먹다. 2 (비유적) …을 경험하다, 맛보다. ¶~ sorrow 슬픈 일을 겪다. ― 쟈 홀짝이다, 숟가락으로 떠 마시다. ¶*He must have a long spoon that ~s with the devil.* (속담) 악인을 대할 때는 조심하는 것이 상책이다. ¶ a ~ 한 모금, 한입. ¶(a) bit and (a) ~ 소량의 음식물.

sup³ [sup/sjuːp] 명 (수학) = supremum.

sup. superfine; superior; superlative; supine; supplement(ary); supply; supra; supreme.

sup- [səp, sʌp] 접두 sub-의 변화형(p 앞에서). ¶suppress.

Sup. Ct. *Superior Court*; *Supreme Court*.

supe [suːp/sjuːp] 명 (구어) =SUPER.

su·per [súːpər/sjúː-] 명 1 (구어) a) 〔아파트〕 관리인; =supervisor. b) =supermarket. c) 〔연극〕 단역 배우, 엑스트라. 2 (구어) 〔상업〕 특품, 특대품. 3 〔인쇄〕 특별 광택지; 〔영화〕 초특별 작품. 3 〔양봉〕 꿀벌통 상부의 꿀을 저장하는 통. 4 〔U 〔제본용의〕 풀먹인 망사, 거친 면포, 한랭사(寒冷紗). ― 형 1 표면(의)의, 2 굉장한, 최상품의; 특등품의; 특별한; 극도의, 극단적인. ― 부 (속어) 매우; 극도로. ― 타 (美) 〔제책에서〕 〔책〕을 풀먹인 가제로 보강하다. ¶ 엑스트라(감독)를 맡다. 「pernumerary

super. superfine; superior; superintendent; su-

su·per- [súːpər/sjúː-] 접두 above, beyond; higher than, superior의 뜻(* 명사·형용사·동사 따위에 붙는다). ¶*super*impose, *super*tax.

su·per·a·ble [súːpərəbl/sjúː-] 형 이길[극복할] 수 있는. **~·bíl·i·ty, ~·ness** 명 **-bly** 부

su·per·a·bound [sùːpərəbáund/sjùː-] 자동 지나치게 많다; 남아 돌아가다 (*in, with*).

su·per·a·bun·dant [sùːpərəbʌ́ndənt/sjùː-] 형 매우 풍부한; 남아 돌아가는, 과다한. **-dance** 명 U C 풍부; 과다. **~·ly** 부

su·per·ác·ti·nide sèries [sùːpəræktənàid-] 명 〔화학〕 슈퍼악티니드 계열(transactinide series보다 큰 원자 번호를 갖는 초(超)원소 계열).

su·per·add [sùːpəræd/sjùː-] 타동 (…에) 다시 보태다 (*to*), …을 또 덧붙이다. **-ad·di·tion** [-ədíʃən] 명 U 부가, 첨가; 부가(첨가)물.

su·per·aer·o·dy·nam·ics [sùːpərèəroudainǽmiks/sjùː-] 명 (단수취급) 초공기 역학.

su·per·al·loy [súːpəræli/sjúː-] 명 초합금(고온에 견딘다).

su·per·an·nu·ate [sùːpərǽnjuèit/sjùː-] 타동 1 (고령·병약 때문에) …을 퇴직시키다, 연금을 주어 퇴직시키다. 2 …을 구식이라고(시대에 뒤진다고) 정리(폐기)하다. ― 자 고령이 되다, 시대에 뒤지다(뒤지게 되다); 정년 퇴직하다. **-àt·ed** 형 **-an·nu·a·tion** [-rǽnjuéiʃən] 명 U 정년(병약) 퇴직; 노후(老朽), 노쇠; C 퇴직 수당(연금).

su·per·a·tom·ic [sùːpərətámik/sjùː·pərətɔ́m-] 형 초(超)원자의.

superatómic bómb 명 초원자 폭탄.

*sup·perb** [supə́ːrb/sjuː-] 형 1 최고(최상)의, 아주 훌륭한, 매우 뛰어난, 매우 화려한 유의어 ¶ a ~ performance 굉장한 연주. 2 〔경치 따위가〕 웅대한, 장려한. ¶*The view from the summit of the mountain is* ~. 산정에서 보는 전망은 웅대하다. 3 호화로운, 사치스러운. ¶ a ~ dinner 호화로운 식사. 4 (새·식물 따위가) 색채가 현란한. **~·ly** 부 **~·ness** 명

su·per·ba·by [súːpərbèibi/sjúː-] 명 (특수 교육으로 지능 발달이 특히 빠른 유아).

su·per·ba·za(a)r [súːpərbəzàːr/sjúː-] 명 (인도) (정부 설립의 협동 조합 방식의) 대형 슈퍼마켓.

su·per·block [súːpərblàk/sjúːpəblɔ̀k] 명 슈퍼블록, 초가구(超街區)(교통을 차단한 대규모 주택·상업 지구).

su·per·bolt [súːpərbòult/sjúː-] 명 〔기상〕 초전광 (超電光)(10¹³와트의 광(光)에너지를 내는 번개).

su·per·bomb [súːpərbàm/sjúːpəbɔ̀m] 명 초(超) 고성능 폭탄; 수소 폭탄.

su·per·bomb·er [súːpərbàmər/sjúːpəbɔ̀m-] 명 수소 폭탄 탑재용 장거리 폭격기.

Súper Bòwl 명 (the ~) 슈퍼 볼(미국의 프로 미식축구의 챔피언 결정전).

su·per·bug [-bʌ̀g] 명 슈퍼버그. 1 내성이 강한 초강력 세균. 2 석유를 대량으로 먹어치우는 박테리아. (또는 **superbug**)

su·per·cal·en·der [sùːpərkǽləndər] 명 슈퍼캘린더(종이에 강한 광택을 내는 기계). ― 타 …를 슈퍼캘린더로 마무리하다. 「(超容量), 초고성능.

su·per·ca·pac·i·ty [sùːpərkəpǽsəti] 명 초용량

su·per·car·go [súːpərkɑ́ːrgou, ˌ-ˌ-ˌ-] 명 (통) ~(e)s) (상선의) 화물 감독.

su·per·car·ri·er [súːpərkǽriər/sjúː-] 명 초대형 항공 모함. 「쇼핑센터.

su·per·cen·ter [súːpərsèntər] 명 (교외의) 대형

su·per·charge [súːpərtʃàːrdʒ/sjúː-] 타동 1 …에 지나치게 〔짐〕을 따위)을 쏟다(*with*). 2 〔내연 기관〕에 과급(過給)하다. 3 …에 압력을 주다; …에 가스를 밀어 넣다. ― 명 과급.

su·per·charg·er [súːpərtʃàːrdʒər/sjúː-] 명 〔기계〕 (내연 기관의) 과급기(過給機); 여압(與壓) 장치.

su·per·chic [sùːpərʃíːk/sjúː-] 명 최고급의.

su·per·chip [súːpərtʃìp/sjúː-] 명 〔컴퓨터〕 슈퍼 칩, 초(超) LSI(대규모 집적 회로). 「거대 교회.

su·per·church [súːpərtʃə̀ːrtʃ/sjúː-] 명 통합 교회;

su·per·cil·i·ar·y [sùːpərsíliəri/sjùːpəsíliəri] 명 눈 위의; 〔해부·동물〕 눈썹의.

su·per·cil·i·ous [sùːpərsíliəs/sjùː-] 형 거만한, 거드름피우는, 오만한(haughty). **~·ly** 부 **~·ness** 명

su·per·cit·y [súːpərsìti/sjúː-] 명 거대 도시, 메갈로폴리스.

su·per·class [súːpərklæ̀s/sjúːpəklɑ̀ːs] 명 〔생물〕 초강(超綱)(분류상의 한 단위); 강(綱)과 문(門)의 사이); 아문(亞門). 「초(超)은하 집단.

su·per·clus·ter [súːpərklʌ̀stər/sjúː-] 명 〔천문〕

su·per·col·lid·er [súːpərkəlàidər] 명 슈퍼컬라이더(초대형 입자 가속기).

su·per·co·los·sal [sùːpərkəlásəl/sjùːpəkəlɔ́s-] 형 (美구어) 어마어마하게 거대한, 초대작의.

su·per·co·lum·ni·a·tion [sùːpərkəlʌ̀mniéiʃən/sjùː-] 명 〔건축〕 중열주식(重列柱式).

su·per·com·pet·i·tive [sùːpərkəmpétətiv/sjùː-] 형 지극히 경쟁적인.

su·per·com·put·er [súːpərkəmpjùːtər, ˌ-ˌ-ˌ-ˌ] 명 슈퍼컴퓨터, 초고속 컴퓨터. **-com·put·ing** 명 슈퍼컴퓨터에 의한 계산, 슈퍼컴퓨터 사용.

su·per·con·duct [sùːpərkəndʌ́kt/sjùːpəkɔ́n-] 자동 〔물리〕 초전도하다.

su·per·con·duc·tiv·i·ty [sùːpərkɑ̀ndəktívəti/sjùːpəkɔ̀n-] 명 U 〔물리〕 초전도(超傳導).
-tion, -ting, -tive 형

su·per·con·duc·tor [sùːpərkəndʌ́ktər/sjùː-] 명 초전도체.

su·per·con·scious [sùːpərkɑ́nʃəs/sjùːpəkɔ́n-] 형 〔심리〕 의식을 넘어선, 초의식의. ― 명 초의식. **~·ly** 부 **~·ness** 명

su·per·con·ti·nent [sùːpərkɑ́ntənənt/sjùːpəkɔ́nti-] 명 〔지리〕 초(超)대륙(오늘날의 대륙이 모두 합쳐져 있었다는 태고적의 대륙).

su·per·cool [sù:pərkú:l/sjú:-] 동타 (빙결시키지 않고) [액체]를 과냉각하다(undercool). — 자 과냉각되다. — 형 지나치게 저온의; [속어] 아주 냉정한[이지적인]. ~ed 형 「perpower」

su·per·coun·try [sú:pərkλntri] 명 초강대국(superpower).

su·per·crat [sú:pərkræt/sjú:-] 명 [구어] 초거물급 관료, 초고관.

su·per·crit·i·cal [sù:pərkrítikəl/sjú:-] 형 극단적으로 비판적인; [물리] (핵반응 물질 농도 등의) 임계(臨界) 초과의. ~·ly 부 「개, 첫음속익(遷音速翼).

supercrítical wíng 명 [항공] 초임계(超臨界) 날

su·per·cur·rent [sù:pərkə̀:rənt/sjú:pəkλr-] 명 [물리] 초전도(超傳導) 전류.

su·per·dome [sú:pərdòum] 명 슈퍼돔, (둥근 지붕의) 초대형 스타디움.

su·per·dom·i·nant [sù:pərdámənənt/sjú:pədɔ́m-] 명 [음악] 하중음(下中音)(음계의 제 6 음).

su·per·dread·nought [sù:pərdrédnɔ̀:t/sjú:-] 명 초노급(超弩級) 전함. ☞ dreadnought

su·per·du·per [-djú:pər/-djú:-] 형 [美속어] 월등히 좋은(marvelous), 극상의.

su·per·e·go [sù:pərí:gou, -égou/sjú:-] 명 (통 ~s) [정신분석] 초자아(超自我)(어렸을 때의 교육의 잔상(殘像)으로서의 무의식적 양심).

su·per·el·e·va·tion [sù:pərèləvéiʃən/sjú:-] 명 [U]C [토목] 편구배(片勾配), 캔트(철도·포장 도로의 커브에서 바깥 선로[노면]를 안쪽보다 높게 하기)(cant).

su·per·em·i·nent [sù:pərémənənt/sjú:-] 형 매우 탁월한, 무쌍의; (지위·권위 따위가) 지상(至上)의. ¶~ power 무쌍의 권력. ~·ly 부 -nence 명

su·per·e·ro·gate [sù:pərérəgèit/sjú:-] 자 (문어) 의무[필요] 이상으로 일을 하다. -ga·tor 명

su·per·er·o·ga·tion [sù:pərèrəgéiʃən/sjú:-] 명 [U] 의무[필요] 이상으로 일을 하기; [신학] (신(神)이 명한 이상의) 공덕(功德) 쌓기.

su·per·er·o·rog·a·to·ry [sù:pərərágətɔ̀:ri/sjú:-pərərɔ́gətəri] 형 의무[필요] 이상의 일을 하는; 여분의, 가외의; [신학] 잉여 공덕의. -to·ri·ly 부

Sú·per E·tènd·ard [F sypɛːʀ etɑdaːʀ] 명 슈페에탕다르드(프랑스제 최신의 전투폭격기).

su·per·ette [sù:pərét/sjú:-] 명 소형 슈퍼마켓.

su·per·ex·cel·lent [sù:pəréksələnt/sjú:-] 형 대단히 뛰어난[우수한], 탁월한. ~·ly 부 -lence 명

su·per·ex·press [sù:pəriksprés/sjú:-] 명 초특급의, 초특급 열차.

su·per·fam·i·ly [sù:pərfǽməli/sjú:-] 명 [생물] 상과(上科), 초과(超科)(분류 단위: 과(科)와 아목(亞目) 사이). 「지방 과다 함유의.

su·per·fat·ted [sù:pərfǽtid/sjú:-] 형 (비누가)

su·per·fec·ta [sú:pərfèktə/sjú:-] 명 [U] [경마] 1 착에서 4 착까지를 맞히는 내기. ☞ trifecta

su·per·fe·cun·da·tion [sù:pərfi:kəndéiʃən, -fék-/sjú:-] 명 [U] 과임신, 동기복임신(同期複姙娠).

su·per·fe·male [sù:pərfí:meil] 명 [유전] = metafemale.

su·per·fe·ta·tion [sù:pərfi:téiʃən/sjú:-] 명 [U] 과(過)수정, 과수태, [이기(異期)] 중복 임신; 과잉 축적.

‡**su·per·fi·cial** [sù:pərfíʃəl/sjú:-] 형 (more ~; most ~) 1 표면상의, 겉면의. ¶a ~ wound 외상(外傷). 2 면적의, 평방의(square). ¶30 ~ feet 30 평방 피트. 3 피상적인, 겉만의, 천박한. ¶~ education 피상적인 교육. 4 실질적이 아닌, 중요치 않은, 무의미한. ¶~ improvement 무의미한 개선. -ci·al·i·ty [-ʃiǽləti] 명 [U] 표면적[피상적]임, 천박; [C] 천박한 것. ~·ly 부 ~·ness 명

su·per·fi·ci·es [sù:pərfíʃiì:z, -ʃiì:z/sjú:-] 명 (단·복수 양용) 1 표면, 외면; (본질에 대한) 외관. 2 표면적. 3 [법률] 지상 물건(物件), 정착물; 지상권.

su·per·film [sú:pərfilm/sjú:-] 명 특작 영화.

su·per·fine [sù:pərfáin/sjú:-] 형 1 (상품이) 극히 좋은, 최상급(最高級)의. ¶goods of ~ quality 특급품. 2 (아주) 미세한; 과도하게 섬세한, 지나치게 꼼꼼한.

su·per·fix [sú:pərfiks/sjú:-] 명 [음성] 상피(上被), 초분절음적(超分節音的) 특성(합성명사에 공통적으로 나타나는 ⌒⌒ 강세형 따위).

su·per·flu·id [sù:pərflú:id/sjú:-] 형명 [물리] 초(超)유동체의. ~·i·ty [-ídəti] 명 [물리] 초유동.

su·per·flu·i·ty [sù:pərflú:əti/sjú:-] 명 1 [U]C 여분(량), 과잉(량). ¶~ of population 인구 과잉. 2 여분의 것, 불필요품; 사치품.

*****su·per·flu·ous** [supə́:rfluəs/sjú:-] 형 1 여분의, 남는, 과잉의. ¶~ words 필요 없는 말. 2 불필요한, 쓸데없는. ~·ly 부 ~·ness 명 「출」.

su·per·flux [sú:pərflʌks] 명 과잉; 과잉 유입[유]

Su·per·fort [sú:pərfɔ̀:rt/sjú:-] 명 [美] = Superfortress.

Su·per·for·tress [sú:pərfɔ̀:rtris/sjú:-] 명 [美군사] 초고공 비행의 요새(제 2 차 세계대전말의 미국의 4 발 중폭격기 B-29; 후의 B-52).

su·per·freeze [sù:pərfrí:z/sjú:-] 동타 …을 극도로 냉각하다.

su·per·fund [sú:pərfʌnd/sjú:-] 명 1 (방대한 프로젝트를 위한) 대형 기금. 2 (S-) [美] 유해 산업 폐기물 제거 기금. 「(<super gíant slálom)

Súper G [-dʒí:] 명 [스키] 슈퍼 대회전(大回轉).

su·per·gi·ant [sù:pərdʒáiənt/sjú:-] 명 [천문] 초거성(또는 ⌒ stár); 초(超) 거대 기업; 초대형의 것; 거물급 인사. — 형 아주 거대한.

su·per·glue [sú:pərglù:/sjú:-] 명 강력[순간] 접착제. — 동타 …을 강력 접착제로 붙이다.

su·per·gov·ern·ment [sù:pərgʌ́vərnmənt/sjú:-] 명 연방 정부 (조직); 세계 연방 제도의; 강력한 정부.

su·per·grass [sú:pərgrǽs/sjú:-] 명 1 중대 정보 제공자(밀고자). 2 [美속어] = PCP; 상질의 마리화나.

su·per·grav·i·ty [sù:pərgrǽvəti/sjú:-] 명 [물리] 초(超)중력.

su·per·group [sú:pərgrù:p/sjú:-] 명 [음악] 슈퍼그룹(몇 개 그룹의 우수 멤버들이 모여 재편성한 록 그룹). 「[두음] 초장거리포.

su·per·gun [sú:pərgʌ̀n/sjú:-] 명 (화학 무기·핵탄)

su·per·hawk [sú:pərhɔ̀:k/sjú:-] 명 (핵전쟁도 불사하는) 초(超)강경파 (사람).

su·per·heat [sù:pərhí:t/sjú:-] 동타 …을 과열하다(overheat); [액체를] 증발시키지 않고 비등점 이상으로 가열하다. — 명 [⌒'-] 과열 (상태). ~ed 형 과열된; 격렬한, 치열한. ~·er 명 과열기[장치].

su·per·heav·y [sù:pərhévi/sjú:-] 명 [물리] 형 초(超重)의(질량이 기존의 원소보다 큰); 초중 원소의. ¶~ 초중 원소. (또는 ~ élement) 「[수.

súper héavyweight 명 [스포츠] 슈퍼 헤비급 선

su·per·he·lix [sú:pərhí:liks] 명 [생화학] 초(超)헬릭스(2중(二重) 나선 구조 DNA 사슬이 다시 꼬인 것). (또는 supercoil) ∼hél·i·cal 형 -hel·í·ci·ty 명

su·per·he·ro [sú:pərhìərou/sjú:-] 명 초영웅, 초인; 초일류의 탤런트[스포츠 선수].

su·per·het·er·o·dyne [sù:pərhétərədàin/sjú:-] 명 [U]C [무선] 슈퍼헤테로다인(의), 초고감도 수신 장치. (또는 ⌒ recéiver)

sú·per·high frèquency [sú:pərhài-/sjú:-] 명 [무선] 극초단파(의 略 SHF, shf).

su·per·high·way [sú:pərhàiwei, `-`-] 명 [美] (다(多)차선·입체 교차식의) 초고속 도로(expressway).

su·per·hu·man [sù:pərhjú:mən/sjú:pəhjú:-] 형 초인적인; 사람의 짓이 아닌, 신기(神技)의. ¶a ~ task 초인적인 일. -hu·mán·i·ty 명 ~·ness 명

su·per·im·pose [sùːpərimpóuz/sjùː-] 한타 1 …을 (…위에) 놓다, 겹쳐 놓다(on, upon). 2 …을 (…에) 첨가[덧붙이]다(on, upon). 3 (영화·TV) (자막·화면 등을 다른 화면과) 겹쳐 인화하다.
-po·sí·tion 명 겹쳐 놓음, 부가, 첨가.
su·per·in·cum·bent [sùːpərinkʌ́mbənt/sjùː-] 형 위에 있는; (압력 따위가) 위로부터 가해지는.
-bence, -ben·cy 명 **~·ly** 부
su·per·in·duce [sùːpərindjúːs/sjùːpəindjúːs] 한타 1 …을 (…에) 덧붙이다(on, upon). 2 [합병증 따위를] 병발케 하다; …을 더 일으키게 하다.
-duc·tion [-dʌ́kʃən] 명 부가, 첨가; 합병증 (발생).
*****su·per·in·tend** [sùːpərinténd/sjùː-] 타 (일 따위를) 감독하다, 지휘[관리]하다(supervise).
su·per·in·tend·ence [sùːpərinténdəns/sjùː-] 명 U 감독. ¶under the ~ of …의 감독 아래.
-en·cy [-ənsi] 명 1 U 감독자의 지위[직무, 임기]; 감독 지역[구역]. 2 =superintendence.
*****su·per·in·tend·ent** [sùːpərinténdənt/sjùː-] 명 1 감독자, 관리자; 지휘자, 지배인; (美) (아파트) 관리인. 2 국장, 부장; 교장, 교육장; 원장, 공장장. ¶~ of schools 교육장. 3 (美) 경찰 본부장, 경찰서장; (英) 총경. 4 (기독교의) 감독.
—형 감독하는, 지휘하는.
‡su·pe·ri·or [səpíəriər, suː-/sjuː-] 형 (*more* ~, *most* ~) 1 (지위·신분·중요도 따위가) 상위의, 상급의, 고위의; (…보다) 위의, 상위에 있는(to) ((對 inferior). ¶a [or one's] ~ officer 상관, 상사/a [or the] ~ judge 상급 법원 판사/the ~ classes 상층 계급. 2 (지력·능력·가치 따위가) 우수한, 뛰어난, 보다 나은; (…보다) 나은. ¶~ intellect [workmanship] 뛰어난 지성[기량]/a ~ math student 수학의 우등생/~ persons 우수한 사람들, (비유의) 높은 양반들//She is ~ to him in speaking English. 영어회화에 있어서는 그녀가 그보다 낫다. 3 상등[상질]의, 질이 좋은, 고급의; 질적으로 (…보다) 나은(to). ¶~ tea 고급 차. 4 (수적으로) 나은, 더 많은, 우세한. ¶~ numbers 다수, 우세/~ enemy forces 우세한 적군. 5 남을 깔보는 듯한, 젠체하는, 오만한. ¶~ airs 시건방진 태도/with a ~ smile 남을 깔보는 듯한 미소를 띠고. 6 (서술용법) (유혹·곤란·장애 따위에) 초연한, 좌우되지[영향받지] 않는, 굴(복)하지 않는(to). ¶be ~ to temptation 유혹에 잘 넘어가지 않다/be ~ to every obstacle 어떤 장애에도 굴하지 않다. 7 (장소·위치가) …보다 높은 (곳에 있는), 위쪽의. ¶the ~ strata 상부 지층/move one's camp to ~ ground 야영지를 더 높은 지점으로 옮기다. 8 (식물) (다른 기관의) 위쪽에 있는; (꽃받침이) 씨방 위쪽에 나와 있는 듯이. 9 (해부) (장기가) 위의, 상위의. ¶the ~ vena cava 상(上)대정맥. 10 (인쇄) (글자·숫자가) 위에[에] 붙은, 어깨에 붙은 숫자의(A²의 ²따위)(* A²는 A 2 superior라고 읽는다). 11 (천문) 지구의, (행성이) 지구 궤도의 바깥쪽에 궤도를 가진. 12 (개념·분류 따위의) (…보다) 포괄적인, 상위의(to).
—명 **~s** [-z] 1 손윗사람, 선배, 상관, 윗사람. ¶a social ~ 선배. 2 뛰어난 사람, 우월한 사람 (in). ¶He has few ~s in ceramics. 제도술(製陶術)에 있어서 그보다 우수한 사람은 거의 없다. 3 (도·군) (기독교) 수도원장. ¶the Father S— 수도원장. 4 (인쇄) 어깨 글자[숫자].
~·ly 부
Su·pe·ri·or [səpíəriər, suː-/sjuː-] 명 **Lake ~** 슈피리어 호(북미 5대호 중 최북단의 호수). ((合)順))
supérior conjúnction 명 (천문) 외합(外合), 순
supérior cóurt 명 1 상급 법원(미국 여러 주의 일반적 관할권을 가진 법원). 2 (일반적으로) 상급 법원.
su·pe·ri·or·ess [səpíəriərəs/sjuː-] 명 수녀원장; 여성 상관.
supérior góods 명복 (경제) 상급재(소비자의 소득이 늘수록 수요가 증가하는 상품). ((合)inferior goods

su·pe·ri·or·i·ty [səpìəriɔ́ːrəti, suː-, -ɑ́r-/sjuːpìəriɔ́r-] 명 U 우월, 탁월; 우위, 우수; 교만; 초연(to, over). ((合)inferiority. ¶their ~ over the enemy in number 적에 대한 그들의 수적 우세/He assumes an air of ~. 그는 오만한 태도를 취하고 있다.
superiórity cómplex 명 (정신분석) 우월 복합 [콤플렉스]; (구어) 우월감. ((合)inferiority complex
supérior plánet 명 (천문) 외행성(外行星).
su·per·ja·cent [sùːpərdʒéisnt/sjùː-] 형 위에 있는(걸쳐 있는), 위쪽에 놓인(overlying). [트기.
su·per·jet [súːpərdʒet/sjúː-] 명 초음속[점보] 제
su·per·jock [súːpərdʒɑ̀k/sjúːpədʒɔ̀k] 명 (美俗어) 초특급 스포츠 선수, (특히 미식 축구의) 스타 선수.
superl. superlative.
*****su·per·la·tive** [səpə́ːrlətiv, suː-/sjuː-] 형 1 최상의, 최고의, 지상의. ¶a ~ beauty 절세의 미인/a ~ ideal 지고(至高)의 이상. 2 (말 따위가) 거창한, 과장된. 3 (문법) (형용사·부사의) 최상급의(약 comparative). ¶the ~ degree 최상급. —명 1 (the ~) 최고[최상]의 것, 완벽한 사람[것]. 2 최고도, 극도; 극치(acme). 3 (~s) 최대급의 찬사, 과장(된 표현). 4 (the ~) (문법) 최상급(의 어형).
speak [or ***talk***] ***in superlatives*** 극구 칭찬하다;
~·ly 부 **~·ness** 명 [과장해서 말하다.
Súper Lèague 명 슈퍼 리그(영국의 프로 축구 1부 리그).
su·per·lin·er [súːpərlàinər/sjúː-] 명 (쾌속) 대형 외양선; 호화 급행 열차.
su·per·lu·mi·nal [sùːpərlúːmənl/sjúː-] 형 (천문) 초광속(超光速)의. [lunary.
su·per·lu·nar [sùːpərlúːnər/sjúː-] 형 =super-
su·per·lu·na·ry [sùːpərlúːnəri/sjúː-] 형 달의 위[저편]에 있는; 하늘의(heavenly); 이 세상 것이 아닌.
su·per·ma·jor·i·ty [sùːpərmədʒɔ́ːrəti/sjuː-mədʒɔ́r-] 명 압도적 다수, 과반수를 넘는 대다수.
su·per·male [súːpərmèil/sjúː-] 명 (유전) 초웅(metamale)(상염색체수가 정상[보통]보다 많은 수컷).
*****su·per·man** [súːpərmæ̀n/sjúː-] 명 (복 **-men** [-mèn]) 초인, 슈퍼맨; [철학] (니체가 주창한) 초인; (S-) (만화 등에 등장하는) 슈퍼맨.
sú·per·mán·y·time théory [-ménitàim-] 명 (물리) 초다시간(超多時間) 이론.
‡su·per·mar·ket [súːpərmɑ̀ːrkit/sjúː-] 명 슈퍼 마켓. **~·er** 슈퍼마켓 주인(경영주). **~·ing** 명
su·per·mart [súːpərmɑ̀ːrt/sjúː-] 명 =super-market.
su·per·más·sive stár [sùːpərmǽsiv-/sjùː-] 명 (천문) 초대질량성(超大質量星)(태양의 50배 이상의 질량을 가진 별). [상의, 보통 이상의.
su·per·me·di·al [sùːpərmíːdiəl/sjùː-] 형 중 이
su·per·mi·cro [sùːpərmàikrou/sjúː-] 명 (컴퓨터) 슈퍼마이크로 컴퓨터. (또는 ~ **compúter**)
su·per·mi·cro·scope [sùːpərmáikrəskòup/sjúː-] 명 초현미경(전자 현미경의 일종).
súper míddleweight 명 (권투) 슈퍼 미들웨이트급 선수(middleweight와 light heavyweight의 중간급).
súper mínicomputer 명 (컴퓨터) 슈퍼 미니컴퓨터(32비트의 연산 처리 단위를 가진 컴퓨터). (또는 **súpermini**)
su·per·mod·el [súːpərmɑ̀dl/sjúːpəmɔ̀dl] 명 슈퍼모델(인기도나 대우면에서 정상급의 모델).
su·per·mol·e·cule [súːpərmɑ̀ləkjuːl/sjúːpə-mɔ̀l-] 명 (화학) 거대 분자, 집합 분자.
su·per·mun·dane [sùːpərmʌ́ndein/sjùː-] 형 초현세적인 ; 세속을 초월한, 속세를 떠난.
su·per·nac·u·lum [sùːpərnǽkjuləm/sjùː-] 명 마지막 한 방울까지. ¶drink ~ 한 방울도 남기지 않고 다 마셔버리다. —명 최상의 것[술].

su·per·nal [supə́ːrnl/sjuː-] 형 1 《문어》 천상의, 천계(天界)의. ¶ ~ gods 천상의 신들. 2 고귀[숭고]한, 더할 수 없이 우수한; 3 우뚝 솟은. **-ly** 부

su·per·na·tant [sùːpərnéitnt/sjùː-] 형 표면에 뜨는[떠 있는]; 맑은 웃물의. ― 명 표면에 뜨는 것[액체], 맑은 웃물.

su·per·na·tion·al [sùːpərnǽʃənl] 형 초(超)국가적인, 국제적인. ~**ism** 명U 열광적 국수주의; 세계 연방주의. ~**ist** 명 ~**ly** 부

*su·per·nat·u·ral [sùːpərnǽtʃərəl/sjùː-] 형 1 초자연의, 불가사의한, 이상한; 기괴한. ¶ ~ phenomena 초자연적 현상. 2 신(神)의; 영적(靈的)인. ¶ man's ~ life 인간의 영적 생활. 3 신비스러운, 신기(神技)의. ¶ ~ power 신통력. ― 명 1 (the ~) 초자연적 신비[현상, 존재]; 신의 조화(造化), 신통력. ~**ly** 부 ~**ness** 명

su·per·nat·u·ral·ism [sùːpərnǽtʃərəlizm/sjùː-] 명U 초자연성[력]; 초자연설[주의, 신앙]. **-ist** 명U **-nàt·u·ral·ís·tic** 형

su·per·nat·u·ral·ize [sùːpərnǽtʃərəlàiz/sjùː-] 타 …을 초자연화하다, …에 초자연력을 부여하다; …을 초자연력의 작용으로 해석하다.

su·per·nor·mal [sùːpərnɔ́ːrməl/sjùː-] 형 비범한; 보통이 넘는; 보통으로는 이해할 수 없는. ~**ly** 부

su·per·no·va [sùːpərnóuvə/sjùː-] 명 (복 -**vae** [-viː], ~**s**) 〔천문〕 초신성(超新星).

sú·per-NÓW (accóunt) [-náu-] 명 《금융》 슈퍼나우 예금 계좌(시장 금리에 연동(連動)하여 이자가 붙는 당좌 예금식 저축 예금 계좌).

su·per·nuke [sùːpərnjúːk/sjùː-] 명 《미구어》 원자력 발전소의 상주 기술 고문(technical adviser).

su·per·nu·mer·ar·y [sùːpərnjúːmərèri/sjùː-pənjúːmərəri] 형 1 정원(정수) 이상의, 여분의, 잉여의. 2 임시의; 보조[보충]의. ¶ ~ officials 임시 직원. ― 명 1 정원 외의 사람; 남아도는 것. 2 임시 고용인; 〔연극〕 엑스트라, 단역.

su·per·nu·tri·tion [sùːpərnjuːtríʃən/sjùː-pənju:-] 명 영양 과다(extra feeding).

su·per·or·der [súːpərɔ̀ːrdər/sjúː-] 명 〔생물〕 초목(超目)(분류상의 한 단위; 목(目)과 강(綱)의 사이).

su·per·or·di·nar·y [sùːpərɔ́ːrdənèri/sjùː-] 형 보통 이상의, 남다른.

su·per·or·di·nate [sùːpərɔ́ːrdənət/sjùː-] 형 (상태·신분이) 높은, 상위(上位)의; 〔논리〕 (개념이) 상위의. ― 명 신분이 높은 사람, 고위 인사; 고차적인[고도의] 것. ― 타 [-dənèit] 상위(승급, 승격)시키다. **-òr·di·ná·tion** 명 〔논리〕 상위, 포괄; 〔교회〕 사전[예비] 서품(敍品).

su·per·or·gan·ic [sùːpərɔːrgǽnik/sjùː-] 형 형이상(形而上)의; 〔사회·인류〕 초유기체(超有機體)의. **-i·cism, -i·cist** 명

su·per·or·gan·ism [sùːpərɔ́ːrgənizm/sjùː-] 명 〔생태〕 초개체(超個體).

su·per·ov·u·late [sùːpəráːvjulèit/sjùːɔ́v-] 자타 (사람·가축에 호르몬 치료 등에 의해) 과잉 배란(排卵)시키다. ― 타 과잉 배란시키다. **-òv·u·lá·tion** 명

su·per·pár·al·lel compúter [sùːpərpǽrələl-, -ləl-] 명 〔컴퓨터〕 초병렬(超竝列) 계산기.

su·per·par·ti·cle [súːpərpɑ̀ːrtikl/sjúː-] 명 〔물리〕 초입자.

su·per·pa·tri·ot [sùːpərpéitriət/sjùː-] 명 광신적 애국자. 「국주의.

su·per·phos·phate [sùːpərfɑ́sfeit/sjùː-pəfɔ́s-] 명 〔화학〕 과인산염; 과인산 비료.

su·per·phys·i·cal [sùːpərfízikəl/sjùː-] 형 초물질적인, 초자연의.

su·per·plas·tic [sùːpərplǽstik/sjùː-] 명형 초가소성(可塑性)의 (물질). **-ti·cal·ly** 부 **-plas·tic·i·ty** 명

su·per·port [súːpərpɔ̀ːrt] 명 초대형 항구(10만 톤급 이상의 유조선 정박을 위해 대개 근해상에 건설된다).

su·per·pose [sùːpərpóuz/sjùː-] 타 1 …을 위에 놓다, 겹쳐[포개] 놓다 (*on, upon*). 2 〔기하〕 〔도형 따위〕를 겹치다. **-pós·a·ble** 형

su·per·po·si·tion [sùːpərpəzíʃən/sjùː-] 명 U 겹쳐 놓기, 중첩(中疊); 〔지질〕 층서누중(層序累重).

su·per·po·ten·cy [sùːpərpóutnsi/sjùː-] 명 특히 강력함; 절륜의 잠재력. **-tent** 형

su·per·pow·er [súːpərpàuər/sjúː-] 명U (비상하게) 강대한 힘; 초강대국; 강력한 국제 기구; U 〔전기〕 초출력, 대전력(大電力). ¶ a ~ plant [or station] 대발전소. ~**ed** 형 「금리.

súper príme ráte 명 《美》 〔금융〕 초(超)우대 대출

su·per·race [súːpərèis/sjúː-] 명 우수 민족.

súper rát 명 (독극물에 대한 유전적 면역성을 지닌) 슈퍼 쥐.

su·per·re·al·ism [sùːpəríːəlizm/sjùːpəríəl-] 명 =surrealism. **-ist** 명 초현실주의자(surrealist).

su·per·sat·u·rate [sùːpərsǽtʃərèit/sjùː-] 타 〔화학〕 (용액)을 과포화시키다. **-sàt·u·rá·tion** 명

su·per·sav·er [sùːpərsèivər/sjúː-] 명 특별 할인 (항공) 운임; 특별 할인 상품.

su·per·scál·er árchitecture [sùːpərskéilər-/sjùː-] 명 〔컴퓨터〕 슈퍼스케일러 아키텍쳐(복수의 연산 연산) unit을 갖고 각 clock cycle마다 복수의 연산을 할 수 있게 한 마이크로프로세서의 아키텍쳐).

su·per·scribe [súːpərskràib/sjúː-] 타 〔글씨 따위〕를 위에 쓰다[새기다]; …의[표면에] 쓰다[새기다]; (고어) (편지·소포)에 수취인 주소를 쓰다.

su·per·script [súːpərskrìpt/sjúː-] 형 위에 쓴. ― 명 〔인쇄〕 (우측 위에 쓰는) 어깨 문자[기호, 숫자].

su·per·scrip·tion [sùːpərskríp

ʃən/sjùː-] 명 1 U 위에 쓰기, 상부에 기입하기. 2 수취인 주소·성명(을 쓰기); 표제, 명(銘); (약학) R(처방전 위에 쓰는 기호, 라틴어 *recipe* (복용할 것)의 뜻). 「(top-secret).

su·per·se·cret [sùːpərsíːkrit/sjùː-] 형 초극비의

*su·per·sede [sùːpərsíːd/sjùː-] 타 1 (종속 동형으로) …을 대신하다의 지위를 빼앗다. ⇒REPLACE 유의어 ¶ The radio has been ~d by the TV. 라디오는 TV로 대체되었다. 2 (사람)을 바꾸다, 경질하다. 면직시키다 (*with, by*). ¶ ~ Mr. A *with* Mr. B A씨를 바꾸어 B씨를 취임시키다. 3 …을 폐지[폐기]하다. (또는 **supercede**) **-séd·ence, -séd·er** 명

su·per·se·de·as [sùːpərsíːdiəs/sjùː-] 명 (복 ~) 〔법률〕 소송 정지 영장. 〔L〕

su·per·se·dure [sùːpərsíːdʒər/sjùː-] 명U 대용, 교체, (특히 신구 여왕벌의) 교체; 경질.

su·per·sen·si·ble [sùːpərsénsəbl/sjùː-] 형 오감(五感)으로는 지각할 수 없는, 초감각적인; 정신적인, 심령적인. **-bly** 부

su·per·sen·si·tive [sùːpərsénsətiv/sjùː-] 형 1 과도하게 민감한, 과민한. 2 〔전자·사진〕 초고감도의. ~**ness, -sèn·si·tív·i·ty** 명

su·per·sen·si·tize [sùːpərsénsətàiz] 타 (* 英) **-tise**) 타 …을 과민하게 만들다. **-sèn·si·ti·zá·tion** 명

su·per·sen·so·ry [sùːpərsénsəri] 형 1 =supersensible. 2 감각 기관과는 무관한, 오관(五官)에서 독립된.

su·per·sen·su·al [sùːpərsénʃuəl] 형 초감각적인; 정신[관념]적인; 극도로 관능적인.

su·per·serv·ice·a·ble [sùːpərsə́ːrvisəbl/sjùː-] 형 지나치게 참견하기 좋아하는, 쓸데없이 참견하는.

su·per·ses·sion [sùːpərséʃən/sjùː-] 명 교체, 경질, 대용; 폐지, 폐기. **-sive** 형

su·per·sex [súːpərsèks] 명 〔유전〕 초성(超性)(성(性) 염색체 비율이 교란된 중성 유기체로 생식 능력이 없다).

su·per·ship [súːpərʃìp/sjúː-] 명 초대형 선박.

su·per·son·ic [sùːpərsάnik/sjùːsɔ́n-] 형 초

su·per·son·ic transport 초음속 수송기[여객기].
su·per·sound [súːpərsàund/sjúː-] 명 초음파.
su·per·space [súːpərspèis/sjúː-] 명 (수학) 초(超)공간(3차원의 공간이 점이 되는 이론상의 공간).
su·per·speed [súːpərspíːd/sjúː-] 명 초고속의, 초음속의.
su·per·star [súːpərstàːr/sjúː-] 명 1 슈퍼스타, 아주 걸출한 사람, 거인, 거성(巨星). 2 (천문) 초거성(超巨星).
su·per·state [súːpərstèit/sjúː-] 명 1 초대국(超大國). 2 강력한 중앙 집권 국가, 전체주의 국가.
su·per·sta·tion [súːpərstèiʃən/sjúː-] 명 슈퍼스테이션(통신 위성을 통해 전국의 케이블 시스템으로 프로그램을 제공하는 독립 TV 방송국).
‡**su·per·sti·tion** [sùːpərstíʃən/sjùː-] 명 ~s [-z] UC 1 미신. ¶She is free from ~s. 그녀는 미신을 믿지 않는다. 2 미신적 행위[관습]. 3 사교(邪敎).
*****su·per·sti·tious** [sùːpərstíʃəs/sjùː-] 명 미신의, 미신에 관한; 미신에 사로잡힌. ~·ly 부 ~·ness 명
su·per·store [súːpərstɔ̀ːr/sjúː-] 명 대형 백화점[슈퍼마켓, (서점 등) 초대형점.
su·per·strap [ˈstræp] 명 (美俗) 맹렬한 공부벌레.
su·per·stra·tum [súːpərstrèitəm/sjúːpərstràː-] 명 (복 -ta [-tə], ~s) 상층(上層); (언어) (다른 언어 영역에 침입하여 결국 이에 흡수되고 약간의 흔적만 남는) 상층 언어.
su·per·struct [sùːpərstrʌ́kt/sjùː-] 타 ···을 건축물 위에 세우다; ···을 토대 위에 세우다.
su·per·struc·ture [súːpərstrʌ̀ktʃər/sjúː-] 명 1 (토대 위의) 건조물, 상부 구조; (다리의) 교각 윗부분; (철도) 레일과 침목(枕木). 2 (해사) (상갑판 위쪽의) 상부 구조, 선루(船樓). 3 어떤 기초(원리) 위에 세워진 것 (사상, 철학 등). -tur·al 형
su·per·sub [súːpərʌ̀b/sjúː-] 명 (속어) (스포츠의) 1급[실력 있는] 후보 선수.
su·per·sub·ma·rine [sùːpərsʌ́bmərìːn/sjùː-] 명 초대형 잠수함.
su·per·sub·stan·tial [sùːpərsəbstǽnʃəl/sjùː-] 형 초물질적인, 초실체(超實體)의.
su·per·sub·tle [sùːpərsʌ́tl/sjùː-] 형 지나치게 미세한. -ty 명 [유조선.
su·per·tank·er [súːpərtæ̀ŋkər/sjúː-] 명 초대형
su·per·tax [súːpərtæ̀ks/sjúː-] 명UC 1 (英) 소득세 특별 부가세. 2 (美) 부가세.
su·per·tem·po·ral [sùːpərtémpərəl/sjùː-] 형 시간을 초월한; 영원의.
su·per·ter·res·tri·al [sùːpərtəréstriəl/sjùː-] 형 초지상적인; 천상의(celestial).
Súper 301 [-θrːːòuwʌ́n-] 명 (美) 슈퍼 301조, 미국 통상법 제301조(불공정 무역 관행국에 대한 보복 조치와 그 발동 절차를 규정한 조항).
su·per·ti·tle [súːpərtàitl/sjúː-] 명 (오페라) 슈퍼타이틀(무대 위의 스크린에 줄거리나 대사를 비추는 것).
su·per·ton·ic [sùːpərtánik/sjùː-pɔ́tɔn-] 명 (음악) 제2음, 웃으뜸음.
su·per·trans·u·ran·ic [sùːpərtrænsjuərǽnik, -trænz-/sjùː-] 형 (화학) 초초(超超)우라늄 원소(의). 명 transuranic.
su·per·u·ni·fi·ca·tion [sùːpərjùːnəfikéiʃən/sjùː-] 명 (大)통일 이론(전자기력(電磁氣力)·중력 등을 하나의 통일된 힘으로 설명해 보려는 이론).
súper ùser 명 (컴퓨터) 슈퍼 유저(UNIX 체제에서의 특권적 사용자).
su·per·vac·cine [súːpərvæ̀ksìːn, ˌ--ˈ-] 명 슈퍼 백신(여러 종류의 바이러스에 듣는 백신).

su·per·vene [sùːpərvíːn/sjùː-] 명재 부수하여 일어나다; 잇따라 일어나다, 결과로서 일어나다 (on, upon).
—— 타 ···에 이어서[부수하여] 일어나다.
-ven·ience [-víːnjəns] 명 **-ven·ient** 형 병발하는; 돌발하여 일어나는.
su·per·ven·tion [sùːpərvénʃən/sjùː-] 명UC 속발, 병발; 부가; 속발[병발]하는 사건.
*****su·per·vise** [súːpərvàiz/sjúː-] 명재 ···을 감독하다, 관리하다, 지휘하다, 지도하다(superintend).
*****su·per·vi·sion** [sùːpərvíʒən/sjùː-] 명UC 감독, 관리, 지휘. ¶under the ~ of ···의 감독 아래.
*****su·per·vi·sor** [súːpərvàizər/sjúː-] 명 1 감독(자), 관리자. 2 (교육) (공립 학교의) 지도 주임. 3 (美) (민선의) 군정(郡政) 집행관. 4 (美) 철도 보선 담당. 5 (또는 ~ prògram) (컴퓨터) 슈퍼바이저, 감시 프로그램.
súpervisor càll (컴퓨터) 감시 프로그램 호출(처리 프로그램이 필요에 따라 요청하는 것).
su·per·vi·so·ry [sùːpərváizəri/sjùː-] 형 감독(자)의, 관리(인)의; 감독하는, 관리하는.
su·per·wa·ter [súːpərwɔ̀ːtər, -wàt-/sjúː-] 명 =polywater. [력 무기.
su·per·weap·on [súːpərwèpən/sjúː-] 명 초강력적인 여성, (일과 가정을 양립시키는) 수완있는 여성.
su·per·wom·an [súːpərwùmən/sjúː-] 명 초인적인 여성, (일과 가정을 양립시키는) 수완있는 여성.
su·pi·nate [súːpəneit/sjúː-] 명재 ···을 반듯이 눕히다; (손·발)을 손[발]바닥이 위로 오도록 돌리다, 외전(外轉)하다. —— 재 (등을 대고) 반듯이 눕다; (손·발)바닥이 위로 향하다.
su·pi·na·tion [sùːpənéiʃən/sjùː-] 명 손[발]바닥을 위로 젖히기 (운동); 외전(外轉) (위치).
su·pine¹ [suːpáin/sjuː-] 형 1 반듯이 누운, 바닥에 등을 대고 누운(opp. prone). 2 손바닥을 위로 향한. 3 나태한, 게으른, 무기력한. ~·ly 부 ~·ness 명
su·pine² [súːpain/sjuː-] 명 1 (라틴어 문법에서) 동사형 명사. 2 (영문법에서) to가 붙는 부정사.
supp., suppl. supplement; supplementary.
‡**sup·per** [sʌ́pər] 명 (복 ~s [-z]) UC 저녁 식사, 만찬(* 특히 낮에 dinner를 먹었을 때의 간단한 식사를 말한다); (연극 관람·야회 후의) 야식. ¶have [or take] ~ 저녁을 먹다.
shoot [or **lose, spoil, toss**] one's **supper** (美俗어) 토하다.
sing for one's **supper** 응분의 답례를 하다.
—— 재 저녁 식사의; 저녁 식사를 위한[포함된].
súpper clùb 명 (美·캐나다) 서퍼 클럽(식사·음료를 제공하는 고급 나이트클럽).
sup·per·less [sʌ́pərlis] 형 저녁 식사를 거른.
sup·per·time [sʌ́pərtàim] 명UC 저녁 식사 시간.
sup·plant [səplǽnt/-plɑ́ːnt] 명재 (남)의 자리에 들어앉다, (남)을 밀어내고 대신하다, (지위·직)을 빼앗다, (사물)을 대신하다. ⇒REPLACE [유의어] ¶ Manual labor has been ~ed by machinery. 인력이 기계로 대체되었다. **-plan·tá·tion** 명 대신에 들어앉기.
sup·ple [sʌ́pl] 형 1 (용을 따위가) 나굿나굿한, 유연한. ⇒ FLEXIBLE [유의어] ¶ ~ movements 유연한 동작. 2 (마음이) 온순한; (두뇌 회전이) 유연한, 융통성 있는. 3 남의 비위를 맞추는, 알랑거리는, 비굴한. —— 명재 나굿나굿해지다; 유순해지다. —·ly 부 ~·ness 명
sup·ple·jack [sʌ́pldʒæ̀k] 명 질기고 잘 휘는 지팡이; (지팡이 제조용) 청사조(青蛇條)류의 덩굴 식물.
‡**sup·ple·ment** 명 [sʌ́pləmənt] 1 추가물, 보충물, 부가(⇒APPENDIX 유의어); (서적·신문·잡지의) 부록, 증보(增補), 보유(補遺). ⇒COMPLEMENT [유의어] 2 (수학) 보각(補角); 보호(補弧). —— 재 [sʌ́pləmènt] ···을 부가하다, 보완하다, 보충하다; ···에 보유(부록)을 붙이다, ···을 증보하다. ~·er 명
sup·ple·men·tal 명 =supple-

mentary. ─ 图 추가[보충](된 것). ~·ly 图

Supplemental Security Income 图 (美) 보족적(補足的) 소득 보장(미국 정부가 가난한 노인·신체장애자에게 지급해 주는 소득; ⓐ SSI).

*sup·ple·men·ta·ry [sʌ̀pləméntəri] 图 보충의, 추가의(additional), 보유의, 부록의; (수학) 보각의. ─ 图 보충되는 사람[것]. **-ri·ly** 图

supplementary ángle 图 (수학) 보각.

supplementary bénefit 图 (英) 추가[보충] 급부(현재는 income support).

supplementary stóry 图 (저널리즘) 속보(續報).

sup·ple·men·ta·tion [sʌ̀pləmentéiʃən, -mən-] 图 보충, 추가; 보충하는 것.

sup·ple·tion [səplíːʃən] 图 (문법) 보충법.

sup·ple·to·ry [sʌ́plətɔ̀ːri/-təri] 图 (고어) 보충의, 보완적인.

sup·pli·ance¹ [səpláíəns] 图 보충, 공급.

sup·pli·ance² [sʌ́pliəns] 图ⓤ 간청, 탄원.

sup·pli·an·cy [sʌ́pliənsi] 图 =suppliance².

*sup·pli·ant [sʌ́pliənt] 图 탄원하는, 간청하는; 애원적인. ─ 图 탄원자, 간청자. ~·ly 图 ~·ness 图

sup·pli·cant [sʌ́plikənt] 图 탄원하는, 간청하는. ─ 图 =suppliant. ~·ly 图

*sup·pli·cate [sʌ́pləkèit] 图ⓣ …에게 (…을) 탄원하다, 간곡히 부탁하다(for, to do). ¶ ~ God for mercy 신의 자비를 기원하다 ¶ The traitors ~d the king to spare their lives. 반역자들은 왕에게 구명을 탄원했다. ─ 图ⓘ 탄원하다, 애원하다(for). ⇨ APPEAL 유의어 ¶ ~ to a person for mercy 남에게 자비를 탄원하다. **-cà·tor** **-ca·tò·ry**

*sup·pli·ca·tion [sʌ̀pləkéiʃən] 图ⓤ 탄원, 간청, 애원; ⓤⓒ 기원(earnest prayer).

sup·pli·er [səpláiər] 图 공급[보급]하는 사람[지]; 원료 공급국[지]; 제품[부품] 제조업자.

supplier's crédit 图 (금융) 서플라이어즈 크레디트(수출업자 자신이 수입업자에게 연불(延拂) 신용을 공여하는 거래 형태). ⓐ buyer's credit

‡sup·ply¹ [səplái] 图 **-plies** [-z] ⓣ 1 …에 (필요 물품·부족품 따위를) 공급하다, 지급하다, 주다(with, for, to). ⇨ PROVIDE 유의어 ¶ (~+图+前+图) ~ sufferers with clothing; ~ clothing for sufferers 이재민에게 의류를 주다 / ~ ammunition to a garrison 수비대에 탄약을 지급하다 // ~ people clothing (美) 사람들에게 의류를 보급하다. 2 (손실·결핍 따위를) 보충하다, 메우다, 벌충하다. ¶ ~ a deficiency[loss] 부족[손실]을 보충하다. 3 (필요·요구)를 충족시키다. ¶ ~ the demand 수요를 충족시키다. 4 (지위·공석 따위를) 대신 차지하다, …의 대리[대역]를 하다. ─ 图ⓘ 대리역을 하다, (목사가) 대리로 설교단에 서다.

be well supplied with …이 풍족하다, 부자유스럽지 않다.

supply the place of …을 대신[대리]하다.

─ 图 ⓤ **-plies** [-z] ⓤ 공급, 배급, 보급; ⓒ 공급품[량]; 보급품[량]; 재고품, 스톡. ¶ have a good ~ of …을 많이 보유하다. 2 ⓤ (경제) (수요에 대한) 공급. 3 (-plies) (군사) 양식, 보급품, 군용물자, 병참(兵站); 필수품, 군용품, 비품. ¶ military [war] supplies 군수품(군수 물자) / office supplies 사무용품. 4 (-plies) (英) (국회가 승인한) 세출, 지출; (개인의) 지출액, 송금. 5 ⓤ (임시) 대리, 대역.

have a good supply of …을 충분히 준비해 두다 [많이 가지고 있다].

in short supply 재고가 부족하여.

on supply 대리로, 임시 고용인으로서.

the law of supply and demand (경제) 수요 공급의 법칙.

the line of supply (군사) 병참선.

-plí·a·ble 图

sup·ply² [sʌ́pli] 图 부드럽게; 유순하게(supplely).

supply báse 图 보급 기지.

supply dày 图 (英) 정부의 세출안을 하원에 상정하는 날. 「주도(主導)형의.

sup·ply-driv·en [səpláidrivən] 图 (경제) 공급

sup·ply-side [səpláisàid] 图 (경제) 공급 측면을 중시하는, (기업 투자·성장을 촉진하고 경제를 안정시키기 위한 방편으로) 조세 인하를 통한 재화·용역의 공급 증가를 중시하는. 「중시 경제 (이론).

supply-side económics 图ⓢ (경제) 공급 측면

sup·ply-sid·er [səpláisàidər] 图 (경제) 공급 (측면) 중시론자.

supply téacher 图 (英) 임시[대리] 교원((美) substitute teacher).

‡sup·port [səpɔ́ːrt] 图ⓣ 1 (무게)를 지탱하다, (떠) 받치다, 버티다(with). ¶ (~+图+前+图) The old man ~ed himself with a stick. 그 노인은 지팡이에 몸을 의지하고 있었다.

2 …을 견디다, 참다(endure).

3 …을 (정신적으로) 떠받치다, 기운나게 하다, 용기를 돋우다. ¶ Hope ~s us in trouble. 희망은 어려울 때 우리를 받쳐 주는 힘이다.

4 (가족)을 부양하다; …을 유지하다(maintain). ¶ He worked hard to ~ a large family. 그는 많은 식구들을 부양하기 위하여 열심히 일했다.

5 (재정적으로) …을 원조하다; (정책·주의 따위)를 옹호하다, 지지하다; (군사) (다른 부대)를 원호[지원]하다. ¶ ~ a political party 정당을 지지하다.

> 유의어 **support** 「지지하다」를 뜻하는 가장 일반적인 말. **advocate** 주의·사상·신앙 따위를 support한다는 것을 분명히 말하다. **back** 강력하게 support하여 유사시에는 언제나 금전상의 또는 그 밖의 원조를 할 용의가 있다. **maintain** 원래의 모습을 그대로 유지[보존]하다. **sponsor** 행사·방송 프로 따위의 주최자가 되다. **sustain** 지속적으로 유지[지지]하다. (타당한 주장을) 지지하다. **uphold** 쓰러지려[무너지려]하는 또는 공격당하고 있는 것을 지지하다.

6 (소신·진술 등의) 증거를 대다, 입증하다(corroborate), 뒷받침하다. ¶ The facts ~ed his claim. 그 사실은 그의 주장을 뒷받침하는 것이었다. 7 …을 시중들다, 부축[보좌, 수행]하다. 8 (연극) (어떤 역)을 하다, …의 조연을 하다; (음악) …의 반주를 하다. 9 (컴퓨터) (본체가) (관련된 기구·기능)을 이용 가능하게 하다, 제공하다. 10 (경제) (농작물 가격)을 (높게) 유지하다.

─ 图 ⓤ 지지, 유지; ⓒ 지지물(物), 지주, 토대. 2 ⓤ 원조, 후원, 찬조; 고무, 마음의 의지가 되는 것. ¶ give moral ~ to …을 성원하다. 3 ⓤ 부양, 양육; 부양하는 사람[것], 생활비, 의식[주]. ⇨ LIVING 유의어 4 (군사) 지원(원호) 부대, 예비대. 5 증거 (서류); 증언. 6 (연극) 조연자, 조역; ⓤⓒ (음악) 반주; 반주부(伴奏部). 7 (유화용) 목판, 화포. 8 (의학) 부목(副木). 9 (통권) ─~ level. 10 (컴퓨터) 서포트(컴퓨터의 소프트웨어 및 주변 장치). 「얻어내다.

drum up support for …에 대한 사람들의 지지를

give support to …을 지지[후원]하다.

have no (visible) means of support (뚜렷한) 소득[직업]이 없다.

in support 옹호[찬성]하여; (군사) (부대가) 예비[지원]의. ¶ troop in ~ 지원[예비] 부대.

in support of …을 지지[옹호, 찬성]하여.

─ 图 (양말이) 부드러운 소재로 만들어진.

sup·port·a·ble [səpɔ́ːrtəbl] 图 1 지탱[유지]할 수 있는. 2 참을 수 있는. 3 지지[지원, 부양]할 수 있는. **-bíl·i·ty**, ~**·ness** 图 **-bly** 图

support área 图 (군사) 전선 보급 기지.

suppórt árms 图 원군(援軍), 예비군.

support·ed wórk [səpɔ́ːrtid-] 图 (美) 정부 지원 직업 훈련 계획(생활 보조금을 받으며 훈련받음).

sup·port·er [səpɔ́ːrtər] 명 1 지지자, 옹호자, 찬성자, 후원자, 부양자; (운동 경기의) 열성적 응원자; (연극의) 조연 배우; 수행이, 보좌역. ⇨FOLLOWER 유의어 2 지지하는 것, 지주(支柱). 3 (운동 선수용) 서포터(jockstrap); 가터, 양말 대님. 4 (외과) 박대(縛帶). 5 (문장) 방패잡이(방패 좌우 양면에서 받드는 한 쌍의 사람이나 동물 중의 한 쪽).

support gròup 명 지지(지원) 그룹(공통의 고민을 가진 사람들이 모여 서로 정신적으로 지원하는 그룹).

support hòse 명 (의학) 서포트 호스(다리 보호용의 탄력성 있는 스타킹).

sup·port·ing [səpɔ́ːrtiŋ] 형 떠받치는, 지지(원조)하는, 후원하는. ¶ a ~ actor 조연 배우(supporter) / a ~ part [or role] 조연역(役). **~·ly** 부

sup·por·tive [səpɔ́ːrtiv] 형 지탱하는; 지지(후원)하는; 유지(부양)하는; 보조적인; (의학) 환자의 체력을 유지하는 데 도움이 되는. **~·ly** 부 **~·ness** 명

supportive thérapy [tréatment] 명 (의학) 지지(支持) 요법(환자의 체력 유지를 위해 정맥 주사를 놓거나 정신 불안을 해소하기 위한 지도·격려를 행함).

sup·port·less [səpɔ́ːrtlis] 형 뒷받침이 없는, 지지(후원자)가 없는. **~·ly** 부

support lèvel 명 (증권) 저항선, 하락 저지선.

support mission 명 (다른 부대에 대한) 지원 임무; 지상군 지원 공습(임무).

support prìce 명 지지 가격, 최저 보장 가격(농산물 가격 안정을 위한 정부의 농산물 수매가).

support sỳstem 명 지원 체제, 지원 네트워크.

suppos. (라틴) *suppositorium*(=suppository) (좌약).

sup·pos·a·ble [səpóuzəbl] 형 상상할 수 있는, 가정할 수 있는, 있을 수 있는. **-bly** 부

sup·pos·al [səpóuzəl] 명 상상하기; ⓒ 추측.

‡**sup·pose** [səpóuz] 타 (*-pos·es* [-iz]; ~*d*; *-pos·ing*) 타 1 …이라 가정하다, 상상하다. ¶ (~ + (*that*)명) Let us ~ (*that*) he is innocent. 그가 무죄라고 가정해 보자.

2 (명령형으로) 만일 …라고 한다면(if); 설사 …라고 할지라도; …이라고 치자(가정하자); …하면 어떨까 ¶ (~+ (*that*)명) ⇨IF 유의어 *S*- we wait till tomorrow. 내일까지 기다려보면 어떨까? / *S*- (*that*) you are late, what excuse will you make? 만약 늦는다면 무어라 변명할 작정인가?

3 …이라고 추측(추정)하다, 생각하다 (*that*명, *to do, to be*). ⇨THINK 유의어 ¶ Nobody ~*d* him to have done such a thing. 그가 설마 그러한 짓을 했으리라고는 아무도 생각하지 못했다 // I never ~*d* him (*to be*) a novelist. 나는 그 사람이 소설가라고는 꿈에도 생각하지 못했다 / I ~ (*that*) you like here. 나는 네가 이곳을 좋아하리라 생각한다 / I don't ~ you could lend me ten dollars, could you? (정중한 의뢰를 나타내어) 10달러 빌릴 수 없을까? (※ 대답으로서 that 대신 I ~ so[not].을 사용하는 수가 있다.)

4 (필요 조건으로서) …을 예상(상정)하다; …을 전제로 하다. ¶ This theory ~*s* the existence of life on Mars. 이 학설은 화성에 생명이 존재한다는 것을 전제로 하고 있다.

— 자 가정하다, 상상하다, 추측하다, 생각하다.

be supposed to *do* …하기로 되어 있다; …할 의무가 있다. ¶ He is ~*d* to arrive at six. 그는 6시에 도착하기로 되어 있다.   「일 하면(안하면) 어떨까?」

Suppose I do [don't]? (상대방의 말을 받아서) 만

What's that supposed to mean? (당혹·노여움을 나타내어) 그게 무슨 뜻이야?

Who [What] do you suppose…? 도대체 누가(무엇이) …라고 생각하느냐?

you don't suppose (that…) …일리는 없겠지.

*sup·posed [səpóuzd, -póuzid] 형 1 가정적의; 추

정상의; 가상의, 상상상(想像上)의. ¶ ~ enemies 가상적(敵). 2 소문난.   「아마도.

sup·pos·ed·ly [səpóuzidli] 부 가정상, 짐작컨대,

*sup·pos·ing [səpóuziŋ] 접 만약 …이라면; 비록 …이라 할지라도. ⇨IF 유의어 ¶ *S*- your father knew it, what would he say? 당신 부친께서 그것을 아신다면 무엇이라고 말씀하실까요?

*sup·po·si·tion [sʌ̀pəzíʃən] 명 1 Ⓤ 상상, 추측, 억측. ¶ His accusation against us is merely based on ~. 우리에 대한 그의 비난은 단순한 억측에 의한 것이다. 2 가정, 가설.

on the supposition that… …라고 가정하여.

sup·po·si·tion·al [sʌ̀pəzíʃənəl] 형 가정(추측, 추정)상의; 상상상(想像上)의. **~·ly** 부

sup·po·si·tious [sʌ̀pəzíʃəs] 형 1 가정(추정)에 의한(에서 생기는). 2 =supposititious.

sup·po·si·ti·tious [səpàzətíʃəs/-pɔ̀z-] 형 1 가짜의, (슬쩍) 바꿔친. ¶ a ~ letter 가짜 편지. 2 가정의 (hypothetical). **~·ly** 부 **~·ness** 명

sup·pos·i·tive [səpázətiv/-pɔ́z-] 형 1 가정(추정)적인(에 기초를 둔); (문법) 가정을 나타내는. 2 가짜의. — 명 (문법) 가정을 나타내는 말(if 따위). **~·ly** 부

sup·pos·i·to·ry [səpázətɔ̀ːri/-pɔ́zitəri] 명 (의학) 좌약(坐藥). ¶ glycerin ~ 글리세린 좌약.

‡**sup·press** [səprés] 타 (~*es* [-iz]; ~*ed* [-t]) 1 …을 억압하다; (개인·단체의 활동을 금하다; (반란·폭동 따위)를 진정(鎭定)시키다, 진압하다. ¶ The uprising was soon ~*ed*. 반란은 곧 진압되었다. 2 (권위 따위에 의하여) 금지(폐지)하다; (사실)을 감추다, 덮어 두다. ¶ This book is ~*ed* for the reason of obscenity. 이 책은 외설적이라는 이유로 발행이 금지되었다. 3 (감정·하품 따위)를 억누르다, 억압하다, 참다. ¶ ~ a groan 신음 소리를 억누르다. 4 (출혈 따위)를 막다. 5 (전기) (회로 내의 불규칙한 진동)을 억제하다; (무선) (특정한 주파수대(帶))를 억제(제거)하다. 6 (유전) 의 형질 발현을 억압하다, (돌연변이 따위)의 유전적 발생을 억제하다. 7 (군대로) 제압(파괴)하다.

-pres·sant [-présənt] 명 억제 물질(약), 억제제(劑).

-pressed·ly [-préstli, -présid-] 부

~·er [-ər] 명 =suppressor. **~·i·ble** [-əbl] 형 억제할 수 있는; 금지 가능한.

*sup·pres·sion [səpréʃən] 명 Ⓤ 1 억압, 진압; 활동 금지. 2 은폐, 억제; (책 등의) 일부 삭제, 발매(발표) 금지. 3 지혈(止血). 4 (정신분석) (충동 따위)의 억제. 5 (무선·전자) 일부 성분을 제거하기.

sup·pres·si·o ve·ri [səpréʃiòu véərai] 명 (법률) 진실의 은폐. ⓟ suggestio falsi [<L]

sup·pres·sive [səprésiv] 형 억압(억제)하는; 은폐하는, 삭제하는; 발표(발매)를 금지하는; (약 등의) 증상을 억제하는. **~·ly** 부

sup·pres·sor [səprésər] 명 진압자, 금지(은폐)시키는 사람, 억압자; (생물) 억제 유전자; 억제(차단) 장치.

suppréssor grìd 명 (전자) 억제 그리드.

suppréssor (T) cèll 명 (면역) T세포(B세포나 다른 T세포의 활동을 억제하는 T세포).

sup·pu·rate [sʌ́pjurèit] 자 (상처가) 곪다, 화농하다. ¶ (상처 등)을 곪게 하다.

-ra·tion [-réiʃən] 명 Ⓤ 화농, 고름.

sup·pu·ra·tive [sʌ́pjurèitiv/-rət-] 형 곪은; 화농성의, 곪게 하는. — 명 화농 촉진제.

supr. superior; supreme.

su·pra [súːprə/sjúː-] 부 위에, 앞에(above); 상기(上記). ⓟ infra [<L]

su·pra- [súːprə/sjúː-] 연결형 「위의, 위에, 앞에」의 뜻. ⓟ super- ¶ *supra*national, *supra*renal.

su·pra·cel·lu·lar [sùːprəséljulər/sjùː-] 형 (생물학 등의) 세포 수준 이상(以上)의(것에 관한).

su·pra·gen·ic [sùːprədʒénik/sjùː-] 형 (유전) 초

su·pra·lim·i·nal [sùːprəlímənl] 〖형〗〖심리〗 역하 (識閾) 위의, 의식되고 있는, 지각할 수 있는 범위의. subliminal. ~**·ly** 〖부〗

su·pra·lit·to·ral [sùːprəlítərəl] 〖지질〗 조빈대(上潮海)의, 조빈해에 관한. ── 〖명〗 조빈대 지대(영구적으로 수면 위에 있지만 파도의 물보라 등으로 습기가 차 있는 호수·바다 기슭 같은 생물 지리학적 지대).

su·pra·max·il·lar·y [sùːprəmǽksiléri/sjùː-] 〖형〗 〖해부〗 상악골의.

su·pra·mo·lec·u·lar [sùːprəmələ́kjələr/sjùː-] 〖형〗〖물리〗 초분자의(분자보다 복잡한 구조의 또는 많은 분자로 이루어진).

su·pra·mun·dane [sùːprəmʌ́ndein/sjùː-] 〖형〗 속세를 초월한, 영계(靈界)의(spiritual).

su·pra·na·tion·al [sùːprənǽʃənl/sjùː-] 〖형〗 초국가적인. ~**·ism**, **-na·tion·ál·i·ty** 〖명〗

su·pra·nat·u·ral [sùːprənǽtʃərəl/sjùː-] 〖형〗 초자연적인 (supernatural). ~**·ism**, ~**·ist** 〖명〗

su·pra·or·bit·al [sùːprɔ́ːrbitl/sjùː-] 〖형〗〖해부〗 눈구멍(안와(眼窩)) 위의.

su·pra·par·ti·san [sùːprəpáːrtizan/sjùː-prəpɑ́ːtizǽn] 〖형〗 초당파적인.

su·pra·pro·test [sùːprəpróutest] 〖명〗〖법률〗 참가 〖영예〗 인수(지불인이 거절한 어음을 발행인의 신용 유지를 위해 제3자가 인수하는 것).

su·pra·ra·tion·al [sùːprərǽʃənl] 〖형〗 이성을 초월한.

su·pra·re·nal [sùːprəríːnl/sjùː-] 〖형〗〖해부〗 부신 (副腎)의, 신장 위의. ── 〖명〗 (또는 **~ glánd**) 신장체(腎上體); 부신.

su·pra·seg·men·tal [sùːprəsegméntl/sjùː-] 〖형〗〖언어〗 초(超)분절적인, 운율소(韻律素)의.

suprasegméntal phonéme 〖언어〗 초분절 음소(강세·음조 따위).

su·pra·thér·mal íon detèctor [sùːprəθə́ːrməl-] 〖우주〗 초열(超熱) 이온 검출 장치(태양풍(太陽風) 에너지를 측정하기 위해 달 표면에 설치한 장치).

su·pra·vi·tal [sùːprəváitl/sjùː-] 〖형〗〖의학〗 초생체(超生體)의(생체에서 떼어낸 조직·세포를 적당한 조건하에 살아 있게 보존하는). ¶ ~ staining 초생체 염색.

su·prem·a·cist [səpréməsist/sjuː-] 〖명〗 (특정 집단의) 지상(至上)주의자. ¶ a white ~ 백인 지상주의자.

***su·prem·a·cy** [səpréməsi, suː-/sjuː-] 〖명〗〖U̇C〗 1 지고(至高), 최고; 최고위, 우위. ¶ naval ~ 제해권(制海權). 2 주권, 지상권, 패권(霸權).

the Act of Supremacy 〖영역사〗 수장령(首長令)(로마 교황의 주권을 부인하고 영국왕을 국교 주권자로 규정한 1534년의 법령).

‡**su·preme** [səpríːm, suː-/sjuː(ː)-] 〖형〗 1 최고의, 최상의, 무상(無上)의. 2 지대한, 극도의; 대단한, 완전한. ¶ a ~ fool 굉장한 바보. 3 궁극의, 최후의.

at the supreme moment [or **hour**] 마지막 순간에; 가장 중요한 고비에.

── 〖명〗 1 (the S─) 우주의 주권자, 신. 2 (the ~) 최고 ~**·ly** 〖부〗 ~**·ness** 〖명〗 도, 절정.

Supréme Béing 〖명〗 (the ~) 하느님, 신(神).

supréme commánder 〖명〗 (the ~) 최고 사령관.

Supréme Cóurt 〖명〗 (the ~) 〖미〗 1 연방 대법원. 2 (대다수 주의) 대법원. 3 (s─ c─) (일부 주(州)의) 제1심 법원, 지방 법원.

the Supreme Court of Judicature (〖영〗) 최고 법

supréme énd[**góod**] 〖명〗 = summum bonum.

supréme sácrifice 〖명〗 (the ~) 최고의 희생(전쟁에서 자기의 생명을 바치기). ¶ make the ~ 생명을 바치다. [최고 회의.

Supréme Sóviet 〖명〗 (the ~) (옛 소련의) 소비에트

su·pre·mo [səpríːmou/sjuː-] 〖명〗 (〖복〗 **~s**) (〖영구어〗) 최고 사령관; 최고 실력자.

su·pre·mum [səpríːməm, suː-/sjuː-] 〖수학〗 상한(上限), 최소 상계(上界)(least upper bound).

Supt., supt. superintendent. **supvr.** super-

suq [suːk] 〖명〗 = suk. [visor.

sur [səːr] 〖명〗〖법률〗 …에 입각하여[입각한]. (<F)

sur. surface.

sur-[1] [sə(ː)r, sʌr] 〖접두〗 = super-. ¶ *sur*vive, *sur*tax.

sur-[2] 〖접두〗 = sub-. ¶ *sur*reptitious, *sur*rogate.

su·ra [súərə] 〖명〗 (Koran의) 장(章).

su·rah[1] [súərə/sjúərə] 〖명〗〖U̇〗 능직(綾織) 비단

su·rah[2] [súərə] 〖명〗〖회교〗 = sura..

su·ral [súərəl/sjúər-] 〖형〗〖해부〗 장딴지(calf)의.

su·rat [suərǽt, súərət] 〖명〗 수라트(인도 서부의 Gujarat 주에서 나는 목화(무명천)).

sur·base [sə́ːrbèis] 〖명〗〖건축〗 (주춧대·받침돌의) 윗 부분에 두른 장식용 돌출부, 받침돌갓.

sur·based [sə́ːrbèist] 〖형〗〖건축〗 **1** surbase가 있는. **2** 움푹 들어간, 납작해진. **3** (아치가) 편원(扁圓)형인 (높이가 두 기둥 사이 폭의 절반보다 낮은).

sur·cease [səːrsíːs] 〖자타〗 끝나다, 그치다. ── 〖타〗 (〖고어〗) …을 그만두다, 중지하다. ── 〖명〗〖U̇〗 종료, 중지.

sur·charge [sə́ːrtʃɑ̀ːrdʒ] 〖명〗 **1** 추가[특별] 요금, 할증료, 추징금, 부가금[세]. **2** 과당 요금, 터무니없는 값(대가); 폭리, **3** 과적(過積), 과중한 적재, 과대 화물; 과(過)충전. **4** 〖법률〗 (부정 신고에 대한) 추징금 부과. **5** 〖우표 수집〗 (우표의 액면가(날짜)를 변경하기 위한) 첨쇄(添刷) 인(印); 첨쇄한 우표.

── 〖타〗 [-́ー, ́-́] **1** …에게 추가(부가) 요금을 청구[부과]하다 (*on*, *for*). **2** …에 터무니없는 대금을 청구하다, …에서 과도한 요금을 받다. **3** …에 짐을 과적하다, 허용량 이상으로 밀어넣다. ¶ ~ a ship 배에 짐을 과적하다 **4** 〖전기〗 …을 과충전하다; (마음)에 지나친 부담을 주다 (*with*). ¶ My heart was ~*d with* grief. 내 가슴은 슬픔으로 미어지는 듯했다. **5** 〖우표〗 (가격 개정의) 첨쇄(添刷)를 하다. **sur·chárg·er** 〖명〗

sur·cin·gle [sə́ːrsìŋgl] 〖명〗 **1** (말의) 뱃대끈. **2** (법의 (法衣)의) 띠. ── 〖타〗 (말)에 뱃대끈을 매다.

sur·coat [sə́ːrkòut] 〖명〗 **1** (중세기에 갑옷 위에 입던) 헐렁한 겉옷; (15∼16세기경 여성의) 짧은 겉옷.

sur·cu·lose [sə́ːrkjulòus] 〖형〗〖식물〗 흡지(吸枝) [흡근(吸根)](sucker)가 나는. (또는 **surculous**)

surd [səːrd] 〖형〗 **1** 〖음성〗 무성음의(帶 sonant). **2** 〖수학〗 무리수의. ── 〖명〗 **1** 〖음성〗 무성음([f] [p] [s] 따위)(帶 sonant). **2** 〖수학〗 무리수.

‡**sure** [ʃuər/ʃɔː] 〖형〗 (**súr·er**; **súr·est**) **1** 〖서술용법〗 **a)** (…을) 확신하고 있는, 반드시 …하리라고 생각하는 (*of*, *about*; *that*節; *wh*. 節; *wh*. *to* do). ¶ I am ~ *of* his coming. = I am ~ *that* he will come. 나는 그가 반드시 오리라고 생각한다 // Are you quite ~ *about* the place where he is? 그가 있는 곳을 확실히 알고 계시나요? // None of us are quite ~ *where* the trouble is. 우리 가운데 어디가 고장난 것인지 확실히 아는 사람은 아무도 없다 // I don't know, I'm ~. 나는 몰라, 정말이야. **b)** 반드시[꼭] …하는, …하는 것은 확실한 (*to* do). ¶ He is ~ *to* come.(= I am ~ *that*) he will come.) 그는 틀림없이 온다 / Be ~ *to* do it. = Be ~ you do it. 꼭 해라.

(USAGE) *be sure of* 와 *be sure to*──둘 다 「…을 확신하고 있다」는 뜻이나 *be sure of*는 확신하고 있는 사람(주체)이 문장의 주어이고, *be sure to*에서는 그 주체가 주어 이외의 사람이다: *He is ~ of success.* 그는 자신의 성공을 확신하고 있다 / *He is ~ to succeed.* 그는 반드시 성공할 것이다.

(유의어) **sure** 단순히 「의심할 바 없는」, **certain** 어떤 분명한 근거가 있음을 나타내는, **confident** 의심을 품지 않을 뿐 아니라 적극적으로 믿고 있는, **positive** 독단·자신이 될 정도로 굳게 믿고 있는

2 **(한정용법) a)** 확실한, 의심할 수 없는, 틀림없는, 믿을 수 있는. ¶a ~ cure 확실한 치료법/a ~ shot 겨냥이 틀림없는 사수. **b)** 튼튼한, 안전한. ¶a ~ footing 안전한 발판.

a sure draw **(구어)** 틀림없이 여우를 몰아낼 만한 덤불; 확실하게 남의 속마음을 떠볼 수 있는 말.

***be sure and** do; **be sure to** do* **(명령형으로)** 꼭 [틀림없이] …해라. ¶*Be* ~ *and* [or *to*] come early. 꼭 일찍 오도록 해라.

be [or ***feel***] ***sure of*** *one**self*** 자신하다, 확신하다.

for sure 분명히, 확실히; **(대답으로)** 물론!, 그래! ¶It's going to be a good day, *for* ~. 틀림없이 날씨는 좋아질 것이다.

I am so sure! **(美구어)** 틀림없구나!

I'm sure **(구어)** ① 정말로, 분명히. ② =*to be sure*.

make sure ① 확인[다짐]하다 (*of, that*); 반드시 …하다 (*to* do, *that*). ¶*make* ~ *of* a fact 사실을 확인하다. ② 확보하다.

sure and certain 절대적으로 확실한, 믿을 수 있는.

sure thing **(美구어)** ① 틀림없이 성공할 일. ② 필연적으로 일어날 일. ③ **(감탄사적)** 암, 물론!

to be sure ① 틀림없이, 물론; 과연, 사실. ② **(감탄사적)** 어머나! 저런!

Well, I am sure! 저런!, 이건 놀랄 일인데!

—[부] **(美구어)** 확실히, 반드시(certainly); 물론, 좋고 말고. ¶It ~ is cold out. 밖은 확실히 춥다/Let's have a drink.—*Sure*. 한잔 하세—좋고말고.

(as) sure as death [or ***a gun, fate, nails***] **(구어)** 확실히, 꼭, 정말로.

(as) sure as eggs is [or ***are***] ***eggs*** **(英구어)** 확실히, 틀림없이. ∗ (as) sure as 다음에는 night follows day; I'm standing [*or* sitting] here 등 명백한 사실을 나타내는 다양한 표현이 올 수 있다.

sure as hell **(美속어)** 확실히.

sure enough **(美구어)** 확실히, 과연, 아니나 다를까.

∠·ness [명]

sure-e·nough [∠ináf] [형] **(美구어)** 진짜의, 현실의.

sure-fire [∠fàiər] [형] **(美구어)** 확실한, 성공할 것이 틀림없는.

sure-foot·ed [∠fútid] [형] **1** 발디딤이 든든한. **2** 틀림[실수]없는, 확실한. **~·ly** [부] **~·ness** [명]

sure-hand·ed [∠hǽndid] [형] 손놀림이 좋은[재빠른]; 솜씨 좋은; 노련한. **~·ly** [부] **~·ness** [명]

‡**sure·ly** [ʃúərli/ʃúəli] [부] (***more*** ~; ***most*** ~) **1** 확실히, 의심할 여지없이, 틀림없이; 꼭. ¶*Half a loaf is* ~ *better than none*. **(속담)** 반 조각이라도 아주 없는 것보다 낫다/Slowly but ~ death approached him. 천천히, 그러나 어김없이 죽음은 그에게 다가왔다. **2** **(종종 부정문에서 강조하여)** 설마, 아무러면. ¶*S*– you don't believe it! 설마 너는 그런 것을 믿지는 않겠지! **3** 반드시, 필연적으로(inevitably). **4** **(대답으로)** 그럼요, 물론. ¶Will you help me?— *Surely*! 좀 도와주겠나?— 물론이지! **5** **(고어)** 단단히, 안전하게. ¶The monkey leaped ~ from rock to rock. 원숭이는 바위에서 바위로 너끈히 뛰어 다녔다. 「없이.

as surely as the sun rises and sets 절대 틀림

***sure·ty** [ʃúərəti, ʃúərti] [명] **1** [C][U] 〔법률〕 보증, 담보(물), 저당(물). **2** 〔법률〕 보증인, 신병(身柄) 인수인. ([참] principal 3). **3** [U] **(고어)** 확실함(certainty).

of [or ***for***] ***a surety*** **(고어)** 확실히, 분명히.

stand [or ***go***] ***surety for*** …의 채무 보증인이 되다.

súrety bònd [명] (계약[의무] 이행) 보증서.

sure·ty·ship [ʃúərətiʃip, ʃúərti-] [명][U] 〔법률〕 보증인임; 보증인의 지위[책임].

***surf** [səːrf] [명] (해안에) 밀려드는 파도, 밀려와서 부서지는 파도. ⇨WAVE [유의어] **—**[동][자] **1** 파도타기를 하다, 서핑하다. **2** 〔컴퓨터〕 인터넷 상의 정보를 찾아 다니다. **—**[타] 〔큰 파도〕를 타다. **∠·er** [명] 서퍼. **∠·like** [형]

surf·a·ble [sə́ːrfəbl] [형] 서핑하기에 적합한.

‡**sur·face** [sə́ːrfis] [명] ([복] ***-fac·es*** [-iz]) **1** 표면, 외면. ¶the ~ of the earth 지구의 표면, 지표. **2** 외관, 외양, 겉보기. **3** 〔기하〕 면(面). ¶a plane ~ 평면/a curved ~ 곡면(曲面). **4** 육[해]상 수송. **5** 〔항공〕 날개의 면(airfoil).

come [or ***rise***] ***to the surface*** ① (잠수함이) 물위로 떠오르다. ② (사실 등이) 겉으로 드러나다[밝혀지다], 표면화되다. 「아리다.

get below the surface 속에 들어가다; 내면을 헤

on the surface ① 겉에 드러나 있는. ② 겉보기에는, 외관은.

raise to the surface 부상(浮上)시키다; 〔사실 등〕을 표면화시키다. 「만 하고 말다.

scratch the surface of …을 겉핥기하다, 시작

—[형] **(한정용법) 1** 표면의; 외관의, 겉보기의. ¶~ kindness 표면상의 친절. **2** 지표(地表)의; 수상(水上)의. ¶~ transportation 육상[해상] 운송.

—[동] (***-fac·es*** [-iz]; **~*d*** [-t]; ***-fac·ing***) [타] **1** …에 겉면을 대다, …을 평평하게 하다, 〔도로〕를 포장하다. ¶(~+[目]+[前]+[名]) ~ a road *with* gravel 도로를 자갈로 포장하다. **2** 〔잠수함〕을 물 위에 떠오르게 하다. **3** 〔감정 등〕을 표면화시키다. **—**[자] **1** (가라앉은 물건이) 떠오르다. **2** 〔채광〕 (광석의) 표면 퇴적물을 씻다; 지표(가까이)에서 일[채광]하다. **3** 겉으로 드러나다, 표면화되다.

~·less [형] **-fac·er** [명] 「([약] SAW).

súrface acóustic wáve [명] 〔통신〕 표면 탄성파

sur·face-ac·tive [-ǽktiv] [형] 〔화학〕 계면 활성(界面活性)의.

súrface (bóundary) làyer [명] 〔기상〕 표면 경계층(지면에 접하는 기층(氣層); 지상으로부터 100m 이하).

súrface bùrst [명] (폭탄의) 지표[수면]상의 폭발.

súrface càr [명] **(美)** 노면(路面) 전차.

súrface còlor [명] (보석의) 표면색.

súrface cràft [명] (잠수함에 대하여) 수상선(水上船).

súrface dénsity [명] 〔물리〕 표면 밀도.

súrface drèssing [명] 간이 포장에 의한 도로 보수.

súrface effèct shìp [명] **(美)** 수상 호버크라프트.

súrface fire [명] (산불의) 지표화(地表火). 「(抗力).

súrface frìction dràg [명] 〔항공〕 표면 마찰 항력

súrface ìntegral [명] 〔수학〕 (3차원의) 면(面)적분.

súrface màil [명] 육상[해상] 우편(물), 선편.

sur·face·man [sə́ːrfismən] [명] 선로 공사원, 보선 작업원; 갱외 광부; 지상 근무병(兵).

súrface nòise [명] (레코드 음반의) 표면 잡음.

sur·face-print·ing [-prìntiŋ] [명][U] 철판(凸版) 인쇄; 평판(平版) 인쇄(planography).

súrface ríghts [명][복] 지상권(地上權).

sur·face-rip·ened [-ráipənd] [형] (치즈가) 표면 숙성(熟成)된. 「로.

súrface ròad [명] (주변 지대와 높이가 같은) 지상 도

súrface sòil [명] 〔토양〕 표층토, 표토. [참] subsoil

súrface strùcture [명] 〔언어〕 표층 구조.

súrface ténsion [명] 〔물리〕 표면 장력.

sur·face-to-air [-tuέər] [형] (미사일 따위) 지대공(地對空)의. ¶a ~ missile 지대공 미사일([약] SAM). **—**[부] 지상에서 공중으로.

sur·face-to-sur·face [-tusə́ːrfis] [형] (미사일 따위) 지대지(地對地)의. ¶a ~ missile 지대지 미사일([약] SSM). **—**[부] 지상에서 지상으로.

sur·face-to-un·der·wa·ter [-tuʌ́ndərwɔ̀ːtər, -wɑ̀t-] [형][부] 지(地)[함(艦)]대(對)수중의[으로]. ¶a ~ antisubmarine missile 지대 수중 대잠수함 미사일.

súrface wàter [명] 지상수(地上水), 지표수.

súrface wàve [명] 〔지질〕 (지진에 의한) 표면파(波). [참] body wave

sur·fac·ing [sə́ːrfisiŋ] [명] 표면 마무리 작업[재료]; (수면으로의) 부상(浮上); 지표면 채광 (작업).

sur·fac·tant [səːrfǽktənt] 명 〖화학〗계면 활성제 (活性劑)(surface-active agent). 〔세트 요리〕.
súrf and túrf 〖요리〗 롭스터와 비프스테이크의
sur·fa·ri [səːrfɑ́ːri] 명 (구어) 서핑에 적합한 해안을 찾아다니기[다니는 서퍼 그룹]. 〔<surfing+safari〕
surf·board [sə́ːrfbɔ̀ːrd] 명 서프보드, 파도타기 널. ― 통 파도타기를 하다. ~·er, ~·ing
súrf bòat 명 서프 보트(파도를 타고넘기 쉽도록 배 앞뒤를 높인 부력이 크고 튼튼한 배).
surf-bum [-bʌ̀m] 명 (속어) 열성 서퍼.
surf-cast [-kæ̀st] 통재 바닷가 낚시를 하다. 「시꾼.
súrf càster 명 바닷가 낚시를 하는 사람, 갯바위 낚
súrf càsting 명 바닷가 낚시질, 갯바위 낚시.
súrf dùck 명 〖조류〗 검둥오리의 일종.
*__sur·feit__ [sə́ːrfit] 명 CU 1 과도; 지나치게 많은 양; 범람. ¶with a ~ of complaints 불평 불만에 가득 찬. 2 과식, 과음; 식상(食傷). ¶A ~ of food makes us sick. 과식하면 병난다. 3 싫증, 포만(飽滿); (과음·과식에 의한) 불쾌한 포만감, (몸의) 나른함. ― 통타 …에게 지나치게 (음식물 따위를) 주다; …을 물리게 하다 (with). ¶~ oneself with sweets 단 음식을 지나치게 먹다. ― 재 과음[과식]하다; 물리다; 지나치게 탐닉 ~·er 명 하다.
súrfer's knót [knób] 명 파도타기하는 사람[서퍼] 의 못[곤은 살](무릎 또는 발등에 생김).
surf·fish [-fíʃ] 명재 =surf-cast.
surf·fish [sə́ːrfiʃ] 명 (~·es) 〖어류〗 1 (바다) 망성어. (또는 **surfperch**) 2 동갈민어.
sur·fi·cial [səːrfíʃəl] 형 표면의; 지표(地表)의.
surf·ie [sə́ːrfi] 명 (濠속어) 서핑광(狂).
surf·ing [sə́ːrfiŋ] 명 1 서핑, 파도타기. 2 (컴퓨터) 인터넷 상의 정보 탐색.
súrfing músic 명 서핑 뮤직(서핑·빛나는 태양·비 치 파티 등을 노래한 경쾌한 록 음악).
surf·man [sə́ːrfmən] 명 서프 보트를 잘 조종하는 사 람; (미국 해안 경비대의) 구조대원.
súrf mùsic 명 =surfing music.
surf·rid·ing [sə́ːrfràidiŋ] 명U 파도타기(surfing). **-rid·er** 명
surf·y [sə́ːrfi] 형 밀려오는 파도의[같은]; 파도가 많은[거센]; 큰 파도가 밀려오는.
surg. surgeon; surgery; surgical.
*__surge__ [səːrdʒ] 명 1 큰 파도, 크게 굽이치는 파도. ⇨ WAVE 〖유의어〗 2 (보통 a ~) (감정의) 들끓음, 동요. ¶A ~ of anger swept over him. 그는 발끈 성이 났다. 3 (전기) 서지(전류·전압의 급증[급변]); (기계) 서지(엔진등의 불규칙한 움직임); (기상) 급격한 기압 변화; (밧줄의) 느슨해짐. 4 (해사) (밧줄이) 갑자기 느슨해지기.
― 통재 1 파도가 일다, 물결치다; (배가) 파도에 떠돌 다. 2 (군중 등이) 파도처럼 밀려오다(in); 파도처럼 출 렁거리다. ¶An angry crowd ~d into the theater. 성난 군중이 극장으로 밀려들었다. 3 (감정이) 끓어오르 다; (물가가) 급등하다; (전기) (전압 따위가) 갑자기 높 아지다(up). ¶Lately prices are surging up. 최근에 물가가 급격하게 오르고 있다. 4 (해사) (닻줄 따위가) 갑자기 느슨해지다, (감아올리던 밧줄이) 풀려나가다.
― 통타 1 을 물결처럼 요이치게 하다. 2 (해사) (로프) 를 느슨하게 하다. **~·less** 형 **súrg·er** 명
‡sur·geon [sə́ːrdʒən] 명 (복 ~s [-z]) 1 외과 의사. ⇨ DOCTOR. 2 (군사) 군의관; 선의(船醫).
~·cy surgeon의 직(지위). 「사.
súrgeon déntist 명 치과 의사, 구강(口腔) 외과 의
sur·geon·fish [sə́ːrdʒənfìʃ] 명 (복 ~, ~·es) 〖어류〗 검은쥐치(꼬리지느러미에 유독한 가시가 달린 열대어).
súrgeon géneral 명 (복 **-s g-, s- -s**) (美) (군 사) 의무감; (S- G-) 공중 위생국장.
súrge protèctor 명 (전기) 서지로부터 기기를 보 호하는 회로[장치].

Surg. Gen. Surgeon General.
*__sur·ger·y__ [sə́ːrdʒəri] 명 1 ⓤ 외과 (의술); 수술. ¶plastic ~ 성형(成形) 외과/undergo major ~ 대수 술을 받다. 2 수술실; (英) 의원, 진료실. 3 진료 시간.
*__sur·gi·cal__ [sə́ːrdʒikəl] 형 외과(의술)의; 외과 의사 의; 외과 수술(용)의; 수술 결과로 생기는. ¶a ~ operation 외과 수술. **~·ly** 부
súrgical bóot [shóe] 명 〖외과〗 교정화(矯正 靴)(발의 기형을 교정하고 보행을 돕기 위한 정형 외과용
súrgical néedle 명 외과용 봉합 바늘. 「구두).
súrgical spírit 명 (英) 〖외과〗 소독용 알코올.
súrgical stríke 명 (군사) 국지(局地) 공격(특정 목 표 (지점)에 대한 신속 정확한 공격).
sur·gi·cen·ter [sə́ːrdʒəsèntər] 명 (美) 〖의학〗 간 이 외과 센터(입원을 요하지 않는 간단한 수술을 함).
surg·y [sə́ːrdʒi] 형 큰 파도가 치는, 파고가 높은.
Su·ri·na·me [sùərənáːm/sùərinǽm] 명 수리남 (남미 북동 해안에 있는 공화국; 수도 Paramaribo). (또는 **Surinam**)
*__sur·loin__ [sə́ːrlɔin] 명 (고어) =sirloin.
*__sur·ly__ [sə́ːrli] 형 1 무뚝뚝한, 퉁명스러운, 통한, 불친 절한. 2 (날씨가) 험악한, 암담한. **-li·ly** 부 **-li·ness** 명
sur·mis·a·ble [səːrmáizəbl] 형 추측할 수 있는, 짐작되는.
*__sur·mise__ 명 [səːrmáiz, sə́ːrmàiz] CU 추측, 억 측, 짐작. ― 통 [səːrmáiz/sə(:)-] 타 …라고 추측[짐 작]하다; …이 아닌가 하고 생각하다. ~ GUESS 〖유의어〗 ¶I ~d from his looks that he was very poor then. 그의 모습으로 보아 그때 그는 매우 궁색한 듯 싶었다. ― 재 추측하다. **-mísed·ly** 부 **-mís·er** 명
*__sur·mount__ [səːrmáunt/sə:-] 타 1 (산)에 오르 다; (올라가) 넘다. ¶~ a hill 언덕을 넘다. 2 (곤란·장 애)를 극복하다. ¶~ obstacles 장애를 극복하다. 3 (보 통 수동형으로) …의 위에 놓다, 얹다(with, by). ¶The peaks were ~ed with snow. 봉우리는 눈에 덮여 있 었다. 4 …의 위에 있다, …보다 높이 솟아 있다. ¶A statue ~ed the roof. 한 조상(彫像)이 지붕 위로 솟아 있었다. **~·a·ble** 형 **~·a·ble·ness**, **~·er** 명
sur·mul·let [səːrmʌ́lit] 명 (복 ~(s)) 〖어류〗 노랑촉 수(goatfish).
*__sur·name__ [sə́ːrnèim] 명 1 성(姓)(family name). ⇒CHRISTIAN NAME 〖주의〗 2 이명(異名), 별명. ¶put a ~ 별명을 붙이다. ― 통타 (보통 수동형으로) …을 이명 으로 부르다; 별명을 붙이다. ¶King Richard was ~d 'the Lion-hearted'. 리처드 왕은 「사자왕」이라는 별명 으로 불리었다. 2 …에게 성을 붙이다.
‡sur·pass [səːrpǽs/sə(:)páːs] 통타 (~·es [-iz]; ~ed [-t]) 1 (양·정도 따위가) …을 능가하다, 넘 다. ¶The sum total greatly ~ed my estimate. 총액 은 나의 추산을 훨씬 초과했다 /The horrors of the battlefield ~ed (all) description. 전쟁터의 참상은 필설로 다 할 수 없었다. 2 (능력·업적 따위가) …보다 뛰어나다(in, at). ⇨EXCEL 〖유의어〗 ¶(~+图+前+图) He ~es me in knowledge. 그는 지식면에선 나보다 우월하다.
__surpass oneself__ 평소의 자기 능력 이상을 보이다. **~·a·ble** 형
*__sur·pass·ing__ [səːrpǽsiŋ/sə(:)páːs-] 형 뛰어난, 빼어난, 둘도 없는. ¶a woman of ~ beauty 절세 미인. 2 (고어) 현저한, 탁월하게. **~·ly** 부 **~·ness** 명
sur·plice [sə́ːrplis] 명 (cassock 위에 입는) 서플리 스, 중백의(中白衣)(성직자나 성가대원이 입는 소매가 넓 은 옷). **-pliced** [-t] 형 서플리스를 입은.
súrplice fèe 명 (英교회) (결혼식·장례식 등에서) 목 사에게 주는 사례금.
‡sur·plus [sə́ːrplʌs, -pləs/-pləs] 명 (복 ~·es [-iz]) 1 나머지, 여분, 과잉; 잉여물. (美) 잉여 농산 물. ⇨REMAINDER 〖유의어〗 ¶food ~ 잉여 식품/in ~ 여

surplusage

분으로, 남아서. **2** 〔회계〕 (자본) 잉여금, 부가 자본; **(英)** 잔액. **3** 나머지[여분]의, 과잉의, 잉여의. ¶~ products [fund] 잉여 산물[자금]. ─을 (잉여 물로) 처리[매각, 방출]하다.

sur·plus·age [sə́ːrplʌsidʒ/-pləs-] 명UC 나머지, 여분의 양(액수), 잉여; 불필요한 일; (법률) (법정에서의) 불필요한 진술, 대목.

súrplus válue 명 (경제) 잉여 가치.

sur·print [sə́ːrprint] 동타 〔추가 부호·기사 따위〕 (인쇄한 것 위에) 겹쳐 인쇄하다. ─명 겹쳐 인쇄해 놓은 것; (사진) 겹쳐서 인화한 상[화상].

sur·pris·al [sərpráizəl] 명U **1** 놀라게 하기; 놀람, 깜짝 놀람. **2** 선수치기, 기습.

‡**sur·prise** [sərpráiz] 동타 (*-pris·es* [-iz]; ~d; *-pris·ing*) **1 a)** ···을 깜짝 놀라게 하다, 놀라게 하다. ¶His appearance ~d me. 그의 차림새에 그만 놀랐다. **b)** (수동형으로·형용사적) 놀라다, 아연하다 (*at, by, to do, that* 節, *wh.* 節). ¶I ~d look 놀란 표정/I was much [*or* greatly] ~d at the news. 그 소식을 듣고 매우 놀랐다 (※ *very* surprised at의 표현도 있다) /You will be ~d to see him doing such a thing. 그가 그런 일을 하고 있는 것을 보면 너는 놀랄 것이다/We were ~d (*to* hear) *that* he was absent from school. 그가 결석했다는 말을 듣고 우리는 놀랐다.

> 유의어 **surprise** 갑자기 예상 밖의 일로 놀라게 하다. **astonish** 도저히 믿을 수 없는 일로 크게 놀라게 하다. **amaze** astonish하여 당혹·곤혹하게 하다. **astound** 매우 놀라서 사고력·행동력을 잃게 하다.

2 ···을 불시에 덮치다, 기습하다; 갑자기 ···을 체포[발견]하다. ¶~ the enemy's camp 적의 야영지를 기습 공격하다/A detective ~d him in the act. 형사는 현행범으로 그를 체포하였다. **3** 허를 찔러[놀라게 하여] [비밀 등]을 캐내다[끌어내다] (*from, out of*). ¶~ the facts *from* the witness 허를 찔러 증인으로부터 사실을 캐내다[알아내다]. **4** ···을 놀라게 하여 ···하게 하다 (*into*). ¶(~+图+前+名) The police ~d him *into* confession. 경찰은 허를 찔러 그에게 자백을 받았다. *I'm not surprised.* (구어) 무리도 아니다, 당연하다. *I wouldn't be surprised if...* ···해도 당연하다(고 생각한다), 아마 (필경) ···일 것이다.

─명 (옛 *-pris·es* [-iz]) U **1** 놀람, 경악. ¶start up *in ~* 깜짝 놀라 벌떡 일어서다//The news caused me much ~. 그 소식은 나를 깜짝 놀라게 했다. **2** 뜻밖의 일[것], 놀랄 일[것]. ¶The match between us was full of ~s. 우리들의 시합에서는 예상 외의 일이 많이 일어났다/What a ~! 놀랐는걸!/I have a ~ for you. 너를 놀래줄 일이 있다(선물·사건 따위). **3** UC 불시의 공격, 기습 (공격). ¶The enemy made ~ in vain. 적은 기습을 감행하였으나 실패로 끝났다/The fort was captured by ~. 그 요새는 기습으로 점령되었다. *in surprise* 놀라서. *Surprise, surprise!* (구어) (비꼬아) 어허 참, 놀랐는걸, 아니나 다를까. *take...by surprise* ① ···을 불시에 덮치다, 습격[기습]하다. ② ···을 깜짝 놀라게 하다. *to one's surprise* 놀랍게도.

─형 (한정용법) 돌연한, 불시의, 예고없는. ¶a ~ search 느닷없는[불시의] 수색.

-pris·ed·ly [-práizidli] 부 놀라서. **-prís·er** 명

surprise attáck 명 (군사) 기습 (공격).

surprise páckage [pácket] 명 **(英)** (속에서 돈 따위가 나와 깜짝 놀라게 하는 과자 꾸러미.

surprise párty 명 **(美) 1** 깜짝 파티(본인에게는 알리지 않고 몰래 준비하여 깜짝 놀라게 하는 파티). **2** 남의 집 등에 기습하는 일[남의 허를 찌르는 일]. (주로 군사 용어)

surprise vísit 명 불시의 방문; 임검(臨檢).

‡**sur·pris·ing** [sərpráiziŋ] 형 (*more ~; most*

~) 깜짝 놀랄 만한, 놀라운; 의외의(unexpected); 눈이 번쩍 뜨일 만큼의. **~·ness** 명

*****sur·pris·ing·ly** [sərpráiziŋli] 부 놀랄 만큼의, 의외로; (글머리에서) 놀랍게도, 뜻밖에도.

sur·re·al [səríːəl, -ríːl] 형 초현실적인; (미술·문학) 초현실주의의. ─명 (the ~) 초현실적인 것, 기상 천외한 것.

~·ly 부 **-re·al·i·ty** [-riǽləti] 명 초현실성.

sur·re·al·ism [səríːəlìzm/-ríːəl-] 명 (종종 S-) 〔미술·문학〕 쉬르리얼리즘, 초현실주의. **-ist** 명 형

sur·re·al·is·tic [sərìːəlístik/-rìːəl-] 형 초현실주의의, 쉬르리얼리즘의. **-ti·cal·ly** 부

sur·re·but [sə̀ːrribʌ́t/sʌ̀r-] 동자 (*-tt-*) 〔법률〕 (원고가) 네 번째의 소답[변론]을 하다.

sur·re·but·tal [sə̀ːrribʌ́tl/sʌ̀r-] 명 〔법률〕 재(再) 항변, 재반론(피고의 반론에 항변하기 위한 증거 제출).

sur·re·but·ter [sə̀ːrribʌ́tər/sʌ̀r-] 명 〔법률〕 (원고의) 네 번째의 소답(訴答).

sur·re·join [sə̀ːridʒɔ́in/sʌ̀r-] 동자 〔법률〕 (원고가) 세 번째의 소답(訴答)을 하다.

~·der 명 〔법률〕 (원고의) 세 번째의 소답.

‡**sur·ren·der** [səréndər] 동 (~*s* [-z]) 타 **1** 〔요새·배 따위〕를 넘겨주다, 인도[양도]하다 (*to*). ¶(~+图+前+名) ~ the city *to* the enemy. 그 도시를 적에게 넘겨주다. **2** (재귀용법으로) (···에게) 항복[자수]하다; (감정·습관 따위)에 몸을 내맡기다, 빠지다. ¶ ~ oneself 항복[투항]하다 / ~ oneself *to* grief 비탄에 잠기다. **3** (강요 따위에 의해) ···을 포기하다; 〔희망·자유 등〕을 단념하다. ¶The peerage ~ed its privileges. 귀족 계급은 그들의 여러 가지 특권을 포기하였다. **4** (적립금의 일부를 돌려 받고) (보험)을 해약하다. ─자 **1** 항복하다, 굴복하다; 자수하다 (*to*). ¶~ *to* the enemy 적에게 항복하다.

> 유의어 **surrender** 외부의 요구·강제에 대항한 후에 항복하다; 완전히 소유권을 내주고 요구하지 않다. **submit** 권위나 자기보다 우세한 힘에 약하여 양보하고 복종하다. **succumb** 특히 굴복하는 측의 무력함 또는 저항하기 힘든 큰 압력과 결과의 비참함을 암시하는 말. **yield** 압력을 받고 양보하다; 종종 저항은 포기하지 않음을 암시.

2 (감정·습관 따위)에 빠지다, 몸을 내맡기다 (*to*). ¶ (~+前+名) ~ *to* indolence 나태에 빠지다.

surrender oneself to justice [*or the police*] 자수하다.

─명 (옛 ~*s* [-z]) UC **1** 인도, 명도; 포기, 단념. ¶ ~ of a fugitive (국제법) 탈주범의 인도(引渡). **2** 항복, 굴복; 자수. ¶an unconditional ~ 무조건 항복. **3** ~·er 명 〔보험〕 보험의 해약.

surrénder válue 명 〔보험〕 중도 해약 환불금.

sur·rep·ti·tious [sə̀ːrəptíʃəs/sʌ̀r-] 형 남의 눈을 피하여 하는, 비밀의, 은밀한; 부정의.

~·ly **~·ness** 명

sur·rey [sə́ːri/sʌ́ri] 명 **(美)** 서리형(型) 마차(말 2필이 끄는 4인승의 4륜 마차).

Sur·rey 명 서리(잉글랜드 남동부의 주(州); 주도 Kingston-upon-Thames).

sur·ro·ga·cy [sə́ːrəgəsi/sʌ́r-] 명 U 대리모(代理母) 자격; 대리.

sur·ro·gate [sə́ːrəgèit/sʌ́rəgət] 명 **1** 대리인(deputy), 대행자. **2 (英)** 〔교회〕 (규정된 결혼 예고 (banns) 없이 결혼 허가를 해주는) 감독 대리; (종교 재판의) 판사 대리. **3** (美) 유언(遺言) 검증 판사. **4** 대용(품) (*for, of*). **5** ~ **mother.** ─형 **1** 대리(로서)의, 대행하는. **2** 대리모를 이용하는. ─동타 ···의 대리[후임]로 임명[지명]하다; ···의 대리를 하다, ···에 대위(代位)하다. ~·**ship, ·gá·tion** 명

súrrogate fáther 명 대리부(父)(인공 수정 임신을

súrrogate móther 명 대리모(母)(남의 부부를 위해 아기를 낳아 주는 여성).
súrrogate mótherhood 명 대리모 노릇, 대리모임.
súrrogate párenting 명 대리모(母)를 이용한 출산[임신].
súrrogate wár 명 대리 전쟁.

‡**sur·round** [səráund] 통(타) (~s [-z]) **1** …을 둘러싸다, 에워싸다 (with, by). ¶England is ~ed by the sea on all sides. 영국은 사방이 바다로 둘러싸여 있다. **2** (군사) …을 포위하다.
be surrounded with [by] …에 둘러싸이다.
—명 둘러싸는 것; 환경, 주위; (사냥) 포위 사냥법[장소]; (건축) (융단과 벽 사이의) 가장자리 깔개.
~·ed·ly 부 ~·er 명

‡**sur·round·ing** [səráundiŋ] 명 (複 ~s [-z]) **1** (~s) 주위(의 상황), 환경, 주위의 모든 사물. ¶in fancy ~s 멋진 환경에서 / A child learns from its ~s. 아이는 그 주위에서 사물을 배운다. **2** (도시의) 주변 지역, 근교, 교외, 전원 지역. **3** 둘러싸기, 포위. **4** (때로 ~s) 주변 인물들, 측근. —형 둘러싸는; 주위의, 근처의.
sur·round-sound [-sàund] 명 (英) (오디오) 서라운드 사운드(콘서트 홀의 연주처럼 들리는 재생음).
surróund théater 명 원형 극장. ⑥ arena theater
súr·sum cór·da [súərsəm kɔ́ːrdə; 명 (교회) 마음을 드높이 주를 향하여(미사의 감사 서문경(序文經)의 끝). 〈L Lift up your hearts.〉
sur·tax [sə́ːrtæks] 명 U 부가세(英) supertax; (英) 소득세 특별 부가세. —동타 …에 부가세를 부과하다.
sur·ti·tle [sə́ːrtàitl] 명 =supertitle. 하다.
sur·tout [sərtúː/sə́ːtuː] 명 (몸에 꼭 끼는) 남자 외투, 프록코트; 두건 달린 여성용 외투. —명 (문장) (방패의 무늬 따위가) 다른 무늬 위에 겹쳐져 있는.
surv. survey(ing); surveyor; surviving.
sur·veil [sərvéil] 통(타) (-ll-) …을 감독[감시]하다.
sur·veil·lance [sərvéiləns, -ljəns] 명 U (용의자 · 죄수의) 감시, 파수 보기; 감독, 지휘(supervision). ¶under ~ 감시하에.
sur·veil·lant [sərvéilənt, -ljənt] 형 감시[감독]하는. —명 감시[감독]자.
sur·veille [sərvéil] 통(타) =surveil.

‡**sur·vey** [sərvéi] 통(타) (~s [-z]) **1** …을 총괄적으로[훑어] 보다, 개관(概觀)[개설]하다. ¶~ the international situation 국제 정세를 개설하다. **2** …을 둘러보다, 전망하다. ¶We can ~ the countryside from the top of the hill. 우리는 언덕 위에서 이 지방 일대를 내려다 볼 수 있다. **3** (가치 · 상태 따위)를 자세히 조사하다, 검사하다. **4** (토지 따위)를 측량하다. —자 (토지의) 측량을 하다.
—명 [sə́ːrvei, sərvéi] (複 ~s [-z]) **1** 개관, 개괄(概括), 개론. ¶make a general ~ of the situation 정세를 개설(概說)하다. **2** 전망, 조망(眺望). ¶I took a ~ of the countryside. 나는 농촌 지대를 한번 훑어보았다. **3** 조사, 답사, 추출(抽出) 검사; 관측, 측량. ¶a market ~ 시장 조사 / get a complete ~ of …을 철저하게 조사하다. **4** 조사서[표]; 측량(실측)도; 견적표[도](圖).
make [or **do, carry out, conduct**] **a survey of** …을 개관[개설]하다; …을 조사하다; …을 측량하다.
under survey 조사[검토]중인; 측량중인.
~·a·ble 형

súrvey cóurse 명 개설(概說) 강의, 개론(概論).
sur·vey·ing [sə(ː)rvéiiŋ] 명 U 측량(술).
*****sur·vey·or** [sərvéiər] 명 **1** (토지의) 측량 기사, 조사관; 감독(관); (英) (도량형 따위의) 검사관, 감정인; (美) (본래 세관의) 수입품 검사관. **2** (S-) 미국의 달 표면 무인 탐사 인공위성(1966-68).
~·ship surveyor의 직분[지위, 신분].

survéyor géneral 명 (複 **-s g-, s- -s**) (美) 국유

[공유]지 측량 감독; 주임 감독(관).
survéyor's cháin 명 (측량) 측쇄(測鎖)(측량용 체인(쇠사슬).
survéyor's còmpass [diàl] 명 측량 컴퍼스.
survéyor's lèvel 명 측량용 수평기(器). 위.
survéyor's mèasure 명 (측쇄에 의한) 측량 단
súrvey rèsearch 명 (마케팅) 서베이 리서치(표적 대상과 인터뷰하여 시장 정보를 입수하는 연구 방법).
sur·viv·a·ble [sərváivəbl] 형 살아남을 수 있는, 생존[존속] 가능한. ·**bíl·i·ty** 명
*****sur·viv·al** [sərváivəl] 명 U **1** 살아남음, 생존; 존속, 잔존. **2** 생존자, 잔존물; 유풍, 유물. ¶a curious ~ of old-time usage 기이한 구습의 잔재.
—형 살아남는, 살아남기 위한; (식료품 · 의복 따위가) 비상 구급용의. 트킥 자루).
survíval bàg 명 서바이벌 백(조난자 구출용 플라스
survíval gàme 명 서바이벌 게임(모의 전투 게임).
survíval guílt 명 생존자의 죄악감(전쟁 · 재해에서 살아남은 사람이 희생자에 대하여 느끼는 죄의식).
sur·viv·al·ism [sərváivəlìzm] 명 생존[존속]주의 (전쟁 등에 대비해 식량 비축 등 살아남기 위한 대비책 세우기). **-ist** 명
survíval kít 명 (조난 · 재해 따위에 대비한) 비상용품 [구명] 세트, 생존 장비. [생존.
survíval of the fíttest 명 (the ~) (생물) 적자
survíval vàlue 명 생존가(生存價)(생체의 특질이 생존 · 번식에 기여하는 유용성).

‡**sur·vive** [sərváiv] 통 (~s [-z]; ~d; -viv·ing) 타 **1** …보다 오래 살다. ¶His wife ~d him (by) a few years. 그의 아내는 그보다 몇 년 더 살았다 / He was ~d by his wife. 그는 아내를 두고 죽었다. **2** (위기 · 곤란 따위)를 이기고 살아남다, …에도 불구하고 살아남다. ¶The crew ~d the shipwreck. 난파선의 선원들은 살아남았다.

유의어 **survive** 사람이나 사물이 어떤 위험한 사건 뒤까지 살다, 존속하다. **outlive** 경쟁 · 투쟁 · 곤란 등을 극복하고 살아남다, 존속하다(* 타동사로만 씀).

—자 살아남다; 잔존하다, 존속하다; (변고에도 불구하고 변함없이) 잘해 나가다. ¶Few of them ~ to our time. 그들 중 오늘날까지 살아남은 사람은 거의 없다 / The custom still ~s. 그 풍속은 아직 남아 있다.
sur·viv·ing [sərváiviŋ] 형 살아 남은, 잔존한.
*****sur·vi·vor** [sərváivər] 명 **1** 생존자; 유족; 잔존물, 유물. ¶the ~s of the battle 전투에서의 생존자. **2** (법률) (복수의 재산권자 중의) 생존자.
survívor guílt 명 =survival guilt.
Survívor's Bénefit 명 (美) 유족 급부금(순직 경찰 보상법에 의하여 유족에게 지급되는 보상금).
sur·vi·vor·ship [sərváivərʃìp] 명 U **1** 생존, 잔존. **2** (법률) (공유물 따위의) 생존자[잔존자] 취득권.
survívor sýndrome 명 (정신의학) 생존자 증후군(재난에서 살아남은 사람들에게 나타나는 죽음의 공포, 우울증 등의 증상).
sus [SAS] 명(동명) (英속어) =suss.
Sus. (성서) Susanna; Sussex.
sus- [SAS, SAS] 접두 ⇨SUB-. [별칭).
Su·san [súːzn] 명 수잔(여자 이름; Susanna(h)의
Su·san·na [suːzǽnə] 명 **1** (성서) 수산나 이야기(경외서(Apocrypha)의 한 서(書)). **2** (또는 **Susannah**) 수재너(여자 이름). 의 별칭).
Su·sanne [suːzǽn] 명 수잰(여자 이름; Susanna(h)
sus·cep·ti·bil·i·ty [səsèptəbíləti] 명 **1** U 감수성; 느끼기 쉬움[쉬운 성질]; 느끼기[영향받기] 쉬움, 감수성 (*to*). ⇨SENSIBILITY. 유의어 ¶a man of keen *susceptibilities* 감수성이 예민한 사람 // ~ to corrosion 부패하기 쉬움. **2** (-ties) (민감한) 감정, 기분. ¶**hurt** [or **injure**] the *susceptibilities* of …의 감정을 상하게 하다. **3**

ⓤ 〔전기〕 자화율(磁化率)(magnetic ~).

sus·cep·ti·ble [səséptəbl] 형 **1** 〔서술용법〕 허용하는, (…이) 가능한, (…의) 여지(가망)가 있는 (*of, to*). ¶This passage is ~ *to* another interpretation. 이 귀절은 또 다른 해석이 가능하다. **2** 〔서술용법〕 영향받기 〔감염되기〕 쉬운, (…에) 약한 (*to*). ⇨LIABLE 〖유의어〗 be ~ *to* fashion 유행에 민감하다 / ~ *to* colds 감기에 잘 걸리다. **3** 감수성이 강한, 민감한; 다감한. ¶a ~ful young man 용의주도. **~ness** 명 **-bly** 부

sus·cep·tive [səséptiv] 형 **1** 감수성이 강한, 민감한. ¶be of a ~ nature 감수성이 강하다. **2** (…을) 받기 쉬운, 허용하는 (*of*). ~**ness**, sus·cep·tiv·i·ty [sÀseptívəti] 명 민감.

Su·sie [súːzi] 명 수지(여자 이름; Susan, Susanna(h)의 애칭). (또는 Susy, Suzie)

‡**sus·pect** [səspékt] 타 **1** …을 의심하다, 수상하게 여기다. ¶~ the authenticity of a work 작품의 신빙성을 의심하다. **2** …에 (범죄의) 혐의를 두다 (*of* doing, to be, that節). ¶He was ~ed of being a spy. 그는 간첩 혐의를 받고 있었다(*He was ~ed that he was a spy. 또는 It was ~ed that he was a spy. 처럼 말할 수도 있다). **3** …이 아닌가 하고 생각하다, 추측하다 (that節, to do, to be). ¶I ~ him to be a liar. 나는 그가 거짓말쟁이가 아닌가 생각한다 / I ~ (that) we will have snow before night. 밤이 되기 전에 눈이 오지 않을까 싶다 // You have never yet opened that book. I ~. 너는 그 책을 아직 펼쳐 보지도 않은 것 아닌가? **4** (무언가가) 있다고 생각하다, 낌새채다. ¶~ a plot 음모를 낌새채다 / I ~ed a fire from the odor. 냄새로 불이 난 낌새를 챘다. —재 의심을 두다, 혐의를 품다.

be suspected of …의 혐의를 받다.

—명 [sʌ́spekt] 용의자. ¶a murder ~ 살인 용의자.

for suspect (英속어) 용의자로서.

—형 [sʌ́spekt, səspékt] (*more* ~; *most* ~) 의심쩍은, 수상한. ¶I hold her ~. 나는 그녀가 수상하다고 생각한다.

sus·péct·er **sus·péct·i·ble, sus·péct·less** 형

‡**sus·pend** [səspénd] 타 (~**s** [-z]) 형 **1** …을 매달다, 걸다 (*from, by, on*). ¶(~+目+前+名) ~ a lamp *from* the ceiling 등불을 천장에 매달다 / The bridge was ~ed *on* chains. 그 다리는 쇠사슬에 매달려 있다. **2** (수동형으로) (공기나 물 속에) …을 떠돌게 하다, 띄우다. ¶dust ~ed in the air 공기 중에 떠도는 먼지. **3** (결정)을 미루다, 보류하다; 〔형벌 등〕을 연기하다. ¶~ one's decision 결정을 뒤로 미루다 / ~ the sentence on a convicted person 유죄 확정자의 형 집행을 연기하다 (*from, for*); 〔특권 따위〕를 일시 정지하다. ¶~ a person *from* the team 남을 팀에서 제명하다 / He was ~ed *from* school for three days *for* cheating. 그는 커닝을 하여 3일간의 정학 처분을 받았다. **5** 〔화학〕 현탁(懸濁)하다. ¶~ed matter 현탁물, 부유물(浮遊物體). **6** (남)을 애타게 하다, 불안하게 하다. **7** 〔음악〕 (다음 화음까지) 길게 늘이다. —재 **1** (일시) 중지하다. **2** (은행 등이) 지불을 정지하다; 빚을 못 갚게 되다. **3** 매달려 있다, 걸려 있다; (공중에) 떠돌다.

suspend (one's) judgment 판결(판단)을 미루다.

suspend payment (파산 등으로 인해) 지불을 정지하다.

~**i·bil·i·ty** 명 **~i·ble** 형

sus·pénd·ed animátion [səspéndid-] ⓤ 가사(假死) 상태, 인사불성. 〔deferred sentence

suspénded séntence 〔법률〕 집행 유예.

suspénded sólids 〔명〕 현탁(懸濁) 물질(물을 오염시키는 불용성(不溶性) 고형 물질; 약 SS).

*sus·pend·er [səspéndər] 명 **1** (~s) 멜빵(《美》 braces). **2** (~s) 〔英〕 양말 대님(garters). **3** 〔토목〕 (적교(吊橋)의) 매다는 줄, 삭각(索絲). **4** 매다는 사람〔것〕.

suspénder bèlt 명 〔英〕 =garter belt.

*sus·pense [səspéns] 명 ⓤ **1** 불안, 걱정; (영화 등의) 지속적인 긴장감, 서스펜스. **2** (사건 따위의) 미결 상태, 미정 (상태). ¶The matter now hangs in ~. 그 사건은 미결 상태로 남아 있다. **3** 일시적인 정지; 〔법률〕 (권리의) 정지.

hold...in suspense ① (판단 따위)를 미결(미정) 상태로 두다. ② (남)을 마음졸이게 하다, 애태우게 하다. ¶full of ~ 서스펜스가 넘치는. **~·ful·ly** 부 **~·ful·ness** 명 **~·less** 형

suspénse account 명 〔부기〕 가(假)계정, 가계입.

sus·pen·si·ble [səspénsəbl] 형 매달 수 있는; 부동성(浮動性)의; 일시 중지할 수 있는. **-bíl·i·ty** 명

*sus·pen·sion [səspénʃən] 명 ⓤ **1** 매달(리)기, 공중에 매달기(매달린 상태). **2** 미결(지불), 정학, 권리 정지; 중지; 지불 정지; 두절. **4** 〔물리〕 부유(浮遊) (상태); 〔화학〕 현탁(懸濁); Ⓒ 현탁액(液)(액체·고체·기체 속의) 부유물. ¶dust particles in the air 공기 중에 떠도는 먼지. **5** 매다는 것(도구). **6** Ⓒ (자동차의) 차대받이 장치, 완충 장치 (~ system). **7** 〔음악〕 걸림(음), 계류(繫留)(음). **8** 〔수사〕 현언법(懸言法)(이야기의 결말을 질질 끌어 독자의 기대(불안)감을 고조시키는 것).

suspénsion brìdge 명 적교(吊橋), 현수교.

suspénsion pèriods [pòints] 명 〔〕 〔인쇄〕 생략 기호(문장 속에서는 점 셋(…), 문장 끝에서는 점 넷(….)).

sus·pen·sive [səspénsiv] 형 **1** 중지하는, 정지하는. ¶a ~ condition 정지 조건. **2** 미결의; 불확실한. **3** (말·문구 등이) 마음 졸이게 하는, 서스펜스가 많은. **4** 중지되었 같은. **~·ly** 부 **~·ness** 명

suspénsive véto 〔〕 일시적 거부, 정지권(停止權).

sus·pen·sor [səspénsər] 명 목에 걸어 매는 붕대; 〔식물〕 배병(胚柄), 배자루.

sus·pen·so·ry [səspénsəri] 형 **1** (끈·띠로) 매단; 매달아 늘어뜨린. ¶a ~ muscle 현수근(懸垂筋). **2** (작용을) 정지(중지)시키는. —명 〔의학〕 현수대(帶), 목에 매다는 붕대; 〔해부〕 현수근(인대(靭帶)).

suspénsory lígament 명 〔해부〕 제인대(提靭帶), 현수 인대(어떤 기관)부분)을 매달고 있는 인대).

sus. per coll. (라틴) 〔법률〕 suspendatur per collum(= let him be hanged by the neck)(교수형(선고서)).

‡**sus·pi·cion** [səspíʃən] 명 ⓤ (~s [-z]) **1** ⓤⒸ 의심, 의혹, 수상쩍음; 혐의. ⇨DOUBT 〖유의어〗 ¶He was regarded with ~. 그는 의혹에 찬 눈길을 받았다 / S-fell on him. 그에게 혐의가 갔다. **2** ⓤⒸ 알아챔, 낌새챔; (막연한) 느낌(*of*). ¶have a ~ of danger 위험을 어렴풋이 알아채다. **3** (a ~) 기미, 소량, 미량(*of*). ¶~ without a ~ of humor 유머라곤 조금도 없이.

above [or ***beyond***] ***suspicion*** 의심〔비난〕받을 여지가 없는, 정당〔공정〕한.

attach suspicion to; cast suspicion on; hold ...in suspicion …에게 혐의를 두다, …을 의심하다.

not the shadow [or ***ghost***] ***of a suspicion*** 한가닥 의심도 없는.

on (**the**) ***suspicion of*** …의 혐의로. 〔~ 용의자.

under suspicion 혐의를 받는. ¶a person *under*

—명타 (美속어) …에 혐의를 두다, …을 의심하다.

~**ful**, ~**less** 형

sus·pi·cion·al [səspíʃənl] 형 (병적으로) 의심 〔은.

‡**sus·pi·cious** [səspíʃəs] 형 (*more* ~; *most* ~) **1** 의심스러운, 수상쩍은, 미심쩍은. ⇨ DOUBTFUL 〖유의어〗 ¶~ behavior 수상한 거동. **2** (…을) 의심하는 (*of*); 의심 많은, 의심하는 듯한. ¶a ~ glance 의심쩍은 눈초리 // He was ~ of all the neighbors. 그는 모든 이웃 사람을 의심했다. **~·ly** 부 **~·ness** 명

sus·pi·ra·tion [sÀspəréiʃən] 명 ⓤ 장탄식, 긴 한숨.

sus·pire [səspáiər] (고어·시) 재자 한숨을 쉬다,

탄식하다; 흡하다. ━ 卧 탄식하며 말하다.
suss [sʌs] 〖英俗語〗 圀 의심(suspicion); 용의자.
on suss 혐의를 받고, 의심받고.
━ 卧 ① …을 조사(염탐)하다; …을 이해하다(*out*). ━ 卧 수상쩍은, 의심스러운.
sussed [sʌst] 圀 〖英俗語〗 (사람이) 잘 적응한; 훤히 알고 있는, 정통한, 자신 있는.
Sus·sex [sʌ́siks] 圀 서섹스. 1 잉글랜드 남동부의 옛 주(州)(1974년 East Sussex와 West Sussex로 분리). 2 서섹스종(種) 닭[소]. 〖─받는 사람〗.
sus·so [sʌ́sou] 圀 (윽 ─s) 〖濠俗語〗 실직 수당을 받는 사람.
sus·sy [sʌ́si] 圀 〖英俗語〗 의심스러운; 수상쩍은.
‡sus·tain [səstéin] 卧 (~s [-z]) 〖他〗 1 〖무게〗를 떠받치다, 지탱하다. 2 〖무게·부담〗을 견디다, 〖중책〗을 맡다. ¶ *The breakwater ~ed the shocks of waves.* 그 방파제는 파도의 충격을 잘 견뎠다. 3 〖손해·상처 따위〗를 입다, 받다. ⇨ EXPERIENCE 유의어 ¶ ~ *severe injuries* 심한 상처를 입다. 4 …을 지속[계속]하다. ¶ ~ *a conversation for a long time* 장시간 대화를 계속하다. 5 〖시설·생명〗을 유지하다; …을 부양하다. ⇨ SUPPORT 유의어 6 〖남〗을 북돋우다, 격려하다. ¶ *Her advice ~ed him during his illness.* 그는 병(病)중에 그녀의 충고로 기운을 차렸다. 7 〖학설 등〗을 지지하다; 시인(승인)하다; (소신·진술 등)을 확증(확인)하다 (*in*). (~ + 卧 + 前 + 名) *The court ~ed him in his claim.* = *The court ~ed his claim.* 법정은 그의 주장을 인정했다. 8 〖역할〗을 능숙하게 연기하다. ¶ ~ *the character* [*or role*] *of Hamlet* 햄릿 역을 훌륭히 해내다. 9 〖음악〗 〖음표〗를 충분히 길게 유지하다. ━ 卧 지탱하다; 유지하다.
━ 圀 (전자악기로) 음표의 장음을 충분히 유지하기. ~·**ing·ly** 卧 ~·**ment** 圀
sus·tain·a·ble [səstéinəbl] 圀 1 지속(유지)할 수 있는; 견딜 수 있는; 확인할 수 있는. 2 (자원 이용이) 환경을 파괴하지 않고 지속될 수 있는; (개발 등이) 고갈됨이 없이 이용할 수 있는; (개발 등이) 야생 동물을 절멸시키지 않는. **-bíl·i·ty** 圀 **-bly** 卧
sustainable devélopment 圀 환경 친화적 개발.
sus·tained [səstéind] 圀 지속된; 한결같은. ¶ ~ *efforts* 지속적인 노력. **-táin·ed·ly** [-téinidli] 卧
sus·tained-re·lease [-ríːliːs] 圀 〖화학·약학〗 (약·비료 등이) 지효성(遲效性)의.
sustáined yíeld 圀 수확량 유지(한 번 수확한 후로 감소된 삼림·물고기 등의 생물 자원이 다음 수확 때까지 늘어나도록 관리하는 일). **sus·táined-yíeld** 圀
sus·tain·er [səstéinər] 圀 1 떠받치는 사람[것]. 2 = sustaining program. 3 (다단식 로켓의) 지속 비행 (용 엔진).
sus·tain·ing [səstéiniŋ] 圀 떠받치는, 유지하는; 체력을 돋우는; 〖라디오·TV〗 자체 프로그램의. ¶ ~ *food* 영양 식품.
sustáining prògram 圀 〖라디오·TV〗 자체 프로그램(광고주 없이 방송국 자체가 비용을 부담).
*sus·te·nance [sʌ́stənəns] 圀〖U〗 1 생명을 유지하는데 필요한 것, 영양(물)(nourishment); 음식물. 2 생계, 살림살이. ⇨ LIVING 유의어 ¶ *get* ~ 생계를 유지하다. 3 지탱, 유지; 부양, 양육; 지속.
sus·ten·ta·tion [sʌ̀stəntéiʃən] 圀〖U〗 1 생명의 유지, 지탱. 2 〖U〗 부양, 부조(扶助); 생계 유지. 3 〖UC〗 영양물, 음식, 식량. ~·**al**, **-tá·tive** 圀
sustentátion fùnd 圀 〖교회〗 (장로교의) 전도사 부조 기금. 〖─성. **-tive** 圀
sus·ten·tion [səstén{ʃən] 圀〖U〗 지지, 유지; 지속
su·sur·rant [susə́ːrənt/sjuːsʌ́r-] 圀 속삭이는.
su·sur·ra·tion [sùːsəréiʃən/sjùː-] 圀〖UC〗 〖문어〗 속삭임(whisper); 졸졸거리는 소리.
su·sur·rous [susə́ːrəs/sjuːsʌ́r-] 圀 〖문어〗 속삭이는; 졸졸거리는.

Su·sy [súːzi] 圀 =Susie.
sut·ler [sʌ́tlər] 圀 종군 상인, (군대의) 구내 매점 상인.
su·tra [súːtrə] 圀 (종종 S-) 〖종교〗 (힌두교·불교의) 경전, 경문, 수트라.
sut·tee [sʌtíː, -] 圀 〖인도〗 1 ① 아내의 순장(殉葬)(남편의 화장(火葬) 때 아내를 함께 산 채로 화장하는 풍습). 2 남편을 따라 죽는 아내. (또는 sati) ~·**ism**
su·tur·al [súːtʃərəl/sjúː-] 圀 〖외과·해부〗 봉합(선(線))의에 의한, 접합하고 있는. -·**ly** 卧
su·ture [súːtʃər] 圀 1 〖외과〗 (상처의) 꿰맨 자리, 봉합(縫合); 봉합법[술]; 봉합사(絲). 2 〖해부〗 (두개골의) 봉합(선)(線); (동·식물) 봉합; 봉합선(쌍각류 조개의 접합부 따위). 3 (천의) 솔기(seam); (두 부분의) 이음매. ━ 卧 〖상처〗를 봉합하다(꿰매다); 접합하다.
SUV *sport-utility vehicle.*
Su·va [súːvə] 圀 수바(피지(Fiji)의 항구 도시; 수도).
Su·wan·nee [səwɑ́ːni, -wɔ́ː-/suwɔ́ni] 圀 (the ~) 스와니 강(미국 Georgia, Florida주를 거쳐 Mexico만(灣)으로 흘러드는 강).
su·ze·rain [súːzərin, -rèin/sjúː-] 圀 종주국(宗主(國)); 〖역사〗 봉건 군주, 영주(ruler). ━ 圀 종주권을 가진, 종주권의. ¶ *a* ~ *state* 종주국.
su·ze·rain·ty [súːzərinti, -rèin/sjúː-] 圀〖U〗 1 종주국(권); 종주국[영주]의 지위. ¶ *under nominal* ~ 유명무실한 주권 밑에서. 2 종주국[봉건 군주]의 영토.
Su·zie [súːzi] 圀 수지. (또는 Suzy)
sv (야구) *save(s).* **SV** (라틴) *Sancta Virgō*(=Holy Virgin); *Sanctitas Vestra* (=Your Holiness). **s.v.** *sailing vessel; sub verbo; sub voce.*
sva·ra·bhak·ti [sfɑ̀ːrəbɑ́kti, svɑ̀ː-/svʌ̀rəbʌ́kti] 圀 〖언어〗 모음 삽입(외래어의 발음을 쉽게 하기 위해 자음군(群) 사이에 모음을 삽입하는 것). 〖Skt〗
svc., **svce.** *service.* **SVC** 〖컴퓨터〗 *supervisor call*(감시 프로그램 호출 (명령)).
svelte [svelt] 圀 (여자가) 날씬한, 호리호리한; 우아한, 고상한. -·**ly** 卧 -·**ness** 圀 〖<F〗
Sven·ga·li [sveŋgɑ́ːli, sfen-] 圀 (이기적(사악한) 동기로) 남을 조종하는 사람. (<George Du Maurier의 소설 *Trilby*(1894)에 나오는 사악한 최면술사의 이름)
SV 40 *simian virus 40*(원숭이의 (발암) 바이러스 40; 암 연구용). **SVGA** *Super VGA*(IBM PC 및 그 호환 기종 비디오 규격의 하나). **svgs.** *savings.*
SVO lànguage 圀 〖언어〗 SVO언어(기본적으로 주어─동사─목적어의 어순을 갖는 언어; 영어·중국어 등). **< SOV language, VSO language**
SVP *senior vice president*(상무). **SW** *shipper's weight*; *short wave*; *switch.* **SW., S.W., s.w.** *southwest(ern).* **Sw.** *Sweden*; *Swedish.* **S/W** 〖컴퓨터〗 *software.* **S.W.** *salt water*; *sea-water*; *South Wales*; *specific weight.* **S.W.A.** *South-West Africa.*
swab [swɑb/swɔb] 圀 1 (갑판용) 자루 걸레, 몹(mop). 2 〖의학〗 약솜, (약을 바르는 데 쓰는) 스펀지 면봉; 솜막대로 채취한 재료(현미경 표본용). 3 총구(포신) 청소용구(청소봉(棒)). 4 〖俗〗 뎅보바리, 미련퉁이. 5 〖美俗〗 선원; 미해군 수병. ━ 卧 (**-bb-**) 1 (자루 걸레로) …을 청소하다, 훔쳐내다. 2 〖의학〗 (탈지면 따위로) 〖수분〗을 훔치다; …을 축이다; 〖인후(咽喉) 따위〗를 약솜으로 소독하다. (또는 **swob**)
swab·ber [swɑ́bər/swɔ́b-] 圀 1 자루 걸레로 청소하는 사람(선원). 2 〖俗〗 뎅보바리, 미련퉁이.
swab·bie [swɑ́bi/swɔ́bi] 圀 〖美俗〗 해군 하사관, 수병(水兵). (또는 **swabby**)
Swa·bi·a [swéibiə] 圀 슈바벤(Schwaben)(독일 남서부에 있던 중세의 공국(公國); 현재는 Bavaria 남서부의 행정 구역). **-bi·an** 圀
swacked [swækt] 圀 〖俗〗 (술·마약에) 취한.
swad·dle [swɑ́dl/swɔ́dl] 卧 〖他〗 1 〖갓난애〗를 강보

swaddling clothes / **swan**

[천]로 감싸다, 입히다. 꼭 싸다: (붕대 따위로) …을 감싸다, 두르다. ¶ (갓난애를 감싸는) 강보, 포대기. (美)속어) 속박, 기저귀.

swád·dling clòthes [bànds] [swádliŋ-/swɔ́d-] 图 복 1 배내옷, 기저귀, 강보, 포대기. 2 영아기, 요람기; (사물의) 미발달기. 3 (비유적) (어린이 등에 대한) 엄한 감독, 속박.

swad·dy [swádi/swɔ́di] 图 (英속어) 군인, 병사.

Swa·de·shi [swədéiʃi] 图 ① 스와데시(독립 전의 인도에서 국산품을 장려하고 외국(특히 영국) 상품을 배척한 운동). — 图 인도제(製)의.

swag [swæg] 图 1 화환, 꽃다발, 꽃장식. 2 흔들리기, 축 늘어지기. 3 저습(低濕) 지대. — 图 (-gg-) 困 1 흔들리다. 2 (축) 늘어지다: 처지다. — 图 1 …을 흔들다: 늘어뜨리다. 2 …을 꽃술로 장식하다.

swag² 图 ① (속어) 약탈품, 전리품, 부정 이득; 돈, 귀중품. 2 (濠) (산지 여행자·광부 등의) 휴대품 보따리.

a swag of; *swags of* (濠·뉴질) 많은.

go on the swag 방랑자[부랑자]가 되다.

hump one's *swag* (濠·뉴질) (떠돌이 노동자가) 소지품을 어깨에 메고 운반하다. 하다.

— 图困 (-gg-) (濠) (일용품 보따리를 둘러메고) 여행

swage [sweidʒ] 图 [기계] 형철(型鐵) (쇠붙이를 길게어넣고 형체를 뜨는 틀); = ~ **block.** — 图 回 …을 쇠틀로 구부리다, 형을 뜨다. **swág·er** 图

swáge blòck 图 [기계] 벌집틀, 이형공대(異形孔臺).

*swag·ger [swǽgər] 图困 1 뽐내며[으스대며] 걷다. (몸을 뒤로 젖히고) 활보하다. ¶ (+ 圓+名) He ~ed into the room. 그는 어깨에 힘을 주고 뽐내며 방으로 들어왔다. 2 호언장담하다, 허풍떨다 (about); 큰소리로 뽐내다. ¶He ~s about his boldness. 그는 자기가 간이 크다고 허풍을 떨고 있다. —图 1 …을 협박하여 …하게 하다 (into); 협박하여 …을 못하게 하다 (out of). ¶ ~ a person out of opposition 남을 협박하여 반항을 못하게 하다 / The robber ~ed a traveler into giving all his money. 노상 강도는 여행자를 협박하여 가진 돈을 모두 내놓게 했다. — 图 뽐내며[으스대며] 걷기; 뽐냄; 허풍떨기. — 图 (英구어) 멋진, 맵시있는, 스마트한. **~·er** 图

swágger còat 图 스왜거 코트(뒤[등]에 낙낙한 플레어(flare)를 넣은 피라미드형의 여성용 코트).

swag·ger·ing [swǽɡəriŋ] 图 뽐내며 걷는; 허풍을 떠는. **~·ly** 图

swágger stìck 图 (군인이 외출할 때 들고 다니는) 단장(短杖), 지휘봉. (또는 (英) **swágger càne**)

swag·gie [swǽɡi] 图 (濠구어) = swagman.

swag·man [swǽɡmən] 图 (濠구어) (일상 생활용품을 넣은 보따리(swag)를 가지고 여행하는) 떠돌이 노동자(vagrant).

Swa·hi·li [swɑːhíːli] 图 图 (~**s**) 스와힐리 사람(아프리카의 Zanzibar 지방에 살며 Bantu 족에 속한다); ① 스와힐리 말. **~·an** 图 [< Arab coastal]

swain [swein] 图 (고어·시) 시골 젊은이; 시골 멋쟁이[미남]; 연인, (남자) 애인. ¶her faithless ~ 그녀의 믿지 못할 애인.

SWAK, swak [swæk] sealed with a kiss(키스로 봉한(애인이 편지에 쓰는 말)). 「그늘진 장소, 골짜기.」

swale [sweil] 图 (美) 저습지; 움푹 팬 땅; (방언)

‡swal·low¹ [swálou/swɔ́l-] 图 (~**s** [-z]) 图 1 …을 삼키다, 꿀꺽 삼키다(up). ¶a pill 알약을 삼키다. 2 …을 싸다(덮어씌우다(envelop), 빨아들이다; (모습 등)을 감추다; …을 다 써버리다(up). ¶ (+ 圓+名) Her figure was ~ed up in the mist. 그녀의 모습는 안개 속으로 사라졌다 / The expenses ~ed up the earning. 지출이 소득을 능가했다. 3 (구어) (의심없이) …을 받아들이다, 곧이곧대로 듣다. ¶ ~ a person's story 남의 말을 곧이듣다. 4 (감정)을 억누르다(suppress), (모욕 따위)를 참다, 견디다(down). ¶ ~ one's

grief 슬픔을 삼키다[억누르다] / ~ an insult 모욕을 참다. 5 (앞서 한 말)을 취소[철회]하다. 6 (말)을 우물[웅]얼거리다. — 图 삼키다; (감정을 억제하며) 침을 꿀꺽 삼키다. ¶She ~ed hard. 그녀는 (감정을 억누르고) 침을 꿀꺽 삼켰다. [CAMEL.

strain at a gnat and swallow a camel ⇨

swallow a watermelon seed (美속어) 임신하다.

swallow one's pride 자존심을 버리다.

swallow one's words ① 말을 취소하다, 식언(食言)하다. ② 말을 웅얼거리다.

swallow the anchor (속어) 선원 생활을 그만두다; (美속어) 해군에서 제대하다. [서] 긴장하여 얼다.

swallow the apple [or *olive*] (美속어) (스포츠에

swallow the bait 미끼를 삼키다; (비유적) 꾀에 걸리다. 「키다.

swallow with a glass of water (美속어) 완패시

— 图 (图 ~**s** [-z]) 1 삼키기; 한 모금(의 양). ¶I took a ~ of water. 물을 한 모금 꿀꺽 마셨다. 2 식도(gullet); 삼키는 힘, 식욕. 3 (英) (물을) 빨아들이는 구멍. (또는 ~ **hòle**) 4 (해사) 밧줄 통하는 구멍.

at [*or in*] *one swallow* 한 입에.

take a swallow of …을 한 모금 마시다.

~·a·ble 图 **~·er** 图

‡swal·low² 图 (图 ~**s** [-z]) 제비. ¶One ~ does not make a summer. (속담) 제비 한 마리가 왔다고 여름이 되는 것은 아니다(속담은 금물). **~·like** 图

swállow dìve 图 (英) = swan dive.

swal·low·tail [swáloutèil/swɔ́l-] 图 1 제비 꽁지; (제비 꽁지처럼) 끝이 두 갈래로 갈라진 것. 2 (곤충) 산호랑나비(~ butterfly). 3 (해사) (끝이) 제비 꽁지 모양의 신호기. 4 (목공) 열장 이음(dovetail). 5 (구어) = swallowtailed coat.

swal·low·tailed [-tèild] 图 제비 꽁지 모양의, 끝이 두 갈래로 갈라진.

swállow-tailed còat 图 연미복(燕尾服).

‡swam [swæm] swim의 과거.

swa·mi [swáːmi] 图 (图 ~(**e**)**s**) 스와미(힌두교의 학자·성자에 대한 존칭); = pundit. [< Skt]

‡swamp [swamp/swɔmp] 图 ⓒ⑪ 소택지(沼澤地), 늪. — 图 (~**ed** [-t]) 图 1 (늪 따위에) …을 가라앉히다; …을 물에 잠기게 하다; (해사) (보트)를 (물을 채워) 가라앉히다. ¶A big wave ~ed the boat. 큰 파도로 보트가 물에 잠겼다. 2 (종종 수동형으로) …을 압도하다, (홍수처럼) …에 밀려들다, 쇄도하다 (with, in). ¶I was ~ed with work. 일에 몰려 정신이 없었다. 3 …을 무력하게 하다, 파멸시키다, 궁지에 빠뜨리다. ¶Heavy debts ~ed them. 그들은 큰 빚으로 망했다. — 图 1 (늪에) 빠져들다, 가라앉다. 2 궁지에 빠지다, 파멸되다.

be swamped with ⇨ 图 2.

swamp down (濠속어) 꿀꺽 삼키다.

swamp one's way (濠속어) (…와) 항쟁하다 (with).

— 图 늪지대의, 늪지대에서 서식[번식]하는.

~·ish, **~·less** 图

swámp bòat 图 (소택지용) 에어보트(airboat).

swámp bùggy 图 (美) 소택지용 수륙 양용차.

swamped [swampt/swɔmpt] 图 (美속어) 눈코 뜰새 없이 바쁜; 술취한.

swamp·er [swámpər/swɔ́mp-] 图 소택지에 사는[에서 일하는] 사람, 습지에 정통한 사람; 잡역부.

swámp féver 图 (병리) 말라리아(malaria); 전염성 혈뇨증; 렙토스피라증(leptospirosis).

swámp gàs 图 소기(沼氣)(marsh gas).

swamp·land [swámplænd/swɔ́mp-] 图 소택지.

swamp·y [swámpi/swɔ́mpi] 图 소택지의(와 같은), 질퍽질퍽한; 늪에 있는; 늪이 많은. **swámp·i·ness** 图

swa·my [swáːmi] 图 = swami.

‡swan¹ [swɑn/swɔn] 图 (图 ~**s** [-z]) 1 백조. 2 (백조처럼) 아주 아름다운[완전 무결한] 사람[것]. ¶All

swan
your geese are ~s. (속담) 무엇이든 제 물건은 좋은 줄 안다. **3** 굉장한 가수·시인. **4** (the S-) 〔천문〕 백조자리(Cygnus).
the Swan of Avon 에이번의 백조(Shakespeare의 별칭).
── 图 (~s [-z]; -nn-) (英구어) (남의 돈으로) 멋부리며 놀고 다니다; (정처 없이) 방황하다(around).
swan it (구어) 한가로이 거닐다, 빈둥빈둥 지내다.
~-like 图

swan² 图困 〔美방언〕 맹세하다, 단언하다.
I swan! (놀람·초조 등을 나타내어) 기막히다!; 틀림없다!
swán bòat 图 (유원지 등의) 백조 (모양의) 보트.
swán dìve 图 〔수영〕 제비식 다이빙(양팔을 벌려 머리 위로 쭉 뻗고 물속으로 뛰어드는 형). (또는 (英) **swállow dìve**)
swang [swæŋ] 图 (古어·방언) swing¹의 과거.
swan·herd [swánhə̀ːrd/swɔ́n-] 图 백조를 지키는[돌보는] 사람.
swank¹ [swæŋk] (구어) 图困 **1** (복장·태도의) 화사함, 스마트함. **2** 멋부림; 뽐내기(swagger); (英) 허세부리는(점잔빼는) 사람. **3** (~s) (美속어) 외출복, 멋진 옷.
── 형 멋부린, 멋진; 화려한.
── 图困 거드름피우다. ── 困 **1** (~ it으로) 거드름피우다. **2** (~s) (美속어) 꾸미다. **3** 냉대(푸대접)하다.
swank² 图 swink의 과거.
swank·pot [swǽŋkpɑ̀t/-pɔ̀t] 图 (英속어) 자랑쟁이.
swank·y [swǽŋki] 图 (구어) 뽐내는, 멋부린, 화려한; 사치스러운. **swánk·i·ly** 图 **swánk·i·ness** 图
swan·mark [swǽnmɑ̀ːrk/swɔ́n-] 图 (윗부리에) 새기는 백조 소유주의 표시.
swan·ner·y [swǽnəri/swɔ́n-] 图 백조 사육장.
swans·down [swǽnzdàun/swɔ́nz-] 图 □ **1** 백조의 솜털(의복의 가장자리 장식이나 분첩 따위에 쓴다). **2** 융의 일종(배내옷용). (또는 **swán's-dòwn**)
swán shòt 图 백조 사냥용 총알.
swan·skin [swǽnskìn/swɔ́n-] 图 □ **1** (깃털이 달린) 백조의 가죽. **2** 보풀을 세운 플란넬천(작업복용).
swán sòng 图 백조의 노래(백조가 죽을 때 부른다는 아름다운 노래); (개인·단체·시대 등의) 마지막을 장식하는 것, (시인·음악가의) 최후의 작품, 절필(絶筆).
swan-up·ping [-ʌ̀piŋ] 图 □ (英) 백조 조사(백조 새끼를 잡아 부리에 이름을 새기는 Thames 강의 연중 행사).
swap [swɑp/swɔp] 图 (-pp-) 困 (구어) **1** ···와 물물교환하다, 맞바꾸다(for, with); (속어) (부부)를 교환하다. ¶ I *~ped* my watch *for* his dictionary. 내 시계와 그의 사전을 맞바꿨다 // ~ *seats* [*or places*] *with* a person 남과 자리를 바꾸다 // *Never ~ horses while crossing the stream.* (속담) 개울을 건너는 동안 말을 갈아 타지 마라; 위기가 사라질 때까지 현상대로 밀고 나가라. **2** 〔컴퓨터〕 (주기억 장치와 보조 기억 장치 사이의) (프로그램)을 교환하다. ── 图 물물 교환을 하다, 장소를 교환하다((a)round, over). (속어) 부부 교환[스와핑]을 하다. ── 图 하다.
swap round [or *over*] (좌석 따위)를 바꾸다, 교환하다.
swap spit (美속어) 키스하다.
── 图 (보통 a ~, the ~) (물물) 교환; (속어) 부부 교환; (통화·금리 등의) 스왑 거래. ¶ a good[poor] ~ 득[손해]을 본 교환.
swáp agrèement[arràngement] 图 〔경제〕 스왑 협정(외환 시세를 안정시키기 위해 두 나라의 중앙 은행이 일정액의 자국 통화를 서로 교환 예치하는 협정).
swáp file 图 〔컴퓨터〕 스왑[교체] 파일.
swáp mèet 图 (중고품의 스왑 모임[시장].
SWAPO, Swa·po [swɑ́ːpou] 图 서남 아프리카 인민 기구, 스와포(남아프리카 공화국으로부터의 나미비아 독립을 추진한 아프리카의 조직; 독립 후 집권당이

됨). 〔<South-West Africa People's Organization〕
swáp shòp 图 중고품 가게(상점).
swáp·tion [swɑ́pʃən/swɔ́p-] 图 〔금융〕 금리·통화 스왑 거래 옵션(고정 금리 채무와 변동 금리 채무를 교환하는 선택권). 〔<*swap*+*option*〕
swa·raj [swərɑ́ːdʒ] 图 □ **1** 〔인도〕 독립, 자치. **2** (S-) (영국 식민지 시대의) 독립 자치당(黨).
~·**ism** 图 ~·**ist** 图 (인도의) 독립 운동가(의).
sward [swɔːrd] 图 □ (문어) 풀밭, 잔디밭, 잔디.
── 图 잔디로 뒤덮다[뒤덮이다]. ~-**ed** 형
sware [swɛər] 图 (古어) swear의 과거.
swarf [swɔːrf] 图 □ (금속이나 나무 따위의) 지스러기, 부스러기(sludge).

‡swarm¹ [swɔːrm] 图 (图 ~s [-z]) **1** (분봉(分蜂)하는) 벌떼; (곤충의) 떼. ⇒FLOCK 〔유의어〕 **2** (움직이고 있는 사람·동물·물건의) 무리, 대군(大群), 군중. ⇒CROWD 〔유의어〕 ¶ ~ of children 많이 모인 아이들. **3** 〔생물〕 부유(浮遊) 세포(생물)군(群).
in swarms [or *a swarm*] 떼를 지어.
── 图 (~s [-z]) 困 **1** 떼를 짓다, 모이다, 꾀다, (사람·동물의) 한 무리가 되어 우글거리다(round, about, over, through). ¶ Sightseers were ~*ing* out of the hotel. 관광객이 호텔에서 떼를 지어 나가고 있었다 // Tramps ~ *about* in the park. 부랑자들이 공원에 우글거리고 있다. **2** (장소가 사람·동물 등으로) 가득 차다(with). ¶ Every place ~s *with* people on Sundays. 일요일에는 어디나 사람들로 붐빈다. **3** 떼지어 이주(이동)하다; (벌이) 분봉하다. ── 图 (수동형으로) ···에 떼를 짓다(with). ¶ The garden was ~*ed with* bees. 정원에는 꿀벌들이 떼지어 날고 있었다.
swarm² 图 (古어) (나무 따위에) 기어오르다(up).
swárm cèll [spòre] 图 〔생물〕 유주자(遊走子), 운동성 홀씨(zoospore).
swarm·er [swɔ́ːrmər] 图 **1** 군중[무리] 속의 한 사람[마리]. **2** 〔생물〕 =swarm cell. **3** 분봉 준비가 다 된 꿀벌 떼.
swart [swɔːrt] 형 =swarthy. ~·**ness** 图
swart ge·vaar [-xəvɑ́ːr] 图 (남아공) 흑화(黑禍)(다수파인 흑인에 대해 백인들이 갖는 공포감).
swarth¹ [swɔːrθ] 图 풀밭, 잔디(밭), 초지(sward); (방언) 건초용 작물.
swarth² 图 (방언) 피부. ── 형 =swarthy.
~·**ness** 图
*****swarth·y** [swɔ́ːrði, -θi] 형 (피부·안색이) 거무스름한, 까무잡잡한. **swárth·i·ly** 图 **swárth·i·ness** 图
swash [swɑʃ/swɔʃ] 图困 **1** (물이) 세차게 부딪다, 튀다, 철썩 소리를 내다; (격렬한 기세로) 돌진하다. **2** (美) 뽐내며 걷다. ── 困 ···을 세차게 부딪치다; (물 따위)를 튀기다(splash). ── 图 **1** (물 따위가 세차게 부딪치는 소리, 부딪침); 맹렬한 일격. **2** 분류(奔流). **3** (美) (모래톱 가운데 또는 모래톱과 해안 사이의) 여울, 좁은 해협. **4** 허세 부리기. ── 형 **1** 비스듬하게 경사진. **2** (美) 장식 서체의.
swash·buck·ler [swɑ́ʃbʌ̀klər/swɔ́ʃ-] 图 허세 부리는 사람(을 다룬 소설·영화 따위).
swash·buck·ling [swɑ́ʃbʌ̀kliŋ/swɔ́ʃ-] 图 허세부리기; 허세(만용)를 부리는; 영화의 모험과 스릴에 찬. (또는 **swáshbùcklering**)
swásh bùlkhead 图 〔항해〕 제수 격벽(制水隔壁)(액체 화물의 유동 억제를 위해 탱커 내에 설치하는 격벽).
swásh plàte 图 〔기계〕 회전 경사판, 요동판(搖動板).
swas·ti·ka [swɑ́stikə/swɔ́s-] 图 卍 십자형의 변형, 갈고리십자형의 기장, 卐 (옛 나치스 독일의 상징). (또는 **swastica**) ~·**ed** 형 〔<Skt〕
swat¹ [swɑt/swɔt] 图 (美·구어) 图困 (-tt-) ···을 세차게 치다(때리다), 찰싹 때리다[치다]; (야구) 강타하여 장타를 만들다. ── 图 찰싹 때리기, 강타; 〔야구〕 장타.
swat² 图困 (英속어) =swot².

SWAT [swɑt/swɔt] 명 (美) (FBI·경찰 등의) 특수기동대. [< S.W.A.T., swat [<Special Weapons and Tactics or Special Weapons Attack Team]

swatch [swɑtʃ/swɔtʃ] 명 1 (직물·피혁 따위의) 견본. ¶a ~ of calico 캘리코의 견본. 2 전형적인 예.

swath [swɑθ/swɔ:θ] 명 1 (큰 낫이나 풀 베는 기계의) 한 번 베는 폭, 깎은 자리. 2 한 번 벤 목초(의 분량). 3 (벤) 풀이나 곡물의 한 줄. 4 띠 모양을 이루는 것 [장소](strip); 넓은 길, 긴 줄. 5 (해사) 파도 넓이.
cut a (wide) swath (美) ① 야단스럽게 행동하다, 잘난 체하다. ② 여지없이 맞가뜨리다.

swathe¹ [swɑð/sweið] 문에 타 …을 감다, 싸다(*in, with*); …을 붕대로 감다. ¶with the head ~d in a shawl 숄로 머리를 감싸고. — 명 붕대, 감는[싸는] 천. **swáth·a·ble, ~·a·ble** 형 **swáth·er** 명

swathe² = swath.

swat-stick ['stik] 명 (구어) (야구) 방망이, 배트.

swat·ter [swɑ́tər/swɔ́t-] 명 1 (세차게) 때리는[치는] 사람[것]; 파리채. 2 (야구) 강타자.

Ś wàve (지진의) S파(波), 횡파(橫波).

swave [sweiv] 형 (속어) 굉장한, 멋진, 끝내주는.

‡**sway** [swei] 자 (~*s* [-z]) 재 1 흔들리다, 동요하다.
⇒SWING¹ [유의어] ¶The branches of the trees were ~*ing* in the wind. 나뭇가지들이 바람에 흔들리고 있었다. 2 (어떤 방향으로) 기울다, 움직이다. ¶~ to the left 왼쪽으로 기울다. 3 (의견·마음이) 동요하다, 기울이다, (한쪽으로) 기울다. — 타 1 흔들다, 동요시키다. 2 (의견·마음)을 움직이다, 지배하다, …에 영향을 끼치다. ¶The speaker's words ~*ed* the audience. 연사의 말은 청중의 마음을 뒤흔들었다. 3 (고어·시) (무기 따위)를 휘두르다; …을 통치하다. 4 (해사) (활대 따위)를 올리다.
sway the scepter 홀(笏)[주권]을 휘두르다; 지배[통치]하다.
— 명 1 UC 동요, 진동. 2 (고어) U 지배(권), 영향[력], 통치.
hold sway over …을 지배하다, 마음대로 하다.
own love's sway 반했다고 고백하다.
under the sway of …의 지배하에.
~·a·ble, ~·ful 형 **~·ing·ly** 부

sway·back [swéibæk] 명 (수의) (말(馬)의) 허리가 비정상적으로 굽음, 굽은 등; (병리) = lordosis.
— 형 = swaybacked. 「상적으로 등이 굽은.

sway·backed [swéibækt] 형 (수의) (말이) 비정

swayed [sweid] 형 (수의) = swaybacked.

sway·er [swéiər] 명 좌우[지배]하는 사람[것].

Swa·zi·land [swɑ́:zilænd] 명 스와질란드(아프리카 남동부에 있는 입헌 군주국; 수도 Mbabane).

swaz·zled [swǽzld/swɔ́zld] 형 (美속어) (술에) 몹시 취한.

swbd. switchboard. **SWbS** *southwest by south* (남서미남(微南)). **SWbW** *southwest by west* (남서미서(微西)).

sweal [swi:l] (英방언) 자타 1 녹다; 점점 줄다; 녹이다. 2 (양초 따위)를 녹이다; 점점 줄이다; (숲 따위)를 불태우다; 그을리다.

‡**swear** [swɛər] 자 (~*s* [-z]; *swore*; *sworn*) 재 1 맹세하다(*to*, *before*, *on*), ¶~+전+명 ~ *on* [or *by*] Heaven[the Bible] 하늘[성서]을 두고 맹세하다 / I ~ *to* God. 하느님께 맹세한다. 2 서약하다, 보증하다; (법률) 선서하고 증언[진술]하다. ¶(~+전+명) ~ *against* [*in favor of*] the accused 피고에게 불리[유리]한 증언을 하다 / I can ~ *to* its authenticity. 나는 그것이 진실임을 증언할 수 있다. 3 (저주나 노여움 때문에, 또는 단순히 강조하기 위하여) 벌받을 소리를 하다, 옥지거리하다(*at*, *about*). ¶He *swore at* his children. 그는 자식들에게 욕을 퍼부었다. — 타 1 …을 맹세하다, 맹세코 말하다, 선언하다(*to do, that*절). ¶We *swore* eternal friendship[true love]. 우리는 영원한 우정[진정한 사랑]을 맹세했다. (~+*to do*) He *swore to* tell the truth. 그는 진실을 말하기로 맹세했다. // (~+*that*절) She *swore that* she would be revenged on him. 그녀는 그에 대한 복수를 맹세했다. 2 (구어) …이라고 단언하다, 장담하다. ¶(~+*that*절) I ~ (*that*) it's the truth. 그건 틀림없는 사실이야. 3 …을 증언하다. ¶He *swore* it *on* the witness stand. 그는 증언석에서 그것을 증언했다. 4 (서약·선서)를 하다. ¶~ *an* oath 선서하다. 5 (법정의 증인)에게 맹세하게 하다, 선서하게 하다(*to*). ¶As he knows our secrets, he should be *sworn to* secrecy. 그는 우리의 비밀을 알고 있으니 비밀을 지킬 것을 맹세하게 해야 한다. 6 (재귀용법으로) …을 욕해서 (어떤 상태로) 이르게 하다. ¶(~+图+보) The husband and wife both *swore* themselves hoarse. 그 부부는 서로 욕을 많이 해서 목이 쉬었다. 「다.
cannot swear to it (구어) 그렇다고 단정할 수는 없
enough to swear by (구어) 아주 조금, 약간.
I'll be sworn. 정말이야.
swear an accusation [or *a charge*] *against* … 선서하고 …을 고소하다. 「않다.
swear at ① …을 욕하다. ⇒ 재 3. ② …와 조화되지
swear away (남의 목숨 등)을 맹세코 빼앗다.
swear black is white 우겨대다, 억지를 쓰다.
swear by ① …에 걸고 맹세하다. ② (구어) …을 깊이 신뢰하다; 크게 장려하다. ③ …을 분명히 알고 있다.
swear for (美) …을 보증하다. 「다, 단정하다.
swear in 취임 선서를 시키다[하다].
swear in favor of [*against*] …에게 유리한[불리한] 증언을 하다.
swear off (구어) (술·담배 따위)를 맹세하고 끊다, (…을) 그만 하겠다고 맹세하다. ¶~ *off* smoking 금연을 맹세하다.
swear out (美) (선서하고) 영장 발급 받다.
swear the peace against (육체적 위해의 가능성이 있음을 선서하고) …로부터의 보호를 신청하다.
swear to …을 단언하다. 「시키다. ⇒ 타 5.
swear… to secrecy …에게 비밀을 지킬 것을 맹세
— 명 선서; (구어) 악담, 저주, 욕, 욕설(swearword).
~·ing·ly 부

swear·er [swɛ́ərər] 명 선서자; 욕하는 사람.

swear·ing-in [swɛ́əriŋin] 명 선서 취임식.

swear·word [swɛ́ərwə̀:rd] 명 욕, 저주(하는 말).

‡**sweat** [swet] 명 1 U 땀. 2 땀을 흘리고 있는 상태; (의학적 처치에 의한) 발한 작용. ¶a cold ~ 식은땀 / night [*or* nightly] ~*s* (잠자며 흘리는) 식은땀 / A good ~ often cures a cold. 땀을 푹 흘리면 감기는 잘 낫는다. 3 (구어) 고된 노동, 고생. 4 (구어) (땀이 날 정도의) 열심; (심한) 걱정; 초조. 5 UC (물체 표면에 생기는) 물방울, 습기. 6 (美) (경주마 등의) 경주 전의 가벼운 연습. 7 (속어) 고문. 8 (英속어) (보통 an old ~) 노병; 베테랑. 「여, 겁나서.
all of a sweat (구어) ① 땀투성이가 되어. ② 근심하
by [or *in*] *the sweat of* one's *brow* 이마에 땀을 흘리며, 열심히 일하여.
cannot stand the sweat of …의 고역을 견디지
in a cold sweat 두려워하여, 조마조마하여.
in a sweat ① 땀을 흘리며. ② (구어) 근심하여. ¶Don't be in such a ~. 그렇게 초조해 하지 「못하다.
no sweat (美속어) ① 아주 간단히, 식은 죽 먹기로. ② (감탄사적) 괜찮아, 걱정 마라.
— 자 (~*·ed*) 재 1 땀을 흘리다, 땀이 나다. 2 습기가 차다, (물건의 표면에) 물기가 서리다; (분비물 따위가) 스며나오다(ooze); (담배가) 발효하다. 3 (구어) 땀흘리며 일하다, 고생하여 흑사하다(*away*) (*for, over, at*). ¶~ (*away*) *at* one's job 땀흘리며 일하다. 4 (구어) 고생하다, 고민하다, 걱정하다. 5 벌을 받다.
— 타 1 …에게 땀흘리게 하다, (약 따위로 땀과 함께

sweatband

…을 배출[제거]하다(*out, away, off*). ¶ (~+ 图+ 副) ~ *out* a cold 땀을 내서 감기를 고치다. **2** (美) (옷 따위)를 땀으로 적시다, 땀으로 더럽히다. **3** (구어) (사람·말 따위)를 혹사하다; …을 착취하다. **4** (공업적 제조 과정의 하나로) …에 습기를 띠게 하고, 수분을 분비시키다; …을 발효시키다. ¶ ~ wood 나무의 수분을 제거하다. **5** (야금) (가용(可鎔) 성분 제거를 위해) (금속)을 가열하다. **6** (금화(金貨)를 자루에 넣고 흔들어) (금속 가루)를 제거하다. **7** (속어) (돈)을 강탈하다. **8** (속어) (남)을 엄중하게 신문하다.

sweat blood (구어) ① (노예처럼) 중노동하다, 피땀 흘리다. ② 초조하게 기다리다; 마음졸이다.

sweat bullets (속어) ① 몹시 염려하다, 두려워하다. ② 열심히[기를 쓰고] 일하다.

sweat down (美속어) 몹시 압축하다.

sweat for it 후회하다.

sweat it (구어) ① 조마조마하며[애태우며] 기다리다. 최대한 참다[견디다]. ② 걱정하다, 고민하다.

sweat it out (구어) ① =*sweat it*①. ② 심한 운동을 하다.

sweat on (속어) 잔뜩 기대하다; 초조하게 기다리다.

sweat one's **guts out** (英구어) 뼈빠지게 일하다.

sweat on the topline (속어) 애태우며 기다리다.

sweat out ① 땀을 내서 …을 제거하다. ➡图1. ② (美속어) (…의 결과)를 초조하게 기다리다, 끝까지 견디다. ③ (목표)를 향해 열심히 노력하다.

— 图 (구어) (의복이) 스포츠용의; 흡습성 천으로 만든. ~·**less** 图 ㄴ어진.

sweat·band [swétbӕnd] 图 (모자 안쪽의) 땀받이; (이마·팔의) 땀받이 띠.

sweat·box [swétbɑks/-bɔ̀ks] 图 **1** 발한실(發汗室), 사우나탕; (담배 따위의) 건조용 상자. **2** (美구어) (죄수에게 벌을 주기 위한) 좁은 독방.

swéat dùct (해부) 한선관(汗腺管).

sweat·ed [swétid] 图 저임금 노동으로 생산된; 저임금[악조건]으로 혹사[착취]당하는; 노동 조건이 나쁜. ¶ ~ goods 저임금 노동으로 생산된 제품.

swéat èquity 图 노동 제공[출자](낡은 공영 주택의 개축 공사에 노동력을 출자한 대가로 임대료의 인하 또는 집 소유권을 이전받는 방식 등).

‡**sweat·er** [swétər] 图 (옥 **~s** [-z]) **1** 스웨터. **2** 땀 흘리는 사람[것]. **3** 착취자(發汗劑). **4** 노동 착취자.

swéater gírl 图 (속어) (꼭 끼는 스웨터를 입은) 젖가슴이 풍만한 젊은 여자.

swéat glànd 图 (해부) 한선(汗腺), 땀샘.

swéat hòg 图 (美학생 속어) 못생긴 뚱보 여자; (美속어) 헤픈 여자, 음란한 여자.

sweat·ing-bath [swétiŋbӕ̀θ] 图 한증막.

sweat·ing-room [-rù(ː)m] 图 **1** (사우나의) 땀내는 방. **2** 치즈 건조실.

swéating sỳstem 图 노동자 착취 제도.

sweat·pants [swétpӕnts] 图 스웨트팬츠(운동선수가 보온 또는 발한용으로 입는 느슨한 바지).

swéat shirt 图 두껍고 헐거운 스웨터(운동 선수들이 보온 또는 발한용으로 입는 옷).

sweat·shop [swétʃɑ̀p/-ʃɔ̀p] 图 (싼 임금으로 장시간 노동시키는) 노동자 착취 업소[공장].

swéat sòck (美) 땀받이 양말(두꺼운 스포츠·레저용 양말).

swéat sùit 图 스웨트 슈트(=sweat shirt와 sweat pants의 한 벌).

sweat·y [swéti] 图 땀투성이의, 땀에 흠뻑 젖은; 땀을 빼게 하는; 힘드는. **swéat·i·ly** 图 **swéat·i·ness** 图

Swed. Sweden; Swedish.

*****Swede** [swiːd] 图 **1** 스웨덴 사람. **2** (종종 s-) (英) 순무의 일종(rutabaga). 图 동자, 촌뜨기.

swede-bash·er [swiːdbӕ̀ʃər] 图 (속어) 농장 노

Swe·den [swiːdn] 图 스웨덴(Scandinavia 반도의 왕국; 수도 Stockholm).

Swe·den·borg [swiːdnbɔ̀ːrg/*Swed* svèːdən-bɔ̀rj] 图 **Emanuel** ~ 스베덴보리(1688-1772: 스웨덴의 신비주의자·자연과학자·철학자).

-**bor·gi·an** [-bɔ̀ːrdʒiən] 图图 스베덴보리(파)(의).

*****Swed·ish** [swiːdiʃ] 图 스웨덴(식)의; 스웨덴 사람[말]의. — 图 (the ~) (집합적) 스웨덴 사람; 스웨덴 말.

Swédish drìll 图 (의학) 스웨덴 훈련(치료를 위한 근육 운동).

Swédish gymnástics 图图 스웨덴 체조.

Swédish móvements 图图 스웨덴식 운동.

Swédish túrnip 图 (식물) =rutabaga.

swee·ny [swiːni] 图① (美) (수의) (말의) 어깨 근육 위축(萎縮)(증).

‡**sweep** [swiːp] 图 (**swept**) 目 **1** (먼지·티끌 따위)를 쓸다, 털다; …을 청소하다(*out, up*) (*off*); (먼지)를 쓸어 내버리다(*away*), 쓸어 모으다(*up*). ¶ (~+ 图+ 副) ~ (*up*) a room 방을 청소하다 // (~+ 图+ 補) ~ a room clean 방을 깨끗이 청소하다 // (~+ 图+ 前+ 图) She *swept* the dirt *off* the floor. 그녀는 마루의 먼지를 쓸어냈다.

2 (바람·사태·세찬 물결 따위가) 몰아가다, 쓸어가다; 날려버리다; …을 휩쓸어 가다(*along, down, away, off*); (적·방해물·좋지 않은 것)을 제거하다, …을 일소하다(*of*). ¶ (~+ 图+ 副) She got her hat *swept off* by the wind. 그녀는 모자를 바람에 날려 버렸다 // (~+ 图+ 前+ 图) The seas were *swept of* the pirates. 해상에서 해적이 일소되었다.

3 휙 지나치다(스치다); (옷자락)을 살짝 끌다.

4 …을 훑어보다, 둘러보다; (지역·건물 따위)를 철저히 수색하다. ¶ The speaker *swept* the faces of the audience. 연사는 청중의 얼굴을 둘러봤다.

5 (악기)를 켜다. ¶ ~ the guitar 기타를 치다.

6 공손히(곱게) 절을 하다. ¶ (~+ 图+ 图) She *swept* the king a curtsy. 그녀는 왕에게 공손히 절했다.

7 (시합·승부)에서 연승하다; (선거)에서 압승하다; (유행 따위)가 (지역·사람들)을 열광시키다; (질병·인기·유행 따위)가 (장소)를 휩쓸다; …에서 맹위를 떨치다. ¶ ~ an election 선거에서 압승하다. **8** (해사) (거룻배 따위)를 큰 노로 젓다. **9** (강·바다 등)의 밑바닥을 굵어내다[준설하다]. **10** (군사) …을 소사(掃射)하다.

— 旬 **1** (비 따위로) 쓸다, 청소하다(*up*). ¶ A new broom ~s clean. (속담) 새 비는 잘 쓸린다; 새로 부임한 자는 열심히 개혁한다. **2** 휙 스쳐가다(*by, along, past*); (폭풍·유행병 따위가) 급습하다; 휩쓸다, 휘몰아치다. ¶ (~+ 副+ 前+ 图) A flock of birds *swept by*. 한 떼의 새가 휙 스치고 날아갔다 // (~+ 副+ 前+ 图) planes ~*ing across* the sky 창공을 가로지르는 비행기들. **3** 당당히 나아가다, 당당히, 위엄을 갖추고 행진하다. **4** (산 따위의 기슭이) 뻗어나다, 퍼지다, (…에) 이르다(*away, off*). ¶ (~+ 補) The bride's dress ~s long. 신부의 드레스 자락이 길게 늘어져 끌리고 있다 // (~+ 副) The land *swept away* to the east. 그 땅은 동쪽으로 넓게 뻗어 있었다. **5** (눈·시선 등이) 휙 둘러보다. ¶ (~+ 前+ 图) His eyes *swept around* the room. 그는 방을 휙 둘러보았다. **6** 소해(掃海)하다.

sweep a person **off his feet** ① (파도 등이) 남의 발을 휩쓸다, 넘어뜨리다. ② (구어) (…의) 마음을 사로잡다. ③ (구어) (남)을 쉽게 납득시키다.

sweep aside ① (쓰레기 따위)를 쓸어 옆으로 치우다. ② (비판 등)을 일축하다. ㄴ을 폐지하다.

sweep away ① 쓸어내다. ➡目1, 2. ② (제도 등)

sweep down on …을 급습하다.

sweep everything [or **all, the world**] **before** *one* 파죽지세로 나아가다; 대성공을 거두다; 압승[낙승]하다.

sweep in ① 선거에서 (…에게) 쉽게 이기다(*to*). ② (구어) (내기 등의) 상금을 따다. ③ (감정 등이) …을 엄습하다(*on*).

sweep into power [or **office**] (정당에서) 낙승하다; (정당을) 선거에서 낙승시키다.
sweep off ① 쓸어[털어]내다. ⇨ ⑪ 1, 2. ② (전염병 등이 많은 가축 등을) 쓰러뜨리다.
sweep one's **audience**[**listeners**] **along** (**with** one) 관객(청중)의 인기를 독차지하다.
sweep over (감정 등이) (사람)을 압도하다.
sweep the board[or **deck, table**] (구어) ① (내기에 이겨) 테이블 위의 판돈을 모두 쓸다. ② 대성공을 거두다; 전종목의 경기에서 이기다.
sweep the seas 바다를 횡단하다; 바다의 기뢰를 제거하다; 해상의 적을 일소하다.
sweep through ① (구어) (시험에) 거뜬히 합격하다. ② (군중·바람·유행·역병 따위가) …을 휩쓸고 지나가다.
sweep...under the rug [or **carpet**] (英구어) …을 숨기다, 비밀에 부치다.
sweep up ① …을 청소하다, 치우다. ② (英구어) (남)을 휙 낚아채다.
swept and garnished (성서) 치워지고 잘 정돈되어(악한 귀신이 들기 쉬운 집. ←마태 복음(Matt) 12: 43-45, 누가 복음(Luke) 11:24-26).
— 몡 1 청소하기, 쓸기, 일소, 전폐.¶give a room a good ~ 방을 깨끗이 청소하다. 2 (물 따위의) 세찬 흐름, 격류, 휘몰아치기. 3 한 번 휘두름, 한 번 휘둘러 베기.¶a ~ of a scythe 큰 낫으로 한 번 후려 베기. 4 범위, 퍼짐[한눈에 보이는] 범위, 시계(視野).¶the ~ of influence [a storm] 세력 범위[폭풍우권]. 5 (길고 완만한) 곡선, 만곡; 굽은 길. 6 (문명 등의) 발달, 발전, 전진. 7 (보통 ~s) 낚아 모아진 티끌, 쓰레기, 먼지. 8 (해사) 길고 큰 노; 소해(掃海) 밧줄. 9 (英) 청소부, 굴뚝 청소부. 10 (경쟁·선거에서의) 압승; (카드놀이) (whist에서의) 전승. 11 (구어) =**sweepstakes**. 12 (물리) 열(熱)평형 상태(로 안정되려는 성질). 13 (속어) 보기 싫은 놈, 비열한 놈. 14 (방송) 스위프(코멘트 없이 계속하여 음악을 보이는 내기). 15 (美) (종종 the ~) 일정 기간의 집중적 시청률 조사. 16 풍차의 날개. 17 (군사) a) (특정 지역에 대한) 정찰, 초계. b) (기총) 소사; 소탕.
(**as**) **black as a sweep** 새까만, 더러운.
at one sweep 일거에.
beyond the sweep of …이 미치지 않는 곳에.
give...a thorough sweep …을 일소하다.
make a clean sweep of …을 일소하다; [쓰레기 따위]를 처분하다.
take a sweep (**with both barrels**) (美속어) (양쪽 콧구멍으로) 코카인을 흡입하다.
within the sweep of …이 미치는 범위 내에.
sweep·back [swíːpbæ̀k] 몡 (항공) (날개의) 후퇴각(의).
***sweep·er** [swíːpər] 몡 청소부; 청소기; (구어) (축구) (또는 ❖ **báck**) 스위퍼(최종 수비수).
swéep hànd (시계의) 초침.
***sweep·ing** [swíːpiŋ] 몡 1 일소하는, 휩쓸어보내는. 2 맹렬한, 파죽지세의. 3 (개혁 등이) 광범위한; 전반적인, 개략적인.¶a ~ statement 개략적인 진술. 4 완전한, 철저한.¶a ~ victory 완승. — 몡 ⓤⓒ 1 청소; 일소, 소탕. 2 (~s) 쓸어 모은 쓰레기, 부스러기. ~·**ly** 몜
swéep nèt 후릿그물; 포충망(捕蟲網).
sweep·out [swíːpàut] 몡 소제, 쓸기.
sweep-sec·ond [-sékənd] 몡 (시계의 시침·분침과 동심(同心)인) 초침(sweep hand).
sweep·stake [swíːpstèik] 몡 =**sweepstakes**.
sweep·stakes [swíːpstèiks] 몡⯑ (단·복수 양용) (美) 1 내기, 내기 경마(경기)의 상금. 2 =**stake race**. 3 건 돈을 승자가 독차지하는 내기[경기]. 4 (이득은 많지만 위험한) 투기.
sweep·swing·er [swíːpswìŋər] 몡 (美속어) 셸 보트(shell)의 노젓는 사람.

swéep tìcket 몡 sweepstakes의 마권(馬券).
sweep·up [swíːpʌ̀p] 몡 =**cleanup**.
***sweet** [swiːt] ⯑ (~·**er**; ~·**est**) 1 단, 달콤한, 맛있는, 맛좋은 (⇨ DELICIOUS [유의어]); (술이) 달콤한(⇔ dry).¶~ stuff 사탕 과자 / I like my tea ~. 나는 홍차에 설탕을 많이 넣은 것을 좋아한다.
2 신선한(fresh), 썩지 않은, 악취가[나쁜 맛이] 나지 않는, 깨끗한.¶~ milk 신선한 우유.
3 (물·버터 등이) 염분이 없는, 짜지 않은.¶~ butter 염분이 없는 버터 / ~ water 민물, 담수.
4 듣기 좋은 소리가 나는, (소리·음률이) 미묘한, 음악적인.¶a ~ voice 듣기 좋은 목소리.
5 향긋한, 향기로운.¶Roses smell ~. 장미꽃은 향기가 좋다.
6 기분좋은, 상쾌한, 즐거운.¶~ love 달콤한 사랑 / It is ~ to hear one's own praises. 남에게서 칭찬 듣는 것은 기분좋은 일이다. 7 (인품·행위에 대하여) 상냥한, 마음씨 고운, 친절한 (of, to).¶a ~ temper 상냥한 마음씨 // It is ~ of you to come and see us. 일부러 방문해 주셔서 감사합니다. 8 (구어) (특히 여자들이 쓰는 말로) 예쁜, 귀여운(pretty).¶~ seventeen [or sixteen] 미혼의 꽃다운 처녀. 9 사랑하는, 소중한, 귀여운.¶one's ~ wife 사랑하는 아내. 10 (美구어) 수월히 할 수 있는, 쉽게 되는.¶a ~ ship 다루기 쉬운 배. 11 (농업) (땅이) 산성을 띠지 않은; (재배에) 적합한; 부식성이 많은. 12 (화학) 부식성[산성] 물질이 없는; (석유가) 유황 화합물을 함유하지 않은. 13 (재즈 음악이) 느리고 달콤한(⇔ hot); (악단이) 달콤한 재즈를 연주한다. 14 (반어) 지독한, 심한.¶I gave him a ~ one on his left ear. 그놈의 왼편 따귀를 멋지게 갈겨주었다. 15 (美어) 여성적인. ┌분한: 유리한,
(**as**) **sweet as a nut** (英구어) 더할 나위없이 홀가
at one's **own sweet will** [or **time, way**] 제멋대로, 마음대로. ┌반해 있다.
be sweet on [or **upon**] a person (구어) 남에게
clean and sweet 깔끔한, 산뜻한.
go one's **own sweet way** 자기 생각대로 행동하다.
have a sweet tooth 단것을 좋아하다.
keep a person **sweet** (구어) 남에게 아첨하다 [비위맞추다].
sweet and twenty 스무 살의 미인.
— 몜 (구어) =**sweetly**.
— 몡 1 ⓤ 단맛, 달콤함. 2 (보통 ~s) 단것, (당분이 많은) 과자류(파이·캔디 등). 3 (英) a) 사탕 과자 (캔디 등) (푸딩·타트(tart) 따위의) 디저트. 4 (~s) 유쾌, 쾌락, 즐거움. 5 (부르는 말로) 그리운 사람, 애인(darling). 6 (고어) 달콤한 향기(또는 나는 것). 7 (美구어) 고무마.
the sweets and bitters of life 인생의 고락.
swéet alýssum 뚱냉이(유채과의 원예 식물).
sweet-and-sour [-ɑ́nsáuər] ⯑ 달콤새콤하게 양념한.¶~ pork 탕수육.
swéet áss 몡 (비어) 여자의 성적 욕구.
sweet·back [swíːtbæ̀k] 몡 (美속어) 정부(情夫), 기둥서방. (또는 ❖ **màn**)
swéet básil 몡 (식물) 나륵풀(약용·향미료).
swéet báy 몡 (식물) 월계수; 양옥란.
sweet·bread [swíːtbrèd] 몡 (송아지·새끼양의) 췌장, 흉선(胸腺)(식용).
sweet·bri·er [swíːtbràiər] 몡 (식물) 들장미의 일종. (또는 ❖ **sweétbriàr**) ❖ **hard cider**
swéet cíder 몡 달콤한 사과술; 발효하지 않은 사과
swéet clóver 몡 (식물) 전동싸리.
swéet córn 몡 사탕옥수수; (요리용의) 덜 여문 말랑말랑한 옥수수. ❖ **green corn**
swéet cóurse 몡 =**dessert**. ┌crude
swéet crúde 몡 유황 성분이 적은 원유. (⇔ **sour**)
***sweet·en** [swíːtn] ⯑⯑ 1 …을 달게 하다, …에 단맛을 내다; (음식의)(자극적인 맛)을 부드럽게 하다; (물 따위를 타서) (음식·요리의) 짠 맛을 줄이다. 2 (색·선·음률 따위)를 부드럽게 하다. 3 (분노·슬픔 따위)를 가

라앉히다, 달래다. 4 …을 쾌적하게 하다, 즐겁게 하다. ((구어)) …의 환심을 사다, …에게 아첨하다(up). 5 ((속어)) …에게 뇌물을 주다, …을 매수하다(up). 6 …을 깨끗이 하다, 소독하다. 7 ((화학)) 〔위·토지 따위〕의 산성을 완화시키다; 〔석유〕의 유황 화합물을 제거하다. 8 ((美)) 〔금융〕 〔담보물〕의 가치를 늘리다. 9 (포커에서) …에 건 돈을 늘리다. —[자] 1 달게 되다. 2 소리[가락, 향기]가 좋아지다. 3 기분이 좋아지다, 유쾌해지다.
sweeten the pot ① 〔물건〕을 살 마음이 나게 하다. ② 〔제안 따위〕를 매력있는 것이 되게 하다.

sweet·en·er [swíːtnər] [명] (인공) 감미료; ((구어)) (환심을 사기 위한) 회유책; 뇌물. 「게 하기.

sweet·en·ing [swíːtniŋ] [명][U] 감미료; 단맛을 나

Swéet FA [-èféi] [명] ((英속어)) 제로, 무. (또는 Sweet Fanny Adams)

swéet férn [명] (북미산(產)) 소귀나뭇과(科)의 관목.

sweet·fish [swíːtfìʃ] [명] ([복] ~(·es)) ((어류)) 은어.

swéet flág [명] 〔식물〕 창포(calamus).

swéet gále [명] 〔식물〕 들버드나무의 일종(gale).

swéet gráss [명] 단맛 있는 사료용 풀, (특히) 미꾸리꿰미, 향기름새.

swéet gúm [명] 〔식물〕 소합향의 일종; [U] 그 나무에서 채취하는 방향성 수액(樹液).

‡**sweet·heart** [swíːthàːrt] [명] 1 연인, 애인(특히 여성을 가리킨다). 2 (종종 S–) ((부르는 말로)) 여보, 당신, 자기. 3 ((구어)) 명랑하고 친절한 사람, 멋있는 사람.
—[동] (…와) 연애하다; (…에게) 구애하다.
go sweethearting 구애하다.
—[형] (계약·협정 등이) 어느 쪽에 아주 유리한.

swéetheart còntract[agrèement] [명] ((속어)) (노조 간부와 경영자의 결탁에 의한) 저임금 노동 계약.

swéetheart dèal [명] 1 = sweetheart contract. 2 ((美속어)) 담합(談合).

swéet hérb [명] 향미 채소, 향초(香草).

sweet·ie [swíːti] [명] ((구어)) =sweetheart; (보통 ~s) ((英)) =sweetmeat. (또는 **sweety**)

swéetie pìe [명] ((구어)) ((부르는 말로)) =sweetheart, darling.

sweet·ie·wife [swíːtiwàif] [명] ((스코)) 수다스러운 여자; 과자 파는 여자.

sweet·ing [swíːtiŋ] [명] 1 단 사과의 한 품종. 2 ((고어)) =sweetheart.

sweet·ish [swíːtiʃ] [형] 좀 달콤한; 좀 귀여운[사랑스러운]. **~·ly** [부] **~·ness** [명]

‡**sweet·ly** [swíːtli] [부] (***more*** ~; ***most*** ~) 1 달콤하게; 향기롭게. 2 상냥하게, 친절하게. 3 아름답게, 귀엽게. 4 기분좋게, 순조롭게.
pay [or ***cost***] ***sweetly*** ((반어)) 값이 몹시 비싸다; 비싼 대가를 치르다. 「정부(情婦).

swéet máma [명] ((美속어)) 관능적이고 돈 잘 쓰는

sweet·man [swíːtmæ̀n] [명] ((美속어)) (멋있고 돈 잘 쓰는) 정부(情夫), 연인.

swéet márjoram [명] =marjoram.

sweet·meat [swíːtmìːt] [명] (보통 ~s) 사탕과자, 사탕, 캔디; (과일의) 설탕 절임.

sweet·mouth [swíːtmàuθ] [동][타] ((美속어)) 치켜세우다, 추어주다.

‡**sweet·ness** [swíːtnis] [명][U] 1 단맛; 맛좋음. 2 감미로움, 아름다움. 3 기분 좋음, 쾌적. 4 상냥함, 마음씨 좋음. 5 방향(芳香)(sweet smell). 「조화.
sweetness and light 아름다움[우아함]과 지성의

swéet nóthings [명][복] ((구어)) 사랑의 속삭임, 밀어.

swéet òil [명] 올리브유(olive oil), 유채유.

swéet pápa [명] ((美속어))=sweetman.

swéet pèa [명] 〔식물〕 스위트피(콩과(科)의 원예 식물); ((美속어)) 애인, 연인; 속기 쉬운 사람, 봉.

swéet pépper [명] 피망(green pepper).

swéet potàto [명] 1 고구마. 2 ((구어)) =ocarina.

sweet·root [swíːtrùː(ː)t] [명] 감초; 창포.

swéet rùsh [명] =sweet flag. 「있는.

sweet-scent·ed [ˊsèntid] [형] 향기가 좋은, 방향이

sweet-shop [ˊʃàp/-ʃɔ̀p] [명] ((英)) 과자 가게(((美)) candy store).

sweet·sop [swíːtsàp/-sɔ̀p] [명] 〔식물〕 (열대 아메리카산(產)) 번여지(蕃荔枝); 그 열매.

swéet sórghum [명] 〔식물〕 사탕수수(sorgo).

swéet spót [명] 〔스포츠〕 (골프 클럽·테니스 라켓·야구방망이 따위에서) 공이 잘 맞는 부분.

sweet·stuff [swíːtstʌ̀f] [명] =sweetmeat.

swéet súltan [명] 〔식물〕 스위트설탄(국화과의 관상

swéet tàlk [명] ((구어)) 감언, 아첨. ⌊용 초본).

sweet-talk [ˊtɔ̀ːk] [동] ((美구어)) 감언으로 꾀다, 아첨하다, 달콤한 말을 하다.

sweet-tem·pered [ˊtémpərd] [형] 마음씨가 고운, 상냥한. **~·ness** [명]

swéet tòoth [명] 1 (a ~) 단것을 좋아하기. ¶have a ~ 단것을 좋아하다. 2 ((美속어)) 마약 중독.

swéet víolet [명] 향기제비꽃. 「랭이꽃.

swèet wílliam[Wílliam] [명] 〔식물〕 아메리카패

sweet·wood [swíːtwùd] [명] 〔식물〕 월계수(laurel).

sweet·y [swíːti] [명] ((英)) =sweetie.

‡**swell**¹ [swel] [동] (~s [-z]; ~***ed***; ***swol·len***, ~***ed***) [자] 1 부풀다, 팽창하다, 부피가 커지다; (강물 등이) 붇다; (밀물이) 들다. ⇨EXPAND [유의어] ¶All the streams have *swollen* since the thaw. 해빙기를 맞아 모든 시냇물이 불었다. 2 곪아서 부어오르다(up, ((英)) *out*). ¶(~+[副]) The injured leg ~*ed up*. 다친 다리가 부어올랐다. 3 (파도가) 넘실거리다; (땅이) 파도처럼 융기하다(*up, out*). ¶The ground ~*ed into* an eminence. 그 땅은 솟아올라 고지(高地)가 되었다. 4 부풀어 오르다, (돛이 바람을 받아) 부풀다(*up*). 5 (수·양 따위가) 늘다, 증대하다(*up*); (음량이) 점점 높아지다, 커지다. ¶(~+[前]+[名]) Our ranks ~*ed to* over a hundred. 우리가 선 줄은 백 명 이상으로 불어났다. 6 (감정이) 북받쳐 오르다, 격해지다; (분노·오만 따위로 가슴이) 부풀다(*in, with*). ¶ Anger ~*ed in* him. 분노가 그의 가슴에 북받쳐 올랐다 // (~+[前]+[名]) Her breast ~*ed with* pride. 그녀는 자랑스러워 가슴이 뿌듯해졌다. 7 잘난 체하다, 의기양양해지다.
—[타] 1 …을 부풀리다, 팽창시키다(*out*). 2 〔수·양 따위〕를 늘리다, 커지게 하다, 증가시키다(*with*). 3 〔음의 강도·높이〕를 점점 더하다. 4 ((보통 수동형으로)) 〔남〕을 가슴 벅차게 하다(*out*) (*with*); …을 의기양양하게 하다, 뽐내게 하다(*with*). ¶be *swollen with* anger 분노로 가슴이 터질 듯하다.
swell like a turkey cock 칠면조처럼 우쭐대다.
swell the chorus of admiration 찬양자의 한 사람이 되다; 부화뇌동하다. 「가담하다.
swell the ranks of …의 수를 늘리다, …의 대열에
—[명] ([복] ~s [-z]) 1 [C][U] 팽창, 부어오름; 증가, 증대. ¶a ~ in population 인구 팽창. 2 부푼 부분, 돌출부분; 부기, 부종. ¶There is a slight ~ in your throat. 당신의 목구멍은 약간 부어 있습니다. 3 (파도의) 넘실거림, 큰 파도; (토지의) 기복, 구릉. ¶a ~ of the sea 파도의 넘실거림. 4 (소리의) 고조(高調); 〔음악〕 (음의) 증감, 억양; 그 기호 (< >). 5 〔음악〕 (오르간의) 강·약음 장치. 6 (감정의) 격해짐. 7 ((구어)) 멋쟁이; ((고어·美속어)) 거물, 명사; 명수(*at, in*). ¶ a ~ *in* politics 정계의 거물/a ~ *at* fencing 펜싱의 명수.
come the heavy swell over *a person* ((英속어)) 남에게 거드름 피우다.
—[형] ((구어)) 1 (물건이) 멋진, 맵시 있는, 고상한, 우아한. ¶a ~ hotel 품격 있는 호텔. 2 몸치장을 한, 멋쟁이의; 신분이 높은, 상류층의. 3 일류의(first-rate), 훌륭한. ¶a ~ party 멋진[근사한] 파티.
—[부] ((美구어)) 훌륭히, 멋지게, 즐겁게; 멋있게.

swell² [(英속어)] (여자) 독신 귀족.
swéll bòx [(명)] 스웰 박스, (오르간의) 증음(增音) 상자.
swell·dom [swéldəm] [(명)(U)] (구어) 상류 사회; (집합적) 멋쟁이들. 「(지나친) 자만.
swélled héad [swéld-] [(명)] (보통 a ~) (구어) **have** [or **get**] **a swelled head** 지나치게 자만하다.
swélled-héad·ed [(형)]
swell-el·e·gant [swéləligənt] [(형)] (美속어) 아주 훌륭한, 최고로 좋은, 멋들어진.
swell·fish [swélfiʃ] [(명)] (~(·es)) [어류] 복어.
swell·head [swélhèd] [(명)] 자만하는 사람; 콧대 높은 사람.
~·ed [(형)] ~·ness [(명)]
‡**swell·ing** [swéliŋ] [(명)] 1 (U)(C) 부풀어오름, 팽창. 2 종기, 혹. 3 (토지의) 융기, 낮은 산; (U)(C) (파도의) 너울; (통 등의) 돌출부, 불룩한 부분. 4 (U)(C) 증가; 증대, 증수(增水); (감정의) 격해짐. ─ [(형)] 1 (수량 등이) 커지는, 높아지는; 부푼, 부은. 2 (땅이) 완만하게 융기한. 3 (말이) 과장된, 허풍 떠는.
swell·ish [swéliʃ] [(형)] (구어) 멋부린, 멋진.
swéll mób [(명)] (집합적) (英속어) 신사 차림의 소매치기 (패거리).
swéll òrgan [(명)] [음악] 스웰 오르간(음량 증감 장치가 있는 파이프 오르간).
swel·ter [swéltər] [(동)(자)] 더위먹다, 더위에 지치다; 더위서 땀투성이가 되다. ─ [(타)] …을 더위로 지치게 하다; 땀투성이로 만들다. ─ [(명)] 1 찌는 듯한 더위; 땀투성이(의 상태). ¶**do a** ~ (英속어) 땀투성이가 되다. 2 흥분[긴장] 상태.
swel·ter·ing [swéltəriŋ] [(형)] 더위에 허덕이는; (장소·날씨 따위가) 무더운. ─·**ly** [(부)]
swel·try [swéltri] [(형)] 무더운, 찌는 듯이 더운.
‡**swept** [swept] [(동)] sweep의 과거·과거분사.
swept-back [swéptbæ̀k] [(형)] (항공) (날개가) 후퇴각(後退角)이 있는, (비행기·미사일 따위의) 후퇴익(翼)을 가진; (머리 스타일이) 뒤로 빗어 넘긴, 올백인.
swéptback wíng [(명)] (항공) 후퇴익(後退翼).
swept·wing [swéptwiŋ] [(형)] (항공) 후퇴익이 달린.
*****swerve** [swəːrv] [(동)(자)] 1 빗나가다, (…에서) 벗어나다, (운동 도중에) 갑자기 방향을 바꾸다(*from*, *to*). ⇨DEVIATE [유의어] ¶(~+(전)+(명)) The bullet ~d *from* the mark. 탄환이 표적을 빗나갔다. 2 (도덕적으로) 정도에서 벗어나다, 탈선하다(*from*). ¶(~+(전)+(명)) He never ~s an inch *from* his duty. 그는 본분에서 어긋나는 일은 절대로 없다. ─ [(타)] …의 방향을 바꾸게 하다; …을 정도(正道)에서 벗어나게 하다(*from*). ─ [(명)] 1 벗어남; 탈선; 굽음. 2 (크리켓·야구) 곡구(曲球), 커브. ~·**less** [(형)] 벗어나지 않는. **swérv·er** [(명)]
swev·en [swévən] [(명)] (고어) 환상(vision); 꿈.
SWG standard wire gauge(표준 와이어 게이지(선(線)번호)].
swid·den [swídn] [(명)] 화전(火田).
‡**swift** [swift] [(형)] (~·**er**; ~·**est**) 1 재빠른, 신속한. ⇨QUICK [유의어] ¶**a** ~ vessel 쾌속정 // **He is** ~ *of* foot like a horse. 그는 말처럼 발이 빠른 녀석이다. 2 (시) 잠깐 동안의, 순식간의. 3 즉석의, 즉각적인. ¶**a** ~ response 즉답 // ~ as thought 즉시, 생각할 틈도 없이. 4 바로 …하는, …하기 쉬운(*to*, *in*, *in doing*). ¶He is ~ *to* anger. 그는 금방 화를 낸다/*Be* ~ *to hear*, *slow to speak*. 귀는 밝고 입은 무거워야 좋다. 5 (속담) 기민한, 명민한.
─ [(부)] 재빠르게, 즉각적으로.
─ [(명)] 1 (조류) 칼새. 2 (동물) 작고 민첩한 도마뱀. 3 (곤충) 박쥐나방.(또는 ~ **móth**) 4 자동 실감개. 5 (the ~) (집합적) 발이 빠른 사람. 6 (美속어) 스피드.
Swift [swift] [(명)] **Jonathan** ~ 스위프트(1667-1745; 영국의 풍자 작가); *Gulliver's Travels* (1726)).
SWIFT Society of Worldwide Interbank Financial Telecommunication(국제 은행간 정보 통신 협회).
swift-foot·ed [⌐fútid] [(형)] 발이 빠른, 잘 달리는.
swift-hand·ed [⌐hǽndid] [(형)] 손이 잰[빠른]; (행동이) 민첩한. 「(또는 **swifty**)
swift-ie [swífti] [(명)] (濠속어) 속임수(手), 사기, 책략.
swift·let [swíftlit] [(명)] [조류] 금사연(金絲燕).
‡**swift·ly** [swíftli] [(부)] (**more** ~; **most** ~) 재빨리, 즉각적으로.
*****swift·ness** [swíftnis] [(명)](U) 신속, 빠름, 민첩함.
swift-winged [⌐wíŋd] [(형)] 빨리 나는.
swig [swig] [(명)] (구어) 쭉 들이켜기, 통음, 경음(鯨飲). ¶**take a** ~ *at* …을 쭉(꿀꺽꿀꺽) 들이켜다. ─ [(동)] (-**gg**-) (…을) 꿀꺽꿀꺽 들이켜다, 통음하다 (*away*, *off*, *down*). ─ [(타)] ─**ger** [(명)]
swill [swil] [(명)] 1 (부엌의) 음식 찌꺼기, 부엌의 구정물(돼지 사료). 2 (a ~) 헹구기. ¶I gave it a good ~. 나는 그것을 잘 씻었다. 3 쭉 마심 (마구) 들이켜기, 폭음. 4 허튼 소리, 어리석은 말(글). ─ [(동)(타)] 1 …을 게걸스럽게 들이켜다; …에게 실컷 마시게 하다. ¶**a** ~ *tea* 홍차를 들이켜다/(~+(목)+(전)+(명)) ~ *oneself with wine* 술을 실컷 마시다. 2 (물을 부어) …을 씻어내다(*out*, *down*). ¶She ~ed *out* dirty cups. 그녀는 더러워진 컵들을 물로 씻어냈다. ─ [(자)] 벌컥벌컥 들이켜다.
the ten o'clock swill (구어) (10시 폐점 직전의 술집에서) 퍼마시기.
swill·er [swílər] [(명)] 술고래, 주호(酒豪). 「시기.
swill-up [swílλp] [(명)] (美속어) 술잔치, 흥청망청 마
‡**swim** [swim] [(동)] (~**s** [-z]; **swam**; **swum**; ~·**ming**) [(자)] 1 헤엄치다, 수영하다. ¶**go** ~*ing* 수영하러 가다 / ~ *on one's back* 배영하다 // (~+(전)+(명)) ~ *across* a lake 호수를 헤엄쳐 건너다 // (~+(부)) ~ *about* in the sea 바다를 헤엄쳐 다니다. 2 뜨다: (공중에) 떠돌다. ¶A leaf ~*s down* the river. 나뭇잎이 한 잎 강물에 떠내려간다 / A lot of balloons ~ *in* (the) air. 많은 기구가 하늘에 떠있다. 3 미끄러지듯이 움직이다, 가볍게 나아가다, 흐르다. 4 젖다, 잠기다 (*in*, *with*); (액체·감정 따위로) 가득차다, 넘치다(*in*, *with*). ¶(~+(전)+(명)) Her eyes ~ *with happy tears*. 그녀의 눈에는 기쁨의 눈물이 글썽거린다. 5 현기증이 나다, 아찔아찔하다; 빙빙 도는 것처럼 보이다.
─ [(타)] 1 …을 헤엄쳐 횡단하다; (어떤 거리를) 헤엄치다. ¶How many can ~ the Channel? 영불 해협을 헤엄쳐 건널 수 있는 사람은 몇이나 될까? 2 …와 경영(競泳)하다, 〔경영〕에 참가하다. ¶We all *swam* the race. 우리 모두 경영에 참가했다. 3 …을 헤엄치게 하다. ¶~ *a horse* across a river 말을 헤엄쳐 강을 건너게 하다. 4 (배 따위)를 띄우다, 뜨게 하다. ¶*deep enough to* ~ *a ship* 배를 띄우기에 충분할 만큼 깊은.
cannot swim a stroke 전혀 수영할 줄 모르다.
sink or swim 죽느냐 사느냐, 흥하느냐 망하느냐.
swim for it 수영으로 구사일생하다.
swim to the bottom; swim like a stone [or ***tailor's goose***] (익살) 맥주병이다, 헤엄칠 줄 모르다.
swim with [***against***] ***the tide*** [or ***current***, ***stream***] 대세에 따라다(거슬러] 나아가다, 시대의 흐름에 순응하다[역행하다].
─ [(명)] 1 (보통 a ~) (한 차례의) 헤엄치기, 수영; 헤엄치는 거리. ¶**have a** ~ 한바탕 헤엄치다. 2 미끄러지듯 움직이기, 활주. 3 (英) (물고기가 많이 있는) 깊은 웅덩이. 4 (the ~) (구어) 시대의 흐름, 대세. 5 (동물) 부레(swim(ming) bladder). 6 현기증.
in [***out of***] ***the swim*** ① 세상 물정에 밝은[어두운]. ② 시대적 흐름을 타고(벗어나). ③ (속어) 한패가 되어[안 되어](*with*).
~·**a·ble** [(형)]
swim bládder [(명)] 부레(air bladder).
swim fín [(명)] (잠수용) 물갈퀴, 오리발(flipper).
swim màsk [(명)] 잠수 마스크(안경).
swim méet [(명)] (美) 경영(競泳) 대회, 수영 대회.
‡**swim·mer** [swímər] [(명)] (~**s** [-z]) 헤엄치는 사람(동물). ¶**He is a good**[**poor**] ~. 그는 헤엄을 잘 친

다[못 친다].   [엄다].
swim·mer·et [swíməret] 명 (동물) (갑각류의) 헤엄다리.
‡**swim·ming** [swímiŋ] 명 ❶ 수영, 헤엄치기; (동물) 유영(遊泳性). **2** 수영 경기, 경영(競泳). **3** (a ~) 현기증. ¶have a ~ in the head 현기증이 나다. — 형 **1** 헤엄치는, 헤엄치고 있는; (동물) 유영성(遊泳性)의. **2** 수영용(用)의. **3** 미끄러지듯이 움직이는, 흐르는 듯한. **4** 물[눈물]로 가득 찬. ¶~ eyes 눈물이 가득 괸 눈. **5** 현기증이 나는.
swimming bàth 명 (英) 실내 수영장.
swimming bèll 명 (동물) (해파리류의) 영종(泳鐘)(종 모양의 한 유영기(遊泳器)).   [(袋)].
swímming bèlt 수영 벨트(수영 연습용 부대(浮
swímming blàdder 부레(air bladder).
swímming còstume 명 (英) 수영복.
swímming cráb 명 (동물) 꽃게.
swímming gàla 수영 경기 대회.   [곳].
swímming hòle 명 (냇물 등의) 수영할 만큼 깊은
swim·ming·ly [swímiŋli] 부 순조롭게, 척척, 수월하게. ¶get [or go] on ~ 일이 척척 되어가다.
swímming pòol 명 (美) 수영장, 풀장.
swímming pòol reáctor (수영) 풀장형(型) 원자로(대형 물탱크 안에 노심(爐心)을 배치한 원자로).
swímming stòne 명 부석(浮石)(floatstone).
swímming trùnks 명 수영 팬츠.
swim·my [swími] 형 현기증이 나는 (것 같은); (눈이) 침침한.   [(suit).
swim·suit [swímsùːt/-sjùːt] 명 수영복(bathing
swim·wear [swímwɛ̀ər] 명 수영복, 해변복.
*swin·dle** [swíndl] 동타 **1** (돈 따위)를 사취(詐取)하다; (남)을 속이다, (남)을 속여서 …하게 하다 (out of). ¶~ a person out of his money ~ money out of a person 남에게서 돈을 사취하다(* 사람을 목적어로 취하는 것이 더 일반적임)/He ~d her into buying an imitation diamond. 그는 그녀를 속여 가짜 다이아 몬드를 사게 했다. — 자 사기치다, 사취하다.
1 사취, 협잡, 속임수. **2** 가짜, 위조품.
~·a·ble -dling·ly 부
swin·dler [swíndlər] 명 사기꾼, 협잡꾼.
swíndle shèet 명 (美속어) (교제비 따위) 경비 계정; 필요 경비; (택시·트럭 운전 기사의 운전[작업] 일지.
*swine** [swain] 명 (~) **1** (가축으로서의) 돼지(* 일반적으로 pig, hog를 쓴다). ⇒PIG 유의어 **2** 멧돼지. **3** (~s) (속어) 비열한 남자, 욕심쟁이, 호색한.
swíne fèver [수의] 돼지 콜레라(hog cholera).
swíne flú 명 [병리] 돼지 인플루엔자.
swine·herd [swáinhə̀rd] 명 양돈업자.
swíne plàgue [수의] 돈역(豚疫).
swine·pox [swáinpɑ̀ks/-pɔ̀ks] 명 U (수의) 돼지 수두, 돈두(豚痘).
swin·er·y [swáinəri] 명 **1** 돼지 우리, 양돈장. **2** (집합적) 돼지. **3** 상스러운 행위; 불결한 상태.
‡**swing¹** [swiŋ] 동 (~s [-z]; **swung**) 타 **1** …을 흔들다, 흔들어 움직이다. ¶~ one's arms 팔을 (앞뒤로) 흔들다. **2** …을 휘두르다, 획 치켜올리다. ¶(~+몸+ 前+명) He swung the bag onto his back. 그는 자루를 등에 휙 둘러멨다. **3** …을 획 돌리다, 회전시키다; …의 방향을 바꾸다. ¶(~+몸+보) ~ a door open 문을 획 열다 /(~+몸+前+명) He swung the car around the corner. 그는 자동차의 방향을 바꾸어 모퉁이를 휙 돌았다. **4** …을 매달다(suspend) (from). ¶(~+몸+前+명) a lamp from the ceiling 천장에 등을 달다. **5** (美구어) (여론 등)을 좌우하다, …에 강한 영향력을 갖다; …을 잘 처리하다(manage). ¶~ votes 표를 좌우하다; …을 일을 잘 처리하다. ¶~ a business deal 상거래를 잘 해내다. **6** (주의·관심 따위)을 (…로) 돌리다, 변경하다; (남의 의견)을 (…로) 바꾸다(round) (to). ¶~ public opinion in his favor 여론을 그에게 유리하게 돌리다.

— 자 **1** 흔들리다, 흔들거리다; (…에) 매달리다 (from, on). ¶The hammock is ~ing gently. 해먹이 슬슬 흔들리고 있다.

유의어 **swing** 한쪽 끝을 고정한 물건[진자, 추]이 전후[좌우]로 흔들리다. **sway** 유연한, 또는 불안정한 물건이 조용하게 또는 천천히 흔들리다. **oscillate** 보통 두 개의 점 사이를 규칙적으로 흔들리다. **rock** 바닥이 고르지 못해 흔들리다. **waver** 매우 불안정하게 흔들리다. **pitch** (배 따위가) 좌우[앞뒤]로 흔들리다.

2 갑자기 방향을 바꾸다, 휙 돌다; (축을 중심으로) 회전하다. ¶(~+부) He swung round on his heel. 그는 발꿈치로 빙 돌아섰다 // (~+보) The door swung open. 문이 휙 열렸다. **3** 몸을 좌우로 흔들며 걷다; 활기차게 걷다. ¶(~+前+명) He swung out of the room. 그는 기운차게 방에서 나갔다 // (~+부) The troop went ~ing along [on, past, by). 군대는 보무당당히 행진해 갔다. **4** 그네 타다. **5** 주의[관심]를 돌리다, 생각[태도]을 바꾸다. ¶~ from mere indifference to outright scorn 단지 무관심하던 것에서 노골적인 경멸로 태도가 바뀌다. **6** (사람·물건)을 겨누어, 치다, 스윙하다. ¶The batter swung and struck out. 그 타자는 배트를 휘둘러 삼진당했다. **7** (美속어) 유행의 첨단을 걷다; 활기가 넘치다. ¶Las Vegas ~s all year. 라스베가스는 일년 내내 활기가 넘친다. **8** (美속어) 성적(性的) 모험을 하다; 부부 교환을 하다; 마음껏 즐기다. **9** (구어) 교수형을 당하다; 벌을 받다 (for). ¶(~+前+명) He swung for the murder. 그는 살인죄로 교수형을 받았다.

swing (a)round the circle (美) ① 선거구를 돌며 유세하다. ② 문제(점)의 개략을 서술하다.

swing both ways [or either way] ① (둘 중) 어느 쪽이라도 좋다[괜찮다]. ② (美속어) 남녀 양성(兩性)에 성욕을 느끼다[과 섹스하다].

swing by (美속어) 들르다.

swing for it (구어) 교수형에 처해지다.

swing it (英속어) ① 감쪽같이 가로채다; 잘 해내다. ② 교묘히 부리다; 게으름피우다 (on).

swing like a (rusty) gate ① (야구) 꼴사납게 (헛) 스윙하다. ② (美속어) (스윙 재즈를) 멋지게 연주하다.

swing off 반대편에게로 붙다.

swing on (美구어) (남)을 주먹으로 치려고 하다.

swing one's weight (자신의) 지위를 이용하다.

swing over to …에 관심[주의]을 기울이다; …로 전향[전입]하다; (여론 따위가) …쪽으로 바뀌다.

swing round ① 빙 돌다, 방향을 바꾸다. ② (여론 따위가) …로 바뀌다 (to).   [우다.

swing the lead (英속어) 꾀병을 부리다; 게으름 피

swing to (문이) 저절로 닫히다; (문)을 닫다.

swing with (속어) …의 그룹[동아리]에 끼이다, …에 동의하다; …이 마음에 들다, …을 즐기다.

There's no room to swing a cat (in). ⇨CAT.
— 명 (~s [-z]) **1** CU 흔들림, 동요, 진동. **2** C 진폭. ¶the ~ of a pendulum 진자의 진폭. **3** C (골프 클럽·야구방망이 따위를) 휘두르기, 휘두르는 법, 스윙. ¶a long [short] ~ 길게[짧게] 휘두르기. **4** CU 회전, 곡선 운동, (댄스·스키의) 스윙. **5** 몸을 좌우로 흔들기. ¶walk with a ~ 몸을 흔들며[활개치며] 걷다. **6** U 행동의 자유, 자유로운 활동 범위. ¶have [or take] one's full ~ 자유롭게 행동하다. **7** 활발한 활동(일)의 진행. **8** 그네; 그네 타기. ¶have [or sit in] a ~ 그네 타다. **9** CU (시·음악 등의) 율동, 리듬, 가락, 음률. **10** (물가·주가 따위의) 변동, 오르내림; (정책의) 움직임. ¶a ~ in prices 물가의 변동. **11** (구어) (정규 주간 근무와 야간 근무 사이의) 쿼로(就勤) 시간; 휴식 시간; (주·야간 근무조 간의) 근무 교대. **12** 짧은 여행; (美) 일주 여행.   [거 유세 여행.

a swing (a)round the circle (美) (후보자의) 선

be out of the swing of …의 사정에 어둡다.
get into full swing 최고조에 달하다.
get into the swing of …에 능숙[익숙]해지다.
go with a swing (구어) (일 등이) 순조롭게 (척척) 되어가다; (모임 등이) 성황을 이루다.
in full swing (구어) 최고조로, 절정으로; 한창 진행 중으로.
lose on the swings what you make [or **gain**] **on the roundabouts** 도로아미타불이 되다, 한쪽에서 벌고 딴쪽에서 손해보다.
swings and roundabouts 한쪽의 손해와 딴쪽의 이득이 맞먹는 상태, 득실이 반반인 상태.
take a swing at …에게 주먹을 휘두르다.
the swing of the pendulum (인심·여론 따위가) 양 극단 사이를 왔다갔다 하는 경향, 부동(浮動).
— 형 1 흔들리는, 회전하는. 2 (선거 등의) 결과를 좌우하는, 결정적인. 3 매달 수 있는, 흔들리게 설계된. 4 (필요할 때) 교대하는, 교대(용)의.
ᐸ·a·ble 형

swing² (음악) 명 U 스윙 (~ music). — 형 스윙의.
— 동 (**swung**) (…을) 스윙풍으로 연주하다.
swíng accòunt 명 (금융) (상쇄된 채권·채무 잔액에 관한) 차월(借越) 한도.
swing-a·round [-əràund] 명 =swing-by.
swíng báck [swíŋbæk] 명 (정치적 의미에서) 원상복귀 (to). ¶ ~ **to isolationism** 고립주의로의 환원.
swíng bóat 명 (英) (2, 3명이 타는) 배 모양의 그네.
swíng brídge 명 회선교(回旋橋), 선개교(旋開橋).
swíng-by [-bài] 명 (우주) 스윙바이(우주선이 궤도 변경을 하기 위해 행성의 중력장을 이용하는 비행).
swíng dòor 명 =swinging door.
swinge¹ [swindʒ] 타 (고어) …을 채찍질[매질]하다.
swinge² 자타 (방언) =singe.
swinge·ing [swíndʒiŋ] 형 (타격 등이) 강렬한, 호된; 거대한, 굉장한 큰; 굉장한, 훌륭한, 일류의; (세금 등이) 혹독한. — 부 굉장히, 엄청나게. — 명 때려눕히기. ~·ly 부

swing·er¹ [swíŋər] 명 1 흔드는[흔들리는] 사람. 2 (美속어) 유행에 앞서 가는 사람; 활동적인 사람, 지도자; 부부 교환(프리섹스)하는 사람.
swing·er² [swíndʒər] 명 1 (고어) 매질[징계]하는 사람. 2 (英속어) 거대한 것; 허풍선이.

__swing·ing¹__ [swíŋiŋ] 형 1 흔들리는, 진동하는: (걸음걸이가) 힘찬, 당당한; (노래가) 경쾌한. ¶ a ~ **rhythm** 경쾌한 리듬. 2 (美속어) 활발한; 유행을 앞서 가는. 3 (속어) 뛰어난, 일류의. 4 (속어) 프리섹스를 즐기는; 부부 교환을 하는. — 명 1 흔들림, 진동. 2 (속어) 프리섹스, 부부 교환. ~·ly 부

swing·ing² [swíŋiŋ] 명 =swingeing.
swínging dóor 명 앞뒤로 열리며 자연히 닫히는 문.
swínging vóter 명 (구어) (선거의) 부동층(浮動層).
swin·gle¹ [swíŋgl] 명 (삼에) 두드리는 도리깻열.
— 타 (삼·아마)를 도리깨로 두드리다.
swin·gle² 명 (美속어) (독신의) 플레이보이[걸].
[<*swing*le*single*]
swin·gle·bar [swíŋglbɑ̀ːr] 명 =swingletree.
swin·gle·tree [swíŋgltrìː] 명 (마구(馬具)의 봇줄을 매는) 물추리막대(whiffletree).
swing·man [swíŋmæ̀n] 명 1 (농구) 두 개의 포지션(특히 가드와 포드)을 뛸 수 있는 선수. 2 (美) 이동중인 소떼를 감시하는 카우보이. (또는 **swíng ríder**) 3 (재즈) 스윙 음악가. 4 (속어) 결정표를 던지는 사람. 5 (美속어) 마약 판매업자.
swíng mùsic 명 스윙 음악.
swing·o·ver [swíŋòuvər] 명 (의견 등의) 전환, 변경.
swíng ròom 명 (美속어) (공장 등의) 휴게실.
swíng shìft 명 (美구어) (공장 등의) 반(半)야간부 (보통 오후 4시부터 12시까지); (집합적) 반야간 근로자들, 오후 교대반[조]. **swíng shìfter** 명 오후 교대 근무자.

swing·ster [swíŋstər] 명 (속어) 스윙 연주자.
swíng strátegy 명 (美군사) 스윙 전략(한 분쟁 지역 병력을 다른 분쟁 지역으로 돌리는 전략).
swíng vóter 명 (선거의) 부동표 투표자.
swíng-wìng [-wìŋ] 명 (항공) 가변 후퇴익(可變後退翼)의, — 명 가변 후퇴익(기).
swing·y [swíŋi] 형 흔들리는; 스윙풍(風)의; 활발한.
swin·ish [swáiniʃ] 형 돼지의[같은]; 비열한; 게걸스러운, 탐욕스런; 호색(好色)의. ~·ly 부 ~·ness 명
swink [swiŋk] 자타 (**swank, swonk; swonk·en**) (고어) 수고하다, 애써[땀흘려] 일하다. — 명 U (고어) 수고, 힘드는 일. ᐸ·er 명
swipe [swaip] 명 1 (구어) (크리켓·골프 등에서의) 강타, 크게 휘둘러 치기. 2 (구어) 신랄한 말. 3 방아두레박; 그 지렛대(장대). 4 (美구어) (경마장의) 마부. 5 (술 따위를) 들이켜기; (~s) (美구어) 싸구려 맥주.
take a swipe at (구어) …을 크게 휘둘러 치다.
— 타 1 (구어) …을 강타하다. 2 (속어) …을 훔치다. — 자 1 강타하다 (*at*). 2 (술 따위를) 단숨에 마시다. 3 (구어) (신용 카드 등)을 해독기에 넣다. — 명 카드.
swípe càrd 명 (해독기에 swipe시키는) 자기(磁氣) 카드.
swipes [swaips] 명 (복수취급) (英구어) 싱거운 싸구려 맥주; (일반적으로) 맥주(beer).

__swirl__ [swəːrl] 자 1 소용돌이치다, 빙빙 돌다 (*about, around*) (*over*). ¶ (~+부) **The dust is ~ing about.** 먼지가 소용돌이치고 있다 // **The stream ~s over the rocks.** 시냇물이 바위 위로 소용돌이치며 흐른다. 2 머리가 어찔어찔하다, 현기증나다. — 타 …에 소용돌이를 일으키다. — 명 1 소용돌이, 소용돌이 꼴의 것[장식]. 2 곱슬털, 고수머리. 3 혼란.
ᐸ·ing 명 ᐸ·ing·ly 부 [(스코) 뛰어킨, 꼬인.
swirl·y [swə́ːrli] 형 소용돌이치는, 소용돌이가 많은;
swish [swiʃ] 자 1 (채찍 따위가) 쉭[휙] 하고 소리내다, 휙 움직이다[지나가다] (*along, by, down*). ¶ **A car ~ed by.** 자동차가 휙 하고 지나갔다. 2 (비단 등이) 바스락바스락 소리를 내다. 3 (美속어) (남자가) 여성처럼 행동하다. — 타 1 (채찍 따위)를 휘두르다, 휙[쉭] 소리내다. ¶ ~ **a cane** 지팡이를 휙 하고 휘두르다. 2 …을 쏵 베어 떨어뜨리다 (*off*); 휙[쏵] 움직이다.
— 명 1 (채찍 따위의) 휙[쉭] 하는 소리[움직임]; (비단 스치는) 사각사각하는 소리; (잔물결의) 쏴 하는 소리. 2 막대기[채찍]; 매질, 채찍질. 3 (美속어) 여자 같은 호모 남자.
— 형 1 (英구어) 멋진, 근사한. 2 (美속어) (남자가) 여자 같은, 동성애 남자 같은.
ᐸ·er 명 쉭[휙] 하는 것; (농구) 림(rim)에 닿지 않고 빠져들어가는 공. ᐸ·ing·ly 부

__Swiss__ [swis] 형 스위스의; 스위스제(産)의, 스위스식[풍]의; 스위스 사람의. — 명 (복 ~) 1 스위스 사람; (the ~) (집합적) 스위스 국민. 2 (= **s-**) 스위스 모슬린(속이 비치는 얇은 면 모슬린). 3 = ~ **cheese**.
Swiss·air [swísɛ̀ər] 명 스위스 항공사(社).
[<*Swiss Air* Transport Co., Ltd.]
Swíss ármy knìfe 명 야전용 다용도 나이프.
Swíss chàrd 명 (식물) 근대(chard). 치즈.
Swíss chéese 명 스위스 치즈(구멍이 많고 단단한)
Swíss Confederátion 명 (the ~) 스위스 연방.
Swiss·er [swísər] 명 스위스 사람.
Swíss Frénch 명 스위스 프랑스어(스위스에서 사용되는 프랑스어 방언). (또는 **Swíss F**)
Swíss Gérman 명 스위스 독일어(스위스에서 사용되는 독일어 방언).
Swíss Gúard 명 (로마 교황청의) 스위스인 호위병.
Swíss mílk 명 가당연유(加糖煉乳).
Swíss múslin 명 =Swiss 2.
Swíss róll 명 잼을 넣은 롤빵, 젤리롤.
Swíss stéak 명 스위스식 스테이크(양면에 밀가루를 둘

Swit. Switzerland.

‡**switch** [swítʃ] 명 (복 ~**es** [-iz]) 1 〔전기〕 개폐기; 스위치; 〔전화〕 교환대. ¶an on-off ~ 점멸(點滅) 스위치. 2 〔철도〕 전철기(轉轍機), 포인트((英) points). 3 (계획·생각·설비 따위의) (갑작스런) 전환, 바꾸기, 변경. ¶a ~ in one's political opinions 정치적 견해의 전환. 4 (특히 호리호리로 쓰는) 낭창낭창한 나뭇가지, 어린 가지, 휘추리; (美) 채찍[회초리]질. 5 (소 따위의)꼬리 끝의 털. 6 (여자의 머리에 덧넣는) 헤어피스, 다리. 7 〔농구〕 스위치(수비하는 두 선수가 마크 상대를 서로 교환하여 막기). 8 〔컴퓨터〕 스위치(프로그래밍 기법의 일종으로, 처리의 분기(分岐)를 판단하기 위해 설정하는 항목). 9 (속어) 채찍. 10 (美속어) 잭나이프.

asleep at the switch (美속어) 임무를 게을리[소홀히]하여; 방심하여. 「[바보]이.

not have all one's switches on (美속어) 지능아 ─ 동 (~**es** [-iz]; ~**ed** [-t]) 탄 1 〔전기〕…의 스위치를 돌리다[틀다] (*on, off*). 2 〔철도〕 열차를 (다른 선로에) 바꿔 넣다, 전철(轉轍)하다; 〔열차〕의 운행 준비를 갖추다. 3 〔생각·이야기 따위〕를 (다른 문제로) 옮기다, …을 전환하다, (본줄기에서) …을 딴 데로 돌리다 (*from, to*). ¶~ the talk *to* another subject 이야기를 딴 화제로 돌리다. 4 (구어) …을 교환하다, 바꿔치다. ¶Let's ~ places. 자리를 바꾸자. 5 (美) (벌로써) …을 회초리로 때리다; (지팡이 따위) 를 휘두르다; …을 홱 움직이게 하다(jerk). ¶The cat ~ed its tail. 그 양이는 꼬리를 쳤다 // ─+목 + 전+명) He ~ed the letter *out of* my hand. 그는 그 편지를 내 손에서 낚아챘다. 6 〔야구〕 (선수) 를 교체시키다. 7 〔영화·TV〕 (한쪽 카메라에서 다른 쪽으로) (카메라) 를 바꾸다. 8 〔금융〕 (유가 증권) 을 매각하고 다른 증권에 투자하다. ─ 자 1 〔전기〕 스위치를 틀다[돌리다] (*on, off*). 2 〔철도〕 전철하다. 3 전환하다; (방향·코스를) 바꾸다; 교환하다 (*from, to*). 4 매질하다. 5 (美속어) (경찰 따위에) 통보[밀고]하다. 6 (속어) 부부 교환을 하다.

I'll be switched (if...) (美구어) (…은) 당치도 않다, (…은) 결코 아니다. 「치하다.

switch (a)round (가구 따위의) 위치를 바꾸다, 재배

switch back ① 스위치를 제자리에 돌려 놓다. ② (종래의 방식 따위로) 되돌아가다 (*to*).

switch into …으로 갈아 타다.

switch off ① (전등 따위의) 스위치를 끄다. (남과의) 전화를 끊다. ¶~ a light *off* 전등을 끄다. ② (구어) 무기력해지다[지게 하다]; 흥미를 잃다[잃게 하다].

switch on ① (전등 따위의) 스위치를 켜다. ¶~ a light *on* 전등을 켜다. ② (구어) 흥미가 솟다[솟게 하다]; 흥분되다[시키다]. ③ (美속어) (마약 으로) 환각 상태에 빠지다[빠뜨리다]. ④ (보통 수동형으로) (속어) 최신 유행을 좇게 하다. ¶She is really ~ed *on*. 그녀는 실로 유행의 최첨단을 걷는다. ④ (구어) (갑자기 또는 저절로) (눈물 따위) 를 흘리다.

switch over (…에서 /…로) 전환하다 (*from / to*).

switch through (전화를) …에게 연결하다(*to*).

~**·a·ble, ~·like** 형

switch·back [swítʃbæ̀k] 명 1 지그재그의 산길, 〔철도〕 (가파른 고개를 오르기 위한) 지그재그 선로, 스위치백. 2 (英) =roller coaster. 3 〔영화〕 되나오는 장면, 스위치백. ─ 동 자 (철도 선로 따위) 지그재그로 나아가다.

switch·blade [swítʃblèid] 명 날이 튀어나오는 나이프. (또는 ~ **knife**).

*****switch·board** [swítʃbɔ̀ːrd] 명 〔전기〕 배전반(配電盤); 조명 제어반(lightboard); (전신·전화) 교환기, 교환대. ¶a ~ *operator* 전화 교환원.

switch bòx 명 스위치 상자.

switched-més·sage nètwork [swítʃmés-idʒ-] 명 (美) 〔통신〕 전문(電文) 교환 통신망(동일 네트워크 사용자 간에 전문을 주고받는 시스템).

switched-off [swítʃɔ́ːf] 형 (속어) 유행하지 않는, 파격적인.

switched-on [swítʃán/-ɔ́n] 형 (속어) 1 유행의 첨단을 걷는; 멋진. 2 마약에 취한.

switch·er·oo [swìtʃərúː] 명 (복 ~**s**) (美속어) 예기치 못한 변화[전환], 돌변. 「[폐기] 장치.

switch-gear [swítʃɡìər] 명 ⓤ (전기) 개

switch-girl [swítʃɡə̀ːrl] 명 (濠구어) 전화 교환원.

switch-hit [-hít] 동 자 (야구) (타자가) 좌우 어느 타석에서나 치다.

switch hítter 명 〔야구〕 스위치 히터, 좌우 겸용 타자; (美속어) 양성애자(兩性愛者)(bisexual).

switch knife 명 =switchblade.

switch·man [swítʃmən] 명 (철도의) 전철수(轉轍手)((英) pointsman); (조차장(操車場)의) 차량 분리·연결 담당자.

switch-off [-ɔ́ːf/-ɔ̀f] 명 (전원 등의) 스위치를 끄기.

switch-on [-án/-ɔ́n] 명 (전원 등의) 스위치를 켜기.

switch·o·ver [swítʃòuvər] 명 전환, 바꾸기.

switch plàte 명 (배전 상자의) 스위치판(板).

switch sèlling 명 (英) (싼거리 광고로 손님을 모아 비싼 물건을 파는) 후림 판매(bait-and-switch selling).

switch sìgnal 명 전철 신호; (발전소의) 개폐 장치

switch tòwer 명 (美) (철도의) 신호소[탑]. 「실.

switch tràding 명 스위치[교환] 무역.

switch·yard [swítʃjàːrd] 명 (美) (철도의) 조차장.

swith [swiθ] 부 (英방언) 즉시; 신속하게. ─ 동 자 (스코) …을 서두르다. (또는 **swithe**). ~**·ly** 부

swith·er [swíðər] 명 (英구어) 혼란, 동요, 흥분; 당혹, 의심, 주저, 망설임. ─ 동 자 주저하다, 망설이다

Switz. Switzerland. 「의심하다.

‡**Switz·er** [swítsər] 명 스위스 사람(Swiss).

‡**Switz·er·land** [swítsərlənd] 명 스위스(유럽 중부의 공화국; 수도 Bern).

swiv·el [swívəl] 명 1 (기계) 회전 이음쇠, 회전 축받이[고리]. 2 (회전 의자의) 받침; 선회포(旋回砲); 선회 포가(砲架). 3 자수직기(刺繡織機)의 북[셔틀]. ─ 동 (-*l-*, (英) -*ll*-) 탄 1 …을 선회[회전]시키다(*around, round*). 2 …을 회전 고리로 연결하다; …에 회전 고리를 장치하다. ─ 자 (축의 둘레를) 선회[회전]하다, 돌다(*around, round*). ~**·like** 형

swivel bridge 명 =swing bridge.

swivel chàir 명 회전 의자.

swivel gùn 명 선회포(砲), 회전포.

swiv·el-hip [-hìp] 명 (美속어) 엉덩이를 흔들며 걷다.

swiv·el-hips [swívəlhìps] 명 (美속어) 허리를 잘 쓰는 선수[댄서 등].

swivel pin 명 (英) (자동차의) 킹핀(kingpin).

swiv·et [swívit] 명 (구어) 극도의 흥분[초조, 불안]; 동요. ¶be in a ~ 몹시 불안[초조]하다.

swiz(z) [swiz] 명 (英속어) =swindle.

swiz·zle [swízl] 명 ⓤ ⓒ 스위즐(럼주·얼음·레몬·설탕·고미제를 섞은 칵테일), 음료주. ─ 동 탄 (구어) (거품내는 막대로) (음료) 를 휘저어 섞다; (속어) (술) 을 벌컥벌컥 마시다. ─ 자 벌컥벌컥 마시다. -**zler** 명

swizzle stick 명 (구어) (칵테일용) 거품내는 막대.

SWL *safe working load; short wave listener.*

swob [swɑb/swɔb] 명 동 (-*bb*-) =swab.

swob·ble [swɑ́bl/swɔ́bl] 동 자 (英속어) 허둥지둥[급히] 먹다.

‡**swol·len** [swóulən] 동 swell의 과거분사. ─ 형 (*more ~; most ~*) 1 (부풀어)오른, 부은; 물이 불은. ¶the ~ Nile 물이 불은 나일강. 2 (문체 등이) 과장된, 야단스런. 3 우쭐해진, 거만한. ~**·ly** 부 ~**·ness** 명

swol·len-head·ed [-hédid] 형 (구어) 우쭐해진, 거만한, 오만한.

swoln [swouln] 형 (고어) =swollen.

swonk [swɑŋk/swɔŋk] 〖동〗 swink의 과거. 「분사.
swonk·en [swǽŋkən/swɔ́ŋk-] 〖동〗 swink의 과거
***swoon** [swuːn] 〖동〗 1 기절하다, 의식을 잃다, 졸도하다, 〖문어〗 황홀경에 빠지다. ¶She ~ed at the sight. 그녀는 그 광경을 보고 기절했다. 2 (소리 따위가) 약해지다, 차츰 사라져 가다. ── 〖명〗 기절, 졸도; 황홀(경); 마비상태, 무감각; (소리 따위가 서서히 사라짐[약해짐]).
¶fall down in [or fall into] a ~ 기절[졸도]하다.
~·er 〖명〗 **~·ing** 〖형〗 **~·ing·ly** 〖부〗「로 매력적인.
swoon·y [swúːni] 〖형〗 (美속어) 정신이 아찔할 정도
swoop [swuːp] 〖동〗〖자〗 (맹금류가 하늘로부터 먹이에게) 덤벼들다, 홱 덮치다, 급습하다(*down*) (*upon*, *on*). ¶An eagle ~ed down on its prey. 독수리 한 마리가 먹이에게 내리덮쳤다. ── 〖타〗 (구어) …을 낚아[잡아]채다, 강탈하다(*off*, *away*, *up*). ¶A robber ~ed up her handbag. 노상 강도가 그녀의 핸드백을 낚아챘다. ── 〖명〗 (맹금류의) 급강하, 급습; 잡아채기.
at [*or in*] *one* (*fell*) *swoop* 일거에, 단번에.
make a swoop at …을 급습하다.
with a swoop 일격에; 홱.
swoosh [swuʃ] 〖자〗 (구어) 〖동〗〖자〗 쉭 하는 소리가 나다; 힘차게 움직이다[분출하다]. ── 〖타〗 쉭 하는 소리를 내며 분출시키다[이동시키다]. ── 〖명〗 분사, 분출; 쉭[쌩] 하는 소리[동작](질주·옷깃 스치기·분출하는 물 따위).
swoo·zled [swúːzld] 〖형〗 (美속어) 술취한.
swop [swɑp/swɔp] 〖동〗 (*-pp-*) =swap.
‡**sword** [sɔːrd] 〖명〗 (*~s* [-z]) 1 검(劍), 칼. ¶a double-edged ~ 양날의 검. 2 (보통 the ~) 무력, 병권. ¶The pen is mightier than the ~. (속담) 문(文)은 무(武)보다 강하다. 3 (the ~) 죽음[파괴]의 수단; 전쟁, 폭력, 군사력. 4 (軍속어) 총검, 대검.
appeal to the sword 무력에 호소하다.
at the point of the sword; at (*the*) *sword point* 무력으로 협박하여.
beat one's swords into plowshares 칼을 두드려 보습을 만들다; 무기를 버리고 평화로운 일에 종사하다.
be at swords' points 반목하다, 적대하다.
cross swords with …와 싸우다; 격론을 벌이다.
draw [*or one's*] *sword* 칼을 뽑다; 싸움을 시작하다, 공격하다 (*at*, *against*).
fall on one's sword 자인(自刃)[자결]하다.
measure swords 승부를 걸 준비가 되어 있는지를 알아보다; (…와) 칼로 싸우다 (*with*).
put a person to the sword 남을 칼로 베어 죽이다; (특히 전쟁에서) 살육하다.
sheathe [or *put up*] *the sword* 칼을 칼집에 넣다; 화해[강화(講和)]하다
the sword in the stone 엑스캘리버(Excalibur) (이를 뽑는 자가 잉글랜드 왕이 된다는 전설이 있었음).
the sword of justice 사법권.
the sword of State [or *honour*] (英) 보검(寶劍) (대례(大禮)때 영국 왕 앞에 받쳐드는 칼).
the sword of the Spirit [or *spirit*] 하느님의 말「씀.
throw one's sword into the scale 요구를 관철하기 위해 무력을 행사하다.
wear the sword 군인이다.
~·less, ~·like 〖형〗
swórd àrm 〖명〗 오른팔.
swórd bàyonet 〖명〗 총검.
swórd bèan 〖명〗 〖식물〗 작두콩(saber bean).
sword-bear·er [-bɛ̀ərər] 〖명〗 (英) (의식 때) 보검(the sword of State)을 드는 사람[시종].
swórd bèlt 〖명〗 검대(劍帶), 칼띠. 「(産).
swórd·bill [sɔ́ːrdbìl] 〖명〗 〖조류〗 칼부리벌새(남미산)
swórd càne 〖명〗 속에 칼이 든 지팡이(sword stick).
sword·craft [sɔ́ːrdkræft/-krɑ̀ːft] 〖명〗 검술; 용병술, 전술, 전력(戰力).
sword-cut [-kʌ̀t] 〖명〗 칼에 벤 상처; 칼 자국.

swórd dànce 〖명〗 칼춤, 검무. **swórd dàncer** 〖명〗
swórd·fish [sɔ́ːrdfìʃ] 〖명〗 (~·(*·es*)) 〔어류〕 황새치; (the S-) 〔천문〕 황새치자리(Dorado).
sword-flag [-flæ̀g] 〖명〗 〖식물〗 노랑창포.
swórd gràss 〖명〗 〖식물〗 잎이 칼 모양인 풀.
sword-guard [-gɑ̀ːrd] 〖명〗 칼의 날밑.
sword-hand [-hæ̀nd] 〖명〗 오른손, 〖반〗 bow hand
swórd knòt 〖명〗 칼자루의 장식 끈[술].
swórd law [-lɔ̀ː] 〖명〗 무단(武斷) 정치; 군정; 계엄령.
swórd lily 〖명〗 〖식물〗 글라디올러스(gladiolus).
sword·man [sɔ́ːrdmən] 〖명〗 (고어) =swordsman.
swórd of Dámocles 〖명〗 (종종 S-) (the ~) ⇒DAMOCLES.
sword·play [sɔ́ːrdplèi] 〖명〗 〖U〗 검술, 칼솜씨, 펜싱; (비유적) 불꽃 튀는 논전, 임기응변의 입씨름.
sword-proof [sɔ́ːrdprùːf] 〖명〗 칼이 뚫지 못하는.
swórd ràttling 〖명〗 =saber-rattling.
swords·man [sɔ́ːrdzmən] 〖명〗 (*-men*) 검객, 검술가; (고어) 군인, 무인. **~·ship** 〖명〗〖U〗 검술, 검도.
swórd stick 〖명〗 =sword cane.
sword·tail [sɔ́ːrdtèil] 〖명〗 1 〔어류〕 소드테일(꼬리지느러미가 칼 모양으로 생긴 민물고기; 중미산(産)·관상용). 2 〔동물〕 투구게(king crab).
***swore** [swɔːr] 〖동〗 swear의 과거.
***sworn** [swɔːrn] 〖동〗 swear의 과거분사.
── 〖형〗 맹세한, 선서한; 맹세하고 약속한; 공공연한. ¶~ enemies 불구대천의 원수[적] / ~ brothers 의형제 / ~ friends 맹우(盟友).
swot[1] [swɑt/swɔt] 〖동〗 (*-tt-*) 〖구어〗 =swat[1].
swot[2] (英속어) 〖동〗 (*-tt-*) (…을) 맹렬히 공부하다, 들이파다, 책에 매달리다 (*at*, *for*). ── 〖명〗 맹렬히 공부하는 사람, 공부벌레; 맹렬한 공부.
SWOT [swɑt/swɔt] 〖명〗 〖상업〗 스와트(신상품의 강점·약점·(판매) 기회·위협).
[<*s*trengths, *w*eaknesses, *o*pportunities, *t*hreats]
swound [swaund, swuːnd] 〖동〗〖명〗 (고어) =swoon.
'swounds [zwaundz] 〖감〗 (고어) 쳇, 제기랄, 빌어먹을(노여움 따위의 표현). (또는 **swounds**).
Swtz. Switzerland. **SWU** separate work unit ((천연 우라늄에서 농축 우라늄을 분리시킬 때의) 분리 작업(량) 단위).   「swim의 과거.
‡**swum** [swʌm] 〖동〗 swim의 과거분사 〖고어·방언〗
swung [swʌŋ] 〖동〗 swing[1], swing[2]의 과거·과거분사.
swúng dàsh 파형(波形) 기호, 물결표(~).
SY *s*team *y*acht.
sy- [si, sə] 〖접두〗 =syn-. ¶ *sy*staltic, *sy*zygy.
Syb·a·ris [síbərìs] 〖명〗 시바리스(이탈리아 남부에 있던 사치·향락으로 유명한 고대 그리스의 도시; 통상활동으로 번영을 누리다가 기원전 510년에 멸망).
Syb·a·rite [síbəràit] 〖명〗 시바리스(Sybaris)의 주민; (종종 s-) 방탕아, 쾌락에 빠진 사람. ── 〖명〗 (S-) 방탕한, 쾌락에 빠진. **-rit·ism** 〖명〗 사치, 방탕.
Syb·a·rit·ic [sìbərítik] 〖명〗 1 시바리스(Sybaris)(주민)의. 2 (s-) 쾌락에 빠진, 방탕한. (또는 **Sybaritical**) **-i·cal·ly** 〖부〗
syc·a·mine [síkəmin, -màin] 〖명〗 (신약성서에 나오는) 뽕나무: 그 검은 오디(← 누가 복음 (Luke) 17:6).
***syc·a·more** [síkəmɔ̀ːr] 〖명〗 〖식물〗 1 (美) 플라타너스(buttonwood). 2 (英) 큰단풍나무. (또는 *~* **máple**) 3 (이집트·소아시아산의) 무화과나무.
syce [sais] 〖명〗 (인도의) 마부, 말구종. (또는 **sice**)
sy·cee [saisíː] 〖명〗〖U〗 (옛 중국에서 화폐로 사용한) 말굽은(銀), 마제은(馬蹄銀). (또는 *~* **sílver**)
sy·co·ni·um [saikóuniəm] 〖명〗 (*-ni·a* [-niə]) 〖식물〗 은두(隱頭) 꽃차례(무화과 따위의 과실).
syc·o·phan·cy [síkəfənsi] 〖명〗 〖U〗 아첨, 아부, 추종.
syc·o·phant [síkəfənt] 〖명〗 아첨꾼, 추종자, 아부꾼
syc·o·phan·tic [sìkəfǽntik] 〖명〗 아첨하는, 알랑거

리는. (또는 **sycophantical**) **-ti·cal·ly** [부]
sy·co·sis [saikóusis] [명][U] 〔병리〕 모창(毛瘡).
***Syd·ney** [sídni] [명] 시드니(Australia 동남부의 도시).
Sydney or the bush! 《濠구어》 흥하든 망하든!, 건곤일척!
~·**ite** [명]
Syd·ney·sid·er [sídnisàidər] [명] 시드니 사람.
sy·e·nite [sáiənàit] [명][U] 〔광물〕 섬장암(閃長岩). **-nít·ic** [형]
syl- [sil, səl] [접두] =syn-. ¶*syl*lepsis.
sy·li [síːli] [명] 실리(Guinea의 화폐 단위; [기] Sy). (또는 **sily**)
syl(l). syllable; syllabus
syl·la·bar·y [síləbèri/-bəri] [명] 음절(音節) 문자표, 자음표(字音表).
syl·la·bi [síləbài] [명] syllabus의 복수형.
syl·lab·ic [silǽbik] [형] **1** 음절의, 음절로 된, 음절을 나타내는; 각 음절을 똑똑히 발음하는. **2** 〔운율〕 음절 수에 근거한. **3** 〔음성〕 (자음이) 음절을 이루는, 성절(成節)의; (모음이) 음절의 중핵을 이루는, 음절 주음(主音)의. ¶a ~ consonant 성절(成節) 자음(button [bʌ́tn]의 [n] 따위). **—**[명] **1** 〔음성〕 성절음(成節音), 음절 주음. **2** 음절을 나타내는 문자. **-i·cal·ly** [부]
syl·lab·i·cate [silǽbəkèit] [동][타] …을 음절로 나누다, 분철하다(syllabify).
***syl·lab·i·ca·tion** [silæ̀bəkéiʃən] [명][U] 음절로 나누기, 분철법(分綴法).

> [주의][1] 분철법에는 발화(發話)(utterance) 또는 발화의 단편을 음절로 나누는 경우와 말의 철자를 음절로 나누는 경우가 있다.
> [주의][2] 분철법의 대요. (**1**) 1음절의 말은 끊지 않는다. strength, thought는 각기 8, 7 문자로 되어 있으나 1음절의 말이고, tongue, matched는 2음절 같아 보이지만 발음은 [tʌŋ] [mætʃt]로서 중핵이 되는 모음은 한 개밖에 없어 1음절어이다. (**2**) 2음절의 복합어로서 합성 요소가 명백한 것은 거기서 끊는다: blackbird⇨black·bird / highway → high·way. (**3**) 접두사·접미사는 보통 거기서 끊는다: compose → *com*·pose / descend → *de*·scend / kindness → kind·*ness* / singer → sing·*er*. * 동사 presént는 pre·sent로 끊어 접두사 끊는 자리와 일치하지만, 명사·형용사의 présent는 제1음절의 단모음에 악센트가 있어서 뒤의 (6)의 법칙에 따라 s는 제1음절에 들어가 pres·ent가 된다. 마찬가지로 produce, record 따위도 품사(즉 악센트의 위치)에 따라서 분철법이 달라진다. (**4**) 나란히 놓인 두 모음자가 장모음이나 중모음을 이루지 않는 경우에는 둘로 끊는다: lion → li·on / ruin → ru·in * daunt [dɔːnt], tail [teil] 따위는 1음절. (**5**) 악센트가 있는 장모음·중모음은 보통 뒤에 오는 자음과 분철된다: wáter → wa·ter / páper → pa·per. (**6**) 단모음은 보통 다음 자음을 끌어올린다: cámel → cam·el / wóman → wom·an. [참] ánimal → an·i·mal(a는 n을 끌어올리지만 i는 악센트가 없어서 m은 다음 음절로 들어간다) * 단 -cious, -cial, -tion은 전체가 하나의 음가(音價)를 나타내므로 분리하지 않는다. 예를 들어 précious는 앞의 법칙으로 볼 때 prec·ious로 되어야 하지만 pre·cious로 끊는다. (**7**) [ɛər, ɔər, əːr] 와 같은 중모음 +r의 경우, 그 r은 앞 음절에 속한다: parent → par·ent / further → fur·ther. (**8**) 모음에 끼인 두 자음(자)는 앞뒤로 나뉜다: carry → car·ry / entire → en·tire. * 낱말 형성(形成) 과정을 명시하기 위한 예외: adding → add·ing / singer → sing·er. (**9**) 세 자음(자)가 모음에 끼여 있는 경우에는 보통 악센트가 있는 첫번째 자음(자)만이 앞의 음절에 들어간다: angry → an·gry / castle → cas·tle. * 형태소(形態素) (morpheme)를 명시하기 위한 예외: destroy → de·stroy. (**10**) 성절(成節) 자음(syllabic consonant)인 l은 앞의 자음을 끌어당긴다. -en의 e가 묵자(默字)이고 n이 성절 자음인 경우도 같다: bottle → bot·tle / double → dou·ble / happen → hap·pen

syl·lab·i·fy [silǽbəfài] [동][타] =syllabicate. **-fi·cá·tion** [명] 「(分綴), 분철법.
syl·la·bism [síləbìzm] [명] 음절 문자의 사용; 분철
syl·la·bize [síləbàiz] [동][타] =syllabicate.
‡syl·la·ble [síləbl] [명] (복 ~**s** [-z]) **1** 〔음성〕 음절, 실러블; 음절을 나타내는 철자. **2** (a ~) 《보통 부정문에서》 한 마디, 일언(반구). ¶Not a ~! 한 마디도 말하지 마라. **3** 〔음악〕 계명(階名). 「말해서.
in words of one syllable 간단하게[쉽게, 솔직히]
not breathe [or ***utter***] ***a syllable of*** …에 대해 단 한 마디도 입밖에 내지 않다.
to the last syllable 마지막까지.
—[동][타] …을 음절마다 발음하다; …을 똑똑히 발음하다; 〔낱말·시행(詩行)〕을 음절로 나누어 나타내다.
—[자] 이야기[말]하다(speak).
-syl·la·bled [síləbld] [연결] 「철자가[음절이] …한, …의 철자[음절]를 가진」의 뜻. ¶one-*syllabled*.
syl·la·bub [síləbʌ̀b] [명] =sillabub.
syl·la·bus [síləbəs] [명] (복 ~**·es, -bi** [-bài]) **1** (강연 등의) 개요(概要), 요강, 요목; 교수 요목; 《英》 시간표. **2** 〔법률〕 판결 요지. **3** (종종 S–) 〔가톨릭〕 (로마 교황 Pius 9세가 발포(發布)한) 80명제(命題)의 유론표(謬論表)(Syllabus of Errors).
syl·lep·sis [silépsis] [명][U] **1** 〔수사〕 일필 쌍서법(一筆雙敍法)(한 말을 두 뜻, 주로 자의적(字義的)과 비유적 뜻으로 쓰기; 예컨대 He *lost* his purse and his temper.의 lost). **2** 〔문법〕 겸용법(예컨대 Neither he nor we *are* rich.의 are). ⇨ZEUGMA.
syl·lep·tic [siléptik] [형] 〔수사〕 일필 쌍서법의; 〔문법〕 겸용법의. (또는 **sylleptical**) **-ti·cal·ly** [부]
syl·lo·gism [sílədʒìzm] [명] **1** 〔논리〕 3단 논법. **2** [U] 연역(법)([참] induction). **3** 교묘한 논법; 궤변.
-gist [명] 3단 논법을 쓰는[에 능한] 사람.
syl·lo·gis·tic [sìlədʒístik] [형] (또는 **syllogistical**) 3단 논법의; 연역법의. **—**[명] (또는 **syllogistics**) 3단 논법론(論); 3단 논법적 추론. **-ti·cal·ly** [부]
syl·lo·gize [sílədʒàiz] [동] (…을) 3단 논법으로 논하다[추론하다]. **-gi·zá·tion, -giz·er** [명]
sylph [silf] [명] **1** 공기의 요정([참] nymph; undine; salamander). **2** 날씬하고 우아한 소녀[여자]. **3** 벌새의 일종. **~·ic, ~·like** [형]
sylph·id [sílfid] [명] 어린[꼬마] sylph. **—**[형] (또는 **sylphidine**) 공기의 요정의[같은].
syl·va [sílvə] [명] (복 ~**s, -vae** [-viː]) =silva.
syl·van [sílvən] 《시》 [형] 숲의; 숲에 사는[있는]; (토지가) 수목이 무성한; 숲이 많은; 목가적인. **—**[명] 숲에서 사는 사람[동물]; 숲의 요정. (또는 **silvan**)
syl·vat·ic [silvǽtik] [형] =sylvan.
Syl·ves·ter [silvéstər] [명] 실베스터(남자 이름).
Syl·vi·a [sílviə] [명] 실비어(여자 이름). (또는 **Silvia**)
syl·vi·cul·ture [sílvəkʌ̀ltʃər] [명] =silviculture.
syl·vite [sílvait] [명][U] 칼리 암염(岩塩)(KCl). (또는 **sylvin(e)**) 「symptom.
sym. symbol; 〔화학〕 symmetrical; symphony;
sym- [sim, səm] [접두] =syn-. ¶*sym*bol, *sym*phony. 「생자(共生者). **-ón·tic** [형]
sym·bi·ont [símbiɑ̀nt, -bai-/-ɔ̀nt] [명] 〔생물〕 공
sym·bi·o·sis [sìmbióusis, -bai-] [명][U][C] (복 **-ses** [-siːz]) 〔생물〕 공생(共生), 공동 생활; (일반적으로) 상호 의존[협력] 관계.
sym·bi·ot·ic [sìmbiɑ́tik, -bai-/-ɔ́t-] [형] 〔생물〕 공생의, 공생하는. (또는 **symbiotical**) **-i·cal·ly** [부]
‡sym·bol [símbəl] [명] (복 ~**s** [-z]) **1** 상징, 표상, 심벌 (*of*). ¶the ~ of peace 평화의 상징. **2** 부호, 기호, 표(지) (*for*). ⇨MARK [유의어] ¶a chemical ~ 화학

기호 / a phonetic ~ 발음 기호, 음표 문자. **3** 〔교회〕 신조(creed). **4** 〔정신분석〕 억압된 무의식적 욕망의 상징. **5** 〔컴퓨터〕 기호(어떤 것에 대응짓는 양식·도형 따위).
── 타 (**-l-**, 〔英〕 **-ll-**) =symbolize.

***sym·bol·ic** [simbálik/-ból-] 형 **1** (…을) 상징[표상]하는, (…을) 나타내는 (*of*). ¶ A lily is ~ *of* purity. 백합은 순결을 상징한다. **2** 상징의, 상징적인 〔예술·문학〕 상징주의적인. ¶ a ~ poem 상징주의 시. **3** 기호[부호]로 표시된. (또는 **symbolical**) **-i·cal·ly** 부
symból·ical bóoks 명복 〔교회〕 신조서(信條書). (또는 **symbólic books**)
symbólic códe 명 〔컴퓨터〕 =pseudo-code.
symbólic interactionism 명 〔사회〕 상징적 상호 작용론[주의](인간의 상호 교류는 심벌(말·몸짓 등)에 의해 촉진된다는 이론.
symbólic lánguage 명 〔수학·정보 처리 등에서〕 쓰이는 기호 언어.
symbólic lógic 명 기호 논리학.
sym·bol·ics [simbáliks/-ból-] 명복 〔단수취급〕 〔신학〕 신조학(信條學); 〔인류〕 의식(儀式) 연구.
symbólic wórds 명복 〔언어〕 음표상어(音標象語); (공통의 음소(音素)와 의미를 갖는 어군(語群): 「언뜻, 반짝반짝」의 뜻을 갖는 *glance, glitter, glimmer* 등).
sym·bol·ism [símbəlìzm] 명 **1** 상징적 표현; 기호[부호]에 의한 표현. **2** 상징성, 상징적 의미. **3** 〔집합적〕 상징; ⓒ 기호[부호] 체계. **4** 〔예술·문학〕 상징주의. **5** =symbolics.
sym·bol·ist [símbəlist] 명 **1** 상징을 사용하는 사람, 기호[부호] 사용자; 기호[부호] 연구가[학자]. **2** 〔예술·문학〕 상징주의자, 상징파 시인[화가]. **3** (종종 S-) 〔교회〕 성찬 상징설론자(화체설(化體說)을 부인하고 성찬을 단순한 상징으로만 보는 사람).
sym·bol·is·tic [sìmbəlístik] 형 상징적인; 상징주의(자)의. **-ti·cal·ly** 부
***sym·bol·ize** [símbəlàiz] (* 〔英〕 **-ise**) 타 **1** …을 상징하다. **2** …을 기호[부호]로 나타내다. **3** …을 상징으로 보다. ── 자 상징하다; 상징[기호]을 쓰다. **-i·zá·tion** 기호[상징]화. **-iz·er** 명
sym·bol·o·gy [simbálədʒi/-ból-] 명 〔U〕 **1** 상징학; 상징[기호]론. **2** 상징[기호]의 사용, 상징[기호] 표시법. **sỳm·bo·lóg·i·cal** 형 **-gist** 명
sýmbol retáiler 명 〔상업〕 (voluntary chain의) 공통 상호를 쓰는 독립 소매점.
sym·met·al·(l)ism [simmétəlìzm] 명 〔경제〕 〔U〕 (화폐의) 복(複)본위제.
***sym·met·ri·cal** [simétrikəl] 형 **1** 〔좌우〕 대칭적인, 균형이 잡힌. **2** (종종 -ric) 〔수학〕 대칭[상칭]의. **3** 〔식물〕 상칭(相稱)의; (꽃이) 윤생체(輪生體)의. **4** 〔화학〕 대칭의. **5** 〔병리〕 좌우 대칭성의, 병이 동시에 대칭 부분을 침범하는. (또는 **symmetric**) 반 asymmetrical **~·ly** 부 **~·ness** 명
symmétric dífference [simétrik-] 〔수학〕 대칭차(差) (두 집합의 상대 여집합의 합). (또는 **Bóolean súm**)
symmétric gróup 〔수학〕 대칭군(群).
sym·me·trize [símətràiz] (* 〔英〕 **-trise**) 타 …을 대칭적으로 하다, …의 균형을 잡다, 조화시키다. **-tri·zá·tion** 명
sym·me·try [símətri] 명 〔U〕 **1** 〔좌우〕 대칭, 상칭(相稱). **2** 조화(harmony), 균형(미), 균등. **3** 〔수학〕 대칭. 〔식물〕 상칭. 반 asymmetry
sym·pa·thec·to·my [sìmpəθéktəmi] 명 〔의학〕 교감 신경 절제 (수술). (또는 **sympathetectomy**)
‡sym·pa·thet·ic [sìmpəθétik] 형 (**more ~**; **most ~**) **1** 동정적인, 인정 있는. ¶ ~ words 동정적인 말. **2** 서로 마음이 통하는, 마음이 맞는. **3** 〔구어〕 호의적인, 찬성하는 (*to*, *toward*). ¶ He was ~ *to* the plan. 그는 그 계획에 찬성한 것이였다. **4** 〔물리〕 (진동이) 공명하는. ¶ ~ resonance 공명(共鳴). **5** 〔해부·생리〕 교감 신경(계)의. ── 명 **1** 〔해부〕 교감 신경(계). **2** (최면술 따위에) 걸리기 쉬운 사람. **-i·cal·ly** 부
sympathétic cóntact 명 〔사회〕 공감 접촉(집단적 속성도자가 상대방의 개인적 특성을 고려한 대인 접촉). 반 categoric contact
sympathétic ínk 명 은현(隱顯)잉크(invisible ink).
sympathétic mágic 명 공감 주술(呪術)(밀랍 인형에 바늘을 찔러 남을 저주하는 따위).
sympathétic nérve 명 〔해부〕 교감(交感) 신경.
sympathétic (nérvous) sýstem 명 〔해부·생리〕 교감 신경계.
sympathétic stríke 명 =sympathy strike.
sympathétic vibrátion 명 〔물리〕 공명(共鳴).
sym·pa·thize [símpəθàiz] (* 〔英〕 **-thise**) 자 (**-thiz·es** [-iz]; **~d; -thiz·ing**) **1** 동정하다; 조의를 표하다 (*with, in, about, over, on*). ¶ (~+前+名) I ~ *with* her *in* her suffering. 나는 그녀의 고통에 대해 동정한다. **2** 동감(공감)하다; 동의(찬성)하다 (*with*). **3** 공감하다; 일치하다(agree).
-thiz·ing·ly 부 동정적으로, 공감하여.
sym·pa·thiz·er [símpəθàizər] 명 **1** 동정자; 지지자, 찬성자, 동조자. **2** (안과) 교감안(交感眼)(한쪽 눈의 질환이 원인이 되어 교감성 안염을 일으킨 다른 쪽 눈).
sym·pa·tho·lyt·ic [sìmpəθoulítik] 형 〔생리·약학〕 (약품 따위가) 교감 신경 파괴[차단]의. ── 명 교감 신경 차단약(~ drug).
sym·pa·tho·mi·met·ic [sìmpəθoumimétik] 형 〔생리·약학〕 (약품 따위가) 교감신경 자극성의. ── 명 교감 신경 흥분제.
‡sym·pa·thy [símpəθi] 명 (복 **-thies** [-z]) **1** 〔U〕〔C〕 동정, 연민; 조의(弔慰), 문상(*with, for*). ⇒ PITY 유의어 ⓑ antipathy ¶ a letter of ~ 조문[조의] 편지 / I feel ~ *for* a person 남에게 동정하다. **2** 〔U〕 호감, 호의; 공감, 동감, 공명; 찬성(*with, for*).

USAGE **sympathy with, sympathy for**── 보통 sympathy with는 「동감, 공감」의 뜻으로(즉 상대와 대등한 관계에 있을 때에) 쓰고, sympathy for는 「동정, 연민」의 뜻으로 쓴다: I have great ~ *with* the policy. 나는 그 정책에 크게 공감하고 있다 / I feel much ~ *for* him. 나는 그를 크게 동정하고 있다.

3 〔U〕 조화, 일치 (*with*). **4** 〔U〕 〔생리〕 교감 (작용). **5** 〔U〕 〔물리〕 공명, 공진(共振).
còme óut in sýmpathy ① 〔英〕 (파업 중의 노동자에 대한) 지지[동정] 파업을 하다 (*with*). ② (남에게) 찬성의 입장을 표명하다 (*with*).
in [out of] sýmpathy with …와 일치하는[하지 않는], …에 찬성하는[하지 않는].
sýmpathy càrd 명 조문 카드.
sýmpathy stríke 명 동정 파업.
sym·pat·ric [simpǽtrik, -péit-] 형 〔생물·생태〕 같은 지역의, 동지역성(同地域性)의. 〔瓣〕의.
sym·pet·al·ous [simpétələs] 형 〔식물〕 합판(合瓣)
sym·phi·ly [símfəli] 명 〔생태〕 우호(友好) 공생.
sym·pho·nette [sìmfənét] 명 〔음악〕 심포넷, 소(小)교향악단.
sym·phon·ic [simfánik/-fɔ́n-] 형 **1** 〔음악〕 심포니[교향곡]의; 교향곡 형식의. **2** 협화음의, 화음(和音)의, (말 따위가) 유사음의. **-i·cal·ly** 부
symphónic póem 〔음악〕 교향시.
sym·pho·ni·ous [simfóuniəs] 형 〔문어〕 화음(和音)의; 조화된. **~·ly** 부
sym·pho·nist [símfənist] 명 교향곡 작곡가.
sym·pho·nize [símfənàiz] (* 〔英〕 **-nise**) 타자 〔음악〕 화음을 이루다[교향곡 풍으로] 함께 연주하다[소리내다].
‡sym·pho·ny [símfəni] 명 (복 **-nies** [-z]) **1** 〔음

symphony orchestra 악) 교향곡, 심포니. **2** (美) =~ orchestra. **3** 교향악단 연주회. **4** 〖(조화; 색채의 조화. **5** 음의 조화. **6** (고어) 일치.

sýmphony òrchestra 〖교향악단. ⑧ orchestra

sym·phys·i·al [simfíziəl] 〖 (뼈가) 결합(성)의, 유합(성)의. (또는 **symphyseal**)

sym·phy·sis [símfəsis] 〖 (⑧ **-ses** [-sìːz]) ⓤ (해부·동물) (섬유) 연골) 결합; ⓒ 결합선(線), (식물) 합생(合生)(coalescence). **sym·phýs·tic**

sym·plo·ce [símplousi] 〖 (수사) 첫머리에 쓴 어구를 마지막에 반복함으로서 인상을 강하게 하는 기법.

sym·po·si·ac [simpóuziæk] 〖 심포지엄의[에 적합한]. — 〖 (고어) =symposium.

sym·po·si·arch [simpóuziàːrk] 〖 심포지엄의 사회자; (드물게) 연회의 사회자(toastmaster).

sym·po·si·ast [simpóuziæst] 〖 토론회 참가자.

sym·po·si·um [simpóuziəm] 〖 (⑧ **~s, -si·a** [-ziə]) **1** 토론회, 좌담회, 심포지엄. **2** (어떤 특정 주제에 대해) 여러 사람이 기고한 평론[논문]집. **3** (고대 그리스·로마의) 주연(酒宴), 향연.

‡**symp·tom** [símptəm] 〖 (⑧ **~s** [-z]) **1** 징후, 조짐, 전조 (of). ¶ ~s of social unrest 사회 불안의 조짐. **2** (병리) 증상, 증후. ¶ a subjective ~ 자각 증상 / an objective ~ 타각적 증후. **~·less** 〖

symp·to·mat·ic [sìmptəmǽtik] 〖 **1** 징후(증후)에 관한; 징후[증후]의. **2** (…의) 징후[증상]를 나타내는; (…을) 나타내는 (of). (또는 **symptomatical**) **-i·cal·ly** ⑨

symp·tom·a·tol·o·gy [sìmptəmətálədʒi/-tɔ́l-] 〖ⓤ (의학) 증후학(症候學); 증후군(群).

symp·to·sis [simptóusis] 〖 (병리) 국부(局部) 또는 전신의 위축; (단계적) 소모; 초췌, 야윔.

SYN (컴퓨터) *synchronous idle.* **syn.** synonym(ous); synonymy.

syn- [sin, sən] 〖 (결) with, together의 뜻, thesis, *synoptic* (* 「s+자음」과 z 앞에서는 sy-; l 앞에서는 syl-; b, m, p 앞에서는 sym-; 「s+모음」 앞에서는 sys-를 쓴다. 예: *syllable, symbol*).

syn·aer·e·sis [sinérəsis/-níər-] 〖ⓤ (음성) 합음(合音)(2음절(두 모음을 하나로 줄이기).

syn·aes·the·sia [sìnəsθíːʒə, -ziə] 〖 (심리) = synesthesia.

*****syn·a·gog(ue)** [sínəgàg, -gɔ̀g/-gɔ̀g] 〖 **1** 유대 교회당. **1a** 유대고, **2** (the ~) 유대 교도의 (예배를 위한) 집회. **3** 유대교. **-gòg·al, -gógi·cal** 〖

syn·a·l(o)e·pha [sìnəlíːfə] 〖 (어미·어두(語頭)에서 이웃한 두 모음이 줄어서 한 syllable로 되기(예: the army→th' army).

Syn·a·non [sínənən, -nàn] 〖 (美) 시나논(마약 중독자 갱생 단체; 정식 명칭은 ~ Foundation).

syn·apse [sínæps, -∠/sáinæps] 〖 **1** (생리) 시냅스, (신경 세포의) 연접부. **2** (생물) =synapsis 1. — 〖 (생리) 시냅스를 이루다.

syn·ap·sis [sinǽpsis] 〖 (⑧ **-ses** [-siːz]) **1** ⓤ (생물) 염색체 접합, 시냅시스. **2** (생리) =synapse 1.

syn·ap·tic cléft [gáp] [sinǽptik-] 〖 (생리) 시냅스 간극(시냅스와 시냅스 사이의 미세한 간극).

syn·ap·to·né·mal cómplex [sinæptəníːməl-] 〖 (생물) 합사기(合絲期) 복합체.

syn·ap·to·some [sinǽptəsòum] 〖 (생리) 시냅 토솜(신경 조직으로부터 분리된 신경 단말).

syn·ar·thro·sis [sìnɑːrθróusis] 〖 (⑧ **-ses** [-sìːz]) (해부) (뼈의) 부동(不動) 결합, 관절 결합(수족].

syn·as·try [sínæstri, sínəs-] 〖 (점성) 시내스트리, 상성(相性)(관련되는 사람들간의 상호 작용을 분석·예측하기 위해 이 이상의 출생 도표를 비교하기).

syn·ax·is [sinǽksis] 〖 (⑧ **-ax·es** [-ǽksiːz]) 집회(종교상의 예배; 특히 Eucharist를 위한 집회).

sync [siŋk] (구어) 〖 **1** =synchronization. **2** 협조 관계. ¶ be in ~ with …와 협조 관계에 있다.
in sync (구어) 생각이 같은, 같은 의견의.
out of sync (구어) (두 의견 등이) 서로 맞지 않는.
— 〖 =synchronize. (또는 **synch** [siŋk])

syn·carp [sínkɑːrp] 〖 (식물) 집합과(集合果), 다화과(多花果).

syn·car·pous [sinkɑ́ːrpəs] 〖 (식물) **1** 집합과의, 집과의. **2** (심피)를 가진, 집합 심피의.

syn·cat·e·gor·e·mat·ic [sìnkætəgɔ̀rəmǽtik, -gɑ̀r-] 〖 (논리) 공의어(共義語)의. (단독으로는 뜻이 없고) 다른 표현과 연관된 문맥 속에서만 뜻을 갖는.

syn·chon·dro·sis [siŋkɑndróusis/-kɔn-] 〖 (⑧ **-ses** [-siːz]) (외과) 연골(軟骨) 결합(봉합).

syn·chro [síŋkrou] 〖 (공학) 원격기·회전 운동을 유도하는 시스템. — 〖 동시 작동(조정]의.

syn·chro- [síŋkrou, -krə] 〖 (연결) 「동시(성)의, 동시에 일어나는」의 뜻. ¶ *synchroscope, synchrotron*.

syn·chro·cy·clo·tron [sìŋkrousáiklətrɑ̀n/-trɔ̀n] 〖 (물리) 싱크로사이클로트론, 가변(可變) 주파수 사이클로트론.

syn·chro·flash [síŋkrouflæ̀ʃ] 〖 (사진) 셔터가 열리는 동시에 플래시가 터지는, 싱크로 촬영의.

syn·chro·mesh [síŋkroumèʃ] 〖 (자동차) 〖 등속(等速) 맞물림 변속 장치의. — 〖 등속 맞물림 클러치.

syn·chro·nal [síŋkrənl] 〖 =synchronous.

syn·chron·ic [siŋkrɑ́nik/-krɔ́n-] 〖 **1** (언어) 공시적(共時的)인(한 시점의 언어 구조를 그 역사적 배경은 배제한 채 있는 그대로 기술함)(⑧ diachronic). ¶ ~ studies in English 영어의 공시적 연구. **2** =synchronous. (또는 **synchronical**) **-i·cal·ly** ⑨

syn·chro·nic·i·ty [sìŋkrənísəti] 〖 (심리) 공시성(共時性), 동시 발생, 동시성. (=共時) 언어학.

synchrónic linguístics 〖 (단수취급) 공시 언어학.

syn·chro·nism [síŋkrənìzm] 〖 ⓤ **1** 동시성, 동시 발생(⑧ asynchronism); (영상·TV) 영상과 음향의 일치. **2** (역사적 사건·인물의) 연대별 대조 표시(배열); ⓒ 대조 역사 연표. **3** (물리·전기) 동기(同期)(상태). **4** (심리) (인과적으로 서로 무관한 사건들의) 동시 발생. **-nís·tic, -nis·ti·cal** 〖 **-nís·ti·cal·ly** ⑨

syn·chro·ni·za·tion [sìŋkrənizéiʃən] 〖ⓤ **1** 동시에 하기; 시계를 맞추기. **2** (영화의) 화면과 음향의 일치; 동시 녹음; 동기화(同期化).

*****syn·chro·nize** [síŋkrənàiz] (* (英) **-nise**) 〖ⓐ **1** 동시에 일어나다, 동시에 진행하다, 동시성을 지니다 (*with*). ¶ One event ~d with another. 한 사건이 또 다른 사건과 동시에 일어났다. **2** (몇 개의 시계가)가르는 시각을 가리킨다. — 〖ⓑ **1** (시계 등)을 일치시키다; …을 동시에[같은 속도로] 진행[작동]시키다. ¶ We ~d all our watches before starting. 우리는 출발 전에 모두 시계를 맞추었다. **2** (역사 등에서) …을 같은 시기[시대]의 것으로 나타내다, …의 동시성을 확증하다. **3** (영화·TV) (음향)을 영상과 일치시키다; (사진) (셔터)를 플래시가 터짐과 동시에 열리게 하다.

sýn·chro·nized shífting [síŋkrənàizd-] 〖 (자동차) 싱크로나이즈드 시프팅, 동기(同期) 변속 (장치에 의한 기어 변속).

sýnchronized sléep 〖 (생리) 동기(同期) 수면(꿈을 거의 꾸지 않는 정상 수면)(orthodox sleep).

sýnchronized swímming 〖 싱크로나이즈드 스위밍, 수중 발레.

syn·chro·niz·er [síŋkrənàizər] 〖 **1** 일치시키는 사람(것). **2** 시계를 맞추기 위한 기계; 표준 시계. **3** = synchroscope. **4** 동기(同期) 장치. (사진) 동조 발광 장치(셔터와 플래시의 발광을 일치시키는 장치).

syn·chro·nous [síŋkrənəs] 〖 **1** (…와) 동시에 일어나는 (*with*); 동시대의; 동시성의(⑧ asynchronous). **2** 같은 속도로 진행하는[움직이는]. **3** (물리·전

synchronous computer

sýnchronous computer 기) 동위상(同位相)의, 동기의. **4** 〖우주〗 〖위성이〗 정지한(geostationary). **5** 〖컴퓨터·통신〗 동기(同期)의, 동기식(式)의. **~·ly** 된 **~·ness** 명

sýnchronous compúter 명 〖컴퓨터〗 동기식(同期式) 컴퓨터.

sýnchronous convérter 명 〖전기〗 회전(동기) 〖同期)) 변류기.

sýnchronous ídle 명 〖컴퓨터〗 동기 신호(同期信號) 문자(약 SYN).

sýnchronous mótor 명 〖전기〗 동기(同期) 전동기.

sýnchronous órbit 명 〖우주〗 동기식(同期) 궤도(위성이 지구의 특정 지점 위에 정지한 것 같이 되는 24시간 주기의 원형 궤도).

sýnchronous sátellite 명 〖우주〗 정지 (궤도) 위성(geostationary satellite).

sýnchronous sýstem 명 〖컴퓨터〗 동기식(同期式), 연속식.

sýnchronous transmíssion 명 〖컴퓨터〗 동기 전송(同期傳送).

syn·chro·ny [síŋkrəni] 명 **1** 동시 발생, 동시성. **2** 〖언어〗 공시적 분석〔연구〕, 공시(共時) 언어학.

syn·chro·scope [síŋkrəskòup] 명 〖전기〗 동기(同期) 검정기(전압의 위상차(位相差) 측정기).

syn·chro·tron [síŋkrətràn/-tròn] 명 〖물리〗 싱크로트론(둥근 고리 모양의 입자 가속기의 일종).

sýnchrotron radiátion 명 〖물리〗 싱크로트론 방사(하전 입자가 자장을 통과할 때 방출하는 전자파).

syn·clas·tic [sinklǽstik, siŋ-] 형 〖수학〗 곡률(曲率) 중심이 항상 면의 한쪽에 있는, 전면 볼록(凸)의.

Syn·cla·vi·er [síŋkləvìər] 명 〖상표〗 싱클라비어(오케스트라의 음을 전부 내는 62 건반의 신시사이저).

syn·cli·nal [sinkláinl, síŋkli-] 형 〖중심축에서 만나도록 양쪽에서 서로 기운〔경사진〕; 〖지질〗 향사(向斜)의. ── 명 〖지질〗 =syncline. **~·ly** 튀

syn·cline [síŋklain] 명 〖지질〗 향사. ↔anticline

Syn·com [síŋkəm/-kɔm] 명 신콤(미국의 정지 통신 위성). 〖<*syn*chronous *com*munication〗

syn·co·pate [síŋkəpèit] 타 〖음악〗 〖강세〗를 보통은 강세가 없는 박자에 두다; 〖악절 등〗에 당김음을 쓰다; 〖문법〗 〖말〗의 중간 음절을 생략하다(예: every → ev'ry).

syn·co·pa·tion [sìŋkəpéiʃən] 명 〖U〗 〖음악〗 싱커페이션, 당김음; 〖U〗 〖문법〗 어중음(語中音) 소실, 〖말〗의 중략.

syn·co·pa·tor [síŋkəpèitər] 명 싱커페이션(당김음)을 쓰는 사람; 재즈 음악 연주가.

syn·co·pe [síŋkəpì] 명 〖U〗 **1** 〖문법〗 중간 생략 단축법, 어중음 소실(예: never → ne'er)(참 apheresis, apocope). **2** 〖음악〗 당김음법. **3** 〖병리〗 가사(假死); 실신, 졸도. **-pal, -pic, -cóp·ic** 형

syn·cret·ic [sinkrétik, siŋ-] 형 〖여러 학설·분파 등의〗 통합적인; 〖언어〗 어형 융합의. ── 명 제파(諸派) 통합론자, 제설(諸說) 혼합론자. (또는 **syncretical**)

syn·cre·tism [síŋkrətìzm] 명 〖종교·철학 등의〗 제설(諸說) 통합, 제설 혼합주의; 〖언어〗 어형〔기능〕 융합. **-tis·tic** 형 **-tist** 명

syn·cre·tize [síŋkritàiz] 태재 〖이견·종파 따위의〗 통합〔융합〕을 시도하다. ── 재 통합〔융합〕하다.

syn·crude [sínkrùːd] 명 〖석탄으로 만드는〗 합성 원유. 〖<*syn*(합성의)+*crude*〗

sýnc signal 명 〖전자〗 동기(同期) 신호(TV 따위에서 송수신기의 주사(走査) 타이밍을 맞추기 위한 신호).

synd. syndicate(d).

syn·dac·tyl [sindǽktl/-til] 형 합지(合指)의, 손〔발〕가락이 유착된〔붙은〕. ── 명 합지 동물.

syn·dac·ty·lus [sindǽktələs] 명 (복 **-li** [-lài, -liː]) 〖의학〗 합지증 환자.

syn·dac·ty·ly [sindǽktəli] 명 〖의학〗 합지(症).

syn·des·mec·to·my [sìndesméktəmi, -des-] 명 〖외과〗 인대 절제(술).

2746

synesthesia

syn·des·mo·sis [sìndezmóusis, -des-] 명 (복 **-ses** [-siːz]) 〖해부〗 인대 결합. **-mot·ic** [-mátik] 형

syn·det [síndet] 명 합성 세제. 〖<*syn*thetic+*detergent*〗

syn·det·ic [sindétik] 형 **1** 결합하는, 접속하는. **2** (또는 **syndetical**) 〖문법〗 접속사적인. **-i·cal·ly** 튀

syn·dic [síndik] 명 **1** (英) (법인, 특히 대학의) 이사, 특별 평의원. **2** 지방 행정 장관. **~·ship** 명

syn·di·cal [síndikəl] 형 **1** 조합에 속하는, 조합의; 신디칼리즘의. **2** 지방 행정 장관의; 이사(회)의.

syn·di·cal·ism [síndikəlìzm] 명 〖U〗 생디칼리슴, 노동 조합주의(총파업 등 직접 행동에 의해 생산과 분배 수단을 수중에 넣으려는 투쟁적인 노동 조합 운동). **-ist** 명 노동 조합주의자. **-is·tic** 형

*syn·di·cate [síndikət] 명 **1** 신디케이트, 기업 조합〔연합〕; 채권〔주식〕 인수 조합, 은행 연합. **2** 〖저널리즘〗 신문·잡지 기사〔사진, 만화〕 배급 회사; (동일인 경영의) 신문 기업 그룹(newspaper chain). **3** (사냥·낚시질 등의) 권리 임대 연합. **4** (美) 〖신디케이트 조직의〗 범죄단; 마피아. **5** (파시스트 정권하의 이탈리아의 직능별) 고용자의 지방 조직. **6** (대학의) 이사회, 특별 평의원회. ── [síndikèit] 타 **1** …을 신디케이트 조직으로 하다. **2** (기사·논설 등)을 여러 신문·잡지에 배급하다; (美) 〖TV〗 〖프로그램〗을 독립 방송국에 직접 판매하다(*Her column is ~d in 5 papers.* 그녀의 칼럼은 5개 신문에 공급되고 있다. **3** 〖투기적 사업 등〗에 대한 금융 인수단을 결성하다. 〖~ a loan among several banks 몇개 은행이 융자를 위한 신디케이트를 결성하다〗. ── 재 신디케이트를 조직하다. **-cá·tion** 명 신디케이트 조직화(하기).

*syn·drome [síndroum, -drəm] 명 **1** 〖병리〗 증후군(症候群). 〖the Down's ~ 다운 증후군. **2** (일정한) 행동 양식〔패턴〕. **syn·drom·ic** [sindrámik] 형

syne [sain] 튀 (스코) 전에, 이전에(since). 〖auld lang ~ 왕년에, 오래 전에.

syn·ec·do·che [sinékdəki] 명 〖U〗 〖수사〗 제유법(提喻法)(부분으로 전체를, 전체로 부분을 나타내는 표현법: bread가 food를 나타내는 따위). 침 metonymy

syn·ec·doch·ic [sinekdákik], **syn·ec·dóch·i·cal** **syn·ec·dóch·i·cal·ly** 튀

syn·ech·i·a [sinékiə] 명 (복 **-i·ae** [-iːː]) 〖의학〗 유착증(癒着症).

syn·e·col·o·gy [sìnikálədʒi/-kɔ́l-] 명 〖U〗 군집(群集)〔군락〕 생태학. **-ec·o·lóg·ic, -ec·o·lóg·i·cal** 형 **-ec·o·lóg·i·cal·ly** 튀

syn·ec·tics [sinéktiks] 명 〖단수취급〗 시넥틱스(창조적 문제 해법). **-tic** 형 **-ti·cal·ly** 튀

syn·er·e·sis [sinérəsis/-nǽr-] 명 =synaeresis.

syn·er·ga·my [sinə́ːrɡəmi] 명 〖U〗 공동 결혼, 코뮨식 결혼(공동체적 복수 결혼식).

syn·er·get·ic [sìnərdʒétik] 형 공동의, 공동〔상승〕작용의.

syn·er·gic [sinə́ːrdʒik] 형 함께 일하는, 공동 작용의. **-gi·cal·ly** 튀

synérgic cúrve 명 〖항공〗 연료 경제 곡선(최소의 에너지로 어떤 위치·속도에 도달할 수 있는 궤도).

syn·er·gism [sínərdʒìzm] 명 〖U〗 **1** (약품 등의) 상승(相乘) 작용; 〖신학〗 인간 협력설(神人協力說).

syn·er·gist [sínərdʒist, sinə́ːr-] 명 **1** 〖생리〗 공력(共力) 기관, 협력근(筋). **2** 〖약학〗 상승제(劑), 협력제. **3** 〖신학〗 협력자(新人) 협력론자.

syn·er·gis·tic [sìnərdʒístik] 형 상승 작용의. **-ti·cal·ly** 튀

syn·er·gy [sínərdʒi] 명 〖U〗 **1** (둘 이상의 기관의) 공동〔협동〕 작용. **2** (약 따위의) 상승 작용; 상승 효과.

syn·e·sis [sínəsis] 명 〖U〗 〖문법〗 의미 구문(의미에 중점을 두고 문법을 무시한 구문).

syn·es·the·sia [sìnəsθíːʒə] 명 〖U〗 〖심리〗 공감각(共感覺)(한 감각이 다른 영역의 감각을 불러일으키는

것). (또는 **synaesthesia**) ⁴**thète** 图 -**thét·ic** 图
syn·fu·el [sínfjù(ː)əl] 图 =synthetic fuel.
syn·ga·my [síŋɡəmi] 图 〔생물〕 배우자(配偶子) 융합(수정)에서의 난자·정자의 합체); 유성(有性) 생식.
syn·gam·ic [síŋɡǽmik], **-mous** 图
syn·gas [síŋɡæs] 图 =synthesis gas.
syn·ge·ne·ic [sìndʒəníːik] 图 〔생물·의학〕 공통 유전자(형)의, 동계(同系)의, 선천성의.
syn·gen·e·sis [sìndʒénəsis] 图 1 〔생물〕 유성 생식. 2 〔지질〕 동생(同生)(광상(鑛床)이 모암(母岩)과 동시에 생성된 것).
syn·graft [síŋɡræft, -ɡrὰːft] 图 〔외과〕 동계 이식(同系移植)(동종의 유전자를 지닌 동물간의 조직 이식).
syn·ki·ne·sis [sìnkəníːsəs] 图 〔생리〕 (근육의 반사적) 연합(합동) 운동. (또는 **synkinesia**)
syn·met·al [sínmètl] 图 합성 금속.
syn·od [sínəd] 图 **1** 교회〔종교〕 회의. **2** (일반적으로) 회의, 의회. **3** 〔페어〕 〔천문〕 (행성의) 상합(相合), 회합.
syn·od·al [sínədl] 图 =synodic.
syn·od·ic [sinάdik/-nɔ́d-] 图 〔종교〕 회의의; 〔천문〕 회합의. (또는 **synodical**) -**i·cal·ly** 图
synódic mónth 图 〔천문〕 삭망월(朔望月).
synódic périod 图 〔천문〕 (두 행성 간의) 회합(會合) 주기.
‡**syn·o·nym** [sínənim] 图 (图 ~**s** [-z]) **1** 동의어, 유의어(類義語), 비슷한 말(⇔ antonym). **2** 별명, 별칭. **3** 〔동·식물〕 (학명상의) 이명(異名)(⇔ homonym). **4** (타국어의) 해당(상당)어. **5** 〔구어〕 유사물. -**ným·ic, -ným·i·cal** = -**ným·i·ty** 图 동의(同義), 같은 뜻.
syn·on·y·mize [sinάnəmàiz/-nɔ́n-] 图图 〔말〕에 동의어(별칭)를 부여하다; …을 동의어로 바꿔 말하다. (또는 synonymise) 〔유의어〕를 사용하다.
syn·on·y·mous [sinάnəməs/-nɔ́n-] 图 동의어의, 같은 뜻의(with). ~·**ly** 图 ~·**ness** 图
syn·on·y·my [sinάnəmi/-nɔ́n-] 图 **1** 〔U〕 동의(性). **2** 〔U〕 동의어 연구. **3** (수사) (강조를 위한) 유의어 (동의어) 반복. **4** 동의어집, 동의어 체계. **5** ⓒ 〔동·식물〕 (분류상의) 이명(異名)(표).
synop. synopsis.
syn·op·sis [sinάpsis/-nɔ́p-] 图 (图 -**ses** [-siːz]) 개요, 개관, 요약; 적요, 내용 일람; (소설 등의) 줄거리.
syn·op·size [sinάpsàiz/-nɔ́p-] (*(英)* -**sise**) 图图 〔美〕 …을 요약하다.
syn·op·tic [sinάptik/-nɔ́p-] 图 **1** 개요의, 대요의, 개관의. **2** (종종 S-) 〔성서〕 공관(共觀)의, 공관 복음서의. ¶the ~ Gospels 공관 복음서(마태·마가·누가의 3 복음서). 图 1 (종종 S-) 공관 복음서; =synoptist. (또는 **synoptical**) -**ti·cal·ly** 图
synóptic chárt 图 일기도, 총관(總觀) 기상도.
synóptic meteorólogy 图 〔기상〕 총관(總觀) 기상학.
syn·op·tist [sinάptist/-nɔ́p-] 图 공관 복음서의 저자.
syn·os·te·o·sis [sinàstióusis/sinɔ̀s-] 图 (图 -**ses** [-siːz]) 〔해부〕 =synostosis.
syn·os·to·sis [sìnαstóusis/sìnɔs-] 图ⓒ (图 -**ses** [-siːz]) 〔해부〕 골유착(骨癒着), 골유합증(骨癒合症). -**tot·ic** [-tάtik], **-tót·i·cal** 图
syn·o·vi·a [sinóuviə] 图〔U〕 〔생리〕 (관절) 활액(滑液).
syn·o·vi·al [sinóuviəl] 图 〔생리〕 (관절) 활액의(을 분비하는).
syn·o·vi·tis [sìnəváitis] 图〔U〕 〔의학〕 활(액)막염.
sy·no·vi·um [sinóuviəm] 图 〔해부〕 활(액)막.
syn·roc [sínrὰk/-rɔ̀k] 图 핵폐기용 합성 암석.
〔<*syn*thetict+*rock*〕
syn·tac·tic [sintǽktik] 图 문장 구성(법)의, 구문론의, 통어론(법)〔統語論〔法〕)의. (또는 **syntactical**) -**ti·cal·ly** 图
syntáctic fóam 图 〔화학〕 유리 기포(氣泡) 강화 플라스틱.
syn·tac·tics [sintǽktiks] 图图 **(**단수취급**)** 〔언어〕 (논리적) 구문론, 문장론, 통어론(統語論).
syn·tagm [síntæm] 图 =syntagma.
syn·tag·ma [sintǽɡmə] 图 (图 ~**s, -ma·ta** [-mətə] 〔언어〕 신택그마(통어적 관계를 갖는 어구〔군〕).
syn·tag·mat·ic [sìntæɡmǽtik] 图 〔언어〕 통합적인(문장·어구)를 구성하는 여러 요소의 상호관계에 관한). (또는 **syntagmic, syntagmatical**) -**i·cal·ly** 图
syn·tal·i·ty [sintǽləti] 图 〔심리〕 집단의 행동 특성.
‡**syn·tax** [síntæks] 图〔U〕 **1** 〔문법〕 구문론, 문장론, 통어(통사)론, 배어(법)(配語(法)); ⓐ morphology). **2** 〔논리〕 논리적 통사법(統辭法). **3** 〔컴퓨터〕 (프로그래밍 언어나 시스템 명령 등의) 문법; 신택스; 체계.
sýntax érror 〔컴퓨터〕 신택스 에러(프로그래밍 때의 구문의 오류).
syn·tech·nic [sintéknik] 图 〔생물〕 비슷한 환경 탓으로 유연(類緣) 관계가 없는 생물이 서로 비슷한 것.
syn·te·ny [síntəni] 图 〔유전〕 신터니(어떤 염색체상에 존재하는 복수(複數)의 유전자의 배열 순서).
syn·tex·is [sintéksis] 图 〔지질〕 신텍시스(마그마가 종류가 다른 암석을 재(再)용융하는 작용).
synth [sinθ] 图 〔구어〕 =synthesizer.
syn·thase [sínθeis, -θeiz] 图 〔생화학〕 신타아제, 생성 효소(역방향으로 리아제 반응을 하는 효소).
*****syn·the·sis** [sínθəsis] 图 (图 -**ses** [-siːz]) ⓤ **1** 종합, 통합, 합성(⇔ analysis). **2** ⓒ 통합체, 합성물. **3** 〔화학〕 합성, 인조. **4** 〔철학〕 종합; (Hegel 변증법의) 합(合). **5** 〔의학〕 접골, 접합. **6** 〔언어〕 (말의) 합성, 복합 (파생)어 만들기. **7** 〔정신의학〕 종합(전(소) 인격을 창출하는 특성·태도·충동의 통합). -**sist** 图 [(syngas).
sýnthesis gás 图 〔석탄으로 만드는〕 합성 가스
syn·the·size [sínθəsàiz] (*(英)* -**sise**) 图图 …을 통합하다, 종합하다(⇨ analyze); 〔화학〕 …을 합성하다; …을 종합적으로 다루다. — 图 합성하다.
-**si·zá·tion** 图
syn·the·siz·er [sínθəsàizər] 图 종합〔합성〕하는 사람(것); 〔음악〕 전자 음향 합성 장치, 신시사이저.
*****syn·thet·ic** [sinθétik] 图 **1** 종합적인, 종합(통합)의(⇔ analytic). **2** 〔화학〕 합성의, 인조의. **3** 겉보기의, 가짜〔모조〕의, 대용의. ¶ ~ enthusiasm 외관상의 열광. **4** 〔언어〕 종합적인(그리스어·라틴어와 같이 복잡한 어미 변화를 한다). **5** (⇔ **synthetical**) 〔논리〕 종합적인. ¶ ~ proposition 종합 명제. — 图 **1** 화학 합성물; 모조품. **2** (~s) 〔플라스틱·합성 섬유 따위의〕 화학 합성 물질〔품〕.
-**i·cal·ly** 图
syn·thèt·ic-áp·er·ture rádar [-ǽpərtʃər-] 图 〔전자〕 합성 개구(開口) 레이더(인공 위성 따위의 지상 관측 및 촬영용의 고성능 레이더).
synthétic blóod 图 〔의학〕 합성 혈액.
synthétic cúbism 图 〔미술〕 (큐비즘 후기의) 종합적 큐비즘.
synthétic detérgent 图 합성 세제.
synthétic fíber 图 합성 섬유.
synthétic fúel 图 합성 연료(synfuel).
synthétic geómetry 图 종합 기하학. 〔방법.
syn·thet·i·cism [sinθétəsìzm] 图 합성(통합)적
synthétic lánguage 图 〔언어〕 종합적 언어(라틴어처럼 어미 변화에 의해 문법적 관계를 나타내는 언어).
synthétic músic 图 전자(합성) 음악(synthesizer를 사용한 음악).
synthétic philósophy 图 (H. Spencer의) 종합 철학.
synthétic rèsin 图 합성 수지.
synthétic rúbber 图 합성 고무, 인조 고무.
syn·thet·ics [sinθétiks] 图 **(**단수취급**)** 합성 화학(공업). 〔종자.
synthétic séed 图 〔식물의 세포 배양에 의한〕 합성
synthétic spéech 图 〔컴퓨터〕 합성 음성(사람의 말을 컴퓨터를 사용하여 인공적으로 합성된 음성).

Syn·the·tism [sínθətizm] 图 (종종 S-) 〖미술〗 생테티슴, 종합주의(19세기말에 Gauguin, Bernard 등이 시도한 화법). **-tist** 图

syn·the·tize [sínθətaiz] 图 = synthesize.

syn·ton·ic [sintánik/-tɔ́n-] 图 〖전기〗 동조(同調) 의; 〖정신의학〗 (환경에) 동조적인. **-i·cal·ly** 图

syn·to·nize [síntənaiz] (* 〖英〗 **-nise**) 图 〖전기〗 …을 동조시키다, 같은 주기로 만들다.

syn·to·nous [síntənəs] 图 = syntonic.

syn·to·ny [síntəni] 图 ⓤ 〖전기〗 동조, 합조(合調); 〖정신의학〗 (환경에 대한) 동조(성).

syn·u·ra [sənjúərə] 图 (® -rae [-ri:], ~s) 〖생물〗 시누라속(屬)의 황색 편모충.

syph [sif] 图 (종종 the ~) (속어) = syphilis.

syph·i·lis [sífəlis] 图ⓤ 〖병리〗 매독.

syph·i·lit·ic [sìfəlítik] 图 〖병리〗 매독(성)의, 매독에 감염된. ─ 图 매독 환자. **-i·cal·ly** 图

syph·i·lize [sífəlaiz] 图图 …을 매독에 감염시키다.

syph·i·lol·o·gy [sìfəláləd̬ʒi/-lɔ́l-] 图ⓤ 매독학.

sy·phon [sáifən] 图图 = siphon. **-gist** 图

sýQuest drìve [sáikwèst-] 图 〖컴퓨터〗 사이퀘스트 드라이브(하드디스크 드라이브).

syr. (약어) syrup. **Syr.** Syriac; Syria(n).

Syr·a·cuse [sírəkjù:s, -kjù:z] 图 **1** 시러큐스(미국 New York주 중부의 도시). **2** 시라쿠사(이탈리아 Sicily섬 남동부의 항구 도시; 이탈리아어로는 Siracusa).

·cú·san 图

Syr Dar·ya [sìər dáːrjə] 图 (the ~) 시르다리야 (카자흐스탄 공화국 남부의 중앙 아시아 최대의 강).

sy·ren [sáiərən] 图 〖英〗 = siren.

Sy·rette [sirét] 图 (상표) 시레트(응급용 주사액이 들어 있는 1회용 피하 주사기).

***Syr·i·a** [síriə] 图 **1** 시리아(아시아 서남부 지중해 연안의 공화국; 수도 Damascus). **2** 시리아 왕국(아시아 서남부의 고대 왕국; 지금의 시리아·레바논·이스라엘과 그 주변을 포함).

Syr·i·ac [síriæk] 图ⓤ (고대) 시리아어(語). ─ 图 (고대) 시리아 말의[로 쓰여진].

Syr·i·a·cism [síriəsìzm] 图 (고대) 시리아 어법.

Syr·i·an [síriən] 图 시리아(인)의. ─ 图 시리아인, 들정들부.

sy·rin·ga [səríŋɡə] 图 고광나무속(屬)의 관목; 라일락.

sy·ringe [sərínd̬ʒ/síriŋd̬ʒ] 图 **1** 〖의학〗 주사기; 세척기; 주입기, 스포이트; 관장기. ¶a hypodermic ~ 피하 주사기. **2** 물총, 수동 펌프, 살수기(撒水器). ─ 图图 …을 세척하다; …에 주사하다; 〖식물〗 물을 ~ful 图 주사기[주입기] 가득(한 양).   주다.

sy·rin·ge·al [sirínd̬ʒiəl] 图 〖조류〗 명관[울대]의.

sy·rin·gi·tis [sìrind̬ʒáitis] 图 〖이관염(耳管炎).

sy·rin·go·my·e·li·a [sirìŋɡoumaií:liə] 图 〖병리〗 척수 공동증(脊髓空洞症). **-el·ic** [-élik] 图

syr·inx [síriŋks] 图 (® **sy·rin·ges** [sərínd̬ʒi:z] ~es) **1** 〖조류〗 명관, 울대. **2** (S-) 〖그리스 신화〗 실링크스(목신 Pan에게 쫓기다 갈대로 변한 Arcadia 강의 요정; Pan은 이 갈대로 panpipe를 만들었다). **3** = panpipe. **4** 〖해부〗 유스타키오관 (Eustachian tube). **5** 옛 이집트 분묘 속의 터널 모양의 통로.

Sy·ro- [sáirou, -rə, sír-] 图图 Syria의 뜻. ¶~-Arabian(시리아·아라비아의).

syr·phid [sə́ːrfid] 图 (곤충) 图 = ~ fly. ─ 图 꽃등에과(科)의. (또는 **syrphian**)

sýrphid flỳ 图 (곤충) 꽃등에. (또는 **sýrphus flỳ**)

syr·tic [sə́ːrtik] 图 유사(流砂)에 관한[비슷한].

‡syr·up [sírəp, sə́ːr-] 图ⓤ **1** 시럽, 당유액(糖乳液). **2** 〖美〗 당밀. **3** 〖약학〗 시럽제(劑). **4** 〖구어〗 통속 문의 달콤함. ─ 图图 …을 시럽으로 만들다; …에 시럽을 가하다. (또는 **sirup**)

syr·up·y [sírəpi, sə́ːr-] 图 시럽의, 시럽 같은; 끈적끈적한; (음악 등이) 감상적인, 달콤한. (또는 **sirupy**)

.SYS [sis] 图 〖컴퓨터〗 DOS에서 파일이 시스템 파일임을 나타내는 확장자(擴張子).

sys- [sis, səs] 图图 =syn-. ¶syssarcosis.

sys·gen [sísd̬ʒèn] 图 〖컴퓨터〗 시스템 생성. [<system+generation]

sys·op [sísàp/-ɔ̀p] 图 〖컴퓨터〗 (SIG의) 시스템 운영자(System operator).

sys·sar·co·sis [sìsɑːrkóusis] 图ⓤ (® **-ses** [-siːz]) 〖해부〗 근성(筋) 결합(筋性骨結合), 근골 연 **syst.** system. [결.

sys·tal·tic [sistɔ́ːltik/-tǽl-] 图 〖생리〗 박동성(拍動性)의; (심장처럼) 번갈아 수축·확장하는.

‡sys·tem [sístəm] 图 (® ~s [-z]) **1** 체계; 시스템; 계(系), 계통; 조직체(組織體). ¶a mountain [river] ~ 산계(山系) [하천계] /a railroad ~ 철도망 /a fire-prevention ~ 방화 조직. **2** 조직 (체계), 편성 (방식); (체계적·조직적) 방법, 방식. ⇨METHOD 〖유의어〗 ¶the metric ~ 미터법 /a ~ of shorthand characters 속기 문자의 방식. **3** (학문·사상의) 체계, 조직; 주의. ¶a ~ of philosophy 철학 체계. **4** ⓤ 통일성, 규칙 바름, 질서. ¶His opinion has no ~. 그의 의견은 조리가 서 있지 않다. **5** (사회적 조직으로서의) 제도, 기구(機構); (보통 the ~) 때로 the S-) 체제, 기성 사회(Establishment). ¶an educational ~ 교육 제도 /the feudal ~ 봉건 제도. **6** (천체의) 계(系); 세계, 우주. ¶the solar ~ 태양계. **7** 〖천문〗 가설(假說), 설(thèory). ¶the Ptolemaic ~ 톨레미설, 천동설. **8** 〖생물〗 (기관의) 계통, 조직, 계통. ¶the digestive ~ 소화 계통. **9** (the ~, one's ~) (사람·동물의) 몸, 전신. ¶The poison has passed into the ~. 독이 온몸에 퍼졌다. **10** 분류법, 11 (지질) (암석의) 계, 대계(大系). **12** 〖물리·화학〗 물질(의 집합체), 계(系). **13** (룰렛 노름 따위의) 합리적 필승법. **14** 복합적인 기계 장치; 〖컴퓨터〗 (단말·주변장치·오퍼레이팅 시스템 등을 포함한) 컴퓨터 전체, 시스템; 대규모 프로그램. **15** (결정) 결정계(系). **16** 〖음악〗 **a)** 음조직. **b)** (피아노나 오케스트라의) 보표(譜表). **17** 〖기상〗 대기 상황. ¶high pressure ~ 고기압 배치 /weather ~ 기상 상황.   〖의 신호로.

***All systems go!** (구어) 준비 완료(* 우주선 발사 때 **get...out of one's system** (구어) (걱정·사람 따위)를 잊으려 하다, 머리 속에서 펼쳐 버리다.

without system 조직적이 아닌, 되는 대로의.

─ 图 시스템의.

sýstem admìnistrator 图 시스템 관리자, 네트 워크 관리자.

‡sys·tem·at·ic [sìstəmǽtik] 图 (**more ~; most ~**) **1** 체계적인; 조직적인; 규칙바른, 정연한. ¶He has ~ habits. 그는 규칙적인 습관을 지니고 있다. **2** 분류에 관한; 〖생물〗 분류법의, 분류법에 근거한. ¶~ botany [zoology] 식물[동물] 분류학. **3** 〖英〗 계획적인, 고의의. ¶a ~ intrigue 계획적인 음모. (또는 **systematical**) **-i·cal·ly** 图 **~·ness** 图

systemátic érror 图 〖통계〗 정오차(定誤差), 계통오차. 〖® random error   〖素).

systemátic phóneme 图 〖언어〗 체계적 음소(音

sys·tem·at·ics [sìstəmǽtiks] 图 (단수취급) 분류학, 계통학; 〖생물〗 계통 분류학; 계통 발생적 분류.

systemátic théology 图 〖신학〗 조직 신학.

sys·tem·a·tism [sístəmətìzm] 图ⓤ 조직[계통]을 세우기, 체계[조직]화; 체계[조직] 편중, 계통[체계]주의.

sys·tem·a·tist [sístəmətìst] 图 조직[계통]화하는 사람, 조직자; 분류학자; 계통주의자.

sys·tem·a·tize [sístəmətaiz] 图图 …을 조직화[계통화]하다, 체계[조직]을 세우다; 분류하다; 순서를 잡다. **-ti·zá·tion, -tiz·er** 图

sys·tem·a·tol·o·gy [sìstəmətáləd̬ʒi/-tɔ́l-] 图 체계학, 계통학.

sýstem bùilding 圀 조립식 공법[건축법].
sýstem dìsk 圀 〔컴퓨터〕 시스템 디스크(boot disk).
sys·temed [sístəmd] 〖 조직화된, 체계화된.
sýstem fàilure 圀 〔컴퓨터〕 시스템의 고장(crash).
sýstem fìle 圀 〔컴퓨터〕 시스템 파일(OS가 작동하는 데 필요한 프로그램 또는 데이터가 수록된 파일).
sýstem hòuse 圀 시스템하우스(시스템 설계, 소프트웨어 및 하드웨어의 개발·판매도 겸하는 기업).
sys·tem·ic [sistémik] 〖 조직[체계, 계통]의; 〔생리·병리〕 온몸의; 침투성의; 〔문법〕 체계의. — 圀 (식물에 흡수시키는) 침투 살충제. **-i·cal·ly** 阝
systémic circulátion 圀 〔해부〕 체(體)순환, 대(大)순환(혈액의 전신 순환).
systémic grámmar 圀 〔언어〕 체계 문법.
systémic inséctiside 圀 침투 살충제. 「성.
sys·te·mic·i·ty [sìstəmísiti] 圀 체계[조직, 계통]
systémic linguístics 圀(복) (단수취급) 〔언어〕 체계 언어학.
systémic lúpus er·y·the·ma·tó·sus [èrəθi: mətóusəs] 圀 〔의학〕 전신 홍반성 낭창(狼瘡).
systémic páinting 圀 시스테믹 페인팅(minimal art의 그림).
sys·tem·ize [sístəmàiz] (* 〔英〕 -ise) 旁)탄) = systematize. **-i·zá·tion**, **-iz·er** 圀
sys·tem·less [sístəmlis] 〖 조직[체계]이 없는, 순서가 없는; 무계통의; 분류하지 않은.
sýstem prògram 圀 〔컴퓨터〕 시스템 프로그램(적용 업무 프로그램의 작성·실행을 돕는 시스템에 들어 있는 프로그램의 총칭). (또는 **sýstems prògram**)
sýstem prògrammer, **sýstem prògramming** 圀

sýstem requírements 圀(복) 〔컴퓨터〕 동작 환경 (프로그램 동작에 필요한 메모리 등의 시스템 환경).
sýstems anàlysis 圀 시스템 분석.
sýstems ànalyst 圀
sýstems àudit 圀 〔회계〕 시스템 감사.
sýstems desìgn 圀 시스템 설계(컴퓨터 처리를 하기 쉬운 형태로 문제를 분석 체계화하는 일).
sýstems desìgner 圀
sýstems dìsk 圀 =system disk.
sýstems dìskette 圀 〔컴퓨터〕 시스템 디스켓.
sýstems enginèer 圀 시스템 엔지니어(생산 체계 운영을 전문으로 하는 기술자).
sýstems enginèering 圀 시스템 공학.
sýstems prògram 圀 =system program.
sýstems sòftware 圀 〔컴퓨터〕 시스템 소프트웨어(특정한 컴퓨터 시스템을 사용하기 위한 시스템 프로그램들을 모은 것).
sys·tem·wide [sístəmwàid] 〖 조직 전반에 걸친, 범(汎)조직적인. ¶ ~ responsibility 범조직적인 책임.
sys·to·le [sístəli] 圀〖C 〔생리〕 심장 수축기(期), 심장 수축; 〔고대 운율〕 음절 단축. ⑧ diastole
sys·tol·ic [sistálik/-tɔ́l-] 〖 〔생리〕 심장 수축의; 〔고대 운율〕 음절 단축의. 「압.
systólic préssure 圀 수축기압(收縮期壓)(최고 혈
Sys·tox [sístaks/-tɔks] 圀 〔상표〕 시스톡스(미국의 살충제).
sys·tyle [sístail] 〖 〔건축〕 기둥 사이가 좁은, 2경간(徑間)식의, 집주(集柱)식의. — 圀 〔건축〕 집주식.
syz·y·gy [sízədʒi] 圀 〔천문〕 (행성의) 합(合), 충(衝), 삭망(朔望); 〔생물〕 연접(連接). **-gét·ic** 圀

T

T, t [tiː] 명 (복 **T's, Ts; t's, ts**) 1 영어 알파벳의 스무째 자. ¶ *T for Tommy* Tommy의 T(국제 전화 통화 용어). 2 T[t]가 나타내는 소리. 3 T[t]자형(의 물건). ¶ a *T-square* T자형의 자.
cross the [or *one's*] **t's** ① T자의 횡선을 긋다. ② 어떤 점을 특별히 역설[강조]하다. ③ 사소한 점까지 주의하다, 공을 들이다.
marked with a T 《英》 (죄인의 엄지손가락에) T자의 낙인이 찍힌(T= thief).
to a T[or *tee*] (T자형 자로 잰 것처럼) 정확히, 딱, 완전히(exactly, perfectly). ¶ *suit* [or *fit*] *to a T* 꼭 맞다.
T¹ [tiː] 명 (때로 t~) = T-shirt.
T² 명 《美해커 속어》 1 (특정한) 시각. 2 예(yes).
T tension; tera-; temperature.
T ㉠ 1 (차례·연속된 것 중의) 스무 번째(의 것)(J를 제외하면 열아홉 번째(의 것)). 2 (때로 t~) (중세 로마 숫자의) 160. 3 = surface tension. 4 《생화학》=threonine; =thymine. 5 《물리》=time reversal; = absolute temperature. 6 (로켓·미사일의) 발사 시간. ¶ *T minus two*. 발사 2초 전. 7 《수학》 위상 공간 (topological space)에서의 위상의 종류를 나타내기 위한 하부(下附) 문자 앞에 오는 기호(T₂ 따위). 8 《기계》 T 조인트. 9 (국제 자동차 식별 기호) Thailand. 10 = tritium. 11 = true.
t' [t] 1 〈古語〉 모음으로 시작되는 동사 앞의 부정사 to의 생략형. ¶ *t'aim* (= to aim). 2 (방언) the의 변형. ¶ *t'other* (= the other).
't [t] it의 단축형. ¶ *'tis* (= it is) / *do't* (= do it).
t. tackle; *t*aken from; *t*are; *t*arget; *t*easpoon; *t*elephone; *t*emperature; *t*empo; *t*emporary; *t*enor; *t*ense; *t*erritory; *t*ime; *t*on; *t*op; *t*ownship; *t*ransitive; *t*roy; *t*un. **T.** *t*ablespoon(ful); *t*erritory; *T*estament; *t*ime; *T*rinity; *T*uesday; *T*urkish.
T- 《군사》 *t*rainer(연습기).
ta [tɑː] 감 《英속어》《어린이말》 고맙습니다, 감사합니다. (< thank you)
Ta ㉠ 《화학》 tantalum. **TA** *t*arget; *a*rea; 《美》 *T*echnology *A*dministration; *t*eaching *a*ssistant; *t*emporary *a*ssistant; *t*herapeutic *a*bortion; 《심리》 *t*ransactional *a*nalysis; 《美》 *T*ransit *A*uthority; *t*ravel *a*llowance; (또는 **ta**) *t*rue *a*ltitude.
T.A. *t*ax *a*gent; *t*eaching *a*ssistant; *t*elegraphic *a*ddress; *T*erritorial *A*rmy. **TAA** *T*echnical *A*ssistance *A*dministration ((유엔) 기술 원조국).
Taal [tɑːl] 명 (the ~) Afrikaans.
Ta·a·nith Es·ther [tɑ́ːniθ éstər, -nis-] 명 유대교의 단식일(Adar의 달[그레고리오력(曆)] 2-3월)의 13일). (또는 **Táanit [Táanis] Ésther**)
tab¹ [tæb] 명 1 (의복 따위의) 드림; (어린이옷의) 드리운 소매; (모자 따위의) 귀덮개; (구두 따위의) 가죽끈, 끈 끝의 쇠붙이; (장부 따위의 붙임) 색인표. 2 명찰, 라벨; 딱지표; 물표, 짐표. 3 《美구어》 장부 기록, 기장; 회계; (미불의) 계산(서); 전표. 4 《英》 (참모 장교가 붙이는) 붉은 금장(襟章). 5 《항공》 탭(조종익(翼)·승강타·방향타 등에 달린 작은 가동 날개). 6 《연극》 (무대의 일부를 가리는) 작은 장막. 7 《깡통 따개의》 손잡이. 8 = tabulator 2. 9 감시, 망(보기).
keep (*a*) *tab* [or *tabs*] *on* 《구어》 ① …을 계산[확인]하다. ② …에 주의하다; …을 감시하다, 망보다.
pick up the tab 《美구어》 (…의) 셈을 치르다 (*for*).

put...on a tab (레스토랑 따위에서) …을 외상으로 달아두다.
throw up a tab 《美구어》 빚을 자주 지다.
— 동 (-*bb*-) 타 1 …에 드림[손잡이]를 달다[붙이다]; (비유적) …을 …라고 부르다 (*as*); …을 고르다, 선별하다. 2 …의 일람표를 만들다, 기록하다; …에 명찰[꼬리표]을 달다. — 자 (또는 **tabulate**) (컴퓨터·타이프라이터의) 탭을 조작하다.
tab² 명 1 = tabloid. 2 《속어》 (의약품의) 정제; LSD 정제. 3 《속어》 (나이든) 여성; 《瀯》 젊은 여성, 처녀.
TAB *T*echnical *A*ssistance *B*oard ((유엔)) 기술 원조 명의회).
TAB, TABs 《美》 *t*ax *a*nticipation *b*ills (납세 국채). **tab.** (라틴) *tabella* (= tablet) (정제); *table*(*s*); *tab*ulator. **T.A.B.** *t*yphoid-*p*aratyphoid *A* and *B* (vaccine)(장티푸스·파라티푸스 혼합 백신).
tab·ard [tǽbərd] 명 1 (중세 기사들이 갑옷 위에 입던) 문장(紋章) 박은 겉옷. 2 (국왕·영주의 문장이 든) 전령사(傳令使)의 관복. 3 (중세의) 투박한 짧은 웃옷. ~**ed**
Ta·bas·co [təbǽskou] 명 1 타바스코(멕시코 동남부 Campeche 만에 연한 주; 주도 Villahermosa). 2 ⓤⒸ 《상표》 타바스코 소스(고추로 만든 소스).
tab·bou·leh [təbúːlə] 명 《중동요리》 타불라(중동식 의 야채 샐러드). (또는 **tabbuli, tabouleh**)
tab·by¹ [tǽbi] 명 ⓤ 1 태비 천(물결 무늬가 있는 견직물의 일종); =plain weave. 2 얼룩 고양이; (암컷) 집고양이(ⓒ tomcat). 3 《英》 노처녀; 심술궂은 수다쟁이 여자. 4 《瀯》 (매력적인) 처녀, 처녀. — 동 (한정용법) 1 태비 천의. 2 물결 무늬가 있는. 3 얼룩진, 줄무늬가 있는. — 타 (비단 따위에) 물결 무늬를 넣다.
tab·by² 명 ⓤ 태비(굴껍질·석회·모래를 바닷물로 갠 콘크리트); 쇠약, 소모증. 〔쇠약, 소모증.〕
tab·e·fac·tion [tæ̀bəfǽkʃən] 명 《드물게》 야윔.
*tab·er·nac·le** [tǽbərnækl] 명 1 임시의 거처, 천막집. 2 주거, 거처. 3 (영혼이 머물다 가는 곳으로서의) 육체, 신체. 4 《성서》 장막(옛 유대인의 이동식 임시 신전. — 출애굽기(Exod.) 25:9), 유대 신전. (일반적으로) 예배당; 《英》 비국교파의 교회당. 5 《건축》 (성상(聖像) 등을 안치하는) 닫집 달린 감실(龕室). 6 《해사》 버팀대(돛대 꽂는 구멍). 7 《가톨릭》 (성체를 담는) 성합(聖盒).
the Feast of Tabernacles 초막절(草幕節)(유대인이 조상들의 광야에서의 초막 생활을 기념하는 날).
— 타 임시로 거주하다. — 자 1 …을 임시 거처에 들이다; …을 숨기다. 2 …을 성합에 모시다.
·nác·u·lar 형
tábernacle mìrror 명 (1800년경의) 장식 경대.
tábernacle wòrk 명 《건축》 닫집 장치.
ta·bes [téibiːz] 명 ⓤ 1 《병리》 소모증, 척수로(脊髓癆); (~ *dorsalis*)(척수 매독). 2 쇠약, 소모.
ta·bes·cent [təbésnt] 형 여위어, 수척한, 쇠약한. **-cence** 명
ta·bet·ic [təbétik] 형 《병리》 척수로증(脊髓癆症)의. (또는 **tabid**) — 명 척수로증 환자.
tab·id [tǽbid] 형 여위어 빠진, 쇠약한; 〈古語〉 = tabetic. ~**ly** 부
tab·i·net [tǽbənèt] 명 ⓤ 태비넷 천(물결 무늬의 견모(絹毛) 교직천). (또는 **tabbinet**)
táb kèy 명 (타자기·컴퓨터 따위의) 탭 키.
tabl. *tabl*et.
tab·la·ture [tǽblətʃər, -tʃùər] 명 1 평면; 평판(平

table 2751 **table tipping**

판). **2** 〔음악〕 태블러처식 악보(문자·숫자 등으로 나타내는 기보법(記譜法)). **3** 〔고어〕 마음에 그린 화상(畫像).

‡**ta·ble** [téibl] 囝 (⊕ ~**s** [-z]) **1** 테이블, 탁자, 대(臺). ¶a dining ~ 식탁/an operating ~ 수술대. **2** 식탁 (단수형으로) (식탁 위의) 음식, 식사, 요리. ¶the pleasure of the ~ 식사의 즐거움, 식도락/a humble [or poor] ~ 변변찮은 식사, 조식/a liberal [or bountiful] ~ 푸짐한 음식, 성찬/The lunch is on the ~. 점심 밥상이 차려져 있다.
3 (the ~, a ~) 〔집합적〕 테이블에 둘러앉은 사람들, 한자리의 사람들, 일동. ¶a ~ of poker 포커꾼들/The ~ roared with laughter. 동석자들이 큰 소리로 웃었다.
4 〔지질〕 수평 지층, 평지; 고원, 탁상지(卓狀地).
5 (글자 따위를 새기는) 평판, 얇은 판; 서판(書板), 화판, 조각판; 평판에 새긴 문자[회화].
6 (~s) 율법(律法), 법전(을 쓴 판). ¶the Twelve Tables (로마의) 12동판법/the two ~s; the ~s of stone; the ~s of the law 율법의 석판(Moses의 십계를 기록한 두 장의 석판); 십계. **7** 표, 일람표, 목록 (수학) 산술표, 계산표. ¶a conversion ~ 환산표(換算表)/a genealogy ~ 계도(系圖)/a multiplication ~ 곱셈 구구표(12×12까지 있다)/compile a ~ 표를 작성하다. **8** 〔건축〕 배내기(cornice); 액판(額板). **9** 〔해부〕 (두개골의) 골판(骨板); 〔음악〕 (악기의) 공명(共鳴)판. **10** (주사위 놀이판의) 반으로 접히는 한 면; 게임판; (~s) 주사위. **11** 〔보석〕 평활면, 테이블 (다이아몬드 따위의 커트된 평평한 윗면, 또는 윗면이 평평하게 마무리된 보석). **12** (손금 보기에서) 손바닥. **13** 〔교회〕 성찬(대). **14** 〔컴퓨터〕 테이블(일련의 자료를 한 라벨로 나타낸 자료의 묶음).

a [or *the*] *green table* (녹색 보를 씌운) 도박대.
a table of contents 목차, 목록.
a table of descent 계보(系譜), 계도(系圖).
at (*the*) *table* 식사중에, 식탁에 앉아.
be on [or *upon*] *the table* 검토중이다; 널리 알려져 있다.
clear the table 식탁을 치우다.
for the table 밥상에 올릴, 식용의.
get round the table (대립하는 양측이[을]) 타협의 자리에 앉다[앉히다].
keep [or *set*] *a good* [*poor*] *table* 늘 좋은[좋지 않은] 음식을 먹다[차리다].
keep an open table (식탁을 개방하여) 손님을 환영하다.
keep the table amused 좌중을 흥겹게 하다.
lay [or *set, spread*] *the table* 식탁 준비를 하다, 밥상을 차리다.
learn one's tables 구구단을 외다.
on the table (종종 lay, lie와 함께) ① (의안 따위가) 연기된, 묵살된, 보류된. ¶lay...*on the* ~ (를 (무기) 연기하다, 묵살하다. ② (英) (의안 따위가) 제출된, 상정된. ③ 똑똑히 보이도록, 명백히.
rise from table (식사를 끝내고) 식탁을 떠나다.
serve tables ⇒SERVE.
set the table in a roar 좌중을 웃음 바다로 만들다.
sit (*down*) *at* [or *to*] *table* 식탁에 앉다.
turn the tables 형세를 역전시키다, 주객을 전도시키다 (*on*); (남에게) 보복하다 (*on*).
under the table (구어) ① 만취하여. ② 뇌물로서, 은밀히. ¶He gave the official money *under the* ~. 그는 공무원에게 뇌물로 돈을 주었다.
wait (*on* [or *at*]) *table* (식사시의) 시중을 들다.
— 囲 (~s [-z]; ~d; -bling) **1** …을 탁상에 놓다, 대 위에 올려놓다. **2** …을 (일람)표로 만들다. **3** (英) (의안·보고 따위를) 상정하다; (英) (의안 따위의) 심의를 무기 연기하다, 묵살하다. **4** 〔건축〕 (목재)를 장부촉하다. **5** 〔해사〕 (돛)에 넓은 가장자리 천을 둘러 튼튼히 하다. **6** 〔고어〕 …을 식탁(식사)에 올리다. **7** 〔돈〕을 지불하다.
— 囲 **1** 탁상(탁자)의, 테이블의. ¶a ~ radio 탁상 라디오. **2** 식용의, 식사의. ¶a ~ napkin 테이블 냅킨. **3** ~·**less** 囝 상부가 평평한.

tab·leau [tæblóu, ´-] 囝 (⊕ ~**x** [-z], ~**s**) **1** 그림; 그림 같은 묘사. **2** =vivant. **3** 극적[인상적]인 장면, 막. [<F]

tableau curtain 囝 〔연극〕 좌우로 당겨서 여닫는 막.

tableau vivant [F tablo vivã] 囝 (⊕ *t-x v-s*) 활인화(活人畫). [<F living picture]

table beer 囝 (보통의) 순한 맥주.

table board 囝 **1** 식탁의 판(板). **2** ⓤ (美) 식사, (방은 빌리지 않고) 식사만 제공받기. **3** 게임대(臺), 도박대.

table book 囝 탁상 장식용 책; 〔폐어〕 수첩.

*‡**ta·ble·cloth** [téiblklɔ̀:θ, -klæ̀θ/-klɔ́θ] 囝 테이블보, 상(식탁)보. [cream].

table cream 囝 (커피·홍차용) 크림 〔英〕 single

table cut 囝 테이블컷(보석의 윗면을 평평하게 깎는 양식). táble-cút 囝 서의 춤.

table dancing 囝 (나이트클럽 따위의) 테이블 위에

ta·ble d'hôte [tɑ̀:bl dóut/F tàbl dout] 囝 (⊕ ~**s** -) **1** 정식(定食)(臺) à la carte). **2** (여관의) 공동 식탁.

table-d'hôte 囝 [<F host's table] 탁자의 판.

ta·ble-flap [-flæ̀p] 囝 (경첩을 달아 접을 수 있는)

ta·ble·ful [téiblfùl] 囝 한 식탁분; 한 식탁의 사람수.

table garden 囝 야채밭, 채마밭(kitchen garden).

table grade 囝 (여성의 다리·가슴 따위가) 성적 매력이 있는.

ta·ble-hop [-hɑ̀p/-hɔ̀p] 囲㉔ (-*pp*-) (구어) 수다를 떨며 테이블[식탁] 사이를 돌아다니다. ~**·per** 囝

table knife 囝 식탁용 나이프. (또는 **table-knife**)

table lamp 囝 탁상 (전기) 스탠드.

ta·ble·land [téibllænd] 囝 〔지질〕 대지(臺地), 고원.

table licence 囝 (英) (식사와 함께 제공할 때에 한한) 주류 판매 허가(증).

table lifting 囝 영적인 힘으로 테이블이 떠오르는 현상; 강령술(降靈術). (또는 **table-lifting**)

table linen 囝 식탁용 흰 천(식탁보·냅킨 따위).

table manners 囝 식사 예절, 테이블 매너.

table mat 囝 (뜨거운 요리 접시 밑에 까는) 깔개.

table-mate [téiblmèit] 囝 함께 식사하는 사람.

table money 囝 (英) (고급 장교의) 교제비, 접대비; (클럽의) 식당 사용료. 頂狀山](guyot).

ta·ble·mount [téiblmàunt] 囝 〔지질〕 평정 해산(平

table mountain 囝 탁상 산지(卓狀山地).

table of organization 囝 〔군사〕 (부대의) 편제표.

table rapping 囝 =spirit rapping.

table salt 囝 식탁염, 소금.

*‡**ta·ble·spoon** [téiblspù:n] 囝 (⊕ ~**s** [-z]) **1** 식탁용 큰 스푼. **2** =tablespoonful.

*‡**ta·ble·spoon·ful** [téiblspu:nfùl] 囝 (⊕ ~**s**, -**spoons·ful**) 식탁용 큰 스푼 하나 가득(의 분량)(1/2 온스의 액량).

table stake 囝 (포커에서) 내기에 거는 돈.

table sugar 囝 그래뉴당(糖); 설탕.

*‡**tab·let** [tæblit] 囝 **1** 평판, 명판(銘板). **2** (고대 로마의) 서자판(書字板); (~s) 비망(의 글); (뜯어내는) 편지지첩. **4** 정제(錠劑), 알약; 정제형의 과자(초콜릿 등). **5** 〔철도〕 통표(通票), 태블릿(단선(單線) 구간에서 역장이 기관사에게 건네주는 증표). **6** (약·비누 따위의) 작고 납작한 조각. **7** 〔건축〕 갓돌. **8** 테이블면(面)으로 컷한 보석.

Keep taking the tablets! (英구어) 진정[침착]해라.

— 囲 **1** …에 tablet을 달다(붙이다). **2** …을 (tablet에) 메모하다. **3** …을 tablet 모양으로 만들다.

table talk 囝 식탁에서의 잡담(좌담); (잡지 따위에의) 유명인의 좌담.

táblet chair 囝 태블릿 체어(오른쪽 팔걸이가 필기용 받침이 되는 의자). (또는 **táblet-arm cháir**)

table tennis 囝 탁구, 핑퐁(ping-pong).

table tipping [**tílting, túrning**] 囝 (강신술(降神術)에서) 영(靈)과의 교신을 할 때 테이블이 저절로 움직이는 현상.

ta·ble·top [téibltàp/-tɔ̀p] 명 1 테이블의 윗면(판). 2 (탁상에 배치하는 것을 찍은) 정물 사진. ─형 탁상(용)의; (탁상에 배치할) 정물[미니어처]의.

táble tripod 명 〔영화·TV〕 카메라용의 낮은 삼각대.

ta·ble·ware [téiblwɛ̀ər] 명 〔집합적〕 식탁용 기물.

táble wàter 명 식탁용 광천수(鑛泉水). 〔구, 식기.

táble wine 명 반주용 포도주.

tab-lift·er [-lìftər] 명 〔美俗〕 나이트클럽의 손님.

ta·bling [téibliŋ] 명 1 〔집합적〕 식탁보선, 냅킨류. 2 표(表)로 만들기[작성하기]. 3 (벽·담 위에 놓는) 갓돌. 4 (목공의) 맞물리기. 5 (돛의) 가장자리에 두르는 폭.

tab·loid [tǽblɔid] 명 1 (T-) 〔상표〕 정제(錠劑), 알약. 2 타블로이드판 신문(보통 신문의 절반 크기). 3 요약. ─형 1 타블로이드판의. 2 요약한; 압축한. 3 선정적인.

tábloid pláy 촌극(寸劇), 토막극.

***ta·boo** [təbúː, tæ-] 형 (較 ~s) 1 ⓤⓒ 금기(禁忌), 터부. 2 금기하는 물. 3 ⓤⓒ 금제(禁制), 금지. 4 ⓤ 추방.

place a taboo on; put...under (a) taboo ⋯을 금(제)하다.

─타 금기의; 금제의. ─타 1 (금기로서) ⋯을 금제[금단]하다, ⋯을 금하다. ➾FORBID 〔유의어〕 2 (남)을 따돌리다, 돌려놓다, 추방하다. (또는 **tabu**)

ta·bor [téibər] 명 작은 북. ─타자 작은 북을 치다. (또는 〔英〕 **tabour**) **·er** 명

tab·o·ret [tǽbərit, tæbərét] 명 1 작은 북. 2 낮은 걸상; (화분 따위를 놓는) 낮은 받침대. 3 자수틀. (또는 **tabouret**) 「guage.

TABSOL 〔컴퓨터〕 *Tabular Systems Oriented Language.*

ta·bu·la [tǽbjulə] 명 (pl. **-lae** [-liː]) 1 사자판(書字板), 필기판. 2 〔해부〕 골판(骨板); (산호류 따위의) 상판(床板). [< L *board*]

tab·u·lar [tǽbjulər] 형 1 평판(모양)의. 2 얇은 판[층(層)]의. 3 표(表)의, 표로 된[작성한]. **~·ly** 부

tábula rása [-rúːsə, -zə] 명 (較 **-e -e** [-liː -siː]) 글자를 쓰지 않은 서판(書板); (비유적) (마음 따위의) 백지 상태, 무구(無垢). [< L *blank tablet*]

tábular cáshbook 명 〔부기〕 다란식(多欄式) 금전출납부.

tábular dífference 명 〔수학〕 표차(表差)(수표(數表)에서 이웃한 두 수치의 차). 〔위, 물가지수 본위.

tábular stándard 명 〔경제〕 제표(計表)(계수) 본

tab·u·late [tǽbjulèit] 타 1 ⋯을 표로 하다, ⋯의 일람표를 만들다. 2 ⋯을 평판 모양으로 하다, 평평하게 하다. ─[tǽbjulət] 형 평판 모양의, 평평한, 평면의. **-la·ble** [tǽbjuləbl] 형 **làtion** 명 도표화.

tab·u·la·tor [tǽbjulèitər] 명 1 (도표 작성자; 도표 작성용 전산기. 2 (타자기·컴퓨터 키보드의) 표 작성[위치 맞추는] 장치.

ta·bun [táːbun] 명 (때로 T-) 〔화학〕 독가스의 일종.

tac [tæk] 형 전술의(tactical). ¶ **~ air support** 전술 공군의 지원.

TAC *tactical;* 〔美〕 *Tactical Air Command; Technical Assistance Committee (of UN);* 〔美〕 *The Athletics Congress of the U.S.A.*(육상 경기 연맹).

tac·a·ma·hac [tǽkəməhæ̀k] 명 1 ⓤ 타카마학(향료·연고 제조용 천연 수지); ⓒ 그 수지가 나는 나무. 2 발삼 포플라.

TACAMO [tǽkəmou] 명 미(美) 해군의 공중 통신 중계기의 통칭. [< *take charge and move out*]

tacan [tǽkən] 〔略〕 *tactical air navigation*(기상(機上) 단거리 항법 장치). (또는 **TACAN, Tacan**)

ta·cet [táːket, tǽsit] 자 〔음악〕 〔명령형으로〕 휴지(休止)하라. [< L *be silent*]

tach [tæk] 명 〔구어〕 = *tachometer.*

tache [tætʃ] 명 〔고어〕 고리, 걸쇠. (또는 **tach**)

tach·ism [tǽʒizm] 명 (때로 T-) 〔미술〕 타시슴 (그림물감을 흐리거나 뿌리거나 하는 추상화법). (또는 **tachisme**) **-ist, ta·chiste** 명형

ta·chis·to·scope [təkístəskòup] 명 〔심리〕 순간 노출기(그림·문자 등을 통해 시각적 자극을 주는 장치). **·scóp·ic** **·scóp·i·cal·ly** 부

tach·o [tǽkou] 명 〔구어〕 = *tachometer.*

tach·o- [tǽkə] 〔연결〕 「속도」의 뜻. ¶ *tachometer.*

tach·o·gram [tǽkəgræ̀m] 명 태코그램, 회전 속도 기록. (또는 *tachograph*)

tach·o·graph [tǽkəgræ̀f, -gràːf] 명 자기(自記) 회전 속도계, 태코그래프; = *tachogram.*

ta·chom·e·ter [tækámətər, tə-/tækɔ́m-] 명 (자동차 엔진 따위의) 회전 속도계, 태코미터; 〔의학〕 혈류(血流) 속도계. **tàch·o·mét·ri·cal·ly** 부 회전 속도 측정; 혈류 속도 측정. 「graph.

tach·y- [tǽki] 〔연결〕 *swift, rapid, fast*의 뜻. ¶ *tachy-*

tach·y·aux·e·sis [tækiɔːgzíːsis] 명 〔생물〕 일부 [부분] 급성장(전체에 비해서 일부가 이상 성장하는 일).

tach·y·car·di·a [tækikáːrdiə] 명ⓤ 〔의학〕 심박(心搏) 급속증.

tach·y·graph [tǽkigræ̀f, -gràːf] 명 속기자; (고대 그리스·로마의) 속기 문자[문서].

ta·chyg·ra·phy [tækígrəfi, tə-] 명ⓤ (고대 그리스·로마의) 속기술. **-ra·pher** 명 **tàch·y·gráph·ic, tàch·y·gráph·i·cal** **tàch·y·gráph·i·cal·ly** 부 **-phist** 명

ta·chym·e·ter [tækímətər, tə-] 명 〔측량〕 시거의(視距儀); 속도계. 「측량(視距測量).

ta·chym·e·try [tækímətri, tə-] 명ⓤ 〔측량〕 시거

tach·y·on [tǽkiàn/-ɔ̀n] 명 〔물리〕 타키온(빛보다 빠른 가상의 소립자). **-ón·ic** 형

tach·y·phy·lax·is [tækəfilǽksis] 명 〔의학〕 급속 면역법, 급성 내성(耐性). (또는 *tachyphylaxia*) **-lác·tic** 형

tach·yp·n(o)e·a [tækipníə] 명 〔의학〕 속(速)호흡, 호흡 급속. **-noe·ic** [-níːik] 형

ta·chys·ter·ol [təkístərɔ̀ːl] 명 〔생화학〕 태키스테롤(에르고스테린에 자외선을 쐬어 만드는 스테롤).

tach·y·tel·y [tǽkitèli] 명 〔생물〕 급진화. **·tél·ic** 형

tac·it [tǽsit] 형 1 무언의, 말하지 않는, 잠자코 있는. ¶ a **~ prayer** 묵도. 2 조용한, 잠잠한. 3 암묵(暗黙)의, 묵시적인. **~·ly** 부 **~·ness** 명 「「거운. **~·ly** 부

tac·i·turn [tǽsətə̀ːrn] 형 말없는, 무언의, 입이 무

tac·i·tur·ni·ty [tæ̀sətə́ːrnəti] 명ⓤ 1 무언, 말수 적음, 과묵, 침묵. 2 〔스코 법률〕 필요 이상 늦어져 법률상의 권리를 상실함; 시효.

Tac·i·tus [tǽsətəs] 명 **Publius Cornelius ~** 타키투스(55?-120?: 로마의 역사가).

***tack**[1] [tæk] 명 1 납작한 못, 압정. ¶ a *thumb ~* 〔美〕 압핀, 압정. 2 (~s) 가봉, 시침질; (임시로 고정시키는) 멈추개. 3 〔해사〕 가로돛의 앞면 밑쪽통이(의 밧줄); 세로돛 앞활 밑쪽줄이. 4 (해사) 바람 방향에 대한 돛의 위치, 침로(針路); 바람을 비스듬히 받고 배를 맞바람 쪽으로 돌리기; 지그재그 침로. 5 (육상에서) 지그재그로 나아가기; (육상의) 지그재그 진행의 한 구간. 6 (종래와 다른) 방침, 정책. ¶ **change one's ~** 방침을 바꾸다. 7 ⓤ (니스·인쇄 잉크 따위의) 접착성, 점성. 8 마구(馬具)(안장·고삐 따위). 9 〔英⋯역〕 (재정 법안의) 부가 조항. 10 〔방언〕 지속성, 내구력, 인내력. 11 〔美俗〕 (남학교의) 지도 교사, 학생부장.

(as) sharp as a tack ① 단정한 옷차림을 한. ② 〔구어〕 두뇌가 예리한[좋은], 이해가 빠른. 「**TACKS**.

come [or **get**] **down to brass tacks** ➾ BRASS

go sit on a tack 말없이 떠나가다; 우물쭈물하지 그만두다. 「따위)가 ⋯에 따르다.

hold tack with ① (배)의 진로를 맞추다. ② (사람·

on the right [**wrong**] **tack** 방침이[방침에] 올바른[틀린].

sail on the port [**starboard**] **tack** 바람을 좌현[우현]으로 받고 범주(帆走)하다.

spit tacks 〔美·濠俗〕 화내다, 격노하다.

tack and tack 바람 방향에 따라 계속 침로를 바꾸며.
— 图图 1 …을 압정으로 고정시키다(*up, down, together*) (*on, to*). ¶ (~+图+劂) ~ a carpet *down* 양탄자를 압정으로 고정시키다 // (~+图+前+名) ~ a bulletin *on* the board 게시판에 압정으로 공고를 붙이다. 2 …에 가봉[시침질]하다; …을 (임시로) 꿰매어 붙이다(*down, on, together*). ¶ (~+图+劂) ~ two pieces of silk *together* 비단 두 조각을 시치다. 3 …을 부가하다, 덧붙이다(*on*) (*on, to, onto*); …을 결합시키다. ¶ ~ an amendment *to* the bill 그 법안에 수정안을 부가하다. 4 [해사] …을 돛의 바람받이 방향 쪽으로 돌리다, 갈지자로 가게 하다. 5 (비유적) …의 방침[정책]을 바꾸다. 6 (말)에 마구를 달다. — 图 1 (항해) 돛의 바람받이 방향으로 침로를 돌리다; 침로를 바꾸다(*about*); 지그재그로 코스를 잡다. ¶ The boat ~*ed about* against the wind. 그 배는 바람을 거슬러 지그재그로 나아갔다. 2 방침[정책]을 바꾸다. 3 말에 마구를 달다(*up*).
~·less 图

tack² 图① (속어) 음식물, 식품. ¶ hard ~ 건빵.
have a tack attack (英구어) 일시적으로 악취미에 빠지다.
on hard tack (구어) 돈 없는, 빈털터리로.
táck bòard 图 (압정으로 고정시키는) 게시판.
táck clàw 图 압정뽑이.
táck driver 图 자동식 압정 박는 기계.
tack·er [tǽkər] 图 압정 박는 사람[기계]; 가봉[시침]하는 사람.   「가 큰 징.
tack·et [tǽkit] 图 (英방언) (구두창에 박는) 대가리
táck hàmmer 图 압정 박는 장도리.
tack·head [tǽkhèd] 图 (美속어) 바보, 멍청이.
tack·i·fy [tǽkəfài] 图图 (합성 수지 따위)를 끈적끈적하게 만들다, 점착성(粘着性)을 강화하다.
tack·ing [tǽkiŋ] 图 1 압정[압핀]으로 고정하기. 2 가봉, 시침질. 3 부가, 첨부. 4 [해사] 바람 불어오는 쪽으로 지그재그식으로 나아가기.
‡**tack·le** [tǽkl] 图 (象 ~s [-z]) 1 ① 도구, 연장, 기구; 낚시 도구. 2 ①ⓒ 권양기(捲揚機), 도르래 장치, 윈치(象 pulley). 3 [또는 ~s] (해사) (돛 조종용의) 고패 장치, 삭구(索具). 4 (축구·미식축구) 태클. 5 a right[left] ~ 라이트[레프트] 태클.
— 图 (~s [-z]; ~d; -*ling*) ⓒ 1 …을 활차[고패]로 고정하다, 활차로 끌어 올리다. 2 (말)에 마구를 메우다(*up*). ¶ ~ a horse *up* for plowing 밭갈이를 위해 말에 마구를 메우다. 3 …을 붙잡다, …을 쥐다. ¶ (미식축구) (공을 가진 상대)를 태클하다, …을 부둥켜 안아 멈추게 하다. 5 (구어) [일 따위]에 달려들다, 달라붙다; …와 맞붙다(문제 따위로); (남)과 대결하다, 승강이하다. ¶ ~ a problem 문제와 씨름하다 // ~ a person *on* some subject 어떤 문제로 남과 논쟁하다. ¶ (축구) 태클하다.
tackle to (구어) …에 열심히 달려들다[달라붙다].
-ler 图
táckle bòx 图 낚시 도구 상자.
tack·ling [tǽkliŋ] 图① (미식축구) 태클하기, 태클 동작; (고어) 연장; 도르래 장치, 삭구(索具)(rigging).
táck ròom 图 (마구간에 딸린) 마구실(馬具室).
tack·y¹ [tǽki] 图 끈적한, 들러붙는.
táck·i·ly 图 **táck·i·ness** 图
tack·y² 图 (美구어) 초라한, 볼품없는; 천박한; 시대에 뒤떨어진. **táck·i·ness** 图
ta·co [táːkou] 图 (象 ~s) 타코(고기와 양상추를 넣어 튀긴 옥수수빵; 멕시코 음식).
TACOMSAT *tactical communications satellite* ((미국의) 전술용 통신 위성).
tac·o·nite [tǽkənàit] 图 (광물) 타코나이트(27%의 철과 51%의 규산을 함유한 저품위(低品位)의 철광석).
tac·rin [tǽkrin] 图 태크린(THA)(노인 치매 치료제; 상표명 Cognex).

TACS *Tactical Air Control System*; *Theater Area Communications System*.
TACSAT = TACOMSAT.
*****tact** [tækt] 图 1 ① 약삭빠름, 재치, 기지; 요령, 솜씨. 2 (손의) 감촉, 촉감; 예민한 감각, 미적(美的) 센스, 심미안.
*****tact·ful** [tǽktfəl] 图 재치있는, 기지가 넘치는, 약삭빠른; 임기응변의 재주가 있는. ~·**ly** 图 ~·**ness** 图
tac·tic [tǽktik] 图 1 = tactics. 2 전법(戰法), 병법(兵法). 3 방책, 책략. — 图 1 배열[순서]의. 2 (화학) 중합체의 구성 단위가 규칙적으로 늘어선. 3 전술적인.
tac·ti·cal [tǽktikəl] 图 1 전술(상)의, 용병상의. ¶ a ~ point 전략상의 요점. 2 책략[술책]이 능란한, 약삭빠른, 빈틈없는. 3 전술적인.
Táctical Áir Commànd 图 (美) 전술(戰術) 공군사령부.   「기(象 TNW).
táctical núclear wéapon 图 (군사) 전술 핵병
táctical únit 图 (군사) 전술 부대[단위].
táctical vóting 图 전술적 투표(어느 후보를 떨어뜨리기 위해 다른 후보에게 투표하는 것).
tac·ti·cian [tæktíʃən] 图 전술가; 모사, 책략가.
*****tac·tics** [tǽktiks] 图(象) 1 (단수취급) 전술, 용병학, 병법(象 strategy). ¶ air ~ 항공 전술 / grand[minor] ~ 고등[국지(局地)] 전술. 2 (복수취급) 책략, 술책, 방책. 3 (단수취급) (언어) 배열(론), 통합[결합](론).
tac·tile [tǽktil/-tail] 图 1 촉각의, 촉감의. ¶ ~ hairs 촉모(觸毛) / a ~ organ 촉각 기관. 2 만져 알 수 있는, 감촉할 수 있는. 3 (그림이) 입체감이 있는.
Táctile commúnicator 图 (상표) 촉감 전달 장치(청각 장애인용 보조 장치).
táctile córpuscle 图 (촉각)소체(觸(覺)小體).
tac·til·i·ty [tæktíləti] 图① 촉지[감촉]성, 만져 알 수 있음.   「수 있음.
tac·tion [tǽkʃən] 图 (폐어) 접촉.   「L수 있음.
tact·less [tǽktlis] 图 재치[요령]없는, 머리가 안 도는, 서투른(undiplomatic). ~·**ly** 图 ~·**ness** 图
tac·tu·al [tǽktʃuəl] 图 촉각의(tactile); 촉각에 의한. ~·**ly** 图
táctual máp 图 촉지도(觸地圖)(맹인 교시 판독용).
TACV *tracked air cushion vehicle*(공기 부상식 초고속 철도(hovertrain 따위)).   「금, 미량. (< *tadpole*)
tad [tæd] 图 (美구어) 1 어린아이, 소년. 2 (a ~) 조
*****tad·pole** [tǽdpòul] 图 1 올챙이. 2 (T-) 미국의 Mississippi 주 사람(별칭).   「모양 은하.
tádpole gàlaxy 图 (천문) (올챙이 모양을 한) 태드
Ta·dzhik [tɑːdʒíːk/-́-] 图 1 (象 ~(**s**)) 타지크인(人). 2 타지크어(語)(페르시아어에 가까운 언어).
Ta·dzhik·i·stan [tədʒíkəstæ̀n, tɑːdʒìkistɑ́ːn] 图 타지크 공화국(수도 Dushanbe).
tae [tei] (스코) 1 젠巨 = to. 2 甼 = too.
tae·di·um vi·tae [tíːdiəm váitiː] 图 삶(생)의 권태, 염세. 〈L〉
tae kwon do [tái kwán dóu, tǽ-/-kwɔ́n-] 图 태권도. (또는 **táekwóndò**)
tael [teil] 图 테일, 냥(兩)(옛 중국의 화폐 단위; 중국의 중량 단위(37.7g)).
ta'en [tein] 图 (고어·시) = taken.
tae·ni·a [tíːniə] 图 (象 -*ni·ae* [-niìː]) 1 (고대 그리스·로마의) 머리(장식용) 띠, 리본. 2 (건축) (도리아식 건축의) 띠 모양의 쇠시리. 3 (해부) 끈 모양의 기관, 유대(紐帶). 4 촌충. (象 tenia) **-cíd·al** 图
tae·ni·a·cide [tíːniəsàid] 图 (약학) 촌충 구충제.
tae·ni·a·fuge [tíːniəfjùːdʒ] 图 (의학) 촌충을 구제하는, ~. 图 촌충 구제약.
tae·ni·oid [tíːniɔ̀id] 图 끈 모양의; 촌충(모양)의.
TAF, T.A.F. *Tactical Air Force*(전술 공군).
taf·fa·rel [tǽfərəl] 图 = taffrail. (또는 **tafferel**)
taf·fe·ta [tǽfitə] 图① 호박단(琥珀緞), 태피터(비단의 평직). — 图 호박단의; 호박단 비슷한; 화려한.

taff·rail [tǽfrèil] 명 〖해사〗 고물[선미] 난간.
taf·fy¹ [tǽfi] 명 1 태피(버터·땅콩 따위를 넣은 사탕 모양의 과자). 2 〖구어〗 아첨, 아부. (또는 **toffee, toffy**)
taf·fy² 명 〖미속어〗 (컴퓨터와 하이테크 기기를 갖춘) 테크노 가정.
Taf·fy [tǽfi] 명 1 〖英구어〗 웨일스 사람. 2 태피(남자 이름).
táffy pùll 명 태피 사탕을 만드는 모임.
taf·i·a [tǽfiə] 명 Ⓤ 타피아(아이티산(産) 럼주의 일종). (또는 **taffia**)
Ta·fi·lelt [tɑːfíːlelt] 명 타피렐트(모로코 동남부의 오아시스).
Taft [tæft] 명 태프트. 1 **Robert A. ~** (1889-1953 : 미국의 법률가·정치가). 2 **William Howard ~** (1857 -1930 : 미국 제27대 대통령).
Táft-Hárt·ley Áct [-hɑ́ːrtli-] 명 (the ~) 〖美〗 태 프트 하틀리법(法)(1947년 제정된 노사 관계법의 별칭). (<미국 공화당의 R.A. Taft와 F.A. Hartley의 이름)
‡**tag**¹ [tæg] 명 (❋ ~**s** [-z]) 1 꼬리표, 짐표, 물표, 부 전 ; 가격[정가]표, (꼬리 따위의 늘어진 짧은 부분; 느림, 작은 고리; (구두의) 손잡이 가죽; (구두끈 끝의) 쇠붙이. 3 (동물의) 꼬리(의 끝), 여우꼬리의 하얀 끝; 〔낚시〕 (미 끼 낚시의 안쪽에 다는 다른 조각; 부속물, 부가물. 4 〔연 설·이야기 따위의〕 판에 박힌 인용 어구, 이야기 끝의 교 훈의 말, 상투 어구; (노래의) 후렴. 5 〔연극의〕 끝맺음 말, 〔진행하는 것의〕 끝, 마지막의 손 가는 일; 〔문자 마지막 회의〕 소용돌이 모양으로 쓴 장식. 6 별명; 낡이, 레테르. 7 털의 술, 곱슬털; 〔양의〕 곱슬곱슬한 털, 엉긴 털. 8 〔美〕 체표 영장; 자동차 번호판; 교통 위반 카드 〔티켓〕. 9 (의문) 부가 어구; 강조[반복] 어구. 10 〖컴퓨 터〗 = sentinel. 11(속어) 이름; 머리글자, 모노그램, 기호; 미행자. 12 (또는 **offender's ~**) 전자 태그(소재 파악·들치기 따위를 막기 위해 사람·상품 따위에 붙이 는 전자 표지). 13〖페어〗 어중이떠중이, 하층민. 14 〔속 어〕 태그(공공 장소의 벽 따위에 서명·심볼 따위를 디자 인화한 낙서).
keep a tag [or 〖美〗 **tabs**] **on** 〖英구어〗 …을 감시 하다, …에서 눈을 떼지 않다. **¶ …**의 쓰레기.
tag and rag; tag, rag, and bobtail 하층민, 사회의 쓰레기.
— 동 (~**s** [-z] ; -**gg**-) 1 …에 꼬리표[쇠붙이]를 달 다, 부전을 붙이다, 짐표[정가표]를 붙이다(*with*) ; (구 어) (차 따위에) 교통 위반 딱지를 붙이다. **¶ ~** (+ 目+ 前+名) ~ *one's trunk with one's name* 트렁크에 이 름표를 붙이다(*on*) (*to, onto*). **¶** ~ *a title to one's name* 이름에 직함을 덧붙이다. 3 〔연설·이야기 따위의〕를 인용 구로 맺다; 〔이야기 따위를〕 연결하는 〔시행(詩行)〕에 압운 하다(*together*) (*with*). **¶** ~ *one's speech with a quotation* 연설을 인용구로 맺다. // ~ *old articles together* 옛 논문들을 이어 맞추다. 4 〔구어〕 …의 뒤를 졸졸[미행] 하다, …의 뒤에 붙어 다니다. **¶** *The boy* ~ *ged his brother around*. 소년은 형의 꽁무니에 붙어 다녔다. 5 …을 (별명 따위로) 부르다, 이름짓다. 6 〔양의 엉긴 털 을〕 깎다〔풀다〕. 7 …에 값을 매기다(*at*) **¶** *He* ~ *ged it at 50,000 won*. 그는 그것에 5만 원의 값을 매겼다. 8 〔구어〕 …을 세게 치다. 9 〔공공 건물 따위에〕 태그[를 그 리다; 〔사람·상품 따위에〕 전자 태그를 붙이다. 10 〖컴퓨 터〗 〔데이터 항목에〕 (식별용의) 태그를 붙이다.
— 자 〔구어〕 뒤따라가다(*on*) (*after*); 붙어 다니다 (*along, on*) (*with, behind, to*).
tag (*along*) *after* [or *behind*] …의 뒤를 쫓아[따 라] 다니다, 뒤쫓아[따라] 오다, 붙어다니다.
~**-like** 형
tag² 명 자 1 술래잡기 (❋ 술래는 it, tagger라고 한 다).**¶ play** ~ 술래잡기를 하다. 2 〔야구〕 터치아웃, 척 살. 3 〔레슬링〕 태그 매치에서 자기편과의 터치. 4 〔복 싱〕 강타, 일격. — 동 자 (-**gg**-) 1 〔술래잡기에서 술래 가〕 …을 잡다(*out*), 2 〔구어〕 주먹·몽둥이 따위로 …을 치다(*out*). 〔투구〕를 강타[통타]하다. 3 (특정한 목적을 위 해) 선출하다. 4 〔레슬링〕 〔자기편〕에게 터치하다. 5 〔복
싱〕 〔상대〕를 강타하다.
tag up 〔야구〕 (주자가) 베이스에 이르다, 터치업하다.
TAG, T.A.G. 〔美육군〕 *The Adjutant General*(군무 국장, 부관).
Ta·ga·log [təgáːləg, -ləːŋ/təgáːləg] 명 (~ ~**s**) 타갈로그 사람(필리핀 루손 섬 원주민); Ⓤ 타갈로그 말.
tag·a·long [tǽgəlɔ̀ːŋ/-lɔ̀ŋ] 명 (남에게) 늘 붙어다니는 (사람).
tag·board [tǽgbɔ̀ːrd] 명 (꼬리표용) 두꺼운 종이.
tág bòat 명 종선(從船)(큰 배에 끌려가는 작은 배).
tág dày 명 가두 모금일(〖英〗 flag day).
tág énd 명 1 (the ~) 끄트머리, 끝머리, 말기(末期). 2 (~s) 자투리, 지스러기, 단편[斷片](fragments).
tágged átom [tægd-] 〔의학〕 추적용의 방사성 동위체.
tag·ger [tǽgər] 명 1 붙어[따라]다니는 사람. 2 (쇠 붙이 따위를) 붙이는 사람[기구]. 3 (술래잡기의) 술래. 4 (~s) (어금) 얇은 쇳조각, 얇은 양철.
tag·ging [tǽgiŋ] 명 1 tag 하기; 디자인화한 서명 낙서. 2 〔수산〕 표지 방류(標識放流).
tág line 명 1 〔극·연설 따위의〕 마지막의 한 절, 맺는 말. 2 표어, 슬로건, 캐치프레이즈. 3 (사진 따위의) 캡션, 설 명문. 4 〔기계〕 (중기의 바스켓을 매다는) 지지 로프.
Tag·lish [tǽgliʃ] 명 Tagalog어와 영어의 혼합어(필 리핀 영어의 일종).
tág màtch 명 (프로레슬링의) 태그 매치, 복식 경기.
tag·meme [tægmíːm] 명 〔언어〕 문법소(文法素).
tag·me·mic grámmar [tægmíːmik-] 명 = tagmemics.
tag·me·mics [tægmíːmiks] 명 〔단수취급〕 〔언어〕 문법소론(文法素論)(K. L. Pike 등이 제창한 언어 이론).
Ta·gore [təgɔ́ːr, tɑ́ːgɔːr] 명 **Rabindranath ~** 타 고르(1861-1941: 인도의 시인, 노벨 문학상(1913)).
tág quèstion 명 부가 의문(문)(예: *It's cold, isn't it?*).
tag·rag [tǽgræ̀g] 명 1 (the ~) 하층민, 사회의 쓰레 기(riffraff), 어중이떠중이. 2 Ⓤ 넝마(tatter).
tágrag and bóbtail 명 사회의 쓰레기, 하층민.
tág sàle 명 = garage sale.
tág tèam 명 (프로레슬링의) 태그(2인조) 팀.
tah·dah [tɑːdáː, tɑː-] 감 자 보시오, 짠!
Ta·hi·ti [təhíːti, tɑː-] 명 타히티 섬(남태평양 Society 제도의 주도(主島); 수도 Papeete).
Ta·hi·tian [təhíːʃən, tɑː-] 형 타히티 섬의; 타히티 섬 사람[말]의. — 명 타히티 섬 사람; Ⓤ 타히티 말.
Ta·hoe [tɑ́ːhou] **Lake ~** 타호 호(湖)(미국 California 주와 Nevada 주에 걸친 Sierra Nevada 산맥의).
Tai¹ [tai, tɑːi] 명 Ⓤ = Thai.
Tai² 명 (**Lake ~**) 타이후 호(太湖)(중국 장쑤성(江 蘇省) 남부의 호수). (또는 ~ **Hú**)
TAI Thai Airways International.
Tai·bei [tàibéi] = Taipei, Taipeh.
t'ai chi ch'uan [tái dʒìː tʃwáːn] 명 태극권(太極 拳)(중국의 권법). (또는 **tai chi**)
tai·ga [táigə, taigáː] 명 타이가(시베리아·북미 등지의 침엽수림대).
‡**tail**¹ [teil] 명 (❋ ~**s** [-z]) 1 (동물 따위의) 꼬리. **¶** *a bushy* ~ 털이 북슬북슬한 꼬리 / *A dog wags its* ~. 개가 꼬리를 흔든다. 2 꼬리 모양의 물건; 꼬리 부위; 〔천문〕 혜성의 꼬리; (양복·셔츠의) 느림[자락], 아랫단; (음표의) 꼬리; 〔인쇄〕 (문자의) 기선 아래로 나오는 부분 (예: g, y의 밑부분); 땋아 늘인 머리, 변 발. **¶** *the* ~ *of a kite* 연의 꼬리. 3 끄트머리, 후부, 미 부; 말미, 끝, 결론; 〔항공〕 (비행기·미사일 따위의) 미 부, 후부; (행군 따위의) 후미; (흐름의) 완만한 부분, (못·물의) 수하(水下), 아래쪽; (강물 따위의) 하단, 아랫 (페이지의) 하단, 아랫쪽. **¶** the ~ *of a procession* 행렬 의 후미 / *the* ~ *of a storm* 폭풍우가 멎을 무렵. 4 아 랫 사람, 말단; 서툰 선수. **¶** *the* ~ *of a baseball team*

야구 팀의 가장 서툰 선수. 5 (늘어선 사람들의) 줄, 열, 행렬; 동행자, 수행원, 종자(從者). ¶a ~ of attendants 수행원 일행. 6 (~s) 화폐의 뒷면(참 head). ¶Heads or ~*s*? 앞이냐 뒤냐? 7 〔건축〕 (기와·슬레이트 따위의) 노출된 부분. 8 (~s) 《구어》 연미복; 대례복(大禮服), (남자의) 정장. 9 지나간 자국; 《구어》 미행자, (미행하는) 탐정[스파이]. ¶put a ~ on the suspect 용의자에 미행을 붙이다. 10 (~s) (증류한 뒤 따위의) 찌꺼기, 찌끼, 지게미. 11 《속어》 궁둥이; 《비어》 (여성의) 성기; [U] 성교; (성교 대상으로서의) 여자. 12 《집합적》 (크리켓의) 하위 타선.

a [or *a person's*] ***(nice) bit of tail*** 《속어》 성적 매력이 있는 여자; 섹스.
at [or ***in***] ***the tail of*** …의 뒤에, …의 후미에.
close on *a person's* ***tail*** 남의 바로 뒤에 바싹 붙어서.
drag *one's* ***tail*** [or ***ass***] 《美속어》 느릿느릿 일하다; 풀이 죽어 기운이 없다. 「곁눈으로.
from [or ***out of***] ***the tail of*** *one's* [or ***the***] ***eye***
get off *a person's* ***tail*** ① (남의) 뒤를 쫓기를 그만두다. ② =*get off a person's* BACK[1]. 「지에 몰리다.
get *one's* ***tail in a gate*** 《美속어》 위기에 빠지다, 궁
get *one's* ***tail up*** [***down***] =*have one's tail up* [*down*].
go into tails (아이가) 자라서 연미복을 입게 되다.
have…by the tail 《美속어》 ① …의 급소를 쥐고 있다. ② …을 잘 하다. 「[풀이 죽다].
have [or ***keep***] *one's* ***tail up*** [***down***] 기운이 나다
in a tail 줄지어. ¶stand *in a* ~ 나란히 줄 서다.
keep the tail in waters 《속어》 번성하다.
make neither head nor tail of; cannot make head or tail of …이 무슨 뜻인지 전혀 알 수 없다.
on *a person's* ***tail*** 《美구어》 ① 남의 뒤를 밟아, 남을 미행하여, 바싹 붙어서. ② (남의 일에) 이러쿵저러쿵 참견하여.
play (at) heads and tails 동전을 던져 앞면인지 뒷면인지 알아맞히기 하다. 「로.
tail(s) up ① 기분이 좋아서. ② 《비유적》 싸울 마음으
the tail wagging the dog 주객 전도(의 상황), 본말
top and tail ⇨TOP[1]. 「전도.
tread on *one's* ***own tail*** 자업자득이 되다.
tuck *one's* ***tail*** 창피를 당하다; 당황하다.
turn tail (and run) (혐오·두려움 따위로) …에 등을 돌리다, 달아나다.
twist the tail of *a person;* ***twist*** *a person's* ***tail*** …에게 비위에 거슬리는 짓을 하다, …을 괴롭히다, 조
with *one's* ***tail up*** =*tail(s) up*. 「롱하다.
with the [or *one's*] ***tail between the*** [or *one's*] ***legs*** 기가 죽어서; 겁을 먹고.
work *one's* ***tail off*** 빠빠지게 일하다.

— [형] 《한정용법》 1 뒤에서 오는. ¶a ~ breeze 뒷바람. 2 후부[꽁무니]에 있는. ¶a ~ fin 꼬리지느러미.

— [동][타] 1 〔연 따위〕에 꼬리를 달다, …에 꼬리 모양의 물건을 달다. 2 〔꼬리〕를 자르다; 〔꼬리〕를 잡아당기다[잡다]. 3 〔열 따위〕의 뒤에 붙다, 후미가 되다, 꼴찌가 되다. 4 …을 맨끝에서 잇다, …의 맨끝에 연결하다; …을 첨부하다 (*on, to, on to*). ¶ (~+[目]+[前]+[名]) ~ one folly *on to* another 바보짓을 거듭하다 / ~two coaches *on* a train 열차의 후미에 객차 2량을 연결하다. 5 …을 수행하다; 《구어》 …을 미행하다, …의 뒤를 밟다. ¶~a suspect 용의자를 미행하다. 6 〔건축〕 〔들보·벽돌 따위〕를 끼워 넣다 (*in, into*). 7 《濠·뉴질》 〔양·소 따위〕의 망을 보다. 8 《속어》 〔여자〕와 성교하다. — [자] 1 꼬리같이 되다, 꼬리를 끌다. 2 뒤를 따르다, 줄줄이 따라가다 (*after*); 줄을 지어 움직이다[지나가다]; 《英》 (교통이) 정체되다(*back*). 3 낙오하다, 뒤로 처지다(*away, off*). 4 차츰 후퇴하다, 차츰 스러져 없어지다(*off, away*), (…속으로) 빠져 들어가다(*into*). ¶ (~+[副]) The path ~*s off* into the woods. 오솔길은 차츰 좁아져 숲속으로 사라진다. 5 《구어》 뒤를 쫓다, 미행하다 (*after*). ¶ (~+[前]+[名]) ~ *after* a pickpocket 소매치기를 뒤쫓다. 6 〔해사〕 고물에서부터 좌초하다; (…방향으로) 고물을 돌리다. ¶~ *into* the wind 고물을 바람이 불어오는 쪽으로 돌리다.

tail after …의 뒤를 따르다, …의 열을 따르다.
tail away ① (긴 줄을 이루며) 뿔뿔이 낙오하다. ② 차츰 사라지다[없어지다, 줄어들다].
tail off ① 차츰 감소하다[시키다], (목소리가) 가늘어지다[지게 하다]. ② 뒤쳐져 행렬이 흩어지다. ③ 《구어》 달아나다; 퇴거하다.
tail out (목재를) 받치다.
tail to the tide; tail up and down the stream (정박선이) 조류에 따라 고물을 돌리다.

tail[2] [명][U] 〔법률〕 상속(인) 한정. — [형] 상속 한정의. **~·like** [형]

tail·back [téilbæ̀k] [명] (미식 축구의) 후위; 《英》 (사고로) 정체된 차의 열(列).

tail·band [téilbæ̀nd] [명] 테일밴드(책등의 위와 아래 끝 부분에 아교로 붙인 띠 모양의 천).

táil bày [명] 〔건축〕 대들보와 벽 사이의 구획.

tail·board [téilbɔ̀ːrd] [명] (짐마차 따위의) 후미 판자; (트럭의) 뒷문(tailgate). 「속어」 엉덩이.

tail·bone [téilbòun] [명] 1 〔해부〕 미골(尾骨). 2 《美

táil còat [명] 연미복, 모닝 코트. (또는 **tails**)

táil còne [명] 테일 콘(제트 엔진·로켓·미사일의 원추형 꼬리 부분).

táil còvert [명] 새의 꽁지깃의 기부(基部)를 덮는 깃털.

tailed [teild] [형] 꼬리가 있는, 《복합어로》 꼬리가 …한. ¶a long-~ bird 꽁지가 긴 새.

táil énd [명] (the ~) 1 꼬리의 끝. 2 (물건의) 후부, 말단, 끝; 말미, 종말. 3 《구어》 궁둥이. 4 〔야구〕 하위 타자.

táil-ènd Chárlie [명] 《英속어》 1 (편대의) 최후미 비행기; 뒷좌석 사격수. 2 (경주 따위의) 꼴찌.

tail·end·er [téilèndər] [명] 《구어》 (경기 따위의) 꼴찌, 최하위자.

tail·er [téilər] [명] 뒤따라가는 사람[물건]; 미행자.

tai·le·ron [téilərɑ̀n] [명] 〔항공〕 테일러론(피치와 롤을 제어하는 수평 미익(尾翼)).

táil fin [명] 1 꼬리지느러미. 2 〔항공〕 수직 안정판. 3 자동차의 후미 장식판. 「고, 뒷걸음쳐서.

tail·first [téilfə́ːrst] [부] 꼬리[미부(尾部)]를 앞으로 하

tail·gate [téilgèit] [명] 1 (트럭·왜건 따위의) 뒷문. 2 (운하의) 미문(尾門). 3 [U] (또는 **~ pàrty**) 〔재즈〕 테일게이트(초기 New Orleans풍의 트롬본 취주 양식).
— [동] 1 (앞차에) 바싹 붙어 운전하다. 2 《美》 스테이션 왜건 따위의 뒤판을 내리고 음식물을 차려 식사하다.
— [형] 뒤판의; (음식이) 내린 뒤판 위에 차려지는.

táilgate pàrty [명] 1 스테이션 왜건(station wagon) 뒤판을 펼쳐 음식을 차린 간단한 야외 파티. 2 〔재즈〕 《속어》 초기의 New Orleans 재즈 스타일의 재즈.

tail·gat·er [téilgèitər] [명] 1 앞차에 바싹 붙어서 운전하는 사람. 2 테일게이트 피크닉을 하는 사람.

tail·gat·ing [téilgèitiŋ] [명] 《美》 (축구 팬 등이) 스테이션 왜건 따위의 뒤판에 음식을 차리고 하는 파티.

táil gràb [명] 〔우주〕 테일[꼬리] 그래브(로켓이 충분한 추진력을 얻을 때까지 발사대에 고정시켜 두는 장치).

táil gróup [명] 〔항공〕 = tail unit.

táil gùn [명] (비행기의 꼬리 부분에 장치한) 미포(尾砲).

tail-heav·y [ˊhèvi] [형] (비행기가) 꼬리쪽이 무거운.

tail·ing [téiliŋ] [명][U] 1 〔건축〕 벽에 끼워 넣은 벽돌의 돌출부. 2 (~s) 쓰레기, 지스러기; 부스러기 광물; 무거리, 찌끼. 3 꼬리 달기. 4 미행.

táil làmp [명] 《英》 = taillight.

tail·less [téillis] [형] 꼬리 없는; 미부 없는.
~·ly [부] **~·ness** [명] 「는 비행기.

táilless áirplane [명] 무미익기(無尾翼機), 꼬리 없

tail·leur [tɑːjə́ːr] [명] 타이외르(신사복식 여성복).

tail·light [téillàit] 图 (자동차 따위의) 미등(尾燈), 테일라이트. 「분의 여백.

tail·mar·gin [téilmɑ̀ːrdʒin] 图 (책의) 페이지 밑부

***tai·lor**[1] [téilər] 图 (남성복의) 재봉사, 재단사. ¶ dressmaker ¶ a ~[or (英) ~'s] shop 맞춤 양복점 / Nine ~s make[or go to] a man. (속담) 재봉사는 아홉 명이라야 한 사람 몫을 한다(*재봉사를 비웃는 말)/ The ~ makes the man. (속담) 옷이 날개다.
ride like a tailor 말타기가 서투르다.
sit tailor fashion 책상다리를 하고 앉다.
—— 图 ⓘ 양복을 짓다; 양복점을 경영하다. —— 图 1 (수동형으로) (양복을) 짓다; [주문한 사람의] 옷을 짓다. ¶ a ~ed suit 맞춤 양복 / He is well ~ed. 그의 양복은 잘 되어있다. 2 [방법·계획·각본 따위를] (특별한 목적·요구 따위에) 맞추다 (to); …을 (남에게) 맞추다 (for). ¶ ~ one's actions to those of another 자신의 행동을 다른 사람의 행동에 맞추다. 3 (여성복을) 남성복 스타일로 짓다. 4 (美구어) [정부를] 주문받아 짓다.
~·less

tai·lor[2] 图 (英방언) 조종(弔鐘).

tai·lor·a·ble [téilərəbl] 图 1 옷을 만들 수 있는. 2 (특정한 목적에) 적용[적응]시킬 수 있는. **-a·bíl·i·ty** 图

tai·lor·bird [téilərbə̀ːrd] 图 재봉새(나뭇잎을 꿰매듯이 만들어 집을 짓는 아시아·아프리카산(産)의 새).

tai·lored [téilərd] 图 = tailor-made.

tai·lor·ess [téiləris] 图 tailor의 여성형.

tai·lor·ing [téiləriŋ] 图 图 1 양복점업, 재봉업. 2 양복 짓는 법[기술]. 3 (특정 목적에 맞추어) 적합시키기, 제작하기.

tai·lor-made [-méid] 图 1 맞춤(양복)의; (여성복이) 남성복처럼 지어진. 2 옷맵시가 반듯한. 3 조건에 맞도록 만든, 특별 주문의. ¶ *furniture* ~ *for* a small house 작은 집에 어울리게 주문받아 만든 가구. 4 (궐련이) 기계로 만. —— 图 [-mèid] 1 (~s) 주문복, 맞춤복, 양복 같은 맞춤 여성복. 2 기계로 만 담배.

tai·lor-make [-méik] 图图 (-*made*) 특수한 사태 [개인·목적 따위]의 요구에 부응하게 하다[맞추다]. ¶ ~ *a tour* (여행자의 목적에 맞게) 여행 계획을 짜다.

táilor's chàir (등받이가 있고 다리가 없는 재봉 「사용 의자.

táilor's chàlk 재단용 초크.

tail-piece [téilpìːs] 图 1 꼬리 조각, 끝 부분의 부속물. 2 (인쇄) (서책의 장(章)권말의 여백에 넣는 컷. 3 (바이올린 따위의) 줄걸이. 4 (건축) 토막 귀틀.

tail·pipe [téilpàip] 图 (펌프의) 흡입관(吸入管); (자동차·비행기 따위의) 후부 배기관. (또는 **táil pìpe**)

táil-pipe bùrner 图 (제트 엔진의) 재연소 장치.

táil plàne 图 (항공) 미익(尾翼), 수평 꼬리 날개.

tail·race [téilrèis] 图 (물방아의) 방수로(放水路); (광산) (광석 부스러기를) 흘려버리는 도랑.

táil rhỳme (운율) 미운(尾韻)(행의 끝에서 압운(押韻)하는 보통의 운).

táil ròtor 图 (항공) (헬리콥터의) 꼬리 회전 날개.

tails [teilz] 图 (화폐가) 뒤의, 뒷면의. —— 图 되어, 뒤집혀서. 「(船尾軸).

tail·shaft [téilʃæ̀ft] 图 (해사) 프로펠러축, 선미축

táil skìd 图 (항공) (비행기의) 꼬리 썰매, 미부의 활재

táil slìde 图 미부 활공(尾部滑空). 「(滑材).

tail·spin [téilspìn] 图 1 (항공) (비행기의) 나선식 강하. 2 (구어) 당황, 허탈, 의기 소침. 3 (구어) (경제적) 혼란, 침체, (주가 따위의) 하락.
go into a tailspin [or *nose dive*] (구어) ① 갑자기 무너지다, 하락(下落)하다. ② 노이로제가 되다, 의욕(意慾)을 잃다.
—— 图图 (-*nn*-) 급격히 하강[쇠퇴]하다.

táil ùnit 图 (항공) 미부(尾部), 미익(尾翼).

táil wárning ràdar 图 (군사) 후방 경계 레이더.

tail·wa·ter [téilwɔ̀ːtər, -wɑ̀t-] 图 (댐에서 방출된 물; (방아의) 방수로의 물.

táil whèel 图 (항공기의) 꼬리 바퀴, 미륜(尾輪).

tail·wind [téilwìnd] 图 (항공기·배의) 뒤에서 부는 바람, 순풍. (또는 **táil wìnd**)

tain [tein] 图 얇은 주석박(箔: 거울 뒤의) 주석 박(箔).

***taint** [teint] 图 1 더럼, 얼룩; 흠집. 2 불명예, 오점, 오명. ¶ *free from all* ~*s* 아무런 오점도 없는; 결백한 / *a* ~ *on one's name* 불명예. 3 ⓤ (잠복한) 병독; 감염(력); 폐해; 부패, 타락. ¶ moral ~ 도덕적인 타락. 4 기미, 흔적(*of*). ¶ *a* ~ *of insanity* 광기. 5 (페어) 색조.
—— 图 1 …을 더럽히다, 오염시키다. 2 (병 따위에) 감염시키다; …에 해독(害毒)을 주다; …을 부패[타락]시키다(*with, by*). ¶ His mind has been ~*ed* by his evil companions. 그는 나쁜 친구들의 영향으로 타락했다. 3 (음식 따위를) 썩이다. ¶ ~*ed meat* 썩은 고기. 4 (페어) 채색하다. —— 图 더러워지다, 때문다; 감염되다, 오염되다; 타락하다; (음식 따위가) 썩다.

'taint [teint] (방언·속어) it isn't [hasn't]의 단축형.

taint·ed [téintid] 图 더러워진, 썩은; 부패한. ¶ *a* ~ *family* 혈통이 나쁜 집안 / ~ *goods* 부정(不淨) 상품.

taint·less [téintlis] 图 더럼[오점] 없는, 순결한, 결백한; 병균이 없는. **~·ly** 图 **~·ness** 图

tai·pan [táipæn] 图 1 (중국에서) 대반(代辦)(외국 상사의 지배인·경영주). 2 (동물) 타이팬(뉴기니·오스트레일리아산(産)의 맹독(猛毒) 뱀).

Tai·pei [tàipéi, -béi] 图 타이베이(臺北)(대만의 수도). (또는 **Taibei, T'ai-pei, Taipeh**)

Tai·ping [táipiŋ] 图 태평천국의 난(~ **Rebellion**: 1850–64)에 참가한 사람, 장발적(長髮賊).

Tai·wan [tàiwɑ́ːn] 图 타이완, 대만(臺灣)(Formosa).

Tai·wan·ese [tàiwɑːníːz, -nìːs] 图 대만의; 대만 사람의. —— 图 대만 사람; ⓤ 대만 말.

Táiwan Stráit 图 (the ~) 대만 해협.

Taj Ma·hal [tɑ́ːʒ məhɑ́ːl/tɑ́ːdʒ-] 图 타지마할(인도의 Agra에 있는 화려한 대리석 영묘(靈廟)).

ta·ka [tɑ́ːkə] 图 (~·(s)) 타카(방글라데시의 지폐 [경화]). (또는 **takka**)

‡**take** ⇒TAKE. ⟨p. 2757⟩

take-a·long [-əlɔ̀ːŋ/-əlɔ̀ŋ] 图 휴대용의, 여행용의. ¶ ~ *blow dryer* 휴대용 헤어드라이어. —— 图 휴대용품.

take·a·way [téikəwèi] 图 1 공제[삭제]되는 것; (조합 계약에 의한 피고용자의) 기득권 삭제. 2 (英·뉴질) = takeout 3. = takeout. (또는 **táke·awày**)

take·back [téikbæ̀k] 图 취소[철회]된 것; (노동조합의 계약으로) 삭감된 수당. —— 图 취소[철회]된.

take-charge [ˊtɑ́ːrdʒ] 图 관리 능력 있는, 지도자로서의 자질을 가진, 보스의 기질이 있는.

take-down [téikdàun] 图 벨[분해]할 수 있는, 조립식의. —— 图 1 ⓤⓒ (기계 따위의) 떼기, 분해. 2 분해 화기(火器). 3 (구어) 창피, 수치, 굴욕. 「서 하는.

take-home [ˊhòum] 图 (집으로) 가지고 가는; 집에

táke-home pày [wàges] 图ⓤ (세금 따위를 뺀) 실수령 급료. (또는 **táke-hòme**)

táke-home sàle 图 (가게에서 마시지 않고) 집에 가지고 가는 알코올 음료 판매. (또는 **óff-sàle**)

take-in [ˊin] 图 (구어) 사기, 협잡, 엉터리; 사기꾼.

take-it-or-leave-it [ˊrlíːvit] 图 승낙하느냐 싫다 느냐밖에, 교섭의 여지가 없는, 양자 택일(兩者擇一)의. ¶ *a* ~ *offer* 옵션 없이 제시된 가격.

take-it-with-you [ˊitwíθjuː] 图 (구어) 휴대용의.

‡**tak·en** [téikən] 图 take의 과거분사.

take-no-pris·on·ers [ˊnoupríznərz] 图 단호한.

take·off [téikɔ̀ːf/-ɔ̀f] 图 1 (육상 경기 따위의) 도약(점), 출발(점). 2 이륙[이수](점). 3 (경제 성장의) 출발점, 도약 (단계). 4 (구어) 풍자적인 흉내; 희화(戲畵). 5 결점, 흠. 6 (관(管)이나 전선 따위의) 분지(分技), 지선 (支線); 방수로(放水路). 7 (건축 자재의) 견적 조사. (또는 **táke-òff**)

tákeoff stáge 图 (경제) (공업국으로의) 도약 단계

take의 본래 의미는 「(정지해 있는 것을) 취하다」. 취하는 것은 「받아들이는」 것이요 「채택하는」 것이기도 하다. 전체에서 일부를 취하면 그만큼 전체에서 「빼는」 또는 「뺏는」 것이 되며, 그만큼 빼고 뺏는 것은 「필요로 하기」 때문이다. 또 취하면 「옮기게」도 된다. 동사 take는 이렇게 의미가 발전되면서 많은 관용어구를 만들어 왔다. take는 이와 같이 「취하다」를 기본으로 하는 타동사 용법으로 주로 쓰이지만, 「걸리다」를 기본으로 하는 자동사 용법과 「수확」을 위시한 명사 용법도 중요하다.

‡**take** [teik] 통 (**took; tak·en; tak·ing**) 타

I. 취(取)하다, 잡다

1 …을 손에 잡다, 쥐다, 가지다; 껴안다. ¶ (~+目+前+名) ~ a person *by* the hand 남의 손을 잡다 / ~ a person *to* one's breast 남을 품에 안다 // (~+目+圖) ~ something *up* with one's fingers 손가락으로 물건을 집어 올리다.

[유의어] take「손에 잡다」라는 뜻의 가장 일반적인 말. **seize** 갑자기 힘주어 잡다. **snatch** 날쌔게 채어 뺏다. **grab** 강한 힘으로 탐욕스럽게 움켜쥐다. **grasp** 손바닥으로 쥐듯이 잡다; 파악하다. **clutch** (공포 따위로) 꼭 쥐고 놓지 않다.

2 …을 붙잡다, 붙들다; (남)을 포로로 하다, 체포하다. ¶ ~ a wild animal 야생 동물을 붙잡다 // (~+目+前+名) ~ a person captive 남을 포로로 잡다 / be *taken* prisoner [*or* captive] 포로가 되다 // (~+目+前+名) ~ a rabbit *in* a trap 토끼를 올가미로 잡다.

3 (힘을 다해) …을 빼앗다, 탈취하다; …을 점령하다 (from). ¶ ~ a fortress 요새를 점령하다 // ~ a bag *from* a person's hand 남의 손에서 가방을 뺏다.

4 (보내진 물건)을 받다; (대가·보수 따위)를 얻다, 획득하다; (시험 따위)를 치르다. ¶ ~ a present 선물을 받다 / ~ a prize [degree] 상 [학위]을 받다 // (~+目+前+名) He *took* money *from* the man. 그는 그 남자한테서 돈을 받았다 / Will you ~ $3,000 *for* the car?—I won't ~ less than $5,000. 그 차 나에게 3천 달러에 팔지 않으려나?—5천 달러 이하로는 안 되겠어.

5 (좌석 따위)를 잡다, 차지하다. ¶ ~ a seat 자리에 앉다 / ~ the chair 의장석에 앉다; 의장 노릇을 하다.

6 (집·토지 따위)를 빌리다(rent), (좌석 따위)를 예약하다; (신문 따위)를 정기 구독하다; …을 사다. ¶ ~ lodgings 하숙하다 / ~ two newspapers 신문을 두 가지 보다 / ~ a house 집을 빌리다 // (~+目+前+名) ~ a box *at* a theater 극장의 특별석을 잡다.

II. 받아들이다

7 (남)을 채용하다, (새 회원 등)을 받아들이다; (여자)를 아내로 맞다(to); (양자)를 받아들이다 / (하숙인)을 두다. ¶ (~+目+前+名) ~ a person *into* a company 남을 입사시키다.

8 (문제·사태)를 거론하다, 다루다; 고려하다; 예로 들다. ¶ (~+目+前+名) He *took* it *into* account. 그는 그것을 고려했다.

9 …을 (특정한 방식으로) 받아들이다, 느끼다; (말·의미)를 해석 [이해]하다, 깨닫다; (사람·물건)을 …으로 생각하다, 추정하다. ¶ (~+目+圖) ~ a thing well [ill] 사물을 좋게 [나쁘게] 이기다 / T— it [*or* things] easy. 쉽게 생각해라, 진정해라 // (~+目+*to be*圖) I ~ this *to be* ironical. 이 점은 아이로니컬하다고 생각이 든다 / (~+目+*as*圖) ~ things *as* they are. 사물을 있는 그대로 받아들여라 / (~+目+前+名) ~ it *for* granted that …을 당연한 것으로 받아들이다 / Do you ~ me *for* a fool? 너는 나를 바보로 생각하느냐?

10 [비난·충고 따위]를 받아들이다, …에 따르다; [모욕 따위]를 감수하고 견디어 내다(endure). ¶ ~ advice 충고에 따르다 / ~ punishment 벌을 받다 / ~ a dare 도전에 응하다 / ~ medical advice 의사의 진단을 받다 / Whose word would you ~ then? 그렇다면 누구의 말이면 듣겠느냐?

11 (병 따위)에 걸리다; (병 따위가) …을 침범하다. (불이) …에 붙다, 옮아붙다; …에 부딪히다. ¶ ~ cold 감기들다 / Plague ~ him! 염병에나 걸려라! / Fire *took* the tower. 불이 탑에 옮겨 붙었다 // (~+目+前+名) be ~*n with* illness 병에 걸리다 / ~ a person *by* surprise 남을 기습하다 // (~+目+圓) be ~*n* ill 병이 나다 (*수동형뿐).

12 …의 영향 [작용]을 받다, …이 든다; [물감 따위]를 흡수하다, …에 물들다, …의 광이 나다 / ~ a dye 물이 들다 / ~ ink well 잉크를 잘 빨아들이다.

13 …의 역할을 하다, …을 연기하다; [직위 따위]에 앉다, 취임하다; (소임)을 수행하다, 해내다; [책임]을 맡다; …을 맡다, 떠맡다. ¶ ~ the role of a villain 악역을 하다 / ~ command 지휘하다 / ~ a class 학급을 맡다.

III. 채택하다

14 …을 골라잡다, 고르다, 선택하다(choose); …을 (골라) 사다. ¶ T— whichever you like. 어느 것이든 좋아하는 것을 가져라 / I'll ~ this one. 이것을 갖겠다 / T— my word. 내 말 좀 들어라.

15 [조치]를 취하다, 강구하다; [행동]을 취하다, 실행하다, 하다. ¶ ~ measures 조치를 취하다 / ~ action 행동을 취하다 / ~ counsel 상담하다 / ~ prudence 신중을 기하다, 자중하다 / ~ the initiative 선수를 치다 / ~ the lead 리드하다 / ~ care 조심하다; 돌보다 / ~ a walk [nap] 산책을 하다 [낮잠을 자다] / ~ a look at … 을 보다 / ~ a trip 여행하다.

16 (길·진로)를 택해서 나아가다, 택하다; [방침·방법]을 채택해서 나아가다. ¶ Which way shall we ~? 어느 길로 갈까? / Let the matter ~ its own course. 그 문제는 되는 대로 내버려둬라.

17 (형세·태도·견해 따위)를 가지다, 취하다. ¶ ~ a rosy view 낙관하다.

18 [문법] (특수한 말·어형 변화 따위)를 취하다, 가지다.

19 …을 사용하다(use), (기회)를 잡다, …에 편승하다. ¶ ~ a pen name 필명을 쓰다 / ~ an example 예를 들다 // (~+目+前+名) ~ advantage *of* … 을 이용하다, …에 편승하다.

IV. 옮기다

20 …을 데리고 가다, (차 따위에) 태워가다; …을 안내하다, 이끌다(conduct, lead), 동반하다(escort). ¶ (~+目+前+名) ~ one's little brother to a zoo 동생을 동물원에 데리고 가다 / ~ a person *out of* a room 남을 방에서 데리고 나가다 / He came to ~ her *with* him. 그는 (자동차로) 그녀를 마주 나왔다 / This road ~s you *to* the station. 이 길로 가면 역이 나온다 / He *took* me *home* in his car. 그는 차로 나를 집에까지 데려다 주었다.

21 …을 가지고 가다, 나르다, 휴대하다(carry). ¶ T— these things upstairs. 이 물건들을 2층으로 가져가거라 // (~+目+前+名) T— an umbrella *with* you. 우산을 가지고 가거라 // He *took* her some flowers. 그는 그녀에게 꽃을 가지고 갔다.

22 (탈것)에 타다, 타고 가다; (탈것이) (사람)을 나르다 (convey). ¶ ~ a ship 배를 타다 // (~+目+前+名) ~ a train *to* Paris 기차로 파리에 가다 / The next bus ~s you *to* the town. 다음 버스가 시내로 간다.

23 [장애물 따위]를 (뛰어)넘다(clear), 건너다; [길]을

take 2758 **take**

가다; (모퉁이)를 돌다; …을 오르다.¶~ a fence 울타리를 넘어가다 / ~ a slope 언덕을 오르다 / T- the main street to the right. 큰 길을 오른쪽으로 도세요.
24 …에 들어가다; 도망쳐 나가다, 숨다.¶~ the field 싸움터에 나가다 / ~ earth 굴 속으로 달아나다 / ~ the water 물로 뛰어들다.
25 (기원·명칭·특질 따위)를 따오다, 얻다, …에 유래하다; …을 인용하다(quote); (어떤 곳에서) …을 가지고 오다 (from).¶(~+閏+前+名) ~ a name from a famous scientist 유명한 과학자의 이름을 따오다 / ~ a line from Milton 밀턴에서 한 행을 인용하다 / ~ a dictionary out of one's bag 가방에서 사전을 꺼내다.
26 (남의 시선·주의 따위)를 끌다(attract); (남)의 마음을 빼다; …을 황홀하게 하다, 매혹시키다(charm).¶~ one's fancy 마음에 들다 / He took the whole audience. 그는 모든 청중을 매료시켰다. // (~+閏+前+名) She was much ~n with the child. 그녀는 그 아이가 무척 좋아졌다.

V. 필요로 하다

27 (시간·공간·노력·재료 따위)가 들다, …을 필요로 하다, 소비하다(consume); (비인칭 it를 주어로) …이 필요하다, 걸리다(require).¶This desk ~s much room. 이 책상은 공간을 많이 차지한다 / T- your time, please. 시간을 들여 하십시오; 천천히 하십시오 / It took two hours to read the book. 그 책을 읽는 데 두 시간 걸렸다 / It ~s a lot of doing. 그것은 꽤 힘이 든다 / It ~s two to make a quarrel. (속담) 두 손뼉이 맞아야 소리가 난다 // (~+閏+閏) It took him two hours to finish his homework. 그는 숙제를 끝내는 데 두 시간 걸렸다.

VI. 빼다·빼앗다

28 …을 감(減)하다, 소거(消去)하다, 빼다(deduct) (away)(from); (값)을 깎다.¶(~+閏+前+名) ~ 4 from 6 6에서 4를 빼다 / ~ a dollar from the price 값을 1달러 깎다.
29 …을 없애다, 제거하다(remove); 가지고 가다(carry off), 훔치다(steal).¶(~+閏+閏) T- this chair away. 이 의자를 치워라 / (~+閏+前+名) ~ eggs from a bird's nest 새 둥지에서 알을 꺼내다.
30 (목숨)을 빼앗다, 탈취하다.¶Cancer took him. 그는 암으로 죽었다.
31 (속이)다; 속에서 …을 빼앗다.¶I was badly taken. 나는 감쪽같이 속았다.

VII. 기타 용법

32 (음식물 따위)를 섭취하다, 먹다, 마시다, 빨아들이다; (약 따위)를 복용하다.¶~ aspirin 아스피린을 먹다 / ~ medicine 약을 먹다 / ~ a deep breath 숨을 깊이 들이쉬다 / ~ the air 바람을 쐬다.
33 (음악) …을 연주하다, 켜다, 노래하다.
34 (휴가·오락 따위)를 즐기다, 얻다.¶~ a rest 잠시 쉬다 / ~ a holiday 휴가를 내다 / ~ a day off 하루 쉬다.
35 (어떤 감정)을 품기 시작하다, 느끼다, 경험하다.¶~ courage 용기를 내다 / (~+閏+前+名) ~ delight in one's work 자기 일에 기쁨을 느끼다.
36 (이의·차별 따위)를 내세우다, 붙이다, 제기하다.¶~ a distinction 차별하다.
37 (기록 따위)를 적다, 쓰다 (in); (사진)을 찍다, (초상)을 그리다.¶~ a photograph [or picture] 사진을 찍다 / ~ one's likeness 초상을 그리다 / ~ a speech in shorthand [tape] 연설을 속기[녹음]하다.
38 (치수)를 재다; (조사·측정·관찰 따위)를 행하다, (조사·측정 따위로) …을 확인하다.¶~ a patient's measurements 남의 치수를 재다 / ~ a patient's temperature 환자의 체온을 재다 / ~ a census 인구 조사를 하다.
39 …을 공부하다(study); (학생으로서) …에 등록하다.
40 (숙어) …와 성교하다.
── (자) **1** (기계·장치가) 걸리다, 엇걸리다; (톱니바퀴가) 맞물리다. **2** (뿌리 따위가) 내리다, 뿌리박다; (씨앗이) 싹트다; (접지(接枝)가) 붙다. **3** (염료 따위가) 물들다; (드물게) 불이 붙다, 옮겨 붙다.¶(~+閏) The ink ~s well on this paper. 그 잉크는 이 종이에 잘 먹는다. **4** 인기를 얻다, 평판이 좋다, 호평을 받다; (계획 따위가) 성공하다.¶The play did not ~. 그 연극은 성공하지 못했다. **5** (약 따위가) 듣다(~ effect), (종류 따위가) 잘 되다. **6** 얻다, 획득하다; [법률] (재산)을 취득하다. **7** (새·물고기 따위가) 걸리다, 잡히다.¶This kind of fish ~ easily. 이런 종류의 물고기는 잘 낚인다. **8** 없애다, (가치 따위를) 감하다, 줄이다 (from). **9** 나아가다, 가다.¶(~+前+名) ~ to the wood 숲으로 가다. **10** (구어·방언) (병에) 걸리다(fall), (병이) 나다(become).¶(~+閏) ~ ill [or sick] 병에 걸리다, 병이 나다. **11** (구어) (사진에) 찍[박]히다.¶(~+閏) She ~s well. 그녀는 사진이 잘 나온다. **12** 분해할 수 있다; 갖고[들고] 다닐 수 있다.¶This crib ~s apart for easy storage. 이 아기 침대는 보관하기 쉽도록 분해할 수 있다.

be taken aback ⇒ABACK.
be taken short 갑자기 뭐가 마려워지다.
have (got) what it takes 성공에 필요한 소질이 갖추어져 있다.
take after ① …을 닮다(resemble).¶Jenny really ~s after her mother. 제니는 엄마를 꼭 닮았다. ② …을 흉내내다. ③ …을 좇다(follow).
take against (英) …에 반항하다, …을 싫어하다.
take apart ① (기계 따위)를 분해하다. ② …을 분석하다. ③ …을 혼내주다. 「믿다.
take a person **at** his **word** 남이 하는 말을 그대로
take a person **out of himself** 남을 기분 전환시키다, 남에게 근심을 잊게 하다.
take a person's **place; take the place of** a person 남을 대신하다, 남의 대리를 맡다.
take around [or **round**] (**with** one) …을 언제나 데리고 다니다. 「리고 가다.
take aside (남)을 (비밀 이야기를 위해) 한쪽으로 데
take away ① …을 제거하다(⇒㉮ 29). ② (식탁을) 치우다. ③ …을 줄이다(⇒㉮ 28). ④ …을 죽이다. ⑤ 물러가다, 떠나가다.¶His son was ~n away from school. 그의 아들은 부모한테서 퇴학당했다.
take back ① …을 도로 찾다, 돌려 받다. ② 반품하다, 돌려주다.¶If the shirt doesn't fit, ~ it back. 셔츠가 안 맞으면 반품하세요. ③ 다시 받아주다, 반품에 응하다. ④ …을 취소하다, 철회하다(retract). ⑤ (남)에게 옛날을 상기시키다.
take coolly 태연자약하다.
take down ① …을 내리다, 낮추다. ② …의 콧대를 꺾다, 기를 죽이다. ③ (가옥 따위)를 헐다; (나무)를 베어 넘어뜨리다(fell). ④ (머리)를 풀다. ⑤ …을 삼키다. ⑥ …을 적어 놓다, 써 두다(record).¶Let me ~ down your name and phone number. 댁의 이름과 전화 번호를 적어 놓을게요. ⑦ …을 분해[해체]하다. ⑧ (구어) …을 속이다. ⑨ 병이 나다.
take effect 효과가 나타나다; (법률이) 시행되다.
take five (美구어) 잠깐 쉬다(보통 5분간).
take A **for** B A를 B로 잘못 알다, 오해하다.¶be ~n for a foreigner 외국인으로 오해받다 / They took my story for a lie. 그들은 내 얘기를 거짓말이라고 생각했다.
take...for granted ⇒GRANT 匡. 「다.
take from (가치 따위)를 줄이다; (흥미)를 떨어뜨리
take in ① …을 받아들이다, 마시다, 빨아들이다; (배)에 타다. ② (손님)을 맞아들이다, 묵게 하다; (하숙인)을 치다. ③ (뜨개질·바느질감 따위)를 자기 집에서 맡다. ④ (英) (신문 따위)를 받아 보다, 구독하다.¶~ in a magazine 잡지를 구독하다. ⑤ (객실에서 식당으로) (여성)을 안내하다. ⑥ (배가) (짐)을 싣다, 적재

하다. ⑦ …을 포함하다. ⑧ 〔돛〕을 접다. ⑨ 〔치수〕를 줄이다. ⑩ 〔토지〕를 둘러싸다; 〔영토 따위〕를 합병하다. ⑪ …을 납득하다, 이해하다. ¶listen to a lecture without *taking* it *in* 이해도 못하면서 강연을 듣다. ⑫ …에 귀를 기울이다. ⑬ …을 한눈에 알아보다. ⑭ …을 방문하다, 구경하다. ¶~ *in* a play 연극을 보다. ⑮ 《구어》 …을 속이다(cheat). ¶She was completely ~*n in* by his story. 그녀는 그의 이야기에 완전히 속았다.

take it ① 생각하다, 받아들이다(accept), 믿다. ¶*T– it* from me. 내 말을 믿어요. ② 이해[양해]하다. ③ 《속어》 (괴로움·벌·압력·비난 따위를) 견디다, 참다.
Take it away! 시작!(방송 신호).
take it easy ⇨EASY.
take it hard 걱정하다, 신경쓰다, 기가 죽다.
take it on[or **upon**] *one***self to** *do* …할 책임을 떠맡다.
take it or leave it 싫으면 그만두다.
take it out of 《구어》 ① …을 지치게 하다(exhaust). ¶This hot weather ~*s it out of* us all. 이 더위로 모두가 지쳐 있다. ② …을 못살게 굴다. ③ …에게 앙갚음[분풀이]하다.
take it out on 《구어》 〔남〕에게 마구 호통치며 분풀이하다. ¶Don't ~ *it out on* me, just because you're angry about the outcome. 결과가 예상과 달라 화가 난다고 내게 분풀이하지 마시오.
take liberties with *a person* 남에게 스스럼없이 대하다.
take…lying down ⇨LIE².
take occasion 기회를 이용하다.
take off ① …을 제거하다, 없애다. ② 〔모자·의복 따위〕를 벗다. ¶*T–* your coat *off*. 외투 벗으시죠. ③ 〔값 따위〕를 깎다, 할인하다. ④ 〔주의〕를 딴 데로 돌리다. ⑤ …을 데리고 가다. ⑥ (병 따위가) …의 목숨을 빼앗다, …을 죽이다(kill). ⑦ …을 그만두게 하다. ⑧ …을 삼키다. ⑨ 《구어》 …을 흉내내다, 흉내내어 놀리다. ⑩ …을 복사하다, 베끼다; 〔초상 따위〕를 그리다. ⑪ 《구어》 떠나가다; 출발하다, (비행기 따위가) 날아오르다. ¶We *took off* from Gimpo at 10. 우리는 김포에서 10시에 이륙했다. ⑫ …동안 휴가를 내다; (일을) 쉬다. ⑬ (바람 따위가) 자다(withdraw).
take on ① 〔일 따위〕를 떠맡다. ¶Such a task should not be ~*n on*. 그런 일은 맡아서는 안 된다. ② …을 고용하다. ③ (경기 따위에서) …을 상대로 하다. ④ 〔형태·성질·태도 따위〕를 취하다, …인 체하다, 〔형세〕를 드러내다. ⑤ 〔살 따위〕를 붙이다. ⑥ …에 감염되다. ⑦ (탈것이) 〔사람〕을 태우다, 〔짐〕을 싣다. ⑧ 《구어》 떠들어 대다, 흥분하다, 화내다. ⑨ 《구어》 인기를 얻다. ¶His idea doesn't ~ *on*. 그의 아이디어는 인기가 없다.
take *one***self away** [or **off**] 물러가다, 떠나가다.
take *one's* **life in** *one's* **hands** 생명의 위험을 무릅쓰다.
take *one's* **life upon** …에 목숨을 걸고 덤벼들다.
take *one's* **time** 시간을 들이다, 서두르지 않다.
take or leave ① (즉석의 판단·기호로) …을 인정하느냐 않느냐의 태도를 정하다. ② …만큼 많고 적음은 있겠지만. ¶He left one million, ~ *or leave* a few dollars. 그는 몇 달러의 차이는 있겠지만 백만 달러를 남겼다.
take out ① …을 꺼내다, 들어내다. ② (산책 따위에) …을 데리고 나가다. ③ 〔얼룩 따위〕를 빼다. ④ 〔면허·전매권 따위〕를 따다, 취득하다. ¶~ *out* a driver's license 운전 면허를 따다. ⑤ 떠나다, 출발하다.
take over ① 〔일 따위〕를 이어[인계]받다. ¶Will you ~ *over* the driving when we reach Seoul? 서울에 도착하면 운전 좀 맡아 줄래? ② 〔가게 따위〕를 양도받다, 인수하다. ③ (대신해서) 우세해지다.
take place ⇨PLACE.
take shape 모양을 갖추다, 윤곽이 잡히다; 실현되다.
take the fifth [or **Fifth**] 《美구어》 (법정에서) 자신에게 불리한 증언을 거부하다; (일반적으로) 대답을 거부하다. [참] Fifth Amendment
take to ① …에 몰두하다; …을 돌보다. ② …을 하게 되다, …이 습관이 되다, …에 빠지다, 골몰하게 되다. ¶~ *to* drink [gambling] 술[노름]에 빠지다. ③ …이 좋아지다, 마음에 들다. ¶I *took to* Paul as soon as I met him. 나는 폴을 대하자마자 그가 좋아졌다. ④ …에 가다. ⑤ …에 의지하다.
take up ① …을 집어 올리다, 들어 올리다. ② (탈것에) …을 태우다, 〔손님〕을 태우다[잡다]. ③ 〔제자 따위〕를 받다. ④ …을 보호하다. ⑤ …을 체포하다. ⑥ 〔액체 따위〕를 흡수하다. ⑦ 〔시간·장소 따위〕를 잡다, 차지하다. ¶~ *up* a lot of time 시간이 많이 걸리다. ⑧ 〔남의 말〕을 가로막다; …을 꾸짖다, 질책하다. ⑨ 〔마음·주의 따위〕를 끌다, 돌리게 하다. ⑩ 〔일·연구 따위〕에 착수하다. ¶~ *up* gardening 정원 가꾸기를 시작하다. ⑪ 〔문제 따위〕를 취급하다. ⑫ 〔주장〕을 지지하다. ⑬ 〔끊어진 이야기 따위〕를 다시 시작하다. ¶I'll ~ *up* the story where you left off. 당신이 그쳤던 데서부터 내가 이야기를 다시 하지요. ⑭ 〔도전·내기 따위〕에 응하다. ⑮ (이자를 붙여) …을 빌리다; 〔빚〕을 다 갚다. ⑯ …을 줄이다, 짧게 하다. ⑰ 〔주거〕를 정하다. ⑱ 〔익살 따위〕를 이해하다. ⑲ 멎다, 서다. ⑳ (날씨가) 회복되다. ㉑ (수업 따위가) 시작되다.
take up for …의 편을 들다(side with).
take upon [or **on**] *one***self** ① …의 책임[의무]을 지다, 맡다. ② 〔모습·성질 등〕을 가장하다, 꾸며 보이다.
take up with ① 《구어》 …과 친해지다; …과 교제를 시작하다. ② …에 흥미를 가지다. ③ 《고어》 …에 동의하다, 찬성하다.
take with ① …에게 인기가 있다, 평판이 좋다. ¶a new TV show that *took with* the public 대중의 인기를 끈 새 TV 프로. ② 《스코》 …을 좋아하다. ③ 《스코》 …을 참다.
— [명] **1** 취하기, 받기, 취득, 수확, 거두어들임. **2** 포획[수확]량. ¶a large ~ 대렵(大獵), 풍어(豊漁). **3** (~s) 《속어》 이익, 벌이(profit); 매상고. **4** 〔인쇄〕 (식자공이) 한 번에 짜는 원고. **5** 〔신문〕 (기자의) 1회분 기사, 취재량. **6** 〔영화〕 (촬영을 완료한[촬영 예정의]) 한 장면; 촬영. **7** 〔의학〕 종두가 접종됨.
cut a take 《美속어》 정확히 설명하다.
do a double take ⇨DOUBLE TAKE.
on the take (뇌물 따위를 받을) 기회를 노려.

(Walt W. Rostow의 경제 발전 단계설의 제3단계).
take-one [ˊwʌ̀n/ˊ-] [명] 낱장으로 떼어내는[가는] 전단. ¶a ~ ad 떼어내는[가는] 광고.
take·out [téikàut] [명][U] **1** 들어내기, 꺼내기. **2** 꺼내진[지출(支出)된] 물건. **3** 《美》 사 가지고 가는 요리[음식](를 파는 식당). —[형] 《美》 (요리 따위를) 사 가지고 가는(《英》 takeaway).
take·o·ver [téikòuvər] [명] **1** 이어받음, 인계, 접수; (회사 따위의) 접수, 경영권 취득. **2** (계주의) 배턴 터치. (또는 **táke-òver**)
táke-over bíd [명] 《英》 〔증권〕 (주식의) 공개 매입.
tak·er [téikər] [명] **1** 잡는 사람, 포획자; (토지의) 취득자, 차지(借地)인, 임차인. **2** 수취인; 받는 사람, 집찰계. **3** (신문·잡지의) 구독자. **4** 내기에 응하는 사람. **5** (약의) 복용자; 소비자.
take-up [ˊʌ̀p] [명] **1** take up 하기; 죄기, 묶기. **2** (실 따위의) 죄는[매는] 도구. **3** (필름의) 감는 장치. **4** (직물·벽지 따위를) 감아올리는 장치; (직물의) 수축.
táke-up rèel [명] 〔영화〕 테이크업 릴(영사를 마친 필름을 감는 릴).
ta·kin [tɑ́ːkin] [명] (티베트산(産)) 영양(羚羊)의 일종.
*__tak·ing__ [téikiŋ] [명] **1** [U][C] 취득, 획득, 포획, 체포. **2**

포획물; 포획량, 어획량. **3** (~s) 매출액, 소득, 수입. ¶the week's ~s 1주간의 매출금. **4** (병의) 발작. **5** (英구어) 동요, 흥분 (상태), 곤혹. ¶in a great [or terrible] ~ 몹시 고민하여[마음 졸여].
for the taking 손에 쥐기만 하면; (원한다면) 마음대로, 무료로.
— 1 남의 마음을 끄는, 애교[매력] 있는. **2** (페어) 감염하는, 전염성의.   ㄴ렌즈.
tàking léns 〖사진〗 (양안 레프카메라의) 촬영용
ták·ing-óff [-ɔ́(ː)f/-ɔ́f] 〖 1 제거, 치우기. **2** 〖항공〗 이륙, 이수(離陸). 출발. **3** (속어) 흉내.
tak·y [téiki] 〖 (구어) = taking.
tal. (라틴) *talis*(=such, like this)(처방전에서) 이와 같이, 동량의). **Tal.** Talmud.
ta·lar·i·a [təléəriə] 〖 (그리스·로마 신화) (Hermes, Mercury 신의) 발에 달린 날개, 날개 달린 샌들.
Tá·la·ud Íslands [táːlɑːuːd-] 〖 (지) 탈라우드 제도(인도네시아의 Celebes 섬 북동쪽에 있는 섬들).
tal·bot [tɔ́ːlbət] 〖 사냥개의 일종.   ㄴ(메이커).
Tal·bot [tɔ́ːlbət, tál-/tɔ́l-] 〖 톨봇(영국의 자동차
talc [tælk] 〖U 1 〖광물〗 활석(滑石); 탤크. (또는 **talcum**) **2** (구어) 운모(雲母). **3** = talcum powder.
— 〖 (*talcked*, ~*ed* [tælkt]; *talck·ing*, ~*ing*) 활석으로 ⋯을 문지르다[처리하다], (또는 **talcous**)
talc·ose [tǽlkous] 〖 활석의, 활석을 함유한. (또는
tál·cum pòwder [tǽlkəm-] 〖 탤컴 파우더, 화장용 분. (또는 **talcum, tálc pòwder**)
‡**tale** [teil] 〖 (~s [-z]) 1 이야기, 설화. ⇨STORY 〖유의어〗 ¶a fairy ~ 옛날 이야기; That's now a ~. 그것은 (이젠) 이미 옛이야기이다. **2** 지어낸 이야기, 거짓말. **3** (~s) 소문, 풍설; 고자질, 욕설, 험담, 중상; 남의 비밀. ¶a tall ~ 허풍(이다) /~ *s upon a person* 남의 험담을 하다 /*Dead men tell no ~s.* (속담) 죽은 사람은 말이 없다. **4** 〖UC〗 (문어) 총수, 총량, 총계. ¶tell the ~ *of* ⋯의 수를 세다/The ~ is complete. 숫자가 맞다. **5** 〖UC〗 (고어·시) 계산, 회계, 셈.
(and) thereby hangs a tale (그래서) 거기에는 연유(까닭)가 있다.   ㄴ이야기, 미신.
an old wives' tale [or *story*] (구어) 어처구니없는
a tale of a roasted horse 지어낸 이야기.
a tale of a tub 터무니없는 이야기.
a tale of nought 시시한 일[물건].
a twice-told tale 케케묵은 평범한 이야기[일].
by tale (고어) 수(數)로.
carry [or *spread*] *tales* 소문을 퍼뜨리다.
His tale is [or *has been*] *told.* 그는 이제 글렀다 [그의 운은 다 되었다.
in a [or *the same*] *tale* (*with*) (⋯와) 동일하게,
one and the same tale 동일한 일. ㄴ일치하여.
take up the tale 이야기를 시작하다.
tell a tale 이야기를 하다; (뭔가) 중요한 의미가 있다.
tell one's own tale 설명이 필요 없다, 자명하다.
tell one's tale 신세타령을 하다, 자기 할 말을 하다.
tell tales 고자질하다, 험담하다.
tell tales (*out of school*) 내막의 비밀을 누설하다, 수치를 밖으로 드러내다. ㄴ우는 소리를 하다.
tell the tale 어처구니[믿을 수] 없는 이야기를 하다;
tále·bèar·er [téilbɛ̀ərər] 〖 남의 험담[소문]을 퍼뜨리는 사람: 고자질쟁이.
tále·bèar·ing [téilbɛ̀əriŋ] 〖 고자질하는. — 〖 고자질, 소문 퍼뜨리기.
‡**tal·ent** [tǽlənt] 〖 1 〖UC〗 (타고난) 재능, 천분; 재주, 소질, 재간(*for*); 수완, 솜씨. ⇨ABILITY 〖유의어〗 ¶a man of ~ 재주꾼, 재사 /*have a ~ for* painting 그림에 재능이 있다. **2** 〖U〗 (집합적) 재능있는 사람들, 인재; 탤런트; 〖 예능인, 출연자. ¶young ~ 젊은 인재. **3** 〖 탤런트(고대 그리스의 무게 및 화폐 단위). **4** (the ~) (속어) (경마) 대단한 능력의 도박가들; (구어) 매력적

인 여자[남자]들. **5** (페어) 경향, 성향.
hide one's talents in a napkin 자기의 재능을 썩이다.   ㄴ다.
~·**less** 무능한.
tálent àgency 〖 탤런트 양성[배출] 기관.
tálent cóntest [**cómpetition**] 〖 = talent show.
tal·ent·ed [tǽləntid] 〖 재능[재주] 있는, 유능한.
tálent mòney 〖 〖야구·크리켓〗 (직업 선수에게 주는) 우수 성적 특별 상금.   ㄴ발굴 담당자.
tálent scòut [**spótter**] 〖 탤런트 스카우트, 인재
tálent shòw 〖 장기[노래, 솜씨] 자랑.
ta·ler [tάːlər] 〖(~s) (美) = thaler.
tales [téilz, téiliːz] 〖 〖법률〗 보결 배심원(단수 취급) 보결 배심원 소집 영장.   ㄴ인 중에서 뽑는다).
tales·man [téilzmən/-liːz-] 〖 보결 배심원(방청
tále·tèll·er [téiltèlər] 〖 얘기하는 사람(narrator), 고자질하는 사람(talebearer).
tále·tèll·ing [téiltèliŋ] 〖 = talebearing.
Tal·ga [tǽlgə] 〖 (상표) 탤가(미국제(製) 만년필·볼
ta·li [téilai] 〖 talus¹의 복수형.   ㄴ펜의 상품명).
tal·i- [tǽli] 〖 ankle의 뜻. ¶*tali*grade.
tal·i·grade [tǽləgrèid] 〖 (동물) 발 바깥쪽으로 걷
tal·i·on [tǽliən] 〖 〖UC〗 (함무라비법전) 동해(同害) 복수법(=해자가 한 것과 같은 해악을 형벌로써 가하는 법) (lex talionis) (←레위기(Lev.) 24:20).
tal·i·ped [tǽləpèd] 〖 (발이) 기형인, 굽은, 안짱다리의; 기형족(畸形足)의. — 〖 기형족의 사람[동물].
tal·i·pes [tǽləpìːz] 〖 〖UC〗 기형족(clubfoot).
tal·i·pot [tǽləpàt/-pɔ̀t] 〖 (남인도산(産)) 탈리폿 야자나무. (또는 ~ **pàlm**)
tal·is·man [tǽlismən, -liz-] 〖 (~s) 호부(護符), 부적, 액막이; 불가사의한 힘을 가진 것.
tal·is·man·ic [tǽlismǽnik, -liz-] 〖 부적[호부 (護符)]의, 마력있는; 불가사의한 힘의. (또는 **talismánical**) -**i·cal·ly** 〖

‡**talk** [tɔːk] 〖 (~*ed* [-t]) 〖 1 (⋯에 관해서) 말하다, 이야기하다 (*about, on, of*). ⇨SPEAK 〖유의어〗 ¶ ~ *at random* 아무렇게나 말하다 / ~ *like a book* 문어투로 이야기하다 / ~ *over a cup of coffee* 커피를 마시면서 이야기하다 // What are you ~ *ing about* [or *of*]? 당신(들)은 무슨 이야기를 하고 있는 거요?
2 교섭을 하다; (⋯과) 의논을 주고받다, 의논[협의, 상담] 하다(*together*) (*with, to*).
3 (쓸데없는) 말을 지껄이다, 재잘거리다. ¶ ~ *in one's sleep* 잠꼬대를 하다.
4 소문을 이야기하다; 비밀을 누설하다; 험담하다 (*of, about, against*). ¶ ~ *behind a person's back* 뒤에서 남의 험담을 하다 /*People will* ~. 남들의 말은 막을 길이 없다 // *T— of the devil, and he is sure to appear.* (속담) 호랑이도 제 말 하면 온다.
5 (구어) 연설하다, 강연[강의]하다 (*on, about, to*). ¶We had a critic ~ *to* our meeting. 우리는 모임에서 한 평론가의 강연을 들었다.
6 (어떤 방법으로) 의사를 전하다, 신호하다; (무선으로) 통신하다. ¶ ~ *by signs* 손짓으로 말하다. **7** 〖컴퓨터〗 데이터를 전송(傳送)하다. **8** (돈이) 말하다, 설득력이 있다. ¶*Money* ~ *s*. 돈이 말한다, 돈이면 다 된다. **9** (물건이) 말하는 듯한 소리를 내다. ¶The kettle is ~*ing* on the stove. 난로 위에서 주전자가 소리내며 끓고 있다.
— 〖 1 ⋯을 이야기하다, 말하다, ⋯에 대해 논하다. ¶ ~ *books* [*philosophy*] 책 이야기를 하다[철학을 논하다]. **2** [특정한 언어를] 말하다, 지껄이다. ¶ ~ *French* [*slang*] 프랑스어[은어]를 말하다. **3** ⋯을 논하다, ⋯에 대해 토론하다(*over*). ¶ ~ *business* 장사 이야기를 하다. **4** ⋯에게 이야기하여 ⋯하게 하다, ⋯을 설득하여 ⋯시키다 (*into doing*); ⋯을 단념하게 하다 (*out of doing*). ¶ (~ +目+ 圈) ~ *one's fears away* 이야기를 하여 무서움을 쫓아버리다 // (~ +目+ 補) She ~*ed*

herself hoarse. 그녀는 너무 지껄여 목이 쉬었다.// He ~ed his father *into buying* a new car. 그는 부친을 설득하여 새 자동차를 사게 했다 /He ~ed me *out of smoking*. 그는 나에게 담배를 끊도록 설득했다.
be[or **get**] **oneself**] **talked about** 소문거리가 되다.
be talked out 이야기하기에 지치다.
in talking about (문두에서) …이라면. ¶*In ~ing about* wine, she is an expert. 술이라면 그녀가 잘 안다.
know what *one* **is talking about** 전문가이다.
Look who's talking! (美구어) (자기도 같은 주제에) 잘도 지껄이네.
Now you're talking! (구어) 그렇다면 말이 통한다.
talk about ① …에 대해 말하다, …을 논하다. ② (구어) (명령형으로) 정말 대단한 …이다; (반어적) 당치도 않은 …이다; (화남을 나타내어) …이란 바로 이것이다. ¶(Well,) ~ *about* luck! Everything went well. 정말 행운이다, 모든 것이 순조로웠다.
talk a child to sleep 이야기를 들려주어 아기를 재우다.
talk against *a person* 남을 욕[비난]하다.
talk against time 시간을 보내기 위해 지껄이다.
talk a good[or **great ball**] **game** (美구어) (입으로만) 그럴 듯한 말을 하다.
talk *a person* **around**[or **round**]; **talk around** [or **round**] *a person* (美) 남을 설득하다.
talk *a person* **into**[or **out of**] 남을 설득하여 …을 시키다[단념하게 하다].
talk *a person* **through** (감독이) (배우)에게 연기를 지도하다.
talk around 빙빙 돌려서[에둘러서] 말하다.
talk at *a person* 남에게 빗대어 말하다; (청중들에게 이야기하듯이) 남에게 일방적으로 말하다.
talk away ① 지껄이며 (시간)을 보내다. ② 줄곧 이야기하다, 수다를 떨다(chatter).
talk back 말대답[말대꾸]하다; 응답하다 (*to*).
talk big (구어) 큰소리치다, 허풍떨다.
talk business (구어) 진지하게 이야기하다.
talk down ① …을 말로 이기다, 큰소리로 토론하여 …을 침묵시키다. ¶~ *down* one's opponent 상대를 말로 제압하다. ② 남을 얕보다, 대수롭지 않은 일이라고 말하다(belittle). ③ (항공) (비행사)에게 무전으로 착륙을 지시하다, 무전 유도하다.
talk down to *a person* 남을 얕보는 듯한 투로 이야기하다; 남에게 (알기 쉽게) 풀어서 이야기하다.
talk from the point (이야기가) 빗나가다, 탈선하다.
talk Greek[or **Hebrew, gibberish**] 영문 모를[뚱딴지 같은] 소리를 하다.
talk in = *talk down* ③.
talking of …에 관한 이야기이면, …의 말이 났으니 말인데. ¶*Talking of* John, have you seen him lately? 존 이야기가 났으니 말인데, 최근에 그를 만났나?
talk of ① …에 관해 이야기하다; …의 소문을 이야기하다. ② …할 생각[작정]이라고 말하다.
talk on 계속 이야기하다.
talk *one's* **out of breath** 너무 지껄여 숨이 차다.
talk *one's* **head**[or **arm, ear, leg**] **off** (속어) 쉴새없이 말하다.
talk *one's* **way** (사람을) 교묘한 말로 설득하여 들어가다[나오다] (*in, out*)(*into, out of*).
talk out ① …을 마음껏 이야기하다; 철저히 논하다. ② …을 설득하다. ③ (英) (법안 따위)를 폐회 시간까지 토의를 끌어서 폐기시키다.
talk over ① …에 관해 상담[이야기]하다. ② (남)을 설득하다. ③ (전화 따위로) 이야기하다.
talk over[or **above**] *a person's* **head** (구어) 남에게 알기 어렵게 이야기하다, 남에게 이야기가 너무 어렵다.
talk round = *talk around*.
talk sailor 뱃사람의 말투로 이야기하다.
talk scandal 추문을 이야기하다.
talk sense[**nonsense**] 이치에 맞는[황당한] 이야기를 하다.
talk shop (때와 장소를 가리지 않고) 전문적[직업적]인 이야기를 한다.
talk tall = *talk big*.
talk the bark off a tree; talk the hind leg(s) off a donkey[or **dog, horse, mule**] (구어) 계속 지껄이다.
talk through *one's* **hat** ⇒HAT.
talk to ① …에게 말을 걸다. ② (구어) …을 꾸짖다, 비난하다. ③ (美) (여성)에게 구애[구혼]하다.
talk to death ① 장시간에 걸쳐[쉴새없이] 이야기하다. ② (장광설 따위로) (의안 따위)를 폐기시키다.
talk together 의논하다, 상담하다.
talk to oneself 혼잣말하다.
talk turkey (美) 사실대로 말하다.
talk up ① (흥미를 갖도록 하기 위해) …을 이야기하다, 칭찬하다. ② 큰소리로 이야기하다. ③ 분명히[서슴없이] 이야기하다. 〔 = *talk to* ③.
talk up to 〔손윗 사람〕에게 건방지게 말하다. ②
talk with *a person* 남과 이야기하다.
You can talk. (구어) ① 자네도 큰 소리 못 친다. ② 너라면 그렇게 말할 수 있겠지[그것으로 족하겠지].
— 图 1 ⓒⓤ 이야기, 담화, 좌담(*about*); 상담(*with*). ¶an idle ~ 잡담 /a round-table ~ 좌담회. 2 강화(講話), 강연, 연설 (*on, about*). ⇒SPEECH [유의어] ¶a ~ on drugs[divorce] 마약[이혼]에 관한 강연. 3 (~의) (정식의) 회담, 담판, 협의(*on*). ¶preliminary ~*s on* disarmament 군축에 관한 예비 회담. 4 ⓤⓒ 소문, 풍설, 풍문; 화제 (*about, of*). ¶the ~ *of the town* [*or street*] 마을의 소문 / There is a wide ~ *about* his retiring from office. 그가 퇴직한다는 소문이 널리 퍼져 있다. 5 ⓤ 공론, 객담. 6 ⓤⓒ 말투, 사투리, 어조, …말. ¶baby ~ 어린아이의 말투. 7 ⓤ 언어, 방언; 특수 용어, 은어. ¶baseball[bowling] ~ 야구[볼링] 용어. 8 ⓤ (말을 하는 것 같은) 소리. 9 도 나지 않는 일.
all talk and no cider (美구어) 말만 많고 아무 결론 없다.
be all talk 말뿐이다, 말만하고 아무 것도 안 하다.
big [or **tall**] **talk** 큰소리, 고언장담, 허풍.
end in talk 의논으로만 그치다.
give a talk 강연하다 (*to, on*).
have a talk with …와 이야기를 나누다, …와 의논하다.
in talk 소문으로[을 통해].
make talk ① 시간을 보내기 위해 지껄이다. ② 소문을 퍼뜨리다.
small talk 세상 이야기, 잡담.
That's the talk. 조용히 (들읍시다).
~**·a·bíl·i·ty** 图 ~**·a·ble** 图

talk·a·thon [tɔ́ːkəθɑ̀n/-θɔ̀n] 图 (美) (의원의 고의적) 지연 연설; 긴 연설; (TV에서) 후보자와의 일문일답.
*****talk·a·tive** [tɔ́ːkətiv] 图 이야기하기 좋아하는, 수다스러운.
~**·ly** 图 ~**·ness** 图
[유의어] **talkative** 지껄이기 좋아하는; 비난의 뜻은 적다. **garrulous** 시시한 이야기를 지겨울 정도로 늘어놓는; 재잘재잘 끝없이 지껄이는.

talk-back [^ʹbæ̀k] 图 토크백. 1 (라디오·TV) 스튜디오와 조정실 사이에서 이용하는 인터폰. 2 (시청자 등의) 반응, 응답. 〔TBS〕.
tálk betwèen shíps 图 (해사) 선박간의 통화(담).
talk-box [tɔ́ːkbɑ̀ks/-bɔ̀ks] 图 (속어) 입, 말문.
talk·ee-talk·ee [tɔ́ːkiːtɔ́ːki] 图 ⓤ 1 (흑인 등의) 서투른 영어. 2 수다, 장황한 이야기.
talk·er [tɔ́ːkər] 图 1 이야기하는 사람, 변사. ¶a good[poor] ~ 말이 능한[서투른] 사람. 2 수다쟁이, 공론가. 3 (서커스 따위의) 여리꾼(barker). 4 말하는 새.
talk·fest [tɔ́ːkfèst] 图 (美구어) 장황한[장시간의] 대화[토론]; 간담회.
*****talk·ie** [tɔ́ːki] 图 (구어) = talking picture; (美속어) 휴대용 무선 전화기. ~ 연: 회의, 토론회.
talk-in [^ʹìn] 图 공개 토론 집회; 형식을 차리지 않는
*****talk·ing** [tɔ́ːkiŋ] 图ⓤ 말하기, 담화, 잡담, 수다.
do the talking (대표자로서) 말하다, 대변하다.

tálking book 명 (맹인용의) 녹음책.
tálking chief 명 (폴리네시아 부족에서) 수장(首長)의 공식 대변인 노릇을 하는 귀족.
tálk·ing-dówn sỳstem 명 〔항공〕 지상 무전 유도(誘導) 착륙 방식. 「굴; 뉴스 앵커.
tálking héad 명 (화면 가득히 비친) 화자(話者)의 얼
tálking machìne 명 축음기(phonograph).
tálking pàper 명 (자기의 입장을 설명한) 토의 자료 [문서]. 「키.
tálking pícture [fílm, móvie] 명 발성 영화, 토
tálking póint 명 1 (의논·토론 따위에서) 한쪽에 유리한 점[사실]. 2 화제. 3 강점으로 내세우는 특징[논의], 세일즈 포인트. 「**shòp**)
tálking shòp 명 (英·경멸적) 의회, 하원. (또는 **tálk**
talk·ing-to [-tù:] 명 (복 ~s, talkings-) (구어) 꾸중, 잔소리. ¶have a ~ from a person 남의 잔소리를 듣다.
tálk jòckey 명 토크 자키(전화에 의한 청취자 참여 라디오 프로의 사회자) (복 t.j., T.J.) 참 disk jockey
tálk mòde 명 (美속어) 〔컴퓨터〕 (단말의) 통신 가능한 상태, 대화 모드. 「성되는 라디오 프로그램.
tálk rádio 명 청취자와의 전화 대화 및 잡담만으로 구
tálk shòw 명 (TV·라디오의) 명사 인터뷰 프로.
talk-talk [tɔ́:k] 명 수다, 쓸데없는 이야기.
talk·y [tɔ́:ki] 형 (극·소설 따위가) 용장(冗長)한, 쓸데없는 대화가 많은; 수다스러운. **tálk·i·ness** 명
tálky tálk 명 (구어) = talk-talk.
‡**tall** [tɔ:l] 형 (~·er, ~·est) 1 키가 큰 (반 short). ⇨HIGH 유의어 2 높이[키]가 …인. ¶He is 6 feet ~. 그는 신장이 6피트이다. 3 (구어) (수량이) 많은; (가격이) 비싼, 높은. ¶a ~ drink 다량의 음료/a ~ price 비싼 값. 4 (단장·책·모자 따위가) 보통보다 긴 듯한, 5 (구어) 거창한, 과장된, 터무니없는. ¶a ~ talk 거창한 이야기, 허풍/a ~ order 엄청난 주문; 되지도 않을 일.
——(구어) 1 거창하게, 과장하여. 2 의기양양하게.
stand tall 자신을 가지고[자신 있게] 일어서다; (美軍 속어) 준비가 되어 있다.
talk tall 허풍을 떨다, 대포를 놓다.
walk tall 으스대고 걷다, 뽐내다.
∼·ness 명
tal·lage [tǽlidʒ] 명 ① 〔역사〕 (농민이 영주에게 내는) 공납, 소작세(小作稅); (왕령에 부과된) 조세.——타 (옛) …에 세(稅)를 부과하다. 「ida 주의 주도(州都)).
Tal·la·has·see [tæ̀ləhǽsi] 명 탤러해시(미국 Flor-
tall·boy [tɔ́:lbɔ̀i] 명 1 (英) 다리가 높은 옷장; 2층장. 2 (굴뚝 꼭대기의) 통풍관. 3 굽 높은 컵.
táll cópy 명 (책의 아래위 여백을 많이 남기고 재단한) 장판본(長版本). 「시는 칵테일.
táll drínk 명 굽이 높은 잔에 넣어 얼음을 곁들여서 마
táll hát 명 실크 해트(top hat).
tal·li·er [tǽliər] 명 (카드놀이 따위의) 점수 계산원.
Tal·linn [tɑ́:lin, tǽlin] 명 탈린(에스토니아(Estonia) 공화국의 수도·항구 도시). (또는 **Tallin**)
tall·ish [tɔ́:liʃ] 형 키가 좀 큰; 과장기가 있는.
tal·lith [tɑ́:liθ] 명 (복 **-li·thim, -li·tim, -li·sim** [-lí:sim]) 탈리스(유대교도의 남자가 아침 예배 때 어깨에 걸치는 겉옷). (또는 **tallit, tallis**)
táll óil [tɑ́l-, tɔ́l-] 명 톨유(油)(목재 펄프 제조 때 생기는 수지(樹脂) 형태의 부산물로서 비누·도료 제조용).
***tal·low** [tǽlou] 명 ① 수지(獸脂), 쇠기름, 양기름. ¶a ~ candle 수지 양초.——타 1 …에 수지를 바르다. 2 (양에게) 수지가 나다. 「양초 제조인[상인].
tal·low-chan·dler [-tʃæ̀ndlər/-tʃʌ̀n-] 명 수지

tal·low-faced [-fèist] 형 (병적으로) 얼굴이 창백한[파리한].
tal·low·y [tǽloui] 형 수지(질)의, 수지와 같은; 살찐, 기름진; (얼굴이) 창백한, 파리한. (또는 **tállowlike**)
-low·i·ness 명
táll póppy 명 (濠구어) 고액 봉급자; 뛰어난 사람.
táll shíp 명 대형 범선.
tal·ly [tǽli] 명 (복 **-lies**) 1 부신(符信)(대차(貸借) 관계자가 막대기에 금액을 눈금으로 새기고 둘로 쪼개어 절반씩 가졌음. 부절(符節)(또는 ~ **stick**) (부신의 반 쪽의) 눈금. 2 부합물(符合物), 짝 (of); 부호, 일치. 3 계산, 셈; (금액 따위의) 기록; 득점. ¶a ~ of a game 경기의 득점. 4 계산의 단위(1다발, 1다스, 1벌 따위). 5 (계산 단위의) 정수(整)(20을 단위로 하는 경우에 '18, 19, ~,'라고 하면 20을 가리킨다). 6 (나무·쇠붙이 따위의) 패, 표찰, 꼬리표.
by the tally 한 무더기[다발]에 얼마로.
keep a tally 기록하다.
live tally (방언) (미혼 남녀가) 동거하다.
make [or earn] a tally 득점하다.
strike tally 일치하다, 일치된 행동을 취하다.
——타 1 …을 부호에 새기다; …을 기록하다, …을 계산하다(up). 2 ~ up …을 총계하다. 3 …에 꼬리표[패]를 달다. 3 [두 개의 물건] 을 맞추다, 일치시키다; …을 대조하다. 4 [해사] (돛)의 아래 구석 밧줄을 치다.——자 1 (두 물건이) 부합[일치]하다, 꼭 들어맞다(**with**). 2 (시합에서) 득점을 올리다. **tál·li·er** 명
tálly bòard 명 계산판(板).
tálly càrd 명 tally sheet.
tálly clérk 명 1 = tallyman 2. 2 (선거의) 계표원.
tal·ly-ho [tǽlihóu] 명 쉭쉭(여우 사냥에서 사냥개를 부추기는 소리).——감 [´-`] (~s) 1 (英) 우편 마차, 유람용 대형 4두 마차. 2 쉭쉭 부추기는 소리.——타 (**-hoed, -ho'd**) (사냥개를) 쉭쉭 소리쳐서 부추기다.
tal·ly·man [tǽlimən] 명 1 (英) 할부 판매인, 할부 판매점 주인[점원]. 2 (짐의) 검수원(檢數員), 계수원; 기록계. 3 (英방언) 여자와 동거하는 남자.
tálly plán 명 (英) = tally trade.
tálly shèet 명 (선하(船荷) 따위의) 대조[계산, 점수] 기입 용지; (美) (선거의) 개표수 기입지.
tal·ly-shop [tǽliʃɑ̀p/-ʃɔ̀p] 명 (英) 할부 판매점.
tálly tràde [sỳstem] 명 (英) 할부 판매법.
Tálmi góld [tǽlmi-] 명 금 입힌 놋쇠, 모티금(金).
Tal·mud [tɑ́:lmud/tǽl-] 명 (the ~) (유대교) 탈무드(유대 율법과 그 해설을 집대성한 책). 참 Mishnah
~·ism 명 탈무드 교리[가르침].
Tal·mud·ic [tɑ́:lmjúdik, -mʌ́d-/tælmúd-] 형 탈무드의[같은]. (또는 **Talmudical**) 「자(학자, 신봉자).
Tal·mud·ist [tɑ́:lmudist/tǽl-] 명 탈무드의 편집
Tálmud Tó·rah [-tɔ́:rə] 명 (유대교의) 교구(教區) 부속 학교. (<Heb)
tal·on [tǽlən] 명 1 (~s) (맹금(猛禽)의) 발톱, (사람의) 긴 손톱; (맹금의 발톱 같은) 손가락; 움켜잡으려 하는 손. 2 (상업) (채권의) 이자 교환권. 3 (카드놀이) 쓰고 남은 패. 4 (칼의) 손잡이 쪽. 5 열쇠와 맞무는 자물쇠 속의 볼트 부. 6 (건축) S자형의 쇠시리.——**ed** 형
Ta·los [téilɑs/-lɔs] 명 탈로스. 1 〔그리스 신화〕 Daedalus의 질투로 살해당한 발명가. 2 〔그리스 신화〕 Crete섬을 지키기 위해 Hephaestus가 세운 청동 거인. 3 (美군사) 함대공(艦對空) 미사일의 일종.
tal. qual. (라틴) *talis qualis*(=such as (it is))(있는 그대로의).
ta·luk [tɑ́:luk, -´] 명 (인도의) 세습지, 유산; 징세(徵稅) 지구. (또는 **taluka, talooka**) 「복사뼈.
ta·lus[1] [téiləs] 명 (복 **-li** [-lai]) (해부) 거골(距骨);
ta·lus[2] [téiləs, tǽləs] 명 (복 **~·es**) 사면(斜面); (성벽의) 사면; (지질) 애추(崖錐).
tam [tæm] 명 = tam-o'-shanter.

TAM *Tactical Air Missile; television audience measurement* (TV 시청자수 조사). **Tam.** Tamil.

tam·a·ble [téiməbl] 형 길들일 수 있는, 교화할 수 있는. (또는 **tameable**) **-bíl·i·ty**, **~·ness** 명

ta·ma·le [təmɑ́ːli] 명 타말리(옥수수가루·다진 고기를 고추 양념하여 옥수수 껍질에 싸서 찐 멕시코 요리.

ta·man·du·a [təmǽnduə/təməndúə] 명 개미핥기 (열대 아메리카산). (또는 **tam·an·du** [təməndúː])

ta·ma·ra [təmɑ́ːrə] 명 타마라(이탈리아의 향신료(양념)의 일종).

tam·a·rack [tǽməræk] 명 (미국산(產)) '그 재목.

tam·a·rin [tǽmərin, -ræn] 명 〔동물〕 타마린(남미산(產) 비단원숭이의 일종).

tam·a·rind [tǽmərind] 명 타마린드(열대산(產) 콩과(科)의 상록수); 그 열매(식용·약용).

tam·a·risk [tǽmərisk] 명 〔식물〕 위성류(渭城柳).

ta·ma·ru·go [tὰːmɑːrúːgou] 명 (S) 타마루고(칠레의 사막에서 자라는 콩과(科)의 상록 관목).

ta·ma·sha [təmɑ́ːʃə] 명 (인도) 구경거리, 흥행물, 쇼.

tam·ba·la [tɑːmbɑ́ːlə] 명 (§) ~(s) [경제] 탐발라(아프리카 말라위 공화국의 화폐 단위). (또는 **tambola**)

tam·bour [tǽmbuər, -´] 명 1 〔음악〕 북: 고수(鼓手), 북잡이. 2 (또는 **tabaret**) 원형 수틀: 자수 세공. 3 사슬문, 셔터. 4 〔건축〕 호박 주춧. 5 (옛내 테니스·도로·문의) 방책(防柵). — 태 (수틀로) 수놓다.

támbour clòck 사발 시계의 일종(받침의 양쪽이 뻗은 둥근 시계).

tam·bou·rin [tǽmburin, -bərin] 명 탕부랭(남프랑스의 길쭉한 북); 탕부랭 춤.

tam·bou·rine [tæ̀mbərí:n] 명 탬버린(타악기의 일종). **-rín·ist** 명 ~ 주자).

Tam·bur·laine [tǽmbərlèin] 명 = Tamerlane.

‡tame [teim] 형 (**tam·er; tam·est**) 1 길든, 길들여진, (야생 동물이) 순한(반 wild, fierce). ¶ a ~ bear 사람을 잘 따르는 곰 / a ~ cat 집고양이; 귀중히 여겨지는 호인. 2 온순한, 유순한. 3 무기력한, 줏대없는, 비굴한. 4 활기없는, 평범한, 단조로운. ¶ ~ scenery 평범한 경치. 5 대단치 않은, 무서울 것이 없는; (익살) 재미[흥미]없는. ¶ a ~ enemy 무서울 것 없는 적/a ~ fool 전혀 어릿광대. 6 (식물이) 재배된; (땅이) 경작된.
as tame as a cat 아주 순한.
— 톰(타) (~s [-z]; ~d; tam·ing) 1 …을 길들이다. ¶ ~ a lion 사자를 길들이다. 2 (남) 복종시키다, 유순하게 만들다. 3 (용기·흥미 따위)를 꺾다, 누르다, 억제하다. ¶ ~ a person's spirit 남의 용기를 꺾다. 4 …을 부드럽게 하다, 약하게 하다. 5 (땅)을 경작하다; (식물)을 재배하다. — 잔 길들다; (온)순해지다.
~·ly 부 **~·ness** 명

tame·a·ble [téiməbl] 형 = tamable.

tame·less [téimlis] 형 길들이지 않은, 길들이기 힘든; 야성의. **~·ly** 부 **~·ness** 명

tam·er [téimər] 명 길들이는 사람, 조련사(調練師).

Tam·er·lane [tǽmərlèin] 명 태메를란, 티무르 (1336?-1405: 티무르 제국의 건설자).

Tam·il [tǽmil, tʌ́m-, tɑ́ːm-] 명 (옝 ~(s)) 1 타밀 사람(남부 인도 및 실론섬에 사는 인종). 2 ① 타밀 말. — 형 타밀 사람[말]의. '포(濾過布), 거르는 주머니.

tam·is [tǽmi, -is] 명 (옝 ~**es** [-iz, -əsiz]) 여과

Tamm [tɑm, tæm] 명 **Igor Evgenievich** ~ 탐 (1895-1971: 옛 소련의 물리학자: 노벨 물리학상).

Tam·ma·ny [tǽməni] 명 태머니파(派)(1789년 뉴욕시에 조직된 민주당의 한 파(~ Society); 부패·보스 정치의 상징). — 형 〔한정용법〕 태머니파의.

Támmany Háll 명 1 (the ~) = Tammany. 2 태머니 회관(Tammany의 본부).

tam·my[1] [tǽmi] 명① 태미(광택 있는 혼방 직물; 암감·속옷에 쓰인다). (또는 **tammie**) '블랜드 사람.

tam·my[2] (英) 1 = tam-o'-shanter. 2 (구어) 스코

Tam·my [tǽmi] 명 태미(여자 이름).

tam-o'-shan·ter [tǽməʃǽntər, `-`-´] 명 (스코틀랜드 사람이 쓰는) 큰 두건형의 검은 모자. (또는 **tam**)

ta·mox·i·fen [təmɑ́ksəfən] 명 〔약학〕 타목시펜(항(抗)종양 약; 유방 암 치료제).

tamp [tæmp] 톰(타) 1 (발파공)을 흙 따위로 틀어막다. 2 …을 다져서 채(메)우다(*in, into*); (파이프에 담배를 재다, 다져 굳히다. ¶ ~ *tobacco in one's pipe* 담배를 파이프에 재다. 3 (비유적) 힘으로 복속시키다(억누르다). — 명 눌러담기(담는 물건).

tam·per[1] [tǽmpər] 톰(자) 1 참견(간섭)하다; (부당하게) 만지작(주물력)거리다(*with*). ¶ ~ *with a machine* 기계를 만지작거리다. 2 함부로 변경하다; 위조하다 (*with*). 3 뇌물을 주다, 매수하다(*with*). ¶ ~ *with voters* 유권자를 매수하다. — 타 (부당하게) 변경[변조]하다. **-er** 명

tamper[2] 명 1 tamp하는 사람. 2 메워 넣는 막대, 달굿대; (노반(路盤) 따위를) 달구질하는 사람; (콘크리트의) 죄어 굳히는 기계. 3 〔원자력〕 탬퍼, 반사재(反射材).

tam·per·ev·i·dent [-évidənt] 형 (식품 따위의 포장이) 손댄 흔적이 역력한. (또는 **támper-indicative**)

tam·per·proof [tǽmpərprùːf] 형 (계기가) 부정 조작이 안 되는: (기록 따위가) 조작할 염려 없는.

tamp·er·re·sist·ant [-rizístənt] 형 (약품 포장 따위가) 부정 조작을 못하게 만든.

tam·per·sen·si·tive [-sénsətiv] 형 부정조작으로 좌우되기 쉬운, 독물이 혼입되기 쉬운.

tamp·ing [tǽmpiŋ] 명① 1 (발파공을) 틀어막기, 충전(充塡) (재료). 2 〔토목〕 탬핑, 달구질하여 굳히기.

tam·pi·on [tǽmpiən] 명 1 (총구·포구(砲口)의 나무 마개. 2 (오르간 음관(音管)의) 상단의 마개. (또는 **tompion**)

tam·pon [tǽmpɑn/-pɔn] 명 〔의학〕 1 지혈(止血) 마개, 탐폰, 면구(綿球). 2 (양끝에 머리가 있는) 북채. — 타 (~에) 탐폰을 넣다, …을 탐폰으로 막다.

tam·pon·ade [tæ̀mpənéid] 명① 〔의학〕 (지혈 따위를 위한) 탐폰 삽입(법). 2 〔병리〕 탐폰 삽입성(狀) 급성 심장 압박. (또는 **tamponage**) = **tom-tom**: 징

tam-tam [tʌ́mtʌ̀m, tǽmtǽm] 명 = tom-tom: 징

‡tan[1] [tæn] 톰 (**-nn-**) 타 1 (가죽)을 무두질하다. ¶ ~*ned leather* 무두질한 가죽, 유피(鞣皮). 2 (그물 따위)에 타닌을 먹이다. 3 (살갗)을 햇볕에 태우다. ¶ She ~*ned her skin on the terrace*. 그녀는 테라스에서 살갗을 태웠다. 4 (구어) …을 매질하다, 찰싹찰싹 때리다. — 잔 볕에 타다. ¶ ~ *easily* 쉽게 햇볕에 탄다.
tan a person's hide; tan the hide off a person (구어) 남을 호되게 때리다, 후려 갈기다.
— 명① 1 탠 껍질(무두질용 나무 껍질). 2 탠 껍질 찌꺼기(정원·승마장 따위에 깐다). 3 타닌. 4 황갈색; 볕에 탄 빛깔. 5 (~s) 황갈색의 의료품(衣料品)[구두]. 6 (the ~) (속어) 곡마단; (승마 학교의) 연습장.
kiss the tan (속어) 말에서 떨어지다, 낙마하다.
— 형 1 탠 껍질 빛깔의, 황갈색의. 2 무두질(용)의. **-na·ble** 형

tan[2] tangent. 「Hagiographa로 구성).

Ta·nach [tɑːnɑ́ːx] 명 유대교 성경(Law, Prophets,

tan·a·ger [tǽnədʒər] 명 〔조류〕 풍금조(미국산(產)).

Ta·na·na·rive [tənənəríːv, -´-`-´] 명 타나나리브 (Antananarivo의 옛 명칭)

tan·bark [tǽnbɑ̀ːrk] 명① 탠 껍질(무두질용).

tánbark òak 명 탠 껍질을 채취하는 떡갈나무.

T&A, T and A *taken and accepted; tonsils and adenoids.* **T&AVR** (英) *Territorial and Army Volunteer Reserve* (국방 의용 예비군). **T&E, T and E, t and e** *travel and entertainment.*

tan·dem [tǽndəm] 명 세로로 일렬로 서서, 앞뒤 한 줄로. ¶ride ~ (자전거에) 2명 (이상)이 앞뒤로 타다 / drive horses ~ 두 필의 말을 세로로 매어 몰다.
— 형 1 (동물·좌석 따위가) 세로로 나란한. 2 〔전기〕 직렬의. — 명 1 세로로 한줄로 맨 두 필(이상)의 말; 그 마차. 2 2인승 자전거. 3 탠덤〔직렬식〕기계 (장치). 4 (두 사람의) 연계, 협력, 제휴. 「(with).
in tandem ① 세로로 일렬이 되어. ② 협력[제휴]하여
tándem bícycle 명 (2인 이상용) 탠덤 자전거.
T&M, t&m 〔상업〕 time and material.
tan·door [tɑːndúər] 명 **~s, -door·i** [-dúəri] (인도 요리) 탄두르(원통형의 토제(土製) 화덕)).
tang[1] [tæŋ] 명 1 강한 맛[냄새], 톡 쏘는 맛. ¶a strong ~ of garlic 톡 쏘는 마늘 냄새. 2 특유한 맛; 특색, 특징. 3 (…의) 기미, 낌새, …의 기운 (of). 4 슴베. 5 〔어류〕 쥐돔. — 타 1 〔끝 따위〕에 슴베를 박다. 2 …에 독특한 향[맛]을 내다 (with). **-ed** [다.
tang[2] [tæŋ] 명 (금속 따위의) 날카롭게 울리는 소리.
— 타 〔종 따위〕를 땡 하고 울리다. — 자 땡 하고 울
tang[3] [tæŋ] 명 해초(海藻), 다시마류(類). (907).
Tang, T'ang [tɑːŋ, tæŋ] 명 당(唐), 당조(唐朝)(618-
tanga [tǽŋɡə] 명 탱가(가는 형겊끈으로 매는 비키니).
Tan·gan·yi·ka [tæ̀ŋɡənjíːkə/tæ̀n-] 명 1 탕가니카(아프리카 동부의 옛 영국령; 1964년 Zanzibar에 합병). 2 **Lake ~** 탕가니카 호(湖)(자이르와 탄자니아 사이에 있는 담수호). **-kan** 형
tan·ge·lo [tǽndʒəlòu] 명 (복 **~s**) 탄젤로(귤과 그레이프 프루트의 교배종).
tan·gen·cy [tǽndʒənsi] 명 U 접촉 (상태).
tan·gent [tǽndʒənt] 형 1 접(촉)하는 (to). 2 〔기하〕 (선·면이 한 점에서) 접하는, 접선의, 정접(正接)의. ¶a ~ line [plane] 접선[접평면]. 3 관계없는, 옆길로 새는. — 명 1 〔기하〕 접선, 접점. 2 〔수학〕 탄젠트, 정접(正接)(tan). 3 (도로 따위의) 직선 구간.
fly [or **go**] **off on** [or **at, in**] **a tangent** (생각·행동 따위가) 급전환하다, 갑자기 옆길로 새다.
tángent bálance 명 탄젠트[정접(正接)] 저울.
tángent galvanómeter 명 〔전기〕 탄젠트 검류계 (檢流計).
tan·gen·tial [tændʒénʃəl] 형 1 〔수학〕 접하는, 접선[정접]의; 접선 방향에 있는[따라 움직이는]. 2 약간 스칠 정도의. 3 (이야기 따위가) 옆길로 새는, 탈선하는. **~·ly**
tángent sight 명 (총의) 탄젠트 눈금판, 표척 (表尺).
tan·ge·rine [tændʒəríːn] 명 1 〔식물〕 탄제린(나무) (일본·미국산(產)). 2 U 귤빛, 진한 등색. 3 (T-) 탠제르 사람. — 형 1 진한 등색의. 2 (T-) 탠제르의.
tan·gi·bil·i·ty [tændʒəbíləti] 명 U 촉지(觸知)할 수 있음; 명확함, 확실.
***tan·gi·ble** [tǽndʒəbl] 형 1 만져 알 수 있는, 촉지할 수 있는. 2 유형의, 실체가 있는. ¶ ~ assets 유형 자산. 3 현실의, 실제의. 4 명백한, 확실한. ¶ ~ proof of stealing 도둑질을 한 명백한 증거. — 명 (~s) 유형 자산. **~·ness**
tan·gi·bly [tǽndʒəbli] 튀 만져서 알 수 있게, 명백히.
Tan·gier [tændʒíər] 명 탠지어(모로코의 Gibraltar 해협에 면한 항구 도시). (또는 **Tangiers**)
Tangíer Zóne 명 (the ~) 탠저르 지구(Gibraltar 해협에 면한 국제 관리 지구; 1956년 모로코에 속하였음).
***tan·gle**[1] [tǽŋɡl] 타 1 (실·머리털 따위)를 엉키게 하다, 얽히게 하다; (수동형으로) (…이) 엉키다, 얽히다 (up) (with). ¶a ~d jungle 밀림 / The hedge is ~d with morning glories. 그 울타리에는 나팔꽃이 감겨 있다. 2 …을 분규시키다, 헝클어지게[꼬이게] 하다. 3 …을 덫에 걸리게 하다; …을 함정에 빠뜨리다. — 자 1 엉키다, 얽히다. 2 헝클어지다. 3 빠지다. 4 〔구어〕 다투다, 논쟁하다 (with). 「싸우다.
***tangle assholes** 〔美속어〕 부딪치다, 치격투격하다.

— 명 1 엉킴, 얽힘; 헝클어진[뒤얽힌] 것. 2 (a ~) 분규, 혼란. 3 〔구어〕 충돌, 싸움, 말다툼 (with).
get into a tangle with …와 논쟁[충돌]하다.
get into tangles 뒤죽박죽이 되다.
in a tangle 뒤얽혀서; 혼란에 빠져서.
make a tangle of …을 뒤얽히게 하다.
~·ment, -gler
tan·gle[2] 명 U C 다시마류(類).
tan·gled [tǽŋɡld] 형 뒤얽힌, 헝클어진; 혼란스러운.
tan·gle-foot [tǽŋɡlfùt] 명 (복 **~s**) 1 〔美속어〕 (값싼) 위스키, 독한 술, 독주. 2 뒤얽힌 일. 3 〔식물〕 **a)** 잡초성 애스터[과꽃의 일종(heath aster). **b)** = **deerweed**. 「복잡한, 뒤얽힌.
tan·gly [tǽŋɡli] 형 뒤얽힌, 헝클어진, 혼란된.
tan·go [tǽŋɡou] 명 (복 **~s**) 1 (the ~) 탱고(춤); 탱고 곡. 2 (통신의) T자(字)를 나타내는 말.
— 자 탱고를 추다.
It takes two to tango. 〔美속어〕 (싸움·연애 따위에 대해) 혼자 할 수 있는 것이 아니다; (정치에서) 서로 양보하지 않으면 아무것도 할 수 없다.
Tángo effect 명 탱고 효과(남미 Argentina의 경제 위기가 인접국에 미치는 영향).
tan·gram [tǽŋɡrəm] 명 지혜의 판(板)(일곱 장의 판을 맞추어 갖가지 모양을 만들어 노는 중국의 퍼즐판).
Tan·guy [tɑːŋɡíː] 명 **Yves ~** 탕기(1900-55; 프랑스의 초현실주의 화가).
tang·y [tǽŋi] 형 (맛이) 톡 쏘는; (냄새가) 코를 찌르는. **táng·i·ness** 명 「장(族)족의 후계자.
tan·ist [tǽnist, θάːn-] 명 〔역사〕 켈트 사람의
tan·ist·ry [tǽnəstri, θάːn-] 명 태니스트리제(켈트인의 족장 후계자 선정 제도).
‡**tank** [tæŋk] 명 1 (술·가스·물 따위의) 탱크, 수조(水槽). ¶a gasoline ~ 휘발유 탱크. 2 저수지, 못, 호수, 웅덩이, 수영 풀. 물고기의 수조. 3 〔군사〕 전차, 탱크. ¶a heavy ~ 중(重)전차. 4 (the ~) 〔美속어〕 (주정꾼 등의) 보호 수용소, 감방. 5 〔英속어〕 순찰차, 경찰 차량; 〔美속어〕 대형차. 6 = ~ **top**; ~ **suit**. 7 = ~ **town**; ~ **locomotive**.
go in the tank 〔美속어〕 (미리 짜고 하는 프로 복싱의) 승부에서 지다; (중도에서) 시합을 포기하다.
— 타 1 …을 탱크에 넣다[저장하다]; 탱크에서 처리하다. 2 〔속어〕 (테니스에서) 일부러 져주다. — 자 1 〔구어〕 탱크[전차]처럼 움직이다(down). 2 일부러 시합에 지다.
tank up 〔구어〕 ① (휘발유 를) 연료 탱크에 가득 채우다[채워 받다]. ② 실컷[진탕] 마시다, 마시고 취하게 (on).
~·less, ~·like
tank·age [tǽŋkidʒ] 명 U 1 탱크의 용량. 2 탱크 저장; 탱크 사용료. 3 탱크 찌꺼기(지스러기 고기 따위를 탱크 안에서 쪄서 탈지(脫脂)한 분말 비료).
tank·ard [tǽŋkərd] 명 (손잡이·뚜껑이 달린) 큰 컵; 큰 컵 하나 가득(의 양). 「닉(정신요법 시설의 하나).
tank·a·to·ri·um [tæ̀ŋkətɔ́ːriəm] 명 탱크 요법 클리
tank·bust·er [tǽŋkbʌ̀stər] 명 〔속어〕 대(對)전차용 기관포(를 탑재한 전투기).
tánk càr 명 (철도의) 수조차(水槽車), 유조차, 탱크차.
tánk destróyer 명 전차 공격차; 대전차포.
tánk dráma 명 〔속어〕 〔연극〕 (수난(水難) 구조 장면 따위에 진짜 물을 써서 인기를 끄는) 싸구려 연극.
tanked [tæŋkt] 형 1 탱크에 저장한. 2 (또는 ~ **up**, ~·**úp**) 〔속어〕 몹시 취한.
get tanked up 〔속어〕 몹시 취하다.
tánk èngine 명 탱크 기관차.
***tank·er** [tǽŋkər] 명 1 유조선, 탱커; 탱크차(車); 유송(油送) 트럭. 2 〔항공〕 공중 급유기. 3 〔美군사〕 전차 대원. — 타 (기름 따위)를 탱크로 운반하다.
tánker wàr 명 탱커 전쟁(이란·이라크 전쟁에서 상대방의 원유 탱커 공격전).
tánk fàrm 명 저유(貯油) (탱크) 밀집 지역.

tánk fàrming 图 수경법(水耕法), 물 재배법.
tánk fight 图 (미리 짜고 하는) 엉터리 권투 시합.
tánk fíghter 图 미리 짜고 하는 권투 선수. 〔량〕
tánk·ful [tǽŋkfùl] 图 (图 ~s) 탱크 하나 가득(한 분량).
tánk locomótive 图 〔철도〕 (연료와 물을 적재한) 탱크 기관차.
tánk·man [tǽŋkmən] 图 1 (공장의) 탱크 담당. 2 = tanker 3. 3 (수족관의) 수조 담당. 4 (속어) 남자 수영 선수.
tánk ràce 图 수영 경기.
tánk·ship [tǽŋkʃìp] 图 유조선, 탱커.
tánk stàtion 图 (美) 급수역(給水驛).
tánk sùit 图 (어깨끈이 달린) 원피스형 여자 수영복.
tánk tòp 图 (美) 탱크 톱(여성용 러닝 셔츠).
tánk tòwn 图 (기차의) 급수역; 작고 초라한 도시.
tánk tràiler 图 유조차, 가스 운반차.
tánk tràp 图 대전차호(對戰車壕)〔장애물〕.
tánk trúck 图 탱크차, 유조(수조) 트럭.
tan·na·ble [tǽnəbl] 图 무두질할 수 있는.
tan·nage [tǽnidʒ] 图 ⓤ (가죽을) 무두질하기; 무두질한 가죽, 유피(鞣皮).
tan·nate [tǽneit] 图ⓤ 〔화학〕 타닌산염(酸鹽).
tanned [tænd] 图 1 햇볕에 탄; 무두질한. 2 (美 속어) 술에 취한.
Tan·nen·baum [tǽnənbàum] 图 (图 ~s) 크리스마스 트리(전나무). 〈G〉
tan·ner¹ [tǽnər] 图 무두장이, 제혁업자(製革業者).
tan·ner² 图 (英 속어) 6펜스 은화.
tan·ner·y [tǽnəri] 图 무두질 공장, 제혁소.
Tann·häu·ser [tɑ́nhɔ̀izər] 图 1 탄호이저(13세기 독일 서정 시인). 2 탄호이저 주제의 Wagner의 가극.
tan·nic [tǽnik] 图 〔화학〕 타닌성의, 타닌을 얻은. 2 (와인이) 타닌의 떫은 맛이 짙은.
tánnic ácid 图 〔화학〕 타닌산. 〔배출하는〕
tan·nif·er·ous [tænífərəs] 图 타닌산을 함유한
tan·nin [tǽnin] 图 〔화학〕= tannic acid. 〈F〉
tan·ning [tǽniŋ] 图 1 무두질, 제혁업. 2 ⓤ 햇볕에 탐. 3 ⓤⓒ (구어) 매질, 채찍질.
tan·nish [tǽniʃ] 图 황갈색의.
tan·noy [tǽnɔi] 图 (英) 图 1 (T-) (상표) 태노이(스피커 장치의 상표명). 2 스피커 시스템. (动) 스피커 장치로 방송하다.
TANs 〔증권〕 *tax anticipation notes*(납세 지방채(債)). **TANS** *tactical air navigation system*(전술 항법 시스템).
tan·sy [tǽnzi] 图 〔식물〕 쑥국화.
tánsy rágwort 图 산골국화속(屬)의 다년초(産).
tan·ta·lize [tǽntəlàiz] 图 (…을 보여 주어) 감질나게 하다. 애태우게〔조바심하게〕 하여 괴롭히다(*with*, *by doing*). —**r** 图 사람을 애먹이다.
tàn·ta·li·zá·tion, -líz·er 图
tan·ta·liz·ing [tǽntəlàiziŋ] 图 남의 기대〔흥미, 욕망〕을 부추기는; 애타게〔조바심하게〕 하는, 감질나게 타까운. ~·**ly** 副 〔소; ⓩ Ta〕.
tan·ta·lum [tǽntələm] 图 ⓤ 〔화학〕 탈탈(금속 원소).
Tan·ta·lus [tǽntələs] 图 1 〔그리스 신화〕 탄탈루스(Zeus의 아들; 아들 Pelops의 고기를 여러 신들에게 먹이려 한 벌로써 지옥의 호수 속에 턱까지 잠기는 벌을 받음). 2 (t-) (英) (열쇠 없이는 마실 수 없는) 술병 장식대.
tan·ta·mount [tǽntəmàunt] 图 (가치·의의·힘 따위가) 동등한, 같은(*equal*) (*to*).
tan·ta·ra [tǽntərə, tæntǽrə, -tɑ́:rə] 图 나팔〔피리〕의 소리; 그와 비슷한 소리.
tan·tiv·y [tæntívi] 副 질주하여; 단숨에.
— 图 질주(하는), 빠른. — 图 질주, 돌진.
tant mieux [F tɑ̃ mjø̃] 그럴수록 더욱 좋은; 그렇다면 더 좋은. 〔F *so much the better*〕
tan·to [tɑ́ntou] 图 (음악) 지나치게, 너무; 그토록. ¶*allegro non* ~ 너무 빠르지 않게.
tán·to·ny píg [tǽntəni-] 图 1 한 배의 새끼 중가장 작은 새끼돼지. 2 추종자. (또는 **tantony**)
tant pis [F tɑ̃ pi] 그럴수록 더욱 나쁜. 〈F〉
Tan·tra [tántrə, tæn-] 图 〔힌두교의〕 탄트라 경전. ⓤ 그 교리.
Tan·tri·ka [tɑ́ntrikə, tǽn-] 图 탄트라교의 신자. (또는 **Tantrist**) —图 탄트라 경전의. (또는 **Tantric**, **Tantrik**)
tan·trum [tǽntrəm] 图 발끈 화내기, 울화, 성.
be in one's tantrums; be in a tantrum 기분이 언짢다.
go 〔or *fly, get*〕 *into one's tantrums*〔or *a tantrum*〕 화를 내다, 발끈하다.
throw a tantrum 불끈 화를 내다. 〔카 민족 동맹〕.
TANU *Tanganyika African National Union* (아프리
tan·yard [tǽnjɑ̀rd] 图 무두질 공장, 제혁 공장.
Tan·za·ni·a [tænzəníːə] 图 탄자니아(아프리카 동부의 공화국; 수도 Dar es Salaam).
-an 图 탄자니아의 (사람). 〔도리, 법칙.
Tao [tau, dau] 图 (때로 t-) (도교(道敎)의) 도(道)
TAO *Technical Assistance Operation* (of UN).
taoi·seach [tíːʃəx] 图 (아일랜드 공화국의) 수상.
Ta·o·ism [táuizm, dáu-] 图ⓤ 도교(道敎)(노자(老子)의 가르침). **-ist** 图 도교 신자(의). **-ís·tic** 图
Taos [taus] 图 타오스족(族)(미국 뉴멕시코 주의 푸에블로 인디언의 한 부족).

‡**tap¹** [tæp] 图 (-**pp**-) ⑪ 1 …을 가볍게〔톡톡〕 두드리다〔때리다, 치다〕(*on*, *against*, *with*). ¶(~+图+前+图) ~ *one's fingers against one's forehead* 이마를 손가락으로 가볍게 두드리다. 2 두드려… 하다, …을 두드려서 만들다(*in*, *out*). ¶~ *the ashes out of a pipe*; ~ *a pipe out*; ~ *out a pipe* 파이프의 재를 톡톡 털어내다. 3 (文) 를 입력하는 (*into*); (박자)를 맞추다; (전고)를 작성하다; (통신문을) 쳐내다(*out*). ¶~ *time* 박자를 맞추다// ~ *out a novel on a typewriter* 타이프라이터를 두드려서 소설을 쓰다. 4 (구두바닥 따위)에 수선 가죽을 대다, 창을 갈다. 5 (농구) (공중의 공)을 가볍게 치다. 6 (美) (클럽의 멤버로서) …을 뽑다〔임명하다〕. — ⑩ 1 가볍게 〔톡톡〕 두드리다〔치다〕 (*at*, *on*). ¶(~+前+图) ~ *on* 〔or *at*〕 *the door* 문을 똑똑 두드리다. 2 가볍게 걷다(*away*, *off*). 3 (신호벨이) 울리다. 4 탭댄스를 추다.
tap a person on the back 〔*shoulder*〕 남의 등〔어깨〕을 톡톡 두드리다. 〔려서 남을 깨우다.
tap a person up; tap up a person 문을 탕탕 두드 — 图 1 가볍게 두드리기〔치기〕, 톡톡 두드리기; 소리. 2 (구두의) 창같이 가죽; 징. 3 (~s) (군사) 소등(消燈) 신호, 소등 나팔, (때로) 장송 나팔; (비유적) 마지막. 4 (농구) (자기 편이나 바스켓을 향하여) 공중의 공을 가볍게 치기. 5 (~s) 탭, 탭댄스. 6 (a ~) 조금, 미량 (*of*).
on one's taps 서서; 돌아다니고; 바쁜. 〔볼링〕 탭.

²·pa·ble 图
‡**tap²** 图 1 (통의) 주둥이, 꼭지, 마개. 2 (수도 따위의) 꼭지, 전(栓), 물고동; (英) 수도 고동, 사구(蛇口), 콕. 3 (어떤 주둥이에 따른) 술; 술의 (품)질, 술의 품종; (일반적으로) 물건의 특질, 질. ¶*an excellent* ~ 좋은 술/*beer of the same* ~ 같은 통에서 따른 맥주. 4 (英) (선)술집. 5 (기계) 암나사 내는 공구. 6 〔전기〕 (코일의) 중간 접점; 본관에서 지관(枝管)으로 연결하기 위한 구멍; (전기 기구의) 탭, 콘센트, 도선(導線)의 분기점. 7 〔의학〕 (복수(腹水) 따위)를 빼내기 위한 천자(穿刺), 체액 제거. 8 (전화·전신의) 도청(기), 방수(傍受); 도청 장치. 9 (英) 국채(國債), 공채.
on tap ① 통 꼭지〔주둥이, 고동〕가 달려. ② 통에서 즉시 마실 수 있게 되어 있어. ③ (구어) 언제든지 쓸 수 있게 되어, 준비되어. 〔작하다, 울음을 터뜨리다.
turn on the tap (수도) 꼭지를 틀다; (구어) 울기 시작 — 图⑪ (-**pp**-) 1 (통 따위)에 꼭지(주둥이)를 달다. 2 꼭지를 따다, 마개를 빼다(뽑다); 주둥이에서 (술)을 따

tapa 르다. 3 〔나무 따위〕에 칼자국을 내어 즙액을 받다. 4 〔의학〕〔복수로〕 빼다; …의 고름을 짜내다. 5 개척하다; 〔토지 따위〕를 개발하다; 〔에〕 장삿길을 열다. 6 〔이야기 따위〕를 꺼내다. 7 〔수도 따위〕에서 〔본관〕에서 지관을 따다; 〔전기의 본선〕에서 지선을 끌다; 〔본도〕에서 샛길을 내다. 8 〔통신〕을 도청하다, 방수(傍受)하다; 〔전류〕를 접속시키다. ¶ ~ the telephone wires 전화를 도청하다. 9 (속어) 〔남〕에게서 돈을 뜯다, 〔돈·팁 따위〕를 조르다, 요구하다(for). ¶ ~ a person *for* subscription 남에게 기부해 달라고 조르다. 10 〔기계〕 …에 암나사의 골을 내다. *tap a person's opinion* 남의 의견을 듣다.
tap into (구어) …에 다가가다, …와 친구가 되다.
tap off …을 꺼내다(*from*). ⓛ ② …을 활용[이용]하다.
tap out (美속어) ⓛ (도박에서) 가진 돈을 전부 날리다. ② (tapped out의 형태로) 한푼 없는; 지쳐 빠진; 엉망이 된.
tap the admiral (속어) 〔해사〕 통의 술을 훔치다.
— 혱 1 (국채 따위가) 언제든지 제한 없이 살 수 있는. ᐨ·pa·ble 혱 ｜2 (美속어) 돈이 없는.

ta·pa [táːpɑ] 몡 1 타파(태평양 제도산(產) 구지나무의 속껍질). 2 (또는 ᐨ cloth) 타파 천.
táp bèll 탭벨(엘리베이터의 신호 벨).
táp bòlt 탭볼트(금속의 구멍에 비틀어 박는 볼트).
táp bònd [ìssue] 〔美〕 (유휴 자본 흡수를 위한) 국채.
táp bòrer 마개 뚫는 송곳.
táp cìnder 〔야금〕 광재(鑛滓).
Táp City [혱일] (때로 t- c-) (美속어) 돈이 없는 (상태), 빈털터리의(상태).
táp dànce 몡 탭댄스.
tap-dance [<dæns] 邚 탭댄스를 추다.
tap-dance like mad (美속어) 끔임없이 바쁘게 굴다, 남의 눈을 속이기 위해 마구 활동하다.
tap-danc·er [<dǽnsər] 몡 탭댄서.
tap-danc·ing [<dǽnsiŋ] 몡 = tap dance.
‡**tape** [teip] 몡 1 UC 납작한 끈, 납작끈. 2 UC (각종의 끈, 녹음 테이프; 비디오 테이프; 접착 테이프; 절연 테이프. 3 UC (결승점의) 테이프. 4 UC (기계) 피대. 5 줄자(~ measure). 6 촌충. 7 〔컴퓨터 입력용의〕 종이 테이프, 천공 테이프. 8 (英속어) 술. ¶red ~ 번롄느. 9 (해사) 수장(袖章).
breast the tape (가슴으로) 테이프를 끊다, (경주에서) 1등을 하다.
on tape 테이프에 녹음[녹화]되어.
run the tape over (英속어) (의학적으로) …을 검사하다.
— 邚 (~*d* [-t]; *táp·ing*) 邚 1 …에 납작끈[테이프]을 달다; …을 묶어 올리다(*up*). 2 …을 줄자로 재다. 3 (결승선에) 테이프를 치다. 4 …을 테이프에 녹음[녹화]하다. ¶ ~ a TV program TV 프로를 녹화하다. 5 (속어) …을 꿰뚫어보다, 평가하다. — 邚 1 테이프에 녹음[녹화, 기록]하다. 2 (줄자로) 재다.
be taped (구어) ⓛ (문제점 따위가) 완전히 이해[파악]되어 있다. ② 결말이 나 있다, 마무리[해결]되어 있다.
have [or *get*] *…taped* (*out*) (英구어) ⓛ …을 평가·판단하다, 완전히 이해하다, (남의 약점 따위)를 꿰뚫어보다. ② …의 결말을 짓다. ③ …을 분류하다.
— 혱 (한정용법) 테이프에 녹음[녹화]된; 녹음[녹화]의. ᐨ·less, ᐨ·like 혱 ｜테이프용의.
tápe dèck 몡 1 테이프 덱(앰프와 스피커가 없는 녹음 재생 장치). 2 = tape player.
tape-de·lay [-diléi] 몡 1 테이프딜레이(녹음한 것을 방송에 내보내기까지의 시차(時差)). 2 (녹음 연주의 생방송에서) 라이브 이중[시차] 녹음.
tápe drìve 몡 〔컴퓨터〕 테이프 드라이브(자기(磁氣) 테이프로 데이터를 판독하거나 기록하는 프로그램 제어 장치).
tape-line [téipláin] 몡 = tape measure.
tápe machìne 몡 = tape recorder; = teletypewriter; (英) = ticker.
tape-man [téipmən] 몡 (측량) 테이프 담당원, 줄자를 잡는 사람.
tápe mèasure 몡 줄자.

tápe·mèa·sure jòb [téipmèʒər-] 몡 (美속어) 초대형(장외) 홈런.
tápe plàyer 몡 녹음 테이프 재생 장치.
*****ta·per**¹ [téipər] 邚 1 차차 가늘어[작아]지다(*off, down, away*). 2 차차 적어지다, 차츰 줄다(*off*). (~+전) Foreign aids are ~*ing off*. 외국의 원조는 점차 줄고 있다. — 邚 1 …을 차츰 가늘게 하다(*off, down*). 2 …을 차츰 줄이다[적게 하다](*off*).
— 몡 1 UC 차차 가늘어짐, 끝이 가늘어짐. 2 UC (힘·능력 따위가) 차츰 약해짐, 점감(漸減). 3 끝이 뾰족한 것. 4 작은[가는] 초. 5 (점화에 쓰는) 초 먹인 심지. 6 (문어) 약한 빛. 7 (물체의 두께·직경·폭 따위의) 체감도[율]. 8 (주물공이 쓰는) 인두.
— 혱 1 (손가락 따위가) 끝이 가느다란. 2 (음임 따위가) 누진적인, 체감적. 3 (구어) (자원이) 차츰 적어지는. ~·er 명 (종교 행렬에서) 작은 초를 드는 사람.
ta·per² [téipər] 몡 1 테이프 녹음[녹화, 편집]자. 2 테이프를 거는 사람[기계].
tápe rèader 몡 (컴퓨터) 테이프 판독기. ｜하다.
tape-re·cord [-ríkɔ̀ːrd] 邚 …을 테이프에 녹음
‡**tápe recòrder** 몡 (略 t- -s [-z]) 테이프 리코더.
tápe recòrding 몡 녹화[녹음] 테이프(의 음성[영상]); 테이프 녹음[녹화].
ta·per·ing [téipəriŋ] 혱 끝이 차차 가늘어진, 끝이 뾰족한; 점감의, 차츰 줄어드는. ~·ly 튀
ta·per·stick [téipərstìk] 몡 (작은 양초용의) 촛대.
tap·es·tried [tǽpəstrid] 혱 tapestry로 장식한, tapestry를 친; (이야기가) tapestry처럼 표현된.
*****tap·es·try** [tǽpəstri] 몡 태피스트리(색실로 짠 주단); …에 태피스트리를 치다[걸다], …을 태피스트리로 장식하다; …을 태피스트리에 그리다. ~·like 혱
ta·pe·tum [təpíːtəm] 몡 (複 *-ta* [-tə]) 1 (식물) 융단층, 아포(芽胞)[포자] 낭막. 2 (해부) 벽판(壁板), 내면층, 피막(皮膜), 막층(膜層). **-tal** 혱
tápe ùnit 몡 (컴퓨터) 테이프 (구동) 장치.
tape·worm [téipwə̀ːrm] 몡 촌충. ｜장 공포증.
taph·e·pho·bi·a [tæ̀fəfóubiə] 몡 (정신의학) 생매
tap·hole [tǽphòul] 몡 쇳물 빼는 구멍.
ta·phon·o·my [təfánəmi/-fɔ́n-] 몡 1 (지질) (동식물의) 화석화(化石化)(과정·조건). 2 화석학.
taph·o·nom·ic [tæ̀fənámik] 혱 **-mist** 몡
tap·house [tǽphàus] 몡 (英) 선술집, 술집.
tap-in [<ín] 몡 (농구) 탭인(점프하여 공을 툭 쳐넣기).
tap·i·o·ca [tæ̀pióukə] 몡 타피오카(카사바(cassava)의 뿌리에서 뺀 식용 전분).
ta·pir [téipər, təpíər] 몡 (複 ~(**s**)) (동물) 맥(貊).
tap·is [tǽpiː, tæpíː] 몡 (복) 융단, 태피스트리, 태피스트리의 테이블보. (※ 다음 숙어로)
on [or *upon*] *the tapis* 심의 중, 토의 중.
ta·pote·ment [təpóutmənt] 몡 (의학) 가벼운 두드림 요법. ｜은 팬츠(운동용·댄스용).
táp pànts 몡 탭 팬츠, (여성용의) 헐렁한 속바지, 짧
tap·per¹ [tǽpər] 몡 1 (특히 (가볍게) 두드리는 사람[물건]. 2 (전신기의) 전건(電鍵); (벨의) 딸랑이, (방울·종의) 불알. 3 = tap-dancer. 4 구두 수선공. 5 (英방언) 딱따구리. 6 열차의 바퀴 점검원.
tap·per² [tǽpər] 몡 1 수액(樹液) 채취자[기]. 2 (통 따위의) 마개를 빼는 사람; 마개롭이; (용광로의) 쇳물을 빼내는 사람.
tap·pet [tǽpit] 몡 (기계) 탭핏(내연 기관에서 캠의 운동을 밸브에 전하는 활주봉).
tap·ping¹ [tǽpiŋ] 몡 UC 가볍게 두드리기, 그 소리.
tap·ping² [tǽpiŋ] 몡 UC 1 (통에) 따르는 구멍을 내기, 마개뽑기. 2 수액[나뭇] 채취; (채취한) 수액. 3 (전신·전화의) 도청. 4 암나사 깎는 작업. 5 (야금) 쇳물 빼기.
tap·pit-hen [tǽpit-] 몡 (스코) 1 볏이 있는 암탉. 2 (뚜껑 한가운데에 집게가 달린) 큰 컵.

táp ràte [명] (英) (국채 따위의) 시세.
tap·room [tǽprù(:)m] [명] (英) (호텔 등의) 바(bar).
tap·root [tǽprù(:)t] [명] 〔식물〕 직근(直根), 주근(主根); 주인(主因).
taps [tæps] [명][복] (단·복수 양용) 〔군사〕 소등 나팔[북]; (군대 장례의) 장송 나팔; (비유적) 끝(장).
TAPS [tæps] [명] 알래스카 횡단 송유관 망(網). 〔<*Trans-Alaska Pipeline System*〕
tap·ster [tǽpstər] [명] 바텐더(bartender).
tap-tap [ˊtǽp] [명] 똑똑[탁탁](두드리는 소리).
— [동][자] (*-pp-*) 똑똑[탁탁] 소리내다.
táp wàter [명] 수도의 물.
‡**tar¹** [tɑːr] [명][U] **1** 타르. ¶coal ~ 콜타르. **2** (도로 포장용의) 콜타르 피치; 타르로 포장된 도로. **3** (연기에 함유된) 진, 타르. ¶cigarette ~ 담뱃진. **4** (구어) 아편; 헤로인. **5** (美속어) 블랙 커피.
beat [or ***knock, whale***] ***the tar out of*** …을 사정없이 때리다[두들기다].
lose the sheep [or ***ship, ewe, hog***] ***for a half pennyworth of tar*** 사소한 경비를 아끼다가 목적[사업]을 망쳐 버리다.
scare the tar out of …을 (무서워) 진땀나게 하다.
— [동][타] (*~s* [-z]; *-rr-*) …에 타르를 칠하다, 타르로 더럽히다; …에게 오명을 씌우다; 〔평판 따위〕를 손상시키다.
be tarred with the same brush [or ***stick***] 같은 결점을 가지고 있다.
tar and feather *a person* ① (사형(私刑)·모욕으로써) 남의 온 몸에 타르를 칠하고 그 위에 깃털을 씌우다. ② 남을 호되게 벌하다.
— [형] 타르의, 타르 같은; 타르를 칠한, 타르로 더러워진.
tar² [명] (구어) 뱃사람, 선원(sailor).
TAR *t*actical *a*erial *r*econnaissance.
tar·a·did·dle [tæ̀rədídl, ˊˋˊˋ] [명][U][C] (英구어) 터무니없는 거짓말, 속임수. (또는 **tarradiddle**)
ta·ra·ma·sa·la·ta [tɑ̀ːrəmɑːsəlɑ́ːtə/tæ̀rəmə-] [명] 타라모[타라마]샐러드(대구알 등의 어란과 감자나 빵을 페이스트 모양으로 하여 맛을 낸 그리스풍 오르되브르).
ta·ran·tass [tɑ̀ːrəntɑ́ːs] [명] (러시아의) 대형 4륜 마차. (또는 **tarantas**)
tar·an·tel·la [tæ̀rəntélə] [명] 타란텔라 춤(활발한 남이탈리아의 춤); 타란텔라 곡. (또는 **tarantelle**)
tar·ant·ism [tǽrəntìzm] [명][U] 타란트 병(病), 무도병(舞蹈病)(tarantula에게 물려서 걸린다고 함). (또는 **tarentism**) **-ist** [명]
ta·ran·tu·la [tərǽntʃulə/-tju-] [명] ([복] ***~s, -lae*** [-lìː])(남이탈리아산(産)) 독거미의 일종.
tar·a·tan·ta·ra [tæ̀rətǽntərə] [명] =tantara.
ta·rax·a·cum [tərǽksəkəm] [명] **1** 민들레속(屬)의 식물. **2** [U] 〔약학〕 그 뿌리로 만든 하제(下劑)·강장제.
tár bàby [명] (美구어) 빼도 박도 못하게 된 상황[상태], 어쩔 수 없는 어려운 상태[사정]. (또는 **tárbàby**)
tar·boosh [tɑːrbúːʃ] [명] 터키 모자(회교도용의 테 없는 빨간 모자). (또는 **tarbouche, tarbush**) 〔<Arab〕
tar·brush [tɑ́ːrbrʌ̀ʃ] [명] **1** 타르솔. **2** (속어) (경멸적) 흑인의 가계[혈통].
have a touch [or ***lick, dash***] ***of the tarbrush*** 흑인의 피가 섞여 있다.
Tar·dieu [*F* taRdjø] [명] **André Pierre Gabriel Amédée** ~ 타르디외(1876-1945: 프랑스의 수상).
tar·di·grade [tɑ́ːrdəgrèid] [형] (걸음·동작이) 더딘, 느린; 〔동물〕 완보류(緩步類)의. **—** [명] 완보류의 동물.
tar·dive [tɑ́ːrdiv] [형] 성장[발달]이 더딘, (병이) 지발성(遲發性)의, 만기(晩期)의.
tárdive dyskinésia [명] 〔병리〕 만발성(晩發性) 운동 장해.
tar·do [tɑ́ːrdou] [형][부] 〔음악〕 느린, 느리게.
***tar·dy** [tɑ́ːrdi] [형] **1** (진보·성장 따위가) 느린, 굼뜬, 더딘, 완만한(*in*). ⇨LATE [유의어] **2** 늦은, 지각한 (*for, to, at*). ¶be ~ *for* school 수업에 지각하다. **3** 마지못해 하는, 마음이 내키지 않는(*in*). ¶a ~ consent 마지못해 하는 승낙. **—** [명] 지각.
-di·ly [부] **-di·ness** [명]
tar·dy·on [tɑ́ːrdiɑ̀n/-ɔ̀n] [명] 〔물리〕 타디온(광속(光速)보다 느린 속도로 움직이는 입자).
tare¹ [tɛər] [명] **1** 〔식물〕 살갈퀴. **2** (~s) 〔성서〕 가라지, 독(毒)보리(←마태복음(Matt.) 13:25); 해독.
tare² [명][U] **1** 포장, 용기(容器); 포장의 무게. **2** 차체 중량. **3** 〔화학〕 용기의 중량.
tare and tret 용기[정미(正味)] 중량 산정법.
— [동][타] …의 포장의 무게를 달다[빼다].
tar·fu [tɑ́ːrfúː] [명][형] (美軍속어) 뒤죽박죽(의), 대혼란(의).
targe [tɑːrdʒ] [명] (고어) 작고 둥근 방패; 표적.
‡**tar·get** [tɑ́ːrgit] [명] **1** (사격 따위의) 과녁, 표적. **2** 목적(물), 도달 목표, 목표액. **3** (비평·비난의) 대상, 표적; (조소의) 거리, 웃음거리 (*for, of*). ¶a ~ *for* scorn [*or* contempt] 경멸의 대상. **4** 〔철도〕 원판(圓板) 신호기. **5** 〔측량〕 조준판, 표판(標板). **6** (고어) 작고 둥근 방패. **7** 〔물리〕 (X선관의) 대음극(對陰極), 타깃; 표적(고(高)에너지 입자·전자파의 조사를 받는 물질[물체]). **8** 새끼양의 목·가슴 고기. **9** 〔TV〕 촬상관(撮像管)의 극판. **10** 〔전자〕 타깃, 물표(物標)(레이더·소나 따위가 그 반사파로 잡은 목표물). **11** 〔유전〕 표적(방사선이나 화학 물질이 불활성화 효과를 주는 세포내의 구조체). **12** 〔펜싱〕 유효면, 타깃. **13** 〔컴퓨터〕 목표, 타깃(수동 editor를 복사, 이동 또는 병합할 데이터의 삽입 위치에 하는 표시).
hit a target ① 과녁을 맞히다. ② 목표액을 달성하다.
meet the target 목표액에 이르다.
miss the target 과녁[표적]을 벗어나다.
off (***the***) ***target*** 과녁[표적]을 벗어난[벗어나서].
on target 올바른 목표를 향해; 겨냥이 정확하여, 예상[노린]대로; 정확한.
— [동][타] …을 목표로 정하다, 목적으로 삼다.
target (***in***) ***on*** …을 과녁[표적]으로 사용하다; 목표로 설정하다.
— [형] 표적[과녁, 대상]이 되는, 목표의, 목표하는.
~·less [형]
Tárget Á [명] (美속어) 미국 국방부.
tar·get·a·ble [tɑ́ːrgitəbl] [형] 공격 목표가 될 수 있는.
tárget àudience [명] 광고 타깃[대상자].
tárget càrd [명] (사격의) 점수 기록 카드.
tárget dàte [명] 목표 기일[일시] (*for*).
tar·get·eer [tɑ̀ːrgitíər] [명] 칼과 둥근 방패로 무장한 병사.
tárget lànguage [명] (학습·번역의) 목적 언어, 대상 언어(한글 영역 때의 영어 따위).
tárget màn [명] (英) 〔축구〕 타깃 맨(센터링이나 크로스패스를 보내는 공격의 중심 선수).
tárget màrket [명] 〔마케팅〕 표적 시장(기업의 마케팅 계획의 표적이 되는 고객군(群)).
tárget pràctice [명] ¶사격 연습.
tárget rìfle [명] 사격(연습)용 라이플 총.
tárget shìp [명] 표적선[함].
Tar·gum [tɑ́ːrgum] [명] ([복] ***~s, -gu·mím***) 타굼(아람말로 번역된 구약 성서). **-gúm·ic** [형] **~·ist** [명]
Tár Hèel [tɑ́ːrhìːl] [명] 미국 North Carolina 주(州)의 주민[출신자]의 별칭. (또는 **Tárhèel**)
Tár Hèel Stàte [명] (the ~) 미국 North Carolina 주의 별칭.
‡**tar·iff** [tǽrif] [명] ([복] ***~s***) **1** 관세표; 관세율. ¶~ rates 세율; (보험 따위의) 협정률 / the ~ system 관세 제도; (전화 따위의) 요금제(制). **2** (구어) (철도 따위의) 운임표; (英) (여관 따위의) 요금표; (공공 요금의) 청구 방식[요금표]. **3** (구어) 계산서; 운임; 요금. **—** [동][타] (*~ed* [-t]) **1** …에 관세를 매기다[부과하다]. **2** …의 세율[요금]을 정하다. **~·less** [형]
táriff bàrrier [명] =tariff wall.
táriff còmpanies [명] (임금·요금률을) 서로 협정한 회사.
táriff refòrm [명] 관세 개정((英)에서는 관세 확대, (美)에서는 관세 인하를 의미).
táriff wàll [명] 관세 장벽. ¶raise ~*s* against foreign

tar·la·tan [tá:rlətən] 명 탈러런(얇은 모슬린).
tar·mac [tá:rmæk] 명 **1** (T-) (상표) = tarmacadam. **2** (英) 타르머캐덤 포장 (도로).
— 타 (~*ed*, ~*ced*, ~*ked* [-t]) 〈 타머캐덤[타맥]으로 포장하다. — ㉿ (美俗어) (선거 유세에서) 비행기로 돌아다니다.
tar·mac·ad·am [tá:rmækǽdəm] 명 타르머캐덤(타르와 자갈을 섞은 포장 재료); 그 포장 (도로).
— 명㉿ = tarmac.
tarn[1] [ta:rn] 명 산속의 작은 호수[못].
tarn[2] 명 제비갈매기(tern[1]).
tar·nal [tá:rnl] (美俗어) 형 터무니없는, 엄청난; 괘씸한, 고약한. — 부 터무니없게, 괘씸하게. **~·ly** 부
tar·na·tion [ta:rnéiʃən] (방언) 감탄 명 = damnation. — 부 = damned.
tar·nish [tá:rniʃ] 타 …을 흐리게 하다; …을 녹슬게 하다; …을 변색시키다; (명예 따위)를 더럽히다, 손상시키다; …의 가치를 떨어지게 하다. — ㉿ 흐려지다, 광택을 잃다, 녹슬다, 변색하다; 더러워지다, 손상되다.
— 명 **1** ⓤ 흐림, 녹, 변색. **2** ⓒⓤ 오점, 홈, 더러움. **3** (품질·가치 따위의) 저하. **~·er** 명
tar·nish·a·ble [tá:rniʃəbl] 형 흐려지기 쉬운, 쉬 녹슬는, 변색하기 쉬운. ━━ (과(科)의 곤충.
tárnished plánt bùg [tá:rniʃt-] 명 장님노린재
ta·ro [tá:rou, tέər-] 명 (복~*s*) (식물) 타로토란.
ta·rot [tǽrou] 명ⓤ 타로트(타로) 카드(22장 한 벌의 카드놀이).
tarp [ta:rp] 명 (美구어) = tarpaulin.
tar·pan [ta:rpǽn] 명 타팬(러시아 초원 지방산(産)의 야생말). ━━ 타르를 먹인 종이; 루핑.
tar·paper [tá:rpèipər] 명ⓤ 타르지(紙)(건축용으로 쓰임).
tar·pau·lin [ta:rpɔ́:lin] 명 **1** ⓤ (타르 따위를 먹인) 방수 범포(帆布). **2** (선원의) 방수 외투, 방수모(防水帽). **3** (드물게) 선원(sailor).
Tar·pe·ia [ta:rpí:ə] 명 (로마 신화) 타르페이아(로마를 배신한 처녀).
Tar·pe·ian [ta:rpí:ən] 형 (로마의 Capitoline Hill에 있는) 타르페이아의 바위(~ *Rock*)의.
Tar·pé·ian Róck [ta:rpí:ən-] 명 (the~) 타르페이아의 바위(여기서 반역자를 떨어뜨렸다).
tar·pit [tá:rpit] 명 타르갱(坑)(천연 타르 구덩이). (또는 **tar pit**)
tar·pon [tá:rpən] 명 (복 ~(*s*)) (북미산(産)의) 청어의 일종.
tar·ra·did·dle [tǽrədidl] 명 = taradiddle.
tar·ra·gon [tǽrəgàn/-gən] 명 사철쑥속(屬)의 잎(조미료로 쓰임). (스페인산(産)).
Tar·ra·go·na [tærəgóunə] 명ⓤ 타라고나 포도주
tarred [ta:rd] 형 타르를 칠한. (단기 체류.
tar·ri·ance [tǽriəns] 명 (고어) 지연, 연기(延期).
tar·ry[1] [tǽri] ㉿ **1** 체재하다, 머무르다, 묵다 (*at*, *in*). ¶ ~ *at* a hotel 호텔에 투숙하다. **2** 늦어지다, 늑장부리다, 시간이 걸리다, 머뭇거리다. **3** 기다리다 (*for*). — 타 (고어) …을 기다리다. — 명ⓤ (고어) 체재, 머무름. **-ri·er** 명
tar·ry[2] [tá:ri] 형 **1** 타르의, 타르질의. **2** 타르를 칠한, 타르로 더럽혀진. **-ri·ness** 명
tars- [ta:rs] 연결형 = tarso-.
tar·sal [tá:rsəl] (해부) 형 족근(골)(足根骨)의; 안검(眼瞼) 연골의. — 명 족근골 (관절).
tár sànd 명 타르 샌드(아스팔트 채취용 사암(砂岩)).
tar·si·a [tá:rsiə] 명ⓤ 쪽매붙임(세공), 쪽모이 세공.
tar·si·er [tá:rsiər, -sièi] 명 안경원숭이. (쪽매질.
tar·so- [tá:rsou, -sə] 연결형 tarsus의 뜻(* 모음 앞에서는 tars-), *tarso*metatarsus, *tarsal*.
tar·so·met·a·tar·sus [tà:rsoumètətá:rsəs] 명 (조류) (鳥類) 부척골(跗蹠骨)(새 다리의 큰 뼈로 부골과 척골이 유합(癒合)된 것). **-tár·sal** 형
tar·sus [tá:rsəs] 명 (복 **-si** [-sai]) **1** (해부·동물) 족근골, 부골(跗骨); 안검 연골. **2** (새의) 부척골

(跗蹠骨); (곤충의) 부절(跗節).
Tar·sus [tá:rsəs] 명 타르수스(터키 남부의 도시; 고대 Cilicia의 수도; 성 바울의 출생지. ━사도행전(Acts.) 9:11); 타르수스강(지중해로 유입하는 터키의 강).
tart[1] [ta:rt] 형 **1** 신, 시큼한. ⇒SOUR (유의어) **2** 신랄한, 호된, 통렬한(*cutting*). **~·ly** 부 **~·ness** 명
tart[2] 명 **1** (英) 타트(과일이 든 파이). **2** (英俗어) 방종한[단정치 못한] 여자; 매춘부. — 타 여자의 공무니를 따라 다니다; …을 (야하게) 꾸미다, 차려 입다(*up*).
tart about [or (*a*)*round*] (英俗어) ① 남의 눈을 끌 만큼 (화려하게) 행동하다. ② 빈둥빈둥 지내다.
tart up (俗어) 야하게 치장[장식]하다.
tar·tan[1] [tá:rtn] 명ⓤⓒ **1** 타탄, 격자 무늬 모직물. **2** (스코틀랜드의 각 씨족 특유의) 격자 무늬. — 형 타탄[격자 무늬]의, 격자 무늬 모직물로 만든.
tar·tan[2] 명 (지중해의) 외돛대 삼각 범선.
tártan tráck 명 타탄 트랙(전천후 경주로).
Tártan Túrf 명 (상표) (경기장용) 인조 잔디.
tar·tar [tá:rtər] 명ⓤⓒ **1** 치석(齒石), 이동. **2** (화학) 주석(酒石)(포도주 제조용 통에 침전하는 물질).
cream of tartar 주석영(酒石英).
Tar·tar [tá:rtər] 명 **1** 타타르 사람. **2** ⓤ 타타르말. **3** (종종 t-) 사나운 사람, 난폭한[감사나운] 사람, 다루기 힘든 사람. **4** (t-) 잔소리가 심한 여자.
a young Tartar 다루기 힘든 아이.
catch a Tartar [or **tartar**] 만만치 않은 상대를 만나다, 몹시 애를 먹다.
— 형 타타르 족[사람, 말]의. (또는 **1,2,3**, 명에서) (Tatar)
Tar·tar·e·an [ta:rtέəriən] 형 타르타로스(*Tartarus*)의; 하계의, 명부(冥府)의, 지옥의.
tártar emétic 명 (화학·약학) 토주석(吐酒石), 주석산 안티모니 칼륨.
tár·tare sàuce [tá:rtər-] 명 = tartar sauce.
Tar·tar·i·an [ta:rtέəriən] 형 타타르 사람(의).
tar·tar·ic [ta:rtǽrik, -tá:r-] 형 주석(酒石)(tartar)의[에서 나는].
tartáric ácid 명 (화학) 주석산.
tar·tar·ize [tá:rtəràiz] 〔(英) -**ise**〕 타ⓔⓤ (화학)에 주석(酒石)을 주입하다; 주석으로 처리하다.
-i·zá·tion 명 (유한.
tar·tar·ous [tá:rtərəs] 형 주석으로 된, 주석을 함
tártar sàuce 명 타르타르 소스(생선 요리용의 마요네즈 소스). (또는 **tártare sàuce**)
tártar stèak 명 타르타르 스테이크(저민 쇠고기를 소금과 후추로 간하여 날로 먹는 요리).
Tar·ta·rus [tá:rtərəs] 명 **1** (그리스 신화) 타르타로스(*Hades* 밑의 심연(深淵)). **2** 지옥.
Tar·ta·ry [tá:rtəri] 명 (역사) 타타르 (지방)(동유럽에서 아시아 지역을 가리키는 명칭). (또는 **Tatary**)
tart·ish [tá:rtiʃ] 형 약간 시큼한; 조금 신랄한. **~·ly** 부
tart·let [tá:rtlit] 명 (英) 작은 타트(small tart).
tar·trate [tá:rtreit] 명 (화학) 주석산염(酒石酸塩).
tar·trat·ed [tá:rtreitid] 형 (화학) 주석산(酸)으로 만들어진; 주석산(酸)과 화합한. (또는 **tartarated**)
Tar·tuffe [ta:rtú(:)f] 명 (복 ~(*s*)) (종종 t-) 위선적 신앙가, 위선자. 〔< Tartufe 〈Molière작 희극 *Tartuffe*의 주인공 이름〕
Tar·tuf·fer·y [ta:rtú(:)fəri] 명 타르튀프(Tartuffe) 같은 사람[행동, 성격]; 위선적 신앙, 가짜 신앙심.
tart·y[1] [tá:rti] 형 시큼한. (Tartuffism)
tart·y[2] 형 **1** 매춘부의(같은). **2** 싸구려로 요란하게 꾸민.
Tar·zan [tá:rzn, -zæn] 명 **1** 타잔(미국 작가 Edgar Rice Burroughs 소설의 주인공). **2** (흔히 t-) 민첩과 강하고 정의감이 왕성한 힘센 거인.
TAS telephone answering service(전화 응답 서비스); (항공) true air speed(진대기(眞對氣) 속도). **Tas.** Tasmania.
Ta·sa·day [tá:sədài] 명 (복 ~(*s*)) **1** 타사다이족

(族)(필리핀 Mindanao섬 남부의 숲속 동굴에서 석기 시대의 생활을 하는 한 부족). 2 ⓤ 타사이어 말.
Ta·ser [téizər] 몡 (상표) 테이저 총(전기 화살 발사 총). ── 몡타 (사람)을 테이저 총으로 쏘다(마비시키다).
Ta·shi La·ma [táːʃi láːmə] 몡 =Panchen Lama.
Tash·kent [tɑːʃként/tæʃ-] 몡 타슈켄트(우즈베키스탄 공화국의 수도). (또는 **Tashkend**)
ta·sim·e·ter [tæsímətər] 몡 미압계(微壓計)(온도·습도의 변화에 의한 물질의 미세한 변형을 잰다).
‡**task** [tæsk/tɑːsk] 몡 1 (부과된) 일; 직무; 과업, 학업. ¶~ wages 도급 임금/do one's ~ 일을 하다; 책무를 다하다. 2 사업, 기업. ¶a great ~ 대사업. 3 고되고 수고로운 일, 노역. ¶undertake the ~ of proof-reading 힘드는 교정 일을 떠맡다. 4 (컴퓨터) 태스크 (컴퓨터로 처리되는 일의 최소 단위). 5 ⓤⓒ (페어) 조 **be at** one's **task** 일을 하고 있다. ┌세, 부과금.
set a person **(to)** a **task; assign a task to** a person 남에게 일을 과하다.
take [or **call, bring**] a person **to task (for...)** (...을 이유로) 남을 꾸짖다, 책망하다.
take a task upon oneself 일을 떠맡다.
── 몡타 (~ed [-t]) 1 ...에 일을 과하다. 2 ...에게 무거운 짐을 지우다, 혹사하다, 과로시키다, 괴롭히다, 시달리게 하다. 3 (페어) ...에 과세하다.
task one's **brain** 머리를 썩이다, 두뇌를 짜다.
task one's **energies** 전력을 기울이다.
task one's **memory** 생각해내려고 애쓰다.
~·less 몡
tásk fòrce [gròup] 몡 1 (군사) 기동 부대, 특수 임무 부대. 2 특별 대책 본부, 특별 전문 위원회; 프로젝트 팀. 3 (英) 특별 수사대.
tásk mànagement 몡 (컴퓨터) 태스크 관리(태스크 실행을 관리하는 제어 프로그램(control program)).
task·mas·ter [tǽskmæ̀stər/táːskmɑ̀ːs-] 몡 일 (작업) 할당원, 감독, 십장, 직공장; 엄한 선생(감독자). **~·ship** ┌자; 여자 감독.
task·mis·tress [tǽskmìstris] 몡 여성 작업 할당
task·work [tǽskwə̀ːrk] 몡 ⓤ 1 할당된 일, 강제 노동. 2 도급일, 청부일, 삯일. 3 싫은 일.
TASM Tactical Air-Surface Missile(공대지(空對地) 전술 미사일). **Tasm.** Tasmania.
Tas·man [tǽzmən] 몡 **Abel Janszoon ~** 타스만 (1602?-59: 네덜란드의 항해가·탐험가).
Tas·ma·ni·a [tæzméiniə, -njə] 몡 태즈메이니아 (오스트레일리아 동남쪽의 섬으로 오스트레일리아 연방의 한 주; 주도(州都) Hobart). **-an** 형몡 태즈메이니아의 (주민(말)).
Tasmánian dévil 몡 (동물) 태즈메이니아산(産)의 주머니곰. ┌(袋)주머니늑대.
Tasmánian wólf [tíger] 몡 (동물) 태즈메이니아
Tásman Séa 몡 (the ~) 태즈먼 해(海)(오스트레일리아 남동부와 뉴질랜드 사이의 바다).
tass [tæs] 몡 (스코) 1 (장식용의) 찻종, 컵, 작은 다리가 달린 잔. 2 잔(찻종) 속; (술 따위의) 한 입(모금), 한 잔. ¶a ~ of brandy 브랜디 한 잔.
Tass [tæs, tɑːs] 몡 (옛 소련의) 타스 통신사(1992년 ITAR-Tass로 개칭). (또는 **TASS**)
tasse [tæs] 몡 =tasset.
*****tas·sel** [tǽsəl] 몡 1 술, 장식술. 2 술 모양의 물건(꽃차례). ¶옥수수의 수염. 3 (책의) 서표끈, 갈피끈.
── 몡 **(-l-, (英) -ll-)** 타 1 ...을 술로 하다; ...에 술을 달다, 술로 장식하다. 2 (옥수수의) 수염을 뜯다. ── 자 (옥수수가) 수염이 나오다. **-er** 몡 **-y** 몡
tas·set [tǽsit] 몡 (~s) (갑옷의) 무릎받이. (또는 **tace, tasse**)
tass·ie [tǽsi] 몡 (스코) (작은) 술잔(tass).
Tas·sie [tǽzi] 몡 (濠구어) =Tasmania.
Tas·so [tǽsou] 몡 **Torquato ~** 타소(1544-95:

이탈리아의 시인). ┌「나는.
tast·a·ble [téistəbl] 몡 맛볼 수 있는, 풍미있는, 맛
‡**taste** [teist] 몡 (*tast·ed; tast·ing*) 타 1 ...의 맛을 보다, 시식(試食)하다. ¶~ tea 차의 맛을 보다. 2 (부정문에서) ...을 먹다. ¶I have not ~d food today. 오늘은 아무것도 먹지 않았다. 3 (can, could와 함께) ...의 맛을 알다(느끼다), ...의 맛을 분간하다. ¶Can you ~ anything strange in this soup? 이 수프 맛이 좀 이상하지 않니? 4 ...을 (조금) 경험하다, 향수(享受)하다. ¶~ freedom 자유를 향수하다/~ the sorrow of parting 이별의 슬픔을 맛보다. 5 ...을 감지하다, 알다. 6 (고어) ...의 맛을 좋아하다; ...을 좋아하다. ── 자 1 맛을 보다, 시식(試食)하다. ¶We ~ with our tongues. 우리는 혀로 맛을 안다. 2 조금 먹다(마시다) (*of*). ¶(~+前+图) ~ *of* whisky 위스키를 조금 마시다. 3 (can과 함께: 부정문에서) 맛을 알다(느끼다, 분간하다). (* 진행형 불가) ¶I can't ~ because of my cold. 감기 때문에 맛을 모른다. 4 (...의) 맛이 나다, 풍미가 있다 (*of*); (...의) 기미가 있다 (*of*). ¶(~+補) ~ good [bad] 맛이 좋다[나쁘다]// (~+前+图) The soup ~s *of* onion. 그 수프는 양파 맛이 난다. 5 (조금) 맛보다, 경험하다 (*of*). ¶~ *of* the joys of life 인생의 기쁨을 맛보다.
on tasting (와인이) 시음용으로, 시음할 수 있는.
taste blood ⇨BLOOD.
── 몡 1 ⓒⓤ 맛; 풍미; (...의) 기미 (*of*). ¶a sweet [bitter] ~ 단[쓴]맛.

유의어 **taste** 「맛」을 뜻하는 가장 일반적인 말. **flavor** 어떤 것에 특유한 (기분좋은) taste. **savor** 식욕을 자극하는 맛에 곁들여 향기를 강조하는 말.

2 ⓒⓤ (종종 the ~, one's ~) 미각. ¶His ~ is very keen. 그의 미각은 매우 예민하다/It is good to the ~. 맛이 좋다. 3 (a ~) 맛보기, 시식, 시음; (구어) 소량(의 음식물), 한 입, 한 모금 (*of*). 4 (a ~, the ~) 좋, 입맛; (따뜻한) 경험 (*of*). ¶get a ~ of adventure 약간 모험을 맛보다. 5 ⓤⓒ 좋아함, 기호, 취미 (*in, for*). ¶a matter of ~ 취미의 문제, (사람의) 취미 여부 // Tastes differ. = There is no accounting for ~s. (속담) 취미는 각인 각색, 십인 십색. 6 ⓤ 심미안, 감식 [감상]력; 미적 감각, 풍류심(心). ¶a man of refined ~ 취미가 세련된 사람. 7 ⓤ 운치, 멋, 모양새; 양식, 스타일; 작풍(作風). ¶a room decorated in the Victorian ~ 빅토리아풍으로 꾸민 방. 8 분별, 이해, 판단력, 세련됨 (*in*). ¶It is bad ~ to give such a party. 그런 파티를 열다니 무분별하군. 9 (한 시대·한 개인의) 미적 관념 [가치관]. 10 (페어) 시도, 시험.
a man of taste 취미를[멋을] 아는 사람, 풍류인.
be in good [bad or **poor] taste** (복장·미술품 따위가) 취미가 좋다[나쁘다]; (행위·발언 따위가) 품위가 있다[없다].
be in the best [worst, poorest] of taste 취미가 아주 좋다[나쁘다]; 매우 고상하다(상스럽다).
get [or **have]** one's **first taste of** ...을 처음으로 경험하다. ┌「경험시키다.
give a person **a taste of** 남에게 ...을 맛보게 하다
have [or **take] a (small) taste of** ...을 (한 입) 맛보다. ┌「...에 대해 심미안이 있다.
have a taste for ...을 좋아하다; ...에 취미가 있다;
have no taste 맛이 없다; 경험이 없다.
in (good) taste 취미가 좋아[고상하여].
leave a bad [or **nasty] taste in the mouth** 뒷맛이 나쁘다, 나쁜 인상을 남기다. ┌류 없는.
out of taste ① 맛을 알 수 없게 되어. ② 멋없는, 풍
to a person's **taste; to the taste of** a person ①...의 기호에 맞는[맞도록], 입맛에 들어맞는. ② (삼입구로) ...의 판단[기호]로서는.
to taste 기호에 따라, 취미에 맞추어.

tasteable   2770   **tautochronism**

to the king's [or **queen's**] **taste** 완전히, 더할 나위 없이, 매우 만족하여, [있는, 풍미가 있는.
taste·a·ble [téistəbl] 형 맛볼 수 있는, 맛을 즐길 수
táste bùd 명 미뢰(味蕾), 맛봉오리(혀의 미각 기관).
taste·ful [téistfəl] 형 1 취미가 좋은, 고상한, 풍류가 있는, 멋있는; 심미안이 있는. 2 (드물게) 맛있는. ~·ly 부 ~·ness 명
taste·less [téistlis] 형 1 맛없는, 무미의. 2 시시한, 재미없는, 따분한. 3 (우수한) 감상력[심미안, 취미]을 갖지 않은, 취미가 나쁜. 4 천격스러운, 풍류 없는, 멋없는, 살풍경한. 5 [고어] 미각이 없는.
~·ly 부 ~·ness 명
taste·mak·er [téistmèikər] 명 인기[유행]을 만들어내는 사람[것]; 유행의 선구자.
tast·er [téistər] 명 1 맛보는 사람, (술·차 따위의) 맛 감정인. 2 품질 검사기, 검사 접시; (버터 따위의) 견본을 빼보는 기구. 3 포도주 시음용 잔; 맛보기[견본]용의 약간의 음식물. 4 피펫(pipette). 5 (역사) 독이 있나 맛보는 사람. 6 (출판사의) 원고 검토자[심사원].
tast·y [téisti] 형 1 맛나는, 맛있는, 풍미있는. ⇒ DELICIOUS [유의어] 2 (구어) 멋진, 점잖은, 고상한. 3 (구어) 흥미를 돋우는. **tást·i·ly** 부 **tást·i·ness** 명
tat[1] [tæt] 타자 (**-tt-**) 태팅(tatting)을 하다, 짜다.
tat[2] = tattoo[3].
tat[3] 명 (英속어) 값싼[낡은] 물건, 넝마; 쓰레기.
tat[4] 명 가볍게 치기, ⊜ tit
tit for tat 맞받아 치기.
── (-**tt**-) 타자 (방언) 가볍게 치다. 「한 주사위.
tat[5] 명 (속어) (4, 5, 6의 세 끝수만 있는) 주사위; 부정
TAT (심리) **t**hematic **a**pperception **t**est (과제 통각 (課題統覺) 검사); (통신) **T**ransatlantic **T**elephone ((미·영·불 3국의) 대서양 횡단 해저 케이블).
ta-ta [tætɑ́:] 감 (英) (어린이말·속어) 안녕, 빠이빠이. ── 명 1 (~s) 산책, 걷기. 2 모자. (또는 **tata, ta ta**)
go (for **a**) **ta-ta** 산책을 나가다, 걸음마하다.
Ta·tar [tɑ́:tər] 명 = Tartar 1, 2. ── 형 = Tartar.
Tátar Autónomous Repúblic 타타르 공화국 (러시아 연방내 자치 공화국의 하나; 수도 Kazan).
Ta·tar·i·an [tɑtɛ́əriən] 형 = Tartarian. (또는 **Tataric**) 「(사할린 사이의 해협).
Tátar Stráit 명 (the ~) 타타르 해협(아시아 대륙과
Ta·ta·ry [tɑ́:təri] 명 = Tartary.
Táte Gállery [téit-] 명 (the ~) 테이트 미술관 (London에 있는 국립 미술관).
ta·ter [téitər] 명 1 (방언) 감자. (또는 **tatie, tato(r), tattie, taty**) 2 (美야구 속어) 싱글 히트; 홈런.
Ta·tha·ga·ta [tətɑ́:gətə] 명 타타가타, 여래(如來) (부처님 이름의 하나). 「절대성.
Ta·tha·ta [tʌ́tətɑ:] 명 (불교) 진여(眞如)(공(空))의
Ta·ti·a·na [tɑtjɑ́:nə] 명 타티아나(여자 이름).
Tá·tra Móuntains [tɑ́:trə-] 명 (the ~) 타트라 산맥 (체코슬로바키아와 폴란드에 걸쳐 있는 산맥).
*__**tat·ter**[1]__ [tǽtər] 명 (~s) 넝마, 누더기(옷); (비유적) 무용지물.
be in tatters 넝마를 걸치고 있다. 「무용지물.
tear to tatters 갈가리 찢다; (비유적) 분쇄하다.
── 타자 …을 나달나달하게 해뜨리다, 잡아뜯다. ── 자 나달나달하게 해지다, 갈가리 찢(어지)다. **-ter·y** 형
tat·ter[2] 명 tatting을 하는 사람.
tat·ter·de·mal·ion [tǽtərdiméiljən] 명 누더기 [넝마]를 입은 사람. ── 형 누더기의[를 입은]; (건물 따위가) 황폐한.
tat·tered [tǽtərd] 형 넝마의; 누더기를 입은; (건물 따위가) 황폐한, 부서진; (비유적) 붕괴한.
tat·ter·sall [tǽtərsɔ̀:l] 명 □ 태터설 무늬 직물(격자무늬의 천). (또는 ~ **check**) ── 형 태터설 무늬의 (직물로 된). 「(馬) 경매 회사.
Tat·ter·sall's [tǽtərsɔ̀:lz] 명 (London의) 경주마
tat·tie [tǽti] 명 = tatty[2].

tat·ting [tǽtiŋ] 명 □ 태팅(레이스 뜨기); 태팅으로 뜬 레이스.
tat·tle [tǽtl] 자타 1 비밀을 누설하다, 고자질하다, 나러바치다 (on). 2 잡담을 늘어놓다, 쓸데없는 말을 지껄이다 (about, over). ── 명 □ (비밀 따위)를 지껄여서 누설하기; (…의 일을) 함부로 지껄이기. ── 명 (남의) 비밀을 누설하기, 고자질; 객담, 수다, 세상 이야기, 소문 이야기. **-tling·ly** 부 쓸데없이 재잘거려[종알대며 이야기하며].
tat·tler 명 1 수다쟁이, 잡담을 늘어놓는 사람; (남의) 비밀을 누설하는 사람. 2 (조류) 노랑발도요.
tat·tle·tale [tǽtltèil] 명 (美·캐나다) (남의 비밀을 옮기는) 수다쟁이. 2 = tachograph. ── 형 비밀을 누설[폭로]하는. ── 타자 (…을) 고자질하다.
táttletale gráy 명 회색이 도는[칙칙한] 흰색.
tat·too[1] [tætú:] 명 (軍) (~s) 1 (군대의) 귀대(歸隊) 나팔[북]; 폐문 신호. 2 둥둥[똑똑] 두드리는 소리. 3 (英) (야간에 야외에서 행하는) 군악 행진.

beat the [or **a**] **devil's tattoo** (언짢음·조바심·흥분 따위로) 책상 따위를 손가락으로 톡톡 두드리다, 탕탕 두드리다. 「탕 바닥을 구르다,
tat·too[2] 명 (~s) 문신(文身). ── 동타 (피부)에 문신을 하다; …을 (…에) 문신하다 (on). ¶ ~ **a rose on one's back** 등에 장미를 문신하다. ~**·er**, ~**·ist** 명
tat·too[3] 명 (~s) (인도산(産)) 조랑말.
tat·ty[1] [tǽti] 형 (구어) 초라한, 넝마의; 싸구려의, 낡은; 칙칙한. **-ti·ly** 부 **-ti·ness** 명 「는 **tattie**)
tat·ty[2] (인도에서 물에 적셔 창에 치는) 멍석발. (또
Ta·tum [téitəm] 명 테이텀. 1 **Art ~** (1910-56: 미국의 재즈 피아니스트). 2 **Edward Lawrie ~** (1909-75: 미국의 생화학자; 노벨 생리·의학상 수상(1958)).
tau [tau, tɔ:] 명 1 그리스어 알파벳의 열아홉째 자 (Τ, τ) (영어의 T, t에 해당). 2 (물리) = ~ **lepton**.
táu cròss 명 T자형 십자가.
‡**taught** [tɔ:t] 동 teach의 과거·과거분사.
táu lèpton [-léptən] 명 (물리) 타우 렙톤(전자보다 약 3,500배의 질량을 가진 불안정 경립자(輕粒子); 기호 Τ).
táu neutrìno (물리) 타우 중성미자(微子)(가상적인 것). (또는 **tau·ón·ic neutrìno** [tɔːánik-/-ɔ́n-])
taunt[1] [tɔ:nt, tɑ:nt] 타자 1 …을 욕하다; …을 조소하다, 비웃다 (with, for). ¶ ~ **a person with** his **conduct** 남의 행동을 조소하다. 2 …을 욕하여[비웃어] 도발하다 (into). ── 명 1 (~s) 조소, 냉소, 통렬한 비꼼[비아냥]. 2 (페어) 조소의 대상, 웃음거리.
~**·er** 명 ~**·ing·ly** 부 조롱[냉소]하여, 입정 사납게.
taunt[2] 형 (해사) (돛대가) 몹시 높은.
Taun·ton [tɔ́:ntn, tɑ́:n-] 명 1 탄턴(미국 Massachusetts 주의 도시). 2 톤턴(잉글랜드 Somersetshire 주의 도시).
táu pàrticle (물리) = tau lepton. 「주의 주도).
taupe [toup] 명 □ 짙은 회색. ── 형 진회색의.
tau·rine[1] [tɔ́:rain, -rin] 형 1 황소의[같은]. 2 (천문) 황소자리의, (12궁(zodiac) 중의) 금우궁(金牛宮)의.
tau·rine[2] [tɔ́:ri(:)n] 명 (화학) 타우린(동물의 담즙에서 얻어지는 중성의 결정 물질).
tau·rom·a·chy [tɔːrɑ́məki/-rɔ́m-] 명 □ 투우(술). **tau·ro·ma·chi·an** [tɔ̀:rəméikiən] 형
Tau·rus [tɔ́:rəs] 명 (천문) 황소자리(the Bull); (점성) 금우궁(金牛宮)(12궁의 하나). ⇒ ZODIAC 그림.
taut [tɔ:t] 형 1 (해사) (밧줄이) 팽팽히 켕긴; (배가) 잘 정비된, 정돈된. 2 긴장된, 굳어진 (**with**). 3 (문장 따위·소리 따위가) 깔끔한, 정확한; (옷차림이) 단정한. 4 엄격한, 엄한. ~**·ly** 부 ~**·ness** 명
taut. tautological; tautology.
taut·en [tɔ́:tn] 자타 (밧줄 따위)를 팽팽히 치다[켕기다], 바짝 죄다. ── 자 바짝 죄어지다, 긴장하다.
tau·to- [tɔ́:tou, -tə] 연결 same의 뜻(* 모음 앞에서는 **taut-**). 「tautology.   「곡선.
tau·tol·o·gy 1 *tautology*.
tau·to·chrone [tɔ́:təkròun] 명 (물리) 등시(等時)
tau·toch·ro·nism [tɔːtɑ́krənizm/-tɔ́k-] 명 등시성(性).

tau·tog [tɔːtɔ́ːɡ, -tǎɡ/-tɔ́ɡ] 图 (북미 대서양 연안산 (産)의) 양놀래기과(科)의 식용어.
tau·to·log·i·cal [tɔ̀ːtəládʒikəl] 图 동의어[유어(類語)]의, 동의어를 반복하는, 용언(冗言)의. (또는 **tautologic**) **~·ly** 图
tau·tol·o·gist [tɔːtáləʤist/-tɔ́l-] 图 동의어[유어]를 반복하는 사람, 용언(冗言)을 사용하는 사람.
tau·tol·o·gize [tɔːtáləʤàiz/-tɔ́l-] (* 英 **-gise**) 图图 동의어[유어]를 반복하다, 용언(冗言)을 사용하다.
tau·tol·o·gous [tɔːtáləɡəs] 图 = tautological. **~·ly** 图
tau·tol·o·gy [tɔːtáləʤi/-tɔ́l-] 图UC 1 동의어 중복, 첩구(疊句)(유사한 뜻의 어구를 거듭하는 표현); 중복어. 2 [논리] 동어 반복(문); 항진(恒眞) 논리식. 3 (경험·행위 등의) 반복.
tau·to·mer [tɔ́ːtəmər] 图 [화학] 호변이성체(互變異性體).
tau·tom·er·ism [tɔːtámərìzm/-tɔ́m-] 图U [화학] 호변이성(互變異性)(유기 화합물의 몇 가지 이성체가 혼합된 채 서로 변환하며 평형을 지니고 있는 현상). **tàu·to·mér·ic** 图
tau·tom·er·ize [tɔːtámərâiz] 图 호변이성(互變異性)하다[하게 되다]. **-iz·a·ble** 图 **-i·zá·tion** 图
TAV (항공) transatmospheric vehicle (천(遷)) 대기권 비행체).
***tav·ern** [tǽvərn] 图 선술집; 여인숙. **~·less** 图
ta·ver·na [təvɛ́ːrnə, -vέər-] 图 타베르나(그리스의 작은 레스토랑). 「주인; 선술집의 단골.
tav·ern·er [tǽvərnər] 图 (고어) 선술집[여인숙]의
távern táble 图 (18세기 선술집의) 소형 테이블.
taw¹ [tɔː] 图 1 돌뛰기기, 뛰김돌: U 돌뛰기기 놀이. 2 (또는 ~ **line**) 돌뛰기기 놀이의 개시선; (비유) 출발점. **come [bring] to taw** (경기의) 출발점에 서다[서게 —③图 돌뛰기기(놀이)를 하다. 「하다].
taw² 图 1 (원료를) 가공하다. 2 (소금·백반 따위로) (생가죽을) 무두질하다. 3 (고어) (채찍 따위로) …을 치다, 두드리다. **∠·er, ∠·er·y** 图
taw·dry [tɔ́ːdri] 图 야한, 번쩍거리는, 값싸고 번지르르한; 비열한, 속된. ─U 야한 장식, 값싸고 번지르르한 복장[장식]. **-dri·ly** 图 **-dri·ness** 图
taw·ie [tɔ́ːi] 图 (스코) (온)순한, 다루기 쉬운.
***taw·ny** [tɔ́ːni] 图 황갈색의 (美속어) 근사한, 최고의. ─U 황갈색(의 의복·천). **-ni·ly** 图 **-ni·ness** 图
taws [tɔːz] 图 (단·복수 양용) (스코) 1 수공 방적에서 실꾸리를 돌리는 가죽끈. 2 (학생을 별주는) 가죽채찍; (the ~) (단수취급) 채찍질. ─③图 채찍으로 때리다. (또는 **tawse**)
‡**tax** [tæks] 图 (图 **~·es** [-iz]) 1 UC 세, 조세; 세금 (*on, upon*). ¶an income ~ 소득세 / national [local] ~es 국지방]세 / a direct [an indirect] ~ 직접[간접]세 / pay one's ~es 세금을 내다. 2 (a ~) (…에 대한) 부담, 무거운 짐, 의무 (*on, upon*). ¶a heavy ~ on one's health 건강에 무리한 일 / be a great ~ on one's time 매우 많은 시간을 필요로 하다. 3 (美) (회·조합 따위의) 회비, 분담액. 「에, 세전(稅前)에. **before [after] tax(es)** 세금을 포함하여[때고 난 후 **free of tax** 무세(無稅)로[의], 면세로[의].
lay [or *levy*] *a tax on* …에 세금을 부과하다.
─图. ─**·es** [-iz], ─**·ed** [-t]) 1 (…에) 과세하다, 세금을 매기다. ¶~ imports 수입품에 과세하다. 2 …에 무거운 짐을 지우다, …을 혹사하다. ¶The reading in a dim light ~es the eye. 침침한 불빛 아래서 독서하면 눈에 해롭다. 3 …을 책망하다, 비난하다 (*for, with*). ¶(~ + 图 + 前 + 名) ~ a person *with* a fault 남의 과실을 책망하다. 4 (고어) [소송 비용을] 사정(査定)하다. 5 (구어) (회비 따위) 를 징수하다, 할당하다. ─③ 과세하다. 「내게 하다.
tax a person's strength 남을 혹사하다, 체력을 짜

tax one's ingenuity 궁리를 다하다, 머리를 짜내다.
tax...to the bone …에게 중세를 부과하다.
∠·er 图
tax·a [tǽksə] 图 taxon의 복수형.
tax·a·ble [tǽksəbl] 图 1 과세할 수 있는, 과세 대상이 되는. 2 (법정이 원고·피고에게) 법적으로 당연히 청구할 수 있는. ─ 图 (~s) 과세 대상자; 과세 물품. **-bíl·i·ty, ~·ness** 图 **-bly** 图
táxable yéar 图 = tax year.
‡**tax·a·tion** [tækséiʃən] 图U 1 과세, 징세. ¶ ~ at the source 원천 과세 / progressive ~ 누진 과세. 2 조세, 세(액). ¶impose ~ upon …에 과세하다. 3 세수, 조세 수입. 4 (법률) 소송 비용의 사정(査定).
be exempt from taxation 면세되다.
be subject to taxation 과세 대상이 되다.
~·al 图
táx avóidance 图 (합법적인) 과세 회피, 절세(節稅).
tax·back [tǽksbæ̀k] 图 국세의 무조건 지방 교부.
táx báse 图 과세 표준, 세(액) 기반.
táx bréak 图 세제 특혜, 세금 우대 조치.
táx colléctor 图 징세 관리, 세무서원.
táx crédit 图 세액 공제.
táx créep 图 택스 크립(누진 세율로 인한 세액 증가).
táx cút 图 감세(減稅).
táx dáy 图 납세 기일. 「할 수 있는.
tax-de·duct·i·ble [´-didʌ́ktəbl] 图 소득에서 공제
táx dedúction 图 과세 공제(액, 항목).
tax-de·ferred [´difə́ːrd] 图 과세 유예의.
táx dísc 图 (英) (자동차세의) 납세필 증지.
tax-dodg·er [´dɑ̀dʒər/-dɔ̀dʒ-] 图 탈세자.
tax-dodg·ing [´dɑ̀dʒiŋ/-dɔ̀dʒ-] 图 탈세하는. ─图 탈세. (또는 **táx dòdge**)
táx dúplicate 图 부동산 평가 증명서; 세무 등본.
táx(ed) cárt 图 (옛날 영국의) 면세 짐마차.
tax·eme [tǽksiːm] 图 (언어) 문법 특성소(特性素).
tax·é·mic 图
táx evásion 图 (허위 신고에 의한) 탈세.
tax-ex·empt [´iɡzémpt/-iɡzémpt] 图 면세의, 비과세의. 「자.
táx èxile [**expàtriate**] 图 (탈세하기 위한) 국외 이주
táx fàrmer 图 세금 징수 도급인.
tax·fla·tion [tæksfléiʃən] 图 (경제) 택스플레이션 (높은 과세율로 인한 인플레이션).
tax-free [´fríː] 图 면세의, 무세(無稅)의.
tax-gath·er·er [´ɡæ̀ðərər] 图 (고어) = tax collector. **táx-gàth·er·ing** 图
táx háven 图 (美) 세금[조세] 피난지(외국 투자가의 입장에서 본 제과세 혹은 저과세 국가[지역]).
‡**tax·i** [tǽksi] 图 (图 ~**·es** [-z]) 택시; 택시처럼 영업하는 것[배, 비행기]. ─ 图 (~**(e)s** [-z]; ~**ed**; **~·ing, tax·y·ing**) ㉑ 1 택시로 가다. 2 (비행기가) 유상(수상) 활주하다. ─㉑ (비행기)를 육상[수상]으로 주행시키다.
tax·i·cab [tǽksikæ̀b] 图 택시(taxi). 「활주시키다.
táxi dáncer 图 직업 여성 댄서.
tax·i·der·my [tǽksidə̀ːrmi] 图U 박제술.
∠·dér·mal, ∠·dér·mic **-dér·mist** 图
táxi dríver 图 택시 운전 기사.
táxi fáre 图 택시 요금. 「자력으로 주행하는 것).
tax·i·ing [tǽksiiŋ] 图 지상 주행(항공기가 활주로에서
Tax·i·la [tǽksilə] 图 택실라(파키스탄의 라발핀디 (Rawalpindi) 부근의 불교 유적).
táxi líght 图 (공항의) 유도등.
tax·i·man [tǽksimæ̀n] 图 =taxi driver.
tax·i·me·ter [tǽksimìːtər] 图 (택시의) 요금 표시기.
tax·ine [tǽksi(ː)n] 图U 택신(은행잎·열매 따위에 들어 있는 유독 물질). **∠·ly** 图
tax·ing [tǽksiŋ] 图 애먹이는, 짐이 되는, 힘든.
tax·i·plane [tǽksiplèin] 图 (관광용의) 전세 비행기.
táxi ránk 图 (英) = taxi stand, cabstand.

tax·is¹ [tǽksis] 명 (복 **tax·es** [tǽksi:z]) 1 배열, 순서. 2 (생물) 주성(走性), 추성(趨性)(외부 자극에 대한 정향적(定向的) 운동). 3 (외과) (절개하지 않고 하는 탈장 따위의) 정복술(整復術). 4 (고대 그리스의) 대대(大隊). 5 (동물) 분류(법). 6 (문법) (단어의) 배열, 어순. 7 (건축) 배열.

tax·is² [tǽksi:z] 명 taxi의 복수형. [parataxis

-tax·is [tǽksis] 연결 arrangement, order의 뜻. ¶

táxi squàd 명 (美) 연습 상대로 고용된 축구 선수단.
　táx·i-squàd 형 　**táx·i-squàd·der** 명

táxi stand 명 택시 승차장.

táxi strip 명 = taxiway. 「(誘導路)

tax·i·way [tǽksiwèi] 명 (항공) (비행장의) 유도로

tax·less [tǽkslis] 형 = tax-free. **~·ly** 부

táx lèvy 명 과세, 세징수. **~·ness** 명

táx lòss 명 (법인세 따위에서) 과세 대상 이익에서 공제할 수 있는 손실.

tax·man [tǽksmæ̀n] 명 (구어) = tax collector.

tax·mo·bile [tǽksmoubì:l] 명 (美) 순회 세금 상담 차량; (버스 따위에 의한) 이동식 세금 상담소.

tax·o- [tǽksou, -sə] 연결 「순서, 배열」의 뜻. ¶ *tax*onomy. (또는 **tax(i)-**)

tax·ol [tǽkso:l] 명 택솔(주목(朱木)에서 얻는 항암제).

tax·ol·o·gy [tæksɑ́lədʒi/-sɔ́l-] 명 = taxonomy.

tax·on [tǽksɑn/-sɔn] 명 (복 **tax·a** [tǽksə]) (생물) 분류군(分類群).

taxon. taxonomic; taxonomy.

tax·o·nom·ic [tæksənɑ́mik/-nɔ́m-] 형 분류의, 분류학상의. **~·al** 형 = **taxonomical**. **-i·cal·ly** 부

tax·on·o·my [tæksɑ́nəmi/-sɔ́n-] 명 1 분류(법). 2 (생물) 분류학. **-mer, -mist** 명

tax-paid [tǽkspèid] 형 (징수된) 세금에서 봉급이 지급되는. ¶ ~ teachers 국공립 학교 교사들.

***tax·pay·er** [tǽkspèiər] 명 납세자, 과세 대상자. (또 **táx ràte** 명 세율, 과세율. 는 **táx-pàyer**)

táx relief 명 세금의 경감[면제].

táx retùrn 명 (납세를 위한) 소득 신고서.

táx rèvenue 명 세수(입). 「납세작 반란.

táx revòlt [rebéllion] 명 (美) (조세 저항에 의한)

táx sàle 명 세금 체납 처분 공매.

táx sélling 명 (연말의) 절세를 위한 증권 매각.

táx shèlter 명 1 탈세를 위한 위장. 2 = tax haven. 　**táx-shèl·tered** 형

táx stàmp 명 징세 검인, 납세필 증지(證紙).

táx tìtle 명 (법률) (조세 체납으로) 공매된 물건의 매수인이 취득한 권리.

táx tòken 명 (美속어) = tax disc.

táx yèar 명 과세 연도(financial year).

Tay·lor [téilər] 명 테일러. 1 Elizabeth ~ (1932- : 영국 태생의 미국 여배우). 2 Frederick Winslow ~ (1856-1915: 미국의 발명가)(@ Taylor system). 3 Zachary ~ (1784-1850: 미국 제12대 대통령).

Táylor sỳstem 명 (the ~) (경영) 테일러 시스템 (작업의 과학적·시간적 관리를 꾀하는 제도).

Táy-Sáchs (disèase) [téisǽks-] 명 (병리) 테이색스병(가족성 흑내장성(黑內障性) 백치(白痴)).

Tay·side [téisàid] 명 테이사이드(1975년에 신설된 스코틀랜드 동부의 자치주: 주도 Dundee). 「(<It)

taz·za [tɑ́:tsə] 명 (복 ~s) 높은 굽이 달린 접시, tb tablespoon(ful), **Tb** (화학) terbium. **TB, T.B.,**

Tb torpedo boat; tubercle bacillus; tuberculosis.

t.b. trial balance; tubercle bacillus; tuberculosis.

t.b.a., tba, TBA to be announced(미정: 후에 알림). 「(帶).

T-band·age [ti:bǽndidʒ] 명 T자형 붕대, T자대

T-bar [tí:bɑ̀:r] 명 1 (건축) T형 강철. 2 = lift.

T-bar lìft 명 티바 리프트(거꾸로 된 T자형 가로대에 하나씩 두 사람을 운반하는 스키 리프트). (또는 **T-bar**)

TBD torpedo-boat destroyer.

Tbi·li·si [təbəlí:si] 명 트빌리시(Tiflis의 정식 명칭: 그루지야(Gruziya) 공화국의 수도). 「(bill).

T-bill [tí:bìl] 명 미국 재무부 단기 증권(U.S. Treasury

TBO time between overhauls (오버홀 간격).

T.B.O. (연극) total blackout (완전 소등).

T-bone stéak [tí:bòun-] 명 UC 티본 스테이크(T 자형의 뼈가 붙은 소의 허리 고기의 스테이크). (또는 **T-bone**)

TBS (美) Turner Broadcasting System(CNN의 모회사). **tbs., tbsp.** tablespoon(s); tablespoonful(s). **Tc** ⑦ (화학) technetium. **TC** (美) Tax Court; Teachers College; time check; (의학) total cholesterol; total cost; traveler's check; true course; Trustee Council (of the UN) ((UN) 신탁 통치 이사회); twin carburettors. **T/C** traveler's check (여행자 수표). **T.C.** Tank Corps; (美) Tax Court; Teachers College; temporary constable; total communication (청각 장애자를 위한 종합 전달법); Town Council[Councillor]. **TCA** (항공) terminal control area. **TCAS** traffic alert and collision avoidance system (항공 관제 충돌 경고 회피 시스템).

T.C.B. (구어) (just) taking care of business (해야 할 일을 하여, 여전히); (컴퓨터) task control block (태스크 제어 블록). **TCBM** transcontinental ballistic missile. **T.C.D.** Trinity College, Dublin.

TCDD tetrachlorodibenzo-p-dioxin(=dioxin).

T cèll 명 (면역) T세포(흉선(胸腺) 의존성 림프구(球)).

Tchai·kov·sky [tʃaikɔ́:fski, -kɑ́f-] 명 **Peter Ilyich** ~ 차이코프스키(1840-93: 러시아의 작곡가). (또는 **Tschaikovsky**)

tchg., Tchg. teaching.

tchick [tʃik] 명 쩌쩌, 쯔쯔(말을 몰 때 혀차는 소리). —통 쩌쩌(쯔쯔) 혀를 차다.

tchotch·ke [tʃɑ́:tʃkə] 명 (美속어) 장식용의 자질구레한 물건. (또는 **chotchke**)

TCM (컴퓨터) thermal conduction module(열전도 모듈); trellis-code modulation (모뎀용 고속 변조법의 하나). **TCP/IP** (컴퓨터) transmission control protocol/intent protocol(통신망 접속 표준 통신 규약).

TCS target cost system; (컴퓨터) terminal control system; traffic control system. **tctl.** tactical. **TD** table of distribution; tank destroyer; (美) Tax Division; time deposit; tons per day; touchdown(s). **T/D** time deposit; tons per day.

T.D. technical director; Telegraph [Telephone] Department; Traffic Director; Treasury Department. **TDB** Total Disability Benefit; (UN) Trade and Development Board((UN) 무역 개발 이사회).

TDD Telecommunications Devices for the Deaf.

TDE (상업) telephone data entry(전화를 이용한 데이터 입력). **TDM** (컴퓨터) time division multiplexing(시(時)분할 다중 방식). **TDMA** (컴퓨터) time division multiple access(시(時)분할 다중(多重) 액세스). **TDN, t.d.n.** totally digestible nutrients (가소화(可消火) 양분 총량). **TDO** tornado. 「은 드레스).

T-dress [tí:drès] 명 T 드레스(T셔츠를 길게 한 것 같

TDRS tracking and data relay satellite(추적 데이터 중계 위성). **TDS** total dissolved solids(전용(全溶) 용유 농도). **TDY** temporary duty. **TDZ** (항공) touchdown zone(접지대(接地帶)).

te [tei/ti:] 명 (음악) 음계의 일곱째 음(ti).

Te ⑦ (화학) tellurium. **TE** table of equipment(장비표); tamper-evident.

‡**tea** [ti:] 명 (복 ~**s** [-z]) 1 차나무; U 차잎사귀, (가공한) 차. ¶ black [green] ~ 홍[녹]차/coarse ~ 엽차/Ceylon ~ 실론 차/pick [or gather] ~ 차잎을 뜯다 [따다]. 2 UC (음료로서의) 차, 티, (홍)차. ¶ a cup of ~ 차 한 잔/cold ~ 냉차/(속어) 술/early ~ 조반 전

의 차 / strong [weak] ~ 진한[연한] 차 / serve [or offer] ~ 차를 내다[대접하다]. **3** ⓤ (차 비슷한) 달여낸 즙. ¶beef ~ 쇠고기 수프. **4** ⓤⓒ (英) (오후의) 차, 티 (* 영국·유럽에서 오후 5시경에 먹는 간식; afternoon [five o'clock] ~ 라고도 한다). **5** (차·커피 따위가 나오는) 오후의 초대, 다과회. **6** (俗語) = marijuana.
ask a person to tea 남을 차 대접하려고 초청하다.
be at tea 오후의 간식[차]을 들고 있다. 「을 가다.
go (out) for one's tea (北아일 俗語) 위험한 심부름
have [or take, drink] tea 차를 마시다.
make tea 차를 끓이다[달이다].
not for all the tea in China (구어·익살) (어떤 포상을 준다 해도) 절대로 …하지 않다.
one's cup of tea ⇒ CUP OF TEA 2. 「야기하다.
over tea 차를 마시면서. ¶talk over ~ 차를 마시며 이
take tea with (俗語) …와 교제하다.
tea and sympathy (구어) 불행한 사람에 대한 친절[호의]; (말뿐인) 동정, 위로.
That's another cup of tea. (구어) 그것은 전혀 딴 것이[이야기]다.
wet the tea (英俗語) 차를 끓이다.
─ⓘ 차를 마시다; 가벼운 식사를 하다. ─ⓣ …에게 차를 대접하다.
teaed [or *teed*] *up* (美俗語) 마리화나에 취하여, 취
∼·**less** 「한.
Téa Act 图 (the ~) [美역사] 다세법(茶稅法) (미국 내 차의 판매 독점권을 동인도회사에 준 영국 법령(1773)).
téa bàg 图 티 백(1인분의 차를 넣은 종이[천] 주머니).
téa bàll 图 티 볼(차를 거르는 공 모양의 용기).
téa bàsket 图 (英) 도시락용 바구니. 「열매.
tea-ber-ry [tí:bèri/-bəri] 图 (식물) 바위앵도류의
téa bíscuit 图 (오후에 차 마실 때 나오는) 비스킷.
téa bòard 图 (나무로 만든) 찻 쟁반.
téa bréak 图 (英) 차 마시는 (휴게) 시간. 同 coffee break
téa càddy 图 (英) 차 넣는 통, 차항아리, 차관(茶罐).
téa-cake [tí:kèik] 图 차 마실 때 먹는 과자[케이크].
tea-cart [tí:kà:*r*t] 图 = tea wagon.
téa cèremony 图 다도(茶道).
‡**teach** [ti:tʃ] ⓥ (∼*es* [-*iz*]; *taught*) ⓣ **1** (학과) 를 가르치다, …을 교수하다 (*to, that* 節). ¶~ a large class 큰 학급을 가르치다 // ~ a person English; ~ English *to* a person 남에게 영어를 가르치다 // I was *taught* that two sides of a triangle are greater than the third. 나는 삼각형의 두 변은 다른 한 변보다 크다고 배웠다.
2 …에게 교습하다; …을 훈련하다, 길들이다 (*to do, wh. to do, wh*. 節). ¶~ a dog *to* beg 개에게 앞발을 드는 것을 가르치다 / ~ children *to* be honest 아이들에게 정직해야 한다고 가르치다 // ~ a person *how to* drive a car 자동차 운전을 가르치다.
3 (경험·사실 따위가) …을 가르치다, 깨닫게 하다 (*that* 節, *wh*. 節). ¶The sufferings *taught* them the worth of liberty. 그 고난이 그들에게 자유의 가치를 깨닫게 했다 // Experience ∼*es* us *that* our powers are limited. 경험이 우리의 힘에 한계가 있다는 것을 깨닫게 해준다.

> (유의어) **teach** 「가르치다」라는 뜻의 가장 일반적인 말. **instruct** 필요한 지식·기술을 계통적인 방법으로 가르치다. **educate** teach 또는 instruct함으로써 남의 잠재적 능력·특질을 끌어내 주다. **train** 특정한 작업·일 따위에 적합하도록 훈련하다.

4 (구어) (…하면 어떻게 되는지) 뼈저리게 느끼게 해주다, …을 혼내 주다 (*to do*). ¶I will ~ you *to* tell a lie. 거짓말하면 어떻게 되는지 따끔한 맛을 보여주겠다.
─ⓘ 가르치다, 교수하다; 교사[선생] 노릇을 하다 (*at, in*). ¶She ∼*es at* [or *in*] a high school. 그녀는 고등

학교 교사이다. 「따끔한 맛을 보이다.
teach a person manners [or *a lesson*] 남에게
teach oneself 독학[자습]하다.
teach one's grandmother [or *granny*] (*to suck eggs*) (英) 부처님에게 설법하다.
teach school 교사로서 일하다, 선생 노릇을 하다.
That'll teach you. (구어) (익살) 따끔한 맛을 보게 될 거다, 혼날 거다.
─图 (俗語) 선생, 훈장(teacher).
teach·a·bil·i·ty [ti:tʃəbíləti] 图ⓤ **1** 교육용으로서의 적합성. **2** 학습 능력.
teach·a·ble [tí:tʃəbl] 휑 **1** (학과가) 가르치기 쉬운, 가르칠 수 있는. **2** (사람이) 가르침을 잘 받는, 순한 (docile). ∼·**ness** 图 **-bly** 图
‡**teach·er** [tí:tʃər] 图 (ⓟ ∼*s* [-z]) **1** 교사, (담임) 선생, 가르치는 사람. ¶a ~ of English; an English ~ 영어 교사. **2** 설교사.
be one's own teacher 독학[독습]하다.
∼·**less** 휑
téacher búrnout 图 교사 피로 현상(학생들의 악행으로 교사가 학교를 쉬거나 그만두는 현상).
téacher's áid [tí:tʃərz-] 图 교사의 조수.
téachers còllege 图 (4년제의) 사범[교육] 대학.
teach·er·ship [tí:tʃərʃip] 图ⓤ 교직, 교사로서의 신분[지위]. 「에 아첨하는 사람.
téacher's pét 图 **1** 선생님이 귀여워하는 학생. **2** 권위
téa chèst 图 차 넣는 통, 차 상자.
teach-in [tí:n] 图 (사회 문제의 어떤 방법으로 대학에서 교수와 학생들의 장시간 토론 집회).
‡**teach·ing** [tí:tʃiŋ] 图 (ⓟ ∼*s* [-z]) **1** ⓤ 가르치기, 교육, 가르치는 직업. **2** ⓤ 가르침을 받기; 교습 (받음). **3** (∼*s*) 가르침, 교훈, 교리(敎理). ¶the ∼*s* of Confucius 공자의 가르침.
téaching áid 图 교구(敎具), 보조 교재.
téaching élder 图 (장로 교회의) 지도자적(的) 성직자[목사]. 「(받는) 대학원생, 조교.
téaching féllow 图 (수업을 보좌하고 학위 면제를
téaching féllowship 图 교직 의무를 지는 장학금.
téaching hòspital 图 의과 대학 부속 병원.
téaching machìne 图 티칭 머신, 교육 기기(機器).
téaching práctice 图 (英) 교육 실습((美) student teaching).
téaching proféssor 图 (research professor가 아닌) 교육 전문 교수.
teach·ware [tí:tʃwèər] 图 시청각 교재.
téa clòth 图 식탁보; 찻잔용 행주. 「니.
téa còzy 图 찻병 덮개(차가 식지 않도록 하는 솜주머
tea·cup [tí:kλp] 图 (홍차용) 찻잔; = teacupful.
a tempest [or *storm*] *in a teacup* [or *teapot*] 찻잔 속의 폭풍, 내분, 집안 싸움; 괜한 소동. 「양).
tea·cup·ful [tí:kλpfùl] 图 (ⓟ ∼*s*) 찻잔 한 잔(의
téa dánce 图 차를 대접하는 오후의 무도회.
téa fíght 图 (구어) = tea party 2. 「차를 파는 매점.
téa gárden 图 **1** 차밭, 다원(茶園). **2** (공원 따위의)
téa gòwn 图 (여성의 낙낙한) 티회복(茶會服).
Teague [ti:g] 图 (경멸적) 아일랜드 사람.
téa hóund 图 **1** 다과회에 자주 나가는 사람. **2** 연약한 사내.
tea-house [tí:hàus] 图 (ⓟ **-hous·es** [-hàuziz]) **1** (동양의) 다방, 찻집. **2** (英) 차 수입 회사.
teak [ti:k] 图 티크나무; ⓤ 티크재(조선·가구용).
tea-ket·tle [tí:kètl] 图 **1** 주전자, 차탕관(茶湯罐). **2** (美俗語) 작은 라디오 방송국. **3** (美) 낡은 기관차.
ass over teakettle 완전히 거꾸로.
teak·wood [tí:kwùd] 图 ⓤ 티크재.
teal [ti:l] 图 **1** (ⓟ ∼**s**) 상오리. **2** ⓤ (또는 ∼ **blúe**) 짙은 청록색. 「항공(회사)).
TEAL *Tasman Empire Air Lines*(뉴질랜드의 타스만

téa làdy 몡 (英) (회사 따위에서) 차 시중드는 여자.
téal blúe 몡 짙은 청록색.
tea-leaf [tíːliːf] 몡 1 차 잎사귀. 2 (-leaves) 차 찌꺼기. 3 (英속어) 도둑.
‡**team** [tiːm] 몡 (⑧ ~s [-z]) 1 (경기 따위의) 팀, 한 쪽 패, 조(組).¶ a baseball ~ 야구 팀/a ~ race 단체 경주. 2 한 동아리의 직공. 3 (수레 따위에 맨) 한 떼의 소(말 따위). 4 (고어) (가축의) 같은[한] 배의 새끼. 5 (폐어) 자손; 종족, 부족. 「문가.
a whole [or **full**] **team** (구어) 능력 있는 사람, 전
be on a team 팀에 속해 있다.
— 통타 1 (소·말 따위를) 수레에 매다; …을 한 떼의 말[소]로 나르다[끌다]. 2 (일)을 하청인에게 내주다.
— 통자 1 한 떼의 말[소]을 몰다. 2 한 패가 되다, 협력 [협동]하다(up).
team up with …와 협동[협력]하다.
— 통 팀의, 팀에 의해 행해지는.
téa màker 몡 (구멍이 뚫린 스푼 모양의) 차 거르개.
tea-man [tíːmæn] 몡 1 차(茶)장수. 2 (英속어) 저녁 식사 때 1파인트의 차를 마실 수 있는 허락을 받은 죄 「수.
team·er [tíːmər] 몡 = teamster 1.
téam fóul 농구) (개인의 파울을 합계한) 팀 파울.
téam hàndball 몡 7인제 핸드볼.
team·mate [tíːmmèit] 몡 같은 팀의 사람[동료].
téa mòney 몡 (뇌물성) 사례금.
téam pláy 몡 팀 플레이; 공동 동작; 협력.
téam pláyer 몡 팀 플레이를 잘 하는 사람.
téam spírit 몡 1 단체 정신, 협동 정신. 2 (T–S–) 팀 스피리트(1976년부터 실시된 한·미 합동 군사 훈련).
team·ster [tíːmstər] 몡 1 (소·말 따위)를 부리는 사람; 트럭 운전사. 2 (美) Teamsters Union의 조합원.
Téamsters Únion 몡 (the ~) 전미(全美) 트럭 운전사 조합(정식 명칭은 The International Brotherhood of Teamsters, Chauffeurs, Warehousemen and Helpers of America).
téam téaching 몡 (교육) 협력 교수(두 명 이상이 협동하여 가르치는 교수법). **téam-téach** 통재 (작업).
team·work [tíːmwə̀ːrk] 몡ᐁ 팀워크, 협력, 협동.
tea-of-heav·en [-ʌvhévən] 몡 산수국(한국·일본산(產)의귀과(科)의관목).
téa pàrty 몡 1 (오후의) 다회(茶會), 다과회. 2 (속어) 말다툼, 언쟁. 3 (美) 분쟁 (행위). ⇒ BOSTON TEA PARTY. 4 (美속어) 마리화나 파티.
téa plànt 몡 차나무(어린 잎을 차로 사용한다).
tea-plan·ter [-plæ̀ntər] 몡 차 재배자, 다원(茶園)
tea·pot [tíːpὰt/-pɔ̀t] 몡 찻병, 찻주전자. 「경영자.
a storm [or **tempest**] **in a teapot** ⇒ TEACUP.
on the teapot (英구어) 금주(禁酒)하여.
tea·poy [tíːpɔi] 몡 차 탁자, (삼각의) 작은 탁자.
‡**tear¹** [tiər] 몡 (⑧ ~s [-z]) 1 (~s) 눈물. ¶~s of joy 기쁨의 눈물/Tears ran down her cheeks. 눈물이 그녀의 뺨을 흘러내렸다/Tears stood in her eyes. 그녀의 눈에 눈물이 글썽거렸다. 2 눈물 방울 비슷한 것, 물방울. ¶~s of strong wine 독한 술을 반쯤 부은 컵 안쪽에 생기는 물방울. 3 (~s) 슬픔, 비탄.
be all tears (넋을 잃고) 눈물에 젖어 있다.
be easily reduced to tears 눈물이 헤프다.
be moved to tears 감동해서 울다.
bore a person **to tears** 남을 몹시 지루하게 하다.
bring tears to [or **in**] a person's **eyes** 남의 눈물을 자아내게 하다.
brush the tears away = dry one's tears.
burst [or **break**] **into tears** 와락 울음을 터뜨리다.
draw tears from …에게 눈물을 흘리게 하다.
drop a tear over …을 탄식하다.
dry one's **tears** 눈물을 닦다.
feel near (to) tears 울고 싶어지다.
fight back tears 눈물을 참다[삼키다].

give way to tears 참다 못해 울기 시작하다.
in tears 눈물을 흘리며, 울며.
keep back one's **tears** 눈물을 억누르다[참다]. 「다.
laugh away one's **tears** 눈물을 웃음으로 얼버무리
laugh through one's **tears** 눈물을 흘리면서 웃다.
say between one's **tears** 울먹거리며 말하다.
shed tears 눈물을 흘리다. 「다.
squeeze out a tear (체면치레로) 억지 눈물을 흘리
tears of Eos 아침 이슬.
without tears 눈물 없이; 쉽게 배울 수 있는. ¶grammar without ~s 쉽게 배울 수 있는 문법.
with tears in one's **eyes** [**voice**] 눈물이 글썽하여 [글썽거리며 말하여]. [목메어 울며].
‡**tear²** [tɛər] 통 (~s [-z]; **tore**; **torn**) 타 1 …을 찢다, 째다, 들어내다(up); …을 찢어서 (…로) 하다(in, to, into). ¶ (~+目+前+名) ~ a thing in two 물건을 둘로 찢다 // (~+目+補) ~ a letter open 편지를 개봉하다 // (~+目+副) ~ up a letter 편지를 찢다.

유의어 **tear** 「찢다」라는 뜻의 가장 일반적인 말; 찢은 데가 들쭉날쭉하고 불규칙한 것이 보통. **rend** 매우 큰 힘으로 tear 하다. **rip** 솔기·선 따위를 따라 억지로 찢다. **split** 세로로 또는 나뭇결 따위를 따라 가늘고 길게 직선으로 쪼개다. **cleave** 칼 따위로 쪼개거나 쪼갠 것처럼 벌리다. **rive** split의 문어.

2 …을 할퀴다, 쥐어뜯다. 3 …을 잡아뜯다, 떼어내다, 낚아채다, 무리하게[억지로] 떼어놓다(away, down, off, out, up)(from, out of, off).¶ She tore herself away from the scene. 그녀는 그 장소로부터 몸을 떼 달아났다 // ~ a page from a book 책장을 한장 뜯어내다 / ~ a baby from its mother's arm 어머니의 품에서 젖먹이를 낚아채다. 4 …에 찢긴 자국을 내다, 찢어서 [구멍 따위를] 내다[만들다]. 5 찢어서 …에 상처를 내다. ¶ He tore his hands on barbed wire. 그는 손이 철조망에 찢겼다. 6 (수동형으로) (나라·당 등)을 분열시키다(apart); (마음)을 어지럽히다, 괴롭히다, 슬프게 하다, 아프게 하다(apart, by, with). ¶ a country torn by factions 당파로 분열된 나라 / Her heart was torn with grief. 그녀의 가슴은 슬픔으로 찢어질 듯했다.
— 자 1 찢어지다, 째지다. ¶ Paper ~s easily. 종이는 쉽게 찢어진다. 2 잡아쨔려고 하다, 잡아 뜯다(at).¶ ~ at the cover of a parcel 소포의 겉봉을 잡아뜯다. 3 맹렬한 기세로 움직이다, 돌진[질주]하다. ¶ ~ home 급히 집으로 가다 / ~ out of the room 방에서 뛰어나오다
be torn between …사이에서 망설이다.
tear about (정신없이) 날뛰다.
tear...across …을 둘로 찢다.
tear apart ① 잡아째다[찢다]. ② (건물 따위)를 헐다, 부수다. ③ (물건을 찾으려고) (방)을 샅샅이 뒤지다, 휘젓다. ④ 팀을 분열시키다 (남의) 마음을 갈기갈기 찢어놓다. ⑤ (구어) 혼내다; 꾸짖다.
tear a person **a new asshole** (美속어) 남을 심히 혼내주다.
tear around [or **round**] ① (구어) (흥분·분노하여) 떠들며 돌아다니다. ② 방종한 생활을 하다.
tear a strip off a person; **tear** a person **off a strip** (구어) 남을 엄하게 비난하다[꾸짖다].
tear at ① …을 찢으려고 하다, 쥐어[잡아]뜯다; …을 덤벼 물다. ② …을 괴롭히다.
tear away ① (…에서) 억지로 떼어내다. ② (가면 따위)를 벗기다, (허위 따위)를 폭로하다. ③ (구어) 급히 가버리다.
tear down ① …을 부수다, 파괴하다. ② …을 떼어내다. ③ (명성 따위)를 손상시키다; 비방하다. ④ …을 논박하다. ⑤ (기계 따위)를 해체[분해]하다.
tear into (구어) ① …에 구멍을 뚫다. ② …에 대들다. ¶ She tore into him for his ridiculing her. 그녀는 그가 자기를 놀렸다고 해서 대들었다. ③ …을 세차

게[맹렬히] 공격[비난]하다.
tear it (英속어) 기회를 망치다.
tear it [or **things**] **up** (美속어) 마음껏 즐기다[아주 유쾌하게] 연주하다.
tear loose 벗겨지다, 벗어나다; 자유롭게 되다.
tear off ① 떼어[찢어]내다. ② (옷 따위를) 황급히 벗어던지다; (위장 따위를) 벗기다. ③ 급히[즉석에서] 쓰다[해치우다]. ④ (황급히) 달아나다.
tear oneself (away) from …을 뿌리치고 떠나다.
tear oneself free 몸을 빼내다, 뿌리치고 빠져나오다.
tear one's eyes from …에서 억지로 눈을 돌리다.
tear one's hair (절망·노여움 따위로) 머리를 쥐어 뜯다.
tear one's way 마구 나아가다 (*through*).
tear out ① …을 잡아 벗기다[뜯다]. ② (…에서) 급히 뛰어나가다 (*of*). 「산조각으로 찢다.
tear…to pieces [or **bits, ribbons, shreds**] 산
tear up ① 갈가리 찢다, 째다. ② 뿌리째 뽑다. 파쇄하다. ③ (계약 따위를) 파기하다. ④ 마음을 괴롭히다.
── 图 **1** 찢기, 쥐어뜯기. **2** 째진 틈, 터진 자리, 해진 데. ¶ a ~ in a dress 옷의 해진 곳. **3** 미쳐 날뛰기; 격분. **4** 돌진, 급히 서들기; 황급, 당황. **5** (속어) 야단법석.
at [or **in**] **a tear** 맹렬한 속도로; 매우 급하게.
full tear 쏜살같이, 단숨에 전속력으로.
go (off) on a tear 야단법석을 떨다.
wear and tear 닳아 떨어짐, 마멸(磨滅).
∠·a·ble 图 **∠·a·ble·ness** 图
tear·a·way [téərəwèi] 图 **1** 쉽게 뜯어 열[뗄] 수 있도록 만들어진. **2** (英) 난폭한, 맹렬한. 图 (英) 난폭자.
téar bòmb [tiər-] 图 최루탄. 「사람; 폭주족.
tear·down [téərdàun] 图 분해, 해체.
tear·drop [tíərdràp/-drɔ̀p] 图 **1** 눈물, 눈물 방울; 눈물 방울 모양의 것. **2** 유리 속의 기포(氣泡). 귀걸이 끝의 구슬 장식. ── 图 눈물 방울 모양의.
téar dùct [tiər-] 图 (해부) 누관(淚管), 누도(淚道).
tear·er [téərər] 图 찢는 사람; 난폭자, 훼방꾼.
*****tear·ful** [tíərfəl] 图 **1** 눈물어린, 눈물젖은. **2** (이야기 따위가) 눈물을 자아내는. **~·ly** 图 **~·ness** 图
téar gàs [tiər-] 图 최루 가스.
tear-gas [tíərgǽs] 图(-**ss**-) …에 최루 가스를 퍼붓다. ── 图 최루 가스의.
téar grenàde [tiər-] 图 = tear bomb.
tear·ing¹ [tíəriŋ] 图 눈물을 흘리는.
tear·ing² [téəriŋ] 图 **1** 잡아 찢는; 마음을 쥐어 뜯는 듯한. **2** 돌진하는; 맹렬한, 격렬한. **3** (英) 굉장한, 멋진, 훌륭한. ── 图 무섭게, 엄청나게. **~·ly** 图
tear·jerk·er [tíərdʒə̀:rkər] 图 (구어) (영화·연극 따위의) 몹시 감상적인 이야기. **-jèrk·ing** 图
tear·less [tíərlis] 图 눈물을 흘리지 않는, 울지 않는; 눈물도 나지 않는, 울 수 없는. **~·ly** 图 **~·ness** 图
tear-off [téərɔ̀:f/-ɔ̀f] 图 (절취선을 따라) 떼어[뜯어]지는 (부분, 종이 조각). ¶ a ~ coupon 떼어 쓰는 쿠폰.
tea-room [tíːrù(ː)m] 图 **1** 다방, 다실. **2** (美속어) (남성의 호모가 상대를 찾는 데 이용하는) 공중 변소. (또는 **T-ròom**) 「의 일종).
téa ròse 월계화(차 향기가 나는 중국 원산의 장미
tear-out [téəràut] 图 쉽게 뜯어낼 수 있도록 만든.
téar shèet [tiər-] 图 (잡지 따위의) 오려낸 페이지.
téar shèll [tiər-] 图 = tear bomb.
tear-stained [tíərstèind] 图 눈물로 얼룩진, 눈물에 젖은. **téar·stàin** 图 눈물 자국[얼룩].
téar strìp [téər-] 图 (포장에 두른) 개봉 띠. 「키.
téar-strìp kèy [téərstrìp-] 图 (통조림통의) 개봉
téar tàpe 图 (포장 상자에 붙인) 개봉 테이프.
téar-tàpe pàckaging 图 개봉 테이프식 포장.
tear·y [tíəri] 图 **1** 눈물(방울)의 같은. **2** 우는, 눈물 어린. **tear·i·ly** 图 **tear·i·ness** 图
tear·y-eyed [-àid] 图 (눈에) 눈물이 글썽거리는.
‡**tease** [tiːz] 图 (**teas·es** [-iz]; **~d; teas·ing**) 他 **1**

…을 (계속) 집적거리다, 괴롭히다, 애를 먹이다 (*about*) (⇨ BOTHER 유의어). ¶ a ~ girl 소녀를 못살게 굴다. **2** …을 놀리다, 희롱하다. ¶ (~+图+前+名) ~ a person *about* his defect 남의 결점을 놀려대다. **3** …을 졸라대다, 귀찮게 재촉하다 (*for, to do*). ¶ ~ a person *for* a thing 남에게 물건을 달라고 졸라대다 // The child ~*d* his mother *to buy* him a bicycle. 아이는 어머니에게 자전거를 사달라고 졸라댔다. **4** (양털·삼 따위를) 빗다 (*out*); (현미경으로 보기 위해) 가늘게 찢다. **5** (나사(羅紗) 따위의) 보풀을 세우다; (머릿칼)을 곤두세우다. ── ⓐ 계속 집적거리다, 괴롭히다; 놀리다; 끈질기게 조르다 (*for*). ¶ (~+前+名) ~ *for* candy 캔디를 달라고 조르다. 「어내다. ── 图 **1** …을 빗다. ② (정보 따위를) 기어이 얻
tease up …을 조금 손질하여 개량하다, …을 손보다.
── 图 **1** 집적거림(을 당하기). **2** 조르기; 괴롭힘. **3** 못살게 구는 사람, 괴롭히는 사람, 성가신 사람. **4** (TV속어) (프로그램 첫머리에 삽입하는) 프로 예고(소개). (또는 **teaser**) **5** (속어) 돈. **6** (속어) (호기심만 일으키고 성관계를 하지 않는) 변죽 울리는 여자.
téas·a·ble 图 **téas·a·ble·ness** 图
tea·sel [tíːzəl] 图 **1** 산토끼꽃(영겅퀴류); 그 건조한 화(花穗) (모직물의 보풀을 세우는 데 쓴다). **2** (일반적으로) 보풀을 세우는 기계. ── 图 (-**l-**, (英) -**ll**-) (보풀 세우는 기계로) …에 보풀을 세우다. (또는 **teazel, teazle**) **~·er** 图
téasel gòurd 图 박과(科)의 덩굴 식물.
teas·er [tíːzər] 图 **1** 괴롭히는 사람, 놀리는 사람, 성가시게 조르는 사람; 계속 못살게 구는 사람[것]. **2** (연극) 무대 상부를 가리는 막. **3** (권투속어) 만만찮은 상대. **4** 곧빗거리, 문제거리, 난문. **5** (양털 따위의) 소모공(梳毛工), 소모기(機). **6** = stripteaser. **7** = tease 4. **8** = tease 6. **9** (보너스나 경품 따위를 내건) 티저 광고.
téa sèrvice [**sèt**] 图 차 도구 (한 벌), 찻잔 한 벌.
téa shòp 图 다방; (英) 간이 식당.
teas·ing [tíːziŋ] 图 집적거리는, 못살게 구는, 성가신.
teas·ing·ly [tíːziŋli] 图 성가시게, 집요하게.
teasp. teaspoon(ful). 「teaspoonful.
‡**tea·spoon** [tíːspùːn] 图 (图 ~**s** [-z]) 찻숟가락; =
tea·spoon·ful [tíːspùːnfùl] 图 (图 ~**s**) **1** 찻숟가락 가득(한 분량). **2** 소량, 조금.
téa stràiner 图 차 거르개.
teat [tiːt] 图 **1** 젖꼭지, 유두(乳頭). **2** 젖꼭지 모양의 것, 포유병의 젖꼭지. **3** (美속어) 유방.
téa tàble 图 **1** 차상(茶床), 차 탁자. **2** 다과 모임.
tea·tast·er [tíːtèistər] 图 다질(茶質) 감정인.
teat·ed [tíːtid] 图 젖꼭지(모양의 물건)이 있는.
tea-things [tíːθìŋz] 图图 다기(茶器), 차 도구.
tea·time [tíːtàim] 图□ (오후의) 차 시간, 간식 시간.
téa tòwel 图 (접시나 식기를 닦는) 행주(dish towel).
téa tràye 图 차 소반[쟁반].
téa trèe 图 = tea plant.
téa tròlley 图 = tea wagon.
téa ùrn 图 찻주전자, 차 탕관. 「작은 탁자)(teacart).
téa wàgon 图 티 왜건(차 도구를 나르는 바퀴 달린
tea·zel [tíːzəl] 图图他 (-**l-**, (英) -**ll**-) = teasel.
tea·zle [tíːzl] 图 = teasel.
Te·bal·di [təbáːldi, -bɔ́l-] 图 **Renata** ~ 테발디 (1922- : 이탈리아의 소프라노 가수).
tec [tek] 图 (속어) 형사, 탐정; 추리 소설. (또는 **teck**)
tech [tek] (구어) 图 **1** 기술상의; 전문적인. **2** 하이테크의. ── 图 **1** 전문가, 기술자. **2** 과학 기술. **3** (T-) (英) = technical college. **4** (T-) (美) 공업 학교, 공과 대학. 「logical; technology.
tech., Tech. technic(ian); technical(ly); techno-
teched [tetʃt] 图 = tetched.
tech·ie [téki] (구어) 图 **1** (컴퓨터의) 전문 기술자, 전문 기술 수습생. **2** = tech 4. **3** (또는 **tekkie**) (무대

장치의) 기술 담당. ―명 전문적인, 전문 기술자의.
techn., Techn. technical; technician; technology. 「(최초의 인공 원소: ⑦ Tc).
tech·ne·ti·um [tekní:ʃiəm] 명 〖화학〗 테크네튬
tech·ne·tron·ic [tèknətránik/-trɔ́n-] 형 전자 기술의; 정보화(시대)의. (<*technology+electronic*)
*__tech·nic__ [téknik] 명 1 [또는 tekní:k] = technique. 2 = technicality. 3 (~s) (단·복수 양용) 공학, 공예(학), 과학 기술. ― 형 = technical.
‡**tech·ni·cal** [téknikəl] 형 (*more* ~; *most* ~) 1 기술적인, 과학 기술의, 기예(技藝)상의. ¶ a ~ adviser 기술 고문. 2 전문의, 특수한; 전문어를 쓰는. ¶ a ~ book 전문 서적 / a ~ term 전문 용어, 술어. 3 (기술 따위에) 정통한, 숙달된. 4 공업의, 공예의. ¶ a ~ school 공업 학교. 5 〖경제〗 (시세 따위가) 인위적인. 6 법률적으로 성립되는; 절차상의; 형식적인. 7 〖법률〗 규정에 따른; 판정에 의한. ~·ness 명 〔어〕 tech)
téchnical cóllege 명 (실업) 전문 대학. (또는 (구)
téchnical fóul 명 테크니컬 파울(농구 따위에서).
téchnical hítch 명 (기계 고장에 의한) 일시 정지.
tech·ni·cal·i·ty [tèknikǽləti] 명 1 Ⓤ 학술[전문]적임; 전문적인 성질. 2 학술[전문]적인 사항[방법]. 3 학술어, 전문어. 4 절차상의 문제; 형식.
tech·ni·cal·ize [téknikəlàiz] 명(타) 전문[기술]화하다. ㅟ·zá·tion 명 〔어 TKO).
téchnical knóckout 명 〖권투〗 테크니컬 녹아웃
*__tech·ni·cal·ly__ [téknikəli] 위 1 기술적으로; 전문적으로; 술어로 (말하면).
téchnical schóol 명 =technical college.
téchnical sérgeant 명 〖美공군〗 중사.
__tech·ni·cian__ [tekníʃən] 명 1 전문가, 기술자. 2 (음악·회화 따위의) 기교가(技巧家). 3 〖美군사〗 (옛) 기술 하사관(현재는 specialist라 한다).
tech·ni·cism [téknəsìzm] 명 기술 만능주의, 테크놀로지 지상주의; 기술 편중. (또는 **technism**)
tech·ni·cist [téknəsist] 명 = technician; 기술 만능주의자.
Tech·ni·col·or [téknikÀlər] 명 1 (상표) 테크니컬러(천연색 영화법의 하나). 2 (때로 t-) (비유적) 선명한 색채; 야한 색깔. (때로 t-) (색채·의미 따위가) 화려한, 화사한; 야한, 자극적인.
tech·ni·col·ored [téknikÀlərd] 형 = Technicolor.
téchnicolor yàwn 명 (속어) 구역질, 구토; 토한 〔것.
tech·ni·con [téknikÀn/-kɔ̀n] 명 (건반 악기의) 운지(運指) 연습기(소리 안 나는 건반).
tech·ni·cum [téknikəm] 명 (러시아의) 공업 학교. (또는 **technikum**)
tech·ni·fy [téknəfài] 명 기술을 도입하다, 고도로 기술화하다, 기술 혁신하다, 기술적으로 세분화하다.
tech·ni·phone [téknəfòun] 명 운지(運指) 연습용 무음(無音) 피아노.
‡**tech·nique** [tekní:k] 명 1 Ⓤ (예술이나 운동상의) 기술, 기량. 2 ⒰Ⓒ (예술 작품의) 수법, 기법, 화법, (음악의) 연주법. 3 일련의 처리 방식[방법]. 4 기교, 기능. 5 Ⓤ (구어) 솜씨, 역량. 〔<F technic〕
tech·no [téknou] 명 테크노(사운드의)(신시사이저 등의 전자 악기나 전자 효과음을 기조로 한다). ―형 테크노 음악.
tech·no- [téknou, -nə] 〔연결〕 art, skill의 뜻. ¶ *technology*. 「증의.
tech·no·anx·ious [-ǽŋk/ɔ́ŋkʃəs] 형 과학 기술 불안
tech·no·ban·dit [tèknəbǽndit] 명 (구어) 과학 기술 도둑[유출범].
tech·no·cen·tered [-ȿséntərd] 형⒰ 과학 기술 중심주의의. ~·ness 명
tech·noc·ra·cy [teknákrəsi/-nɔ́k-] 명⒰Ⓒ 기술자 지배; 기술주의 (사회), 테크노크라시(전문 기술자에 의한

경제와 정부, 사회 조직의 운용을 맡기려는 논리·운동).
tech·no·crat [téknəkrǽt] 명 1 테크노크라시 주창자. 2 전문가(기술자, 과학자) 출신 관리자(고급 관료).
tech·no·crat·ic [tèknəkrǽtik] 형 테크노크라시의.
tech·no·glob·al·ism [-ȿglóubəlìzm] 명⒰ 테크노 글로벌리즘, 기술 범(汎)세계주의. 「사(史), 과학사.
tech·nog·ra·phy [teknágrəfi/-nɔ́g-] 명⒰ 기술
technol. technological; technology.
*__tech·no·log·i·cal__ [tèknəládʒikəl/-lɔ́dʒ-] 형 1 과학[공업] 기술의(에 관한); (과학) 기술(상)의. 2 (경제) 기술상의, (생산 방법의) 기술적인 진보의, 의한. (또는 **technologic**) ~·ly 위
technológical impérialism 명 기술 제국주의.
technológical innovátion 명 기술 혁신.
technológical unemplóyment 명 기술적 실업(기술 혁신으로 생산 방법의 혁신으로 발생하는 실업).
*__tech·nol·o·gist__ [teknálədʒist/-nɔ́l-] 명 과학 기술자; 공학자.
tech·nol·o·gize [teknálədʒàiz/-nɔ́l-] 명(타) …을 기술혁신하다, 고도 기술화[공업화]하다. ¶ ~*d society* 고도 기술[공업]화 사회.
*__tech·nol·o·gy__ [teknálədʒi/-nɔ́l-] 명⒰ 1 과학[공업] 기술, 테크놀로지. 2 공학. 3 응용 과학; 공업[과학] 기술상의 과정[방법], 발명. 4 (문명 사회의) 기술 체계. 5 (집합적) (과학 기술의) 전문어, 술어.
technology assessment 명 테크놀로지 어세스먼트(신기술이 사회에 미칠 영향의 예측·평가).
technólogy recýcler 명 기술 재활용 전문가.
technólogy trànsfer 명 기술 이전[도입], 기술 원조. 「주의, 기술 광신(狂信).
tech·no·ma·ni·a [tèknəméiniə] 명⒰ 기술 우선
tech·no·peas·ant [tèknəpèzənt] 명 (美구어) 기술[컴퓨터]에 약한 사람. 「람.
tech·no·phile [tèknəfàil] 명 기술을 좋아하는 사
tech·no·pho·bi·a [tèknəfóubiə] 명⒰ 기술 공포(증); 컴퓨터[신기기] 사용 공포(증).
‑**phòbe** ‑**phób·ic** 명 (배) 사회, 테크노폴리스.
tech·nop·o·lis [teknápəlis/-nɔ́p-] 명⒰ 기술 도시
tech·no-pop [-pàp/-pɔ̀p] 명 (때로 T-) (음악) 테크노팝(synthesizer에 의한 전자음을 기조로 한 pop rock 음악). (또는 **technopop**)
tech·no·punk [téknəpÀŋk] 명 = cyberpunk.
tech·no·speak [téknəspì:k] 명 기술 용어[전체].
tech·no·sphere [téknəsfìər] 명 인간 중심의 공업[과학] 기술; 인간 활동의 (과학) 기술적 측면.
tech·no·stress [-strès] 명 테크노스트레스(하이테크 중심 사회에 적응하지 못해서 생기는 스트레스).
tech·no·struc·ture [téknəstrÀktʃər] 명 1 전문 기술 관리 계급. 2 (기술자 중심의) 대기업체.
tech·no·thrill·er [tèknəθrìlər] 명 하이테크 추리 소설(첨단 기술에 관련된 내용이 주종).
tech·scam [tékskǽm] 명 (첨단 기술) 스파이 행위를 적발하기 위한 함정 수사. ¶ a ~ *scandal* 산업 스파이 사건. 〔<*tech*nology+*scam*〕
tech. sgt. technical sergeant.
tech·y [tétʃi] 형 = tetchy.
tec·ti·form [téktəfɔ̀:rm] 형 지붕 모양을 한.
―명 (고고) 지붕 도형[그림](석기시대 벽화의 도형으로 주거(住居)나 여성용 성징으로 해석됨).
tec·tol·o·gy [tektálədʒi/-tɔ́l-] 명⒰ (생물) 조직 형태학, 조직 구조론.
tec·ton·ic [tektánik/-tɔ́n-] 형 1 건축의, 축조(築造)의, 구조(構造)의. 2 (지질) 지질 구조의; 지각 변동력에 관한; 지각 변동 운동의. ¶ a ~ *earthquake* 구조 지진 / a ~ *lake* 구조호. ‑**i·cal·ly** 위
tec·ton·ics [tektániks/-tɔ́n-] 명⒰ (단수취급) 1 구조학, 축조학. 2 구조 지질학. 3 지질 구조.
tec·to·ri·al [tektɔ́:riəl] 형 덮개의, 덮개[뚜껑]이 되는.

ted [ted] [동][타] (**-dd-**) 〔벤 풀〕을 말리기 위해 널다, 펴서 말리다.
Ted [ted] [명] 테드. **1** (종종 t-) 《英속어》 =Teddy boy. **2** 남자 이름(Edward, Theodore의 애칭).
TED *t*urtle *e*xcluder *d*evice.
ted·der [tédər] [명] 풀을 말리는 사람[기계].
ted·dy [tédi] [명] **1** (종종 -dies) 테디(슈미즈와 헐렁한 팬티로 된 여성용 내의). **2** 《구어》 =~ bear 1.
Ted·dy [tédi] **1** (종종 t-) 《英속어》 =~ boy. **2 a)** =Ted 2. **b)** 테디(여자 이름; Theodora의 애칭) (또는 **Teddie**)
téddy bèar [명] **1** (봉제) 장난감 곰. **2** 봉제 곰처럼 생긴 사람. **3** 두터운 모피코트; 《美속어》 고공용(高空用) 비행복. **4** 《美속어》 경찰관.
Téddy bòy [명] **1** (종종 t-) 《구어》 테디보이(Edward 7세 시대풍의 복장을 즐겨 입던 1950년대 영국의 반항적인 청소년). **2** (일반적으로) 반항적 젊은이, 비행 소년. **Téddy-bòyish** [형] **Téddy-bòyism** [명]
Téddy gìrl [명] (종종 t-) 《구어》 **1** 테디걸. **2** Teddy boy의 여자 친구. **3** 반항적 소녀. [참] Teddy boy
Te De·um [téi déium/tìː díːəm] [명] 테 데움, 찬송가(감사 예배에서 많이 불리는 찬가). 〔<L you God〕
‡te·di·ous [tíːdiəs, -dʒəs] [형] (***more*** **~;** ***most*** **~**) 지루한, 따분한, 장황한. ¶a ~ discourse 지루한 이야기, 답답하게 긴 연설.

> [유의어] **tedious** 단조·장황·느릿느릿해서 지루한. **tiresome** 마음을 즐겁게 해주는 활기가 없어 답답하고 지겨워지는. **wearisome** 긴 시간 또는 끊임없이 노력·주의를 해야 하므로 피곤하거나 견딜 수 없는. **irksome** 재미가 없는데도 노력을 해야 하기 때문에 싫증이 나는. **boring** 위의 어떤 말보다도 강하게 답답하고 짜증만 나는 기분을 암시하는 말.

~·ly [부] **~·ness** [명]
TEDIS *t*rade *e*lectronic *d*ata *i*nterchange *s*ystem.
te·di·um [tíːdiəm] [명][U] 지루함, 싫증남, 답답함, 단조, 권태; 지루한 시간.
tee¹ [tiː] [명] **1** T[t]자(字). **2** T자형의 물건; T자관(管); T자 철봉. **3** (고리던지기 놀이의) 목표, 표적. **4** T형강(形鋼). **5** T셔츠.
to a tee 정확하게, 엄밀히.
—[형] 맨 위에 가로대가 있는, T자형의.
tee² [명] **1** 〔골프〕 티(첫 타구 때 공을 얹어 놓고 치는 자리). **2** 〔미식축구〕 티(kick off, place kick 때 볼을 올려놓는 받침대). **—**[동][타] **1** 〔골프〕 〔공〕을 티 위에 놓다 (*up*). **2** …을 준비하다, 수배하다(*up*). **—**[자] 제1구를 치다; 시작하다.
tee off ① 〔골프〕 〔공〕을 티에서 치다. ② 《속어》 …을 몹시 나무라다 (*on*). ③ 〔야구·소프트 볼〕 (장타를) 계속 치다, 난타하다. ④ 〔권투〕 강타를 퍼붓다 (*on*). ⑤ 《구어》 …을 시작하다. ⑥ 《수동형으로》 …을 짜증나게 하다. ¶She was *~d off* because her guests arrived an hour late. 그녀는 초대한 손님이 한 시간이나 늦게 와서 화가 났다.
tee³ [명] (사원의 탑 꼭대기 따위에 씌우는) 우산 모양의 장식.
tee⁴ [명] 《속어》 =tea.
TEE, T-E-E *T*rans-*E*urope *E*xpress(유럽 횡단 특급).
Tee-club [tíːklʌ̀b] [명] 《상표》 티클럽(미국산 캐주얼 슈즈).
te(e)-hee [tiːhíː] [감][명] 킬킬(거리는 웃음). **—**[동][자] 킬킬 웃다.
tée·ing gròund [tíːiŋ-] [명] 〔골프〕 티 그라운드(초구(初球)를 치는 지역).
teel [tiːl] [명] 참깨(til).
***teem¹** [tiːm] [동][자] **1** (장소 따위가) (…로) 충만하다, 풍부하다(*with*); (사람·동물 따위가) (…에) 많이 있다 (*in*). ¶ (~+[前]+[名]) The river *~s with* trout. = Trout ~ *in* the river. 그 강에는 송어가 많다. **2** 《폐어》 아이를 낳다; 열매를 맺다. **—**[타] 《폐어》 〔아이〕를 낳다. **~·er** [명] **~·ful** [형] 풍부한, 열매가 많은.
teem² [동][타] 〔안에 든 것〕을 비우다; 〔녹은 쇳물〕을 주형에 붓다. **—**[자] (비 따위가) 쏟아지다, 세차게 퍼붓다 (*down*)(*with*). ¶It was *~ing with* rain. =The rain was *~ing down*. 비가 억수같이 쏟아지고 있었다.
teem·ing¹ [tíːmiŋ] [형] **1** 가득 찬, 풍부한, 많은. **2** 다산(多産)의, 비옥한, 결실하는. **~·ly** [부] **~·ness** [명]
teem·ing² [형] 세차게 내리는[쏟아지는]. ¶a ~ rain 퍼붓는 비.
teen¹ [tiːn] [명][U] 《고어》 **1** 슬픔, 비탄. **2** 불행, 재난. **3** 《스코》 초조; 노여움. **4** 《폐어》 해, 위해(危害).
teen² [명] =teenager. **—**[형] =teenage.
-teen [tiːn] [접미] ten의 뜻(thirteen에서 nineteen까지).
Tee·na [tíːnə] [명] 티나(여자 이름; Christina의 애칭).
teen·age [tíːnèidʒ] [형] 10대의[에 특유한] (13세에서 19세까지). (또는 **teenaged**) **—**[명] 10대, 청소년기(보통 teen age로 씀).
teen·aged [tíːnèidʒd] [형] =teenage.
‡teen·ag·er [tíːnèidʒər] [명] 10대의 청소년(13세에서 19세까지).
teen·er [tíːnər] [명] =teenager.
***teens** [tiːnz] [명][복] 10대(어미가 -teen으로 끝나는 thirteen에서 nineteen까지의 나이).
enter one's teens 10대가 되다, 13세가 되다.
in one's last teens 19세에.
in one's teens 10대의; 10대에.
out of one's teens 10대를 지나, 10대를 넘어.
pass one's teens 10대를 지나다.
teen·ster [tíːnstər] [명] =teenager.
teen·sy [tíːnsi] [형] 《구어》 조그마한, 작은(tiny, teeny). (또는 **teensie**)
teen·sy-ween·sy [-wíːnsi] [형] 《어린이말》 조그마한, 작은. **—**[명] =teenager. (또는 **teentsy-weentsy, teensie-weensie**)
tee·ny [tíːni] [형] 《구어》 =tiny. **—**[명] =teenager. (또는 **teensy**)
tee·ny·bop [tíːnibɑ̀p/-bɔ̀p] [명][형] 《속어》 teeny-bopper(의).
tee·ny·bop·per [tíːnibɑ̀pər/-bɔ̀p-] [명] 《속어》 **1** (어린) 10대 소녀. **2** 일시적 유행·록뮤직에 빠진 10대 소녀. (또는 **teenyrocker**)
tee·ny-wee·ny [-wíːni] [형] 《어린이말》 작은, 조그마한(tiny). (또는 **teenie-weenie**)
tee·pee [tíːpiː] [명] =tepee.
tée shìrt [명] =T-shirt.
tee-square [´-skwὲər] [명] 티 자(尺)(T-square).
tee-tee [tíːtìː] [명][동] 《어린이말》 쉬(하다), 오줌(누다).
tee·ter [tíːtər] 《美》 [동][자] 시소를 하다; 아래위[앞뒤]로 움직이다, 동요하다. **—**[타] …을 아래위[앞뒤]로 흔들다.
teeter on the brink [or ***edge***] 위험이 닥치다.
—[명] 시소; 아래위[앞뒤]로 움직임; 흔들림.
tee·ter·board [tíːtərbɔ̀ːrd] [명] **1** =seesaw. **2** 티터보드(널뛰기 식으로 한쪽 사람을 공중으로 튀어오르게 하는 긴 판자), 널.
tee·ter·tot·ter [tíːtərtɑ̀tər/-tɔ̀t-] [명][동][자] =seesaw.
‡teeth [tiːθ] [명] tooth의 복수형. **´-·less** [형]
teethe [tiːð] [동][자] 이가 나다.
teeth·er [tíːðər] [명] (이가 날 무렵의) 아기가 깨물며 놀도록 만든 장난감. [참] teething ring
téeth grìnding [명] (수면 중의) 이갈이.
teeth·ing [tíːðiŋ] [명][U] 이가 남, 젖니가 나는 시기. ¶be slow in one's ~ 이가 더디 나다.
téething rìng [명] 《美》 (이가 날 무렵의) 아기에게 빨리는 고리 모양의 장난감.
téething tróubles [명] **1** 이가 날 무렵의 몸의 부조(不調). **2** (사업 등의) 초기의 어려움, 창업[발족]시의 고생.
teeth·ridge [tíːθrìdʒ] [명] 〔음성〕 잇몸.
tee·to·tal [tiːtóutl, ´´-] [형] **1** 절대 금주(주의)의. **2** 《美구어》 절대적인, 완전한. **—**[동][자] (**-l-,** 《英》 **-ll-**) 절대 금주를 실행하다. **~·er** [명] **~·ism** [명] 절대 금주주의. **~·ist** [명] **~·ly** [부]

tee·to·tum [tiːtóutəm] 명 손가락으로 돌리는 팽이; (내기용의) 네모 팽이.
tee·vee [tíːvíː] 명 《구어》 =television. 〔<TV〕
TEFL [tefl] 명 외국어로서의 영어 교육. 〔<teaching English as a foreign language〕
Tef·lon [téflɑn/-lɔn] 명 《상표》 테플론(합성 수지(樹脂)). ── 형 《미구어》 어떤 비난·비판도 안 통하는, 어떤 비판이나 스캔들이 있어도 상처를 안 입는. ¶a ~ politician 전천후 인기 정치인.
teg [teg] 명 1 《英》 두 살 난 암사슴. 2 《축산》 털을 한 번도 안 깎은 두 살짜리 양; 그 양에서 깎은 양털. (또는 **tegg**)
t.e.g. 〔제본〕 top edge gilt(천금(天金)).
teg·men [tégmən] 명 (복 **-mi·na** [-mənə]) 1 덮개, 외피. 2 《식물》 내종피(內種皮)(종자 안쪽의 얇은 껍질). **-mi·nal** [-mənl] 형
Te·gu·ci·gal·pa [tegùːsigǽlpə] 명 테구시갈파(중앙아메리카 Honduras 공화국의 수도).
teg·u·lar [tégjulər] 형 기와(타일) 모양의; 기와(타일)로 된; 기와(타일)를 이어놓은 듯한. **~·ly** 부
teg·u·ment [tégjumənt] 명 외피, 상피, 포피, 덮개. **-mén·tal, -mén·ta·ry** 형 《때 환자가 느끼는 감각).
teh ch'i [té tʃíː] 명 반향, 만족(감)(침이 혈에 닿았을 때 환자가 느끼는 감각).
Te·he·ran [terǽn, -rάːn] 명 테헤란(Iran의 수도). (또는 **Tehran**)
teil [tiːl] 명 보리수(linden).
TEIL teaching English as an international language. 명 국제 천연 유리질).
tek·tite [téktait] 명 텍타이트(호주 등지에서 발견되는 각종 컨트롤.
TEL 〔화학〕 tetraethyl lead. **tel.** telegram; telegraph(ic); telephone; (또는 **Tel.**) telephone; tenor.
tel- [tel] 연결 ⇒TELE-¹,². phony.
te·la [tíːlə] 명 (복 **-lae** [-liː]) 《해부》 조직.
tel·a·mon [téləmən, -mɑ̀n] 명 (복 **-mo·nes** [-móuniːz]) 《건축》 인상주(人像柱), 남상주(男像柱).
tel·au·to·gram [telɔ́ːtəɡræm] 명 (TelAutograph에 의한) 전송 서화(書畵)(팩시밀리). 명 서화 전송기.
Tel·Au·to·graph [telɔ́ːtəɡrǽf/-ɡrὰːf] 명 《상표》
Tel A·viv [tèl əvíːv] 명 텔아비브(Israel 최대의 도시; 정식 명칭은 Tel Aviv-Jaffa [Yafo]).
tel·co [télkou] 명 (회사명 따위로서) 전화 회사. 〔<telephone + company〕
tel·e [téli] 명 《英구어》 =television. ⓘ telly
tel·e-¹ [téli] 연결 「먼(distant); 원거리(통신)의; 텔레비전(방송)의」의 뜻 (※ 모음 앞에서는 tel-; 변형은 telo-). ¶telegraph, telautogram, telecast.
tel·e-² [téli] 연결 end, complete의 뜻(※ 모음 앞에서는 tel-; 변형은 teleo-, telo-). ¶teleology.
tel·e·ad [téliæd] 명 (전화로 신청하는) 신문 광고.
tel·e·ar·chics [tèliάːrkiks] 명 항공기 원격 조종.
tel·e·bank·ing [téləbæ̀ŋkiŋ] 명 ⓤ 컴퓨터·전화 등을 이용한 은행 거래.
tel·e·bet [téləbèt] 명 《경마》 1 전화 투표. 2 (T-) (유선TV에 의한) 전화 투표 서비스. **~·tor** 명
tel·e·book [télibùk] 명 TV프로그램 정보지.
tel·e·bridge [télibridʒ] 명 (때로 T-) TV 대화로 지방[나라] 사이의 TV를 통한 대담).
tel·e·brok·ing [télibròukiŋ] 명 (컴퓨터 단말기에 의한) 재택(在宅) 증권 거래.
tel·e·cam·e·ra [télikæ̀mərə] 명 TV 카메라; 망원 카메라.
*****tel·e·cast** [télikæ̀st, -kὰːst/-kæ̀st] 명 (~(**·ed**)) (…을) TV(프로그램으로) 방송하다. ── 명 ⓤⓒ TV 방송. **~·er** 명 TV 방송인. 의) TV 방영 (장치).
tel·e·cine [télisìni/¯¯¯¯] 명 TV(중) 영화; 영화
tel·e·com [télikɑ̀m/-kɔ̀m] 명 《구어》 원거리(전기)통신, 텔레콤(telecommunication).
tel·e·com·mu·ni·cate [tèləkəmjúːnəkèit] 자타 (데이터·화상 등을) 원거리 통신으로 보내다, 전송하다. **-ca·tor** 명
tel·e·com·mu·ni·ca·tions [tèləkəmjùːnikéiʃənz] 명 (단수취급) 1 (TV·라디오·전화 따위에 의한) 원격 통신. ¶a ~ satellite 통신 위성. 2 (단수취급) 전기 통신학. 3 원거리 통신으로 보내지는 것. (또는 **telecoms**) ⓘ Telstar
tel·e·com·mute [tèləkəmjúːt] 자명 컴퓨터로 재택 근무하다. (컴퓨터로) 집에서 회사일을 보다. **-mùt·er** 명 재택 근무자. **-mùt·ing** 명 재택 근무.
tel·e·com·pu·ni·ca·tions [tèləkɑ̀mpjùːnəkéiʃənz] 명 (단수취급) 《전자》 텔레컴퓨니케이션(전기 통신과 컴퓨터를 융합한 정보 처리 공학·기술·산업).
tel·e·com·put·ing [tèləkɑ̀mpjúːtiŋ] 〔컴퓨터〕 =teleprocessing. **-pùt·er** 명
tel·e·con·fer·ence [tèləkɑ̀nfərəns/-kɔ̀n-] 명 (인터넷·TV·전화를 이용한 원격지간(遠隔地間) 회의. ── 자 원격지간 회의에 참석하다. **-enc·ing** 명
tel·e·con·nect [tèləkənèkt] 명 1 (종종 형용사적) 전화회선 접속, 컴퓨터 접속. 2 (T-) 《상표》 텔레코넥트(컴퓨터 통신 전문회); 그 회사. 3 《기상》 (원격지에) 영향을 미치는; (먼 지점과) 관계를 갖는 (with). **-nèct·ing** 명 (전화 회선 이용의) 전자 통신, 컴퓨터 통신. **-nèc·tor** 명 원거리 전자(컴퓨터) 통신용 커넥터.
tel·e·con·nec·tion [tèləkənékʃən] 명 《기상》 원격 연결(어느 지방의 기상 변동이 먼 지방까지 영향을 미치는 현상).
tel·e·con·sul·ta·tion [tèləkɑ̀nsəltéiʃən/-kɔ̀n-] 명 원격 의료 상담, 원격 진찰.
tel·e·con·trol [tèləkəntróul] 명 ⓤ (전파에 의한) 원격 조작, 리모트 컨트롤.
Tel·e·cop·i·er [télikɑ̀piər] 명 (때로 t-) 《상표》 텔레카피어(전화 회선을 이용하는 팩스의 일종).
tel·e·course [télikɔ̀ːrs] 명 TV 강좌(강의).
tel·e·di·ag·no·sis [tèlidàiəgnóusis] 명 ⓤ (TV) 원격 진단.
tel·e·dish [télidiʃ] 명 (접시형) 위성 방송 수신 안테나.
tel·e·du [télədùː] 명 자바 스컹크(오소리의 일종).
tel·e·fac·sim·i·le [tèləfæksíməli] 명 ⓒⓤ 전화 팩시밀리. (또는 **telefax**)
tel·e·fea·ture [téləfìːtʃər] 명 TV용 장편 극영화.
tel·e·film [téləfìlm] 명 TV 영화.
teleg. telegram; telegraph; telegraphy.
tel·e·games [téləgèimz] 명 텔레게임(전화 회선을 이용하여 동시에 하는 게임; 체스, 바둑 따위).
tel·e·gen·ic [tèlədʒénik] 명 (사람이) TV 방송에 알맞은, TV 카메라를 잘 받는. **-i·cal·ly** 부
tel·eg·no·sis [tèləɡnóusis, -lignóu-] 명 초자연적 [마술적] 지식; 투시력, 천리안. **-nos·tic** [-nάstik] 형
te·leg·o·ny [təlégəni] 명 ⓤ 《발생》 감응(感應) 유전. **tèl·e·gón·ic** 형
*****tel·e·gram** [téliɡræ̀m] 명 (복 **~s** [-z]) 전보, 전신. ¶an urgent~ 지급 전보/a ~ in cipher[plain language] 암호[명문] 전보. **by telegram** 전보로. **have** [or **receive**] **a telegram from** …로부터 전보를 받다. **send** [or **address, dispatch, forward**] **a telegram to** …에게 전보를 치다. ── 타 (**-mm-**) =telegraph. **-grám·ic** 형 **-gram·màt·ic, -grám·mic** 형
*****tel·e·graph** [téliɡræ̀f/-ɡrὰːf] 명 1 전신기[시스템]. 2 (득점 따위의) 속보 게시판. 3 전보, 전신(telegram). ¶a ~ cable: submarine ~ 해저 전신/a ~ office [or station] 전신국/a ~ slip [or form, 《英》 blank] 전보 용지. 4 (T-) …통신(신문 이름). **by telegraph** 전신[전보]으로. ── 자타 1 〔남에게〕 전보를 치다; …을 (남에게) 전보로 알리다(to); 〔남에게〕…하도록/…라고〕 타전하다(to do/that 등). ¶~ one's departure to one's friends 친구에게 전보로 출발을 알리다//T- him that everything is O.K. 만사 오케이라고 그에게 전보를 쳐라

// ~ a person to come at once 남에게 즉시 오라고 전보를 치다. 2 (몸짓·눈짓 따위로) …을 신호하다, 알리다. 3 …을 전신[전보]으로 보내다, 전신으로 보내다. ¶ ~ money 전신환으로 송금하다. 4 (득점 따위)를 속보 게시판에 표시하다. ── 짜 1 (…에게) 전보를 치다, 타전하다(to). ¶ (~+전+명) She ~ed to her daughter. 그녀는 딸에게 전보를 쳤다 / ~ for some money 송금 의뢰 전보를 치다. 2 신호하다. ¶ ~ by glance 눈짓으로 알리다.

te·leg·ra·pher [təlégrəfər] 명 전신 기사; 통신계.
tel·e·graph·ese [tèligræfíːz/-graːf] 명U (영) (익살) 압축된 문체(電文體); (英) (익살) 압축된 문체.
tel·e·graph·ic [tèləgræfik] 형 1 전신기의, 전신의, 전송의. ¶ a ~ code (모르스식) 전신 부호 / a ~ message 전보. 2 전문체의; (전보처럼) 간결한. (또는 telegráphical) -i·cal·ly 부 (transfer)(운 TT).
telegráphic tránsfer (英) 전신환(美) cable
te·leg·ra·phist [təlégrəfist] 명 (英) =telegrapher.
télegraph kèy 명 전건(電鍵).
télegraph lìne [wìre] 명 전(신)선.
télegraph mòney òrder 명 전신환(운 T.M.O.).
tel·e·gra·phone [təlégrəfòun] 명 1 (초기의) 자기(磁氣) 녹음기. 2 전화 녹음기. [의] 사진 전송기.
tel·e·graph·o·scope [tèləgráfəskòup] 명 (초기)
télegraph plànt 명 도둑놈의갈고리류(類)(콩과(科) 의 작은 관목; 인도 원산).
télegraph pòle [pòst] 명 (英) 전신주.
*te·leg·ra·phy [təlégrəfi] 명U 전신술[법], 전신.
tel·e·kin·e·ma [tèləkínəmə] 명 TV 영화 상영관.
tel·e·ki·ne·sis [tèləkiníːsis, -kai-] 명U (심령) 염동(念動) 작용(심령의 힘으로 물체 내부에 운동을 일으키는 일). **-nét·ic** 형 염동 작용의.
Tel·e·Learn·ing [téləlɔ̀ːrniŋ] 명 (美) 텔레러닝 (전화선에 연결된 홈 컴퓨터를 이용한 재택 학습 시스템).
tel·e·lec·ture [tèləléktʃər] 명 1 전화선에 연결된 스피커. 2 (1에 의한) 전화 강의[강연]. [lesson]
tel·e·les·son [tèləlésn] 명 TV 학습. (<television+
Te·lem·a·chus [təléməkəs] 명 (그리스 신화) 텔레마쿠스(Odysseus와 Penelope의 아들).
tel·e·man [tèləmǽn] 명 (美군사) (해군의) 신호 담당 상사(암호·통신을 담당).
tel·e·mark [téləmɑ̀ːrk] 명 (때로 T-) (스키) 텔레마크(회전법의 일종). **-er**
tel·e·mar·ket [téləmɑ̀ːrkit] 동 텔레마케팅을 하다.
tel·e·mar·ket·ing [téləmɑ̀ːrkitiŋ] 명U 텔레마케팅(전화에 의한 판매·광고 활동).
tel·e·mat·ics [tèləmǽtiks] 명 =télématique.
té·lé·ma·tique [F telematik] 명 (전자) 텔레마티크(전화와 컴퓨터를 연결한 정보 서비스 시스템). (<F télécommunication+informatique)
tel·e·me·chan·ics [tèləməkǽniks] 명(복) (단수 취급) (무선에 의한) 원격 조종법, 무선 조종법.
tel·e·med·i·cine [tèləmédəsin] 명 (의학) (전화·TV 등에 의한) 원격 의료; 통신 의료 상담. [보.
tel·e·mes·sage [tèləmèsidʒ] 명 (상표) 전자 전
tel·e·me·ter [təlémətər, tèləmíːtər] 명 1 텔레미터, 거리 측정기. 2 (전기) (전동식) 원격 계측기. ── 타 (무선 신호·데이터 등을) 원격 계기로 송신[기록]하다.
tel·e·met·ric [təlémétrik] **tèl·e·mét·ri·cal·ly** 부
te·lem·e·try [təlémətri] 명U (전기) 텔레미터링, 원격 측정법; 그에 의한 데이터. [(操舵) 장치.
tel·e·mo·tor [téləmòutər] 명 텔레모터, 원격 조타
tel·e·news [tèlənjùːz/-njùːz] 명 TV 뉴스.
tel·e·o- [téliou, -liə, tíːl-] (연결) ⇨TELE-².
tel·e·o·log·ic [tèliəládʒik/-lɔ́dʒ-] 형 (철학) 목적론의. (또는 **tèleológical**) **-i·cal·ly** 부
teleológical árgument [próof] 명 (철학) 목적론적 증명.

tel·e·ol·o·gism [tèliálədʒìzm/-ɔ́l-] 명U (철학) 목적론 신봉, 목적관. **-gist** 명 「목적 원인론.
tel·e·ol·o·gy [tèliálədʒi/-ɔ́l-] 명 (철학) 목적론,
tel·e·on·o·my [tèliánəmi/-ɔ́n-] 명U 목적률(律).
-o·nóm·ic 형 「종 로봇(기계 장치).
tel·e·op·er·a·tor [tèliápərèitər/-ɔ́p-] 명 원격 조
tel·e·o·sau·rus [tèliəsɔ́ːrəs] 명 (고생물) 텔레오사우루스(쥐라기(紀)의 악어 비슷한 파충류).
tel·e·ost [téliɔ̀st, tíːl-/-ɔ̀st] 명 경골 어류의. ── 명 (또는 **teleostome**) 경골어. [telepathize.
tel·e·path [téləpæθ] 명 =telepathist 2. ── 동
tel·e·path·ic [tèləpǽθik] 형 정신 감응[텔레파시]의, 이심전심의. **-i·cal·ly** 부
te·lep·a·thist [təlépəθist] 명 1 정신 감응[텔레파시] 연구가[신봉자]. 2 정신 감응 능력이 있는 사람.
te·lep·a·thize [təlépəθàiz] (* (英) **-thise**) 동(타) …와 텔레파시로 교신[연락]하다, …을 정신 감응으로 전하다. ── 자 정신 감응술을 배우다[행하다].
tel·e·p·a·thy [təlépəθi] 명U 정신 감응, 텔레파시.
tel·e·pay·ment [tèləpéimənt] 명 videotex 서비스를 이용하여 대금을 지불하는 방법.
teleph. telephone; telephony.
‡**tel·e·phone** [téləfòun] 명 (통(수 ~s [-z]) U (보통 the ~) (제도·조직으로서의) 전화; (the ~) 전화망[회선]; C 전화기, 수화기. ¶ a ~ line 전화선 / a ~ set 전화기 / a public ~ 공중 전화.
answer the telephone 전화를 받다.
be wanted on the telephone (…에게) 전화가 왔다. ¶ Mr. Kang, you *are wanted on the ~*. 강 선
by telephone 전화로. [생님, 전화 왔습니다.
call a person on the telephone 남을 전화로 불러내다.
make a (long-distance) telephone call (장거리) 전화를 걸다.
pick [hang] up the telephone 수화기를 들다[놓다]. [남과 전화로 이야기하다.
speak to a person over [or on] the telephone
talk over the telephone 전화로 이야기하다.
──동(타) …에 전화를 걸다, …을 전화로 불러내다; (…번으로) 전화하다; (남에게) …을 전화로 전하다(to); (남)에게 (…하도록 / …라고) 전화하다(to, to do, that 節). ¶ ~ a person by long distance 남에게 장거리 전화를 걸다 / Please ~ 2000-0563. 2000-0563번으로 전화주세요 // (~+명+전+명) (~+명+명) ~ a message to a person; ~ a person a message 전화로 남에게 말을 전하다 // (~+명+to do) I ~d him to come at once. 나는 그에게 당장 오라고 전화했다 // (~+명+that節) He ~d me that he would come to see me. 그는 나를 만나러 오겠다고 전화로 말했다. ──자 전화를 걸다; 전화로 말하다(to, for). ¶ (~+전+명) ~ to one's friend 친구에게 전화를 걸다 / ~ for a doctor 전화로 의사를 부르다 // (~+to do) I ~d to say that I wanted to see him. 나는 전화를 걸어 그를 만나고 싶다고 말했다. (는 **phone**)
-**phòn·er** 명 전화 거는 사람, 통화하는 사람.
télephone ánswering machìne 명 전화 자동 응답기. (또는 **ánswering machìne**)
télephone bànk 명 (전화로 선거 투표·자선 모금 등을 의뢰하는) 전화 작전부.
télephone bòok [diréctory] 명 전화 번호부.
télephone bòoth 명 공중 전화 박스.
télephone bòx 명 (英) =telephone booth.
télephone exchànge 명 전화 교환국.
télephone nùmber 명 1 전화 번호. 2 (美속어) 5자리수에 이르는 금액의 뇌물; (20년 이상의) 장기 금고형.
télephone òperator 명 전화 교환원.
télephone pòle 명 전주(電柱)(英) telegraph
télephone recèiver 명 수화기. [pole).
télephone tàg 명 (상대방의 부재로 인한) 전화 연

락 불능 (상태).
tel·e·phon·ic [tèləfánik/-fɔ́n-] 형 전화의, 전화에 의한. ¶a ~ talk 전화상의 이야기. **-i·cal·ly** 부
te·leph·o·nist [təléfənist, tèləfòu-] 명 전화 기사; (英) 전화 교환원. 「화 중독.
tel·e·pho·ni·tis [tèləfənáitis] 명 U 전화광(狂), 전
tel·e·pho·no·graph [tèləfóunəgræf, -grɑ̀ːf] 명 녹음 전화기(전화에 의한 통신을 녹음해 두는 장치).
te·leph·o·ny [təléfəni] 명 U 전화술[법]; 전화 통신.
tel·e·pho·to [tèləfóutou] 형 1 망원(사진)의. 2 전송의. ─ 명 1 망원 렌즈[카메라](로 찍은 사진). 2 전송 사진. 3 (T-) (상표) 텔레포토(전화 회선에 의한 사진 전송기; 그 전송 사진). = **telephotograph**.
tel·e·pho·to·graph [tèləfóutəgræf, -grɑ̀ːf] 명 1 전송 사진. 2 망원 (렌즈로 찍은) 사진. ─ 타 (…의) 사진을 망원 렌즈로 촬영하다; (…을) 전송하다.
tel·e·pho·to·graph·ic [tèləfòutəgrǽfik] 형 1 망원 사진의. ¶a ~ lens 망원 렌즈. 2 전송 사진의.
tel·e·pho·tog·ra·phy [tèləfoutágrəfi/-tɔ́g-] 명 U 1 망원 사진술. 2 사진 전송술.
télephoto léns 명 (사진) 망원 렌즈. (또는 **telephotográphic** [**teleobjéctive**] **léns**)
tel·e·pho·tom·e·ter [tèləfoutámətər] 명 원격 광도계(원거리 물체로부터 오는 빛의 양을 측정하는 기구).
tel·e·plasm [tèləplæ̀zm] 명 (심령) 텔레플라즘(영매가 염동(telekinesis)을 일으킬 때 몸에서 방사되는 영기(靈氣)[매질(媒質)]). **-plás·mic** 형
tel·e·play [tèləplèi] 명 TV 드라마, TV극.
tel·e·point [tèləpɔ̀int] 명 휴대전화 사용 가능 지역.
tel·e·pol·i·tics [tèləpɑ̀lətiks/-pɔ̀l-] 명 (TV 등의) 매스미디어를 통한 정치 활동(선전).
tel·e·port [tèləpɔ́ːrt] 타 (심령) (몸·물체)를 염동(telekinesis)에 의해 이동시키다.
Tel·e·port [tèləpɔ́ːrt] 명 텔레포트(정보 통신 기지의 기능을 갖춘 도시 또는 그 일부분).
tel·e·print·er [tèləprìntər] 명 =**teletypewriter**.
tel·e·pro·cess·ing [tèləprɑ́sésiŋ/-prou-] 명 (컴퓨터) 텔레프로세싱, 원격 전송 처리(원거리 통신 회선을 통한 데이터 처리).
Tel·e·Promp·Ter [tèləprɑ̀mptər/-prɔ̀mp-] 명 (상표) TV용 프롬프터(TV 출연자에게 대본을 확대해 보여주는 장치).
tel·e·ran [tèlərǽn] 명 U C 텔레란(레이더를 이용한 비행장 주변 상황을 화상으로 그려 공항 진입 항공기에 제공하는 시스템). (또는 **TELERAN**) [<*tele*vision *r*adar *a*ir *n*avigation]
tel·e·re·cord [tèlərikɔ́ːrd] 명 타 …을 TV 방송용으로 하다. 「(錄畫) 」녹화 프로.
tel·e·re·cord·ing [tèlərikɔ́ːrdiŋ] 명 (TV) 녹화
tel·er·gy [télərdʒi] 명 U (심리) 원격 정신 작용.
tel·e·sales [tèləsèilz] 명 복 (단수취급) =**telemarketing**.
‡**tel·e·scope** [tèləskòup] 명 1 망원경. ¶an astronomical ~ 천체 망원경. 2 전파 망원경(radio ~). 3 (T-) (천문) 텔레스코프 자리. ─ 타 (망원경의 다단식 통처럼 차례로) 접어(끼워) 넣게 된. ¶a ~ bag 크기대로 접어 넣게 된 여행 가방. ─ 자 타 1 …을 끼워 넣다, (차례로) 접어 넣다; (충돌한 열차의 차량 따위를) 접쳐 쌓이게 하다. 2 …을 (…으로) 단축[압축]시키다 (*into*). ¶the ~*d* description of his scholarly career 그 학자로서의 약력(略歷). ─ 자 끼어 들어가다; (충돌한 열차 따위가) 단축[압축]되다.
télescope éyes 명 뛰어나온 눈, 퉁방울 눈.
tél·e·scope-èyed 형
télescope síght 명 (총포의) 망원 조준기.
télescope wòrd 명 혼성어(portmanteau word).
tel·e·scop·ic [tèləskɑ́pik/-skɔ́p-] 형 1 망원경의. 2 망원경에 의한, 망원경으로 본, 망원경으로만 보이는. ¶a ~ observation of the moon 망원경에 의한 달 관측. 3 (비유적) 멀리까지 보이는, 선견지명[통찰력]이 있는. 4 차례로 포개어 끼워 넣는 식의, 신축 자재한. (또는 **tèlescópical**) **-i·cal·ly** 부
telescópic síght =**telescope sight**.
te·les·co·pist [təléskəpist] 명 망원경 사용자[조작자]; 망원경으로 천체를 관측하는 사람.
Tel·e·sco·pi·um [tèləskóupiəm] 명 (천문) 망원경 자리(남쪽 하늘의 작은 별자리).
tel·es·co·py [təléskəpi] 명 U 망원경 사용법[제조법]; 망원경에 의한 조사[연구]. 「(청용) 대형 TV 화면.
tel·e·screen [tèləskrìːn] 명 (TV) (공중(公衆) 시
tel·e·script [tèləskrìpt] 명 TV 대본. 「방지.
tel·e·se·cu·ri·ty [tèləsikjúərəti/-kjúər-] 명 도청
tel·e·seism [tèləsàizm] 명 U (지질) 원진(遠震), 원지 지진.
tel·e·sell·ing [tèləsèliŋ] 명 =**telemarketing**.
tel·e·shop [tèləʃɑ̀p/-ʃɔ̀p] 자 (*-pp-*) 텔레쇼핑하다. **~·per** 명
tel·e·shop·ping [tèləʃɑ̀piŋ/-ʃɔ̀piŋ] 명 텔레쇼핑(가정의 컴퓨터 단말기를 이용한 상품 구매).
tel·e·sis [tèləsis] 명 (사회) (목적 달성을 위한 자연력·사회 상황의) 의도적 이용; 지적 계획에 의한 진보.
tel·e·spec·tro·scope [tèləspéktrəskòup] 명 (천체 광선의 스펙트럼을 분석하는) 망원 분광기(器).
tel·e·ster·e·o·scope [tèləstériəskòup/-stíər-] 명 입체 망원경.
tel·es·the·sia [tèləsθíːʒə, -ʒiə, -ziə] 명 U 원격 감지(感知)[투시](육감에 의한 느낌이나 천리안 따위). (또는 **telaesthesia**) **-thét·ic** 형
tel·e·stu·dent [tèləstjúːdənt] 명 telecourse의 수강생.
tel·e·tex [tèlətèks] 명 (컴퓨터) 텔레텍스(종래의 텔렉스(Telex)를 고속·고성능화한 것).
tel·e·text [tèlətèkst] 명 텔레텍스트, 문자 다중(文字多重) 방송, 문자 방송.
tel·e·ther·mom·e·ter [tèləθərmámətər/-mɔ́m-] 명 원격 자동 기록 온도계, 전기 온도계. (또는 **tèlethérmoscope**) **-try** 명
tel·e·thon [tèləθɑ̀n/-θɔ̀n] 명 (자선 파우튼 모금을 위한) 장시간 TV 쇼. [<*tele*vision+mara*thon*]
tel·e·tran·scrip·tion [tèlətrænskrípʃən] 명 U (TV) (비디오 등에 의한) 텔레비전 프로그램 녹화.
*****Tel·e·type** [tèlətàip] 명 1 (상표) 텔레타이프. 2 U (t-) 텔레타이프 통신(망). 3 텔레타이프에 의한 통신문. ─ 타 (t-) 자 ─ …을 텔레타이프로 송신하다. ─ 자 텔레타이프를 조작하다.
tel·e·typ·er [tèlətàipər] 명 =**teletypewriter**.
Tel·e·type·set·ter [tèlətàipsètər] 명 (美) (상표) 전송식 식자기, 텔레타이프세터(약 TTS). **-ting** 명
tel·e·type·writ·er [tèlətàipràitər] 명 텔레타이프, 전신 인자기(印字機).
tel·e·typ·ist [tèlətàipist] 명 텔레타이프 타자수.
tel·e·van·ge·lism [tèləvǽndʒəlizm] 명 (美) (그리스도교의) 텔레비전 전도.
tel·e·van·ge·list [tèləvǽndʒəlist] 명 텔레비전 선교(전도)사(TV evangelist). 「시청자.
tel·e·view [tèləvjùː] 타 TV로 보다. **~·er** 명 TV
tel·e·vise [tèləvàiz] 타 TV로 방송[수상]하다. ¶ ~ live TV 생방송을 하다.
‡**tel·e·vi·sion** [tèləvìʒən] 명 (略 **~s** [-z]) U 1 텔레비전, TV 방송(프로그램); TV 영상[화상]. ¶watch ~ TV를 보다. 2 TV 수상기.(약 TV). 3 TV 방송 기술[시스템]. 4 방송업(계); 텔레비전 산업. 「한」. **~·ly** 부
tel·e·vi·sion·al [tèləvìʒənəl] 형 텔레비전의에 의
tel·e·vi·sion·ar·y [tèləvìʒənèri/-ʒənəri] 형 텔레비전의; TV 수상기의.
télevision sàtellite 명 TV 방송 위성.

télevision shòpping 명 =teleshopping.
télevision stàtion 명 텔레비전 방송국.
télevision tùbe 명 수상관(受像管).
tel·e·vi·sor [téləvàizər] 명 TV 송[수]신 장치; TV 방송자[수신자].
tel·e·vi·su·al [téləvíʒuəl] 형 (英) TV 방송의[에 알맞은]. ¶a ~ subject TV에 알맞은 제재(題材).
tel·e·vox [téləvàks/-vɔ̀ks] 명 (발성 장치를 갖춘) 기계 인간, 로봇.
tel·e·work [téləwə́:rk] 명 사무실에서 떨어진 장소나 자택에서 하는 작업. ~**er** 명 ~**ing** 재택 근무.
tel·e·writ·er [téləràitər] 명 전신 인자기(印字機), 전기 사자기(寫字機).
tel·ex [téleks] 명 1 (종종 T-) 텔렉스, 국제 가입 전신. 2 (텔렉스 송수신용) 텔레타이프라이터. 3 텔렉스 통신문. — 타 을 텔렉스로 보내다. (또는 **TELEX**) [<*tele*type+*ex*change]
tel·fer [télfər] 명[형]타 =telpher. ~**·age** 명
tel·ford [télfərd] 명 텔퍼드식 도로 포장(잡석 사이에 자갈을 넣고 롤러로 굳히는 도로 포장).
‡**tell** [tel] 통 (~**s** [-z]; *told*) 타 1 …을 말하다, 이야기하다; 을 말로 나타내다, 입밖에 내다, 구술하다 (*about, to, of, that* 절, *wh.* 절[句]). ⇨SPEAK 유의어 ¶~ one's experiences 경험을 이야기하다 // (~+목+목) He *told* me a story. 그는 나에게 이야기를 들려주었다 // (~+목+전+명) T- me *about* your trip. 여행담을 들려주세요 // (~+목+*that* 절) She *told* me *that* she had been to America. 그녀는 미국에 가본 적이 있다고 나에게 말했다 // (~+*wh.* 절) I cannot ~ *how* glad I was. 내가 얼마나 기뻤는지 말로 표현할 수 없다.
2 …을 알리다, 통고하다, 통지하다(*about, to, of, that* 절, *wh.* 절[句]); (길 따위)를 가르쳐주다; (비밀 따위)를 누설하다, 털어놓다. ¶~ news 뉴스를 알리다 /~ a person's fortune 남의 운수를 점치다 /His face ~ s it. 그의 표정으로 그것을 안다 /I *told* you so. 그랬다니까 // (~+목+목) T- me your name. 이름을 대시오 // (~+목+전+명) We will ~ him *of* [or *about*] the news. 그에게 그 소식을 알려주자 // (~+목+*that* 절) I was *told that* you were coming. 네가 올 것이라는 말은, 내가 들었다 // (~+목+*wh.* 절) Don't ~ *where* I am. 내 주소를 말해서는 안 된다 // (~+목+*wh.* 절) T- me *when* you will leave Paris. 언제 파리를 떠날 건지 말해 주시오 // (~+목+*wh.* to do) Our teacher will ~ us *what* to do. 어떻게 해야 하는가를 선생님이 가르쳐 주겠지.
3 (매스컴·게시 따위가) (…에게) …을 널리 전하다, 고지하다, 공포하다; (시계 따위가) 시각을 알리다.
4 (진실·거짓말 따위)를 말하다. ¶~ a lie 거짓말을 하다 // T- me the truth. 사실[진실]을 말하여라.
5 (사물이) (…에 관해서) 알려주다 (*about*), …의 표시가 되다. ¶A room ~s a lot *about* its occupant. 방을 보면 그 방 임자에 대해 많은 것을 알 수 있다.
6 …에게 분명히 말하다, 명언하다, 단언하다. ¶I don't like it, I ~ you. 분명하지만 나는 그것을 좋아하지 않는다 / He did it, I ~ you. 그것은 틀림없이 그가 한 짓이야. **7** (보통 can, could, be able to와 함께) …을 알다(*by, from, that* 절, *wh.* 절[句]); …을 분간하다, 식별하다, 구별하다(*apart*) (*between*). ¶How can ~ the difference *between* them? 누가 그들을 구별할 수 있겠는가? // (~+*wh.* 절) There is no ~*ing where* he has gone. 그가 어디로 갔는지 알 수가 없다 // (~+*wh. to do*) I can't ~ *what* to do. 어떻게 해야 할지 모르겠다 // ~ the good *from* the bad 옳고 그른 일을 분간하다 / I cannot ~ him *from* his brother. 그와 그의 형을 분간할 수가 없다 // It is difficult to ~ them *apart*. 그들을 가려내기는 어렵다. **8** …을 명하다, 분부하다 (*to do*). ⇨ORDER 유의어 ¶ (~+목+*to do*) T- them *to* be quiet. 그들에게 조용히 하라고 이르시오 / I was *told to* finish it by three o'clock. 그것을 세 시까지 끝내라는 분부를 받았다. **9** …을 세다, 헤아리다, 계산하다. ⇨COUNT 유의어 ¶~ votes 표를 세다 /~ money 돈을 세다. **10** (美) …에게 (인사)를 하다. ¶They wanted to ~ him good-by. 그들은 그에게 작별인사를 하고 싶어했다.
— 자 **1** 말하다, 이야기하다; 알리다, 보고하다 (*about, of*); (사물이) …을 말해주다, 보이다, 나타내다 (*of*). ¶ (~+전+명) ~ *about* a war 전쟁 이야기를 하다 /~ *of* one's old days 자기의 옛 이야기를 하다. **2** (구어) 일러바치다, 고자질하다; 비밀을 폭로하다 (*on*). ¶ He promised not to ~. 그는 말하지 않겠다고 약속했다 // (~+전+명) Don't ~ *on* me. 일러바치지 마라. **3** (can, be able to와 함께) 똑똑히[분명히, 명확히] 말하다; (…에 대해) 알다 (*about, wh.*). ¶No one can ~ *about* his destiny. 아무도 제 운명을 모른다. **4** (can, could, be able to와 함께) 분간하다, 식별하다 (*from*). ¶I can ~ at a glance. 나는 한눈에 알 수 있다 / How can I ~? 어떻게 내가 알겠는가? **5** 효과가 있다, 듣다, 영향을 미치다 (*on, upon*); (총알 따위가) 명중하다, 맞다. ¶A transaction which ~s in our favor 우리에게 유리한 거래 / Money is bound to ~. 돈의 효험은 반드시 나타난다 / Every shot *told*. 탄환 모두 명중했다 / The strain is beginning to ~ *on* him. 과로가 그의 몸에 영향을 미치기 시작했다. **6** (英 방언) 지껄이다, 잡담하다. **7** (古어) (수)를 세다 (*over*).
all told 통틀어, 합계(해서); 전체적으로 보아, 요컨대.
Don't tell me! 무슨 말씀을!, 설마!, 바보 같은 소리 마라!
Do tell! (구어) ① 그래 말해줘! ② (비꼬아) 설마, 그럴 수가.
hear tell (of) …의 소문을 듣다.
I am told …이라고 한다, …인 것 같다. ¶I'm *told* she is rich. 그녀는 부자라고 「어봐」
I can tell you what. 이봐, 좋은 일이 있어(내 말 들.
I('ll) tell you what. 저, 말이지; 좋은 생각이 있어; 실은 이렇다. 「없다.
I'm not telling! (구어) (너의 질문에 대답할 생각이
I'm telling you. (구어) (보통 문미에 놓여) 정말로, 정말이야.
I tell [or **am telling**] **a lie.** (구어) 잘못 말했습니다, 아니 다시 말하면.
I told you so. 그러게 내가 뭐랬어, 내가 그랬잖아.
Never tell me! =*Don't tell me!*
tell a green [or **blue**] **man** (美속어) 사실[진실]을 말하다.
tell all (기사에서) 진실을 폭로하다, 모두 까발리다.
tell a person a thing or two (구어) 남에게 잔소리를 하다, 남을 꾸짖다, 나무라다.
tell a person what to do with; tell a person where to put [or **shove, stick, stuff**] (美어) 남에게 …을 거부[거절]하다.
tell a person where to get off; tell a person where he [or **she**] **gets off** 남에게 (쓸데없는 소리를 한다고) 호통치다; 꾸짖다, 나무라다.
tell a tale 이야기를 하다; 무슨 사연이 있다.
tell away 주문(呪文)을 외워 (아픔 따위)를 없애다.
tell it like [or **how**] **it is** [or **was**] (美어) 있는 그대로 말하다, 솔직히 말하다.
tell its own tale 자명하다.
Tell it [or **that**] **to Sweeney** [or **the marines**]! 그런 말을 누가 믿어!, 거짓말 마라!
Tell me another (one)! (구어) 그런 말이 어디 있어!, 믿을 수 없어!
tell off ① …을 세어서 나누다. ② (일)을 할당하다; (군사) (…하도록) 지시하다, 명령하다(*to do*). ¶I was *told off* to do it. 그것을 하라는 지시를 받았다. ③ (구어) …을 야단치다.

tell over (돈 따위)를 몇 번이고 세다; (말)을 몇 번이고 되풀이하다.
tell tales (***out of school***) (…의) 비밀을 누설하다, 고해바치다, 고자질하다(*about*).
tell the tale (동정을 얻으려고) 처량한 말을 하다.
tell (***the***) ***time*** 시간을 알리다; (어린애가) 시계를 보고 시간을 알다. 〔酸〕.
tell the world (속어) ① (…이라고) 공언[단언]하다(*that*). ***Tell you what.*** =*I*('*ll*) *tell you what*.
That would be telling. (英구어) 그건 비밀이다, 말할 수가 없다, 답변할 수가 없다.
(***There's***) ***no way to tell.*** (구어) 아무도 알 수 없다.
Time will tell. 때가 되면 알 수 있다.
to tell the truth 사실은, 사실대로 말한다면.
Well do tell. 정말이냐, 설마.
What did I tell you! 그 봐, 내가 뭐랬어.
Who can tell? 누가 알 수 있겠느냐?, 아무도 모른다.
You can never [or ***never can***] ***tell.*** (확신이 없을 경우) 글쎄 어떨지[어떻게 될지] (아무도) 모른다.
You're telling me. (속어) ① 알고 있어, 그렇고 말고, 알고도 남음이 있어. ② 설마, 도무지 믿을 수 없군.
You tell 'em! (속어) 그래그래, 그렇지, 그렇고 말고.
You tell me. (구어) 나는 모르겠다.
── 閥 (美속어) 단서, 실마리.

tell·a·ble [téləbl] 혭 말할 수 있는, 말할 만한, 이야기할 가치가 있는. ~**·ness** 몡
***tell·er** [télər] 몡 1 이야기하는 사람, 알리는 사람. 2 (은행의) 출납계. 3 계산자; (의회의) 투표수 계표원.
Tel·ler [télər] 몡 ***Edward*** ~ 텔러(1908– : 헝가리 태생의 미국 물리학자; 수폭(水爆) 개발을 주도함).
tell·er·ship [télərʃip] 몡Ⓤ teller의 직위.
tell·ing [téliŋ] 혭 1 유효한, 현저한. ¶ a ~ *blow* 따끔한 일격. 2 명시하는, 보여주는.
with *telling* effect 효험이 있어, 매우 효과적으로.
── 몡 말하기; 말; 셈하기.
~**·ly** 曱

tell·ing-off [-ɔ́ːf] 몡 (구어) 꾸짖기.

tell·tale [télteil] 몡 1 남의 비밀[속사정 따위]을 무심코[악의로] 누설하는 사람; 밀고자; 수다쟁이. 2 속사정을 폭로하는 것, 증거, 암시(하는 것). ¶ a ~ *blush* 자기도 모르게 빨개진 얼굴. 3 자동 표시기; 타임 리코더; 등록기. 4 (요트) 타각(舵角) 표시기; 달아맨 나침의(羅針儀). 5 (음악) (풍금의) 풍압 표시기. 6 (화차에 탄 무원에게 터널이 다가옴을 알리는) 경고용 밧줄.

tel·lur- [téljuər-] 접뤁 1 (화학) tellurium의 뜻. ¶ *tellur*ite. 2 「지구」의 뜻.
tel·lu·ri·an [teljúəriən] 혭 지구[지상]의; 지구인의[에 특유한]. ── 몡 1 지구인. 2 =tellurion.
tel·lu·ric [teljúərik] 혭 1 지구[지상]의. 2 토지에서 생기는. 3 (화학) 텔루르(tellurium)의를 함유하는); 6 가(價)의 텔루르를 함유하는.
tellúric líne (천문) 지구 대기선(大氣線). 「물.
tel·lu·ride [téljuràid, -rid] 몡 (화학) 텔루르화
tel·lu·ri·on [teljúəriən / -ɔ̀n] 몡 지동의(地動儀).
tel·lu·ri·um [teljúəriəm] 몡Ⓤ (화학) 텔루르(비금속 원소의 하나; 기호 Te).
tel·lu·rize [téljuràiz] (* 英) **-rise**) 타 (화학) …을 텔루르와 혼합하다[화합시키다].
tel·lu·rous [téljuərəs, teljúər-] 혭 (화학) 4가(價)의 텔루르를 함유하는.
Tel·lus [téləs] 몡 (로마 신화) 텔루스(결혼과 풍작을 관장하는 대지의 여신; 그리스 신화의 Gaea에 해당).
tel·ly [téli] 몡 (the ~) (英구어) 1 =television. 2 (-lies) TV 출연 (계약). 「화 서비스의 하나.
TEL-MED [télméd] 몡 (상표) 미국의 의료 상담 전
tel·o- [télou, -lə, tíːl-] 연뤁 ⇒ TELE-1,2.
tel·o·cen·tric [tèləséntrik] 혭 (유전) 말단 동원체형(動原體型) 염색체의[에 관한].

tel·o·dy·na·mic [tèlədainǽmik] 혭 기계 동력 장거리 전달의. 「자 박판).
tel·op [téləp/-ɔp] 몡 (TV) 텔롭(화면에 삽입되는 문
tel·o·phase [téləfèiz] 몡 (생물) 종기(終期)(유사 분열의 최종 단계). **:phá·sic**
TELOPS *Telemetry On-Line Processing System*.
tel·o·type [télətàip] 몡 인자(印字) 전신기[전보].
tel·pher [télfər] 몡 텔퍼, 고가(高架) 궤도 운반차, 공중 케이블카. ── 혭 텔퍼 운반(장치)의. ── 閥 (고가 궤도 운반차로) …을 운반하다. (또는 **telfer**)
tel·pher·age [télfəridʒ] 몡ⓊⒸ 텔퍼 운반 (장치). (또는 **telferage**) 「**ic**
tel·son [télsən] 몡 (갑각류의) 미절(尾節). **tel·són·**
Tel·star [télstɑ̀ːr] 몡 (상표) 텔스타(미국 AT&T Communications사의 상업용 통신 위성).
Tel·u·gu [télugùː] 몡 1 Ⓤ 텔루구 말(인도의 Andhra Pradesh 주에서 주로 쓰이는 드라비다 어족의 하나). 2 (閥 ~(**s**)) 텔루구 사람. ── 혭 텔루구 말의, 텔루구 사람의. (또는 **Telegu**)
TEM *transmission electron microscope*; *transverse electromagnetic*; *triethylene melamine*.
TEMA *Telecommunication Engineering and Manufacturing Association*.
tem·blor [témblər, -blɔːr] 몡 (閥 ~**s**) (美) 지진.
tem·er·ar·i·ous [tèmərέəriəs] 혭 무모한, 무분별한, 저돌적인. ~**·ly** 曱 ~**·ness** 몡
te·mer·i·ty [təmérəti] 몡Ⓤ 1 무모, 저돌; 뻔뻔스러움. 2 무모한 행위, 폭거.
Tém·in énzyme [témin-] 몡 (생화학) 테민 효소 (RNA에서 DNA를 만드는 역전사(逆轉寫) 효소).
Tem·in·ism [témənìzm] 몡Ⓤ 테민 이론(RNA를 주형(鑄型)으로 하여 DNA가 합성된다는 이론).
temp [temp] 몡 (구어) 임시 고용인. ── 闥 임시고용인으로 일하다[근무하다]. [<*temp*orary]
temp. *temperance*; *temperature*; *temperature*; *temporal*; *temporary*; (라틴) *tempore*(=in the time of).
Tem·pe [témpi] 몡 1 **the Vale of** ~ 템페 계곡(그리스 Thessaly 지방의 Olympus 산과 Ossa 산 사이에 있는 경치 좋은 계곡). 2 (t-) (비유적) 경치 좋은 곳, 경치가는 곳. 3 템피(미국 Arizona 주 중부의 도시).
:tem·per [témpər] 몡 (閥 ~**s** [-z]) 1 성질, 기질, 성미; 성향. ⇒ DISPOSITION (유의어) ¶ *a calm* ~ 차분한 성미 / *a quick* [or *hot, short*] ~ 성마름, 급한 성미. 2 Ⓒ 기분; 성깔, 화, 노기; 성마름. ⇒ MOOD (유의어) 3 Ⓤ 차분함, 침착, 냉정. 4 풍조, 추세. ¶ the ~ *of the times* 시대의 추세[풍조]. 5 Ⓤ (점토·회반죽 따위의) 반죽의 정도; (야금) (강철 따위의) 단련(鍛鍊), 담금질; 경도(硬度), 탄성; 쇠의 탄소 함유량. ¶ *a sword of the finest* ~ 최고로 불린 칼. 6 주석과 구리의 합금. 7 (연혁) 가죽의 유감, 결. 8 (물질의 성질을 바꾸기 위한) 첨가물. 9 Ⓤ (고어) 중용; 타협. 10 Ⓤ (폐어) (물질의)
be in a temper 화를 내고 있다. 「조직, 구성.
be quick in temper; be of a quick temper 성질이 급하다, 성마르다.
control *one's **temper*** 화를 참다.
fly [or ***get***] ***into a temper*** 발끈 화를 내다.
get out of temper; lose *one's **temper*** 화를 내다.
have a temper 성미가 급하다.
in a fit of temper 홧김에, 화가 나서.
keep [or ***hold onto***] *one's **temper*** 노여움을 참다.
put a person out of temper 남을 화나게 하다.
recover [or ***regain***] *one's **temper*** 침착성[냉정]을 되찾다.
show a [or *one's*] ***temper*** 화를 내다.
Temper, temper! (구어) 좀 침착해라!, 그렇게 화내지 마라.
── 闥 1 …을 알맞게 섞다[조절하다](*with, to*); …을 경감하다, 완화하다(*with*)(⇒ MODIFY (유의어)); (화

tem·pera 따위)를 가라앉히다, 달래다 (with). ¶ (~+⺿+⺿+⺿) ~ justice with mercy 법의 준엄성을 자비로써 누그러뜨리다/~ strong drink with water 독한 술에 물을 타다// God ~s the wind to the shorn lamb. (속담) 신은 털 깎은 어린 양에게는 바람을 줄여 준다, 약자에게는 가벼운 시련을 내린다. **2** [점토 따위]를 이기다; [야금] [강철 따위]를 단련하다, 불리다; [유리 따위]를 굳히다; [비유적] 단련하다 (훈련으로) 단련시키다. ¶Glass is ~ed by heating and sudden cooling. 유리는 가열했다가 갑자기 냉각시켜서 굳힌다. **3** [음악] [피아노 따위]를 조율하다. **4** [물감]을 매체(媒劑)를 타서 알맞게 하다. **5** [제혁] [가죽]을 (습기를 주어) 적당히 부드럽게 하다. **6** [고어] [원료]를 적당히 배합하다; 달래다. ─ ⓥⓘ **1** 적당하게 되다, 알맞게 되다; 부드러워지다. **2** [강철 따위가] 불리어지다, 달구어지다.
~·a·bil·i·ty ⓝ. ~·a·ble ⓐ 녹일[단련할] 수 있는; 불릴[단련할] 수 있는. ~·er ⓝ 「페라 화구.
tem·per·a [témpərə] ⓝⓤⓒ 템페라화(畵)(법); 템 *
tem·per·a·ment [témpərəmənt, -pərmənt] ⓝⓤⓒ **1** 기질, 성질; 체질; 격렬한 성미. DISPOSITION [유의어] ¶an excitable ~ 흥분하기 쉬운 성미. **2** [음악] 평균율. **3** [고어] 조화, 조절. **4** [페어] 온도.
 throw (a) temperament (속어) 뻣성[짜증]을 내다.
tem·per·a·men·tal [tèmpərəméntl] ⓐ **1** 기질의[에 의한]. **2** 흥분하기 쉬운, 성미가 까다로운; 신경질적인; 변덕스러운, 이랬다저랬다하는. ~·ly ⓓ
tem·per·ance [témpərəns] ⓝⓤⓒ **1** 자제, 극기. **2** (음식의) 절제; 절주; 금주. ¶ a ~ legislation 금주조례/ a ~ hotel [or house] 술을 안 파는 호텔.
 ── ⓝ [서술용법] (구어) 금주주의의. ¶She is very ~. 그녀는 금주를 엄수한다.
tem·per·ate [témpərit] ⓐ (*more* ~; *most* ~) **1** 절도 있는, 도를 넘지 않는, 절제하는; 온건한, 공손한. MODERATE [유의어] ¶a man of ~ habits 절제할 줄 아는 사람/ be ~ in drinking 과음을 조심하는. **2** 절주의, 금주의. **3** (기후가) 온화한; 따뜻한, 온대의. ¶ ~ regions 온대 지방. **4** [음악] 평균율의.
~·ly ⓓ 알맞게. ~·ness ⓝ
Témperate Zòne ⓝ (the ~) [지리] 온대.
tem·per·a·ture [témpərətʃər] ⓝ (⑪ ~s [-z]) ⓤⓒ **1** 온도, 기온, 한란. ¶absolute ~ 절대 온도. **2** [생리·병리] 체온; (보통 체온 이상의) 열, 고열, 발열 상태. ¶normal ~ 평열. **3** [감정·관심 따위의] 세기, 강도. **4** [페어] 기질, 성질; (기후의) 온화, 타협.
 have a [*no*] *temperature* 열이 있다[없다].
 run a temperature 열이 나다.
 take a person's temperature 남의 체온을 재다.
témperature cùrve ⓝ (환자의) 체온 곡선; 기온 곡선. 「경도(傾度).
témperature gràdient ⓝ (the ~) [기상] 기온
témperature-humídity ìndex ⓝ 습도 지수, 불쾌 지수(⑭ T.H.I.). 「(轉).
témperature invérsion ⓝ [기상] 기온 역전(逆
témperature scàle ⓝ **1** 온도계의 눈금. **2** 온도 기본 단위(섭씨·화씨 따위).
témperature spòt ⓝ [생리] 온도점(온도에 반응하는 피부의 온점(warm spot)·냉점(cold spot) 따위).
tem·pered [témpərd] ⓐ **1** [복합어] 성미[기질]가 …한. ¶good-~ 성미가 좋은/ quick [or hot]-~ 성급한. **2** [음악] 평균율의. **3** 알맞게 만든, 완화된; 조절[조정]된. **4** [점토 따위] 알맞게 이겨진. **5** [야금] 담금질한, 불린. ~·ly ⓓ. ~·ness ⓝ
tem·per·er [témpərər] ⓝ **1** 불리는[단련하는] 사람; 반죽하는 사람; 담금질하는 직공. **2** 도토(陶土) 이기는 기계. 「내는.
tem·per·some [témpərsəm] ⓐ 성마른, 화를 잘
témper tàntrum ⓝ 울화통, 짜증.
tem·pest [témpist] ⓝ **1** 사나운 비바람, 폭풍우

[설], 험악한 날씨. **2** (비유적) 대소동, 야단 법석, 대혼란. ¶a political ~ 정치적 혼란.
 a tempest in a teacup [or *teapot*] 찻잔 속의 폭풍, 사소한 일로 인한 큰 소동, 헛소동.
 ── ⓥⓣ 풍랑을 일으키다, …에 소란을 일으키다.
tem·pest-tossed [-tɔ́st] ⓐ (불행·불운에) 시달린, 농락당한. (또는 **tempest-tost**)
tem·pes·tu·ous [tempéstʃuəs] ⓐ **1** 비바람치는, 폭풍우[설]의; 사나운. **2** 떠들썩한, 격렬한, 난폭한.
~·ly ⓓ. ~·ness ⓝ
tem·pi [témpi:] ⓝ *tempo*의 복수형.
Tem·plar [témplər] ⓝ **1** 템플[성당] 기사단원. KNIGHTS TEMPLARS **2** (London의 Inner Temple 또는 Middle Temple에 사무실을 가진) 법률가, 법학도. **3** 미국의 프리메이슨 단원(1851년에 조직됨) (Knight Templar라고도 함).
tem·plate [témplət] ⓝ **1** = templet. **2** (생물) (유전자를 복제하는) 모형(母型), 원형(原型). **3** [컴퓨터] 템플리트, 보기판(키보드의 각 키에 할당된 명령어의 내용을 나타낸 플라스틱 시트). **4** 화장대의 대리석 대(臺).
‡**tem·ple**¹ [témpl] ⓝ (⑪ ~s [-z]) **1** (고대 이집트·그리스·로마 등의) 신전; (불교 등의) 사원, 절(간). **2** (T-) (유대인이 예루살렘에 세 번 세운) 신전. **3** (기독교 외의) 교회(현재는 church가 보통); (프랑스 개신교의) 교회당; (모르몬교의) 교회. **4** 하느님이 계시는 곳; 기독교도의 육신. ¶the ~ *of the Holy Ghost* 성령의 전(殿) (고린도전서(1 Cor.) 6 : 19). **5** Knights Templars라고 칭하는 프리메이슨단(團)의 건물. **6** (T-) London에 있었던 성당 기사단의 성당; 그 자리에 있는 법학원 (TEMPLAR 2); Paris에 있었던 성당 기사단의 본부. **7** 전당. ¶a ~ *of art* 예술의 전당. **8** 동우회·공제회 등의 건물. ─ⓥⓣ 신당을 지어 [남]을 제사지내다.
-**pled**, ~·**like** ⓐ
*
tem·ple² ⓝ **1** 관자놀이. **2** (美) 안경다리.
tem·ple³ ⓝ (베틀에서) 베를 팽팽하게 하는) 쳇발.
Témple Bár ⓝ 템플바(런던의 서쪽 입구에 있던 문; 1878년 교외로 이전함).
Témple of Ártemis ⓝ (the ~) 아르테미스 신전 (소아시아의 Ephesus에 있던 신전; 세계 7대 불가사의의 하나).
tem·plet [témplət] ⓝ **1** 형판(型板), 본뜨는 공구. **2** [건축] 보받이. **3** [조선] 조선대(造船臺)의 쐐기. (또는 **template**)
tem·po [témpou] ⓝ (⑪ ~s, *-pi* [-pi:]) **1** [음악] (연주의) 속도, 템포. **2** (시대의 추세 따위의) 속도, 템포. ¶the swift ~ *of the day* 시대의 급속한 진보. **3** [서양장기] (유효 적절한) 수의 움직임. [<It]
tém·po prí·mo [-prímou] ⓝ [음악] 템포프리모, 본래의 빠르기로(a tempo).
*
tem·po·ral¹ [témpərəl] ⓐ **1** 때의, 시간의. **2** ~ *and spatial* 시공(時空)의. **2** 이승의, 세속의; 속세의. ¶ ~ *affairs* 세속의 일. **3** 덧없는, 일시적인, 순간적인. **4** [문법] 때를 나타내는; 시제의. ─ⓝ (보통 ~s) 세속적인 재산[권력]; 일시적인 것, 세상사, 속세의 일.
~·ly ⓓ. ~·ness ⓝ
tem·po·ral² [해부] 관자놀이 뼈. ── ⓐ the ~ *bone* 관자놀이 부분, 관자놀이 뼈.
tem·po·ral·i·ty [tèmpəréləti] ⓝ **1** ⓤ 일시적임, 일시성; ⓒ 일시적인 것. **2** ⓤ 속세의 일, 세속의 일. **3** (보통 -**ties**) (교회나 성직자의) 세속적인 소유물.
tem·po·ral·ize [témpərəlàiz] ⓥⓣ **1** 시간적으로 위치를 정하다, 시간적으로 한정하다. **2** 세속화하다.
tem·po·ral·ty [témpərəlti] ⓝ **1** (the ~) (집합적) 속인. **2** (드물게) (보통 -**ties**) = temporality 3.
*
tem·po·rar·i·ly [tèmpəréràli/témpərə-] ⓓ 일시적으로, 임시(변통)으로; (드물게) 시간적으로.
‡**tem·po·rar·y** [témpəreri/-rəri] ⓐ 일시적인, 한때의, 잠깐의, 덧없는; 임시(변통)의(⑩ eternal). ¶

pleasures 한때의 쾌락 / a ~ office 임시 사무소.

[유의어] **temporary** 오래 가지 않고 곧 바뀔 수 있는. **momentary** 불과 한 순간밖에 지속되지 않는. **transient** 일시적으로 지속[체류]할 뿐 곧 바뀌는(사라지는]. **transitory** 본래의 성질상 머지않아 사라지거나 바뀌는.

— 图 **@** *-rar·ies* [-z] 임시 변동; 임시 고용인.
-**ràr·i·ness**
témporary dúty 图 임시 근무[직무]. 「협 연금.
temporary lífe annùity 图 (보험) 정기 생명 보
tem·po·rize [témpəràiz] (* (英) -**rise**) 图④ 1 우물쭈물하다, 사태를 관망하다. 2 임시 변통하다, 고식적인 수단을 쓰다. 3 시세에 따르다, 대세에 순응하다, 여론에 영합하다 (*with*). 4 (···와) 합의에 이르다, 타협하다 (*with*, *between*).
-**ri·zá·tion** 图 임시 변통, 미봉; 형세 관망; 타협.
tem·po·riz·er [témpəràizər] 图 기회주의자; 일시적 미봉책을 쓰는 사람; 영합하는 사람.
tem·po·riz·ing [témpəràiziŋ] 图 =temporization. 图 임시 변통의, 타협적인; 기회주의적인; 영합적인. ~·**ly** 图
tem·po·ro- [témpərou, -rə] 图 「관자놀이(temple)」의 뜻. ¶ *temporo*mandibular.
tem·po·ro·man·dib·u·lar [tèmpərəmændíbjulər] 图 (해부) 관자[측](顎) 관절의 (*for*).
témpo tùrn (스키) 템포 턴, 고속 평행 회전.
‡**tempt** [tempt] 图④ 1 ···을 꾀다, 유혹하다, 충동질하다 (*to*, *into*). ¶ (~ + 图 + *to* do). ¶ (~ + 图 + 图) ~ a person *to* sin 남을 꾀어 죄를 짓게 하다 / ~ a person *into* wrong ways 남을 꾀어 나쁜 길로 들어서게 하다 // (~ + 图 + *to* do) Poverty ~*ed* this man to steal. 이 사람은 가난 때문에 도둑질을 했다.

[유의어] **tempt** 보수·이익 따위를 내세워 강하게 유혹하다. **lure** 강하고 뿌리칠 수 없는 영향력으로 끌어들이다; 나쁜 뜻으로 쓰이는 일이 많은 말. **allure** = lure: 좋은 뜻으로도 많이 쓰인다. **entice** 매우 교묘히 유혹하다; 좋은 뜻으로도 쓰는 말. **decoy** 거짓 미끼로 유혹하여 함정에 빠뜨리다. **seduce** 양심의 가책을 잃게 하고, 불법·부정(不貞)한 일에 꾀어들이다.

2 ···의 마음을 끌다; (식욕)이 나게 하다; (일반적으로) ···할 마음이 나게 하다, ···의 마음이 내키게 하다 (*to* do). ¶ The food ~*s* me. 그 요리는 내 식욕을 돋운다 / The sunshine ~*ed* them (*to* go) out. 맑은 날씨에 이끌려 그들은 야외에 나갔다. 3 (고어) ···을 시험하다, 시도하다; (시험해서) ···을 노하게 하다.
be [or **feel**] **tempted to** *do* ···하고 싶어지다.
Nothing would [or **will**] **tempt** *a* **person to** *do*. 어떤 일이 있어도 ···하지 않을 것이다.
tempt Providence [or **God**] 신의 노여움을 사다, 벌받을 짓을 하다.   「기 쉬운.
tempt·a·ble [témptəbl] 图 유혹할 수 있는, 유혹되
‡**temp·ta·tion** [temptéiʃən] 图 (**@** ~*s* [-z]) 1 ⓤ 유혹 (*to* do); ⓒ 유혹물, 사람의 마음을 끄는 것. 2 (the T-) (그리스도가 광야에서 마귀에게 받은) 시험(← 마태 복음(Matt.) 4).
fall into temptation 유혹에 빠지다.   「리다.
lead *a person* **into temptation** 남을 유혹에 빠뜨
yield [or **give way**] **to temptation** 유혹에 지다.
~·**al** 图
tempt·er [témptər] 图 유혹자[물]; (the T-) 악마.
tempt·ing [témptiŋ] 图 유혹적인, 사람의 마음을 끄는; 매력적인. ¶ a ~ offer 군침이 도는 제안.
~·**ly** 图 ~·**ness** 图
tempt·ress [témptris] 图 유혹하는 여자, 요부.
tem·pus fu·git [témpəs fjúːdʒit] 세월은 유수 같다. (<L time flies)

‡**ten** [ten] 图 10의, 열 명의, 열 개의; 10시의, 10세의; (막연히) 많은. ¶ I'm ~. 저는 열 살입니다 / *Ten men*, ~ *colors*. (속담) 십인십색.
ten times 10배나: 훨씬.
— 图 (**@** ~*s* [-z]) 1 (기수의) 10, 열. 2 (복수취급) 열 사람, 열 개. 3 10시, 10분; 10세. 4 (연속된 것 중의) 열 번째의 사람[물건]; (카드놀이) 10점짜리 패; (美어) 10달러 지폐, (英어) 10파운드 지폐. 5 10의 기호 (10, x, X). 6 열 사람 한 팀; 열 개 한 벌. 7 (수학) 10자리의 숫자. (또는 **tén's pláce**) 8 10번 사이즈(의 옷). 9 (광고) (TV·라디오의) 10초 광고. 10 (a ~) (美어) 10점 만점, 최고[최상]의 것, 최고 미인. 11 10마력 자동차. 12 (the T-) EEC 가맹 10개국.
count (up to) ten (구어) 화를 가라앉히려고 열을
hang ten (어떤 역경에서도) 살아남다.   「세다.
in tens 10씩, 10명씩.
take ten (美) 10분쯤 휴식하다.
ten (for) a penny 흔한, 싸구려의.
tens of thousands (of) 수만(萬)이나.
ten to one 10대 1; 십중 팔구, 대개; 틀림없이.
the upper ten (thousand) 상류 계층, 귀족 계급.
ten. tenor. (음악) tenuto.
ten-: ten (2) ⇨TEN-.
ten·a·ble [ténəbl] 图 1 (진지 따위가) 공격에 견딜 수 있는. 2 (학설 따위가) 비판에 견딜 수 있는; (지위 따위가) (···동안) 유지할 수 있는 (*for*). ⇨
-**bíl·i·ty** 图 유지할 수 있음. ~·**ness** 图 -**bly** 图
te·na·cious [tənéiʃəs] 图 1 꽉 쥐고[누르고] 놓지 않는, 단단히 잡고[쥐고] 있는. 2 집요한, 끈덕지게 지키는 (*of*), 끈질긴, 강인한; 완강한, 고집이 센. ⇨ STUBBORN [유의어] ¶ be ~ *of* life 여간해서 죽지 않다. 3 (기억력 따위가) 좋은. ¶ a ~ memory 좋은 기억력. 4 달라붙는, 끈끈한. ~·**ly** 图 ~·**ness** 图
te·nac·i·ty [tənǽsəti] 图 ⓤ 1 고집, 견지; 완고; 끈덕짐. ¶ ~ *for* life 삶에의 집착. 2 기억력이 좋음, 강기(強記). 3 점착성[력]; 끈기, 찰기.
te·nac·u·lum [tənǽkjuləm] 图 (**@** -*la* [-lə]) (외과) (혈관 따위를) 집는 갈고리, 지지구(支持鉤).
ten·an·cy [ténənsi] 图 1 ⓤ (토지·가옥 따위의) 보유, 점유; 차용(借用). 2 ⓤⓒ 차용 기간, 차용권. 3 (고어) 차지(借地), 소작지, 셋집. 4 ⓤ (지위 등의) 유지, 재직, 재임.
ténancy in cómmon 图 (법률) 공유 재산권.
‡**ten·ant** [ténənt] 图 1 토지 차용자, 소작인; 차가인 (借家人). 2 (법률) 부동산 보유자, 차지인(借地人). 3 거주자, 주민. ¶ ~*s* of woods 조류. — 图④ (수동형으로) (토지·가옥 따위)를 차용하다, 빌려 쓰다[살다]. ¶ This house is ~*ed* by my friend. 이 집은 내 친구가 세들어 있다. — 图 거주하다, 살다 (*in*).
~·**a·ble**, ~·**less**, ~·**like** 图
ténant fármer 图 소작인, 소작농.
tenant in cómmon 图 (법률) 공유 재산권자.
ténant right 图 차지(借地)[차가]권, 전세권, 소작권.
ten·ant·ry [ténəntri] 图 (집합적) 차지(借地)인, 세든 사람; 차지[차가]인의 신분; 토지[가옥]의 차용.
ten·ant·ship [ténəntʃip] 图 ⓤⓒ 차지[차가]인의 신분; 토지[가옥]의 차용.
ten·car·at [ˈkǽrət] 图 (美속어) 굉장한, 대단한.
ten-cent [ˈsént] 图 싸구려의, 조잡한.
tén-cent stóre 图 10센트 균일의 싸구려 가게.
tench [tentʃ] 图 (**@** ~, -**es**) (유럽산(產)) 잉어.
ten code 图 (무선) 텐코드(경찰·CB 등의 무선 통신에서 10과 다른 숫자를 조합하여 쓰는 부호 체계; 예를 들어 10-1(신호 약함), 10-9(반복하라) 등).   「계명.
Tén Commándments 图(**@**) (the ~) (성서) 십
‡**tend¹** [tend] 图 1 (···의 / ···하는) 경향이 있다, (···하기) 쉽다 (*to*, *toward* / *to* do). ¶ (~ + 图 + 图) He ~*s toward* selfishness. 그는 이기적인 경향이 있

다 // (~+*to* do) Fruits ~ *to* decay. 과실은 썩기 쉽다. **2** (질·상태 따위가) …의 기미[느낌]가 있다 (*toward*). ¶ This wine ~*s toward* the sweet side. 이 술은 단맛이 돈다. **3** (…에/…하는 데) 공헌하다, 도움이 되다(*to, toward* / *to* do). ¶ Education ~*s to* refinement. 교육은 교화(敎化)에 이바지한다 // (~+*to* do) Moderate exercise ~*s to* improve our health. 적당한 운동은 건강 증진에 도움이 된다. **4** (길 따위가) 향하다 (*to, toward*). ¶ The road ~*s to* the south here. 길은 여기서 남쪽으로 향한다. **—** [명] 《드물게》 =tendency.

‡tend² [동] (~**s** [-z]) [타] **1** 〔가축·기계 따위〕를 지키다, 망보다. ¶ ~ sheep 양을 지키다. **2** …을 돌보다, 간호하다; 〔화초 따위〕를 손질하다, 재배하다. ¶ ~ a sick person 환자를 간호하다. **3** 〔항해〕 (닻줄이 얽히지 않도록) 〔정박선〕의 망을 보다. **4** 《美방언》 …에 출석하다. **5** 《美》 〔상점·바 등〕의 일을 (관리)하다. **—** [자] **1** 시중들다, 돌보다 (*on, upon*). **2** 주의하다, (…에) 신경 쓰다 (*to*).

tend (a) shop 가게를 보다.

tend on [or ***upon***] …의 시중을 들다; 돌보다.

tend·ance [téndəns] [명] **1** [U] (환자 등을) 돌봐주기, 간호, 병구완. **2** (the ~) 《집합적》 《고어》 시중 드는 사람, 하인.

ten·den·cious [tendénʃəs] [형] =tendentious.

‡ten·den·cy [téndənsi] [명] ([복] **-cies** [-z]) **1** 경향, 추세, 풍조 (*to, toward, to* do). ¶ show a ~ *to* increase 증가하는 경향을 보이다 // There is a ~ *toward* centralization. 중앙 집권의 경향이 있다.

> [유의어] **tendency** 일정하고 분명한 방향을 향해 가는 선천적·후천적 경향; 사회·사상·운동 따위가 나아가는 거스를 수 없는 방향·경향. **direction** 어떤 일정한 점[목표]으로 향하는 행동의 방향. **trend** 여러 가지로 변동하는 것의 전체적인 방향·경향. **drift** 외부의 영향력에 밀리는 방향·경향.

2 성향, 성벽(*to, toward, to* do); (보통 -cies) 《구어》 동성애의 성향. ¶ He has a strong ~ *to* exaggerate. 그는 과장벽이 강하다. **3** (문학 작품이 지니는 특수한) 의도, 취향.

ten·den·tious [tendénʃəs] [형] 특정의 경향[의도, 목적]을 가진, 편향적인; 선전적인. (또는 **tendential**)
~·ly [부] **~·ness** [명]

‡ten·der¹ [téndər] [형] (~**er**; ~**est**) **1** 부드러운, 연한([반] tough); 즙[수분]이 많은; 무른, 부서지기 쉬운, 허약한. ¶ ~ meat 연한 고기 / a ~ skin 약한 피부 / ~ corn 즙이 많은 옥수수. **2** 어린, 미숙한. **3** (색·빛·감촉 따위가) 부드러운, 약한. ¶ a ~ color 연한 색. **4** 예민한, 민감한, 감수성이 강한. ¶ a ~ conscience 예민한 양심. **5** 고통을 느끼기 쉬운, (이 따위가) 건드리면 아픈; (모욕 따위를 받아) 상처받기 쉬운. ¶ a ~ spot 아픈 데; 약점 / her ~ pride 그녀의 상처받기 쉬운 자존심. **6** 다정한, 애정이 담긴, 친절한; (동작 따위가) 조용한, 온화한. ¶ a ~ emotion 애정; 연민의 정 / ~ loving care 애정어리고 살가운 보살핌[간호]([약] TLC). **7** 《서술용법》 마음 쓰는, 조심하는, 걱정하는 (*of*). ¶ be ~ *of* another's feelings 남의 기분에 마음을 쓰다. **8** 세심한 주의를 요하는, 미묘한. ¶ a ~ subject 미묘한 문제. **9** 〔항해〕 (돛 때문에 배가) 기울기 쉬운.

be tender of doing …하지 않도록 주의하다.

***grow tender of** a person* 남이 마음에 들게 되다.

of tender age [or ***years***] 나이 어린.

— [동][타] **1** …을 부드럽게[연하게] 하다. **2** 《고어》 …을 부드럽게[소중히] 다루다.

~·ly [부] **~·ness** [명]

ten·der² [동][타] **1** …을 제출하다, 내다; …을 제공하다, 제안하다 (*to*). ¶ ~ one's help 원조를 제안하다 / ~ one's thanks [apologies] 감사[사과]의 말을 하다 // (~+[목]+[목]) People ~*ed* him a farewell party. 사람들은 그를 위해 송별회를 열었다 // He ~*ed* his resignation *to* the President. 그는 대통령에게 사표를 제출했다. **2** 〔법률〕 채무 변제를 위해 〔금전 따위〕를 제공하다. **—** [자] 입찰하다 (*for*). **—** [명] **1** (정식의) 제출, 제공, 제의, 신청; 제공물. **2** [U] 〔법률〕 변제의 제공. **3** 〔상업〕 입찰 (*for*). ¶ make a ~ *for* …의 입찰을 하다.
~·er [명]

tend·er³ [명] **1** 감시인, 지키는[돌보는] 사람, 간호인. ¶ a baby ~ 아기 보는 사람. **2** (대형선의) 보급선, 부속선; 〔철도〕 (기관차의) 탄수차; 〔군사〕 보조함, 보급·정비용 모함. ¶ submarine ~ 잠수함 모함. **3** (막대 걸레 따위에 붙인) 급수기. **—** [동][타] …을 보급선에 싣다.

ten·der·a·ble [téndərəbl] [형] 지급[변제]에 제공될 수 있는. **-bíl·i·ty** [명]

ténder ánnual [명] 내한성(耐寒性) 없는 일년생 식물.

ten·der-eyed [-áid] [형] 눈매가 부드러운; 시력이 약한.

ten·der·foot [téndərfùt] [명] ([복] ~**s**, **-feet**) **1** 신참자, 풋내기, 무경험자. **2** 《美》 (목장·광산 따위의 일이 서툰) 신참자. **3** (Boy Scouts나 Girl Scouts의) 최하급 대원; 신입대원 배지(badge); 입대 시험.

ten·der-heart·ed [-há:rtid] [형] 마음씨가 고운, 인정 많은, 다정다감한. **~·ly** [부] **~·ness** [명]

ten·der·ize [téndəràiz] (*《英》 **-ise**) [동][타] 〔고기 따위〕를 연하게 하다. **-i·zá·tion, -iz·er** [명]

ten·der·loin [téndərlɔ̀in] [명] **1** [U][C] (소·돼지 따위의) 허리 부분의 연한 살코기, 안심. **2** (T-) (전에 New York에 있던 타락과 악덕으로 유명한) 환락가; (일반적으로 대도시의) 환락가.

ten·der·man [téndərmən] [명] 《캐나다》 〔어업〕 (잡은) 물고기를 뭍으로 운반하는 선원.

ten·der-mind·ed [-máindid] [형] 이상주의적인, 낙관적인, 독단적인. 「개 매입.

ténder òffer [명] 《美》 (경영권 장악을 위한) 주식 공

ten·der·om·e·ter [tèndərámətər/-rɔ́m-] [명] (과일·채소 따위의) 성숙도(成熟度) 측정기.

ten·di·ni·tis [tèndənáitis] [명] 〔병리〕 건염(腱炎). (또는 **tendonitis**) 「質)의.

ten·di·nous [téndənəs] [형] 힘줄의[같은], 건질(腱

ten·don [téndən] [명] **1** 〔해부〕 힘줄, 건(腱)(sinew). ¶ Achilles' ~; the ~ of Achilles 아킬레스 건. **2** (철근 콘크리트의) 철근.

ten·dril [téndril] [명] 〔식물〕 덩굴손, 덩굴 (모양의 것). **~·lar** [형] =tendrilous. **~·ly** [형]

ten·dril·ous [téndriləs] [형] 덩굴손(모양)의.

-tene [tì:n] [연결] 「…개[형]의 염색체를 갖는」의 뜻. ¶ lepto*tene*.

Ten·e·brae [ténəbrèi/-brì:] [명][복] 《단·복수 양용》 〔가톨릭〕 테니브리(부활절 전주의 성(聖)목·금·토요일에 행하는 기도문의 낭송과 아침 기도). 「암울한.

ten·e·brif·ic [tènəbrífik] [형] 어둠을 낳는; 어두운,

ten·e·brous [ténəbrəs] [형] 어두운, 음침한, 뚜렷하지 않은, 애매모호한. (또는 **tenebrose, tenebrious**)
~·ness [명]

10820 [tén èit twénti] [명] =methadone.

1080 [ténéiti] [명] 〔화학〕 플루오르 아세트산 나트륨 (쥐약의 일종). (또는 **tén-éighty**)

***ten·e·ment** [ténəmənt] [명] **1** 가옥, 주택; 《시》 사는 곳. ¶ the soul's ~ 영혼이 깃드는 곳, 육체. **2** =~ house. **3** 아파트, 대실(貸室). **4** 셋집, 차지(借地). **5** 〔법률〕 보유 재산(토지·가옥 따위 영구히 보유되는 것); (~s) 부동산 자유 보유권. **~·ed** [형]

ten·e·men·tal [tènəméntl] [형] 보유물의; 주택의; 차지[차가]인이 보유하는. (또는 **tènementáry**)

ténement hòuse [명] 공동 주택, 싸구려 아파트.

te·nes·mus [tinézməs] [명][U] 〔병리〕 결리(結痢), 후중(後重)(대소변이 마려우면서도 잘 나오지 않고 뒤가 무지근한 증세). ¶ a vesical ~ 방광(膀胱)의 결리.

ten·et [ténit/tíːn-] 명 교의(敎義), 신조, 주의.
ten·fold [ténfòuld] 형 10배의, 열 겹의. — 부 [´-´] 10배로, 열 겹으로.
ten-foot [´-fút] 형 10피트의.
wouldn't touch...with a 10-foot pole (구어) …에는 전혀 관계하고 싶지 않다.
1040 [ténfɔ́ːrti] 명 (美) 개인용 소득세 신고 용지 (individual tax form).
ten-four [´-fɔ́ːr] 명감 (美속어) 알았소, 납득(시민 라디오의 ten code의 하나). ¶big ~ 대찬성, 충분히 알았음. (또는 **10-4**) — 동 ④ 납득하다.
tén-gál·lon hát [´-gǽlən-] 명 (카우보이가 쓰는) 챙 넓은 펠트 모자.
10-gauge [téngèidʒ] 형 10 게이지, 10번 (산탄총) (10-gauge shotgun). **2** 그 탄환.
Teng Hsiao-ping [dʌ́ŋ ʃjàupíŋ, téŋ sjàupíŋ] 명 = DENG XIAOPING. (또는 **Teng Hsiao-p'ing**)
TENL teaching English as a native language.
Tenn. Tennessee; Tennyson.
ten·ner [ténər] 명 **1** (美구어) 10달러 지폐; (英구어) 10파운드 지폐. **2** (속어) 10년형(기).
***Ten·nes·see** [tènəsíː] 명 **1** 테네시 주(미국 동남부의 주; 주도 Nashville; 略 Tenn.). **2** (the ~) 테네시 강.
Ten·nes·se(e)·an [tènəsíːən] 명 형 테네시 주의; 테네시 주 사람의. — 명 테네시 주의 주민.
Ténnessee Válley Authórity 명 (the ~) 테네시 강 유역 개발 공사(略 TVA).
ten·nies [téniz] 명 (복수취급) 테니스화; 고무창의 운동화. (또는 **ténny rúnners**)
‡**ten·nis** [ténis] 명 테니스(lawn ~); (옛날의) 실내 *Tennis, anyone?*; *Anyone for tennis?*; *Who's for tennis?* 테니스할 분 없습니까?(*익살조로, 대화의 실마리나 섹스의 유혹에 쓰임).
ténnis àrm 명 테니스 파워로 인한 팔의 통증[염증].
ténnis bàll 명 테니스 공.
ténnis còurt 명 테니스 코트.
ténnis èlbow 명 (테니스 따위에 의한) 팔꿈치의 염증[통증].
ténnis ràcket 명 테니스 라켓.
ténnis shòe 명 테니스화, 운동화.
ten·nist [ténist] 명 테니스 치는 사람, 테니스 선수.
ténnis tòe 명 (테니스 따위에 의한) 발가락 손상[염증].
Ten·ny·son [ténəsən] 명 **Alfred ~** 테니슨(1809-92; 영국의 계관 시인).
-so·ni·an [-sóuniən] 형 테니슨(풍)의.
ten·o- [ténou, -nə] ⦗연결⦘ 「힘줄, 건(tendon)」의 뜻 (*모음 앞에서는 ten-). ¶*teno*tomy.
ten·on [ténən] 명 〖목공〗 장부. ⇨ MORTISE 그림. — 타 …을 장부로 잇다; …에 장부를 만들다. — 자 장부를 만들다; 장부로 연결되다. — **er** 명
ténon sàw 명 〖목공〗 장부용 톱(날이 가는 잔 톱).
***ten·or** [ténər] 명 **1** (the ~) 진로, 행로, 도정; (생활 따위의) 받침. **2** (문서의) 취지, 대의(大意) (*of*). ¶get the ~ *of* a sentence 문장의 대의를 파악하다. **3** U 〖음악〗 테너(남성음의 최고음); C 테너 가수, 테너 벨(한 벌의 종(peal) 중 최저음의 종(~ bell); 테너 성부. ⇨ BASS¹. **4** U 질; 성질, 성격; 상태. **5** 〖법률〗(서류의 사본, 등본. — 형 〖음악〗 테너의.
~·less 형 방침[취지]이 없는.
ten·or·ist [ténərist] 명 테너 가수; 테너 악기 주자.
ten·o·rite [ténəràit] 명 흑동광(黑銅鑛).
te·nor·rha·phy [tənɔ́ːrəfi, -nár-] 명 〖외과〗 건(腱) 봉합술. 「건초염(腱鞘炎).
te·no·syn·o·vi·tis [tènousìnəváitis] 명 〖의학〗
te·not·o·my [tənátəmi/-nɔ́t-] 명 U C 〖외과〗 절건술(切腱術), 건 절개술. **-mist** 명
ten·our [ténər] 명 (英) = tenor.
ten·pen·ny [ténpèni/-pəni] 형 **1** (길이 3인치의) 큰 못의. **2** (英) 10펜스의; (美) 10센트의.

tén percénter 명 (구어) (배우·작가의) 대리인, 대행인(수수료로 10% 받는 데서).
ten·pins [ténpìnz] 명감 (단수취급) 십주희(十柱戲) (볼링의 일종); (복수취급) 십주희에 쓰는 열 개의 기둥.
ten·pound·er [ténpáundər] 명 **1** 당멸치(lady-fish)(은색 대형 식용어). **2** (무게가) 10파운드 나가는 것; 10파운드 포(砲). **3** (금액이) 10파운드인 것; 10파운드 지폐.
ten·rec [ténrek] 명 텐렉(고슴도치 비슷한 마다가스카르섬산(産)의 식충 동물). (또는 **tanrec**)
ten·rog·er [´-ràdʒər/-rɔ̀dʒ-] 명 = ten-four.
TENS [tenz] 〔의학〕 텐스(동통 부위에 전기 자극을 주어 만성 동통을 치료하는 기계). 〔<*t*ranscutaneous *e*lectrical *n*erve *s*timulator)
tens. tensile; tension. 「자.
téns digit [ténz-] 명 (아라비아 숫자의) 10자리 수
***tense**¹ [tens] 형 **1** (밧줄 따위가) 팽팽한, 팽팽하게 당겨진. **2** (신경 따위가) 긴장한, 곤두선; (긴장하여) 부자연한, 어색한. ¶a ~ moment 긴장의 순간. **3** 〖음성〗혀의 근육이 긴장한, 협착음(狹窄音)의; opp. lax. — 타자 팽팽히 하다[되다]; 긴장시키다[하다].
~·ly 부 팽팽하게; 긴장하여. **~·ness** 명
‡**tense**² [tens] 명 **tens·es** [-z] U C 〖문법〗 (동사의) 시제(時制), 시상(時相). ¶the present [past, future] ~ 현재[과거, 미래] 시제.
~·less 형 **~·less·ly** 부 **~·less·ness** 명
ten·si·bil·i·ty [tènsəbíləti] 명 U 신장성(伸張性).
ten·si·ble [ténsəbl] 형 잡아늘릴 수 있는, 신장성의.
~·ness 명 **-bly** 부
ten·sile [ténsəl/-sail] 형 **1** 장력(張力)의, 장력의. ¶~ force 〔물리〕 장력 / ~ strength 〔물리〕 장력 강도, 항장력(抗張力). **2** 잡아늘릴 수 있는, 팽팽하게 할 수 있는. **~·ly** 부 **ten·síl·i·ty** 명 신장성, 장력.
ten·sim·e·ter [tensímətər] 명 **1** 가스 장력계(張力計). **2** 증기 압력계.
ten·si·om·e·ter [tènsiámətər/-ɔ́m-] 명 장력계; (액체의) 표면 장력계; (토양의) 수분 장력계.
ten·si·om·e·try [tènsiámətri/-ɔ́m-] 명 장력학.
-o·mét·ric 형
***ten·sion** [ténʃən] 명 U **1** 긴장, 신장. ¶the ~ *of* a rope 밧줄의 팽팽함. **2** (정신·감정 따위의) 긴장, 불안. **3** (관계·정세 따위의) 긴박, 긴장 (상태). **4** 〔물리〕 장력, 응력, 왜력(歪力); (기체의) 팽창력, 압력. ¶surface ~ 표면 장력. **5** 〔전기〕 전압. **6** C 〔기계〕 신장 장치. **7** 〔학〕 모순(갈등) 요소의 긴장(신비평 용어).
lessen [or *ease, reduce*] *the tension* 긴장을 완화하다.
release [or *relax*] *the tension* 긴장을 풀다.
~·al 형 **~·er** 명 **~·less** 형
ten·si·ty [ténsəti] 명 U 긴장 (상태).
ten·sive [ténsiv] 형 긴장의, 긴장을 일으키는.
ten·som·e·ter [tensámətər/-sɔ́m-] 명 =tensiometer.
ten·son [tensóun, ténsən] 명 논쟁시, 경시(競詩)(두 음유시인이 연애·기사로 등을 주제로 대답 형식으로 겨루는 시).
ten·sor [ténsər] 명 **1** 〔해부〕 장근(張筋). **2** 〔수학〕 텐서. ¶~ analysis 〔수학〕 텐서 해석(解析).
ténsor light [làmp] 명 텐서 라이트(조명 위치를 자유롭게 바꿀 수 있는 탁상 조명 기구).
ten-spot [´-spàt/-spɔ̀t] 명 **1** (카드의) 10점 패. **2** (美속어) 10달러 지폐. **3** (美속어) 10년형.
ten-strike [´-stràik] 명 **1** (십주희(十柱戲)에서) 스트라크. **2** (구어) 대성공, 큰 히트; 히트작.
‡**tent**¹ [tent] 명 **1** 천막, 텐트. **2** 주거, 거소. **3** = ~ *dress*. **4** 천막 모양의 것, 천막 구실을 하는 것. ¶an oxygen ~ (환자용) 산소흡입용 텐트. **5** 〔사진〕 간이 암실.
have one's tent 살곳이 생기다.

pitch [or ***erect, put up***] ***a tent*** 텐트를 치다. ***strike a tent*** 텐트를 걷다.
— [동][타] …에 천막을 치다, …을 천막으로 덮다; …을 천막에 재우다. — [자] 천막을 치다; 천막에 묵다.
∠·less, ∠·like [형]

tent² [명][U] 《폐어》 (스페인산의) (성찬용) 적포도주.

tent³ [명] 〔외과〕 **1** 탐침(探針)(probe). **2** 가제전(栓)(벌어진 상처에 넣는 가제(심)). — [동][타] 〔상처 구멍〕에 가제를 끼워넣어 구멍을 벌려 놓다.

tent⁴ 《스코》 [동][타] **1** …에 주의하다, 신경을 쓰다. **2** …을 돌보다. **3** 관찰[감시]하다. — [명] 주의; 보살핌.

ten·ta·cle [téntəkl] [명] **1** 〔동물〕 촉수, 촉각. **2** 〔식물〕 (끈끈이주걱 따위의) 촉사(觸絲), 촉모. **3** 《비유적》 촉수, 손. **∼·like** [형]

ten·ta·cled [téntəkld] [형] 촉수[촉사]가 있는. 「의.

ten·tac·u·lar [tentǽkjulər] [형] 촉수[촉사](모양)

ten·ta·tion [tentéiʃən] [명] **1** (기계의) 시험 조정. **2** 《폐어》 =temptation.

***ten·ta·tive** [téntətiv] [형] **1** 시험[실험]적인, 일시적인, 임시의. ¶a ∼ plan 시안(試案)/a ∼ theory 가설. **2** 망설이는, 불확실한. — [명] 시안, 가설; 시도.
∼·ly [부] **∼·ness** [명]

tént bèd [명] 천막 모양의 닫집이 달린 야외용 침대.

tént càterpillar [명] 천막털벌레(송충나방과(科)).

tént drèss [명] 텐트형 드레스(어깨에서 아래쪽으로 삼각형으로 퍼져내린 헐렁한 드레스). 「막형의.

tent·ed [téntid] [형] **1** 천막을 친; 천막에 사는. **2** 천

ten·ter¹ [téntər] [명] **1** 재양틀, 텐터(천을 펴서 말리는 틀 또는 폭(幅)을 당겨 펴는 장치). **2** 《폐어》 = tenterhook. — [동][타] 〔직물〕을 텐터에 걸다. — [자] (직물이) 텐터에 펴지다. 「수, 견습공.

ten·ter² [명] **1** (공장의 기계) 담당자. **2** (숙련공의) 조

ten·ter·hook [téntərhùk] [명] 텐터의 갈고리[못].
on tenterhooks 애가 타서, 걱정이 되어.

tént flỳ [명] 천막 덮개, 천막 (입구의 햇빛 가리는) 차일.

‡tenth [tenθ] [형] **1** 제10의, 열 번째의. **2** 10분의 1의.
— [명] **1** (보통 the ∼) 10번째, 열 번째의 것; (매달의) 10일. **2** (a[one] ∼) 10분의 1. **3** (보통 the ∼) 〔음악〕 10도; 10도 음정; 10도 화음. **4** 소수 첫자리. **5** 〔교회〕 십일조; 10분의 1 교구세. **6** 《英》 (옛날의) 10분의 1세(稅). — [부] 소수 첫자리에; (최상급 형용사와 함께) 10번째로. ¶the ∼ biggest city 열 번째로 큰 도시.

tenth·ly [ténθli] [부] 10번째로.

tenth-rate [∠réit] [형] 제일 떨어지는, 최저의.

tent·maker [téntmèikər] [명] 텐트 제조인[업자].

tént mèeting [명] 교외[야외] 집회(camp meeting).

tént pèg [명] 천막 말뚝.

tent-peg·ging [∠pègiŋ] [명] 천막 말뚝 뽑기(말 타고 달리면서 창 끝으로 천막 말뚝을 뽑아내는 인도의 기마

tént shòw [명] 텐트 흥행, 서커스. 「술).

tént stìtch [명] (자수의) 비스듬히 평행으로 수놓기.

tént tràiler [명] 텐트식 트레일러(이동 캠프용).

ten·u·is [ténjuis] [명] ([복] ***-u·es*** [-juìːz]) 〔그리스 문법〕 무성 파열음([k, t, p]).

te·nu·i·ty [tənjúːəti/-njúː-] [명][U] **1** 얇음, 가늚. **2** (공기 따위의) 희박. **3** (빛·소리 따위의) 미약. **4** (근거·구상 따위의) 빈약, 박약.

ten·u·ous [ténjuəs] [형] **1** 가느다란, 얇고 가는, 가날픈. **2** (공기 따위가) 희박한. **3** 빈약한, 박약한. **4** 시시한; 보잘것없는, 실체가 없는. **5** 확실하지 않은, 막연한, 애매한; (차이가) 미묘한. **∼·ly** [부] **∼·ness** [명]

ten·u·ra·ble [ténjurəbl] [형] 《美》 (대학 교수가) 종신 재직권이 주어진[에 적임인].

ten·ure [ténjər, -juər] [명] **1** [U][C] 보유, 유지. ¶one's ∼ of life 수명. **2** [U] (토지 따위의) 보유, 소유; 보유권. ¶∼ for life 종신 토지 보유권. **3** 보유 기간; [U] 보유 조건. ¶during one's ∼ of office 재직중에. **4** [U] 지위의 보유, 재임 자격; 《美·캐나다》 (대학 교수의) 종신 재직권. — [동][타] 《美》 (대학에서) …에게 종신 재직권[지위]을 주다.

ten·ured [ténjərd, -juərd] [형] 《美》 **1** (대학 교수가) 종신 재직권을 가진; 종신 재직에 적임인. **2** 종신 재직이 보장된; 종신 고용의.

ten·ure·track [ténjərtræ̀k] [형] 《美》 (대학 교수가) 종신 재직권을 인정받는 신분인, 종신 재직 신분의.

te·nu·to [tənúːtou] 〔음악〕 [형][부] (음을) 지속한[하여], 테누토의[로]. — [명] ([복] **∼s**, *It* **-ti** [-ti]) 지속음[부호]. 「하위(의). (또는 **10-V**)

ten-vee [∠víː] [명][형] 《美속어》 최악(의), 최저(의), 최

ten·zon [ténzən] [명] 〔운율〕 =tenson.

te·o·cal·li [tìːəkǽli] [명] 테오칼리(고대 멕시코·중앙 아메리카 Aztec의 신전).

TEP *tri*ethyl *p*hosphate.

te·pa [tíːpə] [명][U] 테파(항암제(抗癌劑); 곤충 불임제로 이용). (또는 **TEPA**) 〔<*tri*-+ethylene+*phos*phoro-+*a*mide〕

te·pee [tíːpiː] [명] (아메리카 인디언의) 천막집.
(또는 **teepee, tipi**)

〔tepee〕

tep·e·fy [tépəfài] [동][타] …을 미지근하게 하다.
— [자] 미지근해지다. **-fác·tion** [명][U] 미온화(微溫化).

teph·ra [téfrə] [명] 《복수취급》 《美》 테프라(분화구에서 분출하는 암재(岩滓)나 재 따위의 총칭).

tep·id [tépid] [형] **1** (액체가) 미지근한, 미온의. **2** 열의[박력, 생기]가 없는, 활기가 없는, 시들한, 김[맥]빠진. **∼·ly** [부] **∼·ness** [명]

tep·i·dar·i·um [tèpədέəriəm] [명] ([복] ***-i·a*** [-iə]) (고대 로마 욕탕의) 미온 욕실(微溫浴室). 「음.

te·pid·i·ty [tipídəti] [명][U] 미온, 미지근함; 열의가 없

TEPP 〔화학〕 *tetra*e*thyl* *p*yro*p*hosphate(살충제).

te·qui·la [təkíːlə] [명] **1** [U] 테킬라(멕시코산(產)의 용설란 즙으로 만든 독한 술). **2** (멕시코산) 용설란.

ter¹ [təːr] [부] (처방에서) 3회, 세 번. 〔<L three times〕

ter² [tɛər] [명] =terr.

ter. (라틴) *tere*(=rub); terrace; territory.

ter- [təːr] [연결] thrice의 뜻. ¶*ter*centenary.

ter·a- [térə] [연결] **1** 「10의 12제곱」의 뜻([기] T). ¶*tera*bit(10^{12} 비트). **2** 〔컴퓨터〕 2^{40}(=1,099,511,627,766) ([약] T). 「량의 단위).

ter·a·bit [térəbìt] [명] 테라비트, 1조(兆) 비트(기억 용

ter·a·cy·cle [térəsàikl] [명] 테라사이클, 1조 사이클.

ter·a·flop [térəflɑ̀p/-flɔ̀p] [형] 1초에 1조(兆)회 연산(演算)할 수 있는.

ter·a·hertz [térəhəːrts] [명] ([복] **∼(·es)**) 〔물리〕 테라헤르츠(매초 1조 헤르츠; [약] THz).

ter·a·phim [térəfìm] [명][복] ([단] ***ter·aph*** [térəf]) (고대 헤브라이 사람의) 가신상(家神像).

terat. teratology.

ter·at- [térət] [연결] =terato-.

ter·a·tism [térətìzm] [명][U] **1** 괴물[기형] 숭배[애호]. **2** 〔생물〕 기형; [C] 기형물.

ter·a·to- [térətou, -tə] [연결] 「괴물; 기형」의 뜻(* 모음 앞에서는 terat-). ¶*terato*id.

te·rat·o·gen [tərǽtədʒən, -dʒèn] [명] 기형 발생 물질. **-gén·ic** [형] 「기형 발생.

ter·a·to·gen·e·sis [tèrətədʒénəsis] [명] 〔생물〕

te·rat·o·ge·nic·i·ty [tərǽtoudʒənísiti] [명][U] (의약품 따위의) 최기성(催奇性)(기형을 발생시키는 성질).

ter·a·toid [térətɔ̀id] [형] 〔생물〕 기형(畸形)의; 기형에 가까운.

ter·a·tol·o·gy [tèrətɑ́lədʒi/-tɔ́l-] [명][U] **1** 〔생물〕 (동식물의) 기형학, 괴기(怪奇) 연구. **2** 괴기 이야기(집).
-to·lóg·i·cal [형] 기형학상의. **-gist** [명] 기형학자.

ter·a·volt [térəvòult] 명 〔물리〕 테라볼트(1조 전자볼트(electron volts)).
ter·a·watt [térəwàt/-wɔ̀t] 명 〔물리〕 테라와트(1조 와트).
ter·bi·um [tə́ːrbiəm] 명 U 〔화학〕 테르븀(희토류 원소의 하나; ⑦ Tb).
térbium mètal 명 〔화학〕 테르븀 금속(류).
ter·cel [tə́ːrsəl] 명 (매 사냥에 쓰는) 매의 수컷.
ter·cen·te·nar·y [tə̀ːrsenténəri, tə:rséntənèri] 명 300년(간)의. ─ 명 300주년 기념(일), 300년제.
ter·cen·ten·ni·al [tə̀ːrsenténiəl] 형명 =tercentenary.
ter·cet [tə́ːrsit, təːrsét] 명 1 (운율) 3행 압운 연구(聯句). 2 〔음악〕 셋잇단음표. (또는 **tiercet**)
Ter·com [tə́ːrkàm/-kɔ̀m] 명 〔군사〕 테르콤(목지점까지의 지형을 미사일의 컴퓨터에 기억시켜 순항 유도하는 방식). [<**ter**rain **c**ontour **m**atching]
ter·e·bene [térəbìːn] 명 U 〔화학〕 테레빈(거담제).
te·reb·ic [tərébik, -riːb-/te-] 형 〔화학〕 테레브산(酸)의, 테레빈산에서 유도되는. (또는 **tèrebínic**)
terébic ácid 명 테레브산. (또는 **terebínic ácid**)
ter·e·binth [térəbinθ] 명 테레빈 나무(유럽산(産) 옻나무과(科)의 식물; 테레빈 기름을 채취).
ter·e·bin·thine [tèrəbinθin/-θain] 형 테레빈 무의; 테레빈(질)의.
te·re·do [tərí:dou] 명 (복 **~s**, **-di·nes** [-dəniːz]) 좀조개(판새류에 속하는 조개).
Ter·ence [térəns] 명 1 테렌티우스(190?–159? B.C.: 고대 로마의 희극 시인). 2 (또는 **Terrence**) 테렌스(남자 이름).
ter·eph·thal·ate [tèrəfθǽleit, -lət, təréfθəlèit] 명 〔화학〕 테레프탈 산염, 테레프탈산 에스테르.
Te·re·sa [tərí:sə, -réi-/-zə] 명 테레사. **1 Mother ~** (1910–1997; 인도에서 빈민 구제에 헌신한 수녀). **2 Saint ~** (1515–82; 스페인의 카르멜회 수녀). **3** 여자 이름(Theresa의 애칭).
ter·gal [tə́ːrgəl] 형 〔동물〕 등(부분)의[에 관한].
ter·gi·ver·sate [tə́ːrdʒivərsèit] 동자 1 변절[전향, 탈당]하다, 신앙을 버리다. 2 얼버무리다, 핑계를 대다, 거짓말을 하다.
-sá·tion 명 변절; 핑계. **-sà·tor** 명 변절자.
‡**term** [təːrm] 명 (복 **~s** [-z]) 1 말; 술어, 전문어; 용어. ¶ a colloquial ~ 구어(口語)/ law ~s 법률 용어/ technical ~s 전문어/ honorary ~s 경칭. 2 (~s) 말투, 말씨, 표현. ¶ in the ~s of the highest praise 최구 찬양하여. 3 C U 기간, 임기, 근무 기간, 형기; 기한, 기일, 약정 기간[기일]; 학기. ¶ a ~ of validity 유효 기간 / a ~ of one's life 수명; 일생 / a ~ deposit 정기 예금 / a ~ insurance 정기 보험 / during one's ~ of office 임기중에 / the first ~ 제 1 학기 / fix a ~ of payment 지급 기일을 정하다. 4 C U (법원의) 개정기(開廷期), 개정 기간; (英) 재판에 출석하다. 5 (~s) (지급·계약 따위의) 조건, 조항; 약정, 협정, 규정. ¶ ~s of payment 지급 조건 / ~s and conditions 거래 조건 / set ~s 조건을 달다 / get better ~s 더 좋은 조건을 얻어내다. 6 요금, 수수료, 값, 요구액. 7 (~s) 대인 관계, 사이; 친한 사이[관계]. ¶ ~s of intimacy 친한 사이. 8 〔수학〕 항(項); (二項) 한계점[선, 면]. 9 〔논리〕 명사(名辭). ¶ the major [minor] ~ 대[소]명사. 10 〔건축〕 (로마 시대의) 경계주(境界柱). 11 〔법률〕 (토지의) 차용 기간; 기한부 차지(借地). 12 〔의학〕 (임신의) 만기; 출산 예정일; 분만, 출산. ¶ a ~ baby 달을 채우고 난 아기. 13 〔고어〕 경계, 한계; 끝, 종말.
at low [or **easy**] **terms** 싸게; 유리한 조건으로.
at term (특정의) 기간이 끝나. ¶ The semester is almost at ~. 학기가 거의 끝나간다.
be in terms 담판중이다.
be on good [**bad, friendly, speaking, visiting**] **terms with** …와 좋은[나쁜, 친근한, 말을 건네는,
서로 왕래하는] 사이이다.
be on good terms with *oneself* 잘난 체하다.
bring...to terms …을 항복시키다, 따르게 하다.
come to terms ① 타협하다, 타협이 이루어지다 (*with*). ② 체념하고 받아들이다, 달게 받다; (…에) 길들여지다(*with*). ─ 〔다, 법학과 학생히 되다.
eat *one's* **terms** (英구어) 변호사가 되기 위해 공부하
fill *one's* **terms of life** 천명을 다하다.
get on terms with (英속어) (스포츠에서) …와 호각을 이루다; (크리켓의 스코어가) 같게 되다.
in any term 어떤 일이 있어도.
in plain terms 쉬운 말로 하면.
in set terms 단호히.
in terms of ① …의 말로; …의 항[식]으로. ② …에 의하여; …으로 환산하여; …의 견지에서, …의 점[자]
make terms 타협하다(*with*). 〔도에서 보면.
not on [or **upon**] **any terms; on** [or **under**] **no terms** 결코 …않다.
on easy terms 할부로; 저리(低利)로.
on *one's* **own terms** 자기 생각대로, 자기 방식으로.
set [or **put**] **a term to** ① …에 기한을 정하다. ② …을 제한하다. 〔하다.
speak in high terms of *a person* 남을 극구 칭찬
─ 동타 …이라고 칭하다, 이름짓다, 부르다. ¶ (~ + 目+補) The dog is ~ed John. 그 개는 존이라고 부
term *oneself* …이라고 자칭하다. 〔른다.
term. terminal; termination; terminology.
ter·ma·gan·cy [tə́ːrməgənsi] 명 U (여성의) 성질이 팔팔함, 입심 사나움, 우락부락함.
ter·ma·gant [tə́ːrməgənt] 명 1 입심 사나운 여자, 잔소리가 심한 여자. 2 (T-) 사나운 신(중세 기독교도가 회교의 신으로 생각하던 난폭한 신). ─ 형 입심 사나운, 거친. **~·ly** 부
térm dày 명 지급일; 만기일; 정산일.
term·er [tə́ːrmər] 명 1 복역중인 죄수. ¶ a second-~ 전과 2범(자). 2 (공직의) 임기 …기(期)째인 사람.
térm examinátion 명 기말 시험, 〔期), 유한.
ter·mi·na·bil·i·ty [tə̀ːrminəbíləti] 명 U 유기(有
ter·mi·na·ble [tə́ːrmənəbl] 형 끝맺을 수 있는; 기한부, 시한부의, 기한이 있는. ¶ a ~ annuity 기한부 연금. **~·ness** 명 **-bly** 부
*****ter·mi·nal** [tə́ːrmənl] 형 1 말단의, 종말의, 결말의; 최종의, 궁극의. ¶ the ~ stage 말기/~ problems 최종적인 제문제. 2 종점의; 종착의. ⇨ LAST¹ 유의어 ¶ the ~ station 종착역. 3 정기의, 매기의; 학기의. ¶ a ~ examination 학기말 시험. 4 〔식물〕 끝(꽃)의; 정생(頂生)의. 5 〔의학〕 말기(末期)의, 죽을 때가 가까운. ¶ a ~ case [or patient] 말기 환자. 6 (구어) 절망적인, 구제가 어려운, 치명적인, 끝장인. 7 (교과 과정의 상급학교 진학 중심이 아닌) 완성[전인] 교육의. 8 경계(境界)의, 경계에 놓인. ¶ a ~ landmark 경계표. 9 〔논리〕 항명사(term)의. ─ 명 1 말단, 종말. 2 (철도 따위의) 종점, 종착역, 터미널(英) terminus); (파이프라인의) 말단 시설. 3 〔전기〕 (전지의) 단자(端子), 전극(電極). 4 〔건축〕 경계주(境界柱); (기둥 따위의) 끝머리 장식. 5 학기말 시험. 6 〔컴퓨터〕 단말기[장치]. 7 최종 음절, 최종 문자(의). 8 〔생리〕 신경 말단. 9 말기 환자. **~·ly** 부
términal fígure 명 경계상(境界像). 〔식물 기구.
términal identificátion 명 〔컴퓨터〕 단말 장치
términal júncture 명 〔음성〕 말단 연접(連接).
términal léave 명 (제대 직전의) 제대 휴가.
términal márket 명 (농산물의) 중앙 도매 시장.
términal moráine 명 〔지질〕 말단 퇴석(堆石)(빙하의 말단부에 형성되는 빙퇴석(氷堆石)).
términal scánner 명 〔사진〕 단말 주사(走査) 장치.
términal séquencer 명 〔우주〕 터미널 시퀀서(발사 초읽기 전자 조절 장치).

términal velócity 圀 〔로켓·탄도〕 최종 속도; 〔물리〕 종단(終端) 속도.

términal vóltage 圀 〔컴퓨터〕 극전압(極電壓).

‡**ter·mi·nate** [tə́:rmənèit] ⓣ (**-nat·ed; -nat·ing**) ㉠ **1** …을 끝내다, 마치다, 종결시키다. ¶ ~ a story 이야기를 끝내다 / ~ a contract 계약을 종결시키다. **2** …을 한정하다, 경계를 짓다, 가로막다. ¶ The building ~s the view. 그 건물이 전망을 가로막는다. **3** (美) 해고하다. — ⓐ **1** 끝나다, 전말나다, 다되다. **2** (…으로) 끝나다(in, at, with); (…으로) 돌아가다(in). ¶ His efforts ~d in utter failure. 그의 노력은 수포로 돌아갔다. **3** (교통 기관이) (…에서) 종점이 되다(at). — [tə̀:rmənéit] 圀 유한의; 종지(終止)의. ¶ a ~ decimal 〔수학〕 유한 소수.

*****ter·mi·na·tion** [tə̀:rmənéiʃən] 圀Ⓤ Ⓒ **1** 종지(終止), 종료; 종국, 결말. ⇒ END 유의어 **2** 말단; 종점; 한계. **3** 결과, 결론. **4** 〔문법〕 접미사, 어미. **5** (美) 해고, 면직. **6** 〔전기〕 종단(終端). **7** 인공 유산(流産). *bring…to a termination; put a termination to* …을 끝맺다, 종결시키다.   〔살인, 암살.
termination with extreme prejudice (美속어) ~·al 종지의, 말단의; 〔문법〕 접미사의, 어미의.

ter·mi·na·tive [tə́:rmənèitiv/-nə-] 圀 **1** 끝맺는, 종결의, 결정적인; 말기의. **2** 〔문법〕 (접미사 따위가) 방향〔목적지〕을 나타내는; 동작의 종료를 나타내는. — 〔문법〕 접미사. ~·**ly** 閠

ter·mi·na·tor [tə́:rmənèitər] 圀 **1** 종결자〔물〕. **2** 〔천문〕 (달·별 따위의) 명암(明暗) 경계선. **3** 〔생화학〕 (전사) 종결 부위.   [minal.

ter·mi·na·to·ry [tə́:rmənətɔ̀:ri/-təri] 圀 =TER-
ter·mi·ni [tə́:rmənài] 圀 terminus의 복수형.
ter·min·ism [tə́:rmənizm] 圀Ⓤ **1** 은혜 유한론(신이 정한 회개의 시기를 놓치면 구원받을 수 없다는 설). **2** 〔철학〕 명사(名辭)주의, 유명론(唯名論).
-min·ist 圀 은혜 유한론자. 유명론자.
ter·mi·no·log·i·cal [tə̀:rmənəládʒikəl/-lɔ́dʒ-] 圀 용어(상)의, 술어(術語)의, 술어학(상)의. ~·**ly** 閠
ter·mi·nol·o·gy [tə̀:rmənálədʒi/-nɔ́l-] 圀Ⓤ **1** 전문 용어, 술어. ¶ technical ~ 전문어. **2** 술어학, 용어법. **-gist** 圀

térm insúrance 圀 정기 보험(계약 기간 내의 사망에 대해서만 보험금을 지불하는 보험).

*****ter·mi·nus** [tə́:rmənəs] 圀 (閜 ~·**es, -ni** [-nài]) **1** 끝, 끄트머리, 말단. **2** (철도 따위의) 종점. ~ 유의어 **3** (英) 종착역, 종점 도시. **4** 목적지. **5** 경계, 한계; 경계표. **6** (T-) 〔로마 신화〕 테르미누스(경계표의 신; 그 상(像)).

ter·mi·nus ad quem [tə́:rmənəs æd kwém] 圀 **1** (토론 따위의) 도착점, 귀착점; 목표. **2** 최종 기한. 〈L〉   〔발정; 기점(起點). 〈L〉
términus a quó [-ei kwóu] 圀 (토론 따위의) 출
ter·mi·ta·ry [tə́:rmətèri/-təri] 圀 흰개미 집.
ter·mite [tə́:rmait] 圀 흰개미(white ant).
term·less [tə́:rmlis] 圀 **1** 기한이 없는(limitless); 한이 없는. **2** 무조건의. **3** 형언할 수 없는.

térm life insúrance 圀 〔보험〕 정기 생명 보험.
term·ly [tə́:rmli] (고어) 閠 정기적[으로], 매기(毎期)마다[의].   〔보유권자.
ter·mor [tə́:rmər] 圀 〔법률〕 정기(定期) 부동산
térm páper 圀 〔학생의〕 학기말 리포트.
térms of tráde 圀(閜) 〔경제〕 교역 조건(수출품과 수입품의 교환 비율).   〔〔법정의〕 개정 기간.
term·time [tə́:rmtàim] 圀Ⓤ 〔학교의〕 재학 기간;
tern¹ [tə:rn] 圀 제비갈매기.
tern² 圀 **1** 세 개의 벌[조]. **2** 셋을 갖추어 당첨되는 복권; 그 상품. **3** 〔해사〕 세 돛대의 스쿠너.
tern³ 圀 (美속어) 〔의학〕 인턴. 〈intern〉
ter·nal [tə́:rnl] 圀 세 개 한 벌[조]의, 세 겹의.

ter·na·ry [tə́:rnəri] 圀 **1** 세 개 한 벌의, 세 겹의. **2** 세 번째의, 제3위의(third). **3** 〔화학〕 3원(元)의, 3원자로 된, 3성분의. **4** 〔수학〕 3원의, 3진(進)의. **5** 〔야금〕 (합금이) 3성분의. — 圀 세 개 한 벌로 된 것.
térnary físsion 圀 〔물리〕 3중 핵분열, 핵의 3분열.
térnary fórm 圀 〔음악〕 세도막 형식.
ter·nate [tə́:rnət, -neit] 圀 세 개 한 벌의, 셋으로 된; 세 개씩 배열된; 〔식물〕 세 개 갈래의. ~·**ly** 閠
terne [tə:rn] 圀 **1** =~ metal. **2** =terneplate.
térne mètal 圀 턴 합금(주석 1에 납 4의 비율로 된 연판).
terne·plate [tə́:rnplèit] 圀 양철판.   〔〔합금〕.
ter·o·tech·nol·o·gy [tèrouteknálədʒi/-nɔ́l-] 圀Ⓤ 종합 설비 공학, 설비 진단 공학.
ter·pene [tə́:rpi:n] 圀Ⓤ 〔화학〕 테르펜. ~·**less**,
ter·pé·nic 圀   〔원 공중합체(三元共重合體).
ter·pol·y·mer [tərpáləmər/-pɔ́l-] 圀 〔화학〕 삼
Terp·sich·o·re [tə:rpsíkəri:] 圀 〔그리스 신화〕 테르프시코레(춤의 여신; Muses의 하나). ¶ (t-) 무용법.
terp·si·cho·re·an [tə̀:rpsikərí:ən] 圀 무용의; (T-) Terpsichore의. — 圀 〔익살〕 댄서(dancer).
terr [tə:r] 圀 (속어) (옛 로디지아의) 흑인 해방 게릴라.
terr. terrace; territorial; territory.
ter·ra [térə] 圀 **1** 땅, 토지, 대지. **2** (T-) 〔로마 신화〕 대지의 여신. 〈L land, ground〉
‡**ter·race** [térəs] 圀 (閜 **-rac·es** [-iz]) **1** (경사지 따위를 층층으로 깎은) 단지(段地), 대지(臺地), 〔지질〕 제일 위의 고대(高臺); 계단 모양의 뜰. **2** 테라스(휴식 따위의 장소). **3** (해안 따위의) 단구(段丘). **4** 평지붕. **5** (美) (가로 중앙의) 녹지대, 중앙 분리대. **6** 테라스식 주택가(고대나 비탈에 계단식으로 늘어선 집들) (英) 테라스 하우스(길가의 연립 주택; 개개의 주택은 terraced house); 거기를 따라 있는 도로. — 圀ⓣ (~d; -rac·ing) …을 대지로 만들다, …에 계단을 마련하다; …에 테라스를 달다. ~·**less** 圀
térraced hòuse 圀 =row house
térraced róof 圀 (인도 등지의) 평지붕.
tér·ra cót·ta [tèrəkátə/-kɔ́tə] 圀 **1** Ⓤ 테라코타, (이탈리아어) 붉은 질그릇. **2** 유약을 바르지 않고 구운 토기, 질그릇, 테라코타 인형. **3** Ⓤ 적갈색.
tér·ra-cót·ta 圀 테라코타의; 적갈색의.   〔대지.
tér·ra fír·ma [-fə́:rmə] 圀 (물·공기에 대하여) 육지,
ter·rain [təréin, téirein] 圀 **1** (군사상의 관점에서 본) 지형, 지세, 지대. **2** 〔지질〕 =terrane. **3** (주제·지식의) 분야, 영역.
tér·ra in·cóg·ni·ta [-inkágnitə/-kɔ́g-] 圀 미지〔미개〕의 나라(땅, 분야). 〈L unknown land〉
tér·rain-fol·low·ing ràdar [-fàlouiŋ-/-fɔ̀l-] 圀 〔군사·항공〕 지형 추적 레이더.
Ter·ra·my·cin [tèrəmáisn/-sin] 圀 (상표) (약학) 테라마이신(항생 물질 oxytetracycline의 약품명).
Ter·ran [térən] 圀 지구인(地球人).   (rain).
ter·rane [təréin, téirein] 圀 〔지질〕 암층(岩層)(ter-
ter·ra·pin [térəpin] 圀 (북미산(産)) 식용 거북.
ter·ra·que·ous [teréikwiəs, -rǽk-] 圀 **1** (지구처럼) 육지와 물로 된. **2** (동식물 따위가) 수륙 양생의.
ter·rar·i·um [təréəriəm, te-] 圀 (閜 ~·**s, -i·a** [-iə]) **1** 육생 소동물 사육(장). ⓐ aquarium **2** (식물 재배용) 유리 그릇, 유리 온실.   〔테라로사(red ocher).
tér·ra rós·sa [-rásə/-rɔ́sə] 圀 〔지질〕 홍토(紅土).
ter·raz·zo [tərǽzou/terǽtsou] 圀 테라초(대리석 부스러기를 박고 갈아서 반들반들한 시멘트 바닥).
ter·rene [terí:n, ´-] 圀 **1** 지상의, 현세의. **2** 지구의; 흙의, 토질의. **3** 육지, 지역. ~·**ly** 閠
ter·re·plein [térpleìn, térə-] 圀 〔축성〕 (성벽·성채 위의) 대포를 놓는 편평한 장소.
ter·res·tri·al [təréstriəl] 圀 **1** 지구(상)의. ⇒ EARTHLY 유의어 ¶ ~ heat 지열. **2** 뭍의, 육지의. **3** 〔동식물〕 육생(陸生)의, 육서(陸棲)의. ¶ ~ animals 육서

동물(魚 aquatic). **4** 현세의, 속세의. **5** 〔천문〕 (혹성이) 지구형(型)의, 지구와 비슷한. **6** 흙의, 토질의. **7** (TV 방송이) 지상 방송의, 통신 위성에 의하지 않은.
— 몡 지구의 주민[생물], 인간; (~s) 육생 동물[식물]. **~·ly** 부

terréstrial glóbe 몡 지구의(儀); (the ~) 지구. (또는 **terréstrial báll[sphére**))
terréstrial guidance 몡 〔항공〕 지구 기준 유도.
terréstrial mágnetism 몡 지자기(地磁氣).
terréstrial télescope 몡 지상 망원경.
ter·ret [térit] 몡 (안장의) 고삐를 꿰는 고리.
‡**ter·ri·ble** [térəbl] 혱 (**more ~; most ~**) **1** 무서운, 가공할, 두려운. **2** 심한, 괴로운, 지독한, 맹렬한, 엄청난. ¶~ heat 지독한 더위, 혹서(酷暑). **3** (구어) 아주 서투른; 불쾌한. ¶a ~ performance 서투른 연기. *a terrible man to drink* (구어) 술고래. *terrible in anger* 화가 나면 무서운.
— 뷰 (구어) =terribly. — 명 (~s) 무서운 사람[것]. **~·ness** 몡

‡**ter·ri·bly** [térəbli] 튇 (**more ~; most ~**) 무섭게, 지독하게; (구어) 몹시, 굉장히, 대단히. 〔육서(陸棲)의.
ter·ric·o·lous [terikələs] 혱 〔생물〕 육생(陸生)의,
***ter·ri·er**¹ [tériər] 몡 **1** 테리어(애완용·사냥용의 개). **2** (T-) (미) 지대공(地對空) 미사일. **3** (T-) (英속어) 국방 의용군 병사(territorial).

ter·ri·er² [英] 〔법률〕 토지 대장.
*ter·rif·ic** [tərifik] 혱 **1** (구어) 대단한, 지독한, 맹렬한. ¶a ~ speed 맹렬한 스피드. **2** 무서운, 굉장한. **3** (구어) 멋진, 훌륭한. ¶This town is ~ and the people are really nice. 이 고장은 최고이고 사람들도 아주 친절해요. **-i·cal·ly** 부

ter·ri·fied [térəfàid] 혱 깜짝 놀란, 겁먹은; 걱정하
*ter·ri·fy** [térəfài] 타 (**-fies** [-z]; **-fied**) …을 무서워하게 하다, 겁나게 하다; (남)을 위협하여 (…하게) 하다 (*into doing*), (남)을 놀라게 (…을) 잃게 하다 (*out of*). ¶be *terrified out of* one's senses 놀라서 혼비백산하다 / He was *terrified at* the news. 그는 그 소식에 겁을 먹었다 / (~+몯+前+名) He was *terrified into* subjection. 그는 무서워져서 복종했다.
-fi·er 몡

ter·ri·fy·ing [térəfàiiŋ] 혱 무섭게 하는, 놀라게 하는; 무서운. **~·ly** 부
ter·rig·e·nous [teridʒənəs] 혱 땅에서 나는, 토생(土生)의; 〔지질〕 (해저 퇴적물이) 육지에서 유래하는.
ter·rine [təríːn] 몡 **1** (요리를 담아서 파는) 오지 단지. **2** (단지에 담은) 스튜 요리의 일종. **3** (수프 따위를 넣는) 뚜껑 달린 그릇(tureen).
*ter·ri·to·ri·al** [tèrətɔ́ːriəl] 혱 **1** 영토의. ¶~ air [waters, seas] 영공(領空)[영해] / ~ expansion 영토 확장. **2** 토지의; 지방적인(local). **3** (T-) (미국·캐나다·오스트레일리아 등지의) 준주(準州)(Territory)의. **4** (T-) (군사) 국방의. — 몡 (T-) (英) 국방 의용군 병사; (일반적으로) 지방 수비병. **~·ly** 부
Territórial Ármy 몡 (the ~) (英) 국방 의용군 (1967년 이후 the Territorial and Army Volunteer Reserve(국방 의용 예비군)로 개편).
territórial cóurt 몡 (미국의 자치령에 둔) 준주(準州) 법원.
territórial impérative 몡 〔생태〕 영토 유지 본능.
ter·ri·to·ri·al·ism [tèrətɔ́ːriəlizm] 몡Ｕ 지주 제도, (교회 제도의) 지방주의. **-ist** 몡
ter·ri·to·ri·al·i·ty [tèrətɔ̀ːriǽləti] 몡Ｕ 영토임; 영토권; (동물의) 영토권[세력권] 유지 습성[경향].
ter·ri·to·ri·al·ize [tèrətɔ́ːriəlàiz] 타 **1** …을 영토로 삼다; [영토]를 넓히다. **2** …을 지방화하다. **3** [국가·토지]에 한정하다. **-i·zá·tion** 몡
territórial wáters 몡 (the ~) 영해(領海), 영수(領水).

‡**ter·ri·to·ry** [térətɔ̀ːri/-təri] 몡 (복 **-ries** [-z]) **1** Ｕ[C] (넓은) 지역, 지방. **2** Ｕ[C] 영토(영해도 포함), 영지. **3** (T-) 준주(準州)(미국·캐나다·오스트레일리아의 아직 주로 인정되지 아니한 지방). **4** Ｕ[C] (과학·예술 따위의) 영역, 분야. **5** Ｃ[Ｕ] (행상인 등의) 담당 구역, 활동 범위[권]. ¶He travels over a large ~. 그는 넓은 담당 구역을 두루 다닌다. **6** 〔축구·하키〕 (각 팀의) 수비 구역. **7** Ｕ[C] (동물의) 세력권(점유 행동권). **8** (the T-) 〔濠〕 =Northern T-.
go [or *come*] *with the territory* (재미없는 일·작업 따위가) 담당 범위에 속하다, 직무에 속해 있다.
take in too much territory 극단으로 나가다; 덮어놓고 말하다.

‡**ter·ror** [térər] 몡 (복 ~s [-z]) **1** Ｕ[C] (매우 심한) 공포, 겁, 무서움. ⇒ FEAR 유의어 ¶be speechless with ~ 겁에 질려 말을 못하다. **2** 공포의 대상[원인]; 무서운 사람[것](*to*). ¶He is a ~ *to* us. 그는 우리들에게는 무서운 존재다. **3** (the T-) (프랑스 역사의) 공포 시대(the Reign of T-); 공포 정치. **4** (구어) 성가신 놈, 골칫거리, 처치 곤란한 놈. ¶a holy ~ 몹시 귀찮은 〔다. *be a terror to* …에게 두려움이 되다. 〔사람. *be in terror of* …을 무서워하다. 〔다. *be in terror of one's life* 죽지 않을까 공포를 느끼 *have a holy terror of* …을 몹시 겁내다. *have* [or *hold*] *no terrors* [or *fears*] (…에게) 조금도 두려게 하지 않다[두려움을 주지 않다](*for*).
in terror 깜짝 놀라서.
strike terror into a person's *heart* 남을 겁나게 하다, 남의 간담을 서늘하게 하다.
the king of terrors 〔성서〕 죽음(← 욥기(Job) 18: 14).
~·ful, ~·less 혱

ter·ror·ism [térərìzm] 몡 Ｕ **1** 폭력 행위, 테러 행위. **2** 공포 상태. **3** 공포 정치; 폭력주의, 테러리즘.
ter·ror·ist [térərist] 몡 **1** 공포 정치주의자; 테러리스트, 폭력주의자. **2** (프랑스 공포 시대의) 자코뱅당원 (Jacobin). **3** (러시아 혁명 시대의) 허무당원(虛無黨員). **-is·tic** 혱 폭력주의의; 테러의.
térrorist árt 몡 (전통 파괴적인) 과격 예술.
ter·ror·i·za·tion [tèrəraizéiʃən] 몡 Ｕ (공포 수단에 의한) 위협, 폭압.
ter·ror·ize [térəràiz] (※ (英) **-ise**) 타 **1** …을 겁먹게 하다, 위협하다. **2** …에 테러 수단을 쓰다; …에 공포 정치를 행하다. **-iz·er** 몡
ter·ror-strick·en [-strìkən] 혱 공포에 짓눌린, 벌벌 떠는, 아주 겁먹은. (또는 **térror-strúck**)
ter·ry [téri] 몡 **1** (직물의) 보풀코, 고리 모양의 보풀. **2** Ｕ 테리 천(보풀을 고리지게 짠 두꺼운 직물).
térry clóth 몡 =terry **2**. 〔보풀코가 있는.
térry [téri] 혱
terse [təːrs] 혱 (문체 따위가) 간결[간명]한, 야무진. **~·ly** 부 **~·ness** 몡
tert. tertiary.
ter·tial [tə́ːrʃəl] 혱 〔조류〕 셋째 줄 깃의. — 몡 =
ter·tian [tə́ːrʃən] 혱 〔병리〕 (열·통증 따위가) 하루 걸러[사흘만에] 일어나는. — 몡 Ｕ 3일열(熱).
*ter·ti·ar·y** [tə́ːrʃièri, -ʃəri] 혱 **1** 제3(위)의(third). **2** 〔화학〕 제3차의. ¶the ~ carbon atom 제3 탄소 원자. **3** (T-) 〔지질〕 제3기(紀)[계(系)]의. **4** 〔조류〕 =tertial. **5** 〔교회〕 제3 회원의. **6** 〔병리〕 (병 따위가) 제3 기의. **7** 3진법(進法)의. — 몡 **1** (the T-) 〔지질〕 제3기[계]. **2** 〔조류〕 제3 열 깃의 깃(tertial feather). **3** (T-) 〔교회〕 제3 회원(속권(俗權)에 있는 수도회원). **4** (제2색의 혼합에 의한) 제3색(~ color). **5** 3진법.
tértiary cóllege 몡 (英) 고등 (직업) 전문 학교.
tértiary cólor 몡 제3색(두 종류의 등화색(等和色)을 혼합해서 만들어지는 색).
tértiary consúmer 몡 〔생태〕 제3차 소비자(소형 육식 동물을 먹는 대형 육식 동물).
tertiary educátion 몡 (英) 제3차 교육(중등학교

에 이어지는 대학 및 직업 교육의 총칭).
tértiary índustry 명 제3차 산업.
tértiary recóvery 명 3차 채수(採收)(2차 채수 후의 유전·가스전으로서의 채수).
tértiary sýphilis 명 《병리》 제3기 매독.
ter·ti·um quid [tə́ːrʃiəm kwíd, -tiəm-] 명 1 제3중간물(정신·물질 사이의 중간물 따위), 이도 저도 아닌 것. 2 제3의 사람[물건]. 〈L〉
ter·ti·us [tə́ːrʃiəs] 명 (성(姓)이 같은 남학생 세 사람이 있을 경우】세 번째의, 최연소의(☞ primus², secundus). ¶Johnson ~ 셋째 존스. 〈L third〉
tértius gáudens [-gɔ́ːdenz, -gáudeins] 명 어부지리(漁父之利)를 얻는 제3자. 〈L〉
ter·va·lent [təːrvéilənt] 형 《화학》 1 =trivalent. 2 3개의 다른 원자가를 가진. **-lence, -len·cy**
Ter·y·lene [térilíːn] 명 《英》《상표》 테릴렌(폴리에스테르 섬유).
ter·za ri·ma [tɛ́ərtsə ríːmə] 명 《운율》 3운구법(韻句法)(Dante의 「신곡」에 쓰인 것이 그 대표적인 예). 〈It terza<terzo third+rima rhyme〉
ter·zet·to [tɛərtsétou/tə-] 명 (명 ~s, -ti [-tiː]) 《음악》 3중창[중주](곡)(trio), 《L》 「도는 Tesco》
TESCO [téskou] 명 테스코(영국의 슈퍼마켓 체인).
TESL [tesl] *teaching English as a second language*(제2언어로서의 영어 교수).
tes·la [téslə] 명 테슬러(자속(磁束) 밀도의 국제 단위).
Tés·la còil [téslə-] 명 《전기》 테슬라 코일(고주파 교류를 일으키는 일종의 감응 코일)(Tesla transformer).
TESOL [tíːsɔːl, tésəl] *Teachers of English to Speakers of Other Languages*(타언어 화자(話者)에게 영어를 가르치는 교사의 모임); *teaching English to speakers of other languages*(외국어로서의 영어 교수(법))(명 TES).
Tess [tes] 명 테스(여자 이름; Theresa의 애칭).
Tessa, TESSA [tésə] 명 《英》 비과세 특별 적립 예금. 〈<*tax exempt special savings account*〉
tes·sel·lar [tésələr] 명 쪽매붙임 세공의, 모자이크 모양의.
tes·se(l)·late 동동 [tésəlèit] [마루 따위를] 쪽매붙임[모자이크 식]으로 만들다[꾸미다]. — 형 [tésələt] =tessellated.
tes·se(l)·lat·ed [tésəlèitid] 형 쪽매붙임으로 된, 바둑판 모양으로 배열된, 모자이크식[모양]의.
tes·se(l)·la·tion [tèsəléiʃən] 명 쪽매붙임[모자이크식 세공, 바둑판 무늬로 짜맞추기.
tes·ser·a [tésərə] 명 (명 **-ser·ae** [-səri:]) 1 (모자이크 세공용) 네모난 대리석[유리] 조각. 2 (고대 로마의 상아·뼈 따위로 만든) 표, 패, 주사위.
tes·ser·act [tésərækt] 명 《수학》 4차원 입방체.
tes·ser·al [tésərəl] 형 1 모자이크식 세공의. 2 《결정》 등축 정계(等軸晶系)의.
tes·si·tu·ra [tèsətúərə] 명 (명 ~s, *It* -re [-re]) 《음악》 음역, 성역(聲域). 〈It *texture*〉
‡**test¹** [test] 명 1 《성질·성능 등의》 테스트, 시험, 검사. ⇒TRIAL 유의어 ¶an endurance ~ 내구(耐久) 시험 / have [*or* take] an eyesight ~ 시력 검사를 받다 / make an H-bomb explosion ~ 수소 폭탄 (폭발) 실험을 하다. 2 《시험·검사하는》 방법, 수단; 기준; 시련(試練), 시금석. ¶a patience ~ 인내 시금석 / Trouble is a ~ of character. 간난(艱難)은 품성의 시금석이다. 3 《교육》 《학과·실기 따위의》 시험, 고사, 《심리》 《지능 따위의》 테스트, 검사. ¶a ~ in mathematics 수학 시험 / a true-false ~ 진위(眞僞)[○│×] 테스트 / take [*or* sit for] a driving ~ 운전 면허 시험을 보다. 4 《화학》 《시약(試藥)에 의한》 시험, 분석; 시험의 결과; 《시험에 쓰는》 시약. 5 (the ~) 《신앙·의견 따위의》 심사; (the T—) 《英역사》 (1672년의 선서 조례(T— Act)에 의한) 관리의 취임 선서. 6 《英》 《야금》 《금·은 분석용의》

골회(骨灰) 접시[단지]. **7 《英구어》** =~ *match*.
by all tests 어느 점으로 보아도. 「험을 보이다.
give a test in [*or* **on**] (*history*) 《역사 과목의》 시
put [*or* **bring**]...**to the test** ...을 실험해 보다.
stand [*or* **bear**] **the test** 시험[시련]에 견디다.
undergo a test 테스트를 받다.
— 동태 1 ...을 시험하다, 검사하다; 《인내력 따위를》 시험해보다. ¶have one's hearing ~*ed* 청력을 검사받다. 2 《화학》 《시약으로》 ...을 시험하다, 분석하다. 3 《야금》 《회취법(灰吹法)으로》 《금·은》을 분석하다, 정련(精鍊)하다. 「다 / ¶ ~ *for* allergies 알레르기 검사를 하다.
— 자 1 테스트를 받다. 2 테스트를 하다; 검사하다(*for*).
Just testing. 《구어》 시험삼아 말해본 것뿐이다(* 발음의 잘못을 지적당했을 때 변명하는 말).
test out (이론·생각·기계 따위를) 실험해 보다.
test to failure [*or* **destruction**] ...을 검사[검증]하여 무효임을 나타낸다. 「기; 《등》=testa.
test² 명 《동물》 《연체 동물 따위의》 개각(介殼), 겉껍질.
test. *testament*(ary); *testator*; *testimonial*; *testimony*. **Test.** *Testament*. 「《皮》, 겉 씨껍질.
tes·ta [téstə] 명 (명 **-tae** [-tiː]) 《식물》 외종피(外種
test·a·ble¹ [téstəbl] 형 시험[검사, 분석]할 수 있는; 정련할 수 있는. — **bíl·i·ty** 「도할 수 있는.
test·a·ble² 형 《법률》 유언 능력이 있는; 유언으로 양
tes·ta·cean [testéiʃən] 형 《동물》 껍질[외각(外殼)]을 가진, 유각류(有殼類)의. 명 유각류 아메바.
tes·ta·ceous [testéiʃəs] 형 겉껍데기의, 겉껍데기가 있는; 《동·식물》 적갈색의, 붉은 벽돌색의.
Tést Act 명 《英역사》 선서 조례(宣誓條例)(관리들에게 국교 신봉과 충성을 선서시킨 조례(1672-1828)).
tes·ta·cy [téstəsi] 명団 《법률》 유언(장)이 있음.
*****tes·ta·ment** [téstəmənt] 명 1 《법률》 유언(장), 유서(will)(* 다음 용례 이외에는 드물다). ¶one's last will and ~ 재산 처분의 유언장 / a civil ~ 민사(民事) 유언. 2 《성서》 《신과 사람과의》 서약, 계약. 3 (T—) 성서, 구약 성서(Old Testament), 신약 성서(New Testament). 4 《사실·정당성의》 입증, 증거(*to*); 신앙[신조]의 표명.
tes·ta·men·tal [tèstəméntl] 형 =testamentary.
tes·ta·men·ta·ry [tèstəméntəri] 형 1 유언의, 유언에 의한. ¶a ~ paper 유언장 / a ~ guardian 유언에 의한 후견인. 2 구약[신약] 성서에 관한. **-ri·ly**
testaméntary trúst 명 《법률》 유언에 의한 신탁.
tes·ta·mur [testéimər] 명 《英》 《대학의》 시험 합격증. 「유언장을 남기고 죽다.
tes·tate [tésteit, -tət] 형 유언장을 남긴. **die** ~
tes·ta·tion [testéiʃən] 명団 유증(遺贈), 《유언에 의한》 재산의 처리; 《폐의》 증명, 증언, 입증.
tes·ta·tor [tésteitər, -´--] 명 유언자; 유언을 남기고 죽은 사람. 「*testator*의 여성형.
tes·ta·trix [testéitriks] 명 (명 **-tri·ces** [-trəsìːz])
tes·ta·tum [testéitəm] 명 《법률》 《날인증서의》 본문.
tést bàn 명 《대기권》 핵실험 금지 협정. **tést-bàn** 형
tést bèd 명 《항공》 《비행기 따위의 엔진의》 시험대.
tést blànk 명 《교육·심리》 테스트 용지.
tést càrd 명 =test pattern.
tést càse 명 1 《법률》 (그 뒤 유사한 법률 문제의 판례가 되는) 선례적 사건. 2 첫 시도, 테스트 케이스.
test·cross [téstkrɔs, -krɑs] 명 《유전》 검정 교잡(檢定交雜). — 타동 ...을 검정 교잡시키다.
tést drìve 명 《자동차 따위의》 시승(試乘), 시운전.
test-drive [-´dràiv] 동태 (**-drove; -driv·en**) ...을 시운전하다. 「두려하다.
test-drop [-´drɑp/-drɔp] 동태 《폭탄 따위를》 시험
test·ee [testíː] 명 《시험 따위의》 수험자; 《건강 진단 따위의》 수진자(受診者). 「《스터.
test·er¹ [téstər] 명 시험[검사]자; 시험기[장치], 테
tes·ter² [téstər, tiːs-] 명 《침대·제단 따위의》 닫집, 천개(天蓋)(canopy).

tes·ter³ [téstər] 명 1 (영국의) 옛 은화(헨리 8세가 발행). 2 [英구어] 6펜스 은화.
tes·tes [téstiːz] 명 testis의 복수형.
test-fire [‐ˈfaiər] 图印 (로켓·총 따위)를 시험 발사하다.
tést flíght 명 시험 비행.
test-fly [‐ˈflài] 图印 …의 시험 비행을 하다.
tést glàss 명 [화학] 시험(용) 컵.
tes·ti·cle [téstikl] 명 [해부·동물] =testis.
tes·tic·u·lar [testíkjulər] 명 [해부·동물] 고환(불알)(모양)의; [식물] =testiculate.
testícular feminizátion 명 [유전] 정소성(精巢性)[고환성(睾丸性)] 여성화(증).
tes·tic·u·late [testíkjulət] 명 [식물] 고환 모양의; (난(蘭) 따위가) 불알 모양의 땅속줄기를 가진.
tes·ti·fi·ca·tion [tèstəfikéiʃən] 명 1 입증, 증명, 증언; 증거.
tes·ti·fi·er [téstəfàiər] 명 입증자, 증언자.
‡tes·ti·fy [téstəfài] 통 (**-fies** [-z]; **-fied**) 困 1 증언하다, 증명하다 (to).¶(~+前+명) ~ to a person's ability 남의 능력을 증명하다. 2 [법률] (증인으로서 보통 법정에서) 선서 증언하다, 증인이 되다(against, for, to).¶(~+前+명) ~ against [for] a person 남에게 불리[유리]한 증언을 하다. 3 (언동·사실이) (…의) 증거가 되다, (…임을) 나타내다 (to).¶This incident testified to his incompetency. 이 사건으로 그의 무능함을 알 수 있었다.— 困 1 …을 증언하다, 증명하다; …을 확언하다 (that 節, wh.節).¶He testified that he had not been there. 그는 자기가 그곳에 없었다고 증언했다. 2 …의 증거가 되다, …을 나타내다, 증명하다.¶It testifies his honesty. 그것이 그가 정직하다는 증거다. 3 [의견 따위]를 표명하다, 공언하다. 4 [법률] …을 선서 증언하다.
tes·ti·mo·ni·al [tèstəmóuniəl] 명 1 인격·품행·기능 따위의 증명서; 보증서; =~ letter. 2 감사장, 표창장, 상장, 상품, 기념품. 3 (…의) 증거 (to).
— 명 1 증명서의. 2 감사의, 표창의.
tes·ti·mo·ni·al·ize [tèstəmóuniəlàiz] 图印 …에게 기념품[감사장]을 주다[수여하다].
testimónial lètter 추천장; 추천문.
‡tes·ti·mo·ny [téstəmòuni/-məni] 명 (⑧ **-nies** [-z]) 1 ⓤ [법률] (법정에서의) 선서 증거, ◁ EVIDENCE 유의어 ¶That witness is giving false ~. 저 증인이 위증을 하고 있다. 2 ⓤⓒ 증거, 증명 (of, to, that 節); ⓒ 증명서. 3 ⓤ 공식 선언[발표], 공표; [고어] (신앙의) 공식 고백[표명]. 4 [성서] (the ~) (모세의) 십계; 성궤; (또는 -nies) 성서, (특히) 구약 성서; (-nies) 신의 가르침. 5 ⓒ [고어] 항의.
bear testimony for[against] …에게 유리한[불리한] 증언을 하다.
bear testimony to …에 대하여 증명[입증]하다.
call *a person* **in testimony** 남을 증인으로 세우다.
give testimony against …에게 불리한 증언을 하다.
in testimony of …의 증거로, …의 표시로.
produce [or provide] testimony to [or of] …의 증거를 제출하다.
téstimony mèeting 명 =experience meeting.
test·ing [téstiŋ] 명 테스트(하기); 실험.¶nuclear ~ 핵실험.— 형 실험(용)의, 시험(용)의; 최대한의 노력[능력, 인내]이 요구되는. **~·ly** 부
tes·tis [téstis] 명 (⑧ **-tes** [-tiz]) [해부·동물] 고환, 불알.
tést màrket 명 (상품의 판매 가능성 따위를 시험하기 위한) 시험 시장.
test-mar·ket [‐màːrkit] 图印 시험 판매하다.
tést mátch 명 1 (영연방 국가간의) 크리켓[럭비] 우승 결정전. 2 (일반적으로) 국제 선수권대회.
tést méal 명 (위액 검사를 위한) 시험식(試驗食).
tést óbject 명 (현미경의) 배율(倍率) 시험 물체; 피험(被驗) 물체.

tes·ton [téstən] 명 테스톤 은화. 1 프랑스의 옛 은화. 2 =tester³. 3 Milan의 옛 은화. (또는 **testoon**)
tes·tos·ter·one [testάstəròun/-tɔ́s-] 명 ⓤ [생화학] 테스토스테론(남성 호르몬의 일종). 2 [약학] 테스토스테론제(劑).
tést pàper 명 1 (시험의) 답안지, 문제지. 2 ⓤ [화학] (리트머스 따위의) 시험지. — 형 (圖形).
tést pàttern 명 (TV) 테스트 패턴, 화면 조정용 도형.
test-piece [‐ˈpiːs] 명 (음악 콩쿠르 따위의 참가자가 연주할) 지정곡, 과제곡.
tést pílot 명 시험 조종사, 테스트 파일럿.
tést plàte 명 (편광(偏光) 현미경용) 검광판(檢光板).
tést prògram 명 [컴퓨터] 테스트 프로그램.
tést rùn 명 시운전.
tést tùbe 명 시험관(管). 「낸, 합성의; 인공 수정의.
test-tube [‐ˈtjuːb/-tjùːb] 명 시험관 속에서 만들어
tést-tube báby 명 [의학] 시험관 아기.
tést týpe 명 시력 검사표의 글자; (~s) 시력 검사표.
tes·tu·di·nal [testjúːdnəl/-tjúː-] 명 거북의, 귀갑(龜甲)의. (또는 **tes·tù·di·nár·i·an, tes·tú·di·nà·ry**)
tes·tu·di·nate [testjúːdənət, -nèit/-tjúː-] 명 귀갑 모양의; 거북 모양의. — 명 거북(turtle).
tes·tu·do [testjúːdou/-tjúː-] 명 (⑧ **-di·nes** [-dəniːz]) 1 (고대 로마의) 귀갑 모양의 큰 방패, 귀갑 모양의 엄개(掩蓋). 2 [로마 건축의] 활 모양의 지붕.
tést wórking 명 (기계의) 시운전.
tes·ty [tésti] 명 성미 급한, 성 잘 내는, 성마른; 몰입정한. **-ti·ly** 부 **-ti·ness** 명

[testudo 1]

te·tan·ic [tətǽnik] 명 [병리] 파상풍(성)의; 강직성 경련의. — 명 강직 경련 유기제(誘起劑). **-i·cal·ly** 부
tet·a·nus [tétənəs] 명 [병리] 파상풍; 파상풍균; (근육의) 지속(持續) 강직성 경련. **-nòid** 명
tet·a·ny [tétəni] 명 [병리] 근육 강직성 경련, 테타니증(症). 「돈.
te(t)·ched [tetʃt] 명 [美방언] (좀) 미친, 약간 머리가
te(t)ch·y [tétʃi] 명 성미 급한, 성 잘 내는.
tétch·i·ly 부 **tétch·i·ness** 명
tête-à-tête [téitətéit, tɛ́tətɛ́t] 명 두 사람만의, 마주 앉은, 남이 모르는, 은밀한.¶a ~ talk 두 사람만의 이야기.— 명 1 두 사람만의 이야기, 대담, 밀담. 2 (두 사람이 마주 앉을 수 있는) S자형 의자.
have [or exchange] a tête-à-tête with …와 마주 앉아 이야기하다.
— 부 단 둘이서, 마주 앉아, 은밀히. 〈F〉
teth·er [téðər] 명 1 (소·말 따위를) 매두는 밧줄[사슬]. 2 (one's ~) (비유적) (능력·재력·인내 따위의) 범위, 한계. 「이르러.
at the end of *one's* **tether** 방책이 다하여, 한계에
beyond *one's* **tether** 힘이 미치지 못하는.
—图印 1 (소·말 따위)를 밧줄로 매놓다.¶The cow is ~ed to the stake. 소가 말뚝에 매어져 있다. 2 (비유적) …을 속박하다.
teth·er·ball [téðərbɔːl] 명 테더볼(기둥에 매단 공을 라켓으로 서로 치는 2인용 게임); 그 공.
Te·thy·an [tíːθiən] 명 [지질] 테티스해(海)의.
Te·thys [tíːθis] 명 1 (그리스 신화) 테티스(Oceanus의 아내). 2 (천문) 테티스(토성의 위성 중 하나). 3 테티스해(대륙 표류 전의 아프리카와 유라시아 대륙 사이에 있었다고 하는 삼각형의 바다; 옛 지중해).
tet·ra [tétrə] 명 테트라. 1 열대어의 일종. 2 (T—) 최초의 복제 원숭이(미국 오리건 영장류 연구 센터가 2000년 1월 배아 분리 기술을 이용해서 성공).
tet·ra- [tétrə] 연결 four의 뜻(* 모음 앞에서는 tetr-).
¶*tetrachord, tetroxide*.

tet·ra·ba·sic [tètrəbéisik] 형 〔화학〕 4염기성(塩基性)의. **-ba·sic·i·ty** 명

tet·ra·ben·a·zine [tètrəbénəzìːn] 명 〔약학〕 테트라베나진(정신 안정제). 〔부 마취제〕.

tet·ra·caine [tétrəkèin] 명 〔약학〕 테트라카인(국소 마취제).

tet·ra·chlo·ride [tètrəklɔ́ːraid, -rid] 명 〔화학〕 4 염화물(塩化物).

tet·ra·chlo·ro·di·ben·zo·di·ox·in [tètrə-klɔ̀ːroudaibènzoudaiάksin/-ɔ́ks-] 명 고엽제(枯葉劑), 제초제(dioxin)(월남전에서 미군이 화학 무기로 개발; 정식 명칭은 tetrachlorodibenzo-p-dioxin; 略 TCDD).

tet·ra·chlo·ro·eth·yl·ene [tètrəklɔ̀ːrouéθəliːn] 명 〔화학〕 4염화에틸렌(세척제, 고무나 타르의 용제).

tet·ra·chord [tétrəkɔ̀ːrd] 명 〔음악〕 4음 음계. ²**chór·dal**

tet·ra·cy·cline [tètrəsáikliːn] 명 ① 〔약학〕 테트라사이클린(항생 물질의 일종).

tet·rad [tétræd] 명 4의 수; 4개, 넷으로 된 벌; 〔화학〕 4가(價) 원소. **te·trád·ic** 형

tet·ra·dac·tyl [tètrədǽktil] 형 4지(四指)를 가진, 4지의. (또는 **tetradáctylous**) — 명 4지 동물.

tet·ra·eth·yl·lead [tètrəéθəlléd] 명 〔화학〕 테트라에틸납(鉛), 4에틸연(鉛)(무색의 유독한 액체).

tet·ra·gon [tétrəgàn/-gən] 명 4각형, 4변형.

te·trag·o·nal [tetrǽgənl] 형 4각형의, 4변형의; 〔결정〕 정방정계(正方晶系)의. ¶ a ~ figure 4변형. **~·ly** 부 **~·ness** 명 〔=Tetragrammaton.

tet·ra·gram [tétrəgræ̀m] 명 네 글자로 된 말; (T-)

Tet·ra·gram·ma·ton [tètrəgrǽmətàn/-tn] 명 헤브라이어로 신을 나타내는 네 글자(YHVH, IHVH 등).

tet·ra·he·dral [tètrəhíːdrəl] 형 4면체(面體)의, 4 면이 있는. **~·ly** 부

tet·ra·he·dron [tètrəhíːdrən/-héd-] 명 (복 **~s, -dra** [-drə]) 〔기하〕 4면체.

tet·ra·hy·dro·can·na·bi·nol [tètrəhàidrə-kənǽbənɔ̀ːl] 명 ① 테트라히드로카나비놀(마리화나의 유효 성분; 略 THC).

te·tral·o·gy [tetrǽlədʒi, -trάːl-] 명 ① 〔가극·소설 등의〕 4부작. 2 〔고대 그리스의〕 4부극(세 비극과 한 풍자극으로 구성). 〔의. 〔독립된.

te·tram·e·ter [tetrǽmətər] 〔운율〕 명 4보격(步格)

tet·ra·pet·al·ous [tètrəpétələs] 형 〔식물〕 꽃잎이 넷 있는. 〔지 마비.

tet·ra·ple·gi·a [tètrəplíːdʒiə, -dʒə] 명 〔병리〕 사

tet·ra·ploid [tétrəplɔ̀id] 형 〔생물〕 〔염색체가〕 4배 체의. — 명 4배체. **-ploi·dy** 명 4배성(四倍性).

tet·ra·pod [tétrəpàd/-pɔ̀d] 명 1 〔동물〕 4족류, 네 발 동물. 2 테트라포드(네 개의 돌기가 방사상으로 돌출한 호안(護岸) 공사용 콘크리트 블록).

te·trarch [tétrɑːrk, tíː-] 명 4분 영주(領主)(고대 로마의 주(州)의 1/4을 다스린 영주); 작은 나라의 왕. **te·trárch·ate** [tétrɑːrkèit, tíː-] 명 =tetrarchy.

te·trar·chic [tetrάːrkik, ti-] 형 4분 영주의; 작은 나라 왕의. 〔영주의 직위[정치].

te·trar·chy [tétrɑːrki, tíː-] 명 4분 영(領); ① 4분

tet·ra·stich [tétrəstik] 명 〔운율〕 4행시[절]. ²**stích·ic, te·trás·ti·chal**

tet·ra·syl·la·ble [tètrəsíləbl] 명 4음절어[시행(詩行)]. **-syl·láb·ic, -syl·láb·i·cal** 형

tet·ra·va·lent [tètrəvéilənt] 형 1 〔화학〕 4가(價) 의. 2 〔생물〕 〔염색체가〕 4가의. **-lence, -len·cy** 명

tet·rode [tétroud] 명 〔전자〕 4극 진공관.

tet·ra·do·tox·in [tetròudətάksin/-tɔ́k-] 명 〔약학〕 테트로도독신(복어의 독성분). 〔트로스.

tet·rose [tétrous, -rouz] 명 〔화학〕 4탄당(炭糖), 테

te·trox·ide [tetrάksaid, -sid / -trɔ́k-] 명 〔화학〕 4산화물. (또는 **tetroxid**)

tet·ter [tétər] 명①〔병리〕 피부병, 피진(皮疹).

tet. tox. *tetanus toxin.* **Teut.** Teutonic.

Teu·ton [tjúːtn/tjúː-] 명 1 튜턴 사람(기원전 4세기경부터 유럽 중부에 나타난 게르만 민족의 한 파. 현재는 영국인·독일인·네델란드인·스칸디나비아인 등). 2 독일 사람, 독일계 사람. — 형 =Teutonic.

Teu·ton·ic [tjuːtάnik/tjuːtɔ́n-] 형 1 튜턴 사람의. 2 게르만 사람의, 독일 민일의; 게르만어의, 독일어의. **-i·cal·ly** 부 **-i·cism** 명 =Teutonism.

Teu·ton·ism [tjúːtənìzm/tjúː-] 명 ① 1 튜턴[게르만] 민족의 우월감. 2 튜턴[게르만] 문화; 튜턴[게르만](어)풍(風). 3 독일 정신[주의]. **-ist** 명

Teu·ton·ize [tjúːtənàiz/tjúː-] 타 (* (英) **-ise**) 튜턴화하다, 튜턴풍으로 하다[되다]. **-i·zá·tion** 명

TEV *Today's English Version*(현대역 성서).

TEWT, Tewt [tjuːt/tjuːt] 명 〔英軍속어〕 현지 전술(군대를 출동시키지 않고 사령부·참모들만으로 행하는 모의전). 〔<Tactical Exercise Without Troops〕

TEX telex. **Tex.** Texan; Texas.

Tex·an [téksən] 형명 Texas 주의 (사람).

Téxan bórder 명 (the ~) 〔美속어〕 미국과 멕시코의 국경. (또는 **Téxas bórder**)

*Tex·as [téksəs] 명 텍사스(미국 남부의 주; 주도 Austin; 略 Tex.). 〔되는 소의 질병〕.

Téxas féver 명 텍사스 열(熱)(진드기에 의하여 전염

Téxas ínstruments 명 텍사스 인스트루먼트사(社)(미국의 전자·전기 제품 회사).

Téxas léaguer 명 〔야구〕 텍사스 리거(내야수와 외야수 사이에 떨어지는 안타).

Téxas lónghorn 명 미국 서남부의 뿔이 긴 소.

Téxas ptér·o·saur [-térəsɔ̀ːr] 명 〔동물〕 텍사스 익룡(翼龍)(1975년 미국 텍사스 주에서 화석이 발견됨).

Téxas Ránger 명 〔美〕 텍사스 기마 경찰관.

Téxas tówer 명 1 텍사스 타워(유정(油井)·등대·관측 레이더용 등으로 바다에 설치한 탑 모양의 시설물). 2 조기 경계용 레이더 탑.

Tex·i·can [téksikən] 명 텍사스 주의 멕시코어.

Tex-Mex [téksméks] 명 〔언어·풍속·음악 따위가〕 텍사스와 멕시코 절충의. — 명 영어적 요소가 섞인 멕시코의 스페인어. 〔<*Texan*-*Mexican*〕

‡**text** [tekst] 명 1 〔번역·주석 등에 대하여〕 원문; 원문에 가장 가까운 판. ¶ the original ~ 원전(原典)/the ~ of Shakespeare 셰익스피어의 원문. 2 ① 본문, 주문(主文); ⓒ 〔악보에 대하여〕 가사. 3 〔설교 제목 등에 인용한〕 성서의 구절. 4 〔연설·토론 등의〕 제목, 주제; 화제. 5 =textbook. 6 = ~ hand.

go by the text 정석대로 하다.

stick to one's *text* (이야기가) 주제를 벗어나지 않다, 탈선하지 않다. 〔다, 탈선하지 않다.

~·less 형

text. textile.

‡**text·book** [tékstbùk] 명 교과서, 텍스트. — 형 교과서의[적인]; 전형적[표준적, 모범적]인.

text·book·ish [tékstbùkiʃ] 형 교과서(식)의.

téxt edítion 명 교과서판. 〔美〕 trade edition

téxt éditor 명 〔컴퓨터〕 문서[문장] 편집 프로그램.

téxt grámmar 명 〔언어〕 텍스트 문법.

téxt hánd 명 고체(古體) 문자(옛날 서적의 본문에 사용했던 획이 굵은 글자체). (또는 **téxthànd**)

*tex·tile [tékstail, -til] 명 ① 1 직물. 2 직물의 재료. — 형 1 방직된; 짤 수 있는. ¶ ~ fabrics 직물. 2 직물의. ¶ ~ art 직물 공예 / ~ industry 섬유 공업.

text-to-speech [tʃúːspíːtʃ] 명 텍스트를 변환하여(인공) 음성으로 바꾸는, (시각 장애자용) 녹음 테이프의.

tex·tu·al [tékstʃuəl] 형 1 원문[본문]의. ¶ ~ errors 원문의 잘못. 2 원문대로의, 문자대로의; 성서 원전의. ¶ a ~ quotation 원문대로의 인용. 3 교과서의.

~·ly 부

téxtual críticism 명 (성서의) 원문 대조 비평; 본문 비평. **téxtual crític** 명

tex·tu·al·ism [tékstʃuəlizm] 명Ⓤ (특히 성서의) 원문 연구. ⓢ textual criticism

tex·tu·al·ist [tékstʃuəlist] 명 (성서의) 원문 존중(주의)자; 원문학자, 성서 원문에 정통한 사람.

tex·tu·ar·y [tékstʃuèri-/-tʃəri] 명 =textual.「사람. ──명 (성서의) 원문 존중(주의)자, 성구(聖句)에 정통한

tex·tur·al [tékstʃərəl] 명 조직상의, 구조상의; 피륙 ~·ly 부   [의.

*__**tex·ture**__ [tékstʃər] 명Ⓤ© 1 직물, 피륙, 천; (직물의) 발, 짜임새. ¶a fine ~ 발이 고운 천. **2** 조직, 구성. **3** (피부·암석·목재 따위의) 결, 감촉. **4** 기질, 성격, 본질. **5** 〖미술〗 소재(素材)의 특유한 성질(색조·감촉·결조직·구조 따위). ── ⋯을 특정 방식(결)으로 짜다; 짜서(짠 것처럼) 만들다. ~·less 형

téxtured végetable prótein 인조 고기(콩단백질로 만든 고기 대용품).   「다. **-iz·er** 명

tex·tur·ize [tékstʃəràiz] 타 ⋯에 특정한 결을 내

TF, T.F. tank forces; task force; (英) Territorial Force; thin (training) film. **T-F, t/f** true, false(정오(正誤) 문제). **TFA** total fatty acids; transfer function analyzer. **TFC., tfc** traffic. **TFCS** Treasury Financial Communication System.

T formátion 명 〖미식축구〗 T자형 공격 대형.

TFR 〖항공〗 terrain-following radar(지형 추적 레이더); total fertility rate. **tfr.** transfer. **TFT** 〖전자〗 thin film technology; thin film transistor(박막 트랜지스터). **TFX** tactical fighter, experimental(실험용 전술 비행기). **tg** tangent; telegram; telegraph. **TG** Theater Guild; transformational grammar; triglyceride. **TGC** travel group charter. **TGE** total governmental expenditures. **TGF** transforming growth factors. **TGIF, T.G.I.F.** Thank God(Goodness) it's Friday(하느님, 감사합니다. 오늘은 금요일이군요(주5일제 근무의 미국에서 토요일 기분이 드는 금요일에 하는 말)).

T-group [tíːgrùːp] 명 (美) 〖심리〗 인간 관계 훈련 그룹. [<training group]

TGT (또는 **tgt.**) target; tissue glucose threshold; turbine gas temperature. **TGV** [프랑스] Train à Grande Vitesse(=high speed train)(Paris와 Lyon 사이를 운행하는 초특급 열차; 떼제베). **Th** ⓝ 〖화학〗 thorium. **Th, Th.** Theodore; Thomas; Thursday. **th.** thermal; thoroughbred.

-th¹ [θ] 접미 형용사·동사로부터 추상 명사를 만든다. ¶tru*th*, warm*th*.

-th² 접미 four 이상의 기수(基數)에 붙여 서수(序數)를 만든다. ¶four*th*, nin*th*, twentie*th*.

-th³ 접미 (古어) 동사의 직설법·현재·3인칭·단수를 만든다(*-eth의 단축형). ¶ha*th*(=has), do*th*(=does).

THA (약칭) tetrahydroaminoacridine (=tacrin).

THAAD [θɑːd] 명 고공 전역 방어(지역 방위용의 지상 발사 탄도탄 요격 미사일 체계). [<*t*heater *h*igh-*a*ltitude *a*rea *d*efense interceptor]

Thack·er·ay [θǽkəri] 명 **William Makepeace** ~ 새커리(1811-63; 영국의 소설가). **~·an** 명

Thai [tai] 명 (복 **~(s)**) 타이 사람(Thailander). Ⓤ 타이 말. ── 형 타이의; 타이 말(사람)의. (또는 **Tai**)

THAI Thai Airways Int'l(항공회사).

Thai·land [táilænd, -lənd] 명 타이(동남 아시아의 왕국, 옛 이름 Siam; 수도 Bangkok).

Thai·land·er [táilændər, -lənd-] 명 타이 사람.

Tháï stíck [속어] 타이 스틱(아시아(태국)산(産)의 강력한 마리화나를 말아 놓은 가는 막대기).

thal·a·mus [θǽləməs] 명 (복 **-mi** [-mai]) **1** 〖해부〗 시상(視床); 시신경상(床). **2** 〖식물〗 꽃턱, 꽃받침. **3** (고대 그리스의) 내실(內室).

thal·as·se·mi·a [θæləsíːmiə] 명 〖병리〗 지중해 (성) 빈혈.

tha·las·sic [θəlǽsik] 형 바다의, 대양의; 내해의, 근해의; 바다에 사는.   [Ⓤ 해양 화학.

thal·as·so·chem·is·try [θælæsoukémestri] 명

thal·as·soc·ra·cy [θæləsákrəsi/-sɔ́k-] 명 제해권(制海權).   「나라.

tha·las·so·crat [θəlǽsəkræt] 명 제해권을 가진

thal·as·sog·ra·phy [θæləsɑ́grəfi/-sɔ́g-] 명 (연안) 해양학.

-pher **-so·gráph·ic, -so·gráph·i·cal** 형

thal·as·so·ther·a·py [θæləsəθèrəpi] 명 해수 요법(海水療法).

tha·ler [tɑ́ːlər] 명 (복 **~(s)**) 탈러(독일의 옛 은화).

Tha·les [θéiliːz] 명 탈레스(640?-546? B.C.: Miletus 태생의 그리스 철학자).

Tha·li·a [θəláiə] 명 〖그리스 신화〗 탈레이아. **1** 희극을 주관하는 여신(Nine Muses의 하나). **2** 미(美)의 3여신(the Graces) 중의 하나.   「희극의.

Tha·li·an [θəláiən] 명 1 여신 Thalia의. 2 (보통 t-)

tha·lid·o·mide [θəlídəmàid] 명Ⓤ 〖화학〗 탈리도마이드(이전에 진정제·수면제로 쓰였음). ⑶가(價)) 탈륨을 함유하

thal·lic [θǽlik] 형 탈륨의; ⑶가(價)) 탈륨을 함유하

thal·li·um [θǽliəm] 명Ⓤ 〖화학〗 탈륨(희소 금속 원소의 하나; 기호 Tl).

thal·lo·phyte [θǽləfàit] 명 〖식물〗 엽상 식물류(조류(藻類)·균류·이끼류). **-phýt·ic** 형   「을 함유하는.

thal·lous [θǽləs] 형 〖화학〗 탈륨의; (1가(價)) 탈륨

thal·lus [θǽləs] 명 (복 **-li** [-lai], **~·es**) 〖식물〗 엽상체(뿌리·줄기·잎이 뚜렷이 분화되지 않은 식물체).

thal·weg [tɑ́ːlveg, -veik] 명 **1** (지도에 그려진) 요선(凹線), 곡선(谷線). **2** 〖국제법〗 (국경선이 되는) 주요 항행 수로(水路)의 중앙선.   「류(貫流)).

‡**Thames** [temz] 명 (the ~) 템스 강(영국 런던을 관 *burn the Thames*; *set the Thames on fire* 세상을 깜짝 놀라게 하다, 대단한 일을 하다.

‡**than** ⇒ THAN. ⟨p. 2795⟩

than·age [θéinidʒ] 명Ⓤ© (영국의) 향사(鄕士)(thane)의 신분(영지).

than·a·to- [θǽnətou, -tə] 〖연결〗 death의 뜻(* 모음 앞에서는 thanat-). *thanato*phobia, *thanato*sis.

than·a·toid [θǽnətɔ̀id] 형 죽은 듯한, 가사(假死)(상태)의; 치명적인.   「연구가; 장의사(undertaker).

than·a·tol·o·gist [θæ̀nətɑ́ldʒist/-tɔ́l-] 명 사망학자; **than·a·tol·o·gy** [θæ̀nətɑ́lədʒi/-tɔ́l-] 명 사망학; 사망 심리 연구. **-to·lóg·i·cal** 형

than·a·to·pho·bi·a [θæ̀nətəfóubiə] 명 〖정신의학〗 사망 공포(증).   「대한 견해.

than·a·top·sis [θæ̀nətɑ́psis/-tɔ́p-] 명Ⓤ 죽음에

Than·a·tos [θǽnətɔ̀s/-tɔ̀s] 명 **1** 〖그리스 신화〗 타나토스(의인화(擬人化)된 죽음, 사신(死神))(ⓢ Mors). **2** (t-) 〖정신분석〗 죽음의 본능(충동). **-tót·ic** 형

thane [θein] 명 **1** 〖영국사〗 향사(鄕士)(앵글로색슨 시대에 earl과 일반 자유민의 중간 지위). **2** 〖스코 역사〗 호족(豪族), 영주, (또는 **thegn**) **~·dom** 명 thane의 영토. **~·hòod, ~·shíp** 명Ⓤ thane의 지위(직).

‡**thank** [θæŋk] 타 (*-ed* [-t]) **1** …에게 감사하다, 사의를 표하다 (*for*). ¶*T-* you. 고맙다 / No, ~ you. 아뇨, 괜찮습니다 (* 사양할 때) // (~+목+전+명) *T-* you *for* your letter. (보내주신) 편지 고맙습니다 / He ~*ed* those present *for* coming. 그는 출석자들에게 참석해 주어서 고맙다고 말했다 / *T-* him *for* me. 그분에게 고맙다고 전해 주시오. **2** (미래형으로) 〖공손한 부탁·반어(反語) 또는 비꼬아〗 …에게 부탁하다 (*for*); 제발 …해 주기를 바라다 (*to do*). ¶ (~+목+전+명) I will ~ you *for* the salt. 소금 좀 집어 주셨으면(주세요) // (~+목+*to* do) I will ~ you *to* mind your own business. 남의 일에 참견 말아 주었으면 좋겠다.

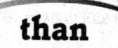

than은 보통 형용사나 부사의 비교급 뒤에 와서 「…보다(도)」의 뜻을 나타내는 절을 이끄는 접속사로 쓰인다. 그러나 예문 He is taller *than* I (am tall).에서 보듯이 than이 이끄는 절에서는 주절과 공통되는 부분이 흔히 생략되므로 than이 접속사라는 느낌이 희박해진다. 그래서 특히 구어에서는 than 다음의 대명사를 아예 목적격으로 바꿔 than을 전치사 취급하기도 한다(⇒USAGE¹(2)). 그러나 주절의 동사가 타동사일 때는 than 다음에 오는 대명사의 형태가 중요해진다. 왜냐하면 그것이 주격이나 목적격이냐에 따라 문장 전체의 의미가 달라지기 때문이다. A: She likes me better *than* he (does)(=*than he* likes me). B: She likes me better *than* him(=*than* she likes *him*). 이때의 than은 물론 A, B 모두 접속사 용법이다.

‡**than** [강 ðǽn, 약 ðən] 뎅 **1** (형용사·부사의 비교급 뒤에서) …보다(도), …에 비하여. ¶Health is better ~ wealth. 건강은 부보다 낫다/You are older ~ I. 너는 나보다 나이가 많다/A horse is more beautiful ~ a donkey. 말은 당나귀보다 아름답다/She got up later ~ usual. 그녀는 평소보다 늦게 일어났다/*Easier said ~ done*. (속담) 말은 쉽고 행하기는 어렵다/He is no happier ~ (he was) before. 그는 전에 비해 조금도 행복해지지 않았다/He is more of a teacher ~ (he is of) a scholar. 그는 학자라기보다는 교사다.

USAGE¹ **(1)** than이 이끄는 절에는 생략이 많다: I know you better ~ she (does). 나는 그녀 이상으로 너를 잘 알고 있다/I know you better ~ (I know) her. 나는 그녀를 잘 알고 있다. **(2)** 자동사의 경우 구어에서는 종종 than이 전치사적으로 쓰인다: He is taller ~ me. **(3)** 동일한 사람[물건]의 두 성격을 비교할 때에는 보통 -er형을 쓰지 않고, more[or rather] ~ 가 쓰인다: She is *more* shy ~ unsocial. 그녀는 비사교적이라기보다는 수줍어하는 편이다.

USAGE² than이 관계대명사적으로 쓰이는 경우가 있다: The curio was more valuable ~ was supposed. 그 골동품은 예상했던 것보다 더 값진 것이었다.

2 (rather, sooner, prefer 따위의 뒤에서) …하기보다는 (오히려), …할 바에는 (차라리). ¶I would rather [or sooner] starve to death ~ steal. 나는 도둑질을 할 바에야 차라리 굶어 죽겠다/I'd prefer to resign (rather) ~ take part in such a plot. 그런 음모에 가담하느니 차라리 사표를 내겠다.

3 (other, otherwise, else, different 따위의 뒤에서) …밖의, …이외에는, …과 다른. ¶I have no other method ~ this. 내게는 이것 이외의 방법은 없다/She is otherwise ~ I thought. 그녀는 내가 생각했던 사람과는 다르다/It was no[*or* none] other ~ the president himself. 그건 딴 사람 아닌 대통령 자신이었다/His success was due to nothing else ~ his own diligence. 그의 성공은 전적으로 그 자신의 근면에 의한 것이었다.

USAGE³ **than** 뒤의 부정사——**(1)** than 뒤의 부정사가 주어의 역할을 하는 경우에는 보통 to부정사: Nothing pays better ~ to be kind (does). 남에게 친절한 것보다 더 이득이 되는 것은 없다. **(2)** 숙어 know better than(…보다 더 분별이 있다)의 뒤에도 to부정사가 보통: I *know better* ~ to quarrel. 싸움을 할 정도로 바보는 아니다. **(3)** not do other than 및 그 유사 어구의 뒤에서는 원형 부정사가 보통: She would *not do other* ~ complain about it. 그녀는 그것에 관하여 불평만 하고 있었다. **(4)** rather[or sooner] than의 뒤에도 보통 원형 부정사. ⇒뎅 2.

4 (특히 scarcely, hardly, barely의 뒤에서) =when. ¶Scarcely had I come home ~ it began to rain. 집에 오자마자 비가 내리기 시작했다.

—— 젠 **1** (문어) (~ 목적격 관계대명사를 수반하여 than whom, than which처럼 쓰인다) …보다. ¶He is a poet ~ whom none are[*or* is] greater. 그 사람보다 위대한 시인이 없을 만큼 그는 훌륭한 시인이다.

2 (시간·거리 따위의 수량을 나타내는 말을 수반하여) …보다. ¶temperatures lower ~ 20 degrees 20도보다 낮은 온도.

more...than ever 여느 때 없이, 여느 때보다도 더.
no [*or* **none**] **other than** …이외의 아무도 아닌, 바로 …인(⇒뎅 3).
no sooner...than ⇒SOON.
nothing more than ⇒MORE.
not more than ⇒MORE.

do very nicely thank you 현상(現狀)에 만족하다.
have (only) *oneself* **to thank (for); may thank** *oneself* **(for)** (…은) 자업자득이다. ¶You *have only yourself to* ~ *for* that. 그것은 너의 자업자득이다.
Thank God [or **heaven(s), goodness, fortune, Christ, the Lord, hell**]! *God be thanked!* (기쁨·안도를 나타내어) 아 고마워라!, 이런!, 됐다!
Thanking you in anticipation. 미리 감사드리면서(편지의 끝맺음 말). 「친절이 귀찮을 때).
Thank you for nothing. 내 걱정 마시오(상대편의
—— (~s) 뎅 감사, 사의, 치사, 사례: (사의를 나타내는 말로서) 고맙소. ¶bow one's ~s 절을 하며 사의를 표하다/express one's ~s 사의를 표하다/give one's ~s to …에게 감사하다/return ~s 답례하다/Thanks A lot. 대단히 고맙소/A thousand (or Many) ~s. 정말로 고맙소/No, ~s. 아뇨, 괜찮습니다(* 사양할 때의 말)/No ~s ! 달갑지 않소!
give thanks (식사 전에) 감사 기도를 드리다.
no [*or* **small**] **thanks to** …의 힘을 빌리지 않고, …의 덕분이 아니라.
Thanks be to God! 고마워라!, 됐다! 「다.
Thanks, but no thanks. (구어) 고맙지만 사양합니다.
thanks to …의 덕택에, …때문에. ¶*Thanks to* his help, the whole party were saved. 그가 도와준 덕택에 일행 모두가 구조되었다.
thank·ee [θǽŋki] 캄 고맙습니다(thank you).
thank·ee-marm [-mà:rm] 캄 =thank-you-ma'am.
thank·er [θǽŋkər] 뎅 감사하는 사람.
‡**thank·ful** [θǽŋkfəl] 뎅 (**more ~; most ~**) 감사하고 있는, 은혜를 잊지 않는; 기쁜 (*to, for*). ⇒GRATEFUL 유의어 ¶with a ~ heart 감사하는 마음으로/I am ~ *to* you *for* your help. 도와주셔서 감사합니다/I am ~ *that* I have [*or* ~ *to* have] succeeded. 성공하여 기쁘다. **~·ly** 뷔 **~·ness** 뎅
*****thank·less** [θǽŋklis] 뎅 **1** 감사받지 못하는, 생색 안 나는, 보람없는. ¶a ~ task 생색 안 나는 일. **2** 감사하지 않는, 은혜를 모르는. **~·ly** 뷔 **~·ness** 뎅
thánk òffering 뎅 (신에게 바치는) 감사의 공물. (또는 **thánks òffering**)

that은 8품사로 나누는 일반적인 방식보다는 (A) 지시사(指示詞)·연결사(連結詞)의 두 가지, 또는 (B) 지시사·관계대명사·종속접속사의 세 가지로 나누어 설명하는 것이 관례로 되어 있다. 연결사란 관계사와 접속사를 통칭하는 말이지만 거기에는 주어와 보어를 잇는 be동사도 포함되므로 용어상 혼란의 우려가 있어 여기서는 (B)의 방식을 택했다.

I. 지시사 that은 this와 대조적으로 쓰이며 보통 [ðæt]으로 발음된다.
II. 관계대명사 that은 선행사가 사람과 물건을 함께 가리키는 경우와 선행사가 한정적인 어구로 수식될 때 많이 쓰이며, 보통 [ðət]으로 발음된다.
III. 접속사 that은 명사절과 부사절을 이끌며, 관계사로서의 that과 마찬가지로 보통 [ðət]으로 발음된다.

‡**that** [ðæt, 약 ðət, ðt] (* 지시사·관계대명사·종속접속사에 따라 발음이 바뀌는 점에 주의)

I. 지시사

1 (지시대명사) (복 **those**) **a)** 저것, 그것, 그[저] 물건, 그[저] 사람(좀 this) (* this에 대하여, 좀 떨어져 있거나 지적된 사람·물건·일 따위, 이미 언급했거나 양해되고 있다고 생각되는 것을 강조하여 가리킨다)¶Who is ~? 저 분은 누구십니까? / What's ~ over there? 저기 저건 뭐지? / He was a teacher before ~. 그는 그전에는 교사였다 / T- was how [or the way] he managed to find his way out. 그렇게 해서 그는 겨우 출구를 찾아냈다 / Is ~ so? 그렇습니까? / T-'s the (very) thing. 그야말로 안성맞춤이다 / Which would you prefer, this or ~? 이것과 저것 중 어느 것으로 하겠습니까? / Those are my brothers playing around the house. 집 주위에서 놀고 있는 아이들이 나의 동생들이다 / To be or not to be; ~ is the question. 사느냐 죽느냐, 그것이 문제로다(←Shakespeare 작 Hamlet III. i.) / Go to bed, ~'s a good boy. 자라, 아이 착해.
b) (명사의 반복을 피하여) (…의) 그것. ¶The poison of the cobra is more deadly than ~ of the rattlesnake. 코브라의 독은 방울뱀의 그것보다 더 치명적이다 / A long time passed in a silence like ~ of the grave. 무덤의 정적 같은 오랜 침묵이 흘렀다 / His dress is ~ of a gentleman, but his speech and behavior are those of a clown. 그는 옷차림은 신사지만 말과 행동은 촌뜨기다.
c) (선행하는 절·문 중의 어구의 반복을 피하여) 그것, 그런 것. ¶Is he capable?──He is ~. 그가 할 수 있을까?──그러면 할 수 있다.
d) (this(가까이 있는 것, 후자)에 대하여) 멀리 있는 것, 전자(the former)(좀 the latter). ¶Health is above wealth; this does not give so much happiness as ~. 건강은 부(富)보다 낫다, 후자[부]는 전자[건강]만큼 행복을 주지 못하기 때문이다.
e) (부정(不定)적으로) 저것. ¶Some say this and some say ~. 이렇게 말하는 사람도 있고, 저렇게 말하는 사람도 있다.
f) (관계대명사의 선행사로) 것; 사람, 사람들. ¶T- which besets me is indifference. 나를 괴롭히는 건 무관심이다 / T- which is bought cheap is the dearest. (속담) 싼 게 비지떡.
and all that 그 밖에 여러 가지, …따위; (감사·축복 등의 상투 어구에 붙여서) 그리고 또. ⇨ALL.
and that ① (보충적 서술용법) 게다가, 그것도. ¶He can speak French, and ~ fluently. 그는 프랑스말을 할 수 있다, 그것도 유창하게. (* 이 that은 강조 대명사로서 앞의 문장을 받는다). ② …따위, 기타. ¶There were lots of sandwiches and pies and ~, but I wasn't really hungry. 샌드위치, 파이 따위가 많았지만, 나는 정말 배가 고프지 않았다.
(And [or So]) that's that. (구어) 그것으로 끝, 이상으로 ~. ¶He's been expelled from school, and ~'s ~. 그가 퇴학을 당했다, 그 이야기야.

at that (구어) ① 그래도, 그렇다 치더라도. ② 게다가 (besides), 더구나. ¶The house is very good, and the rent is low at ~. 그 집은 아주 좋다, 게다가 집세도 싸다. ③ 그대로. ¶Let it go at ~. 그대로 놓아 두자.
be that as it may 아무튼. ⇨MAY¹.
Come [or Get] out of that! (속어) 꺼져버려!, 물러가라!; 그쳐라!
do not care [or give] that (for…) (손가락을 통기면서) (…에는) 이만큼도 개의치 않는다[가치도 없다].
for all that ⇨ALL.
Is that so? ① 그렇습니까? ② (that에 강세를 붙여) 설마! 「에」.
It is [was] that. (적극 동의하여) 바로 그거야[그거였(just) like that (구어) ① 그렇게, 그런 식으로. ② 아주 간단히. ¶You can't turn me down just like ~. 내가 그렇게 간단히 물러날 줄 알아?
Take that! (남을 때리거나 할 때에) 자, 이래도!
that being so 그래서, 그런 까닭에.
That does [or kills, tears] it. (구어) 그것으로 끝이다, 이제 다 틀렸다. (* 실패나 사고로 인해 계획이 틀어졌을 때 쓰는 말).
that is; that is to say 즉, 말하자면. ¶He started for Paris a week ago, ~ is to say, on the tenth of May. 그는 1주일 전, 즉 5월 10일에 파리로 떠났다.
That'll be the day! (구어) 어림도 없는 소리!
That's all. 그것이 전부이다, 그것뿐이다, 그것으로 끝이다. ¶That's all for today. 오늘은 이것으로 끝이다 / That's all I know. 내가 아는 것은 그것뿐이다.
That's done [or torn] it. = That does [or kills, tears] it.
That's…for you. (구어) …란 그런 것이다. ¶Anne studies 10 hours a day even on weekends. That's a real student for you. 앤은 주말에도 하루 10시간 공부한다. 진짜 학생이란 그런 거야(* That's 다음에는 복수 명사가 올 수도 있다).
That's it. (구어) ① 바로 그거야, 그 점이야, 맞았어. ② 바로 그게 문제야. ③ 이제 끝장이다. ④ 드디어 시 **That's more like it.** 점점 좋아졌다. 「작이다.
That's right. (英구어) 좋아, 맞았어, 그렇다; (美구어) 찬성, 옳소.
That's so. (구어) 그렇게 하는거야.
That's the way it goes. ⇨WAY.
That's what it is. 바로 그렇다.
that there (방언·구어) 저것, 그; (英속어) 성교. ¶You can't do ~ there 'ere! 여기서는 그건 안돼!
That will do. 그만하면 됐다, 그걸로 충분하다.
this and [or or] that 이것저것.
this, that, and the other 이것저것, 여러 가지[온갖].
upon that 그러자, 그래서 곧.
with that 그리하여, 그렇게 말하고, 그 뒤에. ¶With ~ the boy rushed out of the house. 그렇게 말하고[그러고는] 소년은 집을 뛰쳐 나갔다.

2 (지시형용사) (복 **those**) **a)** 저, 그, 저쪽의(* this에 대하여, 시간적·공간적으로 보다 떨어져[멀리 있는] 것, 또는 지적된 사람·물건·일 따위, 이미 언급된 것을 강조

하여 가리킨다).¶~ dog 저 개/*those* houses 저기 있는 집들/~ day[evening, morning, night] 그날[그날 저녁, 그날 아침, 그날 밤]/at ~ time 그때/in *those* days 그 당시.
b) (잘 알고 있는 것·이미 말한 것을 가리켜) 저, 그, 예의.¶~ jalopy of his 그의 그 털털이 자동차(* 보통 *that* his jalopy, his *that* jalopy라고는 하지 않는다)/Here comes ~ smile! 예의 그 미소가 떠오른다!
c) (this와 상관적으로 쓰여) 그, 저; 또 다른(another).¶We argued it this way and we argued it ~ way. 우리는 그 일에 대하여 이렇게도 저렇게도 논의했다/He went to this doctor and ~. 그는 이 의사 저 의사에게 진찰을 받았다.
d) (접속사 that이 이끄는 절 앞에서) 그 정도[만큼]의.¶She was grieved to ~ degree that she was almost beside herself. 그녀는 미칠 지경으로 슬퍼했다.

that way ① 그와 같이.¶What makes her act ~ *way*? 왜 그녀는 그런 식으로 행동할까? ② 그런 상태로.¶She had a fever last night, and has been ~ *way* since. 그녀는 어젯밤 열이 났는데, 내내 그런 상태다. ③ (美구어) 애타게 사랑하여, 매우 좋아하여 (*about*, *for*).¶She is ~ *way* about ice cream. 그녀는 아이스크림을 대단히 좋아한다. ④ 그쪽으로, 그리로.

3 (지시부사) (구어) 그만큼, 그렇게; (속어) 극단적으로, 매우(* 수량·정도를 나타내는 형용사·부사를 수식한다).¶I can't go ~ far. 그렇게 멀리까지 갈 수 없다/He couldn't get ~ drunk in two hours. 2시간만에 그가 그렇게 취할 리가 없다/The fish was not ~ big. 그 물고기는 그렇게 크지는 않았다/I've learned ~ much. 나는 그 정도만 배웠다/I'm not paid ~ much money. 나는 그렇게 많은 돈은 받고 있지 않다.

II. 관계대명사
[(보통) 약 ðət, ðt, (드물게) 강 ðæt]
1 (제한적 관계사절을 이끌어) (…하는, …인) 바의(* who, which 따위의 대용). **a)** (주격으로 주어의 경우)¶The first subject ~ attracted my attention was religion. 나의 주의를 끈 첫 주제는 종교였다/Who ~ has a family to support should spend his money on gambling? 가족을 부양해야 할 사람이 누가 노름 따위에 돈을 쓸까?(* that 대신에 who를 쓴 Who *who*…로는 일반적으로 쓰이지 않는다)/There's a man (~) wants to see you. 너를 만나고 싶어하는 사람이 있다.
b) (주격으로 보어)¶He is not the man (~) he was ten years ago. 지금의 그는 10년 전의 그가 아니다/Behave yourself like a woman (~) you are. 여자니까 여자답게 얌전히 굴어라./An idiot ~ I was!(=What an idiot I was!) 내가 참 바보였군!
c) (목적격으로서 동사의 목적어인 경우)¶He heard the girl ask for the very book (~) he was reading. 그는 자기가 읽고 있는 바로 그 책을 그 소녀가 달라고 하는 것을 들었다.
d) (전치사의 목적어로서)¶That is the house ~ the poet was born in. 저것이 시인의 생가(生家)이다/He had nothing ~ he could jot down his impressions on. 그는 감상을 적어 둘 만한 데가 없었다.

> **주의**¹ (1) 선행사가 사람을 가리키는 경우에나 사물을 가리키는 경우에나 다 쓰인다. 선행사가 사람과 사물을 함께 가리키는 경우에는 that을 쓰는 경우가 많다: He spoke of the *men* and the *things* ~ he had seen abroad. (2) 관계대명사로서의 that은 한정적 의미가 강하므로 all, every, the only, the very, the same 따위, 또는 서수사(序數詞), 최상급의 형용사 선행사에 붙어 있거나, 또는 그 말들이 선행사로 되어 있는 경우에 쓰이는 경우가 많다. 그러나 선행사가 사람의 경우 who, whom을 쓰기도 한다. (3) that

의 주격은 that, 목적격도 that이며 소유격은 없다. **(4)** 목적격 that은 종종 생략된다. **(5)** 주격 that은, What is…, Which is…, Who is…, There is… 따위의 뒤에서 생략되기도 한다.¶There is a man (~) wants to see you. 당신을 만나려는 사람이 와 있습니다. **(6)** 주격 that이 관계사절 중에서 보어로 되어 있는 경우에도 생략되는 수가 있다. **(7)** 목적격 that이 전치사의 목적어인 경우에 그 전치사는 반드시 관계사절의 맨 뒤에 놓는다.

2 (관계부사적으로) (…하는, …인) 바의(* when, why, where의 대용으로서, 또 the way how는 현대 영어에서는 거의 쓰이지 않음으로 이에 대용하여 the way that처럼 관계부사의 대용으로서 쓰인다; 이 that은 보통 생략된다).¶the last time (~) I saw her 지난 번 그녀를 만났을 때/That's the reason (~) I came to see you. 그 때문에 너를 만나러 왔다/Things like that are apt to occur anywhere (~) people gather. 그런 일이란 사람들이 모이는 곳이면 어디서나 생기기 쉬운 일이다/That is the way (~) he took me in. 그런 식으로 그는 나를 속였다.

3 (it is [was]…that의 강조 구문으로) ⇒III 2 b).¶It was an accident ~ changed my mind. 내 생각을 바꾸게 한 것은 그 사건이었다./It is I ~ am responsible for it. 그 일에 책임이 있는 것은 바로 나다.(* 관용적으로는 It's me *that*…가 보통)/It was he [*or* him] ~ I met in the park yesterday. 어제 공원에서 내가 만난 사람은 바로 그였다(* 관용적으로는 It was he *that*…가 쓰인다).

III. 종속접속사
[(보통) 약 ðət, (드물게) 강 ðæt]
1 (명사절을 이끌어) …이라[한다]는 것. **a)** (주절을 이끌어)¶T~ he is a genius is unbelievable. =It is unbelievable (~) he is a genius. 그가 천재라는 것은 믿을 수 없다/It is natural (~) they should respect each other. 그들이 서로 존경하는 것은 당연한 일이다/It never occurred to me ~ she was his mother. 그녀가 그의 어머니라고는 생각지도 못했었다.

> **USAGE** **(1)** 위의 예처럼 형식 주어 it로 유도되는 that은 종종 생략된다. **(2)** It is+형용사[명사]+that절의 경우, It is가 생략되고 형용사[명사]로 시작되는 경우가 있다: (It is) Odd ~ he should be such a marvelous athlete. 그가 그렇게 훌륭한 운동선수라니 묘한 일이다. **(3)** It (so) happened ~ I was in London at that time (나는 마침 그때 런던에 있었다).의 it는 형식 주어이며, that절이 happened의 내용을 나타내는 진주어이다.

b) (보어절을 이끌어)¶The fact is ~ he said so. 사실은 그가 그렇게 말했다는 것이다.

> **주의**² **(1)** that을 생략하고 콤마(,)를 붙이는 경우가 있다: The point is, I can't do anything with her. 문제는 내가 그녀와는 아무것도 할 수 없다는 것이다. **(2)** that도 콤마도 없이 본동사의 뒤에 절을 계속시키는 경우가 있다: The difficulty is they don't cooperate with us. 곤란한 점은 그들이 우리에게 협력하지 않는다는 것이다. **(3)** It's not ~ I needed money. 돈이 필요했기 때문이 아니다/Could it not be ~ he had brought about his death through his own carelessness? 자신의 부주의 때문에 그는 스스로 죽음을 초래했다고 할 수는 없을까?/It was simply ~ she hadn't felt like going there alone. 다만 그녀는 혼자 거기에 갈 마음이 없었을 뿐이다(* 이들 문장에서의 that절은, 보어절의 한 변형으로 간주되지만, 주절 또는 수식적 구문 따위로 생각되는 수도 있다).

c) (목적절을 이끌어)¶He announced ~ he would

not seek re-election. 그는 재선거에 나서지 않겠다고 발표했다 / He knocked lightly at the door, hoping (~) she was in. 그녀가 있기를 바라면서 그는 문을 가볍게 노크했다 / I believe (~) you'll get on in the world. 나는 네가 출세하리라고 믿는다.

주의[3] (1) 동사의 목적어가 되는 명사절의 that은 종종 생략된다. 특히 think, believe, know, wish, suppose 따위의 뒤에서는 생략되는 것이 보통이다. 또, learn, state, suggest 따위의 뒤에서는 that을 생략하지 않는 것이 보통. (2) 목적절을 이끄는 that은 종종 생략되지만, 동일한 타동사의 목적어가 되는 절이 하나 더 있는 경우에는 그 that은 생략하지 않는 것이 보통: He says (~) he cannot come to see me today, but ~ he can come tomorrow. 그는 오늘은 나를 만나러 올 수 없지만, 내일이라면 올 수 있다고 말한다. (3) 목적절이 되는 that 앞에 형식 목적어 'it'이 오는 경우가 있다: I take *it* ~ he has found her. 그가 그녀를 찾아냈다고 생각한다 / We took it for granted ~ he was the ringleader. 우리는 당연히 그가 주모자라고 생각했다.

d) (동격절을 이끌어) ¶ No one can deny the fact ~ you are guilty. 네가 유죄라는 사실을 아무도 부정할 수 없다 / There is no possibility ~ what he says may have any truth in it. 그가 하는 말에 진실성이 있을 가능성은 없다.

주의[4] 동격절이 동격의 명사와 떨어져 있는 경우가 있다: Word came to me ~ she was magnificent on the stage. 그녀의 공연이 성공적이었다는 소식을 들었다.

2 (부사절을 이끌어) **a)** (지각·감정을 나타내는 형용사·자동사 따위에 계속되는 절을 이끌어) (* 특히 구어체에서 that은 생략된다). ¶ I am glad [*or* delighted] (~) I found you. 너를 찾아내서 기쁘다 / I am sorry [grieved] (~) he is gone. 그가 가버려서 유감이다 [슬프다] / I was afraid (~) he might be late. 그는 늦는 것이 아닐까 하고 걱정했다 / I rejoiced ~ I had won a victory. 나는 승리하여 기뻤다.
b) (so that [*or* in order that)...may [*or* can, shall, will] 따위의 형식을 나타내어) ¶ I must study harder so ~ I can pass the examination. 시험에 합격하려면 보다 열심히 공부해야 한다 / He went over to Paris in order ~ he might study arts. 그는 미술공부를 하기 위하여 파리로 갔다.
c) (such, so와 함께 상관적으로 정도·결과 따위를 나타내어) ¶ He was *so* shabby-looking ~ at first I thought him a hobo. 그는 아주 초라한 모습이어서 처음에 나는 그를 부랑자로 생각했다 / I'm so tired (~) I cannot go any further. 너무 지쳐서 더 이상 갈 수가 없다 / It was such a lovely day ~ I went out for a walk. 날씨가 아주 좋아서 나는 산책하러 나갔다 (*

so...that의 that은 구어에서는 생략된다).
d) (이유·원인) …때문에, …이므로. ¶ They respected him the more ~ he was their rector. 그들은 그가 그들 교구의 목사이기 때문에 그를 더욱 존경했다 / Are you not glad ~ you are now able to speak English? 이제 영어를 말할 수 있으니 기쁘지 않니? / He ignored my suggestion.—Not ~ I care. 그는 나의 제안을 무시했다―그런다고 신경 쓰진 않지만 (* not의 앞에는 It is가 생략되어 있다).
e) (추론·판단의 기준) ¶ What have you done to him, ~ he should be so disloyal to you? 그가 너에게 그토록 불성실하다니, 네가 그에게 어떻게 했었니? / Are you mad ~ you should say such a thing? 그런 말을 하다니 너 미쳤니?
f) (의문·부정문 뒤에서 그 가정적 결과를 나타내어) ¶ I am not a doormat, ~ you should walk all over me. 내가 현관의 흙털이개도 아닌데 네가 그렇게 나를 마구 짓밟다니.

3 (It is [was]...that의 강조 구문에서) ¶ It's you ~ I want to speak to, not Paul. 내가 이야기하고 싶은 사람은 폴이 아니라 바로 너야 / It was there (~) I first met her. 바로 그 곳에서 그녀를 처음 만났다 (* that절이 짧은 경우 that이 생략되기도 한다) / It was about this time ~ there was less and less communication between us. 우리 사이의 의사 소통이 점점 적어지게 된 것은 이 무렵이었다.

주의[5] (1) It is [was]와 that의 사이에 부사(구)[절]가 있어서 그것이 강조되는 경우, 그 that을 접속사로 볼 것인지 또는 관계사로 볼 것인지, 또는 한데 뭉쳐 연결 상태로 보는 것인지에 대하여서는 여러 설이 있다. (2) 강조된 부분이 (대)명사인 경우, 계속되는 that은 관계대명사로 보고, 부사(구, 절)인 경우는 접속사로 보는 것이 통설이다.

4 (소망·놀람·노여움 따위를 나타내는 가정법의 절을 이끌어) (* 본래 주절을 생략한 명사절) ¶ O ~ I were a little younger! 오, 내가 조금만 더 젊었으면 좋으련만 / O ~ a rescue party might come soon! 구조대가 빨리 와주었으면 / Would ~ he were here with me! 지금 그가 여기에 나와 함께 있다면 좋을텐데 / T– he should go back on me at the critical moment! 중대한 시기에 그가 나를 배반하다니 / O ~ it were not so! 그렇지 않으면 좋을 텐데.

but that …이 아니면, …하지 않으면 (unless).
in that …이라는 점에서; …이므로, 때문에 (because, since) (* 딱딱한 문어체). ¶ A letter is the converse of an essay *in* ~ the less you think about it the better it will be. 편지라는 것은 생각하지 않으면 않을수록 잘 씌어진다는 점에서 수필과는 반대이다.
not that …이라는 것은 아니다. ⇨ II 2 e).
Now that ⇨ NOW 접. **so that** ⇨ so¹.
only that …을 제외하고는, …하지 않으면.

thanks·giv·er [θǽŋksɡìvər] 명 감사하는 사람, 사은하는 사람.
‡**thanks·giv·ing** [θæ̀ŋksɡíviŋ/⏑–⏑–] 명 (® ~**s** [-z]) **1** ① (신에 대한) 감사, 사은; ⓒ 감사의 기도. **2** 감사제, 사은제. ¶ a harvest ~ 추수 감사제. **3** (T–) (美) =T– Day. ¶ a T– turkey 추수 감사절에 먹는 칠면조.
Thanksgíving Dày 명 (美) 추수 감사절(11월의 넷째 목요일).
thank·wor·thy [θǽŋkwə̀ːrði] 형 감사할 만한, 고마운.
thank-you [ʹ-jùː] 형 (구어) 감사의, 사례의. ¶ a ~ note [*or* letter] 사례 편지, 감사장.
thank-you-ma'am [ʹ-mæ̀m, -mɑ̀ːm] 명 (美구어) 도로를 가로지른 작은 도랑이나 융기. [<차가 지나

갈 때 덜컹하면서 사람의 몸이 흔들리는 모양에서 「부인, 감사합니다」라고 말할 때의 모양과 같은 데서]
thar [tɑːr] 명 (동물) 영양(羚羊)의 일종.
‡**that** ⇨ THAT. 〈p. 2796〉
‡**that·a·way** [ðǽtəwèi] 부 (英방언) 저쪽으로; 그렇게 (하여). (또는 **thát·awày**)
that-a-way [ʹ-əwèi] 형 (美속어) 임신한.
*****thatch** [θætʃ] 명 **1** ① 지붕을 이는 재료(짚·풀·종려 잎 따위). **2** 초가의 지붕. **3** (잎이 지붕으로 쓰이는) 야자 (~ palm). **4** (비유적) 숱이 많은 머리털. ―형타 (지붕)을 짚 따위로 이다. ¶ a ~ed roof 초가 지붕.
⌐·**less**, ⌐·**like** 형.
thatch·er [θǽtʃər] 명 개초장이, 지붕 이는 사람.
Thatch·er [θǽtʃər] 명 **Margaret Hilda** ~ 대처 (1925– : 영국의 여성 정치가; 수상(1979–90)). **~·ism**

형 대처주의, 민간 중시 경제 정책.
thatch·ing [θǽtʃiŋ] 명 지붕 이기; 지붕 이는 재료.
‡**that's** [ðæts] that is, that has의 단축형.
thau·ma·trope [θɔ́ːmətròup] 명 회전 그림반(盤) (원반의 양쪽에 다른 그림을 그려 놓고, 반을 빨리 돌리면 두 그림이 겹쳐 한 그림처럼 보이는 장난감).
-**tróp·i·cal**
thau·ma·turge [θɔ́ːmətə̀ːrdʒ] 명 요술사, 마술사.
thau·ma·tur·gic [θɔ̀ːmətə́ːrdʒik] 형 기적적인; 요술의, 마술의. (또는 **thaumaturgical**) 「maturge.
thau·ma·tur·gist [θɔ́ːmətə̀ːrdʒist] 명 =**thau-**
thau·ma·tur·gy [θɔ́ːmətə̀ːrdʒi] 명 ① 요술; 마술.
*****thaw** [θɔː] 통재 1 (얼음·눈이) 녹다; (냉동 식품이) 해동하다(*out*, *off*). ⇨MELT 유 ¶The water pipe hasn't ~*ed*. 수도관의 얼음이 녹지 않았다. 2 (적의·긴장 따위가) 완화되다, 누그러지다. ¶His stiffness was ~*ing* under her kindness. 그의 딱딱한 태도가 그녀의 친절로 차차 누그러지고 있었다. 3 (얼었던 몸이) 차차 풀리다, 따뜻해지다(*out*); (it를 주어로) (날씨가) 따뜻하게 되다. ¶(~+톱) They sat by the fire and ~*ed out*. 그들은 불 옆에 앉아 몸을 녹였다. — 타 1 (얼음·눈·냉동 식품 따위를) 녹이다; [정치·경제상의 동결 조치]를 해제하다(*out*). ¶This warm weather will ~ the ice on the pond. 이 따뜻한 날씨로 못의 얼음은 녹을 것이다 / ~ *out* the frozen assets 자산 동결을 해제하다. 2 (적의·긴장 따위를) 누그러뜨리다, ···와 허물[격의]없이 되게 하다. 3 (식은 것 따위를) 데우다, 따뜻하게 하다. — 명 1 눈[서리]의 녹음; (냉동 식품 등의) 해동. 2 (긴장·따뜻 따위가) 누그러짐, 풀림, 허물없이 됨; (국제적인) 긴장 완화. 3 눈[서리]이 풀리는 따뜻한 날씨[기간], 해빙기. ¶A ~ sets in. 해빙기가 시작된다 / We had a two-week ~ in February. 2월에 2주일간 따뜻한 날씨가 계속되었다. 4 (the ~) 해빙일(강·항구의 얼음이 녹아서 항해할 수 있는) 첫날.
~**·less**
thaw·y [θɔ́ːi] 형 눈[서리]이 녹는; 풀리는.
Th. B. (라틴) *Theologicae Baccalaureus*(=Bachelor of Theology)(신학사). **THC** (약어) tetrahydrocannabinol. **Th. D.** (라틴) *Theologicae Doctor*(= Doctor of Theology)(신학 박사).
‡**the** ⇨THE. 〈p. 2800〉
the- [θi:/θi(:)] 연결 ⇨THEO-.
the·an·dric [θiǽndrik] 형 (그리스도와 같은) 신인 양성(神人兩性)의, 신인의. 「양성을 가진.
the·an·throp·ic [θìːænθrɔ́pik/-θrɔ́p-] 형 신인
the·an·thro·pism [θiǽnθrəpìzm] 명 ① 1 신인(神人) 일체설, 그리스도 신인설. 2 인간성을 신에게 귀속시키는 일; 신성(神性)을 인간적으로 구현하는 일; 신인 동형 동성설(神人同形同性說). -**pist**
the·ar·chy [θíːɑːrki] 명 ① 1 (기독교의) 신권 정치, 신정(神政). 2 신들의 계통[조직, 서열]. **the·ár·chic** 형
theat. theater; theatrical.
‡**the·a·ter,** (英) **-tre** [θíːətər, θíə-/θíə-] 명 (복 ~**s** [-z]) 1 극장, 영화관. ¶a movie [or picture] ~ 영화관 / a drive-in ~ (美) 드라이브인 극장(자동차를 탄 채 보는 야외 극장) / a patent ~ (英) 칙허(勅許) 극장. 2 ① (the ~) 연극; (집합적) (어느 나라 또는 작가의) 극작품; 연극계; (극장의) 관객. ¶the modern ~ 현대극 / the ~ of Shakespeare 셰익스피어의 희곡. 3 ① 극상연[제작, 집필]; 연극의 상연 결과, 극적 효과. 4 계단식 교실[강당]. ¶an operating [lecture] ~ 수술 [강의]용 계단식 교실. 5 (행동이 행하여진) 현장; 활동 무대. ¶the ~ of his activities 그의 활동 무대. 6 (군사) 전역(戰域), 작전 구역. 7 (자연의) 단구(段丘).
be [or *make*] *good theater* (극·이야기가) 상연에 적합하다, 극적 효과가 있다.
do a theater; go to the theater 극장에 가다, 연극 보러 가다.

théater àgent 명 (英) 연예인 알선업자.
théater commánder 명 전역(戰域) 사령관.
the·a·ter·go·er [θíːətərgòuər, θíə-] 명 연극 구경을 자주 가는 사람, 연극통. (또는 **theatregoer**)
the·a·ter·go·ing [θíːətərgòuiŋ, θíə-] 명 ① 연극 구경, 관극(觀劇). — 형 연극 구경을 가는; 연극을 좋아하는.
the·a·ter-in-the-round [-inðəráund] 명 원형 「극장.
théater míssile defénse 명 (군사) 전역(戰域) 미사일 방위(구상) (중거리 및 전술 미사일에 대한 방위) (略 TMD). 「력(略 TNF).
théater núclear fórce 명 (군사) 전역(戰域) 핵전
théater núclear wéapon 명 (군사) 전역 핵무기.
théater of crúelty 명 (the ~) 잔혹 연극(프랑스의 배우·시인 A. Artaud가 창시한 것으로 관객을 연극시키는 연극).
théater of fáct 명 (the ~) 사실 연극. 「키는 연극).
théater of invólvement 명 (the ~) (관객) 참여
연극. 「구역.
théater of operátions 명 (the ~) (군사) 작전
théater of prótest 명 (the ~) 항의 연극. 「理劇).
théater of the absúrd 명 (the ~) 부조리극(不條
théater of the stréets 명 (the ~) 거리[가두] 연
théater of víolence 명 (the ~) 폭력 연극.
théater of wár (the ~) 교전권(交戰圈), 전쟁 지 「역.
théater pàrty 명 관극회(觀劇會).
the·at·ric [θiǽtrik] 형 =theatrical.
*****the·at·ri·cal** [θiǽtrikəl] 형 1 연극의, 연극적인; 극장의. ¶~ film 극장(용) 영화 / ~ scenery 무대 장치. 2 (언어·동작 따위가) 연극 같은, 연극조의. — 명 1 (~s) 연극; 아마추어 연극. 2 (~s) 본업으로서의 배우.
~**·ly** 부 ~**·ness**
the·at·ri·cal·ism [θiǽtrikəlìzm] 명 ① 1 연출법. 2 연극조의 말, 몸짓; 태부림; 자가 선전벽.
the·at·ri·cal·i·ty [θiæ̀trəkǽləti] 명 ① 연극조.
the·at·ri·cal·ize [θiǽtrikəlàiz] 통재 ···을 연극화(劇化)하다; ···을 연극조로 하다, 극적으로 하다.
-**i·zá·tion** 명 「극 전문가, 연출가.
the·a·tri·cian [θìːətríʃən/θíə-] 명 무대 예술가, 연
the·at·ri·cism [θiǽtrəsìzm] 명 =theatricalism.
the·at·rics [θiǽtriks] 명 1 (단수취급) 연극[연출]법. 2 (복수취급) 연극조의 동작, 과장된 말. 「사람.
The·ban [θíːbən] 형 테베(Thebes)의. — 명 테베
the·be [tébe] 명 (복 ~) 테베(Botswana의 통화 단위).
Thebes [θíːbz] 명 테베(나일 강에 면한 고대 이집트의 수도).
the·ca [θíːkə] 명 (복 **-cae** [-siː]) 1 통(筒), 칼자루, 용기(容器). 2 〔식물〕 화분낭(花粉囊), 삭(蒴)(capsule). 3 〔해부·동물〕 (기관(器官)의) 외피, (번데기의) 겉껍질.
the·cal [θíːkəl] 명 통 모양의; 칼집의; 〔식물〕 낭(囊)의; 〔해부·동물〕 겉껍질의, 외피의. 「에 들어 있는.
the·cate [θíːkət, -keit] 명 theca가 있는; theca
thé dan·sant [F te dɑ̃sɑ̃] 명 (복 **-s -s**) 오후의 무도 다과회(茶菓會)(tea dance). 〔<F〕
*****thee** [ðiː] 때 (thou의 목적격) (고어·문어) 그대를[에게]; (방언·퀘이커 교도 용법) =thou[1].
Get thee gone! 떠나라!, 가라!
thee·lin [θíːlin] 명 (생화학) estrone의 옛 이름.
*****theft** [θeft] 명 1 ① 도둑질; 절도죄. ¶commit a ~ 도둑질을 하다 / be put in prison on a charge of ~ 절도죄로 투옥되다. 2 (고어) 장물. 3 (야구) 도루.

[유의어] **theft** 남의 물건을 몰래 훔치기·절도; 넓은 뜻으로는 사취·횡령·착복·문장의 표절 따위 남의 동의 없이 마음대로 자기의 것으로 하는 모든 행위. **larceny** theft에 대한 법률용어. **robbery** 직접 남에게 폭력이나 협박을 가하여 뺏는 일. 강도·강탈; 넓은 뜻으로는 burglary도 뜻한다. **burglary** (특히 밤에) 절도 따위의 목적으로 남의 집에 불법 침입하는 일.

부정관사(不定冠詞) a, an은 언급되는 명사의 정체가 듣는 이에게 아직 알려지지 않은 것임을 시사하는 반면, 정관사(定冠詞) the는 어떤 식으로든 그 정체가 알려져 있음을 시사한다. 정체가 알려져 있는 것의 가장 분명한 예가 앞에 이미 나온 말을 가리키는 경우이다: Here's *a* glass, some water and three coins. I pour *the* water into *the* glass, then drop *the* coins one by one into *the* water.
그밖에 사물의 이름만 들먹이면 듣는 이가 「그것이구나」라고 알 수 있는 모든 명사에 the를 붙이는 것이 원칙이다. 그러나 the를 우리말로는 그대로 옮길 수 없는 경우가 많다. 설사 「그」라고 하더라도 직접 손으로 가리키면서 말하는 「그」는 결코 아니다. 그러한 「그」는 that으로 나타낸다.

‡**the** 관 [자음 앞에서 ðə, ð, 모음 앞에서 ði, 특히 강조할 때 ðiː] 《정관사》 (* this나 that보다 의미가 약하고, 해석할 필요가 없는 경우가 많다) **1** 그, 이, 저, 예의, 그런, 이런(* 앞에 나온 명사를 받거나, 또는 앞에 나온 명사 따위에 관련되거나, 문맥이나 그 밖의 요소에 비춰보아 정체가 명백하거나, 한정 형용사구[절]를 수반하는 명사 앞에 붙인다). ¶ ~ capital of France 프랑스의 수도 / in ~ spring of 1987 1987년 봄에 / 9:15 a.m. train 오전 9시 15분발 열차 / ~ boy who came yesterday 어제 온 소년 / ~ only house that he could find 그가 찾아낼 수 있었던 유일한 집 / I plucked a flower, this is ~ flower. 나는 꽃을 한 송이 꺾었다. 이게 그 꽃이다 / Please shut ~ door. 그 문을 닫아 주십시오 / What's ~ matter with you? 무슨 일이 있냐오 / I can't finish the work within ~ time. 그 시간 내에 그 일을 마칠 수 없다 / He is ~ same man that I saw on the bridge. 그는 내가 그 다리 위에서 본 사람과 동일 인물이다 / He is not ~ man to betray a friend. 그는 친구를 배신할 사람이 아니다. **2** 《형용사 최상급 또는 서수에 의하여 한정된 명사 앞에서》 ¶ ~ last day of a term 학기의 마지막 날 / ~ hundredth time 제100회 / Baekdusan is ~ highest mountain in Korea. 백두산은 한국에서 제일 높은 산이다 / This is ~ most interesting story I've ever heard. 이것이 내가 여태 들었던 것 중 가장 재미있는 이야기이다 / John was ~ best of men but had no push. 존은 제일 좋은 사람이지만 추진력이 없었다(* 둘을 비교하는 경우에 비교급 앞에도 the를 붙인다. 예: My house is ~ larger of the two. 내 집은 그 둘 중에 큰 쪽이다). **3** 《유일하다고 생각되는 사물·자연 현상·방위·가장 중요하여 고유명사화한 사물을 가리키는 명사 앞에서》 ¶ ~ universe 우주 / ~ world 세계 / ~ Lord 주님 / ~ Savior 구세주 / ~ Gospel 복음 / ~ sun 태양 / ~ moon 달 / ~ earth 지구 / ~ east 동(東) / ~ west 서(西) / ~ principal (이 학교의) 교장 / ~ Bible 성서 / ~ equator 적도 / ~ City 런던의 구시가지[도심부] / ~ River 《英》 템즈강. **4** 《어떤 종류의 고유명사 앞에서》 **a)** (특수한 지역·국민·종족·종파·당파 등의 이름) ¶ ~ Far East 극동 / ~ Christians 기독교도. **b)** (산맥·제도·국토의 복수명·반도·암초 이름) ¶ ~ Alps 알프스 산맥 / ~ Philippines 필리핀 제도 / ~ Crimea 크림 반도 / ~ United States (of America) 아메리카 합중국. **c)** (강·운하·만·조류·해협·해양·사막·도로 이름) ¶ ~ Nile 나일강 / ~ Suez Canal 수에즈 운하 / ~ English Channel 영국 해협 / ~ Gulf Stream 멕시코 만류 / ~ Pacific (Ocean) 태평양 / ~ Sahara 사하라 사막. **d)** (배·항공기·열차명·공공의 건물·단체·요새의 이름) ¶ ~ Queen Mary 퀸 메리호 / ~ Flying Dutchman 플라잉 더치맨(영국 특급 열차명) / ~ Red Cross Society 적십자사 / ~ Maginot Line 마지노선. **e)** (서적·신문·잡지 이름) ¶ *T*- Concise Oxford Dictionary 콘사이스 옥스퍼드 사전 / ~ Times 타임즈지 / ¶ *Daily Mail*, *A New English Dictionary*처럼 the를 붙이지 않는 신문·서적도 있다). **f)** (특정한 경우의 언어명·형용사가 붙는 인

명·칭호·작위 이름) ¶ ~ English of the 17th century 17세기의 영어 / ~ poet Virgil 시인 버질 / Alfred ~ Great 알프레드 대왕 / William ~ Conqueror 정복왕 윌리엄(* Little Tom처럼 little, old, young, poor, dear 따위의 형용사가 붙으면 the는 붙지 않는다. 또 Queen Elizabeth처럼 칭호 등의 직후에 성명이 오는 경우 the는 생략된다) / What is ~ English (word) for ~ Korean (word) "nara"? 한국어의 「나라」에 해당하는 영어는 무엇이냐?

주의¹ (1) 고유명사에 the가 붙느냐 안붙느냐는 일률적으로 규정할 수 없다. 앞의 예들에서도 the를 생략할 때가 있다: (the) Golden Gate Bridge 금문교. (2) 소재지명(名)을 수반하면 항상 무관사: New York's Central Park 뉴욕의 센트럴 파크 / Gyeongju's Bulguksa.

5 《단수 명사에 붙여서 그 명사가 나타내는 종족 전체, 또는 그 속성·기능 따위 추상적 의미를 나타낸다》 ¶ *T*- dog is a faithful animal. 개는 충성스런 동물이다 / ~ brute 수성(獸性) / *T*- exception proves ~ rule. 예외가 있는 것은 규칙이 있다는 증거이다 / It is pleasant to ~ eye. 그것은 보기 좋다 / *T*- pen is mightier than ~ sword. 문(文)은 무(武)보다 강하다. (속담) **6** 《형용사·분사에 붙여》 **a)** …한 사람(들). ¶ ~ poor 가난한 사람들 / ~ old 노인들 / ~ living and ~ dead 산자와 죽은 자.

주의² (1) 이런 식으로 쓰이는 형용사·분사로는 이밖에 able-bodied, blind, brave, deaf, disabled, dumb, elderly, guilty, homeless, injured, innocent, rich, sick, unemployed, wealthy, wise, wounded, young 따위가 있다. (2) *the* accused(피고), *the* deceased(고인), *the* pursued (추적받고 있는 사람) 따위는 종종 단수로 쓰인다. (3) *the* British(영국인), *the* Dutch (네덜란드인) 등 「the+국적을 나타내는 형용사」도 마찬가지로 국민 전체를 나타내며 복수형으로 쓰인다(⇨ CHINESE, JAPANESE). (4) 관용구적인 (both) young and old 따위에서는 the를 생략할 수 있다. (5) 수식어를 수반할 수도 있다: *the* young at heart 마음이 젊은 사람들.

b) …인 것(* 추상명사의 대용으로 쓰이며 단수취급). ¶ ~ true, ~ good, ~ beautiful 진선미(眞善美) / She has an eye for ~ beautiful. 그녀에게는 심미안이 있다(* *the* beautiful은 「아름다운 사람들[물건]」의 뜻도 된다) / *T*- unexpected is bound to happen. 예기치 않은 일이 일어나기 마련이다. **7** 《단위를 나타내는 명사 앞에 붙여》 ¶ a dollar ~ bottle 1병에 1달러 / by ~ dozen[hundred, thousand] 몇 십[백, 천] 개씩 / be sold by ~ ounce [gram] 온스 [그램] 단위로 팔리다 / He works by ~ day[week, month]. 그는 일당[주급, 월급]을 받고 일한다. **8** 《전형·대표로서 강조의 뜻을 나타내어》 ¶ ~ King of Kings 왕 중의 왕, 그리스도 / This is ~ life. 이것이 바로 인생이다 / He is ~ pianist of the day. 그는 당대의 제일 가는 피아니스트이다(* 인쇄에서는 보통 이탤릭체로 쓰이며, [ðiː]로 강하게 발음된다).

9 (사물의 부분을 나타내어) **a)** (앞서 언급한 사람의 신체의 일부를 나타내는 명사의 앞에 붙여, 소유격 대명사의 대용이 된다)(* 행위자와 그 행위를 받는 사람이 같은 사람인 경우에는 소유격 대명사가 보통. 예: I've broken *my* arm.) I took her by ~ hand. 나는 그녀의 손을 잡았다/I patted him on ~ shoulder. 나는 그의 어깨를 두드렸다/He looked me in ~ face. 그는 나의 얼굴을 빤히 보았다. **b)** (연대 따위의 특정 부분 또는 기간을 나타내는 명사의 앞에 붙인다) ¶ a man somewhat in ~ sixties 60대 정도의 사람/in ~ beginning of 1960 1960년 초에. **c)** (형용사의 앞에 붙여 사물의 부분을 나타낸다) ¶~ deep of his heart 그의 마음속/~ blue of heaven 하늘의 푸르름/at ~ dead of night 한밤중에/~ white of an egg 달걀의 흰자위.
10 (구어) (집안 사람에게) 나의(my). ¶~ wife (나의)아내.
11 (복수명사의 앞에 붙여서 국민·국가·사람(동물)의 무리·가족 따위의 전부를 나타낸다) ¶~ Greeks 그리스 사람/~ Americans 미국인/~ Stromans 스트로만 집안(의 사람들)/ *T- foxes have holes, and ~ birds of ~ air have nests.* 여우는 굴이 있고 하늘의 새도 보금자리가 있다(~마태복음(Matt.) 8:20).
12 (특정한 병·용구·악기·댄스·직업 이름의 앞에 붙여) ¶~ palsy 중풍/~ rheumatism 류머티즘/~ small pox 천연두[or blues] 우울증/~ measles 홍역/~ piles 치질(* cancer, cholera, influenza, pneumonia, tuberculosis, appendicitis 따위는 무관사이며, headache 는 부정관사를 쓴다)/~ bench 판사의 직/~ bar 변호사의 직; 법정/listen to ~ radio 라디오를 듣다/talk over ~ telephone 전화로 이야기하다/play ~ piano[harp, violin] 피아노[하프, 바이올린]를 연주하다(* teach piano, pick a guitar와 같은 표현도 있다).
13 (관용구 속에서) for ~ most part 대체로/at ~ full 한창때에/through ~ night 밤새도록/in ~ dark[cold] 어둠[추위] 속에서/in ~ afternoon[day-time, evening, morning] 오후[낮, 저녁, 아침]에(* at dawn, at midnight의 표현도 있다)/in ~ distance 멀리에/in ~ main 주로/on ~ contrary 반대로/on ~ whole 전반적으로, 대체로/on ~ spot 바로 이 자리에서, 현장에서.
14 (보통명사 또는 추상명사 앞에서 such (a), so, enough의 의미로) ¶ She saved until she had ~ money for a new house. 그녀는 새로운 집을 살 만한 돈이 모일 때까지 저금했다/He is not ~ man to do a dishonest thing. 그는 부정한 일을 할 사람이 아니다.
── 튀 [ðə, ði] **1** (형용사·부사의 비교급 앞에 두어 지시부사로서) 그것으로, 오히려 더, 더욱 더, 그 때문에. ¶ He worked all ~ harder despite his failure. 그는 실패에도 불구하고 더욱더 열심히 일했다/I like him all ~ better for his faults. 나는 그에게 결점이 있어 오히려 더 좋다/That makes it all ~ worse. 그렇게 하면 더욱 나빠진다. **2** (상관적으로 형용사·부사의 비교급의 앞에 두어) ~하면 ~하면…, ~하면 할수록…. ¶ T- more, ~ better. 많으면 많을수록 좋다/T- sooner, ~ better. 빠르면 빠를수록 좋다/T- higher you go up the mountain, ~ colder it becomes. 산에 높이 오르면 오를수록 추워진다(* 앞의 the는 관계부사, 뒤의 the는 지시부사).
so much the better [worse] 그럴수록 더욱 좋은[나쁜]. ¶ *So much* ~ *better* if you pay in advance. 선금으로 주시면 더 좋습니다.

theft·proof [θéftprùːf] 형 도난당할 염려가 없는, 도난 방지의.
thegn [θein] 명 =thane. **~·ly** 형
the·ine [θíː(ː)n] 명 테인, (차(茶) 속에 있는) 카페인(caffeine), 다소(茶素).
‡**their** [ðɛər, 약 ðər] 때 (they의 소유격) 그들의, 그녀들의, 그것들의(* 선행하는 성이 불분명한 단수 명사 또는 부정대명사를 가리키기도 한다). ¶~ home 그들의 가정/~ rights as citizens 시민으로서의 그들의 권리/Everybody must show ~ ticket. 차표를 보여 주시기 바랍니다.
‡**theirs** [ðɛərz] 때 (they의 소유 대명사) 그들[그녀들]의 것, 그들의 것(# ours, yours). ¶ Is she a friend of ~? 그녀는 그들의 친구이냐/T- was the largest house on the block. 그들의 집은 그 구역에서 제일 큰 집이었다.
the·ism[1] [θíːizm] 명○ 인격신론(人格神論); 일신론(一神論); (신의 존재를 믿는) 유신론. 때 atheism
the·ism[2] 명 [의학] 차(茶)중독. ── 명 (자)의.
the·ist [θíːist] 명 일신론자, 유신론자. ── 형 유신론의.
the·is·tic [θiːístik] 형 인격신론(자)의; 유신론(자)의, **theistical**. **-ti·cal·ly** 부
the·li·tis [θiláitis] 명 [병리] 유두염(乳頭炎).
Thel·ma [θélmə] 명 셀마(여자 이름).
‡**them** [ðem, 약 ðəm, əm] 때 **1** (they의 목적격) 그들[그녀]을[에게], 그것들을[에게]. ¶ I saw ~ yesterday. 나는 어제 그들을 보았다. **2** (구어) 주격어로서 = he is than/is me 의 뒤에서) =they. ¶ That's ~. 그놈들이다/We are as efficient as ~. 그들만큼 우리도 유능하다. **3** (속어) (지시형용사적) 그들[저들](those). ¶ some of ~ apples 그 사과들 중의 몇 개. **4** (고어) =themselves.
them and us 그들과 우리들, 상류층과 서민.
Them's my sentiments. 그것이 내가 말하고 싶은 것이다.
the·ma [θíːmə] 명 (복 ~**·ta** [-tə]) =theme.
the·mat·ic [θi(ː)mǽtik] 형 **1** 주제의, 논제의, 테마의. **2** [문법] 어간(語幹)의. **3** [음악] 주선율(主旋律)의, 주제의. ── 명 어간 형성 모음. **-i·cal·ly** 부
‡**theme** [θiːm] 명 (복 ~**s** [-z]) **1** 주제, 논제, 화제 (*of, in*). 때 SUBJECT 유의어 **2** (주어진 주제에 의한) 작문, (짧은) 논문. **3** [음악] 주제, 주선율; (라디오·TV 따위의) 테마 음악. **4** [문법] 어간, 어근(stem).
théme pàrk 명 테마 공원.
théme sòng 명 (오페레타·뮤지컬 등의) 주제가; (라디오·TV 등의) 테마 음악[송].
The·mis [θíːmis] 명 [그리스 신화] 테미스(정의·법률을 관장하는 여신).
The·mis·to·cles [θəmístəkliːz] 명 테미스토클레스(527?~460? B.C. ; 아테네의 장군·정치가).
‡**them·selves** [ðəmsélvz, ðèm-] 때(복) **1** (강조용법으로) 그들[그녀들] 자신(이), 그것들 자신(이). ¶ They did it ~. = (문어) They ~ did it. 그들 자신이 그것을 했다. **2** (재귀용법으로) 그들[그녀들] 자신(을), 그것들 자신을[에게]. ¶ They killed ~ by taking poison. 그들은 독을 마시고 자살했다. **3** (명사적으로) 본래의 자기. ¶ They were ~ again. 그들은 본래의 자신들[제정신]로 돌아왔다. **4** (강조용법으로 for, them 대신 사용되어) 그들, 그녀들, 그것들. ¶ Neither we nor ~ could attend the meeting. 우리도 그들도 그 모임에 참석하지 못했다/No soldiers were braver than ~. 그들만큼 용감한 병사는 없었다(* 묘비명 등에서).
by [for, of, to] themselves ⇨ONESELF.
‡**then** [ðen] 부 **1** 그때, 그 무렵; 당시(* 과거에도 미래에도 쓰인다)(현 now). ¶ He came back just ~. 그는 바로 그때 돌아왔다/The life environment will be different ~. 그때는 생활 환경도 달라져 있을 것이다. **2** (시간적 경과에 이어서) 그 다음에, 이번에; 그리고 나서 (곧), 그 뒤 곧. ¶ He came home and ~ went out. 그는 귀가하자 바로 또 외출했다/First came Mary and ~ John. 먼저 메리가 오고 그리고 나서 존이 왔다/He got up, took his hat, and ~ left home. 그는 일어나서 모자를 집어 들고 그리고 나서 집

을 나갔다. **3** 《순서로서》 다음에(는); 그 위에, 그 외에. ¶Standing beside Bob is Nel, ~ Mike, ~ Harry. 밥 옆에 넬이 서 있고, 다음에 마이크가, 그 다음에 해리가 서 있다. **4** 그렇다면, 그러면, (그렇기) 때문에, 따라서, ⇒THEREFORE 문의에 ¶If you are ill, ~ you don't have to go with me. 네가 아프다면, 나와 함께 갈 필요가 없다/T- you mean to say I am a beggar. 그러니까 내가 거지라 이 말이지?
and then only 그리해야만 비로소.
and then some 《미》 그밖에 또, 그 이상의 것이.
but then 그러나 동시에, 그러나 한편으로는, 그러나
even then 그렇다 해도, (…이므로 어쩔 수 없다).
(every) now and then 때때로, 가끔.
just then 바로 그때(거기에).
now…then 때로는 …, 또 때로는, …하는가 하면 또.
now then 여봐라, 야아(* 친밀감이 있는 주의·경고를 나타낸다). ¶Now ~, a little less noise, please! 자자, 좀더 조용히 해라. [또, 한편으로는].
then again 《다른 가능성을 나타내며》 그렇지 않고
then and [or *but*] *not till then* 그때 비로소.
¶T- and not till ~ should you be there. 그때가 되어서야 비로소 얼굴을 내보이라. [즉시로.
then and there; there and then 그때 그 곳에서,
well then 그러면, 자아. ¶Well ~, do what you like. 자아, 그러면 좋은 대로 해라.
What then? 그 다음에 어떻게 된다는 거야?
—圈 1 당시, 그때. ¶my happy ~ 즐거웠던 그 당시.
before then 그 이전에는. ¶I won't start *before* ~.
by then 그때까지는. [그때까지는 떠나지 않겠다.
from then on 그때부터 쭉, 그 이래.
till then 그때까지. ¶Till ~, farewell. 그때까지 안녕.
up to then =*till then*. [령.
—圈 그때의, 당시의. ¶the ~ President 당시의 대통
the·nar [θíːnɑːr] 图 《해부》 **1** 손바닥; 발바닥. **2** 무지구(拇指球)(엄지손가락이 붙은 손바닥의 융기 부분).
—图 손바닥[발바닥의], 무지구의[에 관한].
‡thence [ðens] 图 **1** 거기서. **2** 그 후, 그때부터. ¶a year ~ 그 1년 후. **3** 그 이유로; 그러므로, 그래서. ¶the evils ~ resulting 그 때문에 생기는 폐단.
thence·forth [ðènsfɔ́ːrθ/-́-] 图 (* 일반적으로 *from thenceforth*로 쓴다) 그때부터 (쭉), 그 이래; 그곳에서부터. [어] =thenceforth.
thence·for·ward(s) [ðènsfɔ́ːrwərd(z)] 图 《문
theo. theology; theoretical. **Theo.** Theodore; Theodosia.
the·o- [θíːou, θíːə] 연결 god의 뜻(* 모음 앞에서는 *the-*). ¶*theo*logist, *the*archy.
the·o·bro·mine [θìːəbróumiːn] 图Ü 《약학》 테오브로민(코코아 열매의 알칼로이드).
Theoc. Theocritus.
the·o·cen·tric [θìːəséntrik/θíːə-] 图 신을 (우주의) 중심으로 하는. **-tri·cism, -cen·tric·i·ty, -trism**
the·oc·ra·cy [θiːɑ́krəsi/-ɔ́k-] 图Ü **1** 신권(神權) 정치[정체]; (the T-) (특히 왕국이 되기 전의 이스라엘 족의) 신정(神政). **2** 성직[승직] 정치. **3** ⓒ 성직 정체(政體) 국가, 신권 정치 국가. **the·o·crat·ic** [θìːəkrǽtik], **-o·crát·i·cal, -o·crát·i·cal·ly**
the·oc·ra·sy [θiːɑ́krəsi/-ɔ́k-] 图Ü **1** 제신(諸神) 혼합 숭배, 제신 혼합[합일]. **2** (신플라톤주의 등에 있어서의) 신인(神人) 융합[합일]. [치가.
the·o·crat [θíːəkræt] 图 신권(神權)주의자; 신권 정
the·od·i·cy [θiːɑ́disi/-ɔ́d-] 图Ü 신의론(神義論), 신정론(神正論)(악의 존재가 신의 성질(聖性)과 정의에 모순되지 않는다는 설). **-cé·an** 图
the·od·o·lite [θiːɑ́dəlàit/-ɔ́d-] 图 《측량》 경위의(經緯儀). **-lít·ic** 图
The·o·do·ra [θìːədɔ́ːrə] 图 시어도라(여자 이름).
The·o·dore [θíːədɔ̀ːr] 图 시어도어(남자 이름).

the·og·o·ny [θiːɑ́gəni/-ɔ́g-] 图Ü 신통 계보학(神統系譜學). **thè·o·gón·ic** 图 **-nist** 图
theol. theologian; theological; theology.
the·o·lo·gian [θìːəlóudʒən/θíːə-] 图 신학자.
***the·o·log·i·cal** [θìːəlɑ́dʒikəl/θíːəlɔ́dʒi-] 图 **1** 신학(상)의, 신학적인. ¶a ~ student 신학생. **2** 신으로부터의 힘에 입각한. (또는 **theologic**) **~·ly** 图
theológical vírtues 신학적 덕, 신덕(神德) (faith, hope, charity의 3덕).
the·ol·o·gize [θiːɑ́lədʒàiz/-ɔ́l-] 图⑨ 신학을 연구하다. —⑪ …을 신학적으로 다루다.
-gi·zá·tion, -gìz·er
the·o·logue [θíːəlɔ̀ːg, -lɑ̀g/-lɔ̀g] 图 《구어》 신학생 (theological student). (또는 **theolog**)
***the·ol·o·gy** [θiːɑ́lədʒi/-ɔ́l-] 图Ü **1** (특히 기독교) 신학. **2** (특정의 형식·체계·분야·과정(過程)의) 신학, 신학 체계[이론]. ¶~ comparative ~ 비교 신학/revealed ~ 계시(啓示) 신학. **3** (가톨릭 신학교의 신부가 되기 위한) 신학 과정. **-gist**
the·o·ma·chy [θiːɑ́məki/-ɔ́m-] 图 **1** 신들의 싸움. **2** 《폐어》 신들과의 싸움, 신의(神意)를 거스르기.
the·o·ma·ni·a [θìːouméiniə, -njə] 图 《정신의학》 자기를 신이라고 믿는 과대 망상. **-ac**
the·o·mor·phic [θìːəmɔ́ːrfik] 图 신의 모습을 한, 신을 닮은.
the·on·o·my [θiːɑ́nəmi/-ɔ́n-] 图 《신학》 신에 의한 통치[지배], 신정(神政). **-mous** 图 **-mous·ly** 图
the·op·a·thy [θiːɑ́pəθi/-ɔ́p-] 图 (종교적 묵상에 의한) 신인(神人)의 융합감.
thè·o·pa·thét·ic, thè·o·páth·ic 图
the·oph·a·ny [θiːɑ́fəni/-ɔ́f-] 图 (신의 출현), 신의 현현(顯現).
the·o·pho·bi·a [θìːəfóubiə] 图 《怖》 《공포》 신공포증.
the·o·phor·ic [θìːəfɔ́ːrik, -fɑ́r-/-fɔ́r-] 图 신의 이름을 받은.
the·o·phyl·line [θìːəfílin, -liːn] 图Ü 《약학》 테오필
theor. theorem; theoretical; theory.
the·or·bo [θiːɔ́ːrbou] 图 (영 ~s) 시오보(17세기경의 대형 류트(lute)). **-bist**
the·o·rem [θíːərəm/θíːə-] 图 **1** 《수학》 정리(定理). ¶Pythagoras' ~ 피타고라스 정리. **2** 법칙, 일반 이론. **3** 《논리》 정리. **-re·mát·ic = re·mát·i·cal·ly**
theoret. theoretic; theoretical(ly).
the·o·ret·ic [θìːərétik/θíːə-] 图 =theoretical.
—图 =theoretics.
***the·o·ret·i·cal** [θìːərétikəl/θíːə-] 图 **1** 이론(상)의, 순리의(純理의)인. **2** 이론뿐인; 공론의. **~·ly** 图
theorétical aríthmetic 《수학》 정수론(整數論).
the·o·re·ti·cian [θìːərətíʃən/θíːə-] 图 이론가, 이론에 밝은 사람. ¶a military ~ 군사 이론가.
the·o·ret·ics [θìːərétiks/θíːə-] 图 《단수취급》 (학문의) 이론.
the·o·rist [θíːərist/θíːə-] 图 **1** (이론·학설을 세우는) 이론가. **2** (특정 주제의) 이론가.
the·o·rize [θíːəràiz/θíːə-] 图⑨ 이론화하다, 학설 [이론]을 세우다. —⑪ … (을) 이론상 상정(想定)하다(*that*節). **-ri·zá·tion, -rìz·er**
‡the·o·ry [θíːəri, θíːəri/θíːə-] 图 (영 **-ries** [-z]) **1** Ü 이론, 이치. ¶~ and practice 이론과 실제 / This is very well in ~. 이것은 이론상 대단히 좋다. **2** 학설, 설, 논(*about, that*節). ¶many *theories* about the origin of life 생명의 기원에 관한 많은 설 / the ~ *that* dolphins are intelligent animals 돌고래는 영리한 동물이라고 하는 학설. **3** 추측, (…이라는) 억측; (개인적인) 견해, 의견, 지론(*that*節, *about*). ¶one of my pet *theories* 나의 지론의 하나 / He has a ~ *that* sports are the best medicine. 그는 운동하는 것이

가장 좋은 약이라는 의견을 가지고 있다. **4** (美俗어) 의견, 생각, 계획(* 해커들의 용어). 「학설에 준거한.
the·o·ry-lad·en [-lèidn] 형 (표현 따위가) 특정한
théory of equátions 명 (the ~) (수학) 방정식론.
théory of gámes 명 (the ~) = game theory.
théory of relatívity 명 (the ~) (물리) 상대성 원리[이론].
Théory of X́ 명 X 이론(인간은 본래 노동을 싫어하므로 보수와 제재로써 통제해야 한다는 이론).
Théory of Ý 명 Y 이론(인간은 본래 주체성·자발성이 있으므로 자주적으로 설정한 목표라면 그것을 위해 노력한다는 이론).
Théory of Ź 명 Z 이론(업적이 좋은 미국 기업은 일본 기업적 특색과 미국적 경영의 특색을 고루 갖추고 있다는 이론).
theos. theosophical; theosophist; theosophy.
the·os·o·phy [θiásəfi,-ɔ́s-] 명신학(神智學), 접신론(接神論). **ː·o-sóph·ic, ː·o-sóph·i·cal** 형 **ː·o-sóph·i·cal·ly** 부 **-phism** 명 **-phist** 명 신지학자.
therap. therapeutic; therapeutics.
ther·a·peu·tic [θèrəpjútik] 형 치료(상)의, 치료법의. (또는 **therapeutical**) **-ti·cal·ly** 부
ther·a·peu·tics [θèrəpjútiks] 명 (단수취급) 치료학, 치료법.
therapéutic tóuch 명 촉수(觸手) 치료[요법].
ther·a·peu·tist [θèrəpjútist] 명 =therapist.
ther·a·pist [θérəpist] 명 치료 전문가, 치료사.
ther·a·py [θérəpi] 명 (복합어로) 치료, 요법; 치료력. ¶hydro~ 수치료법(水治療法).

ˈthere ⇒THERE, (p. 2804)
there·a·bout(s) [ðɛ́ərəbàut(s), ˋ-ˊ-ˋ] 부 **1** 그 부근(에서), 그 주변에. ¶stay there or ~ for several days 며칠간 거기나 그 부근에 머물다. **2** 그 무렵. ¶last June or ~ 작년 6월이나 그 무렵. **3** (수·양의) 대략, …정도. ¶in five days or ~ 대략 5일 정도로.
ˈthere·af·ter [ðɛəræftər/-áːf-] 부 그 후.
there·a·gainst [ðɛ̀ərəgénst, -əgéinst] 부 (고어) 그에 반하여, 반대로.
there·a·mong [ðɛ̀ərəmʌ́ŋ] 부 그들 사이에서.
there·a·nent [ðɛ̀ərənént] 부 (스코) 그 일에 관하여[대하여].
there·at [ðɛərǽt] 부 (고어) (것) 때문에, 그래서.
ˈthere·by [ðɛ̀ərbái, ˋ-ˋ] 부 **1** 그것에 의하여, 그(것) 때문에. **2** 그것에 관하여[대하여]. **3** (고어·방언) 그 부근에, 그 근처에. **4** (스코) (수·양의) 대략, …정도.
(and) thereby hangs a tale ⇒TALE.
come thereby 그것을 손에 넣다. ¶How did you come ~? 어떻게 그것을 손에 넣었느냐?
there'd [ðɛərd, 약 ðərd] there had, there would의 단축형.
there·for [ðɛ̀ərfɔ́ːr] 부 (고어) (법률) 그렇기 때문에, 그 대신에.
ˈthere·fore [ðɛ́ərfɔ̀ːr] 부 그런고로, 따라서, 그 결과, 결과로서, 그러므로. ¶I think; ~ I am. 나는 생각한다, 그러므로 나는 존재한다(←Descartes의 말).

유의어 **therefore** 전기(前記)의 이유에서 필연적으로. **hence** 논리적으로보다 더욱 격식을 차린 말로서 전기한 이유의 중요성을 강조한다. **accordingly** 당연 또는 통상의 논리·인과 관계에 일치하여 당연히. **consequently** 충분한 근거에서 나온 결론 또는 어떤 일의 직접적인 결과를 나타내는 말. **so** 상기한 네 가지 표현을 대신할 수 있는 일반적인 말. **then** 주로 조건문의 귀결절을 이끄는 말.

there·from [ðɛ̀ərfrʌ́m, -frám/-frɔ́m] 부 (고어) 그 곳에서, 거기서부터.
there·in [ðɛərín] 부 (고어) 그 속에; 그 점에서; 거기에.
there·in·af·ter [ðɛ̀ərinǽftər/-áːf-] 부 (문서 등의) 후문(後文)에, 이하에. 「문(前文)에, 위에.
there·in·be·fore [ðɛ̀ərinbifɔ́ːr] 부 (문서 등의) 전
there·in·to [ðɛ̀əríntuː, ˋ-ˋˋ] 부 (고어) 거기로, 그속으로; 그 점(일)에. 「단축형.
there'll [ðɛərl, 약 ðərl] there will, there shall의
there·of [ðɛ̀ərʌ́v, -ǽv/-ɔ́v, -ɔ́f] 부 (문어) 그것을, 그것에 관하여; 그런 이유에서, 그런 까닭으로.
there·on [ðɛərán, -ɔ́ːn/-ɔ́n] 부 (문어) 그 위에, 그것에 관하여; 그 뒤에 바로[즉시], 그러자 곧.
there·out [ðɛ̀əráut] 부 (고어) 거기서부터, 그곳에서부터. 「축물.
there's [ðɛərz, 약 ðərz] there is, there has의 단
The·re·sa [tərísə, -zə/-zə] 명 **1 Mother ~** ⇒TERESA. **2** 테레사여자(여자 이름).
there·through [ðɛ̀ərθrúː] 부 (고어) 그것을 통해서; 그 결과.
there·to [ðɛ̀ərtúː] 부 (문어) 그 곳에, 거기에; 그 외에, 게다가.
there·to·fore [ðɛ̀ərtəfɔ́ːr] 부 (문어) 그 전에, 그보다 먼저, 그때까지(before that time).
there·un·der [ðɛ̀ərʌ́ndər] 부 (문어) **1** 그 아래에; 그 수[나이] 이하로. ¶The applicants must be twenty years of age or ~. 지원자는 20세 또는 그 이하일 것. **2** 그 지배하에; 그것에 따라서.
there·un·to [ðɛ̀ərʌ́ntuː, ˋ-ˋˋ] 부 (고어) =thereto.
ˈthere·up·on [ðɛ̀ərəpán, ˋ-ˋ-ˋ/ðɛ̀ərəpɔ́n] 부 **1** 그러자 곧. **2** 그 결과. **3** (고어) 그것에 대하여. **4** 그것에 관하여.
ˈthere·with [ðɛ̀ərwíð, -wíθ] 부 (문어) **1** 그것과 함께. **2** 게다가, 그 위에(besides). 그것에 이어.
ˈthere·with·al [ðɛ̀ərwiðɔ́ːl, -wiθ-, ˋ-ˋˋ] 부 그것과 함께, 게다가; 그것에 이어.
the·ri·ac [θíəriæk] 명U **1** 당밀(糖蜜). **2** 테리아카(여러 가지 약품과 벌꿀을 섞어 만든 해독제).
the·ri·an·throp·ic [θìəriənθrǽpik/-θrɔ́p-] 형 (모습이) 반인반수(半人半獸)의; 반인반수신(神)의; 반인반수신 숭배의. **-an·thro·pism** [-ǽnθrəpìzm] 명 반인반수신 숭배. 「(神, 獸神).
the·ri·o·morph [θíəriəmɔ̀ːrf] 명 짐승 모습을 한
the·ri·o·mor·phic [θìəriəmɔ́ːrfik] 형 (신(神)이) 짐승 모습을 한, 수신의. (또는 **theriomorphous**)
therm [θəːrm] 명 (물리) 섬(열량의 단위).
therm. thermometer; thermometric.
therm- [θəːrm] 연결 ⇒THERMO-.
ther·mae [θə́ːrmiː] 명복 온천; 온천탕; (고대 그리스·로마의) 공중 목욕탕.
ˈther·mal [θə́ːrməl] 형 **1** 열의, 온도의; 열에 의한[관한]. ¶~ **capacity** 열용량/a ~ **power station** [or plant] 화력 발전소. (또는 **thermic**) **2** 온천의, 온천탕의. **3** 보온성이 좋은[높은]. **4** (비유적) 정열적인. ─명 **1** (기상) 상승 온난 기류. **2** (~s) =~ underwear. **~·ly** 부
thérmal análysis 명 (물·화) 열분석.
thérmal bárrier 명 초속에 의한 고열 한계(限界); 열장벽(heat barrier). 「殖爐)
thérmal bréeder 명 (원자력) 열중성자 증식로(增
thérmal conductívity 명 (물리) 열전도율.
thérmal diffúsion 명 (물·화) 열확산, 온도 확산. (또는 **thèrmodiffúsion**)
thérmal efficiency 명 (열역학) 열효율.
thérmal énergy 명 (물리) 열에너지.
thérmal équator 명 (기상) 열적도(赤道)(지구의 경선(經線)상에서 연간 평균 온도가 가장 높은 위도를 이은 선; 적도보다 조금 북쪽에 위치한다).
thérmal equilíbrium 명 (열역학) 열평형.
ther·mal·ing [θə́ːrməliŋ] 명 (스포츠) 서멀링(상승 기류를 이용하여 행글라이더로 활공하는 스포츠).
ther·mal·ize [θə́ːrməlàiz] 타 (원자나 소립자를 감속시켜 열운동 정도의 (운동) 에너지로 하다). **·i·zá·tion** 명
thérmal néutron 명 (원자력) 열중성자.

부사 there는 장소·방향을 나타내는 일반적인 용법과 「예비의 there」라고 불리는 용법으로 대별된다.
(1) 전자는 「거기」「저기」 등으로 구체적인 뜻을 나타내거나 「자」「이봐」 등으로 주의를 환기시키는 경우에 쓰이며, 반드시 [ðɛər]로 발음한다.
(2) 후자는 「거기에」라는 부사 본래의 뜻은 완전히 사라지고 V+S를 이끄는 기능적인 역할만 하기 때문에 형식어로서 진주어 또는 진목적어를 예비하는 「예비의 it」(*It is hard to make money.*)와 마찬가지로 대명사에 가깝다. 특히 빈도가 높은 There is…의 구문은 하나의 관용어로 굳어 있어 구어에서는 그 뒤에 복수 명사를 쓰기도 한다. 이 용법의 there는 보통 [ðər]로 발음한다.

‡there [ðɛər, ðər] 『I. 장소·방향을 나타내어
1 그곳에(서), 저기에(서)(⇔ here). ¶He was ~ then. 그는 그때 거기에 있었다/I live ~ some years. 나는 몇 년째 그곳에서 살고 있다/What were you doing ~? 거기서 무얼 하고 있었느냐?/Put it ~ on that table. 그것을 그 테이블 위에 놓아 주시오.
2 거기에[로], 저곳에[으로], 저쪽에[으로]. ¶I went ~ two years ago. 나는 2년 전에 거기에 갔다/I have been ~ before. 나는 전에 거기에 가본 적이 있다.
3 (담화·행동·사건 따위의 진행중에) 거기서, 그 점에서, 그 일에 관해서. ¶T— he paused. 거기서 그는 입을 다물었다/I— I agree with you. 나는 그 점에서 너와 동감이다/Your anger is justified ~. 그 일 때문에 네가 화내는 것은 무리가 아니다.
4 (어떤 사물·사람 등에게 주의를 끌어서) 자, 이봐, 저 봐, 야(* 종종 감탄사적으로 쓰인다). ¶T— goes the dinner bell! 자 식사를 알리는 종소리가 난다/T— he goes! 저봐, 그가 간다/T— comes a freight train. 저것 봐, 화물 열차가 온다/You ~! 얘(이놈)!(주의를 환기하는 말)/T—'s a good boy! 오, 참 착하구나!. 착하지!/T— it is, you see. 저기 있다, 저거야.

II. **장소의 관념 없이**
5 (형식주어로서 이에 계속되는 be동사와 함께 불특정한 것의 존재를 나타낸다) ¶T— is no hope. 희망이 없다/T— are a number of books to read. 읽을 책들이 많다/T— is nobody there. 그곳엔 아무도 없다/T—'s something nice for snack. 간식으로 좋은 것이 있다/T— can be no doubt about it[as to who should do it]. 그에 관해서는[누가 그 일을 해야 할 것인가는] 의심할 여지가 없다/T—'ll be a hot meal ready. 따뜻한 식사가 마련되어 있을 것이다/T— was a breeze stirring the trees. 산들바람이 나무를 살짝 흔들고 있었다/T— *is a tide in the affairs of men.* 만사에는 때가 있다(←Shakespeare작 *Julius Caesar* 4:3)/God said, *Let ~ be light: and ~ was light.* (성서) 하느님이 가라사대 「빛이 있으라」 하시매 빛이 있었다(←창세기 (Gen.) 1:3).

▶주의 (1) 이 용법의 there는 의문문을 구성할 때, 또는 being, to be 앞에 있을 때는 특히 대명사적으로 느껴진다. ¶Is ~ a map in the room? 그 방에 지도가 있습니까?/We don't want ~ to be another war. 이제 전쟁은 질색이다. (2) 특정한 것의 존재를 나타낼 때의 there는 의미를 지닌 부사로서 악센트가 주어진다. ¶T—'s the hotel. 자, 저기 그 호텔이 있다.

6 (be 이외의 이에 준하는 자동사가 이어져서) ¶T— fell a tense atmosphere. 분위기가 긴장됐다/T— may come a time when we shall meet again. 우리는 다시 만날 때가 올지도 모른다/T— resulted a depression of the market. 그 결과로 시장이 침체되었다.
Are you there? (전화에서) 여보세요. (당신이오?).
be all there (속어) (부정문에서) 제정신이다, 빈틈이 없다. ¶He *is not all* ~. 그는 좀 모자라는 것 같다.
get there (속어) 목적을 달성하다, 성공하다.
have been there (속어) 경험해서 속내를 알고 있다. ¶Do as I say. *I have been* ~. 내가 하라는 대로 해. 나는 다 겪어서 알고 있단다.
here and there ⇨HERE.
here, there, and everywhere ⇨HERE.
out there ① 그곳에(서), 온). ¶How are things *out* ~? 그곳 정세는 어떻습니까? ② 해외에; 싸움터에. ¶We are sending you *out* ~ to develop our market. 우리는 시장 개척을 위해 여러분을 해외로 파견할 것이다.
over there ⇨OVER.
then and there ⇨THEN.
there and back ① 왕복으로. ¶Can you go ~ *and back* on the same day? 당일로 왕복이 가능합니까? ② (행선지를 묻는 상대방에게 얼버무릴 때) 그냥 저쪽에. ¶Where are you off to?—*T— and back.* 어딜 가십니까?—그냥 저쪽에요.
There he goes! 저런, 그가 그렇단 말이지!
There is no doing (전혀) …할 수는 없다. ¶*T— is no telling* what will happen next. 다음에 무슨 일이 생길지 아무도 알 수 없다.
There is that. 그건 고마운 일이야, 그건 그래.
There it is. 글쎄 그거야; 사실은 사실이다; 실정은 그렇다; 그럴 수밖에 없다.
there or thereabouts (장소·수량 따위가) 그쯤, 그 정도. ¶Did you pay 100,000won for it?—*T— or thereabouts.* 그걸 십만원이나 줬니?—그 정도 돼.
There's a good…. (英구어) (사람·동물 따위를 칭찬하거나 격려하여) 자 착한 …야. ¶Fetch it, ~'s a *good dog.* 자 가져와, 우리 개 착하지.
There we are. ① (구어) 그럼 다음에 또. ② (보통 and 다음에 쓰여) 그걸로 됐다, 뜻한 대로 됐다.
There you are! ① 그것 봐. * 놀람·비난 따위를 나타낸다. ¶T— *you are!* Didn't I say this would happen? 그 보라고, 이렇게 된다고 내가 말했지 않니? ② (…하면) 그것으로 됐다[좋다], 자 어때 (됐지). ③ 자 저기 있다, 자 저기다.
There you go! (구어) 자, 어때!, 잘 했어!
You have (got) me there. 이거 손들었는데, 내가 졌다.
You there! 이봐 자네!

— (때)回 거기, 그 곳에(that place); 그 지점(that point). ¶up to ~ 거기까지/from here to ~ 여기에서 거기까지/from ~ on 거기서부터 앞으로는/He comes from ~. 그는 거기에서 온다/He lives near ~. 그는 그 곳 근처에 산다.

— 國 (만족·격려·안도·위로 따위를 나타내어) 자, 그 것 봐, 자자, 괜찮아, 그럼, 잘 해라. ¶T—!, ~, never mind. 괜찮아, 염려하지 마라/T— now! 자 어때!/But ~! 하지만, 그것 참!/T—, that's finished at last. 자, 이제 마침내 끝났다.

— 團 ① (강조어로서 지시대명사의 다음이나, 지시형용사가 수식하는 말의 뒤에 써서) 저, 그, 그 곳의. ¶Ask *that man* ~. 저기에 있는 저 남자에게 물어봐요. **2** (속어) (강조로서 지시형용사와 명사의 사이에 써서) 저, 그. ¶Ask *that* ~ *man.* 저 남자에게 물어봐요.

thérmal nóise [명] 〔열역학·전기〕 열잡음(저항체 내부에서 불규칙한 열운동을 하여 회로 중에 생기는 전기적 잡음).
thérmal páper [명] 감열지(感熱紙).
thérmal pollútion [명] 열 공해.
thérmal pówer generátion [명] 화력 발전.
thérmal prínter [명] 〔컴퓨터〕 감열식 프린터.
thérmal púlse [명] 〔물리〕 열펄스(핵폭발에 의하여 순간적으로 생기는 강력한 열선파(熱線波)).
thérmal radiátion [명] 〔열역학〕 열방사(원자의 열운동 때문에 절대 0도 이상의 온도에서 모든 물질에서 방출되는 전자파의 방사).
thérmal reáctor [명] 〔원자력〕 열중성자(증식)로.
thérmal shóck [명] 〔물·화〕 열충격(물체에 가해진 급격한 온도 변화).
thérmal spríng [명] 온천.
thérmal tránsfer prìnting [명] 열전사(熱轉寫) 인쇄(법).
thérmal únderwear [명] 방한용 내의.
thérmal ùnit [명] 열단위, 열량 단위.
therm·an·ti·dote [θərmǽntidòut] [명] (인도에서 창문에 설치하는) 실내 냉각기.
therme [θəːrm] [명] 〔물리〕 =therm.
therm·el [θə́ːrmel] [명] 열전기 온도계.
therm·es·the·sia [θə̀ːrmesθíːʒə, -ziə] [명] 〔병리〕 온각(溫覺), 온도 감각. (또는 **thermaesthesia**)
ther·mic [θə́ːrmik] [형] =thermal 1. **-mi·cal·ly** [부]
therm·i·on [θə́ːrmàiən, -miən] [명] 〔물리〕 열(熱)이온[열전자류]. **-ón·ic** [형] **-ón·i·cal·ly** [부]
thermiónic cúrrent [명] 〔전기〕 열이온[열전자] 전류.
thermiónic emíssion [명] 〔전기〕 (가열된 물질에서의) 열이온[열전자] 방출.
therm·i·on·ics [θə̀ːrmaiániks, -mi-/-miɔ́n-] [명][복] 《단수취급》 〔물리〕 열이온[열전자]학.
therm·is·tor [θərmístər, θə́ːrmistər] [명] 〔전자〕 서미스터(온도의 변화에 따라 현저하게 저항치(値)가 변하는 반도체 회로 소자(素子)).
Ther·mit [θə́ːrmit] [명] 《상표》 =thermite.
ther·mite [θə́ːrmait] [명][U] 테르밋(분말 알루미늄과 산화철과의 혼합물로서, 용접 및 소이탄용).
ther·mo- [θə́ːrmou, -mə] [연결] heat, hot의 뜻(*모음 앞에서는 therm-). ¶ *thermo*chemistry.
ther·mo·ba·rom·e·ter [θə̀ːrmoubərámətər/-rɔ́m-] [명] 비등점 기압계; 온도 기압계.
ther·mo·chem·is·try [θə̀ːrmoukéməstri] [명][U] 열화학(㊀ thermochem).
ther·mo·cline [θə́ːrməklàin] [명] 수온약층(水溫躍層), 변온층(變溫層)(바다나 호수가 어느 깊이에서 수온이 떨어지는 부분). **-clín·al** [형]
ther·mo·co·ag·u·la·tion [θə̀ːrmoukouæ̀gjuléiʃən] [명] 〔의학〕 (조직의) 열응고(법).
ther·mo·cou·ple [θə́ːrməkʌ̀pl] [명] 열전쌍(熱電雙), 열전지.
ther·mo·dy·nam·ic [θə̀ːrmoudainǽmik] [형] 열역학의; 열동력을 사용하는, 열량을 동력으로 이용하는 (㊀ thermodyn). (또는 **thermodynamical**) **-i·cal·ly** [부]
thermodynámic effíciency [명] 〔기계〕 열역학적 효율.
thermodynámic equilíbrium [명] 〔물·화〕 열역학적 평형.
ther·mo·dy·nam·ics [θə̀ːrmoudainǽmiks] [명][복] 《단수취급》 열역학(熱力學).
ther·mo·e·lec·tric [θə̀ːrmouiléktrik] [형] 열전기의. (또는 **thermoelectrical**) **-tri·cal·ly** [부]
thermoeléctric effèct [명] 〔물리〕 열전 효과, 열기전력(熱起電力)의 효과.
ther·mo·e·lec·tric·i·ty [θə̀ːrmouilèktrísəti] [명][U] 열전기.
thermoeléctric thermómeter [명] 〔물리〕 1 열전 온도계. 2 =thermocouple.
ther·mo·e·lec·tron [θə̀ːrmouiléktrɑn/-trɔn] [명] 〔물리〕 열전자(熱電子). **-lèc·trón·ic** [형]
ther·mo·el·e·ment [θə̀ːrmouéləmənt] [명] 서머엘리먼트 열전소자(熱電素子).
ther·mo·form [θə́ːrməfɔ̀ːrm] [명][U] (플라스틱의) 열성형(熱成形). ─[동][타] …을 열성형하다. **~·a·ble** [형]
ther·mo·gen·e·sis [θə̀ːrmoudʒénəsis] [명][U] (동물 체내에서의) 열 발생. **-ge·nét·ic** [형]
ther·mo·gen·ic [θə̀ːrmədʒénik] [형] 열발생을 일으키는[에 관한], 체열을 발생하는. 「=thermogenic.
ther·mog·e·nous [θərmádʒənəs/-mɔ́dʒ-] [형]
ther·mo·gram [θə́ːrməgræ̀m] [명] 〔의학〕 (자기(自記) 온도계에 의한) 온도 기록도, 서머그램(피부 표면의 온도 분포를 적외선 센서를 사용하여 나타낸 그림).
ther·mo·graph [θə́ːrməgræ̀f/-grɑ̀ːf] [명] 자기(自記) 온도계; =thermogram.
-gráph·ic, -gráph·i·cal [형]
ther·mog·ra·phy [θərmágrəfi/-mɔ́g-] [명] 1 〔인쇄〕 융기(隆起) 인쇄(획선(劃線)을 가열 융기시키는 인쇄 방법). 2 〔의학〕 온도 기록(법), 열상법, 서머그라피.
-pher [명] **-mo·gráph·ic** [형]
ther·mo·ha·line [θə̀ːrməhéilain, -hǽl-] [형] 〔해양〕 열염(熱塩)의(해양의 온도와 염분의 작용으로 생기는 현상에 관하여 말한다).
ther·mo·jet [θə̀ːrmoudʒét] [명] 〔항공〕 열기체계(熱氣體系) 엔진, 분류(噴流) 추진계 엔진.
ther·mo·junc·tion [θə̀ːrmoudʒʌ́ŋkʃən] [명] 〔전기〕 (열전쌍(熱電雙)의) 열전 접점(接點).
ther·mo·la·bile [θə̀ːrmouléibil, -bail] [형] 〔생화학〕 (독소·효소 따위가) 불내열성(不耐熱性)의, 열(熱)불안정성의. **-la·bíl·i·ty** [명]
ther·mo·lu·mi·nes·cence [θə̀ːrmoulùːmənésns] [명][U] 〔물리〕 열(熱)루미네슨스(특수한 물질을 가열할 때 생기는 인광(燐光)). **-cent** [형]
thermoluminéscent dàting [명] 《고고》 열루미네슨스 연대 측정법.
ther·mol·y·sin [θərmáləsin/-mɔ́l-] [명] 〔생화학〕 서몰리신(고온균(高溫菌)에 존재하며 펩타이드를 분해시키는 칼슘 의존 효소).
ther·mol·y·sis [θərmáləsis/-mɔ́l-] [명][U] 〔생리〕 (몸으로부터의) 방열(放熱), 체온 소산(消散); 〔화학〕 열분해. **-mo·lyt·ic** [θə̀ːrməlítik] [형]
ther·mo·mag·net·ic [θə̀ːrmoumægnétik] [형] 열자기(熱磁氣)의. 「[명][U] 열자기(熱磁氣).
ther·mo·mag·net·ism [θə̀ːrmoumǽgnətìzm]
‡ther·mom·e·ter [θərmámətər/-mɔ́m-] [명] (복 ~s [-z]) 온도계, 한란계, 검온기. ¶ a centigrade [*or* Celsius] ~ 섭씨 온도계 / a Fahrenheit ~ 화씨 온도계 / a clinical ~ 체온계 / a maximum [minimum] ~ 최고[최저] 온도계.
ther·mo·met·ric [θə̀ːrməmétrik] [형] 온도계의, 한란계의. **-ri·cal** [형] **-ri·cal·ly** [부]
ther·mom·e·try [θərmámətri/-mɔ́m-] [명][U] 온도 측정, 검온; 온도 측정학; 온도계학.
ther·mo·nu·cle·ar [θə̀ːrmənjúːkliər/-njúː-] [형] 1 열핵(熱核) 반응의, 원자핵 융합으로 생기는. ¶ ~ reaction 열핵 반응. 2 수소[열핵] 폭탄의[에 관한].
ther·mo·nuke [θə́ːrmənjùːk/-njùːk] [명] 《美구어》 열핵무기, 수소 폭탄.
ther·mo·phile [θə́ːrməfàil] [명] 내열성(耐熱性) 세균, 호열성(好熱性) 세균. ─[형] =thermophilic. (또는 **thermophil**) **-phil·ic** [-məfílik] [형]
ther·mo·pile [θə́ːrməpàil] [명] 〔물리〕 열전쌍열(熱電雙列), 열전퇴(熱電堆).
ther·mo·plas·tic [θə̀ːrməplǽstik] [형] 열에 의해 가소성(可塑性)이 되는, 가열 가소성의. ─[명] 가열 가소물(可塑物). **-plas·tíc·i·ty** [명]
ther·mo·reg·u·late [θə̀ːrmourégjulèit] [동][자] (사람·동물이) 체온 조절하다. ─[타] …의 체온을 조절하다.
-là·tor [명] =thermostat. **-la·tò·ry** [형]
ther·mo·reg·u·la·tion [θə̀ːrmourègjuléiʃən]

ther·mos [θə́ːrməs] 몡 보온병(vacuum bottle). (또는 ~ **bòttle** [**flàsk**])
thérmos bòttle 몡 보온병; (美속어) 탱크로리.
ther·mo·scope [θə́ːrməskòup] 몡 온도 측정기.
-scóp·ic, -scóp·i·cal 혱
ther·mo·set·ting [θə́ːrmousètiŋ] 혱 (가소물(可塑物)이) 가열하면 굳어지는, 열경화성(의).
ther·mo·si·phon [θə̀ːrməsáifən] 몡 열사이펀(가열 장치에 냉각수를 순환시키기 위해 사이펀관(管)을 배열한 장치).
ther·mo·sphere [θə́ːrməsfìər] 몡 (the ~) 열권(熱圈), 온도권(지구 대기의 80 km 이상의 고층).
ther·mo·sta·ble [θə̀ːrmoustéibl] 혱 [생화학] (독소(毒素)·효소 따위가) 내열(성)의, 열안정의.
-sta·bíl·i·ty 몡
ther·mo·stat [θə́ːrməstæ̀t] 몡 서모스탯, 자동 온도 조절 장치. —타 …에 서모스탯을 설치하다; …을 서모스탯으로 조절하다. **stát·ic** **stát·i·cal·ly** 튀
ther·mo·ther·a·py [θə̀ːrmouθérəpi] 몡 [의] (以熱) 치료법.
ther·mot·ro·pism [θərmátrəpìzm/-mɔ́t-] 몡 [생물] 굴열성(屈熱性).
ther·mo·trop·ic [θə̀ːrmətrápik/-trɔ́p-] 혱
-ther·my [θə̀ːrmi] 연결 heat의 뜻. ¶dia*thermy*.
the·roid [θíərɔid] 혱 수성(獸性)의, (성질이) 짐승 같은(brutish).
the·ro·phyte [θíərəfàit] 몡 [식물] 일년생 식물, 일년초.
the·ro·pod [θíərəpɑ̀d/-pɔ̀d] 몡 수각아목(獸脚亞目)의 공룡(육식성으로 뒷다리로 보행했다).
thes. thesis.
the·sau·rus [θisɔ́ːrəs] 몡 (複 **-ri** [-rai], **~·es**) 1 동의어 반의어 사전; 개념별 분류 어휘집; 말이나 지식의 보고, 백과 사전. 2 보고(寶庫), 보물 창고. 3 [컴퓨터] 시소러스, 관련어집(컴퓨터에 기억시킨 정보 색인).
‡these [ðiːz] (this의 복수형) 때 이것들, 이들; (those에 대하여) 후자. 혱 those¶*T-* are my brother's. 이것들은 동생의 것이나. —혱 이(것)들의. 튀 혱 **~** satellites 이들 인공 위성/I have never seen him ~ last five years. 지난 5년 간 나는 그를 만나지 못했다/He is one of ~ artist chaps. (경멸의 뜻으로) 그는 이들 서투른 그림쟁이들 중의 한 사람이다.
in all these years 이만큼의 세월을 거쳐.
(in) these days 요즈음에는, 근자에는.
one of these days 근일, 가까운 날에, 머지 않아.
the·ses [θíːsiːz] 몡 thesis의 복수형.
The·seus [θíːsiəs, -sjuːs] 몡 [그리스 신화] 테세우스(아이게우스(Aegeus)의 아들).
***the·sis** [θíːsis] 몡 (複 **-ses**) 1 논제(論題), 의제. 2 (작문 등의) 제목. 3 학위 논문, 졸업 논문. 4 [철학] (논증되어야 할) 명제(命題), 정립(定立), 테제. 5 [음악] (지휘봉을 내리그으며 지시하는) 하박(下拍), 강박(强拍)(소절(小節)중의 센박)(⇔) arsis). 6 [운율] 약음절 시각(詩脚); 장음 시각. 「위한 테마극.
thésis plày 몡 (특정한 주제를 전개하거나 옹호하기
Thes·pi·an [θéspiən] 혱 Thespis의; (t-) 비극의, 비극적인; (때로 t-) 비극 배우.
Thes·pis [θéspis] 몡 테스피스(기원전 6세기에 활약했던 그리스의 비극 시인; 비극의 시조라고 알려져 있다).
Thess. Thessalonians.
Thes·sa·li·an [θesélíən] 혱 테살리아의; 테살리아 사람(말)의. —몡 테살리아 사람; 몡 테살리아어말.
Thes·sa·lo·ni·an [θèsəlóuniən] 혱 테살로니카 (Thessalonica)의. —몡 데살로니카 사람. ——Thessalonica는 그리스 북부의 도시 Salonica의 옛 이름.
Thes·sa·lo·ni·ans [θèsəlóuniənz] 몡 몡 (the ~)(단수취급) [성서] (사도 바울이 쓴 신약 성서의) 데살로니카 전서와 후서 (몡 Thess., Thess.).

the·ta [θéitə, θiː-] 몡 세타(그리스 자모의 여덟째 자 θ, Θ의 명칭; 영어의 th에 해당).
théta pìnch 몡 [물리] 세타 핀치 [조이기](핵융합용으로 플라스마 주위의 자장(磁場)을 급속히 압축하는 일).
théta rhýthm 몡 [생리] =theta wave.
théta wàve 몡 [생리] 세타파(波); θ파(규칙적인 뇌파; 초에 4~7사이클의 리듬을 가진 뇌파).
thet·ic [θétik, θíːtik] 혱 1 단언적인, 자의적(恣意的)인; 독단적[단정적, 명령적]으로 서술된. (또는 **thetical**) 2 (운율) thesis를 이루는; thesis로 시작되는.
-i·cal·ly 튀
The·tis [θíːtis/θét-] 몡 [그리스 신화] 테티스(바다의 신 넬레우스(Neleus)의 딸 50명 중 하나; 아킬레스(Achilles)의 어머니).
the·ur·gy [θíːəːrdʒi] 몡 U C 1 (이집트의 플라톤 파의 사람들이 행했던) 마법, 마술. 2 기적.
-gic, the·úr·gi·cal **-gist** 마술사; 기적을 행한
thewed [θjuːd] 혱 근육이 「는 사람.
thews [θjuːz] 몡 近 근육, 힘줄; 완력, 체력.
thew·y [θjúːi] 혱 근골이 건장한, 힘센.
‡they [ðei] 때 (인칭대명사, 제3인칭 복수·주격) (he, she, it의 복수형; 소유격 **their**; 목적격 **them**; 소유대명사 **theirs**) 1 그들, 그녀들, 그것들. ¶*T-* arrived at six. 그들은 6시에 도착했다/I thought it was ~ who went with her. 나는 그녀와 함께 간 것이 그들이라고 생각했다. 2 사람들, 세상 사람들, 세인. ¶*T-* say he is a liar. 사람들은 그가 거짓말쟁이라고 말한다. 3 (고어) (관계대명사의 선행사로) …하는 사람들. ¶*T-* who know such things would call them masterpieces. 그러한 것을 알고 있는 사람들은 그것을 걸작이라고 말할 것이다. ∥ 현재는 those who… 가 일반적.

주의 종종 앞에 나온 또는 성(性)이 명확하지 않은 단수 명사·부정(不定) 대명사를 받는다: Nobody admits that ~ are to blame. 아무도 자신이 나쁘다고 시인하는 사람은 없다.

‡they'd [ðeid] they would, they had의 단축형.
‡they'll [ðeil] they will, they shall의 단축형.
‡they're [ðéər, 약 ðər] they are의 단축형.
‡they've [ðeiv] they have의 단축형.
THF *t*etra*h*ydrofuran; *T*rust *H*ouses *F*orte Limited (영국의 세계적 호텔·관광 그룹). **THI, T.H.I.** *t*emperature-*h*umidity *i*ndex.
thi- [θai] 연결 ⇒THIO-. 「(구충제).
thi·a·ben·da·zole [θàiəbéndəzòul] 몡 [약학] 티아벤다졸
thi·a·min [θáiəmin] 몡 [생화학] =thiamine.
thi·am·i·nase [θaiǽmənèis, -nèiz, θáiəm-] 몡 [생화학] 티아미나아제(티아민을 분해하는 효소).
thi·a·mine [θáiəmìːn, -mìn] 몡 U [생화학] 티아민 (비타민 B₁의 국제적 명칭).
thi·a·zide [θáiəzàid, -zid] 몡 [약학] 티아지드(일종의 이뇨제; 고혈압 치료에도 사용됨).
Thi·bet [tibét] 몡 =Tibet.
Thi·bet·an [tibétən] 혱 몡 =Tibetan.
‡thick [θik] 혱 (**~·er; ~·est**) 1 두꺼운, 두툼한 (⇔thin); 두께가 …의. ¶a ~ board 두꺼운 판(자)/a book 두툼한 책/a board one inch ~ 두께 1인치의 판자/How ~ is the ice? 얼음 두께는 얼마나 되느냐? 2 굵은, (선이나 글자 따위의) 획이 굵은. ¶a ~ line 굵은 선/a ~ type 획이 굵은 활자. 3 빽빽한, 밀생한, 밀집한. ⇒CLOSE² ¶a ~ forest 밀림/a ~ hair 숱이 많은 머리털. 4 수많은, 혼잡한. ¶a ~ crowd 꽉 들어찬 군중/The crowd grew ~*er*. 군중은 점점 많아졌다. 5 두껍게 덮여 있는, 충만해 있는(*with*). ¶a floor ~ *with* dust 먼지가 두껍게 쌓인 마루/The trees are ~ *with* leaves. 나무들은 잎이 무성하다/The air was ~ *with* smoke. 공기에는 연기가 가득

차 있었다. **6** (액체가) 진한, 걸쭉한, 된.¶~ soup 진한 수프. **7** (공기·물 따위가) 탁한, 흐린, 투명하지 않은(⇔ clear); (연기·안개 따위가) 자욱한, 짙은; (날씨 따위가) 잔뜩 흐린(찌푸린), 어둠침침한.¶~ smoke 자욱한 연기/~ muddy water 진흙탕물/a ~ day 안개가 자욱한 날/The river got ~ after the flood. 홍수 뒤라서 강물이 탁해졌다. **8** (어둠 따위가) 깊은, 짙은.¶~ darkness 칠흑 같은 어둠. **9** (소리·음성이) 뚜렷하지 않은, 탁한, 쉰, 맑지 않은; (사투리가) 심한.¶a ~ voice 쉰 목소리/She had a ~ German accent. 그녀에게는 심한 독일어 악센트가 있었다. **10** (머리가) 둔한, 우둔한, 어리석은(stupid).¶He is a ~ fellow. 그는 머리가 둔하다. **11** (구어) 매우 친한, 의좋은(intimate)(with).¶I am very ~ with him. 나는 그와 아주 친하다. **12** (고어) (시각·청각이) 둔한(of).¶He is ~ of hearing. 그는 귀가 멀었다. **13** (a bit, rather 따위와 함께) (英구어) 너무 심한, 도가 지나친, 과도의.
(as) **thick as thieves** 떨어질 수 없이 친한 사이로.
(as) **thick as two** (**short**) **planks** (구어) 머리가 아주 나쁜. 「덜 수 없다. 너무 지독하다.
be rather [or **a little too, a bit**] **thick** (구어) 견**
get a thick ear** (얻어 맞아) 귀가 붓다.
give a person **a thick ear** 귀가 붓도록 남을 때리다.
have a thick head 머리가 나쁘다.
thick on the ground 많은. 「에 받고.
with honors thick upon one 넘치는 영광을 한몸 ─ 부 (~**·er**; ~**·est**) =thickly.¶Slice the bread ~. 빵을 두껍게 썰어라/The snow falls ~. 눈이 펑펑 내린다.
lay [or **pile, put, spread**] **it on thick** (구어) 허풍 떨다; 맹렬히 질책하다; 지나치게 알랑거리다.
thick and fast 연방, 잇따라, 계속.¶Misfortune came ~ and fast. 불행이 계속 닥쳐 왔다.
─ 명 **1** (the ~) (손·발·몸의) 굵은[두꺼운] 부분. **2** (the ~) 밀생[밀집]한 부분; 활동이 가장 심한 때; 사람이 가장 많이 모이는 번화한 곳.¶in the ~ of a fight 싸움이 한창 치열할 때에/in the ~ of the wood 나무가 무성한 숲에. **3** (구어) 바보, 얼간이.
through thick and thin 언제나 변함없이, 시종일 ~**·ish** 형 「관하여도; 만난(萬難)을 무릅쓰고.
thick-and-thin [´ənθín] 형 물불을 가리지 않는, 목숨을 바친; 시종 변함없는.
*thick·en [θíkən] 동타 **1** …을 두껍게 하다, 굵게 하다. **2** …을 진하게 하다, 걸쭉하게 하다(up)(with).¶~ the soup up with flour 밀가루를 넣어 수프를 걸쭉하게 하다. **3** (천 따위)의 올을 촘촘하게 하다. **4** …을 강화하다. **5** …을 불명료하게[흐리게] 하다. ─ 자 **1** 두꺼워지다, 굵어지다, 진해지다, 탁해지다.¶The mist ~ed. 안개가 짙어졌다. **2** 복잡해지다.¶The plot ~. 줄거리가 복잡해졌다. **3** 불명료해지다.
thick·en·er [θíkənər] 명 두껍게[짙게, 굵게, 조밀하게] 하는 것; 침전 농축 장치.
thick·en·ing [θíkəniŋ] 명 ①Ⓤ **1** 두껍게[굵게, 진하게] 하기, 두껍게[굵게, 진하게] 되기; 농밀화(濃密化). **2** 두껍게[굵게, 진하게] 한 부분. **3** 농화제(濃化劑), 진하게 하는 재료(수프의 밀가루 따위).
‡**thick·et** [θíkit] 명 덤불, 잡목숲; (비유적) 복잡하게 얽힘, 착잡. ~**·ed, ~·y** 형
thick film 명 〔전자〕 후막(厚膜)(집적회로를 만드는데 쓰이는 비교적 두꺼운 두께(5μm 이상)의 회로 패턴).
thick-film integrated circuit 명 〔전자〕 후막 집적 회로(集積回路). 「돌대가리.
thick·head [θíkhèd] 명 머리가 둔한 사람, 얼간이.
thick·head·ed [θíkhèdid] 형 머리가 둔한(stupid).
~**·ly** 부 ~**·ness** 명 「운, 두꺼운 잎의.
thick-leaved [´líːvd] 형 잎이 우거진; 잎이 두꺼
thick-lipped [´lípt] 형 입술이 두꺼운.
thick·lips [θíklìps] 명(복) (속칭) 흑인, 아프리카인.

*thick·ly [θíkli] 부 **1** 두껍게, 굵게; 빽빽하게; 밀집하여; 짙게, 농밀(濃密)하게.¶~ covered with snow 눈으로 두껍게 덮인. **2** 분명치 않게, 탁한 목소리로. **3** 빈번하게, 자주, 자주.
thick-necked [´nékt] 형 목이 굵은.
*thick·ness [θíknis] 명①Ⓤ **1** 두꺼움, 두께; 굵음, 굵기.¶~ of ten centimeters; ten centimeters in ~ 10cm의 두께. **2** 밀집, 밀생, 무성; 촘촘함, 치밀. **3** 농도, 농후, 농밀(濃密). **4** 빈번. **5** (이해력이) 둔함, 우둔. **6** (목소리 따위의) 똑똑치 않음, 불명확, 탁함. **7** (the ~) 두꺼운 부분, 두꺼운[굵은] 곳.¶the ~ of the back 등의 두꺼운 부분. **8** Ⓒ 층, 겹; (일정한 두께를 가진 재료의) 한 장.¶two ~es of cloth 두 겹의 천. ─ 명타 [나무 조각 따위]를 일정한 두께로 켜다.
thick·set 형 [θíksét] **1** 울창한, 무성한.¶a ~ wood 나무가 빽빽한 숲. **2** 밀집해 있는, 조밀한; 올이 촘촘한 (with).¶a sky ~ with stars 별을 수 놓은 듯한 하늘. **3** 땅딸막한, 굵고 짧은. ─ 명 [´⸴] **1** 덤불, 잡목숲(thicket). **2** (보풀이 인) 두꺼운 면포.
thick-skinned [´skínd] 형 **1** (피부가) 두꺼운. **2** (비판·모욕에) 둔감한, 무신경한, 낯이 두꺼운.
thick-skulled [´skʌ́ld] 형 머리가 나쁜, 우둔한.
thick-wit·ted [´wítid] 형 머리가 둔한, 우둔한.
~**·ly** 부 ~**·ness** 명
‡**thief** [θiːf] 명 (복 **thieves**) 도둑, 좀도둑, 「절친한.
robber.¶Set a ~ to catch a ~. (속담) 도둑을 시켜 도둑을 잡다.
(as) **thick as thieves** 서로 떨어질 수 없는 사이의.
honor among thieves 도둑끼리의 의리.
thief-tak·er [´tèikər] 명 (英역사) 도둑 체포를 청부 맡은 집단.
thieve [θiːv] 동타 …을 훔치다. ─ 자 도둑질하다.
thieve·less [θíːvlis] 형 (스코) (태도가) 차가운, 냉담한; 기운이 없는. 「②Ⓤ 장물.
thiev·er·y [θíːvəri] 명 ①Ⓤ **1** 도둑질, 절도. **2** (고
*thieves [θiːvz] 명 thief의 복수형. 「독의 소굴.
thieves' kitchen 명 (英속어) (슬럼가 따위의) 도
thieves' Látin 명 도둑들이 쓰는 변말[은어].
thieves' màrket 명 도둑 시장(중고품·장물 따위를 파는 노점 상가). 「훔친 물건의.
thiev·ing [θíːviŋ] 명 =thievery 1. ─ 형 도둑질하는,
thiev·ish [θíːviʃ] 형 **1** 도벽이 있는, 손버릇이 나쁜.¶have a ~ habit 손버릇이 나쁘다. **2** 도둑 같은, 숨어서 하는, 남몰래 하는. ~**·ly** 부 ~**·ness** 명
thig [θig] 동 (**-gg-**) (스코) (동냥·음식 따위를) 청하다, 빌다; (선물 따위를) 강청하다, 졸라대다.
‡**thigh** [θai] 명 (복 ~**s** [-z]) 넓적다리, 가랑이; (새의) 대퇴부.
thigh·bone [θáibòun] 명 대퇴골(femur).
thigh-boot [´bùːt] 명 넓적다리까지 오르는 장화.
thig·mo·tax·is [θìgmətǽksis] 명 〔동물〕 접촉 주성(走性)(동물이 물체에 접근하거나 또는 멀어지는 성 **-tác·tic** 형 「질).
thill [θil] 명 (고어) (짐마차의) 채, 끌채(shaft).
~**·er** 명 끌채에 맨 말, 뒷말(끌채를 끄는 말).
thim·ble [θímbl] 명 **1** (재봉용의) 골무. **2** (기계) 끼우는 고리[통], 심블. **3** 〔해사〕 쇠고리(밧줄의 마찰 방지용 쇠붙이). ~**-like** 형 「의) 나무딸기의 일종.
thim·ble·ber·ry [θímblbèri/-bəri] 명 (미국산감 딸
thim·ble·ful [θímblfùl] 명 골무 하나 가득의 분량; (특히 술에 대하여) 아주 조금(of).
thim·ble·rig [θímblrìg] 명 ①Ⓤ 골무[종지] 요술 (요술쟁이가 엎어 놓은 세 개의 골무 모양 종지 중의 하나에 구슬을 넣은 다음, 보는 사람에게 어디다 구슬이 있는지 맞히게 하는 요술). **2** (남을 속이려는) 휼계, 사기 행위. ─ 동타 (**-gg-**) …을 골무 요술[사기]로 속이 ~**·ger** 명 야바위꾼, 사기꾼. 「다.
thim·ble·wit [θímblwìt] 명 (美) 바보, 멍청이.

thi·mer·o·sal [θaimérəsæl, -mér-] 圀 〔약학〕 티메로살(소독제, 방부제). [Thimbu]

Thim·phu [θímpúː, -] 圀 팀부(부탄의 수도). (또는

‡**thin** 혱 (**~·ner**; **~·nest**) **1** 얇은(團 thick).
¶ ~ ice 살얼음 / a ~ board 얇은 판자.
2 (길이에 비해) 가느다란; (선이나 글자가) 가는(slender)(團 thick). ¶ a ~ string 가는 끈 / a ~ type (활자의) 가는 활자.
3 (사람·동물 따위가) 마른, 야윈, 살이 없는(lean)(團 fat). ¶ a ~ man 마른 사내 / ~ lips 얇은 입술.

> 유의어 **thin** 병·과로·영양 부족 따위로 보통보다 살이 적은 것. **gaunt** 몹시 말라서 뼈가 앙상하게 보이는. **lean** 지방분이 적은. **lanky** 마르고 키가 큰. **spare** 몸이 팽팽히 다잡히고 힘이 센. **slender** 날씬하면서 균형이 잡혀 멋이 있는. **slim** slender와 같은 뜻이지만, 균형미보다는 살집의 빈약함을 암시하는 경우가 많다. **scrawny** (구어) 매우 조그마한. **skin·ny** (구어) 매우 야위어 뼈와 가죽만 남은.

4 성긴, 드문드문한(團 dense); 얼마 없는, 많지 않은(團 abundant). ¶ ~ hair 성긴 머리칼 / a ~ house [or theater] 관객이 적은 극장 / He is ~ on top. 그는 머리 숱이 적다.
5 (액체 따위가 끈기가 없이) 묽은; (공기 따위가) 희박한; (주류 따위가) 감칠맛이 없는, 약한. ¶ ~ soup 묽은 수프 / ~ wine 약한 포도주 / ~ air 희박한 공기.
6 내용이 없는, 천박한, 속이 들여다보이는; 형식뿐인. ¶ a ~ excuse 빤히 들여다보이는 변명 / a ~ argument 천박한 논쟁 / a ~ disguise 금방 탄로가 나는 변장 / a novel with a ~ plot 줄거리가 빤한 소설. **7** (소리·목소리 따위가) 가냘픈, 힘 없는; (동작 따위가) 힘이 들어 있지 않은, 약한; 열의가 없는. ¶ a ~ voice 가냘픈 목소리 / a ~ pulse 약한 맥박. **8** 농도[채도(彩度)]가 낮은, 색조가 연한; (사진) 농담의 대조가 뚜렷하지 않은; (빛이) 약한. ¶ ~ winter sunshine 겨울의 여린 햇볕. **9** (英속어) 불쾌한, 싫은. ¶ give a person a ~ time 남에게 고약한 꼴을 당하게 하다 **10** (땅이) 메마른; (식략 따위가) 변변치 않은.

(as) thin as a lath [or **rake, stick**] 깡마른, 말라빠진.
have a thin skin 민감하다.
have a thin time (of it) (속어) 불쾌한 느낌을 받다, 기분 나쁜 일을 당하다; (경제적으로) 여의치 않다, 곤란하다.
out of thin air 무에서; 느닷없이, 표연히. ¶ appear out of ~ air 느닷없이 나타나다.
spread oneself **thin** 한꺼번에 많은 일을 하려고 하다.
That is too thin. (속어) (거짓말의) 속이 빤히 들여다 보인다.
the thin end of the wedge 장차 중대한 결과를 초래할 조그마한 발단.
thin blue line (군중을 제지하는) 경관들의 줄; 법의 방어벽.
thin on the ground (英구어) 수가 적은, 조금밖에 없는.
vanish into thin air 온데간데없이 사라지다. 「없는.
wear thin 닳아 엷어지다, 낡다, 퇴화하다.

—튀 (**~·ner**; **~·nest**) 얇게; 드문드문, 성기게.
—명 (the ~) 얇은 부분, 가느다란 부분(thinness); 가는 것; (美속어) 10센트 (경화) (* 미국 경화 중에서 가장 얇은 데서).

through thick and thin 시종일관; 곤란을 무릅쓰고.

—통 (**~s** [-z], **-nn-**) …을 가늘게[얇게] 하다; 희박하게 하다, 엷게[묽게] 하다; …을 성기게 하다; 솎다; 약하게 하다; 감소시키다(*with*)(*down, out, off*). ¶ ~ wine *with* water 물을 타서 술을 약하게 하다 // (~+图+图) He ~ned out the flowers. 그는 꽃을 솎아냈다 / The Disease ~ned down the population of the city. 질병 때문에 그 도시의 인구는 적어졌다.

—자 가늘어지다; 얇아지다, 희박해지다; 드문드문하게 되다, 적어지다(*away, down, out, off*). ¶ His hair is ~ning. 그의 머리가 벗겨지고 있다 // (~+图) The crowd ~ned away. 군중은 차츰 줄어들었다.

~·ly 튀 **~·ness** 명 「fat cat
thin cát 명 (구어) 돈도 특권도 힘도 없는 사람. 營
thin-clad [θínklǽd] 圀 (속어) 트랙 경기의 선수(* 스포츠 기자 사용어). (또는 **cínder stàr**)
thin díme 명 (美속어) 단돈 10센트, 얼마 안 되는 적은 돈. ¶ not have a ~ 주머니가 비어 있다.
*****thine** [ðain] 떼 (고어) **1** 그대의 것(thou 의 소유격). **2** 그대의(모음 또는 h로 시작되는 명사 앞에 쓰이다(thy). ¶ ~ eye 그대의 눈 / ~ heart 그대의 마음.
thin fílm 명 〔전자〕 박막(薄膜) (집적 회로 등에 쓰이는 얇은 재료로의). 「도회로.
thin-film íntegrated círcuit 명 〔전자〕 박막 집
‡**thing**¹ [θiŋ] 명 (복 **~s** [-z]) **1** a) (유형의) 것, 물체, 실재물. ¶ all ~s 만물, 우주 / living ~s 생물 / There is a name for every ~. 모든 것에는 이름이 있다. b) (무형의) 것, 사물, 문제. ¶ spiritual ~s 정신적인 것 / worry over every little ~ 하찮은 것에 일일이 걱정하다 / That is quite another ~. 그건 전혀 딴 문제다.
2 (~s) (형용사 앞에서) 풍물, 문물, 사물. ¶ ~ Korean 한국의 풍물 / ~s political 정치에 관한 사물.
3 (종종 ~s) 사정, 상황, 사태(matters). ¶ ~s to come 앞으로의 사태 / take ~s easy [as they are] 사태를 낙관하다[있는 그대로 생각하다] / Things are getting better. 만사 잘 되어 가고 있다.
4 (보통 do의 목적어로) 일; 행위; 사건. ¶ I have a lot of ~s to do. 나는 할 일이 많다. 「서 완전히.
5 사항, 점, 세목(細目). ¶ perfect in all ~s 모든 점에서.
6 (보통 ~s) 의류, 의복. ¶ outdoor ~s 외출복 / change into dry ~s 마른 옷으로 갈아입다 / Put on your ~s, please. 어서 외투를 입으십시오. **7** (~s) 도구, 용구(用具); (구어) (one's ~s) 소지품, 휴대품. ¶ golf ~s 골프 용구 / tea ~s 차(茶)도구 / I have left my ~s in the car. 소지품을 차에 두고 내렸다. **8** (경멸·애정·칭찬 따위의 감정을 담아) 사람, 놈, 녀석. ¶ poor little ~ 가엾은 아이 / my dear old ~ 할아버지; 할머니 / a sweet young ~ 젊고 아름다운 아가씨 / dumb ~s (말 못하는) 동물, 짐승 / He is a foolish old ~. 그는 바보 같은 늙은이다. **9** (구어) 공연한 공포, 강한 편견, 강박 관념, 까닭없는 혐오. ¶ a ~ about frogs 개구리 공포증. **10** 실재(實在), 실체. ¶ the ~ in itself 사물 그 자체. **11** 〔법률〕 재산, 물건, 소유물. ¶ ~s personal[real] 동산[부동산]. **12** (the ~) 올바른 일; 중요[필요]한 일; 적당한[안성맞춤의] 일; 유행; 정상적인 건강 상태. ¶ That's the ~. 그것은 안성맞춤이다. 「과목이다.
13 (美속어) 마음에 드는 일, 취미. ¶ History is my ~. 역사는 내가 좋아하는 과목이다. **14** 생각, 의견, 견해; 한 마디. ¶ say the right ~ 정당한 의견을 말하다.
15 명시되어 있지 않은 일[것], 분명히 할 수 없는 일[것]. ¶ What's that ~ in your left hand? 너는 왼손에 무엇을 들고 있느냐? **16** (음악·문예 따위의) 작품.
17 (속어) (남녀의) 성기, 음경, 음문.

above all things ⇒ABOVE.
and another thing 그 위에, 더욱이.
…and things (구어) …따위, …등.
a near [or **close**] **thing** (승패 등의) 아슬아슬한 장면, 위기일발. 「재정으로는.
as things go [or **are, stand**] 지금의 정세로는, 현
a thing or two (구어) ① 상당한 지식[재능, 기량]. ¶ know a ~ or two about economics 경제에 상당히 정통하다. ② 솔직한 충고; 교훈. ¶ Let me tell you a ~ or two (about it). (그에 관해서) 한 말씀 충고를 드리겠습니다.
be a good thing (that)… 운좋게 …하다.
be all things to all men 누구에게나 마음에 들도록 행동하다; 팔방미인이다. 「것이 아니다.
be no great things (속어) (사람·물건이) 대수로운

be on to a good thing (구어) 유리한[즐거운] 일을 찾게 되다, 운이 좋다.
do great things 엄청난 짓을 하다.
do not get a thing out of ① …에게서 아무것도 알아내지 못하다. ② …을 이해하지 못하다. 「을 하다.
do one's (own) thing (美俗어) 자기가 하고 싶은 일
do the decent[handsome] thing by *a person* 남을 친절히[관대히] 대하다.
do things to …에 큰 영향을 끼치다.
for one thing…(, for another…) 우선 첫째로 한 가지는… (또 다음으로는…). ¶ *For one* ~ *I don't have money, for another I am too old.* 우선 첫째로 나는 돈이 없고, 또 다음에는 나이도 너무 많다.
for the first[last] thing 최초[최후]에
have[or get] a thing about (구어) …에 특별한 감정[편견, 공포심]을 가지다; …에 사로잡히다.
How are things? (구어) 안녕하십니까?
it's a good[bad] thing to do …하는 것은 상식적 [비상식적]이다, …하는 것은 현명한[어리석은] 일이다.
(just) one of those things (구어) 어쩔 수 없는 것, 있을 법한 것.
last thing at night 자기 전에.
look quite the thing (몸 따위) 아주 상태가 좋아 보이다.
make a good thing (out) of (구어) …으로 이익을 보다, 횡재하다.
make a poor thing (out) of …으로 손해를 보다.
make a thing of[or about] (구어) …을 중시하다, 문제삼다; …에 대해서 법석을 떨다.
no such thing 그렇기는커녕 …않다[없다]; 터무니없 「다.
not a thing 전혀 …하지 않다[없다].
not get a thing out of ① …(남으로부터) 아무 정보도 얻지 못하다. ② …을 이해하지 못하다.
of all things 하필이면(놀람이나 노여움을 나타낸다).
one thing…another ~ (…와 ~와는 별개(의 것) 이다[다르다].
see things (구어) 허깨비를 보다, 착각을 일으키다.
taking one thing with another 이것저것 생각하여.
talk of one thing or another 잡담하다. 「봐라.
the best[or greatest] thing since sliced bread (美구어) 매우 뛰어난 사물[것].
the done thing 올바른[적절한] 행동, 좋은 예절.
the first thing (부사적) 우선, 먼저, 우선적으로.
(the) first thing *one knows* 깨어보니, 어느새.
(the) last thing (부사적) 마지막에.
the latest thing in 최신 유행의….
(the) next thing (부사적) 두 번째로, 다음에.
The thing is… (구어) ① 요는, 실은, 문제는. ② 그
the very thing 안성맞춤인 것. 「이유는.
things and stuff (美俗어) 말쑥한 복장으로; 기지가 「넘쳐.
think things over 사물을 숙고하다.
with one thing and another (구어) 이것저것으로, 이런저런 이유로.
work things (俗어) 잘 해내다.

thing² 명 (스칸디나비아 여러 나라의) 공공 집회; (특히) 의회, 법정. (또는 **ting**)

thing·a·my [θíŋəmi] 명 (구어) =thingumbob.
thing-in-it·self [-ìntsélf] 명 (복 ***things-in-them·selves***) (칸트 철학에서) 사물[그] 자체, 물자체 (物自體), ® noumenon
thing·ism [θíŋizm] 명 ⓤ (문학·미술의) 사물(事物) 주의(물질적 대상이나 세부를 강조).
thing·mak·er [θíŋmèikər] 명 제작자, 생산자.
thing·ness [θíŋnis] 명 객관적 실재성[사실성].
thing·stead [θíŋstèd, tíŋ-] 명 (스칸디나비아 여러 나라의) 공공 집회장, 의회장. ® thing² 「umbob.
thing·u·ma·jig [θíŋəmədʒìg] 명 =thing-
thing·um·bob [θíŋəmbàb/-bɔ̀b] 명 (구어) 뭐라더면 하는 것, 거시기(what-d'ye-call-it), 아무개.

thing·um·my [θíŋəmi] 명 (구어) =thingumbob.
thing·y [θíŋi] 형 무생물의, 물체의; 실제의, 현실의. — 명 (익살) 이름을 모르는[잊어버린] 것, 뭐라는 것.
‡**think**¹ [θiŋk] 통 (**thought**) 타 자 ¶ …을 생각하다. ¶ ~ *happy thoughts* 즐거운 일을 생각하다//(~+목+튀) ~ *a matter over* 사물을 숙고하다.
2 …만을 생각하다, …에 마음을 쏟다, …에 골몰하다. ¶ He talks and ~s *nothing but airplanes*. 그는 비행기에 관해서만 말하고 생각한다.
3 (…을) …이라고 여기다, 생각하다; …이라고 판단하다, 보다. ¶ (~+목+(to be) 보) (~+(that) 절) (* that 절이 짧은 경우 that은 종종 생략된다. 또 that이 생략된 경우 '주어+think'는 삽입구적으로 쓰이든가, 문미에 두는 경우가 있다) I ~ *him to be*) honest. =I ~ (*that*) *he is honest*. 나는 그가 정직하다고 생각한다(* 앞 예문이 좀더 격식을 차린 문장)/It *is* thought *fair*. 그것은 공정하다고 간주된다/I don't ~ (*that*) I can. 나로서는 할 수 없을 것 같다. ⇒USAGE/It's going to rain, I ~. 아마 비가 올 것이다/Will he come? —I ~ *so[not]*. 그가 올까? —올[오지 않을] 것이라고 생각한다 // (~+목+*to do*) I ~ *it to correspond to facts*. 그것은 사실과 일치한다고 생각하다// (~+*wh.* 節) *What do you ~ has happened?* 무슨 일이 일어났다고 생각하십니까? (* 간접 의문문에서는, do you think 는 의문사 바로 뒤에 온다. 图 know)// (~+목+ 前+名) *He* thought *it beneath him to do such a thing*. 그는 그런 일을 한다는 것은 위신 문제라고 생각했다 /*What do you ~ of his singing?* 그의 노래를 어떻게 생각하지?

──────────────
유의어 **think** 「생각하다」라는 뜻의 가장 일반적이고 넓은 뜻의 말. **consider** 어떤 것에 생각을 집중하다. **contemplate** 지식·이해를 깊게 하기 위해, 또는 어떤 계획을 세우기 위해 시간을 들여 깊이 생각하다. **deliberate** 어떤 문제에 관하여 결론을 내리기 위해 모든 각도에서 신중하게 생각하다. **reason** 논리적 사고를 되풀이하여 어떤 결론·판단에 도달하다. **reflect** 현재의 일·과거에 있었던 일 따위에 관하여 곰곰이 진지하게 생각하다. **speculate** 불확실한 전제·근거에 의하여 생각하다; 결론·판단이 불확실하리라는 암시가 담겨 있다. **suppose** 확증이 없는 채로 추정하다. **study** 계통을 세워 철저하게 고려하다. **weigh** 상반되는 주장·자료·증거 따위를 비교하여 올바른 평가·결론을 구하다.
──────────────

4 …하려고 생각하다, …할 작정이다. ¶ (~+목+前+ 名) ~ *harm to a person* 남을 해치려고 하다// (~+ (*that*) 절) (~+*to do*) I ~ *I will start today*. =I ~ *to start today*. 오늘 출발할 생각이다.
5 (부정문·의문문에서) …을 예상하다, 예기하다, 기대하다(expect). ¶ (~+*to do*) *I didn't* ~ *to find you here*. 여기서 자네를 만나리라고는 예기치 못했다 / *Who would have* thought *to find you here?* 당신을 이곳에서 만나리라고 누가 예상했겠습니까? **6** …을 상상하다, 마음에 그리다. ¶ I found *it difficult to* ~ *infinity*. 무한이라는 것을 마음에 그리는 것이 어렵다 는 것을 알았다 / (~+*wh.* 節) *He was* ~*ing what to do next*. 그는 다음에 무엇을 할 것인가를 생각하고 있었다 // (~+*wh.* 節) I can't ~ *how you'll do it*. 네가 어떻게 그것을 할 것인지 나로서는 알 수 없다. **7** 생각에 빠져 …을 잊다(*away*); (재귀용법으로) 근심에 잠겨 …이 되다, 지나치게 생각하여 …상태가 되다(*into*); …을 생각해서 …하다. ¶ (~+목+前+名) ~ *oneself into a fever* 너무 생각에 골몰하다가 열이 나다 / ~ *oneself out of a difficulty* 잘 생각해서 난국을 헤어나다//I can't ~ *the toothache away*. 아무리 딴 생각을 해도 치통을 잊을 수가 없다. //(~+목+ 보) *He will* ~ *himself silly*. 그는 너무 생각하다가 바보짓을 하게 될 게다. **8** …을 충분히 생각하다(*out, through*);

…을 생각해 내다(*out, up*). ¶~ a problem *through* 문제를 해결할 때까지 충분히 생각하다.
— ⓐ ❶ 생각하다, 사고하다 (*about, of*). ¶take time to ~ 시간을 들여[곰곰이] 생각하다 // (~+閉+图) I will ~ *about* it. 생각해 보겠다(정중한 거절). ❷ 기억해 내다; 생각나다; (…하려고) 생각하다 (*of*). ¶(~+閉+图) He *thought of* a good plan. 그에게 좋은 계획이 떠올랐다 /She's ~*ing of* going to Paris. 그녀는 파리에 갈 것을 생각하고 있다. ❸ (…을 …이라고) 여기다, 간주하다 (*of*). ¶I *thought of* it as impossible. 나는 그것이 불가능하다고 여겼다. ❹ 숙고하다, 깊이 생각하다 (*on, upon, over*). ¶I'm ~*ing over* what you've said. 말씀하신 일은 잘 생각하고 있습니다 /I *thought upon* her loyalty. 그녀의 성실성에 관하여 잘 생각해 보았다. ❺ 예상하다, 예기하다 (*of*). ❻ 평가하다, 생각을 가지다 (*of*). ❼ (남의 말을 받아서) …(이라고) 생각하다. ¶I ~ so. 그렇게 생각한다, 같은 의견이다. ❽ (남을) (직업·지위에) 어울린다고 생각하다 (*of, for*). ¶~ *of* him *for* the position 그를 그 지위에 어울린다고 생각하다. ❾ (형용사를 의사(擬似) 목적어로, 또는 부사적으로 사용하여) (…와 같은) 생각[방식]을 가지다. ¶*T-big*[*rich*]. 큰 생각을 가져라[부자가 될 목적으로 사물을 생각해라].

(USAGE) think의 부정형 — 일반적으로 I *think* he will *not* come. 이라고 하지 않고, I *don't think* he will come.처럼 not을 앞의 주절에서 쓰는 것이 보통이다. ⇨HOPE.

I don't think (속어) (비꼬아) (…이라니) 내 참, 한심하군. ¶You are a nice guy, I *don't* ~. 정말 얘기가 통하는 녀석이야, 내 참 /She is a pattern of virtue, I *don't* ~. 그녀가 정절의 표본이라니, 내 참.
I thought as much. (상대의 말을 받아) 그렇게 생각했어, 기대한 대로야.
Just [or **To**] **think of…!** 한번 …을 생각해 보라(놀랍지 않은가!), …하다니 놀라운 일이다. ¶*To* ~ *of* his becoming a teacher! 그가 선생이 되다니 (생각 조차 할 수 없다)! [(*about*).
think again (…에 대하여) 의견[생각]을 바꾸다
think ahead (앞의 일을) 미리 생각하다 (*to*).
think (all) the better of a person (…때문에) 남을 더욱 존경하다 (*because, for*).
think aloud [or **out loud**] 생각하던 것을 말해 버리다. [다.
think and think 곰곰이 생각하다.
think back (…을) 생각해 내다, 상기하다 (*to, on*).
think better of ① (…을) 다시 보다, 더 낫게 평가하다. ¶She'll ~ *better of* you if you say you're sorry. 사과하면 그녀는 너를 새롭게 볼 것이다. ② 재고해서 그만두다; 다시 생각하다.
think fit [or **good, proper, right**] **to** *do* …해도 좋다고 생각하다. ¶I ~ *fit to* refuse his offer to help. 돕겠다는 그의 제안은 거절하는 편이 좋다고 생각한다(* fit 앞의 목적어인 it를 쓰지 않는다).
think for *oneself* ① 혼자서 생각하다, 제 마음대로 판단하다. ② 자주성이 있다, 독립심이 있다.
think from …와 의견이 맞지 않다.
think highly of …을 높이 평가하다, 중요시[소중히] 하다; …을 존경하다.
think ill of …을 나쁘게 생각하다. [경멸하다.
think lightly [or **meanly, poorly**] **of** …을 얕보다,
think little [**nothing**] **of** …을 경시하다.
think long (스코) 간절히 바라다, 몹시 …하고 싶어하다 (*for, to do*).
think much of =think highly of.
think no end of …을 몹시 존경하다, …을 훌륭하다고 생각하다; …을 몹시 칭찬하다[좋아하다].
think no harm 나쁘다고 생각지 않다.
think of ① …을 숙고하다. ② …을 생각해 내다; …을 기억해 내다. ③ …할까 생각하다, …할 작정이다. ④ …을 (…이라고) 여기다, 간주하다; …을 (…이라고) 생각하다, 평가하다 (*as*).
think on *one's* **feet** 곧 결단을 내리다.
think out …을 생각해 내다, 안출하다.
think out of the box 독창적인 방법을 취하다; 새로운 각도에서 접근하다.
think over …을 잘 생각하다, 숙고하다.
think sense 분별있게 생각하다. ⓐ talk sense
think the best [**worst**] **of** *a person* (남이) 최선을 다할[최악의 일을 할] 것이라고 예상하다.
think the world of =think no end of.
think through 충분히 생각하다, 곰곰이 생각하다.
think too meanly of *oneself* 지나치게 겸손하다.
think to *oneself* 조용히 생각하다, 마음속으로 생각
think twice ⇨TWICE. [하다.
think up 을 발명하다; [핑계 따위]를 생각해 내다.
think well of …을 좋게 생각하다.
think with *a person* 남과 같은 의견을 가지다.
To think (that)…! (놀라움, 슬픔을 나타내어) …이라니!, …을 생각하면!
— ⓝ (구어) 생각하기; 일고(一考); (…에 대한) 견해, 의견 (*about*). ¶have a ~ *about* the matter 그 일을 한번 생각하다.
You've (got) another think coming. (구어) 잘못 생각하고 있다. ¶If he ~*s* he can persuade her, he *has (got) another* ~ *coming*. 그가 만약 그녀를 설득시킬 수 있다고 생각한다면 그야말로 오산이다.
— ⓝ 생각하기 위한, 두뇌.

think² ⓝⓐ (**thought**) (폐어) (비인칭 동사) …이라고 생각되다, …인 듯하다.
think·a·ble [θíŋkəbl] ⓐ ❶ 생각할 수 있는, 상상할 수 있는. ❷ 가능하다고 여겨지는, 있을 수 있는. — ⓝ 생각할 수 있는 것; 실현 가능한 것[일].
~·ness ⓝ **-bly** ⓐⓓ
think-box [-bàks/-bɔ̀ks] ⓝ (속어) 뇌, 두뇌, 머리.
think·er [θíŋkər] ⓝ 생각하는 사람; 사상가[사색가].
thínk fàctory ⓝ (구어) =think tank 1.
think-in [-ìn] ⓝ (구어) 회의, 토론회(symposium).
think·ing [θíŋkiŋ] ⓐ ❶ 생각하는, 도리를 아는, 이성적인. ¶a ~ reed 생각하는 갈대. ❷ 생각이 깊은, 분별이 있는. ¶~ men 생각이 깊은 사람들. — ⓝⓊ ❶ 생각하기, 사고, 사색. ❷ to my ~ 내 생각으로는/ American ~ *about* Korea 미국인의 한국관/He is of my way of ~. 그는 나와 같은 의견이다. **~·ly** ⓐⓓ
thínking càp ⓝ (one's ~) 숙고[전념]하고 있는 정신 상태.
put on *one's* **thinking** [or **considering**] **cap** 생각에 잠기다, 골똘히 생각하다, 궁리하다.
thínking pàrt ⓝ (연극의) 대사가 없는 역.
think piece ⓝ (신문의) 해설 기사, 칼럼(column). ⓐ editorial, news story
thínk sèssion ⓝ 아이디어 회의.
thínk tànk ⓝ (구어) ❶ 두뇌 집단. (또는 ～ fàctory) ❷ 국방 연구소. ❸ (美속어) 두뇌.
thínk tànker ⓝ 두뇌 집단의 일원.
thin·ner [θínər] ⓝ ❶ ⓊⒸ (도료 따위를 묽게 하는) 시너, 용제(溶劑), 희석제. ❷ 묽게[엷게] 하는 것[사람]. ❸ 시너를 페인트·니스 따위에 첨가하는 사람. ❹ 솎아내는 사람; 제초 기구.
thín·ning shèars [θínin-] ⓝⓐ 털 솎아내는 가위.
thin·nish [θíni∫] ⓐ 좀 얇은, 약간 희박한; 좀 가는; 좀 드문드문한[성긴]; 좀 약한, 좀 마른.
thin-skinned [-skínd] ⓐ 가죽이[피부가] 얇은; 민감한, 신경이 예민한, 격하기 쉬운, 성마른. **~·ness** ⓝ
thi·o [θáiou] ⓐ (화학) 유황을 포함한, 티오~ (특히 산소의 일부 또는 전부를 유황으로 치환한 화합물).
thi·o- [θáiou, θáiə] (연결) sulfur의 뜻 (* 모음 앞에서

Thi·o·kol [θáiəkɔ̀ːl, -kɑ̀l] 圏 《상표》 티오콜(상품으로 생산된 수종의 다황화물계(多黃化物系)의 내유성 합성 고무).
thi·on·ic [θaiɑ́nik/-ɔ́n-] 圏 〔화학〕 유황의, 티온산
thi·o·pen·tal (sódium) [θàiəpéntəl-, -tæl-/-tɔ:l-] 圏 〔약학〕 티오펜탈 (나트륨)(마취제).
thi·o·rid·a·zine [θàiərídəziːn, -zin] 圏 〔약학〕 티오리다진(항정신병약).
thi·o·sul·fate [θàiousʌ́lfeit] 圏 〔화학〕 티오황산염.
thi·o·sul·fu·ric ácid [θàiousʌlfjúərik-] 〔화학〕 티오황산.
thio·te·pa [θàiəti:pə] 圏 〔화학〕 티오테파(종양 치료제).
thi·ram [θáiræm] 圏 〔약학〕 티람(살균·소독제).
‡**third** [θəːrd] (* 3rd, 3d로 줄인다) 圏 1 (보통 the ~) 제3의, 세번째의; 3등급의. ¶ Edward the T- 에드워드 3세(Edward III) / on the ~ day of May 5월 3일에 / in the ~ place 세번째로(thirdly) / T- time does the trick[or is lucky, pays for all], 세 번째는 되는 법. 2 3분의 1의. 3 (자동차의) 3단 기어의.
—— 圏 (憲)~s [-z] 1 제3, 세번째; (달의) 제3일; 세번째의 사람[물건]. 2 제3의 1. ¶ in the upper ~ of one's class 학급의 3 분의 1 이내에. 3 (자동차의) 3단 기어. 4 〔음악〕 제3도[음정]. 5 (보통 the ~) (순위·석차 등의) 제3위의 사람(것); 3등상. 6 (the ~) (~base). 7 (~s) 〔상업〕 3등품. 8 〔법률〕 (~s) 과부산(寡婦産)(미망인이 차지하는 남편 동산의 3 분의 1). 9 (the T-) (BBC의) 제3방송(T- Programme).
—— 圉 제3에; 세번째로; 3등으로. ¶ come ~ in a race 경주에서 3위가 되다.
third áge 圏 (the ~) 고령[노년](기). **thírd áger** 圏.
thírd báse 圏 〔야구〕 3루; 3루수의 수비 위치.
thírd báseman 圏 〔야구〕 3루수.
third-best [-bést] 圏 3류[3등](의); 3류품(의).
thírd cláss 圏 1 3류, 3급; (기차·호텔 따위의) 3등(圏 tourist class). 2 《美》 제3종 (인쇄물).
third-cláss 圏 1 3등의, 3류의. 2 《美》 제3종 우편물의. ¶~ matter 제3종 우편물. —— 圉 3등으로, 3류로. ¶ travel ~ 3등차로 여행하다.
thírd degrée 圏 1 《美》 (경찰 등의) 고문, 엄한 심문. (또는 third) 2 프리메이슨 3등급 (도제(徒弟)·직인(職人)·우두머리의 세 위계 중 우두머리(master mason)에 해당). 3 (罪) 〔범죄〕 제3급(가장 위험성이 덜한 범죄). 4 〔화상(火傷) 정도의〕 제3도.
third-de·gree [-digrí:] 圏타 …을 고문하다. —— 圏 1 고문의. ¶ the ~ squad 《美》 (경찰의) 고문반. 2 〔화상 등〕 제3도의, 중증의; (범죄의) (죄상 등) 제3급의. ¶~ murder 제3급 모살(죽일 의사가 없었으나 죽게 한 경우).
third-degrée búrn 〔병리〕 제3도 화상. 〔우〕.
thírd diménsion 圏 1 (the ~) 3차원(깊이·두께의 차원). 2 (a~) 현실감, 박진성; 생기.
third-di·mén·sion·al 圏.
thírd estáte 圏 (the ~) 제3 계급, (특히 프랑스 혁명 이전의 귀족·승려 이외의) 서민 계급, 평민.
thírd éye 圏 〔생물〕 송과안(松果眼)(《초능력자가 갖는》 제3의 눈).
thírd éyelid 圏 〔동물〕 제3 안검(眼瞼)(nictitating membrane).
thírd fínger 圏 무명지, 약지(ring finger).
thírd fórce 圏 (때로 the T- F-) 제3 세력; 중립국.
third-gen·er·a·tion [-dʒènəréiʃən] 圏 1 제3대의. 2 집적 회로 컴퓨터의.
thírd generátion compúter 圏 제3세대 컴퓨터(IC 메모리를 사용한 컴퓨터 시스템).
thírd hálf 圏 《구어》 제3 하프(스포츠 시합이 끝난 뒤에 열리는 친목회).
third-hand 圏 [θə́ːrdhǽnd] 1 (두 사람의 소유를 거친) 재(再)중고의. 2 (일반적으로) (특히 험한 상태의) 중고의. 3 (가게 따위) 재중고품을 취급하는. 4 (정보 따위) 두 사람의 매개자를 거쳐 입수한, 재인용(再引用)의. —— 圉 1 재중고로. 2 여러 과정을 거쳐, 간접적으로.
thírd hóuse 圏 (때로 T- H-) 《美구어》 제3원(院)(입법에 영향을 주는 원외(院外) 교섭 단체의 속칭).
Thírd Internátional 圏 (the ~)⇨INTERNATIONAL.
thírd kíngdom 圏 〔생물〕 제3 생물계(동물계도 식물계도 아닌 생물의 구분; 원생 박테리아 등).
third-lév·el cárrier [-lévəl-] 圏 《美》 제3차 항공 회사(지방 도시 사이만 운항하는 항공 회사).
thírd lieuténant 圏 《美속어》 소위 아래의 계급, 준위.
*‡**thírd·ly** [θə́ːrdli] 圉 셋째로, 세번째[에]로.
thírd mán 圏 〔크리켓〕 삼주문(三柱門)에서 비스듬한 후방의 위치; 제3수(手)(그 위치에서 서는 야수); 《구어》 (복싱·레슬링의) 레퍼리.
thírd márket 圏 《美》 상장주(株)의 장외 [접 거래] 시장.
thírd párty 圏 1 〔법률〕 (사건·분쟁의) 제3자. 2 제3당. 3 〔컴퓨터〕 소프트웨어나 주변 장치 등을 만드는 메이커의 총칭. **third-pár·ty** 圏.
third-pár·ty sóftware 圏 〔컴퓨터〕 하드웨어 메이커가 기획 제작한 프로그램과는 전혀 관계없이 프로그래머 또는 출판자가 만든 프로그램.
thírd pérson 圏 〔문법〕 제3인칭, (동사·대명사의) 제3인칭형; (the ~) 제3자. 〔방송 (교양) 프로.
Thírd Prógramme 圏 (the ~) (영국 BBC의)
thírd ráil 圏 〔철도〕 (가선(架線)에 대신하는, 전차 선로의) 제3 레일. **-rát·er** 圏
third-rate [-réit] 圏 3등, 3류, 급; 매우 열등한.
thírd réader (영국 신문 Times의) 제3사설(전통적으로 비교적 가벼운 화제를 재미있게 다룬다).
thírd réading 제3 독회(의회에서 법안을 통과하기 전에 하는 최종 심의). 〔일; 1933-45〕.
Thírd Réich 圏 (the ~) 제3 제국(나치 정권하의 독일).
thírd sácker 圏 《美속어》 《구어》 3루수.
thírd séctor 圏 제3 부문(국민 경제 중 공공 부문에도 민간 부문에도 속하지 않는 부분).
thírd séx 圏 (the ~) 《美속어》 〔집합적〕 제3의 성, 동성 연애자(homosexuals)의; 동성애.
thírd stréam 圏 재즈 기법의 클래식 음악.
Thírd Wáve 圏 (the ~) 제3의 물결(전자 혁명에 의한 고도 기술 시대). 《<미국의 문명 비평가 Alvin Toffler 작 The Third Wave(1980)》
thírd whéel 圏 《美속어》 쓸모없는 사람; 무용지물.
thírd wórld 圏 (the ~, the T- W-) 1 제3 세계(아프리카·아시아·라틴 아메리카를 지칭). 2 〔집합적〕 (한 국가·한 사회 내의) 소수파; (특히) 교육[소득] 수준이 낮은 그룹. 〔민〕.
Thírd Wórld·er [-wə́ːrldər] 圏 제3세계 국가(국
‡**thirst** [θəːrst] 圏 Ⓤ (또는 a ~) 1 목마름, 갈증(for) (憲 hunger). 2 갈망, 열망(for, after, to do). ¶~ for knowledge 지식욕 / the ~ to be famous 유명해지고 싶은 열망. 3 《구어》 한잔 생각, 술마시고 싶은 기분. 4 《구어》 건조 지대, 사막. 〔for drinking〕.
have a thirst 목이 마르다; 《구어》 한잔 하고 싶다
slake [or *quench, relieve, satisfy*] *one's thirst* 갈증을 풀다. 타는 목을 축이다.
—— 圏곽 목이 마르다; (…을) 마시고 싶다(for); 갈망하다(for, after). ¶~ for fame 명성을 갈망하다.
-er 圏 **-less** 圏
thírst quéncher 갈증을 푸는 것, 음료.
‡**thirst·y** [θə́ːrsti] 圏 (**thirst·i·er; thirst·i·est**) 1 목마른, …의 목이 마른 (with, from). ¶ I am[or feel] ~. 목이 마르다. 2 술을 좋아하는. ¶ a ~ soul 술 좋아하는 사람. 3 (토지가) 건조한. ¶~ fields 건조한 밭. 4 갈망[열망]하는 (for). ¶ be ~ for news [information] 뉴스[정보]를 알고 싶어하다 / be ~ for blood 살기가 등등해 있다. 5 《구어》 갈증을 느끼게 하는. ¶~ food 갈증을 나게 하는 음식. 6 (수건 따위가) 매우 흡수

this는 연결사(連結詞)로는 쓰이지 않지만 지시사(指示詞)로서 that과 대조적으로 쓰인다.
(1) 지시대명사·지시형용사·지시부사로서 that에 비하여, 말하는 이에게 가까운 것 또는 가깝다고 생각하는 것에 쓰인다. 또는 염두에 있는 생각, 암묵리에 알 수 있는 것에도 쓴다.
(2) 강조 또는 감정적 색채를 담아, 「이것이야말로」 「이쪽이」 「이렇게」라는 뜻으로 쓸 때가 있다: *This* is what I want. 이것이야말로 내가 바라던 것이다.
(3) 지시형용사 this를 소유격과 함께 쓸 때는 *this* country of mine[yours, ours, his, hers, theirs] 식으로 말한다. 복수형 these도 마찬가지다.

‡**this** [ðis] 団 (圏 **these**) (＊that에 반하여 가까운 것을 가리킨다) **1** 이것, 이 사람[물건, 일](圏 that). ¶*T*— is better than that. 이것이 저것보다 좋다/Who is ~? 이 사람은 누구지?/What's all ~? 이게 도대체 무슨 짓들이냐?/*T*— is the fourth of July. 오늘은 7월 4일이다.
2 지금, 현재; 이번(~ time)(＊종종 전치사를 동반하여). ¶*T*— is the best time. 지금이 가장 좋은 때다.
3 (사람을 소개할 때, 전화·방송 따위에서) 이쪽, 여기, 나. ¶*T*— is my brother John. 이쪽은 제 동생 존입니다/*T*— is Freeman speaking. (전화에서) 프리맨입니다.
4 이제까지 말한 일; 이제부터 말하는 일. ¶With ~, he left the room. 이렇게 말하고 그는 방을 나갔다/Answer me ~. 지금부터 말하는 것에 대답해라/The question is ~, that... 문제는 이러하다, 즉… /What I want is ~: I want a sensible person. 내가 바라는 것은 다음과 같다. 즉 분별있는 사람을 원한다는 것이다.
5 여기, 이 장소[곳](this place). ¶Get out of ~. 여기서 나가 주시오.
6 (that(전자)에 대비하여) 후자(the latter) (圏 the former, the latter; the one, the other). ¶Work and play are both good for the health; ~ gives us rest, and that gives us energy. 일하는 것과 노는 것은 둘 다 건강에 좋다, 후자(놀기)는 우리에게 휴식을 주며, 전자(일하기)는 우리에게 활력을 준다.
after this 이후는.
all this 이런 유의 모든 것. ¶I knew *all* ~ before. 이런 것은 모두 이미 알고 있었다.
at this 이것을 듣고[보고, 알고]. ¶*At* ~ he turned pale. 이 말을 듣고 그는 창백해졌다.
before this 이보다 전에.
by this 지금까지, 지금쯤은, 이미.
long before this 이보다 훨씬 전에.
on[or *upon*] *this* 그리고 나서. ¶*On* ~, we separated. 그리고 나서 우리는 헤어졌다.
this and(...)*that*... 이것저것; 이러나저러나 …뿐.
¶*put* ~ *and that* together 이것저것 고려하다/It was Miss Mary ~ *and Miss Mary that*. 이러나저러나 메리 양이었다.
This is it! (구어) ① 바로 이것이다!, 찾았다! ② 마침내 왔군! ③ 바로 그대로다! 「것이다.
This is where I came in. (구어) 전에 본[들어 본]
this, that, and the other 이것저것, 여러 가지 잡다한 것[사람].
with this 이렇게 말하며. ¶*With* ~, he threw down his glass and left the table. 이렇게 말하면서 그는 유리잔을 탁 내던지고 테이블을 떠났다.
── 団 (圏 **these**) **1** 이, 여기 있는. 圏 that. ¶~ book [man] 이 책[사내]/~ country of ours 우리 나라. **2** (바로) 지금의, 현재의, 오늘의; 금(今)—, 당—, (圏 that). ¶~ month 이달/~ morning[evening] 오늘 아침[저녁].
at this time of (*the*) *year* 이맘때에.
for this once [or *time*] 이번만은(once for all).
these days 요즈음.
this(...)*and*[or *or*] *that*(...) 이것저것의. ¶~ *and that* aspect(= ~ aspect *or that*) of the matter 문제의 여러 가지 면. 「해의 오늘.
this day week [*month, year*] 지난[다음]주[달, *this here* (美俗) 이(＊this의 강조). ¶~ *here* pretty dress 이 예쁜 옷.
this many a day 오랫동안.
this time 이번(만)은
this way and that ⇒WAY¹.
to this day 오늘날까지.
── 団 (구어) (＊수량·정도를 나타내는 형용사·부사를 수식한다) 이만큼(은), 이쯤, 이 정도, 이렇게. 圏 that. ¶It was ~ big. 그것은 이 정도의 크기였다/I've never been ~ rich before. 전에 이렇게 부자였던 적은 없다.
this much 이만큼(은), 이 정도(는). ¶*T*— *much* is certain. 이 정도는 확실하다/I know ~ *much*, that the thing is absurd. 그것이 어리석은 일이란 것쯤은 알고 있다.

성(吸水性)이 좋은; (자동차·엔진 따위가) 연료 소비율이 높은, 연비가 낮은.
thírst·i·ly 團 **thírst·i·ness** 몡
‡**thir·teen** [θɔ́ːrtíːn] 몡 **1** 13의, 13명의, 13개의.
── (圏 **~s** [-z]) **1** 13명, 13개. **2** 13세. **3** 13, 13의 문자(13, xiii, XIII). ¶the ~ superstition 13을 불길하다고 여기는 미신. **4** 13 명[개]째 한 조.
‡**thir·teenth** [θɔ́ːrtíːnθ] (＊13th로 줄여 쓴다) 몡 **1** 열세 번째의, 제13의. **2** 13분의 1의. ── 囲 **1** (보통 the ~) 제13, 열세 번째, (달의) 13일. **2** 13분의 1.
‡**thir·ti·eth** [θɔ́ːrtiiθ] (＊30th로 줄여 쓴다) 圐 **1** 제30의; 서른 번째의. **2** 30분의 1의. ── 囲 **1** (보통 the ~) 서른 번째; (달의) 30 일. **2** 30 분의 1.
‡**thir·ty** [θɔ́ːrti] 몡 **1** 30의, 30명의, 30개의.
── (圏 **-ties** [-z]) **1** 30명, 30개. **2** 30분; 30세. **3** 30, 30의 문자(30, xxx, XXX). **4** 30명[개] 한 조. **5** (-ties) (연령의) 30대(代); (세기의) 30년대. ¶in the early *thirties* of the present century 금세기 30년대 초기에. **6** (광고) (라디오·TV의) 30 초짜리 상업 광고. **7** (테니스) 서티(2점). **8** (美) =30-dash. **9** 30구경총.
30-dash [θɔ́ːrtidǽʃ] 몡 (신문·인쇄) 30대시(30-, -XXX-, -O- 등의 기호; 기사, 원고, 판 등의 종료를 나타내는 데 쓴다). 「그 탄환.
thir·ty-eight, .38 [-éit] 몡 38구경 연발[자동] 권총;
38th párallel [θɔ́ːrtiéitθ-] 몡 38°선(한반도의 분단 상태를 나타내는 지리적인 상징).
thir·ty-nine Árticles [-náin-] 몡 39개조의 신조(영국 국교회의 기본적 신조). 「분 음표.
thír·ty-séc·ond nòte [-sékənd-] 몡 (음악) 32
thírty-sécond rèst (음악) 32분 쉼표.
thir·ty-three [-θríː] 몡 **1** 33. **2** 33을 나타내는 기호 (33, xxxiii, XXXIII 따위). **3** (복수취급) 33 명[개]. **4** 33 회전반(盤)($^1/_3$회전 LP 레코드; 보통 33으로 표기).
thir·ty-two·mo [-túːmou] 몡 (圏 **~s**) 32판(의 책)(약 32mo). 「 32절판의.
:**thirty-yéar mán** [-jíər-] 몡 (美俗어) 직업 군인.

thirty-yéars rùle 〖명〗〔공문서 따위의〕30년 후 공개 원칙. 「48」(주로 독일을 무대로 일어난 종교 전쟁).
Thírty Yéars' Wár 〖명〗(the ~) 30년 전쟁(1618-
‡**this** ⇨THIS. 〈p. 2812〉
This·be [θízbi] 〖명〗(그리스·로마 신화) 티스베(Pyramus의 사랑을 받은 Babylon의 소녀). ⑧ Pyramus
this·ness [ðísnis] 〖명〗(스콜라 철학) 개성 원리.
‡**this·tle** [θísl] 〖명〗1 엉겅퀴(스코틀랜드의 국화). 2 가시 있는 식물. 3 (the T-) 엉겅퀴 훈위[훈장].
grasp the thistle firmly 용기를 내어 난국에 맞서다.
~-**like** 〖형〗 「毛」.
this·tle·down [θísldàun] 〖명〗ⓤ 엉겅퀴류의 관모(冠
this·tly [θísli] 〖형〗1 엉겅퀴가 무성한. 2 엉겅퀴 같은, 가시가 있는; (비유적) 다루기 어려운.
this-world·ly [⌐wə́ːrldli] 〖형〗세속적인 것에 관심이 많은, 세속적인 가치에 집착하는. **-li·ness**
*‡**thith·er** [θíðər, ðíð-/ðíð-] 〖부〗(고어) 저쪽으로, 저기에, 거기에(예 hither). ── 〖형〗저편[쪽]의, 멀리 떨어진. ¶**the ~ side of the stream** 강 건너편.
thith·er·to [θìðərtúː, ðíð-] 〖부〗(드물게) 그때까지.
thith·er·ward(s) [θíðərwərd(z)/ðíð-] 〖부〗 = thither.
thix·ot·ro·py [θiksátrəpi/-sɔ́t-] 〖명〗(화학) 틱소트로피, 요변성(搖變性)(겔(gel)이 휘저거나 흔들면 액화하고 정지하면 다시 겔로 돌아가는 성질).
thk., THK thick. **THM** trihalomethane(s)(트리할로메탄). **Th.M., ThM** Master of Theology.
tho [ðou] 〖접〗〖부〗(구어) =though. (또는 **tho'**)
Tho. (성서) Thomas.
thole¹ [θoul] 〖명〗놋좆, 요좌(橈座)(tholepin)(보트의
thole² 〖명〗〖타〗(스코) …을 견디다, 참다, …에 괴로워하다. ⑤ 견디다, 참다.
tho·lei·ite [θóuləàit, tóu-] 〖명〗ⓤⓒ 톨레이아이트 현무암(석영을 함유하는 현무암의 일종).
thole·pin [θóulpìn] 〖명〗=thole¹.
tho·loid [θóulɔid] 〖명〗종상(鐘狀) 화산.
tho·los [θóulɑs, -lous/-lɔs] 〖명〗(箋 **-loi** [-lɔi]) 1 (고전 건축의) 원형 건축물, (정탑(頂塔) 같은) 소형의 원형 건조물. 2 (미케네(Mycene) 문명 시대의) 천정이 둥근 지하 납골당.
Thom·as [tɑ́məs/tɔ́m-] 〖명〗토머스. 1 (성서) 도마 (12사도의 한 사람. ←요한 복음(John) 20 : 24-29). 2 **Augustus** ~ (1857-1934: 미국의 극작가·저널리스트·배우). 3 **D(onald) M(ichael)** ~ (1935- : 영국의 소설가). 4 **Dylan (Marlais)** ~ (1914-53: 영국의 시인·작가). 5 =doubting ~. 6 =Tommy Atkins.
Thómas Cùp 〖명〗토머스 컵(남자 세계 배드민턴 선수권의 우승배).〔국제 배드민턴 연맹 초대 회장 Sir George Thomas의 이름〕
Tho·mism [tóumizm] 〖명〗ⓤ 토머스설(Thomas Aquinas의 신학설); 토머스 학파.
-mist 〖명〗〖형〗 **Tho·mís·tic** 〖형〗
Thómp·son séedless [tɑ́mpsn-/tɔ́m-] 〖명〗캘리포니아산(産)의 씨없는 포도(건포도용); 그 포도나무.
Thómpson submachíne gùn 〖명〗톰슨식 자동 소총.
Thom·son [tɑ́msn/tɔ́m-] 〖명〗톰슨. 1 **George Paget** ~ (1853-1937: 영국의 물리학자, 노벨 물리학상(1937)). 2 **Joseph John** ~ (1896-1989: 미국의 작곡가·음악 평론가).
thong [θɔːŋ, θɑŋ/θɔŋ] 〖명〗(물건을 묶거나, 채찍·샌들 따위에 사용하는) 가죽끈; 고무 슬리퍼. ── 〖타〗…에 가죽끈을 달다; …을 가죽끈으로 때리다.
Thor [θɔːr] 〖명〗1 (북유럽 신화) 토르, 뇌신(雷神)(우레·농업·전쟁 따위의 신). 2 (美) 지대지(地對地) 중거리 탄도 미사일. 3 소어(남자 이름).
tho·rac·ic [θɔːrǽsik] 〖형〗(해부) 흉부의, 가슴의. (또는 **tho·ra·cal** [θɔ́ːrəkəl]) **-i·cal·ly** 〖부〗

thorácic ártery 〖명〗(해부) 흉부 동맥.
thorácic dúct 〖명〗(해부) 흉관(胸管).
thorácic respirátion 〖명〗흉곽 호흡. 「vertebra」.
thorácic vértebra 〖명〗(해부) 흉추(胸椎)(dorsal
tho·ra·co- [θɔ́ːrəkou, -kə] 〖연결〗 thorax의 뜻(* 모음 앞에서는 thorac-). ¶**thoracoplasty, thoracic**.
tho·ra·co·plas·ty [θɔ́ːrəkouplǽsti] 〖명〗(외과) 흉막 성형술(* 결핵 치료용).
tho·ra·co·scope [θɔ́ːrəkouskòup] 〖명〗(의학) 흉강경(胸腔鏡).
tho·ra·cos·co·py [θɔ̀ːrəkɑ́skəpi/-kɔ́s-] 〖명〗(의과) 흉곽 개구술(開口術)(배액(排液)을 위해 흉벽에 작은 구멍을 내는 수술). 「흉강 절개술(切開術).
tho·ra·cot·o·my [θɔ̀ːrəkɑ́təmi/-kɔ́t-] 〖명〗(외과)
tho·rax [θɔ́ːræks] 〖명〗(複 ~**es, -ra·ces** [-rəsìːz]) 1 (해부·동물) 흉부, 흉곽; 흉강(胸腔); (곤충의) 흉부. 2 (고대 그리스의) 흉갑(胸甲).
Tho·reau [θəróu, θɔ́ːrou] 〖명〗 **Henry David** ~ 소로(1817-62: 미국의 사상가·박물학자).
tho·ri·a·nite [θɔ́ːriənàit] 〖명〗ⓤ 토리아나이트(방사능을 함유한 광석).
thor·ic [θɔ́ːrik, θɑ́r-] 〖형〗 토륨의, 토륨을 함유하는.
tho·rite [θɔ́ːrait] 〖명〗ⓤ 토라이트, 규(珪)토륨광(鑛).
tho·ri·um [θɔ́ːriəm] 〖명〗ⓤ (화학) 토륨(방사성 금속 원소의 하나; ⑦ Th).
thórium emanátion 〖명〗 =thoron.
thórium óxide 〖명〗(화학) 산화 토륨. (또는 **thoria**).
‡**thorn** [θɔːrn] 〖명〗(複 ~**s** [-z]) 1 (식물의) 가시. ¶**There is no rose without a** ~. (속담) 가시 없는 장미는 없다, 양약은 입에 쓰다. 2 가시가 있는 식물; 가시나무, 산사나무류. 3 룬 문자의 þ(근대 영어의 th에 해당하며, 고대 영어 등에서 쓰였다). 4 고통을 주는 것, 번민의 원인.
a bed of thorns 바늘 방석, 괴로운 처지, 고통스러운 입장.
a thorn in the [or **one's**] **flesh** [or **side**] 고통[고생]거리(←고린도 후서(2 Cor.) 12 : 7).
be [or **sit, stand, walk**] **on** [or **upon**] **thorns** 끊임없이 불안에 떨다, 안절부절 못하다.
the crown of thorns 가시 면류관(冠); 고난―요한
── 〖명〗…을 가시로 찌르다. 「복음(John) 19 : 5).
~-**less**, ~-**like** 〖형〗
thórn ápple 〖명〗1 흰독말풀류(類). 2 산사나무 열매.
thorn·back [θɔ́ːrnbæ̀k] 〖명〗(유럽산(産)의) 홍어 (skate); (캘리포니아산(産)의) 큰가시고기.
thorn·bush [θɔ́ːrnbùʃ] 〖명〗가시나무(의 덤불).
Thorn·dike [θɔ́ːrndàik] 〖명〗손다이크. 1 **Ashley Horace** ~ (1871-1933: 미국의 문학사가·교육자). 2 **Edward Lee** ~ (1874-1949: 미국의 심리학자·사전 편찬자).
thorned [θɔːrnd] 〖형〗가시가 있는; 가시가 많은.
*‡**thorn·y** [θɔ́ːrni] 〖형〗1 가시가 많은[많은]. 2 가시처럼 날카로운. 3 골치아픈; 고통스러운, 괴로움이 많은. ¶**tread a ~ path** 고난의[가시밭] 길을 걷다.
thórn·i·ly 〖부〗 **thórn·i·ness** 〖명〗
thor·o [θɔ́ːrou/θʌ́rə] 〖형〗(구어) =thorough.
tho·ron [θɔ́ːrɑn/-rɔn] 〖명〗ⓤ (화학) 토론(radon의 방사성 동위 원소; ⑦ Tn).
‡**thor·ough** [θɔ́ːrou, θʌ́r-, -rə/θʌ́rə] 〖형〗(**more** ~; **most** ~) 1 완전한, 철저한. ⇨COMPLETE 〖유의어〗¶**a reform** 철저한 개혁. ¶**a ~ research of the pollution problems** 공해 문제에 대한 철저한 연구. 2 진짜의, 전적인, 절대적인. ¶**a ~ fool** 진짜 바보. 3 꼼꼼한, 주의 깊은. ¶**a ~ servant** 꼼꼼한 하인. 4 ((명사 앞)) 충분히 숙달한, 더할 나위 없는. ¶**a ~ actor** 더할 나위 없는 배우. ── 〖전〗(고어) =through.
── 〖명〗(T-) (英역사) 무단 정책(Charles 1세 치세시에 Strafford 백작과 Laud 대주교가 실시); (일반적으로) 철저한 행동[정책]. ~-**ness** 〖명〗 「주 저음법.
thórough báss 〖명〗(음악) 통주 저음(通奏低音); 통

though

(1) although와 마찬가지로 「…에도 불구하고」의 뜻으로 양보의 부사절을 이끄는 접속사로 쓰이지만, although와 달리 however의 뜻을 갖는 부사용법도 있다.
(2) 또한 although가 붙인 though의 강조형이나(원래는 all though) 격식 차린 문장에서 주로 쓰이는 반면, though는 스스럼없는 문장에서 주로 쓰이다. 그런 만큼 though가 이끄는 종속절 안에서 특히 「주어+be동사」는 생략되는 일이 많다.
(3) 종속접속사 though가 들어 있는 복문은 등위접속사 but을 써서 중문으로 고칠 수도 있다: *Though* (he was) very tired, he went on working. → He was very tired, *but* he went on working.
구어에서는 though가 tho 또는 tho'로 쓰이기도 한다.

‡**though** [ðou] 접 1 …에도 불구하고, …이지만 (although)(* though절에서는 주절과 주어가 같을 때, 그 주어(대명사)와 be동사는 종종 생략된다. 또 보여서 강조되어 though의 앞에 올 경우도 있다). ⇨ALTHOUGH [USAGE]. ¶*T*- he tried very hard, he failed the course. 그는 아주 열심히 했지만 그 과목에서 낙제했다 / *T*- it stopped raining, the wind was still blowing. 비는 그쳤으나 바람은 여전히 불고 있었다 / *T*- (he was) tired, he worked hard. 그는 피곤했지만 열심히 일했다 / He finished first ~ he began last. 그는 제일 마지막에 시작하였지만, 제일 먼저 끝냈다 / Young ~ he was, he was very wise. 그는 젊었으나 아주 현명했다. **2** 설사 …일지라도(even if)(* even은 선행시키는 일이 많고, 또 뒤따르는 동사는 종종 가정법의 형태를 취한다). ¶*Even* ~ you do not like it, you must do it. 설령 싫더라도 너는 그것을 해야 한다 / I will have my revenge on him, ~ he be a monarch. 설사 그가 왕이라 할지라도 원수는 갚겠다 / *T*- the sore be healed, yet a scar may remain. (속담) 상처는 나을지라도 흉터는 남는다. **3** (보충적으로) (…이라) 하더라도, 하지만(nevertheless), 비록 …이긴 하지만. ¶It will be difficult, ~ possible. 가능하긴 하겠지만, 어려울 것이다.
as though 마치 …처럼(as if)(* as though절에는 보통 가정법을 쓴다). ⇨IF. ¶I felt as ~ I should die of hunger. 배가 고파 죽는 줄 알았다.
even though ⇨2.
What though…? …한들 어떠랴? ¶*What* ~ I fail? 실패한들 어떠하리?
— 부 (문장 끝이나 중간에서) 역시, 그래도, 그러나(however), 그렇다고는 하지만. ¶I wish you had told me, ~. 그렇다고는 하지만, 내게 이야기해 주었으면 좋았는데 / It was true, ~. 역시 정말이었다 / After a while, ~, she heard the same voice calling her. 그러나 잠시후, 그녀는 아까와 똑같은 목소리가 자기를 부르는 것을 들었다.

*thor·ough·bred [θə́ːroubrèd/θʌ́rə-] 형 1 (경마용 말이) 순혈종의. 2 (때로 T-) 서러브렛종(種)의. 3 (사람이) 교양[기품]이 있는, 출신[가문]이 좋은. 4 우수한, 제1급의. — 명 1 순혈종의 동물. 2 (T-) 순혈종의 말, 서러브렛. 3 출신[가문]이 좋은 사람. ~·**ness** 명

*thor·ough·fare [θə́ːroufɛ̀ər/θʌ́rə-] 명 1 통로, 가로, 도로, 공도(公道), 주요 도로. ¶a busy ~ 사람의 왕래가 많은 가로. 2 UC 왕래, 통행. ¶No ~. (게시) 통행 금지. 3 (美) (배가 통행할 수 있는) 수로, 강.

*thor·ough·go·ing [θə́ːrougòuiŋ/θʌ́rə-] 형 철저한, 전적인, 완전한, 순전한. ~·**ly** 부 ~·**ness** 명

‡**thor·ough·ly** [θə́ːrouli/θʌ́rə-] 부 (*more* ~; *most* ~) 완전히, 철두철미하게, 철저히.

thor·ough·paced [θə́ːroupèist/θʌ́rə-] 형 1 (말 따위가) 모든 보조(步調)의 훈련을 다 받은. 2 (사람이) 숙달된, 노련한. 3 철저한, 완전한, 순전한. ¶a ~ villain 순 악당.

thorp(e) [θɔːrp] 명 (고어) 부락, 촌락, 마을.

Thos. Thomas.

‡**those** [ðouz] (that의 복수형) 대 1 그것들, 그 사람들, 저들. 2 사람들. ¶~ present 출석한 사람들 / There are ~ who say so. 그렇게 말하는 사람들도 있다 / *Heaven helps* ~ *who help themselves*. (속담) 하늘은 스스로 돕는 자를 돕는다. 3 (반복의 대명사로) 그것들. ¶His eyes are like ~ of a leopard. 그의 눈은 표범의 눈과 같다. 4 (these와 대응하여) 전자(the former). 5 (그)들의, 저(것)들의.
in those days 그 때[당시]는.

***thou**¹ [ðau] 대 (고어·시) [인칭대명사, 2인칭·단수·주격) (* 소유격 *thy*, *thine*; 목적격 *thee*) 너, 그대, 당신. ¶*T*- shalt not kill. 살인하지 말찌니라.(←출애굽기(Exod.) 20:13).

주의 이 말은 오늘날에는 방언, 고아한 문장·시 속에서, 또는 신에게 기도할 때 퀘이커 교도 사이에서만 쓰인다. 또 thou에 수반되는 동사는 are가 art, have가 hast로 되며, 기타는 -st, -est의 어미를 붙인다.

— 타 …을 thou라 부르다. — 명 thou를 써서 말하다.

thou² [θau] 명 (복) ~**s**: (수사 뒤에서는 ~) (속어) 1,000달러[파운드, 원 따위]; 1000개; 1000분의 1인치. (또는 **thou., thou**′) [<*thousand*]

though ⇨THOUGH. ⟨p. 2814⟩

‡**thought**¹ [θɔːt] 명 1 UC 생각하기; 사고[사색] 활동의 소산. ¶a highly organized ~ 매우 체계적인 사상 / a profound ~ 심오한 사상 / bestow a ~ on [*or* upon]; give a ~ to …을 생각하다, 염두에 두다. 2 (하나의) 생각(idea), 안(案), 착상. ¶an original ~ 독창적인 착상 / a good ~ 명안.

유의어 thought 사고의 결과로 마음에 품게 되는 생각. idea 사고·상상 따위의 모든 정신 활동의 결과로 머리속에 품게 되는 관념·생각; 가장 넓은 뜻의 말. concept 개개의 것의 특징에서 추상되어 얻어지는 그 종류 전반에 대한 보편적 개념. conception 개개의 사람이 마음에 품게 되는 특징적인 idea; concept를 이 뜻으로 쓰는 경우도 있다. notion 막연한 idea.

3 U 생각하는 힘, 사고력, 상상력. ¶beauty beyond ~ 상상할 수 없을 정도의 아름다움 / be endowed with ~ 사고력을 갖추고 있다. 4 U 묵상, 묵고(默考); 숙고, 숙려(*of*, *that*節). ¶He was lost deep in ~. 그는 깊은 생각에 잠겨 있었다. 5 UC (…할) 작정, 생각, 의향; 예기, 예상, 기대(*of*, *of doing*). ¶He gave up ~ of a college education. 그는 대학 교육을 받는 것을 포기했다. 6 UC 마음쓰기, 염려, 배려; 걱정(*for*, *of*). ¶show some ~ for others 타인에 대해 얼마간의 배려를 보이다 // Don't give it a moment's ~. 그런 일은 조금도 개의치 마라. 7 (보통 ~s) 견해; 의견; 생각하는 바(*on*, *about*, *of*, *to*). ¶I will tell my ~s of the matter. 그 일에 대하여 의견을 말씀드리겠습니다. 8 (수식어와 함께) U (어떤 시대·민족·계급·학파 따위의) 사고 방식, 사상, 사조(思潮). ¶modern [Greek] ~ 근대[그리스

사상/scientific ~ in the 20th century 20세기의 과학 사조. **9** (a ~) (부사적) 조금, 다소, 약간(bit). ¶He seems a ~ rash. 그는 좀 무모한 듯하다.
after much [or *further, serious*] *thought* 숙고한 뒤에, 곰곰이 생각한 뒤.
A penny for your thoughts. 무엇을 그리 멍하니 생각하고 있나. ⇨ penny
as quick [or *swift*] *as thought* 지체없이, 즉시.
at [or *like, upon, with*] *a thought* 당장, 곧.
at first thought 언뜻 생각하기에는.
at the thought of …을 생각하면; …생각에.
be in a person's thought 고려하고 있다.
be lost [or *sunk, absorbed, buried*] *in thought* 사색에 잠기다, 골똘히 생각하다.
collect one's thoughts 자기 생각을 종합하다.
Don't give it another thought [or *a second thought*]. (美口語) (상대의 무례함 따위를 용서할 때) 자꾸 (미안하게) 생각할 필요 없어, 그만 됐어.
give a (*passing*) *thought to; bestow a thought on* …을 (대강) 생각하다.
have no thought of doing …할 생각은 전혀 없다. ¶I had no ~ of offending you. 널 화나게 할 생각은 없었어.
have some thoughts of doing …할 생각이 있다.
keep one's thoughts to oneself 자기 속마음을 남에게 밝히지 않다.
on second thought(*s*) 다시 생각한 뒤에, 재고한 후에.
Perish the thought! 그만둬!, 집어쳐! 「고하다.
take thought 걱정[배려]하다, 마음에 두다 (*for*); 숙
without a moment's thought 즉석에서.
with a thought (결과 따위를) 생각하지 않고.
with the thought of doing …하려고 생각하여.

‡**thought²** 통 think의 과거·과거분사.
thóught contròl 명 사상 통제.
thought-crime [θɔ́ːtkràim] 명 사상적인 범죄, 사상범. (또는 **thóught-crìme**)
thóught disòrder 명 (정신의학) 사고 장애.
thought·ed [θɔ́ːtid] 명 (복합어로) …한 생각을 가진, 생각이 …인.

‡**thought·ful** [θɔ́ːtfəl] 형 (*more* ~; *most* ~) **1** 생각에 잠긴, 심사숙고하는. ¶a ~ expression 생각에 잠긴 표정 / She was ~ for a moment. 그녀는 잠시 생각에 잠겼다. **2** 생각이 깊은, 사려깊은. ¶a ~ essay 깊은 생각이 담긴 수필. **3** 주의하는, 염려하는 (*of, about*). **4** 인정이 있는, 친절한 (*of, about*). ¶be ~ of others 남에게 인정이 있다 / It was ~ of you to show me around. 친절히 안내해 주셔서 감사합니다.

[유의어] **thoughtful** 남의 행복·필요 따위에 마음을 쓰는. **considerate** 남의 감정에 배려를 하는. **attentive** 끊임없이 thoughtful함을 강조하며, 인정 어린 행위를 되풀이함을 뜻한다.

~·**ly** 부 ~·**ness** 명

*thought·less [θɔ́ːtlis] 형 1 생각이 모자라는, 경솔한, 부주의한 (*of, for*). ¶be ~ of one's health 건강에 주의를 기울이지 않다 // It is ~ of him to do such a thing. 그런 일을 하다니 그는 경솔한 사람이다. **2** 인정 없는, 남을 생각할 줄 모르는 (*of*). ¶be ~ of other people 남을 생각할 줄 모른다. **3** 사려깊이 없는, 어리석은. ~·**ly** 부 ~·**ness** 명 「도한.
thought-out [-áut] 형 깊이 생각하고 난, 용의 주
thought-pat·tern [-pӕ̀tərn] 명 사고[의식] 유형.
thóught photògraphy 명 (심령술) 염사(念寫) (관념이나 꿈을 사진에 나타내는 것).
thóught polìce 명 사상 경찰.
thought-pro·vok·ing [-prəvòukiŋ] 형 생각하게 하는; 시사하는 바가 많은; 흥미를 불러 일으키는.
thought-read [-ríːd] 명자 (-*read*) …의 진의를 읽다[파악하다]. ~·**er** 독심술을 하는 사람 (mind reader). ~·**ing** 명U 독심술.
thóught tránsfèrence 명 (통상적인 감각 기관을 거치지 않는) 사고 전이, 텔레파시(telepathy).
thóught wàve 명 심파(心波), 염파(念波)(심령술에서 사념(思念) 전달의 가상적인 파동).
thought·way [θɔ́ːtwèi] 명 사고 양식[방식].

‡**thou·sand** [θáuzənd] 명 (복 ~(*s*) [-(z)]) **1** 천, 천 명, 천 개; 천의 문자(1000, M). ¶a [or (강조) one) ~ 천 / ten[a hundred] ~ 1만[10만] (* 수사 또는 수를 나타내는 어구와 함께 써도 복수형의 s를 붙이지 않는다). **2** 천의 자리; 천 자리의 수(숫자). **3** (~s) 무수.
a thousand to one 거의 절대적(으로). 「다수의.
by the thousand; by thousands 수천이나 되게, 1000의 단위로. 「의, 다수의.
hundreds [or *tens*] *of thousands of* 방대한 수
in thousands 몇 천이나 되어.
Never [or *Not*] *in a thousand years.* (口語) 결코[절대로] …아니다.
No, no, a thousand times no! (口語·익살) 절대 안돼.
one in a thousand 천에 하나(있을까 말까한 것); 천명에 한 사람(정도밖에 없는 뛰어난 사람); 영웅; 절품.
the upper ten (*thousand*) ⇨TEN. 「세의 미인.
thousands of 수천의; 무수한, 많은. ¶She had ~s of things to do. 그녀는 할 일이 수 없이 많았다.
── 형 (a 또는 수사와 함께) **1** 천의, 천 명의, 천 개의. **2** 무수한, 다수의. ¶a ~ times easier 훨씬 쉬운.
a thousand and one 무수한. 「송합니다.
A thousand pardons [or *apologies*]. 대단히 죄
A thousand thanks. 대단히 감사합니다.
The Thousand and One Nights 천일야화(千一夜話). ⇨*Arabian Nights' Entertainments*.

thou·sand·fold [θáuzəndfòuld] 형 천 배의. ── 부 [-,-́] (a ~) 천 배로, ¶increase a ~ 천 배로 증가하다. ── 명 1000배의 양(수).
Thóusand Ísland drèssing 명 마요네즈에 파슬리·피클·삶은 달걀·케첩 등을 섞어 만든 드레싱.
thou·sand-leg·ger [-légər] 명 (美) 노래기.
thou·sand-mil·er [-màilər] 명 (더러워져도 눈에 잘 띄지 않는 짙은 색의 작업복).
thóusand's dìgit 명 천 자리의 수[숫자]. 「리.
thóusand's plàce 명 (아라비아 숫자에서) 천의 자
thou·sandth [θáuzəndθ/-zəntθ] 명 1000번째의; 1000분의 1의. ── 명 **1** (the ~) 천 번째, 제 1000(*a* ~, *one* ~) 1000 분의 1. **3** (또는 **thousandth's place**) 1000분의 1의 자리, 소수점 이하 셋째 자리.
thow·less [θáulis] 형 (스코) 만사가 귀찮은; 활기[원기]가 없는. (또는 **thewless, thieveless**)
thp, THP, t.hp. (조선) *thrust horsepower*. **Thr** (생화학) *threonine*. **thr.** *their; threonine; through; thrust*.
Thrace [θreis] 명 트라키아(Balkan 반도 동부, 현대의 그리스 동부·터키 서부 지방의 고대의 명칭).
Thra·cian [θréiʃən] 형 트라키아(사람)의. ── 명 트라키아 사람[어].

*thrall [θrɔːl] 명 **1** 노예; (도덕적·정신적으로) 예속된 사람. ¶He is a ~ *to* [or *of*] drink. 그는 술의 노예가 되어 있다. **2** □ 노예의 신분[상태], 속박 (*to*).
in thrall 노예가 되어.
in thrall to …에 사로잡혀.
── 동(타) (古어) …을 노예로 하다. ── 형 (古어) 속박당한, 노예의. 「박.
thrall·dom [θrɔ́ːldəm] 명U 노예의 신분[상태]; 속

*thrash [θræʃ] 동(타) **1** (벌로서) …을 세게 때리다. ⇨BEAT 동 **2** …을 철저하게 패배시키다. ¶~ an opponent 상대를 완패시키다. **3** (해사) (배)를 역풍이나 역조(逆潮)에 거슬러 나아가게 하다. **4** (곡물)을 두드리다, 탈곡하다. **5** (팔·다리 따위)를 휘두르다, 버둥

거리다. 6 [美속어] 파괴하다. —[자] 1 뒹굴다, 몸부림치다(*about, around*). ¶ (~+[副]) ~ *about* in bed with pain 고통으로 침대에서 뒤척거리다 // (~+[前]+[名]) The wind made the branches ~ *against* the windows. 바람으로 나뭇가지가 심하게 창문을 두드렸다. 2 〔해사〕 (배가) 바람이나 조류를 거슬러 나아가다. 3 탈곡하다. 4 [美속어] 비난하다. 5 [美속어] (스케이트보드로) 공중 회전하다; 묘기를 보이다.

thrash out [or ***over***] …을 철저하게 토의하다; 〔안〕을 다듬고 또 다듬다.

thrash the life out of [속어] …을 때려 죽이다.

—[명] 1 때리기; 패배시키기. 2 탈곡. 3 〔수영〕 (크롤 따위의) 물차기. 4 =~ metal.

thrash·er [θrǽʃər] [명] 1 채찍질하는 사람. 2 탈곡자; 탈곡기. 3 티티새 비슷한 앵무새류(북미산(産)). 4 환도상어. 5 [美속어] 파괴자. 6 [美속어] 난잡한 파티.

thrash·ing [θrǽʃiŋ] [명] 1 [U] 탈곡, 벼훑기. 2 [UC] 채찍질. 3 [美속어] 춤추기.

thrásh mètal [명] 스래시 메탈(힘과 스피드를 중시하는 격렬한 헤비 메탈의 일종).

thra·son·i·cal [θreisánikəl/-sɔ́n-] [형] 자랑하는, 허풍을 떠는. (또는 **thrasonic**) ~·**ly** [부]

thraw [θrɔː, θrɑː] [동][타] 1 [英방언] =throw. 2 [스코] 비틀다, 일그러뜨리다; …에 반대하다, 거역하다. —[자] [스코] 비틀리다, 꼬이다; 반대하다, 일치하지 않다. —[형] 비틀린. —[명] 1 비틀림. 2 불쾌, 신경질.

thra·wart [θrɑ́ːwərt] [형] [스코] 1 완고한, 고집이 센. 2 비틀어진, 뒤틀린. (또는 **thraward**)

thrawn [θrɔːn, θrɑːn] [형] [스코] 1 비틀어진, 뒤틀린. 2 성을 잘 내는, 까다로운. ~·**ly** [부] ~·**ness** [명]

‡**thread** [θred] [명] ([복] ~**s** [-z]) 1 [U] 실, 섬유; [C] (한 가닥의) 실; 바느질 실, 꼰 실. ¶silk[cotton] ~ 명주[무명]실 / a needle and ~ 실을 꿴 바늘 / sew with ~ 실로 꿰매다. 2 (실처럼) 가는 것, 실 모양의 것; (빛·금속·유리 따위의) 줄, 가느다란 선; (기체·액체의) 가느다란 줄기; (광석의) 세맥(細脈). ¶ a ~ of light [smoke] 한 줄기의 빛[연기] / the ~*s* of a spider web 거미집의 가는 줄. 3 스레드(무명실의 길이의 단위; 1.37m). 4 나사산(screw ~). 5 (이야기 따위의) 줄거리, 맥락. ¶lose the ~ of one's argument 이야기의 줄거리가 알 수 없게 되다. 6 (어떤 사물의 전체적) 특징, 요소. 7 (운명의 여신이 자아낸) 생명의 실, 인간의 수명. ¶the ~ of life 목숨, 수명. 8 〔컴퓨터〕 스레드(프로세스의 모임). 9 (~s) [美속어] 의복.

be worn to a thread 너덜너덜 해져 있다.

cut** a person's **mortal thread …의 목숨을 끊다, 「죽이다.

do not have [or ***have not***] ***a dry thread on*** one 온몸이 흠뻑 젖다.

gather up the threads (따로따로 취급한 것을) 종「합하다.

hang by [or ***on, upon***] ***a*** (***single***) ***thread*** 풍전등화이다, 위기에 처해 있다.

lose [or ***miss***] ***the thread of*** ⇨[명] 5.

pick [or ***take***] ***up the thread***(***s***) (중단했던 일·이야기 따위를) 다시 시작하다 (*of*).

put a thread through** one's **needle 바늘에 실을 꿰다.

resume the thread of 〔이야기 따위〕의 실마리를 「잇다.

set of threads [美속어] (새로운 스타일의) 옷.

thread and thrum 옥석혼효(玉石混淆); 모조리.

—[동] (~**s** [-z]) [타] 1 〔바늘 구멍 따위〕에 실을 꿰다; …을 꿰뚫다, 관통하다 (*with, through*). ¶ (~+[目]+[前]+[名]) ~ a pipe *with* wire; ~ wire *through* a pipe 파이프에 철사를 꿰다. 2 …을 섞어 짜다; 스며들다. ¶A sad note ~*ed* the whole story. 전체 이야기에 애조가 흐르고 있었다. 3 …을 누비듯이 지나가다, 요리조리 빠져나가다. ¶ (~+[目]+[前]+[名]) She ~*ed* her way *through* the crowd. 그녀는 군중 속을 요리조리 빠져나갔다. 4 〔녹음[녹화] 테이프 따위〕를 (기계에) 장착하다(*onto*). 5 (미싱·방적기 따위의) 실을 걸다. 6 …에 나사산을 내다. —[자] 1 누비듯 지나가다, 요리조리 빠져나가다(*across, along, through*). ¶ (~+[前]+[名]) ~ *through* a narrow passage 좁은 통로를 요리조리 빠져나가다. 2 〔요리〕 (시럽이 졸아서) 찐득찐득 실이 늘어지다.

thread out 〔길〕을 더듬어 가다.

~·**less** [형] ~·**lìke** [형] 실과 같은, 홀쭉한.

thread·bare [θrédbɛ̀ər] [형] 1 (의복 따위가) 닳아서 실밥이 보이는, 다 떨어진, 낡은. ¶a ~ coat 낡은 코트. 2 빈약한. 3 케케묵은, 진부한. 4 닳아 해어진 옷을 입은, 초라한. ~·**ness** [명]

thread·er [θrédər] [명] 1 (미싱에) 실을 꿰는 사람; 실을 꿰는 기구. 2 나사 깎는 기계.

thréad làce [명] 린네르로 만든 레이스.

thréad màrk [명] 실을 무늬, 실 무늬(지폐의 위조를 막기 위해 지폐에 박아 넣은 실 모양의 무늬).

thread-nee·dle [⁻nìːdl] [명][U] 어린이 유희의 일종(한 줄로 손을 잡고 서서, 한쪽 끝의 어린이부터 다른 쪽 끝의 두 명 사이를 차례로 빠져 나가는 놀이).

Threadnéedle Strèet [명] London의 은행가(街).

thréad pàper [명] 1 실 뭉치를 싸는 얇은 종이. 2 마르고 홀쭉한 사람.

thread·worm [θrédwə̀ːrm] [명] 요충(蟯蟲).

thread·y [θrédi] [형] 1 실의, 실 같은, 실 모양의. 2 (액체 따위가) 찐득찐득한, 걸쭉한. 3 (맥박이) 약한. 4 (목소리 따위가) 힘이 없는, 가냘픈. **thréad·i·ness** [명]

‡**threat** [θret] [명] 1 (…에 대한) 위협, 협박, 공갈 (*to* / *to* do, *that*[節]). ¶It will be a ~ *to* our security. 그것은 우리들의 안전을 위협하게 될 것이다. 2 (나쁜 일의) 징조, 조짐, (…이 될 듯한) 기미, 형세(*of*). ¶There is a ~ *of* snow. 눈이 올 것 같다. 3 (보통 a ~) 위협[해악]을 초래할 우려가 있는 사람[것], (…을) 위협하는 사람[것](*to, against*). 4 (스포츠 따위에서) 강적. —[동] [고어·방언] 위협하다.

~·**ful** [형] ~·**ful·ly** [부] ~·**less** [형]

‡**threat·en** [θrétn] [동] (~**s** [-z]) [타] 1 …을 위협하다, 협박하다(*with*), 〔남〕을 위협하여 …시키다(*into, into doing*). ¶ (~+[目]+[前]+[名]) ~ him *with* a gun[*by* a gesture] 총[몸짓]으로 그를 위협하다. 2 …하겠다고 위협하다(*to* do, *that*[節]). ¶He ~*ed to* kill me. 그는 나를 죽이겠다고 위협했다 // He ~*ed that* he would make it public. 그는 그것을 공개하겠다고 위협했다.

> [유의어] **threaten** 벌·위협을 가하겠다고 말이나 행동으로 나타내어 복종시키려고 하다. **menace** 복종시키려는 의도보다는 적의나 경고의 뜻을 강조하는 말; 다소 문어적. **intimidate** threaten하여 공포를 일으켜 굴복시키다. **blackmail** 특히 남의 약점을 이용하여 돈을 갈취하다.

3 (위험·재해 따위가) …에게 위협을 주다, 다가오다(*with*). ¶Famine ~*s* the district. 기근이 그 지방을 위협하고 있다. 4 (나쁜 일이) …의 징조[조짐]를 보이다, …이 될[올] 듯하다. ¶The sky ~*s* a storm. 하늘을 보니 폭풍이 올 것 같다. —[자] 1 위협[협박]하다. ¶Do you mean to ~? 협박할 생각이냐? 2 (나쁜 일이) 일어날 듯하다(*to* do). ¶A storm ~*s*. 폭풍우가 올 것 같다 / It ~*s to* rain. 비가 올 것 같다.

threat·ened [θrétnd] [형] 1 위협당한, 위험에 직면한. 2 (야생 동·식물이) 멸종의 위기에 놓여 있는.

threat·en·er [θrétnər] [명] 협박자, 위협자.

***threat·en·ing** [θrétəniŋ] [형] 1 (남을) 위협하는, 협박적인. 2 좋지 못한 일이 일어날 듯한, 험악한. 3 (날씨가) 거칠어질 듯한. ¶The weather is ~. 날씨가 험악하다. ~·**ly** [부]

‡**three** [θriː] [형] 셋의, 3명의, 3개의. ¶~ years 3년 / *T*– times two is six. 3 곱하기 2는 6.

a man of three letters 도둑놈. 〖⇨SHEET.
have [or ***be***] ***three sheets in*** [or ***to***] ***the wind***
(술에) 곤드레만드레가 되어.
the three wise man 〖성서〗 동방 박사 세 사람; (일반적으로) 세 사람의 고문[중재자].
three parts 4분의 3; 거의.
—图 (复) ~s [-z] 1 셋, 세 사람, 3개. ¶ a father of ~ 세 아이의 아버지 / T- (of them) are here. (그들) 3명은 여기 있다. 2 3시; 3세. ¶ a child of ~ 세 살 난 아이. 3 (연속하는 것의) 세번째; (카드놀이) 3점짜리 패, (주사위의) 3점; 〖농구〗 (a ~) 3점슛(trey). 4 3, 3의 문자(3, ⅲ, Ⅲ); (스케이트) 3자형(型). 5 세 사람 한 조(組), 세 개의 한 벌.
the rule of three 〖수학〗 비례법, 복비례(複比例).
the Three in One 삼위 일체.
3-A [θríːéi] 〖美〗 징병 검사에서 극도의 빈곤 또는 가족 부양의 사유로 징병이 연기된 사람(을 나타내는 구분).
thrée-arm protráctor [⌐άːrm-] 〖측량〗 세 각도기.
three-bag·ger [⌐bǽɡər] 〖俗語〗 =three-base hit.
three-báll (mátch) [⌐bɔ̀ːl-] 〖골프〗 스리매치 (3인이 각각 자기 공으로 경기하는 시합).
thrée-báse hít [⌐béis-] 〖야구〗 3루타.
thrée-bót·tle mán [⌐bátl-|⌐bɔ́tl-] 〖俗〗 술고래.
three-cól·or [⌐kʌ̀lər] 〖图〗 삼색의; 〖인쇄〗 삼색판(版)의. ¶ ~ printing [process] 삼색판(천연색) 사진판.
three-cór·nered [⌐kɔ́ːrnərd] 〖图〗 1 삼각(형)의. 2 삼파전(三巴戰)의. ¶ a ~ fight 삼파전. 3 세 사람[3개의 것]을 포함한. 4 (비유적) 비뚤어진, 짓궂은.
three-D, 3-D [⌐díː] 〖图〗 삼차원의. —图 삼차원의; (영화) 입체의. ¶ ~ movies 입체 영화.
thrée-day méasles 〖图〗 (의학) 풍진(風疹).
three-déck·er [⌐dékər] 图 1 3층 갑판선. 2 (옛날의) 삼층 갑판함. 3 (구어) 큰[중요한] 인물. 4 삼층 건축물; 삼단으로 된 연단. 5 (소설 따위의) 3부작; 터무니 없이 긴 소설. 6 (구어) 세 겹의 샌드위치.
3-D IC *three-dimensional integrated circuit* (삼차원 집적 회로).
three-dig·it [⌐dídʒit] 〖图〗 세 자리 숫자의. ¶ ~ inflation 세 자리 숫자의 인플레이션.
thrée dígit númber 세 자릿수.
three-di·men·sion·al [⌐diménʃənl, -dai-] 〖图〗 1 삼차원의, (3차 따위가) 입체의, 입체감이 있는. 3 (작품에서 등장 인물이) 잘 표현된, 박진감 있는, 살아 움직이는 것 같은. 4 (군사) 육해공의 3 군으로 싸우는. 5 (연구 따위의) 완전한, 전분야에 걸친. ~**·ly** 图
Thrée Estátes 图 (the ~) (중세 유럽의) 세 신분(성직자·귀족·평민); 〖英〗 의회의 세 계급(상원의 고위 성직자 의원, 귀족 의원 및 하원 의원).
three-fig·ure [⌐fíɡjər/⌐fíɡər] 〖图〗 세 자리 숫자의.
*****three·fóld** [θríːfóuld] 〖图〗 1 세 부분으로 이루어진, 3중의; 세 부분의, 3배의, 3중의. ¶ a ~ meaning 삼중의 뜻. —图 3중.
thrée fóurths 〖图〗 4분의 3; 대부분. 〖副〗 세 배로.
thrée-fóur (tìme) [⌐fɔ́ːr-] 图 4분의 3박자.
three-gáit·ed [⌐ɡéitid] 〖图〗 (美) (말이) 3종류의 걸음법(walk, trot, canter)으로 훈련받은.
three-half·pence [⌐héipəns] 图 1.5펜스(1.5d.). (또는 **three-ha'pence**)
three-hánd·ed [⌐hǽndid] 〖图〗 (유희 따위) 셋이서 하는.
3HO [θríːéitjóu] 图 3HO 교단(북아메리카에서 창시된 시크교 계열의 교단).
thrée húndred hítter 图 〖야구〗 3할대 타자.
three-láne [⌐léin] 〖图〗 (도로가) 3차선의.
three-lég·ged [⌐léɡid, -léɡd] 〖图〗 삼각(三脚)의, 다리가 셋인. ¶ a ~ stool 삼각의 걸상.
thrée-lét·ter mán [⌐létər-] 图 (美) 동성애자.
thrée-line whíp [⌐láin-] 图 (英) (정당이 중대 안의 표의가 있는 날 소속 의원들의 등원을 촉구하는) 긴급 등원 명령(서); (일반적) 긴급 요청서.

3M [θríːém] 图 (美) *Minnesota Mining & Manu-facturing Co.*(접착제·자기 테이프 제조 회사).
thrée-mar·ti·ni lúnch [⌐mɑːrtíːniː-] 图 (美) (업무상 교제비로 치르는) 호화판 점심 식사. 「돛대의 배.
thrée-mást·er [⌐mǽstər/⌐máːs-] 〖图〗 (해사) 세
Thrée Míle Ísland 스리마일 섬(미국 Pennsylvania주 Harrisburg 부근 Susquehanna 강에 있는 섬; 1979년 이 곳 원자력 발전소에서 사고가 일어났다).
thrée-míle límit [⌐màil-] 〖图〗 〖국제법〗 영해(해안에서 3마일 이내).
Thrée Nonnúclear Prínciples 〖图〗(美) 비핵(非核) 3원칙. 「의 뒷방.
three-páir [⌐pɛ̀ər] 〖图〗 (고어) 4층의. ¶ ~ back 4층
three-párt [⌐pàːrt] 〖图〗 3부(部)의, 3부로 된.
three-pence [θrípəns, θrép-] 〖图〗U (英) 3펜스(의 금액); 3펜스 동전. (또는 **thrippence, thruppence**)
three-pen·ny [θrípəni, θrép-] 〖图〗 3펜스의; 싸구려의, 보잘것없는.
thréepenny bít [píece] 〖图〗 (옛) 3펜스 동전.
three-per·cent [⌐pərsént] 〖图〗 3%의; 3부 이자가 붙는. 〖图〗 3부 이자 공채(채권); 〖英〗 정리 공채.
three-phase [⌐féiz] 〖图〗 (전기) 삼상(三相)의.
three-piece [⌐píːs] 〖图〗 (의복이) 세 가지의 벌의, 스리피스의; 세 부분으로 이루어진. 〖图〗 세 가지 한 벌의 옷; (가구의) 3점 세트. 「따위가) 세 겹으로 꼰.
three-ply [⌐plái] 〖图〗 3중의, 세 겹으로 포갠, (밧줄
three-point·er [⌐pɔ́intər] 〖图〗 〖軍속어〗 =three-point landing; 절대 정확한 것.
thrée-point lánding [⌐pɔ̀int-] 〖图〗 1 〖항공〗 3점(點) 착륙(세 개의 바퀴가 동시에 착지하는 이상적인 착륙법). 2 (구어) 놀라운 기능.
thrée-point túrn [⌐pɔ̀int-] 〖图〗 3점 회전(좁은 장소에서의 전진·후퇴·전진의 자동차 방향 전환법).
three-quar·ter [⌐kwɔ́ːrtər] 〖图〗 1 4분의 3의. 2 (초상화·사진이) 7분신(分身)의; (얼굴이) 반쯤 옆으로 향한. —〖图〗 1 4분의 3. 2 7분신의 초상화[사진]; 반쯤 옆으로 향한 초상화[사진]. 3 (럭비) (또는 ~ báck) 스리쿼터 백(half-back과 full-back 사이에 위치하는 공격수). (또는 **tree-quarters**)
to the extent of three-quarters 거의, 대부분.
thrée-quár·ter bínding [⌐kwɔ̀ːrtər-] 〖图〗 (제본) 등가죽이 표지의 4분의 3을 덮은 제본[장정].
three-quart·er-bound [⌐kwɔ̀ːrtərbáund] 〖图〗 4분의 3 가죽 제본[장정]의.
thrée-quárter tíme 〖图〗 (음악) 4분의 3박자.
thrée R's [⌐άːrz] 图 (the ~) 1 읽기·쓰기·셈 (reading, 'riting and 'rithmetic)(기초 학과). 2 절약·재사용·재생(reducing, reusing and recycling) (환경 보호). 3 도로·철도·활주로(roads, rails and runways)(교통 기반 시설).
*****three·score** [θríːskɔ́ːr] 〖图〗 60의; (명사적) 60세. ¶ ~ and ten (years) 70세[살].
three-seat·er [⌐síːtər] 〖图〗 3인승 자동차[비행기].
three·some [θríːsəm] 〖图〗 1 셋으로 된; 세 겹의. 2 3명이 하는. —〖图〗 1 세 개의 한 벌; 3인조. 2 3인조 경기. 3 (골프) 한 사람 대 두 사람이 하는 게임.
three-square [⌐skwɛ́ər] 〖图〗 (줄 따위가) 정삼각형의 단면을 가진. 「충분한 생활 수준.
thrée squáres 〖图〗 (美속어) 먹고 살 정도의 수입.
three-star [⌐stάːr] 〖图〗 1 (美) 중장의, 2 (호텔 따위가) 별이 셋인, 상급의. 3 (일반적으로) 질이 좋은.
thrée-stríkes láw [⌐stráiks-] 图 (美속어) 3진법 (振法)(같은 죄를 세 번 저지른 자를 종신형에 처하도록 한 법률). 「(육군) 상사.
three-strip·er [⌐stráipər] 〖图〗 (美속어) 해군 중령;

three-two [-'tu:] 〖美구어〗 알코올 함유량 3.2%의
thrée únities 〖영〗⑧ =dramatic unities. ¶ 맥주.
three-val·ued [-'vælju:d] 〖영〗〖논리〗삼가(三價)의
 (참과 거짓 이외의 값을 가진 명제에 관해서 말함).
thrée vówels 〖영〗⑧ (the ~) 〖영〗〖英속어〗차용 증서.
three-way [-'wei] 〖영〗 세 가지 모양의; 3종의; 세 방
 향의.   〖수 있는 전구〗.
thrée-way búlb 〖영〗 3단 전구(밝기를 3단으로 바꿀
three-wheel·er [-hwi:lər/-wi:l-] 〖영〗 3륜차.
threm·ma·tol·o·gy [θrèmətálədʒi/-tɔ́l-] 〖영〗⑪
 〖생물〗 육종학, 번식학, (동식물) 사육론. 「애가(哀歌)의.
thre·net·ic [θrinétik] 〖영〗 슬퍼하는; 비가(悲歌)의.
thre·node [θrí:noud, θrén-] 〖영〗 =threnody.
thren·o·dy [θrénədi] 〖영〗 비가; 애가, 만가(輓歌);
 애도사.   **thre·no·di·al** [θrinóudiəl],   **thre·nod·ic**
 [θrinádik/-nɔ́d-] 〖영〗 **-dist** 〖영〗
thre·o·nine [θríːəniːn, -nin] 〖영〗⑪ 〖생화학〗트레
 오닌(= 아미노산의 일종; 갤 T, 略 Thr).
thresh [θreʃ] 〖타〗 1 〖곡물 따위〗를 도리깨로 두드리
 다, 탈곡하다. **2** 〖문제·계획 따위〗를 철저하게 검토하
 다. **3** 〖몽둥이 따위로〗 …을 때리다. —— 〖자〗 1 도리깨로
 두드리다, 탈곡하다. **2** 때리다. **3** (고통으로) 뒹굴다
 thresh out [or *over*] ⇔THRASH.   l(*about*).
—— 〖영〗 탈곡, 타작. (또는 **thrash**)
thresh·er [θréʃər] 〖영〗 1 때리는 사람[것]. **2** 탈곡기;
 탈곡기. **3** (또는 ~ **shárk**) 〖어류〗 환도상어.
thrésh·ing flòor [θréʃiŋ-] 〖영〗 탈곡장.
thréshing machìne 〖영〗 〖농업〗 탈곡기.
‡thresh·old [θréʃhould] 〖영〗 (~s [-z]) 1 문지방,
 입구, 문간. ¶ *cross a person's* ~ 남의 집에 들어가다,
 문지방을 넘다. **2** (the ~) (사물의) 시작, 발단, 출발점.
 ¶ He *was on the* ~ *of manhood* [*or adulthood*]. 그
 는 어른이 되기 시작했다. **3** 〖심리·생리〗 역(閾)〖자극에
 대해 반응이 나타나기 시작하는 점〗. ¶ *the* ~ *of con-
 sciousness* 식역(識閾) 〖의식 작용이 일어나고 사라지고
 하는 경계〗. **4** 〖英〗 임금의 물가 연동제 [슬라이드제], 물
 가 상승분 지급 협약.
at [or *on*] *the threshold of* ① …의 입구에서.
 …의 시초에, 출발에, 발단에.
lay one's sins at another person's threshold
 남에게 죄를 덮어씌우다.
on [or *upon*] *the threshold of* 이제 막〖바야흐로〗
 …하려고 하여.
—— 〖영〗 1 입구〖문지방〗의; 경계〖한계〗의. **2** 〖英〗 소비자
 물가 연동제 임금의.
thréshold fréquency 〖영〗 〖전기〗 한계 진동수〖그
 이하에서는 광전자가 방출되지 않는 입사파의 진동수〗.
thréshold swìtch 〖전기〗 한계 스위치 〖전압 따
 위가 어느 한계치를 넘으면 작동하는 스위치〗.
Thréshold Tést Bán Tréaty 〖군사적 목적
 을 위한〗 지하 핵실험 제한 조약.
thréshold vòltage 〖영〗 〖전기〗 역치(閾値) 전압〖이
 전압 이상에서 작동하는 반도체 소자·회로 따위의 입력
threw [θru:] 〖동〗 throw의 과거.   〖전압〗.
‡thrice [θrais] 〖부〗 〖고어·문어〗 1 세 번, 3회. **2** 세 겹
 으로, 3배로. **3** 〖복합어로〗 크게, 매우. ¶ ~ -**blessed** 매
 우 복된.
*thrift [θrift] 〖영〗⑪ **1** 검약, 절약. **2** 〖美〗 저축 금융 기
 관. **3** ⓒ 〖식물〗 아르메리아(sea pink). **4** (식물의) 무
 성한 자라남, 빠른 성장, 무성; 성공. **6** 〖스코〗
 근로, 작업, 일.
thrift accòunt 〖美〗 〖저축성〗 예금 계좌.
thrift industry 〖美〗 저축 기관의 총칭.
thrift institùtion 〖美〗 〖금융〗 저축 기관.
thrift·less [θríftlis] 〖영〗 절약하지 않는; 낭비하는;
 돈의 씀씀이가 헤픈; 〖고어〗 헛된, 도움이 안 되는, 무익
 한. ~ **·ly** 〖영〗 ~ **·ness** 〖영〗
thrift·shop [θríftʃɑp/-ʃɔp] 〖영〗 중고품 할인 판매점
 〖자선 바자〗.

*thrift·y [θrífti] 〖영〗 1 절약하는, 알뜰한, 검소한〖图
 wasteful〗. ⇨ECONOMICAL 유의어 ¶ a ~ *housewife*
 알뜰한 주부. **2** 번영하는 있는. **3** 기운차게 자라는, 무성
 하게 자라는. ¶ a ~ *plant* 성장이 잘 되는 식물.
thríft·i·ly 〖부〗 **thríft·i·ness** 〖영〗
‡thrill [θril] 〖영〗 (~s [-z]) 〖타〗 **1** …을 감동〖감격, 흥분〗
 시키다; (두려움으로) …을 오싹하게 하다; (기쁨으로)
 …을 (가슴) 두근거리게 하다(*with*, *at*, *by*). ¶ (~ +
 目 + 前 + 名) *The story* ~ *ed him with horror.* 그 이
 야기가 그를 공포로 오싹하게 했다. **2** 〖목소리 따위〗를
 떨리게 하다. ¶ ~ *the strings of a guitar* 기타 줄을 진
 동시키다. —— 〖자〗 **1** (기쁨에) 두근거리다, 설레다; 감동
 〖감격〗하다 (*with*, *at*, *to*); (감격·공포 따위가) 전해 퍼
 지다, 자릿자릿하다, 오싹해지다 (*through*, *over*,
 along). ¶ I ~ *ed at the sight of her.* 그녀의 모습을
 보고 내 가슴은 설렜다. **2** 〖고어〗 (목소리가) (…로) 떨리
 다 (*with*).
—— 〖영〗 (~s [-z]) **1** ⑪ⓒ 오싹함, 전율, 두근거림,
 설렘; 떨림, 스릴. ¶ a ~ *of terror* [*joy*] 오싹하는 공포
 〖가슴 설레는 기쁨〗. **2** 떨림. ¶ *the* ~ *of indignation* 분
 노의 떨림. **3** 〖의학〗 (청진기에 느껴지는 이상) 진동. **4**
 동계(動悸), 맥박. **5** (속어) 스릴러물(物).   「너군.
Big thrill! 〖구어·반어적〗 그것 참 대단하군, 별것 아
thrills and spills 〖구어〗 (사업 따위의) 성공〖실패〗에
 수반되는 스릴감, 성공〖실패〗했을 때 맛보는 흥분.
 ~ **ful** 〖영〗
thrilled [θrild] 〖영〗 (공포·흥분 따위로) 부르르 떠는
                                      〖떨고 있는〗; 〖구어〗 몹시 흥분해 있는.
*thrill·er [θrílər] 〖영〗 스릴을 주는 것; (극·소설·영화
 따위의) 스릴러물.   「스릴러물(物).
thrill·er-dill·er [-dilər] 〖영〗 〖美속어〗 선정적 소설
*thrill·ing [θríliŋ] 〖영〗 **1** 오싹하는, 소름끼치는; 피가
 끓고 가슴이 뛰는, 감동적인, 스릴 만점의. **2** (추위가) 스
 며드는 듯한, 몸을 떨리게 하는. ~ **·ly** 〖부〗 ~ **·ness** 〖영〗
thrip·pence [θrípəns] 〖영〗 =threepence.
thrips [θrips] 〖영〗 삼주벌레〖식물·곡물에 해를 입힘〗.
‡thrive [θraiv] 〖자〗 (~s [-z]; *throve*, ~d; *thriv-
 en*, ~d; *thriv·ing*) (사람·상업 등이) 번성하다, 번
 영〖번창〗하다, 잘되다; (일이) 성공하다; 부자가 되다, 부
 유해지다. ⇨SUCCEED 유의어 ¶ *Bank business is
 thriving.* 은행업이 번성하고 있다. **2** (동·식물이) 무럭
 무럭 자라다, 무성하다; 잘 자라다 (*on*, *with*). ¶ a
 plant that ~s *in all soils* 모든 토양에서 잘 자라는 식
 물. // *Rabbits* ~ *on lettuce.* 토끼는 상추를 먹고 잘 자
 란다. **3** 목표를 향해 나아가다; 달성하다. **thrív·er** 〖영〗
*thriv·en [θrívən] 〖영〗 thrive의 과거분사.
thriv·ing [θráiviŋ] 〖영〗 번영하는, 번성하는; 번화한;
 무럭무럭 자라는.
thro (') [θru:] 〖부〗〖전〗〖접〗 〖고어〗 =through.
‡throat [θrout] 〖영〗 **1** 〖해부〗 목구멍, 인후(咽喉), 기관
 (氣管), 식도. ¶ *gargle the* ~ 양치질하다. **2** 인후 모양
 의 것; (용기 따위의) 목, 주둥이; 좁은 통로; 협수(峽
 流)〖난로 연통의〗 흡입구. **3** (one's ~) 목소리, (특히
 새의) 울음 소리. **4** 〖구어〗 목의 아픔, 인후염. **5** 〖美학생
 속어〗 공부벌레(특히 의학부 진학 과정에 있는 학생).
a lump in one's [or *the*] *throat* ⇒LUMP.
at the top of one's throat 목청껏.   「고 있다.
be at each other's throat(*s*) 심하게 싸우고〖다투
clear one's throat 헛기침하다.
cut a person's throat 남을 배신하는 일을 하다.
*cut one another's throats; cut each other's
throats* 둘 다 망할 방책을 쓰다.
cut [or *slit*] *one's* (*own*) *throat* ① 자기 목을 찌르
 다. ② 자멸을 초래하다; 자살하다.
cut the throat of; cut a person's throat (부당
 경쟁으로) (남)을 파멸시키다.
full (*up*) *to the throat* (움직일 수 없을 정도로) 포

식하여. 혀 내다.
give *a person* **the lie in** *his* **throat** 거짓말임을 밝히 못하게 하다, 꼼짝 못하게 해내다, 맹렬히 공격[비난]하다.
have (got) [hold] the game [or it] by the throat (濠속어) (사태 따위를) 장악하고 있다.
jump down *a person's* **throat** (구어) (남)을 찍소리 못하게 하다, 꼼짝 못하게 해내다, 맹렬히 공격[비난]하다.
lie in *one's* **throat** ⇨ LIE¹.
pour [or send] down *one's* [or **the**] **throat** 마시다, (돈·재산을) 음식에 낭비하다.
stick in *one's* **throat** ① (가시·뼈 따위가) 목구멍에 걸리다. ② 마음에 들지 않다. ③ (말이) 좀처럼 나오지 않다. ④ (제안 따위가) 받아들이기 어렵다.
take *a person* **by the throat** 남의 목을 조르다.
thrust [or cram, force, push, ram]...down *a person's* **throat** (남)에게 …을 억지로 승낙시키다, 강요하다; (남의) 코 앞에 …을 들이대어 알게 하다.
──㉠ **1** …에 도랑[홈]을 파다[만들다]. **2** …을 목구멍 깊은 데서 말하다; …을 쉰 목소리로 말하다[노래하다].
throat·ed [θróutid] *㉠* (복합어로) …한 목을 가진.
thróat gàg *㉠* (美구어) (독한) 술. 목이 …한.
throat·latch [θróutlætʃ] *㉠* (말의) 목 밑에 걸치는 가죽 끈. (또는 **throatlash**)
thróat mícrophone *㉠* 목에 대는 마이크(후두(喉頭)에서 직접 음성을 받는다).
throat·y [θróuti] *㉠* **1** 후음(喉音)의; 쉰 목소리의. **2** (소나 개 따위가) 목줄기가 축 늘어진.
thróat·i·ly *㉠* **thróat·i·ness** *㉠*
***throb** [θrɑb/θrɔb] *㉠*(㉠) (-bb-) **1** 고동(鼓動)치다, 두근두근하다, 맥박치다(*with*). ⇨ PULSATE (유의어) ¶ Her temples ~*bed with* rage. 그녀의 관자놀이가 노여움으로 부들부들 떨었다. **2** (비유적) 감동하다, 슬렁거리다, 흥분하다(*at*). ¶ He ~*bed at* the sight. 그는 그 광경에 감동했다. **3** (율동적으로) 떨리다; (엔진 따위가) 진동하다(*away*). ── *㉠* **1** 동계(動悸), 맥박, 고동. **2** (율동적인) 진동. ¶ the ~ of a machine 기계의 진동. **3** *㉠*·**ber** *㉠* **·bing·ly** *㉠* 흥분, 감동.
thro B/L through bill of lading.
throe [θrou] *㉠* **1** (~s) 심한 고통; 심한 고민[고뇌]. **2** (~s) 산고(産苦), 진통; 죽음의 고통, 단말마의 고통 (⇨ PAIN (유의어)) 할 듯하다.
in the throes of ① …하려고 고생하여. ② 한창 …
── *㉠* 고민하다, 괴로워하다.
Throg·mór·ton Strèet [θrɑgmɔ́ːrtən-/θrɔ́g-] *㉠* **1** London의 상업 중심지. **2** (1에 있는) 런던 증권 거래소, 증권 시장. ⑨ Wall Street
throm·bin [θrámbin/θrɔ́m-] *㉠* ⓤ (생화학) 트롬빈(혈액을 응고시키는 작용을 가진 효소).
throm·bo- [θrámbou, -bə/θrɔ́m-] (연결) '혈전(血栓), 응고'의 뜻. ⇨ **thrombo**sis.
throm·boc·la·sis [θrɑmbɑ́kləsis/θrɔmbɔ́k-] *㉠* =thrombolysis. 혈소판(血小板).
throm·bo·cyte [θrámbəsàit/θrɔ́m-] *㉠* (해부)
throm·bo·cy·to·pe·ni·a [θrɑ̀mbousàitəpíːniə/θrɔ̀m-] *㉠* 혈소판(血小板) 감소증.
throm·bo·em·bo·lism [θrɑ̀mbəémbəlìzm] *㉠* (병리) 혈전 색전증(塞栓症).
throm·bo·ki·nase [θrɑ̀mbəkáineis/θrɔ̀m-] *㉠* [=thromboplastin.
throm·bol·y·sis [θrɑmbɑ́ləsis/θrɔmbɔ́l-] *㉠* (의학) 혈전 용해(붕괴).
throm·bo·phle·bi·tis [θrɑ̀mboufləbáitis/θrɔ̀m-] *㉠* (병리) 혈전 정맥염.
throm·bo·plas·tin [θrɑ̀mbəplǽstin/θrɔ̀m-] *㉠* 트롬보플라스틴. **1** (생화학) 동물의 조직에서 찾아볼 수 있는 단백질. **2** (약학) 혈액 응고 촉진 물질(국소 지혈제).
throm·bose [θrámbouz/θrɔ́m-] *㉠* (병리) 혈전이 되다[되게 하다]. 전증, 혈전 형성.
throm·bo·sis [θrɑmbóusis/θrɔm-] *㉠* (병리) 혈
throm·bos·the·nin [θrɑmbɑ́sθənin/θrɔmbɔ́s-] *㉠* (생리·생화학) 트롬보스테닌(사람의 혈소판에 함유된 수축성 단백질).
throm·box·ane [θrɑmbɑ́ksein/θrɔmbɔ́k-] *㉠* (생화학) 트롬복산(생리 활성 물질).
throm·bus [θrámbəs/θrɔ́m-] *㉠* (병리) 혈전.
‡**throne** [θroun] *㉠* **1** 왕좌, 옥좌(玉座). **2** 교황(主敎, 감독)의 자리. **3** (the ~) 왕위, 제왕, 왕권, 제권(帝權). **4** (the ~) 국왕, 황제. **5** (~s) 좌천사(座天使)(천사의 위계에서 제3위). ⇨ ANGEL 조 **6** (구어·익살) 변기. **7** (화가가 모델을 앉히는) 대좌.
ascend [or come to, sit on] the throne 왕위에 오르다. [식]의 칙어.
a speech from the throne (英) 의회 개원식[폐회
── *㉠* (~d; thron·ing) (시) *㉠* …을 왕위에 올리다.
⋖·less *㉠* 왕위에서 쫓아내다. *㉠* 왕위에 앉다.
thróne ròom *㉠* **1** (왕좌(王座)가 있는) 공식 알현실. **2** (정부·기업의) 본부, 중추, 센터, 권력의 소재지. **3** (구어·익살) 화장실.
‡**throng** [θrɔːŋ, θrɑŋ/θrɔŋ] *㉠* **1** 군중, 인파, 사람 떼, 붐빔. ⇨ CROWD (유의어) ¶ a ~ of people 사람들의 떼, 군중. **2** 다수; 집합. ¶ a ~ of memories 여러 가지 추억들. **3** (스코) (일 따위의) 압박, 압력. ── *㉠* [-z] *㉠* 모여들다; 밀어닥치다, 쇄도하다 (*around, into, toward*). ¶ People ~*ed* to hear the preacher. 목사의 이야기를 들으려고 사람들이 모여들었다. ── *㉠* **1** …에 모여들다, 쇄도하다, 밀어닥치다. **2** (사람·물건 따위로) …을 충만시키다, 가득 차게 하다 (*with*).
── *㉠* (스코) **1** (사람이) 떼를 지은; (장소가) 혼잡한. **2** (시간이) 바쁜, 일이 잔뜩 밀린.
thros·tle [θrásl/θrɔ́sl] *㉠* **1** (英구어) 개똥지빠귀의 일종(유럽산). **2** 방적기의 일종.
throt. throttle.
throt·tle [θrɑ́tl/θrɔ́tl] *㉠* **1** 조리개. **2** 조절판(瓣)(내연 기관의) 조절판[절기판] 레버. **3** (속어) (말 따위의) 목구멍, 숨통, 기관(氣管). [*stop* 전속력으로.
at full throttle; with the throttle against the bend the throttle (美10대 속어) 차를 빨리 몰다; 비행기를 (순항 속도보다) 빨리 날게 하다. 추다.
cut [or chop, close] the throttle 감속하다; 멈
── *㉠* **1** …의 목을 조르다, …을 질식시키다. **2** (비유적) …을 억압하다, 저지하다. **3** (기계) (증기 따위의) 흐름을 억제하다; …을 조절판으로 조절하다; …을 감속(*down*)하다. ── *㉠* 질식하다.
throttle one [or a darkie] (美속어) 대변을 보다.
throt·tle·a·ble [θrɑ́tləbl/θrɔ́t-] *㉠* (로켓 모터가) 추력(推力)을 바꿀수 있는. [따위의) 탄압 (*on*).
throt·tle·hold [θrɑ́tlhòuld/θrɔ́t-] *㉠* 통제, (언론
thróttle lèver *㉠* 조절판[절기판] 레버.
thróttle vàlve *㉠* 스로틀 밸브.
‡**through** ⇨ THROUGH. ⟨p. 2820⟩
thróugh bólt *㉠* 관통(貫通) 볼트.
thróugh brídge *㉠* 하로교(下路橋)(아치나 트러스 사이에 통로를 만든 다리).
thróugh-deck crùiser [-dèk-] *㉠* (英) (군사) 대(對)잠수함 원자력 순양함.
through·ly [θrúːli] *㉠* (고어) =thoroughly.
‡**through·out** [θruːáut] *㉠* **1** …도처에, …의 전체에 걸쳐, 구석구석까지, …에 온통. ¶ He was famous ~ the country. 그는 전국적으로 유명했다. **2** 처음부터 끝까지, 시종, …동안 내내, …을 통하여. ¶~ life 평생 통하여. ── *㉠* (보통 문미에서) **1** 전부, 모두; 죄다; 철두 철미, 전체에: 모든 부분에서, 도처에. ¶ The timber was rotten ~. 그 목재는 속까지 완전히 썩어 있었다. **2** 처음부터 끝까지. ¶ He sat still ~. 그는 시종 조용히 앉아 있었다. **3** 모든 점에서.
through·put [θrúːpùt] *㉠* 원료 처리량; (컴퓨터) 일정 시간 내에 처리할 수 있는 작업량. (또는 **thruput**)
thróugh stòne *㉠* (석공) 이음돌(perpend)

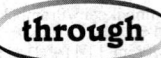

전치사와 부사로 사용 빈도가 높은 말 중 하나다. '어떤 물건을 통과하는'이 원뜻으로. across가 on에 대응하듯이 through는 in에 대응한다. I'm *through*.와 같은 문장에서 through는 서술 형용사이다. a *through* ticket(직통표)와 같이 한정 형용사로 쓰이기도 한다.

‡through [θruː] 〖전〗 **1** (관통) …을 관통하여, 꿰뚫어, 통과하여, …의 끝에서 끝까지. ¶go [or pass] ~ a tunnel 터널을 빠져 나가다 / Sun came ~ the window. 햇빛이 창으로 비쳐 들어왔다 / There is a winding path ~ the woods. 숲 속을 꼬불꼬불한 오솔길이 지나고 있다 / The policeman forced his way ~ the crowd. 경관은 군중을 헤치고 나아갔다 / The Seine flows ~ Paris. 센 강은 파리를 관통해 흐른다.
2 (통과 지점) …을 지나서, 통과하여(past). ¶ He went ~ a stop sign without stopping. 그는 일단 정지 표지인데도 정차하지 않고 통과하였다 / Draw the line from A, ~ B, to C. 점 A에서 점 B를 지나 점 C까지 선을 그어라 / The burglar came in ~ the window. 도둑은 창문으로 들어 왔다.
3 (도중에 개재하는 것) …의 사이를 차례차례로. ¶ swing ~ the trees (나무가지에 매달리거나 해서) 나무에서 나무로 옮겨 가다 / This book has passed ~ many hands. 이 책은 많은 사람의 손을 거쳐 왔다.
4 (통하는 범위) (장소)의 속을 지나서[통하여]; …을 두루, 샅샅이. ¶ travel ~ a country 나라 안을 두루 여행하다 / look in ~ a hole in the wall 벽에 난 구멍으로 안을 들여다보다 / The boy looked at me ~ his tears. 그 소년은 눈물이 괸 눈으로 나를 보았다 / The police searched ~ the house, but found no clues. 경찰은 집안을 샅샅이 수색했지만, 아무런 단서도 잡지 못했다 / A thrill ran ~ my veins. 나는 온몸에 전율을 느꼈다.
5 (시간) …동안 내내[줄곧], …을 통하여(throughout). ¶ ~ the summer season 여름 동안 내내 / wait ~ fifteen long years 15년이라는 긴 세월 동안 기다리다 / He worked ~ the night. 그는 밤새워 일했다 / We go to school Monday ~ Friday. 우리는 월요일에서 금요일까지 학교에 간다.
6 (종료·완료·경험) …을 끝내고[마치고], 완료하고, 경과하여. ¶ be ~ one's work 일을 끝내다 / go ~ college 대학 과정을 마치다 / I am halfway ~ the book. 나는 그 책을 절반쯤 읽고 있다 / I can see from your appearance what you have been ~. 나는 자네 모습을 보고 어떤 일을 겪어 왔는지 알 수 있다.
7 (기간) (…부터) …의 끝까지, …까지. ¶ (from) 2000 ~ 2050 2000년부터 2050년까지(2050년도 포함) / It will be kept (from) Sunday evening ~ Thursday. 그것은 일요일 저녁부터 목요일까지 보관될 것이다.
8 (수행) (무사히) …을 끝내고, 물고[타개하고]. ¶ get an examination 시험에 합격하다 / pass ~ a crisis [many troubles] 위기[많은 고난]를 넘기다.
9 (매개·수단) …에 의하여, …의 덕택에. ¶ talk ~ an interpreter 통역을 통해서 이야기하다 / learn English ~ the ear 귀를 통해 영어를 배우다 / He obtained his situation ~ the influence of Mr. A. 그는 A 씨의 연줄로 취직했다.
10 (원인·동기·결과) …때문에, …의 이유로[탓으로]. ¶ He failed ~ laziness, not stupidity. 그가 떨어진 것은 게을러서였지 머리가 나빠서가 아니었다 / He ran away ~ fear. 그는 무서워서 도망쳤다.
11 (과정·단계의 통과) …을 거쳐서, 지나서. ¶ The body of a car passes ~ 147 stages on the production line. 차체(車體)는 생산 라인에서 147개의 공정을 거친다 / The new tax bill finally got ~ Congress. 새로운 세법이 마침내 의회를 통과했다.
— 〖부〗 **1** 통하여, 관통하여, 꿰뚫고, 끝에서 끝까지. ¶ push a needle ~ 바늘을 꿰다 / Let me ~. 지나가게 해주시오 / We don't live here, we're just passing ~. 우리는 여기 살지 않아요, 그냥 지나가는 길이에요.
2 (목적지까지) 줄곧, 내내. ¶ He drove (straight) ~ to Chicago. 그는 시카고까지 계속 차를 몰았다 / This train goes ~ to Boston. 이 열차는 보스턴까지 간다.
3 속속들이, 모조리, 철저히(형용사·과거분사를 앞에 둔다). ¶ He was soaking wet ~, but he would not change. 그는 온몸이 흠뻑 젖었지만 옷을 갈아입으려고 하지 않았다 / The apple was rotten right ~. 사과는 속까지 모두 썩어 있었다.
4 처음부터 끝까지, 시종. ¶ all the way ~ (오는) 동안 내내 / read a letter [book] ~ 편지[책]를 끝까지 읽다 / sing a song ~ 노래를 끝까지 부른다.
5 최후까지, 완성까지, 끝[마지막]까지. ¶ think a matter ~ 문제를 철저히[속속들이] 고찰하다 / carry a matter ~ 일을 해내다[성취하다] / Hear me ~. 내 말을 끝까지 들어라.
6 잘, 무난히, 별 탈 없이. ¶ He barely managed to pull ~. 그는 가까스로 고비를 넘길 수 있었다.
all through …동안 줄곧, 내내. ¶ *all* ~ the lesson 그 수업중 내내 / I knew *all* ~ that he was lying. 그가 거짓말하고 있는 것을 처음부터 알고 있었다.
through and through ① 모조리, 속속들이, 철저히 (thoroughly). ¶ I was wet and cold ~ *and* ~. 나는 온몸이 흠뻑 젖어 차가워져 있었다. ② 모든 점에서, 철두철미. ¶ He is an aristocrat ~ *and* ~. 그는 철두철미한 귀족이다 / He's a reliable man ~ *and* ~. 그는 모든 점에서 신뢰할 수 있는 사람이다 / He is selfish ~ *and* ~, as cold as ice. 그는 어디까지나 이기적이며 냉혹하기 그지 없다.
through with ① …을 끝내고. ¶ ~ *with* the work 그 일을 끝내고. ② …과 관계를 끊고. ¶ I'll be ~ *with* him in a while. 나는 조만간 그와의 관계를 끊을 것이다.
— 〖형〗 **1** 뚫려 있는, 관통한. ¶ a ~ bolt (위아래로 빠지는) 관통 볼트 / ~ ventilation 관통 환기.
2 직통의, 직행의. ¶ a ~ train 직행 열차 / a ~ ticket [rate] 직통표[요금].
3 (길·통로 따위가) 빠져나갈 수 있는, 방해하는 것이 없는, 뚫려 있는. ¶ a ~ highway 우선 도로(* 고속 도로의 본선).
4 끝낸, 종료한, 완성된; 쓸모가 없어진. ¶ Please be still until I'm ~. 내가 끝마칠 때까지 가만히 있어요 / As a politician, he is ~. 정치가로서 그는 볼장 다 보았다 / You and I are ~. 너나 나나 이제 끝장이야.
5 (전화에) 연결된. ¶ I'll put you ~ to the manager. 지배인을 대 드리겠습니다 / You are ~. 전화가 연결됐습니다. * 전화에서 I'm ~.라고 할 때, 〖美〗에서는 통화가 끝났을 경우에 쓰이며 〖英〗에서는 상대방에 전화가 연결되었다는 것을 말한다.

thróugh stréet 〖美〗 직진차 우선 도로. 〖위〗.
thróugh tráffic 〖美〗 통과 교통(고속 도로상의 교통 따…
thróugh tráin 〖美〗 직행 열차. 〖속 도로.
through·way [θrúːwèi] 〖美〗 =through street; 고…

throve [θrouv] 통 thrive의 과거.
throw [θrou] 통 (~s [-z]; **threw**; **thrown**) 타 1 …을 던지다, 내던지다, 팽개치다 (to, at). ¶ (~+目+前+名)~ a bone to a dog 개에게 뼈를 던져 주다 // (~+目+目) T- me a rope. 밧줄을 던져 주게.

> 유의어 **throw** 「던지다」라는 뜻의 가장 일반적인 말. **cast** 가벼운 것을 던지다; 보통 관용적 표현에 쓰이는 말. **fling** 노여움·경멸 따위의 강한 감정으로 힘껏 내던지다. **hurl** 멀리 날려보낼 듯이 힘껏 던지다. **pitch** 정확히 겨냥하여 던지다. **toss** 밑에서 또는 옆으로 휙 던지다.

2 (탄환 따위)를 발사하다, 방사하다; …을 분출하다 (on, upon). ¶ ~ a missile 미사일을 발사하다.
3 (목소리 따위)를 힘차게 내다, 지르다. ¶ She *threw* her voice so that he might hear. 그가 들을 수 있도록 그녀는 목소리를 높였다.
4 (빛·그림자 따위)를 던지다, 투영(投影)하다; [시선 따위]를 보내다(at, on, upon, over). ¶ (~+目+前+名) She *threw* a hasty glance *at* him. 그녀는 흘끗 그에게 시선을 보냈다.
5 [카드 따위]를 던지다, 버리다, (주사위를 던져) …이 나오게 하다; [한 표]를 던지다. ¶ ~ a vote 투표하다.
6 (어떤 상태 따위)로 …을 던지다, 몰아 넣다, 두다; …이 되게 하다(into); …을 (어떤 위치로) 움직이다, 이동하다. ¶ ~ a person *into* prison 남을 투옥하다.
7 [의심·책임 따위]를 (…에게) 뒤집어 씌우다 (on); [구어] [비난 따위]를 (…에게) 퍼붓다, (되풀이하여) [잘못 따위]를 (…에게) 지적하다(back, up)(at, to, toward).
8 [방향·위치의 부사와 함께] (몸 일부를) 갑자기[급히] 움직이다, 돌리다. 9 [옷]을 허둥지둥 입다(on); 급히 걸치다(on, about, over); [뱀이] [허물]을 벗다(off). ¶ ~ on[off] one's coat 코트를 급히 입다[벗다] / She *threw* a shawl *over* her shoulders and went out. 그녀는 어깨에 숄을 걸치고 외출했다. 10 [레슬링 따위에서] [상대]를 내던지다, 메치다, 쓰러뜨리다; [펀치 따위]를 먹이다; [말이] [기수 등]을 흔들어 떨어뜨리다, 낙마시키다. 11 …을 (다른 모양으로) 바꾸다, 고치다, [다른 언어로] 번역하다 (into). 12 [정력·사람 따위]를 투입하다 (into). 13 [기어]를 …단에 넣다(in, into); [스위치·레버]를 (…에) 연결하다 (to), 끊다. 14 [도자기 따위]를 [정토]를 물레에 걸어서 모양을 빚다[뜨다]; [직물] [생사(生絲)·레이스 따위]를 꼬다. 15 [미구어] (짜고 하는 시합에서) [경기 등]에 일부러 져주다. ¶ ~ a fight 짜고 하는 시합에서 져주다. 16 [가축 따위]를 (새끼)를 낳다. 17 [영향·타격 따위]를 가하다, 주다 (into); [권력 따위]를 휘두르다. 18 [손·발]을 갑자기[획, 심하게] 움직이다, 내뻗다, 향하게 하다. 19 [암초에] [배]를 좌초시키다 (on, upon, against). 20 [교량 따위]를 놓다. 21 [구어] [모임·회 등]을 개최하다, 베풀다. ¶ ~ a party 파티를 열다. 22 [구어] …을 놀래게 하다; …을 혼란시키다. 23 복화술로 소리를 내다. 24 [화학] [용액이 퇴적물을] 침전시키다. 25 [미구어] [기계의 일부]를 파괴하다, 못쓰게 만들다. 26 [스코] …을 비틀어 구부리다[돌리다].
— 자 1 던지다, 내던지다, 던져 주다; 탄환[미사일]을 발사하다. 2 (개 따위가) 새끼를 낳다 (at). 3 주사위를 던지다. 4 [스코] (…와) 말다툼을 하다.

throw about ① …을 던져 뿌리다, 흩뿌리다. ② [돈]을 낭비하다. ③ [해사] 방향을 돌리다.
throw a fit ⇒FIT.
throw a monkey wrench [or **spanner**] **into** [or **in**] [영구어] (고의로 남의) …을 방해하다[못쓰게 만들다].
throw (a person) **attitude** [or **tude**] [미속어] (남에게) 반항적인 태도를 취하다.
throw a person **in at the deep end** ⇒END.
throw a person **off his guard** 남을 방심케 하다.
throw a person **out on** a person's **ass** [or **ear**] [미속어] 남을 쫓아내다; 때려서 내쫓다. …게 하다.
throw a scare into a person [미] 남을 깜짝 놀라게 하다.
throw aside (계획 따위를) 포기하다, 버리다; (남과의) 관계를 끊다. …다, 바보 취급하다.
throw at (개 따위가) 무섭게 달려들다; (남을) 조롱하다
throw a veil over …에 장막을 씌우다; …을 숨기다.
throw away ① 던지다, [시간·돈 따위]을 (…로) 낭비하다(on, by). ② [재귀용법으로] (여성이 남자에게) 열중하다(on). ③ [기회·시기 따위]를 놓치다, 이용하지 않다, 버리다. ④ [크리켓] [타자]를 아웃시키다. ⑤ [연극·방송] [대사]를 (일부러) 아무렇게나 말하다.
throw back ① (생각·이야기 따위를) 거슬러 올라가다, 뒤로 돌아가다. ② (행물이) 격세(隔世) 유전하다, 조상을 닮다. ③ [커튼 따위]를 확 열다. ④ [승진·회복 따위]를 늦추다; [적 따위]를 격퇴하다. ⑤ 비난하다, 꾸짖어 반성케 하다. ⑥ …을 먹다.
throw bouquets at [미속어] …을 칭찬하다.
throw by …을 버리다, 포기하다.
throw cold water on [or **upon**] ⇒WATER.
throw down ① …을 넘어뜨리다, 전도(轉倒)시키다; [재귀용법으로] 드러눕다. ② …의 침전을 생기게 하다. ③ [미] …을 퇴짜 놓다, 뿌리치다. …을 뽑다.
throw down on a person [미속어] 남을 향해 총을
throw down one's **tools** 동맹파업을 하다.
throw down the gauntlet [or **glove**] ⇒GAUNTLET.
throw dust in a person's **eyes** ⇒DUST.
throw for a loop [or **goal**] 완전히 정복[타도]하다.
throw for a loss ⇒LOSS.
throw for large stakes 큰 도박을 하다.
throw good money after bad ⇒MONEY.
throw in ① …을 던져 넣다, 주입하다. ② …을 덤으로 보태다[주다]. ③ [말]을 삽입하다. ④ [미구어] 한 몫 끼다, 참여하다 (with).
throw in one's **hand** ⇒HAND.
throw in the towel ⇒TOWEL. 「다.
throw into relief …을 눈에 띄게 하다, 돋보이게 하
throw into the bargain 덤으로 주다.
throw it up against [or **at, to**] a person [속어] 남에게 잔소리하다, 불평을 말하다.
throw off ① …을 벗어 던지다, [습관·감정 따위]를 버리다. ② [구속·나쁜 친구 따위]에서 벗어나다; [병 따위]를 고치다. ¶ ~ *off* undesirable acquaintances 바람직하지 않은 친구들과의 교제를 끊다. ③ [구어] [시 따위]를 즉흥적으로 짓다[읊다], 휘갈겨 쓰다, …을 쉽게 하다. ④ 사냥을 시작하다. ⑤ …을 발산하다, 배출하다, 분출하다. ⑥ 추적을 따돌리다.
throw on ① [의복]을 급히 입다 ② [사냥개]에게 짐승의 뒤를 쫓게 하다.
throw oneself at a person [or a person's **head**] [구어] 남의 관심[주의]을 끌려고 하다; 남에게 아양을 떨다.
throw oneself down 벌렁 드러눕다; 몸을 내던지다.
throw oneself into [의자 따위]에 몸을 던지다; [사업 따위]에 투신하다.
throw oneself on [or **upon**] [남의 자비·동정 따위]에 의지하다.
throw one's **eyes** (남을) 흘끗 바라보다 (at).
throw (one's) **feet** [미속어] 구걸하다.
throw one's **hat in** [or **into**] **the ring** ⇒HAT.
throw one's **lot with** …와 운명을 같이하다.
throw one's **soul** [or **heart**, **effort**] **into** …에 전력을 다하다. 「휘두르다.
throw one's **weight around** [or **about**] 권력을
throw open ① [문]을 활짝 열다. ② …을 해방하다.
throw open one's **doors to** …을 환영하다, 손님으로 맞이하다.

throw out ① …을 내던지다, 버리다. ② (빛)을 내다; (싹)을 내밀다. ③ (어떤 지위에서 갑자기) …을 내쫓다, 실직시키다. ④ …을 나타내다, 보이다; …을 말하다. ⑤ 암시하다, 넌지시 말하다; 제안하다. ⑥ …(덧대어) 증축하다. ⑦ (의안)을 부결하다. ⑧ 당황케 하다, 틀리게 하다, 혼란시키다. ⑨ (야구) 송구하여 (주자)를 아웃시키다. ⑩ …을 벗기다.
throw *a person* ***out of work*** 실직시키다.
throw out the baby with the bathwater ⇨ BATHWATER. └"을 거부하다.
throw over …을 전복시키다, 내버리다, 저버리다; …
throw overboard 배 밖으로 내던지다; 귀찮은 일을
throw sideways ⇨ SIDEWAYS. └펼쳐 버리다.
throw the book at *a person* 남에게 가장 중한 벌
throw the bull ⇨ BULL. └을 가하다.
throw together ① (작품 따위)를 긁어 모으다, 긁어 모아 어설프게 만들다. ② (사람)을 우연히 만나게 하다.
throw to the wind(s) ① …을 불어서 날려버리다. ② …을 완전히 하다.
throw up ① (독수리가) 급상승하다. ② (속어) 음식을 토하다. ③ …을 향해 던지다; (손-머리 따위)를 급히 쳐들다. ④ (일·기회 따위)를 포기(단념)하다; (직장)을 사직하다. ⑤ (건물)을 서둘러 세우다. ⑥ (잘못 따위)를 지적하다, 비평(비판)하다. ⑦ (색깔 따위)를 돋보이게 하다. ⑧ (지도자 따위)를 배출시키다. ⑨ (먼지)를 일으키다; (흙탕)을 튀기다.
throw up [***or in***] ***the sponge*** ⇨ SPONGE.
— 圀 ~**s** [-z] **1** 던지기, 투구(投球); 발사. ¶a straight ~ 직구 / a ~ of the hammer 해머 던지기. **2** 던져서 닿는 거리, 사정거리; 광선이 닿는 거리; (영화의) 영사기와 스크린 사이의 거리; (연극) 스포트라이트의 조명 거리(범위). **3** 주사위를 던지기; 던져서 나온 주사위의 점수. ¶It's my ~. 이번에는 내가 주사위를 던질 차례다. **4** (구어) 모험, 운, 기회. **5** (여성의) 어깨걸이, 목도리; (일종의 가벼운) 모포. **6** (레슬링·유도) 던지는 기술, 상대를 던지기; 낙마; (배드민턴) 스로, 잘못 치기; (공)을 던지기. **7** (도공(陶工)의) 녹로. **8** (기계) 행정(行程), 충정(衝程). **9** (지질) 단층(斷層)의 수직 낙차(落差); 간격. **10** (속어) 한 개(잔, 번), 한잔 마시기. **11** 물레. **12** (英) 나무를 쓰러뜨리기; 쓰러진 나무의 양.
have a throw at …에 손을 대보다.
(***within*** [***or at***]) ***a stone's throw of*** [***or from***] …에서 돌을 던져 닿는 곳에, 매우 가까운 곳.
throw·a·way [θróuəwèi] 圀 **1** 버리는 물건. **2** 선전 삐라, 전단. **3** (연극의) 넌지시 말하는 익살[대사].
— 圀 **1** (연극의 대사 따위를) 일부러 아무렇게나 하는. **2** 한 번 쓰고 버리는, 일회용의.
throw·back [θróubæk] 圀 **1** 되던지기. **2** 퇴보, 후퇴, 역류, 역행, 역전; 저지. **3** (영화의) 이전 장면으로 되돌아가기, 플래시백. **4** 되돌아가기. **5** (생물의) 환원 유전, 격세(隔世) 유전; 격세 유전된 것.
throw·down [θróudàun] 圀 (美속어) 거절.
throw·er [θróuər] 圀 **1** 던지는 사람(물건). **2** (도자기 만드는) 녹로공(轆轤工). **3** (방적) 연사공(撚絲工).
throw-in [-ìn] 圀 **1** 던져 넣음. **2** (야구) 외야에서 내야로 던지는 공. **3** (농구·축구의) 스로인.
throw-mon·ey [-mʌ̀ni] 圀 (美속어) 잔돈, 푼돈.
‡thrown [θroun] 圀 throw의 과거분사. — 圀 (생사 따위가) 꼬인, 꼬여 있는. ¶~ silk 꼰 견사(絹絲).
throw-off [-ɔ̀ːf, -àf-/-ɔ̀f-] 圀 **1** (경주·사냥 따위의) 개시, 출발. ¶at the first ~ 시초에, 당초에. **2** (공작 기계 따위의) 자동 정지 장치[기능].
throw·out [-àut] 圀 **1** 내던지기; 내던져진 사람 (것). **2** (제품의) 불합격품. **3** 쓰레기, 버려진 것. **4** (기계) 클러치[기어]를 빼는 장치.
thrów rùg 圀 (美) 작은[조각] 깔개.
throw·ster [θróustər] 圀 (방적) 연사공(撚絲工).
thrów wèight 圀 (군사) 투사(投射) 중량(⇨ TW).

thru [θruː] 圀囮圀 (美구어) =through.
thrum¹ [θrʌm] 圀 (**-mm-**) 圀 **1** (현악기를) 단조롭게 타다, 손가락으로 퉁기다 (on). **2** (손가락으로) 똑똑 두드리다 (on). ¶~ *on a table* 테이블을 똑똑 두드리다. — 圀 **1** (현악기)를 타다, 손가락으로 뜯다. **2** …을 똑똑 두드리다. **3** …을 단조롭게 되풀이하다[이야기하다]. 圀 **1** 손가락으로 튀기. **2** 똑똑 두드리는 소리[듣]. ~·**mer** 圀 └드리기].
thrum² [θrʌm] 圀 **1** (직물 따위의) 끝자락; 가장자리의 보풀. **2** (피륙 가장자리 실부스러기의) 술. **3** (~s) 실보무라지. **4** (해사) (~s) 밧줄 나부랑이(돛 따위에 꿰매 붙인다). — 圀囮 **1** (에) 가장자리 보풀을 달다. **2** (에) 술을 달다. **3** (해사) (돛 따위)에 밧줄 나부랑이를 꿰매 붙이다.
thrum·my [θrʌ́mi] 圀 (피륙 가장자리의) 끝 보풀 [술]의, 찌꺼실의; 보풀이 선.
thru-out [ˈàut] 囮 (美) =throughout.
thrup·pence [θrʌ́pəns] 圀 =threepence.
thru·put [θrúːpùt] 圀 **1** =throughput. **2** (美속어) 해결중인 문제의 상태; 어느 시점에서의 상황.
‡thrush¹ [θrʌʃ] 圀 **1** (조류) 지빠귀. **2** (속어) 여자 대중 가수.
~·**like** 圀
thrush² 圀囿 **1** (병리) 아구창(鵝口瘡)(젖먹이에게 많은 구내염). **2** (수의) 제차 부란(蹄叉腐爛)(말 발의 종기).
‡thrust [θrʌst] 圀 (***thrust***; ~·***ing***) 囮 **1** …을 밀다, 밀어 넣다, 밀어 넣다 (*in, into*); (길)을 밀어 젖히고 나아가다 (*through*). ⇨PUSH 圀意 ¶(~+圀+圀) ~ *a chair forward* 의자를 앞으로 밀어 내다 / (~+圀+囻+圀) He ~ his way *through the crowd*. 그는 군중 속을 밀어 젖히며 나아갔다. **2** (검·단도 따위를) 찌르다[꿰찌르다] (*in, into*); (칼 따위로) (남)을 찌르다 (*with*). ¶He ~ *a knife into a watermelon*. 그는 수박을 칼로 푹 찔렀다. // ~ *a person through* 남의 몸에 깊숙이 찌르다. **3** (비유적) …을 떠맡기다, 강요하다 (*on, upon*). ¶~ *something on* [or *upon*] *a person* 물건을 남에게 떠맡기다; 강매하다. **4** (식물이) (뿌리·가지 따위)를 넓게 펼치다. **5** (말·질문 따위)를 가로채다 (*in*). **6** (재귀용법으로) (어떤 상태에) 끼어들다, 뛰어들다, 밀고 들어가다(*forward, past*) (*in, into*); 주제넘게 나서다 (*forward*). **7** (손발·가지 따위)를 뻗다, 펴다, 내밀다. — 囮 **1** 찌르다, 밀다 (*with*); 찌르려고 대들다 (*at*). **2** 밀어 젖히며 나아가다 (*forward, through*); 돌진하다 (*into*). **3** (나무 따위가) 자라다.
be thrust into 원하지도 않는데 어쩔 수 없이 말려들다.
thrust a person aside [***across***] 남을 옆[저 쪽]으
thrust a person out 남을 내쫓다. └로 떼밀다.
thrust back 되치르다.
thrust home (단도 따위로) 급소를 찌르다.
thrust in a word 옆에서 말참견하다.
thrust on (옷 따위)를 걸치다.
thrust oneself forward 주제넘게 나서다.
thrust oneself [or ***one's nose***] ***in*** …에 끼어들다.
thrust oneself upon a person 남에게 강요하다.
thrust one's way 밀고[뚫고] 나가다. ⇨ 囮 **1**.
— 圀 **1** 찌르기; 갑자기 떠밀기. ¶a ~ *with a sword* 검으로 한 번 찌르기. **2** (적극적인) 강사 공격, 습격, 공세(*into*). **3** (말에 의한) 혹평, 공격, 빈정거림(*at, against, on*). ¶a shrewd ~ (공격·비평 따위의) 호된 일격. **4** 団 (기계) (프로펠러의) 추력(推力); (지질) 지각의 압축력, 충상(衝上). **5** 団 (건축) 누르는 압력; 団(団) (채광) (갱도의) 천장의 붕락(崩落), 낙반(을 일으키는 힘). **6** 団 (*of*). **7** 박력, 추진력, 정력. **8** (사람의 집단적인) 이동.
give a thrust 일격을 가하다.
make a thrust on [or ***against, into***] …을 쨍쨍 격하다. └기[응수].
thrust and parry ① 찌르기와 막기. ② 말의 주고받기.
thrúst chàmber 圀 (로켓 엔진의) 연소실.
thrust·er [θrʌ́stər] 圀 **1** 미는 사람, 찌르는 사람. **2**

thrust fault (여우 사냥에서) 자꾸 앞으로 나가서 위험을 끼치는 사냥꾼. **3** (구어) 참견꾼. **4** 우주선의 소형 로켓 엔진.
thrúst fáult [지질] 충상(衝上)단층.
thrust·ful [θrʌ́stfəl] 《영》 적극적[공격적]인, 힘으로 밀어붙이는. **~·ness** 명
thrúst hòe 괭이의 일종.
thrust·ing [θrʌ́stiŋ] 형 자기 주장이 강한, 유세한
thrúst revèrser [항공] 역추력(逆推力) 장치.
thrúst stàge 앞으로 튀어나온 무대. (⑩ TVC).
thrúst véctor contròl 로켓 추력 방향 제어
thru·way [θrúːwèi] 명 《미》 =expressway.
Thu. Thursday.
Thu·cyd·i·des [θuːsídədìːz] 투키디데스(c 460-c 400 B.C.: 그리스의 역사가).
***thud** [θʌd] 명 털썩, 쾅, 쿵(무거운 물건이 떨어지는 소리); (딱하고) 세게 치기. ¶with a ~ 쿵 하는 소리를 내며. ── 동 (-dd-) 타 …을 쿵하고 치다. ── 자 쿵하고 떨어지다, 쿵하고 울리다.
THUD thorium, uranium, deuterium.
thug [θʌɡ] 명 **1** 살인자; 악한, 갱. **2** (T-) (인도에 있었던 종교 조직의) 암살단의 일원. ── 동 자 《미》 살인자가 되다; 잔인한 행위를 하다.
thug·gee [θʌ́ɡiː] 명 U (T-) (옛날 인도의) 암살단에 의한 암살; (일반적으로) 암살단에 의한 살인; 강도; 약탈.
thug·ger·y [θʌ́ɡəri] 명 U =thuggee; 살인 행위.
thug·gism [θʌ́ɡizm] 명 =thuggee.
Thu·le [θjúːli] 명 **1** 세계의 북쪽 끝, 극북(極北) (고대 그리스나 로마인이 극북 지방을 부른 명칭). **2** 세계의 끝. **3** 그린란드 북부의 땅(미공군 기지).
thu·li·um [θjúːliəm] 명 U [화학] 툴륨(희토류(稀土類) 금속의 하나; 기호 Tm).
‡**thumb** [θʌm] 명 (복 ~s [-z]) **1** 엄지손가락(⑩ finger, toe); (장갑의) 엄지손가락. **2** [건축] 엄지손가락 모양의 쇠시리 (ovolo). **3** 《미구어》 히치하이크(엄지손가락으로 행선지 방향을 가리키고 지나가는 차에 동승하는 것). **4** 《미속어》 마리화나 담배.
a golden thumb; a thumb of gold; miller's thumb 금이 열리는 나무, 달러 박스.
a rule of thumb ① 엄지손가락으로 재기; 주먹구구식 방법. ② 경험최(經驗則), 경험에 바탕을 둔 방법. ¶by a rule of ~ 눈대중으로; 경험으로.
(as) easy as kissing my thumb 《구어》 전혀 조작되지 않은; 아주 간단한.
a thumb in one's eye 《미속어》 고민거리(가 되는 사람).
a thumb in the public eye 모욕, 모독.
be all thumbs 손재주가 없다.
bite one's thumb 화가 나서[초조하여] 손톱을 깨물다.
bite one's thumb at …을 심하게 경멸하다.
count (one's) thumbs 《미속어》 여가를 보내다.
get one's thumb out of a person's mouth 남(의 마수)로부터 벗어나다.
have ten thumbs; be all thumbs 서투르다, 손재주가 없다. ¶She seems to be all ~s. 그녀는 손재주가 없는 것 같다.
Thumbs down! 안 돼!(불찬성의 표시). 「잘 해봐!
Thumbs up! ① (만족을 나타내어) 좋아; 잘 됐어! ②
turn thumbs up [down]; turn up [down] the [or one's] thumb(s) …에 찬성[반대]하다; …에 만족[불만]의 뜻을 표하다.
twiddle [or twirl] one's thumbs ① (지루하여) 손가락을 이리저리 비틀다. ② (아무것도 하지 않고) 빈둥거리다.
under a person's thumb; under the thumb of a person 남이 시키는 대로 하여, 남의 지배를 받고.
── 동 (~s [-z]) 타 **1** (엄지손가락으로 넘겨서) (책장 따위)를 더럽히다. ¶a well-thumbed book (페이지의 귀퉁이 따위가) 손때가 묻은 책. **2** (책 따위)를 빠르게 넘기다, 대충 읽다(through). ¶(~+목+전+명) ~ a pam-phlet through 팜플렛을 대충 훑어보다. **3** (일)을 서투르게 하다; (악기 따위)를 서투르게 연주하다. **4** 《구어》 (행선지를) 엄지손가락으로 가리키며) [지나가는 자동차 따위]에 공짜로 편승하다[편승시켜 달라고 신호하다]. ¶(~+목+전+명) She ~ed her way to Chicago. 그녀는 시카고까지 차를 얻어 타고 갔다.
── 자 **1** (엄지손가락으로 책장을) 넘기다. **2** 《구어》 (엄지손가락으로 신호하여) 무임 승차로 여행하다(⑩ hitchhike). 「태워달라고 부탁하다.
thumb a lift 《구어》 엄지손가락으로 신호하여 차에
thumb down 《미속어》 …을 거부하다, 뿌리치다.
thumb one's nose at a person 엄지손가락을 코에 대고, 다른 손가락을 펴서 남 앞에 내밀다(조소 및 경멸의 몸짓).
⌐less, ⌐like 형 「의 몸짓).
thumb·hole [θʌ́mhòul] 명 (특히 뚜껑을 열 때 엄지손가락을 넣기 위한) 용기의 구멍; (관악기의) 엄지손가락용 구멍.
thúmb index (찾아보기 쉽도록 사전 등의 책장 가장자리를 도려낸) 반달 색인.
thumb·in·dex [-índeks] 타 (책의 페이지 가장자리)에 반달 색인을 만들다.
thumb·mark [θʌ́mmàːrk] 명 (표면에 남는) 엄지손가락의 자국, 무인(拇印). ── 타 …에 엄지손가락 자국을 남기다.
thumb·nail [θʌ́mnèil] 명 **1** 엄지 손톱. **2** (그림이나 수필 따위의) 매우 작은[짧은, 간단한] 것. ── 형 **1** 엄지 손톱 정도의. **2** 매우 작은, 간결한. ¶a ~ description 간결한 묘사. ── 타 [인물·사물 따위]를 간단하게 묘사하다, 약술(略述)하다. 「사.
thumb·nut [θʌ́mnʌ̀t] 명 [기계] 나비 모양의 암나
thúmb piàno 섬 피아노(엄지손가락으로 퉁기는 아프리카 기원의 소형 악기).
thúmb pòt 명 가장 작은 사이즈의 화분.
thumb·print [θʌ́mprìnt] 명 엄지손가락 지문, 무인; (비유적) (마음에 새겨진) 인상; 특질; 개성.
thumb·screw [θʌ́mskrùː] 명 **1** (~s) 엄지손가락을 죄는 기구(옛날의 고문 도구). **2** [기계] 대가리가 나비모양의 나사.
thumbs-down [θʌ́mzdáun] 명 《구어》 (the ~) 거절, 반대. ¶give the ~ on …에 반대하다.
thumb·stall [θʌ́mstɔ̀ːl] 명 엄지손가락의 골무; (구두 수선공의) 가죽 골무.
thumb-suck·er [-sʌ̀kər] 명 엄지손가락을 빠는 버릇이 있는 아기; 《속속어》 연약한 아기; 무능한 사람.
thumb-suck·ing [-sʌ̀kiŋ] 명 엄지손가락 빨기.
thumbs-up [-ʌ́p] 명 《구어》 찬성, 격려, 승인[의 표시]. ¶give a ~ 승인[허락, 찬성]하다.
thumb·tack [θʌ́mtæ̀k] 명 《미》 압정, 압핀.
Thum·mim [θʌ́mim] 명 ⇒URIM AND THUMMIM.
***thump** [θʌmp] 명 **1** 탁[쿵] 때리기, 강한 타격. **2** 쿵[탁] (하는 소리). ¶with a ~ 쿵[탁] 하고. **3** (T-) (잉글랜드 북동부의) 축제. **4** [전자] 전화 회로 따위의 방해자.
── 동 타 **1** (몽둥이·주먹으로) …을 때리다[치다], 탁[쿵] 하고 때리다[치다](with). ¶(~+목+전+명) ~ a table with one's fist 테이블을 주먹으로 두드리다. **2** (물건이) …에 쿵 하고 부딪치다. **3** …을 호되게 때리다, 치다; …에 大勝하다. **4** [악기 따위]를 쾅쾅 크게 울리다; (곡)을 쾅쾅 치다(out) (on). ¶~ a drum 북을 치다 // She ~ed out a tune on the piano. 그녀는 피아노를 쾅쾅 쳤다. **5** (상대)를 완패시키다. 《미속어》…와 성교하다. ── 자 **1** 쿵[탁] 하고 치다(at, on); 부딪치다(against, into); 때리다, 넘어지다. **2** 쿵쿵 걷다. **3** (심장이) 두근두근 뛰다. **4** (…을) 강력하게 지지[권장, 선전]하다(for).
thump the [or a] cushion [or pulpit] (설교자가) 강단의 성서대를 치며 설교하다.
thump·er [θʌ́mpər] 명 **1** 탁[쿵] 때리는 사람[것]. **2

(구어) 거대한 사람[것]; 터무니없는 거짓말. **3** (지질) 인공적으로 지진을 일으키는 장치.

thump·ing [θʌ́mpiŋ] 형 **1** 쿵 하고 치는. **2** (영구어) (물고기 따위가) 아주 큰; (값·거짓말 따위가) 터무니없는; (성공·승리 따위가) 놀라운; (사람이) 매우 쾌활한[즐거운]. ¶a ~ victory 대승. ── 부 (구어) 터무니없이; 멋지게. ── 명 (또는 thúmp-ùp) (영속어) 구타, 싸움. ~·ly 부

‡**thun·der** [θʌ́ndər] 명 (옛 ~s [-z]) **1** ⓊⒸ 우레, 우뢰 소리, 천둥. ¶a clap [or peal, roll] of ~ 천둥 소리. **2** (고어·시) 낙뢰, 벼락. **3** 우레같은 소리[목소리]. ¶a ~ of applause 우레같은 박수. **4** (~s) 위협; 격렬한 비난; 열변, 사자후(獅子吼). ¶the ~s of the Church 교회의 위협(파문 따위). **¶**탈!, 빌어먹을! *By thunder!*; *Thunder!* 이런!, 정말 참!, 제기 *in thunder* (감탄문·의문문에서) (강조) 도대체. ¶What *in* ~ is that? 도대체 저것은 무엇이냐? *like* [or *as black as*] *thunder* 몹시 화가 나서. *run away with a person's thunder*; *steal a person's thunder* ① 남의 생각[방법]을 가로채다, 남의 공을 빼앗다. ② 선수를 치다, 남을 앞지르다. *thunder and lightning* 천둥과 번개; 비난, 공격. ── 자 (~s [-z]) ⚠ **1** (종종 비인칭 it을 주어로) 천둥치다. ¶It ~ed at midnight. 한밤중에 천둥이 쳤다. **2** (천둥처럼) 큰 소리를 내다; 울다, 울려퍼지다(*out*) (*at, on*). ¶(~ +前+名) Someone is ~*ing at* the door. 누가 문을 쾅쾅 두드리고 있다 **3** 큰 소리로 말하다, 고함지르다(*at*); 격렬하게 비난하다(*against*). ── 타 **1** …을 큰 소리로 말하다, 고함치다(*out*). ¶~ *a* reply 큰 소리로 대답하다. **2** (큰 소리를 내며) …을 치다, 발사하다(*out, forth*). ¶~ *a* drum 북을 요란하게 두드리다 // ~ *out a* salute of twenty-one guns 21발의 예포를 발사하다.

come thundering on …을 갑자기 습격하다, 대번에 파멸시키다. ~·ful, ~·less 형

thun·der-and-light·ning [θʌ́ndərənláitniŋ] 형 (색깔이) 요란한, 야한; 매우 대조적인 색깔의.

thun·der·a·tion [θʌ̀ndəréiʃən] 명 (의문사를 강조하여) 대관절, 도대체. ── 감 젠장, 제기랄.

thun·der·bird [θʌ́ndərbə̀ːrd] 명 선더버드(우레를 일으킨다고 북미의 인디언이 믿었던 거대한 새).

thun·der·boat [θʌ́ndərbòut] 명 (모터보트 경주에서) 배기량이 무제한급인 수상 활주정(滑走艇).

*‡**thun·der·bolt** [θʌ́ndərbòult] 명 **1** 번개, 벼락, 낙뢰, 벼락. **2** =thunderstone. **3** 번개의 화살(번개로 지상에 쏘았다고 하는 상상의 화살). **4** 갑작스러운, 단호한 일[것]; 뜻밖의 흉보, 청천 벽력(*to*); 격렬한 비난[위험]. ¶The news came as a ~ *to* me. 그 뉴스는 나에게 청천 벽력이었다. **5** 갑자기 놀라게 하는 사람, 갑자기 격렬한 행동을 하는 사람.

thun·der-box [-bàks/-bɔ̀ks] 명 (속어) 지면에 구멍을 파고 설치하는 상자 모양의 간편한 변기.

thun·der·clap [θʌ́ndərklæ̀p] 명 **1** 우레 소리. **2** (비유적) 천둥 소리 같은 것; 갑작스러운 일, 청천 벽력.

thun·der·cloud [θʌ́ndərklàud] 명 **1** 뇌운(雷雲). **2** 불온[험악]한 것.

thun·der·er [θʌ́ndərər] 명 **1** 고함치는 사람, 큰 소리지르는 사람, (the T—) Jupiter, Zeus, (the T—) (영속어) (영국의 유력 신문) The Times 의 별명.

thun·der·head [θʌ́ndərhèd] 명 **1** (기상) (번개를 수반하는) 뇌적운(雷積雲).

thun·der·ing [θʌ́ndəriŋ] 형 **1** 천둥이 울리는; 우레처럼 울리는. **2** (구어) 대단한, 터무니없는; 멋진. ── 부 (구어) 대단히, 터무니없이; 멋지게. ── 명 우레 (소리). ~·ly 부

thúnder lízard 명 (고생물) 뇌룡(雷龍).

*‡**thun·der·ous** [θʌ́ndərəs] 형 **1** 우레의[같은]; 우레처럼 두려운; 우레가 칠 듯한. **2** (목소리·소리) 우레와 같이 큰. **3** (환영 따위가) 대단한. **4** 매우 불길한. (또는 **thundery**) ~·ly 부

thun·der·peal [θʌ́ndərpìːl] 명 천둥 소리.

thun·der·show·er [θʌ́ndərʃàuər] 명 우레를 동반하는 소나기, 뇌우(雷雨). 「하는 스콜.

thun·der·squall [θʌ́ndərskwɔ̀ːl] 명 우레를 동반

thun·der·stone [θʌ́ndərstòun] 명 뇌석(雷石)(번개로서 떨어졌다고 믿었던 고대의 석기·화석 따위).

*‡**thun·der·storm** [θʌ́ndərstɔ̀ːrm] 명 심한 뇌우(雷雨), 우레를 동반하는 일시적인 폭우.

thun·der·strick·en [θʌ́ndərstrìkən] 형 **1** 벼락을 맞은. **2** 깜짝 놀란, 혼비백산한.

thun·der·strike [θʌ́ndərstràik] 타 (고어) **1** …을 번개로 치다. **2** 깜짝 놀라게 하다.

thun·der·stroke [θʌ́ndərstròuk] 명 벼락, 낙뢰.

thun·der·struck [θʌ́ndərstrʌ̀k] 형 =thunderstricken. 「하고 박력있는 여자.

thúnder thíghs 명 (미속어) 살찐 허벅다리; 둥둥

thun·der·y [θʌ́ndəri] 형 =thunderous.

Thur. Thursday.

thu·ri·ble [θjúərəbl/θjúər-] 명 향로(censer).

thu·ri·fer [θjúərəfər/θjúər-] 명 (종교 의식에서) 향로를 드는 사람(복사(服事)). 「이 나는.

thu·rif·er·ous [θjuərífərəs/θjuər-] 형 유향(乳香)

thu·ri·fi·ca·tion [θjùərəfikéiʃən/θjùər-] 명 향을

*‡**Thurs.** Thursday. 「피움, 분향.

‡**Thurs·day** [θə́ːrzdei, -di] 명 목요일(略 Th., Thur(s).). ── 부 (구어) 목요일에. 「매주 목요일에.

Thurs·days [θə́ːrzdeiz, -diz] 부 (미) 목요일마다.

*‡**thus** [ðʌs] 부 (문어) **1** 이와 같이, 이렇게, 이런 식으로, 지금 말한 것처럼. **2** 그래서, 그러므로, 따라서. ¶*T*— you will understand how the matter stands. 그러므로 사태가 어떤지 아시겠지요. **3** (형용사·부사를 수식하여) 이만큼, 이 정도. ¶Why ~ sad? 「러울까? **4** 예를 들면, 「는 so와 같다.

thus and so 그런 식으로. * 단독으로 쓰이는 thus 또

thus and thus 이러저러하게.

thus far 이제까지는, 여태까지(so far).

thus much 이만큼은.

thus·ness [ðʌ́snis] 명Ⓤ (익살) 이러이러함.

thwack [θwæk] 타 …을 찰싹 때리다; …을 손바닥으로 세게 때리다. ── 명 찰싹 때리기[때리는 소리]. ∠·er 명 「한 구역, 개간지.

thwaite [θweit] 명 (영방언) 경작 가능한 황무지의

*‡**thwart** [θwɔːrt] 동 타 **1** …에 반대하다, …을 방해하다, 훼방 놓다. **2** (계획·목적 따위) 를 좌절시키다; (남)의 (…)를 방해하다(*in*). ¶He was ~ed *in* his plan. 그는 계획을 저지당했다. **3** (고어) …을 가로지르다. ── 자 **1** 반대(상반)하다. **2** (고어) 가로질러 가다. ── 명 (보트의) 노젓는 사람이 앉는 가로장; (통나무배의) 옆가름대. ── 형 **1** 가로의, 횡단의. **2** 형편이 좋지 않은. **3** (고어) 짓궂은, 고집센. ── 전 (고어) (…을) 가로질러. ∠·ed·ly 부 ∠·er 명 「러.

thwart·ship [θwɔ́ːrtʃip] 부 (해사) 배를 가로지르는, 용골(龍骨)의 선수 직각방향으로.

thwart·ships [θwɔ́ːrtʃìps] 부 =athwartships.

thwart·wise [θwɔ́ːrtwàiz] 형부 가로지르는(듯이).

T.H.W.M. Trinity (House) *High Water Mark*.

*‡**thy** [ðai] 대 (thou의 소유격) 그대의, 너의. ⓑ thine

Thy·es·tes [θaiéstiːz] 명 (그리스 신화) 튜에스테스(펠롭스(Pelops)의 아들, 아트레우스(Atreus)의 동생).

thy·la·cine [θáiləsə̀in, -sin] 명 태즈메이니아늑대(오스트레일리아의 태즈메이니아 지방산(産)).

thyme [taim] 명ⓊⒸ (식물) 백리향(百里香).

thy·mec·to·my [θaiméktəmi] 명 흉선(胸腺) 절제

thym·ey [táimi] 형 =thymy. 「[적출](술).

*‡**-thy·mi·a** [θáimiə] 연결 「(…의) 정신(의지) 상태, …기질」의 뜻. ¶alex*thymia*.

thym·ic¹ [θáimik] 〖〗 백리향의[에서 추출된].
thym·ic² 〖〗 흉선(胸腺)의[에 관한].
thy·mine [θáimi(ː)n] 〖〗 〖생화학〗 티민(DNA의 주요 성분; ⑦ T). 〖〗 (방부제).
thy·mol [θáimoul, -mɔːl/-məl] 〖〗〖U〗 〖화학〗 티몰
thy·mo·sin [θáiməsin] 〖〗 〖생화학〗 티모신(흉선(胸腺)에서 생성되는 호르몬).
thy·mus [θáiməs] 〖〗 (〖〗 ~·es, -mi [-mai]) 〖해부〗 흉선(胸腺), 가슴샘(~ gland).
thym·y [táimi] 〖〗 백리향의[으로 된, 비슷한]; 백리향이 많은; 백리향 냄새가 나는.
thy·ra·tron [θáirətràn/-trɔ̀n] 〖〗 〖전자〗 사이러트론(열음극 방전관).
thy·ris·tor [θairístər] 〖〗 〖전자〗 사이리스터(반도체 소자).
thy·ro- [θáirou, -rə] 〖연결〗 「갑상선···」의 뜻(* 모음 앞에서는 thyr·). ¶**thyroidology, thyroma.**
thy·roid [θáiroid] 〖해부〗 **1** 갑상선의.¶the ~ cartilage 갑상 연골/the ~ gland 갑상선. **2** 갑상 연골의. ─〖〗 갑상 연골; 갑상선 동맥[정맥]; 〖약학〗 갑상선제(劑). **-rói·dal, ~·less** 〖〗
thýoid cáncer 〖〗 갑상선암.   「절제[적출](술).
thy·roid·ec·to·my [θàiroidéktəmi] 〖〗 갑상선
thy·roi·di·tis [θàiroidáitis] 〖〗 〖병리〗 갑상선염.
thy·roid·ot·o·my [θàiroidátəmi] 〖〗 갑상선 절개.
thy·rox·in(e) [θairáksi(ː)n/-rɔ́k-] 〖〗 〖생화학〗 갑상선 호르몬, 티록신(갑상선(腫) 치료용).
thyr·sus [θə́ːrsəs] 〖〗 **1** 〖그리스 신화〗 주신(酒神) 디오뉘소스(Dionysus)의 지팡이. **2** 〖식물〗 원추(密繖)꽃차례.   「〖귀형〗 너 자신.
***thy·self** [ðaisélf] 〖〗 (**thou** 와 **thee** 의 강조형 및 재
ti [tiː] 〖〗 〖음악〗 전음계의 제7음, 장음계의 「시」(si).
Ti 〖화학〗 ⑦ **titanium**. **TI** *target identification*; *technical institute*; *temperature indicator*; *Texas Instruments Inc*; *Transparency International* (국제 투명성 기구). **TIA** *transient ischemic attack*.
TIAA *Teachers Insurance and Annuity Association*.
Tia·mat [tjáːmɑt] 〖〗 **1** (근동(近東) 신화) 티아마트(바빌로니아의 여신). **2** (t-) 〖美공군〗 시험용 로켓 무인기.
Tian·an·men [tjàːnɑ́nmén] 〖〗 톈안먼(天安門) (중국 베이징(北京)의 자금성(紫禁城) 정문).
Tiānanmen Squàre 〖〗 (베이징의) 톈안먼 광장.
Tian·jin [tjàːndʒín] 〖〗 톈진(天津) (중국 허베이(河北) 성 동부의 도시).
Tian Shan [tjàːn ʃáːn] 〖〗 톈샨(天山) 산맥(중국과 러시아에 걸쳐 있는 산맥). (또는 **Tien Shan**)
ti·ar·a [tiǽrə/-áːrə] 〖〗 **1** 보석을 박은 여성용 머리 장식. **2** 로마 교황의 3중관(三重冠). **3** (the ~) 교황직, 교권. **4** 고대 페르시아인의 관. **~ed, ~·like** 〖〗
Tib. *Tibet(an)*.
Ti·ber [táibər] 〖〗 (the ~) 테베레 강 (로마를 관통하는 이탈리아 중부의 강). (* 이탈리아어로는 Tevere)
Ti·be·ri·as [taibíəriəs/-riæs] 〖〗 **the Sea of ~** ⇨GALILEE.   [tiara 2]
Ti·bet [tibét] 〖〗 티베트 (중국 서남부의 자치구; 해발 약 4,000미터; 수도 Lhasa). (또는 **Thibet**)
Ti·bet·an [tibétn] 〖〗 티베트의; 티베트 사람[말]의. ─〖〗 티베트 사람; 티베트말. (또는 **Thibetan**)
tib·i·a [tíbiə] 〖〗 (〖〗 ~**e** [-biìː]) **1** 〖해부〗 경골(脛骨). **2** 〖동물〗 (곤충의) 경절(脛節). **3** 〖옛날 동물의 경골로 만든〗 피리의 일종. **-al**
Ti·bi·one [tibíouni] 〖〗 (〖상표〗) 티비온(결핵 치료약).
tic [tik] 〖〗 **1** 〖병리〗 틱(특히 안면·목·어깨에 발생하는 급격한 경련). **2** 자주 나타나는 버릇, 뿌리깊은 개인적 특성, 병적 집착.
ti·cal [tikǽːl, tíːkəl] 〖〗 티칼. **1** 타이의 옛 중량 단위 (231.5 grains). **2** (1928년까지의) 타이의 화폐 단위; 타이의 은화.
tíc dou·lou·réux [-dùːlərúː] 〖〗 〖병리〗 안면 경련, 삼차(三叉) 신경통. (＜F *painful tic*)
***tick¹** [tik] 〖〗 **1** (시계 따위의) 똑딱똑딱 소리. **2** 〖英구어〗 순간.¶ *I'll be ready in a ~ [or two ticks].* 곧 준비됩니다. **3** (점검의 뜻인) 부호 (보통 ∨표), 체크(check), 점. **4** 〖美속어〗 (상승·증가의) 눈금, 정도. **5** 슬래잡기. **6** (동물의 털이나 새의 날개에 있는) 유색 반점.
half a tick 〖〗 잠시, 삽시에.   「사이에.
in two [or couple of] ticks 순식간에, 눈 깜짝할
on [or to] the tick 〖英구어〗 정각에, 정확히.
─〖〗 **1** (시계 따위가) 똑딱 소리를 내다. **2** 똑딱거리며 지나가다(*by, away*). ¶ (~ +〖〗) *The hours ~ed by.* 시간이 째깍째깍 지나갔다. **3** (사람·기구 따위가) 움직이다, 작동하다. ¶*What makes him ~?* 왜 그는 그런 식으로 행동하는가? **4** (엔진 따위가) 헛돌다. **5** 〖구어〗 (사람이) 그럭저럭 지내다, (평온 무사하게) 살다.
─〖〗 **1** (똑딱똑딱) (시간·미터 따위를) 알리다[가리키다] (*away, out, off*); (통신문 따위를) 똑딱똑딱 소리내며 보내다[알리다] (*out*). **2** ···에 표를 하다, ···을 조사하다, 체크하다, 체크하다(*off*).
tick away the time [or minutes] 시계가 똑딱거리며 시간을 가리키다; 시간을 보내다.
tick off ① ···에 표를 하다, ···을 조사하다. ¶ *~ off items in a list* 리스트의 항목을 체크하다. ② (속어) ···을 노하게 하다, 발끈하게 하다. ③ 〖英속어〗 ···을 꾸짖다.
tick out (수신기 따위가) 똑닥똑닥 〖통신〗 을 보내다.
tick over (엔진이) 공전하다, 헛돌다; (일이) 늦어지다, (활동이) 무디어지다; (일이) 순조롭게 되어가다.
what makes...tick 〖구어〗 (사람·세상 일 따위를) 움직이는(활동케 하는), 행동케 하는) 동기[이유, 사정].
tick² 〖〗 **1** 진드기. **2** 〖〗 *fever* 진드기 열. **2** 〖英구어〗 싫은 녀석; 〖英학생 속어〗 귀찮게 구는 하급생.
tick³ 〖〗 이불잇, 베갯잇; 〖구어〗 이불잇 감.
tick⁴ 〖〗〖U〗 〖구어〗 **1** 신용 (대부), 외상 (판매). **2** 지부 (置簿), 셈, 계산.
on [or upon] ~ 외상으로. ¶ *buy goods on ~* 외상으로 물건을 사다.
─〖〗 〖고어〗 외상으로 팔다[사다].   「징.
tíck bìrd 〖〗 〖조류〗 진드기를 상식(常食)하는 새의 총
ticked 〖〗 〖속어〗 성난, 토라진.
tick·er [tíkər] 〖〗 **1** 똑딱 소리를 내는 것. **2** (자동) 전신 수신 인자기; 시세 표시기(속보기). **3** 〖속어〗 시계. **4** 〖속어〗 심장. **5** 〖美·濠속어〗 용기, 배짱.
tícker tàpe 〖〗 **1** ticker 에서 자동적으로 나오는 테이프. **2** (환영하기 위해 창문에서 퍼레이드 따위에 던지는) 종이[색] 테이프.
tícker-tape paràde [recéption] 〖〗 (미국 뉴욕 시의 전통적인) 색종이 테이프가 뿌려지는 퍼레이드.
‡**tick·et** [tíkit] 〖〗 **1** 표, 승차권, 입장권.¶ *a bus ~* 버스표 / *a platform ~* (역의) 입장권 / 〖英〗 *a single [return] ~*; 〖美〗 *a one-way [round-trip] ~* 편도[왕복]표. **2** 〖美〗 정가·가격을 나타내는 표, 꼬리표, 정찰(正札), 라벨; 전당표; (셋탈 따위의) 벽보, 삐라. **3** 〖美〗 공천 후보자 (명부); (비유적) (정당의) 정책, 강령. **4** (고급 선원·비행사의) 면허장, 자격 증명서. **5** (the ~) 〖구어〗 적당[정당한] 물건, 안성맞춤의 일.¶ *That's the ~!* 바로 그대로다!; 안성맞춤이다! / *What's the ~?* 어쩌면 좋은가?; 이제부터 어떻게 할 작정인가[계획]인가? **6** 〖美구어〗 (교통 규칙 위반자에 대한) 호출장, 교통 위반 카드, 딱지. **7** 〖英군사 속어〗 제대 명령, 제대 증명서. **8** 〖속어〗 가출·속 허가증. **8** 〖英〗 명함. 〖英〗 (도서관의) 도서 대출권(표). **9** 〖은행〗 약식 전표 (나중에 정식으로 기장). **10** 〖드물게〗 메모, 각서. **11** 〖고어〗 플래카드.
get one's ticket 제대하다.
get one's ticket punched 〖美속어〗 죽다, 살해되다.

***have (got) tickets on** oneself* (濠속어) 잘난 체하다, 우쭐거리다, 자랑하다.
have** one's **ticket punched 어엿한 사람으로 인정받고 있다.
vote a ticket 어느 정당의 공천 후보자에게 투표하다.
work one's [or **the**] **ticket** (속어) ① (꾀병 따위를 써서) 제대하다; 꾀병을 대고 (일 따위에서) 도망치다. ② 뱃삯 대신으로 배 안에서 일하다.
write one's **own ticket** (구어) (사업·출세·인생 따위에 대해) 스스로 장래의 계획[방침]을 세우다 (to).
──图 1 …에 꼬리표를 붙이다 (as); [상품]에 정찰을 달다; …을 표를 달아 구별하다. ¶(~+图+as屬) ~ a person as a boaster 남에게 허풍쟁이라는 딱지를 붙이다. 2 (美) …에 표를 발매하다. 3 (美구어) (수동태로) …위반 카드를 발부받다 (for). ¶be ~ed for illegal parking[speeding] 주차[속도] 위반 딱지를 떼이다. 4 (구어) (특정한 목적·지위 따위에) 지명하다, 예정해 두다 (for). 5 (속어) …에게 표[초대장]를 보내다. ──图 표를 발행[조사]하다.
~·less 图
tícket àgency 图 (美) 표[입장권] 발매소.
tícket àgent 图 (美) 표 파는 사람.
tícket bàrrier 图 (英) 개찰구.
tícket bòok 图 (정기 또는 정액) 승차권.
tícket collèctor 图 (역 따위의) 집찰[검찰]원.
tícket còunter 图 (공항 따위의) 매표구[장]. 图 booking office. 「절날.
tícket dày 图 (英) (런던증권 거래소의) 현물 인도의
tícket machíne 图 표 판매기.
tícket níght 图 (2류 출연자를 위한) 자선 흥행.
tícket óffice 图 ⓐ booking office
tick·et-of-leave [-əvlíːv] 图 (英) (옛날의) 가출옥 (허가). ¶a ~ man 가출옥자.
tícket pùnch 图 (개찰원의) 표찍는 펀치.
tícket scàlper 图 (美속어) 암표상(商).
tícket tòut 图 (英) (경마의) 예상가; 암표상.
tícket wícket 图 개찰구.
tick·ing¹ [tíkiŋ] 图 이불잇 감(튼튼한 무명 따위).
tick·ing² 图 (시계 따위가) 똑딱거리는 소리.
tícking óff 图 질책, 꾸짖기.
*****tick·le** [tíkl] 图 1 …을 간질이다. ¶(~+图+图+图) ~ a person under the arms 남의 겨드랑이를 간질이다. 2 …을 만족시키다, 기쁘게 하다, 즐겁게 해주다 (at, by); …을 웃기다; 부추겨 …하게 하다 (into, into doing). ¶He was highly ~d at the idea. 그는 그 생각에 크게 만족하였다. 3 (감각·허영심 따위)를 쾌감 있게 자극하다. 4 (물건)을 가볍게 건드리다, 움직이다. [악기 따위]를 가볍게 뛰우다; [그림 따위]를 가볍게 터치로 그리다. 5 (사람)을 고무시키다, 자극하여 행동케 하다 (up). 6 [사람]을 채찍으로 때리다, 웅징하다. 7 [기억 따위]를 불러일으키다. 8 [생선 따위]를 손으로 잡다. ──图 간지럽다, 근질근질하다; 간질이다.
be tickled pink [or **silly, to death**] (구어) (…을) 매우 기뻐하다; 포복절도하다.
tickle** a person's **ribs ① 남의 몸을 가볍게 건드리다 [쓰다듬다]. ② 남을 재미있게 해주다.
tickle into [**out of**] 살금살금 …에 밀어 넣다[…에서 밀어내다].
tickle the fancy 인기에 영합하다.
tickle the ivories (구어) 피아노를 치다.
tickle the palm of a person; **tickle** a person **in the palm** ① 남에게 뇌물을 주다. ② 남에게 팁을 주다. 「횡령[착복]하다.
tickle the peter (濠·뉴질 속어) 금고에서 훔치다;
tickle the pickle (속어) (남자가) 자위를 하다.
tickle the shit [or **the piss**] **out of** a person (美속어) 남을 매우 기쁘게 하다, 열광케 하다.
──图 1 간질임; 간지러운 느낌. 2 (자존심 등을) 부추기는[추어올리는] 것. 3 (캐나다) 좁은 해협.

tick·ler [tíklər] 图 1 간질이는 사람[것]; 추어올리는 사람. 2 수첩, 비망록. 3 [회계] (지불일 따위를 기입하는) 단식(單式) 대장. 4 [전자] 티클러[재생] 코일. 5 (사육제 따위에서 사용하는) 간질이는 깃털. 6 (美속어) 미묘한 질문; 성가신 일[사람]. 7 (속어) 피아니스트. 8 (비유적) 생각나게 하는 것.
tick·lish [tíkliʃ] 图 1 간지러운. 2 (사람이) 다루기 어려운, 퇴까다로운, 성을 잘 내는. 3 주의를 요하는, 불안정한, 미묘한. **~·ly** 图 **~·ness** 图
tick·ly [tíkli] 图 =ticklish.
tick-o·ver [-óuvər] 图 (英) (엔진의) 공전, 헛돌기.
tick·seed [tíksìːd] 图 [식물] 씨가 옷에 잘 달라붙는 식물의 총칭(기생초, 털도깨비바늘 따위).
tick-tack [tíktæ̀k] 图 1 (시계 따위의) 똑딱똑딱 (하는 소리); (어린이말) 시계. 2 심장의 고동, 동계(動悸). 3 (英) (경마 따위에서) 물주끼리 하는 비밀 신호[몸짓]. ──图 똑딱똑딱 소리를 내다. (또는 **tictac**)
tick-tack-toe [-tóu] 图回 삼목(三目) 놓기(어린이 놀이의 하나)(英) noughts and crosses). (또는 **tick-tack-too**, **tic-tac-toe**, **tit-tat-toe**)
tick·tock [tíktàk/-tɔ̀k] 图 1 (큰 시계의) 똑딱똑딱 (하는 소리). 2 (어린이말) 시계; 손목시계. 3 (美속어) 중대 발표[사건]에 이르게 된 경과를 자세히 전하는 기사. 4 (美속어) 심장. ──图 (큰 시계가) 똑딱똑딱 하다.
tick·y-tack·y [tíkitæ̀ki] 图回U 평범한 싸구려 재료를 쓴 (것), 싸구려의 (물건). (또는 **ticky-tack**)
tic·toc [tíktàk/-tɔ̀k] 图图 =ticktock.
t.i.d., tid, TID (라틴) ter in die(=three times a day)(처방전에서) 하루에 세 번).
*****tid·al** [táidl] 图 1 조수의, 조수 작용에 의한; 간만(干滿)이 있는. 2 (배)의 주기적인; 단속적인; (교통·도로 따위가) 시간[상황]에 따라 변하는. 3 조수에 의존하는; 만조시에 출항하는. **~·ly** 图
tídal áir 图 (의학) (호흡할 때의) 1회 배기[호흡]량.
tídal bàsin 图 조수 독(dock).
tídal bóat [**stéamer**] 图 만조 때 출범하는 배.
tídal bóre = bore³.
tídal cùrrent 图 조류(潮流). 「면).
tídal dàtum 图 조위(潮位) 기준면(수심에 관한 기준
tídal flàt 图 간석지.
tídal flów 图 사람·교통이 시간에 따라 변하는 흐름.
tídal fríction 图 [해양] 조석(潮汐) 마찰(조류와 해류 사이의 마찰 현상).
tídal hárbor 图 조수항(潮水港), 만조항(滿潮港).
tídal pòwer generátion 图 [전기] 조력(潮力) 발전. 「전.
tídal pòwer plànt 图 조력(潮力) 발전소.
tídal ríver 图 감조(感潮) 하천(조수의 영향을 받아 수위·흐름의 속도가 변하는 하천).
tídal wáve 图 1 조파(潮波)(조수의 간만으로 일어나는 큰 파도). 2 (지진·강풍으로 일어나는) 높은 파도, 해일. 3 (비유적) (인심 따위의) 대변동, 큰 동요; 동향.
tid·bit [tídbit] 图 1 맛있는 음식의 한 입[조각]. 2 재미있는 뉴스[가십, 토막 기사]. (또는 **titbit**)
:id·dler [tídlər] 图 (英속어) 1 작은 가시고기, 작은 물고기. 2 아주 작은 것, (특히) 보통보다 작은 아이. 3 소형 오토바이. 4 반(半)페니 동전.
:id·dly [tídli] 图 1 (英속어) 좀 취한, 얼근히 취한. 2 (英) (배가) 스마트한, 일류의, 고급의; (선원이) 정장을 한. ──图 1 술. 2 (英속어) 중국인. (또는 **tiddley**)
:id·dly-wink [tídliwìŋk] 图 1 (~s) (단수취급) 어린이 놀이의 일종(작은 원반의 한 쪽 끝을 눌러 튕겨서 멀리 있는 컵 속에 넣는 놀이). (또는 **tiddleywinks**, (美) **tiddledywinks**) 2 (英속어) 술; 중국인.
*****ide¹** [taid] 图 (图 **~s** [-z]) 1 UⓒⒸ (the ~) 조수(의 간만), 조석(潮汐)(* 조수의 간만이 있는, 조류의 방향이 바뀌는 것을 tide, current는 조류가 일정 불변한 것). ¶ebb[or low] ~ 썰물, 간조 / spring[neap] ~ 대조(大潮)[소조(小潮)] / (at) flood [or full, high] ~ 만조(에),

2 흐름; 홍수; 썰물 때의 바다. **3** 영고 성쇠, 흥망, 기복, 상하, 증감. **4** (행운 따위의) 절정기; (질병 따위의) 가장 나쁜 때. ¶ a full ~ of pleasure 쾌락의 절정 / at the high ~ of fortune 운이 절정에 달했을 때에. **5** (the ~) (비유적) 추세, 경향, 기운, 풍조. ⇒FLOW 유의어 ¶ The ~ (of affairs) turns to him[or in his favor]. 형세가 그에게 유리해진다. **6** ① 때, 계절; (교회 달력의) 계절; (교회의) 축제 시기. ¶ *Time and ~ wait(s) for no man.* (속담) 세월은 사람을 기다리지 않는다. **7** (the ~) (고어) 호기(好機), 좋은 기회. **8** (물리) 대기(大氣) 조석. **9** (폐어) (어느 길이의) 시간, 기간.

go [*or* ***swim, flow, fight***] ***against*** [***with***] ***the tide*** [*or* ***current, stream***] 대세(습관·남의 사고 방식)에 거역하다[따르다, 순응하다].
save the tide ⇒SAVE.
stem the (rising) tide (…의) 흐름을 저지하다 (*of*).
take fortune at the tide; take the tide at the flood 좋은 기회를 타다.
turn the tide (…의) 형세를 일변시키다 (*of*).
work double tides (보통보다) 두 배로 일하다, 주야를 가리지 않고[전력을 다해] 일하다.

── ⓐ 〜s [-z]; **tid·ed; tíd·ing** ⓐ 조수처럼 흐르다[밀려오다]; 조수를 타고 가다[흘러가다]. ── ⓣ **1** 조수에 실어(조수처럼) …을 나르다(*off*). **2** (어려움 등)을 극복하다(*over*). (남)에게 …을 이겨내게 하다[극복시키다](*over*). ¶ (〜+目+副) 〜 *over* a difficult situation 어려운 처지를 극복하다 // (〜+目+前+名) 〜 *a person over* a crisis 남에게 위기를 극복시키다.
tide one's way 조류를 타고 나가다.
tide over [어려움 따위]를 극복하다[시키다], 헤쳐나가다[나가게 하다]; [재난 따위]를 면하다[하게 하다].
〜**·ful,** 〜**·like** ⓗ

tide² ⓘ (고어) 시간, 생기다. 「하는 상태인.
tide-bound [-bàund] ⓗ (해사) (배가) 밀물을 대기
tíde gàge[**gàuge**] ⓘ 검조기(檢潮器).
tíde gàte ⓘ 조문(潮門)(자동적으로 만조 때는 열리고 간조 때는 닫힘). 「러나는 영해내 해저.
tíde·land [táidlǽnd] ⓘ ⓤ 간석지; (〜s) 썰물 때 드
tíde·less [táidlis] ⓗ 조수의 간만이 없는, 조석(潮汐)이 없는. 〜**·ness** ⓝ
tíde lòck ⓘ 조갑문(潮閘門), 조수갑(閘)(운하 따위에서 수면 조절을 위한 조수와 운하 사이의 이중 갑문).
tíde·mark [táidmàːrk] ⓝ **1** 만조 때의 수위점(水位點); 간조 때의 최저 수위점. **2** (사람·물건의) 최고(최저) 도달점(수준). **3** (英구어) (목욕중일 때의) 물의 흔적.
tíde mìll ⓝ 조력(潮力)을 이용한 물레방앗간. 「높이.
tíde·pool [táidpùːl] ⓝ ⓢ 조수 웅덩이에서 자연을 관
tíde ràce ⓝ 빠른 조류; 조로(潮路). 「찰[채집]하다.
tíde·rip [táidrip] ⓝ 격류(반대로 흐르는 조류와 충돌하여 일어나는 거친 파도), 거친 파도, 격랑.
tíde tàble ⓝ 조석표(潮汐表), 조수의 간만표.
tíde·wait·er [táidwèitər] ⓝ **1** (옛날의) 승선 세관원. 만조 때에 배를 출입시키는 영국의 부두 노동자. **3** (비유적) 기회주의자.
tíde·wa·ter [táidwɔ̀ːtər, -wɑ̀t-] ⓝ **1** ⓤ 만조 때에 밀려오는 물. **2** ⓤ (美) 간만의 영향을 받는 바닷물, 조수. **3** (美) 조수의 영향을 받는 지역; (T-) 미국 버지니아 주(州) 동부의 저지대. **4** 해안.
tíde wàve ⓝ 조석파(潮汐波).
tíde·way [táidwèi] ⓝ **1** 조류가 흐르는 길; 조류. **2** 간석지. (또는 tide race).

***ti·dings** [táidiŋz] ⓝ (단·복수 양용) (문어) 통지, 기별, 소식, 정보. ¶ good[evil] ~ 희소식[흉보].
tid·ol·o·gy [taidálədʒi/-dɔ́l-] ⓝ ⓤ 조석학(潮汐學).
‡ti·dy [táidi] ⓗ (**-di·er; -di·est**) **1** 단정한, 정돈된 (몸차림 따위가) 깨끗한, 청초한. ⇒NEAT 유의어. **2** 깨끗한 것을 좋아하는. **3** 토실토실한, 잘생긴, 건강한. **4** (돈·수입 따위가) 상당한, 꽤 좋은, 괜찮은. ¶ a ~ sum of money 꽤 많은 돈 / a ~ chap 괜찮은 녀석. **5** (생각 따위가) 매우 조직적이고 계통이 선, 정연한, 명석한. **6** (해결·질문 따위가) 훌륭한, 만족스러운.
── ⓣ (**-dies** [-z]) …을 말끔히[깨끗이] 하다, 정돈하다, 치우다(*up, away*). ¶ (〜+目+副) 〜 *up* a room 방을 정돈하다.
tidy away (책·옷 따위)를 정리[정돈]하다, 치우다.
tidy out (불필요한 것을 치워) 깨끗하게 하다.
tidy (up) oneself 몸단장을 하다.

── ⓝ (**-dies** [-z]) **1** (의자 따위의) 등씌우개. **2** 자질구레한 것을 넣는 그릇[자루]; 쓰레기통.
-di·er ⓝ **-di·ly** ⓐⓓ **-di·ness** ⓝ

‡tie [tai] ⓥ (〜**s** [-z]; 〜**d; tý·ing**) ⓣ **1** (끈·밧줄 따위로) …을 묶다(*up*)(*with*); (물건)을 (…에) 매다, 붙들어[동여]매다(*up*)(*to, on, onto*). ¶ (〜+目+副) 〜 *a person's hands together* 남의 두 손을 묶다 / (〜+目+前+名) 〜 *a dog to* a tree *with* a leash 개를 가죽끈으로 나무에 매다(*on*). **2** (구두·모자 따위의) 끈을 매다; [리본 따위]를 매다. ¶ (〜+目+副) She 〜 *d a bonnet on*. 그녀는 모자를 쓰고 끈을 맸다. **3** 매어서 [만들어] 만들다; [보통 수동태로] …을 만들다. ¶ 〜 *a bow* [*an artificial fly*] 나비 매듭[제물낚시]을 만들다. **4** …을 결합하다; (구어) …을 결혼시키다; (어떤 경우·일 따위에) (남)을 속박[구속]하다(*down*)(*to, on*). ¶ 〜 *a person to* do something 어떤 일을 하도록 남을 매어놓다 // He is 〜 *d to* time[the job]. 그는 시간[일]에 매여 있다. **5** (보통 수동태로) (…에) 관계가 있다, 의존하고 있다 (*to*). **6** (건축) (들보 따위)를 결합하다; (음악) (이음줄)(一)로 (음표)를 연결하다. **7** (경기 따위에서) …과 동점이 되다, 타이가 되다. ¶ My dog 〜 *d* yours *in* the race. 그 경주에서 내 개는 당신의 개와 동점이 되었다.

── ⓘ **1** 매이다, 묶이다(*up*). ¶ (〜+目) This cord doesn't 〜 *well*. 이 끈은 잘 매어지지 않는다. **2** (경기 따위에서) 동점(타이)이 되다 (*with, for, in*). ¶ The two teams 〜 *d for* the first place *in* the league. 양 팀은 리그에서 함께 수위를 차지했다. **3** (물건이) (…와) 이어지다, 접속되다 (*with*); (일이) (…에) 귀착되다 (*to*).
be much tied 바빠서 잠시도 틈이 없다. 「(*to*).
be tied to time 정각까지 끝내야 하다.
fit to be tied (형용사적) 대단히 화가 난; (부사적) (강조) 아주, 대단히.
tie a person's tongue 입막음하다.
tie back …을 움직이지 않도록 끈으로 고정시키다.
tie down ① (일어서지 못하도록) …을 묶어 놓다, 매어 놓다 (*with*). ② …을 속박[제한]하다 (*to*). ③ (군사) [적의 움직임을 (…으로) 봉쇄하다 (*with*).
tie in (…와) 붙들어매다 (*with*); (일들이) 서로 관련이 있다; (이야기 따위가) (…와) 일치하다 (*with*).
tie into (美) [일]에 기세 좋게 달려들다; …을 게걸스럽게 먹다. ② (속어) …을 맹렬히 공격하다; 혹평[비판]하다. ③ (꿩)을 세게 쳐서 멀리 날리다.
tie it off (美속어) 하루 일을 마무리짓다; 방치해 두다.
tie it up (美속어) 일을 만족하게 끝내다, 문제를 해결하다. ⓝ 침묵하다.
tie off ① [혈관 따위]를 (지혈을 위해) 묶다. ② (美속어)
tie on (美속어) (끈 따위로) 동여매다.
tie one [or **it**] **on** (속어) …을 취하다; 과음하다.
tie the hands of …의 자유를 빼앗다.
tie the knot 동여매다; 결혼하다. 「…와 재혼하다.
tie to …에 의지하다, …을 신뢰하다.
tie together (생각 따위가) 일치하다; …을 묶다, 강하게 결부시키다.
tie up ① …을 단단히 묶다; …을 포장하다; [상처]에 붕대를 싸매다; (물건이) 묶이다. ② …을 속박[구속]하다; …을 방해하다. ③ (배)를 정박시키다; (배가) 매어지다. ④ (파업 따위로) (영업)을 정지시키다; (철도 따위)를 불통으로 되게 하다; [교통]을 정체시키다. ⑤ (재

T.I.E.

산)을 다른 곳에 유용[매매]할 수 없도록 투자[고정]시키다 (in). ⑥ (美) …을 연합[제휴]시키다, 합병하다 (to, with). ⑦ 연관시키다; 관계를 가지게 하다 (with); (구어) …을 결혼시키다. ⑧ (美속어) (수동형으로) (사람이) (…으로) 바쁘다 (with, in). ¶be ~d up 바쁘다. ⑨ [계약]을 맺다; [거래·계획 등]을 완성시키다.
── 图 (복~s [-z]) 1 매듭, 고달이; 장식 매듭. 2 끈, 구두끈. 3 넥타이. 4 (~s) 인연, 연줄, 연분; 관계 (with, to, between); 의리, 의무. ⇒BOND 유의어. 5 속박, 구속; 짐이 되는 것, 무거운 짐 (on). ¶legal ~s 법적 구속/The dog was a considerable ~ on them. 그 개는 그들에게 상당한 부담이었다. 6 (경기·선거 따위의) 동점, 타이; 무승부; (英) 승자 진출 시합, 토너먼트. ¶ The game ended in a ~, 4-4. 게임은 4대 4 무승부로 끝났다. 7 (일반적으로) 잇는[연결하는, 접합하는] 것. 8 [음악] 이음줄(‿); [건축] 이음 나무; (美) [철도] 침목; [항해] 돛의 활대를 상하로 조작하는 사슬. 9 (~s) 연모 달린 운두가 낮은 신발.
count ties; hit the tie (美속어) 선로를 걷다.
play [or *shoot*] *off a* [or *the*] *tie* 결승 시합을 하다.
the ties of blood 혈연(血緣).
T.I.E. *totally integrated environment*.
tie-back [táibæ̀k] 图 1 (커튼 따위를 한쪽으로 몰아서 달아 놓는) 장식띠[고리]. 2 (~s) tieback이 있는 커튼.
tie bèam [건축] 이음보; 지붕들보.
tie-break·er [táibrèikər] 图 [경기] 타이브레이크(무승부인 경우 승패를 결정짓기 위한 연장전). (또는 **tiebreak**)
tie-break·ing [-brèikiŋ] 图 [스포츠] 균형을 깨는. ¶a ~ two-run homer 균형을 깨는 2점 홈런.
tie-break sýstem [-brèik-] 图 [테니스] 타이브레이크제(制).
tie clàsp [clìp] 图 넥타이 핀. [레이크제(制).
tíed cóttage [táid-] 图 (英) 소작인용의 임대 주택.
tíed garáge 图 (한 회사의) 전용 차고. [택; 사택.
tíed hóuse 图 (英) 1 (특정 회사의 술만을 파는) 술집, 시음장, 특약 술집. 2 =tied cottage.
tíed lóan 图 [금융] 조건부 융자[차관]. [용구.
tie-down [-dàun] 图 물건을 묶는[잇는] 장치, 고정
tie-dye [-dài] 图 홀치기 염색(부분적으로 염색이 안 되도록 천을 꽉 동여서 하는 염색); 홀치기 염색을 한 옷. ── 囤 (…을) 홀치기 염색을 하다.
tie-in [⁴in] 图 (다른 것과) 끼워서 파는 (방식의). ¶a ~ *sale* 끼워 팔기식 판매. ── 图UC 1 끼워 팔기식 판매(의 상품). 2 관계, 연관. 3 (파이프라인의) 접속. 4 타이인. a) 영화·소설 등의 동시 발행[발표, 선전]. b) 동시[동조(同調)] 발표의 책[영화, TV프로]. [연락선.
tie líne 图 [통신] 연락선(線); 전용 전화 회선; [전기]
Tien·an·men [tjénənmén] 图 =Tiananmen.
Tien·tsin [tíntsín/tjèn-] 图 =Tianjin.
tie-on [⁴án/-ɔ̀n] 图 묶여진, 끈으로 묶인.
tie-pin [táipìn] 图 넥타이 핀.
tier¹ [tiər] 图 1 (~s) (관람석 따위의) 열, 줄, 층. ¶in ~s 층층으로. 2 한 단(段), 층; (대포나 선박의) 일렬. 3 계단; 계층. 4 (濠) 산맥. ── 囤 …을 층층으로 쌓다.
── 图 층층을 이루다.
ti·er² [táiər] 图 1 매는 사람[것]. 2 (美방언) (어린이의) 앞치마, 턱받이. 3 (해사) (접은 돛을 묶는) 짧은 밧줄.
tierce [tiərs] 图 1 티어스(옛날의 용량 단위; 42 gallons). 2 (1 티어스 들이의) 통. 3 [교회] 3시과(時課) (오전 9시의 기도). 4 [펜싱] 제3의 자세. 5 [카드놀이] (piquet에서) 같은 패의 연속되는 3장. 6 [음악] 셋째 음.
tier·cel [tíərsəl] 图 =tercel.
tier·cet [tíərsít] 图 =tercet.
tiered [tiərd] 图 층층으로 된.
tiered párking lòt 图 주차용 빌딩.
Tier·ra del Fue·go [tiérə dèl fwéigou] 图 티에라델푸에고(남아메리카 남단에 있는 군도).

tiers é·tat [F tjɛːʀzeta] 图 (프랑스 혁명 이전의) 제 3계급, 서민 계급, 평민. (<F *third estate*)
tie sìlk 图 타이실크(넥타이·블라우스용 견직물).
*****tie tàck** 图 넥타이 핀.
*****tie-up** [-ʌ̀p] 图 1 (파업·사고 따위에 의한 교통·업무 등의) 불통, 두절, 휴업. 2 (기업 등의) 협력, 합동, 제휴, 타이업 (*between*); 연관, 관계 (*with*). 3 (보트 따위의) 계류장(繫留場). 4 (美) 소 외양간. 5 양말 대님.
TIF *telephone influence* [*interference*] *factor*.
tiff¹ [tif] 图 (英·인도) =tiffin.
tiff² 图 1 (구어) 사소한 말다툼, 시비, 승강이. ¶a domestic ~ 가족간의 다툼/have a ~ with a person 남과 사소한 말다툼을 하다. 2 가벼운 역정, 언짢은 기분. ¶be in a ~ 좀 골이 나 있다. ── 图 1 사소한 말다툼을 하다. 2 좀 화를 내다, 기분을 상하다.
tiff³ 图 1 (고어) 1 (도수가 약한) 술. 2 한 모금[잔].
tif·fa·ny [tífəni] 图UC 티퍼니(얇고 성긴 평직 직물; 원래는 비단을 썼지만 지금은 솜·합성 섬유로 만들어진다).
Tif·fa·ny [tífəni] 图 **Charles Lewis ~** 티파니 (1812-1902: 미국의 보석상); (the ~'s) (New York 시에 있는) Tiffany 보석점.
tif·fin [tífin] 图 (英구어) 图U 가벼운 식사, 점심(lunch).
── 图 가벼운 식사를 하다, 점심을 먹다. ── 囤 …에게 점심을 내다.
Tif·lis [tíflis] 图 티플리스(Tbilisi의 옛 이름).
tig [tig] 图 (英구어) 1 술래잡기. (또는 **tag**) 2 벌컥 흥분한 상태.
*****ti·ger** [táigər] 图 (복 ~(s) [-(z)]) 1 (수컷) 호랑이, 범 (* 암컷은 tigress, 새끼는 cub, whelp). 2 호랑이 비슷한 동물(cougar, jaguar 따위). ¶an American ~ 재규어(jaguar). 3 a) (호랑이처럼) 잔인[흉포, 용맹]한 사람, 사나운 사람; (英) 마구 으스대는 사람; (美속어) 위세당당한 사람; (英구어) 잔인함, 용맹함. ¶rouse the ~ in a person 남의 흉포한 성질을 자극하다. 4 (英구어) 탁월한 운동 선수[등산가]; (경기에서의) 강적(僵敵). 5 (美) (Hip, hip, hurrah! 따위 환성을 지르며) 성원하는 소리, 환호 (* three cheers and a tiger라고 한다); 갈채. 6 (英속어) 제복을 입은 (어린) 하인. 7 힘세고 대식하는 물고기 (sand shark 등). 8 (구어) 호랑이, 타이거(성공을 이룬 동아시아의 소규모의 경제; 특히 홍콩·싱가포르·대만·한국). 9 (카드놀이) (faro에서) 10 = blind ~.
buck [or *fight*] *the tiger* (美속어) ① 카드놀이의 faro를 하다. ② (faro 따위에서) 물주와 승부하다.
have [or *get*] *a tiger by the tail* (구어) 예상 밖의 곤경에 빠지다.
park a tiger (英속어) 구토하다.
put a tiger in a person's tank 남에게 에너지[정력]를 공급하다.
ride the [or *a*] *tiger* 불안정한[위험한] 생활을 하다.
work like a tiger 맹렬히 일하다.
~-like 图
tíger bèetle 图 길앞잡이(몸길이 약 20밀리의 풍뎅이).
tíger càt 图 큰 살쾡이; (집에서 기르는) 얼룩 고양이.
ti·ger·eye [táigərài] 图 1 UC 호안석(虎眼石)(황갈색의 장식용). 2 图 외관이 호안석 같은 도자기용 유약.
ti·ger·ish [táigəriʃ] 图 (모양 따위가) 호랑이 같은; (힘·노여움·식욕 따위가) 격렬한, 광폭한; 흉포[잔인, 용맹]한. ¶a ~ fury 격렬한 분노. **~·ly** 图 **~·ness** 图
tíger júice 图 (美구어) 강한 술, 싸구려 술; (일반적으로) 술, 맥주.
tíger líly 图 참나리(동아시아 원산).
tíger mosquìto 图 외줄모기(아시아산(產)의 대형 모기; 뎅기열 따위의 전염병을 매개한다).
*****tíger mòth** 图 불나방(불나방과(科)의 나방의 일종).
tíger sálamander 图 얼룩도롱뇽(북미산).
ti·ger's-eye [táigərzài] 图 =tigereye.

tíger shàrk 명 배암상어. (또는 **léopard shàrk**)
tíger('s) swéat 명 (美속어) = tiger juice.
ti·ger·wood [táigərwùd] 명U 호랑이 반점 무늬가 있는 가구용 목재.
‡**tight** [tait] 형 (~**er**; ~**est**) 1 단단한, 단단히 맨[죈], 빡빡한.¶a ~ knot 단단한 매듭/a ~ lid 꽉 닫힌 뚜껑.
2 (밧줄 따위가) 팽팽하게 당겨진; (얼굴·미소 따위가) 굳어진, 딱딱한.¶a ~ smile 딱딱하고 굳은 미소.
3 (예정·장소 따위가) 꽉 찬, 가득 메운.¶a ~ page 활자가 꽉 들어찬 페이지.
4 (의복·신발 따위가) 꼭 맞는, 몸에 꼭 끼는, 답답[갑갑]한(↔loose).¶a ~ fit 꼭 맞는 옷.
5 (피륙이) 촘촘한; (목재에) 썩은 데가 없는; (그릇·신발 따위가) 물[공기]을 새게 하지 않는, 방수의; (복합어로) 방(防)[내(耐)]…의.¶a ~ roof 비가 새지 않는 지붕/a ~ barrel 물이 새지 않는 통/water-~ 방수의.
6 (관리·단속·훈련 따위가) 엄한, 엄격[엄중]한.¶~ control 엄격한 감독. 7 (상황 따위가) 다루기 힘든, 골치 아픈, 어려운. 8 (문체 따위가) 간결한, 명쾌한; 극히 압축된, 딱딱한.¶a ~ style of writing 간결한 문체. 9 (경기 따위가) 호각[접전]의, 세력이 백중한.¶a ~ race 접전. 10 (상업) (거래가) 이익이 박한; (시장이) 공급 부족의; 품귀의, 물건이 달리는(↔easy); 돈 얻기가 힘드는, 금융 경색의.¶Money is ~. 돈이 귀하다. 11 (구어) (관계가) 친밀[밀접]한(with); (사람 등이) 단결[결속]한, 결이 굳은(in); 성실한, 성의 있는. 12 (구어) 구두쇠의, (거래에서) 인색한(in); (美방언·속어) 사람이 강경한, 공격적인. 13 (속어) 술취한.¶get ~ 취하다. 14 (신문이) 기사(광고)가 남아 도는. 15 (스코) 유능한, 솜씨가 좋은. 16 (방언) 산뜻한, 깔끔한; 단정한, 아담한.¶a ~ little vessel [lass] 아담한 배[아가씨]. 17 (야구) (투구가) 인사이드의; (미식축구) (포메이션이) 빈틈이 없는.
(**as**) **tight as a drum** [**load, milk, tick**] (속어) 몹시 취한.
be in a tight situation [or (구어) **corner, spot, squeeze**] 곤경에 빠져 있다, 진퇴유곡이다.
get tight 술취하다.
keep a tight rein [or **hand**] **on** a person 남에게 엄하게 굴다.
run a tight board (美속어) 방송 시간을 최대한으로 사용하다.
up tight = uptight.
— 부 (~**er**; ~**est**) 1 단단히; 굳게, 꽉.¶hold a rope ~ 밧줄을 단단히 잡다. 2 (구어) 푹, 깊이.¶fall ~ asleep 푹 잠들다.
sit tight (구어) ① 도사리고 앉다, 꼼짝달싹 않고 있다. ② 고집하다, 버티다. ③ 시기를 기다리다.
—명 1 (美속어) 궁지, 곤경. 2 (럭비의) 스크럼.
~·**ness** 명 견고; 긴장; 금융 핍박.
-**tight** [tait] 연결 '…이 통하지 않는'의 뜻. 형 -**proof**.¶airtight.
tight-ass [≤æs] 명 (속어·비어) 고지식한 사람, 딱딱한 사람; 구두쇠. —형 고지식한, 딱딱한. (또는 (英속어) **tight-arse**)
tight-assed [≤æst] 형 (속어) 고지식한, 딱딱한, 융통성이 없는; 인색한.
tight building 명 (오염된 공기가 순환하는 기밀성(氣密性)이 높은 빌딩.
tight building sỳndrome 명 기밀(氣密) 빌딩 증후군(빌딩 환기 불량에 기인하는 신체적 부조화).
tight córner 명 =tight squeeze. [TBS
‡**tight·en** [táitn] 타 (~**s** [-z]) 1 (고삐·벨트·나사 따위를) 꼭 죄다, 팽팽히 당기다; (이음매 따위를) 굳게 하다(up, down); (관리·통제 따위를) 엄하게 하다(up); (입술을) 꽉 다물다.¶~ the reins 고삐를 당기다(~+图+閉) ⇒ up rules 규칙을 엄하게 하다.
—자 죄어지다, 굳어지다, (…을) 엄하게 하다, …이 엄해지다(up)(on); 팽팽해지다; (정세 따위가) 절박[핍박]해지다, 궁색해지다.¶Money ~s after the war. 전후에는 금융이 핍박해진다.

tighten one's **belt** ⇒BELT.
~·**er**
tight énd 〔미식축구〕 공격측 포지션의 하나(태클에 밀접하여 위치를 잡는 엔드(end)). 형 **split end**
tight-fist·ed [-fístid] 형 인색한, 구두쇠의; 고삐를 바싹 죄는, 긴축의.¶~ economic policy 긴축 경제 정책.
tight·fit·ting [táitfítiŋ] 형 (옷 따위가) 몸에 꼭 맞는[끼는], 빡빡한.
tight-knit [-nít] 형 촘촘히 짠; 꽉 짜여진, 잘 짜여진 된, 긴밀한.¶a ~ schedule 꽉 짜여진 스케줄.
tight-laced [-léist] 형 1 끈으로 꽉 죈; 꽉 끼는 코르셋을 입은. 2 (예의 범절에) 엄격한, 틀에 박힌.
tight-lipped [-lípt] 형 1 입을 굳게 다문. 2 입이 무거운, 쉽게 입을 열지 않는; 말수가 적은.
‡**tight·ly** [táitli] 부 (-**li·er**; -**li·est**) 단단히; 정확하게; 엄중히; 단정하게, 깨끗이. [money.
tight móney 명 1 금융 긴축; 금융 핍박. 2 = hard
tíght-mòn·ey pólicy 명 금융[재정] 긴축 정책.
tight-mouthed [-máuðd] 형 =tight-lipped.
tight·rope [táitròup] 명 줄타기의 팽팽히 맨 밧줄.¶a ~ dancer [or walker] 줄타기 곡예사/walk (on) a ~ 줄타기를 하다; (비유적) 위험한 다리를 건너다.
—자 줄타기를 하다; 줄타기를 하듯 걷다[움직이다, 나아가다].¶(fig., course 따위를 목적어로 하여) 줄타기로[를 하듯] 걷다[움직이다, 나아가다].¶~ one's way 줄타기로[를 하듯] 나아가다.
tights [taits] 명 (댄서·곡예사 등이 입는) 몸에 꼭 끼는 옷, 속옷, 타이츠. 2 (옛날 궁정 따위에서 입은) 다리에 꼭 끼는 남자 반바지. 3 (英) 팬티 스타킹(美·캐나다 panty hose). 4 (the ~) (美속어) 빈곤, 곤궁, 무일푼.
tight schèdule 명 꽉 찬 일정.
tight spót 명 (구어) 아주 곤란한 상황[입장], 궁지.¶**in a ~** 궁지에 빠져, 어렵게 되어.
tight squéeze 명 (구어) 궁지, 어려운 고비(* tight spot와는 달리, 어떻게든 빠져나갈 수 있는 상황을 가리킨다). ¶**in a ~** (재정 따위에) 궁지에 처해. ⇒TIGHT 형 7. (또는 **clóse**[**nárrow**] **squéeze**)
tight·wad [táitwàd/-wòd] 명 (美구어) 구두쇠, 노랑이.
tight·wire [táitwàiər] 명 =tightrope.
ti·glon [táiglən] 명 =tigon. [<tiger+lion]
ti·gon [táigən] 명 타이곤(수범과 암사자 사이의 트기). 형 **liger** [<tiger+lion]
Ti·gré [tigréi] 명 1 티그레(아프리카 동부의 옛 왕국; 현재는 이디오피아 북부의 한 주(州); 주도 Aduwa). 2 티그레 어. 3 티그레 족.
ti·gress [táigris] 명 암범; 잔인한[사나운] 여자.
Ti·gris [táigris] 명 (the ~) 티그리스 강(터키 동부에서 비롯되어 이라크를 지나 페르시아 만으로 흘러든다).
ti·grish [táigriʃ] 형 =tigerish. [下].
T.I.H. *Their Imperial Highnesses*(두 분 전하(殿
Ti·juá·na táxi [tiːwɑːnə-] 명 (美속어) 경찰 순찰차.
tike [taik] 명 (濠속어·경멸적) =tyke. [차.
ti·ki [tíːki] 명 (뉴질) 1 (T-) [폴리네시아 신화] 티키; 지상 최초의 인간. 2 티키를 나타내는 폴리네시아어 목[상[석상(石像)].
til [tiː(ː)l] 명 참깨. (또는 **teel**)
til² 포르투갈 말에서 모음 위에 붙이는 비음화(鼻母音化) 기호(˜)(pão 等).
'til [til] 전접 (비표준어) =until.
TIL [til] 명 (●~**s**) 〔의학〕 (암치료를 위해 특별 처리한) 종양 침윤성 림프구(球). [<*tumor-infiltrating lymphocyte*]
ti·la·pi·a [tiláːpiə, -léi-] 명 틸라피아(아프리카 산 (産)의 온대 담수어의 총칭). [경2률 무게 마차.
til·bur·y [tílbèri/-bəri] 명 (19세기 영국에서 유행한)
til·de [tíldə] 명 1 스페인어 등의 n의 위에 붙이는 ~ 기호(구개 비음(口蓋鼻音)[n]을 나타낸다. 예: señor). 2 = swung dash.

‡tile [tail] 명 (~**s** [-z]) **1** (집합적) 타일, 기와; 화장 타일. ¶a roofing ~ 지붕기와 / a paving ~ 도로 포장용 타일. **2** (리놀륨·돌·고무·금속제 따위의) 타일형 건축재. **3** (배수·하수용) 토관; 속이 빈 벽돌. **4** (마작 따위의) 패. **5** (구어) 딱딱한 모자; 실크 해트(silk hat).
be [or *go*] (*out*) *on the tiles* (속어) 난봉 피우다, 방탕하다.
have a tile loose (속어) 머리가 좀 돌았다.
── 타 **1** …에 기와를 이다[올리다], 타일을 붙이다; (기와로 이듯이) …을 덮다; …에 토관을 부설하다. **2** (Freemason 집회장 따위에) 파수꾼을 두다; (회의 사항)를 극비로 하다; …에게 비밀을 지킬 것을 맹세시키다. ~**-like** 형.
tiled [taild] 형 **1** 타일을 붙인, 기와를 올린. **2** 외부사람을 들이지 않는.
til·er [táilər] 명 **1** 기와를 이는[타일을 붙이는] 사람; 기와[타일] 제조자. **2** (또는 **tyler**) (Freemason 따위 비밀 결사의) 망보는 사람.   [가마.
til·er·y [táiləri] 명 (기와[타일] 공장; 기와[타일] 굽는
til·ing [táiliŋ] 명 **1** ⓤ 기와 이기 (공사), 타일 붙이기 (공사). **2** 기와 지붕; 타일 바른 면(面): (집합적) 기와[타일]류.
‡till¹ [til] 전 **1** (동작·상태의 계속) …까지 (쭉), …이 되기[이르기]까지(한 since). ¶ ~ ten o'clock 10시까지 / ~ then [now] 그 때[지금]까지 / work from morning ~ night 아침부터 밤까지 일하다 / ~ after midnight 자정 지나서까지. **2** (부정어와 함께) …까지는 (…하지 않다), …에 비로소 …(하다)(before). ¶ He did *not* come ~ late at night. 그는 밤이 늦어서야 겨우 왔다. **3** (시간적으로) …경, …가까이(near). ¶ ~ evening 저녁 까지, 저녁 무렵에. **4** (美) …(분) 전(to, before). ¶ ten minutes ~ six 6시 10분 전. **5** (스코) …에, …에게(to, unto); …까지. ¶ go ~ Edinburgh 에딘버러에 가다 / give something ~ a person 남에게 물건을 주다.
── 접 **1** (동작·상태의 계속) a) …할 때까지 (쭉), …까지. ¶ Wait ~ he comes back. 그가 돌아올 때까지 기다려라. ⇨BEFORE (USAGE¹). *till로 유도되는 종속절 안에서는 미래의 일도 현재형으로 나타낸다. b) (결과를 나타내어) …하는 정도까지, …하여 마침내. ¶ The girl ran ~ she was out of breath. 소녀는 숨이 차도록 뛰었다. **2** (부정어와 함께) …할 때까지는 (…않다), …하여 비로소 …(하다). ¶ He *won't* go away ~ you promise to help him. 그는 네가 그를 도왔겠다고 약속하기까지는 떠나지 않을 것이다.

(USAGE) **till**과 **until** ── 의미상으로는 특별한 차이는 없으나, until이 어세가 강하고 격식을 차린 말로서 문두에 쓰이는 경우가 많다. 또 일반적으로 (美)에서는 until이 더 흔히 쓰인다.

‡till² 타 (~**s** [-z]) **1** (땅)을 갈다, 경작하다. **2** …을 배양하다; 연구하다. ── 자 토지를 경작하다.
till³ 명 **1** (상점·은행 따위의) 현금 서랍[돈궤](안의 현금). **2** 귀중품 서랍. **3** (책상 위의) 서류 정리함.
have one's fingers [or *hand*] *in the till* (구어) 자기가 일하는 가게의 돈을 훔치다.
with one's hand in the till [or *cookie jar*] (美속어) 현행범으로. 〔(英) 경점토(硬粘土).
till⁴ 명 (지질) 표력토(漂礫土), 표석 점토(漂石粘土);
till·a·ble [tíləbl] 형 경작할 수 있는[에 알맞은].
till·age [tílidʒ] 명ⓤ 경작(기술); 경작지[물].
till·er¹ [tílər] 명 경작자, 농부; 경운기. 「제어 장치.
till·er² 명 (해사) 키의 손잡이, 틸러; (일반적) 방향
at the tiller 키를 잡고; 지휘하는 입장에서.
~**-less** 형.
till·er³ 명 어린 나무, 어린 잎; (그루터기에서 나는) 새싹.
── 자 (식물의) 어린 가지[싹]가 나다.
till·er·man [tílərmən] 명 조타수.

till·ite [tílait] 명 표력암(漂礫岩). 형 till⁴.
Til·ly [tíli] 명 틸리(여자 이름; Matilda의 애칭). (또는 **Tillie**)
*****tilt**¹ [tilt] 타자 **1** …을 기울이다, 경사지게 하다. ¶ ~ a bottle 병을 기울이다 / (~ + 목 + 부) ~ a hat *sideways* 모자를 비스듬히 쓰다. **2** 마상(馬上) 창시합에서 (창)을 들고 달려들다, 세게 내지르다; (상대방)을 (창으로) 찌르다; (상대방)을 공격[습격]하다 (~ + 목 + 부 + 전 + 명) ~ a person *out of* his saddle 창으로 찔러 남을 말에서 떨어뜨리다. **3** (사진기)를 상하로 움직이다. **4** (강철)을 기계 해머로 벼리다[두드리다]. ── 자 **1** 기울다, 경사지다(up, over). ¶ (~ + 부) The desk is apt to ~ over. 그 책상은 잘 기운다. **2** 말을 타고 창 시합을 하다; (창 따위로 …을) 찌르다, 창을 겨누다(at, against). **3** 싸우다; (문장·말로) 공격[비난, 항의]하다(at, against). ¶ ~ at abuses 악폐를 공격하다. **4** (사진기가) 상하로 움직이다. **5** (지질) (지층이) 급경사로 기울다.
tilt at windmills 가상의 적(부정)과 싸우다. [<Don Quixote가 풍차를 거인이라고 생각하고 싸운 데서]
── 명 **1** 경사, 기울기, 기울어짐(slant); 경사면. ¶ have a ~ to the south 남쪽으로 기울다. **2** (중세의) 마상(馬上) 창시합. **3** (무기의) 찌르기(thrust). **4** 공격, 토론, 비난(at, against). **5** (낚시) 낚시찌의 일종. **6** = ~ hammer. **7** (공중 촬영 사진에서) 카메라의 조준 방향과 지표(地表)에 대한 수직선이 만드는 각도.
(*at*) *full* [or *high*] *tilt* (구어) 전속력으로; 전력을 다하여.
at tilt = atilt.
come full tilt against …에 전속력으로 부딪치다.
give a tilt to …을 기울이다.
have [or *run*] *a tilt at* [or *against*] *a person* 남을 공격[비판, 논박]하다.
have a tilt to …(방향)으로 기울어져 있다.
on the tilt 기울어져서.
run full tilt into …에 맹렬한 기세로[정면으로] 부딪치다. 〔치다.
~**·a·ble** 형. ~**·er** 명.
tilt² 명 **1** (마차·보트 따위의) 덮개, 포장; 차양, 비막이 (awning). **2** (뉴펀들랜드) 통나무집. ── 타 …에 덮개를 씌우다, 포장[차양]을 치다.
tilth [tilθ] 명ⓤ **1** 경작(tillage); 경작 상태. **2** 경작지. **3** (지식 따위의) 계발(啓發), 육성, 도야(陶冶).
tilt hàmmer 명 동력 해머. ⇨ triphammer
tilt·me·ter [tíltmìtər] 명 (지질) 경사계(傾斜計).
tilt-ro·tor [‑ròutər] 명 (항공) 틸트로터(주익(主翼) 양 끝에 장비한 엔진과 프로펠러를 위아래로 회전시켜 수직 이륙이나 고속 전진 비행이 가능한 비행기).
tilt-top [‑tàp/‑tɔ̀p] 형 (테이블 따위의) 윗판을 수직으로 세울 수 있는.   [tip-top table.
tilt-top tàble 명 윗판을 수직으로 세울 수 있는 탁자
tilt·yard [tíltjɑ̀ːrd] 명 (중세의) 마상 창시합장.
Tim [tim] 명 팀(남자 이름; Timothy의 애칭).
Tim. (성서) Timothy(디모데서).
tim·bal [tímbəl] 명 **1** (고어) = kettledrum. **2** (곤충) (매미 따위의) 고막, 진동막. (또는 **tymbal**)
tim·bale [tímbəl] 명ⓤ 탱벌(새고기·생선을 갈아 달걀 흰자위를 넣고 소스를 쳐서 만든 요리). [<F]
‡tim·ber¹ [tímbər] 명 (~**s** [-z]) **1** 자라고 있는 나무의 재목. ¶ standing ~ 입목. **2** ⓤ (건축용) 재목, 목재, 수목. **3** (⦅美⦆ 판재(板材)(⦅美⦆ lumber). **3** (집합적) 입목, 수목. ¶ cut down ~ 입목을 베다. **4** 들보, 횡목. **5** (~s) (해사) 선재(船材), 늑골재(肋骨材). **6** (스포츠) (경마의) 경기의 목조 장애물(문이나 목책 따위). (~s) (크리켓의) 삼주문. **7** ⓤ 성격, 인품, 소질, 자질, (일반적으로) 질. ¶ a man of good ~ 인품이 좋은 사람. **8** ⓤⓒ 재료, 원료, 소재. **9** (목재 의족) (속어) 다리.   [빌어먹을!
My [or *Shiver my*] *timbers!* (해사 속어) 제기랄!, ── 타 …에 재목을 공급하다; …을 재목으로 세우다[짓다, 받치다](up). ¶ (~ + 목 + 부) ~ up a roof 재목

timber

으로 지붕을 이다. ── ⓣ 목재를 베어내다. ── ㉿ (나무가) 쓰러진다(벌채시의 위험 신호). ── ⓗ timber(용)의; (고어) 나무로 된. ~**·less**, ~**·y** ⓗ

tim·ber² ⓝ (상업) 모피 한 다발(40매).
tim·ber·beast [tímbərbìːst] ⓝ (속어) =logger.
tim·bered [tímbərd] ⓗ 1 재목을 쓴, 목재를 쓴, 목조의; (복합어로) 구조에 …재(材)의, 체격에 …한. 2 입목이 있는, 수목이 울창한.
tim·ber-framed ⓗ 목골(木骨) 구조의.
tim·ber·head [tímbərhèd] ⓝ (해사) 1 팀버헤드 (밧줄 따위를 감기 위한 늑골재(肋骨材)의 연장부). 2 = bollard 1.
tim·ber·head·ed [-hèdid] ⓗ (속어) 우둔한.
tímber hìtch ⓝ (해사) 옭매듭(둥근 재목에 밧줄을 매는 방법의 하나).
tim·ber·ing [tímbəriŋ] ⓝⓤ 1 (집합적) 건축 용재. 2 =timberwork.
tim·ber·jack [tímbərdʒæk] ⓝ 벌목꾼(logger).
tim·ber·land [tímbərlænd] ⓝ 삼림지.
tim·ber·line [tímbərlàin] ⓝ (식물) (the ~) (높은 산·극지의) 수목의 생장 한계(선)(tree line).
tim·ber·man [tímbərmən] ⓝ 재목업자; 광산의 나무 울타리 만드는 사람.
tímber mìll ⓝ 제재소.
tímber ràttlesnake ⓝ 방울뱀(미국 동부산(產)).
tim·ber-toe(s) [-tòu(z)] ⓝ (속어) 나무 의족(을 [한 사람]).
tímber wòlf ⓝ (북아메리카산(產)) 이리.
tim·ber·work [tímbərwə̀ːrk] ⓝⓤ 목조[목골(木骨)] 구조; (~s) 목재 공장.
tímber yàrd ⓝ (英) 목재 두는 곳((美) lumberyard).
tim·bre [tǽmbər, tím-] ⓝⓤ 음질, 음색, 탱브르.
tim·brel [tímbrəl] ⓝ (고어) = tambourine.

~**·ist** ⓝ -**brel(l)ed** ⓗ

Tim·buk·tu [tìmbʌktúː, -́-] ⓝ 1 팀북투(아프리카 서부 Mali 중부에 있는 도시). 2 (또는 **Timbuctoo**) 멀리 떨어진 곳, 원격지. ¶from ~ to Tallahassee 세계의 끝에서 끝까지.

‡**time** [taim] ⓝ (복) ~**s** [-z] 1 ⓤ (과거·현재·미래로 이어지는 무한한) 때, 시간; 세월; (미래의 긴) 시간, 후세, 후대; (의인화하여) 시간의 신. ¶Father T-, 시간의 신. ~ and space 시간과 공간 / T- creeps on. 시간은 모르는 사이에 지나간다 / T- is money. (속담) 시간은 곧 돈이다 / T- flies like an arrow. (속담) 시간은 쏜 화살같이 빨리 지나간다 / T- and tide wait(s) for no man. (속담) 세월은 사람을 기다리지 않는다 / T- will take care of the rest. 나머지는 시간이 해결할 것이다.

2 ⓤⓒ (막연히 한정된) 시간, 기간, 간격; (…하는 데 필요한[소비된]) 시간. ¶in [or after] a short ~ 오래지 않아, 곧 / for [or in] a long ~ 오랫동안 / from ~ immemorial 아득한 옛날부터, 아주 오랫동안 / in half an hour's ~ 반시간 만[동안]에 / It will take (a long) ~. 시간이 (오래) 걸릴 것이다 / It's a long ~ since I saw you last. 오래간만입니다.

3 ⓤ (the ~) 시(時), 시각, 시간; 시점. ¶scheduled ~s of departure (열차 따위의) 출발 예정 시간 / What ~ is it? = What is the ~? = Do you have [or (英) Have you got] the ~? (지금) 몇 시입니까?(* 「당신 시계로는 몇 시입니까?」는 What ~ do you have [or (英) make it?] / the ~ of the explosion 폭발 시각.

4 ⓤ (때로 T-) 표준시; …시. ¶astronomical ~ 천문시(天文時) / Greenwich (Mean) T- 그리니치 표준시 / local ~ 지방시 / solar ~ 태양시 / standard ~ 표준시.

USAGE (英)의 표준시는 Greenwich T-, (美)의 표준시는 Eastern ~, Central ~, Mountain ~, Pacific ~, Yukon ~, Alaska ~, Bering ~ 등 7시간대에 걸쳐 있다. 한국의 표준시는 Korea Standard ~.

5 ⓤ (…하기에 충분한) 시간; 틈, 여가 (for, to do). ¶find ~ for a trip 여행할 틈을 내다 / have no ~ to spare 잠시도 한가한 틈이 없다, 바쁘다 / I was greatly pressed for ~. 나는 시간에 몹시 쫓겼다 / Have I ~ to catch the train? 기차 시간에 대어갈 수 있을까요? / There will be no ~ to lose [or be lost]. 우물쭈물할 겨를이 없다; 급하다 / There's not much ~ left. 시간이 별로 없다.

6 ⓤⓒ (…하는 데) 알맞은 때[시기]; 당연히 …이 행해질 때 (for, to do); 기회, 호기(好機). ¶a ~ for sowing 씨를 뿌릴 때, 파종기 / watch one's ~ 호기를 노리다 (bide one's time) / There is a ~ and (a) place for everything. 모든 일에는 때와 장소라는 것이 있다 / The ~ will come when …. 올 때가 올 것이다 / Now is the ~ to act. 지금이 행동을 할 때다.

7 예정된 시각, 정각(定刻); (英) (법으로 정해진) 술집의 폐점 시간. ¶train ~ 발차 시각 / curtain ~ 개막 시간 / T-, gentlemen, please! (주인이 손님을 향하여) 폐점할 시간입니다.

8 a) (되풀이되는 행위·사건의) 경우, 즈음; …번, …회; 순번, 차례. ¶this [next] ~ 이번[다음 번] / for the first ~ 비로소, 처음으로 / three ~s a day 하루 세 번 / many ~s; many a ~ 여러 번 / It's the pitcher's ~ at bat. 투수가 칠 차례이다. b) (~s) …배. ¶ten ~s as large as; ten ~s larger than …보다 10배나 큰 / I paid him five ~s the rate. 나는 그에게 요금의 다섯 배나 지불했다 / Six ~s three is eighteen. 3의 6배는 18.

9 (특정한 경험을 수반하는) 시간, 때, 한때; 매우 유쾌[불쾌]한 때[경험]; (속어) 야단 법석; (~s) 경기, 시세, 풍조. ¶good [hard] ~s 호경기[불경기] / keep up [or pace] with the ~s 시대의 추세에 보조를 맞추다.

10 ⓤ 시기, 계절, 시절; (하루 중 어떤) 시간(대)(※ 종종 복합어를 만든다). ¶about this ~ of (the) year 1년중 이맘때 / at Christmas ~ 크리스마스 (때) / in (the) winter ~ 겨울철에 / It's ~ for lunch. 점심 시간이다.

11 (the ~) 현대, 작금, 최근; 당시; (~s) (역사상의) 시대, 시기; 연대; 지질 연대. ¶the scientists of the ~ 현대의 과학자들 / the good old ~s 그리운 옛날 / ancient [medieval, modern] ~s 고대 [중세, 근대] / prehistoric ~s 선사 시대 / in Roman ~s 로마 시대에 / in the ~ of Milton 밀턴 시대[생존시]에.

12 (사람의) 생애, 일생, (특정의) 시기, 때, 기간. ¶My ~ is almost over. 내 일생은 거의 끝나간다 / That will last our ~. 그것은 우리가 살아 있는 동안 지속될 것이다.

13 ⓤ (제한된[정해진]) 기간; 견습 기간, (머슴살이의) 연기(年期); (구어) (복수) 기간; 형기(刑期). ¶serve one's ~ 복무 기간을 채우다, 복역하다.

14 ⓤ 근무 시간[기간, 일수]; (시간·일당 기준) 급료[임금]; 시간[일]급. ¶full ~ 종일 근무, 정규직 / part ~ 시간제 근무 / pay double ~ [~ and a half] 고정급의 2[1.5]배의 급료를 지불하다.

15 (one's) ~ 죽을 때, 임종. ¶His ~ has come. 그의 임종이 다가왔다.

16 (one's ~) (발생) 임신 기간; 출산일, 분만기. ¶She is near her ~. 그녀는 출산일이 가깝다 / She is far on in her ~. 그녀는 임신한 지 꽤 오래된다.

17 ⓤ (음악) 박자, 박자, 가락, 리듬, 템포(tempo). ¶duple [triple, quadruple] ~ 2[3, 4]박자 / waltz ~ 왈츠의 박자 / out of ~ 박자가 틀린 / beat ~ 박자를 맞추다.

18 ⓤ (스포츠) (경기·경주 따위의) 시간, 타임; 타임아웃(time-out). ¶T- (is up)! (심판) 멈춰, 중지, 타임업 / call the ~ (심판) 중단을 선언하다.

19 ⓤ (군사) 행군 속도; 보행[행진] 속도; (운전·일 따위의) 속도. ¶double [quick, slow] ~ 구보[속보, 보통 걸음] / at double-quick ~ 구보로; 매우 급히, 아주 빨리.

20 (운율) (운(韻)의 한 절의) 시간의 단위, 운율 단위.
abreast of the times ① 현대적인[으로]. ② 시사 [시국]에 밝은. ⑳ *behind the times*
against time ① 시간내에 마치려고 노력하여, 시간을 다투어서, 전속력으로. ¶ *work against ~* 시간을 다투어 일하다. ② 시간을 벌기 위해. ③ 기록을 깨기 위해. 「서 있어, 독창적으로.
ahead of one's times (사람·착상 따위가) 시대에 앞
ahead of time 예정[기한]보다 빨리, 정각(定刻) 전에. ¶ be completed *ahead of ~* 예정보다 빨리 완성되다.
all in good time 때가 오면, 기다리노라면, 마침내는.
all the time ① 그 동안 내내. ② 언제나, 쉬지 않고. ¶ *work all the ~* 하루 종일 일하다.
any time =anytime.
as times go (구어) 지금 상황으로는, 때가 때인만큼.
at all times 언제든지, 언제나, 항상.
at any time ① 언제라도, 아무때나 (* (美)에서는 anytime이 보통). ② 언제, 어느때.
at a time 한 번에, 동시에; 한꺼번에. ¶ *go up the steps two at a ~* 계단을 한 번에 두 개씩 오르다.
at no time 결코 …하지 않다. ¶ *At no ~ did anyone say such a horrid thing to her.* 아무도 그녀에게 그런 심한 말을 하지 않았다.
at odd times 이따금, 틈틈이.
at one time ① 예전에는, 한때는. ¶ *At one ~ they owned a restaurant.* 그들은 한때 레스토랑을 경영했다. ② 한번에, 동시에.
(at) one time with [or **and**] **another** 전후 합하여; 시간이 있을 때마다.
at other times ① 다른 때에는. ② 평소에는.
at the best of times ⇨ BEST ⑳.
at the same time ① 동시에. ② 그래도, 역시.
at this time of (the) day 이맘때에, 이제야; 이렇게 늦게[빨리].
at times 때때로, 가끔. ¶ *At ~s I hardly understand him.* 나는 때로는 그의 말을 거의 알아듣지 못한다.
at (*your*) time of life (당신의) 나이 때에(는).
beat a person's time (속어) 남의 데이트[구혼] 상대를 가로채다; 경쟁 상대에게 이기다.
before one's time ① 때가 오기 전에, 시기에 앞서서. ② =*ahead of one's time*. ③ (출산이) 달이 안 차서. ④ 제명대로 살지 못하고.
behind the times 시대(유행)에 뒤떨어진, 구식의.
behind time (美) (시계가) 늦어; (열차 따위가) 정각보다 늦게, 지각하여; (지불 따위가) 밀려서.
between times 틈틈이, 때때로.
bide one's time 호기를 노리다.
buy time ① =*gain time*. ② 라디오·TV의 시간대를 사다. 「를 사다.
by the time ① 그때까지. ② (접속사적) …할 때까지(는).   「패배하다.
come to time ① 의무를 다하다. ② (美속어) 지다.
do one's time 복역하다, 형(刑)을 살다. ¶ *He is doing his ~ in prison.* 그는 복역중이다.
draw one's time ⇨ DRAW.
fall on hard times 불운한 꼴을 당하다.
for all time (to come) 앞으로 영원히.
for a time 당분간(은), 잠시; 임시로.
for old times(' sake) 옛정을 생각하여.
for the first time 처음으로.
for the last time 최후로, 이것을 한도로.
for the time being ⇨ BEING.
for this time 이번만.   「*mind*.
from time out of mind =*since time out of*
from time to time 때때로, 이따금. ¶ *She comes to see us from ~ to ~.* 그녀는 때때로 우리를 만나러 온다. 「를 벌다; (일부러) 꾸물대다.
gain time ① (시계가) 빠르다(㊧ *lose time*). ② 시간
get one's time (美속어) 해고당하다.

give a person a hard time ① 남을 못 살게 굴다. ② 남에게 참견하여 방해하다.
give the time of day =*pass the TIME OF DAY*.
give time 유예하다, 유예를 주다.
half the time ① 절반의 시간. ② 자주; 거의 언제나.
have a bad [or **hard**] **time (of it)** 혼이 나다.
have a good [or **fine, pleasant**] **time (of it)** 즐거운 시간을 보내다, 재미있는 시간을 갖다.
have a lot of time for (구어) (남)을 존경하다, (…에) 호감을 가지다; (…에) 열중하다.
have an easy time (of it) (구어) (돈·물건·일 무게를) 고생하지 않고 손에 넣다; 편안한 생활을 하다.
have no time for a person (구어) 남을 싫어하다, 상대하지 않다.
have oneself a time (*doing***)** (…하면서) 즐거운 시간을 보내다, 즐겁게 지내다.
have the time ① 시간이 있다. ② 몇 시인지 알다.
have the time of one's life (구어) 더없이 즐거운 시간을 보내다[경험을 하다].   「아들아, 할 일이 없다.
have time (hanging) [or **on**] **one's hands** 시간이 남
have time on one's side 시간적 여유가 있다.
in advance of one's time =*ahead of one's time*.
in bad time 시간을 어겨서; 늦게.
in double-quick time 매우 빠르게.
in due time ⇨ DUE.
in good time ① 시간을 어기지 않고, 시간에 맞춰. ② 일찍, 좀 이르게. ¶ *We arrived at the appointed spot in good ~.* 우리는 좀 일찍 약속 장소에 도착했다. ③ 적당한 때에, 때가 되면, 머지 않아.
in (less than) no time 즉시, 곧, 순식간에.
in one's own good time 형편이 좋을 때에, 사정이 허락할 때에; 자기 나름의 속도[페이스]로. ¶ *Call me in your own good ~.* 형편 닿는 대로 전화를 하게.
in one's own time ① =*in one's own good time*. ② =*on one's own time*.
in one's time 살아 있는 동안에; 젊었을 때에는, 옛날에는; …의 시대에는.
in slow [true] time 느린[올은] 속도[박자]로.
in (the) course of time 이윽고, 그 사이에.
in the fullness of time ⇨ FULLNESS.
in the (very) nick of time ⇨ NICK.
in time ① 제시간에, 늦지 않고, 마침 알맞은 때에 (*for*) (㊧ *late*). ¶ *come just in ~ for dinner* 저녁 시간에 꼭 맞춰 오다. ② 이윽고, 조만간, 결국. ¶ *In ~* he'll see that he was mistaken. 조만간 그는 자신이 잘못되었음을 알게 될 것이다. ③ 박자[리듬]를 맞추어 (*to, with*). ④ (구어) (의문사를 강조하여) 도대체, 대체(*on earth*). ¶ *Why in ~ couldn't you come?* 도대체 너는 왜 올 수 없었느냐?
in time(s) to come 장래에는.
It is (high) time (that)... …할 때다.

USAGE **It is time**+가정법 과거 — '…하여도 좋은 [해야 할] 때다'의 뜻인 It is (high) ~ 다음에 오는 절 안에서는 가정법 과거형을 쓰는 것이 보통이다. 다만 were 대신에 was를 쓰는 경우도 있다. 또 that는 종종 생략된다: *It is ~ we went to bed.* 이젠 잘 시간이다 / *It is ~ he were [or was] up.* 이제 그가 일어나야 할 시간이다. * 이 구문에서는 주문(主文)이 과거일지라도 종속절에 가정법 과거형을 쓴다: *It was ~ we went to bed.*

---

keep time ① (시계가) 시간을 기록하다, 때를 (정확히) 가리키다. ¶ *keep good [bad] ~* (시계가) 잘 맞다 [맞지않다]. ② 박자를 나타내다[지키다]. ③ (…와) 박자를 맞추다 (*with*).
kill time 시간을 보내다, 소일하다.
live on borrowed time (환자·노인이) 의외로 오래 살다, 기적적으로 살아남다.

lose time ① (시계가) 늦다(⟷ gain time). ② 우물쭈물하다; (…에) 시간을 낭비하다 (in, on). ¶He lost no ~ in informing us of the matter. 그는 지체하지 않고 우리에게 그것을 알렸다 (about).
make a time 야단 법석을 떨다 (over).
make the time up 시간을 벌충하다.
make time ① (늦은 것을 만회하려고) 서두르다, 빨리 가다. ② (…의 속도로 나아가다[운전하다, 날다, 여행하다]. ¶make good[poor] ~ 빨리[느리게] 나아가다; 빠르다[느리다]. ③ (…하는 데) 시간을 짜내다 (for, to do).
make time with (美俗) [여자]에게 구애하다. [여]
many a time 몇 번이고, 여러 번; 자주.
mark time ① (일이) 진척되지 않다, 답보 상태에 있다; (사람이) 관망하다, (행동·활동을) 삼가다. ② (군사) 제자리 걸음하다.
near one's time 해산날[임종]이 가까워져서.
nine times out of ten; ninety-nine times out of a hundred 십중팔구. [겨우.
not before time 거의 늦어서[시간에 대지 못해서].
not give *a person* **the time of day** ⇨ TIME OF DAY.
no time (구어) 매우 짧은 시간(에), 곧.
not know the time of day ⇨ TIME OF DAY.
Now is the [or your] time. 지금이 절호의 기회다.
of all time 고금을 통하여, 고금의. ¶the greatest scholar *of all* ~ 전무후무한 대학자.
once upon a time ⇨ ONCE.
one's time of life 연령, 나이. [때에; 무보수로.
on one's own time 근무 시간 외에, 틈이 날[한가한]
on time ① 시간을 어기지 않고, 정각에. ¶arrive *on* ~ 정각에 도착하다. ② (美) 후불로, 할부로. ¶buy furniture *on* ~ 할부로 가구를 사다.
out of time ① 너무 늦어서. ② 제철이 아닌, 때늦은. ③ 박자가 맞지 않는[틀린] (⟷ in time). ¶sing *out of* ~ 박자가 틀리게 노래하다.
pass the time of day ⇨ TIME OF DAY.
play for time ⇨ PLAY. [고 경기를 끝내다.
play out time (수세에 몰린 팀이) 점수를 내주지 않
sell time 라디오·TV의 시간대를 팔다.
since time out of mind (사람의 기억에 없는) 먼 옛날부터. [옛날부터.
some other time 다시 언젠가.
some time [or other] 언젠가는, 조만간.
take a person his time (구어) 남을 몹시 애를 먹이다, 남을 고생시키다.
take one's (own) time ① 천천히 하다, 서두르지 않고 하다 (over, about). ② 늑장부리다, 꾸물대다.
take [or seize] time by the forelock 기회를 놓치지 않고 포착하다, 민첩하게 제때에 행동하다.
take time in doing; take time to *do* 시간을 들여 …하다.
tell (the) time ① 시간을 말하다. ② (can 뒤에서) (아이 등이) 시계를 볼 수 있다. [는.
(the) first time (that)… (접속사적) 처음 …하는 때
(there is) no time like the present (구어) 지금이 (…하기에) 제일 좋다.
third time lucky 세 번째 만에 성공하는.
Those were times! 옛날이 좋았지!
time after time; time and (time) again 몇 번이고, 되풀이하여, 재삼재사; 자주, 여러번.
time enough (구어) 아직 이른, 일찌감치 (for, to
Time is up. 이제 시간이 다 됐다. [do).
time of day ⇨ TIME OF DAY.
time off [or (美) **out]** 일이 없는[한가한] 시간, (활동의) 일시적 중단, 휴식 (to do, for). ¶I was busy and couldn't afford to take (the) ~ *off*. 나는 바빠서 한가한 시간을 가질 여유가 없었다.
Time (out)! (美俗) 잠깐 중지[기다려]!

time out of mind (문어) (from, since, for 뒤에) 아주 먼 옛날, 태고.
times without [or out of] number (헤아릴 수 없을 만큼) 몇 번이고.
Time was when…; There was a time when… …인 때[시대]가 있었다. ¶*T*- *was when* you could buy a cigar for a nickel. 시가 한 개를 5센트에 살 수 있었던 시절이 있었다. [것이다.
Time will tell (if…) (…인지 어떤지는) 때가 오면 알
to time 시간을 정하여; (英) (시간표의) 시간대로, 정
up to time (美) =*on time*. [각에.
What a time you have been! 여태 어디 가 있었니!
what time (시) =when, while 접.
when time presses 급할 때는.
with time 시간이 흐름[지남]에 따라, 머지않아, 마침내. ¶*With* ~ he will realize it. 머지않아 그는 그것을 깨닫게 될 것이다.
—— 형 (한정용법) 1 시간의; (시간의 경과)를 나타내는 [기록하는]; (폭파 장치 따위가) 시한(時限)의. 2 (상업) 약정 기일에 지불해야 할, 정기의; 월부의, 분납의. ¶a ~ payment 월부 지불.
—— 통 (~**s** [-z]; ~**d**; **tim·ing**) 탄 1 …의 시간[속도]을 재다[기록하다]. ¶~ a race 경주의 타임을 재다.
2 …의 시간을 정하다; (사건·행동 따위)의 (시간적) 간격을 정하다 (for); …할 때를 정하다[고르다, 예정하다] (to do). ¶(~+몸+前+名) ~ the test *for* 30 minutes 시험 시간을 30분으로 정하다 // (~+몸+to do) You should ~ your visit *to* fit his convenience. 그의 형편에 맞도록 방문 시간을 잡아야 한다.
3 (시계의) 시간을 맞추다 (with); (열차 따위)를 조절하다[정하다] (to do). ¶(~+몸+前+名) *T*- your watch *with* mine. 네 시계를 내 시계에 맞추어라 // (~+몸+to do) The train is ~d to reach Rome at 2:30. 그 열차는 로마에 2시 30분에 도착한다.
4 박자를 맞추다; 박자에 맞추다 (to). ¶(~+몸+前+名) ~ one's steps *to* the music 댄스 스텝을 음악에 맞추다.
── 자 박자를 맞추다; 박자[리듬]이 맞다 (with). ¶(~+前+名) steps *timing with* music 음악과 리듬에 맞는 스텝.

Time 명 타임(지)(誌)(1923년 창간된 미국의 시사(時事) 주간지). [근무 수당.
tíme and a hálf 명 (시간외 노동에 대한) 50% 초과
tíme and mótion stúdy 명 (시간과 작업 능률의 상호 관계)의 시간 동작 연구.
tíme báll 명 보시구(報時球)(옛날에 일정한 시각을 알리기 위하여 장대기 끝에서 공을 떨어뜨리던 시보의 일
tíme bárgain 명 (상업) 정기 매매[거래]. [종).
tíme báse 명 (전자) 시간축(軸). 참 oscilloscope
tíme bélt 명 =time zone.
tíme bíll 명 1 (英) =timetable. 2 정기불 약속 어음.
time-bind·ing [-báindiŋ] 명 U 다음 세대에 경험이나 기록을 전달·보존하는 인간의 특성.
tíme bómb 명 1 시한 폭탄; 위험을 내포한 정세, 정정(政情) 불안. 2 (美俗) 종이 같은 것에 싸서 먹는 마약.
tíme bóok 명 근무 시간 기록부.
tíme càpsule 명 타임 캡슐(후세에 남길 자료들을 넣어 지하 따위에 묻어 두기 위한 용기).
tíme-càrd [táimkà:rd] 명 1 =timetable. 2 근무 시간 기록표, 타임 카드.
tíme chárt 명 1 (세계 각지의) 표준시 일람표. 2 특정 시대의 역사 연표(年表).
tíme chárter 명 정기 용선(傭船) 계약.
tíme clòck 명 1 시간 기록계(計), 타임 리코더(time recorder). 2 (생물) 체내[생체] 시계.
time-con·sum·ing [-kənsùːmiŋ/-sjùːm-] 형 (일 따위가) 많은 시간을 요하는[낭비케 하는], 시간이 걸리는.

timed [taimd] 형 1 (복합어로) 때마침 …한. ¶ an ill-~ arrival 좋지 못한 도착. 2 시한의, 시간이 정해진. ¶ a ~ detonator 시한 기폭 장치.
time depòsit 명 (은행) 정기 예금.
time difference 명 시차(時差).
time dilátion [dilàtation] 명 (물리) (상대성 원리에 의한 고속도 물체의) 시간 팽창.
time discount 명 기한 할인(만기가 되지 않은 어음의 지불에 대한 할인).
time dràft 명 〔상업〕 일람후 정기불 어음. 「의.
timed-re·léase [∠rilíːs] 형 〔약학〕 지효성(持效性)
time-ex·píred [∠ikspàiərd] 형 〔군사〕 복무 기간이 만료된, 만기 제대의.
time expósure 명 〔사진〕 1 타임 노출(보통 2초이상); ⓒ 타임 노출에 의한 사진. **tíme-ex·pò·sure** 형
time fàctor 명 시간적 요인, 시간의 제약.
time fràme 명 (특정한 상황 아래서 어떤 일에 소요되는) 기간, 시간; (어떤 시간의) 틀.
time·ful [táimfəl] 형 (고어) 기회가 좋은, 형편이 좋은, 때에 맞는(timely).
time fùse [fùze] 명 시한 신관(信管).
time gùn 명 〔군사〕 시포(時砲), 오포(午砲).
time-hon·ored [∠ànərd/-ɔ̀n-] 형 (관습·전통·제도 따위가) 옛날부터의; 유서 깊은. ¶ a ~ custom 옛부터 전해 오는 관습.
time immemórial 명 1 먼 옛날, 태고(time out of mind). 2 〔법률〕 법률적 초(超)기억 시대(Richard 1세의 치세 첫 해(1189년) 이전의 시대).
time·keep·er [táimkìːpər] 명 1 시계. ¶ a good [bad] ~ 정확[부정확]한 시계. 2 (경기 따위의) 시간 기록원, 계시원(計時員); 근무 시간 기록원. 3 (음악의) 박자를 맞추는 사람. **-kèep·ing** 명 계시(計時).
time killer 명 1 심심풀이로 시간을 보내는 사람. 2 소일거리, 심심풀이가 되는 것, 오락.
time killing 명 심심풀이. 「(상의 지체)[차이]. 시차.
time-làg [∠læg] 명 (관련된 두 가지 일 사이의) 시간
time-lapse [∠læps] 형 저속 촬영의. ¶ ~ photography 저속 촬영 사진.
time·less [táimlis] 형 (문어) 1 영원한, 영구적인; 무한의. 2 특정한 시간[시대]에 한정되지 않는. 3 (고어) 시기 상조의, 때를 얻지 못한. **~·ly** 부 **~·ness** 명
time límit 명 제한 시간, 시한, 기한.
time-line [∠làin] 명 (분·초까지 정밀하게 예정된) 시각표. ¶ Apollo 11's planned ~ 아폴로 11호의 예정된 시각표.
time lòan 명 기한부 대출(금). ⇒ call loan 「시각표.
time lòck 명 시한(時限) 자물쇠.
＊**time·ly** [táimli] 형 (**-li·er; -li·est**) 1 때 맞춘, 기회가 좋은, 적시의. ⇒ OPPORTUNE 유의어 ¶ ~ help 시기에 알맞은 도움 / a ~ hit (야구의) 적시타. 2 (고어) 이른. ── 부 1 때마침, 시기에 알맞게. 2 (고어) 일찍. **-li·ness** 명
time machìne 명 타임 머신(과거·미래로 여행할 수 있다고 하는 상상의 기계). ⟨H.G. Wells의 과학 소설 *The Time Machine* (1895)⟩
time mòney 명 기한부 대출금. 「motion study.
time-mó·tion stùdy [∠móu∫ən-] 명 =time and
time nòte 명 〔상업〕 약속 어음.
time of dáy 명 (the ~) 1 (시계가 가리키는) 시각. ¶ Can you tell me the ~? 지금 몇 시입니까? 2 (구어) 현대, 현재. 3 실정, 진상; 정세, 사태.
 not give a person *the time of day* (구어) 남을 거들떠보지 않다, 조금도 도울 생각이 없다; 남에게 무뚝뚝한 태도를 취하다. ¶ She wouldn't give me the ~. 그녀는 나 같은 건 거들떠보지도 않았다.
 not know the time of day 아무 것도 모르다, 실정을 모르다.
 pass the time of day (구어) (남과) 아침 저녁의 인사를 하다, (두세 마디) 말을 주고받다(*with*).

time-óff [∠ɔːf/-ɔ̀f] 명 (직장·학교 따위의) 쉼[결석].
time·ous [táiməs] 형 〔스코〕 1 이른. 2 기회가 좋은, 때에 알맞은. **~·ly** 부
time-óut [∠áut] 명 ⓤⒸ 〔美·캐나다〕 1 짧은 시간의 활동 정지, 중단, 끊김. 2 〔스포츠〕 타임 (아웃)(경기의 일시 중지).
time·piece [táimpìːs] 명 계시기(計時器), 크로노미터(chronometer); 시계. 「는, 오래 견디는.
time·proof [táimprùːf] 형 내구성이 있는, 낡지 않
tim·er [táimər] 명 1 시간[간격]을 조절하는 사람[것]. 2 경과 시간을 재는 장치(스톱워치 따위). 3 = timekeeper. 4 (내연 기관의) 점화 시기 조정 장치; 타임 스위치, 타이머. 5 파트 타이머, 시간제 노동자. 6 (컴퓨터) 타이머(시간 간격 측정 장치·프로그램).
time ràte 명 (~s) 〔경제〕 1 시간급(給). 2 시간대(帶)별 방송 요율; 기한부 환시세.
time recòrder 명 =time clock 1.
time-re·léase [∠rilíːs] 형 =timed-release.
time revérsal 명 〔물리〕 시간 반전(反轉)(물리 현상이 역(逆)일시라도 같은 법칙이 지배하는 원리).
time revèrsal inváriance 명 〔물리〕 사건 반전(反轉) 불변성.
Times [taimz] 명 타임스. a) (*The ~*) 영국의 대표적 일간지(별칭 「런던 타임스」). b) (*The ~*) =*New York Times*. c) =*Financial Times*. 「소하라.
 write to The Times 타임스지에 기고하여 세상에 호
time-sav·ing [táimsèiviŋ] 형 (방법·장치 따위가) 시간 절약의. **-sàv·er** 명
time scàle 명 시간의 척도.
Ti·mese [táimiːz] 명 잡지 *Time*의 용어[문체].
time-sé·ries anàlysis [∠síəriːz-] 명 〔마케팅〕 시계열(時系列) 분석.
time·serv·er [táimsə̀ːrvər] 명 시류[권력자의 의견]에 따르는 사람, 기회주의자, 줏대[지조] 없는 사람.
time·serv·ing [táimsə̀ːrviŋ] 형 세상 풍조에 따르는, 기회[편의]주의의. ── ⓤ 기회주의, 무절조. **~·ness** 명
time-share [∠∫èər] 명ⓔ …을 시분할(時分割)하다, 시분할 방식을 취하다. ── 형 = time-sharing 2. **-shàr·er** 명
time-shared [∠∫èərd] 형 〔컴퓨터〕 시분할 방식의.
time-shar·ing [∠∫èəriŋ] 명 1 ⓤ 〔컴퓨터〕 타임셰어링, 시분할 (방식)(별개의 단말기를 쓰는 여러 사람이 각기 다른 컴퓨터를 1대의 컴퓨터를 동시에 사용하는 일). 2 (또는 **time-share**) (형용사적) (휴가용 임대 주택의).
time shèet 명 =timecard 2. 「공동 이용 계약.
time sìgnal 명 (라디오·TV의) 시보(時報).
time signature 명 〔음악〕 박자 기호. 생략 key signature.
time spàce 명 시공(時空)(4차원의 세계). 「nature
time spìrit 명 시대 정신.
times sìgn 명 곱셈 기호(×).
Times **Squàre** 명 타임스 광장(New York 시 Manhattan 구의 중심부; 극장·레스토랑 따위가 많다).
time stàmp 명 (우편) 타임 스탬프(편지나 소포의 수취·발송 일시를 날인하는 도구). **time-stàmp** 동
time stùdy 명 =time and motion study.
time swìtch 명 (전기) 타임 스위치(정시에 자동적으로 움직이는 스위치).
time-sym·met·ric [∠simétrik] 형 〔물리〕 시간 대칭의(팽창과 수축을 번갈아 반복하는 진동(振動) 우주 모델에 대해 말함).
＊**time·ta·ble** [táimtèibl] 명 1 (비행기·열차 따위의 운행) 시간표. 2 (일시(日時)를 명시한) 계획[예정]표. 3 〔英〕 **a)** (수업) 시간표(schedule). **b)** 대학 요람(catalog). ── 동 〔英〕 …의 계획[예정]표를 짜다.
time-test·ed [∠tèstid] 형 장기간의 사용[경험]으로 보증이 된. 「시간 여행.
time tràvel 명 (과학 소설에서의) 시공(時空) 여행,

tíme trìal 명 타임 트라이얼(출발에 시차를 두고 개인 별로 시간을 측정하는 자동차 경주 따위).
time-trip [‑trip] 동《속》향수에 빠지다.
tíme utílity 명《마케팅》시간 효용(제품을 구매자가 바라는 상태로 만듦으로써 제품에 주어지는 가치).
Tíme Wárner 명 타임 워너사(*Time, People* 따위 잡지를 발행; TV · 출판도 행함).
tíme wàrp 명 1 시간 왜곡(시간의 변칙적 흐름이나 정지). 2《美속》시간적 착각[혼란], 시대 착오.
time-work [táimwə̀ːrk] 명U 시간제 작업.
~**·er** 명 시간제 노동자.
time·worn [táimwɔ̀ːrn] 형 1 낡아빠진, 오래된, 닳아서 상한. 2 옛날부터의; 케케묵은, 진부한.
tíme zòne 명 (표준) 시간대(帶)(지구상에 24개로 분할된 동일 표준시를 쓰는 지대). (또는 **tíme bèlt**)
‡tim·id [tímid] 형 (~*·er*; ~*·est*) 1《사람 · 짐승》겁 많은, 자신이 없는, 마음이 약한, 소심한 (*of, about, with*). ¶be ~ *with* strangers 낯선 사람 앞에서 주뼛 주뼛하다. 2 (언동 따위가) 결단력[대담성]이 결여된, 소극적인, 겁먹은.
(*as*) ***timid* as a rabbit** [or ***hare***] (토끼처럼) 아주
~**·ly** 부 ~**·ness** 명「겁많은.
ti·mid·i·ty [timídəti] 명U 겁, 소심, 내성적임.
***timing** [táimiŋ] 명U 1 (연극) 타이밍(연출 효과를 내기 위해 여러 요소를 동시에 짜맞는 일); (스포츠) 타이밍(타격법 따위에 순간적 효과를 최대한으로 올리기 위해 시기·스피드를 조절하는 일). 2 적당한 시기(를 택하기), 3 (스톱위치에 의한) 계시(計時).
ti·moc·ra·cy [taimɔ́krəsi/‑mɔ́k‑] 명U 금권 정치; 명예 지상 정치.
ti·mo·crat·ic [tàimǝkrǽtik], **tì·mo·crát·i·cal** 형
tím·o·lol máleate [tímǝlɔ̀ːl‑, ‑lɑ̀l‑/‑lɔ̀l‑] 명《약학》말레인산염 티몰올(협심증·고혈압·녹내장 치료용).
Ti·mor [tiːmɔ́ːr, ‑́‑] 명 티모르 섬(인도네시아 남부의 섬; 동부는 1999년에 인도네시아로부터 분리·독립).
Ti·mo·rese [tìːmǝríːz, ‑ríːs] 명 티모르(인).
— 명 (봉) 티모르인.
tim·or·ous [tímǝrəs] 형 무서워하[두려워하]는, 겁을 먹은 (*of*); 겁많은, 소심한. ~**·ly** 부 ~**·ness** 명
tim·o·thy [tíməθi] 명U 큰조아재비(벼과)의 목초). (또는 ~ **gràss**)
Tim·o·thy [tíməθi] 명 1 《성서》 디모데(사도 바울의 제자); 디모데서(書)(I Timothy와 II Timothy; 약 Tim, I Tim., II Tim.). 2 티머시(남자 이름; 애칭 Timmy)).
Ti·mour [timúǝr] 명 티무르(1336?‑1405; 중앙 아시아의 정복자; 티무르 제국의 건설자). (또는 Timur)
tim·pa·ni [tímpəni] 명U (복·단·복수 취급) 팀파니(오케스트라에서 사용하는 kettledrums). (또는 **tympani**) **‑nist** 명 팀파니 연주자.
‡tin [tin] 명 (象 ~**s**) [U]《화학》주석(錫 Sn); C 주석 그릇[깡통, 냄비]. 2 양철(tinplate); 양철 그릇[통, 냄비]; 《英》통조림(통)((《美》can). ¶a ~ *of sardines* 정어리 통조림 한 통. 3《속》은화; 돈. 4 《속》소량의 마약, 2‑5그램의 코카인. 5《美속》경찰관(의 배지), 탐정. 6 (the T‑s)《英》근위 기병대(the Household Cavalry)의 속칭.
kick the tin《濠구어》기부하다.
on the tins《구어》《크리켓》득점 게시판에 올라.
— 형 1 주석[양철]의[으로 만든]. 2 값싼, 싸구려의, 하찮은, 보잘것없는; 모조품의. 3 (결혼 기념일 따위가) 10번째인, 석혼식(錫婚式)의. 「다, 끝장내다.
put the tin lid on《영속》(계획 따위)를 망쳐 버리
— 동태 (~*s* [‑z]; **‑nn‑**) 1《야금》…을 주석[양철]으로 씌우다[덮다, 도금하다]; …을 연랍(軟鑞)으로 도금하다. 2 《英》《음식물》을 통조림하다 ((《美》can). ¶~*ned food* 통조림 식품 / ~ *fish* 생선을 통조림하다.
~‑**like** 형 「인식 번호.
TIN [tin] *t*axpayer *i*dentification *n*umber(납세자

TINA [tíːnǝ] 명 티나(Margaret Thatcher의 별명). 《<입버릇 *There Is No Alternative*에서》「《산》콩.
tín·a·mou [tínǝmùː] 명 메추라기 비슷한 새(중남미
tin·cal [tíŋkɑːl, ‑kɔːl/‑kǝl] 명U 천연 붕사(硼砂) (native borax의 옛 이름).
tín cán 명 1 (통조림의) 깡통. 2《美해군 속어》군함, 재래식 구축함; (수중) 폭뢰;《美속》값싼 소형차.
tinct [tiŋkt] 동(E) ~을 착색하다, 물들이다; 명조색을 가하다; (폐어) 스며들게 하다. — 명 착색한 물들인; 맛을 낸. — 명 색; (엷은) 색조; 착색제.
tinct. tincture.
tinc·to·ri·al [tiŋktɔ́ːriǝl] 형 착색의, 염색의.
tinc·ture [tíŋktʃǝr] 명 1 U《약학》팅크제(劑). ¶~ *of iodine* 옥도정기. 2 (a ~) (특히 염색된) 색, 색조. ¶~ *a* ~ *of red* 붉은 색조. 3 기미, 한[다운] 데[점, 냄새]. ¶a faint ~ *of alcohol* 알코올의 희미한 냄새. ¶*have a* ~ *of Latin* 라틴어를 좀 알고 있다. 4 (어떤 요소나 성질 따위의) 극소량의 첨가[주입]. 5 겉만 번지르르함, 겉치레. ¶a ~ *of education* 겉만 번지르르한[겉치레뿐인] 교육. 6 (紋) 《문장》 문장에 쓰이는 채색·금속·모피 따위의 총칭. 7 UC (폐어) 염료, 안료(pigment). — 동(E) 1 …에 색칠을 하다; …을 염색하다. 2 …에 (…의) 기미[색조, 냄새]를 지니게[데게] 하다; …의 맛[풍미]을 내다 (*with*). ¶a view slightly ~*d with* sentimentality 약간 감상적인 견해.
tín cùp 명 1 금속제의 컵. 2 (거지 등이) 구걸할 때 사용하는 깡통.
tin·dal [tíndl] 명 (인도양의) 수부(水夫) 반장.
tin·der [tíndǝr] 명U 부싯깃; 불이 옮겨 붙기 쉬운 것.
burn like tinder 불이 잘 붙다[타다].
tin·der·box [tíndǝrbɑ̀ks/‑bɔ̀ks] 명 1 부싯깃통. 2 (비유적) 불붙기[불타기] 쉬운 것; 성질 사나운 사람; 분쟁의 가능성을 내포하는 것. ¶Balkan was the ~ *of Europe.* 발칸은 유럽의 화약고였다.
tin·der·dry [‑drài] 형 바싹 마른.
tin·der·y [tíndǝri] 형 부싯깃 같은; 불타기[불붙기] 쉬운; (비유적) 흥분시키는, 선동적인.
tín disèase = tin pest.
tine [tain] 명 (포크 따위의) 날카롭게 뾰족한 끝[갈래]; (사슴의) 갈라진 뿔(prong), (빗의) 살. (또는《英》tyne) **tined** 형 날[갈퀴]이 있는.
tín éar 명《속》 1 음치(인 사람). ¶have a ~ 음치이다. 2 언어 감각이 둔한[둔한 사람]; =cauliflower ear.
tíne tèst 명《의학》 타인 테스트(결핵에 감염되었는지 여부를 알아보는 피내(皮內) 반응 시험).
tín fish 명 《해군 속어》어뢰(torpedo); 잠수함.
tin·foil [tínfɔ̀il] 명(초콜릿·담배 따위를 싸는) 납지, 알루미늄박(箔); 은박지(《英》silver paper).
— 동(E) …을 납지[은종이]로 싸다[포장하다].
ting¹ [tiŋ] 명 (방울 따위가) 땡랑땡랑 울다[울리다], — 동 땡랑땡랑 (울리는 소리).
ting² = thing².
ting-a-ling [‑əliŋ] 명 땡랑땡랑 (울리「는 소리).
***tinge** [tindʒ] 명 1 엷은 색조. ⇒COLOR 《유의어》¶a ~ *of blue* 파르스름한 색 / a white rose with a pinkish ~ 엷게 핑크색이 감도는 흰 장미. 2 (a ~) 기미, 풍미, 냄새, …한 듯한 점[데]. ¶수박겉핥기(의 지식)(*of*). ¶a ~ *of pride* 거만한 데 / He replied with *a* ~ *of regret.* 그는 좀 억울한 듯이 대답했다. — 동(E) …에 엷게 빛깔을 내다, …을 엷게 물들이다, …에 희미한 색조[맛]를 띠게 하다(*with*). ¶ (~+명+前+명) Autumn ~*s* the woods *with* a thousand beautiful varieties of color. 가을은 숲을 갖가지 아름다운 색으로 물들인다. 2 …에 (…의) 기미를 띠게 하다, 가미하다 (*with*). ¶Her memory was ~*d with* sorrow. 그녀의 추억은 비애로 찬 것이었다. — (주) (…로) 엷게 물들다; (…한) 맛[냄새]를 띠다 (*with*).
***tin·gle** [tíŋgl] 동자 1 따끔따끔 아프다, 쑤시다. 얼얼

하다, 욱신거리다, (귀 따위가) 윙윙거리다(*with, from*). ¶My fingers ~ *with* the cold. 추위로 손가락이 얼얼하다 / My cheek ~*d with* [or *from*] the slap. 따귀를 맞아 뺨이 얼얼했다 / Her words ~*d in* my ears. 그녀의 말을 듣고 귀가 아팠다. **2** (흥분 따위로) 울렁울렁하다, 설레이다 (*with*). ¶I was *tingling with* excitement. 나는 흥분해서 속이 울렁거렸다. **3** 가벼운 연속음을 내다; 찌르릉찌르릉[딸랑딸랑 따위] 소리를 내다. **—**[타] …을 따끔따끔[얼얼]하게 하다, 〔귀 따위〕를 따끔거리게 하다; …을 울렁거리게 하다, 흥분시키다; 〔벨 따위〕를 찌르릉찌르릉 울리다. **—**[명] **1** 따끔따끔함, 얼얼함; 따끔따끔[얼얼]한 느낌[아픔]; 울렁거림, 흥분. ¶have a ~ in one's fingertips 손가락 끝이 따끔따끔 아프다. **2** 찌르릉찌르릉[딸랑딸랑] 울리는[나는] 소리. **-gler** [명] **-gling·ly** [부]

tín gód [명] **1** 권력의 자리에 있으면서 교만하고 권력을 남용하는 사람. **2** 자기의 판단·신념·행동 규범 따위를 아랫사람에게 강요하려는 사람.
a little tin god 《구어》 거드름 피우는 사람, 남보다 잘났다고 생각하고 우쭐대는 사람. 「술주정꾼.

tín hát [명] 《속어》 **1** (군인의) 철모, 헬멧. **2** (종종 ~s)
put the tin hat on =*put the* TIN *lid on*.

tin·horn [tínhɔ̀ːrn] 《美속어》 [명] 돈·실력이 없으면서 큰소리 치는 사람, 큰소리만 치는 노름꾼(~ gambler). **—**[형] 허세를 부리는, 대단찮은, 겉만 번드르르한. ¶a ~ racket 싸구려 라켓.

tin·kal [tíŋkɑːl, -kɔːl/-kəl] [명] =tincal.

*__tin·ker__ [tíŋkər] [명] **1** (일을 찾아 돌아다니는) 땜장이. **2** 서투른 장인. **3** 만물 수리공(jack-of-all-trades). **4** (a ~) 수리; 서투른 수선; 만지작거림(*at, with*). **5** (미국 대서양 연안에 서식하는) 새끼 고등어. **6** 《스코·아일》 집시; 떠돌이 수리공; 방랑자. **7** 《구어》 말 안 듣는 아이.
have a tinker at [or *with*] …을 만지작거리다.
—[동][자] **1** 땜장이 노릇을 하다. **2** 서투르게 수선하다; 만지작거리다; (…에) 시간을 낭비하다(*about, around*) (*at, with*). ¶(~+[前]+[名]) ~ (*away*) *at* [or *with*] a broken machine 부서진 기계를 만지작거리다; 시시한 일로 땀을 빼다. **—**[타] …을 수리하다(*into*); …을 서투르게 수선하다(*up*). ¶(~+[目]+[前]+[名]) ~ an old car *into* shape 고물차를 수리하여 모양을 갖추게 하다 // (~+[目]+[副]) ~ *up* a broken radio 부서진 라디오를 임시로 수리하다. **~·er** [명] **~·ly** [형] 땜장이의; 서투른, 모양새가 안 좋은.

Tínker Béll [명] 팅커벨(동화 *Peter Pan*에 등장하는 요정). (또는 **Tínkerbèlle**)

tínker's cúss [명] 《英속어》 =tinker's damn.

tínker's dám [명] **1** = tinker's damn. **2** 납땜틀.

tínker's dámn [명] 《속어》 무가치한[보잘것없는] 것. (또는 **tinker's dam (cuss, curse), tinker's**)
not care [or *give*] *a tinker's damn* (…따위는) 아무것[문제]도 아니다; (…을) 전혀 개의치 않다 (*about, for*). 「없는.
not worth a tinker's damn 한 푼어치의 가치도

Tin·ker·toy [tíŋkərtɔ̀i] [명] 《상표》 팅커토이(집짓기 장난감).

tín kìcker [명] 항공 사고의 조사원.

*__tin·kle__ [tíŋkl] [동][자] **1** (작은 방울 따위가) 딸랑딸랑[짤랑짤랑] 울다. **2** (피아노 따위를) 서투르게 치다 (*on*). ¶She ~*d on* the piano. 그녀는 피아노를 뚱땅거렸다. **—**[타] **1** …을 딸랑딸랑[짤랑짤랑] 울리다; 〔피아노 따위〕를 서투르게 치다. **2** 〔시각 따위〕를 울려서 알리다 (*out*). ¶~ a bell 종을 딸랑딸랑 울리다 // (~+[目]+[副]) The clock was *tinkling out* the hour of nine. 시계가 9 시를 치고 있었다. **—**[명] 《단수형》 **1** 딸랑딸랑[짤랑짤랑] (울리는 소리). ¶the ~ of a bell 종이 울리는 소리. **2** 《英구어》 전화 (호출). ¶Give me a ~ before you leave for Europe. 유럽으로 떠나기 전에 전화를 주십시오. **3** 《구어·익살》《어린이말》 오줌.

tin·kle·box [tíŋklbɑ̀ks/-bɔ̀ks] [명] 《美구어》 피아노.

tin·kler [tíŋklər] [명] **1** 딸랑딸랑 울리는 것; 《속어》 작은 종. **2** 《英방언》 =tinker.

tin·kling [tíŋkliŋ] [명] (작은 방울 따위의) 딸랑딸랑[짤랑짤랑] 울리는 소리. **—**[형] 딸랑딸랑[짤랑짤랑] 울리는. **~·ly** [부]

tín líz·zie [-lízi] [명] (때로 T- L-) 《속어》 **1** 초기의 자동차, T형 포드 차. **2** 소형의 값싼 자동차[트럭·비행기].

tin·man [tínmən] [명] **1** =tinsmith. **2** 철인 3종 경기의 2군 선수(＊1군 선수를 철인(ironman)이라 하는 데서). **3** 알루미늄제 우주복.

tínman's sòlder [명] 판금용(板金用)의 저온 땜납.

tinned [tind] [형] **1** 주석 도금(鍍金)을 한; 주석[양철]을 댄. **2** 《英》 통조림의, 통조림한(《美》 canned). **3** 《英》 (음악이) 녹음된(canned).

tínned ców [명] 깡통 우유. (또는 **tin cow**)

tin·ner [tínər] [명] =tinsmith; 주석 광부.

tin·ning [tíniŋ] [명][U] **1** 주석을 도금하는[입히는] 일[기술]. **2** 납땜질. **3** 《英》 통조림 제조(업)(《美》 canning). 「(耳鳴).

tin·ni·tus [tináitəs, tíni] [명][U] 〔병리〕 귀울림, 이명

tin·ny [tíni] [형] **1** 주석의[같은]. **2** 주석을 함유하는. **3** (악기·소리 따위가) 금속성의; 음색[공명]이 약한, 양철통을 두드리는 것 같은 소리의. ¶a ~ piano 소리가 잘 울려나지 않는 피아노. **4** (통조림 식품이) 깡통 냄새가 나는. **5** (소설·말 따위가) 내용이 없는, 얄팍한. **6** 단단하지 않은, 견고하지 않은. **—**[명] (또는 **tinnie**) 《濠속어》 깡통 맥주. **-ni·ly** [부] **-ni·ness** [명]

tín òpener [명] 《英》 깡통따개(《美》 can opener).

tin-pan [ˊpæ̀n] [형] 양철같은 소리를 내는, 요란스럽게 울리는; 시끄러운(noisy). (또는 **tín-pánny**)

Tín Pàn Álley [명] **1** 틴 팬 뒷골목(악보 출판사·악기상들이 밀집해 있는 New York 시의 지구). **2** 《집합적》 대중 음악 작곡가[연주가, 악보 출판업자]들. 「지.

tín pánts [명][복] (나무꾼·어부가 입는) 튼튼한 방수 바

tín párachute [명] 〔경영〕 기업 매수가 이루어질 때 모든 종업원에게 보상금을 지급하도록 약속하는 계약.

tín pèst [**plàgue**] [명] 흰 주석이 저온(특히 −48℃ 이하)에서 회색가루가 되는 일.

tín plàte [명] 양철(판).

tin-plate [ˊplèit] [동][타] …에 주석 도금을 하다, (주석 도금을 하여) …을 양철판으로 만들다.

tin-pot [ˊpɑ́t/-pɔ̀t] [형] 《구어》 싸구려의, 열등한, 하등(下等)의, 가치가 없는.

tín pyrítes [명] 〔광물〕 황석광(黃錫鑛)(stannite).

tin·sel [tínsəl] [명][U] **1** 번쩍번쩍 빛나는 쇳조각. ¶trim a Christmas tree with ~ 크리스마스 트리에 반짝반짝 빛나는 금속 조각 장식을 달다. **2** (자수 따위에 쓰는) 금·은실. **3** 값싸고 번지르르한 것; 허식. **—**[형] **1** 금박처럼 빛나는, 요란스러운. **2** 겉만 번지르르한. **—**[동][타] (**-l-**, 《英》 **-ll-**) **1** …을 번쩍거리는 것으로 장식하다 (*with*). ¶leaves ~*ed with* dew 이슬로 반짝이는 나뭇잎. **2** 번쩍거리게 하다. **~·lìke, ~·ly** [형] 번지르르하게 꾸민; 저속하게 화려한.

tínsel tèeth [명] 《美속어》 치열 교정기를 부착한 이; 《단수취급·모욕적》 치열 교정기를 부착한 사람의 별명.

Tin·sel·town [tínsəltàun] [명] 《美》 허식의 거리(영화 산업의 중심지 Hollywood의 속칭).

tin·smith [tínsmìθ] [명] 양철공; 주석 세공 직공.

tín sóldier [명] 주석[양철]으로 만든 장난감 병정; 병정놀이하는 사람.

tín stàr [명] 《美속어》 사립 탐정.

tin·stone [tínstòun] [명][U] 〔광물〕 주석 광석.

‡**tint** [tint] [명] **1** 색; 색조(hue). ¶nature's ~*s* 자연 색 / red with a bluish ~ 푸른 기가 도는 적색 / skin of [*or with*] a yellowish ~ 누르스름한 피부 / The trees take on autumn ~*s*. 나무들이 가을 색을 띠고 있다. **2** 밝은[엷은] 색조; 연한 빛깔, 담색(淡色). **3** 〔조각〕 음영(陰影), 선바림. ¶a crossed [ruled] ~ 교차[평행]선 음

tin·tack [tíntæk] 명 1 (주) 주석 도금을 한 압정(押영(陰影). 4 (또는 **blóck**) [인쇄] (삽화 따위 인쇄하기 전에 종이에 찍는 연한) 바탕색. 5 모발 염색. 6 (의) 티, 기미, 성질(of). 7 (~s) [美俗어] 선글라스.
— 통(타) 1 …에 (엷게) 빛깔을 내다(with). ¶ ~ silk green 비단을 연 녹색으로 물들이다. 2 [머리를] 염색하다. 「釘」. 2 해고.
tin·tack [tíntæk] 명 1 (주) 주석 도금을 한 압정(押釘). 2 해고.
tint·er [tíntər] 명 1 채색하는 사람[기계], 염색공. 2 (구식 환등기에 쓰는) 색유리.
tin·tin·nab·u·lar [tìntənǽbjulər] 형 딸랑딸랑 울리는, 방울의[같은]. **-lar·y** [-lèri/-ləri], **-lous** [-ləs] 형
tin·tin·nab·u·la·tion [tìntənæbjuléiʃən] 명(U) C 방울을 울림; 방울 소리, 딸랑딸랑.
tin·tin·nab·u·lum [tìntənǽbjuləm] 명 (복 **-la** [-lə]) 작은 방울[종].
tint·om·e·ter [tintámətər/-tɔ́m-] 명 색조계(色調計). **-o·met·ric** [-əmétrik] 형 **-try** 명
tínt tòol 명 (조판[彫版]용) 음영선(陰影線) 조각도(刀).
tin·type [tíntàip] 명 [사진] 철판 사진(ferrotype).
tin·ware [tínwɛ̀ər] 명 [집합적] 주석 세공품, 양철 제품.
tín wédding 명 석혼식(錫婚式)(결혼 10주년 기념식).
tin·work [tínwə̀ːrk] 명(U) 주석 세공품, 양철 제품.
tin·works [tínwə̀ːrks] 명(복) (단·복수 양용) 주석 광산(제련소); 주석 세공 공장.
‡**ti·ny** [táini] 형 (**-ni·er; -ni·est**) 자그마한, 조그마한, 아주 작은. ⇨ LITTLE [유의어] ¶ a ~ little [a little ~] boy 아주 작은 아이, 꼬마. — 명 아주 작은 것; (-nies) [英俗어] 하급생.
ti·ni·ly 부 **ti·ni·ness** 명
tíny BÁSIC 명 [컴퓨터] 타이니 베이식(컴퓨터 언어의 일종; BASIC 기능을 축소 간략화하여 메모리 용량이 적어도 쓸 수 있게 한 것). 형 BASIC
-tion [ʃən] 접미 동사에서 동작·상태·결과 따위를 나타내는 추상 명사를 만든다. ¶ *action, contribution*.
Ti·o Ta·co [tíːou táːkou] 명 (때로 t- t-) [美俗어·경멸적] 티오타코(백인 사회의 가치·문화를 받아들이는 굴종적인 멕시코계 미국인). 〈Sp〉
-tious [ʃəs] 접미 -tion으로 끝나는 명사에서 형용사를 만든다. ¶ *ambitious, cautious, superstitious*.
‡**tip¹** [tip] 명 1 (긴 것·끝이 가는 것의) 끝, 첨단. ¶ the ~s of one's fingers 손가락 끝. 2 꼭대기, 정상, 정점. ¶ a mountain ~ 산꼭대기, 산정(山頂). 3 끝에 다는 물건[쇠붙이], 쇠고리; (지팡이·양산 따위의) 끝에 대는 쇠; (낚싯대 따위의) 첨단부; (비행기의) 날개 끝(wing ~). ¶ a cane with a rubber ~ 끝에 고무를 댄 지팡이. 4 (담배) 필터. 5 [제본] 끼워 넣은 페이지쪽(tip-in, tip-on); (美俗어) 남자의 성기; 귀두.
from típ to típ (새의) 날개 끝에서 끝까지.
from típ to tóe ① 머리 끝에서 발 끝까지. ② 시종, 철두철미, 온통.
have at the tips of one's fingers; have at one's fingertips …에 정통하다.
on [at] the típ of one's [the] tóngue (말이) 자칫하면 입에서 나올 뻔하여.
the típ of the íceberg [구어] 빙산의 일각(一角).
to the tips of one's fingers = *to one's* FINGERTIP.
walk on the tips of one's toes 발끝으로[가만히만] 걷다.
— 통(타) (-**pp-**) 1 …에 끝을 달다; …의 끝을 씌우다[장식하다](with). ¶ have one's rod ~ped 장대끝에 쇠붙이를 붙이다 // (~ + 목 + 전 + 명) a church spire ~ped with a weathercock 풍향계가 달린 교회의 첨탑(尖塔)/The autumn hills were ~ped with scarlet. 가을 언덕은 가을의 빨갛게 물들어 있었다. 2 …의 끝을 잘라내다. ¶ have one's hair ~ped 머리를 깎다. 3 [제본] [광고·부록]을 끼워넣어 끝을 풀로 붙이다(*in*).
~·less 형

‡**tip²** (-**pp-**) 타 1 …을 기울이다(*up*); …을 넘어뜨리다, 뒤집어엎다(*over, up*). ¶ ~ a cask 통을 기울이다 // (~ + 목 + 부) ~ *over* [or *up*] a glass 잔을 뒤집어엎다. 2 [英] (기울여) [내용물]을 쏟다[비우다], 버리다 (*off, out*)(*out of, onto*). ¶ (~ + 목 + 부) ~ (*off*) rubbish 쓰레기를 비우다 / No *Tipping* [英] 쓰레기를 버리지 마시오[美] No *Dumping* // (~ + 목 + 전 + 명) He ~*ped* the water *out of* the bucket *into* the ditch. 그는 양동이의 물을 도랑으로 버렸다. 3 (인사하기 위하여) [모자]에 가볍게 손을 대다[살짝 들어올리다]. ¶ He ~*ped* his hat to me. 그는 모자를 살짝 들어올려서 내게 인사를 했다. — 자 기울다, 경사지다(*up*); 쓰러지다, 뒤집히다(*over, up*). ¶ (~ + 부) The table ~*ped up*. 탁자가 기울었다[쓰러졌다] / Our boat ~*ped over*. 우리 보트가 전복되었다 // (~ + 전 + 명) The car ~*ped into* the ditch. 차는 도랑으로 떨어졌다.
típ óff ① [액체]를 기울여서 비우다[버리다]. ② …을 쭉 들이켜다.
típ óver ① …을 뒤집어엎다. ② [美俗어] [은행 따위]를 습격하다. ③ …에서 빼앗다. [경찰이] 급습하다.
típ the scále(s) ⇨ SCALE².
— 명 1 기울이기, 기울어지기; 경사(tilt). 2 [英] 쓰레기 버리는 장소(dump). ¶ a municipal refuse ~ [市營] 쓰레기장.
~·pa·ble 형
*****tip³** 명 1 팁, 사례금. ¶ leave a ~ 팁을 놓아 두다. 2 (구어) (경마·투기 따위의) 귀띔, 비밀 정보(*that* 절); 정보, 예상(*about, for, on*). ¶ a straight ~ (俗어) 확실한 정보 / the ~ that dark horse will win the race 다크 호스가 경주에 이기리라는 예상 / give[get] the ~ 귀띔을 받다[귀띔을 주다] / He gave me a ~ *on* [or *for*] the race. 그는 그 경주의 예상을 알려주었다. 3 조언, 경고, 암시; 좋은 착상; 비법, 비결(*about, for, on*). ¶ ~s *on* painting 화법(畵法)상의 조언 / a ~ *for* removing ink stains 잉크의 얼룩을 없애는 비결 / Let me give you a ~. 비결을 좀 가르쳐 주겠네.
míss one's típ 예상이 빗나가다, 실패하다.
póke a típ (美俗어) (손님을 끌기 위해) 공짜로 구경시키다, 경품을 주다.
— 통 (-**pp-**) 타 1 …에게 팁을 주다. ¶ (~ + 목 + 목) ~ a waiter a dollar 웨이터에게 1달러의 팁을 주다 // (~ + 목 + 전 + 명) He ~*ped* the servant *into* telling the secret. 그는 하인에게 팁을 주어 비밀을 털어놓게 했다. 2 (俗어) …을 주다, 전하다; (…에게) [눈짓 따위]를 하다. ¶ (~ + 목 + 목) ~ a person a song [wink] 남에게 노래를 들려주다[눈짓하다]. 3 (경마·투기 따위에서) …을 몰래 귀띔해 주다, 밀고하다; …을 예상하다. ¶ ~ a winner[loser] 승자[패자]를 예상하다. — 자 1 팁을 주다. 2 …을 freely 아낌없이 팁을 내놓다. 2 (구어) (경마·투기 따위에서) 몰래 귀띔하다.
típ óff (구어) ① …에게 비밀 정보를 제공하다(*to, about, that* 절). ¶ ~ a person *of* [or *to*] the fact 남에게 그 사실을 은밀히 일러 주다. ② …을 경고하다(*to, about, that* 절). ¶ T- yourself *off*. 조심하라, 정신 차려. ③ (俗어) 처분하다; 죽이다.
*****tip⁴** 명 1 살짝 치기(tap). 2 [야구·크리켓] 팁(옝 foul tip). — 통 (-**pp-**) 타 1 …을 살짝 치다. 2 [야구·크리켓] [공]을 슬쩍 건드리다, 스치다. — 자 = tiptoe.
típ and rún 명 [크리켓] 팁앤드런(배트에 공이 맞으면 타자는 곧 달리지 않으면 안 되는 방식).
tip-and-run [-ən rʌ́n] 형 (英俗어) (공격·전술 따위가) 전격적인; (전염병이) 재빠른. ¶ ~ tactics 전격적으로 공격했다가 재빨리 후퇴하는 전술. ¶ 손수레.
típ·cart [típkàːrt] 명 뒷부분을 기울여서 짐을 부리는 손수레.
típ·cat [típkæ̀t] 명(U) 자치기 놀이(양끝이 뾰족한 나무 조각(cat)을 막대기로 쳐서 튀어오르게 하고, 땅에 떨어지기 전에 쳐서 멀리 보내는 아이들의 놀이); C (그 놀이에 쓰는) 나무 조각.

tip-off [-ɔ́:f/-ɔ̀f] 몡 **(구어) 1** 비밀 정보, 귀띔. **2** 주의, 경고; 조언; 암시 (*on*). **3** 시작하는 점프볼.

tip-off [típɔ̀:f/-ɔ̀f] 몡 **(농구)** 팁오프(경기를 시작할 때 하는 점프볼).

tip·pee [tipí:] 몡 **(美속어)** 티피(주가(株價) 등의 내부 정보를 입수하는 사람). (또는 **tipee**)

tip·per¹ [típər] 몡 **1** 팁을 주는 사람. **2** 내보자, 밀고자.

tip·per² 몡 **1** 기울이는 사람[것]; tipcart를 조작하는 사람(3안에); **(英)** 덤프차((美) dump truck).

tip·per³ 몡 **1** (우산 따위에) 쇠붙이를 붙이는 사람. **2** (또는 ~**-in**) 〈제본〉 (도판(圖版) 따위를) 대지에 붙이는 사람. (dump truck).

típper lòrry [trùck] 몡 **(英)** 덤프 트럭[차]((美)

tip·pet [típit] 몡 (올 또는 모피의 양끝이 앞으로 늘어지는) 목도리, 어깨걸이; (재판관·목사의) 어깨에 두르는 천, 영대(領帶).

(美) whiteout).

Tipp-Ex [típèks] 몡 **(英) (상표)** 티펙스(수정액).

tip·ple¹ [típl] 몡몸 ((독한) 술을 마시다, 상습적으로 마시다, 상습적으로 마시다. — 중 (상습적 또는 과도하게) (독한) 술을 마시다, 줄곧 술에 취해 살다. — 몡ⓊⒸ (속어) (독한) 술; 술 한 잔; 주연.

tip·ple² 몡 **(美) 1** 차체를 기울여 짐을 부리는 장치. **2** 짐을 부리는 장소; 〈재광〉 석탄 선별장(選別場). — 중 (타) 기울여 (비가) 심하게 오다 (*down*).

tip·pler¹ [típlər] 몡 **1** 술을 홀짝홀짝 마시는 사람, 술고래. **2** 술집 주인.

tip·pler² 몡 석탄 선별(選別) 인부.

tip·py [típi] 몡 **(구어)** 비틀거리는, 불안정한.

tip·py·toe [típitòu] 몡몸❀몡 **(구어)** =tiptoe.

tip sheet 몡 (경마·주식 시세 따위의) 예상표.

tip·si·fy [típsəfài] 몡 **(구어)** …을 취하게 하다, 얼근히 취한 기분이 되게 하다.

tip·staff [típstæ̀f/-stà:f] 몡 (美 **~s**, **-staves** [-stèivz]) (고어) 법정 수위, 정리(廷吏); (옛날 순경 등이 가지고 다니던) 끝에 쇠붙이가 달린 지팡이; 그것을 갖고 다니던 관리[집달리, 법정 수위, 순경].

tip·ster [típstər] 몡 **(英구어)** (경마·투기 따위의) 예상자, 내보자(內報者), 정보 제공자.

tip·stock [típstàk/-stɔ̀k] 몡 총대(stock)의 끝부분.

tip·sy [típsi] 몡 **1 (구어)** 얼근히 취한; 취해서 비틀거리는. ¶get ~ 얼근히 취하다. **2** (물건이) 기울어진, 불안정한. **-si·ly** 몡 **-si·ness** 몡

típsy càke 몡 **(英)** 포도주에 적신 카스텔라.

tip-tilt·ed [-tíltid] 몡 (코 따위가) 끝이 위로 들린.

‡**tip·toe** [típtòu] 몡 발끝.
on [or *upon*] *tiptoe* ① 발끝으로. ¶walk *on* ~ 발끝으로 걷다. ② 크게 기대하여, 준비하고 기다려. ¶be *on* ~ *with* excitement 가슴을 두근거리며 기다리다. ③ 몰래, 살금살금; 조심하여.
— 몡 발끝으로 걷다; 발끝으로 서다.
— 몡 **1** 발끝으로 서는[건는]. **2** 향상을 위해 노력하는, 야심적인. **3** 크게 기대하고 있는. **4** 조심하는; 살금살금 걷는(stealthy), 몰래 하는.
— 몡 발끝으로; 조심스럽게; 발끝으로.

tip·top [típtàp/-tɔ̀p] 몡 (the ~) **1** 정상, 산정. ¶be on the ~ of a mountain 산 정상에 있다. **2 (구어)** 최상(最上), 극치, 최고, 전성, 절정. ¶at the ~ of one's profession 전성기를 맞이하여, 장사가 번창하여. **3** **[英 구어]** 최고[최상층] 계급. — 몡 [⌃, ⌃́] **1** 절정[정상]에 있는. **2 (구어)** 극상의, 제일류의. — 몡 [⌃́] 절정[정상]점(에); 더할 나위 없이(perfectly). ¶That suits us ~. 그것은 우리에게 더할 나위 없이 알맞다.
~**·per** 몡 톱클래스의 사람[것]. ~**·most** 몡 **(구어)** 최일류[최고]의.

tip trùck 몡 = tipper lorry.

tip-up [-ʌ̀p] 몡 (의자 따위가) 뛰어올라가는 식의. ¶a ~ table 접는[뛰어올라가는] 식 테이블. — 몡 = ~ seat.

tip-up séat 몡 (극장 따위의) 뛰어올라가는 식의 의자.

TIR **(프랑스)** *Transport International Routier* (= international road transport)(국제 도로 수송).

ti·rade [táireid/-´-] 몡 **1** 길고 신랄한 비난공격 연설; 긴 열변, 장광설. **2 (음악)** 티라드(바로크 시대의 장식음(装飾音)의 일종). **3 (시)** 따위에서) 단일주제[관념]를 다루는 한 절[구].

ti·rail·leur [tìːraːjə́ːr] 몡 (美 **~s** [~]) 척후병, 산병(散兵)(skirmisher); 저격병. 〔< F sharpshooter〕

Ti·ra·na [tiːrάːnə] 몡 티라나(알바니아의 수도; 알바니아어명 Tiranë).

‡**tire¹** [taiər] 몡 (**~s** [-z]; **~d**; **tír·ing**) 탄 **1** …을 피곤하게 하다, 지치게 하다(*out*)(* 이 뜻으로는 make … tired 쪽이 보통). ¶Walking soon ~s me. 나는 걸으면 곧 피곤해진다 // (~+몡+몡) I walked so fast that I ~d her *out*. 내가 너무 빨리 걸었기 때문에 그녀는 지쳐버렸다. **2** …을 싫증나게[물리게] 하다, 넌더리나게[물리게] 하다(*with*). ¶His dull lecture ~d the audience. 그의 따분한 강연은 청중을 지루하게 했다 // (~+몡+몡+몡) He ~d us *with* his long congratulations. 그는 장황한 축사로 우리를 지루하게 했다.
— 중 **1** 피곤해지다, 피로하다, 활기가 없어지다(* 이 뜻으로는 be [or get] tired 쪽이 보통). ¶(~+몡+몡) He soon ~s (*with* study). 그는 곧 (공부에) 지친다. **2** 싫증나다, 물리다 (*of*). ¶You will never ~ *of* looking at the garden. 그 정원은 아무리 보아도 싫증나지 않을 것이다.
tire down (사냥감)을 지쳐서 못 움직일 때까지 몰아 세우다.
tire for (스코) …을 기다리다 (못해) 지치다.
tire out; tire to death 녹초가 되게 만들다.
— 몡 **(英방언·구어)** 피로, 피곤(fatigue).

‡**tire²**, **(英) tyre** 몡 (美 **~s** [-z]) **1** (고무) 타이어. ¶automobile ~s 자동차 타이어 / *inflate* [*or pump up*] *a* ~ 타이어에 바람을 넣다. **2** (짐마차 따위 바퀴의) 쇠테. — 중 …에 타이어[쇠테]를 끼우다.

tire³ 몡 **1 (고어)** 머리 장식, 머리 쓰개. **2 (폐어)** Ⓤ 의상. **3** 앞치마(pinafore). — 중 **(고어)** …을 (머리 장식으로) 꾸미다; **(폐어)** …을 차려 입다.

tíre chàin 몡 (미끄럼을 막기 위해) 자동차의 타이어에 감는 쇠사슬(skid chain).

‡**tired¹** [taiərd] 몡 (*more* ~, ~·*er*; *most* ~, ~·*est*) **1 a) (서술용법)** 피곤[피로]한(*from*, *by*, *with*). ¶get ~ 피곤해지다 / I am dead ~. 나는 몹시 지쳤다 // I was ~ *from* [or *by*, *with*] overwork. 나는 과로로 피곤해졌다(* with는 다소 옛날 용법). **b) (한정용법)** (목소리·표정 따위가) 지친 것 같은. ¶a ~ face 지친 얼굴.
2 (서술용법) 싫증난, 물린 (*of*). ¶be ~ *of* the same food every day 매일 똑같은 음식에 신물이 나다 / get ~ *of* the whole business 만사가 지겨워지다.

〔유의어〕 **tired** 「피곤한, 싫증난」이라는 뜻의 가장 일반적인 말. **fatigued** 휴식·수면이 필요할 정도로 피곤한. **exhausted** 완전히 지쳐버린. **weary** 피곤해서 [싫증나서] 계속하기가 싫은.

3 (구어) 참을 수 없는, 지긋지긋한. ¶You make me ~! 너에게는 정말 넌더리난다.
4 (한정용법) (농담·문구·설교 따위가) 고리타분한, 케케묵은, 진부한; (물건이) 낡은, 헐어빠진. ¶a ~ joke [sermon] 케케묵은 농담[설교].
dead tired; tired out [*to death*] **(구어)** 녹초가 된, 기진맥진한.
sick and tired 아주 싫어진 (*of*).
~·**ly** 몡 ~·**ness** 몡

tired², **(英) tyred** 몡 타이어를 단. ¶rubber-~ 고무 타이어가 달린.

Tíred Tím [Tímothy] 몡 게으름뱅이(의 별명).

tíre ìron 몡 타이어를 끼우고 뺄 때 쓰는 지렛대.

tire-kick·er [táiərkìkər] 몡 **(美속어)** (물건을 사지 않고 진열장만 보고 즐기는 사람(window-shopper).

tire·less¹ [táiərlis] 형 1 지칠 줄 모르는, 정력적인. 끈기 있는. 2 (성질·행위가) 지쳐 보이지 않는, 쇠퇴하지 않는, 끊임없는. ¶~ zeal 지칠 줄 모르는 열의.
~**ly** 부 ~**ness** 명

***tire·less**² 형 (차에) 타이어[바퀴테]가 없는.

tire patch 명 (美속어) 팬케이크, 핫케이크.

tire pressure 명 타이어 공기압(空氣壓).

Ti·re·si·as [tairí:siəs/-æs] 명 (그리스 신화) 티레시아스(Thebes의 장님 예언자). (또는 **Teiresias**)

***tire·some** [táiərsəm] 형 1 지루한, 넌더리나는, 싫증나는. ⇒TEDIOUS (유의어) ¶a ~ job 지루한 일거리. 2 (구어) 귀찮은, 성가신, 속상한, 짜증나게 하는, 비위에 거슬리는. ¶a ~ child 성가신 아이 / How ~! 아이 속상해!
~**ly** 부 ~**ness** 명

tire·wom·an [táiərwùmən] 명 (고어) 시녀; (극장의) 의상 담당자; =dressmaker.

***tir·ing** [táiəriŋ] 형 피로하게 하는, 고된; 지루한.

tiring room 명 (고어) (극장 따위의) 분장실.

ti·ro [táiərou] 명 (~s) = tyro.

Ti·rol [tiróul, tai-, táirɔl] 명 =Tyrol.

Ti·ros [táiərous] 명 타이로스(미국의 초기 기상 관측용 위성). (<*T*elevision and *I*nfra-*R*ed *O*bservational *S*atellite)

tir·ri·vee [tèːrəvíː] 명 (스코) 울화, 부아; 격동.

'tis [tiz] (방언·구어) it is의 단축형.

TIS *t*echnical *i*nformation *s*ystem(기술 정보 시스템).

ti·sane [tizǽn, -záːn] 명 티잔(약초 향내가 나는 달인 차); (폐어) =ptisan. <F>

tish [tiʃ] 동타 (美속어) …로 박엽지(tissue paper)를 채우다, (큰 돈뭉치로 보이게 하려고) 박엽지 뭉치를 (지폐로) 포장하다; 과대 포장하다. 자 포장하다.

Tish·ri [tíʃri, -rei] 명 티슈리(유태력(曆)의 제1월; 그레고리오력의 9–10월에 해당). <Heb>

‡**tis·sue** [tíʃuː] 명 (~s [-z]) 1 (생물) (동·식물의) 조직. ¶muscular[nervous] ~ 근육[신경] 조직. 2 (얇은 직물(특히 비단(금, 은)실로 짠 것); [C] 부드러운 가제 모양의 종이(paper ~, bathroom[or toilet] ~ 화장지. 3 (거짓말·어리석은 짓 따위의) 투성이, 연속 (*of*). ¶a ~ *of* falsehoods[*or* lies] 거짓말투성이. 4 = ~ paper. 5 〔英〕 탄소 인화지; 복사용지. —동타 1 (드물게) ~을 얇은 직물에 짜넣다. 2 ~을 화장지로 닦아내다 (*off*). -**su·al, -su·ey** 형

tissue culture 명 (의학) (조직 배양법); 그렇게 배양된 조직.

tissue fluid 명 (생리·동물) 조직액(組織液).

tissue paper 명 1 박엽지(薄葉紙)(귀중품을 싸거나 책의 삽화 위에 붙이는 종이). 2 화장용지.

tissue plasminogen activator 명 1 (생화학) 조직 플라스미노겐 활성화 인자. 2 (약학) 조직 플라스미노겐 활성화 물질(略 TPA).

tissue typing [matching] 명 (의학) (이식(移植)) 조직 적합 검사. **tís·sue-type** 동타

tis·su·lar [tíʃulər] 형 (생물) 유기(有機) 조직의. ¶~ grafts 조직 이식.

tit¹ [tit] 명 1 박새(titmouse)과(科)의 새. 2 (속어·경멸적) 계집애, 젊은 여자. 3 (고어) 작은 말, 여윈 말.

tit² [tit] 명 1 (방언) 젖꼭지, 유두(teat); (~s) (비어) 유방. 2 (속어·비어) (성적 대상으로서의) 여자. 3 (英속어) 기계 조작용 버튼, 발포(發砲)(폭탄 투하) 버튼.
get on a person's tits (英속어) 남을 짜증나게 하다.
How are your tits? (美속어·비어) (여자에게) 어떻게 지내?(How are you?).
look an absolute tit (英속어) 어쩔 수 없는 바보 같다.
tit in a trance (英속어) 바빠 돌아다니는 사람.
with tits on (美속어) ① 분명히. ② 기꺼이, 곧.

tit³ 명 = ~ for tat; (가볍게 때리기).

tit. title. Tit. (성서) Titus.

***Ti·tan** [táitn] 명 1 (그리스 신화) 타이탄(Uranus(하늘)와 Gaea(땅)의 사이에 태어난 거인족의 일원; Prometheus, Atlas 등); = TITANESS 1. 2 (the ~) (그리스 신화) = Helios. 3 (t-) 거대한 크기[힘, 영향력 따위]를 가진 사람[물건]; 거인, 장사, 거장, 거성(巨星), 거물. ¶business ~s 실업계 거물들. 4 (천문) 타이탄(토성의 제6위성). 5 (군사) 타이탄(미 공군의 대륙간 탄도미사일. — 형 (t-) =titanic² 2.

ti·tan·ate [táitənèit] 명 (화학) 티탄산염(塩).

títan cràne 명 큰 기중기.

Ti·tan·ess [táitənis] 명 1 (그리스 신화) Titan의 자매신(Mnemosyne, Phoebe, Rhea, Tethys, Themis, Theia의 여신). 2 (t-) 힘이 장사인 여자, 몸집이 큰 여자.

ti·ta·ni·a [taitéiniə] 명 티타니아(인공의 금홍석(金紅石)); =titanium dioxide.

Ti·ta·ni·a [titéiniə, tai-/títɑː-, tai-] 명 티타니아. 1 Shakespeare작 *A Midsummer Night's Dream*에 나오는 Oberon의 처로 요정 나라의 여왕. 2 (천문) 천왕성의 5개 위성 중의 하나.

ti·tan·ic¹ [taitǽnik, ti-] 형 (화학) 티탄의.

ti·tan·ic² [taitǽnik] 형 1 (T-) 타이탄의, 타이탄과 같은. 2 (또는 titan) 거대한; 힘이 장사인. -**i·cal·ly** 부

***Ti·tan·ic** [taitǽnik] 명 the ~) 타이타닉 호(영국의 호화 여객선; 1912년 4월 처녀 항해중 빙산에 충돌 후 침몰). [~성하는.

ti·tan·if·er·ous [tàitənífərəs] 형 티탄을 함유(含有)

Ti·tan·ism [táitənìzm] 명 (t-) (전통·인습 따위에 대한) 반항심, 반역(반골) 정신. [(⑦ Ti).

ti·ta·ni·um [taitéiniəm] 명 (화학) 티탄, 티타늄

titánium dióxide 명 (화학) 2산화 티탄.

titánium white 명 티탄백(白)(그림 물감용 안료).

ti·tan·o·saur [taitǽnəsɔ̀ːr] 명 티타노사우루스(초식성(草食性) 공룡).

ti·tan·ous [taitǽnəs, ti-] 형 (화학) 티탄의, 3가(價)의 티탄을 함유하는.

Titan 2[II] 명 (군사) 타이탄 2[II](미국의 대륙간 탄도탄(ICBM) LGM-25C의 별칭).

tit·bit [títbìt] 명 (英) = tidbit.

ti·ter, (英) -tre [táitər, tíː-] 명[U] (화학·의학) 역가(力價), 적정(適定) 농도; 적정량(適定量). [titfor

tit·fer [títfər] 명 (英속어) 모자(hat). (또는 titfa,

tit for tát 명부 맞받아 쏘아주기[는 것으로], 앙갚음(으로), 오는 말에 가는 말(로).

tith·a·ble [táiðəbl] 형 십일조가 붙는.

***tithe** [taið] 명 1 십일조(十一租), 10분의 1세(稅); (일반적으로) 10분의 1세. 2 10분의 1; (a ~) (부정문에서) 조금도 …않다. ¶I don't believe a ~ of what he says. 나는 그가 말하는 것이라면 하나도 믿지 않는다. —동타 …에 10분의 1세를 부과하다. —자 10분의 1세를 물다.

tithe bàrn 명 (英) 옛날 십일조(十一租)로 거둔 곡물을 저장했던 창고.

tith·er [táiðər] 명 1 (교회 등에) 십일조[10분의 1세] (tithe)를 바치는 사람. 2 십일조[10분의 1세] 납부자; 십일조[10분의 1세] 징수인.

tith·ing [táiðiŋ] 명 1 십일조[10분의 1세](의 납부[징수]). 2 (古英법률) 10인조(열 집을 한 조로 한 민간 행정의 단위).

ti·to·ni·a [titóuniə, -njə] 명 티토니아속(屬)의 각종 일년초의 총칭(멕시코·중미 원산).

Ti·tho·nus [tiθóunəs] 명 (그리스 신화) 티토누스(Troy의 왕 Laomedon의 아들로, 새벽의 여신 Eos의 애인; 늙어서는 매미로 변신한다).

Ti·tian [tíʃən] 명 1 티치아노(1487?–1576: 이탈리아의 베네치아파 화가; 이탈리아어명 Tiziano Vecellio). 2 형 (황갈색. —명 (t-) (머리털이) 황갈색인, 금갈색의. ~-**ésque** 형

Ti·ti·ca·ca [titikáːkə] 명 Lake ~ 티티카카 호(페루와 볼리비아 국경에 있는 세계 최고지(最高地)의 호수).

tit·il·late [títəlèit] 他⑤ …을 간질이다; (공상·흥미·오감 따위)를 기분 좋게 자극하다, …의 흥을 돋우다. **-làt·ing** **-làt·ing·ly** 厠 **-lá·tion** **-là·tive** 厠

tit·i·vate [títəvèit] (구어) 他⑤ (재귀용법으로) …을 말쑥하게 몸치장하다, 맵시내다, 몸치장하다. ¶ ~ oneself before a mirror 거울 앞에서 몸단장을 하다. ── 自 몸치장하다, 맵시내다. (또는 **tittivate**)
-vá·tion, -và·tor **-và·to·ry** 형

tit·lark [títlɑ̀ːrk] 명 미국 논종다리(American pipit); (英) 유럽종의 논종다리(meadow pipit).

‡**ti·tle** [táitl] 명 (⑧ ~s [-z]) **1** (책·시·그림 따위의) 제명(題名), 제목, 표제(表題); (책의 장(章)·절(節) 따위의) 표제(of, to). ¶the ~ of a book [poem] 서명[시제(詩題)]. **2** =~ page; 책, 출판물; 레코드. **3** ⓒ (Lord, Dr., Prince 등의) 직함, 칭호, 경칭, 작위, 학위; 직함이 있는 사람; 호칭, 명칭. ¶a person of ~ 칭호[직함]이 있는 사람; 귀족. **4** ⓤⓒ 확립[인정]된 (정당한) 권리, (…을 주장할 수 있는) 자격; (…을 요구할) 근거[이유](to, of, in, to do). ¶establish one's ~ to the throne 왕위에 오를 권리 / establish one's ~ of authorship 저작권을 확립하다. **5** (법률) (부동산을 향유할) 법적 권리(to); 그 권원(權原); 권리 증서; 하자 없는 소유권의 구성 요소; (법률 문서 따위의) 편(編), 장(章). ¶acquire [hold] ~ to property 재산의 소유권을 얻다[가지다] / Finders are keepers unless ~ is proven. 소유권이 증명되지 않으면 찾아낸 사람의 것이다. **6** ⓤⓒ (가톨릭) 성직 취임 자격, 성직록(聖職祿); 명의(名義) 성당. **7** (캐럿으로 표시된) 금의 순도(純度). **8** (the ~) (스포츠) 선수권, 타이틀. ¶defend [take] the ~ 선수권을 방어[획득]하다. ── 他⑤ **1** …에 표제[제명]를 붙이다; (필름)에 자막을 넣다. **2** …에게 직함[작위], 칭호를 주다; ~을 칭호로 부르다. **3** (책 따위의) 제명과 같은; 선수권의. **2** (영화·TV) 자막의 이 들어 있는.

títle càtalog 명 [도서관학] 도서명 목록.
ti·tled [táitld] 형 칭호[직함, 작위]가 있는. ¶~ families 작위가 있는 집안.
títle dèed 명 (법률) (부동산) 권리 증서.
ti·tle·hold·er [táitlhòuldər] 명 **1** 직함[칭호] 소유자. **2** (또는 **titlist**) 선수권 보유자[팀], 현 챔피언.
títle insùrance 명 권원(權原)[권리, 상호(商號)] 보
títle màtch 명 타이틀전, 선수권 시합. [험.
títle pàge 명 (책의) 속표지, 표제지(책 이름, 저자명, 발행자, 발행일 따위가 인쇄되어 있다).
títle pàrt 명 =title role.
títle pìece 명 **1** 표제작(단편집·가곡집 따위에서 전체의 표제와 같은 제목의 작품). **2** (제본) (책 표지나 등에 붙이는) 책제목 가죽 라벨.   「자막을 쓰는 사람.
títle plàyer 명 **1** (영화) 타이틀 촬영 장치; 영화의
títle róle [cháracter] 명 주제역(主題役)(연극·가극 등에서 주제와 같은 이름의 등장 인물; 가령 Hamlet 중의 Hamlet역). (또는 **title pàrt**)

ti·tling[1] [táitliŋ] 명ⓤⓒ (책)에 (등에) (제목) 금박 박기; 책에 쓰는 문자.
tit·ling[2] [títliŋ] 명 **1** =titlark. **2** =titmouse.
tit·list [táitlist] 명 (스포츠) =titleholder 2.
tit·man [títmən] 명 **1** 한 배의 돼지 중에서 가장 작은 것. **2** 발육 부전아(不全兒).   「과에 속하는 작은 새.
tit·mouse [títmàus] 명 (⑧ **-mice** [-màis]) 박새
Ti·to [tíːtou] 명 Marshal ~ 티토(1892-1980; 유고슬라비아의 정치가·대통령). **~·ism** 명 티토주의(유고 가주의적 공산주의). **-ist** 명 형
ti·trant [táitrənt] 명 (화학) 적정제(滴定劑).
ti·trate [táitreit] 他⑤ …을[이] 적정(滴定)하다 [되다]. **-tra·ble, -tra·ta·ble** 형 **ti·trá·tion** 명
tits [tits] 명 (속어) 멋진, 최고의 것; 간단한, 쉬운.
títs and áss (美속어·비어) ⑧ 섹스에 관한 구경거리, 스트립 쇼, 나체 춤. ── 형 (또는 **títs-and-áss**) 유방과 엉덩이의, 음란한; 누드 사진[외설 서적]의.

tit-show [-ʃòu] 명 (英속어) 유방 노출 누드 쇼.
tit-tat-toe [títtæ̀ttóu] 명 =tick-tack-toe.
tit·ter [títər] 명자 킥킥 웃다; 소리를 죽여 웃다.
── 명 킥킥 웃기; 낄낄거리기. **~·er** 명 **~·ing·ly** 부
tit·ti·vate [títəvèit] 他자 =titivate.
tit·tle [títl] 명 **1** (글자 위의) 작은 점, 획(i의 '、, ú의 ' 따위). **2** (a ~) (부정문에서) 조금도 …이 아니다[은 없다]. ¶I don't care a ~. 전혀 상관없다.
nòt a jót or títtle ⇒ JOT.
òne jót or òne títtle (부정문에서) 일점 일획도(아주 조금도) …않다. ¶One jot or one ~ shall in no way pass from the law. 율법은 일점 일획도 결코 없어지지 아니하리라(←마태복음(Matt.) 5 : 18).
to a tìttle 꼭, 정확하게.
tit·tle·bat [títlbæ̀t] 명 (英방언) =stickleback.
tit·tle-tat·tle [-tæ̀tl] 명ⓤ 잡담, 수다, 쓸데없는 이야기; 세상 이야기, 소문. ¶social ~ 세상 돌아가는 이야기. ── 명자 재잘거리다; 잡담하다; 소문을 말하다. **-tler** 명

tit·tup [títəp] (英) 명 껑충껑충 뛰어다니기; 춤추며 돌아다니기; (하이힐 따위의) 똑똑 하는 소리. ── 自자 **1** 좋아듯이 걷다(움직이다), 뛰어 돌아다니다. **2** (말이) 어슬렁어슬렁 구보하다. **3** (속어) (술값 마련을 위해) 동전 던지기를 하다. **~·py** 형

tit·ty [títi] 명 **1** (속어·비어) 젖꼭지, 유두; 유방. **2** (방언) 모유. **3** (美속어) 여자.
tit·ty-boo [-búː] 명 (美속어) 난폭한 소녀; 불량 소녀; (마약 중독·매춘 따위로 복역하다는) 젊은 여죄수.
tit·u·ba·tion [tìtʃubéiʃən] 명ⓤ (병리) (소뇌(小腦) 장애로 인한) 비틀거림; 비틀[비슬]거리기.
tit·u·bant [títʃubənt] 형
tit·u·lar [títʃulər, -tju-] 형 **1** 표제의, 제목의. ¶a character 제목의 인물(Hamlet의 Hamlet 등). **2** 직함[칭호]이 있는. **3** 유명무실한, 이름뿐인, 명목[명의]상의. ¶the ~ head of a company 회사의 명목상의 사장. **4** 정당한 권리[자격]가 있는. ¶~ possessions 유권(有權) 소유물. **5** 표제[이름]가 유래하는; (교회가) 명의(名義) 성당의. ── 명 직함[칭호]이 있는 사람; 이름[직함]뿐인 사람.
-lar·i·ty [-lǽrəti] 명 **~·ly** 부
titular bíshop 명 (가톨릭) 명의 주교(名義主敎).
titular sáint 명 교회의 수호 성인(St. Paul 등).
tit·u·lar·y [títʃulèri/-ləri] 형명 (고어) =titular.
Ti·tus [táitəs] 명 **1** (성서) 디도(사도 바울의 제자); 디도서(書)(略 Tit). **2** 남자 이름.
Tiv [tiv] 명 (⑧ ~(**s**)) (나이지리아 남동부에 사는 티브족의 사람); 티브어(語).
tiz·zy [tízi] 명 (속어) 흥분 상태, (흥분하여) 이성을 잃은 상태. ¶be in a ~ 이성을 잃고 있다 / get into a ~ 이성을 잃다.
t.j., T.J. [tíːdʒèi] talk jockey (* disc jockey를 D.J.라고 하는 식으로 만든 말).
T-junc·tion [tíːdʒʌ̀ŋkʃən] 명 T자형 삼거리; (파이프 따위의) T자형 접합부.
TKO, T.K.O. (권투) technical knockout. **Tl** 기 (화학) thallium. **T/L** (상업) time loan. **T.L., TL** (보험) total loss (전손(全損)). **TLC** (약학) thin-layer chromatography. **TLC, T.L.C., t.l.c.** (구어) tender loving care. **TLO** Technology Licensing Organization ((산학 협동의) 기술면허 연계 기구).
t.l.o., T.L.O. (보험) total loss only. **TLP** transient lunar phenomena (일시적 월면(月面) 현상).
T lýmphocyte (면역) =T cell.
Tm 기 (화학) thulium. **TM** teacher's manual; teaching machine; technical manual; theme music; trademark; transcendental meditation.
T.M. trainmaster; trench mortar; true mean (진평균).

T-man [tíːmæ̀n] [명] **1** (미국 재무부의) 특별 세무 조사관; 연방 마약 수사관. **2** ⦅美속어⦆ 마리화나를 피우는 사람(＊T는 마리화나를 나타내는 속어 tea에서). 「위).
TMD *t*heater *m*issile *d*efense(전역(戰域) 미사일 방
TMer [tìːémər] [명] ⦅美⦆ 초월 명상자, 초월 명상의 신봉자. [참] transcendental meditation
tme·sis [tmíːsis] [명][U][C] ([복] **-ses** [-siːz]) 분어법(分語法), 합성어 분할(복합어의 요소 사이에 다른 낱말을 삽입하기. ¶*whatsoever* person을 *what* person *soever*로 하는 따위).
TMJ *t*emporo*m*andibular *j*oint. **TMO** *t*elegraph *m*oney *o*rder(전신환). **TMV** *t*obacco *m*osaic *v*irus.
T-my·co·plas·ma [tíːmaikouplǽzmə] [명] 〔생물〕 T마이코플라스마(정자(精子) 세포를 둘러싼 불임 미생물). 〔<T자 모양을 하고 있는 데서〕
Tn [기] 〔화학〕 thoron. **TN** Tennessee; *t*rue *n*orth.
tn. ton; town; train. **TNC** *t*rans*n*ational *c*orporations(다국적 기업). **TNF** 〔군사〕 *t*heater *n*uclear *f*orces(전역(戰域) 핵전력); *t*umor *n*ecrosis *f*actor.
TNO *T*rade *N*egotiation *O*rganization(GATT의 무역 교섭 위원회). **tnpk.** turnpike. **TNT, T.N.T.** 〔화학〕 trinitrotoluene. **TNW** *t*actical *n*uclear *w*eapon [*w*arfare](전술 핵무기[전쟁]).
‡**to** ⇨TO. 〈p. 2842〉
t.o. *t*able of *o*rganization; *t*elegraph *o*ffice; *t*raditional *o*rthography; *t*urn *o*ver; turnover. **T.O., TO** 〔군사〕 *t*able of *o*rganization; *t*elegraph *o*ffice; *t*raditional *o*rthography; *T*ransport *O*fficer.
***toad** [toud] [명] **1** 두꺼비. **2** 보기 싫은 놈[것], 주는 것 없이 미운 사람[것]. ¶He's a perfect ～. 그는 정말 보기 싫은 놈이다. **3** =toady; =toadfish.
*a **toad under a*** [or *the*] ***harrow*** 늘 박해받는[괴롭힘을 당하는] 사람.
eat** a person's **toads 남에게 빌붙다[아첨하다].
∠·ish [형] **∠·ish·ness** [명] **∠·less, ∠·like** [형]
toad·eat·er [tóudiːtər] [명] 알랑거리는 사람, 아첨꾼; ⦅고어⦆ 두꺼비를 먹는 사람. **-èat·ing** [명][형] 아첨(하는).
toad·fish [tóudfìʃ] [명] 아귀과(科)의 물고기.
toad·flax [tóudflæ̀ks] [명] 〔식물〕 해란초의 일종.
toad-in-the-hole [∠inðəhóul] [명][U] ⦅英·濠⦆ 반죽(batter)을 입혀서 구운 쇠고기[돼지고기] 소시지.
toad·stone [tóudstòun] [명][U] 두꺼비 몸 속에 생긴다고 여겼던 돌(보석·부적·해독제로 쓰였다).
toad·stool [tóudstùːl] [명] 버섯, 독버섯의 총칭.
toad·y [tóudi] [명] 알랑거리는 사람, 아첨꾼.
— [동] (…에게) 알랑거리다, 아첨하다 (*to*).
～·ish [형] **～·ism** [명]
to-and-fro [túːənfróu] [형] (운동 따위가) 앞뒤로[이리저리] 움직이는; (방문 따위가) 왔다갔다하는(back-and-forth). ¶～ motion 왕복 운동. **—** [명] ([복] **～s**) 이리저리 움직이기, 왕복[전후] 운동; 동요, 변동; 말다툼. **—** [부] 이리저리, 왔다갔다, 앞뒤로.
TOAS *T*otal *O*ffice *A*utomation *S*ystem(완전 사무 자동화 시스템).
‡**toast**[1] [toust] [명][U] 토스트, 토스트 빵, 구운 빵; ⦅고어·인도⦆ (물·포도주 따위에 넣은) 토스트 조각. ¶two slices of ～ 토스트 두 조각/buttered [dry] ～ 버터를 바른[바르지 않은] 토스트.
(as) warm as (a) toast (불에 쬐어) 기분 좋게 훈훈한[따뜻한]. 「루다.
have** a person **on toast ⦅英속어⦆ 남을 마음대로 다
toast and water ⦅고어⦆ 토스트 조각을 넣은 더운 물(환자용 음식)(toast-water).
— [동][타] **1** 〔빵·치즈 따위〕를 누렇게 굽다; 그슬리다. **2** 〔손·발 따위〕를 불에 쬐다, 불을 쬐어 녹이다. ¶*T*～ yourself by the fire. 불을 쬐어라/～ one's hands before the fire 손을 불에 쬐어 녹이다. **—** [자] 옅은 다갈색으로[노릇노릇하게] 구워지다; 따뜻해지다.
***toast**[2] [명] **1** 축배(를 들기), 건배; 축배[건배]의 말[인사]; 건배를 하자는 제의 (*to*). ¶drink [*or* make, have] a ～ *to* …을 위하여 건배하다/propose a ～ *to* …에게 건배하자고 제의하다 // respond [*or* reply] to the ～ 건배에 응답하여 감사의 말을 하다. **2** 건배[축배]의 대상이 되는 사람[물건, 행사]; 절찬받는 인물, 인기인, 이름난 미인. ¶She was the ～ of the city. 그녀는 그 도시에서 이름난 미인이었다. **—** [동][타] …을 위해 건배를 제안하다; 〔전도·건강 따위〕를 축하하여 건배하다, 〔사람·국기 따위〕에 경의를 표하여 건배하다, 축배를 들다. ¶～ the guest of honor 주빈을 위해 건배하다/Let's ～ the bride and bridegroom. 신랑신부를 위해 건배합시다. **—** [자] 건배하다.
toast[3] [명] **1** 미국[카리브] 흑인이 말하는 긴 이야기풍의 즉흥시. **2** (레게에서) 레코드를 걸면서 디스크자키가 이야기하거나 외치거나 하는 연기.
— [동] (레게에서) 음악에 이야기나 외침소리를 첨가하다.
toast·er[1] [tóustər] [명] 토스터, 빵 굽는 기구; (빵·치즈 따위를) 굽는 사람.
toast·er[2] [명] 건배하는 사람, 건배의 선창을 하는 사람.
tóaster òven [명] 오븐 겸용 토스터. 「포크.
tóast·ing fòrk [tóustiŋ-] [명] (자루가 긴) 빵 굽는
tóast lìst [명] (파티 따위에서) 건배받을 사람의 명단; 식탁 연설자 명단.
toast·mas·ter [tóustmæ̀stər/-mɑ̀ːs-] [명] **1** (연회의) 사회자. **2** 건배의 말을 하는 사람; 건배를 제의하는 사람. 「사회자.
toast·mis·tress [tóustmìstris] [명] (연회의) 여성
tóast ràck [명] 토스트 세우개(구운 빵을 세워놓는 탁상용 작은 대(臺)).
toast·y [tóusti] [형] **1** 토스트 특유의[같은]. **2** (방 따위가) 기분 좋게 따뜻한. **—** [명] 누렇게 구운 샌드위치. (또는 **toastie**) **tóast·i·ness** [명]
TOB *t*ake-*o*ver *b*id. **Tob.** Tobias; Tobit.
‡**to·bac·co** [təbǽkou] [명] ([복] **～(e)s** [-(z)]) **1** [U] (종류는 [C]) 담배, 살담배([참] cigar, cigaret(te)). **2** (또는 **∠ plànt**) 담배(가지과(科) 담배속(屬)의 식물). **3** [U] 끽연, 담배 피우는 습관. ¶give up [swear off] ～ 담배를 끊다[맹세코 끊다]. **～·less** [형]
tobácco bròwn [명] 누르스름한 갈색.
tobácco bùdworm [명] 밤나방과(科)의 담배나방.
tobácco hórnworm [명] 박각시과 나방의 일종의 유충. (또는 **tobácco wòrm**)
tobácco júice [명] (흡연으로) 갈색이 된 침; 메뚜기 입에서 나오는 갈색 분비물.
tobácco mosàic [명] 〔식물병리〕 담배모자이크병(담배잎 따위에 바이러스의 침투로 모자이크 모양의 반점이 생겨 시들어 죽는 병). 「스([약] TMV).
tobácco mosàic vìrus [명] 담배 모자이크 바이러
to·bac·co·nist [təbǽkənist] [명] ⦅英⦆ 담배 가게, 담배 장수; 담배 제조인.
to·bac·co·phobe [təbǽkoufòub] [명] 담배를 싫어하는 사람; 혐연권론자(嫌煙權論者).
to·bác·co-pipe [-pàip] [명] 파이프, 담뱃대.
to·bac·co-pouch [-pàutʃ] [명] (살담배) 쌈지.
tobácco ròad [명] (T- R-) 희망이 없이 내버려진 사람들이 사는 가난하고 초라한 지역. 〔<E. Caldwell의 동명소설(1932)에서〕
tobácco stòpper [명] 스토퍼(파이프에 담배를 채워 넣는 도구).
To·ba·go [təbéigou] [명] 토바고 섬(서인도 제도(諸島)의 최남단의 섬; Trinidad and Tobago의 일부).
To·ba·go·ni·an [tòubəgóuniən] [명]
to-be [təbíː] [형] ⦅복합어로⦆ 장래의, 미래의; 머지않아 (…으로) 될. ¶a bride-～ 미래의 신부.
To·bi·as [təbáiəs] [명] 〔성서〕 =Tobit.
To·bit [tóubit] [명] 토비트(가톨릭의 외경(外經) 중의 하나).

to

전치사 to에는 일반적인 용법과 부정사를 이끄는 용법이 있다.
(1) 일반적 용법의 to는 기본 뜻이 우리말의 「…으로」「…까지」에 가장 가까우며, 도달점이나 한계·결과를 갖는 운동·상태 변화의 방향을 나타내는 것이 특징이다.
(2) 부정사를 이끄는 to는 동사 앞에 놓이는 유일한 전치사로, 동사의 원형과 결합하여 명사·형용사·부사적 용법으로 쓰인다.
to는 이밖에 「(꼭) 닫혀」라는 뜻의 부사로도 쓰인다. 그러나 in이나 over 따위와 같이 전치사로도 부사로도 쓰이는 전치사적 부사는 아니다.

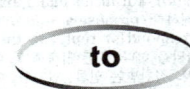

‡to [강 tuː, 약 tu, tə] [전] ＊어조를 높일 때 및 문장·절(節)의 끝에서는 강음(強音), 모음 앞에서는 약음 [tu]를, 자음 앞에서는 약음 [tə]를 쓴다.

I. 방향·대상

1 (방향) a) (접근해서 도달하는 점·사람·장소 또는 물체로의 운동·방향을 나타내어) …으로, …에, …까지, …의 쪽[방향]으로[에]([참] from). ¶from the front door *to* the gate 현관 입구에서 문까지 / from flower *to* flower 이 꽃에서 저 꽃으로 / go *to* school 등교하다 / on one's way *to* Paris 파리로 가는 길에 / tumble [*or* fall] down *to* the floor 마루에 굴러 떨어지다 / *To* arms! 무기를 잡아라! **b) (도착의 뜻을 포함하지 않고 방향 또는 어떤 물체로의 운동·방향을 나타내어)** …쪽으로, …에. ¶from east *to* west 동에서 서로 / turn *to* the left 왼쪽으로 돌다. **c)** …의 방향에, …에. ¶Japan is *to* the east of our country. 일본은 우리나라의 동쪽에 있다. ＊*on* the west of the city는 「그 도시와 서쪽에서 접하여」, *in* the northwest of the city는 「시(내)의 서북에」의 뜻.

2 (상태의 방향·변화) …로, …에, …의 방향으로. ¶go from bad *to* worse 더욱더 악화되다 / rise *to* fame 유명해지다 / He grew *to* manhood. 그는 어엿한 남자로 성장했다.

3 a) (자동사·수동태 뒤에서) …에게. ¶He spoke *to* me. 그는 내게 말을 걸어왔다 / What happened *to* him? 그에게 무슨 일이 생겼나? / It seems *to* me rather curious. 내게는 꽤 기묘하게 생각된다 / The letter was addressed *to* my uncle. 편지는 삼촌 앞으로 보낸 것이었다.
b) (타동사 뒤에서 간접목적어의 대용구(代用句)로) …에게. ¶Show the fan *to* me.(=Show me the fan.) 그 부채를 내게 보여주게 / He sent a box of apples *to* us.(=He sent us a box of apples.) 그는 우리에게 사과 한 상자를 보냈다.
c) (형용사의 적용 방향·범위) …에 (대하여). ¶agreeable *to* the eye 보기에 상쾌한 / invisible *to* the naked eye 육안으로는 안 보이는 / liable *to* error 틀리기 쉬운 / necessary *to* success 성공에 필요한 / Your name is familiar *to* us all. 댁의 성함은 저희들이 모두 잘 알고 있습니다.

4 (의향·요구·권리의 대상) …에, …으로의, …을 위하여, …을 축복하여, …을 축하하여(in honor of). ¶an heir *to* a large estate 큰 재산의 상속자 / Let's drink a toast *to* his success. 그의 성공을 축하하여 건배합시다 / Drink *to* your health! 자네의 건강을 위해 건배!

5 (대향(對向)·대항) …에 대하여, 상대하여, 마주서서; **(상대적인 위치)** …에 대하여. ¶parallel *to* the ridge 능선과 평행하게 / stand face *to* face with …과 마주보고 서다 / fight hand *to* hand 접전(接戰)하다.

II. 범위·한계

6 (도달점·범위·정도) …까지, …할 정도로, …에 이르기까지(reaching as far as). ¶from one up *to* one hundred 1에서 100까지 / an Englishman *to* the core 철저한[순수한] 영국인 / be rotten *to* the core 속까지 썩었다 / be honest *to* a fault 결점이라고 말할 정도로 정직하다 / be sick *to* death 죽도록 싫다 / *to* a certain extent 어느 정도까지 / They fought *to* the last man. 그들은 최후의 한 사람까지 싸웠다 / We reached the station *to* the minute. 우리는 1분도 어김없이 정거장에 도착했다.

7 (접촉·근접) …에, …에 대하여(against), …의 옆에(beside). ¶apply lotion *to* the skin 피부에 로션을 바르다 / Tom sat next *to* me. 톰은 내 옆에 앉았다.

8 (시간) …까지(until); (…분) 전(before)([참] past). ¶*to* this day 오늘까지 / *to* the end of April 4월말까지 / from morning *to* noon 아침부터 정오까지 / It is five (minutes) *to* seven. 7시 5분 전이다(＊[美]에서는 It is five (minutes) *before* [*or* *of*] seven.처럼 표현하기도 한다).

III. 목적·결과

9 (목적·의도) …을 위하여(for the purpose of), …하려고(for). ¶*to* that end 그 목적을 위하여 / They went *to* her rescue. 그들은 그녀를 구조하려고 갔다 / They sat down *to* dinner. 그들은 만찬을 들려고 자리에 앉았다.

10 (결과·효과·결과로서의 상태·결말) …에, …까지; …하게도, …할 만큼; (…의 결과) …로 되는. ¶*to* my amazement [regret, surprise] 기가 막히게도[유감스럽게도, 놀랍게도] / be burnt [frozen, starved] *to* death 불타[얼어, 굶어] 죽다 / be moved *to* tears 감동하여 눈물을 흘리다 / be smashed *to* pieces [*or* atoms] 산산조각이 나다 / be flattered *to* one's ruin 아첨에 귀를 기울여 신세를 망치다.

IV. 부속·집착

11 (부속·소유) …의, …에, …으로. ¶belong *to* …에 속하다 / a key *to* the house 집의 열쇠 / a building attached *to* the hospital 병원 부속 건물 / *to* oneself 자기 자신에게, 자기에게만, 독점하여 / She is aunt *to* my mother. 그녀는 어머니의 숙모이다.

12 (부가) …에다, …에 더하여. ¶in addition *to* …에 더하여 / Add the total of the right column *to* that of the left. 왼쪽 난의 합계에 오른쪽 난의 합계를 더하시오.

13 (집착·결합) …에, …으로. ¶stick *to* nothing 싫증을 잘 내다 / hold *to* one's opinion 자기 의견을 고집하다 / She is dearly all attached *to* her brother. 그녀는 오빠에게 진심으로 애착을 가지고 있다.

V. 관련·대응

14 (관련·관계·반응) …에 관하여(concerning), …에 대하여(in respect of). ¶blind *to* her charms 그녀의 매력에 눈이 먼 / What will she say *to* that point? 그 점에 관해 그녀는 뭐라고 말할까? / That's all there is *to* it. 다만 그것뿐이다 / Don't refer *to* that again. 두 번 다시 그 일을 언급하지 마라.

15 (비교·대비·비례) …에 비하면, …보다, …에 대하여, …당(當). ¶be superior [inferior] *to* …보다 우월하다[열등하다] / a dollar *to* the pound 1파운드당 1달러 / The score was four *to* three. 득점은 4대3이었다 / 6 is *to* 2 as 12 is *to* 4. 6 : 2＝12 : 4 / It is ten *to* one that you'll find them at ease. 십중팔구 그들은 마음 놓고 있을 것이다.

16 (일치·적합) …에 응하여[한], …에 맞추어, …대로(의)(according to), …로써(by). ¶a position *to* his liking 그의 마음에 맞는 지위 / a dress made *to* order 주문해서 만든[맞춘] 옷 / *to* the best of one's ability 힘이 닿는 한 / sing *to* the piano 피아노에 맞추어 노래

하다/march *to* a tune 곡에 맞추어 행진하다/dance *to* the music 음악에 맞추어 춤추다/She has a husband *to* her mind. 그녀에게는 마음에 맞는 남편이 있다/I have never seen you before *to* my knowledge. 내가 알기로는 전에 만나뵌 일이 없습니다.

Ⅵ. 기타 용법
17 …로서(as). * 다음의 용례 이외는 고어. ¶take…*to* wife …을 아내로 맞다/call a person *to* witness 남을 증인으로 소환하다.
18 (美구어) 〔농산물〕로(with). ¶a field planted *to* corn 옥수수밭.
19 (美구어·방언) 〔특정 장소〕에, 에서(at, in). ¶He is *to* home. 그는 집에 있다.
20 (confess, swear, testify, witness 따위 뒤에서) …이라고, …을 인정하여. ¶confess *to* a crime 범행을 자백하다/testify *to* its excellence 그의 탁월성을 증명하다.

Ⅶ. 부정사를 이끌어
21 (* 이 경우 to는 동사 앞에 놓이는 유일한 전치사. 이 to를 전치사로 보지 않는다는 주장이 있다.

USAGE¹ 다음의 예처럼 앞뒤의 관계로 뜻이 분명할 때는 to만이 그 표시로서 남아 부정사는 생략된다. 특히 회화체의 문장에 많다. Ask him, if you have *to* (ask him[or do so]). 그에게 물어보렴, 꼭 그래야 한다면 말이야.

a) (명사적 용법) …하는 것. ¶*To* err is human, *to* forgive divine. 잘못을 저지르는 것은 사람의 일이고, 용서하는 것은 하느님의 일이다(A. Pope의 시구(詩句))(주어)/It is useless *to* persuade him. 그를 설득해도 소용없다(선행하는 형식 주어 it의 진(真)주어)/*To* see is *to* believe. 백문이 불여일견(앞의 부정사는 주어, 뒤의 부정사는 보어)/He tried not *to* look at the house. 그는 그 집을 안 보려고 애썼다(목적어)/What I must do is (*to*) help you. 내가 해야 할 일은 자네를 돕는 일이다(보어)(* (美)에서는 보어가 되는 to는 종종 생략된다)/She knew when *to* praise and when *to* chide. 그녀는 언제 칭찬을 하고 언제 꾸지람을 해야 하는지를 알고 있었다(목적어·의문사와 결합하여 명사구를 만든다).
b) (형용사적 용법) …하기 위한, …하는, …해야 할. ¶a house *to* let 셋집/water *to* drink 음료수/the first *to* arrive 맨 처음 도착하는(한) 사람/He has no money *to* buy the book (with). 그에게는 그 책을 살 돈이 없다/He isn't the man *to* desert me. 그는 나를 버릴 남자가 아니다/Please bring me something *to* drink. 뭔가 마실 것을 좀 갖다 주십시오.
c) (부사적 용법) (목적·결과·원인·한정(限定) 따위) …하기 위하여; …하여, …하(다)니. ¶We eat *to* live. 우리는 살기 위해 먹는다(목적)/I suppose he has grown *to* become a lawyer or a realtor. 나는 그가 커서 변호사나 부동산업자가 됐으리라고 생각한다(결과)/I'm sorry *to* have *to* say this. 이렇게 말씀드리지 않을 수 없는 것이 유감스럽습니다(원인·이유)/He was relieved *to* have some good news. 좋은 소식을 듣고 그는 마음이 놓였다(원인)/How careless he is *to* commit such a blunder! 그런 실수를 하다니 그는 조심성이 전혀 없군!(이유)/*To* hear him speak English, you'll take him for an American. 그가 영어로 말하는 것을 들으면 그를 미국인으로 잘못 알 것이다(조건)/He is old enough *to* obtain a driver's license. 그는 운전면허를 취득할 만한 나이가 되었다(정도)/Their delight is easy *to* understand. 그들의 기쁨은 이해하기에 어렵지 않다(* It is easy *to* understand their delight.라고 하면 같은 뜻이지만 to부정사는 명사적 용법(한정)/He is hard *to* please. 그는 성미가 까다롭다(한정)/*to* begin with 우선, 무엇보다도 먼저(독립부정사)/*to* sum it all up 통틀어 요약하면(독립부정사)/*To* return. 본제(本題)로 돌아가서(독립부정사)/His conduct is, *to* say the least, a bit peculiar. 그의 행동은 아무리 좋게 보아도 좀 이상하다(삽입구)/*To* think that she would believe such a report! 그녀가 그 같은 보도를 믿다니!(감탄문에 해당).

주의 다음과 같은 자동사 다음에 오는 to부정사는 명사적, 형용사적, 부사적의 어느 쪽이라고 정하기가 어려우나 일반적으로 형용사적 용법에 속한다: I happened *to* come across her in the theater. 나는 우연히 극장에서 그녀를 만났다/They appeared *to* be surprised at his sudden emergence. 그들은 그가 갑자기 나타나서 놀란 듯했다/He seems *to* be honest. 그는 정직한 사람인 듯하다/Ted proved *to* be a real friend. 테드는 진정한 친구임을 입증했다.

USAGE² see, hear, feel 따위의 지각 동사, make 따위의 사역 동사, help, bid 따위의 동사 다음에서는 원형(原形) 부정사를 쓴다(help는 to부정사를 수반하는 일도 있다). 그러나 수동형 문장에서는 to부정사를 사용한다: We saw him *run* up the stairs.→He was seen *to run* up the stairs. 그가 계단을 뛰어 올라가는 것이 보였다/They made us *go* against our will.→We were made *to go* against our will. 우리는 억지로 가게 되었다.

── (퇴) **1** 평상(平常) 상태(로), 의식이 있는 상태에; (꼭) 닫히어, 정지하여. ¶bring a ship *to* 배를 멈추다/bring a person *to* 남을 제정신이 들게 하다/come *to* 제정신이 들다/have *to* (배를) 멈추다; 정선(停船)하다/bang a door *to* 문을 쾅 하고 닫다/Shut the door *to*. 문을 닫으시오/Is the door *to*? 문은 닫혀 있습니까?/The door fell *to*. 문은 어느새 닫혔다. **2** 〔해사〕 뱃머리를 바람이 불어오는 쪽으로 향하여. ¶lie *to* 뱃머리를 바람이 불어오는 쪽으로 향해 정선하다/The ship moored head *to*. 배는 역풍을 받고 정박해 있었다. **3** 활동을 시작하여, 작동을 시작하여. ¶We fell *to* with a good appetite. 우리는 왕성한 식욕으로 먹기 시작했다/They turned *to* with good will. 그들은 진지하게 일을 시작했다.

to and fro 이리저리(로), 앞뒤로(back and forth).

to·bog·gan [təbágən, -bɔ́g-] (명) **1** 터보건 썰매. **2** (물가·운세 따위의) 급락.
on the toboggan (美) 터보건에 타고; (美속어) (물가가) 급락하여, (인생이) 내리막길로.
── (자) **1** 터보건으로 언덕을 활강하다. **2** (美) (물가·운세 따위가) 급락(急落)하다.
~·**er**, ~·**ist** (명)

(toboggan 1)

tobóggan chùte[**slìde**] (명) 터보건 활강장(場).
to·bra·my·cin [tòubrəmáisn/-sin] (명) 〔약학〕 토브라마이신(독성이 강한 아미노 배당체 항생 물질).
to·by [tóubi] (명) **1** (때로 T-) 모자를 쓴 땅딸보 노인의 모습으로 만든 맥주 컵(T-jug). **2** (美속어) 가늘고 긴 값싼 엽궐련.
tóby còllar[**frìll**] (명) (英) (여자·어린이용의) 폭넓고 주름잡힌 칼라.
toc·ca·ta [təkáːtə] (명) (복) **~s, -te** [-tiː]) 〔음악〕 토카타(전반 악기를 위한 즉흥적인 곡). 〔It〕
To·char·i·an [toukɛ́əriən, -káːr-, -tə-] (명) 토카라 사람; (명) 토카라 말(중앙 아시아의 인도유럽 어족의 언어). ── (명) 토카라 사람 [말]의.

(toby 1)

toch·er [tɑ́xər/tɔ́x-] (스코·북영) 圀 신부의 지참물(dowry). — 圄囹 ~s …에게 지참금[금]을 주다.

to·co [tóukou] 圀 (~s) ⓤ (英俗어) 징벌, 체벌.

to·col·o·gy [toukɑ́lədʒi/-kɔ́l-] 圀ⓤ 산과학(産科學)(obstetrics). (또는 **tokology** -gist)

to·coph·er·ol [toukɑ́fərɔ̀ːl, -rɑ̀l/-kɔ́fərɔ̀l] 圀ⓤ 〔생화학〕 토코페롤(비타민 E의 본체).

Tocque·ville [tóukvil, tɑ̀k-/tɔ́k-] 圀 **Alexis (Charles Henri Maurice Clérel) de ~** 토크빌 (1805-59: 프랑스의 정치가·정치학자·역사학자).

toc·sin [tɑ́ksin/tɔ́k-] 圀 〔문어〕 (벨에 의한) 경보, 경종 소리; 경보용 벨, 경종.

tod¹ [tɑd/tɔd] 圀 1 (양털의) 중량 단위(12.7kg). 2 (특히 담쟁이덩굴 등의) 수풀. 3 짐, 하물.

tod² 圀 (스코·북영) 여우; 교활하고 빈틈없는 사람.

tod³ 圀 (英俗어) * 다음 숙어로만 쓴다.
on one's tod 혼자로, 외로이.

TOD 〔항공〕 take-off distance(이륙 활주 거리); 〔환경〕 total oxygen demand(총 산소 요구량).

‡**to·day** [tədéi] 圀ⓤ 1 오늘, 금일. ¶ ~'s paper 오늘 신문. 2 현재, 현대, 오늘날. ¶ The world of ~ 현대의 세계 / ~'s fashion 오늘날의 유행 / ~s and yesterdays 현재와 과거. — 圄 1 오늘(은), 오늘중에, ¶ It is Saturday ~. 오늘은 토요일이다/Do the work ~. 오늘중에 그 일을 하시오. 2 현재[오늘날, 요즘](에)는. ¶ T— you seldom see horses. 요즈음에는 말을 좀처럼 볼 수 없다 / Young people ~ are so selfish. 오늘날 젊은이들은 매우 이기적이다. (또는 (英) **to-day**)
Here today (and) gone tomorrow. ⇨HERE.

tod·dle [tɑ́dl/tɔ́dl] 圄匎 1 아장아장[뒤뚝뒤뚝] 걷다. 2 산책하다, 어슬렁거리다 (round, over). 3 나서다, 출발하다; (슬슬) 돌아가다; (일이 끝나서) 떠나가다(off, along, away). ¶ (~+圄) They ~d off after the meeting. 그들은 회의를 끝내고 떠나갔다. — 圀 1 아장아장 걷기; 불안정한 걸음걸이; (구어) 산책. 2 (구어) 아장아장 걷는 아이.

tod·dler [tɑ́dlər/tɔ́d-] 圀 비틀비틀 걷는 사람; 아장아장 걷는 아이; (형용사적) 유아용의.
~·hood 圀 아장아장 걷는 상태[시기]; 유아기.

tod·dy [tɑ́di/tɔ́di] 圀ⓤⓒ 1 토디(브랜디나 위스키 따위에 뜨거운 물·설탕·향료를 넣은 음료). 2 야자즙, 야자 술.

tóddy pàlm 圀 〔식물〕 공작야자(인도·말레이반도산).

to-do [tədúː] 圀 (옹) (~s) (구어) 야단법석, 소동 (bustle). ¶ make a great ~ 야단법석을 떨다.

‡**toe** [tou] 圀 (옹) ~s [-z]) 1 발가락 (ⓒ finger, heel); 발끝(tiptoe). (구어) 발. ¶ The big [or great] ~ 엄지발가락 / the little ~ 새끼발가락. 2 발가락 비슷한 것 (짐승·새·파충류의 발; (구두·양말 따위의) 앞부리, 편자의 앞부분. 3 〔기계〕 축지(軸趾); 〔철도〕 전철기(轉轍機)의 끝부분; 〔건축〕 서까래 받침. 4 (모양·위치가) 발가락[발끝]과 비슷한 부분; 골프채 헤드의 끄트머리.
a toe in the door 첫걸음, 발판.
dig one's toes in (구어) 자기 입장[의견]을 고수하다, 완강하게 버티다.
dip one's toe(s) in [or *into*] (구어) (새로운 것을) 해보다, 시도해 보다.
from top to toe ⇨TOP¹.
kiss the pope's toe 교황의 오른발 샌들에 달린 황금 십자가에 입맞추다(* 일반인들의 알현 인사).
on one's toes (구어) ① 원기있는, 활발[민활]한. ② 빈틈없는; 준비가 다 된. ¶ keep a person on his ~s 방심하지 않도록 하다.
step [or (구어) *tread*] *on a person's* [*the wrong*] *toes* 남을 화나게 하다, 남의 감정을 해치다; 남의 영역[권리]을 침범하다.
stub one's toe 실수하다, 비틀거리다.
the light fantastic toe (익살) 댄스, 춤.
the [or *one's*] *toe's length* 아주 짧은 거리.
toes up (英속어) 죽어서.
toe to [or *and*] *toe* =toe-to-toe 圄.
turn one's toes in [*out*] 오리[팔자]걸음으로 걷다, 발을 오므리고[벌리고] 서다.
turn up one's toes [or *turn one's toes up*] (*to the daisies*) (속어) 거꾸러지다; 죽다.
— 匎 1 (구두·양말 따위에) 앞부리를 대다[수선하다]. 2 (지면·액셀러레이터 따위에) 발끝으로 건드리다[밟다]; (불)을 밟아서 끄다. 3 …을 발끝으로 차다. 4 〔골프〕 〔공〕을 골프채 끝으로 치다. 5 〔목공〕 〔못〕을 비스듬히 박다.
— 匎 1 (발가락을 특정 방향으로 향하고) 걷다[서다]. 2 발가락[발끝]으로 건드리다; (댄스에서) 발끝으로 가볍게 치다[탭을 하다].
toe and heel (it) 춤추다.
toe in [*out*] 안짱[발짱] 다리로 서다[걷다], (차바퀴가) 좀 안쪽[바깥쪽]으로 붙어 있다.
toe the line [or *mark, scratch*] ① (경주 따위에서) 출발선에 발끝을 대고 서다. ② 통제[명령, 당규]에 복종하다, 규칙[명령, 습관]에 따르다. ③ 할 일을 빈틈없이 하다.
∠·less, ∠·like 圀 [없이 하다.

toe·a [tɔ́iə] 圀 (옹) ~(**s**)) 토에아(파푸아 뉴기니의 화폐 단위; 100분의 1키나(kina)).

tóe bòx 圀 (구두 끝의 안쪽에 넣는) 앞심(心).

toe·cap [tóukæ̀p] 圀 (구두의) 콧등가죽, 앞닫이.

tóe cràck 圀 제열(蹄裂), 말굽 갈라짐(sand crack) (말굽의 앞쪽이 갈라지는 병).

toed [toud] 圀 발가락이 있는; (복합어로) 발가락[발끝]이 …인. ¶ five-~ 발가락이 다섯 개 있는. 2 〔목공〕 (못을) 비스듬히 박은. [춤.

tóe dànce 圀 토 댄스(발레 따위에서 발끝으로 추는

toe-dance [∠dæ̀ns/-dɑ̀ːns] 匎 토 댄스를 추다.
tóe dàncer 圀

TOEFL [tóufl] 圀 토플(시험)(영어를 모국어로 하지 않는 사람의 영어 능력 측정 시험).
[<*T*est *o*f *E*nglish as a *F*oreign *L*anguage]

toe·hold [tóuhòuld] 圀 1 (등산 따위에서) 발디딜 자리[곳]. 2 (일반적으로) 발붙일 곳, 발판. ¶ gain [or get] a ~ in politics 정계의 발판을 얻다. 3 〔레슬링〕 발비틀기(발을 비틀어 꺾는 기술). (또는 **tóe-hòld**)

TOEIC [tóuik] 圀 토익(국제 커뮤니케이션 영어 능력 시험). [<*T*est *o*f *E*nglish for *I*nternational *C*ommunication]

toe-in [∠ìn] 圀 〔자동차〕 토인(조종 능력을 높이고, 타이어의 마모를 같게 하기 위해 자동차의 앞바퀴를 안쪽으로 약간 좁힘기).

tóe lòop 圀 〔스케이팅〕 토 루프(한쪽 스케이트의 뒷바깥날로 도약하여 몸을 1회전시켜 같은 발로 착지하는 도약 기법)(~ jump).

toe·nail [tóunèil] 圀 1 발톱. 2 〔목공〕 비스듬히 박은 못. 3 (속어) 〔인쇄〕 둥근 괄호. — 匎 〔목공〕 …에 못을 비스듬히 박다.

toe-out [∠àut] 圀 〔자동차〕 토아웃(앞바퀴를 바깥쪽으로 약간 벌리기).

toe-rag [∠ræ̀g] 圀 (英속어) 부랑자, 거지; 바보.

toe·shoe [tóuʃùː] 圀 (보통 ~s) (발레) 토슈즈.

tóe sòck 圀 발가락 양말(발가락이 각각[엄지 발가락이 따로] 분리되어 있는 양말).

toe-to-toe [∠tətóu] 圀 정면으로 맞선[대결한]. — 圄 정면으로 대결하여, 얼굴을 맞대고. ¶ slug it out ~ 정면으로 맞서서 끝까지 싸우다.

toe·y [tóui] 圀 (濠속어) 안달이 난, 신경질적인; (말이) 침착하지 못하고 달리고 싶어하는.

toff [tɑf/tɔf] 圀 (英속어) 거들먹 피우는 사람, 멋쟁이; 신사인 체하는 사람.

tof·fee [tɔ́fi, tɑ́fi/tɔ́fi] 圀 (英) 1 토피(캔디의 일종)(美) taffy). 2 (속어) 하찮은 이야기. (또는 **toffy**)

can't do for toffee (英속어) 조금도[전혀] …할 수 없다. ¶He *can't* skate *for* ~. 그는 스케이트를 전혀 못 탄다. 「럽을 친 사람).
tóffee àpple 图 토피 애플(꼬챙이에 꽂아 토피용 시
tof·fee-nose [-nòuz] 图 (英속어) 교만한[으스대는] 놈, 점잔을 체하는 속물.
-nòsed 图 잘난 체하는, 으스대는, 뽐내는.
Tof·fler [tɔ́flər/tɔ́f-] 图 **Alvin** ~ 토플러(1928- : 미국의 미래학자).
toft [tɔ:ft/tɔft] 图 1 집과 그 대지. 2 언덕.
to·fu [tóufu:] 图 두부. 〔Jap〕
to·fut·ti [təfúːti, tóufəti] 图 (상표) 토푸티(두부를 원료로 한 아이스크림 디저트).
tog [tag/tɔg] (구어) 图 1 웃옷. 2 (보통 ~s) 의복. ¶golf ~s 골프복. 3 (~s) (濠·뉴질·아일) 수영복. — 图图 (-gg-) …을 입히다(*out*, *up*)(*in*). ¶ ~ oneself *out* [or *up*] 성장(盛裝)하다.
to·ga [tóugə] 图 (複 ~s, -gae [-dʒiː, giː]) 1 토가(고대 로마 시민이 입던 헐거운 겉옷). 2 (법관·교수 등의) 제복, 가운. ¶a judge's ~ 법복. **-ed** 图
to·gate [tóugeit] 图 =togated 2.
to·gat·ed [tóugeitid] 图 1 평화로운. 2 토가(제복)를 입은; 위엄이 있는, 당당한

to·ga·vi·rus [tóugəvàiərəs] 图 토가바이러스(작은 공 모양의 바이러스의 총칭).

‡**to·geth·er** [təgéðər] 图 1 함께, [toga 1] 같이, 함께, 동시에 ¶We often go *out ~*. 우리는 종종 함께 외출한다/We were at school ~. 우리는 같은 학교에서 배웠다. 2 하나가 되게, 함께 합쳐서. ¶sew pieces ~ 헝겊 조각들을 꿰매 붙이다. 3 전체적으로, 종합하여, 모두 합쳐. ¶taken ~ 종합하면/He is richer than all his brothers ~. 그는 자기 형제들을 모두 합친 것보다도 부자이다. 4 긴밀히, 빈틈없이, 시종 일관하여. ¶fold a piece of cloth ~ 헝겊 조각을 단정히 접다. 5 동시에, 일제히, 한꺼번에. ¶The bells rang out ~. 종이 일제히 울려 퍼졌다. 6 연속하여, 연속적으로, 쉬지 않고. ¶study for hours ~ 여러 시간 계속해서 공부하다. 7 협력하여, 공동으로, 힘을 합쳐서. ¶propose a plan ~ 공동으로 계획안을 내놓다. 8 서로, 상호간에. ¶multiply two numbers ~ 두 수를 곱하다 / compare ~ 서로 비교하 「다.
all together ① 다 함께, 동시에. ② 합계.
belong together 합쳐서 전체를 이루다.
bring together 을 긁어 모으다; 묶다, 합치다.
call together 불러 모으다.
come together 모이다; 화해하다; 동시에 생기다.
get [or **have, put**] **it** (**all**) **together** (美속어) ① (일 따위를) 훌륭히 해내다; 평온 무사하게 지내다. ② 마음을 진정시키다[비우다]; 기분이 안정되어 있다; 생각을 정리하다. ③ (여자가) 몸매가 풍만하다.
get oneself **together** 침착하다, 자신을 되찾다.
get together ⇒GET. 「조화하다; 양립하다.
go together ① 함께 가다. ② (남녀가) 교제하다. ③
hang together ⇒HANG.
look together 아주 비슷하다, 구분이 안되다.
pull oneself **together** ⇒PULL.
pull together ⇒PULL.
put together 합치다, 맞추다, 나란히 놓다.
put two and two together 여러 가지 자료로 의해 결론짓다.
together with …와 함께[같이]; …에 더하여; …도 또한. ¶He came, ~ *with* a companion. 그는 동료를 함께 데리고 왔다.
— 图 (한정용법) (美속어) 1 (정서적으로) 안정된, 냉정한, 침착한. 2 정보통의; 빈틈없는.

to·geth·er·ness [təgéðərnis] 图① 1 친목, 단란, 친교; 연대[일체]감. ¶enjoy the pleasures of family ~ 가족이 단란하게 시간을 보내다. 2 통일; 합동, 공동; 근접.
tog·ger [tágər/tɔ́g-] 图 =torpid².
tog·ger·y [tágəri/tɔ́g-] 图① (구어) 의류, 옷; ⓒ (英) 의류품.
tog·gle [tágl/tɔ́gl] 图 1 빗장, 비녀장(쇠줄·밧줄의 한쪽 끝 고리에 끼운다). 2 = ~ joint. 3 (스포츠복 따위의 웃가슴을 여미는) 장식용 막대기형 단추; 빗장. 4 〔컴퓨터〕 토글(on과 off처럼 두 가지 기능을 함께 가진 장치).
— 图 …에 빗장을 달다; …을 빗장으로 잠그다. **-gler** 图
tóggle jòint 图 〔기계〕 토글 이음 [toggle 3] 쇠(압력을 옆으로 전하는 것).
tóggle kèy 图 〔컴퓨터〕 토글 키.
tóggle switch 图 〔전기〕 토글 스위치(손잡이를 올렸다내렸다 하는 스위치).
To·go [tóugou] 图 (the ~) 토고 (공화국)(아프리카 서부의 독립국; 수도 Lomé).
To·go·land [tóugoulænd] 图 토고랜드(동부는 Togo, 서부는 Ghana의 일부로 되어 있다). **~er** 图
To·go·lese [tòugəlíːz, -líːs, -gou-] 图 토고 (사람)의. — 图 토고 사람.

‡**toil**¹ [tɔil] 图① 1 노고, 수고, 고생; (장시간의) 고된 노동; (문어) 힘든 일. ¶physical [intellectual] ~ 육체적[지적] 노동/This book is a ~ to read. 이 책은 읽는 것이 고역이다. 2 (고어) 전투; 다툼, 투쟁.
— 图 (~s [-z]) ⓐ 1 애쓰다, 꾸준히[열심히] 일하다 (*away*)(*at*, *on*, *over*, *through*). ¶ ~ for money [one's living] 돈[생계]을 위해 꾸준히 일하다 // (~+ 图+名) ~ *at* [or *on*, *through*] a task 맡은 일을 꾸준히 해나가다/The students ~*ed over* their workbooks. 학생들은 학습장을 공부하느라고 혼이 났다. 2 애써 나아가다, 고생하며 걷다(*along*)(*up*). ¶ (~+ 图) ~ *along* 애쓰며 계속 나아가다 // (~+ 前 + 名) ~ *up* a steep hill 가파른 언덕을 애쓰며 오르다. — 图 1 …을 애써 달성하다[손에 넣다, 만들어내다](*out*). 2 (토지) 를 경작하다. 3 (고어) 혹사하다.
toil and moil 악착같이 일하다.
∠·er 图

toil² 图 1 (~s) 그물; (비유적) (법률 따위의) 그물, 올가미. ¶be caught in the ~s of the law 법망에 걸려들다. 2 (고어) (들짐승을 잡는) 덫.
in the toils 올가미에 걸려; 홀딱 반하여, 넋을 잃고.
— 图 …을 그물[덫]로 잡다.

toile [twa:l] 图① 엷은 아마포(亞麻布).
toile de Jouy [*F* twal də ʒwi] 图 밝은색 바탕에 단색의 꽃이나 풍경화를 프린트한 장식용 천. 〔F〕

‡**toi·let** [tɔ́ilit] 图 1 변소; 변기; 욕실, (욕조가 딸린) 화장실. 2 (또는 **toilette**) (one's ~) 화장, 몸단장. ¶make[or do] one's ~ 화장[몸단장]하다. 3 = ~ set. 4 (고어) =dressing table; =~ cloth. 5 (또는 **toilette**) (문어) 복장, 의상. 6 ①ⓒ (외과) (분만·수술 후의) 세척(洗滌). — 图 화장[몸단장](용)의, 화장실의. — 图 …에게 화장을 시키다; (유아 등)을 화장실에 데리고 가다, 용변을 보게 하다. — 图 1 화장[몸단장]하다; (유아가 스스로) 화장실에[용변 보러] 가다.
tóilet bàg 图 세면 도구 주머니.
tóilet bòwl 图 변기.
tóilet clòth [**còver**] 图 화장대[경대]보.
tóilet pàper 图 화장지, 휴지(bathroom tissue).
tóilet pòwder 图 (목욕 후에 사용하는) 가루분.
tóilet quèen 图 (속어) (상대자를 찾아) 남자 공중 변소에 출입하는 동성애자.
tóilet ròll 图 (화장실의) 두루마리 화장지.

tóilet ròom 명 1 화장실; (사무실·역 따위의) 공중변소. 2 (美) (변소가 딸린) 욕실.
tói·let·ry [tɔ́ilitri] 명 (-ries) 화장품류.
tóilet sèat 명 변기의 앉는 자리.
tóilet sèt 명 (거울·빗·솔 따위의) 화장[세면] 도구 일습; (물 그릇·세면기 따위의) 세면 용기(容器) 일습.
tóilet sòap 명 화장 비누.
tóilet tàble 명 화장대, 경대.
toi·lette [twɑːlét, tɔi-] 명 =toilet 2, 5. [<F]
tóilet tìssue 명 = toilet paper.
toi·let-train [-trèin] 동타 (유아)에게 용변법을 가르치다. ~ed 형
tóilet tràining 명 (유아에 대한) 용변 교육.
tóilet vìnegar 명 씻는 물에 타는 향수 든 식초.
tóilet wàter 명 화장수(水); (美구어) 생맥주.
tóil·ful [tɔ́ilfəl] 형 힘든, 고된; 근면한. ~·ly 부
toil·less [tɔ́illis] 형 힘이 안 드는, 수월한.
toil·some [tɔ́ilsəm] 형 몹시 힘드는, 고생스러운, 고된. ~·ly 부 ~·ness 명
toil·worn [tɔ́ilwɔ̀ːrn] 형 고생하여 야윈[짓든], 고생한 티가 나는; 고생하여 지친, 고생 때문에 늙은. ¶a ~ farmer 일에 지친 농부.
to·ing and fro·ing [túːiŋ ən fróuiŋ] 명 @ **-s a- -s**) 왔다갔다하기; (구어) 바쁘게 뛰어 돌아다니기, 공연히 분주함. ⓐ to and fro
(또는 **tó-ing and fró-ing**)
to·ka·mak [tóukəmæk, tɑ́k-] 명 (물리) 토카맥 장치(제어열(制御熱) 핵융합 반응 실험 장치의 일종). [<Russ]
To·kay [toukéi] 명 1 토카이(Tokaj)(헝가리의 와인 산지); 토카이산 백포도주. 2 (토카이산의) 붉은 포도; 미국 캘리포니아 주에서 재배되는 토카이 포도나무.
toke¹ [touk] 명 1 UC (英속어) 음식; 빵. 2 (美속어) (마리화나) 담배의 한 대; 담배. —— 동타 (美속어) (마리화나 담배)를 피우다.
toke² (美속어) 명 (도박장에서) 딜러에게 주는 팁; (손님을 끌어다준 택시 기사에게 주는) 사례금. —— 동 팁을 주다.
‡**to·ken** [tóukən] 명 (⑧ ~s [-z]) 1 표시, 상징; 증거. ⇨MARK [유의어] ¶Malnutrition is a ~ of poverty 영양 실조는 가난의 증거다. 2 특징(of). ¶the ~s of a good horse 좋은 말의 특징. 3 기념품[물], 생각나게 하는 것; 토산(土産). 4 (진실성·권위 따위를 나타내기 위하여 쓰는) 징표, 표상(表象), 기장(記章). 5 (버스·지하철 따위에서 쓰는) 토큰, 대용 주화; (게임기 따위에서 쓰는) 메달. ¶a bus ~ 버스 토큰. (또는 ~ **cóin**) 6 (상품) 교환권; (英) 상품[교환]권, ¶a book ~ (英) 도서 상품권. 7 (고어) 전조, 조짐; 신호. 8 집단을 대표하는 것[사람 따위], 견본. 9 (논리·언어) 토큰(특정한 낱말·표현·문장이 실제로 쓰여지는 예[횟수]).
by the same [or **this**] **token** ① 그 증거로; 같은 이유로. ② 그 위에, 게다가, 더구나.
in [or **as a**] **token of** …의 표시[증거]로서. ¶*as a* [or *in*] ~ *of* my thanks 나의 감사의 표시로서.
more by token (고어) 그만큼 더, 점점 더, 더욱 더.
—— 동타 …을 나타내다, 상징[표상]하다. —— 형 증거가 되다.
—— 형 1 표시가 되는. ¶a ~ gift (애정 따위의) 표시가 되는 선물. 2 명색뿐인, 불과 얼마 안 되는. ¶~ resistance 대수롭지 않은 저항 / He gave a ~ smile. 그는 엷은 미소를 띠었다.
to·ken·ism [tóukənìzm] 명 U 명목상의 인종 차별 폐지; 명목상의 시책. **-is·tic** 형
tóken móney 명 1 명목 화폐, 대용 화폐. 2 (옛날 상인이 쓰던) 사제(私製) 대용 화폐.
tóken páyment 명 일부 지불, 계약(착수)금.
tóken stríke 명 (경고를 위한) 시한부 단기 파업.
tóken vóte 명 (英의회) 가지출(假支出) 결의.

to·ko [tóukou] 명 =toco.
to·kol·o·gy [toukɑ́lədʒi/-kɔ́l-] 명 = tocology.
Tok Pis·in [tɔ́ːk písin] 명 =Neo-Melanesian.
tok·us [tóxəs, tóukəs] 명 **(속어)** 엉덩이. (또는 **tochis, tuchis**) [<Yid]
To·ky·o [tóukiòu] 명 도쿄(東京)(일본의 수도).
To·ky·o·ite [tóukiouàit] 명 도쿄(東京) 주민[시민].
Tókyo Róund (the ~) [경제] 도쿄 라운드 (1979년 4월에 가조인된 GATT의 관세 인하, 비관세 장벽 제거 따위를 목적으로 한 다각적 무역 교섭의 통칭; 1980년 1월 1일 발효). ⓐ Uruguay Round
to·la [tóulə:, -lə] 명 톨라(인도의 중량 단위; 약 11.7g).   [(말초 혈관 확장제).
to·laz·o·line [toulǽzəlìːn, -lin] 명 (약학) 톨라졸
tol·booth [tóulbùːθ, -bùːð] 명 =tollbooth.
tol·bu·ta·mide [tɑlbjúːtəmàid/tɔl-] 명 U (약학) 톨부타마이드(내복용 당뇨병 치료제).
‡**told** [tould] 동 tell의 과거·과거분사.
tole¹ [toul] 명 톨(에나멜이나 래커를 칠하고, 보통 금도금 장식을 한 금속 제품; 쟁반·램프의 갓 따위에 사용한다). (또한 **tôle**) [<F]
tole² 동타 =toll¹ 4.
To·le·do [təlíːdou/tɔléidou] 명 톨레도. 1 미국 오하이오 주 북서부에 있는 도시. 2 로마 통치 시대의 스페인 수도. 3 (⑧ ~**s**) 톨레도 검(劍).
*tol·er·a·ble** [tɑ́lərəbl/tɔ́l-] 형 1 참을 수 있는, 견딜 수 있는. ¶His arrogance is no longer ~. 그의 거만한 태도는 더 이상 참을 수 없다. 2 꽤 좋은, 나쁘지 않은, 그런대로. ¶He earns a ~ income. 그는 수입이 괜찮다. 3 (구어) 꽤 건강한. **-bíl·i·ty, ~·ness** 명
*tol·er·a·bly** [tɑ́lərəbli/tɔ́l-] 부 1 참을 수 있을 만큼, 견딜 수 있을 만큼. 2 완만하게, 어지간히.
*tol·er·ance** [tɑ́lərəns/tɔ́l-] 명 U 1 (남의 의견·행동 따위에 대한) 관용, 관대, 용인 (*for, forward, of*). 2 (의학) (약·독물 따위에 대한) 내성(耐性), 항독성. 3 (기계) 공차(公差), 허용 범위; (일반적으로) 허용 오차. 4 (조폐) 공차, 허용차. 5 (생태) 내성(耐性). 6 인내(력) (*for, of*).
tólerance limits 명 (통계) 공차(公差)[허용] 한계(품질 관리에서 샘플의 값이 초과해서는 안되는 한계); (검사의) 허용 한계.
*tol·er·ant** [tɑ́lərənt/tɔ́l-] 형 1 관대한, 관용하는, 용인하는. ¶be ~ of …을 용인하다, …을 관용하다 / be ~ to …에 관대하다. 2 (의학) (약품·독물에 대한) 내성 (항독성, 저항력)이 있는. ~·ly 부
tólerant socíety 명 =permissive society.
*tol·er·ate** [tɑ́lərèit/tɔ́l-] 동타 1 너그럽게 다루다, 용인[묵인]하다, 너그럽게 보아주다; 참다. ¶~ a person's impudence 남의 무례함을 용서하다 / Smoking will not be ~d in this room. 이 방에서는 금연이다. 2 (의학) 내성[내약성, 항독성]이 있다. 3 (폐어) [고통·곤란]을 경험하다, 맛보다.
-a·tive, -a·tor 명
tol·er·a·tion [tɑ̀ləréiʃən/tɔ̀l-] 명 U 1 (악(惡) 따위에 대한) 관용, 관대; 묵인, 용인. 2 이교(異敎)의 용인, 신교의 자유. ~·**ism, -ist** 명
tol·i·dine [tɑ́lədìːn, -din/tɔ́l-] 명 (화학) 톨리딘(벤지딘계(系) 염료의 중간체).
*toll¹** [toul] 명 1 (만종(晚鐘)·조종(弔鐘) 따위를 천천히) 치다, 울리다; (사람의 죽음 따위)를 종을 울려 알리다. ¶~ a bell 종을 치다 / ~ a person's death 종을 울려 남의 죽음을 알리다 / ~ a funeral knell 조종을 울리다. 2 (사람)을 종을 쳐서 부르다[흘어지게 하다](*in, out*). ¶(~+목+부) ~ *in* people 종을 울려 사람들을 교회에 모이게 하다. 3 (시계가) [시간]을 종을 울려 알리다(*out*). ¶The bell ~ed two. 시계 종이 두 시를 쳤다. 4 (또는 **tole**) [사냥감]을 유인하다, 꾀어내다; (가축)을 원하는 쪽으로 이끌고 가다; …을 유혹하다, 꼬드

기다(*on*). —[자] 1 조종을 울리다; (종이 천천히 규칙적으로) 울리다. 2 (사냥감이) 유인되다. —[명] (천천히 규칙적으로) 종을 울리기; 종소리.

***toll**[2] [명] 1 a) (국가·지방 관청 등이 징수하는) 사용료[세](도로 통행료·나룻배의 삯 따위). b) (서비스·시설 이용 따위에 대한) 세금, 서비스[사용]료; 운송료, 송신료, 하역료. ¶charge a ~ 사용세를 받다 / levy [pay] a ~ 사용세를 부과하다[지불하다]. 2 《英》 사용료[세] 징수권. 3 《美·캐나다》 전화 요금; 《美》 장거리 전화료. 4 《방언》 방앗간의 빻는 삯(으로 받는 곡물의 일부). 5 《단수형》 《문어·비유적》 (사고·재해 따위의) 대가, 희생; 사상자수. ¶a death ~ 사망자수. 6 세금, 조세, 관세.
take a [or ***its***] ***toll*** …에 큰 피해[타격]를 주다.
—[동][타] 1 〔돈·물건〕을 사용료[세]로 징수하다. 2 …에게 사용료[세]를 부과하다. —[자] 사용료[세]를 징수하다[부과하다].

toll·age [tóulidʒ] [명][U] 사용료, 사용[통행]세; 세(稅); 사용료[세]의 징수[지불].

tóll bàr [명] (유료 도로나 다리 출입구의) 차단 막대기.

toll·booth [tóulbùːθ, -bùːð] [명] 《스코》 1 (도시의) 교도소. 2 (유료 도로의) 통행료 징수소.

tóll brìdge [명] 유료교, 통행료를 받는 다리.

tóll càll [명] 장거리 전화, 시외 통화(《英》 trunk call).

tóll collèctor [명] 1 통행료 징수원[장치]. 2 통행자 표시기(器).

toll·er[1] [tóulər] [명] 1 (사냥감을) 유인하는 사람[것]; 유혹하는 사람[것]. 2 (오리 사냥에 쓰는) 작은 개. 3 (시각·집회 따위를 알리기 위해) 종을 울리는 사람; 그 종(tolling bell).

toll·er[2] [명] = toll collector 1.

tol·ley [táli/tɔ́li] [명] (구슬치기 놀이의) 유리 구슬.

toll-free [ˊfríː] [형] 1 무료의. ¶a ~ highway 무료 고속도로. 2 (기업이나 공공 서비스에서 제공하는) 무료 장거리 전화의. —[부] 전화 요금 무료로. ¶Call us ~ at 800-0509. 800-0509로 전화 주십시오.

toll·gate [tóulgèit] [명] (유료 도로의) 통행료 징수소, 톨게이트.

toll·house [tóulhàus] [명] (tollgate의) 징수원 근무처; 통행료 징수소.

Tóll House Cóokie [명] 《美》 초콜릿 조각이나 땅콩이 든 쿠키.

tóll·ing dòg [tóuliŋ-] [명] =toller[1] 2.

toll·keep·er [tóulkìːpər] [명] 통행료 징수원.

tóll lìne [명] 장거리 전화선.

toll·man [tóulmən] [명] =tollkeeper.

tol-lol [talál/tɔlɔ́l] [형] 《속어》 그런대로 무난한, 어지간한.

tóll ròad [명] 유료 도로.

tóll thòrough [명] 《英》 (시당국이 징수하는 고속도로·다리·터널 따위의) 통행 요금.

tóll tràverse [명] 《英》 사유지 통행료.

tóll TV́ [명] 유료 텔레비전.

toll·way [tóulwèi] [명] =toll road.

tol·ly[1] [táli/tɔ́li] [명] 《英속어》 양초(candle).

tol·ly[2] [명] 《남아공》 송아지 수컷. (또는 **tollie**)

Tol·stoy [tóulstɔi, tál-/tɔ́l-] [명] **Leo** [*or* **Lev**] **Nikolaevich** ~ 톨스토이(1828–1910; 러시아의 문호(文豪)). (또는 **Tolstoi**) **~·an** [형][명] **~·ism, ~·ist** [명]

Tol·tec [tóultek, tál-/tɔ́l-] [명] ([복] **~(s)**) 톨텍족(의 사람)(10세기쯤 Aztec 사람보다 먼저 멕시코 중부 지방에서 번영한 인디언). —[형] =Toltecan.

Tol·tec·an [taltékən/tɔl-] [형] 톨텍 사람[족, 문화]의.

to·lu [tɔːlúː, tə-/tɔ-] [명] 콩과(科) 발삼속(屬)의 교목(남미산(産)); [U] (또는 ~ **bálsam**) 톨루발삼(발삼나무의 향기로운 수지(樹脂)로 향료·약으로 쓰인다).

tol·u·ate [táljuèit/tɔ́l-] [명] 〔화학〕 톨루엔산염[에스테르].

tol·u·ene [táljuìːn/tɔ́l-] [명][U] 〔화학〕 톨루엔(염료·화약의 원료).

to·lu·ic [təlúːik, tálju-/tɔljúː-] [형] 〔화학〕 톨루엔산의[에서 유도된].

tolúic ácid [명] 〔화학〕 톨루엔산.

tol·u·ide [táljuàid, -id/tɔ́l-] [명] 〔화학〕 톨루이드(톨루이딘에서 유도된 일가(一價)의 원자단). (또는 **toluid**)

to·lu·i·dine [təlúːədìːn, -din/tɔljúː-] [명] 〔화학〕 톨루이딘(톨루엔의 유도체; 물감·약품 제조용).

tolúidine blúe [명] (T- B-) 〔화학〕 톨루이딘 블루(암록색 분말의 핵(核)염색제(劑)).

tol·u·ol [táljuòul, -ɔ̀ːl/tɔ́ljuɔ̀l] [명] 〔화학〕 =toluene; 톨루올(공업용 톨루엔).

tol·u·yl [táljuəl/tɔ́l-] [명] 〔화학〕 톨루일기(基). (또는 ∼ **ràdical[gròup]**)

tom [tam/tɔm] [명] (동물의) 수컷; 수코양이. [참] tabby

Tom [tam/tɔm] [명] 1 톰(남자 이름; Thomas의 별칭). 2 (t-) 《美속어》 백인에게 굽신거리는 흑인(Uncle Tom). 3 (t-) 《英속어》 매춘부.
Blind Tom 술래잡기.
Tom and Jerry 럼 계란주(럼주에 달걀·설탕·향료를 넣어 우유 또는 물을 섞어 데워서 마시는 음료).
Tom, Dick, and Harry 보통 사람들, 극히 평범한 사람들; (종종 every ~로) 너나할 것 없이 모두, 어중이떠중이. ¶ invite *every ~, Dick, and Harry* to the party 너나할 것 없이 모두 파티에 초대하다.
—[동][자] 1 (**-mm-**) (t-) 《美속어》 (흑인이) 백인에게 굽신거리다. 2 《英속어》 매춘하다.

tom·a·hawk [táməhɔ̀ːk/tɔ́m-] [명] 1 (아메리카 인디언이 사용하는) 큰 도끼, 전부(戰斧). 2 (T-) 토마호크(미해군의 순항 미사일).

(tomahawk 1)

bury [or ***lay aside***] ***the tomahawk*** 《美》 강화[화친]하다.
dig up [or ***raise***] ***the tomahawk*** 《美》 전투를 시작하다.
—[동][타] 1 …을 도끼[토마호크]로 공격하다[죽이다]. 2 …을 혹평하다.
~·er [명]

tom·al·ley [támæ̀li/tɔ́m-] [명] ([복] **~s**) 〔요리〕 바닷가재(lobster)의 간.

to·man [təmáːn] [명] 이란의 경화(硬貨)(100 rials에 해당함); (몽고족·타타르족의) 1만 명으로 구성된 군대.

to·ma·til·lo [tòumətíːjou, -tíːljou] [명] ([복] **~(e)s**) 땅꽈리(멕시코 원산 가지과(科)의 일년초).

‡to·ma·to [təméitou, -máː-] [명] ([복] **~es** [-z]) 1 토마토(의 열매); 토마토 나무. 2 《美속어》 (매력적인) 여자, 처녀; 매춘부. 3 [U] 토마토 색(~ red).

tomáto àspic [명] 토마토 주스가 든 젤리.

tomáto càn [명] 《美속어》 1 경찰관 배지. 2 《속어》 (프로 권투에서) 약한 복서.

tomáto càtsup[càtchup] [명] 토마토 케첩.

‡tomb [tuːm] [명] ([복] **~s** [-z]) 1 무덤, 묘혈, 매장 장소; 지하 납골소(納骨所). ¶from the womb to the ~ 태어나서 죽을 때까지, 일생 동안. 2 묘석, 묘비, 묘표(墓標). 3 (the ~) 죽음(death).
give...hark from the tomb 《美구어》 …에게 몹시 잔소리를 해대다.
—[동][타] …을 매장하다.
∼·al, ∼·less, ∼·like [형]

tom·bac [támbæk/tɔ́m-] [명][U] 톰백(구리와 아연, 때로는 주석 따위를 첨가한 황금색 합금; 장식품용). (또는 **tombak, tambac**)

tom·bo·la [támbələ/tɔ́m-] [명] 《英》 복권의 일종.

tom·bo·lo [támbəlòu/tɔ́m-] [명] ([복] **~s**) 톰볼로(육지[섬]와 섬을 잇는 사주(砂洲)).

tom·boy [támbɔ̀i/tɔ́m-] [명] (사내 같은) 계집아이, 말괄량이, 왈가닥 처녀.
~·ish [형] **~·ish·ly** [부] **~·ish·ness** [명]

***tomb·stone** [túːmstòun] [명] (비명을 새긴) 묘비; 묘비 광고(증권 인수업자가 신문 따위에 게재하는 광고).

tómbstone lòans [명][복] 《美속어》 사망자의 이름을 이용한 은행 대출.

tómbstone vòtes [명][복] 《美속어》 사망자의 이름을 이용한 부정 투표.

tom·cat [támkæ̀t/tɔ́m-] [명] 1 수코양이. 2 《속어》 여자 꽁무니를 쫓아다니는 남자. 3 (T-) 〔군사〕 톰캣(미

tom·cod [támkàd/tómkɔ̀d] 명 (복 ~(s)) 작은 대구류의 물고기. (또는 **tommycod**)

Tóm Cól·lins [-kálinz/-kɔ́l-] 명 진(gin)에 설탕·레몬즙·탄산수를 섞어 얼음에 채운 음료.

tome [toum] 명 1 (억살) 책, 큰 책, 학술 서적. 2 (드물게) (시리즈로 된 방대한 책의) 한 권.

-tome [toum] 연결 cutting의 뜻. ¶micro*tome*.

to·men·tose [təméntous, tóuməntòus] 형 (식물·곤충) 솜털이 있는; 솜털로 뒤덮인, 부드러운 털로 빽빽하게 난.

to·men·tum [tɔméntəm] 명 (복 -**ta**) ① (식물·곤충) 솜털, 면모(綿毛). 2 (해부) (유막(柔膜)·뇌피질(腦皮質)의) 미세 혈관망.

tom·fool [támfúːl/tɔ́m-] 명 (종종 Tom Fool) 1 바보, 멍텅구리. 2 (극의) 익살꾼. ─ 형 바보 같은, 어리석은. ─ 자동 멍텅구리 짓을 하다.

∗-fóol·ish 형 **fóol·ish·ness** 명

tom·fool·er·y [tàmfúːləri/tɔ̀m-] 명 UC 1 바보짓, 어리석은 짓; 바보 같은 것. ¶None of your ~ now! 바보 같은 짓은 이제 그만 해라. 2 (집합적) 보잘것없는 장식물.

tom·girl [támgəːrl/tɔ́m-] 명 =tomboy.

Tom·ism [támizm/tɔ́m-] 명 =Uncle Tomism.

tom·my [támi/tɔ́mi] 명 1 (때로 T-) (英)(문어) =Tommy Atkins. 2 (美속어) =tomboy. 3 (기계) 나사돌리개. 4 (英속어) (병사·노동자에게 지급하던) 빵, 검은 빵.

Tom·my [támi/tɔ́mi] 명 토미. 1 남자 이름(Thomas의 애칭). 2 (또는 **Tommie, Tommye**) 여자 이름(Thomasina의 애칭).

Tómmy Át·kins [-ǽtkinz] 명 (복 ~) (英) 1 (구어) 육군의 (백인) 병사. 2 (조직·단체의) 일반 회원.

Tómmy còoker 명 (英) (군사) 소형의 간편한 석유 난로.

Tómmy gùn 명 1 =Thompson submachine gun. 2 (t- g-) 소형 기관총. 3 (t- g-) (속어) (마약) 주사기. **tóm·my·gùn** 타동 토미 기관총으로 쏘다.

tom·my·rot [támiràt/tɔ́mirɔ̀t] 명 U (속어) 헛소리, 엉터리 수작.

tómmy shòp 명 (英) 공장내의 매점; 빵 가게; 식료품점(truck shop).

tom·nod·dy [tàmnádi/tɔ̀mnɔ́di] 명 멍텅구리, 바보.

Tóm o'Béd·lam [-əbédləm] 명 미친 (체하는) 거지; 미치광이.

to·mo·gram [tóuməgræm] 명 (의학) 단층 X선 사진.

to·mo·graph [tóuməgræf, -grɑ̀ːf] 명 단층 X선 사진 촬영 장치. **·gráph·ic** 형 **·gráph·i·cal·ly** 부

to·mog·ra·phy [təmágrəfi/-mɔ́g-] 명 U (의학) 단층 X선 사진 촬영(법).

‡to·mor·row [təmɔ́ːrou, -mɑ́r-/-mɔ́r-] (* to-morrow는 구식) 명 UC 1 내일. ¶~ morning [afternoon, evening] 내일 아침(오후, 저녁)/a week from ~ 1주일 후의 내일. 2 장래, 미래. ¶England's ~ 영국의 장래.

like [or *as if*] *there's* [or *there was, there were*] *no tomorrow* (속어) 내일이 없다는 듯이, 장래를 전혀 생각하지 않고. ¶He's spending his money *like there's no* ~. 그는 장래를 생각하지 않고 돈을 함부로 쓴다.

the day after tomorrow 모레.

Tomorrow is another day.; Tomorrow never comes. (속담) 내일은 결코 오지 않는다; 오늘 할 일을 내일로 미루지 마라.

─ 부 내일은; (가까운) 장래에. ¶We'll meet ~. 내일 만나도록 하자/I hope it will be fine ~. 내일 날씨가 쾌청하면 좋으련만.

tom·pi·on [támpiən/tɔ́m-] 명 =tampion. 「공연

Tóm Shów 명 *Uncle Tom's Cabin* 극의 순회

Tóm Thúmb 명 1 엄지손가락 톰(동화의 주인공으로 크기가 엄지손가락만 하다). 2 난쟁이; 작은 동식물.

Tóm Tíd·dler's gròund [-tídlərz-] 명 1 (어린이들의) 땅빼앗기 놀이. 2 (속어) 돈을 쉽게 벌 수 있는 곳; 무인 지대.

tom·tit [támtit/tɔ́m-] 명 (英방언) 1 =titmouse. 2 작은 새(wren, chickadee 따위).

tom-tom [támtàm/tɔ́mtɔ̀m] 명 1 (손바닥으로 두드리는 가늘고 긴) 북. 2 둥둥 하는 단조로운 북소리(리듬). (또는 **tamtam**) ─ 자동 둥둥 소리를 내다. ─ 타동 …을 둥둥 소리를 내다(연주하다).

Tóm Týler 명 (페어) 남자; 공처가.

-to·my [təmi] 연결 '절단, 절개'의 뜻. ¶ana*tomy*, appendec*tomy*, laparo*tomy*.

[tom-tom 1]

‡ton[1] [tʌn] 명 (복 ~(s) [-(z)]) 1 (중량 단위의) 톤. a) 대(大)톤, 영(英)톤(2,240 파운드, 1,016.05kg)(long ~). b) 소(小)톤, 미(美)톤(2,000파운드, 907.18kg)(short ~). c) 미터톤(1,000kg)(metric ~). ¶five ~s of coal 석탄 5톤. 2 (용적(容積) 단위의) 톤(목재는 40 입방피트, 석재는 16입방피트, 소금은 42 bushels). 3 (배의 îˆ용(容) 또는 적재 능력 단위의) 톤. a) 배수(排水)톤(바닷물 35입방피트의 무게; 주로 군함에 쓰인다)(displacement ~). b) 적재톤(40입방피트)(shipping ~, measurement ~). c) 등부(登簿)톤(100 입방피트)(register ~). 4 (구어) (종종 ~s) 상당한 중량; 다량, 다수(of); (부사적) 훨씬. ¶a ~ [or ~s] of time 충분한 시간/This bag of yours weighs half a ~. 당신의 이 가방은 아주 무겁다/This is ~s better. 이쪽이 훨씬 낫다. 5 (a ~, the ~) (속어) 시속 100마일 (을 top-up). 6 (크리켓 따위의) 100점. 7 [英속어] (크리켓) 100점의 득점; (속어) (게임에서) 100점의 득점; [英속어] 100파운드.

ton[2] [tɔːŋ] 명 1 세련됨, 멋짐; (the ~) 최신 유행. 2 유행의 첨단을 걷는 사람들(smart set). [<F]

be all [or *in*] *the ton* 유행하고 있다.

∠·ish 형 **∠·ish·ly** 부 **∠·ish·ness** 명

ton·al [tóunl] 형 1 (음악) 음조의, 음질의, 음색의. 2 (그림) 색조의, 색상의. **-ly** 부

ton·al·ist [tóunəlist] 명 (음악) 조성(調性)주의자.

to·nal·i·ty [tounǽləti] 명 UC 1 (음악) 조성(調性), 음조(음 **atonality**). 2 (그림 따위에서) 색조, 색채의 배합, 배색(配色). **-tive** 형

to·name [túːnèim] 명 (스코) 1 (특히 동성(同姓) 동명인을 구별하기 위한) 별명. 2 (페어) 성(姓).

ton·do [tándou/tɔ́n-] 명 (복 -**di**) 톤도(원형의 그림 [돋을새김]). [<It]

‡tone [toun] 명 (복 ~s [-z]) 1 음, 음조, 장단, 음질, 음색. ¶a loud [harsh] ~ 높은(귀에 거슬리는 거친) 가락/heart ~s (청진기로 들리는) 심음(心音). 2 말투, 어조, 어세; (개인·민족 특유의) 말씨, 악센트. ¶a ~ of pity [command] 측은한(명령조의) 말투/speak in an angry ~ 노기띤 어조로 말하다. 3 (언어) 음의 고저(高低), 성조(聲調), 음조. ¶the four ~s (중국어의) 4성(四聲). 4 (음악) 악음(樂音); 전음정(全音程). ¶a partial [fundamental] ~ 부분음(기음(基音)). 5 경향, 풍조; 품격, 기품, 품격; 시황(市況). ¶the ~ of a school 교풍/the ~ of the stock market 주식 시황. 6 논조. ¶the ~ of the press 신문의 논조. 7 ① (몸·마음의) 정상적 정신 상태; 기분; 기질, 성질, 성격. ¶lose [recover] one's ~ 정상 상태를 잃다(회복하다). 8 색조, 색상, 명암, 농담(濃淡). 9 (예술) 색조; (사진) 양화(陽畫)의 색상. 10 (생리) 긴장; 정상(正常). 11 (무선) 음

청음(可聽音). **12** 〖컴퓨터〗 음조, 톤. **a)** (그래픽 아트에서의) 명도. **b)** (오디오에서의) 특정 주파수의 소리·신호. *in a tone* 일치하여.
— 〖동〗탄 **1** …에 가락[색조]을 붙이다. **2** …의 색조를 바꾸다. **3** 〖악기〗를 조율(調律)[조음]하다. **4** 〖그림 따위〗에 특정한 색조를 더하다; 〖사진〗〖양화〗의 색 색조를 바꾸다. — 〖자〗 어떤 음조[색상]가 되다; (색이) 조화하다.
tone down ① 〖소리·색상·음성 따위〗를 부드럽게 하다. ¶~ *down a voice* 어조를 부드럽게 하다. ② 〖음 성〗이 낮아지다[부드러워지다]; 〖사진〗(약품으로) 색조 가 달라지다.
tone (in) with (색조 따위가) …과 조화되다. ¶ *The curtains ~ (in) with the carpet.* 그 커튼은 양탄자 와 어울린다.
tone up ① 〖소리·색상·음성 따위〗를 세게 하다, 높이다. ② …에게 활력을 주다. ③ 〖소리·색상·음성 따위 가〗 높아지다.
∠·less 〖형〗 **∠·less·ly** 〖부〗 **∠·less·ness** 〖명〗

tóne àccent 〖명〗〖음성〗 음조 악센트. (또는 **pítch àccent**)

tóne àrm 〖명〗 (축음기 픽업의) 암, 축음기의 음관.

tóne blòck 〖명〗 〖음악〗 톤 블록(가느다란 홈이 있는 목편을 막대기로 쳐서 소리내는 타악기).

tóne còlor 〖명〗 〖음악〗 음색(timbre).

tóne contròl 〖명〗 음색[음질] 조절 (장치).

toned 〖형〗 **1** (종이가) 엷게 착색된, 크림색을 띤. **2** (복합어로) …의 가락이 있는. ¶ *sweet-~* 아름다운 음조의.

tone-deaf [´-dèf] 〖형〗 음치의. **tóne déafness** 〖명〗

tóne dìaling 〖명〗 음성 다이얼 방식(푸시 버튼을 눌러 고저가 다른 음성의 조합을 전자적으로 발생시키는 전화 번호 호출 시스템). **tóne-dìal·ing** 〖형〗

tóned páper 〖명〗 담황색[크림색]의 종이.

tóne lànguage 〖명〗 음조[성조] 언어(중국어·스웨덴어처럼 낱말의 의미를 성조(聲調)의 변화에 따라 구별하는 언어).

ton·eme [tóuni:m] 〖명〗 음소소(素), 성조소(聲調素)(음조 언어에서 같은 음조로서 취급하는 유사 음조의 군(群)).

tone·pad [tóunpӕd] 〖명〗 〖컴퓨터〗 톤패드(전화 회선 따위를 이용해 소리로 데이터를 보내는 소형 장치).

tóne pàinting 〖명〗 〖음악〗 음화(音畵)(표제 음악에서 가사나 이야기를 음악적으로 묘사하는 일).

tóne pòem 〖명〗 〖음악〗 음시(音詩)(시적 분위기를 음악화한 것). ⓐ program music **tóne pòet** 〖명〗

tóne quàlity 〖명〗〖음성〗〖음악〗 음색(timbre).

ton·er [tóunər] 〖명〗 **1** 조음(調音)[조율]하는 사람[것]; 그림물감·도료의 질과 색깔을 검사하는 사람. **2** 〖사진·영화〗 조색액(調色液). **3** (복사기의) 토너(전자 사진에 쓰이는 착색분체(粉體)). **4** 〖안료〗 토너. **5** 수렴용 화장수.

tóne ròw [sèries] 〖명〗 〖음악〗 (12음 음악의) 음렬 (音列).

to·net·ic [tounétik] 〖형〗 음조학적인; 음조[성조(聲調)]의, 성조언어의. **-i·cal·ly** 〖부〗

to·net·ics [tounétiks] 〖명〗 〖단수취급〗 음조학(音調學). ⓐ phonetics

to·nette [tounét] 〖명〗 토넷(부는 주둥이가 한쪽 끝에 붙어 있는 소형 플루트; 초보자 연습용).

ton·fa [tánfə/tɔ́n-] 〖명〗 (경찰관용·무술용의) 손잡이가 달린 곤봉.

tong¹ [tɔŋ, tɑŋ/tɔŋ] 〖명〗 =tongs. — 〖동〗탄 …을 집게(tongs)로 집다[집어 올리다, 모으다]. — 〖자〗 집게를 사용하다. **∠·er**

tong² 〖명〗 **1** (중국의) 정당, 협회, 조합, 결사(結社). **2** (美) (재미 중국인의) 비밀 결사. **3** (美속어) 학생 사교 클럽 하우스.

ton·ga [táŋɡə/tɔ́n-] 〖명〗 (인도의) 소형 2륜 마차.

Ton·ga [táŋɡə/tɔ́n-] 〖명〗 통가(남태평양에 있는 왕국; 수도 Nukualofa). (또는 ~ **Islands**) **-gan** 〖형〗

Tong·king [tɑ́ŋkíŋ/tɔ́ŋ-] 〖명〗 =Tonkin.

***tongs** [tɔŋz, tɑŋz/tɔŋz] 〖명〗 〖복수취급〗 부젓가락, 집게 (도구). ¶ 집게: (머리카락 컬(curl)용의) 인두. ¶ *ice [fire] ~* 얼음 집게[부젓가락] / *a pair of ~* 부젓가락 한 벌.
hammer and tongs ⇨HAMMER.
would not touch...with a pair of tongs …을 만지기조차도 싫다, …따위나 가까이 하고 싶지 않다.

‡**tongue** [tʌŋ] 〖명〗 (複 **~s** [-z]) **1** 혀. ¶ *a coated [or dirty, furred] ~* 설태(舌苔). **2** UC (식용으로서의) 소·양 따위의 혀; 혓바닥 고기; 혓살롬. **3** (사람의 발성 기관으로서의) 혀. ¶ *These words came to his ~.* 그 말이 무심코 그의 입 밖에 나왔다. **4** 언어 능력; 말, 이야기, 담화; 수다; 말투, 말투: 말주변. ¶ *a flattering ~* 아첨하는 말 / *a long ~* 장광설(長廣舌) / *have a gentle [good] ~* 말씨가 부드럽다[점잖다] / *judge a person by his ~* 말씨로 남을 판단하다. **5** 〖문어〗 (특정민족·지역·나라의) 언어, 국어; 〖고어〗 성(언어로 구별되는) 국민, 민족. ⇨ LANGUAGE 〖유의어〗 ¶ *an ancient [or one's mother] ~* 모국어 / *all ~s* 모든 (언어의) 민족들(← 이사야서(Isa.) 66:18). **6** 혀 모양의 물건, 혀 모양의 부분. **a)** (구두의) 혀(가죽). **b)** (종·방울의) 추. **c)** 갑(岬); 후미, 좁은 해협. **d)** 날름거리는 불길. **e)** (관악기의) 혀. **f)** (기계) 텅, 혀. **g)** (목공) (사개물림 판자의) 은촉. **h)** (마차의) 끌채. **i)** (저울의) 지침. **j)** (버클·브로치 따위의) 핀. **k)** (전철기(轉轍器)의) 첨단 궤조(軌條). **7** 〖동물〗 (무척추동물의) 혀 비슷한 기관. **8** (술 따위의) 언짢은 뒷맛. **9** 〖音聲〗 변속음.
at the tip of *one's* [or *the*] *tongue* =*on the tip of one's tongue*.
bite *one's **tongue*** 〖구어〗 ① 하고 싶은 말을 꾹 참다. ② =*bite one's tongue off*.
bite *one's **tongue off; bite off*** *one's **tongue*** 〖구어〗 (could have bitten... 따위의 가정법으로) 실언을[말하고 나서] 후회하다.
find *one's **tongue*** (크게 놀란 뒤 따위에) 다시 말할 수 있게 되다; 평정을 되찾다. ⓐ *lose one's tongue*
get *one's **tongue around** [or **round**]* 〖구어〗 …을 정확히 발음하다, 확실히 말하다.
give tongue ① 〖사냥〗 (사냥개가 냄새를 맡고) 짖다. ② (사람이 생각 따위를) 말하다, 입 밖에 내다.
(Has the) cat got your tongue? 〖구어〗 왜 잠자코 있니?
have a bitter [or ***spiteful***] ***tongue*** 입이 사납다[험하다].
have a ready [or ***fluent***] ***tongue*** 구변이 좋다.
have a well-oiled tongue 수다스럽다.
have *one's **tongue in** one's **cheek*** 겉과 속이 다른[불성실한] 말을 하다; 빈정대며[비꼬아] 말하다.
hold *one's **tongue** [or **peace**]* (명령형으로) 잠자코 있어라!, 입 다물어 있어!
keep a civil tongue (in *one's **head)*** 〖고어〗 공손한 말씨를 쓰다.
keep a quiet [or ***still***] ***tongue (in*** *one's **head)*** (종종 명령형으로) 침묵하고 있다, 발언을 삼가다.
keep *one's **tongue off*** …말참견을 하지 않다.
lay (*one's***) *tongue to*** …을 말하다, 입 밖에 내다.
loosen *one's **tongue*** (술 따위가) 남의 말문을 열다.
lose *one's **tongue*** (일시적으로) 말을 못하다, 입이 막히다.
oil *one's* [or ***the***] ***tongue*** ⇨OIL.
(one's***) *tongue in (***one's***) *cheek*** 놀림, 조롱, 빈정댐; 불성실.
on the tip of *one's* [or ***the***] ***tongue*** 말이 혀끝에서 뱅뱅 돌며 (생각이 안 나는).
on the tongues of men; on everyone's tongue

tongue-and-groove joint

남의 입에 올라.
put [or *speak with*] *one's tongue in one's cheek* =have one's tongue in one's cheek.
put [or *stick*] *out one's tongue*; *put* [or *stick*] *one's tongue out* (진찰할 때) 혀를 내보이다; (경멸을 나타내어) 혀를 내밀다.
set tongues wagging 뜬소문을 퍼뜨리다.
slip of the tongue 말실수, 부주의한 발언, 실언.
stick [or *thrust, put*] *one's tongue in one's cheek* 혀끝으로 볼을 볼록하게 하다(경멸의 뜻 따위를 나타냄).
throw tongue =give tongue. 「를 나타내다).
tie a person's tongue 남에게 말을 못하게 하다.
tongues wag (구어) 사람들이 쑥덕거리다.
trip off the tongue (이름 따위가) 말하기 쉽다, (말이) 술술 잘 나오다.
wag one's tongue 쉴새없이 지껄여대다.
watch one's tongue 말을 조심해서 하다.
with one's tongue hanging out (구어) 목이 말라; (비유적) 갈망기(渴望)하여.
— 타동 1 [피리 따위를] 혀를 써서 취주(吹奏)하다. (악곡)을 혀를 써서 단절음으로 연주하다. 2 [목공] [판자 따위에] 혀 모양의 가장자리를 만들다; …을 사개물림으로 이어 맞추다. 3 …에 혀를 대다, 핥다. ¶ The fire ~d up the house. 날름거리는 불길이 그 집을 삼켜버렸다. 4 [고어] …을 야단치다, 비난하다. 5 …을 조음 (발음)하다. 6 …을 말[이야기]하다. —자 1 [음악] (피리 따위를 불 때) 혀로 단음(斷音)을 내다. 2 재잘거리다, 이야기하다. 3 (육지·토지 따위가 혀처럼) 돌출하다. 4 (개가) 냄새를 맡고 짖다.

tongue-and-gróove jóint [ˈəŋgrúːv-] 명 [목공] 사개물림, 장부촉 이음.

-tongued [tʌŋd] 연결 혀가 있는, …혀의, 말씨가 …한. ¶ double~ 일구이언하는, 거짓말하는/ foul~ 입이 더러운[상스러운]. 「는 기구, 압설자(壓舌子).

tóngue depréssor [bláde] 명 (의사의) 혀 누르

tongue-fish [tʌŋfiʃ] 명 혀가자미. 「치 못한.

tongue-in-cheek [ˈintʃiːk] 형 반놀림조의, 성실

tongue-lash [ˈlæʃ] 타 《구어》 호되게 꾸짖다, 심하게 나무라다. ~**ing** 명 U 질책.

tongue-tie [ˈtài] 명 U 짧은 혀, 혀짤배기; 설소대 (舌小帶) 단축증. —타 …을 혀가 잘 안 돌게[혀짤배기 소리를] 하다; …의 말문을 막히게 하다.

tongue-tied [ˈtàid] 형 1 혀가 짧은, 혀짤배기의. 2 (부끄럼·당혹 따위로) 말문이 막힌, 말을 못하는 (*with*); 잠자코 있는. ¶ be ~ *with* surprise 놀라서 말도 못하다. 3 《구어》 수줍어하는, 수줍어 취한.

tóngue twíster 명 혀가 잘 돌지 않는 말, 발음하기 어려운 어구(예: She sells seashells on the seashore. 따위). ⇒ jawbreaker

tongu·y [tʌŋi] 형 말하기 좋아하는, 잘 지껄이는; 설음(舌音)의. (또는 **tonguy**)

tongu·ing [tʌŋiŋ] 명 U [음악] 텅잉(관악기를 취주할 때 혀를 사용하여 단음(斷音)의 효과를 내는 연주법).

Tong·zhou [tɔŋdʒóu] 명 통저우(通州)(난퉁(南通)의 옛 이름). (또는 **Tungchow**) 「nia의 애칭).

To·ni [tóuni] 명 토니(여자 이름; Antoinette, Anto-

***ton·ic** [tánik/tɔ́n-] 형 1 강장제(약), 헤어토닉. ¶ a hair ~ 양모제(養毛劑), 헤어토닉 / His cheerful greeting was a real ~. 그의 상냥한 인사를 받고 기운이 났다. 2 =quinine water. 《미속부》 =soda pop. 3 [음악] 음조, 주음(主音). 4 [음성] 주된 악센트가 있는 음절; [드물게] 유성음. 5 [1 [의학 따위가) 몸을 건강하게 하는; 기력을 돋우어 주는, 고무하는. ¶ a ~ medicine 강장제. 2 [음악] 으뜸음의; 악음(樂音)의. ¶ a ~ chord 으뜸 화음. 3 [음성] (제1) 강세가 있는 (accented); [드물게] 유성(有聲)의. 4 [언어] 성조소의 구별을 나타내는. ¶ a ~ language 성조(聲調) 언어. 5 [생리] 강직성(强直性)의; 지속 긴장의. **-i·cal·ly** 부

tónic áccent 명 음조[양음(揚音)] 악센트.

to·nic·i·ty [tounísəti] 명 U 1 강건, 강장(强壯). 2 긴장성, 긴장 상태. 3 《생리》 (근육의) 긴장력, 탄력성.

tónic sol-fá 명 《음악》 토닉 솔파 기보법(記譜法).

tónic spásm 명 《의학》 긴장성 경련.

tónic wàter 명 = quinine water.

to·ni·fy¹ [tɑ́nəfai/tɔ́n-] 타 (영타) …을 유행시키다.

to·ni·fy² [tóunəfai] 타 (영타) …을 강화하다.

‡to·night [tənáit] (* to-night는 구식) 부 U (무관사) 오늘밤. ¶ ~'s radio program 오늘밤의 라디오 프로. — 명 오늘밤에[은], ¶ He is going to start ~. 그는 오늘밤 출발한다. 「조색(調色).

ton·ing [tóuniŋ] 명 U 가락을 맞추기, 조율; [사진]

to·nite¹ [tóunait] 명 U 《화학》 뇌약(雷藥)(강력한 면화약(綿火藥)의 일종). 「따위에 쓴다).

to·nite² [tənáit] 명 부 =tonight(* 주로 광고·간판

tonk¹ [taŋk/tɔŋk] 명 타 《영속어》 …을 세게 치다; 「에」 =honky-tonk. 「어」 에 낙승(樂勝)하다.

tonk² [taŋk/tɔŋk] 명 (속어) 얼간이; 호모; 연약한 남자; 《속어》

tón·ka bèan [táŋkə-/tɔ́ŋ-] 명 통카콩(남미 열대지방산 향료콩); 그 나무.

Ton·kin [tɑ́nkin, tàn-/tɔ̀n-, tɔ̀ŋ-] 명 1 통킹(베트남 북부의 중심부). **2 the Gulf of ~** 통킹 만. **3** (t-) 통킹 참태(베트남 북부산의 대; 낚싯대·스키 지팡이용). (또는 **Tongking, Tonking**)

Ton·kin·ese [tànkəníːz, tɔ̀n-/tɔ̀nkiníːz] 형 Tonkin의. — 명 1 통킹 지방 사람; (베트남어의) 통킹 방언. (또는 **Tongkingese**) 2 통키니즈(Siamese와 Burmese의 잡종 고양이). 「커트.

ton·let [tɑ́nlit] 명 (중세의) 판금(板金) 갑옷의 쇠스

ton·mile [tʌ́nmàil] 명 톤 마일(톤수와 마일수를 곱한 것으로 철도·항공기 따위가 일정 기간에 수송한 운수

tonn. tonnage. 「량의 계산 단위). ~**age** 명

***ton·nage** [tʌ́nidʒ] 명 U 1 《선박의》 용적 톤수. 2 register = 등록 톤수. 3 (the ~) 《집합적》 선박, 선복(船腹); (a ~) (한 나라·한 항구의 선박) 총톤수. 3 톤세(稅)(배의 등록 톤수에 따라 징수되는). **4** U C (철도의) 수송 총톤수; (광산의) 생산 총톤수. **5** (군함의) 배수 톤수.

tonne [tʌn] 명 =metric ton(⇒ t.).

ton·neau [tʌnóu/tɔnóu] 명 (복수 ~**s, ~x** [-z]) (자동차의) 뒷좌석 부분; 뒷좌석이 있는 자동차; 오픈카의 뒷좌석; (프랑스의) 경량(輕便) 2륜 마차. 「<F>

ton·ner [tʌ́nər] 명 (복합어로) …톤(급)의 것[배]. ¶ a fifty-~ 50 톤급의 배. 「noise.

T-Ó nòise 명 《항공》 이륙 소음치(値). (<take-off

to·nom·e·ter [tounɑ́mətər/-nɔ́m-] 명 1 토노미터, 음진동음(振動音) 측정기. 2 (생체내의 압력을 재는) 압력계; 안압계; 혈압계. 3 《물·화》 증기압계(蒸氣壓計), 액체 장력계(張力計).

ton·o·met·ric [tànəmétrik/tɔ̀n-] 형 **-try** 명

ton·sil [tɑ́nsil/tɔ́n-] 명 《해부》 편도선. ¶ have one's ~ out 편도선을 제거하다. ~·(l)**ar, ~·lar·y** 형

ton·sil·lec·to·my [tɑ̀nsəléktəmi/tɔ̀n-] 명 U C [외과] 편도(선) 절제(적출)(술). 「선염. **-lít·ic** 형

ton·sil·li·tis [tɑ̀nsəláitis/tɔ̀n-] 명 U 《의학》 편도

ton·so·ri·al [tɑnsɔ́ːriəl/tɔn-] 형 《종종 익살》 이발사의, 이발(술)의. ¶ a ~ artist 이발사.

ton·sure [tɑ́nʃər/tɔ́n-] 명 1 삭발, 체발(剃髮); 성직자가 되기 위한 삭발식. ¶ adopt [or take] ~ 성직에 임하다. 2 삭발된 부분; 삭발된 상태. — 타 …의 머리털(의 일부)를 깎다; …에게 삭발식을 행하다.

ton·tine [tɑ́ntin/tɔ́ntin] 명 U 1 (T-) 톤틴 연금법(출자자 중 사망자가 있을 때마다 남은 출자자의 배당이 늘는 방식). 2 톤틴 연금(금); 톤틴식 연금 가입자; 《집합적》 톤틴 연금 조합원. 3 (일반적으로) 톤틴식 생명보험. (17세기 이 방식을 프랑스에서 창시한 이탈리아의 은행가 Lorenzo Tonti의 이름).

오로지 부사로만 쓰이며, 「…도 또한」과 「너무나…」의 두 가지 중요한 뜻이 있다. 전자는 문장 전체를 수식하며 보통 문장 끝에 오지만, 앞뒤를 콤마로 둘러싸여 삽입적으로 쓰이기도 한다. 후자는 부사나 형용사를 수식하며 그 앞에 놓이는데, to부정사와 호응하여 부정적인 의미로 쓰이는 일이 많다.

‡**too** [tuː] 〔부〕 **1** (문장 전체를 수식하여) …(도) 또한 (also); 게다가, 그 위에(besides); 그래도, 역시. ¶ young, clever, and beautiful ~ 젊고, 영리하고, 게다가 미인인/You ~ are against me. 자네도 또한 내게 반대하는군/Won't you come, ~? 자네도 안 오겠나?/And then, ~, she squints. 게다가 또 그녀는 사팔뜨기다/I mean to do it, ~. 난 또한 그것을 정말 할 참이다/There was frost on the grass this morning; in May ~! 오늘 아침엔 풀에 서리가 내려 있었다. 5월에 말야!/T-, there were rumors of his innocence. 게다가 그는 무죄라는 소문이 있었다(★(美)에서는 이렇게 문장의 첫머리에도 쓰인다). 정도로 바보는 아니다.

[USAGE]¹ too와 also —(1) also는 약간 형식을 차린 말로 보통은 too나 as well을 사용한다. (2) too는 보통 문장 끝에 오지만 오해를 피하기 위해서는 이것이 가리키는 말 뒤에 둔다. 또 보통 too의 앞(뒤)을 콤마로 끊는다. 그러나 격식을 안 차린 문체에서는 문장 끝에 오는 too 앞의 콤마를 생략하는 일도 있다: He went to London(,) ~. 그는 런던에도 갔다. ⓐ He, ~, went to London. 그도 런던에 갔다. also는 보통 동사 앞(조동사가 있을 경우는 그 뒤)에 온다. 문장 첫머리에 오는 경우도 있으나 문장 끝에 오는 일은 드물며, 그 경우는 too를 쓰는 것이 보통: He also went to London./He has also been to London./Also he went to London. (3) 「A는 …이 아니다, B도 또한 …이 아니다」처럼 앞의 문장이 부정이고 이에 뒤따르는 문장도 부정일 때 그 후속 부정문에서 also나 too 대신 either가 쓰인다: If you don't go, I won't go either. 그러나 부정문에서도, too나 also가 not 및 그밖의 부정어보다 앞에 놓일 경우는, He did not come, and she also did not./He, too, has never been to London.처럼 also, too가 쓰인다. 또 권유를 나타내는 Won't you come, too?에서 too는 come을 수식하고 won't와의 의미상 연결되지 않으므로 too를 사용해도 된다.

2 (부사·형용사를 수식하여) 너무나, 필요 이상으로, 너무(지나치게)…. ¶a hat ~ big for him 그에게는 지나치게 큰 모자/~ long an interval 너무 긴 간격/We cannot be ~ careful of ours. 우리는 아무리 차를 조심해도 지나친 것이 없다/(to부정사와 호응하여) He is ~ honest to tell a lie. 그는 너무나 정직하므로 거짓말을 하지 않는다/This book is ~ difficult for you to read. (=This book is so difficult that you cannot read it.) 이 책은 너무 어려워서 네가 읽을 수 없다/She is not ~ foolish to do it. 그녀는 그것을 못할

[USAGE]² This is too heavy for me to lift.에서 lift의 목적어에 대하여 ——lift는 타동사이고, This는 문장의 주어인 동시에 의미상 lift의 목적어이다. 즉 to lift는 거슬러 올라갈라 문장의 주어를 의미상의 목적어로 삼고 있는 소급적(遡及的) 용법의 부정사이므로 to lift it처럼 목적어를 덧붙여서는 안된다. 예: 「그를 속이기는 쉽다」(It is easy to deceive him.)를 우리말의 「그는 속이기 쉽다」처럼 바꿔보자(이 문장에서의 「그」는 「속이다」의 의미상의 목적어이다) 영어로는 He is easy to deceive.가 된다. deceive에 목적어로 him을 덧붙이지 않는다. 또 이 경우 우리말로는 「그는 속기(속이기) 쉽다」고 말하는데, 영어에서는 He is easy to be deceived.처럼 수동형 부정사를 쓰는 일도 있다. 그러나 맨윗 표제(標題)의 영문에서는 의미상의 주어(for me)가 명시되어 있으므로 부정사는 수동형으로는 할 수 없다. for me가 없으면 This is too heavy to be lifted (by a single person).과 같은 표현이 가능하다. 그러나 이 표현은 실제로는 거의 쓰이지 않는다.

[USAGE]³ 구어에서는 too가 동사(과거분사)를 수식하는 경우도 있다: We were *too* stunned to talk. 우리는 너무 놀라서 말문이 막혔다.

3 (구어) 대단히, 매우(very); (濠) (응답의 말로) 아주, 썩, 너무나(absolutely). ¶I am ~ happy. 나는 아주[너무나] 행복합니다/That's not ~ good. 그것은 썩 좋지는 않다/He's clever.—T- right, he is. 그는 영리해요.—정말 그래요.

all too 너무나 …하다.
be too bad ⇒BAD¹.
cannot…too 아무리 …해도 지나치지 않다. ¶You *cannot* be ~ careful in crossing a street. 길을 건널 때는 아무리 주의해도 지나치지 않다.
none too 조금도 …하지 않다[…이 아니다](not at all). ¶be *none* ~ pleasant 조금도 즐겁지 않다.
only [or ***but***] ***too*** ① 유감스럽지만. ¶It is *only* ~ true. 유감스럽지만 그건 사실이다. ② 더할 나위 없이. ¶I am *only* ~ glad to hear it. 그 말을 들으니 더없이 기쁘다.
quite too (구어) =*too too*. [이 기쁘다.
too much [or ***many***, ***hard***] ***for*** *a person* 도저히 감당할 수 없는, 못 견딜, 너무한.
too much (***of*** *a good thing*) ⇒MUCH.
too too (구어) 대단히, 매우, 멋지게(quite too)(★ 뒤에 delightful 따위의 형용사를 생략한 형으로서 멋부리는 표현).

Ton·to [tántou/tɔ́n-] 〔명〕 (⊗ ~s) **1** 톤토족(族)(의 사람)(Apache계 인디언). **2** (美俗) 백인에게 빌붙는 인디언; (t-) 바보. — 〔형〕 (t-) (美俗) 미친, 바보 같은.
ton-up [´-ʌp] 〔명〕 (英俗) (오토바이가) 시속 100마일 이상을 내는, 폭주족의; 폭주족의 일원(~ kid). [<시속 100마일을 의미하는 ton에서]
tón-up bóys [-ʌ̀p-] 〔명〕〔복〕 오토바이 스피드광의 젊은이들, 폭주족.
to·nus [tóunəs] 〔명〕〔U〕 (생리) (근육의) 긴장(도).
ton·y [tóuni] 〔형〕 (美·캐나다 구어) 멋진, 맵시있는, 사치스러운, 유행의.
To·ny¹ [tóuni] 〔명〕 토니상(賞)(the American Theater Wing이 그 해의 우수한 연극에 수여한다). (또는 ~ Award)
To·ny² [tóuni] 〔명〕 토니(남자 이름; Anthony의 별칭).
‡**too** ⇒TOO. ⟨p. 2851⟩
too·dle-oo [túːdlúː] 〔감〕 (구어) =good-by, so long. (또는 **toodle, tòodle-píp**)
‡**took** [tuk] 〔동〕 **1** take의 과거. **2** (비표준어) take의 과거분사. — 〔형〕 (美俗) =taken.
‡**tool** [tuːl] 〔명〕 (⊗ ~s [-z]) **1** (손으로 사용하는) 연장, 도구, 용구(machine); (대패·송곳 따위의), (선반 따위의), 공작 기계. ⇒IMPLEMENT 〔유의어〕 ¶a broad ~ 날이 넓은 끝, 큰 끌/an edged ~ 날이 있는 연장/a set of carpenter's ~s 한 벌의 목공 연장/A bad workman (always) blames [or quarrels with] his ~s. (속담) 서투른 일꾼이 연장만 나무란다. **2** 연장 구실을 하는 것, 수단. ¶the ~s of one's trade 장사[직

업〕 도구 / literary ~s 문방구 / Language is a ~. 말은 도구이다. **3** (장잡이, 미끼(cat's paw). ¶an easy ~ 남에게 쉽게 이용당하는 사람 / a ~ of labor unions 노동조합의 끄나풀. **5** (고어) 무기, 검(劍); (속어) 권총; 소매치기; (비어) 남자의 성기. **6** (美학생 속어) 공부 벌레. **7** (컴퓨터) 툴(소프트웨어 개발을 위한 프로그램).

down tools =*throw down one's tools.*
play with edged tools (고어) 위험을 무릅쓰다, 위험한 일에 손을 대다.
throw down *one's* ***tools*** ① 도구를 내려놓다. ② (英구어) (노동자가) 파업에 들어가다.

— 🅥 (~s [-z]) 🅣 **1** …을 연장을 만들다[다듬다, 세공하다]; 〔돌〕을 정으로 다듬다. **2** 〔책표지〕에 압형으로 무늬를 찍다. **3** (공장 따위)에 기계(공구)를 비치하다(*up*). ¶ (~+图+副) ~ *up* a factory 공장에 기계를 설치하다. **4** (마차·자동차 따위)를 몰다, 운전하다; (말이) (사람)을 수레에 태워 끌다. — 🅰 **1** 연장을 쓰다, 연장으로 일(세공)하다. **2** 기계(설비)가 갖추어지다(*up*). **3** (구어) 마차(자동차)로 가다(*along*)(*through*).

tool about [or ***around***] (속어) 빈둥거리다.
tool in (美학생 속어) 서둘러서 도착하다.
tool up ① (공장에) 기계류를 설치하다, 양산 체제를 갖추다. ② (속어) 무기를 들다, 무장하다.
~-er 🅝 tool하는 사람[것], 도구 사용자; (석공의) 날이 넓은 끝. **~-less** 🅐 날.
tool·bag [túːlbæg] 🅝 공구(도구) 가방; (속어) 음낭.
tool·box [túːlbɑ̀ks–bɔ̀ks] 🅝 연장통, 공구 상자; (선반 따위) 절삭 공구 고정틀.
tóol engineéring 🅝 장비(생산 설비) 공학.
tóol enginèer
tool·head [túːlhèd] 🅝 툴헤드(공작 기계에 장착한 공구를 필요한 위치에 이동시켜 주는 부분).
tool·hold·er [túːlhòuldər] 🅝 툴홀더(선반 따위의 바이트를 고정시키는 장치).
tool·house [túːlhàus] 🅝 =toolshed 1.
tool·ing [túːliŋ] 🅝 **1** 연장을 쓰는 일, 세공; (나무·돌·가죽 따위에 낸) 장식 조각(彫刻). **2** (책 표지에) 압형으로 무늬 찍기. ¶a blind[gold] ~ 민(금박) 압형. **3** (기계) (집합적) (한 공장의) 기계·설비 일습.
tool·kit [túːlkìt] 🅝 (컴퓨터) 도구 모음(프로그래머가 특정 머신이나 응용에 쓸 프로그램 작성에 사용할 수 있는 프로그램 또는 루틴의 세트).
tool·mak·er [túːlmèikər] 🅝 공구 제작자(수리공). **-màk·ing** 🅝 공구 수리·제작실.
tool·room [túːlrù(ː)m] 🅝 연장 보관실; (공장의) 공구 제작·수리실.
tool·shed [túːlʃèd] 🅝 **1** (뒤뜰에 있는) 도구[공구] 창고. **2** (美속어) 질(膣).
tóol sùbject 🅝 (교육) 도구 과목(그 자체의 습득이 목적이 아닌 학과목). ¶Grammar is a ~ for English composition. 문법은 영작문 학습을 위한 도구 과목이다.
toom [tuːm] 🅐 (스코·北英) 내용[알맹이]이 없는, 텅 빈, 공허한.
toon [tuːn] 🅝 인도마호가니(동인도 제도·오스트레일리아산(產) 나무); 🅤 그 재목(가구·조각용).
toot¹ [tuːt] 🅥🅰 **1** (나팔 따위가) 뚜우뚜우 소리 내다; (美속어) 방귀를 뀌다. **2** 나팔(피리)를 불다(*on*). **3** (새 따위가) 피리 소리 비슷한 소리로 울다. **4** 자동차를 운전하다. **5** (美속어) 코카인을 코로 흡입하다.
— 🅣 **1** (나팔·피리)를 불다; (곡 따위)를 나팔(피리)로 주하다. **2** 허풍 떨다, 소문내다. **3** (美속어) (코카인)을 흡입하다.
toot *one's* ***own horn*** (美구어) 허풍을 떨다, 제자랑.
— 🅝 **1** (나팔·피리의) 뚜우뚜우 불기; 그 소리; (美속어) 방귀. **2** (美속어) 코카인 (흡입).
~-er
toot² [tuːt] (구어) 🅝 마시며 떠듦, 주연(酒宴). ¶go on a ~ 야단법석하다. — 🅥 (술)을 진탕 마시다.

toot³ [tut] 🅝 (濠구어) 변소.
‡**tooth** [tuːθ] 🅝 (🅟 **teeth**) **1** 이, 치아. ¶a canine ~ 송곳니 / a decayed [or bad] ~ 충치 / a false [or an artificial] ~ 의치 / a milk ~ 젖니 / a wisdom ~ 사랑니 / the crown of a ~ 치관(齒冠) / the root [or fang] of a ~ 치근(齒根) / have a ~ out 이를 뽑게 하다 / draw [or pull out, take out, extract] a ~ 이를 뽑다 / cut a ~ 이가 나다. **2** 이 모양의 것, 치상(齒狀) 기기; (톱·바퀴·갈퀴·쇠스랑·빗·톱·줄 등의) 이, 날, 가락이. **3** (숫돌 따위의) 거칠거칠한 표면; (목탄지·유화 캔버스의) 거친 표면. **4** 엄함, 격렬함; 맹렬함(파괴적인) 힘; (teeth) 위력, 맹위(猛威). ¶the *teeth* of a storm 폭풍우의 위력. **5** (음식에 대한) 기호, 취미, 입맛. ¶He has a dainty ~. 그는 식성이 까다롭다(입이 고급이다). **6** (teeth) (해사) (속어) (배의) 대포; (美속어) 탄환.

armed to the teeth [or ***hilt***] 완전 무장하여.
(as) scarce as hen's teeth (濠구어) 매우 부족한, 수효가 극히 적은.
(a) tooth for (a) tooth (성서) 이에는 이(로 하는 보복). (참) *(an)* EYE *for (an)* eye.
be dressed to the teeth 성장(盛裝)하다.
between the [*one's*] ***teeth*** 목소리를 죽여, 낮은 목소리로; (화가 나) 이를 악물고.
by [or ***with***] ***the skin of*** *one's* ***teeth*** ⇒ SKIN.
cast…(back) in *a person's* ***teeth*** 〔행위 따위〕에 대해 그 사람을 책망하다, 비난하다.
chip *one's* ***teeth*** 노여움을 드러내다.
chop *one's* ***teeth*** (구어) 실없는(불필요한) 말을 지껄이다. ¶Now you're just *chopping* your *teeth*. 쓸데없는 소리를 하는군.
clench [or ***clamp***] *one's* ***teeth*** (곤란·노여움에 대하여) 이를 악물다; 굳게 결의하다.
cut *one's* ***(milk) teeth*** 이가 생기다; 철이 들다.
cut *one's* ***teeth on*** …을 어릴 때부터 익히다[배우다]; …으로 최초의 경험을 쌓다.
draw *a person's* ***teeth*** ① 남의 불평(고민)거리를 없애주다. ② 남을 구슬려서 휘어잡다.
drop *one's* ***teeth*** (美속어) 깜짝 놀라다.
fling…(back) in *a person's* ***teeth*** =*cast…(back)* *in a person's teeth*. 〔…〕에 반대하다.
fly in the teeth of *a person* 남에게 덤벼들다[맹렬히 반대하다].
from the teeth forward [or ***outward***]; ***from*** *one's* ***teeth; teeth outward*** (고어) 말로만, 겉으로만, 무성의하게.
get *one's* ***teeth into*** ① …에 정신이 팔리다, 몰두하다. ② …에 기세 좋게 달려들다. 〔*over*〕.
gnash *one's* ***teeth*** (구어) 이를 갈다, 격노하다(*at*).
grind *one's* ***teeth*** (구어) 이를 갈며 분해하다.
have a great tooth for …을 매우 좋아하다.
have all *one's* ***own teeth*** 의치가 하나도 없다.
have a sweet tooth 단것을 좋아하다.
have teeth in …에 위력을 갖고 있다, 엄하다.
in spite of [or ***despite***] *a person's* ***teeth*** (고어) 남의 반대를 무릅쓰고. 〔대놓고, 터놓고〕
in the [or *a person's*] ***teeth*** 맞서서, 반항하여, 맞서. ¶*in the teeth of* the wind 바람을 거슬러서, 바람에 맞서서. ② …을 무릅쓰고, …에 반대하여.
kick…in the teeth (구어) (물건·사람)을 결단내다, 흠쭐나게 해주다. 〔…하다.〕
lie through [or ***in***] *one's* ***teeth*** 새빨간 거짓말을 하다.
long in the tooth 늙은, 나이 든; 중년을 지난(* 말의 이가 늙으면 길어지는 데서).
make *a person's* ***teeth chatter*** (추위·공포가) 남에게 이가 맞부딪혀 떨리는 소리가 나게 하다.
pull *a person's* ***teeth*** 남을 무력하게 하다.
put teeth in [or ***into***]; ***give teeth to*** 〔법률·규칙 따위〕의 실효성을 높이다, 강화하다.

set [or ***put***] *a person's* [or ***the***] ***teeth on edge*** ① 남을 역겹게 하다, 불쾌감을 갖게 하다. ② 신경질나게 하다.
set *one's* ***teeth*** =*clench one's teeth.*
set *one's* ***teeth against*** …에 단호히 반대하다.
show *one's* ***teeth*** (이를 드러내어) 적의를 보이다, 협박하다; 화[불만]를 터뜨리다.
sink *one's* ***teeth into*** =*get one's teeth into.*
take the bit in [or ***between***] *one's* ***teeth*** ⇨BIT[1].
throw...in *a person's* ***teeth*** =*cast...(back) in a person's teeth.*
to *a person's* ***teeth; to the teeth of*** *a person* 《고어》 맞대놓고, 당돌[대담]하게도.
tooth and nail [or ***claw***] 《부사적》 필사적으로, 있는 힘을 다하여. ¶They fought ~ *and nail.* 그들은 사력을 다해 싸웠다.
to the [or *one's*] ***(very) teeth*** 완전히, 아주, 충분히.
— [동][타] 1 …에 이를 내다[달다]; 〔톱 따위〕의 날을 세우다[갈다]. ¶~ a saw 톱니를 갈다, 톱날을 세우다. 2 …을 물다(bite). 3 표면을 까칠까칠하게 하다. — [자] 〔톱니바퀴가〕 맞물다.
∠·lìke [형]

‡tooth·ache [tú:θèik] [명][U][C] 치통. ¶have [*or* get] (a) ~ 치통을 앓다, 이가 아프다. **-àch·y** [형]
***tooth·brush** [tú:θbrʌ̀ʃ] [명] 칫솔.
tooth·brush·ing [tú:θbrʌ̀ʃiŋ] [명] 칫솔질.
tooth·comb [tú:θkòum] 《英》 [명] 참빗.
go through...with a toothcomb [or 《美》 ***fine-toothed comb***] …을 면밀히 조사하다.
— [동][타] …을 참빗으로 빗다.
tóoth decày [명] 치아 부식증(dental caries).
toothed [tu:θt, tu:ðd] [형] 1 이가 있는[난]; 톱니 모양의. 2 《복합어로》 이가 …인. ¶buck-~ 뻐드렁니의.
tóoth extràction [명] 발치(拔齒)(술(術)).
tóoth fàiry [명] 이의 요정(아이의 빠진 젖니를 베개 밑에 넣어두면 요정이 이를 가져가는 대신에 돈[선물]을 놓고 간다고 한다).
tooth·ful [tú:θfùl] [명] 《英속어》 (브랜디 따위의) 한 모금, 조금.
tooth·ing [tú:θiŋ, tú:ð-] [명][U] 1 이[날]를 달기[세우기]. 2 (톱니바퀴의) 맞물림; 《집합적》 (톱니바퀴의) 이. 3 〔건축〕 엇갈려 물리기(증축용 돌출부·이음매).
tooth·less [tú:θlis] [형] 1 이가 없는[나지 않은]. 2 (톱 따위가) 날이 없는, 이가 빠진. 3 예리함[활기]이 없는; 효과 없는, 무력한. ¶a ~ argument 맥빠진 논의 / ~ leadership 무력한 지도력. **~·ly** [부] **~·ness** [명]
tooth·let [tú:θlit] [명] 작은 이; 작은 이 모양의 돌기(突起).
tooth·paste [tú:θpèist] [명][U] (크림) 치약.
tooth·pick [tú:θpìk] [명] 1 이쑤시개. 2 (~s) (나무 따위의) 파편. 3 《비유적》 길고 홀쭉한 것[사람]. 4 《美속어》 주머니칼, 잭나이프; 《美흑인 속어》 가늘고 긴 마리화나 담배.
tóoth pòwder [명] 치분, 가루 치약.
tooth·some [tú:θsəm] [형] 1 맛있는, 맛 좋은. ¶a ~ dish 맛있는 요리. 2 (명성·권력 따위가) 괜찮은, 바람직한. 3 (여자가) 성적 매력이 있는, 관능적인. ¶a ~ blonde 관능적인 금발 미인. 4 미식(美食)을 찾는.
~·ly [부] **~·ness** [명]
tooth·wort [tú:θwə̀:rt/-wə̀:t] [명] 초종용과(科) 개종용속(屬)의 기생 식물(유럽산); 미나리냉이.
tooth·y [tú:θi, -ði] [형] 1 이를 드러낸[내보인]. ¶a ~ smile 이를 드러내고 웃는 웃음. 2 맛있는, 구미를 돋우는. 3 표면이 까칠까칠한, 거친. ¶~ paper 표면이 까칠까칠한 종이. 4 《고어》 날카로운, 신랄한.
tóoth·i·ly [부] **tóoth·i·ness** [명]
too·tle [tú:tl] [동][자] 1 (피리 따위를) 조용히[계속] 불다; (새가) 짹짹 울다; 계속 지껄여대다. 2 《英구어》 터벅터벅 걷다; 떠나다, 철수하다(*off*). — [타] 〔피리 따위〕를 계속 불다. — [명] 1 (피리 따위의) 삐이삐이 하는 소리. 2 실없는 말, 군소리. 3 《英구어》 드라이브. **-tler** [명]
too-too [tú:tú:] 《구어》 [형] 아주 형편없는, 아니꼬운; 지나친, 극단적인; 훌륭한, 멋진. — [부] 아주 형편없이, 지나치게, 극단적으로.
toots [tuts] [명] 《美속어》 1 《낯선 여성을 다정하게 부르는 말로》 아가씨, 이봐요. 2 =tootsy 1.
toot·sie[1] [tútsi] [명] 《속어》 1 《부르는 말로》 아가씨, 귀여운 꼬마; 여인; 레즈비언. 2 매춘부, 창녀.
toot·sie[2] [명] 《속어》 =tootsy 1.
Tóotsie Ròll [명] 1 《상표》 툿시 롤(초콜릿 캔디). 2 《속어》 (찻빛 종이에 말아놓은) 마리화나; (멕시코산(產)의) 강력한 헤로인.
toot·sy [tútsi] [명] 《속어》 1 《어린이말·익살》 발. (또는 **tootsie**) 2 =toots 1.
toot·sy-woot·sy [tútsiwútsi] [명] 《속어》 =tootsie[1].
‡top[1] [tɑp/tɔp] [명] 1 (the ~) 꼭대기, 정상, 최상[최고]부, 맨끝; (비탈 따위의) 맨위, 상단(上端). ¶*the* ~ of a mountain [tree] 산[나무]꼭대기.
2 (the ~) (최)상면(上面), 윗면, 표면; 상부. ¶*the* ~ of the ground 지면, 지표 / *the* ~ of a page [book] 페이지[책]의 윗부분.
3 《英》 (the ~) (방·식탁의) 윗자리, 상좌, 상석; (거리 따위의) 끝, 막다른 곳. ¶be seated at the ~ of a table 식탁의 상석에 자리하다 / *the* ~ of the street 거리의 끝.

> [유의어] **top** 가장 높은 곳[점, 면]. **summit** 최고의 위치; 노력을 통해 도달함을 암시. **peak** 뾰족한 summit; 그래프로 표시할 수 있는 최고점(點).

4 머리(털); (~s) (식물의) 땅 위로 나와 있는 부분; (무·당근 따위의) 잎 부분(참 root); 가지의 끝, 가지 끝의 새싹.
5 a) 최고위, 최상위, 수위, 수석. ¶He is at the ~ of his class. 그는 반에서 수석이다. b) 최고위의 사람[것], 수석[수위]의 사람; (~s) 《英속어》 귀족. ¶the ~ of the village [family] 촌장(村長)[가장].
6 (the ~s) 《구어》 (성질·능력·인기 따위에서) 최고, 최고의 사람[것](best). 7 a) 최고도(度)[점(點)], 극점, 절정. ¶the ~ of the tide 최고조(만조의 최상위) / the ~ of the market 시장의 최고값 / shout at the ~ of one's voice 목청껏 소리치다. b) 《英》 (자동차 기어의) 톱(《美》 high). ¶ change up in (the) ~ 기어를 톱에 넣다. 8 최량의 부분, 알짜 부분, 정수(精髓); (가축 무리 중) 가장 좋은 놈. ¶the ~ of all creation 만물의 정화(精華) / separate ~*s* from tails (곡물의) 알짜와 찌꺼기를 가려내다. 9 최초, 첫머리, 시초; (신문의) (최)상단; (악곡의) 맨 처음 부분. ¶the ~ of the year 연두(年頭), 연초. 10 (자동차 따위의) 지붕; (마차의) 덮개; (참호의) 흉벽 꼭대기; (서커스장의) 천막. ¶the big ~ 큰 텐트; 서커스. 11 (상자·병 따위의) 뚜껑, 마개. ¶put on a ~ 뚜껑을 덮다 / screw on [off] a ~ 마개를 돌려서 열다[막다]. 12 (투구 따위의) 앞에 다는 털술 장식; (머리털·섬유의) 한 다발(1.5파운드, 약 680그램). 13 (귀걸이의) 귓불에 다는 부분; (보석의) 관부(冠部); 꺼풀만 도금한 단추. 14 〔해사〕 장루(檣樓); 중장(中檣)돛(topsail). 15 〔카드놀이〕 손에 든 으뜸 패; (~s) 최고의 연속 패. 16 〔골프·테니스〕 공의 위쪽을 치기; 위쪽을 맞아 도는 공의 회전 운동. 17 〔야구〕 (한 회의) 초(初)(반 bottom); 상위 타자[타순]. 18 (장화의) 아가리. 19 상의(스웨터·셔츠 따위); 투피스의 상의.
blow *one's* ***top*** 《속어》 화내다, 불끈하다.
come out (at the) top 1등이 되다, 수석을 차지하다.
come to the top (사람·물건이) 표면에 나오다; 성공하다, 명성을 얻다.
from the top 《구어》 처음부터.
from top to bottom [or ***toe, tail***] 머리 끝에서 발끝까지; 고스란히, 완전히.
get [or ***be***] ***on top of*** ① (사람이) 〔적대자·곤란 따위〕를 이겨내다, 지배[진압]하다. ② (일 따위가) …의 부담이 되다, …을 곤란케 하다.
go over the top ① (참호의 흉벽을 넘어서) 돌격하

다; 단호한 조치를 취하다. ② 한도를 넘어서다; 할당액[목표]을 초과하다. 「력으로.
in [or **into**] **top** (英) (자동차가) 톱 기어로, 최고 속
off one's top 정신이 돌아, 흥분[격분]하여.
off the top (美속어) 총수입에서.
off [or **out of**] **the top of** one's **head** 깊이 생각하지 않고, 즉석에서, 준비없이, 무턱대고.
on (**the**) **top** =*in top.*
on (**the**) **top of** ① …의 위에. ¶Put the book *on ~ of* the others. 그 책을 다른 책 위에 포개어 놓으시오. ② …에 더하여, 게다가. ¶*On ~ of* that 게다가, 설상가상으로. ③ …에 바로 뒤이어, 바짝 뒤따라. ¶Gale winds came *on ~ of* the floods. 홍수 뒤에 바로 돌풍까지 덮쳤다. ④ (구어) …을 완전히 관리[지배]하여; …에 통달하여.
on top ① 위(쪽에); (비행기 따위가) 구름 위에. ② 성공하여, 이겨서, 우세하여. ¶come out *on ~* 일등이 되다, 경쟁에 이기다, 성공하게 되다. ③ (英속어) 현행범으로. (체포된).
on top of the world (구어) ① 성공하여. ② 기뻐서 어찌할 바를 몰라, 의기양양하여. ¶The success made her feel *on ~ of the world.* 성공하여 그녀는 의기양양했다.
over the top 허풍으로, 과장하여. 「의기양양했다.
take it from the top (구어) (대사·연기·연주 따위를) 처음부터 시키다[되풀이하다]. 「다; 사회를 잡다.
take the top of the table 상석에 앉다, 좌장이 되
the top of the milk (구어) (프로 중) 제일 재미있는 것; 백미(白眉). 「세요!(아침 인사).
The top of the morning (**to you**)! (아일) 안녕하
the top of the tree [or **ladder**] (英) 최고의 지위; 그 분야의 제1인자. ¶be at [reach, rise to] *the ~ of the tree* [*ladder*] 최고의 지위를 점하다[에 오르다].
top and bottom [or **tail**] (**the** ~) 전체, 전부. ¶That's *the ~ and bottom of* it. 그것이 그 전부다. ② 결국(은). ③ 모조리, 완전히, 몽땅. 「력으로.
top and topgallant (해사) 돛을 모두 올리고; 전속
top down 머리를 밑으로, 거꾸로.
top or bottom [or **tail**] (부정문에서) 전혀, 도무지. ¶I cannot make ~ *or tail* of it. 나는 도무지 영문을
top over tail 거꾸로(head over heels). 「모르겠다.
tops and bottoms ① (美속어) 진통제와 항(抗)히스타민제의 혼합약; 양극단. ② (美속어) 암호 표시로 있는 (부정) 주사위. ③ (英속어) 가짜 돈 뭉치.
top to bottom ① (美속어) 거꾸로, 머리를 아래로 하여. ② *from top to bottom.*「젓, 실컷.
to [or **at**] **the top of** one's **bent** 힘껏, 마음
up top (구어) 머리[마음] 속에는. ¶You don't have much *up ~.* 너는 머리가 별로 좋지 않다.
with the top of one's **mind** 건성으로, 되는 대로.
─⸺ ☒ 1 (사다리·계단 따위의) 가장 높은, 맨위의, 표면의. ¶the ~ shelf 맨위의 선반/the ~ rung 사다리의 맨 윗단; 수위(首位), 중요한 지위. 2 (가치·질·정도 따위가) 최고의, 최대의. ¶a ~ secret 극비 사항/at ~ speed 전속력으로/be in ~ shape [or physical condition] 최상의 컨디션이다. 3 수위의, 수석의. ¶the ~ boy of the class 반에서 일등하는 소년/~ management 최고 경영진.
─⸺ ⓥ (-**pp**-) ⓣ 1 …에 지붕[포장, 덮개, 뚜껑 따위]을 달다[씌우다](*with*); …의 위[표면]을 덮다. ¶~ a carriage 마차에 포장을 씌우다
2 …의 꼭대기[정상]에 있다; …의 수위를 차지하다. ¶A pine tree ~s the hill. 언덕 꼭대기에 소나무가 한 그루 서 있다/He ~s his English class. 그는 영어반에서 수석을 차지하고 있다.
3 …의 정상에 오르다[이르다]; …의 위에 오르다. ¶The sun ~ped the horizon. 해가 지평선 위로 떠올랐다.
4 (높이·수량 따위에서) …보다 낫다, 이상이다; …을 상회하다; …에 이기다, 능가하다. ¶He ~s his father by half a head. 그는 아버지보다 머리의 반만큼 키가 크다. 5 [연극] [배역 따위를] 훌륭히 해내다. ¶~ one's part 자기가 맡은 배역[역할]을 훌륭히 해내다. 6 [식물 따위의) 의 우듬지[길]를 잘라내다(치다, 다듬다). ¶~ a tree 나무의 가지 끝을 잘라내다. 7 (담장·장애물 따위)를 뛰어넘다. ¶~ a fence 울타리를 뛰어넘다. 8 [해사] (돛가름대 따위의) 한쪽 끝을 올리다. 9 [화학] 휘발성 물질)을 증류하여 제거하다; (원유(原油))를 상압(常壓) 증류하다. 10 [골프·테니스] (공)의 위쪽을 치다. 11 (英) …에 거름을 주다. ¶(~+图+图)+图) ~ soil *with* manure 흙에 거름을 주다. 12 [염색] …에 마무리 염색을 하다. 13 (속어) (사람)을 목졸라 죽이다; —(俗) (사람)을 죽이다.
─⸺ ⓥⓘ 1 높이 솟다; 빼어나다, 탁월하다. 2 [골프·테니스] 공의 위쪽을 치다, 톱하다.
top off ① 끝내다. ② =*top out* ③. ③ …의 마무리 [끝손질]를 하다, 유종의 미를 거두다.
top out ① (가격·생산액 따위가) 절정에 이르다. ② (英) 건물의 완공을 축하하다. ③ (석조 건물에) 지붕을 씌우다; …을 완성하다. ④ (같은 무리의 동물 중에서) [가장 좋은 것]을 고르다.
top up ① =*top off* ①. ② =*top off* ③. ③ (英) …을 가득 채우다(*with*); (배터리)를 충전하다.
to top (**it**) **all** 게다가.

‡**top²** [tap/tɔp] ⓝ **1** 팽이. ¶spin a ~ 팽이를 돌리다. **2** (속어) 녀석, 놈. ¶an old ~ 친구.
sleep like a top 단잠을 자다, 푹 자다, 숙면하다.
top- [tap/tɔp] ⓟ =TOPO-. 「의 군주(toparch).
to·parch [tóupɑːrk, táp-] ⓝ 작은 국가(toparchy).
to·par·chy [tóupɑːrki, táp-] ⓝ (몇 개의 도시로 이루어지는) 작은 국가; 소지역.
to·paz [tóupæz] ⓝ **1** ⓤ ⓒ 황옥, 토파즈; 황수정. **2** (목덜미가 황옥색인) 벌새. **-paz·ine** [-pəzìːn] ⓐ
to·paz·o·lite [toupǽzəlàit] ⓝ 황옥의 석류석(石).
tópaz quártz ⓝ 황수정(黃水晶)(citrine).
tóp banána ⓝ (美속어) **1** 주연자, 주연 희극 배우. **2** 단체(조직)의 중심 인물.
tóp bílling ⓝ **1** [연극] (배우·예능인의 이름이 실린) 광고의 맨 위. **2** 대대적인 광고[선전].
tóp bóot ⓝ (~s) (승마·수렵용) 장화. 「관들.
tóp bráss ⓝ (the ~) (구어) 고급 장교[간부]들, 고
top-cap [⁴kæp] ⓥⓣ (-**pp**-) (재생 고무 따위로) 타이어 거죽을 입히다.
tóp-cap [tápkæp/tɔ́p-] ⓝ 타이어 표면에 덧붙인 새 tread; [기계] 저널 박스(journal box)의 윗부분.
tóp·coat [tápkòut/tɔ́p-] ⓝ **1** 가벼운 외투. **2** (페인트의) 덧칠, 마무리칠. ─⸺ ⓥⓣ …에 덧칠하다.
tóp cóp ⓝ 세계의 경찰관; 국제 질서를 지킨다고 자처하는 초강대국(특히 미국).
tóp cópy ⓝ (카본 카피에 대하여) 원본.
tóp dóg ⓝ (구어) **1** 승자(勝者)(⇔ underdog). **2** 주요 인물, 우두머리, 보스, 지배 권력을 가진 사람[집단].
tóp dóllar ⓝ (구어) (지불된) 최고 한도액.
top-down [¹dáun] ⓐ **1** 상의하달(上意下達) 방식의; 면밀히 조직화된, 포괄적인(⇔ bottom-up). **2** [컴퓨터] 하향식(구조적 계층을 위에서 아래로 구성해 가는 방식).
tóp-down devélopment ⓝ [컴퓨터] 하향식 개발(최상위의 모듈에서 코딩과 테스트를 시작하여 순차 하위의 모듈을 코딩하며, 상위 모듈과 결합하는 프로그램 개발 방법). 「(下降形) 프로그래밍.
tóp-down prógramming ⓝ [컴퓨터] 하향식
tóp dráwer ⓝ **1** 맨윗 서랍. **2** (the ~) (구어) 톱 클래스, 최상급; 상류 계급; 최고 권위. ¶come out of the ~ 상류 계급 출신이다.
top-draw·er [⁴drɔ́ːr] ⓐ 톱 클래스의. ⓑ top-notch.
top-dress [⁴drès] ⓥⓣ **1** (농작물·잔디·밭 따위에) 비료를 뿌리다, 시비(施肥)하다. **2** (도로에) 자갈을 깔다.
tóp dréssing ⓝ **1** 거름, 추비(追肥); 비료 주기;

¶ aerial ~ 공중 비료 살포. 2 (차도 따위에 깐) 자갈[쇄석]층, (철도 따위의) 노상(路床).
tope¹ [toup] 困 술독에 빠져 지내다; 노상 술을 마시다.
tope² 困 참상어과(科)의 작은 상어(유럽 연안산(産)).
tope³ (사리를 봉안한 반원형의) 불탑(佛塔).
tope⁴ 困 (망고나무 따위의) 숲.
to·pec·to·my [təpéktəmi] 困 〔외과〕 대뇌 전두엽(前頭葉)의 부분 절제(술).
to·pee [toupí:/-´-] 困 (인도의) 토피(자귀풀(sola)의 줄기 속으로 만드는 헬멧 모양의 가벼운 햇빛 가리개 모자). (또는 **topi**)
tópi elimináter 困 (美속어) (경기의) 우승 후보 선수.
tóp énd (가느다란 쪽의) 끝. 困 butt end
tóp·er [tóupər] 困 술고래, 대주가.
tóp flíght 困 (the ~) 최고위, 최우수, 제일급, 일류. **tóp-flìght, tóp-flíght** 困 (-)flíght·er 困
Tóp 40 [-fɔ́:rti] 困困 (때로 t~) 톱 40(의)(일정 기간 동안의 베스트셀러를 기록한 레코드 40종).
tóp-frèez·er refrígerator [frí:zər-] 困 (위에 냉동실이 있는) 냉장고. 「넘칠 정도의(brimful).
tóp·ful [tápfúl/tɔ́p-] 困 《드물게》 그릇에 가득 찬.
tóp·gal·lant [tàpgǽlənt/tɔ́p-] 困 〔해사〕 1 톱갤런트 마스트, 윗 돛대(횡범선(橫帆船)의 밑에서 세 번째 돛, 톱마스트 위에 잇달아 세운 것). 2 윗 돛대에 달린 돛. 3 (비유적) 정상(頂上), 최고점.
tóp and tópgallant ⇒ TOP¹.
── 困 〔해사〕 윗 돛대의. 2 최고의, 탁월한.
tóp géar 困 《英》 (자동차의) 톱[최고속] 기어. 困 bottom gear
tóp gún 대가(大家); 일류급 인사; (공군의) 1등 사수 조종사(* 본래는 공군 사관학교 최우수 졸업생).
top·ham·per [táphæmpər/tɔ́p-] 困 〔해사〕 1 톱마스트보다 위에 있는 돛대[삭구]. 2 갑판 위의 거추장스러운 물건들(평상시 잘 쓰이는 통·밧줄·닻 따위); (일반적으로) 방해물, 무의미한 어구.
tóp hát 困 실크 해트(silk hat).
top-hát [-hǽt] 困 《구어》 (상류 사회의, 특히 상류 계급의.
top-heav·y [-hèvi] 困 1 머리 부분[윗부분]이 너무 무거운; 불안정한. 2 (조직·구조가) 상부의 비중이 과잉한, 관리직(임원)이 너무 많은. 3 (금융) 자본 과대[과잉]의; (경제) 매물이 대기하고 있어 가격 상승을 억제하고 있는. -**hèav·i·ly** 困 -**hèav·i·ness** 困
To·phet [tóufit/fet] 困 1 (성서) 도펫(옛날 유대인이 우상 Moloch에게 자식들을 산 제물로 바쳤던 예루살렘 근처의 땅. ── 열왕기하(2 Kings) 23:10). 2 ⓤ 지옥(hell), 초열(焦熱) 지옥; 지옥 같은 곳, 생지옥. (또는 **Topheth**)
top-hole [-hóul] 困 《英속어》 일류의, 최고의.
to·phus [tóufəs] 困 (-*phi* [-fai]) 〔병리〕 통풍 결절(痛風結節), 통풍석(通風石).
to·pi¹ [toupí:/-´-] 困 = topee.
to·pi² [tóupi] 困 (동물) 토피(아프리카 중동부산 영양).
to·pi·ar·y [tóupièri/-piəri] 困 (원예) 정원수가 지를 별나게[장식적으로] 친. ¶ the ~ art (정원수의) 장식적 전정법(剪定法). ── 困ⓤ© (정원수의) 장식적 전정법; 장식 정원.
✩top·ic [tápik/tɔ́p-] 困 1 화제, 제목, (대화·토론의) 중심 문제, 이야깃거리. ⇨ SUBJECT 〔유의어〕 ¶ current ~s 오늘의 화제 / ~s of the day 시사 문제. 2 (강연·논문 또는 각 부분의) 주제, 논제, 테마, 제목. ¶ the ~ of the book[speech] 그 책[강연]의 주제. 3 (수사·논리학) 전제론(前提論), 총론. 4 일반 법칙, 원리, 원칙; 격언.
✩top·i·cal [tápikəl/tɔ́p-] 困 1 화제의, 논제의, 주제[제목]의; 시사 문제의. ¶ a ~ caricature 시사 풍자 만화. 2 원칙적인, 총론적인. 3 부분적, 국지[지방]의. 4 (의학) (마취제·요법 따위의) 국부(局部)의, 국소(局所)의. ── 困 토피컬 수집(꽃·새 따위 같은 제재를 다룬 각종의 우표 수집 방법). ~·**ly** 困

top·i·cal·i·ty [tàpikǽləti/tɔ̀p-] 困 1 ⓤ 화제(성), 화제가 됨, 화제임. 2 시사 문제.
top·i·cal·ize [tápikəlàiz/tɔ́p-] 困困 (언어) …을 화제화[주제화]하다; (어떤 문장)의 주제로 도입하다; 주제로 바꾸다; 주제로 나타내다. -**i·zá·tion** 困
tópic(al) séntence 困 주제문(논문 따위에서, 어떤 단락 또는 장(章)의 주제를 서술한 문장; 보통 첫머리에 놓인다).
tóp kíck(er) 困 《美속어》 1 (군사) = master sergeant. 2 지도자, 우두머리(boss); 권위자.
tóp·knot [tápnɑt/tɔ́pnɔt] 困 1 (머리 꼭대기의) 머리털 한 다발; (새의) 도가머리, 볏. 2 상투. 3 나비 매듭의 리본. 4 《구어》 머리.
top-lan·tern [-lǽntərn] 困 〔해사〕 장루등(檣樓燈).
top·less [táplis/tɔ́p-] 困 1 윗부분이 없는, (여자 옷·수영복이) 가슴을 드러낸, 토플리스의; (여자가) 토플리스를 입은; 토플리스 웨이트리스[댄서]를 두고 손님을 끄는. ¶ a ~ bathing suit 토플리스 수영복 / a ~ bar 토플리스 바. 2 꼭대기가 안 보일 정도로 높은, 매우 높은. ── 困 (~·*es*) 토플리스 옷을 입은 웨이트리스[댄서]; 토플리스 옷[수영복]. ~·**ness** 困
tópless rádio 《美》 (라디오의) 섹스 상담실.
tóp-lev·el [-lévl] 困 《구어》 최고 수준의, 최고 수뇌부의. 「top-lantern.
tóp líght 困 (건축) 천창(天窓) 채광. 2 《구어》 머리. 困
tóp líne (신문 따위의) 가장 큰 제목(headline).
tóp·line [táplàin/tɔ́p-] 困 (신문·광고 따위에서) 맨 윗줄에 실릴 만한, 중요한; 아주 평판이 높은, 최고급의. ── 困 (영화에서) 주역으로 나오다(*in*).
tóp·lin·er [táplàinər/tɔ́p-] 困 《英》 (명부 따위의) 맨처음에 나오는) 제일인자, 중요 인물, 주역(主役).
tóp lóader 困 톱 로더(세탁기같이 위쪽에 난 구멍으로 물건을 집어넣거나 빼내는 기계·기구).
top·loft·y [tápló:fti/tɔ́p-] 困 《구어》 오만한, 거들먹거리는, 젠체하는 으스대는, 거드름 피우는. (또는 **tóplóftical**) -**lóft·i·ly** 困 -**lóft·i·ness** 困
tóp·man [tápmən/tɔ́p-] 困 〔해사〕 장루원(檣樓員); = top sawyer 1.
tóp mánagement 困 (기업 따위의) 최고 경영 관리(직능); 최고 경영층(사장·임원 등). 困 middle management 「트, 중간 돛대의.
top·mast [tápmæst/tɔ́pmɑ̀ːst] 困 〔해사〕 톱마스
top·min·now [tápmìnou/tɔ́p-] 困 톱미노(송사리를 닮은 민물 고기의 일종).
top·most [tápmòust, -məst/tɔ́p-] 困 (위치·지위 따위가) 맨 꼭대기의, 최고의, 가장 높은.
tóp·notch [tápnɑ́tʃ/tɔ́pnɔ́tʃ] 困 《구어》 최고의, 일류의. ¶ the ~ performance 최고의 연기. (또는 **tóp·nótch**) ── 困 (the ~) 최고(도). ~·**er** 困
top·o- [tápou, -pə/tɔ́p-] 困 place, local의 뜻(* 모음 앞에서는 top-). ¶ *topology, toponym*.
top·o·cen·tric [tàpəséntrik/tɔ̀p-] 困 (지리) 지구 표면의 특정 지점에서 측정[관찰]한; 지점이 되는 지표의 지점의. 「(예외. 困 state-of-the-art
tóp-of-the-líne [-ˈəvðəláin] 困 최고급품의; 최신
topog. topographer; topographical; topography.
top·o·graph [tápəgræf/tɔ́pəɡrɑ̀ːf] 困 물체 표면의 정밀 X선 사진.
to·pog·ra·pher [təpágrəfər/-pɔ́g-] 困 지지(地誌)학자; 지형(地形) 기록자; 지지(地誌)[풍토기(記)]의 저자.
to·pog·ra·phy [təpágrəfi/-pɔ́g-] 困 1 지형, 지세; 지세도; 지형학. 2 지지(地誌); 지형 측량. 3 어떤 기구(機構)의 전체적인 양상[특징, 관계]; (각 부문과 다른 부문과의 관계 따위를 나타내는) 기구의 윤곽. 4 ⓤ 〔해부〕 국소(局所) 해부학.
top·o·graph·ic [tàpəgrǽfik/tɔ̀p-], **tòp·o·gráph·i·cal** 困 **tòp·o·gráph·i·cal·ly** 困

top·o·lóg·i·cal equívalence [tàpəládʒikəl-/tɔ̀pəlɔ́dʒ-] 〔수학〕 위상 동형(位相同型).
  topológically equívalent
topológical gróup 〔수학〕 (수학) 위상군(位相群).
topológical invári ant 〔수학〕 위상(位相) 불변.
topológical psychólogy 〔심리〕 위상(位相) 심리학.
topológical spáce 〔수학〕 위상 공간(位相空間).
to·pol·o·gy [təpálədʒi/-pɔ́l-] 〔U〕 1 〔수학〕 위상(位相) 수학[기하학]; 점집합론적(點集合論的) 위상 기하학; 위상. 2 지세학; 풍토기[지지(地誌)] 연구. 3 〔심리〕 위상 심리학. 4 〔해부〕 국소 해부학.
top·o·log·ic [tàpəládʒik/-lɔ́dʒ-], **tòp·o·lóg·i·cal** tòp·o·lóg·i·cal·ly 튄 **-gist**
top·o·ni·um [toupóuniəm/tɔp-] 멤 〔원자물리〕 토포늄(quark 중에서 가장 무거운 top quark와 그 반입자(反粒子)로 이루어지는 가상적인 기본 입자).
top·on·o·mas·tic [tàpənəmǽstik/tɔ̀p-] 웽 지명(地名)의.
to·pon·o·my [təpánəmi/-pɔ́n-] 명 =toponymy.
top·o·nym [tápənim/tɔ́p-] 멤 지명; 지명에서 유래한 이름.
to·pon·y·my [təpánəmi/-pɔ́n-] 멤〔U〕 1 지명 연구, 지명학; (연구 대상으로서의) 지명. 2 〔해부〕 (신체의) 국부(局部) 명명법.
to·pos [tóupas/tɔ́p-] 멤 (憑 **-poi** [-pɔi]) 〔U〕 정형화된 주제, 흔히 있는 생각, 틀에 박힌 표현. 〔<Gk〕
top·per [tápər/tɔ́p-] 멤 1 가장 위에 있는 것[사람]. (과실 따위의) 맨 위에 쌓아 놓는 것(좋게 보이기 위한 우량품). 2 《英속어》 뛰어난 사람[것], 상품(上品); 《속어》 지금까지의 최고의 것(농담 따위), 최고 걸작. 3 〔구어〕 =top hat. 4 토퍼(길이가 짧고 가벼운 여성용 코트). 5 《美속어》 =topsider.
  blow one's topper 《속어》 화내다, 불끈하다.
top·ping [tápiŋ/tɔ́p-] 멤 1 위쪽, 상단, 꼭대기. 2 맨 위의 장식; (머리털의) 한 다발; (새의) 도가머리, 볏; (사람의) 상투. 3 〔U〕 상부 제거; 우듬지 치기. 4 (~) 쳐낸 가지. 5 〔화학〕 토핑(원유에서 등유·경유 따위를 증류해서 분류하는 조작). 6 (마무리로써) 맨 위에 하는 것, (콘크리트 따위의) 걸칠, (케이크 따위의) 겉장식.
  ── 웽 1 두드러진, 높이 솟은. 2 (지위 등이) 제일급의, 최고의. 3 《英구어》 아주 훌륭한, 근사한, 멋진. 4 《美구어》 거만한, 오만한. **-ly** 튄
tópping óut 건축물의 1층 부분을 완성시키는 일 (*상량식에 해당). *celebrate the ~* 상량식을 행하다.
top·ple [tápl/tɔ́pl] 困엔 1 앞으로 비틀거리다, 흔들거리다; 쓰러지다(*down, over*). 引(~+圓) The pile of logs ~*d down* [or *over*]. 통나무더미가 무너졌다. 2 (쓰러질 듯) 앞으로 기울다. ── 타 ...을 휘청거리게 하다, 쓰러뜨리다; (권력의 자리 따위에서) 끌어 내리다, 몰락시키다(*from*). 引(~+圓+前+名) The revolution ~*d the king from his throne*. 그 혁명으로 왕은 왕위에서 쫓겨났다.
tóp quárk 〔물리〕 톱 쿼크(기본 전하(電荷)의 2/3배의 전하를 가진 무거운 쿼크).
top-rank·ing [tápræŋkiŋ] 웽 제1류의, 최고위의.
tóp róund 소의 허벅다리 고기의 안쪽 부분.
tops [taps/tɔps] 《속어》 웽 〔서술용법〕 최고의, 최상의. 引*His work is ~*. 그의 작품은 최고다. ── 멤 (**the ~**) 최고의 사람[것].
TOPS¹ [taps/tɔps] 〔우주〕 열전식(熱電式) 외행성(外行星) 탐사 우주선. (<*t*hermoelectric *o*uter *p*lanet *s*pacecraft)
TOPS² 《英》 Total Operations Processing System.
top·sail [tápsèil/tɔ́p-] 멤 〔해사〕 중간 돛, 제2접장범(接檣帆).
tóp sáwyer 멤 1 (두 사람이 큰 톱을 맞잡고 톱질할 때) 위쪽에서 켜는 사람. 2 《英구어》 위에 서는 사람, 지위가 높은 사람. 图 pit sawyer

tóp sécret 멤 최고 기밀 (문서, 정보).
top-se·cret [-síːkrit] 웽 (서류 따위가) 극비(極秘)인, (국가·정부의) 최고 기밀의.
tóp sérgeant 멤 《美軍속어》 원사(元士).
top·side [tápsàid/tɔ́p-] 멤 1 위쪽; 전리층(電離層) 상부. 2 (보통 ~s) 〔해사〕 건현(乾舷), 흘수선 위의 선체 부분; (군함의) 상갑판. 3 (**the ~**) 〔집합적〕 고급 간부. 4 《美》 소의 엉덩잇살(《英》 rump roast); 《英》 소의 허벅지 바깥쪽 살. ── 웽 위쪽[상갑판]에 있는; 최고 권한이 있는 지위의. ── 튄 1 위쪽에[으로]. 2 상갑판에[으로]. (또는 **topsides**) 3 높은 지위에.
top·sid·er [tápsàidər/tɔ́p-] 멤 1 (조직의) 상층부, 지도부, 수뇌부(의 사람). 2 함교(艦橋) 담당 장교[승무원]. 3 (일반적으로) 굽이 낮은 구두.
tops·man [tápsmən/tɔ́ps-] 멤 《英》 교수형 집행인 (hangman).
top·smelt [tápsmèlt/tɔ́p-] 멤 (憑 **~(s)**) 정어리과 (科)의 작은 물고기(북미의 태평양 연안산(產)).
top·soil [tápsɔ̀il/tɔ́p-] 멤 표토(表土)(표면 또는 상층부의 흙). ── 困엔 ...에 표토를 얹어 주다[덮다].
top·spin [tápspin/tɔ́p-] 멤 전진 회전, 톱스핀(테니스 따위에서 공이 진행 방향으로 회전하도록 공의 상단을 때려서 주는 스핀).
top·stitch [tápstitʃ/tɔ́p-] 困엔 〔의류〕에 솔기를 따라 스티치를 하다. ── 멤 이러한 스티치(의 선).
tóp stóry 멤 1 최상층. 2 (**the ~**) 《美속어》 머리.
top·sy-tur·vy [tápsitə́ːrvi/tɔ́p-] 튄 1 거꾸로, 머리를 아래로, (순서·상태가) 역으로, 반대로. 3 뒤죽박죽으로, 혼란하여. ── 웽 1 (영상·가치 따위가) 거꾸로 된, 역의. 引*the ~ values of the younger generation* 젊은 세대의 전도된 가치관. 2 (방·상태 따위가) 뒤죽박죽의, 혼란된. ── 멤〔U〕 앞뒤가 뒤바뀜, 전도(轉倒); 혼란 (상태), 뒤죽박죽. ── 타 ...을 거꾸로 뒤엎다; ...을 혼란시키다. **-vi·ly** 튄 **-vi·ness** 멤
top·sy-tur·vy·dom [-təːrvidəm] 멤〔U〕 (사태·장소가) 거꾸로인[혼란된] 상태; 뒤바뀐[뒤죽박죽의] 세계.
tóp tén 멤 1 톱 텐(일정 기간의 인기·매출·흥행 성적 따위의 상위 10위까지의 노래·음반·영화 따위). 2 (일반적으로) 상위 10걸(傑)(의 사람[것]).
tóp túrn 〔서핑〕 톱 턴(파도의 상부에서 턴하기).
top-up [-ʌ̀p] 멤 (소요량에 맞추기 위한) 추가, 보급(補給), 보충.
TOPV trivalent oral polio vaccine.
top·work [tápwəːrk/tɔ́p-] 困엔 〔원예〕 ...에 접을 붙이다, 접목하다.
toque [touk] 멤 1 토크(챙이 좁고, 위가 볼록하게 생긴 여성용 모자). 2 머리털이 토크 모자처럼 생긴 원숭이.
tor [tɔːr] 멤 험한 바위산; 그 산정.
TOR third order regular. **t.o.r.**,
TOR time of receipt[reception].
To·ra(h) [tɔ́ːrə] 멤 (憑 **-roth** [-róuθ]) (때로 t-) 1 (**the ~**) 모세(Moses) 5서[書](the Pentateuch). 2 구약 성서. 3 (유대교의) 가르침, 율법.
to·ran [tɔ́ːrən] 멤 (인도 등 불교국의) 절의 대문, 산문(山門). (또는 **torana**)
torc [tɔːrk] 멤 =torque 2.
‡**torch** [tɔːrtʃ] 멤 (憑 **~es** [-iz]) 1 횃불. 2 (비유적) 빛, 광명, 희망(의 빛). 引*the ~ of learning* 학문의 빛. 3 (美) (납땜 따위에 쓰는) 토치 램프, 발염(發炎) 램프 (《英》 blowlamp). 4 《英》 회중 전등(《美》 flashlight). 5 《美속어》 방화범[범]; 《美속어》 마리화나 담배.

[toque]

  carry a torch for 〔구어〕 ...을 사랑하고 있다, ...에게 사랑의 불길을 태우다, ...에 대한 짝사랑[이루지 못할 사랑]으로 괴로워하다.
  carry the torch for 〔구어〕 ① 〔예술 따위의〕 혁

운동에 가담하다, 운동을 일으키다. ② 〔대의(大義) 따위〕를 실행하다.
hand on the torch 지식·전통 따위의 등불을 끊이지 않고 후세에 전하다(* 그리스의 횃불 릴레이에서 유래).
put...to the torch …에 불을 붙이다.
the torch of Hymen 사랑[연정]의 불꽃[정열].
— [동] (~·***es*** [-iz]; ~***ed*** [-t]) [자] 횃불처럼 타오르다. —[타] …을 토치 램프로 태우다[녹이다, 비추다]; 《속어》 …에 (보험금을 노리고) 방화하다.
∠·a·ble, ∠·less, ∠·lìke [형]
torch·bear·er [tɔ́ːrtʃbὲərər] [명] **1** 횃불을 드는 사람. **2** (운동·싸움 따위의) 지도자; 새로운 지식·문화 따위를 들여오는 사람, 계몽가.
tor·chère [tɔːrʃέər] [명] 대가 높은 촛대; =torchier. 〔<F〕
torch-fish·ing [∠fìʃiŋ] [명] 밤에 횃불을 사용하여 물고기를 잡기.
tor·chier(e) [tɔːrtʃíər] [명] (간접 조명용의) 플로어 램프.
torch·light [tɔ́ːrtʃlàit] [명][U] 횃불의 빛; [C] 횃불. ¶a ~ procession 횃불 행렬.
tórch mùrder [명] (시체를 태워버리는) 소각 살인.
tor·chon (láce) [tɔ́ːrʃɑn-/-ʃən-] [명] 코가 성긴 삼실 레이스. 〔<F〕
tórchon pàper [명] 토션 판지(표면이 까칠까칠한 수채화용 종이).
tórch ràce [명] (고대 그리스의) 횃불 (릴레이) 경주.
tórch rèlay [명] (올림픽 경기 등의) 성화(聖火) 릴레이.
tórch sìnger [명] 《美》 (여자) torch song 전문 가수.
tórch sòng [명] 《美》 실연의 슬픔을 읊은 감상적인 노래.
torch·wood [tɔ́ːrtʃwùd] [명][U] 횃불용 나무.
‡**tore** [tɔːr] [동] tear²의 과거.
tor·e·a·dor [tɔ́ːriədɔ̀ːr/tɔ́r-] [명] (스페인의) 기마(騎馬) 투우사. 〔<Sp〕
tóreador pànts [명][복] 투우복 모양의 여성용 (운동복) 바지.
to·re·ro [tərέərou/tɔ-] [명] ([복] ~***s***) (특히 소를 찔러 죽이는 역을 하는) 투우사(matador). 〔<Sp〕
to·reu·tic [tərúːtik] [형] 금속 공예(품)의, 금속 세공의.
to·reu·tics [tərúːtiks] [명][복] 《단수취급》 금속 공예[세공]; 금속 공예 기법.
to·ri [tɔ́ːrai] [명] torus의 복수형.
tor·ic [tɔ́ːrik, tár-/tɔ́r-] [형] (안경용) 원환체(圓環體) 렌즈의; 〔기하〕 원환체의.
tóric léns [명] 〔광학〕 원환체(圓環體) 렌즈(난시 교정용).
‡**tor·ment** [tɔːrmént, ∠-/-∠] [동][타] **1** …에 (육체적·정신적으로) 심한 고통을 주다, 아프게 하다, 괴롭히다 (*with, by*); 《드물게》 …을 고문하다. ¶ (~+[目]+[前]+[名]) be ~***ed with*** remorse[a violent headache] 양심의 가책[심한 두통]에 시달리다/be ~***ed by*** flies 파리떼에 시달리다. **2** 몹시 귀찮게 굴다, 극도로 난처[곤란]하게 하다(annoy)(*by, with*). ¶ (~+[目]+[前]+[名]) ~ a person *with*[or *by* asking] questions 남에게 질문 공세를 퍼붓다.

[유의어] **torment** 끊임없이 고통·성가심을 주어 괴롭히다. **afflict** 병 따위로 인한 신체적·정신적 고통을 주다. **rack** 주로 정신적으로 지나친 긴장·부담을 주다. **torture** 몸부림치도록 몹시 심한 고통을 주다.

3 …을 휘젓다; …을 혼란시키다, 소란스럽게 하다. **4** …의 의미를 보다 복잡하게 해석하다, 곡해하다.
— [명] [∠-] **1** [U][C] (육체적·정신적인) 고통, 고뇌. ¶ suffer ~***s*** of …의 시달림을 받다/be in ~ 괴로워하고 있다. **2** [U][C] 고민[고뇌]의 원인, 성가신 사람[것, 일], 골칫거리. **3** 《고어》 고문 도구[틀]; [U] 고문(의 고통).
~·ed·ly, ~·ing·ly [부] 몹시 괴롭게; 못 견딜 만큼.
tor·men·til [tɔ́ːrmentìl/-mən-] [명] 양지꽃의 일종(국화과(科) 식물로 뿌리는 약용).
tor·men·tor [tɔːrméntər] [명] **1** 고통을 주는 사람[것], 괴롭히는 사람[것]. **2** 〔해사〕 (배의 조리사가 쓰는) 고기를 집는 긴 포크. **3** 〔연극〕 (무대 양옆에 있는) 가림막. **4** 〔영화〕 (토키 촬영 때의) 반향 방지 장치[스크린]. (또는 **tormenter**)
tor·ment·ress [tɔːrméntris] [명] (tormentor의 여성형) 고통을 주는 여자, 괴롭히는 여자.
‡**torn** [tɔːrn] [동] tear²의 과거분사.
torn. tornado.
tor·na·do [tɔːrnéidou] [명] ([복] ~(***e***)***s*** [-z]) **1 a**) 토네이도(미국 중서부에서 일어나는 국지적·파괴적인 맹렬한 선풍). **b**) (서아프리카·대서양 연안의) 뇌우(雷雨). **c**) (일반적으로) 대선풍, 대폭풍우. **2** (감정·활동 따위의) 격발, 폭발; (박수·비난 따위의) 돌발, 빗발침.
-nad·ic [-nǽdik, -néid-] [형] 회오리바람의, 선풍성의. **~·like** [형]
tornádo bèlt [명] 대선풍 지대(미국의 토네이도 빈발지대).
To·ron·to [tərántou/-rɔ́n-] [명] 토론토(캐나다 동남부 Ontario 주의 주도). **Tò·ron·tó·ni·an** [형][명]
to·rose [tɔ́ːrous, -∠] [형] **1** 〔식물〕 군데군데가 불룩한, 염주 모양의, 마디가 많은. **2** 〔동물〕 (근육 등이) 볼록 나온, 혹이 많은. (또는 **to·rous** [tɔ́ːrəs])
torp. torpedo.
tor·pe·do** [tɔːrpíːdou] [명] ([복] ~es***) **1** 어뢰; 수뢰(水雷), 부설 기뢰; 《美》 지뢰(mine). ¶an aerial ~ 공뢰. **2** 《美》 〔철도〕 발뢰(發雷) 신호. **3** 《美》 (유정(油井)에서 쓰는) 폭파관, 발파. **4** 딱총(땅에 던지면 폭발하는 어린이 장난감). **5** (나일강에서 나는) 전기메기; (또는 **∠ físh**) 시끈가오리(대서양산). **6** 《美속어》 직업적 총잡이, (갱에 고용된) 살인자. **7** 《구어》 대형 롤빵 샌드위치.
— [동][타] **1** 어뢰[수뢰]로 …을 격파[공격, 격침]하다. **2** 《美》 〔유정〕에 발파 장치를 하다. **3** 〔정책·제도 등〕을 무력[무효]화하다. — [자] 어뢰[수뢰]로 격파[공격, 격침]하다.
~·like [형]
torpédo bòat [명] 어뢰정, 수뢰정(艇).
torpédo-boat destròyer [명] 대(對)어뢰정용 구축함.
torpédo bódy [명] (경주용 자동차의) 어뢰형 차체.
torpédo bòmber[plàne] [명] (어뢰 투하용) 뇌격기(雷擊機).
torpédo jùice [명] 《美軍속어》 싸구려[하급] 밀주.
torpédo nèt[nètting] [명] 어뢰 방어망.
torpédo plànter [명] 어뢰 부설함(敷設艦).
torpédo tùbe [명] 수뢰[어뢰] 발사관.
tor·pe·fy [tɔ́ːrpəfài] [동][타] =torpify.
Torp·ex [tɔ́ːrpeks] [명][U] (때로 t-) 토펙스(폭뢰용(爆雷用) 고성능 폭약). 〔<*torp*edo+*ex*plosive〕
tor·pid[1] [tɔ́ːrpid] [형] **1** (신체의 기관 따위가) 둔한, 움직이지 않는, 활발치 못한. ⇨INACTIVE [유의어] **2** (사람이) 둔감한, 무감동[무기력]한. **3** (동물이) 휴면하고 있는, 동면[하면]하고 있는.
tor·pid·i·ty [tɔːrpídəti] [명] **~·ly** [부] **~·ness** [명]
tor·pid[2] [명] 토피드(사순절에 Oxford 대학의 경조(競漕)에 쓰이는 8인승 보트); (~s) 토피드 경조; 그 선수.
tor·pi·fy [tɔ́ːrpəfài] [동] 마비시키다[되다], 무감각[둔감]하게 하다[되다].
tor·por [tɔ́ːrpər] [명][U] **1** (지각(知覺)의) 지둔(遲鈍), 활발하지 못함; 무반응, 마비 상태. **2** 둔감; 무감정, 무관심. **3** (동면 동물 따위의) 휴면[휴지] 상태. ¶in ~ 동면 상태로, 혼수 상태로.
tor·por·if·ic [tɔ̀ːrpərífik] [형] 마비시키는, 무감각[무기력]하게 하는, 둔하게 만드는.
tor·quate [tɔ́ːrkwət, -kweit] [형] 〔동물〕 (목 둘레에) 고리 모양의 깃(털)이 나 있는; 목띠가 있는.
torque [tɔːrk] [명] **1** [U] 〔기계〕 토크(축(軸)의 회전력, 회전[비틀림] 모멘트). **2** (고대 골인(人)·브리튼인(人) 등의) 목사슬, 목걸이. — [동][타] 〔기계〕 …에 회전력을 주다.
tórque convèrter [명] 〔기계〕 토크 컨버터, 유체(流體) 변속기.
Tor·que·ma·da [tɔ̀ːrkəmáːdə] [명] **1 Tomás de ~** 토르케마다(1420–98: 도미니크회 수도사; 스페인의 초대 종교 재판소장; 10,220명을 화형하고, 유대인을 박

tórque mòtor 〖명〗〖전기〗 토크 전동기(電動機).
tor·ques [tɔ́ːrkwiːz] 〖명〗 〖동물〗 목테(다른 부분과 빛깔이 다른 깃털[털, 외피 따위])에 의한 목 둘레의 테).
tórque wrènch 〖명〗 〖기계〗 토크 렌치.
torr [tɔːr] 〖명〗 토르(압력의 단위; 0℃에서 수은주 1mm를 유지하는 데 필요한 압력; 1,333.2 마이크로바, 1/760 기압에 상당). (<E. Torricelli의 이름)
tor·re·fy [tɔ́ːrəfài, tɑ́r-/tɔ́r-] 〖타동〗 1 〖약학〗 (약품)을 가열 건조시키다. 2 (금속 광석)을 화력으로 굽다, 배소(焙燒)하다. (또는 **torrify**)
tor·re·fac·tion [tɔ̀ːrəfǽkʃən] 〖명〗 건조; 배소.
‡**tor·rent** [tɔ́ːrənt, tɑ́r-/tɔ́r-] 〖명〗 1 급류, 격류, 분류(奔流). ¶a mountain ~ 산골짜기 급류(急流). 2 (보통 ~s) 억수(같은 물줄기). ¶~s of rain 억수같이 쏟아지는 비. 3 (때로 ~s) (질문·말 따위의) 연발; (감정 따위의) 폭발, 분출. ¶a ~ of questions 질문 공세.
in torrents (비가) 억수같이, 폭포처럼.
— 〖형〗 〖드물게〗 =torrential.
tor·ren·tial [tɔːrénʃəl/tɑ-] 〖형〗 1 급류의, 분류의[와 같은]; 억수 같은, 폭포 같은; 급류의 작용으로 생긴. ¶a ~ rain 억수 같은 비, 호우. 2 (감정 따위가) 격렬한, 맹렬한; 넘칠 듯한, 압도적인. ¶~ anger 격노. ~·ly 〖부〗
Tor·ri·cel·li [tɔ̀ːrətʃéli/tɔ̀r-] 〖명〗 **Evangelista** ~ 토리첼리(1608-47: 이탈리아의 물리학자·수학자).
~·**an**
Tor·ri·cél·li·an expériment [tɔ̀ːrətʃéliən-] 〖명〗 〖물리〗 토리첼리의 실험(기압계의 원리를 나타내는 수은관의 실험).
Torricéllian vácuum 〖명〗 토리첼리의 진공.
*__tor·rid__ [tɔ́ːrid, tɑ́r-/tɔ́r-] 〖형〗 1 (지역·기후) 찌는 듯이 무더운, 혹서의; (기후·공기 따위가) 타는 듯이 뜨거운; 작열하는, 건조한. ¶a ~ desert 불타는 사막/It was a ~ summer day. 그날은 몹시 무더운 어느 여름날이었다. 2 (편지 따위가) 열정적인, 열렬한. ¶a ~ love letter 열렬한 연애 편지. ~·i·ty [tɔːrídəti] 〖명〗 ~·ly 〖부〗 ~·ness 〖명〗 불볕, 염열(炎熱), 작열(灼熱).
Tórrid Zòne (the ~) 열대. 〖참〗ZONE 그림.
tor·ri·fy [tɔ́ːrəfài, tɑ́r-/tɔ́r-] 〖타동〗=torrefy.
tor·sel [tɔ́ːrsəl] 〖명〗 도릿받이.
tor·si [tɔ́ːrsi:] 〖명〗 torso의 복수형.
tor·sion [tɔ́ːrʃən] 〖명〗〖□〗 1 비틀기, 비틀리기; 비틀린 상태, 구부러짐. 2 비트는 힘, 염력(捻力). 3 〖수학〗 비틀림(률). 4 〖의학〗 염전(捻轉).
~·al 〖형〗 ~·al·ly 〖부〗 ~·less 〖형〗
tórsion bàlance 〖명〗 비틀림 저울(비틀림을 이용해서 아주 미소한 힘을 잰다). ¶~ 바.
tórsion bàr 〖명〗 (자동차의) 염력지간(捻力支桿), 토션 바.
tor·so [tɔ́ːrsou] 〖명〗 (〖복〗 ~s, -si [-siː]) 1 (인체의) 몸통, 동체(胴體). 2 토르소(머리와 팔다리가 없고 몸통뿐인 조각). 3 미완성의 것, 불완전한 작품. (<It)
tórso mùrder 〖명〗 토막 살인 (사건).
tort [tɔːrt] 〖명〗 〖법률〗 (법적으로 배상권을 발생케 하는) 불법 행위, 사범(私犯).
tor·te [tɔːrt/G tɔ́rtə] 〖명〗 (〖복〗 ~s/G -ten [-tən]) 토르테(계란·빵부스러기·견과류로 만든 케이크).
tor·tel·li·ni [tɔ̀ːrtəliːni] 〖명〗 〖□〗〖요리〗 토르텔리니(소를 넣은 초승달 모양의 껍질 양끝을 비틀어 붙인 고리 모양의 파스타). (<It) 〖斜線〗
tor·ti·col·lis [tɔ̀ːrtikɑ́lis/-kɔ́l-] 〖명〗〖□〗 〖병리〗 사경
tor·tile [tɔ́ːrtil/-tail] 〖형〗 비틀린; 비비꼬인.
tor·til·la [tɔːrtíːə] 〖명〗 〖요리〗 토르티야(옥수수 가루를 반죽하여 구운 멕시코의 얇고 둥근 떡. 〖위의〗 ~·**ly** 〖부〗
tor·tious [tɔ́ːrʃəs] 〖형〗 〖법률〗 사범(私犯)의, 불법 행위의.
‡**tor·toise** [tɔ́ːrtəs] 〖명〗 1 (〖복〗 ~s, ~) (육지·민물에 사는) 거북(〖참〗 turtle). 2 (비유적) 매우 느린 사람[것]. 3 =testudo 1.
tor·toise-core [-kɔ̀ːr] 〖명〗 귀감형 석핵(龜甲形石核).

tor·toise-shell [-ʃèl] 〖명〗〖□〗 1 거북 딱지, 별갑(鼈甲). 2 인조 별갑, 가짜 별갑. 3 (또는 ~ **bútter·fly**) 들신선나비. —〖형〗 (또는 **tórtoise-shèll**) 별갑 빛깔[무늬]의; 별갑으로 만든.
tórtoiseshell cát 〖명〗〖동물〗 삼색 털 얼룩고양이.
tórtoiseshell túrtle 〖명〗 =hawksbill turtle.
tor·to·ni [tɔːrtóuni] 〖명〗 버찌나 아몬드를 곁들인 거품 일군 아이스크림.
tor·tu·os·i·ty [tɔ̀ːrtʃuɑ́səti/-ɔ́s-] 〖명〗〖□〗〖C〗 1 구불구불한 길[것], 굴절; 구부러진 부분, 만곡부. 2 부정; (마음의) 비뚤어짐. 3 완곡한[에두르는] 부분.
tor·tu·ous [tɔ́ːrtʃuəs] 〖형〗 1 구불구불한, 비틀어진, 뒤틀린, 비꼬인. ¶a ~ channel 구불구불한 수로. 2 (행위·생각·말 등이) 솔직하지 못한, 완곡한, 에두르는. ¶a ~ argument 우회적인 논법. 3 (방법·정책 등이) 올바르지 못한, 부정의, 사악한. 4 (마음 따위가) 비뚤어진.
~·**ly** 〖부〗 ~·**ness** 〖명〗
‡**tor·ture** [tɔ́ːrtʃər] 〖명〗〖□〗 (〖복〗 ~**s** [-z]) 1 〖□〗 고문, 고통을 주기. ¶**instruments of ~** 고문 도구. 〖□〗 ~ **of animals** 동물 학대 / **die under (the)** ~ 고문으로 죽다. 2 (종종 ~s) 고문에 의한 고통[아픔]. 3 (육체적·정신적인) 심한 고통, 고뇌, 고민. ¶**suffer ~ from toothache** 치통으로 심한 고통을 당하다. 4 고통거리, 고민거리. 5 (뜻·논의 따위의) 억지, 곡해, 왜곡.
be in torture 고통을 당하고 있다, 괴로워하다.
put [or subject] a person to (the) torture 남을 고문하다.
— 〖타동〗 (~·**s** [-z]; ~**d**; -**tur·ing**) 1 ···을 고문하다; 고문으로 [자백 따위를] 하게 하다. ⇒TORMENT 〖유의어〗 ¶~ **a confession from a prisoner** 고문으로 죄수를 자백하게 하다. 2 (사람·마음)을 (고통 따위로) 몹시 괴롭히다, ···에게 심한 고통을 주다, 고민케 하다 (**with**, **by**). ¶**My arm ~s me.** 팔이 몹시 아프다 // (~+〖목〗+〖전〗+〖명〗) **be ~d by [or with] neuralgia** 신경통으로 고통을 당하다. 3 (정원수 따위)를 억지로 비틀다, 구부리다; (말·의미 따위)를 곡해하다, 억지로 둘러대다, 견강부회(牽强附會)하다 (**out of**, **into**). ¶(~+〖목〗+〖전〗+〖명〗) ~ **words into strange meanings** 말을 이상한 뜻으로 알아듣다, 곡해하다.
-**tur·a·ble** 〖형〗 -**tured·ly** 〖부〗 -**tur·er** 〖명〗 고문하는[괴롭히는] 사람. ~·**some** -**tur·ing·ly** 〖부〗
tor·tur·ous [tɔ́ːrtʃərəs] 〖형〗 고문의[과 같은]; 고통[고뇌]을 주는; 몹시 괴로운.
tor·u·la [tɔ́ːrjulə, tɔ́ːrə-/tɔ́rjuː-] 〖명〗 (〖복〗 -**lae** [-liː], ~**s**) 〖세균〗 토룰라(효모균(酵母菌)의 일종).
to·rus [tɔ́ːrəs] 〖명〗 (〖복〗 -**ri** [-rai]) 1 〖건축〗 토러스, 두리기둥 밑의 큰 쇠시리. 2 〖기하〗 원환체(圓環體). 〖식물〗 꽃턱, 화탁(花托). 4 〖해부〗 (근육 따위의 둥근) 융기(隆起).
*__To·ry__ [tɔ́ːri] 〖명〗 1 토리당원(토리당(黨)은 17세기 말부터 1832년경까지 the Whigs와 대립했던 영국의 2대 정당의 하나)(〖참〗 Whig). 2 (영국·캐나다의) 보수당원, 보수당지지자. 3 (t-) 개혁 반대론자, 보수주의자. 4 〖미역사〗 영국 지지자, 왕당파(독립 전쟁 당시 독립파에 반대했던 사람들). — 〖형〗 1 토리당원의[에 특유한]; 보수당의[에 특유한]. 2 토리당원의; 보수당원의. 3 (t-) (구어) 혁신에 반대하는, 보수적인.
-to·ry [tɔːri, təri/təri] 〖접미〗 =-ory. ¶predat*ory*, obligat*ory*, transit*ory*.
To·ry·ism [tɔ́ːriːizm] 〖명〗〖□〗 1 토리당원임. 2 (종종 t-) 토리당의 정치적 주장, 토리주의; 보수주의. 〖참〗 conservatism.
TOS 〖컴퓨터〗 *T*ape *O*peration *S*ystem; *t*emporarily *o*ut of *s*ervice; *t*emporarily *o*ut of *s*tock (일시적 재고 절품); *t*erm of *s*ervice. 〖페라(1900)〗.
Tos·ca [tɔ́skə/tɔ́s-] 〖명〗 「토스카」(Puccini 작곡의 오페라).
Tos·ca·ni·ni [tɑ̀skəníːni/tɔ̀s-] 〖명〗 **Arturo** ~ 토스카니니(1867-1957: 이탈리아 출신의 지휘자).

tosh [tɑ/tɔ] 图U 1 (英구어) 헛소리, 실없는 소리. 난센스(* 종종 감탄사처럼 쓰여, 불찬성·불신·의심을 나타낸다). 2 (이름을 모를 때 부르는 말로) 여보시오, 저, 잠깐. [<trash+bosh]

tosh·er [tɑ́ʃər tɔ́ʃ-] 图 (英속어) (옥스퍼드 대학 등에서) 학료(學寮)(college)에 속하지 않은 학생.

‡toss [tɔ:s, tas/tɔs] 图 (~**es** [-iz]; ~**ed** [-t], (문어) **tost**) 魔 1 (가볍게[아무렇게나]) …을 던지다(*up, down*)(*at, on, in, into*); …을 내던지다, 팽개치다; …을 (던져) 버리다(*away, aside*). ▷THROW 유의어 ¶ (~+圄+圖) ~ *away*[or *down, aside*] a thing 물건을 (내던져서) 버리다 // (~+圄+圖) (~+圄+前+名) ~ the beggar a coin = ~ a coin *to* the beggar 거지에게 동전 닢을 던져주다 // (~+圄+前+名) ~ a broken toy *into* the wastebasket 망가진 장난감을 쓰레기통에 버리다.
2 (사람·물건)을 공중으로 던져올리다; (말이) (탄 사람)을 흔들어 떨어뜨리다; (소가) …을 뿔로 받다; [머리 따위]를 갑자기 쳐들다. ¶ ~ a pancake (프라이팬 안의) 팬케이크를 획 뒤집다 // (~+圄+圖) ~ one's head *back* [or *up*] 고개를 홱 뒤로 젖히다(무관심·경멸 따위를 나타내는 동작).
3 (무엇인가를 결정하기 위해) [동전] 을 던져 올리다(*up*) (*to do*); [승부 따위]를 동전 던지기로 정하다(*up*); 동전 던지기와 결말을 짓다(*for*). ¶ ~ *up* whether to go or stay 가느냐 머무느냐를 동전 던지기로 정하다.
4 (폭풍·파도 따위가) [배 따위]를 (심하게) 흔들다; [사람·마음]을 뒤흔들다, 어지럽히다. ¶The boat was ~ed by (the) waves. 보트는 파도에 몹시 흔들렸다 / He ~ed himself in bed. 그는 잠자리에서 몸을 뒤척거렸다 // (~+圄+圖) be ~ed about in the storms of life 거친 세파에 시달리다.
5 (구기에서) [공]을 (아래로부터) 가볍게 던져 보내다. 토스하다. 6 [말 따위]를 불쑥 던지다(*into*); 가볍게 논하다(*out*). 7 [요리] [샐러드]를 (드레싱 따위로) 버무리다[뒤섞다] (*with, in*). 8 [재광] (주석 광석)을 걸러내 가려내다. 9 (구어) [파티 따위]를 열다; [잔]을 기울이다; (한 잔 술)을 마시다. 10 (美속어) (마약 소지 혐의로) (남)을 신체 검사하다.
— 困 1 (침대 따위 위에서) 몸부림치다, 뒹굴다 (*about*); (배 따위가 아래위로) 흔들리다; (깃발 따위가) 펄럭이다, 나부끼다. ¶ ~ *about* on one's bed 잠자리에서 뒤치락거리다/The ship was ~*ing about* on the stormy sea. 배는 거친 풍랑에 흔들리고 있었다. 2 거칠게[급하게] 가다[행동하다] (*out of*). ¶ (~+前+名) ~ *out of* a room 방을 뛰쳐나가다. 3 (물건을 던지다, 팽개치다. 4 (구어) (무엇인가를 결정하기 위해) 동전 던지기를 하다; 동전 던지기로 정하다(*up*) (*for*). ¶Let's ~ *up* for it. 그 일을 동전 던지기로 결정하자.

toss down (술 따위)를 단숨에 들이켜다.
toss in (美속어) …을 끝내다; …을 단념하다.
toss it in; toss in the towel (美속어) 패배[실패]를 인정하다, 항복하다, 단념하다.
toss off ① (구어) …을 단숨에 마셔버리다. ② (말이) [사람]을 흔들어 떨어뜨리다; [옷 따위]를 홱 벗어버리다. ③ [일·기사 따위]를 가볍게 해치우다, 단숨에 써버리다. ④ (英속어) (~ oneself) 자위(自慰) 행위를 하다. ⑤ (비화·실화 따위)를 무시하다.
toss one's cookies [or *breakfast, dinner, lunch, supper, tacos*] (속어) 토하다.
toss out ① …을 밖으로 던져버리다. ② (옷·껍질 따위)를 벗어버리다.
toss up ① …을 동전 던지기로 정하다; 동전 던지기를 하다(图 *HEAD*(s) *or tail*(s)). ② [요리]를 급히 만들다. ③ (구어) (음식을)를 토하다.
— 图 (~**es** [-iz]) 1 던져 올리기, 토스. 2 고개를 쑥 젖히기[뿌뚱이 세우기]. ¶with a contemptuous ~ of one's head 남을 업신여기듯 고개를 쑥 뒤로 젖히고. 3 (종종 the ~) 동전 던지기(tossup); 반반의 가능성. ¶decide by a ~ 동전을 던져 결정하다. 4 (던져서) 미치는 거리. 5 (배 따위의 아래위로의) 동요; 마음의) 동요, 흥분. 6 (英) (드물게) 낙마; 하락. 7 (美속어) (마약 소지 검사를 위한) 신체 검사.
***argue the toss** (구어) (일단 결정된 일에) 집요하게 불만을 말하다. ┌(*about*).
not give a toss (英속어) …을 전혀 개의치 않다.
take a toss (英속어) 낙마하다; (美) (경기·주식 따위가) 폭락하다. ┌하다.
toss and catch (美) = *pitch-and-toss*.
win[lose] the toss ① 동전 던지기에서 이기다[지다]. ② 일이 잘 되다(안 되다).
~·**er** ~·**ing·ly** 图

TOSS Tiros Operational Satellite System.
tóss bómbing 图 (공군) 토스 폭격(법)(항공기가 급상승하며 폭탄을 투하하는 폭격법).
tóssed sálad [tɔ́st-/tɔ́st-] 图 토스트 샐러드(드레싱을 쳐서 버무린 그린 샐러드).
toss-off [-ɔ́:f/-ɔ́f] 图 (비어) 자위, 용두질.
toss·pot [tɔ́:spɑ̀t, tɑ́s-/tɔ́spɔ̀t] 图 (고어) 술고래, 모주꾼. ⇨*tosspick*.
toss-up [tɔ́:sʌ̀p, tɑ́s-/tɔ́s-] 图 1 (일·승부를 가리는) 동전 던지기. 2 (a ~) (구어) 반반의 가능성. ¶It's a ~ whether they'll come or not. 그들이 올지 안 올지 반반이다. ┌사.
tost [tɔ:st, tɑst/tɔst] 图 (문어) toss의 과거·과거분
tos·ta·da [toustɑ́:də] 图 (요리) 토스타다(토르티야 (tortilla)를 파삭파삭하게 튀긴 멕시코 요리)
(또는 **tostado**)
tot[1] [tɑt/tɔt] 图 1 어린애, 유아. ¶a tiny ~ 꼬마(애).
2 (英구어) (마실 것의) 소량, (술의) 한 모금, 한 잔; (일반적으로) 소량, 미량.
tot[2] 圖 (英구어) (-*tt*-) 魔 …을 보태다, 합계하다 (*up*). — 困 (합계가) …이 되다, …에 이르다(*up*)(*to*). ¶ ~ *up* to $100 합계 100달러가 되다. — 图 합계; 가산; 덧셈하기. (英구어) 가산[덧셈]해야 할 숫자(란). [<*total*] ┌중품.
tot[3] 图 (英속어) 쓰레기 더미에서 회수한 사람의 뼈[귀]
TOT tip of the tongue.
T.O.T., TOT (군사) time on target.
tot·a·ble [tóutbl] 图 (들어) 나르는.
‡to·tal [tóutl] 图 1 전부의, 전부 합친, 총계의. ⇨ *WHOLE* 유의어 ¶the ~ number 총수/the sum ~; the ~ sum 총액. 2 전체로서 본, 총체[종합]적인. ¶one's ~ personality 전인격. 3 완전한, 전적인, 절대의. ¶a ~ failure 완전한 실패/a ~ reform 전면적인 개정/be in ~ ignorance of …을 전혀 모르고 있다. 4 총력적인, 온 힘을 다 쏟는; 전체주의적인. ¶a ~ state 전체주의의 국가/a ~ war 총력전.
— 图 (图 ~**s** [-z]) 1 총계, 총액. ⇨SUM 유의어 ¶the grand ~ 총액[총계] /a ~ of $200 총액 200달러. 2 전
in total 전체로서, 통틀어서. ┌부, 전체.
— 图 (~**s** [-z]; -*l*-, (英) -*ll*-) 魔 1 …을 총계하다, 합계하다(*up*). 2 총계가 …이 되다, …에 이르다[달하다]. ¶The costs ~ed $500. 비용은 모두 500달러가 되었다. 3 (美속어) (차 따위)를 완전히 파괴하다, 엉망으로 만들다. — 困 1 총계가 (…이) 되다(*up*)(*to*); 합계하다 (*up*). ¶ (~+前+名) ~ *to* large sums 총계가 막대한 액수에 이르다. 2 (美속어) (차 따위가) 엉망이 되다.
tótal ábstinence 图 절대 금주.
tótal abstáiner 图 절대 금주가. ┌기 증후군.
tótal állergy sýndrome 图 (의학) 종합 알레르
tótal áudience 图 (잡지의) 총독자수(실제 구입한 독자수에 회람 독자를 포함시킨 수).
tótal demánd 图 총수요.
tótal eclípse 图 (천문) 개기식(皆既蝕). ③ *partial eclipse, annular eclipse*

tótal envíronment 명 (관객을 포함한) 환경 예술 [연극]; 환경 예술 작품.

tótal fertílity ràte 명 (통계) 총출산율(출산 가능 연령의 여성 1인당 출산한 아기 수).

tótal fóotball 명 전원 공수형(攻守型) 축구.

tótal fréeze 명 완전 동결.

tótal héat 명 (열역학) 총열량(enthalpy).

tótal intérnal refléction 명 =total reflection.

to·tal·ism [tóutəlìzm] 명 =totalitarianism. **-ist** 명

to·tal·i·tar·i·an [toutælitέəriən] 형 전체주의의; 권위주의의. ── 명 전체주의자.

to·tal·i·tar·i·an·ism [toutælitέəriənìzm] 명 전체주의; 전체주의적 지배; 독재[전제]주의적 성격. **-ist** 명

to·tal·i·ty [toutǽləti] 명 1 ⓤ 전체성, 완전(무결). 2 ⓤ 전체; 총액, 전액, 총계. 3 ⓤⓒ (천문) 개기식
in totality 전체적으로, 완전히.

to·tal·i·za·tor [tóutəlàizèitər/-laiz-] 명 1 (加算機器)(의 계속 시간). 2 (英) (경마에서) 건 돈[매상금]의 전광 표 시판; 건돈 표시기(pari-mutuel).

to·tal·ize [tóutəlàiz] 타 1 ⋯을 합계하다, 결산하다. 2 ⋯을 전체주의화하다. **‑i·zá·tion** 명

to·tal·iz·er [tóutəlàizər] 명 1 합계를 내는 사람; (美) 가산기. 2 =totalizator 2. 3 (연료 따위의) 총간량 기록 장치.

***to·tal·ly** [tóutəli] 부 완전히, 모두, 전혀, 전적으로, 온통. ¶*in a ~ different way* 전혀 다른 방법으로.

tótal márket poténtial 명 (마케팅) (어떤 상품·서비스의) 기대되는 최대 판매액.

tótal quálity contról 명 (경영) 종합적 품질 관리, 전사적(全社的) 품질 관리.

tótal recáll 명 완전 기억 (능력).

tótal refléction 명 (광학) 전반사(全反射).

tótal sýstem 명 (컴퓨터) 종합 체계.

tótal théater 명 (연극) (모든 표현 수단을 동원한) 총체 연극.

tótal utílity 명 (경제) 총[전부]효용.

tote[1] [tout] 타자 1 ⋯을 나르다; (권총 따위)를 휴대하다, 지니다. 2 (차·배 따위로) ⋯을 수송하다, 나르다. 3 (여성) ⋯을 1 나르기, 운반. 2 나르는 물건, 화물, 짐. 3 =~ *bag*. **tót·er** 명

tote[2] (구어) 명 합계, 총계. ── 타 ⋯을 가산하다, 합계하다 (*up*). 합계 (1)이 되다.

tóte bàg 명 여성용 대형 손가방.

tóte bòard 명 (구어) (경마장 따위의) 전광 표시판.

tóte bòx 명 (美구어) (운반이 가능한) 도구 상자, 부품 상자.

to·tem [tóutəm] 명 1 토템(미개인, 특히 북미 인디언 이 민족·종족의 조상과 혈연 관계가 있다고 보고 숭배하는 동물); 2 토템상(像); 숭배되는 표상[상징]. **~·ic** [toutémik] 형 토템(신앙)의. **to·tém·i·cal·ly** 부 [조직/제도].

to·tem·ism [tóutəmìzm] 명 토템 숭배[신앙]; 토템 **-ís·tic** 형 토템(신앙)의(totemic).

to·tem·ist [tóutəmist] 명 1 토템 제도 사회의 구성원. 2 토템 연구가. [1.

to·tem·ite [tóutəmàit] 명 =totemist

tótem pòle 명 1 토템 폴(북미 인디언이 집 앞 따위에 세우는 토템상(像) 기둥). 2 계층 조직(제도).

tóte ròad 명 (美구어) (개척지·진지 등의 물자 수송용) 비포장 도로.

toth·er [tʌ́ðər] 대형 (방언) 다른 한쪽 (의), (둘 중) 또 한쪽(의)(the other).

to·ti·dem ver·bis [tóutidèm və́ːrbis/tót-] 부 꼭 같은 말로, 바로 그대로.
[<L *with just so many words, in these words*]

to·ti·es quo·ti·es [tóutièis kwóutièis] 부 그때마다, ⋯할 때마다; 되풀이해서. [<L *as often as*]

to·tip·o·tent [toutípətənt] 형 (생물) (배역(胚域)이) 분화 전능(分化全能의). ⓐ unipotent

tót lòt 어린이용 작은 놀이터, 작은 광장(廣場).

to·to cae·lo [tóutou síːlou] 부 하늘 넓이 만큼이나, 천양지차로; 극도로, 아주.
[<L *by the whole extent of the heavens*]

Tót·ten·ham púdding [tátnəm-/tɔ́t-] 명 (英) (먹다 남은 찌꺼기 야채로 만든) 돼지 먹이.

***tot·ter**[1] [tátər/tɔ́tə] 자 1 비틀비틀[아장아장] 걷다, 비틀거리다. ⇒STAGGER 유의어 2 (건물 따위가) 흔들흔들하다, 흔들리다. 3 (국가·제도 따위가) 흔들리다, 쓰러질 듯하다. ── 타 ⋯을 비틀거리게 하다. ── 명 비틀거리기, 흔들리기. **~·y** 형

tot·ter[2] 명 (英구어) 고물 장수, 넝마주이; 도로 청소부.

tot·ter·ing [tátəriŋ/tɔ́t-] 형 비틀거리는, 흔들리는; 위태로운, 불안정한; 쓰러질 듯한. **~·ly** 부

tot·ting [tátiŋ/tɔ́t-] 명 ⓤ (英) 넝마줍기, 쓰레기에서 값나가는 물건 수집하기. [수의 누계.

tot·ting-up [-ʌ̀p] 명 합계(하기); (英) 교통 위반 점

tótting-up procèdure 명 (英) (교통 위반에 대한) 점수제(의). ⓐ point system).

tou·can [túːkæn, tuːkáːn, túːkən] 명 1 큰부리새 (거대한 부리가 있고 짓털이 아름다운 열대 아메리카산 (産)의 새). 2 (the T-) (천문) 큰부리새자리.

‡touch [tʌtʃ] 타 (~*·es* [-iz]; ~*ed* [-t]) ① 1 (손끝・바닥 따위에) ⋯에 닿다, ⋯을 건드리다, 만지다; ⋯을 만져 (알아) 보다; ⋯을 접촉케 하다, 서로 닿게 하다 (*with*, *to*, *on*). ¶ (~+목+전+명) ~ *something with* one's hand [finger, foot] 어떤 것을 손[손가락, 발]으로 건드리다 / ~ *a person on the shoulder* 남의 어깨에 손을 대다 / He ~*ed* his hand *to* his hat. 그는 모자에 손을 갖다 댔다, 그는 가볍게 인사했다.

2 ⋯을 만지다, (특히) ⋯을 치료를 위하여서 만지다; ⋯을 촉진(觸診)하다. ¶ (~+목+전+명) ~ *a person for the king's evil* 연주창(連珠瘡)을 고치기 위해 남을 손으로 만지다.

3 ⋯에 가볍게 힘을 가하다, 밀다, 누르다 (*with*, *to*). ¶ ~ *the strings of the guitar* 기타를 치다 // (~+목+전+명) She ~*ed* her finger *to* the bell. 그녀는 손가락으로 벨을 눌렀다.

4 (고어) (야금) (순도(純度) 검사필의) 검인을 찍다; (금・은)을 시금석으로 시험하다. ⓐ touchstone

5 ⋯에 닿다[닿아 있다] (*at*); (토지·건물 따위가) ⋯에 인접하다, ⋯와 경계를 접하다.

6 (기하) [선 또는 면]에 접하다. 7 (보통 부정어와 함께) ⋯에 손을 대다, 관계하다; 개입[간섭]하다; (일)에 종사하다, 시작하다; (음식)을 들다, 입에 대다. ¶ He *hasn't been able to ~ his work all day*. 그는 온종일 일이 손에 잡히지 않았다 / *I couldn't ~ the algebra paper*. 나는 대수 문제에는 손도 못 댔다 / He *never ~es liquor*. 그는 조금도 술을 입에 대지 않는다. 8 (주로 부정문에서) ⋯을 자기 것으로 하다[가지다]. ¶ He *can't ~ the money until he's* 21. 그는 스물 한 살이 될 때까지 그 돈을 마음대로 못한다. 9 (보통 부정문의 문에서) (손을 대어) ⋯을 해치다, 다치게 하다, 누를 끼치다; ⋯을 괴롭히다, 흐트러뜨리다. ¶ Who ~*ed* the baby? 어린애를 건드린[괴롭힌] 게 누구냐? 10 (물질적으로) ⋯에 영향을 끼치다, 상하게 하다. ¶ *Nothing can ~ the stain*. 이 얼룩은 무엇으로도 빠지지 않는다. 11 (보통 수동형으로) ⋯을 변색시키다, ⋯을 손상시키다, ⋯을 실성하게 만들다. ¶ He *was a little ~ed*. 그는 약간 정신이 돌았다. 12 ⋯을 감동시키다; (동정·감사의 마음 따위)를 알게 하다. ¶ *The story ~ed his heart*. 그 이야기는 그를 감동시켰다. 13 (남의 신경)을 건드리다, ⋯을 화나게 하다. 14 (문제 따위에) 가볍게 언급하다, ⋯을 논하다, 다루다. ¶ *a pamphlet that ~es social*

Touch-a-Matic

welfare 사회복지 문제를 다룬 팸플릿. **15** …에 관계하다; …에게 있어 중요하다, 문제가 되다. ¶The problem ~es your interests. 그 문제는 너의 이해에 중요하다. **16** …에 가볍게 붓[연필]을 대다; (그림·문장)에 가필하다; …에 끝손질을 하다, 마무리 손질을 하다 (up). **17** (악기)를 타다, 치다, 켜다, 튿다. **(**(고어) (곡)을 연주하다. ¶~ a horn 뿔피리를 불다. **18** (보통 과거분사형으로) …에 (색)을 조금 타다, 가미하다; …에 (어떤) 색조를 띠게 하다; …을 가볍게 물들이다 (with). ¶~ed with rose 장미빛을 조금 띤 회색. **19** …에 닿다, 미치다, 이르다. ¶The thermometer ~ed 95°F yesterday. 온도계는 어제 화씨 95도에 이르렀다 / The car ~es 100 miles on level stretches. 그 차는 평지에서 100마일의 속도를 낸다. **20** (보통 부정문에서) …에 필적하다, 못지 않다. …와 맞먹다 (in, for, at). ¶There is nothing but to ~ a hot bath when you are tired. 피로에는 더운 물에 목욕하는 것만큼 좋은 것이 없다. **21** (배가) (어떤 장소)에 들르다. **22** (속어) (남으로부터) (돈)을 조르다, 달라고 하다; 졸라서 빼앗다(빌리다), 훔치다 (for). ¶~ a person for ten dollars 남에게서 10달러를 뜯어내다.
— ⓥ **1** 대다, 닿다, 만지다, 건드리다; 접촉하다 (at); (기향) (선이) 접하다. ¶~ at one's hair 머리카락에 손을 대다. **2** 손을 대다, 손으로 쓰다듬다 (의사가) 촉진(觸診)하다. **3** 촉감이 …하다. ¶It ~es rough. 감촉이 까칠까칠하다(거칠다). **4** 접근하다, 가까이 가이다. ¶(~+ 前+ 图) His remarks ~ on blasphemy. 그의 말은 신에 대한 불경(不敬)에 가깝다. **5** (그림·글에) 붓을 대다, 가필하다. **6** (배가) 들르다, 기항하다 (at). ¶~ at a port 기항하다. **7** (…을) 간단히 논하다, (…에 관해) 언급하다 (on, upon). **8** (해사) (돛)이 바람을 받아 떨게 되다.
as touching …에 관해서.
touch and go ① (배 따위가) 물밑에 살짝 스치며 나아가다. ② (문제 따위에) 가볍게 언급하고 넘어가다. ③ (항공) (연료 보급 따위를 위해) 단시간 착륙하다; (해사) (단시간) 기항하다. ④ 가까스로 성공하다.
touch a person **home** [or **to the quick**] 남의 아픈 데(약점, 상처)를 건드리다, 화나게 하다.
touch a person **nearly** 남에게 밀접한 관계가 있다, 중대하다.
touch bottom ⇒BOTTOM.
touch down ① (비행기가) 착륙하다, (배가) 접안하다 (at, in); (비행기(배)에서) 내리다. ② (럭비·미식축구) 터치다운하다.
touch in (그림·글 따위)에 손을 대다, 가필(수정)하다.
touch it off to the nines (속어) 훌륭히 하다.
touch off ① …을 발사하다. ② (폭발물에) 점화하다. ③ …을 정확히 묘사(표현)하다. ④ …을 유발하다, …의 계기가 되다. ⑤ …을 급히 스케치하다. ⑥ (그림에) 마지막 손질(가필)을 하다.
touch on [or **upon**] ① …에 대해 간단히 말(언급)하다. ② …에 접근하다. ③ (사람·논문 따위가) …에 관련하다.
touch one's **hat** [or **cap**] (인사의 표시로) 모자에 가볍게 손을 대다 (to).
touch out (야구) (주자)를 터치아웃시키다.
touch pitch 나쁜 일에 관계하다; 나쁜 친구와 사귀다; 더러운 것을 만지다.
touch success 마침내 성공하다.
touch the spot ⇒SPOT.
touch up ① (그림·사진·문장 따위)를 (수정을 가하여) 좋게 하다, 개량하다. ¶~ up a picture 조금 손질하여 그림을 완성하다. ② (기억 따위)를 불러일으키다. ③ (어떤) 일부에 가볍게 치다; (美) (말 따위)에 가볍게 채찍질하다. ④ (英속어) (이성)을 애무하다.
touch wood (英구어) (자기 자랑한 뒤에) 불길함을 피하려고 가까이 있는 목제품에 손을 대다.
— ⑩ (⑧ ~ **es** [-iz]) **1** 대기, 닿기, 만지기, 접촉.

¶salute with a ~ to one's hat 모자에 손을 대고 인사하다. **2** (보통 a ~, the ~) Ⓤ 감촉; 촉감, 촉각(觸覺). ¶a velvety ~ 벨벳같은 감촉. **3** (붓·악기 따위의) 한번 대기, 일촉(一觸); (그림 따위의) 한번 손질, 일필(一筆); 운필(運筆), 필치(筆致), 필법. ¶add finishing ~es 끝[마무리]손질을 하다. **4** (a ~) 가루, 조금, 소량. ¶a ~ of salt 약간의 소금. **5** 기(氣), 기운, 기미, 맛. ¶a ~ of humanity 인간미. **6** (a ~) (병 따위의) 가벼운 증상, 이상(異狀), 기미(氣味); 흔적 (of). ¶a ~ of rheumatism 류머티즘 증상 /a ~ in the brain 머리가 좀 이상함. **7** (연장 따위를 쓰는) 기법(技法); 수법, 솜씨; 특질, 특징, 특성(of). ¶the ~ of a master 대가의 작풍 /the Nelson ~ (난국에 대처하는) 넬슨과 같은 솜씨. **8** (보통 a ~) (악기의) 탄주(彈奏)(법), 터치, 건(鍵)의 탄주감(感), 악기 소리의 특질(質). ¶This piano has a light ~. 이 피아노는 터치가 가볍다. **9** (정신적) 접촉; 연락, 교섭 (with); 공감, 동정; 협조관계, 조화. ¶close ~ 친밀한 관계, 긴밀한 연락 /be out of ~ with reality 현실을 알지 못하다. **10** (고어) 시금석; 시험. ¶the ~ of proof (품질) 시험이라는 시금석. **11** (아슬아슬한) 고비를 넘기기, 위기 모면. **12** (속어) 돈을 꾸기, 동척먹기; 꾼[뜯어낸, 등친, 훔친] 돈; 돈을 비교적 쉽게 빌려줄 듯한 사람. **13** Ⓤ (의사의) 촉진(觸診). **14** Ⓤ (펜싱) (포인트가 되는) 찌르기; (럭비) 터치 (터치라인 또는 터치라인의 바깥쪽 부분); (축구) 터치 (터치라인의 바깥쪽 부분). **15** 술래잡기(tag). **16** (고어) 언급, 암시. **17** (강철 조각의) 접촉 자화(磁化).
a near touch 위기일발, 구사일생(九死一生).
at a touch 약간 닿기만 해도.
a touch of nature 자연의 감정; 인정미
bring [or **put**] a thing **to the touch** …이 진짜인지 아닌지를 시험하여 보다.
by touch 손으로 더듬어서.
get in [or **into**] **touch with** …와 연락[접촉]하다.
in touch (미식축구) 사이드라인 밖에서, 경기가 중단
in [or **within**] **touch of** …의 바로 가까이에. |되어.
in touch with …와 접촉하여.
Keep in touch. (구어) ① (또) 연락해요, 편지 주세요. ② (때로 비꼬아) 그럼 또, 안녕.
keep (**in**) **touch with** …와 접촉[연락]을 유지하다; …와 기맥을 통하다; (시세 따위에) 뒤지지 않다.
lose one's **touch** 기량(솜씨)이 떨어지다.
lose touch with …와 접촉[연락]이 끊기다; (시세 따위에) 뒤지다. |없이.
out of touch with …와 접촉하지 않고, …와의 접촉
put the finishing [or **final**] **touches to** (이야기·요리의 준비 따위)의 마무리를 하다.
put the touch on (구어) …에게 돈을 달라고 조르다.
set in touch with (속어) …에 접촉하다.
the common touch 대중성. ¶lack the common ~ 대중성이 없다.
to the touch 만져보니, 촉감이. ¶This cloth is soft to the ~. 이 옷감은 촉감이 부드럽다.
~·a·bíl·i·ty ⑩ ~·a·ble ⑩ 손댈[만질] 수 있는; 감동시킬 수 있는. ~·a·ble·ness ⑩ ~·less ⑩
Touch-a-Mat·ic [-əmǽtik] ⑩ (美)(상표) 터치매틱(30개 이상의 전화번호를 미리 기억시켜 둘 수 있는 전화기).
tóuch and gó ⑩ **1** 아슬아슬한[일촉즉발의] 상태[사정]. **2** 재빠른 동작, 빠른 움직임. ¶the ~ of city traffic 도시 교통의 빠른 흐름. **3** (비행기의) 착륙 다시 하기.
touch-and-go [-ˈəngóu] ⑧ **1** 개략의, 대강의, 조금만 손댄; 서투른; 산만한. ¶a ~ sketch 대강 그린 스케치. **2** 아슬아슬한, 위태로운, 일촉즉발의. ¶a highly ~ situation 일촉즉발의 상황.
touch·back [tʌtʃbæk] ⑩ (미식축구) 터치백(상대가 찬 공이 엔드라인을 넘거나, 수비측이 자기 진영의 엔

touch dancing

tóuch dàncing 몡 터치 댄싱(디스코(disco), 살사(salsa) 따위 음악에 맞춰 파트너끼리 껴안고 추는 춤).

touch-down [ˈtʌtʃdàun] 몡 **1** (미식축구) 터치운; 그 득점(tryˈ). **2** (럭비) 터치다운(상대방이 차 넣은 공을 자기편의 인골에서 대기). ¶get a ~ 터치다운하다. **3** (비행기의) 착륙; (단시간의) 착륙, 착지.

tou·ché [tuːʃéi] 몡 한 대 맞았다, 졌다(원래는 펜싱용어; 정곡을 찌른 비평·응답 따위에 대하여 쓴다).
—몡 (펜싱) 투셰, 찌르기; (토론에서) 급소를 찌른 말.
[<F touched]

touched [tʌtʃt] 몡 **1** (서술용법) **1** 감동한, 마음이 움직인. **2** (구어) (머리가) 좀 돈, 실성한.

touch·er [tʌtʃər] 몡 **1** 만지는 사람[물건]. **2** (英구어) 위기 일발. ¶a near ~ 위기 일발. 터면.
(as) near as a toucher 거의, 아슬아슬하여, 하마

tóuch fóotball 몡 터치 풋볼(미식 축구의 일종).

touch·hole [tʌtʃhòul] 몡 (구식 총포의) 화문(火門), 점화(點火) 구멍.

‡**touch·ing** [tʌtʃiŋ] 몡 감동시키는, 마음에 와 닿는. (⇒MOVING 유의어); 가슴 아픈, 측은한. ¶a ~ story 감동적인 이야기. —몡 …에 대해서는, …에 관하여. **~·ly** 몡 **~·ness** 몡

touch-in-goal [ˈingòul] 몡 (럭비) 터치 인 골(골라인과 터치라인의 연장선에 둘러싸인 곳).

tóuch jùdge 몡 (럭비) 선심(線審), 터치 저지.

touch-last [ˈlæst/-làːst] 몡 (英) 술래잡기.

touch·line [tʌtʃlàin] 몡 (럭비·축구) 터치라인, 측선(側線). 쪎 goal line

touch-me-not [ˈmìnɑt/-nɔ̀t] 몡 **1** 봉선화류(類)의 총칭. **2** 무뚝뚝한 사람; 쌀쌀한 사람.

tóuch nèedle 몡 시금침(試金針).

tóuch pàper 몡 (폭약·폭죽 따위의) 도화지(導火紙).

touch-screen [tʌtʃskrìːn] 몡 (컴퓨터) 터치스크린(컴퓨터의 display 화면에 손가락을 대기만 해도 입력되게 되어 있는 표시 화면).

touch-sen·si·tive [ˈsénsətiv] 몡 (치기 쉬운) (손가락 따위의).

touch·stone [tʌtʃstòun] 몡 **1** 시금석. **2** (시험의) 표준(물), 기준, 사람[물건]의 진가를 시험하는 방법.

tóuch sýstem 몡 (the ~) 키를 보지 않고 타이프를 치는 방식.

tóuch tàblet 몡 (컴퓨터) 터치 태블릿(컴퓨터 스크린 위에서 그래픽스 이미지를 만들거나 수정할 수 있는 슬레이트 형의 입력 장치).

touch-tone [ˈtòun] 몡 (전화 따위의) 단추누르기 푸시버튼식(의), 터치 T-T-)식의 **2** 누름단추식 전화기.

touch-type [ˈtàip] 몡㊅ (키를 보지 않고 타이프를 치다, 터치 방식(touch system)으로 타이프하다.
-týp·ing, -týp·ist 몡

touch-up [ˈʌp] 몡 (사진·그림 따위의) 수정, 가필. 변경.

touch·wood [tʌtʃwùd] 몡㊅ㅁ **1** 부싯깃; 불쏘시개. **2** =amadou.

touch·y [tʌtʃi] 몡 **1** 성마른, 성미가 급한; (신경이) 과민한(about). **2** (문제 따위가) 다루기 힘든, 까다로운; 짐스러운, 위험한. ¶a ~ situation 골치 아픈 사태. **3** 불붙기 쉬운, 인화성의. **tóuch·i·ly** 몡 **tóuch·i·ness** 몡

touch·y-fee·ly [-fíːli] 몡 (구어) (경멸적) (집단 정신 요법의) 피부 접촉 중심의, 피부 접촉을 특징으로 하는. (또는 **tóuchie-féelie**)

‡**tough** [tʌf] 몡 (~·er; ~·est) **1** 단단한, 내구성(탄력성)이 있는, 쉽게 부러지지 않는, 강인한(땐 fragile, tender). ¶~ teak 단단한 티크 재목. **2** (점토 따위가) 차진, 찰기가 많은, 진득진득한. ¶~ clay 차진 점토. **3** (음식 따위가) 잘 씹히지 않는, 질긴. ¶a beefsteak as ~ as leather 가죽처럼 질긴 비프스테이크. **4** (구어) 어려움에 잘 견디는, 터프한, 억센, 모진(땐 feeble). 동의어 STRONG 유의어 ¶~ troops 강인한 군대. **5** 불굴의; 잘 굽히지 않는, 완강한; 고집센; (사람이) 교정할 수 없는, 굳어진. ¶a ~ worker 끈질기게 일하는 사람. **6** (일·문제 따위가) 곤란한, 힘든, 고된, 골치 아픈, 성가신. ¶a ~ job 곤란[곤란한] 일. **7** (美구어) 참기 힘든, 싫은, 불쾌한, 지독[혹독]한. ¶a ~ winter 지독히 추운 겨울 / a ~ luck 악운 / have a ~ time 혼이 나다, 지독한 꼴을 당하다. **8** (논쟁 따위가) 심한, 격렬한, 맹렬한. **9** 난폭한, 무법의; 나쁜, 사악한; 불한당(건달)이 드나드는. ¶a ~ character 사악한 성질 / a ~ neighborhood 매정한 이웃사람들. **10** (연웅 따위가) 믿을 수 없는, 엉터리의. (속어) 설마! **11** (구어) 강압적인, 강경한, 엄한. **12** 현실적인; 비정한. **13** (美속어) 멋진, 훌륭한.
(as) tough as nails ⇒NAIL.
(as) tough as (old) boots [or leather] ① 매우 단단한[질긴]. ② 참을성이 강한, 강인한.
get tough with a *person* 남에게 엄하게 하다, 남을 용서하지 않다.
Things are tough. 세상은 각박하다.
—몡 (구어) 완강[강경]하게, 굴하지 않고.
—몡 (구어) 악당, 무법자; 난폭한 사람(rowdy).
—몡㊅ (美구어) (곤란)을 견디다(out). ¶~ it out 견디어내다, 이겨내다, 견디고 해내다.
~·ness 몡 [[다이내다, 이겨내다, 견디고 해내다.

tóugh búck 몡 (美속어) 고된 일로 번 돈.

tóugh cát 몡 (美흑인 속어) 여자에게 인기 있는 남자.

tóugh cóokie 몡 (구어) 고집센[끈질긴] 놈, 으스대는 사람.

tóugh cùstomer[nùt] 몡 다루기 힘든 사람.

tough·en [tʌfən] 몡㊅ **1** (사람)을 강인하게[억세게] 만들다(up); (물건)을 단단하게 만들다. **2** (일)을 힘들게[곤란하게] 만들다. —㊉ **1** 강인해지다, 억세게 되다(up); 단단해지다. **2** 곤란해지다. **~·er** 몡

tóugh gúy 몡 (구어) 완력이 센 사람, 강인[터프]한 사람; (美속어) 무법자; 난폭자.

tough·ie [tʌfi] 몡 (구어) **1** 건장한 사람; 완고한 사람; 난폭자, 싸우기 좋아하는 사람. **2** 곤란한 문제[사태], 난국. **3** 비정한 책[영화]. (또는 **toughy**)

tóugh líne 몡 강경 노선. ¶*a ~ of* 사랑의 매.

tóugh lóve 몡 (친구나 가족의 마약 중독 따위를 고치기 위한) 애정 있는 엄한 태도.

Tóugh·man tóurnament [tʌfmæn-] 몡 터프맨 토너먼트(주먹에 자신이 있는 사람이 자유로이 참가하여 상금을 노리고 벌이는 권투 토너먼트.

tough-mind·ed [ˈmáindid] 몡 **1** 현실적인, 실제적인, 감상에 흐르지 않는. **2** 의지가 강한, 쉽게 영향을 안 받는. **~·ly** 몡 **~·ness** 몡

tóugh sèll 몡 힘든 설득 작업(땐 easy sell); 강압적인 광고[판매] 기법(hard sell)(땐 soft sell).

tóugh slédding 몡 (구어) 곤란한 시기.

tóugh spót 몡 (구어) 곤란한 위치.

tough-talk [ˈtɔ̀ːk] 몡㊅ …을 강경하게 주장하다, 고자세로 나오다.

Tou·louse [tuːlúːz] 몡 툴루즈(프랑스 Garonne 강 변의 도시).

tou·pee [tuːpéi/ˈˈ] 몡 **1** 남성용 가발; (술이 많아 보이게 하는) 다리. **2** (옛날의) 앞가발 (가발 꼭대기의) 장식털.

‡**tour** [tuər] 몡 (~s [-z]) 몡 **1** (관광·시찰 따위를 위해) 잠시 여행하다; 주유(周遊)하다(*through, in*). ¶~ *through* Wales 웨일스 지방을 관광하다. **2** (극단·배우 등이) 순회(공연)하다. **3** (차가) 천천히 달리다. —㊅ **1** (지역)을 여행하다, 주유하다; (미술관 따위)를 견학하다. ¶~ *the* White House 백악관을 견학하다. **2** (흥행주 등이) (극단)을 순회 공연시키다; (극단·악단)의 순회 여행[순회 공연]을 하다. **3** (남)을 여행 안내하다.
—몡 (~s [-z]) **1** (관광[주유]) 여행, 짧은 여행; 순회, 소풍. 유의어 ¶*a cycling* [*walking*] ~ 자전거[도보] 여행 / *a wedding* [*sightseeing*] ~ 신혼[관광] 여행 / *go on a* ~ 유람[주유]을 나서다 / *make a* ~ *of* [*or in, through*] *the* country [*world*] 전국[세계] 일주 여행을 하다. **2** (공장·시설 따위의) 시찰, 견학; 일

tour. 순, 일주. ¶a ~ of inspection: an inspection ~ 순시[시찰] 여행. **3** (배우·극단 등의) 순회 (공연); (스포츠 팀의) 해외 원정, 투어; (정부 고관 등의) 순방(巡訪). ¶a ~ of the country: a provincial ~ 지방 순회 공연/go on ~ 순회 공연에 나서다. **4** (군사) (외지에서의) 근무 기간(~ of duty)(*in*). **5** (공장 등에서의) 교대, 당번. ¶two ~s a day 1일 2교대/work in ~s 교대로 일하다.
on tour 주유[여행]중에, 순회중에.
tour. tourism; tourist.
tour·bil·lion [tuərbíljən] 명 **1** 회오리바람, 선풍. **2** 빙빙 돌며 하늘로 치솟는 꽃불.
tóur condúctor 명 (동행) 여행 안내원(courier).
tour de force [tùər də fɔ́ːrs] 명 (뿔 *tours d- f-*) 힘을 부리는 재주, 아슬아슬한 묘기, 수완; (예술상의) 대걸작, 역작. 〔<F feat of strength〕
tour·er [túərər] 명 주유[관광] 여행하는 사람; 〔英〕 =touring car.
Tou·rétte's sỳndrome [disèase] [tuəréts-] 명 〔병리〕 투렛 증후군(목의 연축(攣縮))이나 성대 경련 따위의 불수의 운동을 되풀이하는 신경학적 질환.
tóur·ing càr [túəriŋ-] 명 포장을 씌운 (5-6인승) 관광 자동차; (스포츠카와 구별하여) 투도어 세단.
tour·ism [túərizm] 명 **U** **1** 관광[주유] 여행. **2** 여행 대리[안내]업, 관광 사업; (집합적) 관광객.
‡**tour·ist** [túərist] 명 **1** 관광객, 여행자; (값이 숙박소 따위의) 숙박자. **2** = ~ class. **3** 순회[원정]중인 스포츠 선수. ─ 형 **1** 관광객의[을 위한]. ¶a ~ bureau 여행사/a ~ party 관광단/a ~ attraction 관광 명소. **2** 관광객 등급[2등]의. ─ 부 (배·비행기의) 관광객 등급[2등]으로. ¶travel ~ 2등으로 여행을 하다.
─ 자 ~을 여행하다. ─ 타 여행중에 …을 방문하다.
tour·is·ta [tuəríːstə] 명 (the ~) (해외, 특히 중남미 여행자가 걸리는 설사. 등 **turista**.
tóurist ágency 명 여행 안내소, 여행사.
tóurist càr [còach] 명 (철도) (좌석이 침대로 바뀌는) 침대차.
tóurist càrd 명 (passport나 visa 대신 발행되는) 관광 카드.
tóurist clàss 명 (비행기·기선의) 관광객 등급, 2등. 啣 third class **tóur·ist-clàss** 형부
tóurist cóurt 명 〔美〕 =motel.
tour·iste [tuəríst] 명 (캐나다 속어) (여행자가 캐나다의 프랑스어권에서 걸리는) 설사. 등 **guest-house**).
tóurist hòme 명 (보통 1박용) 민박(民泊)집〔英〕
tour·is·tic [tuərístik] 형 (관광) 여행의; (관광) 여행자의; 관광[여행자]용의[취향의]. **-ti·cal·ly** 부
tour·is·try [túəristri] 명 **1** (집합적) (관광) 여행자. **2** (관광) 여행, 주유, 유람.
tóurist tícket 명 유람권, 주유권(周遊券).
tóurist tráp 명 (美속어) 관광객을 상대로 바가지 씌우는 곳(음식점, 호텔, 가게 따위).
tour·ist·y [túəristi] 형 (구어) (종종 경멸적) (관광) 여행자의; (관광) 여행자에게 인기가 있는, (관광) 여행자 취향의.
tour·ma·line [túərməlin, -lìːn] 명 〔광물〕 전기석(電氣石). (또는 **tourmalin**) **-lin·ic** [-línik] 형
Tourn. tournament.
*tour·na·ment [túərnəmənt, tɔ́ːr-] 명 **1** 토너먼트, 승자 진출전; 시합, 경기; 선수권 쟁탈전. **2** 〔역사〕 (중세 기사의) 마상(馬上) 시합; 기사 무술 대회.
tour·nay [túərnái/-] 명 시(詩) 가구 장식용 천.
tour·ne·dos [túərnədòu, -́--] 명 (뿔 [-z]) 〔요리〕 투르네도(쇠고기의 연한 허릿살을 둥글고 두껍게 썬 작은 조각). 〔<F〕
tour·ney [túərni, tɔ́ːr-] 명 =tournament.
─ 자 토너먼트〔마상 시합〕에 참가하다.
tour·ni·quet [túərnikit, túərni/-tú(ə)nikéi] 명 〔외과〕 지혈(止血)용구, 지혈대(帶) (지혈용) 압박대.

tour·nure [túərnjuər, -́-] 명 **1** 곡선, 윤곽. **2** (우아한) 몸가짐. **3** =bustle²; 그것을 사용한 드레스.
tóur of dúty =tour 4.
tóur òperator 명 패키지 여행 전문 영업자.
tóur·tière [tuərtjéər] 명 (캐나다) 투어티에어(돈육 따위의 잘게 썬 고기와 썰은 야채가 든 파이).
tou·sle [táuzl] 타 **1** (여자를) 거칠게 다루다. **2** (머리·옷 따위를) 헝클다, 헝클어뜨리다; 어지르다. ─ 자 난잡해지다, 헝클어지다. ─ 명 **UC** 난잡, 뒤죽박죽; 헝클어진 머리카락.
tous·y [táuzi] 형 (스코) **1** (머리털·옷 따위가) 헝클어진, 흐트러진, 뒤죽박죽이 된. **2** 임시 변통의.
tout [taut] 자 **1** (거래·투표 따위를) 성가시게 권유하다[요구하다]; 강매하다; 손님을 끌다 (for). ¶(~+前+名) ~ for orders 성가시게 주문하라고 조르다. **2** (英) 조련중인 경주마의 상태를 염탐하다; (美) 정보를 제공하다. ─ 타 **1** …을 성가시게 권유하다[요구하다], (물품·입장권 따위를) 우돈불여 팔다. **2** …을 글구 선전[칭찬]하다, 칭찬하다 (as). **3** (英) (조련중인 말 따위의) 정보를 염탐하다; (美) (조련중인 경주마의) 정보를 주다, (승부 따위의) 예상을 업으로 삼다. **4** 망보다, 정찰하다, 상황을 염탐하다. ─ 명 **1** 성가시게[끈질기게] 권유하는 사람; 손님 끄는 사람, 유객꾼. **2** (英) 경주마의 정보를 염탐하는 사람; (美) (경마의) 승부 예상을 업으로 하는 사람. **3** (도둑 등이) 망을 봄; 망꾼.
keep (the) tout 망보다.
on the tout for …을 감시하여.
tout à fait [tùtə féi/F tuta fɛ] 부 전혀, 완전히, 아주, 몽땅(entirely). 〔F all done〕
tout court [tu: kúər/F tu kuːR] 부 간단히, 약하여, 줄여서, 간략하게. 〔<F all in short〕 〔ㅇ, <F〕
tout de suite [F tu də sqit] 부 곧, 즉각; 계속하여
tout en·sem·ble [F tutãsã:bl] 부 모두 함께, 전부. ─ 명 (예술작품 따위의) 전체적 효과; 전체, 전부.
tout·er [táutər] 명 (구어) =tout. 〔<F〕
tou·zle [táuzl] 동명 =tousle.
to·va·rish [touváːriʃ] 명 친구, 동지; 소련 사람. (또는 **tovari(s)ch**) 〔<Russ *comrade*〕
*tow¹ [tou] 타 **1** (자동차·배 따위를) (밧줄·사슬로) 끌다(*away*)(*with*). ⇒ DRAW 유의어 **2** (아이·개) 등을 끌고 가다(*away, along*). **1** (밧줄로) 끌기; 끌려가기. **2** 끌려가는 배(차); 끄는 배(차). **3** 끄는 밧줄(사슬). **4** =ski ~.
in tow ① (…에) 끌려서 (of, by). ② 지도(안내)되어, 맡아서. ③ 동료(한 패)로.
take [or *have*] *in tow* ① (파손된 배 따위를) 밧줄로 끌다. ② (남을) 보호(지도)하다. ③ (남을) 뒤따르게 하다, 데리고 다니다.
under [or *on*] *tow* =in tow ①.
~·a·bíl·i·ty 명 **~·a·ble** 형
tow² 명 **U 1** 단선(短線)(삼·아마(亞麻) 따위 방적 준비 공정에서 골라 낸 25cm 이하의 섬유); 거친(굵은) 삼, 조마(粗麻). **2** 삼실 같은 연황색 머리털. ─ 형 조마의 〔로 만든〕; 삼 부스러기의.
TOW [tou] 〔美군사〕 토우 대(對)전차 유도 미사일 (~ missile). 〔< *tube-launched, optically-tracked, wire-guided missile*〕
TOW *takeoff weight*; (또는 **t.o.w.**) *tug of war*.
tow·age [tóuidʒ] 명 **1** (배·자동차 따위의) 예인(引); (배 따위가) 예인되기. **2** 예선료, 견인료.
‡*to·ward [전 [tɔːrd, təwɔːrd/tɔːrd, twɔːrd, bɔːrd] **1** (운동의 방향) …의 쪽으로, …을 향하여(*to와는 달리 반드시 목적지에 도착함을 의미하진 않는다). ¶walk ~ the north 북쪽으로 걸어가다/I look ~ you. (익살) 건강을 축원합니다(건배할 때). **2** (태도·관계) …에 관하여,

towardly

…에 대하여. ¶a negative attitude ~ abstract art 추상 예술에 대한 부정적 태도. **3 (위치)** …의 가까이에; **(위치·방향)** …의 쪽에, …을 향하여, …에 면하여. ¶hills ~ the east 동쪽에 있는 구릉들/Our cabin is ~ the top of the hill. 우리 오두막은 언덕 꼭대기 근처에 있다/The house looks ~ the sea. 집은 바다에 면해 있다. **4 (시간·수량의 접근)** …가까이, …무렵. ¶ ~ midnight [dawn] 자정[새벽] 가까이/ ~ the end of last month 지난 달 말 무렵. **5 (목적·준비·공헌)** …을 얻기 위하여[위한], …을 위하여, …에 대하여, …에 도움되게. ¶efforts ~ peace 평화를 이룩하기 위한 노력/They're saving money ~ a new house. 그들은 새집을 마련하기 위해 저축하고 있다. **6 (경향·관계)** …쪽을 향하여, …을 목표로. ¶drift ~ war 점점 전쟁쪽으로 기울어져 가다/lean ~ the opposite opinion 반대 의견으로 기울다.
— 图 [tɔːrd/tóuəd] **1 (서술용법)** 바야흐로 일어나려고 하는, 박두한, 눈앞에 닥친. ¶The feast is ~. 잔치가 막 시작되려 하고 있다. **2 (폐어) (사람이)** 형편이 좋은, 순조로운. **3 (고어)** 전도 유망한; 얌전한, 온순한. **4 (드물게)** 진행중인. **~·ness** 图

to·ward·ly [tɔ́ːrdli/tóuəd-] 囹 (-**bed**) **1** 형편이 좋은, 말 잘 듣는, 얌전한; 친절한; 상냥한. **3** 형편이 좋은, 때가 알맞은. — 回 전도 유망하게; 얌전하게. **-li·ness**

‡**to·wards** [tɔ́ːrdz, təwɔ́ːrdz/təwɔ́ːdz, tɔːdz] 젠 = toward(* (英)에서는 산문·구어체에서 towards 가 보통). = toward1, 4. **2 (폐어)** 강제 전인(의).

tow·a·way [tóuəwèi] 图图 **(美)** (주차 위반 차량의)
tówaway zòne 图 주차 금지[견인] 구역.
tow·bar 图 (車) 견인 봉(棒), (또는 **tów bàr**)
— 图 (車) 견인봉으로 잡아끌다.
tow·boat [tóubòut] 图 예인선(tugboat).
tów càr [**trùck**] 图 **(美)** 레커차(wrecker), 구난차 (救難車).

‡**tow·el** [táuəl] 图 (函 **~s** [-z]) **1** 수건, 타월. ¶a bath ~ 목욕 수건/a dish ~ 행주/an oaken ~ (고어·속어) 곤봉, 몽둥이. **2 (英)** = sanitary napkin.

throw [or *toss*] *in the towel* [or *sponge*] **(구어)** ① (권투) (패배의 표시로 링 안으로) 타월을 던지다. ② 패배를 자인하다, 항복하다.
— 图 (**~s** [-z]; **-l-**, (英) **-ll-**) 囹 **1** …을 수건으로 닦다[훔치다](*down*). ¶ ~ oneself dry 수건으로 몸을 닦아 말리다. **2 (英속어)** (채찍으로) …을 치다, 때리다. — 固 수건으로 닦다[훔치다](*at*). ¶ ~ *away at* one's ears 수건으로 귀를 닦다[문지르다].
towel off 목욕 후에 몸을 닦다, 말리다.
tow·el·ette [tàuəlét] 图 작은 종이 수건, 물 적신 냅킨.
tówel hòrse 图 =towel rack.
tow·el·ing, **(英)** **-el·ling** [táuəliŋ] 图 ① **1** 수건감 (천); 수건으로 닦기[훔치기]. **2 (英속어)** 채찍질.
tówel ràck 图 (욕실·주방 따위의) 수건걸이.
tówel ràil 图 (막대기 모양의) 수건걸이.

‡**tow·er¹** [táuər] 图 (函 **~s** [-z]) **1** 탑, 망루. ¶a watch ~ 망루, 감시탑/a bell ~ 종루/a clock ~ 시계탑/the Eiffel T- 에펠탑/a keep ~ 성곽의 제일 높은 망루. **2** (탑으로 되어 있는) 성채, 요새. **3** 탑 모양의 것; 고층 건물. **4** (고대·중세의) 요새 공격용의 수레 달린 탑 모양의 구조물. **5** 은둔 장소; 안전한 장소; 웅호자. **6 (美)** 철도 신호탑.
a tower of ivory; *an ivory tower* 상아탑. 「간성.
a tower of strength (곤란할 때) 의지가 되는 사람,
the Tower of Babel ⇒BABEL 1.
the Tower (*of London*) 런던탑(영국 London에 있는 옛 왕궁·감옥). 「있는 곳; 도시.
tower and town; town and tower (시) 인가가
— 图囹 (**~s** [-z]) **1** (탑처럼) 우뚝 솟다(*above, over, up*). ¶ (~+前+图) ~ *against* the sky 공중에 솟아

오르다/Skyscrapers ~ *over* the city. 마천루가 시가 상공에 솟아 있다. **2** (매·독수리 따위가) 공중으로 독바로 날아 오르다; (상처입은 새가) 일직선으로 솟아오르다. **3** (…보다) 훨씬 높다; (사람·재능 따위가) …보다 뛰어나다, 앞서다, 빼어나다 (*over, above*). ¶ (~+前+图) ~ *above* one's contemporaries 동시대인 중에서 뛰어나다[특출하다]/I ~*ed over* him. 내가 그 사람보다 훨씬 키가 컸다.

tower head and shoulder 월등히 뛰어나다.
~·less, ~·like 图

tow·er² [tóuər] 图 (배 따위를) 끄는 사람[것].
tówer blòck [táuər-] 图 **(英)** 주택[사무실]용 고층 빌딩.
Tówer Brídge [táuər-] 图 (the ~) 영국 London 의 Thames강에 걸린 개폐식(開閉式) 다리.
tower cráne 图 (기계) 타워 크레인.
tow·ered [táuərd] 囹 탑이 있는, 탑으로 장식된.
***tow·er·ing** [táuəriŋ] 囹 **1** 우뚝 솟은, 매우 높은. ⇒HIGH 囹[유의어] **2** (사람·재능·계획 따위가) 아주 훌륭한, 비범한. **3** (분노 따위가) 하늘을 찌를 듯한, 격렬[맹렬]한. ¶a ~ rage 격노. **4** 지나친, 터무니없는; (야망 따위가) 큰. **~·ly** 回

Tówer Récords [táuər-] 图 타워 레코드(미국의 대형 CD·카세트 판매 체인점).
tówer wàgon [táuər-] 图 (높이 조절 사다리가 달린) 고소(高所) 작업차(진화(鎭火)·사진 촬영·가선공사·나무 손질 따위에 이용된다). 「은.
tow·er·y [táuəri] 囹 탑이 있는; 매우 높은, 높이 솟
tow·head [tóuhèd] 图 아마(亞麻)빛[담황색]의 머리털(을 한 사람). **~·ed** 囹 「과(科)의 새(북미산(產)).
tow·hee [táuhiː, tóuhiː] 图 검은방울새 비슷한 멧새
tów·ing nèt [tóuiŋ-] =townet.
tówing pàth 图 =towpath.
tow·line [tóulàin] 图 (배·차 따위를) 끄는 밧줄.

‡**town** [taun] 图 (函 **~s** [-z]) **1** 읍(邑)(* 보통 village보다 크고 city보다 작은 행정 구역). **2 (구어)** 자치읍, 시(city). **3 (美)** (특히 New England에서 city만큼 완전한 행정 기관을 갖지 않은 자치체); (New England 이외의 주(州)나 캐나다의) 군구(郡區)(township). **4 (the ~)** (집합적·단수취급) **a)** 읍[도시]의 주민, 읍민, 시민; (읍·시의) 선거민. ¶the talk of the ~ 온 읍내의 화제거리/The whole ~ *knows* of it. 온 읍내 사람이 그것을 들어 알고 있다. **b)** (대학 도시의) 시민(특히 Cambridge, Oxford 양 대학의 경우). **5 (무관사로)** (대화자 사이에서 양해된) 읍, 시; 어떤 지역의) 주요한 읍[시]; **(英)** 정기시가 열리는 읍 (market ~); (일국의) 수도; (종종 T-) **(英)** 런던. **6 (무관사로)** 도시의 상업지구, 번화가, 중심지(down-town). ¶go down [or into] ~ 번화가에 가다; 장보러 가다. **7 (the ~)** (주변의 시골에 대해) 도회지. ¶a man from the ~ 도시 출신 사람. **8 (英방언)** 부락, 마을; 농장. **9** (봉건시대의) 도시, 성시(城市).
a man about town ⇨MAN.
a woman [or *girl*] *of the town* 매춘부.
blow [or *skip*] *town* (속어) 마을을 급히 떠나가다.
come to town ① 상경하다. ② 나타나다, 등장하다; 도착하다. ③ **(구어)** 태어나다.
go to town ① 읍내에 가다; 상경하다. ② **(구어)** (크게) 성공하다. ③ **(구어)** (일을) 잘[효과적으로, 신속하게] 하다[계획하다](*on*). ④ **(구어)** 마음껏[돈에 구애되지 않고] 쓰다, 흥청거리다(*on*). ⑤ **(藻구어)** 발끈하다.
in town 재경(在京)하여, 상경중에.
on the town **(美)** ① 주·시·읍의 원조[생활 보호]를 받아. ¶go on the ~ 생활 보호를 받다. ② **(구어)** (나이트클럽 따위에서) 환락을 좇아, 흥청거리며. ¶go out *on the* ~ 기분전환으로 (밤)거리로 나가다.
out of town ① 도시를 떠나서, 시골에서. ② **(속어)** 옥중에서.

paint the town red ⇨ RED.
town and gown ⇨ GOWN.
town and tower; tower and town ⇨ TOWER.
── 형 읍[시]의; 읍[시]에 특유한. ¶ ~ laws; a ~ law 읍의 조례.
∠less 형

tówn càr 명 타운카(운전석은 지붕이 없고 객석과의 사이를 유리로 칸막이하는 자동차).
tówn cènter 명 (英) 도심지, 번화가(downtown).
tówn clérk 명 읍사무소 서기.
tówn clówn 명 (美속어) 마을[읍]의 경찰관.
tówn cóuncil 명 (英) 읍의회(邑議會).
tówn cóuncil(l)or 명 읍의회 의원(略 TC).
tówn críer 명 (옛날 읍민에게 고지 사항을 알리고 다니던) 읍사무소 홍보 요원[직원], 고지원.
tòwn·ee [tauníː] 명 (英구어)=townie.
tówn·er [táunər] 명 (구어) 읍[시]의 사람, 읍민.
tów·net [tóunèt] 명 (플랑크톤 따위의 표본 채집용) 예망(曳網)(towing net).
tówn gàs 명 (英) 석탄 가스, 도시 가스.
tówn háll 명 읍 사무소, 시청; 읍[시] 공회당.
tówn hòuse 명 1 (시골에 본저택이 있는) 영국 귀족의 도시 주택. 2 (英) = town hall. 3 (美·캐나다) 연립 주택(row [terrace] house). (또는 tównhòuse)
town·ie [táuni] 명 (구어) (때로 경멸적) 도시 사람; (대학 도시에서 대학 관계자 이외의) 주민.
town·i·fy [táunəfài] 자타 도시화하다, 도시풍으로 하다. -fied 형 도시의, 도시풍의.
town·ish [táuniʃ] 형 도시의; 도시 특유의, 도시에 어울리는; (사람이) 도시풍의. 「정 책임자.
tówn mánager 명 (美) 읍 의회가 임명하는 읍 행
tówn méeting 명 (美) 읍민회.
tówn plánning 명 도시 계획(city planning).
tówn plánner 명
town·scape [táunskèip] 명 1 도시 풍경(화). 2 (U) (미관을 중시하는) 도시 조경(계획). 「people.
towns·folk [táunzfòuk] 명(復) (美) =towns-
*town·ship [táunʃip] 명 1 (英역사) 읍구(邑區)(큰 parish를 다시 구분한 한 교구; 때로는 manor나 parish와 같음); 그 주민. 2 (美·캐나다) 군구(郡區) (county의 하위 행정 구분). 3 (남아공) 인종 차별 정책에 의한 흑인 거주 지구.
town·site [táunsàit] 명 (美) 도시 계획 지역.
*town·man [táunzmən] 명 (復 -men [-mən]) 1 도회지 사람. 2 읍내 사람; 읍민.
towns·peo·ple [táunzpìːpl] 명(復) 도시 거주자, 읍민, 시민; 도시 사람. 「같은 고장 여성.
towns·wom·an [táunzwùmən] 명 도회지 여성;
tówn tàlk 명 (읍내·동네의) 소문, 화제; 가십거리.
town·ward [táunwərd] 형 도시 쪽으로 향하는.
── 부 (또는 townwards) 도시 쪽을 향하여.
town·wear [táunwèər] 명(U) 나들이옷, 외출복.
town·y [táuni] 형 =townie.
tow·path [tóupæ̀θ/-pàːθ] 명 (운하·강 따위를 따라 배를 끌고 가는) 예선(曳船) 뱃길. (또는 tówing pàth)
tow·rope [tóuròup] 명 (배를 끄는) 예선 밧줄.
tow·sack [tóusæ̀k] 명 (美남부)=gunnysack.
tow·ser [táuzər] 명 1 몸집이 큰 개. 2 (구어) 덩치가 크고 억센 사나이, 매우 정력적인 사람.
tow·y [tóui] 형 삼의 섬유 같은; 아마색 머리털의.
tox. toxemia; toxic; toxicology.
tox·a·phene [táksəfìːn/tɔ́k-] 명 (화학) 독사펜(요 박쥐·밀감 모양의 비수용성 고체; 살충·살서제(殺鼠劑)).
tox·e·mi·a [taksíːmiə/tɔk-] 명(U) (병리) 독혈증 (毒血症). (또는 toxaemia)
toxémia of prégnancy 임신 중독증.
tox·e·mic [taksíːmik, -sém-/tɔk-] 형 (병리) 독혈증의; 독혈증에 걸린. (또는 toxaemic)
tox·ic [táksik/tɔ́k-] 형 1 (약품·가스 따위가) 유독

한, 독성의. ¶ a ~ drug 독약 / ~ smoke 독가스. 2 독 (소)의[에] 기인하는, 중독을 일으키는, 중독(성)의. ¶ a ~ condition 중독 증상 / ~ anemia 중독성 빈혈증.
tox·ic·ant [táksikənt/tɔ́k-] 형 유독한; 중독성의.
── 명 독물; 살충제.
tox·i·ca·tion [tàksikéiʃən/tɔ̀k-] 명(U) 중독.
tox·ic·i·ty [taksísəti/tɔk-] 명(U) 독성, 유독성.
tox·i·co- [táksikou, -kə/tɔ́k-] 연결 toxic의 뜻(* 모음 앞에서는 toxic-). ¶ *toxicity*, *toxicone*.
tox·i·co·gen·ic [tàksikoudʒénik/tɔ̀k-] 형 (병리) 독물을 생성하는, 독성이 생기는; 독물에 의해 형성된.
tox·i·coid [táksikɔ̀id/tɔ́k-] 형 화학 오염 물질, 독
toxicol. toxicologist; toxicology. 「성 물질.
tox·i·col·o·gy [tàksikálədʒi/tɔ̀ksikɔ́l-] 명(U) 독물학, 중독학. -co·log·ic [-kəládʒik], -co·lóg·i·cal 형 독물학(상)의; 독소의. -co·lóg·i·cal·ly 부 -gist 명
tox·i·co·sis [tàksikóusis/tɔ̀k-] 명(U) (병리) 중독 상태, 중독(증).
tóxic shóck sỳndrome 명 독물 쇼크 증후군
tóxic wáste 명 유독 (산업) 폐기물. 「(略 TSS).
tox·i·gen·ic [tàksidʒénik/tɔ̀k-] 형 (미생물학) 독소를 생산하는, 독소 발생성(性)의.
-ge·nic·i·ty [-dʒənísəti] 명
tox·in [táksin/tɔ́k-] 명 독소. ⇨ POISON 유의어
tox·i·pho·bi·a [tàksəfóubiə/tɔ̀k-] 명 (정신의학) 독물(毒物) 공포증.
tox·o·ca·ri·a·sis [tàksəkəráiəsis/tɔ̀k-] 명 (병리) 톡소카라증(症)(개 따위에 기생하는 톡소카라속(屬) (Toxocara)의 회충에 의한 감염증).
tox·oid [táksɔid/tɔ́k-] 명 유독소(類毒素), 변성 독소(항원성(抗原性) 독소 처리에 의한 면역).
tox·oph·i·lite [taksáfəlàit/tɔksɔ́f-] 명 궁술(弓術) 애호가, 궁술가, 궁술의 명수. ── 형 궁술의.
-oph·i·lit·ic [-àfəlítik] 형 **-óph·i·ly** 명
tox·o·plas·mo·sis [tàksouplæzmóusis/tɔ̀k-] 명(U) (병리) (신경 계통을 침범하는) 톡소플라스마증 (症), 주혈원충병(住血原蟲病).
‡toy [tɔi] 명 (~s [-z]) 1 장난감, 완구 2 쓸모없는 [시시한] 것; 하찮은 것[사람]. 3 (동류의 것보다) 작은 것; (동물의) 소형종, 특히 작은 개. 4 (비유적) 노리개; 노리개감의 사람; 정부(情婦). 5 토이 모자(옛 스코틀랜드 여성이 썼던 머리에 꼭 맞는 모자). 6 토이곡(曲)(16-17세기 영국의 virginal 음악용의 경쾌한 곡).
make a toy of .... 을 장난감으로 삼다, 가지고 놀다.
── 동자 (~s [-z]) 1 놀다, 장난하다 (with). 2 가지고 놀다, 장난감으로 삼다, 우롱하다 (with). ¶ (~+前+名) ~ with an idea of visiting a person 남을 방문할 생각을 하면서 혼자서 즐기다. 3 장난삼아 사랑하다 (with).
── 형 1 장난감(용)의. ¶ a ~ soldier [gun] 장난감 병정 [권총]. 2 (크기가) 장난감 같은; 소형의, 작은.
tóy bòy 명 (구어) (연상의 여자에게) 젊은 정부.
tóy dòg 명 (작은) 애완용 개[애완견]. 「제비.
toy·mak·er [tɔ́imèikər] 명 장난감[완구] 제작자;
toy·man [tɔ́imən] 명 장난감 가게 주인.
Toyn·bee [tɔ́inbi] 명 **Arnold J(oseph)** ~ 토인비 (1889-1975; 영국의 역사가·문명 평론가).
to·yon [tɔ́iən, tóujən/tɔ́iɔn] 명 장미과(科)의 상록관목속(북미산).
toy·shop [tɔ́iʃàp/-ʃɔ̀p] 명 장난감 가게, 완구점.
TP (군사) *t*arget *p*ractice(연습용[훈련용] 탄환); *tech*nical *p*aper; *t*elephone; *t*ele*p*rinter; *t*hird *p*arty; *t*otal *p*oints; (컴퓨터) *t*ransaction *p*rocessing; (해사) *t*rue *p*osition; (전자·측량) *t*urning *p*oint. **tp.** *t*owns*h*ip; *t*roop. **t.p.** (라틴) (음악) *t*empo *p*rimo (=original tempo); *t*itle *p*age; *t*oilet *p*aper. **TPA**,

t-PA 〖생화학〗 *tissue plasminogen activator*. **tpd** *tons per day*. **TPER** *Total Primary Energy Requirements*. **T.P.F.** *Tactical Patrol Force*. **tph, TPH** *tons per hour*. **tpi** *teeth per inch; threads per inch; tons per inch; turns per inch*. **TPI** *tax and price index*; 〖컴퓨터〗 *tracks per inch* (floppy disk의 기록 밀도를 나타내는 단위; 1인치당의 트랙수). **tpk, tpk., tpke, tpke.** *turnpike*. **tpm** *tons per minute* (또는 **TPM**); *turns per minute*. **TPM** *ticketed point mileage*; *title page mutilated*; 〖상업〗 *trigger price mechanism*. **TPN** *total parenteral nutrition*; *triphosphopyridine nucleotide*. **TPO** *Traveling Post Office*. **Tpr, tpr.** *trooper*. **TPR** *teleprinter*; 〖의학〗 *temperature, pulse, respiration*; 〖의학〗 *total pulmonary resistance*. **TPS** 〖우주〗 *thermal protection system* (내열(耐熱) 시스템). **tps.** *troops*. **TPTG** 〖전자〗 *tuned plated, tuned grid*. **TPW, t.p.w.** *title page wanting*. **TQC** *total quality control* (종합적 품질 관리). **TQE** *technical quality evaluation*.

t́ qua᷉rk 〖물리〗 = top quark.

Tr ㉠ 〖화학〗 *terbium*. **TR** *tape recorder; technical [test] report; test run; training regulation*. **tr.** *tare; trace; train; transaction; transitive; translated; translation; translator; transport; transpose; treasurer; trust(ee)*. **T.R.** *technical representative*; 〖라틴〗 *tempore regis*(=in the time of the king)(왕의 재위중에); *Theodore Roosevelt*; 〖해사〗 *tons registered; trust receipt*. **T-R, T.R.** *transmit-receive; transmitter-receiver*.

tra- [trə] 〖접두〗 = trans-. ¶ *tradition*.

tra·be·at·ed [tréibièitid] 〖건축〗 상인방(上引枋)이 있는; 상인방식(式)의. (또는 **trabeate**)

-á·tion 〖건축〗 상인방식 구조.

tra·bec·u·la [trəbékjulə] 〖-lae [-li:], ~s〗 1 〖해부·식물〗 섬유주(柱)(생물 체내의 조직을 지탱하는 작은 기둥 모양의 섬유상 구조). 2 〖식물〗 쌍아(胼胝) 선(橫線); 양상(梁狀) 돌기. **-lar, -late** [-lət, -lèit] 〖.

trac. *tractor*. **TRACALS** 〖항공〗 *Traffic Control and Landing System*.

‡**trace¹** [treis] 〖 (樂) *trac·es* [-iz]〗 1 **a)** (~s) (동물이 남긴 잇단) 발자국. **b)** (사람·차 등이 지나간) 자국, 바퀴 자국. c) (사람·물건 등이 지나다녀서 생긴) 좁은 길, 오솔길. 2 (남겨진) 자취, 흔적, 형적. ¶ the ~s of war 전쟁의(이 남긴) 상처. 3 (경험·경우 따위의) 영향, 결과, 기색, 증표. ¶ Sorrow has left its ~s on her face. 그녀의 얼굴에는 슬픔의 그림자가 서려 있다.

┌─────────────────────────────────┐
│〖유의어〗 **trace** 지나간 것이 남긴 자취·자국; 어떤 것이
존재·발생했던 증거. **track** 특히 사냥에서 사냥감이
남긴 잇단 발자국[냄새, 자취]. **vestige** 어떤 것이 존
재한 증거가 되는 유물.
└─────────────────────────────────┘

4 아주 조금, 미량, 소량; 미미한 조짐, 기미 (*of*); 〖화학〗 흔적(측정할 수 없는 미량). ¶ He betrayed not a ~ of fear. 그는 조금도 공포의 빛을 보이지 않았다. 5 선 (線), 도형; 약도, 스케치. 6 (지진계·카이모그래프 따위) 자동 기록 장치가 그리는 선. 7 〖심리〗 (기억의) 흔적. 8 〖수학〗 자취; 행렬의 주대각선상에 있는 성분의 총화. 9 〖컴퓨터〗 추적, 트레이스. **a)** 프로그램의 실행 상황을 추적(하다). **b)** 추적 정보. **c)** 추적 프로그램(tracer).

be (*hot*) *on the traces of* …을 맹렬히 추적하고 있다, 바짝 뒤쫓고 있다. 「다.

lose (*all*) *trace of* …의 자취[흔적]를 (완전히) 놓치

without (*a*) *trace* 흔적도 없이.

—― ⑧ (*trac·es* [-iz]; ~d [-t]; *trac·ing*) ㉮ 1 …의 발자국을 더듬어 가다. 자국을 뒤밟아가다, …을 추적하다 (*to*). ¶ (~+困+前+阁) ~ *an animal to its lair* 짐승을 그 굴까지 추적하다. 2 (범인 등)을 수색하다, 찾

아내다; (물건의 소재)를 알아내다, 밝혀내다(*out*). ¶ (~+困+前+阁) ~ *a person out* 남(의 행방)을 찾아내다. 3 …의 유래[기원]를 알아보다, …을 거슬러올라 조사하다 (*to*). ¶ (~+困+前+阁) ~ *a river to its source* 강(江)을 거슬러 올라가 그 발원지를 찾다. 4 (유적 따위에 의해) (옛 모양)을 확인하다, 탐색하여 밝혀내다; (마멸되어 가는 것)을 판독하다. ¶ The ancient walls may still be ~d all around. 고대 성벽의 유적은 아직도 도처에서 찾아볼 수 있다. 5 〖선·윤곽 따위〗을 긋다; …의 설계도[지도]를 그리다; (비유적) 획책하다(*out*). 6 …을 베끼다, 투사(透寫)하다, 복사하다. 7 …에 도안[무늬]를 그려넣다; (디자인·형(型) 따위)를 생각해서 그리다. 8 (자동 기록 장치)가 …을 곡선[파선]을 긋고 기록하다. 9 (공들여서 깨끗이) (글씨 따위)를 쓰다. 10 〖컴퓨터〗 (프로그램)을 추적[트레이스]하다. ―㉯ 1 (역사·가계·기원 따위)가 …을 거슬러 올라가다(*back*) (*to*); (원인이 …)에서 유래하다. 2 진로[자국 따위]를 따라가다; (고어) 나아가다, 가다. 3 (자동 기록 장치가) 곡선[파선]을 긋고 기록하다.

trace back to ① …의 기원[유래]이 …까지 거슬러올라가다; …의 출처를 …까지 밝혀내다[확인하다]. ② (과거로) 거슬러 오르다; (원인이 …)에서 유래하다.

trace out ① 〖윤곽〗을 그리다, 베끼다. ② 〖흔적〗을 찾아내다.

trace over (원본을 밑에 깔고) 베끼다, 투사하다.

trace up ① 거슬러 오르다. ② 추적[추궁]하다.

trace² 〖 (보통 ~s) 1 (소·말 따위를 매는) 봇줄, 가죽 끈, 사슬. ⇒ HARNESS 그림. 2 〖기계〗 행정(行程) 연동간(桿); 〖낚시〗 낚시를 낚싯줄에 연결하는 목줄(leader).

in the traces ① 봇줄에 매여, 가죽끈에 묶여. ② 일상적 업무에 종사하여.

kick over [*or* (美) *jump*] *the traces* ① (말)이 봇줄을 벗어던지다. ② (사람)이 속박을 벗어나다, 구속에서 벗어나다, 반항하다.

trace·a·ble [tréisəbl] 〖 1 자국을 더듬어갈 수 있는, 거슬러 오를 수 있는. 2 …에 기인하는, …으로 돌릴 수 있는 (*to*). 3 그릴 수 있는, 투사할 수 있는.

-bíl·i·ty, ~·ness -bly 〖.

tráce élement 〖생화학〗 미량(微量) 원소[요소].

trace·less [tréislis] 〖 (범죄 따위가) 자국이 남지 않는, 흔적이 없는. **~·ly** 〖.

trac·er [tréisər] 〖 1 추적자[물]. 2 (美) (분실물·행방 불명자 등을 찾는 사람; 분실 우편물 수색 조회 목록). 3 모사(模寫)하는 사람, 투사공(透寫工); 줄 긋는 펜, 투사용 펜[붓, 용구]. 4 = tracing wheel. 5 = ~ bullet. 6 〖물리〗 추적자(子), 트레이서(어떤 물질의 변화·행방을 연구하기 위하여 사용되는 방사성 원소). 7 〖컴퓨터〗 추적 루틴. 8 〖해부〗 탐침(探針).

trácer búllet 〖 예광탄(曳光彈).

trácer élement 〖물리〗 추적 원소. ⇒ TRACER 6.

trac·er·ied [tréisərid] 〖 tracery 무늬[그물코 무늬]가 있는[로 장식된].

trac·er·y [tréisəri] 〖 〖 U 1 (고딕 건축에서 창 윗부분에 있는) 여러 가지 곡선 모양의 장식 무늬. 2 (자수·조각 따위의) 트레서리 무늬, 그물코 세공.

tra·che- [tréiki] 〖연결〗 ⇒ TRACHEO-.

tra·che·a [tréikiə/trəkíːə] 〖 -che·ae [tréikiì:/trəkíːiː], ~s〗 1 〖해부·동물〗 기관(氣管); (곤충·절지 동물의) 호흡관. 2 〖식물〗 도관(導管).

tra·che·al [tréikiəl/trəkíːəl] 〖 [tracery 1] 〖해부·동물〗 기관의; 기관에 접속된; 〖식물〗 도관의.

tra·che·i·tis [trèikiáitis] 〖 〖 U 〖병리〗 기관염.

tra·che·o- [tréikiou, -kiə] 〖연결〗 trachea의 뜻(* 모음 앞에서는 **trache-**). ¶ *trache*id(가도관(假導管)), *tracheo*scopy (기관경(검사)법).

tra·che·o·e·soph·a·ge·al [trèikiəìsəfəʤíːəl/

-sɔ́ːf-] 图 〔해부〕 기관식도(氣管食道)의.
tra·che·ole [tréikiòul] 图 〔곤충〕 모세[미소] 기관(氣管, 기관 소지(小枝).
tra·che·o·phyte [tréikiəfàit] 图 유관속(維管束)식물, 관속 식물(양치 식물·종자 식물을 포함).
tra·che·os·to·my [trèikiástəmi/trækiɔ́s-] 图 〔외과〕 기관(氣管) 절개(술); 그 개구부(開口部).
tra·che·ot·o·my [trèikiátəmi/trækiɔ́t-] 图⓾© 〔외과〕 기관 절개술. -**mist** 图 「라홈.
tra·cho·ma [trəkóumə] 图⓾ 〔안과〕 트라코마, 트-**chom·a·tous** [-kámətəs/-kɔ́m-]
tra·chyte [tréikait, træk-] 图⓾ 조면암(粗面岩). -**chyt·ic** [trəkítik] 图 조면암의[비슷한].
***trac·ing** [tréisiŋ] 图 1 ⓾ 자국을 밟아가기, 추적, 수색, 투사, 복사, 등사, 트레이싱; 투사[복사]도, 3 자동 기록 장치의 기록. 4 〔스케이팅〕 지치고 간 자취.
trácing clòth [lìnen] 투사포(布)(투명 천).
trácing pàper 트레이싱 페이퍼, 투사지.
trácing whèel (재봉) 점선기(點線器), 트레이서(막대기 끝에 붙은 톱니바퀴를 형지(型紙)에 따라 굴려 밑에 깐 천에 자국을 내는 재봉 용구).

‡**track**[1] [træk] 图 1 궤도, 선로. ¶a single[double] ~ 단선[복선] / leave [or jump] the ~; (英) go [or come] off the ~s. 2 자취, 지나간 자국, 흔적; 바퀴 자국; (배·철새 따위의) 진로, 통로; 〔항공〕 항적(航跡). ¶the ~ of a wagon 짐차가 지나간 자국. 3 (~s) (사람·짐승의) 발자국, (사냥개가 뒤밟는 사냥감의) 냄새 자국; 〔고생물〕 족적(足跡) 화석. ⇒ TRACE[1] 유의어 4 (밟아서 생긴) 길, 오솔길, 통로. 5 (인생의) 진로, 행로; (행동·행위 따위의) 방침, 방식, 방법, 상도(常道); (행위 따위의) 증거, 행적. ¶follow in the same ~ 같은 방침[방식]을 따르다 / He is afraid to leave the beaten ~. 그는 세상의 상도를 벗어나는 것을 두려워한다. 6 (특별한 목적의) 통로, 지나는 길, 코스; (英) (고속도로의 특정한) 차선. 7 (사건·사상 따위의) 연속, 일련. ¶a ~ of disasters 일련의 참사. 8 〔스포츠〕 **a)** (경주용) 트랙(⑽ field); (美) (경마장의) 주로(走路). **b)** (집합적) (美·캐나다) 트랙 경기(⑽ field events). **c)** (집합적) (美·캐나다) (필드 경기도 포함한) 육상 경기. 9 (트랙터 따위의) 캐터필러; (자동차) 두 바퀴 사이의 간격; (美) 궤간(軌間). 10 =SOUND ~; (자기(磁氣) 테이프의) 트랙, (영화 필름의) 음대(音帶); (음반의) 홈. 11 〔컴퓨터〕 트랙(자기 테이프의 정보를 저장·기억하는 선(線) 모양의 부분). 12 (~s) (俗어) (마약 상용자의) 반복 주사 흔적. 13 (美) 〔교육〕 능력[적성]별 편성 학급 [코스]. 14 (조명 기구나 커튼 등·특수용) 레일.
clear the track 길을 열어주다; (명령형으로) 비켜.
cover (up) one's tracks ① 자취[행방]을 감추다. ② 자기의 의도[행동, 증거]를 숨기다.
have a one-track [or single-track] mind 늘 한 식으로 생각하다: 융통성이 없다.
have [or **be on**] **the inside track** ① 트랙의 안쪽을 달리다. ② (구어) 유리한 입장[위치]에 있다.
hide one's tracks =COVER (up) one's tracks.
in one's tracks (구어) 그 자리에서, 즉각, 당장.
in the track of ① …의 예를 따라. ② …의 도중에.
jump the track (美) ① ⇒ ⑽ 1. ② 본론에서 벗어나다; 상례[관례]에서 벗어나다.
keep to the beaten track 관례대로 하다.
keep track of ① …을 기록하다. ② …의 자국을 뒤밟다. ③ …을 놓치지 않도록 하다; 끊임없이 …의 정보를 얻어내다. 「다.
lose track of ① …을 놓치다. ② …와 접촉이 끊어지
make [or **take**] **tracks** (구어) ① 급히 가다[출발하다]. ② 도망하다. ③ 뒤쫓다 (for).
off the beaten track 상도를 벗어난, 별난; 독특한.
off the track ① (열차가) 탈선하여; (목표·주제에서) 벗어나서. ② (사냥개가) 냄새를 놓치고; 범인을 찾을 실 마리를 잃어.
on a person's track 남을 추적하여, 남의 뒤를 밟아.
on the right [wrong] track [or **tack**] 올바른[그릇된] 방향으로 향하여; 확실한[그릇된] 목표에 따르고
on (the) track 제대로 궤도에 올라, 마르게.   [있어.
on the track of …을 추적하여; …의 실마리를 잡아.
on the wrong [right] side of the tracks (구어) 가난한 사람[부자]들이 살고 있는 구역에.
throw a person off the track 남을 따돌리다.
~ed [-t]) ⓣ 1 …의 (발)자국을 좇다, …을 추적하다 (to), …의 뒤를 밟아 찾아내다(down, out); 〔자국·길·진로 따위를〕 밟다[따라가다]. ¶(~+몸) ~ a lion to its covert 사자의 뒤를 밟아 그 숨은 곳까지 쫓아가다 // (~+몸+떼) ~ down a criminal 범인을 뒤쫓아서 잡아내다 / ~ out a bear 발자국을 지켜보다, 곰이 있는 곳을 찾아내다. 2 …을 지나가다, 가로지르다. ¶~ a prairie 초원을 지나가다. 3 (美) …에 발자국을 남기다, 흔적을 남기다, (진흙 따위)를 발에 묻혀 들어오다 (up) (into). ¶Don't ~ up the new rug. 새 융단에 발 자국 내지 마라 / ~ mud into one's house 진흙 발로 집안에 들어가다. 4 …에 선로를 깔다; 〔철도〕 (바퀴·레일의 간격이) …이다. 5 (배 따위)를 끌다. 6 〔항공·우주〕 (인공 위성 따위)를 (레이더로) 관측[추적]하다, …의 궤도를 기록하다; 〔진보·진전 상황〕을 지켜보다, 추적하다. 7 〔교육〕 (美) (반)을 능력별로 편성하이다〔英 stream〕. ─ ⓘ 1 (뒷바퀴가) 앞바퀴 자국을 밟고 달리다; (양측 바퀴가) 일정한 간격을 유지하다. 2 자국을 밟다[좇다], 추적하다. 3 족적을 남기다, (흙·눈 따위가) …에 묻혀 들어오다 (up) (into). ¶~ up a floor 마루에 발자국을 내다. 4 (톱니바퀴 따위가) 완전히 맞물리다. 5 (영화·TV) (카메라맨이 dolly를 타고) 이동하면서 촬영하다. 6 (바늘이) 레코드의 홈을 따라 돌다. 7 (美) 걷다, 나아가다, 여행하다(around, about).
track down …을 바짝 좇다; (범인 등)을 따라잡다.
track out …을 탐지하다.   「철저하게 조사하다.
~·a·bíl·i·ty 图 **~·a·ble** 图
track[2] 图ⓣ (배)를 (둑에서 밧줄 따위로) 끌다(tow). ─ ⓘ (배가) 끌려가다; (사람이) 끄는 배로 가다.
track·age[1] [trǽkidʒ] 图 (美) 1 〔철도〕 철도 선로, (총)궤도 연장. 2 ⓾© 궤도 공동 사용권; 궤도 사용료.   「항(航)(towage).
track·age[2] 图 (둑에서) 배를 끌기(towing), 예항(曳
tráck and fíeld 图 (집합적) 육상 경기.
track-and-field [´-ənfíːld] 图 육상 경기의. ¶~ athletes 육상 경기 선수.
tráck báll 图 〔컴퓨터〕 트랙볼(볼을 손가락으로 회전시켜 CRT화면상의 cursor를 이동시키는 위치 지시 장치). ⑽ mouse   「는) 궤도 제동기.
tráck bràke 图 (궤도에 압력을 주어 감속·정지시키
tráck cléarer 图 (기관차·전차 따위의 앞 부분에 단) 장애물 제거 장치; (기관차의) 제설(除雪) 장치.
tráck dénsity 图 〔컴퓨터〕 〔저장〕 트랙 밀도(트랙에 대하여 수직 방향으로 셈한 단위 길이당의 트랙수).
tracked [trækt] 图 1 무한궤도의[로 움직이는]. 2 레일 위를 달리는.
track·er[1] [trǽkər] 图 1 track하는 사람[것]; 경찰견, 사냥개. 2 (대포 따위의) 포격 목표 추적 장치; (濠) =black ~. 3 〔음악〕 (오르간의) 트래커(키의 움직임을 전달하는 나무 막대기).
track·er[2] 图 끄는 배; 배를 끄는 사람.
trácker dòg 图 수색견, 경찰견.
tráck evènt 图 〔육상〕 트랙 경기. ⑽ field event
track·ing [trǽkiŋ] 图 1 〔영화〕 트래킹(촬영 중 카메라의 전후 이동 효과). 2 (美) =track system. 3 〔우주〕 (인공 위성·미사일 따위의) 추적. 4 레코드 플레이어의 바늘이 홈을 따라 도는 일.
trácking shòt 图 〔영화·TV〕 =dolly shot.
trácking stàtion 图 〔항공·우주〕 (인공 위성·우주

tracking system 선 따위의) 추적[관측]국(局).
trácking sỳstem 〔교육〕 =track system.
tráck·lày·er [trǽklèiər] 명 1 〔美〕 선로 부설공; 선로 공원(工員). 2 무한 궤도차.
tráck·lày·ing [trǽklèiiŋ] 명 궤도 부설(공사)에 쓰이는; 무한 궤도차의. —명U 철도 궤도의 부설 (공사).
tráck·le·ment [trǽklmənt] 명 일품 요리; (고기와 함께 나오는) 젤리.
tráck·less [trǽklis] 형 사람의 발길이 닿지 않은, 인적 미답의, 길이 없는; 자취[발자국]를 남기지 않은; 무궤도의. ~·ly 부 ~·ness 명
tráckless trólley 〔美〕 무궤도 트롤리 (버스).
tráck líghting 명 트랙 조명(조명 장치를 벽 또는 천장의 레일에 달아 이동시키는 방식).
tráck líght 명 트랙 조명용 전등.
tráck·man 명 〔美〕 1 선로 공원, 보선공(保線工); =trackwalker. 2 육상 경기 선수.
tráck·mèet 명 〔美〕 육상 경기 대회.
tráck·mìle [-màil] 명 〔철도 선로의〕 1마일.
tráck récord 명 〔美〕 육상 경기의 성적; (일반적으로) 성적, 실적.
tráck shóe 명 1 track brake의 궤도에 접촉하는 부분. 2 〔육상 선수의〕 운동화, 스파이크 슈즈.
trácks per ínch 명 〔컴퓨터〕 트랙/인치(플로피 디스크 따위의 트랙 밀도를 나타내는 단위).
tráck sùit 명 운동 선수의 보온복.
tráck sỳstem 명 〔美〕 〔교육〕 능력[적성]별 학급 편성 제도(⟨英⟩ streaming). 「보선반원.
tráck·wàlk·er [trǽkwɔ̀ːkər] 명 〔美〕 선로 순찰원,
tráck·wày [trǽkwèi] 명 1 (이동식 기중기 따위의) 주로를 까는 길. 2 길, 도로.
TRACON 〔항공〕 terminal radar control.
tract[1] [trækt] 명 1 〔하늘·바다·육지 따위의〕 넓은 공간; 지방, 지역, 지대, 구역; 영역. ¶ a vast ~s of desert land 광대한 사막지대. 2 〔해부〕 관(管), …계(系), …도(道); 〔신경 계통의〕 속(束), 삭(索), 로(路). ¶ the digestive ~ 소화관 / the motor ~ 운동 신경삭[로]. 3 〔고어〕 기간; 시간의 경과(lapse). ¶ a long ~ of time 장시간. 4 〔가톨릭〕 영창(詠唱). 5 〔美〕 택지; 주택 단지.
tract[2] 명 (보통 종교·정치 문제에 관한) 소논문, 소책자.
trac·ta·ble [trǽktəbl] 형 1 다루기[길들이기] 쉬운; 온순한. 2 〔재료 따위가〕 세공하기 쉬운; (금속의) 전성(展性)이 있는. **-bíl·i·ty**, **~·ness** 명 **-bly** 부
Trac·tar·i·an [træktɛ́əriən] 명 옥스퍼드 운동 지지자; (t-) 지방주의 저자[발행자]. —형 옥스퍼드 운동 (지지자)의; (t-) 소책자의 저자[발행자]의. **-ism** 명
trac·tate [trǽkteit] 명 논문, 소논문; 평론, 수필.
tráct hóuse 명 트랙트 하우스(주택 단지로 조성되어 파는 주택).
trac·tile [trǽktil/-tail] 형 잡아늘일 수 있는, 연성(延性)이 있는; 잡아당길 수 있는.
trac·til·i·ty [træktíləti] 명U 신장성(伸張性), 신축성.
trac·tion [trǽkʃən] 명U 1 〔레일과 바퀴 또는 도로면과 타이어간의〕 정지(靜止), 마찰. 2 끌기, 당기기. 견인(牽引)(력). 3 〔의학〕 〔근육 따위의〕 수축. 4 〔집합적〕 견인차. 5 공영 수송 업무, 〔美〕 철도 수송; (시내) 전차. ¶ an electric ~ company 전철 회사. 6 〔사람의〕 힘, 매력. **~·al** 형
tráction èngine 명 (궤도가 없는 곳에서 무거운 물건을 견인하기 위한) 견인 기관차, 경작용 견인차.
tráction whèel 명 (기관차 따위의) 동륜(動輪).
trac·tive [trǽktiv] 형 끄는, 당기는, 견인하는.
trac·tor [trǽktər] 명 1 끄는 것[사람]; 견인에 쓰이는 것. 2 트랙터, (무한 궤도) 견인차; 견인 기관차. 3 〔항공〕 프로펠러; (또는 ~ áirplane) 견인식 비행기(추진기가 주익(主翼)보다 앞에 붙어 있다). 「청소차.
tráctor brúsh 명 (브러시를 장비한) 청소 트랙터,
trac·tor·cade [trǽktərkèid] 명 (농민들의 시위·항의 행동으로서의) 트랙터 행진.
tráctor fèed 명 〔컴퓨터〕 프린터의 용지 공급 방식의 하나; 또는 그 기구.
trac·tor·trail·er [-tréilər] 명 견인 트레일러; 〔美〕 대형 화물 트럭. 「판·배포하는 협회.
trac society 명 종교 관계의 팸플릿(tract)을 출
Tra·cy [tréisi] 명 트레이시. 1 Spencer ~ (1900-67: 미국의 영화 배우). 2 사람 이름.
trad [træd] 형 〔재즈 따위가〕 초기의; (일반적으로) 전통적인, 구식인. [< traditional]
trad. tradition(al); translated.
‡trade [treid] 명 (~s [-z]) 1UC 매매, 상업, 거래; 장사 (in); 통상, 무역 (with). ¶ domestic[or home] ~ 국내 상거래 / foreign ~ 외국 무역 / free [protected] ~ 자유[보호] 무역 / wholesale [retail] ~ 도매[소매]업. 2 UC 〔美〕 구입, 판매, 교환; 물물 교환; 〔스포츠〕 (선수의) 트레이드, 교환; 교역품. 3 CU (일반적으로) 직업, 생업, 가업; (숙련을 요하는) 직업, 일. ⇒ OCCUPATION 유의어 ¶ the ~ of a carpenter; carpenter's ~ 목수업 / He is a barber by ~. 그의 직업은 이발사이다 / Every man for his own ~. =Every one to his ~. 〔속담〕 사람은 제각기 전문이 있다 / Two of a ~ never [or seldom] agree. 〔속담〕 같은 장사끼리는 서로 화합이 안 된다. 4 (the ~) 〔집합적〕 동업자, 동인; 소매 상인들; 〔英〕 주류 제조·판매업자; 업계. ¶ discount to the ~ 동업자 할인/ in the ~ 동업자 사이에서는 / a magazine for the furniture ~ 가구업계의 (誌) / the publishing [building] ~ 출판[건설]업계. 5 (종종 the ~) 〔집합적〕 고객, 단골 손님. 6 (the ~s) (구어) = ~ paper; (보통 the ~s) = ~ wind 1. 7 시장(市場). 8 (속어) (the ~) 매춘; 성행위의 상대; 남창(男娼), (매춘부의) 손님. 9 (美) 〔정당간의〕 거래, 타협, 교섭(談合).
be good [bad] for trade 매기(買氣)를 일으키다[일으키지 않다].
be in trade 장사[소매상]을 하다; 가게를 경영하다.
carry on [or follow] a trade 직업에 종사하다, 장사를 하다. 「창하다.
drive [or do, make] a roaring trade 장사가 번
go out of the trade 장사를 그만두다.
the Board of Trade 〔英〕 상무부; 〔美〕 상공회의소.
— 동 (~s [-z]; trad·ed; trad·ing) 타 1 ~을 매매하다, (남과) 교역하다 (with); …와 교환하다, 물물 교환하다 (for). ¶ (~+목+부) (~+목+전+명) ~ (in) an article for another 물품과 물품을 교환하다. 2 〔운동 선수·사람 등〕을 교환하다; 〔스포츠〕 〔선수〕를 트레이드하다. 3 〔상품·증권 따위〕를 재빨리 매매하다. —자 1 장사하다 (in); 무역하다 (with). ¶ (~+전+명) ~ in furs 모피 장사를 하다 / ~ with South America 남미와 무역하다. 2 (물건 따위)를 교환하다. ¶ (~+전+명) If he doesn't like it, I will ~ with him. 만약 그가 그것을 좋아하지 않는다면 내가 교환하겠습니다. 3 (배가) 상품[화물]을 운반하다 (to). 4 물건을 사다 (at, with). ¶ ~ at one's local stores 지방의 상점에서 물건을 사다. 5 〔지위·사면(赦免) 따위를〕 돈으로 팔다; (정당 따위가) 거래[타협]하다 (in). ¶ ~ in benefices 돈으로 성직(聖
trade away …을 팔아버리다. 「職)을 팔다.
trade down …에 웃돈을 얹어주고 같은 종류의 보다 못한 것과 교환하다. 「구다.
trade in ① 장사하다. ② …을 웃돈을 주고 신품과 바
trade off 〔물건·선수 등〕을 교환하다 〔타〕. 3 (일부를) 처분하다; 팔아버리다. 3 〔연장 따위〕를 교대로 쓰다. ④ 〔지위〕의 자리바꿈을 하다. 「…을 악용하다.
trade on [or upon] …을 이용하다; …에 편승하다,
trade up ① (…에 웃돈을 얹어주고 같은 종류의) 보다 비싼 것과 교환하다. ② (돈으로) 사회적 지위를 높이다.
trád·a·ble, **∼·a·ble**, **∼·less** 형

tráde accéptance 图 수출[상업] 인수 어음.
tráde ádvertising 图 산업[유통] 광고(상품 유통 주체인 도소매업자 대상의 광고). 「간의) 단체 협약.
tráde agréement 图 국제 무역 협정; (노사(勞使)
tráde associátion 图 동업 조합, 업종 단체.
tráde bàrrier 图 무역 장벽.
Tráde Bòard 〖英今史〗 임금 위원회(1909년에 설립된 노사(勞使) 및 공익 대표 3자로 구성된 위원회).
tráde bòok 图 일반[시판]용 책; =trade edition.
tráde càrd 图 (英) =business card. 「council〗
tráde còuncil 图 노동조합 협의회. (또는 **trades**
tráde·craft [tréidkræft] 图 (산업 스파이 등의) 스파이 활동에 필요한 지식[기술].
tráde cỳcle 图 (英) 경기 순환(business cycle).
tráde déficit 图 무역 (수지) 적자.
tráde díscount 图 (상업) 동업자(동료) 할인, 도매 「할인.
tráde edítion 图 대중판, 보급판. ⓒ text edition
tráde fàir 图 (무역[산업]) 박람회[견본시].
tráde fríction 图 무역 마찰.
tráde gàp 图 무역 결손, 수입 초과액, 무역 수지 적자.
trade-in [ˈin] 图 신품 대금의 일부로 판매자가 인수 하는 중고품; 그 거래(의 가격). —图 트레이드인의.
¶a ~ price 트레이드인 가격.
tráde jòurnal 图 업계지(誌).
tráde lánguage 图 통상어(通商語)(주로 비즈니스에 쓰이는 혼성 공통어).
trade-last [ˈlæst/-lὰːst] 图 (美口語) (자기에 대한 제3자의 칭찬의 말을 그 조건으로 상대방에게 들려주는) 제3자의 칭찬(ⓟ T.L.). ¶I have a ~ for you. 자네를 칭찬하는 사람이 있네.
trade liberalizátion 图 무역 자유화.
***trade·mark** [tréidmὰːrk] 图 1 (등록) 상표. ¶a registered ~ 등록 상표. 2 (비유적) (사람·물건의 특징을 나타내는) 트레이드마크.
—타 …에 상표를 달다; …의 상표를 등록하다.
Trádemark Cỳberpíracy Prevéntion Àct
图 (the ~) (美) 인터넷 상표권 침해 방지법.
tráde nàme 图 1 상표, 상품명. 2 상용명(商用名) (업계에서 부르는 이름). 3 상호, 옥호(屋號). **tráde-nàme** 图 상용명[상품명, 상호]으로 나타내다.
trade-off [ˈɔːf/-ɔf] 图 1 교환. 2 (타협을 위한) 거래; 교환 협정; (교섭에서의) 교환 조건.
tráde páper 图 업계 신문, 업계지(紙).
tráde páperback 图 포켓판보다 큰 페이퍼백. ⓒ mass-market paperback
tráde pártner 图 무역 상대국.
tráde plàte 图 임시 번호판(자동차 판매업자가 일시적으로 사용하는 미등록 차량용 번호판).
tráde premíère 图(英) 시사회(試寫會).
tráde prèss 图 (집합적) 업계 신문[잡지].
tráde príce 图 업자간의 가격, 도매 가격.
‡**trád·er** [tréidər] 图 (⑰ ~s [-z]) 1 상인, 무역업자, 실업가. 2 상선, 무역선. 3 (증권) 증권업자; (美) 트레이더(자기 계산으로 단기 증권 매매를 하는 업자).
tráde reciprócity 图 상호 통상 주의.
tráde réference 图 (거래 따위에서 상대방에게 알리는 자기의) 신용 조회처.
tráde ròute 图 (대상·대상(隊商)의) 통상[항(航)]로.
tráde sàle 图 업자끼리의 경매. 「훈련 학교[강좌].
tráde schòol 图 실업 (고등) 학교; (기업내의) 직업
tráde sécret 图 기업[영업] 비밀; (익살) 기밀.
trades·folk [tréidzfòuk] 图 =tradespeople.
***trades·man** [tréidzmən] 图 (⑰ -men [-mən])
1 상인, 무역상; (英) 소매 상인. 2 손일 하는 사람, 장인(匠人), 숙련공. 「소매상.
trades·peo·ple [tréidzpìːpl] 图(⑰ 상인; (집합적)
trádes únion 图 (英) =trade union.

Trádes Ùnion Cóngress 图 (the ~) 영국 노동 조합 회의(1868년에 결성된 노동 조합의 전국 조직; ⓟ
tráde súrplus 图 무역 수지 흑자. 「TUC).
trades·wom·an [tréidzwùmən] 图 (⑰ 여자 상인; 여 점원; 손일 하는 여자.
tráde únion 图 1 (산업별 노동 조합(industrial union)과 구별하여) 직종[직능]별 조합(craft union). 2 (英) =labor union. **tráde-ùn·ion** 图
tráde únionism 图 (노동) 조합주의(운동); (집합적) 노동 조합. (또는 **trade-unionism**, (英) **trades-unionism**)
tráde únionist 图 노동 조합원; 노동 조합주의자.
tráde wàr 图 무역 전쟁.
tráde-wèight·ed válue [ˈwèitid-] 图 무역액의 웨이트로 산출한 가치; (통화의) 실질 가치.
tráde wínd 图 1 (the ~) 무역풍; 열대동풍(熱帶東風) (또는 **trades, tráde wìnds**) 2 (古) 항풍(恒風).
trad·ing [tréidiŋ] 图 1 상업[무역]에 종사하는; 통상용의. ¶a ~ company [or house] 상사, 무역회사. 2 (관리 따위가) 매수할 수 있는.
tráding cúrrency 图 (국제) 거래 화폐.
tráding estàte 图 (英) (계획적인) 산업 지구.
tráding òut 图 (광고) (다른 잡지와 광고란을 상호
tráding pòst 图 교역소[장]. 「교환하기.
tráding stàmp 图 경품(교환)권.
‡**tra·di·tion** [trədíʃən] 图 (⑰ ~s [-z]) 1 ⓤⓒ 전통, 관습, 관례, 인습; 전설, 구비(口碑); 전통적 사고 방식, 옛 방식. ¶by ~ 관습상 / follow [break] ~ 전통에 따르다[을 깨뜨리다] / It's a ~ of my family. 그것은 우리 집안의 전통이다. 2 ⓤⓒ (신앙·관습 따위의 구전에 의한) 전승(傳承), 대물림. 3 (예술·문학·유파(流派) 따위의) 전통 방식, 형(型). ¶stage ~ 무대 위의 관례, 연극의 전통. 4 (신학) 경외(經外) 전설, 성전(聖傳), 전승(傳承). 5 (법률) (재산권의) 인도, 이전.
be handed down by tradition 구전되어 오다.
Tradition has it [or **says, runs**] **that...** 전설에 의하면 …이라고 한다.
true to tradition 전설대로, 전통에 어긋나지 않게.
~·less 图
‡**tra·di·tion·al** [trədíʃənl] 图 1 전통의, 전설의, 구비의. 2 전통적인, 전승(傳承)의; 전래의, 인습적인. 3 (재즈 따위가) 구식의, 초기의. **-ál·i·ty** **~·ly** 图
tradítional consérvative 图 (美) (공화당을 중심으로 한) 전통적 보수파.
tradítional grámmar 图 전통 문법.
tra·di·tion·al·ism [trədíʃənəlìzm] 图 ⓤ 1 전통 [인습]의 고수, 전통(존중)주의. 2 (기독교) 전통주의.
-ist [-ist] 图图 **-ís·tic** 图
tra·di·tion·al·ize [trədíʃənəlàiz] (* (英) **-ise**) 图 타 …을 전통으로 하다, 전통에 따르게 하다; …에게 전통을 가르치다[지키게 하다].
tradítional líberal 图 (美) (민주당을 중심으로 한) 전통적 진보파. 「tional.
tra·di·tion·ar·y [trədíʃənèri/-nəri] 图 =tradi-
tra·di·tion·ist [trədíʃnist] 图 1 전통주의자. 2 전통 보유자; 전통 연구가[기록자.
trad·i·tor [trǽdətər] 图 (⑰ **-to·res** [tǽtəriːz]) (초기 기독교도의) 배신자, 배교자.
tra·duce [trədjúːs/-djúːs] 타 1 …을 중상하다, …의 명예를 손상하다; (사실 따위)를 왜곡하다. 2 (법 따위)를 무시하다, 어기다.
-ment, -dúc·er 图 **-dúc·ing·ly** 图
tra·du·cian [trədjúːʃən/-djúː-] 图图 (신학) 영혼 유전론자(遺傳論者)[분생(分生)론자](의).
tra·du·cian·ism [trədjúːʃənìzm/-djúː-] 图 ⓤ (신학) 영혼 유전설[분생설(分生說)](신체와 함께 영혼도 유전된다는 설). ⓒ creationism 1 **-ís·tic** 图
traf. traffic.

Tra·fal·gar [trəfǽlgər] 명 **Cape ~** 트라팔가 갑 (岬)(1805년에 넬슨이 나폴레옹 함대를 격파한 스페인 서남 해안의 갑).

Trafálgar Square 명 (London에 있는) 트라팔가 광장(중앙에 넬슨 상(像)이 있다).

‡**traf·fic** [trǽfik] 명 U 1 (차·사람 등의) 교통, 왕래, 통행.¶There is heavy ~ on this road. 이 길은 교통량이 많다. 2 (집합적) (왕래하는) 차량, 거마(車馬), 보행자. 3 운수, 수송; 운수업.¶ships [or vessels] of ~ 화물선. 4 교통량, (화물의) 수송량, (전화의) 통화량, (전보의) 취급량; (美) (가게의) 손님 수. 5 (문어) 장사, 매매; (외국과의) 교역, 무역, 통상; (특수품의) 거래, 비합법[부정] 거래(in).¶the ~ in wheat 밀의 거래/ the opium ~ 아편 매매/human ~ 인신 매매. 6 교섭, 접촉(with).¶have no ~ with a person 남과 상종하지 않다. 7 (당사간) 상호 교환[전달].¶~ in ideas 의견 교환. 8 (컴퓨터) 소통(량)/정보 교환의 흐름 또는 그 양. **be open to [or for] traffic** 개통하다. **the traffic will bear** 현상(現狀)(상황)이 허락하다. ¶spend more than the ~ will bear 분수에 넘치게 돈을 쓰다.
— 동 (-**ficked** [-t]; -**fick·ing**) 자 1 장사[매매, 무역, 교역]하다; (부정한) 거래를 하다(in, with).¶(~+ 图+名) ~ in goods 물품을 매매하다/~ with natives 원주민과 교역하다. 2 (부정하게) 교섭을 가지다, 통하다(with).¶(~+图+名) I refuse to ~ with such a liar. 그런 거짓말쟁이와는 교제하지 않겠다. 3 돌아다니다. — 타 1 ~을 교역[매매, 교환]하다, (부정) 거래하다. 2 (명예 따위를) 팔다, 희생하다(away). 3 (길 따위) 다니다, 왕래하다, 여행하다.
~**less** 형

TRAFFIC *Trade Records Analysis of Flora and Fauna in Commerce*(불법 야생 동식물 거래를 조사하는 국제 기관).

traf·fic·a·ble [trǽfikəbl] 형 1 지나갈[통행할] 수 있는. 2 시장에 내놓을 수 있는, 매매[거래]에 적합한.

traf·fi·ca·tor [trǽfikèitər] 명 (자동차의) 방향 지시기((美) turn signal). [<*traffic*+*indicator*]

tráffic blòck 명 (英) =traffic jam.

tráffic cálming 명 (학교 근처나 주택지에서의) 서행 촉진 조치.

traf·fic-cast [-kæ̀st] 명 (도로) 교통 (정보) 방송.
~**er** 명 (도로) 교통 (정보) 방송을 하는 사람.

tráffic circle 명 (美) 환상(環狀) 교차로, 원형 교차점, 로터리((英) roundabout).

tráffic còne 명 (도로 공사 구간 따위에 설치하는) 원뿔 모양의 교통 표지(물).

tráffic congèstion 명 =traffic jam.

tráffic cónstable [polícemān] 명 (英) 교통경찰.

tráffic contròl 명 교통 정리.

tráffic contról sìgnal 명 =traffic light.

tráffic contról sỳstem 명 (컴퓨터에 의한) 교통관제 체계.

tráffic còp 명 (구어) 교통 경찰, 소통 제어 체계.

tráffic còurt 명 교통 위반 즉결 재판소.

tráffic dèath 명 교통 사고사(死).

tráffic dènsity 명 교통량.

tráffic enginèering 명 교통 공학.
　tráffic enginèer 명

tráffic índicator 명 (英) =trafficator.

tráffic ìsland 명 교통 섬(차도에 있는 안전 지대).

tráffic jàm 명 교통 체증[마비]. **tráf·fic-jàmmed** 형

traf·fick·er [trǽfikər] 명 무역상, (악덕) 상인(in).¶a jewel ~; a ~ in jewels 보석 밀매상. 2 (뒷구멍으로) 교섭하는 사람; 책모가(策謀家).

tráffic lìght 명 (종종 ~s) 교통 신호등(燈).

tráffic mánager 명 (기업의) 상품 인수·인도 책임자; 화물 수송 감독; 운수과장.　　　「비행 경로.

tráffic pàttern 명 (항공) (비행기 이착륙 때의) 지정

tráffic políceman 명 교통 경찰.

tráffic retúrns 명(복) (정기적인) 운수(運輸) 보고.

tráffic rìght 명 운송권(항공사가 유상으로 승객·화물의 운송을 행사는 인정받는 권리).

tráffic sáfety campàign 명 교통 안전 운동.

tráffic sìgn 명 교통 표지.

tráffic sìgnal 명 =traffic light.

tráffic tìcket 명 (美) 교통 위반 딱지.

tráffic violàtion 명 교통 위반.

tráffic wárden 명 (英) 교통 단속원.

traf·fic·way [trǽfikwèi] 명 차도; 도로 부지[용지].

trag. tragedy; tragic.

trag·a·canth [trǽgəkæ̀nθ] 명 U 트래거캔스 고무 (Astragalus 속(屬)의 식물의 수액(樹液)).

tra·ge·di·an [trədʒíːdiən] 명 비극 배우[작가].

tra·ge·di·enne [trədʒìːdién] 명 비극 여배우.

‡**trag·e·dy** [trǽdʒədi] 명 (複 -**dies** [-z]) 1 UC 비극(적인 이야기); U (극의 한 분야로서의) 비극(對 comedy).¶a ~ like [high] queen 비극 여왕[여우]. 2 U 비극 작법[연출법]; 비극 문학 작품. 3 U (극·문학·인생의) 비극적 요소. 4 UC 비극적[비참한] 사건; 참사, 재난, 재해.¶a ~ of war 전쟁이라는 비참한 사건/The ~ of it! 이게 무슨 비극이냐!

‡**trag·ic** [trǽdʒik] 형 (*more* ~; *most* ~) 1 비극의 [에 관한], 비극적인(對 comic); 비극을 연기하는[쓰는].¶the ~ drama 비극/a ~ poem[actor] 비극 시[배우]. 2 가엾은, 매우 슬픈, 정말 불쌍한.¶in a ~ voice 비통한 목소리로. 3 비참한; 가슴 아픈, 불행한.¶a ~ event 비참한 사건. — 명 (the ~) (인생·문학 따위의) 비극적 요소[성질].

trag·i·cal [trǽdʒikəl] 형 =tragic.
~**·ly** 부 　~**·ness** 명

trágic fláw 명 (문학) 비극적 결함(스스로를 파멸로 이끄는 비극의 주인공의 성격적 결함).

trag·i·com·e·dy [trǽdʒikɑ́mədi/-kɔ́m-] 명UC 희비극; 희비극적 사건.

trag·i·com·ic [trǽdʒikɑ́mik/-kɔ́m-] 형 1 희비극(적 사건)의. -**i·cal** ~ -**i·cal·ly** 부　「꿩과(科)의 새.

trag·o·pan [trǽgəpæ̀n] 명 수계(綬鷄)(아시아산(産)

tra·gus [tréigəs] 명 (複 -**gi** [-dʒai]) (해부) 이주 (耳珠)(외이도(外耳道) 입구의 작은 돌기).

tra·hi·son des clercs [F traizɔ̃ de klɛːr] (F) 지적(知的) 반역, 지식인의 지성 포기. <F>

‡**trail** [treil] 타 (~**s** [-z]) 명 1 …을 (질질) 끌다, (질질) 끌며 가다; 견인하다. ⇒DRAW 유의어 ¶ ~ a long garment 긴 옷을 질질 끌다// (~+图+名) a toy cart by [or on] a piece of string 장난감 자동차를 끈으로 끌다 // (~+图+图) He ~ed along his wounded leg. 그는 다친 다리를 끌며 걸었다. 2 (연기 따위)를 꼬리를 끌게 하다.¶A car passed by ~*ing* exhaust fumes. 자동차가 배기 가스를 내뿜으며 지나갔다. 3 …의 뒤를 쫓다, 추적[미행]하다(to).¶ (~+图+图+名) a person to his house 집까지 남의 뒤를 쫓아가다. 4 (美구어) (경주 따위에서) (남)의 뒤를 달리다, …의 뒤에 붙어서 천천히 가다. 5 (美) (풀 따위)를 밟아 헤치고 길을 내다. 6 (연철 따위)를 길게 끌다(*out*). (말 따위)를 길게 발음하다. 7 (군사) (총)을 세워총하다. 8 (낚싯줄)을 수면에 흘려보내다, 트롤 하다.¶(라디오·TV) (프로그램)의 예고를 하다.
— 자 1 (질질) 끌리다; (머리카락·가지 따위가) 늘어지다(*along*) (*on, over, down*).¶ (~+图+名) Her long bridal gown was ~*ing on* [or *over*] the floor. 그녀의 긴 신부 의상이 마루 위에 질질 끌렸다 / hair ~*ing down* the back 등 뒤로 늘어진 머리. 2 (끌려가듯이) 뒤따라가다; 발을 질질 끌고 걷다, (행렬 따위에서) 낙오하다(*behind*). 3 (구름·연기 따위가) 길게 뻗치다, 길게 꼬리를 끌다.¶(~+图+名) Smoke ~*ed from* the chimney. 연기가 굴뚝에서 길게 뻗쳤

다. **4** (덩굴 따위가) 뻗다; (뱀 따위가) 천천히 기다 (*over, along, by*). ¶(~+쩐+图) Ivy ~s *over* the house. 담쟁이덩굴이 집 위로 뻗어 있다. **5** (소리 따위가) 점점 사라지다 (*away, off*); 차츰 엷어져서 …한 상태로 되다(*into*). ¶Her voice ~ed *away into* silence. 그녀의 목소리는 점점 작아지면서 사라졌다. **6** (사냥개가) 사냥감을 쫓다. **7** (古語) 견지낚시질하다 (troll). **8** 마지막에 도착하다 (*in*), 꼴찌이다. **9** (경기) ***Trail arms!*** (구령) 세워총! └(에서) 지고 있다 (*by*).
trail on (지루한 시간 따위가) 오래 끌다; (행사 따위가) 자꾸 미루어지다. └걸다.
trail one's coat(*tails*) 도전적으로 행동하다, 싸움을
—— ~***s*** [-z] **1** 자국, 발자국, 흔적, 지나간 자국; 항적(航跡); 천체 사진의 건판(乾板)에 나타난 별의 이동선. ¶vapor ~s 비행운(飛行雲). **2** (황야 따위에서) 사람·동물이 밟아 다진 길, 오솔길. **3** (동물·사냥감 따위의) 냄새 흔적; (수사 따위의) 실마리, 혐적. ¶get off [*or* lose] the ~ 자국을 잃다; 실마리를 놓치다. **4** 뒤로 질질 끄는 것; 옷자락, 치맛자락; 늘어뜨린 머리카락. **5** (혜성·유성 따위의) 꼬리; (구름·연기 따위가) 길게 뻗은 것; (빛·사람·차 따위의) 흐름[열(列)]. **6** [해사] 장식을 한 판자. **7** (포술) 화포(火砲)·포가(砲架)의 다리, 가미(架尾); (군사) 세워총의 자세). ¶***at the*** ~ 세워총의 자세로. **8** 사고·재해 따위의 결과, 여파, 후유증. **9** (라디오·TV) 예고편.   └치다 (*of, in*).
blaze a [*or* **the**] ***trail*** (…의) 선구자가 되다, 선수를
hit [*or* **take**] ***the trail*** (구어) 여행을 떠나다, 나서다.
hot [*or* **hard**] ***on the trail*** (…의) 뒤에 바싹 붙어서
in trail 일렬 종대로.   └(*of*).
off the trail (사냥개가) 냄새 자국을 잃고; 길을 잃어.
on the trail (*of*) (…을) 뒤쫓아.
trail·a·ble [tréiləbl] 圈 **1** 자취를 더듬을 수 있는. **2** (보트·배 따위를) 트레일러로 운반할 수 있는; 끌어갈 수 있는.
tráil bìke 图 트레일바이크(험한 길에서 쓰는 오토바
tráil·blàz·er [tréiblèizər] 图 **1** (삼림 따위에서 뒤에 오는 사람이 따를 수 있게) 지나간 길에 표적을 만드는 사람. **2** 개척자, 선구자. **-blàz·ing** 圈 선구적인.
tráil bòss 图 (미국 서부에서) 소떼를 시장으로 몰고 가는 사람, 소몰이꾼.
***trail·er** [tréilər] 图 **1** (무거운 것을) 끄는 사람[것]; 뒤를 따라가는 사람[것]; 추적자, 사냥꾼, 사냥개. **2** 트레일러(자동차·트랙터 따위의 뒤에 연결해서 화물을 나르는 차). **3** (美·캐나다) (자동차로 끄는) 이동 주택((英) caravan). **4** 덩굴 식물. **5** (영화의) 예고편; (한 통의 필름 끝의) 공백 필름. **6** [컴퓨터] 정보 꼬리(파일의 맨 끝에 기록되는 것; 파일의 끝 표시와 내용을 요약한 정보). **7** [철도] 트레일러 객차(~ car); [기계] 종륜(從輪)(trailing wheel).
trail·er·a·ble [tréilərəbl] 圈 =trailable 2.
tráiler càmp[**cóurt, párk**] 图 (美) 이동 주택 차
tráiler còach 图 (美) 이동 주택차. └량용 주차장.
trail·er·ist [tréilərist] 图 이동 주택(house trailer)에 사는[으로 여행하는] 사람.
trail·er·ite [tréiləràit] 图 =trailerist.
tráiler pùmp 图 이동 소방 펌프.
trail·er·ship [tréilərʃìp] 图 차량 수송용 선박.
tráiler trùck 图 =truck trailer.
trail·head [tréilhèd] 图 발자국[길]의 기점(起點).
trail·ing [tréiliŋ] 圈 질질 끌고 있는, 가로 길게 뻗치는. ¶~ plants 포복 식물.
tráiling arbútus 图 (북미산의) 월귤나무류.
tráiling èdge 图 (항공) (날개·프로펠러의) 뒷전.
tráil mìx 图 =gorp.
tráil nèt 图 후릿그물.
‡**train** [trein] 图 (**雙**) ~s [-z] **1** 열차, 기차, 전차. ¶(**a**) ~ **service** 열차편 / **a local** [**an express**] ~ 보통 [급행] 열차 / **a passenger** [**freight**] ~ 여객[화물] 열차 / **travel by** ~ 기차로 여행하다 / **catch** [**miss**] **one's** ~ 기차 시간에 대다[놓치다] / **take the 8:10** ~ **bound for Seoul** 8시 10분발의 서울행 기차를 타다 / **take** [**or board, get on**] **a** ~ 열차에 타다 / **get out** [**or out of**] **a** ~ 열차를 내리다 / **change** ~**s at Seoul Station** 서울역에서 열차를 갈아타다. **2** (사람·차 따위의 긴) 열, 줄, 행렬; 뒤에 이어지는 열. ¶**a funeral** ~ 장례 행렬 / **a** ~ **of fans** 팬의 행렬. **3** (집합적) 수행원의 일단. **4** (사건·행동 따위에서 생기는) 결과, 여파; (행위·사건·상황 따위의) 연속, 흐름; (사고의) 맥락; 추리의 과정. ¶**an unlucky** ~ **of events** 거듭되는 불운한 사건 / **follow a** ~ **of thoughts** 생각이 다음에서 다음으로 이어지다. **5** [U] 순서, 절차, 수순, 차례. **6** 뒤에 끌리는 것; 끌리는 부분; 옷자락; (동물·새의) 늘어뜨린 꼬리, 공작의 긴 꼬리; [천문] (유성 따위의) 꼬리. **7** 불씨, 도화선. **8** (군사) 군수품 수송대. **9** [기계] (맞물린 톱니바퀴 따위의) 열; 하나로 이어짐, 일련(一連)의 것; (구름·연기 따위의) 옆으로 길게 뻗치기; [물리] (진동 따위의) 연속, 열. ¶**a** ~ **of gears** 일련(一連)의 전동 장치. **10** (시) 강의 흐름. **11** (보통 ~s) (美俗) 윤간(輪姦).
in a person's train 남의 뒤를 이어서.
in the train of …에 잇따라, …의 결과로서.
in train 준비가 갖추어져; (일이) 순조롭게 진행되어. ¶**put** [*or* **set**] **things in** ~ 일의 순서를 정비하다 / **All is now in good** ~. 이제 만반의 준비가 되었다.
pull a [*or* **the**] ***train*** (美俗) (여자가) 차례차례 여러 남자와 성행위를 하다.
—— ~**s** [-z] 恨 **1** (습관·사고 따위를) 가르치다, 몸에 익게 하다(*up*); (어린이 등을) 훈육하다. **2** (남)을 (…에) 숙달[숙련]되게 하다(*in*); 양성하다, 교육하다 (*as, for, to do*). ¶TEACH 類義어 ¶(~+图) **be** ~**ed as mechanics** 수리공으로서 양성되다 // (~+图+쩐+图) ~ **a person for the diplomatic service** 남을 외교관으로 양성하다. **3** (동물)을 훈련하다, 길들이다, 조련(調練)하다; (美俗) (유아·개 따위)에게 용변법을 가르치다. ¶(~+图+*to do*) ~ **a dog** *to* **obey** 개를 말을 잘 듣도록 훈련하다. **4** (경기 따위에 대비하여) 몸의 컨디션을 조정하다, 단련하다, 길들이다, 훈련하다 (*for*). ¶~ **a long-distance runner** 장거리 주자를 양성하다 / ~ **a person for a marathon** (**race**) 마라톤(경주)에 대비하여 남을 훈련시키다. **5** …을 (특정한 형태·위치 따위가 되도록) 다루다, 조작[조종]하다; (원예) (식물 따위)를 바라는 모양으로 가꾸다, 정지(整枝)하다. ¶~ **roses against a wall** [**around an arch**] 장미를 벽에 뻗어가게[아치에 휘어감기게] 하다. **6** …에 (포(砲))의 조준을 맞추다, (카메라·망원경)을 돌리다, 겨누다 (*on, upon*). ¶~ **guns on a fort** 대포를 요새쪽으로 겨누다. **7** (드물게) (무거운 것)을 끌다. **8** (古語) …을 유혹하다, 부추기다 (*on*).
—— 图 **1** 훈련되다, 길들다, 교육받다; 훈련[교육]을 받다, 길들여지다, 연습하다 (*for, in*). ¶~ **as** [*or* **for, to be**] **a teacher**; ~ *for* **teaching** 교사가 되기 위한 교육을 받다. **2** (시합 따위에 대비하여) 몸의 상태를 조절하다, 트레이닝하다 (*for*). ¶(~+쩐+图) ~ *for* **the Olympics** 올림픽에 대비하여 훈련하다. **3** (치맛자락 따위가) 질질 끌리다. **4** (구어) 열차로 가다, 열차[철도]로 여행을 하다. ¶**We** ~**ed to Boston**. 우리는 보스턴까지 기차로 갔다.
train down (단련으로) 체중을 줄이다, 감량하다.
train fine 엄격히 훈련하다.
train it (구어) 열차로 가다.
train off ① (총알 따위가) 빗나가다. ② 지쳐서 체중조절 훈련에서 탈락하다; 운동·식이요법으로 감량하다.
train on 단련하여 기량을 늘리다[연마하다].
~·**less** 圈
TRAIN TeleRail Automated Information Network. **train., Train.** training.
train·a·ble [tréinəbl] 圈 (사람이) 훈련[교육]할 수

있는; (동물이) 길들일 수 있는. **-bíl·i·ty** 명
tráin·bànd [tréinbænd] 명 《英역사》 (16~18세기에 London 등지에 있었던) 민병대, 시민군(市民軍).
tráin·bèar·er [trèinbɛ́ərər] 명 1 (의식 때의) 옷자락을 드는 사람. 2 (꼬리가 긴 남미산(産)) 벌새의 일종.
tráin càse[bòx] 명 (여행용) 세면 도구 케이스.
tráin dispàtcher 명 《美》 발착 계원.
trained [treind] 형 1 훈련받은, 숙달된. 2 긴 옷자락이 달린.
tráined núrse 명 = graduate nurse
train·ee [treiníː] 명 1 훈련받는 사람[동물], 직업 훈련을 받는 사람, 훈련생, 도제(徒弟), 견습공. 2 《美》 (군사 훈련을 받는) 응모병, 신병(新兵).
train·ee·ship [treiníːʃip] 명 1 trainee의 신분[지위]. 2 trainee로 근무하는 기간; trainee의 수당, 훈련 기간 수당.
‡**train·er** [tréinər] 명 (~s [-z]) 1 (운동 선수 등의) 훈련자, 트레이너, 교관; (말·개 따위의) 조련사(調練師), 조마사. 2 (보통 ~s) 《英》 즈크 운동화. 3 《美 해군》 (수뢰) 조준수(照準手). 4 (비행기 조종사의) 양성 [훈련] 모의 장치, 훈련기. 5 민병단원(명 trainband).
tráin fèrry 명 열차 연락선(열차를 통째로 적재한다).
‡**train·ing** [tréiniŋ] 명 1 훈련, 단련, 양성, 교육, 가르치기; (말 따위의) 조교(調敎); (운동 경기의) 연습, 트레이닝 (for). ¶ academic ~ 학교 교육/professional [or vocational] ~ 직업 교육/~ for doctors 의사의 양성. 2 (훈련을 받고 있는 사람의) 훈련 상태, 컨디션. ¶ be in perfect ~ 컨디션이 아주 좋다. 3 (원예) (식물의) 가꾸기, 다듬기.
be good training 장래를 위해 도움이 되다.
be in [out of] training 연습이 되어 있다[되어 있지 않다]; 컨디션이 좋다[나쁘다].
go into training 연습을 시작하다 (for).
— 형 훈련의, 트레이닝의, 연습용의.
tráining àid 명 = teaching aid.
tráining còllege 명 《英》 사범[교육] 대학(《美》 teachers college).
tráining pànts 명복 소아용 속팬츠(기저귀를 안 채우게 됨 때).
tráining schòol 명 1 (직업·기술 따위의) 훈련(양성)소, 2 소년원, 감화원.
tráining sèat 명 (유아용의) 연습[훈련]용 변기.
tráining shìp 명 연습선(船); (해군의) 연습함(艦).
tráin·lòad 명 열차 한 대분의 화물[승객]; 열차 한 대의 화물[승객] 적재량.
train·man [tréinmən] 명 《美》 열차 승무원(제동수·신호수 등), 열차 감독, 열차장.
train·mas·ter [tréinmæstər/-màːs-] 명 《美》 구 **tráin òil** 명 고래 기름; 어유(魚油).
tráin sèt 명 장난감 기차 세트.
train·sick [tréinsìk] 형 기차 멀미하는. **~·ness** 명
traipse [treips] 《구어·방언》 자 1 어슬렁어슬렁 걷다, 정처없이 걷다, 슬슬 거닐다 (about). — 타 헤매고 다니다, 빈들거리다. — 명 1 단정치 못하게 걷기, 빈들빈들 걷기. 2 단정치[칠칠치] 못한 여자. (또는 **trapes**)
*****trait** [treit/trei(t)] 명 1 (성격 따위의) 특성, 특징, 특색. ¶ FEATURE 유의어 ¶ national ~s 국민성. 2 (드물게) 일필(一筆), 붓씨 솜씨. 3 (드물게) …의 기미, 기운, 조금 (of). ¶ a ~ of humor [sarcasm] 약간의 유머[비꼼]. 4 얼굴 생김새, 이목구비, 인상. ¶ the ~s of her face 그녀의 얼굴 생김새. 5 (유전) 형질.
*****trai·tor** [tréitər] 명 1 (사람·주의 따위에 대한) 배반자, 배신자 (to). ¶ turn [or become] ~ to …의 반역자가 되다, …을 배반하다. 2 (국가에 대한) 반역자, 역적, 매국노, 국사범. **~·ship** 명
trai·tor·ous [tréitərəs] 형 1 배반하는; 두 마음이 있는, 배신적인. ¶ ~ behavior 배신적 행위. 2 반역죄의, 대역(大逆)의. ¶ a ~ act 대역[반역] 행위.
~·ly 부. **~·ness** 명

Tráitor's Gáte 명 (the ~) 반역자의 문(런던탑의 Thames 강쪽 문).
trai·tress [tréitris] 명 traitor의 여성형.
tra·ject [trədʒékt] 타 《고어》 1 (…을) 보내다, 나르다, 옮기다; (빛 따위를) 투과시키다; (말·사상 따위를) 전하다. 2 (강 따위를) 건너다, 횡단하다. — 명 나루터; 횡단, 통행.
tra·jec·tion [trədʒékʃən] 명 《고어》 1 수송; 투과, 전도(傳導); 전달. 2 《언어》 = metathesis 1.
tra·jec·to·ry [trədʒéktəri] 명 1 (투사물·로켓·천체 따위의) 곡선, 호(弧), 탄도, 궤도, 궤적, 비상(飛翔) 경로. 2 (기하) 직교절선(直交切線), 정각(定角) 궤도.
tra-la [trɑːláː] 감 트랄라(기쁨·유쾌한 기분을 나타내는 발성). (또는 **tra-la-la** [ˌ-ləláː])
‡**tram**¹ [træm] 명 (~s [-z]) 1 《英》 시가 전차 (《美》 streetcar). ¶ by ~ 전차로. 2 (~s) 《英》 (시가 전차의) 선로(tramway); (광산용) 광차(鑛車)궤도 (tramroad). 3 (광산에서 사용하는) 광차, 석탄 운반차. 4 (삭도(索道)의) 운반차[기]; 공중 케이블카.
— (~s [-z]; -mm-) 자 (시가) 전차로 가다. — 타 1 …을 (시가) 전차로 나르다; …을 광차로 운반하다. 2 ~ (it) 《英구어》 (시가) 전차로 가다. **~·less** 형
tram² 명 (직물의 씨실로 쓰는) 외가닥 명주실.
tram³ (기계) 명 = trammel 2 c). — 타 …을 바르게 조정하다, 바른 위치로 조정하다.
‡**tram·car** [træmkɑːr] 명 = tram¹ 1, 3.
tram·line [træmlàin] 명 《英》 1 (시가) 전차 노선; (종종 ~s) 전차 궤도(《美》 streetcar line). 2 (~s) (구어) (테니스 코트의) 측선. 3 (~s) 부동(不動)의 원리.
tram·mel [træməl] 명 1 (보통 ~s) (자유로운 행동에 대한) 방해, 장애; 제약, 속박. ¶ the ~s of custom 인습의 속박. 2 (기계) a) 타원(楕圓)자. b) (~s) 빔 컴퍼스. c) (부품 설치용) 조정기. 3 3중의 자망(刺網)(눈이 성긴 두 개의 그물 가운데에 눈이 촘촘한 그물을 친 것)(~ net). 4 (드물게) 새 잡는 그물. 5 《美》 자재(自在) 고리쇠. 6 《美》 (말의 측대보(側對步)) 조교용(調敎用) 고삐. — 타 (**-l-**, 《英》 **-ll-**) 1 …을 구속[방해]하다, 속박하다. 2 (물고기·새를) 그물로 잡다.
~·er, 《英》 **~·ler** 명
tram·mie [træmi] 명 《濠구어》 시가(市街) 전차의 차장[운전사]. (또는 **trammy**)
tra·mon·tane [trəmɑ́ntein/-mɔ́n-] 형 산 저편의[에서] 오는, 산 너머의; (이탈리아에서 본) 알프스 저편의[에 사는]; 이국(異國)의, 외국의; 야만의. — 명 산 저편의 사람; 이국인, 타국인; 야만인.
‡**tramp** [træmp] 자 (~ed [-t]) 짜 1 쿵쾅거리며[발을 구르며] 걷다 (about). 2 (심하게) (짓)밟다 (on, upon). ¶ (~ + 前 + 명) ~ on a person's toes 남의 발을 세게 (짓)밟다. 3 터벅터벅 걷다; 도보 여행을 하다; (부랑자로서) 헤매다, 걸어다니다, 방랑하다 (across, over). ¶ (~ + 前 + 명) ~ through Jejudo 제주도를 도보 여행하다 / ~ up and down the street 거리를 걸어다니다. 4 부정기 화물선으로 항해하다. — 타 1 …을 쿵쾅거리며 걷다. 2 (종종 ~ it) …을 도보로 가다, 헤매다. ¶ ~ the streets 거리를 헤매다. 3 방랑하다, 부랑자로 떠돌아다니다. 4 …을 발로 밟다, 짓밟다 (down). ¶ (~ + 目 + 前 + 명) ~ grapes for wine 포도주를 만들기 위하여 포도를 밟아 으깨다. 5 (배를) 부정기 화물선으로 운항하다.
— 명 1 쿵쾅거리며 걷기; 무겁게 울리는 발걸음 (소리). ¶ the ~ of marching soldiers 행군하는 병사의 무겁게 울리는 발소리. 2 장거리 도보 여행; 도보 하이킹. ¶ take a long ~ to a place 어느 장소까지 먼 거리를 도보로 가다. 3 도보 여행자; 방랑자, 부랑자; 뜨내기 직공. ¶ VAGABOND 유의어 4 《美》 부정기 화물선. 5 구두창에 대는 쇳조각. 6 《美속어》 방종한[행실이 나쁜] 여자; 매춘부.
look like a tramp 부랑자 같은 옷차림을 하고 있다.

on (the) tramp 방랑하여; (일자리를 찾아) 떠돌아 다니는. 「기의.
— [형] 일정한 거처가 없는, 떠돌아 다니는; (배가) 부정
∠·ish [형] **∠·ish·ly** [부] **∠·ish·ness** [명]
trámp àrt [명] 트램프 아트(1875년경부터 1930년에 걸쳐 미국에서 성행했던 목각 양식[작품]).
tramp·er [trǽmpər] [명] **1** 쿵쿵대며 걷는 사람; 짓밟는 사람; 도보 여행자. **2** 부랑자. **3** 부정기 화물선.
trám pìnch [명] (英) 노면 전차 궤도가 인도쪽으로 다가선 구간(정류장 따위).
‡tram·ple [trǽmpl] [동] (**~s** [-z]; **~d; -pling**) [자] **1** 쿵쿵거리며 걷다, 발을 구르다(*about*). **2** 짓밟다, 밟아 뭉개다[망치다](*on, over*). ¶ ~ *on* a flower bed 꽃밭을 밟아 뭉개다. **3** (사람을) 거칠게 다루다; (감정·권리 따위를) 짓밟다, 무시하다(*on, upon, over*). ¶ (~+[前]+[名]) ~ *on* law and justice 법과 정의를 무시하다.
— [타] **1** …을 쿵쿵 밟다, 밟아 뭉개다, 짓밟다(*down*). ¶ (~+[目]+[副]) ~ grass *down* 풀을 밟아 뭉개다 // (~+[目]+[前]+[名]) The hunter was ~*d to* death by the elephant. 그 사냥꾼은 코끼리에 밟혀 죽었다. **2** 〔남〕에게 횡포를 부리다; 〔감정·권리 따위〕를 짓밟다, 무시하다(*down*). ¶ ~ law and order 법과 질서를 유린하다 // (~+[目]+[副]) ~ *down* a person's feelings 남의 감정을 짓밟다. **3** 〔불〕을 밟아 끄다(*out*). ¶ ~ the fire *out* 불을 밟아 끄다. **—** [명] 짓밟기[밟는 소리]; 쿵쿵거리며 걷기[걷는 소리]. **-pler** [명] 짓밟는 사람[것].
tram·po·line [træ̀mpəlíːn/∠-∸] [명] 트램펄린(즈크제(製) 매트를 편 체조 용구의 일종). **—** [동][자] 트램펄린 연습[연기]을 하다.
-lín·er [명] **-lín·ing** [명] 트램펄린 경기. **-lín·ist** [명]
trámp stèamer [명] 부정기 화물선.
tram·road [trǽmròud] [명] (美) (광산의) 광차 궤도.
tram·way [trǽmwèi] [명] (英) = tramline 1; (광산의) 광차의 궤도; (케이블카의) 삭도(索道).
TRAN 〔컴퓨터〕 transmit.
***trance** [træns/trɑːns] [명] **1** (보통 a ~) 꿈결, 비몽사몽; 기뻐 어쩔 줄 모름, 황홀감; 망연자실(茫然自失). **2** (보통 a ~) 인사불성; 최면 상태. **3** [CU] 〔심령〕 (영매(靈媒)에 의하여) 일시적으로 신이 들린 상태.
fall into a trance 넋을 잃다, 황홀해지다; 실신하다.
— [동][타] (시·고어) …을 실신시키다; …을 황홀하게 하다, 멍하니 넋을 잃게 하다, 기뻐 어쩔 줄 모르게 하다.
tranced·ly [trǽnstli, trǽnsid-] [부] **∠·like** [형]
TRANET Navy *Tra*cking Station *Net*work.
trank [træŋk] [명] (종종 ~s) (속어) = tranquilizer.
tran·ny [trǽni] [명] (英구어) = transistor radio; (美속어) 변속기(transmission). (또는 **trannie**)
***tran·quil** [trǽŋkwil] [형] **1** (장소·환경이) 조용한, 평온한, 잔잔한. ⇨CALM [유의어] ¶ the ~ waters of the lake 잔잔한 호수. **2** (마음·태도 따위가) 평온한, 차분한, 평화로운. ¶ a ~ heart 평온한 마음. **3** 변함없는, 안정된.
~·ly [부] **~·ness** [명]
tran·quil·ite [trǽŋkwəlàit] [명] = tranquillityite.
tran·quil·ize [trǽŋkwəlàiz] [동][타] …을 진정시키다, 〔마음〕을 가라앉히다. **—** [자] 조용해지다, 가라앉다. (또는 **tranquillize**) **-i·zá·tion** [명]
tran·quil·iz·er [trǽŋkwəlàizər] [명] **1** 가라앉히는 사람[것], 진정시키는 사람[것]. **2** 〔약학〕 트랭퀼라이저, 진정제, 정신 안정제.
***tran·quil·li·ty** [træŋkwíləti] [명][U] 조용함, 고요함; 평안, 냉정, 침착함. ¶ with his usual ~ 여느 때와 같이 침착하게. (또는 **tranquility**)
tran·quil·li·ty·ite [træŋkwílətiàit] [명] 〔광물〕 트랭퀼라이트(월면의 「고요한 바다」에서 아폴로 11호 우주선이 채취해 온 광물).
tranquíllity tànk [명] 정신 안정 탱크(암실내의 부유 탱크에 온수를 채워 그 속에서 스트레스를 해소).
trans. transaction(s); transfer(red); transformer; transit(ive); translated; translation; translator; transport(ation); transpose; transverse.
trans- [træns/trænz] [접두] (* s 앞에서는 보통 tran-) **1** on[*or* to] the other side of, over, across, through의 뜻. ¶ *trans*atlantic, *trans*port. **2** so as to change thoroughly의 뜻. ¶ *trans*form, *trans*late. **3** beyond, above의 뜻. ¶ *trans*cend.
***trans·act** [trænsǽkt/trænz-] [동][타] 〔업무·교섭 따위〕를 행하다(⇨DO [유의어]); 〔사건〕을 처리하다, 해결하다. **—** [자] (…와) 업무[거래, 교섭 따위]를 보다(*with*); (…와) 타협하다(*with*). **-ác·tor** [명]
trans·ac·ti·nide [trænsǽktənàid/trænz-] [명][형] 〔화학〕 초(超)악티늄족(族)(원소)(의). ¶ the ~ series 초(超)악티늄족.
***trans·ac·tion** [trænsǽkʃən/trænz-] [명] **1** [UC] (the ~) (업무·교섭 따위의) 처리, 처치. **2** 업무, 거래; (~s) 상거래, 매매. ¶ cash ~*s* 현금 거래 / service ~*s* 서비스업의 업무 제공. **3** (~s) (학회·회의 따위의) 화보, 보고서, 기요(紀要); 의사록. **4** [UC] 〔법률〕 화해, 시담(示談). **5** 〔심리〕 교류(交流). **6** 〔컴퓨터〕 변동 자료(약 TA).
~·al [형] **~·al·ly** [부]
transáctional análysis [명] 〔심리〕 교류(交流) 분석(커뮤니케이션을 원활하게 하는 정신 요법; [약] TA).
transáction file [명] 〔컴퓨터〕 변동(기록)철(가변적인 자료를 처리하는 파일). [참] master file
trans·ac·ti·va·tion [træ̀nsæktəvéiʃən/træ̀nz-] [명] 전사(轉寫) 촉진(바이러스에 감염된 세포내의 성장 유전자가 자극되는 일).
trans·ác·ti·vàt·ing [명] **trans·ác·ti·vàt·or** [명]
trans·ac·tive críticism [trænsǽktiv-/trænz-] [명] 〔문학〕 교류 비평.
trans·al·pine [trænsǽlpain, -pin/trænz-] [형] **1** (이탈리아쪽에서 보아) 알프스 저편의(거주인의, 지방의). **2** (철도·터널 따위가) 알프스를 횡단하는. **—** [명] 알프스 저편에 사는 사람.
Trans-Am [trǽnzæ̀m] (구어) [형] **1** = trans-American. **2** 아마존 횡단의(trans-Amazon). **—** [명] **1** (상표 따위에서) 아메리카 횡단. **2** 아마존 횡단 도로.
trans-A·mer·i·can [-əmérikən] [형] 아메리카 횡단의. * (구어)나 (상표)에서는 Trans-Am으로 쓴다.
trans·am·i·nase [trænsǽmənèis/trænz-] [명] 〔생화학〕 아미노기(基) 전이(轉移) 효소, 트랜스아미나아제.
trans·am·i·nate [trænsǽmənèit/trænz-] [동] 〔생화학〕 아미노기(基) 전이를 일으키다[일으키게 하다].
trans·am·i·na·tion [trænsæ̀mənéiʃən/trænz-] [명] 〔생화학·화학〕 아미노기(基) 전이 (반응).
trans·an·nu·lar [trænsǽnjulər/trænz-] [형] 〔화학〕 트랜스애뉼러의(고리모양 화합물의 원자 또는 원자단(團)이 환내 공간을 통하여 상호 작용하는 것에 대해 말한다).
trans·at·lan·tic [træ̀nsætlǽntik/træ̀nz-] [형] **1** 대서양을 횡단하는. ¶ a ~ liner 대서양 항로 정기선. **2** 대서양 저편의; (유럽에서 보아) 아메리카의, (아메리카에서 보아) 유럽의. **—** [명] **1** 대서양 저편에 사는 사람; (英) 아메리카 사람, (美) 유럽 사람. **2** 대서양 항로(정기)선. **~·ly** [부]
trans·ax·le [trænsǽksl, trænz-] [명] 트랜스액슬(전륜(前輪) 구동 자동차 등에 사용되는 동력 전달 장치).
trans·bound·a·ry [trænsbáundəri/trænz-] [형] (美·캐나다) 월경(越境)의, 국경을 넘는.
trans·bus [trænsbʌ́s/trænz-] [명] (美) 트랜스버스(노인·신체 장애자를 위한 대형 개조 버스).
trans·ca·lent [trænskéilənt] [형] 열을 잘 통하는[전도하는], 열전도의. **-len·cy** [명]
trans·car·ba·myl·ase [trænskɑ́ːrbəmilèis/trænzkɑ́ːbəmilèiz] [명] 〔생화학〕 카르바밀 전달 효소.
Trans·cau·ca·sia [træ̀nskɔːkéiʒə, -ʃə/-ziə] [명]

트랜스코카시아(Caucasus 산맥의 남쪽 카스피해와 흑해 사이의 지역). **-sian** 형명

trans·ceiv·er [trænsíːvər] 명 (무선) 휴대용 무선 전화기, 트랜스시버.

tran·scend [trænsénd] 타 1 (경험·이성·상상 따위의 범위)를 넘다. 초월하다. ¶The grandeur of the scenery ~s description. 그 경치의 웅장함은 필설로 다할 수 없다. 2 (높이·넓이·정도가) …보다 앞서다, …을 능가하다. 3 (신학) (신이) (우주·시간 따위)를 초월하다. —자 초월하다, 능가하다, 탁월하다. **~ing·ly** 부

tran·scend·ence [trænséndəns] 명 초월, 탁월, 우월; (신의) 초월성. (또는 **transcendency**)

tran·scend·ent [trænséndənt] 형 1 보통을 넘는, 대단한, 비상한; 발군(拔群)의, 뛰어나게 훌륭한. ¶a man of ~ genius 뛰어난 천재. 2 (신학) (신이) 우주·시간을 초월하고 있는, 초절적(超絶的)인, 초자연의. 3 (스콜라 철학) 초월적인(아리스토텔레스의 10범주(範疇)를 초월한); (칸트 철학) 초경험적인. 4 (생각 따위가) 불가해(不可解)한, 막연한. —명 1 상식을 넘어선 사람[것], 출중한[이해하기 어려운] 사람[것]. 2 (칸트 철학) 초경험적인 것. 3 (수학) 초월 함수. **~·ly** 부 **~·ness** 명

tran·scen·den·tal [trænsendéntl, -sən-] 형 1 (능력·특성 따위가) 탁월한, 발군의. 2 초자연적인, 인지(人智)가 미치지 못하는; 심원한. 3 (사상 따위가) 난해, 추상[관념]적인, 형이상학적인, 모호한. 4 이 상주의적인, 고상[고원]한; 터무니없는. 5 (철학) 초월적인; (칸트 철학) 선험적(先驗的)인. 6 (수학) (수·함수가) 초월의. ¶ 1 (수학) 초월수(π·e 따위): ~ number). 2 (스콜라 철학) (~s) 보편적 개념(존재·유일·진(眞)·선(善) 따위); 초월론적인 것.
-den·tal·i·ty [-dentǽləti] 명 **-·ly** 부

tran·scen·den·tal·ism [trænsendéntəlìzm, -sən-] 명 U 초월론적인 특질[사고, 말]; 난해한 표현, 추상적인 사상. 2 (철학) (칸트의) 선험론, 선험적 철학; 초월주의; (에머슨의) 초절론(超絶論). **-ist** 명

tran·scen·den·tal·ize [trænsendéntəlàiz, -sən-] 타자 초월적인 것으로 하다; 심원한 것으로 하다, 승화시키다, 이상화하다. **-i·zá·tion** 명

transcendéntal meditátion 명 초월 명상(법). 1 입을 다물고 진언(眞言) 등을 외면서 정신적·육체적으로 자아를 해방시키는 명상법(약 TM). 2 (T– M–) Maharsi Mahesi Yogi가 1958년에 인도의 Bombay에서 시작한 종교 운동.

trans·con·duct·ance [trænskəndáktəns] 명 (전자) 상호 컨덕턴스. 1 진공관의 양극(陽極) 전류의 변화분을 제어 격자 전압의 변화분으로 나눈 값. 2 (넓은 뜻으로) 진공관의 증폭률을 양극 저항의 값으로 나눈 것.

trans·con·ti·nen·tal [trænskɑntənéntl, -kɔ̀nti-] 형 1 대륙 횡단의. ¶a ~ railroad 대륙 횡단 철도. 2 대륙 저편의. **~·ly** 부

transcr. *transcr*ibed by; transcription.

*****trans·scribe** [trænskráib] 타 1 …을 베끼다, 복사하다, 등사하다. 2 (연설 따위)를 필기하다, 타이프하다. 3 …을 딴 문자로 바꿔쓰다, 번역하다; …을 발음기호로 쓰다(음표·음부) 문자로 쓰다. ¶ ~ one's shorthand notes 속기 기호를 보통 글자로 고치다. 4 (라디오·TV) …을 녹음[녹화]하다; (녹음·녹화)를 재생[방송]하다. 5 (음악) (곡)을 (딴 악기용으로) 편곡[개작]하다 (*for*). 6 (유전) (유전 정보)를 전사하다.
-scríb·er 명 필사생, 등사자; 전사기(機).

*****tran·script** [trǽnskript] 명 1 (테이프 따위의 내용을 타자 기타의 방법으로) 문자화한 것(의사록·공판 기록 따위); 정확한 사본, 복사, 등본. 2 자역(字譯), 번역; 전사(轉寫). 3 (美) (학교의) 성적 증명서. — 명타 (유전) =transcribe 6.

tran·scrip·tase [trænskrípteis, -teiz] 명 (생화) 전사(轉寫) 효소.

*****tran·scrip·tion** [trænskrípʃən] 명 1 U 베끼기, 복사, 필사(筆寫), 전사, 등사; C 베낀 것, 카피, 사본, 등본. 2 CU (음악) 개작, 편곡; 편곡된 곡. 3 CU (라디오·TV의) 녹음, 녹화; 녹음[녹화] 테이프[방송]. 4 (유전) 전사(轉寫)(DNA에서 메신저 RNA가 만들어지는 과정). **~·al** 형 **~·al·ly** 부 **~·ist** 명

transcríption machíne 명 (라디오·TV 따위의) 녹음[녹화] 재생기.

trans·crys·tal·line [trænskrístəlin, -làin] 형 (결정) 결정(結晶) 안을 가로질러[관통하여] 생기는. ¶~ crack 결정입의 입자내(粒子內) 파괴.

trans·cur·rent [trænskə́ːrənt/trænzkʌ́r-] 형 횡단하는; 옆으로 뻗는.

trans·cu·ta·ne·ous [trænskjuːtéiniəs] 형 (감염·접종·투약 따위의) 경피(經皮)(성)의, 피부를 통한. (또는 **transcutaneal**)

trans·der·mal [trænsdə́ːrməl/trænz-] 형 1 = transcutaneous. (또는 **transdermic**) 2 (약학) 피부에 바르는.

trans·duce [trænsdjúːs/trænzdjúːs] 타 1 (에너지·신호 따위)를 변환(變換)시키다. 2 (유전) (유전자 따위)를 형질(形質) 도입하다. **-dúc·er** 변환기.

trans·duc·tant [trænsdʌ́ktənt/trænz-] 명 (유전) 형질 도입주(導入株).

trans·duc·tion [trænsdʌ́kʃən/trænz-] 명 U 1 (에너지)의 변환; (유전) 형질(形質) 도입. **~·al** 형

trans·earth [trænsə́ːrθ] 형 (우주) (궤도가) 지구가 향한.

tran·sect [trænsékt] 타 …을 가로로 절단하다. [해부] 가로로 절개하다. **-séc·tion** 명 횡단; 횡단면.

trans·em·pir·i·cal [trænsempírikəl/trænz-] 형 경험(에 의한 지식)의 범위를 넘은, 초경험적인.

tran·sept [trǽnsept] 명 (건축) 교차랑(交叉廊), 수랑(袖廊)(십자형 교회당의 익부(翼部)).
-sép·tal 형 **-sép·tal·ly** 부

trans-Eu·rope [-júərəp] 형 유럽 횡단의. ¶the ~ express 유럽 횡단 특급열차.

transf. transfer(red); transformer.

trans·fect [trænsfékt] 타 (미생물) (세포)에 핵산을 넣다.

trans·fec·tion [trænsfékʃən] 명 (생물공학) 트랜스펙션(바이러스 따위의 핵산을 세포에 주입하여 증식시키는 일).

‡**trans·fer** [trænsfə́ːr, ´-/trænsfə́ː] 타 (~s [-z]; -rr-) 1 (…에서/…로) …을 옮기다, 움직이다, 이동시키다, 나르다, 건네다; …을 전임[전근, 전학]시키다; (英) (축구 선수 등)을 이적[트레이드]시키다 (*from/to*). ¶ (~+[前]+[名]) He was ~red from the head office *to* a branch in Ulsan. 그는 본사에서 울산 지사로 전근되었다. 2 (사상 따위)를 (남에게) 전하다, 전승하다; (감정 따위)를 옮기다; (…에서/…로) (책임 따위)를 전가하다; (권력 따위)를 물려 주다 (*from/to*). ¶ (~+[前]+[名]) He ~red the blame *from* his shoulders *to* mine. 그는 그 책임을 나에게 전가했다. 3 (법률) (재산·권리 따위)를 양도하다, 인도[이전]하다 (*to*). ¶ ~ a title to land *to* a person 토지에 대한 권리를 남에게 양도하다. 4 (석판(石版) 따위의) (디자인 따위)를 옮기다, 전사하다; (벽화 따위)를 모사(模寫)하다. 5 …을 (…의) …으로 바꾸다, 변질[변형]시키다 (*into*). 6 (언어) (말뜻의 일부)를 전이시키다.

— 자 1 옮기다, 이동하다; 전학하다, 전임하다; (사무소 따위가) 이전하다. 2 (축구 선수 등)이 이적하다. ¶ (~+[前]+[名]) ~ *to* another school 전학하다. 2 (…에서/…로) 갈아타다 (*from/to*). ¶ (~+[前]+[名]) ~ *from* a train *to* a bus 기차에서 버스로 갈아타다. 3 (컴퓨터) 점프하다(jump).

— 명 [´-] 명 (~s [-z]) 1 UC 이동의 방법[수단]. 2 이동, 이전, 운반, 전임(轉任), 전속, (인사) 이동. 3 전지(轉地) (*to*). 3 UC 갈아타기; 갈아타는 장소[지점],

이송점; 〔美〕 갈아타는 표(~ ticket). **4** 전사(轉寫)된 것, 전사화(畵), 판화(版畫). **5** 전학생, 전임자; 〔英〕 (군대의) 전속명; 전학 증명[허가]서. ¶ a ~ student 전학생. **6** 〔법률〕 (재산·권리 따위의) 양도, 인도, 이전; ⓒ 양도 증서; Ⓤⓒ 〔금융〕 (유가 증권 따위의 명의 변경; ⓒ 〔美〕 환(換), 대체. **7** 〔유전〕 (유전자의) 전이. **8** 〔심리〕 학습 전이(轉移). **9** 〔컴퓨터〕 이송(정보를 어느 장치로부터 다른 장치로 옮기기).

trans·fer·a·ble [trænsfə́ːrəbl] 형 이동할 수 있는; 양도할 수 있는, 전사할 수 있는. **-bíl·i·ty** 명

transférable vóte 명 〔정치〕 이양표(票)(비례 대표제에서 득표수가 당선 표수를 초과했을 때 그 초과분을 타후보에게 이양할 수 있는 표).

trans·fer·al [trænsfə́ːrəl] 명 이전, 이동, 전근.

trans·fer·ase [trǽnsfəreis, -reiz] 명 〔생화학〕 이전 효소(酵素).

tránsfer bàlance 명 이전 수지(收支).

tránsfer bòok 명 (주식의) 명의 변경 등기부[대장].

tránsfer cèll 명 〔식물〕 이전(轉移) 세포.

tránsfer còmpany 명 〔美〕 근거리 운송 회사.

tránsfer dày 명 (잉글랜드 은행에서 공채(公債) 따위의) 명의 변경일.

trans·fer·ee [træ̀nsfərí:] 명 **1** 〔법률〕 (재산·권리의) 양수인. **2** 전임[전속]자, 전학생; 이적하는 사람.

trans·fer·ence [trænsfə́ːrəns, trǽnsfər-] 명 Ⓤⓒ 옮기기; 이동, 전이, 전임; 양도, 양여, 매도; Ⓤ 〔정신 분석〕 감정 전이. 〔전사〕의을 수반하는].

trans·fer·en·tial [træ̀nsfərénʃəl] 형 이전[양도, 전사]의.

trans·fer·er [trænsfə́ːrər] 명 transfer하는 사람[것]; =transferor. (또는 **transferrer**)

tránsfer fàctor 명 〔면역〕 전달 인자(한 사람에게서 다른 사람으로 세포의 면역성을 옮기는 물질).

tránsfer fèe 명 (직업 선수 등의) 이적료.

tránsfer ìncome 명 이전 소득.

tránsfer ìnk 명 (석판 인쇄 따위의) 전사(轉寫) 잉크.

tránsfer lìst 명 (축구의) 이적 가능 선수 명부.

tránsfer machìne 명 반송(搬送) 장치(가공 순서대로 배열된 자동 일관 작업 기계 장치).

tránsfer mòlding 명 〔화학〕 이송 성형(移送成形).

trans·fer·or [trænsfə́ːrər] 명 〔법률〕 (재산·권리 따위의) 양도인, 매도인, 이전자.

tránsfer pàper 명 (전사(轉寫) 제판용) 전사지.

tránsfer pàssenger 명 환승객.

tránsfer pàyment 명 이전(移轉) 지출(생활 보조비 등 정부를 통하여 이루어지는 소득 재분배); 그 급부금.

tránsfer prìcing 명 〔경제〕 이전 가격 조작.

trans·fer·ral [trænsfə́ːrəl] 명 = transferal.

trans·fér·red chárge càll [trænsfə́ːrd-] 명 〔英〕 = collect call.

trans·fer·rer [trænsfə́ːrər] 명 = transferer.

trans·fer·rin [trænsférin] 명 〔생화학〕 트랜스페린 (음식물의 철분을 간장·비장·골수에 보내는 혈장(血漿) 속의 당(糖)단백질).

tránsfer rìsk 명 트랜스퍼 리스크(외국의 채무자가 원리금의 송금을 못하게 되는 것에 따르는 리스크).

tránsfer RNÁ 명 〔유전〕 전이 RNA(略 tRNA).

tránsfer tàble 명 〔철도〕 천차대(遷車臺).

tránsfer tìcket 명 갈아타는 표, 환승권(transfer).

trans·fig·u·ra·tion [træ̀nsfigjuréiʃən/-gə-] 명 **1** Ⓤⓒ 변형, 변모. **2** (the T-) (상상에서의 Christ의) 현성용(顯聖容)(← 마태 복음(Matt.) 17:1). **3** (T-) 현성용 축일(8월 6일).

trans·fig·ure [trænsfígjər/-gə] 타 **1** …의 외형[외관]을 바꾸다, …을 변형하다, 변모시키다. ⇒ TRANSFORM 유의어 **2** …을 거룩하게 하다, 미화하다, 이상화하다. **~·ment** 명

trans·fi·nite [trænsfáinait] 형 유한(有限)을 넘어선; 〔수학〕 (수가) 초한(超限)의. — 명 = ~ number.

transfínite númber 명 〔수학〕 초한수(超限數)(초한 기수(基數)와 초한 서수(序數)의 총칭).

trans·fix [trænsfíks] 타 **1** …을 찌르다, 꿰뚫다(*with*). ¶ (~+目+前+名) ~ a bird *with* an arrow 새를 화살로 쏘아 꿰뚫다. **2** (뾰족한 것으로) …을 고정시키다, 못박다. **3** (공포 따위로) …을 오금을 못 쓰게 하다(*at*, *with*). ¶ be ~ed *with* amazement 너무 놀라서 꼼짝 못하다. **~·ion** 명 관통; 꼼짝 못하게 하기; 〔의학〕 천관 절개(穿貫切開). 〔킨.

trans·fixed [trænsfíkst] 형 〔문장〕 꿰뚫은, 관통시

‡**trans·form** [trænsfɔ́ːrm] 타 (~s [-z]) **1** 〔형태·외견·구조 따위〕를 바꾸다, 일변시키다, 변형[변용]시키다 (*into*, *from*). ¶ (~+目+前+名) A caterpillar is ~ed *into* a butterfly. 모충(毛蟲)는 나비로 바뀐다. **2** (상태·성질·기능 따위)를 완전히 바꾸다, 전환하다 (*into*, *to*). ¶ …을 다른 물질로 바꾸다 (*into*, *to*). ¶ (~+目+前+名) ~ a criminal *into* a decent member of society 범죄자를 훌륭한 사회인으로 바꾸다.

〔유의어〕 **transform** 단지 외형[외관]을, 또는 근본적인 성질·기능을 변화시키다. **transmute** 근본적으로 바꾸어, 보다 고도[고급]의 것으로 만들다. **transfigure** 외관을 매우 고귀한 것으로 바꾸다. **metamorphose** 마술에 의하여 바뀐 것처럼 돌연 놀라운 변화를 가져오다.

3 〔전기〕 …을 변압하다; 〔수학〕 …을 변환[변형]하다; 〔물리〕 〔에너지〕를 변화시키다; 〔언어·논리〕 …을 변형하다. **4** 〔유전〕 (세포)에 형질 변환(유전자 변환)을 일으키다. — 자 (형상·성질이 …로) 바뀌다, 변화[변질, 변형]되다 (*into*). 명 〔-] **1** 〔수학〕 변환. **2** 변형, 변화, 변형의 결과). **3** 〔언어〕 변형체.

~·a·ble 형 변형[변환] 가능한.

trans·for·mant [trænsfɔ́ːrmənt] 명 〔생물〕 (유전적) 형질 변환을 일으킨 것(세포, 세균).

*trans·for·ma·tion [træ̀nsfərméiʃən] 명 Ⓤⓒ **1** (형태·외관·성질의) 변형, 변화, 변질, 변환, 변용. ¶ an economic ~ 경제적인 변화 / undergo a complete ~ 일변하다. **2** (동물) (곤충 따위의) 변태; 〔전기〕 변압, 변류(變流); 〔논리〕 변형; 〔수학〕 변환, 변형; 〔물리〕 (화합물의) 전환, 전화. **3** 〔연극〕 = ~ scene. **4** 〔유전〕 변형 규칙; 변형. **5** 〔유전〕 형질 변환. **6** 〔광물〕 상(相) 전이. **7** Ⓒ (여성용) 다리, 가발 (wig). **8** 컴퓨터 변환.

~·al 형

transformátional dráma 명 〔연극〕 변형극.

transformátional(-géneraive) grámmar 명 〔언어〕 변형 (생성) 문법. 略 generative-transformational grammar

trans·for·ma·tion·al·ist [træ̀nsfərméiʃənəlist] 명 변형 문법가[학자]. **-ism** 명 변형 문법론.

transformátional rùle 명 〔언어〕 변형 규칙.

transformátion scène 명 〔연극〕 장면 전환; (pantomime의) 재빨리 바뀌는 장면.

trans·for·ma·tive [trænsfɔ́ːrmətiv] 형 변화[변형]시키는; 〔언어〕 변형의.

trans·form·er [trænsfɔ́ːrmər] 명 변화[변형]시키는 사람[것]; 〔전기〕 변압기, 트랜스.

Trans·form·er 명 (상표) 트랜스포머(자동차, 비행기 따위로 모양을 바꿀 수 있는 변신 로봇). (또는 **Tràns Fórmer**)

tránsform fàult 명 〔지질〕 변환 단층(해저 산맥이나 그 육상 연장부를 횡단하는 단층).

trans·fuse [trænsfjúːz] 타 **1** (사상·주의 따위)를 스며들게 하다, 불어 넣다; 퍼뜨리다, 유포시키다; 침투시키다; 주입하다 (*into*, *with*). ¶ He ~d his own courage *into* his men. 그는 자신의 용기로 부하를 고무 격려했다. **2** 〔의학〕 …에게 수혈하다; (식염수 따위)를 주사하다. **3** (고어) (액체)를 …에 넣다[따르다].

-fús·a·ble **-fús·er** **-fús·i·ble**, **-fú·sive** 형

trans·fu·sion [trænsfjú:ʒən] [명][U][C] 옮겨 붓기, 주입, 전수; 고취, 침투; 〔의학〕 수혈, 수액(輸液).
～**al** [형] 수혈의.
trans·gen·der [trænsdʒéndər] [형] 생물학적 성과 반대되는 성격·모습·행동을 보이는. —[명] 성전환을 한 사람.
trans·gen·ic [trænsdʒénik/trænz-] [형] 이식 유전자의[에 의한]. ¶a ～ animal 유전자 도입 동물.
-gén·ics [명] 유전자 도입, 유전 형질 전환.
***trans·gress** [trænsgrés, trænz-/trænz-] [동][타] **1** 〔제한·범위 따위〕를 넘다, 벗어나다.¶～ the bounds of common sense 상궤를 벗어나다. **2** 〔법령 따위〕를 위반하다, 어기다.¶～ the law 법률을 위반하다. —[자] (법·명령에) 거역하다; (종교·도덕적으로) 죄를 범하다 (*against*). **-grés·sor** [명] 위반자; 죄인.
trans·gres·sion [trænsgréʃən/trænz-] [명][U][C] **1** (범위·한도 따위로부터의) 일탈; 위반, 위배; 범죄, (종교상의) 죄. **2** 〔지질〕 해진(海進).
trans·gres·sive [trænsgrésiv/trænz-] [형] **(고어)** 위반하기 쉬운, (죄를) 범하기 쉬운; 〔생물〕 초월적인(양친보다 뛰어난 개체를 이룬 것을 말한다). ～**·ly** [부]
tran·ship [trænʃíp] [동] =transship.
～**·ment**, ～**·per** [명]
trans·his·tor·i·cal [trænshistɔ́:rikəl] [형] 역사를 초월한, 보편적인.
trans·hu·mance [trænshjú:məns/-hjú:-] [명][U] (가축의) 계절 이동, 이목(移牧). **-hú·mant** [형][명] 가축 이동의, 이목의; 이목을 하는 사람.
tran·sience [trǽnʃəns/-ziəns] [명][U][C] 일시적임, 덧없음, 무상(無常), 찰나성(性).¶～ of life 인생의 덧없음, 덧없는 인생. (또는 **transiency**)
***tran·sient** [trǽnʃənt, -ʒənt/-ziənt] [형] **1** 변천하기 쉬운, 덧없는, 무상한; 일시적인, 영구적이 아닌, 잠시의. ⇨TEMPORARY [유의어]¶～ symptoms 일과성의 증상/a ～ smile 스치고 지나가는 미소. **2** (호텔 숙박객이) 단기 체류의. **3** 〔철학〕 전이(轉移)의; 〔음악〕 경과적인, 일시적인. —[명] **1** 일시적인 것[사람]; 단기 체류의 손님; 떠돌이 노동자. **2** 〔전기〕 과도(過度) 전류[전압]. **3** 〔조류〕 나그네새.
～**·ly** [부] ～**·ness** [명]
tránsient is·ché·mic attáck [-iskí:mik-] [명] 〔병리〕 일과성(一過性) 뇌허혈(腦虛血) 발작(㊀ TIA).
tránsient prógram [명] 〔컴퓨터〕 비상주 프로그램.
tránsient résident [명] **(美)** (호텔 따위의) 단기 체류 손님.
tran·sig·ni·fi·ca·tion [trænsìgnəfikéiʃən] [명] 〔신학〕 성변화(聖變化)(성찬식에서 빵과 포도주가 그리스도의 몸과 피의 상징으로 의미가 변화하는 것).
tran·sil·i·ent [trænsíliənt, -ljənt] [형] 갑자기 뛰어 옮기는[변하는]; 급변하는, 급히 이행하는. **-ence** [명]
trans·il·lu·mi·na·tion [trænsilù:minéiʃən/trænziljù:-] [명][U][C] 〔의학〕 투조(透照) 진단법(진단을 위하여 기관(器官) 등에 강한 광선을 통과시키기).
trans·i·re [trænsáiəri] [명] **(英)** 연안 운송 면허장(연안 무역선에 대하여 세관이 발행한다).
tran·sis·tor [trænzístər] [명] 〔전자〕 트랜지스터; **(구어)** 트랜지스터 라디오. —[형] **(구어)** 트랜지스터화(化)한. 〔<*trans*fer+re*sistor*〕
tran·sis·tor·ize [trænzístəràiz, -sís-] [동][타] 〔전자〕…을 트랜지스터화하다, …에 트랜지스터를 쓰다.
transístor rádio [명] 트랜지스터 라디오.
***trans·it** [trǽnsit, -zit] [명] **1** [U] 통과, 통행, 횡단. **2** [U] (사람·화물의) 운반, 운송, 수송; **(美)** (한 지역의) 공공 수송기관.¶mass ～ 대량 수송. **3** [U] 변이(變移), 추이, 변천; **(비유적)** 변화, 사거(死去). **4** 통로, 경로, 수송로.¶an overland ～ 육상 수송로. **5** [U] 〔천문〕 (천체의) 자오선(子午線) 통과, 망원경의 시야 통과, (소(小)천체의) 다른 천체면 통과. **6** 〔측량〕 전경의(轉鏡儀), 경위의(經緯儀). (또는 ∠ **instrument**) **7** (T-) **(美)** 트랜싯 (위성), 항해[비행]용 위성. **8** 〔컴퓨터〕 거쳐 보냄.
in transit 수송중에.
—[동][타] **1** …을 통과[통행]하다, 횡단하다. **2** 〔측량〕 〔망원경〕을 (수직면 내에서) 회전시키다. **3** 〔천문〕 〔천체면·자오선 따위〕를 통과하다. **4** 운반[수송]하다. —[자] 통과하다, 횡단하다.
tránsit càmp [명] (난민 등을 위한) 임시 캠프[야영지].
tránsit cìrcle [명] 〔천문〕 =transit instrument.
trans·it-com·pass [-kʌ̀mpəs] [명] = transit 6.
tránsit dùty [명] (화물의) 통과[통행]세.
tránsit ìnstrument [명] **1** 〔천문〕 자오의(子午儀) (transit circle). **2** 〔측량〕 =transit 6.
***tran·si·tion** [trænzíʃən, -síʃ-] [명][U][C] **1** (위치·지위·상태·단계 따위의) 변천, 이동, 변화, 추이; 과도기, 바뀔 때. ¶an age of ～ 과도기/a sudden ～ *from* anger *to* mirth 분노에서 기쁨으로의 돌변/Early *T*– English (OE에서 ME로 바뀌는) 전(前)과도기 영어/Late *T*– English (ME에서 ModE로 바뀌는) 후(後)과도기 영어. **2** 〔음악〕 (일시적) 전조(轉調); 경과[이행]부, 추이. **3** (TV 프로그램·무대 따위에서의) 장면 전환; (예술 양식의) 변화, 추이. **4** 〔유전〕 염기 전위(塩基轉位) (RNA 또는 DNA에 있어서의 유전자 돌연 변이(變異)). **5** 〔물리〕 (양자(量子)역학에서) 천이(遷移); (열역학에서) 전이(轉移). **6** 〔항공·우주〕 (층류(層流)에서 난류(亂流)로의) 천이. —[동][자] 이행[변천]하다.
～**·al** [형] ～**·al·ly** [부] ～**·a·ry** [형]
transítion èlement [mètal] [명] 〔화학〕 전이 원소[금속].
transítion gàme [명] 〔농구〕 서로 공수의 전환이 빠른 시합을 하기; 그 시합.
transítion pòint [명] 〔화학〕 전이점(transition temperature); 〔물리〕 전이점(물질이 어떤 상태에서 다른 상태로 변하는 평형점).
transítion tèmperature [명] 〔화학〕 전이 온도(transition point).
‡tran·si·tive [trǽnsətiv, -zə-] [형] **1** 〔문법〕 타동사의 (성격을 지닌)(㊥ intransitive).¶a ～ verb; a verb ～ 타동사. **2** 추이[전이, 이행, 변화]하는; 이행중인, 과도[중간]적인. **3** 〔철학〕 다른 것으로 전이하는[에 영향을 주는]; 외부에 작용하는. **4** 〔수학〕 추이적인. —[명] 〔문법〕 =～ verb. ～**·ly** [부] ～**·ness** [명]
tránsitive vérb [명] 〔문법〕 타동사(㊀ v.t.).
tran·si·tiv·i·ty [trænsətívəti, -zə-] [명] 〔문법〕 타동성; 이행성(移行性).
tránsit lòunge [명] 통과 (여객용) 라운지.
tran·si·to·ry [trǽnsətɔ̀:ri, -zə-/-təri] [형] 오래가지 않는, 일시적인(⇨TEMPORARY [유의어]); 순식간의, 단명의, 덧없는. **-ri·ly** [부] **-ri·ness** [명]
tránsitory áction [명] 〔법률〕 이동 소송(토지 관할이 정해져 있지 않은 소송). [참] local action
tránsitory ìncome [명] 일시 소득.
tránsit pássenger [명] 통과 여객.
tránsit theòdolite [명] =transit 6.
tránsit tràde [명] 통과 무역.
tránsit vìsa [명] 통과 사증[비자].
trànsit without vísa [명] 무사증(無査證) 통과(㊀ TWOV).
Trans·jor·dan [trænsdʒɔ́:rdn, trænz-] [명] 트랜스요르단(Jordan 왕국의 옛 이름).
trans·ke·tol·ase [trænskí:təlèis/-leiz] [명] 〔생화학〕 트랜스케톨라아제, 케톨 전이 효소.
transl. translated; translation; translator.
‡trans·late [trænsléit, trænz-, ∠-] [동] (**-lat·ed** [-id]; **-lat·ing**) [타] **1** …을 번역[통역]하다, 옮기다 (*into*). ¶ (～+[目]+[前]+[名]) ～ French *into* English 프랑스어를 영어로 번역하다. **2** 〔기호·동작 따위〕를 (…로) 해석하다, 설명하다 (*as*); 환언(換言)하다 (*into*). ¶I ～ this *as* a protest. 나는 이것을 항의라고 해석한다. **3** …의 모양[상태, 성질 따위]을 바꾸다, 변형[전환]하다; (…의 형으로) 바꿔 쓰다, 전사하다 (*into*); **(英)** 〔헌

옷·구두 따위)를 고쳐서 재생시키다.¶(~+目+前+名) ~ promises *into* action 약속을 실행에 옮기다./~ phonetic symbols *into* sounds 발음 기호를 음성으로 바꾸다. **4** …을 (…에서/…로) 옮기다, 수송하다, 이동시키다 (*from*/*to*). **5** [물리] (회전시키지 않고) …을 음직이다, 병진(竝進)시키다. **6** [전신] (美) …을 중계하다. **7** [교회] (주교)를 전임시키다; (주교좌(座)·성유물(聖遺物))을 다른 장소로 옮기다; [신학] (산 채로) …을 승천시키다. **8** [컴퓨터] (프로그램·데이터·코드 따위)를 (다른 언어로) 번역하다. **9** [고어] …을 기뻐 어쩔 줄 모르게 하다, 미칠듯이 기뻐하게 하다. **10** [유전] (유전 정보)를 번역하다. **11** [수학] [함수·도형 따위]를 평행 이동시키다. **12** [의학] (병독)을 전이시키다.
— 魚 **1** 번역[통역]하다.¶The teacher asked him to ~. 선생은 그에게 번역하라고 말했다. **2** 번역이 되다.¶(~+圖) This book ~s *well*. 이 책은 번역이 잘 된다. **3** (결과로서) (…로) 되다, 변하다, 변형하다 (*into*). **4** (항공기·미사일 따위가) 이동하다.
-lat·a·bíl·i·ty 圖 -lát·a·ble 圖 -lát·a·ble·ness 圖
‡trans·la·tion [trænsléiʃən, trænz-] 圖 (後) ~s [-z] 圖 **1** 圓 번역, 통역.¶free[literal] ~ 의역[직역]/write[or do] a ~ 번역물, 번역문, 번역본.¶a Korean ~ of *Othello* 오셀로의 한국어역. **3** 圓圓 해석, 바뀌 말함, 설명. **3** 圓 전환, 변질, 변형. **5** [물리] 병진(竝進) 운동. **6** 圓 (美) [통신] 중계. **7** [수학] [함수·도형의] 평행 이동. **8** [유전] 번역. **9** (주교의) 전임; (유체·유물의) 이전; [신학] (산 채로) 승천. **10** 圓 [법률] 재산 양도; 유산 상속인의 변경.
~·al 圖 ~·al·ly 圖
trans·la·tive [trænsléitiv, trænz-] 圖 **1** 이전[이동, 전임]의; [로마법·스코법] 재산 양도의, **2** 번역(의)에 도움이 되는. **3** [문법] 전격(轉格)의; (격이) 상태의 변화를 나타내는. — 圖 [문법] 전격(轉格).
*trans·la·tor [trænsléitər, trǽnz-, ‒ ‒ ‒] 圖 **1** 역자, 번역자; 통역(interpreter)(또는 **translater**); 번역기[장치]. **2** [통신] (자동) 중계기[반(盤)]. **3** [기계] 병진기(竝進器). **4** [컴퓨터] 번역 프로그램[루틴]. **5** (헌 구두·우산 따위의) 수리인[공]; (~s) 수리된 헌 구두.
[번역조(調).
trans·la·tor·ese [trænsleitəríːz, trænz-] 圖圓
translit. transliteration.
trans·lit·er·ate [trænslítərèit/trænz-] 圖圓 …을 다른 글자로 바꾸어 쓰다, 음역하다.¶~ the Greek ø as ph 그리스어의 ø를 ph로 바꾸어 쓰다.
-lit·er·á·tion 圖 자역(字譯), 음역. -à·tor 圖
trans·lo·cate [trænslóukeit, trænz-] 圖圓 …의 장소[위치]를 이동시키다, 바꿔놓다; [식물] 전류(轉流)시키다.
trans·lo·ca·tion [trænsloukéiʃən, trænz-] 圖 圓圓 **1** 장소의 이동, 위치 변경. **2** [유전] 전좌(轉座). **3** [식물] 전류(轉流).
trans·lu·cent [trænslúːsnt, trænz-] 圖 **1** 반투명의, 흐린 transparent).¶a ~ body 반투명체. **2** 명쾌한, 쉽게 이해할 수 있는; (드물게) 맑은, 투명한.
-cence, -cen·cy 圖 ~·ly 圖 [cent.
trans·lu·cid [trænslúːsid, trænz-] 圖 =translu-
trans·lu·nar [trænslúːnər, trænz-, ‒ ‒ ‒] 圖 **1** =translunary. **2** (우주선의 궤도·엔진 따위가) 달로 향하는 (궤도상의).
trans·lu·nar·y [trænsluːnèri, trænz-/trænzlúːnəri] 圖 **1** 달 위[저편]에 있는. **2** 천상의, 하늘 위의. **3** 이상적인; 공상의.
trans·ma·rine [trænsməríːn, trænz-] 圖 바다 저편의; 해외로부터의; 바다를 횡단하는, 대양 횡단의.
trans·mem·brane [trænsmémbrein, trænz-] 圖 [생물] (생체의) 막을 통해서의 안쪽에서 생기는.¶a ~ potential 막전위(膜電位).
trans·mi·grant [trænsmáigrənt, trænz-] 圖 이주민; (이주할 곳으로 가기 위해 다른 나라를 통과중인) 이주자; 철새. — 圖 이주하는.
trans·mi·grate [trænsmáigreit, trænz-] 圖魚 **1** 이동하다; 이전하다. **2** (영혼이 사후에) 환생하다, 전생(轉生)하다. — 屋 [영혼]을 환생[전생]시키다; 다른 곳으로 옮기다. -gra·tive 圖 -gra·tor -gra·to·ry [‒ ‒ ‒/-təri] 圖
trans·mi·gra·tion [trænsmaigréiʃən, trænz-] 圖圓圓 **1** 이주, 이동, 이전. **2** (영혼의) 전생, 윤회(輪廻).
trans·mis·si·ble [trænsmísəbl, trænz-] 圖 전달 [전송]할 수 있는, 송신할 수 있는; 유전되는; 전염성의.¶a ~ disease 전염병. -bíl·i·ty 圖 전달성; 유전성.
*trans·mis·sion [trænsmíʃən, trænz-] 圖 **1** 圓圓 전달, 전송, 전파; 圓 전달[전송]된 것, 메시지. **2** 圓 양도. **3** 圓圓 [기계] 전동(傳動); 圓 전동 장치, 변속기[장치].¶an automatic ~ 자동 변속 장치. **4** 圓圓 [라디오·TV] 송신, 방송. **5** 圓 [물리] 전도, 전송.¶electric ~ 송전. **6** 圓 [생물] 유전. **7** [의학] 전달, 매개. **8** [화학] 투과. **9** [컴퓨터] 전송(음성 영상 신호·메시지 따위의 정보를 케이블이나 전자파로 보내는 일).
transmíssion dènsity 圖 [물리] 투과(透過) 농도.
transmíssion eléctron mícroscope 圖 [광학] 투과형 전자 현미경.
transmíssion fàctor 圖 [물리] 투과 인자[계수].
transmíssion line 圖 [전기] 전송선(傳送線). [전(送電) 손실.
transmíssion lòss 圖 [전기] 전송[투과] 손실, 송
transmíssion spèed 圖 [컴퓨터] 전송 속도.
trans·mis·sive [trænsmísiv, trænz-] 圖 **1** 전달하는, 전하는, 보내는. **2** 전달 가능한, 보낼 수 있는. **3** 유전되는. ~·ly 圖 ~·ness 圖
trans·mis·siv·i·ty [trænsmisívəti, trænz-] 圖 [물리] 투과율(透過率)(투과광(光)과 입사광의 강도비).
trans·mis·som·e·ter [trænsmísəmətər/-sɔ́m-] 圖 [기상] 시도(視度)[시정(視程)] 측정계, 투과율계(計).
*trans·mit [trænsmít, trænz-] 圖魚 **1** …을 보내다, 발송하다, 건네다; 나르다, 운송하다.¶~ a parcel by rail 소포를 철도편으로 보내다. **2** …을 전하다, 알리다, 전달하다.¶(~+目+前+名) be ~ed *from* mouth *to* mouth 입에서 입으로 전해지다. **3** (자손에게) [재산·칭호 따위]를 물려주다; (성질 따위)를 유전시키다 (*to*). ¶(~+目+前+名) ~ a title *to* one's descendants 작위(爵位)를 자손에게 물려주다. **4** [물리] [빛·열·소리·힘 따위]를 전하다, 전파(통과)시키다, 전도하다. ¶Glass ~s light. 유리는 빛을 통과시킨다. **5** [라디오·TV] [프로]를 보내다, 송신하다. ⇒ CARRY 유의어.¶~ TV programs in color TV 프로를 컬러로 방송하다. **6** (병 따위)를 옮기다, 전염시키다 (*to*).¶(~+目+前+名) ~ a disease *to* others 다른 사람들에게 병을 옮기다. **7** [컴퓨터] [정보]를 전송하다. — 魚 **1** 송신하다. **2** [법률] 상속되다, 전해지다. ~·ta·ble 圖 ~·tal [-tl] 圖 =transmission. -tí·ble 圖
trans·mit·tance [trænsmítns, trænz-] 圖 **1** 이동, 전송, 전달, 송신. **2** [물리] 투과율.
*trans·mit·ter [trænsmítər, trænz-] 圖 **1** 전달하는 사람[것]; 전달[전송]자, 양도자, 전승자; 전달 장치. **2** (무선) 송신기; (전화의) 송화기. (또는 **transmítting sèt**) **3** (생화학) 신경 전달 물질(neurotransmitter). **4** [전기] 송화기(送話器).
trans·mo·dal·i·ty [trænsmoudǽləti, trænz-] 圖 종합 수단(의 방식).
trans·mog·ri·fy [trænsmágrəfài/trænzmɔ́g-] 圖圓 (익살) (마법 따위에서) …을 (기괴한 모습으로) 바꾸다, 변형시키다 (*into*). -fi·ca·tion [-fikéiʃən] 圖
trans·moun·tain [trænsmáuntn] 圖 산을 넘어 [뚫고] 가는.
trans·mu·ta·tion [trænsmjuːtéiʃən, trænz-] 圖圓圓 **1** 변화, 변성, 변형, 변질; (고어) 변동.¶~s of

fortune (인생의) 부침, 영고 성쇠(榮枯盛衰). 2 〔생물〕 (DNA의) 변성[변형] 돌연변이; (Lamarck의) 진화(설). 3 〔연금술〕 변질, 변성(비(卑)금속의 귀금속화). 4 〔물리〕 변환(變換). 5 〔법률〕 이전, 양도. ~·al 휑 ~·ist 휑

trans·mut·a·tive [trænsmjúːtətiv, trænz-] 휑 변화하는; 변성[변형, 변질]의.

trans·mute [trænsmjúːt, trænz-] 휑휑 1 …의 성질[물질, 모양, 상태]을 (…로) 바꾸다 (into). ⇒TRANS-FORM 유의어 ¶ ~ sorrow into joy 슬픔을 기쁨으로 바꾸다. 2 〔연금술〕 비(卑)금속을 (귀금속으로) 바꾸다 (into). —(자) 변하다, 변질[변형]하다 (into).
-mùt·a·bíl·i·ty 휑 -mút·a·ble 휑 -mút·a·ble·ness 휑 -mút·a·bly 휑 -mút·er 휑

trans·na·tion·al [trænsnǽʃənl, trænz-] 휑 국경 [국내 문제]를 초월한; 다국적(多國籍)의[으로 이루어진]. — 휑 다국적 기업[조직 따위]. ~·ism 휑 ~·ly 휑

trans·o·ce·an·ic [trænsouʃiǽnik, trænz-] 휑 1 대양 저편의, 대양 너머에 사는[있는]. ¶ a ~ country 바다 저편의 나라. 2 대양 횡단의, 도양(渡洋)의.

tran·som [trǽnsəm] 휑 1 문과 그 위의 창문을 가르는 칸막이 나무; 창문을 수평으로 칸막는 가로대(~ bar). 2 (美) ＝ window. 3 〔해사〕 선미판(船尾板); 고물[선미] 늑재(肋材). 4 〔포술〕 가로보; 〔십자가·교수대의〕 가로대.
over the transom (원고 따위가) 의뢰 없이 일방적 으로[멋대로] (보내어). **-somed** [-d] 휑

tránsom window 휑 1 문 위의 채광창. (또는 **tránsom light**) 2 가로대로 난 칸막이한 창문.

tran·son·ic [trænsάnik/-sɔ́n-] 휑 음속과 같은 정도의, 천음속(遷音速)의(음속의 0.8배에서 1.4배 정도의 속도를 가리킨다).

transp. transparent; transportation.

trans·pa·cif·ic [trænspəsífik] 휑 태평양을 횡단하는, 태평양 저편의.

trans·pa·dane [trǽnspədein, trænspéidein] 휑 (로마에서 본) 포 강(the Po) 저편[북쪽]의.

trans·par·ence [trænspɛ́ərəns/-pɛ́ər-] 휑 ＝ transparency 1.

trans·par·en·cy [trænspɛ́ərənsi/-pɛ́ər-] 휑 1 Ü 투명(성), 투명도, 투명한 것; 투명 투사]회화. 3 〔사진〕 화상의 투명도; 투명 양화(陽畵), 슬라이드. 4 (T-) 〔익살〕 각하. ¶ his[your] T- 각하.

Transpárency Internátional 휑 국제 투명 기구(상부 계층의 비리와 부정 부패를 없애자는 세계적 우물 맑기 운동 기구; 1993년 5월 베를린에서 창설).

‡**trans·par·ent** [trænspɛ́ərənt, -pɛ́ər-/-pǽr-, -pɛ́ər-] 휑 (more ~; most ~) 1 투명한, 비쳐 보이는(휑 opaque 휑 translucent). ¶ ~ glass 투명 유리.

유의어 **transparent** 투명 또는 얇아서 저쪽의 물체가 똑똑히 보인다는 뜻. **pellucid** 수정처럼 빛나서 투명한. **diaphanous** 투명하고 섬세한, 또는 반투명에 가까운 것을 형용하는 수도 있다. **limpid** 부드럽게 투명함을 나타낸다.

2 (직물 따위가) 비쳐보일 정도로 얇은. ¶ a ~ veil 얇은 베일. 3 솔직한, 있는 그대로의, 숨김없는. ¶ ~ earnestness 솔직한 열의. 4 (의도 따위가) 빤히 보이는, 명백한. ¶ a ~ excuse 빤히 들여다보이는 변명. 5 (문체 따위가) 명료한, 알기 쉬운. ¶ a ~ discourse 명쾌한 논문. 6 〔컴퓨터〕 (프로세스·소프트웨어어가) 투과성의. 7 (X선·자외선 따위가) 특정 방사선을 통과시키는; 〔페어〕 번혁 빛나는, 밝은. ~·ly 휑 ~·ness 휑

trans·par·ent·ize [trænspɛ́ərəntàiz/-pǽr-] 휑휑 투명하게 하다.

trans·pep·ti·dase [trænspéptədèis] 휑 〔생화학〕 트랜스펩티다아제, 펩티드 전이 효소.

trans·pep·ti·da·tion [trænspèptidéiʃən] 휑 〔생화학〕 펩티드 전이(轉移)(아미노산 또는 펩티드의 아미노기(基)가 다른 화합물로 전이하는 화학 반응).

trans·per·son·al [trænspə́ːrsənl] 휑 개인의 한계[이해]를 초월한. ~·ly 휑

transpérsonal psychólogy 휑 〔정신분석〕 초(超)개인 심리학(여러 층의 의식 상태를 가정하고, 특히 초감각적 지각을 중시하는 정신요법의 하나).

trans·pha·sor [trænsféizər] 휑 〔광학〕 위상(位相) 변환 소자(素子).

tran·spic·u·ous [trænspíkjuəs] 휑 투명한, 환히 비쳐 보이는; (언어 등이) 명료한; 명백한.

trans·pierce [trænspíərs] 휑휑 …을 꿰뚫다, 관통하다, 찌르다.

trans·spi·ra·tion [trænspəréiʃən] 휑Ü 1 증발(물), 발산, 배출; 땀. 2 〔식물〕 증산(蒸散) (작용). 3 (애정의) 발로; 발각, 비밀 누설.

tran·spire [trænspáiər] 휑휑 1 일어나다, 생기다, 발생하다. 2 (사람이) 노폐물 따위를 배출하다, (식물이) 수분을 발산하다; (노폐물 따위가) 배출되다, (수분·악취 따위가) 발산하다. 3 (비밀 따위가) 새다, 누설되다. 4 (유체가 모세관 속을) 흐르다, 유동되다. — 휑 〔노폐물 따위〕를 배출하다; 〔수분·악취 따위〕를 발산하다.
-spír·a·ble, -spír·a·tò·ry 휑

trans·pla·cen·tal [trænspləséntl] 휑 경태반(經胎盤)의, 태반을 통과하는.

‡**trans·plant** [trænsplǽnt/-plάːnt] 휑휑 1 〔식물〕을 옮겨 심다, 이식하다. ¶ (~+목+前+명) ~ flowers to a garden 뜰에 꽃을 이식하다. 2 〔외과〕 〔기관·조직 따위〕를 이식하다. 3 …을 옮기다, 이동[이전]시키다. 4 〔사람〕을 이주시키다, 식민지키다 (from, to). — 휑 1 〔식물이〕 이식에 견디다. 2 〔페어〕 (사람이) 이주하다.
— 휑 [스] 1 이전; 이식; 이주. ¶ a heart ~ 심장 이식. 2 이식된 식물; 이식 장기[조직]; 이주자. 3 이전(移轉) 공장; 현지 법인[공장]; 현지 생산품.
~·a·bíl·i·ty 휑 (조직의) 이식 가능성. ~·a·ble 휑 ~·er 이식자; 이식기(機).

trans·plant·ate [trænsplǽnteit] 휑 (다른 사람에게) 이식된 기관[조직].

trans·plan·ta·tion [trænsplæntéiʃən] 휑Ü 1 이식; 이식하는 것. 2 이민, 식민. 3 〔외과〕 이식 (수술).

trans·plan·tee [trænsplæntíː, -plαːnt-] 휑 장기(臟器) 이식 수술을 받는[받은] 사람.

Trans·po [trǽnspou] 휑 국제 교통 박람회, 트랜스포. (＜*transportation*+*exposition*)

trans·po·lar [trænspóulər] 휑 남[북]극을 넘는, 극지(極地) 횡단의. ¶ a ~ expedition 극지 횡단 탐험.

tran·spon·der [trænspάndər/-spɔ́n-] 휑 트랜스폰더, 자동 응답기. (또는 **transpondor**)

trans·pon·tine [trænspάntin, -tain/trænzpɔ́ntain] 휑 1 다리 저편의[에 있는]; (London에서) 템스 강 남안의 cispontine). 2 (연극이) 멜로드라마적인, 싸구려 연극의. ¶ a ~ hero 멜로드라마의 주인공.

‡**trans·port** [trænspɔ́ːrt] 휑휑 1 …을 수송하다, 옮기다, 나르다 (from, to). ⇒CARRY 유의어 ¶ ~ a machine by ship 기계를 배로 나르다. 2 (보통 수동형으로) …을 열중[황홀]하게 하다, 기뻐 어쩔 줄 모르게 하다 (with). ¶ (~+목+前+명) She was ~ed with joy by the good news. 그녀는 기쁜 소식에 좋아 어쩔 줄 몰랐다. 3 〔역사〕 (원격지로) 추방하다, 유배형에 처하다 (to). 4 〔페어〕 …을 죽이다.
— 휑 [스-] 1 Ü 수송, 이송, 운송. ¶ ~ of goods 화물 수송. 2 (英) ＝transportation 2, 3 여객기, 화물 수송기; 운송선, 군용 수송선[기]. 4 ＝transportation 5. 5 〔역사〕 추방자; 유형수(流刑囚). 6 (종종 ~s) 기뻐 어쩔 줄 모름, 열중, 무아경(無我境). 7 (녹음) 테이프 구동(驅動)기(tape ~).
in transports [or *a transport*] *of (joy)* (기뻐서) 어쩔 줄 몰라.
~·a·bíl·i·ty 휑 ~·a·ble, ~·ive 휑

‡**trans·por·ta·tion** [trænspərtéiʃən/-pɔːrt-] 휑Ü

1 운송, 수송, 운수, 운반. ¶means of ~ 교통[수송] 기관/ground [ocean] ~ 육상[해상] 수송. 2 《美》 수송 수단, 교통[수송] 기관, 탈것, 발, 차 《英》 transport). ¶public ~ 공공 교통 기관/No ~ is available to the village. 그 마을로 가는 교통 수단은 아무 것도 없다. 3 운송[운수]업, 수송 업무. 4 《美》 운송료, 운임. 5 《英》 수송[여행] 허가증, 차표(~ permit). 6 [U][C] 《역사》 유형(流刑), (국외) 추방(형, 기간). 7 (T-) 《美구어》 교통부 (Department of T-). ~·al 형

transport café 형 《英》 (트럭 운전자 등이 이용하는) 드라이브인 식당(《美》 truck stop).
trans·port·er [trænspɔ́ːrtər, 스-] 형 운송(업)자, 수송자; 운반기[장치]; 자동차 운송용 대형 트럭.
transpórter bridge 형 운반교(다른 교통로 위에 가설된 화물 운반용 다리·모노레일 장치 따위).
Tránsport Hóuse 형 《英》 (London에 있는) 노동당 본부 건물.
tránsport pilot 형 《美》 (정부 공인) 수송기 조종사.
tránsport pláne 형 수송기.
tránsport shíp 형 수송선.
transpósable élement 형 =transposon.
trans·pos·al [trænspóuzəl] 형 =transposition.
trans·pose [trænspóuz] 돈匡 1 (순서·위치 따위)를 바꾸다, 바꾸어 놓다, 교환하다. 2 (표현·문체·언어 따위)를 바꿔 말하다, 번역하다(into). 3 (대수) (항)을 이항(移項)하다; 《수학》 (행렬의) 행과 열을 바꿔 넣다. 4 (음악) …을 이조(移調)하다. 5 (통신) (전화선 따위)를 교차시키다. 6 …을 수송하다, 옮기다, 운반하다(to, into); …을 변형[변질]시키다. 《음악》 이조하다, 바꾸어 놓다. ─ 형 《수학》 전치 행렬(轉置行列).
-pòs·a·bíl·i·ty 형 **-pós·a·ble** 형 **-pós·er** 형
trans·pós·ing instrument [trænspóuziŋ-] 형 이조(移調) 악기(기보음(記譜音)과 다른 음정으로 연주하는 악기).
trans·po·si·tion [trænspəzíʃən] 형 [U][C] 1 전환, 치환(置換), 교환, 전치(轉置). 2 바꾸어 놓인 것; 《문법》 전치(법), 전환문[어구]. 3 《수학》 이항, 호환(互換). 4 《음악》 이조(곡). 5 《통신·전기》 교차(交差). 6 《해부》 (내장의) 전위(轉位). 7 《사진》 반전(反轉); 《유전》 전이.
transposítion cípher 형 《암호학》 전치(轉置)(식) 암호(법)(문자의 배열을 일정한 법칙에 따라서 암호화하는 방법). ⓢ substitution cipher
trans·po·son [trænspóuzɑn/-zɔn] 형 《유전》 트랜스포존(전이(轉移) 인자의 하나).
trans·put·er [trænspjúːtər] 형 《컴퓨터》 트랜스퓨터(고속 RAM을 갖춘 고성능 마이크로 프로세서).
trans·ra·cial [trænsréiʃəl, trænz-] 형 다른 인종간의. ¶~ adoption 타인종간의 양자 입양. ~·**ly** 부
trans·sex·u·al [trænssékʃuəl] 형 성도착자의; 성전환자. ─ 형 성도착(자)의; 성전환(자); 이성간의. ~·**ism**, **-sèx·u·ál·i·ty** 형
trans·shape [trænsʃéip] 돈匡 …을 변형하다
trans·ship [trænsʃíp] 돈 (-pp-) 匡 (승객·화물)을 (다른 배(차))에 옮기다. ─ 匠 (다른 배(차))로 옮기다. ~·**ment** 형 옮겨 싣기; 갈아타기.
transshípment cárgo 형 환적(換積) 화물.
Tràns-Si·bé·ri·an Ráilroad [-sáibíəriən-] 형 (the ~) 시베리아 횡단 철도(1891-1916년에 건설; 연장 약 6,440 km).
trans·son·ic [trænssɑ́nik/-sɔ́n-] 형 =transonic.
tran·stage [trǽnstèidʒ] 형 《우주》 (다단식 로켓의) 최종단(제3단).
trans·tho·rac·ic [trænsθɔːrǽsik] 형 《의학》 흉강(胸腔)을 통한, 경(經)흉강적인. **-i·cal·ly** 부
tran·sub·stan·ti·ate [trænsəbstǽnʃièit] 돈匡 1 …을 변질시키다. 2 《신학》 실체(實體) 변화시키다. 성변화(聖變化)시키다. ─ 匠 변질하다; 《신학》 성변화하다.

tran·sub·stan·ti·a·tion [trænsəbstænʃiéiʃən] 형 [U] 1 변질. 2 《신학》 실체(實體) 변화, 성변화(聖餐)의 빵과 포도주가 그리스도의 몸과 피로 변하기). ⓢ consubstantiation ~·**al·ist** 형
tran·su·da·tion [trænsjudéiʃən/-sju-] 형 [U] (액체의) 삼출(滲出); [C] 삼출물[액].
tran·sude [trænsúːd/-sjúːd] 돈 (액체 따위가)[를] 삼출(滲出)[침투]하게 하다, 스며나오다[나오게 하다]. **-sú·da·tive**, **-sú·da·tò·ry** 형
trans·u·ran·ic [trænsjuərǽnik, trænz-] 형 (물·화) 초(超)우라늄의.
transuránic élement 형 (물·화) 초우라늄 원소. (또는 **transuránium élement**)
Trans·vaal [trænsvɑ́ːl, trænzvɑ́ː] 형 트란스발 (남아프리카 공화국 동북부의 주(州); 주도 Pretoria).
Tránsvaal dáisy 형 솜나물의 일종(아프리카 남부 원산의 다년생 식물).
trans·val·u·a·tion [trænsvæljuéiʃən/trænz-] 형 재평가, 가치 변화.
trans·val·ue [trænsvǽljuː, trænz-] 돈匡 …의 가치를 바꾸다, 가치 변화시키다. (새 기준에 의하여) 재평가하다. **-u·er** 형
trans·ve·nous [trænsvíːnəs, trænz-] 형 《의학》 (심장의 박동 조절이) 경정맥법(經靜脈法)의.
trans·ver·sal [trænsvə́ːrsəl, trænz-] 형 = transverse. ─ 형 《기하》 횡단선.
~·**ly** 부 **-ver·sál·i·ty** [-ˌvəːrsǽləti] 형
*trans·verse [trænsvə́ːrs/trænzvə́ːs] 형 1 가로의, (비스듬히) 가로지르는, 횡단하는. 2 《기하》 가로축(軸)의, 교축(交軸)의. 3 (피리가) 옆으로 부는 식의는. ─ 형 1 가로로 되어 있는 것; 횡단물. 2 《기하》 가로축, (타원의) 장축(長軸). 3 《해부》 횡근(橫筋). 4 횡단 도로, 지름길. ~·**ly** 부 ~·**ness** 형
transvérse vibrátions 형 《물리》 횡(橫)진동.
tránsverse wáve 형 《물리》 횡파(橫波).
trans·ves·tism [trænsvéstizm, trænz-] 형 [U] (특히 남자가) 이성의 복장을 하기, 복장 도착(倒錯). (또는 **transvéstitism**) **-vés·tic** 형
trans·ves·tite [trænsvéstait, trænz-] 형 (특히 남자) 복장 도착자. (또는 **transvéstist**) ─ 형 복장 도착(자)의.
tran·yl·cy·pro·mine [trǽnəlsáiprəmìn, -min] 형 《약학》 트라닐시프로민(항울제(抗鬱劑)).

‡**trap¹** [trǽp] 형 1 (동물을 잡는) 올가미, 덫, …잡는 기구; (동물을 잡는) 함정. ¶a mouse ~ 쥐덫/ bait a ~ 올가미에 미끼를 달다: (달콤한 말 따위로) 유혹하다.

[유의어] **trap** 용수철 장치의 덫; 사람을 빠지게 하려는 기도. **pitfall** 함정; 숨겨진 위험, 재앙의 근원. **snare** 생포하려는 올가미, 빠지기 쉬운 유혹.

2 함정, 책략, 술책, 계략. ¶a verbal ~ 말에 의한 속임수/fall into a ~ 술책에 빠지다. 3 트랩, 방취판(防臭瓣)(U)[S]자관(管) 따위에서 가스의 역행을 막는다); (물·증기의) 방출관(防出) 장치; (광갱(鑛坑)의) 통풍구 (총의) 개머리판의 구멍. 4 (사격) 트랩, 클레이 발사기 (장치). 5 (트랩볼 경기의) 트랩, 볼 방출기. 6 =trap-ball 7 (英) 2륜 경마차. 8 (지붕·천장·마루의) 치켜 올리는 문, 함정문, 뚜껑문, 들창(trapdoor). 9 (의복의) L자형으로 찢긴 곳. 10 《속어》 입. ¶Keep your ~ shut. =Shut your ~. 입 닥쳐. 11 (보통 ~s) (풍악대의) 타악기류(드럼·심벌즈 따위). 12 (보통 ~s) (濠속어) 경관, 탐정. 13 《스포츠》 쇼트 바운드로 공을 잡기; [미식 축구] 트랩플레이(~ play); [골프] =sand ~. [야구] 글러브의 엄지와 인지 사이의 가죽 끈; (그레이하운드 경주에서) 출발전에 가둬두는 우리. 14 (경찰관의 속도 위반) 감시소. 형 1 닥쳐. 15 (~s) (racing car의) 속도 계측 코스. 16 《美속어》 나이트클럽. 17 《컴퓨터》 트랩, 사다리(연산시의 overflow나 특권 명령의 월권 사용시 생기는 interruption).

be caught in a trap; fall [or **walk**] **into a trap** 덫에 걸리다, 술책에 빠지다.　　　　　　[교활하다.
be up to trap (英속어) 자기의 이익을 잘 알고 있다.
set [or **lay**] **a trap for** …에게 올가미를 씌우다.
understand trap (英속어) 빈틈이 없다, 잇속에 밝다.
── 图 (**-pp-**) 団 **1** [동물]을 덫[올가미]으로 잡다; [물고기]를 통발로 잡다. **2** [사람]을 함정에 빠뜨리다, 속이다, 골탕먹이다; [남]을 속여 …시키다 (*into*). **3** [장소]에 덫을 놓다. **4** [가스·물·에너지 따위]를 끌어들이다; 분리[추출]하다, 증류하다. **5** [관(管) 따위]에 방취(防臭)장치를 하다; [기체·냄새]를 트랩으로 막다. **6** [사격] [공·표적]을 발사기에서 내보내다[날리다]. **7** [무대]에 함정문을 설치하다. **8** [스포츠] [공]을 트랩하다. 쇼트 바운드로 잡다; [야구] [주자]를 견제구로 아웃시킨다. ── 困 **1** 덫[올가미]을 놓다 (*for*). ¶ (~ + 前+名) ~ *for* a beaver 비버를 잡으려고 덫을 놓다. **2** 덫[올가미]로 사냥을 직업으로 삼다. **3** [사격] 트랩[클레이] 발사기를 조작하다. **4** [기계가] 방취판(防臭瓣)[트랩]으로 되어 있다.　　　　　　　　　[로 저지되다.
∼**-like** 圈 덫의[과 같은]; [스포츠·야구] 함정[수비]에
trap² 圀 **1** (~**s**) (俗) 수화물, 휴대품, 소지품. **2** (보통 ~**s**) (俗) 말 장식(caparison). ── 图団 (**-pp-**) (말)에 말 장식을 달다; …을 성장(盛裝)시키다 (*out*).
trap³ [질] 圀 **1** 어두운 빛깔의 원주(圓柱) 모양으로 된 결이 고운 화성암(火成岩)(traprock). **2** 석유·천연가스를 모이게 하는 지질 구조.　　[리, 발판.
trap⁴ 圀 (스코) (다락방 따위로 올라가는) 사다리.
trap·ball [trǽpbɔ̀ːl] 圀 **1** 트랩볼(trap으로 튀겨 올린 공을 배트로 치는 경기). **2** 트랩볼에 쓰이는 공.
tráp càr (英) (화물 집배용) 경화차(輕貨車).
trap·cel·lar [-sèlər] 圀 무대의 마루밑, 무대 밑의 기계실.
trap·door [trǽpdɔ̀ːr] 圀 **1** (마루·천장·무대 따위의) 치켜올리는 문, 뚜껑문, 드는 뚜껑. **2** (채광) 통풍문 (weather door). **3** (옷의) L자형으로 찢긴 곳. **4** (속어) (컴퓨터) (우연 또는 고의로 만든) [프로그램에의] 바이패스 침입 수단. 图 trapdoor[같은].
tráp-door spíder 圀 왕거미의 일종(뚜껑이 달린 통 모양의 집을 지음).
trapes [treips] 图困 = traipse.
tra·peze [træpíːz/trə-] 圀 **1** (곡예용) 그네. **2** 트래피즈(요트 경기에서 선외로 몸을 뺀을 때 잡는 빗줄). **3** (기하) = trapezium. **4** 어깨에서 밑으로 갈수록 넓어진 드레스. ── 图困 (곡예·체조용) 그네를 타다.
trapéze ártist 圀 공중 곡예사; 그네 곡예사.
tra·pe·zi·form [trəpíːzəfɔ̀ːrm] 囿 부등변(不等邊) 사각형의; 사다리꼴의.
tra·pez·ist [trǽpizist/trə-] 圀 = trapeze artist.
tra·pe·zi·um [trəpíːziəm] 圀 (종 ~**s**, **-zi·a** [-ziə]) **1** (기하) (美) 부등변 사각형; (英) 사다리꼴. **2** (해부) (손목의) 대능형골(大菱形骨).
trap·e·zoid [trǽpəzɔ̀id] 圀 **1** (기하) (美) 사다리꼴; (英) 부등변 사각형. **2** (해부) (손목의) 소능형골(小菱形骨). ── 囿 (또는 **trapezoidal**) (기하) (美) 사다리꼴의; (英) 부등변 사각형의.
trap·nest [trǽpnèst] 圀 [양계] 트랩네스트(들어가면 나오지 못하도록 경첩식의 문을 가진 닭장). ── 団 (각 닭의) 산란수를 트랩네스트로 측정하다.
***trap·per** [trǽpər] 圀 **1** 덫을 놓는 사람; (모피를 얻는) 사냥꾼. **2** (채광) 광갱(鑛坑) 통풍문 담당자. **3** (英) (철도) 전철(轉轍) 담당.
trap·pings [trǽpiŋz] 圀禎 **1** (옷 따위의) 장식; (비유적) 장식, 꾸밈, 복식, 예복. **3** 때로 trapping) 말 장식, 장식적인 마구.
Trap·pist [trǽpist] 圀 (가톨릭) 트라피스트(회 수도사)(1664년 프랑스의 La Trappe 수도원에 창립된 시토 수도회의 일원). 囿 트라피스트회(수도사)의.
Trap·pist·ine [trǽpistìːn, -tàin] 圀 **1** (가톨릭) 트라피스트회의 수녀. **2** (t-) U 트라피스틴 리큐어(감미로운 리큐어 술).
trap·py [trǽpi] 囿 **1** 곤란한, 까다로운; 함정이 있는, 방심할 수 없는. **2** (말이) 발을 높이 올려 보폭을 짧게 빨리 걷는. **-pi·ness** 圀
trap·rock [trǽpràk/-rɔ̀k] 圀 [지질] = trap³.
trap·shoot·er [trǽpʃùːtər] 圀 트랩 사격자.
trap·shoot·ing [trǽpʃùːtiŋ] 圀団 트랩 사격(trap으로 클레이 따위를 날려서 쏘는 사격). 图 skeet.
tra·pun·to [trəpúntou] 圀 (種 ~**s**) (재봉) 트라푼토(2매 이상의 천을 써서 디자인한 윤곽을 running stitch로 박아 그 속에 솜 등을 채워 돋아나게 한 퀼팅).
‡**trash¹** [træʃ] 圀団 **1** (美) 쓰레기, 잡동사니; 가짜, 겉만 번지르르한 것. ¶ a ~ basket 쓰레기통. **2** 어리석은 생각, 객담, 시시한 이야기. **3** C (집합적) (美) 쓸모없는 인간, 인간 쓰레기, 건달; (美속어) 칠칠치 못한 여자. **4** 졸작, 시시한 문학[미술] 작품. **5** 부스러기, 잘라낸 조각; 쳐낸 가지, 옥수수 껍질, (짜낸) 사탕수수 찌끼기. **6** (美속어) (반항적인) 닥치는 대로의 파괴.
── 图団 **1** (사탕수수)의 겉잎을 벗기다; (나무)에서 여분의 가지[잎]를 치다. **2** …을 쓰레기 취급하다. **3** (美속어) (반항하거나 하여) …을 닥치는 대로 파괴하다. **4** (美속어) (남)을 업신여기다, 놀리다; 혹평하다. **5** (컴퓨터) (기억 내용)을 파괴하다, 지우다. **6** (美속어) 버리다, 폐기하다. ── 囡 **1** 닥치는 대로 부수다. **2** 비난하다, 헐뜯다. **3** 폐품[버린 물건] 중에서 쓸 만한 것을 주워모으다.
trash² 圀 (美속어) = laptop.
trásh càn 圀 (美) 쓰레기통((英) dustbin).
trásh compàctor 圀 (부엌의) 쓰레기 압축기.
trashed [træʃt] 囿 (美학생 속어) (술·마약에) 취한.
trash·er [trǽʃər] 圀 (俗) (분노·항의의 표시로) 닥치는 대로 파괴하는 사람.　　[로 쓰이는 물고기.
trásh fìsh 圀 = rough fish; 기름을 짜거나 사료용으
trash·for·ma·tion [træ̀ʃfərméiʃən] 圀 버려진 쓰레기나 잡동사니를 유용한 예술적 작품으로 만들어내는 일.
trásh ìce 圀 빙수(氷水).
trásh·man [trǽʃmæ̀n, -mən] 圀 쓰레기[폐품] 수거인 ((英) dustman).
trásh ràck 圀 (수문 따위의) 쓰레기막이 격자.
trásh spòrts 圀 (美) (TV 방영용의) 유명인[예능인] 스포츠 대회.
trash-to-en·er·gy [ˈtæʃənərdʒi] 囿 쓰레기를 태워 에너지를 얻는(garbage-to-energy).
trásh TV 圀 쓰레기 프로그램, 저질 프로.
trash·y [trǽʃi] 囿 **1** 쓰레기 같은, 폐물의, 찌꺼기의; 시시한, 쓸모없는. **2** (밭이) 먼저 작물의 마른 잎 따위로 뒤덮인; (美속어) 야한, 겉만 번드르르한.
trásh·i·ly 區 **trásh·i·ness** 圀　　　[시멘트의 원료.
trass [træs] 圀団 화산토(火山土), 트래스(수경(水硬)
trat·to·ri·a [trɑ̀ːtəríːə/træ̀tə-] 圀 (種 ~**s**, **-ri·e** [-ríːei]) (이탈리아식 대중) 음식점(경식당). [<It]
trau·ma [tráumə, trɔ́ː-] 圀 (種 ~**ta** [-tə], ~**s**) **1** (병리) 외상(外傷). **2** (정신의학) 정신적 충격, 쇼크.
tráuma cènter 圀 (의학) 외상 치료 전문 센터.
tráuma Kìt 圀 (의학) 외상 치료용 구급 상자.
trau·mat·ic [trɔːmǽtik, trɔː-, trau-] 囿 **1** 외상(성)의; 외상 치료(용)의. **2** 정신적 쇼크의, 마음 고생하는. **3** 몹시 불쾌한. **-i·cal·ly** 區
trau·ma·tism [tráumətìzəm, trɔ́ː-] 圀 (병리) **1** 외상성 상해. **2** 외상(trauma), 외상성 정신 장애.
trau·ma·tize [tráumətàiz, trɔ́ː-] 图団 (병리) **1** …의 외상을 입히다. **2** (정신의학) (마음)에 타격을 주다, …에게 정신적 충격을 주다. **-ti·zá·tion** 圀
trau·ma·tol·o·gy [trɑ̀umətɑ́lədʒi/trɔ̀ːmətɔ́l-] 圀 외상학(外傷學), 재해(災害) 외과학.
-to·lóg·i·cal 囿　**-gist** 圀
　trav. travel(s); traveler.
***tra·vail** [trəvéil, trǽveil/trǽveil] 圀団 **1** (種 ~**s**) 노고, 고생, 신고(辛苦); (예술적인) 노작(勞作). **2** 고통, 괴로움, 고뇌. **3** 진통, 산고.

in travail 산기(産氣)가 돌아, 진통으로 괴로워하여.
── 동 1 수고하다, 고생하다. 2 진통[산고]을 겪다.
── 타 (고어) 괴롭히다.

‡**trav·el** [trǽvəl] 图 (~s [-z]; *-l-*, (英) *-ll-*) 자 1 (멀리·외국으로) 여행하다. ¶ ~ abroad[around the world, in Canada] 외국[세계일주, 캐나다] 여행을 하다 / ~ 2nd class 2등석으로 여행하다 / ~ by land[air] 육로[공로]로 여행하다.
2 (…에서 / …로) 가다, 이동하다 (*from* / *to*), (…을 타고) 가다 (*by*), (동물이) 떼를 뜯어먹으며 이동하다. ¶ ~ *from* Seoul *to* New York 서울에서 뉴욕으로 가다 / ~ *to* work *by* car 차로 통근하다.
3 (차·항공기 따위가) 움직여 나가다, 나아가다, 달리다; (구어) (사람이) 빨리 걷다, (차 따위가) 빨리 달리다[날다]. ¶ ~ in an orbit 궤도를 달리다.
4 (빛·소리 따위가) 전해지다, 나아가다, 달리다. ¶ Light ~s faster than sound. 빛은 소리보다도 빨리 진행한다 // (~+전+명) The rumor ~ed *from* mouth *to* mouth. 풍문은 입에서 입으로 전해졌다.
5 (눈·시선이) 차례로 옮아가다; (마음이) 차례차례 생각해내다 (*over*). ¶ (~+전+명) His eyes ~ed *over* the landscape. 그는 그 경치를 차례차례로 둘러보았다 / Her mind ~ed *over* the events of the day. 그녀는 그 날의 사건이 이것저것 마음에 떠올랐다.
6 팔면서 돌아다니다, 주문 받으러 다니다 (*in*); 외판원 노릇을 하다 (*for*). ¶ (~+전+명) ~ *for* a firm 상사의 외판원으로 일하다. 7 (구어) (…와) 교제가 있다, 사귀고 있다 (*with*, *in*). ¶ (~+전+명) ~ *in* [*with*] wealthy circles 자산가(資産家)들과 사귀다. 8 (기계가) 일정 범위를 움직이다, 왕복 운동하다. 9 (농구) 공을 가지고 걷다(walk). 10 (술·생선 따위가) 운송[이동]에 견디다. ¶ Some wines ~ poorly. 수송하기에 적합하지 않은 포도주도 있다.
── 타 1 [나라·지방 따위]를 여행하다, 통과하다, (어느 일정거리)를 답파하다. 2 (구어) (가축 따위)를 몰다, 이동시키다; (목재 따위)를 운반하다. 3 (구역)을 세일즈하며 돌아다니다.
travel it (도보) 여행을 하다.
travel out of the record (이야기가) 주제에서 빗나가다.
── 명 ~s [-z] 1 여행; (보통 ~s) (장기간의) 원거리[외국] 여행. ⇒TRIP 유의어 ¶ space ~ 우주 여행 / start [be] on one's ~s 여행에 나서다[여행중이다] / in one's ~s 여행 도중에. 2 (~s) 여행기. ¶ Swift's *Gulliver's Travels* 스위프트의 「걸리버 여행기」. 3 (美) 왕래, 교통(량); 여행자 수. 4 (일반적으로) 운동, 이동; (별·총·쇠사리 따위의) 진행[운행], 운동 속도. 5 (기계) 행정(行程), 동정(動程)(stroke).
travels in the blue 방심, 명상, 백일몽.
── 형 (한정용법) 여행용의. ¶ a ~ alarm clock 여행용 자명종 시계.
~**·a·ble** 형 (길 따위가) 통행 가능한, 여행에 적합한.
trável advisory 명 (美) 정부가 발표하는 해외 여행자를 위한 주의사항.
trável àgency [bùreau] 명 여행 대리점, 여행사.
trável àgent 명 여행 안내업자, 여행사 직원.
trav·el·a·tor, (英) *-el·la-* [trǽvəleitər] 명 (英) (공항 따위의) 자동 보도(步道).
trav·eled, (英) *-elled* [trǽvəld] 형 1 여행에 익숙한, 여행 경험이 있는, 견문이 넓은. 2 (길·지역 따위가) 여행자가 (많은) 여행자가 많은. 3 (지질) (돌 따위가) 이동하는, 표적(漂積)의.

‡**trav·el·er**, (英) *-el·ler* [trǽvələr] 명 (복 ~s [-z]) 1 여행가, 여객; 여행에 익숙한 사람. 2 (美) (기업의) 외무[외판]원, 고객 담당자. 3 (기계) 주행대(走行臺)=traveling crane. 4 (형용사와 함께) 진행하는…인 것(말·차 따위). ¶ This horse is a fast ~. 이 말은 빨리 달린다. 5 (해사) 활환(滑環)(밧줄·장대 따위를 따라 자유롭게 움직이도록 한 금속성 고리); 활환이 달린 밧줄[원재(原材), 막대]. 6 (연극) (양쪽에서 당기는) 옆으로 열리는 막.
play [or *tip*] *the traveler upon a person; tip a person the traveler* 남에게 허풍을 떨다; 남을 속이다.

tráveler's tàles 허풍, 믿을 수 없는 이야기.
Trávelers Áid 명 (美) 여행자 원조 협회. (또는 Tráveler's Áid)
tráveler's chèck [(英) *chèque*] 명 여행자 수표.
trav·el·er's-joy [trǽvələrdʒɔi] 명 (식물) 사위질빵, 위령선(미나리아재빗과(科)의 덩굴 모양의 식물).

‡**trav·el·ing**, (英) *-el·ling* [trǽvəliŋ] 명 1 여행(용). ¶ a ~ dress 여행복 / a ~ companion 길동무 / ~ expenses 여비. 2 순회하는, 돌아다니는 ¶ a ~ musician 순회 음악가 / a ~ company 순회 극단. 3 이동하는, 활동(活動)하는, 가동의. ¶ a ~ hoist 주행(走行) 호이스트. ── 명 (U) 여행; 순업(巡業); 이동.
tráveling bàg 명 여행 가방.
tráveling càse 명 여행용 슈트케이스.
tráveling círcus 명 순회 서커스.
tráveling clòck 명 (접어서 케이스에 넣는) 여행용 시계.
tráveling cràne 명 주행(走行) 크레인[기중기].
tráveling fèllowship 명 연수 여행 장학금.
tráveling líbrary 명 대출 문고; 이동[순회] 도서관.
tráveling micróscope 명 유동[이동] 현미경.
tráveling sálesman 명 (美) 방문 판매원, 외판원 (commercial traveller).
tráveling wáve 명 (물리) 진행파(進行波).
tráv·el·ing-wáve tùbe 명 (전자) 진행파관(管), TW관(마이크로파용 증폭관의 일종).
trav·e·logue [trǽvəlɔːg, -lɑg / -lɔg] 명 1 (슬라이드 따위를 이용하는) 여행담. 2 관광 영화. (또는 **trav·e·log**)
trável shòt 명 (영화·TV) 이동 촬영.
trável-sìck [-sìk] 형 뱃[차]멀미의.
trável sìckness 명 멀미; (英) 여행지에서의 식중독[배탈], 그로 인한 설사.
trável-sòiled [-sɔ́ild] 형 여행으로 더러워진.
trável-stàined [-stéind] 형 여행중에 누추해진.
trável tìme 명 이동 시간.
trável tràiler 명 (여행용) 이동 주택.
trável-wòrn [-wɔ́ːrn] 형 여행하여 수척해진, 여행에 지친.

tra·vers·a·ble [trəvə́ːrsəbl, trǽvərs-] 형 1 횡단할 수 있는, 통과할 수 있는. 2 (법률) 부인할 수 있는.

‡**trav·erse** [trǽvəːrs, trəvə́ːrs] 图 (*-ers·es* [-iz]; *~d* [-t]; *-ers·ing*) 타 1 ~을 가로지르다, 넘다, 통과하다. ¶ a district ~d by canals 운하가 가로지르는 지방 / ~ the desert [ocean] 사막(대양)을 횡단하다. 2 (장소)를 여기저기 돌아다니다. 3 (선반(旋盤))을 선회시키다, 돌리다. 4 (논제 따위)를 자세히 검토하다, 상론(詳論)하다. ¶ I need not ~ that ground in my present lecture. 이 강의에서는 그 점을 자세히 말할 필요가 없다. 5 (계획·의견 따위)에 반대하다, …을 방해하다; …을 부인하다, 부정하다. ¶ ~ a person's design 남의 계획을 방해하다. 6 (법률) …에 항변하다; …을 부인하다, 거부하다. ¶ ~ an indictment 기소 혐의를 부인한다. 7 (조준을 하기 위하여) (포구(砲口))를 돌리다. 8 (해사) (돛대의 활대)를 용골(龍骨)에 병행하게 하다. 9 (측량) (토지 따위)를 트래버스 측량법으로 재다. 10 (등산) (산의 경사면)을 가로지르다, 트래버스하다; (스키) 트래버스로 활강하다.
── 자 1 횡단하다, 가로지르다(cross). 2 (포구가) 선회하다; (자침(磁針) 따위가) 돌다. 3 (펜싱) 칼을 상대의 칼자루 쪽으로 밀다. 4 (馬術) 옆으로 걷다. 5 (등산) (산의 경사면)을 가로지르다; (스키로) 트래버스[사활강(斜活降)]하다. 6 (권투) 좌우로 움직이다. 7 (측량) 트래버스 측량법으로 재다.

──图 (图 -ers·es) [-iz] 1 가로지르기, 횡단 (여행). 2 횡단물, 장애(물); (비유적) 방해; 횡목, 가로대; (장애용의) 난간, 현수막, 격벽(隔璧). 3 횡단선; 횡단 보도, 교차점, 터널목. 4 〔건축〕 (교회 등의) 가로 독도, 5 〔해사〕 지그재그 항로(의 한 구간). 6 〔측량〕 (횡단하는) 방벽, 횡장(橫墻); 방탐벽. 7 〔포술〕 선회; 〔기계〕 트래버스, 가로 이동. 8 〔법률〕 부인, 거부, 항변. 9 지그재그 길. 10 〔등산〕 트래버스(비스듬한 사면 횡단 또는 횡단 사면); 〔스키〕 트래버스, 사활강(斜滑降). 11 〔측량〕 관측선(觀測線), 절단선(截斷線). 12 〔馬術〕 횡보(橫步); 〔펜싱〕 반격의 동작.
──图 가로의, 횡단하는. ──图 〔폐어〕 가로, 횡단하여.
tra·vér·sal 图 (동사용 용법).
tráverse bóard 트래버스반(盤)(옛날의 항해 거
tra·vers·er [trəvə́ːrsər, trǽvərs-] 图 1 횡단자. 2 〔법률〕 부인자(否認者). 3 컨베이어형 운반기(機)(〔철도〕 전차대(遷車臺).
tráverse ród (도르래가 달린) 금속제 커튼 레일.
tráverse sáiling 图 〔해사〕 연침(連針) 항로법; Z 자형 항법(航法).
tráverse súrvey 图 〔측량〕 트래버스 측량.
tráverse táble 图 1 〔철도〕 천차대(遷車臺)(차를 다른 선로에 옮기는 것). 2 〔해사〕 경위표(經緯表), 방
tráverse tráck =traverse rod. └위표.┘
tráv·ers·ing brídge [trǽvəːrsiŋ-] 图 교체(橋體)가 수평으로 움직이는 가동교(可動橋).
trav·er·tine [trǽvərtìːn, -tin] 图回 석회화(石灰華)(온천 부근에 많은 석회질이 가라앉은 것; 건축 재료). (=travertin)
trav·es·ty [trǽvəsti] 图 1 희화화(戲畵化), 익살스럽게 고쳐놓는 것, 희작(戱作). 2 익살시기, 곡해(曲解), 서투른 모방; 가짜. 3 回 (이성(異性) 차림의) 변장.
──图回 1 …을 희화화하다. ¶ ~ his mode of speech 그의 연설을 우습광스럽게 흉내내다. 2 …을 서투르게 연기하다. 3 …을 변장시키다.
tra·vois [trəvɔ́i] 图 (图 ~·es) [-z(iz)] 1 막대기 두 개를 묶어 짐승이 끌도록 하는 운반 용구.
Trav·o·la·tor [trǽvəlèitər] 图 〔상표〕 트래벌레이터, (공항 따위의) 자동 보도(步道).
trawl [trɔːl] 图 1 트롤망(網), 저인망(底引網). 2 〔美〕 = line. ──图图 1 트롤[저인망] 어업을 하다. 2 견지질하다. ──图 1 〔트롤망〕을 끌다. 2 〔수면·장소〕을 견지질하다. 〔물고기〕를 트롤[저인망]으로 잡다.
∽·a·bíl·i·ty 图 ∽·a·ble 图
trawl-boat [-bòut] 图 트롤(어)선(船), 끌망선.
trawl·er [trɔ́ːlər] 图 1 트롤 어업자. 2 트롤(어)선.
trawl·er·man [trɔ́ːlərmæn, -mən] 图 트롤망[선]
trawl·ing [trɔ́ːliŋ] 图 트롤[저인망] 어업. └어부.┘
trawl líne 고정 수낙(setline).
trawl nét 트롤망, 저인망. (또는 **tráwlnèt**)
‡**tray** [trei] 图 (图 ~s [-z]) 1 쟁반, 요리 접시, 받침 접시; 요리 따위가) 담은 쟁반[접시]. ¶ an ash ~ 재떨이 / a developing [pen] ~ 현상(펜) 접시 / a ~ of food 쟁반에 담은 음식. 2 (트렁크·장롱·상자 따위의) 칸막이 상자. 3 (서류함) 정리합. 4 〔치과〕 트레이(이의 형상 재료를 담는 받침 접시).
tráy àgriculture 图 수경(水耕)(법).
trày·ful [tréiful] 图 쟁반 가득(한 양)(of). ¶ a ~ of oranges 쟁반에 가득 담은 오렌지들. └6.┘
tray·mo·bile [tréiməbìːl] 图 〔豪구어〕 =trolley 图
tráy táble 图 1 (쟁반을 없는 접시 만들어진 (臺). 2 가장자리가 쟁반 같은 탁자. (또는 **tráy-top tàble**)
tra·zo·done [tréizədòun] 图 〔약학〕 트라조돈(우울증 치료용의 백색 결정성 분말).
treach [tretʃ] 图 〔俗〕 근사한, 멋있는, 굉장히 좋은.
*__treach·er·ous__ [trétʃərəs] 图 1 신뢰를 배반하는, 불충실한; 반역하는, 두 마음을 품은(to). ¶ a ~ action 배신 행위. 2 (날씨·기억 따위가) 신뢰할 수 없는, 믿을 수 없는, 의심스러운. ¶ ~ weather 믿을 수 없는 날씨 / a ~ memory 막연한[믿지 않은] 기억. 3 (발판 따위가) 불안정한, 무너질 것 같은; 위험한. ¶ a ~ branch 튼튼해 보이지만 약한 가지 / a ~ path 위험한 산길.
be treacherous to a person 남을 배신하다.
∽·ly 图 ∽·ness 图
*__treach·er·y__ [trétʃəri] 图回 배반, 배신, 불신, 부실; 반역; C 배반[배신] 행위. ⇒DISLOYALTY 유의어
trea·cle [tríːkl] 图回 1 (말·태도 따위의) 찰싹 달라붙는 달콤함. 2 〔英〕 당밀(糖蜜)(molasses). 3 〔약학〕 〔폐어〕 해독제, 특효약.
tréacle slèep 图 단잠, 숙면(熟眠).
tréacle mùstard 图 〔식물〕 쑥부지깽이.
trea·cly [tríːkli] 图 1 당밀의[같은]. 2 (말 따위가) 달콤한, 장황하게 알랑거리는, 아첨하는. **-cli·ness** 图
‡**tread** [tred] 图 (∽s [-z]; **trod**; **trod·den**, **trod**) 图 1 〔길·장소 따위〕를 밟다, 걷다, 가다(walk on). 지나가다. ¶ ~ a perilous path (비유적) 위험한 길을 가다. 2 (과실 따위)를 밟아 으깨다; (형체·자국 따위)를 부려내다 …을 밟다, 밟아 만들다. ¶ ~ grapes (포도주를 만들기 위하여) 포도를 밟아 으깨다 // (~ + 图 + 前 + 名) 3 〔적·권리 따위〕를 밟아 뭉개다, 유린하다; 〔사람·감정〕을 억누르다; …을 압도하다, 억압하다(down). ¶ (~ + 图 + 名) ~ down a person's right 남의 권리를 유린하다. 4 (새의 수컷이) …와 교미하다. 5 〔고어〕 〔춤〕을 추다. 6 〔英〕 〔진흙 따위〕를 발에 묻혀서 들어오다 (track). ¶ ~ dirt 흙자국을 내다.
──图 1 걷다, 가다(walk). ¶ Fools rush in where angels fear to ~. 〔속담〕 하룻강아지 범 무서운 줄 모른다. 2 (잘못하여) 밟다, 짓밟다, 밟아 으깨다(trample)(on, upon). ¶ (~ + 前 + 名) She was afraid he would ~ on her feet. 그녀는 그에게 발을 밟힐까봐 염려했다. 3 (새의 수컷이) 교미하다 (with).
tread (as) on eggs 위험한 입장에 처하다.
tread away ① 실수하다. ② (일이) 잘 되어가지 않
tread in (물건)을 밟아서 넣다. └다.
tread in a person's **steps** ⇒STEP.
tread lightly ① 살그머니 걷다. ② 주의 깊게 하다, 신
tread on air ⇒AIR. └중히 하다.
tread on a person's **corns**[or **toes**] ⇒CORN[2].
tread one's shoes straight 조심해서 행동하다.
tread on one's own tail ⇒TAIL[1].
tread on sure ground 자신을 가지고 말하다.
tread on the heels of; tread on a person's **heels** …의 바로 뒤를 이어 일어나다.
tread on the neck of ⇒NECK.
tread out ① 〔불〕을 끄다; 〔폭동 따위〕를 진압하다. ② 밟아서 〔알맹이〕를 내다. (과일 즙)을 밟아서 짜다.
tread the boards[or **stage**] 무대에 서다; 배우가 되다, 배우이다.
tread the deck 선원이 되다, 선원이다.
tread this earth[or **shoe-leather**] 살아 있다.
tread…under foot[or **underfoot**] …을 짓밟다, 밟아 뭉개다; (비유적) 압박하다; 경멸하다.
tread upon eggs ⇒EGG[1].
tread water 선헤엄을 치다.
──图回 1 밟기, 걷기, 일보(一步); 밟는 소리, 발소리; 걸음걸이, 발걸음. ¶ I heard the ~ of footsteps. 발소리가 들렸다. 2 (신발·썰매의 바닥), (장화(掌化)의) 발바닥. 3 밟는 폭[계단 발판의 폭]; (계단의) 디딤판; (사다리의) 가로장; (미싱·자전거 따위의) 페달. 4 (차륜·타이어 따위가 지면이나 레일에 닿는 면; (레일의) 접촉면, 5 (자동차의) 윤거(輪距)(두 타이어 사이의 거리)(图 wheelbase). 6 〔고어〕 (수새의) 교미. 7 (말의) 제관외상(蹄冠外傷)(반대쪽 발굽에 밟혀서 생긴 것). 8 〔해사〕 (배의) 용골(龍骨)의 길이; 용골의 폭.

⌞-er 명
tread·board [trédbɔ̀ːrd] 명 (계단 따위의) 발판.
tread·head [trédhèd] 명 《美육군 속어》 전차(戰車) 승무병.
trea·dle [trédl] 명 **1** (기계류의) 발판, 디딤판, 페달; 《英》자전거의 페달. **2** (알의) 알끈(chalaza). ─타자 발판[페달]을 밟다. ─자 《미싱 따위를》 발판[페달]을 밟아 움직이다. **tréa·dler** 명 [loom].
trédle lòom 명 〔방직〕 플로어 직기(織機)(floor
tread·mill [trédmìl] 명 **1** 발로 밟아 돌리는 바퀴(옛날 감옥에서 죄수에게 밟게 했음); 단조롭고 피곤한 일.
tread·plate [trédplèit] 명 발판(미끄러지지 않도록 충격에 부착시킨 금속판).
tread·wheel [trédhwìːl] 명 (물 따위를 퍼올리기 위한) 밟아 돌리는 바퀴; (다람쥐 따위의) 쳇바퀴.

[treadmill]

treas., Treas. treasurer; treasury.
*__trea·son__ [tríːzn] 명U **1** 반역(죄), 대역(죄).¶high ~ 대역죄. **2** (도울에) 배신, 배반, 불신(to). ⇨ DISLOYALTY 유의어
trea·son·a·ble [tríːzənəbl] 형 반역의, 대역(大逆)의; 반역의 염려가 있는, 불신의. **~·ness** 명 **-bly** 부
tréason félony 명 《英법률》 국사범, 중(重)반역죄.
trea·son·ous [tríːzənəs] 형 =treasonable.
treasr. treasurer.
‡**treas·ure** [tréʒər] 명 (복 ~s [-z]) **1** ⓤⓒ (귀금속·화폐 따위의) 보물, 재보; 비보(祕寶). **2** ⓤ 재산, 부(富)(wealth). **3** 고가품, 귀중품.¶art ~s (명화·조각 따위의) 명품(名品). **4** 중요한 사람[것]; 보배.¶His new servant is a perfect ~. 새로 온 그의 하인은 정말 보배이다. **5** 가장 사랑하는 사람, 소중한 아이.¶My ~! 이 귀여운 것!
cost[*spend*] *blood and treasure* 생명과 재산을 요하다(허비하다).
─타 (~s [-z]; -d; -ur·ing) **1** (안전·장래를 위하여) …을 저축하다, 비장하다; …을 소중히 하다(up). ⇨PRIZE² 유의어. ¶(~+图+前+名) We cannot ~ our friends too much. 벗을 아무리 중히 여겨도 지나칠 것이 없다. **2** …을 마음에 간직하다, 명심하다(up).¶~ a person's memory 남의 추억을 가슴에 간직하다 // 《~+图+뷔》~ up in one's heart the recollection of old times 옛 추억을 마음속에 간직하다.
-ur·a·ble, ~·less 형
tréasure hòuse 명 (복 *t*- *hous·es* [hàuziz]) 보고(寶庫)(treasury). (또는 **tréasure-hòuse**)
tréasure hùnt 명 보물 찾기; 보물 찾기 놀이.
Tréasure Ísland 명 **1** 보물섬(R. L. Stevenson (1850-94)의 장편 모험 소설(1883)). **2** 트레저 섬(미국 California 주의 San Francisco 만 안에 있는 인공섬으로 해군 기지).
*__treas·ur·er__ [tréʒərər] 명 **1** 재보[보물] 담당자. **2** 회계 담당자, 출납 담당자, (나라·지방 공공 단체의) 회계담당자, 출납관, 수납관.¶the *T*- of the Household 영국 왕실 회계담당자.
Tréasurer of the United Státes 명 (the ~) 미국 재무부 출납국장.
treas·ur·er·ship [tréʒərərʃìp] 명ⓤ 회계[출납] 담당자의 직[지위].
Tréasure Státe 명 (the ~) 미국 Montana주의 별칭.
treas·ure-trove [-tròuv] 명 〔법률〕 매장물, 소유자 불명의 발굴물(화폐·지금(地金) 따위); 귀중한 발견물.

‡**treas·ur·y** [tréʒəri] 명 (복 -ur·ies [-z]) **1** 보고; 보물. **2** (the T-) 국고, 공고(公庫); 기금, 자금. **3** (the T-) 《英》 재무부(the Exchequer), 국가 재정 위원회; 《美》 재무부(the T- Department). **4** 보감(寶鑑), 보전(典), 사화집(詞華集), 명시집.¶*The Golden T- of English Songs and Lyrics* 영국 서정시집(1861년 F. T. Palgrave 편집). 5 (원장(보통 수상이 겸임).
the First Lord of the Treasury 《英》국가 재정 위원
the Secretary of the Treasury 《美》재무 장관.
Tréasury Bénch 명 《英의회》 (하원에서의) 국무위원석(제1열의 의장 우측). ¶91일로 만기).
tréasury bíll 명 재무부 단기 증권(미국에서는 보통
Tréasury Bóard 명 《英》 국가 재정 위원회(정식 명칭은 the Board of Commissioners of the Treasury).
tréasury bónd 명 《美》 (재무부 발행의) 장기 채권, 국채. ¶채무 증서.
tréasury certíficate 명 《美》 재무부 증권, 재무부
Tréasury Depártment 명 (the ~) 《美》 재무부(정식 명칭은 the Department of the Treasury).
tréasury lórd 명 《英》 국가 재정 위원회 위원.
tréasury nòte 명 **1** 《美》 (재무부 발행의) 중기 채권(1〜5년 단위). **2** 《英》 옛날 법정 지폐(1파운드 또는 10실링).
tréasury of mérits[*the Chúrch*] 명 〔가톨릭〕
treas·ur·y·ship [tréʒəriʃìp] 명 =treasurership.
tréasury stóck 명 금고주(金庫株)(회사가 취득해서 보유하고 있는 자사주(自社株)).
tréasury wàrrant 명 국고 지급 명령서.
‡**treat** [triːt] 타 **1** (사람을) 다루다, 대우하다, 처우하다.¶(~+图+뷔) ~ a person *kindly* 남을 친절하게 대우하다 // (~+图+前+名) They ~ed him with respect. 그들은 그를 정중히 대우했다.¶(~+图+*as* 뷔) ~ a person *as* a friend 남을 벗으로서 대우하다. **2** (문제·사물·사람 등을) …으로 간주하다, 여기다.¶(~+图+*as* 뷔) ~ a matter *as* unimportant 문제를 중요시하지 않다 / He ~ed it *as* a joke. 그는 그것을 농담으로 생각했다.

───
유의어 **treat** 특정한 태도·기분·입장 등으로 다루다. **deal with** 수완·권위 따위를 갖고 다루다. **handle** 손으로 다루다; =treat, deal with. **manage** 특정한 목적을 달성하도록 솜씨있게 처리·조종하다.
───

3 (병·환자 등을) 처치하다, 치료하다, 고치다(*with, for*).¶I had my decayed teeth ~ed. 나는 충치를 치료받았다.¶(~+图+前+名) She was ~ed *with* transfusions of blood. 그녀는 수혈을 받았다.
4 (문제 따위를) 논하다, 다루다; (문학·미술 따위의 어서) (주제를) 다루다, 표현하다.¶~ a theme realistically 테마를 사실적으로 다루다.
5 (화학 약품 따위에서) (물질을) 처리하다(*with*).¶(~+图+前+名) ~ a metal *with* acid 금속을 산(酸)으로 처리하다.
6 …을 대접하다, 환대하다; (유권자)에게 향응을 베풀다. **7** (때로 반어적) (남)에게 한턱 내다; (남)에게 (선물·휴가 따위를) 주다; (재귀용법으로) 큰맘 먹고 …을 사다(먹다)(*to*).¶(~+图+前+名) He ~ed her *to* dinner. 그는 그녀에게 저녁을 샀다.
─자 **1** (논문·연설 등이 문제를) 다루다, 논하다(*of*) (※ **4**는 사람이 주어).¶(~+前+名) The book ~s *of* magic. 그 책은 마술을 다루고 있다. **2** 한턱 내다, 음식을 대접하다, 향응하다.¶It is my turn to ~. 이번에는 내가 한턱 낼 차례다.¶(~+前+名/…의 일로) 교섭하다, 담판하다, 흥정하다(*with/for*).¶(~+前+名) They ~ed *with* their enemy *for* peace. 그들은 적과 평화 교섭을 했다.
treat a person like a doormat 남을 굴욕적으로 다루다, 밟아 뭉개다.
treat oneself to …을 즐기다, …을 큰맘 먹고 사다.

¶She ~ed herself to a new mink coat. 그녀는 큰 맘 먹고 새 밍크 코트를 샀다. 1 대접, 환대, 접대; 대접하기 위한 모임, 위안회 (피크닉 따위). ~s for young people 젊은이들을 위한 위안회. 2 특별한 즐거움을 주는 것, 큰 기쁨, 매우 즐거운 일, 훌륭한 요리. ¶It is a ~ to see you. 당신과 만나서 매우 기쁩니다. 3 한턱 내기; 한턱 낼 차례. ¶It is my ~ now. 이번에는 내가 한턱 낼 차례다.
a (fair) treat (부사적) 만족하게, 말할 나위 없이, 훌륭하게. *get on a fair ~* 아주 잘 되어 가다, 크게 쌓다. *stand treat* (구어) 한턱 내다(*for*). ~상되다.
∽·er 명 다루는 사람; 남에게 한턱 내는 사람.

treat·a·ble [trí:təbl] 형 (의학적으로) 치료[처리]할 수 있는. ∽·**bíl·i·ty** 명

trea·tise [trí:tis] 명 논문, 보고서; 학술 논문(*on*). ¶a ~ *on linguistics* 언어학 논문.

‡**treat·ment** [trí:tmənt] 명[U]C 1 취급 (방법). ¶a *business that needs delicate* ~ 다루기가 까다로운 일. 2 취우, 대우; ¶*demand proper* ~ 정당한 대우를 요구하다. 3 치료; 치료법(*for*). ¶a *new* ~ *for cancer* 암의 새로운 치료법 / *take* [*or undergo*] *medical* ~ 치료를 받다 / *under* (*medical*) ~ 치료중(인). 4 (특히 양식·수법 면에서 본 문학·예술상의) 표현[취급] 방법; 논술 (방법). 5 (약품 등에 의한) 처리. 6 (영화·TV) (동작·로케이션 장소·카메라 앵글 따위를 추가로 써넣은) 대본.
give a person a cold treatment 남을 냉대하다.
give a person the (full) treatment 남을 따뜻하게[후하게] 대접하다.
give the silent treatment (속어) 무시[묵살]하다.

‡**trea·ty** [trí:ti] 명 (pl. **-ties** [-z]) 1 조약, 맹약; 조약 의정서, 맹약서. ¶a *commercial* ~ 통상 조약 / *a nuclear non-proliferation* ~ 핵확산 방지 조약 / *the prior consultation system under the security* ~ 안전 보장 조약하의 사전 협의의 제도. 2 U 약속, 계약, 협정, (개인간의) 약정. 3 (고어) (타결을 목적으로 한) 교섭. 4 (폐어) 탄원, 간청.
be in treaty with …와 교섭하고 있다.
conclude [or *make, arrange*] *a treaty with* …와 조약을 맺다.
tear up the treaty with …와의 조약을 파기하다.
~·**less** 형

Tréaty of Únion 명 ⇨ MAASTRICHT TREATY.
Tréaty on Péaceful Núclear Explósion 명 평화 목적의 지하 핵폭발 제한 조약.
tréaty pòrt 명 조약항, (조약에 의한) 개항장.
tréaty pówers 명 조약[가맹]국.

*tre·ble** [trébl] 형 1 3배의, 3중의; 세 부분으로 된; 세 가지의(⑥ double). ¶*That was sold for* ~ *the price.* 그것은 3배의 값에 팔렸다. 2 (음악) a) 최고음부의. b) 최고음부를 담당하는(가수·악기 따위). c) 고음의, 새된. — 명 1 3배[3중]의 것, 3부분으로 된 것. 2 (음악) a) 최고음부, 소프라노. b) BASS¹. a) 최고음부가수, 소프라노 가수; 최고음부 악기. 3 새된 (목)소리, 높은 종소리. — 통 티 …을 3배로 하다. — 재 1 3배가 되다. 2 고음으로 말하다[노래하다]. ~·**ness** 명

tréble blóck 명 3률 도르래. (또는 **thréefold blóck**)

tréble chánce 명 (영) 트레블 찬스(축구 도박 (football pools)의 일종; 홈그라운드와 원정 그라운드에서의 승패 및 무승부 예상에 따라 점수가 달라진다).

tréble cléf 명 (음악) 높은음자리표, 사(G)음자리표.
tréble stáff 명 (음악) 높은음자리 보표.
Tre·blin·ka [trəblíŋkə] 명 트레블링카(폴란드 Warsaw 부근에 있었던 나치 수용소; 또는 그 마을).
tre·bly [trébli] 부 1 3배로, 3중으로, 3 고음으로.
treb·u·chet [trébjuʃèt] 명 1 (중세의 성문 파괴용) 투석기(投石機). (또는 **tre·buck·et** [tri:bʌ́kit]) 2 (조

제용 따위) 소형 천칭.

tre·cen·tist [treitʃéntist] 명 14세기 이탈리아의 문학가[미술가]; 그 시대의 미술과 문학의 예찬자.
tre·cen·to [treitʃéntou] 명 (종종 T-) U 이탈리아의 14세기(풍)(미술·문학).
tre·chom·e·ter [trikámətər/-kɔ́m-] 명 (기계) (차의 이동거리 기록계(odometer).
tre·de·cil·lion [trì:disíljən] 명 (英) (~(s)) (美) 10⁴², (英) 10⁷⁸. — 형 트레데실리온의. ~th 형명

‡**tree** [tri:] 명 (~s [-z]) 1 나무, 수목, 교목(⑩ shrub, bush). ¶*lemon* ~s 레몬 나무 / *cut down* ~*s for lumber* 재목으로 쓰기 위해 나무를 베다 / *A* ~ *is known by its fruit.* 열매를 보아 나무를 안다(← 마태 복음(Matt.) 12:33). 2 목제품; (보통 복합어로) (건축물·도구 따위의) 목재부, 목부(막대·기둥·들보 따위); 목재. ¶*an axletree* 차축, 굴대 / a *clothes* ~ 외투걸이. 3 a) = family ~. b) (수학·언어) = ~ diagram. 4 a) 구두골(boot ~). b) 안장틀. 5 (고어·시) a) 교수대. b) (the T-) (그리스도의) 십자가. 6 = Christmas ~. 7 (화학) (전해조(電解槽) 안에 생기는 것과 같은) 수상(樹狀) 결정. 8 (컴퓨터) 트리 구조. 9 (동물) 관계(管系)(혈관·기관지 따위).
as trees walking 분명치 않게, 희미하게.
bark up the wrong tree (구어) (추구·비난 따위에서) 헛다리짚다, 엉뚱한 사람을 나무라다[족치다].
grow on trees (보통 부정문에서) 손쉽게 손에 들어오다.
in the dry tree 역경에 처해, 불행하여. └오다.
out of one's tree (속어) ① 정신이 돌아서, 바보[멍청이]가 되어, 몰두하여(*over*). ¶*He was out of his* ~ *over Mary.* 그는 메리에게 반해 있었다. ② (술·마약에) 취하여.
the top of the tree ⇨ TOP¹. 「할 바를 몰라,
up a tree (구어) 진퇴양난이 되어, 궁지에 몰려, 어찌 — s [-z], ~d (동물·사람) 을 나무 위로 몰다. ¶*He was ~d by a bear.* 그는 곰에게 쫓겨서 나무 위로 도망쳤다. 2 (구어) …을 몰아대다, 궁지에 빠뜨리다. 3 (구두) 를 구두골에 끼워 모양을 잡는; (건축물·도구 따위에) 목재부를 붙이다[대다]. — 재 1 나무가 되다; 나무 모양이 되다. 2 나무에 오르다; 나무 위로 달아나다. ∽·**less** 형 ∽·**like** 형

tree·bank [trí:bæŋk] 명 (英) 대형 묘목점(苗木店).
trée bèlt 명 = tree lawn. └죽.
trée càlf 명 (제본) 나뭇결 무늬의 제본용 송아지 가
trée crèeper 명 (조류) 나무발바리.
treed [tri:d] 형 1 나무가 심어져 있는, 수목으로 뒤덮인. 2 (짐승 따위가) 나무 위로 쫓겨 올라간; (비유적) 궁지에 몰린. 3 구두골 모양을 고른. (tree)
trée diagram 명 (수학·언어) 수형도(樹形圖). (또는
trée-doz·er [∠dòuzər] 명 트리도저(벌채용의 작업판이 달린 불도저).
trée èar 명 (요리용의) 목이버섯.
trée fàrm 명 (목재 생산용) 시업림(施業林), 묘목 육
trée fàrming 명 └성장.
trée fèrn 명 (식물) 양치류.
trée fròg 명 청개구리(발가락에 흡반(吸盤)이 있음).
trée frúit 명 (원예) (사과·복숭아·버찌 따위) 교목의 열매. (또는 (英) **tóp frúit**)
tree-hop·per [trí:hɔ̀pər] 명 (곤충) 뿔매미.
trée hòuse 명 (놀이용·주거용의) 나무 위의 집.
trée-hug·ger [-hʌ̀gər] 명 과격 환경 보호 운동가.
trée làwn 명 (차도와 보도 사이의) 가로수가 있는 잔
trée line 명 = timberline. └디 녹지대.
tree-lined [trí:làind] 형 (양쪽에) 나무가 늘어선.
trée lúpine 명 (식물) 루피너스(미국 California 주 원산인 콩과(科)의 상록수).
trée mìlk 명 인도산(産) 박주가릿과(科) 식물의 유상 (乳狀) 수액.
trée mòuse 명 (아프리카산(産)) 나무에서 사는 쥐.

tre·en [tríːən] 영 목제의, 목제 가정용품의. — 영 (목 ~) 목제 가정 용품(주발·접시 따위); 목제 가정용품 제작 기술.

tree·nail [tríːneil, trénl] 영 나무못(목선(木船)용).

tre·en·ware [tríːənwɛ̀ər] 영 〖집합적〗 나무 그릇.

trée of Búddha 영 보리수(bo tree). 〔목기〕.

trée of héaven 영 가죽나무(아시아산(產) 소태나무 과(科)의 식물).

trée of knówledge (of góod and évil) 영 〖성서〗 (the ~) 선악과(善惡果) 나무(에덴 동산에 있는 금단의 열매(선악과)가 열리는 나무. ←창세기(Gen.) 2:9, 17).

trée of líberty 영 〖심는〗 자유의 나무. (자유 획득 기념으로 광장 따위에).

trée of lífe 영 〖성서〗 (the ~) 생명의 나무(←창세기 (Gen.) 2:9).

trée pèony 영 〖식물〗 모란.

trée pie 영 〖조류〗 물까치류(類)의 새.

Trée Plànters Státe 영 (the ~) 미국 Nebraska주의 별칭.

trée ring 영 나이테, 연륜(年輪)(annual ring).

trée shrew 영 나무두더지(식충 포유동물).

trée sùrgery 영 수목 외과(술). **trée-sùr·geon**

trée tòad 영 =tree frog. 〖미국 외과(술) 전문가.

trée tobàcco 영 나무담배(미산(美産) 가지과(科)의 황색 꽃이 피는 상록 초본).

trée tomàto 영 토마토나무(의 열매).

*tree·top [tríːtɑ̀p/-tɔ̀p] 영 나무 꼭대기.

tref [tref] 영 《美속어》 (불법 거래를 위한) 비밀 모임. (또는 **treff, trif(f)**)

tre·foil [tríːfɔil, tréf-] 영 **1** 잔개자리(콩과(科)의 2년초). **2** 트레포일, 세 잎[세 꽃잎] 무늬[장식]. **3** (걸스카우트의) 세 잎 기장(記章).
— 영 세 잎의, 세 꽃잎의.

[trefoil 2]

tréfoil árch 영 〖건축〗 3판형[3엽형] 아치(천장과 양쪽의 선이 3판 무늬로 되어 있다).

tre-foiled [tríːfɔild, tréf-] 영 세잎 꼴의, 세 잎의; 〖건축〗 세 꽃잎 무늬의, 세잎 장식의.

trek [trek] 영 (-kk-) **1** (천천히 또는 고생하며, 여행하다, 전진하다, 이주하다(to). **2** (등산) 트레킹하다. **3** (남아공) 소달구지로 여행하다; (소가) 짐수레를 끌다. **4** (속어) 떠나다, 사라지다. **5** (구어) (걸어서) 가다. — 영 (남아공) (소가) (수레를) 끌다. — 영 **1** 고된 여행(고생하며) 이주하기. **2** (등산) 트레킹. **3** (남아공) (소달구지로 하는, (개척자의) 집단 이주. **4** 소달구지 여행의 한 행정(行程). **5** 짧은 도보 여행.
↔·ker, ↔·king

Trek·kie [tréki] 영 (때로 t-) 〖美속어〗 트레키(TV의 공상 과학 연속극 *Star Trek*(1966-69)의 팬); (일반적으로) 시리즈물의 팬. (또는 **Trekker**)

trel·lis [trélis] 영 **1** 격자, 격자 세공(lattice). **2** 격자 울타리, (포도나무 따위의) 격자 시렁(격자 모양으로 만든 정자). — 영 〖창문 따위에〗 격자를 달다; …을 격자로 만들다; …을 격자 울타리로 두르다; 〖식물의 덩굴〗을 격자 시렁(울타리)으로 받치다. **↔·like**

trel·lised [trélist] 영 (갑주) (갑옷이나 ~) 격자 모양의; 격자 무늬로 꿰맨.

trel·lis·work [tréliswɜ̀ːrk] 영 =latticework.

tre·nail [tríːneil, trénl] 영 =treenail.

trem·a·tode [trémətòud, tríː-] 영 흡충류(편충·간디스토마 따위). — 영 흡충류의.

*trem·ble [trémbl] 영 (~s [-z]; ~d; -bling) 冏 **1** (신체가 공포·흥분·피로·추위 따위로) 떨다, 부들부들 떨다(with, for, from, at); (몸을) 떨다, 부들부들 떨다(with, for, from, at); ⇒SHAKE (유의어). ¶Hear and ~. 들고 놀라지 마라!∥(~ + 전 + 영) Her lips ~d with anger. 그녀의 입술은 분노로 떨렸다/She ~d at his voice. 그녀는 그의 목소리를 듣고 벌벌 떨었다. **2** (물건이 바람 따위에) 흔들리다, 흔들거리다(*in*); (목소리가) 떨리다; (지진 따위로) 진동하다. ¶(~ + 전 + 영) The leaves ~d *in* the breeze. 나뭇잎이 미풍에 흔들렸다. **3** (공포·염려 따위로) 불안하다, 마음 졸이다, 떨며, 걱정하다 (*for*); (…라고 생각하면) 걱정이 되다 (*to do*). ¶(~ + *to do*) I ~ *to* think what has become of him. 그가 어떻게 되었는가를 생각하면 걱정이 되어 견딜 수가 없다 ∥(~ + 전 + 영) She ~d *for* his safety. 그녀는 그의 안부를 염려했다. **4** (운명·생명 따위가) 아슬아슬한 처지에 놓이다. ¶冏 ~을 떨게 하다. **5** 〖말·기도 따위〗를 떨리는 목소리로 하다(*out*).

tremble in *one's* **shoes** 걱정으로 몸을 떨다.

tremble in the balance (생명·운명 등이) 아슬아슬한 상태에 있다.

— 영 (~s [-z]) **1** 떨림, 전율. **2** (~s) 〖단수취급〗 〖병리〗 진전(振顫); =milk sickness. 〖수의〗 (마소의) 진전병, 떨리는 병.

all of [or **in**] **a tremble; on the tremble** 〖구어〗 (걱정·흥분 따위로) 전신을 부들부들 떨면서. 〖진동판.

trem·bler [trémblər] 영 떠는 사람[것]; (벨 따위의)

*trem·bling [trémbliŋ] 영U 떨림, 전율. — 영 떨리는, 전율하는. **↔·ly**

in fear and trembling 무서워 떨면서. 〖지(濕地).

trémbling bóg 영 발자국을 뗄 때마다 흔들리는 습

trémbling póplar 영 〖식물〗 사시나무; 고리버들.

trem·bly [trémbli] 영 부들부들 떠는, 몸을 떨고 있는, 전율하는(tremulous).

‡tre·men·dous [triméndəs] 영 (**more** ~; **most** ~) **1** 터무니없이 큰, 엄청나게 큰. ⇒HUGE (유의어). ¶It makes a ~ difference. 그것은 엄청난 차이가 난다. **2** 무서운, 무시무시한. ¶a ~ fact 무서운 사실. **3** (구어) 엄청나게 훌륭한, 아주 멋있는. ¶We had a ~ time. 우리는 아주 근사한 시간을 보냈다. **↔·ly** 영 **↔·ness** 영

tre·mis·sis [trimísis] 영 (*pl.* **-ses** [-siːz]) 트레미시스. **1** 동로마 제국의 금화. (또는 **triens**) **2** 1을 본뜬 메로빙거 왕조의 금화.

trem·o·lan·do [trèməlǽndou] 영영 〖음악〗 트레몰로로[의], 떠는 음으로[의]. 〈It〉

trem·o·lant [trémələnt] 영 (오르간의 음관처럼) 떠는 음을 내는. — 영 (오르간의) 트레몰로[전음(顫音)]를 내는 음관.

trem·o·lo [tréməlòu] 영 (목 ~s) 〖음악〗 전음(顫音), 떤꾸밈음, 트레몰로(영 vibrato); (오르간의) 전음 장치. 〈It〉

*trem·or [trémər, tríː-] 영 **1** 떨림, 전율; 떨리는 발작. **2** 진동, (빛·소리 따위의) 미동, (목소리 따위의) 떨림. ¶the ~ of leaves 나뭇잎의 흔들림 /with a ~ of crying 떨리는 목소리로 울부짖으며. **3** 불안감, 겁, 주눅. ¶He faced death without a ~. 그는 태연하게 죽음에 임했다. **4** 〖병리〗 진전(振顫), 떨림, 영冏 떨다, 불안해 하다. **↔·ous** 영

trem·u·lant [trémjulənt] 영 =tremulous.

*trem·u·lous [trémjuləs] 영 **1** 떠는, 떨리는, 전율하는; 흔들리는, 진동하는. ¶ ~ eyelids 떨리는 눈꺼풀 / ~ leaves 흔들리는 나뭇잎. **2** 겁많은, 소심한. ¶ ~ maidens 겁많은 소녀들. **3** (필적 따위가) 떨리는 손으로 쓴. **4** 과민한, 동요하기 쉬운(*to*). ¶be ~ to blame 비난에 몹시 신경을 쓰다. **↔·ly** 영 **↔·ness** 영

tre·nail [tríːneil, trénl] 영 =treenail.

‡trench [trentʃ] 영 (~·es [-iz]) **1** 〖군사〗 참호. ¶dig a ~ 참호를 파다 /mount the ~es 참호에 들어가 근무하다 /search the ~es 유산탄(榴散彈) 따위로 참호를 공격하다. **2** 호(ditch), 해자(垓字), (깊은) 도랑; 협곡(canyon). **3** 〖해양〗 해구(海溝); 협곡.

in the trenches 〖美속어〗 (어려운 상황 따위의) 전면에 서서, 와중에서.

— 영 (~·es [-iz]; ~ed [-t]) 冏 **a** 〖군사〗 …을 참호로 두르다; …에 참호를 파다; …을 참호로 방위하

다. b) …에 호를 파다; [논밭 따위]에 도랑을 파다; …을 파헤치다. 2 [목재 따위]에 홈을 파다(carve).
── 짜 1 참호를 파다; 호를 파다. 2 (남의 영역·권리 등을) 침해하다(on, upon). ¶ (~+몐+명) ~ on other domains 남의 영토를 침범하다/Visitors ~ed upon my spare time. 손님들 때문에 여가 시간을 다 빼앗겼다. 3 (…에) 근접하다, 가깝다(on, upon). ¶ Your remarks are ~ing on nonsense. 네 말은 거의 쓸데 없는 소리다.

Trench [trentʃ] 명 **Richard Chenevix** ~ 트렌치 (1807-86; 아일랜드 태생의 영국 성직자·시인).

trench·an·cy [tréntʃənsi] 명 ① (말 등이) 날카로움; 활기참, 격렬함; 명확함.

trench·ant [tréntʃənt] 형 1 (말·사람 등이) 날카로운, 신랄한, 예민한; (고어) 날이 잘 드는, 예리한. ¶ a ~ comment 신랄한 비평. 2 철저한, 강력한, 효과적인. ¶ a ~ policy 철저한 정책. 3 명확한, 윤곽이 뚜렷한. ~·ly 뷔

trénch càrt 명 참호차(탄약 운반용 손수레).

trénch còat 명 참호용 방수 외투; 트렌치 코트(군복 모양의 벨트가 달린 레인코트).

trénch dìgger 명 (기계) 도랑 굴착기.

trenched [trentʃt] 형 1 trench 이 있는; 배수구가 있는. 2 (군사) 참호로 방비된.

trench·er[1] [tréntʃər] 명 호를 파는 사람; 참호병.

trench·er[2] 명 1 (고어) (고기·빵 따위를 나누어 담는) 나무 접시. 2 나무 접시에 담은 음식, 식탁 위의 요리 (table), 식사(패). 3 (고어) 미식(美食)의 즐거움, 식도락. 4 = ~ cap.

lick the [or *a person's*] ***trencher*** ① (남의) 식객이 되다. ② (남에게) 아첨하다.   「식객이 되다.

live on [or *upon*] *a person's* ***trencher(s)*** 남의

── [한정법] 나무 접시의[에 관한]; 음식의에 관

tréncher càp 명 (대학의) 사각 모자.

trench·er-fed [-féd] 형 (英) (사냥개가 수렵 클럽에서 키운 것이 아닌) 사냥꾼이 손수 기른.

trench·er·man [tréntʃərmən] 명 1 먹는 사람; 대식가, 식성이 좋은 사람. ¶ a good [poor] ~ 대식[소식]가. 2 (고어) 식객, 기식자.

tréncher tìme 명 식사 시간(meal time).

trénch fèver 명 (병리) 참호열.   「발병.

trénch fòot 명 (병리) (병사들의) 참호족(足), 참호

trénch knìfe 명 (백병전용) 양날의 단검.

trénch mòrtar [gùn] 명 박격포.

trénch mòuth 명 (병리) 참호 구강염(참호 내의 병사들이 많이 걸리는 데서)(Vincent's angina).

trénch plòw 명 심경용(深耕用) 쟁기.

trénch wárfare 명 (군사) 참호전.

*****trend** [trend] 명 1 경향, 추세(⇒TENDENCY 유의어); (의복 따위의) 유행(in, of, toward(s)). ¶ the ~s in modern education 현대 교육의 추세[경향]/the ~ of events 형세/the ~ toward bright colors 밝은 색의 유행. 2 (도로·하천·해안선 따위의) 방향, 기울기, 방향(向).
── 짜 1 (정세 따위가 어떤 방향으로) 기울다, 향하다, (…의) 경향이 있다(tend)(toward(s)). ¶ How is the political situation ~ing? 정세가 어떻게 변해가고 있나요? 2 (도로·하천·산맥 따위가 어떤 방향으로) 향하다, 기울다(to, toward(s)). ¶ (~+몐)(~+몐+명) The wind is ~ing east [or toward the east]. 바람은 동쪽으로 불고 있다.

trend·line [tréndlàin] 명 경향[추세]선(증권 따위의 일정 기간의 평균 시세 동향을 차트에 표시한 상향선 및 하향선). (또는 **trénd line**)

trend·set·ter [tréndsètər] 명 유행을 선도하는[만드는 사람][것].   「착시키는.

trend·set·ting [tréndsètiŋ] 형 새 경향[유행]을 정

trend·y [tréndi] (구어)(경멸적) 형 유행의 (첨단을 걷는). ── 명 유행의 첨단을 걷는 사람.

trénd·i·ly 부 **trénd·i·ness** 명 ① (英) 최신 유행.

Trent [trent] 명 1 트렌트(이탈리아 북부의 도시; 이탈리아명 Trento). 2 (역사) **the Council of** ~ 트리엔트 공회의(1545-63). 3 (the ~) 트렌트 강(잉글랜드 중부의 강).   「는) 30일간의 연속 미사.

tren·tal [tréntl] 명 (가톨릭) (죽은 사람을 위해 올리

trente et qua·rante [trɑ̃nt ei kərɑ̃nt] 명 = rouge et noir. [<F thirty and forty]

Tren·ti·no-Al·to A·di·ge [trentíːnouáːltouáːdiːdʒèi] 명 트렌티노알토 아디제(이탈리아 동북부의 주(州); 제1차 세계 대전의 격전지; 주도 Trent). 「(名).

Tren·to [*It* trénto] 명 트렌토(Trent의 이탈리아명

Tren·ton [tréntn] 명 트렌턴(미국 New Jersey 주의 주도). **Tren·tó·ni·an** 형

tre·pan[1] [tripǽn] 명 1 (광산용) 수갱(竪坑) 개착기. 2 (의학) (뇌외과용) 천두추(穿頭錐), 천공기(穿孔器), 둥근 톱, 관톱, 트레판(형 trephine). ── 환타 (-nn-) …을 (둥근 톱으로) 둥글게 도려내다; [두개골]에 천공기로 구멍을 내다. ~·ner 명

tre·pan[2] (고어) 명 책략가, 음모가; 책략, 함정.
── 환타 (-nn-) …을 함정에 빠뜨리다, 계략에 걸리게 하다, 속임수에 걸리게 하다, 꾀어내다(from, into). (또는 **trapan**) ~·ner 명   「개술.

trep·a·na·tion [trèpənéiʃən] 명 ① (의학) 두부 절

tre·pang [tripǽŋ] 명 해삼류.

treph·i·na·tion [trèfənéiʃən] 명 ① (의학) 관상(冠狀) 톱술(術), 관거술(冠鋸術), (두개골을 관상으로 도려내는) 절골(截骨)술, 개두(開頭)술.

tre·phine [trifáin/-fíːn] 명 (의학) 관상톱(trepan을 개량한 것으로 두개골에 둥글게 구멍을 내는 데 쓴다). ── 환타 (관상톱으로) [머리]를 수술하다.

trep·id [trépid] 형 소심한, 겁많은.

trep·i·dant [trépədənt] 형 = trepid.

trep·i·da·tion [trèpədéiʃən] 명 1 전율, 공포; (마음의) 동요, 당황. 2 (손발 따위의) 떨림. 3 (병리) (수족·아래턱 따위 근육의) 진전(震顫).

trep·o·ne·ma [trèpəníːmə] 명 (생) ~s, ~·ta [-tə]) 트레포네마(매독균류). -mal, -ném·a·tous 형

trep·o·ne·ma·to·sis [trèpɑːnimətóusis] 명 (생) (-ses [-siːz]) (병리) 트레포네마병(病)(매독 따위).

tres [tres] 형 (처방전에서) 3의, 셋의. [<L]

*****tres·pass** [tréspəs, -pæs/-pəs] 명 ① ⓒ 1 (법률) a) (재산·권리 따위의 대한) 불법 침해 (행위). ¶ a ~ against a person 남의 신체에 대한 (불법) 침해. b) (남의 토지·가옥에의) 불법 침입. c) (신체에 대한) 폭력 행사. d) 불법으로 가해진 손해를 회복하기 위한 행위 [소송]. 2 (남의 시간·사생활·비밀·인내 따위에의) 침해, 방해, 폐. ¶ One ~ more I must make on your patience. 한 가지만 더 참아주셔야겠습니다. 3 (종교·도덕상의) 죄, 부정. ¶ Forgive us our ~es. 우리의 죄를 용서하소서.

make a trespass on a person's time [*privacy*] 남의 시간을 빼앗다[사생활을 침해하다].

── 짜 1 (법률) (남의 재산 따위를) 불법으로 침해하다; (남의 토지·가옥에) 불법 침입하다(on, upon). ¶ (~+몐+명) ~ on a person's land 남의 토지에 불법 침입하다.

> 유의어 **trespass** 남의 재산·권리 따위를 불법으로 침해하다. **encroach** 남의 토지·영토·권리를 조금씩 몰래 침식하다. **infringe** 법률·협정·관습 따위를 위반하여 남의 권리를 침해하다. **intrude** 폭력으로, 또는 남의 의지에 반하여 침입하다. **invade** 적의를 가지고 남의 영토·권리를 침해하다.

2 (남의 사생활·시간·호의 따위를) 침해하다, 방해하다, 폐를 끼치다, 이용하다(on, upon). ¶ (~+몐+명) I shall ~ on your hospitality. 신세 좀 져야겠네요.
3 죄를 범하다, 위반하다(against). ¶ (~+몐+명)

against the law 법을 어기다.
May I trespass on you for...? …을 좀 집어[빌려] 주시겠습니까?
No trespassing! (게시) 출입 금지!
trespass on a person's time[privacy] 남의 시간을 빼앗다[사생활에 간섭하다].
tress [tres] 圀 **1** (보통 ~es) (여자의) 삼단 같은[치렁치렁한] 머리털. **2** (고어) (여자의) 머릿단; 땋은 머리. ─囤囲 (머리털을) 단으로 묶다, 땋다.
-tress [tris] (접미) 남성의 -tor에 대응하는 여성 명사를 만든다. ¶*actress*.
tressed [trest] 圀 머리를 단으로 묶은, 땋은; (복합어로) ~머리의. ¶*a golden-~ maiden* 금발의 아가씨.
tress·y [trési] 圀 (고어) 머리털이 치렁치렁한.
tres·tle [trésl] 圀 **1** 가대(架臺), 발판, 버팀다리(가로장 양끝에 다리를 붙인 대(臺)); 가대(架臺) 식탁. **2** (토목) 트레슬, 구각(構脚)(교(橋)).
tréstle bridge 圀 구각교, 트.
tréstle táble 圀 가대(架臺) 식
trés·tle·tree [tréslri:] 圀 (해사) 돛대의 세로 버팀목. [trestle 2]
tres·tle·work [tréslwə̀:rk] 圀囯 (토목) 트레슬, 구각(構脚) 골조(구조), ~량.
tret [tret] 圀 (상업) (운송시의) 감손(減損) 예상 중량.
tre·val·ly [trəvǽli] 圀 (어류) 오스트레일리아산(産) 전쟁잇과(科)의 식용 물고기.
Tre·vel·yan [trivéljən, -víl-] 圀 트레벨리안. **1** **George Macaulay ~** (1876-1962): 영국의 역사가). **2** **George Otto ~** (1838-1928): 영국의 전기 작가·역사가·정치가; 1의 아버지.
Trev·i·thick [trévəðik] 圀 **Richard ~** 트레비식 (1771-1833): 영국의 기계 기사; 세계 최초의 철도용증기 기관차를 제작).
trews [tru:z] 圀囲 (스코틀랜드 병사가 입던) 격자 무늬의 통이 좁은 모직 바지; (일반적으로) 통 좁은 바지.
trey [trei] 圀 (카드놀이·주사위) 3, 3점의 패[면].
trf *transfer*; *tuned radio frequency.* **TRF** *thyrotropin-releasing factor.* **T.R.H.** (英) *Their Royal*
tri [trai] =*trimaran*. *Highnesses*(전하).
tri- [trai] 連圀 three의 뜻. ¶*triangle, tricycle.*
tri·a·ble [tráiəbl] 圀 **1** 공판에 부칠 수 있는, 재판할 수 있는. **2** 시험[시도]할 수 있는, 시험[시도]해 볼 만한. **~·ness** 圀 (~치).
tri·ac [tráiæk] 圀 (전자) 트라이악(3극관 교류 스위 치).
tri·ac·e·tate [traiǽsətèit] 圀 (화학) **1** 삼초산염(三醋酸鹽)(1분자 중에 3개의 아세테이트기(基)를 함유하는 화합물). **2** =~ *fiber*.
tríacetate fíber 圀 삼초산염 셀룰로오스로 짠 직물.
tri·ac·id [traiǽsid] 圀 (화학) 3산(酸)의; 3가산(三價酸)의.
tri·ad [tráiæd, -əd] 圀 **1** 3인조, 3개 한 벌, 3폭짜리 圀 *monad, dyad*). **2** (화학) 3가의 원소[원자, 염기]. **3** (음악) 3화현, 3화음. **4** (중세의 웨일스·아일랜드 시 문에서) 3제가(題歌)(3개의 제목을 같이 다루는 시). **5** (美) (군사) (ICBM, SLBM, 전략 폭격기로 구성된) 3 대 전략 핵전력. **6** (T-) 삼합회(三合會)(마약 거래 따위를 하는 것으로 알려진 중국인 비밀 범죄 조직). **7** (의학) 3징후, 3주(主) 징후.
-ád·ic 圀 **-ád·i·cal·ly** 甪 **~·ism** 圀
tri·a·del·phous [tràiədélfəs] 圀 (식물) (수꽃술이) 삼체의 (三體의).
tri·age [trí:ɑ̀ʒ, trάiɑ̀ʒ] 圀囯 **1** (美) (시장으로 낼 농작물·상품의) 선별, 등급 매기기. **2** (품질이 나쁜) 최하등급의 커피 열매. **3** (후방 병원으로 옮기기 전에 일선에서 하는) 부상자의 분류. **4** (긴급성·유효성에 따른 한정된) 자원의 선별적 분배. ─圀 선별 작업의[에 관한]. ─囤 囲 선별[분류]하다.

tri·a junc·ta in u·no [tráiə dʒʌ́ŋktə in jú:nou] 圀 하나로 결합된 세 개의 것(* 바스 훈장(the Order of the Bath)의 표어). [<L *three united in one*]
‡**tri·al** [tráiəl, trail] 圀 (粵 ~**s** [-z]) ⓒ囯 **1** (법률) (법정에서의) 재판, 심리, 공판. ¶*a case under* ~ 심리중인 사건 / *a criminal* ~ 형사 재판. **2** 해보기, 시도, 시험; 시용(試用); 시운전; 노력. ¶*at* ~ 시운전에 / *a* ~ *of strength*[*skill*] 힘[솜씨]의 시험 / *make a* ~ *for landing* 상륙을 시도하다 / *the* ~ *of a new car* 새 차의 시운전[시승].

〔유의어〕 **trial** 채용·구입 따위에 앞서 실지로 시험해 보고 가치·성능·유효성 따위를 확인해 봄. **experiment** 어떤 것의 진실[유효]성을 증명하거나, 새로운 것을 발견하기 위한 trial. **test** 일정한 조건·기준을 설정하여 명확한 결론을 내리기 위한 trial.

3 시련, 고난, 고초. **4** ⓒ 귀찮은 사람[것], 성가신 사람, 골칫거리(*to*). ¶*My mischievous son is a great ~ to me*, 나의 장난꾸러기 아들은 큰 골칫거리다. **5** ⓒ (스포츠) 예선 경기[시합].
a trial by battle [or *combat*] (英역사) 결투 재판 (승자를 옳다고 인정하였다).
bring a person to trial; *bring a person up for trial*; *put a person on trial* 남을 재판에 부치다.
by way of trial 시험삼아.
give...a trial …을 시험삼아 써보다.
make (a) trial of a person's ability[*intelligence*] 남의 능력[지력]을 시험하다.
on trial ① 심문을 받고, 심리[재판]중에. ② 시험중에. ¶*The machine is on ~.* 그 기계는 시운전중이다. ③ 시험삼아. ¶*Take this machine for a week on ~.* 이 기계를 1주일 동안 시험삼아 써보아라. ④ 시험해 보니. 「험해 보다.
put [or *subject*] *something to trial* 어떤 것을 시
run a trial 시운전을 하다.
stand [or *take, undergo*] *one's trial* 재판을 받다.
trial by jury (법률) 배심(陪審) 재판[심리](jury ~).
trial by television[*the media*] 텔레비전[미디어]에 의한 재판(여론 재판).
trials and tribulations 갖가지 고난.
─圀 **1** 공판의, 재판의, 심리의. ¶*a* ~ *court* 예심 법정. **2** 시험삼아 해보는, 시험적인, 시험해 보는. ¶*a flight* 시험 비행. **3** (스포츠) 예선의.
tríal and érror 圀 시행 착오. **trí·al-and-ér·ror** 圀
tríal bálance 圀 (부기) 시산표(試算表).
tríal ballóon 圀 **1** (풍속·기류 따위를 조사하는) 관측 기구. **2** (어떤 계획 따위에 대한) 시안, 떠보기.
tríal bóring 圀 (채광) 시굴(試掘).
tríal cóurt 圀 (법률) 예심 법정.
tríal éights 圀 (보트 경주의 출전 선수 선발을 위한) 예선 경주(최종 8명이 출전 선수로 선발된다).
tríal examiner 圀 (법률) 행정 심사관.
tríal hórse 圀 (구어) (챔피언 등의) 연습 상대.
tríal júdge 圀 공판 재판관.
tríal júry 圀 (美법률) =*petty jury*. 圀 *grand jury*
tríal láwyer 圀 (美) 법정 변호사.
tríal márriage 圀 (기간을 정하고 하는) 시험 결혼. 圀 *companionate marriage*
tri·a·logue [tráiəlɔ̀:g, -lɑ̀g/-lɔ̀g] 圀 3자 회담.
tríal rún [**tríp**] 圀 시운전, 시승; 시행(試行), 실험.
tri·am·cin·o·lone [tràiæmsínəlòun] 圀 (약학) 트리암시놀론(류머티즘·알레르기성 피부 질환 치료제).
‡**tri·an·gle** [tráiæŋgl] 圀 **1** 삼각형; 삼각자; 삼각형의 것. ¶*a spherical ~* 구면 삼각형 / *a ~ of land* 삼각형의 토지. **2** (음악) 트라이앵글(3각형의 타악기). **3** 3인조; (남녀의) 삼각 관계. **4** (역사) 삼각독 틀(세 자루의 창을 짜맞춘, 옛날 영국 군대의 체벌용 틀들). **5** (해사) 3각 기중기. **6** (T-) (천문) 3각형자리.

an equilateral [an isosceles, a scalene] triangle 정[이등변, 부등변]삼각형.
a red triangle 붉은 삼각형(YMCA의 휘장).
a right [an acute, an obtuse] (-angled) triangle 직각[예각, 둔각] 삼각형.
the (eternal) triangle (남녀의) 삼각 관계.
-gled 형

triangle inequality 명 [수학] 삼각 부등식.
triangle of fórces 명 [역학] 힘의 삼각형.
tríangle refléctor 명 (운전자가 자동차의 사고 따위를 알리기 위해 상비(常備)하는) 삼각형 표지판.

*tri·an·gu·lar [traiǽŋgjulər] 형 1 3각의, 3각형[삼각기둥, 삼각뿔]의. ¶a ~ prism 3각기둥/a ~ rule 3각 자. 2 3부[요소]로 된, 3인의, 3자간의; 3국의. ¶a ~ struggle 3파전/a ~ love affair 남녀의 삼각 관계/a ~ treaty 3국 조약. -ly 부

triángular cómpass 명 3각 컴퍼스.
tri·an·gu·lar·i·ty [traiæŋgjulǽrəti] 명U 3각형임.
triángular mátrix 명 [수학] 삼각 행렬(行列).
triángular númbers 명 [수학] 3각수(정삼각형으로 늘어놓을 수 있는 수).
triángular pýramid 명 [수학] 3각뿔.
triángular tráde 명 [상업] (3국간의) 삼각 무역.
tri·an·gu·late [traiǽŋgjulət, -lèit] 형 3각형의, 삼각의 표지[무늬]가 있는. — 타 [traiǽŋgjulèit] 1 …을 삼각형으로 하다[나누다]. 2 [측량] …을 삼각 측량하다; …을 삼각법으로 결정하다. — 자 (측량에서) 삼각법을 쓰다, 삼각 측량을 하다. -ly 부 -là·tor 명
tri·an·gu·la·tion [traiæŋgjuléiʃən] 명 [측량·해사] 삼각 측량; 삼각망(網); [수학] 삼각형 분할.
Tri·an·gu·lum [traiǽŋgjuləm] 명 [천문] 삼각형자리(Triangle).
Triángulum Austrá·le [-ɔːstréili] 명 [천문] 남쪽 삼각형자리(남쪽 하늘의 작은 별자리).
tri·an·nu·al [traiǽnjuəl] 형 1 (행사 따위가) 연(年) 3회의. 2 =triennial. 명 1 연간 3회 출판되는 간행물, 1년에 3회 개최되는 경기 대회. 2 =triennial.
tri·ap·si·dal [traiǽpsədl] 형 [건축] 세 애프스(apse)를 가진.
tri·ar·chy [tráiɑːrki] 명 1 U 삼두 정치; C 삼두 정치국(國). 2 (삼두 정치를 하는) 3인조; 그 3인이 다스리는 각 지역.
tri·ar·yl [traiǽril] 형 [화학] 트리아릴의, 아릴(aryl)기(基)가 셋 있는.
Tri·as·sic [traiǽsik] 명 (지질) 삼첩기(三疊紀)(층) — 형 (또는 **Tri·as** [tráiəs]) 삼첩기(중생대의 3개 시대 구분의 첫번째 시대).
tri·ath·lete [traiǽθliːt] 명 triathlon 선수.
tri·ath·lon [traiǽθlən] 명 [스포츠] 3종 경기(수영 (3.9 km), 사이클(180.2 km), 마라톤(42,195 km)의 세 종목을 연속해 치르는 경기).
tri·át·ic stáy [traiǽtik-] 명 [해사] 두 돛대 사이를 이은 밧줄; 수평 지삭(支索). -i·cal·ly 부
tri·a·tom·ic [tràiətámik/-tɔ́m-] 형 [화학] 3원자의.
tri·ax·i·al [traiǽksiəl] 형 3축(軸)의; 3성분을 가진.
-**ax·i·ál·i·ty** 명
tri·a·zine [tráiəziːn, traiǽziːn] 명 [화학] 트리아진; 트리아진 유도체. (또는 **triazin**)
trib. tribal; tribune; tributary.
trib·ade [tríbəd] 명 (남성 역할을 하는) 동성애 여자.
tri·bad·ic [tribǽdik] 형
trib·a·dism [tríbədìzm] 명U 여성간의 동성애.
trib·a·dy [tríbədi] 명 =tribadism.

*trib·al [tráibəl] 형 부족의, 종족의; 동족적인. — 명 (보통 ~s) (인도) 부족민. -ly 부
trib·al·ism [tráibəlìzm] 명U 종족제[조직]; 종족(중심)주의; 종족 특유의 문화[생활 양식, 습관, 감정, 근성]; 부족[동족] 의식. -ist 명 -ís·tic 형

tri·ba·sic [traibéisik] 형 [화학] 3염기(塩基)의; 3가(價) 염기의. **tri·ba·síc·i·ty** 명

‡**tribe** [traib] 명 (복 ~s [-z]) 1 부족, 일족, 종족. ¶warlike ~s in Ancient Africa 고대 아프리카의 호전적 부족. 2 [역사] (이스라엘의) 12지파[족속]의 하나; (고대 로마의) 3부족의 하나; (고대 그리스의) 씨족. 3 [생물] 족(族), 류(類)(동물 분류상의 한 단위); 동족이족. 4 (경멸적·비유적) (같은 직업·흥미·습관을 가진) 패, 동아리, 족속. ¶a ~ of politicians 정치인 패거리. 5 (~s) 수많은 아이들[동물]; 무리. ¶~s of children 많은 아이들. 6 (구어) 가족. 「엘의 10지파.
the ten tribes (유다와 베냐민 지파를 제외한) 이스라 **the tribes of Israel** 이스라엘의 12지파.
˜·less 형 「소(小)부족[종족].
tribe·let [tráiblit] 명 (부족·종족의 구성 요소로서의)
*tribes·man [tráibzmən] 명 (복 -men [-mən]) 「원주민.
tribes·peo·ple [tráibzpìːpl] 명(복) 부족[종족]민,
tri·bo- [tráibou, -bə, tríb-] 연결 '마찰'의 뜻. ¶triboelectricity.
tri·bo·e·lec·tric·i·ty [tràibouìlektrísəti] 명 마찰 전기, 정전기. -léc·tric 형
tri·bol·o·gy [traibɑ́lədʒi/-bɔ́l-] 명U 마찰학, 마찰 공학. -**bo·lóg·i·cal** 형 -**gist** 명
tri·bo·lu·mi·nes·cence [tràiboulùːmənésəns] 명 [물리] 마찰 발광(發光). -**cent** 형
tri·bom·e·ter [traibɑ́mətər/-bɔ́m-] 명 마찰계.
tri·brach [tráibræk, tríb-] 명 [운율] (고전시의) 3단격(短格), 단단단격(短短短格).
tri·brách·ic, tri·brách·ic 형
tri·bro·mide [traibróumaid] 명 [화학] 3브롬화물.
trib·u·late [tríbjulèit] 형타 …을 억압[박해]하다, 괴롭히다, …에게 고난[시련]을 주다.
trib·u·la·tion [trìbjuléiʃən] 명UC (박해·압박에 의한) 괴로운 시련, 환란, 고난; 재난; C 고난을 주는 것, 고생거리.
*tri·bu·nal [traibjúːnl, tri-] 명 1 법정, 재판소, 법원, 재결 기관. ¶the Hague T- 헤이그 국제 사법 재판소. 2 판사석, 법관석. 3 판결을 내리는 것, 심판. 4 (영) (제1차 세계 대전중의) 지방 병역 면제 심사국. 〈L〉
trib·u·nary [tríbjunèri/-nəri] 명 호민관(護民官)의.
trib·u·nate [tríbjunət, -nèit/-nit] 명UC 호민관의 직[지위, 임기]; (집합적) 호민관(護民官).
trib·une¹ [tríbjuːn, -´] 명 1 [로마 역사] 호민관; 군단 사령관(6사람이 1년에 2개월씩 교대로 지휘하였다). 2 인민의 보호자, 옹호자. * 종종 신문의 제호로 쓴다.
˜·ship 명 호민관의 직[지위, 임기, 임무].
trib·une² [tríbjuːn] 명 높은 단(壇), 강단, 연단; (교회 등의) 안쪽의 사제석; 주교석.
Trib·u·nite [tríbjunàit] 명 (영) 노동당 내의 극좌파.
*trib·u·tary [tríbjutèri/-təri] 명 1 (강의) 지류. 2 공물을 바치는 사람, 공물국; (종)속국. — 형 1 지류의. ¶a ~ stream 지류. 2 도움이 되는, 공헌하는. 3 공물을 바치는; 공물로서 바치는; 종속하는. ¶a ~ king 종속국의 왕/~ tears at the tomb 무덤에 바치는 애도의 눈물. -**tàr·i·ly** 부 -**tàr·i·ness** 명

‡**trib·ute** [tríbjuːt] 명 1 UC (감사·존경·칭찬 따위의 표시로서의) 선물, 진상품, 증정물, 기념품; 찬사(to). ¶a ~ of praise 찬사 / The Memorial Day is a ~ to our dead soldiers. 현충일은 전몰 장병을 추도하는 날이다 / His reputation is a ~ to his generosity. 그의 명성은 그의 관대함에 기인한다. 2 UC 공물(貢物), 조공; 연공, 공세(貢稅); 진공(進貢)의 의무. ¶A large portion of the ~ was paid in money. 공물의 대부분은 돈으로 바쳐졌다. 3 (영) (채광) (광부에 대한) 배분, 배당. ¶work on ~; work on the ~ system 배당제로 일하다.

floral tributes 꽃 선물; (장례식의) 조화(弔花).
lay a tribute on; lay...under tribute …에게 공물을 바치게 하다.
pay (a) tribute to *a person* ① 남에게 찬사를 바치다, 경의를 표하다. ② 남에게 공물을 바치다.
Tri·cap [tráikæp] 图 《美육군》 3종(기갑·보병·항공) 통합 사단. (<*Triple-cap*able division)
tri·car [tráikɑːr] 图 《英》 3륜 자동차.
tri·car·box·yl·ic [tràikɑːrbaksílik/-bɔk-] 图 《화학》 3개의 카르복시기(基)가 가진 분자의[에 관한].
tricarboxýlic ácid cýcle 图 《생화학》 삼카르복시산(酸)(트리카본산) 회로.
tri·car·pel·lar·y [tràikɑːrpəlèri/-ləri] 图 《식물》 3심피(心皮)의. (또는 **tricarpellate**)
trice[1] [trais] 图他 《해사》 (돛 따위)를 밧줄로 달아올리다[달아올려 잡아매다](*up*).
trice[2] 图 순간, 일순. (* 다음 숙어로)
in a trice 순식간에.
Tri·cel [tráisel] 图 《상표》 트라이셀(셀룰로오스계(系) 합성 섬유).
tri·cen·ten·ar·y [tràisenténəri/-tíːn-] 图 = tri·cen·ten·ni·al [tràisenténiəl] 图 3백 년 (기념)의; 3백 년 기념(제)의. —— 图 3백 년간; 3백 년 기념(제).
tri·ceps [tráiseps] 图 (pl. ~·*es*) 《해부》 삼두근(三頭筋). cf. biceps
tri·cer·a·tops [traisérətɑps/-tɔps] 图 트리케라톱스, 삼각룡(중생대 공룡의 일종).
trich- [trik, traik] 連結 ⇒TRICHO-.
tri·chi·a·sis [trikiáiəsis] 图ⓤ 《병리》 1 첩모 난생증(睫毛亂生症). 2 모뇨증(毛尿症)(오줌 속에 머리털 모양의 섬유가 발생하는 병). (《기생충의 일종》).
tri·chi·na [tráikainə] 图 (pl. ~, -*nae* [-niː]) 선모충.
trich·i·ni·a·sis [trìkənáiəsis] 图 = trichinosis.
trich·i·nize [tríkənàiz] 图他 《병리》 …을 선모충병에 걸리게 하다.
Trich·i·nop·o·ly [trìtʃənápəli/-nɔ́p-] 图 《인도 산》 엽궐련의 일종. (<인도의 Tiruchirapalli의 옛 이름)
trich·i·nosed [tríkənòust, -nòuzd] 图 = trichinous.
trich·i·no·sis [trìkənóusis] 图ⓤ 《병리》 선모충병. **-not·ic** [-nátik/-nɔ́t-] 图 = trichinous.
trich·i·nous [tríkənəs] 图 선모충병의[에 걸린].
trich·ite [tríkait] 图 《광물》 모상정자(毛狀晶子).
tri·chit·ic [trikítik] 图
tri·chlo·ride [traiklɔ́ːraid] 图 《화학》 3염화물(염소 3원자를 포함하는 염화물; 염화제 2 철 따위).
tri·chlo·ro·eth·yl·ene [traiklɔ̀ːrouéθəliːn] 图 《화학》 트리클로로에틸렌(드라이클리닝에서 지방(脂肪) 제거제·용제(溶劑)로 쓰인다).
tri·chlo·ro·phe·nox·y·a·cé·tic ácid [traiklɔ̀ːroufənɑ̀ksiəsíːtik-] 图 《화학》 트리클로로페녹시아세트산.
trich·o- [tríkou-, -kə, tráik-] 連結 hair, filament 의 뜻.(* 모음 앞에서는 trich-). ¶*trichology, trichoid*.
trich·o·gyne [tríkədʒàin, -dʒin] 图 《식물》 (홍조류(紅藻類)의) 수정모(受精毛). **-gyn·i·al** [-dʒíniəl], **-gýn·ic** 图
trich·oid [tríkɔid] 图 머리털 모양의, 털 모양의.
tri·chol·o·gist [trikɑ́lədʒist/-kɔ́l-] 图 모발학자; 《美속어》 파마[이발] 전문가. (-**學**)
tri·chol·o·gy [trikɑ́lədʒi/-kɔ́l-] 图ⓤ 모발학(毛髮學).
trich·ome [tríkoum] 图 《식물》 (식물의 외피에 생기는) 모상체(毛狀體). **tri·chóm·ic** 图
trich·o·mon·ad [trìkəmǽnæd, -móun-/-mɔ́n-] 图 트리코모나스, 편모충(鞭毛蟲). **-a·dal, -al** 图
trich·o·mo·ni·a·sis [trìkəmənáiəsis] 图ⓤ 《병리》 트리코모나스증(症).
tri·chop·ter·an [traikɑ́ptərən/-kɔ́p-] 图 《곤충》 날도래목의, 모시목(毛翅目)(Trichoptera)의. —— 图 모시목의 곤충, 날도래.
tri·chop·ter·on [traikɑ́ptərɑn] 图 = trichopteran.
tri·chord [tráikɔːrd] 图 3현악기, 3현금(絃琴)(dyre, lute 따위). —— 图 3현의.
tri·cho·sis [trikóusis] 图 (pl. -*ses* [-siːz]) 《병리》 모발병.
trich·o·til·lo·ma·ni·a [trìkətiləméiniə] 图 《정신의학》 발모벽(拔毛癖).
tri·chot·o·mous [traikɑ́təməs/-kɔ́t-] 图 3분된, 3분법의; 3분지(three-forked)의. **-ly** 副
tri·chot·o·my [traikɑ́təmi/-kɔ́t-] 图ⓤⓒ 1 3분하기, 3분법. 2 《신학》 인성(人性) 3분법(body(육체), spirit(정신), soul(영혼)의 셋으로 나누기).
-tri·chous [trikəs] 連結 「…한 털을 가진」의 뜻. ¶*amphitrichous* (양끝에 편모(鞭毛)가 있는).
tri·chro·ic [traikróuik] 图 《결정》 3색성(色性)의.
tri·chro·ism [tráikròuizm] 图 《결정》 3색성(色性).
tri·chro·mat [tráikroumæt] 图 《안과》 3색자(三色者)(3원색을 구별하는 정상인).
tri·chro·mat·ic [tràikroumǽtik] 图 1 (사진·인쇄물 따위) 3원색(사용)의, 3색판의. 2 《안과》 3원색을 분간하는, 3원색의(⇔ trichromic).
tri·chro·ma·tism [traikróumətìzm] 图 1 3색임; (인쇄·사진 따위의) 3색 사용. 2 《안과》 3색형(型) 색각
tri·chrome [tráikroum, -́] 图 3색의, 3색판의.
trich·u·ri·a·sis [trìkjuːriáiəsis] 图 (pl. -*ses* [siːz]) 《병리》 편충증(鞭蟲症).
tri·ci·ty [síti, -́-] 图 《경제학으로 밀접한》 인접 3 「도시권(圈)의」.
‡**trick** [trik] 图 1 (속이기 위한) 책략, 계략, 계교, 수단; 속임수, 사기. ¶*a mean ~* 비열한 책략/*obtain money by a ~* 속임수로 돈을 취하다/*None of your ~s* (with me). 네 속임수에는 넘어가지 않아. 2 착각, 환각. ¶*a ~ of vision* 눈의 착각. 3 (악의 없는) 장난, 짓궂은 짓, 못된 장난. ¶*~s of fortune* 운명의 장난. 4 비열한 수법, 상스러운 짓. ¶*That's a dirty ~*. 그것은 비열한 수법이다. 5 교묘한 수단[수법]; (~s) 비결, 비법, 미립, 요령(*of*[*for*] *doing*). ¶*He is familiar with the ~s of the trade*. 그는 장사의 요령을 터득하고 있다. 6 성질, 성벽, 특질. 7 (사람을 즐겁게 해주기 위한) 솜씨, 재주, 곡예; (마술사의) 요술, 마술; 《영화》 트릭; ¶*card ~s* 카드 요술. 8 버릇, 기벽(奇癖); 특징 (*of doing*). ¶*He has a ~ of scratching his head*. 그는 머리를 긁적거리는 버릇이 있다. 9 (카드놀이) 1회, 한 판; 한 판에 내놓는 패; 1회의 득점. 10 《美구어》 어린아이, (특히) 여자 아이. ¶*a pretty little ~* 귀여운 여자 아이. 11 할당된 일, (일의) 당번, 1 교대 근무 시간; 임기, 재임. ¶*the night ~* 야근. 12 《美속어》 창녀가 손님과 함께 지내는 시간; 창녀의 손님. 13 (~s) 방물류, 장신구류, 자질구레한 세간. 14 《문장》 (색을 쓰지 않은) 선화(線畫), 밑그림.
do the trick 《구어》 ① 목적을 이루다, 일이 잘 되다. ¶*That may do the ~*. 그렇게 하면 일이 잘 될지도 모르겠다. ② (약 따위가) 잘 듣다.
How's tricks? 《구어》 어떻게 지내?(How are you?)
know a trick or two 잘 속지 않다, 빈틈이 없다.
know a trick worth two of that 그보다 훨씬 좋은 방법을 알고 있다(←Shakespeare작 *Henry IV*).
not [or *never*] *miss a trick* 《구어》 절대로 기회를 놓치지 않다, 빈틈이 없다. ¶*He hasn't missed a ~*. 그는 기회를 놓친 적이 없었다.
play [or *serve*] *a person a trick; play* [or *put*] *a trick on a person* 남을 속이다.
take [or *stand*] *one's trick at the wheel* 《해사》 키잡이 당번을 하다.
The trick is to do …하는 것이 요령[비결]이다.
the (whole) bag of tricks ⇒BAG.
turn the trick = do the trick.
up to one's tricks 장난을 치고[치려고]. ¶*He is up*

to his ~s again. 그는 또 장난치고 있다.
── 형 곡예의, 곡예용의; [영화] 트릭의. ¶ a ~ horse 곡예용 말 / ~ riding 곡마.
── 타 (~ed [-t]) ⓣ 1 [남]을 계교로 속이다; [남에게서 속여 빼앗다 (*out of*); [남]을 속여서 …하게 하다 (*into*). ⇨CHEAT 동의어 ¶ I found I had been ~ed. 나는 속았다는 것을 알았다 / Fortune is pleased to ~ mankind. 운명의 여신은 즐겨 인간을 속인다. 2 (일 따위가) …의 예상을 뒤엎다, …의 기대에 어긋나다. 3 [몸]을 치장하다, 꾸미다, 모양을 내다(*out*, *up*). ¶ (~+몸+閉) She ~ed herself *up* for the party. 그녀는 그 파티에 가기 위해 잔뜩 치장했다. 4 [문장(紋章)]을 선화로 그리다. ── 자 1 술책을 쓰다, 속이다. 2 장난하다, 농락하다, 가지고 놀다(*with*). 3 요술 부리다. 4 [美·캐나다 속어] 매춘하다; 성교하다(*out*).
trick a person into 남을 속여서 …을 시키다.
trick a person out of 남을 속여서 …을 빼앗다.
~·er 명 계략(책략)가, 사기꾼. ~·ing·ly 부 ~·less 형
tríck bábe 명 (美속어) 매춘부, 창녀.
tríck cýclist 명 1 자전거 타기 곡예사. 2 (英속어) 정신과 의사(psychiatrist).
trick énding 명 트릭엔딩(소설이나 희곡 따위에서의 의표를 찌르는 결말).
trick·er·y [tríkəri] 명ⓤⓒ 속임수, 사기; 책략, 술수.
trick·ish [tríkiʃ] 형 1 교활한, 책략을 쓰는(tricky).
~·ly 부 ~·ness 명 ─는 상태.
tríck knée 명 무릎 관절이 갑자기 경직 또는 이완되
*****tric·kle** [tríkl] 자 1 똑똑 떨어지다, 졸졸 흐르다(*down*). ¶ (~+전+명) Water ~*d down* his raincoat. 그의 레인코트에서 물이 똑똑 떨어졌다. 2 드문드문 오다(*d. 가다, 전해지다(*out*). ¶ (~+閉) The information ~*d out*. 그 정보가 조금씩 새어나갔다.
── 타 …을 똑똑 떨어뜨리다, 졸졸 흘리다.
── 명 1 듣기, 똑똑 떨어짐, 물방울. 2 소량.
-ling 명 -ling·ly 부
tríckle chárge 명 [전기] (전지의) 세류(細流) 충전.
tríckle chárger 명 세류(細流) 충전기.
trick·le-down [-dàun] 형 [경제] 트리클다운(하향 침투식) 이론의[에 의한].
tríckle-down théory 명 트리클다운 이론, 하향 침투론(정부 자금을 대기업에 유입시키면 중소 기업·가계 등으로 흘러 들어가 경기를 자극시킨다는 이론).
tríckle irrigátion 명 [농업] 점적 관개(點滴灌溉) (작은 호스로 농밭에 조금씩 급수하는 방식).
trick·le·ír·ri·gate 자타
trick·let [tríklit] 명 작은 시내, 실개천(rill).
trick·ly [tríkli] 형 듣는, 똑똑 떨어지는, 졸졸 흐르는.
tríck or tréat (美) 장난이요 과자요(Halloween 때 아이들이 집집마다 찾아가서 과자를 달라고 조르며 하는 말; 그 행사).
trick-or-treat [-ərtríːt] 명자 trick or treat 놀이를 하다[에 참가하다]. ~·er 명
trick·ster [tríkstər] 명 사기꾼, 협잡꾼; 마술사.
~·ing, ~·ism 명
trick·sy [tríksi] 형 1 장난 좋아하는, 장난기 있는. (또는 tricksome) 2 (고어) 교활한; 방심 못할. 3 (고어) 깔끔한. 4 (고어) 다루기 힘든. -si·ly 부 -si·ness 명
trick-track [⁀træk] 명ⓤ 트릭트랙(서양 주사위 놀이(backgammon)의 일종. (또는 trictrac)
tríck whéel 명 [해사] 트릭 휠(조타기가 고장났을 때 사용하는 타륜(舵輪)).
tríck wíg 명 [연극] 머리털이 곤두서는 장치가 된 가발.
trick·y [tríki] 형 1 방심할 수 없는, 교활한. 2 꾀가 많은, 발뺌을 잘하는. 3 (문제가) 다루기 힘든, 까다로운, 교묘한; 솜씨가 필요한. **trick·i·ly** 부 **tríck·i·ness** 명
tri·clin·ic [traiklínik] 형 [결정] 삼사(三斜)의, 삼사정계(三斜晶系)의.
tri·clin·i·um [traiklíniəm] 명 (pl. *-i·a* [-iə]) 1 횡

와(橫臥) 식탁(고대 로마에서 3면에 눕는 의자를 놓고 누워서 식사의 식탁). 2 횡와 식탁이 있는 식당.
tric·o·lette [trìkəlét] 명 트리콜레트(명주 또는 인조 섬유의 실로 짠 메리야스 천).
tri·col·or [tráikʌlər/tríkələ] 명 3색의. (또는 **tricolored**) ── 명 3색기; (the T-) 프랑스 국기.
trícolor cámera 명 [인쇄] 삼색 (분해) 사진기.
tri·corn [tráikɔːrn] 명 세 개의 뿔[돌기]이 있는.
── 명 1 삼각 모자, 배 모양의 모자. (또는 **tricorne**) 2 (상상 속의) 삼각수(三角獸).
tri·cos·tate [traikásteit/-kɔ́s-] 명 [동·식물] 「맥(三脈)의.
tri·cot [tríːkou/tríː(ː)k-] 명ⓤ 1 (털실·레이온 따위의) 손으로 손 편물, 수편물, (기계로 짠) 수편물 모조품. 2 트리콧, 트리코(이랑지게 짠 직물; 여자 옷감).
〔< F *tricoter* knit〕
tric·o·tine [trìːkətíːn] 명ⓤ 능직 모직물의 일종.
tri·cre·sol [traikríːsɔːl] 명 [화학] 트리크레졸(크레졸의 세 이성체(異性體)의 혼합물).
tri·crot·ic [traikrátik/-krɔ́t-] 형 [생리] 삼박(搏) (脈)의, 삼단맥의. **tri·cro·tism** [tráikrətìzm, tríːk-]
tric·trac [tríktræk] 명 =trick-track. 「명
tri·cus·pid [traikʌ́spid] 형 1 (이 따위가) 3개의 뾰족한 끝이 있는, 3첨두(尖頭)의, 3첨(尖)의. (또는 tri·cuspidal) 2 [해부] (심장의) 3첨판(尖瓣)의. ── 명 (이의) 3첨두, 3첨판. 「의, 3첨판의.
tri·cus·pi·date [traikʌ́spədèit] 형 [해부] 3첨두
tricúspid válve 명 [해부] (심장의) 3첨판.
tri·cy·cle [tráisəkl, -sìkl] 명 세발자전거; 3륜 오토바이. ── 자 세발자전거[3륜 오토바이]에 타다.
-cy·clist [-səklist, -sàiklist] 명
tri·cy·clic [traisáiklik, -sík-] 형 1 삼륜(차)의. 2 [화학] 삼환식 (三環式)[세 고리]의. 「일의.
trid. (라틴) *triduum*(=three days)(처방전에서) 3
tri·dac·tyl [traidǽktl] 형 [동물] 발가락이 셋 달린. (또는 tridactylous)
tri·dai·ly [traidéili] 형 1일 3회의; 3일 1회의.
tri·dent [tráidnt] 명 1 세 갈래진 도구[무기](창·작살 따위). 2 (로마 역사) 삼지창(三枝槍). 3 (그리스·로마 신화) (바다의 신 포세이돈[넵튠]의) 삼지창; (그 표장(標章)으로 나타내는) 제해권(制海權).
── 형 (또는 **tridental**) 삼지의, 세 갈래진.
tri·den·tate [traidénteit] 형 이가 셋인, 세 갈래진.
Tri·den·tine [traidéntain, -ti(ː)n] 형 1 (이탈리아) Trent의. 2 트리엔트 공회의(1545-63)의. ── 명 트리엔트 공회의의 신앙 고백을 받아들이는 사람.
Tri·den·tum [traidéntəm] 명 Trent의 옛 이름.
tri·di·men·sion·al [tràidiménʃənl] 형 3차원의, 입체적인. **-men·sion·ál·i·ty** 명 ~·ly 부
tri·du·um [trídʒuəm/-dju-] 명 [가톨릭] 성주간 (Holy Week)의 성(聖)목요일에서 부활절까지의 3일간; (축제일 전 따위에 하는) 3일간의 묵도[묵상].
‡**tried** [traid] 명 1 시험을 거친; 시험필의, 좋다고 증명된. 2 확실한, 믿을 수 있는. ¶ a ~ friend 믿을 수 있는 친구. 3 시련을 견디어낸.
old and tried 전적으로 신용할 수 있는.
tried-and-true [⁀əntrúː] 형 시험 결과 믿을 만한.
tri·ene [tráiiːn] 명 [화학] 트리엔(2중 결합이 셋 있는 불포화 탄화수소의 총칭).
tri·en·ni·al [traiéniəl] 형 1 3년 계속되는; 3년마다의; [식물] 3년생의. ── 명 1 3년간. 2 3년제, 3주기; [가톨릭] 3년마다(기념행사); [가톨릭] 3년마다의 추도 미사. 3 [식물] 3년생 식물. ~·ly 부
tri·er [tráiər] 명 1 실험자, 시험관. 2 심사관, 심문자. 3 [법률] 배심원 기피 심문원. (또는 **trior**) 4 노력가.
tri·er·arch [tráiərɑ̀ːrk] 명 trireme (고대 그리스의 3단으로 노가 달린 배)의 사령관.
Tri·este [triést/*It* triéste] 명 1 트리에스테(이탈리

아 동북부의 Trieste 만에 면한 항구 도시). **2 the Free Territory of ~** 트리에스테 자유 지구. **3 the Gulf of ~** 트리에스테 만.

tri·fec·ta [tráifèktə] 명 《美·濠·뉴질》 **1** (경마) (1·2·3등을 모두 맞히는) 3연승 단식(單). superfecta. **2** (jai alai 경기에서) 3연승 방식. (또는 **triple**)

trif·fid [trífid] 명 (SF 소설에서) 트리피드(머리가 셋 달린 식물성 괴수(怪獸)). 《비유적》 맹렬한 기세로 번식 하는 식물.

tri·fid [tráifid] 명 〖동·식물〗 세 갈래진, 3열(裂)의.

trífid fóot 〖가구〗 (18세기 영·미에서 유행되었던) 동물의 세 발톱이 결합된 형태의 다리.

‡**tri·fle** [tráifl] 명 (복 **~s** [-z]) **1** 시시한[하찮은 것 [일]; 사소한 일. ¶Don't waste your time on ~s. 시시한 일로 시간을 허비하지 마라. **2** (a ~) **a)** 사소한 돈, 소액, 푼돈. **b)** 소량, 조금 (a little)(* 부사적으로도 씀이다). ¶a mere ~ of sugar 극소량의 설탕. **3** (문학·음악 따위의) 소품; 소곡, 바가텔(bagatelle). **4** ⓤ 백랍 (땜납의 일종); ⓒ 그 제품. **5** ⓒⓤ 《英》 트라이플(포도주를 뿌린 스펀지 케이크에 거품 크림을 바른 디저트). *a trifle too* 조금 (지나치게) …한.

stick at trifles 하찮은 일에 얽매이다. ¶He doesn't *stick at ~s.* 그는 하찮은 일에 얽매이지 않는다.

──동 (~s [-z]; ~d; -fling) ⓥ **1** 허투루 다루다, 소홀히 하다 (with). ¶(~+명+명) ~ with one's health 몸을 소홀히 하다. **2** 가지고 놀다, 농락하다, 함부로 다루다 (with). ¶(~+명+명) ~ with a pencil 연필을 가지고 장난하다 / I beg you not to ~ *with* me. 제발 나를 놀리지 마라. **3** 잡담하다, 시시덕거리다; 무사 태평하게 지내다, 빈둥빈둥 지내다. ──타 **1** (시간·돈 따위)를 낭비하다, 허비하다(*away*). ¶(~+명+圖) ~ one's money *away* 돈을 허비하다. **2** (농담 따위)를 하다. **-fler** 농담(희롱)하는 사람; 게으름뱅이.

‡**tri·fling** [tráifliŋ] 명 (*more* ~; *most* ~) **1** 하찮은, 사소한, 시시한, 쓸데없는. ⇨PETTY 유의어 ¶a quarrel 쓸데없는 싸움. **2** (가격·가치·양 따위가) 근소한, 적은, 조금의. ¶a ~ sum 소액. **3** 경박한, 경솔한, 성실(진지)하지 못한, 농짓거리의. **4** 《美방언》 게으름뱅이인; 쓸모없는. ──명 **1** 경박한(부질없는) 행동. **2** 시간 낭비; 무익한 노력. ~**·ly** 图 **~·ness** 명

tri·flu·o·per·a·zine [traiflù:əpérəzi:n] 명 《약학》 트리플루오페라진(신경 안정제).

tri·flu·o·ride [traifluɔ́ːráid] 명 《화학》 3불화물(弗化物). 〔(선택성 제초제).

tri·flu·ra·lin [traifluɔ́ːrəlin] 명 《화학》 트레플루랄린

tri·fo·cal [traifóukəl] 형 (렌즈가) 초점이 셋 있는. ──명 3중 초점 렌즈; (~s) 3중 초점 안경.

tri·fold [tráifòuld] 형 =triple.

tri·fo·li·ate [traifóulièit] 형 〖식물〗 1 3엽의, 잎이 셋 있는. **2** =trifoliolate. (또는 **trifoliated**)

trifóliate órange 명 탱자나무. 〔은 잎이 있는.

tri·fo·li·o·late [traifóuliəlèit] 형 〖식물〗 3개의 작

tri·fo·li·um [traifóuliəm] 명 =trefoil.

tri·fo·ri·um [traifɔ́ːriəm] 명 (복 **-ri·a** [-riə]) 〖건축〗 트리포리움(교회 건축에서 측랑(側廊) 상부의 아치와 높은 창문의 사이). **-ri·al** 형

tri·form [tráifɔːrm] 형 세 부분으로 된; 삼체(三體)의, 세 가지 형태가 있는. (또는 **triformed**)

tri·func·tion·al [traifʌ́ŋkʃənl] 형 《화학》 3작용성의

tri·fur·cate [traifə́ːrkeit, ⌐-⌐] 형자 세 갈래로 갈라지다. ──형 (또는 **trifurcated**) 세 갈래의.

tri·fur·ca·tion 명

trig¹ [trig] 《英》 **1** 말쑥한, 깔끔한(neat); 멋진. **2** 튼튼한, 건강한. ──타자 《英방언》 (**-gg-**) …을 말쑥하게 하다; …을 꾸미다, 모양내다(*up, out*).

~**·ly** 图 ~**·ness** 명

trig² 〔방언〕 타 (**-gg-**) 타 …을 (쐐기 따위)로 움직이지 않게 하다; …에 바퀴 멈추개(받침대, 버팀목)을 괴다.

──명 바퀴 멈추개 역할을 하다. ──명 바퀴 멈추개, 괴 는 물건.

trig³ 图 =trigonometry.

trig. trigonometric(al); trigonometry.

tri·ga [tríːgə, tráigə] 명 (복 **-gae** [-gai]) (고대 로마의) 말 세 필이 끄는 2륜 전차(戰車).

trig·a·mist [trígəmist] 명 세 아내[남편]를 가진 사람; 세 번 결혼한 사람.

trig·a·mous [trígəməs] 형 **1** 세 아내[남편]을 가진; 세 번 결혼한. **2** 〖식물〗 3성화(三性花)(수꽃·암꽃·양성화)의.

trig·a·my [trígəmi] 명 ⓤ 일부 삼처(一夫三妻), 일처 삼부; 삼중혼(婚); 세 번 결혼하기.

tri·gem·i·nal [traidʒémənl] 〔해부〕 형 **1** 3차(叉) 신경의, 3중의. ──명 3차 신경. 〔뇌신경〕.

trigéminal nérve 명 〖해부〗 삼차(三叉) 신경(제5

trigémi·nal neurálgia 명 《병리》 삼차 신경통.

‡**trig·ger** [trígər] 명 **1** (총포의) 방아쇠. ¶pull [or press] the ~ at [or on] …을 겨냥하여 방아쇠를 당기다. **2** 제동기, 제륜(制輪) 장치, 용수철 장치의 걸쇠. **3** (구어) =triggerman. **4** 다른 일을 유발하는 사건, 유인(誘因), 계기, 동기. **5** (어류) =triggerfish. **6** 트리거(플립플롭 (flipflop) 회로를 펄스에 의해서 기동(起動)하는 일; 그 펄스). **7** 《컴퓨터》 트리거(기계나 프로그램이 자동적으로 동작을 개시하도록 하는 일).

have one's finger on the trigger 방아쇠에 손가락을 대다; 《군사》 작전의 주도권을 장악하다.

in the drawing of a trigger 순식간에, 즉시.

quick on the trigger 《美구어》 속사(速射)의; 재빠른; 빈틈없는.

──타자 **1** (사건·반응 따위)를 일으키다, 유발하다. **2** ~**ed**, ~**·less** 〔방아쇠〕를 당기다.

trígger càtalyst 명 《화학》 트리거(방아쇠) 촉매.

trígger fínger 명 오른손 집게손가락.

trig·ger·fish [trígərfìʃ] 명 (복 **~(·es)**) (열대산 (產)) 쥐치복과(科)의 물고기.

trig·ger-hap·py [-hæpi] 형 《구어》 (걸핏하면) 총 쏘기를 좋아하는; 호전[공격]적인; (남의) 흠 들추기를 좋아하는.

trig·ger·man [trígərmən, -mæn] 명 《美구어》 살인 청부업자; (갱의) 보디가드. (또는 **trigger**)

trígger mechanism 명 제동 기구, 방아쇠 기구.

trígger príce 명 트리거 가격(미국의 국내 산업 보호 수단으로 쓰이는 덤핑 방지 기준 가격).

trígger sýstem 명 (미사일) 탄두의 기폭 장치.

tri·glot [tráiglɑt/-glɔt] 형 3개 국어로 쓴, 3개 국어를 할 수 있는. 〔세리드〕.

tri·glyc·er·ide [traiglísəràid] 명 《화학》 트리글리

tri·glyph [tráiglif] 명 《건축》 트라이글리프(도리아식 건축에서 석재의 세 줄기 세로홈 장식).

~**·ed**, **~·i·cal** 형

tri·go [tríːgou] 명 (복 **~s**) 밀, 밀발. 〔<Sp〕

tri·gon [tráigɑn/-gɔn] 명 **1** 〖점성〗 3분의 1 대좌(對座)(trine); 12궁(zodiac) 중의 3궁. **2** (고대 그리스의) 삼각금(琴). **3** 《해시계용》 삼각자. **4** (고어) 삼각형.

trigon. trigonometric(al); trigonometry.

trig·o·nal [trígənl] 형 삼각(형)의; 〔결정〕 삼방정계 (三方晶系)의. ~**·ly** 图

trígonal trisoctahédron 명 3각면 24면체.

tri·gone [tráigoun] 명 〖해부〗 삼각부. (또는 **tri·go·num**) 〔(世代性)의.

tri·go·neu·tic [tràigənjúːtik] 형 〖곤충〗 3세대성

trig·o·nom·e·ter [trìgənɑ́mətər/-nɔ́m-] 명 직각 삼각계(計); 삼각 측량을 하는 사람.

trig·o·no·met·ric [trìgənəmétrik] 형 삼각법의, 삼각법에 의한. (또는 **trigonometrical**) **-ri·cal·ly** 图

trigonométric equátion 명 《수학》 삼각 방정식.

trigonométric fúnction 명 《수학》 삼각 함수.

trigonométric séries 명 《수학》 삼각 급수.

trig·o·nom·e·try [trìɡənámətri/-nɔ́m-] 图 ① 삼각법, 삼각술(學).
trig·o·nous [tríɡənəs] 图 삼각(형)의, (줄기·종자) 삼각의.
tri·gram [tráiɡræm] 图 =trigraph.
tri·graph [tráiɡræf, -ɡrɑ̀ːf] 图 3자(字) 1음(音), 삼중음자(예: beau [bou] 의 eau). **tri·gráph·ic** 图
tri·he·dral [traihíːdrəl] 图 〔기하〕 3면(체)의. — 图 =trihedron.
tri·he·dron [traihíːdrən] 图 (⑤ ~s, -dra [-drə]) 〔기하〕 3면체. (또는 trihedral)
tri·hy·brid [traiháibrid] 图 3유전자[3성(性)] 잡종
tri·hy·drate [traiháidreit] 图 〔화학〕 3수화물(水化物)(3분자의 물을 포함하는 화합물). **-drat·ed** 图
tri·i·o·do·thy·ro·nine [tràiaiòudouθàirənìːn] 图 〔생화학〕 트리요도티로닌(갑상선 호르몬의 일종).
tri·jet [tráidʒet] 图 제트 엔진이 셋 있는 (비행기).
trike [traik] 图图图 (구어) =tricycle.
tri·la·bi·ate [trailéibiət] 图 〔식물〕 3순(脣)의.
tri·lam·i·nar [trailǽmənər] 图 3층의.
tri·lat·er·al [trailǽtərəl] 图 〔수학〕 3변의[이 있는]. — 图 3변형, 3각형. **-ál·i·ty** 图 **~·ly** 图
tri·lat·er·al·ism [trailǽtərəlìzm] 图 〔정치〕 (서유럽·북미·일본 등 선진국간의) 3자 상호 협력, 상호 경제 협력 촉진 정책. **-ist** 图
tri·lat·er·a·tion [trailæ̀təréiʃən] 图 〔측량〕 3변 측량.
tril·by [trílbi] 图 1 (英구어) 꼭대기가 움푹한 펠트 중절모(~ hat). 2 (-bies) (속어) 발. **-bied** 图
tri·lem·ma [trailémə] 图 1 〔논리〕 트릴레마, 삼도(三刀) 논법. 2 3자 택일의 궁지. 3 〔경제〕 (불황·인플레·유가 위기의) 삼중고(三重苦).
tri·lev·el [tríːlevəl] 图 3단계가 있는, 3층으로 이루어진. — 图 3단계.
tri·lin·e·ar [trailíniər] 图 세 개의 선의, 세 개의 선으로 둘러싸인.
tri·lin·gual [trailíŋɡwəl] 图 3개 국어의[를 쓰는]. ⓟ monolingual, bilingual **~·ism** 图 **~·ly** 图
tri·lit·er·al [trailítərəl] 图 3개의 글자[3자음(子音)]로 된. — 图 3자음어(子音語)[어근].
tri·lith·on [trailíθɑn/-θɔn] 图 (선사 시대의) 3석탑(石塔)(직립한 두 돌 위에 또 돌을 얹어 놓은 선사 시대의 유적). (또는 trilith) **-líth·ic** 图

*****trill[1]** [tril] 图 1 〔노래〕 을 떨리는 목소리로 부르다; (악기) 을 트릴로 연주하다; (새·벌레가) 〔울음 소리〕를 트릴로 노래하듯 내다. 2 〔음성〕 …을 떨리는 소리로 발음하다, 혀를 굴려 발음하다. 3 ⓟ (목소리·노래·소리 따위가) 떨리다; (새 따위가) 트릴로 노래하듯 지저귀다; 트릴로 노래하다[연주하다]; 전음(顫音)으로 발음하다. — 图 1 떨리는 목소리; 〔음악〕 트릴, 전음; (새·벌레의) 트릴 같은 울음 소리. 2 〔음성〕 전동음(顫動音)(이탈리아어의 [r], 프랑스어의 [R] 따위).

trill[2] 图 ⓟ (고어) 회전하다, 회전하다, (실개천이) 졸졸 흐르다; 똑똑 떨어지다. — ⓣ 〔물 따위〕를 똑똑[졸졸] 떨어뜨리다[흘리다].

trill[3] 图ⓟ (속어) 활보하다, 으스대며 걷다.

Tril·ling [trílíŋ] 图 **Lionel ~** 트릴링(1905–75: 미국의 문예 평론가).

tril·lion [tríljən] 图 ① (美·프랑스) 1조(兆)(10의 12승; 英·독일) 100만조(10의 18승). ② 1조의 것; 100만 조의. **~th** 图图

tril·li·um [tríliəm] 图 연령초(延齡草)속(屬)의 식물.

tri·lo·bate [trailóubeit] 图 〔식물〕 (잎이) 3열(裂)의. (또는 **trilobated**)

tri·lobed [tráiloubd] 图 =trilobate.

tri·lo·bite [tráiləbàit] 图 〔고생물〕 3엽충(三葉蟲)(갑루에 속하는 화석 동물). **-bít·ic** 图

tril·o·gy [tríləji] 图 1 〔극·가극·소설 등의〕 3부작, 3부극, 3부곡. 2 〔고대 그리스의〕 3부작 (비극). 3 (비슷한 것의) 세 개의 별.

‡trim [trim] 图 (~s [-z]; **-mm-**) ⓣ 1 a) …을 정돈하다; (산울타리 따위) 를 치다; …을 손질하다. ¶ ~ a hedge 산울타리의 가지를 치다 / ~ one's nails 손톱[발톱]을 깎다. b) (연장으로) 〔목재 따위〕를 다듬다, 마무르다. 2 a) 〔여분의 것〕을 잘라내다, 제거하다, 〔예산·경비 따위〕를 삭감하다(away, off). ¶ (~ + 图 + 圊) ~ dead branches off 죽은 가지를 잘라내다. b) 〔의견 따위〕를 편의에 따라 수정하다. 3 a) 〔항공〕 〔기체〕를 수평 비행하도록 하다. b) 〔해사〕 〔배〕에 화물을 균형있게 배치하다; 〔화물〕을 선창에 쌓다; 돛을 조절하다. c) 〔연극〕 〔배경〕을 꾸며놓다. 4 a) …을 장식하다. ¶ (고어) 몸치장하다. ¶ ~ a Christmas tree 크리스마스 트리에 장식을 달다 // (~ + 图 + 전 + 图) ~ a dress *with* fur 드레스에 모피 장식을 달다. b) (쇼 윈도) 에 상품을 진열하다, 보기좋게 늘어놓다. ¶ ~ a window 쇼 윈도에 상품을 진열하다. 5 (구어) …을 꾸짖다, 책망하다; …을 때리다, 치다; …을 무찌르다, 완패시키다; …을 속이다. 6 〔폐어〕 …의 설비를 갖추다.
— ⓟ 1 〔해사〕 (배가) 균형이 잡히다; (풍향·진로에 따라) 돛을 조절하다. 2 (정치가 등이) 중립 정책을 취하다; 편의에 따라 의견을 수정하다, 기회주의적 태도를 취하다(*between*).

be trimmed by the head [or **bow**] 〔해사〕 이물의 흘수(吃水)가 깊다; 〔깊다〕.
be trimmed by the stern 〔해사〕 고물의 흘수가 *trim a person's jacket* 남을 때리다.
trim by [or **on**] **a wind** 〔해사〕 가능한 한 바람부는 쪽으로 항해하다.
trim down ① 깎아 다듬다. ¶ ~ the hedge *down* 울타리를 깎아 다듬다. ② 줄이다, 삭감하다. 「붙다.
trim in (널빤지 따위)를 모양을 다듬어 다른 나무에 끼
trim one's course 돛을 조절하여 나아가다.
trim oneself up 몸단장하다, 모양내다.
trim one's [or **the**] **sails (before** [or **to**] **the wind)** 돛을 조절하다; 임기응변의 조치를 취하다.
trim up ① 가지런히 자르다. ¶ ~ *up* one's beard 턱수염을 다듬다. ② 차려 입다(dress up).
— 图ⓤ 1 a) 정돈, 정돈된 상태, 정비. b) (심신 따위의) 상태, 컨디션, 조화, 기분. 2 ⓒⓤ a) 〔해사〕 트림, (배의) 균형; 배의 이물과 고물의 흘수차(吃水差); 출항 준비 상태; 돛의 조절 상태. b) 〔항공〕 (비행기의) 자세. 3 복장, 차림; (사람의) 인품, 풍채; 장비. ¶ in hunting ~ 사냥 차림으로. 4 꾸밈, 장식; (쇼 윈도의) 장식; (건물 등의) 가장자리 장식 부분, 내부의 장식적 목부; (자동차의) 내장(內裝)(손잡이·핸들·푸싱·장식품 따위); (차체의) 외장(外裝); (배의) 장비, 의장(艤裝). 5 ⓒ 가지치기; 잘라낸 것; 〔영화〕 (필름의) 잘라낸 부분; (머리형을 바꾸지 않고 하는) 이발. 「있지 않다.
be in no trim for (옷차림 따위가) …할 상태가 되어 **get into trim for** …할 수 있는 상태가 되다. 「다.
give a person a trim (이발사가) 남의 머리를 손질하
in fighting [**sailing**] **trim** 전투[출범] 준비를 하고,
in (good [or **proper**]) **trim** ① 잘 정돈되어, 상태가 좋아. ② (배가) 균형이 잡혀.
into trim 알맞은 상태에서.
out of trim ① 정돈이 안 되어, 상태[컨디션]가 나빠. ② (배가) 균형이 안 맞아 무거워.
— 图 (~·**mer**; ~·**mest**) 1 말쑥한, 잘 정돈된, 산뜻한 (⇒ NEAT 유의어); (고어) 손질[정비]이 잘 된. ¶ a garden ~ 정돈이 잘 된 정원. 2 (몸의) 상태가 좋은, 군살이 없는, 균형 잡힌. ¶ the swimmer's ~ body 수영 선수의 균형 잡힌 몸매. 3 〔폐어〕 훌륭한, 멋있는.
— 图 깨끗하게, 단정하게.
~·ly 图 **~·ness** 图 「〔무역 관련 투자 조치〕.
TRIM 〔경제〕 *tr*ade *r*elated *i*nvestment *m*easures
tri·ma·ran [tráimərǽn] 图 3동선(胴船)(3개의 선체를 연결한 배)(뗏목).
tri·mer [tráimər] 图 〔화학〕 삼량체(三量體)(3개의 같은 구조의 분자가 간단한 결합을 한 중합체).

tri·mér·ic 형

trim·er·ous [trímərəs] 형 **1** 〔식물〕 (꽃이) 삼수(三數)의, 삼기수(三基數)의. **2** 〔곤충〕 삼절(三節)의. **3** 3부분으로 된.

tri·mes·ter [traiméstər] 명 3개월, 3개월간; (대학의 3개월의) 학기. **-tral, -tri·al** 형

tri·me·tal·lic [tràimétəlik] 형 **1** 3개의 금속으로 된. **2** 〔인쇄〕 3층 금속 평판의.

trim·e·ter [trímətər] 명 (운율) 3보격(步格)의 시행(詩行). 형 3보격의.

tri·meth·a·di·one [traimèθədáioun] 명 〔약학〕 트리메타디온(백색 분말의 간질 치료제).

tri·meth·o·prim [traiméθəprim] 명 〔약학〕 트리메토프림(살균제).

tri·met·ric [traimétrik] 형 (운율) 3보격의. (또는 **trimetrical**)

trimétric projéction 명 〔기하〕 사(斜)[삼사(斜方)]투영(投影).

tri·met·ro·gon [traimétrəgàn/-gɔ̀n] 명 트리메트로곤 방식(항공 사진 지도에서 3대의 카메라로 3면을 동시에 촬영하는 방법).

trim·mer[1] [trímər] 명 **1** 깨끗하게 하는 사람[도구], 손질하는 사람, 정돈하는 사람, 장식하는 사람. **2** 베는[자르는, 치는] 기구(가위·나이프 따위); 심지 자르는 기구. **3** 〔건축〕 《美》 틀장선, 《英》 장선받이 보. **4** (배의 화물·석탄 따위가 균형이 잡히도록 이동시키는) 기계[장치]. **5** 《英》 (정치 따위의) 기회주의자. **6** 《구어》 야단치는 사람. **7** 《구어》 상대가 벅찬 사람[것]. **8** (pike 낚시의) 찌. **9** 〔전기〕 트리머(용량을 미세 조정하기 위해 가변 콘덴서 따위에 부속시킨다).

trim·mer[2] 형 trim의 비교급.

*__trim·ming__ [trímiŋ] 명ⓊⒸ **1** 정돈, 조정, 상태 정; 〔사진〕 트리밍. **2** 가지치기, 깎아 다듬기, 손질. **3** (~s) 깎아 다듬은 것, 가윗밥. **4** (~s) 장식, 장식품; 가두리 장식; 말(馬)의 장식. ¶the ~s of a Christmas tree 크리스마스 트리의 장식. **5** (~s) 《구어》 요리의 곁들인 음식. **6** 《구어》 꾸지람, 질책, 징계. **7** 〔건축〕 틀짜기. **8** 《구어》 패배.

(and) all the trimmings (그밖에) 모두.

trímming tàb 명 〔항공〕 =trim tab.

tri·mod·al [traimóudl] 형 〔통계〕 (분포가) 세 모드 (mode)를 갖는, 최빈값(最頻値)가 셋인.

tri·mo·dál·i·ty [tràimədǽləti] 명 3 자의, 3분자를 가지는.

tri·mo·lec·u·lar [tràiməlékjələr] 형 〔화학〕 3분자의.

tri·month·ly [traimʌ́nθli] 형 3개월마다의.

tri·morph [tráimɔːrf] 명 〔결정〕 동질삼상(同質三像) 물질(성분은 같고 결정 구조가 다른 3종의 물질).

tri·mo·tor [tráimòutər] 명 3발기(發機). **-ed** 형

trím size 명 (잡지·책 따위의) 재단 치수.

trím tàb 명 〔항공〕 트림 탭(비행 고도 안정을 위해 승강타·방향타·보조 날개의 뒷가장자리에 붙인 작은 날개). (또는 **trímming tàb**)

Trin. Trinidad; Trinity.

tri·nal [tráinl] 형 3배의, 3중의; 3부로 된.

tri·na·ry [tráinəri] 형 셋으로 된; 셋씩 생기는.

trine [train] 형 3중의, 3배의, 3층의; 〔점성〕 3분의 1 대좌(對座)의. — 명 세 개 한 벌, 셋으로 된 것; 3파(巴), 〔기독교〕 (T-) 삼위일체; 〔점성〕 3분의 1 대좌.

trin·gle [tríŋgl] 명 **1** (커튼·침대 따위의) 가로대, 버팀대. **2** 〔건축〕 모난 쇠시리. **3** 〔군〕 모눈 멈추개.

Trin·i·dad [trínədæd] 명 트리니다드(서인도 제도 남동부의 섬). **-da·di·an** [-déidiən] 형

Trínidad and Tobágo 명 트리니다드 토바고(서인도 제도에 있는 영연방 독립국).

Trin·i·tar·i·an [trìnətɛ́əriən] 형 〔기독교〕 **1** 삼위일체(설)의[를 믿는]; 성(聖)삼위일체 수도회의. **2** (t-) 3 개가 한 벌[3인조]을 이루는, 세 부분으로 이루어진; 3중의. — 명 삼위일체설 신봉자.

Trin·i·tar·i·an·ism [trìnətɛ́əriənìzm] 명Ⓤ 〔기독교) 삼위일체 교리[신앙].

tri·ni·tro- [traináitrou, -trə] 연결 〔화학〕 「3개의 니트로기(基)를 가진」의 뜻. ¶*trini*troluene.

tri·ni·tro·ben·zene [trainàitroubénziːn] 명Ⓤ 〔화학〕 트리니트로벤젠(略 TNB).

tri·ni·tro·tol·u·ene [trainàitroutáljuːiːn/-tɔ́l-] 명Ⓤ 〔화학〕 트리니트로톨루엔(강력 폭약; 略 TNT, T.N.T.). (또는 **trinitrotoluol**)

*__Trin·i·ty__ [trínəti] 명 **1** (the ~) 〔기독교〕 삼위일체(성부·성자·성령을 일체로 본다). **2** =~ Sunday. **3** 〔미술〕 삼위일체(圖)[상(像)]. **4** (t-) 세 개 1조, 3인조; 세 개 한 벌(로 된 것); (세 개 1조의) 파이프 청소 도구.

Trínity Bréthren 명 《英》 수로(水路) 안내 협회의 회원.

Trínity Cóllege 명 《英》 Cambridge·Oxford 대학교의 기숙사; Dublin에 있는 아일랜드 최고(最古)의 대학(1591년 창립).

Trínity Hóuse 명 《英》 수로 안내 협회(등대·항로 표지·수로 안내원 선발 등을 관장); 그 회관. [期).

Trínity sìtting 명 《英》 고등 법원 제 4 개정기(開廷

Trínity Súnday 명 삼위일체의 신을 찬송하는 축제일(Whitsunday 다음의 일요일).

Trínity tèrm 명 (Oxford 대학교의) Easter term에 이어지는 학기; =Trinity sitting.

trin·ket [tríŋkit] 명 자질구레한 (싸구려) 장신구; 방물; 하찮은 것.

trin·oc·u·lar [trainákjələr/-nɔ́k-] 명 3안(眼) 현미경의(두 개의 접안 렌즈 외에 사진 촬영용 렌즈를 갖춘).

tri·no·mi·al [trainóumiəl] 형 〔수학〕 3항(項)의; 〔동·식물〕 3어명(語名)의, 3명명법(名法)의(속명·종명·아종명을 나타낸다). — 명 〔수학〕 3항식; 〔동·식물〕 3명명법에 의한 명명. **-ly** 부

tri·no·mi·al·ism [trainóumiəlìzm] 명Ⓤ 〔동·식물〕 속명·종명·아종명의) 3명명법(名法).

tri·nu·cle·o·tide [trainjúːkliətàid/-njuː-] 명 〔유전〕 트리뉴클레오티드.

*__tri·o__ [tríːou] 명 (복 ~s) **1** 〔음악〕 3중주(곡)[단]; 3중창(곡)[단]; (미뉴에트·행진곡 따위의) 중간 악절, 3인조, 트리오; 3개 한 벌[조], 3짝짜리. **4** 〔카드놀이〕 왕·여왕·잭·에이스 중 3장을 갖추기.

tri·ode [tráioud] 명 〔전기〕 3극 진공관(의).

tri·ol [tráiɔl, -al/-ɔl] 명 〔화학〕 트리올, 3가 알코올.

tri·o·let [tríːəlèi/tríːəlèt] 명 트리올레(프랑스풍의 8행시; 제1행을 제4행과 제7행에서, 제2행을 제8행에서 그대로 반복하며 ab aa abab로 압운한다). 〔<F〕

Tri·o·nes [traióuniːz] 명复《천문》 북두칠성.

tri·or [tráiər] 명 =trier 3.

tri·ox·ide [traiáksaid/-ɔ́k-] 명 〔화학〕 3산화물.

*__trip__ [trip] 명 **1** (비교적 짧은) 여행, (관광) 여행; 소풍; 항해. ¶a ~ abroad 해외 여행/a ~ around the world 세계 일주 여행/a ~ to the moon 달 여행. **2** (업무상) 외출, 통근, 통학. ¶his daily ~ to the dentist 그의 날마다의 치과 통원.

> 유의어 **trip** 관광·상용 따위의 비교적 짧은 여행; journey 대신에 긴 여행에도 쓰인다. **travel** 장거리 또는 미지의 곳으로의 여행. **tour** 일정한 계획에 의해 각지를 여행하는 관광 여행. **journey** 목적·기간·수단 따위에 관계 없이 여행을 뜻하는 가장 일반적인 말. **voyage** 해로(海路) 또는 공로의 보통 긴 여행. **excursion** 단거리의 단체 유람 여행. **cruise** 배를 호텔 삼아 각지에 기항하며 관광하는 항해. **jaunt** 가정이나 직장을 떠나서 즐기는 짧은 여행. **junket** 유산(遊山)의 여행; 특히 시찰 따위의 명목으로 관비를 써서 하는 호화 여행.

3 곤두박질, 헛디딤, 실족; 넘어지게 함, 발걸기; (레슬링에서) 판죽걸이, 되차기. **4** 실수, 실책, 과실, 실언. **5** 경쾌한 발걸음. ¶the ~ of children's feet 어린아이들

의 경쾌한 걸음걸이. **6** 〔기계〕 벗기는[끄르는] 장치; 급시동(急始動). **7** (어선)의 한 항해의 어획고. **8** 《美속어》 환각제(LSD) 마시기, 그 체험; 자극적인 체험; (일시적인) 강박 관념, 망상. **9** 《美속어》 체포; (죄수의 다른 교도소로의) 이송. **10** (속어) 문제. ¶What's your ~? 무슨 일이 생겼니? **11** 〔야구〕 타석에 서기.
a round [《英》*return*] *trip* 왕복 여행.
be on an ego trip 마음대로 행동하다.
get a trip (상선이) 채산이 맞는 화객(貨客)을 싣다.
lay a trip [or *scene*] *on a person* (속어) 남을 비난하다; 놀라게 하다. ¶Don't *lay* this ~ *on me*! 내 탓으로 돌리지 마라.
make a trip ① 여행하다. ② 실수하다.
take a fishing trip 《美속어》〔야구〕 삼진당하다.
—囲 (~ped [-t]; ~ping) ㉿ **1** 곱드러지다. 발에 걸려 넘어지다(*on, over*). ¶(~+前+名) He ~*ped on a stone*. 그는 돌부리에 걸려 넘어졌다. **2** 실수하다, 실책을 저지르다; 잘못 말하다. ¶(~+前+名) I ~*ped on the mathematic problem*. 나는 그 수학 문제에서 실수를 했다. **3** 경쾌하게 움직이다. ¶(~+前+名) She came ~*ping down the street*. 그녀는 거리를 경쾌하게 걸어왔다. **4** (드물게) 여행하다. **5** 기울다. **6** (해사) (돛의 아래 활대가 범주(帆走)중에) 파도에 씻기다. **7** 〔시계〕 (방탈(防脫) 장치의 톱니가) 톱니바퀴 미늘(pallet)을 그대로 넘어가다. **8** 《美속어》 환각제(LSD)를 복용하여 환각으로 황홀해지다(*out*); 새로운 체험을 하다.
—囤 **1** (남)을 곱드러지게 하다, 걸려 넘어지게 하다; …을 딴죽걸다(*up*). ¶The clown ~*ped him*. 어릿광대가 그의 다리를 걸어서 넘어뜨렸다. **2** …을 실패하게 하다, 방해하다; 잘못되게 하다, 잘못 말하게 하다; (남)의 잘못을 들추다, 실언을 꼬집다(*up*). ¶(~+目+副) He was ~*ped up by artful questions*. 그는 교묘한 질문에 걸려 대답을 잘못했다. **3** …을 기울이다. **4** 〔해사〕 〔닻〕을 감아 올리다; 〔활대〕를 수평에서 수직 위치로 기울이다; 〔위쪽 돛대〕를 내리기 전에 조금 올리다. **5** 〔기계〕 〔기계·시계의 분동(分銅) 따위〕를 제동 장치를 벗겨 급시동시키다; 〔제동 장치 따위〕를 급히 벗기다. **6** 〔나무〕를 톱으로 썬 자리에 쐐기를 박아 넘어뜨리다. **7** (고어) 경쾌히〔가벼운〕 스텝으로 춤추다.
catch[or *find*] *a person tripping*; *trip off the end of a person's tongue* 남의 말꼬리를 잡다, 남의 실수를 꼬집다.
trip it 짧은 여행을 하다.
trip out (회로가) 끊어지다; (회로)를 끊다; (기계가) 멈추다; (기계)를 멈추다.
trip the light fantastic (익살) 춤추다(dance).
TRIP [trip] 囲 초강력강(鋼) 합금의.
[< *transformation-induced plasticity*]
tri·pack [tráipæk] 囲 (사진) 트라이팩(감색성(感色性)이 다른 세 종류의 필름을 겹친 컬러 필름).
trip·a·ra [trípərə] 囲 세 쌍둥이를 낳은 여자.
tri·part·ed [traipá:rtid] 囲 셋으로 갈라진. (또는 **tripart**)
tri·par·tite [traipá:rtait] 囲 **1** 3부로 나누어진, 3부분으로 이루어진. **2** 〔식물〕 (잎 따위가) 3심열(深裂)의. **3** 3자(者)간의, 3자가 참가하는. ¶a ~ *treaty* 3개국 조약. **4** 같은 문서를 세 부 작성하는. ~·ly 囮
tri·par·ti·tion [tràipa:rtíʃən] 囲 3분열, 3분할.
tripe [traip] 囲 **1** ⓊⒸ 반추 동물(특히 소)의 위(胃)의 식용 부분; (~s) (비어) 창자, 내장(entrails). **2** (구어) (이야기·글의) 시시한 것, 변변찮은 것. ¶*talk* ~ 시시한 이야기를 하다.
tri·pe·dal [tráipèdl, tripídl] 囲 발이 셋인.
tripe·man [tráipmən] 囲 소의 위(胃)를 파는 상인.
tri·per·son·al·i·ty [tràipə:rsənǽləti] 囲 (T-) (하느님의) 3위격성(三位格性).
trip·ham·mer [tríphæ̀mər] 囲 〔기계〕 스프링해머. 囮 tilt hammer ——(스프링해머처럼) 계속해서 치는. (또는 **trip hàmmer**)

tri·phen·yl·meth·ane [traifènəlméθein] 囲 (화학) 트리페닐메탄(염료의 원료).
tri·phib·i·an [traifíbiən] 囲 육해공 어느 전투에도 강한; 육해공 3군 합동(작전)의. —囲 3군 사령관. **-i·ous** 囮 「인산염(에스테르).
tri·phos·phate [traifǽsfeit/-fɔ́s-] 囲 〔화학〕 삼
tri·phos·pho·pyr·i·dine nucleotide [tràifɑ̀sfoupírədì:n-] 囲 〔생화학〕 트리포스포피리딘 뉴클레오티드(생체 조직에 분포되어 있는 조효소; ⓐ TPN).
triph·thong [trífθɔ(:)ŋ/-θɔŋ] 囲 〔음성〕 3중 모음 (our [auər]의 발음 따위); = trigraph.
tri·plane [tráiplèin] 囲 3엽 비행기. ⓐ biplane
‡**tri·ple** [trípl] 囲 **1** 3중의, 세 부분으로 된, 세 겹의. ¶a ~ *knot* 세 겹 매듭/a ~ *window* 3중창(窓). **2** 3종류의, 3배의. **3** 〔국제법〕 3국간의. **4** 〔음악〕 3박자의. **5** 〔시학〕 (압운이) 대응하는 세 음절을 포함하는. —囲 **1** 3배[량]. **2** 3련. **3** 〔야구〕 3루타. **4** 〔볼링〕 3연속 스트라이크; 〔경마〕 3연승 단식. **5** (~s) 7개의 종을 중음부(中音部)에서 함께 3번 치는 명종법(鳴鐘法). —囲 ~s [-z]; ~*d*; ~*ping*) 囿 …을 3배[중]로 하다. —囿 **1** 3배[중]이 되다. **2** 〔야구〕 3루타를 치다.
triple Á 囲 트리플 A(AAA). **1** (군사) 대공포(anti-aircraft *artillery*). **2** 미국 자동차 협회(American Automobile Association).
Triple Alliance 囲 (the ~) 3국 동맹(특히 독일·오스트리아—헝가리·이탈리아간의 동맹(1882-1915)).
triple bógey 囲 〔골프〕 트리플 보기(par 보다 3타(打) 많은 점수).
triple bónd 囲 〔화학〕 3중 결합.
triple búrden 囲 〔사회〕 삼중(三重) 부담(소수민족 여성이 가지는 인종 차별, 가사 책임, 직업인으로서의 책무의 세 가지).
tri·ple-check [-tʃèk] 囲囿 3중으로 확인[체크]하다. ¶*check*, *recheck and* ~ 삼중재사 확인하다.
triple cóunterpoint 囲 〔음악〕 3중 대위법(對位法).
triple crówn 囲 (T- C-) **1** (로마 교황의) 3중관(冠). **2** 〔야구·경마〕 3관왕.
tri·ple-deck·er [-dékər] 囲 = three-decker.
tri·ple-dig·it [-dídʒit] 囲 (백분율 숫자가) 세 자리의. ¶~ *inflation* 세 자리수 인플레이션.
triple drésser 囲 〔가구〕 3단 서랍의 경대, 화장대.
trí·ple-én·gined týpe [-éndʒind-] 囲 〔해사〕 3엔진형.
Triple Enténte [-ɑ:ntɑ́:nt] 囲 (the ~) 3국 협상(1907년 영국·러시아·프랑스간에 체결).
tri·ple-ex·pán·sion éngine [-ikspǽnʃən-] 囲 〔기계〕 3단 팽창 기관. 「에서의) 3연속 시합.
tri·ple-head·er [-hédər] 囲 (같은 날 같은 경기장
triple íntegral 囲 〔수학〕 삼중 적분(3변수의 함수 약의).
triple júmp 囲 (the ~) 3단 뛰기. 「분).
triple méasure 囲 〔음악〕 = triple time.
tri·ple-nerved [-ná:rvd] 囲 〔식물〕 잎맥이 셋 있는.
triple pláy 囲 〔야구〕 3중살(重殺). 「점).
triple póint 囲 〔물리〕 3중점(기체·액체·고체의 평형
triple-space [-spèis] 囿囲 두 행씩 떠어 타이프치다.
tri·plet [tríplit] 囲 **1** 세 쌍둥이 중의 하나, (~s) 세 쌍둥이. **2** 3개 한 벌[조]. **3** 〔운율〕 3행 연구(聯句). **4** 〔음악〕 3연음. **5** 3부 구조의 것의 하나. **6** (~s) 〔카드놀이〕 동쾌패 석 장. **7** 〔광학〕 3중 복합 렌즈. **8** 3인승 자전거[자동차, 보트]. **9** 〔물리〕 3중항 (상태). **10** 〔언어〕 3출어.
triple thréat 囲 세 분야의 전문가; (미식축구) 차기·패스·달리기의 세 가지에 고루 능숙한 선수.
triple tíme 囲 〔음악〕 3박자. (또는 **triplex**)
tri·ple·ton [trípltən] 囲 〔카드놀이〕 (bridge에서) 동쾌의 석 장 패.
triplet státe 囲 〔물리〕 3중항(重項) 상태.

tríple wítching hòur 〖(증권)〗 (미국 주식 시장의) 최후의 魔의 1시간(예측할 수 없는 사태가 곧잘 일어나는 데서).

tri·plex [trípleks, trái-] 형 1 3중의; 3배의. ¶ ~ glass 삼중 유리. 2 (아파트·건물이) 세 가구가 살 수 있는, 세 채분의; 3층의. ── 명 1 3배 한 벌[조]. 2 〖음악〗 =triple time. 3 3인조의 3층 아파트. 4 (T-) 〖상표〗 트리플렉스(자동차용 3중 유리).

trip·li·cate 〖동타〗 [tríplǝkèit] 1 …을 3배로 하다, 3중으로 하다(⦅또⦆ duplicate). 2 같은 문서를 3부 작성하다(원본 및 사본 2통). ── [tríplikǝt, -lǝkèit] 3중[겹]의, 세 개 한 벌의; (동일 문서가) 세 통의. ¶ a ~ treaty 3국 조약 / a ~ certificate 세 통 작성의 증명서. ── [tríplikǝt, -lǝkèit] 세 개 한 벌의 문서 중 하나; (~s) 세 개 한 조[벌].
in triplicate 3통 작성으로. ¶ She typed the letter in ~. 그녀는 그 편지를 타자로 3통 작성했다.

trip·li·ca·tion [trìplǝkéiʃən] 명 1 ⓤ 3배[중]로 하기; 3배한 것, 3통 (중의 하나). 2 〖법률〗 원고의 재답변에 대한 피고의 답변.

tri·plic·i·ty [triplísǝti] 명 1 ⓤⓒ 3배[중]임. 2 3개 한 벌[조], 3인조(triad). 3 〖점성〗 3궁(trigon)(12궁 중 서로 120도 떨어진 3궁).

trip·lo·blas·tic [trìploublǽstik] 형 〖동물〗 (배(胚)가) 3배엽성(胚葉性)의.

trip·loid [tríplɔid] 형 〖생물〗 (염색체가) 3배수의, 3배체의. ── 명 3배체(體). **-loi·dy** 명

trip·ly [trípli] 부 3중으로, 3배로.

tri·pod [tráipad/-pɔd] 명 1 3다리(脚臺), 삼각의자; 삼발이. 2 (카메라 등의) 3각. 3 고대 그리스 Apollo 신전의 청동 삼각대.¶
the tripod of life; the vital tripod 심장·폐·뇌.

trip·o·dal [trípǝdl] 형 3각(脚) 모양의; 3각의.

tri·pod·ic [traipɔ́dik/-pɔ́d-] 형 다리가 셋인; 3각 (脚)을 쓰는. ¶~ walk (곤충의) 삼각 보행.

trip·o·dy [trípǝdi] 명 〖운율〗 3보구(步句).

tri·po·lar [traipóulǝr] 형 삼극(三極)의. **-la·rize** 동

trip·o·li [trípǝli] 명 〖암석〗 트리폴리암(岩), 판상(狀) 규조토(규조나 방산충의 유해로 이루어진, 연마제로 쓰인다). (⦅또⦆ **trip·o·lite** [trípǝlàit])

Trip·o·li [trípǝli] 명 트리폴리. 1 옛 바바리(Barbary) 제국의 하나(현재 리비아(Libya)의 일부). (⦅또⦆ **Trip·o·li·ta·ni·a** [trìpǝlǝtéiniǝ]) 2 리비아의 항구 도시·수도. 3 레바논 북서부의 항구 도시.

Tri·pol·i·tan [trípǝlǝtn/-pɔ́l-] 형명 Tripoli의 (주민).

tri·pos [tráipas/-pɔs] 명 (케임브리지(Cambridge) 대학의) 우등 (졸업) 시험; 그 합격자 명단.

trip·per [trípǝr] 명 1 경쾌하게 걷는 사람. 2 발을 걸어 넘어뜨리는 사람[것]. 3 〖기계〗 벗기는[끄르는] 장치; 시동 장치. 4 〖英 구어〗 관광 여행자; 소풍 가는 사람. 5 〖美 속어〗 환각제를 복용하는 사람.

trip·per·y [trípǝri] 명 〖英〗 여행자[행락객]가 많이 찾는 곳.

trip·ping [trípiŋ] 형 1 경쾌하고 빠른, 발걸음이 가벼운. 2 재빠르게 진척되는, 척척 되어가는. 3 발이 걸려 넘어지는; 죄를 범하는. 4 (이야기 따위가) 막힘이 없는, 유창한. 5 〖美 속어〗 (마약에) 도취해 있는. ── 명 1 〖미식축구〗 트리핑(발을 걸어 상대편을 넘어지게 하는 반칙 행위). 2 〖美 속어〗 (마약에 의한) 환각 증상의 지속. **~·ly** 부

trip·py [trípi] 형 〖美·캐나다 속어〗 (마약 등으로) 멍해진, 기분이 좋은. **-pi·ness** 명

trip·tane [triptein] 명 〖화학〗 트립탄(액체상의 탄화수소; 내연기관의 노킹 방지제; 항공기 연료용).

trip·tych [tríptik] 명 1 〖미술〗 석 장 연속된 그림[조각]. 2 세 폭짜리 서사판(書寫板). ⦅또⦆ diptych

trip·tyque [tripti:k] 명 (세관이 발행하는) 국제 자동차 입국 허가증.

trip·wire [trípwàiǝr] 명 ⓤⓒ 철사 덫; 인계(引繫)

철선(지면에 설치해 두어 건드리면 폭발물이 터진다).

tri·que·trous [traikwí:trǝs, -kwét-] 형 3변으로 둘러싸인; 3각(角)의; 3각의 단면(斷面)을 가진. (⦅또⦆ triquetral)

Tri·rat·na [tri:rɑ́:tnǝ] 명〖불교〗 불보(Buddha), 법보(dharma), 승보(Sangha)의 삼보(三寶) 〔자이나교〕 해탈 열반에 이르는 3대 조건으로서의 삼보(바른 지식, 바른 신앙, 바른 행위). 「선(船).

tri·reme [tráiri:m] 명 〖고대역사〗 3단[열] 노의 갤리

tris- [tris] 〖결합사〗 '3배, 삼중'의 뜻. ¶ *trisoctahedron*.

tri·sect [traisékt, ⏑-] 동타 …을 3(등)분하다. **-séc·tion, -séc·tor** 명

tri·serv·ice [tráisǝ́:rvis] 형 육·해·공군의. ¶ *the ~ operation* 3군 합동 작전.

tri·shaw [tráiʃɔ̀:] 명 3륜(輪) 자전거(pedicab).

tris·kai·dek·a·pho·bi·a [trìskaidèkǝfóubiǝ] 명 13공포증.

tris·kel·i·on [triskéliǝn/-ɔn] 명 (⦅또⦆ **-i·a** [-iǝ]) 가랑이로 연결되어 있는 세 다리의 그림, 3각(脚) 소용돌이 무늬. (⦅또⦆ **tris·kele** [trískiːl])

tris·mus [trízmǝs] 명 ⓤ 〖병리〗 (파상풍 등에 의한) 개구(開口) 장애(lockjaw), **trís·mic** 형

tris·oc·ta·he·dron [trìsɑktǝhí:drǝn] 명 (⦅또⦆ **~s, -dra** [-drǝ]) 〖결정〗 24면체. **-hé·dral** 형

tri·so·my [tráisoumi] 명 〖병리〗 3염색체성.

Tris·tan [trístǝn, -tæn] 명 =Tristram. (⦅또⦆ **Tris·tam**)

tri·state [tráistèit] 명 〖美〗 3주(州)에 걸치는[로 구성되는. (⦅또⦆ **tri-state**) 「(sorrowful)

triste [F trist] 형 슬픈, 비탄에 잠긴, 우울한. 〔< F

tris·te·za [tristéizǝ] 명 1 〖병리〗 감귤류의 바이러스병의 일종. 2 =Texas fever.

trist·ful [trístfǝl] 형 〖고어〗 슬픈, 비탄에 잠긴. **~·ly** 부 **~·ness** 명

Tris·tram [trístrǝm] 명 트리스트럼. 1 남자 이름(애칭 Tris). 2 (아서왕 전설에서) 원탁의 기사의 한 사람 (Iseult와의 사랑으로 유명). 「형

tri·syl·lab·ic [tràisilǽbik] 명 3음절의. **-i·cal·ly**

tri·syl·la·ble [tráisilǝbl, traisíl-] 명 3음절어.

trit. triturate.

trit- [trait] 〖결합사〗 ⇒TRITO-.

tri·tag·o·nist [traitǽgǝnist] 명 (고대 그리스 연극의) 제3배우(극중에서 세번째로 중요한 역할을 한다). ⦅또⦆ deuteragonist

trit·an·ope [tráitǝnòup, trít-] 명 제3색맹(色盲)인 「사람.

trit·an·o·pi·a [tràitǝnóupiǝ, trìt-] 명 제3색맹, 청황(靑黃) 색맹. **-op·ic** [-ápik /-ɔ́p-] 형

trite [trait] 형 1 (표현·어구·사상 따위가) 진부한, 흔해빠진, 케케묵은. 2 〖고어〗 닳아빠진, 닳고닳은; (길 따위가) 밟아 다져진. **~·ly** 부 **~·ness** 명

tri·the·ism [tráiθi:ìzm] 명 〖신학〗 삼위이체론(異體論), 3신론(神論) **-ist** 명 **ˌís·tic, ˌís·ti·cal** 형

trit·i·cale [trìtikéili] 명 〖농업〗 라이밀(밀과 라이보리 사이의 잡종).

trit·i·um [trítiǝm, tríʃ-] 명 ⓤ 〖화학〗 트리튬, 3중 수소(수소의 동위 원소의 하나; 기호 ³H, T).

tri·to- [tráitou, -tǝ] 〖결합사〗 '세번째의, 제3의'의 뜻 (*모음 앞에서는 trit-).

tri·ton [tráitn/-tɔn] 명 〖물리〗 트리톤, 3중 양자.

Tri·ton [tráitn] 명 1 〖그리스 신화〗 트리톤(반인반어(半人半魚)의 해신(海神); 그 비슷한 여러 해신(海神)). 2 〖동물〗 (t-) 영원(蠑螈). 3 (t-) 소라고둥(의 조가비). 4 〖천문〗 트리톤(해왕성(Neptune)의 제1위성).

Tri·ton·ic [traitɑ́nik/-tɔ́n-] 형 「학(群鷄一鶴).
a Triton among [or **of**] (*the*) *minnows* 군계일

tri·to·ni·a [traitóuniǝ] 명 붓꽃과(科)의 식물.

trit·u·ra·ble [trítʃurǝbl] 형 가루로 만들 수 있는, 빻을 수 있는, 바술 수 있는; 씹을 수 있는.

trit·u·rate [동][타] [trítʃurèit] 1 …을 가루로 만들다, 빻다, 찧다, 바수다. 2 …을 씹다. ━[명] [trítʃurət] 1 분쇄(된 것). 2 가루약. **-rà·tor** [명]
trit·u·ra·tion [trìtʃuréiʃən] [명] 1 [U] 가루로 만들기, 분쇄. 2 [U] 씹기. 3 〔약학〕 가루약.
‡**tri·umph** [tráiəmf] [명] 1 승리. ⇨VICTORY [유의어] ¶achieve [or win] a ~ 승리를 거두다 // the ~ of right *over* wrong 악에 대한 정의의 승리. 2 대성공; 성공의 사례, 개가, 공적, 업적. ¶the ~*s* of modern science 현대 과학의 개가. 3 [U] 승리감, 승리[성공]의 기쁨, 의기 양양함. ¶a note of ~ in his voice 그의 목소리에 담긴 승리의 기쁨. 4 〔역사〕 (고대 로마의) 개선식(⊛ ovation). 5 《폐어》 위풍 당당한 행렬.
in triumph 대승을 거두어, 의기 양양하여.
━[동][자] (~*ed* [-t]) 1 승리를 거두다; 이겨내다 (*over*). ¶ (~+[前]+[名]) ~ *over* disease 병을 극복하다. 2 성공하다. 3 (승리·성공 따위로) 의기 양양해 하다, 기뻐 날뛰다(*over*). ¶ (~+[前]+[名]) ~ *over* a defeated enemy 패배한 적에게 의기 양양한 태도를 보이다. 4 개선식을 거행하다. **~·er** [명]
triumph in one's success 성공의 개가를 올리다.
***tri·um·phal** [traiʌ́mfəl] [형] 1 승리를 축하하는; 승리의, 전승의; 개선(식)의. ¶a ~ banquet 전승 축하연 / a ~ crown (고대 로마에서) 개선 장군에게 주던 월계관. 2 승리하여 의기 양양한.
triúmphal árch [명] 개선문; (초기 교회 건축에서) 성당의 본당과 제단을 가르는 큰 아치.
tri·um·phal·ism [traiʌ́mfəlìzm] [명][U] 승리주의 (어떤 신앙의 교리가 불멸이라고 하는 신념). **-ist** [명]
***tri·um·phant** [traiʌ́mfənt] [형] 1 승리를 얻은; 성공한. 2 《고어》 개선의. ¶a ~ general 개선 장군. 3 의기 양양한, 승리를 기뻐하는. 4 《폐어》 훌륭한. **~·ly** [부]
tri·um·vir [traiʌ́mvər] [명] (⊛ **~s, *-vi·ri*** [-vərài]) 1 (고대 로마의) 3집정관의 한 사람. 2 (일반적으로) 3연위원회[지배자 집단, 집권자 집단]의 한 사람.
tri·um·vi·ral [traiʌ́mvərəl] [형] triumvir의, triumvirate의.
tri·um·vi·rate [traiʌ́mvərət, -rèit] [명] 1 (고대 로마의) 3두 정치, 3인 집정(의 직); 그 정부. 2 3인의 연합 정치; (연합 정권을 위한) 3자 연합; 그 정부. 3 3인조, 세 개 한 벌.
tri·une [tráiju:n] [형] 3인조의, 3개 한 벌의; 삼위일체의. ¶the ~ Godhead 삼위일체의 신. ━[명] (the T–) 삼위일체(the Trinity).
tri·u·ni·tar·i·an [traijù:nətέəriən] [명] =Trinitarian.
tri·u·ni·ty [traijú:nəti] [명][U][C] 삼위일체.
tri·va·lence [traivéiləns] [명][U][C] 〔화학〕 (원자의) 3가(價); 〔생물〕 (염색체의) 3가. (또는 **trivalency**)
tri·va·lent [traivéilənt, trívəl-] [형] 〔화학〕 (원자가가) 3가(價)의; 〔생물〕 (염색체가) 3가의. ━[명] 〔생물〕 3가 염색체.
tri·valve [tráivæ̀lv] [형] (조개 따위가) 아가미가 셋인. ━[명] 아가미가 셋인 조개.
Tri·van·drum [trivǽndrəm] [명] 트리반드룸(인도 남부 Kerala 주의 주도; 순례지).
triv·et [trívit] [명] (철제) 냄비[접시] 받침; 삼발이.
(as) right as a trivet ⇨RIGHT.
trívet tàble [명] 세 다리 탁자[책상].
triv·i·a[1] [tríviə] [명][복] 《때로 단수취급》 하찮은[사소한] 일(trifles); 잡동사니 정보, 잡학적(雜學的) 지식.
triv·i·a[2] [명] trivium의 복수형.
‡**triv·i·al** [tríviəl] [형] 1 (*more* ~; *most* ~) 하찮은(trifling), 사소한, 시시한. ⇨PETTY [유의어] ¶~ expenses 사소한 경비. 2 보통의, 평범한. ¶get tired of ~ tasks 평범한 일에 싫증이 나다. 3 (중세 대학의) 3학과(trivium)의. 4 〔수학〕 (증명할 것 없이) 자명한. 5 〔생물〕 (동·식물 이름에서) 종(種)의(⊛ generic); (학명이 아닌) 통칭의; 〔화학〕 (화합물 이름의) 통속명의.
~·ist [명] 잡학자(雜學者). **~·ly** [부]
triv·i·al·ism [tríviəlìzm] [명][U] 사소함, 평범; 사소한 것, 하찮은 것.
***triv·i·al·i·ty** [trìviǽləti] [명][U][C] (일·작품·기사 따위의) 시시한 것; 시시한 일, 평범.
triv·i·al·ize [tríviəlàiz] [동][타] …을 평범[진부]하게 하다. **-i·zá·tion** [명]
trívial náme [명] 〔생물〕 종명(種名); 속명, 통칭; (화학 물질의) 통속명.
triv·i·um [tríviəm] [명] (⊛ ***-i·a*** [-iə]) (중세의) 3학과(대학의 7과목 중 문법·수사학·논리). ⊛ quadrivium
tri·week·ly [traiwí:kli] [부] 1 3주마다, 3주에 한 번. 2 1주에 세 번. ━[형] 1 3주에 한 번의. 2 1주에 세 번의. ━[명] 3주 1회[1주 3회]의 간행물.
-trix [triks] [접미] 1 「…하는[에 관계있는] 여성」의 뜻. ¶avia*trix*, testa*trix*. 2 〔수학〕 「선, 점, 면」의 뜻. ¶genera*trix*. (또는 **-trice**)
TRM trademark. **tRNA** *t*ransfer *RNA*. **TRO** *t*emporary *r*estraining *o*rder(잠정적 금지 명령).
Tró·bri·and Íslands [tróubriɑ̀:nd-, -æ̀nd-] [명] (the ~) 트로브리안드 제도(New Guinea 섬 동쪽 Solomon 해에 있는 한 무리의 산호초 섬).
tro·car [tróukɑ:r] [명] 〔외과〕 투관침(套管針)(복부 따위에서 액체를 채취하는 데 쓰는 치료 기구(cannula)에 붙어 있는 바늘). (또는 **trochar**)
tro·cha·ic [troukéiik] 〔운율〕 [형] 강약[장단]격의. ━[명] 강약[장단]격; (보통 ~s) 강약[장단]격의 시. **-i·cal·ly** [부]
tro·chal [tróukəl] [형] 〔동물〕 윤상(輪狀)의, 바퀴 모양의.
tro·chan·ter [troukǽntər] [명] 1 〔해부〕 전자(轉子)(대퇴골 경부 아래쪽에 있는 돌기). 2 〔곤충〕 전절(轉節)(발의 기절(基節)(coxa)과 퇴절(腿節)(femur) 사이의 관대(關帶)). **~·al, tro·chan·ter·ic** [-kəntérik] [형]
tro·che [tróuki/trouʃ] [명] 〔약학〕 (원형의) 정제(錠劑), 트로키.
tro·chee [tróuki:] [명] 〔운율〕 (고전시의) 장단격(-⏑); (영시의) 강약격(´×).
troch·i·lus [trákələs/trɔ́k-] [명] (⊛ ***-li*** [-lài]) 1 =hummingbird. 2 =crocodile bird. 3 《드물게》 우는 새, 명금(鳴禽).
troch·le·a [trákliə/trɔ́k-] [명] (⊛ ***-ae*** [-iː]) 〔해부〕 활차(滑車), 연골륜(軟骨輪).
troch·le·ar [trákliər/trɔ́k-] [형] 1 〔해부〕 활차의; 활차 모양의. 2 (또는 **trochleariform**) 〔식물〕 활차형의. ━[명] =~ nerve.
tróchlear nèrve [명] 〔해부〕 활차(滑車) 신경.
tro·choid [tróukɔid] [명] 1 〔기하〕 트로코이드, 여파선(餘擺線). 2 소라류(類). 3 (또는 ~ **jòint**) 〔해부〕 활차 관절. ━[형] 1 (수레바퀴처럼) 축으로 도는, 축전(軸轉)하는; (관절이) 활차 모양의. 2 (조개가) 팽이 모양의. 3 원뿔형의. 4 〔해부〕 (관절이) 도르래 모양의.
tro·choi·dal [troukɔ́idl] [형] =trochoid. **~·ly** [부]
tro·chom·e·ter [troukámətər/-kɔ́m-] [명] (자동차의) 주행(走行) 거리계.
***trod** [trad/trɔd] [동] tread의 과거·과거분사.
***trod·den** [trádn/trɔ́dn] [동] tread의 과거분사.
trode [troud] [동] 《고어》 tread의 과거.
trof·fer [tráfər/trɔ́f-] [명] (전구 따위를 끼워 넣는) 천장의 우묵한 곳, 반원형의 형광등갓[반사판].
trog[1] [trag/trɔg] [동][자] (**-gg-**) 《英구어》 터벅터벅 걷다, 돌아다니다. (또는 **trogg**)
trog[2] [명] 《英속어》 케케묵은 사람, 시대에 뒤진 사람.
trog·lo·bi·ont [tràgləbáiant/trɔ̀gləbáiɔnt] [명] 〔생태〕 진동혈성(眞洞穴性) 동물. (또는 **troglobite**)
trog·lo·dyte [trágləd àit/trɔ́g-] [명] 1 (선사 시대의) 혈거인(穴居人). 2 세상일에 어두운 사람; 은자. 3 유인원(고릴라·침팬지 따위). 4 굴뚝새(wren).
-dyt·ic [-dítik], **-dýt·i·cal** [형] **-dyt·ism** [명]
tro·gon [tróugan/-gɔn] [명] 트로곤(아름다운 깃털을

troi·ka [trɔ́ikə] 명 1 트로이카(러시아의 3두 마차·썰매). 2 (트로이카의) 나란히 선 세 마리 말. 3 3두제(頭制); 3개 한 벌. [troil·ist 명]

troil·ism [trɔ́ilizm] 명 세 사람이 동시에 하는 성교.

Troi·lus [trɔ́iləs, trɔ́uə-] 명 1 〔그리스 신화〕 트로일로스(Troy의 왕 Priam의 아들; Cressida와의 사랑으로 유명). 2 (t-) 〔곤충〕 「동부산(產).

tróilus bútterfly 명 〔곤충〕 호랑나비의 일종(북미

*__Tro·jan__ [tróudʒən] 형 1 트로이(Troy)의; 트로이 사람의. 2 트로이 목마의. ─ 명 1 트로이 사람. 2 (구어) 근면가, 용사. 3 〔폐어〕 쾌활한 사람.
 work like a Trojan 부지런히 끈기있게 일하다.

Trójan gròup 명 〔천문〕 트로이 소행성군(群).

Trójan Hórse 명 1 (the ~) 〔그리스 신화〕 트로이의 목마. 2 내부에서 교란시키는 사람(계획, 계책), 스파이 선전[파괴] 공작원(軍 fifth column). 3 (T- h-) 〔컴퓨터〕 시스템 파괴 프로그램.

Trójan Wár 명 (the ~) 트로이 전쟁(호머(Homer)의 시 *Iliad*의 주제가 된 트로이 대 그리스의 전쟁).

troll[1] [troul] 명타 1 〔물고기〕를 훌림 낚시로 낚다; (강 따위)에서 훌림 낚시질하다. 2 〔노래〕를 명랑[낭랑]하게 부르다; 돌림노래하다. 3 …을 굴리다. 4 〔폐어〕〔술잔 따위〕를 차례로 돌리다. 5 〔폐어〕〔혀 따위〕를 빨리 움직이다. ─ 자 1 훌림 낚시질하다. ¶(~+前+名) ~ *for* trout 송어를 훌림 낚시질하다. 2 낭랑하게 노래하다; 낭랑하게 울려퍼지다. 3 빙빙 돌리다 (노래가 즐겁게 불러지다; (종이) 은은하게 울리다. 4 굴러 다니다. 5 (고어) (혀 따위가) 잘 움직이다. ─ 명 1 훌림 낚시질; (훌림 낚시질용) 제물 낚시(가 달린 줄). 2 돌림노래. 3 회전. 4 타락한 여자(trollop).

troll[2] 명 〔스칸디나비아 전설〕 (동굴·야산에 사는) 거인; 장난꾸러기 남쟁이. 「윤창 가수.

troll·er [tróulər] 명 1 훌림 낚시꾼; 훌림 낚싯배. 2

*__trol·ley__ [tráli/trɔ́li] 명 (~s) 1 (美·캐나다) = ~ car. 2 고가(高架) 이동 활차. 3 촉륜(觸輪)(시내 전차 지붕의 막대기(pole) 끝에 있는 홈이 패인 금속제 도르래). 4 집전기(集電機)(pantograph). 5 (英) 손수레, 광차(鑛車). 6 (차·과자·신문·잡지를 실어 나르는) 손수레, 왜건. 7 (英) (병원의) 4륜 환자 운반차.
 off one's trolley (美속어) 정신이 나간, 제정신이 아닌.
 slip one's trolley (美속어) 신경 쓰이다.
 ─ 자 시내 전차로 나르다[를 타고 가다]. (또는 **trolly**)

trólley bùs[còach] 명 트롤리 버스, 무궤도 전차.
trólley càr 명 (美·캐나다) 시내노면 전차(street-)
trólley líne[róad] 명 시내 전차 노선. [car.
trol·ley·man [trálimən/trɔ́l-] 명 (美) 시내 전차 승무원(운전 기사·안내원등).
trólley pòle 명 (전차 지붕 위의) 폴.
trólley whèel 명 트롤리 바퀴.
trólley wire 명 (전차의) 가공선(架空線), 트롤리선.
trol·lop [tráləp/trɔ́l-] 명 단정치 못한(방종한) 여자; 매춘부, 창녀. ~**·ish**, ~**·y** 형
trol·ly [tráli/trɔ́li] 명 =trolley. 「(trousers).
trol·ly·bobs [trálibɑbz/trɔ́libɔbz] 명복 바지
trom·be·nik [tróumbənik] 명 (美속어) 1 자만하는 사람, 허풍선이. 2 게으름뱅이, 변변치 못한 사람. (또는 **truhmbenick**)
Trómbe wàll [trámb-/trɔ́mb-] 명 트롬브 벽(전면을 유리로 덮은 석조 외벽; 흡수된 태양열을 건물 내로 방출한다).
trom·bic·u·li·a·sis [trɑmbikjuláiəsis/trɔm-] 명 〔병리〕 양충병(恙蟲病)(털진드기가 매개를 나르는 피부병). (또는 **trombidiasis, trombidiosis**)
trom·bone [trɑmbóun, ´-/trɔmbóun] 명 트롬본.
 -**bon·ist** 명 트롬본 연주자. 「식 원통.
trom·mel [tráməl/trɔ́m-] 명 (선광(選鑛)용의) 회전
tro·mom·e·ter [troumámətər/-mɔ́m-] 명 미진

계(微震計). **trom·o·met·ric** [trɑməmétrik/trɔm-], **tròm·o·mét·ri·cal** 형 -**try** 명

tromp [trɑmp/trɔmp] (美구어) 명타 1 =tramp. 2 치다, 완전히 패배시키다. ─ 자 1 =tramp. 2 (…을) 짓밟다(on). ¶I ~*ed* quickly *on* the brake. 나는 급히 브레이크를 밟았다.

trompe [trɑmp/trɔmp] 명 〔야금〕 낙수(落水) 송풍기.

trompe l'oeil [trɔ:mp léi, -lɔ́i-] 명 (複 **t-** ~**s** [-z]) 1 트롱프 뢰유, 속임 그림(실물과 구별할 수 없을 만큼 정밀하게 묘사한 그림). 2 (벽화·벽지 따위의) 입체 화법.

-**tron** [trɑn/trɔn] 연결 「기구, (전자) 장치」의 뜻. ¶dyna*tron*, iso*tron*, posi*tron*. 「관리 제도.

trónc sýstem [trɑ́ŋk-/trɔ́ŋk-] 명 팁(tip)의 일괄

‡**troop** [tru:p] 명 1 (사람·이동중인 동물의) 무리, 떼, 조(組), 대(隊), 단(團). ¶a ~ of Gypsies 한 무리의 집시. 2 다수, 대군(大群)(lot). ¶be surrounded by ~s of friends 수많은 친구들에게 둘러싸이다. 3 (군사) 기병 중대. 4 (~s) 군대, 병력(soldiers); 경찰대. ¶land ~s 지상군. 5 (보이[걸] 스카우트의) 대(隊); 단. 6 (고어) (극단 등의) 일단(troupe).
 get one's troop 기병 중대장이 되다.
 ─ 자 (~*ed* [-t]) 1 모이다, 떼지어 모이다(*up, together*). ¶(~+前+名) Children ~*ed around* the teacher. 어린아이들이 선생님 주위에 모였다. 2 떼[줄]지어 나아가다(오다, 가다, 떠나가다)(*away, off*). ¶(~+前+名) The students ~*ed into* the room. 학생들은 떼지어 방으로 들어갔다 // (~+부) The spectators ~*ed off* when the game was over. 경기가 끝나자 관중들은 떼지어 떠나갔다. 3 열을 지어 행진하다(*along, over*). 4 (구어) 걷다, 사라지다(*off, away*). 5 (고어) 교제하다, 사귀다(*with*). ─ 타 1 (군대)를 수송하다, 행진시키다. 2 (英軍史) (군인)을 군율 위반으로 상관에게 보고하다. 3 〔폐어〕 (기병대)를 기병 중대로 편성하다. 「하다.

troop the colour(s) (英軍史) 군기(軍旗) 분열식을
tróop càrrier 명 군대 수송기(차, 선); 보병용 장갑차.
tróop commíttee 명 걸 스카우트 후원회. 「차.
troop·er [trú:pər] 명 1 기병 (대원); 기마. 2 (美·濠) 기마 경찰. 3 (美) =state ~. 4 (英) 군대 수송선 (troopship). 5 =paratrooper. 6 (구어) 용감한 사람.
 swear like a trooper (구어) 욕[악담]을 퍼붓다.
troop·horse [-hɔ̀:rs] 명
troop·ie [trú:pi] 명 (짐바브웨·남아프리카공화국의) 최하급 병사. (또는 **troepie**)
troop·ship [trú:pʃìp] 명 군대 수송선.
trop [trou] 부 너무, 너무 많이(too much). 〔F
trop. tropic(al).
tro·pae·o·lum [troupí:ələm] 명 (복 ~**s, -la** [-lə]) 〔식물〕 한련(旱蓮); 금련화.
trope [troup] 명 1 〔수사〕 말의 수사(修辭), 수사법(은유·환유·반어 따위). 수사 어구. 2 〔가톨릭〕 진구(進句)(예전에 미사의 식문(式文)에 삽입한 수식적 어구).
-**trope** [troup] 연결 「향하는 것, …변화[전화(轉化)], 회전하는 기계」의 뜻. ¶helio*trope*, thauma*trope*.
troph·ic [tráfik, tróuf-/trɔ́f-] 형 영양의, 영양에 관한. ¶~ disorders 영양 실조. -**i·cal·ly** 부
-**troph·ic** [tráfik, tróuf-/trɔ́f-] 연결 「…으로 영양을 섭취하는, …영양의」의 뜻. ¶auto*trophic*, hyper-
tróphic lével 명 〔생태〕 영양 단계. [*trophic*.
tro·phied [tróufid] 형 기념[전리]품으로 장식한.
troph·o- [tráfou, -fə, tróuf-/trɔ́f-] 연결 「영양」의 뜻(* 모음 앞에서는 troph-). ¶*tropho*plasm
troph·o·plasm [tráfəplæzm/trɔ́f-] 명 〔생물〕 (세포의) 영양 원형질. 「-plas·mát·ic, -plás·mic 형
troph·o·zo·ite [trɑ́fəzòuait, tròuf-/trɔ́f-] 명 〔동물〕 영양체(榮養體), 영양형(포자충이 숙주 체내에서 무성하게 분열할 수 있는 개체).
‡**tro·phy** [tróufi] 명 (복 -**phies** [-z]) 1 전리품; 전

승 기념품; 수렵 기념물. **2** (경기 입상 기념의) 트로피; 기념품뢰. **3** (고대 그리스·로마의) 전승 기념비. ~**less** 웹 ⓔ 트로피로 장식하다, …에 트로피를 주다. ~**less** 웹
-**tro·phy** [trəfi] 〖연결〗 nourishment, growth의 뜻. ¶eu*trophy*, hyper*trophy*.
tróphy róom 웹 (테니스·골프 따위의) 트로피 보관 실.
‡**trop·ic**[1] [trápik/trɔ́p-] 웹 〖지리〗 **1** (때로 T-) 회귀 선(의 zone). ¶the ~ of Cancer 북회귀선/the ~ of Capricorn 남회귀선. **2** (the ~s) 열대 지방. —웹 열 대(지방)의.
tro·pic[2] [tróupik, trɔ́p-/trɔ́p-] 웹 **1** 〖생물〗 …속성의. **2** 〖생화학〗 (호르몬이) 특정한 선(腺)의 활동을 자극하는. ¶a ~ hormone 자극 호르몬.
-**trop·ic** [trápik, tróup-/trɔ́p-] 〖연결〗 turning, changing, tending to change의 뜻. ¶geo*tropic*, photo*tropic*.
‡**trop·i·cal** [trápikəl/trɔ́p-] 웹 (*more* ~; *most* ~) **1** 열대(지방)의, 열대 특유의, 열대성(産)의. ¶~ flowers 열대성 화초/~ diseases 열대병. **2** (남북) 회귀선의. **3** 매우 더운, 열대성의. **4** (비유적) 열렬한, 정열적인. **5** [tróupi-] 〖수사〗 문채적(文彩的)인, 비유적인(웹 trope). —웹 **1** =~ fish. **2** 트로피컬(하복용의 평직 모직물), 트로피컬로 만든 여름옷. ᐧ**cál·i·ty** 웹 ~**ly** 傳
trópical aquárium 웹 열대 수족관.
trópical climate 웹 열대성 기후.
trópical continéntal 〖기상〗 웹 (기단(氣團)이) 열대 대륙성의. —웹 열대 대륙 기단(~ air mass).
trópical cýclone 웹 열대성 저기압.
trópical fish 웹 열대어(魚).
trop·i·cal·ize [trápikəlàiz/trɔ́p-] 웹ⓔ (성질·상 태·외관 따위를) 열대(지방)적으로 하다; …을 열대 지방으로 하다. ᐧ**i·zá·tion** 웹
trópical marítime 〖기상〗 웹 (기단(氣團)이) 열대 해양성의. —웹 열대 해양 기단(~ air mass).
trópical médicine 웹 열대 의학.
trópical ráin fòrest 웹 〖생태〗 열대 우림(雨林).
trópical stórm 웹 열대성 폭풍우.
trópical yéar 웹 〖천문〗 회귀년, 태양년(solar year) (365일 5시간 48분 45.5초).
trópical zóne 웹 (the ~) 열대(熱帶).
trópic bírd 웹 〖조류〗 열대조(과의 바닷새).
-**tro·pin** [tróupin] 〖연결〗 「호르몬」의 뜻.
tro·pine [tróupi(:)n] 웹 〖화학〗 트로핀(유독한 결정성 알칼로이드).
tro·pism [tróupizm] 웹⎡U⎦⎡C⎦ 〖생물〗 (자극에 대한) 굴성(屈性), 향성(向性).
ᐧ**pis·mát·ic, tro·pís·tic** 웹 굴성의.
trop·o- [tróupou, -pə, tráp-/trɔ́p-] 〖연결〗 「변화 (change), 대류권(troposphere)」의 뜻 (* 모음 앞에서 는 trop-). ¶*tropo*pause.
tro·pol·o·gy [troupáləʤi/trɔpɔ́l-] 웹 **1** ⎡U⎦ (대화·문장에) 비유를 쓰기; 비유 어법. **2** ⎡U⎦ 성서의 비유적·도덕적 해석(인용). **3** (-gies) 비유 어법에 관한 논문, 비유론(집).
trop·o·log·ic [tràpəláʤik], **tròp·o·lóg·i·cal** 웹 **tròp·o·lóg·i·cal·ly** 傳
tro·po·nin [tróupənin] 웹 〖생화학〗 트로포닌(근(筋) 필라멘트 구성 단백질의 일종).
trop·o·pause [tróupəpɔ̀ːz, tráp-/trɔ́p-] 웹 (the ~) 〖기상〗 대류권 계면(界面).
trop·o·scat·ter [tróupəskæ̀tər, tráp-/trɔ́p-] 웹 〖통신〗 = tropospheric scatter.
trop·o·sphere [tróupəsfìər, tráp-/trɔ́p-] 웹 (the ~) 〖기상〗 대류권(對流圈). ᐧ**sphér·ic** 웹
troposphéric scátter 웹 〖통신〗 (전자파의) 대류권 산란(散亂).
-**tro·pous** [trəpəs] 〖연결〗 「…을 향하는, 회전하는; …에 대한 굴성[향성]이 있는」의 뜻.
trop·po[1] [trápou/trɔ́p-] 傳 〖음악〗 극히, 극도로, 지나치게. [<*It too much*]
trop·po[2] [–] 傳 〖濠속어〗 열대 기후 탓으로 머리가 돈.
-**tro·py** [trəpi] 〖연결〗 「…에 대한 굴성[향성]을 가진 상태」의 뜻. ¶allo*tropy*. (또는 **-tropism**)
‡**trot** [trat/trɔt] 웹 (**-tt-**) ⓘ **1** (말이) 속보로 달리다, 구보하다 ⇒GALLOP. **2** (사람이) 빠른 걸음으로 걷다, 총총걸음으로 가다; 서둘러 가다(*along, away, off*). ¶(~+傳) The child ~*ed along* to the store. 그 아이는 총총걸음으로 가게로 갔다. —ⓔ **1** (말) 을 속보로 달리게 하다, 구보하게 하다. **2** (길 따위를) 빠른 걸음으로 가다. **3** (남)을 걸어다니게 하여 어떤 상태에 이르게 하다. **4** (아이 따위)를 (무릎에 올려 놓고) 어르다.
trot abóut 바쁘게 돌아다니다.
trót *a person* **óff** *his* **légs** [or **to déath**] 남을 지칠 때까지 끌고 다니다.
trót in dóuble hárness ⇒HARNESS.
trót onesèlf óff 〈구어〉 잠깐 나가다.
trót óut ① (말)을 끌어내어 걸음걸이를 보여주다. ② 〈구어〉 …을 꺼내어 보이다; …을 자랑삼아 보이다.
—웹 **1** (a ~) **a)** (말 따위의) 속보, 빠른 걸음; 속보로 달리는 소리; 속보 경마. ¶It is pleasant to go for a ~. 말을 타고 속보로 멀리 달리는 것은 즐겁다. **b)** (사람의) 총총(종종)걸음. **2** (the ~) 부지런히[바삐] 일하기. **3** 〈美속어〉 자습서, 어학의 직역본(直譯本). **4** 〈구어〉 아장아장 걷는 어린아이. **5** 〈고어·경멸적〉 노파. **6** 〈美속어〉 트로트 스텝(의 춤). **7** =trotline. **8** (the ~s) 〈단·복수 양용〉 〈구어〉 설사.
at a trót 속보로, 총총걸음으로.
hàve [or **bè on**] **the tróts** 〈구어〉 설사하고 있다.
kèep *a person* **on the trót** 남을 바쁘게 쫓아다니게 하다.
on the trót ① 늘 뛰어 다니는, 언제나 바쁜. ② 잇달아, 연거푸. ③ 〈속어〉 도주중에.
troth [trɔːθ/trouθ] 웹 〈고어〉 **1** 진실, 정말, 사실. **2** 충실, 성실. **3** 약혼; 약혼(betrothal).
by [or **upòn**] **mỳ tróth** 맹세코, 절대로.
in tróth 실제로, 참으로, 사실로(truly).
plíght *one's* **tróth** 서약하다, 언약하다; 부부가 될 약속을 하다, 약혼하다. [키다(betroth)]
—ⓔⓘ 〈고어〉 …을 서약하다, 맹세하다; …을 약혼시
ᐧ**less** 웹
troth·plight [trɔ́ːθplàit, tróuθ-] 웹 〈고어〉 웹 혼약(婚約). —ⓔⓘ …와 약혼하다. 웹 약혼한(betrothed).
trot·line [trátlàin/trɔ́t-] 웹 〈낚시〉 주낙.
Trots [trats/trɔts] 웹 〈단·복수 양용〉 〈속어〉 트로츠 키파(Trotskyist).
Trot·sky [trátski/trɔ́t-] 웹 **Leon ~** 트로츠키 (1879–1940: 러시아의 혁명가). (또는 **Trotski**) ~·**ism** 웹 ~·**ist**, ~·**ite** 웹웹 트로츠키파(의).
trot·ter [trátər/trɔ́t-] 웹 **1** 속보로 달리는 말; 속보 마. **2** 빠른 걸음으로 걷는 사람; 〈英〉 심부름하는 사람[소년]. **3** 〈구어〉 (돼지·양 따위의 식용) 족(足). **4** 〈익살〉 사람의 발.
trot·toir [trɑtwɑ́ːr/trɔtwɑ́ː] 웹 보도, 인도, [<F]
trot·ty [tráti/trɔ́ti] 웹 속보로 달리는[걷는]; 활발한.
tro·tyl [tróutil] 웹 〖화학〗 =trinitrotoluene.
trou [trau] 웹 〈美속어〉 바지(trousers).
drop trou 바지를 내리다.
trou·ba·dour [trúːbədɔ̀ːr, -dùər] 웹 **1** 트루바두르(중세에 주로 프랑스 남부에서 활약한 음유(吟遊) 시인들의 한 사람). **2** (일반적으로) 음유 시인. [<F]
‡**trou·ble** [trábl] 웹 (웹 ~**s** [-z]) **1** ⎡U⎦⎡C⎦ 걱정(거리), 고민, 난처함; 괴로움, 고뇌; 재난, 불행(*with, about*). ¶a heart full of ~ 근심으로 가득찬 마음 / unfold *one's* ~s 괴로움을 털어놓다 / You need not take any ~ *about* it. 그 일에 관해서는 조금도 걱정할

troubled / 2899 / **trouser suit**

것이 없다. **2** ⓤ 폐, 번거로움, 성가심, 수고, 노고, 곤란, 불편 (*of*)/save [*or* spare] a person ~ 남에게 폐를 끼치지 않다/I'm sorry to give you all this ~. 이렇게 폐를 끼쳐 죄송합니다 // It's no ~. 괜찮아/No ~ (at all). 천만에요. **3** 고생[두통]거리, 성가신 사람, 귀찮은 일(*to*). ¶ Life is full of ~s. 인생은 문제투성이다. **4** ⓤⓒ 시끄러운 일, 말썽, 내분, 분쟁, 동란, 쟁의. ¶domestic ~s 가정 불화[내분]/labor ~ 노동 쟁의. **5** ⓤ 병; 고장, 장애(*with*); (英방언) 진통(travail). ¶suffer from heart ~ 심장병을 앓다/I am having ~ with my stomach. 나는 위가 나쁘다.
ask*[*or* *look*] *for trouble*; *buy*[*or* *invite*] *trouble (구어) 사서 고생하다, 공연한 짓을 하다.
be a trouble to *a person* 남에게 귀찮게 굴다.
be at the trouble to *do*[*or* *of doing*] 수고를 아끼지 않고 …하다, 일부러 …하다.
be more trouble than a cartload of monkeys (구어·익살) 아주 귀찮다, 매우 번거롭다.
drown (*one's*) ***troubles*** 술로 시름을 풀다.
for (*all*) ***one's trouble*** (美구어) 힘을 들이는 데도 불구하고, 노력한 보람이 없이.
get *a person* ***into trouble*** ① 남에게 폐를 끼치다. ② (구어·완곡적) 미혼 여성을 임신하게 하다.
get *a person* ***out of trouble*** 남을 곤경에서 구하다.
get into trouble ① 꾸지람 듣다, 벌받다. ② (일이) 성가시게 되다, 말썽을 일으키다(*with*). ③ (구어·완곡적) 미혼 여성이 임신하다.
get out of trouble 분쟁[말썽]에서 벗어나다, 벌을 모면하다.
give *a person* ***trouble*** 남에게 폐를 끼치다.
give *oneself* ***trouble*** 수고하다, 애쓰다.
have trouble to *do* …하느라고 애먹다, 힘들여 …하다. ¶ I *had* some ~ *to read* her hand writing. 그녀가 쓴 글씨를 읽느라고 애 좀 먹었다.
in trouble ① 곤경에 빠져서, 난처하여, 말썽이 나서. ② 꾸지람 듣고, 벌받고, 검거되어. ③ (구어) (미혼 여성이) 임신하여.
make trouble 분쟁[말썽, 소란]을 일으키다.
make trouble for *a person* 남을 괴롭히다, 애먹이다.
meet trouble halfway 지레 걱정하다.
My trouble! (濠구어) 내 일에 대해서라면 걱정 마라, 내버려 둬.
put *a person* ***to trouble*** 남에게 폐를 끼치다, 귀찮게 하다.
run to meet *one's* ***troubles*** 공연한 걱정을 하다.
take the trouble to *do* 일부러 …하다.
take trouble 수고하다, 노고를 아끼지 않다.
The trouble is that… 난처하게도 …이다.
What is the trouble (*with you*)? 왜 그래?, 무슨 걱정이라도 있는가?, 어디 아픈가?
— 동 (~*s* [-z]; ~*d*, *-bling*) 印 **1** (정신적으로) …을 괴롭히다, 난처하게 하다, 걱정시키다(*about*, *over*); 못살게 굴다, 짜증나게 하다(vex). ¶ What is *troubling* you? 무슨 일로 고민하고 있나? **2** (남)을 번거롭게 하다, [남에게] 폐[수고]를 끼치다. ¶ I am sorry to ~ you. 폐를 끼쳐서 죄송합니다. **3** 간청하다, 부탁하다 (*to* *do*, *about*, *with*, *for*). ¶ (~ + 目 + 前 + 图) May I ~ you *for* a light? 죄송하지만 담뱃불 좀 빌려 주시겠습니까?/Let me ~ you *with* one more question. 미안합니다만 한 가지만 더 질문하겠습니다 // (~ + 目 + *to* do) May I ~ you *to* pass the salt? 죄송하지만 소금 좀 집어주시겠습니까? **4** …을 교란하다, 어지럽게 하다, 파란을 일으키다. ¶ The wind ~*d* the waters. 바람이 바다에 파도를 일으켰다. **5** (병 따위가) [사람]을 괴롭히다, 고통을 주다. ¶ be ~*d by* [*or* *with*] neuralgia 신경통으로 시달리다.
— 洀 (의문문·부정문에서) **1** 수고를 아끼지 않다, 일부러 …하다(*to* do). ¶ If it is inconvenient to come, don't ~. 형편이 닿지 않으면 무리 오실 것은 없습니다 // (~ + *to* do) Don't ~ *to* write. 일부러 편지를 주

시지 않아도 괜찮습니다. **2** 염려하다; 걱정하다, 근심하다(worry) (*about*, *over*). ¶ (~ + 前 + 图) She ~*d over* the matter. 그녀는 그 문제로 고심했다 / Don't ~ *about* trifles. 사소한 일로 걱정하지 마라.
be troubled about [*or* *with*] …으로 걱정하다.
trouble *oneself* ***about*** …으로 고민하다.
trouble *oneself* ***to*** *do* 일부러 …하다.
-bler 명 **-bling·ly** 부
trou·bled [trʌ́bld] 형 **1** 걱정스러운, 불안해하는. ¶ a ~ expression 걱정스러운 표정. **2** 거친; 소란한, 떠들썩한. ¶ ~ times 뒤숭숭한 세상, 난세/lead a ~ life 파란만장한 생애를 보내다. **~·ly** 부 **~·ness** 명
tróubled wáters 명복 거친 파도[바다]; 혼란 상태.
fish in troubled waters 혼란을 틈타서 한몫 보다.
trou·ble-free [-fri:] 형 고장 없는.
trou·ble-mak·er [trʌ́blmèikər] 명 (상습적으로) 말썽[문제]을 일으키는 사람. **-màk·ing** 명
tróuble màn 명 =troubleshooter 2.
trou·ble-proof [trʌ́blprùːf] 형 고장 없는.
trou·ble-shoot [trʌ́blʃùːt] 동 (~*ed*, *-shot*) troubleshooter로 일하다. — 타 (분쟁 따위)를 조정하다; [고장]을 검사[수리]하다. (또는 **trou·ble-shòot**) **~·ing** 명
trou·ble·shoot·er [trʌ́blʃùːtər] 명 **1** (분쟁 따위의) 조정자, (기업·국제 문제 따위의) 중재자. **2** (기계 따위의) 고장 검사원, 수리공. (또는 **trou·ble-shòoter**)
‡**trou·ble·some** [trʌ́blsəm] 형 (*more ~*; *most ~*) 골치 아픈, 귀찮은, 성가신, 다루기 힘든. **~·ly** 부 **~·ness** 명 괴로운 곳; 분쟁(가능) 지점.
tróuble spòt 명 (기계 따위의) 고장이 일어나기 쉬
trou·blous [trʌ́bləs] 형 (고어) 어지러운; 소란한; 불안(정)한; 적요로운. **~·ly** 부 **~·ness** 명
trou·de-loup [trùːdəlúː] 명 (~ 복 **trous-** [trùː-]) (군사) (옛날 진지 앞에 파 놓은) 함정. [< F]
***trough** [trɔːf, trɑf/trɔf] 명 **1** (단면(斷面)이 V자형의 긴) 물통, 구유, 여물통, **2** 홈통, 물받이, 낙수받이, **3** (놀과 놀 사이 따위의) 골. **4** (기상) 기압골. **5** (지리) 골짜기, 지구(地溝). **6** (빵 따위의) 반죽 그릇. **7** (조제·현상용 따위의) 수조; 수반. **8** (인쇄) 전기조(槽), 도금조. **9** (극장의) 각광구(脚光器). **~-like** 형
trounce [trauns] 타 **1** …을 매우 치다[때리다]. **2** …을 벌주다. **3** (구어) …을 참패시키다.
tróunc·er, **tróunc·ing** 명
troupe [truːp] 명 (연극) (연예인 등의) 일단, 한패. — 자 (단원으로서) 순회 공연하다.
troup·er [trúːpər] 명 **1** 연극 단원, 흥행 단원; 노련한 배우. **2** (구어) 충실하고 쾌활한 일꾼.
trouse [trauz] 명복 (英) (아일랜드에서 입는) 몸에 꼭 끼는 짧은 바지.
trou·ser [tráuzər] 형 바지의, 바지용의. ¶ ~ **cuffs** 바지 단/a ~ seam 바지 솔기, ¶ (~ + 图) (가랭이); (한 벌의) 바지. **2** (英속어) (성교 대상으로서의) 남자. — 동타 (英속어) (돈을) 바지 주머니에 넣다; …을 착복하다.
trou·sered [tráuzərd] 형 **1** (항상) 바지를 입은[입는]. **2** 남성의, 남자의.
trou·ser·ing [tráuzəriŋ] 명ⓤⓒ 양복 바지감.
tróuser prèss 명 바지 전용 다리미.
‡**trou·sers** [tráuzərz] 명복 **1** 바지(<>< pants). ¶ a pair [three pairs] of ~ 바지 한 벌[세 벌](* 바지의 한쪽은 trouser)/a coat with ~ to match 바지와 어울리는 웃옷. **2** (여성용의) 느슨하고 긴 속바지 (pantalets). ¶ '허들 찌르다.
catch *a person* ***with*** *his* ***trousers down*** (남의) 허를 찌르다.
wear the trousers (구어) (아내가) 내주장을 하다.
-ser·less 형
tróuser strètcher 명 바지 주름 펴는 기구.
tróuser sùit 명 (英) =pantsuit.

trous·seau [trúːsou, -ˊ] [명] (복 **~x** [-z], **~s**) (신부의) 혼수[의상, 살림 도구]. (<F)
*__trout__ [traut] [명] (복 **~(s)**) **1** 송어(무지개송어류(類)의 식용어). **2** (old ~) (英속어) 할멈. **3** (美속어) =cold fish. —[동][자] 송어를 낚다[잡다]. **ˊ·less, ˊ·like** [형]
trout-col·ored [ˊkʌ̀lərd] [형] (말의 털빛이) 갈색 바탕에 흰 털이 섞인.
trout·let [tráutlit] [명] 송어 새끼. (또는 **troutling**)
trout·y [tráuti] [형] 송어와 같은; 송어가 많은; 송어가 많을 것 같은. 「품. (<F finding)
Trou·vaille [*F* tʀuvɑːj] [명] 횡재, 우연히 찾아낸 진
trou·vère [truːvέər] [명] 트루베르(11-14세기 북프랑스에서 활동했던 음유 시인). [참] troubadour
trou·veur [truːvə́ːr] [명] =trouvère. 「컬렉션.
trove [trouv] [명] 발견된 물건, 귀중한 발견물; 수집품,
tro·ver [tróuvər] [명] 〔법률〕 **1** (발견 등에 의한) 동산 취득 (횡령). **2** 횡령물 회복 소송.
trow [trou] [동][자] (고어) 생각하다; 믿다(believe).
Trow·bridge [tróubridʒ] [명] 트로브리지(잉글랜드 남서부 Wiltshire 주의 주도(州都); 모직물로 유명).
trow·el [tráuəl] [명] (미장이 등이 쓰는) 흙손; (원예용)
lay it on with a trowel ⇨LAY¹. 「모종삽.
—[동][타] (**-l-**, (英) **-ll-**) …을 흙손으로 바르다[평평하게 하다]; …을 모종삽으로 파다. **~·er** ((英) **~·ler**) [명]
troy [trɔi] [명] 금형(金衡), 트로이형(衡)(금·은·보석 따위의 형량(衡量)). —[형] 트로이형으로 단.
*__Troy__ [trɔi] [명] 트로이(소아시아 서북부의 고대 도시).
tróy wèight [명] =troy. 「[참] Trojan
trp 〔군사〕 troop; tropical. **TRRL** *T*ransport and *R*oad *R*esearch *L*aboratory. **TRS** 〔통신〕 *t*runked *r*adio *s*ystem(주파수 공용 무선 통신 시스템). **trs.** 〔인쇄〕 transpose; trustees.
tru·an·cy [trúːənsi] [명][U][C] 무단 결석, 꾀부림; 게으름 피우기. (또는 **truantry**)
*__tru·ant__ [trúːənt] [명] 무단 결석자, 꾀부리는 학생; (직무 따위의) 태만자, 게으름뱅이.
play truant 학교를 무단 결석하다.
—[형] 무단 결석의; 빈들거리는, 꾀부리는, 게으른. ¶a ~ schoolboy 무단 결석하는 학생. —[동][자] 무단 결석하다, 빈들거리면서 꾀를 부리다, 게으름을 피우다.
~·ly [부] 「지도교사.
trúant òfficer [명] (美) (공립 학교의) 무단 결석 학생
tru·ant·ry [trúːəntri] [명] =truancy.
*__truce__ [truːs] [명][C][U] **1** 정전, 휴전. ¶a general ~ 전면 휴전. **2** 정전[휴전] 협정. ¶conclude a ~ with … 와 휴전 협정을 맺다. **3** (달갑지 않은 상태·행위의) 일시적 중단, 중지(*to*). 「는 그만둬!
A truce to nonsense [jesting]! 시시한 소리[농담]
—[동][자] 휴전하다(*with*). —[타] 〔전투〕를 휴전(협정)
ˊ·less [형] 「에 의해 중지하다.
Trúce of Gód [명] (the ~) (중세 교회가 특정 요일에 전투[사투(私鬪)] 중지를 명령한) 하느님의 휴전.
tru·cial [trúːʃəl] [형] 휴전 협정에 관한(특히 1835년 영국 정부와 아랍 토호국들 사이에 맺어진 협정을 말한다). (또는 **Trucial**)
Trúcial O·mán [-oumáːn] [명] 트루시알 오만 (United Arab Emirates의 옛 이름). (또는 **Trúcial Shéikdoms [Státes]**)
‡**truck¹** [trʌk] [명] **1** 트럭, 화물 자동차((英) lorry). ¶a dump ~ 덤프 트럭. **2** 운반차; 손수레. **3** (英) 〔철도〕 무개 화차; (차량의) 차대, 보기(bogie)차. **4** 〔해사〕 장관(檣冠)(마스트 꼭대기의 나뭇조각). **5** (드물게) 도르래. —[동][타] …을 트럭으로 운반하다[에 싣다]. —[자] **1** 트럭을 운전하다; 트럭으로 운반하다. **2** (美속어) 전진하다. —[형] 트럭(용)의. **ˊ·a·ble** [형]
truck² [명][U] **1** (구어) 거래, 매매; 관계, 교섭, 교제(*with*). ¶She has no ~ *with* foolishness. 그녀는 어리석은 짓을 하지 않는다. **2** 작은 물건, 잡품(雜品); (구어) 잡동사니, 쓰레기. ¶That's a lot of ~. 그것은 굉장한 폐물더미다. **3** (비유적) 허튼 소리. ¶I cannot stand any such ~. 그 따위 헛소리는 듣고 있을 수 없다. **4** =~ system. **5** (美) (시장에 내다 팔) 청과물, 야채류. **6** 물물 교환; 교역품. 「지 않다.
have [or ***want***] ***no truck with*** …와 거래[교제]하
stand no truck 시시한 일[소리]에 응하지 않다.
—[동] (**~ed** [-t]) [타] **1** …을 (물물) 교환하다, 교역하다, 거래하다(*for*). ¶(~+[目]+[前]+[名]) ~ a thing *for* another 어떤 물건을 다른 물건과 교환하다. **2** (드물게) …을 헐값에 팔다, 외치고 다니며 팔다(peddle).
—[자] **1** (물물) 교환하다, 교역하다; 거래하다(*with*). **2** (매매 따위를) 교섭하다(bargain). **3** (스코) 시시한 일로 여기저기 돌아다니다, 어슬렁거리다.
truck³ [명] 지르박 스텝. —[동][자] 지르박 스텝을 밟다; (속어) 사뿐사뿐[뽐내며] 걷다.
Trúck Acts [명][복] (the ~) (英) 현물 급여 금지법.
truck·age [trʌ́kidʒ] [명][U] **1** (트럭 따위에 의한) 운송, 운반; 그 운송료. **2** (드물게) 교환, 교역.
trúck càmper [명] (캠핑용 장비를 싣도록 장치한) 소
trúck càp [명] 트럭 덮개. 「형 무개 트럭.
trúck cròp [명] (truck farm에서 재배한) 채소.
truck·driv·er [trʌ́kdràivər] [명] **1** 트럭 운전사. **2** (속어) 각성제 (알약). 「트럭 운송업자.
truck·er¹ [trʌ́kər] [명] 트럭 운전 기사(truckdriver);
truck·er² [명] 시판용 야채 재배자(truck farmer).
trúck fàrm [명] (시판용으로 재배하는) 채소밭.
trúck fàrmer, trúck fàrming [명]
trúck hòrse [명] 〔야구〕 발이 느린 선수.
truck·ie [trʌ́ki] [명] (濠구어) 트럭 운전사.
truck·ing¹ [trʌ́kiŋ] [명][U] (트럭에 의한) 운송(업).
truck·ing² [명][U] 시장용 야채 재배; 물물 교환, 교역.
trúcking shòt [명] 〔영화〕 이동식 카메라대(臺)로 찍은 장면(dolly shot).
trúckin' gùy [명] (美속어) 동료 트럭 운전사.
trúck jòbber [명] (트럭을 이용하는) 이동[순회] 도매업자. 「트럭 운전사.
truck·jock·ey [trʌ́kdʒɑ̀ki/-dʒɔ̀k-] [명] (美속어)
truck·le¹ [trʌ́kl] [동][자] 굴종하다, 굽실거리다(*to*, *for*). **-ler** [명]
truck·le² [명] **1** 작은 바퀴; (피아노 따위의) 다리 바퀴; (폐어) 도르래. **2** =~ bed. **3** (英방언) 원통형의 소형 치즈. —[동][자] 작은 바퀴로 구르다. —[타] …을 작은 바
trúckle bèd [명] 바퀴 달린 침대. 「퀴로 굴리다.
truck·line [trʌ́klàin] [명] 트럭 운수 회사.
truck·ling [trʌ́kliŋ] [형] 굽실거리는. **~·ly** [부]
truck·load [trʌ́klòud] [명] 트럭 1대분의 짐.
truck·man [trʌ́kmən] [명] 트럭 운전사[운송업자]; 소방 사다리차 대원.
trúck shòp [stòre] [명] 노동자가 상환권으로 물품을 교환하는 상점. 「소].
trúck stòp [명] (간선 도로변의) 트럭 기사 식당[휴게
trúck sỳstem [명] (임금의) 현물 지급제. (또는 **truck**)
trúck tràctor [명] trailer를 끄는 트럭.
trúck tràiler [명] 화물 트레일러.
truc·u·lence [trʌ́kjuləns, trúːk-] [명][U] 흉포, 잔혹, 포학; 신랄함, 가차없음. (또는 **truculency**)
truc·u·lent [trʌ́kjulənt, trúːk-] [형] **1** 흉포한, 잔혹한, 포학한. ⇨FIERCE [유의어] **2** (말투가) 신랄한, 날카로운, 가차없는. **3** 공격적인, 싸움투의. **4** 파괴력이 있는.
~·ly [부]
Tru·deau [truːdóu] [명] **Pierre Elliott** ~ 트뤼도 (1919-2000: 캐나다의 정치가·수상).
*__trudge__ [trʌdʒ] [동][자] 터덜터덜 걷다, 무거운 발걸음을 옮기다(*along*, *around*, *up*). ⇨PACE [유의어] —[타] 〔길〕을 터덜터덜 걷다, 무거운 발걸음으로 걷다. —[명] (보통 a ~, the ~) 터덜터덜 걷기, 무거운 걸음; 장거리의 힘든 보행; 터덜터덜 걷는 사람. **trúdg·er** [명]

trudg·en [trʌ́dʒən] 圓 〔수영〕 물 속에 고개를 박고 하는 양팔매 수영법(~ stroke). 「칭」.

Tru·dy [trúːdi] 圓 트루디(여자 이름; Gertrude의 별칭).

‡**true** [truː] 圓 (*tru·er; tru·est*) **1** 참된, 진실의, 거짓 아닌, 맞는, 사실에 바탕을 둔; 본질적인. ¶a ~ story 실화/a ~ history 정사(正史)/the ~ meaning 진의(眞意)/It's too good to be ~. 너무 좋아서 꿈만 같다/That's only too ~. 유감스럽게도 그것은 사실이다. **2** 적용되는, 해당하는(*of*). ¶This is also ~ of others. 이것은 다른 일에도 적용된다. **3** 진짜의, 진정한(⇒REAL 유의어); 순수한, (가축·작물이) 순종의. ¶~ gold 순금/~ feelings 순수한 감정/~ kindness 참다운 친절/~ love 진정한 애정. **4** 성실한, 충실한, 충성스러운; 정직한, 거짓 없는, 신뢰할 수 있는(*to*) ¶~ to one's work [*or* promise] 약속을 지키는/He is ~ to his friends. 그는 친구에게 충실하다. **5** (기계·측정·형태가) 정확한, 틀림없는, 엄밀한, 정밀한. ¶a ~ balance 정교한 천칭. **6** (원형과) 일치하는, 조금도 어긋나지 않는(*to*). ¶a copy 충실한 모사/a picture ~ to life 실물 그대로의 그림. **7** 정당한, 합법[적법]의. ¶the ~ heir [owner] 정당한 후계자(소유자). **8** (소리 따위가) 가락에 맞는, 제대로 되어 있는; (방향·힘 따위가) 일정한, 변하지 않는. ¶on ~ pitch 정확한 음조로. **9** (古語) 정직한, 고결한, 덕이 있는. **10** (수레 따위가) 올바른 위치에 있는, 이상이 없는. **11** 〔생물〕 전형적인(typical).

as true as I'm alive 틀림없이.

(as) true as steel [*or* **flint, touch**] 매우 충실한, 신뢰할 만한, 믿을 수 있는.

come true ① (희망·꿈 따위가) 실현되다. ② (예언 따위가) 적중하다. 「들어맞다.

hold true 진실이다; (규칙·말 따위가) 유효하다, 딱

It is true [*or* **True**] **that...but** [*or* **yet**] 과연 …은 사실이지만, ¶*It is* ~ *that* she is beautiful, *but* she is very small. 과연 그녀가 미인인 것은 사실이지만 키가 매우 작다.

prove true 사실로 판명되다, 일치하다.

so...it isn't true (英口語) 믿을 수 없을 정도로…. ¶She's *so* stupid *it isn't* ~. 그녀는 믿을 수 없을 만큼 멍청하다.

Too true [*or* **right**]!; **How true!** (口語) (상대방의 말에 크게 동의하여) (과연) 그 말이 맞다!

true as gospel 전적으로 진리인.

true to form (사람·이야기 따위가) 언제나 똑같이, 예상대로, 평소처럼.

true to one's colors 신념[주의, 목적]에 충실한.

true to oneself 자기에게 충실한, 분에 맞게 행동하는, 본분을 다하는.

true to one's name 이름값을 하는.

true to time [*expectations*] 시간[기대]대로.

true to type 전형적인, 판에 박은, 격식대로의; (동·식물이) 순종인.

—圓Ⓤ **1** (the ~) 진실(truth); 진실임, 진실된 것. **2 in** [*out of*] **true** 정확[부정확]하여, 꼭 맞아[빗나가].

—圖 **1** 진실하게, 올바르게, 참으로; 정확하게, 순수하게. ¶aim ~ 정확하게 겨냥하다/The arrow flew ~ to the mark. 화살은 과녁을 향해 정확하게 날아갔다. **2** (生) 조상의 모습 그대로(서), 순수하게.

breed true 조상의 형질(形質)을 유지하다. 「다.

throw true (가축이) 어미의 종(種)과 같은 새끼를 낳—⑤① (~**s** [-z]; ~**d**; **tru·ing, ~·ing**) (기계·도구 따위가) 올바르게 맞추다, 가지런히 하다, 조정(調整)하다(*up*). ¶~ (+目+副) ~ (*up*) a wheel 바퀴를 조정하다. 「하다.

~·ish 圓 약간 진실 같은, 진실 같이 보이는, 진실인 듯

trúe béaring 圓 〔해사·항공〕 진방위(眞方位).

trúe believer 圓 철저하게 믿는[확신하는] 사람; 종교적·정치적 광신자, 열광자.

trúe bill 圓 **1** 〔법률〕 원안 적정(原案適正), 공소 인정 고소장(대배심이 원안적정하다고 인정했을 때 그 뒤에 써넣는 문구). ¶find a ~ against (대배심이) …에 대하여 기소장을 인정하다. **2** 거짓 없는 주장[진술].

trúe blúe 圓 **1** (때로 a ~) 좀처럼 바래지 않는 남빛 물감. **2** (주의(主義) 따위에) 충실한 사람, 신념이 강한 사람, 지조가 굳은 사람.

true-blue [⁴blúː] 圓 **1** 바래지 않는 색의. **2** (자신의 주의 따위에) 충실한, 신념을 굽히지 않는; (英) 완고한, 보수파의.

true·born [trúːbɔ́ːrn] 圓 적출(嫡出)의; 순수한.

true·bred [trúːbréd] 圓 순(혈)종의, 혈통이 바른; 잘 배우고 자란(well-bred).

trúe bréed 圓 순종, 우량종.

trúe búg 圓 〔곤충〕 매미목(目)의 곤충.

trúe cóurse 圓 (선박·항공기의) 진침로(眞針路).

trúe-fálse tèst [⁴fɔ́ːls-] 圓 ○×식 테스트, 진위법(眞僞法) 테스트; 정오(正誤) 문제.

trúe flý 圓 〔곤충〕 파리(fly).

trúe frúit 圓 〔식물〕 = simple fruit.

true·heart·ed [trúːhɑ́ːrtid] 圓 충실한, 성실한. (또는 **trúe-héarted**) ~**·ness** 圓 「이루는 가상 평면」.

trúe lével 圓 진정(眞正) 수준선(연직(鉛直)과 직각을

true-life [⁴láif] 圓 실생활(그대로)의, 현실의.

true·love [trúːlʌ̀v] 圓 **1** 애인, 연인, 사랑하는 사람(sweetheart). **2** 삿갓풀류(類)의 식물.

trúelove knòt 圓 사랑의 매듭(사랑을 상징하는 잘 풀리지 않는 나비 매듭). (또는 **trúe(-)lóver's knòt**)

trúe·ness [trúːnis] 圓 진실, 진정, 순수; 정확.

trúe nórth 圓 진북(眞北). 「충실.

true-pen·ny [trúːpèni] 圓 (古語) 정직한 사람, 의

trúe ríb 圓 〔해부〕 진늑골(眞肋骨). 「리 있는 사람.

trúe séal 圓 물범, 바다표범.

trúe sún 圓 〔천문〕 (가상의 평균 태양에 대해) 진(眞) 태양. ✦ **mean sun** 「(apparent time).

trúe tíme 圓 진시(眞時)(해시계가 나타내는 태양시)

trúe vócal còrds 圓 〔해부〕 진(眞)성대, 성대 주름.

Truf·faut [truːfóu/*F* tryfo] 圓 **François ~** 트뤼포 (1932–84: 프랑스의 영화 감독; 누벨바그의 대표자).

truf·fle [trʌ́fl, trúːfl] 圓 송로(松露) 버섯의 일종; 트뤼플(코코아를 바른 둥근 초콜릿 과자).

truf·fled [trʌ́fld, trúːfld] 圓 송로(松露)를 써서 요리한.

trug [trʌg, trug] 圓 (英) 나무 바구니; 우유통.

tru·ism [trúːizm] 圓 자명한 이치; 진부한 문구.

~·ís·tic, ~ís·ti·cal 圓

Trúk Íslands [trʌk-] 圓 (the ~) 트루크 제도(태평양 서부 Caroline 제도 중 가장 큰 섬군(群)으로 현재 미국의 신탁통치령(領). (또는 **Truk**)

trull [trʌl] 圓 (古語) 매춘부(prostitute).

‡**tru·ly** [trúːli] 圖 (*more* ~; *most* ~) **1** 참으로, 진실로, 정직하게, 마음으로부터. ¶state facts ~ 사실을 거짓없이 진술하다. **2** (古語) 성실하게, 충실하게. ¶serve one's king ~ 충성을 다해 왕을 섬기다. **3** 정확하게, 조금도 틀림없이, 올바르게, 정당하게. ¶be ~ stated 정확하게 진술되다. **4** (보통 문두(文頭) 또는 삽입적) 사실 시대로 이야기하면, 진실로, 참으로. ¶T~ she is fair. 참으로 그녀는 아름답다. **5** 합법적으로, 적법하게.

It is truly said that... …이라는 것은 당연[지당]하다. ¶*It is* ~ *said that* time is money. 시간이 돈이라는 말은 지당한 말이다.

Yours (very) truly; (Very) Truly Yours 경구(敬具), 숙배(肅拜)(편지의 맺는 말).

Tru·man [trúːmən] 圓 **Harry S ~** 트루먼(1884–1972: 미국 제33대 대통령). 「(1947년 선언).

Trúman Dòctrine 圓 (the ~) 트루먼 독트린

‡**trump**¹ [trʌmp] 圓 **1** 〔카드놀이〕 으뜸패; (때로 ~s) (단수취급) 으뜸패의 한 벌. ¶a call for ~s 으뜸패를 내놓으라는 신호; 으뜸패를 내라. **2** (비유적) 마지막 패, 비책, 최후의 수단. ¶keep [*or* have] a ~ up one's sleeve 마지막 패를 준비해 두고

있다. **3** (구어) 믿음직한 사람, 훌륭한 사람, 호남.
All his cards are trumps. 그는 무엇을 하든 척척이다.
hold all the trumps 압도적으로 유리한 입장에 있다.
hold some trumps 아직도 으뜸패가 있다, 비장의 수가 있다.
play a trump 비장의 수를 쓰다.
put a person to his trumps 남이 으뜸패를 내놓게 하다; 남을 꼼짝 못하게 하다, 남을 궁지에 몰아넣다.
turn up trumps (구어) 기대 이상의 성과를 거두다.
━━ 图® **1** (카드놀이) …을 으뜸패로 잡다. …에 으뜸패로 이기다. ¶ ~ *an ace* 으뜸패로 에이스를 잡다. **2** …을 이기다. ━━ 图 (카드놀이) 으뜸패를 쓰다[써서 이기다].
trump up …을 꾸며대다, 날조하다.
~·less 图 같은 소리.

trump² 图 (고어·시) 나팔(trumpet); 나팔 소리; 나팔 소리를 내다.
the last trump 마지막 나팔 (소리), 최후의 심판일 (← 고린도전서 1 Cor.) 15 : 52).
━━ 图 나팔을 불다. ━━ 图 (나팔을 불어) …을 선언하다.

trúmp càrd 图 **1** (카드놀이) 으뜸패(의 한 장). **2** (구어) 비장의 수.

trumped-up [trʌ́mptʌ́p] 图 조작된, 날조된, 엉터리로 꾸며진. ¶ *a* ~ *charge* 날조된 혐의.

trump·er·y [trʌ́mpəri] 图CU **1** 겉모양뿐인 것, 값 싸고 번지르르한 것. **2** 시시한 물건, 대수롭지 않은 것; 허튼 소리. ━━ 图 **1** 겉만 번지르르한. ¶ ~ *jewels* 싸구려 보석. **2** 시시한, 하찮은. **3** 날조된.

‡trum·pet [trʌ́mpit] 图 **1** (음악) 나팔, 트럼펫; 오르간의 트럼펫 음전(音栓). **2** (음악) 나팔수, 트럼펫 연주자. **3** 나팔 소리; 트럼펫 소리; 나팔 같은 소리(특히). **4** (~s) (미국 동남부산(産)의) 대엽(袋葉) 식물의 총칭. **5** 나팔 모양의 것; 깔때기; 나팔 모양의 보청기; 나팔 모양의 확성기, **6** [해부] 나팔관.
blow one's own trumpet ⇨ BLOW¹.
the Feast of Trumpets 유대교의 신년제(新年祭).
━━ 图 나팔을 불다, (코끼리 따위가) 나팔 같은 소리를 내다. ━━ 图 **1** 트럼펫[나팔]로 알리다[포고하다]. **2** (비유적) …을 불어대다, 떠들어 퍼뜨리다, 소란스레 알리다(*up*). ¶ (~+图+團) ~ *up an excuse* 구실을 만들다. ~·less 图

trúmpet càll 图 **1** 소집 나팔 소리. **2** 긴급 명령.

trúmpet crèeper 图 아메리카 능소화(凌霄花)나무.

trum·pet·er [trʌ́mpitər] 图 **1** 나팔을 부는 사람, 트럼펫 연주자; 나팔로 전달하는 사람. **2** 떠들어 퍼뜨리는 사람. **3** 제자랑하는 사람; (경멸적) 남의 선전을 해주는 사람, 대변자. **4** 비둘기의 일종. **5** (북미산(産)) 흑고니. (또는 ~ **swan**) **7** (어류) (오스트레일리아·뉴질랜드산(産))의 은색 식용 물고기.
be one's own trumpeter 뻐기다, 자만하다.
Your trumpeter's dead. (구어) 허풍 떨지 마라, 글쎄 어떨까.

trúmpet flower 图 나팔 모양의 꽃이 피는 식물.

trúmpet lèg 图 (가구의) 나팔 모양의 다리.

trum·pet·like [trʌ́mpitlàik] 图 (모양·소리가) 트럼펫 같은.

trúmpet líly 图 (식물) 나팔나리, 백합나리.

trúmpet màjor 图 (기병 연대의) 트럼펫 조장.

trum·pet·ry [trʌ́mpitri] 图 트럼펫 연주법; 트럼펫의 (떠들썩한) 꼭지기 같은; (집합적) 트럼펫.

trúmpet shèll 图 (조개) 소라고동.

trúmpet vìne 图 = trumpet creeper.

trun·cal [trʌ́ŋkəl] 图 줄기의, 몸통의.

trun·cate [trʌ́ŋkeit] 图® **1** (나무·원둘 따위의) 끝을 잘라내다; (문장 등)을 줄이다. **2** (결정(結晶)의) 모서리를 다듬어 평면으로 하다. ━━ 图 **1** 짧게 된, 끝을 자른. **2** (생물) 절단형의, 끝을 잘라낸 모양의; (고둥 따위가) 꼭지가 없는. ~·ly 图

trun·cat·ed [trʌ́ŋkeitid] 图 **1** 짧게 된, 끝이 잘린, 머리를 잘라낸 꼴의; 불완전한. **2** (수학) (입체의) 정점을 평면으로 자른, 절두(切頭)의. **3** (결정) 모서리가 없는. **4** (생물) 절단형의, 끝을 잘라낸 모양의. **5** (운율) 두운(頭韻) 또는 각운(脚韻)이 불완전한.

trúncated cóne 图 (수학) 원뿔대.

trun·ca·tion [trʌŋkéiʃən] 图 머리끝을 자르기, 절단.

trun·cheon [trʌ́ntʃən] 图 **1** (英) 경찰봉. **2** 직장(職杖), 권표(權標). **3** (폐어) 무거운 곤봉. ━━ 图® (고어) …을 곤봉으로 치다.

trun·dle [trʌ́ndl] 图 **1** (피아노·침대 등의) 다리 바퀴, 작은 바퀴. **2** 핀 톱니바퀴. **3** 작은 바퀴로 굴리기, 굴리기는. **4** 침대. **5** (폐어) 손수레.
━━ 图® **1** (바퀴·공 따위)를 돌리다, 굴리다; (손수레 따위로) …을 밀다[움직이다](*along*, *down*). ¶ ~ *a hoop along the street* 길에서 굴렁쇠를 굴리다 // (~+图+團) ~ *a machine around* 기계를 돌리다. **2** (수레 따위)로 …을 옮기다, 운반하다. **3** (크리켓) (공)을 내던지다. **4** (고어) (손에 쥐고) 휘두르다; 대동맥. **5** 내뿜다, 해고하다. ━━ 图 **1** (바퀴·수레·공 따위)가 구르다, 돌다. **2** 바퀴로 움직여 가다[달리다]. **3** 마차(자동차)로 여행하다. **4** (서둘러) 떠나가다, 터벅터벅 걷다(*away*). ¶ *The truck ~d away along the street.* 트럭이 거리를 굴러갔다. -dler 图

trúndle bèd 图 바퀴 달린 침대.

trunk [trʌŋk] 图 **1** (가지·뿌리와 구별하여) 줄기, 나무 줄기. **2** 몸통이, 몸통, 동체(胴體); 곤충의 흉부(胸部); 물고기의 구간부(軀幹部)(아감딱지에서 항문까지). **3** (물건의) 주요 부분. **4** (도로·철도·전화·운하 따위의) 간선, 주요 노선, 본류(本流). **5** (건축) 기둥 몸, 기둥 기. **6** (해부) 주신경간; 대동맥. **7** (전화의) 중계선. **8** (英) 장거리 전화. **9** 여행용 큰 가방, 트렁크; (美) (자동차 뒷부분의) 짐 싣는 곳, 트렁크(英) *boot*). **10** (코끼리의) 코. **11** (~s) (남자의 경기·수영용 따위의) 팬츠. **12** (해사) (갑판의) 세로 구멍, 통풍용 창(窓); 도삭(導索) 수납고; 트렁크(해치의 위벽(圍壁)·상갑판 위로 튀어나온 캐빈 부분). **13** (기계) (증기 기관의) 원통형 피스톤.
live in one's trunks 여장을 풀지 않고 있다.
━━ 图 **1** 주된, 간선을 이루는. ¶ *a* ~ *road* 간선 도로 / *a* ~ *stream* 주류. **2** 트렁크의, 상자의[같은]. ¶ *a* ~ *lid* 자동차 트렁크의 뚜껑. **3** 화물을 넣는. **4** 동체의, 몸통의; 나무 줄기의. ¶ ~ *height* 동체의 길이. **5** 통 모양의, 통이 있는. **6** 수로[통로]의 흐름을 이용[조절]하는.
━━ 图® **1** …을 트렁크에 넣다. **2** (英) (광석)을 통 속에서 씻어 골라내다.
~·less 图 출한 선실.

trúnk cábin 图 트렁크 캐빈(요트 등의 갑판 위로 솟은).

trúnk càll 图 (英) 장거리 전화 (호출) = long-distance *call*).

trúnk cárrier 图 (美) 주요(대형) 항공 회사. (*call*.

trunked [trʌŋkt] 图 (…의) 줄기[몸통]를 가진; (동물)의 코가 긴.

trúnk èngine 图 통간(筒簡) 피스톤 엔진.

trunk·fish [trʌ́ŋkfìʃ] 图 (德) (~·es) 거북복류(類).

trunk·ful [trʌ́ŋkfùl] 图 (德) ~s, *trunks-fúl*) **1** 트렁크 가득(한 것). **2** (구어) 다수, 다량. ¶ *a* ~ *of jokes* 숱한 농담.

trúnk hòse[brèeches] 图 (16~17세기에 유행한 반바지).

trúnk lìne 图 **1** (장거리 수송의) 간선, 본선. **2** *airport* 간선 비행장. **2** (전화국을 연결하는) 중계선, 시외선. **3** (수도·가스 따위의) 공급 간선, 본관(本管).

trúnk nàil 图 트렁크 못(여행 가방 등의 장식용 못).

trúnk piston 图 (기계) (자동차 따위의) 통형(筒形) 피스톤.

trúnk ròad 图 (英) 간선 도로.

trun·nel [trʌ́nl] 图 = treenail.

trun·nion [trʌ́njən] 图 **1** 포이(砲耳)(포신(砲身)을 포가(砲架)에 걸칠 때의 받침). **2** (기계의) 지축(支軸), 받침.

Tru·ro [trúərou] 图 트루로(잉글랜드 남서부 Cornwall 주(州)의 주도).

truss [trʌs] 《타》 1 …을 다발로 하다, 묶다, 매다 (up). ¶~ hay 건초를 다발로 묶다 / The policeman ~ed up the robber. 경찰관이 도둑을 결박했다. 2 (요리하기 전에) 《새》의 날개나 다리를 몸통에 꼬챙이로 꿰다, 묶어 매다. 3 〔건축〕 〔지붕·다리 따위〕를 트러스로 버티다. 4 〔매사냥〕 〔매〕가 〔새〕를 움켜잡다. 5 《옛》 깔끔하게 동여 입다. ── 《명》 1 다발, 꾸러미; 《英》 트러스〈건초·짚 따위의 다발〉. 2 〔식물〕 〔꽃〕 다발 따위의 송이, 수상화(穗狀花). 3 〔건축〕 트러스, 버팀〈목〕, 결구(結構), 형구(桁構). 4 〔의학〕 헤르니아〔탈장〕대(帶). 5 〔해사〕 돛활의 중간을 돛대에 갖다 붙이는 Y자 모양의 쇠붙이 기구. ~·er 《명》 〔橋〕.

trúss brìdge 《명》 〔토목〕 트러스교(橋), 결구교(結構橋)
trùss·ing [trʌ́siŋ] 《명》 1 트러스 구재(構材). 2 트러스 구조물. 3 〔집합적〕 트러스(trusses).
trúss ròd 《명》 〔건축〕 1 트러스의 타이로드. 2 〔경사지게 부착한〕 덮보 보강재〔材〕.

‡**trust** [trʌst] 《명》 《U》 1 신용, 신뢰, 신임(in). ⇨BELIEF 〔유의어〕 ¶betray a person's ~ 남의 신뢰를 배반하다 / He has always gained the ~ of his associates. 그는 언제나 동료들의 신임을 얻어왔다. 2 확고한 기대, 희망; 확신(in, that 節). ¶have ~ in the future 장래에 기대를 걸다. 3 의상 판매, 외상 거래. ¶sell [buy] a thing on ~ 물건을 외상으로 팔다〔사다〕. 4 《U》 신뢰받고 있는 사람〔물건〕. ¶God is our ~. 우리들이 믿는 것은 신이다. 5 신용 등〔신뢰〕을 받고 있는 상태, 신임받고 있기; 〔신뢰에 대한〕 책임, 의무. ¶a position of great ~ 〔유의어〕 매우 책임이 무거운 직책. 6 위탁, 보관; 보호, 돌보기; 《C》 위탁물, 맡겨진 물건. 7 〔법률〕 신탁 〔관리〕; 신탁인의 권리; 《C》 신탁 재산〔물〕; 수탁자(受託者), 피신탁인. 8 《U》 〔경제〕 기업 합동, 트러스트. 9 《고어》 신뢰성을 둘 수 있는 것, 충성, 성실. ¶have [or put, repose] trust in …을 신용〔신뢰〕하다 / hold [or have]…in trust …을 맡고〔보관하고〕 있다 / leave [or give] a thing in trust 〔물건 따위〕를 맡기다〔위탁하다〕. ¶The money is left in ~ with the bank. 그 돈은 은행에 예탁되어 있다. on trust ① 〔현금 거래가 아니라〕 신용으로, 외상 판매로. ② 전적으로 믿어, 조금도 의심치 않고. ¶take[or accept] a thing on ~ …을 〔남이 말하는 대로〕 전적으로 신용하다. put…in trust 위탁하다, 맡기다. ¶put one's money in ~ 돈을 위탁하다. ── 《타》 1 …을 신뢰하다, 신용하다, 신임하다. ⇨RELY 〔유의어〕 ¶We cannot ~ him. 그는 믿을 만한 인물이 못 된다. 2 …을 바라다, 희망하다. ¶…하리라고 기대하다. ¶(~+to do) I ~ to hear better news. 더 좋은 소식을 듣고 싶다 / (~+(that) 節) I do ~ (that) you will be successful. 너는 성공할 것이라고 나는 믿는다. 3 …을 신용해서 …하게 하다; …을 믿다. ¶(~+目+to do) Do you ~ her to go alone at night? 그녀를 밤에 혼자 내보내도 괜찮습니까? // (~+目+前+名) I can't ~ it out of my hands. 내 곁에 두지 않으면 마음이 놓이지 않는다. 4 …에 안심하고 맡기다〔내놓게 하다〕(to, with). ¶(~+目+前+名) I ~ed him with my car. 안심하고 내 차를 그에게 빌려 주었다. 5 〔비밀 따위〕를 안심하고 털어놓다(with). ¶(~+目+前+名) He looks like a man who can be ~ed with a secret. 그는 믿고 비밀을 털어 놓을 만한 사람처럼 보인다. 6 …을 외상으로 판매하다, 외상으로 주다(for). ¶(~+目+前+名) Do you mind ~ing me for it? 그 대금은 다음에 드려도 되겠습니까? ── 《자》 1 신용하다, 신뢰하다, 믿다(in). ¶(~+前+名) ~ in God 신을 믿다. 2 〔사람·운 등에〕 의지하다, 맡기다 (to). 3 (~+前+名) ~ to chance 운에 맡기다. 3 기대하다, 희망하다(for). 4 외상 거래를 하다, 신용하다.
trust a person **for** [or **to** do] 《구어·비유어》 남이 〔나쁜 짓·바보 짓〕을 틀림없이 하다. ¶T-him for [or

to do] that. 그는 했다하면 그렇다.
~·a·bíl·i·ty 《명》 ~·a·ble 《형》
trúst accòunt 《명》 신탁 계정; 〔법률〕 신탁 재산.
trust-bùst·er [trʌ́stbʌ̀stər] 《명》 《구어》 《미국 연방 정부의》 반트러스트법 위반 단속관; 트러스트 해체론자.
trust-bùst·ing [ʹbʌ̀stiŋ] 《명》 트러스트 해체; 트러스트 폐지법 제정.
trúst còmpany 《명》 신탁 회사; 신탁 은행.
trúst dèed 《명》 〔법률〕 담보 신탁 증서.

*trus·tee [trʌstíː] 《명》 1 〔법률〕 피신탁인, 수탁자(受託者), 관재인(管財人). 2 보관 위원, 〔대학 등의〕 이사, 평의원. 3 〔뉴잉글랜드의〕 제3채무자. 4 =trusty. 5 피 (被)신탁국, 신탁 통치 국가. ── 《타》 〔재산〕을 수탁자에게 위탁하다; 〔유엔의〕 〔재산〕을 신탁하다.
~·ship 《명》 〔관리〕인.
trustèe in bánkruptcy 《명》 〔법원이 지정한〕 파산 관재인.
trustée pròcess 《명》 〔법률〕 제3 채무자에 대한 채권 압류 통고〔수속〕. 《美》 은행.
Trustée Sávings Bànk 《명》 (the ~) 《英》 신탁 저축 은행.
trus·tee·ship [trʌstíːʃip] 《명》 《U》 수탁자의 직무〔권한〕; 《유엔의》 신탁 통치. 働 mandate
Trusteéship Còuncil 《명》 (the ~) 《유엔》 신탁 통치 이사회(略 TC).
trúst·er [trʌ́stər] 《명》 믿는 사람〔것〕.
trúst·ful [trʌ́stfəl] 《형》 신뢰하는, 믿어 의심치 않는; 믿기 쉬운. ~·ly 《부》 ~·ness 《명》
trúst fùnd 《명》 신탁 자금〔기금〕.
trúst hotél[tàvern] 《명》 〔뉴질〕 공익 호텔〔주점〕〔이익을 공공 목적에 사용한다〕.
trust·i·fi·ca·tion [trʌ̀stəfikéiʃən] 《명》 트러스트화(化), 트러스트〔전매, 독점〕 형성. 〔러스트화〕하다.
trust·i·fy [trʌ́stəfài] 《타》 〔상업〕 …을 기업 합동〔트
trúst·ing [trʌ́stiŋ] 《형》 믿는, 믿어 의심치 않는, 믿기 쉬운(trustful). ~·ly 《부》 ~·ness 《명》
trúst instrument 《명》 〔법률〕 신탁 증서.
trust·less [trʌ́stlis] 《형》 신뢰할 수 없는; 불신의. ~·ly 《부》 ~·ness 《명》 〔탁자.
trúst mòney 《명》 위탁금.
trus·tor [trʌ́stər] 《명》 《유엔의》 신탁 설정자, 위
trúst tèrritory 《명》 《유엔의》 신탁 통치 지역.

*trust·wor·thy [trʌ́stwə̀rði] 《형》 신뢰〔신용〕할 수 있는, 믿을 수 있는, 든든한. -thi·ly 《부》 -thi·ness 《명》

*trust·y [trʌ́sti] 《형》 믿음직한, 신뢰할 수 있는, 충실한; 신용되는. ¶a ~ servant 믿음직한 하인. ──《명》 (또 **trustee**) 1 신용할 수 있는 사람〔것〕. 2 《美》 모범수.
trúst·i·ly 《부》 **trúst·i·ness** 《명》

‡**truth** [truːθ] 《명》 (복 ~s [-ðz, -θs]) 1 《U》 진리, 참 (働 falsehood); 《C》 〔하나의〕 진리. ¶a scientific ~ 과학적 진리 / T- is beauty. 진실은 아름다움이다 / God is ~. 신은 진리이다. 2 《C》《U》 사실, 진실〔된 이야기〕, 진상(働 lie¹). ¶I'll tell you God's [or Heaven's, the whole] ~. 조금도 거짓없는 사실을 이야기해 주겠다 / T- is stranger than fiction. 《속담》 사실은 소설보다 더 기이하다. 3 《U》 진실성, 〔일의 진위(眞僞)〕; 실재(實在), 실재(實體). ¶I doubt the ~ of …의 진실성을 의심하다 / There is no ~ in his statement. 그의 이야기에는 진실성이 없다. 4 《U》 성실, 정직. ¶There is no ~ in him. 그에게는 성실성이 없다. 5 《U》 〔기준이 되는 것과의〕 일치, 합치, 적합; 《英》 〔기계 따위의〕 정확성, 정밀성. ¶~ to life [or nature] 박진감. 6 (T-) 신(神).
hòme trúths 〔듣는이〕 귀가 따가운〔가슴이 뜨끔한〕 이야기. ¶tell a person home ~s 남에게 듣기 괴로운 말을 하다. 〔truly〕.
in trúth 참으로, 실제로, 사실대로 이야기하면 in fact,
of a trúth 《고어》 사실은, 분명히.
out of trúth 《기계 따위가》 고장 나서, 어긋나서.
tell the trúth and shame the dévil 《구어》 아무것도 두려워하지 않고 진실을 밝히다. 〔하면.
to tell [or **speak**] **the trúth** 사실은, 사실대로 말

truth to tell =to tell the truth.
trúth cláim 명 〔철학〕 (프래그머티즘에서) 아직 경험적으로 실증되지 않은 가설(假說).
trúth drùg 명 심리 억제 해제약, 자백약(自白藥).
***truth·ful** [trúːθfəl] 형 정직한, 성실한; 진실의, 참된, 정확한. **~·ly** 부 **~·ness** 명
truth-func·tion [-fʌ̀ŋkʃən] 명 〔논리〕 진리 함수. **~·al** 형 **-al·ly** 부
truth·less [trúːθlis] 형 허위의(false), 정직하지 않은, 믿을 수 없는. **~·ness** 명
trúth or cónsequences 명 질문을 받고 답을 못하거나 틀린 답을 한 사람이 리더로부터 벌을 받는 놀이.
trúth sèrum 명 =truth drug.
trúth sèt 명 〔수학·논리〕 진리 집합.
trúth tàble 명 〔논리·수학〕 진리(값)표.
truth-val·ue [-vǽljuː] 명 〔논리〕 진리치(眞理値).
‡**try** [trai] 동 (**tries** [-z] ; **tried**) 타 **1** …을 해보다, …을 시도하다, …하려고 노력하다(endeavor)(to do, doing). ¶~ an impossible feat 불가능한 묘기를 해보려고 하다 / T- something easier. 좀더 쉬운 것을 해보아라 // (~+to do) She tried to write in pencil. 그녀는 연필로 써보려고 했다 / Don't ~ to explain. 변명은 그만두어라 // (~+-ing) Just ~ feeling the surface. 잠깐 그 표면을 만져서 보아라. * try to do는 「…하려고 시도하다[노력하다]」, try doing은 「시험삼아 해보다」「실제로 …해보다」의 뜻.

──〔유의어〕── **try** 「해보다」라는 뜻의 가장 일반적인 말. **attempt** 노력의 의미에 덧붙여 실제로 착수하다, 본격적으로 달라붙다라는 의미를 강조하는 말; 실패를 암시하는 경우가 많다. **endeavor** 굳은 결의로 계속적인 노력을 하다; 당연히 해야 할 일을 하기 위한 노력을 암시. **strive** 어려운 일을 달성하기 위해 진지하게 온갖 노력을 다하다. **struggle** 악전고투하다; 필사적인 노력을 암시.

2 …을 시험하다(examine, test), …을 시험삼아 써보다, …인지 아닌지 시험해보다(on, for, doing; wh. 節); 먹어보다, 마셔보다. ¶~ one's skill 솜씨를 시험해보다 / ~ a glass 한 잔을 맛보다 / T- the ice before you venture upon it. (속담) 얼음을 타기에 앞서 얼음 두께를 살펴라, 유비 무환(有備無患) // (~+目+젼)+名) Just ~ this knife on a pencil. 시험삼아 이 칼로 연필을 깎아보렴 / Please ~ me for the job. 시험삼아 나를 그 일에 써보아 주십시오 // (~+目+名) T- whether you can do it or not. 네가 그 일을 할 수 있는지 없는지 한 번 시도해 보아라. **3** …에게 시련을 겪게 하다, 고통을 주다, …을 괴롭히다, 고통받게 하다(annoy), 고생시키다. ¶The war tried them greatly. 전쟁으로 그들은 커다란 시련을 겪었다. **4** 〔법률〕 …을 공판에 부치다, 심리(審理)하다, 재판하다 (변호사로서) …의 심문에 임하다. ¶(~+目+젼)+名) a person for theft [murder] 남을 절도[살인]죄로 심리하다. **5** (드물게) …의 진위(眞僞)[옳고 그름]를 가리다, (사리를 따져) …을 결정짓다, 매듭짓다(out). **6** (광석을 가열하여) (금속)을 정련(精鍊)하다(refine), 〔고기〕에서 기름을 짜다(out). ¶(~+目+副) ~ out chicken fat for crackling 닭고기의 껍질이 바삭바삭하도록 기름을 짜내다. **7** (목공) 대패로 끝손질[마무리]하다(up). ¶(~+目+副) ~ up a desk 책상을 대패로 끝손질하다.
 ── 자 해보다, 기도하다, 시도해 보다, 애쓰다, 노력하다(at, for). I'll ~ harder next time. 다음에는 더 열심히 노력하겠다 // (~+젼)+名) ~ for the post 그 지위를 차지하려고 트라이하다.
Do try more. 좀더 드십시오 (과자 따위를 권할 때).
try and do (구어) …하려고 애쓰다 (* try to do보다 더 구어적이며, 명령문에 쓰일 때가 많다. 부정문에서는 거의 쓰이지 않고, 과거형에는 쓰이는 일이 없다). ¶Do ~ and improve! 잘 되도록 애써보시오!

try back ① 〔해사〕〔밧줄〕을 늦추다. ② 다시 한 번 해보다. ③ (개 따위가) 냄새를 찾아 되돌아오다. ④ (이야기 따위가) 되돌아가다 (to). ⑤ 〔남〕에게 뒤에 다시 전화하다.
try for (물건·지위 따위)를 차지하려고 하다; …에 도달하려고 하다. ¶~ for a scholarship 장학금을 신청하다.
try it on (영) ① 젠 체하는[거만한] 태도를 취하다, 뽐내다. ② (이성에 대하여) 뻔뻔스럽게 굴다. ③ (남)을 속이려고 하다 (with).
try it on the dog (구어) ① (음식)을 개에게 먹여보다. ② (새로운 연극 따위)를 지방에서 공연해서 반응을 보다.
try on ① …을 입어 보다, 써 보다. ¶T- this hat on. 이 모자를 써 보아라. ② (나쁜 짓)을 시험삼아 해보다.
try one's best [or **hardest**] 전력을 다하다.
try one's luck [or **fortune**] 운수를 시험해 보다.
try out ① …을 철저히 해보다, 엄밀하게 시험하다. ② (새로운 노래·제품 따위의) 효과를 시험해 보다, 써 보게 하다 (on). ¶~ out a song on one's family 가족에게 시험삼아 노래를 불러보게 하다.
try out for ① (지위·회원 자격 따위)를 얻으려고 겨루다[테스트를 받다]. ② (운동 경기 따위에서) 경쟁에 참가하다, 출장(出場)하다.
try over (영) (…을) 해보다, (연기 따위)를 해보다, (연극 따위의) 리허설을 하다.
 ── 명 (**tries** [-z]) **1** 시험, 시도; 노력(at). ¶Let's have a ~ at it. 그것을 한 번 해보자 // have a ~ to do something 어떤 일을 해보려고 시도하다. **2** (럭비) 트라이(@ touchdown). ¶convert a ~ 트라이를 골로 연결시키다.
give it a try 시도하다, 한번 해보다.
give it the old college try (구어) 성실한 노력을 하다, 성심 성의를 다하다. 「려고 해보다」.
have [or **make**] **a try at** [or **for**] …을 시도하다[하**score a try** (럭비에서) 트라이로 득점하다.
trý for póint (미식축구) 트라이 포 포인트 (터치 다운 후에 주어지는 추가 득점의 기회).
trý hòle 〔야금〕 (용광로 꼭대기의) 게이지 삽입구.
‡**try·ing** [tráiiŋ] 형 (**more ~; most ~**) 고통스러운, 힘드는, 견디기 어려운; 화나는, 약이 오르는, 아니꼬운 (to). ¶a ~ journey [experience] 괴로운 여행[경험] // ~ to the temper 짜증이 나는. **~·ly** 부 **~·ness** 명
trýing pláne 명 마무리 대패.
try·ma [tráimə] 명 (복 **~·ta** [-tə]) 〔식물〕 견과(堅果)(호두, 히코리 따위).
try-on [-ɑn/-ɔn] 명 **1** (英구어) (속이려고 하는) 시도. **2** (가봉한 옷을) 입어보기, 가봉.
try-out [tráiaut] 명 (美구어) **1** 예선 (경기); (스포츠 역) 능력[자격] 시험, 적성 검사. **2** (연극의) 시험 흥행. **3** 시험 실시[사용].
try·pan·o·so·ma [tripǽnəsóumə, tripən-] 명 (복 **~·ta** [-tə]) =trypanosome.
try·pan·o·some [tripǽnəsòum, tripən-] 명 〔식물〕 트리파노소마 (수면병의 병원체인 편모충). **-só·mal, -sóm·ic** 형
‡**try-pot** [-pɑt/-pɔt] 명 고래 기름 정제용 냄비.
tryp·sin [trípsin] 명ᴜ 〔생화학〕 트립신 (단백질을 가수 분해하는 췌장의 효소). **trýp·tic** 형 「(化)하다.
tryp·sin·ize [trípsinàiz] 타 ᴜ 〔생화학〕 트립신화
tryp·to·phan [tríptəfæ̀n] 명 〔생화학〕 트립토판 (아미노산의 일종). (또는 **tryptophane**)
try·sail [tráisèil] 명 〔해사〕 트라이슬 (종범선의 (횡)범선의 보조 세로 돛).
trý squàre 명 곱자, 곡척(曲尺).
tryst [trist, traist] 명 **1** 만날 약속, 데이트의 약속; 약속된 만남, 밀회. **2** 만나기로 약속된 장소. 「다].
keep [**break**] **one's tryst** 만날 약속을 지키다[어기
 ── 동타 (스코) …와 만날 약속을 하다, (만날 때·장소

trysting place를 정하다. ― ⓥ 만날 약속을 하다, 만날 때[장소]를 정하다.

trýst·ing plàce [trístiŋ-] ⓝ 밀회 장소.
try-works [tráiwə:rks] ⓝⓟⓛ 고래 기름 정제용 냄비(try-pot)를 올려놓는 화덕.
ts *tensile strength*. **TS, T.S.** *tool shed*; *top secret*; (또는 **t.s.**) (속어·비어) *tough shit*; (구어) *transsexual*; *tub-sized*; *typescript*.
tsam·ma [tsá:mə] ⓝ 남아프리카산(産) 야생 수박의 일종. (또는 **tsama**)
'ts and Blúes ⓝ 티즈 앤드 블루스(헤로인과 같은 중독성 물질).
tsar [za:r, tsa:r] ⓝ =czar.
tsar·e·vitch [zá:rəvitʃ, tsá:r-] ⓝ =czarevitch.
tsa·rev·na [za:révnə, tsa:-] ⓝ =czarevna.
tsa·ri·na [za:rí:nə, tsa:-] ⓝ =czarina.
tsa·rit·za [za:rítsə, tsa:-] ⓝ =czaritsa.
TSB (영) *Trustee Savings Bank*(신탁 저축 은행).
Tschai·kov·sky [tʃaikɔ́:fski] ⓝ = Tchaikovsky.
tsét·se flỳ [tsétsi-] ⓝ 체체파리(열대 아프리카에서 서식하는 흡혈성 파리; 수면병 따위의 병원체를 매개한다). (또는 **tsetse, tzétze (flỳ)**)
T. Sgt. T/Sgt (美空軍) *Technical Sergeant*. **TSH, T.S.H.** *thyroid-stimulating hormone*(갑상선 자극 호르몬). **T.S.H.** *Their Serene Highnesses*(전하(殿下)).
T-shirt [tí:ʃə:rt] ⓝ 티셔츠. (또는 **tée-shirt, T, tee**)
tsim·mes [tsímis] ⓝⓟⓤⓒ 큰 소동.
tsk [tisk] ⓘⓝⓣ 쳇(혀를 차는 소리; 불만·비난을 나타낸다). ― ⓥⓘ 혀를 차다. ⓥ tut (**tsktsk**)
TSO (항공) *time since overhaul*(오버홀 후 사용 시간). **T.S.O.** *town suboffice*.
tsor·is [tsɔ́əris, tsɔ́:r-] ⓝⓤ 고난, 불행.
tsp, tsp. *teaspoonful*; *teaspoon*(s).
T squàre ⓝ (제도용) T자(T-shaped ruler).
TSS (컴퓨터) *time-sharing system*(시분할 방식); *toxic shock syndrome*.
T-stop sỳstem [tí:stàp-/-stɔ̀p-] ⓝ (사진) T 조리개 시스템(카메라의 렌즈 구경을 T 넘버에 의해 정하는 시스템).
T-strap [tí:stræp] ⓝ 1 T 스트랩(구두의 등 부분에 있는 T자형의 가죽끈). 2 T자형 끈이 달린 구두.
tsup [tsʌp] ⓝ (속어) 무슨 일이야; 어떻게 지냈어?(<What's up?)
t.s.v.p. (프랑스) *Tournez s'il vous plaît* (=please turn over) 뒷면에 계속. **TT** *teetotal*: *teetotaler*.
T.T. (상업) *telegraphic transfer*(전신환(電信換); *teletypewriter*; (의학) *tuberculin tested*(투베르쿨린 반응 검사를 한). **TTB** (무역) *telegraphic transfer buying (rate)*(전신환 매입 시세). **TTBT** *The Threshold Test Ban Treaty*(지하 핵실험 금지 조약).
T-time [tí:tàim] ⓝⓤ (로켓 따위의) 발사 예정 시각.
TTL *through-the-lens*; *to take leave*; (전자) *transistor transistor logic*(트랜지스터 트랜지스터 논리 (회로)). **TTS** (무역) *telegraphic transfer selling (rate)*(전신환 매각 시세). *Teletypesetter*; *teletypesetting*; *temporary threshold shift*(항공기 소음에 의한 일시적인 청각 저하). **TTT** *time, temperature, tolerance*(허용 온도 시간(식품의 신선도가 일정 온도에서 얼마나 오래 유지되는가를 나타내는 수치)). **TTY** *teletypewriter*. **Tu** (폐어) *thulium*; (화학) *tungsten*. **Tu.** *Tuesday*. **T.U.** *toxic unit*; *Trade Union*; *Training Unit*; (철도) *transmission unit*(전도 장치(傳導裝置)).
Tu·a·mó·tu Archipélago [tù:əmóutu:-] ⓝ (the ~) 투아모투 제도(남태평양에 있는 프랑스령(領) 폴리네시아 군도).
tu·an [tuá:n] ⓝ (말레이인이 쓰는 남성에 대한 존칭

‡**tub** [tʌb] ⓝ (복) ~s [-z] 1 통, 물통; 함지, 목욕통. ¶a wash ~ 세탁통/a ~ for butter 버터통/*Every ~ must* [or *Let every ~*] *stand on its own bottom.* (속담) 사람은 누구나 제 힘으로 살아야 한다. 2 (英구어) 목욕. ¶take [or have] one's ~ 목욕하다. 3 통 모양의 그릇. ¶a ~ for washing clothes 빨래통. 4 한 통의 분량, 물통 가득. ¶a ~ of hot water 더운 물 한 통. 5 (해사) (구어·경멸적) 느리고 맵시없는 작은 배, 연습용 보트; 크고 강한 사람. 6 (광산) (석탄 따위의) 운반차(ore car), (광석을 실어 올리는) 통, 두레박. 7 (금속) 동동보. 8 (경멸적) (비국교도 목사의) 설교단. 9 텁(싱크로나이즈드 스위밍 연기의 하나).
a tale of a tub ⇒TALE.
in the tub (美구어) 파산하여.
throw out a tub to the whale (닥쳐온 위험을 피하기 위하여) 남의 눈을 속이다.
tub of lard (속어) 뚱뚱보. 「서 소매치기를 하다.
work the tubs [or *guts*] (英속어) 버스(정류장)에
― ⓥ (**-bb-**) ⓣⓘ 1 …을 통에 넣다. 2 (英구어) 통에 넣어 씻다: 통에 들어가 (몸)을 씻다. 3 연습용 보트로 연습시키다. ― ⓥⓘ 1 (英구어) 목욕하다. 2 (구어) (옷감 따위가) 빨래가 잘 되다. 3 연습용 보트로 연습하다.
~·like ⓐ
tu·ba [tjú:bə/tjú:-] ⓝ (복) ~s, **-bae** [-bi:]) 1 튜바(넓은 구경(口徑)의 저음 금관악기). 2 (오르간의) 튜바 음전(音栓). 3 고대 로마의 군용 나팔. ~·ist ⓝ
tub·al [tjú:bəl/tjú:-] ⓐ 1 관(管)의, 관 모양의. 2 (해부) 나팔관의, 수란관(輸卵管)의. ― ⓝ 난관(卵管).
Tu·bal·cain [tjú:bəlkèin/tjú:-] ⓝ (성서) 두발카인(동·철로 물건을 만드는 사람들의 조상. ←창세기 (Gen.) 4:22). (또는 **Tubalcain**)
túbal ligátion ⓝ 난관 결찰(卵管結紮)(불임 수술).
tu·bate [tjú:beit/tjú:-] ⓐ 관(管) 모양의, 관이 있는.
tub·ba·ble [tʌ́bəbl] ⓐ 통에 넣어 씻을 수 있는; (옷감이) 잘 빨리는.
tub·ber [tʌ́bər] ⓝ 1 통 만드는[파는] 사람. 2 목욕하
tub·bing [tʌ́biŋ] ⓝⓤ 1 통 만들기; 통을 만드는 재료. 2 (英) 목욕. 3 세탁. 4 보트 연습.
tub·bish [tʌ́biʃ] ⓐ 통 모양의; 땅딸막한.
túb bòat ⓝ (운하에서 짐을 나르는) 직사각형 보트.
tub·by [tʌ́bi] ⓐ 1 통 모양의, 키가 작고 뚱뚱한. 2 (악기가) 땅땅하는 소리를 내는. ― ⓝ 땅딸막한 사람, 동보. **-bi·ness** ⓝ 「자.
túb chàir ⓝ 반원형의 등받이를 천으로 씌운 안락의
túb dòor ⓝ 목욕탕에 딘 미닫이문(욕조를 가림).
‡**tube** [tju:b/tju:b] ⓝ (복) ~s [-z] 1 (금속·유리·고무 따위의) 관(管), 통(筒); (토목) 파이프; (일반적으로) 관 모양의 것. ¶a lead ~ 연관(鉛管)/a test ~ 시험관. 2 (그림물감·치약 따위의) 튜브 (용기); (자전거·자동차 타이어 등의) 튜브. ¶a ~ of toothpaste 치약의 튜브/an inner ~ (타이어의) 튜브. 3 (해부·동물) 관(管)의 기관, 관(管). ¶bronchial ~s 기관지(氣管支). 4 (식물) 관상부(管狀部); 통 모양의 부분. 5 (음악) (관악기의) 관; (전자) 진공관. 6 (전자) 진공관. 7 (the ~) (美구어) 텔레비전. 8 지하도; (英구어) 지하철(subway), (the T~) London의 지하철. 9 (고어) 망원경. 10 (서핑) (또는 *curl*) 튜브(파도가 부서질 때의 아치꼴 물마루).
go down the tube(s) [or *chute*] (美구어) 못쓰게 되다, 도산(倒産)하다.
have one's tubes tied (남자가) 정관 수술을 하다.
in the tube (美속어) 위험에 처하여[빠져].
― ⓥ (~s [-z]; ~d; **tub·ing**) ⓣⓘ 1 …에 관[튜브]을 달다. 2 …을 관(管)에 넣다. 3 …을 관 모양으로 하다.
― ⓥⓘ (英구어) 지하철로 가다.
tube it ① (英구어) 지하철을 타다, 지하철로 가다. ② (美구어) 시험에 낙제하다.
~·less, ~·like ⓐ
tube-ba·by [-bèibi] ⓝ 시험관 아기.

túbe còlors 〖영묵〗 튜브에 든 그림 물감.
tu·bec·to·my [tjubéktəmi/tju:-] 〖명〗 (외과) 난관(卵管) 절제(술).
tubed [tju:bd/tju:bd] 〖형〗 1 (말이 기관을 절제하여) 금속제의 호흡관을 박아 넣은. 2 〖美속어〗 술취한.
túbe fòot 〖극피(棘皮) 동물의〗 관족(管足).
túbe·less tíre [tjú:blis-/tjú:b-] 튜브 없는 타이어.
túbe of fórce 〖전기〗 역선관(力線管).
túbe pàn 〖도너츠 모양의〗 케이크 굽는 프라이팬.
tu·ber[1] [tjúːbər/tjú:-] 〖명〗 1 〖식물〗 (감자 따위의) 덩이줄기. 2 〖해부〗 융기, 돌기, 결절(結節).
tub·er[2] 〖명〗 관(管) 만드는 사람[것], 배관공; 관을 조정하는 사람[것].
túbe ràilway 〖英〗 지하철.
tu·ber·cle [tjú:bərkl/tjú:-] 〖명〗 1 〖식물〗 근립(根粒), 근류(根瘤). 2 〖해부〗 작은 혹[결절(結節)]. 3 〖의학〗 결절.
túbercle bacíllus 〖명〗 결핵균. 〖결핵 결절.
tu·ber·cled [tjú:bərkld/tjú:-] 〖형〗 결절(結節)이 생기고 있는, 결절이 생긴[있는].
tu·ber·cu·lar [tjubə́:rkjulər/tju-] 〖형〗 1 결핵(성)의; 결핵 환자의 2 결절(성)의. 3 (비유적) 건전치 못한, 약체(弱體)의. ¶ ~ finances 불건전 재정. — 〖명〗 결핵 환자. **~·ly** 〖부〗 〖cular; = tubercled.
tu·ber·cu·late [tjubə́:rkjulət, -lèit] 〖형〗 = tuber-
tu·ber·cu·la·tion [tjubə̀:rkjuléiʃən/tju-] 〖명U〗 결절 형성; 결핵 형성.
tu·ber·cu·lin [tjubə́:rkjulin/tju-] 〖명〗 〖의학〗 투베르쿨린 주사액(치료용의 결핵균 추출액).
tu·ber·cu·lin·ize [tjubə́:rkjulənàiz/tju-] 〖동타〗 …을 결핵에 걸리게 하다, 결핵성으로 하다 투베르쿨린을 접종하다. — 〖자〗 결절이 생기다. **-i·zá·tion** 〖명〗
tubérculin reàction 〖명〗 투베르쿨린 반응.
tubérculin tèst 〖명〗 투베르쿨린 검사.
tu·ber·cul·in·test·ed [-tèstid] 〖형〗 투베르쿨린 검사를 한, 투베르쿨린 검사 음성의.
tu·ber·cu·loid [tjubə́:rkjulɔ̀id/tju-] 〖형〗 1 결핵성의. 2 결절상(結節狀)의.
***tu·ber·cu·lo·sis** [tjubə̀:rkjulóusis/tju-] 〖명U〗 〖병리〗 결핵(略 TB); 폐결핵(pulmonary ~).
tu·ber·cu·lous [tjubə́:rkjuləs/tju-] 〖형〗 결핵(균)의; 결핵성의; 결핵에 걸린. ¶ ~ patients 결핵 환자. **~·ly** 〖부〗
túber fèrn 〖식물〗 줄고사리(열대성 상록 다년생).
tube·rose[1] [tjú:bəròuz/tjú:b-] 〖명〗 월하향(月下香), 네덜란드 수선화.
tu·ber·ose[2] [tjú:bərous/tjú:-] 〖형〗 = tuberous.
tu·ber·os·i·ty [tjù:bəróːsəti/tjù:bərɔ́s-] 〖명U〗 1 결절상(結節狀)[성(性)]; 괴경상(塊莖狀)[성]. 2 〖해부〗 (뼈의) 융기, 조면(粗面)
tu·ber·ous [tjúːbərəs/tjú:-] 〖형〗 〖해부〗 결절이 있는, 결절성[의], 결절을 닮은; 〖식물〗 덩이줄기가 있는, 덩이줄기의.
túberous róot 〖명〗 괴근(塊根), 덩이뿌리. 〖양말.
túbe sòck 〖명〗 튜브 양말(뒤꿈치가 없는 신축성이 강한
túbe tòp 〖명〗 튜브 톱(어깨끈 없이 몸에 맞게 만든 여성용 윗옷).
túbe tràin 〖명〗 〖英〗 지하철. 〖성용 윗옷).
túbe wèll 〖명〗 관정(管井)(driven well).
tub·ful [tʌ́bful] 〖명〗 한 통 가득한 (분량)(of).
tu·bi· [tjú:bə/tjú:-] 〖연결〗 tube의 뜻. ¶ tubiform.
tu·bi·form [tjú:bəfɔ̀:rm/tjú:-] 〖형〗 관(통) 모양의.
tub·ing [tjú:biŋ/tjú:-] 〖명U〗 1 관(管)을 설치하기, 배관(配管); 관조직(管組織); 관의 재료. 2 〖집합적〗 관류(管類). 3 타이어 튜브 위에 엎드려 눈 위를 미끄러져 내리는 경기.
tub·ist [tjú:bəst] 〖명〗 튜바 연주자. 〖지용〗.
túb màt 〖명〗 목욕탕용 깔개(욕조 내에 까는 미끄럼 방
tub-thump·er [ʌθʌ̀mpər] 〖명〗 (책상을 두들기며) 열변을 토하는 사람. **túb-thùmb** 〖동자〗
tub-thump·ing [-θʌ̀mpiŋ] 〖명U〗 (책상을 두들겨 가며) 열변을 토하기[토하는], 큰 소리 지르기[지르는].
tu·bu·lar [tjúːbjulər/tjú:-] 〖형〗 1 관(管)의, 관 모양의. 2 관식(管式)의, 관(파이프)을 사용한. ¶ a ~ boiler 다관식(多管式) 보일러. 3 관을 부는 듯한 소리가 나는. ¶ a ~ sound 관악기 가락음(氣管音). 4 〖속어〗 멋있는, 굉장ᅩ**lár·i·ty** 〖명〗 **~·ly** 〖부〗 〖한.
túbular skáte 〖명〗 스틸 파이프식 스케이트화(靴)(아이스 하키·스피드 스케이트용 등).
tu·bu·late [tjúːbjulət, -lèit/tjú:-] 〖형〗 관 모양의, 통 모양의; 관이 붙어 있는. — 〖동타〗 관모양으로 만들다, …에 관을 붙이다.
ᅩ**lá·tion, -la·tor** 〖명〗 〖는 관.
tu·bule [tjú:bju:l/tjú:-] 〖명〗 작은 관; (동·식물의) 가
tu·bu·lin [tjú:bjulin/tjú:-] 〖명〗 〖생화학〗 튜불린(세포내의 미소관을 구성하는 단백질).
tu·bu·lous [tjú:bjuləs/tjú:-] 〖형〗 관이 있는, 관파모양의; 〖식물〗 튜브 모양의.
tu·bu·lure [tjú:bjulùər/tjú:-] 〖명〗 (화학 기구의) 관구(管口), 주둥이.
TUC, T.U.C. 〖英〗 Trades Union Congress (노동 조합의 회의).
‡**tuck**[1] [tʌk] 〖동〗 (~ed [-t]) 〖타〗 1 …을 쑤셔넣다, 처넣다, 숨겨넣다, 감추다(up, away)(in, into, among, under). ¶ (~+목+전+명) ~ a thing in one's pocket 어떤 물건을 자기의 호주머니에 집어넣다(a cabin ~ed among pines 소나무로 둘러싸여 있는 오두막집. 2 (셔츠·냅킨 따위의 자락)을 끼우다, 끼워넣다(in, down)(into, under). ¶ (~+목+전+명) ~ one's napkin under his chin 냅킨을 턱 밑에 끼우다. 3 〖남〗을 모포(담요) 따위로 감싸다(up, in)(in, into). ¶ (~+목+전+명) ~ oneself up in bed 잠자리에 들어가다 / ~ the boy in her bed 아이를 침대에 눕히고 덮을 덮어주다. 4 (소매·자락 따위)를 걷어올리다, 접어올리다(up). ¶ (~+목+부) ~ one's shirt sleeves up; ~ up one's shirt sleeves 셔츠의 소매를 걷어올리다. 5 (재봉) 옷에 장식 주름을 잡다(up). 6 (큰 그물에서) 〖물고기〗를 틀채로 건져내다. 7 〖속어〗 …을 진탕 먹다, 게걸스럽게 먹다, 벌컥벌컥 마시다(away, in). 8 〖수영〗 턱 자세로 웅크리다. 9 …을 바짝 죄다; 〖속어〗 …을 교수형에 처하다(up).
— 〖자〗 1 시쳐 넣다, 접어 넣고 호다; 〖재봉〗 주름을 잡다. 2 걷어 올려지다. 3 〖속어〗 게걸스럽게 먹다(eat heartily), 진탕 마시다(into, in).
be tucked up 〖개·말〗이 배가 고파서 홀쭉하다. ② 〖英구어〗 기진맥진하다. 〖남을 죽이다.
tuck a person up 〖英구어〗 남을 곤경에 빠뜨리다;
tuck away 챙겨넣다; (보통 수동형으로) 숨기다.
tuck in ① 〖英구어〗 (…을) 실컷 먹다[마시다]. ② 〖속어〗 터무니없는 값을 부르다. 〖⇒2, 3.
tuck on 〖속어〗 터무니없는 값을 부르다.
tuck one's tail 〖구어〗 모욕을 당하다, 낭패당하다.
— 〖명〗 1 (옷의) 단, 장식 주름, 걷어 올려진 부분; 〖재봉〗 시쳐 넣은 주름. 2 시쳐 넣는 동작, 시쳐 넣기. 3 〖해사〗 고물 돌출부의 아래쪽. 4 〖낚시〗 잠채. 5 〖英구어〗 음식물; 단것, 과자. 6 〖수영〗 턱(몸을 웅크리고 구부린 무릎을 양손으로 잡는 식의 다이빙); 〖스키〗 크로칭 자세. 7 〖美구어〗 정력, 기력. 〖대[없애다].
take the tuck out of a person 남의 정력을 빼앗
tuck[2] 〖명〗 〖스코〗 북 (치는) 소리; 나팔을 마구 불기.
— 〖동〗 (북을) 치다, 울리다; (나팔을) 힘차게 불다[울리다].
tuck[3] 〖구어〗 = tuxedo. 〖다].
tuck·a·hoe [tʌ́kəhòu] 〖명〗 1 〖식물〗 북미 인디언이 식용으로 하는 토란과(科) 식물. 2 〖식물〗 복령(茯苓)(식용의 균핵(菌核)). 3 (T-) (미국 Blue Ridge 산맥 동부역 저지대에 사는) Virginia주 사람.
túck·a·wày tàble [tʌ́kəwèi-] 〖명〗 (접을 수 있는 다리와 드림판이 달린) 접는 탁자. 〖간식 상자.
túck bòx 〖英속어〗 (학교에 아이들이 가지고 가는)
tucked [tʌkt] 〖형〗 걷어[집어] 넣은, 집어 넣고 꿰맨; 〖구어·방언〗 가두어 넣은, 졸랍은.
tuck·er[1] [tʌ́kər] 〖명〗 1 (재봉틀의) 장식 주름 잡는 기계[사람]. 2 (17-18세기의 여성들이 걸친) 목에 걸어 가

슴에서 합친 마직·모슬린 따위의 천. 3 =chemisette. 4 (濠·뉴질 구어) 음식물(food).
earn[or **make**] *one's* **tucker** (속어) 먹고 입을 만큼 근근히 벌다.
in one's best bib and tucker 나들이 옷을 입고.
~·**less** 형

tuck·er² 타 (美구어) …을 지치게 하다(tire)(*out*).
tuck·er-bag [-bæg] 명 (濠구어) 식량자루. [반용] 식량 상자.
tuck·er-box [-bɑ̀ks/bɔ̀ks] 명 (濠구어) (저장·운
tuck·et [tʌ́kit] 명 (고어) 화려한 나팔(트럼펫)의 취주(吹奏), 팡파르.
tuck-in [⌣n] 명 1 (보통 a ~) (英구어) 진수 성찬. 2 (블라우스·스웨터 따위의) 찔러 넣는 부분. — 형 (블라우스 따위를) (스커트 속에) 찔러 넣어 입는.
tuck-out [⌣àut] 명 (英속어) 진수성찬(tuck-in).
tuck-shop [⌣ʃɑ̀p/-ʃɔ̀p] 명 (英) (학교 구내나 근처의) 과자 가게.
-tude [tjuːd/tjuːd] 접미 주로 라틴계의 형용사·동사의 과거분사와 결합하여, 성질·상태 따위를 나타내는 추상명사를 만든다. ¶ alti*tude*, apti*tude*.
Tu·dor [tjúːdər/tjúː-] 형 튜더가(家)의, 튜더 왕조 (시대)의; (건축) 튜더 양식의. — 명 튜더가의 사람, 튜더 왕조의 왕[여왕]; 튜더 왕조 시대의 사람.
the Tudors; the House of Tudor (英) 튜더 왕가 (Henry VII에서 Elizabeth I까지(1485-1603)).
~·**be·than** [-bìːθən] 형 튜더·엘리자베스 시대 양식의.
***Tue., Tues.** Tuesday.
‡**Tues·day** [tjúːzdei, -di/tjúːz-] 명 (略) ~**s** [-z] 화요일(略 Tu., Tue., Tues.).
Tues·days [tjúːdeiz, -diz/tjúːz-] 부 화요일마다.
tu·fa [tjúːfə/tjúː-] 명 (지질) 1 (석회성 온천 따위에 침적(沈積)하는 다공질(多孔質)의) 탄산 석회, 석회화 (石灰華). 2 =tuff. **tu·fá·ceous** 형
tuff [tʌf] 명 (지질) 응회암(凝灰岩). ~·**á·ceous** 형
tuf·fet [tʌ́fit] 명 1 =tuft 2. 2 낮은 대(臺).
***tuft** [tʌft] 명 1 (머리카락·턱수염·실·풀 따위의) 작은 술, 작은 타래, 떨기, 뭉치. ¶a ~ of hair 한 모숨의 머리카락. 2 작은 언덕, 약간 높은 곳. 3 (고어) (귀족 자제의 모자에 붙였던) 황금색 술; 귀족 대학생. 4 터프트(이불·쿠션 따위의 장식 술); 터프트를 꿰맨 단추. 5 (식물) 수염. 6 덤불, 작은 숲. ¶a ~ of pines 송림(松林). 7 (해부) 혈관총(叢), 모세 혈관속(束). — 타 1 …에 술을 달아다, 술로 장식하다. 2 (쿠션 따위를) 시침질하다. — 자 술 모양이 되다, 무더기로(더부룩하게) 자라다.
~**ed** 형 술을 단, 술 모양을 하고 있는. ~·**er** 명
tuft-hunt·er [tʌ́fthʌ̀ntər] 명 (속어) 명사(名士)와 가까이 하려고 하는 사람; 알랑쇠, 아첨꾼(sycophant).
tuft-hunt·ing [tʌ́fthʌ̀ntiŋ] 명 명사와 가까이지려고 하는, 권문(權門)에 알랑거리는; 아첨하는.
tuft·y [tʌ́fti] 형 술이 많은, 술로 뒤덮여 있는; 더부룩이 자라 있는. **túft·i·ly** 부 **túft·i·ness** 명
Tu Fu [dùː fúː/túː-] 명 두보(712-770: 중국 당대 (唐代)의 시인).
‡**tug** [tʌg] 통 (~**s** [-z]; -**gg**-) 타 1 …을 세게 끌어당기다, 별안간 잡아당기다(*away*)(*out of, from*). ⇒ DRAW 유의어. ¶ (~+目+前+名) ~ *a car out of the mire* 진창 속에서 차를 끌어내다. 2 (비유적) (무리하게) (상관도 없는 이야기 따위를) 끄집어내다(*in*). ¶ (~+目+圈) ~ *a story in* 상관도 없는 이야기를 억지로 꺼내다. 3 …을 예인선(曳引船)으로 끌다, 예인하다. — 자 1 끌다, 세게 끌어당기다(*at, on*). 2 열심히 노력하다(strive hard), 싸우다, 다투다.
tug at the[or *an*] *oar* ⇒ oar.
— 명 1 (힘껏) 끌기, 잡아당기기. ¶ *give a person's hair a* ~ 남의 머리카락을 확 잡아당기다. 2 비상한 노력, 분투, 투쟁(to do); 심한 다툼, 격심한 경쟁. 3 = tugboat. 4 끄는 도구(밧줄 따위); (마구(馬具)의) 끄는

가죽. 5 (英속어) (Eton College의) 장학생.
give a tug (*at*) (…을) 홱 끌어당기다.
have a great tug to do …하는 데 애쓰다. ¶ *I had a great* ~ *to persuade him.* 그를 설득하는 데 애를 먹었다.
tug of love (구어) 친권자 싸움.
~·**ger** 명 ~·**less** 형
***tug·boat** [tʌ́gbòut] 명 예인선(曳引船).
(또는 **towboat, tug**)
túg of wár 명 1 *tugs o- w-*) 1 줄다리기. ¶ *have a* ~ *with* …와 줄다리기하다. 2 (패권을 둘러싼) 쟁탈전. ¶ *When Greek meets Greek, then comes the* ~. (속담) 그리스 사람끼리 만나면 결전이 시작된다; 양웅 불구립(兩雄不俱立).
tu·grik [túːgrik] 명 (略 ~**s**) 투그릭(몽고의 화폐 단위). (또는 **tughrik, tukhrik**)
Tui·le·ries [twíːləriːz/-ri] 명 튈러리 궁전(파리의 센 강변에 있던 옛 궁전; 1871년에 불타고 현재는 정원만 남아 있다).
***tu·i·tion** [tjuːíʃən/tjuː-] 명 1 교수(敎授), 교육. ¶ *individual* ~ 개인 교수. 2 수업료(~ *fee*). 3 (고어) 돌보기, 보호, 감독, 후견. ~·**al, ~·ar·y, ~·less** 형
tuítion fèe 명 수업료 [공제(액).
tuítion táx crèdit 명 (과세에서 제외되는) 교육비
tu·la·re·mi·a [tùːlərímiə] 명(U) (병리) 야토병(野兎病)(들토끼·다람쥐 따위로부터 인간에게 전염되는 병). (또는 **tularaemia**) -**mic** 형
tul·chan [tʌ́lxən] 명 1 젖의 분비 촉진을 위해 암소 곁에 세워 두는 송아지 박제. 2 (스코) (명의뿐이) 고용된 사교(司敎).
‡**tu·lip** [tjúːlip/tjúː-] 명 튤립; 튤립꽃(구근(球根)).
~·**like** 형 [재배열], 튤립광(狂).
tu·lip·o·ma·ni·a [tjùːlipəméiniə/tjùː-] 명 튤립 **túlip trèe**[**pòplar**] 명 튤립나무(북미산 목련과(科)).
tu·lip·wood [tjúːlipwùd/tjúː-] 명 튤립나무의
tulle [tuːl/tjuːl] 명 튈(얇은 명주 망사·베일). [재목.
tul·lies [tʌ́liz] 명 (the ~) (美속어) 시골, 벽지.
tul·war [tʌ́lwɑːr, -⌣] 명 (인도 북부에서 사용하는) 초승달 모양의 칼.
‡**tum·ble** [tʌ́mbl] 통 (~**s** [-z]; ~**d**; -**bling**) 자 1 구르다, 뒹굴다, 넘어지다, (…에 걸려) 넘어지다(*down*) (*over*); 굴러 떨어지다, 쓰러지다; 거꾸로 떨어지다(*off, out of, from*); (건물 따위가) 허물어지다, 붕괴하다 (*down*); (권좌에서) 전락하다, 실각하다. ¶ (~+前+名) ~ *down the stairs* 계단에서 굴러 떨어지다. 2 (구어) 허겁지겁 달려 들다(*into*); 허둥지둥 오다[가다](*up, down*), 허겁지겁 나오다(*out*) (*out of*). ¶ (~+圈) *T- up.* 서둘러라// (~+前+名) ~ *into* [*out of*] *bed* 허겁지겁 침대에 뛰어들다[침대에서 뛰쳐 나오다]. 3 마구 뒹굴다, 잠을 자다가 몸을 뒤치다, 몸부림치다(*about*) (*in, on*); (생각 따위가) 왔다갔다 하다. ¶ (~+前+名) *in one's sleep* 자다가 몸을 뒤치다. 4 공중제비를 하다, 재주넘다, 도약하다. 5 (가격·가치 따위가) 폭락하다(*to*). ¶ *Prices* ~*d.* 물가가 폭락했다. 6 우연히 만나 다다르다; 부딪치다 (*in, into, upon*). ¶ (~+前+名) ~ *upon a first-rate restaurant* 일류 레스토랑을 우연히 찾아내다. 7 (속어) 별안간 생각나다, 문득 깨닫다(*to*). 8 (미사일이) 제어되지 않아) 빙글빙글 돌다.
— 타 1 …을 넘어뜨리다, 굴리다, 뒤집어엎다(*down*); (남)을 권좌에서 밀어내다. ¶ (~+目+前+名) ~ *a person down* 남을 동댕이치다, 두들겨 넘어뜨리다. 2 …을 들쑤셔 부수다, 파괴하다. 3 …을 던지다, 내팽개치다. 4 (새·짐승 따위)를 쏘아 떨어뜨리다(*into, with*). 5 …을 뒤죽박죽으로 만들다, 헝클어뜨리다. ¶ ~ *one's hair* 머리카락을 헝클어뜨리다// ~ *clothes into a box* 상자 속에 옷을 마구잡이로 처넣다. 6 (건물)을 붕괴시키다, 파괴하다. 7 (물건·재료)를 회전 드럼에 넣고 돌리다; (옷)을 회전 건조기로 말리다. 8 (속어) 성교하

다. 9 (英속어) 꿰뚫어보다, 간파하다.
tumble along 굴러가듯이 달리다.
tumble and toss 대굴대굴 뒹굴다. ¶~ *and toss* from pain 고통으로 대굴대굴 뒹굴다.
tumble for (구어) ① 〔사물·사람〕에 반하다. ② 〔손임수 따위〕를 믿다, 〔덫 따위〕에 걸리다.
tumble home 〔해사〕 (뱃전이) 안쪽으로 굽다.
tumble in ① 〔목공〕 끼워넣다. ② =*tumble home* ③ (구어) 잠자리로 기어 들어가다, 잠자다.
tumble off [or ***from, out of***] …에서 떨어지다.
tumble on 짓밟다.
tumble out (…때문에 남과) 싸우다 (*over, with*).
tumble over ① 굴리다, 뒤집다. ② (말이) 〔기수〕를 떨어뜨리다.
tumble to ① (가격 따위가) 급격히 떨어지다; (사실·사정을) 깨닫다. ② (英속어) …이 마음에 들다.
tumble up ① 〔해사〕 급히 갑판에 모이다. ② (속어) 기상(起床)하다.
── [명] ([복] ~**s** [-z]) **1** 전도(轉倒), 뒹굴기, 전락; 낙하, 추락, 붕괴, 파괴. **2** 공중제비, 재주넘기. **3** (주가 따위의) 하락, 폭락, (가치의) 저하. **4** (a ~) 혼란, 뒤죽박죽. **5** (속어) 성교, 섹스.
all in a tumble 아주 뒤범벅이 되어.
give a person a tumble (美속어) 남을 인정하다, 상대하다; (英속어) 성교하다.
give[get] a tumble (구어) 호의적인[애정 어린] 반응을 보이다[얻다].
give it a tumble (英속어) 해보다.
have a tumble 넘어지다.
take a tumble[or ***dive***] …에 뛰어들다, 몰두하다.
take a tumble to (구어) …을 깨닫다, 알아차리다.

tum·ble·bug [tʌ́mblbʌ̀g] [명] 풍뎅이의 일종.
tum·ble-down [-dàun] [형] 허물어질 것 같은, 황폐한. ¶a ~ shack 허물어질 것 같은 오두막.
túmble drìer [명] =tumbler drier.
tum·ble-dry [-drái] [동] (세탁물을) 회전식 건조기로 말리다.
túmble hòme [명] 〔해사〕 텀블홈(뱃전의 상부가 상갑판 근처에서 안으로 굽어 있는 경사면).
***tum·bler** [tʌ́mblər] [명] **1** (밑이 평평한) 큰 컵, 텀블러. **2** 곡예사, 공중제비하는 사람; 마루운동을 하는 체조 선수. **3** 총의 공이치기 용수철, (자물쇠의) 공간(槓杆), 회전판, 튀김쇠. **4** 〔기계〕 (선택식 변속기의) 전동(傳動) 장치의 가동부; 회전 굴대의 이[돌기]. **5** 공중제비 비둘기(비둘기의 일종). **6** (자동차의) 기어를 물고 움직이는 부분. **7** (옛날 토끼 사냥에 사용되던) 사냥개의 일종. **8** 오뚜기 장난감. **9** (방언) 비료 운반차. **10** =~ drier.
túmbler drìer [명] (세탁물의) 회전식 건조기.
tum·bler·ful [tʌ́mblərfùl] [명] 큰 컵 한 잔(의 양).
túmbler gèar [명] 〔기계〕 텀블러 기어(속도 변환 장치).
túmbler swìtch [명] =toggle switch.
tum·ble·weed [tʌ́mblwì:d] [명] (美·濠) 굴러다니는 풀(가을에 바람에 날려 흩어지는 잡초).
tum·bling [tʌ́mbliŋ] [명][U][C] (매트나 지상에서 하는) 공중제비; (맨손 체조의) 텀블링.
túmbling bàrrel [명] 텀블러, 전마기(轉摩機)(소형 금속 제품이나 주물을 넣고 회전시켜 마찰·연마하는 기계).
túmbling bày [명] 제방(에서 흘러나온 물 웅덩이).
tum·brel [tʌ́mbrəl] [명] **1** 비료 운반차. **2** (프랑스 혁명 때의) 사형수 호송차. **3** (폐어) 폭약이나 병기를 운반하는 2륜차. **4** 물고문 의자. (또는 **tumbril**)
tu·me·fa·ci·ent [tjù:məféiʃənt/tjù:-] [형] 부어오르게 하는, 부어오른.
tu·me·fac·tion [tjù:məfǽkʃən/tjù:-] [명][U] 부어오름, 부은 부분; [C] 부스럼, 종기.
tu·me·fy [tjú:məfài/tjú:-] [동][자] 부어오르다; 잘난 체하다. ── [타] …을 부어오르게 하다.
Tu·men [tù:mʌ́n] [명] 두만강.
tu·mesce [tju:més/tju:-] [동][타] **1** 부풀어오르게 하다, 팽창시키다. **2** 〔성기〕를 발기시키다. ── [자] **1** 부풀어오르다, 팽창하다. **2** (성기가) 발기하다, 커지다.
tu·mes·cence [tju:mésns/tju:-] [명][U] 부어오르기; 발기.
tu·mes·cent [tju:mésnt/tju:-] [형] **1** 부어오른; 종창성(腫脹性)의. **2** (감정·사상 따위가) 넘쳐흐르는; (말씨가) 과장된. **3** (성기가) 팽창한. ~·**ly** [부]
tu·mid [tjú:mid/tjú:-] [형] 부어오른, 부풀어오른; (표현이) 과장된. ~·**ly** [부] ~·**ness** [명]
tu·mid·i·ty [tju:mídəti/tju:-] [명][U] 부어오른 상태, 부어오름, 종창(腫脹); 과장, 과대.
tum·my [tʌ́mi] [명] (어린이말·구어) 배(stomach).
tum·my·ache [tʌ́mièik] [명] (구어) 복통, 배앓이.
túmmy banàna [명] (구어) 음경.
tum·my-but·ton [-bʌ̀tn] [명] (어린이말) 배꼽.
tum·my-fuck [-fʌ̀k] [명] (美속어) (동성끼리의) 페팅.
túmmy tùck [명] (구어) 복벽(腹壁)의 성형 외과 수술.
tu·mor, (英) **-mour** [tjú:mər/tjú:-] [명] **1** 부어오른 부분, 부어오름, 종창; 돌출부. **2** 〔병리〕 종양(腫瘍), 부스럼. ¶a benign[malignant] ~ 양성[악성] 종양. **3** (고어) 과장; 오만, 존대; 호언 장담. ~·**al,** ~·**lìke** [형]
tu·mor-bear·ing [-bὲəriŋ] [형] 〔의학〕 암을 가지고 있는.
tu·mor·i·gen·e·sis [tjù:məridʒénəsis/tjù:-] [명] [U] 종양 형성[발생].
tu·mor·i·gen·ic [tjù:məridʒénik/tjù:-] [형] 종양(腫瘍)이 생기는; 발암성의. **-ge·níc·i·ty** [명] 발암성.
túmor necròsis fàctor [명] 종양 괴사 인자(因子).
tu·mor·ous [tjú:mərəs/tjú:-] [형] 부어오른; 종양의[같은]; (비유적) 과장된.
tump [tʌmp] [명] (英방언) **1** 작은 산, 언덕. **2** (습지·늪지의) 풀숲, 덤불. **3** (건초 따위의) 무더기, 더미.
tum·tum[1] [tʌ́mtʌ̀m] [명] 팅팅(현악기 소리); 둥둥(타악기 소리); 배. ── [동][자] 팅팅[둥둥] 울리다.
tum·tum[2] [명] 경(輕)이륜 마차.
tu·mu·lar [tjú:mjulər/tjú:-] [형] 무덤[고분]의[과 같은].
tu·mu·lose [tjú:mjulòus/tjú:-] [형] 무덤[고분]과 같은, 무덤[고분]이 많은. (또는 **tumulous**)
***tu·mult** [tjú:məlt/tjú:mʌlt] [명][U][C] **1** 큰 소동, 소란, 떠들썩함. **2** 폭동, 반란, 난동. **3** 마음의 흐트러짐[어수선함], 격정, 흥분; (감정의) 폭발. **4** (물건·색채 따위의) 뒤섞임, 어지러움.
tu·mul·tu·ar·y [tju:mʌ́ltʃuèri/tju:mʌ́ltjuəri] [형] **1** 소란스러운, 혼란한. **2** 무질서한; 난잡한. **3** (군대가) 규율이 없는; 오합지졸의.
***tu·mul·tu·ous** [tju:mʌ́ltʃuəs/tju:-] [형] **1** 시끄러운; 소동을 일으키는, 무질서한. ¶~ applause 우레와 같은 박수. **2** (감정 따위가) 몹시 흐트러진, 몹시 흥분한. ~·**ly** [부] ~·**ness** [명]
tu·mu·lus [tjú:mjuləs] [명] ([복] ~·***es,*** ***-li*** [-lài]) 옛 무덤, 봉분.
tun [tʌn] [명] 큰 술통; 턴(주류의 용량 단위; 252 gallons). ── [동][타] 〔술〕을 큰 술통[발효통]에 넣다.
tu·na[1] [tjú:nə/tjú:-] [명] ([복] ~(**s**)) **1** 참치, 다랑어; [U] =~ fish. **2** (美비어) 여성의 성기; 여자; 성교.
tu·na[2] [명] (멕시코 원산의) 부채선인장; 그 과실(식용).
tun·a·ble [tjú:nəbl/tjú:n-] [형] 가락을 맞출 수 있는; (고어) 가락이 맞는, 조화된. (또는 **tuneable**) **-bíl·i·ty,** ~·**ness** [명] **-bly** [부]
túnable làser [명] 〔물리〕 파장 가변(可變) 레이저.
túna fish [명] 다랑어의 살코기.
túna wàgon [명] (美속어) 낡은 차.
tun·dra [tʌ́ndrə, tún-] [명] (시베리아 북부 등의) 툰드라, 동토 지대(凍土地帶). 〔< Russ marshy plain〕
‡tune [tju:n/tju:n] [명] **1** ([복] ~**s** [-z]) [C][U] 곡, 악곡, 가곡; 주선율; 가락; (~s) (美속어) (LP) 레코드. ¶a good[poor] ~ 듣기 좋은[귀에 거슬리는] 곡 / waltz ~ 왈츠 선율 / play a ~ on the piano 피아노로 한 곡 치다. **2** [U] (노래·음률이) 곡조가 맞음, 화성(harmony).

¶sing in [out of] ~ 바른 가락으로[가락이 맞지 않게] 노래하다. **3** [U] 《비유적》 (심신의) 상태, 기분, 컨디션. ¶He is in good [bad] ~. 그는 기분이 좋다[나쁘다]. **4** [U] 협조, 조화, 일치; 호조(好調); 정당한 상태. ¶keep the mind in ~ 정신을 건전하게 간직하다. **5** [U] 〔무선〕 동조(同調), 조정(調整). **6** (음성의) 억양. **7** 《고어》 기분, 비위. **8** 《폐어》 음질, 음색, 소리.

call the [or *one's* ***own***] ***tune*** 방침을 결정하다, 자기가 생각한 대로 지시하다.

can't carry a tune (***in a bucket***) (심한) 음치다.

carry a tune 정확하게 노래하다, 가락이 틀리지 않다.

dance to *a person's* ***tune*** ⇨DANCE.

in tune 가락이 조화되어 (*with*).

keep in tune with …와 가락을 맞추다.

out of tune 가락이 안 맞아; 협조하지 않고.

put tunes to …에 가락을 붙이다.

sing another [or ***a different, a new***] ***tune; change*** *one's* ***tune; dance to another*** [or ***a different***] ***tune; whistle a different tune*** 견해[의견, 태도 따위]를 바꾸다.

sing the same [or ***old***] ***tune*** 같은 말만 하다, 되풀이해서 말하다. 「지] 마십시오.

Stay in tune. 〔방송〕 스위치를 끄지[다른 데로 돌리

the tune the (***old***) ***cow*** [or ***cat***] ***died of*** (그 소리를 들으면 소[고양이]도 죽을지 모르는) 불쾌한 소리의 연속, 몹시 서투른 음악.

to some [or ***every***] ***tune*** 상당히, 제법, 크게.

to the tune of ① 《구어》 …라는 큰 액수로[의], 무려 …에 이르는. ¶They raised capital *to the* ~ *of* a million dollars. 그들은 무려 백만 달러나 되는 자본금을 모았다. ② …(의 곡)에 맞추어.

turn a tune 《구어》 한 곡조 부르다[연주하다].

— [동] (~***s*** [-z]; ~***d; tun·ing***) [타] **1** 〔악기〕를 조율하다, 〔악기〕의 음[가락]을 맞추다(*up*); 〔기계 따위〕를 조정하다. **2** 《고어》 …을 노래하다, 읊다, 낭송하다; 〔악기·곡〕을 연주하다. **3** …에 일치[조화]시키다(*in*) (*to*). **4** 〔라디오·TV〕 〔파장·주파수〕에 동조(同調)시키다, …에 파장을 맞추다 (*to*). ¶ (~+[目]+[前]+[名]) ~ a radio set *to* a short wave 라디오를 단파에 맞추다. — [자] **1** 가락이 맞다, 조화하다, 공명(共鳴)하다 (*with*). **2** 악기를 조율하다(*up*); 악음(樂音)을 내다.

stay tuned 《美구어》 ① (라디오·TV의 주파수에) 동조시키다. ② 《명령문에서》 계속해서 주목하라.

tune down …의 음향을 낮추다.

tune in ① (라디오 따위를) 조정하다; (방송 프로 따위에) 다이얼[채널]을 맞추다 (*to, on, for*). ② …에 따르다, 귀 기울이다 (*to, on*). ③ 《속어》 〔상황 따위〕를 이해하다.

tune off 파장이 맞지 않다, 상태가 나빠지다.

tune *oneself* ***to*** (상황에 따라) 자신의 행동을 바꾸다.

tune out ① 라디오를 조정해서 잡음을 없애다; 다이얼[채널]을 다른 데로 돌리다. ② 《속어》 상관[주의]하지 않다; …에 귀를 기울이지 않다.

tune to 일치[조화]시키다; (라디오·TV에) 동조시키다.

tune up ① (오케스트라가 연주에 앞서) 음조를 맞추어 보다, 소리를 맞추다. ② 노래[연주]하기 시작하다. ③ 《익살》 (아이가) 울기 시작하다. ④ 〔기계〕를 조정하다. ⑤ (운동 경기) 연습을 하다.

tune·a·ble [tjú:nəbl/tjú:n-] [형] =tunable.

tuned [tju:nd/tju:nd] [형] 《美속어》 술취한; 《캐나다속어》 (10대 사이에서) 섹스를 경험한.

túned círcuit [명] 〔전자〕 동조 회로. 「첨단을 걷는.

tuned-in [-ín] [형] 《속어》 현대 감각이 있는; 유행의

tune·ful [tjú:nfəl/tjú:n-] [형] **1** 가락이 풍부한[아름다운]. **2** (사람·악기가) 음악적인 소리를 내는, 좋은 가락을 연주할 수 있는. ~**·ly** [부] ~**·ness** [명]

tune·less [tjú:nlis/tjú:n-] [형] **1** 울림이 좋지 않은, 비음악적인, 가락이 맞지 않는. **2** 《시》 (악기의) 소리가 나지 않는. ~**·ly** [부] ~**·ness** [명]

tune·out [tjú:nàut] [명] 《美》 (특정 프로그램의) 시청[청취] 거부; 시청자[청취자]를 불쾌하게 하여 프로그램을 시청[청취]하지 않게 하는 요소. — [동][타] (방송) 청취[시청]를 그만두다, 다이얼을 다른 데로 돌리다.

tun·er [tjú:nər/tjú:n-] [명] **1** (악기) 조율사; (일반적으로) 음조를 조정하는 사람[것]. **2** (라디오·TV의) 파장 조정기, 튜너. 「행가) 작곡가.

tune·smith [tjú:nsmìθ/tjú:n-] [명] 《美구어》 (유

tune-up [-ʌ̀p] [명] **1** (엔진의) 조정. **2** (오케스트라의) 소리 맞추기, 예행 연습. **3** 《구어》 (경기 전의) 준비 운

tung [tʌŋ] [명] =~ tree. ⌊동; 예선.

túng òil [명] 동유(桐油)(유동(油桐)의 씨에서 짠 기름; 페인트·니스·인쇄 잉크 따위의 원료).

tung·state [tʌ́ŋsteit] [명] 〔화학〕 텅스텐산염(酸塩).

tung·sten [tʌ́ŋstən] [명][U] 〔화학〕 텅스텐, 월프램(wolfram)(금속 원소; [기] W).

túngsten cárbide [명] 〔화학〕 탄화 텅스텐.

tung·sten·ic [tʌŋsténik] [형] =tungstic.

túngsten làmp [명] 텅스텐 전구.

tungsten steel [명] 텅스텐 강(鋼).

tung·stic [tʌ́ŋstik] [형] 〔화학〕 텅스텐의[을 함유한].

túngstic ácid [명] 〔화학〕 텅스텐산(酸).

tung·stous [tʌ́ŋstəs] [형] 〔화학〕 (저(低)원자가) 텅

túng trèe [명] 〔식물〕 유동나무. ⌊스텐의.

Tun·gus [tuŋgú:z/túŋgus] [명] ([복] ~(***·es***)) 퉁구스 사람; [U] 퉁구스 말. — [형] 퉁구스족의; 퉁구스 말의.

Tun·gus·ic [tuŋgú:zik/-gúsik] [명][U] 퉁구스 말(퉁구스어·만주어 따위). — [형] (또는 **Tungusian**) 퉁구스족의; 퉁구스어(군)의.

tu·nic [tjú:nik/tjú:-] [명] **1** 《英》 튜닉(군인·경찰관 등이 입는 몸에 붙는 짧은 상의). **2** 튜니카(고대 그리스·로마 사람이 입던 의복). **3** 튜닉 코트(허리 아래까지 내려오는 여성용 웃옷). **4** 〔교회〕 =tunicle. **5** 〔해부·동물〕 (기관(器官)·조직의) 피막(被膜), 피낭(被囊). **6** 〔식물〕 (종자·구근 따위의 얇은) 외피(外皮)의 총칭.

tu·ni·ca [tjú:nikə/tjú:-] [명] ([복] ***-cae*** [-sì:]) 〔해부·동물·식물〕 =tunic 5, 6.

tu·ni·cate [tjú:nikət, -kèit/tjú:-] [형] 피낭(被囊)[피막(被膜)]이 있는; 〔식물〕 (종자·구근 따위가) 외피가 있는, 비늘잎에 싸인. (또는 **tunicated**)

— [명] 〔동물〕 피낭 동물. 「드레스).

túnic drèss [명] 튜닉 드레스(여성용의 짧고 심플한

tu·ni·cle [tjú:nikl/tjú:-] [명] 〔교회〕 (옛날 주교가 미사 때 alb 위에 입던) 짧은 제복.

tun·ing [tjú:niŋ/tjú:n-] [명][U] 조율, 조정; (라디오·TV 수신기의) 동조(同調), 파장 조정. 「콘덴서.

túning capácitor [condénser] [명] 〔전기〕 동조

túning còil [명] 〔전기〕 동조 코일.

túning fòrk [명] 음차(音叉). 「율용 나사 돌리개.

túning hàmmer [wrènch] [명] 〔음악〕 피아노 조

túning kèy [명] 〔음악〕 피아노 조율용 키.

túning pèg [pìn] [명] (피아노의) 조율핀, (현악기의)

túning pìpe [명] =pitch pipe. ⌊현감개.

Tu·nis [tjú:nis/tjú:-] [명] 튀니스(Tunisia의 수도).

Tu·ni·sia [tju:ní:ʒə, -ʃə/tju:níziə, -siə] [명] 튀니지(아프리카 북부의 공화국; 수도 Tunis).

Tu·ni·sian [tju:ní:ʒən, -ʃən/tju:níziən, -siən] [형] 튀니지(풍)의, 튀니지 사람의. — [명] 튀니지 사람.

T-u·nit [tí:jù:nit] [명] T 단위(완전한 한 문장을 구성하는 최소 단위). (<*terminable unit*)

tunk [tʌŋk] [명] 탕탕[톡톡] 두드림. — [동] 탕탕[톡톡]

tun·nage [tʌ́nidʒ] [명] =tonnage. ⌊두드리다.

‡**tun·nel** [tʌ́nl] [명] ([복] ~***s*** [-z]) **1** 굴, 터널; 지하도. **2** (광산의) 갱도. **3** (동물·곤충 따위가 만든) 굴, 구멍. ¶a mole's ~ 두더지 굴. **4** 오리무중인 상태. **5** 《뉴잉글랜드·英 방언》 굴뚝. **6** 〔서핑〕 파도의 터널. **7** 《美속어》 (여성의) 성기, 질(膣).

see* (*the*) *light at the end of the tunnel 긴 고투(苦鬪) 끝에 광명을 보다.
—[동] (**~s** [-z]; **-l-**, (英) **-ll-**) [타] **1** …에 지하도[땅굴]를 파다, 지하도[터널]를 파 나가다. **2** …에 구멍을 뚫다, …을 관통하다. **—**[자] **1** 지하도를 파다. **2** 서서히 못쓰게 되다. **3** 《암흑가 속어》 숨다, 잠복하다.
~·er [명] 터널을 파는 사람[기계]. **~·lìke** [형]

túnnel dìode [명] 〔전자〕 터널 다이오드(터널 효과를 이용한 diode).

túnnel effèct [명] 〔물리〕 터널 효과. (또는 **tunneling**)

túnnel nèt [명] 긴 원뿔꼴의 자루 그물[어망].

túnnel of lóve [명] 사랑의 터널(연인들이 소형차나 보트를 타고 통과하도록 만든 어둡고 좁은 터널).

túnnel stìff [명] 《美속어》 터널 공사 노동자.

túnnel vísion [명] 〔안과〕 시야 협착증; 〔정신의학〕 터널성 시야(히스테리의 특징); 편협. **tún·nel-ví·sioned** [형] 시야가 좁은; 편협한.

tun·ny [tʌ́ni] [명] 《英》 다랑어(tuna).

tun·y [tjú:ni/tjú:ni] [형] 음악적인, 곡조가 맞는, 음색이 아름다운.

tup [tʌp] [명] **1** 《英》 숫양. **2** (동력 해머 따위의) 타면(打面), 대가리. **—**[동] (**-pp-**) [타] (숫양이) 〔암양〕과 교미(交尾)하다; 《英속어》 …와 성교하다. **—**[자] (암양이) 발정하다; 교미하다; 《英속어》 성교하다.

tu·pe·lo [tjú:pəlòu/tjú:-] [명] ([복] **~s**) (북미산(產)의) 미국 니사나무(Nyssa속(屬)); [U] 그 목재.

Tu·pi [tu:pí:, ∠-] [명] (아마존 강 유역에 사는) 투피족(의 한 사람); [U] 투피 말.

tu·pik [tú:pək] [명] ([복] **~(s)**) 《캐나다》 (북극권에서) 짐승 가죽으로 만든 텐트. (또는 **tupek**)

-tu·ple [tʌ̀pl, tú:pl] [연결] 「…의 요소로 이루어지는, …와 짝을 이루는」의 뜻. ¶quin*tuple*, sex*tuple*.

tup·pence [tʌ́pəns] [명] 《英구어》 =twopence.

Tup·per·ware [tʌ́pərwὲər] [명] 《상표》 터퍼웨어(플라스틱 밀봉 식품 보존 용기).

tuque [tju:k/tju:k] [명] 털로 만든 방한모. (또는 **toque**)

tu quo·que [tju: kwóukwi, -kwei/tjú:-] [명] (비난 따위에 대해 너도 마찬가지 아니냐라는) 반박, 말대꾸, 응수. 〔<L you too〕

tur [tuər] [명] 투르(카프카스 지방의 야생 염소).

Tu·ra·ni·an [tjuréiniən/tju-] [형] 우랄알타이 어족(語族)의. **—**[명] 우랄알타이 어족의 사람; [U] 우랄알타이 어족.

***tur·ban** [tə́:rbən] [명] 터번(회교도 남성의 두건); 터번식 모자; 터번식 여성용 모자. **—**[동][타] 〔스카프 따위〕를 터번 모양으로 감다.
~ed [형] 터번을 둘러 쓴. **~·less, ~·lìke** [형]

tur·ban-stone [-stòun] [명] 이슬람교도의 묘석.

tur·ba·ry [tə́:rbəri] [명][U][C] 토탄(土炭) 채굴장, 토탄밭; 〔법률〕 (남의 소유지에서의) 토탄 채굴권.

tur·bid [tə́:rbid] [형] **1** 흐린, 탁한 흙탕물의. **2** (연기·안개 따위가) 짙은, 자욱한. **3** 갈피를 못 잡는, 어지러운. **~·ly** [부] **~·ness** [명]

tur·bi·dim·e·ter [tə̀:rbədímətər] [명] 탁도계(濁度計), 비탁계(比濁計). **-di·met·ric** [-bidəmétrik] [형]

tur·bi·dite [tə́:rbədàit] [명] 〔지질〕 터비다이트(흙탕물이 심해로 흘러가서 이루어진 퇴적물).

tur·bid·i·ty [tə:rbídəti] [명][U] 혼탁, 흐린 상태; 혼란.

turbídity cùrrent [명] 〔지질〕 혼탁류(混濁流).

tur·bi·na·do [tə̀:rbəná:dou] [명] (당밀의 대부분을 제거한) 중백당(中白糖).

tur·bi·nal [tə́:rbənl] [형] =turbinate. **—**[명] 〔해부〕 =turbinate 2.

tur·bi·nate [tə́:rbənət, -nèit] [형] 팽이 모양의, 소용돌이 모양의; 〔해부〕 갑개골(甲介骨)[비개골]의; 거꾸로 세운 원뿔꼴의. (또는 **turbinated**) **—**[명] **1** 소용돌이꼴 조가비 **2** 〔해부〕 갑개골(甲介骨), 비개골(鼻介骨).
-ná·tion [명][U][C] 소용돌이꼴, 거꾸로 한 원뿔꼴.

***tur·bine** [tə́:rbin, -bain] [명] 터빈. ¶a steam ~ 증기 터빈.

túrbine blàde [명] 〔기계〕 터빈 날개.

túrbine bòat [명] 터빈선(船).

túrbine vèntilator [명] 터빈 환기 장치.

tur·bit [tə́:rbit] [명] 집비둘기의 일종.

tur·bo [tə́:rbou] [명] ([복] **~s**) **1** =turbine. **2** 《구어》 =turbocharger. **3** 터보(자동)차.

tur·bo- [tə́:rbou, -bə] [연결] turbine의 뜻. ¶*turbo*-generator.

tur·bo·car [tə́:rboukὰ:r] [명] =turbo 3.

tur·bo·charge [tə́:rboutʃὰ:rdʒ] [동][타] 〔엔진〕에 출력 강화 장치를 부착하다.

tur·bo·charg·er [tə́:rboutʃὰ:rdʒər] [명] 터보차저(내연 기관의 출력 강화 장치).

tur·bo·cop·ter [tə́:rboukὰptər/-kɔ̀p-] [명] 터보(헬리)콥터.

tur·bo-e·lec·tric [-iléktrik] [형] 터빈 발전(식)의.

tur·bo·fan [tə́:rboufæ̀n] [명] 터보팬 (엔진). (또는 **∠ èngine**)

tur·bo-gen·er·a·tor [-dʒènərèitər] [명] 터빈 발전기.

tur·bo·jet [tə́:rboudʒèt] [명] =~ engine; 터보제트(항공)기.

túrbojet èngine [명] 터보제트 엔진, 터빈식 분사 추진 기관.

tur·bo·lin·er [tə́:rboulàinər] [명] 터빈 열차.

tur·bo·pause [tə́:rboupɔ̀:z] [명] 〔기상〕 무난류권(無亂流圈).

tur·bo·prop [tə́:rbouprὰp/-prɔ̀p] [명] =turbo-propeller engine; 터보프롭(항공)기.

túr·bo-pro·pel·ler èngine [-prəpèlər-] [명] 〔항공〕 터보프로펠러 엔진. (또는 **túrboprop èngine**)

tur·bo·pump [tə́:rboupʌ̀mp] [명] 터보펌프(로켓 엔진 연료 공급용 따위 터빈 구동 펌프).

tur·bo-rám·jet èngine [-rǽmdʒet-] [명] 〔항공〕 터보램제트 엔진(재연(再燃) 장치가 있는 엔진).

tur·bo·shaft [tə́:rbouʃæ̀ft/-ʃὰ:ft] [명] 〔항공〕 터보샤프트(전도(傳導) 장치가 부착된 가스 터빈 엔진).

tur·bo·su·per·charg·er [tə̀:rbousú:pərtʃὰ:rdʒər/-sjú:-] [명] 터보 과급기(過給器).

tur·bot [tə́:rbət] [명] ([복] **~(s)**) (유럽산(產)) 가자미류.

tur·bo·train [tə́:rboutrèin] [명] 터빈 열차.

tur·bu·lence [tə́:rbjuləns] [명] **1** [U] (풍파 따위의) 사나움; (마음의) 동요, 격동; (인심·사회 따위의) 혼란, 동란, 소동. **2** [U][C] 〔수력학〕 교란 운동, 교류(攪流). **3** [U][C] 〔기상〕 난기류(亂氣流). (또는 **turbulency**)

***tur·bu·lent** [tə́:rbjulənt] [형] **1** (풍파 따위가) 소용돌이치는, 거친, 폭풍우의, 사나운. ¶~ waves 거친 파도. **2** (인심·세태 따위가) 동요하고 있는, 소란스러운, 동란의; (행동 따위가) 난폭한, 불온한. ¶a ~ period 난세(亂世)/a ~ mob 폭도. **~·ly** [부]

túrbulent flów [명] 〔수력학〕 난류(亂流).

Tur·co [tə́:rkou] [명] ([복] **~s**) 《경멸적》 (옛 프랑스 육군의) 알제리아인(人) 경보병(輕步兵).

Tur·co- [tə́:rkou, -kə] [연결] 「터키(인)의, 투르크어의」의 뜻. ¶*Turco*phile. (또는 **Turko-**)

Tur·co·man [tə́:rkəmən] [명] ([복] **~s**) =Turkoman; =Turkmen.

Tur·co·phile [tə́:rkəfàil] [명] 터키를 좋아하는 사람, 터키 문화 예찬자. **—**[형] 친(親)터키의; 터키 문화 예찬자의. (또는 **Tur·co·phil** [-fìl]) **-phil·ism** [-fìlizm] [명]

Tur·co·phobe [tə́:rkəfòub] [형][명] 터키를 싫어하는 (사람). (또는 **Turkophobe**) **-phó·bi·a** [명]

turd [tə:rd] [명] 《비어》 [U][C] 똥; 똥 같은 놈.

túrd bùrglar [명] 《英속어》 (남자) 호모, 동성애자.

turd·cut·ter [tə́rdkʌ̀tər] [명] 《美속어·경멸적》 아일랜드인.

túrd fàce [명] 《美속어》 천한 사람.

tur·di·form [tə́:rdəfɔ̀:rm] [형] 개똥지빠귀와 같은 모양을 한.

tur·dine [tə́:rdain, -din] [형] 개똥지빠귀과(科)의.

tur·doid [tə́:rdɔid] [형] 개똥지빠귀와 같은, 개똥지빠귀를 닮은 모습[목소리]의.

tu·reen [tjurí:n/tə-] [명] (뚜껑 있는) 수프 그릇.

turf** [tə:rf] [명] ([복] **~s**, (英) ***turves [tə:rvz]) **1** [U]

집합적) 잔디, 잔디밭. **2** (英) (잘라낸) 뗏장, 풀밭. **3** (the ~) 경마(업), 경마장. **4** ⓤ 토탄, 이탄(泥炭); ⓒ (한 덩이의) 이탄. **5** (俗) (폭력단 따위의) 세력권; (형사의) 담당 구역. **6** (美俗) 보도, 길.
on one's own turf 자기 기반에서; 자신 있는 분야에서.
on the turf ① (俗) 매음(賣淫)하여. ② (俗) 무일푼으로, 돈이 없이. ③ 경마로 생활하여.
── ⓥⓣ **1** ⋯에 잔디를 심다, ⋯을 잔디로 덮다; 매장하다. **2** ⋯의 이탄을 캐다. **3** (英俗) ⋯을 추방하다, 내쫓다(out)(from). **4** (美俗) (환자)를 (다른 병원 위로) 돌리다. ── ⓥⓘ 잔디를 모으다.
~·less, **~·like** ⓐ
túrf accóuntant (英) 경마의 마권업자.
túrf-bound [tə́ːrfbàund] ⓐ 잔디를 깐.
túrf dráin ⓝ 잔디를 심어 덮은 배수로.
túrf fíght (美俗) 영역권 다툼.
túrf·ing ìron [tə́ːrfiŋ-] (英) 잔디 깎는 도구.
turf·ite [tə́ːrfait] ⓝ =TURFMAN.
turf·man [tə́ːrfmən] ⓝ 경마광; (경마팬) 말 주인.
túrf-skì [tə́ːrfskìː] ⓝ (롤러를 댄) 잔디 스키.
turf·y [tə́ːrfi] ⓐ **1** 잔디로 뒤덮인, 잔디의; 잔디 같은. **2** 이탄질(泥炭質)의, **3** 경마의; 경마 특유의.
Tur·ge·nev [tə:rgéinjəf, -géin-] ⓝ **Ivan Sergeevich** ~ 투르게네프(1818–83: 러시아의 소설가). (또는 **Turgeniev**)
tur·ges·cent [tə:rdʒésnt] ⓐ 부어오르는, 부푸는; 종창성(腫脹性)의; 허풍떠는, 과장된.
-cence, **-cen·cy** ⓝ 부어오름, 종기; 과장.
tur·gid [tə́ːrdʒid] ⓐ (물건·문장 따위가) 부푼, (수족 따위가) 부어오른; 허풍떠는, 과장된.
~·ly ⓐⓓ **~·ness** ⓝ
tur·gid·i·ty [tə:rdʒídəti] ⓝⓤ 부어오름, 부풀기, 팽창, 종창; 허풍, 과장.
Tu·rin [tjúərin, -/tjuərín] ⓝ 튜린, 토리노(이탈리아 북서부의 상공업 도시). **Tu·ri·nese** [tjùərini:z] ⓐⓝ
Tú·ring machíne [tjúəriŋ-/tjúər-] ⓝ (數學) 튜링 전산기(무한한 계산력을 지녔다는 가상적인 전산기). [<영국의 수학자 Alan M. Turing(1912-54)의 이름]
Túring tèst ⓝ 튜링 테스트(기계가 생각하고 있는가를 판정하는 시험).
tu·ri·on [tjúəriən/tjúəriən] ⓝ 【식물】 (뿌리에서 나온) 비늘눈이 웃자란 어린 줄기.
tu·ris·ta [tuəríːstə] ⓝ (종종 ~**s**) 해외 여행자의 설사.
tu·ri·ya [tə́ːrijə] ⓝ 사유(思惟)·사랑·의지를 초월한 의식의 4번째 상태; 다양성, 2원성.
***Turk** [təːrk] ⓝ **1** 터키 사람; 터키족 사람; (오스만 (Ottoman) 제국 시대의 터키에 살았던) 회교도. ¶the Grand [or Great] ~ 터키 황제. **2** ⓤ 투르크 어족 (Turkic)의 언어를 말하는 사람. **3** 터키 말(馬), **4** (고어·속어) 잔인한 자, 난폭자. ¶You little ~! 이 망나니 녀석! (또는 **turk**) **5** (美俗) (미식축구) 선수에게 해고를 통고하는 직원. **6** (때로 t-) (美俗) 항문 성교를 즐기는 호모. **7** (또는 **turk**) (美俗) 아일랜드계 사람.
a [or **the**] **young** [or **little**] **Turk** (口語) 급진 개혁파 젊은이.
become [or **turn**] **Turk** (英俗) 회교도가 되다.
Turk. Turkey; (또는 **Turk**) Turkish.
Tur·ke·stan [tə̀:rkəstǽn, -stáːn] ⓝ 투르키스탄 (중앙아시아의 광활한 지역). (또는 **Turkistan**)
~·i·an ⓐ
‡tur·key [tə́ːrki] ⓝ (옥 ~(**s**) [-(z)]) **1** 칠면조; ⓤ 칠면조 고기. **2** (美俗) (영화 따위의) 실패작. **3** (美俗어) 쓸모없는 물건[사람]; 바보, 겁쟁이. ¶What a ~! (口語) 이 바보 멍청아! **4** (볼링) 3연속 스트라이크. **5** (俗) 약한 마약. **6** (美俗) (칠면조 고기보다) 싼고기(생선); 맛없는 고기(생선) 요리. **7** (美·濠俗) (이주 노동자의 휴대용) 음식 주머니. 「한.
(**as**) **proud as a lame turkey** (美俗) 매우 겸손

a turkey on a string (美俗) 쉽게 복종시킬 수 있 「는 사람.
cold turkey ⇒ COLD TURKEY.
have a turkey on one's **back** (美俗) 마약 중독이 되다; 원한을 갖다.
say turkey (보통 부정문에서) (美俗) 애교 있게 말하다. ¶He *never* once said ~ to her. 그는 그녀에게 한 번도 상냥한 말을 하지 않았다.
talk turkey (美俗) ① 솔직하게[터놓고] 말하다. ② =*say turkey*. ③ (俗) 입으로 성기를 애무하다.
walk turkey (俗) ① 거드름을 피우며 걷다. ② (배가) 상하 좌우로 흔들리다.
‡Tur·key [tə́ːrki] ⓝ 터키 (공화국)(수도 Ankara).
túrkey búzzard ⓝ =TURKEY VULTURE.
Túrkey cárpet ⓝ =TURKISH RUG.
túrkey còck ⓝ 칠면조 수컷; 젠 체하는 사람.
(**as**) **red as a turkey cock** (화나서) 얼굴이 붉어져.
túrkey còrn ⓝ 옥수수.
túrkey hèn ⓝ 칠면조 암컷.
Túrkey lèather ⓝ (英) 터키 가죽(제본용).
túrkey nèck ⓝ (美俗) 음경, 페니스.
túrkey pòult ⓝ 칠면조 새끼.
Túrkey réd ⓝ 터키 레드(예전에는 꼭두서니의 뿌리, 현재는 인조 알리자린의 합성 염료인 농적색(濃赤色)); (터키 레드로 염색한) 면직물.
túrkey shòot ⓝ **1** 이동 표적 사격 대회(상품은 칠면조); 칠면조 사격 시합. **2** (美俗) 아주 쉬운 일.
Túrkey stòne ⓝ =TURQUOISE; 상질(上質) 숫돌.
túrkey tròt ⓝ 터키 트롯(둘씩 짝을 지어 원을 그리며 추는 무용). **túr·key-tròt** ⓥⓘ 「산(產).
túrkey vúlture ⓝ 독수리의 일종(미국 남부·중남미
Tur·kic [tə́ːrkik] ⓝⓤ 투르크 어족. ── ⓐ 투르크 어족의; =TURKISH.
‡Turk·ish [tə́ːrkiʃ] ⓐ 터키(인)의, 터키풍의; 터키어 (족)의. ── ⓝ 터키어(⇔ Turk.); =TURKIC.
Túrkish báth ⓝ 터키(증기) 목욕; (때로 ~**s**) 터키탕.
Túrkish cóffee ⓝ 터키 커피(시럽으로 단맛을 낸 짙은 분말 커피).
Túrkish delíght [páste] ⓝ 터키 과자(젤라틴을 굳혀 설탕을, 바른 젤리의 일종).
Túrkish Émpire ⓝ (the ~) =Ottoman Empire.
Túrkish músic ⓝ (전통적인) 터키 음악.
Túrkish póund ⓝ 터키 파운드(⑦ £T).
Túrkish rúg [cárpet] ⓝ (향기가 강한) 터키 융단[카펫].
Túrkish tobácco ⓝ 터키 담배.
Túrkish tówel ⓝ (때로 t- t-) 터키 수건(목욕용).
Túrkish tóweling ⓝ (때로 t- t-) 터키 수건감.
Turk·ism [tə́ːrkizm] ⓝⓤⓒ **1** 터키풍[식]; 터키풍의 언어. **2** 터키인의 문화·신앙·사상·습관.
Turk·i·stan [tə̀ːrkəstǽn, -stáːn] ⓝ =TURKESTAN.
Turk·man [tə́ːrkmən] ⓝⓐ 투르크멘 사람, 투르크메니스탄 출생[주민].
Turk·men [tə́ːrkmen, -mən] ⓝⓤ 투르크멘 말(주로 카스피 해 동쪽에서 쓰는 투르크어의 일종).
Turk·me·ni·stan [tə̀ːrkmenəstǽn, -stáːn] ⓝ 투르크메니스탄(이란의 북부, 카스피 해에 면한 독립 국가 연합의 공화국; 1992년 독립; 수도 Ashkhabad).
Tur·ko- [tə́ːrkou, -kə] (연결) ⇒ TURCO-.
Tur·ko·man [tə́ːrkəmən] ⓝ (옥 ~**s**) 투르크멘 사람(아랄 해·투르크메니스탄·이란 등지에 사는 터키족); ⓤ 투르크멘 말(Turkmen). (또는 **Turcoman**)
Túrkoman rúg [cárpet] ⓝ 투르크멘 융단[카펫].
Túrk's-cap líly [tə́ːrkskæp-] ⓝ 【식물】 마르타곤 (martagon) lily.
Turk's-head [tə́ːrkshèd] ⓝ 터번 모양의 장식 매듭; 자루가 긴 비; 【식물】 선인장의 일종(⇒ cactus).
tur·mer·ic [tə́ːrmərik] ⓝ 심황(인도산(產) 생강과의 일종); ⓤ 심황 뿌리(의 가루)(조미료·염료·약제).
túrmeric pàper ⓝ 황색 시험지, 강황지(薑黃紙)

(알칼리액에 담그면 황색이 갈색으로 변한다).

***tur·moil** [tə́ːrmɔil] [명][U][C] **1** 소란, 소동, 혼란, 동요. ⇨AGITATION [유의어] ¶mental ~ 마음의 동요. **2** **(폐어)** 궂은 일. **—** [동][타] **(고어)** 불안하게 하다, 괴롭히다.

‡turn [təːrn] [동] (~**s** [-z]) [타] **1** …을 (축[중심] 둘레로) 회전시키다; 〔나사 따위〕를 돌리다, 틀다; …을 (돌려) 위치를 바꾸다, 다른 위치로 옮기다. ¶~ a wheel 수레바퀴를 돌리다 // (~+[目]+[副]) ~ the cock *on* [*off*] 콕을 틀어 〔물 따위〕를 나오게 하다[멈추게 하다] // (~+[目]+[補]) ~ a screw tight 나사를 꼭 조이다. **2** 〔모퉁이 따위〕를 돌다; 〔적〕의 측면을 돌아서 배후를 찌르다; 〔상대〕의 허점을 찌르다; …을 우회하다. ¶~ a street corner 거리의 모퉁이를 돌다. **3** 〔사물〕을 거꾸로 하다, 뒤집다; 〔페이지〕를 넘기다, 〔트럼프 따위〕를 엎다; 〔옷〕을 뒤집다, 뒤집어 다시 재봉하다; (쟁기로) 〔땅 따위〕를 파 뒤집다, 갈다; 〔위치·순서·배치 따위〕를 뒤바꾸다; **〔인쇄〕** 활자를 뒤집어 끼우다. ¶~ a page 페이지를 넘기다. **4** …을 숙고하다, 곰곰이 생각하다(*over, about*). ¶ (~+[目]+[副]) ~ the idea *over* before acting on it 실행에 옮기기 전에 그 아이디어에 대해서 숙고하다. **5** …의 진행 방향을 바꾸다(*to, from*); …으로 향하게 하다(*to*); 〔공격·비난 따위〕를 피하다, 비키다(*away*); 튀어 되돌아오게 하다; 되돌리다, 돌려주다. ¶ (~+[目]+[前]+[名]) ~ one's steps *toward* home 발길을 집으로 돌리다 / ~ a ship *from* her course 배의 방향을 바꾸다. **6** …의 경향[동향, 추세]을 바꾸다; 〔화제 따위〕를 돌리다. ¶~ the course of history 역사의 흐름을 바꾸다. **7** …을 구부리다, 접다, 비틀다; 〔몸〕을 뒤틀다; 〔칼날〕을 무디게 하다; …에 휘감기다, 감아 엉키다. ¶~ a tube 파이프를 구부리다 / ~ one's ankle 발목을 삐다. **8** 〔눈·얼굴·등 따위〕를 (…으로) 향하다, 돌리다(*to, on*); 〔차 따위〕를 (어느 방향으로) 향하게 하다(*to, toward*); 〔생각·주의·욕구 따위〕를 (…에서 …로) 돌리다. **9** 〔성질·외관 따위〕를 바꾸다; …으로 바꾸다, 변화시키다(*into, to*); 〔주(株) 따위〕를 (현금으로) 바꾸다(*into*); 〔나뭇잎 따위〕를 변색시키다; 〔술·우유 따위〕를 발효[변질, 산패(酸敗)]시키다. ¶~ the leaves of a tree 나뭇잎을 물들게 하다 / Warm weather ~*s* milk. 날씨가 더우면 우유가 변질된다 // (~+[目]+[前]+[名]) ~ one's check *into* cash 어음을 현금으로 바꾸다. **10** 〔생각·욕구·노력 따위〕를 기울이게 하다, 쏟게 하다(*to, toward, on*). ¶~ knowledge *to* good account 지식을 크게 활용하다; **(재귀용법으로)** …에 몰입시키다, 전념하게 하다(*to*). **11** 〔남〕을 (…에게) 등을 돌리게 하다, 반발하게 하다, 반감을 품게 하다(*against*). **12** …을 옮기다, 번역하다; …을 바꾸어 말하다(*into*). ¶ (~+[目]+[前]+[名]) ~ Korean *into* English 한국어를 영어로 옮기다. **13** 〔사람·물건·일 따위〕를 (…한 상태로) 만들다, 바꾸다. ¶ (~+[目]+[補]) His behavior ~*s* me sick. 그의 태도를 보면 심사가 뒤틀린다. **14** 〔기분·머리〕를 혼란케 하다; 미치게 만들다; 비위를 상하게 하다. ¶His failure ~*ed* her head. 그의 실패로 그녀는 머리가 이상해졌다. **15** 〔자금〕을 회전시키다, 〔상품 따위〕를 팔아 치우다; 〔이익〕을 얻다. **16** 〔어떤 목적·용도〕에 …을 쓰다, …을 돌려 쓰다(*to*). ¶ (~+[目]+[前]+[名]) ~ one's hand *to* almost anything 거의 모든 일에 손을 대다 / ~ a thing *to* good account [*or* use] 어떤 것을 선용하다. **17** **(구어)** (나이·시간·액수·양 따위가) …을 초과하다, 넘다, 지나다. ¶She has just ~*ed* thirty. 그녀는 막 서른을 넘겼다 / It's just ~*ed* half past two. 막 2시 반이 지났다. **18** 〔특정 방향〕으로 가게 하다, 몰아내다, 퇴각시키다, 쫓아버리다. ¶~ one's destiny 운명을 역전시키다 / ~ a mob 폭도를 내쫓다 // (~+[目]+[前]+[名]) ~ cows *to* pasture 소떼를 목장으로 몰아내다. **19** …을 (선반(旋盤) 따위로) 깎다, 녹로(轆轤)로 둥글게 깎다; (일반적으로) …을 둥글게 하다; …을 솜씨 좋게 다듬다, …을 멋지게 표현하다. ¶~ wood to make a doll 녹로로 깎은 나무로 인형을 만들다 / She can ~ pretty compliments. 그녀는 칭찬을 잘 할 줄 안다. **20** …을 (다른 그릇에) 옮겨 담다(*into*). **21** 〔재주 넘기·공중제비〕를 하다. ¶~ a double somersault 두번 회전하는 공중제비를 하다. **22** 〔위(胃)〕를 메슥거리게[구역질나게] 하다. **23** **(폐어)** …을 개종시키다; …을 잘못된 길로 들어서게 하다.

— [자] **1** (축·중심점의 둘레를) 돌다, 회전하다((a)*round, about*) ((a)*round*). ¶The earth ~*s* (a)*round* the sun. 지구는 태양의 주위를 돈다.

> [유의어] **turn** 「돌다」라는 뜻의 가장 일반적인 말; 원형이 아닌 단순한 호(弧)모양의 움직임도 뜻한다. **revolve** 어떤 물체의 주위를 특히 궤도를 그리면서 돌다; rotate의 뜻으로 쓰일 때도 있다. **rotate** 그 물체 자체의 축을 중심으로 돌다. **circle** 원 또는 호를 그리며 운동하다. **spin** 어떤 물체의 한 점 또는 축을 중심으로 빠르고 안정되게 돌다. **gyrate** 원형 또는 소용돌이 모양으로 rotate하다. **twirl** 교묘·경쾌하게 돌다. **wheel** 원 또는 호를 그리면서 이동하다. **whirl** 놀라운 기세로 빙글빙글 돌다.

2 방향을 바꾸다; 뒤돌아보다((a)*round*)(*to, toward*); (회전하듯이) 빙글 돌다(*on*); 뒤집어지다, 전복하다(*over, inside out*); (잠자리에서) 몸을 뒤치다(*over*), 뒤치락거리다. ¶~ *on* one's heel 발꿈치로 빙글[홱] 돌다 / ~ *over* in bed 자다가 뒤치다 / The umbrella ~*ed inside out*. 우산이 뒤집혔다. **3** 발걸음을 돌리다, …으로 향하다; (생각·주의 따위를) 돌리다(*back*) (*to*). ¶ (~+[前]+[名]) ~ *to* the left 왼쪽으로 돌다 / ~ *to* music 음악으로 마음을 돌리다 // (~+[副]) ~ *back to* one's work 다시 일을 시작하다. **4** 되돌아가다, 돌아서다; (차·배·사람 따위가) 진로를 바꾸다. ¶It's time *to* ~ now. 이제 돌아갈 시간이다. **5** (도로 따위가) 구부러지다; (칼날 따위가) 무디어지다. ¶The knife's edge has ~*ed*. 칼날이 무디어졌다. **6** 태도[방침]를 바꾸다; 대립[적대, 반대]하다(*against*); (저항·공격하려고) 자세를 취하다; (불시에) 반격[반항]하다(*on, upon*). ¶ (~+[前]+[名]) ~ *against* a former friend 옛 친구와 등을 돌리다 // *Even a worm will* ~. **(속담)** 지렁이도 밟으면 꿈틀한다. **7** …을 의지하다; 참조하다(*to*); …에 달려 있다, 좌우되다(*on, upon*). ¶ (~+[前]+[名]) ~ *to* God in one's trouble 어려울 때 신에게 의지하다 / Why not ~ *to* this book? 왜 이 책을 참조하지 않는가 / The question ~*s on* this point. 문제는 이 점에 달려 있다. **8** (조수가) 바뀌다; (형세가) 일변하다, 역전하다. ¶ (~+[前]+[名]) The wind ~*ed into* the east. 바람의 방향이 동쪽으로 바뀌었다. **9** 변화하다, …으로 바뀌다(*to, into*); (우유·술 따위가) 부패[산패]하다; (잎·머리털 따위의) 색깔이 변하다; (변화하여) …이 되다; 개종하다; 변절[변심]하다. ¶ (~+[補]) ~ Catholic [traitor] 가톨릭 교도[반역자]가 되다 / The leaves are ~*ing* red. 나뭇잎이 붉게 물들고 있다 / The weather has ~*ed* colder. 날씨가 더 추워졌다 // (~+[前]+[名]) The rain has ~*ed to* snow. 비가 눈으로 바뀌었다. **10** (머리가) 아찔아찔하다, 현기증이 나다; (마음·머리가) 혼란하다, 이상해지다; (위가) 메슥거리다. **11** 선반으로 깎여지다; 다듬어지다. ¶Brass ~*s* well. 놋쇠는 잘 깎여진다. **12** **(美)** (재산 따위가) 남의 손에 넘어가다; (상품이) 잘 팔리다. **13** (저울이 위 또는 아래로) 기울어지다. **14** (물건이 압력으로) 구부러지다, 휘다. **15** (기사가 다음 페이지로) 이어지다, 계속되다([반] jump). **16** **〔골프〕** 라운드의 후반부를 시작하다; **〔크리켓〕** (던진 공이) 휘어져 나가다. 「FACE!

About* [*Left, Right*] *turn! =About [*Left, Right*]

not know which way* [or *where*] *to turn **(구어)** (머리가 혼란하여) 어떻게 해야 할지 모르다.

turn about ① 뒤돌아보다; 방향을 바꾸다. ② 빙그르르 돌다[돌리다]. ③ …을 숙고하다(⇨[타] 4). ④ **〔군사〕**

뒤로 돌아를 시키다[하다].
turn a complete circle 완전히 한 바퀴 돌다.
turn adrift 표류시키다; 내쫓다, 해고하다.
turn against 적의를 품다, 반항[적대]하다(⊕ turn in favor of).
turn and rend 〔친구〕를 매도하다.
turn** a person **against 남을 …에게 반항[적대]시키다. ¶ What ~*ed* her *against* you? 왜 그녀는 너에게 반항했느냐?
turn** a person **out of 남을 …에서 쫓아내다.
turn** a person **round** one's **little finger 남을 턱으로 부리다.
turn around ① 회전하다[시키다]. ② 방향을 바꾸다; 뒤돌아보다[보게 하다]. ③ 반항하다, 공격[비난]하다, 적대하다 (*on, upon*). ④ 변절하다[시키다]; 의견[태도]을 바꾸(게 하)다. ⑤ 노력하다. ⑥ (시장·경제 따위가) 회복[호전]되다; 〔경제 따위〕를 호전시키다.
turn aside ① 옆으로 비키다[비키게 하다], 돌려 피하다. ② 벗어나다, 옆길로 들어서다. ③ 옆으로 향하다. ④ 남에게 자리를 양보하다. ⑤ (남을) 동정[지지]하지 않다. ⑥ 〔분노 따위〕를 가라앉히다.
turn away ① …을 내쫓다, 물리치다. ② …을 해고하다; 〔요구·제안 따위〕를 거부하다. ③ 〔얼굴〕을 돌리다, 보려고 하지 않다. ④ 경멸을 나타내다, 불찬성을 나타내다. ⑤ 〔불행 따위〕를 피하다.
turn back ① 돌아오다[오게 하다], 돌려보내다, 방향을 바꾸다[바꾸게 하다]. ② 〔시계〕를 늦추다, 바늘을 되돌리다. ③ 되돌아가다, 제자리로 돌아가다. ④ 〔종이 따위〕를 접다. ⑤ …을 퇴각시키다.
turn color 안색이 변하다, 빨개[새파래]지다.
turn down ① …을 거절하다, 물리치다, 각하(却下)하다. ¶ ~ *down* a person's application 지원을 각하하다. ② 〔트럼프 따위〕를 엎어놓다. ③ …을 가늘게 하다, 약하게 하다. ¶ ~ *down* the radio 라디오 소리를 작게 하다. ④ (사람·차 따위가) 옆길로 들어서다. ⑤ (경제·경기 따위가) 나빠지다.
turn forth 쫓아내다, 추방하다.
turn from 〔관찰·연구 따위〕를 그만두다, 버리다.
turn in ① …을 (…에게) 건네다; 〔보고서 따위〕를 제출하다. ② (발가락이) 안쪽으로 굽다; …을 안으로 굽히다. ③ …을 접어 굽히다, 접다. ④ …을 되돌려보내다. ⑤ **(구어)** 잠자리에 들다. ⑥ **(美)** …을 들여오다. ⑦ **(구어)** …을 (경찰에) 밀고[인도]하다; **(재귀용법으로)** 자수하다. ⑧ …에 들어가다[들어가게 하다]. ⑨ 〔일·계획·음주 따위〕를 그만두다. ⑩ …을 (…와) 교환하다, 바꾸다.
turn in favor of …에게 호감을 가지다.
turn inside out ① (회전하듯) 방향을 바꾸다. ② 〔옷 따위〕를 뒤집다; **(구어)** 〔서랍 따위〕를 (샅샅이) 뒤지다. ③ 〔생각 따위〕를 혼란케 하다. ④ **(재귀용법으로)** 자신(의 정체)를 드러내다.
turn in to 〔프로그램〕에 채널을 맞추다.
turn into ① 〔상점 따위〕에 들어가다. ② (외관·성질 따위가) …으로 변하다.
turn in upon** [or **on**] one**self ① 자기 생각에 파묻히다[파묻히게 하다]; 내향적이 되다. ② (나라·장소 따위가) 고립화하다.
***Turn it** [or **that**] **in** [or **up**]!* **(英구어)** 바보 같은 소리는 하지도 마라.
turn it on **(속어)** 〔매료시키는 묘기 따위〕를 보이다.
turn loose 놓아 주다, 해방하다, 자유롭게 해 주다.
turn off ① (수도·밸브 따위를) 잠그다, 멎게 하다. ② 〔전기·TV〕를 끄다. ③ (길이) 갈라지다. ④ (차·사람이) 옆길로 들어가다. ⑤ **(속어)** 흥미를 잃다[잃게 하다], …이 싫어지다[싫어지게 하다]; 낙후하다, 탈퇴하다. ⑥ **(英)** 상하다, 썩다. ⑦ **(英)** …을 해고하다. ⑧ **(구어)** 〔작품 따위〕를 (훌륭하게) 만들어내다, 〔일〕을 하다. ⑨ **(고어)** 〔죄수〕를 교수형에 처하다. ⑩ **(英고어·익살)** …을 결혼시키다. ⑪ **(고어)** …을 처분하다, 팔다.
turn on ① 〔수도·가스 따위〕를 (꼭지를 틀어) 나오게 하다; 〔전기·TV 따위〕를 켜다(⊕ turn off). ② …으로 향하게 하다; (화제가) …으로 바뀌다. ¶ ~ a gun *on* it 그것을 향해 총을 겨누다. ③ …에 대들다, (별안간) 반항[반대, 적대]하다, 맞서게 하다. ④ …에 좌우되다, 달려 있다. ⑤ …에게 시작하게 하다. ⑥ **(속어)** 마약을 흡입하다[시키다]; (환각제·마약으로) 몽롱해지다; …을 몽롱하게 하다. ⑦ **(속어)** 마음이 끌리다, 열중하다, 흥미를 갖다; …에 흥미를 갖게 하다. ⑧ **(구어)** (성적으로) 흥분[자극]하다[시키다]. ⑨ (대화 따위가) …을 취급하다, 화제가 되다. ⑩ 〔엔진 따위〕를 작동시키다. ⑪ **(구어)** 〔매력·태도 따위〕를 갑자기 보이다.
turn** one's **hand to …을 시작하다, …에 손을 대다.
turn on the heat 총포를 퍼붓다.
turn onto **(美구어)** …에 흥미를 갖다.
turn out ① 〔전기·TV 따위〕를 끄다. ② …을 생산[제조]하다; 〔선수·학생 등〕을 훈련[배출]시키다. ③ **(부사와 함께)** …의 결과가 되다; **(보어와 함께)** 결국은 …이 되다, 결국은 …임이 밝혀지다. ¶ Everything ~*ed out* all right. 모든 것이 잘 되었다 / What they said ~*ed out* (to be) true. 그들이 말한 것이 사실이라는 것이 밝혀졌다. ④ (모임·행사 따위에) 참석하다, 모이다. ⑤ **(구어)** 잠자리에서 일어나다. ⑥ (발·손가락 따위가) 밖으로 굽다. ⑦ 〔남〕을 몰아내다, 해고[해임]시키다. ⑧ **(종종 수동형으로)** **(보통 부사와 함께)** 〔남〕을 치장[성장(盛裝)]시키다. ⑨ 〔해사〕 〔선원〕에게 휴식소에서 나와 근무하게 하다. ⑩ 〔그릇·방 따위〕를 비우게 하다, 청소하다; 〔호주머니 따위〕를 뒤집다; 〔그릇〕에서 꺼내다; 〔불필요한 것〕을 처분하다. ⑪ 〔가축 따위〕를 목장에 풀어 놓다; 〔사람〕을 모으다. ⑫ **(美속어)** …에게 (마약·매춘·동성애 따위의) 초보를 가르치다; …에 유인해 들이다.
turn over ① (한쪽에서 다른 쪽으로) 방향을 바꾸다. ② (시동이) 걸리다; 시동하다. ③ 구토가 나다; (심장이) 두근거리다. ④ **(보통 진행형으로)** (일이) 순조롭게 진행되다. ⑤ 사직[전직]하다; (다음 사람과) 교대하다 (*to*). ¶ ~ *over to* the night crew 야간 근무조(組)와 교대하다. ⑥ (공장 따위가 다른 생산 형태로) 전환되다. ⑦ (TV 등의) 채널을 바꾸다. ⑧ (상품이) 팔리다, 회전하다. ⑨ **(속어)** 마약을 끊다. ⑩ **(英속어)** (건물을) 급습하다, 수색하다. ⑪ …을 굴리다; 뒤집다, 쓰러뜨리다, 전복시키다. ⑫ …의 방향을 바꾸게 하다. ⑬ 〔서류·옷 따위〕를 뒤집어서 살펴보다. ⑭ 〔재산 따위〕를 양도하다; 〔정보·습득물 따위〕를 (경찰 등에게) 넘기다; 〔자녀·아이 등〕을 (남에게) 맡기다; 〔권한 따위〕를 위임하다. ⑮ 〔엔진 따위〕를 시동을 걸다. ⑯ **(구어)** 〔남〕의 기분을 상하게 만들다. ⑰ 〔상품〕을 매매하다, 회전시키다; 〔자금〕을 운용[운전]하다. ¶ ~ *over* $10,000 a month 1개월에 1만불의 매상을 올리다. ⑱ 〔인쇄〕 〔문자·단어 따위〕를 다음 행[페이지]으로 옮기다. ⑲ **(美)** 〔스포츠〕 〔공〕을 상대에게 빼앗기다. ⑳ **(英속어)** 〔장소〕를 어지럽히고 약탈하다; 〔남〕을 속여먹다; (경찰 등이) 〔집·방〕을 급습하여 수색하다.
turn over a new leaf ⇨LEAF.
turn round =*turn around*.
***turn round and** do* **(구어)** 식은 죽 먹듯이 (예사로) …하다.
turn tail (and run) 등을 돌리다, 달아나다.
turn the other cheek ⇨CHEEK.
turn the scale(s) ⇨SCALE².
***turn the tables on** [or **upon**]* ⇨TABLE.
turn the tide ⇨TIDE¹.
turn to ① …쪽으로 향하다. ② …에게 도움을 청하다, …에 의지하다; …을 참조하다, 조사하다. ③ 일에 착수하다. ④ 〔페이지 따위〕를 열다. ⑤ …으로 변하다.
turn under 밑으로 구부러지다, 접혀 들어가다.
turn up ① (일·사건이) 갑자기 일어나다, 생기다. ② (사람이 장소·일터 따위에) 나타나다; (기회가) 찾아오다; (탈것이) 도착하다. ③ **(구어)** (분실물 따위가 우

연히) 발견되다. ④ (코·손끝 따위가) 위를 향하다. ⑤ (시장·경기 따위가) 상승하다. ⑥ 옆길 따위로 돌아서 들어가다[올라가다]. ⑦ 〔소매 따위〕를 걷어올리다. ⑧ 〔흙 따위〕를 파서 뒤엎다; 〔고분 따위〕를 발굴하다. ⑨ 발견하다; …을 폭로하다, 명백하게 하다. ⑩ 〔가스의 불꽃 따위〕를 (꼭지를 틀어) 강하게 하다, 〔조명〕을 밝게 하다. ⑪ **(英)** 〔단어 따위〕를 (사전으로) 조사하다. ⑫ **(구어)** 〔남〕에게 구토를 일으키게 하다; 〔남〕을 도덕[감정]적으로 불쾌하게 만들다. ⑬ …을 윈치로 끌어올리다. ⑭ **(美속어)** 〔남〕을 (경찰에) 밀고하다. ⑮ **(英속어)** 〔계획·일 따위〕를 단념하다, 포기하다.

turn up** one's **nose at ⇨NOSE.

turn up** one's **toes (to the daisies); turn** one's **toes up (to the daisies) 죽다.

turn upside down 거꾸로 하다, 뒤집다; 혼란케 하다.

whatever turns you on **(美속어)** 너만 재미[흥미] 있다면 그것으로 족하다[상관없다].

— [명] (~*s* [-z]) **1** 회전 (운동), 돌기; (차바퀴 따위의) 1 회전. ¶the ~ of a wheel 차바퀴의 회전.

2 굽기, 만곡; (도로·하천 따위의) 돌아가는 모퉁이, 만곡부(彎曲部). ¶a ~ in a road 도로의 돌아가는 모퉁이.

3 방향 전환, 되짚어 오기, 반전(反轉); (방향·진로 따위의) 도는 곳, 반환점, 굴절점. ¶ the ~ of the tide 조수의 변화; 형세의 역전.

4 (a ~, the ~) (상태·성질의) 변화, 변전; (새로운) 전개; 전환기, 변환기. ¶the ~ of life 갱년기.

5 (a ~, the ~) 동향, 경향, 추세. ¶The conversation took an interesting ~. 이야기는 재미있게 되어 갔다.

6 기질, 성향(性向); 재능; 특성. ¶an inquisitive ~ of mind 타고난 호기심. **7** (보통 one's ~) 차례, 순번; 기회. ¶It's my ~ to pay. 이번에는 내가 낼 차례다. **8** 한바탕 하는 일; (산책·드라이브 등의) 한 차례; 한 번 돌아보기. ¶a ~ of work 한 차례의 일. **9** 행위, 짓. ¶do a person a good [bad] ~ 남에게 친절하게[불친절하게] 대하다 / *One good ~ deserves another.* **(속담)** 은혜는 은혜로 갚는다. **10** 형태, 꼴, 모양; 둥근 모양(의 것), 굽은 모양(의 것). **11** 〔해사〕 (밧줄 등) 하나의 두루마리, 꼬임; 감긴 것, 감기기. **12** 문체. **13** (병·노여움 따위의) 발작, (감정의) 격발; **(구어)** 깜짝 놀람, 기겁, 충격. **14** 필요, 요구, 목적. ¶This will serve your ~. 이건 너에게 꼭 쓸모가 있을 것이다. **15** 〔음악〕 회음(回音)(장식음의 일종); 그 기호(∽). **16** (~s) 월경. **17** 〔상업〕 (증권 따위의) 매매, 매매 가격의 차; (자본의) 회전(율). **18** 〔인쇄〕 복자(覆字); 복자(覆字)를 올바른 활자로 바꾸는 일. **19** (레슬링 따위의) 공격의 한 매듭, 한판 승부. **20** **(英)** 하나의 상연물, 공연물의 한 종목. **21** 〔군사〕 (교련 따위의) 방향 전환, 우회. **22** (교체 제도에 의한) 근무(시간). ¶work in ~*s* 교대제로 일하다. **23** (실제로 쓰여진 개개의) 표현 방법, 말솜씨, 말투. **24** (작품 따위의) 논법, 견해, 생각 표현. **25** 〔카드놀이〕 (the ~) (faro에서) 마지막 3장의 카드 순서. **26** (스키·스케이트·수영 따위의) 회전, 선회. **27** **(고어)** 술책, 책략, 장난.

at every turn ① 가는 곳마다; 도처에(서). ② 모든 경우에 있어서, 언제나.

a turn of the screw **(비유적)** 압력(을 가하기); 죄어치기.

by the turn of a hair 하마터면, 위험한 상황에서.

by turns 차례로, 교대로, 번갈아. ¶keep watch *by ~s* 교대로 망보다.

call the turn ① **(구어)** 지배하다, 이기다. ② 정확하게 예언하다. ③ (가격 따위가) 최고로 되다. ④ 〔카드놀이〕 (faro에서) 마지막 패 3장의 순서를 알아맞히다.

done to a turn 잘 요리된.

give** a person **a turn 남을 깜짝 놀라게 하다.

in (**one's**) turn 제 차례가 되어, 순번이 돌아와, 이번에는.

in the turn of a hand 손바닥 뒤집듯, 즉시.

***in turn** [or **turns**]* ① 교대로; 순서대로. ② 다음에는, …에도 또한.

on the turn ① 바뀌는 고비에서, 바뀌려고 하여. ② **(구어)** (우유 따위가) 막 변질되려고 하여; (날씨가) 변하려고 하여. ¶The milk is just *on the ~*. 우유가 막 상하기 시작했다.

out of (**one's**) turn ① 두서없이; 순서가 뒤바뀌어. ② **(구어)** 경솔하게, 무분별하게; 나쁜 계제에.

Right [Left] turn! **(구령)** 우향 우[좌향 좌]!

serve** a person's **turn 충족시키다, 소용되다, 이바지하다.

take a turn for the better [worse] 차차 나아지다[나빠지다].

take it in turns **(英)** (…을) 교대로 하다 (*to* do).

take turns (…을) 교대로 하다 (*in, at, to* do). ¶We *took ~s (at* [or *in*]) doing the work. 우리들은 교대로 그 일을 했다.

to a turn 꼭 알맞게, 적당하게, 완전하게, 더할 나위 없이.

turn (and turn) about (두 사람이) 교대로, 번갈아.

turn·a·bout [tə́ːrnəbàut] [명] **1** 방향 전환, 역전. **2** (사상·정책 따위의) 180도의 전환, 변절(變節), 전향; 배신. **3** 변절자; 개혁자, 급진론자. **4** **(英)** 회전 목마. **5** 뒤집어서도 입을 수 있는 옷. **6** 보복, 앙갚음.

turn-a·bout-face [⌐əbàutféis] [명] =turnabout 2; =about-face.

túrn-and-bánk ìndicator [⌐ənbǽŋk-] [명] 〔항공〕 선회 경사계(傾斜計).

turn·a·round [tə́ːrnəràund] [명] **(美)** **1** (항공기·자동차 따위의) 왕복 시간[과정]. **2** 방향 전환; (의견·정책 따위의) 180도의 전환, 전향; 배신. **3** (자동차 따위의) 방향 전환에 충분한 장소, 차를 돌리는 곳. **4** (체조 따위의) 회전. **5** 한 가지 일[공정, 작업]을 끝내기에 충분한 시간. **6** (탈것의) 분해 수리, 점검 정비. **7** (기업 업적 따위의) 전환, 결손으로부터의 흑자 전환; 투자 기간. **8** 〔영화·TV〕 스폰서 교체, 제작[배급] 교체.

put...into turnaround 세력을 만회하다, 시세 변동을 인위적으로 방지하다.

túrnaround tíme [명] 〔컴퓨터〕 반환 시간(작업(job)을 제출하고부터 완전한 출력이 반송되기까지의 경과 시간).

turn·back [tə́ːrnbæ̀k] [명] 반환.

turn·buck·le [tə́ːrnbʌ̀kl] [명] 조임 나사, 턴버클.

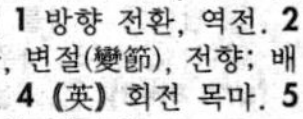

(turnbuckle)

turn·cap [tə́ːrnkæ̀p] [명] (굴뚝의) 회전 뚜껑(불똥이 튀어 오르는 것을 막는 덮개).

turn·coat [tə́ːrnkòut] [명] 변절자, 배반자.

turn·cock [tə́ːrnkɑ̀k/-kɔ̀k] [명] **(英)** (수도·가스 따위의) 마개; 급수전(給水栓) 담당자.

turn·down [tə́ːrndàun] [형] (옷깃 따위) 접어 젖힌; (특히) 접어 젖힌 칼라의. ¶a ~ bed 접침대 / a ~ collar 접어 젖히는 칼라. **—** [명] **1** 거절, 각하(却下). **2** 접어 젖힌 것[부분]. **3** 하강, 침체.

turned [təːrnd] [형] **1** 선반으로 다듬은[세공한] (듯한); 둥글게 다듬어진. **2** 말투가 …한; …모양을 한. ¶well-~ phrases 교묘한 말투. **3** 거꾸로 된. ¶a ~ letter 거꾸로 된 활자. **4** **(美구어)** (사람이) …한 성격[기질]의.

túrned cómma [명] **(英)** 역(逆) 콤마(‘).

turned-off [⌐ɔ́ːf/⌐ɔ́f] [형] **(속어)** **1** 마약을 사용하지 않는. **2** 마음내키지 않는, 냉담한. **3** 지겨운, 지루한.

turned-on [⌐ɑ́n, -ɔ́ːn/⌐ɔ́n] [형] **(속어)** **1** 매우 멋진[맵시 있는], 유행에 민감한. **2** 흥분한, 도취된; 환각제에 취한; 성적으로 흥분한.

túrned périod [명] 역(逆) 종지부(˙).

turn·er¹ [tə́ːrnər] [명] **1** 물건을 돌리는 사람[것]; (요리용) 뒤집개. **2** 녹로공, 선반공.

turn·er² [명] **1** **(美)** 체조 협회 회원; 체육가, 체육 교사. **2** **(英)** 공중제비하는 비둘기. **3** **(美속어)** 독일인.

Túrner Bróadcasting Sỳstem [명] (the ~) 터

Túrner's sýndrome 명 [병리] 터너 증후군(성선(性腺)의 발육이 늦어지는 선천성 이상).
turn·er·y [tə́ːrnəri] 명 1 선반[녹로] 제품; 선반 공장. 2 ① 선반[녹로] 세공[작업, 공정, 기술].
túrn indicàtor 명 (자동차의) 방향 지시기[등], 깜박이(~ light); [항공] 선회계(計).
‡**turn·ing** [tə́ːrniŋ] 명 (옥 ~s [-z]) 1 회전, (위치·방향의) 전환, 선회; 전향, 변절; 변화. 2 모퉁이, 구부러지는 곳; 기로(岐路), 옆길. 3 ① 녹로 세공(轆轤細工), 둥글게 깎기. 4 (~s) (선반의) 깎아낸 부스러기. 5 ① (the ~) (문학 작품 등의) 구성, 형성(形成). 6 천의 접어 넣은 부분.
túrning cìrcle 명 배·차가 회전할 때 그리는 최소의
túrning pòint 명 1 전환기, 분기점, 전기(轉機); 위기, 고비. ¶the ~ in [or of] an illness 병의 고비. 2 그래프의 가장 높은[낮은] 점.
*__tur·nip__ [tə́ːrnip] 명 1 [식물] 순무. 2 (속어) 크고 오래된 회중 시계. 3 (속어) 바보; 하찮은 일.
túrnip tóps [gréens] 명복 순무의 어린 잎.
tur·nip·y [tə́ːrnipi] 형 (모양·맛이) 순무와 같은, 순무 비슷한; 힘이 없는, 활기가 없는.
turn·key [tə́ːrnkìː] 명 (고어) 교도관, 옥졸. — 형 당장 입주(入住)할 수 있는, 완성품으로 당장 사용할 수 있는; (무역) (건설·플랜트 수출 계약에서) 완성품 인도(引渡) 방식의.
túrnkey sýstem 명 [컴퓨터] 턴키 시스템(발주자의 요구대로 만들어져 완전히 작동하는 것을 확인한 뒤에 인도되는 하드웨어 또는 소프트웨어).
turn-off [tə́ːrnɔ̀(ː)f/-ɔ̀f] 명 (美) 1 옆길로 들어서기; (활동·관심의) 중지. 2 분기점, 갈림길; 옆길; (고속도로의) 램프웨이. 3 (직물 따위의) 완성품, 생산품. 4 (시장에 내놓는) 가축의 머릿수. 5 (속어) 흥미를 잃게 하는 것[사람], 지루하게 만드는 것[사람].
turn-on [tə́ːrnɑ̀n/-ɔ̀n] 명 (속어) 1 (환각제에 의한) 도취 (상태). 2 흥분(시키는 것); 자극(을 주는 것).
*__turn-out__ [tə́ːrnàut] 명 1 ⓒ∪ 1 (큰 건물에서 뛰어 나온 장식용의) 작은 탑, 망루. 2 (군사) (요새·군함의) 회전 포탑(砲塔); (전투기 따위의) 돌출 기총좌(機銃座). 3 (축성) (성을 공격할 때 사용한) 바퀴 달린 운제(雲梯). 4 (기계) (선반의) 터릿대(臺). 5 (카메라의) 렌즈 교환 장치. — ~·less 형
túrret càptain 명 (해군) 포탑장(砲塔長).
túrret clóck 명 탑시계.
tur·ret·ed [tə́ːritid/tə́r-] 형 작은 탑[포탑]이 있는, 작은 탑[포탑] 모양의; (조개 따위가) 탑 모양으로 소용돌이꼴을 이룬.
túrret gùn 명 포탑포(砲塔砲).
túrret·head [tə́ːrithèd/tə́r-] 명 (기계) 터릿대(臺).
túrret láthe 명 (美) 터릿 선반.
túrret shíp 명 포탑함(砲塔艦).
tur·ri- [tə́ːri/tʌ́ri] 연결 「tower」의 뜻. ¶turriculate.
tur·ric·u·late [tərikjulət, -lèit] 형 작은 탑[망루]의(과 비슷한). (또는 **turriculated**)
‡**tur·tle**[1] [tə́ːrtl] 명 (옥 ~(s)) 1 (광의의) 거북; (특히) 바다거북; (美) 민물 거북. 2 ① (수프용) 거북의 고기. 3 =turtleneck. 4 [컴퓨터] 터틀(그래픽디자인을 할 때 디스플레이상에 나타나는 삼각형). 5 (美속어) 장갑차; 현금 수송차. 6 (속어) 교체 요원; (성적 대상으로서의) 여자. 7 (T-) 닌자 거북이(어린이 영화·만화 Teenage Mutant Ninja Turtle에 나오는 거북).
turn turtle ① (보트·자동차 따위가) 뒤집히다; 전복되다. ② (美속어) 어쩔 도리가 없다. 3 (美속어) 겁먹다.
— 타자 (직업적으로) 바다거북을 잡다.
-tler 명 거북 잡는 사람. **-tling** 명 거북 잡기 (작업).
tur·tle[2] 명 (고어) =turtledove.
tur·tle·back [tə́ːrtlbæ̀k] 명 1 귀갑(龜甲). 2 귀갑갑판(격랑에 견딜 수 있도록 뱃머리와 배꼬리에 설치한 갑판). 3 (고고) 귀갑 모양의 석기. 4 (가구의) 달걀[타

túrn·stile [tə́ːrnstàil] 명 회전문; (지하철 따위의) 회전식 개찰구.
túrn·stone [tə́ːrnstòun] 명 [조류] 꼬까물때새.
túrn stòry 명 다음 페이지로 계속되는 신문·잡지 기사.
túrn·ta·ble [tə́ːrntèibl] 명 1 [철도] 전차대(轉車臺). 2 =lazy Susan. 3 레코드 플레이어의 회전반(回轉盤).

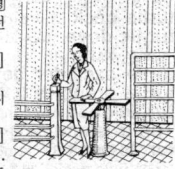
[turnstile]

4 (라디오 방송용의) 녹음 재생기. 5 (일반적으로) 회전대.
túrntable làdder 명 (소방용) 공중 사다리차.
turn-up [tə́ːrnʌ̀p] 명 1 접어 넘기기, 접어 넘긴 것 [부분]; 출현, 모습을 나타내기. 2 (英) (바지깃의) 접어 올린 부분. 3 (美구어) 싸움, 소동, 치고받기. 4 돌연한 사건. ¶a ~ nose 들창코. 「협회. [<G
turn·ver·ein [tə́ːrnvəràin, tùərn-] 명 (독일의) 체조[체육]
tu·ro·phile [tjúərəfàil/tjúər-] 명 치즈를 좋아하는 사람, 치즈 애호가.
*__tur·pen·tine__ [tə́ːrpəntàin] 명 ① 테레빈(송진, 삼나무 등에서 분비되는 수지). ¶ be up thin with turpentine (美속어) 제기랄, 빌어먹을. — 타자 …에 테레빈유를 바르다; [소나무]에서 테레빈을 채취하다. 「주의 별칭.
Túrpentine Státe 명 (the ~) 미국 North Carolina 주의 별칭.
tur·peth [tə́ːrpiθ] 명 [식물] 할라파(의 뿌리)(동인도산(產).) 그 뿌리는 설사약.
tur·pi·tude [tə́ːrpətjùːd/-tjùːd] 명 ① 비열함, 야비, 수치스러운 성격; 타락; ⓒ 비열[타락]한 행위.
turps [tə́ːrps] 명 (단수취급) 테레빈유, (속어) 알 on the turps 술에 취하여. 「코올 음료, 맥주.
tur·quoise [tə́ːrkwɔiz/-kwɔiz] 명ⓒ∪ 터키옥(玉)[石]; 터키옥색(色), 청록색. — 형 터키석의[으로 장식한]; 청록색의.
túrquoise grén 명 연한 청색을 띤 녹색.

turtle deck 원(圓)형의 장식 못. —圈 귀갑 모양의.
túrtle dèck =turtleback 2.
tur・tle・dove [tə́ːrtldʌ̀v] 圈 1 멧비둘기. 2 연인, 사랑하는 아내[남편]. 「는 장치(⊕ TED)
túrtle exclúder device 圈 (어망의) 거북 풀어주
túrtle gràphics 圈圈 =turtle¹ 圈 4.
tur・tle・head [tə́ːrtlhèd] 圈 (식물) 현삼과(科)의 다
Túrtle Ísland 圈 북아메리카 대륙. 년생.
tur・tle・neck [tə́ːrtlnèk] 圈 (美) 자라목깃, 터틀넥 ((英) polo neck); 터틀넥 스웨터[셔츠 따위].
túrtle shèll 圈 별갑(鼈甲).
túrtle sòup 圈 바다거북 수프.
turt・let [tə́ːrtlit] 圈 새끼 거북, 작은 거북.
turves [təːrvz] 圈 (英) turf의 복수형.
Tus・can [tʌ́skən] 圈 (이탈리아의) 토스카나의[에 특유한]; 토스카나 사람[말(言)의]; (건축) 토스카나식의. —圈 1 토스카나 사람. 2 ⓤ 토스카나 말(표준 이탈리아 문어의 기준); (이탈리아어의) 토스카나 방언. 3 토스카나 밀짚(~ straw)의 황금색.
Tus・ca・ny [tʌ́skəni] 圈 토스카나(이탈리아 중서부
Tus・ca・ro・ra [tʌ̀skərɔ́ːrə] 圈 (圈 ~(s)) 투스카로라족(아메리칸 인디언의 한 종족); 투스카로라족의 사람; 투스카로라어(語).
tush¹ [tʌ́ʃ] (고어) 圓 (경멸・비난을 나타내어) 체! —圈 체! (하는 소리). —圈圈 체! 하고 소리를 내다.
tush² 圈 (말의) 송곳니, 뻐드렁니.
~ed [-t] 圈 뻐드렁니가 있는.
tush³ 圈 (美속어) 피부색이 덜 검은 흑인, 백인과 혼혈인 혹인. —圈 위험한; 유복한.
tush・e・roon [tʌ̀ʃərúːn] 圈 (美속어) 돈.
tush・er・y [tʌ́ʃəri] 圈ⓤⓒ (낡은 투로 쓰여진 내용이 없는) 고문체(古文體).
tush・ie [tʌ́ʃi] 圈 (속어) 엉덩이. (또는 **tushy**)
tusk [tʌ́sk] 圈 (코끼리・멧돼지 따위의) 엄니; 엄니 비슷한 것; (삽・보습 따위) 뾰족한 끝; 뻐드렁니. —圈圈 …을 엄니로 찌르다[파다]. —꽌 엄니로 땅을 파다.
∠**-less**, ∠**-like** 圈
tusk・er [tʌ́skər] 圈 엄니가 있는 동물(코끼리・멧돼지)
tus・sah [tʌ́sə] 圈 참나무산누에나방; ⓤ 그 누에고치에서 얻는 명주실 또는 비단.
tus・sal [tʌ́səl] 圈 (병리) 기침의.
Tus・saud [tusóu, tə-/túːsou] 圈 **Marie Grosholtz** ~ 토소(1760-1850: 스위스의 납인형 제작자; 런던 납인형 박물관의 창립자).
tus・sic・u・la・tion [tə̀sikjuléiʃən] 圈 해수병; 헛기침.
tus・sis [tʌ́sis] 圈 (병리) 기침.
tus・sive [tʌ́siv] 圈 (병리) 기침의[에 의한].
tus・sle [tʌ́sl] 圈 심한 격투, 난투; 분투, 고전. —圈꽌 맞붙어 싸우다, 격투하다, 난투하다(with).
tus・sock [tʌ́sək] 圈 1 풀숲, 덤불. 2 (머리 따위의) 다발, 타래. 3 =~ moth. ~ed [-t] 圈
tússock gràss 圈 총생(叢生) 초본(뿌리에서 많은 줄기가 무리지어 자라는 풀).
tússock mòth 圈 독나방.
tus・sock・y [tʌ́səki] 圈 (풀 따위가) 빽빽하게 자란, 무성한; (털 따위가) 숱이 많은, 덤불 같은.
tus・sore [tʌ́sɔːr/-sə] 圈 =tussah.
tus・sur [tʌ́sər] 圈 =tussah.
tut¹ [tʌ́t] (* 실제로는 혀차는 소리처럼 발음된다). 圈 (초조・경멸・비난 따위를 나타내어) 체, 제기. —圈 혀차기, 혀차는 소리. —圈꽌 (**-tt-**) 혀를 차다, 체 하고 말하다. ❀ tsk
tut² 圈 (英방언) (작업의) 수행량. ¶ by (the) [or upon] ~ 작업량 기준의 능률급으로.
Tut・ankh・a・men [tùːtɑːŋkɑ́ːmən/-tæŋkɑ́ːmen] 圈 투탕카멘(기원전 14세기의 이집트 제18왕조의 왕).
tu・tee [tjuːtíː/tjuː-] 圈 가정 교사가 딸린 학생; 가정 교사가 가르치는 학생.

tu・te・lage [tjúːtəlidʒ/tjúː-] 圈ⓤ 1 후견, 보호, 감독. 2 후견[보호, 감독]을 받기; 피후견(被後見) 기간. 3 교육, 지도, 훈육; (개인・사상・학교 따위의) 감화.
tu・te・lar [tjúːtələr/tjúː-] 圈 =tutelary.
tu・te・lar・y [tjúːtəlèri/tjúːtiləri] 圈 후견인[보호자]의 (지위에 있는); 후견의. —圈 수호신, 수호자.
‡**tu・tor** [tjúːtər/tjúː-] 圈 (圈 ~**s** [-z]) 1 가정 교사, 개인 교사. 2 (英) (대학생의) 개인 지도 교수; (美) 대학 강사(instructor보다 하위(下位)). 3 수험 준비 지도 교사. 4 교본, 자습서. 5 (스코 법률) (미성년자의) 후견인. —圈 (~s [-z]) ⓣ 1 …에게 개인 교수를 하다, …의 가정 교사를 하다. 2 후견하다, 보호하다, 지도하다, 돌보다. 3 (고어) (남)을 (…하도록) 훈련시키다, 가르치다, 길들이다, 버릇을 고쳐 주다 (to do). 4 (재귀용법 또는 수동형으로) (자신)을 억제하다 (to be). ¶ (~ + 圓+to be圍) ~ oneself to be patient 참으려고 자제하다. —꽌 가정 교사[개인 지도]를 하다: 가정 교사 일을
~**less** ~**ship** 圈 [리를 얻다.
tu・tor・age [tjúːtəridʒ/tjúː-] 圈 ⓤ 가정 교사의 직[권위]; 후견인의 지위; 가정[개인] 교사의 사례금.
tu・tor・ess [tjúːtəris/tjúː-] 圈 tutor의 여성형.
tu・to・ri・al [tjuːtɔ́ːriəl/tjuː-] 圈 tutor의[에 대한]. ¶ a ~ method 교수법. —圈 1 (대학에서 tutor에 의한) 개별 지도 (시간). 2 (美) 지도서. 3 (컴퓨터) 컴퓨터 단말에서 사용자에게 제공되는 프로그램화한 지도(指導); 취급 설명서. ~**ly** 圈
tutórial sýstem 圈 (대학의) 개인[개별] 지도제.
tu・toy・er [tùːtwɑːjéi] 圈ⓣ (~**ed, -toy・ed**; ~**ing**) (남)에게 친밀하게 말을 걸다. [F]
tut・ti [túːti/túːti] (음악) 圈圈 전(全)음성[전악기]의(으로). —圈 전합창(전합주) (악구(樂句)). [It]
tut・ti-frut・ti [-frúːti] 圈 잘게 썬 과일 설탕절임; 설탕절임 과일이 든 과자(아이스크림).
tut・to [túːtou/túːt-] 圈 (이탈) 모두의(all), 전체의
tut-tut [tʌ́t] 圈圈꽌 =tut¹. [(entire).
tut・ty [tʌ́ti] 圈ⓤ 불순 산화아연(마분(磨粉)용).
tu・tu [túːtuː] 圈 발레리나가 입는 짧은 스커트. [F]
tut・work [tʌ́twəːrk] 圈 (英방언) (작업량에 따라 임금을 받는) 삯일.
Tu・va・lu [tùːvɑːlúː/⌣ー⌣] 圈 투발루(9개의 산호도로 이루어진 남태평양 중부의 나라; 수도 Funafuti).
tu-whit tu-whoo [tuhwít tuhwúː/tuwít tuwúː] 圈 부엉부엉(부엉이 우는 소리). —圈꽌 (부엉이가) 부엉부엉 울다.
tux [tʌ́ks] 圈 (美구어) =tuxedo. (또는 **tuck**)
tux・e・do [tʌksíːdou] 圈 (圈 ~**s**) (美) 턱시도, (남자용) 약식 예복. ~**ed** 圈 「는 장소.
tuxédo jùnction 圈 (美속어) 재즈 애호가가 모이
tu・yère [twijɛ́ər, twiːər/twíːɛə] 圈 (야금) (용광로의) 바람구멍. [F]
‡**TV** [tíːvíː] 圈 (圈 ~(′)**s**) ⓤ TV (방송); ⓒ TV 수상기. (또는 **téevée**) [<television]
TV, T.V. terminal velocity; (속어) transvestism; transvestite. **TVA** tax on value added; Tennessee Valley Authority. **TVC** (우주) thrust vector control(추진력 방향 제어).
TV dínner 圈 (美) 즉석 냉동식(품)(TV를 보면서 요리가 가능한 데서).
TVEI (英) Technical and Vocational Educational Initiative(기술 직업 교육 계획).
TV evángelist 圈 =televangelist. **TVI** television interference (TV 전파 장애). **TvI** Transvaal.
TV-magazíne [-mæ̀gəzìːn] 圈 잡지 형식의 TV 보도 프로(몇 개의 주제를 중점적으로 다룬다).
TV mònitor 圈 TV 모니터.
TVP (상표) textured vegetable protein(식물성 단백질의 대용육(代用肉)).
TV-Q [tíːvíːkjùː] 圈 TV 프로그램의 인기 측정도(度).

TVR *television rating* (TV 시청률).
TV rights 명 (올림픽을 독점 방영하는) TV 방송권.
TVRO *television receive-only* (TV 수신 전용(안테나)).
TVT (컴퓨터) *television typewriter*.
TV table 명 =snack table.
T-W *three-wheeler*(용) 삼륜차.
twa [twɑː, twɔː] 형 (스코) =two.
TWA *time-weighted average*; *Trans World Airways* (미국의 민간 항공사였으나 지금은 폐업).
twad·dle [twɑ́dl/twɔ́dl] 명 허튼 소리, 쓸데없는 말, 군소리. ―통 군소리하다, (쓸데없는 말을) 지껄이다[쓰다]. **-dler** 명 [다[나누어]지다].
twain [twein] 명(고어) =two. ―명 둘로 나누다.
Twain [twein] 명 **Mark** ~ 마크 트웨인. ⇒CLEMENS.
twang¹ [twæŋ] 통⊕ 1 (현악기·활시위가) 윙[탕] 하고 울리다. 2 콧소리로 말하다. 3 (근육 따위가 긴장·아픔 때문에) 꿈틀거리다, 경련하다. 4 활로 쏘다. ―⊕ 1 (현악기 따위)를 윙[탕] 하고 튕기다, 연주하다. 2 (화살)을 쏘다. 3 콧소리로 ―을 이야기하다[말하다].
―명 1 현음(弦音), 윙[탕] 하고 울리는 소리. 2 콧소리, 비음(鼻音). 3 (악기를) 튕기는 일. 4 (방언) 예리한 통증. 5 (縱속어) 아편.
twang² 명 오래 남는 냄새[맛]; (…의) 모습, 흔적.
twan·ger [twǽŋər] 명 (美속어) 발기인 음경.
twan·gle [twǽŋgl] 통명 =twang¹.
twang·y [twǽŋi] 형 (소리가) 현을 튕기는 듯한, 콧[탕] 하는, 콧소리의.
Twan·kay téa [twǽŋkei-, -ki:-] 명① 둔계차(屯溪茶)(중국 안후이성(安徽省) 남부 툰시(屯溪)산(産)의 녹차).
'twas [twʌz, twəz/twɔz] *it was*의 단축형.
twat [twɑːt/twæt, twɒt] 명 (비어) 1 =vulva. 2 (섹스의 대상으로서의) 여자; 성교, 섹스. 3 (美속어) 영덩이. (또는 **twot**) [객꾼.
twát fàker 명 (美속어) 호색적인 남자, 사창가의 부름.
tweak [twiːk] 통⊕ 1 …을 꼭 집어 홱 당기다[비틀다, 꼬집다]. 2 (속어) (자동차·엔진)을 (최고 성능을 낼 수 있도록) 조정[개조]하다. 3 (컴퓨터) 미조정(微調整)하다. 4 (속어) (약물 중독자가) 금단 증상을 보이다. ―명 1 홱 당김, 꼬집기, 비틀기; (마음)의 동요. 2 (컴퓨터) 미조정, (자동차 설계 따위의) 부분 개량.
tweak·er [twiːkər] 명 1 (속어) (미조정용의) 소형 나사돌리개. 2 (美속어) 마약 사용자.
tweased [twiːzd] 형 (美속어) 술취한.
twee [twiː] 형 (英) 매우 귀여운; 새침 떠는.
*****tweed** [twiːd] 명 1 ① 트위드(스카치 나사(羅紗)의 일종). 2 (~s) 트위드 천으로 만든 옷.
twee·dle¹ [twíːdl] 형 (가수·새·악기 등이) 강약 변화가 풍부한 높은 (목소리를 내다; (악기)를 내키는 대로[아무렇게나] 연주하다. ―⊕ …을 음악 따위로 꾀다.
―명 팅팅[펭펭] 하는 소리.
twee·dle² (英속어) 명 가짜 반지; 위조, 사기, 협잡. ―통⊕ 사기치다. **-dler** 명
Twee·dle·dum and Twee·dle·dee [twíːdldʌ́m ən twíːdldíː] 명 구별할 수 없을 만큼 서로 닮은 두 사람(물건).
tweed·y [twíːdi] 형 1 트위드제의; 트위드풍의. 2 트위드복을 입은(입기 좋아하는). 3 형식을 차리지 않는.
twéed·i·ly 부 **twéed·i·ness** 명
tweeked [twiːkt] 형 (美학생 속어) 술취한.
'tween [twiːn] 전 (시) =between. ―명 (또는 **tween, tweeny**) 10~12세의 어린이.
tween·er [twiːnər] 명 1 (야구) 두 사람의 외야수 사이에 떨어지는 안타. 2 (美구어) 중간층. [tween.
tween·y [twiːni] 명 1 (英구어) 견습 하녀. 2 ='
tweet [twiːt] 명 1 (작은 새의) 지저귐, 짹짹거림. 2 (음성 재생 장치에서 나오는) 높은 음. 3 (美속어) 선생. ―통⊕ 짹짹 지저귀다.
tweet·er [twíːtər] 명 트위터(고주파음을 재생시키기 위한 소형 스피커). ⊕ woofer [스피커.
tweet·er-woof·er [-wúfər] 명 고음·저음 양용
tweeze [twiːz] 통⊕ (구어) …을 족집게[핀셋]로 뽑다(*out*). [핀셋.
tweez·ers [twíːzərz] 명복 (단·복수 양용) 족집게,
‡**twelfth** [twelfθ] 형 (보통 the ~) 제12의, 열두 번째의; 12분의 1의. ―명 1 (보통 the ~) 제12, 열두 번째(의 것); (달의) 12일. 2 (the ~) (英) 8월 12일(뇌조(雷鳥) 사냥 해금일(解禁日)). 3 (a ~, one ~) 12분의 1. 4 (음악) 제12음, 제12도 음정(音程). 5 (인쇄) 12절판(의 책).
twelfth-cake [tkèik] 명 (때로 T- c-) Twelfth Night의 축하 과자.
Twélfth Dáy 명 (the ~) 12일절, 공현 축일(公顯祝日)(크리스마스 날부터 12일째 날(1월 6일)).
twélfth mán 명 (크리켓의) 후보 선수.
Twélfth Níght 명 1 12일절의 전야제(1월 5일 밤). 2 12일절의 밤(1월 6일 밤).
Twelfth-tide [twélfθtàid] 명① 12일절(Twelfth Day)과 그 전야(Twelfth Night) 축제의 계절.
‡**twelve** [twelv] 형 12의, 12개, 살의. ―명 (또 ~s [-z]) 1 (복수취급) 12명, 열두 개. 2 12시; 12세. ¶strike ~ 12시를 치다. 3 (연속된 것 중의) 열두 번째의 물건(사람). 4 12; 12를 나타내는 기호(12, xii, XII). 5 12명(別) 1조; (the T-) (성서) 그리스도의 12사도(the T- Apostles). 6 (~s) (인쇄) 12절판(判)[4·6판]. 7 (英) (영화의) 12세 이하 입장 금지.
strike twelve the first time; strike twelve all at once 첫 기회에 그 힘을 유감없이 발휘하다.
twelve·fold 형 [twélvfòuld] 1 12부분[종류, 면]으로 이루어진. 2 12배의[되는]. ¶ a ~ *increase* 12배 증가. ―부 [-´-´] 12배로.
twelve-inch [-ìntʃ] 명 (45회전의) 12인치 레코드.
twélve-mile límit [-´máil-] 명 12마일(19km) 영해.
twelve·mo [twélvmou] 명형 =duodecimo(약 12mo).
twelve·month [twélvmʌ̀nθ] 명 (英고어) 12개월, 1년. ¶this day ~ 내년(작년)의 오늘. ~**·ly** 부
twelve-pen·ny [twélvpèni, -pəni] 형 1 3,25인치 못(~ *nail*)의(약 12d). 2 1실링의.
Twélve Tábles 명 (the ~) 12표법(表法)(동판법)(451-450 B.C.에 제정되어 12매의 판에 새겨 넣은 로마 초기의 법전). [music 12음 음악.
twelve-tone [tóun] 형 (음악) 12음(조직)의. ¶~
‡**twen·ti·eth** [twéntiiθ] 형 (보통 the ~) 제20의, 스무 번째의; 20분의 1의. ―명 (보통 the ~) 제20, 20번째(의 것); (달의) 20일. 2 (a ~, one ~) 20분의 1.
‡**twen·ty** [twénti, twʌ́n-] 형 1 20의, 20명(별), 세의. 2 (막연하게) 많은. ¶ tell a person ~ *times* 남에게 몇 번이고 말하다. ―명 (또 **-ties** [-z]) 1 (복수취급) 20명, 스무 개. 2 20세. 3 (-ties) (연대의) 20년대; (나이의) 20대. ¶ a woman in her *twenties* 20대의 여성. 4 (연속된 것 중의) 스무 번째의 물건[사람]. 5 20; 20의 기호(20, xx, XX). 6 20명[개] 1조. 7 (구어) 20달러[파운드] 지폐. 8 (-ties) (인쇄) 20절판. 9 20번 사이즈의 옷. 10 (美속어) (마약을 파는, 현재 있는 곳. [탄환.
28-gauge [twéntiéitgèidʒ] 형 .28 구경 (산탄총).
twen·ty-five [-fáiv] 형 1 25. 2 (럭비·하키) 25야드 라인(내). 3 .25구경 권총.
twen·ty-fold [twéntifòuld] 형 1 20개의 부분으로 이루어진. 2 20배의, 20겹의. ―부 [-´-´] 20배로.
twen·ty-four·mo [-fɔ́ːrmou] 명 (인쇄) 24절판(의 책)(약 24mo).
20-gauge [twéntigèidʒ] 형 .20 구경 (산탄총); 그
twen·ty-mo [twéntimòu] 명 (또 ~**s**) (인쇄) 20절판(의 책)(약 20mo).
twen·ty-one [-wʌ́n] 형 1 21(의), 21세(의). 2 ① (카드놀이의) 21(blackjack). 3 (美속어) (식당에서의) 레몬[레모네이드] 주문.

Twenty-one today! (구어) 21세 생일을 축하합니다.
twen·ty-per·cent·er [-pərséntər] 명 (속어) 20%의 수수료를 받는 사람(경매인).
twénty quéstions 명⑧ (단수취급) 스무고개.
twen·ty·some·thing [twéntisʌ́mθiŋ] 명 (미) 20대 풋내기, 신세대.
twén·ty-thrée skiddóo [-θríː-] 명 (속어) (명령형으로) 나가라, 사라져라. —⑧ (놀람·기쁨·거절을 나타내어) 어머나, 설마, 당치 않다.
twen·ty-twen·ty [-twénti] 형 1 (안과) 시력이 정상인. 2 (비유적) (통찰력 따위가) 예리한. (또는 **20-20**)
twénty-twénty vísion 명 (안과) 정상의 시력.
.22 [twéntitúː] 명 .22구경 권총; 그 탄환. (또는 **twénty-twó**)
'twere [twəːr, 약 twər] (고어·시) it were의 단축형.
twerp [twəːrp] 명 (속어) 천한 놈, 바보. (또는 **twirp**)
TWI, T.W.I. training (of supervisors) within *industry*(기업내 (감독자) 훈련).
twi- [twai] 결합어 two, twice의 뜻. ¶*twibill.*
twi·bil(l) [twáibil] 명 1 쌍두 곡괭이. 2 (고어) (양쪽에 날이 선) 양날 도끼(중세의 무기).
‡**twice** [twais] 부 1 두 번, 2회. ¶ once or ~ 한두 번. 2 2배로(two times).

> (USAGE) twice와 two times의 차이 — 1회, 2회는 once, twice를, 3회 이상에는 three[four, etc.] *times*를 쓴다. 다만 '2, 3회'라는 경우는 *two* or *three times*를 쓴다.

(*as) big* [or *large*] *as life and twice as natural* (구어) ⇒LIFE.
at twice (구어) ① = *in twice*. ② 두번째에.
be twice the man he was 전보다 2배나(몰라볼 정도로) (건강하게) 되다.
in twice 두 번에 걸쳐서, 2회로 나누어서.
think twice ① 재고하다, 숙고하다. ② 망설이다.
twice as much [or *many*] (양·수가) 2배의.
twice-born [<bɔːrn] 형 1 두 번 태어난, 화신(化身)의; (정신적으로) 거듭난. 2 (힌두교) 재생족의(카스트 중 상위의 3계급; 특히 브라만을 이름).
twice-laid [<léid] 형 풀어진 헌 끈으로 만든; 헌 물건으로 만든, 재활용한.
twic·er [twáisər] 명 1 같은 일을 두 번 하는 사람; 일요일에 두 번 교회에 가는 사람. 2 (英속어) 식자공 겸 인쇄공. 3 (속어) 실패를 두 번 반복하는 사람; 재범자. 4 (英·濠) 사기꾼; 도둑. 5 (속어) (가치·힘이) 보통보다 2배인 것.
twice-told [<tóuld] 형 두 번 이야기한; 몇 번이고 이야기한; (이야기 따위가) 케케묵은, 진부한. ¶*a ~ tale* 케케묵은 이야기.
twid·dle [twídl] 타 … 을 비틀어(빙빙) 돌리다, … 을 만지작거리다. (해커 속어) (프로그램에) 작은 변형을 주다. — 자 1 만지작거리다, 가지고 놀다 (*with, at*). 2 빙빙 돌다; 가볍게 상하(좌우)로 움직이다. 3 (속 ***twiddle one's thumbs*** ⇒THUMB. [어) 지껄이다. — 명 1 비틀어 돌리기, 빙빙 돌리기. 2 파문(波紋). 3 (美속어) (~) 기호(tilde)의 속칭; (프로그램 따위의 작은 변경.
twid·dle-poop [-pùːp] 명 (美속어) 여성적인 남자.
twi·fold [twáifòuld] 형(부) (고어) =twofold.
twi·formed [twáifɔ̀ːrmd] 형 두 가지 모양을 가진, 부조화의 요소를 함께 가진.
‡**twig**[1] [twig] 명 (복 ~s [-z]) 1 작은 가지, 가는 가지. ⇒BRANCH 유의어. 2 (해부) (혈관·신경의) 지맥(枝脈), 작은 갈래. 3 (전기) 지선(枝線), 소배전자(小配電子). 4 점치는 막대기. 5 (~s) (英구어) 성냥(개비).
drop off the twig (英구어) 죽다.
hop the twig [or *stick*] ⇒HOP. [형
~ged [-d] 형 (…가) 가지가 있는. **ㄴless, ㄴlike**

twig[2] 타 (-gg-) (英구어) 타 1 …을 보다, 주목하다. 2 …을 인정하다, 알아차리다, 이해하다. — 자 알다, 이해하다, 깨닫다.
twig[3] 명 (英) 유행, 유행형, 양식, 스타일.
twíg blíght 명 (식물병리) 가지마름병.
twíg bòrer 명 (곤충) 나뭇가지에 구멍을 뚫는 딱정벌레 따위의 유충.
twig·gy [twígi] 형 1 잔가지가 많은. 2 잔가지 모양의; 가느다란, 홀쭉한.
twíg prùner 명 (곤충) 미국산 하늘소.
‡**twi·light** [twáilàit] 명⑪ 1 (해뜨기 전·해진 후의) 어스름, 박명; 황혼, 땅거미; 해질녘, 새벽녘. 2 (비유적) (성장·성공 따위 뒤의) 점진적 쇠퇴(기). ¶ the ~ *of one's life* 인생의 황혼기, 만년. 3 (의미·지식 따위의) 불명확한 상태; 어스푸레한 짐작.
the Twilight of the Gods (북유럽 신화) 신들의 황혼(신들과 악신(惡神)과의 싸움의 결과로서 오는 전세계의 멸망).
— 형 1 박명의, 황혼의[비슷한]; 어스푸레한. 2 (박쥐 따위가) 땅거미가 질 때 나타나는[날아다니는]. — 타 (드물게) …을 희미하게 비추다, 어스푸레하게 하다. **ㄴly**

twílight índustry 명 사양(斜陽) 산업.
twílight slèep 명 (의학) (무통 분만법 따위의) 반 마취 상태.
twílight stàte 명 (의학) 몽롱한 상태. [마취 상태.
twílight zòne 명 1 (심해(深海)의) 박명층(薄明層). 2 어느 쪽에도 속하지 않는 영역, 중간대(帶). 3 (도시의) 노후[쇠퇴] 지구.
twi·lit [twáilit] 형 희미하게 비추는, 어스푸레한.
twill [twil] 명⑪ 능직물(綾織物); 능직 무늬; 능직물 옷. — 타 …을 능직으로 짜다.
~ed 형 **ㄴing** 명 능직물(의 제작).
'twill [twil] (고어·시) it will의 단축형.
twil·lie [twíli] 명 (英구어) 바보, 멍청이. (또는 **twilly**)
T.W.I.M.C. *to whom it may concern*.
‡**twin** [twin] 명 (복 ~s [-z]) 1 쌍둥이 중의 하나; (~s) 쌍둥이. ¶*identical ~s* 일란성 쌍생아(雙生兒)/ *fraternal ~s* 이란성 쌍생아. 2 닮은 사람[것]의 한 쪽, 짝의 한 쪽; (~s) 한 쌍의 사람[것]. 3 = ~ *bed*. 4 (호텔의) 트윈 베드가 있는 방. 5 (결정) 쌍정(雙晶). 6 (the T-s) (천문) 쌍둥이자리(Gemini).
— 형 (한정용법) 1 쌍둥이의; 짝을 이루고 있는. ¶ ~ *sisters* 쌍둥이 자매. 2 (동·식물) 쌍생의, 쌍의. 3 (결정) 쌍정의. 4 연결된 2개의 비슷한 부분[요소]으로 이루어지는. 5 (페어) 2배의, 2중의.
— 타 (~s[-z], -nn-) 1 …을 쌍둥이로 낳다[배다]. 2 …을 쌍으로 만들다, 짝지우다. 3 (2개의 짝)을 균형있게 만들다, 상대시키다. 4 2개의 비슷한 것으로 나누다[바꾸다]. 5 연결[결합]시키다. — 자 1 쌍둥이를 낳다. 2 (고어) 쌍둥이로 태어나다. 2 짝이 되다. 3 (결정) 쌍정(雙晶)을 이루다. [한쪽). ⑧ **dóuble béd**
twín béd 명 트윈 베드(쌍을 이루는 두 싱글 베드의
twín bíll 명 1 (속어) 더블헤더. 2 (美구어) 영화의 동시 상영(double feature).
twin-born [twínbɔ̀ːrn] 형 쌍둥이의, 쌍생의.
Twín Brothers 명 (the ~) (천문) 쌍둥이자리.
Twín Cíties 명복 (the ~) (미국 Minnesota주의 Mississippi강 양 기슭에 있는) St. Paul과 Minneapolis의 두 도시.
twín dóuble 명 (경마 따위에서) 트윈 더블(2조의 승리하는 두 레이스, 합계 4레이스의 승자를 맞히는 방식).
‡**twine**[1] [twain] 명⑪ 1 꼰 실, 삼실, 삼끈. 2 꼬기, (실 따위의) 꼬임; 엉킴, 형클어짐; 사리어 감기(coil). 3 얽힌 잔가지(식물의 덩굴). — 타 1 (실·끈 따위)를 꼬다, 꼬아 합치다. 2 (화환·직물 따위)를 짜다; 엮어서 …을 만들다 (*into*). ¶ (~ + 목 + 전 + 명) ~ *flowers into a wreath* 꽃을 엮어서 화환을 만들다. 3 …을 얽히게 하다, 감기게 하다(*together*) (*about,*

around). **4** 〔사람·물건 등〕을 (…으로) 둘러싸다, 감다, 주위를 장식하다(*with*). **—**[자] **1** 꼬이다; 감기다, 얽히다, 엉키다(*about, around, over*). **2** (뱀·강 따위가) 구불거리다, 꼬불꼬불 구부러지다.
∠·a·ble [형]
twine² [동] **(스코)** 나누다, 나누어지다. (또는 **twin**)
twin-en·gine [∠éndʒin] [형] (비행기가) 쌍발의. (또는 **twín-éngined**)
twin·er [twáinər] [명] 덩굴풀; (실 따위를) 꼬는 사람; 연사기(撚絲機); 감기는 것. 「소관목).
twin·flow·er [twínflàuər] [명] 린네풀(인동과(科)의
twinge [twindʒ] [명] **1** 격통(激痛), 쑤시는 듯한 아픔. ⇨PAIN [유의어] **2** 마음의 아픔, (양심의) 가책, 후회, 뉘우침. **—**[동][타] …에게 격통을 느끼게 하다, …을 욱신욱신 아프게 하다; **(폐어)** 꼬집다, 비틀다, 홱 잡아당기다. **—**[자] 격통을 느끼다, 욱신욱신 쑤시다.
twín hílls [명] **(속어)** **1** (여성의) 유방. **2** 엉덩이.
twi-night [twáinàit] [형] 〔야구〕 오후 늦게부터 밤에 걸쳐서 행하는 더블헤더의. ¶a ~ game 야간 게임.
twí-níght·er [명] 〔< *twi*light+*night*〕
twin·jet [twíndʒèt] [명] 쌍발 제트기.
twink¹ [twiŋk] [동][명] **1** =wink. **2** =twinkle.
twink² [동][타] **(英방언)** =punish.
twink³ [명] **(美속어)** **1** 젊고 섹시한 사람, 귀여운 10대 소녀. **2** 괴짜, 호모; 바보. **3** **(美軍속어)** 소위.
twink·ie [twíŋki] [명] **(美속어)** =twink³. (또는 **twinky**)
twín kílling [명] **(속어)** 〔야구〕 =double play.
‡twin·kle [twíŋkl] [동] (**~s** [-z]; **~d; -kling**) [자] **1** (별 따위가) 반짝반짝[번쩍번쩍] 빛나다; (빛을 받아) 반짝이다. ⇨SHINE [유의어] **2** (눈이 흥미·기쁨 따위로) 번뜩이다, 빛나다(*at, with*). ¶(~+[前]+[名]) Her eyes ~*d with* mischief. 그녀의 눈은 장난기로 빛났다. **3** **(드물게)** (춤추는 발 따위가) 경쾌하게 움직이다; (깃발 따위가) 나부끼다; (나비가) 하늘하늘 날다. **—**[타] **1** 〔빛〕을 반짝이게 하다. **2** **(고어)** 〔눈〕을 번뜩이다, 깜박이다. **3** 눈의 반짝임으로 …을 가리키다[전하다].
—[명] **1** 반짝임, 섬광. **2** 눈의 빛남, 깜박거림. **3** (춤추는 발 따위의) 경쾌한 움직임. **4** 눈 깜박할 사이, 순간.
in a twinkle; in the twinkle of an eye 눈 깜박할 사이에, 아차 하는 사이에, 곧, 금방.
when one was just* [or *no more than*] *a twinkle in one's father's eye 태어나기 훨씬 전에.
‡twin·kling [twíŋkliŋ] [형] (***more*** ~; ***most*** ~) 반짝반짝 빛나는, 반짝이는. ¶~ stars 반짝이는 별. **—**[명] **1** [U] 반짝임. **2** 깜박임; 눈 깜박할 사이, 순간. **3** 경쾌하게 움직이는 일.
in a twinkling; in the twinkling of an eye [or **(익살)** ***a teacup***] 눈 깜박할 사이에, 곧바로.
twin-lens [∠lènz] [형] 〔사진〕 쌍안[2안(眼)]의, 쌍안렌즈의.
twín-lens cámera [명] 쌍안[2안] 리플렉스 카메라.
twin-mo·tored [∠móutərd] [형] =twin-engine.
twinned [twind] [형] **1** 쌍생의, 쌍둥이로 태어난. **2** (2개의 물체가) 밀접하게 맺어진[결합된], 쌍을 이루는. **3** 〔결정〕 쌍정(雙晶)의.
twin·ning [twíniŋ] [명][U] **1** 쌍둥이를 낳기. **2** 짝짓기, 짝지우기; 결합. **3** 〔결정〕 쌍정(雙晶) 형성.
twín-plate pròcess [∠plèit-] [명] 판유리의 양면을 동시에 연마하는 공정. 「자동차).
twín póts [명] **(美속어)** 2연장(連裝)의 기화기(를 가진
twín róom [명] (호텔의) twin bed가 있는 방.
twin-screw [∠skrúː] [형] 〔해사〕 (서로 역방향으로 회전하는) 두 개의 스크루를 가진, (옛날의 기선 밑바닥에 장치하던) 쌍암차(雙暗車)의, 쌍나선(螺旋)의.
twín sèt [명] (여성용의) 카디건과 풀오버 한벌[앙상블]. (또는 **twínsèt**)
twin·ship [twínʃip] [명] 쌍둥이 관계[상태]; 밀접한 관련성. 「flower.
twín síster [명] **1** 쌍둥이 자매 중의 한 사람. **2** =twin
twin-size [∠sàiz] [형] **1** (침대가) 트윈 사이즈(약 39×75–76인치)의. **2** 트윈 사이즈 침대(용)의.
twín tówn [명] 자매 도시(**(美)** sister city). 「어진.
twin-track [∠træ̀k] [형] 두 방식[조건, 부분]으로 이루
***twirl** [twəːrl] [동][타] **1** 빙빙 돌리다, …을 휘두르다(*round, about*). ¶~ a club 곤봉을 휘두르다. **2** …을 비비 꼬다, 비틀다, 만지작거리다. **3** **(속어)** 〔야구〕 〔공〕을 던지다. **—**[자] **1** 빙빙 돌다, 빙그르르 돌다. ⇨TURN [유의어] **2** **(속어)** 〔야구〕 투구하다.
twirl one's thumbs ⇨THUMB.
—[명] **1** 빙빙 돌리기[돌기]; 회전. **2** 나선형인 것; 소용돌이. **3** 장식 글씨체. **4** **(美속어)** (젊은) 여자. **5** **(英속어)** 교도관.
∠·y [형]
twirl·er [twə́ːrlər] [명] **1** 빙빙 도는[돌리는] 사람[것]. **2** **(속어)** 〔야구〕 투수. **3** =baton ~.
twirp [twəːrp] [명] =twerp.
‡twist [twist] [동][타] **1** 〔실·그물 따위〕를 꼬다, 뜨다, 짜다(*together*); …을 짜 넣다, 짜서 …을 만들다[…으로 하다](*into*). ¶(~+[目]+[前]+[名]) ~ flowers *into* a garland 꽃을 엮어 화환을 만들다. **2** …을 감다, 감아 붙이다, 얽히게 하다(*with, around, round, on*). ¶(~+[目]+[前]+[名]) trees ~*ed with* ivy 담쟁이덩굴이 감긴 나무들. **3** …을 비틀다, 쥐어틀다, 짜다; 〔발목〕을 삐다, 접질리다. ¶~ one's ankle 발목을 삐다. **4** …을 구부리다, 찌그러뜨리다, 일그러뜨리다, 〔얼굴〕을 찌푸리다(*up*)(*with*). ¶(~+[目]+[前]+[名]) The child ~*ed* his face *with* pain. 그 아이는 고통으로 얼굴을 찡그렸다. **5** 〔말·사실 따위〕를 왜곡하다, 곡해하다, 억지를 쓰다(*about, round, around*). ¶~ a person's words [sentence] 남의 말[글]을 곡해하다. **6** …을 비틀어 떼다, 비틀어 꺾다(*off*) (*out of*). ¶(~+[目]+[副]) ~ *off* a piece of wire 철사를 비틀어 끊다 // (~+[目]+[前]+[名]) ~ a bag *out of* a woman's hand 여자의 손에서 가방을 잡아채다. **7** …을 누비며 가다, 구불구불 나아가다(*through, along*). ¶(~+[目]+[前]+[名]) ~ one's way *through* the crowd 군중 사이를 누비고 나아가다. **8** (야구·당구 따위에서) 〔공〕을 깎아치다, 휘어지게 치다[던지다]. **9** …의 방향을 바꾸다. ¶(~+[目]+[前]+[名]) ~ one's chair *toward* a window 창문쪽으로 의자의 방향을 바꾸다. **10** **(보통 수동형으로)** …을 괴롭히다, 〔마음〕을 비뚤어지게 하다. **11** 〔머리카락 따위〕를 둘둘 말다[감다]. **12** …을 (…와) 밀접하게 결합시키다, 단결[연합]시키다(*with*). **13** 〔종이〕를 (뒷면에 인쇄하기 위해) 뒤집다. **14** **(美구어)** 〔보험〕 〔생명 보험 계약〕을 (다른 회사와 해약하고 자기네 것으로 바꾸라고) 권유하다.
—[자] **1** 꼬이다, 뒤틀리다, 비틀리다. **2** 감기다, 엉키다, 얽히다(*around, about*). **3** (고통 따위로) 몸을 비틀다[뒤틀다], 몹시 괴로워하다(*about, up*)(*with*); (…에서) 몸을 비틀어 빠져나오다(*out, away*)(*from, out of*); 비틀려 떨어지다(*off*). **4** 회전하다, 방향을 바꾸다, (공이) 회전하면서 나아가다. **5** 나선상으로 돌다[나아가다]; (길·강 따위가) 사행(蛇行)하다, 굽이쳐 가다(*around*); 누비듯이 나아가다(*through, along*). ¶(~+[前]+[名]) The river ~*s through* the field. 그 강은 들판을 굽이치면서 흐른다. **6** **(속어)** 부정을 저지르다, 속이다. **7** 트위스트를 추다. **8** **(英속어)** 게걸스럽게 먹다(*down*).
twist and turn ① (길이) 구불구불 되어 있다. ② (걱정으로 잠을 못 이루고) 몸을 뒤척이다, (고통 따위로) 몸부림치다.
twist** a person* **(*a*)*round** one's* **(*little*) *finger*; *turn, twist, and wind *a person* 남을 마음대로 부리다.
***twist** a person's* **arm** ① 남의 팔을 등뒤로 비틀어 올리다, 손목을 비틀다. ② **(구어)** 남에게 강제하다, 무리한 일을 하다.

***twist** (*slowly*) *in the wind* (美구어) 꿈틀거리다
twist the lion's tail ⇨ LION. 「고민하다.
twist up ① (고통으로) 몸을 비틀다. ② 나선형으로 감겨 올라가다. ③ 회전하다, 선회하다. ④ 〔이야기 따위〕를 혼란[혼동]시키다. ⑤ 얼굴을 찌푸리다.
── 圈 1 CU 꼰 실, 끈, 밧줄. 2 꼬기, 꼬임, 한 번 비틀기[꼬기], ¶ *give a rope a few more* ∼s. 밧줄을 다시 두세 번 꼬다. 3 (축을 중심으로 하는) 회전, 선회; 나선상(狀). 4 UC 비틀림(의 울), 비뚤어짐, 비뚤어진 정도; 삐기; 얼굴의 일그러짐. 5 UC 꼬인 담배; ⓒ 꼬인 풀. 6 (뜻 따위의) 왜곡, 곡해, 억지. 7 엉킴, 얽힘, 혼란. 8 방향을 벗어나는 일; (도로·흐름 따위의) 만곡, 굴곡. 9 (경멸적의) (기질·태도 따위의) 비뚤어짐; 버릇, 편벽(偏僻). 10 부정, 부정직. 11 UC (야구·당구 따위의) 커브. 12 UC (항공) 기류의 비틀림. 13 (the ∼) 〔춤〕 트위스트. ¶ *dance* [or *do*] *the* ∼ 트위스트를 추다. 14 (美) (새로운) 취급, 고안, 방식. 15 (사건 따위의) 예기치 않은 전환[급변]. 16 (속어) 바람둥이 여자. 17 (英) (양끝을 비튼) 작은 종이 봉지. 18 (체조·다이빙) (몸의) 비틀기. 19 스패너, 펜치. 20 (英속어) Ⓤ (두 가지 음료의) 혼합 음료, 혼합주. 21 (英속어) 왕성한 식욕. 22 (美속어) 신경질적인 흥분. 23 (英속어) 사기.
a twist in one's *tongue* 혀꼬부라짐, 혀짤배기 소리.
give... a new twist …에 신기축(新機軸)을 열다.
in a twist (英구어) 흥분하여, 당황하여.
on [or *at*] *the twist* (英속어) 사기를 쳐서.
round the twist (英속어) 정신이 나간; 화가 치민.
the twist of the wrist 솜씨, 기량, 솜씨 좋음.
twists and turns (도로의) 만곡, 우여 곡절.
∼·a·ble 圈 ∼·ing·ly 則

twist drill 〔기계〕 천공 드릴.

twist·ed [twístid] 圈 1 구부러진, 곡선으로 된. ¶ a ∼ *curve* 〔수학〕 (동일 평면상에 있지 않은) 공간 곡선. 2 (진실이) 왜곡된, (마음이) 비뚤어진. 3 (美속어) 마약·술에) 취한. ∼·ly 則

twist·er [twístər] 圈 1 (실을) 꼬는 사람; 연사기(撚絲機). 2 곡해하는 사람. 3 (야구·당구 따위의) 커브, 변화구(投球). 4 (英속어) 부정직한 사람, 사기꾼. 5 어려운 일[문제]; 발음하기 어려운 말. 6 (美) 회오리바람. 7 트위스트를 추는 사람. 8 (美속어) (경찰의) 단속. 9 (美속어) 열쇠. 10 (美) (다른 회사와의 생명 보험 계약을 해약하고 자기네 회사와 계약하도록 권유하는) 권유원.

twist grip 트위스트 그립(오토바이 따위의 핸들 손잡이[잡는 법]).

twist·ing [twístiŋ] 圈 〔보험〕 (왜곡된 권유에 의한) 생명 보험의 부당 계약.

twist-re·lease [∠rí:ls] 圈 비틀어서 여는 방식의.

twist·y [twísti] 圈 1 꾸불꾸불한. 2 정직하지 않은, 교활한. 3 (여성이) 매력적인, 섹시한. 4 트위스트풍의.

twit[1] [twit] 圈圈 (-tt-) 〔남〕을 꾸짖다, 책망하다, 힐책하다, 비난하다, 비웃다(*with*, *about*, *on*). ¶ ∼ a *person with* [or *about*] *his carelessness* 남의 부주의를 책망하다. ── 圈 힐책, 비난, 힐난, 비웃음(의 말).

twit[2] 圈 (속어) 얼간이, 멍청이, 바보.

twit[3] 圈 실의 가느다란[약한] 부분.

***twitch** [twitʃ] 圈圈 1 〔…을〕 갑자기 잡아당기다, 잡아끌다; 잡아[낚아]채다(*away*, *off*). ¶ The horse ∼*ed* its *tail to chase the flies.* 말은 꼬리를 휙 휘둘러서 파리를 쫓았다. 2 (근육 따위를) 경련시키다, 실룩실룩 움직이다. 3 …에게 고통을 주다, …을 괴롭히다, 꼬집다. ── 圈 1 획 잡아당기다(*at*). ¶ ∼ + 團 + 園 ¶ ∼ at a *person's skirt* 남의 스커트를 휙 잡아당기다. 2 실룩거리다, 경련이 일으키다. 3 욱신욱신(쿡쿡 쑤시듯이) 아프다. ── 圈 1 휙 잡아당기기; 잡아채기. 2 경련, 실룩거림. 3 심한 아픔, 격통, 고민. (신경의) 흥분, 초조. 4 (말의) 코 비트는 기구.
all of a twitch (구어) 겁이 나서; 벌벌 떨며.
at [or *in*] *a twitch* 갑자기, 곧, 순식간에.

∼·er 圈 ∼·ing 圈 ∼·ing·ly 則

twitched [twitʃt] 圈 (美속어) 초조해하는.

twitch grass 圈 〔식물〕 개밀의 일종(couch grass).

twitch·y [twitʃi] 圈 1 홈칫 놀라는. 2 초조해하는, 침착하지 못한. **twitch·i·ly** 則 **twitch·i·ness** 圈

twite [twait] 圈 홍방울새의 일종. 「은 길.

twit·ten [twítn] 圈 (방언) 담장[벽] 사이로 난 좁

***twit·ter** [twítər] 圈圈 1 (새가) 지저귀다. 2 재잘거리다(*on*, *away*) (*about*). 3 안절부절 못하다; (흥분 따위로) 떨다. 4 (사람이) 지저귀며 …을 나타내다; (사람에) …을 속삭이듯 말하다. 2 (손가락 따위를) 주물럭거리다. ── 圈 1 지저귐. 2 설레임; 떨림. 3 낄낄거림. 4 (美속어) 경찰의 단속.
(*all*) *of* [or *in*] *a twitter* 흥분하여, 안절부절 못하여.

twit·ter·er [twítərər] 圈 1 지저귀는 작은 새. 2 지저귀는 사람(노래하는) 사람; 낄낄거리는 사람.

twit·ter·y [twítəri] 圈 잘 지저귀는; 떠는, 몸부림치는; 신경 과민의.

'twixt [twikst] 〔고어·시〕 betwixt의 단축형.

twixt·er [twíkstər] 圈 (美속어) 여자 같은 남자, 남자 같은 여자.

‡two [tu:] 圈 (圈 ∼s [-z]) 1 (복수취급) 2명, 2개. ¶ *T- of a trade seldom* [or *never*] *agree.* (속담) 같은 장사끼리는 의가 좋지 못한 법 / *Two's company,* (*but*) *three's none*[or *crowd*]. (속담) 두 사람이면 좋은 짝이 되지만, 세 사람이면 사이가 나빠진다. 2 2시; 2세. 3 (연속된 것 중의) 두 번째의 물건[사람]; 〔카드놀이〕 2의 패; (주사위의) 2의 눈. 4 2; 2의 기호(2, ii, Ⅱ). 5 쌍, 두 사람[개]의 1조. 6 2달러 지폐; 2펜스 주화.
by [or *in*] *twos and threes* 두세 사람씩, 삼삼오오.
come [or *break*] *in two* 양분되다, 분열하다.
in a day or two 하루나 이틀 사이에. 「잘라라.
in two 둘로, 두 동강으로. ¶ *Cut it in* ∼. 그것을 둘로
in two twos (英구어) 곧, 즉시, 순식간에.
know a thing or two 무엇을 좀 알고 있다.
Make it two. (구어) 〔주문할 때, 먼저 사람과〕 같은 것으로 주시오.
put two and two together 이것저것 종합해서 생각하다, (추론하여) 바른 결론을 내리다.
That makes two of us. (구어) 나 역시 마찬가지다, 나도 그렇게 생각한다. 「한 잔.
two and a half (美속어) (식당에서) 작은 컵의 우유
two and [or *by*] *two* 두 사람[둘]씩.
Two and two make(s) [or *is*] *four.* 2에 2를 더하면 4가 된다(* 자명한 이치임을 나타낸다).
Two can play (*at*) *that game.*; *That's a game that two can play.* (구어) 그런 식으로 나오면 나에게도 방법이 있다, 두고 보자.
two (*for*) *a penny* (英구어) 흔한, 하찮은, 값싼.
── 圈 2의, 2명[개, 살]의. ¶ *T- heads are better than one.* (속담) 혼자보다 여럿의 꾀가 낫다, 백지장도 맞들면 낫다.
be of two minds 망설이고 있다.
live two lives 이중 생활을 하다.

2-A 圈 (美) (징병 검사 분류에서) 2-A(농업 종사자·학생 이외의 직업상 이유로 징병이 연기된 사람).

two-a-day [∠ədéi] 圈 1일 2회 상연의. ── 圈 1일 2회 상연하는 쇼.

twó-ad·dress instrúction [∠ədrès-] 圈 〔컴퓨터〕 2번지 명령(2개의 연산수 address가 지정되는 명령).

two-a-pen·ny [∠əpéni] 圈 (英) 흔해 빠진; 값싼.

2b [tú:bi:] 圈 〔야구〕 2루(수).

two-bag·ger [∠bǽgər] 圈 1 (구어) 〔야구〕 =two-base hit. 2 (美속어) 못생긴 남자.

twó-base hìt [∠béis-] 圈 〔야구〕 2루타(double).

two-beat [∠bi:t] 圈 〔재즈〕 투 비트의(4분의 4박자에서 2박자와 4박자에 악센트를 둔다).

two-bit [∠bít] 圈 (美속어) 1 25센트의. 2 허술한,

twó bíts 명(복) **(**단·복수 양용**) (**美속어**) 1** 25센트; 소액. **2** 조잡한[하찮은] 물건. (또는 **twó-bits**)

two-by-four [⌐báifɔːr, -bə-] 형 **1** 두께 2인치 폭 4인치의. **2 (**美구어**)** 사소한, 하찮은; 아량이 좁은. **3 (**美구어**)** 좁은. **4** (투 바이 포 재목을 사용해) 틀 짜는 공법의. —명 **1** 두께 2인치 폭 4인치의 재목. **2** 좁고 답답한 것(방·아파트 따위).

2-C [túːsíː] 형 **(**美**)** (징병 검사 분류에서) 2-C(농업 종사자이기 때문에 징병이 연기된 사람).

two-ca·reer [⌐kəríər] 형 부부가 각기 직업에 종사하고 있는; 맞벌이의.

twó cénts 명(복) **(**美구어**)** 하찮은 것, 소량. 말하다. *add* [or *put in*] *one's two cents worth* 의견을

twó cúltures 명(복) (the ~) 두 개의 문화(인문·사회 과학계와 자연 과학계의 분야).

two-cy·cle [⌐sàikl] 형 **(**美**)** (내연 기관이) 2사이클의.

two-deck·er [⌐dékər] 형 **1** 2중 갑판 배. **2** 2층 전차(버스). **3** 2중(층)의; (요금 제도가) 2등급으로 나

two-dig·it [⌐dídʒit] 형 두 자리(숫자)의.   ┌누어진.

two-di·men·sion·al [⌐diménʃənl] 형 **1** 2차원의; 2차원적인. **2** (소설 따위가) 깊이가 없는, 단조로운. **~·ly** 부

two-earn·er [⌐ə́ːrnər] 형 한 가정에서 두 사람이 버는. —** ~ couple** 맞벌이 부부.

two-edged [⌐édʒd] 형 =double-edged.

two-faced [⌐féist] 형 **1** 2면[양면]이 있는. **2** 표리부동한, 일구이언의, 불성실한, 위선적의.
-fac·ed·ly [-féisidli, -féist-] 부 **-fác·ed·ness** 명

two·fer [túːfər] 명 **(**美구어**) 1** (극장 따위의) 1장의 요금으로 2장을 살 수 있는 표[교환권]; 1인분의 요금으로 2인이 입장할 수 있는 티켓. **2 1**개[회]분의 요금으로 2개 살 수 있는[2회의 서비스를 받을 수 있는] 쿠폰. **3 1**인 2역 피고용자. **4** 싼 물건, 염가품.

two-fist·ed [⌐fístid] 형 **1** (때리려고) 자세를 취한; 두 주먹을 쥔. **2** 힘센, 활기 있는, 원기 왕성한. **3** 두 손을 쓸 수 있는. **4** (소설 따위가) 소박하고 남성 지향적인. **5** (美방언·구어) 재주가 없는.

***two·fold** [túːfóuld] 형 2요소[부분]이 있는; 2배의, 2중의. —부 2배로, 2중으로. **~·ness** 명

two-for-one [⌐fərwʌ́n] 형 표리 일체의, 2자 일체

two-four [⌐fɔ́ːr] 형 **(**음악**)** 4분의 2박자의.   ┌의.

2, 4-D [túːfɔ̀ːrdíː] 명 =dichlorophenoxyacetic acid (제초제).   ┌acetic acid (제초제).

2, 4, 5-T [túːfɔ̀ːrfàivtíː] 명 =trichlorophenoxy-

twó-gen·er·á·tion fámily [⌐dʒènərèiʃən-] 명 핵가족(nuclear family).

two-hand·ed [⌐hǽndid] 형 두 손이 있는, 두 손으로 다루는; 두 손을 쓰는; 2인용의; 둘이서 하는.
~·ly 부 **~·ness** 명

twó í/c [-áisí:] 명 **(**英속어**)** 부관(副官)(second in command).

two-in·come [⌐ínkʌm] 형 버는 사람이 둘 있는; 맞벌이 부부의.

twó íron 명 **(**골프**)** =midiron.   ┌들 있는.

twó·leg·ged [túːlégid, -légd] 형 두 다리의, 다리가

twó·lev·el stórage [⌐lèvəl-] 명 **(**컴퓨터**)** 2단계 기억 장치.

two-line [⌐láin] 형 (인쇄) (활자가) 배형(倍型)의.

two-mast·ed [⌐mǽstid/⌐máːst-] 형 쌍돛대의.

two-mas·ter [⌐mǽstər/⌐máːst-] 명 두대박이 (배).

two-min·ute óffense [⌐mínit-] 명 **(**미식축구**)** 경기 종반에 남은 공격 시간을 계산하여 행하는 것.

twó-name páper [⌐nèim-] 명 **(**美**)** 복명(複名) [2인 연명] 어음.   ┌성, 2원성(元性).

two·ness [túːnis] 명[U] 둘임, 둘로 나뉘어 있음, 2원

twó páir 명 **1** (~s) (카드놀이) (포커에서) 투페어(동일한 수의 카드의 짝이 2쌍 갖추어진 패). **2 (**英**)** 2 층의 방.

two-part [⌐páːrt] 형 **(**음악**)** 2부의; 2부(분)의[로 이루어지는].

twó-pár·ty 명 **(**스코**)** 3분의 2(two thirds).

twó-pár·ty sýstem [⌐páːrti-] 명 **(**정치**)** 양당제.

twó-páy·check [⌐péitʃèk/⌐⌐-] 명 두 사람이 버는, 맞벌이의.

two·pence [tʌ́pəns] 명 **(**英 ~, -penc·es**) 1** 2펜스. **2** (George 3세 때 발행된 영국의) 2펜스 동화(銅貨). (1662년 이후 maundy money로서 발행된 영국의 옛) 2펜스 은화. **3 (**구어**)** (부정어와 함께) 조금도, 전연. ¶ *I don't care* ~. 아무렇지도 않다.

twopence coloured (英구어**)** 값싸고 화려한.

two·pen·ny [tʌ́pəni, túːpèni] 형 **1** 2펜스의, **2** 값싼, 시시한, 하찮은, 보잘것없는. **3** 길이 1인치짜리 못 (~ nail)의. —명 **1** 2펜스 동[은]화. **2 U (**英**)** 순한 맥주. **3 (**英속어**)** 머리. **4 (a ~)** 약간, 조금.

two·pen·ny-half·pen·ny [-héipəni] 형 **1** 2펜스 반의. **2** 값싼, 보잘것없는.

twópenny náil 명 길이 1인치짜리 못.

twópenny píece 명 2펜스 화폐.

two-phase [⌐féiz] 형 **(**전기**)** 2상(相)의.

two-piece [⌐píːs] 형 두 부분으로 이루어진; (특히 옷이) 투피스의. —명 (또는 **twó-píecer**) 투피스(옷).

two-ply [⌐plái] 형 **1** (실 따위가) 두 가닥으로 꼬인, 두 가닥의. **2** 2중직(織)의, 2중의, 두 장 겹친. —명 2 장이 겹쳐진 합판(合板); 2중직 직물.

twó-pót scréamer [⌐pát-/⌐pɔ́t-] 명 **(**濠속어**)** 술에 약한 사람.

two-pow·er [⌐páuər] 형 두 나라의. ¶ the ~ *standard* (군함 건조 계획에서의) 2국 표준(주의).

twó-príce sýstem [⌐práis-] 명 (금·양곡 따위) 2 중 가격 제도.

twó-rówed bárley [⌐ròud-] 명 맥주보리.

2-S [túːés] 명 **(**美**)** (징병 검사 분류에서) 2-S(학생이기 때문에 징병이 연기된 사람).

twó's cómplement 명 **(**컴퓨터**)** 2의 보수(補數).

two-seat·er [⌐síːtər] 명 2인승 자동차(비행기).

two-shot [⌐ʃɑ̀t/⌐ʃɔ́t] 명 **(**영화·TV**)** 2인 구도(한 화면에 두 명의 인물을 담은 구도).

Twó Sícilies 명(복) (the ~) 양(兩)시칠리아 왕국 (Sicily섬과 이탈리아 남부에 있던 왕국).

two-sid·ed [⌐sáidid] 형 **1** 두 면이 있는, 두 면의, 양자간의. **2** 두 마음을 지닌, 표리가 있는. **~·ness** 명

two·some [túːsəm] 형 둘[두 사람]로 이루어진; (골프 등이) 두 사람이 하는. —명 한 쌍, 2인조; (골프) 두 사람이 벌이는 시합.

two-speed [⌐spíːd] 형 (자동차 따위의) 2단 변속의.

two-spot [⌐spɑ̀t/⌐spɔ̀t] 명 **1** 하찮은 물건[사람]. **2** (카드의) 2의 패; (주사위의) 2의 눈. **3 (**美구어**)** 2달러 (지폐).   ┌(少將)의.

two-star [stɑ̀ːr] 형 그저 그런, 중급의; (군사) 소장

two-step [⌐stèp] 명 투스텝(2박자의 사교 춤); 그 곡. —동(자) **(-*pp*-)** 투스텝을 추다.

two-strip·er [⌐stráipər] 명 **(**美구어**) 1** =lieu-tenant. **2** =corporal.

two-stroke [⌐stróuk] 명 2행정(行程) 사이클(엔진) 의. —형 2행정 사이클(엔진)(을 갖춘 탈것). ┌이클.

twó-stroke cýcle [⌐기계] (발동기의) 2행정 사

two-suit·er [⌐súːtər] 명 소형 슈트케이스.

twot [twɑt] 명 **(**卑**)** =twat.

Twó Thòusand Guíneas 명 **(**단수취급**) (the ~) (**경마**)** 2000 기니 (경주)(영국의 5대 경마의 하나).

two-tier [⌐tíər] 형 **1** 2단[단, 열]의. **2** (요금 제도가) 2단계 제도의, 2단계로 분류된.

twó-tíer wáge sýstem 명 **(**美**)** 이중 임금 제도.

two-time [⌐táim] 동(타) **(**美구어**)** (남편·아내·연인 등)을 배반하다, 속이다. — 형 두 번의. **twó-tím·er** 명 배신자, 부정(不貞)한 자.   ┌한 사람.

twó-time lóser 명 **(**속어**)** 재범자; 두 번 이혼[파산]

two-tone [⁴tóun] 형 2색[음]의, 2색조의. (또는 **two-tóned**)

two-tongued [⁴táŋd] 형 두말하는; 속이는.

'twould [twud] (시) it would의 단축형.

two-up [⁴ʌp] 형 동전던지기 내기(2개의 동전을 공중에 던져 같은 면이 나오는 데에 돈을 거는 내기).

TWOV transit without visa (무사증 통과).

two-val·ued [⁴vǽljuːd] 형 〔논리〕 진(眞)과 위(僞)의 2가(價)의.

two-way [⁴wéi] 형 1 2방향[상호적]으로 작용하는; 2로(路)의; 송수신 겸용의, 쌍방향의. ¶ a ~ switch 2로(路) 스위치. 2 (도로 따위가) 양면 교통의, 쌍방 통행용의. 3 양면으로 사용하는, 2용도의. ¶ a ~ coat 양면 코트. 4 2인[조]으로 하는, 양자간의. 5 서로 동의의[책임, 의무]를 요하는, 쌍무적인. 6 (수학) 2원(元)의.

twó-wáy cáble sýstem 형 〔전자〕 쌍방향 케이블 시스템(유선으로 결합한 송수신 쌍방이 서로 정보를 교환할 수 있는 통신 계통). 「선 TV.

twó-wáy cáble télevision 형 〔전자〕 쌍방향 유

twó-way communicátion 형 쌍방향 통신.

twó-way stréet 형 1 양방향 도로, 2차선 도로. 2 쌍무[호혜]적 관계.

twó-way tráde 형 〔경제〕 쌍방[왕복] 무역.

two-wheel·er [⁴hwiːlər/-hwiːl-] 형 1 2륜차, 자전거. 2 (美俗어) 오토바이 경찰관.

twó-winged flý [⁴wiŋd-] 형 (파리·모기 따위) 쌍시류(雙翅類) 곤충의 총칭. 「동사.

twó-word vérb [⁴wəːrd-] 형 〔문법〕 2어 동사, 구

twp. township. **TWX** teletypewriter exchange (텔

twy·er [twáiər] 형 〔야금〕 =tuyere. 「렉스).

TX (美俗어) telephone; (美우편) Texas.

-ty¹ [ti] 접미 10의 배수(倍數)를 나타내는 수사(數詞)를 만든다. ¶ twenty, thirty.

-ty² 접미 quality(성질), condition(상태) 따위를 나타내는 명사를 만든다. ¶ equality, safety, unity.

Ty·burn [táibərn] 형 옛날 London에 있던 공개 처형장. **Ty·búr·nia** 형 Tyburn 유적지.

Týburn típpet 형 (英) 교수(絞首)용 밧줄.

Týburn trée 형 (英) 교수대.

Ty·che [táiki] 형 〔그리스 신화〕 튀케(운명의 여신; 로마 신화의 Fortuna에 해당).

ty·coon [taikúːn] 형 1 (종종 T-) 대군(大君), 장군 (일본의 도쿠가와(德川) 막부의 장군에 대하여 당시의 외국인이 붙인 칭호). 2 (美俗어) (실업계·정계의) 거두[거물]. 〔<Jap〕

Ty·de·us [táidiəs, -djuːs] 형 〔그리스 신화〕 티데우스(Thebes와 싸운 7용사 중의 한 사람). (또는 **tie**)

tye [tai] 형 〔해사〕 타이(활대를 오르내리는 사슬). (또는

✱ty·ing [táiiŋ] 용 tie의 현재분사. ── 형 U 매기, 묶기, 맺기; C 매듭. ── 형 매는, 맨, 묶은.

tyke¹ [taik] 형 1 들개, 잡종 개. 2 (스코) 시골뜨기; 버릇없는 녀석. 3 아이; 어린애, 장난꾸러기. (또는 **tike**)

tyke² [táiərʌn] 형 (로마) 가톨릭 교도. (또는 **tike**)

tyle [tail] 형 (古어) =tile.

ty·lec·to·my [tailéktəmi] 형 〔의학〕 국소(局所)부 절제(술). 「피린계 진통 해열제).

Ty·le·nol [táilənɔ̀l/-nɔ̀l] 형 (상표) 타이레놀(비(非)

tyl·er [táilər] 형 (비밀 결사의) 집회소 문지기.

Ty·ler [táilər] 형 **John** ~ (1790–1862; 미국의 제 10대 대통령(1841–45)).

Týler's Rebéllion [táilərz-] 형 〔英역사〕 1381년 영국의 농민 지도자 Wat Tyler(?-1381)가 중심이 되어 일으킨 농민 폭동.

ty·lo·pod [táiləpɑ̀d/-pɔ̀d] 형 〔동물〕 해각류(核脚類)(아목(亞目))의 화석).

ty·lo·sin [táilsin] 형 U 〔생화학〕 타일로신(방선균 (放線菌)에서 얻는 항생 물질의 일종).

ty·lo·sis [tailóusis] 형 (형 -ses [-siːz]) 1 U 〔병

리) 비후화(肥厚化), 변지증(胼胝症)(표피가 경화하는 증세). 2 〔식물〕 전충(填充) 세포.

tym·bal [tímbəl] 형 =timbal.

tym·pan [tímpən] 형 1 (기구(器具) 따위에 팽팽하게 쳐진) 얇은 막. 2 〔인쇄〕 팀판(종이에 대한 압력을 고르게 하기 위하여 인자판 위에 까는 종이). 3 =tympanic membrane. 4 =tympanum 2, 4. 「pani.

tym·pa·ni [tímpəni] 형 (용) ⑪ **-no** [-nou]) =tim-

tym·pan·ic [timpǽnik] 형 1 북 같은. 2 고막의; (중이(中耳)의) 고실(鼓室)의. ¶ ~ nerve 고실 신경.

tympánic bóne 형 〔해부·동물〕 고실 소골(小骨).

tympánic cávity 형 〔해부·동물〕 (중이의) 고실.

tympánic mémbrane 형 〔해부·동물〕 고막.

tym·pa·nist [tímpənist] 형 =timpanist.

tym·pa·ni·tes [tìmpənáitiːz] 형 U 〔병리〕 복부 팽창, 고창(鼓脹).

tym·pa·ni·tis [tìmpənáitis] 형 U 〔병리〕 중이염, 고실염. 「형(술).

tym·pa·no·plas·ty [tímpənəplæ̀sti] 형 U 고실 성

tym·pa·num [tímpənəm] 형 (용 **~s, -na** [-nə]) 1 〔해부·동물〕 중이; 고막. 2 〔건축〕 팀파눔(고전 건축에서 박공(牔栱) 따위의 삼각벽; 흥에머리에서 아래의 반원 벽). 3 〔전기〕 (전화기의) 진동판. 4 북(drum); 북가죽. 5 (양수(揚水)용) 북 모양의 수차.

tym·pa·ny [tímpəni] 형 〔병리〕 =tympanites. 2 〔古어〕 과장; 자만, 허영심; 거만, 호언.

Tyn·dale [tíndl] 형 **William** ~ 틴들(1492?–1536; 영국의 종교 개혁자·성서 영역자). (또는 **Tin·dal(e)**)

Týndall efféct [tíndl-] 형 〔물리〕 틴들 효과(많은 입자가 산재하는 매질(媒質) 속에 빛을 통하면 통로가 산란광으로 인해 빛나 보이는 현상). 〔<영국의 물리학자 John Tyndall(1820–93)의 이름〕

tyn·dall·om·e·ter [tìndəlɑ́mətər/-lɔ́m-] 형 〔기상〕 틴들 산란광의 밝기를 측정하는 장치[계기].

tyne [tain] 형 (英) =tine.

Týne and Wéar [táin ən wíər] 형 타인 위어(잉글랜드 북부의 주(州); 주도 Newcastle-upon-Tyne).

typ. typography; typographic(al); typography.

typ- [taip] 연결 ⇒ TYPO-.

typ·al [táipəl] 형 형(型)의, 유형의; 전형적[대표적]인; 상징적인.

✱type [taip] 형 1 (공통된 특징을 가지고 하나의 그룹을 형성하는) 형(型), 타입, 양식, 유형. ⇒ SORT 유의어 ¶ this ~ (of) car 이 형의 자동차 (* (美) 구어에서는 of 를 생략한 표현도 쓴다) /a few ~s of buildings 두세 가지의 건축 양식. 2 전형, 모범, 실례, 전본. 3 (구어) ···타입의 사람. 4 전조, 예고. 5 〔인쇄〕 (1개의) 활자; U 〔집합적〕 활자(字體). ¶ point ~s 포인트 활자. 6 (화폐·지폐·메달 따위의) 무늬, 도형, 의장(意匠). 7 독특한 표시, 기호, 상징. 8 (물건을 만들 때의) 원형, 거푸집. 9 〔구어〕 별난 사람. 10 〔동학〕 기형(基型); 〔생물〕 유형, 표식(標式), 대표형; 〔의학〕 혈액형. 11 〔컴퓨터〕 **a)** 데이터의 형. **b)** 타입(DOS 따위의 OS에서 파일의 내용을 화면에 나타나게 하는 명령).

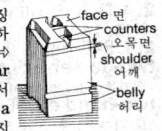
[type 5]

face 면
counters 오목면
shoulder 어깨
belly 허리

in type 활자로 조판된[되어].

set type 활자로 조판하다.

true to type 전형적으로.

── 용 (**~d** [-t]; **týp·ing**) 탄 1 ···을 타이프라이터로 치다(*out, up*). 2 ···을 활자화하다, 인쇄하다. 3 〔의학〕 1병균·혈액 따위의 형을 확정[분류]하다. ¶ ~ a person's blood 남의 혈액형을 결정하다. 4 ···의 전형이 되다, ···을 대표하다. ── 자 타이프라이터[키보드]를 치다(*away*)(*at*).

type in [or ***into***] [추가어 따위]를 (본문에) 타이프하여 삽입하다.
týp·a·ble, ⌐·a·ble 형
-type [taip] 접미 「…형, 유형, 형식」의 뜻. ¶ *antitype, ferrotype, prototype.*
Týpe A 형명 [심리] A형 행동양식의 (사람)(왕성한 경쟁 의식·긴박감·완벽주의·독단 따위의 특징을 가진 행동형을 지칭).
Týpe B 형명 [심리] B형 행동양식의 (사람)(A형의 반대로, 느긋한 성격을 가진 행동형을 지칭).
týpe-bar [táipbà:r] 명 (타이프라이터의) 활자 막대.
týpe-case [táipkèis] 명 활자 케이스. [타이프바.
týpe-cast [⌐kæ̀st/⌐kà:st] 명 (활자를) 주조하다.
── 형 주조된. ~·**er** 명
týpe·cast [táipkæ̀st/-kà:st] 동타 (배우에 맞추어서) …의 역을 정하다; (배우를) 알맞은 역에 돌리다. ── 형 (배우의) 이미지[역할]가 고정되어 있는; 판에 박힌.
Týpe C vírus 명 =C-type virus.
týpe declarátion 명 [컴퓨터] 형(型)[타입] 선언.
týpe-face [táipfèis] 명 활자체[면], 서체.
týpe fòunder 명 활자 주조공[업자].
týpe fòunding 명 =typefoundry.
týpe-fóund·ry [táipfáundri] 명 활자 주조소.
týpe gènus 명 [생물] 기준속(屬)(과·아과(亞科) 따위 분류군(群)의 특징을 대표하는 속).
týpe mètal 명 활자용 합금.
Týpe I érror [-wʌ́n-] 명 [통계] 제1종 착오[과오](통계적 가설 검정에서 귀무(歸無) 가설이 옳은데도 이를 기각하는 오류.
týpe-script [táipskrìpt] 명 타이프라이터로 친 원고[인쇄물]. ── 형 타이프라이터로 친.
týpe·set [táipsèt] 명 (~; ~·ting) (원고)를 조판[식자]하다. ── 형 조판[식자]된.
týpe·set·ter [táipsètər] 명 식자공; 식자기.
týpe·set·ting [táipsètiŋ] 명 식자(용)의, 활자 조판(용)의. ── 명 식자, 활자 조판.
týpe-site [⌐sàit] 명 [고고] 표준 유적(어떤 형식·문화·연대 따위의 표준이 되는 유물이나 유적).
týpe spècies 명 [생물] 기준종(생물 분류의 기준이 되는 종). [표본.
týpe spècimen 명 [생물] 기준 표본, 모식(模式)
Týpe T 명 T형(型)의 인간, 스릴을 좋아하는 사람.
týpe thèory 명 1 [생물] 원형설(原型說). 2 [화학] 기형설(基型說).
Týpe Ⅱ érror [-tú:-] 명 [통계] 제2종의 과오(통계적 가설 검정에서 대립 가설이 옳은데도 귀무(歸無) 가설을 채택하는 오류).
týpe whèel 명 활자차(특정 타자기나 전보에 이용하기 위해 원통 표면에 활자를 양각한 것).
týpe·write [táipràit] 동 (**-wrote; -writ·ten; -writ·ing**) 타이프라이터로[를] 치다, 타이프하다. * 현재는 type쪽이 보통.
‡**týpe·writ·er** [táipràitər] 명 (목 ~s [-z]) 1 타이프라이터, 타자기. 2 (U 영) 타이프라이터 서체. 3 (고어) 타이피스트. 4 (美속어) 경기관총.
týpe·writ·ing [táipràitiŋ] 명 ⓤ 타이프라이터를 치기; ⓤ 타이프 기술; ⓤⓒ 타이프라이터 인쇄[물].
týpe·writ·ten [táiprìtn] 형 typewrite의 과거분사.
── 형 타이프라이터로 친.
typh- [taif] 연결 ⇨TYPHO-.
ty·phli·tis [tifláitis] 명 ⓤ [병리] 맹장염. **-lít·ic** 형
typh·lol·o·gy [tiflálədʒi/-lɔ́l-] 명 맹목학(盲目學)(눈이 머는 원인과 치료에 관한 학문).
ty·pho- [táifou, -fə] 연결 「발진티푸스, 장티푸스」의 뜻 (* 모음 앞에서는 typh-). ¶ *typhogenic.*
ty·pho·gen·ic [tàifədʒénik] 형 [병리] 장티푸스를 일으키는.
*****ty·phoid** [táifɔid] 형 [병리] 명 티푸스(성)의, 장티푸스의. ¶ ~ *fever* 장티푸스. ── 명 ⓤ 장티푸스.
ty·phoi·dal [taifɔ́idl] 형 [병리] 티푸스(성)의, 장티푸스 비슷한.
týphoid bacíllus 명 (장)티푸스균. [상태).
týphoid condítion 명 (급성 질병 때 생기는) 쇠약
ty·phoi·din [taifɔ́idin] 명 [의학] 티포이딘(티푸스 감염의 유무를 검사하는 피부 접종용 티푸스균 액).
Týphoid Máry 명 1 전염병 보균자. 2 유해물[참사]을 전하는[초래하는] 사람.
ty·pho·ma·lar·i·al [tàifoumələ́əriəl] 형 [병리] 티푸스성 말라리아의. [등에 의한 신호 경적).
Ty·phon [táifan/-fɔn] 명 (해사) 타이폰(압축 공기
Ty·phon [táifan/-fɔn] 명 (그리스 신화) 티폰(어깨에 100마리의 용이 있는 괴물).
ty·phon·ic [taifánik/-fɔ́n-] 형 태풍(성)의.
‡**ty·phoon** [taifúːn] 명 (목 ~s [-z]) 1 태풍(남양·남중국해에서 발생하여 북상하는 열대성 폭풍). 2 (T-) (군사) 제2차 세계 대전 때의 영국 폭격기. [<Chin]
ty·phous [táifəs] 형 [병리] 발진티푸스(성)의.
ty·phus [táifəs] 명ⓤ [병리] 발진티푸스(~ *fever*).
typ·ic [típik] 형 =typical.
‡**typ·i·cal** [típikəl] 형 (**more ~; most ~**) 1 전형적인, 대표적인. ¶ the ~ businessman 전형적인 실업가. 2 상징적인, …을 표상하는 (*of*). 3 (어떤) 형[판]에 박힌. 4 독특한, 특유의 (*of*). ¶ That way of speaking is ~ *of* him. 그러한 화법에는 그다운 (특이한) 면이 있다. 5 [생물] 모식적(模式的)인. ¶ the ~ genus 모식속(屬).
be týpical of …을 대표하다; …을 표상하다.
-cal·i·ty [⌐kǽləti] 명 **~·ly** 부 **~·ness** 명
typ·i·fi·ca·tion [tìpəfikéiʃən] 명 ⓤⓒ 전형(이 됨); 예표(豫表); 상징(하기).
typ·i·fy [típəfài] 동타 1 …의 전형이 되다, …을 대표하다, …의 특징을 나타내다. 2 …을 상징하다; 예시[예표]하다. ¶ The laurel *typifies* victory. 월계수는 승리를 상징한다. 3 …을 유형화하다. **-fi·er** 명
typ·ing [táipiŋ] 명 ⓤ =typewriting.
týping pàper 명 타자 용지.
týping pòol 명 타이프과(課)(타자 전담 부서).
typ·ist [táipist] 명 타자수, 타이피스트.
ty·po [táipou] 명 (목 ~s) (구어) 1 =typographer. 2 오식(誤植). [typography.
typo., typog. typographer; typographic(al);
ty·po- [táipou, -pə] 연결 「유형, 활판, 상징」의 뜻 (* 모음 앞에서는 typ-). ¶ *typology.*
ty·po·graph [táipəgræ̀f, -grà:f] 동타 [인쇄] (스탬프)로 활판으로 만들다.
ty·pog·ra·pher [taipágrəfər/-pɔ́g-] 명 활판 식자공; 활판 인쇄공, 인쇄 기술자.
ty·po·graph·ic [tàipəgrǽfik] 형 (활판) 인쇄[술]의, 인쇄상(上)의. (또는 **typographical**) **-i·cal·ly** 부
ty·po·gráph·i·cal érror [tàipəgrǽfikəl-] 명 (인쇄물의) 오식, 오타(誤打).
ty·pog·ra·phy [taipágrəfi/-pɔ́g-] 명 ⓤ 1 활판(인쇄)술 (활판[식자·조판] 포함). 2 인쇄 체재. 3 활자학, 활자체 연구.
ty·po·log·i·cal [tàipəládʒikəl/-lɔ́dʒ-] 형 1 (성서) 예표론(豫表論)의. 2 (철학) 유형학(類型學)의. 3 인쇄학의. (또는 **typologic**) **~·ly** 부
ty·pol·o·gy [taipálədʒi/-pɔ́l-] 명 ⓤ 1 (성서) 예형론. 2 (심리학·철학·생물학 따위의) 유형학. 3 인쇄학. 4 표상, 상징. 5 (고고) 형식론, 형식[분류]학. **-gist** 명
ty·po·script [táipəskrìpt] 명 =typescript.
typp [tip] 명 (섬유) 팁(실의 굵기의 단위).
typw. typewriter; typewritten.
typ·y [táipi] 형 모범적인, (특히 가축이) 이상적 체형인. (또는 **typey**) [아들: 전쟁과 승리의 신).
Tyr(r) [tiər, tjuər] 명 (북유럽 신화) 티르(Odin의
*****ty·ran·ni·cal** [tirǽnikəl, tai-] 형 1 전제적인, 폭군적인; 무도한, 포학한, 압제적인; 전제 군주의. 2 (고

ty·ran·ni·cide [tirǽnəsàid, tai-] 명U 폭군[압제자]살해; 폭군[압제자] 살해자. -**cíd·al** 형

tyr·an·nize [tírənàiz] (※ (英) **-nise**) 동㊄ 폭정을 펴다; 압제하다, 권세를 부리다, 학대하다 (*over*); 전제 군주[독재자, 폭군]로 군림하다. ━㊉ …에 폭정을 펴다, …을 학대하다. ─**niz·er** 명 **-niz·ing·ly** 부

ty·ran·no·saur [tirǽnəsɔ̀ːr, tai-] 명 티라노사우루스(육생 동물 중 최대의 육식공룡).

ty·ran·no·sau·rus [tirǽnəsɔ́ːrəs, tai-] 명 〔고생물〕 **1** =tyrannosaur. **2** (T-) 티라노사우루스속(屬).

tyr·an·nous [tírənəs] 형 횡포를 부리는, 포악한, 전제적인; 가혹한. ─**ly** 부 ─**ness** 명

‡**tyr·an·ny** [tírəni] 명 (복 **-nies** [-z]) **1** UC 폭정, 압제, 전제 (정치). **2** U 포악, 횡포, 학대; C 포악한[횡포를 부리는] 행위. ¶ the ~ of the rich over the poor 가난한 사람들에 대한 부자들의 횡포. **3** 전제[독재] 정치국(國). **4** U 〔그리스 역사〕 참주(僭主) 정치.

‡**ty·rant** [táiərənt] 명 **1** 폭군, 압제자; 전제 군주. **2** 폭압적인 것, 강제성이 있는 것. **3** 〔그리스 역사〕 참주.

týrant flýcatcher 명 타이런트조(鳥)(미국산(產) 연작목(目)의 새).

tyre [taiər] 명동㊉ (英) =tire².

Tyre [taiər] 명 티레, 튀루스(레바논 남부, 고대 페니키아의 항구 도시).

Tyr·i·an [tíriən] 형 티레의. ─명 티레 주민.

Týrian púrple 명 **1** 적자색(赤紫色) 염료. (또는 **Týrian dýe**) **2** 선명한 적자색. 「[<L]

ty·ro [táiərou] 명 (복 **~s**) 초보자, 초심자. (또는 **tiro**)

Ty·rol [tiróul, tai-, táiroul/tírəl, tiróul] 명 **1** (the ~) 티롤 지방(오스트리아 서부 및 이탈리아 북부의 산악 지대). **2** 티롤(오스트리아 서부의 주; 주도(州都) Innsbruck). (또는 **Tirol**)

Ty·ro·le·an [tiróuliən, tai-] 형 티롤의; 티롤 사람의. ─명 티롤 사람. (또는 **Tirolean**)

Tyr·o·lese [tìrəlíːz, -líːs] 형명 =Tyrolean. (또는 **Tirolese**)

Ty·ro·li·enne [tiròuliẽn, tai-] 명 티롤 지방의 농민 무용; 그 곡.

Ty·rone [tairóun/ti-] 명 **1** 티론(북아일랜드 중서부의 주; 주도 Omagh). **2** [táiəroun] 타이론(남자 이름).

ty·ro·si·nase [táiərousinèis, -nèiz, tír-] 명 〔생화학〕 티로시나아제(동식물의 조직에 있는 산화 효소).

ty·ro·sine [táiərəsìːn, -sin, tír-] 명 〔생화학〕 타이로신(단백질의 가수 분해로 생기는 결정상 아미노산; 약 Tyr, ㉠ Y).

týrosine hy·dróx·y·lase [-haidráksəlèis/-dróks-] 명 〔생화학〕 타이로신 수산화 효소.

ty·ro·si·ne·mi·a [tàiərousiníːmiə, tìr-] 명 〔병리〕 타이로신 혈증(血症).

ty·ro·sin·o·sis [tàiərousinóusis, tìr-] 명 〔병리〕 타이로신증(症)(오줌 속에 다량의 타이로신이 생기는 증상).

ty·ro·thri·cin [tàiərouθráisin, -θrí-] 명 〔약학〕 타이로트리신(백색·황갈색의 비수용성 항생 물질).

ty·ro·tox·i·con [tàiəroutáksikàn/-tɔ́ksikɔ̀n] 명U 〔생화학〕 타이로톡시콘(부패한 우유나 유제품(乳製品) 따위에 생기는 프토마인 독소).

Tyr·rhe·ni·an [tiríːniən] 형명 =Etruscan. (또는 **Tyr·rhene** [tírin, -´-])

tythe [taið] 명동 (英) =tithe.

tzar [zɑːr, tsɑːr] 명 =czar.

tzar·e·vich [záːrəvitʃ, tsáːr-] 명 =czarevitch.

tza·rev·na [zɑːrévnə, tsɑː-] 명 =czarevna.

tzét·ze flý [tsétsi-, tsíːt-] 명 =tsetse fly.

Tzi·gane [tsigán] 명 집시(Gypsy), (특히) 헝가리계 집시. ─형 (종종 t-) 집시의; (특히) 헝가리계 집시의.

Tzi·ga·ny [tsigámi] 명형 =Tzigane.

zim·mes [tsímis] 명 **1** 〔요리〕 치메스(고기·당근·채소·과일에 설탕을 넣어서 만든 냄비 요리). **2** 야단 법석, 소동. (또는 **tsimmes**)

zi·tzith [tsítsis] 명 (유대인 남성의 어깨결이 네 귀에 드리우는) 청실·백실로 꼰 술(← 민수기(Num.) 15:38-39). (또는 **tzitzit, tzitzis**)

tzu·ris [tsúːris] 명 ⇒TSORIS.

U

U, u [juː] 명 (복 **U's** or **Us; u's** or **us**) 1 영어 알파벳의 스물 한번째 자. ¶ U for Uncle Uncle의 U (국제 통화 용어). 2 U[u]가 나타내는 소리. 3 U[u]자형(의 물건). ¶ a *U*-tube U자형 관(管). 4 (활자·스탬프 따위의) U[u]자. * u는 원래 v의 이형(異形)으로 18세기경까지 구별 없이 쓰였다. 〔증서〕.

U[1] [juː] 대 **(구어)** = you. ¶ IOU(= I owe you.) 차용〔증서〕.
U[2] **(구어)** (영국의) 상류 계급 특유의(언행). [<*upper class*]
U[3] **(구어)** 대학(university). ¶ Wash *U*(Saint Louis 의) 워싱턴 대학.
U[4] [uː] 명 미얀마의 남자 이름 앞에 붙이는 경칭.
U 기호 1 (차례 또는 연속된 것 중의) 스물 한번째(의 것) (I 또는 J를 제외할 경우는 스무번째(의 것)). 2 〔화학〕= uranium. 3 〔생화학〕= uracil. 4 〔전기·화학〕내부에너지. 5 〔학업 성적의〕U평점 (unsatisfactory). 6 **(英)** 일반용 영화(universal; 미국의 G에 해당) 형 film rating). 7 〔수학〕= union. 8 〔국제 자동차 식별 기호〕 Uruguay. 9 〔물리〕= unified atomic mass unit (통일 원자 질량 단위; ¹²C의 질량을 12로 한다).
U. 〔기상〕 ugly threatening weather; 〔독일〕 *Uhr*(= clock, o'clock); uncle; uniform; union(ist); unit; united; university; unsatisfactory; unsymmetrical; upper. **U., u.** uniform; union; unit; university; upper.

UA 기호 United Airlines(미국 항공사). **UAAC** **(美)** Un-American Activities Committee((하원의) 비미(非美) 활동 (조사)위원회). **UAE** *U*nited *A*rab *E*mirates. **UAL** *U*nited *A*irlines. **UAM** *u*nderwater-to-air *m*issile(수중 대공(對空) 미사일). **UAR** *U*nited *A*rab *R*epublic. **UATP** *U*niversal *A*ir *T*ravel *P*lan(항공권 신용 판매 제도). **UAV** *u*nmanned *a*erial *v*ehicle(무인 항공기). **UAW** *U*nited *A*utomobile *W*orkers(전미(全美) 자동차 노동 조합).

U·ban·gi [juːbǽŋgi, uːbάːŋ-] 명 1 (the ~) 우방기강(江) (아프리카 중부를 흘러 Congo강으로 유입한다). 2 중앙 아프리카 공화국의 사라(Sara)족 여성(나무틀을 넣어서 입술이 원반 모양을 하고 있다).
U·ban·gi-Sha·ri [-ʃάːri] 명 우방기샤리(중앙 아프리카 공화국의 옛 이름; 이전에는 프랑스령(領)).
ub·ble-gub·ble [ʌ́blgʌ́bl] 명 **(美속어)** 횡설수설, 허튼 소리.
U·ber Cup [júːbər-] 명 (the ~) 우버컵(국제 여자 단체 배드민턴 선수권 대회 우승컵). [<영국 여자 배드민턴 선수 H.S. Uber의 이름]
Über·mensch [G ýːbərmenʃ] 명 (복 **-men·schen** [-menʃən]) (니체 철학의) 초인(超人). [<G]
u·bi·e·ty [juːbáiəti] 명 ⓤ **(고어)** 정해진 장소[위치]에 있기; 위치, 소재(所在), 상대적인 위치.
u·bi·qui·none [juːbikwinóun] 명 〔생화학〕 유비퀴논(전자(電子) 전달체의 기능을 가진 퀴논).
U·bi·qui·tar·i·an [juːbikwətέəriən] 명 〔신학〕 그리스도 편재론자(遍在論者). —형 (또는 **Ubiquarian, Ubiquist**) 그리스도 편재론자(루터파의 하나).
~·**ism** 명 그리스도 편재론. 「tous.
u·biq·ui·tar·y [juːbíkwətèri/-təri] 형 = ubiquitous
u·biq·ui·tous [juːbíkwətəs] 형 1 (동시에) 도처에 존재하는, 편재하는, 편재적인. 2 〔익살〕 (사람이) 약방의 감초(甘草) 같은. ~·**ly** 부 ~·**ness** 명
u·biq·ui·ty [juːbíkwəti] 명 1 ⓤⓒ (동시에) 도처에 존재하기, 편재. 2 (U-) 〔신학〕 그리스도의 편재(性).

u·bi su·pra [júːbai súːprə/L úːbi súːpraː] 부 (앞에 말한 작품·문장·페이지 따위에 대해 언급하여) 위에 말한 곳에(서)(⦿ u.s.). [<L where above]
U-boat [-bòut] 명 U 보트(제1·2차 세계 대전중에 활약한 독일 잠수함). [<G *Unterseeboot* undersea
Ú bòlt 명 U자형(字形) 볼트, U형 볼트. 「boat]
U-bomb [-bὰm/-bɔ̀m] 명 우라늄 폭탄.
u.c. 〔음악〕 *u*na *c*orda; 〔인쇄〕 *u*pper *c*ase(대문자).
UC *u*nder *c*harge[*c*onstruction]; *U*niversity *C*ollege; *U*pper *C*anada. **UCC** *U*niversal *C*opyright *C*onvention(세계 저작권 조약; 한국은 1987년 10월 가입). **UCCA** [ʌ́kə] 명 **(英)** *U*niversities *C*entral *C*ouncil on *A*dmissions(입학에 관한 대학 중앙 위원회). **UCD** *U*niversity *C*ollege, *D*ublin. **UCLA** *U*niversity of *C*alifornia at *L*os *A*ngeles. **UCS** **(美)** *U*nion of *C*oncerned *S*cientists(우려하는 과학자 동맹)(핵무기 개발에 반대하는 미국의 과학자 단체); 〔컴퓨터〕 *U*niversal *C*haracter *S*et. **UDA** (북아일) *U*lster *D*efence *A*ssociation(얼스터 방위 협회).
UDAG [júːdæg] 명 **(美)** 도시 개발 지원 계획. [<*U*rban *D*evelopment *A*ction *G*rant]
u·dal [júːdl] 명 〔법률〕 (토지의) 자유 보유권. —형 자유 보유권의[에 관한]. ~·**er, ~·man** 명 자유보유권자.
UDC **(英)** *U*nion of *D*emocratic *C*ontrol(민주 통제 동맹); **(美)** *U*nited *D*aughters of the *C*onfederacy(남부 제주(諸州) 참전 여자 동맹); *U*niversal *D*ecimal *C*lassification(국제 십진 분류); **(英)** *U*rban *D*istrict *C*ouncil((예전의) 준(準)자치 도시 위원회).
ud·der [ʌ́dər] 명 (소·양·염소 따위의) 젖퉁이; 유선(乳腺). ~·**less** 형 젖퉁이 없는; (비유적) 어미 없는. 「腺).
UDF (프랑스) *U*nion pour la *D*émocratie *F*rançaise (프랑스 민주 연합); (남아공) *U*nited *D*emocratic *F*ront(통일 민주 전선). **UDI** *u*nilateral *d*eclaration of *i*ndependence(일방적 독립 선언).
u·dom·e·ter [juːdάmətər/-dɔ́m-] 명 〔기상〕 우량계(rain gauge). **ù·do·mét·ric** 형 **-try** 명
UDR (프랑스) *U*nion *des D*émocrates pour la *R*épublique(공화국 민주 연합; de Gaulle파의 정당 (1968-76)). **UDT** *u*nderwater *d*emolition *t*eam(수중 폭파대); *U*nited *D*ominions *T*rust. **UEFA** [juːéifə] *U*nion of *E*uropean *F*ootball *A*ssociation (유럽 축구 연맹). **UEL** *U*nited *E*mpire *L*oyalist. **UFC** *U*nited *F*ree *C*hurch (of Scotland).
UFO [júːèfóu, júː fou] 명 (복 **~s, ~'s**) 미확인 비행물체(비행접시 따위). [<*u*nidentified *f*lying *o*bject]
u·fol·o·gy [juːfάlədʒi/-fɔ́l-] 명 미확인 비행 물체 [UFO] 연구. **ù·fo·lóg·i·cal** 형 **-gist** 명 「연맹).
UFT **(美)** *U*nited *F*ederation of *T*eachers(전국 교원
U·ga·li [uːgάːliː] 명 우갈리(아프리카 옥수수 가루죽).
U·gan·da [juːgǽndə, uːgάːndəː] 명 우간다(아프리카 동부의 공화국; 수도 Kampala).
U·gan·dan [juːgǽndən] 명 우간다(사람)의. —명 우간다 사람. 「위원회).
UGC **(英)** *U*niversity *G*rants *C*ommittee(대학 육성
ugh [ux, ʌx, ʌg] 감 우!, 악!, 와!, 캭! (혐오·경멸·공포 또는 기침 소리를 나타낸다).
úg·li (**frùit**) [ʌ́gli-] 명 자메이카 원산의 감귤류.
ug·li·fy [ʌ́gləfài] 타 -**fied** 추하게 하다, 흉하게 하다, 본디의 아름다움을 손상하다. ‡**-fi·cá·tion, -fi·er** 명
‡ug·ly [ʌ́gli] 형 (**-li·er; -li·est**) 1 추한, 보기 흉한, 꼴

ugly 사나운, 볼품 없는, 못생긴(↔ beautiful). ¶an ~ scar on a person's face 얼굴의 보기 흉한 상처 자국. **2** (도덕적으로) 나쁜, 추악한, 사악한, 꺼림칙한. ¶~ habits 악습 / There are ~ rumors about his past. 그의 과거에 대한 좋지 못한 소문이 있다. **3** (날씨 따위가) 험악한, 거친. ¶~ weather 험악한 날씨 / an ~ sea 사나운 바다. **4** 불쾌한, 싫은; 위험한. ¶an ~ sound 불쾌한 소리 / an ~ wound 심한 상처. **5** (美구어) 심술궂은; 엉짢은; 화를 잘 내는, 싸움질 잘하는. ¶an ~ tongue 독설(毒舌) / be in an ~ mood 기분이 언짢다. *(as) ugly as sin* (구어) 지독하게 못생긴[못생겨서]. — 團 보기 싫게, 추악하게. — 图 **1** (속어) 추한 것[사람]. **2** (英) (19세기 중엽에 유행했던) 여성용 모자의 챙. **3** (the -lies) (속어) 우울, 기분이 언짢음. — 圄囤 추하게 만들다. **-li·ly** 團 **-li·ness** 图

úgly Américan 圄 (때로 U- A-) 추한 미국인(현지인이나 그 문화에 무신경한 언동으로 비난받는 재외(在外) 미국인). (<미국의 저술가 E. Burdick과 W. J. Lederer 공저의 The Ugly American)

úgly cústomer (구어) 다루기 어려운[적의가 있는] 사람, 성가신 사람; 위험 인물.

úgly dúckling 圄 (비유적) 미운 오리 새끼 (홋날에는 훌륭한 인재가 되지만, 지금은 멸시와 천대를 받는 아이). (<Andersen의 동화)

U·gri·an [júːgriən] 圄 우그르어(족)의. — 圄 (주로 헝가리, 서(西) 시베리아에 사는) 우그르족 사람; Ⓤ 우그르어.

U·gric [júːgrik] 圄Ⓤ 우그르어(족). — 圄 =Ugrian.

ugt, UGT urgent.

uh [ʌ, ʌŋ] 圉 =huh?; =er, ur.

UH upper half. **UHF, uhf** ultrahigh frequency.

uh-huh [ʌhʌ́, ʌŋhʌ́ŋ] 圉 **1** 응!, 음!, 암!, 네! (찬성·동의·감사 따위를 나타낸다). **2** =uh-uh.

u(h)·lan [úːlɑːn, júːlən] 圄 (역사) (폴란드·독일 등의) 창기병(槍騎兵). 「야기를 하려 할 때)

uhm [ʌm, əːm] 圉 에, 저, 그것이(말하기 곤란한 이

uh-oh [ʌ́ou] 圉 어머!, 이런!, 저런!, 아니!, 음 (놀라움·의심·반성 따위를 나타낸다).

UHT ultra heat treated; ultra high temperature.

uh-uh [ʌ́ʌ́] 圉 아니오!, 아냐! (부정을 나타낸다).

u·hu·ru [uːhúːruː] 圄 민족 독립, 자유 (아프리카인 민족주의자들의 슬로건). (<Swahili>

UI unemployment insurance. **UICC** (프랑스) Union internationale contre le cancer.

Ui·g(h)ur [wíːguər] 圄 위구르 사람 (터키계의 종족); Ⓤ 위구르(어). — 圄 위구르(사람)의.

Ui·g(h)ú·ri·an, Ui·g(h)ú·ric 圄

u·in·ta(h)·ite [juːíntəàit] 圄 유인타석(石) (미국 Utah 주에서 나는 천연 아스팔트; 안료·니스의 재료).

UIS Unemployment Insurance Service.

uit·land·er [áitlændər/éit-] 圄 (종종 U-) (남아공) 외국인 (남아공 성립 전의 Transvaal 거주 영국인) (outlander). (<D uit out+land land)

u·ja·máa village [ùdʒəmáː-] 圄 (때로 U- v-) 우자마 마을 (탄자니아의 공동체 조직의 마을).

UK (the) United Kingdom. **UKA** United Kingdom Alliance. **UKAEA** United Kingdom Atomic Energy Authority (영국 원자력 공사).

u·kase [juːkéis/-kéiz] 圄 (제정 러시아의) 칙령; (일반적으로) 칙령, 법령, 포고(edict).

uke¹ [juːk] 圄 (구어) =ukulele.

uke² 圄 (美 속어) 圄囤 게우다 (yuke). — 圄 구역질; 「토한 것.

Ukr. Ukraine.

U·kraine [juːkréin, -kráin] 圄 (the ~) 우크라이나 공화국 (흑해(黑海) 북부에 위치한 독립 국가 연합의 한 공화국; 러시아어명(名)은 Ukraina; 수도 Kiev).

U·krain·i·an [juːkréiniən, -kráin-] 圄 우크라이나인; 우크라이나 사람[말]의. — 圄 우크라이나 사람;

Ⓤ 우크라이나 말. 「이의 4현악기)

u·ku·le·le [jùːkəléili] 圄 우쿨렐레 (기타 비슷한 하와

UL (美) Underwriters' Laboratories (보험업자 연구소). ¶~-listed products UL 보증 제품 / ~ standard UL 규격; (컴퓨터) upload.

u·la·ma [úːləmɑː] 圄 (복수취급) 울라마 (이슬람교의 법학자(신학자)(층)). (또는 **ulema**)

U·lan Ba·tor [úːlɑːn báːtɔːr] 圄 울란바토르 (몽골 공화국의 수도). (또는 **Ulaanbaatar**)

-u·lar [julər] 圖 relating to, resembling의 뜻. ¶capsular, globular.

ULCC ultra-large crude carrier (초대형 유조선).

ul·cer [ʌ́lsər] 圄 **1** (병리) 궤양. ¶a stomach ~ 위 궤양. **2** 악폐[부패]의 근원, 병근, 폐해, 병폐. **-ed** 圄

ul·cer·ate [ʌ́lsərèit] 圄 …에 궤양을 일으키다; (비유적) …을 (도덕적으로) 부패시키다. — 囤 궤양을 일으키다; (도덕적으로) 부패하다.

-a·ble 圄 **-á·tion** 궤양화; 궤양 상태.

ul·cer·a·tive [ʌ́lsərèitiv, -rət-] 圄 궤양 (형성)의.

úlcerative colítis 圄 (병리) 궤양성 대장염.

ul·cer·o·gen·ic [ʌ̀lsəroudʒénik] 圄 (병리) 궤양 유발(성)의.

ul·cer·ous [ʌ́lsərəs] 圄 **1** (병리) 궤양의, 궤양성의; 궤양을 일으키는; 궤양에 걸린. **2** (비유적) (도덕적으로) 부패한. **~·ly** 團 **~·ness** 圄

-ule [juːl] 圖 small one의 뜻. ¶capsule, granule.

u·le·ma [úːləmɑː] 圄 =ulama.

-u·lent [julənt] 圖 abounding in의 뜻. ¶fraudulent, opulent, turbulent. (또는 **-lent**)

u·lig·i·nous [juːlídʒənəs] 圄 (식물) 늪지[습지]에서 자라는. (또는 **uliginose**)

ul·lage [ʌ́lidʒ] 圄Ⓤ **1** 부족량, 누손량(漏損量), 손실량 (증발·누출 따위에 의해 생긴 감량). **2** (컵 따위에) 남은 술. **3** (그 중에 액체 연료의 증발 등으로 인한) 부족량, 감손량. **4** (속어) 하찮은 녀석들, 찌꺼기, 쓰레기.

on ullage (통 따위에) 가득 채우지 않고.

— 圄囤 …의 부족량을 채우다 (측정하다).

-laged 圄

úllage rócket 圄 얼리지 로켓 (주(主) 로켓에서 분리될 때 충분한 가속을 붙여주는 소형 로켓 엔진).

ul·mic [ʌ́lmik] 圄 (화학) 울민의.

ul·min [ʌ́lmin] 圄Ⓤ (화학) 울민 (수목이나 부식토 따위에서 스며나오는 흑갈색 또는 흑색의 무정형 물질).

ULMS undersea long-range missile system (수중장거리 미사일 시스템). 「촉각(尺骨). **-nar** 圄

ul·na [ʌ́lnə] 圄 (美 **-nae** [-niː], **~s**) (해부) (팔의)

u·lose [julous, -lòuz] 圖 characterized by의 뜻. ¶granulose. 「틸[끎슬털]이 난[을 가진).

u·lot·ri·chous [juːlátrikəs/-lót-] 圄 양털 모양의

-u·lous [juləs] 圖 tending to의 뜻. ¶credulous, meticulous, tremulous. 「적 회로).

ULSI ultra large-scale integration (초(超) 대규모 집

Ul·ster [ʌ́lstər] 圄 **1** 얼스터. **1** 아일랜드 공화국 북부 지방. **2** (구어) 북아일랜드. **3** u-) 얼스터 외투 (Ulster산(産) 모직 코트).

~·**ite** [-ait], ~·**man** 圄 얼스터 사람.

Úlster Defénce Associàtion 圄 (the ~) 얼스터 방위 협회 (북아일랜드 프로테스탄트의 준(準)군사 조직; 略 UDA).

ult. ultimate(ly); ultimo.

ul·te·ri·or [ʌltíəriər] 圄 **1** (동기·의도 따위가) 입 밖으로 나오지 않은, 이면의, 숨은, 마음 속의. ¶for the sake of an ~ end 무엇인가 생각하는 바가 있어서. **2** 「(Ulster 3) (시간적으로) 앞으로의, 금후의, 장차의. **3** (위치상으로) 저쪽의, 저기의. ¶on the ~ side of the river 강 저쪽 기슭에[서). ~·**ly** 團 (<L)

ul·ti·ma [ʌ́ltəmə] 圄 최후의, 최종의 (last); 가장 먼,

ul·ti·ma·cy [Áltəməsi] 圀 최후의 상태, 극한 상황; 근본 (원리).

última rátio [-réijòu] 圀 마지막 담판(수단), 최후의 수(카드), 비법. 〔L last argument〕

última rátio régum [-réijòu ri:gəm] 圀 (왕의) 최후의 논의; 최후 수단으로서의 무력 행사, 전쟁. 〔L the final argument of kings〕

ul·ti·ma·ta [Àltəméitə] 圀 ultimatum의 복수형.

‡**ul·ti·mate** [Áltəmət] 圀 1 최후의, 끝장의, 최종의; 궁극적인, 결정적인. ⇨LAST 〔유의어〕the ~ goal 사람의 최종 목적/the ~ weapon (원폭·수폭 따위의) 궁극 무기. 2 근본적인, 기본적인, 근원적인. ¶~ principles 근본 원리. 3 가장 먼, 가장 떨어진. ¶to the ~ ends of the earth 땅 끝까지. 4 〔구어〕 극한의, 최대의; 최고의. 5 〔구어〕 탁월한, 최량(最良)의. ─ 圀 1 (the ~) 궁극점, 최종 결과[단계], 결론; 〔구어〕 최고신, 최후의 것. 2 근본 원리. 3 (the U-) 신(神).
─ 圀팀 …을 끝내다, 결말짓다. ─ 風 끝나다.
~·ness 圀

últimate análysis 圀 〔화학〕 원소 분석.
últimate constítuent 圀 〔언어〕 종국 구성 요소 (그 이상은 세분되지 않는 부분). 〔소 폭탄〕.
últimate detérrent 圀 (the ~) 궁극적 억지력(수
últimate lóad 圀 〔항공〕 극한 하중(荷重).
*__ul·ti·mate·ly__ [Áltəmətli] 圉 궁극적으로, 최후로, 끝에 가서, 결국은.
últimate párticle 圀 =elementary particle
últimate stréngth[stréss] 圀 〔공학〕 극한 강도, 파괴 강도.

última Thúle [-θú:li] 圀 (the ~) 1 최고 한도, 극한. 2 세계의 끝; 최북단. 〔L farthest Thule〕
ul·ti·ma·tism [Áltəmətìzm] 圀 비타협적 태도; 과격주의. **-tist** 圀 비타협적 급진파(과격파).
*__ul·ti·ma·tum__ [Àltəméitəm] 圀 (閲 ~s, -ma·ta [-méitə]) 1 마지막 조건[말], 최종 제안, 최후 통첩. 2 마지막 결론; 근본 원리.
ul·ti·mo [Áltəmòu] 圉 지난 달의, 전달의(閲 ult. ulto.)(↔ proximo, instant). ¶on the 13th ~ 지난 달 13일에. 〔L in the last (month)〕
ul·ti·mo·gen·i·ture [Àltəmoudʒénətʃər] 圀 〔법률〕 말자(末子) 상속(제). 웭 primogeniture **-tar·y** 圀
ul·ti·sol [Áltəsò:l] 圀 〔美〕 〔지질〕 (풍화 작용을 받은) 적황색 토양(고온 다습 지대에서 볼 수 있다).
ulto. ultimo.

ul·tra [Áltrə] 圀 극단적인, 과격의. ─ 圀 (사상·의견 따위가) 극단적인 사람, 급진론자, 과격론자.
ul·tra- [Áltrə] 〔접두〕 trans-, super-, hyper-의 뜻. ¶*ultra*tropical, *ultra*sonic, *ultra*modern.
ul·tra·ba·sic [Àltrəbéisik] 圀 〔암석〕 초염기성(超鹽基性)의, (또는 **ultramafic**).
ul·tra·cen·tri·fuge [Àltrəséntrəfjùːdʒ] 圀 〔생물·화학〕 초원심 분리기. ─ 圀팀 …을 초원심 분리기에 걸다. **-cen·tríf·u·gal** **-cen·trìf·u·gá·tion** 圀
ul·tra·chip [Áltrətʃip] 圀 〔전자〕 울트라칩(ULSI를 탑재한 실리콘칩). 〔상표〕.
ul·tra·clean [Àltrəklí:n] 圀 아주 깨끗한; 완전 무균
ul·tra·cold [Àltrəkóuld] 圀 초(超)저온의.
ul·tra·con·ser·va·tive [Àltrəkənsə́:rvətiv] 圀 극단적으로 보수적인[주의]의, 초보수적인. ─ 圀 초보수적인 사람[단체]. **-tism** 圀
ul·tra·crit·i·cal [Àltrəkrítikəl] 圀 혹평하는. **~·ly** 圉
ul·tra·di·an [Àltréidiən] 圀 초일(超日) 주기의(생체 리듬(biorhythm)이 24시간 이하의 주기를 갖는).
ul·tra·dis·tance [-dístəns] 圀 〔스포츠〕 (30마일을 넘는) 초장거리 경주의.
ul·tra·el·e·mén·ta·ry párticle [Àltrəèləméntəri-] 圀 〔원자물리〕 소립자(素粒子)의 구성 요소, 초(超)소립자(quark 따위).

ul·tra·fash·ion·a·ble [Àltrəfǽʃənəbl] 圀 극단적으로 유행을 쫓는, 유행의 첨단을 걷는.
ul·tra·fast [Àltrəfǽst/-fú:st] 圀 초고속의. ¶~ computers 초고속 컴퓨터.
Ul·tra·fax [Áltrəfæks] 圀 〔상표〕 울트라팩스(고속 모사(模寫) 전송 장치(팩시밀리)). 〔물 축사(縮寫)〕
ul·tra·fiche [Áltrəfì:ʃ] 圀 〔인쇄〕 초마이크로 인쇄
ul·tra·fil·ter [Àltrəfíltər] 圀 〔생물·화학〕 (콜로이드 용액 여과용의) 한외(限外) 여과기(器). ─ 圀팀 …을 한외 여과하기[시키다]로 거르다. **-fil·trá·tion** 圀
ul·tra·fine [Àltrəfáin] 圀 극히 세밀한, 초미세한
ul·tra·high [Àltrəhái] 圀 (주파수·온도 따위가) 초고(超高)의; 초고도의.
últrahigh fréquency 圀 〔무선〕 극초단파(양 UHF, uhf). **últrahigh-fréquency** 圀
ul·tra·ism [Áltrəìzm] 圀(U) 극단(과격)론; 과격한 의견(행동). **-ist** 圀 **-ís·tic** 圀
ul·tra·left [Àltrəléft] 圀 극좌의. ─ 圀 (the ~) 극좌파. **-ism** 圀 **-ist** 圀 극좌파(의 사람).
ul·tra·lib·er·al [Àltrəlíbərəl] 圀 (특히 정치에서) 급진적(극단적) 자유주의의. ─ 圀 급진적[극단적] 자유주의자[집단]. **-ism** 圀 급진적 자유주의.
ul·tra·light [Àltrəláit] 圀 초경량의, 극히 가벼운.
─ 圀 초경량물(物); (또는 **~ pláne**) 초경량(비행)기.
ul·tra·ma·rine [Àltrəmərí:n] 圀 1 바다 저쪽의, 해외의(로부터의). ¶~ trade 해외 무역. 2 군청(群靑)색의. ─ 圀(U) 1 울트라마린(청색 안료); (일반적으로) 청색 안료. 2 군청색(deep-blue color).
ul·tra·mi·cro [Àltrəmáikrou] 圀 마이크로보다 작은(물질을 다루는), 초마이크로의.
ul·tra·mi·cro·bal·ance [Àltrəmáikroubæ̀ləns] 圀 〔화학〕 초미량 천칭(超微量天秤).
ul·tra·mi·cro·chem·is·try [Àltrəmáikroukémətri] 圀 초미량 화학.
ul·tra·mi·cro·fiche [Àltrəmáikrəfì:ʃ] 圀 =ultrafiche.
ul·tra·mi·crom·e·ter [Àltrəmaikrámətər/ -krɔ́m-] 圀 한외 측미기(測微器), 초(超)미계기.
ul·tra·mi·cro·scope [Àltrəmáikrəskòup] 圀 〔광학〕 한외 현미경, 초현미경. **-mi·cro·scóp·ic** [-máikrəskɔ́pik] **, -mi·cro·scóp·i·cal** 圀 〔광학〕 초현미경적인; 극미(極微)의. **-mi·cro·scóp·i·cal·ly** 圉
ul·tra·mi·cros·co·py [Àltrəmaikráskəpi/ -krɔ́s-] 圀(U) 한외(外) 현미경법, 초현미경에 의한 연구.
ul·tra·mi·cro·tome [Àltrəmáikrətòum] 圀 초박(超薄) 마이크로톰(전자 현미경용 초박편(片) 절단기).
ul·tra·mil·i·tant [Àltrəmílətənt] 圀 극단적으로 호전적[투쟁적]인. ─ 圀 극단적으로 호전적인 사람.
ul·tra·min·i·a·ture [Àltrəmíniətʃər/-nətʃə] 圀 초소형의.
ul·tra·min·i·a·tur·ize [Àltrəmíniətʃəràiz] 圀팀
ul·tra·mod·ern [Àltrəmádərn/-mɔ́d-] 圀 초현대적인, 최첨단의. **~·ism, ~·ist** 圀 **-mòd·ern·ís·tic** 圀
ul·tra·mon·tane [Àltrəmantéin/-mɔntéin] 圀 1 산(연산(連山)) 너머의; (프랑스쪽에서 본) 알프스 남쪽의, 이탈리아의; 알프스 북쪽의, 2 (때로 U-) 교황권 지상주의(론)의. ─ 圀 1 알프스 남쪽에 사는 사람. 2 (때로 U-) 교황권 지상주의자[론자].
ul·tra·mon·ta·nism [Àltrəmántənìzm/-mɔ́n-] 圀 (때로 U-) 1 (로마 가톨릭 교회의) 교황권 지상주의[론]. 웭 Gallicanism **-nist** 圀 교황권 지상주의자.
ul·tra·mun·dane [Àltrəmʌndéin] 圀 이 세계 밖의[에 있는], 태양계 외의; 저승의.
ul·tra·na·tion·al [Àltrənǽʃənl] 圀 초국가주의적인, 극도로 국수주의적인. **~·ism** 圀
ul·tra·na·tion·al·ist [Àltrənǽʃənəlist] 圀 초국가[국수]주의자. ─ 圀 (또는 **ultranationalistic**) 초국가주의(적)인. **-nà·tion·al·ís·ti·cal·ly** 圉

ul·tra·pure [λltrəpjúər] 형 극히 순수한, 초고순도 (超高純度)의. **-ly** 閉 **-pú·ri·ty** 명
ul·tra·red [λltrəréd] 형 적외(선)의(infrared).
ul·tra·right [λltrəráit] 형⑪ 극우(의); 초반동적 인. —명 (the ~) 극우(진영). **~ist** 명
ul·tra·se·cret [λltrəsíːkrit] 형 극비의. **~ly** 閉
ul·tra·short [λltrəʃɔ́ːrt] 형 [무선] 초단파의.
ul·tra·son·ic [λltrəsánik/-sɔ́n-] 형 초음파의, 초음속의(supersonic). —명 초음파. **-i·cal·ly** 閉
ultrasónic cléaning 명 초음파 세정(洗淨).
ultrasónic diagnóstic 명 〔의학〕 초음파 (화상 (畫像)) 검사. 〔—〕 초음파학; 초음파.
ul·tra·son·ics [λltrəsániks/-sɔ́n-] 명 ⑪ (단수취 급) 〔의학〕 초음파학.
ul·tra·son·o·gram [λltrəsánəgræm/-sóun-] 명 〔의학〕 초음파 검사도(圖).
ul·tra·son·o·graph [λltrəsánəgræf/-sóunə-grɑ̀ːf] 명 〔의학〕 초음파 진단〔검사〕 장치.
ul·tra·so·nog·ra·phy [λltrəsənágrəfi] 명 〔의 학〕 초음파 진단〔검사〕 (법).
ul·tra·so·nol·o·gist [λltrəsənáləʤist/-nɔ́l-] 명 〔의학〕 초음파 검사 기사(技師). (또는 **ultrasonographer**)
ul·tra·so·phis·ti·cat·ed [λltrəsəfístəkèitid] 명 〔기계 따위가〕 매우 복잡한, 매우 정밀한. **~ly** 閉
ul·tra·sound [λltrəsáund] 명⑪ 1 [물리] 초음파. 2 초음파를 이용한 치료〔진단〕.
últrasound cardiógraphy 〔의학〕 초음파 심장 검사(법).
últrasound ìmaging 〔의학〕 초음파 화상(畫像) 진단.
últrasound scànner 〔의학〕 초음파 스캐너.
ul·tra·struc·ture [λltrəstrλktʃər] 명 〔생물〕 원 형질의 초미세 구조. **-strúc·tur·al** 형
ul·tra·swoop·y [λltrəswúːpi] 형 〔구어〕 아주 매 력적인 스타일의, 스타일이 뛰어난.
ul·tra·thin [λltrəθín] 형 아주 얇은, 극박(極薄)의.
ul·tra·trop·i·cal [λltrətrápikəl/-trɔ́p-] 형 열대권 (熱帶圈) 밖의; 열대보다 더운.
ul·tra·vi·o·let [λltrəváiəlit] 형 자외(선)의(⇔ infrared). ¶~ rays 자외선. —명 자외선(약 UV).
ultraviolet astrónomy 명 〔천문〕 자외선 천문학 (천체가 발하는 자외선의 관찰 연구).
ultraviolet líght 〔광학〕 자외선광, 자외선 복사.
ultraviolet microscope 명 자외선 현미경.
ultraviolet télescope 명 자외선 망원경.
ul·tra vi·res [λltrə váiəriːz] 형閉〔법률〕권한을 넘 어서〔선〕, 월권하여〔한〕, 월권으로〔의〕. ¶an ~ contract 월권 계약. 〈L beyond strength〉
ul·tra·vi·rus [λltrəváiərəs] 명 여과성 병원체, 극 미 병원체, 초(超)미생물.
ul·u·lant [λljulənt] 형 〔개·이리가〕 긴 소리로 짖는; (올빼미 따위가) 부엉부엉 우는, 슬프게 우는.
ul·u·late [λljuleit] 자 1 〔개·이리가〕 짖다, 멀리서 짖다; 〔올빼미가〕 부엉부엉 하고 울다. 2 멀리서 짖어대 는 소리를 내다; 큰 소리로 애처롭게 울다. **-lá·tion** 명
ul·va [λlvə] 명 파래속(屬)의 바닷말.
U·lys·ses [juːlísiːz/ˊ-ˊ] 명 1 율리시스(Odysseus 의 라틴명). 2 호머작 서사시 Odyssey의 주인공, Ithaca의 왕). 2 〔美속어〕 50달러 지폐.
um [λm, əm] 감 음, 아니(의심, 망설임 따위를 나 타낸다). —동🟉 다음 숙어로만 쓴다.
  um and aah (구어) 주저하다; 말이 막혀 우물거리다.
UM 〔항공〕 unaccompanied minor(동반자 없는 어린 이 여객).
U·may·yad [uːmáijæd] 명 (복 ~s, **-ya·des** [-jədìːz]) 옴미아드 왕조(의 일원) (Damascus에 통 치(661~750), 나중에 스페인으로 도망가서 다시 부흥했 다(756~1031)). (또는 **Omayyad, Ommiad**)
um·bel [λmbəl] 명 〔식물〕 산형(繖形)화서〔꽃차례〕.

um·bel·lar [λmbələr] 형 〔식물〕 =umbellate.
um·bel·late [λmbələt, -lèit] 형 〔식물〕 산형 꽃차 례의, 산형 꽃차례로 된, 산형 꽃차례 모양의. **~ly** 閉
um·bel·lif·er·ous [λmbəlífərəs] 형 〔식물〕 1 산 형 꽃차례가 나는, 산형화가 피는. 2 미나리과(科)의.
um·bel·lule [λmbəljùːl, λmbéljuːl] 명 〔식물〕 소 (小)산형 꽃차례 (복수 산형 꽃차례에서의 2차적인 꽃차 례). **um·bél·lu·late** [-lət]
um·ber [λmbər] 명⑪ 1 엄버(암갈색의 천연 광물 안료). ¶raw ~ 생(生) 엄버(황갈색)/burnt ~ 태운 엄 버(눈은 적갈색). 2 암갈색, 어두운 적갈색, 눈은 갈색. 3 ⓒ 〔어류〕 각시송어의 일종; 〔조류〕 망치머리황새. 4 ⓒ (英방언) 그림자, 그늘. —형 엄버색의; 암갈색의, 어두 운 적갈색의, 눈은 갈색의. —타 …에 엄버를 칠하 다; …을 암갈색〔눈은 갈색〕으로 만들다.
um·bil·i·cal [λmbílikəl/λmbilái-] 형 1 배꼽 (모양) 의; 배꼽 가까이의, 배꼽의 중앙부의; 〔고어〕 중앙의. ¶an ~ point (기하) 제점(臍點). 2 탯줄로 이어지는; (비유적) (결합 상태가) 매우 긴밀한. 3 〔드물게〕 모계(母系)의. 4 (로켓) (우주선 따위의 전력·연료·산소 따위의 공급선(線) (우주 유영(遊泳)에서) 생명줄; 〔공학〕 필수 접속선[관]. **~ly** 閉 =umbilical.
umbílical córd 〔해부〕 탯줄, 제대(臍帶); 〔로켓〕
umbílical hérnia 〔병리〕 배꼽 헤르니아.
um·bil·i·cate [λmbílikət, -lèit] 형 배꼽 같은, 배꼽 모양의; 배꼽이 있는, 가운데가 움푹 들어간. (또는 **umbilicated**) **-cá·tion** 명
um·bil·i·cus [λmbílikəs, λmbəlái-] 명 (복 **~es, -ci** [-ləsài]) 1 〔해부〕 배꼽(navel). 2 〔동물〕 (고둥의) 제공(臍孔). 3 〔식물〕 (종자의) 종제(種臍)(hilum). 4 요점, 핵심. 5 〔수학〕 배꼽점.
um·bil·i·form [λmbíləfɔ̀ːrm] 형 배꼽 모양의.
um·bles [λmblz] 명 (사슴·돼지의) 내장.
um·bo [λmbou] 명 (복 **~nes** [λmbóuniːz], **~s**) 1 방패 중앙의 돌기. 2 〔해부〕 제와(臍窩), 고막제 (鼓膜臍). 3 〔동물〕 (쌍패류(雙貝類)의) 각정(殻頂). 4 〔식 물〕 (균산(菌傘)의) 중심 돌기. 5 (일반적으로) 돌기물.
um·bo·nal [λmbənl] 형 방패심 모양의, 돌기 모양 의. (또는 **umbónic**)
um·bo·nate [λmbənət, -nèit] 형 (방패에) 장식 돌 기가 있는; 고막제가 있는; 각정이 있는; 돌기물(손잡 이)이 있는. ¶an ~ fungus 우산 모양의 버섯.
um·bra [λmbrə] 명 (복 **-brae** [-briː]) 1 그림자, 그늘. 2 〔천문〕 (일식·월식 때의) 본영(本影)의 부분 (⇔ penumbra). 3 태양 흑점의 중앙 암흑부. 4 암흑, 암영(暗影)(광원으로부 터 완전히 차단된 곳). 5 〔드물게〕유령, 망령. 6 (고대 로마에서) 초청객을 따라 오는 불청객. **-bral** 형
um·brage [λmbriʤ] 명⑪ 1 불쾌, 노여움, 적의(敵意), 분개. 2 (고어·시) 그늘, 그림자. 3 (고어) 그늘을 이루는 나무의 무성한 잎, 군엽(群葉).
  give umbrage to …을 화나게 하다, 불쾌하게 하다.
  take umbrage at …에 분개하다, 불쾌하게 여기다.
um·bra·geous [λmbréiʤəs] 형 1 그늘진, 그늘 이 있는(shady). 2 화를 잘 내는, 비뚤어지기 쉬운. **~ly** 閉 **~·ness** 명
‡um·brel·la [λmbrélə] 명 (복 **~s** [-z]) 1 우산, 박 쥐 우산. 2 〔드물게〕양산(陽) sunshade, parasol). 3 〔생물〕 (해파리의) 갓. 4 (비유적) 보호, 보호하는 것〔물건〕; 권한; (정치적인) 책임. 5 (군대) (지상군을 지키는) 엄호 항공대; 포화막(砲火幕); 핵(核) 우산. 6 포괄〔통합〕하는 것. 7 천개(天蓋). 8 〔한정용법〕 우산(모 양)의, 우산 구실을 하는; 포괄적인. —타 우산으로 가리다, 보호하다. **~ed, ~·less, ~·like** 형
umbrélla bìrd 〔미남산(產)〕 미식조(美飾鳥)의 일 종. (또는 **umbréllabird**)
umbrélla lèaf 〔북미산(產)〕 매자나무과(科)의 식물.

umbrélla organizàtion 명 (산하에 많은 소속 단체를 거느린) 통솔 단체, 상부 단체.
umbrélla pàlm 명 야자과(科) 식물의 일종(솔로몬 군도 원산).
umbrélla pìne 명 왜금송(일본 원산의 소나무의 일종).
umbrélla shèll 명 삿갓조개.
umbrélla stànd 명 우산꽂이.
umbrélla tàlks 명 포괄 교섭[협상, 회담].
umbrélla trèe 명 (북미산(產)의) 태산목류(類); 우산 모양의 나무의 총칭.
um·brette [ʌmbrét] 명 [조류] 망치머리황새.
Um·bri·a [ʌ́mbriə] 명 움브리아. 1 이탈리아 중부 및 북부의 옛 지방. 2 이탈리아 중부의 주(州).
Um·bri·an [ʌ́mbriən] 형 움브리아(사람[말])의.
— 명 움브리아 사람[말].
Úmbrian schóol 명 (the ~) 움브리아 화파(畵派).
um·brif·er·ous [ʌmbrífərəs] 형 그림자를 던지는, 그늘을 만드는. **~·ly** 부
um·faan [ʌ́mfɑːn] 명 (남아공) 애보기나 허드렛일을 하는 소년. 「응, 예, 그래.
um·hum [fṃṃ] 감 (동의·이해 따위를 나타내는)
u·mi·ak [úːmiæk] 우미악(나무틀에 바다표범의 가죽을 씌워서 만든 에스키모의 배). ⓟ kayak
UMIST University of Manchester Institute of Science and Technology. [umiak]
um·laut [úmlaut] 명 [문법] 1 ⓤ 움라우트, 모음 변이(變異)(mutation). *게르만어족에 속하는 언어에서 후속 음절의 모음 또는 반모음(牛母音) — 주로 [i] 또는 [u] — 의 영향에 의하여 생기는 모음 변화 현상. ¶foot →feet, man→men. 2 움라우트에 의해서 생긴 변모음 (ä, ö, ü 등). 3 (독일어의) 움라우트 기호(¨). — 타 …에 움라우트 기호를 붙이다; (어형·음)을 움라우트로 변화시키다. [<G]
umm [m] 감 =um. 「제.
um·ma(h) [ʌ́mə] 명 (이슬람교) 움마, 이슬람 공동
ump [ʌmp] 명⑤(속어) =umpire. 「효과.
umph [əm, əmf] 감 =humph. —명 (美속어) 힘,
um·pir·age [ʌ́mpaiəridʒ] 명 ⓤ 1 중재인의 직[지위, 권한]. 2 중재[재정] 행위; 중재인의 판결[재정].
‡**um·pire** [ʌ́mpaiər] 명 (~s [-z]) 1 (경기의) 심판원, 엄파이어. ¶a chief ~ 구심(球審)/a base ~ 누심(壘審). 2 재정자(者), 중재인. ⓟ JUDGE [재정]하다.
— 자 (~s [-z]; ~d; -pir·ing) 타 (경기·논쟁 따위를)를 심판하다, 재정[중재]하다. — 자 (경기·논쟁 따위에서) 심판원[재정자]이 노릇하다 (for, in). ¶ (~+[前+名]) ~ for the league 리그의 심판을 보다 / He was appointed to ~ in the labor disputes. 그는 노동쟁의의 중재자로 임명되었다. — **·ship** 명 =umpirage.
ump·teen [ʌ́mptíːn] 형 (구어) 무수(한), 다수(의). (또는 ump-steen, umteen)
ump·teenth [ʌ́mptíːnθ] 형 (구어) 몇 번째인지 셀 수 없을 만큼의. ¶make the ~ mistakes 셀 수 없을 만큼 많은 실수를 저지르다. (또는 **umteenth**.)
ump·ti·eth [ʌ́mptiiθ] 형 =umpteenth.
ump·ty [ʌ́mpti] (속어) 형 (종종 복합어로) 여차여차한, 이러이러한(such and such). ¶the ~-fifth regiment 제 몇 십 호 연대. 명 =umpteen.
ump·ty-umpth [-ʌ́mpθ] 형 (美구어) =umpteenth. (또는 **úmpty-úmp**)
um·py [ʌ́mpi] 명 (濠구어) = umpire.
UMS ugly mood swing. **UMT** (美) universal military training(일반 군사 교련). **UMW** United Mine Workers (of America)(전미(全美) 광산 노동자 연맹).
um·welt [úmvelt] 명 〖생물·심리〗 환경. [<G]
un [ən] 대 (방언) (종종 복합어로) 놈, 녀석, 자식(one). ¶we ~s 우리들(we all)/you ~s 너희들(you all)/Some of them were bad ~s. 그 중에는 나쁜 녀석들도 있었다. (또는 '**un**)
UN, U.N. (the ~) United Nations(국제 연합).
un-[1] [ʌn] 접두 형용사·부사·명사에 붙어 not의 뜻을 나타낸다. ¶unartistic, unfairly, unfaith, unimportance.
un-[2] 접두 1 동사에 붙어 동작·상태의 reverse(역)의 뜻을 나타낸다. ¶unbend, unfasten, undress. 2 명사에 붙어 그 명사가 나타내는 성질·상태를 「없애다·탈취하다·해방하다」의 뜻을 나타내는 동사를 만든다. ¶unman, unsex, unbosom.
UNA United Nations Association(유엔 협회).
un·a·bashed [ʌ̀nəbǽʃt] 형 얼굴을 붉히지 않는, 뻔뻔스러운; 태연한. **-bash·ed·ly** [-bǽʃidli] 부
un·a·bat·ed [ʌ̀nəbéitid] 형 줄어들지 않는, 저하하지 않는; 약해지지 않는.
un·ab·bre·vi·at·ed [ʌ̀nəbríːvièitid] 형 생략하지 않은, 단축하지 않은.
‡**un·a·ble** [ʌnéibl] 형 1 …할 수 없는 (to do). ⓟ INCAPABLE [유의어] ¶He is ~ to read and write. 그는 읽고 쓰지를 못한다 / The baby was ~ to walk yet. 그 아기는 아직 걷지 못한다. 2 허약한, 나약한.
úna bòat [júːnə-] 명 (英) 작은 외대박이 배.
un·a·bridged [ʌ̀nəbrídʒd] 형 생략[발췌, 삭제]하지 않은, 완전한. — 명 (발췌하지 않은) 대사전.
un·ab·solved [ʌ̀næbzɑ́lvd/-zɔ́lvd] 형 (아직) 죄가 용서되지 않은. 「마음을 빼앗기지 않은.
un·ab·sorbed [ʌ̀nəbsɔ́ːrbd] 형 흡수되지 않은;
un·ab·sorb·ent [ʌ̀nəbsɔ́ːrbənt, -zɔ́ːr-] 형 흡수하지 않는, 비흡수성의.
un·ac·a·dem·ic [ʌ̀nækədémik] 형 학구[학문]적이 아닌; 형식을 차리지 않는, 인습적이 아닌.
un·ac·cent·ed [ʌ̀nǽksentid, -́--́] 형 악센트가 없는, (음절에) 강세가 없는(unstressed).
un·ac·cept·a·ble [ʌ̀nəkséptəbl] 형 받아들일[용납할] 수 없는; 기분이 좋지 않는, 마음에 들지 않는, 달갑지 않은. **-cèpt·a·bíl·i·ty, ~·ness** 명 **-bly** 부
un·ac·cept·ed [ʌ̀nəkséptid, -ək-] 형 받아들여지지 않은, 용인되지 않은.
un·ac·ces·si·ble [ʌ̀nəksésəbl, -ək-] 형 =inaccessible. 「못하는.
un·ac·claimed [ʌ̀nəkléimd] 형 환영[갈채]받지
un·ac·com·mo·dat·ed [ʌ̀nəkɑ́mədèitid/-kɔ́m-] 형 적응되지 않은; 시설[설비]이 없는; 필요한 것이 공급되지 않은; …에게 만족을 주지 못하는.
un·ac·com·mo·dat·ing [ʌ̀nəkɑ́mədèitiŋ, -kɔ́m-] 형 불친절한; 돌보기 좋아하는; 융통성이 없는; 순종치 않는; 불만스러운.
un·ac·com·pa·nied [ʌ̀nəkʌ́mpənid] 형 동행이 없는, 동반하지 않는(by, with); (음악) 무반주의.
un·ac·com·plished [ʌ̀nəkʌ́mpliʃt/-kʌ́m-] 형 성취되지 않은, 미완성의; 무능한, 재주가 없는.
‡**un·ac·count·a·ble** [ʌ̀nəkáuntəbl] 형 1 설명할 수 없는, 영문을 알 수 없는; 수수께끼 같은, 이상한. 2 책임을 지지 않는, 책임이 없는(for); 제어(制御)를 받지 않는. **-còunt·a·bíl·i·ty, ~·ness** 명 **-bly** 부
un·ac·count·ed-for [ʌ̀nəkáuntidfɔ̀ːr] 형 설명[해명]되지 않은, 원인 불명의; 용도 불명의.
*un·ac·cus·tomed [ʌ̀nəkʌ́stəmd] 형 1 이상한, 보통이 아닌, 진기한. ¶his ~ absence 이례적인 그의 결석 / ~ food 먹어 보지 못한 음식 / with ~ rudeness 전례 없이 거칠게. 2 익숙하지 않은. ¶I am ~ to speaking in public. 나는 사람을 앞에서서 이야기하는 데는 익숙하지 않다. **~·ly** 부 **~·ness** 명
un·ac·knowl·edged [ʌ̀nəknɑ́lidʒd/-nɔ́l-] 형 승인되지 않은; 응답되지 않은; 답장이 없는.
un·ac·quaint·ed [ʌ̀nəkwéintid] 형 1 잘 알려지

un·act·ed 지 않은, 낯선. 2 면식이 없는, 생소한 (*with*).
un·act·ed [ʌnǽktid] 형 이행[실행]되지 않은; (무대에) 상연하지[되지] 않은.
un·a·dapt·a·ble [ʌnədǽptəbl] 형 적응할 수 없는, 맞출 수 없는; 개작할 수 없는.
un·ad·dressed [ʌ̀nədrést] 형 1 말을 걸어오지 않은. 2 (편지 겉봉 등의) 주소·성명이 기재되지 않은.
un·ad·just·ed [ʌ̀nədʒʎstid] 형 조정되지 않은; 해결되지 않은; [은: 받아들여지지 않은.
un·ad·mit·ted [ʌ̀nədmítid] 형 인정[허가]되지 않은.
un·a·dopt·ed [ʌ̀nədáptid/-dɔ́pt-] 형 1 채용되지 않은, 선정되지 않은; 양자로 되어 있지 않은. 2 (英) (신설 도로가) 지방 당국에 인계되지 않은, 사도(私道)인.
un·a·dorned [ʌ̀nədɔ́:rnd] 형 꾸며지지 않은, 장식 없는, 간소한, 그대로의(plain). 「이 없음; 간소.
un·a·dorn·ment [ʌ̀nədɔ́:rnmənt] 형 장식[꾸밈]
un·a·dul·ter·at·ed [ʌ̀nədʎltərèitid] 형 다른 것을 섞지 않은, 순수한; 더러워지지 않은. ~·ly 부
un·ad·ven·tur·ous [ʌ̀nædvéntʃərəs/-əd-] 형 모험적이 아닌, 대담하지 않은, 안전한, 무사평온한. ~·ly 부 「은; 알려지지 않은.
un·ad·ver·tised [ʌ̀nǽdvərtàizd] 형 광고되지 않
un·ad·vis·a·ble [ʌ̀nædváizəbl, -əd-] 형 권고할 수 없는, 권장될 수 없는; 계책이 서지 않는.
-vis·a·bíl·i·ty 명
un·ad·vised [ʌ̀nædváizd, -əd-] 형 충고[조언]를 받지 않는; 무분별한, 지각없는, 경솔한.
-vis·ed·ly [-váizidli] 부 **-vís·ed·ness** 명
un·aes·thet·ic [ʌ̀nesθétik] 형 (미학)적이 아닌; 미적(美的) 감각이 모자라는; 불쾌한, 악취미의. (또는 unesthetic) **-i·cal·ly** 부
un·af·fect·ed [ʌ̀nəféktid] 형 1 영향을 받지 않는, 동하지 않는, 작용을 받지 않는. 2 성실한, 진심의, 걸치레가 아닌, 있는 그대로의. ~·ly 부 ~·ness 명
un·af·fec·tion·ate [ʌ̀nəfékʃənət] 형 애정이 없는, 정이 없는. ~·ly 부
un·af·fil·i·at·ed [ʌ̀nəfílièitid] 형 연계가 없는; 가입되어 있지 않은; 입양(入養)하지 않은 (*to*).
un·a·fraid [ʌ̀nəfréid] 형 두려워하지 않는, 걱정하지 않는 (*of*).
un·aid·ed [ʌnéidid] 형 도움을 받지 않은, 자립의. ¶ with the ~ eyes 육안으로; 안경을 쓰지 않고. ~·ly 부
un·aimed [ʌnéimd] 형 목적이 없는, 닥치는 대로의.
un·aired [ʌnɛ́ərd] 형 1 환기가 되지 않은, 통풍이 나쁜, 공기가 통하지 않는. ¶ an ~ room 환기가 되지 않은 방. 2 축축한, 습한.
un·al·ien·a·ble [ʌnéiljənəbl, -iən-] 형 양도할 수 없는. ¶ ~ rights 천부의 권리. **-bly** 부
un·a·ligned [ʌ̀nəláind] 형 = nonaligned.
un·a·like [ʌ̀nəláik] 형 비슷하지 않은, 같지 않은.
un·a·live [ʌ̀nəláiv] 형 원기[활기]가 없는; 무관심한 (*to*). 「는.
un·al·lied [ʌ̀nəláid] 형 동맹을 맺지 않은; 관계가 없
un·al·low·a·ble [ʌ̀nəláuəbl] 형 허락할 수 없는, 허용할 수 없는.
un·al·loyed [ʌ̀nəlɔ́id] 형 1 (화학) (금속의) 합금이 아닌, 섞인 것이 없는, 순수한. 2 (비유적) (감정 따위가) 진짜인, 진실한.
un·al·ter·a·ble [ʌnɔ́:ltərəbl] 형 변경할 수 없는, 고쳐질 수 없는, 확실히 정해진, 불변의. (또는 **inalterable**) **-bíl·i·ty**, ~·ness, **-bly** 부
un·al·tered [ʌnɔ́:ltərd] 형 변하지[변경되지] 않은.
un·a·mazed [ʌ̀nəméizd] 형 놀라지 않는, 태연한.
un·am·big·u·ous [ʌ̀næmbígjuəs] 형 애매하지 않은, 명료한, 명확한. ~·ly 부
un·am·bi·tious [ʌ̀næmbíʃəs] 형 공명심[야심, 패기]이 없는; 신중한; 수수한. ~·ly 부 ~·ness 명
un·a·mend·a·ble [ʌ̀nəméndəbl] 형 수정[개정]할 수 없는; 변경할 수 없는.
Un-A·mer·i·can [ʌ̀nəmérikən] 형 미국적이 아닌, 미국풍이 아닌; 비미(非美)의, 반미적인.
~·**ism** 명 비(非)미국적 풍습[습관].
Un-American Activities Committee 명 (美) 비미(非美) 활동 (조사) 위원회.
Un-A·mer·i·can·ize [ʌ̀nəmérikənàiz] 타 비미국화하다; 미국에 의한 방어를 지역 국가에서 넘기다.
un·a·mi·a·ble [ʌnéimiəbl] 형 무뚝뚝한, 퉁명스러운, 붙임성없는, 데면데면한, 서먹서먹한, 불친절한.
-bíl·i·ty, ~·ness 명 **-bly** 부
un·a·mused [ʌ̀nəmjú:zd] 형 즐기지 않는, 재미없어하는, 흥이 나지 않는.
un·a·mus·ing [ʌ̀nəmjú:ziŋ] 형 재미없는, 즐겁지 않은. ~·ly 부 「없는.
un·an·a·lyz·a·ble [ʌ̀nǽnəlàizəbl] 형 분석할 수
un·an·a·lyzed [ʌ̀nǽnəlàizd] 형 분석되지 않은.
un·an·chor [ʌ̀nǽŋkər] 타 (배) 닻을 감아올리고 출항시키다; (비유적) …을 풀어놓다. — 자 (배가) 닻을 올리다, 떠나다. ~·**ed** 형
un·a·neled [ʌ̀nəní:ld] 형 (고어) (임종 따위에서) 종부(終傅) 성사를 받지 않은.
u·na·nim·i·ty [jù:nəníməti] 명 U (의견 따위의) 일치, 이의 없음; 전원 합의, 만장일치.
*u·nan·i·mous [ju:nǽnəməs] 형 1 일치한, 동의의, 이의가 없는 (*in*, *for*). ¶ The vote was ~ for the reform. 투표 결과 전원이 그 개혁에 찬성했다. 2 만장일치의, 이구동성의. ¶ a ~ vote 만장 일치의 표결 / ~ applause 만장의 박수 / a ~ decision 재판관 전원 일치의 판결 / (권투) 심판 전원 일치의 판정.
~·**ly** 부 ~·**ness** 명 「표, 공고]되지 않은.
un·an·nounced [ʌ̀nənáunst] 형 고지[성명, 발
un·an·swer·a·ble [ʌ̀nǽnsərəbl/-á:n-] 형 1 답변[반박]할 수 없는; 결정적인. ¶ an ~ proof 결정적 증거. 2 책임이 없는 (*for*). **-bíl·i·ty**, ~·**ness** 명
un·an·swered [ʌ̀nǽnsərd/-á:n-] 형 1 응답[회답]이 없는, 대답이 없는. 2 논박이 없는. 3 보답 없는.
un·an·tic·i·pat·ed [ʌ̀nəntísəpèitid] 형 예기치 않은, 미리 알지 못한; 기대하지 않은, 뜻밖의. 「한.
un·ap·palled [ʌ̀nəpɔ́:ld] 형 두려워하지 않는, 태연
un·ap·par·ent [ʌ̀nəpǽrənt] 형 명백[명료]하지 않은, 뚜렷하지 않은; 눈에 안 보이는.
un·ap·peal·a·ble [ʌ̀nəpí:ləbl] 형 1 상소[항고, 항소, 상고]할 수 없는, 제소할 수 없는. 2 종심(終審)의.
~·**ness** 명 **-bly** 부 「않는; 매력이 없는.
un·ap·peal·ing [ʌ̀nəpí:liŋ] 형 (…에게) 호소하지
un·ap·peas·a·ble [ʌ̀nəpí:zəbl] 형 달랠 수 없는, 가라앉힐 수 없는, 부드럽게할 수 없는.
un·ap·pe·tiz·ing [ʌ̀nǽpətàiziŋ] 형 구미에 당기지 않는, 식욕을 돋우지 않는; 매력 없는, 재미없는. ~·**ly** 부
un·ap·plied [ʌ̀nəpláid] 형 적용[응용]되지 않은.
un·ap·pre·ci·at·ed [ʌ̀nəprí:ʃièitid] 형 감상되지 않은; 진가[가치]를 인정받지 못한; (호의 등이) 감사받지 못하는. 「가를 못함, 몰(沒)이해.
un·ap·pre·ci·a·tion [ʌ̀nəprì:ʃiéiʃən] 명 옳은 평
un·ap·pre·cia·tive [ʌ̀nəprí:ʃiətiv, -ʃièi-] 형 감상력[안목]이 없는; 진가를 모르는; 감사하지 않는.
un·ap·pre·hend·ed [ʌ̀næprihéndid] 형 1 이해되지 않은, 확실히 알 수 없는. 2 체포되지 않은.
un·ap·pre·hen·sive [ʌ̀næprihénsiv] 형 걱정[근심]하지 않는; 이해하지 못하는. ~·**ness** 명
un·ap·proach·a·ble [ʌ̀nəpróutʃəbl] 형 1 가까이하기 어려운, 접근할 수 없는; (태도 따위가) 쌀쌀한. ¶ an ~ person 가까워지기 어려운 사람. 2 면, 도달할 수 없는. 3 미치기 어려운, 어림없는.
-proach·a·bíl·i·ty, ~·**ness** 명 **-bly** 부
un·ap·proached [ʌ̀nəpróutʃt] 형 가까이 있지 않은; 접근해 있지[미치지] 않은.

un·ap·pro·pri·at·ed [ʌnəpróuprièitid] 형 (토지 따위가) 독점[점유]되지 않은; (자금 따위가) 특정 용도에 충당되지 않은.

un·ap·proved [ʌnəprúːvd] 형 시인되지 않은, 인정되지 않은, 허가되지 않은.

un·apt [ʌnǽpt] 형 1 알맞지 않은, 합당치 않은. 2 …에 익숙하지 않은, …할 것 같지 않은(to do). 3 …의 재주가 없는, 서투른(at); 느리고 둔한, 우둔한. **~·ly** 부 부적당하게; 서투르게. **~·ness** 명

un·ar·gu·a·ble [ʌnɑ́ːrgjuəbl] 형 의론의 여지가 없는; 논의[논증]할 수 없는. **-bly** 부

un·ar·gued [ʌnɑ́ːrgjuːd] 형 토의되지 않은; 논의의 여지가 없는, 반론이 없는, 의심할 바 없는.

un·arm [ʌnɑ́ːrm] 타 …으로부터 무기를 빼앗다, …을 무장 해제하다(disarm); …을 무력하게 만들다 (of). — 자 무기를 버리다, 군비를 축소하다.

***un·armed** [ʌnɑ́ːrmd] 형 1 무기를 갖지 않은, 무장하지 않은. 2 (동·식물) (엄니·뿔·비늘·가시 따위의) 방호(防護) 기관이 없는.

un·ar·mored [ʌnɑ́ːrmərd] 형 갑옷을 입지 않은; 비무장의, (배 따위가) 비장갑(非裝甲)의.

un·ar·rest·ing [ʌnərésting] 형 재미없는, 시시한.

un·art·ful [ʌnɑ́ːrtfəl] 형 기교가 없는, 순진한, 솔직한; 졸렬한, 서투른. **~·ly** 부 **~·ness** 명

un·ar·tic·u·lat·ed [ʌnɑːrtíkjulèitid] 형 논리가 서 있지 않은; 분명하게 말하지 않은. **~·ly** 부

un·ar·ti·fi·cial [ʌnɑ̀ːrtəfíʃəl] 형 인공적이 아닌, 인위적이 아닌, 자연스러운, 단순한.

un·ar·tis·tic [ʌnɑːrtístik] 형 예술가가 아닌; 예술가가 아닌, 예술적이 아닌. **-ti·cal·ly** 부

u·na·ry [júːnəri] 형 1 하나의 요소[단위]로 된, 단일체의(monadic). 2 (물·화) 한 종류의 분자로 된, 단일 성분의. 3 (수학) 1진법의.

únary operátion 명 단항 연산(單項演算).

unasgd. unassigned. 「하지 않는.

un·a·shamed [ʌnəʃéimd] 형 염치없는; 부끄러워 **be unashamed of doing** [or **to do**] …한[하는] 것 **~·ly** 부 **~·ness** 명 └을 부끄러워하지 않다.

un·asked [ʌnǽskt/-ɑ́ːskt] 형 초대받지 않은; 요구받지 않은, 부탁받지 않은(for).

un·asked-for [-fɔ̀ːr] 형 (한정용법) 부탁[요구]받지 않은, 쓸데없는.

un·as·pir·ing [ʌnəspáiəriŋ] 형 향상심[공명심]이 없는, 패기가 없는; 현상 만족의; 겸손한.

un·as·sail·a·ble [ʌnəséiləbl] 형 공격할 수 없는, 견고한; 부정할 수 없는, 논쟁[비판, 반론]의 여지가 없는. **-sàil·a·bíl·i·ty, ~·ness** 명 **-bly** 부

un·as·ser·tive [ʌnəsə́ːrtiv] 형 단정적이 아닌; 내성적이 아닌, 겸손한. **~·ly** 부 **~·ness** 명

un·as·sign·a·ble [ʌnəsáinəbl] 형 양도할 수 없는; 지정할 수 없는; (…의 탓으로) 돌릴 수가 없는.

un·as·signed [ʌnəsáind] 형 할당되지 않은, 양도되지 않은; 지정되지 않은. 「기 힘드는.

un·as·sist·ed [ʌnəsístid] 형 도움을 받지 않은, 하

un·as·suaged [ʌnəswéidʒd] 형 완화되지 않은, 달래지지 않은.

un·as·sum·ing [ʌnəsúːmiŋ/-sjúː-] 형 주제넘지 않은; 얌전한, 겸손한. **~·ly** 부 **~·ness** 명

un·as·sured [ʌnəʃúərd] 형 불안정한; 자신이 없는; 보험이 붙지 않은.

un·a·toned [ʌnətóund] 형 배상되지 않은.

un·at·tached [ʌnətǽtʃt] 형 1 매여 있지 않은, 떨어져 있는(to). 2 무소속의, 중립의. 3 약혼[결혼]하지 않은. 4 (군대) (장교가) 대기[명령]중인, 부대 소속이 아닌. 5 (법) 압류되지 않은. **~·ness** 명

***un·at·tain·a·ble** [ʌnətéinəbl] 형 (목적 따위를) 달성할 수 없는, 이루기 힘든, 미칠 수 없는; 얻을 수 없는. **~·ness** 명 **-bly** 부

un·at·tempt·ed [ʌnətémptid] 형 해본 적이 없는, 시도해보지 않은.

un·at·tend·ed [ʌnəténdid] 형 1 수행원이 없는, 시중꾼이 붙지 않은. 2 (위험 따위가) 따르지 않는(by, with). 3 방치된, 돌보지 않는(to). ¶He left his work ~ to. 그는 자기 일을 방치해 버렸다. 4 붕대를 감지[치료를 받지] 않은. ¶~ wounds 치료를 받지 않은 상처. 5 음속자[방청자]가 없는; 청중[관객]이 없는.

un·at·test·ed [ʌnətéstid] 형 증명[확증]되지 않은.

un·at·trac·tive [ʌnətrǽktiv] 형 매력 없는, 남의 눈을 끌지 못하는, 애교가 없는; 따분한.
~·ly 부 **~·ness** 명

un·aus·pi·cious [ʌnɔːspíʃəs] 형 =inauspicious.

un·au·then·tic [ʌnɔːθéntik] 형 확실한 근거가 없는, 부정확한, 진짜가 아닌. **-then·tíc·i·ty** 명

un·au·then·ti·cat·ed [ʌnɔːθéntəkèitid] 형 진짜임이 증명되지 않은.

un·au·thor·ized [ʌnɔ́ːθəràizd] 형 권한 밖의, 인가받지 않은; 근거 없는, 독단의, 자기류의(流)의.

un·a·vail·a·ble [ʌnəvéiləbl] 형 1 도움이 되지 않는; 구할 수 없는. 2 이용할 수 없는, 통용되지 않는 (for); 채택되지 않은. **-bly** 부

unaváilable énergy 명 (물리) 무효 에너지.

un·a·vail·ing [ʌnəvéiliŋ] 형 효과 없는, 무효의; 무익한, 헛된. **~·ly** 부

un·a·venged [ʌnəvéndʒd] 형 복수를 하지 못한.

un·av·er·aged [ʌnǽvəridʒd] 형 보통이 아닌, 뼈어난, 두드러진.

un·a·void·a·ble [ʌnəvɔ́idəbl] 형 피할 수 없는, 불가피한; 무효로 할 수 없는.

un·a·wak·ened [ʌnəwéikənd] 형 각성하지 않은; (잠에서) 깨지 않은.

***un·a·ware** [ʌnəwɛ́ər] 형 (서술용법) 1 눈치 못채는, 모르는(of). ¶He seemed quite ~ of the mistake. 그는 그 잘못을 전혀 모르는 것 같았다 // I am not ~ that there is a defect. 결함이 있다는 것을 내가 모르는 바가 아니다. 2 (드물게·시) 부주의한, 조심성 없는. **=unawares.** **~·ly** 부 **~·ness** 명

un·a·wares [ʌnəwɛ́ərz] 부 모르고, 무심코, 무의식적으로; 부지중에, 갑자기.

at unawares (고어) 불시에, 뜻밖에.

take [or **catch**] **a person unawares** 남의 허를 찌르다; 놀라게 하다. ¶I was *taken* ~ *by* his question. 나는 그에게서 뜻하지 않은 질문을 받았다.

unawares to …에게는 눈치채이지 않고, 모르게.

un·awed [ʌnɔ́ːd] 형 두려워하지 않는, 위력에 눌리

unb. (제본) unbound. └지 않는.

un·backed [ʌnbǽkt] 형 1 뒷받침이 없는, 지원자가 없는, 후원자가 없는. 2 (말 따위가) 길들이지 않은. 3 (경주마가) 돈 거는 사람이 없는. 4 (의자 따위가) 등받이가 없는. 5 배서(背書)가 없는. ¶an ~ product 품질 보증이 없는 제품.

un·bag [ʌnbǽg] 타 (**-gg-**) 백[자루]에서 꺼내다.

un·baked [ʌnbéikt] 형 (빵이) 아직 굽지 않은, 구어지지 않은; (메어) 미숙한, 생경한(生硬)한.

un·bal·ance [ʌnbǽləns] 타 1 …의 평형을 잃게 하다, …의 균형을 깨뜨리다. ¶a budget 예산 적자를 내다. 2 (마음을) 어지럽히다[산란하게 하다]. — 명 (U) (주로 정신적인) 불안정; 불균형, 불평형. **~·a·ble** 형

un·bal·anced [ʌnbǽlənst] 형 1 균형을 잃은, 균형이 깨진, 어울리지 않는. 2 (판단 따위가) 불안정한. ¶an ~ type of character 불안정한 성격자. 3 (정신이) 착란(錯亂) 상태의; 건강하지 못한. 4 (상업) (계정이) 미결산의. ¶an ~ account 미결산 계정.

un·ban [ʌnbǽn] 타 (**-nn-**) 해금(解禁)하다, 합법화하다. └다.

un·band·age [ʌnbǽndidʒ] 타 …의 붕대를 풀

un·bank [ʌnbǽŋk] 타 (강)의 둑을 허물다; (잿

불)을 쑤석거리다.
un·bap·tized [ʌnbǽptaizd] 형 1 세례[침례]를 받지 않은. 2 이교도의, 기독교도가 아닌. 3 세속적인.
un·bar [ʌnbάːr] 자타 (**-rr-**) …의 빗장[문고리]을 벗기다; (을 활짝) 열다; [도로 따위]를 개통하다. ¶ ~ a gate 문의 빗장을 벗기다.
un·bat·ed [ʌnbéitid] 형 줄지 않은, 약해지지 않은; (고어) (칼날 따위) 무디게 하지 않은.
***un·bear·a·ble** [ʌnbɛ́ərəbl] 형 참을 수 없는, 견딜 수 없는(unendurable). ~·ness 명 -bly 부
un·beat·a·ble [ʌnbíːtəbl] 형 패배시킬 수 없는, 무적의; 탁월한, 발군의. ~·ness 명 -bly 부
un·beat·en [ʌnbíːtn] 형 1 매 맞지 않은. 2 진[정복]된 적이 없는; 짓밟히지 않은. 3 아무도 발 디던 적이 없는.
un·beau·ti·ful [ʌnbjúːtəfəl] 형 아름답지 않은, 추한. ~·ly 부
un·be·com·ing [ʌnbikʌ́miŋ] 형 1 어울리지 않는, 부적당한, 맞지 않는, 격에 맞지 않는(*for, of, to*). ⇨ IMPROPER 유의어 ¶ a conduct ~ to a gentleman 신사의 격에 맞지 않는 [신사답지 않은] 행동. 2 절사답은, 버릇없는; 상스러운. ¶ ~ language 예의에 벗어난(온당치 못한) 언사. 3 (의복 따위가) 걸맞지 않는, 어울리지 않는. ¶ an ~ style of dress 어울리지 않는 스타일의 의상. ~·ly 부 ~·ness 명
un·be·got·ten [ʌnbigάtn/-gɔ́tn] 형 1 아직 태어나지 않은. 2 다른 것으로부터 생긴 것이 아닌; (신체럼) 독립적으로 존재하는, 자존하는, 영원한.
un·be·hold·en [ʌnbihóuldən] 형 은혜를 입지 않은, 의무지는.
un·be·known [ʌnbinóun] 형 (구어) 미지의, 알려지지 않은(*to*). (또는 **unbeknownst**)
un·be·lief [ʌnbilíːf] 명 U 불신, 회의. 참 disbelief
***un·be·liev·a·ble** [ʌnbilíːvəbl] 형 믿기 어려운, 믿을 수 없는. ¶ an ~ fact 믿을 수 없는 사실. -bly 부
un·be·liev·er [ʌnbilíːvər] 명 믿으려 하지 않는 사람; 신앙이 없는 사람, 무신론자; 이교도.
un·be·liev·ing [ʌnbilíːviŋ] 형 믿지 않는, 신심(信心)이 없는, 회의적인. ~·ly 부 ~·ness 명
un·be·loved [ʌnbilʌ́vid] 형 =unloved.
un·belt [ʌnbélt] 타자 …에서 띠를 풀다; (띠를 끌러) 대검 따위]를 풀어 놓다.
un·bend [ʌnbénd] 자타 (**-bent**) 타 1 (굽은 것을) 곧게 펴다, 평명하게 늘이다. ¶ ~ a bow (시위를 풀어) 활을 느슨하게 하다. 2 …의 긴장을 풀다, 쉬게 하다. ¶ ~ the mind 마음을 터놓다 / ~ oneself in congenial company 마음맞는 사람들과 어울려 편히 쉬다. 3 (해사) (돛)을 활대에서 풀다, (닻줄)을 닻에서 풀다, (밧줄 따위)를 느슨하게 하다. ─ 자 1 곧게 되다, 판판하게 되다; 누그러지다, 2 긴장을 풀다, 친해지다. ~·a·ble 형 구부릴 수 있는.
un·bend·ing [ʌnbéndiŋ] 형 1 구부러지지 않는, 단단한. 2 불굴의, 단호한, 확고한. 3 기분을 푸는, 마음 편하게 하는. ~·ly 부
un·ben·e·ficed [ʌnbénəfist] 형 성직록(聖職祿)을 받지 않은.
un·be·nig·nant [ʌnbinígnənt] 형 불친절한, 악의 있는(malignant).
un·bent [ʌnbént] 동 unbend 의 과거·과거분사.
── 형 굽지 않은; 굴복하지 않는.
un·be·seem [ʌnbisíːm] 타 …에 어울리지[맞지] 않다.
un·be·seem·ing [ʌnbisíːmiŋ] 형 어울리지[맞지] 않는, 부적당한.
un·be·trothed [ʌnbitróuəd/-tróuθt] 형 약혼하지 않은.
un·bi·ased [ʌnbáiəst] 형 편견이 없는, 선입견이 없는, 공정한, 불편부당한. ⇨FAIR[1] 유의어 (또는 (英) unbiassed) ~·ly 부 「말을 듣지 않는.
un·bid·da·ble [ʌnbídəbl] 형 복종[순종]하지 않는,
un·bid·den [ʌnbídn] 형 명령받지 않은; 자발적인; 요구받지 않은; 초대받지 않은. (또는 **unbid**)

un·bind [ʌnbáind] 타 (**-bound**) …을 해방하다, 석방하다; (새끼·매듭)을 풀다, 끄르다. ¶ ~ a prisoner 죄수를 석방하다.   「(柱)에서 풀다.
un·bitt [ʌnbít] 타 (해사) (출볼 따위)를 계주(繫
un·bit·ted [ʌnbítid] 형 재갈을 물리지 않은; 구속을 받지 않은.   「의[원한]가 없는.
un·bit·ter [ʌnbítər] 형 쓰지 않은, 독하지 않은; 악
un·blam·a·ble [ʌnbléiməbl] 형 잘못이 없는, 결백한. (또는 **unblameable**)
un·blamed [ʌnbléimd] 형 비난받지 않은.
un·bleached [ʌnblíːtʃt] 형 표백[마전]하지 않은.
un·blem·ished [ʌnblémiʃt] 형 오점이 없는, 상처가 없는, 깨끗한(pure); 결점이 없는, 결백한.
un·blessed [ʌnblést] 형 1 축복받지 못한, 신의 은총을 받지 못한. 2 신성하지 않은, 부정한. 3 불행한. (또는 **unblest**) -bless·ed·ness [-blésidnis] 명
un·blink·ing [ʌnblíŋkiŋ] 형 눈을 깜빡거리지 않는; 놀라지[동요하지] 않는; 일편단심의; 솔직한. ~·ly 부
un·blood·ed [ʌnblʌ́did] 형 (말이) 순종이 아닌, 잡종인; 출신 성분이 좋지 않은.
un·blood·y [ʌnblʌ́di] 형 피에 물들지 않은; 피를 흘리지 않는; 살벌[잔인]하지 않은.
un·blown [ʌnblóun] 형 1 (꽃이) 아직 피지 않은. 2 바람에 날리지 않은. 3 (나팔 따위를) 아직 불지 않은. 4 숨차지 않은.
un·blush·ing [ʌnblʌ́ʃiŋ] 형 얼굴을 붉히지 않는, 부끄러움 모르는(shameless), 뻔뻔스러운, 염치없는. ~·ly 부 ~·ness 명
un·bod·ied [ʌnbάdid/-bɔ́d-] 형 육신을 떠난, 영혼의, 정신의; 무형의, 실체가 없는.
un·bolt [ʌnbóult] 자타 …의 빗장을 벗기다(unbar).
── 자 빗장이 벗겨지다; 빗장을 벗기다, 열다.
un·bolt·ed[1] [ʌnbóultid] 형 빗장을 벗긴[걸지 않은].
un·bolt·ed[2] 형 (밀가루 따위) 체질하지 않은.
un·bon·net [ʌnbάnit] 타 (경의를 표하여) 모자를 벗다. ── 자 …의 모자를 벗게 하다. 「쓴.
un·bon·net·ed [ʌnbάnitid/-bɔ́n-] 형 모자를 안
un·book·ish [ʌnbúkiʃ] 형 독서[학문]를 싫어하는; 교육을 받지 않은, 미숙한; 책에만 의존하지 않는.
un·boot [ʌnbúːt] 타 부츠를 벗(게 하)다.
un·born [ʌnbɔ́ːrn] 형 아직 태어나지 않은, 태내에 있는; 후세의, 미래의.
un·bor·rowed [ʌnbάroud/-bɔ́r-] 형 모방한 것이 아닌, 독창적인(original); 타고난.
un·bos·om [ʌnbúzəm] 타 (신념·비밀·생각)을 털어놓다. ── 자 속을 털어놓다.   「히다.
unbosom *oneself to* …에게 고백하다, 속마음을 밝
un·bot·tle [ʌnbάtl/-bɔ́tl] 타 …을 병에서 꺼내다, 병을 비우다.   「less.
un·bot·tomed [ʌnbάtəmd/-bɔ́t-] 형 =bottom-
un·bought [ʌnbɔ́ːt] 형 산[구입한] 물건이 아닌; 매수(買收)된 것이 아닌.
un·bound [ʌnbáund] 동 unbind 의 과거·과거분사. ── 형 1 (책 따위가) 제본되지 않은. ¶ an ~ book 제본되지 않은 책. 2 자유스러운, 풀린, 해방된.
un·bound·ed [ʌnbáundid] 형 1 끝없는, 무한한(boundless). ¶ ~ space 무한한 공간. 2 억제되지 않는, 구속받지 않는. ~·ly 부 ~·ness 명
un·bowed [ʌnbáud] 형 (다리·허리가) 굽지 않은; 굴복하지 않는, 불굴의.
un·box [ʌnbάks/-bɔ́ks] 자타 …을 상자에서 꺼내다.
un·brace [ʌnbréis] 자타 죈 것을 느슨하게 하다; …의 긴장을 풀다; 을 약하게 하다, 누그러뜨리다.
un·braid [ʌnbréid] 타 (꼰 것)을 풀다, 끄르다.
un·brand·ed [ʌnbrǽndid] 형 낙인이 찍히지 않은; (상업) 상표명이 없는.
un·break·a·ble [ʌnbréikəbl] 형 부술[깨뜨릴, 깰] 수 없는; 길들이기 힘든; (암호 따위)를 해독할 수 없

un·bred [ʌnbréd] 교육받지 않은, 배우지 못한, 교양 없는; (소·말 따위가) 새끼를 낳은[교배한] 적이 없는; (폐어) 버릇없이 자란, 천한.

un·breech [ʌnbríːtʃ] 타 1 (총포)에서 개머리판을 떼어내다. 2 [-brítʃ] …의 바지를 벗기다.

un·breeched [ʌnbríːtʃt] 형 바지를 입지 않은.

un·brib·a·ble [ʌnbráibəbl] 형 뇌물이 듣지 않는.

un·bri·dle [ʌnbráidl] 타 (말 따위)의 고삐를 풀다[벗기다]; …의 구속을 풀어주다, …을 해방시키다.

un·bri·dled [ʌnbráidld] 형 말굴레를 풀어낸, 구속을 받지 않는; 방종한.

un-Brit·ish [-brítiʃ] 형 영국적이 아닌, 비영국적인.

***un·bro·ken** [ʌnbróukən] 형 1 깨어지지 않은, 완전한. ¶an ~ statue 부서지지 않은 조각상. 2 꺾이지 않는, 약해지지 않는. ¶~ morale 꺾이지 않는 사기. 3 지지 않은, 깨어지지 않은. ¶an ~ record 깨어지지 않은 기록. 4 방해받지 않은; 이어지는, 연속적인. ¶~ peace 영속되는 평화. 5 (법률 따위가) 위반되지 않은, (약속 따위가) 지켜진. 6 (말 따위가) 길들여지지 않은. 7 개간되지 않은. ~·ly 부 ~·ness 명

un·broth·er·ly [ʌnbrʌ́ðərli] 형 형제답지 않은.

un·bruised [ʌnbrúːzd] 형 상처를 입지 않은.

un·buck·le [ʌnbʌ́kl] 타 죔쇠를 풀다; 제약을 풀다; 긴장을 풀다. 자 풀다.

un·build [ʌnbíld] 타 (-**built**) (건축물)을 파괴하다.

un·built [ʌnbílt] 형 (아직) 세우지 않은; (토지가) 아직 건축물이 서지 않은.

un·bun·dle [ʌnbʌ́ndl] 타자 1 낱개로 팔다; (컴퓨터의) (하드웨어와 소프트웨어)를 별매하다. 2 (복합 기업 매수 때 비주력 부문이나 적자 부문)을 분리 매각하다. **-dler** 명 개별적으로 가격을 매기다.

un·bur·den [ʌnbə́ːrdn] 타 1 …의 짐을 풀다. 2 (마음)의 짐을 풀다(of); (심중)을 털어놓다(to). ¶~ oneself of a secret 비밀을 털어놓다 / ~ oneself for one's mind] to a person 남에게 심중을 털어놓다. **~ed** 형

un·bur·ied [ʌnbérid] 형 1 아직 매장되지 않은. 2 (묘 따위에서) 발굴된.

un·bur·y [ʌnbéri] 타 …을 파내다, 발굴하다; 폭로하다.

un·busi·ness·like [ʌnbíznisláik] 형 사무적이 아닌, 비실제[비능률, 비조직]적인.

un·but·ton [ʌnbʌ́tn] 타자 1 …의 단추를 끄르다. 2 (심중·생각)을 털어놓다. 자 단추를 끄르다.

unc [ʌŋk] 명 (구어) =uncle.

UNC *U*nited *N*ations *C*harter [*C*ongress] (유엔 헌장 [총회]); *U*nited *N*ations *C*ommand (유엔군 총사령부).

UNCA *U*nited *N*ations *C*orrespondents *A*ssociation (유엔 기자 협회).

un·cage [ʌnkéidʒ] 타 1 …을 우리[새장]에서 내놓다; …을 해방하다(release). 2 구속에서 풀려나다.

un·caged [ʌnkéidʒd] 형 장[우리]에 갇히지 않은.

un·cal·cu·lat·ed [ʌnkǽlkjuléitid] 형 사전에 계획되어 있지 않은; 계산되지 않은; 즉흥적인.

un·cal·cu·lat·ing [ʌnkǽlkjuléitiŋ] 형 계산[고려] 하지 않는; 타산적이 아닌.

un·called [ʌnkɔ́ːld] 형 1 초대되지 않은, 부름받지 않은; 요구받지 않은. 2 (상업) 미납입의.

un·called-for [-fɔ̀ːr] 형 1 요구되지 않은, 불필요한(unnecessary). 2 주제넘게 나선, 참견하는, 공연한; 엉뚱한. ¶an ~ criticism 엉뚱한 비평.

un·can·did [ʌnkǽndid] 형 솔직[정직]하지 않은, 불성실한. ~·ly 부 ~·ness 명

un·can·ny [ʌnkǽni] 형 1 초자연적인, 초인적인, 불가사의한. ⇒WEIRD 유의어 2 기괴한, 기분 나쁜. 3 (스코·북부 잉글랜드) 위험한; 엄격한. **-ni·ly** 부 **-ni·ness** 명

un·ca·non·i·cal [ʌ̀nkənánikəl/-nɔ́n-] 형 1 (교회) 교회법에 따르지 않는. 2 성서의 정경(正經)에 속하지 않는. ¶the ~ books 경외(經外) 성서(Apocrypha). 2 이단의. **~·ly** 부

un·cap [ʌnkǽp] 타 (-**pp**-) …의 모자를 벗기다; …의 뚜껑을 벗기다; …을 폭로하다. 자 (경의를 표하여) 모자를 벗다.

un·cared-for [ʌnkɛ́ərdfɔ̀ːr] 형 1 돌보는 사람이 없는, 그대로 방치된; 황폐한. ¶The garden had an ~ look. 정원은 황폐해 보였다. 2 호감을 사지 못하는.

un·care·ful [ʌnkɛ́ərfəl] 형 1 부주의한. 2 사려가 없는; 경솔한. **~·ly** 부 **~·ness** 명

un·case [ʌnkéis] 타 1 …을 상자에서 꺼내다; …의 덮개를 벗기다; …을 펴 보이다; …을 분명히 내보이다.

un·cashed [ʌnkǽʃt] 형 현금화되지 않은, 미결제의; 돈을 걸지 않은.

un·cas·trat·ed [ʌnsǽstreitid] 형 1 거세되지 않은. 2 삭제되지 않은, 완전한.

un·caught [ʌnkɔ́ːt] 형 잡히지 않은, 놓아 기르는.

un·caused [ʌnkɔ́ːzd] 형 원인이 없는, 원인 없이 존재하는; 자존(自存)하는, 만들어진 것이 아닌.

UNCDF *U*nited *N*ations *C*apital *D*evelopment *F*und (유엔 자본 개발 기금).

un·ceas·ing [ʌnsíːsiŋ] 형 끊임없는, 부단한, 연속된. **~·ly** 부 **~·ness** 명

UNCED *U*nited *N*ations *C*onference on *En*vironment and *D*evelopment (유엔 환경·개발 회의).

un·cel·e·brat·ed [ʌnséləbrèitid] 형 1 유명[저명] 하지 않은. 2 의식을 거행하여 축하하지 않은.

un·cen·sored [ʌnsénsərd] 형 검열이 없는; 표현에 구속받지 않은.

un·cer·e·mo·ni·ous [ʌ̀nserəmóuniəs] 형 1 의식에 얽매이지 않는, 허물없는, 마음을 터놓은. ¶an ~ gathering 격식차리지 않는 모임. 2 버릇없는, 무뚝뚝한, 실례되는. **~·ly** 부 **~·ness** 명

***un·cer·tain** [ʌnsə́ːrtn] 형 (**more** ~; **most** ~) 1 불확실한, 확실히는 모르는, 의심스러운; 애매한; 아련한. ¶an ~ shape 아련한 모습 / a fire of ~ origin 원인 불명의 화재 / a lady of ~ age 나이가 확실치 않은 숙녀; (익살) 중년 여성.

> 유의어 **uncertain** 확정되지 않은, 의심이 남아 있는. **insecure** 안정성이 없어 신뢰할 수 없는. **precarious** 기본적으로는 uncertain, insecure와 같은 뜻; 위험한 존재에 의한 것을 뜻할 때가 많다

2 확실히 알 수 없는, 확신을 가질 수 없는(of, about, as to). ¶I am ~ of [or about] the outcome. 나는 결과에 대해 확신을 가질 수가 없다. 3 일정하지 않은, 변하기 쉬운, 변덕스러운, 믿을 수 없는. ¶~ weather 변덕스러운 날씨 / a woman with an ~ temper 변덕스러운 여자. 4 (빛이) 어른거리는. ¶an ~ candlelight (바람에) 어른거리는 촛불.

in no uncertain terms 분명하게, 딱 잘라서 (말하다). **~·ly** 부 **~·ness** 명

***un·cer·tain·ty** [ʌnsə́ːrtnti] 명 (복 **-ties**) 1 불확실(성)(*of, about, as*), 불안정, C (종종 the -ties) 불확실한 것[일]. ¶the *uncertainties* of life 인생의 허무함. 2 반신 반의, (지식·신념의) 애매함, 의심.

uncertainty principle [물리] 불확정성 원리.

un·chain [ʌntʃéin] 타 …을 사슬에서 풀다; …을 해방하다.

un·chal·lenge·a·ble [ʌntʃǽlindʒəbl] 형 도전할 수 없는. **-bly** 부

un·chal·lenged [ʌntʃǽlindʒd] 형 도전받지 않은; 의심할 바 없는, 문제되지 않는; (지위 따위가) 확고한.

un·chanc·y [ʌntʃǽnsi-tʃɑ́ːn-] 형 (스코) 불운한, 불길한, 불행한; 시기가 나쁜; 위험한.

un·change·a·ble [ʌntʃéindʒəbl] 형 변하지 않는, 불변의. **-bíl·i·ty**, **~·ness** 명 **-bly** 부

***un·changed** [ʌntʃéindʒd] 형 변하지 않은, 불변

un·chang·ing [ʌntʃéindʒiŋ] 형 변하지 않는, 불변의, 항상 일정한. ~·ly 부 ~·ness 명

un·char·ac·ter·is·tic [ʌnkæriktərístik] 형 특징(특성)이 없는; (…의) 특색을 나타내지 않는(of). -ti·cal·ly 부

un·charge [ʌntʃɑ́ːrdʒ] 동타 (페어) 석방하다.

un·charged 형 1 짐을 싣지 않은; (총이) 총알을 재지 않은; 충전되지 않은. 2 제소되지 않은, 죄를 짓지 않은. 3 요금[비용]이 청구되지 않은.

un·char·i·ta·ble [ʌntʃǽrətəbl] 형 무자비한, 무정한, 냉혹한, 인정 사정 없는; (비평 따위가) 통렬한, 신랄한(severe). ~·ness 명 -bly 부

un·chart·ed [ʌntʃɑ́ːrtid] 형 해도[지도]에 실려 있지[표를 하지] 않은; 미지의, 미답의.

un·char·tered [ʌntʃɑ́ːrtərd] 형 1 특허를 받지 않은, 무면허의, 공인받지 않은; 비합법의(lawless). 2 (탈것이) 대절되지[빌리지] 않은. 「끼지 않는.

un·char·y [ʌntʃɛ́əri] 형 부주의한, 조심성 없는; 아

un·chaste [ʌntʃéist] 형 정숙하지 않은, 행실이 나쁜, 음란한. ¶an ~ woman 행실이 나쁜 여자. ~·ly 부 ~·ness 명

un·chas·tened [ʌntʃéisnd] 형 시련[처벌]을 받지 않은; 억제되지 않은; 세련되지 않은. 「바람기.

un·chas·ti·ty [ʌntʃǽstiti] 형⓪ 부정(不貞), 음란,

un·checked [ʌntʃékt] 형 저지되지 않은, 억제되지 않은; 대조[검사, 조사]되지 않은.

unchécked bággage 명 기내 휴대 수화물.

un·cheer·ful [ʌntʃíərfəl] 형 즐겁지 않은, 침울한, 기쁨이 없는; 마음 내키지 않는.

un·chiv·al·rous [ʌnʃívəlrəs] 형 기사(騎士)답지 않은, 의협심이 없는; 무례한; (여성에게) 친절하지 않은. ~·ly 부

un·choke [ʌntʃóuk] 동타 …에서 장애물을 제거하다, 으깨을 해소하다.

un·cho·sen [ʌntʃóuzn] 형 선택되지 않은.

un·chris·tened [ʌnkrísnd] 형 세례를 받지 않은; 기독교도가 아닌; 명명(命名)되지 않은.

un·chris·tian [ʌnkrístʃən] 형 1 기독교적이 아닌, 비기독교(도)의. 2 기독교 정신에 어긋나는, 기독교도답지 않은. 3 (구어) 미개의, 상스러운. ~·ly 부

un·chris·tian·ize [ʌnkrístʃənaiz] 동타 (…에게) 기독교를 버리게 하다; 비(非)기독교적으로 만들다.

un·church [ʌntʃəːrtʃ] 동타 …을 교회에서 파문하다; …으로부터 교회의 특권을 빼앗다.

un·ci·al [ʌ́nʃiəl/-siəl] 형 언셜 자체(字體)의, 언셜 자체로 쓰인(cursive), — 명⓪ 언셜 자체(4-8세기에 걸쳐서 그리스·라틴어 필사본에 쓰인 자체); ⓒ 언셜 자체로 쓰인 필사본. ~·ly 부

un·ci·form [ʌ́nsəfɔ̀ːrm] 형 갈고리 모양의. — 명 〔해부〕 구상골(鉤狀骨)(손목뼈의 하나).

un·ci·nal [ʌ́nsənəl] 형 =uncinate.

un·ci·nar·i·a [ʌ̀nsinǽriə] 명 〔동물〕 구충(鉤蟲).

un·ci·nate [ʌ́nsənət, -nèit] 형 〔생물〕 갈고리 모양의, 끝이 갈고리같이 된.

UNCIO United Nations Conference on International Organization(유엔 국제 기구 회의).

un·cir·cum·cised [ʌnsə́ːrkəmsàizd] 형 1 할례(割禮)를 받지 않은. 2 유대인이 아닌, 이방인의. 3 이교도의; 개종하지 않은. 유 unregenerate

un·cir·cum·ci·sion [ʌ̀nsəːrkəmsíʒən] 명⓪ 할례를 받지 않음, 무할례; (the ~) 〔집합적〕 〔성서〕 할례를 받지 않은 자들, 이방인.

un·civ·il [ʌnsívəl] 형 예절에 어긋나는, 무례한, 버릇없는(⇒RUDE 유의어); 미개의, 야만적인.

un·civ·il·i·ty [ʌ̀nsivíləti] 명 ~·ly 부 ~·ness 명

un·civ·i·lized [ʌnsívəlàizd] 형 1 미개의, 야만적인. 2 문명으로부터 격리된, 황량한.

-liz·ed·ly [-làizidli] 부 -**liz·ed·ness** 명

un·clad [ʌnklǽd] 형 unclothe의 과거·과거분사. — 형 발가벗은, 옷을 입지 않은.

un·claimed [ʌnkléimd] 형 요구[청구]되지 않은; 요구[청구]하는 사람이 없는.

un·clar·i·ty [ʌnklǽrəti] 명 불투명, 불명확.

un·clasp [ʌnklǽsp/-klɑ́ːsp] 동타 1 (걸쇠를) 벗기다. 2 〔쥐었던 손 따위가〕 펴다; 〔쥐고 있던 것〕을 놓다. — 동자 〔쥐었던 손 따위가〕 펴지다, 느슨해지다, 풀리다.

un·classed [ʌnklǽst/-klɑ́ːst] 형 분류되지 않은; 등급을 매기지 않은; 입상하지 않은.

un·clas·si·cal [ʌnklǽsikəl] 형 고전적이 아닌, 고전의 규범에 반(反)하는. 「수 없는.

un·clas·si·fi·a·ble [ʌ̀nklǽsəfàiəbl] 형 분류할

un·clas·si·fied [ʌnklǽsəfàid] 형 1 분류[구분]되지 않은. 2 (문서·자료 따위를) 기밀 취급하지 않는.

‡**un·cle** [ʌ́ŋkl] 명 ~·s [-z] 1 아저씨, 삼촌, 백부, 숙부, 고모부, 이모부; ¶an ~ on one's mother's side 외삼촌. **2** (구어) 아저씨(* 친밀감을 가지고 나이 든 사람을 부를 때에 씀). **3** (속어) 전당포 주인. **4** (U-) (구어) =Uncle Sam. **5** (美속어) 장물아비. **6** (美속어) 마약 수사관.

(…and) Bob's [or *bob's*] *your uncle.* (美구어) (…해도) 괜찮다; 만사 OK.

come the uncle over 점잖게 …을 타이르다.

I'll be a monkey's uncle! (구어) 깜짝 놀랐는 걸!

play uncle to …을 응원[후원]하다. 「하다.

say [or *cry*] *uncle* (美속어) 항복하다, 패배를 인정

talk like a Dutch uncle 몹시 꾸짖다.

your uncle (익살) 나, 이 아저씨.

~·less 형 ~·ship 명 「옥, 석류석).

·un·cle [ʌŋkl] 접미 「소(小)…」의 뜻(carbuncle(홍

*un·clean** [ʌnklíːn] 형 1 더러운, 불결한. ¶an ~ shirt 불결한 셔츠. **2** (도덕적으로) 순결하지 않은, 부정한, 음탕한, 외설한; 사악한; ¶an ~ attitude 악의에 찬 태도. **3** (주로 성서에서) 부정한, 더럽혀진. ¶a ~ meat 종교적으로 먹지 못하게 되어 있는 고기. **4** 불명확한.

unclean spirit 악마, 악령.

~·ness 명 「하게, 부정하게.

un·clean·ly¹ [ʌnklíːnli] 부 불결하게, 더럽게; 음란

un·clean·ly² [ʌnklénli] 형 불결한, 더러운; 음란한, 부정한. -li·ness 명 ~·ness 명

un·clear [ʌnklíər] 형 명확하지 않은, 애매한. ~·ly 부

un·cleared [ʌnklíərd] 형 (나무 따위를) 베어 길을 내지 않은; (장애물이) 제거되지 않은.

Úncle Bíll 명 (美속어) 경찰. (또는 **Úncle Bób**)

Úncle Dúdley 명 (美속어) 나, 이 아저씨.

un·cle-in-law [-inlɔ̀ː] 명 (복 *un·cles-*) 고모부 이모부; 아내[남편]의 삼촌.

úncle náb 명 (美속어) 경찰관(policeman).

un·clench [ʌnkléntʃ] 동타 …을 억지로 열다, 펴다. — 동자 (단단히 쥔 것이) 펴지다. (또는 **unclinch**)

Úncle Sám 명 (美구어) 1 미국 정부. **2** 전형적으로 미국인(별무늬 테를 두른 실크햇을 쓴 키 크고 마른 사나이로 만화에 묘사)(흰 John Bull). **3** (美속어) 연방 정부 수사관, 연방 정부 기관. (<U.S.를 의인화한 조어)

Úncle Súgar 명 **1** (美속어) 미국 정부. **2** (美속어) 연방 수사국(FBI).

Úncle Tóm 명 (美구어·경멸적) 백인에게 굴종하는 흑인. — 동자 (-mm-) (美구어) (흑인이) 백인에게 굴실거리다. ~·ism 명⓪ (흑인의) 백인 영합주의. (<H. B. Stowe 작 *Uncle Tom's Cabin*)

Úncle Tómahawk 명 (美)(경멸적) 백인 사회에 융화된 아메리칸 인디언.

un·clipped [ʌnklípt] 형 자르[깎지] 않은.

un·cloak [ʌnklóuk] 동타 …의 외투[겉옷, 덮개]를 벗기다; …을 드러내다, 폭로하다. — 동자 외투를 벗다.

un·clog [ʌnklɑ́g/-klɔ́g] 동타 (**-gg-**) …으로부터 장

un·close [ʌnklóuz] 동(타) …을 열다; …을 드러내다, 폭로하다. ―(자) 열리다; 드러나다.
un·closed [ʌnklóuzd] 형 열려 있는, 닫혀 있지 않은; 둘러싸이지 않은, 드넓은; 끝나지[완결되지] 않은.
un·clothe [ʌnklóuð] 동(타) …의 옷을 벗기다, …을 발가벗기다; …의 덮개를 벗기다, …을 드러내다.
un·cloud·ed [ʌnkláudid] 형 구름 없는, 맑은, 갠; 명랑한. ~·ly 부 ~·ness 명 「우다; 정돈하다.
un·clut·ter [ʌnklʌ́tər] 동(타) 어지른 것을 …에서 치
UNCMAC *United Nations Command Military Armistice Commission* (유엔군 사령부 군사 정전 위원회).
un·co [ʌ́ŋkou] (스코) 형 1 두드러진, 뛰어난. 2 이상한, 으스스한. 3 낯선. ― 부 두드러지게, 몹시, 현저히. ― 명 ((~s)) 1 몹시 드문 사람[것]. 2 (~s) = news. 3 (펴어) 낯선 사람. 「꺼내다.
un·cof·fin [ʌnkɔ́:fin, -káf-/-kɔ́f-] 동(타) 관에서
un·coil [ʌnkɔ́il] 동(타) (감긴 것을) 풀다, 끄르다; (굽혔던 몸을) 똑바로 펴다. ― 자 풀리다; (뱀이) 똬리를 풀다.
un·coined [ʌnkɔ́ind] 형 (화폐로) 주조되지 않은; 거짓이 아닌, 자연의(genuine).
un·col·lect·ed [ʌ̀nkəléktid] 형 1 모으지 않은, 흩어진. 2 징수하지 않은. 3 자제심을 잃은, 혼란된.
un·col·lect·i·ble [ʌ̀nkəléktəbl] 형 모을 수 없는, 수집[회수] 불가능한, 징수할 수 없는; 수습할 수 없는. ― 명 ((~s)) 대손(貸損). (또는 **uncollectable**)
un·col·ored [ʌnkʌ́lərd] 형 색칠을 하지 않은, 착색이 안 된; 있는 그대로의, 과장되지 않은. 「진.
un·combed [ʌnkóumd] 형 빗질하지 않은, 헝클어
un·com·bined [ʌ̀nkəmbáind] 형 결합[화합]하지 않은, 분리된, 따로따로의.
un·come-at·a·ble [ʌ̀ˌkʌmǽtəbl] 형 (구어) 가까이 할 수 없는(inaccessible); 얻기 힘든.
un·come·ly [ʌnkʌ́mli] 형 예쁘지 않은, 매력 없는; 적당하지 않은, 어울리지 않는; 버릇없는. **-li·ness** 명
‡**un·com·fort·a·ble** [ʌnkʌ́mftəbl, -fərt-] 형 (*more* ~; *most* ~) 1 불유쾌한, 기분나쁜; 고통스러운. ¶be in an ~ predicament 어려운 지경에 빠져 있다. 2 거북한, 편치 않은, 불편한. ¶an ~ chair 편안하지 못한 의자. ~·ness 명 **-bly** 부
un·com·fort·ed [ʌnkʌ́mfərtid] 형 위안이 없는.
un·com·fort·ing [ʌnkʌ́mfərtiŋ] 형 위안이 안 되는, 불쾌하게 하는.
un·com·mer·cial [ʌ̀nkəmə́:rʃəl] 형 상업에 종사하지 않는[관계 없는]; 비영리적인; 상도의에 어긋나는.
un·com·mis·sioned [ʌ̀nkəmíʃənd] 형 위임(되)지 않은, 권한이 위양되지 않은.
un·com·mit·ted [ʌ̀nkəmítid] 형 1 행동에 옮겨지지 않은, 미수의. ¶an ~ crime 미수죄. 2 서약[언질]에 얽매이지 않은, 의무[책임]를 지지 않은. 3 (의안이) 위원회에 회부되지 않은.
*****un·com·mon** [ʌnkɑ́mən/-kɔ́m-] 형 1 보기 드문, 진기한, 희귀한(rare). ¶an ~ bird 진기한 새. 2 (양·정도가) 보통을 넘는; 비범한. ¶a man of ~ ability 비범한 재능의 소유자. 3 두드러진, 눈에 띄는, 현저한. ―부 (방언) = uncommonly. ~·ness 명
un·com·mon·ly [ʌnkɑ́mənli/-kɔ́m-] 부 드물게, 진기하게; 두드러지게, 몹시; 눈에 띄게.
un·com·mu·ni·ca·tive [ʌ̀nkəmjú:nəkèitiv/-kətiv] 형 말이 없는; 터놓고 대하지 않는, 사양하는, 암띤. ~·ly 부 ~·ness 명
un·com·pas·sion·ate [ʌ̀nkəmpǽʃənət] 형 동정심이 없는, 무자비한.
un·com·pen·sat·ed [ʌ̀nkɑ́mpənsèitid/-kɔ́m-] 형 배상[보상]되지 않은.
un·com·pet·i·tive [ʌ̀nkəmpétətiv] 형 경합하지 않는; 경쟁력이 없는.
un·com·plain·ing [ʌ̀nkəmpléiniŋ] 형 불평을 하지 않는, 참을성 있는. ~·ly 부 ~·ness 명
un·com·plet·ed [ʌ̀nkəmplí:tid] 형 미완성의, 아직 완결되지 않은. ¶an ~ building 미완성 건물.
un·com·pli·men·ta·ry [ʌ̀nkɑ̀mpləméntəri/-kɔ̀m-] 형 결례가 되는, 버릇없는, 무례한.
un·com·ply·ing [ʌ̀nkəmpláiiŋ] 형 (요구 따위에) 따르지 않는, 순종하지 않는, 고분고분하지 않은.
un·com·pre·hen·si·ble [ʌ̀nkɑ̀mprihénsəbl/-kɔ̀m-] 형 =incomprehensible.
un·com·pro·mis·ing [ʌ̀nkɑ́mprəmàiziŋ/-kɔ́m-] 형 타협[양보]하지 않는, 완고한, 불굴의; 단호한. ~·ly 부 ~·ness 명
un·com·put·ed [ʌ̀nkəmpjú:tid] 형 계산[측정]되지 않은.
un·con·cealed [ʌ̀nkənsí:ld] 형 숨겨지지 않은, 노골적인, 공공연한(open).
un·con·ced·ed [ʌ̀nkənsí:did] 형 (진술·요구 등이) 인정받지 못한; (특권 등을) 허용[양여]받지 못한.
un·con·cern [ʌ̀nkənsə́:rn] 명(U) 무관심, 냉담; 냉정, 개의치 않음. ¶She regards such a matter with complete ~. 그녀는 그런 문제엔 전혀 무관심하다.
un·con·cerned [ʌ̀nkənsə́:rnd] 형 1 무관심한, 흥미없는(*with, at*). ⇒ INDIFFERENT 유의어 2 관계하지 않는, 관련 없는(*in*). 3 걱정하지 않는, 태연한, 대범한(*about*). **-cérn·ed·ly** [-idli] 부 **-cérn·ed·ness** 명
un·con·clud·ed [ʌ̀nkənklú:did] 형 결정[결론]이 나지 않은.
un·con·demned [ʌ̀nkəndémd] 형 탓할 데 없는; 유죄 판결을 받지 않은; 사형수가 아닌.
*****un·con·di·tion·al** [ʌ̀nkəndíʃənl] 형 무조건의, 절대적인(absolute). ¶~ surrender 무조건 항복. **-di·tion·ál·i·ty** 명 **~·ly** 부 **~·ness** 명 「건 수렴.
unconditional convérgence 명 (수학) 무조
un·con·di·tioned [ʌ̀nkəndíʃənd] 형 무조건의, 절대적인; (심리) 본능적인, 자연의. **~·ness** 명
unconditioned respónse 명 (심리) 무조건 반사[반응]. (또는 **unconditioned réflex**)
un·con·fessed [ʌ̀nkənfést] 형 1 자백[고백]하지 않은. 2 (가톨릭) 고백성사를 받지 않은.
un·con·fined [ʌ̀nkənfáind] 형 제한을 받지 않은, 자유로운; 한계가 없는; 매여 있지 않은, (머리 따위가) 묶여 있지 않은.
un·con·firmed [ʌ̀nkənfə́:rmd] 형 확인되지 않은, 확증이 없는; (가톨릭) 견진(堅振) 성사를 받지 않은.
un·con·form·a·ble [ʌ̀nkənfɔ́:rməbl] 형 적합하지 않은, 일치하지 않는; (지질) 부정합(不整合)의. **-fòrm·a·bíl·i·ty,** **~·ness** 명 **-bly** 부
un·con·form·i·ty [ʌ̀nkənfɔ́:rməti] 명(U) 부적합, 불일치; (지질) 부정합.
un·con·gen·ial [ʌ̀nkəndʒí:njəl] 형 뜻이 맞지 않는, 마음에 들지 않는, 싫은; …에 맞지 않는, 부적당한. ¶an ~ classmate 마음에 들지 않는 동급생. **-gè·ni·ál·i·ty** 명
un·con·nect·ed [ʌ̀nkənéktid] 형 1 연속[연결]되지 않은, 분리된. ¶an ~ wire 연결되지 않은 전선. 2 연락이 없는, 관계없는. 3 연고[인척] 관계가 없는. 4 앞뒤가 안 맞는, 지리멸렬의. **~·ly** 부 **~·ness** 명
un·con·quer·a·ble [ʌnkɑ́ŋkərəbl/-kɔ́ŋ-] 형 (적 따위가) 정복하기 힘든, 제어하기 힘든; (어려움 따위가) 이겨내기 힘든. ⇒ INVINCIBLE 유의어
~·ness 명 **-bly** 부
un·con·quered [ʌnkɑ́ŋkərd/-kɔ́ŋ-] 형 정복[극복]되지 않은.
un·con·sci·en·tious [ʌ̀nkɑ̀nʃiénʃəs/-kɔ̀n-] 형 비양심적인, 지조 없는.
un·con·scion·a·ble [ʌnkɑ́nʃənəbl/-kɔ́n-] 형 1 비양심적인, 무도한, 파렴치한. ¶an ~ villain 파렴치한

무뢰한. 2 불합리한; 터무니없는, 부당한; 엄청난.¶an ~ profit 터무니없는 폭리. ~·ness 圀 -bly 凰
‡un·con·scious [ʌnkɑ́nʃəs/-kɔ́n-] 圀 (more ~; most ~) 1 느끼지 못하는, 알지[깨닫지] 못하는 (of) ¶I was ~ of the plot. 나는 그 음모를 눈치채지 못했다. 2 의식 불명의, 인사불성의. ¶fall ~ 의식불명이 되다. 3 부지불식간의, 고의가 아닌.¶an ~ humor 부지불식간에 나온 유머. 4 무의식중의, 자각하지 못한.¶ar ~ impulse 무의식적인 충동. 5 (자연 따위가) 비정의 — 圀 (the ~) [정신분석] 무의식. ~·ly 凰 무의식적으로. ~·ness 圀 무의식; 인사불성.
un·con·se·crat·ed [ʌnkɑ́nsəkrèitid/-kɔ́n-] 圀 신에게 바치지 않은; 성별(聖別)[성화(聖化)]되지 않은.
un·con·sent·ing [ʌ̀nkənséntiŋ] 圀 동의(승낙)하지 않은.
un·con·sid·ered [ʌ̀nkənsídərd] 圀 고려되지 않은, 고려할 가치가 없는; 고려된 결과가 아닌, 심사숙고하지 않은.
un·con·sol·i·dat·ed [ʌ̀nkənsɑ́lədèitid/-sɔ́l-] 圀 굳지 않은; 강화되지 않은; 통합되지 않은.
un·con·so·nant [ʌnkɑ́nsənənt/-kɔ́n-] 圀 = inconsonant.
un·con·sti·tu·tion·al [ʌ̀nkənstətjúːʃənl/-kənstitjúː-] 圀 헌법 위반의, 위헌의.
-tù·tion·ál·i·ty 圀Ⓤ 헌법 위반, 위헌(성). ~·ly 凰
un·con·strained [ʌ̀nkənstréind] 圀 1 구속을 받지 않는, 자유로운. 2 강제당하지 않은, 자유 의사의, 자발적인. 3 (태도 따위가) 자연스러운, 거리낌 없는, 편안한(easy). -strain·ed·ly [-idli] 凰
un·con·straint [ʌ̀nkənstréint] 圀Ⓤ 구속받지 않음, 자유, 수의(隨意).
un·con·struct·ed [ʌ̀nkənstrʌ́ktid] 圀 (옷이) 심이나 패드를 넣어 만든 것이 아닌, ...되지 않은.
un·con·sumed [ʌ̀nkənsúːmd/-sjúːmd] 圀 소비되지 않은; 억제되지 않은.
un·con·tain·a·ble [ʌ̀nkəntéinəbl] 圀 수용할 수 없는; 억제할 수 없는.
un·con·tam·i·nat·ed [ʌ̀nkəntǽmənèitid] 圀 더럽혀지지[오염되지] 않은; 악에 물들지 않은, 깨끗한.
un·con·test·ed [ʌ̀nkəntéstid] 圀 겨룰 사람이 없는, 무경쟁의; 명백한, 논의(의심)의 여지가 없는.
un·con·tra·dict·a·ble [ʌ̀nkəntrədíktəbl/-kɔ̀n-] 圀 반박(부정, 부인)할 수 없는, 대답할 수 없는.
un·con·tra·dict·ed [ʌ̀nkəntrədíktid] 圀 부인[반박]되지 않은.
un·con·trol·la·ble [ʌ̀nkəntróuləbl] 圀 제어하기[다루기] 힘든, 감당하기 어려운. — 圀 억제[삭감]할 수 없는 것. -tròl·la·bíl·i·ty, ~·ness 圀 ~·bly 凰
un·con·trolled [ʌ̀nkəntróuld] 圀 억제[제어]되지 않은, 자유로운. -trol·led·ly [-tróulidli] 凰
un·con·tro·ver·sial [ʌ̀nkəntrəvə́ːrʃəl/-kɔ̀n-] 圀 논의가 안 되는, 논쟁의 여지가 없는.
un·con·tro·vert·i·ble [ʌ̀nkəntrəvə́ːrtəbl] 圀 = incontrovertible.
un·con·ven·tion·al [ʌ̀nkənvénʃənl] 圀 전통[인습]에 얽매이지 않는; 틀에 박히지 않은, 자유로운. ~·ism, ~·ist 圀 ~·ly 凰
un·con·ven·tion·al·i·ty [ʌ̀nkənvènʃənǽləti] 圀Ⓤ 관례[인습]에 얽매이지 않음, 독창성, 자유; Ⓒ 관례[인습]을 무시한 행위[의견].
unconvéntional wárfare 圀 비정규전(게릴라전)
un·con·vert·ed [ʌ̀nkənvə́ːrtid] 圀 1 (질·형태가) 변하지 않은, 불변의. 2 개종하지 않은; 회개하지 않은. 3 전향하지 않은; 당을 바꾸지 않은.
un·con·vert·i·ble [ʌ̀nkənvə́ːrtəbl] 圀 바꿀 수 없는; (지폐 따위가) 태환할 수 없는. -bly 凰
un·con·vinced [ʌ̀nkənvínst] 圀 납득하지 않은; 설득당하지 않은; 모호한, 의문을 남겨 놓은.
un·con·vinc·ing [ʌ̀nkənvínsiŋ] 圀 설득력이 없는, 납득시킬 수 없는; 유력하지 않은. ~·ly 凰
un·cooked [ʌnkúkt] 圀 요리되지 않은, 날것의.
un·cool [ʌnkúːl] 圀 《속어》 1 침착성 없는, 냉정하지 않은; 감정적인. 2 불쾌한; 무례한. 3 (재즈가) 쿨이 아닌.
un·co·op·er·a·tive [ʌ̀nkouɑ́pərətiv, -ɑ́pərèi-, -óp-] 圀 비협조적인. ~·ly 凰
un·co·or·di·nat·ed [ʌ̀nkouɔ́ːrdənèitid] 圀 동등하게 되어 있지 않은, 동격이 되어 있지 않은; 조정(調整)되지 않은; 협동이 이루어지지 않은.
un·cord [ʌnkɔ́ːrd] 圀卽 ...의 끈[줄]을 풀다, 끄르다.
un·cor·dial [ʌnkɔ́ːrdʒəl/-diəl] 圀 진심에서 우러나지 않은, 차가운.
un·cork [ʌnkɔ́ːrk] 圀卽 1 ...의 코르크를 빼다, 마개를 뽑다. 2 (구어) (감정 따위를) 토로하다, 털어놓다. 3 (美) (협차게)...하다, 던지다.
un·cor·rect·a·ble [ʌ̀nkəréktəbl] 圀 수정[교정] 불능의; 불치의, 회복할 수 없는; 절망적인. ¶ ~ dis-ease 불치의 병. -bly 凰
un·cor·rect·ed [ʌ̀nkəréktid] 圀 정정[교정]되지 않은, 틀린 그대로의.
un·cor·rupt·ed [ʌ̀nkərʌ́ptid] 圀 부패[타락]하지 않은; 매수할 수 없는, 청렴한.
*un·count·a·ble [ʌnkáuntəbl] 圀 무수한, 셀 수 없는(을 만큼이); (성질상) 셀 수 없는.¶an ~ noun 불가산 명사. — 圀 [문법] 불가산 명사(물질 명사·추상 명사 등).
un·count·ed [ʌnkáuntid] 圀 세지 않은; 무수한.
un·cou·ple [ʌnkʌ́pl] 圀卽 (개·말 등)을 끈에서 풀어놓다; (차량 따위의) 연결을 풀다, 떼어놓다(from).
— 卽 풀어지다, 떨어지다.
un·cour·te·ous [ʌnkə́ːrtiəs] 圀 예절을 모르는, 버릇없는(rude). ~·ly 凰 ~·ness 圀
un·court·ly [ʌnkɔ́ːrtli] 圀 궁정에 어울리지 않는, 궁중 양식이 아닌; 거친, 상스런. -li·ness 圀
*un·couth [ʌnkúːθ] 圀 1 투박한, 버릇없는, 거친. 2 황량한, 쓸쓸한. 3 이상한; 불쾌한. 4 묘한, 기묘한; (고어) 미지의. ~·ly 凰 ~·ness 圀
un·cov·e·nant·ed [ʌnkʌ́vənəntid] 圀 계약(협정)에 입각하지 않은; 계약[협정]에 속박되지 않은.
‡un·cov·er [ʌnkʌ́vər] 卽 (~s [-z]) 卽 1 ...을 폭로하다, 털어놓다. ¶ ~ scandals 추문을 폭로하다. 2 ...의 덮개[뚜껑]을 열다, 모자를 벗다; ...을 노출하다.¶ ~ one's head 모자를 벗다. 3 [후방 부대]를 노출하다, ...의 원호를 중단하다; (우군)의 포화에 노출시키다.
— 卽 덮개[뚜껑]를 열다; (문어) (경의를 표하여) 모자를 벗다.
un·cov·ered [ʌnkʌ́vərd] 圀 1 덮개가 없는; 모자를 안 쓴; 벌거숭이의, 노출된.¶an ~ shed 지붕없는 헛간. 2 보험에 들지 않은; (특전 따위의) 적용을 안 받는; 담보가 없는.
UNCPUOS United Nations Committee on the Peaceful Uses of Outer Space(유엔 우주(공간) 평화 이용 위원회).
un·cre·ate [ʌ̀nkriéit] 圀卽 ...을 말살하다, 절멸시키다.
un·cre·at·ed [ʌ̀nkriéitid] 圀 자존하는, 창조된 것이 아닌; 아직 창조되지 않은. ~·ness 圀
un·cre·a·tive [ʌ̀nkriéitiv] 圀 창조적이 아닌, 창조력이 없는.
un·cred·it·ed [ʌnkréditid] 圀 신용을 얻지 못한.
un·crit·i·cal [ʌnkrítikəl] 圀 비판적이 아닌, 무비판의; 비판력[비평안(眼)]이 없는. ~·ly 凰
un·cropped [ʌnkrɑ́pt/-krɔ́pt] 圀 1 (토지가) 경작되지 않은, 작물을 심지 않은. 2 (꽃 따위가) 따지 않은. 3 (머리털이) 자르지 않은.
un·cross [ʌnkrɔ́ːs/-krɔ́s] 圀卽 (팔·다리의) 교차를 풀다.
un·crossed [ʌnkrɔ́ːst] 圀 1 (십자로) 교차하지 않은. 2 (수표에) 횡선을 긋지 않은. 3 방해[반대]받지 않은; 취소되지 않은.

un·crowd·ed [ʌnkráudid] 혼잡하지 않은, 붐비지 않는.
un·crown [ʌnkráun] …의 왕위[왕좌]를 빼앗다; (비유적) 실권[있는] 자리에서 물러나게 하다.
un·crowned [ʌnkráund] 아직 왕위에 오르지 않은, 대관식을 올리지 않은; 무관의(그러나 실권이 있는). ¶ the ~ king 무관의 제왕(of).
un·crum·ple [ʌnkrʌ́mpl] …의 주름을 펴다.
un·crush·a·ble [ʌnkrʌ́ʃəbl] 으깨어지지 않는; (천이) 구겨지지 않는; (문어) (의지 등이) 꺾이지 않는.
un·crys·tal·lized [ʌnkrístəlàizd] 결정(結晶)이 안된; 뚜렷한 모양을 갖추지 않은.
UNCSTD United Nations Conference on Science and Technology for Development(유엔 과학 기술 개발 회의).
UNCTAD [ʌ́ŋktæd] United Nations Conference on Trade and Development (유엔 무역 개발 회의).
unc·tion [ʌ́ŋkʃən] 1 (성서) (사제[예언자, 왕]가 된 의식으로서의) 도유(塗油); (교회) 성유(聖油), 환자용 기름; (세례 성사에서의) 도유식, 도유(유약·연고의) 도포(塗布) 치료법. 3 바르는 기름, 연고(ointment). 4 (비유적) 마음에 위안을 주는 것; 감언; 달래는[감동 주는] 태도[어조]. 5 종교적인 열의; 영감; 표면적인 열렬[감동]. 6 (이야기·행동 따위의) 열중, 열의. ~**less**
unc·tu·ous [ʌ́ŋktʃuəs] 1 유질의, 기름 같은, 기름기 있는. 2 (광석 따위가) 매끈매끈한. 3 열정을 가장한, 겉으로만 감동한, 간살부리는; 말주변이 좋은. **-ós·i·ty** ~**·ly** ~**·ness**
un·cul·ti·vat·ed [ʌnkʌ́ltəvèitid] 1 교양이 없는, 거친; 야만적인, 미개한. 2 경작되지 않은, 개간이 안 된; (식물이) 손질을 하지 않은. ¶ an ~ plant 손질을 하지 않은 식물. 3 (천성 따위가) 다듬어지지 않은.
un·cul·ture [ʌnkʌ́ltʃər] 교양 없음, 무교육.
un·cul·tured [ʌnkʌ́ltʃərd] (땅이) 경작[개간]되지 않은, (식물이) 재배되지 않은; 교육받지 못한.
un·cur·a·ble [ʌnkjúərəbl] =incurable.
un·curbed [ʌnkə́ːrbd] (말이) 재갈을 벗은; 억제[방해, 구속]되지 않은; 제멋대로의.
un·cured [ʌnkjúərd] (상처가) 낫지 않은, 치료되지 않은; (소금이나 건조에 의한) 저장법을 쓰지 않은.
UNCURK United Nations Commission for the Unification and Rehabilitation of Korea(유엔 한국 통일 부흥 위원회)(1973년에 해체됨).
un·cu·ri·ous [ʌnkjúəriəs/-kjúər-] =incurious. ~**·ly**
un·curl [ʌnkə́ːrl] (고수머리·두루마리 따위를) 펴다, 곧게 펴다. — 펴지다, 곧게 되다; 풀리다.
un·cur·rent [ʌnkə́ːrənt] 1 (통화가) 통용되지 않는. 2 현재 쓰이고 있지 않은.
un·cur·tailed [ʌ̀nkərtéild] 단축[축소]되지 않는.
un·cur·tain [ʌnkə́ːrtn] …으로부터 커튼을 떼다[젖히다], …을 제막하다; …을 폭로하다(reveal).
un·cus [ʌ́ŋkəs] (복 **un·ci** [Ánsai]) (해부) 갈고리.
un·cus·tom·ar·y [ʌnkʌ́stəmèri/-məri] 습관 [관습]에 의하지 않는, 보통이 아닌.
un·cus·tomed [ʌnkʌ́stəmd] 1 세관을 통하지 않은, 관세가 부과되지 않은. 2 (구어) =unaccustomed. 3 (구어) =unusual.
un·cut [ʌnkʌ́t] 1 자르지 않은, 깎지 않은; (보석 따위가) 가공되지 않은. ¶ ~ grass 깎지 않은 잔디. 2 (제본) =untrimmed. 3 삭제하지 않은, 발췌가 아닌. 4 (美속어) (마약 따위가) 혼합한 것이 없는, 순수한.
un·dam·aged [ʌndǽmidʒd] 손해를 입지 않은, 상처가 없는, 건전한.
un·damped [ʌndǽmpt] 1 축축하지 않은. 2 (힘·활기가) 쇠퇴하지 않은. 3 (물리) (진동이) 비감쇠(非減衰)인.
un·dat·ed [ʌndéitid] 날짜가 찍히지 않은; 기일

***un·daunt·ed** [ʌndɔ́ːntid] 굽히지 않는, 대담한, 용감한, 용기 있는(courageous). ~**·ly** ~**·ness**
un·daz·zled [ʌndǽzld] 현혹되지 않은.
UNDC United Nations Disarmament Commission(유엔 군축 위원회).
un·dead [ʌndéd] 죽지 않은; 완전히 죽지 않은.
—(복 ~) (the ~) 완전히 죽지 않은[죽은 자도 산 자도 아닌] 사람들, 망자, 흡혈귀; 영력(靈力)으로 되살아난 시체. 「변형(變形)」
un·dec·a·gon [ʌndékəgàn/-gən] 11각형, 11변형(邊形).
un·de·ceive [ʌ̀ndisíːv] …의 미혹(迷惑)을 깨우쳐 주다, …의 잘못을 깨닫게 하다.
-céiv·a·ble **-céiv·er**
un·de·cid·a·ble [ʌ̀ndisáidəbl] 결정할 수 없는; (수학·논리) 논증[증명] 불능의.
un·de·cid·ed [ʌ̀ndisáidid] 1 미결정의. 2 결단력이 없는, 우유부단한. ¶ an ~ character 우유부단한 성격. 3 (날씨가) 일정하지 않은. 4 (모양·윤곽 따위가) 확실치 않은, 모호한. ~**·ly** ~**·ness**
un·decked [ʌndékt] 1 (해사) 갑판이 없는, 무갑판의. 2 장식이 없는.
un·de·clared [ʌ̀ndikléərd] 선언하지 않은; 공공연히 되고 있지 않은, 신고되지 않은, 신고되지 않는.
un·de·clin·a·ble [ʌ̀ndikláinəbl] 1 (신청 따위가) 거절할 수 없는. 2 (문법) 어미 변화를 하지 않는(indeclinable), 격(格)변화를 하지 않는.
un·de·feat·ed [ʌ̀ndifíːtid] 불패의(不敗의).
un·de·fend·ed [ʌ̀ndiféndid] 무방비의; 변호인이 없는, 변호되지 않은; (고소가) 항변이 없는. 「한.
un·de·filed [ʌ̀ndifáild] 더럽혀지지 않은, 순결
un·de·fin·a·ble [ʌ̀ndifáinəbl] 한정할 수 없는; 정의를 내릴 수 없는(indefinable).
un·de·fined [ʌ̀ndifáind] 1 불확정의, 막연한 (vague). 2 정의를 내리지 않은; 표현하기 힘든.
-fin·ed·ly [-fáinidli, -fáindli] **-fín·ed·ness**
un·de·liv·ered [ʌ̀ndilívərd] 1 배달되지 않은. 2 석방되지 않은. 3 입밖에 내지 않은. 4 (임산부가) 아직 출산하지 않은; (아이가) 아직 태어나지 않은.
un·de·mand·ing [ʌ̀ndimǽndiŋ] 지나치게 요구하지 않는; 과도한 노력을 필요로 하지 않는.
un·dem·o·crat·ic [ʌ̀ndeməkrǽtik] 비민주적 **-i·cal·ly** 「인.
un·de·mon·stra·tive [ʌ̀ndimánstrətiv/-mɔ́n-] (감정·의견 따위를) 드러내지 않는, 신중한, 수줍은.
~**·ly** ~**·ness**
***un·de·ni·a·ble** [ʌ̀ndináiəbl] 부정할 수 없는, 이론의 여지가 없는; 명백한, 틀림없는; 훌륭한, 더할 나위 없는. ~**·ness** **-bly**
un·de·nom·i·na·tion·al [ʌ̀ndinàmənéiʃənl] 특정 종파에 속하지 않은, 종파[교파]에 관계없는.
un·de·pend·a·ble [ʌ̀ndipéndəbl] 믿을 수 없는.
‡**un·der** ⇨UNDER. (p. 2938)
un·der- [ʌ́ndər, ˊ-] (접두) under의 각 품사(전치사, 부사, 형용사)와 거의 같은 뜻의 명사, 형용사, 동사, 부사 따위를 만든다. ¶ underbrush, underdeveloped, undershoot, underwater.
un·der·a·chieve [ʌ̀ndərətʃíːv] (교육) 자기 지능 지수 이하의 성적을 내다.
un·der·act [ʌ̀ndərǽkt] (배역을) 불충실하게 [소극적으로] 연기하다. — 불충분한[소극적인] 연기를 하다. **-ac·tor** 「의.
un·der·age[1] [ʌ̀ndəréidʒ] 미성년의, 연령 미달
un·der·age[2] [ʌ́ndəridʒ] 부족, 과부족[액].
un·der·arm [ʌ́ndərɑ̀ːrm] 1 겨드랑이(밑)의. 2 (구기) 아래쪽에서 던지는[치는], 언더핸드의. 3 (백 따위가) 겨드랑이에 끼는. 4 (英속어) 수상쩍은; 부정[불법]의. — 겨드랑이(밑). (옷의) 소매 아래쪽. — 언더핸드로.

under

over의 대응어(對應語)로서, 「넓이를 가진 물체의 바로 아래에 위치하는」이 원뜻이다. 여기서 「덮어서[감추어서] 아래쪽에」라는 뜻이 파생하였다. 그리고 눌려 있다는 뜻이 비유적으로 쓰여 압박·구속을 나타내고, 다시 종속·포함 관계를 나타내게 되었다. 전치사가 주된 기능이지만 부사나 형용사로도 쓰인다.

‡**un·der** [ʌ́ndər] 囝 **I. 물리적 위치**
1 (위치가) …의 아래에(서), …의 바로 밑에(서)(⇔over); …의 기슭에; …속에 묻혀 (있는); …에 뒤덮인; …을 입은. ¶ a bridge 다리 밑에(을) below a bridge 다리보다 하류에 / ~ one's eyes[nose] 눈[코]앞에서 / a village ~ a mountain 산기슭에 있는 마을 / ~ the bark 나무껍질 속에 / the ground ~ grass 풀에 뒤덮인 땅 / a field ~ wheat 밀을 심은 밭 / wear a vest ~ a coat 코트 속에 조끼를 입다 / sleep ~ blankets 담요를 덮고 자다 / live ~ the same roof 한 지붕 밑에 살다 / There is nothing new ~ the sun. (속담) 하늘 아래에 새로운 것이라곤 없다.

㊀㊁ **under** 바로 밑에 있음을 나타낸다. **below** 위치가 보다 낮음을 뜻한다. **beneath** 문어적이며 under, below의 두 가지 뜻을 갖는다. 보통 지위·가치 따위가 낮음을 뜻한다. **underneath**=under, beneath 특히 덮여서 숨겨져 있음을 강조.

㊟ 위치에 관한 전치사는 in과 into, on과 onto 따위를 빼놓고 운동·정지의 두 뜻을 나타낸다: They were ~ a tree. 그들은 나무 아래에 있었다 / They led him ~ a tree. 그들은 그를 나무 밑으로 데리고 갔다.

II. 압박·구속
2 (무거운 짐 따위)를 지고, …으로 인해서[때문에]. ¶ work ~ the burden of debts 부채의 무거운 짐을 지고 일하다 / He collapsed ~ the strain. 그는 과로로 쓰러졌다.
3 (수술·시련·형벌 따위)를 받고, …에 몸을 맡겨; …에(의). ¶ a bill ~ discussion 심의중인 법안 / a road ~ construction [repair] 공사[보수]중인 도로 / fight bravely ~ fire 포화를 무릅쓰고 용감히 싸우다 / be ~ an operation 수술을 받고 있다 / It is forbidden ~ a severe penalty. 그것을 어기면 중벌을 받게 된다.
4 (지배·감독·보호 따위)의 아래에, (…의 영향)을 받고, …에 따라서; (의무·책임 따위)의 아래에, …에 제압되어. ¶ the class ~ the king 왕의 지배를 받는 계급 / the class below them 그들보다 낮은 계급 / England

~ Queen Elizabeth Ⅱ (현재의) 엘리자베스 2세 치하의 영국 / ~ President Washington 워싱턴 대통령 시대의[의] / an agreement ~ article 10 제10조에 따른 협약 / acts of violence ~ the influence of wine 술김의 폭력 행위 / I gave evidence ~ oath. 나는 선서를 하고 증언했다.

III. 종속·편승·포함
5 (지위 따위가) …보다 못한, …보다 하급의. ¶ He is an officer ~ a colonel. 그는 대령보다 하급 장교이다 / At least ten boys were ~ John in the results of the test. 적어도 10명의 학생은 존보다 시험 성적이 나빴다.
6 (구분·분류 따위에서) …에 속하는, …의 항목 아래에. ¶ matters that come ~ this head 이 항목에 드는 사항 / Classify the books ~ "Fiction" and "General." 책을 「소설」과 「일반 서적」으로 분류하시오.
7 …이라는 이름으로, …의 형식으로; …아래; …에 숨어, 편승하여. ¶ ~ the mask of friendship 우정을 가장하여 / ~ the pretense of helping 도와주는 체하고 / ~ the pretext of ill health 건강이 좋지 않은 것을 구실 삼아 / publish a novel ~ a pen name 필명으로 소설을 출판하다 / escape ~ cover of darkness 어둠을 틈타 도주하다.
8 (상태·조건·사정) 아래, …하에서. ¶ ~ a delusion 잘못된 생각에서 / They exchanged promises ~ such conditions. 그들은 그러한 조건 하에서 약속을 주고받았다 / He was ~ the influence of drink while driving a car. 그는 음주 운전을 하고 있었다.
9 (연령·가격·수량 따위가) …이하의, …미만의(less than). ¶ drive a mile ~ three minutes 3분 이내에 1마일을 운전하다 / Admission is free for children ~ five. 5세 미만의 아이들은 무료 입장.
── 囝 아래에; 종속하여; 가라앉아서; 이하로, 미만에. ¶ as shown ~ 아래에 나타난 바와 같이 / keep one's disappointment ~ 실망을 억제하다 / bring a riot ~ 폭동을 진압하다.
go under ⇒ GO.
── 囝 아래의, 떨어지는, 낮은; 종속의; 부족한. ¶ the ~ lip 아랫입술 / ~ layers 하층.

un·der·armed [ʌ̀ndərɑ́ːrmd] 囝 군비가 불충분한, 무장 부족의.
un·der·bel·ly [ʌ́ndərbèli] 囝 **1** 아랫배, 하복부. **2** (공격에 대해) 약한 지역; 약점, 급소; 요지. **3** (사회 따위의) 이면(裏面).
un·der·bid [ʌ̀ndərbíd] 囝㉡ (~; ~**·den**; ~**·ding**) …보다 싼 값을 매기다, …보다 싸게 입찰하다.── 囝 보다 싼 입찰. ~**·der** 囝 ⒨⒨.
un·der·bod·ice [ʌ́ndərbɑ̀dis/-bɔ̀d-] 囝 (여성의) 하부, 밑부분. **2** (해사) (선체의) 물에 잠긴 부분.
un·der·bod·y [ʌ́ndərbɑ̀di/-bɔ̀di] 囝 **1** (차량 따위의) 하부, 밑부분. **2** (해사) (선체의) 물에 잠긴 부분.
un·der·boss [ʌ́ndərbɔ̀ːs/-bɔ̀s] 囝 (美) (마피아의) 부두목.
un·der·bought [ʌ̀ndərbɔ́ːt] 囝 underbuy의 과거·과거분사.
un·der·bred [ʌ̀ndərbréd] 囝 교양[버릇]없는, 저속한; (말 따위가) 순종이 아닌. ─**bréed·ing** 囝.
*un·der·brush [ʌ́ndərbrʌ̀ʃ] 囝Ⓤ (큰 나무 밑에 나는) 작은 나무, 관목, 덤불.
un·der·bush [ʌ́ndərbùʃ] 囝 =underbrush.
un·der·buy [ʌ̀ndərbái] 囝 (-**bought**) …을 (시세보다) 싸게 사다. ── 囝 필요량보다 적게 사다.

un·der·cap·i·tal·ize [ʌ̀ndərkǽpətəlàiz] 囝 (기획·사업 따위에) 자본을 불충분하게 공급하다, 과소 출자하다. -**càp·i·tal·i·zá·tion** 囝 -**ized** 囝.
un·der·card [ʌ́ndərkɑ̀ːrd] 囝 주 경기에 앞선 경기 (메인 이벤트 전의 세미파이널 따위).
un·der·car·riage [ʌ́ndərkæ̀ridʒ] 囝 **1** (차량 따위의) 하부 (車臺), 하부 구조. **2** (비행기의) 기체 지지부, 기대(機臺); 착륙 장치.
un·der·cart [ʌ́ndərkɑ̀ːrt] 囝 (英구어) =undercarriage 2.
un·der·cast [ʌ́ndərkæ̀st/-kɑ̀ːst] 囝 **1** (채광) (광산 밑의) 통풍로. **2** (기상) 비행기 밑에 깔린 구름층. ── 囝㉡ [~-~] (배우)에게 격이 낮은 역을 맡기다; (영화·연극) …의 주연 배우를 배역하다.
un·der·char·ac·ter·ize [ʌ̀ndərkǽriktəràiz] 囝㉡ (소설·연극 따위의) 성격 묘사를 미흡하게 하다[잘못하다]; (음악 작품의) 주제를 미흡하게[잘못] 전개하다. -**chàr·ac·ter·i·zá·tion** 囝.
un·der·charge [ʌ̀ndərtʃɑ́ːrdʒ] 囝㉡ …을 대가 이하로 청구하다; (남)에게 대금을 덜 받다; (총·포)에 불충분하게 장전하다; (축전지)에 충전을 덜하다. ── 囝 [´-^] 과소 청구; 불충분한 장전[충전].

un·der·class [ÁndərklǽS/-klɑ̀ːs] 명 사회의 저변층, 하층 계급. ― 형 (美) 하급생의.

un·der·class·man [Àndərklǽsmən/-klɑ̀ːs-] 명 (대학 등의) 하급생(1, 2학년생).

un·der·clay [Àndərklèi] 명U 〔지질〕 하반(下盤) 점토(탄층 밑의 점토층).

un·der·clerk [Àndərklə̀ːrk/-klɑ̀ːk] 명 사무보조; 수습 사원〔점원〕; 부서기(副書記).

un·der·cliff [Àndərklìf] 명 〔지질〕 부애(副崖)〔땅이나 바위가 허물어져 2차적으로 생긴 벼랑〕.

un·der·cloud·ed [ʌ̀ndərkláudid] 형 옷을 얇게 입은.

un·der·clothes [Àndərklòuz, -klòuðz] 명복 속옷, 내의.

un·der·cloth·ing [Àndərklòuðiŋ] 명 =under-clothes.

un·der·club [Àndərklʌ́b] 동자 (-bb-) 〔골프〕 비(飛)거리가 짧은 클럽을 사용하다.

un·der·coat [Àndərkòut] 명 1 겉옷 밑에 받쳐 입는 옷; (방언) 페티코트. 2 (동물) 밑털(긴 털 밑에 나는 짧은 (잔)털). 3 (페인트의) 밑칠; 밑칠용 페인트. 4 (英) (포장 도로 표면 아래의 쇄석층(碎石層). ― 동타 (녹을 방지하기 위해) …에 밑칠을 하다.

un·der·coat·ing [Àndərkòutiŋ] 명 언더코팅; 밑칠.

un·der·col·ored [Àndərkʌ́lərd] 형 착색이 잘 안 된; 동물의 잔털 빛깔의.

un·der·con·sump·tion [Àndərkənsʌ́mpʃən] 명 과소 소비, 소비 부족.

un·der·cool [Àndərkúːl] 동 1 =supercool. 2 불충분하게 냉각하다.

un·der·count [Àndərkáunt] 동 (…을) 실제보다 적게 세다. ― 명 실제보다 적게 세기(見적은 합계).

un·der·cov·er [Àndərkʌ́vər, ≁≁] 형 비밀리에 하는, 은밀한; 스파이 활동의. 명 비밀 수사관(경찰).

úndercover àgent〔man〕 명 첩보원, 스파이.

un·der·croft [Àndərkrɔ̀ːft/-krɔ̀ft] 명 지하실; (교회당의) 천장을 둥글게 만든 지하실.

un·der·cross·ing [Àndərkrɔ́ːsiŋ/-krɔ̀s-] 명 지하도.

un·der·cur·rent [Àndərkə̀ːrənt] 명 (해류·기류 따위의) 저류, 하층류, 암류(暗流); (사상·시세 따위의) 암류; (언동의) 속에 품은 진의, 저의. ― 형 밑바닥에 흐르는; 표면에 나타나지 않은, 숨은(hidden).

un·der·cut [Àndərkʌ́t] 동 (~; ~*ting*) 타 1 …의 효과〔가치 따위〕를 약화시키다, 무효화하다. 2 …의 밑을 잘라내〔도려내〕다. 3 (남보다) 싸게 팔다: 싼 임금으로 일하다. ¶ ~ prices〔one's rival〕 가격을 시가〔경쟁 상대〕보다 싸게 하다. 4 (쓰러뜨리는 쪽으로) 〔나무 밑동〕을 찍어내다. 5 〔테니스·골프〕 (공)을 역회전시켜 쳐올리다. ― 자 1 아래를 잘라(깎아)내다. 2 경쟁자보다 싸게 팔다; (공)을 언더컷하다. ― 명 [≁≁] 1 밑을 잘라(도려)내기, 잘라낸 부분. 2 (英) 소의 허리살(tenderloin). 3 〔테니스·골프〕 언더컷(공을 역회전시켜 깎아치기); (권투) 위로 약간 올려치는 펀치. 4 (벌목할 때 나무의) 밑 도려내기. 5 (치과) (이의) 공동(空洞). ― 형 [≁≁] 밑을 잘라낸〔도려낸〕.

un·der·de·vel·op [Àndərdivéləp] 동타 …을 충분히 발육〔개발, 현상〕하지 않다. ~·**ment** 명 발육 부전; 현상 부족; 저개발.

un·der·de·vel·oped [Àndərdivéləpt] 형 1 〔사진〕현상 부족의. ¶ the ~ film 현상 부족의 필름. 2 발육이 불충분한. 3 (국가 등이) 저개발의, 후진의 (*현재 이 뜻으로는 developing을 쓴다).

un·der·di·vi·sion [Àndərdivíʒən] 명 (대학에서) 저학년 학생이〕 아직 전공 과정으로 나뉘지 않은.

un·der·do [Àndərdúː] 동 (-*did*; -*done*) 〔고기 등〕을 설익게 굽다; (…을) 보통(필요) 이하로 하다, 소극적으로 연기하다.

un·der·dog [Àndərdɔ̀ːg/-dɔ̀g] 명 1 (투견에서) 진 개. 2 (게임·시합에서) 시고 가망이 없는 사람. 3 (보통 the ~) (생존 경쟁의) 패배자 ; (사회적·정치적 부정의) 희생자. ~·**ger** 명 패자의 응원자.

un·der·done [Àndərdʌ́n] 형 (음식물이) 설익은; (고기가) 설구워진(rare).

un·der·drain [Àndərdréin] 동 …에 암거(暗渠)를 설치하다, …을 암거로 배수하다. ― 명 [≁≁] 암거.

un·der·drain·age [Àndərdréinidʒ] 명U (농토 따위의) 암거 배수.

un·der·draw [Àndərdrɔ́ː] 동타 (-*drew*; -*drawn*) 1 …에 밑줄을 치다. 2 …을 불충분하게 그리다. 3 (천장 따위에) 얇은 판자를 대다. 4 (유자금)을 한도액까지 쓰지 않다. ~·**ing** 명 밑그림, 밑칠.

un·der·draw·ers [Àndərdrɔ̀ːrz] 명복 (美) 속바지.

un·der·dress [Àndərdrés] 명 초라한(약식) 옷차림을 하다(시키다). ― 동 [≁≁] 속치마, 페티코트.

un·der·earth [Àndərə̀ːrθ] 형 지하의, 지표 아래의.

un·der·ed·u·cate [Àndərédʒukèit] 동타 …에게 충분한 교육을 시키지 못하다, 一定 이하의 교육을 하다. -**ed·u·cá·tion** 명 불충분한 교육.

un·der·em·pha·sis [Àndərémfəsis] 명 강조 부족.

un·der·em·pha·size [Àndərémfəsàiz] (*英* -*sise*) 동타 충분히 강조하지 않다; 경시하다.

un·der·em·ployed [Àndərimplɔ́id, -em-] 형 1 불완전 고용의; 능력 이하의 일에 종사하고 있는. 2 (기계·설비 따위가) 충분히 활용〔이용〕되지 않는. ― 명 (the ~) 불완전 취업〔노동〕자.

un·der·em·ploy·ment [Àndərimplɔ́imənt, -em-] 명 불완전 고용; 불완전 취업.

un·der·en·dowed [Àndəriendáud] 형 1 (학교·병원 따위가) 기금이 부족한. 2 자질·능력이 부족한.

*****un·der·es·ti·mate** [Àndəréstəmèit] 동타 (…을) 과소 평가하다, 경시하다, 오산하다; (…을) 싸게 견적내다. ¶ ~ a person's ability 남의 능력을 과소 평가하다. ― [Àndəréstəmət] 명 과소 평가, 경시; 싸게 낸 견적. -**es·ti·má·tion** 명

un·der·ex·pose [Àndərikspóuz] 동타 1 (사진) (건판·필름)을 노출 부족이 되게 하다. 2 (종종 수동형으로) …을 충분히 선전하지 않다.

un·der·ex·po·sure [Àndərikspóuʒər] 명U*C* 1 (사진) 노출 부족의 필름·건판〕. 2 선전 부족.

un·der·fed [Àndərféd] 형 영양 부족의; 음식 부족의.

un·der·feed [Àndərfíːd] 동타 (-*fed*) 1 …에 충분한 음식〔영양〕을 주지 않다. 2 (난로·엔진 따위)에 밑에서 연료를 공급하다. ― 명 (연료 등을) 밑에서 공급하는 장치.

un·der·felt [Àndərfèlt] 명U (카펫) 밑에 까는 펠트.

un·der·fi·nanced [Àndərfinǽnst, -fáinænst] 형 융자 부족의; 충분한 자금을 공급받지 않은.

un·der·fired [Àndərfáiərd] 형 (벽돌·도자기 따위가) 덜 구워진; (술·가마가) 밑에서 지펴진〔가열된〕.

un·der·floor [Àndərflɔ̀ːr] 형 (난방이) 온돌식의.

un·der·flow [Àndərflòu] 명 저류, 암류(暗流); (컴퓨터) 언더플로(아랫자리수 넘치기).

un·der·foot [Àndərfút] 부 1 발밑에, 발바닥에; (매 따위의) 바닥 아래에. 2 방해가 되어. 3 발로 짓밟혀서; 지배하여, 예속되어. ― 형 1 발밑의. 2 방해가 되는. 3 멸시당할 만한, 천대받는. ― 동타 …을 밑에서 받쳐 주다(underpin).

un·der·frame [Àndərfrèim] 명 (자동차의) 차대.

un·der·fund [Àndərfʌ́nd] 동타 (사업·계획 따위)에 충분한 자금을 공급하지 않다.

un·der·gar·ment [Àndərgàːrmənt] 명 속옷, 내의.

un·der·gird [Àndərgə́ːrd] 동타 …의 아래쪽을 단단하게 매다; …을 뒷받침하다, 강화하다. ¶ ~ a load 짐의 아래쪽을 밧줄로 묶다.

un·der·glaze [Àndərglèiz] 형 (도자기가) 유약을 바르기 전에 밑그림용의〔에 적합한〕. ― 명 밑그림 물감〔유약〕; 밑그림.

‡**un·der·go** [Àndərgóu] 동타 (~*es* [-z]; -*went*;

-gone) 1 …을 받다, 겪다, 경험하다. ⇒EXCEPERIENCE
유의어 ¶~ an examination [operation] 시험을 치르다[수술을 받다]. 2 …을 견디다, 참다. ¶~ great toil 큰 고생을 견디다. **'go·er**

un·der·grad [ʌ́ndərgrǽd] 명 (구어) 1 =undergraduate. 2 (대학의) 학부 강좌[과정].

*un·der·grad·u·ate [ʌ̀ndərgrǽdʒuət, -eit/-dju-] 명 (학부 재학중인) 대학생; 훈련생, 견습생. ─ 형 (학부 재학중인) 대학생 신분[자격]. **~·ship** 명 대학생 신분[자격]

un·der·grad·u·ette [ʌ̀ndərgrǽdʒuèt/-́-́-́] 명 (英속어) (학부 재학중인) 여자 대학생.

‡un·der·ground [ʌ̀ndərgráund] 부 1 지하에[로]. 2 비밀히. ¶go ~ (범인 등이) 지하로 숨다. ─ 형 [́-́] 1 지하의[에 있는, 에서 일하는, 에서 일어나는] (⇔overground). ¶an ~ explosion 지하 폭발. 2 비밀의. ¶an ~ revolutionary movement 지하 혁명 운동. 3 지하 조직의; 실험적인, 비전통적인; 전위적인. ─ 명 [́-́] 1 ⓤⓒ 지하의 공간[통로]; (英) (the ~) 지하철(美 subway). 2 (the ~) (정권·점령군에 저항하는) 지하 조직, 지하 운동. 3 (the ~) 전위 예술. ─ 타 [̀-́] …을 지하에 두다[설치하다].

únderground ecónomy 명 지하 경제.

un·der·ground·er [ʌ̀ndərgráundər] ·명 1 지하 활동자, 전위 운동가. 2 지하철 승객.

únderground fílm [móvie] 명 전위 영화.

únderground mútton (濠俗語) 토끼.

únderground ráilroad 명 1 지하철. 2 (the ~) (보통 U- R-) (美역사) 노예의 탈출을 도운 비밀 조직. 3 탈영병이나 징병 기피자 원조 지하 조직.

únderground ráilway (英) 지하철.

un·der·grown [ʌ́ndərgròun, ̀-́] 형 1 발육 부전의. ¶~ cattle 발육이 불량한 소. 2 밑에 풀이 난.

un·der·growth [ʌ́ndərgròuθ] 명 1 발육 부전. 2 =underbrush. 3 (긴 털 밑에 난) 짧은 털, 잔털.

un·der·hand [ʌ́ndərhæ̀nd] 형 1 (스포츠) 언더스로의, 밑에서 던지기[치기]의; 아래로 향한. ¶an ~ throw 밑에서 던지기. 2 비밀의, 부정한, 음흉한. ¶an ~ deal 부정 거래. ─ 부 1 언더스로로. 2 은밀하게 부정하게, 음흉하게.

un·der·hand·ed [ʌ̀ndərhǽndid] 형 1 공정하지 못한, 음흉한, 비밀의. 2 일손이 부족한(short-handed). 3 언더스로의. **~·ly** 부 **~·ness** 명

un·der·housed [ʌ̀ndərháuzd] 형 1 집이 좁고 불편한. 2 (지역이) 주택이 부족한. 3 (완곡적) 집이 없는.

un·der·hung [ʌ̀ndərhʌ́ŋ] 형 1 (턱이) 아래턱이 (위턱보다) 튀어나온. 2 [기계] (미닫이 따위가) 도르래로 움직이는.

un·der·in·sur·ance [ʌ́ndərinʃúərəns] 명 (보험) 일부 보험.

un·der·in·sure [ʌ̀ndərinʃúər] 자타 실제 가액 이하의 보험에 들다, 일부 보험에 들다.

un·der·in·vest·ment [ʌ̀ndərinvéstmənt] 명 투자 부족.

un·de·rived [ʌ̀ndiráivd] 형 독창[독자]적인(original), 근본적인, 기본의. ¶~ power [authority] 독자적 권력[권위].

un·der·jaw [ʌ́ndərdʒɔ̀ː] 명 아래턱. [권력관의].

un·der·kill [ʌ́ndərkìl] 명 (적에 대한) 격파력 부족, 전력 열세, 격파 불능.

un·der·laid [ʌ̀ndərléid] 형 밑에 놓인; (받침대 따위가) 밑에서 받친. ─ 통 underlay¹의 과거·과거분사.

un·der·lain [ʌ̀ndərléin] 통 underlie의 과거분사.

un·der·lap [ʌ̀ndərlǽp] 통타 …의 밑에서 튀어나[비어져] 나오다.

un·der·lay¹ [ʌ̀ndərléi] 통 (-laid) 타 1 (…을) …의 밑[바닥]에 깔다[놓다](with). ¶(~+目+부+젼) ~ the Korean Strait with a cable 대한 해협에 케이블 [해저 전선]을 부설하다. 2 …을 받치다; [인쇄] (활자 따위)에 밑고르기 종이를 깔다. 3 …으로 안을 대다, 배접하다(with). 4 (광맥이) 경사지다. ─ 명 [́-́] 1 밑에 놓는[까는] 물건; (카펫의) 밑깔개.

2 [인쇄] (활자 높이 조정용) 밑고르기 종이. 3 [광산] (광맥의) 수직으로부터의 경사(도). 4 저류, 암류.

un·der·lay² 통 underlie의 과거.

un·der·lay·er [ʌ́ndərlèiər] 명 기층(基層); 기초.

un·der·lay·ment [ʌ̀ndərléimənt] 명 (마루청[카펫]의) 밑깔개.

un·der·lease [ʌ́ndərlìːs] 명 전대(轉貸), 다시 빌려주기(sublease). ─ 통 [̀-́] …을 전대하다.

un·der·let [ʌ̀ndərlét] 통타 (~; ~·ting) …을 싼 값으로 빌려주다; …을 전대(轉貸)하다. **~·ter** 명

un·der·lie [ʌ̀ndərlái] 통타 (-lay; -lain; -ly·ing) 1 …의 밑에 눕다, …의 밑에 있다. 2 …의 기초가 되다, …을 받쳐 주다. ¶political ideas *underlying* the revolution 그 혁명의 기초가 되고 있는 정치 사상. 3 (경제) (권리[담보]가) (다른 권리·담보에) 우선하다. ─ 명 [́-́] =underset¹. **-li·er** 명

‡un·der·line [ʌ̀ndərláin/-́-́] 통타 (~s [-z]; ~d; -lin·ing) 1 …에 밑줄을 긋다[치다]. 2 …을 강조하다, …에 역점을 두다; …을 명시하다. ─ 명 [̀-́] 1 밑줄, 언더라인. ¶Words with a single ~ are to be set in italics. 밑줄을 하나 친 단어는 이탤릭체 활자로 조판할 것. 2 (인쇄) (삽화·사진 밑의) 설명. 3 (광고 아랫부분에 적은) 다음 상연물의 예고. 4 (등의) 복부의 윤곽.

un·der·lin·en [ʌ́ndərlìnin] 명 Ⓤ 리넨 따위의 속옷, 내복(underwear).

un·der·ling [ʌ́ndərlìŋ] 명 (경멸적) 아랫사람, 부하, 졸개(로); 하인; 하찮은 인간.

un·der·lin·ing [ʌ́ndərlàiniŋ] 명 (옷의) 안감 천.

un·der·lip [ʌ́ndərlìp] 명 아랫입술(lower lip).

un·der·lit [ʌ̀ndərlít] 형 조명이 불충분한, 어둑한.

*un·der·ly·ing [ʌ̀ndərláiiŋ] 형 1 밑에 있는, 밑에 놓인. 2 언뜻 보아 알 수 없는, 모호한. 3 기초적인, 근본적인. 4 (청구권·담보 따위에) 제1 (순위)의, 우선하는.

un·der·manned [ʌ̀ndərmǽnd] 형 일손이 부족한, 인원 부족한(short-handed), 승무원이 부족한.

un·der·man·ning [ʌ̀ndərmǽniŋ] 명 인원[일손, 승무원] 부족.

un·der·matched [ʌ̀ndərmǽtʃt] 형 어울리지 않는; 신분이 낮은 사람과 결혼한. [축된 말.

un·der·mean·ing [ʌ̀ndərmìːniŋ] 명 숨은 뜻, 함

un·der·men·tioned [ʌ̀ndərménʃənd] 형 하기(下記)의, 다음에 말하는(following).

*un·der·mine [ʌ̀ndərmáin, ́-́-́] 통타 1 …의 밑을 파다, …밑에 갱도(坑道)를 파다; …의 토대를 허물다. ¶The sea has ~d the cliff. 해수가 벼랑 밑을 침식해 왔다. 2 …의 기초를 위태롭게 하다; (남의 평판 따위)를 은밀히 해치다[손상시키다]; (건강·세력 따위)를 서서히 약화시키다. **-min·ing·ly** 부

un·der·min·er [ʌ̀ndərmáinər] 명 밑을 파는 사람; 은밀히 해를 끼치는 사람; (英) 공병대원.

un·der·most [ʌ́ndərmòust] 형 (위치·지위 따위가) 최저의, 최하위의. ─ 부 맨 밑에, 아래에.

‡un·der·neath [ʌ̀ndərníːθ, -níːð] 전타 1 …의 밑에 [의, 을, 로]. ⇒UNDER 유의어 2 …의 지배[영향]를 받아, …에 예속되어. 3 (외관·구실 따위의) 이면에; …에 숨어서, …인 체하여. ─ 부 밑에[으로], 아래 쪽으로[에]; (표면과는 달리) 실(實)은. ─ 형 아래 쪽의, 밑에 있는, 표면하의; 비밀의. ─ 명 (the ~, one's ~) 밑, 바닥(bottom), 아래쪽, 최하부.

un·der·nour·ish [ʌ̀ndərnə́ːriʃ/-nʌ́r-] 통타 …에 충분한 영양을 주지 않다. **~·ment** 명

un·der·nour·ished [ʌ̀ndərnə́ːriʃt/-nʌ́r-] 형 영양 부족의. [족, 영양 실조.

un·der·nu·tri·tion [ʌ̀ndərnjuːtríʃən] 명 영양 부

un·der·oc·cu·pied [ʌ̀ndərɑ́kjupàid/-ɔ́k-] 형 1 (방·집 따위가) 주거자가 부족한, 빈 자리가 있는, 빈 [방]의. ¶~ hotel rooms 손님이 차지 않은 호텔 방. 2 충분한 일이 없는, 일정한 직업이 없는, 한가한.

un·der·of·fi·cer [ʌ̀ndərɔ́ːfisər/-ɔ́f-] 图 〔부대〕에 장교를 충분히 배속하지 않다. —图 [´-`-´-] 하급 사관.

un·der·paid [ʌ̀ndərpéid] 图 underpay의 과거·과거분사. —图 급료가 싼, 박봉의.

un·der·paint·ing [ʌ́ndərpèintiŋ] 图 (구상·명암의 대략을 그린) 밑그림.

un·der·pants [ʌ́ndərpæ̀nts] 图(복) 속바지; 팬츠.

un·der·part [ʌ́ndərpɑ̀ːrt] 图 하부; (동물의) 복부; 보조적 역할[지위].

un·der·pass [ʌ́ndərpæ̀s/-pɑ̀ːs] 图 아래 통로, 지하도. —图 (입체 교차로에서) 아래쪽 길을 통과하다.

un·der·pay [ʌ̀ndərpéi] 图타 (**-paid**) …에게 싼 임금을 주다, 급료를 불충분하게 지급하다. **~·ment** 图

un·der·per·form [ʌ̀ndərpərfɔ́ːrm] 图 성과가 …에 미치지 못하다[밑돌다], 평균[기대] 이하로 행하다.

un·der·pin [ʌ̀ndərpín] 图타 (**-nn-**) …의 토대를 바꾸다; 기초를 보강하다; …을 떠받치다; …에 근거를 주다, 입증하다.

un·der·pin·ning [ʌ́ndərpìniŋ] 图 1 토대, 떠받치는 것; 지주, 지지물; ⓤⓒ 지지, 지원. 2 (종종 ~s) 기반, 기초. 3 (~s) 〔구어〕 사람의 다리: (여성의) 속옷.

un·der·play [ʌ̀ndərpléi] 图 1 (연극의 역·장면을 소극적으로(드러나지 않게) 연기하다. 2 〔카드놀이〕 〔높은 패〕를 가지고 있으면서 낮은 패를 내다. —图 절제하여 연기하다. …나타내다. *underplay one's hand* 자기 역량을 절제하여〔적게〕 —图 [´-`-] 1 절제하여 하는 연기. 2 〔카드놀이〕 높은 패를 제쳐두고 낮은 패를 내다. 3 비밀 행동.

un·der·plot [ʌ́ndərplɑ̀t/-plɔ̀t] 图 1 (연극·소설의) 곁줄거리. 2 음모, 밀계; 책략.

un·der·pop·u·lat·ed [ʌ̀ndərpɑ́pjulèitid/-pɔ̀p-] 图 인구가 적은; 인구 밀도가 적은.

un·der·pop·u·la·tion [ʌ̀ndərpɑ̀pjuléiʃən/-pɔ̀p-] 图ⓤ 인구 과소〔희박〕. 団 overpopulation

un·der·pre·pared [ʌ̀ndərpripéərd] 图 준비가 부족한, 능력이 모자라는.

un·der·price [ʌ̀ndərpráis] 图타 …을 적정〔표준〕 가격보다 낮게 매기다; (경쟁자)보다 값을 내리다.

un·der·priv·i·leged [ʌ̀ndərprívəlidʒd] 图 (경제적·사회적으로) 권리를 누리지 못한, 혜택을 받지 못한. —图 (the ~) 혜택을 받지 못한 사람들.

un·der·pro·duce [ʌ̀ndərprədjúːs/-djúːs] 图 (…을) 너무 적게 생산하다, (…의) 생산이 (목표·수요보다) 부족하다. **-dúc·er** 图

un·der·pro·duc·tion [ʌ̀ndərprədʌ́kʃən] 图ⓤ 생산 부족, 과소 생산. 団 overproduction
-prò·duc·tív·i·ty [-`--´--] 图 생산성이 낮은.

un·der·proof [ʌ́ndərprúːf] 图 (알코올이) 표준 도수(50%) 이하인(圈 u.p.), 凰 proof, overproof

un·der·prop [ʌ̀ndərprɑ́p] 图타 (**-pp-**) …에 기둥을 받치다, 밑에서 받치다; …을 지지하다. **-pròp·per** 图

un·der·quote [ʌ̀ndərkwóut] 图타 …에 싼 값을 부르다; (시가보다) 싼 값을 매기다. 「을 낮추다.

*****un·der·rate** [ʌ̀ndəréit] 图타 …을 낮게 평가하다;

un·der·re·act [ʌ̀ndəriǽkt] 图 반응이 둔하다, (…에) 약한 반응을 보이다. **-ác·tion** 图

un·der·re·port [ʌ̀ndəripɔ́ːrt] 图 〔소득·신고 등〕을 실제 이하로 보고하다〔신고하다〕.

un·der·rep·re·sent [ʌ̀ndərèprizént] 图타 …을 실제보다 적게(과소) 표시하다. **-sen·tá·tion** 图

un·der·ripe [ʌ̀ndəráip] 图 미숙한, 덜 익은.

un·der·run [ʌ̀ndərʌ́n] 图타 (*-ran; ~; ~·ning*) …의 밑을 달리다〔통과하다, 흐르다〕, 〔해사〕 〔검사·수리를 위해〕 〔로프·그물〕의 밑을 보트로 지나가다. —图 [´-`-] 1 밑을 달리는〔흐르는〕 것; 저류, 암류. 2 〔목재 따위의〕 견적과 실제 생산량의 차, 부족량.

un·der·score [ʌ̀ndərskɔ́ːr/´--`-] 图타 1 …에 밑줄을 긋다. 2 …을 강조하다. —图 [´-`-] 1 언더라인, 밑줄. 2 〔영화·TV의〕 배경 음악.

un·der·sea [ʌ́ndərsìː] 图 해저의, 해중의. —图 =underseas

un·der·seal [ʌ́ndərsìːl] 图ⓒ 〔영〕 애벌칠(용 도료)(undercoat). —图타 …에 애벌칠하다.

un·der·seas [ʌ́ndərsìːz] 图 바닷속에; 해저에.

un·der·sec·re·tar·y [ʌ̀ndərsékrətèri/-təri] 图 차관(次官). ¶ *a parliamentary [permanent] ~* 〔영〕 정무(사무) 차관. **~·ship** 图 차관의 직(임기).

un·der·sell [ʌ̀ndərsél] 图타 (**-sold**) …보다 싸게 팔다, 염가 판매하다; 덜 선전하다. **~·er** 图

un·der·sense [ʌ́ndərsèns] 图 잠재 의식; 바닥에 깔린〔숨겨진〕 의미. 「꾼.

un·der·serv·ant [ʌ̀ndərsə́ːrvənt] 图 잔심부름

un·der·served [ʌ̀ndərsə́ːrvd] 图 서비스가 충분하지 못한.

un·der·set¹ [ʌ́ndərsèt] 图 (바람이나 해면의 흐름과 역행하는) 저류(底流), 하층류(下層流). 団 undertow

un·der·set² [ʌ́ndərsèt] 图타 (**-tt-**) 1 …을 (밑에서) 받쳐 주다; …의 밑에 놓다. 2 〔영〕 …을 전대(轉貸)하다.

un·der·sexed [ʌ̀ndərsékst] 图 성욕이 약한; 성적 관심이 적은.

un·der·sher·iff [ʌ̀ndərʃérif] 图 〔미〕 군(郡) 보안관 대리; 〔영〕 주(州) 장관 대리. **~·ship** 图

un·der·shirt [ʌ́ndərʃə̀ːrt] 图 언더셔츠, 내복.

un·der·shoot [ʌ̀ndərʃúːt] 图 (**-shot**) 타 〔과녁〕을 밑으로 쏘다; 〔화살·총알 따위가〕 〔목표〕에 못미치다; 〔비행기가〕 〔활주로〕에 못미쳐 착륙하다. —图 〔과녁에 이르지 못하도록 쏘다; 활주로에 못미쳐 착륙하다.

un·der·shorts [ʌ́ndərʃɔ̀ːrts] 图(복) (남자용) 팬츠.

un·der·shot [ʌ́ndərʃɑ̀t/-ʃɔ̀t] 图 1 〔물레방아가〕 하사식(下射式)인(圈 overshot). 2 (개 따위가) 아래턱의 앞니가 튀어나온. —图 [´-`-, ´-`-] undershoot의 과거·과거분사. 「군복.

un·der·shrub [ʌ́ndərʃrʌ̀b] 图 아(亞)관목; 작은

un·der·side [ʌ́ndərsàid] 图 아래쪽, 밑면, (비유적) 내면, 이면; 좋지 않은 면.

un·der·sign [ʌ̀ndərsáin] 图타 …의 밑[끝]에 서명하다; 승인하다.

un·der·signed [ʌ̀ndərsáind/´--´] 图 하기의〔이름 따위〕, 아래 이름의. —图 [´-`-] (the ~) 〔단·복수 양용〕 서명자. ¶ *I, the ~* 서명한 본인(은).

un·der·size [ʌ̀ndərsáiz] 图 =undersized

un·der·sized [ʌ̀ndərsáizd] 图 보통보다 작은, 소형의; (종) 크기가 소형(A5판)의. 団 oversized

un·der·skirt [ʌ́ndərskə̀ːrt] 图 속치마, 페티코트.

un·der·sleeve [ʌ́ndərslìːv] 图 (소매 밑에 대는) 아랫소매; 장식용 아랫소매.

un·der·slung [ʌ̀ndərslʌ́ŋ] 图 (차대 따위가) 차축 밑에 붙여진; 중심이 낮은; 아래턱이 튀어나온.

un·der·soil [ʌ́ndərsòil] 图 =subsoil

un·der·song [ʌ́ndərsɔ̀ːŋ/-sɔ̀ŋ] 图 1 (본 노래의) 반주 노래; 〔고어〕 후렴(refrain). 2 저의, 숨은 뜻.

un·der·spend [ʌ̀ndərspénd] 图 〔어떤 액수〕보다 적은 돈을 쓰다, 초과하여 지출하지 않다. —图 보통보다 적은 돈을 쓰다.

un·der·spin [ʌ́ndərspìn] 图 =backspin.

un·der·staffed [ʌ̀ndərstǽft/-stɑ́ːft] 图 인원 부족의, 손이 모자라는.

‡**un·der·stand** [ʌ̀ndərstǽnd] 图 (~*s* [-z]; *-stood*) 1 (남의 말·뜻 따위)를 이해하다, 양해하다, 알아듣다. ¶ *~ English* 영어를 이해하다〔알아듣다〕/ *Do you ~ me? = Do you ~ what I say?* 내 말 알아듣겠습니까? / *You ~ me!* 알았지, 내 말 잘 들어!(*경고·놀라움 따위를 나타낸다).

[유의어] **understand** 「이해하다」라는 뜻의 가장 일반적인 말로서, 특히 이해·양해하고 있다는 사실을 강조한다. **comprehend** 완전히 이해하기까지의 과정을 강조하는 말. **apprehend** 불완전하긴 하나 이해하다. **appreciate** 진가를 올바르게 이해하다. see 추리·관찰할 능력이 있다.

2 (기술·학문·법률)에 정통하다, …을 알고 있다: (전의·설명·원인·성질·상황 따위)를 이해[양해]하다, 납득하다; …을 들어 알고 있다. ¶~ a poem 시를 이해하다 / when I began to ~ things 내가 물정을 이해하기 시작했을 때 / I could not ~ his conduct. 나는 그의 소행을 이해할 수 없었다 / You don't ~. 너는 모르고 있다 (* 뒤에 the situation 따위 낱말이 생략된 것) // (~+*wh.* to do) ~ *how* to deal with the matter 그 문제의 처리 방법을 이해하다 // (~+*wh.* 節) (~+*ing*) I do not ~ *why* he came [comes]. / ~ *his coming*. 그가 왜 왔는지[오는지] 나는 알 수가 없다 // (~+*that* 節) I ~ *that* he is leaving town. 그가 도회지를 떠나려 한다는 것을 나는 알고 있다. **3** …을 추측[추리]하다, …이라고 생각하다; (남의 말 따위)를 (…의 뜻으로) 해석하다; 당연한 일로 생각하다. ¶as we ~ it 우리가 생각하는 바로는 // (~+*that* 節) I quite *understood* that expenses were to be paid. 비용은 당연히 지불해 줄 것으로 나는 생각했다 // (~+圖+*to do*) I ~ him *to* be satisfied. 나는 그가 만족해하고 있을 것으로 안다 // (~+圖+*as* 補) She *understood* his silence *as* refusal. 그녀는 그의 침묵을 거절(하는 것으로) 받아들였다. **4** (보통 수동형으로) (의미 따위)를 해석하다, 마음 속으로 보충하여 이해석하다; (단어)를 생략하다. ¶The subject *is* usually *understood* in an imperative sentence. 명령문에서는 보통 주어가 생략된다. **5** (컴퓨터) (특정한 언어)를 이해하다.
— 재 **1** (물정·사리)을 알다(*about*); 이해력[지능]이 있다. ¶People often listen but do not ~. 사람들은 흔히 듣기는 하지만 이해는 못한다 / Now I ~. 아, 알았다 / Do animals ~ ? 동물들은 지능이 있을까? **2** (정보 따위)를 알고 있다, 듣고 알다(* 삽입적으로 쓰거나 so와 함께 쓰이기도 한다). ¶He is I ~, no longer here. 나는 그가 이미 이곳에 있지 않은 것으로 알고 있다 / His condition is better, so I ~. 나는 그의 용태가 호전되어 있는 것으로 전해 듣고 있다.
Do I understand (you to say) that...; Am I to understand that...? …이라는 말씀이십니까?
give *a person* **to understand that...** 남에게 …이라고 알리다[말하다]. ¶I was *given* to ~ *that*... …이라고 전해 들었다.
It is understood that... …이라고 생각되고[믿어지]다
make oneself understood 자기 말[의사]을 남에게 이해시키다. ¶I can *make* myself *understood* in Chinese. 나는 중국어로 의사소통이 된다.
(Now,) understand me. (자) 내 말을 잘 들어 주세요.
understand one another [or **each other**] 서로 이해하다, 의기투합하다; 공모[결탁]하다.

*un·der·stand·a·ble [ʌ̀ndərstǽndəbl] 형 이해할 수 있는, 알 수 있는. **-stànd·a·bíl·i·ty** 명
un·der·stand·a·bly [ʌ̀ndərstǽndəbli] 부 (문장 전체를 수식하여) 당연히; 분명히.

‡**un·der·stand·ing** [ʌ̀ndərstǽndiŋ] 형 (복수 ~s [-z]) **1** ⓤ (때로 an ~) 이해, 납득, 양해; 식별, 해석 (*of*). ¶What is your ~ *of* Hamlet's madness? 햄릿의 광기를 너는 어떻게 해석하는가? **2** ⓤ 이해의 지력; 사려, 분별; (철학) 오성(悟性). ¶human ~ 인지(人知) / a man of [without] ~ 사리를 아는[모르는] 사람. **3** (보통 an ~) 보통의 사적(私的)인 이해, 소통, 상호 이해; 합의(*about, on/to do*); 양해; (인간 관계 등의) 친화, 화합; 협약,

묵계, 약정(*with, between*). **4** (~s) (속어·익살) 발, 다리(legs); 구두, 장화.
come to [or **arrive at**] **an understanding with** *a person* **about** …에 관해서 남과 의사가 소통되기[가 성립되기]에 이르다.
have [or **keep**] **a good understanding with** *a person* 남과 친밀한 관계를 유지하다.
on [or **with**] **the understanding that...** …의 조건으로, …이라는 양해[협약] 아래. 「헤아릴 수 없다.
pass all understanding 사람의 지혜로는 도저히
with [or **on**] **this understanding** 이 조건으로.
— 형 이해력이 있는, 분별 있는, 총명한. ¶an ~ attitude 분별 있는 태도. **~·ly** 부 **~·ness** 명

un·der·state [ʌ̀ndərstéit] 타 (수량·정도 따위)를 줄여(작게, 적게) 말하다. 반 exaggerate **-ment** 명 ⓤ 줄여서 말하기; ⓒ 삼가는 표현[진술]. 「제된.
un·der·stat·ed [ʌ̀ndərstéitid] 형 장식을 피한, 억
un·der·steer [ʌ̀ndərstíər] 명 ⓤ (자동차의) 핸들 성능의 불량. — 재 (--´-) 핸들이 (의도대로) 꺾이지 않다. 반 oversteer
un·der·stock [ʌ̀ndərstάk/-stɔ́k] 타 (상점 따위)에 충분한 물품을 들이지 않다; (목장 따위)에 가축을 넣지 않다. — 명 (--´-) **1** (원예) (접목의) 밑나무, 대목(臺木). **2** 공급 부족, 물품 부족.
‡**un·der·stood** [ʌ̀ndərstúd] 동 understand의 과거·과거분사. — 형 협정된; 양해[이해]된; 암묵의.
un·der·strap·per [ʌ̀ndərstrǽpər] 명 (경멸적) 아랫 사람, 조수; 하급 직원[공무원 등](underling).
un·der·stra·tum [ʌ̀ndərstréitəm/-strάː-] 명 (복 *-ta* [-tə], *~s*) =substratum.
un·der·strength [ʌ̀ndərstréŋkθ] 명 **1** 병력[조직력] 부족의; 인원[정원] 부족의, **2** 힘[유효성] 부족의.
un·der·struc·ture [ʌ̀ndərstrʌ́ktʃər] 명 (건조물의) 하부 구조; 기초, 토대; (비유적) 기초, 근거(basis).
un·der·stud·y [ʌ̀ndərstʌ́di] 명 (연극) 임시 대역 (배우); (속어) 보결 선수. — 타 …의 임시 대역으로 연습하다; …의 대역을 하다[맡다]. — 재 남의 역을 연습하다; 대리하다.
un·der·sup·ply [ʌ̀ndərsəplái] 타 불충분하게 공급하다. — 명 (--´-) 공급 부족.
un·der·sur·face [ʌ̀ndərsə́rfis] 명 아랫면, 밑면. — 형 표면하의, 수면하의, 수중의, 지중의.
‡**un·der·take** [ʌ̀ndərtéik] 타 (*-took*; *-tak·en*; *-tak·ing*) **1** …을 떠맡다, 맡다; …의[할] 책임[의무]을 지다, …을 약속하다. ¶~ a responsibility 책임을 지다 / (~+*to do*) The husband ~s to love his wife. 남편은 아내를 사랑할 의무가 있다. **2** …을 보증하다, 단언하다. ¶(~+*that* 節) I will ~ *that* he has not heard a word. 나는 그가 한 마디도 안들었다는 것을 보증한다. **3** …을 기도(企圖)하다; …에 착수하다, 나서다. ¶~ an enterprise [a journey] 사업[여행]을 기획하다. **4** …을 돌보아주다, 보살펴 주다. — 재 **1** (고어) 책임을 지다, 증인이 되다 (*for*). **2** (고어) (…을) 약속하다; 보증하다. **3** (구어) 장의사를 경영하다.
un·der·tak·er [ʌ̀ndərtéikər] 명 **1** 인수인, 청부인; 기획자, 기도하는 사람. **2** (--´--) 장의사.
~·ly 형 장의사와 같은.
‡**un·der·tak·ing** [ʌ̀ndərtéikiŋ, --´--] 명 (복 ~s [-z]) **1** (…을) 떠맡기, 청부; 기획, 시도; 인수하는 일[것], 청부한 일; 기업, 사업. ¶a public utility ~ 공익 사업. **2** 약속, 공약, 보증(pledge). **3** (--´--) ⓤ 장의사업.
un·der·tax [ʌ̀ndərtǽks] 타 (…에게) 너무 적게 과세하다; 충분히 과세하지 않다. **-tax·á·tion** 명
un·der·ten·ant [ʌ̀ndərtènənt] 명 전차인(轉借人), 다시 빌리는 사람. **-an·cy** 명
un·der-the-count·er [-ðəkάuntər] 형 은밀히 거래되는, 진귀한, 귀중한; 불법의. 「암거래로.
un·der-the-ta·ble [-ðətéibl] 형 (거래 따위가)

un·der·things [ʌ́ndərθìŋz] 몡뫅 여성용 속옷.
un·der·thought [ʌ́ndərθɔ̀ːt] 몡UC 마음 속에 있는 생각.
un·der·tint [ʌ́ndərtìnt] 몡 엷은(차분한, 부드러운) 색조.
un·der·tone [ʌ́ndərtòun] 몡 1 저음, 낮은 곡조, 작은 목소리. ¶ speak in ~s 작은 소리로 말하다. 2 (음악) 기초음이 아닌 배음(倍音)(몡 overtone). 3 잠재적 성질[요소]; 저류(底流); 저의. 4 엷은 색. 5 (증권·상품의) 시장 기조.
*__un·der·took__ [ʌ̀ndərtúk] 됨 undertake의 과거.
un·der·tow [ʌ́ndərtòu] 몡 1 해안에서 되물러가는 물결. 2 (수면의 흐름과 반대로 흐르는) 암류, 역류.
un·der·used [ʌ̀ndərjúːzd] 혱 충분히 쓰이지 않은.
un·der·u·ti·lize [ʌ̀ndərjúːtəlàiz] 됨터 충분히 이용[활용]하지 않다. **-ù·ti·li·zá·tion** 몡
un·der·val·ue [ʌ̀ndərvǽlju:] 됨터 1 …을 과소 평가하다, 값을 싸게 치다(몡 overvalue). 2 …을 경시하다. **-vàl·u·á·tion** 몡 과소 평가, (부당하게) 싼 값.
un·der·vest [ʌ́ndərvèst] 몡 (英) 언더셔츠, 내의.
un·der·waist [ʌ́ndərwèist] 몡 (美) (블라우스 밑에 입는) 속블라우스, 속적삼; (핀·단추로 팬츠를 고정시키는 아동용) 속옷.
*__un·der·wa·ter__ [ʌ́ndərwɔ́ːtər, -wɑ́t-] 혱 수면 아래의, 수중의; 수중용의; (배의) 홀수선 아래의. ── 뷔 수면[밑에] 아래에서. ── 몡 수면 밑의 물; (~s) (바다·호수 따위의) 깊이, 심해.
únderwater archaeólogy 몡 수중 고고학.
únderwater básket wèaving 몡 (美속어) 아주 쉬운 과목[코스].
ùnder wáy 뷔혱 1 (계획 따위가) 진행중에[의]. ¶ get ~ (쇼 따위가) 시작되다 / The meeting is ~. 회의가 진행중이다. 2 (또는 **ùnderwáy**) (해사) (배가) 항행중에[인].
‡**un·der·wear** [ʌ́ndərwɛ̀ər] 몡UC 속옷, 내복류.
un·der·weight [ʌ́ndərwèit] 몡UC 표준[필요] 이하의 중량[체중], 중량 부족; 표준 무게 이하인 사람[것]. ── 혱 [-́-́] 중량 부족의.
*__un·der·went__ [ʌ̀ndərwént] 됨 undergo의 과거.
un·der·whelm [ʌ̀ndərʍélm] 됨터 (구어·익살) (남)을 무관심하게 만들다, 흥미를 돋우지 않다; 실망시키다. **~·ing** 혱
un·der·wing [ʌ́ndərwìŋ] 몡 (곤충의) 뒷날개; 뒷날개에 줄 무늬가 있는 나방. ── 혱 날개 밑에 있는.
un·der·wood [ʌ́ndərwùd] 몡U (큰나무 밑에 나는) 잔나무, 덤불; 하층목(下層木). **~·ed** [-id] 혱
un·der·work [ʌ̀ndərwə́ːrk] 됨 1 기계·말 따위)를 충분히 부리지 않다. 2 …보다 싼 임금으로 일하다. ── 자 충분히 일하지 않다, 일을 덜 하다. 몡 overwork. ── 몡 [-́-́] 1 U 종속적인 일, 하청, 잡일; 되는 대로 하는 일. 2 토대, 기초; 이면 공작, 비밀 행동.
*__un·der·world__ [ʌ́ndərwə̀ːrld] 몡 (the ~) 1 하층 사회, 사회의 밑바닥; 악[주먹]의 세계, 암흑가. 2 (보통 U-) 지옥, 저승. 3 인간 세계, 이승. 4 (古어) 지구. 몡 upperworld.
un·der·world·ling [ʌ́ndərwə̀ːrldliŋ] 몡 (美어) 조직 폭력배, 깡패(gangster); 암흑가의 주민.
un·der·write [ʌ́ndərràit, ─́─́] 됨 (-*wrote*, -*writ·ten*; -*writ·ing*) 터 1 (보통 과거분사형으로) [써놓은 글의] 밑에 쓰다; …에 서명하다. ¶ *underwritten* signatures [or *names*] 서명자. 2 …을 승낙하다, …에 동의하여 서명하다. 3 (주식·회사채 따위)를 일괄 인수하다. 4 …의 기부[지불]를 승낙하다; (사업 따위의) 비용 부담에 동의하다. 5 …의 해상 보험을 인수하다. ── 자 …의 아래(끝)에 쓰다; (해상) 보험업을 경영하다.
un·der·writ·er [ʌ́ndərràitər] 몡 1 (해상) 보험업자[회사]. 2 증권 인수인[회사]. 3 출자자; 보증인.
Únderwriters' Làboratories 몡뫅 보험업자

연구소(상품의 안전성을 시험하여 합격하면 인정증을 발행하는 미국의 단체; 몡 UL).
un·der·writ·ing [ʌ́ndərràitiŋ] 몡U 보험업, (특히) 해상 보험업; 증권 인수.
un·der·writ·ten [ʌ́ndərrìtn, ─́─́─] 몡 underwrite의 과거분사.
un·der·wrote [ʌ̀ndəróut, ─́─́] 됨 underwrite의 과거.
un·de·scend·ed [ʌ̀ndiséndid] 혱 (의학) 1 내려가지 않은. 2 (의학) (고환이) 정류(停留)하고 있는.
undescénded tésticle 몡 (의학) 불강하(不降下) 고환(음낭으로 내려오지 않은 고환).
un·de·scrib·a·ble [ʌ̀ndiskráibəbl] 혱 = indescribable. 표현[묘사] 되지 않은.
un·de·scribed [ʌ̀ndiskráibd] 혱 기술되지 않은.
un·de·served [ʌ̀ndizə́ːrvd] 혱 받을 자격이 없는, …할 가치가 없는, 분에 넘친. **~·ly** 뷔 **~·ness** 몡
un·de·serv·ing [ʌ̀ndizə́ːrviŋ] 혱 (보답 따위를) 받을 자격이 없는(unworthy)(*of*). **~·ly** 뷔
un·des·ig·nat·ed [ʌ̀ndézignèitid] 혱 지정되지 않은, 지명화 않은(unappointed); 임명되지 않은.
un·de·signed [ʌ̀ndizáind] 혱 1 계획적이 아닌, 고의가 아닌, 우연한. 2 설계되지 않은. **~·ly** 뷔
un·de·sign·ing [ʌ̀ndizáiniŋ] 혱 이기적 의도가 없는, 저의(흉심)가 없는. **~·ly** 뷔 **~·ness** 몡
*__un·de·sir·a·ble__ [ʌ̀ndizáiərəbl] 혱 바람직하지 않은, 탐탁하지 않은; 불쾌한, 싫은. ── 몡 qualities 탐탁하지 않은 성질. 몡 탐탁하지 않은[불쾌한] 사람[것]. **-sir·a·bíl·i·ty**, **~·ness** 몡 **-bly** 뷔
undesírable dìscharge 몡 불명예 제대.
un·de·sired [ʌ̀ndizáiərd] 혱 탐탁하지 않은, 성가신, 달갑지 않은; 바라지 않은; 초대받지 않은.
un·de·sir·ous [ʌ̀ndizáiərəs] 혱 (서술용법) 바라지[원하지] 않는, 좋아하지 않는(*of, to do, that* 절).
un·de·spair·ing [ʌ̀ndispɛ́əriŋ] 혱 절망[실망]하지 않는. **~없는**, 불멸의.
un·de·stroy·a·ble [ʌ̀ndistrɔ́iəbl] 혱 파괴할 수 없는.
un·de·tach·a·ble [ʌ̀nditǽtʃəbl] 혱 불가분의, 분리할 수 없는. ── 혱, 탐지할 수 없는.
un·de·tect·a·ble [ʌ̀nditéktəbl] 혱 찾아낼 수 없는.
un·de·tect·ed [ʌ̀nditéktid] 혱 발견(탐지, 검출)되지 않은. 혱 indeterminable.
un·de·ter·min·a·ble [ʌ̀nditə́ːrmənəbl] 혱
un·de·ter·mined [ʌ̀nditə́ːrmind] 혱 정하지 않은, 미정의, 결정되지 않은; 결심이 서지 않은, 우유부단한; 막연한. **~·ness** 몡 지 않은 것.
un·de·terred [ʌ̀nditə́ːrd] 혱 말리지 못한, 저지되지 않은.
un·de·vel·oped [ʌ̀ndivéləpt] 혱 1 미발달의, 미개발의; 미성숙한. 2 (사진 필름이) 현상되지 않은.
un·de·vi·at·ing [ʌ̀ndíːvièitiŋ] 혱 빗나가지 않는, 제 길에서 벗어나지 않는(unswerving). **~·ly** 뷔
un·de·voured [ʌ̀ndiváuərd] 혱 멸망하지 않은 (undestroyed); 이성[주의력]을 잃지 않은.
un·de·vout [ʌ̀ndiváut] 혱 신앙심이 없는, 신을 공경하지 않는; 정성을 들이지 않는. **~·ly** 뷔
un·di·ag·nosed [ʌ̀ndáiəgnòust, -nòuzd] 혱 (의학) 진단 미확정의, 진단 회피의.
un·did [ʌ̀ndíd] 됨 undo의 과거.
un·dies [ʌ́ndiz] 몡 (구어) 여성(아동)용 내의류.
un·dif·fer·en·ti·at·ed [ʌ̀ndifərénʃièitid] 혱 1 차별받지 않은; 분화(分化)되지 않은; 특성이 없는, 획일적인. 2 (병리) 미분화(未分化)의.
un·di·gest·ed [ʌ̀ndidʒéstid, -dai-] 혱 소화되지 않은; (머리[정리]되지 않은, 동화(同化)되지 않은.
un·dig·ni·fied [ʌ̀ndígnəfàid] 혱 품위 없는, 위엄이 없는; 고귀하지 않은.
un·di·lut·ed [ʌ̀ndilúːtid, -dai-]/-ljúːt-] 혱 물타지 않은, 묽게[희석하지] 않은, 순수한; 색이 바래지 않은.
un·di·min·ished [ʌ̀ndimíniʃt] 혱 감소되지 않은,

un·dine [ʌndíːn/-´-] 명 물의 요정, 물의 여신. ⑧ gnome¹, nymph, salamander, sylph

un·dip·lo·mat·ic [ʌ̀ndipləmǽtik] 형 외교적 수완이 없는; 협상이 서투른(tactless). **-i·cal·ly** 부

un·di·rect·ed [ʌ̀ndiréktid, -dai-] 형 지휘[지시]를 받지 않은, 지도자가 없는, (우편물에) 수취인 주소 성명이 없는.

un·dis·cerned [ʌ̀ndisə́ːrnd, -zə́ːrnd] 형 인식[식별]되지 않은. **-cern·ed·ly** [-sə́ːrnidli] 부

un·dis·cern·i·ble [ʌ̀ndisə́ːrnəbl, -zə́ːr-] 형 =indiscernible.

un·dis·cern·ing [ʌ̀ndisə́ːrniŋ, -zə́ːr-] 형 물정을 분간 못하는, 분별 없는; 둔한(dull).

un·dis·charged [ʌ̀ndistʃɑ́ːrdʒd] 형 **1** 지불되지 않은, 이행되지 않은, 달성되지 않은. **2** 발사되지 않은. **3** 해제[해고]되지 않은. **4** (뱃짐이) 양륙되지 않은.

un·dis·ci·pline [ʌ̀ndísəplin] 명 규율이 없음, 훈련되지 않음, 수련[자제] 부족.

un·dis·ci·plined [ʌ̀ndísəplind] 형 훈련되지 않은, 교육[수련, 단련, 연습]이 부족한, 미숙한.

un·dis·closed [ʌ̀ndisklóuzd] 형 드러나지 않은, 폭로되지 않은, 비밀에 붙인(hidden).

un·dis·cov·ered [ʌ̀ndiskʌ́vərd] 형 발견되지 않은; 미지의(unknown); 숨겨진.

un·dis·crim·i·nat·ing [ʌ̀ndiskrímənèitiŋ] 형 분별[식별력]이 없는; 식별 불능의; 구별하지 않는, 무차별의. **~·ly** 부

un·dis·cussed [ʌ̀ndiskʌ́st] 형 논의[토의]되지 않은.

un·dis·guised [ʌ̀ndisɡáizd] 형 변장[가장]하지 않은; 있는 그대로의, 공공연한. **-guís·ed·ly** [-idli] 부

un·dis·mayed [ʌ̀ndisméid] 형 놀라지 않은, 기가 꺾이지 않은, 태연한; 낙담하지 않은.

un·dis·pensed [ʌ̀ndispénst] 형 **1** 분배되지 않은. **2** 시행되지 않은. **3** 면제되지 않은.

un·dis·posed [ʌ̀ndispóuzd] 형 **1** 마음내키지 않는, …할 의향이 없는(unwilling) (to do). **2** 처분되지 않은, 처리되지 않은(of).

un·dis·put·a·ble [ʌ̀ndispjúːtəbl] 형 =indisputable.

un·dis·put·ed [ʌ̀ndispjúːtid] 형 의심할 바 없는, 이의가 없는, 확실한, 명백한, 당연한. **~·ly** 부

undisputed world chámpion 명 (권투) 이의 없는 세계 챔피언(WBA와 WBC 두 타이틀을 동시에 획득한 세계 챔피언).

un·dis·sem·bled [ʌ̀ndisémbld] 형 거짓 없는.

un·dis·sem·bling [ʌ̀ndisémbliŋ] 형 시치미떼지 않는, 솔직한(frank).

un·dis·so·ci·at·ed [ʌ̀ndisóuʃièitid] 형 (화학) 해리(解離)되지 않은; 용해되지 않은.

un·dis·solved [ʌ̀ndizálvd/-zɔ́lvd] 형 해명되지 않은.

un·dis·tin·guish·a·ble [ʌ̀ndistíŋgwiʃəbl] 형 구별할 수 없는, 식별[분간]할 수 없는, 혼동하기 쉬운.

un·dis·tin·guished [ʌ̀ndistíŋgwiʃt] 형 **1** 눈에 띄지 않는, 구별이 안 되는, 남다른 특징이 없는. **2** 평범한, 보통의. **3** 들키지 않은, 관찰[목격]되지 않은. **4** 분류되지 않은, 이 없는, 무차별의.

un·dis·tin·guish·ing [ʌ̀ndistíŋgwiʃiŋ] 형 식별하지 않는, 무차별의.

un·dis·tort·ed [ʌ̀ndistɔ́ːrtid] 형 (화상(畫像) 등이) 원작과 닮은; (스테레오음 등이) 원음에 충실한.

un·dis·tract·ed [ʌ̀ndistrǽktid] 형 엇갈려지지 않은, 현혹되지 않은, 흐트러지지 않은.

un·dis·tressed [ʌ̀ndistrést] 형 **1** 고통받지 않은, 슬픔을 겪지 않은. **2** (법률) 압류되지 않은.

un·dis·trib·ut·ed [ʌ̀ndistríbjuːtid] 형 분배[배포, 배당]되지 않은; (논리) 부주연(不周延)의.

***un·dis·turbed** [ʌ̀ndistə́ːrbd] 형 방해받지 않은, 괴로움을 겪지 않은; 평온한. **-ly** 부 **~·ness** 명

un·di·vert·ed [ʌ̀ndivə́ːrtid/-dai-] 형 빗나가지 않은; 전용[유용]되지 않은; 마음이 풀리지 않은.

un·di·vid·ed [ʌ̀ndivái did] 형 **1** 분할되지 않은; 분열되지 않은; 연속된. **2** 전념하는, 한눈 팔지 않는.

undivided prófits 명 미분배 이익.

‡**un·do** [ʌndúː] 타 (**-did; -done**) **1** (일단 한 일)을 원상으로 되돌리다, 취소하다; (컴퓨터) (바로 전의 조작을 취소하고) 원래로 되돌리다, 언두하다. ¶~ one's engagement 파혼하다 / What's done cannot be undone. (속담) 엎질른 물은 다시 주워 담을 수 없다. **2** (남)을 파멸로 이끌어가다, 망하게 하다, 몰락[곤궁]하게 하다; (명예 따위)를 망쳐놓다. ¶Our folly has undone us. 어리석은 행동으로 우리들은 망했다. **3** …을 끄르다, 열다, 벗기다; (끈 따위)를 풀다; (편지·포장 따위)를 열다. ¶~ a button 단추를 끄르다 / ~ a door 문을 열다 / ~ a sealed letter 봉인된 편지를 뜯다. **4** …을 유혹하다. **5** (고어) …을 설명[해석]하다, 풀다. ─ 자 끄르다, 풀리다. ¶~ 수있는.

un·do·a·ble [ʌndúːəbl] 형 실행할 수 없는; 취소할 수 없는.

un·dock [ʌndák/-dɔ́k] 자·타 (배)를 선거(船渠)에서 끌어내다; (우주) …의 도킹을 풀다. ─ 자 (배가) 선거에서 떠나다.

un·doc·u·ment·ed [ʌndákjumèntid/-dɔ́k-] 형 정식 서류를 갖추지 않은, 비자가 없는; 실증이 없는, 사실의 뒷받침이 없는; (책이) 참조[전거]가 없는.

undócumented pérson 명 (美) 밀입국자.

un·do·er [ʌndúːər] 명 **1** 취소하는 사람. **2** 파멸시키는 사람, 여자를 유혹하는 사람. **3** 여는[푸는] 사람.

un·dog·mat·ic [ʌ̀ndɔːɡmǽtik/-dɔɡ-] 형 독단적이 아닌, 교리에 얽매이지 않는.

un·do·ing [ʌndúːiŋ] 명 ∪ **1** 원상 복구시키기, 취소. **2** 풀기, 열기. **3** 파멸[몰락]시키기; 파멸의 원인.

un·do·mes·tic [ʌ̀ndəméstik] 형 **1** 가정적이 아닌; 국산이 아닌. **2** 길들여지 않은.

un·do·mes·ti·cat·ed [ʌ̀ndəméstikèitid] 형 **1** (동물이) 길들여지지 않은, 사람을 따르지 않는. **2** (여성이) 가정 생활에 적합하지 않은(흥미가 없는).

***un·done¹** [ʌndʌ́n] 형 하지 않은, 마무리짓지 않은; 달성[완결]되지 않은, 미완성의. ¶He left his work ~. 그는 일을 미완성인 채로 두었다.

un·done² [ʌndʌ́n] 동 undo의 과거분사. ─ 형 **1** 취소한; 정리된; 풀린(unfastened); 열린. **2** 파멸한, 몰락한.

un·dou·ble [ʌndʌ́bl] 타·자 펴다, 펼치다.

‡**un·doubt·ed** [ʌndáutid] 형 의심할 바 없는; (사회적 신분이) 확실한; 진짜의, 진정한(genuine).

‡**un·doubt·ed·ly** [ʌndáutidli] 부 확실히, 의심할 여지없이, 틀림없이.

un·doubt·ing [ʌndáutiŋ] 형 의심하지 않는, 의문을 갖지 않는, 확신하는(confident). **~·ly** 부

UNDP United Nations Development Program (유엔 개발 계획).

un·drained [ʌndréind] 형 배수되지 않은, 물기가 남은.

un·dra·mat·ic [ʌ̀ndrəmǽtik] 형 극적이 아닌; 인상적이 아닌; 화려하지 않은.

un·drape [ʌndréip] 타·자 …의 옷을 벗기다, …의 덮개를 벗기다(uncover).

un·draped [ʌndréipt] 형 옷을 걸치지 않은; 나체의.

un·draw [ʌndrɔ́ː] 타 (**-drew; -drawn**) 타 (커튼 따위)를 당겨서 열다. ─ 자 당겨서 열리다.

un·dreamed [ʌndríːmd] 형 꿈에도 생각해 본 적이 없는, 전혀 예기치 않은(of). (또는 **undreamt**)

un·dreamed-of [-ʌ̀v/-ɔ̀v] 형 꿈에도 못 본, 꿈에도 생각지 못한; 의외의. (또는 **undreámt-òf**)

***un·dress** [ʌndrés] 타 **1** (남)의 옷을 벗기다. ¶~ oneself 옷을 벗다. **2** …의 덮개[씌우개]를 벗기다, …을 드러내다. **3** (상처)의 붕대를 풀다. **4** …의 비밀을 들춰내다. ─ 자 옷을 벗다.
─ 형 [스] ∪ **1** 평복, 통상복, 약복(略服), 평소 입는 옷; 약식 군복(~ uniform). **2** 벌거숭이.

—형 [스] 평복의, 평소 입는 옷의; 느슨한[편안]한.
an undress party 약식 만찬회.
un·dressed [ʌndrést] 형 **1** 옷 입지 않은, 벌거벗은; 잠옷바람의. **2** 붕대를 감지 않은. **3** 손질[빗질]하지 않은; 솔질을 치지 않은; (가죽 따위가) 무두질하지 않은.
undréss úniform 형 (군사) 평상 군복, 약식 군복.
un·drilled [ʌndríld] 형 훈련을 받지 않은.
un·drink·a·ble [ʌndríŋkəbl] 형 마시지 못할, 음료로 적합치 않은.
UNDRO [ʌ́ndrou] *United Nations Disaster Relief Organization* (유엔 재해 구제 기관).
und so wei·ter [G unt zo: váitɐ] (독일) …등등 (영 usw, u.s.w.). [<G *and so forth, et cetera*]
un·due [ʌndjúː/-djúː] 형 **1** 불필요한, 필요 이상의; 지나친, 심한. ¶~ *attachment* 필요 이상으로 형식에 구애됨. **2** 적당치 않은, 어울리지 않는; 부당한, 온당치 못한, 불법의. ¶at an ~ *hour* 적당치 않은 시간에. **3** (어음 따위가) 기한이 되지 않은.
undúe ínfluence 형 (법률) 부당한 압박[억압].
un·du·lant [ʌ́ndʒulənt/-dju-] 형 물결치는, 파도처럼 움직이는; 파상(波狀)의. **-lance** 명
úndulant féver 명 (의학) 파상열(brucellosis).
un·du·late 형 [ʌ́ndʒuleit/-dju-] ⓐ **1** (수면 따위가) 물결치다, 파도처럼 움직이다, 파동치다. **2** (지표 따위가) 기복지다, 울퉁불퉁하다, 파상으로 되다. —타 **1** …에 파동을 일으키다; …을 물결치게 하다, 기복짓게 하다. **2** …을 물결 모양으로 하다, 파상으로 하다. — 형 [-lət] 파상의, 물결 모양의(wavy); 표면[끝, 가장자리 따위]이 물결 모양인(wavy). **~·ly** 부
un·du·lat·ed [ʌ́ndʒuleitid/-dju-] 형 =undulate.
un·du·la·tion [ʌ̀ndʒuléiʃən/-dju-] 명ⓤⓒ **1** 파동, 굽이침(wave); 파도 모양, 파문(波紋); 기복. **2** (물리) (빛·소리 따위의) 파동, 진동. **3** (의학) 박동, 맥박 변동. **4** (음악) 비브라토(vibrato).
un·du·la·tor [ʌ́ndʒuleitər] 명 (물리) 언듈레이터 (전자석으로 전자 빔을 곡행(曲行)시켜 강한 방사광을 얻는 장치).
un·du·la·to·ry [ʌ́ndʒulətɔ̀ːri/-djulətəri] 형 파상의, 파동하는, 굽이치는, 기복하는.
úndulatory théory (물리) (빛의) 파동설(說).
un·du·la·tus [ʌ̀ndʒuléitəs, -djuː-] 형 (기상) (구름이) 물결 모양의.
*un·du·ly** [ʌndjúːli/-djúː-] 부 과도하게, 지나치게, 심하게; 불법으로, 부당하게, 부정하게.
un·du·ti·ful [ʌndjúːtifəl/-djúː-] 형 의무를 다하지 않는, 충실치 못한, 불효한. **-ly** 부 **~·ness** 명
un·dyed [ʌndáid] 형 물들이지 않은, 염색하지 않은.
un·dy·ing [ʌndáiiŋ] 형 죽지 않는, 불멸의, 불후(不朽)의, 영원한; 그치지 않는. **-ly** 부 **~·ness** 명
un·earned [ʌnə́ːrnd] 형 **1** 일하지[애쓰지] 않고 얻은, 불로(不勞)의. **2** 아직 얻지 못한, 미수(未收)의.
únearned íncome 불로 소득, 불로 earned income. 「(增價).
únearned íncrement 부 (토지 따위의) 자연 증가
únearned rún (야구) 불로 득점(수비측의 실수에 의한 득점).
un·earth [ʌnə́ːrθ] 타 **1** …을 파내다, 발굴하다. **2** …을 밝히다, 세상에 알리다; …을 발견하다, 폭로하다. **3** (짐승)을 굴에서 쫓아[몰아]내다.
un·earth·ly [ʌnə́ːrθli] 형 **1** 이 세상 것이 아닌, 숭고한. ¶~ *beauty* 이 세상 것으로는 생각되지 않는 아름다움. **2** 초자연적인; 영적인; 섬뜩한, 소름이 끼치는; 신비로운, 불가사의한. ¶an ~ *scream* 섬뜩한 비명 소리. **3** (구어) 특별한, 이상한; 터무니없는, 어이없는. **-li·ness** 명
un·ease [ʌníːz] 명 (문어) 불안=uneasiness.
*un·eas·i·ly** [ʌníːzəli] 부 불안하게[하여], 근심[걱정]이 되어, 침착하지 않게, 거북하게, 마음이 들떠서.

*un·eas·i·ness** [ʌníːzinis] 명ⓤ 불안, 근심, 걱정; 거북함, 불쾌.
‡un·eas·y** [ʌníːzi] 형 (**-eas·i·er; -eas·i·est**) **1** 불안한, 걱정되는(*about, at, with*); 불쾌한, 기분이 나쁜; 마음이 들뜬, 불안정한; 동요된, 혼란된. ¶I *feel ~ about the weather.* 날씨가 걱정이다. **2** 부자연스러운, 무리한, 어색한. ¶~ *manners* 어색한 몸가짐[태도]. **3** 몸이 편치[안락하지] 않은, 거북한. ¶an ~ *sofa* 안락하지 않은 소파 / I *feel* ~ *in tight clothes.* 옷이 꽉 끼어 거북하다. **4** (드물게) 곤란한, 힘든. ¶an ~ *task* 곤란한[힘든] 일. 「적당한(inedible).
un·eat·a·ble [ʌníːtəbl] 형 먹을 수 없는, 식용에 부
un·eat·en [ʌníːtn] 형 먹지 않은, 먹다 남은.
un·e·co·nom·ic [ʌ̀niːkənámik, -ekə-/-nɔ́m-] 형 경제 법칙[원칙]에 어긋나는, 비경제적인, 낭비하는. (또는 **uneconomical**) **-i·cal·ly** 부
UNEDA *United Nations Economic Development Administration* (유엔 경제 개발국).
un·ed·i·fied [ʌnédəfaid] 형 교화되지 않은.
un·ed·i·fy·ing [ʌnédəfaiiŋ] 형 유익하지 않은, 교훈이 되지 않는, 비(非)계발적인.
un·ed·it·ed [ʌnéditid] 형 (도서·영화 따위가) 편집되지 않은, (영화 따위가) 검열받지 않은; (서적 따위가) 미간행의. 「는, 교화가 불가능한.
un·ed·u·ca·ble [ʌnédʒukəbl] 형 교육시킬 수 없
un·ed·u·cat·ed [ʌnédʒukeitid] 형 교육을 받지 않은, 무식[무지]한, 교양 없는 유의 IGNORANT.
UNEF *United Nations Emergency Forces* (유엔 경찰(긴급)군).
un·e·lec·tri·fied [ʌ̀niléktrəfaid] 형 전력을 공급받지 않은; 전화(電化)에 적합하지[전화되지] 않은. ¶an ~ *area* 비전화(非電化)지역. 「되지 않은.
un·e·man·ci·pat·ed [ʌ̀nimǽnsəpèitid] 형 해방되지
un·em·bar·rassed [ʌ̀nimbǽrəst] 형 **1** 방해받지 않은, 귀찮은 것이 없는. **2** (태도 따위가) 느긋한, 당황하지 않은, 자연스런. **3** (부동산 따위가) 저당잡히지 않은.
un·e·mo·tion·al [ʌ̀nimóuʃənl] 형 감정적이 아닌, 냉정한(cold), 비정한(hard-boiled). **~·ly** 부
un·em·phat·ic [ʌ̀nimfǽtik] 형 어세(語勢)가 약한, 힘주지 않은; 눈에 띄지 않는(inconspicuous).
un·em·ploy·a·ble [ʌ̀nimplɔ́iəbl] 형 (조건에 맞지 않아) 고용할 수 없는, 고용하기 어려운; 쓸 수 없는. 고용 부적격자. **-plòy·a·bíl·i·ty** 명
*un·em·ployed** [ʌ̀nimplɔ́id] 형 **1** 실직한, 직업이 없는. **2** 쓰지 않는; 일손이 빈, 한가한; 놀리고 있는. ¶~ *capital* 유휴 자본/~ *talents* 놀리고[썩히고] 있는 재능. — 명 (the ~) (복수취급) 실업자들.
‡un·em·ploy·ment** [ʌ̀nimplɔ́imənt] 명 **1** 실업, 실업 상태. ¶an ~ *problem* 실업 문제 / *seasonal* ~ 계절적 실업. **2** 실업자 수; 실업률. **3** (구어) =~ *benefit*.
unemplóyment bénefit 명 실업 수당. 「fit.
unemplóyment compensàtion 명 (미) (주(州)정부 등에 의한) 실업 보상, 실업 보험 급부.
unemplóyment insùrance (미) 실업 보험.
unemplóyment ràte 실업률.
un·en·closed [ʌ̀ninklóuzd] 형 에워[둘러]싸지 않은; 담으로 둘러싸이고 있지 않은.
un·en·cum·bered [ʌ̀ninkʌ́mbərd] 형 방해물이 없는; (부동산 따위가) 저당에 잡혀 있지 않은.
un·end·ed [ʌnéndid] 형 종결되지[끝나지] 않은, 무한의; 미완(未完)의.
un·end·ing [ʌnéndiŋ] 형 무한한, 영원한; 끊임없는, 쉴 새 없는; 영속적인. **~·ly** 부 **~·ness** 명
un·en·dorsed [ʌ̀ninrdɔ́ːrst] 형 (어음 따위가) 배서되어 있지 않은, 보증되어 있지 않은.
un·en·dowed [ʌ̀nindáud] 형 **1** 기부 기금이 없는, 기본 재산이 없는. **2** (…의) 재능이 없는(*with*). **3** (고어) 지참금이 없는.

un·en·dur·a·ble [ʌnindjúərəbl/-djúər-] 휑 지탱할[참을] 수 없는. — 阌 참을성 있는 사람. **-bly** 분

un·en·dur·ing [ʌnindjúəriŋ] 휑 오래 가지 않는.

un·en·forced [ʌninfɔ́ːrst] 휑 실시[시행]되지 않는, 강행되지 않는, (법적으로) 발효되지 않는.

un·en·gaged [ʌningéidʒd] 휑 바쁘지 않은, 한가한; 선약이 없는; 약혼하지 않은.

un-En·glish [ʌníŋgliʃ] 휑 영국인답지 않은, 영국식이 아닌; 영어답지 않은.

un·en·joy·a·ble [ʌnindʒɔ́iəbl] 휑 즐겁지 않은, 재미없는. **-ness** 阌 **-bly** 분

un·en·light·ened [ʌninláitnd] 휑 계몽[교화(敎化)]되지 않은, 미개의.

un·en·riched [ʌninrítʃt] 휑 부유해지지 않은; (식품이) 영양가를 높이지 않은.

un·en·rolled [ʌninróuld] 휑 등록되지 않은, 미등록.

un·en·slaved [ʌninsléivd] 휑 노예로 되지 않은; 해방된(emancipated); 매혹되지 않은.

un·en·tan·gled [ʌnintǽŋgld] 휑 헝클어지지 않은; 연루되지 않은; 곤란하게 되지 않은.

un·en·tered [ʌnéntərd] 휑 가입(가맹, 입회, 입학, 참가)하지 않은; 기입(기재, 등기, 신고)하지 않은.

un·en·thu·si·as·tic [ʌninθùːziǽstik] 휑 열성이 없는; 냉담한. **-ti·cal·ly** 분

un·en·ti·tled [ʌnintáitld] 휑 이름[칭호, 제명(題名)]이 주어지지 않은; 권리[자격]가 부여되지 않은.

un·en·vi·a·ble [ʌnénviəbl] 휑 부럽지 않은, 부러워하지 않는, 바라지 않는. **-bly** 분

un·en·vied [ʌnénvid] 휑 부러워[시기하는 이 없는.

UNEP [júːnep] 阌 유엔 환경 계획 기구. 〔<*U*nited *N*ations *E*nvironment *P*rogram〕

*****un·e·qual** [ʌníːkwəl] 휑 **1** (질·가치·계급 따위가) 같지 않은, 고르지 않은(*in*), ⋯와 다른(*to*). **2** (양·힘·능력 따위가) 어울리지 않는, 부적당한, 충분치 않은(*to*, *to doing*). ¶He is ~ to the task. 그는 그 일을 감당할 수 없다. **3** 균형이 잡히지 않는, 대조가 안 되는. **4** 불규칙한, 높낮이가 있는, 한결같지 않은. **5** (성질 따위가) 변하기 쉬운, 한결같지 않은. **6** (폐어) 불공평한, 공정치 못한. ── 阌 동등하지 않은[고르지 못한, 부적당한] 사람[것]. **~·ly** 분 **~·ness** 阌

un·e·qualed [ʌníːkwəld] 휑 비할 바 없는, 무적의, 무쌍의; 전례 없는. (또는 (英) **unequalled**)

un·e·quipped [ʌnikwípt] 휑 준비가 안 된; 설비[장비]가 되어 있지 않은.

un·e·quiv·o·cal [ʌnikwívəkəl] 휑 **1** 모호하지 않은, 뚜렷한, 명백한(clear). **2** 절대적인, 무조건적. **~·ly** 분 **~·ness** 阌

un·err·ing [ʌnə́ːriŋ] 휑 과오를 범하지 않는, 조금도 틀리지 않는, 헷갈리지 않는; 기준을 벗어나지 않는, 확실한. **-ly** 분 **~·ness** 阌

un·es·cap·a·ble [ʌniskéipəbl] 휑 도망[회피]할 수 없는. 「굿나는.

UNESCO [juːnéskou] 阌 유네스코, 유엔 교육 과학 문화 기구. 〔<*U*nited *N*ations *E*ducational, *S*cientific, and *C*ultural *O*rganization〕

un·es·cort·ed [ʌniskɔ́ːrtid] 휑 호위되지 않은, 동반자 없는.

un·es·sen·tial [ʌnisénʃəl] 휑 본질적이 아닌, 실질적이 아닌, 중요하지 않은. ── 阌 본질적이 아닌 것, 없어도 좋은 것. **~·ly** 분

un·es·tab·lished [ʌnistǽbliʃt] 휑 **1** 설립[제정]되지 않은, 미정의. **2** (英) (근로자·일이) 임시의, 파트타임(part-time)의. **3** (작가 등이) 무명의. **4** (교회가) 국교로 정립되지 않은.

un·eth·i·cal [ʌnéθikəl] 휑 비윤리적인, 윤리에 어긋나는.

un-Eu·ro·pe·an [ʌnjùərəpíːən/-juərə-] 휑 비유럽적인, 유럽적이 아닌.

*****un·e·ven** [ʌníːvən] 휑 **1** 평평하지 않은, 울퉁불퉁한; 까칠까칠한, 거친; 고저(高低)가 있는. **2** 불규칙한, 고르지 않은; 변하기 쉬운. **3** 공정하지 않은; 일방적인. **4** 균형이 잡히지 않은, 한결같지 않은; 질이 고르지 못한. **5** (수가) 홀수의. **~·ly** 분 **~·ness** 阌

uné·ven (párallel) bàrs 阌(복) (the ~) 〔체조〕 **2** 단 평행봉 (경기) (여자체조 경기용 평행봉).

un·e·vent·ful [ʌnivéntfəl] 휑 파란이 없는, 무사평온한, 순조로운. **~·ly** 분 **~·ness** 阌

un·ex·act·ing [ʌnigzǽktiŋ] 휑 엄하지 않은, 힘지 않은; 까다롭지 않은. **~·ly** 분 「[진찰]받지 않은.

un·ex·am·ined [ʌnigzǽmind] 휑 무시험의, 검토

un·ex·am·pled [ʌnigzǽmpld/-zɑ́ːm-] 휑 예가 없는, 전례가 없는, 비할 데 없는, 무쌍의, 예외적인. ¶a case ~ in history 역사상 유례가 없는 사건.

un·ex·cep·tion·a·ble [ʌniksépʃənəbl] 휑 반대할 도리가 없는, 이의를 주장할 수 없는, 더할 나위 없는. **~·ness** 阌 **-bly** 분

un·ex·cep·tion·al [ʌniksépʃənl] 휑 예외가 아닌, 유별나지 않은, 보통의, 통상의. **~·ly** 분

un·ex·cit·a·ble [ʌniksáitəbl] 휑 쉽게 흥분하지 않는. **-ci·t·a·bíl·i·ty** 阌

un·ex·cit·ed [ʌniksáitid] 휑 흥분하지 않은, 냉정한.

un·ex·cit·ing [ʌniksáitiŋ] 휑 비자극적인, 흥분시키지 않는, 재미없는. 「명이 안 되는.

un·ex·cused [ʌnikskjúːzd] 휑 면제되지 않은, 변

un·ex·e·cut·ed [ʌnéksikjùːtid] 휑 실행[이행, 완성]되지 않은; (법률·문서가) 집행되지 않은.

un·ex·er·cised [ʌnéksərsàizd] 휑 완수되지 않은, 실행되지 않은(unpractised); 훈련되지 않은.

un·ex·haust·ed [ʌnigzɔ́ːstid] 휑 아직 없어지지 [다 쓰지] 않은; 지치지 않은.

*****un·ex·pect·ed** [ʌnikspéktid] 휑 (*more* ~; *most* ~) 예기치 않은, 뜻[예상]밖의, 갑작스런, 불시의. ⇒SUDDEN 유의어. **~·ness** 阌 「시에, 갑자기.

*****un·ex·pect·ed·ly** [ʌnikspéktidli] 분 뜻밖에, 불

un·ex·pend·a·ble [ʌnikspéndəbl] 휑 **1** 중요한, 긴요한, 필수 불가결의. **2** 고갈되지 않는, 무진장의. **3** 사용할 수 없는, 소비[지출]할 수 없는.

un·ex·pend·ed [ʌnikspéndid] 휑 소비되지 않은.

un·ex·pen·sive [ʌnikspénsiv] 휑 =inexpensive. 「perienced.

un·ex·pe·ri·enced [ʌnikspíəriənst] 휑 =inex-

un·ex·plain·a·ble [ʌniksplénəbl] 휑 설명할 수 없는. **-bly** 분

un·ex·plained [ʌnikspléind] 휑 설명[해명]되지 않은, 불명확한.

un·ex·plod·ed [ʌnikspláudid] 휑 폭발되지 않은, 불발의; 타파[논파]되지 않은.

un·ex·ploit·ed [ʌniksplɔ́itid] 휑 개발[개척, 이용]되지 않은, 미개척의; 먹히지 않은. 「되지 않은.

un·ex·plored [ʌnikspló:rd] 휑 탐험[답사, 조사]

un·ex·pressed [ʌniksprést] 휑 표현되지 않은, 표명되지 않은; 암묵(暗默)의(tacit).

un·ex·pres·sive [ʌnikspréssiv] 휑 표정[표현력]이 풍부하지 못한, 충분히 의미[감정]를 전달하지 못하는. **~·ly** 분 **~·ness** 阌

un·ex·pur·gat·ed [ʌnékspərgèitid, ʌneskspə́ːr-] 휑 (책 따위가) 수정[삭제]되지 않은, 완전한.

un·ex·tin·guished [ʌnikstíŋgwiʃt] 휑 (빛 따위가) 꺼지지 않은; 소멸되지 않은; (부채 따위가) 상환되 「지 않은.

UNF *U*nited *N*ations *F*orces(유엔군).

un·fact [ʌnfǽkt] 阌 (구어) 조작된 이야기[사건].

un·fac·tu·al [ʌnfǽktʃuəl] 휑 사실에 근거하지 않은; 공상적인, 가공의.

un·fad·a·ble [ʌnféidəbl] 휑 색깔이 바래지 않는, 쇠퇴하지 않는; 잊을 수 없는. 「않은, 신선한.

un·fad·ed [ʌnféidid] 휑 색이 바래지 않은, 시들지

un·fad·ing [ʌnféidiŋ] 휑 색이 바래지 않는, 시들지 않는, 쇠퇴하지 않는; (명예 따위가) 불멸의. **~·ly** 분

un·fail·ing [ʌnféiliŋ] 휑 없어지지 않는, 끝없는, 변

하지 않는, 불후(不朽)의; 기대에 어긋나지 않는, 틀림없는, 확실한. ~·ly 튀 확실히, 꼭. ~·ness 몡

*un·fair [ʌnféər] 혱 1 불공평한, 부당한, 편파적인 (to). ¶It's ~ of them not to give him the prize. 그에게 상을 주지 않는 것은 불공평하다. 2 정직하지 않은, 교활한. ¶an ~ method 부정한 방법. 3 (바람이) 반대의, 역의. ~·ly 튀 ~·ness 몡
unfáir compètition 튀 부당[불공정] 경쟁.
unfáir dismíssal 튀 (英) 부당 해고.
unfáir lábor pràctice 튀 부당 노동 행위.
unfáir tráde[tráding] 튀 (경제) 불공정 거래.
un·faith [ʌnféiθ] 몡 무신앙, 불신.
un·faith·ful [ʌnféiθfəl] 혱 1 성실치 않은, 믿을 수 없는, 충실하지 못한. ¶He is ~ to his duty. 그는 직무에 충실하지 않다. 2 정직하지 않은, 고결하지 못한. 3 (묘사 따위가) 부정확한. 4 부정(不貞)한, 지조 없는. 5 (폐어) 믿음[신앙]이 없는, 단호한. ~·ly 튀 ~·ness 몡
un·fal·ter·ing [ʌnfɔ́ltəriŋ] 혱 (걸음걸이 따위가) 비틀[휘청]거리지 않는, 확고한; (말을) 머뭇거리지 않는, 더듬거리지 않는; 망설이지 않는, 단호한.
*un·fa·mil·iar [ʌ̀nfəmíljər] 혱 1 익숙치[정통하지] 않은, 경험이 없는; 친하지 않은, 친교가 없는(with, to). ¶an ~ with the subject. =The subject is ~ to me. 나는 그 문제에 정통해 있지 못하다. 2 잘 모르는; 생소한, 미지의; 낯선(to). ~·ly 튀
un·fa·mil·i·ar·i·ty [ʌ̀nfəmìliǽrəti] 몡 친밀하지 않음; 익숙지 못함, 생소함, 신기[진기]함.
un·fash·ion·a·ble [ʌnfǽʃənəbl] 혱 유행하지 않는, 유행에 뒤진, 한물 간, 케케묵은; 유행에 관심 없는, 인기 없는. ~·ness 몡 -bly 튀
un·fash·ioned [ʌnfǽʃənd] 혱 가공되지 않은 (고어) 세련되지 않은.
un·fas·ten [ʌnfǽsn/-fáːsn] 타자 …을 풀다, 끄르다, 늦추다, 벗기다. ―자 풀리다, 느슨해지다, 벗겨지다.
un·fa·thered [ʌnfáːðərd] 혱 1 아버지가 없는, 아버지에게 인지(認知)되지 않은, 사생아의. 2 저자[출전(出典)]를 모르는. ¶~ tales 작자를 모르는 설화.
un·fa·ther·ly [ʌnfáːðərli] 혱 아버지답지 않은.
un·fath·om·a·ble [ʌnfǽðəməbl] 혱 (너무 깊어) 측량할 수 없는, 헤아릴[이해할] 수 없는. -bly 튀
un·fath·omed [ʌnfǽðəmd] 혱 (바다 따위가) 깊이를 모르는, (문제 따위가) 수수께끼의.

*un·fa·vor·a·ble, (英) -vour- [ʌnféivərəbl] 혱 1 형편이 나쁜, 불리한, 순조롭지 않은, 알맞지[적합하지] 않은(for, to); 운수가 나쁜; 결함이 있는, (무역 수지가) 수입 초과의. ¶an ~ wind 역풍 / the ~ balance of trade 무역 역조 // The weather was ~ for shooting. 날씨가 사냥하는 데는 좋지 않았다. 2 호의적이 아닌, 부정적인, 불친절한. ¶an ~ reply 불친절한 답장. ~·ness 몡 -bly 튀
un·fa·vored [ʌnféivərd] 혱 운수가 나쁜; 거꾸로의; 은혜를 받지 못한.
un·fa·vor·ite [ʌnféivərit] 혱 대단히 싫은, 전혀 마음에 들지 않는. ¶주독실 몡
un·fazed [ʌnféizd] 혱 (구어) 동요[당황하지] 않는.
UNFC United Nations Food Council (유엔 식량 이사회). UNFDAC United Nations Fund for Drug Abuse Control (유엔 약물 남용 방지 기금).
un·feared [ʌnfíərd] 혱 겁내는 일이 없는.
un·fear·ing [ʌnfíəriŋ] 혱 겁내지 않는, 망설이지 않는, 대담한(dauntless).
un·fea·si·ble [ʌnfíːzəbl] 혱 실행할 수 없는, 실시하기 어려운. ~·ness 몡 튀; 깃털을 뽑은.
un·feath·ered [ʌnféðərd] 혱 깃털이 없는[나지 않은].
un·fed [ʌnféd] 혱 음식을 얻어먹지 못한; 연료를 공급받지 못한; 지지를 얻지 못한.
un·fed·er·at·ed [ʌnfédərèitid] 혱 동맹[연합]하지 않은.
un·feed [ʌnfíːd] 혱 보수를 주지 않는, 무보수의.

un·feel·ing [ʌnfíːliŋ] 혱 감정이 없는; 무정한, 냉혹한(cruel). ~·ly 튀 ~·ness 몡
un·feigned [ʌnféind] 혱 거짓[꾸밈]없는, 있는 그대로의. -feign·ed·ly [-féinidli] 튀 -feign·ed·ness 몡
un·felt [ʌnfélt] 혱 느끼지 못한, 감지되지 않은.
un·fem·i·nine [ʌnfémənin] 혱 여성적이 아닌, 여자답지 않은. ¶지 않은, 방비가 없는.
un·fenced [ʌnfénst] 혱 울타리[담]가 없는, 에워싸
un·fer·ment·ed [ʌ̀nfərméntid] 혱 발효되지 않은; (정열 따위가) 끓어오르지 않은.
un·fer·tile [ʌnfə́ːrtl/-tail] 혱 (토지가) 비옥하지 않은, 불모의; (알이) 수정되지 않은.
un·fer·ti·lized [ʌnfə́ːrtəlàizd] 혱 수정(受精)이 안 된. ¶an ~ egg 무정란.
un·fet·ter [ʌnfétər] 타 1 [남]의 족쇄(足鎖)를 풀다. 2 …을 석방[방면]하다, 자유롭게 하다. ¶(~+目+前+名) ~ one's mind from prejudice 마음으로부터 편견을 없애다. 3 …을 편안[안락]하게 하다.
un·fet·tered [ʌnfétərd] 혱 족쇄가 풀린; 구속[속박]을 벗어난, 자유롭게 된.
un·fig·ured [ʌnfígjərd/-fígəd] 혱 1 (문제가) 수사법을 쓰지 않은. 2 (페이지 등이) 숫자가 찍혀 있지 않은. 3 (그림 따위가) 인물상(像)이 들어 있지 않은.
un·fil·i·al [ʌnfíliəl] 혱 자식답지 않은, 불효한. ¶an ~ son 불효자(不孝子). ~·ly 튀 ¶이 안 된.
un·filled [ʌnfíld] 혱 채우지 못한, 비어 있는; 조달
un·filmed [ʌnfílmd] 혱 1 엷은 막으로 덮이지 않은. 2 영화로 되지 않은.
un·fil·tered [ʌnfíltərd] 혱 여과되지 않은; 처리되지 않은 (담배 따위가) 필터가 없는.
*un·fin·ished [ʌnfíniʃt] 혱 1 완성[완료, 종료, 완결]되지 않은, 미완성의. ¶the U– Symphony 미완성 교향곡(슈베르트의 교향곡 제8번). 2 마무리 손질이 되지 않은, 세련되지 않은. 3 (직물 따위가) 다듬질 가공이 되지 않은, (나사(羅紗)의) 나머지 보풀을 깎지 않은. ~·ness 몡 ¶"사항, 이월 사항.
unfínished búsiness 몡 (의회에서의) 심의 미결
un·fired [ʌnfáiərd] 혱 1 (장작에) 불을 붙이지 않은. 2 가마에서 구워지지 않은. 3 폭발[발포]하지 않은. 4 흥분하지 않은; 생기가 없는.

*un·fit [ʌnfít] 혱 1 부적당한, 걸맞지 않은; (…할 만한) 값어치가 없는; 적임이 아닌, 부적당한 사람(for/to do). ¶a desert ~ for human habitation 사람이 살기에는 부적당한 사막. 2 (육체적·정신적으로) 부적당한, 완전치 못한, 결함이 있는. ―타 (-tt-) …을 부적당[부적합]하게 하다, 어울리지 않게 하다; …의 자격을 잃게 하다[박탈하다](for). ~·ly 튀 ~·ness 몡
un·fit·ted [ʌnfítid] 혱 부적당한, 적격이 아닌, 어울리지 않는; (…이) 설비되지 않은, 설치[장치]되지 않은(with). ¶~·ly 튀
un·fit·ting [ʌnfítiŋ] 혱 부적당한, 어울리지 않는.
un·fix [ʌnfíks] 타 1 …을 떼어내다, 풀다[끄르다], 벗기다, 늦추다. 2 …을 불안정하게[흔들리게] 하다.
un·fixed [ʌnfíkst] 혱 1 떼어낸, 늦추어진[느슨해진]. 2 고정되지 않은, 변하기 쉬운, 흔들리는. ¶a man totally ~ in his mind 마음이 아주 불안정한 사람. 3 분명치[확실치] 않은. -fix·ed·ness [-fíksidnis] 몡
un·flag·ging [ʌnflǽgiŋ] 혱 나른해지지 않는, 느슨해지지 않는; 지칠 줄 모르는(tireless), 쇠퇴해지지 않는; 약해지지 않는, 불요불굴의. ~·ly 튀
un·flap·pa·ble [ʌnflǽpəbl] 혱 (구어) 동요하지 않는. ~·ness 몡 -bly 튀
un·flat·ter·ing [ʌnflǽtəriŋ] 혱 아첨하지 않는, 아부[추종]하지 않는. ~·ly 튀
un·fla·vored, -voured [ʌnfléivərd] 혱 맛을 내지 않은, 가미(加味)되지 않은.
un·fledged [ʌnfléʤd] 혱 아직 깃털이 고르게 나지

un·flesh·ly [ʌnfléʃli] 형 현세적이 아닌; 육감적이 아닌; 정신적인. **-li·ness** 명

un·flick·er·ing [ʌnflíkəriŋ] 형 (빛 따위가) 깜박거리지 않는; (나뭇잎 따위가) 흔들리지 않는.

un·flinch·ing [ʌnflíntʃiŋ] 형 움츠리지 않는, 굽히지(굴하지) 않는, 쉬 물러서지 않는; 단호한. **~·ly** 부

un·fo·cus(s)ed [ʌnfóukəst] 형 초점이 맞지 않는; 한 곳에 집중되지 않는.

*__un·fold__ [ʌnfóuld] 타자 1 (접은·닫힌 물건)을 펼치다, 펴다. 2 (보통 재귀용법으로) …을 나타내다, 보이다, 드러내다. 3 …을 표명하다, 설명하다, 털어놓고 이야기하다(to); …을 발표하다. ¶He ~ed his plan to me. 그는 그의 계획을 내게 털어놓았다. 4 (양 따위)를 우리에서 내놓다. ─자 1 (봉오리 따위가) 열리다. 2 (이야기·풍경 따위가) 전개되다. 3 (진상 따위가) 밝혀지다, 드러나다. **~·a·ble** 형 **~·er, ~·ment** 명

un·fóld·ing hóuse [ʌnfóuldiŋ-] [건축] 조립식 주택.

un·forced [ʌnfɔ́ːrst] 형 강제적이 아닌; 자연스러운; 자발적인; 억지가 아닌. **~·ly** 부 …할 수 없다.

un·fore·see·a·ble [ʌnfɔːrsíːəbl] 형 예견[예측]

un·fore·seen [ʌnfɔːrsíːn] 형 미리 알 수 없는, 내다볼 수 없는; 뜻밖의, 의외의, 우연의. ─명 (the ~) 예측하기 어려운 것, 예측하지 못한 일.

un·fore·told [ʌnfɔːrtóuld] 형 예언[예고]하지 않은.

un·forged [ʌnfɔ́ːrdʒd] 형 날조되지 않은, 가짜 아닌.

un·for·get·ta·ble [ʌnfərɡétəbl] 형 잊을 수 없는, 언제까지나 기억에 남는. **-ness** 명 **-bly** 부

un·for·giv·a·ble [ʌnfərɡívəbl] 형 용서할 수 없는. **-bly** 부 …서받지 못한.

un·for·giv·en [ʌnfərɡívən] 형 허락하지 않은, 용서되지 않은.

un·for·giv·ing [ʌnfərɡíviŋ] 형 관대하지 못한, 용서하지 않는; 집념이 강한. **~·ly** 부 **~·ness** 명

un·for·mat [ʌnfɔ́ːrmæt] 타 [컴퓨터] 언포맷하다(잘못 포맷된 디스크에서 데이터를 복원하다).

un·formed [ʌnfɔ́ːrmd] 형 1 형태를 이루지 않은, 모양을 이루지 않은, 부정형의. 2 미발달의, 미숙한(immature); 마무리되지 않은. 3 만들어지지 않은.

un·for·mu·lat·ed [ʌnfɔ́ːrmjuleitid] 형 공식화되지 않은, 계통이 없는.

un·forth·com·ing [ʌnfɔːrθkʌ́miŋ] 형 박정한, 불친절한; 남의 말을 안 듣는, 순종치 않는.

un·for·ti·fied [ʌnfɔ́ːrtəfàid] 형 1 무방비의, 방어 시설이 되어 있지 않은. 2 (도덕적으로) 불안정한, 약한. 3 (식품이) 영양 보강이 되지 않은.

‡**un·for·tu·nate** [ʌnfɔ́ːrtʃənit] 형 (**more ~; most ~**) 1 불행한, 불운한(for, in). He was ~ to lose his only son. =He was ~ in losing his only son. 그는 불행하게도 외아들을 잃었다. 2 불길한, 운세가 나쁜, 재난을 입은, 비참한; 억울한. 4 성공을 못한, 실패한(in). ¶an ~ business venture 실패로 끝난 벤처 사업 // She was ~ in her marriage. 그녀는 불행한 결혼을 했다. 5 부적당한, 적절하지 않은; 유감스러운. ¶It is ~ that …한 것은 유감이다[아쉽다].
─명 (보통 ~s) 불행한 사람, 불운한 사람; (사회적) 약자, 매춘부, 극빈자. **~·ness** 명

‡**un·for·tu·nate·ly** [ʌnfɔ́ːrtʃənitli] 부 (**more ~; most ~**) 불행[불운]하게도, 공교롭게도(for).

un·found·ed [ʌnfáundid] 형 바탕[뿌리]이 없는, 까닭 없는, 사실 무근의. ¶an ~ hope 헛된 희망 /an ~ rumor 사실 무근의 소문. **·ly** 부 **~·ness** 명

UNFPA United Nations Fund for Population Activities(유엔 인구 기금).

un·framed [ʌnfréimd] 형 틀에 박히지 않은, 테두리 없는; (구어) 상태가 좋지 못한.

un·free [ʌnfríː] 형 1 자유가 없는, 예속 상태에 있는. 2 (英고어) (토지에 대한) 자유 보유권이 없는.

un·freeze [ʌnfríːz] 타 (**-froze; -fro·zen**) 타 1 (언 것)을 녹이다(melt). 2 (가격·임금 등)의 동결을 해제하다. ─자 (얼음 등이) 녹다(thaw).

un·fre·quent [ʌnfríːkwənt] 형 =infrequent.

un·fre·quent·ed [ʌnfríːkwəntid, -frikwént-] 형 사람의 통행이 적은, 인적이 드문, 쓸쓸한.

un·friend·ed [ʌnfréndid] 형 벗[자기 편]이 없는, 의지할 수 없는. **~·ness** 명

*__un·friend·ly__ [ʌnfréndli] 형 1 불친절[박정]한; 우정이 없는, 비우호적인, 적의(敵意) 있는(toward, to, with). ⇒ HOSTILE [유의어] 2 형편이 나쁜, 불리한(to). ─부 비우호적으로, 불친절하게, 악의를 품고. ─명 적대적인 사람[것]; (군사) 적(敵). **-li·ness** 명

un·frock [ʌnfrák/-frɔ́k] 타 …의 법의(法衣)를 벗기다; …을 성직에서 해직하다; …의 특권[명예, 지위]을 박탈하다. (또는 **defrock**)

un·fro·zen [ʌnfróuzn] 형 얼지 않은; (경제) 동결되지 않은.

un·fruit·ful [ʌnfrúːtfəl] 형 1 열매를 맺지 않는, 열매 맺지 않는, 불모의, 새끼를 낳지 않는, 생산력이 없는. 2 효과가 없는, 헛된. **~·ly** 부 **~·ness** 명

un·ful·filled [ʌnfulfíld] 형 이루지 못한, 이행[완수]하지 않은, 충족(실현, 성취)되지 않은; 재능[소질]을 충분히 발휘하지 않은.

un·fund·ed [ʌnfʌ́ndid] 형 (상업) 일시 차입한, (공채가) 단기인. ¶an ~ debt 단기 공채, 일시 차입금.

un·fun·ny [ʌnfʌ́ni] 형 재미도 없는; 우습지도 않은. **-ni·ly** 부 **-ni·ness** 명

un·furl [ʌnfə́ːrl] 타자 (돛·우산)을 펼치다; (깃발 따위)를 휘날리다, 올리다; (광경)을 눈앞에 전개하다(at). ─자 퍼지다; 날리다, 오르다. **~·a·ble** 형

un·fur·nished [ʌnfə́ːrniʃt] 형 가구를 갖추지 않은, 비품이 없는; 공급되지 않은, 설비되지 않은(with).

un·fur·rowed [ʌnfə́ːroud, -fʌ́r-] 형 (밭 따위가) 경작되지 않은, (쟁기로) 갈지 않은; 주름살이 없는.

un·fuss·y [ʌnfʌ́si] 형 성미가 까다롭지 않은, 마음이 편한; 복잡하지 않은, 단순한. ¶총회

UNGA United Nations General Assembly(유엔).

un·gain·ly [ʌnɡéinli] 형 보기 흉한, 꼴사나운, 어색한; 다루기 어려운, 거친. ─부 (고어) 보기 흉하게, 꼴사납게. **-li·ness** 명

un·gal·lant [ʌnɡǽlənt] 형 1 용감하지 않은, 씩씩하지 못한; 화려하지 않은. 2 [-ɡælént] 여성에게 친절[정중]하지 않은. **~·ly** 부

un·gar·bled [ʌnɡɑ́ːrbld] 형 왜곡되지 않은; 정확한 그대로의.

un·gear [ʌnɡíər] 타자 …의 기어를 떼다, 기어가 풀리다.

un·gen·er·ous [ʌndʒénərəs] 형 인색한, 옹졸한; 관대하지 않은; 부족한; 약한; 공명정대하지 못한, 비열한. **-ós·i·ty** 명 **~·ly** 부 **~·ness** 명

un·gen·ial [ʌndʒíːnjəl, -niəl] 형 불친절한, 마음에 안 드는, 불쾌감을 주는;

un·gen·teel [ʌndʒentíːl] 형 버릇없는, 예의를 모르는

un·gen·tle [ʌndʒéntl] 형 온화하지 않은, 거친, 버릇없는; 귀족 태생이 아닌. **~·ness** 명 **-tly** 부

un·gen·tle·man·ly [ʌndʒéntlmənli] 형 신사답지 않은, 천한(ignoble). **-li·ness** 명

un·ge·potch [ʌŋɡəpátʃ/-pɔ́tʃ] 형 (美속어) 실수와 혼란 속에서도 해낸, 참답하게 끝낸; 칠칠치 못한, 얼치기의; 뒤섞인, 뒤죽박죽의. (또는 **ungepotched**)

un·get·at·a·ble [ʌnɡetǽtəbl] 형 가까이하기 어려운, 도달하기 힘든, 손에 넣기 어려운.

un·gift·ed [ʌnɡíftid] 형 재주가 없는; (고어) 선물을 받지 않은; 빈[맨]손의.

un·gild [ʌnɡíld] 타 …의 도금을 벗기다.

un·gird [ʌnɡə́ːrd] 타자 (**~ed, -girt**) …의 허리띠를 느슨하게 하다, …의 허리띠를 풀다.

un·girt [ʌnɡə́ːrt] 형 허리띠를 늦춘[푼]; 느슨한.

un·glazed [ʌnɡléizd] 형 유리를 끼지 않은; (질그

un·glove [ʌnglʌ́v] 타 (…의) 장갑을 벗다. **-glóved** 형 장갑을 끼지 않은.

un·glue [ʌnglúː] 타자 1 (접착제를 녹여서) 〔우표 따위〕를 떼다 *(from)*. 2 (애정·욕망 따위에) 벗어나게 하다. ¶ ~ oneself *from* the worldly vanities 세속적인 허영을 버리다.

come [or *get*] *unglued* (속어) 크게 당황하다; 흥분하여 냉정을 잃다, 이상해지다.

un·god·ly [ʌngɑ́dli/-gɔ́d-] 형 1 신을 두려워하지 않는, 신앙이 없는; 죄 많은; 부도덕한, 사악한; (구어) 지독한, 터무니없는. ── 타 (고어) 죄가 무겁게, 사악하게; (구어) 지독하게, 심하게. **-li·ly** 부 **-li·ness** 명

ungódly shót 명 (美속어) (야구) 강력한 라인 드라이브, 총알 라이너.

un·gov·ern·a·ble [ʌngʌ́vərnəbl] 형 1 억제[제어]할 수 없는, 다루기 어려운, 버거운, 처치 곤란한; 난폭한, 사나운. **-bíl·i·ty, ~·ness** 명 **-bly** 부

un·gov·erned [ʌngʌ́vərnd] 형 억제[제어]되지 않은.

un·grace·ful [ʌngréisfəl] 형 우아하지 못한, 품위가 없는, 버릇없는, 보기 흉한. **~·ly** 부 **~·ness** 명

un·gra·cious [ʌngréiʃəs] 형 1 얌전하지 못한, 공손하지 못한, 불친절한. 2 버릇없는, 상스러운, 불쾌한. ⇨ RUDE (유의어) 3 (고어) =ungraceful. 4 (고어) 불경한. **~·ly** 부 **~·ness** 명

un·grad·ed [ʌngréidid] 형 1 등급이 붙지 않은. 2 (美) (길 따위의) 경사가 완만하지 않은. 3 (교사가) 특정 학년의 담임이 아닌.

ungráded schóol (美) 단반[單班] 학교(벽지의 학생들을 학년별로 나누지 않고 교실에서 교육하는 학교).

un·grad·u·at·ed [ʌngrǽdʒueitid/-dju-] 형 1 졸업하지 않은. 2 등급을 매기지 않은; 눈금이 없는.

un·gram·mat·i·cal [ʌ̀ngrəmǽtikəl] 형 문법에 어긋나는, 문법적이 아닌, 문법을 무시한; 관용적이 아·**màt·i·cál·i·ty** 명 **~·ly** 부 **~·ness** 명 닌.

*un·grate·ful [ʌngréitfəl] 형 1 은혜를 모르는, 고마워할 줄 모르는, 고맙게 생각하지 않는 *(to)*. 2 보답할 줄 모르는, 일[고생]한 보람이 없는. 3 불쾌한, 시시한; 지루한. **~·ly** 부 **~·ness** 명 「태세를 파괴하는.

un·green [ʌngríːn] 형 환경에 무관심한[해로운], 생

un·ground·ed [ʌngráundid] 형 1 근거[이유]가 없는, 사실 무근의. 2 (전기) 접지(接地)되지 않은.

un·grudg·ing [ʌngrʌ́dʒiŋ] 형 아끼지 않는, 인색하지 않은, 아낌없는; 자발적인, 진심의. **~·ly** 부

un·gual [ʌ́ŋgwəl] 형 손·발톱[발굽]의이 있는, 을 닮은]; 발톱, 손톱, 발굽.

un·guard·ed [ʌngɑ́ːrdid] 형 1 수비[보호]되지 않은, 무방비의. 2 노골적인, 솔직한; 꾸밈없는. 3 부주의한, 경솔한, 방심하고[마음 놓고] 있는. ¶ in an ~ moment 마음 놓고 있는 순간에. 4 방호 장비가 없는. **~·ly** 부 **~·ness** 명

un·guent [ʌ́ŋgwənt] 명 ⓤⓒ 연고(ointment).

un·guen·tar·y [ʌ́ŋgwəntèri/-təri] 형 연고(용)의.

un·guessed [ʌngést] 형 추측할 수 없는; 예기치 않은, 뜻밖의.

un·guic·u·late [ʌŋgwíkjulət, -lèit] 형 1 발톱이 있는[을 닮은]. 2 (동물) 유조류(有爪類)의; (식물) (꽃부리가) 발톱 모양의. (또는 **unguiculated**) ── 명 유조류의 동물.

un·guid·ed [ʌngáidid] 형 1 안내[인도, 지도]를 받지 않은. 2 (미사일이) 비(非)유도의.

un·gui·form [ʌ́ŋgwifɔːrm] 형 발톱[손톱] 모양의.

un·guis [ʌ́ŋgwis] 명 *pl.* **-gues** [-gwiːz] 1 발톱, 발굽(hoof). 2 (식물) (꽃부리의) 발톱 모양의 꽃받침.

un·gu·la [ʌ́ŋgjulə] 명 (pl. **-lae** [-liː]) 1 (기하) 제상체(蹄状體). 2 (식물) = unguis. 3 = ungual.

un·gu·lar [ʌ́ŋgjulər] 형 = ungual.

un·gu·late [ʌ́ŋgjulət, -lèit] 형 1 발굽이 있는, 유제(有蹄)의. 2 유제류(有蹄類)의[에 속하는]. 3 발굽 모양의. ── 명 유제 동물.

un·gu·li·grade [ʌ́ŋgjuləgrèid] 형 (동물) 발굽으로 「걷는.

un·hack·neyed [ʌnhǽknid] 형 1 낡지 않은, 참신한; 독창적인; 경험이 부족한, 풋내기의.

un·hair [ʌnhɛ́ər] 타 …의 털을 뽑다. ── 자 털이 빠지다. **~·er** 명 「더럽히다[모독하다].

un·hal·low [ʌnhǽlou] 타 (고어) …의 신성함을

un·hal·lowed [ʌnhǽloud] 형 1 신에게 바치지 않은, 신성하지 않은, 부정(不淨)한. 2 불신앙의, 죄 많은. 3 악한 짓을, 사악한. 4 부도덕한, 음란한.

un·ham·pered [ʌnhǽmpərd] 형 족쇄를 채우지 않은; 방해[구속]받지 않은; 자유로운.

un·hand [ʌnhǽnd] 타 (보통 명령문에서) …에서 손을 떼다[놓다], …을 손에서 놓아 주다.

un·han·dled [ʌnhǽndld] 형 만져지지 않은; (상품이) 취급되지 않은; (동물이) 길들여지지 않은.

un·hand·some [ʌnhǽnsəm] 형 1 잘생기지 않은, 추한. 2 버릇없는, 야비한. 3 인색한, 돈 내기를 아까워하는, 돈을 잘 안 쓰는. **~·ly** 부 **~·ness** 명

un·hand·y [ʌnhǽndi] 형 손으로 다루기[쓰기] 힘든, 버거운, 불편한; 솜씨[손재주] 없는, 서투른. **-hánd·i·ly** 부 **-hánd·i·ness** 명

un·hanged [ʌnhǽŋd] 형 교수형을 받지 않은.

*un·hap·pi·ly [ʌnhǽpili] 부 1 불행하도, 운 나쁘게도, 공교롭게, 2 불행하게, 불우하게, 비참하게. ¶ live ~ 불행한 생활을 하다. 3 적절하게 못하게, 난처하게.

*un·hap·pi·ness [ʌnhǽpinis] 명 ⓤ 불행, 불운.

‡un·hap·py [ʌnhǽpi] 형 *(-pi·er; -pi·est)* 1 불행한, 불우한, 운수가 나쁜. ¶an ~ boyhood 불우했던 소년 시절. 2 슬픈, 비참한; 불만스러운 *(about, at, with / to do)*. ¶ be ~ *with* …에 불만족해 하다//He felt ~ *to* see the accident. 그는 사고를 보고 참혹한 생각이 들었다. 3 형편이 나쁜, 바람직하지 않은, 잘 되지[풀리지] 않는. 4 불길한. 5 부적당한, 서투른. 6 (폐어) 사악한, 인품이 천한.

unháppy cámper 명 (美구어) 불만인 사람[고객].

un·har·bor [ʌnhɑ́ːrbər] 타자 (英) 〔동물을〕 숨은 곳에서 몰아내다. 「않은, 무사한.

un·harmed [ʌnhɑ́ːrmd] 형 해를 입지[상처를 받지

un·harm·ful [ʌnhɑ́ːrmfəl] 형 해롭지 않은, 무해한.

un·harm·ing [ʌnhɑ́ːrmiŋ] 형 해를 끼치지 않는.

un·har·mo·ni·ous [ʌ̀nhɑːrmóuniəs, -njəs] 형 조화를 이루지 못한; 화목하지 않은; 불화(不和)의.

un·har·ness [ʌnhɑ́ːrnis] 타 〔말 따위〕의 장구 (裝具)를 끄르다, 마구(馬具)를 풀다; (고어) …의 갑옷을 벗기다, …을 무장 해제하다. **~ed** [-t] 형

un·har·rowed [ʌnhǽroud] 형 1 써레로 고르게 하지 않은. 2 감정을 상하거나 하지 않은. 3 약탈되지 않은.

un·hatched [ʌnhǽtʃt] 형 1 (병아리가) 알에서 부화되지 않은. 2 (비유적) (음모 따위가) 꾸며지지 않은. 2 (알이) 충분히 품어지지 않은.

UNHCR *U*nited *N*ations *H*igh *C*ommissioner for *R*efugees(유엔 난민 고등 판무관 (사무소)).

un·health·ful [ʌnhélθfəl] 형 1 건강에 나쁜[좋지 않], 비위생적인. 2 건강하지 못한. **~·ly** 부 **~·ness** 명

*un·health·y [ʌnhélθi] 형 1 건강하지 못한, 병약한; 건강하지 않게[병약하게] 보이는. 2 건강에 나쁜[해로운], 비위생적인. 3 (정신적으로) 해로운, 불건전한, 도덕상 좋지 않은. 4 (구어) 위험한; 무분별한. **-héalth·i·ly** 부 **-héalth·i·ness** 명

un·heard [ʌnhə́ːrd] 형 들리지 않는; 변명을 들어주지 않는; (고어) 들어보지 못한, 전례가 없는.

go unheard ① (소리가) 들리지 않다. ② (경고 따위가) 경청되지 않다, 무시되다.

un·heard-of [-ὰv/-ɔ̀v] 형 1 들어본 일이 없는, 무명의. 2 전대미문의, 전례가 없는; 기묘한, 터무니없는.

un·heed·ed [ʌnhíːdid] 형 주의하는 이 없는, 돌보

un·heed·ful [ʌnhíːdfəl] ⓐ 조심하지 않는, 부주의 하는.
un·heed·ing [ʌnhíːdiŋ] ⓐ 경솔한, 부주의한, 조심 하지 않는(careless). ~·ly ⓐ
un·helped [ʌnhélpt] ⓐ 도움을 얻지 못한, 도움 없 이 하는.
un·help·ful [ʌnhélpfəl] ⓐ 원조하지 않는; 도움이 되지 않는, 쓸모없는. ~·ly ⓐ ~·ness ⓐ
un·hemmed [ʌnhémd] ⓐ 가장자리를 두르지 않 은, 테두리가 없는.
un·her·ald·ed [ʌnhérəldid] ⓐ 예고[전달]되지 않 은, 미리 알려지지 않은; 뜻밖의, 예상 밖의.
un·hes·i·tat·ing [ʌnhézəteitiŋ] ⓐ 서슴지 않는, 우물쭈물하지 않는, 시원시원한; 동요하지 않는, 확고 한. ~·ly ⓐ ~·ness ⓐ
un·hewn [ʌnhjúːn] ⓐ 베지[자르지] 않은, (일 따위 가) 조잡한, 거친.
un·hin·dered [ʌnhíndərd] ⓐ 방해받지 않은.
un·hinge [ʌnhíndʒ] ⓥⓣ 1 …의 경첩[돌쩌귀]를 떼 내다. 2 (억지로) …을 떼다, 떼어[갈라] 놓다. 3 …의 평 정을 잃게 하다, (마음·생각)을 혼란시키다, (정신)을 어지럽게 하다. ~·ment ⓐ
un·hip(ped) [ʌnhíp(t)] ⓐ (美俗어) =uncool.
un·his·tor·ic [ʌnhistɔ́ːrik, -táːr-/-tɔ́r-] ⓐ 1 역 사적으로 [사실이] 중요하지 않은. 2 (또는 unhistorical) 역사 적 사실에 어긋난; 비역사적인, 보편적인. -i·cal·ly ⓐ
un·hitch [ʌnhítʃ] ⓥⓣ (매놓은 말 따위)를 풀다, 놓 아주다; 떼다(from), ─ⓥⓘ 도망치다, 빠지다.
un·ho·ly [ʌnhóuli] ⓐ 1 신성하지 않은, 부정(不淨) 한. 2 신앙심이 없는; 부도덕한; 사악한. 3 (구어) 보기 흉한; 터무니 없는, 지독한. -li·ly ⓐ -li·ness ⓐ
un·hon·ored [ʌnάnərd/-ɔ́n-] ⓐ 1 존경받지 못 하는, 영예를 얻지 못한. 2 (어음이) 인수되지 않은.
un·hook [ʌnhúk] ⓥⓣ …을 갈고리에서 벗기다; (의복)의 혹을 끄르다. ─ⓥⓘ 걸쇠[훅]이 벗겨지다.
un·hoped [ʌnhóupt] ⓐ (고어) =unhoped-for.
un·hoped-for [-fɔ̀ːr] ⓐ 바라지도 않은, 예기치 않 은, 의외의, 뜻하지 않은(unexpected).
un·horse [ʌnhɔ́ːrs] ⓥⓣ 1 …을 말[안장]에서 떨어 뜨리다; 낙마시키다. 2 (마차에서 말을 떼다[풀다]. 3 (지위 따위)를 내쫓다, 실각시키다.
un·house [ʌnháuz] ⓥⓣ …을 집에서 내쫓다, …에 게서 집을 빼앗다. **-hóused** ⓐ
un·hulled [ʌnhʌ́ld] ⓐ 껍질을 벗기지 않은.
un·hu·man [ʌnhjúːmən] ⓐ 인간이 아닌; (드물게) 초인간적인; =inhuman. [manize.
un·hu·man·ize [ʌnhjúːmənàiz] ⓥⓣ =dehu-
un·hung [ʌnhʌ́ŋ] ⓐ unhang의 과거·과거분사.
─ⓐ 걸려 있지 않은; 교수형을 당하지 않은; (그림이) 전시된 일이 없는.
un·hur·ried [ʌnhə́ːrid/-hʌ́r-] ⓐ 서두르지 않는, 느긋한, 여유 있는; 침착한. ~·ly ⓐ ~·ness ⓐ
un·hurt [ʌnhə́ːrt] ⓐ 상처를 입지 않은, 다치지 않은 (uninjured); 해를 입지 않은, 무사한. [시키다.
un·husk [ʌnhʌ́sk] ⓥⓣ …의 껍질을 벗기다; 노출
un·hy·phen·at·ed [ʌnháifəneitid] ⓐ 하이픈이 붙지 않은; (인종 등이) 순수한, 순종의.
u·ni [júːni] ⓐ (濠·뉴질 구어) 대학(university).
UNI United News of India(인도 연합 통신).
u·ni- [júːni] [연결] one, single의 뜻. ¶uniform.
U·ni·ate [júːniət, -èit] ⓐ 합동 동방 가톨릭 교도(로 마 교황의 수장(首長)으로 인정하면서 그리스 정교의 전 례·관습을 지킴). (또는 **U·ni·at** [júːniæt]) **-at·ism** ⓐ
u·ni·ax·i·al [jùːniǽksiəl] ⓐ 단축(單軸)의; (결정) 단축의; (식물) 외줄기의. ~·ly ⓐ
u·ni·cam·er·al [jùːnikǽmərəl] ⓐ 1 (의회가) 단 원(제)의. 2 (생물) =unilocular. ⓐ bicameral
~·ism, ~·ist ⓐ ~·ly ⓐ
u·ni·cast [júːnikæst] ⓐ (인터넷) 유니캐스트(특정 한 수신자에게로의 송신). ⓐ multicast.

UNICE (프랑스) Union des Industries de la Communauté Européenne(유럽 공동체 산업 연맹).
UNICEF [júːnəsef] ⓐ 유엔 아동 기금, 유니세프. {<United Nations (International) Children's (Emergency) Fund}
u·ni·cel·lu·lar [jùːnəséljulər] ⓐ 단세포의.
unicéllular ánimal ⓐ 단세포 동물, 원생동물.
u·ni·cel·lu·late [jùːnəséljulət, -lèit] ⓐ 단세포 의.
u·nic·i·ty [juːnísəti] ⓐ 단일성; 독자성. [물.
U·ni·code [júːnikòud] ⓐ (컴퓨터) 유니코드(16비 트로 나타내는 세계의 문자 코드 체계; UCS의 부분 집 합에 사용). [ored)
u·ni·col·or [júːnikʌ̀lər] ⓐ 단색의. (또는 **unicol-**
u·ni·corn [júːnəkɔ̀ːrn] ⓐ 1 일각수(一角獸)(긴 뿔이 하나밖에 있 는 말 비슷한 전설상의 동물). 2 (문장(紋章)) 일각수(사자와 일 각수가 마주 서 있는 영국 왕실의 문장). 3 (성서) 외뿔 들소(←신명 기(Deut.) 33:17). 4 (the U-) (천문) 외뿔소자리, 일각수자리.
[unicorn 1]
únicorn fish [whàle] ⓐ (동 물) 일각고래(narwhal).
u·ni·cus·pid [jùːnikʌ́spid] ⓐ (이가) 첨두(尖頭) (cusp)를 하나밖에 갖지 않은. ─ⓐ 단(單)첨두 이.
u·ni·cy·cle [júːnəsàikl] ⓐⓥⓘ (곡예사 등이 쓰는) 외바퀴 자전거(에 타다). **-clist** ⓐ
un·i·de·aed [ʌnaidíːəd] ⓐ 독창성이 없는, 상상력 이 부족한, 우둔한(dull).
un·i·de·al [ʌ̀naidíːəl/-díəl] ⓐ 이상적이 아닌, 불완 전한.
un·i·den·ti·fied [ʌ̀naidéntifàid] ⓐ 동일하다고 인정할 수 없는; 확인할 수 없는; 신원 미상의.
unidéntified flýing óbject ⓐ 미확인 비행 물 체(비행 접시 따위; ⓐ UFO). [의.
u·ni·di·men·sion·al [jùːnidiménʃənəl] ⓐ 1차원
un·id·i·o·mat·ic [ʌ̀nidiəmǽtik] ⓐ (어법이) 관용 적이 아닌, 관용 어법에 맞지 않는.
u·ni·di·rec·tion·al [jùːnidirékʃənəl] ⓐ 한쪽 방 향만의, 일정한 방향으로 작용하는[움직이는]. ~·ly ⓐ
UNIDO [juːníːdou] United Nations Industrial Development Organization(유엔 공업 개발 기구).
u·ni·fi·a·ble [júːnəfàiəbl] ⓐ 통일[통합]이 가능한.
u·nif·ic [juːnífik] ⓐ 통일을 가져오는, 통합적인.
u·ni·fi·ca·tion [jùːnəfikéiʃən] ⓐⓥⓤ 통일, 단일화.
Unificátion Chúrch ⓐ (the ~) 통일 교회(한국 의 문선명 목사가 교주; 정식 명칭은 Holy Spirit Association for Unification of World Christianity).
ú·ni·fied fíeld thèory [júːnəfàid-] ⓐ (물리) 통일장(統一場) 이론. [(單花)의.
u·ni·flor·ous [jùːnəflɔ́ːrəs] ⓐ (식물) 홑꽃[단화
u·ni·fo·li·ate [jùːnəfóuliət] ⓐ (식물) 홑잎[단엽(單 葉)]의, 홑잎을 가진.
u·ni·fo·li·o·late [jùːnəfóuliəlèit] ⓐ (식물) 단소엽 (單小葉)의, 소엽이 하나만 있는.
‡**u·ni·form** [júːnəfɔ̀ːrm] ⓐ 1 모양(형식)이 같은; 동 일한. ¶ a row of ~ houses 늘어선 같은 모양의 집 들∥be ~ with (모양 따위가) …와 같다. 2 다 같은, 일률적[획일적]인, 같은 모양의(alike). ¶ ~ speed [or velocity] 똑같은 속도. 3 (행동·의견 따위가) 변함없는, 언제나 같은, 일정 불변의. ¶ gentleness with ~ 양전함. 4 질이 한결같은, 균등한, 고른. ─ⓐ (複) **-s** [-z] 1 ⓒⓤ 제복, 군복, 관복, 유니폼(ⓐ mufti, plain clothes). 2 (the ~) 군복.
in full uniform 정장으로.
out of uniform (군인 등이) 평복[사복]으로.
─ⓥⓣ 1 을 일정화하다, 같은 모양으로 만들다. 2
~·less ⓐ ~·ness ⓐ …에게 제복을 입히다.
Úniform Códe of Mílitary Jústice ⓐ (the

~)《美軍史》군사 재판 관례, 통일 군사 재판법.
únifòrm delívered prícing 圀《마케팅》획일 수송 가격(수송 거리와는 상관없이 구매자에게 동일하게 적용되는 수송 가격).
u·ni·fórmed [júːnəfɔ́ːrmd] 圀 제복을 입은, 제복의.
u·ni·fórm·i·tár·i·an [jùːnəfɔ̀ːrmətɛ́əriən] 圀《지질》균일론의; 균일론을 주장하는. —— 圀 균일론자(과거의 지질 현상과 현재의 지질 현상이 같은 작용으로 이루어졌다고 하는 설을 주장하는 사람). ~**ism** 圀
*****u·ni·fórm·i·ty** [jùːnəfɔ́ːrməti] 圀ⓊⒸ 1 동일(성), 균일(성), 한 모양(sameness), 일률, 획일(성); 동질(성), 균등(성). ¶ ~ of nature 자연의 균일성. 2 일정 불변(성), 일관(성). ¶ ~ in one's conduct 행동의 일관성. 3 단조(單調)(monotony).
the Act of Uniformity = Uniformity Act.
Unifórmity Act 圀 (the ~)《영국사》(신앙 형식) 통일령(1549, 1552, 1559, 1662년 발령).
*****u·ni·fórm·ly** [júːnəfɔ́ːrmli] 圊 한결같이, 일률적으로, 균등하게, 변함없이.
u·ni·fy [júːnəfài] 圄(-**fied**) …을 통일[통합]하다, 다 한결같이 하다, 일체화하다. —— 囝 하나가 되다. -**fi·er** 圀
u·ni·lat·er·al [jùːnəlǽtərəl] 圀 1 일방적인, 한쪽만의; 한쪽에만 제한된. 2 《법률》편무적(片務的)인, 단독적인. ¶ a ~ contract 편무 계약. 3 《식물》한쪽에만 생기는, 한쪽으로 치우친. 4 《병리》몸 한쪽에만 병이 생기는, 일측(一側(性))의. 5 《음성》혀의 한쪽만으로 조음(調音)되는. ~**ly** 圊
Unilátera1 Declarátion of Indepéndence《종주국의 동의 없이 행하는》일방적 독립 선언(略 UDI).
u·ni·lat·er·al·ism [jùːnəlǽtərəlìzm] 圀 (군축 따위에 대한) 일방적 정책 제창.
u·ni·lin·e·ar [jùːnəlíniər] 圀 착실히 곧게 발전[진화]하는, 모르는; 지식이 없는. 법인 조직이 아닌.
u·ni·lin·gual [jùːnəlíŋɡwəl] 圀 한 개 국어만을 쓰는[으로 쓰여진]. ~**ism** 圀 ~**ly** 圊
u·ni·lit·er·al [jùːnəlítərəl] 圀 단일 문자의, 한 글자로 된. ~**ly** 圊
un·il·lu·mi·nat·ed [ʌ̀nilúːminèitid] 圀 조명되지 않은; 계발되지 않은.
u·ni·lock [júːnəlɑ̀k/-lɔ̀k] 圀 (서랍 따위가 한 곳을 잠그면 전체가 잠기는) 유닐록 방식의.
u·ni·loc·u·lar [jùːnəlɑ́kjulər/-lɔ́k-] 圀《생물》단실(單室)의(하나의 실(室)로 이루어진 구조).
un·im·ag·i·na·ble [ʌ̀nimǽdʒinəbl] 圀 상상할 수 없는, 믿기 어려운, 생각조차 할 수 없는. -**bly** 圊
un·im·ag·i·na·tive [ʌ̀nimǽdʒinèitiv/-nətiv] 圀 상상력이 부족한, 창조력이 모자라는; 시적(詩的)이 아닌. ~**ly** 圊 ~**ness** 圀
u·ni·mo·lec·u·lar [jùːnəməlékjələr] 圀《화학》단분자의.
un·im·paired [ʌ̀nimpɛ́ərd] 圀 손상되지 않은; 약해지지 않은; (가치 따위가) 줄지 않은.
un·im·pas·sioned [ʌ̀nimpǽʃənd] 圀 흥분하지 않은, 격분하지 않은, 냉정한(unemotional).
un·im·peach·a·ble [ʌ̀nimpíːtʃəbl] 圀 비난의 여지가 없는, 탄핵할 수 없는, 나무랄 데 없는, 신뢰할 수 있는. ~**ness** 圀 -**bly** 圊
un·im·por·tance [ʌ̀nimpɔ́ːrtəns] 圀Ⓤ 중요하지 않음, 하찮음, 사소함.
*****un·im·por·tant** [ʌ̀nimpɔ́ːrtənt] 圀 중요치 않은, 사소한(trivial), 대수롭지 않은.
un·im·pos·ing [ʌ̀nimpóuziŋ] 圀 1 눈에 띄지 않는, 당당하지 못한, 인상적이 아닌. 2 자발적인.
un·im·press·i·ble [ʌ̀nimprésəbl] 圀 느낌이 없는, 감수성이 없는[부족한].
un·im·pres·sion·a·ble [ʌ̀nimpréʃənəbl] 圀 동하지 않는, 냉담한.
un·im·pres·sive [ʌ̀nimprésiv] 圀 인상적이 아닌; 감동을 주지 않는. ~**ly** 圊 ~**ness** 圀
un·im·proved [ʌ̀nimprúːvd] 圀 1 (기회 따위가) 이용되지 않은. 2 개량[개선]되지 않은. 3 (토지가) 경작되지 않은. 4 (건강이) 아직도 좋아지지 않은. 5 (정신이

교육 등으로) 계몽되지 않은. 6 (도로가) 사용하는 데 좋지 않은. 7 (자질·가치 따위가) 충분히 발휘[개발]되지 않은. 8 (동·식물이) 품종이 개량되지 않은.
un·in·cor·po·rat·ed [ʌ̀ninkɔ́ːrpərèitid] 圀 합병[혼합]되지 않은; 법인 조직이 아닌.
un·in·dorsed [ʌ̀nindɔ́ːrst] 圀 =unendorsed.
un·in·fect·ed [ʌ̀ninféktid] 圀 감염되지 않은; 사상[풍습]에 물들지 않은.
un·in·flam·ma·ble [ʌ̀ninflǽməbl] 圀 발화되기 힘든, 불연(不燃)성의; (감정이) 쉽게 격하지 않는.
un·in·flect·ed [ʌ̀ninfléktid] 圀 1 굴곡[만곡]이 없는. 2 (목소리 따위) 가락[상태]이 일정한. 3《문법》어미(語尾) 변화가 없는.
un·in·flu·enced [ʌ̀nínfluənst] 圀 영향을 받지 않은, 감화되지 않은; 편견이 없는, 공정한.
un·in·flu·en·tial [ʌ̀ninfluénʃəl] 圀 영향력[세력]이 없는.
un·in·form·a·tive [ʌ̀ninfɔ́ːrmətiv] 圀 정보를 주지 않는, 유익하지 않은. ~**ly** 圊
un·in·formed [ʌ̀ninfɔ́ːrmd] 圀 연락[통지]을 받지 못한, 모르는; 지식이 없는, 무식한.
un·in·hab·it·a·ble [ʌ̀ninhǽbitəbl] 圀 살기에 적합치 않은, 살 수 없는. ~**ness** 圀
un·in·hab·it·ed [ʌ̀ninhǽbitid] 圀 사람이 없는[살지 않는].
un·in·hib·it·ed [ʌ̀ninhíbitid] 圀 금지되지 않는, 억압되지 않은, (행동 따위가) 구속되지 않은, 자유로운. ~**ly** 圊 ~**ness** 圀
un·in·i·ti·ate [ʌ̀niníʃièit] 圀 충분한 경험[지식]이 없는, 미숙한, 신출내기의. —— 圀 신출내기, 풋내기.
un·in·i·ti·at·ed [ʌ̀niníʃièitid] 圀 =uninitiate.
un·in·jured [ʌ̀níndʒərd] 圀 해를 입지 않은, 손해가 없는, 상해를 받지 않은.
un·in·spired [ʌ̀ninspáiərd] 圀 영감을 받지 않은, 상상력[감흥]이 없는, 평범한.
un·in·spir·ing [ʌ̀ninspáiəriŋ] 圀 영감을 주지 않는, 활기차게 하지 않는.
un·in·stall [ʌ̀ninstɔ́ːl] 囝《컴퓨터》언인스톨하다 (인스톨한 애플리케이션을 삭제하다).
~**er** 언인스톨용 프로그램. -**stal·lá·tion** 圀
un·in·struct·ed [ʌ̀ninstrʌ́ktid] 圀 가르침을 받지 못한, 무지한; 지시[훈령, 명령]를 받지 않은. ~**ly** 圊
un·in·struc·tive [ʌ̀ninstrʌ́ktiv] 圀 비교육적인, 도움이 안 되는.
un·in·sur·a·ble [ʌ̀ninʃúərəbl] 圀 보험에 들 수 없는.
un·in·sured [ʌ̀ninʃúərd] 圀 보험에 들지 않은.
un·in·tel·li·gent [ʌ̀nintélədʒənt] 圀 지력이 모자라는, 지적이 못 되는, 어리석은. -**gence** 圀 ~**ly** 圊
un·in·tel·li·gi·ble [ʌ̀nintélidʒəbl] 圀 이해할 수 없는, 난해한, 뚜렷하지 못한. -**tèl·li·gi·bíl·i·ty**, ~**ness** 圀 -**bly** 圊
un·in·tend·ed [ʌ̀nintándid] 圀 고의가 아닌, 의도적이 아닌.
un·in·ten·tion·al [ʌ̀nintánʃənəl] 圀 고의가[고의적이] 아닌, 무심코 한. ~**ly** 圊
un·in·ter·est [ʌ̀níntərəst] 圀 관계 없음; 무관심.
un·in·ter·est·ed [ʌ̀níntərəstid] 圀 1 무관심한, 냉담한. ⇒INDIFFERENT 圁 ¶ ~ in business 장사에 무관심한. 2 …에 관계가 없는. ~**ly** 圊 ~**ness** 圀
un·in·ter·est·ing [ʌ̀níntəristiŋ] 圀 흥미가 없는, 재미없는, 시시한, 지루한. ~**ly** 圊 ~**ness** 圀
un·in·ter·rupt·ed [ʌ̀nìntərʌ́ptid] 圀 중단되지 않은, 연속되는(continuous). ~**ly** 圊
un·in·ter·rupt·i·ble [ʌ̀nìntərʌ́ptəbl] 圀 중단되지 않는, 부단의, (전원(電源)이) 비상(공급)용의.
uninterrúptible pówer supplý 圀《전기》무(無)정전 전원(장치)(전력이 중단되었을 때 일정 시간 동안 공급하는 비상용 전원 장치; 略 UPS).
un·in·ven·tive [ʌ̀ninvéntiv] 圀 발명의 재주가 없는, 창의력이 모자라는. ~**ly** 圊 ~**ness** 圀
un·in·vest·ed [ʌ̀ninvéstid] 圀 1 투자가 되지 않

un·in·vit·ed [ʌninváitid] 행 초대되지 않은; 주제 넘게 나서는. ¶an ~ guest 불청객. **~·ly** 부
un·in·vit·ing [ʌninváitiŋ] 행 남의 마음을 끌지 못하는; 매력 없는. **~·ly** 부. **~·ness** 명
un·in·volved [ʌninvάlvd/-vɔ́lvd] 행 1 복잡하지 않은, 간단한(simple). 2 관련되지 않은.

‡**un·ion** [júːnjən] 명 (~s [-z]) 1 ⓤⓒ 결합, 합병. ¶the ~ of two political parties 두 정당의 통합 / in ~ 공동으로 / U- *is* [*or gives*] *strength*. (속담) 단결은 힘이다.

유의어 **union** 공동의 목적을 갖고 하나로 뭉치는 일, 그런 조직체; 각 요소간의 조화·협력을 강조하는 말. **unity** 여러 가지 요소로 성립되어 있으나 분할할 수 없는 단일(통일)체임을 강조하는 말. **solidarity** 일체가 되어야 발휘하는 힘을 강조하는 말.

2 연합 국가, 연방. ⇨ ALLIANCE 유의어 3 (the U-) a) =(the) United States. b) =(the) United Kingdom. c) England와 Scotland의 연합(1707년). d) Great Britain과 Ireland의 연합(1801년). e) 〔美역사〕 (남북전쟁 때의) 북부, 북부 연합〔각주〕 @ confederacy 3). 4 연합의 표상(表章)〔미국 국기의 휜 별 부분〕; 영국 국기(U- Jack). 5 결혼; ⓤ 부부 사이; 화합, 일치. 6 노동 조합; 조합; 동맹, 연합. ¶a craft ~ 직업별 조합. 7 〔영〕 (구빈법〔교구법〕을 시행하기 위한 옛날의) 빈민 구제 연합; 구빈원(workhouse). 8 (보통 the U-) 〔美〕 학생 클럽. 9 〔기계〕 접합관(管). 10 〔식물〕 교직(물). 11 〔의학〕 유착, 유합(癒合). 12 〔수학〕 합집합(集合), 합병 집합. 13 화합물. 「로 올리다.

fly a flag union down (조난 신호로서) 기를 거꾸
Únion Ármy 〔美역사〕 (남북 전쟁 때의) 북부군.
únion avóidance càmpaign 〔美〕 (기업이 노동 조합에 대해 하는) 노사 협조 캠페인.
únion càrd (노동 조합원의) 조합원증; (비유적) 절대적으로 필요한 자격〔조건〕. 「〔도서〕 목록.
únion càtalog 명 (둘 이상의 도서관의) 종합〔통합〕
Únion Flág (the ~) 영국의 연합 왕국 국기, 영국 국기(Union Jack).
únion hòuse 〔英역사〕 구빈원(救貧院). (또는 union wòrkhouse)
un·ion·ism [júːnjənìzm] 명 ⓤ 1 노동 조합주의. 2 (U-) 〔美역사〕 (남북 전쟁중의) 연방주의. 3 〔英역사〕 (보통 U-) 연합주의, 통일주의(⑧ unionist 3). 4 (기독교의) 교회 합동주의(운동).
un·ion·ist [júːnjənist] 명 1 노동 조합원; 노동 조합주의자. 2 (U-) 〔美역사〕 (남북 전쟁중의) 연방주의자. 3 〔英역사〕 연합주의자, 통일주의자(영국과 아일랜드의 연합 왕국 관계의 유지를 주장하는 사람들). 4 신교 각파의 통일주의자. **-ís·tic** 형
un·ion·ize [júːnjənàiz] 타 (*英* -ise) 〔공장 등에) 노동 조합을 만들다; …을 노동 조합에 가입시키다, 노동 조합의 규칙에 따르게 하다. — 재 노동 조합을 조직하다; 노동 조합에 가입하다. **-i·zá·tion, -ìz·er** 명
únion jàck (연합 깃발(旗章); (the ~) (종종 U- J-) 영국 국기(Union Flag).
únion lànguage 명 통합어(가까운 여러 방언의 특징을 결합하여 인공적으로 만든 합성 언어).
únion list 명 (도서관의) 간행물 종합 목록.
Únion of Sóviet Sócialist Repúblics 명 (the ~) 소비에트 사회주의 공화국 연방(옛 Soviet Union(소련)의 정식 명칭; @ U.S.S.R., USSR).
únion scále 명 최저 임금.
únion schóol 명 〔美〕 합동 학교.
únion shòp 명 유니언 숍(노동 조합원 또는 취업 후 일정 기간(보통 30일) 안에 반드시 노동 조합에 가입하기로 한 노동자만 채용하는 사업장(기업체)). ⑧ open shop, closed shop

únion státion 명 합동역(둘 이상의 철도나 수송 회사가 공동으로 사용하는 역). 「〔美의〕.
únion súit 명 〔美〕 콤비네이션(위아래가 한데 붙은
únion wòrkhouse 명 =union house.
u·nip·ar·ous [juːnípərəs] 행 〔동물〕 한 번에 새끼(알) 하나를 낳는; 〔식물〕 홑꽃자루의. 「지 않는.
u·ni·par·tite [juːnipάːrtait] 행 한 부분으로 나누어
u·ni·ped [júːnəped] 명 (전설적인) 발〔다리〕이 하나뿐인 사람〔동물〕. — 행 발이 하나뿐인.
u·ni·pla·nar [jùːniplɛ́inər] 행 단일 평면상의〔에 한정된〕. ¶ ~ motion 평면 운동.
u·ni·pod [júːnəpɔd/-pɔ̀d] 명 일각(一脚)〔외다리〕 의자〔테이블 따위〕; (카메라용의) 일각.
u·ni·po·lar [jùːnipóulər] 행 1 〔물리〕 단극(單極)의. ¶ ~ induction 단극 유도. 2 〔해부〕 (신경 세포 따위가) 단극(성)의. **-po·lár·i·ty** 명 「성(單能性)의.
u·ni·po·tent [juːnípətənt] 행 〔생물〕 (세포가) 단능

‡**u·nique** [juːníːk] 행 1 유일한. ⇨ ONLY 유의어 2 독특한, 비길 데 없는, 유례없는. 3 진기(희귀)한, 좀처럼 없는; 굉장한, 멋있는. ¶He is the most ~ man I ever met. (구어) 그는 내가 이제까지 만난 중에 가장 훌륭한 인물이다. — 명 유일한〔독특한, 비길 데 없는〕 사람〔사물〕. **~·ness** 명
u·nique·ly [juː(ː)níːkli] 부 유례없이, 독특하게; 특유의 형태〔방법〕로. ¶ ~ abled 특유의 능력이 있는(* disabled, handicapped 따위의 완곡한 표현).
uníque nóun 명 고유 명사.
u·ni·ra·mous [jùːnəréiməs] 행 〔식물〕 가지가 하나인, 외가지의. (® uniramose)
un·i·roned [ʌnáiərnd] 행 다림질하지 않은.
un·ir·ra·di·at·ed [ʌnirɛ́idièitid] 행 〔방사능에〕 노출 되지 않은, 방사능을 받지 않은.
u·ni·sex [júːnəseks] (구어) 행 (복장 따위가) 남녀 구별이 없는, 모노〔유니〕 섹스의, 남녀 공통(공용)의. — 명 모노〔유니〕 섹스의 것〔사람〕.
~ed 행 남녀의 구별이 없는.
u·ni·sex·u·al [jùːnəséksjuəl] 행 1 단성(單性)의; 〔식물〕 자웅 이화(異花)의. ¶a ~ flower 단성화(花). 2 =unisex. **-sèx·u·ál·i·ty** 명. **~·ly** 부
UNISIST [júːnəsist] 명 유니시스트, 유엔 정부간 과학 기술 정보 교류 기관. (또는 **Unisist**) (<*United Nations Intergovernmental System of Information in Science and Technology*)
un·i·so·lat·ed [ʌnáisəlèitid] 행 떨어져 있지 않은, 고립되지 않은.

***u·ni·son** [júːnəsn, -zn] 명 ⓤⓒ 1 (소리·목소리 따위의) 조화, 일치. 2 〔음악〕 동음(同音), 같은 도(度); 제창(齊唱); 제주(齊奏). 3 (내적) 완전한 일치.
in unison ① 일치하여, 조화되어. ② 제창으로, 제주 — 행 같은 음의, 같은 도(度)의. 「(齊奏)로.
u·nis·o·nance [juːnísənəns] 명 ⓤ 음의 일치; 동음; 동조(同調). **-nant** 행
u·nis·o·nous [juːnísənəs] 행 1 동음의, (음이) 같은. 2 일치한, 조화한 . (® unisonal)

‡**u·nit** [júːnit] 명 1 한 사람, 한 개. ¶a ~ price 단가. 2 일단, 일군(群); 〔군사〕 부대; (복합체의) 구성 단위. 3 〔물리〕 단위(單位). ¶the C.G.S. system of ~s 센티미터·그램·초(秒) 단위제. 4 〔교육〕 (학과 학습의) 단위; 단원(單元). 5 (약·면적·화폐의) 단위. 6 〔기계·장치의〕 구성 부분; (특정한 기능을 가진) 장치 〔기구, 설비〕 일습. ¶an input ~ (컴퓨터의) 입력 장치.
be a unit 〔美〕 일치하다, 일치되어 있다.
— 행 단위의, 단위를 구성하는. ¶a 유닛식의. ¶ ~ furni-
Unit. Unitarian. 「ture 유닛식 가구.
UNITA [júːnətὰː/juː(ː)níːtə] 명 앙골라 완전 독립 민족 동맹. (또는 **Unita**) (<*Port União Nacional para a Independência Total de Angola*)
u·nit·a·ble [juːnáitəbl] 행 결합〔연합, 합동〕할 수 있

는. (또는 **uniteable**) 「규정; 단위량.
u·nit·age [júːnitidʒ] 圀 (비타민 따위의) 단위량の
UNITAR [júːnətɑːr] 유엔 훈련 조사 연수원.
〔<United Nations Institute for Training and Research〕
U·ni·tar·i·an [jùːnətɛ́əriən] 圀 **1** 유니테어리언 교도(삼위일체설(Trinity)을 부인, 그리스도를 신격화하지 않고 신은 하나뿐이라고 주장하는). **2** (u-) 단일 정부주의자, 중앙 집권주의자. **3** (u-) 일신(一神)론자; 단일제(單一制)론자, 일원론자(monist). —圀 유니테어리언派의, 유니테리언파 교리의; (u-) =unitary.
U·ni·tar·i·an·ism [jùːnətɛ́əriənizm] 圀 ① **1** 유니테리언파의 교리. **2** (때로 u-) 통일주의; 단일제, 일원론.
u·ni·tar·i·ty [jùːnətǽrəti] 圀 [원자물리] 단일성(이)
u·ni·tar·y [júːnətèri/-təri] 圀 **1** 단일의, 한 개의; 단위의[로서 쓰이는]. ¶ ~ matrix [수학] 유니터리 행렬. **2** 통일의; 중앙 집권의; 단일(제)의, 일원론의. **3** 일체의, 일체물의, 일체 성형(成形)의. **4** [철학] 일원론의(一元論). **-tar·i·ly** 閏 **-tar·i·ness** 圀
únitary táx 圀 (美) 합산 과세(기업 과세 방식).
únit céll 圀 [결정] 단위 격자(單位格子).
únit cháracter 圀 [생물] 단위 형질(形質).
únit círcle 圀 [수학] 단위원(圓).
únit cóst 圀 단위 원가, 단가.
ú·nit-dose páckaging [-dòus-] 圀 [약학] 단일[1회 복용분] 포장. (또는 **únit-dòse páckage, únit pácking**)
‡**u·nite¹** [juː(ː)náit] 홴 (**-nit·ed**; **-nit·ing**) 턤 **1** …을 결합하다, 하나로 하다. 합동[합체]시키다, 합병하는; …을 접합하다(to, with); (의견 따위)를 일치시키다[합치하다](in, into). ⇨JOIN 문의이 ¶ (~+圀+젠+圀)
two countries into one kingdom 두 나라를 합병하여 하나의 왕국을 만들다 / ~ bricks with[or by] cement 시멘트로 벽돌을 접합하다. **2** (밀접한 관계로) …을 맺다, 결혼시키다(to). ¶ ~ two families by marriage 결혼으로 양가를 맺다. **3** (성질 따위)를 함께 지니다, 겸비하다. ¶ She ~s beauty and intelligence. 그녀는 재색을 겸비했다.
— 홴 **1** 일체가 되다, 합동[합체]하다, 결합하다, 합병하다(with). ¶ (~+젠+圀) Oil will not ~ with water. 기름은 물과 섞이지 않는다. **2** (행동·의견 따위가) 일치하다, 협동[협력]하다(with/in/for/against). ¶ (~+젠+圀) (~+to do) ~ in fighting public nuisances; ~ to fight public nuisances 일치단결해서 공해와 싸우다. **3** (고어) 결혼하다, 결혼하여 부부가 **u·nit·a·ble, ~·a·ble** 閏 **u·nít·er** 圀 「되다.
u·nite² [júːnait, juːnáit] 圀 유나이트 금화 (James 1세 및 Charles 1세 시대의 영국 금화).
‡**u·nit·ed** [juː(ː)náitid] 圀 (**more ~**; **most ~**) **1** 연합[합체], 결합한. ¶ in one ~ body 일체가 되어 / break into a ~ laugh 일제히 웃음을 터뜨리다. **2** 공휴협력, 단결[한, 일치한. ¶ a ~ family 원만한 가정. **~·ly** 閏 **~·ness** 圀
United Áirlines 圀 유나이티드 항공(미국의 민간 항공 회사; 〒 UAL: 코드 UA).
United Árab Émirates 圀(動) (the ~) 아랍 에미리트 연방(아라비아 반도 동북부, 페르시아만에 면한 공화국; 수도 Abu Dhabi; 〒 U.A.E.).
United Árab Repúblic 圀 (the ~) 아랍 연합 공화국(〒 U.A.R.: Arab Republic of Egypt의 옛 이름).
United Automobile Wórkers 圀 (the ~) 전미(全美) 자동차 노동 조합(〒 UAW). (또는 **United Áuto Wórkers**)
United Bréthren 圀 (the ~) 모라비아파(Moravians)(보헤미아인 John Huss를 교조로 하여, 19세기초 미국에서 일어난 신교의 한 파). 「front.
united frónt 圀 **1** 통일[공동] 전선. **2** =popular

‡**United Kíngdom** 圀 (the ~) 연합 왕국, 영국(그레이트 브리튼과 북아일랜드를 합한 명칭; 정식 명칭은 the United Kingdom of Great Britain and Northern Ireland; 수도 London; 〒 U.K.).
‡**United Nátions** 圀(動) (the ~) **1** (단수취급) 국제 연합, 유엔(〒 U.N., UN). **2** 반추축(反樞軸) 연합국(유엔의 기초가 되었다).
United Nátions Chárter 圀 (the ~) 유엔 헌장.
United Nátions Chíldren's Fúnd 圀 (the ~) =UNICEF. 「(〒 UNC).
United Nátions Commánd 圀 유엔군 사령부
United Nátions Cónference on Science and Technólogy for Devélopment 圀 (the ~) 유엔 과학 기술 개발 회의(〒 UNCSTD).
United Nátions Dáy 유엔의 날(10월 24일).
United Nátions Devélopment Prógram 圀 (the ~) 유엔 개발 계획(〒 UNDP).
United Nátions Disáster Relíef Organizátion 圀 (the ~) 유엔 재해 구제 기관(〒 UNDRO).
United Nátions Económic and Sócial Cóuncil 圀 (the ~) 유엔 경제 사회 이사회(〒 ECOSOC).
United Nátions Educátional, Scientífic and Cúltural Organizátion 圀 (the ~) 유엔 교육 과학 문화 기구, 유네스코(〒 UNESCO).
United Nátions Géneral Assémbly 圀 (the ~) 유엔 총회(〒 UNGA).
United Nátions Hígh Commíssioner for Refugées 圀 (the ~) 유엔 난민 고등 판무관(〒 UNHCR). 「사무국.
United Nátions Secretáriat 圀 (the ~) 유엔
United Nátions Secúrity Cóuncil 圀 (the ~) 유엔 안전 보장 이사회(〒 UNSC).
United Nátions sýstem 圀 국제 연합 체계(유엔 및 그 외곽 기관으로서의 국제적 협력 기구들의 집단).
United Préss Internátional 圀 (the ~). 유피아이 통신사(1958년 UP와 INS가 합병 발족; 〒 UPI).
United Refórmed Chúrch 圀 (the ~) 연합 개혁 교회(1972년 장로파와 회중파 교회가 합동하여 만든 신교의 일파). 「(〒 USAF).
United Státes Áir Fórce 圀 (the ~) 미국 공군
United Státes Ármy 圀 (the ~) 미국 육군(〒 USA). 「USN).
United Státes Návy 圀 (the ~) 미국 해군(〒
‡**United Státes (of América)** 圀 (the ~) (단수취급) 아메리카 합중국, 미국(50개 주로 된 연방 공화국; 수도 Washington, D.C.) (〒 America, the States, U.S., U.S.A., USA).
United Wáy (of América) 圀 (the ~) 유나이티드 웨이(오브 아메리카)(미국의 자선 단체; 〒 UWA).
uni·term [júːnətəːrm] 圀 [도서관] (문서 색인 기술(記述) 항목의) 단일항(單一項).
únit fáctor 圀 [생물] 단위 유전 인자, 단일 인자.
unit·hold·er [júːmithòuldər] 圀 (英) unit trust의 투자자[수익자].
u·ni·tive [júːnətiv] 圀 결합력이 있는; 조화시키는. **~·ly** 閏 **~·ness** 圀
u·nit·ize [júːnətaiz] 홴턤 …을 하나로 하다, 일체화시키다, (화물)을 통일하다. **-i·zá·tion, -iz·er** 圀
únit pácking 圀 [약학] = unit-dose packaging.
únit príce 圀 단가(單價); 세트 요금.
únit prícing 圀 [경제] 단가[단위 가격] 표시.
únit prócess 圀 [화학] 단위 공정.
únit rúle 圀 (美) 단위(선출)제(한 주(州)의 대의원 과반수가 지지하는 후보에게 그 주의 대의원 전원이 투표한 것으로 간주하는 민주당 전국 대회의 선거 방법).
únit(')s pláce 圀 [수학] (아라비아 숫자의) 1자리.
únit tráin 圀 단일 화물 열차.

únit trùst 图 1 (英) 유닛형 (투자) 신탁, 개방식 투자 신탁(fixed trust). 2 (또는 **unitrust**) (英) 계약형 투자 신탁 회사(mutual fund).
únit vèctor 图 (수학·물리) 단위 벡터(길이가 1인
únit vòlume 图 단위 체적.
***u·ni·ty** [júːnəti] 图 1 ⓤ 하나임, 단일[통일](성), 결속성(*between*); ⓒ 단일[통일]체, 개체. ⇨ UNION 〔유의어〕 ¶ find ~ in variety [*or* diversity] 다양한 가운데서 통일을 찾아내다. 2 ⓤ 일치; 화합, 조화(*between*). 3 ⓤ 불변성, 일관성. ¶ lack ~ in speech and action 언행에 일관성이 없다. 4 (수학) 1의 수; 1로 간주되는 양. 5 the -ties (연극) 삼일치(三一致)의 법칙의 하나. ¶ the (three) *unities* 삼일치(三單一), 삼일치(三一致) (연극 구성의 필요 조건으로 생각되었던 시간의 일치, 장소의 일치, 행동의 일치). 6 ⓤ (법률) 공동 보유. 7 (U-) 일체파(一體派)(20세기 미국의 종교 운동).
at [*or in*] *unity* 일치하여, 사이좋게(*with*). ¶ *live in* [*or at*] ~ *with* all 누구와도 사이좋게 살아가다.
the (dramatic) unities; the unities of place, time, and action (연극) 삼일치. ⇨ unity 5
univ. universal(ly); university. **Univ.** Universalist; University.
Uni·vac [júːnivæk] 图 (상표) 유니백 (컴퓨터). [<*Univ*ersal *A*utomatic *C*omputer]
u·ni·va·lence [jùːnəvéiləns, juːnívə-] 图 ⓤ (화학) 일가(一價); univalency]
u·ni·va·lent [jùːnəvéilənt, juːnívə-] (화학) 일가(一價)의; (유전) (염색체가) 일가(一價)의, 단가(單價)의. ── 图 (유전) 일가 염색체.
u·ni·valve [júːnəvælv] 图 단판(單瓣)의; (조개 따위가) 단각(單殼)의. (또는 **univalved, univalvular**) ── 图 (연체) 동물; 그 조개 껍질.
‡**u·ni·ver·sal** [jùːnəvəːrsəl] 图 1 (어느 집단의) 전체 [전부, 전원]의; 일반적인; 널리 실시되고 있는. ¶ the ~ weakness of mankind 인간의 일반적인 약점 / ~ superstitions 널리 퍼져 있는 미신. 2 전우주의, 전세계의, 만유의, 삼라만상의; 만인(공통)의, 전인류의; 보편적인. ¶ ~ gravitation 만유 인력. 3 만능의, 박식한, 못하는 일이 없는. ¶ a ~ provider[maid] 만물상[잡역부(婦)]. 4 (논리) 전칭(全稱)의. ¶ a ~ negative proposition 전칭 부정 명제. 5 (기계) 모든 모양·위치의 물건에 맞는, 만능의. 6 (법률) 개인의 권리·의무 일체를 포괄하는 (데 관한). ── 图 1 보편적 실재. 2 (어느 민족·전인류의) 보편적 특성[행동 양식]. 3 (논리) 전칭 명제; (the ~) (철학) 일반 개념, 형이상학적 실체. 4 (기계) =~ joint. **~ness** 图
univérsal affírmative 图 (논리) 전체[전칭] 긍정.
univérsal ágent 图 총대리인.
univérsal bánking 图 (금융) 유니버설 뱅킹(은행 업무와 증권 업무의 겸영(兼營)).
Univérsal Cháracter Sèt 图 (컴퓨터) 만국 부호화 문자 집합(전세계의 문자 코드 체계; ② UCS).
univérsal cláss 图 = universal set.
univérsal cómpass 图 (기계) 자재(自在) 컴퍼스.
Univérsal Cópyright Convéntion 图 (the ~) 국제 저작권 협정(② U.C.C.).
univérsal cóupling 图 = universal joint.
Univérsal Décimal Classificátion 图 (도서관) 국제 십진 분류법(② U.D.C.).
Univérsal Declarátion of Húman Ríghts 图 (the ~) 세계 인권 선언.
univérsal dónor 图 (O형의) 만능 공혈자(의 혈액), O형 혈액(인 사람). 〔상수〕
univérsal gás cónstant 图 (물리) 보편 기체
univérsal grámmar 图 (언어) 보편 문법.
u·ni·ver·sal·ism [jùːnəvəːrsəlìzm] 图 1 일반성, 보편성. 2 박식, 해박. 3 (U-) 보편 구제설(결국은 만인이 구원받는다는 신앙). 4 (사회) 보편주의.
u·ni·ver·sal·ist [jùːnəvəːrsəlist] 图 박식한 사람; 만능인(人); (U-) 보편 구제설 신봉자. ── 图 보편적인, 전체[전반]의; (U-) 보편 구제주의(자)의.
u·ni·ver·sal·is·tic [jùːnəvəːrsəlístik] 图 전체의; 보편적인; 전인류적인; (U-) 보편 구제주의(자)의.
u·ni·ver·sal·i·ty [jùːnəvəːrsǽləti] 图 ⓤ 1 보편성, 일반성. 2 (지식·관심 따위의) 다면성, 광범위함.
u·ni·ver·sal·ize [jùːnəvəːrsəlàiz] 图(타) …을 보편화하다, 일반화하다; …을 보급시키다.
-vèr·sal·i·zá·tion, -iz·er 图
univérsal jóint 图 (기계) 자재(自在) 이음쇠.
univérsal lánguage 图 1 세계어, 만국 공통어. 2 세계 어느 곳에서나 쓰이고 이해되는 표현 일반. ¶ Music is a ~. 음악은 세계 공통어이다.
***u·ni·ver·sal·ly** [jùːnəvəːrsəli] 图 1 보편적으로, 일반적으로; 도처에, 두루. 2 (논리) 전칭적(全稱的)으로.
univérsal mótor 图 (전기) 직교류 겸용 모터.
univérsal négative 图 (논리) 전칭[전체] 부정.
univérsal pártnership 图 (법률) 공동 조합.
Univérsal Póstal Únion 图 (the ~) 만국 우편 연합(1875년 스위스 베른(Bern)에서 결성; ② UPU).
Univérsal Próduct Còde 图 (美) 만국 제품 부호, 통일 상품 식별 코드; ② UPC).
univérsal propositión 图 (논리) 전칭[전체] 명제.
univérsal recípient 图 (AB형의) 만능 수혈자(受血者)(의 혈액), AB형 혈액.
univérsal rúle 图 (예외가 없는) 보편적 규칙.
univérsal sét 图 (수학) 전체 집합; (논리) 보편 집합.
univérsal spáce 图 (건축) 균질 공간. 〔합.
univérsal súffrage 图 보통 선거권.
univérsal tìme 图 (천문) 세계시(時)(Greenwich mean time과 같음; ② UT).
univérsal tìme coórdinated 图 협정 세계시 (時)(② UTC).
‡**u·ni·verse** [júːnəvəːrs] 图 (廖 **-vers·es** [-iz]) 1 (the ~) 우주, 만물, 삼라만상; 은하계, (천문학적인) 우주. ¶ island ~s beyond the Milky Way system 은하(銀河)계 밖의 섬우주.
〔유의어〕 **universe** 물질·현상의 총칭으로서의 우주. **cosmos** chaos(혼돈(混沌))에 대하여 질서 정연한 체계로서의 우주. **space** 물질이 존재하고 현상이 일어나는 무한한 공간으로서의 우주.
2 (the ~) 전세계; 전인류. 3 전지배(圈), 활동권, 분야, 영역. ¶ the ~ of discourse (논리) 논의 영역. 4 (the ~) (논리) 일체물(一切物). 5 (수학) 보편 집합, 전체 집합(universal set). 6 (통계) 모집단(母集團).
U·ni·ver·si·ade [jùːnəvəːrsiǽd] 图 유니버시아드, 국제 학생 경기 대회.
‡**u·ni·ver·si·ty** [jùːnəvəːrsəti] 图 (廖 **-ties** [-z]) 1 종합 대학교, 대학(廖 college). ¶ a ~ for women; a women's ~ 여자 대학교 / enter the ~ 대학에 들어 가다 (* college의 경우는 관사 없이 사용) / graduate from a ~ 대학을 졸업하다 / go to a[*or* the] ~ 대학에 가다 (* (英)에서는 관사 없이 go to *university*라고도 한다). 2 (the ~) 전(수)대학생; 대학 당국[직원]. 3 대학 부속 건물; 대학의 시설. 4 대학 팀[선수단]. 5 (형용사적) 대학의, 대학에 관계하는. ¶ a ~ professor[press] 대학 교수[신문]. **-vèr·si·tár·i·an** 图
univérsity cóllege 图 1 (美) 부속 단과 대학; (성인 교육을 위한) 야간 대학. 2 (英) (U- C-) Oxford 대학의 단과 대학의 하나; London 대학의 단과 대학의 하나. 〔강좌.
univérsity exténsion 图 개방 대학, 대학 공개
Univérsity of the Áir 图 (英) 방송 대학(Open University); (美) 개방 대학.
u·niv·o·cal [juːnívəkəl/jùːnivóu-] 图 1 다른 뜻으로 헷갈리지 않는, 한 뜻밖에 없는, 단일 뜻의; 모호하지

않은. 2 동음의, 같은 음성을 내는. — 일어의(一義
-cál·i·ty -ly
UNIX [júːniks] 〔컴퓨터〕 유닉스(AT&T사의 시
(時)분할 처리 시스템용 OS). (또는 **Unix**)
un·jad·ed [ʌndʒéidid] 피폐하지 않은; 신선한.
un·join [ʌndʒɔ́in] ...을 분리하다, 떼놓다.
un·joined [ʌndʒɔ́ind] 결합[가입]되어 있지 않
은; 분리된.
un·joint [ʌndʒɔ́int] ...의 매듭을 풀다, 이음매
를 풀다; 떼어 놓다, 분리하다. ~**ed** 결합되지 않은.
un·ju·di·cial [ʌ̀ndʒuːdíʃəl] 재판관으로 부적격
한; 불공평한, 부정한.
‡**un·just** [ʌndʒʌ́st] (*more* ~; *most* ~) 옳지 못
한, 불법적인; 불공평한, 부당한. ¶an ~ judge 불공평
한 판사 / It is ~ of you to say so. 네가 그런 말을 한
다는 것은 사리에 맞지 않는다. ~**·ly** ~**·ness**
un·jus·ti·fi·a·ble [ʌndʒʌ́stəfàiəbl] 변명이 될
수 없는, 이치에 맞지 않는, 조리가 서지 않는.
-bly ~**·ness**
un·kempt [ʌnkémpt] (머리 따위가) 빗질하지
않은; (복장 따위가) 단정치 못한(untidy), 흐트러진;
(정원 따위가) 손질이 되지 않은; (말 등이) 세련되지 않
~**·ly** ~**·ness**   ㅣ은.
un·kenned [ʌnkénd] (스코) 알려지지 않은, 미
지의. (또는 **unkent**)
un·ken·nel [ʌnkénl] (*-l-*, (英) *-ll-*) 1 (개
따위)를 개집에서 내놓다[풀어주다]; (여우 따위)를 숨
은 데(굴 따위)에서 몰아내다. 2 ...을 드러내다, 폭로하다.
— (...에서) 나오다.
un·kept [ʌnképt] 유지되지 않은, 보존되지 않은;
(규칙 따위가) 지켜지지 않은, 무시되고 있는.
‡**un·kind** [ʌnkáind] (~*er*; ~*est*) 1 불친절한,
몰인정한, 인정[동정심] 없는 냉혹[냉정]한; 심술궂은.
¶ It is ~ of you to do that. 그런 짓을 하다니 너 고약
하구나. 2 (英방언) (날씨 따위가) 나쁜, 고약한, 험심한.
~**·ness**
un·kind·ly [ʌnkáindli] =unkind. — 불친
절하게, 몰인정하게. **-li·ness**
un·king [ʌnkíŋ] (남)에게 왕위를 빼앗다;
(왕)을 폐위시키다.
un·king·ly [ʌnkíŋli] 임금[왕]답지 못한.
unk·jay [ʌ́ŋkjei] (속어) 마약 상용자; 마약(junk).
un·knight·ly [ʌnnáitli] 기사답지 않은; 기사에 어
울리지 않는. — 기사답지 않은 태도로. **-li·ness**
un·knit [ʌnnít] (~, ~*ted*; ~*ting*) 1 (매듭
따위)를 풀다, 끄르다. 2 (주름 따위)를 펴다. 3 약하게
하다, 힘을 빼다. ~ **풀리다, 풀어지다. ~·ta·ble**
un·knot [ʌnnɑ́t/-nɔ́t] (*-tt-*) ...의 매듭을 풀
다[끄르다](untie).
un·know·a·ble [ʌnnóuəbl] 알 수 없는; 〔철학〕
불가지(不可知)의. — (the U-) 〔철학〕 불가지 존
재, 절대. **-bíl·i·ty** **-bly**
un·know·ing [ʌnnóuiŋ] 모르는, 알지 못하는
(*of*); 알아차리지[깨닫지] 못하는, 무지(無知)의.
~**·ly** ~**·ness**
‡**un·known** [ʌnnóun] 1 알려지지 않은(*to*); 미지
의, 불명의, 미상(未詳)의; 미경험의; 무명의(ⓦ well-
known). ¶an ~ artist 무명 화가 / ~ delights 겪어
보지 못한 기쁨. 2 헤아릴[셀] 수 없는; 말로 표현할 수
없는. 3 〔수학〕 미지의.
unknown to ...에게 알려지지 않고[않은]. ¶an au-
thor ~ *to* the reading public 일반 독자에게는 알려
지지 않은 작가.
— (*pl.* ~*s* [-z]) 1 (세상에) 알려지지 않은 사람
[것]; 무명인; (보통 the ~) 미지의 것, 미지의 세계. 2
(수학) 미지수; 미지수를 나타내는 부호(x, y 따위).
~**·ness**
Unknówn Américan 무명 미국 용사(2차 대

전 또는 한국 전쟁의 무명 전사자를 대표하여 모셔진 각
1명의 병사; 묘소는 Arlington 국립 묘지).   ㅣ제.
unknówn cóuntry 미지의 나라; 잘 모르는 화
unknówn quántity 1 〔수학〕 미지수[량]. 2
(비유적) 그 진가를 예측할 수 없는 사람[것].
Únknown Sóldier [(英) **Wárrior**] (the ~)
무명 용사의(美)에서는 Arlington National Cemetery,
(英)에서는 Westminster Abbey에 묘가 있음).
UNKRA *United Nations Korean Reconstruction
Agency*(유엔 한국 부흥 위원단). (또는 **Unkra**)
unk-unks [ʌ́ŋkʌ̀ŋks] 미지의 요소.
un·la·beled [ʌnléibld] 꼬리표가 붙지 않은; 분
류되어 있지 않은. (또는 (英) **unlabelled**)
un·la·bored, (英) **-boured** [ʌnléibərd] 1 애
쓰지 않고 얻은. 2 경작되지 않은. 3 (문체 따위가) 자연
스러운, 시원스러운.
un·lace [ʌnléis] 1 (의복·구두)의 끈을 풀다[늦
추다]; (남)의 옷을 벗기다[느슨하게 하다]. 2 (페어) ...
을 욕되게 하다.
un·lade [ʌnléid] 〔배 따위〕의 짐을 내리다,
(짐)을 부리다(*from*). — 짐을 부리다.   ㅣ없는.
un·lad·en [ʌnléidn] 짐을 싣지 않은(상태의), 짐
un·la·dy·like [ʌnléidilàik] 귀부인[숙녀]답지 않
은, 정숙하지 않은; 천한.
un·laid [ʌnléid] unlay의 과거·과거분사.
— 1 배치되지 않은; 설치되지 않은; 밥상이 차려지
지 않은; 준비되지 않은. 2 (시체가) 매장되지 않은; 진
정되지 않은, 헤매는. 3 (밧줄 따위가) 꼬여 있지 않은. 4
(속이) 숫처녀인.
un·la·ment·ed [ʌnləméntid] 슬프게 여겨지지
않는; 애통하게 여기는 사람이 없는.
un·lash [ʌnlǽʃ] ...의 맨 끈을 풀다[늦추다]; ...
을 풀어놓다.   ㅣ걸쇠가 풀리다.
un·latch [ʌnlǽtʃ] ...의 빗장을 벗기다. —
un·law·ful [ʌnlɔ́ːfəl] 1 불법의, 위법의, 비합법
적인(illegal). 2 사생(아)의, 서출(庶出)의. 3 배덕(背德)
한, 부도덕한. ~**·ly** ~**·ness**
unláwful assémbly 〔英법률〕 불법 집회.
un·lax [ʌnlǽks] (속어) 쉬다, 쉬게 하다.
un·lay [ʌnléi] (*-laid*) (해사) (밧줄의 꼬인 것
을) 풀다.
un·lead·ed [ʌnlédid] (가솔린에) 납이 첨가되지
않은, 무연(無鉛)의; (美구어) (커피 따위 음료에) 카페
인이 들어 있지 않은.   ㅣ무연 가솔린.
— 무연 가솔린.
un·learn [ʌnləːrn] (배운 것을) 잊다; (버릇·
잘못 따위)를 버리다; ...을 잊게 하다. — 지식[습
관]을 버리다; (의식적으로) 잊다.
un·learn·ed [ʌnlə́ːrnid] 1 학문[학식]이 없는;
숙달되지 않은; 무교육[무학]의. 2 [ʌnlə́ːrnd] (또는
unlearnt) 아직 배우지 않은; 배우지 않고 알고 있는. 3
무학인[무지한] 사람들의. ~**·ly**
un·leash [ʌnlíːʃ] ...의 가죽끈을 풀다; ...을 풀
어놓는; ...을 해방하다; (감정 따위)를 폭발시키다(*on,
against*). ¶ ~ one's temper 분노를 폭발시키다.
un·leav·ened [ʌnlévənd] (빵 따위에) 효모가
들어 있지 않은; (비유적) 영향을 받지 않은.
‡**un·less** ⇒ UNLESS. 〈p. 2956〉
un·les·soned [ʌnlésnd] 교육[훈련]받지 않은.
un·let·tered [ʌnlétərd] 1 교육받지 못한, 배우
지 못한. ⇒IGNORANT (유의어). 2 읽고 쓸 줄 모르는. 3
(묘비 따위에) 글이 써 있지 않은.
un·lev·el [ʌnlévl] 평평하지 않은, 울퉁불퉁한.
— (*-l-*, (英) *-ll-*) ...을 울퉁불퉁하게 하다.
un·li·a·ble [ʌnláiəbl] 책임 없는(*to*); ...을 받지
않아도 되는, 면제된(*to*).
un·lib·er·at·ed [ʌnlíbərèitid] (여성 등이) 해방
되지 않은, (역할)이 종속적[수동적]인. (또는 **unlib**)
un·li·censed [ʌnláisənst] 1 면허가 없는, 감찰

unless

부정의 조건절을 이끄는 종속접속사로 주로 if...not(만약 …이 아니라면)의 뜻으로 쓰인다. 즉 자체 속에 부정의 뜻을 포함하고 있기 때문에 다른 부정어(否定語)를 쓰지 않고도 반드시 부정의 뜻이 되는 부사절을 이끄는 것이 특징이며, 그 부사절의 동사가 be이고 그 주어가 주절의 주어와 같을 때 부사절의 주어와 be는 생략할 수 있다.

‡**un·less** [ənlés, ʌn-] 전 **1** 만약 …이 아니라면(if not), …이 아닌 경우에는; …을 제외하고는(except that), …의 경우 이외에는. ¶Milk quickly turns sour ~ it's refrigerated. 우유는 냉장 보관하지 않으면 금방 상한다 / I shall not go ~ the weather is fine. 나는 날씨가 좋지 않으면 안 가겠다 / Don't come in ~ expressly called for. 분명히 호명된 사람 외에는 들어오지 마라 / Never a moment goes by ~ I think of her. 한시도 그녀 생각을 않고 지날 때가 없다. **2** (주절 뒤에서, 또는 추가적으로) 하긴 …이 아닐 때의 이야기지만. ¶We'll go there next Saturday, ~ it's raining of course. 우리는 다음 토요일에 그곳에 간다, 물론 비가 오지 않을 경우의 이야기이긴 하지만 / How much did that cost you? U— you prefer not to say. 그건 얼마나 주셨나요? 말하고 싶지 않으면 안해도 좋습니다만.

(USAGE) unless와 if...not의 차이 ── (1) unless가 이끄는 절에서 이야기되고 있는 일이 실제로 일어날 확률은 if...not의 경우보다 낮다는 뜻이 함축되어 있다: You needn't write to me ~ there is something new. (별로 없겠지만) 뭔가 새로운 것이 없는 한 편지는 할 필요가 없다. (참) You needn't write to me if there isn't anything new. 뭔가 새로운 것이 없으면 편지는 할 필요가 없다. (2) unless절 안은 부정적 문맥이 아니기 때문에 any는 쓰지 않는다(→(1) 예문). (3) 가정법에서는 unless는 쓰지 않는다. 즉 if it had not rained...라고는 할 수 있지만, ~ it had rained라고는 할 수 없다.

unless and until = until.
── 전 (접속사 구문 중의 생략) (드물게) …을 제외하고(는), …이외엔(except). ¶Nothing will come of it, ~ disaster. 재난 이외에는 아무 것도 일어나지 않을 것이다. 재난이 일어난다면 몰라도 그밖의 일은 없을 것이다 / Nothing, ~ an echo, was heard. 메아리 이외엔 아무 소리도 들리지 않았다.

(鑑札)이 없는. **2** 허가 없이 행한, 인가를 받지 않은. **3** 방종한; 불법의.
un·licked [ʌnlíkt] 형 **1** (곰이 새끼에게 하듯이) 핥아서 모양을 다듬지 않은. **2** 볼품사나운, 버릇없는.
un·light·ed [ʌnláitid] 형 불이 켜지지 않은, 점화되지 않은(unlit). ─ 쾌한.
un·lik·a·ble [ʌnláikəbl] 형 호감이 가지 않는; 불유 쾌한.
‡**un·like** [ʌnláik] 형 **1** 닮지 않은, 같지 않은, 다른. ¶~ signs (수학) 상이한 부호(+와 −) / No two people could be more ~ in appearance and character than Joe and Bob. 외양이나 성격 면에서 조화 밥만큼 닮지 않은 두 사람은 아마 없을 것이다. **2** (고어·방언) 있음직하지 않은, 정말 같지 않은. ── 전 …와 비슷하지[닮지] 않은; …와 다른; …같지 않은, …답지 않은. ¶The action is ~ him. 그런 소행은 그답지 않다 / How ~ you to forget dinner! 저녁 식사를 잊다니 너답지가 않다! ── 명 (남·남의 것과) 같지 않은 사람[것]. **~ness** 명
un·like·a·ble [ʌnláikəbl] 형 =unlikable.
un·like·li·hood [ʌnláiklihùd] 명 (U) 있을[일어날] 것 같지 않음(of); 가망성이 없음.
*un·like·ly [ʌnláikli] 형 (more ~, -li·er; most ~, -li·est) **1** 있을 법하지도 않은; …할 것 같지도 않은, 아마도 …하지 않을(to do). ¶A victory is ~ but not impossible. 승리는 얻어질 것 같지 않지만 전혀 불가능하지도 않다 // He was ~ to win the race. It was ~ that he should win the race. 그는 경주에서 이길 것 같지 않았다. **2** 성공할 것 같지도 않은, 가망이 없는, 잘 될 것 같지 않은. ¶an ~ candidate for election 당선될 가망이 없는 후보자. **3** (고어·방언) 마음에 들지 않는, 바람직하지 않은, 매력없는; 불쾌한.
in the unlikely event of 혹시라도 …이 일어난다면. ── 부 있을 법하지 않게, …할 것 같지 않게.
-li·ness 명
un·lim·ber¹ [ʌnlímbər] 형 유연하지 않은, 단단한. ── 타 유연하게 하다[되다].
un·lim·ber² (대포)의 앞[견인]차를 떼다. **2** …의 사용[행동]을 위한 준비를 하다. ── 자 (발포 따위의) 준비를 하다. ── 명 (대포가) 사격 위치에 자리잡기.
*un·lim·it·ed [ʌnlímitid] 형 **1** 무제한의, 한정하지 않은. ¶~ trade 무제한 무역. **2** 무조건의. **3** 한없는, 끝없이 펼쳐지는, 무한의; 무수의. ¶an ~ expanse of ocean 망망한 대양. **4** (영) 무한 책임의. ¶an ~ company 무한 책임 회사. **~·ly** 부 **~·ness** 명
un·lined [ʌnláind] 형 **1** 안감을 받치지 않은: 안을 대지 않은. **2** 선이 들어 있지 않은; (얼굴에) 주름이 없는.
un·link [ʌnlíŋk] 타자 …의 고리를 벗기다, 연쇄고리를 떼다; …의 연계(連繫)를 풀다, …을 떼다. ── 풀리다, 떨어지다.
un·liq·ui·dat·ed [ʌnlíkwidèitid] 형 청산되지 않은
un·list·ed [ʌnlístid] 형 **1** 일람표[명부, 목록]에 올라 있지 않은; (美·캐나다) 전화 번호부에 실리지 않은 ((英) ex-directory). **2** (주식이) 상장되지 않은.
un·lit [ʌnlít] 형 점화되지 않은, 불이 켜지지 않은.
un·live [ʌnlív] 타 (생활)을 일신하다, [경험 따위]를 되돌리다, (과거)를 청산하다.
un·lived-in [ʌnlívdìn] 형 사는 사람이 없는.
un·live·ly [ʌnláivli] 형 기운이 없는, 기세가 꺾인, 활발치 않은, 침체된.
*un·load [ʌnlóud] 타자 **1** (…로부터 / …에(로)) 짐을 부리다 (from / onto). ¶(~ + 목 + 전 + 명) ~ cargoes from a ship 배에서 짐을 부리다. **2** …에서 짐을 부리다. ¶~ a ship 짐(배) 차(배)에서 짐을 부리다. **3** (구어) (성가신 것·마음의 짐 따위)를 덜다, (고민)을 털어놓다 (on, to). ¶~ one's problems to a friend 친구에게 고민을 털어 놓고 짐을 덜다. **4** (화기)에서 장전물(裝塡物)을 빼내다; (카메라)에서 필름을 빼내다. ¶~ a gun 대포의 포탄을 빼내다 / ~ a camera 필름을 카메라에서 빼내다. **5** (구어) (주식 따위)를 대량으로 처분하다, 팔아버리다. **6** (공)을 세게 쳐서 날리다. ── 자 **1** 짐을 내리다[부리다]. **2** 탄환[필름 따위]을 빼내다. **3** (구어) (…에게) 털어놓고 이야기하다, (비밀 따위)를 숨김 없이 이야기하다. **4** (濠속어) 대변을 보다; 방귀를 꾸다. **~·er**
un·lo·cat·ed [ʌnlóukeitid] 형 **1** 놓여 있지 않은; 배치되지 않은; (장소가) 정해지지 않은. **2** (美) 미측량의; 경계가 미확정의.
*un·lock [ʌnlάk/-lɔ́k] 타자 **1** (열쇠로) …의 자물쇠를 풀다; …의 자물쇠를 풀고 열다. ¶~ a padlock 맹꽁이 자물쇠를 열다 / ~ fetters 족쇄의 자물쇠를 벗기다. **2** …을 열다. ¶~ the jaws 턱을 억지로 벌리다. **3** …을 열어 보이다, 드러내다, 털어놓다. ¶~ the heart 마음 속을 털어놓다 / ~ a secret 비밀을 털어놓다. ── 자 자

물쇠가 열리다; 속박이 풀리다. ~·a·ble, ~ed ⓐ
un·looked-for [ʌnlúktfɔ̀ːr] ⓐ 예기치 않은, 의외의, 뜻밖의(unexpected).
un·loose [ʌnlúːs] ⓥⓣ …을 느슨하게 하다, …을 풀다; 해방하다, 벗기다. (또는 unloosen)
un·lov·a·ble [ʌnlʌ́vəbl] ⓐ 귀염성 없는, 애교가 없는, 싫은, 마음에 들지 않는.
un·loved [ʌnlʌ́vd] ⓐ 사랑받지 못하는, 귀염받지 못하는.
un·love·ly [ʌnlʌ́vli] ⓐ 예쁘지 않은, 못생긴, 호감이 안 가는; 미운, 불쾌한, 매력없는. -li·ness ⓝ
un·lov·ing [ʌnlʌ́viŋ] ⓐ 애정이 없는, 상냥하지 않은.
‡un·luck·y [ʌnlʌ́ki] ⓐ (-luck·i·er; -luck·i·est) 1 불운한, 운이 나쁜; 복이 없는(at, in, with). ¶ ~ in love [at cards] 사랑에 실연하여[카드놀이에서 행운이 안 붙는]. 2 불길한, 재수 없는(for). 3 계제가 나쁜, 시기가 부적당한. ¶ an ~ moment for their meeting 그들이 만나기에는 계제가 나쁜 때. 4 유감스러운, 기대 밖의. ¶ It was ~ that he failed in the exam. 유감스럽게도 그는 시험에 떨어졌다. 5 (고어·방언) 장난을 좋아하는, 익살스러운; 심술궂은. -lúck·i·ly ⓐⓓ 불행히도; 공교롭게도, -lúck·i·ness ⓝ 불운, 불행.
unm. unmarried.
un·made [ʌnméid] ⓐ 1 아직 만들어지지 않은; (침대가) 정돈되지 않은; (英) (도로가) 포장이 완성되지 않은. 2 (매가) 훈련되지 않은.
un·mag·ni·fied [ʌnmǽgnəfàid] ⓐ 확대되지 않은; 과장되지 않은; 과대시(過大視)되지 않은.
un·maid·en·ly [ʌnméidnli] ⓐ 처녀[소녀]답지 않은
un·mail·a·ble [ʌnméiləbl] ⓐ 우송할 수 없는.
un·make [ʌnméik] ⓥⓣ (-made) 1 …을 원상(태)로 되돌리다; …을 못쓰게 하다, 파괴하다, 망치다. 2 …을 면직[파직]하다, 좌천[해임]시키다. 3 (문서·연극 따위)의 요점을 바꾸다. 4 (마음)을 바꾸다; (성격·성질)을 바꾸다, 변질시키다. -mák·a·ble ⓐ -mák·er ⓝ
un·mal·le·a·ble [ʌnmǽliəbl] ⓐ (금속의) 전성(展性)이 없는, 두들겨 늘이기 힘든; 적응성이 없는.
un·man [ʌnmǽn] ⓥⓣ (-nn-) 1 …의 용기를 꺾다, 남성다움을 없애다[빼앗다], 무기력하게 하다. 2 (남자)를 거세하다. 3 (배 따위)에서 승무원을 철수시키다. 4 (고어) …을 인간답지 못하게 하다.
~·ful, ~·like ⓐ 남자(인간)답지 않은.
un·man·age·a·ble [ʌnmǽnidʒəbl] ⓐ 어찌할 도리가 없는, 다루기 힘든, 수습 못할. ~·ness ⓝ -bly ⓐⓓ
un·man·ly [ʌnmǽnli] ⓐ 사내답지 못한; 연약한, 계집애 같은; 약한; 비겁한, 겁많은. — ⓐⓓ (고어) 사내답지 못하게, 나약하게. -li·ness ⓝ
un·manned [ʌnmǽnd] ⓐ 1 사람이 타지 않은, 무인의. ¶ an ~ space flight 무인 우주 비행. 2 주민이 없는. 3 거세된, 남성다움을 상실한. 4 (매가) 훈련되지 않은
unmánned submérsible ⓝ 무인 잠수정.
un·man·nered [ʌnmǽnərd] ⓐ 버릇없는, 거친; 꾸밈[가식]이 없는, 솔직한.
un·man·ner·ly [ʌnmǽnərli] ⓐ 버릇없는, 무례한; 버릇없이 자란; 거친(rude); 야비한. — ⓐⓓ 버릇없이. -li·ness ⓝ
un·man·tle [ʌnmǽntl] ⓥⓣ …의 외투[겉옷]를 벗기다.
un·marked [ʌnmɑ́ːrkt] ⓐ 1 표를 안한. 2 주목받지 못한, 눈에 띄지 않는. 3 특색이 나타나지 않는. 4 (언어) 무표(無標)의. 5, 시장성이 없는.
un·mar·ket·a·ble [ʌnmɑ́ːrkitəbl] ⓐ 판로가 없
un·marred [ʌnmɑ́ːrd] ⓐ 손상되지 않은.
un·mar·riage·a·ble [ʌnmǽridʒəbl] ⓐ 결혼에 적합하지 않은; 혼기에 이르지 않은.
*un·mar·ried [ʌnmǽrid] ⓐ 미혼의; 결혼하지 않은, 독신의; 이혼한; 배우자를 잃은.
un·mask [ʌnmǽsk/-mɑ́ːsk] ⓥⓣ …의 가면[정체]을 벗기다, 폭로하다(expose). — ⓥⓘ 가면을 벗다; 정체를 드러내다. ~·er ⓝ

un·mas·tered [ʌnmǽstərd] ⓐ 지배[정복]되지 않은; 숙달되지 않은.
un·match·a·ble [ʌnmǽtʃəbl] ⓐ 대적하기 어려운, 대항할 수 없는; 비할 데 없는. -bly ⓐⓓ
un·matched [ʌnmǽtʃt] ⓐ 1 비할 데 없는, 무류(無類)의, 무적의. 2 균형이 잡히지 않은, 조화되지 않은.
un·mat·ed [ʌnméitid] ⓐ 배우자가 없는; (동물 따위가) 짝지워지지 않은. ~·ly ⓐⓓ
un·ma·te·ri·al [ʌnmətíəriəl] ⓐ 비물질적인, 무형의
un·ma·ter·nal [ʌnmətə́ːrnl] ⓐ 어머니답지 않은; 어머니쪽[편]이 아닌. ~·ly ⓐⓓ
un·mat·ted [ʌnmǽtid] ⓐ (액자의 그림 따위가) 대지(臺紙)를 붙이지 않은, 장식 테두리가 없는.
un·ma·tured [ʌnmətjúərd] ⓐ 익지 않은, (포도주가) 숙성되지 않은. ⓐ immature
un·mean·ing [ʌnmíːniŋ] ⓐ 1 뜻이 없는, 의의(意義)가 없는, 무의미한. 2 표정이 없는, 멍청한, 생기[활기]가 없는. ~·ly ⓐⓓ ~·ness ⓝ
un·mean·ing·ful [ʌnmíːniŋfəl] ⓐ 의미심장하지 않은; 무의미는. ~·ly ⓐⓓ ~·ness ⓝ
un·meant [ʌnmént] ⓐ 고의가 아닌, 무심코 한.
un·meas·ur·a·ble [ʌnméʒərəbl] ⓐ 잴 수 없는; 헤아릴 수 없는, 과도한. ~·ness ⓝ -bly ⓐⓓ
un·meas·ured [ʌnméʒərd] ⓐ 1 측정 안 된. 2 무한한, 끝없는. 3 막대한, 풍부한; 절도 없는, 도를 벗어난, 터무니없는. 4 (음성·운율) 운율이 없는, 장단이 맞지 않는. ~·ly ⓐⓓ ~·ness ⓝ
un·me·chan·i·cal [ʌnmikǽnikəl] ⓐ 기계적이 아닌; 기계학을 모르는[에 통하지 않는].
un·meet [ʌnmíːt] ⓐ 어울리지 않는; 부적당한; 보기 싫은(for). ~·a·ble ⓐ ~·ly ⓐⓓ ~·ness ⓝ
un·me·lo·di·ous [ʌnmilóudiəs, -djəs] ⓐ 장단이 맞지 않는, 음악적이 아닌; 귀에 거슬리는.
un·mem·o·ra·ble [ʌnmémərəbl] ⓐ 중요하지 않은, 기억할 만한 가치가 없는.
un·men·tion·a·ble [ʌnménʃənəbl] ⓐ 말못할; 입에 담지 못할; 충격적인; 말할 가치가 없는. — ⓝ (the ~) 입에 담아서는 안 될(것); (~s) (익살) (여성의) 속옷류; 바지. ~·bíl·i·ty, ~·ness ⓝ -bly ⓐⓓ
un·mer·ci·ful [ʌnmə́ːrsifəl] ⓐ 1 무자비한, 냉혹한. 2 터무니없이 큰, 엄청난. ~·ly ⓐⓓ ~·ness ⓝ
un·mer·it·a·ble [ʌnméritəbl] ⓐ 상줄 만한 가치가 없는. ~·bíl·i·ty ⓝ
un·mer·it·ed [ʌnméritid] ⓐ 1 공들이지 않고 얻은, 분에 넘치는, 과분한 승진. 2 부당한. ¶ ~ promotion 과분한 승진. 2 부당한. ¶ ~ sufferings 부당한 고통[괴로움]. ~·ly ⓐⓓ
un·mer·it·ing [ʌnméritiŋ] ⓐ 받을 자격이 없는; 노력하지 않고 얻은.
un·met [ʌnmét] ⓐ (요구·목표 따위가) 채워지지 않은.
un·me·thod·i·cal [ʌnmiθɑ́dikəl/-θɔ́d-] ⓐ 질서 없는, 조직적이 아닌, 난잡한, 산만한. ~·ly ⓐⓓ
un·mil·i·tar·y [ʌnmílətèri/-təri] ⓐ 군기(軍紀)에 반하는, 비군사적인; 군인답지 않은.
un·mind·ful [ʌnmáindfəl] ⓐ 마음에 두지 않은, 무관심한, 부주의한, 잊기 쉬운(of). ~·ly ⓐⓓ ~·ness ⓝ
un·min·gled [ʌnmíŋgld] ⓐ 섞지 않은, 불순물[혼합물]이 없는, 순수한.
un·miss·a·ble [ʌnmísəbl] ⓐ (과녁 따위가) 빗맞힐 수 없는; (영화·TV 프로 따위가) 놓칠 수 없는.
*un·mis·tak·a·ble [ʌnmistéikəbl] ⓐ 틀릴 여지가 없는; 틀림없는, 명백한. (또는 unmistakeable) -tàk·a·bíl·i·ty, ~·ness ⓝ -bly ⓐⓓ 명백히.
un·mis·tak·en [ʌnmistéikən] ⓐ 틀리지 않은, 분명한.
un·mit·i·gat·ed [ʌnmítəgèitid] ⓐ 완화되지 않은, 경감되지 않은; 순전한, 완전한. ~·ly ⓐⓓ
un·mixed [ʌnmíkst] ⓐ 섞이지 않은, 불순물[혼합물]이 없는, 순수한. (또는 unmixt) ~·ly ⓐⓓ ~·ness ⓝ
un·mod·i·fied [ʌnmɑ́dəfàid/-mɔ́d-] ⓐ 수정[변

un·mod·ish [ʌnmóudiʃ] ⓐ = unfashionable.
un·mold, (영) **-mould** [ʌnmóuld] ⓥ타 …의 모양을 못쓰게 하다; …을 틀에서 빼내다. ~·a·ble ⓐ
un·mo·lest·ed [ʌnmouléstid] ⓐ 괴롭힘을 당하지 않은; 방해받지 않은; 평온[무사]한.
un·mol·li·fied [ʌnmάləfàid/-mɔ́l-] ⓐ (감정이) 누그러지지 않은, 달래지지 않은.
un·moor [ʌnmúər] ⓥ타 …의 닻을 올리다, 닻을 감다, [그물]에 맨 밧줄을 끄르다; 외딸으로 정박하다. ── ⓥ자 닻을 감아올리다, 그물의 밧줄을 끄르다.
un·mor·al [ʌnmɔ́:rəl, -mάr-/-mɔ́r-] ⓐ 도덕과는 관계 없는, (도덕적이지도 비도덕적이지도 않은) 초도덕적인. ¶Unlike man, nature is ~. 인간과 달리 자연에 도덕을 초월할 것이다. ⇨ immoral
-**mo·rál·i·ty** ⓝ ~·ly ⓐⓓ 「모성애가 없는.
un·moth·er·ly [ʌnmʌ́ðərli] ⓐ 어머니답지 않은,
un·mo·ti·vat·ed [ʌnmóutəvèitid] ⓐ 동기가 없는; 자극[유인]이 주어지지 않은.
un·mount·ed [ʌnmáuntid] ⓐ 말타지 않은, 도보의, 2 대(臺)에 설치되지 않은, 대지(臺紙) 없는; (보석대에) 끼워져 있지 않은. 「피하는 것이 없는.
un·mourned [ʌnmɔ́:rnd] ⓐ 애석해하지 않은, 슬
*****un·moved** [ʌnmúːvd] ⓐ 확고한, (결심이) 부동의, 움직이지 않는; 마음이 동요하지 않는, 냉정한.
-**móv(·e)·a·ble** ⓐ = immovable.
unmóved móver [= prime mover 3.
un·mov·ing [ʌnmúːviŋ] ⓐ 움직이지 않는, 고정된, 정지(靜止)한; 감동시키지 않는.
un·muf·fle [ʌnmʌ́fl] ⓥ타 (…에서) 목도리를 벗기다; (소음(消音)용의) 덮개 장치를 떼다.
un·mur·mur·ing [ʌnmə́:rməriŋ] ⓐ 불평[불만]을 말하지 않는; 중얼거리지 않는. ~·ly ⓐⓓ
un·mu·si·cal [ʌnmjúːzikəl] ⓐ 음악적이 아닌, 장단이 맞지 않는, 귀에 거슬리는; 음악이 서투른, 음악의 소양이 없는. -**cál·i·ty** ⓝ ~·ly ⓐⓓ ~·ness ⓝ
un·muz·zle [ʌnmʌ́zl] ⓥ타 (개 따위의) 부리망을 벗기다; 속박을 풀다; 언론의 자유를 주다.
un·nail [ʌnnéil] ⓥ타 …의 못을 뽑다.
un·nam·a·ble [ʌnnéiməbl] ⓐ 이름짓기 어려운, 말로 표현하기 어려운. (또는 **unnameable**)
un·named [ʌnnéimd] ⓐ 이름이 없는, 무명의; 이름이 밝혀지지 않은, 불특정의.
un·na·tion·al [ʌnnǽʃənəl] ⓐ 특정 국가(의 문화적 특징)에 소속되지 않은.
‡**un·nat·u·ral** [ʌnnǽtʃərəl] ⓐ (**more** ~; **most** ~) 1 부자연한, 불가사의한. ⇨IRREGULAR [유의어] ¶ ~ phenomena 불가사의한 현상. 2 인정에 어긋나는, 몰인정한; 비인간적인. ¶an ~ parent 몰인정한 어버이. 3 사람의 본성[사회 통념]에 어긋나는, 변태적인, 이상한, 기괴한. ¶an ~ death 변사, 비명의 죽음. 4 인공적인, 일부러 한 것 같은, 억지의. ¶~ images 부자연스러운 이미지. 5 잔인 무도한, 말할 수 없이 사악한. 6 (폐어) 적출이 아닌, 불법의. ~·ness ⓝ
un·nat·u·ral·ize [ʌnnǽtʃərəlàiz] ⓥ타 1 …의 시민권을 빼앗다. 2 (고어) …의 자연으로 빼앗다, 부자연스럽게 하다. 「않은; 시민권을 빼앗긴.
un·nat·u·ral·ized [ʌnnǽtʃərəlàizd] ⓐ 귀화되지
un·nat·u·ral·ly [ʌnnǽtʃərəli] ⓐⓓ 1 부자연스럽게, 이상하게; 인위적으로. 2 사회 통념[인정]에 어긋나게, 비인간적으로. 「연한」일이지만.
not unnaturally (문장을 수식하여) 무리가 없는 (당
*****un·nec·es·sar·i·ly** [ʌnnèsəsέərəli] ⓐⓓ 불필요하게, 쓸데없이, 여분으로, 헛되이.
‡**un·nec·es·sar·y** [ʌnnésəsèri] ⓐ (**more** ~; **most** ~) 불필요한; 없어도 좋은, 쓸데없는, 무익한; 필요 이상의, 과도한. ¶It is ~ to pursue the argument any further. 더 이상 논의할 필요 없다. ── ⓝ (⒫ **-sar·ies** [-z]) 불필요한 것. -**sàr·i·ness** ⓝ
un·need·ed [ʌnníːdid] ⓐ 불필요한, 쓸데없는.
un·need·ful [ʌnníːdfəl] ⓐ 불필요한, 필요 없는.
un·ne·go·ti·a·ble [ʌnnigóuʃiəbl] ⓐ 상담(商談)할 수 없는, 협정할 수 없는; (어음 따위가) 양도할 수 없는, 유통되지 않는.
un·neigh·bor·ly [ʌnnéibərli] ⓐ 이웃 사람답지 않은, 이웃과 사귀지 않는; 서먹서먹한.
un·nerve [ʌnnə́:rv] ⓥ타 …에게서 기력[힘]을 빼앗다, 용기[자신]를 잃게 하다, 무기력하게 하다, 약하게 하다; …에게서 권위[권력]를 빼앗다. -**nérv·ing·ly** ⓐⓓ
un·not·ed [ʌnnóutid] ⓐ 눈에 띄지 않는, 남의 눈을 끌지 않는, 주목을 받지 않는.
un·no·tice·a·ble [ʌnnóutisəbl] ⓐ 남의 주목을 끌지 못하는, 남의 눈에 띄지 않는.
*****un·no·ticed** [ʌnnóutist] ⓐ 주의를 끌지 않은; 남의 눈에 띄지 않은, 눈치 채이지 않은.
un·num·bered [ʌnnʌ́mbərd] ⓐ 세지 않은; 번호가 붙지 않은; 셀 수 없는, 무수한.
UNO, Uno [júːnou] United Nations Organization.
un·ob·jec·tion·a·ble [ʌ̀nəbdʒékʃənəbl] ⓐ 이의가 없는, 반대할 수 없는; 불쾌하게 생각되지 않는. ~·ness ⓝ -**bly** ⓐⓓ 「게 생각지 않는.
un·o·bliged [ʌ̀nəbláidʒd] ⓐ 강요되지 않는; 고맙
un·o·blig·ing [ʌ̀nəbláidʒiŋ] ⓐ 불친절한, 무뚝뚝한, 정중하지 않은.
un·ob·scured [ʌ̀nəbskjúərd] ⓐ 어둡게 되지 않은, 은폐되지 않은; 뚜렷한, 명백한(clear).
un·ob·ser·vant [ʌ̀nəbzə́:rvənt] ⓐ 관찰력이 없는; 주의하지 않는; 지키지[따르지] 않는. ~·ly ⓐⓓ
un·ob·served [ʌ̀nəbzə́:rvd] ⓐ 관찰되지 않은, 알아차리지 못한; 지켜지지 않은, 무시된. ~·ly ⓐⓓ
un·ob·ser·ving [ʌ̀nəbzə́:rviŋ] ⓐ 관찰력이 예민하지 못한; 주의하지 않는, 방심하고 있는.
un·ob·struct·ed [ʌ̀nəbstrʌ́ktid] ⓐ 방해받지 않은; 가로막는 것이 없는. 「입수하기 어려운.
un·ob·tain·a·ble [ʌ̀nəbtéinəbl] ⓐ 얻기 어려운,
un·ob·tru·sive [ʌ̀nəbtrúːsiv] ⓐ 주제넘게 나서지 않는, 참견하지 않는, 삼가는. ~·ly ⓐⓓ ~·ness ⓝ
U·no·cal [júːnoukæ̀l] ⓝ 미국의 대규모 종합 석유 회사. [<*Union Oil Co, of California*]
*****un·oc·cu·pied** [ʌnάkjupàid/-ɔ́k-] ⓐ 1 점유되지 않은. 2 비어 있는, 사람이 살지 않는. 3 실직하여 할 일이 없는, 한가한. 4 (외국 군대에게) 점령[점거]되지 않은.
un·of·fend·ing [ʌ̀nəféndiŋ] ⓐ 해롭지 않은; 화내지 않는, 감정을 상하게 하지 않는. -**fénd·ed** ⓐ
un·of·fen·sive [ʌ̀nəfénsiv] ⓐ = inoffensive.
*****un·of·fi·cial** [ʌ̀nəfíʃəl] ⓐ 1 (뉴스 따위가) 비공식의; [스포츠] (기록 따위가) 비공인의. 2 (약이) 무허가인. 3 (파업이) 노동 조합의 승인을 얻지 않은. ~·ly ⓐⓓ
un·of·fi·cious [ʌ̀nəfíʃəs] ⓐ 지나친 간섭을 하지 않는.
un·oiled [ʌnɔ́ild] ⓐ 기름을 넣[바르]지 않은. 「는.
un·o·pened [ʌnóupənd] ⓐ 열리지 않은; (편지 따위가) 개봉되지 않은; (책의) 페이지를 자르지 않은; 공개되지 않은. 「지 않는, 경쟁이 없는.
un·op·posed [ʌ̀nəpóuzd] ⓐ 반대가 없는, 저항받
un·or·dained [ʌ̀nɔ:rdéind] ⓐ 제정되지 않은; 성직을 받지 않은. 「범하지 않은.
un·or·di·nar·y [ʌnɔ́:rdənèri] ⓐ 보통이 아닌, 평
un·or·gan·ized [ʌnɔ́:rgənàizd] ⓐ 1 무기(無機)의. 2 조직되지 않은. 3 노동 조합에 가입하지 않은. 4 (생화학) (효소가) 가용성의.
unórganized férment ⓝ =enzyme.
un·o·rig·i·nal [ʌ̀nərídʒənəl] ⓐ 독창적이 아닌; 모방한; 남의 것을 빌린. -**rìg·i·nál·i·ty** ⓝ ~·ly ⓐⓓ
un·or·na·men·tal [ʌ̀nɔ:rnəméntl] ⓐ 장식적이 아닌; 간소한. ~·ly ⓐⓓ
un·or·tho·dox [ʌnɔ́:rθədὰks/-dɔ̀ks] ⓐ 정통이

아닌; 이교(異敎)[이단]의; 인습적이지 않은. ~·ly 閉
un·os·ten·ta·tious [ʌ̀nɑstentéiʃəs] 閉 허식이 없는, 허세를 부리지 않는; 수수한. ~·ly 閉
un·owned [ʌnóund] 閉 소유자가 없는; 인정되지
unp. unpaged.
un·pack [ʌnpǽk] 国他 1 (보따리 따위)를 풀다, 열다, (풀어서) ⋯의 내용물을 꺼내다. ¶~ a trunk [box, package] 트렁크[상자, 꾸러미]를 열다. 2 (말이나 차)에서 짐을 내리다. 3 [컴퓨터] (데이터)를 언팩하다, 압축된 데이터를 풀다. 4 (마음)을 털어놓다. ¶~ one's heart with words 말로 마음의 짐을 덜다. 5 (진술)의 의미를 해명하다; 해독하다. ── 国 (짐을) 풀다; 내용물을 꺼내다.
un·paged [ʌnpéidʒd] 閉 페이지수를 매기지 않은.
un·paid [ʌnpéid] 閉 미불의, 미납의; 무급의; 명예직의; 무보수의.
the great unpaid (英) (집합적) 명예 치안 판사.
un·paid-for [-fɔ̀ːr] 閉 미불의; 무보수의.
un·paint·ed [ʌnpéintid] 閉 채색[화장]하지 않은, 페인트를 칠하지 않은.
un·paired [ʌnpɛ́ərd] 閉 짝이 없는; 배우자[상대]가 없는. ¶an ~ shoe 한 짝밖에 없는 신발.
un·pal·at·a·ble [ʌnpǽlətəbl] 閉 입에 맞지 않는, 맛이 없는; 불쾌한, 싫은. **-bil·i·ty**, **~·ness** 名 **-bly** 閉
un·par·al·leled [ʌnpǽrəleld] 閉 비길 데 없는, 유례 없는(*in*).
un·par·don·a·ble [ʌnpɑ́ːrdənəbl] 閉 용서할 수 없는, 용납되지 않는. **-bly** 閉
un·pa·ren·tal [ʌ̀npərǽntl] 閉 부모답지 않은, 부모의 구실을 못하는. ~·ly 閉
un·par·lia·men·ta·ry [ʌ̀npɑːrləméntəri] 閉 국회의 관례에 어긋나는; 국회에서는 허용되지 않는. **-ri·ly** 閉 **-ri·ness** 名
un·pas·teur·ized [ʌnpǽstəràizd, -tʃər-] 閉 저온 살균을 하지 않은. 「을 대어 깁지 않은.
un·patched [ʌnpǽtʃt] 閉 수리를 하지 않은, 조각
un·pat·ent·ed [ʌnpǽtəntid, -péit-] 閉 전매 특허를 받지 않은. ¶~ inventions 특허권을 취득하지 않은 발명(품).
un·pa·tri·ot·ic [ʌ̀npeitriɑ́tik/-pǽtriɔ́t-] 閉 비애국적인, 애국심이 없는. **-i·cal·ly** 閉 「지 않은.
un·paved [ʌnpéivd] 閉 포석을 깔지 않은, 포장하
un·peace·ful [ʌnpíːsfəl] 閉 불화의, 불온한.
un·peeled [ʌnpíːld] 閉 껍질을 벗기지 않은.
un·peg [ʌnpég] 国他 (*-gg-*) 1 ⋯에서 나무못을 뽑다, 나무못을 뽑고 열다. 2 (물가나 통화 따위)의 고정적 안정책을 철폐하다. 「서 내보내다.
un·pen [ʌnpén] 国他 (*-nn-*) (가축 따위)를 우리에
un·pen·e·trat·ed [ʌ̀npénətrèitid] 閉 관통되지 않은; 탄로나지 않은.
un·peo·ple [ʌnpíːpl] 国他 ⋯의 주민을 없애다, 무인 지대화하다. ── 名 인간성[개성]이 부족한 사람.
un·peo·pled [ʌnpíːpld] 閉 주민이 없는, 사람이 살지 않는.
un·per·ceived [ʌ̀npərsíːvd] 閉 눈치 채이지 않은, 남의 눈에 띄지 않은.
un·per·ceiv·ing [ʌ̀npərsíːviŋ] 閉 감지하지 않는, 눈치채지 않는, 주의 산만한.
un·per·fect [ʌnpə́ːrfikt] 閉 =imperfect.
un·per·fect·ed [ʌ̀npərféktid] 閉 완성되지 않은.
un·per·formed [ʌ̀npərfɔ́ːrmd] 閉 실행[수행, 상연] 되지 않은. 「혼란되지 않은.
un·per·plexed [ʌ̀npərplékst] 閉 당황하지 않은;
un·per·son [ʌnpə́ːrsn] 名 (정치적·사상적으로) 실각한[말살된, 좌천된] 사람; 잊혀진 사람, 과거의 사람. ── 国他 ⋯을 좌천하다, 한직으로 쫓아보내다.
un·per·suad·ed [ʌ̀npərswéidid] 閉 설득되지 않은, 납득되지 않은.

un·per·sua·sive [ʌ̀npərswéisiv] 閉 설득력이 없는, 구변이 없는. ~·ly 閉 ~·ness 名
un·per·turbed [ʌ̀npərtə́ːrbd] 閉 마음이 흐트러지지 않은, 냉정을 잃지 않은, 침착한(calm).
un·phil·o·soph·ic [ʌ̀nfìləsɑ́fik/-sɔ́f-] 閉 비(非)철학적인, 철학이 없는; 철리(哲理)에 어긋나는. (또는 **unphilosophical**) **-i·cal·ly** 閉
un·pho·net·ic [ʌ̀nfənétik] 閉 비(非)음성(학)적인, 음성을 나타내지 않는. ~·ness 名
un·phys·i·cal [ʌnfízikəl] 閉 비물질적인, 정신[영]적인; 물(反)물리학적인.
un·pick [ʌnpík] 国他 (솔기 따위)를 (바늘끝 따위로) 풀다.
un·picked [ʌnpíkt] 閉 선별되지 않은; 따지 않은.
un·pile [ʌnpáil] 国他 [쌓인 것]을 무너뜨리다, (퇴적물에서) ⋯을 빼내다. 「빼어 느슨하게 하다.
un·pin [ʌnpín] 国他 (*-nn-*) ⋯에서 핀을 빼다, 핀을
un·pit·ied [ʌnpítid] 閉 불쌍하게 여기는 사람이 없는, 동정을 받지 못하는; 무정한.
un·pit·y·ing [ʌnpítiiŋ] 閉 인정이 없는, 동정심을 보이지 않는, 무자비한. ~·ly 閉
un·placed [ʌnpléist] 閉 제자리에 놓이지 않은; 난잡한; (경마) 등외(等外)의, 3등 안에 들지 않은.
un·plait [ʌnpléit/-plǽt] 国他 (땋은 머리 따위)를 풀다; ⋯의 주름을 펴다.
un·planed [ʌnpléind] 閉 대패질하지 않은. 「않은.
un·planned [ʌnplǽnd] 閉 계획되지 않은; 예기치
un·plant·ed [ʌnplǽntid/-plɑ́ːnt-] 閉 심지 않은, 재배하지 않은; 비치되지 않은.
un·play·a·ble [ʌnpléiəbl] 閉 (운동장이) 경기하는 데 적당치 않은; (구기에) 공을 받을 수 없는. **-bly** 閉
‡**un·pleas·ant** [ʌnplézənt] 閉 (*more ~; most ~*) 1 불쾌한, 싫은, 마음에 들지 않는(*for*). ¶an ~ personality 싫은 인품 / ~ manners 불쾌한 태도. 2 무례한, 불친절한, 악의 있는(*to*). ~·ly 閉
un·pleas·ant·ness [ʌnplézntnis] 名 1 ⓤ 불쾌 (감); 살풍경, 푸흥; ⓒ 불쾌한 일[경험, 정황]. 2 ⓤ 불화, 오해, 마찰; 악감정; ⓒ 말다툼. ¶have a slight ~ *with* ⋯와 약간 말다툼을 하다. 「전쟁.
the late unpleasantness (美) 남북
un·pleas·ant·ry [ʌnplézntri] 名 불쾌한 사건[상황]; 불쾌한 말[평], 모욕.
un·pleased [ʌnplíːzd] 閉 기뻐하지 않는, 불쾌한, 불만스러운. ¶~ eyes 불만스러운 눈빛. 「들지 않는.
un·pleas·ing [ʌnplíːziŋ] 閉 불쾌한, 싫은, 마음에
un·pleas·ure [ʌnpléʒər] 名 불쾌(함).
un·pledged [ʌnplédʒd] 閉 서약에 얽매이지 않은, 언약하지 않은; 저당잡히지 않은.
un·pli·a·ble [ʌnpláiəbl] 閉 순종하지 않는, 고집스러운; 잘 휘지 않는, 낭창낭창하지 않은. ~·ness 名
un·plug [ʌnplʌ́g] 国他 (*-gg-*) ⋯에서 마개를 뽑다; ⋯에서 막힌 것[장애물]을 제거하다; [전기] (콘센트 따위)에서 플러그를 뽑다(*from*), (플러그를 뽑아) ⋯의 전류를 끊다. ~·ga·ble, ~·ged 閉
un·plumbed [ʌnplʌ́md] 閉 1 (수심)을 측연(測鉛)으로 재지 않은. 2 (깊이나 뜻)을 파악하지 않은, 헤아릴 수 없는. 3 (수도·가스의) 배관 시설이 없는.
un·pock·et [ʌnpɑ́kit/-pɔ́k-] 国他 호주머니에서 꺼내다, 지불하다.
un po·co [ùːnpóukou] 閉伊 (속어) 조금, 좀, 약간.
un·po·et·ic [ʌ̀npouétik] 閉 시적(詩的)이 아닌; 산문적인; 속된.
un·point·ed [ʌnpɔ́intid] 閉 1 끝이 뾰족하지 않은, 뾰족한 끝이 없는. 2 모음 부점(母音符點)이 없는. 3 (벽 따위의) 이음매에 회반죽[시멘트]을 바르지 않은.
un·poised [ʌnpɔ́izd] 閉 균형이 잡히지 않은; 고려되지 않은, 망설이지 않는.
un·pol·ished [ʌnpɑ́liʃt/-pɔ́l-] 閉 닦지 않은, 윤을 내지 않은; 세련되지 않은, 거친.

unpólished ríce 명 현미(玄米). 「~·ness 명
un·po·lite [ʌ̀npəláit] 형 =impolite. ~·ly 부
un·po·lit·i·cal [ʌ̀npəlítikəl] 형 정치와 관계가 없는, 정치적이 아닌. ~·ly 부
un·polled [ʌnpóuld] 형 1 투표하지 않은, 투표의 기록이 끝나지 않은; 여론 조사 대상이 되지 않은. 「한.
un·pol·lut·ed [ʌ̀npəlúːtid] 형 오염되지 않은, 청정
***un·pop·u·lar** [ʌnpápjulər/-pɔ́p-] 형 인기[인망]가 없는, 평이 좋지 않은(*with, among*); 유행하지 않는. ~·ly 부 「비대중성, 인기 없음.
un·pop·u·lar·i·ty [ʌ̀npapjulǽrəti/-pɔp-] 명 U
un·pop·u·lat·ed [ʌnpápjuleitid/-pɔ́p-] 형 사람이 살지 않는, 무인의. 「그대로의.
un·posed [ʌnpóuzd] 형 포즈를 취하지 않은, 자연
un·pos·sessed [ʌ̀npəzést] 형 임자 없는.
un·post·ed [ʌnpóustid] 형 1 (편지 따위를) 부치지않은; 통지[연락]를 받지 못한. 2 직책을 받지 못한.
un·prac·ti·ca·ble [ʌnprǽktikəbl] 형 =impracticable. ·**bíl·i·ty**, ~·**ness** 명 **-bly** 부
un·prac·ti·cal [ʌnprǽktikəl] 형 실용적이 아닌, 실제적이 아닌. ·**cál·i·ty**, ~·**ness** 명 ~·**ly** 부
un·prac·ticed [ʌnprǽktist] (* 英) **-tised**) 형 1 실용되지 않은, 실지로 해보지 않은. 2 경험이 부족한, 미숙한. 3 검사되지 않은.
***un·prec·e·dent·ed** [ʌnprésədentid] 형 전례[선례]가 없는, 공전의; 비길 데 없는; 참신한, 새로운. ~·ly 부 ~·**ness** 명
un·pre·dict·a·ble [ʌ̀npridíktəbl] 형 예언[예보, 예측]할 수 없는. — 명 예언[예측]할 수 없는 것[사람. ·**dict·a·bíl·i·ty**, ~·**ness** 명 **-bly** 부 「사전].
un·prej·u·diced [ʌnprédʒudist] 형 편견 없는, 공평한 (⇒ FAIR 유의어); (폐어) 손상되지 않은, 훼손되지 않은. ~·ly 부 ~·**ness** 명
un·pre·med·i·tat·ed [ʌ̀npriːmédəteitid] 형 미리 생각해 두지 않은; 고의가 아닌; 즉석의. ~·ly 부
***un·pre·pared** [ʌ̀npripéərd] 형 1 준비가 되지 않은; 즉석의. ¶an ~ reception 느닷없는 접견 / an ~ speech 즉석 연설. 2 각오[대비]가 안 된(*for, to do*); 뜻밖의. ¶He was ~ *for* the shock. 그에게는 뜻밖의 충격이었다. ·**pár·ed·ly** ·**pár·ed·ness** 명
un·pre·pos·sess·ing [ʌ̀nːpriːpəzésiŋ] 형 호감을 주지 않는, 남의 마음을 끌지 못하는, 애교 없는.
un·pre·sent·a·ble [ʌ̀nprizéntəbl] 형 대중 앞에 내놓기 거북한, 꼴사나운; 얼굴이 보기 흉한.
un·pressed [ʌnprést] 형 눌리지 않은 (옷 따위가) 다려지지 않은.
un·pre·sum·ing [ʌ̀nprizúːmiŋ] 형 함부로 나서지 않는, 뻔뻔스럽지 않은; 겸손한.
un·pre·sump·tu·ous [ʌ̀nprizʌ́mptʃuəs] 형 = unpresuming.
un·pre·tend·ing [ʌ̀npriténdiŋ] 형 젠 체하지 않는, 허세부리지 않는, 뽐내지 않는. ~·ly 부 ~·**ness** 명
un·pre·ten·tious [ʌ̀npriténʃəs] 형 허세부리지 않는, 삼가는, 얌전한. ~·ly 부 ~·**ness** 명
un·pre·vail·ing [ʌ̀npriːvéiliŋ] 형 1 우세하지 않은; 효과적이 아닌. 2 널리 시행[유행]되고 있지 않은.
un·priced [ʌnpráist] 형 정해진 값이 없는, 값을 매기지 않은; 값을 매길 수 없는, 귀중한.
un·primed [ʌnpráimd] 형 준비가 되어 있지 않은.
un·prince·ly [ʌnprínsli] 형 왕자[왕후]답지 않은.
un·prin·ci·pled [ʌnprínsəpld] 형 지조 없는, 부도덕한; 원리를 배우지 못한 (*in*) . ~·**ness** 명
un·print·a·ble [ʌnpríntəbl] 형 (윤리·미풍 양속의 견지에서) 인쇄할 수 없는, 인쇄하기에 부적당한. ~·**ness** 명 **-bly** 부
un·print·ed [ʌnpríntid] 형 인쇄[간행]되지 않은.
un·pris·on [ʌnprízn] 동(타) (죄수)를 석방하다.
un·priv·i·leged [ʌnprívilidʒd] 형 특권[특전]이 없는, 기본적 인권을 누리지 못하는.
un·prob·lem·at·ic [ʌ̀nprabləmǽtik/-prɔb-] 형 문제 없는, 까다롭지 않은. 「리되지 않은.
un·proc·essed [ʌnprásest/-próu-] 형 가공[처
un·pro·duc·tive [ʌ̀nprədʌ́ktiv] 형 비생산적인, 이익이 나지 않는; 효과가 없는. ~·ly 부
un·pro·faned [ʌ̀nprəféind] 형 더럽혀지지 않은, 신성을 모독당하지 않은.
un·pro·fes·sion·al [ʌ̀nprəféʃənl] 형 1 전문가가 아닌; 전문적이 아닌, 아마추어의. 2 직업에 어울리지 않는, 직업 윤리에 어긋나는. 3 (연기 따위가) 미숙한, 풋내기 같은. — 명 아마추어. ~·ly 부
***un·prof·it·a·ble** [ʌnpráfitəbl/-prɔ́f-] 형 벌이가 안 되는, 이익이 없는; 무익한, 쓸데없는. ·**bíl·i·ty**, ~·**ness** 명 **-bly** 부
UNPROFOR *United Nations Protection Force* (유엔 보호군). 「닌, 보수[반동]적인.
un·pro·gres·sive [ʌ̀nprəgrésiv] 형 진보적이 아
un·prom·is·ing [ʌnprámisiŋ/-prɔ́m-] 형 (앞날의) 가망이 없는, 장래성이 없는; (날씨 따위가) 신통치 않은. ¶an ~ youth 가망이 없는 청년. ~·ly 부
un·prompt·ed [ʌnprámptid/-prɔ́mpt-] 형 남의 사주[재촉]를 받지 않은, 고무되지 않은; 자발적인.
un·pro·nounce·a·ble [ʌ̀nprənáunsəbl] 형 발음할 수 없는, 발음하기 어려운. 「는.
un·pro·nounced [ʌ̀nprənáunst] 형 발음되지 않
un·prop [ʌnpráp/-prɔ́p] 동(타) (**-*pp-***) …에서 버팀 기둥을 떼어내다. 「닌; 정확한 예측이 아닌.
un·pro·phet·ic [ʌ̀nprəfétik] 형 예언(자)적이 아
un·pro·pi·tious [ʌ̀nprəpíʃəs] 형 형편[계제]가 나쁜; 불길한, 불운한. ~·ly 부 「proportionate.
un·pro·por·tioned [ʌ̀nprəpɔ́ːrʃənd] 형 =dis-
un·pros·per·ous [ʌnpráspərəs/-prɔ́s-] 형 번영하지 않는; 불운한, 건강하지 않은; 불경기의. ~·ly 부 ~·**ness** 명
un·pro·tect·ed [ʌ̀nprətéktid] 형 보호되지 않은, 보호자가 없는, 자기 방어 수단이 없는; 무방비의, 장갑하지 않은; 관세의 보호를 받지 않은. ~·**ness** 명
un·pro·test·ing [ʌ̀nprətéstiŋ] 형 항의[주장]하지 않는. ~·ly 부
un·prov·a·ble [ʌnprúːvəbl] 형 증명[입증]할 수 없는. ~·**ness** 명
un·proved [ʌnprúːvd] 형 입증되지 않은, 아직 증명되지 않은. (또는 **unproven**)
un·pro·vid·ed [ʌ̀nprəváidid] 형 1 공급받지 못한 (*with*). 2 준비되지 않은. 3 불의의, 뜻밖의.
un·pro·voked [ʌ̀nprəvóukt] 형 자극되지 않은, 도발되지 않은; 정당한 이유가 없는. ~·ly 부
un·pub·lished [ʌnpʌ́bliʃt] 형 공표되지 않은, 은밀한; 출판되지 않은, 아직 발간되지 않은.
un·punc·tu·al [ʌnpʌ́ŋktʃuəl] 형 시간을 지키지 않는; 꼼꼼하지 못한. ·**ál·i·ty** 명 ~·ly 부
un·pun·ished [ʌnpʌ́niʃt] 형 처벌받지 않은, 처분[처벌]을 모면한.
un·pur·chas·a·ble [ʌnpə́ːrtʃəsəbl] 형 1 돈으로 입수할 수 없는; 돈으로 살 수 없을 만큼 진귀한. 2 뇌물이 통하지 않는, 매수할 수 없는.
un·pure [ʌnpjúər] 형 =impure.
un·purged [ʌnpə́ːrdʒd] 형 1 깨끗해지지 않은; 복죄[고해]로 속죄[정화]받지 않은. 2 숙청[추방]당하지 않은.
un·put·down·a·ble [ʌ̀nputdáunəbl] 형 (구어) (책·잡지가) 매우 재미있어서 도중에 내려놓을 수 없는, 열중시키는. 「내지 않는.
un·quail·ing [ʌnkwéiliŋ] 형 기가 꺾이지 않는, 겁
un·qual·i·fied [ʌnkwáləfaid/-kwɔ́l-] 형 1 자격이 없는(*for*). 2 적임이 아닌, 부적격의(*for, to do*). ¶be ~ *to* drive 운전하는 데 적격이 아닌. 3 제한 없는; 무조건의; 유보 조항이 없는, 절대적인. ⇒ UTTER²

[유의어] ¶an ~ denial 절대 부정 / ~ praise 무턱대고 하는 칭찬. **-fi·a·ble** [형] **~·ly** [부] **~·ness** [명]

un·qual·i·fy·ing [ʌnkwáləfàiiŋ/-kwɔ́l-] [형] 자격을 잃게 하는.

un·quan·ti·fi·a·ble [ʌnkwántəfàiəbl/-kwɔ́n-] [형] 수량화할 수 없는, 계량[계측] 불가능한; 정체를 알 수 없는.

un·quench·a·ble [ʌnkwéntʃəbl] [형] 끌[억누를] 수 없는. **-bly** [부]

***un·ques·tion·a·ble** [ʌnkwéstʃənəbl] [형] **1** 의문의 여지가 없는, 의심할 바 없는, 확실한. **2** 더할 나위 없는, 흠잡을 데 없는. **-bìl·i·ty, ~·ness** [명]

***un·ques·tion·a·bly** [ʌnkwéstʃənəbli] [부] 의심할 여지 없이, 확실히, 명백히.

un·ques·tioned [ʌnkwéstʃənd] [형] 질문[심문, 조사]받지 않은; 의심할 여지 없는, 반대할 수 없는.

un·ques·tion·ing [ʌnkwéstʃəniŋ] [형] 의문을 품지 않는, 망설임 없이 받아들이는; 절대적인, 무조건의. **~·ly** [부] **~·ness** [명]

un·qui·et [ʌnkwáiət] [형] 동요하는, 어지러운, 불온한; 불안한, 침착하지 못한. **—** [명][U] 안절부절 못하는 태도, 불온(한 상태). **~·ly** [부] **~·ness** [명]

un·quot·a·ble [ʌnkwóutəbl] [형] 인용할 수 없는, 인용할 가치가 없는.

un·quote [ʌnkwóut] [동][자] (따옴표로) 인용문을 끝내다. **—** [명] [스] 인용 끝(끝맺는 말).

un·quot·ed [ʌnkwóutid] [형] 인용되지 않은; 〔증권〕 (거래소에) 증권을 상장하지 않은.

UNR **(프랑스)** *Union pour la Nouvelle République*(=*U*nion for the *N*ew *R*epublic)(신공화국 연합: 1958년 결성된 de Gaulle파의 정당; 1968년 UDR로 되었다).

un·rat·ed [ʌnréitid] [형] **1** 규격을 정하지 않은, 등급을 정하지 않은. **2** 지방세를 부과하지 않은.

un·rat·i·fied [ʌnrǽtəfàid] [형] 비준되지 않은.

un·rav·el [ʌnrǽvl] [동] **(-l-, (英) -ll-)** [타] **1** 〔실〕을 풀다, 끄르다. ¶~ a cord *into* its separate strands 끈을 가닥가닥으로 풀다. **2** …을 해명하다, 끝까지 밝히다. ¶~ problems 문제를 풀다. **—** [자] 풀리다; 해명되다. **~·(l)er, ~·ment** [명]

un·reached [ʌnríːtʃt] [형] 도달[달성]되지 않은.

un·read [ʌnréd] [형] 읽히지 않은, 열람되지 않은, 아직 읽지 않은; 독서를 하지 않은; 배우지 못한, 무식한.

un·read·a·ble [ʌnríːdəbl] [형] 읽기 어려운, 읽을 수 없는, 판독할 수 없는; 읽을 가치가 없는; 읽어도 재미없는. **-bìl·i·ty, ~·ness** [명] **-bly** [부]

un·read·y [ʌnrédi] [형] **1** 준비가 없는, 준비가 되어 있지 않은. **2** 민첩하지 못한, 굼뜬. **3** **(英방언)** 채비를 하지 않은. **-réad·i·ly** [부] **-réad·i·ness** [명]

***un·re·al** [ʌnríːəl/-ríəl] [형] **1** 실재(實在)하지 않는, 실체가 없는. **2** 허위의, 진실성이 없는. **3** 환상적인, 공상적인, 상상의. **4** **(구어)** (믿어지지 않을 정도로) 아름다운, 멋있는. **~·ly** [부]

un·re·al·is·tic [ʌ̀nriːəlístik] [형] 비현실주의의, 비현실적인; 비사실적인. **-ti·cal·ly** [부]

un·re·al·i·ty [ʌ̀nriǽləti] [명][U][C] 비현실[비실재]성; 비현실적인 것, 실재하지 않는 것; 비실제적인 성질.

un·re·al·iz·a·ble [ʌnríːəlàizəbl] [형] **1** 실현할 수 없는. **2** 이해할 수 없는. **3** 현금으로 바꿀 수 없는.

un·re·al·ized [ʌnríːəlàizd] [형] 실현되지 않은; 알아채지 못한.

unréalized prófit [명] =paper profit.

un·rea·son [ʌnríːzn] [명][U] 불합리, 부조리; 어리석음, 우둔; 광기, 무질서, 혼란. **—** [동][타] …의 이성을 잃게 하다, 〔마음 따위〕를 흔들리게 하다.

‡un·rea·son·a·ble [ʌnríːzənəbl] [형] (***more*** **~;** ***most*** **~**) 비(非)이성적인; 실정에 맞지 않는; 불합리한, 상규(常規)를 벗어난, 터무니없는(⇨IRRATIONAL [유의어]); 분별없는. **~·ness** [명] **-bly** [부]

un·rea·soned [ʌnríːznd] [형] 도리를 벗어난; 불합리한.

un·rea·son·ing [ʌnríːzəniŋ] [형] 이치에 맞지 않는; 터무니없는. **~·ly** [부]

un·re·cep·tive [ʌnriséptiv] [형] 수용력[이해력]이 없는, 감수성이 약한.

un·re·cip·ro·cat·ed [ʌ̀nrisíprəkèitid] [형] 교환되지 않은; 보답없는, 짝사랑의, 일방적인.

un·re·claimed [ʌ̀nrikléimd] [형] 회수되지 않은; 교정(矯正)되지 않은; 개척되지 않은.

un·rec·og·niz·a·ble [ʌnrékəgnàizəbl] [형] 인지[승인]할 수 없는. **~·ness** [명] **-bly** [부]

un·rec·og·nized [ʌnrékəgnàizd] [형] 인식되지 않은; 승인받지 않은.

un·re·con·struct·ed [ʌ̀nriːkənstrʌ́ktid] [형] **1** 낡은 사상의[을 고수하는], 머리를 개조할 수 없는. **2** 재건[개조, 부흥]되지 않은.

un·re·cord·ed [ʌ̀nrikɔ́ːrdid] [형] 기록[등록]되지 않은; 사료(史料)에 적혀 있지 않은.

un·re·cov·er·a·ble [ʌ̀nrikʌ́vərəbl] [형] 되찾을 수 없는, 회복 불능의; 치료[구제]할 수 없는.

un·re·deem·a·ble [ʌ̀nridíːməbl] [형] 되살 수 없는; 상환[구제]할 수 없는.

un·re·deemed [ʌ̀nridíːmd] [형] **1** (어음 따위가) 회수[상환]되지 않은. ¶an ~ pawn 유질품(流質品). **2** (약속 등이) 이행되지 않은. **3** (국토가) 회복되지 않은.

un·reel [ʌnríːl] [동][타] 〔실뭉치·릴 따위〕를 풀다. **—** [자] (실뭉치 따위가) 풀리다. **~·a·ble** [형] **~·er** [명]

un·reeve [ʌnríːv] [동][타] (도르래에서) 〔밧줄〕을 빼내다. **—** [자] (밧줄이 도르래에서) 빠지다.

UNREF *U*nited *N*ations *R*efugee (*E*mergency) *F*und(유엔 난민 (긴급) 기금).

un·re·fined [ʌ̀nrifáind] [형] 정제[가공]되지 않은; 세련되지 못한.

un·re·flect·ed [ʌ̀nrifléktid] [형] 반성[숙고]하지 않은; 반사되지 않은, 직접 비친.

un·re·flect·ing [ʌ̀nrifléktiŋ] [형] 반사하지 않는; 반성하지 않는, 지각없는. **~·ly** [부] **~·ness** [명]

un·re·flec·tive [ʌ̀nrifléktiv] [형] (행동 따위가) 사려 깊지 못한, 분별이 없는, 경솔한. **~·ly** [부]

un·re·formed [ʌ̀nrifɔ́ːrmd] [형] 개혁[교정]되지 않은.

un·re·gard·ed [ʌ̀nrigáːrdid] [형] 고려되지 않은.

un·re·gen·er·ate [ʌ̀nridʒénərèit] [형] **1** (정신적으로) 갱생[회개]하지 않는; 개종하지 않는; 신을 믿지 않는. **2** 사악한, 죄 많은. **3** 구체제[사상]를 고수하는; 완고한. **—** [명] (정신적으로) 갱생하지 않은 사람. **~·ly** [부]

un·reg·is·tered [ʌnrédʒistərd] [형] 등록[기록]되지 않은; 등기 우편이 아닌.

un·reg·u·lat·ed [ʌnrégjulèitid] [형] 규제[통제, 조정]되지 않은.

un·re·hearsed [ʌ̀nrihə́ːrst] [형] 리허설이 없는; 저절로 생기는(spontaneous).

un·rein [ʌnréin] [동][타] …의 고삐를 늦추다; …을 풀어주다.

un·re·lat·ed [ʌ̀nriléitid] [형] 관계가 없는; 이야기되지 않은; 혈연이 아닌. **~·ness** [명]

un·re·laxed [ʌ̀nrilǽkst] [형] 늦추어지지 않은; 긴장한.

un·re·lent·ing [ʌ̀nriléntiŋ] [형] **1** 가차없는, 무자비한. **2** 흔들리지 않는. **3** 속도를 늦추지 않는. **~·ly** [부] **~·ness** [명]

***un·re·li·a·ble** [ʌ̀nriláiəbl] [형] 의지가 안 되는; 신뢰할 수 없는. **-lì·a·bíl·i·ty, ~·ness** [명] **-bly** [부]

un·re·lieved [ʌ̀nrilíːvd] [형] 구제되지 않은; 단조로운. **~·ly** [부]

un·re·li·gious [ʌ̀nrilídʒəs] [형] 종교가 없는, 종교와 관계 없는. **~·ly** [부] **~·ness** [명]

un·rem·e·died [ʌnrémədid] [형] 치료되지 않은; 교정되지 않은; 배상되지 않은.

un·re·mem·bered [ʌ̀nrimémbərd] [형] 기억되지 않은, 잊혀진.

un·re·mit·ted [ʌ̀nrimítid] 웹 1 (채무 따위가) 면제되지 않은; (죄가) 사면[경감]되지 않은. ¶an ~ debt 면제되지 않은 빚. 2 중단없는, 꾸준한, 연속적인. ¶~ attention 부단한 배려. 「단 없이.
un·re·mit·ted·ly [ʌ̀nrimítidli] 円 연속적으로, 중
un·re·mit·ting [ʌ̀nrimítiŋ] 웹 (행동·노력 따위가) 줄지 않는; 끊임없는, 쉴새없는; 끈질긴. ¶~ exertion 꾸준한 노력. **~·ly** 円 **~·ness** 団
un·re·moved [ʌ̀nrimúːvd] 웹 제거[이동]되지 않은.
un·re·mu·ner·a·tive [ʌ̀nrimjúːnərèitiv/-rətiv] 웹 무보수의; 수지가 맞지 않는, 보람이 없는. **~·ly** 円 **~·ness** 団 「수 없는.
un·re·new·a·ble [ʌ̀nrinjúːəbl] 웹 갱신[부활]시킬
un·re·pair [ʌ̀nripɛ́ər] 図 파손[수선되지 않은] 상태, 황폐. **-ed** 웹 수선되지 않은. 「한.
un·re·pealed [ʌ̀nripíːld] 웹 폐지되지 않은, 유효
un·re·peat·a·ble [ʌ̀nripíːtəbl] 웹 되풀이할 수 없는, 너무 상스러운, 음란한; 두 번 다시 얻을
un·re·pent·ant [ʌ̀nripéntənt] 웹 뉘우치지 않는, 회개하지 않는; 완고한. **-ance** 団
un·re·pin·ing [ʌ̀nripáiniŋ] 웹 불평하지 않는, 투덜거리지 않는. **~·ly** 円 「지 않은.
un·re·plen·ished [ʌ̀nripléniʃt] 웹 보충[보급]되지
un·re·port·ed [ʌ̀nripɔ́ːrtid] 웹 보도[보고]되지 않은; 의사록[판결록]에 기록되지 않은.
un·rep·re·sent·a·tive [ʌ̀nreprizéntətiv] 웹 (선거민을) 대표하지 않는(*of*); 비전형적인, 비대표적인. **~·ly** 円 **~·ness** 団 「(예시)되지 않은.
un·rep·re·sent·ed [ʌ̀nreprizéntid] 웹 대표[예시]
un·re·pressed [ʌ̀nriprést] 웹 억제[진압]되지 않은.
un·re·prieved [ʌ̀nriprí:vd] 웹 집행이 유예되지 않은. 「지 않은.
un·re·proved [ʌ̀nriprúːvd] 웹 책망[비난, 타박]받
un·re·quest·ed [ʌ̀nrikwéstid] 웹 요구되지 않은, 요청받지 않은.
un·re·quit·ed [ʌ̀nrikwáitid] 웹 보답[보상]이 없는, 일방적인; 보복을 받지 않는; 무보수의. ¶~ love 짝사랑. **~·ly** 円 **~·ness** 団
unrequíted éxports 図(円 (차입금 변제 등을 위한) 무상 수출품. 「없음, 솔직.
un·re·serve [ʌ̀nrizɔ́ːrv] 図団 사양하지 않음, 기탄
un·re·served [ʌ̀nrizɔ́ːrvd] 웹 무제한의, 전면적인; 거리낌없는, 솔직한; 예약하지 않은. **-sérv·ed·ly** [-idli] 円 **-sérv·ed·ness** 団
un·re·signed [ʌ̀nrizáind] 웹 단념하지 않은; 사직하지 않은. 「는[않은].
un·re·sist·ed [ʌ̀nrizístid] 웹 저항[반항, 방해]받지
un·re·solved [ʌ̀nrizálvd/-zɔ́lvd] 웹 미결정의, 미해결의; 결단력이 없는, 의견이 정해지지 않은. **~·ly** 円
un·re·spon·sive [ʌ̀nrispánsiv/-spɔ́n-] 웹 반응이 없는, 마이동풍격인. **~·ly** 円 **~·ness** 団
***un·rest** [ʌ̀nrést] 図団 걱정, 불안; (사회적인) 불안, 불온. ¶political[social] ~ 정치[사회]적 불안. **~·ing** 웹 휴식 없는, 끊임없는. **~·ing·ly** 円
un·rest·ed [ʌ̀nréstid] 웹 휴식을 취하지 않은.
un·rest·ful [ʌ̀nréstfəl] 웹 불안한, 마음을 불안케 하는. **~·ly** 円
un·re·strained [ʌ̀nristréind] 웹 1 억제되지 않은, 제한 없는; 거리낌없는. 2 제멋대로의; 자연스러운. **-stráin·ed·ly** [-idli] 円 **-stráin·ed·ness** 団
un·re·straint [ʌ̀nristréint] 図団 무제한; 방종.
un·re·strict·ed [ʌ̀nristríktid] 웹 제한[구속]이 없는, 자유로운. **~·ly** 円 **~·ness** 団
un·re·ten·tive [ʌ̀nriténtiv] 웹 기억력이 나쁜; 유지력이 없는, 보지하지 못하는. **~·ness** 団
un·re·tract·ed [ʌ̀nritrǽktid] 웹 취소[철회]되지 않은; 수축되지 않은.

un·re·versed [ʌ̀nrivɔ́ːrst] 웹 뒤집히지 않은, 거꾸로 되지 않은, 역전되지 않은; 취소[논파]되지 않은.
un·re·voked [ʌ̀nrivóukt] 웹 취소[폐지, 해제, 철회]되지 않은. 「지 않은.
un·re·ward·ed [ʌ̀nriwɔ́ːrdid] 웹 보수[보답]를 받
un·re·ward·ing [ʌ̀nriwɔ́ːrdiŋ] 웹 보람[보답]이 없는.
un·rhe·tor·i·cal [ʌ̀nritɔ́:rikəl, -tɑ́r-/-tɔ́r-] 웹 수사적(修辭的)이 아닌, (문체가) 꾸밈없는, 쉬운.
un·rhyth·mi·cal [ʌ̀nríðmikəl] 웹 율동적이 아닌, 리드미컬하지 않은. (또는 **unrhythmic**) **~·ly** 円
un·rid·dle [ʌ̀nrídl] 団 …의 수수께끼를 풀다, 해명하다. **-dler** 団
un·rig [ʌ̀nríg] 団団 (*-gg-*) 1 (배 따위의) 장비[밧줄 등]를 떼어내다[풀다]. 2 …의 옷을 벗기다. 「정(한).
un·right [ʌ̀nráit] 웹 옳지[바르지] 못한[못한], 부
un·right·eous [ʌ̀nráitʃəs] 웹 1 사악한, 죄많은. 2 공정하지 않은, 부당한, 불공평한. ¶an ~ law 부당한 법률. **~·ly** 円 **~·ness** 団
un·rip [ʌ̀nríp] 団団 (*-pp-*) 1 …을 절개(切開)하다; …을 폭로하다, 밝히다. 2 (솔기 따위)를 풀다.
un·ripe [ʌ̀nráip] 웹 1 미숙한; 미발달의, 발달이 충분하지 않은. 2 시기상조의. 3 (폐어) (죽음이) 너무 이른. **~·ly** 円 **~·ness** 団 「발생하지 않은.
un·ris·en [ʌ̀nrízn] 웹 오르지 않은, 일어나지 않은,
***un·ri·valed** [ʌ̀nráivəld] 웹 무적의; 무쌍한, 비길 데 없는(matchless). (또는 (英) **unrivalled**)
un·roast·ed [ʌ̀nróustid] 웹 1 (고기 따위가) 굽지 않은. 2 (약암 (광석이) 하소(煆燒)되지 않은.
un·robe [ʌ̀nróub] 団団 (옷 따위를) 벗기다[벗다].
un·roll [ʌ̀nróul] 団団 (말린 것을) 풀다, 펴다; …을 드러내다. ― 囤 풀어지다, 펴지다: (추억 따위가) 되살아나다.
un·ro·man·tic [ʌ̀nroumǽntik] 웹 공상적이 아닌, 현실적인. **-ti·cal·ly** 円
un·roof [ʌ̀nrúːf] 団団 …의 지붕을 벗기다, 덮개를 벗기다.
un·root [ʌ̀nrúːt] 団団 …을 뿌리째 뽑다, 근절하다, 절멸시키다. ― 囤 뿌리가 빠지다, 절멸하다.
un·root·ed [ʌ̀nrúːtid] 웹 1 뿌리째 뽑히지 않은. 2 살곳이 없는, 사회적 기반이 없는, 뿌리 없는 풀 같은.
un·round [ʌ̀nráund] 団団 (음성) (원순모음)을 입을 둥글게 하지 않고 발음하다. ― 囤 =unrounded.
un·round·ed [ʌ̀nráundid] 웹 (음성) 비원순(非圓脣) 음의.
UNRRA, Unr·ra [ʌ́nrə] *U*nited *N*ations *R*elief and *R*ehabilitation *A*dministration (유엔 구제 부흥 (사업) 기관).
un·ruf·fle [ʌ̀nrʌ́fl] 団団 1 (마음)을 진정시키다, 가라앉히다. 2 (주름살 따위)를 펴다. ― 囤 진정되다; 펴지다.
un·ruf·fled [ʌ̀nrʌ́fld] 웹 침착한; 잔잔한(calm); (옷이) 구김살이 없는. **~·ness** 団 「지 않은.
un·ruled [ʌ̀nrúːld] 웹 지배받지 않는; 괘선(罫線)이
un·ru·ly [ʌ̀nrúːli] 웹 고분고분하지 않은, 규칙에 따르지 않는; 날뛰는. ⇒WILLFUL 유의어 **-li·ness** 団
UNRWA [ʌ́nrə] *U*nited *N*ations *R*elief and *W*orks *A*gency (유엔 (팔레스타인) 난민 구제 사업 기관).
un·sad·dle [ʌ̀nsǽdl] 団団 …에서 안장을 내리다; …을 낙마시키다. ― 囤 말에서 안장을 내리다.
***un·safe** [ʌ̀nséif] 웹 1 안전하지 않은, 위험한, 불안한. 2 (유죄 판결·평결 따위가) 충분히 납득할 수 없는, 상소(上訴)될 가능성이 큰, 확정적이 아닌.
unsafe period (임신할 확률이 높은) 위험한 시기.
~·ly 円 **~·ness** 団
un·safe·ty [ʌ̀nséifti] 団 안전성 결여; 위험.
un·said [ʌ̀nséd] 웹 말하지 않은, 입 밖에 내지 않은.
un·saint·ly [ʌ̀nséintli] 웹 성자답지 않은. 「는.
un·sal·a·ble [ʌ̀nséiləbl] 웹 팔 수 없는, 팔리지 않

un·sanc·ti·fied [ʌnsǽŋktəfàid] 형 정화되지 않은, 신성하지 않은; 더러운, 부정(不淨)한.
un·san·i·tar·y [ʌnsǽnətèri/-təri] 형 비위생적인; 건강에 좋지 않은. (또는 **insanitary**) **-tar·i·ly** 분
un·sa·tia·ble [ʌnséiʃəbl] 형 만족시킬 수 없는.
un·sa·ti·at·ed [ʌnséiʃièitid] 형 만족 못한, 양껏 먹지 못한.
***un·sat·is·fac·to·ry** [ʌ̀nsætisfǽktəri] 형 만족스럽지 못한, 마음에 차지 않는, 충분치 못한. **-ri·ly** 분 **-ri·ness** 명
un·sat·is·fied [ʌnsǽtisfàid] 형 만족 못한, 성이 차지 않은. ~**ness** 명
un·sat·is·fy·ing [ʌnsǽtisfàiiŋ] 형 만족시키지 않는, 만족스럽지 못한, 성이 안 차는; 불충분한. ~**ly** 분
un·sat·u·rat·ed [ʌnsǽtʃərèitid] 형 《화학》 불포화의; 아직 흡수력이 있는.
un·saved [ʌnséivd] 형 구할 수 없는, 구제되지 않은.
un·sa·vor·y [ʌnséivəri] 형 1 맛없는; 고약한 냄새가 나는. 2 싫은, 불쾌한; 매력 없는. 3 (도덕적으로) 불미한. **-vor·i·ly** 분 **-vor·i·ness** 명
un·say [ʌnséi] 타 (-**said** [-séd]) (한 말)을 철회하다, 취소하다; …을 식언(食言)하다.
un·say·a·ble [ʌnséiəbl] 형 말로는 다 할 수 없는.
UNSC *United Nations Security Council*(유엔 안전 보장 이사회).
un·scal·a·ble [ʌnskéiləbl] 형 (산·담 따위가) 기어오를 수 없는.
un·scale [ʌnskéil] 타 …에서 비늘(물때)을 벗기다(벗겨내다).
un·scaled [ʌnskéild] 형 (산이) 아직 사람이 등반한 적이 없는; 처녀봉의.
un·scanned [ʌnskǽnd] 형 (시) (시행시의) 운각(韻脚)으로 나누어지지 않은.
un·scared [ʌnskɛ́ərd] 형 겁내지 않는, 협박을 당하지 않는.
un·scathed [ʌnskéiðd] 형 상처[해]를 입지 않은.
un·sched·uled [ʌnskédʒuːld] 형 예정표(계획표)에 들어 있지 않은, 예정 외의.
un·schol·ar·ly [ʌnskɑ́lərli/-skɔ́l-] 형 학식[학문]이 없는; 학자답지 않은. **-li·ness** 명
un·schooled [ʌnskúːld] 형 학교 교육을 받지 못한, 무학의; 경험이 없는; 인위적이 아닌; 타고난.
un·sci·en·tif·ic [ʌ̀nsaiəntífik] 형 비과학적인, 학술적이 아닌. **-i·cal·ly** 분
un·scorched [ʌnskɔ́ːrtʃt] 형 눋지[타지] 않은; 시들지 않은, 초토화되지 않은.
un·scoured [ʌnskáuərd] 형 닦지 않은; 씻어내리지 않은.
un·scourged [ʌnskə́ːrdʒd] 형 매맞지 않은; 천벌이 내리지 않은.
un·scram·ble [ʌnskrǽmbl] 타 (흩어진 것)을 다시 정리하다; (암호)를 해독하다.
un·screened [ʌnskríːnd] 형 1 칸막이로 보호받지 않은. 2 체질하지 않은; 선별되지 않은. 3 영화화되지 않은. 심사(확인)를 받지 않은.
un·screw [ʌnskrúː] 타 …의 나사를 빼다[늦추다]. —자 나사가 빠지다[늦추어지다].
come [or **get**] **unscrewed** (美구어) (산사이) 허물어지다; (美속어) 격노하다.
un·script·ed [ʌnskríptid] 형 (英) 원고가 없는, (방송의 대사가) 대본에 없는, 즉흥적인; 계획에 들어있지 않은, 예기치 않은.
***un·scru·pu·lous** [ʌnskrúːpjələs] 형 염치 없는, 도덕에 어긋나는; 비양심적인, 지조 없는, 파렴치한 ~**ly** 분 ~**ness** 명 부도덕한.
un·sculp·tured [ʌnskʌ́lptʃərd] 형 조각하지 않은.
un·seal [ʌnsíːl] 타 1 …을 개봉하다; (굳게 닫힌 것)을 열다. 2 (비유적) (입 따위)를 열게 하다, (생각 따위)를 털어놓다, 표명하다; (태도 따위)를 자유롭게 ~**a·ble** 형
un·sealed [ʌnsíːld] 형 봉하지 않은, 봉인을 찍지 않은; 개봉한; 미확인의.

un·seam [ʌnsíːm] 타 …의 솔기를 뜯다; …을 잠아째다.
un·search·a·ble [ʌnsə́ːrtʃəbl] 형 찾아낼 수 없는; 불가해한; 불가사의한. ~**ness** -**bly** 분
un·sea·son·a·ble [ʌnsíːzənəbl] 형 계절(철)에 맞지 않는, 때 아닌, 불순한; 시기가 나쁜, 그 자리에 어울리지 않는; 얼빠진. ~**ness** -**bly** 분
un·sea·son·al [ʌnsíːzənl] 형 계절[철]에 맞지 않는, 때 아닌.
un·sea·soned [ʌnsíːznd] 형 1 (음식이) 맛이 들지 않은. 2 (목재가) 충분히 건조되지(마르지) 않은. 3 익숙하지 못하는 (to), 미숙한, 경험이 없는. ~**ness**
un·seat [ʌnsíːt] 타 …의 자리를 빼앗다; …을 낙마[퇴마]시키다; …을 면직[퇴직]시키다; (의원)의 의석을 빼앗다; …을 실격시키다; (공직에서) 추방하다. ¶**be** ~**ed for misconduct** 비행(非行) 때문에 면직되다.
un·seat·ed [ʌnsíːtid] 형 (말·자전거 따위에서) 떨어진, 낙마한; 실격한, 의석[공직]을 잃은; 직장이 없는.
un·sea·wor·thy [ʌnsíːwə̀ːrði] 형 (배가) 항해에 견디지 못하는, 내항력(耐航力)이 없는. **-thi·ness**
un·sec·ond·ed [ʌnsékəndid] 형 지지받지 못하는; 찬성자가 없는.
un·se·cured [ʌ̀nsikjúərd] 형 1 안전[확실]하지 않은; 무담보의. 2 (문 따위가) 잘[꼭] 닫히지 않은. 3 (전파 따위가) 방해[차단]에 대비되지 않은.
un·se·duced [ʌ̀nsidjúːst] 형 (사적인 이득·권력 따위에) 미혹되지 않은, 유혹에 빠지지 않은.
un·see·a·ble [ʌnsíːəbl] 형 보이지 않는(invisible).
un·see·ing [ʌnsíːiŋ] 형 주의 깊게 보지 않는; 눈이 보이지 않는, 맹목의(blind); 의심하지 않는. ~**ly** 분
un·seem·ly [ʌnsíːmli] 형 볼품 없는, 보기 흉한; 꼴사나운, 어울리지 않는, 적당치 않은; (예) 매력이 없는. ⇨IMPROPER (유의어) ─ 분 보기 흉하게, 꼴사납게; 어울리지 않게, 부적당하게. **-li·ness**
‡**un·seen** [ʌnsíːn] 형 1 아직 본 적이 없는, 처음 보는; 미지의, 알지 못하는. 2 보이지 않는. 3 (英) (과제 따위가) 즉석의. ¶ **an** ~ **passage** 즉석 번역 과제.
── 명 (the ~) 보이지 않는 것; 영계(靈界). 2 (英) 즉석 번역 과제.
un·seg·re·gat·ed [ʌ̀nségrəgèitid] 형 분리하지 않은; (특히) 인종 차별이 없는.
un·se·lec·tive [ʌ̀nsiléktiv] 형 선택하지 않는, 임의의.
un·self [ʌnsélf] 타 (재귀용법으로) 이기심을 버리다, 이기적이 아니게 하다.
un·self·con·scious [ʌ̀nselfkɑ́nʃəs/-kɔ́n-] 형 자기를 의식하지 않는, 우쭐대지 않는.
~**ly** 분 ~**ness** 명
*****un·self·ish** [ʌnsélfiʃ] 형 이기적이 아닌, 이타적인. ~**ly** 분 ~**ness** 명
un·sell [ʌnsél] 타 (-**sold**) (美구어) …의 가치[진실성]를 떨어뜨리도록 설득하다, 찬동하지 않도록 권하다.
un·sen·sa·tion·al [ʌ̀nsenséiʃənl] 형 선정적이 아닌, 인기 위주가 아닌. ~**ly** 분
un·sen·si·tive [ʌnsénsitiv] 형 =insensitive.
un·sep·a·rat·ed [ʌnsépərèitid] 형 분리(구별)되지 않은; 떼어놓지 않은.
un·ser·vice·a·ble [ʌnsə́ːrvisəbl] 형 도움이 되지 않는, 쓸모없는; (英) 군 복무에 부적당한. **-bil·i·ty** 명
un·set [ʌnsét] 형 1 (보석 따위가) 대(臺)에 끼우지 않은. 2 굳지 않은, 응고하지 않은. 3 심지 않은. 4 (뼈 따위를) 잇지 않은. 5 (해가 지지 않은. 6 (고어) 할당되어 있지 않은. ── 타 (~; ~**ting**) 1 …을 동요시키다, 혼란시키다. 2 (보석 따위)를 빼내다.
un·set·tle [ʌnsétl] 타 1 (위치)를 동요시키다; …을 뒤흔들다, 휘젓다. 2 (감정)을 뒤흔들다, (마음 따위)를 어지럽히다, (사람)을 불안하게 하다, …의 침착성을 잃게 하다. ── 자 흔들리다; 어지러워지다; 침착성을 잃다. ~**ment** 명

*un·set·tled [ʌnsétld] 형 1 (날씨 따위가) 변하기 쉬운, 일정치 않은; (상태·시대 따위가) 안정되지 않은, 불안정한.¶~ times 불안정한 시대. 2 (마음·의견 따위가) 동요하고 있는; (문제·논쟁 따위가) 미해결의, 결정되지 않은.¶Much remains ~. 미결 사항이 많다. 3 지불되지 않은, 조정되지 않은. 4 (거처가) 일정치 않은; 정주자(定住者)가 없는. ~·ness 명
un·set·tling [ʌnsétliŋ] 형 심란하게 하는, 동요시키는
un·sew [ʌnsóu] 타 (~ed; -sewn, ~ed) (솔기)를 뜯다(undo); …을 잡아째다(rip).
un·sex [ʌnséks] 타 [남녀]의 성의 특질을 없애다; [여성]의 여성다움을 없애다, (여성)을 남성화하다.
un·sexed [ʌnsékst] 형 (병아리가) 암수로 감별이 안된; 성적(性的) 불능이 된.
un·sex·u·al [ʌnséksjuəl] 형 성적(性的)이 아닌; 무성(無性)의.
UNSF United Nations Special Fund(유엔 특별 기금).
un·shack·le [ʌnʃǽkl] 타 …의 굴레를 벗기다; …을 해방하다(liberate), …에게 자유를 주다.
un·shack·led [ʌnʃǽkld] 형 해방된, 속박을 받지 않는.
un·shad·ed [ʌnʃéidid] 형 그늘지지 않은, 양지의; (그림이) 명암의 변화가 없는.
un·shad·owed [ʌnʃǽdoud] 형 그늘에 가려지지 않은; 음침하지 않은, 암영(暗影)이 없는.
un·shak·a·ble [ʌnʃéikəbl] 형 흔들 수 없는, 요지부동의, 꼼짝 안 하는. (또는 unshakeable)
-bíl·i·ty, ~·ness 명 -bly 부 흔들림 없이, 확고히.
un·shak·en [ʌnʃéikən] 형 흔들리지 않는, 진동하지 않는; 튼튼한, 끄떡 않는, 확고한. ~·ly 부
un·shamed [ʌnʃéimd] 형 1 치욕을 당하지 않은. 2 =unashamed.
un·shaped [ʌnʃéipt] 형 1 형체가 없는(shapeless). 2 볼품 없는(ugly), 보기 흉한; 기형의(deformed).
un·shape·ly [ʌnʃéipli] 형 볼품 없는, 보기 흉한, 추. -li·ness 명
un·shap·en [ʌnʃéipən] 형 =unshaped.
un·sharp [ʌnʃɑ́ːrp] 형 날카롭지[예민하지] 않은; [사진] (초점이) 흐릿한, 선명치 못한.
un·shaved [ʌnʃéivd] 형 수염을 깎지 않은; 수염을 기른. (또는 unshaven)
un·sheathe [ʌnʃíːð] 타 (칼 따위)를 칼집에서 빼다; …의 덮개를 벗기다; (개전(開戰))하다
unsheathe the sword 칼을 뽑다; 선전포고하다.
un·shell [ʌnʃél] 타 …의 껍데기[껍질]를 벗기다, …을 껍데기에서 꺼내다.
un·shel·tered [ʌnʃéltərd] 형 덮이지 않은; 감추어지지 않은; 방호되지 않은; 드러난.
un·ship [ʌnʃíp] 타 (-pp-) (뱃짐)을 부리다, 양륙하다; (뱃손님)을 내려주다, 하선시키다; (해사) (노·키 따위)를 떼어내다. — 자 뱃짐이 부려지다; 하선하다; 떼어지다.
un·shock·a·ble [ʌnʃɑ́kəbl/-ʃɔ́k-] 형 충격을 받지 않는. -bíl·i·ty 명
un·shod [ʌnʃɑ́d/-ʃɔ́d] 형 1 신을 신지 않은, 맨발의(barefoot). 2 (말이) 편자를 박지 않은. 3 (차가) 타이어가 없는, 외륜(外輪)이 없는. 4 (지팡이 따위가) 쇠끝이 달리지 않은. (또는 unshoed)
un·shoe [ʌnʃúː] 타 …에게 신을 벗게 하다; (말)의 편자를 떼어내다.
un·shorn [ʌnʃɔ́ːrn] 형 1 깎지 않은, 가위질하지 않은. 2 벌채되지 않은, (논밭 따위가) 수확되지 않은. 3 줄지 않은.
un·shoul·der [ʌnʃóuldər] 타자 [짐]을 어깨에서 내리다.
un·shrink·a·ble [ʌnʃríŋkəbl] 형 줄지 않는, 축소되지 않는. -bíl·i·ty 명
un·shrink·ing [ʌnʃríŋkiŋ] 형 줄어들지 않는; 위축되지 않는, 겁먹지 않는; 단호한. ~·ly 부
un·shut [ʌnʃʌ́t] 형 열다. — 형 닫히지 않은; 열려 있는.

un·sick·er [ʌnsíkər] 형 (스코) 안전하지 않은, 위험한; 신뢰할 수 없는. ~ed ~·ly 부 ~·ness 명
un·sift·ed [ʌnsíftid] 형 체질하지 않은, 여과하지 않은; 정신[정사(精査)]하지 않은, 음미하지 않은.
un·sight [ʌnsáit] 형 보지 않은, 조사하지 않은. (* 다음 숙어로)
unsight, unseen 보지도 조사하지도 않고.¶buy a thing ~, unseen 물건을 살펴보지도 않고 사다.
un·sight·ed [ʌnsáitid] 형 1 보이지 않는. 2 (총의) 가늠자가 없는; 가늠자 없이 겨냥한. 3 시야(視野)가 트여 있지 않은, 시야가 가로막힌. ~·ly 부
un·sight·ly [ʌnsáitli] 형 추한, 보기 흉한, 눈에 거슬리는. -li·ness 명
un·signed [ʌnsáind] 형 서명이 없는.
un·sis·ter·ly [ʌnsístərli] 형 자매답지 않은, 자매다운 정이 없는.
un·sized¹ [ʌnsáizd] 형 규격에 맞지 않는; 치수대로 분류되지 않은; 먹이지 않은.
un·sized² 형 도사(陶絲)(size)를 칠하지 않은; 풀을 먹이지 않은.
*un·skilled [ʌnskíld] 형 1 미숙한, 숙달되지 않은 (in, at). 2 숙련이 필요치 않은. 3 (작품·기술 따위가) 서투른, 조잡한.
unskilled lábor 미숙련 노동(자).
un·skill·ful [ʌnskílfəl] 형 서투른, 솜씨 없는. (또는 (영) unskilful) ~·ly 부 ~·ness 명
un·skimmed [ʌnskímd] 형 (우유가) 크림을 제거하지 않은. unslaked 2.
un·slacked [ʌnslǽkt] 형 1 느슨해지지 않은. 2 =
un·slaked [ʌnsléikt] 형 1 (갈증 따위가) 가시지 않은, 줄어들지 않은. 2 (석회가) 소화(消和)되지 않은, 생(生)인.¶~ lime 생석회.
un·sleep·ing [ʌnslíːpiŋ] 형 잠자지 않는, 불면의, 밤샘하는; 쉴새없이 이어지는. ~·ly 부
un·sling [ʌnslíŋ] 타 (-slung) 1 (총 따위)를 매단 곳에서 내리다. 2 [해사] (활대 따위)를 매단 밧줄에서 내리다.
un·smoked [ʌnsmóukt] 형 그을리지 않은, 훈제(燻製)가 아닌; (담배가) 피우지 않은. [추]을 끄르다.
un·snap [ʌnsnǽp] 타 (-pp-) …의 스냅똑딱단
un·snarl [ʌnsnɑ́ːrl] 타자 얽힌 것을 풀다[끄르다].
un·so·cia·bil·i·ty [ʌnsòuʃəbíləti] 명 UC 교제하기 싫어함, 교제가 서투름, 비사교성; 무뚝뚝한 행동[성격].
un·so·cia·ble [ʌnsóuʃəbl] 형 남과 친해지지 않는, 비사교적인, 교제하기 싫어하는; 내성적인; (고어) 일치하지 않는. ~·ness 명 -bly 부
un·so·cial [ʌnsóuʃəl] 형 (사람이) 비사회적인, 반사회적인; 비사교적인(unsociable). ~·ly 부
unsócial hóurs (영) 잔업[시간외 근무] 시간.
un·soiled [ʌnsɔ́ild] 형 더럽혀지지 않은; 깨끗한.
un·sold [ʌnsóuld] 형 팔리지 않은, 팔다 남은.
un·sol·der [ʌnsɑ́dər/-sɔ́ldər] 타 1 …의 납땜을 벗기다, (납땜으로 이은 것)을 떼다. 2 …을 분리하다.
un·sol·dier·ly [ʌnsóuldʒərli] 형 군인답지 않은.
un·so·lic·it·ed [ʌnsəlísitid] 형 간청되지 않은, 부탁(청구)받지 않은; 청혼받지 않은; 자발적인; 쓸데없는, 공연한 참견인. ~·ly 부
un·sol·u·ble [ʌnsɑ́ljubl/-sɔ́l-] 형 =insoluble.
un·solv·a·ble [ʌnsɑ́lvəbl/-sɔ́lv-] 형 풀 수 없는, 해결 불가능한. -bíl·i·ty, ~·ness 명 -bly 부
un·solved [ʌnsɑ́lvd/-sɔ́lvd] 형 풀리지[해결되지] 않은, 미해결의.
un·so·phis·ti·cat·ed [ʌ̀nsəfístəkèitid] 형 1 단순한, 술수를 모르는, 순진한(naive). 2 순수한(pure), 진짜인, 틀림없는. 3 복잡하지 않은, 정교하지 않은. ~·ly 부 ~·ness 명, -phis·ti·cá·tion 명
un·sought [ʌnsɔ́ːt] 형 찾지 않은; 바라지 않은.
un·sound [ʌnsáund] 형 1 (몸·마음이) 건전하지 않은, 병적인, 건강치 못한.¶an ~ friend 좋지 못한 친

구/～ mind 〔법률〕 정신이상. **2** (목재·과실 따위가) 썩은; (물건이) 불량한. **3** (도덕적으로) 타락한. **4** (기초가) 튼튼하지 않은, 흔들흔들하는; (경제적·재정적으로) 견실하지 못한, 불안정한. **5** (이론 따위가) 근거 박약한; 믿을 수 없는. **6** (잠이) 얕은. **7** 이단의; 정통이 아닌. **～·ly** 〖부〗 **～·ness** 〖명〗
un·sound·ed [ʌnsáundid] 〖형〗 **1** 소리가 나지 않은; 발음 안 된. **2** 측량하지 않은; 깊이를 알 수 없는.
un·sown [ʌnsóun] 〖형〗 (씨가) 뿌려지지 않은; 씨를 뿌리지 않은. ¶～ fields 씨를 뿌리지 않은 논밭.
un·spar·ing [ʌnspέəriŋ] 〖형〗 **1** 아끼지 않는, 인색하지 않은(*of, in*). ¶In doing anything he is ～ of himself. 그는 어떤 일을 해도 몸을 아끼지 않는다. **2** 엄한, 가차없는. **～·ly** 〖부〗 **～·ness** 〖명〗
un·speak [ʌnspíːk] 〖동〗(타) 〖폐어〗 =unsay.
***un·speak·a·ble** [ʌnspíːkəbl] 〖형〗 **1** 말로 다할 수 없는, 이루 말할 수 없는, 형언하기 어려운. **2** 입에 담기도 무서운, 언어 도단의; 몹시 나쁜. ¶His manners are ～. 그의 매너는 정말 고약하다. **～·ness** 〖명〗 **-bly** 〖부〗
un·spe·cial·ized [ʌnspéʃəlàizd] 〖형〗 전문화되지 않은, 일반적인; 〔생물〕 (기관 따위가) 분화되지 않은.
un·spec·i·fied [ʌnspésəfàid] 〖형〗 특별히 지시되지 않은, 특기(特記)하지 않은.
un·spec·tac·u·lar [ʌ̀nspektǽkjulər] 〖형〗 눈부시지 않은, 진부한, 평범한. **～·ly** 〖부〗
un·spec·u·la·tive [ʌnspékjulèitiv/-lətiv] 〖형〗 사색적이 아닌, 순이론적이 아닌, 투기적이 아닌.
un·spell [ʌnspél] 〖동〗(타) (**～ed, -spelt**) …의 주문(呪文)을 풀다, 마력을 깨뜨리다.
un·spent [ʌnspént] 〖형〗 쓰지 않은; 탕진되지 않은.
un·sphere [ʌnsfíər] 〖동〗(타) …을 범위에서 제외하다; (행성)을 궤도에서 벗어나게 하다.
un·spilled [ʌnspíld] 〖형〗 쏟지[엎지르지] 않은, 흘리지 않은. (또는 **unspilt**)
un·spir·i·tu·al [ʌnspírit∫uəl] 〖형〗 영적[정신적]이 아닌; 물질적인, 세속적인, 현세적인(worldly). **-ál·i·ty** 〖명〗 **～·ly** 〖부〗 **～·ness** 〖명〗
un·spoiled [ʌnspɔ́ild] 〖형〗 해를 입지 않은, 손상되지 않은; 응석받이하지 않은. (또는 **unspoilt**)
un·spo·ken [ʌnspóukən] 〖형〗 이심전심의, 언외의; 무언의, 입 밖에 내지 않은(*to*). =unspoken·like.
un·sport·ing [ʌnspɔ́ːrtiŋ] 〖형〗 =unsportsman-**～·ly** 〖부〗 **～·ness** 〖명〗
un·sports·man·like [ʌ̀nspɔ́ːrtsmənlàik] 〖형〗 스포츠맨답지 않은, 운동 정신에 어긋나는.
un·spot·ted [ʌnspɑ́tid/-spɔ́t-] 〖형〗 반점이 없는; (도덕적으로) 오점이 없는, 결백한, 흠이 없는. **～·ness** 〖명〗
un·sprung [ʌnsprʌ́ŋ] 〖형〗 (탈것 따위가) 스프링이 달리지 않은.
***un·sta·ble** [ʌnstéibl] 〖형〗 **1** (사물이) 안정되지 않은; 흔들리기 쉬운; 변하기 쉬운. **2** (마음이) 변하기 쉬운; 무책임한, 미덥지 못한. **3** 〔화학〕 (화합물이) 분해되기 쉬운, 불안정한. **4** 〔물리〕 (소립자가) 수명이 짧은; 방사성의. **～·ness** 〖명〗 **-bly** 〖부〗
unstable equilibrium 〖명〗 〔물리〕 불안정 평형.
unstable oscillátion 〖명〗 〔항공〕 불안정 진동.
un·stain·a·ble [ʌnstéinəbl] 〖형〗 **1** (옷 따위가) 더럽힐 수 없는. **2** (도덕적으로) 나무랄 데가 없는, 훌륭한. **3** (유리 따위가) 착색할 수 없는.
un·stained [ʌnstéind] 〖형〗 더러워지지 않은, 오점이 없는(spotless), (성격·명성 따위에) 흠이 없는.
un·stamped [ʌnstǽmpt] 〖형〗 **1** 눌러[밟아] 뭉개지 않은. **2** (편지·문서 따위에) 도장[소인 따위]이 찍히지 않은; 우표[인지 따위]가 붙지 않은.
un·stand·ard·ized [ʌnstǽndərdàizd] 〖형〗 표준에 맞추지 않은, 통일되지 않은.
UN stánd-by fórce 〖명〗 유엔 대기군.
un·starched [ʌnstɑ́ːrt∫t] 〖형〗 (피륙 따위에) 풀을 먹이지 않은; (성격·태도가) 딱딱하지 않은.
un·stat·ed [ʌnstéitid] 〖형〗 진술[공표·선언]되지 않은.
un·states·man·like [ʌnstéitsmənlàik] 〖형〗 정치가답지 않은[에 어울리지 않는].
un·stead·fast [ʌnstédfæst/-fəst] 〖형〗 (목적·행동·의견 따위가) 흔들리고 있는, 확고하지 못한.
***un·stead·y** [ʌnstédi] 〖형〗 **1** 굳세지 못한, 불안정한; 동요하는, 흔들[휘청]거리는. ¶The economy is ～. 경제가 불안정하다 // ～ *in* one's opinions 의견이 분명치 않은 / ～ *of* purpose 목적이 정해지지 않은. **2** 변하기 쉬운, 믿을 수 없는. **3** 불규칙한, 고르지 않은. **4** 품가짐[품행]이 나쁜. ── 〖동〗 …을 불안정하게 하다, 변동시키다. **-stéad·i·ly** 〖부〗 **-stéad·i·ness** 〖명〗
un·steel [ʌnstíːl] 〖동〗(타) …의 힘을 빼다, 약하게 하다; (감정·기분)을 누그러뜨리다; …의 무장을 해제하다.
un·step [ʌnstép] 〖동〗(타) (**-pp-**) (돛대)를 장좌(檣座)에서 뽑아내다[빼내다].
un·stick [ʌnstík] 〖동〗(타) (*-stuck*) 〖타〗 **1** (비행기)를 이륙시키다. **2** (붙어 있는 것)을 잡아떼다. ──〖자〗 **1** 붙지 않게 되다. **2** (비행기)가 이륙하다.
un·stint·ed [ʌnstíntid] 〖형〗 제한되지 않은, 풍부한; 인색하지 않은, 아낌없이 주는, 후한(lavish). **～·ly** 〖부〗
un·stint·ing [ʌnstíntiŋ] 〖형〗 아끼지 않는, 인색하지 않은, 활수한. **～·ly** 〖부〗
un·stirred [ʌnstə́ːrd] 〖형〗 교란되지 않은, 움직여지지 않은.
un·stitch [ʌnstít∫] 〖동〗(타) …의 솔기를 풀다[뜯다].
un·stocked [ʌnstɑ́kt/-stɔ́kt] 〖형〗 재고(품)가 없는; 물고기[가축]를 풀어놓지 않은.
un·stop [ʌnstɑ́p/-stɔ́p] 〖동〗(타) (**-pp-**) …의 마개를 뽑다; 장애물을 치우다; (오르간)의 음전(音栓)을 열다.
un·stop·pa·ble [ʌnstɑ́pəbl, -stɔ́p-] 〖형〗 막을 수 없는, 제지[억지]할 수 없는. **-bíl·i·ty** 〖명〗 **-bly** 〖부〗
un·sto·ried [ʌnstɔ́ːrid] 〖형〗 역사에 없는; 역사에 기록되지 않은; 이야기에 나오지 않는.
un·strained [ʌnstréind] 〖형〗 **1** 긴장하지 않은; 억지가 아닌, 편안한, 자연스러운. **2** (기름 따위가) 걸러내지 않은.
un·strap [ʌnstrǽp] 〖동〗(타) (**-pp-**) …의 가죽끈을 풀다[끄르다].
un·strat·i·fied [ʌnstrǽtəfàid] 〖형〗 〔지질〕 층을 이루지 않은, 무성층(無成層)의. ¶～ till 무성층 점토.
un·stressed [ʌnstrést] 〖형〗 강조되지 않은; (음절이) 강세가 없는, 악센트가 없는.
un·strik·a·ble [ʌnstráikəbl] 〖형〗 〔법률〕 파업권이 없는; 파업의 대상이 되지 않는.
un·string [ʌnstríŋ] 〖동〗(타) (*-strung*) 〖타〗 **1** (활·현악기 따위)의 현[시위]을 풀다[늦추다]. **2** (구슬 따위)를 실[끈]에서 빼내다, (지갑 따위)의 끈을 풀다. **3** …의 긴장을 풀다; (신경)을 약하게 하다, …을 맥이 풀리게 하다, …의 자제력을 잃게 하다, 혼란시키다. ── 〖자〗 (신경이) 해이해지다.
un·struc·tured [ʌnstrʌ́kt∫ərd] 〖형〗 조직적이 아닌; 통일되지 않은.
un·strung [ʌnstrʌ́ŋ] 〖형〗 현[시위]이 풀어진, 느슨해진; 신경이 약해진, 맥이 풀린.
come unstrung (美구어) 산산조각나다, 엉망이 되다.
un·stuck [ʌnstʌ́k] 〖형〗 붙어 있지 않은, 흩어진.
come unstuck ① (붙어 있던 것이) 떨어[벗겨]지다. ② (계획이) 빗나가다, 실패하다. ③ 이륙하다.
un·stud·ied [ʌnstʌ́did] 〖형〗 **1** 저절로 터득한. **2** 꾸민 데가 없는, 억지가 없는, 자연스러운. **3** 배우지 않은, 정통하지 않은(*in*). **～·ly** 〖부〗
un·stuffed [ʌnstʌ́ft] 〖형〗 속을 채우지 않은, 속이 차지 않은; 답답하지 않은.
un·stuff·y [ʌnstʌ́fi] 〖형〗 딱딱하지 않은; (방 따위가) 답답하지 않은.
un·sub·dued [ʌ̀nsəbdúːd] 〖형〗 진압[정복]되지 않은; 억제되지 않은.
un·sub·scribe [ʌ̀nsəbskráib] 〖동〗(타) 〔컴퓨터〕 (…의) 등록을 취소하다(뉴스 리더에서 어떤 뉴스 그룹의 등록을 삭제하기). 「[금]을 받지 않은.
un·sub·si·dized [ʌnsʌ́bsidàizd] 혱 보조금[장려금]을 받지 않은.
un·sub·stan·tial [ʌ̀nsəbstǽnʃəl] 혱 **1** 튼튼하지 못한; 가벼운; 무른. **2** 실체[실질]가 없는, 알맹이가 없는, 내용이 빈약한. **3** 비현실적인, 공상적인, 몽상적인. **-stàn·ti·ál·i·ty** 명 **~·ly** 부
un·sub·stan·ti·at·ed [ʌ̀nsəbstǽnʃièitid] 혱 증거가 없는, 입증되지 않은, 터무니[근거]없는.
un·suc·cess [ʌ̀nsəksés] 명 불성공, 실패.
*****un·suc·cess·ful** [ʌ̀nsəksésfəl] 혱 **1** 성공하지 못한, 실패한(*in*); 불운한. ¶ an ~ candidate 낙선한 후보자. **2** (일이) 잘 되어지지 않는; 이루어지지 않은. **~·ly** 부 **~·ness** 명
un·su·gared [ʌ̀nʃúgərd] 혱 설탕을 넣지 않은, 무당의; 당의성이 아닌. 「적이 아닌(*of*).
un·sug·ges·tive [ʌ̀nsəgdʒéstiv] 혱 암시적[시사]
un·suit [ʌ̀nsúːt/-́-] 혱 일광욕용 원피스.
*****un·suit·a·ble** [ʌ̀nsúːtəbl] 혱 부적당한, 당치 않은, 적임이 아닌(*to, for*). **-bíl·i·ty, ~·ness -bly** 부
un·suit·ed [ʌ̀nsúːtid/-sjúːt-] 혱 적합치 않은, 부적당한(*to, for*); 어울리지 않는, 상극인.
un·sul·lied [ʌ̀nsʌ́lid] 혱 더럽혀지지 않은, 결백한.
un·summed [ʌ̀nsʌ́md] 혱 =uncounted.
un·sum·moned [ʌ̀nsʌ́mənd] 혱 소환되지 않은; 소집되지 않은.
un·sung [ʌ̀nsʌ́ŋ] 혱 노래로 불리지 않은; 시가(詩歌)로 읊어지지 않은[칭송되지 않은]; (부당하게도) 세상에 알려지지 않은.
un·sunned [ʌ̀nsʌ́nd] 혱 햇빛이 들지 않는; 별에 쬐지 않은; 일반에 공개되지 않은.
un·sup·port·a·ble [ʌ̀nsəpɔ́ːrtəbl] 혱 떠받칠 수 없는; 지지할[방어할], 견딜 수 없는. **-bly** 부
un·sup·port·ed [ʌ̀nsəpɔ́ːrtid] 혱 떠받쳐지지 않은; 지지를 받지 못하는, 후원이 없는. **~·ly** 부
un·sure [ʌ̀nʃúər] 혱 불안한, 불안정한, 위태위태한; 확실치 않은; 신뢰할 수 없는. **~·ly** 부 **~·ness** 명
un·sur·mount·a·ble [ʌ̀nsərmáuntəbl] 혱 =insurmountable.
un·sur·pass·a·ble [ʌ̀nsərpǽsəbl/-páːs-] 혱 능가할[넘을] 수 없는, 최고의. **-bly** 부
un·sur·passed [ʌ̀nsərpǽst/-páːst] 혱 능가할 자가 없는, 탁월한, 비길 데 없는, 유례 없는.
un·sur·pris·ing [ʌ̀nsərpráiziŋ] 혱 놀랄 것이 못되는, 뜻밖이 아닌. **~·ly** 부 놀랄 것이 없이; 《문장을 수식하여》 뜻밖은 아니지만.
un·sus·cep·ti·ble [ʌ̀nsəséptəbl] 혱 불감성(不感性)의; …에 물들지 않은(*to*). **-cèp·ti·bíl·i·ty** 명
un·sus·pect·ed [ʌ̀nsəspéktid] 혱 **1** 의심[혐의]받지 않은(*of*), 수상쩍게 여겨지지 않은. **2** 뜻밖의; 알려지지 않은(unknown). **~·ly** 부 **~·ness** 명
un·sus·pect·ing [ʌ̀nsəspéktiŋ] 혱 의심치 않는, 수상쩍게 여기지 않는, 믿고 있는. **~·ly** 부 **~·ness** 명
un·sus·pi·cious [ʌ̀nsəspíʃəs] 혱 의심치 않는[수상히 여기지 않는]; 의심스럽지 않은, 수상하지 않은. **~·ly** 부 **~·ness** 명
un·sus·tain·a·ble [ʌ̀nsəstéinəbl] 혱 떠받칠 수 없는; 지지[옹호]할 수 없는; 입증[확증]할 수 없는. **-bly** 부 「지 못한; 확증이 없는.
un·sus·tained [ʌ̀nsəstéind] 혱 지지[후원]를 받
un·swathe [ʌ̀nswɑ́ð/ʌ̀nswéið] 타자 …의 붕대[싸개]를 풀다. **~·a·ble** 형
un·swayed [ʌ̀nswéid] 혱 지배되지 않는; 좌우되지 않는, 흔들리지 않는, 영향받지 않는; 편견이 없는.
un·swear [ʌ̀nswɛ́ər] 타 (*-swore; -sworn*) 타 [선서한 것을] 취소하다[어기다]; [먼젓번 것을] 다시 선서하여 취소하다. —자 맹세를 철회하다.
un·sweep·a·ble [ʌ̀nswíːpəbl] 혱 (기뢰가) 폭파 처리할 수 없는, 소해(掃海)할 수 없는.
un·sweet·ened [ʌ̀nswíːtnd] 혱 단맛이 없는, 달게[감미롭게] 하지 않은. 「일소되지 않은.
un·swept [ʌ̀nswépt] 혱 쓸지 않은, 청소하지 않은;
un·swerv·ing [ʌ̀nswə́ːrviŋ] 혱 빗나가지[벗어나지] 않는; 확고한, 흔들리지 않는, 지조가 굳은. **~·ly** 부
un·syl·lab·ic [ʌ̀nsilǽbik] 혱 =nonsyllabic.
un·sym·met·ri·cal [ʌ̀nsimétrikəl] 혱 가지런한 지[균형이 잡히지] 않은; 대칭(對稱)이 아닌. **~·ly** 부
un·sym·pa·thet·ic [ʌ̀nsìmpəθétik] 혱 동정심이 없는, 인정 없는; 냉담한; 공명하지 않는, 감응(感應)하지 않는; 성미가 서로 맞지 않는. **-i·cal·ly** 부
un·sym·pa·thiz·ing [ʌ̀nsímpəθàiziŋ] 혱 동정하지 않는, 인정이 없는; 공명하지 않는. **~·ly** 부
un·sys·tem·at·ic [ʌ̀nsistəmǽtik] 혱 조직적이 아닌, 비(非)계통적인, 비(非)체계적인, 무질서한. (또는 **unsystematical**) **-i·cal·ly** 부
un·tack [ʌ̀ntǽk] 타 …의 못[압정 따위]을 뽑다.
un·tact·ful [ʌ̀ntǽktfəl] 혱 재간[재치]이 없는, 수완이 없는, 눈치가 빠르지 못한. **~·ly** 부 **~·ness** 명
un·taint·ed [ʌ̀ntéintid] 혱 타락하지 않은, 오점이 없는, 깨끗한; 타락하지 않은. **~·ly** 부 **~·ness** 명
un·tal·ent·ed [ʌ̀ntǽləntid] 혱 재능이 없는, 무능한.
un·tam·a·ble [ʌ̀ntéiməbl] 혱 길들일 수 없는. **~·ness -bly** 부
un·tamed [ʌ̀ntéimd] 혱 길들지[사육되지] 않은, 야성의; 억제되지 않은; 훈련받지 못한. **~·ly** 부
un·tan·gle [ʌ̀ntǽŋgl] 타자 **1** [얽힌 것을] 풀다, 끄르다. **2** [분쟁 따위를] 해결하다.
un·tanned [ʌ̀ntǽnd] 혱 (가죽이) 무두질하지 않은; (사람의 피부가) 햇볕에 타지 않은.
un·tapped [ʌ̀ntǽpt] 혱 (통 따위의) 마개를 뽑지 않은; (자원 따위가) 이용되지 않은. 「없는.
un·tar·nished [ʌ̀ntɑ́ːrniʃt] 혱 흐린[더러운] 데가
un·tast·ed [ʌ̀ntéistid] 혱 (음식 따위를) 맛보지 않은, 맛본 적이 없는; 아직 겪어 보지 못한.
un·taught [ʌ̀ntɔ́ːt] 혱 배운 것이 아닌, 배워서 얻은 것이 아닌, 타고난; 배우지 못한, 무식한, 무지한.
un·taxed [ʌ̀ntǽkst] 혱 비과세의, 면세의.
UNTC United Nations Trusteeship Council(유엔 신탁 통치 이사회).
un·teach [ʌ̀ntíːtʃ] 타자 (*-taught*) [배운 것을] 잊어버리게 하다; [전에 배운 것의 잘못[오류]을] 알려주다[깨우쳐 주다].
un·teach·a·ble [ʌ̀ntíːtʃəbl] 혱 가르치기 힘든; 고분고분하지 않은; 가르칠[교수할] 수 없는. **~·ness** 명
un·tech·ni·cal [ʌ̀ntéknikəl] 혱 전문적[기술적]이 아닌; 전문적 기능[훈련]이 모자라는. **~·ly** 부
un·tem·pered [ʌ̀ntémpərd] 혱 (강철 따위가) 단련하지 않은; 적당히 손을 보지 않은, 조절하지 않은.
un·ten·a·ble [ʌ̀nténəbl] 혱 **1** 옹호할 수 없는, 지지할 수 없는. **2** (집 따위가) 거주할 수 없는. **-bíl·i·ty, ~·ness** 명 **-bly** 부
un·ten·ant·a·ble [ʌ̀nténəntəbl] 혱 (토지·집이) 세놓기에 적당치 않은, 세할 수 없는, 살 만하지 못한.
un·ten·ant·ed [ʌ̀nténəntid] 혱 (토지·가옥 따위가) 임대[임차]되지 않은, 비어 있는.
un·tend·ed [ʌ̀nténdid] 혱 간호[시중]받지 않는, 아무도 상관하지 않는, 방치된(neglected).
un·tent·ed [ʌ̀nténtid] 혱 탐사되지 않은; 치료되지 않은; (양심 따위가) 상처 입은 그대로인.
Un·ter·mensch [úntərmènʃ] 명 (혱 *-men·schen* [-mènʃən]) (특히 나치 독일에서) 열등 인간; 인간 이하의 것. [<G subhuman] 「지 않은.
un·test·ed [ʌ̀ntéstid] 혱 시험[검사]되지 않은, 해보
un·teth·er [ʌ̀ntéðər] 타자 …의 맨 밧줄을 풀다, …을 놓아주다. **~ed** 형
un·thanked [ʌ̀nθǽŋkt] 혱 감사받지 못한, 고마워
un·thank·ful [ʌ̀nθǽŋkfəl] 혱 감사하지 않는, 은혜

un·thatch [ʌnθætʃ] 타동 〔지붕〕의 이엉을 벗기다.
un·think [ʌnθíŋk] 타동 (-thought) 생각을 버리다, 무시하다. ─자동 …을 잊어버리다, …을 생각하지 않다.
un·think·a·ble [ʌnθíŋkəbl] 형 생각할 수 없는, 상상도 할 수 없는. ─명 (보통 ~s) 상상[생각]할 수 없는 것. **-bíl·i·ty**, **~·ness** 명 **-bly** 부
un·think·ing [ʌnθíŋkiŋ] 형 생각하지 않는, 지각없는, 분별 없는, 부주의한. **~·ly** 부 **~·ness** 명
un·thought [ʌnθɔ́:t] 형 말하여 보지 못한 (of, on); 생각지도 못한, 뜻밖의(unexpected).
un·thought·ful [ʌnθɔ́:tfəl] 형 생각이 없는, 생각이 깊지 못한, 부주의한. **~·ly** 부 **~·ness** 명
un·thought-of [-ὰv, -ὰv/-ɔ̀v] 형 예기치 못한; 뜻밖의, 의외의. ¶an ~ reward 뜻밖의 포상.
un·thread [ʌnθréd] 타동 1 〔바늘 따위〕의 실을 빼다. 2 〔미로 따위〕에서 빠져나오다. 3 〔얽힌 것〕을 풀다, 〔수수께끼 따위〕를 풀다. **-ed** 형 실이 박이지 않은.
un·thrift [ʌnθríft] 명 ① 불경제, 낭비; ⓒ 낭비자.
un·thrift·y [ʌnθrífti] 형 비경제적인, 낭비하는, 사치스러운; 〔가축·수목이〕 기운이 없는.
un·throne [ʌnθróun] 타동 〔왕〕을 폐위시키다.
un·ti·dy [ʌntáidi] 형 〔사람·복장 따위가〕 단정치 못한, 지저분한; 〔방 따위가〕 어수선한, 난잡한. ─타동 …을 어지럽히다. **-di·ly** 부 **-di·ness** 명
***un·tie** [ʌntái] 자·타동 1 〔묶은 것·동여맨 것 따위〕를 풀다, 끄르다 (from). ¶ ~ a bundle 꾸러미를 풀다 // ~ a dog from a fence 울타리에서 개를 풀어주다. 2 〔끈〕의 실〔끈〕을 풀다, …의 매듭을 풀다. 3 속박에서 …을 해방하다, 자유롭게 하다; 〔얽힌 것·어려운 따위〕를 해결하다. ¶ ~ riddles 수수께끼를 풀다 // ~ a person from bondage 남을 속박〔구속〕으로부터 해방하다. ─자동 풀리다, 끌러지다.
un·tied [ʌntáid] 형 묶(이)지 않은; 풀린.
come untied (美구어) 놀라 정신을 차리지 못하다, 이상해지다, 노발대발하다.
untied lóan 명 언타이드 론, 불구속 융자(자금을 대출하는 측이 그 용도를 지정하지 않는 형태의 차관).
‡**un·til** [əntíl, ʌn-] (* until은 till과 같은 뜻이지만 till보다 문어적이며, 주문 앞에 구·절이 오는 경우가 많다. (美)에서는 다른 위치에도 until을 흔히 쓴다) 전 1 (시간의 계속) …할 때까지, 까지. ¶I'll wait here ~ you come back. 당신이 돌아올 때까지 여기서 기다리겠습니다. 2 (부정문에서) …이 되어 비로소 (…하다). ¶It was not ~ I came to Korea that I learned Han-geul. 나는 한국에 와서 비로소 한글을 배웠다/He didn't start to read ~ he was ten. =Not ~ he was ten did he start to read. 그는 10살이 되어서야 비로소 책을 읽기 시작했다.
unless and until =until.
─접 1 …까지, …이 될 때까지. ¶U— his death he had lived in Seoul. 그는 죽을 때까지 서울에 살고 있었다./(* (구어)에서는 때때로 up과 함께 쓰인다) up ~ last week 지난 주까지 (* 완료의 뜻으로 「…까지는」의 경우에는 by를 쓴다: He will have done it by next Sunday. 그는 그것을 다음 일요일까지는 끝낼 것이다). 2 (부정문에서) …이 되어 비로소 (…하다). ¶Not ~ yesterday did I know the fact. 어제야 비로소 그 사실을 알았다. 그럼, 뒤에 봅시다.
until later [or *then*] (구어) 〔헤어질 때 인사말〕 자
un·tile [ʌntáil] 타동 …에서 타일을 제거하다(벗겨내다). **-tiled** 형 기와를 이지 않은, 타일을 붙이지 않은.
un·till·a·ble [ʌntíləbl] 형 경작할 수 없는, 불모의.
un·tilled [ʌntíld] 형 경작되지 않은, 미경작의.
un·tim·bered [ʌntímbərd] 형 1 목재가 사용되지 않은. 2 수목이 무성하지 않은.
***un·time·ly** [ʌntáimli] 형 1 때아닌, 철 아닌. ¶The ~ snow is falling. 때아닌 눈이 내리고 있다. 2 너무 이른, 때가 이른, 시기상조인; 미숙한. ¶an ~ birth [death] 조산(부産)〔요절〕. 3 제철이 나쁜, 시기를 얻지 못한. ¶an ~ joke 시기에 맞지 않는 농담. ─부 때 아니게; 너무 일찍; 미숙하게, 공교롭게. **-li·ness** 명
un·time·ous [ʌntáiməs] 형 (스코) =untimely.
un·tinged [ʌntíndʒd] 형 착색되지 않은, 물들지 않은; 편견이 없는, (사상 따위에) 영향받지 않은.
un·tired [ʌntáiərd] 형 지치지〔물리지〕 않은. **~·ly** 부
un·tir·ing [ʌntáiəriŋ] 형 지치지 않는, 물리지 않는; 불굴의. **~·ly** 부 「리가 없는; 표제가 없는.
un·ti·tled [ʌntáitld] 형 칭호〔작위, 직함〕가 없는; 권
***un·to** [ʌ́ntu(:), (자음 앞) ʌ́ntə] 전 (고어·시) 1 …으로, …에, …쪽으로(to). ¶Knock, and it shall be opened ~ you. 문을 두드려라, 그러면 너희에게 열릴 것이다(←마태 복음(Matt.) 7 : 7). 2 …까지(until, till). *unto oneself* 독립하여〔한〕, 독자적으로〔적인〕.
un·to·geth·er [ʌntəgéðər] 형 (美속어) 1 혼란된, 어지러운. 2 세상 물정을 모르는. 3 시대〔유행〕에 뒤진.
un·told [ʌntóuld] 형 1 말하지 않은, 밝혀지지 않은, 누설되지 않은. ¶an ~ story 비화. 2 셀 수 없는, 막대한(vast). ¶an ~ sum of money 막대한 금액.
un·tomb [ʌntú:m] 타동 …을 무덤에서 파내다, 파헤치다.
un·tooth [ʌntú:θ] 타동 …의 이를 뽑다.   「치다.
un·torn [ʌntɔ́:rn] 형 찢기지 않은; 완전한.
un·touch·a·bil·i·ty [ʌ̀ntʌ̀tʃəbíləti] 명 ① (인도의) 불가촉 천민(不可觸賤民); 손댈 수 없음.
un·touch·a·ble [ʌntʌ́tʃəbl] 형 1 손댈 수 없는, 손 대서는 안 되는; 만져서 알 수 없는. 2 손이 닿지 않을 만큼 먼, 3 손대기조차 싫은. 4 비길 데 없는; 비판할〔흠잡을〕 수 없는. ─명 1 (인도의 카스트(caste) 제도에서) 최하층 천민(1955년 폐지). 2 (정치·근면한 점 따위에서) 흠잡을 데 없는 사람. **~·ness** 명 **-bly** 부
***un·touched** [ʌntʌ́tʃt] 형 1 손을 대지 않은, 만지지 않은. 2 (대륙 따위가) 미답(未踏)의, 자연 그대로인. 손상되지 않은. 3 먹을 수 없는, 마실 수 없는. 4 처음〔초기〕 상태로 있는. 5 영향받지 않은; 감동하지 않은. 6 언급〔논급〕되지 않은. **~·ness** 명
un·to·ward [ʌntɔ́:rd, -tóuərd] 형 1 곤란한, 어려운; 탐탁지 않은. ¶~ circumstances 역경. 2 적당치 않은, 바람직스럽지 못한. 3 불운한, 어려운. ¶an ~ wind 역풍(逆風). 4 (고어) 외고집의, 괴팍한, 완고한. **~·ly** 부 **~·ness** 명
un·trace·a·ble [ʌntréisəbl] 형 추적(追跡)할 수 없는, 찾아낼 수 없는; 투사(透寫)할 수 없는, 그릴 수 없는. **~·ness** 명 **-bly** 부   「지 않은.
un·traced [ʌntréist] 형 추적되지 않은; 뒤가 밟히지
un·tracked [ʌntrǽkt] 형 1 발자국이 없는, 인적이 없는; 뒤를 밟지 못한, 종적이 없는, 길이 없는. 2 (구어) 침체에 저조하다가 제 실력을 되찾은.
un·trac·ta·ble [ʌntrǽktəbl] 형 다루기 어려운; 고분고분하지 않는, 순종하지 않는; 다듬기 어려운.
un·trained [ʌntréind] 형 훈련받지 않은, 단련되지 않은, 미숙한; (경기 따위에서) 연습을 쌓지 않은.
un·tram·meled [ʌntrǽməld] 형 속쇄〔칼〕를 채우지 않은, 속박되지 않은, 방해받지 않은; 자유로운. (또는 (英) **untrammelled**)   「도할 수 없는.
un·trans·fer·a·ble [ʌ̀ntrænsfɔ́:rəbl] 형 이동〔양
un·trans·lat·ed [ʌ̀ntrænsléitid, -trænz-] 형 1 번역되지 않은. 2 다른 장소〔상태〕로 옮기지 않은.
un·trans·mit·ted [ʌ̀ntrænsmítid, -trænz-] 형 보내지 않은, 전달〔송전〕되지 않은 같은것; 전도(傳導)되지 않은.
un·trans·port·a·ble [ʌ̀ntrænspɔ́:rtəbl] 형 수송할 수 없는.
un·trav·eled [ʌntrǽvəld] 형 1 (먼 곳으로) 여행한 적이 없는; 외국 여행의 경험이 없는. 2 인적이 드문; 사람의 발길이 닿지 않은; 여행자가 없는. (또는 (英) **untravelled**)

un·tra·vers·a·ble [ʌntrævə́ːrsəbl, ʌntrǽ-] 형 횡단할 수 없는, 건널 수 없는; 방해[반박]할 수 없는.

un·trav·ersed [ʌntrǽvərst] 형 1 횡단되지 않은, 인적 미답의, (특히) 여행할 수 없는. 2 방해받지 않은. 3 반박되지 않은.

un·tread [ʌntréd] 타 (-trod; -trod·den, -trod) 〔온 길〕을 되돌아가다.

un·treas·ured [ʌntréʒərd] 형 귀중하게 다루어지지 않은, 애지중지하지 않은; 명심하지 않은.

un·treat·a·ble [ʌntríːtəbl] 형 다룰 수 없는; (병이) 치료 불가능한.

un·treat·ed [ʌntríːtid] 형 미처리[처치]의, (소독·살균·방부 따위의) 처리가 되어 있지 않은; 아직 치료를 받고 있지 않은.

un·tried [ʌntráid] 형 1 시도해 보지 않은, 시험[실험]해 보지 않은, 아직 확인되지 않은. 2 경험이 없는. 3 〔법률〕 공판에 회부되지 않은, 미심리의.

un·trimmed [ʌntrímd] 형 1 깎아내지 않은, 손질하지 않은; 장식이 없는. 2 (또는 uncut) 〔제본〕 가장자리를 다듬지 않은. ~·ness 명

un·trod [ʌntrɑ́d/-trɔ́d] 형 밟지 않은, 사람의 발길이 닿지 않은, 인적 미답의. (또는 untrodden)

un·trou·bled [ʌntrʌ́bld] 형 근심[걱정]이 없는, 괴로움이 없는; 조용한, 풍파가 없는; 침착한. ¶an ~ inlet 잔잔한 후미. ~·ness 명

*__un·true__ [ʌntrúː] 형 1 진실되지 않은, 진정이 아닌, 거짓[허위]의. ¶His words are absolutely ~. 그의 말은 터무니없는 거짓말이다. 2 충실치 못한, 불성실한 (to), 부정(不貞)의. ¶He is ~ to his friends. 그는 친구들에게 성실치 못하다. 3 부정확한, 불완전한; (표준·본·규정 따위에) 맞지 않는. 4 공정하지 않은, 부정(不正)한. ~·ness 명 -trú·ly 부

un·truss [ʌntrʌ́s] 타 (고어) 타 1 (다발 따위)를 풀다. 2 …의 속박을 풀다, …을 석방하다. 3 …의 옷을 벗기다. ─ 자 옷[바지]을 벗다. ~ed 형 옷을 벗은.

un·trust·wor·thy [ʌntrʌ́stwə̀ːrði] 형 믿을 수 없는, 신뢰할 수 없는(unreliable). -thi·ness 명

un·truth [ʌntrúːθ] 명 (복 ~s [-ðz, -θs]) ① C 1 진실이 아님, 허위, 거짓(말). 2 (고어) 불성실, 불실. ⇒LIE¹ 〔유의어〕

un·truth·ful [ʌntrúːθfəl] 형 진실하지 않은, 거짓의; 부정확한; 불성실한. ~·ly 부 ~·ness 명

un·tuck [ʌntʌ́k] 타 자 …의 주름[시침]을 풀다[뜨다]; 〔걷어 올린 것〕을 도로 내리다.

un·tun·a·ble [ʌntjúːnəbl] 형 불협화음의, 음악적이 아닌, 듣기 거북한.

un·tune [ʌntjúːn] 타 …의 가락을 어긋나게 하다, …의 가락을 망쳐놓다; 〔마음 따위〕를 어지럽히다.
~·ful 형 귀에 거슬리는. ~·ful·ly 부 ~·ful·ness 명

un·tuned [ʌntjúːnd] 형 가락이 맞지 않는; 조율(調律)되지 않은; 파내지 않은.

un·turned [ʌntə́ːrnd] 형 뒤집지 않은, 돌리지 않은.

un·tu·tored [ʌntjúːtərd/-tjuː-] 형 교사에게 배우지 않은; 교육을 받지 않은; 촌스럽고 거친, 소박한.

un·twine [ʌntwáin] 타 자 =untwist.

un·twist [ʌntwíst] 타 자 1 …의 꼬인 것을 풀다, …을 풀다. 2 〔나쁜 짓 따위〕를 성사되지 않게 하다. ─ 자 꼬인 것이 풀리다, 풀어지다.

un·twist·ed [ʌntwístid] 형 꼬이지 않은; 감기지 않은; 곡해되고 있지 않은.

un·typ·i·cal [ʌntípikəl] 형 대표적[전형적]이 아닌; 보통이 아닌; 언제나와 다른. ~·ly 부

UNU *United Nations University*(유엔 대학).

un·urged [ʌnə́ːrdʒd] 형 강제당하지 않은; 자발적인. 부 자발적으로.

un·us·a·ble [ʌnjúːzəbl] 형 사용하기에 알맞지 않은, 쓸모없는. (또는 **unuseable**) -bly 부

*__un·used__ [ʌnjúːzd] 형 1 쓰지 않은, 사용치 않은; 쓴 일이 없는, 사용한 적이 없는, 새로운. 2 [-júːst] 익숙치 않은, 경험이 없는 (*to*). ¶He is ~ to labor. 그는 노동에는 익숙치 않다.

un·use·ful [ʌnjúːsfəl] 형 쓸모없는, 실용 가치가 없는. ~·ly 부 ~·ness 명

‡**un·u·su·al** [ʌnjúːʒuəl] 형 (*more* ~; *most* ~) 정상이 아닌, 예삿일이 아닌, 별난; 예외적인, 이례적인. ¶The president's resignation was really ~. 대통령의 사임은 정말 이례적이었다. 2 진귀한, 희한한, 독특한. ¶It's an ~ novel. 그것은 희한한 소설이다. ~·ness 명

*__un·u·su·al·ly__ [ʌnjúːʒuəli, -ʒwəli] 부 비정상으로, 현저히, 유별나게; (구어) 대단히, 몹시.

un·ut·ter·a·ble [ʌnʌ́tərəbl] 형 발음할 수 없는; 형언할 수 없는, 최악의. ~·ness 명 -bly 부

un·ut·tered [ʌnʌ́tərd] 형 발음되지 않은, 입 밖에 내지 않은.

UNV *United Nations Volunteers*(유엔 자원 봉사단).

un·vac·ci·nat·ed [ʌnvǽksəneìtid] 형 백신[예방] 접종을 하지 않은.

un·val·ued [ʌnvǽljuː(ː)d] 형 가치가 있다고 인정되지 않는; 중히 여겨지지 않는, 존중되지 않는. 「로운.

un·var·ied [ʌnvɛ́ərid] 형 변함 없는; 꾸준한; 단조

un·var·nished [ʌnvɑ́ːrniʃt] 형 니스칠을 하지 않은; 꾸미지 않은, 소박한, 있는 그대로의.

un·var·y·ing [ʌnvɛ́əriiŋ] 형 변화하지 않는, 불변의, 일정한. ~·ly 부 ~·ness 명

un·veil [ʌnvéil] 타 자 1 …의 베일을 벗기다, 덮개[복면]를 벗기다. / …one's face 베일을 벗다 / ~ oneself 정체를 드러내다. 2 〔비밀〕을 털어놓다, 밝히다. 3 (동상 따위의) 제막식을 거행하다. ¶an ~*ing* ceremony 제막식. / an ~ (연극 따위의) 처음 상연하다; 〔신제품 따위〕를 처음 공개하다. ─ 자 베일을 벗다, 덮개를 열다; 정체를 드러내다. ~ed 형 가려지지 않은, 드러난.

un·ven·ti·lat·ed [ʌnvéntilèitid] 형 통풍이 나쁜, 환기가 좋지 않은; (문제가) 자유롭게 논의되지 않은, (의견이) 표명되지 않은.

un·ver·i·fi·a·ble [ʌnvérəfàiəbl] 형 증명[입증]할 수 없는. -bly 부

un·versed [ʌnvə́ːrst] 형 정통하지 못한, 숙달[숙련]되지 않은, …에 밝지 못한 (*in*).

un·vexed [ʌnvékst] 형 화나지[초조하지] 않은; 냉정한, 침착한; (물결 따위가) 잔잔한(calm).

un·vi·a·ble [ʌnváiəbl] 형 성장(발전)하지 못하는. -bíl·i·ty 명

un·vi·o·lat·ed [ʌnváiəlèitid] 형 (법률·약속 따위가) 위반되지 않은; 침범당하지 않은.

un·vis·it·ed [ʌnvízitid] 형 1 방문하지 않은, 사람이 가지 않은. 2 (천재(天災) 따위가) 닥치지[덮치지] 않은.

un·vo·cal [ʌnvóukəl] 형 1 분명하게 말을 못하는; 말없는. 2 (목소리 따위가) 감미롭지 않은; 비음악적인.

un·voiced [ʌnvɔ́ist] 형 〔음성〕 무성(음)의, 무음의; 소리로만 〔입 밖에〕 내지 않은, 무언의.

un·vouched [ʌnváutʃt] 형 보증[증명]되지 않은.

un·waged [ʌnwéidʒd] 형 (영) 임금[급여]이 없는; 임금 소득이 없는, 실직한. ─ 명 (the ~) (복수취급) (실업자·전업 주부 따위) 임금 소득이 없는 사람들.

un·want·ed [ʌnwɑ́ntid/-wɔ́nt-] 형 요구되지 않은; 바라지 않은, 필요 없는; 불필요한, 무가한; (성격이) 바람직스럽지 않은, 결점이 있는. 「적이 아닌.

un·war·like [ʌnwɔ́ːrlàik] 형 호전적이 아닌, 도전

un·warmed [ʌnwɔ́ːrmd] 형 데워지지 않은.

un·warned [ʌnwɔ́ːrnd] 형 경고[예고] 없는, 불시의.

un·war·rant·a·ble [ʌnwɔ́ːrəntəbl, -wɑ́r-] 형 보증할 수 없는; 용납할 수 없는, 부당한, 불법적인. ~·ness 명 -bly 부

un·war·rant·ed [ʌnwɔ́ːrəntid, -wɑ́r-] 형 보증되지 않은; 용납[공인]되지 않은, 부당한. ~·ly 부

un·war·y [ʌnwέəri] 형 부주의한, 조심성없는; 신중하지 못한, 경솔한 (of). **-wár·i·ly** 부 **-wár·i·ness** 명

un·washed [ʌnwάʃt, -wɔ́ʃt/-wɔ́ʃt] 형 1 씻지[빨지] 않은; 더러운, 불결한. 2 파도에 씻기지 않은. 3 하층민의, 무지한; (the ~) (명사적·복수취급) 하층민.

un·wast·ed [ʌnwéistid] 형 허비[낭비]되지 않은; 망쳐지지 않은, 황폐해지지 않은; 쇠약해지지 않은.

un·watched [ʌnwάtʃt/-wɔ́tʃt] 형 감시를 받지 않는, 주목받지 않는, 무시된(neglected).

un·watch·ful [ʌnwάtʃfəl/-wɔ́tʃ-] 형 조심성 없는, 부주의한, 방심하고 있는. **~·ly** 부 **~·ness** 명

un·wa·tered [ʌnwɔ́ːtərd, -wάt-] 형 물을 뿌리지 않은, 건조한; 물을 타지 않은; 관개 용수가 없는.

un·wa·ver·ing [ʌnwéivəriŋ] 형 동요하지 않는, 흔들리지 않는; 확고한(steadfast). **~·ly** 부

un·wear·a·ble [ʌnwέərəbl/-wέər-] 형 입을 만하지 않은, 착용할 수 없는; 해진; 어울리지 않은.

un·wea·ried [ʌnwíərid] 형 지치지 않은; 지칠 줄 모르는, 꾸준한, 불굴의. **~·ly** 부 **~·ness** 명

un·wea·ry [ʌnwíəri] 형 =unwearied.

un·wea·ry·ing [ʌnwíəriiŋ] 형 지치지 않는; 물리지 않는. **~·ly** 부

un·weath·ered [ʌnwéðərd] 형 비바람에 씻긴 흔적이 없는, 풍화(風化)의 흔적이 없는.

un·weave [ʌnwíːv] 타 (**-wove; -wo·ven; -weav·ing**) (짠 것을) 풀다, …의 실을 풀다(ravel).

un·wed [ʌnwéd] 형 결혼하지 않은, 미혼의, 독신의. (또는 **unwedded**) **~·ded·ness** 명 「지 않은.

un·weed·ed [ʌnwíːdid] 형 김매지 않은, 잡초를 뽑

un·weighed [ʌnwéid] 형 무게를 달지 않은; (의견 따위가) 충분히 검토되지 않은; 분별 없는. ¶What an ~ behavior! 참으로 무분별한 행동이군!

un·weight·ed [ʌnwéitid] 형 무거운 짐을 지고 있지 않은; (정신적) 부담이 없는, 중요시되지 않은.

***un·wel·come** [ʌnwélkəm] 형 1 환영받지 못하는, 인기 없는. ¶an ~ guest 반갑지 않은 손님. 2 고맙지 않은, 싫은. **~·ly** 부 **~·ness** 명

unwélcome vísit 명 (軍속어) 적지(敵地) 침입.

un·weld·ed [ʌnwéldid] 형 용접[결합]하지 않은.

un·well [ʌnwél] 형 (서술용법) 편찮은, 기분[컨디션]이 좋지 않은; (구어) 월경중인. **~·ness** 명

un·wept [ʌnwépt] 형 슬퍼해 주는 사람이 없는, 애석히 여겨 주는 사람이 없는; (눈물을) 흘리지 않는.

un·wet [ʌnwét] 형 젖지 않은; (눈에) 눈물이 없는. (또는 **unwetted**)

***un·whole·some** [ʌnhóulsəm] 형 1 건강에 해로운; (도덕적으로) 유해한; ¶~ food 건강에 해로운 음식. 2 (겉보기·안색 따위가) 건강하지 않아 보이는, 건강을 해치는, 병적인. **~·ly** 부 **~·ness** 명

un·wield·y [ʌnwíːldi] 형 다루기 어려운, 움직이기 어려운; 보기 흉한. ¶an ~ figure 보기 흉한 모습. (또는 **unwieldly**) **-wíeld·i·ly** 부 **-wíeld·i·ness** 명

un·wife·ly [ʌnwáifli] 형 아내답지 못한.

un·willed [ʌnwíld] 형 뜻하지 않은, 본의 아닌(involuntary), 고의 아닌(unintentional).

‡**un·will·ing** [ʌnwíliŋ] 형 (**more ~; most ~**) 1 마음 내키지 않는, 좋아하지 않는, 본의 아닌, 마지못해 하는. ⇒RELUCTANT 유의어 ¶She is ~ to come. 그녀는 오고 싶어하지 않는다. 2 반항[적대]적인.

willing or unwilling 좋든 싫든.

~·ly 부 **~·ness** 명

un·wi·ly [ʌnwáili] 형 교활하지 않은, 정직한, 단순한.

un·wind [ʌnwáind] 타 (**-wound**) (감은 것을) 풀다, (얽힌 것을) 풀다; (긴장을) 풀다. — 자 풀리다, 풀어지다; (긴장이) 풀리다. **-a·ble** 형 **-er** 명

un·wind·ase [ʌnwáindeis, -deiz] 명 (유전) 언와인드 효소(DNA복제 전에 DNA의 나선 구조의 꼬임을 풀어 DNA의 주형(鑄型)을 교정하는 효소). (또는 **unwinding prótein**)

un·winged [ʌnwíŋd] 형 날개가 없는.

un·wink·ing [ʌnwíŋkiŋ] 형 조심하고 있는; 눈 한 번 깜작이지 않는, 꼼짝 않고 바라보고 있는. **~·ly** 부

un·win·na·ble [ʌnwínəbl] 형 이길 수 없는. 「(성(城) 따위가) 난공불락의.

un·wis·dom [ʌnwízdəm] 명 ① 무지, 어리석음.

***un·wise** [ʌnwáiz] 형 어리석은, 우둔한, 지혜가 없는; 분별이 없는. **~·ly** 부 **~·ness** 명

un·wished [ʌnwíʃt] 형 원치 않은, 바라지 않은; 환영받지 못한, 탐탁치 못한(unwelcome).

un·wished-for [-fɔ̀ːr] 형 =unwished.

un·with·ered [ʌnwíðərd] 형 시들지 않은; 신선한, 발랄한.

un·wit·nessed [ʌnwítnist] 형 (현장을) 들키지[목격당하지] 않은, 눈치채이지 않은; 증인의 서명이 없는.

un·wit·ting [ʌnwítiŋ] 형 의식하지 못한, 생각하지 않는; 고의가 아닌, 부지중의. **~·ly** 부 **~·ness** 명

un·wit·ty [ʌnwíti] 형 총명하지 못한, 우둔한.

un·wom·an·ly [ʌnwúmənli] 형 여성답지 않은 [않게], 여성에게 어울리지 않는[않게]. **-li·ness** 명

un·wont·ed [ʌnwɔ́ːntid, -wóunt-] 형 1 이례적인, 드문. ¶~ kindness 좀처럼 없는 친절. 2 (고어) …에 익숙하지 않은(to). **~·ly** 부 **~·ness** 명

un·wooed [ʌnwúːd] 형 구혼받지 않은, 구애하는 사람 없는.

un·work·a·ble [ʌnwə́ːrkəbl] 형 1 (계획 따위가) 실행[시행, 실시] 불가능한. 2 (기계가) 운전[사용]할 수 없는; 운영[관리]할 수 없는. 3 세공[가공]할 수 없는. **-bíl·i·ty, ~·ness** 명 **-bly** 부

un·worked [ʌnwə́ːrkt] 형 1 가공[세공]하지 않은. 2 (인간 등이) 부려지지 않은. 3 (도구가) 사용되지 않은. 4 (토지가) 경작되지 않은; (광산이) 채굴되지 않은.

un·work·man·like [ʌnwə́ːrkmənlàik] 형 장인(匠人)답지 않은; 솜씨가 서툰.

un·world·ly [ʌnwə́ːrldli] 형 1 세속적이 아닌, 2 순진한, 때묻지 않은. 3 이 세상 것이 아닌(unearthly); 정신계의; 초자연적인. **-li·ness** 명

un·worn [ʌnwɔ́ːrn] 형 1 상하지 않은, 닳지 않은. 2 지치지 않은. 3 (정신·감각 따위가) 상처를 입지 않은, 참신한. 4 (옷 따위가) 한 번도 입지 않은, 새것인.

‡**un·wor·thy** [ʌnwə́ːrði] 형 (**-thi·er; -thi·est**) 1 가치 없는, 하찮은; 칭찬[존경]받을 자격이 없는. 2 …답지 못한, 어울리지 않은 (of). ¶a conduct ~ of a gentleman 신사답지 못한 행위. 3 (행위·생각 따위가) 비열한, 창피한. — 명 (복 **-thies** [-z]) 보잘것없는 인간. **-thi·ly** 부 **-thi·ness** 명 「않은.

un·wound [ʌnwáund] 형 (감긴 것이) 풀린; 감지

un·wound·ed [ʌnwúːndid] 형 상처를 입지 않은, 흠 없는, 온전한(intact); 감정을 상하지 않은.

un·wo·ven [ʌnwóuvən] 형 짜지 않은; 풀린.

un·wrap [ʌnrǽp] 타 (**-pp-**) …의 포장을 끄르다, (꾸러미)를 풀다, (감은 것을) 풀다, (접은 것을) 펴다. — 자 (꾸러미가) 풀리다, 펴지다.

come unwrapped (美구어) =come UNTIED.

un·wreathe [ʌnríːð] 타 (감긴 것·꼬인 것을) 풀다, 풀어 헤치다.

un·wrin·kle [ʌnríŋkl] 타 자 …의 주름을 펴다, …을 반들반들하게 하다(smooth), **-kled** 형

un·write [ʌnráit] 타 자 (쓴 것을) 지우다, 삭제하다.

un·writ·ten [ʌnrítn] 형 1 쓰이지 않은, 인쇄되지 않은, 구두(口頭)의, 구술의. 2 성문화하지 않은, 관습적인. 3 글자가 씌어 있지 않은, 백지의.

unwrítten constitútion 명 불문(不文) 헌법.

unwrítten láw 명 (법률) 불문법, 관습법(참 statute); (the ~) 불문률.

un·wrought [ʌnrɔ́ːt] 형 1 마무리하지 않은, 가공[세공]하지 않은. 2 (토지 따위가) 경작되지 않은; (광산

이) 채워되지 않은. 3 자연 그대로의, 미개척의, 미개발의.
un·yield·ing [ʌnjíːldiŋ] 형 굽히지 않는, 단호한, 완고한, 양보하지 않는, (결심 따위를) 바꾸지 않는: (물건이) 휘지 않는, 단단한, 뻣뻣한. **~·ly** 부 **~·ness** 명
un·yoke [ʌnjóuk] 타 ⋯에서 굴레(멍에)를 벗기다; ⋯을 떼어놓다, 갈라놓다. ─ 자 (멍에) 굴레를 벗다; 일을 그만두다.
un·yoked [ʌnjóukt] 형 굴레를 벗은, 분리된; 굴레를 씌우지 않은; 속박에서 벗어난, 구속받지 않은.
un·zeal·ous [ʌnzéləs] 형 열심이 아닌, 열중하고 있지 않은. **~·ly** 부
un·zip [ʌnzíp] 타 (**-pp-**) 타 ⋯의 지퍼를 (당겨서) 열다; (美속어) (방어·저항을) 분쇄하다; (美속어) (문제 따위를) 해결하다. ─ 자 지퍼가 열리다.
un·zipped [ʌnzípt] 형 1 (옷의) 지퍼를 채우지 않은. 2 (속어) 제정신이 아닌, 미친; 잔뜩 흥분(긴장)한. 3 (美구어) 우편 번호를 적지 않은.
U. of S. Afr. *Union of South Africa.*
‡**up** ⇒UP. 〈p. 2971〉
UP (종교) *United Presbyterian*(연합 장로파); (美) *United Press*(INS와 통합하여 UPI로 됨).
up. *upper.* **u.p., Up** *underproof* (alcohol); *upper.*
up- (접두) up의 뜻. 1 부사적인 뜻으로, 동사(의 과거분사)·동명사에 붙여서 동사·명사를 만든다. ¶*upset, upcast, upbringing.* 2 전치사적인 뜻으로, 명사 앞에 붙여서 부사·형용사·명사를 만든다. ¶*upstream, uphill.* 3 형용사적인 뜻으로, 명사에 붙여서 명사를 만든다. ¶*upstroke.*
up-an·chor [ʌ́pkər, ⌒⌒] 타자 닻을 올리다; (명령문에서) 속히 떠나가다.
up-and-(a-)down·er [⌒ən(ə)dáunər] 명 (英속어) 난전, 난투; 악전고투.
have an up-and-a-downer with ⋯와 큰 싸움을
up-and-com·ing [⌒ənkʌ́miŋ] 형 진취적인, 활동적인, 정력적인; 장래성이 있는, 유망한.
úp-and-cóm·er 명 정력가; 전도 유망한 사람.
up-and-down [⌒əndáun] 형 1 오르내리는, 기복이 있는. 2 변화하는, 부침하는. 3 깎아지른, 수직의. 4 (美) 완전한, 솔직한. 5 (英) =rough-and-tumble. ─ 명 (the ~) (위아래로) 훑어봄. **~·ness** 명
up-and-o·ver [⌒ənóuvər] 형 (문이) 들어올려 수평으로 여는.
up-and-up [⌒ənʌ́p] 명 (* 다음 숙어로만 쓴다)
on the up-and-up (구어) ① 잘 되어가서, 성공하여. ¶*Business is on the* ~. 장사는 잘 되고 있다. ② 정직하여, 공명하여.
U·pan·i·shad [uːpǽniʃæd/-pǽniʃəd] 명 (힌두교) 우파니샤드(고대 인도의 철학서; 베다(Veda)의 일부). (또는 **Upanisad**) **-shád·ic** 형
u·pas [júːpəs] 명 1 유퍼스나무(독액을 분비하는 자바산(産)의 교목)(~ tree); ① 그 독액. 2 (신화) 독나무. 3 ① (비유적) 악영향; 유해한 것(관습), 해독.
up·beat [ʌ́pbiːt] 명 1 (음악) 상박(上拍), 약박(弱拍) (⇔ downbeat). 2 (the ~) 상승 경향. ─ 형 낙천적인, 명랑한, 쾌활한.
up·bound [ʌ́pbaund] 형 북쪽(대도시, 상류)으로 향(통)하는. ¶*an* ~ *freighter* 대도시(상류)로 가는 화물선/the ~ *lane* of a highway 고속 도로의 상행선.
up·bow [⌒bou] 명 (음악) 상행궁(上行弓) (현악기에서 활의 손잡이 쪽을 아래로 하는 스트로크 기법).
up·braid [ʌpbréid] 타 (남을) 꾸짖다, 야단치다. 비난하다(*for, with*). ⇒REPROACH [유의어] ─ 자 비판하다. **~·er** 명
up·braid·ing [ʌpbréidiŋ] 명 ① 비난, 나무람. ─ 형 비난하는, 꾸짖는. **~·ly** 부
up·bring·ing [ʌ́pbriŋiŋ] 명 ① (어릴 적의) 양육, 교육, 훈육.
up·build [ʌpbíld] 타자 (**-built**) ⋯을 설립하다. 수립하다, 구축하다. **~·er** 명
up·burst [ʌ́pbəːrst] 명 위쪽으로의 폭발.
UPC *United Presbyterian Church*(연합 장로파 교회); (美) *Universal Product Code.*
up·cast [ʌ́pkæst/-kɑ̀ːst] 명 1 위로 던지기. 2 위로 던진 상태(것). 3 (광산의) 배기 수갱(排氣豎坑)((반) downcast). ─ 형 위로 던진; 위로 향한. ─ 타자 (~) ⋯을 위로 던지다.
up·charge [ʌ́ptʃɑ̀ːrdʒ] 명 추가 요금.
up·chuck [ʌ́ptʃʌ̀k] (美속어) 자 토하다, 게우다 (vomit). ─ 명 토하기.
up·coast [ʌ́pkòust] 부 연안의 북쪽에서, 연안을 북
up·com·ing [ʌ́pkʌ̀miŋ] 형 (한정용법) (美) 다가오는; 곧(나타날).
up·con·vert [ʌ̀pkənvəːrt] 타자 (전자) (입력 신호 따위)를 upconverter로 변환하다.
up·con·vert·er [ʌ̀pkənvəːrtər] 명 (전자) 업컨버터(입력 신호의 주파수를 높여서 출력하는 변환 장치).
up·coun·try [ʌ́pkʌ̀ntri] 명 1 내륙의, 오지(奧地)의 (inland). 2 (문어) 소박한, 순진한, 세상 물정에 어두운. ─ 명 (the ~) 내지, 내륙, 오지. ─ 부 내륙에(으로), 오지로.
up·curve [ʌ́pkəːrv] 명 상승 곡선.
up·date [ʌpdéit] 타 ⋯을 최신의 것으로 만들다, 갱신(개정)하다. ─ [⌒⌒] 명① (컴퓨터) (데이터의) 갱신; 최신 정보; 최신판; 최신화(化). ─ 형 [⌒⌒] (美속어) 최신(식)의, 최첨단을 걷는.
-dát·a·ble 형 **-dát·er** 명
up·draft [ʌ́pdræft/-drɑ̀ːft] 명 상승 기류. (또는 (英) **updraught**)
up·end [ʌpénd] 타자 1 (통 따위)를 거꾸로 세우다, 엎어놓다. 2 (의견·평판 따위)에 큰 영향을 미치다. 3 (권투 따위)에서 ⋯을 완전히 패배시키다. ─ 자 거꾸로 서다, 물구나무서다; 직립하다.
up·field [ʌ́pfíːld] 명부 (축구·럭비 따위의 필드 경기에서) 상대편 진영을 향한(하여, 해서), 상대편 진영내의
up·fly [ʌpflái] 자 날아오르다. [에, 에서).
up·fold [ʌpfóuld] 타자 접어(넣)다, 개다. ─ 형 (지질) =anticline.
up-from-the-ranks [⌒frʌmðəræŋks] 형 낮은 신분(지위)에서 출세한. [front.
úp frónt (美속어) 경영진, 관리진.
up-front [⌒frʌ́nt] 형 (구어) 1 앞면(앞줄)의. 2 선행(先行) 투자의; 선불의. 3 (기업 등의) 관리 부문의. 4 (구어) 정직한, 솔직한. 5 눈에 쉽게 띄는, 두드러진. ─ 부 선불로서, 선행 투자로서.
up·gath·er [ʌpgǽðər] 타자 모으다, 수집하다.
up·grade [ʌ́pgrèid] 명 1 오르막(길), 치받이(⇔ downgrade). 2 (보통 the ~) 향상; 증가. 3 신품, 개량형. 4 (컴퓨터) 업그레이드, 이행(移行).
on the upgrade 상승(증가)하여. ¶*Production is on the* ~. 생산은 증가하고 있다.
─ 형부 [⌒⌒] 오르막의(이 되어), 오르막 구배의(가 되어). ─ 타 [⌒⌒] 1 (美) (직원)을 승격(승진)시키다. 2 (제품)의 품질을 높이다; (일 따위)를 격상하다; (가축)을 품종 개량하다. ─ 자 품질(가치, 효과, 성능 따위)을 높이다.
-grád·a·bíl·i·ty 명 **up·grád·a·ble** 형 (컴퓨터) 업그레이드 가능한. **-grád·er** 명
up·growth [ʌ́pgròuθ] 명① 발육, 성장; 발달, 발전; 발육(발달)한 것.
up·heav·al [ʌphíːvəl] 명①© 1 들어올리기, 밀어 올리기. 2 (지질) 융기. 3 (비유적) 격변, 대변동.
up·heave [ʌphíːv] 타 (~**d, -hove, -heav·ing**) 타 1 ⋯을 들어올리다, 밀어올리다. 2 (화산 활동 따위가) (땅)을 융기시키다. 3 ⋯을 혼란시키다. ─ 자 들려 올라가다. **-héav·er** 명
*⁂**up·held** [ʌphéld] 타 uphold의 과거·과거분사.
úp hígh 명 (美속어) 흥분성 마약에 의한 흥분 상태.

위쪽 방향을 가리키는 전치사적 부사(prepositional adverb)로, 동작동사와 결합하여 위쪽으로의 운동을, 상태동사와 결합하여 위쪽에서의 정지한 위치를 나타낸다. 또한 각종 동사와 결합하여 숙어를 만들며, 많은 비유적 의미를 나타낸다. 원래 고대 영어의 uppe가 전치사와 동일하게 쓰이다가 점차 전치사 기능이 탈락하면서 부사 용법이 확립된 말로, 오늘날엔 전치사보다 부사로서의 사용 빈도가 압도적으로 높다. be 동사 따위의 뒤에서 상태를 나타내는 경우에는 형용사로 간주할 수도 있으나 여기서는 부사로만 처리하고, 형용사 항에서는 한정용법으로 쓰이는 것만 기술했다.

‡**up** [ʌp] 튀 (＊ be 동사 따위의 뒤에서 상태를 나타내는 경우에는 형용사로 간주할 수도 있다)((반) down) **1** (낮은 위치·지면·수면 따위로부터) 위로[에], 위쪽으로[에], 올라가서. ⇨ON (유의어) ¶high *up* in the air 하늘 높이 / look *up* at …을 쳐다보다 / pull *up* weeds 잡초를 뽑다 / climb *up* to the top of a mountain 산꼭대기에 오르다 / The mercury went *up* to 100°F. 수은주는 화씨 100도로 올랐다 / They pulled their boat *up* onto the beach. 그들은 배를 바닷가로 끌어 올렸다 / The fish swam *up* for crumbs. 빵 부스러기를 먹으려고 물고기가 물 위로 떠올랐다.
2 몸을 (똑바로) 일으켜, 직립하여. ¶stand *up* 일어서다, 서다 / sit *up* 등을 꼿꼿이 하고 앉다 / He was *up* on his knees. 그는 (몸을 일으켜) 무릎을 꿇었다.
3 (잠자리에서) 일어나(out of bed). ¶get *up* 일어나다 / He isn't *up* yet. 그는 아직 일어나지 않았다 / I can keep *up* till twelve o'clock tonight. 오늘밤 12시까지 자지 않고 깨어 있을 수 있다.
4 《美》 수평[지평]선상에. ¶The moon is *up*. 달이 떴다 / I saw the sun come *up* this morning. 오늘 아침에 해돋는 것을 보았다.
5 (지리·지도상의) 위쪽에[으로], 북쪽에[으로]; (지면(紙面) 따위의) 윗면에[으로]. ¶be *up* in the list 목록의 위쪽에 있다 / drive *up* from Los Angeles to San Francisco 로스앤젤레스에서 샌프란시스코까지 차로 북상하다.
6 《英》 중심지에[로], 도시에[로]; 대학에. ¶He went *up* to London. 그는 런던에 갔다 / We remain *up* during the vacation. 우리는 방학중에도 학교(의 소재지)에 남아 있다.
7 강의 상류에; 만(灣)의 안쪽에; 내륙에. ¶follow a stream *up* to its source 강을 따라 수원지까지 거슬러 올라가다 / He traveled further *up* in the country. 그는 훨씬 내륙으로 여행했다.
8 (지위·가치·크기 따위가) 위[높은쪽에[으로]]. ¶move *up* in a firm 회사에서 승진하다 / pump *up* a tire 타이어에 공기를 넣어 부풀리다 / grow *up* 성장하다 / Prices are going *up*. 물가가 상승중이다 / The temperature has gone *up*. 온도가 올라갔다 / He turned *up* the radio too loud. 그는 라디오 소리를 너무 크게 틀었다 / Speak *up*! 더 큰소리로 말하거라!
9 (경주 따위에서) 따라잡아, 뒤쫓아 육박하여. ¶catch *up* in a race 경주에서 따라잡다 / She worked hard to catch *up* with the rest of the class. 그녀는 학급의 다른 친구들을 따라잡기 위하여 열심히 공부했다.
10 (경쟁·경기에서) 리드하여, 앞서서, 이기고. ¶be three games *up* 3게임 이기고 있다 / The golfer was two strokes *up* on his nearest competitor. 그 골퍼는 가장 근소한 차의 경쟁자보다 2타(打) 앞서 있었다 / He managed to get *up* on his opponent by three points. 그는 상대방에게 간신히 3점 앞섰다.
11 뒤지지 않고[않도록 하여], 끊임없이 접촉을 유지하여. ¶follow *up* a person 놓치지 않도록 남을 따라가다 / He kept *up* with the latest developments in mathematics. 그는 수학의 최신 진보에 뒤지지 않고 따라갔다.
12 활동하여; 시동하여, 작동하여. ¶set *up* vibrations 진동을 일으키다 / start *up* the engine 엔진에 시동을 걸다 / blow a fire *up* 불을 불어서 일으키다[피우다] / The old customs are still kept *up* in the country district. 그 오래된 관습은 시골에서는 아직도 지켜지고 있다.
13 흥분하여, 동요하여; 곤란하여. ¶hard *up* 《구어》 돈에 궁하여 / His insults left her all worked *up*. 그가 준 모욕에 그녀는 완전히 흥분하고 있었다.
14 실재(實在)하는[형태가 있는] 상태로. ¶set *up* a new foundation 새 재단을 설립하다 / His sample was worked *up* in the studio. 그의 견본품은 작업장에서 만들어졌다.
15 (눈에) 보여, 나타나서; (고려·대화 따위에) 올라서. ¶come *up* into conversation 화제에 오르다 / The lost papers have turned *up*. 없어졌던 서류가 나왔다.
16 보관[저장]하여; 싼[닫은] 상태로. ¶save *up* 저축하다 / lay *up* riches 재산을 모으다 / put *up* preserves 저장용 식품을 챙겨 넣다 / wrap oneself *up* in a cloak 외투로 몸을 싸다 / cork a bottle *up* 병을 코르크 마개로 밀폐하다.
17 결합하여, 함께 합쳐. ¶be made *up* of three elements 세 요소로 성립되어 있다 / fold *up* wrapping paper 포장지를 반듯하게 접다.
18 모두, 깡그리, 남김없이, 모조리(entirely), 어김없이, …해버려. ¶burn *up* a barn 헛간을 몽땅 태우다 / He finished it all *up*. 그는 그것을 모두 끝냈다 / He paid *up* his debts. 그는 빚을 남김없이 갚아버렸다.
19 (시간이 흘러) 다 끝나서; 다 틀려서. ¶Parliament is *up*. 국회는 폐회가 되었다 / I'm afraid our time is *up*. 유감스럽지만 시간이 다 되었다 / It's all *up* with him. 그는 이제 다 틀렸다.
20 정지[휴지] 상태에[로](to a halt); 움직이지 않는 상태에[로]. ¶lie *up* 병으로 누워 있다 / He pulled *up* his car at the entrance. 그는 입구에서 차를 세웠다 / The horsemen reined *up* and dismounted. 기수들은 고삐를 당겨 세우고 말에서 내렸다.
21 《야구》 (타자가) 타석에[으로], (팀이) 공격중에(at bat). ¶come *up* twice in the same inning 같은 회에 두 번 타석에 서다.
22 (때로 it을 앞에 놓고 동사의 뜻을 강조하기 위한 기능어로서) ¶light *up* a room 방에 불을 켜다 / beat *up* cream 크림을 휘저어 거품을 일으키다 / What plugged it *up*? 무엇이 막혔을까? / We laughed it *up*. 우리는 웃으면서 상대하지 않았다.
23 (경기에서) 각각, 저마다(each, apiece). ¶The score was seven *up* in the final quarter. 득점은 최종 쿼터에서 다 같이 7점이었다.
24 《해사》 바람 불어오는 쪽을 향하여(toward the wind). ¶Put the helm *up*. 키를 바람 불어오는 쪽으로 돌려라.
25 (동사적 내용을 포함하여 명령·권고에 써서) ¶*Up* with the true king and down with the usurper! 진정한 왕을 세워서 찬탈자를 타도하라! (참 (관)1).
26 (면(面)이) 위를 향한 위치로. ¶The table was turned *up*. 탁자가 뒤집혔다.
27 《구어》 (기수가) 말을 타고. ¶A new jockey was *up* in the race. 신출내기 기수가 경마에 출전했다.

all up [or 《속어》 **UP**] [júːpíː] (**with**) (…은) 만사가 끝장인, 볼장 다 보아. ¶He realized it was *all up*

with him when the search party began to close in. 그는 수색대가 접근하기 시작하자 만사가 끝장이라는 생각이 들었다.
be hard up ⇒HARD.
be not up to much 대단한 것은 아니다.
be[or **stay**] **up all night** 온밤을 꼬박 지새우다.
be up over (with) (…은) 끝장이다, 다 틀렸다.
from…up (to [or **until**]) …부터 위로, …이상(…까지). ¶*from* early childhood *up until* the age of 20 유년시절부터 20세까지.
go up in one's **lines** ⇒LINE¹. 「어.
right up there 《美속어》 톱클래스에서, 일등을 다루
Something's up. (구어) 기묘한 일이 일어났다.
up against (구어) (곤란 등)에 직면하여, 당면하여.
up against it (구어) (경제적으로) 궁지에 몰려.
up and down ① 올라갔다 내려왔다, 위아래로; (비유적) (건강 따위가) 좋아졌다 나빠졌다 하는. ¶How's your father?—Rather *up and down*, you know. 아버지는 좀 어떠시니?—좀 좋아지셨다 나빠지셨다 그래. ② 왔다갔다. ③ 이리저리, 여기저기에.
up close (구어) 바로 곁에(서), 접근하여.
up for grabs 《美구어》 누구나 손에 넣을 수 있는, 무주공산(無主空山)의.
up front ① 맨 앞줄에 나와. ② 선불로. ③ 《美속어》 정직한, 솔직한.
up the ass 《속어》 완전히, 철저히.
up there (구어) ① 저기서[에]. ② 천국에서.
up to ① (구어) …의 책임[의무]으로서. ¶It's *up to* you to finish the job. 그 일을 끝내는 것은 너의 책임이다. ② (구어) …의 뜻에 따라 정해지는, …에 달려 있는. ¶The choice is all *up to* you. 선택은 완전히 너한테 달려 있다, 마음대로 골라라. ③ …을 할 수 있는, …할 능력이 있는. ¶He is not *up to* the job. 그는 그 일을 해낼 능력이 없다. ④ (구어) …에 종사하여, …을 하여; …을 하려고 하여. ¶What have you been *up to*? 너는 지금까지 뭘 하고 있었니? / I knew what he was *up to*. 나는 그가 뭘 하려고 하는지 알고 있었다. ⑤ …까지, …에 달하여, …에 미쳐서. ¶*up to* now [this moment, the present day] 지금[이 순간, 오늘날]까지 / *up to* a certain point 어떤 점까지. ⑥ …와 나란히, 필적하여. ¶He is not *up to* his father as a scholar. 그는 학자로서는 그의 아버지에 미치지 못한다.
up to a thing or two 빈틈없는, 약삭빠른.
up to date 오늘날까지; 최신식의(up-to-date).
up to the [or *one's*] **chin** [or **ears, elbows, eyes, neck, knees**] (구어) ① (빚 따위에) 몹시 들리는. ¶He is in debt *up to his chin*. 그는 빚에 몹시 쪼들리고 있다. ② (일 따위가) 과도하게 많은.
up with (① 《동사를 생략한 명령형으로》 일어서라, 분발해라. ¶*Up with* you! 일어나라!; 분발해라! ② (hold, raise 따위의 동사를 생략하여) (무기·손 따위)를 치켜들다. ¶She *up with* her fist. 그녀는 주먹을 치켜들었다. ③ …을 따라잡아, …을 맞[노래]하게끔. ¶Let him *up with* the song. 그에게 그 노래를 부르게 해라. 「라!
Up yours!; Up your ass! 《英비어》 빌어먹을!, 뒈져
──閉 **1** …의 높은 곳[위쪽]에[으로]; …의 위에[로]. ¶climb *up* a ladder 사다리를 올라가다 / go *up* the stairs 계단을 올라가다 / walk *up* a hill 언덕을 올라가다 / live *up* a hill 언덕 위에 살다 / The cat is *up* the tree. 고양이가 나무 위에 있다 / It must be snowing *up* the mountain. 산 위에서는 틀림없이 눈이 내리고 있을 것이다.
2 (신분·지위 따위가) …의 (보다 더) 높은 쪽에[으로]. ¶He is going *up* the political ladder in his country. 그는 자기 나라에서 정치적인 지위를 높여가고 있다 / He is well *up* the social ladder. 그는 사회적 지위가 상당히 높다.
3 …의 위쪽 방향에[으로]; (말하는 사람 또는 어떤 지점에서 멀어져 어떤 방향으로) …을 따라[끼고](along), …을 지나서, …을 통과하여(through). ¶He is *up* the street. 그는 그 거리 위쪽에 살고 있다 / He is going *up* the street. 그는 길을 따라 쭉 걸어가고 있다.
4 …의 상류[수원]에[로]; …의 근원에[으로]; …의 안[속]에[으로]. ¶go *up* the stream 강을 거슬러 올라가다 / sail *up* a river 배로 강을 거슬러 올라가다 / advance *up* the corridor 복도를 안쪽으로 나아가다.
5 …의 방향에[으로]; …의 내륙[오지]에[으로]. ¶travel *up* (the) country 내지[오지]로 여행하다 / live a few miles *up* the coast 해안에서 몇 마일 떨어진 곳에 살다 / The explorers were *up* north. 탐험가들은 북쪽에 체류하고 있었다.
6 …에 거슬러서, …의 반대쪽(against). ¶go *up* wind 바람을 거슬러 나아가다.
7 (무대의) 뒤[안]쪽에(서).
up and down ① …을 오르락내리락하여[오르내리고]. ¶go *up and down* a hill 언덕을 오르락내리락하다. ② …을 여기저기; …의 도처에. ¶stroll *up and down* the platform 플랫폼을 왔다갔다 하다 / be found *up and down* the country 이 나라의 도처에
up a tree ⇒TREE. 「서 찾아볼 수 있다.
up hill and down dale ⇒HILL.
up stage 무대 안쪽에서.
up the spout ⇒SPOUT.
──圈 (한정용법) **1** 위로 가는, 상행의; 상승하고 있는; 좋은 방향으로. ¶an *up* glance 치떠보기 / on the *up* grade 개선[개량]되는 경향이 있는; 오르막인 / an *up* train 상행 열차; 《英》 런던행 열차. **2** 일어나 있는. **3** 끝난, 종료된.
be up and about [or **around**] (환자가) 좋아지다, 병석에서 일어나 있다; (일반적으로) 걸어[돌아]다니고 있다.
be up and coming 《美》 (사람이) 원기 왕성하다; (거리 따위가) 활기에 넘치고 있다; 진취적이다.
be up and doing 활약하고 있다; 열심히 일하고 있다.
be (well) up in [or **on**] …에 관하여 (아주) 잘 알다.
up for ① 〔선거 따위〕에 입후보하여; 〔경매 따위〕에 붙여져. ② 〔시험·재판 따위〕를 받아.
What's up? ① 무슨 일이야? ② (구어) (인사말) 요즘 어때? 잘 지냈어?(How're you doing?).
──匭 **1** 오르기, 상승; (물가의) 등귀, 앙등. **2** 오르막길; 상행 열차[전차, 버스, 마차]. **3** 행운. ¶She had an *up* and married a millionaire. 그녀는 운이 좋아 대부호와 결혼했다. **4** (보통 ~s) 번영, 성공, 출세. **5** 행세하는 사람. **6** 《美속어》 각성제, 암페타민(upper).
on the up 오르막이 되어. ¶The street is steadily *on the up*. 그 거리는 쭉 오르막길이다.
on the up and up =on the UP-AND-UP.
ups and downs ① 영고성쇠, (인생의) 부침(浮沈). ¶have one's *ups and downs* 인생의 단맛 쓴맛을 맛보다 / the *ups and downs* of life 인생의 부침[영고성쇠]. ② (토지 따위의) 기복, 높낮이.
──悳 (**-pp-**) ⑭ **1** …을 들어올리다, 집어올리다. **2** …을 증대시키다(increase); (임금·요금 등) 을 인상하다; [남]을 승진시키다(promote). ──魛 (구어) **1** 일어서다, 일어나다(〈종종 권고·명령에 쓰임〉). ¶*Up*, men, and fight until our enemies are defeated! 병사들이여 분기하여 적이 패주할 때까지 싸워라! **2** 갑자기 일어서다. **3** (up and―「동사」의 형태로) 별안간 …(하기 시작)하다. ¶Without saying a word, he *upped* and left. 아무 말도 없이 그는 갑자기 떠났다. **4** 들어올리다, 주워올리다 *(with)*. ¶ (~+前+名) He *upped with* his stick. 그는 지팡이를 치켜들었다.

***up·hill** [ʌ́phíl] 囤 비탈을 올라서, 비탈 위로; 역경에 맞서서, 애써. —囤 [´-] 1 오르막의, 오르막길의, 위로 향한. ¶an ~ road 오르막길 / The road is ~. 길은 오르막이다. 2 높은 곳에 있는. 3 힘드는, 어려운. ¶an ~ fight 힘드는 싸움. 4 [´⁻] 오르막길.

‡**up·hold** [ʌphóuld] 图(-s [-z]; -held) 1 …을 떠받치다, 지지(支持)하다, …을 들어올리다, 올리다. 2 …을 지지하다, 시인하다; …을 원조하다, 격려하다, 고무하다. ⇒SUPPORT 유의어 ¶I cannot ~ your conduct. 나는 너의 행동에 찬성할 수 없다. 3 [법률] [판결]을 확인하다. 4 [전통·명성 따위]를 유지하다, 보존하다. 5 (英) =upholster.
~·er 지지자, 후원자.

up·hol·ster [ʌphóulstər] 图(E) 1 [의자 따위]에 덮개[쿠션, 속, 용수철]를 대다. [의자 따위]에 속을 넣고 천으로 씌우다(with, in). 2 [실내]에 가구류를 비치하다; …에 실내 장식을 하다. ¶~ a room [커튼·융단 따위로] 실내를 장식하다.

up·hol·stered [ʌphóulstərd] 囤 실내 장식품들을 갖춘; 문식(文飾)이 많은; 뚱뚱한, 들거지인 者.

up·hol·ster·er [ʌphóulstərər] 囤 실내 장식(용품)업자, 의자 천갈이공.

upholsterer bèe [곤충] 가위벌(leaf-cutting bee).

up·hol·ster·y [ʌphóulstəri] 囤 1 ◎ 실내 장식품(커튼·쿠션·융단 따위). 2 ◎◎ [의자·쿠션 따위의 속(에) 넣는 것. 3 ◎ 실내 장식(용품)업, 가구류.

UPI *United Press International*. 2 [컴퓨터] *universal peripheral interface*(범용 단말 인터페이스).

Up·john [ʌ́pdʒàn/-dʒɔ̀n] 1 Richard ~ (1802-78); 그 아들 Richard Michell ~ (1828-1903)(모두 영국 태생의 미국 건축가). 2 업존사(社)(미국의 제약회사).

up·keep [ʌ́pki:p] 囤 1 (토지·가옥 등의) 유지(保存; (가족 등의) 부양(of). 2 유지[보존]비; 부양비.

*up·land** [ʌ́plənd, -lænd] 囤 고지, 고지대; (종종 ~s) 고지 지방. —囤 고지의, 고지대의. —·er 囤

*up·lift** [ʌplíft] 图(E) 1 …을 들어올리다, 들다; [땅]을 융기시키다. ¶~ one's hands 두 손을 들다. 2 (사회적·도덕적으로) …을 향상시키다; [정신]을 고양하다, [사기]를 북돋우다. ¶The news ~ed him. 그 뉴스로 그는 힘이 났다. 3 [목소리]를 높이다. 4 (스코) [빌려준 돈]을 거두어들이다; [승객]을 태우다. —[´⁻] 囤 1 ◎ 들어올리기, 들기. 2 ◎◎ [지질] 융기. 3 ◎ (정신적인) 고양, (사회적·지적(知的)·도덕적) 향상. ¶intellectual ~ 지적 향상. 4 업리프트 브래지어(~ brassiere). 5 (英구어) 도덕적 훈화. ~·ment 囤

up·lift·ed [ʌplíftid] 囤 향상된, 고양된, 의기 충천한; (들보 따위가) 들려진.

up·lift·er [ʌplíftər] 囤 들어올리는 사람; 사회 사업가.

up·lift·ing [ʌplíftiŋ] 囤 향상시키는, 사기를 높이는, 격려하는, 정신이 고양되는.

up·line [ʌ́pláin] 囤(E) [컴퓨터] (네트워크의) 중추부에 가까운[가까이], 중추부로 향한[하여].

up·link [ʌ́pliŋk] 囤 (우주) 업링크(지상에서 우주선·위성으로의 정보 송신(전송)]. —[´⁻] 囤 업링크의. —囤(E) [´⁻] [정보]를 지상에서 우주선[위성]으로 전송하다. ⊕ downlink

up·load [ʌ́plóud] 图(E) 1 [컴퓨터] [데이터·프로그램]을 (소형 컴퓨터에서 대형 컴퓨터로] 전송하다. 2 [항공기]에 짐·연료 따위를 싣다.

up·man·ship [ʌ́pmənʃìp] 囤 =one-upmanship.

up·mar·ket [ʌ́pmà:rkit] 囤 (상품 따위가) 고급 소비자를 노린, 고급[고가]품 시장의. ¶the ~ Swiss watch industry 고급 소비자를 노린 스위스 시계 산업. —囤 고급 시장용으로, 고급품 분야로. —囤 고급 시장을 겨냥한[으로 진출하다].

up·most [ʌ́pmòust] 囤 =uppermost.

‡**up·on** [əpán, 약 əpən/əpɔ́n] 囤 =on.

USAGE on과 upon에는 의미상 차이가 없으나, 일반적으로는 on 쪽이 구어적; 단, 다음의 경우에는 흔히 upon이 쓰인다. (1) 동사에 수반되는 경우나 글의 말미에 올 때: There is not a bench to sit ~. 앉을 수 있는 벤치가 없다. (2) 관용구: ~ my word 맹세코 / once ~ a time 옛날 옛적에.

úp-or-dówn vòte [´ərdáun-] [美] (선거의) 부동표.

up-or-out [´əráut] 囤 (美) [경영] 직급 정년제.

‡**up·per** [ʌ́pər] 囤 (한정용법) 1 (장소·위치 따위가) 더 위의, 위쪽의, 높은 쪽의, 상부의(⇔ lower). ¶the ~ lip 윗입술 / the ~ stories of a building 건물의 상층(부). 2 상위의, 상류의, 상급의. ¶the ~ classes 상류 사회[계급]. 3 윗자리의, 상석의 오지(奧地)의. ¶the ~ end of a table 식탁 맨위쪽 자리(주인석) / the ~ Mississippi 미시시피강 상류. 4 (고어) (의복 따위에) 다른 것 위에 착용하는. 5 (시간적으로) 보다 빠른. 6 (어떤 지역의) 북쪽의, 북부의. 7 (종종 U-) [지질] 후기의, 상부(上部)의. 8 (목소리 따위가) 높은.
in the upper air 상공에, 하늘 높이.
—囤 (※ ~s [-z]) 1 (보통 ~s) (구두의) 갑피; 천 각반(脚絆). 2 (美구어) (선실·침대차의) 상단의 침대. 3 (종종 ~s) 우량 육류. 4 (보통 ~s) (구어) 윗니; 윗니의 의치(義齒). 5 상반신에 입는 옷. 6 (美속어) 각성제, 암페타민. (속어) 자극적인 경험(사람, 것).
walk [or *be* (*down*)] *on one's uppers* ① 구두창이 닳아 빠지다. ② 몹시 가난한.

úpper áir [기상] 고층 대기.

úpper árm 윗팔(上膊), 상완(上膊).

úpper átmosphere [기상] 초고층 대기.

Úpper Bénch 囤 (the ~) [英법률] (공화제 시대 (1649-60)의) 왕좌(王座) 법원.

up·per·brack·et [-brǽkit] 囤 랭킹이나 순위표 따위의 상위에 있는. ¶~ taxpayers 고액 납세자.

Úpper Cánada 囤 원래 영령 캐나다의 한 주 (1791-1840; 지금의 Ontario주 남부).

úpper cáse [인쇄] 대문자 (활자 케이스).

up·per·case [ʌ́pərkéis] 囤 [인쇄] 대문자의(⊕ lowercase). —囤(E) …을 대문자로 인쇄하다[짜다]; [소문자]를 대문자로 바꾸다.

úpper círcle (극장의) 상층 관람석.

úpper cláss (the ~(es)) [집합적; 단·복수 양용] 상류 사회[계급]. **úpper-cláss** 상류 계급의; (美) (대학·고등 학교의) 상급의.

up·per·class·man [ʌ́pərklǽsmən/-klɑ́ːs-] 囤 (美) (대학·고등 학교의) 상급생.

úpper crúst 囤 (파이 따위의) 윗껍질; (the ~) (구어) 최상층부, 상류 사회; 귀족 계급. [돈].
thin in the upper crust (美속어) 머리가 이상해진

up·per·crust·er [´-krʌ́stər] 囤 (구어) 상류 계급의 사람.

up·per·cut [ʌ́pərkʌ̀t] 囤 [권투의] 어퍼컷. —囤 (~; ~·ting) (…에게) 어퍼컷을 먹이다.

úpper déck 1 [해사] 상갑판. 2 (속어) 목(neck).

up·per·dog [ʌ́pərdɔ́ːg/-dɔ́g] 囤 승자(勝者).

úpper hánd 囤 (the ~) 우세, 우월(advantage).
get [or *have*] *the upper hand of* [or *on*] …보다 우세하다, …을 이기다; [남]을 지배하다.

úpper hóuse [**chámber**] 囤 (the ~) (종종 U-H-) (양원제의) 상원((英)에서는 the House of Lords, (美)에서는 the Senate). ⊕ lower house

úpper jáw 囤 위턱.

úpper léather 囤 (구두의) 갑피(uppers).

úpper mémory área [컴퓨터] 상위 메모리 영역(DOS에서 컨벤셔널 메모리의 640-1024 KB까지의 영역).

up·per·mid·dle [-mídl] 囤 중상(中上)(계급)의. ¶the ~ class(es) 중상류 사회[계급].

*up·per·most [ápərmòust] 형 (계급·권력 등의) 최고의; 최우위의; 가장 중요한[유력한]. ¶a subject of ~ importance 가장 중요한 주제/one's ~ thoughts 우선 머리에 떠오르는 생각. (또는 **upmost**) —부 최고로, 맨 먼저. ¶come [or be] ~ (in one's mind) 제일 먼저 머리에 떠오르다.

úpper régions 명복 (the ~) 하늘, 허공.

úpper stòry 명 (건물의) 상층; (the ~) 〔美속어〕 머리, 두뇌. ¶loose in the ~ 머리가 돈. 〔ten.

up·per·ten·dom [ápərténdəm] 명 = upper

úpper tén (thóusand) 명 (the ~) 〔英〕 상류 계급(upper class), 귀족 계급[사회]. 참 **Four Hundred**

Úpper Vólta [-vóultə] 명 오트볼타(Haute Volta) (남아프리카 서부의 공화국; Burkina Faso의 옛 이름).

up·per·works [ápərwə̀ːrks] 명 1 〔해사〕 현현 (舷舷)(배의 흘수선 윗부분의 현측(舷側)). 2 상부 구조. 3 〔속어〕 두뇌.

up·per·world [ápərwə̀ːrld] 명 (the ~) 지상의 세계; 건실한 생활. 참 **underworld**

up·phase [ʌ́pfèiz] 명 (경제의) 호황기, 상승기.

up·pie [ápi] 명 〔美속어〕 암페타민 정제[캡슐]. (또는 **uppy**)

up·pish [ápiʃ] 형 〔英구어〕 거만한, 주제넘은, 건방진 (arrogant). ~·ly 부 ~·ness 명

up·pi·ty [ápəti] 형 〔구어〕 = uppish. ~·ness 명

úp pót 명 〔美속어〕 (진정성 대마초에 대하여) 흥분성 대마초. 참 up high

Upp·sa·la [ʌ́psɑːlə, -sə-] 명 웁살라(스웨덴 동부의 교육 도시). (또는 **Upsala**)

úp quàrk 명 〔물리〕 업 쿼크. (또는 **ú quàrk**)

up·raise [ʌpréiz] 타 (과거분사형으로) …을 들어올리다(lift), 높이다(elevate). ¶with voice ~d in anger 화가 나 목소리를 높여. **-ráis·er** 명

up·rate [ʌpréit] 동타 1 …의 비율[능률]을 올리다, …의 효율[출력]을 높이다. 2 …을 격상(格上)하다; …을 개량하다, …의 품질을 높이다.

up·rear [ʌpríər] 동타 …을 올리다, 일으키다; …을 높이다; …을 세우다; …을 기르다. — 자 서다.

‡up·right [ápràit, -́ -́] 형 1 직립한, 똑바른, 수직의, 곧추선. ¶an ~ post 곧추선 기둥/hold oneself ~ 직립 자세를 취하다/stand ~ 똑바로 서다/set a post ~ 말뚝을 똑바로 세우다.

〔유의어〕 **upright** 곧추선, 똑바른. **erect** 특히 똑바로 서는 것을 강조하는 말. **plumb** 특히 기둥·벽 따위가 똑바른; 건축 관계 용어. **vertical** 지평면 또는 바다과 수직인. **perpendicular** 상하 두 방향으로 수직이라는 뜻에 덧붙여, 면·선에 대해서도 직각임을 뜻한다.

2 정직한, 공정한, (도덕적으로) 올바른, 고결한; (행위 따위가) 정당한. ¶an ~ person 정직한 사람. —명 〔-́ -〕 1 ⓤ 직립 (상태), 수직. ¶be out of ~ 기울어져 있다. 2 똑바른[곧추선] 물건[상태]; 〔건축〕 직립재[기둥]. 3 = ~ piano. 4 (~s) 〔미식축구〕 ＝ goal posts. **split the uprights** 〔미식축구〕 터치다운에 이어 try for point를 성공시켜 추가 득점을 올리다.

—부 〔-́ -〕 똑바르게, 수직으로, 수직하게.
—동타 〔-́ -〕 똑바르게 하다, 수직으로 세우다.
~·ly 부 직립하여, 곧추 서서; 정직하게. ~·ness 명

úpright piáno 명 직립형 피아노. 참 **grand piano**

up·rise [ʌpráiz] 동자 **(-rose; -ris·en)** 1 일어나다, 기상하다. 2 일어서다. 3 나타나다. 4 폭동을 일으키다. 4 눈에 띄다, 현저하게 되다. 5 올라가다. 6 (태양이) 수[지]평선상에 떠오르다. 7 중대하다, 부풀다; 성·목소리 따위가) 커지다, 높아지다. 8 (죽은 사람이) 소생하다, 되살아나다. —명 〔-́ -〕 1 일어남, 일어서기; 출현, 대두; 반란, 폭동; (토지의) 융기; 오르막 길. **-ris·er** 명

*up·ris·ing [ápràiziŋ, -́ -́] 명 ⓒⓤ 기상, 기립;

상승; 융기. 2 반란, 모반(謀反)(revolt). ⇒REVOLUTION 〔유의어〕 3 오르막 길.

up·riv·er [ápríver] 형 상류의, 상류에 있는; 수원 [상류]을 향한. —부 상류에서; 상류로, 수원을 향하여. 수원(水源)[상류] 지대[지역], 수원지.

*up·roar [ápròːr] 명ⓒⓤ 대소동, 소란(tumult); 소음. ⇒DISORDER 〔유의어〕

in (an) uproar 소란하여. ¶The whole room was in ~. 장내가 온통 소란했다.

up·roar·i·ous [ʌpróːriəs] 형 떠들썩한, 시끄러운, 소란한. ¶an ~ meeting 소란스러운 집회/an ~ laughter 와자지껄한 웃음 소리. ~·ly 부 ~·ness 명

up·rock [ʌ́rɑ̀k/-rɔ̀k] 명 〔브레이크댄스〕 업록(두 사람이 싸움하듯이 추는 춤). **-er** 명

*up·root [ʌprúːt] 동타 1 …을 뿌리째 뽑다, 뿌리째 뽑아내다. ¶~ a tree 나무를 뿌리째 뽑다. 2 …을 근절하다, 절멸시키다. ¶~ poverty 빈곤을 근절하다. 3 (토지·집으로부터) …을 몰아내다(from). ¶(~+목+전+목) pathetic exiles ~ed from their homelands 고국에서 쫓겨난 딱하기 짝이 없는 망명자들. — 자 근절되다, 절멸하다; 주거[생활 양식]를 바꾸다. ~·ed·ness, ~·er 명

up·rose [ʌpróuz] 동 uprise의 과거.

up·rouse [ʌpráuz] 동타 …을 깨우다, 깨우치다, 각성시키다.

up·rush [ápràʃ] 명 1 (물·가스 따위의) 분출; 급증. 2 (감정의) 고조(高調). ¶an ~ of fear 공포심의 고조 — 자 급격히 상승하다, 분출하다.

UPS *Underground Press Syndicate;* United Parcel Service; *uninterrupted power supply*((정전 대비용)) 보조 전원).

úps and dówns 명복 1 (길 따위의) 오르내림, 기복, 고저. 2 운명의 부침, 영고 성쇠.

up·scale [ápskèil] 형 〔美구어〕 (소득·교육·사회적 지위가) 평균 이상의 층(의), 부유층(의), 고급품 시장 대상의. ¶an ~ readership 수준 높은 독자층. —명 고급품 시장용으로. —동타 …을 고급화하다.

‡up·set [ʌpsét] 동 **(~; ~·ting)** 타 1 …을 뒤엎다. (배 따위를) 전복시키다. ¶~ a kettle 주전자를 뒤엎다/ ~ a boat 보트를 전복시키다.

〔유의어〕 **upset** 안정·평형을 잃게 하여 넘어뜨리다. **overturn** 확고하게 안정되어 있는 것을 강한 힘으로 전복·전도시키다. **capsize** 배의 전복과 같은 갑작스럽고 완전한 전복·혼란에 사용되는 말.

2 (시합에서 뜻밖에) (상대)를 패배시키다. 3 (계획 따위)를 망쳐 놓다, 차질을 빚게 하다. 4 …의 마음을 어지럽히다, …을 당혹하게 하다, 어쩔 줄 모르게 하다 (about, over, with). ¶~ a person's mind 남을 당황하게 하다. 5 (음식물이) (몸)의 상태를 나쁘게 하다, …을 병들게 하다. 6 〔기계〕 압축 성형[단압(鍛壓)] 가공]하다, (달군 철봉 끝)을 망치로 쳐서 짧게[뭉뚝하게] 하다. —자 뒤집히다, 엎어지다, 전복하다.

upset the applecart 계획을 망쳐 놓다.

—명 〔-́ -〕 1 전복; 전략(from). ¶the ~ of a truck 트럭의 전복/have an ~ 뒤집히다. 2 엉망진창인 상태, 혼란; 당황, 동요, 충격. 3 (몸의) 불편, 탈. ¶get stomach ~s 배탈이 나다. 4 〔구어〕 불화, 싸움; 의견의 차이. 5 〔구어〕 (시합·시험 따위에서) 뜻밖의 패배; 의외의 결과. 6 〔기계〕 단압 가공 작업에 쓰이는 도구; 단압 가공된 부분[재료].

—형 〔-́ -〕 1 뒤집힌, 전복한. 2 혼란한. 3 마음이 동요한, 당황한; (몸의) 상태가 좋지 않은. ¶She is emotionally ~. 그녀는 마음이 심란하다.

up·sét·ta·ble 형 〔price〕.
úpset príce 명 〔美〕 최저 경매 가격(〔英〕 reserve
up·set·ter [ʌpsétər] 명 1 뒤집어 엎는[혼란케 하는] 사람. 2 〔기계〕 단압기(鍛壓機).

up·set·ting [ʌpsétiŋ] 형 혼란[동요]시키는.
up·shift [ʌ́pʃìft] 동자 (자동차에서) 고속 기어로 바꾸다[바꾸기].
up·shot [ʌ́pʃàt/-ʃɔ̀t] 명 (the ~) 결말, 결론, 결과; (논쟁 따위의) 요지(gist).
in the upshot 결국, 마침내.
‡**up·side** [ʌ́psàid] 명 (복 ~s [-z]) 1 상부, 윗면, 위. 2 (가격·경기의) 상승 경향. 3 (철도의) 상행선, 상행선 플랫폼. 4 (속어) 밝은 면, 좋은 면. ⓐ downside
go [or *hit*] *upside a person's head* [or *face*] (美속어) 남의 머리를 치다.
— 형 (가격·가치가) 상승 경향의.
— 전 (美구어) …의 옆에, …을 따라서.
‡**úpside dówn** 1 거꾸로, 뒤집혀서. *turn a box ~* 상자를 뒤엎다. 2 엉망으로. 3 완전히, 모두.
*upside-down [-dáun] 형 1 거꾸로 된, 전도된. 2 (구어) 혼란된, 엉망이 된. **~·ness** 명 [케이크.
úpside-dówn càke (美) 잘게 썬 과일을 얹은
‡**up·sides** [ʌ́psàidz] 부 (英구어) …와 엇비슷하여.
get [or *be*] *upsides with* ① …와 호각을 이루다. ②…에 복수하다, 역습하다.
up·si·lon [júːpsəlɑ̀n, ʌ́p-/juːpsáilən] 명 입실론 (그리스어 알파벳의 스무 번째 자(γ, Υ); 영어의 U, u 또는 Y, y에 해당).
up·skill·ing [ʌ́pskìliŋ/-´-´] 명 숙련도 향상.
up·South [´sàuθ] 명 (美속어) (남부처럼 인종 차별을 하는) 북부 여러 주.
up·spin [ʌ́pspìn] 명 급격한 회전 상승.
up·spring [ʌ́psprìŋ] 동 (*-sprang, -sprung; -sprung*) 뛰어오르다; 생기다, 싹트다; 나타나다, 발생하다. — 명 [´-´] (고어) 발생; 출현; 기원(起源).
up·stage [ʌ́pstéidʒ] 명 1 무대 안[뒤]쪽의. 2 거만한, 도도하게 구는. — 부 무대 안쪽에[으로]; ⓐ downstage — 동타 1 (다른 배우를 관객에게 등을 보이도록 하여 자기에게 관객의 주의를 돌리다. (구어) (남)으로부터 관심[주목]을 빼앗다; 인기를 가로채다. 2 (직업적·사회적으로) (남)을 패배시키다. 3 (남)을 깔보다, 냉대하다, 함부로 대하다. — 자 오만하다.
— 명 무대 안쪽, 무대 뒤쪽.
up·stair [ʌ́pstɛ̀ər] 형 = upstairs.
‡**up·stairs** [ʌ́pstɛ́ərz] 부 1 위층으로[에서], 2층으로[에서]. (구어) 공중에. *run ~* 2층으로 뛰어 올라가다. 2 더욱 높은 지위에: (주로 비행기에서) (한층) 높은 곳으로[곳에]. 3 (美속어) 머리 속에. *He is all vacant ~.* 그의 머리 속은 텅 비어 있다.
go upstairs (침실로) 자러 가다(go to bed).
kick a person upstairs (구어) 남을 이름뿐인 자리로 끌어올리다, 모양새를 갖춰 내보내다.
the Man Upstairs (美구어) 하느님, 신(神).
— 형 (또는 **upstair**) 위층의, 2층의. *an ~ hall* 2층에 있는 홀 / *the people ~* 2층에 있는 사람들.
— 명복 (단·복수 양용) 위층, 2층; (英구어) (집합적) (대저택의) 주인; 머리, 두뇌. *come down from ~ 2* 층에서 내려오다.
up·stand·ing [ʌpstǽndiŋ] 형 직립의, 곧추선, (자세가) 늘씬한; 정직한, 훌륭한. *Be ~!* (英) (법정에서) ~**·ness** 명 [기립.
up·start [ʌ́pstɑ̀ːrt] 명 벼락 출세한 사람, 벼락 부자; 거만한 녀석. — 형 벼락 출세한, 오만불손한; 최근에 나타난. — 동자 갑자기 일어서다; (갑자기) 나타나다. — 타 갑자기 일어나게 하다. **~·ness** 명
up·state [ʌ́pstéit] (美) 명 주(州)의 북부 지방; (특히) New York 주의 북부 지방. — 형 주의 북부[오지]의. — 부 주의 북부[오지]로.
up·stat·er [ʌ́pstéitər] 명 (美) (주내(州內)의) 시골 사람; (New York 주의) 북부 출신자.
up·step [ʌ́pstèp] 동 (*-pp-*) …을 증진하다.
****up·stream** [ʌ́pstrìːm] 부 상류로[에서]; 흐름을 거슬러 올라가서. ⓐ downstream *go ~* 흐름을 거슬러 올라가다. — 형 상류의[에 있는], 상류로의, 흐름을 거슬러 올라가는. — 명 [-´-´-´] (석유 산업의) 상류[전반(前半)] 부문(석유 채굴 부문의 총칭).
up·strength [´strèŋkθ] 명 알코올 도수가 높은.
up·stretched [ʌpstrétʃt] 형 위로 뻗친[뻗힌].
up·stroke [ʌ́pstròuk] 명 위쪽으로 잦혀진 필체, 위쪽으로 긋는 획; (피스톤의) 상승 운동. ⓐ downstroke
up·surge [ʌpsə́ːrdʒ] 동자 1 파도가 일다. 2 (파도·감정 따위가) 솟구쳐 오르다; 용솟음쳐 오르다. 3 급증[격증]하다. *Juvenile delinquency ~d.* 청소년 범죄가 격증했다. — 명 [´-´] 솟구쳐 오름; 고조(高潮); 급증, 격증.
up·sweep [ʌ́pswìːp] 동 (*-swept*) 타 (머리를) 빗어올리다, 업스타일로 하다. 자 위쪽으로 굽다.
— 명 [´-´] 1 (머리를) 위로 빗어올린 형, 업스타일. 2 (경사 따위의) 가파른 치받이. 3 (활동·사업 따위의) 활성화. 4 (불독 따위의) 아래턱의 위로 향한 만곡(彎曲).
up·swell [ʌpswél] 동 (*~ed; ~ed, -swol·len*) 자 부풀다. — 타 부풀게 하다.
up·swept [ʌ́pswèpt] 형 위쪽으로 휜[굽은]; 머리를 위로 빗어올린, 업스타일로 한.
up·swing [ʌ́pswìŋ] 동 (*-swung*) 자 (흔들이 따위가) 위로 흔들리다; (시세 따위가) 상승하다; 향상하다. — 명 [´-´] 1 상향 운동. 2 발전, 상승, 향상. *an ~ in the stock market* 증권 시장의 상승세. 3 (경제) (경기 순환에서의) 회복기.
up·sy-dai·sy [ʌ́psidéizi] 감 영차(어린애를 안아올릴 때 쓰는 말). (또는 **upsidaisy, upsa-daisy**)
up·take [ʌ́ptèik] 명 1 (美구어) (the ~) 이해, 양해. *quick on* [or (英) *in*] *the ~* 이해가 빠른. 2 들어올리기. 3 (공기·가스·연기 따위를) 빨아올리는 파이프, 통풍관, 연도(煙道).
up·talk [ʌ́ptɔ̀ːk] 명 업토크(평서문의 문미를 높이는 어조; 글로는 ?로 나타냄).
up·tear [ʌptɛ́ər] 동타 (*-tore; -torn*) 뿌리째 뽑아내다; 절멸시키다.
up·tem·po [´tèmpou] 명 (복 ~s, -pi [-piː]) (음악의) 빠른 템포[속도].
up·throw [ʌ́pθròu] 명 (지면 따위의) 융기; (지질) 상승 낙차(上昇落差)(역단층(逆斷層)에서의) 낙차. — 동타 [-´-´] (*-threw; -thrown*) …을 위로 던지다.
up·thrust [ʌ́pθrʌ̀st] 명 밀어올리기, 떠받쳐 올리기; 융기. — 타 융기하다[시키다].
up·tick [ʌ́ptìk] 명 U (美) (수요·공급의) 증대, 상승; (사업·경기의) 상향 기세, 호경기; (증권) 전회의 매매성립가보다 (한 단계) 높은 가격(으로의) 거래. *on the ~* 강세로.
up·tight [ʌ́ptàit] 형 (속어) 1 초조해하는, 긴장한, 불안한; 성이 난(*about*). 2 딱딱한. 3 (재정적으로) 궁지에 빠진; 파산한, 빈곤한. 4 (美) 보수적인, 완고한. 5 훌륭한, 완벽한. **~·ness** 명
up·tilt [ʌptílt] 동타 …을 위로 기울이다(tilt up).
up·time [ʌ́ptàim] 명 (컴퓨터 따위의) 가동 시간; (종업원 따위의) 실제 작업시간. (또는 **úp tìme**)
‡**up-to-date** [´tədéit] 형 (*more ~; most ~*) 1 최신의; 최신 정보[사실]에 근거한; 최신식의, 최근의. *an ~ record* 최신 기록. 2 현대적인, 첨단을 걷는.
~**·ly** 부 ~**·ness** 명 [아주 새로운.
up-to-the-min·ute [´təðəmínit] 형 극히 최신의.
up-to-the-sec·ond [´təðəsékənd] 형 최신의.
~ information 최신 정보.
up·town [ʌ́ptàun] (美) 부 높은 지대로[에], 주택 지구로[에]. *live ~* 주택 지구에 살다. — 형 높은 지대의, 주택 지구의. — 명 높은 지대, 주택지. ⓐ downtown ~**·er** 명 [것과 교환하다.
up·trade [ʌ́ptrèid] 동자타 (자동차 따위를) 더 좋은
up·trend [ʌ́ptrènd] 명 (경제) 상승(세), 상승 경향.
up·turn [ʌptə́ːrn, ´-´] 동타 1 …을 파 엎다, 뒤집다.

2 …을 위로 향하게 하다. ¶~ one's eyes 눈을 위로 돌리다. 3 …을 혼란시키다, 교란시키다. ― ⓐ 위로 향하다; 뒤집히다. ¶His face ~ed toward the sun. 그는 얼굴을 들어 태양쪽을 향했다. ― 몡 [ⓤ] 대혼란, 격동; (물가의) 상승; (경제의) 호전(in).

up·turned [Áptəːrnd, ⸗⸗] 휑 뒤엎어진; 뒤집힌; 위로 향한; 끝이 위로 구부러진.

UPU Universal Postal Union(세계 우편 연합).

up·val·ue [ʌ́pvǽljuː] 톈(타) …의 가치를 높이다; (달러 따위)의 평가를 절상하다. **úp·val·u·á·tion** 몡

‡**up·ward** [Ápwərd] 튀 1 위쪽으로, 위쪽을 향하여. ¶She tilted her face ~. 그녀는 얼굴을 위쪽으로 돌렸다. 2 근원[수원(水源)]쪽으로, 상류로; 오지(奧地)로, 내륙으로. ¶trace a stream ~ 상류쪽으로 강을 거슬러 올라가다. 3 (계급·정도·나이 따위가) 높은 쪽으로, 위쪽으로; (수량 따위가) …이상, 보다 많이; 과거로 거슬러 …이래로. ¶from one's youth ~ 청년 시절부터 내내/children of six years and ~ 6세 이상의 아이들. 4 머리쪽에; (장소가) 보다 위에.

from…upward ① (나이·시대의) 이래로[이후로]. ② (수가) …이상. ③ (어떤 부위로부터) 위쪽에. *upward [or upwards] of* (수·양이) …이상. ¶~ *of* ten months 10개월 이상.

― 톈 1 위를 향한, 위쪽으로의; 상승하는. ¶the ~ trend of prices 물가의 상승 경향/cast an ~ glance 눈을 치떠서 보다. 2 위쪽에 있는, 위쪽의; 상류의. ~·ly 튀 ~·ness 몡 (…이) 상향임.

úp·ward·ly móbile [Ápwərdli-] 휑 (사회 이동상) (사회) 상향 계층의.

úpward mobílity 몡 (사회) 상향적 사회 이동; 경제적[사회적] 상승 경향[능력]; 상향 지향(미국의 청년문화).

*up·wards** [Ápwərdz] 튀 =upward.

up·warp [ʌ́pwɔ̀ːrp] 몡 [지질] 업워프, 곡륭(曲隆)(지각이 완만하게 위쪽으로 굽어진 지질 구조).

up·well [ʌpwél] 톈⒠ 분출하다, 솟아나다.

up·well·ing [ʌpwéliŋ] 몡 솟아오르기; 용승(湧昇)(심해로부터 영양염이 풍부한 심해수가 상승하는 현상).

up·wind [ʌpwínd] 튀 바람 불어오는 쪽의을 향한). ― 튀 바람 불어오는 쪽에[을 향하여]. ― 몡 [ⓤ] 역풍.

ú quàrk [júː-] 몡 [물리] = up quark.

Ur uranium(보통은 U). **Ur.** Uruguay.

ur-¹ [juər] 옐 ⇨URO-¹.
ur-² [juər] 옐 ⇨URO-².
ur-³ [uər, ɔːr] 엻 「원시의, 초기의, 원형의」의 뜻. ¶*Ur*sprache(인도 유럽 원어).

u·ra·cil [júərəsil] 몡 [생화학] 우라실(RNA를 구성하는 pyrimidine 염기; ⓔ U).

u·rae·mi·a [juəríːmiə] 몡 = uremia.

u·rae·mic [juəríːmik] 휑 = uremic.

u·rae·us [juəríːəs] 몡 (고대 이집트에서 최고 권력의 상징으로 왕관에 붙인) 뱀 모양의 휘장.

U·ral [júərəl] 몡 1 (the ~) 우랄 강. 2 우랄 지방. 3 (the ~s) = ~ Mountains. 4 우랄 강[산맥]의.

U·ral-Al·ta·ic [-ǽltéiik] 휑 우랄과 알타이 지방의, 그 주민의; 우랄알타이 어족(語族)의. ― 몡 [언어] 우랄알타이 어족. [지방 주민의; 우랄 어족의.]

U·ra·li·an [juəréiliən, -ljən] 휑 우랄 산맥의, 우랄

U·ral·ic [juərǽlik] 휑 [언어] 우랄 어족의(= 어·핀란드어·에스토니아어 등). ― 몡 = Uralian.

Úral Móuntains 몡(복) (the ~) 우랄 산맥(러시아 중앙부를 남북으로 뻗은 산맥(山脈)). (또는 **Urals**)

U·ra·ni·a [juəréiniə, -njə] 몡 1 [그리스 신화] **a**) 우라니아(뮤즈(Muse) 아홉 여신의 하나로 천문을 주관). **b**) = Aphrodite. 2 (u-) 산 우라늄.

U·ra·ni·an [juəréiniən, -njən] 휑 1 천왕성(Uranus)의. 2 우라니아(Urania)의. 3 천상의; 영적의. 4 천문학상의(astronomical). 몡 우라늄을 함유하는.

u·ran·ic¹ [juərǽnik] 휑 [화학] 우라늄(uranium)의, **u·ran·ic²** 휑 하늘의; 천체의, 천문상의.

urán·ic óxide 몡 [화학] = uranium dioxide.

u·ra·nism [júərənizm] 몡 (남자) 동성 연애.

*‡**u·ra·ni·um** [juəréiniəm] 몡 [ⓤ] [화학] 우라늄(백색 광을 발하는 방사성 금속 원소; ⓔ U).

uránium bómb 몡 우라늄 (원자) 폭탄.

uránium dáting 몡 우라늄 연대 측정.

uránium dióxide 몡 [화학] 이산화 우라늄.

u·ra·no- [juərənou-, -nə, juəréi-] 옐 heaven의 뜻. ¶*urano*logy.

u·ra·nog·ra·phy [jùərənágrəfi/-nɔ́g-] 몡 천체지학(誌學); 천문학. ·**pher** 몡 **-no·gráph·ic**, **-no·gráph·i·cal** 휑 **-phist** 몡

u·ra·nol·o·gy [jùərənálədʒi/-nɔ́l-] 몡 [ⓤ] 천문학; 천체론; 천체지(誌). **-no·lóg·i·cal** 휑

u·ra·nom·e·try [jùərənámətri/-nɔ́m-] 몡 [ⓤ] [천문] 천체도; 천체 측광. **·no·mét·ri·cal** 휑

u·ra·nous [júərənəs, juəréi-] 휑 [화학] 우라늄의, 우라늄을 함유하는.

U·ra·nus [júərənəs, juəréi-] 몡 1 [그리스 신화] 우라너스(천신(天神)). (또는 **Ouranos**) 2 [천문] 천왕성.

u·rate [júəreit] 몡 [화학] 요산염. **u·rát·ic** 휑.

urb [əːrb] 몡 (美·캐나다 구어) 도시, 도회지, 시내.

*u·r·ban** [ə́ːrbən] 휑 도시의, 도시에 있는; 도시풍의. ¶~ rural ~ population 도시 인구/~ life 도회지 생활.

úrban anthropólogy 몡 도시 인류학. [활.

úrban archeólogy 몡 도시 고고학.

úrban archeólogist 몡 도시 고고학자.

úrban blúes 몡(복) (단·복수 양용) 어번 블루스(밴드를 수반한 리드미컬하고 화려한 블루스).

úrban desígn 몡 [건축] 도시 설계.

úrban dístrict 몡 (英) 준(準)자치 도시.

ur·bane [əːrbéin] 휑 도시적인, 세련된, 우아한(rustic); 예의바른, 온화한. **~·ly** 튀 **~·ness** 몡

úrban fámily 몡 대도시의 고급 아파트 거주자.

úrban guerrílla 몡 도시 게릴라 (조직, 대원).

úrban hómesteading 몡 도시 정주 장려 정책.

ur·ban·ism [ə́ːrbənizm] 몡 [ⓤ] 도회지 생활; 도시 계획; 도시화(urbanization).

ur·ban·ist [ə́ːrbənist] 몡 도시 계획 전문가.

ur·ban·is·tic [ə̀ːrbənístik] 휑 도시 생활(양식)의 [에 관한]. **-ti·cal·ly** 튀

ur·ban·ite [ə́ːrbənàit] 몡 (美) 도시인, 도시거주자.

ur·ban·i·ty [əːrbǽnəti] 몡 [ⓤ] 도시풍; 세련, 우아, 온화; (-ties) 예의바름; 도시 생활.

ur·ban·ize [ə́ːrbənàiz] (*(英) -ise*) 톈(타) [지방]을 도시화하다; …을 도회지풍으로 하다, 세련되게 하다, 우아하게 하다. **·i·zá·tion** 몡

ur·ban·ol·o·gy [ə̀ːrbənálədʒi/-nɔ́l-] 몡 [ⓤ] 도시학, 도시 문제 연구. **-gist** 몡 도시 문제 전문가[학자].

úrban óre 몡 [ⓤ] 도시 광석(재생 원료로서의 폐기물).

Úrban Prógramme 몡 (the ~) (영국 정부의) 도시 재개발 계획. [개발.

úrban renéwal [redevélopment] 몡 도시 재

úrban sociólogy 몡 도시 사회학.

úrban sprawl 몡 스프롤 현상(도시의 불규칙하고 무계획적인 교외 발전).

ur·bi·a [ə́ːrbiə] 몡 [ⓤ] [집합적] 도회지. [관] 파괴.

ur·bi·cide [ə́ːrbəsàid] 몡 도시 파괴, 도시 환경[경

ur·bi·cul·ture [ə́ːrbəkʌ̀ltʃər] 몡 [ⓤ] 도시 생활 (관습), 도시 문화; 도시 생활의 제반 문제 (연구).

ur·ce·o·late [ə́ːrsiəlèit, -lit] 휑 (항아리·꽃병처럼) 몸통이 불룩하고 주둥이가 좁은, 물병 모양의.

*u·r·chin** [ə́ːrtʃin] 몡 1 장난꾸러기, 개구쟁이; (일반적으로) 아이, 소년. 2 성게. 3 (방언) 고슴도치. 4 (고어) (고슴도치로 둔갑한다는) 꼬마 요정.

úrchin cùt 몡 (여성 머리의) 짧은 컷.

Ur·du [úərduː, ə́ːr-, ⸗⸗] 몡 우르두어(Hindustani 어의 일종. 인도·파키스탄의 회교도가 쓴다).

-ure [juər, ər] 접미「동작·과정·결과·상태·직무·직책」의 뜻. ¶failure, culture, judicature.

u·re·a [juəríə, júəriə] 명 (화학) 요소(尿素).

uréa cycle 명 (생화학) 요소 회로.

u·re·a-form·al·de·hyde résin [-fɔːrmǽldəhàid-] 명 (화학) 요소[우레아] 포름알데히드 수지(樹脂).

u·re·al [juəríːəl] 형 요소의, 요소를 함유하는.

uréa résin 명 (화학) 요소 수지.

u·re·ase [júərièis, -èiz] 명 (생화학) 우레아제(요소 분해 효소).

u·re·mi·a [juərímiə] 명 (병리) 요독증(尿毒症). 「(또는 uraemia)

u·re·mic [juərí:mik] 형 (병리) 요독증의; 요독증에 걸린. (또는 uraemic)

u·re·ter [juərí:tər, júərətər] 명 (해부·동물) 요관, 수뇨관(輸尿管). **~·al, ù·re·tér·ic** 형

u·re·ter·i·tis [juərì:təráitis] 명 (병리) 요관염(炎).

u·re·ter·ot·o·my [juərì:tərɔ́təmi, jùərə-] 명 (의학) 요관 절개(술).

u·re·thane [júərəθèin] 명 ⓤ (화학) 우레탄(무색·무취의 결정체; 주로 최면제용. (또는 urethan)

uréthane fòam 우레탄 폼(포장의 속을 채우는 재료 따위).

u·re·thra [juərí:θrə] 명 (pl. **-thrae** [-θri:], **~**) (해부) 요도(尿道). **-thral** 형 「도 절개(술).

u·re·threc·to·my [jùərəθréktəmi] 명 (외과) 요

u·re·thri·tis [jùərəθráitis] 명 ⓤ (병리) 요도염(炎). **-thrít·ic** 형

u·re·thro·scope [juərí:θrəskòup] 명 (의학) 요도 **·scóp·ic** 형. 「경.

u·re·thros·co·py [juərəθráskəpi/-θrɔ́s-] 명 ⓤ (의학) (요도경에 의한) 요도 검사.

u·ret·ic [juərétik] 형 요충의; 이뇨(利尿)의.

‡**urge** [əːrdʒ] 타 (**urg·es** [-iz]; **~d**; **urg·ing**) 동 1 …을 재촉하다, 몰아대다. ¶(~+명+부) ~ one's car forward 차를 몰다 / ~ dogs on with shouts 소리쳐 서 개를 몰아대다. 2 …을 열심히 권하다, 거듭 간청하다; …을 격려하다(*to*). ¶(~+명+*to do*) He ~d me *to go* into business. 그는 내게 실업계로 나가라고 거듭 권유했다 / (~+명+명) ~ a person *to* greater efforts 더욱 노력하도록 남을 격려하다.

> [유의어] **urge** 설득·간청·강요 따위로 남에게 어떤 일을 하도록 하다. **press** 끈질기게 urge하다. **exhort** 도리를 일러서 착한 일을 하도록 강력하게 권하다.

3 …에게 강요하다, 압력을 가하다. ¶~*d by* hunger [need] 굶주림[필요]에 쫓겨서 // (~+명+전+명) ~ a person *to* a task 남에게 일을 강요하다. 4 …을 주장하다; (중요성·필요 따위)를 역설하다, 강조하다. ¶(~+명) ~ a claim 요구를 주장하다 / ~ the need *of* …의 필요성을 역설하다 // (~+전+명) ~ *on* [or *upon*] a person the fruitlessness of a petition 탄원해도 소용 없다고 남에게 역설하다 // (~+that 절) He ~d *that* we (should) accept the offer. 그는 우리가 그 제의를 받아들여야 한다고 주장했다. 5 …을 자극하다, 흥분시키다.

─ 자 1 (어떤 충동에) 이끌리다: (충동에 이끌려) 돌진하다, 서두르다(*toward*); (공박·공포 따위가) 자극하다, 부추기다. 2 (…에 찬성하여 / 반대하여) 주장하다, 역설하다 (*for* / *against*).

urge one's way 길을 빨리 가다[서두르다].

─ 명 **urg·es** [-iz] (보통 an ~, the ~) 남을 몰아대는 충동[욕망]; 무의식적[본능적] 충동. ¶feel an ~ to get rid of social evils 사회의 병폐를 제거하고 싶은 충동을 느끼다 / have an ~ *for* [or *to do*] ~하고 싶은 강한 충동을 느끼다, 간절히 …하고 싶어하다.

‡**ur·gen·cy** [ə́ːrdʒənsi] 명 ⓤ 1 긴박한 일, 긴급(성). 2 (-cies) 긴급한 요구. 3 열렬한 주장, 끈덕진 재촉, 강요. ¶ *the ~ of a*

‡**ur·gent** [ə́ːrdʒənt] 형 (**more ~; most ~**) 1 긴박한, 긴급한, 급박한; 긴급히 요구되는(*in*). ¶an ~ motion[order] 긴급 동의[명령] / an ~ telegram 지급 전보 / *on ~* business 긴급한 일로 / I am *in ~* need of money. 나는 긴급히 돈이 필요하다. 2 계속 재촉하는, 귀찮게 졸라대는, 끈질긴, 강요하는(*for, to do*). ¶an ~ claimant 계속 재촉하는 채권자 / an ~ plea [for *to*] return] He is ~ *with* me *for* the return [*or to* return] the money loaned. 그는 내게 귀찮게 빌려준 돈을 돌려 달라고 계속 조른다. **~·ly** 부

urg·er [ə́ːrdʒər] 명 1 몰아대는[독촉하는] 사람; 권고자, 간청자, 강요자. 2 (경마의) 예상가; 사기꾼.

ur·gi·cen·ter [ə́ːrdʒəsèntər] 명 (미) 외래용 긴급 구급 병원. (또는 **úrgi [úrgy] cénter**)

urg·ing [ə́ːrdʒiŋ] 명 재촉하는, 성가신. **·ly** 부

-ur·gy [ə̀rdʒi, ə̀ːrdʒi] 연결 「생산 기술, 과학 기술」의 뜻. ¶metall*urgy*, zym*urgy*.   「염).

URI upper *r*espiratory *i*nfection (상기도 (上氣道) 감

URI 명 (인터넷) URI(정보의 소재를 지정하는 URL의 확대 개념). [< *u*niform *r*esource *i*dentifier]

U·ri·ah [juəráiə] 명 1 (성서) 우리아(옛 사람의 군인. ─ 사무엘기 (하)(2 Sam. 11:15)). 2 우라이어(남자 「이름).

u·ric [júərik] 형 오줌의, 오줌에서 얻은.

úric ácid 명 (생화학) 요산(尿酸). **ú·ric-ác·id** 형

u·ri·co·tel·ic [jùərikoutélik] 형 (생화학) 요산 배출의. **-tél·ism** 명 요산 배출. 「분).

u·ri·dine [júərədìːn] 명 (생화학) 우리딘(RNA의 성

U·ri·el [júəriəl] 명 1 우리엘(대천사 (大天使) (archangels)의 하나). 2 남자 이름.

Ú·rim and Thúm·mim [júərim ənd θʎmim] 명 (유대교) 우림과 둠밈(← 출애굽기(Exod.) 28:30).

u·rin- [júərin] 연결 ⇒ URINO-.

u·ri·nal [júərənəl] 명 소변소; 요강, 소변기.

u·ri·nal·y·sis [jùərənǽləsis] 명 (pl. *-ses* [-sìːz]) ⓤⓒ 소변 검사[분석]. (또는 uranalysis)

u·ri·nar·y [júərənèri/-nəri] 형 오줌의, 비뇨(기)의. ¶~ organs 비뇨기. ─ 명 소변소; (비료용) 오줌통.

úrinary bládder 명 (해부·동물) 방광.

úrinary cálculus 명 (병리) 요(결)석.

úrinary tráct 명 (해부) 요관(尿管), 요로(尿路).

úrinary tráct inféction 명 (병리) 요로 감염증.

úrinary túbule 명 (해부) 요세관(尿細管).

u·ri·nate [júərənèit] 동 자 오줌을 누다, 소변 보다.
─ 타 …을 오줌으로 적시다, (혈액 등)을 오줌과 함께 배설하다. **-ná·tion** 명 방뇨(放尿). **-nà·tive** 형

u·rine [júərin] 명 ⓤ 오줌, 소변.

extract the urine (영·속어) 조롱하다, 못살게 굴다.

úrine anàlysis 명 = urinalysis.

u·ri·no- [júərənou, -nə] 연결 urine의 뜻 (* 모음 앞에서는 urin-). ¶*urino*logy(비뇨과학), *urin*alysis. ─ 형 uro-

u·ri·no·gen·i·tal [jùərənoudʒénətl] 형 = urogenital.   「비중계.

u·ri·nom·e·ter [jùərənάmətər/-nɔ́m-] 명 (尿)

u·ri·nous [júərənəs] 형 오줌의, 오줌 같은 (냄새가 나는, 오줌을 함유하는.

URL (컴퓨터) *u*niform *r*esource *l*ocator (인터넷의 WWW에서 서버가 있는 장소를 지시하는 방법).

‡**urn** [əːrn] 명 1 단지, 항아리, 독. 2 유골 단지; (비유적) 무덤. 3 (꼭지 달린) 커피 주전자. 4 (식물) (선태 (蘚苔)류의) 삭(蒴). ─ 동 타 (고어) = inurn. **~·like** 형

urn·ing [ə́ːrniŋ] 명 (口) 남성 동성애자.

u·ro-[1] [júərou, -rə] 연결 urine의 뜻 (* 모음 앞에서는 ur-). 형 *urino-* ¶*uro*chrome(요황 색소), *uro*logy, *ur*emia, *ur*eter.

u·ro-[2] 연결 tail의 뜻 (* 모음 앞에서는 ur-). ¶ *Uro*dela (유미류 (有尾類)), *uro*pygial (새의 꼬리 부분의).

u·ro·chrome [júərəkròum] 명 [생화학] 우로크롬 (오줌에 담황색을 띠는 색소).
u·ro·gen·i·tal [jùərɔudʒénətl] 형 비뇨 생식기의 (urinogenital). ¶~ system 비뇨 생식기계.
u·rol·o·gy [juərálədʒi/-rɔ́l-] 명U 비뇨기과학. **ù·ro·lóg·ic, ù·ro·lóg·i·cal** -**gist** 명 비뇨기과 의사.
u·ros·co·py [juəráskəpi/-rɔ́s-] 명U [의학] 소변 검사. (또는 **urinoscopy**) **ù·ro·scóp·ic** -**pist** 명
Ur·sa [ə́ːrsə] 명 여자 이름.
Úrsa Májor 명 [천문] 큰곰자리. [<L Great Bear]
Úrsa Mínor 명 [천문] 작은곰자리. [<L Little Bear]
ur·sid [ə́ːrsid] 명 [동물] 곰과(科)의 (동물).
ur·sine [ə́ːrsain, -sin] 형 곰의; 곰 비슷한.
Ur·su·la [ə́ːrsələ/-sju-] 명 **Saint** ~ 우르술라(영국의 전설적인 공주·순교자).
Ur·su·line [ə́ːrsəlin/-sjulàin] 명 [가톨릭] (16세기 이탈리아에서 소녀 교육을 위해 창설된) 우르술라회(會)의 수녀. ── 형 우르술라회의.
ur·ti·ca·ceous [ə̀ːrtəkéiʃəs] 형 쐐기풀과(科)의.
ur·ti·cant [ə́ːrtikənt] 형 따끔따끔한(거리는).
ur·ti·car·i·a [ə̀ːrtəkɛ́əriə] 명 [병리] 두드러기.
ur·ti·cate [ə́ːrtəkèit] 동® ···을 쐐기풀(같은 것)로 찌르다; (마비를 치료하기 위해서) ···을 쐐기풀로 때리다; ···에 두드러기를 일으키다. ── ㉠ 쐐기풀에 찔리다, (쐐기풀로 찌른 듯) 따끔거리다.
ur·ti·ca·tion [ə̀ːrtəkéiʃən] 명 [병리] (마비를 치료하기 위해서 쐐기풀로 피부를 때리는) 쐐기풀 유도법(誘導法); 따끔거림을 가려움증.
Uru. Uruguay.
U·ru·guay [júərəgwèi/-gwài] 명 1 우루과이(남미의 동남부에 있는 공화국; 수도 Montevideo). 2 (the ~) 우루과이 강. [···의.
~**an** [jùərəgwéiən] 형명 우루과이 사람(의); 우루과
Úruguay Róund 명 [경제] 우루과이 라운드(1986년 우루과이의 수도 Montevideo에서 시작된 GATT의 다각적 무역 교섭; WTO의 설립 등에 합의(1993); 약 **UR**). 환 Tokyo Round
Ü·rüm·qi [jùːrjúːmtʃíː] 명 우루무치(烏魯木齊)(중국 신장 위구르 자치구의 주도(主都)). (또는 **Ùrùmchi**)
u·rus [júərəs] 명 고대 유럽의 들소(aurochs).
u·ru·shi·ol [urúːʃiɔ̀ːl, -əl/-ɔl] 명 [화학] 우루시올(옻의 성분).
‡**us** [ʌs, 약 əs, s] 때 1 (we의 목적격) a) 우리를, 우리에게. ¶He blamed ~. 그는 우리를 책망했다/He teaches ~ English. 그는 우리들에게 영어를 가르치고 있다/Let ~ [or Let's] play chess. 체스를 두자/Let ~ be free. 우리를 자유롭게 해달라, 놓아 달라. b) (국왕·황제의 자칭) 짐(朕)을, 짐에게; (신문·잡지 따위의 논설에서) 우리 사(社)를(에게), 우리를(에게). ⇨WE. c) (구어) (주격 보어로서, 또는 than, as 뒤에서) = we. ¶It's ~. 그것은 우리들이다/They are stronger than ~. 그들은 우리보다 강하다. 2 (시·고어) =ourselves. 3 (구어·방언) = me, to me. ¶Give ~ some bread. 내게 빵을 조금 주시오.
US United States: United States highway(미국 간선 도로). **U/S, u/s** (구어) unserviceable: useless.
u.s. (라틴) ubi supra: ut supra(= as above)(상기(上記)와 같이, 이상과 같이). ‡**U.S., US** Uncle Sam: Under Secretary: uniform system; United Service: United States. ‡**U.S.A., USA** Union of South Africa: United States Army; United States of America.
us·a·bil·i·ty [jùːzəbíləti] 명U 사용 가능; 유용성.
us·a·ble [júːzəbl] 형 쓸 수 있는, 사용 가능한; (사용하기에) 편리한, 유용한, 쓸모 있는. (또는 **useable**)
~**ness** -**bly** 부
USAC United States Auto Club. **USAF** United States Air Force. **USAFI** United States Armed Forces Institute(미군 교육 기관).
‡**us·age** [júːsidʒ, -zidʒ] 명 (황 -**ag·es** [-iz]) 1 UC 습관, 관습, 관례. ⇨CUSTOM 유의어. ¶social ~ 사교상의 관례. 2 UC [법률] 관습법; (언어의) 관용법; 언어 용법, 어법. ¶American ~ 미국 어법/present-day English ~ 현대 영어 관용법. 3 U 취급(법), 처리; 사용(법), 용법. ¶Good ~ has preserved them. 그것들은 곱게 썼기 때문에 수명이 길다/This teaching method of English has wide ~. 이 영어 교수법은 널리 사용되고 있다. 4 전통(적 풍습). 5 유용(성), 실용(성).
by usage 관례상, 관례에 따라.
come into usage 쓰이게 되다, 관례가 되다.
go out of usage 쓰이지 않게 되다, 관례가 없어지다.
under rough usage 난폭하게 다루어져.
u·sage·as·ter [júːsidʒæ̀stər] 명 자칭 어법의 권위자, 자칭 어법학자.
USAID [juːséid] 명 미국 국제 개발처. [<United States Agency for International Development]
USAir [júːɛsɛ̀ər] 명 유에스에어사(社)(미국의 민간 항공 회사).
us·ance [júːzns] 명UC 1 (상업) 유전스, (관례에 따른) 외국환 어음 지불 유예 기간. 2 (경제) 부(富)의 소유에서 발생하는 각종 이익. 3 (고어) 사용(use); 관습. 4 (폐어) 고리(高利); 이자(利子). [부대).
USAR United States Army Reserve(미육군 예비
USA Ráil Páss 명 미국의 Amtrak 전노선에 이용 가능한 외국인용의 주유권(周遊券).
USAREUR United States Army, Europe(유럽 주둔 미국 육군). **USASCII** United States of America Standard Code for Information Interchange(미국 정보 교환 표준 코드). **USASI** United States of America Standards Institute(미국 규격 협회; 구칭 ASA). **USAU** United States Aviation Underwriters(미국 항공 보험 협회). **USB** (컴퓨터) Universal Serial Bus(PC와 주변 장치를 접속하는 버스 규격). **USC** United States Code; United States of Columbia. **USCA** United States Code Annotated (주해 미연방 법규집). **USCAB** United States Civil Aeronautical Board(미국 민간 항공 위원회). **USCG** United States Coast Guard(미국 연안 경비대). **USCOM** U.N. Special Commission(UN 무기 사찰단).
US Cóurt of Appéals 명 미국 연방 고등 법원.
USDA United States Department of Agriculture (미국 농무부).
U.S. Dístrict Cóurt 명 미국 연방 지방 법원.
‡**use** 동 [juːz] (**us·es** [-iz]; ~**d**; **us·ing**) 타 1 (도구·기구·장소 따위]를 쓰다, 사용하다, 이용하다, 활용하다(for, for doing, as). ¶May I ~ your pen? 펜을 써도 되겠습니까? / He does not know how to ~ books. 그는 책을 이용할 줄 모른다 // (~+목+to do) Don't ~ a knife to cut bread. 빵을 자르는 데 나이프를 사용해서는 안 된다 / He ~d a lever to lift the stone. 그는 돌을 들어올리는 데 지레를 이용했다 // (~+목+前+명) ~ soap for washing 빨래하는 데 비누를 사용하다 / A hammer is ~d for knocking in nails. 망치는 못을 박는 데 쓰인다 // (~+목+as 보) ~newspapers as kindling 신문지를 불쏘시개로 쓰다.

> [유의어] **use** 「쓰다」라는 뜻의 가장 일반적인 말; 종종 도구·수단으로 함을 강조. **employ** 그때까지 사용[가동]하지 않은 것을 유효하게 쓰다[가동시키다]; use와 교환 가능. **utilize** 실용적으로 또는 유리하게 쓰다.

2 (능력·신체 따위]를 작용시키다, 행사하다. ¶~ one's ears 듣다 / ~ one's brains [or head, wits] 생각하다 / ~ one's skill 수완을 부리다 / U~ more care. 좀 더 조심해라 / I have ~d my utmost endeavors. 나는 최선의 노력을 다했다.

3 (돈·연료 따위)를 소비하다, 써버리다(*up*). 〔담배·술 따위)를 (습관적으로) 피우다, 마시다; 〔마약)을 상용하다. ¶We have ~*d* the money provided. 우리는 준비했던 돈을 다 써버렸다 / We ~*d* a ton of coal last month. 우리는 전달에 석탄 1톤을 소비했다 / Do you ~ sugar in your coffee? 커피에 설탕을 넣습니까? / He ~*d* tobacco all his life. 그는 한평생 담배를 끊지 않았다 // (~+图+前+名) How many eggs has the cook ~*d for* this omelette? 요리사는 이 오믈렛 만드는데 달걀을 몇 개나 썼나요?

4 …을 대우하다, 취급하다, 다루다(treat). ¶(~+图+團) ~ a person *well* [*ill*] 남을 친절하게 대하다[학대하다] // (~+图+前+名) He ~*d* me *like* a dog. 그는 나를 개처럼 취급했다.

5 〔사람〕을 쓰다, 기용하다: 〔구어〕 이용하다, 악용하다.

6 〔남〕을 (…에) 익숙하게 하다(* 이 뜻으로는 현재는 과거분사형을 형용사로서 쓰고 있을 뿐이다. ⇒USED 图1.
  — 国 1 사용하다. 2 항상 …하다, …하는 것이 습관이다 (* 이 뜻으로는 지금은 과거형만을 쓴다 ⇒USED 国).

could [or **되물에**] **can**] **use** …을 얻을 수 있으면 좋겠다, 필요하다. ¶I *could* ~ a good meal. 맛있는 식사를 하고 싶다.

Use by... (식품 등의 포장에 적힌) 사용 기한.
use the sea 선원 생활을 하다.
use up ① …을 다 써버리다. ¶When did you ~ *up* your old sketch pad? 너는 언제 스케치북을 다 써버렸니? ② (구어) …을 녹초가 되게 하다, 소모시키다. ¶He is ~*d up* wholesale. 그는 지쳐서 기진맥진해 있다. ③ …을 해치우다, 죽이다.
Use your head [or **noggin, noodle**]! (美구어) 머리를 굴려봐!

— 图 [ju:s] *us·es* [-iz] **1** ① 사용, 이용. ¶the ~ of a pencil for writing 글을 쓰기 위해 연필을 사용하기 / a dictionary for the ~ of students 학생용 사전 / the ~ of tools 도구의 사용 / The ~ of a computer is growing rapidly. 컴퓨터의 이용이 급속히 증가하고 있다.
2 ①© 사용법, 이용법. ¶the proper ~ of a tool 도구의 올바른 사용법 / the painter's ~ of color 그 화가의 색채 사용법 / teach the ~ of a machine 기계 사용법을 가르치다.
3 ©① 사용 목적, 용도(purpose) (*for*). ¶The instrument has different ~*s*. 그 기구에는 여러 가지 용도가 있다 // They have found some new ~*s for* petroleum. 그들은 석유의 새로운 용도를 발견했다.
4 ① 사용 능력, 기능; 사용할(수 있는) 권리, 사용의 자유. ¶He has lost the ~ of the right eye. 그는 오른쪽 눈의 시력을 잃었다 / We have the ~ of the tennis court for three months. 우리에게는 3개월간 그 테니스 코트를 사용할 권리가 있다.
5 ① 소용, 유용(성), 쓸모 있음; 효과, 이익. ¶be of (great) ~ (대단히) 쓸모가 있다 / be of no [little] ~ 아무(거의) 쓸모가 없다 / be of practical ~ 실용성이 있다 // What is the ~ of *my* going to see her? = It is no ~ *my* going to see her. 내가 그녀를 만나러 가 본들 무슨 소용이 있어?[소용없다] / *It is no* ~ *crying over spilt milk*. (속담) 엎지른 물은 되담을 수 없다.

〔USAGE〕 **It is no use**와 **It is of no use** …에 대하여
—(1) *of no use*의 경우는 뒤에 to-부정사가 오든 동명사가 오든 상관없으나, *no use*의 경우는 뒤에 동명사가 와야 하며 부정사는 틀리는 것으로 되어 있다. 그러나 실제로는 어느쪽 구문이나 사용되고 있다. 그중, 특히 *It is no use*+-*ing*이 많이 쓰인다. (2) *It is no use*+-*ing*는 *It is of no use to do*와 *There is no use*+*in* -*ing*가 혼동되어 생긴 것으로 되어 있다.

6 ① 사용할 필요(기회, 경우) (*for*). ¶Do you still have any ~ *for* this book? 이 책을 더 사용하시겠습니까?

7 ①© 습관, 관습(custom). ¶~ and wont 관습, 관례 / as (the) ~ is (스코) 습관대로 / according to an ancient ~ 옛날 습관에 따라 / *U*— *is* (*a*) *second nature*. (속담) 습관은 제2의 천성 / *U*— *makes perfect*. (속담) 배우기보다 익혀라. **8** ① 〔법률〕 (신탁된 토지·재산 따위에서) 생기는 이익, 수익권. **9** 〔교회〕 (교회·관구 특유의) 의식, 예식. ¶the Roman ~ 가톨릭 교회의 의식. **10** ©① 〔폐어〕 늘 겪는 일, 일상 경험.

be in [out of] use 사용되고 있다[있지 않다].
bring...into use …을 쓰기 시작하다.
come [or **go**] **into use** 쓰이게 되다.
for the use of …의 요구에 따라.   〔되다.
get [or **go, fall**] **out of use** 쓰이지 않게 되다, 폐지
have no use for ① …할 필요가 없다, …은 소용없다. ¶I *have no* ~ *for* it. 네 충고는 필요 없다. ② (구어) …은 싫다, …에는 참을 수가 없다; …의 진가를 인정하지 않다; …을 경멸하다. ¶I *have no* ~ *for* laggards. 느림보는 싫다.
have one's uses 쓸모가 있다, 소용에 닿다.   〔다.
It's no use doing [or **to do**] (구어) …해도 소용없
make use of …을 이용하다, 쓰다, 사용하다. ¶Mankind should *make* peaceful ~ *of* atomic energy. 인류는 원자력을 평화적으로 이용해야 한다.
of use (…에) 쓸모[소용] 있는, 유용한(*to*).
put...to good use …을 유효하게 이용하다.
put...to use …을 쓰다, 이용하다.
What's the use! (구어) 소용 없어!, 헛수고야!
with use 늘 사용하여[함에 따라]. ¶The new car will soon be easier to drive *with* ~. 새 차도 계속 타면 곧 운전하기가 수월해진다.

use·a·ble [júːzəbl] 휑 =usable.
-bíl·i·ty, ~ness 图 **-bly** 甲 〔한(일자).
úse-by dàte [júːzbài-] 图 (식품류 따위의) 유통 기

used [juːst, (to 앞에서) juːst] 휑 **1** (to+명사 또는 명사 상당 어구를 수반하여) …에 익숙하여 (*to*). ¶The taxi driver is ~ *to* danger. 그 택시 운전사는 위험에 익숙해져 있다 / I am not ~ *to* making speeches in public. 나는 대중 앞에서 연설하는 것에 익숙치 않다 / She soon got [or became] ~ *to* the work. 그녀는 곧 그 일에 익숙해졌다 (* 「to+명사 상당 어구」 대신 「to+ 수동형 부정사」가 올 수도 있다: I am ~ *to* be treated like this).
2 [juːzd] 사용된, 이용된; 써서 낡은, 헌, 중고의. ¶~ stamps [tickets] 사용된 우표[표] / ~ clothes 헌 옷 / ~ books 헌 책 / ~ cars 중고차.

— 조⑭ (구어) (use 国의 과거형, to- 부정사를 수반하여) 항상 …했다, …하곤 했다, 이전에는 …이었다. ¶He ~ *to* go to school by bus. 그는 버스로 통학했었다 / I do not eat so much meat as I ~ *to*. 나는 전처럼 고기를 많이 먹지 않는다 / He ~ *not* [or *didn't use*] *to* drink while young. 그는 젊었을 때는 술을 마시지 않았었다 / He ~ *to* live in London. *use*(*d*)*n't* [júːsnt] he [or *didn't* he]? 그는 런던에 살았었지요? / *There* ~ *to* be many tall poplars in front of the school buildings. 전에는 교사 앞에 많은 포플라 나무가 있었다(* *used to*는 비인칭 구문에도 쓰이지만, *would*는 쓰이지 않는다).

〔USAGE〕 (1) **used**+to-부정사는 과거의 상당한 기간에 걸친 상습적 동작·상태를 나타내며, 특히 과거와 현재의 차이를 대비시킨다: He ~ *to* smoke. 그는 전에는 담배를 피웠었다(지금은 안 피운다).
(2) **used**+to-부정사의 부정형·의문형은 전에는 조동사 *did*는 쓰지 않고 He ~ *not* [*usedn't*] *to* smoke. / *U*— he *to* smoke? 라고 하는 것이 옳은 것으로 되어 있었으나, 최근에는 (美)에 이어 (英)에서도 *did*를 써서 He *didn't use to* smoke. / *Did* he *use to* smoke? 와 같은 표현을 쓰고 있다.

used·n't [júːsnt, (to 앞에서) júːsnt] (英) used not의 단축형.

used-to-be [júːsttəbiː] 명 (美구어) =has-been.

used-up [júːzdʌ́p] 형 **1** (구어) (지쳐) 녹초가 된. **2** 낡아빠진, 쓸모 없게 된. **3** 다 써버린, 고갈된.

‡**use·ful** [júːsfəl] 형 (more ~; most ~) **1** 쓸모 있는, 쓸모있는, 편리한; 유익한; 유능한; (구어) 훌륭한(to, for / to do). ¶a ~ member of society 사회의 쓸모 있는 일원 / a ~ performance 훌륭한 솜씨 // Bees are very ~ to us. 꿀벌은 우리에게 매우 유익하다 / It was a very ~ speech for young people. 그것은 젊은이들에게 매우 유익한 강연이었다. **2** 실용적인, 실질적인. ¶the ~ arts 수예, 공예. **3** (英구어) 만족한, 충분한. **4** (濠구어) (임시 고용) 잡역부의.
be useful with [or *at*] …을 잘 하다. …하다.
come in useful (경우에 따라서는) 쓸모 있다, 편리하다.
*make one*self *useful* (남에게) 도움이 되다, (남을) 돕다.
— 명 (濠구어) (임시 고용) 잡역부.
~·ly 부 ~·ness 명 유용성, 실용성.

úseful lóad 명 (항공) 유효 탑재 중량, 적재량.

‡**use·less** [júːslis] 형 (more ~; most ~) **1** (사람에게/사물에) 쓸모 없는(to, for); 무익한, 헛된(to do, doing). ¶It is ~ doing [to do] that. 그런 짓을 해도 헛일이다 / Material aid is now ~ to them. 그들에게 물질적 원조는 이제 소용없다. **2** (경멸적) 아무 것도 할 줄 모르는, 열등한, 우둔한.

┌─유의어─────────────────────────┐
│ **useless** 그때의 정세 또는 본질적 결함 때문에 쓸모가 없는. **fruitless** 참을성 있게 오래 노력한 결과 효과가 없는; 실망을 암시. **futile** 완전한 실패로 끝나는; 현명하지 못함을 암시. **ineffectual** 노력의 방법이 나빠서 바라던 결과를 얻지 못하는. **vain** 목적을 이루지 못한. │
└─────────────────────────────┘

~·ly 부 ~·ness 명U 무용, 무익.

USENET, Use·net [júːznèt, júːs-] (컴퓨터) 유스넷(UNIX 시스템의 컴퓨터를 연결하는 국제적 네트워크).

usen't [júːsnt] =usedn't.

‡**us·er** [júːzər] 명 (複 ~s [-z]) **1** 쓰는 사람, 소비자, 사용자; 애주가. **2** (법률) 사용권; 권리 행사권[향유]. **3** (美속어) 마약 상용자, 술꾼. **4** (컴퓨터) 사용자.

us·er-de·fin·a·ble [-difáinəbl] 형 (컴퓨터) (키의 기능 등) 사용자 정의(定義)가 가능한.

ús·er-de·fíned kéy [-difáind-] 명 (컴퓨터) 사용자 정의 키.

us·er-friend·ly [-fréndli] 형 사용하기가 쉬운, (이용자에게) 알기 쉬운. **-li·ness** 명

us·er-hos·tile [-hástl/-hɔ́stail] 형 사용하기가 까다로운, (이용자에게) 알기 어려운. 〔드〕 번호.

úser identificàtion 명 (컴퓨터) 사용자 식별 (코드).

úser ínterface 명 (컴퓨터) 사용자 인터페이스(사용자가 컴퓨터와 대화하기 위한 기호나 명령 체계).

úser mémory 명 (컴퓨터) 사용자 메모리(주 기억 중의 사용자가 사용할 수 있는 영역).

us·er-name [júːzərnèim] 명 (컴퓨터) 사용자명(사용자 개인의 식별용 이름).

úser('s) fèe 명 사용자 요금(쓰레기 수거 같은 서비스 이용에 시행 정부가 부과하는 요금).

úser('s) gròup 명 (컴퓨터) 사용자 그룹[클럽](특정 기종의 컴퓨터 또는 같은 프로그램을 사용하고 있는 사람들의 모임). 〔업 인덱스〕

USES United States Employment Service(미국 직업 안내소).

úse tàx [júːs-] 명 (美) 사용세(다른 주(州)에서 들여온 물품에 대한 주세(州稅)).

usf. *und so fort* (=and so on). [<G] **USG** United States Government. **USGA** United States Golf Association(미국 골프 협회). **USGS** United States Geological Survey(미국 지질 조사소).

ush [ʌʃ] 명⑤ (속어) = usher.

USHA United States Housing Authority.

U-shaped [júːʃèipt] 형 U자형의.

*ush·er** [ʌ́ʃər] 명 **1** (교회·극장 따위의 좌석) 안내원; 문지기, 접수원; (신랑) 들러리. **2** (고귀한 사람의) 도착을 알리는 사람, (고귀한 사람의 앞장을 서가는) 선도자; (영국 왕실의) 의전관, 시종. **3** (고어) (익살) (영국 사립 학교의) 조교사.
— 타 ⓘ **1** …을 안내하다(in, out)(into, to). ¶(~+用)…을 안내하다 / (~+用+前+名) He ~ed the ladies to their seats. 그는 부인들을 좌석에 안내했다. **2** …의 예고가 되다, …의 도래를 알리다(in). ¶The return of swallows ~ed in spring. 제비가 돌아와 봄이 왔음을 알렸다. — 자 안내역을 맡다, 선도자가 되다. ¶He ~ed at the wedding. 그는 그 결혼식에서 선도역을 맡아 했다. 〔안내양〕

ush·er·ette [ʌ̀ʃərét] 명 usher의 여성형, (극장 등의)

ush·er·ship [ʌ́ʃərʃìp] 명⑨ usher의 역[지위].

USI United Service Institution. **USIA** United States Information Agency(미국 정보국; 1978년 ICA(국제 교류국)에 흡수). **USIB** United States Intelligence Board(NSC(국가 안전 보장 회의)의 미국 정보 연락 위원회). **USICA** United States International Communication Agency(미국 국제 교류청(= ICA)). **USIS, U.S.I.S.** United States Information Service(미국 (대사관의) 문화원). **USITC** United States International Trade Commission. **USJ** United States Jaycees. **USLTA** United States Lawn Tennis Association (미국 테니스 협회). **USM** Underwater-to-surface Missile; United States Mail(미국 우편 (제도)); United States Marines [Mint](미국 해병대[조폐국]); (英중권) Unlisted Securities Market(비상장 증권 시장). **USMA** United States Military Academy(미국 육군 사관 학교). **USMC** United States Marine Corps(미국 해병대). **USN** United States Navy(미국 해군). **USNA** United States National Army; United States Naval Academy. **USNG** United States National Guard(미국 주방위군).

ús·nic ácid [ʌ́snik-] 명 (약학) 우스닌산(酸).

USO United Service Organizations(미군 위문 협회); unknown swimming object(미확인 수영 물체 (네스호(湖)의 괴물)). **USOC** United States Olympic Committee(미국 올림픽 위원회). **USOM** United States Operations Mission(미국 대외 원조 기관).

US Open [júːésóupən] 명 (the ~) 전미(全美) 오픈 골프 선수권(대회)(the Open). 〔<*United States Open* Championship〕

USP, US Pharm. United States Pharmacopoeia(미국 약전(藥典)).

U-speak·er [júːspìːkər] 명 상류 사회[계급]의 언어 [말씨]를 쓰는 사람. 〔<*upper class speaker*〕

USPHS United States Public Health Service(미국 공중 위생국). **USPO** United States Post Office(미국 우정국). **USPS** United States Postal Service (미국 우정 (공사)). 〔스키(whiskey).

us·que·baugh [ʌ́skwibɔ̀ː] 명⑨ (스코·아일) 위 **USR** United States Reserves. **USRC** United States Reserve Corps(미국 예비군). **USS** United States Senate(미국 상원); United States Service(미국군); United States Ship[Steamer, Steamship](미국 선박(기선, 상선). 〔원〕

USSC(t) United States Supreme Court(미국 대법 **USSOCOM** United States Special Operations Command(미국 특수 작전 사령부).

USSPACECOM United States Space Command (미우주군). *USSR** the Union of Soviet Socialist

USSS United States Steamship(미국 상선).

Us·su·ri [usúəri] 图 (the ~) 우수리 강(중국과 러시아 국경을 북쪽으로 흘러 Amur 강으로 흘러든다).

USTA United States Tennis [Trademark] Association(미국 테니스[등록 상표] 협회).

USTC United States Tariff Commission(미국 관세 위원회). **USTR** United States Trade Representative(미국 통상 대표부). **USTS** United States Travel Service(미국 관광국).

us·tu·late [Ástʃulət, -lèit] 囿 타서 눋은 빛깔의, 타서 까맣게 된. **-tu·lá·tion** 图

usu. usual; usually.

‡**u·su·al** [júːʒuəl, -ʒwəl] 囿 늘 하는, 평소의, 일상의; 보통의, 흔히 있는(with, for). ⇒COMMON 유의어 ¶his ~ skill 그의 평소의 기량/It is ~ to tip a waiter. 웨이터에게 팁을 주는 것은 통례이다/He arrived later than ~. 그는 여느때보다 늦게 도착했다(⇒USAGE (1))/I was asked the ~ questions by the police. 경찰관으로부터 늘 있는 심문을 받았다. *as is usual with* …에게는 언제나 있는 일이지만, ~. 이 언제나 그럴듯이[하듯이]. ⇒USAGE (2)
as usual; *as per usual* (속어) 평소와 다름없이. ¶business *as* ~ (상점 게시문 따위에) 정상 영업 중/He forgot my birthday *as* ~. 그는 매번 그랬듯이 내 생일을 잊었다.
than usual (비교급 뒤에서) 평소[여느 때]보다.

USAGE (1) more than usual과 more than usually——more than usual은 (as many [much]) as usual의 비교급으로 「여느 때보다 많은 수[양]를」의 뜻: He ate *more than* ~. 한편 more than usually는 「여느 때보다 더 …」의 뜻으로서, 「…」에 해당하는 뒤쪽 형용사[부사]에 걸린다: He ate *more than* ~ly fast.
(2) *It is usual with* him *to do so*.와 *It is usual for* him *to do so*.——전자의 with는 「…에 관하여」라고 관계를 나타내고, usual과 밀접히 결부되어 의미상 It is ~ with him/to do so.로 끊을 수 있으며, 따라서 It is ~ with him.으로 문장을 끝내도 된다. 한편 후자의 for는 to- 부정사와 밀접하게 결부되어 그 의미상의 주어를 나타내는 기호이고, 의미상 It is ~ /for him to do so.로 끊어지며(⇒FOR), 따라서 It is ~ for him.으로 문장을 끝낼 수는 없다. 마찬가지로 He was late, as was ~ with him.과 같은 구문에 있어서도 with 대신 for를 쓸 수는 없다.

——图 (the ~) 늘 하는 일, 상례; (음식·술 따위의) 늘 먹던[마시던] 것. ¶I can expect only the ~. 평범한 기대를 가질 수 있을 뿐이다/What I get you? *The* ~? 무얼 드시겠습니까? 늘 하시던 걸로 할까요?
out of the usual 드문, 보통이 아닌.

~·ness 图

‡**u·su·al·ly** [júːʒuəli, -ʒwəli] 囫 보통은; 평소에는; 일반적으로, 통상. ——하게.
more than usually 보통[평소, 예년]보다(는); 이상

u·su·fruct [júːzjufrʌ̀kt, -sju-/-sju-] 图[U] (로마 법률) 사용권, 용익권(用益權)(타인의 소유물을 이용하는 권리, 또는 그것에서 발생하는 이익을 누릴 수 있는 권리). ——图(티) (부동산 따위의) 용익권을 갖다.

u·su·fruc·tu·ar·y [jùːzjufrʌ́ktʃuèri, -sju-/-sju-frʌ́ktjuəri] 囿 용익권의. ——图 용익권자.

u·su·rer [júːʒərər] 图 고리 대금(업자).

u·su·ri·ous [juːʒúəriəs-zjúər-] 囿 고리로 돈을 빌려주는, 고리 대금의; 고리 대금업자 같은; (가격이) 터무니 없는. **~·ly** 图. **~·ness** 图

*‎**u·surp** [juːsə́ːrp, -zə́ːrp/-zə́ːp] (国)(国) 1 (폭력에 의해서) (권력·지위)를 빼앗다, 강탈[횡령]하다. ¶~ the throne 왕위를 빼앗다. 2 (영지·재산 따위)를 점유하다; 불법으로 사용하다. ——(国) (권리 따위)를 침해[침범]하다, 불법 사용하다(*on, upon*). ¶ ~ *on* a person's sphere of influence 남의 영역을 침범하다.
~·er 图 **~·ing·ly** 图

u·sur·pa·tion [jùːsərpéiʃən, -zər-/-zə-] 图[U] © 횡령, 강탈; (권리의) 침해, 불법 사용(*on, upon*).

u·súr·pa·tive, u·súr·pa·to·ry 囿

u·su·ry [júːʒəri] 图[U] © 1 (법정 이율 이상의) 고리; 고리 대금(업). 2 (폐어) 이자(interest).

USV United States Volunteers(남북전쟁 당시의 미국 의용군). **USW, usw** ultrashort wave(극초단파). **USWA** United Steelworkers of America(미국 철강 노동 조합).

ÚS Wést 图 미국의 지방 전화 회사의 하나.

USX [jùːèséks] 图 (~ Corp.) 유에스엑스 사(社)(미국의 종합 철강 회사; 전신은 U.S. Steel). 「를 쓴다).

ut¹ [ʌt, uːt] 图 (음악) (8음계의) 제1음(현재는 do(도)

ut² [ʌt] 囮 (美속어) 철저히.

ut³ [ʌt] 囵 …과 같이. <L as>

ut infra 아래와 같이(= as below).

ut supra 위와 같이(= as above).

UT (천문) universal time(세계시(時)). **Ut.** Utah.

UTA (프랑스) Union de Transports Aériens(UTA 항공사); upper terminal area(상층 관제구).

*‎**U·tah** [júːtɔː, -tɑː] 图 유타(미국 중서부의 주; 주도 (州都) Salt Lake City; 모르몬교의 총본부가 있다).
~·an 囿 유타주의 (사람).

UTC universal time coordinated(협정 세계시); 그리니치 표준시 대신 방송에 사용되는 표준시). **Utd** United. **ut dict.** (라틴) *ut dictum*(=as directed (처방전에서) 지시에 따라).

ute [juːt] 图 (豪·뉴질 구어) =utility truck.

Ute [juːt, júːti] 图 유트족(Utah, Colorado 등지에 사는 북미 인디언의 일족); 그 언어.

‡**u·ten·sil** [juːténsəl] 图 (왕 ~s [-z]) 1 (부엌·낙농장 따위에서 쓰는) 도구, 기구, 용기; 용구. ⇒IMPLEMENT 유의어 ¶cooking ~s 요리 기구 /fishing ~s 낚시 도구 /writing ~s 문방구. 2 남의 도움이 되는 사람, 남에게 이용되는 사람. 3 (고어) = chamber pot.

u·ter·ine [júːtərin/-ràin] 囿 1 자궁의. 2 이부 동모 (異父同母)의. ¶~ brothers and sisters 아버지가 다른 형제 자매. 3 어머니쪽의, 모계의.

úterine túbe 图 (해부) 난관(卵管)

u·ter·i·tis [jùːtəráitis] 图 (의학) 자궁염.

u·ter·us [júːtərəs] 图 (왕 *-ter·i* [-təràil]) (해부·동물) 자궁(womb).

UTI urinary tract infection(요로 감염증).

U·ti·ca [júːtikə] 图 우티카(아프리카 북쪽 해안 Carthage 서북방의 고대 도시).

u·til·i·tar·i·an [juːtìlətɛ́əriən] 囿 1 실용의, 실리 (實利)의, 실익의. 2 (아름다움·취미 따위보다) 실용[실리]을 목적으로 한, 실용적인, 실용[실리주의](본위)의. ¶True education cannot be purely ~. 참된 교육은 단순히 실리만을 목적으로 할 수는 없다. 3 공리(功利)주의의, 공리주의자의. ——图 공리주의자.

u·til·i·tar·i·an·ism [juːtìlətɛ́əriənìzm] 图[U] (철학) 공리주의 (「최대 다수의 최대 행복」을 인간 행위의 목적과 규범으로 삼는다).

‡**u·til·i·ty** [juːtíləti] 图 (왕 *-ties* [-z]) 1 [U] 쓸모가 있음, 유용(성), 효용, 실리, 실익; (경제) 효용. ¶marginal ~ (경제) 한계 효용 / the ~ of a disarmament conference 군축 회의의 효과 / It is of no ~. 그것은 쓸모가 없다. 2 (때로 -ties) 쓸모 있는 것, 실용적인 것, 유용한 것. 3 (때로 -ties) (가스·수도·전화·전기 따위) 공익 사업(체), 공공 시설; 공공 요금; 공익 사업주(株)(채권). 4 [U] 공리성(功利性), 공익성; (경제) 「최대 다수의 최대 행복. 5 (컴퓨터) = ~ program. 6 = ~ man. 7 = ~ truck. ——囿 1 실익을 위주로 한, 실용

본위의. ¶~ poultry 실익을 위한 가금(家禽) / ~ goods [furniture] 실용품[가구]. 2 다용도의; 만능인. ¶a ~ knife 만능 나이프. 3 공공 사업의. 4 (美) (쇠고기 따위가) 하품의, 하등의.
utility bill 명 전기·가스·수도 요금.
utility ínfielder 명 (美) (야구) 만능 내야수. ☞ utility outfielder
utility màn 명 1 만능 박사, 재주꾼. 2 (연극) 단역, 최하급 배우. 3 (야구) 만능 보결 선수. 4 (배의) 주방 조수(galley man).
utility òutfielder 명 (美) (야구) 만능 외야수.
utility plàne 명 (항공) 다목적기(機).
utility plàyer 명 (美) (야구) (어느 포지션에서도 잘 하는) 만능 (보결) 선수.
utility pòle 명 (美) (전화선용) 전주(電柱).
utility prògram 명 (컴퓨터) 유틸리티 프로그램(반복 사용할 수 있게 표준화된 프로그램).
utility ròom 명 다용도실(세탁기·난방 기구 따위의 두는 장소).
utility trùck 명 (다용도) 소형 트럭.
utility vèhicle 명 실용 목적의 차(트럭, 밴 따위).
‡**u·ti·lize** [júːtəlàiz] (*(英) -lise) 타 (-**liz·es** [-iz] ~d; **-liz·ing**) …을 이용하다, 소용되게 하다(*for*, *as*).
⇒USE [유의어]
-liz·a·ble 형 **·li·zá·tion** 명 U 이용. **·líz·er** 명
ut in·fra [L ut ínfrɑ:] 아래와 같이, 아래에 표시되어 있는 것처럼(q.u.i.), (⇔L as (stated) below)
u·ti pos·si·de·tis [júːtai pɑ̀sədíːtis] 명 (국제법) 점유물 보유의 원칙; (로마법) 점유 보호 명령.
‡**ut·most** [Átmòust] 형 1 최대의, 극도의, 최고의. ¶with the ~ pleasure 더없이 기뻐하며 / This is a matter of the ~ importance. 이것은 가장 중요한 문제다 / He showed the ~ reluctance. 그는 주저하는 빛이 역력했다. 2 가장 먼, 제일 끝의. ¶to the ~ end of the earth 지구의 끝까지. ── 명 (또는 **uttermost**) (the ~, one's ~) 最大, 最高; 최대(량). ¶This is *the* ~ that I can say. 나는 더 이상 말할 수 없습니다. 2 (능력·힘의) 최대한, 전력, 최선. ¶do [or exert] one's ~ 전력을 다하다, 최선을 다하다.
at (the) utmost 기껏해야(at most).
get the utmost out of …을 최대한 활용하다.
put one's **utmost into** (일·공부 따위에) 전력을 경주하다.
to the utmost 극도로, 극력; 가능한 한. ¶to the ~ of one's ability 힘이 닿는 한껏.
UTO United Towns Organization(자매 도시 단체 연합).
U-to-Az·tec·an [júːtouǽztekən] 명 U 우토아즈텍 어족(語族)(미국 아이다호주(州)에서 멕시코 지역까지에 걸쳐 분포하는 아메리칸 인디언의 대어족). ── 형 우토아즈텍 어족의.
*U·to·pi·a** [juːtóupiə] 명 1 유토피아, 2 (보통 u-) U C 이상향, 이상의 낙원; 이상적 정치 체제, 공상적 완전 사회. [<nowhere <Gk *ou* not+*topos* place: T. More (1478-1535)의 조어(造語)로 공상의 이상적인 섬 이름]
U·to·pi·an [juːtóupiən] 형 1 유토피아의, 이상향의, 유토피아 같은. 2 (보통 u-) 공상에서는 완전한, 이상적이지만 비현실적인. ¶a ~ dreamer 비현실적 몽상가, 이상적인 사회를 꿈꾸는 사람. ── 명 1 유토피아의 주민. 2 (보통 u-) 공상적 사회 개량가, 이상가, 몽상가.
u·to·pi·an·ism [juːtóupiənìzm] 명 (때로 U-) U 유토피아적 이상주의; 공상적 사회 개량 주의.
utópian sócialism 명 공상적 사회주의.
u·tri·cle [júːtrikl] 명 1 박막의 소낭(小囊), 소포(小胞). 2 (식물) (해초 따위의) 기포(氣胞); 과낭(果囊), 포과(胞果)(씨가 들어 있는 소낭). 3 (해부) 전림선낭; (내이(內耳)의) 소실(小室), 난형낭(卵形囊).
u·tric·u·lar [juːtríkjulər] 형 소낭(모양)의; 소낭이 있는.
ut su·pra [At súːprə/-sjúː-] 위와 같이. <L>
Ut·tar Pra·desh [útər prədéʃ, -déiʃ] 명 우타르 프라데시(인도 북부의 주; 주도는 Lucknow).

‡**ut·ter¹** [Átər] 타 (**~s** [-z]) 형 1 (말)을 입밖에 내다, 말하다, 이야기하다; (음성) …을 발음하다. ⇒SPEAK [유의어] ¶~ a vowel sound 모음을 발음하다. 2 (고함·신음소리)를 지르다, 내다; (소리)를 발하다. ¶~ a sigh 한숨을 쉬다 / ~ a cry of pain 아파서 소리를 지르다. 3 (생각 따위)를 (말·글로) 나타내다, 말하다; (재귀용법으로) 의견을 말하다, 발언하다. ¶~ one's thoughts 자기 생각을 말하다. 4 …을 공표하다, 유포하다. ¶~ a libel 중상하는 문서를 공표하다. 5 (위조 지폐 따위)를 사용하다, 유통시키다. 6 (폐어) …을 출판하다; (물건)을 팔다. ── 자 말하다; 말해지다.
~·**a·ble** 형 ~·**a·ble·ness** 명 ~·**less** 형
‡**ut·ter²** 형 1 전적인, 완전한, 철저한. ¶~ darkness 칠흑 같은 어둠 / an ~ rogue 철저한 악당 / He is an ~ stranger to me. 그는 나로서는 생판 모르는 사람이다.

[유의어] **utter** 완전한 정도의. **absolute** 의심할 여지 없는. **unqualified** 아무 단서가 붙지 않는, 무조건의.

2 무조건의, 단호한, 절대적인. ¶an ~ refusal 단호한 거절. 3 비정상적인, 아주 별난. ¶His ideas are simply ~. 그의 생각은 매우 별나다. ~·**ness** 명
*ut·ter·ance¹** [Átərəns] 명 U 1 (말 따위를) 입밖에 내기, 발언, 발음. ¶defective ~ 불완전한 발음 / He was so angry that I found ~ difficult. 그가 몹시 화가 나 있어서 나는 말을 꺼내지도 못했다. 2 (때로 an ~) 말씨, 어조; 말하는 능력, 표현력. ¶a man of good ~ 구변이 좋은 사람 / His ~ was spellbinding. 그의 말재주는 사람을 매혹했다. 3 (C) (씌어진 또는 말하여진) 언사, 의견. ¶the pompous ~ of the press 과장된 신문 논조. 4 (언어) 발화(發話)(언어를 표현하는 행동과 그 결과 생기는 음성). 5 (드물게) 유포, (가짜 돈 따위)의 사용.
give utterance to (슬픔·생각·욕망·의견 따위)를 입 밖에 내다, 말하다. ¶*give* ~ *to* one's rage [views] 분노를 터뜨리다[견해를 말하다].
ut·ter·ance² 명 (the ~) (고어) 최후, 임종, 죽음.
to the utterance 최후의 순간까지, 죽을 때까지.
ut·ter·er [Átərər] 명 1 (말 따위를) 입밖에 내는 사람, 발언자. 2 공표자. 3 (위폐 따위의) 사용자. 「죄.
ut·ter·ing [Átəriŋ] 명 (법률) 위조 통화(증서) 사용
*ut·ter·ly** [Átərli] 부 전적으로, 완전히, 철저하게.
*ut·ter·most** [Átərmòust] 형 1 가장 멀리 떨어진. ¶to the ~ part of the earth 지구의 맨 끝까지. 2 최대한의, 극도의. ── 명 (the ~) 최대 한도, 극한. ¶to *the* ~ of one's power 힘 자라는 데까지. ⇒UTMOST.
U-tube [júːtjùːb] 명 (기계) U자관(字管).
U-turn [júːtəːrn] 명 (자동차의) U턴; (정책 따위의) 180도 전환, 방향 전환. ¶make a ~ U턴을 하다. ── 자 U턴하다.
UUM underwater-to-underwater missile(수중 대 수중 미사일). **UV, uv** ultraviolet; under voltage. **UV** ultrahigh vacuum(초고 진공(超高眞空)). **uv-A, UVA** ultraviolet-A(장(長)파장 자외선).
U-val·ue [júːvæ̀ljuː] 명 (英) (건축) U치(値)(주택에 사용하는 단열재의 열전도율을 나타내는 값).
UV-B, UVB ultraviolet-B(중(中)파장 자외선).
UVM (美) universal vender mark(통일 벤더 마크; 미국 백화점 업계가 사용하는 상품 코드).
u·vu·la [júːvjulə] 명 (의학) (복수 ~s, -**lae** [-liː]) (해부) 구개수(口蓋垂), 현옹수(懸雍垂); 목젖.
u·vu·lar [júːvjulər] 형 1 구개수의, 목젖의. 2 (음성) 구개수음의. ── 명 (음성) 구개수음(파리 시민들이 발음하는 r음처럼 혀 뒷부분을 목젖에 가까이하여 발음하는 소리). **-ly** 부
u·vu·li·tis [jùːvjuláitəs] 명 (의학) 구개수염(炎).
U/W, u/w (상업) underwriter. **UWT** Union of Women Teachers. **ux.** (라틴) *uxor*(=wife). **UXB**

un*ex*ploded *b*omb(불발(폭)탄).
ux·or [ʌ́ksɔːr, ʌ́gzɔːr] 명 아내. 〔<L wife〕
ux·o·ri·al [ʌksɔ́ːriəl, ʌgzɔ́ːr-] 형 아내의, 아내에 관한; 아내다운, 아내에 어울리는. ~·ly 부
ux·o·ri·cide [ʌksɔ́ːrəsàid, ʌgzɔ́ːr-] 명 ⓤ 아내 살해; ⓒ 아내 살해범. **-cíd·al** 형
ux·o·ri·ous [ʌksɔ́ːriəs, ʌgzɔ́ːr-] 형 아내를 극진히 위하는, 아내에게 사족을 못 쓰는, 애처가인. ~·ly 부 ~·ness 명

Uz·beg [úzbeg, ʌ́z-] 명형 = Uzbek.
Uz·bek [úzbek, ʌ́z-] 명 우즈베크인; ⓤ 우즈베크어(語). ── 형 우즈베크족[어]의. (또는 **Usbeg, Usbek**)
Uz·bek·i·stan [uzbékistæn, -stɑːn, ʌz-] 명 우즈베키스탄(이란·아프가니스탄에 접하는 중앙 아시아의 공화국; CIS 회원국; 수도 Tashkent). 「관총).
U·zi [júːzi] 명 우지 기관단총(이스라엘제의 고성능 기
Uz·zi·ah [əzáiə] 명 〖성서〗 웃시야(Amaziah의 아들; Judah의 왕). (또는 **Azariah**)

V

V, v [viː] 명 (복) **V's, Vs; v's, vs**) 1 영어 알파벳의 스물 두째 자. ¶*V* for Victor Victor의 V(국제 전화 통화 용어). 2 V[v]가 나타내는 소리. 3 V자형(의 것).
v variable; velocity; vicinal; victory; 〔전기〕 volt(s).
V¹ vagabond; 〔수학〕 vector; velocity; verb; victory; 〔전기〕 volt(s); vowel.
V² ㉠ 1 (차례·연속된 것 중의) 스물 두 번째(의 것)(단 I 를 제외한 경우는 스물 한 번째의 것). 2 (로마 숫자의) 5(을) Roman Numerals). 3 〔화학〕 =vanadium. 4 〔생화학〕 =valine. 5 〔전기〕 =electric potential. 6 (제2차 세계 대전중에 연합군이 승리(victory)의 상징으로 썼던) V사인, 승리의 표시(집게손가락과 가운뎃손가락으로 만든 V자형). 7 〔구어〕 5달러 지폐. 8 〔광학〕 시감(도) 효율(視感(度)效率)(luminous efficiency). 9 〔국제 자동차 식별 기호〕 Vatican City.
v. valve; van; vector; vein; ventral; verb; verse; version; verso; versus; very; vicar; vice; vicinal; victory; (라틴) *vide*(=see); village; violin; vise; vision; vocative; voice; volt(age); volume; (독일) *von*(=of); vowel. **V.** valve; Venerable; verb; verse; version; versus; very; Vicar; vice; victoria; victory; (라틴) *vide*(=see); Village; violin; Virgin; Viscount; vision; *v*isual acuity; vocative; volume; Volunteer.
va [vɑː] 통 〔음악〕 계속하시오. 〔<It〕
va piano 계속 약하게.
VA, V.A. *v*alue *a*nalysis(가치 분석); (美) Veterans Administration; *v*isual *a*id(시각 교재). **Va.** 〔음악〕 viola; Virginia. **v.a.** *v*erb *a*ctive(능동 동사); *v*erbal *a*djective(분사 형용사). **V.A.** (Order of) Victoria & Albert(빅토리아·앨버트 훈장); *V*icar *A*postolic; *V*ice-*A*dmiral.
vaal [vɑːl] 명 〔동물〕 =rhebok.
VAB *v*ehicle *a*ssembly *b*uilding(우주왕복선 조립 공장).
vac [væk] 〔英구어〕 명 1 (학교의) 휴가, 여름〔겨울〕 방학(vacation). 2 진공 청소기(vacuum cleaner). ——통 진공 청소기로 청소하다.
VAC (美) *V*erified *A*udit *C*irculation((신문·잡지의) 발행 부수 공사(公査)) 기관). **vac.** vacancy; vacant; vacation; vacuum.
*va·can·cy [véikənsi] 명 1 U 공허, 공백; 공간. 2 공터, 빈 방, 빈 사무실. ¶Every hotel displayed "No *Vacancies*" signs. 호텔마다 "빈방 없음" 간판을 내걸었다. 3 간극, 틈, 균열, 금. 4 (직책·지위 등의) 공석, 결원, 빈 자리(on, in, for). ¶fill a ~ in a committee 위원회의 결원을 보충하다/His resignation made a ~. 그의 사임으로 결원이 생겼다. 5 U 명한 상태; 방심[허탈] (상태). ¶an expression of ~ 멍한 표정. 6 U 〔고어〕 무위(無爲)(의 상태); 여가.
vácancy decontról 명 (美) 빈집 집세 통제 해제 (빈집은 주인이 임대료를 새로 정할 수 있는 법규).
‡va·cant [véikənt] 형 (*more ~; most ~*) 1 공허한, 빈, …이 없는 (*of*); (V–) (美) (택시의) 빈 차 표시. ¶He is ~ *of* human sympathy. 그는 인정이 없다 (토지·자리·집 등이) 사용되지 않는, 비어 있는, 세든 사람이 없는. ⇨ EMPTY 〔유의어〕 ¶a ~ seat 공석/a ~ house[room] 빈 집[방]. 3 (직책·지위 따위가) 비어 있는, 공석의, 결원의. ¶a ~ job 취직 자리/"situations ~" advertisements (신문의) 구인 광고/fall ~ 공석이 되다. 4 틈이 난, 한가한, 무위(無爲)한. ¶~ hours[or time] 한가한 시간. 5 (마음·머리·표정이) 멍한, 허탈한, 방심한, 얼빠진(*of*). ¶a ~ mind 멍한 마음, 방심/a ~ answer 얼빠진 대답. 6 〔법률〕 (토지·가옥이) 비현주 (非現住)의, 무주(無主)의; 공한(空閑)의; 상속인이 없는. ¶~ land 공한지/a ~ estate 상속인이 없는 재산. **~·ly** 부 **~·ness** 명
vácant posséssion 명 (英) 1 〔법률〕 선주(先住) 점유자가 없는 가옥[부동산]의 소유권. 2 (부동산 광고문에서) 즉시 소유[입주, 등기] 가능함.
va·cate [véikeit, -´-/vəkéit] 통(-cated) 1 (집·방·자리)를 비우다, …에서 떠나다. ¶~ a house 집을 비우다. 2 (직책·지위 등)을 물러나다, 사임하다, 공석으로 하다. ¶~ the presidency of a firm 사장 자리에서 물러나다. 3 〔법률〕 (계약 따위)를 무효로 하다, 취소하다. 4 …에서 해방하다, 자유롭게 하다(*of*). ¶~ one's mind *of* worries 걱정거리를 없애고 마음을 가볍게 하다. —— ㉠ 집[방]을 비우다[명도하다], 집[방]에서 떠나다; 사임[사직]하다; (美구어) 떠나다, 휴가를 보내다.
-cat·a·ble 형
‡va·ca·tion [veikéi∫ən/və-] 명 (복) ~**s** [-z]) 1 CU (휴양·보양·여행 따위를 위한) 휴가, 바캉스; (회사·학교 등의) 휴가, 방학. ⇨ HOLIDAY 〔유의어〕 ¶the Christmas[Easter] ~ 크리스마스[부활절] 휴가/the summer ~ 여름 휴가[방학](⇨ LONG VACATION)/a paid ~; a ~ with pay 유급 휴가. 2 (법정·의회의 정기) 휴정[휴가] 기간. 3 U (일 따위의 일시적인) 중단, 휴식, 해방. 4 U (집·방 따위의) 명도, 비워주기; 물러나기, 사직; 공석 (기간). 5 (美속어) 징역형.
on vacation (美) 휴가로, 휴가를 얻어. ¶You aren't here on ~. 자네 휴가로 여기 온 게 아니냐/He is away on ~. 그는 휴가를 얻어 여행중이다.
take a vacation 휴가를 얻다.
—— 통 (…에서) 휴가를 보내다, 휴가를 얻다 (*at, in*). ¶go ~*ing* 휴가로 놀러가다 // (~ + 前 + 명) He ~*ed in* Florida. 그는 휴가를 플로리다에서 보냈다.
~·less 형
va·ca·tion·er [veikéi∫ənər/və-] 명 휴가 여행자 [관광객], (특히) 여름 피서객, 휴일 행락객(英) holidaymaker). (또는 vacationist)
vacátion hóme 명 (美) 별장(英) holiday house).
va·ca·tion·land [veikéi∫ənlænd/və-] 명 (美) 휴가 때 많이 찾는 곳(휴양지·사적지·관광지 따위).
vac·ci·nal [væksənl] 형 백신의[에 의한]; 종두의 [에 의한].
vac·ci·nate [væksəneit] 〔의학〕 통 타 1 …에게 종두하다, 천연두 예방 접종을 하다. 2 …에게 백신 주사를 놓다, 예방 접종을 하다(*against, with*). 3 〔컴퓨터〕 백신으로 바이러스를 예방하다. —— 자 종두하다, 백신 [예방] 주사를 놓다. —— 명 [væksəneit, -nət] 종두[예방 접종]를 받은 사람.
*vac·ci·na·tion [væksənéi∫ən] 명 〔의학〕 1 UC 종두; 백신[예방] 접종(*against, for*). 2 U 우두 자국. **~·ist** 명 종두론자, 백신 주사 찬성자.
vaccinátion scár 명 우두 자국.
vac·ci·na·tor [væksəneitər] 명 〔의학〕 1 종두 의사, 백신을 주사하는 사람. 2 종두기(器), 접종 칼[침].
vac·cine [væksiːn, ˊ-/-ˊ] 명 UC 1 두묘(痘苗), 우두종. 2 (일반적으로) 백신. 3 〔컴퓨터〕 백신, 바이러스 예방용 프로그램(~ program[software]). —— 형 우두의; 백신 접종(용)의. ¶the ~ lymph [*or* virus] 두묘.

vac·ci·nee [væksəní:] 백신 접종을 받은 사람.
váccine pòint 〖의학〗 접종 침(針).
váccine thèrapy 〖의학〗 백신 요법. **-ial**
vac·cin·i·a [væksíniə] 〖UC〗 〖병리〗 우두(cowpox).
vac·ci·ni·za·tion [væksənizéiʃən/-naiz-] 〖U〗 〖의학〗 연속(반복) 종두; 연속 백신 주사(접종).
vac·il·lant [væsələnt] 〖J〗 =vacillating.
vac·il·late [væsəlèit] 〖B자〗 1 (불안정하게) 흔들리다; 비틀거리다. 2 변동하다. 3 (생각·의견 등이) 동요하다, 머뭇거리다, 결정을 못하다(between, in). ⇒HESITATE 〖유의어〗 ~ between two opinions 두 의견 사이에서 오락가락하다. **-là·tor**
vac·il·lat·ing [væsəlèitiŋ] 〖J〗 1 (불안정하게) 흔들리는, 비틀거리는. 2 (생각·결심 등이) 정해지지 않은; 결단력이 없는, 우유 부단한. ¶a ~ person 우유 부단한 사람. (또는 **vacillant**) **~·ly** 〖부〗
vac·il·la·tion [væsəléiʃən] 〖UC〗 흔들림, 동요; (마음·생각의) 동요, 주저, 우유 부단.
vac·il·la·to·ry [væsələtɔ̀:ri/-təri] 〖J〗 흔들흔들하는; 동요하는, 우유 부단한(vacillating).
vac·u·a [vækjuə] 〖J〗 vacuum의 복수형.
vac·u·ate [vækjuèit] 〖B타〗 1 …을 진공으로 만들다, …에서 공기를 빼다. 2 (고어) 비우다, 공(空)[무(無)]으로 만들다.
va·cu·i·ty [vækjú:əti, və-] 〖J〗 〖UC〗 1 텅 빔, 공허. 2 진공. 3 (특정한 것의) 결여, 결핍. 4 사고력의 결여, 지적(심적) 공허, 우둔; 방심, 생기 없음, 허탈, 무표정. 5 (보통 -ties) 어리석은 일(말, 행동, 생각), 공허(무의미)한 말. 6 공간, 터, 7 허무, 무.
vac·u·o·late [vækjuəlèit, -lèit] 〖J〗 〖생물〗 공포(空胞)[액포(液胞)]가 있는. (또는 **vacuolated**)
vac·u·o·la·tion [vækjuəléiʃən] 〖J〗 〖생물〗 1 공포[액포] 형성. 2 공포 상태. 3 공포[액포] 조직.
vac·u·ole [vækjuòul] 〖J〗 〖생물〗 1 공포(空胞), 액포(液胞). 2 〖생물 조직내의〗 소강(小腔). **-ó·lar** 〖J〗
vac·u·ous [vækjuəs] 〖J〗 1 빈, 공허한. ⇒EMPTY 〖유의어〗 2 생각(지력)이 결여된, 텅 빈; 얼빠진. 3 목적 없는, 무의미한, 무위(無爲)의. **~·ly** 〖부〗 **~·ness** 〖명〗
‡**vac·u·um** [vækjuəm, -kju(:)m/-kjuəm] 〖J〗 (複 ~s [-z], **vac·u·a** [-juə]) 1 진공; 진공 공간, 진공실(室) (plenum). 2 진공 상태; 진공도(度). 3 (a ~) 공허, 빈 곳, 공백; 고립 상태. ¶His death has left a ~ in us. 그의 죽음은 우리에게 공백(감)을 남겼다. 4 (구어) 진공(전기) 청소기(~ cleaner). 〖J〗 1 진공(에 의한), 진공을 만드는. 2 (속이 빈 용기가) 기체(공기)를 일부 뺀, (일부) 진공의. 3 진공 장치(작용)의. 4 (부패·변질 방지를 위한) 진공 포장(팩)의. ━〖B타〗 (구어) …을 진공 청소기로 청소하다. ━ 〖B자〗 (구어) 진공 청소기로 청소하다(up, out).
vácuum aspirátion 〖의학〗 진공 흡인(법)(suction method)(암치료나 인공 유산법의 하나).
vácuum bàg 〖J〗 진공(전기) 청소기의 집진대(集塵袋).
vácuum bòttle [〖英〗 flàsk] 〖J〗 보온병(thermos).
vácuum bràke 〖J〗 진공 제동기.
vácuum bùlb 〖J〗 진공관.
vac·u·um-clean [-klí:n] 〖B타〗 진공(전기) 청소기로 청소하다.
vácuum clèaner 1 진공(전기) 청소기(vacuum sweeper). 2 흡인 기계(장치). **vácuum clèaning**
vácuum còffee màker 사이펀식 커피 메이커.
vácuum cóncrete 진공 콘크리트(빨리 굳히고 강도를 높이기 위해 진공 펌프로 여분의 물과 공기를 뺀).
vácuum dischàrge 〖J〗 〖전기〗 진공 방전.
vácuum distillàtion 〖J〗 〖화학〗 진공 증류.
vácuum drìer 〖J〗 진공 건조기.
vácuum fàn 〖J〗 (좁은 장소용) 흡입식 환풍기.
vácuum filtràtion 〖J〗 〖화학〗 진공 여과(법).
vácuum fórming 〖J〗 진공 성형(成形).

vácuum gàuge 〖J〗 진공계. 「도로(誘導炉).
vácuum indúction fùrnace 〖야금〗 진공 유
vac·u·um·ize [vækjuəmàiz, -kju(:)m-] 〖B타〗 …에 진공 상태를 만들다; (진공 장치로) …을 청소[건조]하다.
vácuum jùg 〖J〗 보온병. 「장하다.
vácuum mélting 〖야금〗 진공 용해(법).
vac·u·um-met·al·lize [-métəlàiz] 〖B타〗 진공 메탈 증착(蒸着)시키다.
vac·u·um-pack [-pæk] 〖B타〗 〖식료품〗을 진공 포장하다.
vácuum páckage 〖J〗 진공 포장.
vac·u·um-packed [-pækt] 〖J〗 진공 포장의(된).
vácuum pùmp 〖J〗 진공 펌프; 배기 펌프.
vácuum sèamer 〖J〗 진공 밀봉기.
vácuum swèeper 〖J〗 = vacuum cleaner 1.
vácuum tùbe 〖J〗 1 〖美·캐나다〗 (라디오 따위의) 진공관. (또는 〖英〗 **vácuum vàlve**) 2 방전관(放電管).
vác·u·um-tube vóltmeter [-tjù:b-] 〖J〗 〖전자〗 진공관 전압계.
vad 〖통신〗 value-added and data(부가 가치 데이터 서비스 통신망).
VAD Voluntary Aid Detachment (구급 간호 봉사대).
va·de me·cum [véidi mí:kəm, vá:di méi-] 〖J〗 (複 ~s) 1 항상 휴대하는 것. 2 편람, 안내서(handbook). [<L go with me]
VAdm, VADM Vice Admiral(해군 중장).
Va·duz [vɑ:dúːts] 〖J〗 파두츠(Liechtenstein의 수도).
vae vic·tis [ví: víktis] 패자에게 화 있으리라(* 승자가 패자의 굴욕을 강조할 때 사용한다). [<L]
vag[1] [væg] 〖구어〗 〖J〗 =vagrant(vagrant).
━ 〖B타〗 (-gg-) …을 부랑자로서 체포하다.
vag[2] [vædʒ] 〖J〗 (속어) =vagina.
*__vag·a·bond__ [vǽgəbànd/-bɔ̀nd] 〖J〗 1 방랑하는, 유목의. ¶a ~ life 방랑 생활 / a ~ tribe 유목민. 2 평판이 좋지 않은, 건달의, 깡패 같은. 3 방랑자 같은, 생활에 규율이 없는; 돈푼을 같은. 4 방향(진로)이 정해지지 않은. ¶a ~ voyage 항로를 정하지 않은 선박 여행. ━ 〖J〗 1 방랑자, 유랑자, 정처없이 떠도는 사람. 2 부랑자, 무숙자; 깡패, 건달.

〖유의어〗 **vagabond** 주소와 직업이 일정하지 않으며 방랑하는 사람; 나쁜 뜻이 아닌 경우가 많다. **vagrant** 주소와 직업이 일정치 않고 절제가 없어 사회에 누를 끼치는 사람. **tramp** 방랑자를 뜻하는 일반적인 말. **bum** 게으르고 그냥 생각이 없으며, 종종 주정뱅이인 쓸모없는 사람. **hobo** 추수를 거두는 따위의 한철 일거리를 찾아서 (종종 무임 승차로) 떠도는 사람.

━ 〖B자〗 방랑하다, 유랑하다.
~·ish 〖J〗 방랑자 같은. **~·ism** =vagabondage
vag·a·bond·age [vǽgəbàndidʒ/-bɔ̀nd-] 〖J〗 〖U〗 1 방랑, 방랑성(벽, 생활). ¶live in ~ 방랑 생활을 하다. 2 (집합적) 방랑자. (또는 **vagabondism**)
vag·a·bond·ize [vǽgəbàndàiz/-bɔ̀nd-] 〖B자〗 방랑하다, 유랑하다. 방랑 생활을 하다.
vá·gal [véigəl] 〖J〗 미주(迷走) 신경(vagus nerve)의.
vágal blóck 〖J〗 〖의학〗 미주 신경 차단(위액 분비를 감소시키는 치료법).
va·gar·i·ous [vəgɛ́əriəs] 〖J〗 1 엉뚱한, 기발한; 변덕스러운, 방랑의, 유랑의. **~·ly** 〖부〗
va·gar·y [vəgɛ́əri/véigəri] 〖J〗 (複 -garies) 1 (종종 -garies) 별난 생각(행동), 기행(奇行); 일시적인 기분, 변덕. ¶the vagaries of women's fashion 변덕스러운 여성 패션. 2 (날씨의) 예측할 수 없는 변화, 예상 밖의 변동.
V-a·gent [víːèidʒənt] 〖J〗 〖학학〗 V제(剤)(독성이 강한 신경 가스).
va·gi [véidʒai, -gai] 〖J〗 vagus의 복수형. 「이동성의.
vag·ile [vǽdʒəl/-dʒail] 〖J〗 〖생물〗 자유 운동의;
va·gil·i·ty [vədʒíləti] 〖J〗 〖생물〗 자유 운동 능력, 분산력(개체가 자유로 돌아다니며 이동하는 능력).

va·gi·na [vədʒáinə] 명 (복 ~s, -nae [-ni:]) 1 〔해부〕 a) 질(膣). b) 칼집 모양의 부분〔기관〕. 2 〔식물〕 엽초(葉鞘). 3 (속の) 성기, 음부.
vag·i·nal [vǽdʒənl/vədʒái-] 형 1 〔해부〕 질의. 2 〔식물〕 칼집 모양의, 엽초 모양의. ── 〔해부〕 질 동맥, 질신경(筋). **~·ly** 부
váginal mound 치구(丘).
vag·i·nate [vǽdʒənət, -nèit] 형 〔식물〕 엽초가 있는; 엽초 모양의.
vag·i·nec·to·my [vædʒənéktəmi] 명 〔외과〕 질(膣)절제(술); 고환 초막(鞘膜) 절제(술).
vag·i·ni·tis [vædʒənáitis] 명 〔병리〕 질염(膣炎).
vag·i·not·o·my [vædʒənátəmi/-nɔ́t-] 명 〔외과〕 질(膣)절개(술).
va·got·o·my [veigátəmi/-gɔ́t-] 명 〔의학〕 미주 신경 절단(술).
va·gran·cy [véigrənsi] 명 UC 1 방랑, 유랑; 방랑 생활. 2 환상, 공상. 3 부랑 상태, 무숙자 신세; 부랑죄.
***va·grant** [véigrənt] 형 1 방랑자의, 떠도는; 〔법률〕 부랑인. ⇨VAGABOND 유의어 ── 명 1 방랑하는, 떠도는. ¶a ~ life 방랑 생활. 2 부랑 생활을 하는; 유랑자 [방랑자]의. 3 변하기 쉬운, 변덕스러운. ¶~ fancies 종잡을 수 없는 공상. 4 〔식물이 여기저기에〕 마구 퍼져 있는. **~·ly** 부 **~·ness** 명
va·grom [véigrəm] 형 〔고어〕 = vagrant.
‡**vague** [veig] 형 (**va·guer; va·guest**) 1 (말·뜻·감정·생각 따위가) 막연한, 애매한, 명확치 않은 (on, about): 희미한, 어렴풋한. ⇨AMBIGUOUS 유의어 ¶ ~ promises 애매한 약속 / a ~ uneasiness 막연한 불안감 / I don't have the ~st idea where I met him. 어디서 그를 만났는지 전혀 기억이 없다. 2 (형태·윤곽·색깔·소리 따위가) 분명치 않은, 희미한, 흐릿한. ¶a ~ figure 흐릿한 모습 / a ~ odor 은은한 향기 / ~ murmurs behind a door 문 뒤에서 들리는 불명확한 속삭임. 3 (사람이) 애매한 말〔생각〕을 하는. ¶He is rather a ~ person. 그는 태도가 애매한 사람이다. 4 (표정·눈빛 따위가) 멍한, 넋이 나간. ¶a ~ stare 멍한 눈초리.
── 명 1 (the ~) 미확정〔막연한〕 상태. 2 애매모호(한 생각〔느낌〕). **~·ness** 명 **va·guish** [véigiʃ] 형
***vague·ly** [véigli] 부 막연하게, 애매하게; 명하니, 어렴지, 약간.
va·gus [véigəs] 명 (복 **-gi** [-dʒai, -gai]) =~ **vágus nérve** 〔해부〕 미주(迷走) 신경.
vail¹ [veil] 〔고어〕 타동 1 …을 숙이다, 떨어뜨리다. ¶ ~ one's eyes 눈을 내리깔다. 2 (존경·복종의 표시로) 〔모자를〕 벗다. ── 자동 머리를 숙이다.
vail² 〔고어〕 명 (보통 ~s) 팁, 행하(行下); 축의금.
── 자동 유익하다, 이롭다(avail).
‡**vain** [vein] 형 (**~·er; ~·est**) 1 공허한, 근거가 없는, 무가치한, 쓸데없는. ¶ ~ promises 공약(空約) / ~ threats 시시한 협박 / ~ pleasures 가치 없는 쾌락 / a ~ rumor 뜬소문. 2 헛일심이 강한, 우쭐대는; 몹시 제자랑하는 (of, about). 3 무익한, 헛된, 보람없는. ⇨USELESS 유의어 ¶ ~ efforts 헛수고 / in the ~ hope of success 성공한다는 헛된 희망을 안고 / It is ~ to try. 해봐도 소용없다. 4 〔고어〕 어리석은, 무분별한.
(*as*) *vain as a peacock* 매우 허영심이 강한.
be vain of [or *about*] …을 자랑하다. ¶She *is* ~ *of* her good figure. 그녀는 멋진 몸매를 자랑한다.
in vain ① 보람없이, 헛되이. ¶All our efforts were *in* ~. 우리의 노력은 모두 수포로 돌아갔다. ② 불경스럽게, 함부로. ¶take God's name *in* ~ 신의 이름을 함부로 들먹이다. **~·ness** 명 U 헛됨, 허영.
vain·glo·ri·ous [vèinglɔ́:riəs] 형 자만심이 허영심이 강한; 자만심에서 오는, 허영(심)을 나타내는. **~·ly** 부 **~·ness** 명
vain·glo·ry [véinglɔ̀:ri/⌐⌐] 명 〔문어〕 자만심, 제자랑, 허영심.(⇨PRIDE 유의어) 허식, 허세, 과시.
***vain·ly** [véinli] 부 헛되이, 쓸데없이; 젠 체하여, 자

만하여. 「(얼룩) 모피 무늬.
vair [vɛər] 명 U 〔역사〕 얼룩다람쥐의 모피;
Vais·ya [váisjə, -ʃjə] 명 바이샤(인도 4성(姓)의 제3 계급; 농민과 상인으로 이루어진 평민 계급). 魯 **caste**
va·keel [vəkí:l] 명 〔인도〕 1 인도인 변호사(native lawyer). 2 대리인, 대표자, 대사, 공사. (또는 **vakil**)
val [væl] 명 〔美속어〕 =Valium.
Val¹ [væl] 명 뺄. 1 남자 이름(Valentine의 애칭). 2 여자 이름(Valerie의 애칭).
Val² 명 =Valspeak; =Valley girl.
VAL 〔프랑스〕 *Véhicule Automatique Léger* (완전 자동식 경(輕)지하철).
val. valentine; valuation; value(d).
val·ance [vǽləns, véil-] 명 1 (침대·탁자·닫집 등의 가장자리에) 드리운 장식 커튼〔휘장〕. 2 (창의 윗부분을 장식하는) 짧은 휘장. **-anced** [-t] 형
Val·dez [vældíːz] 명 밸디즈(미국 Alaska만의 북단에 있는 부동항; Trans-Alaska Pipeline의 남쪽 종점).
Valdéz Prínciples 명명 〔美〕 밸디즈 원칙(환경 문제에 관한 기업 윤리; 1989년 Valdez에서 제정).
***vale**¹ [veil] 명 1 〔문어〕 골짜기, 계곡. ¶over ~ and mountain 계곡 넘어 산 넘어. 2 (비유적) 현세, 고뇌의 세계, 속세. ¶the earthly [or mortal] ~ 현세(의 생활), 이승 / this ~ of misery [woe] 고뇌〔비애〕의 현세.
va·le² [váːlei, véili] 간 안녕히 가십시오〔계십시오〕.
── 명 이별, 작별(farewell); 작별 인사. 〔<L〕〔사〕.
val·e·dic·tion [vælədíkʃən] 명 작별(인사), 고별
val·e·dic·to·ri·an [vælədiktɔ́ːriən] 명 〔고별 연설을 하는〕 졸업생 대표. 图 **salutatorian**
val·e·dic·to·ry [vælədíktəri] 형 고별의; 작별 인사의; 〔美〕 (졸업생 대표가 하는) 고별 연설.
va·lence¹ [véiləns] 명 1 〔화학〕 원자가(價). 2 〔면역〕 (염색체·혈청·백신 따위가 결합하는) 수가(數價). 3 〔심리〕 유의(誘意)〔유발(誘發)〕성(서로 반응하거나 영향을 주고받는 사람〔사물〕의 포용력). (또는 〔英〕 **valency**)
va·lence² [vǽləns] 명 =valance.
válence bànd 〔물리〕 가전자대(價電子帶)〔반도체나 절연체 등 결정(結晶)의 에너지대(帶) 중에서 전자가 충만한 에너지대〕. 「합.
válence bònd [véiləns-] 〔화학〕 원자가(價) 결
válence eléctron [véiləns-] 〔화학〕 원자가(價) 전자(電子).
Va·len·ci·a [vəlénʃiə, -ʃə, -siə] 명 발렌시아. 1 스페인 동부의 주(州) (이곳에는 무어인의 왕국이었다). 2 스페인 동부의 항구로 발렌시아 주의 주도. 3 (보통 ~s) 양모와 비단(무명)의 교직 나사. 4 (Valencia 산(産)의) 발렌시아 오렌지. 5 (또는 **Valentia**) 여자 이름.
Va·len·ciennes [vəlènsiénz/vælànsién] 명 1 발랑시엔(프랑스 북부의 도시). 2 (또는 ⌐ *láce*) U 발랑시엔 레이스(무늬와 레이스 바탕을 모두 한 가닥의 실로 짠 아름다운 본비 레이스(bobbin lace)).
va·len·cy [véiələnsi] 명 〔화학〕 =valence¹; 〔언어〕 결합가(結合價)(동사 등이 문장 구성상 반드시 필요로 하는 요소의 수).
val·en·tine [vǽləntàin] 명 1 Valentine Day에 이성에게 보내는 카드〔선물〕. 2 (때로 V-) Valentine Day에 애인으로 선택된 이성; (일반적으로) 애인; 애정의 대상. 3 (물건·사람에 대한) 애정을 나타낸 문장〔예술 작품, 기념품〕. ¶His essay is a ~ to Paris. 그의 수필은 파리에 대한 애정을 나타낸 것이다. 4 〔美속어〕 (실적 불량 종업원에 대한) 경고서, 해고 통지.
***Val·en·tine** [vǽləntàin] 명 **Saint** ~ 성(聖)발렌타인(? ─ 270?; 로마의 기독교 순교자).
Válentine Dày 발렌타인 데이(2월 14일; 성(聖) 발렌타인 축일로, 이날 연인 간에 선물이나 카드를 교환한다). (또는 (**Sàint**) **Válentine's Dày**)
va·le·ri·an [vəlí(ə)riən] 명 1 〔식물〕 쥐오줌풀; U 〔약학〕 길초근(吉草根)(쥐오줌풀의 뿌리; 신경 진정제).

va·ler·ic [vəlérik, -líər-] 웹 쥐오줌풀의[에서 얻는], (또는 **va·le·ri·an·ic** [vəlèriǽnik])
valéric ácid 웹 〔화학〕 발레르산(酸), 길초산.
Va·lé·ry [vǽləri/vǽləri/F valeri] 웹 **Paul ~** 발레리(1871–1945). 프랑스의 시인·사상가).
val·et [væléi/vǽlit] 웹 1 (왕 등의) 시종. 2 (호텔 등의) 보이. 3 모자[코트]걸이(stand, rack). 4 (호텔·레스토랑의) 주차 담당원, (세탁 등 손님의 옷 시중 드는) 보이. — 퇘 (…에게) 시종으로서 시중들다; (자동차를) 청소하다. **~·less** 웹
va·let de cham·bre [F vale də ʃɑ̃:br] 웹 시종.
va·let de place [F vale də plas] 웹 안내인.
valét pàrking 웹 대리 주차(호텔·레스토랑의 주차 담당원이 손님 차를 주차장에 넣고 내오는 방식).
val·e·tu·di·nar·i·an [vælətjù:dənɛ́əriən/-tjù:-] 웹 1 병약자, 허약자. 2 건강에 지나치게 신경을 쓰는 사람; 건강한 노인. — 웹 1 병약[허약]한, 병약[허약]자의. 2 건강을 지나치게 걱정하는. **~·ism** 웹 병약, 허약; 건강에 지나치게 신경을 쓰기. **-nàr·y** 웹
Vál Gàl [美속어] =Valley girl.
val·gus [vǽlgəs] 〔병리〕 웹 (복 **~·es**) 외반슬(外反膝)(웹 varus); 외반인 사람. — 웹 외반인(knock-kneed).
Val·hal·la [vælhǽlə] 웹 1 〔북유럽 신화〕 발할라(Odin 신의 전당; Valkyrie들에게 인도된 영웅의 영혼이 영원한 기쁨과 향응을 받는다고 한다). 2 국민적 영웅을 모신 신전[기념당]. (또는 **Valhall, Walhall(a)**)
val·ian·cy [vǽljənsi] 웹ⓤ 용감, 용맹. (또는 **valiance**)
***val·iant** [vǽljənt] 웹 1 용감한, 씩씩한, 영웅적인. ⇒BRAVE 〔유의어〕¶ ~ soldiers[deeds] 용감한 병사[행위]. 2 뛰어난; 가치 있는. — 웹 용감한 사람. **-·ly** 웹 **-·ness** 웹
‡**val·id** [vǽlid] 웹 1 주장이 옳은, 타당한, 근거가 확실한. ¶ a ~ reason 분명한 이유 / a ~ argument [objection] 타당한 논거[반론]. 2 (법·방법 따위가) 유효한, 효력 있는(for). ¶ ticket ~ for ten days 10일간 유효한 표 / a ~ procedure 유효한 조치. 3 법적으로 유효한, 합법적인. ¶ a ~ claim 합법적인 청구권 / a ~ marriage 정식 결혼 / a contract ~ for two years 2년간 유효한 계약. 4 〔논리〕 (논리적으로) 타당한. 5 (고어) 건장한; 건강한. 6 〔식물〕 (분류 원칙상) 타당한 근거에 기초한, 유효한. **-·ly** 웹 **-·ness** 웹
val·i·date [vǽlədèit] 퇘 1 …이 옳다는[진실이라는] 것을 증명하다, 확인하다. 2 (법적으로) 비준하다, 정당하게 하다; 비준(批准)인가, 승인[하다. ¶ ~ an act 법령을 발효시키다 / a treaty 조약을 비준하다. 3 〔선거 절차·문서 등을〕 인가[허가]하다; (당선)을 공인하다, (후보자의) 당선을 선언하다. 4 〔남〕을 유자격자로 인정하다. **-dá·tion** 웹ⓤ 확인, 비준(批准). **-dà·tor** 웹
-da·to·ry [-dətɔ̀:ri/vǽlidèitəri] 웹
vál·i·dàt·ed éxports [vǽlədèitid-] 웹 수출 인정액(認證額).
válidated párking 웹 (레스토랑·극장·빌딩의 손님용) 무료 주차장.
***va·lid·i·ty** [vəlídəti] 웹ⓤ (주장·결론 등의) 정당(성), 유효(성); 〔법적〕 효력, 유효(성), 적법(성), 합법(성). ¶ the term of ~ 유효 기간.
val·ine [vǽli(:)n, véil-] 웹 〔생화학〕 발린(백색, 결정성·수용성 필수 아미노산)(기호 V).
val·in·o·my·cin [vælinouməísn/-sin] 웹 〔약학〕 발리노마이신(환상(環狀) 펩티드 항생 물질).
va·lise [vəlí:s/-lí:z] 웹 (美) 여행용 손가방, 옷가방; (군인용) 배낭(kit bag).
Val·i·um [vǽliəm] 웹 〔상표〕 발륨(신경 안정제 diazepam의 상품명).
Val·kyr·ie [vælkíəri, -káiəri/-kíəri] 웹 〔북유럽 신화〕 발키리(Odin에게 시중드는 12명의 아름다운 처녀들 중 하나). (또는 **Valkyr, Walkyrie**) **-i·an** 웹
val·la [vǽlə] 웹 vallum의 복수형.
Vál làce 웹 =Valenciennes 2.
val·la·tion [vəléiʃən] 웹 누벽(壘壁), 보루(堡壘); ⓤ 누벽 구조(물), 축성술(築城術).
val·lec·u·la [vəlékjulə] 웹 (복 **-lae** [-li:]) 〔해부·식물〕 흠; 곡(谷), 와(窩)(fossa). **-lar** 웹 곡[와]이 있는.
‡**val·ley** [vǽli] 웹 (복 **~s** [-z]) 1 골짜기, 계곡; 분지, 저지(低地)(웹 vale, dale). 2 (the ~) (큰 강의) 유역(의 평야). ¶ the Mississippi ~ 미시시피 강 유역. 3 골짜기[같이 된] 모양의 곳, 도랑; 수평 파동의 골. 4 〔건축〕 (지붕의) 골(두 지붕의 곡선이 만나는 곳). 5 (경기(景氣) 등의) 최하점; 공포[우울, 불길한 예감 따위]로 찬 장소[때, 상황], 암흑의 장소, 고난의 때.
the valley of the shadow of death 〔성서〕 죽음의 음침한 골짜기; 큰 고난의 때(←시편(Ps.) 23:4).
~·like 웹
Válley bòy 웹 (美) 밸리 보이(Valley girl의 놀이 상대가 되는 소년).
válley féver 웹 〔병리〕 계곡열(熱)(coccidioidomycosis). (<미국 California 주의 San Joaquin Valley에서 자주 발생한 데서)
Válley gìrl 웹 (때로 V- G-, v- g-) (美) 밸리 걸(1980년대 초반 Los Angeles 교외 San Fernando Valley의 고급 주택에 살며 유행을 선도한 10대 소녀들).
válley glàcier 웹 〔지질〕 곡빙하(谷氷河).
válley of the dólls (the ~) (홍분제와 진정제를 교대로 복용해야 할 정도의) 극심한 정신 불안정.
Vál·ley·speak [vǽlispì:k] 웹 =Valspeak.
val·lum [vǽləm] 웹 **-la** [-lə], **~s** (고대 로마) (목책으로 둘러싼) 누벽, 보루(堡壘)(rampart).
va·lo·ni·a [vəlóuniə] 웹 발로니아떡갈나무(~oak)의 깍정이(피혁의 무두질·염색 따위에 쓰임).
***val·or, (英) -our** [vǽlər] 웹ⓤ 〔문어·시〕 (전쟁터 따위에서의) 용기, 대담, 용맹. ¶ ~ in arms 무용(武勇).
val·or·ize [vǽləràiz] 퇘 1 (가격)을 공인하다, 공정시키다. 2 (정부가) (상품 가치[가격])를 유지[설정]하다. **-i·zá·tion** 웹 (정부에 의한) 물가 안정책.
val·or·ous [vǽlərəs] 웹 용기있는, 씩씩한, 용감한, 대담한. **-·ly** 웹 **-·ness** 웹
val·pro·ate [vælpróueit] 웹 〔약학〕 밸프로에이트(간질에 효과가 있는 항(抗)경련제).
val·pró·ic ácid [vælpróuik-] 웹 〔약학〕 밸프로산(酸)(간질 따위 갖가지 발작 치료제).
valse [F vals] 웹 (복 **~s**) =waltz. 〔<F〕
Val·speak [vǽlspì:k] 웹 (美) 밸리 말씨(Valley girl 특유의 말씨·속어). 웹 Valley girl
‡**val·u·a·ble** [vǽljuəbl, -ljubl] 웹 (**more ~; most ~**) 1 값비싼, 고가(高價)의; 금전적 가치가 있는, 값이 나가는(웹 valueless). ¶ a ~ diamond 값비싼 다이아몬드 / ~ papers 유가(有價) 증권. 2 귀중한, 소중한, 매우 쓸모있는(for, to). ¶ ~ information 유익한 정보 / a ~ aid 도움이 되는 원조. 3 평가할 수 있는, 금전으로 환산할 수 있는(invaluable). ¶ a service not ~ in money 돈으로 따질 수 없는 봉사.

〔유의어〕 **valuable** 금전적으로 가치가 있는, 또는 유용·편리 따위의 점에서 가치가 있는. **precious** 본질적으로 대단한 가치가 있는; 매우 진기하거나 값이 비싸서 마구 쓰기에는 아까운.

— 웹 (복 **~s** [-z]) (**~s**) 귀중품(금은 보석 따위).
-·ness 웹 **-bly** 웹
váluable consideràtion 웹 〔법률〕 대가(對價), 유가 약인(有價約因).
val·u·ate [vǽljuèit] 웹퇘 …을 사정(査定)하다, 견적하다; (인물·능력 등)을 평가하다.
-à·tor 웹 평가자, 감정인; 가격 사정인(관).
***val·u·a·tion** [væljuéiʃən] 웹 1 평가, 값을 매기

기. **2** 평가액, 사정[견적] 가격(*of, on*). **3** ⓤ (재능 따위의) 평가, 가치 판단; (특질·중요성 따위의) 인지, 인식. ¶accept [*or* take] a person at his own ~ 남을 그가 말하는 대로 평가하다.
put [*or* *set*] *a high* [*low*] *valuation on* …을 높이 [낮게] 평가[견적]하다.
~·al 형 ~·al·ly 부

‡val·ue [vǽljuː] 명 (복 ~s [-z]) **1** ⓤ 가치, 값어치; 유용성, 중요성; 고마움. ¶the ~ of evidence 증거의 중요성/of practical ~ 실제적인 가치가 있는.
2 ⓤⓒ (금전상의) 가치, 가격; 액면 금액; (통화의) 교환 가치, (화폐의) 구매력. ¶market ~ 시장 가치[가격] / the ~ of the dollar 달러의 교환 가치 / ~ in exchange 교환 가치 / This piece of land has greatly increased in ~. 이 땅의 가격이 크게 올랐다.

┌─────────────────────────────────┐
│ 유의어 **value** 금전 따위로 환산할 수 있는 가치; 다른 │
│ 것과의 관계에서 결정되는 유용·편리·중요성 따위의   │
│ 가치. **worth** 본질[절대]적 가치, 특히 정신적·문화│
│ 적·도덕적으로 뛰어난 성질.   │
└─────────────────────────────────┘

3 ⓤⓒ 대가(對價)(물), 상당 가격(물)(*for*). ¶good ~ 금액에 상응하는 것. **4** ⓤ 평가, 중요시(valuation). **5** ⓤⓒ 〔수학〕 값; 〔물리〕 값, 수치; 〔화학〕 …가(價)(분자·원자 따위의 화학적인 성질을 나타내는 값).¶the ~ of a sum 합의 값. **6** ⓤⓒ (어구·악구의) 참뜻, 의의(意義), 의미. **7** (~s) 〔사회〕 (이상·습관·제도 따위의) 가치관, 가치 기준. ¶positive ~s 적극적 가치(청결·자유·교육 따위) / negative ~s 소극적 가치(잔인·범죄·모독 따위). **8** 〔윤리〕 가치. **9** 〔미술〕 명암도(明暗度), 색가(色價). **10** 〔음악〕 (음표가 나타내는 음의 길이. **11** 〔음성〕 음질; 음가(音價)(글자가 나타내는 음성). **12** 〔생물〕 분류상의) 등급(rank). **13** (~s) 〔채광〕 암석 중의 귀금속. **14** 〔전기〕 (저항기·축전기 따위의) 저항력.
above [*below*] *par value* 액면 이상[이하]으로, 평가 이상[이하]으로.
be of great [*or* *much*] *value* 가치가 크다.
be of little [*no*] *value* 가치가 적다[전혀 없다].
(*for*) *value received* 〔상업〕 대가[대금] 수령, 수령 금액(어음에 기재되는 문구).
give (*good*) *value for* …에게 (충분한) 값어치의 것을 주다.
of value 귀중한, 가치 있는.
out of value 명암의 조화가 되지 않은.
set [*or* *put*, *place*] *a high* [*or* *much*] *value on* [*or* *upon*] …을 높이 평가하다, 중요시하다.
to the value of …의 값어치가 있는.
value for money 돈[가격]에 합당한 가치(있는 것).
— 타 (~s [-z]; ~d; -u·ing) **1** …을 (금전적으로) 평가하다; …가격으로 견적하다(*at*). ¶(~+图+前+图) The actor's property was ~*d at* $3,000,000. 그 배우의 재산은 300만 달러로 평가되었다. **2** (우수성·중요성에 의하여) …의 가치를 (중히 또는 가볍게) 보다, 평가하다(*above, beyond*). ¶PRIZE 유의어 ¶(~+图+前+图) He ~s health *above* wealth. 그는 부(富)보다 건강을 중요시한다. **3** …을 존중하다, 중요시하다, 소중히 하다. ¶Americans ~ manual labor. 미국인들은 육체 노동을 중시한다.
value oneself for …을 뽐내다, 자만하다.
value oneself on …을 자랑하다.

válue ádded 명 부가 가치.
val·ue-add·ed [-ǽdid] 형 부가 가치 상품(소매 가격의 인상폭을 높이기 위하여 부가된 장치·기구류).
— 명 부가 가치의[에 관한], 부가 가치를 붙인.
válue-ádded nétwork [**sérvice**] 명 〔통신〕 부가 가치 통신망(약 VAN).
válue-ádded remárketer 명 〔컴퓨터〕 부가 가치 재판(再販)업자(약 VAR). (또는 **value-added reséller**)
válue-ádded táx 명 부가 가치세(약 VAT).
válue anàlysis 명 〔마케팅〕 (생산비 절감을 위한) 가치 분석(약 VA).

válue ànalyst 명 가치 분석자.
val·ued [vǽljuːd] 형 **1** 고(高)평가된; 존중되는, 귀중한. **2** 평가된, 견적된. **3** (복합어로) …의 가치가 있는. ¶many-~ 다원적 가치를 가진.
válue dàte 명 〔은행〕 결제일, 이자 기산일; (외환의) 인도일.
válued pòlicy 명 〔보험〕 정액 보험 계약(사고 발생 시의 보험 금액을 미리 협정한 보험).
válue enginéering 명 가치 공학(설계와 생산을 경제적으로 하기 위해 공정을 분석하는 경영 공학 기법; 그에 따른 제조 공정의 변경; 약 VE).
val·ue-free [vǽljuːfriː] 형 가치를 생각하지 않는, 주관을 개입하지 않는, 공평한, 객관적인.
válue jùdgment 명 (주관적인) 가치 판단.
val·ue·less [vǽljuːlis] 형 무가치한, 하찮은, 시시한. ≒ valuable ~·**ness** 명
val·u·er [vǽljuər] 명 **1** 평가하는 사람. **2** 〔英〕 가격 사정관(appraiser). **3** 〔美〕 삼림 지대의 목재 가치를 적하는 사람(timber cruiser).
válue sỳstem 명 〔사회〕 가치 체계.
va·lu·ta [vəlúːtə] 명 ⓤ 화폐 교환 가치; 외화(外貨).
val·val [vǽlvəl] 형 =valvular.
val·vate [vǽlveit] 형 **1** 밸브가 있는; 밸브로 여는. **2** 밸브 구실을 하는. **3** 〔식물〕 (삭(蒴)·약(葯) 따위가) 판(瓣)으로 열리는.

‡**valve** [vælv] 명 (복 ~s [-z]) **1** (액체·기체 따위의 유동을 조절하는) 밸브, 판(瓣). ¶a safety ~ 안전 밸브. **2** 〔해부〕 (심장·혈관의) 판, 판막(瓣膜). **3** 수문의 문(물막이 판); (관악기의) 판, 피스톤. **4** 〔동물〕 (조개의) 껍질; 〔식물〕 삭(蒴)의 조각; 약(葯)의 판. **5** 〔英〕 〔전자〕 전자관; 진공관. **6** 〔고어〕 (여닫는 문·접는 문의) 문짝.
— 타 (~s [-z]; ~d; *valv·ing*) 태 (액체·기체 따위) 를 밸브로 조절하다; …에 밸브를 달다. — 자 밸브를 이용하다. ∠·*less*, ∠·*like* 형
valved [vǽlvd] 형 판(밸브)이 있는.
válve gèar [**tràin**] 명 밸브 장치.
valve·let [vǽlvlit] 명 작은 밸브, 작은 판(瓣).
válve sòcket 명 진공관 소켓.
val·vif·er·ous [vælvífərəs] 형 판(밸브)이 있는.
val·vu·la [vǽlvjulə] 명 (복 *-lae* [-liː]) 〔해부〕 **1** 작은 밸브. **2** 어떤 종류의 판의 첨두(尖頭).
val·vu·lar [vǽlvjulər] 형 **1** 밸브 모양의; 밸브가 달린; 밸브로 움직이는. **2** 〔의학〕 심장 판막의. ¶~ disease 심장 판막증.
válve·rule [vǽlvjuːl] 명 작은 판(모양의 부분).
val·vu·li·tis [vӕ̀lvjuláitis] 명 ⓤ 〔병리〕 (심장) 판막염.
val·vu·lot·o·my [vӕ̀lvjulátəmi/-lɔ́t-] 명 〔외과〕 (심장) 판막 절개(술).
vam·brace [vǽmbreis] 명 〔역사〕 팔갑옷.
va·moose [væmúːs/və-] 자타 〔속어〕 (때로 명령형으로) 재빨리 떠나다, 도망치다, 탈주하다. (또는 **vamose**) [< Sp]
vamp[1] 명 **1** (구두의) 등가죽. **2** 낡은 것을 감추려고 댄 천, 기운 곳; (비유적) 짜깁기식으로 만든 것(특히 문학 작품). **3** 〔음악〕 즉석 반주. — 타자 **1** (구두)에 등가죽을 대다[갈아 대다]. **2** …에 조각을 대고 깁다, …을 수선하다. **3** (헌 것을 새 것으로 보이게 하다, 낡은 곳을) 가리다. **4** (단편적인 내용 따위를 이어 붙여) …을 꾸며내다 (*up*). ¶~ *up* a rumor [an excuse] 소문[구실]을 꾸며내다. **5** 〔음악〕 (반주 따위) 를 즉석 연주하다(*out, up*). — 자 〔음악〕 반주를 즉석 연주하다, 곡을 즉석에서 연주하다.
∠·*er* 명 구두 수선공; 즉석 반주자.
vamp[2] 〔구어〕 명 요부, 탕녀. — 타 〔남자〕를 호리다, …을 뜯어먹고 살다. — 자 요부처럼 행동하다. 부역(役)을 하다. ∠·*er* 명 [< *vampire*]
vamped [vǽmpt] 형 (헌 것을) 새 것으로 보이게 한

vam·pire [væmpaiər] 명 1 흡혈귀. 2 남을 희생물로 하는 냉혹한 사람, 인정사정없는 착취자. 3 요부 (vamp), 요염하고 닳고 닳은 바람둥이 여자; 요부역(役)의 여배우. 4 흡혈박쥐. (또는 ~ bàt) 5 [연극] (무대의) 함정문(trap), 스프링식 함정.
-pir·ic [væmpírik], -pir·ish [-pairíʃ] 형
vam·pir·ism [væmpaiərìzm, -pər-/-paiər-] 명 ① 1 흡혈귀의 존재를 믿는 미신. 2 흡혈귀의 소행. 3 남의 고혈(膏血)을 착취하기; 남자를 호리기.
vamp·ish [væmpiʃ] 형 요부형의.

‡**van**¹ [væn] 명 (복 ~s [-z]) 1 (가구·화물 따위 수송용) 대형 밴, 대형 유개 트레일러; 소형[승용] 밴(= van-pool). 2 (英) (철도의) 수하물차(baggage car), 유개화차; 소형 짐마차, 소형 트럭; (집기 등의) 포장 마차. 3 = ~ conversion. —타 ⑤타 ~s [-z]; -nn-) …을 밴으로 나르다, 밴에 싣다. [<caravan]

van² 명 1 (the ~) (군대·함대의) 전위, 선봉, 선두(↔ rear). 2 (집합적) (행진 따위의) 선도자, 선두 집단. 3 (운동·행진 따위의) 선두, 전면. [<vanguard]
in the van of …의 선두에 서서, 선구[선도자]가 되어.
lead the van of …의 선두를 맡다, 주도자(主導者)가 되다.

van³ 전 (종종 V-) of, from의 뜻으로 네덜란드 사람의 이름에 쓰인다. *본래는 출신지를 나타내기 위해 쓴다.
van⁴ 명 (시·고어) 날개(wing); (채광) 선광용(選鑛用) 삽; 키(질하는 기구). —타 (-nn-) 선광[감별]하다.
van⁵ 명 (英구어) (테니스) =advantage 3.
van in 서버측의 어드밴티지.
van out 리시버측의 어드밴티지.
VAN⁶ 명 (美구어) 바닐라 아이스크림. [<vanilla]
VAN [væn] value-added network(부가 가치 통신망).
van·a·date [vǽnədèit] 명 [화학] 바나드산염(酸鹽). (또는 va·na·di·ate [vənéidièit])
va·nad·ic [vənǽdik, -néid-] 형 [화학] 바나듐의; (3(價)·5(價) 바나듐을 포함하는) 제2 바나듐의.
vanádic ácid 명 [화학] 바나드산(酸).
va·na·di·um [vənéidiəm] 명 ① [화학] 바나듐, 바나딘(금속 원소의 하나; 기호 V).
vanádium stéel 명 바나듐강(鋼).
van·a·dous [vǽnədəs] 형 [화학] (2가(價)·3가(價) 바나듐을 포함하는) 바나듐의; 제1 바나듐의.
Van Al·len [væn ǽlən] 명 **James Alfred** ~ 밴 앨런(1914- : 미국의 물리학자).
Van Állen (radiátion) bèlt 명 (the ~) [물리] (지구를 둘러싼) 밴 앨런 (방사능)대(帶). (또는 **Van Állen làyer**)
va·nas·pa·ti [vənʌ́spəti, -náːs-] 명 바나스파티 (인도의 버터 대용의 식물성 유지). [<Skt]
van·co·my·cin [væŋkəmáisn, væn-/-sin] 명 ① (약학) 밴코마이신.
ván convèrsion 명 거주용 설비를 갖춘 밴.
Van·cou·ver [vænkúːvər] 명 밴쿠버. 1 캐나다 British Columbia 주의 항구 도시. 2 캐나다 British Columbia 주 남서안 앞의 섬.
Van·cou·ver·ite [vænkúːvərait] 명 밴쿠버 시민.
V & A Victoria & Albert Museum.
van·dal [vǽndl] 명 1 (V-) 반달족(의 사람)(5세기에 로마를 침략하여 예술·문화를 파괴한 게르만족). 2 (고의 또는 무지에 의한) 예술품[귀중품] 파괴자. —형 1 (V-) 반달족의. 2 예술·문화를 파괴하는, 야만의.
van·dal·ic [vǽndǽlik] 형 (V-) 반달족의[같은]; 예술·문화 따위를 파괴하는, 야만의.
van·dal·ism [vǽndəlìzm] 명 ① 반달인풍[기질]; 예술·문화의 파괴; 예술·문화에 대한 적대시.
-ish, ·is·tic 형 -is·ti·cal·ly 부
van·dal·ize [vǽndəlàiz] 타 ⓒ타 [예술·문화·공공 시설 따위]를 파괴[적대시]하다.

Ván de Gràaff génerator [vǽn də grǽf-/-gràːf-] 명 [물리] 밴 더 그래프 기전기(起電機)(원자핵을 연구하기 위한 고압 정전(靜電) 발생 장치). [<미국의 물리학자 R. J. Van de Graaff(1901-66)의 이름]
van der Waals [væn dər wáːlz, -wóːlz] 명 **Johannes Diderik ~** 반 데르 발스(1837-1923: 네덜란드의 물리학자; 노벨 물리학상 (1910)).
ván der Wàals' equátion 명 [열역학] 반 데르 발스의 (상태) 방정식.
ván der Wàals' fórces 명 [물리] 반 데르 발스의 힘(분자간의 인력; 분자간의 거리의 6승에 반비례한다).
Van Dyck [væn dáik] 명 **Anthony ~** 반 다이크 (1599-1641: 플랑드르의 화가; 영국왕 Charles I의 수석 궁정 화가). (또는 **Vandyke**)
Van·dyke [vændáik] 명 1 =Van Dyck. 2 (때로 v-) = ~ beard. 3 (때로 v-) = ~ collar. 4 [인쇄] 갈색 바탕에 흰 선이 든, 또는 그 반대의 교정쇄(校正刷) [사진 프린트]. —명 (英) (~) Van Dyck(작(作)풍)의. —자타 …에 깊은 톱니꼴 자락을 달다. —자 가뿐하게 걷다.

[Vandyke beard]

Vandýke béard 명 반다이크 수염, 끝이 뾰족한 턱수염.
Vandýke bórders 명 톱니 모양의 장식이 붙은 가장자리.
Vandýke brówn 명 (a ~) 반다이크 브라운, 짙은 갈색.
Vandýke cápe 명 반다이크풍의 어깨 망토.
Vandýke cóllar 명 반다이크풍의 칼라(가장자리가 들쭉날쭉한 넓은 레이스 따위).

vane [vein] 명 1 풍향계(風向計). 2 (풍차·선풍기·터빈 따위의) 날개판(板), 날개. 3 (새 깃털의) 깃가지(web); (화살의) 깃; (측량용 후미의) 날개표판. 4 (측량의) 시준판(視準板), 조준판. 5 변덕스러운 사람. ~·less 형 날개[평판]이 없는.

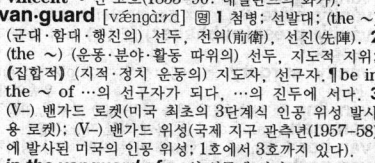
[vane 1]

vaned [veind] 형 vane이 있는. [案]
vang [væŋ] 명 [해사] 사행 지삭(斜桁支)
van Gogh [væn góu/-góx, -góf] 명 **Vincent ~** 반 고흐(1853-90: 네덜란드의 화가).
van·guard [vǽngɑ̀ːrd] 명 1 명병; 선발대; (the ~) (군대·함대·행진의) 선두, 전위(前衛), 선진(先陣). 2 (the ~) (운동·분야·활동 따위의) 선두, 지도적 지위; (집합적) (지적·정치 운동의) 지도자, 선구자. ¶ be in the ~ of …의 선구자가 되다, …의 진두에 서다. 3 (V-) 밴가드 로켓(미국 최초의 3단계식 인공 위성 발사용 로켓); (V-) 밴가드 위성(국제 지구 관측년(1957-58)에 발사된 미국의 인공 위성; 1호에서 3호까지 있다).
in the vanguard of …의 선두에 서서.
van·guard·ism [vǽngɑ̀ːrdìzm] 명 전위 사상, 선구적 행동. **-ist** 명
vánguard párty 명 전위 정당.

‡**va·nil·la** [vənílə, -nélə] 명 ① 1 바닐라(열대 아메리카산(産) 난초과(科) 식물). 2 ① 바닐라 열매(향미용). 3 ① 바닐라 에센스. 4 [컴퓨터 속어] 보통의[표준] 기종. 5 (美속어) 백인, 백인 여자. 6 성적 도착자[동성애자]가 아닌 사람. —형 1 바닐라 맛을 가미한. 2 (구어) 꾸밈없는, 간소한, 기본적인, 평범한. 3 (美속어) 성적으로 정상적이며, 동성애자가 아닌.
vanílla bèan 명 =vanilla 2.
va·nille [F vaníj] 명 =vanilla 3.
va·nil·lic [vənílik] 형 바닐린의[같은, 에서 채취한]; (화학) 바닐린의[에서 얻은]. [성분; 향미료]
va·nil·lin [vənílin] 명 ① [화학] 바닐린(바닐라의 주
Va·nir [vɑ́ːniər] 명 (복) [북유럽 신화] 바니르(기상·농업·상업의 신(神)들).

‡**van·ish** [vǽniʃ] 자 (~·es [-iz]; ~·ed [-t]) 자 1

보이지 않게 되다, 사라지다(*away*) (*from*); 소실되다; (빛·색 따위가) 희미해지다. ⇨DISAPPEAR [유의어] ¶ (~+[副]) ~ *away* like smoke 연기처럼 사라지다// (~+[前]+[名]) ~ *into* thin air 흔적도 없이 사라지다/ He ~*ed into* the darkness. 그는 어둠 속으로 사라져 갔다. **2** 없어지다; 다하다; (희망·공포·아픔 따위가) 사라지다(*away*) (*from*). ¶long-~*ed* days 지나간 먼 옛날/Her resolution ~*ed*. 그녀의 결심은 사라졌다. **3** 〔수학〕 영(零)이 되다. **—** [타] …을 보이지 않게 하다; 소멸시키다. **—** [명] 〔음성〕 소음(消音)(특히 2중 모음의 뒤쪽 약음(弱音)(예: pain의 발음 [pein]의 [i]).
~·er [명] **~·ing·ly** [부] **~·ment** [명]

ván·ish·ing crèam [vǽniʃiŋ-] [명] 배니싱 크림.

vánishing lìne [명] 〔그림〕 (투시 화법의) 소멸선.

vánishing pòint [명] 물건이 다하여 없어지는 점; 소멸점; 〔그림〕 (투시 화법의) 소멸점, 소점(消點).

〔vanishing point〕

Van·i·to·ry [vǽnətɔ̀ːri/-təri] [명] (**상표**) 화장대가 달린 세면대. 〔<*vanity*+lava*tory*〕

⁑van·i·ty [vǽnəti] [명] (복) **-ties** [-z]) **1** [U] 자부, 자만, 허영(심), 만심(慢心). ⇨PRIDE [유의어] ¶from[*or* out of] ~ 허영심에서/tickle [gratify] a person's ~ 남의 허영심을 돋우다[만족시키다]. **2** [U] 자만의 발로, 허식; [C] 자만의 대상, 자랑[허영]거리. ¶Her pet dog was her only ~. 그녀의 애견은 그녀의 유일한 자랑거리였다. **3** [U] 덧없음, 공허, 허무, 무익. ¶the ~ of life 인생의 무상/*V– of vanities; all is* ~. 〔성서〕 헛되고 헛되니 모든 것이 헛되도다(←전도서(Eccl.) 1:2). **4** (-ties) 공허한 것, 보잘것없는 것, 무익한 사물[행위]. **5** 허식, 과시. **6** (**美**) =dressing table. **7** (여성의) 콤팩트(compact); 작은 장신구, 장식품.
the pomps and vanities 허영.

vánity càse [명] 휴대용 화장품 케이스, 핸드백. (또는 **vánity bàg [bòx]**)

Vánity Fáir [명] **1** 허영의 시장(Bunyan의 *Pilgrim's Progress*에 나오는 시장(市場) 이름; Thackeray의 소설 제목). **2** (종종 v– f–) (허영에 넘친) 이 세상; 상류사회.

vánity gàllery [명] 세 놓는 화랑.

vánity plàte [명] (**美**) (자동차의) 장식된 번호판.

vánity prèss[pùblisher] [명] (**美**) 자비 출판 전문 출판사.

vánity sùrgery [명] 미용 (성형) 외과(plastic surgery).

ván lìne [명] (**美**) (대형 밴을 사용하는) 장거리 이삿짐 운송업자.

van·man [vǽnmæ̀n] [명] 유개 화물 자동차 운전수.

van·ner [vǽnər] [명] van을 타는 사람; (**英**) 경마차용 말.

van·nette [vənét] [명] 소형 밴.

van·ning [vǽniŋ] [명] (숙박 장비가 설비된) 라이트밴으로 가는 캠프 여행.

van·pool [vǽnpùːl] [명] (회사가 제공하는) 통근용 van의 공동 이용, 합승 통근. **—** [동][자] van의 공동 이용에 가입하다, van으로 합승 통근하다. [참] car pool
~·ing [명]

***van·quish** [vǽŋkwiʃ, vǽn-] [동][타] …에게 이기다; …을 정복하다, 쳐부수다; 〔감정·유혹 따위〕를 극복하다; 억제하다. ⇨DEFEAT [유의어] ¶the ~*ed* 피정복자, 패배자/~ temptation 유혹을 이겨내다. **—** [자] 이기다, 정복하다. **~·a·ble** [형] **~·er, ~·ment** [명]

***van·tage** [vǽntidʒ/váːn-] [명][U] **1** 유리; 우위, 우월; 유리한 위치[장소, 입장, 상태]. ⇨ADVANTAGE [유의어] **2** (**고어**) 이익, 이득. **3** (**英**) 〔테니스〕 =advantage 3.
for [or ***to***] ***the vantage*** (**고어**) 그 위에, 게다가.
have *a person* ***at vantage*** 남보다 우위에 서다.
have [or ***take***] ***the enemy at vantage*** 적을 기습하다.

vántage gròund [명] (행동·관찰·방어 따위에) 유리한 위치[입장], 지리(地利).

van·tage-in [-ín] [명] 〔테니스〕 듀스 후에 서브측(server)이 얻은 1점.

van·tage-out [-áut] [명] 〔테니스〕 듀스 후에 리시브측(receiver)이 얻은 1점.

vántage pòint [명] 유리한 지위[위치].

van't Hoff [vɑːnt hɔ́(ː)f] [명] **Jacobus Hendricus ~** 반트 호프(1852–1911: 네덜란드의 화학자; 노벨 화학상 (1901)).

van't Hóff's láw [명] 〔화학〕 반트 호프의 법칙(평형 상태에 있는 계(系)에 있어서, 온도를 올리면 흡열(吸熱) 반응률이 증가한다는 이론).

Va·nu·a·tu [vɑ̀ːnuɑ́ːtuː/væ̀n-] [명] 바누아투(태평양 서남부의 공화국; 수도 Vila). **~·an** [형][명]

van·ward [vǽnwərd] [형] 전위의, 전방의, 선두에 선; 진보한. **—** [부] 전방으로, 선두를 향하여.

vap·id [vǽpid] [형] **1** (음식 따위가) 김빠진, 맛이 없는. ¶~ beer 김빠진 맥주/run ~ 맛이 없어지다, 김이 빠지다. **2** 생기가 없는, 무기력한. ¶lead a ~ life 무기력한 생활을 보내다. **3** 지루한, 장황한, 재미가 없는. ¶a ~ novel 따분한 소설. **~·ly** [부] **~·ness** [명]

va·pid·i·ty [væpídəti, və-] [명][U] 김빠짐, 무미; (-ties) 따분한[재미없는] 이야기.

⁑va·por, (**英**) **-pour** [véipər] [명] (복) **~s** [-z]) **1** [U] 증발 기체. **2** [U] 〔물리〕 증기(임계 온도 이하의 기체), 기체. **3** [U] (의료용) 분무상 약품, 흡입약; (공업용) 기화 물질; (눈에 보이지 않는 유독 가스 따위) 발산물. **4** (**고어**) 공상, 망상; 실체가 없는 허무한 것. **5** (**고어**) 허세. **6** (the ~s) (**고어**) (**익살**) (특히 여성의) 우울증, 침울; (우울증의 원인으로 생각되었던 특히 위(胃)로부터의) 유독 가스. **—** [동][자] **1** 증기가 되어 올라가다, 증발하다, 기화하다; 증발을 일으키다. ¶ (~+[副]) ~ *up* [or *out*] 증발하다. **2** 호언하다, 허세부리다. **—** [타] …을 발산시키다, 증발[기화]시키다. ¶ (~+[目]+[副]) ~ *away* a heated fluid 가열한 액체를 증발시키다.
~·a·bíl·i·ty [명] **~·a·ble, ~·less, ~·like** [형]

va·po·rar·i·um [vèipərέəriəm] [명] =vapor bath.

vápor bàrrier [명] (건축 시공의) 방습층(防濕層)(외부 습기를 막고 단열재를 보호하기 위한 플라스틱 필름 또는 금속박).

vápor bàth [명] 증기욕(浴), 한증.

vápor bùrner [명] 기화 버너(석유 버너 따위).

vápor dènsity [명] 〔물리〕 증기 밀도.

vápor éngine [명] 〔기계〕 증기 기관(작동 유체(流體)가 수증기 이외의 것).

va·por·er [véipərər] [명] 허세부리는 사람, 허풍선이.

va·por·es·cence [vèiparésns] [명] 증발, 기화.

va·por·if·ic [vèipərífik] [형] 증기를 발생시키는; 증기(성(性))의.

va·por·im·e·ter [vèipərímətər] [명] 증기압계(증기의 압력·양을 재는 기구).

va·por·ing [véipəriŋ] [형] 증발하는; 허풍을 떠는, 허세부리는. **—** [명] 허세부리기; 호언, 허풍. **~·ly** [부]

va·por·ish [véipəriʃ] [형] **1** 증기 같은, 증기성(性)의; 증기가 많은. **2** (**고어**) 우울한. **~·ness** [명]

va·por·i·za·tion [vèipərizéiʃən/-raiz-] [명][U] **1** 증발 (작용), 기화. **2** 〔의학〕 증기 요법. **3** (보일러 안에서의) 급격한 수증기화. **4** (**속어**) (사람이) 사라짐, 증발.

va·por·ize [véipəràiz] [동][타] …을 증발[기화]시키다. **—** [자] 증발[기화]하다; (**드물게**) 허세 부리다, 허풍떨다; (**속어**) (사람이) 사라지다. **-iz·a·ble** [형]

va·por·iz·er [véipəràizər] [명] 증발시키는 사람[것]; 기화기, 분무기; 가습기; 흡입기(inhaler).

vápor lòck [명] 베이퍼 로크(내연 기관에서 연료의 증기에 의해서 공급관(管)이 막히는 현상).

va·por·ole [véipəròul] [명] 연료 증기를 연료로 하는 램프.

va·por·ous [véipərəs] [형] **1** 증기와 같은. **2** 증기로 찬, 안개[아지랑이]가 많은, 증기로 흐린. **3** 증기를 발생하는. **4** 실체[내용]가 없는, 헛된; 가벼운; 아주 얇은. **5**

공상적인, 꿈 같은; 믿을 수 없는.
-os·i·ty [-άsəti/-rɔ́s-] 명 **~ly** 부 **~ness** 명
vápor prèssure 명 증기압.   「증기압.
vápor tènsion 명 =vapor pressure; 포화(최고)
vápor tràil 명 비행운(飛行雲)(contrail).
va·por·ware [véipərwɛ̀ər] 명 《속어》《컴퓨터》기획 단계의 소프트웨어[하드웨어].
va·por·y [véipəri] 형 1 =vaporous. 2 =vaporish.
*****va·pour** [véipər] 명 《영》=vapor.
va·que·ro [vɑːkɛ́ərou] 명 (복 ~s) 《미서남부·멕시코》 목동, 소 치는 사람, 카우보이. 〈Sp〉
var[1] [vɑːr] 명 (때로 V-) 〔전기〕 바(무효 전력의 단위). 〈<*volt-ampere reactive*〉   「reseller〉
var[2] 《영》 부가 가치 재판매업자. 〈<*value-added*
var *variable*; *variant*; *variation*; *variety*; *variometer*; *various*. **VAR** *vacuum arc remelting*(진공 아크 재(再)용해법); *value-added remarketer*[*reseller*]; *visual-aural* (*radio*) *range*.
va·rac·tor [vəræktər/væərək-] 명 〔전자〕 버랙터, 가변 용량 다이오드(반도체 다이오드 저항기).
Va·ran·gi·an [vərǽndʒiən] 명 1 바랑인(발트 안을 휩쓸고 9-10세기 러시아에 Rurik 왕조를 세운 스칸디나비아인 민족). 2 **~** Guard. ― 형 바랑인의.
Varángian Guárd 명 (동로마 황제의) 바랑인 친위대.   「는 **varech**)
var·ec [vǽrek] 명U 1 표류 해초. 2 해초회(灰). (또
var·i·a [vɛ́əriə] 명복 각종의 잡다한 품목; 시문집(詩文集), 잡편. 〈L〉
var·i·a·bil·i·ty [vɛ̀əriəbíləti] 명U 1 변하기 쉬움; 가변성. 2 〔생물〕 변이성(變異性).
*****var·i·a·ble** [vɛ́əriəbl] 형 1 변하기 쉬운, 변덕스러운. ¶~ weather 변하기 쉬운 날씨/a man of ~ temper 변덕스러운 성격의 남자. 2 바꿀 수 있는, 변동할 수 있는, 가변의. ¶a word of ~ accents 악센트가 변화하는 말. 3 〔생물〕 변이성(變異性)의. 4 〔천문〕 (별이) 명멸(變光)하는, 광도가 변화하는. 5 〔기상〕 (바람이) 방향을 바꾸는. 6 〔수학〕 변수의, 부정(不定)의. ― 명 1 변화하는[변하기 쉬운] 것. 2 〔수학·물리·컴퓨터〕 변수(變數)(constant). 3 〔천문〕 = **~** star. 4 〔기상〕 변풍(變風) (shifting wind); (~s) 변풍대(帶)(동북 무역풍과 동남 무역풍 사이의 지역). 5 〔논리〕 변항(變項). 6 (초·중등학교의) 임의 과목.
~ness 명U 변하기 쉬운 것, 가변성. **-bly** 부
váriable annúity 명 변액(變額)(가변) 연금.
var·i·a·ble-as·sist [-əsíst] 형 (차의 파워 스티어링이) 가변 보조(可變補助)의.
váriable búdget 명 변동 예산.
váriable condénser 명 가변 콘덴서, 바리콘.
váriable cóst 명 가변 비용, 변동비(용)(생산량의 증감에 따라 증감하는 비용[원가]); ⇔ fixed cost
váriable geómetry 명 〔항공〕 (날개의) 가변 후퇴각(後退角); 가변 후퇴각 설계.
váriable ínterest ràte 명 변동 금리(金利).
váriable life insúrance 명 변액(變額) 생명 보험 (수익 사업의 성과에 따라 최저 보증액을 넘는 보험금을 지불하는 생명 보험).
var·i·a·ble-pitch [-pítʃ] 형 〔항공·해사〕 (프로펠러가) 가변 피치의.
váriable ráte 명 변동 금리.
var·i·a·ble-rate [-rèit] 형 변동 금리의. ¶~ loan 변동 금리 대출 / ~ mortgage 변동 금리 저당 증권.
váriable stár 명 〔천문〕 변광성(變光星).
vár·i·a·ble-sweep wíng [-swíːp-] 명 〔항공〕 가변 후퇴익(可變後退翼).
váriable tíme fùze 명 =proximity fuze.
Váriable Zòne 명 (the ~) =Temperate Zone.
va·ri·a lec·ti·o [vɛ́əriə lékʃiòu] 명 이문(異文)(책에 따라 서로 다른 문구). 〈<L *variant reading*〉

*****var·i·ance** [vɛ́əriəns] 명UC 1 변화, 변동. ¶the ~ of temperature 기온의 변동. 2 변차(變差), 어긋남, 차이. 3 (의견·취미 따위의) 상위, 불일치; 불화, 충돌 (*with*, *among*). 4 〔통계〕 분산. 5 〔법률〕 (소장(訴狀)과 증거 사이의) 상위. 6 《미·캐나다》 (건축·토지 개발 등의) 예외적 허가, 적용 제외 조치.
***at variance** (…와) 불화하여; (언행 따위가) 일치하지 않아, 모순되어 (*with*).
*****var·i·ant** [vɛ́əriənt] 형 1 상이한, 다른, 일치하지 않는, 어긋난. 2 갖가지의, 여러 가지의, 변화가 많은. 3 변종의, 이형(異形)의. 4 〔고어〕 변하는, 변하기 쉬운, 정하지 않은. ― 명 1 변화; 변형. 2 (원전의) 이문(異文); (철자·발음의) 이형(異形). 3 〔생물〕 변이체, 이형. 4 〔통계〕 변량(變量)(variate).
var·i·ate [vɛ́əriət, -rièit] 명 〔통계〕 확률 변수(random variable); =variant 4.
‡**var·i·a·tion** [vɛ̀əriéiʃən] 명 1 UC (상태·성질 따위의) 변화, 변동. ¶considerable ~(s) in temperature 상당한 기온의 변화 / Prices are subject to ~. 물가는 변동한다. 2 변화의 양[비율, 정도]. ¶a marked ~ in prices 현저한 물가 변동. 3 다름, 차이; 변형물; 이형(異形). 4 〔음악〕 변주(곡). 5 〔발레〕 솔로 댄스. 6 U 〔천문〕 변차(變差); (달의 주기 섭동(週期攝動)의) 2균차(均差). 7 〔생물〕 변이 (개체). ⓒ 변종. 8 〔수학〕 변분(變分), 순열(順列). 9 UC 〔해사〕 편차(偏差). ¶~ of a compass 나침반의 편차.
***variations on the theme of** …의 주제에 의한 변주곡; …의 여러 가지 변종.
~al 형 변화하는, 변이의. **~al·ly** 부 **-tive** 형
-tive·ly 부
var·i·cel·la [væ̀rəsélə] 명U 〔병리〕 수두(水痘) (chicken pox).
-lar 수두의. **-loid** 형 수두 같은, 수두성의.
var·i·co·cele [vǽrəkousìːl] 명 〔병리〕 정삭 정맥류(精索靜脈瘤).
var·i·col·ored [vɛ́ərikʌ̀lərd] 형 잡색의, 얼룩덜룩한; (비유적) 갖가지의.
var·i·cose [vǽrəkòus] 형 〔병리〕 (다리 정맥이) 비정상으로 부푼; 정맥류의[에 걸린], 정맥류성(性)의; 정맥류 치료용의. ¶~ veins 〔복수취급〕 (특히 각부(脚部)의) 정맥류. **-còsed** 형 **~ness** 명
var·i·co·sis [væ̀rəkóusis] 명UC 〔병리〕 정맥류증; 정맥류양 종창(靜脈瘤樣腫脹).
var·i·cos·i·ty [væ̀rəkásəti/-kɔ́s-] 명U 비정상적 확장; 정맥류의 정맥류 종창; 정맥류(varix).
‡**var·ied** [vɛ́ərid] 형 (*more* ~; *most* ~) 1 변화가 있는, 가지각색의, 다종 다양한. ¶~ scenes of life 인생의 갖가지 장면. 2 변화한, 변경을 가한. 3 잡색의, 얼룩덜룩한. **~·ly** 부 **~·ness** 명
var·i·e·gate [vɛ́əriəgèit] 타 1 (여러 가지 색깔로) 물들이다, …을 잡색으로 하다, 얼룩덜룩하게 하다. 2 …에 변화를 주다; 다양하게 하다. **-gà·tor** 명
var·i·e·gat·ed [vɛ́əriəgèitid] 형 (꽃·잎 따위가) 여러 가지 색깔의, 잡색의, 얼룩덜룩한; 변화가 있는, 다양성이 많은.
var·i·e·ga·tion [vɛ̀əriəgéiʃən] 명U 잡색임, 얼룩덜룩함, 점박이; 각각 다른 색으로 염색하기; 다양성이 많음.
var·i·er [vɛ́əriər] 명 변화하는 것[사람]; (…와) 다른 것 (*from*); (…와) 의견이 다른 사람, (…에) 반대하는 사람 (*from*).
va·ri·e·tal [vəráiətl] 형 변종의. **~·ly** 부
va·ri·e·tist [vəráiətist] 명 (성질·욕구 따위가) 표준에서 벗어난 사람.
‡**va·ri·e·ty** [vəráiəti] 명 (복 **-ties** [-z]) 1 U 다양(성), 변화(가 많음), 단조롭지 않음. ¶the ~ of his attainments 그의 학식의 다양성 / a life full of ~ 변화가 많은 생활 / give ~ to a diet 식사에 변화를 가져오

다. **2** [U] 상위, 어긋남, 불일치. ¶the ~ of their opinions 그들의 의견 차이. **3** [U][C] 가지각색의 것, 여러 가지를 주워 모은 것. ¶flowers in great ~ 다종 다양한 꽃/for a ~ of reasons 여러 가지 이유로. **4** 종류; 이종(異種), 별종. ¶a ~ of plum 자두의 일종. **5** 〔생물〕 변종(㊟ classification); (인공 개량한) 품종. ¶a climatic ~ 풍토적 변종/produce new *varieties* 신품종을 만들다. **6** (같은 종류의 우표 중 잘못 인쇄된) 진종(珍種) **7** 〔연극〕 =~ show.

for variety's sake; for the sake of variety 변화를 (주기) 위하여. ¶Let's do something else *for the sake of* ~. 변화를 위해 뭔가 다른 일을 하자.

varíety entertàinment [명] =variety show.

varíety mèat [명] 《美》 잡육(살코기 이외의 혀·간 따위); 잡육 가공품.

varíety shòw [명] (노래·곡예·춤 따위로 다양하게 구성된) 버라이어티 쇼(vaudeville). 「(five-and-ten).

varíety stòre [shòp] [명] (싼 물건을 파는) 잡화점

varíety thèater [명] 대중 연예장, 연예관.

var·i·fo·cal [vέərəfòukəl] [형] (렌즈가) 가변 초점의. ―[명] (~s) =bifocals.

var·i·form [vέərəfɔ̀ːrm] [형] 갖가지 모양의, 여러 가지 형태의. ~·**ly** [부]

var·i·o·cou·pler [vὲərioukʌ́plər] [명] 〔전기〕 가변 유도(誘導) 결합기.

va·ri·o·la [vəráiələ] [명][U] 〔병리〕 천연두, 마마.

va·ri·o·lar [vəráiələr] [형] =variolous.

var·i·o·late [vέəriəlèit, -lət] [형] 〔병리〕 두창(痘瘡) 모양의, 천연두성(性)의. ―[동][타] …에게 천연두 바이러스를 접종하다. **-là·tion** [명][U] 종두(種痘).

var·i·o·lite [vέəriəlàit] [명][U] 〔암석〕 구과(球顆) 현무암, 곰보돌.

var·i·o·loid [vέəriəlɔ̀id] [형] 천연두[마마] 비슷한; 가두(假痘)의. ―[명] 가두, 경증성(輕症性) 천연두.

va·ri·o·lous [vəráiələs] [형] **1** 천연두[마마]의[에 걸린]. **2** 마맛 자국의[이 있는]. (또는 **variolar**)

var·i·o·mat·ic [vὲəriəmǽtik] [형] 《英》 (자동차가) 벨트 구동(驅動) 자동 변속의, 벨트 변동 기어의.

var·i·om·e·ter [vὲəriɑ́mətər/-ɔ́m-] [명] **1** 〔전기〕 바리오미터. **2** 자기 편차계(磁氣偏差計)(declinometer). **3** 〔항공〕 승강계(昇降計).

var·i·o·rum [vὲəriɔ́ːrəm] [형] 여러 대가의 주(註)[원전의 이문(異文)]를 붙인, 집주(集註)의. ¶a ~ edition of Shakespeare 셰익스피어의 이문판(異文版). ―[명] 이문판[본]; 집주판[본], 합주본(合註本).

‡var·i·ous [vέəriəs] [형] **1** 각종의, 개개의, 별개의, 서로 다른. ¶~ motives 제각기 다른 동기. **2** 다양한, 여러 가지의, 다종의, 잡다한; 많은, 다수의. ⇨DIFFERENT [유의어] ¶for ~ reasons 여러 가지 이유로. **3** 다양한, 다채로운, 다방면의. ¶in ~ parts of the world 세계 각지에서/a woman of ~ talents 다방면의 재능을 가진 여성. **4** 다른 색의, 잡색의. **5** 따로따로의, 각각의. **6** 표준[정본(正本)]과 다른, 일반적으로 인정되지 않는. ¶~ readings of the Bible 성경의 이본(異本). **7** 《고어》 변화하기 쉬운. ―[대] 《복수취급》 《美구어》 몇 개의 (다른) 것; 다수, 몇 사람. ¶She questioned ~ of them. 그녀는 그들 중 몇 사람에게 물었다.

be many and various 수도 많고 종류도 많다.

~·**ly** [부] ~·**ness** [명]

var·i·sized [vέərəsàizd] [형] 여러 가지 크기의.

var·is·tor [vərístər, və-] [명] 〔전기〕 배리스터(변도체 저항 소자(素子)). 〔<*var*iable+res*istor*〕

var·i·type [vέəritàip] [동][자] 베리타이퍼를 조작하다. ―[타] 베리타이퍼로 〔활자〕를 짜다, 베리타이퍼로 치다. ―[명] 베리타이퍼로 친 문서. **-tỳp·ist** [명]

Var·i·typ·er [vέəritàipər] [명] 《상표》 베리타이퍼(활자를 바꾸어 낄 수 있는 타자기 같은 식자기).

var·ix [vέəriks] [명] (⑱ ***var·i·ces*** [vέərəsìːz/vǽr-]) 〔병리〕 정맥류(靜脈瘤)(varicosity); 동맥류(arterial ~); 림프류(~ lymphaticus); 〔동물〕 (나사조개의) 나선층 융기.

var. lect. *var*ia *lect*io(이문(異文)). 「선층 융기.

var·let [vɑ́ːrlit] [명] 《고어》 종복(從僕), 하인; 악한, 망나니. ~·**ry** [명] 《집합적》 하인들; 오합지졸, 군중.

var·mint, -ment [vɑ́ːrmint] **1** 《美방언》 《집합적》 =vermin; 유해 동물, 해조(害鳥); 여우. **2** 《구어》 말썽꾸러기; 깡패, 불량배.

var·na [vɑ́ːrnə] [명] 바르나(caste)(인도 계급의 하나).

***var·nish** [vɑ́ːrniʃ] [명][U] (종류는 [C]) **1** 니스, 바니시. ¶oil ~ 유성(油性) 니스/spirit ~ 휘발성 니스. **2** (도장용(塗裝用)의) 천연 수액(樹液)(natural ~). **3** (니스 비슷한) 도료. **4** 니스칠; ((the) ~) 니스의 표면; 광택면(gloss). **5** (때로 a ~) 겉치레, 겉꾸미기, 허식. ¶put a ~ on …의 겉치레를 하다/under the ~ of …으로 교묘하게 가려져서, 한 꺼풀 벗기면. **6** 《英》 매니큐어 액. **7** (~es) 〔철도〕 《美속어》 객차, 여객 열차. ―[동][타] **1** …에 니스를 칠하다(*over*). ¶(~+[目]+[副]) ~ *over* a table 탁자에 골고루 니스를 칠하다. **2** …에 윤을 내다. **3** …의 겉만 발라 꾸미다, (태도·사실·결점 따위를) …로 겉치레하다(*over*)(*with*). ¶~ *over* the truth *with* a lie 진실을 거짓말로 겉발림하다. **4** (물건을) 화려하게 꾸미다, 장식하다. ~·**er** [명] ~·**y** [형]

vár·nish·ing dày [vɑ́ːrniʃiŋ-] [명] 미술 전람회 개최일의 전날(작품에 마지막 손질을 할 수 있는 날); 미술 전람회 개최일. 「한 커피.

várnish remòver [명] 《美속어》 질 나쁜 위스키, 독

várnish trèe [명] (니스용 수액을 채취하는) 옻나무.

va·room [vərú(ː)m] [명][동][자] =vroom.

var·sal [vɔ́ːrsəl] [형] 《英구어》 =universal.

var·si·ty [vɑ́ːrsəti] [명] **1** 《美》 (학교의) 대표팀. **2** 《英구어》 =university. ―[형] 대학[학교] 대표팀[시합]의.

Var·so·vi·an [vɑːrsóuviən] [명] 바르샤바(Warsaw) 태생의 사람, 바르샤바 주민. ―[형] 바르샤바(사람)의, 바르샤바풍의.

var·so·via·na [vɑ̀ːrsouvjɑ́ːnə] [명] 바르소비아나(마주르카를 닮은 우아한 무용; 그 곡).

Var·u·na [vɔ́ːrunə/vǽr-] [명] 〔힌두교〕 바루나(우주의 창조자이며 도덕·법의 최고신).

var·us [vέərəs] [명][U] 〔병리〕 내반슬(內反膝). ―[형] (다리가) 내반슬의. ㊟ valgus

‡var·y [vέəri] [동] (***var·ies*** [-z]) [타] **1** 〔모양·성질 따위〕를 바꾸다, 변경하다, 고치다, 수정하다. ⇨CHANGE [유의어] ¶~ one's mood [methods] 기분[방법]을 바꾸다. **2** …을 다르게 하다, 다양하게 하다, …에 변화를 주다. ¶~ one's diet 식단에 변화를 주다. **3** 〔음악〕 …을 변곡하다, 변주하다. ―[자] **1** (많은 것이 서로) 다르다, 가지각색이다(*in*, *between*, *from*/*to*). ¶(~+[前]+[名]) ~ *in* price 값이 다르다/Our opinions ~ *on* this point. 이 점에 대해서 우리의 의견은 다르다. **2** 바뀌다, 변하다, 변동하다; 잇달아 변해 가다(*with*, *between*, *from*/*to*). ¶The temperature *varies* hour by hour. 기온은 시시각각 변한다//(~+[前]+[名]) The prices of vegetables ~ *with* the seasons. 채소값은 계절에 따라 변동한다. **3** 벗어나다, 일탈(逸脫)하다(*from*). ¶(~+[前]+[名]) ~ *from* a rule 규칙에서 벗어나다. **4** 〔수학〕 변화하다, 변하다. ¶A *varies* directly [inversely] as B. A는 B에 비례[반비례]해서 변한다. **5** 〔생물〕 변이(變異)하다. ~·**ing** [형] 가지각색의; 색깔이 변하는. ~·**ing·ly** [부] 갖가지로, 여러 가지로, 다양하게.

vár·y·ing háre [vέəriŋ-] [명] 변색 토끼.

vas [væs] [명] (⑱ ***va·sa*** [véisə]) 〔해부·생물〕 관(管), 맥관(脈管), 도관(導管).

vas- [veiz, veis, væs] [연결] ⇨VASO-.

va·sal [véisəl, -zəl] [형] 〔해부·생물〕 관의, 맥관의, 도관의.

Vas·car, VASCAR [vǽskɑːr] [명] 《상표》 바스카(자동차의 속도 위반 단속용 컴퓨터 측정기).

Vas·co da Ga·ma [væskou də gæmə, váːskou-/-gáːmə] ⇒GAMA. [<Visual Average Speed Computer And Recorder]

vas·cu·lar [væskjulər] 형 1 〖생물〗 도관[혈관]의[이] 있는; 유관속(維管束)의, 관다발의. 2 열렬한, 정열적인. **~·ly** 부.

váscular búndle 명 〖식물〗 유관속(維管束), 관다발. ⓑ bundle

vas·cu·lar·i·ty [væskjulǽrəti] 명 U 도관[혈관]으로 이루어짐, 도관[혈관]이 많음[많은 상태]; 혈기.

váscular plánt 명 유관 식물, 경엽(莖葉) 식물.

váscular stránd 명 〖식물〗 =vascular bundle.

váscular sýstem 명 〖식물〗 관다발계; 〖동물〗 맥관계(脈管系).

váscular tíssue 명 〖식물〗 관다발 조직.

vas·cu·la·ture [væskjulətʃùər/-tjùə] 명 〖해부〗 맥관(脈管) 구조, 혈관계(기관(器官) 내의 혈관의 배치).

vas·cu·lum [væskjuləm] 명 ⓒ (복 **-la** [-lə], **~s**) 1 식물 채집통. 2 〖식물〗 낭상엽(囊狀葉)(ascidium).

vás de·fé·rens [-défərènz] 명 (복 **va·sa de·fe·ren·ti·a** [véisə dèfərénʃiə]) 〖해부·동물〗 수정관(輸精管), 정관. [<L]

‡**vase** [veis, veiz/vɑːz] 명 (복 **vas·es** [-iz]) 〔장식용〕 병, 항아리, 단지; 꽃병; 〔건축〕 병 모양의 장식. **~·like** 형.

vas·ec·to·mize [væséktəmàiz] 타 〖외과〗 …에게 정관 절제술을 행하다.

vas·ec·to·my [væséktəmi] 명U C 〖외과〗 정관 절제(술).

Vas·e·line [væsəlìːn, ⏑-⏑] 명 〖상표〗 바셀린. ── 타 (v-) …에 바셀린을 바르다.

vas·o- [væsou, -sə, -zə/véizou] vessel의 뜻(* 모음 앞에서는 vas-). ¶*vaso*motion, *vas*ectomy.

vas·o·ac·tive [væsouǽktiv] 형 〖의학〗 혈관에 작용하는.

vas·o·con·stric·tion [væsoukənstríkʃən] 명 〖생리〗 혈관 수축. **-tive** 형 혈관을 수축시키는.

vas·o·con·stric·tor [væsoukənstríktər] 명 〖생리·약학〗 혈관 수축 신경(제); 혈관 수축제(劑). ── 형 혈관 수축의[을 일으키는].

vas·o·de·pres·sor [væsoudiprésər] 명 〖의학〗 =vasodilator.

vas·o·di·la·ta·tion [væsoudìlətéiʃən] 명 〖생리〗 혈관 확장. (또는 **vasodilation**)

vas·o·di·la·tor [væsoudailéitər] 명 〖의학〗 혈관 확장 신경; 혈관 확장제(劑). ── 형 혈관 확장성의, 혈관을 확장시키는.

vas·o·li·gate [væsoulàigeit] 형 타 (사람·동물의) 정관(精管)을 결찰(結紮)하다. **-li·gá·tion** 명 〖외과〗 정관 결찰(술); 맥관 결찰(법).

vas·o·mo·tion [væsoumóuʃən] 명 〖생리〗 혈관 운동.

vas·o·mo·tor [væsoumóutər] 형 〖생리〗 혈관 운동성의; 혈관 운동 신경의.

vas·o·pres·sin [væsouprésn/vèizouprésin] 명 〖생화학〗 바소프레신, 항(抗)이뇨 호르몬; 〖약학〗 바소프레신(뇌하수체 후엽 호르몬제).

vas·o·pres·sor [væsouprésər] 명 〖약학〗 승압약(昇壓藥)(제)(에피네프린 따위). ── 형 승압의, 혈관 수축의.

vas·o·spasm [væsouspǽzm] 명 〖생리〗 혈관 경련(혈관이 갑자기 수축하여 혈류량이 저하하는 상태). 〔개(슬)〕.

vas·ot·o·my [væsátəmi/-sɔ́t-] 명 〖외과〗 정관(精管) 절개술.

*****vas·sal** [vǽsəl] 명 (봉건 시대의) 봉신(封臣), 신하, 가신(家臣). ¶a great [rear] ~ 직신(直臣)[배신(陪臣)]. 2 종속자, 부하. 3 하인. ── 형 가신(봉신)의; 신하의; 예속[종속]되는. ¶a ~ relationship 종속 관계. **~·ize** 타 **~·less** 형.

vas·sal·age [vǽsəlidʒ] 명U 1 봉신임, 봉신의 신분. 2 충성(의 맹세). 3 봉토(封土), 영지. 4 〔집합적〕 봉신. 5 예속(적 지위), 굴종. ¶mental ~ 정신적 예속.

in vassalage to …의 신하가 되어; …에 지배되어.

vas·sal·ize [vǽsəlàiz] 타 신하국(國)로 만들다.

‡**vast** [væst/vɑːst] 형 (**~·er**; **~·est**) 1 광대한(면적의) 거대한. ⇒HUGE 유의어 ¶the ~ empire 광대한 제국 / a ~ expanse of waters 광대한 대양(大洋) / a ~ building 거대한 건물. 2 (수·양·액수가) 막대한, 거액의. ¶a ~ number of passengers 엄청난 수의 승객 / a ~ amount of oil 대량의 석유 / ~ mineral resources 막대한 양의 광물 자원. 3 〔구어〕 (정도·강도 따위가) 대단한, 엄청난, 굉장한. ¶of ~ skill 수달한.

in vast haste 황급히.

of vast importance 매우 중대한.

── 〔문어〕 광대한 넓이; 〔방언〕 막대한 수[양].

~·ness 명 U 광대(함), 막대(함); (보통 ~es) 끝없이 넓음[넓은 지역].

vas·ti·tude [vǽstətjùːd, váːs-/vǽstitjùːd] 명 광대, 방대; ⓒ 광막한 넓이[공간].

*****vast·ly** [vǽstli/váːst-] 부 1 광대하게, 막대하게, 한이 없이. 2 〔구어〕 매우, 대단히, 대폭.

vast·y [vǽsti/váːsti] 형 〔고어〕 광대한, 웅대한.

vat [væt] 명 (큰) 통(양조·제피용(製皮用)); (액체의) 용기. ── 타 (-**tt**-) …을 큰 통에 넣다, 큰 통에 넣어 처리하다[숙성(熟成)시키다].

VAT *value-added tax*.

Vat. Vatican.

vát dýe 건염(建染) 염료(햇빛이나 물에 강하다).

vat·ful [vǽtfùl] 명 큰 통 가득.

vat·ic [vǽtik] 형 예언의, 예언자의. (또는 **vatical**)

*****Vat·i·can** [vǽtikən] 명 (the ~) 1 바티칸 궁전. 2 〔집합적; 단·복수 양용〕 교황청; 교황 정치, 교황권.

thunders of the Vatican 가톨릭 교회의 파문.

── 형 바티칸(궁전)의; 교황 정치의.

Vátican Cíty 명 (the ~) 바티칸 시국(市國)(~State)(1929년 설립).

Vátican Cóuncil 명 (the ~) 바티칸 공의회(제 1 회는 교황의 무류 교의(無謬教義)를 결정(1869–70); 제 2 회는 교회의 현대화를 토의(1962–65)).

Vat·i·can·ism [vǽtikənìzm] 명 U 〔경멸적〕 바티칸 주의, 교황권 지상주의. **-ist** 명.

Vat·i·can·ol·o·gist [væ̀tikənάlədʒist/-nɔ́l-] 명 바티칸 연구가, (로마) 교황청 연구가. **-gy** 명.

Vátican roulétte 명 〔미속어〕 =rhythm method.

va·tic·i·nal [vətísənl] 형 예언의, 예언적인.

va·tic·i·nate [vətísənèit] 타 자 예언하다. **-nà·tor** 명.

va·tic·i·na·tion [vətìsənéiʃən, væ̀tə-] 명 U C 예언(하기); 예언. ⓑ prophecy.

VAT·man [vǽtmən] 명 〔구어〕 (the ~) (영부외) VAT 담당자. (또는 **vatman**)

*****vaude·ville** [vɔ́ːdəvil, vóud-] 명 1 U 〔미〕 보드빌(희극·噱歌·가수·댄서·곡예사·마술사 등이 출연하는 쇼). 2 가벼운 희가극. 3 (프랑스의) 풍자적 유행가.

*****vaude·vil·lian** [vɔ̀ːdvíljən, vòud-, vɔ̀ːdə-] 명 보드빌 배우, 대중 연예인; 보드빌 대본 작가. (또는 **vaudevillist**) ── 형 대중 연예의, 보드빌의.

Vau·dois[1] [voudwáː] 명 (복 ~) (스위스의) 보(Vaud) 주(州)의 주민; 보어(語)(프랑스어의 방언).

Vau·dois[2] 명 =Waldenses.

‡**vault**[1] [vɔːlt] 명 1 (아치형의) 둥근 천장. ¶a barrel [domed] ~ 통형(筒形) 둥근 지붕. 2 (천장이 둥근) 방(복도), 장소. 3 지하실, 저장소; 지하 납골실; 금고실(金庫室), 귀중품 보관실; 동굴. ¶a wine ~ 포도주 저장실 / a family ~ 한 집안의 지하 납골실 / a bank ~ 은행의 금고실. 4 둥근 천장 비슷한 것; (the ~) (푸른) 하늘. 5 〖해부〗 두개(頭蓋), 원개(圓蓋); 구개(口蓋). ── 타 1 …에 둥근 천장을 달다; …을 둥근 지붕으로 만들다. 2 아치 모양으로 펼치다; …위에 아치 모양으로 걸리다. ── 자 둥근 지붕 같은 곡선을 그리다. **~·like** 형.

vault² 图函 (막대기·손을 짚고) 뛰다, 도약하다; 비약하다 *(from, on, over)*. ⇨JUMP 유의어 ¶~ *from a horse* 말에서 뛰어내리다 / ~ *over a bar with a pole* 장대로 가로장을 뛰어넘다. —— 图 …을 뛰어넘다. —— 图 도약, 뛰어넘기; (체조) 뜀틀넘기; 장대높이뛰기.

vault·age [vɔ́:ltidʒ] 图 둥근 천장의 방(지하실).

vault·ed [vɔ́:ltid] 图 아치형의, 둥근 천장[지붕]의.

vault·er [vɔ́:ltər] 图 도약자, 뛰어넘는 사람; 장대높이뛰기 선수(pole ~).

vault·ing¹ [vɔ́:ltiŋ] 图 ⓤ 둥근 천장[지붕] 만들기[건조 기술]; 아치형 구조; (집합적) 둥근 천장.

vault·ing² [vɔ́:ltiŋ] 图 ⓤ 도약, 뛰어넘기; 장대높이뛰기; (체조 경기의) 뜀틀넘기. —— 图 1 도약하는, 뛰어넘는; 도약용의. ¶ a ~ pole 장대높이뛰기의 장대 / a ~ box 뜀틀. 2 (비유적) (야심 따위가) 과대(誇大)한, 과장된; 뽐내는. ¶ ~ *ambition* 솟구치는 야심.

váulting hòrse (체조의) 뜀틀 (경기); (체조의) 개거운 안마.

váult light 보도(步道)의 지하 채광창(두꺼운 유리 블록으로 만든다)(pavement light).

vault·y [vɔ́:lti] 图 아치형의, 둥근 천장 모양의.

vaunt [vɔːnt, vɑːnt] 图图 …을 자랑하다, 큰소리치다; 과시하다. ⇨BOAST 유의어 ¶ ~ *one's skill* 기량을 자랑하다 / *Charity does not* ~ *itself*. 자선(사랑)은 자랑하지 않는다. —— 图 1 자랑스러운 듯이 말하다, 자랑삼아 보이다(*of, about, over*). 2 (남의 실패를) 크게 기뻐하다 (*over*). —— 图ⓤⓒ 자만, 자찬; 과시; 호언 장담. ~·**er** 图.

vaunt-cour·i·er [⁴kə̀ːriər/-kùr-] 图 (고어) 선구자, 미리 알리는 사람.

vaunt·ed [vɔ́:ntid] 图 크게[과도하게] 칭찬받는.

vaunt·ing [vɔ́:ntiŋ] 图 자랑하는, 뽐기는. ~·**ly** 副.

vaunt·y [vɔ́:nti] 图 (스코) 자랑하는(proud).

v. aux. *auxiliary verb*(조동사).

vav·a·sor [vǽvəsɔ̀ːr] 图 (봉건 시대의) 배신(陪臣)(군주 직속 가신(家臣)의 신하). (또는 **vavasour**)

vav·a·so·ry [vǽvəsɔ̀ːri/-səri] 图 (魯 *-ries*) 배신(陪臣)의 영지(領地).

va-voom [vɑːvúːm, və-] 图 1 부릉릉, 부릉부릉(급발진 때의 자동차 엔진 소리). 2 (美속어) 으윽(성적 흥분·환희의 소리). —— 图 (美속어) 섹시한, 욕정적인.

vb. *verb; verbal*. **VBA** (컴퓨터) *Visual Basic for Application*.

V-ball [vìːbɔ́ːl] 图 (美속어) 배구(volleyball).

vbl. *verbal*.

V-bomb [víːbàm/-bɔ̀m] 图 V폭탄(제2차 세계 대전 때 독일군이 사용한 장거리 미사일 V-1, V-2 따위).

V-bom·ber [víːbàmər/-bɔ̀m-] 图 V폭격기(영국의 Victor 등의 핵무기 탑재 가능한 폭격기).

VC *Veterinary Corps; Vice-Chairman; Vice-Chancellor; Vice-Consul; Victoria Cross; Vietcong; Voluntary Corps*.

V-chip [víːtʃìp] 图 V칩(TV의 폭력·음란물을 어린이가 보지 못하도록 장착하는 소자(素子)). 〈*violence*〉

VCP *videocassette player*. 图 **VCR, VTR VCR** *videocassette recorder*. **Vd** 图 (화학) *vanadium*.

VD *Valentine's Day; venereal disease; video disk*; (英) *Volunteer (Officer's) Decoration*.

V-Day [víːdèi] 图 (제2차 세계 대전) 전승 기념일 (1946년 12월 31일). 참 V-E Day, V-J Day 〈*Victory Day*〉

VDH *valvular disease of the heart*(심장 판막증).

VDP *video disk player; video display processor*.

VDR *video disc [disk] recorder*. **VDSL** *very high bit rate digital subscriber lines*(초고속 디지털 가입자 회선). **VDT** (컴퓨터) *video display terminal; visual display terminal*. **VDU** (컴퓨터) *visual [video] display unit*. **VE** *value engineering; Victory in Europe*.

've [əv] *have*의 단축형. ¶ *I've done it*.

*veal [vìːl] 图 ⓤ 1 (특히 3개월 이내의) 식용송아지 고기. (또는 ⁴ **cálf, véaler**) 2 송아지 고기.

veal·er [víːlər] 图 1 (美·캐나다·濠) =veal 1. 2 (뉴질) 생후 14개월까지 사용된 식용송아지.

veal·y [víːli] 图 송아지(고기)와 같은; (구어) 미숙한.

vec·tion [vékʃən] 图 ⓤ (의학) 병원균 전염.

vec·to·graph [véktəgræf/-gràːf] 图 벡터그래프 (특수한 편광 안경으로 보는 입체 사진).

vec·tor [véktər] 图 1 (수학) 벡터, 방향량(크기와 방향을 가진 양)(참 *scalar*). 2 (생물) 병원균(病原菌) 매개 동물[곤충]. 3 (천문) 동경(動徑). 4 (항공) (비행기·미사일 따위의) 진로, 방향, 탄도, 궤도. 5 (심리) 벡터, (행동의 동기가 되는) 동인(動因), 영향력. 6 (컴퓨터) 선 그림(화상의 표현 요소로서의 방향을 지닌 선). —— 图 1 (항공) (비행기)를 특정 방향으로 향하다. 2 (비행기 따위의) 에 무전으로 진로를 지시하다. 3 (우주) (엔진·로켓·모터의 배기 방향)을 특정 방향으로 향하게 하다.

véctor addítion 图 (수학) 벡터 가법(加法).

véctor anàlysis 图 (수학) 벡터 해석(학).

vec·tor·car·di·o·gram [vèktərkáːrdiəgrǽm] 图 벡터 심전도.

vec·tor·car·di·og·ra·phy [vèktərkàːrdiágrəfi/ -ɔ́g-] 图 벡터 심전계[도]법(심장의 전기력의 방향과 크기를 기록하는 법). **-o·graph·ic** [-əgrǽfik] 图.

véctor fíeld 图 (수학) 벡터장(場).

véctor fùnction 图 (수학) 벡터 함수.

vec·to·ri·al [vektɔ́:riəl] 图 1 벡터의. 2 보균 생물의. 3 동경(動徑)의. 4 진로의. ~·**ly** 副.

véctor spàce 图 (수학) 벡터 공간(linear space).

véctor sùm 图 (수학) 벡터 합(合).

vec·ture [véktʃər] 图 (운임 지불용의) 대용 경화(硬貨), 토큰(token).

Ve·da [véidə, víː-] 图 (때로 ~s) 베다(브라만교의 성전(聖典): Rig-~, Yajur-~, Sama-~, Atharva-~의 네 교전(敎典)). **Ve·da·ic** [vidéiik] 图. ~·**ism** 图.

Ve·dan·ta [vidáːntə, -dǽn-] 图 ⓤ 베단타 철학(인도 철학의 한 파로 관념론적 일원론). -**tic** 图 -**tism** 图 -**tist** 图 베단타 철학(자)(의).

V-É Dày 图 (제2차 세계 대전의) 유럽 전승 기념일 (1945년 5월 8일). 〈*Victory in Europe Day*〉

ve·dette [vidét] 图 1 초계정(哨戒艇). 2 전초 기병 (前哨騎兵). 3 (영화·연극의) 스타. (또는 **vidette**)

Ve·dic [véidik, víː-] 图 베다(Veda)의; 베다어의. —— 图 (또는 ⁻ **Sánskrit**) ⓤ 베다어, 베다 범어(梵語).

ved·u·tis·ta [vèdətístə] 图 (魯 -**ti** [-ti]) 도시 풍경 화가. 〈It〉

vee [víː] 图 1 V[v]자; V자형의 것. 2 (속어) 5달러 지폐. ¶ V자형의. ¶ *a* ~ *neckline* V자형 네크라인.

vee·jay [víːdʒèi] 图 ⦅*video jockey*.

veep [víːp] 图 (美구어) 부회장, 부총재, 부사장(*vice-president*); (V-) 부통령. (또는 **vee·pee** [víːpìː])

veer¹ [víər] 图图 1 (진로·위치·길 따위의) 방향이 바뀌다. ¶ *The weathercock* ~*ed swiftly*. 풍향계가 뻥글뻥글 돌며 방향을 바꾸었다. 2 a) (바람이) 우선회로 바뀌다, 순전(順轉)하다(*round*)(참 *back*¹). (~+圖) *The wind* ~*ed round to the west*. 바람이 서쪽으로 바뀌었다. b) (항해) (배가) 침로를 바꾸다, 바람 불어오는 쪽으로 바뀌다(*round*). 3 (화제·정책·의견 따위가) 바뀌다, 전환되다(*round, away*)(*to*); (주제에서) 벗어나다(*from, off*). —— 图 …의 방향[진로]을 바꾸다, …을 바람 불어오는 쪽으로 바꾸다(*round*). **véer and hául** 풍향이 시시각각 바뀌다. —— 图 1 방향 전환, 침로 변경, 전향. 2 (미식축구) 비어 (T포메이션을 쓴 공격축의 공간 플레이).

veer² 图图 1 (해사) (밧줄·쇠사슬 따위)를 풀어주다 *(out, away)*. 2 (문제)를 잘 처리하다.

véer and hául (밧줄 등)을 늦추었다 당겼다 하다.

veer away [or **out**] (뱃줄 따위를) 풀어내다, 늘이다; (부표 따위)를 뱃줄을 늘여 멀리 흘러 보내다.

veer·ing·ly [víəriŋli] 부 방향 전환을 하여, (방침·의견 따위가) 잘 변하여.

veer·y [víəri] 명 (미국산(産)) 지빠귀의 일종.

veg¹ [vedʒ] 명 (롯~) (英구어)=vegetable; (구어) 바보, 얼간이. [<vegetable]

veg² 자 아무것도 안 하다, 한가롭게 지내다, 무의미하게 보내다. [<vegetate]

Ve·ga [ví:gə, véi-] 명 [천문] 직녀성, 베가(거문고자리의 1등성).

veg·an [védʒən, ví:gən] 명형 절대 채식주의자(의). ~·ism, ~·ist 명 [<vegetarian]

veg·e·bur·ger [védʒəbə̀:rgər] 명 베지버거(식물성 단백의 인조육을 원반 모양으로 만든 요리); 그것을 사이에 넣어서 만든 샌드위치. [<vegetable+burger]

‡**veg·e·ta·ble** [védʒətəbl] 명 (롯~**s** [-z]) 1 채소, 야채, 푸성귀. ¶green ~s 푸성귀/forced ~s 속성 재배 야채/grow ~s 채소를 재배하다. 2 (드물게) 식물. 3 (속어) 활기 없는 사람; (美구어) 폐인처럼 된 사람. 4 (구어) 무위도식하는 사람; 식물 인간.
become a mere vegetable 단조로운 생활을 하다; 활기가 없어지다, 식물 인간이 되다.
live on vegetables 채식하다.
── 형 1 야채의, 푸성귀의. ¶a ~ market 야채 시장/a ~ diet 채식/~ soup 야채 수프. 2 (사람의) 식물 같은; 식물에서 채취한. ¶~ fiber 식물성 섬유. 3 식물과 같은; 단조로운, 시시한, 활기가 없는. 4 (美구어) 술 취한.

végetable bùtter 명 식물성 버터.
végetable cèllar 명 (지하의) 저온 야채 저장실[소].
végetable fàt 명 식물성 지방.
végetable gàrden 명 (가정용) 채소밭.
végetable gélatin 명 한천(모양의 것).
végetable ívory 명 식물 상아(남미산(産) 상아야자의 배젖; 대용 상아로 단추 따위의 재료).
végetable kíngdom 명 (the ~) 식물계(界).
végetable knìfe 명 채소용 식칼.
végetable márrow 명 summer squash의 총칭.
végetable òil 명 식물성 기름.
végetable óyster 명 선모(仙茅).
végetable pláte 명 야채 요리(종교상의 계율이나 채식주의자를 위한 메인 코스).
végetable sílk 명 식물 명주(판야과(科) 나무의 씨에 생기는 섬유).
végetable spónge 명 수세미(sponge gourd).
végetable tállow 명 식물성(性) 지방(脂肪)(오구목 따위의 수지(樹脂)); 양초·비누의 원료).
végetable wáx 명 목랍(木蠟)(옻나무 등에서 채취).

veg·e·tab·lize [védʒətəblàiz] 타 식물화(化)시키다; 식물질로 만들다. ── 자 무위도식하다, 단조로운 생활을 하다.

veg·e·ta·bly [védʒətəbli] 부 식물처럼, 활기 없이, 무기력하여, 침체하여, 단조롭게, 무위도식하여.

veg·e·tal [védʒətl] 명 식물(성)의; 야채의; =vegetative 3.

végetal fúnctions 명복 (the ~) 식물성 기능(영양·순환·생장 작용 따위).

végetal póle [발생] 식물극(植物極), 정극(靜極)(난(卵)의 동물극(animal pole)의 대극(對極)).

veg·e·tar·i·an [vèdʒətέəriən] 명 채식(주의)자; 초식 동물. ── 형 1 채식주의(자)의. 2 채식주의자를 위한(식사가) 야채만의. ¶be on a ~ diet 채식하다. ~·ism 명

veg·e·tate [védʒətèit] 자 1 (식물이) 자라다, (식물처럼) 생장하다. 2 (사람이) 무기력하게[하는 일 없이] 지내다. 3 [병리] (사마귀·혹 따위가) 커지다, 증식하다. 4 (토지를) 식물을 생장시키다. ── 타 (토지)에 식물을 자라게 하다.

‡**veg·e·ta·tion** [vèdʒətéiʃən] 명 U 1 (집합적) (한지방의) 식물, 초목. ¶tropical ~ 열대 식물 /There is little ~ in deserts. 사막에는 식물이 적다. 2 식물의 생장(발육); 식물의 생장 과정. ¶V~ almost ceases in autumn. 가을이 되면 식물의 생장은 거의 정지된다. 3 빈둥빈둥 지내기, 무위도식. 4 [병리] 병적 증식(성장·발달); C 병적 증식물(혹·사마귀 따위).

veg·e·ta·tion·al [vèdʒətéiʃənəl] 형 1 식물의. 2 식물 생장의. 3 빈둥빈둥 지내는. 4 병적 증식[조직]의. ~·ly 부

vègetation scíence 명 식생학(植生學), 식물 군락학(群落學).

veg·e·ta·tive [védʒətèitiv/-tət-] 형 1 (식물이) 생장하는, 생장력이 있는. 2 식물의 생장[기능]에 관한; 식물(계)의. 3 (생식이) 무성(無性)의(asexual). 4 (생리) 식물성의, 자율 신경의. 5 식물을 생장시키는, 땅이 비옥한. ¶~ mold 옥토. 6 의욕이 없는; 아무것도 하지 않고 지내는, 무위도식하는. ~·ly 부 ~·ness 명

végetative fúnctions 명 =vegetal functions.

végged óut [védʒd-] 형 (美속어) 마약[술]으로 쇠약한.

veg·gie [védʒi] 명 (美구어) 1 야채(vegetable)(* diet 중인 젊은 여성이 쓰는 말). 2 채식주의(자의). ── 명 채식주의(자)의. (또는 vegie, veggy)

véggie búrger 명 =vegeburger.

*·**ve·he·mence** [ví:əməns] 명 U 1 열심, 열정, 열의. 2 격렬함, 맹렬함, 맹위. (또는 **vehemency**)

*·**ve·he·ment** [ví:əmənt] 형 1 열심인, 열렬한, 열광적인. ¶a ~ preacher 열정적인 설교자. 2 (감정·주장·찬반 따위가) 맹렬한, 격렬한; 분노에 불타는, 악의에 찬. ¶~ opposition[antipathy] 맹렬한 반대[반감] / ~ reaction 격렬한 반응. 3 (동작 따위가) 정력적인, 힘있는, 기운찬. 4 (바람·박수 따위가) 격렬한, 맹렬한. 5 (색채가) 선명한, 강렬한, 화려한. ~·ly 부

‡**ve·hi·cle** [ví:ikl, ví:hi-/ví:i-] 명 (롯~**s** [-z]) 1 수송[운반] 수단, 운반 기구, 탈것, 차. 2 전달 수단, 매개물, 매체; (목적 달성의) 수단, 기관 (*for, of*). ¶Music can be a ~ *for*[*or of*] ideas. 음악은 사상의 전달 수단이 될 수 있다. 3 [그림] 전색제(展色劑), 용액(그림 물감을 풀기 위한 기름·물 따위); (약학) 부형약(賦形藥)(약에 첨가하는 약물 작용이 없는 물질). 4 [로켓] (연료 따위를 제외한) 우주 로켓 본체. ¶a space ~ 우주선. 5 특정 배우의 능력이 잘 나타나도록 씌어진 희곡[시나리오]. 6 [수사] (은유에서의) 매체.

véhicle cúrrency 명 국제 거래 통화.
véhicle lícence 명 (英) 자동차 검사증.

ve·hic·u·lar [vi:híkjulər] 형 1 운반 기구의, 탈것에 의한[관한]; 탈것으로 사용되는; 차로 운반되는, 이동식의. ¶a ~ library 이동 도서관(美) bookmobile). 2 매개물의; 매체로서 사용되는.

vehícular lánguage 명 매개(공통)어(언어가 다른 종족간에 사용되는 제3의 언어: 인도의 영어 따위).

V-eight, V-8 [ví:éit] 명형 V형 8기통 엔진(의), V8(의).

‡**veil** [veil] 명 (롯~**s** [-z]) 1 베일, 면사포. ¶drop a ~ 베일을 내리다. 2 (수녀의) 베일, 수녀 생활(생활(誓願)). 3 (a ~, the ~) 덮개, 씌우개, 덮어 가리는 것; 장막, 휘장. ¶a ~ of smoke 시계(視界)를 가리는 연기. 4 가림, 구실, 겉치레. 5 [동물] 연막(軟膜); 균막(菌膜). [해부] 막(velum); [소코·北英] 대망막(大網膜)(caul). 6 [사진] 가벼운 흐림; (목소리의) 쉼.
beyond [or *behind, within*] *the veil* 저승에.
draw [or *cast, throw*] *a* [or *the*] *veil over* …에 대해 입을 다물다, 비밀로 해 두다, 덮어 숨기다.
lift the veil ① 베일을 벗기다. ② 진상을 밝히다.
pass the veil 저승에 가다, 죽다.
take the veil 수녀원에 들어가다, 수녀가 되다.

veiled

under the veil of …라는 구실 아래, …을 빙자하여.
── 图 (~**s** [-z]) 图 1 …에 베일을 씌우다[치다]. 2 …을 덮다, 덮어 감추다(*under, in, with, from*); 속이다, 가장하다. ¶~ one's intentions 의도를 가슴 속에 숨기다/The mist ~*ed* the hills. 안개가 산들을 가렸다. ── 图 베일을 쓰다.
～·**less**, ～·**like** 图

veiled [veild] 图 1 베일을 쓴[친]. 2 숨겨진, 가장한; (음·소리가) 분명치 않은.¶a ~ fact [meaning] 숨겨진 사실[의미]/a ~ voice 분명치 않은 목소리.
veil·ed·ly [véilidli] 图
veil·ing [véiliŋ] 图 1 베일용의 천.
veil·ing [véiliŋ] 图 1 베일로 감추기. 2 베일, 커튼
‡**vein** [vein] 图 (图 ~**s** [-z]) 1 정맥(图 artery); 혈관. 2 (곤충의) 시맥(翅脈); (잎·꽃잎의) 나뭇결, 돌결, 줄; 갈라진 틈, 절리(節理). 3 광맥, 암맥(岩脈)(lode). ¶~s of quartz 석영 광맥. 4 (지층 중의) 수맥, 수로; 지하수(맥). 5 图 성질, 기질, 경향; 글 투, 말 투 (~) (일시적인) 기분, 마음. ⇨MOOD 国의에¶a man of romantic ~ 성질이 낭만적인 사람/in a humorous ~ 농담조로/He has an imaginative ~. 그는 상상력이 풍부하다.
drain the main vein (美속어) (남자가) 방뇨하다.
in the vein for …하고 싶은 기분이 들어.
pop a vein (美구어) 핏대를 세우고 화를 내다.
── 图 1 …에 (맥과 같은) 줄을 넣다. 2 …의 위를 맥처럼 뻗다, …을 맥처럼 관통하다.
～·**al**, ～·**less**, ～·**like** 图

veined [veind] 图 혈관이 통한; 맥[나뭇결, 절리(節理)]이 있는, 엽맥(葉脈)[시맥]이 있는. ¶무늬; 맥, 줄.
vein·ing [véiniŋ] 图 맥 형성 (과정); 맥 배열 무늬.
vein·let [véinlit] 图 소정맥(小靜脈); 《식물》 세맥(細脈), 지엽맥(支葉脈); (곤충의) 소맥(小翅脈).
vein·ous [véinəs] 图 =veiny. 〔식물용〕
vein·print [véinprint] 图 (손등의) 정맥문(紋)(개인식별용)
vein·ule [véinju:l] 图 =venule. (또는 **veinulet**)
vein·y [véini] 图 정맥[맥, 줄]이 많은[있는].
ve·la [ví:lə] 图 velum의 복수형.
ve·la·men [vəláːmen/-men] 图 (图 **-lam·i·na** [-læmənə]) 1 〔해부〕 막, 피막(被膜)(velum). 2 〔식물〕 근피(根被).　**vel·a·men·tous** [vèləméntəs] 图
ve·lar [ví:lər] 图 〔음성〕 연구개(軟口蓋)[음]의; 〔해부〕 연구개의[를 형성하는].
── 图 연구개(자음)(~ consonant)([k, g, ŋ] 따위).
ve·lar·i·um [vəlέəriəm] 图 (图 ***-i·a*** [-iə]) 1 (고대 로마) (극장·원형 극장의) 차일, 천막. 2 《동물》 (해파리 따위의) 의연막(擬緣膜).
ve·lar·ize [ví:ləràiz] 图(타) 〔음성〕 …을 연구개음화하다; …을 연구개로 발음하다.　**-i·zá·tion**
ve·lar·ized [ví:ləràizd] 图 〔음성〕 연구개로 발음한; 연구개음화한.

Vel·cro [vélkrou] 图 1 〔상표〕 벨크로, 찍찍이(나일론(製)의 접착포(布)). 2 (v-) (속어) 여성 동성애자, 레즈비언.　～**ed** [velt, felt] 图 (보통 the ~) (남아프리카의) 초원.
veld, veldt [velt, felt] 图 (보통 the ~) (남아프리카의) 초원.
ve·le·ta [vəlí:tə] 图 벨레타(3박자의 사교 댄스).
vel·i·ta·tion [vèlətéiʃən] 图 작은 충돌; 소 논쟁.
ve·lle·i·ty [vəlí:əti/ve-] 图 1 불분명한 의욕(행동에 나타나지 않는 가장 약한 형태의 의욕). 2 (달성하려고 노력하지 않는) 약한 욕망[의지 (작용)]; 단순한 소망.
vel·li·cate [vélkèit] 图 씰룩씰룩 움직이다[움직이게 하다], 경련을 일으키다[일으키게 하다].
-cá·tion 图 (안면의) 경련.　**-cà·tive** 图
vel·lum [véləm] 图 1 (제본용) 송아지피지 (皮紙); ⓒ 송아지 피지의 문서. 2 벨럼, (트레이스용의) 상질지(上質紙), 모조 피지. ── 图 송아지 피지[벨럼]로 만든[로 장정한, 비슷한].
véllum pàper 图 모조 양피지(견고한 크림색 종이).
vel·lum·y [véləmi] 图 송아지 피지와 비슷한.

velvety

ve·lo·ce [vəlóutʃi, *It* velótʃe] 图 图 〔음악〕 빠른 템포의(로), 빠른, 활발. 〈It〉
ve·lo·cim·e·ter [vì:lousíməɾər, vèl-] 图 속도계.
ve·lo·cious [vəlóuʃəs] 图 빠른, 고속의.
ve·lo·ci·pede [vəlásəpìd/-lɔ́s-] 图 1 (전륜 페달식의) 초기 자전거. 2 (美) (어린이용) 세발 자전거(tricycle). 3 (철도용) 수동차(手動車)(handcar).
‡**ve·loc·i·ty** [vəlásəti/-lɔ́s-] 图 图© 1 图© (a ~) 빠르기, 속력. ⇨SPEED 国의에¶the ~ of a bullet 탄환의 속도/A typhoon is approaching at a ~ of 20 km per hour. 태풍이 시속 20킬로미터의 속도로 접근하고 있다. 2 〔역학〕 속도. ¶accelerated [initial] ~ 가속[초]속도/~ function 속도 함수. 3 〔야구〕 (강속구(强速球)의) 구속(球速). 4 (자금 따위의) 회전율.
velócity mícrophone 图 벨로시티 마이크로폰 (음향 진동의 순간 속도에 비례하여 전기 출력이 변화하는 마이크).
velócity modulátion 图 〔전자〕 속도 변조(變調)(가속과 감속을 교대로 가하여 전자류(電子流)의 속도를 바꾸는 일).
velócity of circulátion [móney] 图 〔경제〕 (화폐의) 유통 속도.
velócity of escápe 图 〔물리·로켓〕 =escape velocity.　〔만 km/s.; ⑦ c〕.
velócity of líght 图 (the ~) 〔물리〕 광속(도)(약 30만 km/s.; ⑦ c).
ve·lo·drome [ví:lədròum, vél-] 图 자전거 경주장, 경륜장, 벨로드롬.
ve·lour [vəlúər] 图 ⓤⓒ 벨루어(벨트를 보풀을 일게 한 모직). ¶벨루어 모자; 벨벳. (또는 **velours**)
ve·lum [ví:ləm] 图 (图 **-la** [-lə]) 1 〔해부〕 막(膜), 연구개(軟口蓋). 2 《식물》 균막(菌膜); 《동물》 (해파리의) 연막(緣膜), (연체 동물의) 면반(面盤).
ve·lure [vəlúər] 图 ⓤⓒ 벨벳류(類); ⓒ (실크 모자용의) 벨벳 브러시. ── 图(타) (모자)를 벨벳 브러시로 문지르다(손질하다).
ve·lu·ti·nous [vəlú:tənəs] 图 〔동·식물〕 (표면이) 벨벳 모양의, 벨벳처럼 부드러운(velvety).
vel·ver·et [vélvərət] 图 ⓤⓒ 거친 면(綿)벨벳.
‡**vel·vet** [vélvit] 图 1 ⓤⓒ 벨벳, 비로드, 우단.¶cotton ~ 면 벨벳/silk ~ 비단 벨벳. 2 (감촉·광택 따위가) 벨벳 같은 것. 3 녹용(鹿茸). 4 (구어) 쾌적한 상황; 벨벳으로 딴 돈; 상금, 순이익.
be [or ***stand***] ***on velvet*** (구어) 유리한[벌이가 좋은] 지위에 있다; (속어) (도박·투기·경기 따위에) 반드시 이득을 볼 수 수 있는 지위에 있다.¶We are on ~ financially. 우리는 경제적으로 풍족한 입장이다.
to the velvet 흑자인, 벌고 있는. ¶We were $10,000 *to the ~*. 우리는 1만 달러 흑자였다.
── 图 1 벨벳(제)의; 벨벳으로 덮인. (또는 **velveted**) 2 (또는 **velvetlike**) 벨벳 같은, 매끄럽고 부드러운.
vélvet ànt 图 〔곤충〕 개미벌.
vélvet bèan 图 〔식물〕 미국 남부산(產) 콩과의 1년생 덩굴콩(사료·관상용).
vélvet cárpet 图 벨벳 융단(보풀이 긴 고급 융단).
vel·vet·een [vèlvətí:n] 图 1 ⓤ 면 벨벳. 2 (~s) 면 벨벳제 (반)바지. 3 (~s) (단수취급) (英) (면 벨벳바지를 입은) 사냥터 관리원, 밀렵 감시인.
vélvet glóve 图 벨벳 장갑; 외면적인 상냥함. 〔剛〕
an iron hand in a velvet glove 외유 내강(外柔內剛)
handle with velvet gloves (단호한 의지를 감추고) 겉으로는 상냥하고 부드럽게 다루다.
vel·vet·ing [vélvitiŋ] 图 ⓤ (집합적) 벨벳 제품.
vélvet páw 图 고양이의 발(온화함을 가장한 잔인함).
vélvet revolútion 图 벨벳 혁명(1989년 체코슬로바키아의 평화적 민주 혁명).　〔제도산(產)〕
vélvet spónge 图 벨벳 해면(海綿)(멕시코·서인도 산).
＊**vel·vet·y** [vélviti] 图 벨벳 같은, 매끄럽고 부드러운; (술 따위가) 맛이 순한. ¶a ~ wine 순한 포도주.

Ven. Venerable; Venezuela; Venice.
ve·na [víːnə] 图 (图 **-nae** [-niː]) 〔해부〕 정맥(vein).
ve·na ca·va [-kéivə] 图 (图 **-e -e** [víːniː kéivíː]) 〔해부〕 대정맥. [<L hollow vein]
ve·nal [víːnl] 图 1 (사람이) 돈으로 움직이는, 매수되기 쉬운, 타락한. ¶a ~ official 매수되기 쉬운 공무원. 2 (물건·행위·동기 따위가) 돈으로 움직이는, 돈에 좌우되는, 타산적인. ¶a ~ office 돈으로 산 지위/a ~ vote 매수된 표. **~·ly** 图
ve·nal·i·ty [viːnǽləti] 图(U) 돈에 좌우되기, (재능 등을) 이득을 노리고 버리기; 지위의 부정 이용; (금전상) 지조가 없음.
ve·nat·ic [viːnǽtik] 图 사냥(용)의, 사냥을 좋아하는, 사냥으로 생활하는. ¶~ tribes 수렵 민족. (또는 **venatical**) **-i·cal·ly** 图
ve·na·tion [viːnéiʃən] 图(U) 맥상(脈狀), 맥계(脈系) (엽맥[시맥](翅脈)의 분포 상태); (집합적) 엽맥, 시맥. **~·al** 图
vend [vend] 国(단) 1 …을 판매하다, 팔고 다니다; 〔의견·계획을〕 발표하다. 2 〔법률〕 팔다; (토지·가옥 따위를) 매각하다. ─재 팔다, 행상하다; (물건이) 팔리다. **∠·a·ble** 图
ven·dace [véndis, -deis] 图 (图 ~, **-dac·es** [-iz]) (스코틀랜드·잉글랜드산(産)의) 흰송어(whitefish).
vend·ee [vendíː] 图 〔법률〕 매주(買主), 매수인. 图
vend·er [véndər] 图 =vendor.
ven·det·ta [vendétə] 图 피의 복수, (Corsica 섬·이탈리아 각지의) 대를 이은 원수 갚음, 근친(近親) 복수; 뿌리 깊은 대립[반목], 앙숙. **-tist** 图
vend·i·ble [véndəbl] 图 팔리는, 팔 수 있는; (폐어) 돈에 좌우되는. ─ 图 (~s) 팔리는 물건, 판매 가능품. **∠·bil·i·ty** 图 팔림, 시장 가치. **~·ness** 图 **-bly** 图
vénd·ing machìne [véndiŋ-] 图 자동 판매기.
ven·di·tion [vendíʃən] 图(U) 판매, 매각.
ven·dor [véndər, vendɔ́ːr/vendɔ́ː] 图 1 노점 상인, 행상인. 2 〔법률〕 매주(賣主), 매각자(與 vendee). 3 =vending machine. (또는 **vender**)
ven·due [vendjúː/vendjúː] 图 (美) 공매, 경매.
ve·neer [vəníər] 图(U)(C) 1 덧붙이는 판자, 화장판(化粧板)(가구 따위에 덧붙이는 판자). 2 단판(單板)(베니어판(plywood)의 각 층). 3 (C) 겉치장, 허식(gloss). ¶a ~ of culture 교양 있는 체함. ─ 国(단) 1 …에 덧붙이는 판자를 붙이다, 화장판을 대다(with, in). ¶~ a wall with mahogany 벽에 마호가니 화장판을 붙이다. 2 〔단판〕을 합쳐서 붙이다. 3 …의 겉을 꾸미다, 겉치레를 하다; 〔결점 따위를〕 그럴 듯하게 감추다(with). **~·er** 图
ve·neer·ing [vəníəriŋ] 图(U) 1 덧붙이는 판자 만들기, 화장판 가공. 2 (합판용) 단판재(材), 화장판. 3 겉치장을 붙인 표면. 4 (C) 겉치장.
ven·e·nate [vénənèit] 国(단) …에 독을 넣다, …을 독살하다. ─재 독물을 투여하다. **∠·ná·tion** 图
ven·e·nous [vénənəs] 图 (고어) 유독한.
*__ven·er·a·ble__ [vénərəbl] 图 1 (연령·품격·지위 등으로 보아) 존경할 만한, 공경할 만한. ¶a ~ gentleman 위엄 있는 신사. 2 (토지·건물 등이) 고색창연한, 유서 깊은, 유서 있는 신전. 3 〔영국 국교회〕 …사(師)(부감독(archdeacon)의 경칭); (the V-) (명사적) 〔가톨릭〕 가경자(可敬者)- (성인·복자(福者)의 경칭), 3 아주 오래된, 전통있는; 옛날의. ─ 图 존경할 만한해야 할 사람. **∠·bil·i·ty** 图 **~·ness** 图 **-bly** 图
ven·er·ate [vénərèit] 国(단) …을 존경하다, 공경하다; 경모하다(revere). **-a·tor** 图 존경[숭배]하는 사람.
ven·er·a·tion [vènəréiʃən] 图(U) 존경, 숭배, 존숭; 존경심. ⇒RESPECT 유의어 ¶do [or show] ~ to …에 존경[숭배]를 나타내다.
hold a person **in veneration** 남을 존경[숭배]하다.
ve·ne·re·al [vəníəriəl] 图 1 성교(성욕)의; 의해 생기는. 2 성병의[에 걸린]. ¶a ~ patient 성병 환자. 3 성병 치료에 적합한. ¶a ~ remedy 성병 치료제. 4 성욕을 자극하는[북돋우는]; 성기의. **~·ly** 图
venéreal disèase 图 〔병리〕 성병 (图 VD).
venéreal wárt 图 성병 사마귀(음부 점막·항문 둘레에 생기는 바이러스성 돌기).
ve·ne·re·ol·o·gy [vəníəriálədʒi/-ɔ́l-] 图(U) 성병학. (또는 **venerology**) **-o·log·i·cal** [-əládʒikəl/-lɔ́dʒ-] 图 성병과의. **-gist** 图
ven·er·y¹ [vénəri] 图(U) (고어) 성교(coitus); 호색.
ven·er·y² [vénəri] 图(U) (고어) 수렵, 사냥; 사냥감.
ven·e·sec·tion [vènəsékʃən] 图(U) 〔외과〕 정맥 절개, 사혈(瀉血)(phlebotomy). (또는 **venisection**)
Venet. Venetian.
Ve·ne·ti·a [vəníːʃiə, -ʃə] 图 베네치아(이탈리아 북부 고대 로마의 한 지방); =Venezia.
*__Ve·ne·tian__ [vəníːʃən] 图 1 베네치아(사람)의, 베니스에 관한, 베니스풍[식]의. ─ 图 1 베니스 사람. 2 베네치아의(수직 또는 능직으로 짠 모직물[면직물])(~ cloth). 3 (v-) =v- blind.
Venétian blínd 图 (보통 ~s) 베니스 블라인드(끈으로 오르내리기 하여 채광 조절을 하는 올이 넓은 발).
Venétian blúe 图 (때로 v-) 베니션 블루(코발트 블루(cobalt blue) 비슷한 짙은 청색).
Venétian cárpet 图 베니스 융단(계단·복도용).
Venétian chálk 图 (재단용) 분필.
Venétian dóor 图 (옆문이 2개 있는) 베니스식 문.
Venétian gláss 图 (때로 v- g-) 베니스산(産) 유리 그릇, 색무늬를 넣은 장식 유리.
Venétian láce 图 손으로 뜬 레이스의 일종.
Venétian mást 图 장식 기둥.
Venétian péarl 图 (때로 v- p-) (유리로 만든) 모조 진주.
Venétian pínk 图 베니션 핑크(노란색을 띤 온화한 핑크색).
Venétian réd 图 베니션 레드(적색 안료의 일종); 거무스름한 주황색.
Venétian shútter 图 (3단으로 된) 베니스식 창문[덧문].
Venétian wíndow 图 (2개의 옆창이 있는) 베니스식 창.
Venez. Venezuela.
Ve·ne·zi·a [venétsia/It venétsia] 图 Venice의 이탈리아어명.
Ven·e·zue·la [vènəzwéilə, -zwíː-/Sp beneθwéla] 图 베네수엘라(남미 북부의 공화국; 수도 Caracas).
Ven·e·zue·lan [vènəzwéilən] 图 베네수엘라의, 베네수엘라 사람의. ─ 图 베네수엘라 사람.
‡**venge·ance** [véndʒəns] 图(U)(C) 복수, 원수 갚기, 앙갚음, 그 행위. ⇒REVENGE 유의어 ¶He took a bloody ~ on the murderer. 그는 살인자를 죽여 원수를 갚았다 // Heaven's ~ is slow but sure. (속담) 천벌은 더디지만 반드시 온다. 2 (U) 복수심.¶a man full of ~ 복수심에 불타는 남자.
exact a vengeance from a person **for** 남에게 …의 복수를 하다.
take [or **inflict, wreak**] **vengeance on** [or **upon**] a person **for** 남에게 …에 대한 복수를 하다.
with a vengeance (구어) 강하게, 격렬하게; 대단히, 철저히; 글자 그대로, 올바르게, 틀림없이. ¶It rained with a ~. 비가 억수로 왔다.
venge·ful [véndʒfəl] 图 복수심이 있는[에 불타는], 앙심을 품은; 집념이 강한. ¶He has a ~ nature. 그는 집념이 강한 기질의 소유자다.
ve·ni·al [víːniəl, -njəl] 图 용서되는, 참작되는; (과실·죄 따위가) 가벼운, 용서할 수 있는; 사소한 (與 mortal). ¶a ~ error 사소한 잘못/a ~ sin (가톨릭) 소죄(小罪). **-al·i·ty** [-ǽləti] 图(U) 용서받을 수 있음; 가벼운 죄. **~·ly** 图 **~·ness** 图
vénial sín 图 〔가톨릭〕 소죄(小罪), 경죄.

Ven·ice [vénis] 〖명〗 1 베니스(베네치아의 영어명; 이탈리아 동북부의 항구 도시). 2 **the Gulf of ~** 베니스만(아드리아 해 북부의 만(灣)).

ven·in [vénin, ví:n-] 〖명〗〖생화학〗 베닌(뱀의 독액에 함유된 유독 물질의 총칭).

ven·i·punc·ture [vénəpʌ̀ŋktʃər, ví:nə-] 〖명〗〖의학〗 정맥 주사(천자(穿刺)). (또는 **venepuncture**)

ve·ni·re [vənáiəri] 〖명〗 〖미〗〖법률〗 1 배심원 호출 명령장(sheriff에게 배심원 소집을 명하는 영장). 2 배심원 후보자 명단. (<L)

venire fá·ci·as [-féiʃiæ̀s] 〖명〗〖법률〗 =venire 1.

ve·ni·re·man [vənáiərimən] 〖명〗 〖법률〗 (배심원 호출 명령장으로 호출된) 배심원. 「짐승 고기.

*****ven·i·son** [vénəsn, -zn] 〖명〗U 사슴 고기; 사냥한

Ve·ni·te [vináiti] 〖명〗U〖C〗 〖가톨릭〗 베니테((아침 기도 시간에 송가로 쓰이) 시편 95편; 그 악곡).

ve·ni, vi·di, vi·ci [víːnai váidai víːsai, véini víːdiː víːtʃiː] 왔노라, 보았노라, 이겼노라 (* Julius Caesar가 로마 원로원에 승리의 보고를 했을 때의 말). [<L I came, I saw, I conquered]

Vénn diagram [vén-] 〖명〗 〖수학·논리〗 벤 다이어그램(원으로 집합과 명제의 상호 관계를 나타내는 도식). [<영국의 논리학자 John Venn(1834-1923)의 이름]

ve·no- [víːnou, -nə, -nɔ-] 〖연결〗 vein의 뜻.

ve·no·gram [víːnəgræ̀m] 〖명〗 정맥 조영도(造影圖) (phlebogram).

ve·nog·ra·phy [viːnágrəfi/-nɔ́g-] 〖명〗 정맥 조영(법)(phlebography).

ve·nol·o·gy [viːnálədʒi/-nɔ́l-] 〖명〗 정맥학(phlebology).

*****ven·om** [vénəm] 〖명〗U 1 (독사 따위의) 독액, 독. ⇒POISON 〖유의어〗¶a ~ duct [fang, gland] 독관(毒管)[독니, 腺]. 2 원한, 악의; 독설. ¶spit out the words with ~ 독설을 내뱉다. 3 〖고어〗 독(극물).
— 〖명〗〖타〗 …에 독을 타다(envenom).

ven·om·ous [vénəməs] 〖명〗 1 (동물이) 독액을 분비하는; 독이 있는, 유독한. ¶a ~ snake 독사. 2 원한을 품은, 악의에 찬; 불쾌한. ¶a ~ tongue 독설.
~·ly 〖명〗 **~·ness** 〖명〗

ve·nose [víːnous] 〖명〗 =venous.

ve·nos·i·ty [vináːsəti, -nɔ́s-] 〖명〗U 정맥이 많음, 엽맥[시맥]이 많음; 〖생리〗 정맥 울혈.

ve·nous [víːnəs] 〖명〗 정맥의(에 관한), 을 흐르는; 〖식물〗 엽맥이 많은; 〖동물〗 시맥(翅脈)이 있는; 〖생리〗 정맥혈의. 〖명〗 arterial **~·ly** 〖명〗 **~·ness** 〖명〗

*****vent**[1] [vent] 〖명〗 1 (기체·액체 따위가 출입하는) 구멍, 통풍구; (총포의) 화문(火門); (통의) 통기구(通氣口); (굴뚝의) 연도(煙道), (관악기의) 지공(指孔); (화산의) 분기공. 2 U (새 따위의) 항문. 〖명〗 a way ~ for (감정 따위의) 표현, 발로, 표출(to); 탈출구, 도피 수단 (for). ¶They found a ~ for their emotions in song. 그들은 감정의 배출구를 노래에서 찾았다. 3 〖동물〗 (새·파충류 따위의) 항문, 배설구. 4 (상의 따위의) 터놓은 곳. 5 U〖C〗 (수달 따위가 호흡하기 위하여) 수면에 머리를 내밀기.

give vent to (노여움·슬픔 따위를) 표출하다, 폭발시키다(*in, by doing*); [정력 따위를] 발산시키다; [음 따위를] ~ **to** one's indignation [a ~] 를 내다.

take vent (액체 따위가) 새다. [를 내다.

—〖명〗〖타〗 1 (감정 따위를) 발산하다, 드러내다; 입밖에 내다(*on, upon, with, by doing; +前+名*) He ~ed his ill-temper *upon* his son. 그는 아들에게 화풀이했다. 2 (재귀용법으로) …의 시름을 풀다, 기분을 풀다(*in*). ¶ (~+圓+名) She ~*ed* herself *in* an outburst of tears. 그녀는 한바탕 울고 나서 속이 후련해졌다. 3 (액체·공기 따위를) 내다, 토해 내다; (통에) 통풍[환기]구를 내다. — 〖명〗〖자〗 1 (수달 따위가) 호흡하기 위하여 수면에 떠오르다. 2 (액체·공기 따위가) 출구를 발견하다, 새어나오다.

vent *oneself* 감정을 속시원히 털어놓다[폭발시키다].
~·less 〖명〗

vent[2] (美구어) 복화술사(ventriloquist).

vent·age [véntidʒ] 〖명〗 (기체·액체 따위의) 출구, 누출구; [배기]공(孔), (관악기의) 지공(指孔); (감정의) 배출구.

ven·ter[1] [véntər] 〖명〗 1 〖해부·동물〗 복부(腹部); 배 모양으로 들어간 곳; 〖법률〗 (자손의 원천으로서의) 태(胎), 배; 아내, 어머니. ¶brothers of the same ~ 같은 배의 형제.
in venter 수태(受胎)하여.

vent·er[2] 생각[감정·화·슬픔 등]을 표출하는 사람.

vent·hole [vénthòul] 〖명〗 (공기·연기 따위의) 출구, 통기구(通氣口), 채광창. 〖명〗 관, 공기 구멍.

ven·ti·duct [véntədʌ̀kt] 〖명〗 (건물·방 따위의) 통풍관.

ven·til [véntl] 〖명〗 〖음악〗 (금관 악기·오르간의) 피스톤, 활전(活栓).

*****ven·ti·late** [véntəlèit] 〖명〗〖타〗 1 (실내·갱내)를 환기하다, 통풍시키다. ¶The fan ~*s* the room. 그 선풍기는 방을 환기시켜 준다. 2 …에 신선한 공기를 통하게 하다; (혈액)을 공기를 통해서 정화하다; (혈액)에 산소를 공급하다. 3 (공기·바람 따위가) …에 잘 들이치다, 유통하다. 4 …을 공기[바람]에 쐬다, 노출하다. 5 (문제 따위)를 자유롭게 검토[논의]하다, …을 여론에 호소하다. 6 (의견·감정 따위)를 말하다, 표명하다. 7 …에 환기구를 설치하다.

ven·ti·lat·ing [véntəlèitiŋ] 〖명〗 환기[통풍]에 도움이 되는, 환기[통풍]용의.

véntilating sháft 〖명〗 〖광산〗 환기[통기] 수직갱(坑).

*****ven·ti·la·tion** [vèntəléiʃən] 〖명〗U 1 환기, 통풍; 환기[통풍] 장치[상태]. 2 (감정의) 표출, 발로; (자유) 토의, 공개 토론; 공표, 표명. 3 〖생리〗 환기(폐와 외기(外氣)·폐포(肺胞)와 혈액간의 가스 교환).

ven·ti·la·tive [véntəlèitiv] 〖명〗 환기[통풍]를 잘 시키는; 환기[통풍]용의.

ven·ti·la·tor [véntəlèitər] 〖명〗 1 환기 장치[창], 통풍관[구], 송풍기; (모자의) 바람 구멍. 2 여론에 묻기 위해서 문제를 제기하는 사람. 3 인공 호흡 장치.

ven·ti·la·to·ry [véntələtɔ̀ːri/-lèitəri] 〖명〗 통풍[환기]의; 환기 장치가 있는. 「에서 자는 노숙자.

vént màn (美속어) 도시 뒤편 따위의 노상 환기구 옆

vent-peg [²pèg] 〖명〗 (통의) 바람[공기] 구멍 마개.

vént pìpe 〖명〗 배기관(排氣管), 통풍관.

vent-plug [²plʌ̀g] 〖명〗 =vent-peg.

ven·tral [véntrəl] 〖명〗 1 배의, 복부(腹部)의[에 있는]. 2 〖동물·해부〗 복쪽의[에 있는](〖명〗 dorsal); 하면(下面)의, (등 부분의 반대인) 전면의. 3 〖식물〗 (꽃잎·잎 등의) 하면[내면]의. — 〖명〗 배지느러미. **·ly** 〖명〗

véntral fín 〖명〗 1 〖어류〗 배지느러미(pelvic fin); 꼬리지느러미(anal fin). 2 〖항공〗 벤트럴 핀(비행기의 동체 후부 밑에 있는 기체 방향·좌우 안정 장치).

ven·tri- [véntri] 〖연결〗 ⇒VENTRO-. ¶*ventricose*.

ven·tri·cle [véntrikl] 〖명〗 1 (동물의) 강(腔). 2 (심부) (심장의) 심실(心室); 뇌실(腦室). 3 (뇌·후두(喉頭) 따위의) 공동(空洞), 실(室).

ven·tri·cose [véntrikòus] 〖명〗 배가 튀어나온, 장구통배의; 한쪽으로 돌출한. (또는 **ventricous**)
-cos·i·ty [²kásəti/-kɔ́s-] 〖명〗

ven·tric·u·lar [ventríkjulər] 〖명〗 1 〖해부〗 (심장의) 심실(心室)의; (뇌의) 뇌실의, 공동(空洞)의, 실(室)의. 2 배의, 배 모양의. 3 (배가) 튀어나온.

ven·tric·u·log·ra·phy [ventrìkjəlágrəfi/-lɔ́g-] 〖명〗(약어) 뇌실[腦室] 촬영법(法); 심실 촬영(법).

ven·tric·u·lus [ventríkjuləs] 〖명〗 (*pl.* **-li** [-lài]) 〖동물〗 1 위(胃); (곤충의) 위. 2 (새의) 모래주머니.

ven·tri·lo·qui·al [vèntrəlóukwiəl] 〖명〗 복화술(腹話術)의; 복화술을 쓰는. (또는 **ventriloqual**) **~·ly** 〖명〗

ven·tril·o·quism [ventríləkwìzm] 〖명〗U 복

ven·tril·o·quize [ventríləkwàiz] 타 복화술을 하다[로 이야기하다].

ven·tro- [véntrou, -trə] 연결 abdomen(배)의 뜻 (* 모음 앞에서는 ventr-). ¶*ventrotomy*(개복 수술). (또는 **ventri-**)

‡**ven·ture** [véntʃər] 명 (-*s* [-z]) 1 ⓤ 모험(성); ⓒ 모험적 시도[행위]. 2 (투기적) 기업[사업]; (위험이 따르는) 신규 개발 사업. 3 모험적 사업[투기]의 대상물 (배·뱃짐·상품·도박에 건 돈 따위). 4 ⓤⓒ 《폐어》 위험, 우연, 운.
at a venture 되는대로(at random), 운에 맡기고.
be ready for any venture 어떤 모험도 각오하다.
— 타 (~*s* [-z]; ~*d*; *-tur·ing*) 타 1 …을 위험으로 빠뜨리다(*in, into*); [생명·재산]을 (내)걸다(risk)(*on, upon*). ¶(~+목+전+명) He ~*d* his fortune *on* a single chance. 그는 한 번의 기회에 재산을 내걸었다. 2 위험을 무릅쓰고 …하다, 과감히 …을 하다(*to do*); (재귀용법으로) 위험을 무릅쓰다. ¶Will you ~ an investment in this enterprise? 과감히 이 사업에 투자하지 않겠습니까? // (~+*to do*) I ~ *to say*. 실례를 무릅쓰고 말씀드리겠습니다 / May I ~ *to ask* your help? 도움을 청해도 될까요? 3 [의견 따위]를 과감히 말하다, 시험삼아 발표하다. 4 《고어》 …을 신뢰[신용]하다. 5 《위험한 줄 알면서도》 [상품 따위]를 내보내다.
— 자 1 위험을 무릅쓰고 하다, 과감히 해보다(*on, upon*). ¶(~+전+명) ~ *on* a protest 과감히 항의하다 / Will you ~ *on* a glass of whiskey? 위스키를 한 잔 하지 않겠습니까? 2 과감히 가다, 위험을 무릅쓰고 나아가다. 3 …에 마주치다, 조우하다(*on*). 4 벤처 기업에 투자하다.
Nothing venture, nothing have [or *gain, win*].; *Nothing ventured, nothing gained.* 《속담》 호랑이 굴에 들어가야 호랑이를 잡는다.
venture oneself 위험을 무릅쓰다, 감히 나아가다.
— 명 벤처 기업의, 새 사업에 대한 투자 자본의. ¶a ~ fund 신규 사업 자금.
vénture bùsiness 명 벤처 기업[사업], 신분야 개척[모험] 기업[사업]. ⓢ venture capital
vénture càpital 명 《미》 벤처 캐피털, 위험 투자 자본(risk capital); 투기 자본 ⓒ VC.
vénture càpitalism 명 벤처 기업 투자 (활동). ⓢ venture business **vénture càpitalist** 명
vénture cùlture 명 벤처 컬처(적극적이고 모험을 좋아하는 기질의 풍토).
ven·tur·er [véntʃərər] 명 (주로 16-17세기의) 모험가; 투기꾼, 무역 상인. 「원(16-20세).
Vénture Scòut 《영》 (Boy Scouts의) 연장자 단
ven·ture·some [véntʃərsəm] 명 모험을 좋아하는, 대담한, 무모한; 위험이 따르는, 위험한. ¶a ~ sport 위험한 스포츠. ~·**ly** 부 ~·**ness** 명
ven·tú·ri (tùbe) [ventúəri(-)] 명 《때로 V- t-》 〔기계〕 벤투리관(管), 유량(流量) 측정관. 〈<이탈리아의 물리학자 G. B. Venturi(1746–1822)의 이름〉
ven·tur·ous [véntʃərəs] 명 =venturesome.
~·**ly** 부 ~·**ness** 명
vént window 명 (자동차의) 통풍 창(窓).
ven·ue [vénjuː] 명 1 〔법률〕 (범죄·불법 행위 따위의) 행위지(行爲地), 범행지; 소송 원인 발생지; 재판지. 2 행위[사건]의 현장; (스포츠 대회·정치 회의 따위의) 개최 지정지. 3 (논의·논쟁에서의) 입장, 논거.
change the venue 〔법률〕 (공평하도록 소송 진행을 위해) 재판지를 바꾸다.
ven·u·la [vénjələ] 명 〔해부〕 소(小)정맥, 세(細)정맥.
ven·ule [vénjuːl] 명 〔해부〕 소(小)[세(細)]정맥; (곤충의) 소시맥(小翅脈); 〔식물의〕 소엽맥. -**u·lar** 명
*‡**Ve·nus** [víːnəs] 명 1 〔로마 신화〕 비너스(고대 로마의 봄과 꽃밭의 여신; 후에 그리스 신화의 사랑과 미(美)의 여신 Aphrodite와 동일시되었다); 비너스의 상(像). ¶the ~ of Milo 밀로의 비너스. 2 《통 ~*es*》 《시》 절세의 미인; 성애(性愛), 색정. ¶a pocket ~ 몸매가 아담하고 작은 미녀. 3 〔천문〕 금성.
the mount of Venus ① 비너스의 언덕, 치구(恥丘) (mons veneris). ② (손금의) 금성구(金星丘)(엄지손가락 밑의 부분; 부분 정도에 따라 애정을 나타낸다).
Ve·nu·si·an [vənjúːʃən, -ʃiən/-njúːziən] 명 금성의. — 명 (상상적인) 금성 사람.
Vénus móund 치구(恥丘), 불두덩.
Vénus's flówer bàsket 명 〔동물〕 해로동혈(偕老同穴)(해면 동물의 일종).
Ve·nus's-fly-trap [víːnəsizfláitræp] 명 〔식물〕 (미국 Carolina 주산(產)) 끈끈이주걱, 파리지옥풀.
Vénus's-hair [-héər] 명 〔식물〕 공작고사리.
Ve·nus's-slip·per [-slípər] 명 〔식물〕 lady's-slipper.
ver. verse(s); version. **VERA** Versatile Experimental Reactor Assembly; (BBC의) vision electronic recording apparatus(TV 녹화 장치).
ve·ra·cious [vəréiʃəs] 명 거짓말을 하지 않는, 정직한; (이야기가) 진실한, 정말인; 정확한.
~·**ly** 부 ~·**ness** 명
ve·rac·i·ty [vəræsəti] 명 ⓤⓒ 1 늘 진실을 말하기, (사람의) 진실성, 정직; 사실과의 일치, (사람의) 진실성. 2 (감각·과학 기구 따위의) 정확성, 정확도. 3 진실, 진상, 진리. 「verandah.
‡**ve·ran·da** [vərændə] 명 베란다, 툇마루. (또는
ve·ran·daed [vərændəd] 명 베란다가 있는[딸린]. ¶a ~ house 베란다가 있는 집.
ve·ra·pam·il [viərəpǽmæl, vèr-] 명 〔약학〕 베라파밀(협심증 및 부정맥의 치료에 칼슘 길항약으로 쓴다).
ver·a·trine [vérətriːn] 명 ⓤ 〔화학〕 베라트린(sabadilla 씨에서 채취하는 유독성 알칼로이드 혼합물).
‡**verb** [vəːrb] 명 (통 ~*s* [-z]) 〔문법〕 동사(略 vb.). ¶an auxiliary ~ 조동사/a dative ~ 여격(與格) 동사/a causative ~ 사역동사/a finite ~ 정(定)동사/an intransitive [a transitive] ~ 자[타]동사/an irregular[a regular] ~ 불규칙[규칙]동사/a reflexive ~ 재귀동사.

*‡**ver·bal** [vɔ́ːrbəl] 명 1 말[언어]의, 구두(口頭)의. ¶~ symbols 언어 기호의/a ~ test 언어 적성 검사. 2 말[언어]에 의한, 말로서의. ¶a ~ error 말의 잘못/a ~ picture of a scene 말에 의한 장면의 묘사. 3 구두의(oral), 말로 나타낸. ¶a ~ message 구두 보고, 전갈/a ~ contract 구두 계약. 4 (사실·내용 따위에 관계가 없는) 말뿐인, 말로만의. ¶a ~ promise 말뿐인 약속/a ~ pedantry 말로만 학자인 체하기. 5 한마디 한마디의, (번역이) 문자 그대로의(literal), 축어적(逐語的)인. ¶a ~ translation 축어역/a ~ copy 말 그대로의 사본. 6 〔문법〕 동사의, 동사에서 파생된, 동사적인. ¶~ inflections 동사 변화/a ~ suffix 동사 접미사.
— 명 1 〔문법〕 준(準)동사(동명사·부정사·분사). 2 (종종 ~s) 〔법률〕 (법정·경찰에서 채택되는) 구두 진술, 자백; 자기에게 불리한 발언. 3 (V-) 《미구어》 (SAT의) 언어 시험(V- Test). ¶What did you get in [or on] your V-? 언어 시험은 몇 점 받았니? 4 《익살》 언쟁(quarrel).
— 명 타 《영속어》 …에게 자백시키다.
vérbal ádjective 명 〔문법〕 동사적 형용사(동사에서 파생된 형용사).
vérbal auxíliary 명 〔문법〕 조동사.
vérbal diarrhéa 명 《미속어》 병적 다변증(多辯症).
vérbal encóunter 명 회화, 인터뷰.
vérbal ímage 명 〔심리〕 언어 심상(心像).
ver·bal·ism [vɔ́ːrbəlìzm] 명 1 ⓤ 언어적 표현, 말 사용(법). 2 ⓒ 어구에 구애됨, 어구 비평, 어구를 캠. 3 형식적[상투적] 문구. 4 ⓤ 말이 많음, 장황함.
ver·bal·ist [vɔ́ːrbəlist] 명 말을 잘 가려쓰는 사람, 웅

ver·bal·i·ty [vərbǽləti] 명 1 수다, 다변(多辯). 2 말에 의한 표현. 3 UC 동사의 성질[성격].
ver·bal·ize [və́ːrbəlàiz] 타 1 …을 말로 나타내다. 2 (문법) …을 동사화하다, 동사적으로 쓰다. —자 말을 지나치게 많이 하다, 장황하게 말하다; 말로 표현하다. **-i·zá·tion**, **-iz·er** 명
ver·bal·ly [və́ːrbəli] 부 1 말로, 말에 관하여. 2 구두로; 축어적(逐語的)으로. 3 동사적으로.
vérbal nóte 명 (외교) 무서명 각서[문서], 구두 통첩.
vérbal nóun 명 (문법) 동사적 명사(동사에서 파생한 명사 또는 명사적 용법의 단어, 동명사 또는 부정사).
ver·ba·tim [vərbéitim] 부 한마디 한마디, 말 그대로(word for word); 같은 말로; 문자[말] 그대로 (literally). ¶translate a book ~ 책을 축어적으로 번역하다. — 형 말 그대로의; 한마디 한마디의, 축어적인. ¶a ~ report [translation] 축어적 보고[번역]. — 명 축어적 보고[번역, 설명].
ver·be·na [vərbíːnə] 명 마편초(속(屬)의 식물).
ver·bi·age [və́ːrbiidʒ] 명 U 1 (문장·말에) 쓸데없는 말이 많음, 장황, 다변. 2 (드물게) 말씨, 말주변.
ver·bi·cide [və́ːrbəsàid] 명 1 말의 뜻을 고의로 왜곡하기. 2 말의 뜻을 고의로 왜곡하는 사람.
ver·bid [və́ːrbid] 명 (문법) 준동사(verbal).
ver·bi·fy [və́ːrbəfài] 타 명 (명사 따위)를 동사화하다, 동사로 쓰다. **-fi·cá·tion**
ver·big·er·a·tion [vəːrbìdʒəréiʃən] 명 (병리) 암송증(暗誦症), 반복증(정신 분열증·치매 현상).
verb·less [və́ːrblis] 형 동사가 없는[붙지 않는].
ver·bo·ma·ni·a [vəːrbəméiniə] 명 단어광(單語狂), 말하기를 광적으로 좋아하는 사람; 말의 사용에 열중함.
ver·bose [vərbóus] 형 (경멸적) (사람·진술·문체 따위가) 말이[말수가] 많은, 장황한, 용장(冗長)한(⇔ laconic). **~·ly** 부 **~·ness** 명
ver·bos·i·ty [vərbɑ́səti/-bɔ́s-] 명 U 말이 많음, 다변, 장황함, 용장(wordiness).
ver·bo·ten [vərbóutn] 형 (법률로) 금지된. [<G]
vérb phráse 명 (문법) 동사구(動詞句).
ver·bum sap [və́ːrbəm sǽp] 현자(賢者)에게는 한 마디로 충분하다(a word to the wise is sufficient), 더 이상 말할 필요가 없다(no more need be said) (⇔ verb. sap.). (또는 **vérbum sát**) [<L]
ver·dan·cy [və́ːrdnsi] 명 U 1 푸릇푸릇함, 녹색. 2 미숙, 천진 난만; 순진함, 젊음.
ver·dant [və́ːrdnt] 형 (시) 1 (초목으로) 푸릇푸릇한, 초록으로 뒤덮인; 녹색의. ¶a ~ valley 푸른 초목으로 뒤덮인 골짜기/a ~ lawn 초록빛 잔디. 2 경험이 적은, 미숙한; 순진한, 아주 천진 난만한. **~·ly** 부
vérdant gréen (새 잎의) 황록색, 신록.
vérd antíque [və́ːrd-] 1 (각종의) 녹색을 띤 돌. 2 (광물) (녹색 반점·줄이 있는) 사문암(蛇紋岩) 대리석. 3 녹청, 녹. 「최서단」
Verde [və́ːrd] 명 Cape ~ 베르데 곶(아프리카 대륙
ver·der·er [və́ːrdərər] 명 (영역사) 왕실 삼림(森林) 관리관. (또는 **verderor**)
Ver·di [véərdi/It vérdi] 명 Giuseppe ~ 베르디 (1813–1901: 이탈리아의 오페라 작곡가).
*****ver·dict** [və́ːrdikt] 명 1 (법률) (배심원의) 평결, 답신(答申). ¶bring in the ~ for the plaintiff [defendant] 원고[피고] 승소의 평결. 2 (일반적) 판단, 판정, 심판; 의견 (on, about). ¶the ~ of the public 세평, 세간의 비평/accept a guilty verdict 유죄 평결을 받는다.
***bring in** [or **return, deliver, give**] **a verdict of guilty** [**not guilty**] 유죄[무죄] 평결을 내리다.
***pass** one's **verdict upon** …에 판단을 내리다, 소견을 말하다.
ver·di·gris [və́ːrdəɡrìːs, -ɡris] 명 U 녹청(綠青).

ver·di·ter [və́ːrditər] 명 U 녹청 그림 물감. ¶blue ~ 암감청(岩紺青), 남(藍)녹청/green ~ 암(岩)녹청.
ver·dure [və́ːrdʒər] 명 U (시) (초목의) 푸름, 신록; 푸른 초목[풀], 신록의 풀; 싱싱함, 신선함; 생기; 융성.
ver·dur·ous [və́ːrdʒərəs] 형 U 신록의, 푸릇푸릇한; 신록[푸른 초목]으로 뒤덮인. **~·ness** 명
Ver·ein [vəráin] 명 (독 ~s) 동맹, 조합, 협회, 결사. [<G union]
*****verge**[1] [vəːrdʒ] 명 1 가, 가장자리, 끝. ⇒EDGE (유의어) 2 경계; 둘레, 주위; (도로·화단 따위의) 풀이 난 가장자리; 한계, 범위, 경계내. 3 (파산·절망 따위의) 직전. ¶drive a person to the ~ of ruin …를 파산 직전까지 몰고 가다. 4 (영국사) 궁내 사법관 관할 구역. 5 (건축) 박공의 끝 부분, 합각머리. 6 권장(權杖), 권표(權標) (고위 성직자 등의 직권 표장). 7 (폐어) 차지인(借地人)이 장원(莊園) 영주에 대하여 충성을 맹세할 때 쥐는 막대기. 8 (초기 시계의) 평형륜(平衡輪)의·굴대, 축. 9 (시) 수평선, 지평선.
***on the verge of** 금방 …하려고 하여; …의 직전에. ¶On the ~ of tears 금방 울음을 터뜨릴 듯이/His firm was on the ~ of bankruptcy. 그의 회사는 파산 직전에 있었다.
— 자 1 직전에 있다; 가장자리에 있다; 경계를 접하다 (on, upon). ¶(~+前+名) This street ~s on the slum area. 이 거리는 빈민 지구와 인접해 있었다. 2 (발언·행위가) …에 가깝다, 거의 같다 (on, upon). ¶a file of trees verging the road 도로변을 이루는 가로수.
verge[2] 자 1 (태양이) 지다, 기울어지다 (toward, to). ¶(~+前+名) The sun is now verging toward the horizon. 해가 지평선으로 기울어져 가고 있다. 2 (어떤 상태로) 향하다, 가까워지다 (on, upon). 3 (어떤 상태로) 바뀌려고 하다, 변해 가다 (into).
verg·er [və́ːrdʒər] 명 (영) (교회의) 청소부, 안내인, 접대원; (고위직의) 권표(權標)를 받드는 사람.
Ver·gil [və́ːrdʒil] 명 1 (Publius Vergilius Maro) 베르길리우스(70–19 B.C.: 고대 로마의 시인). 2 버질 (남자 이름). (또는 **Virgil**) 「는 **Virgil**)
Ver·gil·i·an [vərdʒíliən, -ljən] 형 Vergil(풍)의. (또는
ve·rid·i·cal [vərídikəl] 형 진실을 말하는, 진실의; 사실과 합치하는; 진짜의, 진정한. (또는 **veridic**) **-i·cal·i·ty** [-əkǽləti] 명 U 진실(성). **~·ly** 부
ver·i·est [vériist] 형 (고어) 1 very의 최상급. 2 전적인, 더할 나위 없는, 다시 없는, 철저한. ⇒VERY 형 1
ver·i·fi·a·bil·i·ty [vèrəfàiəbíləti] 명 U 실증할 수 있음.
verifiabílity prínciple 명 (논리) 검증 가능성의 원리.
ver·i·fi·a·ble [vérəfàiəbl] 형 확인할 수 있는, 실증할 수 있는. **~·ness** 명 **-bly** 부
ver·i·fi·ca·tion [vèrəfikéiʃən] 명 1 U 검증, 확인, 증명, 입증; (군비(軍備) 관리 협정의 준수 여부의) 검증. 2 UC (법률) (진술·청원 따위 끝의) 진실을 확인하는 선서 진술(서). 3 증거, 근거; 확인; 서언(誓言). 4 비준(批准). **~·al** 형
ver·i·fi·er [vérəfàiər] 명 1 입증[증명]자, 검증자(檢證者) 2 검정기(檢定器) (가스 계량기 따위). 3 (컴퓨터) 검공기(檢孔機).
*****ver·i·fy** [vérəfài] 타 1 …을 검증하다, 입증하다, 확증하다. 2 (조사·비교에 의하여) …의 진실임[올바름]을 확인하다, 대조 확인하다. ¶Subsequent events verified our testimony. 그 후의 사건으로 우리의 증언이 진실임이 밝혀졌다. 3 (법률) (증거 서류 따위에 의하여) …을 확증하다, 입증하다. ¶~ documents [claims] 문서[주장]를 입증하다. 4 (컴퓨터) …의 천공(穿孔) 검사를 하다. — 명 (컴퓨터) 검공(檢孔), 검증(매체에 기록된 정보의 정확 여부를 검사하는 일).
ver·i·ly [vérəli] 부 (고어) 정말로, 참으로, 진실로.

ver·i·sim·i·lar [vèrəsímələr] 형 정말 같은, 있을 법한, 그럴싸한. ~·ly 부

ver·i·si·mil·i·tude [vèrəsimílətjùːd/-tjùːd] 명 ⓤ 사실[정말] 같음; 사실처럼 보이는 일[것].

ver·ism [víərizm, vér-] 명 (예술·문학의) 진실 사주의. **-ist** 명형 **ve·ris·tic** [viəristik, ver-] 형

ve·ris·mo [vərízmou] 명 진실주의(verism). [<It]

***ver·i·ta·ble** [vérətəbl] 형 진실의, 참된, 진짜의; (폐어) 정말인, 사실인. **~·ness** 명 **-bly** 부

ve·ri·tas [vérətæs] 명 진실, 진리(truth).

ver·i·ty [vérəti] 명 1 ⓤ 진실(성), 진실, 올바름, 정확함.¶a man of unquestioned ~ 틀림없이 진실한 사람. 2 (보통 -ties) 진실한 진술, 올바른 언명; (종교·윤리상의) 진리; 기본적 가치. ¶the eternal *verities* 영원한 진리. *in verity* 진실로, 정말로, 아주. *of a verity* (고어) 정말로(in truth).

ver·juice [və́ːrdʒùːs] 명 1 (풋과일의) 신 과즙; (성질·표정 따위의) 까다로움, 심술궂음. ─ 형 신맛나는, 과즙의, 신맛의; 까다로운, 둥한, 찡그린. (또는 **verjuiced**) ─ 타 시큼하게 하다.

ver·kramp·te [fərkrámptə] 명 (남아공) 국민당 우파의 (대(對)흑인 정책에서 보수적임); (일반적으로) 초보수주의자.

ver·lig·te [fərlíxtə] 명형 (남아공) 국민당 좌파의 (대(對)흑인 정책에서 비교적 온건함); 온건파의.

ver·meil [və́ːrmil/-meil] 명 ⓤ 1 (시) 붉은색, 주홍색, 선홍색. 2 [və́ːrmei] 금으로 도금된 은[동, 청동]. 3 (광물) 주홍색 석류석. ─ 형 (시) 주홍색의, 붉은색의, 선홍색의(vermilion).

ver·mi- [və́ːrmi, -mə] 연결 *worm* (벌레)의 뜻. ¶ *vermicide*, *vermifuge*. 「충을 닮은.

ver·mi·an [və́ːrmiən] 형 (동물) 연충(蠕蟲)류의, 연

ver·mi·cel·li [və̀ːrmətʃéli, -séli] 명 ⓤ 버미첼리 (스파게티보다 가는 이탈리아 파스타의 일종).

ver·mi·cide [və́ːrməsàid] 명 살충제, 구충제. **-cíd·al** 살충(제)의.

ver·mic·u·lar [vərmíkjulər] 형 연충상(蠕蟲狀)의; 연동(蠕動)하는, 벌레처럼 움직이는; 벌레먹은[벌레가 기어간] 자국 같은 장식의, 꾸불꾸불한. **~·ly** 부

ver·mic·u·late 형타 [vərmíkjulèit] …에 벌레먹은 자국 모양의 세공[장식]을 하다. ─ 형 [vərmíkjulit, -lèit] (또는 **vermiculated**) 1 벌레 먹은. 2 =vermicular. 3 에두르는, 빙 돌려서 하는, 복잡한.¶~ thought processes 빙 돌려서 하는 사고 과정.

ver·mic·u·la·tion [vərmìkjuléiʃən] 명 1 ⓤ (장(腸)의) 연동(蠕動). 2 ⓤⓒ (건축) 벌레먹은 모양의 세공[장식]. 「(蛭石).

ver·mic·u·lite [vərmíkjulàit] 명 (광물) 질석

ver·mic·ul·ture [və́ːrməkʌ̀ltʃər] 명 지렁이 양식 (토양 개량용). 「상의.

ver·mi·form [və́ːrməfɔ̀ːrm] 형 벌레 모양의, 연충 **vérmiform appéndix** 명 (해부) (the ~, one's ~) 충양(蟲樣)돌기, 충수(蟲垂). ⇨ ALIMENTARY CANAL 그림.

vérmiform pròcess 명 (해부) (소뇌의) 충양체(蟲樣體); =vermiform appendix.

ver·mi·fuge [və́ːrməfjùːdʒ] 명 구충제, 구충제의. (또는 **ver·mi·fu·gal** [və̀ːrməfjúːgəl]) ─ 명 구충제.

ver·mi·grade [və́ːrməgrèid] 형 연동(蠕動)하는, 벌레처럼 꾸불꾸불 움직이는.

ver·mil·ion [vərmíljən] 명ⓤⓒ 1 주홍[선홍]색. 2 주(朱), 진사(辰砂). ─ 형 주(朱)의, 주홍[선홍]색의. ─ 타 …을 붉게 칠하다[물들이다]. (또는 **vermillion**)

ver·min [və́ːrmin] 명 (복수취급) 1 (집합적) 해로운 작은 동물, 해조(害鳥), 해충; 기생충. 2 (비유적) 세상에 해를 끼치는 사람, 건달, 인간 쓰레기.

ver·mi·nate [və́ːrmənèit] 타자 해충[이 따위]이 붙다[생기다]. **·ná·tion** 명 ⓤ (병리) 기생충증.

ver·mi·no·sis [və̀ːrmənóusis] 명 **-ses** [-siːz]

ver·min·ous [və́ːrmənəs] 형 1 해충의, 해충과 같은[에 의한]; 해충이 붙은, 기생충이 생긴. 2 (병이) 해충[기생충]으로 인하여 생긴. 3 (경멸적) (사람이) 지독히 불유쾌한. **~·ly** 부 **~·ness** 명 「식충의.

ver·miv·o·rous [vəːrmívərəs] 형 벌레를 먹는,

Ver·mont [vərmánt/-mɔ́nt] 명 버몬트 주(미국 동북부의 주; 주도(州都) Montpelier; 약 Vt.).

~·er 버몬트 주 사람[출신자].

ver·mouth [vərmúːθ/və́ːməθ] 명 베르무트(약초·향미를 첨가한 백포도주). (또는 **vermuth**)

Vern [vəːrn] 명 번(남자 이름; Vernon의 애칭).

Ver·na [və́ːrnə] 명 버너(여자 이름).

***ver·nac·u·lar** [vərnǽkjulər] 형 1 (언어가) 제나라[고장]의, (그 땅에) 고유한.¶the ~ languages of India 인도의 토착어/a ~ idiom 그 고장 특유의 관용어. 2 제나라[고장] 말로 나타낸.¶the ~ poems of Burns 번스가 고향 말로 쓴 시. 3 (건축 양식 따위가) 민중의 기호에 맞는, 그 고장 특유의, 민예적인. 4 (폐어) (질병이) 풍토적인(endemic). 5 (동식물 이름이) 라틴어 학명이 아닌) 속명의, 일상어를 사용한. ─ 명 1 (the ~) 자국어, 고유 언어. 2 (표준어에 대하여) 방언, (어떤 직업·계급 특유의) 은어; 전문[직업] 용어. 3 (라틴어 학명에 대한 동·식물의) 속명, 속칭. **~·ly** 부

ver·nac·u·lar·ism [vərnǽkjulərìzm] 명ⓤ 자국어법, 제 고장 사투리; 자국어 사용, 방언 사용.

ver·nac·u·lar·ize [vərnǽkjuləràiz] 타 …을 자국어[제고장 말]로 옮기다; 제고장 말로 말하다.

vernácular náme 명 (생물) 지방명, 속명(俗名) (popular name)(학명이 아닌 이름).

ver·nal [və́ːrnl] 형 1 봄의, 봄에 생기는, 봄에 오는 [피는]. 2 봄다운, 봄기운이 도는, 봄 같은. ¶~ weather 봄다운 날씨 / ~ greenery 봄다운 푸른 잎. 3 (시) 청춘의, 젊은, 싱싱한. **~·ly** 부

vérnal équinox 명 (the ~) 1 춘분(春分)(spring equinox). 2 (천문) 춘분점. 참 autumnal equinox

ver·nal·ize [və́ːrnəlàiz] 타 (농구) 〔씨(구근)의 형성·발육을 촉진하다, 개화 결실을 촉진하다, (식물)에 춘화 처리를 하다. **·i·zá·tion** 명ⓤ 춘화 처리(법).

vérnal póint 명 (천문) =vernal equinox 2.

ver·na·tion [vərnéiʃən] 명ⓤ (식물) 싹의 배열 상태, 아형(芽型).

Verne [vəːrn/F vɛrn] 명 **Jules** ~ 베른(1828-1905; 프랑스의 소설가).

Ver·ner [və́ːrnər, véər-] 명 1 **Karl Adolph** ~ 베르너(1846-96; 덴마크의 언어학자). 2 버너(남자 이름; Warner의 별칭).

Vérner's láw 명 (언어) 베르너의 법칙(K. Verner가 Grimm's law를 수정하여 만든 인도 유럽어 사이의 자음 법칙).

ver·ni·cle [və́ːrnikl] 명 (때로 V-) =veronica[1].

ver·ni·er [və́ːrniər] 명 1 버니어, 유각(遊尺), 부척(副尺). (또는 ~ **scale**) 2 보조 장치, (로켓) = ~ **engine**. ─ 형 부척[버니어]이 달린. (프랑스의 수학자·발명가 Pierre Vernier(1580-1637)의 이름)

vérnier cáliper 명 부척이 달린 캘리퍼스, 버니어 캘리퍼스. (또는 **vérnier mícrometer**)

vérnier éngine[rócket] 명 (로켓) 보조 엔진.

Ve·ro·na [vəróunə/*It* veróːna] 명 베로나(이탈리아 북부의 도시).

Ver·o·nal [vérənl] 명 (때로 v-) ⓤ (상표) 베로날(수면제의 일종; 바르비탈(barbital)의 상품명).

Ver·o·nese [vèrəníːz, -níːs] 형 Verona의, 베로나풍의. ─ 명 베로나 사람[주민].

ve·ron·i·ca[1] [vərámika/-rɔ́n-] 명 (때로 V-) (교회) 베로니카, 성안(聖顔)(상(像)). 2 그리스도의 얼굴이 그려져 있는 천(sudarium). (또는 **vernicle**)

ve·ron·i·ca² 개불알꽃속(屬)의 식물.
ve·ron·i·ca³ 베로니카(투우사가 두 발을 정지한 채 케이프를 흔들어 소의 돌진을 교묘하게 피하는 기술).
Ve·ron·i·ca [vərɑ́nikə/-rɔ́n-] 베로니카. 1 여자 이름. 2 **Saint** ~ (그리스도가 십자가를 지고 Calvary로 가는 도중 이마의 땀을 씻어 주었다는 여자).
ve·ro·tox·in [vèrətɑ́ksin, -tɔ́k-] (생화학) 베로 독소(병원성 대장균이 만드는 독소).
ver·ru·ca [vərúːkə, ve-] (pl. -**cae** [-siː]) 1 (의학) 사마귀(wart). 2 (동물) 사마귀 모양의 돌기.
ver·ru·cose [vérəkòus/vərúːkous] (의학·동물) 사마귀가 많은, 사마귀꼴 돌기가 많은[로 뒤덮인]. ~**·ness**, -**cos·i·ty** [⊢kásəti/-kɔ́s-]
ver·ru·cous [vérəkəs/véru-] (의학·동물) 사마귀(모양)의, 사마귀(모양)의 돌기가 있는.
vers. versed sine.
ver·sa [və́ːrsə] =vice ~.
*****Ver·sailles** [vɛərsái, vər-/F vɛRSɑːj] 베르사유(파리 서남부의 도시; Louis 14세의 궁전이 있다); 베르사유 궁전.
ver·sant [və́ːrsənt] 산[산맥]의 사면; (한 지방의) 전체 경사면; 경사(inclination).
*****ver·sa·tile** [və́ːrsətl/-tàil] 1 다재 다능한, 다방면에 능한, 융통성이 있는, 만능의; (도구·재료 따위가) 용도가 많은, 다목적의. ¶a ~ **writer** 다재 다능한 작가/ a ~ **tool** 용도가 많은 도구. 2 (기분·목적·정책 따위가) 변하기 쉬운, 변덕스러운. ¶a ~ **disposition** 변덕스러운 기질. 3 (축 따위를 중심으로) 자유 자재로 돌릴 수 있는, 방향이 자유로이 바뀌는. 4 (식물) (꽃밥 따위가) T자 모양으로 붙은; (동물) 반전성의. ¶a ~ **toe** 반전성의 발가락. 5 (속어) 양성애(兩性愛)의.
~·**ly** ~·**ness**
ver·sa·til·i·ty [və̀ːrsətíləti] 1 융통성, 다예(多藝), 다재 다능. 2 변하기 쉬움, 변덕스러움. 3 다목적성, 용도가 많음.
*****verse** [və́ːrs] (pl. **vers·es** [-iz]) 1 (시의) 1행(metrical line). ¶some ~s of the *Iliad* 일리아드 시의 몇 행. 2 시형(詩形), (시)시격(詩格). ¶**blank** ~ 무운시(無韻詩)/**trochaic [iambic]** ~ 강약[약강]격의 시행. 3 (한 편의) 시, 시편(詩篇)(poem). 4 U 운문(韻文), 시(prose); (어떤 작가·시대·나라의 집합적인) 시. ¶POETRY 유의어 ¶**Elizabethan** ~ 엘리자베스 시대의 시/write in ~ 시로 쓰다. 5 시절(詩節), 연(聯)(stanza). 6 (성서의) 절(節); the **first** ~ **of the second chapter of Exodus** 출애굽기 2장 1절. 7 (교회) =versicle 2. 8 (음악) (성가 따위의) 독창부.
cap verses 어구의 끝말 잇기를 하다.
give chapter and verse for (성서의 인용구 따위의) 출처(出典)를 밝히다.
— (*vers·es* [-iz], ~*d* [-t]; *vers·ing*) ① ···을 시로 나타내다. — (한자) 시를 짓다.
versed [və́ːrst] (경험·연구 등을 통해) 정통하고 있는, 조예가 깊은, 환히 알고 있는, 숙련되어 있는(in). ¶He is well ~ *in* Latin. 그는 라틴어에 정통해 있다.
vérse dràma 시극(詩劇), 운문극. (vers).
vérsed síne (수학) (삼각법의) 버스트 사인(略 vers).
verse·let [və́ːrslit] 소시(小詩), 단시(短詩).
verse·mak·er [və́ːrsmèikər] =versemonger.
verse·man [və́ːrsmən] 시인, 작시가(作詩家).
verse·mon·ger [və́ːrsmʌ̀ŋgər, -mɑ̀ŋ-] 엉터리 시인.
ver·set [və́ːrsit] (성서 등의) 단시; (음악) 예배 때 연주되는 오르간의 단곡(短曲).
ver·si·cle [və́ːrsikl] 1 단시(短詩). 2 (교회) (사제의 선창에 따라 부르는) 창화(唱和)용 단구(短句).
ver·si·col·or(ed) [və́ːrsikʌ̀lər(d)] 색이 변하는, 무지개색의; 얼룩색의, 다색(多色)의.
ver·sic·u·lar [vəːrsíkjulər] 단시의, 단시로 된;

(창화용) 단구(短句)의; (성서 등의) 절의.
ver·si·fi·ca·tion [və̀ːrsəfikéiʃən] U 1 작시(법), 운율법(韻律法). 2 시행식; 운율 구조[형식]. 3 (작품의) 시화(詩化), 운문화.
ver·si·fi·er [və́ːrsəfàiər] 작시자, 시인; 산문을 시로 바꾸는 사람; 엉터리 시인(poetaster).
ver·si·fy [və́ːrsəfài] (vi) 시를 짓다, 작시(作詩)하다. — ① 시로 짓다[서술하다, 표현하다], 시화(詩化)하다; (산문) 을 운문으로 바꾸다.
‡**ver·sion** [və́ːrʒən, -ʃən] 1 번역, 역문, 번역서. ¶the **English** ~ **of the original** 원전의 영역. 2 (the V-) (성서의) 번역[역본], ···판(版). ¶the **Authorized** V-; the **King James** V- 흠정역(欽定譯) 성서. 3 (독자적인 입장·견해에 의한) 설명, 의견, 의역(意譯); 보고; 해석. ¶He gave us a very different ~ *of the affair*. 그는 우리에게 그 사태에 대해 아주 다른 얘기를 했다. 4 (어떤 것의) 변형, 한 형; ···판(版), ···화(化); (문학 작품 따위의) 개작(改作), 각색; 편곡(of). ¶a **stage** ~ **of a novel** 소설을 극화한 것. 5 (연주자·연기자의 독자적인) 풀이법, 표현. 6 (의학) (분만을 쉽게 하기 위한) 태위(胎位) 회전(술). 7 (병리) (자궁 따위의) 이상 경사(傾斜), 위치 이상. 8 (컴퓨터) 버전, 판(版). ¶~ **up** 버전(소프트웨어·하드웨어의 기능 강화). ~**·al**
vers li·bre [vɛ̀ər líːbrə] 자유시(형). [F]
vers·li·brist [vɛ̀ərliːbríst] 자유시 작가. [F]
ver·so [və́ːrsou] (pl. ~**s**) 1 (인쇄) (책·사본의) 왼쪽[뒤] 페이지 (略 **recto**). 2 (책의) 뒤표지(back cover). 3 (물건의) 뒤, 뒷면, (화폐·메달 따위의) 뒷면(略 **obverse**). — 페이지의. [L]
verst [və́ːrst] 베르스타(러시아의 옛 거리 단위); 1,067km. (또는 **verste**)
*****ver·sus** [və́ːrsəs, -səz] 1 (소송·운동 경기에서) ···대, ···에 대하여(against)(略 v., vs.). ¶**plaintiff** ~ **defendant** 원고 대 피고. 2 (비교나 양자 택일에서) ···에 대하여, ···와 비교하여. ¶**country** ~ **town** 도회지에 비교한 시골/**traveling by plane** ~ **(traveling) by train** 비행기 여행이냐 기차 여행이냐.
vert¹ [və́ːrt] 1 (영법률) 산림 속에 우거진 초목; 그 초목의 벌채권. 2 (문장) 녹색. — (문장) 녹색의.
vert² (영구어) 배교자(背敎者); (영국 국교회에서 가톨릭교로의) 개종자; 변절자. — (vi) 개종하다; 변절하다. [<convert]
ver·te·bra [və́ːrtəbrə] (pl. -**brae** [-briː], ~**s**) (해부·동물) (척)추골; (the ~e) 척추, 등뼈.
ver·te·bral [və́ːrtəbrəl] 척추(골)의[에 관한]; 척추(골)로 된, 척추를 가진. ~**·ly**
vértebral cólumn 척추, 등뼈(spinal column).
Ver·te·bra·ta [və̀ːrtəbréitə/-brɑ́ː-] (pl.) (the) 척추 동물문(門).
ver·te·brate [və́ːrtəbrèit, -brit] 1 척추가 있는; 추골이 있는. 2 척추 동물(특유)의. 3 정연하게 조직[구성]된. — 척추 동물. -**brat·ed**
ver·te·bra·tion [və̀ːrtəbréiʃən] U 척추 형성; 견고함. ¶the ~ **of his logic** 그의 논리의 견고함.
ver·tex [və́ːrteks] (pl. ~**es**, -**ti·ces** [-təsìːz]) 1 최고(지)점. 2 (해부·동물) 두정(頭頂). 3 (천문) 천정(天頂)(zenith). 4 (기하) 정점, 꼭지점.
‡**ver·ti·cal** [və́ːrtikəl] 1 수직의, 연직의, 직립한, 세로의(↔ **horizontal**). ↔ UPRIGHT 유의어 ¶a ~ **motion** 상하 운동/a ~ **turn** (비행기의) 수직 선회. 2 정상의, 천장의, 정점에 있는. 3 (식물) (잎의 면이) 수직을 이루고 있는. 4 (경제) (제조·판매 따위의 과정이) 수직적인, 종적으로 일관된. ¶a ~ **trust** 종단적 트러스트. 5 (해부·동물) 두정(頭頂)의. 6 (화면 따위의) 세로의; (사진이) 수직으로 내리찍은. — 1 (the ~) 수직선 [면]. 2 (the ~) 직립의 위치, 수직의. 3 (기둥 따위의) 종재(縱材). 4 (천문) =~ circle. 5 =upright piano. ~**·ly** ~**·ness**

vértical ángle 1 〔기하〕 맞꼭지각, 대정각(對頂角). 2 고도(高度), 앙각(仰角)(관측자로부터 보아 천체 등이 지평선과 이루는 각도). 〔直圈〕.
vértical círcle 〔천문〕 고도권(高度圈), 수직권(垂
vértical clímb 〔곡예 비행 등의〕 수직 상승.
vértical combinátion 〔경제〕 =vertical integration.
vértical divéstiture 〔경제〕 수직적 박탈[분리] (동일 기업(그룹)이 수직적 통합을 하고 있는 경우에 그 중 몇 개 부문(자회사)을 분리하는 일).
vértical envélopment 〔군사〕 (공정 부대 따위에 의한) 하늘로부터의 포위, 입체 포위 작전.
vértical fíle 세로형 서류 정리함(函).
vértical fín 〔동물〕 세로지느러미.
vértical integrátion 〔경제〕 수직적 통합[기업 결합](생산 과정의 전후로 관련이 있는 몇 개 기업간의 통합). ⓐ horizontal integration
vértical internátional specializátion 〔경제〕 수직적 국제 분업. 〔상태.
ver·ti·cal·i·ty [və̀ːrtikǽləti] 수직(성), 수직
vértical líne 수직선, 연직(鉛直)선.
vértically intégrated 〔경제〕 수직 통합의.
vértical mérger =vertical integration.
vértical mobílity 〔사회〕 수직적 이동(개인의 지위 상승에 따른 계층 이동이나 계층간의 문화 이동).
vértical pláne 연직면(鉛直面).
vértical príce-fixing 〔경제〕 수직적 가격 유지 (메이커가 가격을 정하고 특정 가격 이하로는 팔지 않도록 소매점과 계약하는 일).
vértical proliferátion 핵무기의 수직적 증가 (핵 보유국들의 핵무기 보유량의 증대).
vértical publicátion 전문 잡지.
vértical séction 수직 단면, 종단면. 〔降計〕.
vértical spéed indicator 〔항공〕 승강계(昇
vértical stábilizer 〔항공〕 수직 안정판(보통 수직 꼬리날개의 앞 부분).
vértical tákeoff 〔항공〕 수직 이륙(의).
vértical thínking 수직 사고(상식에 기초한 논리적 사고 방식). ⓐ lateral thinking 〔의 무역.
vértical tráde 수직 무역(선진국과 개발 도상국간
vértical únion 수직적 조합, 산업별 노동 조합.
ver·ti·ces [və́ːrtəsìːz] vertex의 복수형.
ver·ti·cil [və́ːrtəsil] 〔생물〕 윤생(輪生)(체); 환생 (環生)(체).
ver·tic·il·late [vərtísəlǝt, -lèit, və̀ːrtəsíleit] 〔생물〕 (줄기의 마디에 3매 이상의 잎이 방사상으로 나는) 윤생의; (조개 따위가) 환생의, 소용돌이꼴의. (또는 **verticíllated**) **~·ly** **-á·tion**
ver·tig·i·nous [vəːrtídʒənəs] 1 회전하는, 빙글빙글 도는. ¶a ~ current 소용돌이치는 흐름. 2 (고소(高所)·스피드로) 눈이 도는[돌게 하는], 현기증이 나는[나게 하는]. ¶feel ~ 현기증이 나다. 3 눈이 도는 것 같은, 현기증이 날 정도의. ¶a ~ height 눈이 돌아버릴 정도의 높이. 4 변하기 쉬운, 불안정한. ¶a ~ economy 불안정한 경제. **~·ly** **~·ness**
ver·ti·go [və́ːrtigòu] (-es, -tig·i·nes [vərtídʒəniːz]) 1 〔병리〕 현기증. ¶feel a ~ 현기증을 느끼다. 2 (수의) (말·양 따위의) 선회병.
ver·ti·port [və́ːrtəpɔ̀ːrt] 수직 이착륙용 비행장. [<vertical+airport]
ver·ti·sol [və́ːrtəsɔ̀ːl/-sɔ̀l] 〔토양〕 버티졸(습윤 기후와 건조 기후가 번갈아 나타나는 지역의 점토질 토양).
ver·tu [vəːrtúː] =virtu. 〔양.
ver·vain [və́ːrvein] 마편초(속(屬))의 식물.
verve [vəːrv] 1 (예술 작품의) 활력, 힘, 열정 (enthusiasm); (일반적으로) 활기, 활력, 기력. ¶Her works lack ~. 그녀의 작품에는 힘이 모자란다. 2 (고어) 재능(talent).

ver·vet [və́ːrvit] 버빗원숭이(아프리카 남·동부산 (產) 긴꼬리원숭이). (또는 **~ mónkey**)
‡**ver·y** ⇒VERY. 〈p. 3004〉
véry hígh fréquency 초단파(30-300 메가헤르츠의 매우 높은 주파수; ⓒ VHF, vhf).
véry lárge-scàle integrátion 〔전자〕 초고밀도 집적 회로(集積回路)(ⓒ VLSI).
Vér·y líghts [véri-] (Very pistol로 쏘아 올리는 베리쇠(式) 신호[조명]탄.
[<미국의 발명가 E. W. Very(1847-1907)의 이름]
véry lòw fréquency 초장파(3-30 킬로헤르츠의 매우 낮은 주파수; ⓒ VLF, vlf).
véry lòw témperature 〔물리〕 극저온(極低溫) (절대 영도(−273.15℃)에 가까운 온도).
Véry pístol 베리쇠(式) 신호 권총. ⓐ Very lights
Véry Réverend 〔영국 국교회〕 bishop, abbot, abbess 직위 밑의 성직자 및 교단 임원에 대한 공식 호칭. (또는 **Very Rev.**)
Véry sígnals 베리식 신호(Very lights를 사용하는 야간용 신호).
ves. vessel; vestry. **VESA** [víːsə] Video Electronics Standards Association(PC의 비디오 규격의 표준화를 꾀하는 업체의 단체).
ve·si·ca [vəsáikə/vésikə] (**-cae** [-kiː, -siː]) 1 〔해부〕 낭(囊)(bladder), 방광; (모낭) 부낭, 부레; 〔식물〕 소낭(小囊). 2 = ~ piscis.
ves·i·cal [vésikəl] 〔해부〕 낭의, 방광의; 낭 모양의, 장원형(長圓形)의.
ves·i·cant [vésikənt] 수포(水泡)를 생기게 하는, 발포(發泡)시키는. — 1 발포제. 2 〔군사〕 미란성(糜爛性) 독가스.
vesíca pís·cis [-páisis, -písis] 〔미술〕 성상(聖像)을 둘러싼 끝이 뾰족한 타원형 장식. ⓐ aureole
ves·i·cate [vésəkèit] 발포시키다[하다], 물집이 생기[게 하]다. **-cá·tion** 발포(發泡)(진(疹)).
ves·i·ca·to·ry [vésikətɔ̀ːri/-kéitəri] =
vesicant.
ves·i·cle [vésikl] 1 소낭(小囊), 소포(小胞). 2 〔해부·동물〕 소액포(小液胞); 〔식물〕 소기포(小氣胞). 3 〔병리〕 소수포(小水疱). 4 〔지질〕 (바위·광석 중의) 기공(氣孔), 소공(小孔).
ves·i·co- [vésikou, -kə] 〔연결〕 vesica(낭), bladder (방광)의 뜻. ¶*vesicotomy*(방광 절개술).
ve·sic·u·lar [vəsíkjulər] 1 낭의; 소낭(小胞)의. 2 소낭(小胞) 모양의. 3 소낭(小胞)으로 된. 4 〔병리〕 소포성 **~·ly** 〔의.
ve·sic·u·late [vəsíkjulət, -lèit] 소낭[소포]의 (이) 있는; 소낭[소포] 모양의, 소포로 뒤덮인. — [vəsíkjulèit] … 에 수포[물집]이 나게 하다. — 수포가 되다, 수포 모양이 되다. **-á·tion**
ves·per [véspər] 1 (시·고어) 해질 무렵, 저녁 (evening). 2 (V-) 개밥바라기(저녁의 금성), 태백성. 3 만종(晚鐘), 저녁 기도[예배]의 종(~ bell). 4 (~s) (때로 V-s) 〔단·복수 양용〕 저녁 기도[예배], 〔가톨릭〕 만과(晚課); 만과[저녁 기도]의 시각. — 1 저녁의, 석양의. 2 저녁 기도[예배]의.
ves·per·al [véspərəl] 〔교회〕 1 만과집(晚課集). 2 제단포(祭壇布)의 덮보. — 저녁의; (드물게) 저녁 기도[예배]의; 〔동물〕 =vespertine 3.
ves·per·tide [véspərtàid] 만과[저녁 기도] 시(時).
ves·per·tine [véspərtin/-tàin] 1 저녁의, 저녁에 일어나는. 2 (식물) (꽃이) 저녁에 피는. 3 (동물) 저녁에 나타나는[활동하는], 박모성(薄暮性)의. 4 〔천문〕 (별이) 일몰시에 지평선에 지는. 〔의 말벌떼.
ves·pi·ar·y [véspièri/-piəri] 말벌집; (벌집 속
ves·pid [véspid] 말벌과(科)의 (벌).
ves·pine [véspain, -pin] 말벌의같은.
Ves·puc·ci [vespjúːtʃi/-púː-] **Amerigo** ~ 베

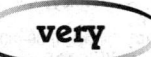

본래 true 또는 truly의 뜻이었으나 지금은 주로 강조의 부사(매우, 대단히)와 강조의 한정형용사(바로 그…)로 쓰인다. 부사로서는 일반 부사와 달리 동사를 수식하지 않고 오직 형용사나 부사만을 수식하는 것이 특징이다.

‡**very** [veri] 〖부〗 **1** 매우, 대단히, 굉장히, 지극히, 두척, 몹시, 아주(extremely). ¶a ~ good teacher 무척 좋은 선생 / a ~ nice old lady 아주 아주 좋은 노부인 / He works ~ hard. 그는 매우 열심히 일한다. / Thank you ~ much. 대단히 고맙습니다.

(USAGE) 강조의 very와 much에 관하여——(1) 형용사·부사의 원급은 very, 동사는 (very) much로 강조한다: ~ rich / ~ fast / It doesn't *much* matter. / I like it ~ much.(* 서술적으로만 쓰이는 형용사에 관해서는 (3)을 참조).
(2) 형용사·부사의 비교급·최상급을 강조할 때는 보통 much를 쓴다: I like coffee *much* better than tea. 나는 차보다 커피를 훨씬 좋아한다 / This method is *much* the best. 이 방법이 단연 최고다(⇨FAR, BY FAR)(* 최상급을 very로 강조할 때는 the나 소유대명사 따위의 뒤에 놓는다. ⇨류 3: the ~ latest fashion 최신 유행 / She put on her ~ best dress. 그녀는 자기가 가지고 있는 옷 중 제일 좋은 옷을 입었다).
(3) 현재분사는 very로, 과거분사는 (very) much로 강조한다: a ~ interesting story / He is *much* delighted.(* 과거분사라도 완전히 형용사로 되어버린 것은 very로 강조한다: I am ~ tired. / He is a ~ celebrated novelist. (그는 매우 유명한 소설가이다). 구어, 특히 (美구어)에서는 delighted, disappointed, excited, frightened, pleased, satisfied, surprised, worried 따위처럼 정신 상태를 나타내는 말에는 very를 쓰는 수가 많고, much는 오히려 딱딱하고 문어적으로 들린다: He was ~ offended. (그는 매우 분개했다). 뒤에 by+동작주(主)[사람]이 올 때에는 수동형을 형성하는 동사의 과거분사로서의 성격이 강하게 느껴지므로 종래는 much를 썼으나, 최근에는 very로 쓰는 수도 많다. 특히 by 이하가 사람이 아닐 때에는 일반적으로 very를 쓴다: We were ~ pleased by his behavior. The car is *much* damaged.처럼 서술용법에서는 much로 강조하는 것이라도 한정용법에서는 a *very* damaged car처럼 very를 쓴다. 특히 (美구어)에서는 동사의 과거분사에서 유래되는 형용사 afraid, alike, awake, aware 따위에 very afraid, very aware처럼 very를 쓰는 경우가 많다).

2 (부정어와 함께) 그리[별로, 그다지] (…않다). ¶She does not sing ~ well. 그녀는 노래를 그리 잘하지 못한다 / It's not ~ warm. 그리 따뜻하지 않다 / This novel is not ~ interesting. 이 소설은 별로 재미가 없다 / Was the play interesting?——Not ~. 그 연극은 재미있었니?——그다지 재미없었어.

3 (형용사의 최상급이나 same, opposite 앞에서 강조적으로) 아주, 정말로, 단연, 실로(truly). ⇨USAGE (2). ¶in the ~ same place 완전히 동일한 장소에서 / Do your ~ best. 정말로 최선을 다해라 / It was the ~ last thing that I had expected. 그것은 전혀 생각지도 못했던 일이었다 / He could have warned you he was coming, at the ~ least. 그는 최소한 너에게 그가 올 것이라는 사실을 알렸을 텐데.

all very well [or ***fine***] (but과 함께) 아주 좋은[괜찮은] 이지만, 상관없는 일이지만. ¶I bought a brand-new car.——That's *all* ~ *well*, but where did you get the money? 나는 새 차를 샀어.——아주 잘 됐네, 그런데 돈이 어디서 났어?

one's very own (어린이말) 자기만의 것(이…). ¶She has a radio of her ~ *own*. 그녀는 자기 전용의 라디오를 가지고 있다 / You are a lucky girl to have your ~ *own* room. 너만의 방이 있어서 넌 좋겠다.

Very fine! ① 정말 멋지다!, 정말 좋다! ② (종종 반어적) 멋지기도 해라!

Very good[or ***well***]. 좋다, 좋아(동의·승낙을 나타내지만 Very well은 종종 반어적). ¶V- *good*. Let's go out. 좋다, 밖으로 나가자 / Oh, ~ *well*. But I still think you are wrong. 응, 알았다. 하지만 나는 여전히 네가 잘못이라고 생각한다.

——〖형〗 (한정용법) (**ver·i·er; ver·i·est**) (* 비교급은 보통 쓰이지 않는다).

1 (강조하여 the, this, that이나 소유 대명사 따위와 함께) 바로 그, 정말로 그, 전적으로 그[동일한](identical). ¶this ~ day 바로 오늘 / the ~ reverse of the truth 진실의 정반대 / at that ~ moment 바로 그 순간 / It happened under my ~ eyes. 그것은 바로 내 눈 앞에서 일어났다 / He is the ~ man I have wanted to employ. 그는 내가 고용하고 싶어하던 바로 그 사람이다.

2 … 조차, … 까지도(even). ⇨VERIEST. ¶The *veriest* rascal would not do such a thing. 아무리 악한이라도 그런 짓은 하지 않으리라 / The ~ *stones would cry out*. (나쁜 짓이 너무 심하므로) 돌들이 소리지르리라(←누가복음(Luke) 19:40).

3 단지 … 만이라도, 그저 … 조차(mere). ¶The ~ fact of your presence is enough. 네가 있다는 사실만으로도 충분하다.

4 전적인, 순수한(sheer). ¶She wept for ~ joy. 그녀는 그저 기쁜 나머지 울었다 / God is a ~ spirit. 신은 순전히 영(靈)이다.

5 현실의, 현행의(actual). ¶She was caught in the ~ act of stealing. 그녀는 절도 현행범으로 체포되었다.

6 (약간 고어) 참된, 진짜의(true, real). ¶*whether thou be my* ~ *son Esau or not* 네가 과연 내 아들 에사오인지 아닌지 (Gen.) 27:21).

7 (명사로서의 many, few, little 따위를 수식하여) 아주, 매우, 퍽. ¶a ~ little 지극히 조금 / V- many gathered. 굉장히 많은 사람들이 그곳에 모였다.

8 (폐어) 정당한, 합법적인(lawful).

in very deed 틀림없이, 확실히.

in very truth 참으로, 정말이지.

The very idea! 그 발상이라니! (* 남의 말에 놀라움을 표시하는 말)

the very thing …에 안성맞춤인 것, 꼭 적합한 것 (for). ¶This little tool is *the* ~ *thing for* turning stiff taps. 이 작은 도구는 잘 돌아가지 않는 꼭지를 돌리는 데는 안성맞춤이다.

the very thought [or ***idea***] …라는 생각 (*of*). ¶*The* ~ *thought of* the exam makes me feel ill. 시험은 생각도 하기 싫다 / *The* ~ *idea of* it frightens me. 그것을 생각만 해도 오싹해진다.

this very minute 지금, 당장(at once). ¶You'd better start doing some work *this* ~ *minute*. 너는 지금 당장 일을 시작하는 것이 좋다.

스푸치(1451-1512): 이탈리아의 항해가·탐험가). * America라는 명칭은 그의 이름에서 유래했다.

‡**ves·sel** [vésəl] 图 (⑧ ~s [-z]) 1 (대형) 배, 선박. ¶a war ~ 군함/a steam ~ 기선. 2 비행선(airship). 3 용기, 그릇(컵·사발·항아리·병·냄비 따위). ¶an earthen ~ 토기/a holy [or sacred] ~ (성찬용) 성기(聖器)/ *Empty* ~s *make the most sound*. (속담) 빈 수레가 요란하다. 4 [해부·동물] 관, 맥관(脈管); 혈관(blood ~). 5 [식물] (수액을 나르는) 도관(導管)(trachea). 6 [성서] (어떤 정신적 특질을 담는 그릇으로 본) 사람, 그릇.
a chosen vessel [성서] 선택된 그릇[사람](←사도행전(Acts) 9:15).
a weak vessel 약한 그릇, 믿을 수 없는 사람.
the vessels of wrath [성서] 진노의 그릇, 하느님의 노여움을 살 사람들(←로마서(Rom.) 9:22).
the weaker vessel [성서] 더 연약한 것[사람]; 여자, 아내(←베드로 전서 (1 Pet.) 3:7).
~ed, (英) ~led 图 ~ful 图

‡**vest** [vest] 图 1 조끼(waistcoat). 2 (英) (남자용) 속옷, 셔츠. 3 (美) (여자·아동용의) 속옷, 메리야스 셔츠. 4 (고대의 헐렁한) 남자용 겉옷; (고어) 의복; 성직복(聖職服), 제복(祭服). 5 (보통 V자형의) 여성용 코트 따위의 앞 장식. 6 방호[구명] 동의(胴衣); 방탄 조끼(bulletproof ~).
play it close to the vest (구어) 불필요한 위험을 피하다, 쓸데없는 모험을 하지 않다.
──图 1 재산·권리·권리 등을 …에게 주다, 부여하다, 귀속시키다(*in, with*); (사람·단체 등)에 (재산·권력·권리 등을) 주다, 부여하다(*with*). ¶~ a person *with* authority; ~ authority *in* a person 남에게 권한을 주다. 2 (시) …에게 의복을 입히다; …에게 제복(祭服)[승의(僧衣)]을 입히다. ──图 1 (재산·권리 따위가) …에게 돌아가다, 귀속되다(*in*). 2 제복[승의]을 입다.
become vested in a person (권한이) 남에게 귀속
vest a person *with* (authority); *vest* (authority) *in* a person (권한을) 남에게 주다.
~·less, ~·like 图

Ves·ta [véstə] 图 1 [로마 신화] 베스타(불타는 난로(爐)의 여신; 그리스 신화의 Hestia에 해당). 2 (v-) (英) 짧은 밀랍[나무] 성냥. 3 [천문] 베스타(소행성의 이름). 4 베스타(여자 이름).

ves·tal [véstl] 图 1 여신 베스타의[에 관한]. 2 베스타에게 몸바친 처녀의[와 같은]; 순결한, 처녀의. ──图 1 = ~ virgin. 2 처녀(virgin), 순결한 여성; 수녀(nun). ~·ly 图

véstal vírgin (고대 로마의) 베스타를 섬긴 처녀.

vest·ed [véstid] 图 1 [법률] 소유권이 정해진, 확정된, 기득의. ¶ ~ right 확정적 권리, 기득권. 2 제복(祭服)[예복]을 입은. ¶a ~ choir 성가대복을 입은 성가대.

vésted ínterest 图 1 [법률] 기득권; (美) 종신 연금 수급권. 2 (a ~, the ~) 한 쪽으로 치우친 흥미, 관여, 이해 관계. 3 기득권 보유자, (~s) 수익자 집단[단

vest·ee [vestí:] 图 베스티(여성복의 앞 장식) [체].

ves·ti·ar·y [véstiəri/-tiəri] 图 1 (호텔 따위의) 휴대품 보관소, (교회의) 제의실(祭衣室). 2 [집합적] 의복; 제의. ──图 의복의; 제의의.

ves·tib·u·lar [vestíbjulər] 图 1 현관의, 문간방의. 2 (美) 연결 복도의. 3 [해부] 전정(前庭)의. ¶the ~ ataxia 전정성 실조(失調).

vestíbular nérve 图 [해부] 전정(前庭) 신경, 평형신경.

ves·ti·bule [véstəbju:l] 图 1 현관, 문간방, 로비, 대기실. 2 (美) (객차의) 연결 복도. 3 [해부·동물] (귀 따위의) 전정, 전실(前室), 전방(前房). 4 (새로운 것에) 접근하는 길(*to*). ¶a ~ *to* space travel 우주 여행에의 길. ──图图 …에 현관을 설치하다. (美) (객차

등)에 연결 복도를 설치하다. [열차]를 연결 복도로 연결하다.

ves·ti·bu·lec·to·my [vèstəbjuléktəmi] 图 [의학] 이전정(耳前庭) 절제술.

véstibule látch 현관 자물쇠(밖에서는 열쇠로 열고, 안에서는 손잡이만 돌리면 열리는 자물쇠).

véstibule schóol 图 (美) (공장 따위의) 신임 사원 양성소[훈련소].

véstibule tráin 图 (美) 객차 사이의 통행이 가능한 열차(corridor train).

*ves·tige [véstidʒ] 图 1 (소멸된 것의) 흔적, 자국, 유적; (상태·관행(慣行)의) 잔존물. ⇒TRACE [유의어] ¶the last ~s of prehistoric life 선사 시대 생활의 마지막 흔적. 2 (보통 부정어와 함께) 아주 미미한 흔적, 사소한 흔적; 극히 적음. ¶without a ~ of clothing 실오라기 하나 걸치지 않고 / There was not a ~ of the castle. 그 성은 흔적조차 없었다. 3 [생물] (퇴화된) 흔적, 퇴화 기관(器官). 4 (고어) 발자국.

ves·tig·i·al [vestídʒiəl] 图 흔적으로 남은, 흔적의; [생물] 흔적(기관)의, 퇴화한. ~·ly 图

vest·ing [véstiŋ] 图 1 ① 조끼감. 2 (정년 전 퇴직자의) 연금 수령권 부여(보유). ──图 (연금)권·권한 등을 부여[확정]하는. ¶the ~ date [or day] (英) (재산 등의) 귀속 확정일.

ves·ti·ture [véstətʃuər/-tʃə] 图 1 (고어) (권력·작위 등의) 수여, 부여. 2 (고어) [집합적] 의류(clothing). 3 동물의 피부를 덮은 것(비늘·털 따위).

vest·ment [véstmənt] 图 1 의복, (특히) 겉옷. 2 정복, 예복. 3 (교회) (성직자·성가대원 등이 예배 때 입는) 제복(祭服). 4 (의복처럼) 덮는 것.

vest·men·tal [vestméntl] 图

vest-pock·et [-pákit/-pɔ̀k-] 图 (美) (조끼의 포켓에 들어갈 만한) 소형의, 소규모의. ¶a ~ edition of a book 포켓판 책.

vést-pocket párk (美) 시내의 소공원.

ves·try [véstri] 图 1 (교회의) 제복실, 성구(聖具) 보관소. 2 (교회 등에서) 일요 학교 따위로 사용하는 교회 부속실, 집회실. 3 (the ~) [집합적] (미국 성공회의) 교구 위원(회); (영국 국교회의) 교구회. **-tral** 图

véstry clérk 图 (英) 교구회 서기(parish clerk). (또는 **véstry-clèrk**)

ves·try·man [véstrimən] 图 교구 위원.

ves·ture [véstʃər] 图 ①⑥ 1 의복, 의상; 덮개. 2 [법률] (수목 이외의) 땅 위에 자라고 있는 것, 땅을 뒤덮고 있는 것; 지상의 산물(풀·밀 따위). ──图图 (고어) …을 덮다. …에게 의상을 입히다.

Ve·su·vi·an [vəsú:viən] 图 1 Vesuvius 화산의[과 같은], 화산(성)의(volcanic). (비유적) 돌연히 폭발하는, 격노한. ──图 (v-) 1 (시가에 사용했던) 내풍(耐風) 성냥(fusee). 2 = vesuvianite.

ve·su·vi·an·ite [vəsú:viənàit] 图 ①⑥ 베수비어스 (Vesuvius 화산에서 볼 수 있는) 광물.

Ve·su·vi·us [vəsú:viəs] 图 Mount ~ 베수비오산 (이탈리아 서남부, 나폴리 부근의 활화산).

vet¹ [vet] 图 (구어) 수의(獸醫)(사). ──图 (-*tt*-) 图 1 (동물)을 진료하다. (익살) (사람)을 진료하다. 2 (비유적) …을 조사하다; (원고 따위)를 정정하다. ──图 수의사 노릇을 하다. [<veterinarian]

vet² [vet] 图 (美구어) 노병(의), 퇴역 군인(의). [<veteran]

vet. veteran; veterinarian; veterinary.

vetch [vetʃ] 图 살갈퀴속(屬)의 각종 초본, 살갈퀴(콩과(科)) 图; 사료; 비료용). 2 씨앗.

vetch·ling [vétʃliŋ] 图 연리초(連理草)속(屬)의 식물.

veter. veterinarian; veterinary.

‡**vet·er·an** [vétərən] 图 (⑧ ~s [-z]) 1 노련한 사람, 경험이 풍부한 사람, 베테랑; 고참병, 노병. 2 (美·캐나다) 병역 경험이 있는 사람, 참전 용사; 퇴역[재향] 군인(英) ex-serviceman). ¶a Vietnam ~ 월남전 참

전 용사. —[형] 1 전쟁에서 싸운[의 경험이 있는]; 전력(戰歷)을 쌓은, 역전(歷戰)의. 2 노련한, 오랜 경험을 쌓은. ¶a ~ golfer 베테랑 골퍼.

véteran càr [명] (英) 베테랑 카(1919년 이전, 특히 1905년 이전에 제작된 클래식 자동차).

vet·er·an·ize [vétərənàiz] [동][자] (병사로서) 재입대하다. —[타] …을 노련하게 만들다.

Véterans Administràtion [명] (the ~) (美) 재향 군인 관리국(연방 정부의 한 기관; [약] VA).

Véterans(') Dày [명] (美·캐나다) 재향 군인의 날(11월 11일; 제1·2차 세계 대전의 종전 기념일로 법정 휴일; 옛 이름 Armistice Day).

véterans' préference [명] (美) (특히 공무원 시험에서) 제대 군인 우대 조치.

vet·er·i·nar·i·an [vètərənέəriən] [명] (美·캐나다) 수의사(獸醫師)((英) veterinary surgeon).

vet·er·i·nar·y [vétərənèri/-nəri] [명] (美) 수의사(veterinarian). —[형] 수의의, 수의학에 관한.

véterinary médicine [scíence] [명] 수의학.

véterinary súrgeon [명] (英) 수의사.

vet. med. *veterinary medicine*.

***ve·to** [víːtou] [명] ([복] ~**es** [-z]) 1 (대통령·지사 등의) 거부권(*over*). ¶exercise a[*or* one's] ~ 거부권을 행사하다. (또는 ⁓ **pòwer**) 2 거부권의 행사. 3 (美) (대통령의) 거부 통고서[교서]. (또는 ⁓ **mèssage**) 4 (일반적으로) 거부, 금지(prohibition); 금지권.

put [or ***set***] ***a*** [or *one's*] ***veto on*** [or ***upon***] …을 거부하다, 부인하다. ¶*put a ~ on* the proposal 제안을 부결하다.

—[동][타] 1 (거부권을 행사하여) 〔의안 따위〕를 거부하다, 부인[거부]하다. 2 〔행위 따위〕를 절대로 금지하다. ~·**er** [명] 거부(권 행사)자, 금지하는 사람. ~·**less** [형]

ve·to-proof [-prùːf] [형] (대통령의) 거부권을 뒤집을 수 있는, 거부권에 대항할 수 있는 충분한 득표를 가진.

vet. sci. *veterinary science*.

‡**vex** [veks] [동][타] (~·**es** [-iz]; ~**ed** [-t]) 1 …을 짜증나게 하다, 성가시게 하다, 화나게 하다(*about, at, with*). ⇨BOTHER [유의어] ¶He was ~*ed at* the noise. 그는 그 소음에 짜증이 났다 // (~+[目]+[前]+[名]) ~ a person *with* foolish questions 바보스러운 질문을 해서 남을 귀찮게 하다. 2 …을 괴롭히다, 고통을 주다; …의 마음을 산란하게 하다(*with, at*). ¶She is ~*ed with* her son *at* his laziness. 그녀는 아들이 게을러서 고민하고 있다. 3 〔문제 따위〕를 활발히[오랫동안] 논하다[토론하다]. ¶~ a question without reaching any solution 문제를 활발히 논의했으나 결론을 내리지 못하다. 4 (고어) (바람·파도 따위가) 〔바다 따위〕를 뒤집다, 어수선하게 하다. 5 (고어) (병 따위가) …에 고통을 주다, …을 괴롭히다. ⁓·**er** [명]

***vex·a·tion** [vekséiʃən] [명] 1 [U] 짜증내기, 짜증나게 하기, 괴롭히기, 괴로워함, 화나게 함, 화남. 2 [U] (정신적) 고통, 괴로움, 귀찮음, 성가심. ¶*All is vanity and ~ of spirit*. 다 헛되어 바람을 잡으려는 것이로다(←전도서(Eccl.) 1:14). 3 (때로 ~s) 괴롭히는 것[사람], 고민거리, 성가신 일. ¶the little ~*s* of life 인생의 자질구레한 걱정거리.

in vexation of spirit [or ***mind***] 마음 아파[괴로워]하여.

vex·a·tious [vekséiʃəs] [형] 1 성가신, 짜증나는, 화나는, 신경질 나는, 신경이 곤두서는. ¶~ business 성가신 일. 2 〔법률〕 (소송 따위가 충분한 근거가 없이) 상대방을 괴롭히기만 하는, 소송 남용의. ¶a ~ suit 남소(濫訴). ~·**ly** [부] ~·**ness** [명]

vexed [vekst] [형] 1 (…으로) 속타는, 짜증나는(*about, at*); (남에게) 성낸 (*with*). 2 (문제 따위가) 말썽 많은, 난처한. ¶a ~ question 곤란한 문제.

vex·ed·ly [véksidli] [부] ⁓·**ness** [명]

vex·il·lar·y [véksəlèri/-ləri] [명] (고대 로마에서) 특정 군기(軍旗)에 속했던 부대(의 병사); 기수. —[형] (또는 **vex·il·lar** [veksílər]) 1 (고대 로마의) 군기의. 2 〔식물〕 기판(旗瓣)의. 3 〔조류〕 깃가지의[가 있는].

vex·il·lol·o·gy [vèksəlálədʒi/-lɔ́l-] [명][U] 기학(旗學), 기에 관한 연구. **-gist** [명] 〔<*vexillum*+*-ology*〕

vex·il·lum [veksíləm] [명] ([복] **-la** [-lə]) 1 (고대 로마의) 군기; 군기 아래의 부대. 2 〔식물〕 기판(旗瓣). 3 (드물게) 〔조류〕 (새 깃의) 깃가지.

vex·ing [véksiŋ] [형] 성가신, 귀찮은; 짜증나게 하는, 괘씸한, 말썽 많은. ~·**ly** [부]

VF *video frequency*; *visual field* [*flight*]; *voice frequency*. **v.f.** *very fair* [*fine*](날씨 쾌청). **VFD** *Volunteer Fire Department*(의용 소방대). **VFO** *variable frequency oscillator*(가변 주파수 발진기(發振器)). **VFR** *visual flight rules*(유시계(有視界) 비행 규칙). **VFW** *Veterans of Foreign Wars* (of the United States)((미국) 해외 참전 군인회). **VG** *Vicar-General*(주교 대리); *videoterminal glasses*. **v.g.** *very good*. **VGA** 〔컴퓨터〕 *Video Graphics Array* (영상 그림 맞춤틀).

V́ gène [명] 〔유전〕 V 유전자(면역 글로불린(immunoglobulin)의 가변(可變) 부분을 지배하는 유전자). 〔<*variable gene*〕

V-girl [víːgəːrl] [명] (美속어) 1 =Victory girl. 2 성병이 있는 여자. 〔<*venereal disease*〕

VHDL *very high density lipoprotein*(초고밀도 리포단백질). **VHF** *very high fidelity*(초고충실도); (또는 **V.H.F., vhf**) *very high frequency*(초단파).

VHF márker bèacon [명] 〔항공〕 VHF 마커(계기 진입 착륙 장치(ILS)의 일부).

VHLL 〔컴퓨터〕 *very high level language*(초고급 언어). **VHS** (상표) *video home system*. [참] Betamax.

VHSIC *very high speed integrated circuit*(초고속 집적 회로). **Vi** [기] 〔화학〕 virginium. **VI** *Vancouver Island*; *Virgin Islands*; 〔화학〕 *viscosity index*; *volume indicator*. **v.i.** *intransitive verb*; (라틴) *vide infra*(=see below).

‡**vi·a** [váiə, víːə] [전] 1 …을 거쳐, 경유해서(by way of). ¶go to Denver ~ Chicago 시카고를 경유해서 덴버로 가다. 2 …을 통해서, …에 의해서(by means of). ¶~ air mail 항공편(으로)((英) by air mail).

vi·a·bil·i·ty [vàiəbíləti] [명][U] 생존 능력; (태아·신생아의) 생육력, 생활력; 실행 가능성.

vi·a·ble [váiəbl] [형] 1 (계획 따위가) 실행 가능한, 실용적인. ¶a ~ alternative 실행 가능한 대안. 2 (나라가) 독립[존속]할 수 있는; (경제가) 성장[발전]할 수 있는. ¶a new and ~ country 성장 가능한 신흥국. 3 (태아·신생아 등이) 살아갈 수 있는, 생명력이 있는. 4 〔생물〕 생육[발아]할 수 있는; (환경 따위가) 생존에 적합한. 5 (사물이) 뚜렷한, 여실한, 박진한; (지성·상상력·감각 따위를) 자극하는. **-bly** [부]

vía dol·o·ró·sa [-dàlərόusə/-dɔ̀l-] [명] 1 (V- D-) 비아돌로로사(그리스도가 십자가를 지고 갈보리(Calvary)까지 걸어간 길). 2 고난[슬픔]의 길.

vi·a·duct [váiədʌ̀kt] [명] (석조의) 육교, 고가교.

Vi·ag·ra [vaiǽgrə, vi-] [명] (상표) 비아그라(발기 부전 치료제).

vi·al [váiəl] [명] 호리병, 작은 유리병, 약병.

pour out vials of wrath on [or ***upon***] …에게 진노의 호리병을 쏟다; …에게 복수하다(←요한 계시록(Rev.) 16:1).

—[동][타] (**-l-**, (英) **-ll-**) …을 유리병에 넣다.

Vía Lác·te·a [-lǽktiə] [명] 은하(수). 〔<L Milky Way〕

vía mé·di·a [-míːdiə] [명] 중도, 중용(中庸)(* 가톨릭과 프로테스탄트와의 사이에 있는 영국 국교회를 가리킨다). 〔<L middle path〕

vi·and [váiənd] [명] 식품, 진미; (~s) 고급 음식, 요리; 진수 성찬. ⇨FOOD [유의어]

vi·at·i·cum [vaiǽtikəm, vi-] 영 (영 **-ca** [-kə], **~s**) 1 〔가톨릭〕 임종 성찬〔성체 배령〕. 2 (보통 a ~, one's ~) (고대 로마의) 공무 출장용 급여〔여비, 식량〕; (일반적으로) 여비; 여행 필수품.

vibe [vaib] 영 (보통 ~s) (구어) 분위기, 낌새, 인상, 느낌. 2 《속어》 태 …을 분위기〔낌새〕로 전하다; 〔감정 등〕을 발산시키다. ── 재 (사람이) 서로 영향을 끼치다, 맞추어 맞다.

vibe on …에 공감하다, …와 뜻이 통하다.

vibes [vaibz] 영〔영 〔美구어〕 (단·복수 양용) =vibraphone. **víb·ist** 영 비브라폰 연주자.

VIBGYOR, vib·gyor [víbgjɔːr] 영〔U 비브그요르, 빨주노초파남보(무지개의 일곱 가지 색을 기억하기 위한 조어(造語)). 〔< *vi*olet, *i*ndigo, *b*lue, *g*reen, *y*ellow, *o*range, *r*ed〕

vi·bra·harp [váibrəhɑːrp] 영 《美》 =vibraphone.

Vi·bra·my·cin [vàibrəmáisin] 영 〔상표〕 비브라마이신(doxycycline 제제(製劑)).

vi·bran·cy [váibrənsi] 영〔U〔C〕 진동, 공명, 반향, 맥동.

vi·brant [váibrənt] 형 1 진동하는, 흔들리는. 2 (소리를 내기 위해) 진동하는. 3 (소리가) 울려퍼지는, 반향하는. 4 (사람의) 원기왕성한, 넘치는; 힘차게 맥박치는, 고동하는. 5 활기가 넘치는, 힘찬 *with*). ¶a city ~ *with* life 활기찬 도시. 6 자극적인, 손에 땀을 쥐게 하는, 숨을 죽이게 하는(*with*). 7 (색·빛 따위가) 밝은, 눈부신; 〔음성〕 성대의 진동으로 생기는, 유성음의. ── 영 〔음성〕 유성음(⇔ surd). **~·ly** 부

vi·bra·phone [váibrəfòun] 영 비브라폰(실로폰 비슷한 악기). **-phòn·ist** 영 비브라폰 연주자.

‡**vi·brate** [váibreit/-′-] 자 (**-brat·ed; -brat·ing**) 재 1 흔들리다, 진동하다. 2 (빠르게 쉬지 않고) 떨다, 진동(震動)하다. ¶The leaves continued to ~ in the breeze. 나뭇잎이 미풍에 계속 살랑거렸다. 3 (소리가) 진동하는, 울리다(*with*). ¶His voice ~*d with* rage. 노여움으로 그의 목소리가 떨렸다. 4 감동하다, 두근두근하다(*with*). ¶My heart ~*s with* excitement. 내 가슴은 흥분으로 두근거린다. 5 갈피를 못 잡다, (정신적으로) 동요하다. ── 태 1 …을 흔들어 움직이다; …을 진동시키다. ¶A rattlesnake ~*s* its tail. 방울뱀이 꼬리를 흔들었다. 2 〔소리 따위〕를 진동에 의해서 내다. ¶A star ~*s* light. 별은 진동으로 빛을 낸다. 3 …을 진동에 의해서 재다, 나타내다. ¶A pendulum ~*s* seconds. 시계추는 흔들리면서 초를 나타낸다. **-brat·ing** **-brat·ing·ly** 부

ví·brat·ed cóncrete [váibreitid-] 영 〔건축〕 진동식 콘크리트(진동시켜 강도를 높인 콘크리트).

vi·bra·tile [váibrətil/-tàil] 형 진동시킬 수 있는; 진동하는; 진동(성)의. **-til·i·ty** [ˋtíləti] 영 진동(성).

‡**vi·bra·tion** [vaibréiʃən] 영〔U〔C〕 1 진동하기〔시키기〕; 떨림, 진동. 2 (마음의) 동요, (기분·의견·행위 따위의) 불안정, 혜맴, 갈광질팡하기. 3 〔물리〕 진동; 음향 진동. 4 (구어) 느낌(vibe), 인상, 분위기.

~·al, ~·less

vi·bra·tion-proof [-prùːf] 형 내진(耐振)의.

vi·bra·tive [váibrətiv/vaibréi-] 형 =vibratory.

vi·bra·to [vibrɑ́ːtou] 영 (~s) 〔음악〕 진동(음), 비브라토; 진동성. 형 tremolo 〔<It〕

vi·bra·tor [váibreitər/-′-] 영 1 진동하는〔시키는〕 사람〔것〕. 2 〔전기〕 진동자, 바이브레이터; 전기 마사지기(器). 3 〔음악〕 진동하여 음을 내는 것(현악기의 현·리드 오르간의 리드 따위). 4 (인쇄기의) 잉크 롤러.

vi·bra·to·ry [váibrətɔ̀ːri/-təri] 형 1 진동을 일으키는. ¶~ organs 진동 기관. 2 진동하는, 떨려 울리는. ¶a ~ voice 떨리는 목소리. 3 진동성의.

vib·ri·o [víbriòu] 영 (영 ~**s**) 〔세균〕 비브리오속(屬)의 각종 세균(콜레라균을 포함). **-oid** [-ɔ̀id] 형

vib·ri·o·ci·dal [vìbriousáidl] 형 비브리오균을 죽이는, 항(抗)비브리오균의.

vib·ri·on [víbriən/-ɔ̀n] 영 〔세균〕 1 =vibrio. 2 운동성 박테리아. **vìb·ri·ón·ic** 형 비브리오의〔에 감염된〕.

vib·ri·o·sis [vìbrióusis] 영 〔병리〕 비브리오병(病) (교미 따위에 의해 감염되는 소·양의 병).

vi·bris·sa [vaibrísə] 영 (영 **-sae** [-siː]) 1 (사람의) 코털. 2 〔동물〕 촉모(觸毛), 진모(震毛)(고양이 수염 등 동물의 입가에 있는 감모(剛毛)). 3 (새의 입언저리에 있는 수염 모양의 깃털. **-sal** 형

vi·brist [váibrist] 영 《美》 =vibraphonist.

vi·bro- [váibrou, -brə] 〔연결형〕 vibration(진동)의 뜻. ¶*vibro*meter.

vi·bro·graph [váibrəgræf, -grɑ̀ːf] 영 진동계.

vi·brom·e·ter [vaibrɑ́mətər/-brɔ́m-] 영 =vibrograph.

vi·bron·ic [vaibrɑ́nik/-brɔ́n-] 형 〔물리〕 전자 진동의. 〔<*vibr*ation+electr*onic*〕

vi·bro·scope [váibrəskòup] 영 진동계.

vi·bur·num [vaibə́ːrnəm] 영 가막살나무속(屬)의 식물; 〔U〕 그 수피(樹皮)(약용).

vic¹ [vik] 영 《美속어》 죄인, 수형자(convict).

vic² [vik] 영 《英》 (비행기의) V자형 편대.

vic³ [vik] 영 《美속어》 =victim. ── 태 (~*ked*) 희생자〔봉〕를 찾다.

vic⁴ [vik] 영 《美속어》 =Victrola.

Vic [vik] 영 빅(남자 이름; Victor의 애칭).

Vic. Vicar; Vicarage; Victoria(n).

*****vic·ar** [víkər] 영 1 《영국 국교회》 교구 목사. 2 《가톨릭》 (교황·주교 등의) 대리(자). 3 (일반적으로) 대리인. 4 (미국 성공회의) 회당 목사(會堂牧師).

a vicar of Bray 기회주의자, 변절자.

the Vicar of Christ 〔가톨릭〕 그리스도의 대리자, 교황. **~·ship** 영

vic·ar·age [víkəridʒ] 영 1 Vicar의 주거, 사제관, 목사관. 2 (vicar가 받는) 성직급(聖職給). 3 〔U〕 vicar의 직(무).

vícar apostólic 영 (영 **-s a-**) 〔가톨릭〕 대목(代牧) 교구장; (교회사) 교황 대리.

vícar chóral 영 (영 **-s c-**) (영국 국교회) 성가 지휘자의 보조원.

vícar fo·ráne [-fɔːréin/-fɔ-] 영 (영 **-s f-**) 〔가톨릭〕 지방 주교 대리.

vic·ar-gen·er·al [-dʒénərəl] 영 (영 **vic·ars-**) 1 〔가톨릭〕 주교 총대리. 2 〔영국 국교회〕 (대)주교 대리인. 3 〔영국사〕 종무(宗務) 대리인. **~·ship** 영

vi·car·i·al [vaikɛ́əriəl, vi-] 형 《英》 1 목사의. 2 목사직에 있는; …을 맡은. 3 대리의.

vi·car·i·ance [vaikɛ́əriəns, vi-] 영 〔생태〕 분단(分斷) 분포(지각의 변동에 의해 산맥·해양 등의 장벽이 생겨 동종의 생물이 분리되는 일).

vi·car·i·ate [vaikɛ́əriət, -rièit, vi-] 영 《英》 1 〔U〕 목사의 직〔권한〕. 2 목사의 관할 구역. 3 〔가톨릭〕 대목(代牧) 교구장의 사무소〔관할 구역〕. (또는 **vicarate**)

vicáriate apostólic 영 (영 **-s a-**) 〔가톨릭〕 대목 구(代牧區)(대목(vicar apostolic)의 관할 구역).

vi·car·i·ous [vaikɛ́əriəs, vi-] 형 1 남을 대신하여 하는; 대리의, 대리하는. ¶~ punishment 남 대신 받는 형벌. 2 (타인의 경험을) 상상하여 느끼고 맛보는. ¶a ~ thrill 남의 이야기를 듣고 느끼는 스릴. 3 〔의학〕 대상(代償)(성)의. ¶~ hemorrhage 대상 출혈(정상 출혈 장소 이외의 장소에서의 출혈). **~·ly** 부 **~·ness** 영

‡**vice¹** [vais] 영 (~·**es** [-iz]) 〔U〕 1 부도덕, 악덕(⇔ virtue); 품행이 좋지 않음, 타락; 부도덕〔타락〕 행위; 악습, 나쁜 버릇 (*of*). ⇨ CRIME 유의어 ¶virtue and ~ 미덕과 악덕 / ¶*indulge* in the ~ *of* intemperance 음주의 나쁜 버릇에 젖다. 2 성적 부도덕, 매춘. 3 (조직·성격·문체 등의) 결함, 결점, 미비; 육체적 결함, 병약(⇨ FAULT 유의어) (*of*). ¶a constitutional ~ 체질상

의 결함// ~s of literary style 문체상의 결함. 4 (말 (馬) 따위의) 나쁜 버릇. 5 (the V-) (영국의 우의극(寓意劇)(morality play)의) 악역(惡役).
have a vice of doing …하는 나쁜 버릇이 있다.
vice² [vais] 图图 (英) =vise.
vice³ [vais] 图 (구어) 대리인, 부장; =~ president
vi·ce⁴ [váisi, vais] 图 …대신에, …대신으로(in place of). [<L]
vice- [váis] [연결] deputy의 뜻. ¶*vice*chairman, *vice*roy, *vice*gerent.
více ádmiral 图 해군 중장.
více ádmiralty 图 해군 중장의 직[지위, 임기].
vice-ádmiralty còurt 图 (英) [법률] 식민지 해사 법원.
vice-chair·man [ˈtʃɛərmən] 图 부의장, 부회장, 부위원장. **~·ship**
vice-cham·ber·lain [ˈtʃéimbərlin] 图 (英) 부관, 부시종, 궁내(宮內) 차관.
vice-chan·cel·lor [ˈtʃǽnsələr/-tʃáːn-] 图 장관 대리, 차관; (英) 대학 부총장; 부대법관. **~·ship**
vice consul. *vice-consul*ate; *vice-consul*ship.
vice-con·sul [ˈkánsəl/-kɔ́n-] 图 부영사(副領事). **~·ship** 「사.
vice-con·su·lar [ˈkánsələr/-kɔ́nsju-] 图 부영
vice-con·su·late [ˈkánsələt/-kɔ́nsju-] 图回 부영사의 지위[직, 임기].
vice·ge·ral [vàisdʒíərəl] 图 대리자의, 대관(代官)의; 대관[대리]직의.
vice·ge·ren·cy [vàisdʒíərənsi/-dʒér-] 图 1 U 대리인[대관]의 지위[직, 통치권]. 2 대리인[대관]의 관할 구역.
vice·ge·rent [vàisdʒíərənt/-dʒér-] 图 대관; 대리인. — 图 대관[대리인]의; 대리 권한의[을 행사하는].
vice·gov·er·nor [ˈgʌ́vərnər] 图 부지사; 부총독.
vice-hunt·er [ˈhʌ́ntər] 图 (美) 하층 사회 연구가.
vice-king [ˈkíŋ] 图 부왕(副王)(viceroy).
vice·less [váislis] 图 악덕[결함]이 없는.
vice-min·is·ter [ˈmínəstər] 图 차관.
vic·e·nar·y [vísəneri/-nəri] 图 20의[으로 이루어지는]; 20진법의(vigesimal).
vi·cen·ni·al [vaisénial] 图 20년(간)의, 20년간 계속되는; 20년마다 일어나는, 20년에 한 번의.
více ófficer 图 (속어) 매춘 담당 경관.
vice pres., Vice Pres. *vice president*.
*****více président** 图 1 부통령, 부회장, 부사장, 부총재, 부행장. 2 (V- P-) (美정부) 부통령. (또는 **vice-président**) **více présidency, více-prés·i·den·cy** 图回 vice president의 지위[직, 임기]. **vice-pres·i·dén·tial**
vice-prin·ci·pal [ˈprínsəpəl] 图 부교장.
vice·re·gal [vàisríːgəl] 图 부왕(副王)[총독, 태수]의. **~·ly**
vice-re·gent [ˈríːdʒənt] 图 부섭정(副攝政). — 图 [ˈ-ˈ-] 부섭정의. **-gen·cy** 图回 vice-regent의 지위 [직, 임기]. 「인; 여성 viceroy.
vice-reine [váisrèin/ˈ-ˈ] 图 부왕(副王)[총독]의 부
více ring 图 (불법적인) 매춘 조직.
vice·roy [váisrɔi] 图 부왕, 태수, 총독. ¶the ~ of India 인도 총독. **~·ship** 图, **vice·róy·al** 图
vice·roy·al·ty [vàisróiəlti, ˈ-ˈ--] 图回 부왕[태수, 총독]의 지위[권한, 임기]; 그들의 지배[관할] 지역.
více squàd 图 (때로 the V- S-) (경찰의 매춘·도박·마약 따위의) 풍속 사범 단속반.
vi·ce vér·sa [váisə vɔ́ːrsə/váisi vɔ́ːsə] 图 거꾸로, 역으로, 반대로; 역 또한 같음(* 앞 문장의 역(逆)을 생략형으로 나타내는 문구로, 주로 *…and vice versa* 처럼 쓴다). ¶I dislike him, and ~. 나는 그가 싫고, 그 또한 나를 싫어한다. [<L]

Vi·chy [víʃi/víːʃi] 图 1 비시(프랑스 중부의 도시; 제2차 대전중 임시 수도). 2 (종종 v-) = ~ water.
vi·chys·soise [vìʃiswɑ́ːz] 图回 비시소와즈(양파·감자 따위에 크림을 곁들여 만드는 수프). [<F]
víchy wàter 图 (때로 V- w-) 비시 광천(鑛泉)수(프랑스 Vichy산(産)); 이와 비슷한 미네랄 워터. (또는 **Vichy**) 「종.
Vi·ci [váisai] 图 (상표) (구두용) 양 새끼 가죽의 일
vic·i·nage [vísənidʒ] 图回 1 근처, 부근. 2 근처의 일, 근처. 3 [집합적] 근처의 사람들, 특정 지역의 사람들.
vic·i·nal [vísənəl] 图 1 부근의, 인접의, 인접지(처)의; 한 지방의. 2 [결정] 미사면(微斜面)의.
‡**vi·cin·i·ty** [visínəti] 图回C (图 -ties [-z]) 1 가까운곳, 근처, 부근, 주변. ⇒ NEIGHBORHOOD (유의어) 2 가까움, 근접.
in the vicinity of …의 부근에[의].
in this [that] vicinity 이[저] 근처에.
‡**vi·cious** [víʃəs] 图 (*more* ~; *most* ~) 1 사악한, 부도덕한, 악덕의; 타락한; 나쁜 일을 저지르기 쉬운. ¶a ~ companion 나쁜 친구/a ~ life 방종한 생활. 2 비난할 만한, 발칙한, 옳지 않은. ¶a ~ action 부정 행위. 3 (말·시선·행위 따위가) 악의가 있는, 심술궂은. ¶a ~ look 심술궂은 얼굴 표정/a ~ gossip 악의에 찬 가십. 4 (날씨·고통 따위가) 아주 굉장한, 심히 불쾌한. ¶a ~ headache 심한 두통/a ~ storm 지독한 폭풍우. 5 (논의·추론 따위가) 틀린, 불합리한; (문체·법식 따위가) 결점이 있는, 불완전한. ¶a ~ reasoning 잘못된 추론/a ~ text 잘못이 있는 텍스트. 6 (사람의 성질이) 광포한, 거친; (동물 따위가) 버릇이 나쁜, 다루기 힘든. ¶a ~ horse 다루기 힘든 말/one's ~ temper 거친 기질.
~·ly 图 부도덕[사악]하게; 심술궂게, 매정하게; 심하게. **~·ness** 图
vícious círcle[cýcle] 图 1 (일련의 사태의) 악순환. 2 [논리] 순환 논법. 3 [의학] 악순환.
vícious spíral 图 (경제) 악순환(물가가 상승하면 임금이 오르고, 임금이 오르면 물가가 상승하는 악순환).
vi·cis·si·tude [visísətjùːd/-tjùːd] 图 1 변화, 변동. 2 (사물·상태의) 교체; 기복; (낮과 밤 따위의) 교야의 교체. 3 (~s) (처지·환경의) 변천, 변전(變轉); (인생의) 부침(浮沈), 영고 성쇠(*of*). ¶the ~s of fate 운명의 부침. 4 (시·고어) 규칙적인 변화[추이](의).
-tu·di·nar·y [ˈtjùːdənèri/-tjùːdinəri], **-tú·di·nous** 图 변화[변전]하는, 영고 성쇠의.
vicked [vikt] 图 (美속어) 속은, 봉이 된.
Vick·i [víki] 图 비키(여자 이름; Victoria의 애칭). (또는 **Vicky, Vickie**) 「(viscount).
vi·comte [F vikɔ̃ːt] 图 (图 ~s) (프랑스의) 자작
vi·com·tesse [F vikɔ̃ːtes] 图 (图 ~s) (프랑스의) 자작 부인[미망인]; 여자 자작(viscountess).
VICS *vehicle information communication system* (도로 교통 정보 통신). **Vict.** Victoria(n).
‡**vic·tim** [víktim] 图 (图 ~s [-z]) 1 (종교 의식에서의) 희생, 산 제물(*to*). ¶offer up human ~s 인간을 산 제물로 바치다. 2 희생(자); 피해자, 조난자(*of, to*). ¶~s of war; war ~s 전쟁 희생자/~s of a flood 홍수의 희생자/~s of a railroad accident 철도 사고의 희생자/a ~ *to* poverty 가난에 시달리는 사람/make a ~ *of* a person 남을 희생시키다. 3 사기에 걸린 사람, 속는 사람, 봉(dupe).
become[or *be made*] *a victim of* …의 희생이
fall (a[or *the*]*) victim to* …의 희생(물)이 되다; (매력 따위에) 사로잡히다.
vic·tim·ize [víktəmàiz] 图回 …을 희생시키다, 희생물로서 죽이다; 속이다, 사기치다; (남)을 괴롭히다. ⇒ CHEAT (유의어) **-i·zá·tion, -iz·er** 图
vic·tim·less [víktimlis] 图 피해[희생]자 없는.
víctimless críme 图 피해자 없는 범죄(매춘·도박처럼 피해자의 동의가 있었고 폭력이 따르지 않는 것).

vic·tim·ol·o·gy [vìktəmálədʒi/-mɔ́l-] [명][U] (범죄 따위의) 피해자 (행동) 연구. **-gist** [명]

‡**vic·tor** [víktər] [명] ([복] ~*s* [-z]) **1** 전승자(戰勝者), 정복자. **2** (투쟁·경기 따위의) 승리자, 승자. **3** (통신에서) V자를 나타내는 부호. ── [형] 승리(자)의.

Vic·to·ri·a [viktɔ́:riə] [명] 빅토리아. **1 Queen** ~ 빅토리아 여왕(1819-1901: 영국의 여왕). **2** Hong Kong의 수도. **3 Lake** ~ 빅토리아 호(아프리카 대륙 중동부의 호수). **4** 〔로마 신화〕 승리의 여신(그리스 신화의 Nike에 해당). **5** (v-) 2인승 4륜 마차의 일종; (뒷쪽 좌석의 덮개를 접을 수 있는) 오픈형 자동차. **6** (v-) 수련과(科)의 식물. **7** 오스트레일리아 동남부의 주(주도 Melbourne). **8** 캐나다 British Columbia 주의 항구 도시·주도. **9** 여자 이름.

Victória Cróss [명] (the ~) **(英)** 빅토리아 십자 훈장(전장에서의 수훈자에게 수여되는 훈장; [약] VC).

Victória Dày [명] **1** **(英)** 전영(全英) 경축일(5월 24일; Queen Victoria의 생일)(Empire Day). **2** 캐나다의 국경일(5월 25일에 제일 가까운 월요일).

Victória Fálls [명][복] (the ~) 빅토리아 폭포(아프리카 남부 잠베지 강의 대폭포).

Victória Ísland [명] 빅토리아 섬(캐나다의 북극해 제도 중 세번째로 큰 섬).

Victória Lànd [명] 빅토리아 랜드(남극 대륙의 Ross 해에 임한 지역).

***Vic·to·ri·an** [viktɔ́:riən] [형] **1** 빅토리아 여왕의; 빅토리아조(朝)[시대]의. ¶the ~ age 빅토리아 여왕 시대 / ~ writers 빅토리아 여왕 시대의 작가. **2** 빅토리아조풍(風)의, (오만·편협·인습 고수 따위를 특징으로 한) 빅토리아 시대 사람 같은. ¶a ~ dress 빅토리아조풍의 의복. **3** 구식인, 고풍인. **4** (오스트레일리아의) 빅토리아주(州)의. ── [명] 빅토리아 여왕 시대의 사람, 빅토리아조(朝)의 (대표) 문학자.

Vic·to·ri·an·a [viktɔ̀:riǽnə, -á:nə/-á:nə] [명] 빅토리아조(풍)의 미술품[장식품, 골동품]; 빅토리아조에 관한 자료[문헌].

Vic·to·ri·an·ism [viktɔ́:riənìzm] [명][U] 빅토리아 조풍(風)(의 것).

Vic·to·ri·an·ize [viktɔ́:riənàiz] [동][타] 빅토리아조 풍[스타일]으로 하다. **-i·zá·tion** [명]

Victórian Órder [명] (the Royal ~) 빅토리아 훈장(국왕에 대하여 큰 공이 있는 자에게 수여; [약] VO).

vic·to·rine [vìktəríːn/ᐩᐨᐩ] [명] **(英)** (여성용의) 끝에 긴 술이 달린 모피 어깨걸이.

‡**vic·to·ri·ous** [viktɔ́:riəs] [형] 승리를 거둔, 이긴; 전승(戰勝)의; 승리를 자랑하는. ¶~ troops 승리를 거둔 군대. ~**·ly** [부] ~**·ness** [명]

‡**vic·to·ry** [víktəri] [명] ([복] *-ries* [-z]) [U][C] **1** 승리, 전승 (*over*); (…에서의) 이김 (*to, for*); 승전(勝戰)([참] defeat). ¶a decisive ~ 결정적인 승리 / The war ended in a ~ *for* Greece. 그 전쟁은 그리스의 승리로 끝났다. **2** (반대·곤란 등의) 정복, 극복, 제압. ¶a ~ *over* every difficulty 모든 곤란의 극복.

> [유의어] **victory** 「승리」라는 뜻의 가장 일반적인 말. **triumph** 빛나는 결정적 승리와 그에 대한 칭찬을 받아 의기 양양한 상태.

3 (V-) (고대 로마의) 승리의 여신 Victoria. **4** (the *V*-) Nelson이 Trafalgar 해전을 지휘한 기함.

gain [or ***get, win, have***] ***a*** [or ***the***] ***victory over*** [or ***against***] …에게 이기다.

victory over oneself [or ***one's lower self***] 극기(克己).

víctory gàrden [명] (때로 V- g-) **(美)** (제2차 세계 대전중의) 가정 채소밭.

Víctory gìrl [명] **(美속어)** 애국심에서 자진하여 장병과 교섭을 갖는 여자, 아마추어 매춘부.

Víctory Mèdal [명] **(美)** 전승 기념 훈장(제1·2차 세계 대전의 종군자에게 수여한 기념장).

víctory rìbbon [명] **(美)** Victory Medal의 약장(略章).

vic·tress [víktris] [명] 여성 승리자(female victor).

Vic·tro·la [viktróulə] [명] **(상표)** Victor 회사제 축음기.

***vict·ual** [vítl] [명] (~s) 식량; 음식, 식품. ⇨FOOD [유의어] ── [동] (*-l-*, **(英)** *-ll-*) [타] 〔군대 등〕에 식량을 공급하다, 〔배〕에 식량을 적재하다. ¶~ a ship for a voyage 항해를 위해 배에 식량을 싣다. ── [자] **1** (배에) 식량을 싣다[입수하다]. ¶The ship ~*ed* before sailing. 배는 출항 전에 식량을 실었다. **2** **(고어)** (사람이) 음식을 먹다; (가축이) 먹이를 먹다.

vict·ual·er, (英) -ual·ler [vítlər] [명] **1** (군대·선박 따위에의) 식량 공급자. **2** (군대의) 급량선(給糧船), 양식 운반선. **3** **(英)** (주류 판매 면허를 가진) 요식업자, 술집 주인.

víct·ual·ling bìll [vítliŋ-] [명] **(英)** 선박용 식량 적재 신고서.

víctualling hòuse [명] **(英)** 음식점.

víctualling nòte [명] 〔英해군〕 수병 식사 전표.

víctualling òffice [명] 〔英해군〕 군수부 식량과.

víctual(l)ing shìp [명] 식량 수송선.

víctualling yàrd [명] 〔英해군〕 군수부 창고[저장소].

vi·cu·na [vaikjú:nə, vikú:njə] [명] **1** 비큐나(남미 안데스 산맥 지방의 야생 라마의 일종). **2** [U] 그 털로 짠 비큐나 천. (또는 **vicuña, vicugna**) 〔<Sp〕

vid [vid] [명] **(구어)** **1** (음악용의) 프로모션 비디오. **2** **(복합어로)** 비디오, TV. [참] kidvid, vidkid

vid. video; **(라틴)** *vide*.

vid·a·hol·ic [vìdəhɔ́:lik, -hál-] [명] **(美속어)** TV만 보는 사람, TV 중독자.

vi·dar·a·bine [vaidǽrəbàin] [명] 〔약학〕 비다라빈(급성 각결막염이나 상피 각화증(上皮角化症) 치료에 쓰이는 아데닌의 아라비노오스 유도체).

víd·clip [vídklìp] [명] **(구어)** (TV·영화의) 발췌 프로모션 비디오.

vi·de [váidi, ví:di] [동] 보아라, 참조하라([약] v., vid.). 〔<L see〕

víde án·te [-ǽnti] 앞을 보아라([약] v.a.). 〔<L〕

víde ín·fra [-ínfrə] 아래[다음]를 보아라([약] v.i.). 〔<L〕

vi·de·li·cet [vidéləsit/-dí:lisèt] [부] 즉, 바꾸어 말하면(that is to say, namely)([약] viz.; 보통 namely라고 바꿔 읽는다). 〔<L it is permitted to see〕

‡**vid·e·o** [vídiòu] [명] ([복] ~*s*) **1** [U] 〔TV〕 영상, 비디오([반] audio). **2** **(구어)** =videotape. **3** [C][U] **(구어)** 텔레비전. ¶She is a star of stage and ~. 그녀는 무대와 TV의 스타이다. **4** (상품으로서) 비디오화된 것. **5** =music ~. ── [형] **1** TV 수상기의. **2** TV의, (특히) 영상의. **3** 비디오 카세트[뮤직 비디오 등]의. ¶a ~ shop 비디오 숍. **4** TV 화상의 송신[수신]용의. ── [동][타] 비디오로 녹화하다.

vídeo adàpter [명] 〔컴퓨터〕 비디오 어댑터(video controller).

vídeo àrt [명] 비디오 아트[예술]. **vídeo àrtist** [명]

vídeo bòard [명] 〔컴퓨터〕 비디오 보드(video controller).

vídeo càpture càrd [명] 비디오 캡처 카드(비디오 신호를 컴퓨터에 거두어 들이기 위한 확장 카드).

vídeo càrd [명] 비디오 카드(video controller).

vídeo càrrier [명] 〔전자〕 영상 반송파(搬送波).

vídeo càrtridge [명] =videocassette.

vid·e·o·cas·sette [vídioukəsèt, -kæ-] [명] 비디오카세트(비디오 리코더용 테이프가 담긴 카트리지).

vídeocassette recòrder [명] 비디오카세트 녹화기([약] VCR).

vid·e·o·cast [vídioukæ̀st/-kà:st] [명][U][C] 텔레비전 방송. ── [동] 텔레비전으로 방송하다.

vídeo CĎ [명] 비디오 시디(CD에 동화를 수록하는 규격).

vid·e·o·con·fer·ence [vídioukɑ̀nfərəns/-kɔ̀n-] [명] 텔레비전 (화상) 회의(TV로 원격지를 연결하여 화상

vídeo contròller 图 〔컴퓨터〕 비디오 컨트롤러 (video adapter)(컴퓨터의 그래픽스 처리 회로; 이 회로를 탑재한 확장 카드).

vid·e·oc·ra·cy [vìdiákrəsi/-5k-] 图 텔레비전(을 이용한) 정치, 영상에 의한 국민 통치.

vid·e·o·disk [vídioudisk] 图 비디오디스크. (또는 **videodisc**)

vídeodisk plàyer 图 비디오디스크 플레이어.

vídeo displáy tèrminal 图 〔컴퓨터〕 비디오 표시 단말기(약 VDT). (또는 **vísual displáy tèrminal**[(英)])

vídeo dráma 图 =teledrama. 〔ùnit〕)

víd·e·o·fit [vídiəufit] 图 비디오핏(컴퓨터 스크린에 호출할 수 있는, 목격자의 증언을 바탕으로 합성한 사람 얼굴의 화상). 「주파수.

vídeo frèquency 图 〔TV〕 영상 주파수.

vídeo gàme 图 비디오(TV, 컴퓨터) 게임.

vídeo-gáme sùrgery 图 비디오 게임 수술(환부의 영상을 모니터로 보면서 하는 수술).

vid·e·o·gen·ic [vìdioudʒénik] 图 TV 방송에 알맞은, TV 사진을 잘 받는(telegenic).

vid·e·o·gram [vídiougræm] 图 비디오그램(영화 등 녹화된 작품 및 그 비디오테이프[디스크]).

vid·e·og·ra·phy [vìdiágrəfi/-5g-] 图 비디오 카메라 촬영(술). **-ra·pher** 图

vid·e·o·ize [vídiouàiz] 图他 …을 TV용으로 다시 편성하다, TV화(化)하다.

vídeo jòck (美속어) =video jockey.

vídeo jòckey 图 1 비디오 자키(약 VJ). 2 (美속어) 비디오 게임을 하고 노는 사람.

vídeo jòurnalism 图 〔TV〕 1 영상 저널리즘. 2 (방송되는) 뉴스 소재(素材)[프로그램].

vídeo jòurnalist 图 「텔레비전 사업.

vid·e·o·land [vídiouænd] 图 텔레비전(업)계(界).

vid·e·o·log·ist [vìdiouládʒist/-lɔ́dʒ-] 图 텔레비전 회사; TV팬(狂).

vid·e·o·ma·ni·a [vídiouèiniə] 图 비디오광(狂).

vídeo mònitor 图 〔TV〕 영상 화면기. 「중 방송.

vídeo múltiplex bróadcast 图 〔TV〕 영상 다

vídeo músic 图 〔음악〕 비디오 뮤직.

vídeo násty 图 (구어) 폭력[포르노] 비디오; 공포 비디오 영화.

vídeo nòvel 图 텔레비전 영화에서 사진을 따와서 책으로 만든 것. 「디오 애호가.

vid·e·o·phile [vídioufàil] 图 비디오 마니아, TV[비

vid·e·o·phone [vídioufòun] 图 화상(畫像)[비디오] 전화. **∙phón·ic** 图 「침해.

vídeo píracy 图 해적판 비디오 제작, 비디오 저작권

vídeo pírate 图 비디오 저작권 침해자. (또는 (英) **videotape pìrate**)

vid·e·o·play·er [vídiouplèiər] 图 비디오테이프의 재생 장치. 「오.

vid·e·o·porn [vídioupɔ̀ːrn] 图 (구어) 포르노 비디

vídeo récord 图 =music video.

vid·e·o·re·cord [-rikɔ́ːrd] 图他 (프로그램 따위) 를 녹화하다.

vid·e·o·re·cord·er [vìdiourikɔ̀ːrdər] 图 〔TV〕 비디오테이프식 녹화기. (또는 **vídeo recórder**)

vídeo recórding 图 〔TV〕 TV의 영상을 녹화하여 만든 영화; =videotape recording.

vid·e·o·scope [vídiouskòup] 图 비디오 내시경.

vídeo sìgnal 图 〔TV의〕 영상 신호.

vid·e·o·sur·ger·y [vídiousə̀ːrdʒəri] 图 (videoscope에 의한) 비디오 수술.

vid·e·ot [vídiət] 图 (美속어) =vidiot.

vid·e·o·tape [vídioutèip] 图⑪ⓒ 비디오테이프; 비디오테이프 녹화(촬영). ─图他 …을 비디오테이프에 녹화하다[촬영하다]. 「화 카세트.

vídeotape cassétte 图 비디오테이프 카세트[녹

vídeotape recórder 图 비디오테이프 리코더[녹화 장치] (약 VTR).

vídeotape recórding 图 비디오테이프 녹화.

vid·e·o·tap·ping [vídioutǽpin] 图 (소형 비디오 카메라에 의한) 비디오 도청.

Vid·e·o·tel [vídioutèl] 图 비디오텔(온라인과 비디오 기술을 결합한 호텔 투숙객용 정보 시스템).

vid·e·o·tel·e·phone [vìdioutéləfòun] 图 = videophone.

vid·e·o·tex [vídiouèks] 图⑪ 비디오텍스(전화를 이용한 가정 정보 검색 서비스). (또는 **videotext**) 〔<video+text〕

vídeo vé·ri·té[ve·ri·te] [ˋvèritéi] 图 〔TV〕 비디오 베리테(실생활을 그대로 영상화하는 수법). 〔<F〕

vídeo yéarbook 图 비디오에 의한 졸업 앨범.

vid·e·o·zine [vìdiəzíːn] 图 비디오 형식의 잡지.

vi·de post [váidi póust] 뒤를 보아라 (약 v.p.) 〔<L〕

vi·de su·pra [váidi súːprə] 위를 보라 (약 v.s.).

vi·dette [vidét] 图 =vedette. 〔〔<L〕

vi·de ut su·pra [váidi ʌt súːprə] 상술한 바와 같이 보아라, 위에 지시된 대로 보아라. 〔<L〕

Vi·dex [váideks] 图 (상표) 에이즈 치료제.

vid·i·con [vídikàn/-kɔ̀n] 图 〔TV〕 비디콘(광전도 (光傳導) 효과를 이용한 저속형(低速型) 촬상관(撮像管)).

Vid·i·font [vídəfànt/-fɔ̀nt] 图 (상표) 비디폰트(키보드 조작으로 TV 화면에 문자나 숫자를 나타내는 전자 장치).

vi·di·mus [vídəməs, vái-] 图 (暮 ~·es) (문서·기록의) 공식 조사[검사]; 검사필 서류.

vid·i·ot [vídiət] 图 (속어) TV광(狂), TV[비디오] 중독자. 〔<video+idiot〕

vid·kid [vídkìd] 图 (美) 전자 오락이나 TV에 깊이 빠진 아이. 〔<video+kid〕

víd·spud [vídspʌ̀d] 图 (속어) =couch potato.

vi·du·i·ty [vidjúːəti/-djúː-] 图⑪ 과부임[신세].

****vie** [vai] 图 (~d; vý·ing) ④ (…과) 우열을 다투다, 겨루다, 경쟁하다(for, in, with). ¶~ with another for power 남과 권력을 다투다 / ~ in beauty 아름다움을 겨루다. ─圖 1 (고어) …을 경쟁시키다. 2 (폐어] (카드놀이에서) …을 걸다.

ví·er 图

Vi·en·na [viénə] 图 빈(오스트리아의 수도; 현지명 Wien); =~ sausage.

Viénna sáusage 图 비엔나 소시지.

Vi·en·nese [vìːəníːz, -níːs/vìənìːz] 图 빈의, 빈 풍의. ─图 (暮 ~) 빈(태생)의 사람, 빈 시민. 「(수도).

Vien·tiane [vjentjáːn] 图 비엔티안(라오스(Laos)의 일원[지지자].

Vi·et [viét, vjét] 图 (구어) =Vietnam; =Vietnamese. ─图 =Vietnamese.

vi et ar·mis [vái et áːrmis] 图 무력으로, 폭력을 써서. 〔<L with force and arms〕

Vi·et·cong [vi̇etkáŋ, vjèt-, vìːət-/-kɔ́ŋ] 图 (暮 ~) (the ~) 베트콩(남베트남 민족 해방 전선); 베트콩의 일원[지지자]. ─图 베트콩의. (또는 **Việt Cóng**)

Vi·et·minh [vi̇etmín, vjèt-, vìːət-] 图 1 베트민 (일본 및 프랑스군과 싸운 베트남 민주 동맹; 현재는 북베트남의 중핵을 이루는 공산주의 단체). 2 베트민의 지도자(병(兵)], 지지자]. ─图 베트민의. (또는 **Việt Mính**)

Vi·et·nam [vi̇etnáːm, vjèt-, vìːət-/-næm] 图 베트남(동남아시아의 사회주의 공화국; 수도 Hanoi). (또는 **Việt Nám, Việt-Nám**)

~·ese [ˋiːz, -ìːs] 图 베트남의(말, 사람).

Vi·et·nam·ize [viétnəmàiz, vjèt-, vìːət-] 图他 베트남인의 지배[책임] 아래 두다; 베트남화하다.

∙i·zá·tion 图

Viétnam sỳndrome 〖명〗 베트남 전쟁 증후군[후유증].
Viétnam Wár 〖명〗 (the ~) 베트남 전쟁(1954-75).
Vi·et·nik [viétnik, vjét-, víːət-] 〖명〗《美속어》(정 멸적) 베트남 전쟁 개입 반대자.
Vi·et·vet [víətvet] 〖명〗 베트남 전쟁 참전 용사.
〈<Vietnam+veteran〉

‡**view** [vjuː] 〖명〗(樂 ~s [-z]) **1** 보기, 바라보기, 일견, 일별, 일람.¶a private ~ (전시회 등의 일반에 공개하기 전의) 초대 관람/see all things at one ~ 한눈으로 모든 것을 보다/go higher to get[or have] a better ~ of …을 더 잘 보려고 높은 곳으로 올라가다 / On (a) close ~, I found it was a snake. 가까이에서 잘 보니 그것은 뱀이었다.
2 Ⓤ 시각, 시력; 시계, 시야.¶a field of ~ 시야/come into ~ 시야에 들어오다, 보이게 되다/be exposed to ~ 보이다/be out of public ~ 일반인의 눈에 보이지 않다/be lost to ~ 보이지 않게 되다.
3 (a ~, the ~) 광경, 풍경, 경치, 경관; 전망, 조망(眺望).¶I want a house with a ~. 전망이 좋은 집을 갖고 싶다/Our house commands an excellent ~. 우리 집은 전망이 훌륭하다//a fine ~ of the lake 호수의 아름다운 경치/The hill affords a ~ of the park. 그 언덕에서 공원을 한눈에 볼 수 있다.

> 《유의어》**view**「전망, 광경」이라는 뜻의 가장 일반적인 말. **sight** 인상적인 광경, 특히 관광지. **scene** 그림같이 구성에 짜임새를 느끼게 하는 광경. **scenery** 어떤 고장의 지리적 외관의 전체. **landscape** 어떤 시점에서 바라다본 산야·해안의 풍경. **prospect** 높은 곳 따위에서 멀리까지 전망한 광경. **vista** 가로수 따위를 따른 좁고 기다란 풍경.

4 풍경화, 풍경 사진; …도(圖).¶a front[side] ~ 정면[측면]도/a perspective ~ 투시도/Many fine ~s hung on the walls. 많은 아름다운 풍경화가 벽에 걸려 있었다.
5 조사, 관찰, 고찰, 시찰; 관점, 견지; (특정한) 사고 방식.¶a point of ~ 견지, 관점/We must take a just ~ of the facts. 우리는 사실을 공평하게 고찰하지 않으면 안 된다.
6 ⓊⒸ 목적; 의도, 계획; 기대, 가망.¶with no ~ of success 성공의 가망성도 없이/I have quite other ~s for my son's future. 나는 아들의 장래에 관하여 전혀 다른 기대를 가지고 있다. **7** 개관, 개설, 개론; 통람(of).¶a columnist's ~ of the world crisis 세계의 위기에 관한 어느 칼럼니스트의 개관. **8** 고려, 숙고; 생각, 개념; 의견, 견해, …관(觀)(⇨OPINION 《유의어》).¶hold extreme ~s 극단적인 생각을 품다/in my ~; according to my ~ 내 생각으로는/under this ~ 이 관점에서//a ~ of against the matter 그 일에 대한 반대론/one's ~ of life 인생관/form a clear ~ of …관(觀)을 명확히 형성하다/What are your ~s on this subject? 이 문제에 관한 네 견해는 어떤가? **9** (법원·배심원의) 점검, 실지 검증.¶The jury had a ~ of the body. 배심원은 그 시체를 검증했다. **10** (컴퓨터) 뷰, 시점(視點) (데이터베이스) 체계에서 체계 내의 논리 구조와는 다른, 데이터를 참조하기 위한 가상 구조).

do [take] **some views of** …의 풍경을 그리다[찍다].
fall in with [or **meet**] a person's **views** 남과 견해가 일치하다, 남의 계획에 찬성하다.
give [or **express**] one's **view of** …에 대하여 자기 의견[견해]을 말하다.
have views on [or **upon**] …을 노리다, …에 착안[주목]하다.¶have ~s on a rich man's daughter 부잣집 딸과 결혼할 생각을 가지다. [의견로는.
in a person's view 아무가 보는 바로는, 남의 견해로는.
in the long [**short**] **view** 장기[단기]적으로 보면.

in view ① 보이는 곳에; 마음 속에. ② 고려중; 기도하여, 목적삼아.¶with something in ~ 어떤 일을 기도하여[목적삼아]/have a plan in ~ 어떤 계획을 짜고 있다. ③ 희망[기대]하여.¶have something in ~ 어떤 일을 기대하고 있다. ④ 가까운 장래에.
in view of ① …이 보이는 곳에.¶We came in ~ of the sea. 우리는 바다가 보이는 곳에 왔다. ② …을 고려하여, …에 비추어서; …을 위하여; …을 예상해서.¶in ~ of the present situation 현상황에 비추어.
keep [or **have**]…**in view** ① …을 보이는 곳에 놓다. ② …을 염두에 두다, 유의하다. ③ …을 품어다보다.
leave...out of view …을 고려에 넣지 않다, 문제 밖에 두다.
on (the) view of …을 관찰하여. └으로 삼다.
on view 전시[공개]되고 (있는), 전람중에(on exhibition).¶The exhibits are on ~ from 9 a.m. to 5 p.m. 관람은 오전 9시부터 오후 5시까지이다.
out of view 보이지 않는 곳에(서).
take a dim [or **poor**] **view of** …을 좋게 생각하지 않다, …에 찬성하지 않다, …을 비관적으로 보다.
take a view of …을 관찰[시찰]하다.¶take a general ~ of …을 개관하다/take a dark[favorable] ~ of …을 비관적[호의적]으로 보다.
take the long view of …을 긴 안목으로 보다, 선견지명을 보이다.
to the view 공공연히, 보이는 곳에, [견지])하여.
with a view to doing [or 《속어》**to do**]**; with the** [or **a**] **view of** doing …의 목적으로, …할 셈으로; …을 바라고, 기대하여; …을 고려해서.¶buy a lot with a ~ to building a house 집을 짓기 위해 땅을 사다.
with this [**that**] **view** 이[그] 목적으로.

─〖타〗(~s [-z]) ⒺⒸ **1** …을 보다, 바라보다. ⇨LOOK 《유의어》¶~ the landscape 풍경을 바라보다 / ~ a movie 영화를 보다. **2** …을 조사(관측)하다, 검사[검증]하다;《英》(집 따위)를 살피다.¶~ the body 시체를 검시하다/~ the pictures 그림을 잘 살피다. **3** …을 두루 생각하다, 고려하다, 고찰하다.¶~ a matter from the taxpayers' standpoint 납세자 입장에서 사태를 고려하다. **4** (사물)을 (…으로) 보다, 간주하다(as).¶(~+圄+前+閹) ~ the matter in a new light 사건을 새로운 관점에서 보다/Let's ~ the matter from another angle. 다른 각도에서 문제를 살펴보자 // 〜+圄+as闍》 ~ a minor setback as a disaster 작은 실패를 재난으로 간주하다//〖~+圄+闍〗 The plan was ~ed favorably. 그 계획은 호의적으로 받아들여졌다. **5** (구어) …을 TV로 보다(teleview).¶the ~ing audience 시청자. **6** (여우 사냥에서) (여우)를 목격하다, 찾아내다. ─〖자〗**1** 《英》TV를 보다. **2** 《英》(자산 가치 평가를 위해 집 따위)를 살피다, 조사하다.
an order to view (가옥 따위의) 임검(臨檢) 허가.
view càmera 〖명〗(인물·풍경 촬영용) 대형 카메라.
view·da·ta [vjúːdèitə] 〖명〗 videotex.
*****view·er** [vjúːər] 〖명〗 **1** 보는 사람, 구경꾼; (부동산·공공 토지 사업 등의) 검사관, 감독관. **2** (광학) 뷰어(슬라이드 따위를 확대 투시하는 장치); (구어) 접안 렌즈, 파인더(eyepiece). **3** TV 시청자.
view·er·ship [vjúːərʃip] 〖명〗Ⓤ (집합적) (TV 프로의) 시청자; 시청자수, 시청률.
view·find·er [vjúːfàindər] 〖명〗《사진》파인더.
view halloà 〖명〗 여우가 굴에서 뛰어 나왔을 때 사냥꾼들이 지르는 소리. (또는 view hallóo[halló])
view·ing [vjúːiŋ] 〖명〗Ⓤ **1** (풍경·전시물 따위의) 보기, 바라보기, 감상; (조문객의) 고인과의 대면. **2** TV 시청; (집합적) TV 프로.¶~ rate per share, figure) 시청률.
view·less [vjúːlis] 〖명〗**1** (시) 눈에 보이지 않는. **2** 의견이 없는, 무정견(無定見)의. **3** 전망이 불가능한, 조망할 수 없는. ~·ly 〖부〗
view·phone [vjúːfòun] 〖명〗=videophone.

***view·point** [vjú:pɔ̀int] [명] **1** (무엇이) 보이는 지점. **2** 견지, 관점, 견해, 입장(*of*).
from the viewpoint of …의 관점에서 보면.
view·port [vjú:pɔ̀:rt] [명] 〔컴퓨터〕 뷰포트(화면상의 화상 표시 영역).
víew wíndow [명] =picture window.
view·y [vjú:i] [형] **(구어)** **1** 공상적인, 비현실적인 생각을 가진, 색다른. **2** 남의 시선을 끄는; 훌륭한, 굉장한, 화려한. **víew·i·ness** [명]
viff [vif] [동][자] 〔군사·항공〕 (영국 공군에서) 전진 비행 중에 수직 방향으로 급속 이동하다. (또는 **VIFF**) [<*v*ectoring *i*n *f*orward *f*light]
vi·ges·i·mal [vaidʒésəməl] [형] **1** 20의; 20번째의. **2** 20분의 1의; 20진법의. **~·ly** [부]
***vig·il** [vídʒəl] [명] **1** [U] 잠이 오지 않음, 불면; 잠 못 이루는 시간. **2** [U][C] 철야, (간호·망보기의) 불침번(*over, against*); 경계, 감시. ¶The nurse kept her ~ at the bedside of the dying man. 간호사는 죽어 가는 병자 옆에서 밤새 간호했다. **3** 〔교회〕 철야 근행(勤行); (때로 ~s) 교회 축제일 전야의 철야 기도; 교회 축제일의 전날[전야], 단식의 전야제.
keep (a) vigil (병자 등을) 철야 간호하다(*over*); (도둑 등에 대하여) 야간 경비를 하다(*over, against*). ¶*keep (a)* ~ *over* a sick child 병든 아이를 철야 간호하다. 「〔병리〕 불면증.
***vig·i·lance** [vídʒələns] [명][U] 경계, 조심; 불침번;
vígilance commìttee [명] **(美)** 자경단(自警團).
***vig·i·lant** [vídʒələnt] [형] **1** 조심성 있는, 빈틈없는, 방심하지 않는. ⇨WATCHFUL [유의어] **2** 자지 않고 지키는, 불침번을 서는. **~·ly** [부] **~·ness** [명]
vig·i·lan·te [vìdʒəlǽnti] [명] **(美)** 자경(自警)단원. (또는 **vígilance màn**)
vig·i·lan·tism [vìdʒəlǽntizm, vídʒələntìzm] [명] [U] **(美)** 자경, 자경주의[제도]. 「에 밝히는 촛불).
vígil lìght [càndle] [명] 등명(燈明)(신자가 성상 앞
vi·gnette [vinjét] [명] **1** 당초(唐草) 장식[무늬]. **2** (책의 타이틀 페이지·장두(章頭)·장미(章尾)의) 장식 무늬. **3** 비네트(윤곽을 흐리게 한 조각·회화·사진). **4** (책 안의 작고 우아한) 삽화. **5** 우아한 문예 소품. **—**[동][타] **1** …을 당초 무늬로 장식하다. **2** 〔사진〕을 흐리게 하다.
vi·gnet·ter [vinjétər] [명] 〔사진〕 비네트 사진 인화 장치; 비네트 제작자[화가]; 소품 작가(vignettist).
vi·gnet·tist [vinjétist] [명] 비네트 사진 제작자[화가].
‡vig·or, (英) -our [vígər] [명] **1** [U] 활기, 정력, 힘, 활력, 원기; 강건한 체력[정신력]. ¶in the ~ of manhood 남자의 한창때에 / ~ of mind 정신력 / lose one's ~ 기력을 잃다. **2** [U][C] 박력, 굳셈, 힘참. ¶the ~ of an argument 토론의 박력 / a graphic ~ in the description 묘사의 박진성. **3** [U] (동식물의) 생장력, 활동력. **4** [U] 〔법률〕 효력, 구속력, 유효성.
be in full vigor 원기에 넘치다, 정력[원기]이 왕성하
have great vigor 원기 왕성하다. 「다.
in vigor 활기에 넘쳐서; (법률이) 유효하여. ¶a picture wanting *in* ~ 박력이 없는 그림 / laws that are still *in* ~ 아직 유효한 법률.
with vigor 힘차게, 원기 왕성하게.
~·less [형]
vig·or·ish [vígəriʃ] [명] **(美속어)** (경마의 불법 중개인 등에게 치르는) 수수료, 내기돈; (고리 대금업자에게 지불하는) 이자; (불법 수익의) 분배금. (또는 **viggerish**)
vig·o·ro [vígəròu] [명] **(濠)** 비고로(크리켓과 야구의 특징을 합친 여자 경기; 한 팀 12명).
vi·go·ro·so [vìgəróusou] 〔음악〕 [형] (음악의 지휘가) 힘찬. **—**[부] 힘차게, 용감하게, 세차게. [<It]
‡vig·or·ous [vígərəs] [형] (*more* ~; *most* ~) **1** 정력적인, 기운찬, 강건한; 활기찬, 활발한, 발랄한. ⇨ACTIVE [유의어] ¶a ~ youngster 발랄한 젊은이 / a ~ player 활기찬 경기자 // ~ *in* body and *in* mind 심신이 다같이 강건한. **2** (사람·문체 따위가) 박력 있는, 힘찬. ¶a ~ thinker[writer] 박력 있는 사상가[작가] / a ~ style 힘찬 문체. **3** (작용·효력 따위가) 강력한, 단호한, 강제적인. ¶~ enforcement of the country's laws 국법의 엄격한 시행. **4** (식물 따위가) 잘 자라는.
~·ness [명]
***vig·or·ous·ly** [vígərəsli] [부] 발랄하게, 힘차게.
Vik·i [víki] [명] 비키(여자 이름; Victoria의 애칭).
***Vi·king** [váikiŋ] [명] (때로 v-) **1** 바이킹(8–10세기에 유럽 연안을 약탈한 스칸디나비아의 해적); (일반적으로) 해적. **2** 스칸디나비아인. **3** **(美)** 〔우주〕 바이킹(미국의 무인 화성 탐사기).
vil. village.
vi·la·yet [vì:lɑ:jét/vilɑ́:jet] [명] (옛 터키 제국의) 주.
‡vile [vail] [형] (*vil·er; vil·est*) **1** 몹시 나쁜, 몹시 불쾌한, 몸서리나는. ¶~ weather 몹시 나쁜 날씨 / a ~ smell 몹시 불쾌한 냄새. **2** 비열한, 아비한, 더러운; 타락한, 비도덕적인. ⇨MEAN² [유의어] ¶~ thoughts 천한 사고 방식. **3** 빈약한, 저급의, 하등의, 값어치 없는. ¶a perfectly ~ hat 아주 빈약한 모자.
~·ly [부] **~·ness** [명] 「상.
vil·i·fi·ca·tion [vìləfikéiʃən] [명][U] 악담, 비방, 중
vil·i·fy [víləfài] [동][타] …을 나쁘게 말하다, 중상하다, 비방하다, 욕하다; **(폐어)** 천하게 만들다. **-fi·er** [명]
vil·i·pend [víləpènd] [동][타] …을 천시하다, 업신여기다; …을 중상하다, 비방하다.
***vil·la** [vílə] [명] **1** 시골의 (대)저택. **2** (대)별장, 별저. **3** **(英)** (한 채 또는 두 채로 된) 교외 주택.
vil·la·dom [vílədəm] [명] **(英)** **(집합적)** 교외 주택, 별장(villas); 교외 주민 사회; 교외 주택 지대.
‡vil·lage [vílidʒ] [명] ([복] *-lag·es* [-iz]) **1** 마을, 촌락(hamlet보다 크고 town보다 작다). ¶a farm ~ 농촌 / a fishing ~ 어촌. **2** (the ~) **(집합적)** 마을 사람. **3** (동물의) 군락.
víllage cóllege [명] **(英)** 마을 대학(마을 연합체의 교육·레크리에이션 센터).
víllage commúnity [명] (고대의) 촌락 공동체.
víllage gréen [명] (마을 중심부에 있는) 연극을 하기 위한 광장; **(美)** 뉴잉글랜드의 마을[도시]의 공유 녹지대.
víllage háll [명] (다목적으로 쓰이는) 마을 회관.
víllage ìdiot [명] (구어) 바보, 멍청이, 얼간이.
‡vil·lag·er [vílidʒər] [명] ([복] **~s** [-z]) 마을 사람; 시골 사람. **—**[형] **(동아프리카)** 발전이 늦은; 교양이 없는.
vil·lage·ry [vílidʒəri] [명] **(집합적)** 마을, 촌락.
vil·lag·i·za·tion [vìlidʒizéiʃən/-dʒaiz-] [명] 토지의 마을 소유화.
***vil·lain** [vílən] [명] **1** 나쁜 사람, 악한, 악당. ⇨ KNAVE [유의어] ¶expose[*or* unmask] a ~ 악인의 탈을 벗기다. **2** (the ~) (연극 따위의) 악역. ¶play the ~ 악역을 맡다; 나쁜 짓을 하다. **3** **(구어·익살)** 놈, 녀석. **4** 〔역사〕 농노(農奴)(villein). **5** **(英구어)** 범죄자, 범인.
the villain of the piece 문제의 원흉, 장본인.
You little villain! 이 악당 같은 놈!, 요 녀석!
—[형] 악당의; 비천한, 천한 태생의.
vil·lain·age [vílənidʒ] [명] =villeinage.
vil·lain·ess [vílənis] [명] villain의 여성형.
vil·lain·ous [vílənəs] [형] **1** 악인의[과 같은]; 악인다운. **2** 악랄한; 야비한. ¶~ conduct 야비한 행위. **3** **(구어)** 지독한, 지긋지긋한, 불쾌한. ¶~ weather 불쾌한 날씨. **~·ly** [부] **~·ness** [명]
vil·lain·y [víləni] [명] **1** [U] 극악, 사악, 비열. **2** [C] (-lainies) 악행, 나쁜 짓.
vil·la·nelle [vìlənél] [명] 〔운율〕 19행 2운 시체(詩體).
vil·lat·ic [vilǽtik] [형] **(문어)** 마을[농촌, 시골]의 (rural); 농장의.
-ville [vil] [연결] **1** town, city의 뜻. ¶Evans*ville*. **2** **(美속어)** place, condition의 뜻. ¶squares*ville*, dulls*ville*.
vil·leg·gia·tu·ra [vilèdʒətúərə/-dʒiətúərə] [명]

휴가를 시골에서 지내기, 시골에서의 휴일; 휴가에 적합한 장소. 〖It stay in the country〗
vil·lein [vílən, -lein] 图 〖역사〗 농노(農奴)(반(半)자유민). (또는 **villain**)
vil·lein·age [vílənidʒ] 图Ⓤ 농노제; 농노(農奴)의 토지 보유(권); 농노의 지위[신분]; 〖집합적〗 농노. (또는 **villainage, villanage, villenage**)
vil·li [vílai] 图 villus의 복수형.
vil·li·form [víləfɔːrm] 图 융모(絨毛) 모양의.
vil·li·no [vili:nou] 图 (옝 **-ni**) (시골의 정원이 있는) 작은 별장.
vil·lose [víləs] 图 =villous.
vil·los·i·ty [vilásəti-, -lɔ́s-] 图 1 Ⓤ 융모가 있는 표면. 2 Ⓤ 〖집합적〗 융모, 연모(軟毛).
vil·lous [víləs] 图 1 융모로 뒤덮인 (것과 같은). 2 〖식물〗 연모(軟毛)로 뒤덮인.
vil·lus [víləs] 图 (옝 **vil·li** [vílai]) 〖해부〗 (소장 점막의) 융모(絨毛); 〖식물〗 긴 연모(軟毛).
Vil·na [vílnə] 图 빌나(리투아니아 공화국의 옛 수도. 현재는 Vilnius).
Vil·ni·us [vílniəs] 图 빌뉴스(리투아니아 공화국의 수도). (또는 **Vilnyus**)
vim [vim] 图Ⓤ 〖구어〗 (종종 ~ and vigor) 정력, 활력, 원기; 열의. ~**·ful** 图 활력[원기, 정력]이 넘치는.
VIM [vim] 图 〖고층 건물의〗 우편물[서류] 집배 시스템. 〔<Vertical Improved Mail〕
vi·min·e·ous [vimíniəs] 图 〖식물〗 가느다랗고 연한 가지의(가 있는); 잔가지의; 잔가지로 만든.
v. imp. verb impersonal.
vin [vin/F vɛ̃] 图 포도주. 〔<F wine〕
VIN vehicle identification number(자동차 등록 번호).
vi·na [ví:nɑ:, -nə] 图 비나(인도의 4현 악기).
vi·na·ceous [vainéiʃəs] 图 포도(주)의(같은); 적포도주 빛깔의(wine-colored).
vin·ai·grette [vinəgrét/-nei-] 图 1 (코로 들이쉬는) 각성제 통. 2 Ⓤ =~ sauce. ── 图 (음식이) 비네그레트 소스를 쳐서 낸.
vinaigrétte sáuce[drèssing] 图 비네그레트 소스(식초·기름·양념 따위로 만든 냉육·샐러드용).
vi·nal[^1] [váinl] 图 포도주의[로 만든].
vi·nal[^2] [váinæl] 图 〖화학〗 바이닐(폴리비닐 알코올을 원료로 하는 합성 섬유 비닐론). 〔<polyvinyl alcohol〕
vin blanc [vɛ̃ blɑ̃] 图 백포도주. 〔wine〕
vin·blas·tine [vinblǽstiːn] 图 〖약학〗 빈블라스틴(빈카(vinca)속(屬) 풀에서 추출하는 항종양성 알칼로이드).
vin·blink [vínblink] 图 〖美속어〗 =vinegar blink.
Vin·cent [vínsənt] 图 빈센트(남자 이름).
Víncent's angína [inféction] 图 〖병리〗 뱅상앙기나(편도선·인두·구강 점막의 염증). 〔<프랑스의 의사 J.H. Vincent(1862-1950)의 이름〕
Vin·ci [víntʃi] 图 ⇨ DA VINCI.
vin·ci·ble [vínsəbl] 图 이길 수 있는, 정복할 수 있는; 입증[정당화]할 수 있는. **▸·bíl·i·ty, ~·ness** 图
vin·cris·tine [vinkrístiːn] 图 Ⓤ 〖약학〗 빙크리스틴(백혈병 치료용 알칼로이드).
vin·cu·lum [víŋkjuləm] 图 (옝 **-la** [-lə]) 1 결속, 매듭, 유대(tie). 2 〖수학〗 괄선(括線). 3 〖해부〗 섬유속(纖維束), 계대(繫帶).
vin·di·ca·ble [víndikəbl] 图 변호[옹호]할 수 있는; 입증[정당화]할 수 있는. **▸·bíl·i·ty** 图
vin·di·cate [víndəkèit] 图圊 1 (의혹 따위)를 씻다; …의 정당성[결백, 진정]을 입증하다; …을 정당화하다; …을 변호[변명, 지지]하다. ¶ Subsequent events ~d his innocence. 그 뒤의 사건이 그의 무죄를 입증했다.// ~ a person from a charge 비난에 대해서 남을 변호하다. 2 〖권리 따위〗를 주장[요구]하다. ¶ ~ one's claim[right] to …에 대한 요구[권리]를 주장하다. 3 (반대·침해 따위로부터) …을 지키다, 옹호하다. 4 …의 원수를 갚다; (폐어) …을 자유롭게[해방]하다.
vindicate oneself 변명[소명(疏明)]하다; 자기의 주장[권리]을 옹호하다.
-cà·tor 图
vin·di·ca·tion [vìndəkéiʃən] 图ⓊⒸ (혐의·비난·오명 등으로부터) 벗어남; (비난 따위에 대한) 변명; (명예·요구의) 옹호; (의혹 따위에 대한) 입증, 증명, 설욕.
in vindication of …을 옹호하여.
vin·dic·a·tive [vindíkətiv, víndikèit-/víndikət-] 图 1 정당화하는, 옹호하는, 변호[변명]의. 2 〖고어〗 형벌[징벌]의; (폐어) 보복의.
vin·di·ca·to·ry [víndikətɔ̀ːri/-kèitəri] 图 =vindicative.
vin·dic·tive [vindíktiv] 图 1 복수심이 있는[강한], 집념이 강한(vengeful). ¶ a ~ person 집념이 강한 사람. 2 보복적인. ¶ a ~ action 보복적 행위. 3 〖美〗 징벌의. ~**·ly** 图 ~**·ness** 图 ……적인.
‡**vine** [vain] 图 (옝 ~**s** [-z]) 1 〖英〗 포도나무(〖美〗 grapevine). 2 덩굴 식물, 덩굴풀; 덩굴. 3 (the ~) 〖美속어〗 와인. 4 (~s) (속어) (남성용) 슈트, 옷.
a clinging vine (구어) 남자를 물고 늘어지는 여자.
die [or **wither**] **on the vine** (문어) (계획·운동 등이) 미완으로 끝나다, 좌절되다; 무시[방치]되다.
dwell under one's (own) vine and fig tree 제 집에서 편안히 살다(←열왕기 상 (1 Kings) 4 : 25).
── 图 덩굴로 뻗다, 덩굴 모양으로 뻗다. ── 图 〔완두 따위〕를 수확기로 거둬들이다.
vin·e·al [víniəl] 图 1 포도(나무)의[에 관한]. 2 와인(양조)의[에 관한].
víne bòrer 图 (각종) 포도의 해충. 〔사람.
víne·dress·er [váindrèsər] 图 포도나무 가꾸는
víne frùit 图 덩굴에 맺히는 열매. (특히) 포도.
*****vin·e·gar** [vínigər] 图 1 초, 식초. 2 언짢은 말투[태도, 얼굴]; 언짢음; 심술궂음. 3 〖구어〗 정력, 원기.
oil and vinegar 기름과 초, 물과 기름, 상극(임).
── 图 …에 식초를 섞다, …을 초로 조미하다.
~**·like** 图
vínegar blìnk 图 〖美속어〗 싸구려 백포도주.
vínegar èel [wòrm] 图 초선충(醋線蟲)(묵은 식초 따위에 생기는 선충).
vínegar flỳ 图 초파리.
vin·e·gar·ish [vínigəriʃ] 图 시큼한; 초와 비슷한; 까다로운, 성 잘 내는, 심술궂은; 빈정대는, 심술궂은.
vin·e·gar·roon [vìnigərúːn] 图 큰 전갈의 일종(미국 서남부·멕시코산(産)). 식초 냄새가 난다).
vínegar trèe 图 옻나무의 일종(그 열매는 초에 풍미를 곁들이는 데 쓰인다).
vin·e·gar·y [vínigəri] 图 식초 성질이 있는; 식초와 비슷한; 시큼한; 까다로운, 화 잘 내는, 심술궂은.
vin·er [váinər] 图 완두 수확기(機); 완두의 덩굴과 깍지를 까내는 기계.
vin·er·y [váinəri] 图 덩굴 식물 재배원[온실]; 〖美〗 포도원[밭]; Ⓤ 〖집합적〗 포도나무.
*****vine·yard** [vínjərd] 图 (포도주 제조용) 포도원; (종교적인) 일터, 활동 범위.
(all) laborers in the vineyard 같은 포도밭에서 일하는 일꾼들(같은 일을 하는 동료들).
~**·ist** 图 포도원 소유인[경영자.
vingt-et-un [vǽnteiɑ̃/F vɛ̃teœ̃] 图Ⓤ (카드놀이의) 21. 〔<F twenty-one〕 〔culture.
vin·i- [víni, váini, -nə] 〖연결〗 wine의 뜻. ¶ vini-
vi·nic [váinik, vín-] 图 포도주의, 포도주에서 뽑는.
vin·i·cul·ture [vínəkʌltʃər, váinə-] 图Ⓤ 포도주 양조학[연구]; 포도 재배. **-cúl·tur·al** 图 **-cúl·tur·ist** 图 〔알맞은.
vi·nif·er·ous [vainífərəs, vi-] 图 포도주 생산에
vin·i·fi·ca·tion [vìnəfəkéiʃən] 图 포도주 양조.
vin·i·fy [vínəfài] 图圊 〖포도〗로 포도주를 만들다;

vi·no [víːnou] 명 (복 ~s) (구어) 포도주(wine), (특히) 이탈리아 적(赤)포도주(chianti 따위).

vin·ol·o·gy [vinάlədʒi/-nɔ́l-] 명 포도주(양조)학, 포도주 연구.

vin·om·e·ter [vinámətər, vai-/-nɔ́m-] 명 포도주 주정계(酒精計).

vin or·di·naire [F vɛ̃ ɔrdinɛːR] 명 보통의 식탁용 포도주. [<F ordinary wine]

vi·nos·i·ty [vainάsəti/-nɔ́s-] 명U 포도주의 특질 (맛·색·향기 따위); 포도주를 좋아함.

vi·nous [váinəs] 형 1 포도주의(와 같은); 2 포도주 맛이 나는, 포도주 특유의. 3 포도주를 즐겨 마시는; 포도주 벽(癖)으로 생긴. 4 포도주 빛깔의. ~·ly 부

vint[1] [vint] 형등 (포도주)를 양조하다.

vint[2] [vint] 명U (러시아의) 카드놀이.

*__vin·tage__ [víntidʒ] 명 1 (특정 수확기의) 포도, 포도주; 포도의 연수확고; 포도 수확; 포도 수확기, 포도주 양조기(釀造期); 포도주의 양조; 특정포도주의 양조 연도[지역]. ¶a poor [an abundant] ~ 포도의 흉작[풍작]. 2 ~ wine. ¶a rare old ~ 상등품의 포도주. 3 CU (시·문어) 맛 좋은 술, (특히) 고급 포도주. 4 UC (어떤 해[시기]의) 생산물; …형, …년식. ¶an automobile of the ~ of 2003 2003년형 자동차. ― 형 (한정용법) 1 포도주(양조)의에 관한). 2 양조 연도가 기입된 [특정 연도의, 풍작의 해인]. 3 (일반적으로) …형(型), …년식(年式). ¶a 1990s-~ TV set 1990년대에 만들어진 TV 수상기. 4 지난 시대에 속하는; 오래되어 가치가 있는. 5 구식의, 한물간. 6 동류(同類) 중에서 가장 우수한. ― 타 1 (포도주 양조용으로) [포도]를 수확하다. 2 (포도주) [포도주]를 만들다, 빚다. ― 자 (포도주 양조용으로) 포도를 수확하다.

víntage cár 명 (영) 빈티지 카(1919–45년에 제조된 클래식 모델). [1년대에 유행했다).

víntage chíc 명 빈티지 식(헌 옷으로 내는 멋; 1980

víntage féstival 명 포도 수확 축제.

vin·tag·er [víntidʒər] 명 포도주를 수확하는 사람.

víntage wíne 명 (숙성 연도·상표가 붙은 명산지의) 고급 포도주, 빈티지 와인. [은 해.

víntage yéar 명 고급 포도주 양조의 해; 결실이 많

vint·ner [víntnər] 명 포도주 양조업자; (영) 포도주 상인.

vi·num [váinəm] 명 (의약품을 탄) 약용 포도주.

vin·y [váini] 형 1 덩굴 식물의를 닮은); 포도 나무의 [와 비슷한]. 2 덩굴 식물[포도나무]이 많은.

*__vi·nyl__ [váinl] 명 1 UC (화학) 비닐(基); 비닐. 2 (美속어) 레코드판; 레코드 녹음. ― 형 1 (화학) 비닐기를 함유한. 2 (美속어) 디스코(댄스)의.

vínyl ácetate 명 (화학) 비닐 아세테이트, 아세트산 (酸) 비닐. [비닐 아세틸렌.

vi·nyl·a·cet·y·lene [vàinəlǽsətəliːn] 명 (화학)

vínyl álcohol 명 (화학) 비닐 알코올.

vínyl chlóride 명 (화학) 염화 비닐.

vínyl éther 명 (약학) 비닐에테르(휘발성 무색 액체; 흡입 마취제로 쓴다).

vi·nyl·guard·ed [-gάːrdid] 형 비닐로 씌우진[보호된].

vi·nyl·i·dene [vainíləditːn] 명 (화학) 비닐리덴기 (基)(에틸렌에서 유도되는 2가(價)의 불포화 원자단(團)). ― 형 비닐리덴기를 함유한.

vinylídene chlóride 명 (화학) 염화 비닐리덴.

Vi·nyl·ite [váinəlàit] 명 (상표) 비닐라이트(레코드 따위 성형품 제조에 쓰이는 비닐 수지의 일종).

vínyl plástic 명 비닐 플라스틱.

vínyl résin 명 비닐 수지. [(감응의 합성 섬유).

Vin·yon [vínjan/-njɔn] 명 (상표) 비니온(어망·옷

vi·ol [váiəl] 명 비올(중세의 현악기; violin의 전신).

vi·o·la[1] [vióulə] 명 비올라(4현의 악기); 비올라 연주자. [<It]

vi·o·la[2] [váiələ, vióu-] 명 제비꽃속(屬)의 식물.

Vi·o·la [váiələ, víː-, vaióu-] 명 바이올라(여자 이름).

vi·o·la·ble [váiələbl] 형 범할[더럽힐] 수 있는.

-bíl·i·ty, **~·ness** 명 **-bly** 부

vi·o·la da brac·cio [vióulə də brάːtʃou] 명 (It) **v- d- braccios**) 옛날 viola 비슷한 차중음(次中音) 현악기(팔로 받친다). [<It viol for the arm]

vi·o·la da gam·ba [vióulə də gάːmbə, -gém-] 명 비올라 다 감바 (옛 현악기로 오늘날 violoncello의 전신). [<It viol for the leg]

[viola da gamba]

*__vi·o·late__ [váiəlèit] 형등 (-lat·ed; -lat·ing) 1 [법률·규칙·약속 따위]를 어기다, 범하다, 위반하다; [약속 따위]를 거스르다. ¶~ a law [an agreement] 법률[협정]을 어기다. 2 …을 방해하다, 교란하다; …을 침해하다, …에 침입하다. ¶~ another's privacy 남의 프라이버시를 침해하다. 3 (불법적으로) …을 침입하다. ¶~ a frontier 불법 월경(越境)하다. 4 …을 난폭하게 다루다; …의 신성을 더럽히다, 모독하다. ¶~ a church 교회의 신성을 더럽히다. 5 (완곡적) [여성]을 범하다, …에게 성폭행하다. 6 (감정 따위)를 상하게 하다. **-lat·er** 명

*__vi·o·la·tion__ [vàiəléiʃən] 명UC 1 (법률·약속 따위의) 위반; 침해. ¶a traffic[parking] ~ 교통[주차] 위반 / a ~ of law 법률 위반. 2 모독, 신성을 더럽힘. 3 방해, 훼방. 4 (완곡적) 폭행, 강간. 5 (스포츠) (농구 따위의) 바이얼레이션.

in violation of …을 위반하여.

vi·o·la·tive [váiəlèitiv, -lət-] 형 범하는, 어기는; 침해하는; 더럽히는, 모독하는; 방해하는, 어지럽히는. **be violative of** …을 범[침해]하다.

vi·o·la·tor [váiəlèitər] 명 위반자; 침해자; 모독자; 방해자; 폭행자, 강간자. (또는 **violater**)

*__vi·o·lence__ [váiələns] 명U 1 격렬함, 맹렬함(of). ¶the ~ of passion [language] 감정[말]의 격함 / the ~ of a storm 폭풍우의 맹위. 2 폭력, 난폭; 폭행, 강간; 해, 손상. ¶cases of ~ 해를 당해서 죽다, 횡사하다. 3 (의미·사실의) 곡해; (부당한) 개변(改變).

do violence to (1) …에게 폭행을 가하다. (2) …을 범하다, …을 위반하다. (3) (감정·미관 따위)를 해치다. (4) …을 모독하다. (5) (사실 따위)를 왜곡하다. [하다.

offer violence to …에게 폭력을 가하다, …을 협공

use [resort to] violence 폭력을 행사하다[에 호소

with violence 난폭하게; 맹렬하게. [하다].

*__vi·o·lent__ [váiələnt] 형 (**more ~**; **most ~**) 1 (자연의 힘 따위가) 격렬한, 맹렬한. ¶a ~ blow 맹타 / come into a ~ collision 맹렬한 충돌을 하다. 2 폭력적인, 난폭한; (죽음이) 외부의 힘에 의한, 부자연스런. 3 (열·고통 따위가) 지독한, 맹렬한; 극심한, 극단적인. ¶a ~ pain 격통 / a ~ contrast 극단적인 대조. 4 (감정·말 따위가) 격정적인, 열렬한; 분격한, 흥분한. ¶~ passions 격정. 5 견강부회(牽强附會)의, 억지의.

die [or meet] a violent death; come to a violent end 비명에 죽다, 변사[횡사]하다.

in violent haste 몹시 급하게. [두르다.

lay violent hands on *a person* 남에게 폭력을 휘

resort to violent means 폭력에 호소하다.

~·ness 명

víolent disórder 명 [英법률] 폭력 소요죄.

víolent fluctuátions 명 (시세)의 난조(亂調).

*__vi·o·lent·ly__ [váiələntli] 부 (**more ~**; **most ~**) 세차게, 맹렬히, 난폭하게, 불법으로.

víolent presúmption 명 (법률) 간접 사실로부터

violent stórm 图 [기상] 폭풍.
vi·o·les·cent [vàiəlésnt] 图 제비꽃 빛깔의, 보랏빛.
‡**vi·o·let** [váiəlit] 图 1 제비꽃속(屬)의 식물, 제비꽃. ¶the March [or English, sweet] ~ 향(香)제비꽃. 2 ⓤ 보랏빛, 제비꽃 빛깔; 보랏빛 천[옷]. 3 (구어) 몹시 신경질적인[낯면, 수줍어하는] 사람. ── 图 제비꽃 빛깔[보랏빛]의.
víolet ráy [물리] 자선(紫線), 보랏빛 광선(가시(可視) 스펙트럼의 최단 파장의 광선); (오용) 자외선.
‡**vi·o·lin** [vàiəlín] 图 (⑧ ~s [-z]) 1 바이올린. ¶play the ~ 바이올린을 켜다. 2 (오케스트라의) 바이올린 연주자. ── 图 적 역할을 하다.
play first violin 제1 바이올린을 켜다; (비유적) 지도 ── 图㉠ 바이올린을 켜다.
***vi·o·lin·ist** [vàiəlínist] 图 바이올린 연주자, 바이올
vi·o·list¹ [váiəlist] 图 비올 연주자. └리니스트.
vi·o·list² [vióulist] 图 (美) 비올라 연주자.
vi·o·lo·gen [váiələdʒən] 图 (화학) 비올로겐(산화 환원 지시약으로 쓰인다).
vi·o·lon·cel·lo [vìːələntʃélou/vài-] 图 (⑧ ~s) =cello. -**list** 图 =cellist.
vi·o·lo·ne [vìːələunei/váiəlòun] 图 비올로네(최저 음의 현악기; contrabass, double bass의 전신).
vi·o·my·cin [vàiəmáisn/-sin] 图ⓤ [약학] 바이오마이신(결핵 치료용 항생 물질).
vi·os·ter·ol [vaiástəròːl/-ɔ́stərɔl] 图ⓤ [생화학] 비오스테롤(비타민 D₂(ergocalciferol)의 별칭).
VIP, V.I.P. [víːàipíː] 图 (구어) (⑧ ~('s)s) 요인, 거물, 귀빈. ── 图 VIP[요인, 귀빈]용의.
(<*very important person*)
***vi·per** [váipər] 图 1 유럽북살무사; 독사. 2 악의가 있는[심술궂은] 사람; 속 검은[배은 망덕한] 사람. 3 (美 속어) 마약 (특히 마리화나) 상용자[밀매인].
cherish [or nourish, nurse] a viper in one's bosom 은혜를 원수로 갚을 사람에게 친절을 베풀다. ~-**like** 图.
vi·per·ine [váipərin/-ràin] 图 살무사의, 살무사 같은; 독이 있는.
vi·per·ish [váipəri] 图 =viperous.
vi·per·ous [váipərəs] 图 살무사의[와 같은]; 유독한; 악의가 있는, 심술궂은, 흉심이 있는. ~-**ly** 图.
vi·ra·go [virágou, -réi-] 图 (⑧ ~(**e**)s) 악녀, 바가지 긁는 여자, 잔소리꾼 여자; (고어) 여장부.
vi·ral [váiərəl] 图 바이러스(성)의, 바이러스로 생기 ~-**ly** 图. └는.
víral inféction 图 [컴퓨터] 바이러스 감염.
Vi·ra·zole [váiərəzòul] 图 (상표) 비라졸(항 바이러스약 ribavirin의 상품명).
vire·lay [vírəlèi] 图 [운율] 1절(節) 2운(韻)의 단시 (短詩)(프랑스의 옛 시형).
vire·ment [váiərmənt/*F* virmɑ́] 图 [재정] (예산의) 유용, 비목(費目) 전환.
vi·re·mi·a [vaiərímiə] 图ⓤ [병리] 바이러스 혈증 (血症)(바이러스가 혈류 중에 존재하는 상태). -**mic** 图.
vir·e·o [víriòu] 图 (⑧ ~s) 아메리카산(產)의 개고마리 비슷한 명금의 일종.
vi·res [váiəriːz/*L* wíːreːs] 图 (라틴) vis¹의 복수형.
vi·res·cence [vairésns/vi-] 图ⓤ 녹색화(化); (식물) 녹색 변화. └녹색을 띤.
vi·res·cent [vairésnt/vi-] 图 녹색으로 변하는; 엷은 **vir·ga** [vɜ́ːrɡə] 图 (단·복수 양용) [기상] 꼬리구름.
vir·gate¹ [vɜ́ːrɡət, -ɡeit] 图 막대기 같은, 길쭉한.
vir·gate² 图 버게이트(옛날 영국의 면적의 단위; 1/4 hide 또는 약 30 acres에 해당).
Vir·gil [vɜ́ːrdʒəl] 图 =Vergil.
Vir·gil·i·an [vərdʒíliən, -ljən] 图 =Vergilian.
‡**vir·gin** [vɜ́ːrdʒin] 图 (⑧ ~s [-z]) 1 처녀, 소녀, 젊은 여자, 미혼 여자. 2 (기독교) 수녀; (the V-) 동정녀 마리아, 성모 마리아; (V-) 성모 마리아의 그림[상]. ¶the (Blessed) V- (Mary) 성모 마리아(⑭ B.V.M.). 3 (the V-) (천문) 처녀자리(Virgo). 4 (드물게) 동정의 남자. 5 (동물) 단성 생식(單性生殖)을 하는 곤충의 암컷; 교미한 일이 없는 동물의 암컷. 6 (속어) 미경험자. ── 图 1 처녀의; 동정의. 2 처녀다운: 순결한, 정숙한, 얌전한. ¶~ modesty 처녀다운 얌전함. 3 손이 닿은 일이 없는, 시도된 일이 없는, 쓰인 일이 없는; 경험이 없는 (*of*); 개간이 안된, 더럽혀지지 않은; 아직 개척[개발, 개간]하지 않은: 밟힌 일이 없는. ¶a ~ fortress 함락된 일이 없는 요새/a ~ peak 처녀봉/~ snow 신설(新雪). 4 새로운, 새; 최초의. ¶a ~ voyage 처녀 항해. 5 순수한, 섞인 것이 없는; (금속이) 광석에서 직접 정련된. ¶~ gold[silver] 순금[순은]. 6 (동물) 교미를 하지 않은; (곤충이) 수정하지 않고 알을 낳는. 7 (속어) 알코올 성분이 들어 있지 않은.
~-**hòod** 图ⓤ =virginity.
vir·gin·al¹ [vɜ́ːrdʒənl] 图 1 처녀의, 처녀다운. ¶~ bloom 한창때의 처녀. 2 처녀[동정]를 지속하는. 3 순결한(pure); 더럽혀지지 않은; 신선한. ¶~ purity 순결. 4 (동물) 미수정(未受精)의. ~-**ly** 图.
vir·gin·al² 图 (종종 pair of ~s) 버지널(16-17세기 영국에서 사용했던 하프시코드의 일종). ~-**ist** 图.
virginal generátion 图 (동물) [처녀] 생식(virgin generation [or birth]).
vírginal mémbrane 图 (해부) 처녀막(hymen). [virginal²]
virgin bírth 图 1 (the ~) (종종 V- B-) [신학] (예수의) 처녀 탄생설. 2 (동물) 단위[처녀] 생식.
vírgin cóke 图 (상표) 버진 콕(처녀)처럼 차고 시원함을 딴 코카콜라.
vírgin cómb 图 (곤충) 처녀 봉방(蜂房)(꿀의 저장을 위해서만 단 한 번 사용했을 뿐 애벌레를 위해서는 사용하지 않은 벌집).
vírgin fórest 图 처녀림, 원시림.
vírgin hóney 图 virgin comb에서 채취한 꿀, 벌집에서 저절로 흘러나오는 꿀, 새 꿀.
*****Vir·gin·ia** [vərdʒínjə, -niə] 图 버지니아. 1 미국 동부의 주(주도 Richmond; ⑭ Va.). 2 ⓤ 버지니아산(產) 담배. 3 여자 이름.
Virgínia cówslip 图 (미국산(產)) 갯지치속(屬)의 원예 식물. └덩굴.
Virgínia créeper 图 (북미산(產)) 아메리카담쟁이
Virgínia déer 图 (북미 동부산(產)) 흰꼬리사슴.
Virgínia fénce 图 =snake fence.
vir·gin·ia·my·cin [vərdʒínjəmáisn] 图 (약학) 버지니아마이신(방선균(放線菌)에서 얻는 그람 양성균에 유효한 항생 물질).
Vir·gin·ian [vərdʒínjən, -niən] 图 버지니아주(州)(사람)의. ── 图 버지니아 주민.
Virgínia réel 图 버지니아 릴(2사람씩 마주 보고 2열로 서서 추는 미국의 포크 댄스); 그 곡.
Vírgin Íslands 图 (the ~) 버진 제도(서인도 동북부에 있는 작은 섬들; ⑭ V.I., VI).
vir·gin·i·ty [vərdʒínəti] 图ⓤ 1 처녀[동정]임; 처녀성; 미혼[독신] 생활. ¶lose one's ~ 처녀성[동정]을 잃다. 2 순결; 청순; 신선; (구어) 미경험, 무지.
vir·gin·i·um [vərdʒíniəm] 图ⓤ (화학) 버지늄(francium의 옛 이름; ㉠ Vi).
Vírgin Máry 图 (the ~) 동정녀 마리아, 성모 마리아.
Vírgin Móther 图 (the ~) =Virgin Mary.
Vírgin Quéen 图 (the ~) 처녀왕(Elizabeth 1세의 칭호); (v- q-) (곤충) 아직 교미하지 않은 여왕벌.
vir·gin's-bow·er [vɜ́ːrdʒinzbáuər] 图 (식물) 참
vírgin sóil 图 처녀지, 미개간지. └으아리.

vírgin wóol 圀 새 양털; 미가공의 양털, 원모.
Vír·go [vɔ́ːrgou] 圀 〔천문〕 처녀자리(the Virgin); 〔점성〕 처녀궁(황도대(黃道帶)의 제6궁(宮)). ⇨ZODIAC 그림
vir·go in·tac·ta [vɔ́ːrgou intǽktə] 圀 숫처녀, (처녀막이 있는) 완전한 처녀. (<L untouched virgin)
vir·gule [vɔ́ːrgjuːl] 圀 〔인쇄〕 빗금, 사선.
vi·ri·cide [váiərəsàid] 圀 〔약학〕 살(殺)바이러스제. **-cíd·al** 圀
vir·id [vírəd] 圀 신록의, 연한 초록빛의.
vir·i·des·cent [vìrədésnt] 圀 초록빛을 띤, 담록색의. **-cence** 圀
vi·rid·i·an [vəridiən] 圀 산화 크롬을 주성분으로 하는 청록색 안료; 그 빛깔. ── 圀 청록색의, 파릇파릇한.
vi·rid·i·ty [vərídəti] 圀Ⓤ 녹색, 신록; 〔문어〕 젊음, 신선, 생기; 미숙함, 순진함.
vir·ile [vírəl/-rail] 圀 1 성년 남자의, 한창때 남자의; 남자다운, 남성적인(⇔ masculine). ⇨MALE 〔유의어〕 ～ strength 남성적인 힘. 2 씩씩한, 힘찬, 강건한; 박력 있는. ¶a ～ mind 씩씩한 마음. 3 생식력이 있는.
virile mémber 圀 (the ～) 〔고어〕 남근(penis).
vir·i·les·cent [vìrəlésnt] 圀 (늙은 암컷 짐승이) 웅성(雄性)(남성)화하는(한). **-cence** 圀
vir·il·ism [vírəlìzm] 圀Ⓤ 〔여성의〕 남성화(수염·저음 따위 남자의 제2차 성징이 여자에게 나타나는 일).
vi·ril·i·ty [vəríləti] 圀Ⓤ 1 남성임, 남자다움; 남성적 성격(힘, 생기). ¶～ of style 문체의 힘참. 2 남자의 한창때; 성년. 3 (남성의) 생식력.
vir·il·ize [vírəlàiz] 圀ⓘ 〔생리〕 남성화시키다.
vir·i·lo·cal [vírəlóukəl] 圀 〔인류〕 부계측(父系側) 거주의, 부거성(父居性)의. **~·ly** 튀
vi·ri·on [váiəriàn, vír-/-ɔ̀n] 圀 비리온(바이러스의 최소 단위; 핵산 분자와 단백질 분자로 이루어져 있다).
vi·ro·gene [váiərədʒìːn] 圀 〔생물〕 (발암성) 바이러스 유전자.
vi·roid [váiəroid] 圀 바이로이드(각종 식물병의 원인이 되며 바이러스보다 작은 RNA 병원체). ── 圀 1 바이로이드의. 2 =viral. (<virus+-oid)
vi·rol·o·gy [vàiərɑ́lədʒi/-rɔ́l-] 圀Ⓤ 바이러스학. **vì·ro·lóg·i·cal** 圀 **-gist** 圀
vi·rol·y·sin [vaiərɑ́ləsin/-rɔ́l-] 圀 〔생화학〕 비롤리신(바이러스가 정상 세포 속에 만드는 효소; 세포벽을 파괴하고 다른 세포에 바이러스를 감염시킨다).
vi·rose [váiərous] 圀 유독한; 악취가 나는.
vi·ro·sis [vaiəróusis] 圀 (❋ **-ses** [-siːz]) Ⓤ〔Ｃ〕 〔의학·식물 병리〕 바이러스 감염(병(病)].
vi·rous [váiərəs] 圀 바이러스성의[에 의하여 일어나는].
v. irr. *irr*egular verb.
vir·tu [vəːrtúː, ˋ-/-vɚtúː] 圀Ⓤ 1 미술품·골동품 등의 값어치, 우수성. 2 〔집합적·복수취급〕 골동품, 미술품. 3 미술〔골동〕품에 대한 조예〔지식〕. ¶articles [or objects] of ～ 미술 골동품.
✱vir·tu·al [vɔ́ːrtʃuəl] 圀 1 (명목상으로는 다르나) 실질상의, 사실상의, 실제의. ¶the ～ ruler of the country 그 나라의 사실상의 지배자. 2 〔광학〕 허상의(⇔ real¹); 허초점의. 3 〔물리〕 (입자 등의) 가(假)의, 가상(假想)의. 4 〔컴퓨터〕 가상 기억(～ memory)의[을 사용한]. 5 〔고어〕 실효성 있는, 효과적인.
vírtual áddress 圀 〔컴퓨터〕 가상 번지(가상 기억 장치 안에서의 프로그램 기억 장소의 번지).
vírtual commúnity 圀 가상 사회(컴퓨터 통신망이 낳은 현존하지 않는 가입자 간의 사회); 컴퓨터 통신망.
vírtual compúter 圀 〔컴퓨터〕 가상 컴퓨터(한 대의 컴퓨터를 외관상 복수의 컴퓨터로 보이게 한 것).
vírtual corporátion 圀 버추얼 코퍼레이션(특정 사업을 위해 여러 부서·회사에서 유능한 스탭을 모아 만든 임시 회사).
vírtual displácement 圀 〔기계〕 가상 변위(假想變位).
vírtual fócus 圀 〔광학〕 허초점(虛焦點).
vírtual ímage 圀 〔광학〕 허상(虛像).
vir·tu·al·i·ty [vɔ̀ːrtʃuǽləti] 圀 1 실제, 실질(적 성질). 2 =virtual reality.
✱vir·tu·al·ly [vɔ́ːrtʃuəli] 튀 사실상, 실질적으로는.
vírtual máss 圀 〔물리〕 가상 질량, 외견상의 질량.
vírtual mémory 圀 〔컴퓨터〕 가상(假想) 기억(장치).
vírtual párticle 圀 〔물리〕 가상 입자(특수 상황에서는 유리 입자로서 나타나지 않지만 한 입자에서 다른 입자로 힘을 전달할 수 있는 과도적 존재의 소립자).
vírtual reálity 圀 가상 현실(감)(컴퓨터가 만들어낸 현실과 흡사한 환경(의 체험, 그 장치)); (❋ VR). ⇨ CYBERSPACE
vírtual sèt desígner 圀 가상 현실 설계사.
vírtual stórage 圀 〔컴퓨터〕 가상 기억 장치.
vírtual wórk 圀 〔역학〕 가상의 일.
✱vir·tue [vɔ́ːrtʃuː] 圀 (❋ ～**s** [-z]) 1 Ⓤ 미덕, 덕행, 선, 고결(⇔ vice); 선행, 정직. ⇨GOODNESS 〔유의어〕 ¶a man of ～ 덕이 높은 사람, 고결한 사람/follow ～ 바른 길을 가다/cultivate ～ 덕을 닦다/V— is its [or her] own reward. (속담) 선행의 보람은 바로 그 선행 자체이다. 2 (어떤 특수한) 덕, 미덕, 덕목. ¶the cardinal ～s 기본 덕목(justice, prudence, temperance, fortitude의 4덕) / the theological ～s 대신덕(對神德)(신학상의 faith, hope, charity의 3덕)/the ～ of humility 겸양의 미덕/Patience is a ～. 인내는 미덕이다. 3 Ⓤ (여성의) 정절, 정조, 순결; 부도(婦道). ¶lose [preserve] one's ～ 정조를 잃다(지키다)/a woman of easy ～ 바람기 있는 여자/a woman of ～ 정숙한 여자. 4 Ⓒ〔Ｕ〕 미점, 장점; 공적; 가치. ¶～s and shortcomings 장점과 결점/This climate has the ～ of never being too hot or too cold. 이 기후는 춥지도 덥지도 않은 장점이 있다. 5 Ⓤ〔Ｃ〕 〔고어〕 과적이) 능력, 힘; (약 따위의) 효력, 효능. ¶a medicine of sovereign ～ 탁월한 효능이 있는 약. 6 (～s) 圀(力) 천사(제5계급의 천사); 〔Ｐ〕 (신의) 기적의 힘, (신의) 내려 주는 영향력. ⇨ANGEL 〔참고〕
by [or **in**] **virtue of** …에 의해서, …의 힘으로; …덕분으로. ¶He was promoted *in* ～ *of* his high descent, rather than *of* his abilities. 그는 능력에 의해서라기보다 그의 훌륭한 가문 덕으로 승진되었다.
make a virtue of necessity ⇨NECESSITY.
～·less 圀 덕이 없는; 미정이 없는.
vir·tu·o·sa [vɔ̀ːrtʃuóusə, -zə] 圀 (❋ **-se**, ～**s**) virtuoso의 여성형.
vir·tu·os·ic [vɔ̀ːrtʃuɑ́sik/-ɔ́s-] 圀 달인(達人)적인, 명인의(에게 특유한]. ¶a ～ flute performance 달인적 플루트 연주.
vir·tu·os·i·ty [vɔ̀ːrtʃuɑ́səti/-ɔ́s-] 圀Ⓤ 1 (예술·음악적) 묘기, 기교. 2 미술 애호심, 골동 취미.
vir·tu·o·so [vɔ̀ːrtʃuóusou, -zou] 圀 (❋ ～**s, -si** [-siː, -ziː]) 1 (예술의) 대가, 거장, 명인. 2 명연주가. 3 미술품 애호가(감상가, 수집가); 골동(미술)품에 정통한 사람. ── 圀 (또는 **vir·tu·ose** [vɔ̀ːrtʃuóus]) =virtuosic. **～·ship** 圀
✱vir·tu·ous [vɔ́ːrtʃuəs] 圀 1 덕이 있는, 덕이 높은; 공정한, 염직(廉直)한. 2 (여성이) 정결한, 정숙한; 지조가 강한. ⇨MORAL 〔유의어〕 3 〔고어〕 효력이 있는. 4 〔고어〕 용감한, 씩씩한. **～·ly** 튀 **～·ness** 圀
vi·ru·cide [váiərəsàid] 圀 =viricide. **-cíd·al** 圀
vir·u·lence [vírjuləns, -ru-] 圀Ⓤ 1 유독(성), 악성; 〔세균〕 (병)독력, 균력(菌力). 2 심한 적의(악의). 3 격렬함, 신랄함. Ⓒ (is **virulency**)
vir·u·lent [vírjulənt] 圀 1 극독(劇毒)의, 맹독의, 치명적인. ¶a ～ poison 맹독. 2 〔의학〕 전염성이 강한, 악성의. 3 적의에 찬, 악의 있는; 신랄한, 가혹한. ¶～

abuses 독설. 4 (세균) 독성이 있는. ~·ly 튀
vir·u·lif·er·ous [vɪrjulífərəs] 혱 병원체를 가진 [전파하는].
***vi·rus** [váiərəs] 몡 (몦 ~·es) 1 바이러스, 비루스, 여과성 병원체; (전염성) 병독. ¶the ~ of scarlet fever 성홍열 바이러스. 2 (구어) =~ disease. 3 (고어) 유독성 동물의 독액; (의학) (우두에서 채취한) 두묘(痘苗). 4 (도덕·정신상의) 해독, 악영향. 5 (컴퓨터) 바이러스(computer ~). [로그램.
virus chècker 몡 (컴퓨터) 바이러스 검색·제거 프
vírus disèase 몡 바이러스병, 바이러스성 질환.
vi·ru·stat·ic [vàiərəstǽtik] 혱 바이러스의 증식[생장]을 저지[억제]하는.
vírus X (병리) 정체 불명의 바이러스(에 의해 생기는 병).
vis¹ [vis] 몡 (몦 ví·res [váiəri:z]) 힘. (<L force)
vis² [viz] 몡 (구어) 시계, 시야(visibility).
vis. viscosity; visibility; visual. **Vis.** Viscount; Viscountess.
***vi·sa** [ví:zə] 몡 (여권 등의) 사증, 비자, 입국 허가, 허가증. ¶a tourist ~ 관광 비자. ──타 (여권)에 배서하다; …에게 사증[비자]을 주다.
vísa (càrd) 몡 (상표) 비자 카드(미국의 대표적인 크레디트 카드). (또는 **VÍSA (càrd)**)
vis·age [vízidʒ] 몡 (문어) 1 얼굴, 용모, 얼굴 생김새, ⇒FACE 유의어 2 외관, 양상, 모양.
vis·aged [vízidʒid] 혱 (복합어로) 얼굴이 …인, 얼굴의. ¶dark-~ 검은 얼굴의.
vi·sa·giste [vìːzɑːʒíːst] 몡 화장술[미안술(美顔術)] 전문가; (연극) 메이크업 담당자, 분장사. (<F)
vis·ard [vízərd] 몡 =vizard.
vis-à-vis [vìːzəvíː, -zɑː-] 튀 마주 보고, 상대하여 (to, with). ¶sit ~ with a person 남과 마주앉다. ──혱 마주 본[앉은]. ──전 1 …에 관하여; …에 비해서. 2 …과 마주 보고서, …와 대하여. ──몡 (몦 ~ [-z]) 1 마주 보고 있는 사람; (美) 춤 상대. 2 좌석이 마주 보고 있는 마차. (<F face to face)
Vi·sa·yan [visáiən/-sɑ́:jən] 몡 (몦 ~(s)) 비사야족(필리핀 군도의 한 종족.) ① 비사야어(語). ──혱 비사야족의. (또는 **Bisayan**)
Visc. Viscount; Viscountess.
vis·ca·cha [viskɑ́:tʃə] 몡 =vizcacha.
vis·cer- [vísər] 연결 「내장의」의 뜻. ¶visceralgia. (또는 **visceri-, viscero-**)
vis·cer·a [vísərə] 몡 (몦) (몦 vís·cus [vískəs]) (해부·동물) 내장; (구어) 장, 창자.
vis·cer·al [vísərəl] 혱 1 내장의. ¶the ~ cavity 복강(腹腔). 2 (병이) 내장을 침범하는. 3 뱃속으로부터의; (지성이 아닌) 본능적인, 직관적인, 감정적인. ~·ly 튀
vísceral léarning 내장 학습(의지의 힘으로 움직일 수 없는 불수의(不隨意) 내장 기관의 움직임을 조절하게 되는 일). [꺼내다.
vis·cer·ate [vísərèit] 타 (드물게) …의 내장을
vis·cer·o·to·ni·a [vìsərətóuniə] 몡 (심리) 내장 (긴장)형 성격(소화기가 발달하여 먹는 일을 좋아하고, 외향적이고, 사교성이 많은 것이 특징).
-ton·ic [-tánik/-tón-] 혱몡 내장형의 (사람).
vis·cer·o·trop·ic [vìsərətrápik, -tróup-/-trɔ́p-] 혱 (바이러스가) 내장 친화성의, 내장향성(向性)의.
-ot·ro·pism [-rátrəpìzm/-rɔ́t-] 몡 내장향성.
vis·cid [vísid] 혱 끈적한, 점착성의. **vis·cíd·i·ty** 몡 ① 점(착)성; ① 끈적한 것. ~·ly 튀 ~·ness 몡
vis·co·e·las·tic [vìskouilǽstik] 혱 점탄성(粘彈性)(물질)의. **-las·tíc·i·ty** 몡
vis·coid [vískoid] 혱 다소 점착성이 있는, 약간 끈끈한. (또는 **viscóidal**)
vis·com·e·ter [viskámətər/-kɔ́m-] 몡 점도계.
vis·cose [vískous] 혱① (화학) 비스코스(레이온·셀로판 따위의 원료); 비스코스 레이온. ──혱 1 비스코스의[로 만든]. 2 =viscous.
víscose ráyon 몡 비스코스 레이온, 인조견.
vis·co·sim·e·ter [vìskousímətər] 몡 =viscometer.
vis·cos·i·ty [viskásəti/-kɔ́s-] 몡① 점착성, 끈끈함(stickiness); ①© (물리) (액체의) 점성(粘性); 점도(粘度), 점성률.
viscósity index 몡 (자동차·기계) 점도 지수(온도 변화와 윤활유 점도와의 상관 관계 수치).
***vis·count** [váikàunt] 몡 (종종 V-) 자작(子爵)(略 Vis., Visc., Visct.). ⇒BARON 관련어 ~·cy, ~·ship 몡① 자작의 지위[신분]. ~·ess 몡 자작 부인; 여(女)자작. ~·y 튀 =viscountcy; (역사) 자작령.
vis·cous [vískəs] 혱 끈끈한, 끈적거리는, 점착성의 (sticky); (물리) 점성(粘性)의. ~·ly 튀 ~·ness 몡
Visct. Viscount; Viscountess.
vis·cus [vískəs] 몡 viscera의 단수형.
vise [vais] 몡 바이스. *(as) fírm as a víse* 바이스처럼 단단하여[한]. ──타 …을 바이스로 죄다. (또 <>·like 튀) [=vise.
vi·sé [ví:zei, -´] 몡(타) (~(e)d) (vise)
Vi·shin·sky [viʃínski] 몡 **Andrei Yanuarievich** ~ 비신스키(1883-1954: 옛 소련의 법률가·정치가; 소련 법이론의 확립자). (또는 **Vyshinsky**)
Vish·nu [víʃnuː] 몡 (힌두교) 비슈누(Brahma, Shiva와 함께 힌두교 3대 신의 하나).
vis·i·bil·i·ty [vìzəbíləti] 몡 1 ① 눈에 보임[보이는 상태]; ①© 가시성, 시인성(視認性), 시계. ¶high [or good] ~ 양호한 시도/low [or poor] ~ due to fog 안개로 인한 시계 불량. 2 ①© (기상) 시정(視程), (대기의) 투명도(visual range). ¶Today's ~ was less than 500 meters. 오늘의 시정은 500미터 이하였다. 3 ① (美속어) 탁월함, 눈에 띄는(화려한) 존재.
visibility mèter 몡 시정계(視程計).
***vis·i·ble** [vízəbl] 혱 (more ~; most ~) 1 (눈에) 보이는, 가시(可視)의(몲 invisible). ¶a ~ object 눈에 보이는 것 / ~ exports and imports (관광 수입 따위의 대조하여) 상품의[유형적] 수출입. 2 분명한, 명백한; 현저한. ¶with ~ impatience 눈에 보이게 초조한 빛을 띠고. 3 눈에 띄는, 두드러진, 화려한 (존재의); (TV·신문 등에서) 자주 뉴스에 나오는, 활동이 많은. 4 눈에 보이도록 되어 있는[만들어진, 나타낸]. 5 남을 만날 수 있는, 나갈 듯이 있는. ¶Is he ~? 그를 만날 수 있나? 6 지금 가지고 있는, 현물의. ──몡 1 (the ~) 눈에 보이는 것[존재]. 2 (the ~) 유형[물질] 세계(몲 the invisible). 3 (수출입되는) 유형의 물건, 상품.
~·ness 몡 -bly 튀
vísible bálance 몡 (경제) 무역 수지.
vísible chúrch 몡 (신학) 보이는[현세의] 교회.
vísible horízon 몡 (the) 시지평선(親地平線).
vísible Négro 몡 (美) 흑인 고객을 끌기 위해 고용한 흑인.
vísible ráy 몡 (물리) 가시 광선.
vísible spéctrum 몡 (물리) 가시 스펙트럼(눈에 보이는 전자파(가시 광선)의 파장 범위; 380-760 nm).
vísible spéech 몡 (음성) 시화법(視話法)(음성 기호의 체계).
vísible supplý 몡 (상업) (농산물의) 유형 공급량, 출하 총량.
vísible tráde 몡 (경제) 유형적 무역, 상품 무역.
Vis·i·goth [vízəgɑ̀θ/-gɔ̀θ] 몡 서(西)고트족(의 사람). 혱 Ostrogoth **-góth·ic** 혱
vis i·ner·ti·ae [vìs inə́rʃiː-] 몡① **ví·res i-** [váiəriːz-]) 타성[관성]의 힘, 타력. (<L force of inertia)
***vi·sion** [víʒən] 몡 (몦 ~s [-z]) 1 ① 시력, 시각,

¶poor ~ 약시 / the distance[field] of ~ 가시 거리 [시야] / the organ of ~ 시각 기관 / have normal ~ 시력이 정상이다. 2 ⓤ 통찰력, 꿰뚫어 보는 힘, 상상력, 선견지명; ⓒ 비전, 미래상, 이상상(理想像). ¶a man of ~ 선견지명이 있는 사람 / a stateman without ~ 비전이 없는 정치가. 3 환영(幻影), 환상, 몽상, 공상, 상상(도); 유령. ¶a poet's ~ 시인의 공상 / romantic ~s of youth 청춘의 로맨틱한 공상 / An angel appeared to me in a ~. 천사가 환영이 되어 내 앞에 나타났다. 4 (구어) (a ~) 매우 아름다운 광경[사람], 절경, 절세의 미인. ¶a glorious ~ of the sunset 석양의 아름다운 광경. 5 ⓤ {수사} 현시법(現示法)(과거의 일이나 공상을 현실의 일처럼 묘사하기). 6 {영화} 환상 장면 (등장 인물의 심중 묘사를 나타내는 이중 촬영 화면). 7 ⓒ 보이는 것, 눈에 비치는 모습, 모양, 광경; ⓤ 눈으로 보기, 일별, 일견(一瞥). ¶Our ~s met. 우리의 시선이 마주쳤다. 8 ⓤ (TV의) 영상. 9 컴퓨터비전(computer ~).
beyond one's **vision** 눈에 보이지 않는.
catch a vision of …을 언뜻[흘낏] 보다.
come within[go out of] one's **vision** 보이게[보이지 않게] 되다.
see visions 환영을 보다, 공상하다.
──⑤⑩ 1 …을 환영처럼[으로] 보다, 꿈에 그리다, 몽상[상상]하다. 2 …을 (눈이나 마음에) 나타내다; 마음에 그리다.
vi·sion·al [víʒənl] ⑩ 환각의; 환영[환상]의; 환영으로 보이는, 환상적인, 공상(가공)적인. ~·**ly** 🅐
*vi·sion·ar·y [víʒənèri/-nəri] ⑩ 1 환영의, 환영 같은; 환영으로 나타나는. 2 환영을 보는; 몽상적인, 공상에 잠기는. ¶a ~ enthusiast 공상에 잠기고만 있는 사람. 3 비현실적인, 가공의, 상상[공상]상의; (계획·생각 등이) 관념[이론]적인; 공론(空論)의, 실용과는 거리가 먼. ¶~ schemes 실행 불가능한 계획. 4 통찰력이 있는. ──⑩ 1 환영을 보는 사람, 신비가(神秘家); 예언자. 2 공상가, 이상가, 몽상가. 3 {컴퓨터} 비저너리(영상 인식 전문의 인공 지능 연구자). -**ar·i·ness** ⑩
vi·sioned [víʒənd] ⑩ 1 환영으로 본[경험한]. 2 상상력[통찰력]이 있는; 미래의 비전이 있는.
vi·sion·less [víʒənlis] ⑩ 시력이 없는, 장님의; 비전[선견지명], 상상력이 없는; 환영을 보지 않는; 환상[공상]이 없는.
vi·sion-mix [-miks] ⑤⑩ {영화·TV} 필름을 편집하다, (복수 카메라로) 영상을 구성하다.
~·**er** 비전 믹스 담당[장치].
vísion quèst ⑩ {인류} 환각 탐색(몇몇 인디언 부족에서 행해진 남자의 성인 의례).
‡**vis·it** [vízit] ⑤⑩ 1 (남·집 따위)를 찾아가다, 방문하다; …을 문안[위문]하다. ¶~ a friend 친구를 찾아가다 / ~ the sick 환자를 문병하다. 2 (남)의 집에 (손님으로) 머무르다. ¶I ~ed a colleague for a week. 나는 1주일 동안 동료의 집에 머물렀다. 3 …을 견학하다, 참배하다; (용무 등으로) …에 오다[가다]; …을 구경가다. ¶~ Paris 파리로 (구경) 가다 / ~ a shrine 성당에 참배하다 / I ~ the bank on Fridays. 나는 금요일에 은행에 간다. 4 …을 (직무상) 찾아가다, 시찰[순시]하다; (의사 등)에게 진찰을 받으러 가다; (의사가) (환자)를 왕진하다. ¶~ a factory 공장을 시찰하다 / A doctor ~s his patients. 의사가 환자를 왕진하다. 5 (병·재해 따위가) …을 덮치다, …을 엄습하다(with, by); 괴롭히다(with, by). ¶A big earthquake ~ed the city. 큰 지진이 그 도시를 엄습했다. 6 (죄인·죄)를 벌하다; (벌)을 내리다; [벌·고통]을 주다, 대갚음하다(on, upon). ¶(~+目+前+名) ~ one's indignation on[or upon] a person 남에게 분풀이를 풀다.
──⑩ 1 (남을) 방문하다, (남의 집에) 머무르다(with). (美) (손님으로) 체재하다(at, in). (호텔에) 숙박하다(at). ¶(~+前+名) ~ at a new hotel 새 호텔에 머무르다 / ~ with a friend 친구 집에 머무르다. 2 (美구어) 이야기하다, 잡담하다(with). ¶~ with a person over the telephone 남과 전화로 이야기하다. 3 (문어) 벌을 주다, 벌하다, 대갚음하다.
visit with a return in kind 같은 것으로 대갚음하다.
──⑩ 1 방문, 내방; 문안(from, to). ¶He is on a good-will ~ to India. 그는 인도를 친선 방문중이다. 2 (손님으로서의) 체재. ¶I was on a ~ to my cousins. 나는 사촌들 집에 머물고 있었다. 3 검문, 순회, 시찰, 출장; 왕진. ¶a domiciliary ~ 가택 수색 // a ~ for [or of] inspection 시찰 출장 / a ~ to patients 왕진. 4 구경, 관광 (여행), 참배(to). ¶make [or pay] a ~ to London 런던 구경을 가다. 5 (美구어) 잡담, 지껄이기(with). 6 (국제법) 임검.
a visit from Flo (美) 월경, 달손님, 몸엣것.
a visit of civility [or **respect**] 의례상의 방문, 예.
have a visit with a person 남과 이야기하다. 「방.
on a visit (…을) 방문[구경]중(to); (…대에) 체류중(with).
pay [or **make**] …**a visit; pay** [or **make**] **a visit to…** [남·장소]를 방문[구경, 순회]하다, …을 문병하다. 「로부터] 방문을 받다.
receive [or **have**] **a visit from** a person 남의[으
return a visit 답례로 방문하다. 「색권.
the right of visit (and search) (선박의) 임검 수
vis·it·a·ble [vízitəbl] ⑩ 방문[구경, 참관]할 수 있는[할 만한], 공식 방문[참관, 시찰, 임검]을 받아야 할.
vis·i·tant [vízitənt] ⑩ 1 (외국에서 온) 방문객, 체류객; 참배자, 참관자, 2 망령, 유령. 3 철새. ¶a winter ~ 겨울 철새. 4 (V-) {가톨릭} 성모 방문회의 수녀.
──⑩ (고어) 방문하는.
*vis·i·ta·tion [vìzitéiʃən] ⑩ 1 방문; 병문안; 구경, 참배; 관광. ¶make a house-to-house ~ 호별 방문하다. 2 (문어) 공식 방문; 순시, 순회; 시찰; 선박의 임검. 3 (the V-) (세례자 요한의 어머니 Elizabeth에의) 성모 마리아의 방문; (V-) 그 축일(7월 2일). 4 a) (신에 의한) 위안(도움)의 찾아듦, 천혜, 축복; 보답. b) 심판, 재앙, 천벌. 5 (구어) 부당한 장기 체류, 오래 있음, 밑질김. 6 (동물·새 따위의) 때아닌 큰 떼의 도래.
the Nuns of the Visitation; the Order of the Visitation of Our Lady [or **of the Blessed Virgin Mary**] 성모 방문회(가난한 사람이나 병자 위문 및 부녀자의 교육을 위한 수녀회).
the right of visitation (국제법) (선박) 임검권.
the visitation of the sick (목사의) 병든 신자 방
~·**al** ⑩
visitátion rìghts ⑩⑤ {법률} 방문권(이혼했을 경우 어느 한쪽 부모 밑에서 양육되고 있는 아이를 다른 쪽 부모가 방문할 수 있는 권리).
vis·i·ta·to·ri·al [vìzitətɔ́ːriəl] ⑩ 공적 순시[임검] (자)의, 직무상 순회의; 순시[임검]권이 있는.
vis·it·ing [vízitiŋ] ⑩ⓤ 방문, 문병, 구경; 시찰, 순시, 임검. ──⑩ (직무상) 방문[시찰, 순시]하는; 서로 내왕하는 (정도의).
be on visiting terms with; have a visiting acquaintance with …과 서로 왕래하는 사이이다.
vísiting bòok ⑩ 방문객 명부; 방명록.
vísiting càrd ⑩ (英) 명함((美) calling card); 구내 출입 명찰[카드].
vísiting dày ⑩ 면회일, 접객일.
vísiting fíreman ⑩ (美구어) (환대해야 할) 중요한 방문객; 돈 잘 쓰는 관광객, 상경한 촌사람.
vísiting hòurs ⑩ (병원 등의) 면회 시간.
vísiting lìst ⑩ 사교 방문록, 교우록.
vísiting núrse ⑩ 방문[순회] 간호사.
vísiting proféssor ⑩ 초빙[객원] 교수.
vísiting téacher ⑩ (美) (가정) 방문 교사(장기 결석 아동을 지도). 「home team
vísiting téam ⑩ {스포츠} 원정 팀, 내방 팀. ↔

‡**vis·i·tor** [vízitər] [명] ([복] **~s** [-z]) **1** 방문객, 내객; 문병인(*to*, *at*). ¶a ~ *at* a house 집에 온 방문객. **2** 체재객; 관광객, 참배인(*to*, *in*). ¶winter ~*s in* [or *to*] Jeju-do 제주도의 겨울철 관광객. **3** 참관자, 시찰관, 감찰관; **(英)** (대학의) 시찰원, 순시관. **4** (~s) 〔스포츠〕 원정군. **5** 〔조류〕 철새. **6** **(구어)** 생리, 멘스.
have a (little) visitor **(속어)** 생리중이다.

> [유의어] **visitor** 친선·업무·관광 따위를 위해 어떤 가정 또는 장소를 찾는 사람, 또는 체재하는 사람. **caller** 일정한 목적으로 찾아와 안내를 청하는 사람; 짧은 의례적 방문에 쓰이는 경우가 많다. **guest** 초대되어 방문해서 접대받는 사람.

vísitor cénter [명] **1** (사적·관광 명소 등의) 자료관(interpretive center). **2** 관광 안내소.
vis·i·to·ri·al [vìzətɔ́ːriəl] [형] =visitatorial.
vísitors' bòok [명] 숙박인 명부; 방명록.
vísitor's pàssport [명] **(英)** 관광용 패스포트(특정한 나라에의 단기 방문이 가능한 유효 기간 1년의 여권).
vis ma·jor [vís méidʒər] [명] 〔법률〕 불가항력. 〔<L greater force〕
vis mo·ti·va [vís moutáivə] [명] 원동력. 〔<L motive power〕
vis·na [vísnə] [명] 비스나(양의 바이러스성 질환).
vi·sor [váizər] [명] **1** (투구의) 면갑(面甲), 낯가리개. **2** (모자의) 챙, 차양. **3** (자동차의) 차양판, 선바이저. **4** 복면, 가면, 덮어 가리는 것. **—** [동][타] …을 면갑[낯가리개]으로 덮어씌우다[보호하다]; 복면하다. **~·less** [형]
***vis·ta** [vístə] [명] **1** 전망, 경치; (나무 따위가 양쪽으로 늘어선 좁고 긴) 길의 전망(⇨VIEW [유의어]); 가로수길. **2** (광대한) 지적(知的) 전망; (미래의) 예상, (과거의) 회상. ¶the dim ~*s* of one's future 장래의 막연한 전망.
VISTA [vístə] [명] 비스타, 미국 빈곤 지구 봉사 활동. 〔<*V*olunteers *i*n *S*ervice *t*o *A*merica〕
vis·ta·dome [vístədòum] [명] (열차의) 전망대. ¶a ~ car 전망차.
vis·taed [vístəd] [형] 전망이 좋은. (또는 **vista'd**)
Vís·ta·Ví·sion [vístəvìʒən] [명] **(상표)** 비스타비전(와이드 스크린 방식의 영화). [참] Cinerama, Cinema Scope
***vis·u·al** [víʒuəl] [형] **1** 시각의, 시력의, 시각에 의한. ¶a ~ axis 시축 / ~ education 시각 교육 / the ~ nerve[organ] 시신경[시각 기관]. **2** 눈에 보이는. ¶~ objects 눈에 보이는 것. **3** (지식·인상 등이) 시각에 의해 얻어지는. ¶~ impression 눈으로 본 인상. **4** 광학상의. ¶the ~ focus of a lens 렌즈의 시초점.
— [명] (~s) **1** (사진·영화·비디오 테이프 따위의) 시각 정보, 시각에 호소하는 표현; (음성부에 대한) 영상부. **2** 선전용 사진[필름].
vísual acúity [명] 〔안과〕 시력([약] V).
vísual áid [명] (종종 ~s) 시각 교재.
vísual ángle [명] 시각(視角).
vísual árts [명][복] (the ~) 시각 예술(그림·조각 따위).
vísual ártist [명]
ví·su·al-áu·ral (rádio) ránge [-ɔ́ːrəl-] [명] 〔항공〕 가시 가청식(可視可聽式) 라디오 레인지(조종석의 계기 표시·신호음에 의하여 침로를 표시; [약] VAR).
vísual bínary [명] 〔천문〕 실시 쌍성(實視雙星)(망원경으로 분리되어 관측되는 쌍성).
vísual cápture [명] 〔심리〕 시각 우선(복수의 지각 정보에서 시각 정보가 우위를 점하는 일).
vísual desígn [명] 시각 디자인(문자·심벌 마크·사진·컴퓨터 그래픽 따위). [참] graphic design
vísual displáy [명] 〔컴퓨터〕 영상 표시.
vísual displáy tèrminal [명] 〔컴퓨터〕 영상 표시 단말(video display terminal)([약] VDT).
vísual displáy ùnit [명] 〔컴퓨터〕 영상 표시 장치([약] VDU).
vísual fíeld [명] 시야(field of vision).
vísual flíght [명] 〔항공〕 유시계(有視界) 비행.
vísual flíght rùles [명][복] 〔항공〕 유시계 비행 방식(유시계 기상 상태(VMC)에서 비행하는 방식; [약] VFR).
vísual flýing [명] =visual flight.
vísual ínstrument [명][복] 시각 악기(건반 조작에 따라 스크린에 빛이나 색의 영상을 만들어 내는 전자 악기).
vis·u·al·ist [víʒuəlist] [명] =visualizer.
vis·u·al·i·ty [vìʒuǽləti] [명] **1** 시각성, 눈에 보임, 가시성. **2** 심상(心象)(mental image).
vis·u·al·i·za·tion [vìʒuəlizéiʃən/-laiz-] [명] **1** [U] 눈에 보이게 하기[하는 힘]; 마음 속에 떠올리기; 구상화. **2** 시각화(한 사물), 심상. **3** 〔의학〕 절개(切開)하여 기관을 노출시키기; 조영제(造影劑)를 사용한 X선 투시법.
***vis·u·al·ize** [víʒuəlàiz] (* **(英)** **-ise**) [동][자] **1** 눈에 보이게 되다. **2** 마음 속에 떠올리다. **—** [타] …을 눈에 보이게 하다; …을 생생하게 마음에 그리다, 구체화하다. ¶I can ~ the scene clearly. 나는 그 장면을 생생하게 마음 속에 그려낼 수 있다.
vis·u·al·iz·er [víʒuəlàizər] [명] **1** 사물을 생생하게 마음 속에 떠올리는 사람. **2** 〔심리〕 시각형(視覺型)인 사람. [참] audile, motile
vísual líteracy [명] 시각 판단[판별] 능력.
vis·u·al·ly [víʒuəli] [부] 눈으로 볼 수 있게, 시각적으로; 시각에 의해서.
vísually hándicapped [형] 시력[시각] 장애의. **—** [명] (the ~) **(집합적)** 시력[시각] 장애자.
vísual mágnitude [명] 〔천문〕 실시(實視) 등급.
vísual meteorológical condítion [명] 〔항공〕 유시계(有視界) 기상 상태([약] VMC).
vísual póint [명] (광학 기계를 사용할 때의) 시점(視點).
vísual pollútion [명] 시각 공해(미관의 파괴).
vísual ránge [명] 〔기상〕 시정(視程), 시계.
vísual ráy [명] (시야 내의) 시각 광선.
vis·u·o·spa·tial [vìʒuouspéiʃəl] [형] 공간 시각에 관한.
vis vi·va [vís váivə] [명] ([복] ***vi·res vi·vae*** [váiəriːz váiviː]) 〔물리〕 활력, 활세(活勢). 〔<L living force〕
vi·ta [váitə, víː-] [명] ([복] ***vi·tae*** [váitiː, víːtai]) 이력서, 약력.
Vi·ta [váitə] [명] **(상표)** 바이타 글라스(자외선 투과 유리).
VITA *V*olunteers for *I*nternational *T*echnical *A*ssistance.
‡**vi·tal** [váitl] [형] (***more ~; most ~***) **1** 생명의, 생명 유지에 필요한, 생명에 없어서는 안 될. ¶~ energies [*or* power] 생명력 / ~ functions 생활 기능 / ~ heat 체온 / ~ organs 생명 유지 기관(심장, 뇌 따위). **2** 활기 있는, 힘찬, 생기가 넘치는, 팔팔한. ¶a ~ personality 활달한 성격의 사람. **3** 없어서는 안 될, 긴요한, 중대한 (*to*). ¶a ~ necessity 필수 불가결한 것. **4** 생사가 걸린, 치명적인. ¶a ~ error 치명적인 과오 / a ~ wound 치명상. **5** 활력을 주는, 힘을 내게 하는. ¶the ~ rays of the sun 생기를 주는 태양 광선.
of vital importance 대단히 중요한.
— [명] (~s) 생명 유지에 필요한 여러 기관(뇌·심장·폐·위 등); (~s) 생식기, (특히) 남성 성기; (사물의) 중요한 부분, 핵심, 급소.
~·ness [명]
vítal capácity [명] 폐활량(breathing capacity).
vítal fórce [명] **1** 생명력, 활력(vital principle). **2** = élan vital.
vítal índex [명] 인구 지수(출생과 사망의 비율).
vi·tal·ism [váitəlìzm] [명][U] 〔철학〕 활력설, 생기론. ([참] mechanism); 〔생물〕 생명력설.
-ist [명][형] **-ís·tic** [형]
***vi·tal·i·ty** [vaitǽləti] [명][U] 생명력, 생활력, 활력, 체력; 활기, 원기, 생기; 지속성, 영속성[력].
vi·tal·ize [váitəlàiz] (* **(英)** **-ise**) [동][타] **1** …에 생명을 주다. **2** …에 활력[생기]을 주다; …에 힘을 돋우어 주다, 고무하다. **3** …을 진흥시키다. **-i·zá·tion** [명]

Vi·tal·li·um [vaitǽliəm] 명 (상표) 비탈륨(코발트와 크롬의 합금; 치과·외과 의료, 공업 주조에 사용).

*vi·tal·ly [váitəli] 튀 중대하게, 치명적으로, 불가결하게, 절대로, 실로(very).

vítal príncìple 명 = vital force.

vi·tals [váitlz] 명 ⇨VITAL.

vítal sígns 명복 생명 징후(맥박, 호흡, 체온 따위).

vítal spárk 명 (the ~) (구어) (음악·소설·연극 따위의) 생기 넘침, 박력.

vítal stáining 명 생체 염색.

vítal statístics 명 (단·복수 양용) 1 인구 동태 통계; (구어) 여성의 버스트·웨이스트·히프의 치수.

vi·ta·mer [váitəmər] 명 (생화학) 비타머, 비타민물질. **~·ic** [-mérik] 형

‡**vi·ta·min** [váitəmin/vít-, váit-] 명 (복 ~s [-z]) 1 ⓒⓤ (생화학) 비타민, 바이타민(생물의 생리 활동에 필요한 유기 화합물). ~ A 비타민 A. 2 (~s) (속어) 마약 정제(錠劑)(캡슐). 3 (~s) (美속어) 엔진 마력. (또는 **vitamine**) (* 현재까지 발견된 vitamin의 종류; A, A₂, B(1,2,3,6,9,12,17), C, D(1,2,3), E, G, H, K(1,2,3), M, P, PP, Q, T, X 등). **⁻mín·ic** 형 비타민(류)의.

vítamin B còmplex 명 비타민 B 복합체.

vi·ta·min·ize [váitəmináiz/vít-] 타 …에 비타민을 첨가(보강)하다, …을 강화하다. **-i·zá·tion** 명

vi·ta·min·ol·o·gy [vàitəminálədʒi/vìtəminɔ́l-] 명ⓤ 비타민학(學).

vi·ta·mi·no·sis [vàitəminóusis] 명ⓤ (의학) 비타민 결핍증.

Vi·ta·phone [váitəfòun] 명 (상표) 바이타폰(초기 유성 영화의 녹음·재생의 한 방식).

vi·ta·scope [váitəskòup] 명 바이타스코프(Edison이 발명한 초기의 영사기). **-scòp·ic** [-skápik] 형

vite [viːt] 튀 (음악) 활발히, 기세 좋게, 빨리. 〔< F〕

vi·tel·lin [vitélin, vai-] 명ⓤ (생화학) 비텔린, 난황소(卵黃素).

vi·tel·line [vitélin, vai-] 형 난황의; 난황색의. — 명 난황.

vitélline mémbrane 명 난황막(卵黃膜).

vi·tel·lus [vitéləs] 명 난황(卵黃)(yolk).

vit·i- [víti] 연결 grape, vine의 뜻. ¶**viti**culture.

vi·ti·ate [víʃièit] 타 1 …의 질(가치)을 나쁘게 하다, …을 손상시키다, 해치다. 2 …을 더럽히다, 부패시키다. ¶ Carbonic acid gas ~s the air of the room. 탄산 가스는 방의 공기를 오염시킨다. 3 (법률) …을 무효화하다. **-àt·ed** 형 **⁻á·tion** 명

vi·ti·a·tor [víʃièitər] 명 해치는 사람[것], 부패시키는 사람; 무효화하는 사람.

vit·i·cul·ture [vítəkÀltʃər, vái-] 명ⓤ 포도 재배; 포도 재배학[술]. **⁻cúl·tur·al -tur·er, -tur·ist** 명 포도 재배인.

vit·i·li·go [vìtəláigou, -liː-] 명 (병리) 백반(白斑).

vitr- [vitr] 연결 ⇨VITRO-.

vit·rec·to·my [vitréktəmi] 명 유리체 절제(술).

vit·re·ous [vítriəs] 형 유리의[와 같은], 유리질의, 유리 모양의, 투명한, 유리로 된. **~·ly** 튀 **~·ness** 명

vítreous bódy 명 (안구의) 유리체.

vítreous electrícity 명 (전기) 양전기, 유리 전기(positive electricity)(유리와 명주를 마찰하면 생김).

vítreous enámel 명 법랑(琺瑯).

vítreous húmor 명 (안구의) 유리액(液).

vi·tres·cent [vitrésnt] 형 유리화한, 유리질이 된, 유리로 되기 쉬운. **-cence** 명ⓤ 유리화(化).

vítreous gláss 명 유리질의(질).

vit·ri- [vitri] 연결 glass의 뜻. ¶**vitri**form.

vit·ric [vítrik] 형 유리의[같은]; 유리질[모양]의.

vit·rics [vítriks] 명복 유리 기구(류); (단수취급) 유리 제조(법).

vit·ri·fac·tion [vìtrəfǽkʃən] 명 = vitrification.

vit·ri·fi·ca·tion [vìtrəfikéiʃən] 명ⓤ 유리화(化);

ⓒ 유리화된 것; ⓤ 투명.

vit·ri·form [vítrəfɔ̀ːrm] 형 유리 모양의.

vit·ri·fy [vítrəfài] 타 …을 유리로 하다; 유리질[모양]로 하다, 자기화(磁器化)하다. ¶ *vitrified* brick 벽돌(陶瓷)/a *vitrified* pipe 도관(陶瓷), 자기 토관. — 자 유리 모양이 되다, 유리질[모양]이 되다. **-fi·a·bíl·i·ty** 명 **-fi·a·ble** 형

vi·trine [vitríːn] 명 진열용 유리 케이스.

vit·ri·ol [vítriəl] 명ⓤ 1 (화학) 황산(sulfuric acid); 황산염(sulfate). 2 (비유적) 신랄한 말, 통렬한 비꼼, 혹평. ¶ put plenty of ~ in a speech 연설 속에 많은 신랄함을 담다.

dip one's pen in vitriol 독필(毒筆)을 휘두르다.

oil of vitriol 진한 황산.

— 타 (-*l-*, (英) -*ll-*) (금속 따위를) (묽은) 황산에 담그다; 황산으로 손상시키다.

vit·ri·ol·ic [vìtriálik, -ɔ́l-] 형 1 황산(염)의, 황산에서 얻어진[얻어지는]. 2 신랄한, 통렬한.

vit·ri·ol·ize [vítriəlàiz] (* (英) **-ise**) 타 …을 황산염으로 처리하다; 황산염으로 하다, 황산(염)으로 …을 황산염으로 손상시키다. **-i·zá·tion** 명

vi·tro [víːtrou] 명 in vitro. 〔< L glass〕

vit·ro- [vítrə] 연결 glass, glassy의 뜻(* 모음 앞에서는 vitr-). ¶ *devitrify*.

vit·rum [vítrəm] 명 (복 *-ra* [-rə]) (처방전에서) 유리병, 약용병. 〔L〕

vit·ta [vítə] 명 (복 *-tae* [-tiː]) (식물) 유도(油道), 유관(油管); (동·식물) 무늬, 줄, 색띠.

-tate [-teit] 형 유관이 있는; 세로 무늬가 있는.

vit·tle [vítl] 명동 = victual.

vit·u·line [vítʃulàin, -lin/-tju-] 형 송아지의[와 같은]; 송아지 고기의[와 비슷한].

vi·tu·per·ate [vaitjúːpərèit, vi-/-tjúː-] 타 …을 심하게 나무라다, 욕하다, 질책하다. **-à·tor** 명

vi·tu·per·a·tion [vaitjùːpəréiʃən, vi-] 명ⓤ 심하게 나무라기, 질책, 매도. **-tó·ry** 형

vi·tu·per·a·tive [vaitjúːpərətiv, -rèit-, vi-] 형 심하게 나무라는, 욕하는, 매도하는, 독설의. **~·ly** 튀

Vi·tus [váitəs] 명 **Saint** ~ 성(聖) 바이터스(3세기경 로마 황제에게 박해받은 순교자; 무도병(St. Vitus's dance) 환자의 수호 성인). ⇨ ST. VITUS'S DANCE.

vi·va[1] [víːvə] 명 튀 = voce. — 타 …에게 구두 시험을 보게 하다.

vi·va[2] [víːvə] 감 만세. — 명 만세 소리; (~s) 환성. 〔< It May (he) live!〕

vi·va·ce [vivá:tʃei] 〔음악〕 형 활발히 — 튀 활발히 (lively). — 명 비바체의 곡[악장]. 〔< It〕

vi·va·cious [vivéiʃəs, vai-] 형 활발한, 쾌활한, 명랑한(⇨ GAY 유의어); (식물) 다년생의; (고어) 장수의. **~·ly** 튀 **~·ness** 명

vi·vac·i·ty [vivǽsəti, vai-] 명ⓤ 쾌활, 활발, 원기, 명랑; (-ties) 쾌활[활발]한 행위[말].

Vi·val·di [vivá:ldi/-vǽl-] 명 **Antonio** ~ 비발디 (1678?–1741; 이탈리아의 작곡가·바이올린 연주자).

vi·van·dier [F vivãdje] 명 (프랑스 군대의) 종군 상인. **-dière** [-dʒeːr] 명 종군 여상인(女商人). 〔F〕

vi·var·i·um [vaivɛ́əriəm, vi-] 명 (복 ~s, -*var·i·a* [-riə]) (자연 서식 상태를 모방한) 동물 사육장.

vi·vat [váivæt, víː-] 감 만세. — 명 만세 소리 (viva). 〔< L long live〕

vívat re·gí·na [-ridʒáinə] 명 여왕[왕후] 만세!

vívat réx [-réks] 명 국왕 만세! 〔L〕

vi·va vo·ce [váivə vóusi, víːvə-] 튀 구두로 (orally). — 명 구두[구술] 시험. 〔< L〕

vi·va-vo·ce [-vóusi] (英) 형 구두의(oral). ¶ a ~ examination 구두 시험. — 타 …에게 구두 시험을 실시하다.

ví·vax malària [váivæks-] 명 (병리) 3일열(三日)

熱) 말라리아. 「(<F long live)

vive [viːv] [감] 만세. ¶*V–* la France! 프랑스 만세.

vive le roi [*F* -lə ʀwa] [감] 국왕 만세. (<F long live the king)

vi·ver·rid [vaivérid] (동물) [형] 사향고양잇과(科)의. **—** [명] 사향고양이.

vi·vers [víːvərz] [명][복] **(스코)** 음식, 식량(food).

vives [vaivz] [명][복] **(단수취급)** (말(馬)의) 악하선염(顎下腺炎)[비대증].

viv·i- [vívi] [연결] living, alive의 뜻. ¶*vivi*section.

Viv·i·an [víviən] [명] **1** (아서왕 전설의) 여자 마법사(Merlin의 애인으로 the Lady of the Lake라 불린다). **2** (또는 **Vivienne**) 비비안(사람 이름).

‡viv·id [vívid] [형] (*more* ~; *most* ~) **1** 생생한, 팔팔한, 생기에 찬, 발랄한. ¶a ~ personality 팔팔한 성격 // a pony ~ with life 생기에 넘친 망아지. **2** (색·빛 따위가) 선명한, 분명한, 강렬한([참] dull). ¶a ~ green 선명한 초록빛. **3** (묘사·추억·상상 따위가) 분명히 인식할 수 있는, 생생한. ¶a ~ description 생생한 묘사 // an event ~ in one's memory 기억에 생생한 사건.
vi·víd·i·ty, ~·ness [명]

***viv·id·ly** [vívidli] [부] 생생하게, 활발하게, 선명하게.

Viv·i·en [víviən] [명] =Vivian(주로 여자 이름).

vi·vif·ic [vaivífik] [형] 생기를 주는, 활기차게 하는.

viv·i·fy [vívəfài] [동][타] **1** …에 생명을 주다; 소생하게 하다. **2** …을 활기차게 하다. **3** …을 선명하게 하다.
-fi·ca·tion [ˊ-fikéiʃən], **-fi·er** [명]

vi·vip·a·ra [vaivípərə, vi-] [명][복] 태생 동물(viviparous animal).

viv·i·par·i·ty [vìvəpǽrəti, vàiv-] [명][U] (동물) 태생(胎生); (식물) 모체 발아(發芽).

vi·vip·a·rous [vaivípərəs, vi-] [형] (동물) 태생의([참] oviparous); (식물) 모체 발아의.
~·ly [부] **~·ness** [명]

viv·i·sect [vívəsèkt, ˊ-ˋ] [동] (…의) 생체 해부를 하다. **-sèc·tor** [명]

viv·i·sec·tion [vìvəsékʃən] [명][U][C] 생체 해부[실험]; 면밀한 검사; 가혹한 비평. **~·al** [형] **~·al·ly** [부]

viv·i·sec·tion·ist [vìvəsékʃənist] [명] 생체 해부자(vivisector); 생체 해부 찬성론자[옹호자].

vi·vo [víːvou] [형][부] (음악) =vivace. 「은 놈.

vi·vor [váivər] [명] **(美속어)** 살아남는 자, 만만치 않

vix·en [víksn] [명] 잔소리 심한 여자, 심술쟁이 여자; 암여우. **~·ish** [형] **~·ish·ly** [부] **~·ly** [부][형]

Vi·yel·la [vaiélə] [명] **(상표)** 비옐라(양모와 면의 혼방사를 사용한 플란넬).

viz [vaiz] [명] **(美속어)** (Levi's의) 청바지.

viz., viz videlicet(✽ 보통 namely라 읽는다).

viz·ard [vízərd] [명] **1** 복면, 가면, 마스크. **2** 변장(disguise). **—** [동][타] 가면으로 가리다, 위장하다. **~·ed** [형]

viz·ca·cha [viskáːtʃə] [명] (동물) 비스카차(친칠라(chinchilla) 비슷한 남미산(產)의 설치류).

vi·zier [vizíər, vízjər] [명] (회교국의) 대신, 고관. (또는 **vizir**) **vi·zi(e)r·i·al** [vizíəriəl] [형]

vi·zier·ate [vizíərət, -eit] [명][U] vizier의 권한[직, 지위, 재임 기간]. (또는 **vizirate**)

vi·zor [váizər] [명][동][타] =visor. **~·less** [형]

VJ [víːdʒèi] *v*ideo *j*ockey(비디오 자키).

V-J Dày [명] (제2차 세계 대전의) 대일(對日) 전승 기념일(1945년 8월 15일, 또는 정식 항복일인 9월 2일). (<*V*ictory over *J*apan)

VL *V*ulgar *L*atin. **vl.** violin. **v.l.** **(라틴)** *varia lectio*(=variant reading)((사본의) 이문(異文)). **VLA** **(美)** *v*ery *l*arge *a*rray (of antennas)(국립 전파 천문 관측소의 전파 망원경망(網)).

Vla·di·vos·tok [vlæ̀divástɑk/-vɔ́stɔk] [명] 블라디보스토크(러시아 극동 지방 동남부의 해항(海港)).

VLBI (천문) *v*ery *l*ong *b*aseline *i*nterferometry(초장기선(超長基線) 간섭 관측법). **VLCC** *v*ery *l*arge *c*rude *c*arrier(초대형 유조선). **VLDL** *v*ery *l*ow *d*ensity *l*ipoprotein(고지질(高脂質)(저단백) 리포단백질).

vlei [flei, flai] [명] **1** **(남아공)** 우기에 호수가 되는 낮은 소택지(沼澤地). **2** **(美북부)** 습지(marsh).

vlei·ground [fléigràund] [명] **(남아공)** 습지.

vlei·land [fléilæ̀nd] [명] **(남아공)** 개간된 습지.

vléi mòuse[ràt] [명] (동물) 플레이쥐(긴 털, 큰 귀, 비늘질의 꼬리를 가진 남아프리카의 작은 쥐).

vlei·veld [fléifèlt, -vèld] [명] **(남아공)** (가축 등의 사료를 채취할 수 있으며) 우기에는 습지가 되는 땅.

VLF, vlf *v*ery *l*ow *f*requency(초장파(超長波)). **VLI** *v*ariable *l*ife *i*nsurance(변동 생명 보험). **VLR** *v*ery *l*ong *r*ange. **VLSI** *v*ery *l*arge *s*cale *i*ntegration(초고밀도 집적 회로(集積回路)). [참] LSI

V-mail [víːmèil] [명][U] V우편, 미국 군사 우편(제2차 세계 대전중 편지를 소형 필름으로 촬영해서 보내어 현지에서 현상, 확대해서 배달했다; V는 victory의 단축형).

VMC (항공) *v*isual *m*eteorological *c*ondition(유시계(有視界) 기상 상태). **VMD** **(라틴)** *Veterinariae Medicinae Doctor*(=Doctor of Veterinary Medicine)(수의학 박사) **VN** Vietnam; *v*isiting *n*urse.
v.n. *v*erb *n*euter(중성 동사, 자동사).

V nèck [명] (의복의) V자형의 깃.

V-nècked [형] V자형 네크라인의.

VO *v*erbal *o*rder; *V*ictorian *O*rder(빅토리아 훈장); *v*ery *o*ld(브랜디의 숙성 표시); *v*oice-*o*ver. **vo.** verso. **VOA** *V*oice *o*f *A*merica(또는 **V.O.A.**); *V*olunteers *o*f *A*merica.

vo-ag [vóuæg] **(美구어)** [명][형] (고등학교의) 농업(교사)(의). (<*vo*cational *ag*riculture)

voc. vocational; vocative. 「**vocab.**)

vo·cab [vóukæb] [명] **(구어)** =vocabulary. (또는

vo·ca·ble [vóukəbl] [명] (뜻과 관계없이 소리의 구성에서 본) 말, 단어(word, term); (개개의) 유성음; 모음. **—** [형] 발음할 수 있는. **-bly** [부]

‡vo·cab·u·lar·y [voukǽbjulèri/-ləri] [명] ([복] ***-lar·ies*** [-z]) **1** [U][C] (어떤 개인·계급의) 용어 범위, 용어 수, 어휘; (어떤 국어의) 전(全) 단어. ¶a tourist's minimum ~ 여행자로서 최소한도 필요한 어휘 / enrich one's ~ 어휘를 늘리다 / have a small ~ 어휘가 적다. **2** (저자·책 등의 용어를 알파벳 순으로 늘어놓아 정의한) 단어집, 용어집, 사전(lexicon). **3** (언어 이외의) 기호[신호] 조직[일람표](속기 문자·해상의 기(旗) 신호 따위). **4** [U] (예술의) 표현 형식[양식, 수단]. **-làr·ied** [형]

vocábulary èntry [명] (사전 등의) 표제어, 수록어.

vocábulary tèst [명] 어휘력 검사(지능검사의 하나).

‡vo·cal [vóukəl] [형] (*more* ~; *most* ~) **1** 목소리의, 음성에 관한. ¶~ organs 발성 기관. **2** 구두의, 입에 의한(oral). ¶written or ~ communication 문서 또는 구두에 의한 전달. **3** 성악(용)의([참] instrumental). ¶~ music 성악 / ~ technique 성악의 기술 / a ~ trio 3중창. **4** (목)소리를 내는; **(시)** (나무·강 따위가) 소리 내는, 울리는. ¶a ~ being 소리내는 것[동물]. **5** 마음대로 지껄이는, 의견을 말하는, 잔소리가 많은. ¶This class is very ~ and noisy. 이 클라스는 너무 말이 많고 시끄럽다. **6** (음성) 유성음의(voiced); 모음의(vocalic). **—** [명] **1** 유성음; 모음. **2** (종종 ~s) 성악; (보통 악기의 반주와 함께 불리는) 독창곡. **3** (가톨릭) (교회 회의 등에 있어서) 투표권자.
give with the vocals **(美속어)** 노래를 부르다.
step on the vocal (아나운서가) 음성 녹음 부분과 겹쳐서 말하다.
~·ly [부] **~·ness** [명]

vócal chìnk [명] 성문(聲門)(glottis).

vócal còrds[chòrds, bànds] [명][복] 성대. ¶false ~ 가성대.

vo·ca·lese [vòukəlìːz, -s] [명][형] (재즈) 보컬리즈(의)(보컬을 악기로 간주하여 악기부를 따라 노래하는 가

vo·cal·ic [voukǽlik] 형 1 모음의[에 관한], 모음과 같은. 2 많은 모음을 포함한. ―명 (음성) 모음성(性), 음절의 핵(核).

vo·ca·lise[^1] [vóukəliːz] 명 보컬리스, 모음 창법(모음이나 의미 없는 음절로 부르는 음악 형태); 그 연습곡.

vo·cal·ise[^2] [vóukəlàiz] 동 (英) =vocalize.

vo·cal·ism [vóukəlìzm] 명U 1 (음성) (어떤 언어의) 모음 조직; 모음의 성질, 모음성(性). 2 (담화·성악에 있어서의) 음성의 사용, 발성. 3 (성악에서의) 발성법, 가창 기술[연습]. ―명 (반주 없이 함께 노래하는) 가수. 통 instrumentalist

vo·cal·i·ty [voukǽləti] 명U 1 발성 능력, 발성 (행위). 2 (음성) 모음성(母音性), 유성음성(有性音性).

***vo·cal·i·za·tion** [vòukəlizéiʃən/-laiz-] 명U 1 목소리 내기, 발성. 2 (음악) (모음에 의한) 발성(연습)법. 3 (음성) 모음화; 유성음화. 4 (언어) (헤브라어 등에 있어서의) 모음(자)삽입, 모음 부호 사용.

vo·cal·ize [vóukəlàiz] (* (英) -ise) 동타 1 …을 목소리로 내다, 소리내어 말하다, 노래하다. 2 (음성) …을 모음화하다; …을 유성음화하다 (반 devocalize). ¶ ~ the 'l' of 'bottle' 'bottle'의 'l'을 모음화하다. 3 (언어) (아라비아어 등에서) …에 모음부(母音符)를 달다. ―자 1 목소리를 내다, 노래부르다, 이야기하다. ―을 모음으로 성악의 발성 연습을 하다. 2 모음화[유성음화]하다. **-iz·er** 명

vócal sàc 명 (개구리 수컷의) 울음 주머니.

vócal tráct 명 (음성) 성도(聲道).

***vo·ca·tion** [voukéiʃən] 명 1 C 직업, 장사, 업무. ⇨OCCUPATION [유의어] ¶ select a ~ 직업을 선택하다. 2 U 천직, 사명(calling). ¶ find one's ~ 천직을 발견하다. 3 U 신의 부르심, 소명, 소명에 의한 신앙 생활. 4 U (어떤 직업에 대한) 적성, 소질, 재능. ¶ have little [no] ~ for [or to] something 어떤 일에 대해 거의[전연] 소질이 없다.

***vo·ca·tion·al** [voukéiʃənl] 형 1 직업(상)의, 천직의, 직무상의. ¶ a ~ aptitude 직업 적성 / ~ diseases 직업병 / a ~ test 직업 적성 검사. 2 직업 교육[보도(補導)]의. ¶ a ~ counselor 직업 보도 상담원 / ~ training 직업 훈련. **~·ly** 부

vocátional ágriculture 명 (고등 학교 학과목으로서의) 농업.

vocátional búreau 명 직업 상담[소개]소.

vocátional educátion 명 직업 교육.

vocátional guídance 명 취업[직업] 지도.

vo·ca·tion·al·ism [voukéiʃənəlìzm] 명 직업[실무] 교육 중시주의[정책]. **-ist** 명

vocátional schóol 명 직업[실무] 학교.

voc·a·tive [vɑ́kətiv/vɔ́k-] 형 1 (문법) 호격(呼格)의. ¶ the ~ case 호격. 2 부르는. ―명 (문법) 호격; 부르는 말. **~·ly** 부

vo·ces [vóusiːz] 명 vox의 복수형.

vo·cif·er·ance [vousífərəns] 명 노호, 외침.

vo·cif·er·ant [vousífərənt] 형명 시끄럽게 소리치는 (사람), 떠들썩한 (사람).

vo·cif·er·ate [vousífərèit] 동 (…이라) 큰 소리로 외치다, 시끄럽게 소리치다, 고래고래 소리치다(shout, bawl). **-á·tion, -à·tor** 명

vo·cif·er·ous [vousífərəs] 형 큰 소리로 외치는, 떠들썩한. **~·ly** 부 **~·ness** 명

vo·cod·er [vóukòudər] 명 보코더(음성을 분석하고 그것을 재구성해서 인공적으로 말을 내는 전자 장치). [<*vo*ice+*coder*]

vo·coid [vóukɔid] (음성) 형 모음 같은. ―명 음성 모음. 통 contoid

VOD *v*ideo *o*n *d*emand(주문형 비디오).

Vo·da·fone [vóudəfòun] 명 (英상표) 보더폰(이동 무선 전화 시스템, 그 전화기).

vod·ka [vɑ́dkə/vɔ́d-] 명UC 보드카(러시아산(産)의 화주(火酒)). [<Russ brandy]

voe [vou] 명 (스코틀랜드의 Orkney 및 Shetland 제도의) 후미, 좁은 만(inlet, narrow bay).

vo-ed [vóued] 명 (美구어) =vocational education.

***vogue** [voug] 명 1 C (어떤 시기의) 유행(품), 성행(盛行). ⇨FASHION [유의어] ¶ the ~ of miniskirts 미니스커트의 유행 // There is quite a ~ for Korean-made things. 한국제 물건이 크게 유행하고 있다. 2 U 인기, (세상의) 호평. ¶ lose ~ 인기를 잃다.

(all) the vogue 최신 유행(품).
be all the vogue 대유행이다.
bring *a thing* **into vogue** 무엇을 유행시키다.
come into vogue 유행하기 시작하다.
give vogue …을 유행시키다 (*to*).
have a great vogue 크게 인기를 얻다.
have a short [or **brief**] **vogue** 단기간 유행하다; 인기가 짧다.
have [or **obtain**] **popular vogue** 인기를 얻다.
in vogue 유행하여, 인기를 얻어.
out of vogue 유행이 지나서, 인기를 잃어서.
―형 (한정용법) 유행의, 유행하는. ¶ a ~ word [phrase] 유행어[문구].
―명 (*vogu·ing*, **~·ing**) 자 보깅(voguing)을 추다.
―타 (보깅에서) (어떤 타이프의 인물)을 연기하다, …의 패션스타일을 흉내내다.

vogue·y [vóugi] 형 (구어) 유행의, 유행하는.

vogu·ing [vóugiŋ] 명 보깅(패션 모델 같은 걸음걸이나 몸짓을 흉내낸 디스코댄스). (또는 **vogueing**) [<패션 잡지 *Vogue*]

vogu·ish [vóugiʃ] 형 유행의, 멋진; 지금 유행하는, 갑자기 인기를 얻은.

‡**voice** [vɔis] 명 (復 **voic·es** [-iz]) 1 U 목소리, 음성, 노래[울음] 소리; C 성음. ¶ a good [sweet] ~ 좋은[감미로운] 소리 / find one's ~ 목소리가 나오다 / in a loud [harsh] ~ 큰[귀에 거슬리는] 소리로 / make ~ 소리내다 / lower one's ~ 소리를 죽이다. 2 (인간의 목소리에 비유한) 물건[자연의 소리, (하늘·신 등의) 명령, 탁선(託宣)]. ¶ the ~ of the waves 파도 소리 / the ~ of conscience 양심의 소리 / *The ~ of the people is the ~ of God*. (속담) 민심은 천심 ☞ Vox populi, vox Dei). 3 UC 발언, 표현, 발성 능력; (표명된) 의견, 소원, 선택. ¶ lose one's ~ 말을 할 수 없게 되다 / recover one's ~ 다시 말을 할 수 있게 되다. 4 C 주의(主義) 동의의 대변자. ¶ He was a ~ of the black movement. 그는 흑인 운동의 대변자였다. 5 UC 발언권, 투표권, 선택(권). 6 UC (음악) 성부(聲部); 가수; 노래하는 능력; (목소리의) 가락. 7 U (피아노 따위의) 음색의 미묘한 조정. 8 (문법) (동사의) 태(態). ¶ the active [passive] ~ 능동[수동]태. 9 U (음성) 유성음, 탁음(濁音). 10 U (페어) 뜬돈의 평판, 명성.

a [or *the*] *still*(*,*) *small voice* (성서) 세미한 소리 (양심의 소리. ―열왕기 상(1 Kings) 19:12).
a voice (crying) in the wilderness (성서) 광야에서 외치는 이의 소리, 세상이 받아 주지 않는 개혁가 [도덕가]의 부르짖음(←마태 복음(Matt) 3:3).
be in good [*poor*] *voice* 목소리가 잘 나다[나지 않다].
be out of voice 목소리가 나지 않다.
clear one's voice 헛기침하다(clear one's throat).
do voices 성대 묘사를 하다.
find one's voice 말로써 말하다, (놀란 다음에) 말을 할 수 있게 되다; (작가 등이) 자신의 표현을 찾아내다.
find voice in song 마음을 노래에 담다.
give voice to (*one's opinion*) (의견)을 표명하다, 토로하다, 입밖에 내다.
have a voice in …에 발언권[투표권]이 있다.
lift up one's voice ① 목청을 돋우다. ② (…에) 항의하다; 불평을 말하다, 호소하다. ③ (고어) 큰소리로

노래하다, 당당히 말하다.
make** one's **voice heard 남에게 자기 의견[결정, 항의]을 받아들이도록[고려하도록] 하다.
*one's **voice breaks*** (변성기라서) 목소리가 변하다; (감정이 격하여) 목소리가 끊기다.
raise** one's **voice = *lift up one's voice.*
talk to hear** one's **own voice 《美구어》 재잘재잘 말이 많다, 혼자 떠들어대다. ⌈낮추어.
under**[or **below**] one's **voice 작은 소리로, 소리를
with one voice 이구 동성으로, 일제히, 만장 일치로.
— [동][타] (*voic·es* [-iz]; *~d* [-t]; *voic·ing*) **1** 〔의견·희망 따위〕를 말로 표현하다 (*in*), 말로 하다, 고하다, 언명하다. ¶~ one's opinion 의견을 진술하다. **2** 〔음성〕 …을 유성음으로 발음하다. **3** 〔음악〕 …을 조율하다; 〔악보〕에 성부(聲部)를 적어 넣다(*over*). **4** …을 수화(手話)에서 말[음성 언어]로 고치다[번역하다].
voice over 〔TV 프로 따위〕에 (유명 배우·유명인의) 목소리만의 해설을 취입하다; (사운드 트랙을) 다른 사람의 목소리로 바꾸어 넣다.
— [형] **1** 〔컴퓨터〕 인간[합성]의 목소리의[에 관한]. ¶~-data entry 음성에 의한 데이터 입력 / ~ output 음성 출력. **2** (원거리 통신에서) 목소리를 전송하기 위한, 데이터 전송의[에 관한].

voice-ac·ti·vat·ed [⌐ǽktəvèitid] [형] (자동 장치 따위가) 음성으로 작동하는. [참] voice-controlled

vóice annotàtion [명] 〔컴퓨터〕 스크린 상의 문면(文面)에 음성 입력으로 논평이나 정정 등을 하는 일; 그 ⌊주기(注記).

vóice bòx [명] 후두(喉頭)(larynx).

vóice còil [명] 〔전기〕 (스피커 따위의) 발성 코일.

voice-con·trolled [⌐kəntróuld] [형] (타이프라이터·휠체어 따위가) 음성으로 제어되는.

voiced [vɔist] [형] **1** 《복합어로》 …목소리의, 목소리가 …인. ¶sweet-~ 소리가 감미로운. **2** 목소리로 나타낸. **3** 〔음성〕 유성음의, 탁음의. ¶~ consonants 유성자음. **voic·ed·ness** [명]

vóice frèquency [명] 〔통신〕 음성 주파수(약 200–3,500 헤르츠까지의 가청 주파수; [약] VF).

voice·ful [vɔ́isfəl] [형] 목소리가 있는, 큰 목소리가 나는; 잘 울리는, 낭랑한(sonorous). **~·ness** [명]

vóice ìnput [명] 음성 입력(음성 언어에 의한 컴퓨터의 조작).

***voice·less** [vɔ́islis] [형] **1** 무성의, 벙어리의. ⇨ DUMB [유의어] **2** 말을 하지 않는, 무언의(silent). ¶a ~ wish 무언의 소망. **3** 의견을 말하지 못하는, 선거권이 없는. **4** 〔음성〕 무성음의, 숨의. ¶~ consonants 무성자음. **~·ly** [부] **~·ness** [명]

vóice lìneup [명] 범죄의 목격자가 용의자의 목소리를 녹음한 테이프를 듣고 범인을 찾아내는 방법.

vóice màil [명] 음성 메일(전자 우편 방식의 하나).

Vóice of América [명] 미국의 소리(미국 정부의 대외 방송; [약] VOA).

voice-o·ver [⌐òuvər] [명] (TV·영화 따위의 화면에 나타나지 않는) 해설자의 목소리; (침묵한 화면의 인물의) 마음 속을 말하는 목소리. — [부] 화면에 나타나지 않고 (목소리만으로). — [동] (프로그램 등에) 화면 밖에서 해설을 달다.

vóice pàrt [명] 〔음악〕 (성악·기악곡의) 성부(聲部).

vóice pìpe[tùbe] [명] 통화관, 전성관(傳聲管).

voice·print [vɔ́isprint] [명] 성문(聲紋). **~·ing** [명] 성문 감정[식별]법. **~·er** [명] 성문 표시기.

vóice processor [명] 〔컴퓨터〕 음성 프로세서.

voic·er [vɔ́isər] [명] 〔음악〕 (파이프오르간의) 조율사.

vóice recognition [명] 〔컴퓨터〕 음성 인식(speech recognition). ¶a ~ equipment 음성 인식 기기.

vóice recórder [명] 〔항공〕 음성 기록 장치(flight data recorder와 합쳐 보통 black box로 불린다).

vóice respònse [명] 〔컴퓨터〕 음성 응답.

vóice sỳnthesis [명] 음성 합성.

vóice sỳnthesizer [명] 음성 합성 장치.

vóice vòte [명] 구두 투표[표결].

voic·ing [vɔ́isiŋ] [명][U] **1** 발성. **2** 〔음성〕 유성(음)화.

‡void [vɔid] [형] **1** 텅 빈, 공허한, 알맹이가 없는. ⇨ EMPTY [유의어] ¶a ~ space 공간. **2** 임자 없는, 사는 사람이 없는; (직위 따위가) 공석인, 자리가 빈. ¶a ~ house 빈 집 / fall ~ 결원이 되다. **3** 《서술용법》 없는, 결핍한 (*of*). ¶a story ~ *of* foundation 근거 없는 이야기. **4** 무익한, 쓸모없는. **5** 〔법률〕 무효의([반] valid). ¶The contract is ~. 그 계약은 무효다. **6** 〔수학〕 (집합이) 공(空)인, 제로인. ¶a ~ set 공집합.
null and void 무효(의).
— [명] **1** (the ~) 공허, 공간; 진공. ¶the ~ of heaven 천공 / vanish into the ~ 허공으로 사라지다. **2** [U] 빔, 부족; 공석. **3** 공허감, 허전함, 섭섭함. ¶an aching ~ 가슴 아픈 공허감. **4** (벽·토방 따위의) 갈라진 틈, 틈.
— [동][타] **1** …을 방출[배설]하다. **2** 〔법률〕 …을 무효로 [취소]하다. **3** …을 비우다. **4** 《폐어》 …을 피하다[추방하다]. — [자] 방뇨하다; 《고어》 출발하다.
⌐·ly [부] **⌐·ness** [명]

void·a·ble [vɔ́idəbl] [형] 무효화할 수 있는, 취소할 수 있는; 비울 수 있는, 배설할 수 있는. **~·ness** [명]

void·ance [vɔ́idəns] [명][U] **1** 방출, 배설; 제거; 퇴거, 방기(放棄). **2** (계약 따위의) 취소, 폐기. **3** (성직의) 면직, 공석(空席).

void·ed [vɔ́idid] [형] **1** 공허해진, 빈. **2** (벽·토방 따위가) (갈라진) 틈이 있는. **3** 〔법률〕 (계약이) 취소된, 무효로 된. **4** 〔문장〕 윤곽만 남기고 안을 도려낸.

void·er [vɔ́idər] [명] **1** 비우는[취소하는] 사람. **2** (갑옷의) 거싯(gusset).

voi·là [vwɑːlɑ́ː/*F* vwala] [감] 봐라, 저것 봐; 저 봐(There it is!). 〔<F see there〕

voile [vɔil] [명][U] 보일(성기고 얇은 천). 〔<F veil〕

voi·ture [vwɑːtjúər] [명] 자동차, 마차. 〔<F〕

voi·tur·ette [vwɑ̀ːtjurét] [명] 소형 자동차. 〔<F〕

vol. volcano; volume; volunteer.

VÓ lànguage [명] 〔언어〕 VO 언어(직접 목적어가 동사 뒤에 오는 형태의 언어). ⌈Fish).

Vo·lans [vóulænz] [명] 〔천문〕 날치자리(the Flying

vo·lant [vóulənt] [형] **1** 나는; 날 수 있는. **2** 민첩한, 기민한. **3** 〔문장〕 (새 따위의) 나는 모습을 나타낸.

vo·lan·te [voulɑ́ːntei] [형][부] 〔음악〕 볼란테, 나는 듯이 경쾌한[하게]. 〔<It〕

Vo·la·pük [vòuləpjúːk] [명][U] 볼라퓌크(1879년 독일의 언어학자 J. M. Schleyer(1831–1912)가 고안한 국제 인공어). [참] Esperanto 〔<G world-speech〕

vo·lar [vóulər] [형] **1** 〔해부〕 손바닥의, 발바닥(sole)의. **2** 비행(용)의[에 의한].

VOLAR *vol*unteer *ar*my.

***vol·a·tile** [vɑ́lətl, -til/vɔ́lətàil] [형] **1** 휘발성의, 증발하기 쉬운. ¶~ liquid 휘발성 액체. **2** 〔컴퓨터〕 (전원이 끊어지면 데이터가 소실되는) 비지구(非持久)(성)의, 휘발성의. **3** 즉흥적인, 변덕스러운(fickle), 경박한; 쾌활한; 민활한. ¶a ~ disposition 변덕스러운 성질. **4** 격하기[폭발하기] 쉬운(explosive), 파열 직전의. **5** (가격·가치 등이) 심하게[끊임없이] 변동하는. **6** 순간의, 덧없는. **7** 《고어》 (깃이 있는 동물이) 날 수 있는, 나는 습성이 있는. — [명] **1** 휘발성 물질. **2** 《드물게》 날개 있는 동물(새·나비 따위). **~·ness** [명]

vólatile òil [명] 휘발(성)유(essential oil).

vólatile sàlt [명] 〔화학〕 탄산암모늄(ammonium carbonate); 탄산 암모니아수(sal volatile).

vol·a·til·i·ty [vɑ̀lətíləti/vɔ̀l-] [명][U] **1** 휘발성, 휘발도. **2** 변덕, 즉흥(volatileness). **3** 격하기 쉬움.

vol·a·til·ize [vɑ́lətəlàiz/vɔlǽtil-] [동][자] 휘발[증발]하다. — [타] …을 휘발[증발]시키다. (또는 **volatize**) **-iz·a·ble** [형] **-i·zá·tion, -iz·er** [명]

vol-au-vent [*F* vɔlovɑ̃] [명] 〔요리〕 볼로방(고기·생

*vol·can·ic [vɑlkǽnik/vɔl-] 형 1 화산(성)의, 화성(火成)의. ¶a ~ eruption 분화 / ~ activity 화산 활동. 2 화산이 많은. ¶a ~ country 화산국. 3 화산과 같은, 폭발성의, 격렬한, 맹렬한. ── 명 =~ rock.
-i·cal·ly 부

volcánic ásh 명 (때로 ~es) [지질] 화산재.
volcánic bómb 명 [지질] 화산탄(彈).
volcánic cóne 명 [지질] 화산 원뿔.
volcánic dúst 명 화산진(塵)(미세한 화산재).
volcánic gláss 명 흑요석(黑曜石). [ism.
vol·can·ic·i·ty [vɑ̀lkənísəti/vɔ̀l-] 명 =volcan-
vol·can·i·clas·tic [vɑlkǽniklǽstik/vɔl-] 형 [지질] 화쇄암(火碎岩)의, 화산 쇄설암(碎屑岩)의.
volcánic róck 명 화산암.
vol·can·ism [vǽlkənìzm/vɔ́l-] 명 ⓤ 화산 활동; 화산 현상[작용]. -ist 명 화산학자(volcanologist).
vol·can·ize [vǽlkənàiz/vɔ́l-] 타 …에 화산열을 작용시키다; 화산암으로 변질시키다. ‑i·zá·tion 명
‡vol·ca·no [vɑlkéinou/vɔl-] 명 (복 ~(e)s [-z]) 화산; 분화구. ¶an active [an extinct, a dormant] ~ 활[사, 휴]화산 / a submarine ~ 해저 화산.
sit on a volcano (구어) 일촉즉발의 위기에 처하다.
vol·ca·no·gen·ic [vɑ̀lkənədʒénik/vɔ̀l-] 형 화산성의, 화산 기원(起源)의.
vol·can·ol·o·gy [vɑ̀lkənɑ́lədʒi/vɔ̀lkənɔ́l-] 명 화산학. (또는 vulcanology)
‑o·log·ic, ‑o·log·i·cal 형 ‑gist 명 (은 들쥐).
vole[1] [voul] 명 [동물] 흑(黑)쥐(사지·꼬리가 짧은 작
vole[2] 명 [카드놀이] 전승(slam)(한 판에 나온 패를 모두 따기).
go the vole 망하느냐 흥하느냐의 승부를 하다; 갖가지로 해 보다.
vo·let [voulèi/vólei] 명 3매 그림[조각]의 바깥쪽 1장; 3겹으로 접힌 글자판의 바깥쪽 1매.
Vol·ga [vɑ́lgə/vɔ́l-] 명 (the ~) 볼가 강(카스피 해로 들어가는 유럽 최장의 러시아 강).
Vol·go·grad [vɑ́lgəgrǣd/vɔ́l-] 명 볼고그라드(러시아 볼가(Volga) 강 하류의 도시; 옛 이름 Stalingrad).
vol·i·tant [vɑ́lətənt/vɔ́l-] 형 날고 있는, 날 수 있는; 활발한(active), 잘 돌아다니는(moving).
vol·i·ta·tion [vɑ̀lətéiʃən/vɔ̀l-] 명 비행; 나는 힘, 비상력(飛翔力). ~·al 형
vo·li·tion [voulíʃən, və-] 명 ⓤ 의지의 작용; 결의, 결단; 의지력, 결단력; 의지. ⇒WILL 유의어 ¶Did you do it of your own ~ ? 너는 그것을 자의에서 했느냐? ~·ar·y 형 =volitional. ~·less 형
vo·li·tion·al [voulíʃənəl] 형 의지의, 의지에 관한; 의욕적인, 의지에 의한, 결단력이 있는. ~·ly 부
vol·i·tive [vɑ́lətiv/vɔ́l-] 형 1 의지에 관한[의], 의지에서 생겨나는, 의지력이 있는. 2 [문법] (글이) 의지[소망, 허가]를 나타내는. ¶the ~ future 의지 미래.
volks·lied [fɔ́(ː)lkslìːt] 명 (복 ~·lied·er [-lìːdər]) 민요, 속요(俗謠). [<G folksong)
Volks·wa·gen [vóukswǣgən/vɔ́lks-] 명 (상표) 폴크스바겐(독일산 대중용 소형 자동차).
*vol·ley [vɑ́li/vɔ́li] 명 1 일제 사격. ¶a ~ of arrows 화살의 일제 사격 / fire a ~ 일제 사격을 하다. 2 (질문·욕설 따위의) 연발. ¶a ~ of abuses [protests] 욕설[항의]의 연발. 3 [테니스·축구·크리켓] 발리(공이 땅에 떨어지기 전에 되받아치기[되차기]). 4 (광산) (암석 안에 장치한 폭약의) 일제 폭발. ── 타 1 일제히 발사하다. 2 (질문·욕설 따위를) 퍼붓다. 3 [테니스·축구·크리켓] 공을 발리로 되받아치다[되차다]. ── 자 1 일제 사격을 하다; ¶~ at the enemy 적에게 일제 사격을 가하다. 2 (탄환 따위가) 일제히 날다, (총 따위가) 일제히 발사되다. 3 몹시 빠르게 날다. 4 [테니스·축구·크리켓] 발리를 하다. 5 일제히 높은[큰] 소리를 내다.

at [or on] the volley ① 닥치는 대로; 하는 김에. ② [테니스·축구·크리켓] (공이) 땅에 닿지 않은, 발리의.
~·er 명 (구기(球技)에서) 발리를 하는 사람.
‡vol·ley·ball [vɑ́libɔ̀ːl/vɔ́l-] 명 (복 ~s [-z]) ⓤ 발리볼, 배구; ⓒ 배구공. ~·er 명 배구 선수.
Vol·met [vɑ́lmət/vɔ́l-] 명 [항공] 볼멧 방송(비행 중의 항공기에 보내는 공항 주변의 기상 정보).
vol·plane [vɑ́lplèin/vɔ́l-] 명⊕ (엔진을 끄고) 활공(강하)하다. ── 명 활공, 공중 활공. -plàn·ist 명
vols. volumes.
Vól·stead Áct [vɑ́lsted-/vɔ́l-] 명 (the ~) (미) 볼스테드법(하원 의원 A. J. Volstead가 제안한 금주법).
Vol·stead·ism [vɑ́lstedìzm, voul-/vɔ́l-] 명 ⓤ 주류 판매 금지주의[정책]. -i·an 명 금주법[주의]의.
Vol·sun·ga Sa·ga [vɑ́lsungə sɑ́ːgə/vɔ́l-] 명 〔아이슬란드 문학〕 볼숭가 전설(니벨룽(Nibelung)족과 용맹스런 볼숭(Volsung)족의 신화화된 역사 이야기). (또는 Volsungasaga)
*volt[1] [voult] 명 [전기] 볼트(전압의 단위; 양 V, v).
volt[2] [voult/vɔlt] 명 1 (馬術) 말을 타고 원을 그리기. 2 (페어) (펜싱) (찌르기를 피하기 위한) 재빠른 몸동작. ── 자 재빨리 몸을 돌려 찌르기를 피하다.
vol·ta [vóultə/vɔ́l-] 명 (복 -te [-tei, -ti]) (음악) 볼타, 회(수를 나타내는 말 뒤에 쓴다)(turn, time).
¶una ~ 한 번, 1회 / due volte 두 번, 2회. [<It]
Vol·ta [vóultə/vɔ́l-] 명 Alessandro ~ 볼타 (1745-1827: 이탈리아의 물리학자·전지 발명자).
vol·t·age [vóultidʒ] 명ⓤⓒ [전기] 전압(량), 볼트수(數)(양 V, v.).
vóltage divíder 명 [전기] 분압기(分壓器).
vóltage régulator 명 [전기] 전압 조정기(양 VR).
vóltage transfórmer 명 [전기] 계기용 변압기.
vol·ta·ic [vɑltéiik/vɔl-] 형 (화학 작용에 의한) 전기[전류]의; 유전기(流電氣)의; (V-) 볼타의.
voltáic báttery 명 [전기] 볼타 전지.
voltáic céll 명 [전기] 볼타 전지(이것들이 모인 것이 voltaic battery)(galvanic cell).
voltáic electrícity 명 볼타 전기, 유[동]전기.
voltáic píle 명 [전기] 볼타의 전퇴(電堆)[파일].
Vol·taire [voultéər, vɑl-/vɔ́ltɛə] 명 François Marie Arouet ~ 볼테르(1694-1778: 프랑스의 작가·철학자·계몽 사상가).
Vol·tair·e·an [voultéəriən, vɑl-] 명 =Voltairian.
Vol·tair·i·an [voultéəriən, vɑl-] 형 볼테르(주의)의. ── 명 볼테르주의자, 종교적 회의주의자. ~·ism 명
vol·ta·ism [vóultəìzm, vɑ́l-/vɔ́l-] 명 ⓤ 유전기 (galvanism); 유전기학.
vol·tam·e·ter [vɑltǽmətər/vɔl-] 명 전해 전량계 (電量計), 볼타계(計).
volt-am·me·ter [vóultæ̀mìːtər] 명 전압 전류계.
volt-am·pere [vóultæ̀mpìər/-pɛ̀ə] 명 [전기] 볼트암페어(양 VA).
volte[1] [voult/vɔlt] 명 =volt[2].
vol·te[2] [vóultei, vɑ́l-/vɔ́lti] 명 volta의 복수형.
volte-face [vɑ́ltfɑ́ːs, vɔ́l-/vɔ̀ltfɑ́ːs] 명 역전 방향, 역전(逆轉) ⑴. (의견·정책 등의) 전향, 급변. [<F]
volt·me·ter [vóultmìːtər] 명 [전기] 전압계, 볼트계.
volt-ohm-mil·li-am·me·ter [‑oumìlìǽmətər] 명 전압 저항 밀리암페어계, 테스터(양 VOM).
vol·u·bil·i·ty [vɑ̀ljubíləti/vɔ̀l-] 명 ⓤ 1 다변, 수다; 달변, 유창(함). 2 (식물의) 감기는 습성.
vol·u·ble [vǽljubl/vɔ́l-] 형 1 혀가 잘 돌아가는, 유창한; 수다스러운, 달변(達辯)의. ⇒FLUENT 유의어 2 (식물) (담쟁이 덩굴 따위가) 감기는, 감겨 붙는 습성의. 3 (드물게) 회전성의, 구르기 쉬운.
~·ness 명 -bly 부

‡vol·ume [vɑ́ljuːm/vɔ́l-] 명 (복 ~s [-z]) 1 책, 서

volume control 　　　　　　　　　3025　　　　　　　　　　　　　　**vomit**

적(冊) book). ¶ a thick ~ 두꺼운 책. 2 분책(分冊), (전집 따위의) 권(略 vol., 略 vols.). ¶ *Volumes* One and Two 제1권과 제2권(略 Vols. I & II) / bound ~s of a magazine 잡지의 합본. 3 〔역사〕 (파피루스 따위의) 두루마리. 4 (~s) 큰 덩어리, 다량, 많음(*of*). ¶ a ~ of water 다량의 물 / ~s of smoke 뭉게뭉게 올라가는 연기. 5 Ⓤ 양, 분량; 생산량. ¶ the ~ of production 생산량 / the ~ of business [or transaction] 거래량. 6 Ⓤ 크기, 양, 용적, 체적, 부피. ¶ the ~ of a box 상자의 용량. 7 Ⓤ 음량, 볼륨. 8 〔컴퓨터〕 볼륨(파일을 기록하고 있는 매체의 물리적 단위).

by volume 무게로, 달아서, 부피로. 「더해지다.
gather volume (정도가) 차츰 늘다, 증대하다, 점점
in volume 대량으로, 다량으로.
speak [or **express, tell**] **volumes** 웅변으로 말하다; 의미 심장하다, (증거가) 명백한 증명이 되다 (*for*).
── (가게가) 대량 상품을 취급하는, 대량 판매의.
── 圄㉠ (구름·연기 따위가) 뭉게뭉게 피어 오르다.
㉡ 1 (음량)을 올리다. 2 제본하다, 합권으로 합치다.

vólume contról 음량 조절 (장치).

vol·umed [válju:md / vɔ́l-] 圈 1 (복합어로) …권 [분책]으로 된, …권의. ¶ a two-~ novel 2권으로 된 소설. 2 (연기 따위가) 소용돌이치는, 뭉게뭉게 피어 오르는. 3 분량이 많은, 부피가 큰.

vol·u·me·nom·e·ter [vàljumənámətər / vɔ̀l-jumínəm-] 圈 (압력계를 갖춘) 체적[용적]계.

vólume retáiler 圈 양판점(量販店), 대량 판매점.

vo·lu·me·ter [vəlú:mətər / vɔlju:m-] 圈 체적[용적]계(기체·고체·액체의 체적을 재는 기구·장치의 총칭).

vol·u·met·ric [vàljumétrik / vɔ̀l-] 圈 체적[체적]측정의. (또는 **volumetrical**) **-ri·cal·ly** 凰

volumétric análysis 圈 〔화학〕 용량 분석; 체적분석, 가스 용량 분석.

volumétric efficiency 圈 (엔진·압축기 등의) 용적[체적] 효율.

vo·lu·me·try [vəlú:mətri / vɔljú:-] 圈 Ⓤ 용량 측정 (법); 용량 분석 (법).

vólume únit 圈 음량 단위(말·음악 따위의 음량을 재는 단위). (略 VU).

vólume únit méter 圈 VU미터, 음량 단위 측정기 (음악에 대응하는 전기 신호의 강약을 측정한다).

vo·lu·mi·nal [vəlú:mənəl] 圈 용적[체적]의.

*****vo·lu·mi·nous** [vəlú:mənəs] 圈 1 저서가 많은, 다작의. ¶ a ~ author 다작의 작가. 2 권수가 많은, 부수가 많은; 내용이 풍부한, 수많은. ¶ a ~ work 권수가 많은 저작, 대작. 3 (체적·용적이) 큰, 덩치 큰; (옷이) 헐렁한; 음량이 풍부한. ¶ a flow of lava 다량의 용암의 흐름 / ~ robes 품이 넉넉한 옷. 4 〔고어〕 굴곡이 많은.
-nos·i·ty [-nάsəti / -nɔ́s-] 圈 **~·ly** 凰 **~·ness** 圈

vol·un·ta·rism [vάləntərìzm / vɔ́l-] 圈 Ⓤ 1 〔철학〕 의지주의, 주의설(主意說)(의지를 인간의 본질로 보는 설)(圈 intellectualism). 2 =voluntaryism.
-rist 圈 **-rís·tic** 圈

‡**vol·un·tar·y** [vάləntèri / vɔ́ləntəri] 圈 1 자발적인, 자유 의지에 의한, 임의의. ¶ a ~ act 자발적인 행동 / a ~ contribution 자발적인 기부. 2 자원한, 유지(有志)의. ¶ a ~ soldier 지원병 / a ~ substitute 자진해서 나선 대리인. 3 유지(有志)의 기부에 의해서 경영되는, 자영의. 4 〔법률〕 **a)** 임의의, 고의적인. ¶ ~ murder 모살(謀殺). **b)** 무상(無償)의. 5 자신의 의지로 결정할 수 있는, 선택력이 있는. ¶ a ~ agent 스스로의 선택력을 가진 주체. 6 〔생리〕 수의(隨意)의. 7 (감정 따위가) 자연히 생겨나는. ¶ ~ smile 저절로 나온 미소. ¶ 1 자발적인 행위[증여, 원조, 기부]. 2 〔음악〕 (예배 전후 또는 에배중의) 오르간 독주. 3 = volunteer.
-tàr·i·ly 凰 자발적으로, 임의로. **-tàr·i·ness** 圈

Vóluntary Áid Detáchment 圈 〔英〕 구급 간호 봉사대(略 V.A.D.).

vóluntary ármy 圈 의용군.

vóluntary assóciation 圈 1 임의 단체, 자발적 결사. 2 = voluntary chain.

vóluntary cháin 圈 자유[임의] 연쇄점(독립 상점이 자발적으로 결성한 체인 조직).

vóluntary convéyance 圈 〔법률〕 무상[임의]의 양도. ¶ ~ of estates in land 부동산 무상 양도.

vóluntary éxport restráint 圈 수출 자율 규제.

vol·un·tar·y·ism [vάləntərìzm / vɔ́lənter-] 圈 Ⓤ (학교·교회 등의) 임의 기부 제도; 자유 지원병 제도.
-ist 圈

vóluntary múscle 圈 〔해부〕 수의근(隨意筋).

vóluntary retáiler[**stóre**] 圈 임의 연쇄점(voluntary chain) 가맹점.

vóluntary schóol 圈 〔英〕 임의 기부제 학교.

vóluntary sérvice 圈 지원병 제도; 자원 봉사.

Vóluntary Sérvice Oversèas 圈 〔英〕 해외 협력대(봉사단)(略 VSO).

‡**vol·un·teer** [vὰləntíər / vɔ̀l-] 圈 (圂 ~**s** [-z]) 1 지원자; 자원 봉사자; 독지가. 2 지원[의용]병(↔ conscript). 3 〔법률〕 임의 행위자; 무상 취득자. 4 〔농업〕 자생 식물(~ plant). 5 (V-) 미국 Tennessee주의 주민. ¶ ~ 지원 (병의), 의용의, 임의의. ¶ a ~ soldier 지원병 / ~ troops 의용군. 2 (식물이) 자생의.
── 圄㉠ 1 자진하여 하다, 지원하다; 지원병이 되다 (*for*, *in*). ¶ (~ + 前 + 圉) ~ *for* a task 자진해서 일을 떠맡다 / ~ *in* an attempt 일에 자진해서 참가하다 / (~ + *to* do) ~ *to* help others 남의 원조를 자청하다. 2 (식물이) 자생하다. ── ㉡ (일 따위)를 자진해서 맡다, 자청하다. ¶ ~ a dangerous duty 위험한 직무를 자원하다 / ~ a song 자진해서 노래를 부르다.

voluntéer ármy 圈 의용군(圈 VOLAR).

vol·un·teer·ism [vὰləntíərizm / vɔ̀l-] 圈 Ⓤ 자유 지원제, 자원 봉사제; 자원 봉사 활동.

Voluntéers of América 圈 (the ~) 미국 의용군(1896년 New York에 설립; 略 VOA). 「별칭.

Voluntéer Státe 圈 (the ~) 미국 Tennessee주의

vo·lup·tu·ar·y [vəlʌ́ptʃuèri / -tʃuəri] 圈 방탕한 사람, 주색에 빠지는 사람. ── 圈 방탕한, 주색에 빠지는.

vo·lup·tu·ous [vəlʌ́ptʃuəs] 圈 1 관능의 만족에 젖는, 방탕한. ¶ a ~ life 방탕 생활. 2 관능[육감]적인. ¶ ~ pictures 육감적인 그림 / ~ pleasures 관능적 쾌락. 3 요염한. ¶ ~ beauty 요염한 아름다움 / ~ glances 요염한 눈길. **~·los·i·ty** 圈 **~·ly** 凰 **~·ness** 圈

vo·lute [vəlú:t] 圈 1 소용돌이꼴 (의 것). 2 〔건축〕 (특히 이오니아·코린트식 주두(柱頭)의) 소용돌이(무늬). ⇨CAPITAL¹ 그림. 3 권패류(卷貝類); (권패류의) 소용돌이. ── 圈 소용돌이꼴의, 소용돌이 모양이 있는.

vo·lut·ed [vəlú:tid] 圈 소용돌이꼴의, 나선상의 (홈 이 패인); 〔건축〕 소용돌이 무늬의[가 있는].

volúte púmp 圈 벌류트 펌프, 와류식(渦流式) 원심 「펌프.

volúte spríng 圈 벌류트 스프링[용수철].

vo·lu·tion [vəlú:ʃən] 圈 Ⓤ Ⓒ 회전, 선회(旋回); 소용돌이(꼴); (조개류의) 소용돌이.

Vol·vo [vάlvou / vɔ́l-] 圈 (圂 ~**s**) 〔상표〕 볼보(스웨덴의 Volvo사에서 만든 자동차).

vol·vox [vάlvɑks / vɔ́lvɔks] 圈 〔생물〕 볼복스(편모(鞭毛)가 있는 다수의 녹색 세포가 모여 군체를 이루고 있는 생물의 총칭).

VOM volt-ohm-milliammeter.

vo·mer [vóumər] 圈 〔해부〕 (코의) 서골(鋤骨).

*****vom·it** [vάmit / vɔ́m-] 圄㉠ 구토하다, 구역질하다 (*forth*, *out*, *up*); (용암·재 따위가) 분출되다, 격렬하게 유출하다(*out*). ── ㉡ 1 (먹은 것)을 토하다, 게우다 (*out*, *up*, *forth*). ¶ ~ some blood 피를 토하다. 2 (연기 따위)를 심하게 뿜어내다, (욕설 따위)를 퍼붓다(*out*, *forth*). ¶ ~ lava 용암을 분출하다 // ~ *forth* smoke 연기를 뿜어내다. 3 〔남〕에게 구역질나게 하다,

구토하게 하다. ─── 图 1 ⓒ 토하기, 구토. 2 Ⓤ 구토물, 토해낸 것. 3 (비유적) 혐구, 악담; 중상[모략]하는 글. 4 토제(吐劑). ~·er 图
vom·it·ing /vámitiŋ/vɔ́m-/ 图 구토, 토하기.
vom·i·tive [vámitiv/vɔ́m-] 图 =vomitory.
vom·i·to [vámətòu/vɔ́m-] 图 (병리)(황열병 환자의) 검은 구토물. (또는 ~ négro)
vom·i·to·ri·um [vàmətɔ́:riəm/vɔ̀m-] 图 (복 -ri·a [-riə]) (고대 로마 건축물의) 출입구.
vom·i·to·ry [vámətɔ̀:ri/vɔ́mitəri] 图 (고어) 구역질나게 하는, 토하게 하는(vomitive). ─── 图 1 (연기 따위의) 빠지는 곳, 방출구, 분출구; (고대 로마 극장 따위의) 출입구(portal). 2 (페어) 토제.
vom·i·tous [vámətəs/vɔ́m-] 图 1 구토의, 구역질나게 하는. 2 (또는 **vomity, vom·i·tro·cious** [-tróu-ʃəs]) (구어) 불쾌한, 몹시 싫은. ~·ly 图
vom·i·tu·ri·tion [vàmətjuríʃən/vɔ̀m-] 图Ⓤ 헛구역질; 빈회(頻回) 구토(빈번하게 토하려 하면서 조금씩 토하기). (vomit).
vom·i·tus [vámətəs/vɔ́m-] 图 구토; 토한 것
vom·it·y [vámiti/vɔ́m-] 图 (美속어) 토할 것 같은, 구역질나는
von [vɑn/vɔn, 약 fən/G fɔn] 젼 ⋯에서, ⋯출신의 (독일·오스트리아인의 성(姓) 앞에 붙인다).
〔<G from, of〕
von Braun [vɑn bráun] 图 **Wernher** ⇒BRAUN 3.
V-one, V-1 [ví:wán] 图 보복 병기 제1호(독일이 제2차 세계 대전에서 쓴 장거리 로켓 폭탄).
Von Neu·mann [vɑn nɔ́imən, -mən/vɔn-] 图 **John** ∼ 폰 노이만(1903-57; 미국의 수학자).
Von Néumann compùter[machìne] 图 폰 노이만형 전산기[컴퓨터].
von Wíl·le·brand's disèase [fɔ:n víləbràːnts-] 图 (병리) 폰 빌레브란트병(혈관 혈우병).
voo·doo [vú:du:] 图 1 Ⓤ 부두교(敎)(서인도 제도·미국 남부의 주술 종교). 2 부두교의 주술사[주물(呪物), 주술]. ─── 图 부두교의; 마술적인. ¶a ~ dance 부두교의 춤. ─── 图(他) ⋯에게 부두교의 주술을 펴다.
voo·doo·ism [vú:du:ìzm] 图Ⓤ 부두교 의식[예배식, 풍습]; (일반적으로) 주술; 사술(邪術), 마술.
-ist 图 ~·is·tic 图
VOP (보험) valued as in original policy (가액(價額)은 원(原) 증권대로). **VOR** very-high-frequency omnirange (초단(短)방향 무선 표지).
vo·ra·cious [vɔːréiʃəs/və-] 图 1 게걸스레 먹는, 대식하는. ➡HUNGRY 유의어 ¶a ~ shark 게걸스레 먹는 상어/a ~ appetite 왕성한 식욕. 2 (사람이) 물릴 줄 모르는, 매우 열심인, 탐욕스러운(avid). ¶a ~ reader 매우 열심인 독서가. ~·ly 图 ~·ness 图
vo·rac·i·ty [vɔːrǽsəti/və-] 图Ⓤ 대식, 폭식; 탐욕.
Vor·la·ge [G fóːrlɑ̀:gə] 图 (복) 〔스키〕 전경(前傾) 자세(몸을 앞으로 기울인 활강 자세); (~s) 스키 바지. 〔G〕
-vo·rous [vərəs] 연결 eating의 뜻. ¶carnivorous.
vor·tex [vɔ́:rteks] 图 (복) ~·es, -ti·ces [-təsì:z]) 1 소용돌이, 선풍, 돌풍, 회오리바람. 2 (비유적) (전쟁·사회 운동 따위의) 소용돌이. ¶He was thrust into the ~ of world affairs. 그는 국제 정치의 소용돌이 속에 말려 들었다. 3 (물리) 와동(渦動), 선회부. ¶a ~ line 소용돌이 선(線). 4 (데카르트 철학에서) 우주 물질의 와동.
vor·ti·cal [vɔ́:rtikəl] 图 소용돌이의; 소용돌이꼴의, 선회하는. ~·ly 图
vor·ti·cel·la [vɔ̀:rtəsélə] 图 (복) **-lae** [-li:]) 종벌레(늪 속의 나무나 돌 따위에 착생하는 원생 동물).
vor·ti·ces [vɔ́:rtəsì:z] 图 vortex의 복수형.
vor·ti·cism [vɔ́:rtəsìzm] 图Ⓤ 1 (미술) (때로 V-) 소용돌이파(派)(소용돌이를 이용해서 현대 기계 문명을

상징적으로 표현하려 한 미래파의 하나). 2 (데카르트의) 와동(渦動) 이론. **-cist** 图
vor·tic·i·ty [vɔːrtísəti] 图 (물리) 1 (유체의) 소용돌이 이 운동 (상태). 2 (소용돌이도(度)(유체의 소용돌이가 운동의 세기와 그 축 방향을 나타내는 벡터).
vor·ti·cose [vɔ́:rtikòus] 图 소용돌이(꼴)의, 소용돌이를 이루는(whirling).
vor·tig·i·nous [vɔːrtídʒənəs] 图 소용돌이를 이루는(whirling), 소용돌이(모양)의.
Vos·khod [vɑ́shɑd/vɔ́shɔd] 图 보스호드(1964년 옛 소련이 발사한 유인 우주선).
Vos·tok [vástɑk/vɔstɔ́k] 图 보스토크 호(1961년 옛 소련이 발사한 1인승 유인 우주선). 〔<Russ *east*〕
vós·tro accóunt [vástrou-/vɔ́s-] 图 (금융) 상대편 계정(외국 은행이 국내에 개설한 계정). 〔<It〕
vot·a·ble [vóutəbl] 图 투표할 수 있는; 투표에 의해서 정해지는. ¶a ~ citizen 투표권이 있는 시민.
vo·ta·ress [vóutəris] 图 votary의 여성형.
vo·ta·rist [vóutərist] 图 =votary.
vo·ta·ry [vóutəri] 图 1 서원(誓願)을 세운 사람; (드물게) 수도자; 수녀. 2 (종교의) 열성적인 신자; (주의 따위의) 열렬한 지지자, 신봉자; (학문 따위의) 심취자; (운동 따위의) 애호가. ¶a ~ of golf 골프광.
‡**vote** [vout] 图 1 투표, 찬반의 의사 표시. ¶a direct ~ 직접 투표/ an open ~ 기명 투표/ a secret ~ 무기명 투표/ a ~ of confidence 신임 투표/ a voice [popular] ~ 구두(일반) 투표/ buy a ~ 표를 매수하다. 2 투표 용지; (개개의) 표, 득표. ¶a fair ~ 깨끗한 한 표/ a null and void ~ 무효 투표. 3 투표권, 선거권. 4 (투표에 의한)결정, 결의(決議), 결정 사항. ¶a ~ of thanks 감사 결의. 5 (the ~) (집합적) 투표(수), 득표(수), ¶the floating ~ 부동표(浮動票). 6 (고어) 투표인, 선거인.
cast a vote against [for] ⋯에 반대(찬성) 투표를 하다.
come [or **go**] **to the vote** 표결에 부쳐지다.
get out a vote (美) 예상표 획득에 성공하다.
get out the vote (美) 유권자를 투표소에 몰아가 다.
give *one's* **vote to** [or **for**] ⋯에 투표하다.
have a vote 투표권[선거권]을 가지다.
pass a vote of ⋯을 의결하다.
put...to the vote ⋯을 표결에 부치다.
take a vote on ⋯에 대하여 표결하다.
─── 图 (*vot·ed*; *vót·ing*) ⓐ 1 투표하다, 선거하다, 찬반의 의사 표시를 하다 (*for, in favor of, against, on*). ¶a (~+젼+图) ~ *for*[*against*] the candidate 그 후보자에 대하여 찬성[반대]표를 던지다// ~ by a show of hands 거수 투표하다. 2 (구어) 제안하다, 동의(動議)하다 (*for*). ¶I ~ *for* a rest. 휴회를 제의한다. ─── 图 1 ⋯을 투표로 결정하다. ¶(~+图+젼) ~ a measure *through* 의안을 투표로 통과시키다. 2 ⋯에 투표하다, ⋯을 투표로 뽑다[지지하다]. ¶~ the Republican ticket 공화당 지지표를 던지다/ The resolution was ~*d* by a two-thirds majority. 결의안은 3분의 2의 다수로 채택되었다. 3 (구어) (여론으로) ⋯이라고 인정하다, ⋯이라 간주하다. ¶He is ~*d* a nuisance. 그는 성가신 사나이라는 평이다. 4 (구어) ⋯을 제안하다. ¶I ~ (that) we stop right away. 즉각 그만두기를 제안한다.
vote away (사람·권리 따위)를 투표하여 추방[포기] 하다.
vote down ⋯을 투표로 부결(否決)하다.
vote for ⋯에 (찬성) 투표하다; (구어) ⋯을 제안[제의]하다.
vote...in [or **into**] ⋯을 ⋯으로 선출하다.
vote on ⋯을 채결[가결]하다.
vote...out (of) ⋯을 (⋯에서) 투표로 몰아내다.
vote...through ⋯을 투표로 통과시키다, 가결하다.
vote with *one's* **feet** 자리를 뜸[비움]으로써 (반대

vote buying

등의) 의사 표시를 하다.
⌐a·ble =votable.
vóte búying 圖 매표(買票), 투표 매수.
vo-tech [vóutek] 圕 (구어) 圓 (교육 과정의) 직업 기술의. — 圕 전문학교. 〔＜*vocational-tech*nical〕
vote-get·ter [⌐getər] 圕 (고득표가 확실시되는) 득표자, 고득표자, 유력 후보자.
vote·less [vóutlis] 圕 투표[선거]권이 없는[박탈된].
*****vot·er** [vóutər] 圕 투표인; 투표권 소유자, (국회 의원 선거의) 유권자, 선거인(elector).
vot·ing [vóutiŋ] 圕Ⓤ 투표, (정치적인) 선거; 투표권 행사. ¶plural [single] ～ 연기명[단기명] 투표／secret ～ 무기명 투표.
vóting áge 圕 선거권 취득 연령, 투표 연령.
vóting bóoth 圕 (美) 기표소((英) polling booth).
vóting machíne 圕 (자동식) 투표 집계기.
vóting pàper 圕 (英) 투표 용지(ballot).
Vóting Ríghts Act 圕 (美) (1965년의) 투표권법 (흑인의 투표권 취득 자격 심사를 폐지한 법률).
vóting stòck 圕 (경제) 의결권(議決權) 주식.
vóting sỳstem 圕 투표[선거] 제도.
vóting trùst 圕 (경제) 의결권 신탁.
vo·tive [vóutiv] 圕 1 (맹세에 따라) 바쳐진, 봉헌(奉獻)의. ¶a ～ offering 공물(供物)／a ～ picture[tablet] 봉헌한 그림[편액]. 2 소원을 담은. ¶a ～ song 기원의 노래.
vo·tress [vóutris] 圕 (고어) =votaress.
vou. voucher.
***vouch** [vautʃ] 圓 1 (사실·진술 따위를) 보증하다, 떠맡다; 단언하다 (*for*). ¶～ *for* the truth of a report 보고가 진실임을 보증하다. 2 (인물의 성격 따위에 관하여) 보증하다, 보증이 되다 (*for*). ¶I'll ～ *for* him. 내가 그의 보증을 서겠다／His references ～ *for* his ability. 신원 명세서가 그의 능력을 보증한다. — 圓 (어떤 일을) 보증하다, 옳다고 단언하다. 2 증거를 제시하고 …라고 주장하다; 증인을 세워 …을 변호하다. 3 (남)의 보증인이 되다. 4 (고어) …을 논거로 인용하다. 5 (고어) …을 증인으로 법원에 소환하다.
vouch·ee [vautʃíː] 圕 피보증인.
vouch·er [váutʃər] 圕 1 보증인, 증명하는 사람. 2 증거물[서류], 증표; 영수증, 수령증. 3 (현금 대용의) 인환권, 상품권(coupon); 할인권.
vóucher chèck 圕 (美) (회계) 증빙식 수표.
vóucher plàn 圕 (美) 바우처 시스템(제도)(공적 기관이 사립 학교에 수업료의 지불 보증서를 발행하여, 공립·사립 중 어느 학교든 선택할 수 있도록 하는 계획).
vóucher sỳstem 圕 (美) 1 (회계) 증빙 기입 제도, 지불 증빙 제도. 2 (교)=voucher plan.
vouch·safe [vautʃséif] 圓 1 (특별한 호의로) …을 주다, 하사하다. ¶Will you ～ me your support? (계발) 저를 지지해 주시겠습니까? 2 …을 허락하다, 친절하게도 …해 주다. ¶(～＋圓＋圓) She ～*d* her thirty minutes' interview. 그분은 나한테 30분간의 인터뷰를 허용해 주었다. ～·ment 圕 하사(품); 허용.
vouge [vuːʒ] 圕 (역사) 자루가 긴 도끼 모양의 무기.
vous·soir [vuːswɑ́ːr] 圕Ⓤ (건축) 홍예석(아치용의 쐐기꼴 석재·벽돌). ⇨ARCH 그림. 〈F〉
***vow** [vau] 圕 (～*s* [-z]) 1 맹세, 서약; (신에의) 서원, 기원. ¶lovers' ～*s* 연인끼리의 서약／wedding ～*s* 결혼 서약¶I am under [or bound by] a ～ *not to* smoke again. 나는 다시는 흡연하지 않기로 맹세했다. 2 서약 내용, 서약에 따른 행위. ¶perform a ～ 서약[공약]을 실행하다.
be under a vow to do …할 것을 맹세하다.
break a vow 맹세를 어기다[깨다].
hold [or keep] a vow 맹세를 지키다.
make [or take] a vow 서약하다.
take vows 교단의 일원이 되다, 수사[수녀]가 되다.
the vow of silence 침묵의 맹세(경찰 등에 잡혀도

입을 열지 않는다는 마피아의 규율).
— 圓 (～*s* [-z]) 圓 1 …을 맹세하다; (신에게 걸고) …을 서약하다. ¶～ a crusade 성전을 맹세하다／They ～*ed that* they would fight against the invaders. 그들은 침략자와 싸우기로 맹세했다. 2 …이라고 단언하다, 언명하다. — 圓 맹세하다, 서약하다; 단언하다.
vow and declare (고어) 맹세코 단언하다.
vow oneself to …에 헌신하기로 맹세하다.
⌐er 圕 ⌐less 圕
‡**vow·el** [váuəl] 圕 (⚼ ～*s* [-z]) 1 (음성) 모음(⚼ consonant). 2 모음자(영어에서는 a, e, i, o, u이고, 때로는 w, y가 포함된다). — 圕 모음의[에 관한]. ¶a ～ sound 모음. — 圓 (*-l-*, (英) *-ll-*) 1 …에 모음 부호를 붙이다. 2 (남)에게 차용증(IOU)을 건네 주다.
～*ed*, ～*less* 圕 ～*·l(l)y* 圕 모음이 많은.
vówel gradátion 圕 (언어) 모음 전환(ablaut).
vówel hàrmony 圕 (언어) 모음 조화.
vow·el·ize [váuəlàiz] 圕圓 1 (자음)을 모음화하다. 2 (헤브라이어·아라비아어 등의 자음)에 모음 부호[모음점]를 붙이다. *⌐i·zá·tion* 圕
vow·el·like [váuəllàik] 圕 모음과 같은; (자음이) 절을 이루는 것 같은(예: bottle [batl/bɔtl] 의 l).
vówel mutátion 圕 (언어) 모음 변이(umlaut).
vówel pòint 圕 (헤브라이어·아라비아어 등의) 모음 부호, 모음점(자음자에 붙어서 모음임을 나타낸다).
vówel rhỳme 圕 모음운(韻).
vówel sòund 圕 (음성) 모음.
vówel sỳstem 圕 (언어) (언어·어족의) 모음 조직 〔체계〕.
vox [vɑks/vɔks] 圕 (～*·ces* [vóusiːz]) 목소리, 음성; 언어; 언어적 표현. 〈L *voice*〉
VOX [vɑks/vɔks] 圕 복스(송신·수신 전환이 음성에 의해 작동 제어되는 것).
vóx bár·ba·ra [-bɑ́ːrbərə] 圕 (⚼ *v-* *-s*) 야만어 (특히 동식물학의 학명에 쓰인 신조(新造) 라틴어).
vox·el [vɑ́ksəl/vɔ́k-] 圕 (입체 화상을 구성하는) 3D 화소(畫素).
vóx hu·má·na [-hjuːméinə/-mɑ́ːnə] 圕 (음악) 복스 후마나(사람 소리 비슷한 소리를 내는 오르간의 음전(音栓)). 〈L〉
vóx póp 圕 (구어) (라디오·TV에 수록되는) 거리의 목소리. 〈＜*vox populi*〉
vóx pó·pu·lì [-pɑ́pjulài/-pɔ́p-] 圕 백성의 소리, 민성(民聲), 여론.
vóx pópulì, vóx Dé·i [-díːai, -déii] 圕 백성의 소리는 하늘의 소리. 〈L〉
‡**voy·age** [vɔ́iidʒ] 圕 (⚼ *-ag·es* [-iz]) 1 (원거리의) 항해, 항행, 배의 여행, ⇨TRIP 유의어／the ～ of life 인생 항로／a ～ to Europe 유럽으로의 항해. 2 (공기·로켓에 의한) 하늘의 여행, 비행. ¶a ～ to the moon 달나라 여행. 3 (드물게) 여행. 4 (흔히 ～*s*) 여행기(記). ¶the ～*s* of Marco Polo 마르코 폴로의 여행기.
go on a voyage 항해하다.
on the voyage 항해중.
on the voyage out [home] 출항[귀항]중.
take [or make, go on] a voyage 배 여행을 떠나다, 항해길에 나서다.
— 圓 (*-ag·es* [-iz]; ～*d*; *-ag·ing*) 1 항해하다. ¶～ up the seaway 거친 바다를 항해하다. 2 하늘을 여행하다. — 圓 (배 따위로) (바다)를 건너다, 가로지르다(traverse). ～*·a·ble* 圕
vóyage chàrter 圕 (특정한 항해 단위의) 항해 용선. 〔보험〕.
vóyage pòlicy 圕 (보험) 항해 보험(매 항해마다 드
voy·ag·er [vɔ́iidʒər] 圕 항해자; 여행자; (V-) (우주) 보이저(미국의 목성·토성 탐사 위성).
vo·ya·geur [vwɑ̀ːjɑːʒə́ːr, -vɔ̀iə-] 圕 (캐나다) 1 (옛날 모피 회사에 고용되어 호수나 하천에서 화물이나 사람을 실어 나르던) 뱃사공; (일반적으로) 캐나다의 뱃

voyeur 사공. 2 (북부의) 삼림 생활자, 탐험가. [<F *voir* see]

vo·yeur [vwɑːjə́ːr, vɔi-/vwaiə́ː] 图 (성적으로) 엿보기 좋아하는 사람, 관음자(觀淫者); 남의 일에 참견하기 좋아하는 사람, 가십(gossip)을 좋아하는 사람. [<F]

vo·yeur·ism [vwɑːjə́ːrizm, vɔi-/vwaiə́ːrizm] 图⑪ 관음증(觀淫症), (성적인) 엿보기 취미.

voy·eur·is·tic [vwɑːjərístik, vɔiə-/vwaiərístik] 图 관음증의; 관음자의. **-ti·cal·ly** 團

VP *variable pitch*; *verb phrase*; *Vice-President*.

v.p. [라틴] *verbum passivum* (=passive verb).

V-par·ti·cle [víːpɑ́ːrtikl] 图 [물리] V입자(1947년 발견된 V자형의 비적(飛跡)을 나타내는 입자).

VPF (우주) *vertical processing facility*(수직형 정비탑(整備塔)).

VPL *visible panty line*(겉옷에 나타나는 여성 팬티의 선). **VPO** *Vienna Philharmonic Orchestra*. **V.Pres.** *Vice President*. **VR** *variant reading*; *Vice-Regent*; (라틴) *Victoria Regina*(= Queen Victoria); *virtual reality*; *Volunteer Reserve*. **VRC** (컴퓨터) *vertical redundancy check* (수직 용장도(冗長度) 검사). **VRD** (英) *Volunteer Reserve Decoration*. **v. refl.** *verb reflexive*. **V. Rev.** *Very Reverend*. **VRM** *variable rate mortgage*(변동 저당 증권). **VRML** (컴퓨터) *Virtual Reality Modeling Language*(3차원 화상·음성을 포함하여 하이퍼 텍스트를 기술하는 규격).

vroom [vru(ː)m] 图 부르릉(엔진 소리). ─ 图 (구어) 부르릉 하고 소리내다.

vrouw [vrau/*Du* vrou] 图 (네델란드) 여자, 아내, 부인; …부인(Mrs…). (독) *Frau* (또는 **vrow**)

VRS *video response system*(영상 응답 시스템).

vs. *verse*; *versus*. **v.s.** (라틴) *vide supra*(=see above)(위를 보라). **V.S.** *Veterinary Surgeon*.

VSAM (컴퓨터) *virtual storage access method* (가상 기억 액세스 방식). **VSB** *vestigial side band* (잔류 측파대(側波帶)). **VSBC** (컴퓨터) *very small business computer* (업무용 초소형 컴퓨터).

V-shaped [víːʃèipt] 图 V자형의.

V sign 图 V사인, 승리의 손가락 표시.

V-six, V-6 [víːsíks] 图 V형 6기통 엔진(의) 차. ─ 图 V형 6기통 엔진의.

VSO *very superior* [*or special*] *old*(브랜디의 특등품); (英) *Voluntary Service Overseas*.

VSÓ lánguage 图 (언어) VSO 언어(동사+주어+목적어라는 기본 어순을 가진 언어; 웨일스어·고전 아라비아어 등). (독) *SOV language*, *SVO language*

VSOP *very superior* [*or special*] *old pale*(브랜디의 특상품). **vss.** *verses*; *versions*. **V/STOL** [víːstɔ́ːl] *vertical short takeoff and landing (aircraft)*(수직 단거리 이착륙(기)).

V stýle 图 (스키) (점프에서) V 스타일(스키의 앞 끝을 벌려 V자형으로 점프하는 스타일).

VSYNC (전자) *vertical synchronizing signal*((TV 화면의) 수직 동기(同期) 신호). **VT** *vacuum tube*; *variable time*; *voice tube*. **Vt.** *Vermont*. **v.t.**, **vt.** *transitive verb*.

V tách 图 (美속어) (의학) 심실성 빈맥(心室性頻脈) (*venticular tachycardia*).

V T fùse *variable time fuse*. **VTO** (항공) *vertical takeoff*(수직 이륙). **VTOL** [víːtɔ́ːl] 图 *vertical takeoff and landing*(수직 이착륙(기)).

VTOL-port [víːtɔ̀ːlpɔ̀ːrt] 图 VTOL 이착륙장(공항). **VTP** *videotape player*. **VTR** *videotape recorder*(비디오 테이프 녹화기).

V-twelve, V-12 [víːtwélv] 图 (자동차) V형 12기통 엔진(의) 차.

V-two [víːtúː] 图 V-2(제2차 세계 대전중 독일이 개발한 로켓 폭탄의 제2호).

V-type éngine [víːtàip-] 图 V형 엔진(실린더를 V자형으로 배열한 엔진).

vu, VU *volume unit*(음성·음악의 음량 단위). **vul.** *vulgar(ly)*. **Vul.** *Vulgate*.

Vúl·can [válkən] 图 1 (로마 신화) 불카누스 (Jupiter와 Juno 사이에 태어난 불과 대장장이의 신). 2 (군사) 벌컨 포(砲)(미군의 총신 회전 발사식 기관포).

Vul·ca·ni·an [vʌlkéiniən] 图 1 불카누스(Vulcan)신의. 2 (v-) 화산의, 화산 작용의. 3 (v-) 대장장이의.

Vul·can·ic [vʌlkǽnik] 图 = Vulcanian.

vul·can·ist [válkənist] 图 화산학자(volcanist); 월면(月面) 분화설 주장자.

vul·can·ite [válkənàit] 图⑪ 경화 고무; 에보나이트.

vul·can·i·zate [válkənizèit] 图 가황물(加黃物)(vulcanized substance).

vul·can·ize [válkənàiz] 图(타) (유황 따위로 처리하여) (고무)를 경화[가황]시키다. ─ ㉔ 황화하다. **-iz·a·ble** 图 **·i·zá·tion** 图⑪ (생고무의) 경화. **-iz·er** 图 (고무의) 경화 처리기[장치].

vúl·can·ized fíber [válkənàizd-] 图 벌컨 섬유 (종이나 천을 염화 아연으로 경화시킨 것; 전기 절연물 등으로 사용).

vul·can·ol·o·gy [vʌlkənálədʒi/-nól-] 图 = volcanology. **-o·lóg·i·cal** 图 **-gist** 图

vulg. *vulgar(ly)*. **Vulg.** *Vulgate*.

‡**vúl·gar** [válgər] 图 (*more* ~; *most* ~) 1 (말씨 따위가) 상스러운, 천한, 비속한; (사람이) 버릇없이 자란, 품위없는. ¶~ **words** 상스러운 말/~ **manners** 버릇없는 태도/**a ~ fellow** 야비한 사람. 2 (상류 사회에 대하여) 민중의, 대중의. ¶~ **circles** 서민층. 3 (습관·신앙 따위가) 일반의, 일반에게 유포된; 통속적인. ¶~ **superstitions** 서민 사이의 미신. 4 (언어가) 대중이 쓰는, 자기 나라의. ¶**the ~ tongue** [*or* **speech**] 자기 나라 말.

─ 图 (**the** ~) 민중, 서민. **~·ly** 團 **~·ness** 图

vúlgar éra 图 (**the** ~) = Christian Era.

vúlgar fráction 图 = common fraction.

vul·gar·i·an [vʌlgɛ́əriən] 图 속인, 속물; 천한 벼락부자, 벼락 감투 쓴 사람. ─ 图 속물의, 저속한.

vul·gar·ism [válgərizm] 图① 야비, 비천, 속악 (俗惡). 2 상스러운[야비한] 말, 속어, 비어; (교양 없는 사람이 쓰는 말의) 문법[어법, 발음]의 잘못.

vul·gar·i·ty [vʌlgǽrəti] 图① 속됨, 상스러움, 야비, 버릇없는 태도; ⓒ 상스러운[천한] 행동[말].

vul·gar·ize [válgəràiz] 图(타) 1 …을 속화하다, 속하게 하다. ¶~ **lovely spots** 아름다운 곳을 속화하다. 2 (전문서·난해한 작품 따위)를 쉽게 고치다, 통속화[대중화]하다, 보급시키다. **·i·zá·tion**, **-iz·er** 图

Vúlgar Látin 图 통속 라틴어(고전 라틴어에 대하여 로마 제민족이 일상 생활에서 사용한 라틴어).

Vul·gate [válgeit, -gət] 图 1 (**the** ~) 불가타역(譯) 성서(4세기 St. Jerome의 라틴어 번역판 성서). 2 (v-) (문학 작품 등의) 대중판. 3 (v-) 일상 용어; 통속어. ─ 图 불가타역 성서의; (v-) 일반적으로 통용[유포]되고 있는.

vul·gus [válgəs] 图 (**the** ~) (집합적) 일반 대중, 민중; (英학생 속어) 라틴어의 시작(詩作) 과제. [<L]

vul·ner·a·ble [válnərəbl] 图 1 (몸의 어떤 부분이) 상처받기 쉬운. 2 (유혹·비난에 대하여) 저항력이 없는, 취약한, 피해를 입기 쉬운(*to*). ¶~ **to temptation** 유혹에 약한/~ **to public criticism** 세상의 비난을 사기 쉬운. 3 (요새 따위가) 공격받기 쉬운, 견고하지 못한. 4 (카드놀이) 3회 승부 중 1회 이기고 있는.

-bil·i·ty, **~·ness** 图 **-bly** 團

vúlnerable spécies 图 감소종(減少種)(더욱 절멸의 위기에 있는 것은 threatened species, 그보다 더 위기에 있는 것은 endangered species라 한다).

vul·ner·ar·y [válnərèri/-rəri] 图 상처에 잘 듣는, 상처를 치료하는(curative). ¶**a ~ herb** (외상용) 약초. ─ 图 외상약(外傷藥), 상처에 잘 듣는 약초.

vul·pe·cide [válpəsàid] [명][U][C] (英) (사냥개를 이용하지 않는) 여우 잡기; 그러한 여우 잡기를 하는 사람. (또는 **vulpicide**)

Vul·pec·u·la [vʌlpékjulə] [명] 〔천문〕 여우자리(약 Vul).

vul·pec·u·lar [vʌlpékjulər] [형] 여우의[와 같은].

vul·pine [válpain, -pin] [형] **1** 여우의; 여우 같은. **2** 교활한, 간사한(crafty).

***vul·ture** [váltʃər] [명] **1** 독수리; 콘도르(주로 죽은 고기를 주식으로 하는 맹금). **2** 《비유적》 욕심꾸러기, 무자비한 사람, 남을 등쳐 먹는 사람.

vúlture fùnd [명] 〔금융〕 벌처 펀드(투자 신탁 자금).

vul·tur·ine [váltʃəràin, -rin] [형] 독수리의[와 같은]; 욕심 사나운, 탐욕스러운. (또는 **vulturish, vulturous**)

vul·va [válvə] [명] ([복] **-vae** [-viː], **~s**) 〔해부〕 음문(陰門); (여성의) 외음부(外陰部).

vul·val [válvəl] [형] 음문(陰門)의. (또는 **vulvar**)

vul·vate [válveit, -vət] [형] 음문[외음]의, 음문[외음]과 같은.

vul·vi·form [válvəfɔ̀ːrm] [형] 음문[외음] 모양의.

vul·vi·tis [vʌlváitis] [명][U] 〔병리〕 음문염(炎), 외음염.

vul·vo·vag·i·ni·tis [vʌ̀lvouvæ̀dʒənáitis] [명][U] 〔병리〕 외음질염(外陰膣炎).

vum [vʌm] [동][자] 《방언》 맹세하다, 서약하다(vow).

VÚ mèter [명] 평균 음향치(音響値) 지시 녹음 장치.

VUNC *V*oice of *U*nited *N*ations *C*ommand(유엔군 총사령부 방송).

vup [vʌp] [명] 《속어》 중요하지 않은 사람. 〔<*v*ery *u*nimportant *p*erson〕

vv. verses; violins; voices; volumes. **v.v.** *vice versa*. **vv.ll.** 《라틴》 *variae lectiones*(*varia lectio*의 복수형)(=variant readings)(여러 이문(異文)).

VVSOP *v*ery *v*ery *s*uperior[*or* special] *o*ld *p*ale(브랜디의 최고급(25–40년 숙성)). [참] VSOP, VSO **VW** *V*ery *W*orshipful; Volkswagen.

VX (gàs) [viːéks-] [명] VX가스(피부·폐를 통하여 흡수되는 치명적인 신경 가스).

v.y. *v*arious *y*ears.

Vy·cor [váikɔːr] [명] 《상표》 바이코어(내열성이 뛰어난 고규산(高珪酸) 유리; 실험용 기구 제조용).

Vy·cron [váikrɑn/-krɔn] [명] 《상표》 바이크론(미국제 폴리에스테르 합성 섬유).

vy·ing [váiiŋ] [동] vie의 현재분사. **—**[형] 겨루는, 경쟁하는, 맞붙은(competing). **~·ly** [부]

Vy·shin·sky [viʃínski] [명] =Vishinsky.

Vyv·yan [vívjən] [명] 비비언(사람 이름).

W

W, w [dábljuː, -lju] 명 (복 **W's, Ws; w's, ws**) 1 영어 알파벳의 스물셋째 자. ¶ W for William William 의 W(국제 전화 통화 용어). **2** W[w]가 나타내는 소리. **3** W[w]자형(의 물건). ¶ W-type engine W형 발동기.
w watt(s); withdrawn; withdrew; withheld.
W watt(s); west(ern); white; wide; widowed; width; withdrawal; withdrawn, withdrew; withheld; won.
W ⑦ **1** (차례·연속된 것 중의) 스물세번째(의 것)(단 I를 제외할 경우는 스물두번째(의 것)). **2** (화학) =tungsten. [<G Wolfram] **3** (생화학) =tryptophan.
w. waist; wall; wanting; warden; warehouse; warm; waste; water; watt(s); weather; week(s); weight; west(ern); wet; (英) (기상) wet dew; white; [크리켓] wicket; wide; wife; win; wind; wire; with; woman; won; [해사] wooden; word; [물리] work; wrong. **W.** Wales; warden; warehouse; Washington; [군사] Waterloo; watt(s); Wednesday; weight; Welch; Welsh; Wesleyan; westerly; west(ern); widow(er); width; William; women's (size); [물리] work. **w/** (상업) (레스토랑의 메뉴 따위에서) with.
Wa [wɑː] 명 (복 **~s**) 와족(의 한 사람)(미얀마 북동부에서 중국 윈난(雲南)성에 걸쳐 사는 농경 민족; 20세기 중반까지 사람 사냥의 습속이 있었음; ⓤ 와어(語) (Mon-Kmer 어족의 하나).
WA (美우편) Washington; West Africa; Western Australia; (보험) with average(분손(分損) 담보).
WAA (美) War Assets Administration.
WAAC [wæk] 명 **1** 육군 여자 보조 부대(美) 1942-43, (英) 1914-18). **2** (Waac) 1의 부대원. [<Women's Army Auxiliary Corps]
WAAF [wæf] 명 (英) 공군 여자 보조 부대; (Waaf) 그 부대원. [<Women's Auxiliary Air Force]
waa-zooed [wáːzuːd] 명 =whazood.
wab-ble [wábl/wɔ́bl] 명 =wobble.
-bler 명 **-bling-ly 부 -bly** 부
Wac [wæk] 명 (美) 육군 여군 부대(WAC)의 부대원.
WAC [wæk] 명 (美) 육군 여군 부대. [<Women's Army Corps] [흑인 대원]
wac-coon [wækúːn] 명 (美속어·경멸적) WAC의 흑인 대원.
wack [wæk] 명 **1** 별난 사람, 괴짜, 기인(奇人). — 형 아주 나쁜, 아주 해로운, 지독한; 극단적인, 파격적인. ¶ Crack is ~. 마약은 독약이다(* 마약 퇴치 운동의 표어).
wack-a-doo [wǽkədùː] 형 (美속어) =wacko.
wack-e [wǽkə] 명 ⓤ (지질) 현무토(玄武土).
wacked-out [wǽktàut] 형 (구어) =whacked-out. [람, 괴짜. — 형 =wacky.]
wack-o [wǽkou] (美속어) 명 (복 **~s**) 미친 사
wack-y [wǽki] 형 (美속어) 엉뚱한, 괴상한(odd); 미친 사람 같은(crazy). — 명 미친 사람; 괴짜, 기인; (복합어로) …광(狂). **wáck·i·ly** 부 **wáck·i·ness** 명
WACL World Anti-Communist League(세계 반공 연맹).
wad¹ [wɑd/wɔd] 명 **1** (솜·종이 따위의) 작은 뭉치; 채워[메워] 넣는 물건. ¶ a ~ of cotton 작은 솜뭉치. **2** 둘둘 만 것(roll). (美속어) 돈 다발. ¶ a ~ of bills 지폐 뭉치. **3** (~s) (구어) 대량, 다량; 많은 돈. ¶~s of butter [books] 많은 버터[책]. **4** 채워 넣는 것, 충전물;

탄약 마개(총구 장전식 총의 화약이 약실에 고정되도록 채워 넣는 솜 따위). **5** (英방언) ~ paper 종이 뭉치다 (bundle). **6** (英軍속어) 롤 빵, 케이크, 샌드위치. **7 a)** (속어) 정액, 사정(射精). **b)** 음경.
blow one's **wad** (속어) =shoot one's wad ②.
make a good wad of dough 많은 돈을 벌다.
shoot one's **wad** (美구어) ① (비어) (남성이) 사정하다; 성교하다. ② 가진 돈을 다 쓰더달리다. ③ 정력을 한꺼번에 다 쏟다. ④ 숨김없이 털어놓다.
— 타 (**-dd-**) ⓐ **1** [솜·종이 따위]를 작게 뭉치다 (up). ¶ (~+목)+ 전) ~ paper up 종이를 작게 뭉치다. **2** …에 채우다(into), …을 충전물로 막다(stuff)(with); (총)에 탄약마개를 틀어넣다. ¶ ~ one's ears 귀마개를 하다. **3** …을 뭉치로[말다]. ¶ (~+목+전+명) He ~ded a newspaper into the trash can. 그는 신문지를 말아 쓰레기통에 넣었다. **4** (옷에) 솜을 넣다; (비유적) …에 채워 넣다. — 자 작게 뭉쳐지다, 작은 덩어리 **~-der** 명 [가 되다.
wad² 명 ⓤ 망간토(土).
wad³ 명 (스코) 저당, 저당. ¶ in[or to] ~ 저당 잡혀.
wad-a-ble [wéidəbl] 형 (강 따위가) 걸어서 건널 수 있는, 도보로 도강(渡江)이 가능한. (또는 **wadeable**)
wad-ding [wádiŋ/wɔ́d-] 명 ⓤ 채우는 물건[솜]; (총의) 탄약 마개 재료(종이·형겊 따위).
Wad-ding-ton [wádiŋtən/wɔ́d-] 명 **Conrad Hall** ~ 와딩턴(1905-75: 영국의 유전학자).
wad-dle [wádl/wɔ́dl] 명자 (오리처럼) 어기적어기적 걷다, 비척비척 걷다(along); (배 따위가) 흔들흔들 하다. — 명 (보통 a ~) 비척비척 걷기.
-dler 명 **-dling-ly** 부 **-dly** 부
wad-dy¹ [wádi/wɔ́di] 명 (오스트레일리아 원주민 의) 전투용 곤봉. — 타 …을 전투용 곤봉으로 때리다.
wad-dy² 명 (美서부) 카우보이; 소도둑.
‡**wade** [weid] 명 (**~s** [-z]; **wad·ed; wad·ing**) 자 **1** (강 따위를) 걸어서 건너다(across); (초목 따위를) 헤치고 나아가다, 가까스로 뚫고 나아가다(in, through). ¶ (~+전+명) ~ across a river 강을 걸어서 건너다 / ~ through mud 진흙탕 속을 건너다. **2** 물 속에서 놀 다. **3** (비유적) 힘들여 나아가다(through). ¶ (~+전+명) ~ through difficulties 곤란을 무릅쓰고 나아가다 / ~ through a dull book 지루한 책을 참고 모두 읽다. — 타 (강 따위)를 걸어서 건너다. ¶ ~ a stream 개울을 걸어서 건너다.
wade in ① 여울에 들어가다. ② (구어) 간섭하다 (with). ③ (구어) =wade into.
wade into (구어) …에 맹렬히 덤벼들다[공격하다]; 기세 좋게 일을 시작하다; (음식을) 게걸스럽게 먹다. ¶ ~ into one's task 맹렬한 기세로 일에 달라붙다.
— 명 **1** (보통 a ~) (강 따위를) 걸어서 건너기; 힘들여 전진하기. ¶ make a ~ in a brook 개천을 걸어서 건너다.
Wáde(-Gíles) sỳstem [wéid(dʒáilz)-] 명 웨이드(자일즈)식(式)(중국어의 로마자 표기법의 하나; 영국의 Sir Thomas Francis Wade(1818-95)가 고안하고 Herbert Allen Giles(1845-1935)가 개량).
wad-er [wéidər] 명 **1** 걸어서 건너는 사람[동물]. **2** 섭금류(涉禽類)의 새. **3** (英) (~s) 낚시용 장화.
wadge [wædʒ/wɔdʒ] 명 (英구어) (a ~) 다발, 묶음, 덩어리(of). ¶ a ~ of rugs 넝마 뭉치.
wa-di [wáːdi/wɔ́di] 명 (복 **~s**) **1** (아라비아·시리

아·북아프리카 지방의) 물이 마른 강, 건곡(乾谷), 와디. 2 오아시스(oasis). (또는 **wady**)

wád·ing bìrd [wéidiŋ-] [명] 섭금류의 새(두루미·백로 따위).

wáding pòol [명] (공원·유원지 따위의) 물놀이터.

WADS *W*ide *A*rea *D*ata *S*ervice(광역 데이터 전송 서비스).

Waf [wæf] [명] 《美》 WAF의 대원.

WAF 《美》 *W*omen in the *A*ir *F*orce(공군 여군 부대).

WAF, w.a.f. 〔상업〕 *w*ith *a*ll *f*aults(손상 보증 없이, 모두 사는 사람 책임으로).

Wafd [wɑ:ft/wɔft] [명] 와프트당(이집트 최초의 근대적인 민족주의 정당). **~·ist** [명][형]

***wa·fer** [wéifər] [명] 1 [C][U] 웨이퍼(아이스크림 따위를 곁들이는 얇고 가벼운 과자). 2 〔가톨릭〕 미사용의 성병(聖餠)(성찬용 빵). 3 봉함지. 4 〔의학〕 카세제(劑)(cachet), 오블라토. 5 〔전자〕 웨이퍼, 반도체 기판(基板). —[동][타] 1 …을 봉함하다, …에 봉함지를 붙이다. 2 〔전자〕 웨이퍼로 만들다. **~·lìke, ~·y** [형]

wáfer chìp [명] 〔컴퓨터〕 웨이퍼 칩.

wáfer tàpe [명] 〔컴퓨터〕 웨이퍼 테이프(구동 장치).

wa·fer-thin [-θín] [형] 매우 얇은.

waff[1] [wæf, wɑ:f] [명] 《스코·北英》 (공기·바람 따위의) 한 번 불기; 힐끗 보기, 일별(一瞥).

waff[2] [wæf] [형] 《스코》 하찮은, 신분이 낮은.

waf·fle[1] [wáfl/wɔ́fl] [명] 《美》 와플(달걀을 섞어 두툼하게 구운 과자). —[형] (또는 **waffled**) (와플 비슷한) 격자[줄] 무늬가 있는.

waf·fle[2] 《英구어》 [동][자] 1 시시한 소리를 하다[글을 쓰다](*on*, *over*). 2 (…에 관해) 말끝을 흐리다, 애매한 태도를 취하다 (*on*). ¶ (~+[前]+[名]) ~ *on* an important issue 중요한 문제에 관해 말끝을 흐리다. —[타] …에 관해 애매하게 말하다[쓰다]. —[명] 쓸데없는 말; 시시한 글; 애매한 말. **-fler** [명] **-fly** [형]

wáffle ìron [명] 와플 굽는 틀.

waf·fle·stomp·ers [wáflstʌ̀mpərz/wɔ́flstɔ̀mp-] [명][복] 《美속어》 (바닥이 우툴두툴한) 하이킹 구두.

waf·fling [wáfliŋ/wɔ́f-] [형] 《구어》 이도저도 아닌, 애매한, 엉거주춤한. **~·ly** [부]

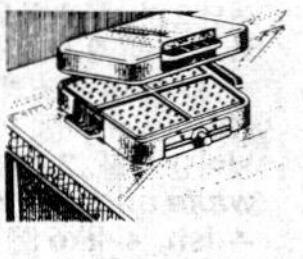
(waffle iron)

W. Afr. *W*est *Afr*ica(n).

***waft[1]** [wæft/wɑ:ft] [동][타] 〔물체·소리·냄새 따위〕를 (공중·물 위에서) 가볍게 떠돌게 하다, 부동(浮動)하게 하다; …을 가볍게 날리다[보내다](*to*, *toward*, *into*). ¶ ~ a kiss (가볍게) 키스를 던지다 // (~+[目]+[副]) The aroma of coffee was ~*ed in*. 커피 향내가 풍겨왔다 // (~+[目]+[前]+[名]) The wave ~*ed* the boat *to* the shore. 배가 파도에 밀려와 해안에 닿았다.
—[자] (공중을) 떠돌다, 흐르다, 부동하다(*along*)(*from*). ¶(~+[前]+[名]) Songs of birds ~*ed on* the breeze *from* the woods. 새들의 노랫소리가 산들 바람을 타고 숲에서 흘러나왔다.
—[명] 1 (떠도는) 향기, 냄새; (바람결에 들려오는) 소리. ¶a ~ of a temple bell (바람결에 들려오는) 절의 종소리. 2 떠돎, 흔들림; (바람 따위의) 휙 불기. ¶a ~ of wind 휙 불어가는 바람. 3 (또는 **waif, wheft, weft**) 〔해사〕 신호용[풍향 관찰용] 깃발, 그 깃발에 의한 신호. 4 (새의) 날갯짓, 푸드덕거림. 5 순간적인 느낌. ¶a ~ of peace 순간적인 평화.

waft[2] [wɑft] [명] 《스코》 (직물의) 씨실, 위사(緯絲).

waft·age [wǽftidʒ/wɑ́:ft-] [명] 1 가볍게 나르기[보내기]; (선박에 의한) 수송. 2 떠돌고 있는 상태, 떠돎, 부동(浮動), 부유(浮游).

waft·er [wǽftər/wɑ́:ft-] [명] 불어보내는 사람[것]; (송풍기의) 회전 날개.

waf·ture [wǽftʃər/wɑ́:f-] [명] 가볍게 나르기[보내기]; 표류, 부동; 가볍게 부유하는 것, 표류물.

***wag** [wæg] [동] (*-gg-*) [타] 1 〔꼬리 따위〕를 흔들다, 〔몸〕을 좌우·상하로 흔들다, 요동하다. ¶a dog ~*ging* his [*or* its] tail 꼬리를 흔드는 개. 2 (쓸데없는 수다 따위로) 〔혀〕를 부지런히 나불거리다. 3 (비난·경멸의 표시로 남을 향해) 〔손가락〕을 까딱거리다. ¶ (~+[目]+[前]+[名]) ~ one's finger *at* a person 남의 코 앞에다 손가락을 까딱거리다. 4 〔머리〕를 흔들거리다. —[자] 1 흔들리다. ¶He walks with his body ~*ging*. 그는 몸을 흔들며 걷는다. 2 (머리나 몸을) 흔들어 신호하다. 3 (혀가) 쉴새없이 움직이다, 잘 움직이다. 4 떠나다; 여행하다; 진행하다, 추이하다. ¶Let the world ~ (as it will). 세상이 어떻게 되든 알 바 아니다. 5 비칠비칠 걷다. 6 《英속어》 (학교 수업을) 빼먹다(*from*).

set tongues [or ***chins, jaws***] ***wagging*** 뜬소문을 퍼뜨리다, 화젯거리가 되다.

So [or ***This is the way***] ***the world wags.*** 이것이 세상이라는 것이다.

The tail wags the dog. 아랫사람이 윗사람을 지배하다, 하극상하다.

wag it 《英속어》 꾀를 부려 학교수업을 빼먹다.

wag *one's* ***head*** 머리를 흔들다.

wag *one's* ***tongue*** 쉴새없이 지껄이다.

—[명] 1 (보통 a ~) (머리·꼬리 따위를) 흔듦, 흔들어 움직임. ¶with a ~ of …을 흔들어. 2 익살꾸러기, 까불이. 3 《英속어》 게으름뱅이.

play (the) wag 농땡이부리다[치다].

∠·ger [명]

‡wage [weidʒ] [명] ([복] ***wag·es*** [-iz]) 1 (종종 ~s) 임금, 급료. ⇨SALARY [유의어] ¶daily ~*s* 일급 / living [*or* minimum] ~ 최저 생활 임금 / make [*or* get, obtain] good ~*s* 좋은 급료를 받다. 2 (보통 ~s) 《단·복수 양용》 《고어》 대가, 보수. ¶The ~*s* of sin is death. 죄의 삯은 사망이요(←로마서(Rom.) 6 : 23). 3 《폐어》 저당. —[동][타] (***wag·es*** [-iz]; ~***d***; ***wag·ing***) 1 〔전쟁·투쟁〕을 하다(*against*, *on*, *with*). ¶ (~+[目]+[前]+[名]) ~ war *against* a country 어떤 나라와 싸우다. 2 《英방언》 고용하다; 저당잡히다. —[자] 행해지다, 발생하다.

wage the peace 평화를 유지하다.

wáge clàim [명] 임금 인상 요구.

wáge contròl [명] 임금 통제[억제].

wáge demànd [명] 임금 인상 요구.

wáge differèntial [명] 임금 격차.

wáge drìft [명] 임금 드리프트(노동력 부족때 실제의 임금률이 노동 협약의 규정 이상으로 상승하는 현상).

wáge èarner [명] 임금 노동자(wage worker).

wage-earn·ing [∠ə̀:rniŋ] [형] 임금을 받는, 돈을 버는.

wáge flòor [명] 임금 최저[하한]선.

wáge frèeze [명] 임금 동결.

wáge hìke [명] 임금 인상.

wáge incèntive [명] (생산성 향상을 위한) 장려 급여.

wáge ìndex [명] 임금 지수.

wage·less [wéidʒlis] [형] 무급의, 무보수의(unpaid). **~·ness** [명]

wáge lèvel [명] 임금 수준.

wáge pàcket [명] 《英》 급료 주머니, 봉급 봉투.

wáge pàttern [명] 임금 기준표, 표준 임금표.

wage-plug [∠plʌ̀g] [명] 《濠구어》 임금 노동자.

wáge-price guìdeline [∠pràis-] [명] 임금·물가 가이드라인[지침].

wáge-push inflàtion [∠pùʃ-] [명] 〔경제〕 임금 인플레이션(임금 인상으로 생산비가 상승하여 생기는 인플레이션). [참] cost-push inflation

***wa·ger** [wéidʒər] [명] 내기, 내기하기; (내기에) 건 돈[물건]; 내기를 하는 사람; 내기의 대상. ¶have [*or* lay] a ~ on …에 걸다 / lose [win] one's ~ 내기에 지다[이기다] / take up a ~ 내기에 응하다.

wager of battle 〔英법률〕 결투 재판(1818년 폐지).

—[동][타] 1 …에게 〔돈〕을 걸다(bet)(*on*). ¶ (~+[目]+[目]) ~ a person $200 남에게 200달러를 걸다 // (~+[目]+[前]+[名]) ~ $100 *on* it 그것에 1백 달러 걸다. 2 …을 보증하다, 책임지고 맡다. ¶ (~+*that* [節]) I ~ *that*

wáge ràte 图 (노동 시간·작업량 등에 근거한) 임금
wáge restràint 图 (英) =wage control.
wáge scàle 图 임금표(賃金表), 임금체계.
wáge(s) còuncil [wéidʒ(iz)-] 图 (英) 임금 심의회(노사의 대표자와 중립적 제삼자로 조직).
wáge(s)-fund [-fʌ̀nd] 图 (경제) (공공 단체의) 임금 기금, 노임 자본.
wáge(s)-fund thèory 图 (경제) 임금 기금설(자본이 증가하든가 노동자수가 감소하지 않는 한 임금은 오르지 않는다는 J. S. Mill의 학설).
wáge slàve 图 (생활을 임금에 의존하는) 임금의 노예.
wage-snatch [-snǽtʃ] 图 (英) 임금 도둑.
wáges shèet 图 (英) 급여 지급 명단(payroll).
wáge stòp 图 사회 보험 급부 제한 (정책)(급부액을 취업시의 통상 임금 이하로 억제).
wage-stop [-stɑ̀p/-stɔ̀p] 图동 (실업자)에게 사회 보장 급부 제한 정책을 쓰다.
wage-work·er [wéidʒwə̀:rkər] 图 임금 노동자.
wage-work·ing [wéidʒwə̀:rkiŋ] 图 임금 노동의.
―图⑪ 임금 노동.
wag·er [wǽgər] 图 (英속어) 휴지통.
wag·ger·y [wǽgəri] 图⑪ 우스개, 익살; (종종 -ies) 익살스러운 언동, 장난, 농담(jest).
wag·gish [wǽgiʃ] 图 (고어) 익살스러운, 우스꽝스러운, 우스운. ⇨HUMOROUS 유의어 **~·ly** 图 **~·ness** 图
wag·gle [wǽgl] 图 (구어) 图⑪ …을 흔들다, 흔들며 움직이다(wag), 图 요동하다, 흔들리다(about); 엉덩이를 흔들며 걷다. ―图 1 (a ~) 흔듦. 2 (골프) (치기 전에) 클럽을 공 위에서 좌우로 흔드는 동작, 왜글.
-gling·ly ―**-gly** 图
‡**wag·on** [wǽgən] 图图 (英) =wagon.
Wag·ner [vɑ́:gnər] 图 바그너. 1 Otto ~ (1841-1918) 오스트리아의 건축가; 근대 건축의 추진자). 2 Richard ~ (1813-83) 독일의 작곡가·지휘자).
Wag·ne·ri·an [vɑːɡníəriən] 图 (또는 **Wagnerite** [vɑ́ːɡnəràit]) 바그너 숭배자; 바그너 풍의 작곡가.
Wag·ner·ism [wǽgnərìzm] 图 오페라 작법상의 Wagner의 이론과 실천; Wagner의 예술[세계]관, 바그너주의. **-ist** 图
‡**wag·on** [wǽgən] 图 (複 ~s [-z]) 1 (각종) 4륜차, 왜건; (노상의) 물건 파는 수레. ¶a hotdog ~ 핫도그차. 2 (보통 4륜으로 2마리 이상의 말이 끄는) 짐마차, 포장 마차. 3 (英) (철도의) 무개 화차. 4 (英) (천문) 북두칠성. 5 (美구어) (the ~) (경찰의) 죄수 호송차 (patrol ~). 6 바퀴 달린 식기대, 왜건(dinner ~). 7 = station ~. 8 (美) 유모차; 소형 트럭(van). 9 (폐어) (옛날 전쟁·경기 따위에 사용된 2륜의) 전차(chariot). 10 (美속어) 전함(戰艦); 자동차. 11 (극장) 회전 무대; (장면 전환을 신속히 하기 위해 대형 도구류를 고정시킨) 대차(臺車). 12 광차(鑛車), 탄차(炭車).
circle the wagons (美) ① (초기의 서부에서 인디언의 습격에 대비하여) 포장마차로 원진(圓陣)을 만들다. ② (속어) 단단히 방어 태세를 굳히다.
fall off the wagon (美속어) (금주를 그만두고) 다시 술을 마시기 시작하다; (일반적으로) 금욕을 깨다, 절제를 깨다.
fix a person's (**little red**) **wagon** (美속어) 남에게 보복하다, 남을 혼내주다[해치다]; 보복으로 남을 골탕먹이다.
hitch one's **wagon to a star** 큰 포부를 품다, 이상에 불타다. ― R.W. Emerson작 Civilization에서.
jump [or **climb, get, hop**] **on** [or **aboard**] **the wagon** (구어) ⇨jump on the BANDWAGON
on [**off**] **the** (**water**) **wagon** (美속어) 술을 끊고 [또 시작하여].
―图등 …을 wagon으로 나르다. ―图 wagon으로 여행[수송]하다. ¶(~ + 前 + 图) ~ up the hill 짐마차로 언덕을 오르다.
wag·on·age [wǽgənidʒ] 图 (고어) 짐차에 의한 수송(운반); 짐차 운송 요금; (집합적) 짐차.
wágon bòss = wagon master.
wag·on·er [wǽgənər] 图 1 wagon의 마부[마차꾼]. 2 (the W-) (천문) 마부자리(Auriga); (폐어) 북두칠성(Charles's Wain). [차의 일종.
wag·on·ette [wæ̀gənét] 图 6-8인승 4륜 유람 마
wa-gon-lit [vɑ̀ːɡənliː, væ̀ɡɔnliː/F vaɡɔ̃li] 图 (複 **wa-gons-lits**) (유럽의) 침대차. 〈F〉
wag·on·load [wǽɡənlòud] 图 wagon 1대분의 짐.
wágon màster 图 wagon train의 대장.
wágon sòldier 图 (美軍속어) 야전병, 야전 포병.
wágon tràin 图 (美) 장거리 짐마차대; 마차 수송대.
wágon vàult 图 (건축) barrel vault.
wag·tail [wǽgtèil] 图 노랑할미새(할미새과(科)의 작은 새; 峰岩산(產)).
wah [wɑː] 图 =waugh.
Wah·ha·bi [wəhɑ́ːbi] 图 와하브파(의 신도)(Koran의 교리를 엄수하는 교파). (또는 **Wahabi**)
-bism 图 와하브주의. **-bite** [-bait]
wa·hi·ne [wɑːhíːni] 图 (美) ~s) 폴리네시아[하와이] 여인; (美속어) 여성 서퍼(surfer).
wa·hoo¹ [wɑ́ːhuː, -́-] 图 (複 ~s) 1 화살나무속(屬)의 관목. 2 느릅나무속의 교목.
wa·hoo² 图 (複 ~s) (어류) 꼬치삼치.
wa·hoo³ 图 (美서부) 야 근사하다, 좋아; 잘했어!
wa·hoo⁴ 图 (美속어) 짐승 같은 놈, 촌뜨기, 명청이.
wah-wah [wɑ́ːwɑ̀ː] 图 (트럼펫의 앞부분을 손으로 여닫으며 내는) 와우와우 소리의는 내는). ―图 1 와우와우 소리. 2 (악기의) 1과 같은 소리를 내는 장치. 3 갓난아이의 울음 소리(와 비슷한 소리). (또는 **wa-wa**)
waif [weif] 图 (複 ~s) 1 방랑자, 떠돌이; 무리에서 벗어난 동물. 2 소유주 불명의 습득물; 표착물.
waifs and strays 부랑아들; 잡동사니.
~·ish, **~·like**
Wai·ki·ki [wáikikìː, -́- -́] 图 와이키키(미국 Hawaii 주 Oahu섬 Honolulu 만의 해안; 해수욕장으로 유명).
‡**wail** [weil] 图 (複 ~s [-z]) 图 1 (고통 따위로 /…을 구해) 울부짖다(with, in/for). ⇨CRY 유의어 ¶(~ + 前 + 图) A child is ~ing for his mother. 아이가 어머니를 찾아 울부짖고 있다. 2 (음악·바람 따위가) 구슬픈 소리를 내다. 3 (…을) 크게 비판하다(over, for). (~ + 前 + 图) ~ over one's misfortunes 자신의 불운을 한탄하다. 4 (재즈) 악기를 능숙하게 연주하는다. 5 (속어) (말·음악 등으로) 절묘하게 감정을 표현하다. 6 불평하다, 투덜거리다(about, over). 7 (美속어) 허겁지겁 출발하다. 8 (美속어) 노래하다. ―图 …을 한탄하다; 슬퍼서 몹시 울다; …을 애처로워하다. ¶~ one's hard fate 고통스러운 숙명을 울다. ―图 (複 ~s [-z]) 1 울부짖음, 울부짖는 소리, 통곡; 비탄. 2 (바람 따위의) 구슬픈 소리. **~·er** **~·ing·ly** 图
wail·ful [wéilfəl] 图 구슬픈, 애조를 띤; 비탄에 잠긴, 울부짖는. **~·ly** 图
wail·ing [wéiliŋ] 图 (구어) 훌륭한, 근사한, 최고의.
Wáil·ing Wáll [wéiliŋ-] 图 (the ~) (예루살렘의) 통곡의 벽.
wail·some [wéilsəm] 图 (고어) =wailful.
wain [wein] 图 1 (複 the W-) (천문) 북두칠성. 2 (농작물 운반용의) 대형 짐(마)차. 3 (고어) 전차(chariot).
Wain [wein] 图 **John** (**Barrington**) ~ 웨인 (1925-94: 영국의 소설가·시인).
wain·age [wéinidʒ] 图 (집합적) (중세의) 농기구.
wain·scot [wéinskət, -skɑt, -skòut] 图⑪ C (건축) (실내 벽면 밑의) 징두리 벽판, 징두리 널; 그 재

목. ¶a varnished ~ 니스 칠을 한 벽판. 2 (英) (발트 제국으로부터 수입되는) 양질의 떡갈나무 목재.
—图他 (-t-; (英) -tt-) [벽]에 징두리 벽판을 붙이다 (in). ¶a room ~ed in oak 떡갈나무 벽판이 붙여진 방. ~(t)ing [wéinətiŋ] 图 1 징두리 벽판 용재[붙이기]. 2 (집합적) (실내의) 징두리 벽판.

wain·wright [wéinràit] 图 짐마차 제조[수리]업자.
WAIS [weiz] (컴퓨터) 웨이즈, 광역 정보서버(인터넷상에서 키워드 등으로부터 파일을 검색하는 시스템). [<Wide Area Information Servers>]

‡**waist** [weist] 图 1 (인체의) 허리, 요부. ¶Her ~ is slender. 그녀의 허리는 가늘다. 2 허리의 잘록한 곳. ¶She has no ~. 그녀의 허리는 절구통이다. 3 (의복의) 허리 부분, 허리 둘레, 웨이스트. 4 블라우스, (아동용) 조끼, 짧은 속옷. 5 허리 비슷한 부분, 잘록한 곳. ¶the ~ of a guitar 기타의 잘록한 부분. 6 (동물) (벌따위 곤충의) (잘록한) 허리 부분. 7 (해사) 선체(船體) 중앙부, 중앙부 상갑판. 8 (항공) (항공기·폭격기의) 중간 동체. ~·less 图 [~기, 허리끈.
waist·band [wéistbænd] 图 스커트·바지 따위의 말
waist·belt [wéistbèlt] 图 허리띠, 혁대, 밴드.
waist·cloth [wéistklɔ̀:θ] 图 (優 ~s) 허리(아랫도리)에 두르는 천(loincloth).
*****waist·coat** [wéskət, wéistkòut/wéiskòut] 图 (英) (남자용) 조끼, 베스트(vest).
wear several waistcoats; wear more than one waistcoat (英) 여러 분야에서 활약하다.
~·ed 图 조끼를 입은. ~·ing 图 (U) (英) 조끼감.
waist-deep [스díːp] 图 허리까지 닿는. [비.
wáist-dòwn paralýsis [스dàun-] 图 하반신 마
waist·ed [wéistid] 图 1 (보통 복합어로) …허리의. ¶long-~ 허리가 긴. 2 허리 모양의, 잘록한.
waist-high [스hái] 图 허리 높이의. [스트라인.
waist·line [wéistlàin] 图 허리 둘레, 허리 선, 웨이

‡**wait** [weit] 冏 1 기다리다, 대기하다 (for). ¶W~ (for) a moment. 잠깐 기다려라/(~+前+名) I'll ~ for him to come out. 그가 나오기를 기다리겠다/(~+to do) I have been ~ing to hear from you. 너한테서 소식을 들으려고 기다리고 있었다/Everything comes to those who ~. (속담) 기다리는 자에게 만사가 성취된다/Time and tide ~ for no man. (속담) 세월은 사람을 기다리지 않는다. 2 (물건이) 준비되어 있다(for). ¶Dinner is ~ing for you. 저녁 식사 준비가 다 되었습니다. 3 서둘 필요가 없다, 잠시 미루다. ¶This matter can ~. 이 문제는 서둘 필요가 없다/The decision will have to ~ till his arrival. 결정은 그의 도착 때까지 미루지 않으면 안 되겠다. 4 시중들다, 서비스하다 (on, upon). ¶(~+前+名) She will ~ on [or (英) at] table. 그녀가 식사 시중을 들것이다. 5 (英) (도로변에) 정지 주차하다.
—他 1 [기회·때·명령 따위]를 기다리다. ¶~ orders 명령을 기다리다/~ one's chance 기회를 기다리다. 2 (물건이) 준비되어 있다. 3 (구어) (어떤 사람이 올 때까지) …을 연기하다, 늦추다(for). ¶W~ dinner for him. 그가 올 때까지 식사를 늦추어라. 4 [식사의 서비스를 하여 (시중을 들다). ¶He ~s table. 그가 식사 시중을 든다.
keep [or *make*] *a person waiting* 남을 기다리게 하다. ¶I'm sorry to have kept you ~ing long. 오래 기다리시게 해서 죄송합니다.
wait and see 추이를 관망하다.
wait a person's convenience [*order*] 남의 형편 [명령]을 기다리다.
wait around [(英) *about*] 빈둥빈둥 기다리다.
wait behind (남이 가버린) 뒤에 남다.
wait for it (英구어) [명령형으로] 자아, 잠든 것 가
wait in the wings ➔ WING. [나.
wait on [or *upon*] ① …을 시중들다; 서비스하다;

(점원이) [손님]을 응대하다. ¶He has a maid to ~ upon him. 그는 하녀를 두고 있다/Are you ~ed upon? (점원이 고객에게) 누가 주문을 받아 갔습니까? ② [손윗사람 등]을 방문하다. ③ …을 기다리다, 대기하다. ④ (일·사물의) …에 부수되다; (결과 따위가) …에 따르다, 수반하다. ⑤ (고어) …을 믿고 기다리다, 앙망하다.
wait on hand and foot 최선을 다해 섬기다.
wait out (美구어) ① (위기 따위가) 지나가기를 기다리다, 최후까지[호전되기를] 기다리다. ¶~ out a storm 폭풍우가 잘 때까지 기다리다. ② (야구) (타자가 투수의) 사구만을 기다리다.
wait up ① …을 자지 않고 기다리다 (for). ¶I will ~ up for you. 자지 않고 당신을 기다릴게요. ② (멈춰 서서 뒷사람이) 따라오기를 기다리다 (for). ¶W~ up, I can't walk so fast. 기다려요, 난 그렇게 빨리 못 걸
You wait! 어디 두고 보자! [어요.
—图 1 기다림, 기다리기 (for). ¶We had a long ~ for the train. 우리는 오랫동안 기차를 기다렸다. 2 기다리는 시간[동안] (for); (연극) 연극의 막간. ¶a four-hour ~ 4시간의 기다림. 3 (U) 숨는[망보는] 장소; 잠복 (ambush). 4 (the ~s) 크리스마스 성가대, 캐롤; (15-16세기의) 도시 고용의 퍼레이드용 음악대.
lie in [or *lay*] *wait for* …을 숨어서 기다리다.
wait-a-bit [스əbìt] 图 가시가 있는 식물의 총칭.
wait-and-see [스́nsìː] 图 (한정용법) (사태를) 관망하는, 기다려 보고 기다리는.

‡**wait·er** [wéitər] 图 (優 ~s [-z]) 1 (호텔·식당 따위의) 웨이터, 급사. 2 (요리 나르는) 쟁반(tray). 3 기다리는 사람. 4 (고어) 파수꾼, 수위. 5 (美) 세관원. 6 (英) (런던 증권 거래소의) 종업원. (또는 **waitron**, **wáitpèrson**) —图他 웨이터로 일하다, 급사 일을 보다. ~·ing 웨이터 일[직].

‡**wait·ing** [wéitiŋ] 图(U) 1 기다림, 대기. 2 시중들기; 웨이터[급사] 노릇하기. 3 대기 시간, 기다리는 동안. 4 주차, 정차. ¶No ~. (게시) 정차 금지.
in waiting (왕·여왕 등을) 섬기는, 시중을 드는. ¶a lady *in* ~ 시녀, 여관(女官). ② (英군사) (의무·특권 따위가) 다음 차례인.
—图 기다리고 있는; 시중드는, 봉사하는; (웨이터로) ~·ly 图 [서) 서비스하는.
wáiting gàme 图 (행동하기 전의) 대기 작전.
wáiting list 图 보궐인 명부; 순번 대기 등록부; (비행기 등의) 공석[예약 취소] 대기자 명부.
wáiting màid [wòman] 图 시녀(侍女).
wáiting màn 图 하인, 시종(valet).
wáiting pèriod 图 1 (결혼 허가와 결혼식 사이의) 대기 기간. 2 (노동 쟁의의) 냉각 기간. 3 보험금 지불 대기 기간.
wáiting ròom 图 대합실, 대기실. [기 기간.
wait·list [wéitlìst] 图他 대기자 명부에 올리다.
wait·per·son [wéitpə̀ːrsn] 图 =waitron.
*****wait·ress** [wéitris] 图 웨이트리스, 여급(女給).
wai·tron [wéitrən/-rɔ̀n] 图 (美) 급사(성별을 피한
wáit stàte 图 (컴퓨터) 대기 상태. [말).

waive [weiv] 他 1 (권리·주장 따위)를 버리다 (abandon). 2 [법률] (당연한 권리 등)을 고의로 포기하다. ¶~ a summons 소환명령을 무시하다. 3 (문제 따위)를 당분간 무시하다, 관망하다; (행동·연구 따위)를 삼가다, 자제하다, 연기하다. ¶(~+图+前+名) ~ a thought *from* one's mind 어떤 생각을 당분간 잊다. 4 (고어) (위험·유혹 등)을 (회)피하다. 5 (규칙·법률)을 적용하지 않다. 6 (훔친 물건)을 버리다, 유기하다.
waiv·er [wéivər] 图 1 (법률) (권리·이익·요구 등의) 포기. 2 권리 포기 증서. 3 (야구) 웨이버, 공개 이적 (移籍); (선수의) 이적권. [무 면제 규정).
wáiver clàuse 图 웨이버 조항(GATT의 자유화 의
wáiver of prémium 图 (보험) 보험료 불입 면제.

‡**wake**[1] [weik] 图 (~d [-t], woke; ~d [-t],

wake wok·en, (英) woke; wak·ing) 재 1 잠이 깨다, 눈을 뜨다(up)(from). ¶(~+圖) He woke (up) at five. 그는 5시에 눈을 떴다 // (~+前+名) Suddenly he woke from sleep. 갑자기 그는 잠에서 깨어났다. 2 (비유적) (정신적으로) (…에) 눈을 뜨다, (…을) 깨닫다, 자각[각성]하다(up)(to). ¶(~+前+名) You must ~ to this danger. 너는 이 위험을 깨닫지 않으면 안 된다. 3 (분 흔재분사형으로) 눈을 뜨고 있다, 깨어 있다. ¶ waking or sleeping: whether one sleeps or ~s 자나깨나. 4 (기절 따위에서) 눈뜨다, 되살아나다, 소생하다. ¶(~+圖)…into life 소생하다. 5 (방언) 깨어 있다, 불침번을 서다, 철야하다.
—— 他 1 …의 잠을 깨게 하다, …을 일어나게 하다(up) (from, out of). ¶(~+圖) W— him up early. 그를 아침 일찍 깨워주어라. 2 (비유적) 눈을 뜨게 하다, 깨닫게 하다; (기절 따위에서) …의 눈을 뜨게 하다; …을 소생시키다. 3 …을 각성시키다, 분발케 하다(up); (위험 따위)를 알아 차리게 하다(to). 4 (의문·욕망 따위)를 일으키게 하다, (불행 따위)를 야기시키다; …을 환기시키다(up). ¶(~+圖+名) The event woke up his ambition. 그 사건이 그의 야심을 불러일으켰다. 5 (방언) 자지 않고 …을 지켜 보다, …의 불침번을 서다. 6 (문어) (무슨 소리가) …의 정적[평온]을 깨트리다. 7 (메아리)를 일으키다. 「일으키다.
wake the echoes ① 메아리치게 하다. ② 소동을
Wake up! ① 일어 나세요! ② (구어) 정신 차리세요!, 주의하세요! ③ (구어) 분발해요, 힘 내요!
—— 圖 1 장례식 전야의 철야, 밤샘. 2 교회 헌당[수호 성]기념일. 3 촌락의 전야의 철야제. 3 눈뜨고 있기. 4 (보통 ~s) (단·복수 양용) (北英) (노동자의) 연차 휴가.
between sleep and wake 꿈인 듯 생시인 듯, 비 wák·er 圖 「몽사몽간에.
wake² 圖 1 (배가) 지나간 자국, 항적. 2 (일반적으로) (…이) 경과[통과]한 자취. 3 (물리) 반류(伴流), 후류(後流) (유체 속을 운동하는 물체 뒤에 생기는 난류(亂流)).
in the wake of ① …의 뒤를 밟아, 뒤를 좇아; …을 본떠, …에 뒤이어. ② …의 결과로서.
take wake 다른 배의 항적을 타다.
Wake·field [wéikfì:ld] 圖 웨이크필드(잉글랜드 북부 West Yorkshire 주의 주도).
wake·ful [wéikfəl] 圖 1 잠들지 않은; 잠 못 이루는, 잠을 자주 깨는. ¶a ~ night 잠 오지 않는 밤. 2 방심 않는, 빈틈없는. ~·ly圖 ~·ness圖 「(領).
Wáke Ísland 圖 웨이크 섬(북태평양에 있는 미국령)
wake·less [wéiklis] 圖 잠이 깊은, 푹 자는.
‡**wak·en** [wéikən] 圖 (~s [-z]) 他 1 …의 눈을 뜨게 하다, …을 일어나게 하다(up). 2 (정신적으로) 눈뜨게 하다, 알아차리게 하다(up)(to); …을 분기시키다, 고무하다, (감정 등)을 자극하다(up). ¶(~+圖+名) I was ~ed (up) to the stern realities of life. 나는 냉엄한 현실에 눈을 떴다.
—— 재 1 눈이 뜨이다(up). 2 자각하다, 깨닫다; (위험 따위)를 알아 차리게 하다 (to). ¶(~+圖+名) He ~ed to the smell. 그는 그 냄새를 알아차렸다. ~·er 圖
wak·en·ing [wéikəniŋ] 圖 1 눈뜸, 각성(awakening). 2 (스코) (법률) (소송 절차의) 중단 후의 재개.
wake·rife [wéikràif] 圖 (스코·北英) =wakeful.
wake-rob·in [´-rɑ̀bin/-rɔ̀b-] 圖 1 =cuckoopint. 2 연련초(백합과(科) 식물로 자색, 연홍색, 백색의 꽃이 핌). 3 토란과(科) 식물의 총칭(jack-in-the-pulpit, Indian turnip 따위). 「파도타기.
wáke súrfing 圖 모터 보트의 항적(航跡)에서 하는
wáke túrbulence 圖 (항공) 후방 난기류(대형 항공기가 통과한 뒤에 생기는 난기류).
wake-up [´-ʌ̀p] 圖 1 (구어) =flicker². 2 (통구어) 머리가 잘 도는 사람. 3 (속어) 형기(刑期)의 마지막 날. 4 각성제(~ pill).
be a (full) wake-up to; be wake-ups to (濠·뉴질 속어) …에 부단한 주의를 기울이다.
take a wake-up to (濠·뉴질 속어) …을 이해하다, …의 의미[목적]를 깨닫다.
—— 圖 잠을 깨우는.
wáke-up cáll 圖 (호텔 따위에서) 잠깨워 주는 전화 (호출); 관심을 야기하는 사건, 주의를 환기하는 발언. ¶Request a ~ at the front desk. 프런트에 아침에 깨워 달라고 부탁해 주세요.
send a wake-up call to …에게 긴급 주의를 촉구하다.
wak·ey [wéiki] 圖 (英속어) 일어나!(Wake up!)
wak·ing [wéikiŋ] 圖 1 깨어나[있는] 있는. 2 깨어나는[일어나는].
in one's waking hours 깨어 있을 때에.
waking dream 백일몽.
waking or sleeping 자나깨나.
Waks·man [wǽksmən] 圖 **Selman Abraham** ~ 왁스먼(1888-1973: 우크라이나 태생의 미국의 세균학자; 스트렙토마이신을 발견; 노벨 의학상(1952)).
WAL Western Airlines.
Wa·la·chi·a [wəléikiə/wɔ-] 圖 =Wallachia.
Wal·cott [wɔ́:lkət] 圖 **Derek (Alton)** ~ 월코트 (1930- : 서인도 제도의 시인·극작가; 노벨 문학상 수상(1992)).
Wál·den Pónd [wɔ́:ldən-] 圖 월든 호수(미국 Massachusetts 주 Concord 부근에 있는 못; Thoreau 의 *Walden, or Life in the Woods*로 유명).
Wal·den·ses [wɔːldénsìːz, wɑl-] 圖複 (단수취급) 왈도파(1170년경 남부 프랑스에서 일어난 기독교의 일파; Pierre Waldo가 창도). (또는 **Valdenses**)
-si·an 圖圖 왈도파(교도)(의).
wald·grave [wɔ́:ldgrèiv] 圖 (신성 로마 제국의) 제실림(帝室林) 관리관.
Wald·heim [wɔ́:ldhàim/G váltham] 圖 **Kurt** ~ 발트하임(1918- : 유엔 사무총장·오스트리아 대통령).
Wal·do [wɔ́:ldou, wǎl-] 圖 **Pierre [or Peter]** ~ 왈도(?-1217 : 프랑스 리용의 상인·종교 개혁자).
Wál·dorf A·stó·ri·a Hotél [wɔ́:ldɔ:rf- æstɔ́:riə-] 圖 월도프 아스토리아 호텔(New York 시의 Park Avenue에 있는 고급 호텔).
Wáldorf sálad 圖 월도프 샐러드(네모로 잘게 썬 사과·셀러리·호도에 마요네즈를 곁들인 샐러드).
Wald·ster·ben [wɔ́:ldstɑ̀:rbən] 圖 ⓤ (때로 w-) (공해로 인한) 숲의 죽음. (< G *forest death*)
wale¹ [weil] 圖 1 (美) 채찍매(매 자국, (매질당한 뒤의) 지렁이 모양으로 부풀어오른 자리(welt). 2 (천의) 골, 이랑진 줄무늬. 3 (골 무늬의) 피륙. 4 (해사) **a**) ~s (목조선에 대는 두꺼운) 현측 외판(舷側外板). **b**) = gunwale. 5 (건축) 방축 띳장, 수평보(판 따위 직립해 있는 구조 (構材))나 흙막이 따위 보강용). 6 (말의 목걸이의 바깥쪽에 있는) 융기(ridge). —他 1 매 자국을 내다. 2 (천)에 골 무늬를 내다. 3 (건축) …을 두꺼운 외판[띳장·수평보]으로 보강하다.
wale² (스코·北英) 圖 1 극상(極上)의 것, 최상등품. 2 선택. —圖 극상의. —他 고르다, 선택하다.
wále knót 圖 끝 매듭(새끼를 따위가 풀리지 않도록 끝을 매는 매듭)(wall knot).
wal·er [wéilər] 圖 (濠속어) 부랑자.
Wal·er [wéilər] 圖 (濠속어) 말(馬)(오스트레일리아의 New South Wales산(産) 승용마).
‡**Wales** [weilz] 圖 웨일스(Great Britain 섬의 서남부 지방). 「양화국.
the Prince of Wales 영국 황태자.
Wa·łę·sa [vəwénsə] 圖 **Lech** ~ 바웬사(1943- : 폴란드 대통령(1990-95); 노벨 평화상(1983)).
Wal·hal·la [wælhǽlə, wɑl-] 圖 =Valhalla.
wal·ing [wéiliŋ] 圖ⓤ (건축) 방축용 외판 (재목).
‡**walk** [wɔ:k] 圖 (~ed [-t]) 재 1 (사람·짐승이) 걷다, 걸어가다; (말) 보통 걸음으로 걷다. ¶~ two

miles 2마일 걷다 / ~ on foot 걸어서 가다 / ~ on crutches 목발을 짚고 걷다 // (~+[副]) ~ *across* (길 따위를) 가로지르다 / ~ *back* 걸어서 돌아가다, 되돌아서다[오다] / ~ *up* and *down* 왔다갔다 하다.
2 산책하다, 어슬렁거리다(*about*, *(a)round*); 소풍가다. ¶ (~+[前]+[名]) ~ *on* the beach 해변을 산책하다 / We often ~ *in* the park after lunch. 우리는 점심식사 후 자주 공원을 산책한다.
3 (유령이) 나오다, 나타나다. ¶ Spirits ~ at night. 유령은 밤에 나돈다.
4 (진동 등으로 물건이) 움직이다, 이동하다.
5 《고어》 처세하다, 처신하다, 생활하다.
6 〔야구〕 (타자가) 4구로 1루에 나가다. ¶ He often ~*ed*. 그는 자주 4구를 골라 출루했다. **7** 〔농구〕 볼을 갖고 3보 이상 걷다(반칙). **8** 《美속어》 파업을 하다. **9** 《속어》 출옥하다, 석방되다; (무죄·벌금형으로) 방면되다; 달아나다, 사라지다. **10** 워크(디스코 댄스의 일종)를 추다. **11** 〔우주〕 (우주 비행사가) 우주 유영을 하다, 선외(船外)를 걷다; (탐사기가 궤도 따위를) 천천히 돌다. **12** 〔해사〕 (배가) 나아가다. **13** 《英속어》 (소지품 따위가) 없어지다. **14** 《美속어》 (앙상블에서) 재즈를 잘 연주하다. **15** 《美속어》 무사히 빠져 나오다.
── [타] **1** …을 걷다, 걸어가다. ¶ ~ London streets all alone 외로이 런던 거리를 걷다. **2** 〔시간〕을 걷기로 보내다(*away*). ¶ (~+[目]+[副]) We ~*ed* the afternoon *away* along the wharf. 부두를 걸으며 오후 시간을 보냈다. **3** 〔동물〕을 걷게 하다, 〔개〕를 산책시키다. **4** 〔남〕을 억지로[부축해서, 도와서] 걷게 하다; 〔사람 등〕을 걸려서 …상태가 되게 하다. ¶ ~ a person *to* exhaustion 〔남〕을 걸려서 지치게 하다. **5** 〔남〕과 함께 걷다; 〔남〕을 안내하여 걷다; 배웅하러 가다. ¶ (~+[目]+[前]+[名]) I'll ~ you *to* the station. 정거장까지 바래다 드리겠습니다. **6** 〔무거운 것〕을 걸리듯이 움직여 나르다; 〔자전거 따위〕를 내려서 끌고 가다. ¶ *W*– your bicycle here. 여기서는 자전거를 끌고 가시오 / ~ an electric refrigerator 전기 냉장고를 좌우로 기울이며 걸리듯이 움직여 나르다. **7** 〔야구〕 (투수가 4구로) 〔타자〕를 1루로 걸어 나가게 하다. **8** 〔농구〕 〔볼〕을 든 채 3보 이상 걷다. **9** …을 보측(步測)하다. ¶ ~ a track 경주로를 보측하다. **10** …와 경보(競步)를 하다. **11** 〔해사〕 〔캡스턴(capstan)〕을 걸으면서 돌리다. **12** 〔춤〕을 느릿느릿 추다. **13** 《英속어》 …을 마음대로 가져가다.
let it walk 《美속어》 (식당에서 음식을) 갖고 가서 먹을 수 있도록 싸주다.
walk about (걸어) 돌아다니다; 산책하다.
walk abroad 《문어》 ① (질병·범죄 따위가) 만연하다. ② (유령 따위가) 나타나다.
***walk (all) over** a person* 《구어》 ① 남을 깔고 뭉개다, 남의 감정[권리 따위]을 무시하다. ② 남을 (시합 따위에서) 완패시키다, 남에게 낙승하다.
walk** a person **home 남을 집까지 데려다[바래다]주다.
walk around ① 《美구어》 (…와) 춤추다(*with*). ② 〔문제 따위〕를 다각적으로 검토하다, 신중히 다루다. ③ …을 잘 빠져 나가다, 피하다.
walk away (남을 내버려 두고) 떠나다.
walk away from ① …의 곁을 떠나다. ② 《美구어》 (경주 따위에서) …에 낙승하다. ③ 〔사고〕를 (가까스로) 상처없이 피하다[벗어나다]. ④ …에 말려드는 것을 피하다.
walk away with =*walk off with*.
walk before** one **can run 어려운 일을 착수하기에 앞서 기본을 습득하다(＊run before one can walk는 반대의 의미).
walk by faith 신앙 생활을 하다.
walk down ① 〔독(毒)·취기(醉氣) 따위〕를 걸어서 없애다, 중화하다. ② 〔상대〕를 걷기로 이기다, 걸어서 지치게 하다. ③ 《美서부》 〔야생마〕를 달려서 지치게 하여 잡다.
walk good 《명령문에서》 잘 가, 성공을 빈다.
walk heavy 《美속어》 거물처럼 굴다, 잘난 체하다.
walk in on 갑자기 뛰어들어 …을 방해하다.
walk in the dark [light] 어둠[밝음] 속을 걷다; 죄를 짓고[바르게] 살다.
walk into ① (무단으로) 들어가다. ② 《속어》 …을 때리다; …을 나무라다; …을 공격하다. ③ (일자리를) 쉽게 얻다. ④ (함정에) 빠지다; …에 부딪히다. ⑤ 《속어》 …을 배불리[게걸스럽게] 먹다.
walk it 《구어》 ① 걸어서 가다. ② (경주마가) 낙승하다.
walk off ① 급히 떠나다. ② 〔죄인 따위〕를 연행하다. ③ 〔두통·체중 따위〕를 걸어서 낫게 하다[줄이다].
walk off the job 일을 갑자기 그만두다; 파업하다.
walk off with 《구어》 ① 〔남〕과 함께 걸어서 떠나가다; 무단 이탈하다. ② …을 갖고 달아나다; 잘못[무심코] 가지고 가다. ③ 〔상금 따위〕를 쉽게 차지하다. ④ 《익살》 …을 쉽게 이기다, …에 낙승하다. ⑤ (배우 등이) …의 인기[성공]를 거머쥐다.
walk on 짓밟다; 계속 걷다; (영화·연극 따위에서) 단역을 맡다.
walk on [or ***upon***] ***air*** 기뻐 날뛰다, 들뜨다.
walk** one's **chalks ⇨CHALK.
walk out ① 나돌아다니다; 급히 떠나다; (항의 표시로) 자리를 뜨다, 퇴장하다 (*on, of*). ② 《구어》 스트라이크하다, 파업하다. ③ 〔사람·일 따위〕를 버려두다, 돌보지 않다; 〔책임·약속〕을 포기하다 (*on*). ④ 《美구어》 데이트하다(go out)(*with*).
walk out on 《美구어》 …에서 떠나다; …을 버리다.
walk out with 《英》 …을 애인으로 갖다; …의 비위를 맞추다.
***walk over** a person* 남을 좌지우지하다; 남에게 낙승하다; 남을 깔아 뭉개다.
walk over (the course) 〔경마〕 (경쟁 상대가 없어서) 형식적으로 독주하다; …에 낙승(樂勝)하다.
walk round 산책하다; 간단히 이기다.
walk soft 《美속어》 삼가서 행동하다.
walk Spanish 《美속어》 ① 발끝으로 걷게 하다; 조심조심 걷다. ② 해고당하다[하다].
walk tall 가슴을 펴고 걷다, 스스로 긍지를 갖다.
walk the boards 무대에 서다, 배우가 되다.
walk the chalk ⇨CHALK.
walk the floor (고통·근심 따위로) 실내를 서성거리다.
walk the hospitals ⇨HOSPITAL.
walk the plank ⇨PLANK.
walk the talk 말한 것을 실행[실천]하다.
walk through ① 〔연극〕 (연기를 중심으로) 분장 없이 연습하다[시키다]; 대본을 대충 읽어보다; (리허설 따위에서) 〔배역〕을 임시변통으로 연기하다. ② 〔일·시험 따위〕를 대충 해치우다; 〔시험 따위〕에 합격하다. ③ 〔메시지 따위〕를 직접 전하다 (*to*).
walk through life [or ***the world***] 세상살이를 하다.
Walk up! 어서 오십시오!(문지기 등이 외치는 소리).
walk up to …에 걸어서 다가가다.
walk wide 《美속어》 조심하다.
walk with God 고결하게 살다, 바르게 살다.
Walk with me, talk with me! 《美속어》 어찌된 거야, 이야기 좀 들어 보자.
── [명] **1 a)** 걷기, 보행; 보통 걸음. ¶ drop into a ~ (달리다가) 걷기로 바꾸다. **b)** 우주 유영(space ~), (탐사기의) 완만한 천체 선회. **2** 산책; 소풍. ¶ go for a ~ 산책나가다. **3** 보행 거리, 도정(道程). ¶ The church is ten minutes' ~ from my house. 교회는 우리집에서 걸어서 10분 거리에 있다. **4** (사람·짐승의) 걸음걸이, 보조(gait); (특징있는) 걸음걸이. ¶ know a person by his ~ 걸음걸이로 누군지를 알다. **5** 신분, 사회적 지위; 직업; 활동 범위, 분야. ¶ all ~*s*[*or* every ~] of life (사회의) 모든 분야[직업, 계급]. **6** 걷는 길, 보도, 인도; 산책로; 작은 길, 오솔길. ¶ a public ~ 공도. **7 a)** (가축·가금의) 사육장. **b)** 방목장, 목양장(牧羊場). **8** 〔스포

츠』 (the ~) 경보(競步)(race walking). **9** 밧줄 제조소 [공장](ropewalk). **10** (서인도 제도의 커피·고무 따위의) 농원. **11** (행상인의) 단골 구역, 장사 구역; (우편 집 배원의) 담당 구역; (산림 감시원의) 감독 구역. **12** (야구) 4루에의 진루. 출루. **13** (고어) 체세(법), 생활 양식. 생활. **14** (특히 도요새의) 떼. **15** (英) 의례적인 행렬(procession). **16** 워크(디스코 댄스의 일종). **17** (사냥개 따위의 환경 적응 훈련을 위한) 농장, 사육장. **18** (a ~) (美속어) 쉬운 일, 식은죽 먹기.

a walk of [or *in*] *life* ⇒ 图 **5**. ¶people in every ~ *of life* 각계 각층의 사람들.

go at a walk (말이) 보통 걸음으로 걷다.

in a walk (美구어) 힘들이지 않고, 쉽게.   「다.

take a walk for a walk 남을 산책에 데리고 나가

take a walk ① 산책하다. ② (구어) 갑자기 걸어나가다, 퇴장하다; 파업에 들어가다.

within an easy walk of ···에서 쉽게 걸어갈 수 있는 곳에.   「맞은.

walk·a·ble [wɔ́:kəbl] 图 걸어갈 수 있는; 걷기에 알

walk·a·bout [wɔ́:kəbàut] 图 **1** (英) a) 보행. b) (왕실·정치가 등의) 비공식 방문; 민정 시찰. **2** (濠) (원주민의) 단기간 숲속 방랑 생활; 휴가.

go walkabout (美속어) 주의력(집중력)을 잃다.

walk·a·round [wɔ́:kəràund] 图 (美속어) (서커스에서) 피에로가 걸어다니면서 하는 연기.

walk·a·thon [wɔ́:kəθὰn/-ɔ̀n] 图 (지구력을 겨루는) 장거리 경보; 워커톤(자선 모금이나 정치 목적의 장거리 행진).

walk·a·way [wɔ́:kəwèi] 图 **1** (美속어) 낙승; 쉬운 일, 누워서 떡먹기. **2** (병원·교도소 따위에) 걸어서 탈주하는 환자(죄수). **3** (美속어) (표를 산) 손님이 잊고 간 거스름돈; 매표원이 거스름을 속여서 번 돈. —图 쉬운. ¶a ~ *victory* 낙승.

walk-be·hind [-bìhàind] 图 (움직이는 기계 따위를) 밀고 가는, 사람이 뒤에서 따라가는. ¶a ~ *lawn mower* 밀고 가는 식의 잔디 깎는 기계.

walk-down [-dàun] 图 **1** 노면보다 낮은 저지대 상점[주택가]. **2** (美구어) (서부극 따위 결투 장면에서) 주인공과 악당이 마주보고 다가가기. —图 (가게·아파트 따위가) 노면보다 낮은 곳에 있는.

*****walk·er** [wɔ́:kər] 图 **1** 보행자, 걷는 사람, 산책을 좋아하는 사람. ¶*He is a great* ~. 그는 걷기를 무척 좋아한다. **2** 행상인; 경보(競步) 선수; 독자적인 행동을 하는 사람. **3** (나는 새·헤엄치는 새에 대해) 걷는 새. **4** (직업으로 개 따위를) 산책시키는 사람; 종교인. 5 보행 보조기. 6 (보통 ~s) 보행[산책]용 구두[신발]. **7** (속어) (연극) 단역.

Walk·er [wɔ́:kər] 图 (때로 w—) (英속어) 설마, 미친 소리!

Wálker Cùp (the ~) 워커 컵(격년으로 개최되는 미국과 영국의 아마추어 골프팀 대항 경기).

walk·ie-look·ie [wɔ́:kilúki] 图 휴대용 비디오 카메라, 워키루키.   「(개에게 하는 말).

walk·ies [wɔ́:kiz] 图 (英구어) 산책(특히 어린아이·)

walk·ie-talk·ie [wɔ́:kitɔ́:ki] 图 (송수신 겸용의) 휴대용 무전기, 워키토키. (또는 **walk·y-talk·y**)

walk-in [-ín] 图 **1** (범죄에 있어) 문을 부수지 않는 ~ *burglary* 밖에서의 강도. **2** (판매인·손님 등이) 예약 없이 찾아오는, (손님이) 뜨내기의, 오다가다 들리는. ¶a ~ *patient* 예약하지 않은 외래 환자 / ~ *customers* 드나들기 손님. **3** (가구 따위가) 사람이 서서 들어갈 만큼 큰. **4** (아파트 입구가) 도로에서 바로 들어갈 수 있는, (영화관 따위가) 워크인식(式)의(⇒ drive-in). **5** (아파트 따위가) 당장 입주할 수 있는 상태인.

—图 **1** 사전 연락 없이 찾아오는 사람, 뜨내기 손님; 외래 환자. (대사관 따위의) 정치적 망명자. **3** ⊨ ~ *apartment*. **4** (美구어) (선거·경쟁 따위의) 낙승. 5 지원자.

wálk-in apártment 图 (홀을 통하지 않고 전용 출입구가 각기 따로 있는) 단층 아파트.

‡**walk·ing** [wɔ́:kiŋ] 图 **1** 걷는, 보행하는. **2** 보행용의. ¶*She put on her* ~ *shoes*. 그녀는 보행용 구두를 신었다. **3** (기계) (걷듯이) 이동하는; (짐승이 끌게 하여) 걸으면서 조작하는. ¶a ~ *plow* 손잡이 쟁기 달린 가래. —图(U) **1** 걷기, 보행; 걸음걸이. **2** (보행자 입장에서의) 도로 상태.   「(美속어) 유통비.

wálk·ing-aróund mòney [-əráund-] 图 용돈.

wálking báss [-béis] 图 워킹 베이스(재즈 피아노로 연주되는 저음의 반주).

wálking bèam 图 (엔진의) 동량(動樑).

wálking chàir 图 (유아용) 보행기(go-cart).

wálking cráne 图 이동식 기중기.   「의 임원.

wálking délegate 图 (현장 조사 전담) 노동 조합

wálking díctionary [**encyclopédia**] 图 살아 있는 (백과) 사전, 만물 박사.

wálking dréss 图 (간편한) 외출복, 산책옷.

wálking fèrn 图 (식물) (북미산(産)) 거미일엽초류

wálking fràme 图 보행(보조)기.   「(類).

wálking géntleman 图 (연기보다 외모로 한몫 보는) 단역 남자 배우, 엑스트라.

wálking hàndbag 图 (속어) 악어.

wálking hóliday 图 도보 여행을 하는 휴가, 하이킹을 하는 휴일.   「통행인 역.

wálking lády 图 (외모로 한몫 보는) 단역 여배우,

wálking lèaf 图 =walking fern; 가랑잎벌레.

wálking machìne 图 워킹 머신, 보행 기계(몸에 부착하여 수족의 운동(運動)으로 작동하도록 하는 기계).

wálk·ing-ón pàrt [-άn-/-ɔ́n-] 图 (연극 따위의) 단역, 통행인 역. (또는 **wálking pàrt**)

wálking pàpers [图] **1** (美·캐나다 구어) 해고[제대] 통지. (또는 **wálking òrders**) **2** (美속어) (친구·연인으로부터의) 절교[이별]의 편지[통지].

wálking ràce 图 경보(競步).

wálking rèin 图 (유아의) 보행 연습용 유도끈.

wálking shòrts 图 워킹 쇼츠(Bermuda shorts 보다 낙낙한 반바지).

wálking stàff 图 (보행용) 지팡이.

wálking stìck 图 **1** 지팡이, 스틱. **2** (곤충) 대벌레.

wálking tìcket 图 (美구어) =walking papers.

wálking tòur 图 도보 여행.

wálking wóunded 图 (the ~) (집합적) **1** 보행 가능한 부상자[부상병]. **2** (구어) 정서 장애자.

Walk·man [wɔ́:kmən] 图 (상표) 워크맨(Sony사(社)의 휴대용 카세트테이프 플레이어).

walk-off [-ɔ́:f/-ɔ́f] 图 일어나 가버리기; 회의 등에서 활의를 나타내는] 퇴장; 동맹 파업.

walk-on [-ὰn/-ɔ̀n] 图 (연극) (대사가 없는) 단역(통행인 역 따위). —图 **1** 무대에 등장하는; 단역의. **2** (비행기편이) 사전 예약이 불필요한, 예약제가 아닌.

walk-out [wɔ́:kàut] 图 **1** (美구어) (노동자의) 동맹 파업(strike). **2** (美구어) (항의 표시로 하는) 퇴장, 불참. **3** (건물 등에서) 직접 밖으로 통하는 출구. **4** 물건을 사지 않고 가는 손님; (값만 묻고) 사지 않고 가기.

—图 직접 밖으로 나가는 문이 있는. (또는 **wálk-òut**)

walk·o·ver [wɔ́:kòuvər] 图 **1** (경마) (경쟁 상대가 없어) 보통 걸음으로 낙승하기, 부전승. **2** (구어) 낙승, 독주, 경쟁없는 승리. **3** 쉽게 할 수 있는 일, 쉽게 이길

have a walkover 낙승하다.   「[수 있는 상대.

walk-through [-θrù:] 图 **1** (연극) (분장 따위 없는) 동작·표정 연습; (대본을) 임시 변통으로 상연하기; 단역. **2** (TV) (카메라 앞에서 하는) 리허설. **3** (수송·과정 따위의) 단계적인 (현장) 설명. **4** (건물과 건물 사이의) 연락 통로. **5** (컴퓨터) 워크스루(시스템이나 프로그램의 설계·명세를 계산자가 체크함으로써 오류를 발견하려는 방법). **7** 구경(관람)하면서 빠져나가게 되어 있는; 통과자에 의해서 활성화되는.

walk-up [-ʌ̀p] 명 《美구어》 1 엘리베이터가 없는 건물(아파트). 2 《경마》 상보(常步) 스타트. ― 형 승강기가 없는; (창구가) 도로에 면한, 들어가지 않아도 되는.
walk·way [wɔ́ːkwèi] 명 보도, 소로, 통로.
Wal·kyr·ie [wɑːlkíəri/vælkíəri] 명 =Valkyrie.
walk·y-talk·y [wɔ́ːkitɔ́ːki] 명 =walkie-talkie.
‡**wall**¹ [wɔːl] 명 (복 ~s [-z]) 1 벽; (돌·벽돌·나무 따위의) 담. ¶a blank ~ 창 따위가 없는 벽/a stone ~ 돌담/a wooden ~ 판자 울/climb a ~ of rock 암벽을 오르다/*Walls have ears.* 《속담》 낮말은 새가 듣고 밤말은 쥐가 듣는다. 2 (복 ~s) 성벽, 방벽, ¶the Great W~ (of China) 만리장성/castle ~s 성벽. 3 (a ~, the ~) 벽 같은 것; 장벽, 벽 같은 장애. ¶a ~ of prejudice 편견의 벽. 4 (홍수를 막기 위한) 제방, 둑. 5 (보통 ~s) (용기·내장 따위의) 내벽, 안쪽. ¶the ~s of the stomach 위벽. 6 (보도의) 집에 면한 쪽, 벽쪽. 7 (광산) 암반, 측벽. 8 (~s) 《美속어》 교도소.
be hung by the wall 쓰이지 않다, 방치되어 있다.
bounce off the walls 《美軍속어》 몹시 흥분[긴장]해 있다; 《美병원 속어》 착란[광란] 상태에 있다.
build a wall around oneself 자신의 틀 속으로 틀어박히다; (남)과 교류하지 않다.
clean up the walls 《흑속어》 압승하다.
come [or *run*] *up against a brick wall* 진보[진전]하지 않다.
drive [or *push, thrust*] *a person to the wall* 남을 궁지에 빠뜨리다, 꼼짝 못하게 몰아붙이다.
drive [or *send*] *a person up the wall* 《구어》 남을 몹시 화나게 하다; 난감하게 만들다.
give a person the wall 남에게 길을 양보하다; 남에게 유리한 입장을 부여하다.
go over the wall 《속어》 탈옥하다; 탈당하다.
go to the wall ① 궁지에 빠지다; 밀려나다; 지다, 굴하다(yield). ② 사업에 실패하다, 파산하다.
go up [or *climb*] *the wall* 《구어》 (긴장·불안·초조가 심해져) 미칠것 같다, 발광 직전이 되다.
jump [or *leap*] *over the wall* 교회[교단]를 떠나다.
off the wall(s) 《美속어》 엉뚱한, 별난, 의외인; 광기가 심한; 풍부하다.
one's back to the wall ⇒BACK¹.
over the wall 《속어》 탈옥하여.
run [or *bang, beat, hit, knock*] *one's head against the wall* 불가능한 일을 시도하다, 헛수고하다.
see through [or *into*] *a brick wall* 통찰력이 예리하다[풍부하다].
send a person to the wall 남을 업신여기다, 거추장스럽게 생각하다.
take [or *have*] *the wall of a person* 남에게 길을 양보하지 않다; 남보다 유리한 입장에 서다.
turn one's face to the wall 얼굴을 벽으로 향하다 (※ 임종이 다가옴을 의식하는 사람에 대해서 하는 말).
up against a [or *the*] *wall* 벽에 등대고 서서; 벽에 부딪혀.
up the wall 《구어》 몹시 화가 나서.
within four walls 방 안에서; 살짝, 은밀히.
― 형 벽의; 벽에 있는; 벽[담]에 붙어 사는. ¶~ plants 벽에 붙어 자라는 식물(담쟁이 따위).
― 통 1 …을 벽[담]으로 두르다. 2 (문·입구 따위)를 벽으로 막다(가리다)(up); …을 칸막이하다, …을 차단하다(off)(from). ¶ (~+목+图) The window was ~ed up. 창문이 벽으로 막혔다. 3 …에 성벽을 둘러치다, …을 성벽의 city 성벽을 둘러쳐 방비된 도시. 4 (사람·물건)을 벽 속에 가두다[파묻다]; (죄수)를 벽돌담 안에 감금하다(up)(in). ― 形 《美속어》(파티에서 춤추지 않고) 벽에 기대 서다.
~**·less**, ~**·like** 형.
wall² 통 《美》 (눈)알을 굴리다. ― 명 (눈이) 크게 움
wal·la [wɑ́ːlə/wɔ́l-] 명 =wallah.
wal·la·by [wɑ́ləbi/wɔ́l-] 명 (복 ~, -bies) 1 왈라비(소형(小型) 캥거루; 그 모피). 2 (-bies) 오스트레

일라이인[원주민]; (W-) 오스트레일리아 대표 럭비 팀.
on the wallaby (*track*) (濠속어) (일자리를 찾아) 이리저리 헤매다.
Wal·lace [wɑ́lis/wɔ́l-] 왈리스. 1 **Alfred Russel** ~ (1823-1913: 영국의 박물학자·탐험가). 2 **Edgar** ~ (1875-1932: 영국의 추리 소설가). 3 **George Corley** ~ (1919-98: 미국의 정치가; Alabama 주 지사. 4 **Lewis** ~ (1827-1905: 미국의 장군·소설가; *Ben Hur*(1880)).
Wal·lace·ism [wɑ́lisìzm, wɔ́ːl-/wɔ́l-] 명 왈리스주의(G. C. Wallace의 정책; 인종 차별 철폐 반대와 남부 여러 주의 권리 옹호를 주장함); 윌리스적 발언[언
Wal·lace·ite [-àit] 명 [사].
Wállace's líne [wɑléikəs/wɔ-] 명 왈라리수선(동물지리학상의 동양구(區)와 오스트레일리아구 사이의 가상의 경계선). (＜A. R. Wallace의 이름)
Wal·la·chia [wɑléikiə/wɔ-] 명 왈라키아(루마니아 동부의 옛 공국; 1861년 Moldavia와 통합하여 루마니아가 됨; 수도 Bucharest). (또는 **Walachia**)
wal·lah [wɑ́ːlə/wɔ́lə] 명 (인도) 어떤 일을 하는 사람, ―담당, ~(係).
wal·la·roo [wɑ̀lərúː/wɔ̀l-] 명 (복 ~(**s**)) 윌러루(대형 캥거루; 오스트레일리아 초원지대산(産)).
wáll-at·tàch·ment efféct [-ətætʃmənt-] 명 (유체역학) 유체가 만곡면을 흐를 때 표면에 흡착하는 경향(Coanda effect).
wall-bang·er [wɔ́ːlbæ̀ŋər] 명 《美》 보드카나 진에 오렌지 주스를 혼합한 칵테일의 일종.
wáll bàrs 명 (체조용의) 늑목(肋木).
wall·board [wɔ́ːlbɔ̀ːrd] 명 벽에 대는 재목(인조 벽판, 텍스(목재 널빤지 따위의 대용품)).
wáll clòud 명 =eyewall.
wall·cov·er·ing [wɔ́ːlkʌ̀vəriŋ] 명 (플라스틱·직물 따위로 만든) 벽지. (또는 **wáll còvering**)
wáll crèeper 명 (조류) 나무발바리의 일종.
walled [wɔːld] 형 벽이 있는, 벽을 둘러친; 성벽으로 둘러싸인[방비된].
wálled pláin 명 벽(壁)평원(달 표면의 원형 구역).
‡**wal·let** [wɑ́lit, wɔ́ːl-/wɔ́l-] 명 1 (돈) 지갑, (가죽제) 서류 가방. 2 《美속어》 (대학생에게 학비를 대는 아버지. 3 《英》 여행용 가방, 배낭, (작은) 도구 주머니; 《英고어》 전대, 바랑.
wall·eye [wɔ́ːlài] 명 1 (복 ~(**s**)) 눈알이 큰 물고기. (또는 **wálleyed píke**) 2 각막이 흐린 눈; 외(外)사시.
wall·eyed [wɔ́ːlàid] 형 1 각막이 흐린 눈의. 2 (물고기) 눈알이 큰. 3 (놀람 따위로) 눈을 크게 뜬.
wálleye(d) póllack 명 [어류] 명태.
wall·flow·er [wɔ́ːlflàuər] 명 1 《구어》 벽의 꽃(무도회에서 상대가 없이 혼자 있는 사람; 소극적인 여성). 2 활동에서 따돌림을 당하는 사람[조직], 아웃사이더. ¶The firm was a ~ in the bidding. 그 회사는 입찰에서 따돌림 당했다. 3 꽃무, 향짓무(속의 식물).
wáll frùit 명 담 따위에 의지해서 익게 하는 과일.
wáll gáme 명 월 게임(squash tennis 따위 코트내의 벽에 공을 치거나 던지거나 하는 게임).
wáll hànging 명 장식용 벽걸이.
wall·ing [wɔ́ːliŋ] 명 벽(담)쌓기; 벽 재료; (집합적) 벽.
Wal·lis [wɑ́lis, wɔ́ːl-/wɔ́l-] 월리스. 1 **John** ~ (1616-1703: 영국의 수학자). 2 Wallace의 별칭.
wáll jòb 명 《美속어》 (수리 공장에서) 고장차를 수리도 하지 않고 요금을 청구하기.
wáll knót 명 =wale knot.
wáll néwspaper 명 벽신문, 벽보, 대자보(大字報).
Wáll of Déath 명 (the ~) 죽음의 벽(큰 원통의 안쪽 벽을 오토바이를 타고 도는 묘기(흥행)).
Wal·loon [wɑlúːn/wɔl-] 명 왈론 사람(벨기에 남부·동남부에 거주); [U] 왈론어(語)(프랑스어의 한 방언).
wal·lop [wɑ́ləp/wɔ́l-] 통타 《구어》 1 …을 흠씬 두

walloper

들겨 패주다. 2 **(구어)** 〔공 따위〕를 세게 치다. ¶ ~ the ball out of the park 공을 장외로 쳐내다. 3 **(구어)** 〔기 따위에서〕…에게 대승하다(*at*). 4 **(스코)** 비틀거리게 하다, 흔들거리게 하다. — 匝 1 **(구어)** 건들거리다. 비틀거리다. 2 부글부글 끓다. — 匣 1 **(구어)** 강타, 통치; 타격력. 2 비틀거림, 볼썽사나운 동작. 3 **(구어)** (비유적) 강렬한 인상을 주는 힘, 박력; 스릴, 흥분; 영향력; 연줄, 연고. 4 □ **(구어)** 맥주(beer).
get a wallop 완패[참패]하다.
pack a wallop **(구어)** 강편치를 먹일 수 있다; 대단 — 匣 **(구어)** 털썩, 쿵, 쾅. — 匣 한 효험이 있다.
go (down) wallop 쿵 쓰러지다[넘어지다].

wal·lop·er [wάləpər/wɔ́l-] 匣 1 **(구어)** 때리는 사람[것]. 2 **(英방언)** 터무니없이 큰 것. 3 **英·濠속어** 경찰관, 순경.

wal·lop·ing [wάləpiŋ/wɔ́l-] **(구어)** 匣 1 □□ 때리기, 강타. 2 완패. — 匣 터무니없이 큰: 굉장한, 거창한. — 匣 터무니없이, 엄청나게.

wal·low [wάlou/wɔ́l-] 匡匣 1 〔짐승이 물·눈·진흙탕·먼지 따위의 속을 뒹굴다(*in*). ¶ (~+匣+图) ~ *in the dust* 먼지 속을 뒹굴다. 2 〔쾌락 따위에〕 빠지다, (감정 따위에) 젖다(*in*). ¶ (~+匣+图) ~ *in luxury* 사치에 빠지다. 3 어기적거리며 볼썽 사납게 걷다. 4 〔연기·열기 따위가〕 밀려오다. — 匣 1 (물소 따위가) 뒹구는 진흙탕; 수렁.
be wallowing in money [or *it*] 돈이 엄청나게 많다. 2 (물소 따위가) 뒹구는 진흙탕; 수렁. 3 (비유적) 부진, 침체. "뒹구는 사람[동물].

wal·low·er [wάlouər/wɔ́l-] 匣 〔돈·모래 속을〕 뒹구는 사람[동물].

wáll pàinting 벽화, (특히) 프레스코(fresco).

***wall·pa·per** [wɔ́:lpèipər] 匣□ 벽지. — 匣 벽지를 바르다. — 匡 벽지를 바르다.

wállpaper músic **(英)** (레스토랑·백화점 등의) 백그라운드 음악.

wáll pàss 匣 〔축구〕 월패스, 주고 받는 패스(one-two).

wáll plùg (벽면의) 콘센트.

wall·post·er [wɔ́:lpòustər] 匣 = wall newspaper.

wáll ròck (채광) 모암(母岩), 벽암(壁岩).

wáll sòcket 벽소켓(socket).

Wáll Strèet 匣 1 월스트리트, 월가(New York 시 Manhattan 구의 거리 이름; 미국 금융 시장의 중심지) (略 Lombard Street). 2 미국의 금융계[금융 시장].

Wáll Strèet·er [-stri:tər] 匣 월 스트리트 관계자 (월가(街) 또는 금융가에서 일하는 사람).

Wáll Strèet Jóurnal 匣 (the ~) 월 스트리트 저널(뉴욕 시에서 발행되는 경제 전문 일간지). 「막.

wáll tènt 匣 (사방에 수직 벽면이 있는) 집 모양의 천

wall-to-wall 匣 1 (벽에서 벽까지) 바닥 전면의. 2 (어떤 장소·시간대를) 빠짐없이 차지하는. 3 **(구어)** 구석구석의, 철두철미한. — 匣 한쪽 끝에서 다른 쪽 끝까지; 넘쳐 흘러서. ¶ [두-] 바닥 전체에 깔린 융단.

wal·ly¹ [wéili] **(스코)** 匣 1 훌륭한, 멋진; 용모 단정한. 2 (사람·동물이) 강한, 건강한; (물건이) 규모가 큰. — 匣 멋지게. 3 (장난감처럼) 쓸모 없는 것, 겉만 번드르르한 것, 싸구려 물건. (또는 **wallie**)

wal·ly² [wάli/wɔ́li] **(속어속어)** 匣 1 얼간이, 명청이. 2 (록 콘서트 따위에서의) 아우성, 절규.

wal·ly³ [wéili] **(스코 방언)** 匣 도자기제(製)의; 자기 (磁器) 타일을 붙인. ¶ (-lies) 의치(義齒).

Wal-Mart [wɔ́:lmàːrt] 匣 월마트(미국에 본사를 둔 다국적 대형 할인 매장).

***wal·nut** [wɔ́:ln∧t, -nət] 匣□ 1 호두; 호두나무; □ 호두나무 재목; 호두색, 적갈색.
over the walnuts and the wine 디저트 코스에서, 식후의 일종. — 匣 호두나무 재목으로 만든; 호두 빛깔의.

Wal·pole [wɔ́:lpòul] 匣 월폴. 1 **Horace** ~ (1717-97; 영국의 소설가·수필가). 2 **Hugh Seymour** ~ (1884-1941; 영국의 소설가).

Wal·púr·gis Níght [va:lpúərgis-/væl-] 匣 발푸르기스의 밤잔치(5월 1일의 전야, 마녀들이 독일의 Brocken 산에 모여 베푼다고 전해지는 술잔치). 〔<G〕

***wal·rus** [wɔ́:lrəs, wάl-] 匣 (樔 ~·(**es**)) 1 바다코끼리(북극해·대서양 산(產)). 2 덩치가 커서 보기 싫은 사람[동물]. 3 **(美속어)** 솜씨[재주]가 없는 사람, 수영(然ing)을 못하는 사람. 「코밑 수염.

wálrus mustáche **(구어)** 양끝이 밑으로 처진

Walt [wɔ:lt] 匣 월트(남자 이름; Walter의 애칭).

Wált Dísney Prodúctions 匣 월트디즈니 프로덕션(미국의 영화 제작·배급 및 유원지 경영 회사).

Wal·ter [wɔ́:ltər] 匣 1 **[váːltər] Bruno** ~ 발터(1876-1962; 독일의 지휘자; 1939년 미국으로 이주). 2 [wɔ́:ltər] 월터(남자 이름).

Wálter Mítty **(美)** 월터 미티(자기가 용감하게 활약하는 공상에 빠져 있는 평범한 [터무니 없는 공상에 빠진] 사람). 〔<J. G. Thurber의 단편소설 *The Secret Life of Walter Mitty*(1939)의 주인공 이름〕

Wal·ton [wɔ́:ltn] 匣 월튼. 1 **Ernest Thomas Sinton** ~ (1903-95; 아일랜드의 물리학자; 노벨 물리학상(1951)). 2 **Izaak** ~ (1593-1683; 영국의 저술가). 3 **William (Turner)** ~ (1902-83; 영국의 작곡가). 「가).

Wal·tó·ni·an 匣 월턴(Izaak Walton)식의 (낚시꾼)

***waltz** [wɔ:lts/wɔːls] 匣 1 왈츠(둘이서 추는 3박자의 춤); 왈츠곡. 2 **(구어)** 낙승; 쉬움, 식은 죽 먹기. 3 **美속어** (프로 복싱에서) 1라운드. — 匣 왈츠의. ¶ a ~ *tempo* 왈츠의 박자. — 匡匣 1 왈츠를 추다. 2 (경쾌하게) 춤추듯이 걷다, 가볍게 움직이다(*in, out, off, (a)round*); 수월하게 성공하다(*through*); 뻔뻔스럽게 다가가다(*up*). 3 **(美속어)** (프로 복싱에서) 클린치만 하다. — 匣 〔파트너〕를 왈츠로 리드하다; …와 왈츠를 추다; 왈츠를 추면서 〔시간〕을 보내다(*away, through*). ¶ They ~*ed the night away*. 그들은 그 밤을 왈츠를 추면서 보냈다.
waltz a person around 남을 따돌리다, 속이다.
waltz around 논의가 (요점을 피해) 겉돌다.
waltz around with …을 마음대로 조종하다.
waltz into …을 공격[비난]하다, 야단치다.
waltz off with 상대를 이기다, 손쉽게 〔상〕을 차지하다. ᙜ·**er** 匣 ᙜ·**like** 匣 "다; …을 채가다.

wam·ble [wάmbl/wɔ́m-] **(英방언)** 匡匣 1 (사람이) 비틀거리며 걷다. 2 (위가) 꾸르륵거리다, 메스껍다 (feel nausea). 3 몸부림치다. — 匣□ 1 비틀거림, 갈짓자 걸음. 2 (위의) 꾸르륵 소리, 메스꺼움.

wam·pee [wampí:/wɔm-] 匣 왐피(중국·인도 원산 귤과의 나무). 2, 그 열매. 〔<Chin 黃皮〕

wam·pum [wάmpəm/wɔ́m-] 匣 조가비 구슬(화폐·장식용); □ **(美속어)** 돈(money).

wam·pus [wάmpəs/wɔ́m-] 匣 1 괴짜, 이상한 사람; 싫은 사람; 촌뜨기. 2 = wamus 2.

wa·mus [wɔ́:məs, wάm-] 匣 1 벨트가 달린 두꺼운 카디건의 일종. 2 (또는 **wammus, wampus**) 튼튼하고 올이 성긴 옷옷.

***wan** [wan/wɔn] 匣 (-**nn**-) 1 (병 따위로) 파리한, 안색이 나쁜(⇒PALE¹ 유의어) 2 병약한, 가냘픈. 3 역부족의, 불충분한, 효과적이 아닌, 성과가 오르지 않는. 4 (별·빛 따위가) 빛나지 않는, 약한. 5 **(고어)** 어두운, 침울한. — 匣 (-**nn**-) 匡 파리해지다, 파리하여 져가다. ᙜ·**ly** 匣 ᙜ·**ness** 匣 「원거리) 통신망.

WAN [wæn] 匣 〔통신〕 *w*ide *a*rea *n*etwork(광역

***wand** [wand/wɔnd] 匣 1 (마법사·점쟁이 등의) 가느다란 지팡이[막대기]. 2 (직권의 상징인) 관장(官杖), 직장(職杖); 지휘봉. 3 (버드나무같이) 낭창낭창한 가지. 4 (활)의 표적(길이 180cm, 폭 5cm). 5 (끝에 브러시가 붙어 있는) 화장용 칠. 6 = ~ *reader*.
wave one's [or *a*] **(magic) wand** (요술처럼) 멋지

게 문제를 해결하다, (마법처럼) 소망을 이루어주다.
Wan·da [wándə/wón-] 명 완다(여자 이름).
‡**wan·der** [wándər/wón-] 동 (~s [-z]) 자 1 (정처 없이) 떠돌다, 헤매다, 방랑하다; 막연히 걸어가다, 배회하다(*about, around*). →ROAM 유의어. ¶ (~+젼+명) ~ *about* 배회하다// (~+젼+명) ~ *on* a hill 언덕을 헤매다. 2 (산·강·길 따위가) 구불구불 나아가다[흘러가다](meander). ¶a ~*ing* stream [*path*] 구불구불한 시내[길]. 3 (정신 따위가) 산란해지다, 명해지다, 종잡을 수 없는 말[생각]을 하다; (주의가) 집중되지 않다. ¶Her wits ~*ed*. 그녀는 정신이 오락가락했다. 4 벗어나다, 길을 잃다(stray), 일행과 떨어지다; (이야기 따위가) 빗나가다(*off, away*)(*from, off*); (비유적) 나쁜 길로 빠지다. ¶ (~+젼+명) ~ *off* the track 길을 잘못 들다 / ~ *from* the point 논점에서 벗어나다.
— 타 …을 헤매다, 배회하다, 방랑하다. ¶ ~ the streets 거리를 배회하다.
— 명 1 [역학] (회전의·자이로스코프 따위의) 드리프트 이동(drift). 2 (구어) 방랑, 유랑; 정처없이 걷기.
***wan·der·er** [wándərər/wón-] 명 1 헤매는 사람, 방랑자. 2 잘못된 길에 빠져든 사람. 3 (아프리카산(產)) 나비의 일종. 4 거미의 일종.
***wan·der·ing** [wándəriŋ/wón-] 형 1 헤매는, 방랑하는, 이리저리 걸어 다니는. 2 (강·길 따위가) 꾸불꾸불한(winding). 3 종잡을 수 없는, 헛소리를 하는. 4 옆길로 빗나가는, 5 (병리) 유주성(遊走性)의. ¶ ~ cell [*organ*] 유주 세포[기관]. — 명 1 (UC) 어슬렁어슬렁 걷기(stroll). (보통 ~s) 목적없는 여행, 만유. 3 (보통 ~s) 종잡을 수 없는 이야기; 헛소리; 일탈, 탈선.
~·ly 부 ~·ness 명
wándering ánt 명 군대개미.
Wándering Jéw 명 1 (the ~) 방랑의 유대인(형장으로 가는 그리스도를 모욕한 죄로 영구히 방랑한다는). 2 (w- J-) (또는 **Wándering-jéw**) 줄방주달개비.
Wan·der·jahr [G vándəjɑːr] 명 -*jahr·e* [-jɑːrə] (옛날 도제 수업을 위한) 편력 시대; 방랑 시대. [<G Wander year] 『방랑벽. [<G]
wan·der·lust [wándərlʌst/wón-] 명 (U) (독일어)
wan·der·oo [wàndərú:/wòn-] 명 (~s) 실론산(產) 긴꼬리원숭이(langur); 인도 남부산(產) 짧은 꼬리 원숭이(macaque). 『플러그.
wánder plúg 명 (전기) (어떤 소켓에도 맞는) 만능
wánd reader 명 (막대 모양의) 바코드(bar code) 판독기, 완드 리더. 『(flasher).
wand·wa·ver [-wèivər] 명 (미속어) 노출증 환자
***wane** [wein] 자 1 (달이) 이울다(*away*)(↔wax). 2 약하지다; (권력·명성 따위가) 약화되다, 시들다; (힘·강도 따위가) 감소하다(*away*)(*in*). ¶Daylight is waning fast. 햇빛이 빠르게 약해지고 있다. 3 종말에 가까워지다. — 명 1 (the ~) 감쇠, 쇠미, 쇠퇴. 2 (보통 the ~) (달의) 이울음. 3 (보통 the ~) 종말. 4 재목에 원목의 흔적이 남아 있는 하급품.
on the wane ① (달이) 이울기 시작하여. ② 쇠약해 지기 시작하여; 종말에 가까워져.
wane·y [wéini] 형 (**wan·i·er; wan·i·est**) 1 (달을 이) 이울어 가는; (빛·명성 따위가) 쇠퇴해 가는; 감소한. 2 (각재(角材)에) 둥근 부분이 있는.
wan·gle [wǽŋgl] (구어) 동 타 1 (음모 따위로) …을 손에 넣다, 감쪽같이 해먹다[가로채다](*out of*). (남)에게서 …하게 하다. 2 …을 그럴 듯하게 보이게 하다, [서류 따위]를 속이다. — 자 책략을 쓰다; 용케 벗어나다; 속이다. — 명 (UC) (책략·음모 따위로) 용케 손에 넣기; 교활한 방식, 속임수. -**gler** 명
wan·i·gan [wánigən/wón-] 명 1 (美·캐나다) (벌꾼들의) 생활용품 상자(트렁크); 이동식 가옥. (또는 **wangan, wan·gun** [wǽŋgən], **wannigan**)
wán·ing móon [wéiniŋ-] 명 하현(下弦)달.
wan·ion [wánjən/wón-] 명 (고어) 저주, 복수, 보복.

A (*wild*) *wanion on…!; With a wanion to…!* …에게 저주가 있기를!
with a (*wild*) *wanion; in a wanion* 맹세코, 기필코; 지독히, 격렬하게.
wank [wæŋk] 자타 명 자위(自慰), 수음(masturbation); (英속어) 바보. — 동 자 자위 행위를 하다.
Wán·kel éngine [wáŋkəl-/G váŋkəl] 명 반켈 엔진(로터리 엔진의 별칭).
wank·er [wǽŋkər] 명 (비어) 자위 행위를 하는 사람; (속어) 호사가(好事家)(dilettante); 멍청이. 「한.
wank·y [wǽŋki] 형 (英속어) 싫은, 형편없는, 시시
wan·na [wánə, wɔ́:nə] (美구어) =want to[a].
wan·na·be [wánəbi/wón-] 명 (美구어) (俗 ~s) 열렬한 팬[신봉자](스타 따위를 신봉하여 그와 닮고자 하는 사람). [<I wanna be[want to be]…]
wan·nish [wániʃ/wón-] 형 약간 파리한.
‡**want** [wɑnt, wɔnt/wɔnt] 타 1 …을 원하다, 탐내다, 욕심내다(*with, from, of*). ¶ I always ~ something new. 나는 언제나 새로운 그 무엇을 원한다 / I ~ a shave. (구어) 면도하고 싶다 / *Wanted* a bookkeeper. (게시) 경리 사원 구함.

유의어 **want** 필요·부족을 메우기 위해 탐내다. **wish** 무엇인가를 손에 넣거나 이루기를 바라다; 현실적인 어려움을 암시하는 일이 많다. **desire** 강하게 want, wish 하다; 딱딱한 말.

2 (남)에게 볼일이 있다, 만나고 싶다; (남)을 찾다. ¶The teacher ~s you. 선생님이 널 찾으신다 / He is ~*ed* by the police. 그는 경찰의 수배자이다 / You are ~*ed* on the phone. 전화 왔다.
3 (부정사·과거분사와 함께) …하고 싶다; (남)에게 …해주었으면 하고 바란다. ¶ (~+to do) I ~ *to* see you. 너를 만나고 싶다/ He could have done it if he had ~*ed* to. 그가 하려고만 했으면 할 수 있었을 텐데 // (~+目+to do) I ~ (*for*) you to go at once. 네가 즉시 갔으면 한다/ (~+目+*done*) I ~ this work *finished* without delay. 이 일을 빨리 마무리짓고 싶다// (~+目+圃) I ~ everything *ready* by tomorrow. 내일까지는 모든 준비가 끝났으면 싶다.
4 (英) …을 필요로 하다. ¶It ~*s* careful handling. 그것은 조심해서 다룰 필요가 있다// (~+-*ing*) Your watch ~*s* *repairing*. 네 시계는 수리해야겠다.
5 (구어) (you를 주어로) …해야 한다, 하는 것이 좋다; (부정문에서) …할 필요가 없다. ¶ (~+*to* do) You ~ *to* see a doctor at once. 너는 바로 병원에 가봐야겠다.
6 …이 부족하다, 모자라다(lack), 불충분하다. ¶ ~ strength to walk 걸을 힘이 없다/ The book ~*s* a page. 그 책은 1페이지 모자란다 / (~+目+前+名) It ~*s* five minutes *to* [or *of*] eleven. 11시 5분 전이다.
7 (문어) …이 없어 고생하다. ¶ ~ food and shelter 음식과 거처가 없어 고생하다.
— 자 1 없다, 부족하다, 모자라다 (*in, for*). ¶ (~+前+名) He did not ~ *for* abilities. 그는 능력 부족이 아니었다. 2 생활이 어렵다, 궁핍하다. ¶ He must not be allowed to ~ in his old age. 그를 나이 들어서까지 옹색한 생활을 하게 해서는 안된다. 3 (…을) 필요로 하다 (*for*). ¶ (~+前+名) If you ~ *for* anything, let him know. 무엇이든 필요한 것이 있으면 그에게 알려라. 4 바라다, 원하다. ¶We can stay home, if you ~. 네가 좋다면 우리는 집에 있어도 좋다. 5 (방향을 나타내는 부사와 함께) …하고 싶어하다. ¶ (~+圃) He ~*s* *back*[*down, off*]. 그는 돌아가고[내려가고, 탈것에서] 내리고] 싶어한다.
want in [*out*] (구어) ① 들어가고[나가고] 싶어한다. ¶The cat ~*s in*. 고양이가 안으로 들어가고 싶어한다. ② (…에) 가입[탈퇴]하고 싶어하다.
want some doing (구어) 대단한 노력을 요하다.
— 명 (U) 1 (때로 a ~) 결핍, 부족 (*of*). ⇒LACK 유의어

¶suffer from [or for] ~ of water [business] 물 부족 [사업 부진]에 시달리다 / ~ of common sense 몰상식. 2 곤궁, 빈궁, 가난. ¶the bitterness of ~ 빈곤의 고통 / a person living in ~ 생활고를 겪고 있는 사람. 3 필요(need). ¶We are in ~ of an assistant. 우리는 보조원이 한 사람 필요하오. 4 ⓒ (보통 ~s) 필요의, 필수품, 욕심나는 것; 욕구, 욕망. ¶a man of few ~s 욕심이 적은 사람. 5 부족감, 싸움, 불만스러움. ¶feel a vague ~ 막연한 불만을 느끼다.
be in want of …이 필요하다. ⇨图 3.
for [or **from, through**] **want of** …이 없기 때문에, …부족으로. ¶die for ~ of water 말라 죽다.
~·a·ble 图 바람직한, 매력적인. **~·er** 图.
wan·ta [wántə/wɔ́ntə] (美구어) =want to.
wánt ád [wɔ́:nt-] (신문·잡지의) 구직[구인] 광고. 图 classified advertisement 「부족; 부족량[액].
wánt·age [wántidʒ, wɔ́:nt-] 图 필요한 물품;
wánt cólumn [wɔ́:nt-] (美구어) (신문의) 3행 광고란.
want·ed [wántid, wɔ́:nt-] 图 want의 과거·과거분사. ━图 1 (광고) 구 구하는, 모집하는. ¶W~ a cook. 요리사 구함. 2 지명 수배중의. ¶the ~ list 지명 수배자 명단. 3 (상점에서 점원을 부를 때) 여보세요!
wánted mán (경찰의) 지명 수배자.
‡**want·ing** [wántiŋ, wɔ́:nt-/wɔ́nt-] 图 1 …이 없는, 부족한, 불충분한(in). ¶She is ~ in politeness [common sense]. 그녀는 예의[상식]가 부족하다. 2 (…에 대한) 힘[능력]이 없는, 역량이 부족한 (to). ¶be found ~ to the occasion 그 경우에 대응할 능력이 없음이 판명되다. ¶She is a little ~. 그녀는 머리가 약간 모자란다. ━图 …이 없어, …이 모자라, 제쳐놓고; …이 모자라는, 축한. ¶W~ goodwill nothing can be done. 성의가 없으면 아무 일도 할 수 없다.
want·less [wántlis, wɔ́:nt-] 图 1 부족[부자유]함이 없는, 아쉬울 것이 없는. 2 욕구가 없는. 3 무자비한 (heartless). **~·ness** 图.
wánt lìst 图 필요품 목록, 입수 희망 품목표.
*wan·ton [wántən/wɔ́n-] 图 1 까닭 없는, 악의가 있는. ¶a ~ injury 까닭 없는 모욕. 2 무자비한, 무정한 (inhumane). 3 행실이 좋지 않은, 음란한, 호색의 (lustful). ¶a ~ woman 음란한 여자. 4 (시) (어린 짐승 따위가) 장난치는, 까부는. 5 (시) (바람 따위가) 변덕스러운. 6 다루기 힘든, 개구쟁이의. ¶a ~ child 개구쟁이. 7 (고어) (식물이) 우거진. ━(문어) 바람둥이, 음탕한 여자; 장난꾸러기, 까부는 사람.
play the wanton 농탕치다; 장난삼아 하다; (일을) 소홀히 다루다 (with).
━图㉔ 1 뛰어다니다, 까불다. 2 정숙치 못한 짓을 하다, 바람을 피우다. 3 (말이나 행동이) 지나치다 (in). 4 (식물이) 우거지다. 5 (자산 등을) 허비하다, 낭비하다. ━㉓ …을 낭비하다 (away). ¶(~+图+图) ~ money
wanton it 농탕[장난]치다. 「away 돈을 낭비하다.
~·ly 图. **~·ness** 图. 「간이.
want·wit [wántwit, wɔ́:nt-] 图 (구어) 명청이, 얼
wan·y [wéini] 图 =waney.
wap¹ [wɑp/wɔp] 图㉓ =whop.
wap² (방언) 图㉓ 싸다(wrap), 묶다.
WAP White Australia Policy; wireless application protocol (무선 응용 통신 규약); women against pornography; work analysis program.
wap·en·take [wápənteik/wɔ́p-] 图 (옛 잉글랜드 북부·동부의) county의 구성 단위(hundred에 상당).
wap·i·ti [wápəti/wɔ́p-] 图 (s) (북미산(産)의) 큰 사슴(elk).
wap·per·jaw [wápərdʒɔ̀ː/wɔ́p-] 图 1 (美구어) 주걱턱. 2 (英방언) 비뚤어진 입. **~ed** 图
wapsed. 2 몹시 취한.

‡**war** [wɔːr] 图 (图 ~s [-z]) 1 ⓤ (추상적으로) 전쟁 (상태) (opp. peace); 교전 기간; ⓒ (하나의 전쟁), 전란 (against, on, with). ⇨BATTLE¹ 유의어 ¶an aggressive ~ 침략 전쟁 / a civil ~ 내란, 내전 / the (American) Civil W~ (미국의) 남북전쟁 / a holy ~ (종교상의) 성전 / a cold ~ 냉전 / a hot ~ 열전 / a nuclear ~ 핵전쟁 / World W~ I [II] 제1[2]차 세계 대전. 2 다툼, 투쟁, 싸움(for, about, over). ¶the ~ of words 설전, 논전. 3 ⓤ 군사, 군무; 전략; 전술. ¶the art of ~ 병법, 전술. 4 (고어) 전투, 회전(會戰). 5 ⓤ (비유적) (인간 상호간의) 적의 (hostility), 불화. 6 (동업자 간의) 가격 경쟁, 고객 유치 경쟁. 7 (폐어) (전쟁) 무기, 장비; (고어) (집합적) 무장
a declaration of war 선전 포고. 「병사.
a theater of war 전쟁터, 전역(戰域).
a tug of war 줄다리기.
at war ① (…와) 교전중인 (with). ② (…와) 불화하여; (…와) 서로 용납되지 않는 (with).
a war of the elements 폭풍우; 천재지변.
a war to the knife 격전, 혈전, 백병전, 사투.
bring a war home to …에게 전쟁의 영향[피해]를 직접 받게 하다.
carry on war against …와 싸우다.
carry the war into the enemy's country [or **camp**] 공세로 전환하다; 역습으로 나가다, 반박하다.
declare war on [or **upon, against**] …에 선전포고하다.
drift into war 전쟁에 말려들다.
go into [or **enter**] **war** 전쟁 상태로 들어가다.
go to the war(s) (고어) 출정하다.
go to war ① 출정하다. ② 무력에 호소하다, 개전하다 (against, with). 「다.
have a good war (英구어) 전장에서 마음껏 활약하
have been in [or **through**] **the wars** (익살) ① (주로 어린이가) 약간 부상당했다. ② 거칠게 취급된 흔적이 있다.
make [or **wage**] **war on** [or **upon, against**] (외국·인플레이션·질병 따위와) 싸우다, …와의 전쟁
prisoners of war 전쟁 포로. 「을 시작하다.
the dogs of war 전쟁의 참화; 용병(傭兵).
the sinews of war 군자금, 활동 자금, 돈.
the trade [or **profession**] **of war** 군직(軍職).
the War of (American) Independence 미국 독립 전쟁(1775-83)(영국에서의 호칭).
the war to end war 전쟁을 없애기 위한 전쟁(제1차 세계 대전 때의 연합군의 슬로건).
━图㉔ (~s [-z]; -rr-) 1 (…와 / …을 위해) 전쟁하다, 싸우다, 다투다 (against, with / for). ¶(~+图+图) ~ against social evils 사회악과 싸우다. 2 적대하다, 대립 상태에 있다; (제안 따위에) 반대하다 (against); (병 따위와) 싸우다 (against, on). 3 소유권을 둘러싸고 다투다 (over).
━图 전쟁의; 전쟁에 쓰이는; 전쟁 때문에 생기는. ¶~ hysteria 전쟁 히스테리 / ~ expenditure 군사비 / a ~ factory 군수 공장 / a ~ brother 전우 / the ~ dead (집합적) 전사자, 전몰자.
war. warrant. **War.** Warwickshire.
wa·ra·gi [wɑ́ːrɑːgi] 图 와라기(바나나로 빚은 우간다
wár àrtist (고용된) 전쟁 화가. 「의 술).
warb [wɔːrb] 图 (濠속어) 너저분한[볼품 없는] 녀석.
~·y 图
wár bàby 图 1 전쟁 사생아. 2 전쟁의 산물(군수 산업
Wár betwèen the Státes 图 (the ~) (美) 남북 전쟁(the American Civil War). * 남부측에서 쓴 호칭.
wár·bird [wɔ́ːrbə̀ːrd] 图 군용기(의 탑승원).
*war·ble¹ [wɔ́ːrbl] 图㉔㉓ 1 (새가) 지저귀다 (away); (사람이) 목소리를 떨며 노래하다, 요들로 노래하다 (yodel). 3 (전자 장치가) 떠는 소리를 내다. 4 (시) (울이) 졸졸 흐르다; (바람이) 살랑거리는 소리를 내다.

—타 1 (목소리를 떨며) …을 노래하다(out). 2 …을 노래로 표현[찬미, 축하]하다. —명 (a ~, the ~) 지저귐; 목소리를 떨며 노래하기; 떨리는 소리(trill).
war·ble² 명 (수의) 1 (안장에 쓸려서 말등에 생기는 작고 단단한 혹. 2 쇠파리(warble fly) 유충의 기생으로 소의 등에 생기는 혹; 쇠파리 유충. -bled 형 쇠
wárble flý 명 (곤충) […]리 쇠파리의 일종.
wárble phòne 명 호출음[벨소리]이 부드러운[전자음인] 전화기.
war·bler [wɔ́ːrblər] 명 1 떨리는 목소리로 노래부르는 사람; 지저귀는 새; 벌레잡이[딱새]과(科)의 명금. 2 (통신) 무선 전화에서 반송 주파수를 바꾸는 장치.
wár bònnet 명 (북미 인디언의) 깃털 머리 장식.
wár bride 명 전쟁 신부(점령군 병사의 현지처).
War·burg [wɔ́ːrbɜːrg/G várburk] 명 **Otto Heinrich** ~ 바르부르크(1883-1970: 독일의 생리학자; 세포 호흡의 연구로 노벨 생리학상 수상(1931)).
wár càbinet 명 전시 내각.
wár cèmetery 명 전몰자 공동 묘지.
wár chèst 명 군자금; 전시 구제 자금; 운동 자금.
wár clòud 명 전운(戰雲). 「야구 배트.
wár clùb 명 (북미 인디언이 쓰던) 전투용 곤봉; (속)
wár correspòndent 명 종군 기자. 「살 따위).
wár crìme 명 (보통 ~s) 전쟁 범죄(포로 학살·대량학
wár crìminal 명 전쟁 범죄자, 전범(戰犯).
wár crý 명 (돌격) 함성; (정당의) 표어(slogan).
‡**ward** [wɔːrd] 명 (짝 ~s [-z]) 1 구(區)(시·읍의 행정 구획; 잉글랜드·스코틀랜드의 borough의 하위 단위). 2 (특정 환자를 위한) 병동, 병실; (교도소의) 감방; 수용실. ¶an isolation ~ 격리 병동. 3 (모르몬 교의 워드부(部))(스테이크부에서 stake)를 소구분한 교구로, 감독이 총괄함). 4 (축성) (성 안의) 가운데 마당, 안뜰, 앞마당. 5 (법률) 피후견인(⇨ guardian); ⓤ (법적으로) 후견 받기. 6 ⓤ (일반적으로) 보호, 감독. 7 ⓒ (검술 등의) 방어 자세. 8 (보통 ~s) (자물쇠 속의 열쇠와 맞는) 돌기, 열쇠의 홈. 9 (고어) ⓤ 감시; 감금; ⓒ 파수꾼.
be in ward to …의 후견을 받고 있다.
be under ward 감금되어 있다.
keep watch and ward 보호 감시하다.
put a person in ward 남을 감금하다.
walk the wards (의학도가) 병원에서 실습하다.
—타 (~s [-z]) 1 (위험·공격 따위를) 피하다, 비끼다(off). ¶~ off a blow 주먹을 피하다. 2 …을 (병실에) 수용하다, 입원시키다. 3 (고어) …을 보호하다, 지키다.
~·less 형 「견하다.
-ward [wərd] 접미 direction의 뜻을 갖는 부사·형용사를 만든다. ¶backward, onward. 「(災).
wár dàmage 명 전쟁의 피해, 전화(戰禍), 전재(戰
wár-dàmaged 형
wár dànce 명 (인디언 등의) 출진의 춤, 전승(戰勝)
wár dèbt 명 전쟁 채무(債務).
*****war·den¹** [wɔ́ːrdn] 명 1 관리인, 보관인, 파수꾼 (guard). ¶a game ~ 수렵 지역 관리인. 2 (영) (또는 **áir-raid ~**) 공습 감시원. 3 교도소장, 간수, 교도관. 4 (각종 관공서의) 책임자, 장(長). 5 (W—) (英) 학장, 교장. 6 (캐나다) 주지사; 지방 의회 의장. 7 동업조합의 간부. 8 교구(教區) 위원(churchwarden). 9 문지기; (英) 교문 감시원. 10 (英) 수렵 감시를 하다.
~·ship 명 =wardenry.
war·den² 명 (때로 W—) (요리용) 배의 일종.
war·den·ry [wɔ́ːrdnri] 명 ⓤⓒ warden¹의 직(職) [관리권, 관리 지구].
Wár Depártment 명 (the ~) (美역사) 전쟁성(省)(1789-1947년에 국방·군사를 담당한 연방정부의 한 성; 1947년 육군성이 되고, 1949년 국방성에 흡수).
ward·er¹ [wɔ́ːrdər] 명 호위자, 수호자; (美) 감시인; 위병, 문지기; (英) 교도관. ~·ship 명 「봉.
ward·er² 명 (권위의 상징으로서의) 직장(職杖), 지휘

wárd hèeler 명 정치 건달(정당 보스의 운동원·부하).
wárd màid 명 (병원의) 잡역부(婦), 청소부.
Wár·dour Strèet [wɔ́ːrdər-] 명 워더가(街)(런던의 골동품상이 많았던 거리; 현재는 영화 산업의 중심지); (영국의) 영화 산업. —명 의고적(擬古的)인.
Wardour Street English 의고체(體) 영어.
‡**ward·robe** [wɔ́ːrdroub] 명 (짝 ~s [-z]) 1 옷장, 양복장; 분장실(dressing room). 2 (집합적) (개인·극단 등의) 소유 의상. 3 (궁중·관청 따위의) 의상 관리부. 4 (영국이나 TV 스튜디오의) 의상부. 5 ⇨ trunk.
have a small [large] wardrobe 옷이 적다[많다].
—타 …에게 옷장[양복장]을 (마련해) 주다.
wárdrobe bèd 명 장롱 겸용의 접는 침대.
wárdrobe càse 명 의상 전용 가방.
wárdrobe dèaler 명 헌옷 장수.
wárdrobe màster 명 (연극의) 의상 담당자(남자).
wárdrobe mìstress 명 (연극의) 의상 담당 여직원.
wárdrobe trùnk 명 여행용 대형 의상 트렁크.
ward·room [wɔ́ːrdrùːm] 명 1 (군함의) 상급 사관실, 사관 식당 [휴게실]. 2 (집합적) (승선해 있는) 상급 사관. 「-WARD.
-wards [wərdz] 접미 (英) ⇨
ward·ship [wɔ́ːrdʃip] 명 (법률) 1 후견, 보호. 2 피후견인의 신분[입장]. [wardrobe trunk]
be under the wardship of …의 감독하에 있다.
have the wardship of …을 후견하고 있다.
wárd sìster 명 (英) 병동 간호사.
‡**ware¹** [wɛər] 명 (짝 ~s) 1 (보통 ~s) 상품, 제품(goods). 2 ⓤ (복합어로) …제(작)품, 세공품. ¶earthenware 도기 / silverware 은제품 / glassware 유리 제품. 3 ⓤ 도기(pottery). 4 (도자기의 산지명·제작자명 뒤에 놓아) …작(作)[제품]. 5 (고고) 토기.
praise one's own wares 자화자찬하다.
ware² (고어·시) 형 1 주의 깊은, 조심성 있는. 2 의식하고 있는. —타 (명령형으로) …을 조심하다, 경계하다; …의 파수를 보다; …을 의식하다. ¶W— hounds! 개조심 / W— the bottle! 과음하지 말 것!
ware³ 명 (스코·북英) (돈·시간 따위를) 쓰다, 쏟아
ware⁴ 명 (스코·북英) 봄(spring). 「넣다(expend).
*****ware·house** [wɛ́ərhàus] 명 -*hous·es* [-hàuzìz] 1 창고, 상품 보관소; 보세 창고(bonded ~). 2 (英) 도매상, 큰 소매 상점. 3 (美구어·경멸적) (공립 양로원·정신 병원 따위의) 대규모 공공 수용 시설.
—타 [wɛ́ərhàuz, -hàus] 1 …을 창고에 보관하다; (수입품)을 보세 창고에 보관하다; (美구어) (정신 질환자 등)을 공공 수용 시설에 집어넣다. 「(인 매점).
wáre·house clùb 명 웨어하우스 클럽(회원제의 할
ware·house·man [wɛ́ərhàusmən] 명 창고업자, 창고 담당원; (英) 도매 상인.
wárehouse recèipt 명 창고 증권.
wáre·room [wɛ́ərùːm] 명 상품 보관[전시]실.
wár estàblishment 명 (부대의) 전시 편제.
*****war·fare** [wɔ́ːrfɛər] 명 1 전쟁 (상태), 교전, 전투, 무력 충돌, 싸움. ¶*economic* ~ 경제 전쟁.
war·fight·ing [wɔ́ːrfàitiŋ] 명 (군사) 미사일 전쟁. [<*warhead+fighting*]
wár fòoting 명 (군대의) 임전 태세, 전시 편성[체제].
wár gàme 명 (군대) 도상(圖上) 작전 연습, 병기(兵棋)(kriegspiel); (~s) 실전 연습, 기동 훈련; (컴퓨터 시뮬레이션을 통한) 전쟁 게임.
wár-game [<gèim] 타 도상 작전을 하다; 군사 연습을 하다. **-gam·er**, **-gam·ing** 명
wár gàs 명 전쟁용 독가스.
war·gasm [wɔ́ːrgæzm] 명 (美) 전면전의 돌발; 전면전으로 발전할 위기. [<*war+orgasm*]

wár gòd 명 군신(軍神)(로마 신화의 Mars, 그리스 ⟨
wár gràve 명 전몰자의 묘(墓). 〔화의 Ares 등〕
wár hàwk 명 주전론자(jingo); 매파(派)의 사람[의원].
war·head 명 (어뢰·미사일 등의) 탄두.
War·hol [wɔ́ːrhɔːl/-houl] 명 **Andy** ~ 워홀(1928-87; 미국의 pop art 화가·영상 작가).
war-horse 명 **1** 군마(charger). **2** (구어) 노병, 고참병; (정계 따위의) 노련한 정치가. **3** (구어) 보기[듣기] 신물나는 연극[음악]. (또는 **wárhòrse**)
Warks. Warwickshire.
war·less [wɔ́ːrlis] 형 전쟁 없는. ~·ly 부 ~·ness 명
***war·like** [wɔ́ːrlàik] 형 **1** 호전적인, 전투적인; 도전적인. ¶~ tribes 호전적인 종족. **2** 전쟁이 일어날 것 같은. **3** 전쟁의, 군사(軍事)의, 전쟁에 관한.
war·ling [wɔ́ːrliŋ] 명 (모두의) 미움을 받는 사람.
wár lòan 명 (英) 전시 국채.
war·lock [wɔ́ːrlàk/-lɔ̀k] 명 마법사(wizard); 마술사(conjurer); 점술사.
War·lock [wɔ́ːlàk] 명 **Peter** ~ 월록(1894-1930; 영국의 작곡가).
war·lord [wɔ́ːrlɔ̀ːrd] 명 (문어) (호전적인 나라의) 장군, 군사령관; (특정 지역의 통치권을 가진) 군 지도자, 군벌(軍閥); (중국의) 독군(督軍)(tuchun). (또는 **wár lòrd**) ~·ism 명
‡**warm** [wɔːrm] 형 (~·er; ~·est) **1** 따뜻한, 온난한 (⇨ cool 와 hot); (운동·술 따위로 몸이) 더운, 달아오른; 무더운. ¶~ milk 따뜻한 우유 / ~ blood 온혈 / ~ sweater 따뜻한 스웨터 / a ~ climate 따뜻한 기후 / get ~ by the fire 불을 쬐어 몸을 녹이다. **2** (마음이) 따뜻한, 동정심이 있는; 애정이 있는; 마음속으로부터의. ¶a ~ heart 다정한 마음씨 / ~ advice [thanks] 마음 속으로부터의 충고[감사] / a ~ welcome 따뜻한[마음 속으로부터의] 환영. **3** 열렬한; 격한, 흥분한. ¶a ~ controversy 격렬한 논쟁 / ~ temper 급한 성미. **4** (색이) 따뜻한, 빨강이나 노랑이 많은. ¶~ colors 따뜻한 색. **5** (냄새 따위가) 강한, (사냥에서 짐승이 남긴 냄새가) 생생한. ¶a ~ scent 강한 냄새. **6** (구어) (술래잡기나 맞히기 놀이에서 숨은 사람[찾는 물건, 맞힐 물건])에 다가간, 목표에 근접한, 정답에 가까운. **7** (구어) 힘든, 쓰라린, 성가신, 귀찮은; 불쾌한, 싫은. ¶a ~ job 힘든 일 / have ~ work in doing …하는 데 힘이 든다. **8** (英구어) 유복한, 돈이 있는, 살기 편안한. **9** (표현 따위가) 선정적인, 낯뜨거운; (사람이) 호색적인. ¶a ~ description 낯뜨거운 묘사 / a ~ temperament 호색적인 기질. **10** (美속어) (여성이) 귀여운, 매력 있는.
be driven into a warm corner 궁지[곤란한 입장]에 몰리다.
be getting warm ① 점점 더워지다. ② (구어) (술래잡기에서) 막 들킬 것 같이 되다, (맞히기 놀이에서) 곧 맞힐 것 같이 되다.
grow warm 흥분하다.
in warm blood ⇨ BLOOD.
keep a seat [or **place**] **warm** 남을 위해 일시적으로 (지위)를 맡다. ¶Please keep this seat ~ for me. 이 자리 좀 맡아줘요.
make things [or **it**] **warm for** (구어) …을 되게 혼내주다, 더이상 견뎌 배길 수 없게 만들다.
warm with (속어) 더운 물·설탕이 든 브랜디(warm with sugar의 생략).
warm with wine 얼근히 취하여, 한잔 한 김에.
—동 (~s [-z]) 타 **1** …을 덥히다, 따뜻하게 하다, 데우다(up)(at, over). ¶(~+目+副) ~ up milk 우유를 데우다 / ~ oneself at the fire 불을 쬐다 / ~ one's hands over the fire 손을 불에 쬐(어 덥게 하)다. **2** …을 열중하게 하다, 흥분하게 하다, 격앙시키다; …을 힘나게 하다. ¶~ one's heart 힘을 내다. **3** (남) 의 마음을 훈훈하게 하다, (남) 에게 기쁨을 주다. ¶It ~ed my heart to watch her working. 그녀가 일하고 있는 것을 보니 마음이 훈

훈했다. **4** (속어) (뜨거워질 만큼) …을 치다.
—재 **1** 따뜻해지다(up)(from). ¶The sick room has ~ed up. 병실이 따뜻해졌다. **2** 열중하다, 열심이되다; 격해지다, 흥분하다(up)(to). ¶(~+前+名) ~ to one's work 일에 열중하다. **3** 호의를 보이다, 동정하다(toward(s), to).
warm a person's **blood** 남을 훈훈하게[흥분하게] 하다.
warm a person's **ear** (美구어) 남에게 (세상 이야기 따위를) 장황하게 들려주다.
warm a person's **jacket** (속어) 남을 혼내갈기다.
warm over 새로 데우다; (美) (비유적) [디자인·의장 등]을 재탕하다.
warm the bench (스포츠) 후보 선수로 대기하다.
warm up ① (날씨·방·엔진 따위가) 더워지다. ⇨재 **1.** ② 열중하다(to). ⇨재 **2.** ③ (몸을 풀기 위해) 준비 운동[워밍업]을 하다. ④ (모임 따위가) 활기를 띠다; (국제 긴장 따위가) 고조되다. ⑤ 덥히다, 데우다. ⇨타 **1.** ⑥ [모임 따위] 를 활기 띠게 하다; (관객을 분위기를 띄우다. ⑦ (계획 따위) 를 다시 손질하다.
warm wise (美속어) 사정에 훤해지다.
—형 **1** (보통 a ~) (구어) 따뜻하게 하기, 따뜻해지기. ¶have [or get, take] a ~ 더워지다. **2** (the ~) (英) 따뜻한 장소[상태]. ¶in the ~ 따뜻한 곳에서 (추위를 피해) 실내에서. **3** (英고어) =British ~.
—명 (보통 복합어로) 따뜻하게. ¶~-clad 따뜻하게 입고. ~·ness 명
wár machine 명 전쟁 기구(機構).
warm blòod 명 **1** 온혈 동물. **2** 열혈(熱血), 다감(多感).
warm-blood·ed [-blʌ́did] 형 (동물) 온혈의, 정온(定溫)의(⇔ cold-blooded); 열렬한, 정열적인; 다정다감한. ~·ly 부 ~·ness 명
wárm bòdy 명 (구어) 무능한 노동자; (美구어) (단지 머릿수로) 자리만 채우는 사람.
wárm bòot 명 (컴퓨터) 웜 부트(운영 체제를 다시 로드(load) 하여 금방 쓸 수 있게 하기).
warm-down [-dàun] 명 (스포츠) 웜다운, 정리(마무리) 운동.
warmed-o·ver [wɔ́ːrmdóuvər] 형 **1** (요리 따위가) 다시 데운. **2** (작품 따위가) 재탕한, 새로운 맛이 없는.
warmed-up [-ʌ́p] 형 =warmed-over 1.
wár memòrial 명 전쟁 기념비[관], 전쟁 기념일.
warm·er [wɔ́ːrmər] 명 덥히는 사람, 난방 기구.
warm-er-up·per [-ʌ́pər] 명 몸을 데워 주는 것, 따뜻한 음료; 기분을 따뜻하게 하는 것, 할 의욕을 돋우는 것.
wárm frònt 명 (기상) 온난 전선. (⇔ cold front)
wárm fúzzy 명 (美구어) 칭찬(의 말), 치렛말, 듣기 좋은 인사말.
warm-heart·ed [-háːrtid] 형 마음씨가 따뜻한, 인정 많은, 친절한. ~·ly 부 ~·ness 명
warm·ing [wɔ́ːrmiŋ] 명 **1** ① 덥게 하기, 더워지기. **2** (구어) 때리기, 치기. ¶get a ~ 얻어맞다.
wárming pàn 명 **1** (옛날의) 잠자리 덥히는 냄비형 기구. **2** (임시의) 대리인, 대역.
warm·ing-up [-ʌ́p] 명 (경기 전의) 준비 운동의, 워밍업의.
—명 데우기, 따뜻해짐.
warm·ish [wɔ́ːrmiʃ] 형 좀 따뜻한.
‡**warm·ly** [-li] 부 (**more** ~; **most** ~) **1** 따뜻이. **2** 열렬[열심]히, 열광적으로, 흥분하여. ¶applaud ~ 열광적인 박수를 보내다. **3** 마음으로부터, 애정을 가지고, 친절히. **4** 감연히, 용감하여.
war·mon·ger [wɔ́ːrmʌ̀ŋɡər] 명 전쟁 도발자, 주전론자; 전쟁 상인. ~·ing 명형 전쟁 도발(의).
wárm restárt 명 (컴퓨터) 시스템 다시 시작.
wárm sèctor 명 (기상) 난역(暖域).
wárm spòt 명 **1** (생리) (피부의) 온점(溫點). **2** (구어) 훈훈한[애정어린 추억[기분], 변함 없는 애정.
wárm spring 명 37℃ 이하의 온천.

warmth [wɔːrmθ] 명 1 따뜻함, 온난. ¶vital ~ 체온. 2 온정, 인정 많음. 3 열심; 흥분, 격렬. ¶be in the ~ of the debate 격론을 벌이고 있다. 4 (난색(暖色)을 쓴) 따뜻한 밝음; 포근함, 아늑함. 5 보온력(保溫力), 보온 기능. 6 가벼운 노여움[안달, 초조].
with warmth 흥분[감격]하여, 몸이 달아서.
~·**less** 형 ~·**less·ness** 명

warm·up [wɔ́ːrmʌ̀p] 명 1 (경기 전의) 준비 운동, 워밍업. 2 (엔진 따위를) 덥히기, 예열 운전. 3 (라디오·TV) (연예 프로그램의 생방송에 들어가기 전의) 가벼운 여흥. 4 (종종 ~s) 워밍업 슈트(운동복 또는 캐주얼복). 5 예행 연습, 예선.

wárm wórk 몸이 더워지는 일; 매우 힘든[위험한] 일; 격돌, 고전.

‡**warn** [wɔːrn] 명 (~s [-z]) 타 1 (남)에게 위험을 알리다, 경고하다, (of, against, about, that 절). ¶(~+图+前+名) The Coast Guard ~ed all ships of the hurricane. 연안 경비대는 모든 선박에게 허리케인 내습을 경고했다. 2 (남)에게 주의하라고 말하다(against, about). ¶(~+图+前+名) I was ~ed against a swindler. 나는 사기꾼을 조심하라는 주의를 받았다. 3 (남)에게 (…하도록)타이르다(명령하다(to do). ¶He ~ed his employees to be on time. 그는 직원들에게 시간을 지키라고 훈계했다.

> 유의어 **warn** 예보·훈계·협박 따위로 따르지 않으면 불이익·위험·벌 따위를 받게 된다는 것을 알리다.
> **caution** 어떤 일을 피하기 위해 주의·경계하도록 충고하다.

4 (남)에게 (…을) 정식으로 통지[통고]하다, 예고하다 (of); (남)에게 (…라고) 알려주다(that 절); 명령하다, 소환하다. ¶(~+图+to do) ~ a person to appear in court 법정에 출두하라고 통고하다. 5 (사람·집단)에 대해 (…으로부터의) 퇴거를 통고하다, …에 접근하지 말라고 주의를 주다(away, off)(from, out of).
──자 1 경고하다 (of), 정보를 올리다. ¶(~+前+名) ~ of danger 위험을 경고하다. 2 (英방언) (시계가) 보를 울리다, 시각을 알리기 전에 소리를 내다.
warn away ⇨자 5.
warn off ① ⇨타 5. 2 (英) (보통 수동형으로) (경마 따위에서) (기수·말 따위를) 출장 정지 처분하다.
~·**er** 명 (미국의 영화사)
Wár·ner Bróthers [wɔ́ːrnər-] 명 워너 브러더스
wár neurósis 명 (정신의학) 전쟁 신경증(전투 지속으로 인하여 생기는 식욕 저하, 수면 장애, 착란, 실신 등의 여러 증상).

‡**warn·ing** [wɔ́ːrniŋ] 명 (복 ~s [-z]) 1 UC 경고, 경보, 주의, 경계 (of, against, to do). 2 UC 훈계(가 되는 것), 본보기(가 되는 것) (to). 3 점호, 소집; 점호의 종[호각], 소집 신호. 4 U (퇴거·해고 따위의) 예고, 통지; 해약. ¶give a person a month's ~ 남에게 1개월 전에 통고를 하다. 5 (위험 따위의) 전조 (of). ¶a ~ of the disaster 대재앙의 전조.
at a moment's [or **minute's**] **warning** 곧, 즉각.
give warning 경고하다; 훈계하다.
Let this be a warning to you. 이것을 교훈으로 삼아라.
strike a note of warning against …에 대해 경고하다[경종을 올리다].
take warning by [or **from**] …을 훈계[본보기]로 삼다.
the usual warning 체포에 박힌 것(범인 체포시에 경찰관이 알려주는 묵비권 따위에 관한 주의).
without (any) warning 예고[경고]도 없이.
──형 경고[경계]의; 충고[권고]의; 훈계의. ¶a ~ signal 위험 신호.
~·**ly** 부
wárning bèll 명 경종; 신호종.
wárning colorátion 명 (생물) 경계색.
wárning méssage 명 (컴퓨터) 경고 메시지(오류 발생 가능성이 있는 문제가 검출되었음을 나타내는).

wárning nèt 명 (방공(防空)) 경보망.
wárning tràck[pàth] 명 (야구) 경고선(외야선에게 펜스가 가까움을 알리기 위해 잔디를 깔지 않은 곳).
wár nòse 명 (어뢰 따위의) 탄두(彈頭)(warhead).
Wár Óffice 명 (the ~) (英) 육군성(1964년 the Ministry of Defense에 통합됨).
wár of nérves 명 신경전. 참 shooting war
wár órphan 명 전쟁 고아.

*warp [wɔːrp] 타 1 (목재·마루판 따위)를 휘다, 굽히다; (자연스러운 형태 따위로부터) …을 뒤틀다, 굽히다. 2 (진실 따위)를 왜곡하다. ¶~ the meaning of a word 말뜻을 왜곡하다. 3 (항공) (날개 끝)를 구부리다. 4 (해사) (밧줄을 당겨서) (배)를 정해진 자리로 이동시키다. 5 (농업) (침수에 의한 퇴적물로) (땅)을 기름지게 하다. ──자 휘어지다, 굽다; (자연스러운 상태·진로 따위로부터) 빗나가다, 벗어나다; (마음이) 꼬이다, 굽다; (해사) (배 따위가 밧줄로) 끌리다; (SF에서) 워프하다(우주 공간의 비틀림(왜곡)(space ~)을 이용하여 초(超)광속 비행하다).
warp out (구어) 신속히 이동하다, 재빨리 가버리다.
──명 1 (a ~) (목재 따위의) 뒤틀림, 굽음. 2 (a ~) (성격·판단 따위의) 비뚤림, (마음의) 편벽. 3 (보통 the ~) (천 따위의) 날실(참 woof). 4 (해사) 예인삭, 끌어당기는 밧줄(spring line). 5 U 가라앉은 진흙(땅을 기름지게 하는 데 쓴다)(silt); (지질) 충적토. 6 (다른 시대의 특징을 나타내는 듯한) 상황, 환경. 7 본질, 기초. 8 (SF에서의) 워프.
wárp and wóof 기본적 요소, 기초, 근본. ¶Virtue and vice are ~ and woof of our world. 이 세상은 선과 악이라는 날줄과 씨줄로 짜여져 있다.
──명 초광속의, 워프의. ¶~ speed 워프 스피드, 초광속.
~·**age** 명

wár pàint 명 1 (야만인이 출진 전에 얼굴·몸에 바르는) 물감. 2 (구어) 정장, 성장(盛裝); 화장품.
wár pàrty 명 진군하는 북미 인디언의 일대; 주전파, 전쟁주의자. ¶우리 가는 길, 출정로.
war·path [wɔ́ːrpæθ/-pɑ̀θ] 명 (북미 인디언의) 싸움길.
be on the warpath ① 전쟁에 직면해 있다, 싸우려 하고 있다. 2 몹시 화내고 있다, 싸울 듯한 자세이다.
warped [wɔːrpt] 형 휜, 뒤틀린; 정상을 벗어난; (美속어) 마약에 취한.
wárp fàctor 명 워프 계수.
wárp knìt 명 날실(세로) 뜨기.
war·plane [wɔ́ːrplèin] 명 군용기; 전투기.
wár pòwer 명 전쟁 수행 능력, 전력; (행정부의) 비상 대권(大權).
Wár Pòwers Àct 명 (美) (대통령의) 전쟁 수행 권한법(의회의 승인 없이 60일 동안 수행 허용).

‡**war·rant** [wɔ́ːrənt, wɑ́r-/wɔ́r-] 명 1 U 권능 (authority), 권한; 인가 (for, to do). ¶You have no ~ for doing such a thing. 너에게는 그런 일을 할 권한이 없다. 2 UC 근거, 정당한 사유 (for). ¶I asserted my innocence with the ~ of a good conscience. 나는 내 양심에 비추어(떳떳하게) 무죄를 주장했다. 3 a) 보증(이 되는 것)(guarantee); 권능[권한]을 주는 것[서류] (for, of). b) 위임장; 증명서, 허가증; 면허장; 지급 증서, 영수증. 4 (법률) 영장, 소환장; 지급 명령서 (for, of, to do). 5 (英) (상업) 창고 증권, 6 (군사) 준위(~ officer) 임명 사령장.
a search warrant 가택 수색 영장.
a warrant of [or **for**] **arrest** 구속 영장.
a warrant of attachment 압류 영장.
a warrant of attorney 소송 위임장.
without warrant 정당한 이유도 없이.
──타 1 …에게 권한[능]을 주다, …을 인가하다. 2 …을 정당화하다, 옳다고 하다. 3 …을 보증하다, 보(保)증서다; (물품의 질·양)을 보증하다, (보상(補償))을 보증하다. ¶~ quality 품질을 보증하다. ¶(~+图+to be) Who can ~ it to be true? 그것이 진실이라는 것을 누

가 보증할 수 있는가[아무도 보증 못한다]// (~+(*that*)節) I ~ *that* the sum shall be paid. 내가 그 금액의 지불을 보장한다. **4** 〖법률〗 〔재산의 피양도인〕에게 양도를 보증하다.

유의어 **warrant** 어떤 언명에 틀림없다고 확언하다. **guarantee** 상품이 설명[설명서]과 다를 때 교환 또는 반품을 약속하다; 남이 어떤 일을 하는 데 책임지겠다고 약속하다.

I [or ***I'll***] ***warrant*** (***you***) 〖삽입구로〗 분명히. ¶ It won't happen again, *I* ~ *you*. 다시는 그런 일이 없을 거야, 정말이야.
warranted rate of growth 적정(適正) 성장률.
~·less
war·rant·a·ble [wɔ́ːrəntəbl, wɑ́r-] 형 정당한, 보증할 수 있는. **~·ness** 명 **-bly** 부
wárrant càrd 명 〖英〗 (경찰관 등의) 신분증.
war·ran·tee [wɔ̀ːrənti:, wɑ̀r-] 명 〖법률〗 피보증〔담보〕인.　　　　　　　　　　　　 「담보인.
war·rant·er [wɔ́ːrəntər, wɑ́r-] 명 〖법률〗 보증인.
wárrant mòney 명 〖경제〗 보증(증거)금.
wárrant òfficer 명 (육·해군의) 준위.
war·ran·tor [wɔ́ːrəntɔ̀ːr] 명 〖법률〗 = warranter.
war·ran·ty [wɔ́ːrənti, wɑ́r-] 명 **1** ⓤⓒ 정당한 이유, 근거; 권한 (*for*). **2** 〖법률〗 (상품의 품질·안전성 따위의) 보증; 애프터서비스 보증(서)(*on*). ¶ be under ~ 보증 기간중이다.
wár refugèe 명 전쟁 난민.
war·ren [wɔ́ːrən, wɑ́r-] 명 **1** 토끼 사육장[번식지], 양토장. **2** 과밀(過密) 주택지, 많은 사람이 살고 있는 건물〔지역〕, 복잡한 미로. **3** 〖英법률〗 야생 조수 사육 특별 허가 지역.
War·ren [wɔ́ːrən, wɑ́r-] 명 워런. **1** Earl ~ (1891-1974; 미국의 법률가·정치가). **2** Robert Penn ~ (1905-89; 미국의 소설가·시인).
Wárren Commìssion 명 워런 위원회(미국의 J. F. Kennedy 대통령 암살 사건 조사 위원회(1963)).
war·ren·er [wɔ́(ː)rənər] 명 양토장 주인〔경영자〕; 야생 조수 사육 특허 관리인.
war·ri·gal [wɔ́ːrigəl/wɔ́r-] 명 《濠》 =dingo; 야생마; 미개한 원주민. ── 형 몹시 거친, 광포한.
war·ring [wɔ́ːriŋ] 형 투쟁(중)의, 교전중의; (의견이) 상충하는. ¶ ~ creeds 모순되는 신조. 명 교전.
‡war·ri·or [wɔ́ːriər, -rjər, wɑ́r-/wɔ́riə] 명 ~s [-z] ① (문어) 군인, 병사, 용사; 경험을 쌓은 무사, 노병, (인디언 등의) 전사 ② (정계 등의) 노련한 정객, 투사.
the Unknown Warrior 무명 용사.
── 형 무사의; 전투적인, 용맹한.
wár rìsk insùrance 명 전쟁 상해 보험.　「의실.
wár ròom 명 〖군사〗 작전실; (기업 따위의) 전략 회
War·saw [wɔ́ːrsɔː] 명 바르샤바(폴란드의 수도).
Wársaw Convéntion 명 (the ~) 바르샤바(항공) 협정(국제선 사고시에 탑승객과 화물주에 대한 항공사의 의무를 규정한 국제 협정; 1929년 조인).
Wársaw Ghétto 명 (the ~) 바르샤바 게토(2차 대전 때 나치 독일이 유대인을 강제로 입주시켰던 Warsaw의 구역).
Wársaw Tréaty Organizàtion 명 (the ~) 바르샤바 조약 기구(Warsaw Pact)(1991년 해체).
‡war·ship [wɔ́ːrʃìp] 명 군함, 전함(war vessel).
Wárs of the Róses 명 (the ~) 〖英역사〗 장미 전쟁(1455-85).
wár sòng 명 군가; 출정가.
war·speak [wɔ́ːrspìːk] 명 전쟁 용어, 군사 용어.
wár stòry 명 전쟁 이야기, 전투 체험담〔무용담〕; (인생의) 투쟁담.
wár sùfferer 명 전쟁 피해자.
wart [wɔːrt] 명 **1** 사마귀. **2** (나무 줄기 따위에 생기는) 혹. **3** (혹처럼) 하찮은 사람[것]; 결점, 오점, 티. **4** 〘英군 속어〙 견습 장교; 해군 하사관학교 생도.

paint a person with his warts 남을 결점까지 포함하여 있는 그대로 그리다.　　　　　　　 「모조리.
warts and all 〘구어〙 결점도 빼지 않고 있는 그대로, **~·ed**, **~·less**
wárt·hòg [wɔ́ːrθɔ̀ːg] 명 (아프리카산(產)의) 혹멧돼
wár·time [wɔ́ːrtàim] 명 ⓤ 전시; 〖형용사적〗 전시의, 전시 중에 일어나는. 반 peacetime
wár-tòrn [-tɔ̀ːrn] 형 전쟁으로 파괴된[피폐한].
wár trìal 명 군사 재판.　　　　　 「린, 미화하지 않은.
warts-and-all [wɔ́ːrtsəndɔ́ːl] 형 있는 그대로 그
wart·y [wɔ́ːrti] 형 **1** 사마귀[혹]가 있는; 사마귀[혹] 투성이의. **2** 사마귀 모양의. **wárt·i·ness** 명
wár vèssel 명 전함, 군함(warship).
war-wea·ry [ˈwìəri] 형 **1** 전쟁으로 지친, 전쟁으로 피폐한. **2** (군용기가) 사용할 수 없을 정도로 손상을 입은.　　　　　　　　　　　　　　　　　　　　 「은.
-ri·ness 명
wár whòop 명 (북아메리카 인디언 등의) 함성.
War·wick [wɔ́ːrik/wɔ́r-] 명 워릭(잉글랜드 Warwickshire 주의 주도(州都)).
War·wick·shire [wɔ́ːrikʃìər, -ʃər/wɔ́r-] 명 워릭셔(영국 중부의 주; 주도 Warwick).
wár widow 명 전쟁 미망인.
wár wòrk 명 전시 노동, 군역(軍役).　 「황폐한.
wár·worn [wɔ́ːrwɔ̀ːrn] 형 전쟁에 지친; 전쟁으로
‡war·y [wέəri] 형 **1** 조심성 있는(watchful), 주의 깊은, 신중한 (*of*). ⇨ CAREFUL 유의어 ¶ a ~ fox 조심성 많은 여우 / He is ~ *of* strangers. 그는 낯선 사람을 경계한다.
wár·i·ly 부 **wár·i·ness** 명
wár zòne 교전 지대, (공해상의) 교전[전쟁] 수역; 〘美구어〙 무법 지대.
‡was [wʌz, wəz/wɔz, 약 wəz] 동 be의 1인칭·3인칭 단수 직설법 과거(* 구어에서는 가정법 과거에도 쓰인다: He speaks *as if* he ~ a boy of five.).
Wá·satch Ránge [wɔ́ːsætʃ-] 명 (the ~) 워새치 산맥(미국 Utah 주와 Idaho 주 남동부에 걸친 산맥).
wase [weiz] 명 〘英방언〙 짚[갈대]다발; 따리.
‡wash [wɑʃ, wɔːʃ/wɔʃ] 동 (~·es [-iz]; ~ed [-t]) 태 **1** …을 씻다, 세탁하다, 세척하다(*with, in*). ¶ ~ dishes 설거지하다 / ~ oneself 얼굴[몸]을 씻다, 목욕하다 // (~+몸+補) *W*~ your hands clean before each meal. 식사 전에는 손을 깨끗이 씻어라.
2 (再) (죄 따위) 깨끗이 씻다(*away*)(*from*). ¶ (~+몸+剧) (~+몸+前+名) ~ one's sin *away*; be ~ed *from* sin 죄를 깨끗이 씻다.
3 …을 씻어 내리다, 씻어 없애다(*out, off, away*)(*from, out of, off*). ¶ (~+몸+剧) ~ a stain *out* 더러움을 씻어 내다 // (~+몸+前+名) ~ the dust *off* one's face 얼굴의 먼지를 씻어 내다.
4 (종종 수동형으로) (물 따위로) …을 적시다, …을 축축하게 하다 (*with*). ¶ (~+몸+前+名) roses ~ed *with* dew 이슬에 젖은 장미.
5 a) (파도 따위가) (기슭)을 씻다, …에 밀려오다. **b)** (빗물·유수 따위가) …을 파내다, …에 구멍을 뚫다, …을 침식하다(erode). ¶ The waves are ~*ing* the shore. 파도가 기슭에 밀려오고 있다.
6 (파도·유수 따위가) …을 밀어내다, 흘려 보내다, 씻어 가다(*away, down, up*). ¶ (~+몸+剧) The flood ~ed the bridge *away*. 홍수로 다리가 떠내려갔다. **7** (세제 따위로) …을 씻을 수 있다, …에 듣다. ¶ This powder soap won't ~ wool. 이 가루 비누로는 모직물을 세탁할 수 없다. **8** …에 도금하다; (그림 물감)을 엷게 칠하다 (*with*). ¶ (~+몸+前+名) ~ silver *with* gold 은에 금을 도금하다. **9** 〖채광〗〖광석〗을 (물로) 선광(選鑛)하다, 세광(洗鑛)하다. **10** (속어) 〖부정한 돈 따위〗를 세탁하다(launder). **11** (구어) (학생)을 퇴학시키다. **12** (커피 따위)를 휘젓다. **13** (카드놀이) (돌리기 전에) (카드)를 뒤섞다, 치다. **14** (속어) …을 죽이다, 없애다(*away*). **15** (증권) (주식 따위)를 위장 매매하

다, 짜고 매매하다.
— ⓣ ① 1 손(얼굴, 몸)을 씻다, 목욕하다(*up*)(*in, with*). 2 빨래하다, 빨래하다. ¶Mother ~es everyday. 어머니는 매일 세탁하신다. 3 (옷감이) 세탁(잘) 되다; 빨아도 색이 바래거나 줄지 않다; (세제 따위가) (때가) 빠지다(*off, out*). ¶ Spots of the waterpaint will ~ *off* easily. 수성 페인트의 얼룩은 쉽게 빠진다. 4 (파도 따위가) 씻다, 철썩철썩 밀려오다(*against, over, at, on*). ¶(~+图) The waves were ~*ing over* the deck. 파도가 갑판으로 덮쳐오고 있었다. 5 (빗물·유수 따위로) 떠내려가다, 침식되다, 패이다(*away, out*). ¶(~+图) The bridge ~*ed out*. 다리가 떠내려갔다. 6 (부정·의문문에서) (英구어) (조사·실험 따위에) 견디다, 믿을 만하다: (이야기 따위가) 받아들여지다(*with*). ¶The theory won't ~. 그 이론은 믿을 수 없다. 7 (채광) 세광(洗鑛)하다. ¶(~+前+图) ~ *for* gold 사금 채취를 위해 세광하다. 8 (사람·물건이) 한꺼번에 밀려닥치다, 도도히 흘러가다(*toward, into*). ¶waves of immigrants ~*ing inland* 내륙으로 흘러들어가는 이민의 물결. 9 (증권) 위장 매매를 하다.
be washed ashore 해변에 밀려 올려지다, 표착하다.
wash about (액체 속에서처럼) 떠돌다. [이다.
wash away ① ⇒ⓣ 2, 3, 6. ② (美속어) 없애다, 죽
wash down ① …을 씻어내리다; (파도 따위가) …을 떠내려가게 하다. ② (음식·약을) 흘려넣다 *(with)*.
wash for a living 세탁업을 하다.
wash in ① 조수가 차다, 밀물이 되다. ② (파도가) …을 해안 쪽으로 나르다. ③ (그림) …을 (배경 따위에) 그려 넣다.
wash it (美속어) 잊다, 내버려 두다.
wash one's dirty linen at home [in public]
wash oneself ⇒ⓣ 1. [⇒LINEN.
wash one's face in the public 사사로운 일을 남
wash one's hands ⇒HAND. [들 앞에서 말하다.
wash out ① (더러움) 씻어 내다, 때를 빼다. ② …을 물의 힘으로 씻어 버리다, 파괴하다. ③ …의 내부를 씻다. ¶~ *out* one's mouth 입을 가시다. ④ (비가) [경기]를 연기[중단]시키다; (계획 따위) 망치다; …을 낙심시키다, 낙제하다, (쓸모 없다고) 거부하다. ⑤ (구어) …을 지치게 하다. ¶feel ~*ed out* 기진하다. ⑥ (美속어) …을 무일푼으로 만들다. ⑦ (美공군 속어) …을 격추하여 죽이다: (항공기)를 격추하다; …을 비행 훈련에서 제외하다(떨어트리다).
wash over (생각 따위가) …의 뇌리를 스쳐가다; (음 음·비난 따위가) …에게 별 영향을 주지 않다.
wash up ① (식기를) 씻다, 씻어서 치우다. ② 얼굴·손을 씻다, 세수하다. (구어) 화장실을 사용하다, 용변을 보다. ¶Where can I ~ *up*? 화장실이 어디죠? ③ (구어) (보통 수동형으로) …을 실패하게 하다, 못 쓰게 만들다. ④ …을 녹초가 되게 하다.
— ⓝ(복)~·**es** [-iz] 1 CU (a ~, the ~) 씻기, 세탁. 세척. ¶have [*or* get] a ~ 씻다 / give undershirts a good ~. 속옷을 잘 세탁하다. 2 (a ~, the ~) (집합적) 세탁물; 세탁소, 세탁장; (美) 씻는 곳. ¶I have a large ~ today. 오늘은 세탁물이 많다 / a ~ bill 세탁소의 청구서 / a car ~ 세차장. 3 (the ~) (물·파도의) 밀려옴; 밀려드는 소리; ⓤ (때로 a ~, the ~) (배가 지나간 뒤의) 흰 파도, 항적(航跡); (제트기 등의) (비행기가 지나간 뒤에 생기는 기류의 흐트러짐). 4 세제, 세정제; (종종 복합어로) …세정액; 화장수. ¶a hair ~ 세발제 / eyewash 안세. 5 (the ~) (해수·하수에 씻기어) 저지, 습지, 늪, 여울; (지질) (유수로 운반되는 진흙(silt), 침전물. 6 ⓤ (해수·하수의 침식); ⓒ (유수로 생기는) 흠. 7 ⓤ (묽은 물감 따위의) 엷게 바르기; (건물 따위의) 도료. 8 (건축) 배수 경사면(이 있는 건물의 일부). 9 (금속의) 도금, 박(薄). (또는 **washing**) 10 ⓤⓒ (家畜) 사료 [부엌의 설거지한 물로 돼지 먹이]. 11 묽은(약한) 술, 싱거운 음식; 발효액, 증류 액(母液); ⓒ (美속어) 독한 술 뒤에 마시는 물[다수, 맥주 등](chaser). 11 ⓤ (채광) 세광 원료. 12 (증권) =~ sale. 13 (美구어) 손해도 이득도 되지 않는 행위. 14 하찮은 이야기; 무의미한 것. 15 (원예) 병충해 방제용 약제. 16 (美속어) 그럴싸한 꾸밈, 정당화.
be at the wash 세탁소에 가 있다.
come out in the wash (구어) 곧 알게 되다, 밝혀지다; 잘 되어 가다, 좋은 결과가 나오다.
hang out the wash (美속어) (야구) 라인 드라이브
stand wash 세탁이 잘 되다. [를 치다.
— ⓐ (美) 세탁이 되는(washable); (증권) 위장 매매.
Wash. Washington. [의.
— ⓟ(美) 「씻기[목욕, 세탁](용)」의 뜻. ¶*washbowl, washcloth.*
wash·a·ble [wɑ́ʃəbl, wɔ́ːʃ-/wɔ́ʃ-] ⓐ 1 (천 따위가) 물세탁할 수 있는. — ⓝ a fabric 세탁할 수 있는 섬유. 2 물에 녹는. — ⓝ 물세탁할 수 있는 천(옷).
-**bíl·i·ty** [고 입을 수 있는.
wash-and-wear [-ənwέər] ⓐ 세탁 후 다리미질 않
wash·ball [wɑ́ʃbɔ̀ːl/wɔ́ʃ-] ⓝ 둥근 세수 비누.
wash·basin [wɑ́ʃbèisn/wɔ́ʃ-] ⓝ =WASHBOWL.
wash·board [wɑ́ʃbɔ̀ːrd/wɔ́ʃbɔ̀ːd] ⓝ 1 빨래판. 2 (건축) (벽 밑쪽의) 걸레받이. 3 (해사) (배의) 방파판(防波板). 4 (빨래판 같이) 울퉁불퉁한 길; (유리·나무 따위의) 물결 모양의 표면. 5 (음악) 워시보드(빨래판 모양의 타악기). ⓐ 빨래판 모양의, 울퉁불퉁 패인. [일러.
wash·boil·er [wɑ́ʃbɔ̀ilər/wɔ́ʃ-] ⓝ 세탁용 대형 보
wásh bòttle ⓝ (화학) 세정병(洗淨甁)(누르면 세정용 물이 나온다. [면기.
wash·bowl [wɑ́ʃbòul/wɔ́ʃ-] ⓝ (美) 세숫대야, 세
wash·cloth [wɑ́ʃklɔ̀(ː)θ/wɔ́ʃ-] ⓝ 목욕용[세면용] 타월; (英) 접시 닦는 행주(washrag).
wash·day [wɑ́ʃdèi/wɔ́ʃ-] ⓝ (가정에서의 (매주) 정기적인) 세탁일(日).
wash·down [wɑ́ʃdàun/wɔ́ʃ-] ⓝ 씻어 내려 버리는. — ⓝⓤ 씻어 내리기. [묵화.
wásh dràwing ⓝ 단색·담채(淡彩)풍의 수채화; 수
washed-out [wɑ́ʃtáut/wɔ́ʃ-] ⓐ 여러 번 빨아 색이 바랜; (구어) 지쳐빠진, 녹초가 된.
washed-up [-ʌ́p] ⓐ 1 잘 빨아진, 완전히 깨끗해진. 2 (구어) 지친, 지쳐빠진. 3 (속어) 완전히 실패한, (시험 따위로) 퇴짜맞은; 못 쓰게 된.
*****wash·er** [wɑ́ʃər, wɔ́ːʃ-/wɔ́ʃ-] ⓝ 1 세탁하는(씻는) 사람. 2 세탁기; 접시 세척기; 세광기. 3 (너트 따위의) 와셔, 고리쇠. 4 (濠) 세수 수건. 5 (속어) 술집. 6 (속어) ~·**less** ⓐ [동전.
wash·er-dry·er [-dràiər] ⓝ 탈수기가 붙은 세탁기.
wash·er·man [wɑ́ʃərmən] ⓝ 세탁 담당자, 세탁업자; (남에게 고용된) 세탁부.
wash·er·wom·an [wɑ́ʃərwùmən] ⓝ 여(女) 세탁인(업자); 세탁일 하는 여자.
wash·e·te·ri·a [wɑ̀ʃətíəriə/wɔ́ʃ-] ⓝ (英) 빨래방, 셀프서비스 세차장. [<*wash*+*cafeteria*]
wash·fast [wɑ́ʃfæst/wɔ́ʃfɑ̀ːst] ⓐ 빨아도 색이 빠지지(바래지) 않는.
wásh góods ⓝⓟ 세탁이 (잘) 되는 천(옷).
wash·hand [wɑ́ʃhænd/wɔ́ʃ-] ⓐ (英) 손을 씻는, 세면용의. ¶a ~ basin 세면기 / a ~ stand 세면대.
wash·house [wɑ́ʃhàus/wɔ́ʃ-] ⓝ (별채의) 세탁장; 세탁업소(laundry).
‡**wash·ing** [wɑ́ʃiŋ, wɔ́ːʃ-/wɔ́ʃ-] ⓝ 1 ⓤⓒ 씻기, 세척, 세탁. 2 (집합적) (1회분의 세탁물. 3 (보통 ~s) 세탁하고 난 물. (수력 따위의) 씻기기; (보통 ~s) 씻겨내린 것. 4 ⓤ (채광) (사금 따위의) 세광 (洗鑛); (~s) (사금을 포함하고 있는) 자갈, (세광으로 얻은) 사금. 5 도금. (그림 물감 따위의) 한 번 칠하기. 6 (증권) 위장 매매. 7 (속어) (에테르 따위로) 코카인 따위의 순도(純度)를 높이기. ⓐ 1. 부지런히 씻는
get on with the washing (속어) 시간 낭비하지 않

──형 세탁용의, 세탁이 잘 되는.
wáshing básket 명 세탁물 바구니.
wáshing béar 명 미국 너구리(raccoon).
wáshing bòttle 명 =wash bottle.
wáshing dày 명 =washday.
wáshing line 명 빨랫줄.
wáshing machìne 명 세탁기.
wáshing pòwder 명 가루 비누, 분말 세제.
wáshing sòda 명 세탁용 소다.
wáshing stánd 명 =washstand.
‡**Wash·ing·ton** [wɔ́ʃiŋtən, wɑ́ʃ-/wɔ́ʃ-] 명 워싱턴. **1** 미국의 수도(* District of Columbia 와 일치하여 Washington 주와 구별하기 위해 Washington, D.C.라고 한다); 미국 정부. **2** 미국 서북부의 주(주도(州都) Olympia; 생 Wash.). **3 George** ~ (1732–99; 미국의 초대 대통령(1789–97)).〔WASHINGTON 1.
Wáshington D.C. [-díːsíː] 명 미국의 수도. ⇒
Wash·ing·to·ni·an [wɔ̀ʃiŋtóuniən/wɔ̀ʃ-] 형 Washington, D.C.의; Washington 주(州)의.──명 Washington, D.C.의 주민(출신자); Washington 주의 주민(출신자).
Wash·ing·ton·ol·o·gist [wɔ̀ʃiŋtənɑ́lədʒist/wɔ̀ʃiŋtənɔ́l-] 명 (외국의) 미국 정치 연구가.
Wáshington píe 명 커다란 잼(젤리)층을 넣은 파이.
Wáshington's Bírthday 명 워싱턴 탄생일(미국 초대 대통령 조지 워싱턴의 생일; 2월 22일).
Wáshington Squáre 명 워싱턴 광장(New York 의 Greenwich Village의 중심을 이루는 장방형 광장).
Wáshington Státe 명 (the ~) 워싱턴 주(州). 생 Washington 2
wash·ing-up [-ʌ̀p] 명 ⓤ (英) 설거지; 더러워진 식
wáshing-up machìne 명 (英) 식기 세척기.
wash·land [wɑ́ʃlænd/wɔ́ʃ-] 명 정기적[주기적]으로 물에 잠기는 땅.
wash-leath·er [-lèðər] 명ⓤⓒ 유피(柔皮)(세탁할 수 있는 부드러운 가죽); 세무 가죽(chamois).
wásh'n' wéar 명 =wash-and-wear.
wash·out [wɑ́ʃàut, wɔ́ʃ-/wɔ́ʃ-] 명 **1** (홍수 등에 의한) 도로·철도·제방 따위의 유실; 유실된 곳. **2** (속어) 실패한 사람; 실패. **3** (항공) 조종사 자격 시험 불합격 (자); (대학의) 낙제생. **3** (항공) 비틀어 내림(날개 끝을 향해 영각(迎角)이 차츰 감소하도록 비틀기). **4** 방사성 물질이 눈·비에 섞여 내리기(rainout). **5** 美속어) 불시착, 강행 착륙. **6** (英공군 속어) 파괴된 비행기. **7** (항) 장(방광)의 세척. **8** (철도) 긴급 정차 신호.
wash-rack [-ræ̀k] 명 세차장(washstand).
wash·rag [wɑ́ʃræ̀g/wɔ́ʃ-] 명 (美) 목욕[세면]용 타월; 수건; 접시닦기 행주(washcloth).
wash·room [wɑ́ʃrù(ː)m/wɔ́ʃ-] 명 (호텔 따위의) 세면장, 화장실(rest room); (염색 공장의) 세척장.
wásh sále 명 (증권) 공매매(空賣買), 위장 매매.
wash·stand [wɑ́ʃstænd/wɔ́ʃ-] 명 세면대(washing stand); 고정 세면기; (차고 따위 한 구석의) 세차
wash·tub [wɑ́ʃtʌ̀b/wɔ́ʃ-] 명 빨래통.
wáshtub wèeper 명 (美속어) =soap opera.
wash-up [wɑ́ʃʌ̀p] 명 (美속어) 세수; 세탁(장).
wash·wom·an [wɑ́ʃwùmən] 명 =washerwoman.
wash·y [wɑ́ʃi, wɔ́ʃi] 형 **1** (술·커피 따위가) 너무 묽은, 약한. ¶~ tea 싱거운 홍차 /~ coffee 연한 커피. **2** (색 따위가) 엷은, 연한. ¶~ coloring 엷은 채색. **3** (문체가) 힘[박력]이 없는, 약한.
wásh·i·ly 부 **wásh·i·ness** 명
‡**was·n't** [wʌ́znt, wɑ́z-/wɔ́z-] was not의 단축형.
***wasp** [wɑsp/wɔsp] 명 **1** 말벌, 나나니벌. **2** (비유적) 성미가 까다로운[화를 잘 내는] 사람. **3** 찌르는 듯한 아픔을 주는 것, 화나게 하는 것. ──자 (말벌처럼) 시끄럽게[집요하게] 달려들다(at).
WASP[1] [wɑsp/wɔsp] 명 (美) 육군 항공대 여자 조종사 부대(원)(1944년 해산). (또는 **Wasp**)
〔<Women's Air Force Service Pilots〕
WASP[2] 명 (때로 경멸적) 앵글로색슨계 백인 신교도 (미국 사회의 주류). ──형 =Waspy. (또는 **Wasp**)
〔<White Anglo-Saxon Protestant〕
Wasp·dom [wɑ́spdəm/wɔ́sp-] 명 와스프(WASP[2])의 특징[신조, 생활 태도].
wasp·ish [wɑ́spiʃ/wɔ́sp-] 형 **1** 말벌[나나니벌] 같은. **2** (사람이) 화를 잘 내는, 까다로운; (말·태도 따위가) 쏘는 듯한, 비꼬는, 악의가 많은. **3** 허리가 가는[잘록한].
~·ly 부 **~·ness** 명
wásp wáist 명 잘록한 허리.
wasp-waist·ed [-wèistid] 형 허리가 가는[잘록한]; 코르셋을 꽉 끼게 한.
wasp·y [wɑ́spi/wɔ́sp-] 형 =waspish.
Wasp·y [wɑ́spi/wɔ́sp-] 형 WASP의[에 속하는]. (또는 **WASPy**)
was·sail [wɑ́səl/wɔ́seil] 명 **1** (옛날 영국인 사이의) 건배의 인사. **2** 주연, 술잔치. **3** ⓤ (크리스마스 등의) 주연용 술. **4** (고어) 술자리의 노래. ──자 술잔치를 하다; 건배하다. ──타 ~을 위해 건배하다.
go wassailing 크리스마스 캐럴을 부르며 집집을 돌
──감 (건강을 위하여) 축배! 〔아다니다.
~·er 명 마시고 떠드는[건배하는] 사람, 대주가, 주객.
Wássermann àntibody 명 (면역) 바서만 항체(抗體).〔독일의 세균학자 August von Wassermann (1866–1925)의 이름〕
Wássermann reàction 명 (의학) 바서만 반응(매독균 항체를 찾는 혈청 반응). 〔에 의한 매독 검사.
Wássermann tèst 명 (의학) 바서만 검사(혈청
was·sup [wæsəp, wɑsʌp] 명 무슨 일이야; 야, 어이 (What's up?).
***wast** [wɑst/wɔst, 약 wəst] 동 (고어) be의 2인칭 단수 직설법 과거(주어 thou에 대응한다).
wast·age [wéistidʒ] 명 **1** ⓤ (때로 a ~, the ~) 소모, 손모; 낭비; 소모량. **2** ⓤⓒ 폐물, 폐품. **3** 해고 이외의 일로 종업원을 잃기.
‡**waste** [weist] 동 (**wást·ed; wást·ing**) 타 **1** …을 낭비하다, 허비하다 (on, over, in). ¶~ a full hour (in) 1시간을 허비하다 / Don't ~ time doing trifles. 자질구레한 일에 시간을 낭비하지 마라 // (~+목+전+명) ~ one's energy on useless things 쓸데없는 일에 정력을 낭비하다. **2** (기회 따위)를 놓치다, 잃다(보통 수동형으로) (능력 따위)를 발휘하지 못하게 하다; (사물·일이) 쓸모가 없다 (on). ¶~ a good opportunity 호기를 놓치다. **3** …을 소모시키다, 마모시키다; 쇠약하게 하다; 침식하다. ¶(~+목+전+명) He is ~d into a shadow. 그는 피골이 상접할 만큼 말랐다. **4** …을 황폐하게 하다. ¶The country was ~d by war. 그 나라는 전쟁으로 잿더미가 되었다. **5** (법률) (집 따위)를 훼손하다. **6** (美속어) (사람·적)을 죽이다, 섬멸하다; (구어) 때려 눕히다.
──자 **1** 쓸데없이 소비되다, 낭비되다; (물건이) 낭비되다, 허사가 되다. ¶The water is *wasting*. 물이 그냥 흘러버리고 있다/ *W- not, want not*. (속담) 낭비만 없으면 부족도 없다. **2** 차츰 소모되다, 수척해지다, 힘이 줄다; 쇠약해지다 (away). ¶(~+부) ~ *away through illness* 병으로 야위다/ ~ *away to a skeleton* 말라서 피골이 상접하다. **3** (부·권력 따위가) 쇠퇴하다, 줄다. ¶The might of England is *wasting*. 영국의 국력은 쇠퇴하고 있다. **4** (시간이) 흐르다, 흘러가다. ¶Day ~s. 날이 저문다.
all wasted ① 잘못된, 틀린. ② 모르고 있는, 이해하지 못하는. ③ (사고 방식 따위가) 뒤떨어진.
waste away ⇒ 자 2.
waste one's breath [or ***words***] 쓸데없는 말을 하다; 말해봐야 소용없다.
──명 **1** ⓤⓒ 낭비, 허비. ¶avoid ~ 낭비를 피하다 /

It's a ~ of time[money] to do such a thing. 그런 짓을 하는 것은 시간[돈]의 낭비다. **2** ⓤ (기회 따위를) 놓치기, 실기(失機). ¶~ of opportunity 기회를 놓침. **3** ⓤ 소모; 쇠약, 점감(漸減). ¶~ and repair 소모와 회복. **4** ⓤ 황폐, 파괴; ⓒ 폐허. ¶the ~s of war 전쟁에 의한 폐허. **5** (종종 ~s) 황야; 황량한 곳[지역]. ⇨ DESERT[1] (유의어). ¶a barren ~ 불모의 황야/the snow ~s 황량한 설원. **6** (법률) (가옥 따위의) 훼손. **7** (종종 ~s) 쓰레기, 폐물, 폐기물; 폐수; 찌꺼기. **8** (생산 과정에서) 남는[여분의] 물건; 불필요한 부산물. **9** ⓤ (기계 청소 따위에 쓰는) 지스러기 솜, 넝마. **10** (~s) 배설물. **11** = ~ pipe.   ┌낭비되다.
go [or **run**] **to waste** 폐물이 되다, 쓸모없이 되다; **lay ~ to waste** …을 황폐화시키다, 파괴하다.
━ 國 **1** 이용[활용]되고 있지 않은. ¶~ energy 이용되지 않고 있는 에너지/~ talents 빛을 못 보고 있는 재능. **2** (토지·지역 따위가) 황량한, 불모의, 미개간의, 사람이 살지 않는. ¶~ ground 황무지. **3** (파괴·쇠퇴로 인해) 폐허가 된, 황폐화된. **4** (생산 과정에서) 남은, 여분의. ¶utilize ~ products of manufacture 남은[잉여] 제품을 활용하다. **5** 역할을 끝낸, 다 쓴; 불용의. ¶the ~ water from the washer 세탁기에서 나오는 배수(排水). **6** (노력 따위가) 허사가 된, 쓸모없게 된. **7** 폐기된, 폐물의; (생리) 노폐의, 배설되는. ¶~ matter 노폐물. **8** (종종 복합어로) 폐물[쓰레기], 오수(汚水) 용의. ¶a ~ container 쓰레기 용기. **9** (폐어) 과도한; 불 *lay waste* 황폐하게 하다[시키다]. ┌필요한.
lie waste (토지가) 쓰이지 않고 있다, 황폐해져 있다.
wást·a·ble 國 **~·ness** ⓤⓒ 황폐; 불모.
*****waste·bas·ket** [wéistbæskit/-báːs-] 囡 휴지통, 쓰레기통. ━ ꭗ …을 휴지통[쓰레기통]에 버리다.
wáste·bin [wéistbìn] 囡 (英) 쓰레기통.
wáste bòok 囡 (英) =daybook.
wáste circulátion (신문·잡지의) 무효 부수(배포된 것 중 광고 효과가 없었던 부수).
wast·ed [wéistid] 囡 **1** =waste 1-3. **2** 소용이 안 된, 헛된. ¶~ efforts 헛된 노력. **3** 쇠약이 지쳐 있는, 쇠약해진, 피폐한. **4** (속어) 알코올[마약] 중독의; (전쟁에서) 죽은; 무일푼의. **5** (고어) (때가) 지난.
wáste dispósal 囡 폐기 처분, 폐기물 처리.
waste-free [ˊfríː] 囡 쓰레기가 생기지 않는.
*****waste·ful** [wéistfəl] 囡 **1** 낭비의, 헛된, 비경제적인. ¶a ~ process 비경제적인 방법. **2** 낭비하는, 사치스러운 (*of, with*). ¶be ~ *of* life 생명을 헛되이 하다. **3** (고어) (전쟁 따위가) 황폐시키는, 파괴적인.
~·ly 덷 **~·ness** 囡
wáste hèat recóvery 囡 폐열 이용.
wáste índustry 囡 산업 폐기물 처리업.
waste·land [wéistlænd] ⓤⓒⓤ **1** 황무지, 처녀지, 미개간지. **2** (홍수·전쟁 등으로) 황폐해진 지역, (보통 a ~) (정신적·문화적으로) 황폐한 사회[시대], 지대].
waste·less [wéistlis] 囡 무진장의, 다 쓰지 못하는.
waste·pa·per [wéistpèipər] 囡 휴지.
wástepaper bàsket 囡 휴지통.
wáste pipe 囡 배수관; 오수관.
waste·plex [wéistplèks] 囡 폐기물 재처리 시설.
wáste pròduct 囡 폐기물; (생물의) 노폐(배설)물.
wast·er [wéistər] 囡 **1** 낭비가, 낭비하는 사람. **2** (도자기 따위의 제조중에) 잘못되는 것, 불량품. **3** 파괴자. **4** (英속어) 건달, 한량. **5** (구어) 변변치 않은 사람, 불량배, ━ ꭗ (스코) …을 분에 넘치게 쓰다, 낭비하다.
wáste tréatment 囡 =waste disposal.
wáste ùnit 囡 쓰레기 처리 공장.
waste·wa·ter [wéistwɔ̀ːtər, -wɑ̀t-] 囡 폐수, 하수, 오수(汚水). ¶~ treating 폐수 처리.
wast·ing [wéistiŋ] 囡 **1** (체력 따위를) 소모시키는, 점점 약화하게 하는, 소모성의. **2** (체력이) 점점 약해지(해 가는), 파괴적인. ¶a ~ war 파괴적인 전쟁. **2** 낭비; 소모; 쇠퇴. **~·ly** 덷 **~·ness** 囡
wásting ásset 囡 (회계) 소모(성) 자산, 감모(減耗) 자산[삼림 따위]. ┌(결핍 따위).
wásting diséase 囡 (의학·수의학) 소모성 질환
wast·rel [wéistrəl] 囡 **1** 낭비자, 방탕자, 씀씀이가 헤픈 사람. **2** (英) 방랑자, 부랑아. **3** (제조 공정에서) 잘못된 것, 불량품, 흠집이 있는 것.
wat [wɑt/wɔt] 囡 와트(타이·캄보디아의 불교 사원).
‡**watch** [wɑtʃ/wɔtʃ] ꭖ (**~·es** [-iz], **~ed** [-t]) ꕂ **1** 지켜보다. 빤히 바라보다; 구경[관람]하다. ¶~ while an experiment is performed 실험하는 동안 가만히 지켜보아라/W- *for* a signal. 신호를 지켜보아라. **2** 기다리다, 대기하다. ¶(~+前+名) ~ *for* a chance to pounce 달려들을 기회를 노리다. **3** 망보다, 파수보다, 경계하다; 지키다, 돌보다 (over). ¶(~+前+名) ~ *over* a flock of sheep 양떼를 지키다. **4** 불침번을 서다 (*at, by*), 자지 않고 간병하다 (*with*); 자지 않고 있다. ¶The nurse ~ed *with* the patient. 간호사는 자지 않고 환자를 돌보았다.
━ ꭗ **1** …을 지켜보다, 관찰하다, 주시[응시]하다. ⇨ LOOK (유의어). ¶~ television every evening. 나는 매일 저녁 TV를 본다 // (~+图+*do*) I ~ed him swim across the river. 나는 그가 강을 헤엄쳐 건너는 것을 지켜보았다. **2** …을 감시하다, 지키다, 경계하다; 주의하다, 조심하다. ¶W- your step! 발 밑 조심! /W- the convicts so they can't escape. 죄수들이 도망치지 못하도록 감시해라. **3** (기회 따위)를 기다리다, 노리다; …에 기대를 품다. ¶~ one's opportunity [time] 기회[때]를 노리다. **4** (가축 따위)를 돌보다, 지키다; …을 간호하다. ¶W- the baby while I am out. 내가 외출한 동안 아이를 보아다오.
bear watching ① 주목할 가치가 있다; 장래성이 있다. ② 경계를 요하다, 방심할 수 없다.
watch a person's dust [or *smoke*] (美속어) 남이 재빨리 해치우는 것을 보다.
watch every penny 행동하기 전에 잘 생각하다.
watch it (구어) (종종 명령형으로) 조심해!; 그러지 마!, 그러면 안돼!   ┌동하다, 자제하다.
watch oneself (구어) =*watch it*. ② 신중히 행
watch one's mouth [or *tongue*] 말[입]조심하다.
watch one's step (발 밑을) 조심하다.
watch one's time 시기를 엿보다.
watch out (美구어) 조심하다, 주의하다.
watch out for …을 경계[감시]하다.
watch over …을 돌보다 (care for).
You watch! (예언을 한 뒤) 두고 봐!
━ 囡 (ꭗ ~·es [-iz]) **1** ⓤ 경계, 조심, 주의; 감시, 망보기 (*for, on, over, upon*). ¶under close ~ 엄중한 감시하에. **2** 회중 시계, 손목 시계(⇨ clock). ¶a ~ and chain 쇠줄 달린 시계/His ~ said five minutes after nine. 그의 시계는 9시 5분을 가리켰다. **3** ⓒⓤ (보통 the ~) 파수, 깨어 있음; 야간 간호 (over); 불침번; (종종 a ~, the ~) (한 사람 또는 한 조의) 파수 보는 사람, 경비원[대], 야경. ¶place a ~ 경비원을 두다. **4** ⓒⓤ (역사); (해사) (4시간 교대의) 당직 (시간); (전 승무원을 둘로 나눈) 당직 할당; (the ~) (집합적) 당직자(組). ¶the port [starboard] ~ 좌[우]현 당직. **5** (역사) 경(更)(고대 그리스·로마인·히브리인의 야간 시간 단위). **6** (기상) (기상청 발표의) 주의보(報), 기상 특보. **7** (속어) 나이팅게일의 때.
beat the watch 야경을 돌다.
be off watch 비번이다.
be on the watch for [or *against*] ① …을 경계하고 있다, 감시하다. ② 준비하고 …을 기다리다.
be on watch 당직이다.   ┌를 뒤엎어 엎다.
box the watch (속어) (장난으로) 야경의 경비 초소
in the night watches; in the watches of the

night (불안 따위로) 밤잠을 못자고 있을 때에.
keep watch 망을 보다 (*on, over*); 당직을 서다; 자지 않고 간병하다 (*over*).
one's watch below [or **off**] 비번, 비당직.
pass as [or **like**] **a watch in the night** 곧 잊어버리다; 잠깐 사이에 지나가 버리다.
watch and ward (문어) 부단한 경계, 주야 감시.
watch and watch (해사) 반현(半舷) 당직.

watch·a·ble [wátʃəbl/wɔ́tʃ-] 형 간파할 수 있는, 명해한, 볼 가치가 있는. **-bíl·i·ty** 명
watch·band [wátʃbænd/wɔ́tʃ-] 명 손목 시계줄.
wátch bòx 명 경비 초소; (야경꾼·경찰 등의) 대기소.
watch·case [wátʃkèis/wɔ́tʃ-] 명 회중[손목]시계 딱지[뚜껑], 위치 케이스.
wátch chàin 명 회중 시계의 장식용 사슬.
Wátch Committee 명 (英) (옛날 시(市)의 의회의) 공안 위원회.
Wátch Company Mòvement (美) 기업 투명성 감시 활동.
watch-cry [wátʃkrài/wɔ́tʃ-] 명 =WATCHWORD.
wátch crỳstal 명 (美) 회중[손목] 시계의 유리.
watch·dog [wátʃdɔ̀ːg/wɔ́tʃdɔ̀g] 명 1 경비견. 2 감시인, 파수꾼. ¶경비견의(면 한한); 감시역을 하는. ── 타 (**-gg-**) …의 경비견[원] 노릇을 하다.
watch·er [wátʃər/wɔ́tʃ-] 명 1 경비원, 감시인, 파수꾼. 2 철야번, 간호인; 밤샘을 하는 사람, 3 (보통 복합어로) …관찰자, (정치 정세 따위를) 관찰하는 사람, …전문가[연구가]. ¶a bird ∼ 조류 관찰자/industry ∼ 산업 문제 연구가. 4 (美) (투표소의) 선거 입회인.
wátch fìre 명 (야영·신호용) 횃불불, 모닥불.
***watch·ful** [wátʃfəl/wɔ́tʃ-] 형 1 조심하는, 주의 깊은(*about, against, for, of*), 빈틈없는, 경계를 게을리하지 않는 (*on, over*). ¶keep ∼ guard 빈틈없이 경계하다/be ∼ *about* a person 남을 경계하다. 2 (고어) 잠이 오지 않는, 잠 못 깨는. ¶spend a ∼ night 잠을 설치며 하룻밤을 지새우다.

유의어 **watchful** 위험이나 호기를 놓치지 않도록 끊임없이 조심한다는 뜻의 일반적인 말. **vigilant** 현실의 절박한 필요상 날카롭고 세심한 경계를 하고 있는. **alert** 위험이나 적을 발견하는 즉시 기민하게 행동을 취할 수 있도록 주의하고 있는.

∼·ly 부 주의 깊게, 경계하여. **∼·ness** 명
wátch glàss 명 =watch crystal.
wátch guàrd 명 회중 시계의 쇠줄[끈].
wátch hànd 명 회중[팔목] 시계의 바늘.
watch·house [wátʃhàus/wɔ́tʃ-] 명 파수막, 초소.
watch·keep·er [wátʃkìːpər/wɔ́tʃ-] 명 감시인; (해사) 당직 (고급) 선원.
wátch kèy 명 (구식 회중 시계의) 태엽 감는 열쇠.
watch·less [wátʃlis/wɔ́tʃ-] 형 1 경계를 게을리 하는, 방심한. 2 감시인[보호]이 없는.
wátch lìst 명 주의 인물 명단; 감시 사항 목록, 요주의 대상국.
***watch·mak·er** [wátʃmèikər/wɔ́tʃ-] 명 시계방, 시계 제조[수리]업자. [제조[수리](업).
watch·mak·ing [wátʃmèikiŋ/wɔ́tʃ-] 명 시계
***watch·man** [wátʃmən/wɔ́tʃ-] 명 (복 **-men**) 1 경비원, 파수꾼; 야경꾼; (역사) 순라군. 2 (인쇄) 플랫(정 정한 곳을 표시하는 작은 종이 쪽지)(flag). **∼·ly** 형
wátch mèeting 명 송구영신[제야] 예배. (또는 **wátch-night sèrvice**)
wátch nìght 명 1 제야(除夜); =watch meeting. **2** (남아공) 야경꾼.
wátch òfficer 명 (함정의) 당직 사관; (상선의) 당직
wátch òil 명 시계 기름. [항해사.
watch·out [wátʃàut/wɔ́tʃ-] 명 조심하기, 주의, 경계.
wátch pòcket 명 회중 시계 주머니. [계.
watch·strap [wátʃstrǽp/wɔ́tʃ-] 명 (英) =WATCHBAND.

watch·tow·er [wátʃtàuər/wɔ́tʃ-] 명 1 망루(望樓), 감시탑. 2 (비유적) 관점, 견지. 2 (W-) 파수대(여호와의 증인이 발행하는 기관지).
watch·wom·an [wátʃwùmən/wɔ́tʃ-] 명 여성 경 [비원.
watch·word [wátʃwə̀ːrd/wɔ́tʃ-] 명 1 (보초병들의) 암호, 수하. 2 표어, 모토(motto); (당파 등의) 슬로건.

‡**wa·ter** [wɔ́ːtər, wát-] 명 (⊛ ∼s) [U] 1 물. ¶boiling ∼ 끓는 물/cold [hot] ∼ 냉수[온수]/lukewarm ∼ 미지근한 물/fresh ∼ 민물, 담수/hard [soft] ∼ 경[연]수/salt ∼ 염수/∼ of crystalization (화학) 결정수/a glass of ∼ 한 잔의 물.
2 (음료수; 수돗물(running water); (∼s) 광천수(鑛泉水). ¶drinking ∼ 음료수/mineral ∼s 광천수, 탄산수/whisky and ∼ 물을 탄 위스키.
3 (보통 (the) ∼s) (강·바다 등의) 많은 물, 흐르는 물, 괸 물; 강, 호수, 바다; 물가; (the ∼) (육지·공중에 대해) 수중, 물이 있는 곳. ¶deep ∼s 심해/cross the ∼s 바다를 건너다/fall into the ∼ 물에 빠지다/Still ∼s run deep. (속담) 잔잔히 흐르는 강물은 깊다, 유능한 사람은 그 재주를 숨긴다.
4 (∼s) (복수취급) 수역, 해역, 영해. ¶the Korean ∼s 한국 수역/territorial ∼s 영해.
5 [U] 수위, 수심, 조위(潮位); 수면, 해면. ¶above [below] (the) ∼ 수면 상[하]에/at high [low] ∼ 만조 [간조] 때에/float on ∼ 물에 뜨다/sound [or measure] the depth of (the) ∼ 수심을 재다.
6 용액, 화장수, …수. ¶soda ∼ 소다수/lemon ∼ 레몬수/lavender ∼ 라벤더 향수. **7** [UC] 분비액, 체액(눈물·땀·오줌·침 따위); (의학) 양수(羊水). ¶a bloody ∼ 혈뇨. **8** (배의) 누수, 침수. ¶The ship is making ∼. 배에 물이 스며들어온다. **9** (the ∼) (보석의) 광택, 투명도, 품질, 순도(純度). ¶a diamond of the first ∼ 최고 품질의 다이아몬드. **10** (상업) (자산의 과대 평가에 의해) 불린[물 탄] 자본; 불린[물 탄] 주식의 발행. **11** [C] (견직물·금속판 따위의 광택 있는) 물결 무늬; 물결 모양. **12** [C] 수채화; [U] 수채화 도구.

***above** (the) **water** (경제적인) 곤란을 벗어나. ¶He keeps his head *above* ∼. 그는 돈 걱정 없이 지낸다.
(*as*) *weak as water* (마실것 따위가) 굉장히 묽은; (육체적·정신적으로) 약한, 힘이 빠진.
back water ⇒BACK¹.
believe (that) water can flow uphill 물이 높은 데로 흐른다고 믿다, 말도 안되는 일을 믿다.
between hell and high water 진퇴양난의. [다.
blow a person out of water 남을 단단히 혼내주다.
break water ① (물고기·닻·잠수함 따위가) 물 위로 떠오르다. ② (수영) (평영에서) 발로 물을 차다. ③ (의학) (임산부가) 파수(破水)하다.
burn the water ⇒BURN¹.
by water 수로로, 해로로; 배로(by ship).
cast [or *scatter, throw*] *one's bread upon the waters* ⇒BREAD.
come hell or high water (구어) 무슨 일이 일어나건, 어떤 역경에도 굴하지 않고.
Come on in, the water's fine. (구어) 물이 좋은데, 자네도 들어오게(수영에서의 권유); (이번 일은 할 만하니까) 자네도 꼭 참가하게.
cut off a person's water (美속어) =*turn off a person's water*.
dash cold water over [or *on*] (구어) (계획 따위에) 찬물을 끼얹다; 방해하다.
draw water to one's mill ⇒MILL¹.
drink the waters 광천수를 마시다.
fish in muddy waters 귀찮은 일에 관계하다.
fish in troubled waters ⇒FISH.
get into hot water (구어) 엉뚱한 실패를 하다; 곤경에 빠지다. [유배되다.
go over the water 바다[강, 호수]를 건너다; 섬으로

go through fire and water 물불을 가리지 않다.
hold [or ***retain***] ***one's water*** (구어) 참다. 견디다. 참고 기다리다.
hold water ① (용기 따위가) 물이 새지 않다. ② (이론·설명 따위가) 이치에 맞다. 타당하다. ¶His theory *holds* every ~. 그의 학설은 전혀 빈틈이 없다. (노의 물갈퀴를 세워서) 보트를 멈추다.
in [or ***into***] ***deep*** [or ***rough***] ***water(s)*** (속어) 매우 곤혹, 곤경에 빠져, 난처해져서.
in hot water (구어) 곤란하여(in trouble).
in low water (英구어) 돈이 없이, 궁립하게: 의기소침하여.
in smooth water(s) 순조롭게, 술술.
like water 흥청망청, 아낌없이. ¶He spends his money *like* ~ 그는 돈을 물쓰듯 한다.
like water off a duck's back 効과없이: 마이동풍 격으로.
make water ① 물이 새다. ⇒용 8 ② 소변 보다.
Much [or ***A lot of***] ***water has flowed*** [or ***gone, passed***] ***under the bridge.*** (그로부터) 온갖 일이 벌어졌죠, 지금은 모두 과거지사입니다만.
muddy [or ***stir***] ***the waters*** (구어) (이야기·사태 따위를) 혼란시키다, 파문을 일으키다.
of the first water 최고급의, 일류의.
on the water ① 물 위에(서); 해상에(서). ② 배에 타고서.
pass water =*make water* ②.
pour oil on troubled waters ⇒OIL.
reach [or ***get to***] ***smooth water*** 곤란을 벗어나다[타개하다]. 평온[평정]을 찾다.
take (the) water ① (물새 따위가) 헤엄치기 시작하다, 물에 뛰어들다. ② (배가) 진수하다: (비행기가) 착수(着水)하다. ③ (美속어) 물러가다.
take the waters 광천수를 마시다, 온천 치료를 하다.
take water ① 폭풍 따위로 (배가) 물을 뒤집어쓰다: (배가) 물이 들어가다: (물새가) 물에 들어가다. ② (美속어) 녹초가 되다: 피하다.
test the water(s) 되어가는 형편을 보다, 사정을 살피다.
the waters of forgetfulness ① (그리스 신화) 망각의 강(Lethe). ② 죽음.
the waters of life (성경) ① (불멸의 생명을 주는다) 생명의 물, 생명수. ② 정신적[영적] 각성.
throw [or ***pour***] ***cold water on*** [or ***upon***] (계획 따위)에 찬물을 끼얹다, 트집을 잡다.
tread water 서서 헤엄을 치다.
turn off a person's water (美속어) 남의 말허리를 꺾다; 계획·음모 따위를 분쇄하다.
under water 침수하여; 수중에. ② 생활이 곤궁하여.
water bewitched (구어) ① 매우 엷은 차. ② 물탄 술.
water of constitution [화학] 구조수(構造水).
water of hydration [화학] 수화수(水和水).
water under the bridge; water over the dam (美) 지나간 일, 끝난 일, 어쩔 수 없는 일.
written [or ***writ***] ***in water*** (명성·업적 등이) 허무한, 곧 잊혀지는.

—團 (~s [-z]) ⑤ 1 [식물]에 물을 주다, 물을 뿌리다; [동물]에 물을 먹이다: …에 물을 끼얹다. ¶~ flowers 꽃에 물을 주다 / ~ cattle and horses 소와 말에게 물을 먹이다. 2 …에 급수하다: …에 관계하다. ¶~ a ship 배에 급수하다 / (~+몀+團) This city is well ~ed. 이 도시는 급수가 잘 된다. 3 …을 물로 엷게 하다, …에 물을 타다; (말·표현 따위를) 부드럽게[약하게] 하다; 물을 떨어뜨리다(*down*). ¶~ *ed* whisky 물을 탄 위스키 // (~+몀+團) This milk is ~*ed down*. 이 우유는 물로 묽게 되어 있다. 4 [상업·경제] (자산을 과대 평가하여) (자본) 금액을 늘리다(*down*). ¶~*ed* assets 과대 평가된 자산. 5 [수동형으로] [직물·금속판 등]에 물결 무늬를 내다.
—郊 1 분비액이 나오다; 눈물이 흐르다. ¶Her eyes ~*ed* from the smoke. 연기 때문에 그녀는 눈에서 눈물이 났다. 2 (동물이) 물을 마시다. 3 (배가)

급수를 받다, 급수하다. ¶This ship ~s at Incheon. 이 배는 인천에서 급수한다.
make a person's mouth water 남을 군침 흘리게 하다, 남의 욕구[식욕]를 돋구다.
water at the mouth 군침을 흘리다; 부러워하다.
water down ① ~② …을 적당히 처리하다. ¶~ *down* a bill 의안에서 골자를 빼다.
—囿 [한정용법] 1 물의, 물에 관한. ¶a ~ journey 수상 여행. 2 물이 든, 물을 담기 위한. ¶a ~ jug 물주전자. 3 물로 움직이는, 수력의. ¶a ~ turbin 수력 터빈. 4 (종종 복합어로) 물을 데우는; 물을 펌프로 빨아올리는; 물을 순환시키는; 송수하는. ¶a hot~ furnace 열탕 화덕 / city ~ works 도시 상수도. 5 수분을 포함한, 수성(水性)의. 6 물 위[물 속, 물가]의; 수중[수상]에서 행해지는. ¶~ sports 수상 경기. 7 물가 물 속에서 사는, 수생(水生)의. ¶~ people 수상(水上) 생활자들.
~·**like** 囿 [상(水上) 운송 (요금).
wa·ter·age [wɔ́ːtəridʒ, wάt-] 囿 (美)화물의 수
wáter báck 囿 (난로에 붙어 있는) 물 데우는 탱크.
wáter bàg 囿 물 주머니: (태아를 싸는) 양막(羊膜).
wáter báiliff 囿 (英폐어) (세관의 수석) 검사관.
wáter bálance 囿 (생물) 수분 평형[밸런스](생체 내에서의 수분 흡수량과 배출량의 평형 관계).
wáter bállast 囿 [해사] 물 밸러스트(선박의 안정을 위해 선저(船底)에 싣는 물).
wáter bállet 囿 수중 발레.
wáter báth 囿 1 [요리] 중탕(重湯) 냄비(bain-marie). 2 (한증탕과 구별하여) 물을 사용한 목욕(통).
Wáter Béarer 囿 (the ~) (천문) 물병자리, 보병궁(寶瓶宮)(Aquarius). [[함유한[투과하는].
wa·ter·bèar·ing [wɔ́ːtərbɛ̀əriŋ] 囿 (지층이) 물을
water·bed [wɔ́ːtərbèd, wάt-] 囿 (환자용) 물침대: 수분을 많이 함유한 지층.
wáter béetle 囿 수생 갑충(물방개 따위).
wáter bird 囿 [조류] 물새(aquatic bird).
wáter bíscuit 囿 워터 비스킷(밀가루에 소금과 버터를 넣어 반죽해 만든 크래커). (또는 **wáter cràcker**)
wáter blíster 囿 (피부의) 물집, 수포(水疱).
wáter blóom 囿 [생물] 물꽃, 청분(青粉)(호소(湖沼)의 플랑크톤이 급증함으로써 수면에 생기는 막(膜) 또는 수면 가까이에 번성하는 조류(藻類)).
wáter bóa 囿 =anaconda.
wáter bóat 囿 급수선.
wáter bóiler (reàctor) 囿 [원자] 비등수[워터보일러]형(型) 원자로. [세레.
wáter bómb 囿 물폭탄(봉지에 물을 넣어 던지는 장
wa·ter·borne [wɔ́ːtərbɔ̀ːrn, wάt-] 囿 1 물에 떠있는. 2 ~의 ¶~ traffic 수상 교통. 3 (전염병이) 수인성(水因性)의, 음료수로 전염되는.
wáter bóttle 囿 (견본 취수용) 취수병: (英) 수통.
wáter bóy 囿 (병사·노동자·운동 선수 등에 대한 음료수 공급 담당자; (가축의) 급수 담당, (美속어) 비위 맞추는 사람, (윗사람을 위해) 잡무를 맡아보는 사람.
wáter brásh 囿 (병리) 속쓰림(heartburn).
wa·ter·buck [wɔ́ːtərbʌ̀k, wάt-] 囿 ~(s) (남아프리카산(産)의) 큰 영양.
wáter búffalo 囿 물소(water ox), (美속어) 수륙 양용 전차. [개 따위).
wáter bùg 囿 매목(目)의 수생 곤충(소금쟁이·물방
Wa·ter·bur·y [wɔ́ːtərbèri, -bəri] 囿 워터베리(미국 Connecticut 주 서부의 도시; 이곳에서 제조되는 값
wa·ter·bus [-bʌ̀s] 囿 수상 버스. [싼 시계).
wáter bùtt 囿 빗물통. (분수·욕실 따위의) 수조.
wáter cánnon 囿 (시위 진압용) 물대포, 고압 방수포(放水砲).
wáter cánnon trúck 囿 방수차(放水車).
wáter cárriage 囿 수상 운송, 수운(水運).
wáter cárrier 囿 1 수상 운송에 종사하는 사람, 2 물

장수. 3 (the W- C-) 〔천문〕 =Water Bearer.
wáter càrt 〔명〕 살수차(撒水車); 물장수의 수레.
on the water cart (英속어) 금주(禁酒) 중인.
wáter chèstnut 〔명〕 마름(수생 식물; 열매는 식용).
wáter chùte 〔명〕 워터 슈트(보트로 미끄럼대를 내려와 물위로 돌진하는 놀이); 그 미끄럼대.
wa·ter-clear [-klíər] 〔형〕 무색 투명한.
wáter clòck 〔명〕 물시계.
wáter clòset 〔명〕 (수세식) 변소(略 WC); 수세 변기.
***wa·ter·col·or, (英) -col·our** [wɔ́:tərkʌ̀lər] 〔명〕 1 (보통 ~s) 수채화 그림물감. 2 ⓤ 수채화법; ⓒ 수채화. **wá·ter·còl·or** 〔명〕 **~ist** 수채화가.
wáter contaminátion 〔명〕 수질 오염.
wáter convérsion 〔명〕 (바닷물의) 담수화(淡水化).
wa·ter-cool [-kù:l] 〔명〕〔타〕 〔엔진·모터·기관총 따위〕를 물로 식히다. **~ed** 〔형〕 수냉식의.
wáter cóolant 〔명〕 (원자로의) 냉각수.
wáter cóoler 〔명〕 냉수기, 음용수 냉각기.
wáter cóoling 〔명〕 물에 의한 냉각, 수냉.
wa·ter·course [wɔ́:tərkɔ̀:rs, wát-] 〔명〕 1 물줄기, (작은) 강. 2 수로, 수도, 하상. 3 〔법률〕 유수권(流水權) (타인의 땅을 통한 인수(引水)·배수권).
wa·ter·craft [wɔ́:tərkrᴂft, wát-/-krɑ̀:ft] 〔명〕 1 수상(水上) 기술(선박 조종·수영 등); 수상 경기의 기술. 2 배; 〔집합적〕 선박.
wa·ter·cress [wɔ́:tərkrès, wát-] 〔명〕 물냉이(잎).
wáter cúlture 〔명〕 〔농업〕 수경(水耕) (재배).
wáter cúre 〔명〕 1 〔의학〕 물 치료법(hydrotherapy). 2 (구어) (대량의 물을 먹이는) 물고문. 〔식 보트.
wa·ter·cy·cle [wɔ́:tərsàikl] 〔명〕 수상 자전거; 페달
wáter divíner 〔명〕 (英) =waterfinder.
wáter dòg 〔명〕 1 물에 길든 개; 물새 사냥용 개; (구어) 노련한 수부, 수영 잘하는 사람.
wa·ter-dog [wɔ́:tərdɔ̀g, wát-/-dɔ̀g] 〔명〕 도롱뇽.
wa·ter·drink·er [-drìŋkər] 〔명〕 생수를 마시는 사람; 금주 중인 사람. 〔울; 눈물 방울.
wa·ter·drop [wɔ́:tərdràp/-drɔ̀p] 〔명〕 물방울, 빗방
wa·tered [wɔ́:tərd, wát-] 〔형〕 1 관개 시설이 있는, 2 물결 무늬가 있는, **~ silk** 물결 무늬 비단. 3 물을 탄; 〔경제〕 부풀린, 물 탄.
wa·tered-down [-dáun] 〔형〕 물로 묽게 한, 묽어진; 김빠진; 약해진, 힘 없는.
wátered stóck 〔명〕 〔증권〕 물탄 주식(자산 규모를 과대 평가하여 발행되는 것).
wa·ter·er [wɔ́:tərər, wát-] 〔명〕 1 물을 주는[뿌리는] 사람. 2 살수 장치, 물뿌리개.
***wa·ter·fall** [wɔ́:tərfɔ̀:l] 〔명〕 (복 ~s [-z]) 1 폭포, 낙수. 2 (길게 뒤로 늘어뜨린) 여자 머리형의 하나.
wa·ter·fast [-fᴂ̀st/-fɑ̀:st] 〔형〕 (염료 따위가) 물에 빠지지 않는, 내수성의.
wa·ter·find·er [wɔ́:tərfàindər] 〔명〕 수맥 탐지인 (divining rod로 수맥을 찾는 사람)(dowser).
wáter flág 〔명〕 창포, 붓꽃.
wáter fléa 〔명〕 물벼룩.
wa·ter·flood [wɔ́:tərflʌ̀d, wát-] 〔명〕 수공 채유법(水攻採油法)(고갈된 유층(油層)에 물을 부어 남아 있는 기름을 한 곳에 모이게 하여 채유하는 방법). ― 〔타〕 수공 채유법을 쓰다. **~ing** 〔명〕 〔水量〕.
wáter flów 〔명〕 수류(水流); (단위 시간당의) 유수량(流
wáter fóuntain 〔명〕 분수식 물 마시는 곳(음료수); 냉수기(器); 음료수 공급 장치.
wa·ter·fowl [wɔ́:tərfàul, wát-] 〔명〕 (복 (s)) 물새, 오리류. **~er** 물새 사냥꾼. **~ing** 〔명〕 물새 사냥.
wa·ter·front [wɔ́:tərfrʌ̀nt, wát-] 〔명〕 강가[바닷가]의 기슭, 해안[호반] 도로(seafront). 〔하다.
cover the waterfront (모든 관점에서) 문제를 논급
wáter gáp 〔명〕 〔지질〕 수극(水隙)(횡단 계곡의 일종).
wáter gás 〔명〕 〔화학〕 수성(연료) 가스.

wáter gàte 〔명〕 수문(floodgate); (부두 따위의) 물가까지의 통로.
Wa·ter·gate [wɔ́:tərgèit, wát-] 〔명〕 1 워터게이트 사건(1972년 미국 공화당의 Nixon 재선 위원회가 민주당 본부를 도청함으로써 일어난 일련의 정치적 사건). 2 정치(政敵)에 대한 권력 남용. 3 스캔들, 추문.
wáter gàuge 〔명〕 (탱크·보일러 따위의) 양수계(量水計), 수위계(水位計).
wáter glàss 〔명〕 1 (물 마시는) 글라스, 컵, 유리로 된 물병. 2 (구근(球根)의) 물 재배용 그릇. 3 물시계; 유리로 만든 수위계. 4 (물 속을 들여다보는) 유리 상자, 수중 안경. 5 ⓤ 〔화학〕 물유리(sodium silicate).
wáter grúel 〔명〕 묽은 죽.   〔상 감시 세관원.
wáter guàrd 〔명〕 (the ~) 수상 경찰관; 〔집합적〕 수
wáter gùn 〔명〕 물총(water pistol).
wáter hàmmer 〔명〕 〔물리〕 수격 작용(水擊作用), 수격(音), 수격(파이프 안을 흐르는 액체를 갑자기 막았을 때 고압이 발생하는 충격 작용).
wa·ter-ham·mer [-hᴂ̀mər] 〔동〕〔자〕 (물·관(管)이) 수격(水擊)을 일으키다.
wáter hàul 〔명〕 헛고생, 헛수고.
wa·ter·head [wɔ́:tərhèd, wát-] 〔명〕 (강의) 수원, 원류(源流); (관개·원예용으로) 댐에 가두어 놓은 물.
wáter héater 〔명〕 (가정용) 온수기; 급탕(給湯) 장치.
wáter hèn 〔명〕 쇠물닭; (美) 검둥오리(coot).
wáter hòle 〔명〕 물웅덩이; 작은 연못; 얼음이 깔린 호수·연못 따위의 구멍.
wáter íce 〔명〕 1 수빙(水氷)(물이 언 것)(英) snow ice). 2 (설탕·향료·과즙을 섞은) 빙과, 셔벗(sherbet).
wa·ter-inch [-ìntʃ] 〔명〕 〔물리〕 수(水)인치(직경 1인치의 파이프 구멍에서 24시간에 흘러나오는 수량(水量); 약 500ℓ임).
wa·ter·i·ness [wɔ́:tərinis, wát-] 〔명〕 ⓤ 1 물기가 많음. 2 (음식물이) 묽음, 맛없음. 3 (사상·감정·작품 따위가) 힘[재미, 알맹이]이 없음.
wa·ter·ing [wɔ́:təriŋ, wát-] 〔명〕 ⓤⓒ 1 살수(撒水), 급수. 2 물결 무늬. ― 〔형〕 1 살수(용)의, 급수(용)의. 2 광천의; 해수욕(장)의. ¶ a ~ *resort* 해수욕장. 3 (눈이) 눈물을 머금은; (입이) 군침을 흘리고 있는. **~·ly** 〔부〕.
wátering càn 〔명〕 물뿌리개.
wátering càrt 〔명〕 살수차(water cart).
wátering hòle 〔명〕 1 =water hole. 2 (익살) 사교장, 바, 나이트 클럽. 3 (美구어) 해수욕장.
wátering plàce 〔명〕 1 (英) 해안·호반의 행락지. 2 (美) 온천·해안 따위 휴양지, 탕치장(湯治場). 3 (동물의) 물 마시는 터; (배·대상(隊商) 등의) 급수장.
wátering pòt 〔명〕 물뿌리개.
wa·ter·ish [wɔ́:təriʃ, wát-] 〔형〕 약간 물기가 있는, 약간 습한; =watery. **~·ly** 〔부〕. **~·ness** 〔명〕.
wáter jàcket 〔명〕 〔기계〕 물 재킷(내연 기관의 과열을 막기 위해 물을 넣는 냉각 장치).
wa·ter-jack·et [-dʒᴂ̀kit] 〔동〕〔타〕 …에 물 재킷을 달다.
wa·ter·jet [wɔ́:tərdʒèt, wát-] 〔명〕 분수사(噴射水), 물 분사; 물 분사식 치간(齒間) 세척기(water toothpick). 〔명〕 물 분사(식)의.
wáter jùmp 〔명〕 (장애물 경마의) 물웅덩이.
wáter jùnket 〔명〕 〔조류〕 도요새의 일종(sandpiper).
wa·ter·less [wɔ́:tərlis, wát-] 〔형〕 1 물이 없는, 마른; (요리 따위에) 물이 필요 없는; (엔진·난방 따위) 공랭식의. **~·ly** 〔부〕. **~·ness** 〔명〕. 〔sure cooker).
wáterless cóoker 〔명〕 무수(無水) 냄비; 압력솥(pres-
wáter lèvel 〔명〕 수면면, 수위; (배의) 수선(水線), 홀수선; 수준기(水準器); =water table.
wáter líly 〔명〕〔식물〕 수련(睡蓮)(pond lily).
wáter líne 〔명〕 1 〔해사〕 (배의) 수선, 홀수선. 2 (홍수가 남기고 간) 수위선, 수위선(水位線). 3 송수관(送水管). 4 (종이의) 내비치는 선. 5 해안선. 6 지하수면.
wa·ter·locked [wɔ́:tərlàkt/-lɔ̀kt] 〔형〕 주위가

[바다]로 둘러싸인. ¶a ~ tongue of land 곶.
wa·ter·log [wɔ́:tərlɔ:g, -lɑ̀g] ⓣ (**-gg-**) ⓣ (배를) 침수시켜 조종[운항] 불능으로 만들다 ; …을 침수시켜 흠뻑 젖게 하다. ── ⓥ 침수되다, 물에 흠뻑 젖다.
wa·ter·logged [-lɔ̀:gd, -lɑ̀gd] ⓣ (배가 움직일 수 없을 만큼) 침수된 ; 물에 잠긴 ; 흠뻑 젖은. ¶~ ground 물에 잠긴 땅.
Wa·ter·loo [wɔ́:tərlù:, wɑ̀t-/wɔ̀:tərlúː] ⓝ 1 워털루(벨기에 중부의 촌락 ; 1815년 나폴레옹의 패전지). 2 (a ~, one's ~ ; 때로 w-) 결정적인 패배, 참패 ; 좌절. *meet one's Waterloo* 큰 패배를 맛보다.
wáter máin ⓝ 수도(급수) 본관(本管).
wa·ter·man [wɔ́:tərmən, wɑ̀t-] ⓝ 1 노젓는 사람(oarsman) ; 사공 ; 어부. 2 급수(관)계 담당자.
~·ship ⓝ① 뱃사공의 일, 배젓는 솜씨.
wa·ter·mark [wɔ́:tərmɑ̀:rk, wɑ̀t-] ⓝ 1 (강 따위의) 수위표(水位標), 수위선 ; (일·물건의) 수준. 2 (종이의) 비치는 무늬(↔ wmk). ── ⓣ ⓣ (홍수 따위가) …에 수위의 흔적을 남기다 ; (종이)에 비치는 무늬를 넣다[찍다], [무늬]를 내비치게 하다.
wáter máss ⓝ 〔해양〕 수괴(水塊).
wáter méadow ⓝ (정기적으로 범람하는) 비옥한 목초지.
***wa·ter·mel·on** [wɔ́:tərmèlən, wɑ̀t-] ⓝ 수박. *swallow a watermelon seed* (보통 과거형으로) 〔美구어·익살〕 임신하다.
wáter méter ⓝ 수량계, 유량계(flow meter) ; 수도 계량기.
wáter mill ⓝ 물레방앗간, (물레방아) 제분소.
wáter móccasin ⓝ 〔북미산(産)〕 독사의 일종 ; (일반적으로 무해한) 물뱀(water snake).
wáter mónkey ⓝ (열대 지방에서 음료수를 차게 보관하는) 목이 긴 오지 병.
wáter mótor ⓝ 수력 발동기[원동기].
wáter nýmph ⓝ 1 〔그리스·로마 신화〕 물의 요정(naiad, Nereid, Oceanid 따위). 2 =water lily. 3 나자스말(Najas)(수생 식물). 4 〔곤충〕 잠자리.
wáter óuzel ⓝ (유럽산(産)) 물까마귀.
wáter óx ⓝ 물소(water buffalo).
wáter páint ⓝ 수성(水性) 물감, 수성 페인트.
wáter párting ⓝ 분수계(分水界)(divide).
wáter pépper ⓝ 〔식물〕 버들여뀌.
wa·ter·pick [wɔ́:tərpìk] ⓝ =water toothpick.
wáter píll ⓝ 〔구어〕 이뇨제(diuretic).
wáter pípe ⓝ 송수관, 수도관 ; 물담뱃대.
wáter pístol ⓝ 물총(water gun).
wáter pláne ⓝ 〔조선〕 수선면(水線面)(떠 있는 배를 그 수면에서 자른 단면) ; 수상 비행기.
wáter plánt ⓝ 수초, 수생 식물.
wáter plúg ⓝ 소화전(fireplug, hydrant).
wáter pollútion ⓝ 수질 오염.
wáter pólo ⓝ 수구(水球).
wáter pót ⓝ 물그릇 ; 물뿌리개.
***wáter pówer** ⓝ 1 수력 ; (동력용) 낙하수, 유수(流水). (또는 **wáterpòwer**) 2 〔법률〕 =water privilege.
wáter póx 〔병리〕 수두(chicken pox).
wáter prívilege ⓝ (특히 동력원으로서의) 용수 사용권, 수리권(水利權).
***wa·ter·proof** [wɔ́:tərprù:f, wɑ̀t-] ⓐ 방수의, 내수(耐水)의 ── ⓝ ① 방수천, 방수물. 2 〔英〕 방수복, 레인코트. ── ⓣ …에 방수 처리를 하다.
~·er ⓝ 방수제(劑) ; 방수 처리공(工). **~·ness** ⓝ
wa·ter·proof·ing [wɔ́:tərprù:fiŋ, wɑ̀t-] ⓝ ① 방수제[재료] ; 방수 가공.
wáter púlse ⓝ (치아 사이에 낀 음식물을 위한) 분사식 세수기.
wáter ráce ⓝ (공업용) 수로(水路).
wáter rám ⓝ 자동 양수기(hydraulic ram).
wáter rát ⓝ 물쥐, 물가에 사는 쥐 ; 사향쥐(muskrat) ; (속어) 강가를 어슬렁거리는 부랑아, 깡패.
wáter ràte[rènt] ⓝ 수도 요금.
wa·ter·re·pel·lent [-ripèlənt] ⓐ (완전 방수가 아닌) 내수(耐水)의, 내수 처리(가공)한.
wa·ter·re·sist·ant [-rizístənt] ⓐ 내수(성)의(water repellent).
wáter resóurces ⓝ 수자원.
wáter ríght ⓝ (하천·호수·관개 용수의) 용수권(用水權), 수리권(水利權) ; =riparian right. 〔경화〕.
wa·ter·scape [wɔ́:tərskèip, wɑ̀t-] ⓝ 물가의 풍경(화).
wáter scórpion ⓝ 〔곤충〕 장구애비(수생 곤충).
wa·ter·shed [wɔ́:tərʃèd, wɑ̀t-] ⓝ 1 분수계, 분수령 ; (하천의) 유역. 2 (국면·상황·상태 따위의) 결정적인 갈림길[분기점]. ── ⓐ 분수령[분기점]을 이루는 ; 획기적인. ¶a ~ event 획기적인 사건.
wa·ter·shoot [wɔ́:tərʃù:t, wɑ̀t-] ⓝ 빗물 홈통, 배수관 ; 〔식물〕 =water sprout.
wa·ter·side [wɔ́:tərsàid, wɑ̀t-] ⓝ (보통 the ~) 물가, 강기슭. ── ⓐ 물가에 사는 ; 물가에서 일하는.
wáter skí ⓝ (보통 ~s) 수상 스키(의 판).
wa·ter·ski [-skì:] ⓥⓘ 수상 스키를 하다.
~·er ⓝ **~·ing** ⓝ ⓤ 수상 스키 (경기).
wa·ter·skin [wɔ́:tərskìn, wɑ̀t-] ⓝ 물 운반용 가죽 부대.
wáter snàke ⓝ 물에 사는 뱀, 물뱀.
wa·ter·soak [-sòuk] ⓣ …을 물에 잠기게 하다 ; 흠뻑 적시다. ── ⓥ 물에 잠기다 ; 흠뻑 젖다.
wáter sòftener ⓝ 연수제(軟水劑) ; 연수기.
wa·ter·sol·u·ble [-sáljubl/-sɔ́l-] ⓐ 〔화학〕 (비타민 따위가) 물에 녹는, 수용성(水溶性)의.
wáter spániel ⓝ 워터스패니얼(물새 사냥용 개).
wáter splàsh [wɔ́:tərsplæʃ, wɑ̀t-] ⓝ 얕은 여울 ; 물에 잠긴 도로 (부분).
wa·ter·spout [wɔ́:tərspàut, wɑ̀t-] ⓝ 1 홈통, 배수 아가리[구멍] ; 배수구(口). 2 호우, 억수 같은 비 ; (해상의) 맹렬한 회오리.
wáter sprìte ⓝ 물의 요정(water nymph).
wáter sproùt ⓝ 웃자람 가지, 도장지(徒長枝).
wáter strìder ⓝ 〔곤충〕 소금쟁이. 〔枝〕
***wáter supplỳ** ⓝ 상수도, 급수 시설 ; 급수(량).
wáter sỳstem ⓝ 1 (하천의) 수계(水系). 2 상수도, 급수 설비(water supply).
wáter tàble ⓝ 1 지하 수면. 2 〔건축〕 (바람벽에서 튀어나오는) 물받이의 돌림띠, 비흘림.
wáter tànk ⓝ 물탱크, 수조(水槽). 〔는 모터보트〕
wáter tàxi ⓝ 수상 택시(요금을 받고 승객을 운반하—
wa·ter·tight [wɔ́:tərtàit, wɑ̀t-] ⓐ 1 물이 스미지 않는, 물이 새지 않는, 방수의. ¶a ~ compartment (배 따위의) 방수 구획(실). 2 (비유적) 빈틈없는, 완벽한. ¶a ~ alibi 완벽한 알리바이. **~·ness** ⓝ
wáter tóothpick ⓝ 물 분사(噴射)식 치아 세척기.
wáter tórture ⓝ 물고문. (water jet).
wáter tòwer ⓝ (소방용) 급수탑 ; 사다리 소방차.
wáter trèatment ⓝ (여과·연수화(軟水化) 따위의) 물 처리.
wáter túbe ⓝ 수관(水管).
wáter vàpor ⓝ (끓는점 이하에서의) 수증기.
wáter vòle ⓝ 〔동물〕 물밭쥐.
wáter wàgon ⓝ 급수차 ; 살수차.
on [off] the water wagon ➾WAGON.
wa·ter·washed [-wɑ̀ʃt/-wɔ̀ʃt] ⓐ 파도에 씻긴.
wáter wàve ⓝ 물결 ; 워터 웨이브(머리를 로션으로 적셔 세트해서 물결을 내는 헤어 스타일[세팅 기법]).
wa·ter·wave [-wèiv] ⓣⓥ (머리)를 water wave로 만들다. **-wàved** ⓐ
***wáter wày** [wɔ́:tərwèi, wɑ̀t-] ⓝ (강·운하 따위의) 수로, 항로 ; 〔조선〕 (갑판의) 배수구.
wa·ter·weed [wɔ́:tərwìːd, wɑ̀t-] ⓝ 수초(水草) ; (북미산(産)) 검정말속(屬)의 수초.
wa·ter·wheel [wɔ́:tərhwìːl] ⓝ 물레방아 ; 수력 터빈 ; 양수차(揚水車).
wa·ter·white [-hwàit] ⓐ 무색 투명한. 〔머니.
wáter wìngs ⓝpl. (수영 연습용) 날개 모양 공기 주—

wáter wìtch 명 1 점(占)지팡이로 지하 수맥을 찾는 사람. (또는 **wáter wìtcher**) 2 수맥 탐지기. 3 (호수·연못 따위) 물 속에 사는 마녀.

wa·ter·works [wɔ́ːtərwə̀ːrks, wɑ́t-] 명 1 (단·복수 양용) 수도, 급수 설비; (단수취급) 양수 펌프장, 급수장. 2 (복수취급) **a)** 분수. **b)** (속어) 눈물, 눈물샘; (英구어) 비뇨기계(系).

turn on the waterworks (속어) 눈물을 흘리다, 울다(weep).

wa·ter·worn [wɔ́ːtərwɔ̀ːrn, wɑ́t-] 형 물의 작용으로 마모된(둥글어진).

***wa·ter·y** [wɔ́ːtəri, wɑ́t-] 형 1 물의, 물과 같은. 2 물을 많이 함유한; 습기가 있는; 비가 올 것 같은. ¶ ~ soil 질척질척한 땅. 3 눈물을 머금은, 눈물을 흘리는. ¶ ~ eyes 눈물어린 눈. 4 (술 따위가) 싱거운, (풀(糊)·음식물이) 묽은; (차(茶) 따위가) 엷은. 5 (비유적) (문장 따위가) 멋이 없는, 무미건조한; 힘이 없는. 6 (색이)엷은, 희미한. ¶ ~ sunlight 희미한 햇빛. 7 물로 이루어지는, 수중의. ¶ a ~ waste [or wilderness] 해원(海原) / meet a ~ death 익사하다. 8 (기관·조직 따위가) 분비액을 내는. **-ter·i·ly** 부

WATS [wæts/wɒts] *Wide Area Telephone* (*Telecommunications*) *Service* (광역(廣域) 전화 서비스).

Wat·son [wɑ́tsn/wɔ́t-] 명 왓슨. 1 **James Dewey** ~ (1928- : 미국의 생물학자; 노벨 생리·의학상 (1962)). 2 **John Broadus** ~ (1878-1958: 미국의 심리학자). 3 **William** ~ (1858-1935: 영국의 시인).

Wát·son-Críck mòdel [-krík-] 명 (생화학) 왓슨-크릭 모델(DNA의 3차원 분자 구조를 나타내는 모형). (<J.D. Watson과 H. C. Crick의 이름)

***watt** [wɑt/wɒt] 명 (물리) 와트(전력의 단위). (기호 W, w). (<James Watt의 이름)

Watt [wɑt/wɒt] 명 **James** ~ 와트(1736-1819: 스코틀랜드의 기계 기술자·발명가; 증기 기관을 완성).

watt·age [wɑ́tidʒ/wɔ́t-] 명 (물리) 와트량(量).

wátt cúrrent 명 (전기) 와트 전류, 유효 전류.

watt-hour [ˈ-àuər] 명 (물리) 와트시(時)(에너지의 단위)(1시간 1와트의 전력량). [계.

wátt-hóur mèter 명 (전기) 적산 전력계, 전력량

wat·tle [wɑ́tl/wɔ́tl] 명 1 ⓤ (종종 ~s) (英) 욋가지, 욋가지 엮기(세공). 2 (~s) 초가집 지붕의 뼈대. 3 (오스트레일리아산(産)) 아카시아. 4 (英) 잔가지; 지붕, 막대기, 대(rod). 5 (英) 나뭇가지로 엮은 울타리. 6 (칠면조·닭의) 육수(肉垂)(⇒ COCK¹ 그림), 7 (물고기의) 수염. — 타 1 (잔가지 따위를) 엮다, …을 엮어 만들다. 2 (지붕)을 욋가지로 이다. 3 ~ 욋가지로 만든[지붕을 이] -tled 형 욋가지로 만든; (닭 등이) 육수가 있는. [인].

watt·less [wɑ́tlis/wɔ́t-] 형 (전기) (전류가) 무효의.

watt·me·ter [wɑ́tmìːtər/wɔ́t-] 명 (전기) 전력계, 와트미터.

Wa·tu·si [wɑːtúːsi/wətúːzi] 명 (~(s)) 와투시족(族), (보통 w-) 와투시 춤(1960년대에 유행; 몸의 변형). — 자 (w-) 와투시 춤을 추다. (또는 **Watutsi**)

waugh [wɔː] 감 앙(앙), 엉(엉)(어린애의 울음 소리). (또는 **wagh, wah**)

waul [wɔːl] 자 (고양이·아기처럼) 야옹야옹[응애응애]울다. — 명 야옹야옹 (우는 소리).

W. Aust. *Western Australia*.

‡**wave** [weiv] 명 (~s [-z]) 1 물결, 파도, 풍랑. ¶ a breaking ~ 부서지는 파도 / The ~s are high. 파도가 높다.

> (유의어) **wave** 「물결」이란 뜻의 일반적인 말. **ripple** 잔 물결. **breaker** 기슭이나 바위에 부딪혀 부서지는 물결. **surf** 해변으로 밀려오는 물결. **surge** 크게 굽이치는 파도. **roller** 강풍 따위로 기슭에 구르듯이 몰아치는 큰 물결의 파도. **billow** 큰 surge에 가깝다.

2 파(波), 놀, 기복. ¶ ~s of the pulse 맥파(脈波). 3 (물리) 파도, 파동; (기상) (기압·온도 따위의) 파(波), (급격한) 변동. ¶ a cold [heat] ~ 한파[열파]. 4 (명주·광택 따위의) 물결 무늬. 5 (머리의) 웨이브. 6 (손 따위를 흔들기, 손을 흔드는) 신호, 요동. 7 (감정·형세 따위의) 파도; 높아짐, 강해짐, 고조. ¶ a ~ of depression 불경기의 파도 / the ~ of popularity 인기의 상승. 8 널리 퍼진 공통된 감정(의견, 경향 따위). 9 (부대·이주자·철새 따위의) 집단 이동, 쇄도, 물결. 10 (지형의) 기복, 파상 곡선; 넘실거림. ¶ the ~s of mountains 산의 기복. 11 (컴퓨터) 놀, 파(도)(물리량이 시간에 따라 주기를 형성하여 변하는 것). 12 웨이브(파도가 지나가는 것처럼 몸을 흔드는 브레이크 댄스 기법). 13 (the ~s) (고어) (바다·강·호수 따위의) 물, 바다.

attack in waves 파상 공격을 하다.
make waves (美구어) 풍파[소동]를 일으키다.
ride the wave 득의의 절정에 있다.

— 자 (~s [-z]; ~d; wáv·ing) 1 물결이 일다; 흔들리다; 파동하다. 2 (선·면 따위가) 물결치다, 기복하다; (머리가) 웨이브지다. ¶ His hair ~s naturally. 그의 머리는 자연스럽게 곱슬거린다. 3 (손·깃발 따위를) 흔들다; 흔들어 신호하다(about, around)(at, to). ¶ (~+[前]+[名]) ~ to [or at] a person 남에게 손을 흔들다 / She ~d to us. 그녀는 우리에게 손을 흔들어 인사했다. 4 (고어) (행동·의견·생각이) 갈팡질팡하다, 흔들리다, 주저하다.

(USAGE) **wave to, wave at**——wave 뒤에 to를 쓰면 「…쪽에 손을 흔들다」로 방향을 나타내며, at를 쓰면 「…을 겨냥해서 손을 흔들다」로 다소 뉘앙스가 달라지는데, 실제로는 거의 구별이 되지 않고, 일반적으로 to가 더 많이 쓰인다.

— 타 1 …을 흔들다, 요동시키다, 휘두르다(about, around)(at, to), 나부끼게 하다. ¶ ~ one's arms about 팔을 휘두르다 / The strong wind ~d the branches. 강풍이 나뭇가지를 흔들었다. 2 …을 물결치게 하다, 기복하게 하다; (머리에) 웨이브를 넣다. 3 (손 따위를) 흔들다, 손(기)을 흔들어 …을 신호하다. ¶ ~ a farewell 손(손수건 따위)을 흔들어 작별 인사를 하다 // (~+[前]+to do) ~ a person to come nearer 손을 흔들어 가까이 오라고 남에게 신호하다.

wave aside …을 물리치다, 배척하다. [부하다.
wave away [or **off**] …을 손을 흔들어 몰아내다. 거
wave back 손을 흔들어 신호에 답하다(at); 손을 흔들어 [남]을 물러나게 하다 (from).
wave down 손으로 신호해 차를 세우다.
wave on …에게 신호하여 나아가게 하다.
~-like 형 물결[파동] 같은. **wáv·ing·ly** 부

Wave [weiv] 명 (美) Waves의 대원.

wáve bànd 명 (라디오·TV) 주파수대.

wáve bòmbing 명 (군사) 파상 폭격.

wáve-cut térrace [ˈ-kʌ̀t-] 명 (지질) 파식대(波蝕臺). (또는 **wáve-cut bénch** [plátform])

waved [weivd] 형 1 파형(波形)의, 파상의, 물결치는, 기복하는(undulated). 2 물결 무늬가 있는.

wáve ènergy 명 파동 에너지.

wáve equàtion 명 (수학·물리) 파동 방정식.

wáve file 명 (컴퓨터) wave sound의 파일.

wave·form [wéivfɔ̀ːrm] 명 (물리) 파형(波形).

wáve frònt 명 (물리) (물결의) 등위상면(等位相面)(선), 파면(波面), 파두(波頭).

wáve fùnction 명 (물리) 파동 함수.

wave·guide [wéivgàid] 명 (전자) 도파관(導波管).

wave·length [wéivlèŋkθ] 명 (물리) 파장; 주파수; (구어) 사고 방식. (또는 **wáve lèngth**)

be on different wavelengths (구어) 주파수가 다르다; 생각[취향]이 다르다.

on the same wavelength as (구어) …와 같은 파장으로; …와 의기투합하여.

wave·less [wéivlis] [형] 물결이 없는, 기복[파동]이 없는; 잔잔한, 조용한(calm).
wave·let [wéivlit] [명] 잔물결(ripple). 「키는 사람.
wave·mak·er [wéivmèikər] [명] 문제[풍파]를 일으
wáve mechànics [명][복] 〔물리〕 파동 역학; 양자(量子) 역학. 「장계.
wave·me·ter [wéivmìːtər] [명] 주파계(周波計), 파
wáve mòtion [명] 파동.
wáve nùmber [명] 〔물리〕 파수(波數)(파장의 역수).
wáve of the fúture [명] (the ~) 앞으로의 동향.
wáve pòwer [명] 파력(波力). **wáve-pòwered** [형]
***wa·ver**[1] [wéivər] [동][자] **1** 흔들리다, 너울거리다(⇨SWING[1] [유의어]); (목소리 따위가) 떨리다; (빛 따위가) 깜박이다(flicker). ¶ *~ing* shadows 흔들리는 그림자 / Her voice *~ed*. 그녀의 목소리는 떨렸다. **2** 동요하다, 흔들리다; 비틀거리다; 좌절하다. **3** (판단 등에) 망설이다, 주저하다, 갈팡질팡하다. ⇨HESITATE [유의어] ¶ (~+[前]+[名]) ~ *in* one's determination 결심이 흔들리다. **4** (물가 따위가) 변동[동요]하다, 불안정하다.
—[명] 흔들림, 떨림; 동요, 주저, 갈팡질팡; (빛 따위의) 아물거림, 명멸.
wav·er[2] [명] **1** 흔드는 사람, 흔들리는 사람. **2** (머리에) 웨이브 넣는 사람, 미용사; 웨이브 넣는 도구.
wa·ver·er [wéivərər] [명] 흔들리는 사람[것], 갈팡질팡하는 사람.
wa·ver·ing [wéivəriŋ] [형] 동요하는, 흔들리는; 갈팡질팡하는, 주저하는. **~·ly** [부]
wa·ver·y [wéivəri] [형] =wavering.
Waves, WAVES [weivz] [명][복] 《단·복수 양용》 《美》 해군 여자 예비 부대. 〔<*W*omen's *A*ccepted for *V*olunteer *E*mergency *S*ervice〕
wáve sèt [명] (머리에 웨이브를 만들기 위한) 세트로션.
wáve sòund [명] 〔컴퓨터〕 웨이브 사운드(Microsoft 사와 IBM사가 공동 개발한 음성 데이터 기록 방식).
wáve thèory [명] 〔물리〕 (빛의) 파동설.
wáve tràin [명] 〔물리〕 파열(波列)(일정한 간격으로 연속되는 파동).
wáve tràp [명] 〔라디오〕 웨이브 트랩(특정 주파수의 혼신(混信)을 없애기 위한 공진(共振) 회로 필터).
wav·y [wéivi] [형] **1** (운동·형상이) 파형의, 기복이 있는. ¶ ~ hair 웨이브한 머리. **2** 물결이 이는. ¶ the ~ sea 물결이 이는 바다. **3** 요동하는, 물결치는. ¶ ~ grass 바람에 나부끼는 풀. **4** 불안정한, 동요하는.
wáv·i·ly [부] **wáv·i·ness** [명] 「비대.
Wavy Navy [명] (the ~) 《英구어》 영국 해군 의용 예
wa-wa [wɑ́ːwɑ̀ː] [형][명] =wah-wah. 「말하다.
wa·wa [wɑ́ːwɑ] 《캐나다 속어》 [명] 말, 언어. **—**[동][자]
WAWF *W*orld *A*ssociation of *W*orld *F*ederalists (세계 연방주의자 세계 협회).
wawl [wɔːl] [동][자][명] 《스코》 =waul.
‡**wax**[1] [wæks] [명][U] **1** 밀랍(beeswax). **2** 납, 왁스(모양의 물질). ¶ vegetable ~ 목랍(木蠟). **3** 귀지(cerumen, earwax). **4** (구두 꿰매는 실에 먹이는) 납, 봉랍, (가구·차 따위를 윤내는) 왁스; =maple syrup. **5** 《美속어》 레코드, 음반(의 재료), 음반 녹음. ¶ put new songs on ~ 신곡들을 레코드에 취입하다. **6** [C] 뜻대로 움직여지는 사람[것]. 「쩨쩨한[하게].
(as) close as wax 《구어》 ① 과묵한[하여]. ② 아주
(as) soft as wax 밀랍처럼 부드러운[유연한].
(as) yielding as wax 밀랍처럼 모양을 바꾸기 쉬운, 지나치게 유순한.
be like wax in** a person's **hands 남의 손끝에서 놀아나다. 「들다].
mold** a person **like wax 남을 제 뜻대로 부리다[만
the whole ball of wax 《속어》 ① (계획 따위의) 성패, 성과. ② 필요한 것 일체, 일습.
—[동][타] (~*·es* [-iz]; ~*ed* [-t]) **1** …에 밀랍[왁스]을 바르다, …을 밀랍으로 닦다. ¶ ~ the floor 마루에 왁스칠을 하다. **2** 《구어》 〔곡〕을 레코드에 취입하다. **3** 《美구어》 …을 크게 이기다, 완패시키다, 때려눕히다; 죽이다. **—**[형] 밀랍으로 만든; 밀랍 모양의; 밀랍 같은.
∠·a·ble, ∠·lìke [형]
wax[2] [동][자] (~*ed*; ~*ed*, 《고어》 ~*·en*) **1** (세력 따위가) 커지다, 증대하다; (달이) 차다([반] wane). **2** 차츰 …이 되다. ¶ (~+[補]) ~ angry 화나다 / ~ old 나이들다.
wax and wane (달이) 찼다 이울었다 하다; 성쇠하다.
—[명] (보통 on the ~) 증가, 증대, 성장; (달이) 차기, 만월이 되기. 「화가 나 있다.
wax[3] [명] (a ~) 《英구어》 노여움, 화, 분통. ¶ be in a ~
get into a wax 화내다.
put** a person **in a wax 남을 분통이 터지게 하다.
wáx bèan [명] 《美》 제철에는 꼬투리가 노래지는 강낭콩, 그 꼬투리. 「매.
wax·ber·ry [wǽksbèri/-bəri] [명] 소귀나무; 그 열
wax·bill [wǽksbìl] [명] 왁스빌(부리가 밀랍 같은 아프리카·남양산(産) 새).
wáx càndle [명] 양초.
wax-chan·dler [∠tʃæ̀ndlər] [명] 양초 제조[판매]업자.
wáx clòth [명] 초먹인 천, 기름먹인 천.
wáx dòll [명] 납인형; 활기없고 무표정한 미인.
waxed [wækst] [형] **1** 밀랍을 입힌[바른]; 방수의. ¶ a ~ jacket 방수 재킷. **2** 《美구어》 술취한.
wáxed pàper [명] =wax paper.
wax·en[1] [wǽksən] [형] **1** 밀랍제의, 밀랍을 먹인; 밀랍 같은. **2** 밀랍처럼 흰, 창백한; 유연한; (성격 따위가) 민감한. **3** 순종하는.
wax·en[2] [동] 《고어》 wax[2]의 과거분사.
wax·er [wǽksər] [명] 밀랍 칠하는 직공.
wax·ing [wǽksiŋ] [명] 밀랍을 바르기; 왁스로 닦기; 레코드 제작[취입]; (탈모용 왁스를 이용한) 탈모, 제모(除毛); 《美구어》 구타.
wáx lìght [명] 작은 양초(taper); 양초(candle).
wáx musèum [명] 밀랍 인형관.
wáx mỳrtle [명] 소귀나무, 흰소귀나무.
wáx pàinting [명] 납화(蠟畫); 납화법.
wáx pàlm [명] 밀랍을 분비하는 야자나무, 안데스밀랍야자; 브라질밀랍야자.
wáx pàper [명] 납지, 파라핀 종이.
wáx pìnk [명] 〔식물〕 채송화.
wáx trèe [명] 밀랍을 분비하는 나무(거망옻나무·당광나무·소귀나무 따위).
wax·wing [wǽkswìŋ] [명] 〔조류〕 여새.
wax·work [wǽkswə̀ːrk] [명] 밀랍 인형, 밀랍 세공(품); (~s) 《보통 단수취급》 밀랍 인형[세공] 진열관.
wax·y[1] [wǽksi] [형] **1** 밀랍 같은, 창백한; 광택이 있는; 밀랍이 많은; 밀랍으로 만든, 밀랍으로 칠한. **2** 유연한. **3** 〔병리〕 (간장 따위의) 납양 변성(蠟樣變性)의.
wáx·i·ly [부] **wáx·i·ness** [명]
wax·y[2] [형] 《英구어》 화난, 성난. ¶ get ~ 화내다.
‡**way**[1] [wei] [명] ([복] **~s** [-z]) **1** 길, 도로; (보통 the ~) (…로 가는) 통로, 코스, 길. ¶ ask the ~ to the station 역으로 가는 길을 묻다 / Please tell[*or* show] me the ~ to the library. 도서관으로 가는 길을 가르쳐 주십시오 / There is no ~ through. 빠져나갈 길이 없다 / *The longest ~ round is the shortest ~ home.* 《속담》 급할수록 돌아가라.

[유의어] **way** 「길·통로」라는 뜻의 가장 일반적인 말. **course** 반드시 지나지 않으면 안되게 미리 정해진 길. **route** 사람이나 동물이 규칙적으로 지나는 길, 또는 계획상 지나기로 되어 있는 길. **pass** 고개나 하천의 나루 따위 통행이 어려운 길. **passage** 보통 길고 좁은 길. **passageway** 건물 내부의, 또는 건물과 건물을 잇는 복도 따위의 통로.

2 (단수형으로) 노정, 거리, 행정; 걸리는 시간. ¶ come a long ~ 먼 길을 오다 / walk all the ~ 줄곧 걷다.
3 (특정의) 방향; 《구어》 방면(district), 부근, 지역(* 보

W

통 전치사 없이 부사구를 형성. ¶go different ~s 다른 방향으로 가다 / This ~ please. =Step this ~, please. 이쪽으로 오십시오 / She lives somewhere Gangnam ~. 그녀는 강남쪽에 살고 있다. **4** ⓤ (보통 one's ~) 진로, 진행, 진보, 전진, 가는 길; 속력, 기세. ¶fight one's ~ 싸워 나아가다 / clear the ~ 길을 (지나갈 수 있게) 열다 / The plan made no ~. 계획은 전혀 진척이 없었다.
5 방법, 수단(means). ⇨METHOD 유의어 ¶in this ~ 이처럼 / to my ~ of thinking 내 생각으로는 / the best ~ to learn English 영어를 배우는 가장 좋은 방법 / go one's own ~ 자기 뜻대로 하다 / I don't like to feel (in) that ~. 그런 식으로 생각하고 싶지 않다 (✽위의 예처럼 흔히 in 을 생략하고 부사구를 만든다).
6 (the ~) (접속사적) …의 방식; …처럼(as); …이라는 점에서 보아. ¶This is the ~ (that) he speaks. 이것이 그의 말투이다 / Do it the ~ I do it. 내가 하는 식으로 그 일을 해라.

USAGE **the way**=**how** —— the way의 뒤에 절이 올 경우 문법적으로는 the way in which 로 되어야 하지만 형식에 치우친 표현이며, 구어에서는 in which 를 생략하여 the way 를 접속사처럼 쓴다: This is the ~ I have done it. 이런 방식으로 나는 그 일을 했다 / It is the ~ he says it that makes me angry. 그가 그런 말투가 나를 화나게 한다. ⇨HOW.

7 (종종 ~s) 습관, 풍습: 버릇, 양식, 풍, 벽(癖). ¶the good old ~s 그리운 옛 풍습 / as one's ~ was: as was one's ~ 언제나 그랬듯이 / fall [or get] into the ~ of doing …하는 버릇이 붙다 / It is not his ~ to be unkind. 그는 그런 불친절한 사람이 아니다. **8** 관점, (…한) 점, 면, 사항. **9** (경험 따위의) 범위; 소양, 전문. ¶have a ~ with children 아이들을 잘 다루다 / Such things never came (in) my ~. 그런 것은 내가 경험한 적이 없다. **10** (구어) 직업, 장사. **11** 규모. ¶live in a small ~ 검소하게 살다. **12** (구어) (경제·건강의) 상태; (英구어) 흥분 상태. ¶in a bad ~ (건강·정치 따위) 형편이 나쁘게; 경기가 좋지 않아 / be in a great [or terrible] ~ 심히 흥분해 있다. **13** (법률) 통행권(right of way). **14** (해사) (~s) (단수취급) 진수대(進水臺), 선대(船臺); (배의) 속력, 진행, 항진(航進). **15** (복합어로) 참가, 관계(자). ¶a four-~ discussion 4자 회담. **16** (기계) 동면(動面), 가이드(공작기계 따위에서 베드의 운동을 용이하게 만드는 안내로(路)). **17** (the W-) 그리스도의 길, 그리스도교. **18** (~s) (분할된) 부분. ¶split it (in) three ~s 그것을 셋으로 가르시오.
across the way 반대쪽의, 길 건너편에.
all the way ① 내내, 줄곧; 멀리서, 처처럼. ¶He came running all the ~. 그는 줄곧 달려왔다. ② (…에서 …까지의) 넓은 범위에서, 여러가지로.
a long [or **great**] **way off** 멀리 떨어진, 먼.
any way 어떻든(anyway, anyhow).
as is the way with …에게는 흔히 있는 일이지만.
at the least way(s) 적어도, 그럭저럭. 「여행해서.
beat one's **way** 무전 여행하다, 될 수 있는 대로 싸게
beg one's **way** 구걸하며 길을 가다.
be in a [or **the**] **family way** 임신중이다.
be nothing out of the way 흔하다, 색다른 것이
be set in one's **ways** (생각이) 굳어 있다. 「없다.
both ways 왕복 모두; 양쪽으로.
(by) a long way (보통 부정문에서) 훨씬.
by the way ① 길가에서, 도중에서. ② 그런데, 말이난 김에. ¶By the ~, have you got the message? 그건 그렇고 메시지 받았나요? ③ (고어) 간접적으로, 넌지시.
by way of ① …을 거쳐서(via). ¶go to London by ~ of Paris 파리를 거쳐서 런던에 가다. ② …을 위하여, …으로서, …할 작정으로. ¶by ~ of apology [a

joke] 변명으로서(농담삼아). ③ (구어) (동명사와 함께) …의 상태로; 언제나 …하여; 말하자면 …으로서. ¶He is by ~ of being a scholar. 말하자면 그는 학자라고 할 수 있을 것이다.
cannot fight [or (英) **punch**] one's **way out of a paper bag** (구어) 몹시 허약하다: 실행력[결단력]이 없다.
clear the way for …의 길[진로, 활로]을 열다; …의 준비를 하다. …을 위해 없는 것이 없다.
come [or **go**] **a long way** (사람·일이) 크게 발전[진보]하다; 기운을 차리다, 회복하다, 출세하다. ¶You've come a long ~ (, baby). 너 많이 컸구나.
come [or **happen, pass**] a person's **way** (일이) 일어나다; 잘 되어가다; (물건이) 남의 수중에 들어가다.
cut both [or **two**] **ways** (토론 따위가) 양쪽에 통하다. 선으로나 악으로나 다 쓰일 수 있다.
down a person's **way** 남의 집 근처에서. 「로[의].
each way ① 편도로. ② (英) (경마) 복승(複勝)식으로
earn one's **way** 자립하여 가다. 「로 해도.
either way; one way or (the) other 어느 쪽으
every once in a way 때때로, 가끔.
every which way (美구어) 사방팔방으로, 뿔뿔이
find one's **way** ⇨FIND. 「흩어져.
find one's **way about** [or **around**] (지리에 밝아) 스스로 어디라도 갈 수 있다; 사정을 알게 되다.
find one's **way into** …속으로 들어가다; …의 상태로 빠지다; [신문 따위]에 실리다.
force one's **way** (억지로) 밀고 나아가다.
for once in a way 이번만은; 변화를 주어.
from the way that …로부터 판단해보건.
gather way (배가) 움직이기 시작하다, 속력을 내다; 힘을 내다. 回 lose way
get in one's **own way** 망설이다, 당황하다.
get in the way 방해되다 (of).
get [or **have, be**] one's **(own) way** 생각대로 하다, 제멋대로 하다, 자기 길을 가다. 「(출발하다.
get [or **go, start**] **on** one's **way** 여행을 떠나다.
get out of the [or a person's] **way** 피하다, 비키
get that way (英구어) (몹시) 기분을 해치다; 화내다, 비키다.
give way ① 무너지다, 부서지다. 퇴각하다. ② 지다, 양보하다 (to); 하락하다; (마음이) 꺾이다. ¶She gave ~ to anger. 그녀는 화를 냈다.
go a little [**long, good**] **way** 조금은[크게] 도움이 되다 (to, toward, with). ¶It went a long ~ with him. 그것은 그에게 큰 도움이 되었다.
go all the way with (속어) ① …에 전면적으로 동의하다. ② …을 과감히 하다. ¶go all the ~ with nuclear disarmament 핵군축을 철저하게 하다. ③ (이성)과 갈 데까지 가다. 성교하다.
go a person's **way** (구어) 남을 따라가다; (일이) 남에게 유리하게 진행되다.
go one's **own way** 독자적인 길을 가다, 자기 생각대로 하다; (보통 명령문에서) 떠나다, 출발하다.
go one's **way** (문어) 떠나다, 출발하다; (계속) 나아가다; 다시 시작하다.
go out of one's **own**] **way** 들러서 가다; 일부러 [무리하게] …하다 (to do). ¶Don't go out of your ~ to stimulate my nerves. 일부러 내 신경을 자극하지 마라. 「다.
go the way of all good things 멸망할 운명에 있
go the way of all the earth [or **all flesh, all living, all nature**] 온 땅의 길로 가다, 모두가 가는 길을 가다, 죽다(← 여호수아(Josh) 23:14).
go the way of a person; **go** a person's **way** …의 전철을 밟다.
go the whole way 끝까지 계속하다; 가는 데까지 가다, 성공하다; 전폭적으로 찬성하다.

go the wrong way 길을 잘못 들다; …이 잘 안 되다.
have a way with ① …을 잘 다루다, …에 요령이 있다. ② (구어) 매력이 있다.
have come a long way (구어) 출세하다, 성공하다; 매우 되다.
have everything one's **own way; have it** one's **way** 생각대로 해치우다, 제멋대로 행동하다.
have it both ways (구어) 양다리를 걸치다.
Have it your way. 좋을 대로[네 마음대로] 해라.
have one's **evil** [or **wicked**] **way with** (구어) (여성)을 유혹하다.
have the way about one 독자적인 것[풍격, 스타일 등]을 갖추다.
have way on [해사] (배가) 항해하고 있다.
in a bad way (건강·재정 따위가) 중태로, 위험한[심각한] 상태로; 몹시 취하여.
in a big [or **great, large**] **way** (구어) 대대적으로; 호화롭게; 열광적으로.
in a fair [or **good**] **way of** doing [or **to** do] …할 것 같은. ¶He is in a fair ~ to succeed. 그는 성공할 것 같다.
in a kind [or **sort**] **of way** (구어) 다소, 얼마간.
in a large [**small**] **way** 대[소]규모로.
in a [or **one**] **way** ① 어떤 의미로는, 어떤 점에 따라서는. ② 어느 정도, 다소.
in every [or **all**] **way** 어떤 점에서나, 모든 점에서; 모든 방법으로.
in more ways than one 여러 가지 의미로.
in no way 결코[조금도] …않다(not…at all).
in one's (**own**) **way** ① 전문으로, ¶This is not in my ~. 이것은 내 분야가 아니다. ② 그 나름대로, 상당히. ③ 도중에.
in one way or another 어떻게든, 그럭저럭.
in some way 어떤 점에서는, 어떻게 해서든.
in some ways 여러 가지 점으로.
in the old ways 옛날 식으로, 종전대로.
in the (or a person's) **way** ① 도상에서. ② 방해가 되어. ¶He is always in my ~. 그는 언제나 나를 방해한다.
in the way of ① …의 점에서는, …으로서는, …에 관하여. ② …에게 유리한 입장에서[으로]. ③ …의 앞길을 막아; 방해가 되어. ④ …의 버릇이 있어서. ¶He is in the ~ of reading in bed. 그는 잠자리에서 책을 읽는 버릇이 있다.
in the way that... …라는 점에서.
(in) the worst way (구어) 매우; 특히.
in this way 이렇게 하여.
in way of [해사] …에 인접하여, …의 근처에.
keep [or **hold**] one's **way** 흔들리지 않고 나아가다.
keep...out of the way …을 피하고 있다.
know one's **way about** [or (美) **around**] (구어) (어느 곳의) 지리에 밝다; 어찌 할 것인가를 알고 있다.
lead the way 앞장 서다, 솔선하다; 안내하다.
look the other way 시선을 돌리다, 외면하다, 무시하다.
lose the [or one's] **way** 길을 잃다.
lose way (배가) 속력이 떨어지다, 실속(失速)하다. (變) gather way
make its way (기업 등이) 돈벌이하다.
make much [**little**] **way** ① 배가 빠르다[느리다]. ② 잘 진척되다[진척되지 않다].
make one's (**own**) **way** ① 나아가다, 가다. ② 출세하다. ¶make one's ~ in the world[or life] 입신 출세하다.
make the best of one's **way** 최대한 서둘러 가다, 길을 서두르다.
make way ① …에 길을 양보하다, 길을 열다 (for). ② (후계자 등)을 위해 자리를 열어주다 (for). ③ (일이) 진척되다; (배가) 나아가다.
mend one's **ways** 행실[태도]을 고치다.
not know which way to turn [or **jump**] 어찌할 바를 모르다.
no way (구어) ① (감탄사적) 싫어, 안돼, 천만에(* no 의 강조 표현). ② 절대 …하지 않다(There is no way...).
once in a way 때때로, 종종, 더러.
one way and another 이것저것으로[생각해서].
one way or another 그래저래; 그럭저럭.
one way or the other 어떻게 해서든지; 어떤 쪽이든지.
only way to go (the ~) (美구어) 최선책.
on (one's) [**the**] **way** ① 도중에. ¶on my ~ to school 등교길에 / meet a person on the ~ back [or home] 돌아가는 길에 남을 만나다. ② 가까워져 (coming) (to). ¶Better weather is on the ~. 날씨가 좋아지고 있다. ③ (구어) (태아가) 뱃속에서 태어나려 하고 있어.
on the way down 내리막길에 들어.
on the [or one's] **way out** ① 나오는 도중에. ② (구어) 스러져가고 있어, 쇠퇴[소멸]되어 가고 있어. ③ (해고되어) 직장을 떠나려 하고 있어.
out of one's **way** ① 불가능하여. ② 일부러, 번거로움을 무릅쓰고. ③ 길을 벗어나서.
out of the way ① 방해가 되지 않도록[않을 곳에]; (손이) 미치지 않을 곳에. ② 길에서 떨어져[벗어나서]. ③ 이상한; 부적절한. ④ 처리되어, 결말이 나서. ⑤ 살해되어. ⑥ 방향을 잘못 알고.
over the way (구어) 길의 반대쪽에.
pave the way for [or **to**] …에 대해 길을 열다(준비하다); …을 용이하게 하다; …을 촉진하다.
pay one's [or **its**] **way** ⇒PAY.
push one's **way** ① 밀치고 나아가다. ② 출세하다.
put a person in the [or **a, that**] **way** (완곡적) 남을 임신시키다.
put a person in the way of 남이 …할 수 있도록 해주다; …을 얻을 수 있는 기회를 주다.
put a person out of the way 방해자를 제거하다 [죽이다], 감옥에 넣다.
put oneself in the way of 애쓰다, 일부러 …하다.
right of way 통행권. 남의 비위를 건드리다.
rub a person the wrong way 남을 화나게 하다.
see one's **way** (**clear**) (보통 부정문에서) (구어) 앞길에 장애가 없다; (…의) 전망이 보이다; (…을) 적당[가능]하다고 생각하다, 할 수 있을 것처럼 생각되다; (…을) 진지하게 생각하다(to, to do, to doing).
send...a person's way 을 남에게 주다.
set in one's **way** (특히 노인이) 자기 방식에 굳어진.
smooth the way 장애물[곤란]을 제거하다.
some way 잠깐, 잠시.
stand in the way of …을 훼방놓다.
step in a person's way (남)의 방해가 되다, 방해하다.
Step [or **Come**] **this way, please.** 이쪽으로 오세요.
stop the way 길을 막다, 진행을 방해하다.
stroke the way ① 털을 반대로 쓰다듬다. ② …을 초조하게 하다, 안달나게 하다.
take one's **own way** 자기 생각대로 하다.
take one's **way to** [or **toward**] …쪽으로 나아가다, 가다. 르쳐 주다 (to).
teach [or **show, tell**]...**the way** …에게 길을 가
That's the way. 그렇지, 바로 그거야.
That's the way it goes. (유로의 뜻으로) 어쩔 수 없는 일이야!, 세상사란 다 그런 거야.
(**That's the**) **Way to go.** (응원·격려의 뜻으로) 잘했어, 바로 그거야, 계속 힘 내.
that way ① 저쪽으로. ② 그런 식으로. ③ (속어) 반해서, 사랑해서, 좋아하여 (about, for).
the good old ways 옛날 양식; 그리운 옛날 풍습.
the other way about [or **around**] 반대로, 거꾸로.
the parting of the ways 결단의 갈림길.
There is no way of doing [or **to** do] …할 수[방법]가 없다.
the right [**wrong**] **way around** 옳은[틀린] 방향으로, 바르게[틀리게].

the way forward 성공으로 가는 길.
the way of the Cross (가톨릭) 십자가의 길.
the way of the world 세습, 인지상정.
this way and that 이리저리, 어정버정.
under way ① (배가) 항진중인. ¶get *under* ~ 출항하다. ② (일이) 발생하여; (사업 따위가) 진행중인. ¶The scheme is now well *under* ~. 그 계획은 잘 진행되고 있다.
want one's own way 생각대로 하고 싶어하다.
Way enough! (해사) 젓기 그만!
ways and means ① (美) 재원(財源), (정부의) 세입 재원.¶the Committee on (英) of the *Ways and Means* (의회의) 세입 위원회. ② (…하는) 방법, 수단 (*of doing, to do*).
the way the wind blows 나아가게 될 방향; 형편; 귀추.
win [or ***work***] ***one's way*** 잘 나아가다; 노력하여 성공하다; 애쓰며 나아가다. ¶*win* one's ~ *in the world* 출세하다.
work one's way 일하면서 나아가다; 노력하며[서서히] 가다; 끝까지 해내다.
── 囲 도중의, 사이의. ¶a ~ point 경유 지점.
way² 囲 (美口語) (부사·전치사를 강조하여) 훨씬, 월등히, 썩(far). ¶~ down the road 이 길의 훨씬 아래쪽에 /~ too heavy 훨씬 무겁군. (또는 'way)
from way back 아주 옛날부터(의).
way above 훨씬 위쪽에, 먼 옛날.
way ahead 훨씬 앞에[앞으로].
way back 훨씬 거슬러올라, 아득한 옛날에.
way behind 훨씬 늦어서[뒤에].
way off 완전히 틀려.
way over 훨씬 멀리.
way up 훨씬 높이.
WAY World Assembly of Youth(세계 청년 회의)(자유주의 여러 나라 청년 단체의 모임). 「railway.
-way [wei] 연휔 「도(道), 로(路)」의 뜻. ¶airway.
way-a·head [ˋəhéd] 囲 (구어)=way-out.
way·bill [wéibìl] 囲 화물 송장(送狀); 승객 명부; =air ~; (여행자를 위한 여행 일정.
way·far·er [wéifɛ̀ərər] 囲 (문어) 囲 (도보) 여행자; (호텔의) 단기 숙박객.
way·far·ing [wéifɛ̀əriŋ] (문어) 囲 (도보) 여행의 [을 하는]. ── 囲 ⓤ (도보) 여행.
wáy ín 囲 (英) 입구(entrance). ⇔ way out
way-in [ˋín] 囲 (口) 틀에 박힌; 유행의, 세련된.
way·lay [wéilèi/ˋˋ] 他 (-laid) 잠복하다, 요격하다(intercept); …을 기다렸다가 말을 걸다, 불러 세우다.
way·leave [wéili:v] 囲 (법률) 통행(통과)권; 통행료.
way·less [wéilis] 囲 길이 없는; 인적 미답의.
way·mark [wéimàːrk] 囲 도로 표지; 길잡이.
Wayne [wein] 囲 웨인. **1** Anthony ~ (1745-96) 미국 독립 전쟁시의 장군). **2** John ~ (1907-79) 미국의 영화 배우). **3** 미국 Michigan주 남동부의 도시. **4** (英俗語) 촌티나는 청년. (英) 출구.
wáy óut (궁지 따위로부터의) 탈출법[口], 해결법.
way-out [ˋáut] 囲 **1** (美俗) 보통이 아닌, 괴상한. **2** (기술 따위가) 고도의; 전위적인, 참신한, 첨단을 걷는. **3** 난해한; (이국[경이]적인, 신비한; 완전히 틀린, 전연 엉터리의. **4** (美俗) 비몽사몽 상태의, 마약으로 명해진. ── 囲 기발한[급진적인] 사고의 소유자. ~·**ness** 囲
wáy póint 囲 중간 지점; =way station. [口]
ways [weiz] 囲複 (단수취급) (장) 여울, 길.
-ways [weiz] 연휔 in (such) a way[course, direction, manner]의 뜻, 형용사·명사에 붙어서 부사를 만든다. ¶always, lengthways, sideways.
***way·side** [wéisàid] 囲 (the ~) 길가, 노변.
fall [or ***drop***] ***by the wayside*** (구어) 중도에서 낙오[좌절, 포기]하다.
go by the wayside 버림받다; 방치되다.

── 囲 (한정용법) 길가의; 노변의. ¶a ~ restaurant 길가의 레스토랑 /~ flowers 길가의 꽃.
wáy stàtion 囲 중간역, 간이(통과)역.
way-stop [ˋstɑ̀p/-stɔ̀p] 囲 휴게소; 중계 지점.
wáy tràin 囲 완행 열차(local train).
***way·ward** [wéiwərd] 囲 **1** 고집불통의, 제멋대로인, 외고집의. ⇨WILLFUL 유의어 **2** 변덕스러운, 증흥적인; 마음이 비뚤어진; ¶a ~ fancy 변덕스러운 생각. **3** 불규칙한, 흔들리는(unsteady), 불안정한. **4** (일이) 바라는 것과 반대되는, 예상외의; 형편이 좋지 않은, 가슴.
~·**ly** 囲 ~·**ness** 囲 [<*away*+*-ward*]
way-wise [ˋwàiz] 囲 (말이) 길(경주로)을 잘 아는; (방언) 경험이 풍부한, 노련한. 「주행) 기록계.
way-wis·er [wéiwàizər] 囲 여정계(旅程計), 보행
way-worn [wéiwɔ̀ːrn] 囲 (도보) 여행에 지친, 여독으로 야윈. 「1회의 잔치[여행].
wayz-goose [wéizgùːs] 囲 (英) (인쇄 공장의) 연
waz·oo [wæzuː] 囲 (美俗) 엉덩이, 볼기.
WB *weather bureau*; *World Bank*(세계은행). **WB**, **W/B w.b.** *waybill*. **w.b.** *warehouse book*(창고 입고장(入庫帳)); *water ballast*; *waybill*; *westbound*.
WBA *World Boxing Association*(세계 권투 연맹).
WBC *white blood cell*(count); *World Boxing Council*(세계 권투 평의회(評議會)). **WbN** *west by north*(서미북(西微北)). **WbS** *west by south*(서미남(西微南)). **WBS** *World Broadcasting System*(세계 방송망). **w.c.** (英) *water closet*; *without charge*.
WC *West Central*(영국 런던의 우편구(區)). **WCA** *Women's Christian Association*. **WCC** *War Crimes Commission*(전쟁 범죄 위원회); *World Council of Churches*. **WCP** *World Council of Peace*(세계 평화 평의회). **WCRP** *World Climate Research Program*(세계 기후 연구 계획); *World Conference on Religion and Peace*(세계 종교인 평화 회의). **WCTU** *Women's Christian Temperance Union*(기독교 여성 금주 협회). **WD** *War Department*. **WDA** *War Damage Act*. **WDC** *War Damage Corporation*.
‡**we** [wiː, 약 wi] 떼 **1** (1인칭 대명사, 1인칭·복수·주격) (소유격 our, 목적격 us, 소유 대명사 ours) 우리들, 우리. **2** (국왕의 공식 문서 등에서의 자칭) 짐(朕); (신문·잡지의 편집자가 자기를 가리켜) 우리 회사, 우리들(*전자를 Royal "we", 후자를 Editorial "we"라 부른다). ¶as ~ have already reported 본보(本報)가 이미 보도한 바와 같이. **3** (자기 회사, 상점, 타고 있는 교통기관을 가리켜) 우리들, 우리 회사, 폐사(弊社), 우리 상점, 본(의) 열차(비행기), 선박. ¶*We* sell fruits from California. 우리 상점은 캘리포니아산 과일을 팔고 있습니다. **4** (일반인을 가리켜 총칭적으로) 사람. ¶*We* should respect the old. 노인을 공경해야 한다. **5** (상대방에게 동정을 나타내어 you 대신에 쓴다) ¶Are ~ downhearted today? 오늘은 기운이 없나요? (*이것을 Paternal "we"라 부른다).
WE *Women Exchange*(부인 교환소); 이혼 재판으로 유명한 미국 Nevada 주(州) Reno시의 별칭). **WEA** (英) *Workers' Educational Association*(노동자 교육협회); *World Expeditionary Association*. **WEF** *World Economic Forum*(세계 경제 포럼).
‡**weak** [wiːk] 囲 (~·**er**; ~·**est**) **1** 약한, 힘(체력)이 없는; 허약한, 가냘픈, 병약한, (기관 따위가) 쇠퇴한(⇔ strong). ¶~ eyes[ears] 약한 시력[청력]/a ~ old man 병약한 노인 /The ~est goes to the wall. (속담) 우승열패(優勝劣敗), 약육 강식.

유의어 **weak**「약한」을 뜻하는 가장 일반적이고 넓은 의미의 말. **weakly** 만성적으로 병약한. **feeble** weak하여 가련한[경멸할 만한]; 연약해 힘찬 데가 없는. **frail** 본래 체격이 약해서 아프기 쉬운; 의지·양심

따위가 약하고 저항력이 없는. **fragile** 특히 물건이 약해서 부서지기 쉬운. **brittle** 약해서 산산조각이기 쉬운. **infirm** 병·노령으로 체력이 쇠약해져 비틀거리는; 결의 따위가 흔들리는. **decrepit** 사람이 노쇠하여[물건이 오래 사용되어서] 완전히 쇠약해진.

2 지력이 모자라는, 정신 박약의, 우둔한. ¶a ~ head [or mind] 저능. **3** (성격·의지·판단력 따위가) 약한, 결단력이 없는, 우유부단한. **4** 불충분한; (이론·설명 따위가) 근거가 박약한, 설득력이 없는. ¶a ~ argument 설득력이 없는 토론. **5** 서투른, 떨어지는, 잘못되는 (*in*) (⇔strong). ¶He is ~ *in* grammar. 그는 문법에 약하다. **6** (액체의) 농도가 낮은, (차·커피가) 묽은, (술의) 도수가 낮은(⇔strong). ¶~ coffee 묽게 탄 커피. **7** (밀가루가) 찰기가 적은, 글루텐 함량이 부족한. **8** (승무원이) 인력 부족인. **9** (문체 따위가) 힘이 없는, 표현력이 약한, 박력이 없는. ¶a ~ style 박력이 없는 문체. **10** 〔상업〕 (시황(市況) 따위가) 약세인, 하락세인. **11** 〔문법〕 약변화의(규칙 변화의)(동사가 어미에 -ed, -t를 수반); 〔음성〕 악센트가 없는, 무강세의, 약음의. **12** 〔사진〕 (음화(陰畫)가) 콘트라스트가 약한(⇔dense). **13** 〔화학〕 (산·염기가 약한, 수용액 중에서 조금밖에 전리가 안되는. ¶a ~ acid [base] 약산[염기].

(as) **weak as a kitten** [or **weed**] (사람이) 연약한, 체력이 없는.
in a weak moment 마음이 허할 때, 유혹에 넘어가기 쉬운 순간에.
weak as water 몹시 묽은, 희박한.
weak at (*the*) *knees* (구어) (놀라거나 싫은 꼴을 당해서) 무릎에 힘이 빠져; 얼이 빠진.

wéak bóson 图 위크 보손(유럽 합동 원자핵 연구소 (CERN)에서 양자·반양자 충돌형 가속기에 의해 발견된 새 소립자).

‡**weak·en** [wíːkən] 图 (~s [-z]) 他 **1** …을 약하게 하다, 약화시키다, …의 힘을 빼다(⇔strengthen). ¶Her illness ~*ed* her. 병으로 그녀는 쇠약해졌다. **2** (액체 따위를) 묽게 하다. ¶~ tea 홍차를 묽게 하다. ─自 **1** 약해지다, 힘이 빠지다, 쇠약해지다. ¶She is ~*ing* day by day. 그녀는 나날이 약해져 간다. **2** 꺾이다, 우유 부단해지다; 굴하다. **~·er** 图

wéak·er bréthren [wíːkər-] 图 (그룹 중) 남에게 뒤지는 사람들; 활동에 방해가 되는 사람들, 주책 덩어리.

wéaker séx 图 (the ~) 〔집합적〕 여성.

wéaker véssel 图 **1** (the ~) 〔성서〕 더 연약한 그릇, 여성(⇔베드로전서1 (1 Pet.) 3:7). **2** (a ~) 〔익살〕 미덥지 못한 사람.

weak·fish [wíːkfiʃ] 图 (圈 ~·*es*) 민어과(科)의 식용어(미국 대서양 연안산(產)).

weak-hand·ed [wíːkhǽndid] 图 손의 힘이 약한; 인원 부족의; 원기가 없는.

weak-head·ed [-hédid] 图 술에 약한; 현기증을 잘 일으키는, 우둔한, 저능의; 의지가 약한.
~·ly 图 **~·ness** 图

weak-heart·ed [wíːkháːrtid] 图 마음이 약한, 용기가 없는. **~·ly** 图 **~·ness** 图

wéak interáction 图 〔물리〕 약한 상호 작용(소립자 사이에 작용하는 극히 약한 힘). (또는 **wéak núclear interáction**) ⇒ **strong interaction**

weak·ish [wíːkiʃ] 图 좀 약한[유약한].

weak-kneed [-níːd] 图 무릎이 약한; 연약한, 마음이 약한, 우유부단한. **~·ly** 图 **~·ness** 图

weak·ling [wíːkliŋ] 图 약한 사람[짐승], 허약자, 유약한 사람. ─图 약한(weak).

*****weak·ly** [wíːkli] 图 (체질이) 약한, 병약한, 병을 앓는. ⇒ **WEAK** 유의어. ─图 약하게, 유약하게. **-li·ness** 图

weak-mind·ed [máindid] 图 마음이 약한, 우유 부단한; 어리석은, 저능한. **~·ly** 图 **~·ness** 图

‡**weak·ness** [wíːknis] 图 (圈 ~·*es* [-iz]) ① **1** 약함; 허약, 병약. **2** 우둔, 저능. ¶mental ~ 저능. **3** 부단. **4** 증거 박약[불충분]. **5** ⓒ 결점, 약점, 단점. ⇒ **FAULT** 유의어 **6** ⓒ 맹목적으로 좋아하는 일[것], 무척 좋아하는 것; (보통 a ~) (…에 대한) 애호, 편애, 취미 (*for*). ¶Candy is my ~. 나는 사탕을 아주 좋아한다 ∥ She has a ~ *for* chocolate. 그녀는 초콜릿을 무척 좋아한다.

weak·on [wíːkɑn/-ɔn] 图 〔물리〕 (소립자 사이의) 약한 상호 작용을 매개한다는 가설의 입자.

wéak síde 〔미식축구〕 위크 사이드(공격 라인의 좌우 사이드 중에서 선수 배치가 적은 사이드); 축구 등에서 약한 쪽.

wéak síster 〔美구어〕 **1** 우유부단한 사람, 겁쟁이; 의지가 되지 않는 남자. **2** (전체 중에서) 다른 것보다 못한[약한] 부분, 처진 것.

weak-spir·it·ed [-spíritid] 图 마음이 약한, 겁쟁이의.

weak-to-the-wall [-tðəwɔ́ːl] 图 약육강식의, 우승열패(優勝劣敗)의. ¶~ kind of society 약육 강식형 사회.

weak-willed [-wíld] 图 의지가 약한, 심약한, 우유부단한.

weal¹ [wiːl] 图 ① (고어) 안녕, 번영, 행복, 복리(welfare). (* 다음 숙어로)
for the public [or *general*] *weal* 공공 복리를 위해.
in weal or [or *and*] *woe* 화복(禍福) 어느 경우에도, 행복한 때나 불행한 때나.

weal² 图 채찍 자국(wale).

weald [wiːld] 图 **1** (시) 광야, 삼림 지대. **2** (the W-) 월드 지방(영국 남부의 삼림 지대; 현재는 주로 농경지).

wéald clày 〔지질〕 월드 점토(층)(잉글랜드 Weald 지방 특유의 점토질).

weald·en [wíːldən] 图 광야의, 삼림 지대의; (W-) 월드 층의. ─图 (the W-) 〔지질〕 월드 층(層)(잉글랜드 Weald 지방 특유의 육성층(陸成層)).

‡**wealth** [welθ] 图 **1** ① 부(riches), ①ⓒ 재산. ¶a man of ~ 재산가. **2** ① 〔경제〕 화폐 가치를 지닌 모든 것. **3** ① 부유, 부귀; 부유 계급, 부자. **4** (보통 a ~) 풍부 (*of*). ¶a ~ *of* flowers 많은 꽃 / a ~ *of* wit 풍부한 위트. **5** ① (고어) 안녕, 행복, 복리.
gather [or *attain to*] *wealth* 부를 쌓다.
~·less 图

wealth·fare [wélθfɛər] 图 (美) (세계 면에서의) 법인·재산가의 우대. 〔부과되는 세금〕.

wéalth tàx 图 부유세(일정 한도 이상의 개인 재산에 부과되는 세금).

‡**wealth·y** [wélθi] 图 (**wealth·i·er; wealth·i·est**) **1** 넉넉한, 유복한, 재산이 있는. ⇒ **RICH** 유의어 ¶a person 재산가. **2** 풍부한, 많은; 충분한 (*in*). ¶a country ~ *in* natural resources 천연 자원이 풍부한 나라.
wéalth·i·ly 图 **wéalth·i·ness** 图

wean¹ [wiːn] 图 他 **1** …의 젖을 떼다, …을 이유(離乳)시키다 (*from*). ¶~ a baby *from* the mother [or breast] 어린애를 젖떼다. **2** …에서 떨어지게 하다, …을 단념하게 하다 (*away*) (*from*, *of*). ¶~ oneself *from* a bad habit 악습을 끊다. **3** (남)을 (…의 영향 아래서) 키우다 (*on*).

wean² [wein, wiːn] 图 〔스코〕 유아, 어린애, 아이.

wean·er [wíːnər] 图 (젖을 빨 수 없도록 입에 쓰우는 가축용의) 이유 기구; 갓 젖을 뗀 짐승 새끼.

wean·ling [wíːnliŋ] 图 젖을 갓 뗀 어린애[동물]. ─图 젖을 갓 뗀; 젖을 뗀 어린애의.

‡**weap·on** [wépən] 图 (~s [-z]) **1** 무기, 병기; 공격[방어]의 수단. ⇒ **ARM²** 유의어 ¶Tears are a woman's ~. 눈물은 여자의 무기이다. **2** 〔동물〕 공격[방어] 기관(발톱, 뿔, 이 따위). **3** (비유적) (…을 위한) 수단, 대항 수단 (*for*). ─图 …에 무기를 갖추다, 무장하다. **~·ed** 图 **~·less** 图

weap·on·eer [wèpəníər] 图 (군사) 핵폭탄 발사 조정 담당자; 핵무기 설계자[개발자].

weap·on·ry [wépənri] 图 ① **1** 〔집합적〕 무기류. ¶nuclear ~ 핵무기. **2** 조병학(造兵學), 무기 제조술.

wéapons càrrier 명 (군사) 무기 운반차.
weap·on·train·ing [-trèiniŋ] 명 무기 사용 훈련.
‡**wear**¹ [wɛər] 타 (~s [-z]; **wore**; **worn**) 〔태〕 1 …을 입고 있다, 몸에 걸치고 있다, 쓰고 있다(본 put on(…을 입다, 몸에 붙이다)). ¶ ~ a ring 반지를 끼고 있다 / white[black] 흰[검은] 옷을 입고 있다. 2 (수염·머리 따위)를 기르고 있다, (어떤 상태로) …을 해두다. ¶ (~ +目+補) ~ one's hair short[long] 머리를 짧게[길게] 하고 있다. 3 (표정)을 띠다, 나타내다. ¶ ~ an air of triumph 이긴 것 같은 표정을 짓다 / ~ a smile 미소짓다. 4 (착용하여) …을 해어지게[닳게] 하다 ; 옷을 낡게 하다 ; …을 마손하다, 상하게 하다(off, out, away, down) (to). ¶ (~ +目+前+名) ~ clothes to rags 옷이 누더기가 될 때까지 입다 / (~+目+補) ~ His socks were worn thin at his heels. 그의 양말은 뒤꿈치가 닳아 얇아졌다. 5 (마찰 따위로) (구멍·홈·길 따위)를 (…에) 내다, 파다, 뚫다(in, through). ¶ Constant dropping ~s the stone. (속담) 낙숫물이 댓돌을 뚫는다. 6 …을 (…으로) 지치게 하다, 쇠약하게 하다(out, away, down)(with, from, after). ¶ He came home completely worn out. 그는 완전히 지쳐서 돌아왔다. 7 (시간)을 어물어물 보내다(away, out). 8 (英방언) (양·소 따위)를 우리[목장]에 집결시키다.
— 자 1 (차츰) 닳다, 닳아빠지다, 해어지다, 닳아가다 (away, down, out, off) (to). ¶ (~+補) The heels of my shoes were down. 내 구두의 뒤축이 닳았다. 2 (물건이) 오래 가다, 오래 지탱하다. ¶ (~+副) materials that ~ well[badly] 오래 가는[못가는] 재료 / He is ~ing well. 그는 나이에 비해 젊어 보인다. 3 차츰 …이 되다. ¶ (~+補) My courage has worn thin. 차츰 기운이 빠졌다. 4 (시간이) 점차 경과하다. 서서히 흐르다, 지나다 ; 질질 끌다(away, out, on) (toward, to). ¶ (~+前+名) The day ~s toward its close. 하루가 차츰 저물어 가고 있다 // (~+副) as the day ~s on 시간이 흐름에 따라.
wear away ① 닳아 없애다[없어지다]. ② (시간이) 지나다 ; (시간)을 어물어물 보내다.
wear down ① …을 닳아빠지게 하다 ; 닳다, 닳아 없어지다. ② …을 지치게 하다. ③ …을 꺾다, …에 이기다(overcome).
wear off ① …을 닳아빠지게 하다 ; 닳다, 닳아 없어지다. ② …을 차츰 없애다 ; 차츰 없어지다 ; 소멸하다. ¶ ~ off the fat (운동 따위를 하여) 군살을 빼다 / The color has worn off. 색이 바랬다[퇴색했다].
wear on [or **upon**] (남의 신경)을 거스르다 ; (남)을 안달나게 하다.
wear one's [or **a**]**…hat** ⇒ HAT.
wear one's heart upon one's sleeve ⇒ HEART.
wear one's learning [**wisdom**] **lightly** 자기의 지식[지혜]을 자랑해 보이지 않다.
wear (one's **years** [or **age**]) **well** 나이에 비해 젊어 보이다, 언제까지나 젊다.
wear out ① …을 써서 낡게 하다, 닳게 하다 ; 닳다. ② (인내 따위)를 다하다. ③ …을 지치게 하다 ; …을 싫증나게 하다.
wear out one's welcome ⇒ WELCOME.
wear the pants ⇒ PANTS.
wear thin ① 인내력이 다하다, 참을 수 없게 되다. ② (농담 따위가) 재미없어지다.
wear through ① (물건이) 닳아서 구멍이 나다. ② (시간) 단조롭게 지나가다 ; (시간)을 그럭저럭 보내다.
wear two hats 일인 이역을 하다, 동시에 두 가지 일을 하다.
— 명 U 1 착용 ; 사용. ¶ a suit for Sunday ~ 나들이 옷. 2 (집합적) 착용물, 의복. ¶ children's[men's, ladies', travel] ~ 아동[신사, 숙녀, 여행]복. 3 사용에 견디기, 오래감. ¶ There is still much ~ in these shoes. 이 구두는 아직 신을 만하다. 4 유행(형). 5 소모, 마모, 마손, 입어서 닳아빠짐. ¶ The rug shows ~. 그 깔개는 닳아빠졌다.
be in wear 유행하고 있다.
be the only wear 크게 유행하다.
be the worse for wear 몹시 낡았다, 허름하다.
come into wear (복장이) 유행하다.
have…in wear …을 착용하고 있다. ¶ have a silk dress in ~ 실크드레스를 입고 있다.
in general wear 유행되고 (있다).
wear and tear 마멸, 소모.
wear² [wɛər] 타 (**wore**; **worn**) 〔항해〕 (배)를 바람 불어가는 쪽으로 돌리다. — 자 (배가) 바람 불어 가는 쪽으로 돌다.
wear³ [wiər] 명 = weir.
wear·a·bil·i·ty [wɛ̀ərəbíləti] 명 (의류의) 내구성.
wear·a·ble [wɛ́ərəbl] 형 입을[착용할] 수 있는, 입기에 알맞은. — 명 (보통 ~s) 옷, 의복(clothing). [것.
wear·er [wɛ́ərər] 명 착용[휴대]자 ; 닳게[해어지게] 하는
wea·ri·ful [wíərifəl] 형 1 피로한, 지친. 2 지루한, 싫증나는, 귀찮은. **~·ly** 부 **~·ness** 명
wea·ri·less [wíərilis] 형 지치지 않는, 싫증나지 않는. [나서.
~·ly 부
*****wea·ri·ly** [wíərili] 부 지쳐서 ; 싫증이 나서, 진력이
*****wea·ri·ness** [wíərinis] 명 U 권태, 피로, 지루함.
wear·ing [wɛ́əriŋ] 형 1 착용하는. 2 지치게 하는, 소모시키는. **~·ly** 부
wéaring apparèl 명 의류, 의복.
wéaring course 명 (도로의) 마모층.
wea·ri·some [wíərisəm] 형 지치게 하는 ; 싫증나는 ; 지루한. ⇒ TEDIOUS (유의어) ¶ a ~ day[book] 지루한 하루[책]. **~·ly** 부 **~·ness** 명
wear-out [wɛ́əràut] 명 닳아짐, 마모, 손모(損耗).
wear·proof [wɛ́ərprùːf] 형 장기 착용에 견디는.
‡**wea·ry** [wíəri] 형 (**-ri·er**; **-ri·est**) 1 (정신적·육체적으로) 지친, (…으로) 지쳐 있는(from, after, with). ⇒ TIRED¹ 유의어 ¶ a ~ look 지친 표정. 2 지루한 표정, 힘든. 3 싫증나는, 참지 못하는, 넌더리나는 (of). ¶ I am ~ of her chatter. 그녀가 지껄여대는 데 진저리가 난다. 4 지루한, 지긋지긋한.
— 타 (-ries [-z]; -ried) 1 …을 지치게 하다 (with). ¶ I was wearied with walking. 나는 걷기에 지쳤다. 2 …을 싫증나게 하다, 성가시게 하다 (with). ¶ (~+目+前+名) ~ a person with an idle talk 쓸데없는 이야기로 남을 진저리나게 하다.
— 자 1 피로하게 되다, 지루해 하다, 싫증나다, 싫어지다 (of). ¶ (~+前+名) He will soon ~ of the task. 그는 곧 그 일에 싫증낼 것이다. 3 (美·스코) 애타게 기다리다, 그리워하다 (for, on). ¶ (~+前+名) She is ~ing for home. 그녀는 고향을 그리워하고 있다.
weary out ① …을 지쳐빠지게 [싫증나게] 하다. ② (나날)을 단조롭게 지내다.
— 명 1 (스코·英방언) 저주, 시달림. 2 (美속어) 침울
wea·sand [wíːzənd] 명 식도(食道) ; (고어) 기관(氣管), 목구멍. (또는 **weazand**)
*****wea·sel** [wíːzəl] 명 (복 ~(s)) 1 족제비. 2 (족제비처럼) 교활한 사람. 3 (눈 위를 달릴 수 있는) 위젤 차. 4 (속어) 밀고자. 5 (결제나 서약에서) 교묘한 속임수[계약]; (계약으로 얻은) 보수. 6 (보통 W-) (美) South Carolina 주 출생자 [주민]의 속칭.
catch a weasel asleep 빈틈없는 사람을 교묘히 속이다 ; 감쪽같이 속여 넘기다, 눈 감으면 코 베어 간다.
— 자 1 (美) (의무 따위를) 회피하다 (out) (of); 말을 애매하게 하다. ② 밀고하다. [고 뾰족한.
wea·sel-faced [-fèist] 형 (족제비처럼) 얼굴이 길
wea·sel·ly [wíːzəli] 형 족제비 같은, 교활한. (또는 **weasely**)
wea·sel-word·ed [-wə̀ːrdid] 형 일부러 애매한
wéasel wòrds 명(복) (고의적인) 애매모호한 말.
‡**weath·er** [wéðər] 명 U 1 천기, 천후, 날씨 ; 기상

象); (~s) 〔고어〕 모든 천후. ¶ fine[bad, wet, windy] ~ 좋은[나쁜, 비오는, 바람부는] 날씨/How is the ~? =What is the ~ like? 날씨는 어떤가?/The ~ is improving. 날씨가 좋아지고 있다.

USAGE **weather**의 관사·복수형 —— (1) 보통 화제가 되는 날씨는 이야기하는 사람이나 듣는 사람이 다같이 알고 있는 특정한 때·장소의 날씨일 경우가 많으므로 weather에는 the가 붙는 일이 많다: Then *the* ~ changed. (2) 그러나 일반적인 화제가 될 경우나 또는 사람에게 처음인 때·장소의 날씨를 말할 때에는 weather 앞에 형용사가 붙고 관사는 없어진다. 부정 관사도 못 쓴다: We had *fine* ~ on that day. (3) 그리고 「모든[어떤] 날씨」의 뜻은 all weathers로 복수형이 된다: He goes out for a walk in *all* ~s.

2 거친 날씨, 비바람. 3 일기 예보(~ cast). 4 (~s) 인생의 부침(浮沈); 영고성쇠; 기분, 분위기. 5 풍화.
above [or *over*] *the weather* ① 〔항공〕 (날씨에 좌우되지 않는) 높은 고도에서. ② 〔구어〕 (이제) 몸 상태가 나쁘지 않은; (이제는) 취해 있지 않은.
dance and sing all weathers 시류에 따르다, 기회주의자 노릇을 하다.
drive with the weather 풍파에 따라 표류하다.
go into the weather 풍우를 무릅쓰고 나가다.
have the weather of 〔다른 배〕의 바람 불어오는 쪽에 있다; …보다 유리한 입장에 있다.
in all weathers 어떤 날씨에도; (비유적) 역경에서나 순경(順境)에서나.
in the weather 문밖에서; 비바람에 노출되어.
in [or *into, on, to*] *(the) weather of* 〔다른 배〕의 바람 불어오는 쪽에.
(in) wet weather 비오는 날씨(에).
keep one's weather eye open [or *awake, lifted*] 〔구어〕 끊임없이 주의하고 있다, 빈틈없다.
keep the weather of ① …의 바람 불어오는 쪽에 있다. ② …을 좌지우지하다. 「의 쾌청.
King's [or *Queen's, royal*] *weather* 〔英〕 (경축
make good [*bad*] *weather* 좋은 날씨[폭풍우]를 만나다. 「견디기에 난항하다.
make good [*bad*] *weather of it* (배가) 폭풍우를
make heavy weather (out) of (작은 일)을 거창하게 생각하다; 쓸데없이 고생하다.
make (*it*) *fair weather* 아첨하다. 「우 탓으로.
under stress of weather 나쁜 날씨 때문에; 폭풍
under the weather 〔구어〕 ① 몸 상태가 좋지 않아, 병으로; 불쾌하여. ② 약간 취하여; 숙취로.
weather permitting (보통 문미에서) 날씨가 좋은 면(if the weather permits).
— 图 (~s [-z]) 围 1 …을 비바람에 맞게 하다; 말리다, 널다. 2 (보통 수동으로) 〔지질〕 (암석)을 풍화시키다. 3 〔폭풍우·곤란〕을 이겨내다, 견디다. 4 〔항해〕 …의 바람 불어오는 쪽을 지나다. 5 〔건축〕 (물이 흘러내리도록) …을 경사지게 하다. — 两 (외기(外氣)로 인하여) 변하다, 풍화하다; 외기에 견디다.
weather a point 바람을 향하여 나아가다; 난국을 뚫고 나아가다.
weather in 악천후로 오도가도 못하게 되다; (비행기)를 악천후로 지상에 두다, (비행장)을 악천후로 폐쇄하다.
weather on [or *upon*] ① 〔해사〕 (다른 배)를 앞질러 바람 불어오는 쪽으로 나서다. ② …을 앞지르다, …의 우위에 서다.
weather out 악천후로 …에 들어가지 못하게 하다[…을 중지하다]. 「란을 극복하다.
weather the storm (배가) 폭풍우를 견뎌내다; 곤
weather through (곤란 따위)를 뚫고 나아가다.
— 圈 〔해사〕 바람 불어오는 쪽의(windward). 밴 lee¹
~·er 图

wéather ballóon 图 기상 관측용 기구.
weath·er·beat·en [-bì:tn] 圈 1 비바람에 시달린; 풍상을 다 겪은. 2 (얼굴이) 햇볕에 탄(tanned).
weath·er·board [wéðərbɔ̀ːrd] 图 1 〔건축〕 …에 겹쳐 대는 물막이판(clapboard). 2 〔해사〕 바람 불어오는 쪽의 뱃전, 방파판(防波板). (또는 **wéather bèam**) 3 (또는 ~ **hòuse**) (漢) 외벽의 물막이판으로 된 집. — 围 (…에) 물막이판을 대다.
weath·er·board·ing [wéðərbɔ̀ːrdiŋ] 图 1 〔건축〕 물막이판. 2 〔집합적〕 비늘판대기.
weath·er·bound [-bàund] 圈 〔해사·항공〕 악천후 때문에 출범[출항]을 미룬.
wéather bòx 图 = weather house.
wéather brèeder 图 폭풍 전의 좋은 날씨.
Wéather Bùreau 图 (美) 기상국(U.S. National Weather Service의 구칭). 「~·er 图
weath·er·cast [wéðərkæ̀st/-kɑ̀ːst] 图 일기 예보.
wéather chàrt 图 = weather map.
*weath·er·cock [wéðərkɑ̀k/-kɔ̀k] 图 닭 모양의 풍향계; (일반적으로) 풍향계; 변덕스러운 사람, 기회주의자. — 图 1 …에 풍향계를 달다. 2 (비유적) …의 풍향계 구실을 하다. — 两 (비행기·미사일이) 바람의 방향으로 기울다, 풍향성(性)이 있다.
weath·er·con·di·tion [wéðərkəndìʃən] 图围 …을 전천후용에 적합하게 하다, 모든 날씨에 견딜 수 있게 하다. 「누전.
(weathercock)
wéather còntact [**cròss**] 图 (우천시의) 전선의
wéather dèck 图 (배의) 노천 갑판.
weath·ered [wéðərd] 圈 1 비바람을 맞은. 2 (목재가) 건조한. 3 (암석이) 풍화된. 4 〔건축〕 (물이 흘러내리도록) 경사지게 된.
wéather èye 图 1 날씨 관측안(觀測眼)[관측력]. 2 기상 위성. 3 주의, 경계.
keep one's [or *a*] *weather eye open* [or *out*] 끊임없이[늘] 주의하다, 경계를 게을리하지 않다.
wéather fòrecast 图 일기 예보.
wéather gàuge 图 1 〔해사〕 바람 불어오는 쪽의 위치. 2 유리한 지위, 우위.
wéather gìrl 图 (美) 여성 일기 예보자.
weath·er·glass [wéðərglæ̀s/-glɑ̀ːs] 图 기압계(barometer); 습도계(hygroscope); 청우계.
wéather hòuse 图 청우계박이 자동 날씨 표시 상자(인형이 드나들면서 습도 변화를 보여 주는 장난감 집).
weath·er·ing [wéðəriŋ] 图 ① 〔지질〕 풍화 (작용).
weath·er·ize [wéðəràiz] 图围 (美) (집·건물)에 내후성(耐候性)을 주다, …을 내한(耐寒) 구조로 만들다. **-i·zá·tion** 图
weath·er·ly [wéðərli] 圈 〔해사〕 (배가) 바람에 거슬러서 바싹 달릴 수 있는. **-li·ness** 图
*weath·er·man [wéðərmæ̀n] 图 (pl. *-men*) (美) 기상 예보자, 예보관, 관상대원, 기상학자.
wéather màp 图 일기도, 기상도(weather chart).
weath·er·per·son [wéðərpə̀ːrsn] 图 일기 예보자, 기상 통보관(성차별을 피한 말).
weath·er·proof [wéðərprùːf] 圈 비바람에 견딜 수 있는. — 图 (英) 레인코트. **-ed** [-t] 圈 **~·ness** 图
weath·er·proof·er [wéðərprùːfər] 图 〔건축〕 내후(耐候)공사 시공(업)자; 내후[보온]용 자재.
wéather próphet 图 날씨를 예언하는 사람; 일기 예보자. 「잘 맞추는 사람.
wéather ràdar 图 기상 레이더.
wéather repòrt 图 일기 예보, 기상 통보.
weath·er·re·sist·ant [-rizístənt] 圈 방습[방한]의, 궂은 날씨에 영향받지 않는.

wéather sàtellite 명 기상 위성.
wéather sérvice 명 기상 관측 업무; (the W- S- (美) 미국 기상국(National Weather Service).
wéather shìp 명 기상 관측선. 「'생긴[변색한].
weath·er-stained [-stèind] 형 비바람으로 얼룩이
wéather stàtion 명 기상 관측소, 기상대.
wéather strìp 명 〔건축〕 틈마개(바람을 막기 위해 문·창틀 따위의 틈을 막는 것).
wéather-strìp [-strìp] 타타 (-pp-) 〔문·창틀 따위의 틈새〕에 틈마개를 하다.
wéather strìpping 명 1 =weather strip. 2 ⓤ 〔집합적〕 틈마개 재료.
wéather tìde 명 바람과 반대 방향으로 흐르는 조류.
weath·er·tight [wéðərtàit] 형 비바람을 막는, 방한의.
wéather vàne 명 풍향계. **─ness** 명
weath·er·win·dow [wéðərwìndou] 명 알맞은 날씨가 계속되는 기간.
weath·er·wise [-wàiz] 형 1 일기 예보를 잘하는. 2 여론의 동향을 잘 예측하는. ─ 부 날씨에 관해서.
weath·er·worn [wéðərwɔ̀ːrn] 형 비바람을 맞은, 비바람에 상한(weather-beaten).
weath·er·y [wéðəri] 형 (날씨처럼) 변하기 쉬운, 변덕스러운; (과일 따위가) 때가 아닌 비로 품질이 손상된.
‡**weave** [wiːv] 통 (~s [-z], *wove*, (드물게) ~*d*; *wo·ven, wove*; *weav·ing*) 타 1 (실·천)을 짜다: a rug 융단을 짜다// (~+图+前+名) ~ thread *into* cloth 실을 짜서 천을 만들다 / a cloth *out of* thread 실로 천을 짜다. 2 (바구니·화환 따위)를 (…로) 만들다, 엮다(*up*) (*from, of*). 3 …을 조립하다, 궁리해서 짜다. ¶ (~+图+前+名) ~ a story *from* three plots: ~ three plots *into* a story 세 개의 줄거리로 이야기를 구성하다. 4 (차 따위)를 지그재그로 몰다, …을 누비듯이 지나가다. ¶ (~+图+前+名) ~ one's way *through* a crowd 군중 사이를 누비며 빠져나가다 ¶ (거미 따위가) [집]을 엮다. ─ 자 1 천[직물]을 짜다. 2 여러 가지 요소를 짜서 맞추다. 3 누비듯이 나아가다. 4 비틀거리다, 좌우로 흔들리다. 5 (권투) 위빙하다. 5 들락날락하다, 왔다갔다하다. 6 (英군 속어) (항공기가 적의 포화 따위) 를 요리조리 피해 날아가다, 이리저리 헤쳐 나가다.
get weaving (英구어) (…에) 기세 좋게 착수하다 (*on*); 급히 하다. 「방법으로 다루다.
weave all pieces on the same loom 모두 같은
weave in and out 지그재그로 나아가다. 「능]직.
─ 명 짜는[엮는] 법, …직(織). ¶ a plain [twill] ~ 평
weav·er [wíːvər] 명 1 (베)짜는 사람, 직공(織工). 2 =weaverbird. 3 (구어) 지그재그로 주행하는 운전자.
wéav·er·bird [wíːvərbə̀ːrd] 명 위버, 집 짓는 새 (아프리카·아시아산(産)).
wéaver's hìtch [knòt] 명 =sheet bend.
wea·zand [wíːznd] 명 =weasand.
wea·zen [wíːzn] 형 동 =wizen.
‡**web** [web] 명 (~*s* [-z]) 1 직물; 한 베틀분의 천. 2 거미줄(cobweb); 거미줄 모양의 것. 3 (동물) (물오리의·박쥐 따위의) 피막; 물갈퀴. 4 (조류) 깃가지. 우지(羽毛). 5 (기계) 복부판(腹部板); (야금) 얇은 금속판. 6 (건축) (서까래와 서까래 사이의) 둥근 천장, 7 (융단의) 가장자리, 귀. 8 (마녀은) 함정, 계략. ¶ a ~ of lies 거짓투성이. 9 망상 조직. ─ a ~ of canals 운하망. 10 (인쇄) 한 두루마리의 신문 인쇄 용지. 11 (컴퓨터) (the W-) =World Wide W-. 12 (TV·라디오의) 방송 망(網). ─ 타 (-*bb*-) 1 …에 망을 씌우다; …을 망으로 싸다[얽다, 잡다]; …을 함정에 빠뜨리다. ─ 자 거미줄을 치다; 거미줄 모양이 되다. ~*less* 형 ~*like* 형
webbed [webd] 형 1 물갈퀴가 달린. ¶ ~ birds 물새. 2 거미줄을 친; 거미집 모양의.
Web·ber [wébər] 명 Andrew Lloyd ~ 웨버 (1948- : 영국의 작곡가; 뮤지컬 *Jesus Christ Superstar* 등을 작곡).

wéb·bing [wébiŋ] 명 (U (C) 1 (멜빵·마구 따위에 쓰는) 가죽띠. 2 (깔개 따위의) 귀, 가장자리. 3 (동물) 물갈퀴 막. 4 (야구) (글러브·미트의 엄지손가락과 집게손가락을 잇는) 가죽끈.
wéb brówser 명 (컴퓨터) 웹 브라우저(웹 서버가 제공하는 자료들을 검색하는 프로그램).
wéb·by [wébi] 형 1 물갈퀴(피막)의(와 같은); 물갈퀴(피막)가 있는(webbed). 2 거미집 모양의.
wéb·cast 명 1 WWW로 보내다. ─ 명 WWW로 보내다, (인터넷에서의) 방송. 2 웹캐스트(user가 적극적으로 access하지 않아도 등록된 수신인에게 갱신(更新) 정보 등이 보내지는 시스템).
web·er [wébər, véi-] 명 (물리) 웨버(磁束)의 MKS 단위; (略 Wb). (<W.E. Weber의 이름)
We·ber [véibər] 명 웨버. 1 Ernst Heinrich ~ (1795-1878: 독일의 생리학자·해부학자). 2 Max ~ (1864-1920: 독일의 사회학자·경제학자). 3 Wilhelm Eduard ~ (1804-91: 독일의 물리학자; 1)의 동생).
Wéber's láw 명 〔심리〕 베버의 법칙(감각 강도의 판별역(閾)과 자극 강도(强度)의 비(比)는 일정하다는 법칙). (<E.H. Weber의 이름)
wéb·foot [wébfùt] 명 (복 **-feet**) 1 물갈퀴발. 2 물갈퀴발이 있는 동물. 3 (W-) (美) (익살) 오리건 주 사람. 4 (구어) 환경 보호에 열심인 사람, 그 주장하는이.
wéb·foot·ed [-fùtid] 형 물갈퀴발이 있는. 「칭.
Wébfoot Státe (the ~) 미국 Oregon 주의 별
wéb ìssue 명 (속어) 결속 쟁점(선거에서, 다른 당파를 특정 후보 지지로 결속시킬 만한 논점).
web·mas·ter [wébmæ̀stər] 명 (인터넷) 웹 마스터(WWW의 웹 사이트를 작성·관리하는 사람).
wéb mémber 명 (토목) 복재(服材), 웨브재(材)(트러스의 사재(斜材)·수직재(垂直材) 등의 총칭).
wéb òffset 명 (인쇄) 두루마리 종이 윤전 인쇄.
wéb pàge 명 (컴퓨터) 웹 페이지, 웹 문서. 「쇄기.
wéb prèss 명 (인쇄) 두루마리 종이 인쇄기, 윤전 인
wéb promótions prodúcer 명 웹 판촉 전문가.
wéb sérver 명 (컴퓨터) 웹 서버(웹(WWW) 서비스를 제공하는 프로그램).
wéb sìte 명 (컴퓨터) 웹 사이트(웹(WWW) 서비스를 제공하는 컴퓨터(의 홈페이지)). (또는 **wébsite**)
Web·ster [wébstər] 명 웹스터. 1 Daniel ~ (1782- 1852: 미국의 정치가·웅변가). 2 Jean ~ (1876-1916: 미국의 작가). 3 Noah ~ (1758-1843: 미국의 사전 편찬자·교육자). 4 웹스터 영어 사전.
wéb-tòed [-tòud] 형 =web-footed.
wéb·toes [wébtòuz] 명 물갈퀴발.
wéb-wìnged [-wìŋd] 형 (박쥐 따위의) 비막(飛膜)이 있는 날개를 가진.
wéb·wòrk [wébwə̀ːrk] 명 망상 조직, …망(網).
wéb·wòrm [wébwə̀ːrm] 명 거미집 같은 집을 짓는 나방·나비류의 유충.
web·zìne [wébzìːn] 명 (웹(WWW) 상의) 전자 잡지. [<*web*+ma*gazine*]
WECPNL *weighted equivalent continuous perceived noise level*(가중 등가(加重等價) 지속 감각 소음 레벨; 항공기 소음의 국제 단위).
‡**wed** [wed] 동 (~*ded*, (드물게) ~; ~*ding*) 타 1 …와 결혼하다. 2 …에게 시집[장가]가다. 2 …을 결혼시키다, (사제가) …을 위해 결혼식을 올리다. ¶ (~+图+前+名) ~ one's daughter *to* Mr. Brown 딸을 브라운 씨와 결혼시키다. 3 …을 맺어 합치다. 4 (흔히 수동형·재귀용법으로) …을 고집[에 집착]하다 (*to*). ¶ He is ~*ded to* the doctrine. 그는 그 교리에 집착하고 있다.
─ 자 결혼하다 (*with*). 2 맺어지다.
wed with a rush ring 본의 아닌 결혼을 하다.
‡**we'd** [wiːd] we had[should, would]의 단축형.
Wed. Wednesday.
‡**wed·ded** [wédid] 형 1 결혼한, 결혼의(에서 생기

Wéd·dell Séa [wédl-, wədəl-] (the ~) 웨델해(海)(남극 대륙의 대서양 쪽에 있는 큰 만입부).

Wéddell séal 〔동물〕 웨델바다표범.

‡**wed·ding** [wédiŋ] 🅝 (❀ ~s [-z]) **1** 결혼식, 혼례. ⇨MARRIAGE 〔유의어〕 **2** 결혼 기념식. ¶the silver[golden, diamond] ~ 은[금, 다이아몬드]혼식(결혼 후 각각 25, 50, 60[또는 75]년째에 행한다). **3** (정반대·대조적인 것의) 결합, 혼합, 융합. **4** (구어) (기업의) 합병. **5** (청첩장 따위에 쓰는) 고급지(紙). ━🅐 결혼(식)의. ¶ the ~ ceremony 결혼식.

wédding anníversary 🅝 결혼 기념일.

〔관련어〕	결혼 기념일과 선물	
주년	전통적인 선물	현대의 선물
1	Paper	Clocks, plastics
2	Cotton	China
3	Leather	Crystal, glass
4	Fruit, flowers	Linen, appliances
5	Wood	Silverware
6	Candy	Wood
7	Wool	Copper, brass
8	Bronze	Linen, lace
9	Pottery	China, leather
10	Tin, aluminum	Diamond jewelry
11	Steel	Fashion jewelry
12	Silk, linen	Pearls, colored gems
13	Lace	Textiles
14	Ivory	Gold jewelry
15	Crystal	Glass, watches
20	China	Platinum
25	Silver	Silver
30	Pearl	Diamond
35	Coral	Jade, coral
40	Ruby	Ruby
45	Sapphire	Sapphire
50	Gold	Gold
55	Emerald	Emerald
60	Diamond	Diamond

wédding bànd 🅝 =wedding ring.
wédding brèakfast 🅝 결혼 피로연.
wédding càke 🅝 결혼 케이크.
wédding càrd 🅝 결혼 청첩장.
wédding dày 🅝 결혼(혼례)일; 결혼 기념일.
wédding drèss 🅝 (신부의) 혼례 의상, 웨딩 드레스.
wédding fávor 🅝 (고어) (결혼식에서 남성 참석자가 단) 흰 꽃 모양의 기장(리본). 「자격.
wédding gàrment 🅝 결혼식 예복; (연회의) 참가
wédding màrch 🅝 결혼 행진곡, 웨딩 마치.
wédding night 🅝 결혼 첫날밤.
wédding recéption 🅝 결혼 피로연.
wédding rìng 🅝 결혼 반지.
we·del [véidl] 🅑🅐 〔스키〕 베델른을 하다.
we·deln [véidln] 🅝 〔스키〕 베델른(짧게 턴을 연속하면서 하는 활강). <G>

*__wedge__ [wedʒ] 🅝 **1** 쐐기. **2** 쐐기형, V자형, 쐐기꼴의 것(케이크·치즈 따위). **3** 〔기상〕 쐐기꼴의 고기압리. **4** 쐐기 문자(cuneiform)(의 한 획). **5** 분열을 의도하는 수단; 쐐기 역할을 하는 것. **6** (고어) (군사) 쐐기꼴 진형. **7** 〔기하〕 직삼각기둥, 쐐기꼴. **8** 〔골프〕 머리 부분이 쐐기꼴인 골프채, 웨지. **9** 〔금속가공〕 소성(塑性) 가공 기계 용구. **10** (속어) 둘로 접은 지폐. **11** (속어) 유대인. **12** (~s) =LSD. (또는 **wedgies**) **13** =~ heel. **14** (속어) =penis. **15** 〔미식축구〕 웨지(킥오프 때 리시버측의 블로커가 자기편 불캐리어의 진로를 만드는 인벽(人壁)).

drive a wedge ① 쐐기를 박다. ② 사이를 갈라 놓다.
knock out the wedges (美구어) 남을 곤경에 몰아 넣고 방관하다.
the thin [or **little, small**] **end of the wedge** 장차 중대한 결과를 가져올 조그마한 발단.
━🅑🅣 **1** …을 쐐기로 가르다[쪼개다]. **2** …을 쐐기로 죄다[고정시키다]. ¶(~+🅞+🅟) ~ a door open 문을 쐐기로 괴어 열어 두다. **3** …을 억지로 밀어 넣다, 틀어 박다(in, into, between). ¶(~+🅞+🅟+🅞) ~ oneself into a crowd 군중 속으로 파고들다. ━🅐 밀어 젖히고; 끼어들다(in, into, through).
wedge away 밀어내다, 밀어제치다.
wedge off 밀어서 떼다.
wedge oneself in [or **into**] …에 끼어들다.
wedge one's way 헤치고 나가다[들어가다].
wedge up 쐐기로 고정시키다.
~-**like** 🅐

wédge bùster 🅝 〔미식축구〕 웨지버스터(킥오프 때 wedge를 파괴하려고 돌진하는 킥오프측 선수).
wedged [wedʒd] 🅐 **1** 쐐기꼴의. **2** (英속어) 유복한, 돈 많은. 「=wedgie.
wédge héel 🅝 웨지힐(여성 구두의 쐐기꼴 뒤축):
wédge ìssue 🅝 (美속어) 분열 쟁점(선거에서 당내 분열을 일으킬 만한 논점).
wedge-shaped [⁀ʃèipt] 🅐 쐐기꼴의, V자형의.
wedge-wise [wédʒwàiz] 🅟 쐐기꼴로.
wedg·ie [wédʒi] 🅝 쐐기꼴의 뒤꿈치(wedge heel)가 달린 여성화.
Wedg·wood [wédʒwùd] 🅝🅤 웨지우드 도기(영국의 미술 도기)(또는 ~ **wàre**); (형용사적) 웨지우드 도기 특유의) 푸른색의, 하늘색의. [< 영국의 도예가 Josiah Wedgwood (1730-95)의 이름]
wedg·y [wédʒi] 🅐 쐐기꼴의, V자형의.
wed-in [⁀ìn] 🅝 집단 결혼.
wed·lock [wédlàk/-lɔ̀k] 🅝🅤 결혼 상태, 혼인, 결혼 생활. ⇨MARRIAGE 〔유의어〕
born in (**lawful**) **wedlock** 적출(嫡出)의.
born out of wedlock 서출(庶出)의.
‡**Wednes·day** [wénzdei, -di] 🅝 (❀ ~s [-z]) 수요일 (❀ W., Wed.). ━🅟 (구어) 수요일에.
Wednes·days [wénzdeiz, -diz] 🅟 수요일마다; 수요일에는 언제나.
wé dówn 🅟 (美속어) 교신(交信) 종료, 안녕. (또는 **wé gó**(**góne, wént**))
Weds. Wednesday.

*__wee__[1] [wi:] 🅐 **1** 작은; 자그마한. ¶a ~ bit 아주 조금/ the ~ folk 꼬마 요정들; 깨비. ¶(a ~) (스코) 아주 조금; 잠깐. ¶bide a ~ 잠깐 기다리다.

wee[2] 🅝🅑🅐 (英구어) (어린이말) =weewee.

‡**weed**[1] [wi:d] 🅝 (❀ ~s [-z]) **1** 잡초. ¶grow like a ~ 잡초처럼 자라다; 마구 자라다. **2** (the ~) (구어) 담배; 엽궐련. ¶the soothing[or Indian, fragrant] ~ 담배. **3** 쓸모없는 것[사람]; 깡마른 사람(동물); 성가신 것. **4** 🅤 (美속어) 마리화나. **5** (the ~s) (美속어) (뜨내기 노동자들의) 야영(지). **6** (속어) (종업원에 의한 대상금) 빼돌리기.
run to weeds (뜰안 따위가) 잡초로 덮이다.
━🅑 (~s [-z]) 🅣 **1** …의 잡초를 뽑다, 풀을 뽑다(out). ¶Please ~ the garden. 정원의 잡초를 뽑아주십시오. **2** (유해·무용의 것)을 없애다, 제거하다(out) (from, out of). **3** (英속어) (돈 따위)를 훔치다. ━🅐 제초하다, 풀뽑기를 하다.
weed down (후보자 등)을 최종 후보로 좁히다.
weed out (美속어) 마리화나를 피워 현실 도피하다.
weed out the herd 무리에서 열등한 것을 제거하다.
~-**like** 🅐

weed[2] 🅝 **1** (모자·팔에 감는) 상장(喪章). **2** (~s) (미

weed·eat·er [wiːdiːtər] 명 《美속어》 대마초를 피우는 사람.

weed·ed [wiːdid] 형 잡초를 뽑은, 제초한; 잡초 우거진.

weed·er [wiːdər] 명 1 잡초를 뽑는 사람; 제초기. 2 (정부의) 서류·편지 따위의 처분 담당자. 3 《美학생속어》(능력 없는 학생을 탈락시키기 위한) 어려운 전문 과목.

weed-grown [-ɡròun] 형 잡초가 무성한.

weed·head [wiːdhèd] 명 《속어》 마리화나[대마초] 상용[중독]자.

weed·i·cide [wiːdəsàid] 명 =weed-killer.

weed·kill·er [-ˌkilər] 명 제초제(herbicide).

weed·kill·ing [wiːdkìliŋ] 명 제초(除草).

weed·less [wiːdlis] 형 (정원이) 잡초가 없는[나지 않게 한]; (낚시가) 풀에 얽히지 않게 하는.

wéed tèa 명 《美속어》 마리화나, 대마초.

weed·y [wiːdi] 형 1 잡초가 많은, 잡초가 우거진. 2 잡초와 같은; 잡초처럼 우거지는. 3 (식물·꽃이) 빈약한, 드문드문 있는. 4 (사람·짐승이) 마른, 호리호리하고 홀쭉한. ¶a ~ young man 호리호리한 젊은이.
wéed·i·ly 부 **wéed·i·ness** 명

wee·juns [wiːdʒənz] 명복 위전스(모카신(moccasin) 풍의 구두).

‡**week** [wiːk] 명 1 주; 1주간, 7일간. ¶a ~ ago today [yesterday] 지난 주의 오늘[어제] / last ~ 지난 주 / next ~ 내주 / the ~ after next 내내주, 다음다음 주 / the ~ before last 전전주 / every three ~s; every third ~ 3주마다 / What day of the ~ is (it) today? 오늘이 무슨 요일이냐? 2 평일(일요일[토·일요일] 이외의 6[5]일간). 3 (1주간의) 근무 시간, 취업일, 주 …시간…일제. ¶a 35 hour ~ 주 35 시간제. 4 (W-) …주간. ¶Holy W- 성(聖) 주간.

at week's end 주말에.
a week about; week and week about 격주로.
a week from now 내주의 오늘.
a week of days 만 1주일간.
a week of Sundays; a week of weeks 《구어》 7주간, (진저리날 만큼) 오랫동안.
for weeks no end 오랫동안(for a long time).
knock[or **send**] **a person into the middle of next week** 《속어》 ① 남을 해치우다. ② 남을 골탕 먹이다[깜짝 놀라게 하다].
week by week 매주마다.
week in, week out; week after week 매주.
— (英) (특정한 날로부터) 1주일 전[후]에.
today [or **this day**] **week** 다음[지난] 주의 오늘.

week·day [wiːkdèi] 명 (복 ~s [-z]) (일요일[토·일요일] 이외의) 평일, 주(週)일, 위크데이. — 형 평일의.

week·days [wiːkdèiz] 부 평일[주일]에.

‡**week·end** [wiːkènd, ´-´] 명 (복 ~s [-z]) 1 주말(토요일의 오후 또는 금요일 밤부터 월요일 아침까지); 위크엔드. ¶on a ~; at ~ 주말에 / a long ~ 주말과 그 전후의 1-2일간 / I must work on the ~. 나는 주말에 일하지 않으면 안 된다. 2 (토·일요일에 일하는 대신 얻는) 주말 이외의 정기적인 주 2일간의 휴일, 주일 휴가. 3 (대학 따위의) 주말 파티. 4 《英구어》 극히 짧은 형기(刑期).
look like a wet weekend 《英구어》 슬픈 모습이다, 풀이 죽어 있다.
make a weekend of it 《구어》 즐거운 주말을 보내다.
— 형 주말의, 주말에 하는. ¶a ~ pass 주말의 무료 승차권 / a ~ excursion 주말 여행.
— 동재 주말을 보내다(at, with); 주말 여행을 하다.

wéekend bàg[**càse**] 명 주말 여행용 가방.

week·end·er [wiːkèndər] 명 1 주말 여행자. 2 주말 체재객. 3 주말 여행용 가방(weekend bag). 4 (주말 순항용의) 소형 유람선. 5 주말을 스포츠[취미 활동]로 보내는 사람. 6 《속어》 《豪구어》 주말용 방갈로.

wéekend hábit 명 《美속어》 소량의 부정기적인 마약 사용.

wéekend híppie 명 《美속어》 이따금 히피 흉내를 내는 사람.

wéek·ends [wiːkènz] 부 주말에는 (언제나).

wéekend wàrrior 명 《美속어》 주말 전사, 예비군 (주말에 훈련받기 때문에); 이따금 몸 파는 여자.

wéek·long [wiːklɔ̀ŋ] 형[부] 1주일에 걸친[걸쳐].

‡**week·ly** [wiːkli] 형 1 매주의, 주 1회의. ¶a ~ magazine 주간지. 2 주 단위의. ¶~ wages 주급. 3 1주(간분)의. ¶~ work 1주간 분의 일. — 부 주 1회, 매주; 주 단위로. — 명 (복 -lies [-z]) 주간지, 주보(週報).

week·night [wiːknàit] 명 평일[주일(週日)]의 밤.

week·nights [wiːknàits] 부 평일 밤에는 (언제나).

ween¹ [wiːn] 동재 《고어》 1 …라고 생각하다, 여기다 (* বিশেষ I ween의 형으로 삽입구로 쓴다). 2 …을 기대하다, 예기하다 (to do).

ween² 명 《美속어》 공부 벌레(weenie).

wee·nie [wiːni] 명 1 《구어》 = frankfurter; (비어) (축 처진[왜소한]) 페니스. 2 (美속어) 싫은 녀석, 바보; = ween². 3 《美속어》 뜻밖의 난점, 함정; 손해를 봄, 불이익을 당함. (또는 **weeney, weeny, wienie**)

wee·ny [wiːni] 형 《구어》 아주 작은. (또는 **weensy**)

wee·ny-bop·per [-bɑ́pər/-bɔ́p-] 명 최신 유행의 팝뮤직 소녀[소년]팬. @ teenybopper

‡**weep** [wiːp] 동 (**wept**) 재 1 울다, 눈물을 흘리다. ⇒ CRY 유의어 2 한탄하다, 슬퍼하다(away)(at, for, over, with). ¶(~+명) ~ at sad news 비보를 듣고 울다 / ~ for joy 기뻐서 울다 / ~ with pain 아파서 울다. 3 뚝뚝 떨어지다, 물기가 스며나오다. 4 (나무가) 처지다, 가지를 늘어뜨리다. — 타 1 …을 울며 슬퍼하다, 한탄하다; 울며 …을 …하게 하다. 2 〔눈물〕을 흘리다, 떨어뜨리다. ¶~ bitter tears 쓰라린 눈물을 흘리다. 3 〔물방울·이슬 따위〕를 떨어뜨리다, 나오게 하다.

weep away ① 〔시간〕을 울며 보내다. ② …을 울면 서 치우다.
weep Irish (동정하는 체하여) 치레로 울다.
weep oneself out; weep one's fill 실컷 울다.
weep oneself to sleep 울다가 잠들다.
weep one's eyes[**heart**] **out** 눈이 붓도록[가슴이 미어지도록] 울다.
weep out ① …을 울며 말하다. ② 〔시간〕을 울며 보내다. ③ 〔슬픔〕을 울어 잊다.
weep with[or **over**] **an onion** 거짓 눈물을 흘리다.
— 명 (종종 ~s) 《구어》 울기, 한바탕 울기; (물·액체의) 분비, 삼출(滲出).

weep·er [wiːpər] 명 1 우는[슬퍼하는] 사람; 울보. 2 (장례식 때) 울어 주는 남[여자]. 3 상장(喪章)(남자 모자에 다는 검은 밴드, (미망인이 쓰는) 검은 베일. 4 (~s) 《英속어》 구레나룻. 5 눈물을 짜내는 영화[노래]. 6 = weep hole.

wéep hòle 명 (옹벽 등의) 물 빼는 구멍.

weep·ie [wiːpi] 명 《英속어》 = weepy.

weep·ing [wiːpiŋ] 형 1 우는, 눈물 흘리는; 눈물을 머금은(tearful). ¶~ eyes 눈물 머금은 눈. 2 (물이) 떨어지는, 스며나오는. 3 (가지가) 처지는, 처진. — 명 울기; 침출, 삼출. ~**·ly** 부

wéeping chérry 명 수양벚나무.

wéeping cróss 명 눈물의 십자가(참회한 사람이 기도를 드리는 길가의 십자가).
return [or **come home**] **by weeping cross** 슬픈 일을 당하다; 자기의 행위를 후회하다.

wéeping eczéma 명 〔의학〕 삼출성 습진.

wéeping wíllow 명 수양버들.

weep·y [wiːpi] 형 1 눈물을 머금은; 눈물을 잘 흘리는. 2 새는, 스며나오는; 《구어》 눈물을 짜내는. — 명 《英속어》 눈물을 짜내는 것.

wee·ver [wiːvər] 명 눈동미리류의 식용 바닷물고기.

wee·vil [wiːvəl] 명 〔곤충〕 바구미.

wee·vil(l)ed [wíːvəld] 형 =weevily.
wee·vil·(l)y [wíːvəli] 형 바구미가 생긴.
wee-wee [wíːwíː] 명 (어린이말) 명 쉬, 오줌.
— 자 쉬하다, 오줌누다.
WEF World Economic Forum(세계 경제 포럼).
w.e.f. with effect from(…부터 유효). 「짠 것)(web).
weft [weft] 명 (직물의) 씨실(絲)⟨ warp⟩; (문어) 직물,
We·ge·ner [véiɡənər] 명 **Alfred Lothar** ~ 베게너(1880-1930: 독일의 기상학자·지구 물리학자; 대륙이동설 제창자).
‡**weigh** [wei] 타 1 …을 저울에 달다, …의 무게를 달다, 손으로 …의 무게를 가늠하다. ¶ ~ baggage 수화물의 무게를 달다 / ~ oneself 체중을 달다. 2 …을 숙고하다; …을 평가하다; …을 비교하다, …을 (…와/…의 점에서) 비교 검토하다⟨against, with/in⟩. ⇒THINK 유의어. ¶ (~+目+前+名) ~ one plan *against*[or *with*] another 2개의 계획을 비교 검토하다. 3 (중량으로) …을 누르다, 굽히다; …에 무거운 짐을 지우다 ⟨down⟩⟨with, by⟩. ¶ (~+目+副) Heavy taxation ~*ed down* people. 중세(重稅)로 백성들이 허덕였다. 4 (해사) [닻]을 올리다. 5 (페어) 중시하다, 존중하다.
— 자 1 무게가 …이다[나가다]. ¶ (~+補) How much do you ~? 체중이 얼마냐? 2 (…의 점에서) 중요하다⟨in⟩; (…에게) 중시되다, 중대한 관계가 있다⟨with⟩. ¶ (~+前+名) His words ~ heavily *with* me. 그의 말은 나에게 매우 중요하다. 3 (무거운 짐이 되어 …을) 압박하다, 괴롭히다⟨on, upon⟩; (…에게) 불리하게 작용하다⟨against⟩. ¶ (~+前+名) The mistake ~*ed upon* his mind. 그 실수가 그의 마음을 괴롭혔다. 4 고찰하다, 숙고하다. 5 (권투 따위에서) 시합 전에 선수의 체중을 재다. 6 (해사) 닻을 올리다, 출범하다.
 weigh against ① …을 비교 검토하다. ⇒타 2. ② …에 불리하다.
 weigh down ① 자기의 무게로 가라앉다[찌그러지다]; …을 (무게로) 내리누르다, 힘주어 구부리다. ② (사람)을 의기소침하게 하다; 괴롭히다, 압박하다.
 weigh in ① (권투 선수 등이) 시합 전에 체중 검사를 받다; 측정 결과 (…의 무게)이다⟨at⟩. ¶ He ~*ed in at* 170 pounds. 그의 계체량은 170파운드였다. ② (기수가) 경마 뒤에 체중 검사를 받다. ③ 출두하다.
 weigh into (구어) 공격하다.
 weigh in with [제안 따위]를 의기 양양하게 내놓다.
 weigh it well 잘[신중히] 생각하다.
 weigh off (영속) 벌하다, 처벌에 처하다.
 weigh one's words 말을 신중하게 하다.
 weigh out ① …을 달아서 가르다, 저울로 일정량을 배분하다. ② (기수가) 경마 전에 체중 검사를 받다.
 weigh (the) anchor ⇒ANCHOR.
 weigh the thumb (미) (엄지손가락으로 저울을 눌러) 근량을 속이다.
 weigh up ① 한쪽의 무게로 뛰어오르(게 하)다. ② (영구어) …을 신중히 판단하다, 이해하다; …을 평가하다; …을 비교 고량(考量)하여 한쪽을 고르다.
 weigh with …에게 있어 중요하다. ⇒자 2.
 — 명 무게를 달기.
 ~·a·ble 형 **~·er** 명 계량하는 사람; 계량기.
weigh·beam [wéibìːm] 명 큰 대저울.
weigh·bridge [wéibridʒ] 명 (트럭·가축 따위의 무게를 재는) 계량대.
weigh·house [wéiháus] 명 (복 -*hous·es* [-hàuziz]) 화물 검량소.
weigh-in [-́ìn] 명 (권투·레슬링·역도 선수의 시합 전) 체중 검사; (여객기 탑승 전의) 휴대품의 계량; (일반적으로) 계량, 검량.
wéigh·ing machìne [wéiiŋ-] 명 계량기, 계량대.
weigh·lock [-́lɔ̀k/-lɔ̀k] 명 (미) 계량 수문(水門)(운하 통항세를 징수하기 위해 배의 톤수를 잰다).
weigh·man [wéimən] 명 계량[검량]인, 계량 담당자.

weigh·mas·ter [wéimæstər/-màːs-] 명 검량관(檢量官), 검량인(人).
‡**weight** [weit] 명 1 U 무게, 중량; 체중. ¶ short ~ 중량 부족 / What is your ~? 당신 체중은 얼마입니까? / sell at full ~ 중량을 꽉 채워서 팔다 / It is 10 pounds in ~. 그것은 무게가 10파운드이다. 2 U 중력. ¶ the ~ of the moon[earth] 달[지구]의 중력. 3 U C 형법(衡法), 형량 단위. 4 무거운 것; (저울의) 분동(分銅); 누름돌, 저울추; 서진(書鎭), 문진; (경기용) 포환, (역도의) 웨이트. ¶ a pound ~ 1파운드의 분동. 5 중하, 중압, 부담, 노고, 책임. ¶ the ~ of responsibility 책임의 중압 / a ~ on one's mind 마음의 무거운 짐 / This is a great ~ off my mind. 나는 이것으로 어깨의 짐을 벗는다. 6 U 중요함, 중대함⟨⇒IMPORTANCE 유의어⟩; 효과, 영향력. ¶ men of ~ 유력자들 / The ~ of evidence is against him. 증거는 그에게 불리하다. 7 (통계) 가중치(加重値). 8 웨이트, 무게, 두께. a) (종종 합성어로) (의복·직물 따위의) 보온성·착용 계절을 함께 생각한 무게[두께]. ¶ a winter-~ jacket 겨울용으로 알맞은 두툼한 재킷. b) (천의) 용도별로 본 무게[두께]. 9 (인쇄) (자체(字體)의) 검은 정도 또는 선의 굵기의 정도. 10 급(級)(권투·레슬링 따위에서 체중에 따라 나눈 계급). 11 (경마) 부담 중량. 12 (음성) 무게(음·음절·낱말에서 강세가 갖는 음가). 「팔다.
 by weight 저울눈으로, 중량으로. ¶ sell *by* ~ 달아서
 carry one's weight 자기의 역할[직무]을 다하다.
 carry [or ***have***] ***weight*** ① (토론 따위에) 무게가 있다, 설득[영향]력을 가지다. ② (경마에서 말이) 핸디캡이 붙어 있다.
 gain [***lose***] ***weight*** 체중이 늘다[줄다].
 get [or ***take***] ***the weight off one's feet*** [or ***legs***] (구어) 편히 앉다(* 임산부·장애자 등에 대해서 씀).
 give short weight 근량(斤量)을 속이다.
 give [or ***attach***] ***weight to*** …을 중시하다; [주장·가능성 따위]를 강화하다.
 have weight with …에게 중요하다. 「의 금[은].
 one's weight in [or ***of***] ***gold*** [***silver***] 그만한 무게
 pull one's (***own***) ***weight*** ① 자기 체중을 실어 배를 젓다. ② 자기의 역할[직무]을 다하다.
 swing one's weight 영향력을 행사하다.
 throw one's weight about [or ***around***] 자기의 지위[직권]를 남용하다; 거만하게 굴다.
 throw one's weight behind …을 지원하다. 「서.
 under the weight of …의 중압을 받고, …을 위해
 under [***over***] ***weight*** 중량이 부족[초과]하여.
 weight of the world on one's shoulders 중대한 책임, 큰 심로(心勞).
 weights and measures 도량형.
 — 타 1 …을 무겁게 하다, …에 무게를 더하다⟨down⟩⟨with⟩. 2 …에 무거운 짐을 지우다, …을 괴롭히다⟨down⟩⟨with⟩. 3 (광물질을 섞어서) [실·천]을 무겁게 하다. 4 …에 중요성을 더하다. 5 (통계) …에 가중치를 가하다, 가중하다. 6 …을 적당히 조치하다, …을 조작하다.
 weight down =WEIGH *down*.
 ∠·er 명
weight·ed [wéitid] 형 1 부담이 무거운, 짐을 실은; 가중된. 2 (정치) 출신구 인구 비례 대표권의.
 ~·ly 부 **~·ness** 명 「(重) 평균.
wéighted áverage[**méan**] 명 (통계) 가중(加
wéighted vóting sýstem 명 가중 투표 제도.
weight·ing [wéitiŋ] 명 (영) 가중시키는 것, 첨가물; U (때로 a ~) (급료의) 물가 조정 수당; 지역 수당.
weight·ism [wéitizm] 명 비만인 차별[멸시].
weight·less [wéitlis] 형 1 무게가 없는; 무중력 상태의. 2 중요성이 없는, 영향력이 없는.
 ~·ly 부 **~·ness** 명 U 무중력 상태.
weight·lift·er [wéitlìftər] 명 역도(力道) 선수.
weight·lift·ing [wéitlìftiŋ] 명 U 역도.

weight·man [wéitmæn] 명 1 (상품·제품의) 계량계(計量係). 2 (또는 **wéight màn**) (해머·원반·포환 던지기 따위) 투척 경기 선수.
wéight tràining 명 웨이트 트레이닝.
weight-watch·er [-wɔ̀tʃər/-wɔ̀tʃ-] 명 체중을 조절중인 사람, 감량(식이) 요법자(dieter).
*****weight·y** [wéiti] 형 1 중량이 있는, 무거운. ⇒HEAVY¹
유의어 2 무거운 짐이 되는, 답답하게 내리누르는, 성가신. ¶~ responsibilities 무거운 책무. 3 중요한, 중대한. ¶~ negotiations 중요한 교섭. 4 영향력 있는, 유력한. ¶a ~ merchant 유력한 상인.
wéight·i·ly 부 **wéight·i·ness** 명
Weil's disèase [váilz-, wáilz-] 명 (의학) 바일병(황달 출혈성 렙토스피라증). (<독일의 의사 A. Weil (1848–1916)의 이름)
Wei·mar [váimɑːr, wái-] 명 바이마르(독일의 도시).
Wéimar Constitùtion 명 (the ~) 바이마르 헌법(1919년 바이마르 국민 의회에서 제정된 독일 공화국 헌법으로, 가장 이상적인 민주 헌법으로 평가되고 있다).
Wéimar Repúblic 명 (the ~) 바이마르 공화국(1919–33년의 독일의 명칭).
Wéin·berg-Sa·lám thèory [mòdel] [wáinbəːrɡsəlɑ́ːm-] 명 (물리) 와인버그 살람 이론[모형](약한 상호작용과 전자(電磁) 상호 작용의 통일 이론[모형]). (<물리학자 S. Weinberg와 A. Salam의 이름)
wei·ner [wíːnər] 명 =wiener.
wei·nie [wíːni] 명 =weenie.
weir [wiər] 명 (강둑; 어살(물고기를 잡기 위한 장치).
*****weird** [wiərd] 형 1 초자연의, 무시무시한, 불가사의한. ¶a ~ sound 무시무시한 소리.

유의어 **weird** 초자연력을 느끼게 하는. **eerie** 막연하게 신비로운 불안·공포를 일으키게 하는. **unearthly** 이 세상 것이라 생각되지 않는. **uncanny** 경험으로는 이해할 수 없는 또는 불쾌할 만큼 무시무시한.

2 기묘한, 괴상한. ¶a ~ getup 기묘한 몸차림. 3 (고어) 운명의, 운명을 관장하는.
weird and wónderful (종종 비꼬아·경멸적) 기묘하지만(별나지만) 멋진.
— 명 1 ⓤⓒ (스코·고어) 운명(fate), 숙명, (특히) 불운. 2 (W–) 운명의 여신(Fates)의 하나. 3 마녀, 예언자. 4 전조, 예언; 마력, 마법. 5 운명으로 정해지는 것, 사건. ¶After word comes ~. (속담) 호랑이도 제 말하면 온다.
— 동(타) (스코) 운명짓다; 예언하다.
weird out (美속어) 마약에 도취되다[되게 하다]; 정신나가다[나가게 하다].
~·ly 부 **~·ness** 명
weird·o [wíərdou] 형명 (속어) =weirdy.
wéird sísters 명 (the ~) 1 운명의 3 여신(the Fates). 2 (Macbeth에 등장하는) 3 명의 마녀. 3 (북유럽 신화) 노르네(the Norns)(운명을 관장하는 3 여신).
weird·y [wíərdi] 명 (속어) 별난 사람, 기인; (특히 위험·광포한) 정신병자; 별난 것(책·영화 따위). — 형 기묘한, 별난. (또는 **weirdie**)
Weis·mann·ism [váismənìzm] 명ⓤ (생물) 바이스만설(說)(독일 생물학자 A. Weismann(1834–1914)의 유전학설).
we·ka [wéikə, wíː-] 명 (조류) 웨카(날개가 퇴화한 뉴질랜드 뜸부기).
welch [weltʃ/welʃ] 동 (속어) =welsh. **~·er** 명
Welch [weltʃ/welʃ] 형명 =Welsh.
Wélch·man [wéltʃmən/wélʃ-] 명 =Welshman.
‡**wel·come** [wélkəm] 형 (**more ~; most ~**) 1 (사람을) 환영받는, 반가이 맞아지는, 인기가 있는. ¶a ~ guest 환영받는 손님/make a person ~ 남을 환대[환영] 하다/You are ~. (감사하다는 인사에 대해서) 천만의 말씀을.

[USAGE] (1) "You are *welcome*."은 남에게서 감사의 말을 들었을 때 「천만의 말씀을」이라는 뜻으로, 특히 (美)에서 쓰이는 정중한 표현이다. 그밖에 "Not at all.", "Don't mention it."라고도 한다. (2) 찾아온 손님에게 「잘 오셨습니다」는 "You are *welcome*."이라 하지 않고 "I am very [or so] glad to see you." "I am very [or so] glad you have come." "It is very kind of you to come (to see me)."처럼 말한다. welcome을 우리말의 「잘 오셨습니다」의 뜻으로 쓰는 것은 "*Welcome* to Korea!" "*Welcome* home!"처럼 감탄사로서의 경우이다.

2 (서술용법) 자유로이 쓸 수 있는, 멋대로 …해도 좋은; (반어·비꼬아) 멋대로 …하는 게 좋은, (네가 …하든) 알 바 아닌 (*to, to do*). ¶You are ~ *to* any book in my library. 내 서재에 있는 책은 무엇이든 마음대로 보아도 좋습니다/You are ~ *to* (use) our telephone. 마음대로 전화를 쓰십시오. 3 (생긴 일·사정 따위가) 반가운, 형편이 좋은, 좋은. ¶a ~ letter 반가운 편지.
and wélcome 그래도 좋다. ¶You may do so, *and* ~. 그렇게 하겠다면 그래도 좋다.
(as) wélcome as (the) flówers in Máy (구어·익살) 대환영을 받아.
— 명 (⑧ ~**s** [-z]) 환영, 환대, 대접; 환영의 인사. ¶a hearty [cold] ~ 마음으로부터의[차가운] 대접/receive a ~ 환영받다.
bíd *a* pérson **wélcome; sáy wélcome to** *a person* 남에게 환영의 말을 하다, 남을 환영[환대]하다.
gíve *a person* *a* wárm wélcome 남을 따뜻이 맞이하다; (반어적으로) 남에게 격렬히 저항하다.
overstáy [or **outstáy**] *one's* **wélcome** 너무 오래 머물다. 「오래 머물러」 마음을 사다.
wéar óut *one's* **wélcome** 성가시게 방문하다[너무 기깨이] 받다/ He was warmly ~*d* 그는 따뜻한 환영을 받았다. 2 …을 기꺼이 받아들이다. ¶I ~ your criticism. 당신의 비판을 기꺼이 받아들입니다.
wélcome…báck …의 귀국[개선, 귀향]을 환영하다.
wélcome…ín …를 (집·동아리 따위에) 기꺼이 맞아들이다. 「…를 대환영하다.
wélcome…with ópen árms [or **an embráce**]
— 감 (종종 부사(구)를 수반하여) 참 잘 오셨소! 어서 오십시오! ¶W– home! 어서 오십시오!(* 귀가·귀국의 환영 인사).
Wélcome to the NFL! (美속어) 자, 거친 대결이 되겠구나 (* 흔히 장사에도 씀; 미식 축구 연맹(NFL)의 거친 경기에서).
~·ly 부 **~·ness** 명 **-com·ing·ly** 부
wélcome màt 명 (현관에) welcome의 글이 새겨진 도어매트(doormat).
pút [or **róll**] **óut the** [or *one's*] **wélcome mát** [or **réd cárpet**] (美) 대환영하다.
wélcome pàge 명 (컴퓨터) 웰컴 화면(home page).
wel·com·er [wélkəmər] 명 환영하는 사람.
wel·com·ing [wélkəmiŋ] 형 환영의, 환영하는. ¶a ~ party 환영회(welcome party).
*****weld¹** [weld] 동(타) …을 단접[용접]하다, 용접하다; …을 접합하다, 밀착시키다, 합일(合一)하다. — 자 단접[용접]되다. — 명 단접 부분, 용접점, 접착점; 단접, 용접, 접착. **~·a·bil·i·ty** 명 **~·a·ble** 형 **~·less** 형
wél·dor [wéldər] 명 용접공[기]. 「취한 황색 염료.
weld² [weld] 명 목서초(목서과(科)의 식물); ⓤ 목서초에서 채
weld·ing [wéldiŋ] 명 단접, 용접.
wélding ròd 명 용접봉.
wélding tòrch 명 용접 토치. 「단접[용접]된 것.
weld·ment [wéldmənt] 명ⓤ 단접[용접]하기;
‡**wel·fare** [wélfɛ̀ər] 명ⓤ 1 복지, 복리, 번영, 행복 (well-being). ¶child [public] ~ 아동[공공] 복지/the

physical or moral ~ of society 사회의 물질적 또는 정신적 변영 / the Ministry of Health and W- (한국) 보건복지부; (일본) 후생성. **2** 복지 사업, 후생 사업[시설].
on welfare (美구어) (사회) 복지의; 복지 보조비를 받아.
―― (사회) 복지의; 복지 보조비를 받는.

wélfare búm 명 복지 사업 혜택을 받고 빈둥빈둥 놀고 먹는 사람.
wélfare cápitalism 명 후생[복지] 자본주의. 「등.」
wélfare cènter 명 복지 사업소(진료소·건강 상담소
wélfare económics 명 (단수취급) 복지 경제학.
wélfare fùnd 명 복지[후생] 기금(고용주가 요양중인 피고용자에게 지불하기 위한 기금). 「설.
wélfare hotèl 명 (복지 사업에 의한) 일시 숙박 시
wélfare mòther 명 (美) 생활 보호대상 모자(母子) 가정의 모친; (속어) 옷차림이 형편없는 여자.
wélfare stàte 명 (the ~) 복지 국가; 사회 보장 제도.
wélfare statìsm 명 복지 국가주의; 복지 국가임.
wélfare wòrk 명 복지 사업.
wélfare wòrker 명 복지 사업가.
wel·far·ism [wélfərìzm, ⁴-⌐] 명U 복지[후생]주의, 복지 정책, 복지 보조금. **-ist** 복지국가주의자.
wel·far·ite [wélfəràit] 명 (美) (경멸적) 생활 보호를 받는 사람.
wel·kin [wélkin] 명 (the ~) (고어) 하늘, 창공(sky); 천국, 신(神)의 나라.
make the welkin ring (큰 소리 따위를) 하늘까지 울리다.

‡**well¹** ⇨WELL. 〈p. 3066〉
‡**well²** [wel] 명 (복 ~s [-z]) **1** 우물. ¶an oil ~ 유정. **2** 샘; (비유적) 원천, 본원. ¶He is a ~ of information. 그는 소식통이다. **3** 우물 모양의 것[장소]; (책상에서) 오목하게 들어간 부분, 잉크 스탠드 놓는 오목한 부분. **4** = stair ~; =air ~; 엘리베이터의 오르내리는 통로(elevator ~). **5** (영국 법정의 재판관석 앞의) 변호사석. **6** 어선의 활어조(活魚槽). **7** (물리) 퍼텐셜의 골(potential ~)(위치 에너지가 최소가 되는 영역).
―― 困 (~s [-z]) 困 솟아나다, 분출하다, 솟아오르다(*up*, *out*, *forth*). ¶Oil ~ed up out of the ground. 석유가 땅에서 솟아올랐다. ―― 탄 ···을 뿜어내다, 분출하다. ¶a fountain ~*ing* its pure water 맑은 물이 솟아 오르는 샘. ―― 형 우물 같은; 우물로부터의; 우물용의. ¶a ~ field 물이 풍부한 토지.

‡**we'll** [wiːl, 약 wil] we will, we shall의 단축형.
well-ac·quaint·ed [⁴əkwéintid] 형 (···을) 잘 아는 (*with*).
well-a·day [wélədéi] 형명 = wellaway.
well-ad·just·ed [⁴ədʒʌ́stid] 형 잘 적응한; [심리] 정신적·정서적으로 안정된.
well-ad·ver·tised [⁴ǽdvərtàizd] 형 끊임없이 선전되고 있는.
well-ad·vised [⁴ædváizd/-əd-] 형 사려[분별]가 있는, 깊이 생각한, 신중한(prudent).
well-af·fect·ed [⁴əféktid] 형 (···에게) 호감을 가지고 있는 (*to*, *towards*).
well-ap·point·ed [⁴əpɔ́intid] 형 장비 정비된, 설비[장비]가 갖추어진. ¶a ~ room 설비가 잘 된 방.
well-at·tend·ed [⁴əténdid] 형 출석률이 좋은.
well-a·way [wéləwéi] 감 아아!, 오오!(비탄의 소리)(alas, woe). ―― 명 비탄; 애도의 말(t, 노래).
well-bal·anced [⁴bǽlənst] 형 **1** 균형이 잡힌. **2** 상식[분별]이 있는 온전한(sane).
well-be·haved [⁴bihéivd] 형 예의[예절]바른; (컴퓨터) (프로그램이) 얌전한(메모리 조작 등을 OS를 통해서 하고, hardware를 직접 제어하지 않는).
*well-be·ing [⁴bíːiŋ] 명U 복지, 안녕, 행복; 번영. ⊕ill-being
well-be·loved [⁴bilʌ́vid, -lʌ́vd] 형 마음속으로부터 사랑받고 있는; 경애(敬愛)하는. ―― 명 가장 사랑 받는 사람. 「좋은.
well-born [wélbɔ́ːrn] 형 출생이 좋은, 집안[가문]이
well-bred [⁴bréd] 형 **1** 교육을 잘 받고 자란, 예절바른. **2** (가축 따위의) 종자가 좋은.
well-built [⁴bilt] 형 체격이 좋은; (건물이) 튼튼한.
well-cho·sen [⁴tʃóuzn] 형 정선된; (어구가) 적절한.
well-con·di·tioned [⁴kəndíʃənd] 형 건강한, 컨디션이 좋은; 도덕적으로 건전한.
well-con·duct·ed [⁴kəndʌ́ktid] 형 **1** 관리[운영, 지휘]가 철저한. **2** =well-behaved.
well-con·nect·ed [⁴kənéktid] 형 인척 관계가 좋은, 집안이 좋은.
well-con·tent [⁴kəntént] 형 아주 만족한, 충분히 즐긴. (또는 **wéll-conténted**)
well-cov·ered [⁴kʌ́vərd] 형 (구어) 통통하게 살찐.
well-cut [⁴kʌ́t] 형 (옷을) 잘 지은.
wéll déck 명 (해사) 요(凹)갑판, 중간 갑판(선수루(樓)와 선미루 사이의 갑판).
well-de·fined [⁴difáind] 형 (정의가) 명확한; 윤곽이 분명한. ¶a ~ boundary 명확한 경계선.
well-de·signed [⁴dízaind] 형 잘 설계[계획]된.
well-de·vel·oped [⁴divéləpt] 형 잘 발달한; 잘 다듬어진.
well-di·rect·ed [⁴diréktid] 형 잘[바르게] 방향지어진, 지도가 철저한. 「바른.
well-dis·ci·plined [⁴dísəplind] 형 잘 훈련된; 규율
well-dis·posed [⁴dispóuzd] 형 마음씨 착한, 사람이 좋은; 친절한, 동정심이 있는, 호의적인(*toward*).
well-doc·u·ment·ed [⁴dákjumèntid/-dɔ́k-] 형 문서[기록]에 의해 충분히 입증된.
well-do·er [wéldùːər] 명 (고어) 선행자, 덕행가.
well-do·ing [wéldùːiŋ] 명U 선행, 덕행; 번영, 건강, 행복, 성공. ―― 형 선행[덕행]의; 근면한.
well-done [⁴dʌ́n] 형 잘 한; (고기가) 잘 삶아진[구워진]. ⊕ underdone, overdone. 「훌륭한.
well-dressed [⁴drést] 형 몸치장을 잘 한, 복장이
well-earned [⁴ə́ːrnd] 형 제 힘으로 번, 당연한 보답으로 받은. ¶a ~ recompense 당연히 받아야 할 보수.
well-ed·u·cat·ed [⁴édʒukèitid] 형 훌륭한 교육을 받은; 교양이 있는.
well-en·dowed [⁴indáud] 형 (재능·자질을) 잘 타고난; (구어) (여성이) 가슴이 풍만한; (남성이) 당당한 성기를 가진.
Welles [welz] 명 **(George) Orson ~** 웰스(1915-85; 미국의 배우·감독·영화 제작자).
well-es·tab·lished [⁴istǽbliʃt] 형 확고부동한, 안정된, 정착된. ¶a ~ business 안정된 사업.
well-fa·vored [⁴féivərd] 형 용모가 잘생긴, 미모의.
well-fed [⁴féd] 형 영양이 충분한; 살찐, 통통한.
well-fit·ted [⁴fítid] 형 잘 맞는.
well-fixed [⁴fíkst] 형 (구어) 부유한, 유복한.
well-formed [⁴fɔ́ːrmd] 형 **1** 모양이 좋은. **2** (언어) 적격의; 언어 표현이 문법 규칙에 맞게 되어 있는. **~·ness**
well-found [⁴fáund] 형 준비가 충분히 갖추어진, 장비가 좋은. ¶a ~ ship 장비가 잘 갖추어진 배.
well-found·ed [⁴fáundid] 형 기초가 튼튼한; 사실에 입각한, 충분한 이유[근거]가 있는.
well-groomed [grú(ː)md] 형 (말 따위가) 손질이 잘 된; (사람이) 몸을 단정하게 꾸민.
well-ground·ed [⁴gráundid] 형 충분히 기초 교육[훈련]을 받은; 정당한 사유[근거]가 있는.
well-grown [⁴gróun] 형 잘 발육[발달]한.
well-han·dled [⁴hǽndld] 형 처리[지휘, 관리]가 잘 된; 신중히 다루어진; (상품이) 여러 사람이 만진.
well·head [wélhèd] 명 **1** 수원(水源), 원천(fountain-head) **2** (또는 **wellhouse**) 우물에 씌운 지붕. **3** (유전(油田) 따위의) 분출 방지 장치.
well-heeled [⁴híːld] 형 (美구어) 부유한, 돈 많은;

「잘, 능숙하게」라는 뜻의 부사로 가장 많이 쓰이는데, 부사로서의 well은 형용사를 수식하지 못하는 것이 특징이다.

형용사로서는 보통 서술적으로 쓰이며 「건강한」이 대표적인 뜻이다. (美구어)에서는 「건강한」의 뜻으로 한정적 용법으로도 쓰이는데, 이 뜻으로는 비교급과 최상급이 없다. 그밖에 「어머」「글쎄」라는 뜻의 감탄사와 「좋음」이라는 뜻의 명사로도 쓰인다.

‡**well** [wel] 튀 (**bet·ter; best**) **1** 잘, 만족스럽게, 더할 나위 없이, 기분 좋게; 운 좋게. ¶*sleep* ~ 잘 자다 / a ~-situated house 좋은 위치에 자리잡은 집 / Business is going ~. 장사가 잘 되어가고 있다 / He married his daughter ~. 그는 딸을 좋은 곳으로 시집보냈다 / He was ~ out of the accident. 그는 운 좋게 사고를 면했다 / *W- begun is half done*. (속담) 시작이 좋으면 반은 끝난 것과 같다. 시작이 반.
2 훌륭하게, 썩 잘; 교묘하게, 능숙하게. ¶ *speak* English ~ 영어를 잘하다 / a difficult task ~ done 훌륭히 해낸 어려운 일 / That is ~ said. 썩 잘한 말이다.
3 (도덕적으로) 올바르게. ¶ *behave* ~ 올바르게 행동하다 / He does ~ in school. 그는 학교에서 모범생이다.
4 적절히, 타당하게, 적당히. ¶ *W-* met! 잘 만났다! / I could not ~ refuse. 나는 도무지 거절할 수가 없었다 / I can't very ~ leave Mother at Christmas. 크리스마스에 어머니 곁을 떠나는 것은 아무래도 계절상 나쁘다.
5 만족할 정도로, 흡족하게, 충분히. ¶ *be* ~ *pleased* 더 없이 만족하다 / Think ~ before you act. 행동에 옮기기에 앞서 잘 생각하라 / Clean my room ~ while I am out. 외출하고 있는 동안에 내 방을 잘 청소해 두시오.
6 완전히, 남김없이; 확실히, 단단히; 주의깊게, 곰곰이. ¶ *listen* ~ 귀담아 듣다 / *shake* ~ *before using* (물약 등을) 쓰기 전에 잘 흔들다 / Dry it ~ with a sponge. 스펀지로 그 물기를 완전히 빨아내시오 / Watch ~ what I do. 내가 하는 것을 잘 보시오.
7 상당히, 꽤; 훨씬 뒤[앞, 멀리]까지(에) (far). ¶ a sum ~ over the amount fixed 정해진 액수를 상당히 웃도는 금액 / ~ east of the Mississippi 미시시피 강에서 상당히 동쪽으로 접근한 곳에 / be ~ advanced[or on] in years 꽤 고령이다 / She is ~ over six feet. 그녀의 키는 6피트를 훨씬 넘는다.
8 진심으로, 친절하게; 칭찬하여, 찬성하여. ¶ *treat a person* ~ 남을 친절하게 접대하다 / His first poem was ~ received by the critics. 그의 최초의 시는 비평가들의 호평을 받았다.
9 선의로 해석하여, 원망하지 않고; 태연히, 침착하게. ¶ He took the joke ~. 그는 농담을 태연하게 흘려보냈다 / He took the news ~. 그는 그 소식을 들었으나 침착했다 / She took the disappointment ~. 기대가 깨졌으나 그녀는 원망하지 않았다.
10 용감하게, 당당[씩씩]하게. ¶ *fight* ~ *against overwhelming odds* 압도적으로 우세한 적을 상대로 용감하게 싸우다.
11 쉽게, 간단히, 힘들이지 않고. ¶ *Nothing could* ~ *be found than that*. 그만큼 쉽게 찾아낼 수 있는 것은 없을 것이다.
12 확실히, 분명히. ¶ *You know perfectly* ~ *that he was there*. 그가 그곳에 있었던 것을 너는 분명히 알고 있다.
as well ① 게다가, 그 위에. ¶ I'll have some meat and some bread *as* ~. 고기와 거기에 빵도 좀 먹어야겠다. ② 마찬가지로, 같이(equally). ¶ *If you have no clock, a watch will do as* ~. 벽시계가 없다면 손목 시계라도 괜찮다.
as well as ① …에 더하여, 게다가. ¶ *He gave me a pen as* ~ *as a pencil*. 그는 연필 이외에 펜도 주었다. ② …과 마찬가지로, 잘. ¶ I did it *as* ~ *as I could*. 그것을 가능한 잘 했다 / *As* ~ *be hanged*

for a sheep as for a lamb. (속담) (새끼양이건 어미양이건 훔치면 교수형인데) 이왕 할 테면 철저히 하는 것이 좋다. 바늘 도둑도 소도둑이나 마찬가지.
as well…might [or **may**] (…한 것도) 무리가 아니(었)다. ¶ He turned pale at the news, *as* ~ *he might*. 그 소식을 듣고 그는 창백해졌는데, 그것은 당연한 일이었다.
be well off 살기가 좋다. 凹 *be badly* [or *poorly*] *off*
be well on ① 충분히 진척되고[나아가고] 있다. ② 내기에 이길 가능성이 충분히 있다.
be well out of …을 잘 빠져나와 있다. ¶ I wish I was ~ *out of* it. 나는 그런 일과는 무관했으면 싶다.
come off well 잘 되어가다; 행운이다.
do oneself well 사치스럽게 살다.
do well ① 대우가 좋다. ② 성공하다, 번창하다. ③ 건강하다, 경과가 좋다. ¶ *The patient is doing* ~. 환자의 경과가 좋다.
do well by (구어) [남]을 후대하다, (선뜻 돈을 주는 따위로) [남]에게 잘[친절하게] 하다.
do well for *oneself* (구어) 성공하다; 유복해지다.
do well to *do* …하는 것이 좋다. ¶ *You did* ~ *to come*. = *It was* ~ *done of you to come*. 잘 왔다. 잘 와 주었다.
get on well with *a person* 남과 사이좋게 지내다 [잘 해나가다]. ¶ I'm sure you'll *get on* ~ *with Nick*. 너는 틀림없이 닉과 잘 지낼 것이다.
keep well with = *stand well with*.
may as well *do* (**as not**) …해도 좋다; …하는 편이 낫다(had better). ¶ *You may as* ~ *know that I am a strict instructor*. 내가 매우 엄격한 교사라는 것을 너는 알아 두는 편이 좋을 것이다.
may (just) as well…as …과 마찬가지로 …해도 좋다; …하기보다는 …하는 편이 낫다. ¶ *You may as* ~ *read some novel as look at the ceiling*. 천장만 바라보고 있느니 소설이라도 읽는 편이 낫지.
may well ① (…하는 것도) 당연하다, 무리가 아니다. ¶ *You may* ~ *say so*. 네가 그렇게 말하는 것도 당연하다. ② 아마 …일 것이다. ¶ *The document may* ~ *come before each of them*. 그 서류는 아마 각자에게 돌아올 것이다 / *It may* ~ *be true*. 아마 정말일 것이다.
might as well ① …하는 편이 낫다. ¶ I *might just as* ~ *come at five*. 5시에 오는 편이 낫다. ② …하면 좋을 텐데, …하면 어떨까. ¶ *You might as* ~ *give him a letter*. 그에게 편지를 보내면 어떨까.
might as well…as …할 바엔 차라리 …하는 편이 낫다; …하는 것은 …하는 것과 같다. ¶ *You might as* ~ *expect a wolf to be generous as ask him for money*. 그에게 돈을 기대하는 것은 늑대에게 관대함을 기대하는 것이나 다름없다.
might just as well …해도 좋다[나쁘지 않다]. ¶ *I might just as* ~ *leave now*. 이제 돌아가셔도 좋겠는데요. * may as well보다 정중한 표현.
might well …하는 것도 당연한 일이다[일이었다]. ¶ *You might* ~ *ask why*. 까닭을 묻는 것도 무리가 아니다.
pretty well ① 거의. ¶ *The bridge is pretty* ~ *completed*. 다리는 거의 완공되었다. ② 아주 잘, 상당히. […하다].
speak [think] well of …의 일을 좋게 말하다[생각

stand well with …의 마음에 들다.
very well 확실히, 명백히; 좋아. * 때로 마지못한 동의(승낙)를 나타낸다.
well and truly (구어) 완전히, 결정적으로.
well away (英구어) ① 순조롭게 진행[진척]되어. ② 거나하게 취하여, 얼근하여. ③ (구어) 곤히 잠들어.
Well done! (구어) 잘 했어!, 훌륭했어!
well up in …에 정통한(well-informed on).¶ ~ *up in* nineteenth-century literature 19세기 문학에 정통한.
——형 (*bet·ter; best*) (1만 한정용법, 다른 것은 서술용법) **1** (美구어) 건강한(* 비교급·최상급은 없다.)¶ a ~ man 건강한 사람. **2** 건강히, 심신이 건전한(반 ill). ⇨HEALTHY 유의어¶ I am quite ~. 나는 아주 건강하다. **3** 만족스러운, 기분이 좋은. **4** 형편이 좋은(satisfactory, good).¶ All is not ~ with him. 그에게서 만사가 잘 되어가고 있는 것은 아니다.
as well ① …해도 좋은. ¶ It may be *as* ~ *to* explain. 설명해도 좋다. ② …하는 편이 좋은.

It's all very well. (반어적) 그것 참 좋다.
well and good 좋다, 됐어, 할 수 없지. * 결정·결의 등을 냉정하게 받아들일 때 으레 하는 말.
well enough 상당히 (건강히) 좋은.
——감 **1** (놀람) 어머!, 저런!, 뭐!¶ *W* ~ (to be sure)! 이건 너무하군!¶ *W* ~, here we are at last. 후유, 겨우 다 왔다. **3** (양보) 글쎄!, 그렇다면!¶ *W* ~, perhaps you are right. 글쎄, 아마 네 말이 옳겠지. **4** (말을 이어서) 그래서!, 그런데!¶ *W* ~, who was it? 그런데 그게 누구였소? **5** (승인) 그래!, 그렇다 치고!¶ *W* ~, ~, that's true. 그래, 그래, 그렇지. **6** (기대) 그래서!, 그리고!¶ *W* ~, then? 그래서? 풀린 어디야? **7** (체념) 몰라!, 제기랄!¶ *W* ~, it can't be helped! 제기랄, 어쩔 수 없지!
Let well alone.; Leave well enough alone. 좋은 일은 그대로 두어라, 긁어 부스럼 대지 마라.
wish *a person* ***well*** 남의 행복을 빈다.
~**·ness**

(美속어) 무기를 가진; (美구어) 취한.
well·hole [wélhòul] 명 우물 구멍; (건축) 계단·승강기용의 세로 공간.
well·hung [hʌ́ŋ] 명 **1** (커튼이) 잘 드리워진; (스키트가) 보기 좋게 어울리는. **2** (사냥한 고기가) 제 맛을 내도록 충분히 오래 걸어 놓은. **3** (남성이) 성기가 큰; (여성이) 가슴이 풍만한.
wel·lie [wéli] 명 (복 ~s) **1** (보통 ~s) (英속어) = Wellington boot. **2** 힘, (지력에 대해) 완력; 차기, 킥; 가속.¶ give it some ~ (속어) 더 힘내다, 힘껏 하다. **3** 해고 (처분). ¶ get the ~ 해고되다.
—— 명타 (英속어) 해고하다; 공격하다.
well-in·formed [⌐infɔ́ːrmd] 형 **1** 사정에 정통한. **2** 박식한, 견문이 넓은.¶ a ~ man 박식한 사람.
Wel·ling·ton [wéliŋtən] 명 웰링턴. **1** Arthur Wellesley ~ (1769–1852: 영국의 장군·정치가). **2** New Zealand의 수도. **3** = ~ boot.
Wéllington bóot (보통 ~s) 웰링턴 부츠(무릎까지 덮는 장화). ⟨<영국의 장군 A.W. Wellington의 이름⟩
well-in·ten·tioned [⌐inténʃənd] 형 선의의, 선의로 한(well-meaning).
well-judged [⌐dʒʌ́dʒd] 형 판단이 정확[적절]한, 시의(時宜) 적절한.
well-kept [⌐képt] 형 손질이 잘 된, 잘 간수된.
well-knit [⌐nít] 형 (이론이) 정연한, 시종일관한; 체제[조직]가 정비된; (체격이) 튼튼한.
(또는 **wéll-knítted**)
‡**well-known** [⌐nóun] 형 (*bet·ter·*, *more* ~; *best-*, *most* ~) **1** 유명한, 주지의, 잘 알려진. ⇨ FAMOUS 유의어¶ a ~ painter 유명한 화가. **2** 친한, 친숙한(familiar).
well-lik·ing [⌐láikiŋ] 형 건강해 보이는; 번창하는.
well-lined [⌐láind] 형 (구어) (돈지갑이) 두둑한; (배가) 잔뜩 부른.
well-look·ing [⌐lúkiŋ] 형 =good-looking.
well-made [⌐méid] 형 (몸이) 균형이 잡힌; (세공품이) 잘 만들어진, 잘 된.
wéll mán (건강 진단 테스트를 받고) 건강을 보증받은 남자.
well-man [⌐mǽn] 형 (의료 기관에서) 남성 건강에 관한 진단·조언을 하는.
well-man·nered [⌐mǽnərd] 형 예절바른, 정중한, 얌전한.
well-marked [⌐máːrkt] 형 두드러진, 쉽게 식별되는.
well-matched [⌐mǽtʃt] 형 배합이 잘 된; (부부 등이) 잘 어울리는, 대전이 호각수의.
well-mean·ing [⌐míːniŋ] 형 선의[호의]의, 선의로 한; 사람이 좋은. **-méan·er**

well-meant [⌐mént] 형 선의로 한[말한].¶ ~ advice 호의적인 조언.
well-mod·u·lat·ed [⌐mɑ́dʒuleitid/⌐mɔ́dʒ-] 형 (억양이나 리듬이) 잘 조절된.
well-mount·ed [⌐máuntid] 형 훌륭한 말에 올라 탄; 장비를 잘 갖춘, 잘 정비된.
well·ness [⌐-] 명 (심신이 모두) 건강한[한] 상태.
well-nigh [⌐nái] 부 (문어) 거의(almost).
well-off [⌐ɔ́ːf/⌐ɔ́f] 형 (서술용법) 순탄한 환경에 있는, 복박은, 유복한; (the ~) (명사적·집합적) 유복한 사람들. ⇨RICH 유의어
You don't know when you're well-off. (사람은 자기가) 순탄한 때는 그것을 모르는 법이다.
well-oiled [⌐ɔ́ild] 형 능률적인, 순조롭게 움직이는; (아첨 등이) 술술 나오는; (속어) 취해 있는.
well-or·dered [⌐ɔ́ːrdərd] 형 질서 정돈된, 질서 있는.
well-or·der·ing [⌐ɔ́ːrdəriŋ] 형 정렬, 통제; (수학) 정렬 집합. —— 명 질서 정연한.
well-pad·ded [⌐pǽdid] 형 (소파 등이) 속을 충분히 채운; (사람이) 통통하게 살찐.
well-paid [⌐péid] 형 급료가 좋은; 좋은 급료를 받고 있는.
well-pay·ing [⌐péiiŋ] 형 좋은 급료를 주는.
well-placed [⌐pléist] 형 믿을 만한(신문 기사 등에서 고위 당국자가 정보원(源)임을 시사하는 상투어).
well-pleased [⌐plíːzd] 형 대단히 만족하고 있는.
well-pleas·ing [⌐plíːziŋ] 형 (고어) 기꺼운, 만족스러운.
well·point [wélpɔ̀int] 명 (토목) 웰 포인트(지하수를 빼낼올리기 위한 집수관(集水管)의 구멍 뚫린 하단부(下端部)). 「동 따위가 세련된.
well-pol·ished [⌐pɑ́liʃt/⌐pɔ́l-] 형 잘 닦여진; (언
well-pre·served [⌐prizə́ːrvd] 형 잘 보존된; 나이처럼 보이는; (나이에 비해) 젊어 보이는. 「잘 잡힌.
well-pro·por·tioned [⌐prəpɔ́ːrʃənd] 형 균형이
well-read [⌐réd] 형 책을 많이 읽은; 박식한; …에 정통한 (*in*).¶ a ~ person 독서를 많이 한 사람.
well-reg·u·lat·ed [⌐régjuleitid] 형 잘 정돈[정비]된, 규칙이 잘 서 있는.
well-re·put·ed [⌐ripjúːtid] 형 평판이 좋은, 호평의.
well-round·ed [⌐ráundid] 형 **1** (사람이) 통통하게 살찐. **2** (문체·프로그램 따위가) 균형이 잡힌. **3** 다재 능한, 취미가 다양한: 원만한. **4** 포괄적인, 다방면의.
Wells [welz] 명 **Herbert George** ~ 웰스(1866–1946: 영국의 소설가·문명 비평가). 「에 그럴싸한.
well-seem·ing [⌐síːmiŋ] 형 겉보기는, 보기
well-seen [⌐síːn] 형 (고어) (…에) 숙달한 (*in*).
well-set [⌐sét] 형 (체격이) 건장한, 튼튼한.
well-set-up [⌐sétʌ̀p] 형 =well-set.

wéll sìnker 図 우물 파는 사람.
well-spent [-spént] 刨 (돈·시간이) 유익하게 쓰인.
well-spo·ken [-spóukən] 刨 1 말을 잘 하는, 재치 있게 말하는. 2 말씨가 점잖은, 용어가 세련된.
wéll-spring [wélspriŋ] 刨 =wellhead 1.
well-stacked [-stǽkt] 刨 《美俗》 (여성이) 가슴이 풍만한, 포동포동한; 풍풍한, 비대한, 살찐.
well-suit·ed [-súːtid] 刨 적절한, 형편이 좋은, 편리한.
wéll swèep 刨 방아두레박.
well-tak·en [-téikən] 刨 논리 정연한; 근거가 확실한, 고려할 가치가 있는.
well-tem·pered [-témpərd] 刨 1 (음악) (건반 악기가) 평균율(平均律)로 조율된. 2 마음씨가 좋은, 온후한. 3 〔야금〕 (강철·도검 등이) 충분히 담금질된. 4 〔찰흙·회반죽에) 잘 이겨진(반죽된).
well-thought-of [θɔ́ːtəv, -ʌ̀v/-ɔ̀v] 刨 평판이 좋은, 심사숙고된.
well-thought-out [-θɔ̀ːtáut] 刨 면밀한; 충분히 추론된, 심사숙고된.
well-thumbed [-θʌ́md] 刨 (책장 따위가) 손자국 묻은.
well-tim·bered [-tímbərd] 刨 골조(구조)가 튼튼한; 수목이 울창한.
wéll-timed [-táimd] 刨 호기의, 시기가 좋은. ⇨OPPOR-
*well-to-do [-tədúː] 刨 유복한, 부유한, 잘 사는; (the ~) 〔명사적·집합적〕 부유층(계급). ⇨RICH 유의어
well-trav·eled [-trǽvld] 刨 여행 경험이 많은; 교통량이 많은.
well-tried [-tráid] 刨 많은 시련을 겪은; 잘 음미된.
well-trod·den [-trɑ́dn/-trɔ́dn] 刨 (길 따위가) 잘 다져진, 사람이 많이 다니는.
well-turned [-tə́ːrnd] 刨 1 (몸 따위가) 미끈한. ¶ a ~ neck 잘 생긴 목덜미. 2 (말 따위가) 잘 표현된, 표현이 교묘한.
well-turned-out [-tə́ːrndàut] 刨 씬한 차림의.
well-up·hol·stered [-ʌphóulstərd] 刨 《구어·익살》 (사람이) 뚱뚱한, 살찐.
well-wedged [-wédʒd] 刨 《英俗》 돈 많은.
well-wish [-wiʃ] 刨 호의(好意).
well-wish·er [-wiʃər] 刨 (남의) 행복을 비는 사람, 호의(동정)를 보이는 사람, 독지가; (주의 등의) 지지자.
well-wish·ing [-wiʃiŋ] 刨 남의 행복을 비는, 호의를 보이는; 지지하는, 찬성하는. —Ⓤ 남의 행복을 빌기[비는] 인사, 호의를 보이기; 지지, 찬성.
wéll wòman 刨 (적극적으로 각종 검진을 받는) 건강 지향적인 여성.
well-wom·an [-wúmən] 刨 (의료 기관이) 여성 건강에 관한 진단·조언을 하는. 한, 평범한, 진부한.
well-worn [-wɔ́ːrn] 刨 1 입어서 해진[낡은]. 2 흔
wel·ly [wéli] 刨 =wellie.
welsh [welʃ, weltʃ] 《속어》 Ⓥ 1 (경마에서 승자에게) 배당금을 주지 않고 도망치다 (on). 2 빚을 떼먹다, 의무를 회피하는, 약속을 지키지 않다 (on). — 刨 (의무의) 불이행; (빚을) 떼먹기. ~-er
Welsh [welʃ, weltʃ] 刨 웨일즈의; 웨일즈인(人)[말]의. — 刨 1 Ⓤ 웨일즈어(Cymric, Kymric이라고도 한다). 2 (the ~) 〔집합적〕 웨일즈인.
Wélsh córgi 刨 웨일즈 코기(몸통이 길고 다리가 짧은 셰퍼드산(産)의 개).
Wélsh·man [wélʃmən, wéltʃ-] 刨 웨일즈인(人) (또는 Welchman)
Wélsh mútton 刨 웨일즈 양고기.
Wélsh rábbit [rárebit] 刨 치즈 토스트(녹인 치즈를 토스트에 바른 요리). 즈 여자.
Welsh·wom·an [wélʃwùmən, wéltʃ-] 刨 웨일즈
welt [welt] 刨 1 (매·막대기에 의한) 매질한 자국, 홈, 강타, 일격. 3 (구두 바닥과 갑피를 맞추 잇는 가죽, 대다리, (구두의) 가장자리 장식. 4 (이음매·가장자리의 늘) 가느다란 천, 가두리(선). — Ⓥ 1 (매·막대기로) …을 세게 치다; …에 매질한 자국을 내다. 2 …에 대

리를 대다, 가장자리 장식을 대다. — Ⓐ 매질한 자국이
Welt [G vɛlt] 刨 세계. [<G world] 생기다.
Welt·an·schau·ung [G vɛ́ltanʃàuuŋ] 刨 세계관. [<G world view]
Welt·an·sicht [G vɛ́ltanzɪçt] 刨 세계관. [<G]
wel·ter¹ [wéltər] Ⓥ 1 (바다가) 소용돌이치다, 굽이치다. 2 굴러다니다, 뒹굴다(about). ¶ (~+剾) (~+前+名) a pig ~ing (about) in the mud 진흙 속을 뒹구는 돼지. 3 (피에) 젖다 (in). 4 잠기다, 탐닉하다 (in). ¶ ~ (~+前+名) ~ in sin 죄악에 빠지다. 5 (다수의 사람·물건이) 혼란스럽다. 6 〔방언〕 비틀거리다. 7 (배가) 좌우로 흔들리다, 옆질하다. 8 (강이) 흐르다.
— 刨 1 뒹굴기. 2 굽이침, 소용돌이침. ¶ the ~ of the sea 바다의 굽이침. 3 혼란, 뒤죽박죽.
wel·ter² 刨 (구어) ⟨ ~ 1 =welterweight. 2 유별나게 큰 [무거운] 것[사람]. 3 강타. ⟨ 刨 중량 부하(負荷) 경마의.
wel·ter·weight [wéltərwèit] 刨 1 웰터급 선수. 2 (장애 경마에서) 핸디캡으로 말에게 지우는 28파운드의 중량. 3 평균 체중 이상의 기수.
Welt·po·li·tik [G vɛ́ltpolìtiːk] 刨 세계 정책. [<G]
Welt·schmerz [G vɛ́ltʃmɛrts] 刨 세계고(世界苦), 감상적(비관적) 세계관. [<G world pain]
wélt sèam 刨 〔재봉〕 공그르기.
wen¹ [wen] 刨 1 〔병리〕 (특히 두피(頭皮)의) 피지선낭종(皮脂腺囊腫). 2 《英》 (비유적) 인구 밀집한 대도시. ¶ the Great W— 대런던시.
wen² 刨 고대 영어의 룬(runes)문자 'P'(11세기에 근대 영어의 w와 대체되었다).
wench [wentʃ] 刨 1 (익살·경멸적) 소녀, 낮자. 2 〔고어〕 시골 소녀; 하녀; 매춘부. — Ⓥ 매춘부와 음란하게 놀다.
wen·chy [wéntʃi] 刨 《美俗》 심술궂은, 성미 까다로운, 토라진, 퉁명스러운.
wend [wend] Ⓥ (~ed, 〔고어〕 went) Ⓥ 향하다, 옮기다; 〔길〕을 나아가다. ¶ We ~ed our way home. 우리는 집으로 향했다. — Ⓥ 〔고어〕 가다, 향하다(go).
Wend 刨 웬드인(人)(슬라브 민족의 한 종족).
Wend·ish [wéndiʃ] 刨 웬드인(人)의; 웬드어(語)의. — Ⓤ 웬드어. (또는 **Wendic**)
Wen·dy [wéndi] 刨 웬디. 1 동화극 *Peter Pan*에 등장하는 세 자매 중 장녀. 2 여자 이름. 집.
Wéndy hòuse 刨 《英》 (어린이가 들어가 노는) 놀이
wen·ny [wéni] 刨 혹 같은; 혹이 있는(생긴).
Wens·ley·dale [wénzlidèil] 刨Ⓤ (영국 Yorkshire 산(産)의) 웬즐리데일 치즈; 웬즐리데일 종(種)의 양.
‡went [went] Ⓥ 1 go의 과거. 2 (~) wend의 과거·과거분사.
wén·tle·tràp [wéntltrǽp] 刨 〔조개〕 실꾸리고등.
‡wept [wept] Ⓥ weep의 과거·과거분사.
‡were [wəːr, 약 wər] Ⓥ 1 be의 직설법 복수의 과거 및 2인칭 단수의 과거. 2 be의 가정법 과거(* 현재의 사실에 반대되는 일이나 실현 불가능한 소망을 나타낸다). ¶ If I ~ a bird, I would fly to you. 내가 새라면 너에게로 날아갈 수 있을 것을(* If I *were*... 의 were 대신에 was가 쓰이는 수도 있는데, 오늘날 일반적으로는 were가 잘 쓰인다) / He looked as grim as if he ~ made of stone. 그는 마치 돌로라도 만들어 놓은 듯 엄
as it were ⇨AS¹. 한해 보였다.
were it not for; if it were not for ⇨IF.
were to ⇨BE 조.
‡we're [wiər] we are의 단축형.
‡were·n't [wəːrnt, wə́ːrənt] were not의 단축형.
were·wolf [wɛ́ərwùlf, wiər-, wə́ːr-] 刨 (*pl.* **-wolves** [-wùlvz]) 1 〔전설·미신의〕 늑대 인간. 2 (늑대 인간처럼) 잔인한 사람. (또는 **werwolf**)
Wer·ner [wə́ːrnər, vɛ́ər-] 刨 베르너. 1 Abraham Gottlob ~ (1749–1817): 독일의 지질학자). 2 Alfred ~ (1866–1919): 스위스의 화학자; 노벨 화학상 수상).

Wérner's sýndrome 〖의학〗 베르너 증후군(조로증의 일종). [<독일의 의사 Carl W.O. Werner (1879–1957)]

wert [wə(ː)rt] 〖통〗 〖고어〗 be의 2인칭 단수의 과거 및 가정법 과거(주어가 thou일 때). (또는 **wast**)

wes·kit [wéskit] 〖명〗 (구어) (특히 여성용) 조끼(vest).

Wes·ley [wésli, wéz-] 〖명〗 웨슬리. **1** Charles ~ (1707–88: 영국의 성직자·찬미가 작가). **2** John ~ (1703–91: 영국의 신학자·성직자; Methodism의 창시자; 1의 형).

Wes·ley·an [wéslian, wéz-] 〖명〗 John Wesley의; 웨슬리파의, 메소디스트파의. ── 〖명〗 **1** John Wesley 추종자. **2** (英) 메소디스트교도.

Wes·ley·an·ism [wéslianìzm, wéz-] 〖명〗〖U〗 (英) 웨슬리파의, 메소디스트주의. (또는 **Wesleyism**)

Wes·sex [wésiks] 〖명〗 웨섹스. **1** 중세의 잉글랜드 남부에 있었던 앵글로색슨 왕국. **2** Thomas Hardy의 작품에 나오는 가공의 지명(주로 Dorsetshire 지방).

‡**west** [west] 〖명〗 **1** (the ~) 서, 서쪽, 서부, 서방(◎ W., w.). ¶The sun sets in the ~. 해는 서쪽으로 진다 / on the ~ of …의 서쪽에(접하여) / This city lies to the ~ of Chicago. 이 도시는 시카고 서쪽에 있다. **2** (the W-) (동양에 대하여) 서양, 서구(Occident); 서반구; 구미; 서방. **3** (the W-) (美) 서부, 서부 지방(Mississippi 서쪽 지방). **4** (the W-) [역사] 서(西)로마 제국(Western Roman Empire). **5** (the W-) [가톨릭] =Western Church. **6** 〖시〗 서풍(~ wind).

west by north 서미북(西微北)(의, 에, 으로(부터)).
west by south 서미남(西微南)(의, 에, 으로(부터)).
── 〖형〗 **1** 서의, 서부의, 서쪽의(◎ W.). ¶ the ~ longitude 서경(西經) / on the ~ coast 서해안의. **2** (바람 따위가) 서쪽으로부터의, 서쪽에서 오는. ¶a ~ wind 서풍. **3** (W-) 서부의, 서부에 있는. **4** (교회) 제단과 정반대쪽에[으로], 서방에[으로]. [대쪽으로.
due west 정서(正西)로. 서쪽으로 면하다.
face west 서쪽으로 면하다.
go west (속어) 죽다; 못쓰게 되다; (돈 등이) 없어지다; (go W-) (미국 동부에서) 서부로 가다.
lie east and west 동서로 가로놓이다.
lie west of …의 서쪽에 위치하다.
out West (미국 동부에서) 서부로[에서, 에].
── 〖동〗 서쪽으로 향하다, 서쪽으로 방향 전환하다.

West., west. Western.

west·a·bout [wéstəbàut] 〖부〗 서쪽으로(westward).

Wést Bánk 〖명〗 (the ~) 웨스트 뱅크(요르단강 서안 지구; 1967년 이스라엘이 점령, 1995년부터 Palestine인의 부분적 자치가 허용되었다).

Wést Bánk·er 〖명〗 웨스트 뱅크 주민.

Wést Bengál 〖명〗 (the ~) 서(西)벵골(인도 동부의 주; 주도 Calcutta).

Wést Berlín 〖명〗 서베를린(1990년 10월 동·서독 통일 전까지의 베를린 서부 지역의 구칭). **Wést Berlín·er** 〖명〗

west·bound [wéstbàund] 〖형〗 서쪽으로 가는(◎ w.b.). [편구(偏球) W.C.).

Wést Céntral 〖명〗 (the ~) (London의) 중앙 서부(◎ **Wést-Cóast** [안.

Wést Cóast 〖명〗 (the ~) (미국의) 서해안, 태평양 연

Wést Cóuntry 〖명〗 (the ~) (잉글랜드의) 서부 지방. ── 〖형〗 (또는 **wést-cóuntry**) (잉글랜드의) 서부 지방[에] 관한.

Wést Énd 〖명〗 (the ~) 웨스트 엔드(London의 서부 구역; 대저택·고급 상점·호텔·극장 등이 있다).

west·er [wéstər] 〖명〗 서풍, 폭풍(특히) 서쪽에서 불어오는 강풍. ── 〖동〗〖자〗 **1** (천체가) 서쪽으로 움직이다[기울다]. **2** (풍향 따위가) 서향으로 바뀌다.

west·er·ing [wéstəriŋ] 〖형〗 서쪽으로 향하는[가는]; (해가) 서쪽으로 기우는. ¶ a ~ stream 서쪽으로 흐르는 내 / the ~ sun 서쪽으로 기운 태양.

west·er·ly [wéstərli] 〖형〗 **1** 서쪽으로 향하는, 서방의, 서향의, 서쪽으로 기운. ¶a ~ course 서향의 진로. **2** 서쪽에서 불어오는. ¶a ~ gale 강한 서풍. ── 〖부〗 **1** 서쪽으로, 서쪽으로 향해서. **2** 서쪽에서. ── 〖명〗 서풍; (-lies) (복수취급) 편서풍대(帶). **-li·ness** 〖명〗

‡**west·ern** [wéstərn] 〖형〗 **1** 서쪽의, 서방의. ¶the ~ shore of France 프랑스 서해안. **2** 서쪽으로 면한. ¶a house with a ~ exposure 서향집. **3** 서쪽에서 부는. ¶a ~ wind 서풍. **4** (W-) (美) 서부의. ¶the W- States (미국의) 서부 여러 주. **5** (W-) 서양의, 서구의 (occidental); (공산 국가에 대하여) 서방의. **6** (W-) 서방 교회의. **7** 시드는, 내리막길의. ¶be on the ~ side of life 인생의 내리막길에 있다. ── 〖명〗 **1** 서방 사람, 서구인; (미국의) 서부인. **2** (W-) 서부극, 서부 음악. **3** =~ sandwich. **4** (美속어) 오믈렛.

Wéstern Áirlines 〖명〗 웨스턴 항공(미국의 민영 항공 회사)(◎ WAL).

Wéstern Austrália 〖명〗 웨스턴 오스트레일리아 (Australia 서부의 주; 주도 Perth).

Wéstern Chúrch 〖명〗 (the ~) 서방 교회. ⓔ Roman Catholic Church [an Empire.

Wéstern Émpire 〖명〗 (the ~) =Western Rom-

west·ern·er [wéstərnər] 〖명〗 **1** 서방에 사는 사람. **2** (W-) (美) 서부인; 서양인; 비공산권 사람. **3** 서방측 정책[사상] 지지자; 서양 사상[생활 양식] 신봉자.

Wéstern Européan Únion 〖명〗 (the ~) 서유럽 연합(1948년 영국·프랑스·네덜란드·벨기에·룩셈부르크 사이의 군사 동맹; 1954년에 옛 서독·이탈리아, 1989년 스페인·포르투갈, 1992년 그리스가 가맹).

Wéstern Hémisphere 〖명〗 (the ~) 서반구.

Wéstern Íslands 〖명〗〖복〗 (the ~) =Hebrides.

west·ern·ism [wéstərnìzm] 〖명〗 **1** (종종 W-) 서양풍, 서부(지방)풍(서양인 또는 미국 서부 사람에게 특유한 말씨나 풍습). **2** 서양의 사상[제도, 생활 양식] (신봉).

west·ern·i·za·tion [wèstərnizéiʃən/-naiz-] 〖명〗〖U〗 (사고 방식·습관 등의) 서구화.

west·ern·ize [wéstərnàiz] 〖동〗〖타〗 (사고 방식·생활 양식 등을) 서구화하다, 서양풍으로 하다.

wéstern lóok 〖명〗 (의복의) 웨스턴 룩(미국 서부의 카우보이 복색을 모방한 것).

west·ern·most [wéstərnmòust] 〖형〗 가장 서쪽의, 극서(極西)의, 서쪽 최단의.

Wéstern Ócean 〖명〗 (the ~) 북대서양(구칭).

wéstern ómelet 〖명〗 웨스턴 오믈렛(피망·양파·햄 따위를 넣음).

Wéstern róll 〖육상경기〗 웨스턴 롤(높이뛰기 자세의 하나; 바 위에서 눕는 듯이 넘는 자세).

Wéstern Róman Émpire 〖명〗 (the ~) 서로마 제국(395–476). [름.

Wéstern Sámoa 〖명〗 서(西)사모아(사모아의 옛 이

wéstern sándwich 〖명〗 웨스턴 샌드위치(western omelet을 끼운 샌드위치).

west·ern·style [wéstərnstàil] 〖형〗 서양풍의, 양식의.

wéstern swíng 〖명〗 〖음악〗 웨스턴 스윙(컨트리 뮤직의 악기로 연주되는 스윙).

Wést Germánic 〖명〗 서(西)게르만어(語)(영어·네덜란드어·독일어 등). ── 〖형〗 서게르만어의.

Wést Gérmany 〖명〗 (통일 이전의) 서독.

Wést Glamórgan 〖명〗 웨스트 글러모건(웨일즈 남부의 las Swansea).

Wèst Híghland white térrier 〖명〗 웨스트 하일랜드 화이트 테리어(스코틀랜드산(産)의 소형 테리어(개)).

Wést Índian 〖명〗 서인도 제도의. ── 〖명〗 서인도 제도

Wést Índies 〖명〗 (the ~) 서인도 제도. [사람.

west·ing [wéstiŋ] 〖명〗〖U〗 **1** 〖항해〗 서향 항정(西航程), 편서(偏西) 항행, 서항. **2** 〖측량〗 편서. **3** (풍향 따위의) 서향, 서쪽으로 기움.

West·ing·house [wéstiŋhàus] 〖명〗 웨스팅하우스.

1 George ~ (1846-1914: 미국의 발명가·제조업자).
2 (상표) 1이 설립한 전기 기기 제조 회사; 그 상표).
Wéstinghouse bráke 웨스팅하우스식(式) (에어)브레이크(철도 차량용 브레이크). 〔〈발명가 G. Westinghouse의 이름〕
Wést Íri·an [-íriən] 웨서이리안(New Guinea 섬 부근에 있는 인도네시아의 주).
Westm. Westminster; Westmorland.
Wést Maláysia 웨스트말레이시아(Malay 반도부(部)의 수도권주(州); 주도 Birmingham).
wést-mark [wéstmɑ̀ːrk] = Deutsche mark.
Wést Mídlands 웨스트 미들랜즈(잉글랜드 중부의 수도권주(州); 주도 Birmingham).
*West·min·ster [wéstminstər] 1 웨스트민스터(런던시 중앙의 자치구; Westminster 사원·국회 의사당·Buckingham 궁전 등이 있음). 2 영국 국회 의사당(Houses of Parliament); (영국의) 의회, 의회 정치. 3 = ~ Abbey. 4 웨스트민스터 학교(Westminster 부속 public school).
at Westminster. (英) 의회에서.
Wéstminster Ábbey 웨스트민스터 성당(런던에 있는 고딕 건축의 수도원; 국왕의 대관식이 행해지고 국왕이나 명사들이 매장된다). 2 (英) (비유적) (이 성당에 매장될 만한) 명예로운 죽음.
Wéstminster Cathédral 웨스트민스터 대성당(영국 가톨릭교의 대본산(大本山)).
Wéstminster Schóol Westminster 4.
West·mor·land [wéstmɔ̀ːrlənd/wéstmə-] 웨스트몰랜드(잉글랜드 북서부의 옛 주: 1974년 Cumbria 주에 통합).
wést-most [wéstmòust/-məst] = westernmost.
wést-north·wést [-nɔ́ːrθwést] (航海·측량) (the ~) 서북서. — (形副) 서북서의[로, 에서].
Wést Póint 웨스트 포인트. 1 미국 New York 주 동남부의 Hudson 강에 면한 군용지. 2 (그 곳에 있는) 미 육군 사관 학교.
Wést Póint·er 미 육군 사관 학교 생도[출신자].
West·po·li·tik [véstpouli:ti:k] 서유럽 정책(특히 공산권의 대 서유럽 관계 개선 정책). ⓒ Ostpolitik 〔<G *Western policy*〕
Wést Sáxon 1 서(西)색슨인(중세 서색슨 왕국의 주민). 2 ① 서색슨 방언(고대 영어의 방언). — 서색슨인의.
Wést Síde (the ~) 웨스트 사이드(미국 New York 시 Manhattan 섬 서부 지구).
Wést Sídèr 미국 West Side 출신자[주민].
Wést Síde Stòry 웨스트 사이드 스토리(N. Wood, G. Chakiris 주연의 미국 뮤지컬 영화(1961)).
west-south·wést [-sàuθwést] (航海·측량) (the ~) ① 남서남. — 남서남의[로, 에서].¶a ~ *wind* 남서풍.
Wést Sússex 웨스트 서섹스(잉글랜드 남동부의 주; 주도 Chichester). 〔주도 Charleston〕
Wést Virgínia 웨스트 버지니아(미국 동부의 주; 주도 Charleston).
Wést Virgínian West Virginia 주의 (사람).
‡**west·ward** [wéstwərd] 서쪽으로 향하는, 서향의, 서방의.¶~ *migration* 서부로의 이주. — 서쪽으로, 서쪽에.¶(the ~) 서부, 서방.
west·ward·ly [wéstwərdli] 서쪽으로 향하는; 서쪽에서 부는.¶a ~ *wind* 서풍. — 서쪽으로 향하여서; 서쪽에서.
‡**west·wards** [wéstwərdz] = westward.
*Wést Yórkshire 웨스트 요크셔(잉글랜드 북서부의 주; 주도 Wakefield).
‡**wet** [wet] (~*·ter*; ~*·test*) 1 젖은; 축축한, 눅눅한. ⇨ DAMP (유의어). ⓒ dry¶a ~ *table* 젖은 테이블/~ *clothes* 젖은 옷. // *The streets are* ~ *with the morning rain.* 거리는 아침 비로 젖어 있다./*Her sleeves were* ~ *with tears.* 그녀의 소매는 눈물로 젖어 있었다. 2 (잉크·페인트 따위가) 마르지 않은.¶*W*— *paint.* (게시) 페인트[칠] 주의 // *newspapers* ~ *from the press* 갓 인쇄된 신문. 3 비가 많은, 비내리는(rainy); 비가 올 것 같은; (공기가) 습한.¶*the* ~ *season* 우기/~ *weather* 우천(雨天)/*a* ~ *climate* 비가 많은 기후/~ *or fine* 비가 오거나 날이 맑거나 간에/*a* ~, *windy day* 비올 것 같은 바람이 센 날. 4 (美) 주류의 제조·판매를 허가하는; 금주 반대의(ⓒ dry).¶*a* ~ *state* 금주법(the prohibition law)이 지켜지고 있지 않은 주/*a* ~ *candidate* 금주 반대 후보자. 5 (알코올 따위) 액체에 담가 보존한. 6 (속어) 취한. 7 [화학] 습식(濕式)의, 용액을 쓰는. 8 (英구어) (사람이) 감상적인; 유약한; 명청한. 9 (비어) (여성이) 성적으로 흥분한. 10 (속어) (남성이) 좋은 인물로 생각되지 않는; 별난. 11 (濠속어) 노한, 짜증난. 12 (의학) 습성(濕性)의.
all wet (美속어) 완전히 틀린, 전혀 잘못 생각한.¶*She is all* ~. 그녀는 전혀 잘못 생각하고 있다.
wet behind the ears (구어) 미숙한, 젊고 경험이 없는(immature).¶*You are still* ~ *behind the ears to be married.* 너는 결혼하기엔 아직 어리다.
wet through; wet to the skin 함빡 젖어.
— ① 1 ① (종종 the ~) 습기, 수분. 2 (the ~) 비, 강우, 우천. 3 (美) 주류 제조·판매의 찬성자, 금주(법) 반대론자(ⓒ dry). 4 (ⓒ속어) (한잔의) 술. 5 (英구어) 감상적인 사람; 멍청이; (보수당의) 중도파 인사. 6 (속어) 우천용 타이어. 7 (美구어) = wetback.
drop a person in the wet and sticky (속어) 남을 곤경에 빠뜨리다.
— (~(·ted); ~·ting) 他 1 …을 축이다, 적시다, 젖게 하다; …에 오줌을 싸다.¶*The heavy rain* ~*ted us through[or to the skin]*. 호우로 우리는 흠뻑 젖었다. 2 …을 축하하여 술을 마시다; 술을 마시며 …을 하다. 3 (美) 차를 뜨거운 물로 만들어 내다. — ⓐ 1 젖다, 축축해지다. 2 (동물·아기가) 오줌을 누다.
wet a bárgain 술자리에서 계약을 맺다.
wet a [*or one's, the*] *béd* 자면서 오줌을 싸다.
wet dówn 물을 뿌려 축이다.
wet onesélf 오줌을 지리다; (속어) 당황하다.
wet one's pánts (속어) 허둥대다, 갈팡질팡하다; 위축되다.
wet one's whístle (구어) (술)을 한 잔 마시다.
wet óut (직물 원료)를 물에 담그다. 「를 들다.
wet the báby's héad (英속어) 아기의 탄생에 축배
wet the óther éye 술을 한 잔 더 하다. 「(降雨).
·ly ~**·ness** ① 습기(가 있음), 젖어 있음; 강우
wet·back [wétbæ̀k] ① (美구어·경멸적) (Rio Grande 강을 건너서) 미국에 밀입국하는 멕시코인 노동자.
wét bár 싱크대와 수도 설비가 있는 작은 카운터.
wét bárgain ① = Dutch bargain.
wét blánket ① 1 (불을 끄기 위한) 젖은 모포. 2 트집쟁이, 흥을 깨뜨리는[기세를 꺾는] 사람(것).
wet-blan·ket [-blǽŋkit] 他 …을 트집잡다, …의 흥을 깨다[기세를 꺾다].
wét bób ① (英) (Eton 교(校)의) 수상 경기부원.
wét búlb ① (온도계의) 습구(濕球); = wet-bulb thermometer.
wét-bulb thermómeter [-bʌ́lb-] ① 습구 온도계. ⓐ dry-bulb thermometer
wét cèll ① [전기] 습전지(濕電池).
wet-cléan [klíːn] 他 (옷 따위)를 물빨래하다.
wét dóck ① (해사) 습선거(濕船渠)(수위를 일정하게 유지하여 배의 정박을 가능케 한 갑문식 독).
wét dóg ① (美) 물먹은 씁쓸이가 있는 포도주.
wét-dóg shákes [-dɔ́ːg-, -dáːg-] ① (속어) 마약 [알코올]을 끊을 때 일어나는 심한 떨림.
wét dréam ① 성몽(性夢); 몽정(夢精).
wét fish ① 생어(鮮魚); (구어) 연약한[서투른] 녀석.
wét fly ① (낚시) 웨트 플라이(물 속에 가라앉혀서 낚

wét gás 명 습성 가스(액화되기 쉬운 탄화수소를 다량
wét góods 명(복) (美) 액체 상품; (특히) 주류.
wet·head [wéthèd] 명 (속어) 미숙한 녀석, 풋내기, 시골뜨기.
wét hén 명 (속어) 싫은 여자, 잔소리 심한 여자.
weth·er [wéðər] 명 거세한 숫양[염소].
wét láb [labóratory] 명 해중(海中) 실험실.
wet·land [wétlænd] 명 (보통 ~s) 습지대.
wét léasing 명 (승무원·기체(機體) 정비 등 일체를 포함한) 항공기 임대(賃貸).
wét lég 명 (英속어) 자신을 불쌍히 여기는 사람.
wét lóok 명 (가죽·천 따위의) 광택 (처리).   「남자.
wét nóodle 명 (美구어) 호인, 멍청이, 계집애 같은
wet-nose [-nòuz] 명 (속어) 건방진 놈, 풋내기, 촌
wét núrse 명 유모, 옵 dry nurse   「놈.
wet-nurse [-nə̀rs] 통(타) …의 유모가 되다, 유모가 되어 젖을 주다; …을 과보호하다.
wét óne 명 (속어) 찬 맥주.
wét páck 명 (의학) (냉)습포.
wét pláte 명 (사진) 습판(濕板).
wét pléurisy 명 (의학) 습성 늑막염.   「로기.
wét rág 명 (美속어) 하찮은 녀석, 겁쟁이, (인간) 쓰
wét súit 명 잠수용 고무 옷.
wet·ta·ble [wétəbl] 형 적실[젖을] 수 있는; (약품 첨가 따위로) 가용성(可溶性)의.
∽**bíl·i·ty** 명 습윤(성).
wet·ter [wétər] 명 적시는 사람[것]; (인쇄지 따위의) 침윤(浸潤) 작업원; =wetting agent.
wét thúmb 명 어류[수생 동물] 사육 재능.
wét·ting àgent [wétiŋ-] 명 (화학) 습윤제(濕潤劑).
wet·tish [wétiʃ] 형 약간 촉촉한, 습기가 있는.
wét wáre 명 1 (컴퓨터의 소프트웨어를 고안해 내는) 인간의 두뇌. 2 (속어) 컴퓨터 인간(하드웨어나 소프트웨어를 조작·작성하는 사람). (또는 **wétware**)
wét wásh 명 (집합적) 마르지 않은 세탁물.
wét wéekend 명 비오는 주말.
  look like a wet weekend (구어) 풀이 죽어 있다.
WEU Western European Union(서유럽 연합).
‡**we've** [wiːv] we have의 단축형.   「다).
wey [wei] 명 (옛 영국의) 중량 단위(물건에 따라 다르
W/F [dʌ́bljuːéf] 명 (美) (대학에서) 성적 불량으로 학업을 중단한 학생에게 이제기를 내리는 불합격[낙제] 평가.
(또는 **w/f**) (<*withdrawn failing*)
w.f., wf (인쇄) *wrong font*(활자체가 틀림). **WFB** *World Fellowship of Buddhists*(세계 불교도 연맹).
WFDY *World Federation of Democratic Youth* (세계 민주주의 청년 연맹). **WFMH** *World Federation for Mental Health*(세계 정신 위생 연맹). **WFP** *World Food Program*(세계 식량 계획). **WFTU** *World Federation of Trade Unions*(세계 노동 조합 연맹). **WFUNA** *World Federation of United Nations Associations*(유엔 협회 세계 연맹). **wg.** *wing*. **WG, w.g.** *water[wire] gauge*; *weight guaranteed*. **Wg. Cdr.** *Wing Commander*(공군 중령). **W. Ger.** *West Germanic[Germany]*. **wgt.** *weight*. **wh, wh.** *white*. **WH, wh, Wh, whr** *watt-hour(s)*. **wh** *which*; *white*. **W.H., WH** *White House*.
whack [hwæk/wæk] (구어) 통(타) 1 …을 세차게 치다, 세게 때리다, 딱 치다. 2 …을 나누다, 분배하다(*up*). 3 (소·노새)를 몰다(*drive*). 4 (英) 패배시키다; (美속어) 차다; (야구) (히트)를 치다. 5 (속어) 쳐서 떨어드리다; (금액)을 줄이다. —통 딱 때리다.
  whack off (구어) …을 잘라버리다[제거하다]; (美비어) (남성이) 자위를 하다.
  whack out ① (속어) 단숨에[대단한 기세로] 만들어내다. ② 때려 부수다, 못쓰게 만들다. ③ (속어) 죽이다. ④ (속어) 노름에 져서 무일푼이 되다.
  whack up ① 나누다. ② (속어) 늘리다, […의 속도]를 빠르게 하다.
—명 1 딱 때리기, 세게 때리기, 되게 치기. 2 (구어) 시도. 3 (英속어) 분담, 자기 부담금. ¶*pay one's ~* 자기 분담금을 지불하다. 4 (英속어) 몫, 분배. ¶*I'll have [or get, take] my ~ at the dinner*. 저녁 식사에서 내 몫을 타먹어야겠다. 5 □ (좋은) 상태, 형편. ¶*The machine is out of ~*. 그 기계는 고장났다. 6 (美속어) (야구) 히트, 안타.
  at a [or one] whack (구어) 단숨에, 재빨리.
  have a whack at …을 시도해 보다. ⇨ 명 2.
  have [or get, take] one's whack of (속어) …의 몫을 받다; …을 한번 맛보다. ⇨ 명 4.
  in whack (美속어) 정상(상태)에.
  out of whack ① 명 5. ② (구어) (…와) 일치하지 않아, 맞지 않아 (*with*).
  That's [or It's] a whack. (美구어) 좋다, 알았다.
  top [or full] whack (英속어) 최고 가격, 터무니없이 비싼 요금.
whacked [hwækt/wækt] 형 (英구어) 몹시 지친, 녹초가 된(exhausted). ¶*Let's stop a moment. I'm ~* 잠깐 쉬자. 난 지쳐 버렸다.   「=wacky.
whacked-out [-áut] 형 (속어) 1 =whacked. 2
whack·er [hwǽkər/wǽk-] 명 (구어) 1 딱 치는 사람; 소매 몰이꾼. 2 터무니없이 큰 것[사람]; 허풍.
whack·ing [hwǽkiŋ] 형 (英구어) 굉장히 큰.
—부 굉장히. —명 (a ~) 구타, 세게 치기.
whack·o [hwǽkou/wǽk-] 감 (英·濠속어) 명 (복 ~s) =wacko. —형 =wacky. —감 (찬탄·흥분을 나타내어) 이야, 멋지다.
whack·y [hwǽki/wǽki] 형 =wacky.
whácky Willies 명 (속어) 환성을 지르거나 휘파람을 불며 떠들 갈채하는 관객.
wha-hoo [hwáːhuː, -́-] 감 =wahoo.
‡**whale¹** [hweil/weil] 명 (복 ~s [-(z)-]) 1 고래. ¶*a killer [or bowhead] ~* 큰고래 /*a sperm ~* 향유고래 /*a bull[cow] ~* 수[암]고래. 2 (the W-) (천문) 고래자리(Cetus). 3 (英) 대단히 열심인 사람, 아주 잘하는 사람 (*at, on, for*). 4 (구어) 거대한 사람[것]; (美구어) 대주가, 주호(酒豪).
  a whale of a (구어) 엄청나게 큰, 굉장한. ¶*hear a ~ of a story* 굉장한 이야기를 듣다.
  a whale on [or at, for] …의 명수. ¶*a ~ at golf* 골프의 명수 /*He is not a ~ on mathematics*. 그는 수학을 그리 잘하지 못한다.
  very like a whale 바로 말씀하시는 대로(* 엉뚱한 이야기에 대한 비꼬는 동의의 대답).
—통(자) (~s [-z]; whaled; whal·ing) 고래잡이에
∽**like** 형   「종사하다.
whale² 통(타) (구어) 1 …을 심하게 치다[때리다]. 2 (공)을 강타하다. 3 …에게 완전히 이기다. —통 맹렬히 공격하다.
whale·back [hwéilbæ̀k/wéil-] 명 1 (해사) 구갑(龜甲) 갑판(고래등처럼 둥근 갑판). 2 구갑 갑판 화물선. 3 고래등처럼 생긴 것(언덕·파도 따위).
whale-backed [-bækt] 형 고래등을 닮은.
whale·boat [hwéilbòut/wéil-] 명 (앞뒤가 뾰족한 노 젓는) 구조(救助) 보트(원래는 고래잡이용).
whale·bone [hwéilbòun/wéil-] 명 고래 수염; 고래 수염으로 만든 제품(코르셋 보강재 따위).
whálebone whále 명 수염고래.
whále cálf 명 새끼 고래.
whále cátcher [cháser] 명 포경선.
whále fín 명 고래 수염(whalebone).
whále físhery 명 1 고래잡이, 포경업. (또는 **whále físhing**) 2 포경장(場).
whále líne [rópe] 명 (고래잡이용) 작살 밧줄.

whale·man [hwéilmən/wéil-] 명 포경선원; 포경선.
whále òil 명 고래 기름.
whal·er [hwéilər/wéil-] 명 포경선원; 포경선.
whal·er·y [hwéiləri/wéil-] 명 포경업; 고래 가공소(所), 고래 가공선(船).
whal·ing¹ [hwéiliŋ/wéil-] 명 고래잡이, 포경업.
whal·ing² 형 =wailing. — 부 대단히, 몹시.
wháling gùn 포경포(砲).
whaling-mas·ter [-mǽstər/-mɑ̀s-] 명 포경선장.
wháling shíp 포경선(捕鯨船).
wham [hwæm/wæm] 명 강한 타격; 쾅 (하는 소리); 세게 부딪치기, 충격. — 감 쾅, 쾅, 딱, 팍(세게 부딪치는[치는] 소리). — 통 (**-mm-**) 호되게 때리다, 꽝 치다. — 부 쾅 하고, 느닷없이. 「재빠르게.
wham-bam [-bǽm] 형부 난폭한[하게]; 쿵쾅하고.
wham·bang [hwǽmbǽm/-] (**美俗**) 거대한; 대대적인; 몹시 소란스러운.
wham-dit·ty [-díti] 명 (**美俗**) 하찮은 인물; 잔챙이.
wham·mers [hwǽmərz/wǽm-] 명 (**英俗**) 유방, 젖. (또는 **wammers**)
wham·mo [hwǽmou/wǽm-] (**구어**) 감 =wham. — 명 약동감, 열기, 활력. — 형 활기에 찬, 힘찬. — 부 =wham. (또는 **whamo**)
wham·my [hwǽmi/wǽmi] 명 (**美俗**) 1 (the ~) 재수 없는 것(jinx), 노려보게 되면 재앙이 온다는 흉안(凶眼)(evil eye). 2 불운, 불행. 3 치명적인 일격, 결정적인 패배, 파국.
put a [or **the**] **whammy on** ① …에게 저주를 걸다, …을 불운하게 만들다. ② …을 파멸[전멸, 멸종]시키다, 끝장나게 하다.
whang [hwæŋ/wæŋ] (**구어**) 명 쾅 치기; 쾅[쾅] 하는 소리. — 통타 (북 따위)를 쿵쿵 치다. — 자 쾅[쾅] 하는 소리를 내다; 세게 치다; 채찍질하다; 기세 좋게 공격하다[달려들다].
whang·ee [hwæŋgíː/wæŋ-] 명 왕대류의 대(중국산(産) 대나무); 그것으로 만든 단장. (또는 **whanghee**)
whang·er [hwǽŋər/-] 명 (**비어**) (남자의) 물건, 페니스.
whap [hwɑp/wɔp] 통 (**-pp-**) =whop. 「니스.
whap-o [wǽpou] 부 갑자기, 확, 돌연.
wha·re [hwárei, fɑr-/wɔ́ri] 명 (**뉴질**) 마오리족의 오두막집.
***wharf** [hwɔːrf/wɔːf] 명 (복 ~s, **wharves** [hwɔːrvz/wɔːvz]) 선창, 부두. — 통타 …을 선창에 양륙하다; …을 부두에 매어 놓다; …에 부두를 설치하다. — 자 부두에 닿다[매어지다]. **~·less** 형
wharf·age [hwɔ́ːrfidʒ/wɔ́ːf-] 명 1 부두 사용. 2 계류료, 부두 사용료. 3 (집합적) 부두 (시설).
wharf·ie [hwɔ́ːrfi/wɔ́ːfi] 명 (濠속어) 항만 노동자.
wharf·in·ger [hwɔ́ːrfindʒər/wɔ́ːf-] 명 선창 소유주[관리인]. 「달.
whárf ràt (부두에 사는) 시궁쥐; (속어) 선창가에 건
wharf·side [hwɔ́ːrfsàid/wɔ́ːf-] 명형 부둣가(의).
***wharves** [hwɔːrvz/wɔːvz] 명 wharf의 복수형.
‡**what** ⇒ WHAT. ⟨p. 3073⟩
what-cha·ma·call·it [hwátʃəməkɔ̀ːlit, hwɑ́tʃ-/wɔ́tʃ-] 명 (**구어**) =what-do-you-call-it.
what'd [hwátid, hwɑ́t-/wɔ́t-] what did의 단축형.
what-do-you-call-it [-djəkɔ̀ːlit] 명 그것 (말이야, 거시기가 * 이름을 잊었거나 쓰기 싫을 때 하는 말).
***what·e'er** [hwʌtɛ́ər, hwɑt-/wɔt-] 대형 (**문어**) =whatever.
‡**what·ev·er** [hwɑtévər, hwʌt-/wɔt-] 대 1 (관계 대명사 what의 강조형) a) (…하는 것[일]은) 무엇이나 [모두]. ¶ I'll do ~ you tell me to do. 네가 하라는 일이라면 무엇이나 하겠다. b) (…하는 것은) 모두(everything that). ¶ I'll spend ~ of time and energy may be mine. 내 시간과 정력의 모두를 바치겠다. 2 (양보절을 이끌어) 어떤 것[일]이 …이라도, 설사 …일지라도(no matter what). ¶ Keep calm, ~ happens. 설사 무슨 일이 일어난다 하더라도 당황하지 마라/ W- you may say, I'll not go. 네가 무어라 말하건 나는 안 가겠다. 3 (**美구어**) (의문문의 강조형) 도대체 무엇이 [을] (*英)에서는 what ever의 꼴이 보통, however, whenever, wherever, whichever, whoever의 경우도 동일). ¶ W- did you say to her? 너는 도대체 그녀에게 무슨 말을 했느냐?
Whatever next? =WHAT next?
Whatever turns you on. (**美구어**) ① 좋을 대로 해. ② (풍자적) 될 그런 걸 가지고 그래?
Whatever you do. (명령문에서) 알았지?, 일러 두는데. 「말대로 할게.
Whatever you say[think]. (구어) 알았다니까, 네 — 형 1 (관계형용사 what의 강조형) (…하는) 무엇이든, ~이라도. ¶ You may read ~ book you like. 좋아하는 책이라면 무엇이든지 읽어도 된다. 2 (양보절을 이끌어) 어떤 …이[을], 설사 …이라도(no matter what). ¶ W- language you may learn, you must not neglect your mother tongue. 어떤 말을 배우든 모국어를 소홀히 해서는 안 된다. 3 (부정문·의문문에서) 조금의 …도 (없는), …은 전혀 (없는)(at all)(* any, no, all 따위의 명사 뒤에 쓰인다. 이 의미에서는 whate'er의 형은 취하지 않는다). ¶ There is no doubt ~. 추호도 의심의 여지가 없다/ Is there any chance ~? 다소나마 가능성이 있느냐?
— 부 여하간에, 어떻든 간에, 어떤 경우에도.
what-for [-fɔ́ːr] 명 (**英구어**) 1 이유, 까닭(reason). 2 꾸지람, 벌(punishment).
what-if [-íf] 명 (만약 과거에 이랬었다면 지금 어떻게 되었을까 하는) 가정(의 문제), 만약이라는 문제.
what-is-it [-ízit] 명 (**구어**) 그 무엇이더라, 거시기, 아무개(* 이름을 잊었거나 중요하지 않은 것을 가리킬 때 쓰는 말). (또는 **whatsit**)
what'll [hwɑ́tl, hwɑt-/wɔ́tl] what will[shall]의 단축형.
what·man [hwɑ́tmən/wɔ́t-] 명 와트먼지(紙) (고급 도화지; ~ paper라고도 한다). (<18세기 영국의 제지업자 J. Whatman의 이름)
what·not [hwɑ́tnɑ̀t, hwɑt-/wɔ́tnɔ̀t] 명 1 책이나 장식품을 늘어놓는 선반, 장식장. 2 □ 그밖에 그와 같은 류의 것; 정체를 알 수 없는 것, 이것저것, 여러 가지 것. 접 and what not
what's [hwɑ́ts, hwɑts, 약 hwəts/wɔts] 1 what is[has]의 단축형. 2 (**구어**) what does의 단축형.
what·sis [hwɑ́tsis, hwɑ́t-/wɔ́t-] 명 =what-is-it.
what·so [hwɑ́tsóu, hwɑ́t-/wɔ́t-] 대형 (**고어**) =whatever. 「(**문어**) =whatsoever.
what·so·e'er [hwɑ̀tsouɛ́ər, hwɑ̀t-/wɔ̀t-] 대형
***what·so·ev·er** [hwɑ̀tsouévər, hwɑ̀t-/wɔ̀t-] 대형 (**문어**) whatever의 강조형.
what·ta [hwɑ́tə, hwʌ́tə] =what are[or do].
what've [hwɑ́təv, hwʌ́t-/wɔ́t-] what have의 단축형. ¶ W- you done with it? 그걸 어떻게 했니?
whaup [hwɑːp, hwɔːp] 명 (**스코**) 마도요(curlew).
wha·zood [hwəzúːd] 명 (**美俗**) 고주망태로 취하다.
wheal¹ [hwiːl/wiːl] 명 1 두드러기, 부스럼; 벌레에 물린[쏠린] 데. 2 채찍 자국. — 통타 …을 매를 때려 부르트게 하다. (또는 **weal**)
wheal² 명 (**英**) (주석) 광산.
‡**wheat** [hwiːt/wiːt] 명 □ 1 밀, 소맥; 밀색; 담황색. ¶ summer [or bearded] ~ 여름 밀/ winter [or un-bearded] ~ 겨울 밀. 2 (~s) (**美구어**) 팬케이크. 3 (**美구어**) 마리화나.
a grain of wheat in a bushel of chaff 고생만 하고 애쓴 보람이 없음, 도로아미타불.
(as) good as wheat (**美구어**) 아주 좋은.
separate the wheat from the chaff 좋은 것과 나쁜 것을 가리다. 「**~·less** 형

품사상으로는 주로 대명사와 형용사로 쓰이고, 간간이 부사와 명사로도 쓰인다. 의미와 구문상으로는 의문사와 관계사로 대별된다. 대명사는 의문대명사와 관계대명사로, 형용사는 의문형용사와 관계형용사로 나뉜다. 관계 대명사로서의 what은 그 자체에 선행사를 포함하는 점에서 다른 관계대명사와 다르며, 따라서 제한용법과 계속용법의 구별이 없다.

what [hwʌt, hwɒt, 약 hwət/wɒt, w ət] 대

I. (의문 대명사) 1 무엇, 무슨 일, 어떤 것[일].¶W– has [or What's] happened? 무슨 일이 일어났느냐? 무슨 일이냐?/W– is his name? 그의 이름은 무엇이냐?/W– is he? 그의 직업은 무엇이냐?(＊직업·지위·계급·국적 따위를 묻는다. 웹 Who is he?)/W– [or How much] does it cost? 얼마냐?(＊수량·값 따위를 묻는다)/What's the time? 몇 시냐?/W– is [or What's] the matter with you? =What's up with you? 무슨 일이냐?/W– is fame? 명성 따위가 뭐냐? (＊부정적인 견해를 나타낸다)/W– will people say? (그러면) 세상 사람들이 뭐라 할까?/W– do you know about it? 그 일에 관해 아는 것이 있느냐?/W– can I do for you? 무슨 일이지?, 내가 도울 일이 있을까?/ W– do you think of that film? 그 영화를 어떻게 생각하느냐?/W– can he not do? (수사의문문에서) 그가 못할 일이 도대체 무엇이냐?, 그가 못하는 일이란 없다/W– are you looking at? 무엇을 보고 있느냐? (＊what이 전치사의 목적어인 경우에 전치사는 문장 끝에 오는 것이 보통이고, 강세가 따른다) /W– (did you say)? =Eh? 응, 뭐라고 그랬지?(＊회화에서 상대방이 한 말을 되물을 때, 주로 친한 사이의 사람에게 쓴다)/Mr. W–? 뭐, 어떤 뭐랬지?/Do you know ~ it looks like? 그것이 어떤 모양인지 알고 있느냐?/ W– do you think [or believe, imagine, suppose] it is? 그것이 무엇이라고 생각하느냐?/He does not know ~ it is to be in debt. 그는 빚진 사람의 심정을 모른다/I was at a loss ~ to do. 나는 어찌할 바를 몰랐다 / He was looking for something, but I didn't know ~. 그는 무엇인가를 찾고 있었는데, 나는 그것이 무엇인지 몰랐다.

2 (감탄사적) a) 얼마만큼(how much).¶W– he has suffered! 그는 얼마나 고통스러웠을까!/W– was my surprise when I saw him dead! 그가 죽어 있는 것을 보았을 때의 나의 놀라움이란! b) (단독으로).¶What! Do you really mean it? 어, 너 그 말이 진심이냐?/W–, ho! 야아!, 여보시오!, 이봐!/Come along, ~. 이봐, 따라와 / That's a bit thick, ~. (英) 이봐, 그것은 좀 심한데.

II. (관계 대명사) 1 (…하는) 것[일] (the thing(s) which, that [those] which).¶W– I said is true. 내가 말한 것은 사실이다/That's not ~ I meant to say. 그것은 내가 말하고자 한 것이 아니다/I could hardly understand ~ he wanted to do. 그가 하고자 하는 바를 거의 알 수가 없었다 / W– he likes best for breakfast is cornflakes. 그가 제일 좋아하는 아침 식사는 콘플레이크이다 / This is just ~ I have been looking for. 이것이 (바로) 내가 찾고 있던 것이다/He is not ~ he was [or used to be]. 그는 옛날의 그가 아니다/I respect him, not for ~ he has, but for ~ he is. 내가 그를 존경하는 것은 재산 때문이 아니라 그의 인격 때문이다 / Leaves are to the plant ~ lungs are to the animal. =W– lungs are to the animal, so leaves are to the plant. 잎과 식물의 관계는 폐와 동물의 관계와 마찬가지이다.

2 (…하는) 무엇이든. ¶ Do [Say] ~ you please. 무엇이든 하고 싶은 대로 해라 [말해라] / Do ~ you think is right. 네가 옳다고 생각하는 일을 해라/I will do ~ I can for you. 너를 위해 가능한 한의 일을 하겠다.

3 (삽입절을 이끌어) …한 것(은).¶She is kind, and ~ is still better, is very beautiful. 그녀는 친절하다, 게다가 더욱 좋은 것은 굉장히 아름답다.

(USAGE) what의 수(數)에 관하여 —— 주절의 관계사 what이 'that which'를 뜻할 경우, what은 단수이며 종속절의 동사는 단수형이 된다: We shall not need any more bread; ~ we have is quite sufficient. 그리고 what이 'those which'를 뜻할 경우, what은 복수이며 종속절의 동사는 복수형이 된다: We shall not need any more apples; ~ we have are quite sufficient.

and (I don't know) what all (속어) …등 여러 가지의 것.
and what not 그밖의 여러 가지, …따위.¶battles, tournaments, hunts, and ~ not 싸움, 마상(馬上) 시합, 사냥, 그밖의 여러 가지. ⑩ whatnot
be the matter what it may 무슨[어떤] 일이든 간에.¶Be the matter ~ it may, you must do your best. 무슨 일에나 최선을 다하지 않으면 안된다.
but what (주절에 부정어를 포함한 경우에 써서) …이 아닌 (that…not).¶There is not a man but ~ likes her. 그녀를 좋아하지 않는 사람은 없다, 모두 그녀를 좋아한다.
come what may [or **will**] 무슨 일이 일어나더라도.¶Come ~ will [or may], I shall not change my mind. 무슨 일이 생기든 내 마음은 변하지 않으리라.
for what I care 내가 상관할 바 아니지만.
for what I know 내가 아는 바로는(for all I know).
for what it is [or **it's**] **worth** (진위[진가]가 어떤지는 모르지만) 그것은 그렇다치고.¶I'm only giving you the evidence for ~ it's worth. 도움이 되고 안 되고 간에 증거를 말씀드릴 뿐입니다/For ~ it's worth, he told me that quite the opposite was true. 진짜인지 어떤지는 모르겠지만 그는 사실은 정반대라고 말했다.
from what I heard [**have seen**] 내가 들은[본] 바로는.
get what for (구어) 꾸중 듣다.
give...what for (구어) (무엇을) 꾸짖다[벌하다].
Guess what!; (Do) You know what? (구어) 있잖아!, 전에 말했었지?
I know what. 좋은 생각이 있다.
I (will) tell you what. 사정을 말해 주지, 실은 이렇다; 이렇게 하면 어떨까.
know what's what 상식이 있다; 빈틈이 없다; 요령을 알고 있다.
let others say what they will 남이 뭐라고 하든.¶Let others say ~ they will, I still believe him to be honest. 설령 남들이 뭐라 하더라도 나는 여전히 그가 정직하다고 믿는다.
Like what? (구어) 예를 들면?(For example?)
Now what? (美구어) 그래 어찌 되었나?
or what (부정문·조건문 끝에서) 아니면 다른 무엇.¶Are you trying to fool me, or ~? 나를 놀리자는 건가, 아니면 어쩌자는 건가?
So what? (구어) 그것이 어쨌다는 거야?, 그것은 무관한 일이 아닌가?(W– of it?, W– then?)
Tell you what. =I (will) tell you what.
That's what it's all about. (구어) 결국 그렇게 된 것입니다.
What about…? ① …은 어떤가?(＊상대방 의향을 묻는다)(=W– do you think about…?, How

about…?).¶W– about going to France for our holiday this year? 금년 휴가에 프랑스로 가지 않으려나? ② 어찌 되었나?, 어떻게 한 건가?¶W– about the lost jewels? 잃어버린 보석은 어찌 되었는가?

What do you mean? 무슨 뜻이지?¶W– do you mean by that? 그것이 무슨 말씀입니까?

What do you say to…? (상대방의 의향을 물어) …은 어떻습니까?¶W– do you say to going for a swim with us next Sunday? 다음 주 일요일에 우리와 함께 수영하러 가시지 않겠습니까?

What else is new? 〖美구어〗 (그것은 알고 있는 일이고) 그밖에 다른 것은?

What…for? ① 왜?, 무엇 때문에?(For ~ reason?) ¶W– did you say that for? 무엇 때문에 그 말을 했느냐?/W– do you want me for? 나에게 무슨 용무가 있느냐?/W– for did you do that? (방언) 무엇 때문에 그런 일을 했느냐? ② 《명사적》 엄한 벌.¶He gave his son ~ for. 그는 아들을 엄하게 벌주었다.

what have you 〖美구어〗 그밖의 비슷한 것.¶novels, plays·short stories, and ~ have you 소설·희곡·단편 그밖의 그런 류의 것.

What if…? ① …이라면 어찌 되는가?¶W– if all women invited come? 초대한 여성들 전원이 온다면 어찌 되겠는가? ② 한들 무슨 상관이냐(W– though…?)¶W– if we are poor? 가난하면 어때?

What in the world…?; What on earth…?; What the devil…? 도대체 무슨…¶W– on earth is the matter? 도대체 무슨 일이냐?

what is called; what you[or ***we, they] call*** 소위, 이른바.¶He is ~ is called a "bookworm." 그는 이른바 「책벌레」다.

What is it? 〖구어〗 무슨 일이야?, 뭐야?

What is it all about? 도대체 문제가 무엇인가?

what is[or ***what's] more*** 더구나, 게다가.

What is that to you? 그것이 너와 무슨 상관이냐?, 그것을 물어서 어쩌자는 거냐?

what is the best of all 게다가 가장[더욱 더] 좋은 것.¶He is intelligent, energetic, and ~ is the best of all, devoted to his work. 그는 총명하고 정력적인 데다가 금상첨화로 자기 일에 헌신하고 있다.

what it takes 〖美구어〗 (성공 따위를 얻는 데 필요한) 조건(아름다움·매력·재능·재력 따위).¶She has ~ it takes to get along in life. 그녀는 처세를 잘할 수 있는 조건을 갖추고 있다.

what kind[or ***sort] of…*** 어떤 《종류의》….

What…like? 어떠한 사람[일, 것]인가, 《상태·형편이》 어떠한가.¶What's the new mayor like? 새 시장은 어떠한 사람인가?/What's the weather like outside? 바깥 날씨는 어떻습니까?

what makes the matter worse 더욱 나쁘게는, 엎친 데 덮친 격으로.

What next? ① 다음은 무엇으로 하겠느냐?¶"W– next, please?" asked the shopgirl. 「다음은 무엇으로 하시겠습니까?」라고 여점원이 물었다. ② (놀라움을 나타내어) 일이 이렇게 되면) 다음에는 또 무엇일까?; 기가 막힐 일이다; 이런 어처구니 없을 데가 있나.

What of…? …은 어떻게 되었는가?; …은 어찌 되는가?¶W– of him? 그는 어떻게 되었는가?/That may be all right for you city dwellers, but ~ of us country folk? 도시에 사는 당신들은 그래도 좋을지 모르지만, 시골 사는 우리들은 어찌 됩니까?

What of it? =So what?

what's his[her, their] name 〖구어〗 뭐라던가 하는 남자〖여자, 아이〗.¶She's gone out with ~'s his name. 그녀는 뭐라던가 하는 남자와 함께 나갔다/

He's gone to visit the ~'s their name. 그는 뭐라던가 하는 부부를 만나러 갔다.

what's it; what's its name 〖구어〗 뭐라던가 하는, 거시기 (* 이름이 생각나지 않는 기구 따위를 가리킴).¶I don't know how to handle the ~'s it. 그 뭐라던가 하는 것의 사용법을 모릅니다.

What's new? 〖구어〗 무어 색다른 일은 없는가?, 어떻게 지내나?

What's o'clock? 〖英〗 몇 시냐?

what's what; what is[or ***was] what*** 〖구어〗 사리(事理), 진상(the true situation).¶He knows ~'s ~. 그는 사리를 잘 알고 있다.

What then? 그리고서(그 결과) 어떻게 되나?; 그래서 어쨌다는 거야?

What though…? =What if…?

What would I not give to do? …을 위해서라면 무슨 희생인들 아끼겠는가.

what you may call it 〖구어〗 뭐라던가 하는 것(* 작은 물건에 쓰임).

What you see is what you get. ① 〖구어〗 보시는 대로입니다. ② 〖美구어〗 (가게 앞 따위에서) 상품은 전시된 것과 완전히 같습니다. ③ 〖美구어〗 〖컴퓨터〗 화면에 표시된 대로 인쇄됨(略 WYSIWYG).

You what? 〖속어〗 뭐라고 하셨죠?; 뭐라고!

— 〖형〗 I 《의문형용사》 1 무슨, 어떠한, 여하한.¶W– news? 무슨 새소식이 있느냐?/W– time is it? 몇 시냐?/W– difference does that make? 그것으로 달라지는 것이 있느냐?/W– (sort of) man told you so? 어떤 사람이 너한테 그런 말을 하던?(응 Who told you so?)/W– (kind of) fruit do you like best? 어떤 과일을 제일 좋아하느냐?(응 Which do you like better, grapes or apples?)/I know ~ plan he will try. 그가 어떤 계획을 밀고나가려 하는지 알고 있다/W– (does it) matter? 《수사의문문에서》 《반어적》 그것이 어쨌다는 거야?

2 《감탄사적》 이 무슨(얼마나)(* 단수 가산명사를 이끌 때에는 부정관사를 수반한다).¶W– waste! 이 무슨 낭비야!/W– nonsense! 말도 안돼!, 어이 없군!/W– an idea! 이 얼마나 멋진(어리석은) 생각인가!/W– a fool you are! 너는 정말로 어리석구나!/W– a pity (it is)! 이 얼마나 가련한(유감스러운) 일이냐!/W– a charming girl she is! 그녀는 얼마나 매력적인 소녀인가!(=How charming she is!).

II 《관계형용사》 (…하는) 그(저)(that…which); (…하는) 그들의(those…which); …할 만한 것은 모두(all the…that).¶I will give you ~ help I can. 가능한 한의 원조를 하겠다/I sold ~ few books I had. 나는 가지고 있던 몇 권 안되는 책을 모두 팔아버렸다/I've taught you ~ little I know about fishing. 낚시에 관한 보잘것없는 내 지식을 너에게 모두 가르쳤다.

— 〖부〗《의문부사》 어떻게, 어느 정도, 얼마만큼.¶W– does it matter? 그것이 어떻다는 거야?, 상관없는 일 아닌가?(응 So ~?)/W– is he the better for it? 그것이 얼마나 그에게 도움이 된다는 거야?

what between A and B =what with A and (what with) B.

what with A and (what with) B; what between A and B A다 B다 하여, A도 하고 B도 하여.¶W– with teaching and (~ with) writing my time is wholly taken up. 강의도 하고 저술도 하느라 내 시간을 송두리째 빼앗기고 있다.

— 〖명〗 **1** (보통 the ~) 본질.¶He knows the ~ and why of their disagreement. 그들의 불화가 어떤 것이며 어째서 그리 되었는가를 그는 알고 있다. **2** 'what'이라는 의문.

---

whéat bèlt 〖명〗 〖美〗 밀 생산 지대.
whéat bèrry 〖명〗 밀알.

whéat brèad 〖명〗 정백(精白) 밀가루와 전립(全粒) 밀가루를 섞어 만든 빵.

whéat càke [명] 밀가루로 만든 팬케이크.
wheat·ear [*h*wíːtìər] [명] **1** 밀 이삭. **2** 〔조류〕 검은 딱새류의 명금.
wheat·en [*h*wíːtn/wíːtn] [형] 밀의; 밀(가루)로 만든. **—**[명] 밀색, 담황색, 황갈색(개의 털색에 대해서 쓰는 말).
whéat gèrm [명] 밀 맥아(麥芽), 밀 엿기름.
wheat·grass [*h*wíːtgræ̀s/wíːtgrɑ̀ːs] [명][U] 개밀.
wheat·meal [*h*wíːtmìːl/wíːt-] [명][U] 《英》 중간 정맥(精麥)의 밀가루(노르스름함).
Whéat Státe [명] 미국 Kansas 주 및 Minnesota 주의 별칭.
Wheat·stone [*h*wíːtstòun/wíːtstən] [명] **Charles** ~ 휘트스톤(1802–75: 영국의 물리학자·발명가).
Whéatstone brìdge [명] 〔전기〕 휘트스톤 브리지(전기 저항 측정기). (또는 **Whéatstone's brìdge**)
wheat·worm [*h*wíːtwə̀ːrm/wíːt-] [명] 경선충(莖線蟲)(밀 따위의 줄기에 기생하는 해충).
whee[1] [*h*wiː/wiː] [감] 야아!, 신난다!(기쁨·흥분 따위의 소리). **—**[동][타] * 다음 숙어로만 쓴다.
whee up 《美구어》 몹시 기쁘게 하다, 흥분시키다.
whee[2] [명] 《속어》 오줌, 쉬야.
whee·dle [*h*wíːdl/wíːdl] [동][타] **1** …을 감언으로 꾀다, 감언으로 설득하다 (*into*). ¶He ~*d* his father *into* giving him a bigger allowance. 그는 아버지를 잘 구슬려서 용돈을 더 많이 타내게 되었다. **2** 감언으로 속이다, 속여 빼앗다 (*from, out of*). ¶She ~*d* a new dress *from* her mother. 그녀는 어머니를 구슬려서 새 드레스를 샀다.
—[자] 감언이설로 구워 삶다, 알랑거리다, 비위맞추다.
wheedle** one's **way 남의 비위를 맞추어 출세하다[나아가다] (*toward, into*).
-dler [명] **-dling** [형] **-dling·ly** [부]
‡**wheel** [*h*wiːl/wiːl] [명] ([복] **~s** [-z]) **1** 차바퀴, 차륜, 바퀴. ¶a balance ~ (시계의) 평형 바퀴/an eccentric ~ 편심륜(偏心輪). **2** 바퀴 모양의 것[기계, 장치, 기구], 회전반; (자동차의) 핸들(steering ~), (제도(製陶)용의) 녹로(potter's ~), 물레, 얼레(spinning ~), (기선의) 외륜(paddle ~), 타륜(舵輪), 수차(mill ~). **3** 《美구어》 자전거. **4** 〔역사〕 형거(刑車)(중세에 사람을 찢어 죽이는 형틀로 썼다). **5** 원반형의 것, 원형의 장식. **6** 회전 꽃불. **7** 운명의 물레(Fortune's ~). **8** (~s) 원동력, 추진력; 기구(機構). ¶the ~*s* of government 정치 기구/the ~*s* of life 인체 여러 기관의 기능. **9** 회전, 선회. ¶She merrily whirled the dizzying ~*s* of the dance. 그녀는 신이 나서 눈이 어지러울 정도로 빙글빙글 돌며 춤추었다. **10** 되풀이, 순환. ¶the ~*s* of days and nights 낮과 밤의 되풀이/the ~ of history 역사의 되풀이/the ~ of life 〔불교〕 윤회(輪廻). **11** 《美속어》 실력자, 거물. ¶a big ~ in the party 당의 실력자. **12** (영화관·극장 따위의) 흥행계열[체인]; (스포츠의) 리그. **13** 《고어》 (시·노래의) 후렴, 반복구. **14** (~s) 《美속어》 다리.
a set of wheels 《美속어》 자동차, 차(car).
a toothed wheel 톱니바퀴.
at the next turn of the wheel 이번에 운이 트이면.
at [or ***behind***] ***the wheel*** ① (자동차의) 핸들을 잡고, 운전하여; (배의) 타륜을 잡고. ② 지배권을 장악하고. ¶a man *at the* ~ of the party 당을 좌지우지하는 사람.
a turn of the wheel 운명의 변전.
break [or ***crush***] ***a butterfly*** [or ***fly***] ***on a*** [or ***the***] ***wheel*** 사소한 일에 거창한 수단을 쓰다.
go [or ***run***] ***on*** (***oiled***) ***wheel*** 술술 나아가다, 원활하게 되어가다.
grease the wheels 차에 기름을 치다; 일을 원활히 진행시키다.
invent [or ***reinvent***] ***the wheel*** 《美구어》 (뻔한[초보적인] 일로) 쓸데없이 애쓰다, 쓸데없는 일로 시간을 허비하다.
keep the cart on the wheels 노력해서 일을 풀어나가다.
lock the wheels (브레이크를 걸어) 바퀴의 회전을 멈추다.
on oiled wheels 신속히, 순탄하게.
on wheels 차로, 차를 타고; 이동하여; 순조롭게; 《속어》 확실히, 단연코.
put a spoke in** a person's **wheel ⇨SPOKE[1].
put [or ***set***] ***one's shoulder to the wheel*** ⇨SHOULDER.
put [or ***set***] (***the***) ***wheels in motion*** 계획(따위)를 궤도에 올리다, 일을 추진하다.
see the wheels go round 일의 진척 상황을 보다.
spin** one's **wheels 《美구어》 시간을 낭비하다, 헛수고하다.
start the wheels turning 일을 시작[개시]하다.
suck wheels 《속어》 〔경륜〕 (공기 저항을 줄이기 위해) 앞자전거에 바짝 붙이다.
take the wheel 핸들[타륜]을 잡다, 운전하다; 지배권을 장악하다.
the man at the wheel 타수(舵手), 운전하는 사람; 책임 있는 위치의 사람.
(***The***) ***wheels are in motion.*** 일[계획]이 잘 진행되고 있다.
(***The***) ***wheels start turning.*** 계획[일]이 실행에 옮겨지고 있다.
turn wheels 공중제비를 넘다.
wheels within wheels; a wheel within a wheel (밖에서는 안 보이는) 복잡한 기구(機構)[사정]; 알 수 없는 속마음.
—[동][타] **1** …을 회전시키다. **2** …을 차로 나르다. ¶(~+[目]+[前]+[名]) ~ rubbish *to* a dump 차로 쓰레기를 하치장에 나르다//(~+[目]+[副]) The patient was ~*ed in.* 환자가 차로 실려왔다. **3** 〔자동차 따위〕를 운전하다, 움직이다. ¶(~+[目]+[前]+[名]) ~ a truck *along* the highway 고속 도로를 트럭으로 달리다//(~+[目]+[副]) ~ *out* a bicycle 자전거를 밀고 가다. **4** 〔탈것 따위〕에 바퀴를 달다. **5** 《구어》 〔사람〕을 안내해 들이다, 데리고 들어오다(*in, into*); …을 가지고 들어가다, 가지고 나가다(*out*).
—[자] **1** 회전하다(revolve); 방향을 바꾸다(*about, around, round*); 원을 그리며 날다; (부대 따위가) 선회하다. ⇨TURN [유의어] ¶(~+[前]+[名]) A flock of gulls ~*ed over* the windy sea. 강풍이 부는 바다 위를 한 떼의 갈매기가 선회했다//(~+[副]) He ~*ed around* in his chair. 그는 의자에 앉은 채 빙글 몸을 돌렸다. **2** (행동·사상·태도 따위가) 변하다, 전향하다 (*about, around, round*). **3** 원활하게 나아가다, 술술 풀려나가다. ¶(~+[前]+[名]) A car is ~*ing along* the street. 차가 거리를 미끄러지듯이 달리고 있다//(~+[副])The truck ~*ed off.* 트럭이 달려갔다. **4** 자전거를 타다; 차로 여행하다. **5** 눈이 핑핑 돌다, 어찔하다.
wheel and deal 《美속어》 (거래나 정치에서) 눈부시게 활약하다, 수완을 펴다, 술수를 쓰다.
wheel in [or ***into***] ⇨[타] 5.
∠·less [형]
whéel and áxle [명] 윤축(輪軸)(크고 작은 2개의 도르래가 같은 축에 고정된 기계).

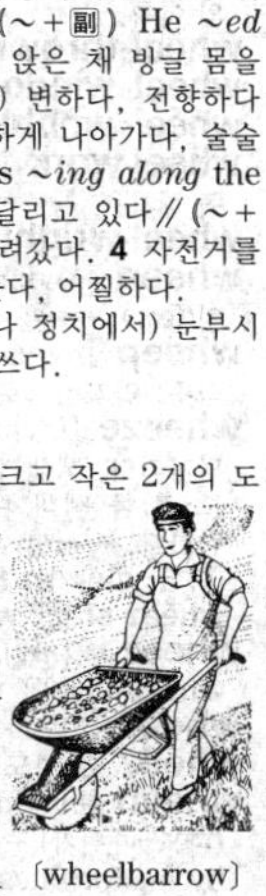
(wheelbarrow)

wheel·bar·row [*h*wíːlbæ̀rou/wíːl-] [명] 1륜[외바퀴] 손수레.
—[동][타] …을 손수레로 나르다.
wheel·base [*h*wíːlbèis/wíːl-] [명][U][C] 축거(軸距)(자동차의 앞뒤 바퀴 사이의 거리).
wheel·chair [*h*wíːltʃɛ̀ər/wíːl-] [명] 휠체어.
whéelchair hòusing [명] 휠체어 사용자 주택.
wheel-clamp [∠klæ̀mp] [명] (불법 주차 차량을 움직이지 못하게 하는) 바퀴[차륜] 족쇄.
—[동][타] 바퀴[차륜]에 족쇄를 채우다[채우게 하다]. (또는 **whéelclàmp**)
whéel còver [명] (자동차의) 휠 캡(hubcap).
wheeled [*h*wiːld/wiːld] [형] 《종종 복합어로》 (…의)

wheel·er [hwíːlər/wíːl-] 图 **1** 수레 끄는 사람. **2** 수레 바퀴 만드는 사람. **3** (복합어로) …이 달린 것. ¶a four-～ 4륜 마차. **4** (=wheel horse 1, 5 상재(商才)가 뛰어난 사람; 《美속어》 거물, 실력자.

Whee·ler [hwíːlər/wíːl-] 图 휠러. **1 John Archibald** ～ (1911-　: 미국의 물리학자). **2 (Robert Eric) Mortimer** ～(1890-1976: 스코틀랜드의 고고학자: Mohenjo-Daro, Harappa를 발굴).

wheel·er-deal·er [-díːlər] 图 《美속어》 수완가, 활동가, 책략가, 모사. (또는 **whéeler and déaler**)
── 图 수완을 발휘하다. **-déal·ing** 图

whéel hòrse 图 **1** (4두 마차 따위의) 뒷말. **2** (비유적) 의지할 만한 일꾼. (또는 **whéel-hòrse**)

wheel·house [hwíːlhàus/wíːl-] 图 (图 **-hous·es** [-hàuzìz]) 《해사》 조타실(pilothouse).

wheel·ie [hwíːli/wíːl-] 图 (오토바이 따위에서) 뒷바퀴만으로 달리기; 《속어》 (옆으로 미끄러지면서 도는) 급격한 U턴.

pop a wheelie 《속어》 뒷바퀴로 달리다.

whéelie bìn 图 《英》 바퀴 달린 대형 쓰레기통.

wheel·ing [hwíːliŋ/wíːl-] 图U **1** 차로 나르기[여행하기], (특히) 자전거 타기. **2** 선회, 회전. **3** (차로 갈 때의) 도로 상태[사정]. **4** (구어) 민완술[능력], 책략.

whéel lòck 图 차륜식 방아쇠(작은 바퀴로 부싯돌을 마찰해 불꽃을 내는 장치); 차륜식 방아쇠 총(구식총).

wheel·man [hwíːlmən/wíːl-] 图 **1** 《해사》 조타수. **2** 자전거[3륜차]를 타는 사람. **3** 《속어》 (강도범 따위의) 도주차의 운전사, 뺑소니차 운전자.

whéel òre 图 차골광(車骨鑛).

whéel ràce 图 (수로의) 물레방아 설치 장소.

wheels·man [hwíːlzmən/wíːlz-] 图 =man 1.

wheel·spin [hwíːlspìn/wíːl-] 图 휠스핀(노면의 상태나 운전 조작에 의한 차바퀴의 공전(空轉)).

whéel stàtic 图 《통신》 차륜 공전(車輪空電)(차바퀴 회전시의 정전기로 인한 자동차 라디오의 잡음).

wheels·up [hwíːlzÀp/wíːlz-] 图 《美속어》 비행기의 이륙.

wheel-thrown [-θròun] 图 (도자기용) 갈이틀로 빚은.

whéel wìndow 图 둥근 창.

whéel wòbble 图 (자동차) 앞바퀴의 흔들림.

wheel·work [hwíːlwə̀ːrk/wíːl-] 图 《기계》 톱니바퀴 장치.

wheel·wright [hwíːlràit/wíːl-] 图 차바퀴 만드는 사람.

wheen [hwíːn/wíːn] 图 《스코·北英》 图 조금의, 소수의(few). ── 图 상당한 수[양].

wheep [hwíːp/wíːp] 图 《美속어》 작은 컵 한 잔의 맥주; 입가심으로 마시는 맥주.

wheeze [hwíːz/wíːz] 图재 《천식 따위로》 숨을 씨근 덕거리다, 색색거리다; (색색) 목쉰 소리를 내다. ── 图 〔소리〕를 색색 내다(out). ¶～ out words 색색거리며 말하다. ── 图 색색거리는 소리; 케케묵은 우스갯소리 [속담, 이야기]; 《속어》 방편, 책략, 좋은 수.

wheez·er 图 **whéez·ing·ly** 图

wheez·y [hwíːzi/wíːzi] 图 색색거리는.
whéez·i·ly 图 **whéez·i·ness** 图

welk[¹] [hwelk/welk] 图 (조개) 쇠고둥.

welk[²] 图 여드름, 뾰루지, 부스럼(pimple). ～**y** 图

whelm [hwelm/welm] 图재 …을 물에 가라앉히다, (파도 따위가) …을 삼키다; …을 압도하다. ¶be ～ed by misfortunes 불운에 짓눌리다. ── 图 (강 따위가) 삼키다, 압도하다.

whelp [hwelp/welp] 图 **1** 강아지, 새끼개. **2** (사자·호랑이 따위의) 새끼(图 cub). **3** (경멸적) 아이, 개구쟁이. ── 图재 (개·사자 따위가) 새끼를 낳다: (경멸적) (사람이) 아이를 낳다. ── 图 **1** (특히 암캐가) 〔새끼〕를 낳다. **2** (비유적) 〔나쁜 짓 따위〕를 저지르다. ～**-less** 图

‡**when** ⇒WHERE. ⟨p. 3077⟩

when·as [hwènǽz, hwən-/wèn-] 图 **1** 《고어》 =when, while; inasmuch as. **2** (폐어) =whereas.

***whence** [hwens/wens] (고어·문어) 图 **1** (의문부사) **a)** 어디서(from where, from what place)《현 whither). ¶W- do you come? 출신지가 어디냐?(= Where do you come from?). **b)** 어떻게(how); (why). ¶W- come you to say that? 어째서 그런 말을 하느냐? / W- comes it that you are in a hurry to leave? 왜 서둘러 떠나려 하는가? **2** (관계부사) 그 에서 …하는. ¶Return ～ you came. 온 곳으로 되돌아가거라. ── 图 **1** (의문대명사) 어디. ¶From ～ is he? 그의 출신지는 어디냐? **2** (관계대명사) …하는 (곳). ¶the source from ～ this river comes 이 강의 수원. ── 图 (보통 the ～) 유래, 근원.

whence·so·ev·er [hwènssouévər/wèns-] 图 (고어·문어) 어디서(어떤 이유로) …이든.

when·chy [hwéntʃi] 图 =wenchy.

***when·e'er** [hwenéər, hwən-/wen-] 图图 (문어) =whenever.

‡**when·ev·er** [hwenévər, hwən-/wen-] 图 …할 때에는 언제나(at whatever time, at any time when); 어떤 경우에도(on whatever occasion). ¶Come ～ you like. 언제든지 마음내키거든 오너라 / Take however much you want and ～ you want to. 원하는 만큼, 원할 때에는 언제든지 가져가거라 / W- you may call on him, you'll find him reading something. 언제 그를 찾아가도 그는 무엇인가를 읽고 있을 것이다. ── 图 (구어) (도대체) 언제(* 의문부사 when의 강조형으로서 when보다 강조의 뜻을 나타낸다; 《英》에서는 보통 when ever로 갈라 쓴다). ¶W- did you say that? 도대체 언제 그런 말을 했었니?

When·eye [hwenái] 图 《英속어·경멸적》 뽐내는 이야기만 하는 녀석. (또는 **Whennie**) [＜When I...]

when·is·sued [-íʃuːd] 图 《주식·채권이》 발행일 결제(결제)[되는].

when'll [hwenl/wen-] when will[shall]의 단축형.

when's [hwenz/wenz] when is[does, has]의 단축형.

when·so·ev·er [hwènsouévər/wèn-] 图图 (고어·문어) whenever의 강조형.

***where** [hwεər/wεə] ⇒ WHERE. ⟨p. 3078⟩

***where·a·bouts** [hwɛ̀ərəbàuts/wɛ́ər-] 图 **1** (의문부사) 어디쯤에(about where). ¶He is now in the U. S., but I don't know exactly ～. 그는 지금 미국에 있는데 어디쯤에 있는지 정확하게 모르겠다. **2** (접속사) …의 장소에. ── 图 (단·복수 양용) 소재, 행방, 있는 곳. ¶Nobody knows her present ～. 그녀의 현재 행방은 아무도 모른다. (또는 **whéreabòut**)

where·af·ter [hwɛ̀ərǽftər, -ráːftər/wɛ́ə-] 图 (문어) 그 후, 그 이후로.

***where·as** [hwɛ̀ərǽz/wɛ́ər-] 图 **1** 그런데, …한데, …에 반해서(while). ¶She is slender, ～ her sister is fat. 여동생은 뚱뚱한데 그녀는 호리호리하다. **2** …이기 때문에; …한 사실로 미루어(* 공문서 전문(前文)에 쓴다). ── 图 (whereas 로 시작되는) 공문서의 전문.

***where·at** [hwɛ̀ərǽt/wɛ́ər-] 图 **1** (고어) (의문부사) 무엇에 대하여(at what), 왜. **2** (관계부사) (제한용법) 그것에서 …하는(at or upon which). ¶a tea party ～ she was present 그녀가 참석했던 티 파티 / I know the things ～ you are offended. 네가 무엇 때문에 화를 내고 있는지 나는 알고 있다. **b)** (계속용법) 그러자, 그래서, 거기서.

***where·by** [hwɛ̀ərbái/wɛ́ə-] 图 **1** (의문부사) 무엇으로(by what), 어떻게 하여(how). ¶W- did you expect to profit? 어떻게 돈을 벌려고 했니? **2** (관계부사) **a)** (제한용법) 그로써 …하는(by which).

when은 주로 부사와 접속사로 쓰이며, 부사로서는 의미상 구문상 의문부사와 관계부사로 나뉜다.
(1) 의문부사로 쓰이는 경우 때나 상황을 묻는 직접의문문과 명사구·절을 이끄는 간접의문문의 두 가지 용법이 있다.
(2) 관계부사로 쓰이는 경우 제한용법과 계속용법이 있으며, 전자의 경우에는 종종 that와 대체될 수 있고 흔히 생략되기도 한다: I was in Seoul the day (when) the accident happened. 그 사고가 일어난 날 나는 서울에 있었다. when이 선행사와 떨어져 있을 때는 이를 생략할 수 없다: The time will come when you will regret it. 그것을 후회할 때가 올 것이다.
(3) 종종 대명사로도 쓰이는데, 이 경우 의문사와 관계사로서의 용법이 있다.

‡**when** [hwen, 약 hwən/wen, 약 wən] 튀
I. 의문부사
1 (때를 물어) 언제. ¶ W- can you come? 당신은 언제 올 수 있습니까? / W- are they to arrive? 그들은 언제 도착할 예정인가? / W- did the Roman Empire exist? 로마 제국이 존재한 시기는 언제입니까?

주의 when이 과거를 가리킬 때 현재완료형과 함께 쓰지 않지만, 다음과 같이 완료형이 경험을 나타낼 때는 예외: W- have I told a lie? 내가 언제 거짓말을 한 적이 있단 말인가?

2 (상황을 물어) 어떤 경우(때)에. ¶ W- is a letter of condolence in order? 조위문은 어떤 경우에 보내야 합니까? / W- did you ever see such a crowd? 지금까지 이렇게 많은 군중이 모인 적이 있었습니까? / W- do you double the final consonant? 어떤 경우에 어미의 자음자(子音字)를 겹칩니까?
3 (간접의문의 명사구·절을 이끌어) 언제. ¶ I know ~ to be silent. 나는 언제 침묵을 지킬 것인가를 안다 / Do you remember ~ and where you saw the picture? 언제, 어디서 당신은 그 그림을 보았는지 기억합니까?

II. 관계부사
1 (제한용법) …할[한] (때)(at which). ¶ the time ~ I was a boy 내가 소년이었을 때 / Now is the time ~ I need him most. 지금이야말로 내가 그를 제일 필요로 할 때이다 / There are cases ~ politeness cuts deeper than impertinence. 공손함이 무례함보다 상대방 마음에 깊은 상처를 입히는 경우가 있다 / Then the day came ~ I had to leave. 이윽고 내가 떠나지 않으면 안될 날이 왔다. **2** (계속용법) **a)** …하자 그때(at that time), 그리고 나서(and then). ¶ My first visit to Mexico was in summer, ~ it was far too hot and dusty for comfort. 내가 처음 멕시코를 방문한 것은 여름이었다. 그때는 너무 덥고 먼지가 많아 영 불편했다 / I shall be back before supper, ~(=and then) we shall send for her. 저녁 식사 때까지는 돌아올 테니, (그때 가서) 그녀를 부르러 보내겠다. **b)** (…하려고 한) 바로 그때(just then). ¶ We were about to start, ~ it began to rain. 막 출발하려던 참에 비가 내리기 시작했다. **3** (선행사를 수반하지 않고) (…할) 때. ¶ Sunday is ~(=the day ~) I am not so busy. 일요일은 비교적 한가하다.

── 젭 **1** (…할[한]) 때. ¶ We learned Latin and Greek ~ we were young. 우리는 젊었을 때 라틴어와 그리스어를 배웠다 / He looked in at the office ~ passing. 그는 지나가다 사무실에 들렀다 / W- he comes, tell him I'll be back at nine. 그가 오거든 내가 9시에 돌아온다고 일러두어라 / You see little ~ you go into a dark room from the light. 밝은 곳에서 어두운 방안으로 들어가면 당장은 눈이 잘 보이지 않는다.
2 …할 때에는 언제나(whenever). ¶ W- he goes out, he takes his dog with him. 그는 외출할 때면 언제나 개를 데리고 나간다 / He is impatient ~ he is kept waiting. 그는 기다리게 되면 초조해진다. **3** …에도 불구하고(although). ¶ He gave up politics ~ he might have made a great career in it. 크게 출세할 수 있었을지도 모르는데 그는 정치를 포기했다 / He threatened to leave ~ he had no intention of leaving. 그는 떠날 생각은 추호도 없으면서 떠나겠다고 위협했다. **4** …을 생각해 보면(considering that). ¶ How can he buy a car ~ he has no money? 돈이 없는데 그가 어떻게 차를 살 수 있겠는가?(살 수가 없다). **5** (만약) …이라면(if). ⇨ IF USAGE[1] ¶ Liberty is useless ~ it does not lead to action. 행동으로 이어지지 않는다면 자유는 무익한 것이다 / I'll give it to you ~ you try to do your best. 네가 최선을 다한다고만 하면 너한테 그것을 주겠다.
hardly…when ⇨ HARDLY.
Say when. (구어) 알맞은 분량이 되면 말해 주시오 (남에게 술 등을 따를 때 하는 말). * 「이제 그만」은 "When."이라 한다.
scarcely…when ⇨ SCARCELY.
when all comes to all 요컨대, 결국은.
when all is said (and done) ⇨ ALL.

── 떼 **1** (의문대명사) 언제(what time). ¶ From ~ does it date? 기일은 언제부터인가? / Since ~ is that allowed? 그것은 언제부터 허용됩니까? **2** (관계대명사) 그때(which time). ¶ They left on Monday, since ~ we have heard nothing. 그들은 월요일에 떠났는데 그 뒤 아무 소식도 없다 / It makes you think of ~ you were a boy. 그것은 당신의 소년 시절을 생각나게 하는군요.

── 몡 (보통 the ~) 때(time, date), 경우. ¶ He told me the ~ and the where of the event. 그는 그 사건이 언제 어디서 일어났는지 가르쳐 주었다.

¶ He devised a plan ~ he might escape. 그는 도망칠 계획을 세웠다. **b)** (계속용법) 그로써, 그래서. ¶ He went purple. ~ I saw that he was offended. 그의 표정이 붉어지는 것으로 그가 화내고 있다는 것을 알았다. ─ 몡 «축ել».
where'd [hwɛərd/wɛəd] where did [would]의 단축형.
wher·e'er [hwɛərέər/wɛər-] 튀 (시) =wherever.
‡**where·fore** [hwɛ́ərfɔ̀ːr/wɛ́ə-] 튀 **1** (의문부사) 무엇 때문에(for what purpose), 무슨 까닭으로, 왜(why). ¶ W- did you go? 무슨 목적으로 갔느냐? **2** (관계부사) **a)** (제한용법) 그 때문에 …하는(이유·원인). **b)** (계속용법) 그러므로, 그런 까닭으로 (therefore). ¶ We ran out of water, ~(=and therefore) we surrendered. 우리는 물이 떨어졌다, 그래서 항복했다. ── 몡 (보통 the ~s) 이유, 원인. ¶ Never mind the whys and ~s of it. 그 이유나 원인에 관하여는 신경 쓰지 마라.
where·from [hwɛərfrΛ́m/wɛəfrɔ́m] 튀 (관계부사) 그 곳에서 …하는(from which).
‡**where·in** [hwɛərín/wɛə-] 튀 **1** (고어) (의문부사) 어디에(in what); 어떤 점에서. **2** (관계부사) 그 안에

when과 마찬가지로 where도 주로 부사와 접속사로 쓰이며. 부사로서는 역시 의문부사와 관계부사로 나뉜다.
(1) 의문부사 where는 장소 또는 입장을 묻는 직접의문과 명사구·절을 이끄는 간접의문에 쓰인다.
(2) 관계부사 where의 선행사가 place 등과 같이 일반적인 뜻의 것일 때는 (구어)에서는 이를 생략하는 것이 보통이다: This is (the place) where we used to live. 이곳은 우리가·전에 살던 곳이다.
(3) where는 전치사의 목적어가 되는 대명사로도 쓰인다.

‡**where**[hwɛər/wɛə] 〖부〗 I. **의문부사**
1 (장소를 물어) 어디(에), 어디로[에서]. ¶W— do you live? 너는 어디에 사느냐?/W— is he? 그는 어디에 있습니까?/W— on earth are your eyes, child? 자네는 도대체 어디를 눈여겨보고 있는가?/W— do you think you are? 지금 자네는 어디에 있다고 생각하는가?
2 (입장·상태를 물어) 어떤 입장[상태]에. ¶W— do you stand on this question? 이 문제에 대한 당신의 입장[견해]은 어떻소?/Without money, ~ are you? 돈이 없다면 자네는 어떻게 되는가?/If every citizen performs just as you do, ~ will the country be? 국민 각자가 모두 자네처럼 행동한다면 이 나라는 어떻게 되겠는가?
3 (특정한 관련점을 물어) 어떤 점에서. ¶W— does this affect us? 이것이 어떤 점에서 우리에게 영향을 끼칩니까?/W— is she to blame? 그녀가 어떤 점에서 나쁩니까?/W— is he different from you? 그는 어떤 점에서 자네와 다릅니까?
4 (방향·도착점을 물어) 어디로, 어느 쪽으로. ¶W— are you going? 당신은 어디로 가십니까?/W— does this road lead? 이 길은 어디로 가는 길입니까?
5 (출처를 물어) 어떤 출처에서, 어디로부터. ¶W— did you get such a notion? 너는 어디서 그런 생각을 얻었는가?/W— can we obtain fuller information? 우리는 어디로 가면 더 상세한 정보를 얻을 수 있습니까?
6 (간접의문의 명사구·절을 이끌어) 어떤 장소(부분, 점]에. ¶Find ~ the trouble is. 어느 점에 어려움이 있는지 찾아내시오/I showed him ~ to wash his hands and face. 나는 그에게 손과 얼굴을 씻을 장소를 가리켜 주었다.

II. **관계부사**
1 (제한용법) …하는, …인. ¶This is the town ~ (= in which) I was born. 이곳이 내가 태어난 소도시이다/I would like to live in a country ~ it never snows. 나는 눈이 오지 않는 지방에서 살고 싶다/There are many cases ~ such a principle is not practicable. 그런 원칙이 통용될 수 없는 경우도 많다.
2 (계속용법) …하자 그곳에서(and there). ¶They came to the village, ~ they lodged for the night. 그 마을에 닿자 그들은 그곳에서 하룻밤 묵었다/Baltimore, ~ I bought a car, is on the East coast. 볼티모어는 내가 차를 산 곳인데, 동해안에 있다.
3 (결과를 수반하지 않고) …하는. ¶The book is ~ you left it. 그 책은 네가 두고 온 그 자리에 있다/

That's ~ it is. (구어) 그것이 진짜 이유이다; 그것이 요점이다/That's ~ you are wrong. 그것이 네가 틀린 점이다.
Where are we? ① 여기가 어디지? ② 어디까지 이
Where away? 〖해사〗 어느 방향인가(* 선상에서 망보는 사람이 육지·배를 발견했다는 보고에 대한 반문).
Where's [or **Where're**] **your manners?** (구어) 얌전하게 굴어라.
— 〖접〗 **1** …하는 곳에[에서, 으로]; …하는 점에서. ¶W— *there's a will, there's a way*. (속담) 뜻이 있는 곳에 길이 있다/W— others are weak, he is strong. 다른 사람들이 서투른 것에 그는 능하다. **2** …하는 곳은 어디든지. ¶I will go ~ [or wherever] you go. 나는 네가 가는 곳이라면 어디든지 따라가겠다/There is honey ~ bees are. 꿀벌이 있는 곳에는 반드시 꿀이 있다/W— *there's smoke, there's fire*. (속담) 아니 땐 굴뚝에 연기 나랴. **3** …의 경우[…할 때]에(는). ¶W— there 's tyranny and fear, nothing is created. 전제와 공포 정치가 행해지는 경우에는 아무것도 창조되지 않는다/*W— ignorance is bliss, 'tis folly to be wise*. (속담) 무지가 지복인 때는 박식한 것이 어리석은 것이다.
— 〖대〗 **1** (의문대명사) 어디(what place). ¶W— are you from? =W— do you come from? 고향은 어디냐?/W— have you come from? 어디서 왔는가?(지금까지 있었던 곳을 묻는다)/W— did it go to? 어디로 가 버렸을까? **2** (관계대명사) …하는. ¶the place ~ he comes from 그의 출신지/That was the island ~ they'd evacuate to. 그 섬이 그들이 피난했던 섬이었다.
where *a person* **is coming from** 〖美속어〗 남이 느낀[경험한] 바.
where *a person* **lives** 〖美속어〗 가장 본질적인 점에서, 마음 속 깊은 곳에서.
Where from? 어디서 오셨습니까?
Where have you been? (구어) (그 동안 어디 있었기에) 그런 것도 몰라?
where it's (all) at 〖美속어〗 활동의 중심, 핵심; (특히 유행하는) 가장 재미있는[중요한] 것.
where *one* **is at** 본인의 진정한 입장[상태, 성질].
the where the action is ⇨ACTION.
Where to? (구어) (택시 운전사 등이 손님에게) 어디로 가시죠?
— 〖명〗 (보통 the ~) 장소(place). ¶Tell me the ~s and hows of job hunting. 어디서 어떻게 일을 찾으면 될지 가르쳐다오.

¶the matter ~ he spoke 그가 말했던 문제.
*****where·on** [hwɛərán/wɛərɔ́n] 〖부〗 **1** (고어) (의문부사) 무엇 위에(on what). **2** (관계부사) 그 위에 …하는[있는]; 그 위에. ¶the hill ~ we stand 우리가 서 있는 언덕.
where·out [hwɛəráut/wɛár-] 〖부〗 **1** (고어) (의문부사) 어디에서, 무엇부터. **2** (문어) (관계부사) 거기에서(부터) …하는(whence).
where're [hwɛ́ərər/wɛ́ər-] where are의 단축형.
where's [hwɛərz/wɛəz] where is [has]의 단축형.
where·so·e'er [hwɛ̀ərsouɛ́vər/wɛ̀ə-] 〖접〗 (시) = wheresoever.
— [사이에] …하는(in which); 그래서(in that), 그 점에서. ¶a period ~ he took no part in the conference 그가 회의에 참가하지 않은 기간/This is the room ~ he sleeps. 이곳이 그가 자는 방이다.
where·in·so·ev·er [hwɛ̀ərinsouévər/wɛ̀ər-] 〖부〗 (문어·고어) wherein의 강조형.
where·in·to [hwɛəríntu, -tə/wɛər-] 〖부〗 (고어) (관계부사) 그 안에 …하는(into which).   「축형.
where'll [hwɛərl/wɛəl] 〖축〗 where will[shall]의 단
*****where·of** [hwɛəráv/wɛərɔ́v] 〖부〗 **1** (고어) (의문부사) 무엇의[에 관하여](of what); 누구의[에 관하여](of whom). **2** (관계부사) 그에 관하여 …하는(of which).

where·so·ev·er [hwɛərsouévər/wɛə-] 〔강조〕 wherever의 강조형.

where·through [hwɛərθrúː/wɛə-] 〔고어〕 〔관계부사〕 그 곳을 지나 …하는(through which).

where·to [hwɛərtúː] 〔고어〕 1 〔의문부사〕 무엇에(to what), 어디에, 무엇 때문에. 2 〔관계부사〕 〔거기〕에 …하는(to which); (…하면) 그에 대해서. ¶ the place ~ we hastened 우리가 서둘러 간 목적지.

where·un·der [hwɛərʌ́ndər/wɛə-] 〔고어〕 1 〔의문부사〕 무엇의 밑에. 2 〔관계부사〕 그 밑에서 …하는; (…하면) 그 밑에서.

where·un·til [hwɛərəntíl] 〔방언〕 =whereto.

where·un·to [hwɛərʌ́ntuː/wɛər-] 〔고어〕 = whereto.

***where·up·on** [hwɛərəpɔ́ːn/wɛərəpɔ́n] 〔고어〕 〔의문부사〕 무엇의 위에, 누구의 위에. 2 〔관계부사〕 그 위에서 …하는; (…하면) 그 결과로, 그래서, 그 뒤.

where've [hwɛərv] where have의 축약형.

‡**wher·ev·er** [hwɛərévər/wɛər-] 〔관계부사〕 (…하는 곳은) 어디든지, 어디로든지. ¶ Sit ~ you like. 어디든지 마음에 드는 곳에 앉아라. 2 〔구어〕 〔의문사 where의 강조형〕 도대체 어디에[로]. ¶ W- are you looking? 도대체 어디를 보고 있니?

or wherever 〔구어〕 (…하는) 어디에서든지[로든지], …하는 경우는 언제나; 〔양보〕 어디에[로, 에서] …하더라도(no matter where). ¶ W- he may go, he is loved. 어디를 가나 그는 사랑을 받는다.

***where·with** [hwɛərwíð/wɛə-] 〔고어〕 1 〔고어〕 〔의문부사〕 무엇으로 의해서(with what). ¶ If the salt have lost its savor, ~ shall it be salted? 만일 소금이 그 짠맛을 잃으면 무엇으로 다시 짜게 만들겠느냐(성서) 마태 복음(Matt.) 5:13). 2 〔관계부사〕 그것으로 …하는(with which), 그것에 의해 …하는(by means of which). ¶ without even a shirt ~ to cover one's body 셔츠 한 벌도 걸칠 것이 없이. — 〔부정사와 함께〕 그것에 의해서 …하는 것. ¶ I had not ~ to warm myself. 나는 몸을 따스하게 할 것이 없었다. — 명 (휘 ~) 〔드물게〕 =wherewithal.

where·with·al [hwɛərwiðɔ́ːl] 〔고어〕 = wherewith. — 명 (the ~) (필요한) 수단(means), 자금. ¶ I lacked the ~ to continue my education. 나에게는 교육을 계속 받을 수 있는 돈이 없었다. — 부 =wherewith.

wher·ret [hwérit] 〔방언〕 명 손바닥으로 치기. — 타 ~을 손바닥으로 치다. (또는 **wherrit**)

wher·ret² 〔방언〕 자 고민하다, 안달하다; 한탄하다. — 타 고민하게 하다.

wher·ry [hwéri] 명 1 《미》 (혼자 젓는) 작은 배, 경정(skiff) 1인승 스컬(scull). 2 《영》 거룻배, 나룻배.

wher·ry·man [-mæn] 명 《영》 거룻배 사공.

***whet** [hwet/wet] 타 (**-tt-**) 1 (칼 따위)를 갈다. 2 (식욕·흥미 따위)를 자극하다, 돋우다. — 명 1 벼리기, 갈기, 연마. 2 자극물: (특히) 한 잔의 술. 3 《美방언》 한 차례의 일; 잠시. ~**-ter**

‡**wheth·er** [hwéðər/wéð-] 접 1 〔간접 의문의 명사절을 이끌어〕 …일지 어떨지; …일지 아니면 …일지 안(if). ¶ I don't know ~ he will come or not. 그가 올지 안 올지 모르겠다/The point is ~ they succeed or fail. 문제는 그들의 성패 여부이다. ⇨IF USAGE³.

〔USAGE〕 **whether or not**과 **whether or no** — (1) 사이를 뗄 경우에는 whether… or not이 보통: I don't know ~ it is true or not. (2) 사이를 떼지 않을 경우 문법상으로는 whether or not이라 해야 하나 실제로는 whether or no도 쓰이고 있다: I don't know ~ or no it is true.

2 〔양보의 부사절을 이끌어〕 …이든 (아니든)(no matter whether). ¶ W- he comes or not, I'll go. 그가 오든 말든 나는 가겠다. ¶ …하면 좋을지를 알다. **know whether** *one* **is coming or going** 어떻게 ***whether or no** [or **not**] 어떻게 됐든, 아무튼, 여하간; 반드시. ¶ I must go there, ~ or no. 반드시 나는 그 곳에 가지 않으면 안 된다. — 대 〔고어〕 (둘 중) 어느 쪽.

whet·stone [hwétstòun] 명 숫돌; 자극물; 격려자.

whew [hwjuː] 감 (놀라움·실망·안도 따위)를 나타낸다. ¶ W-, it's cold here. 어휴, 이곳은 춥군. — 명 어휴[이야] 하는 소리. — 자 휘파람 비슷한 소리를 내다, 휴 하는 소리를 내다.

whey [hwei] 명 ⓤ 유장(乳漿)(치즈를 만들 때 우유가 응고한 뒤 분리되는 액체). ~-**like**

whey·ey [hwéii/wéii] 형 유장(모양)의[비슷한].

whey·face [hwéifèis] 명 (공포 따위로) 창백해진 얼굴; 얼굴이 창백한 사람. -**fàced**

whey·ish [hwéiiʃ/wéi-] 형 푸르스름한, 창백한. ~-**ness**

whf. wharf.

which ⇒ WHICH. ⟨p. 3080⟩

‡**which·ev·er** [hwitʃévər/witʃ-] 대 1 〔관계대명사〕 a) 〔명사절을 이끌어〕 어느 것이든. ¶ Choose ~ you want. 어느 것이든 원하는 것을 골라라. b) 〔양보의 부사절을 이끌어〕 어느 쪽의 …이라도, 어떻든, 아무튼. ¶ W- you may choose, you will be disappointed. 어느 쪽을 택하든 실망할 거다. 2 〔강조의 의문대명사〕 도대체 어느 쪽[편, 것]이(을). ¶ W- are you going to choose? 도대체 어느 쪽을 택할 작정인가?

— 형 1 〔관계형용사〕 a) 〔명사절을 이끌어〕 어느 쪽의 …이라도. ¶ Take ~ book you like. 어느 것이나 네가 좋아하는 책을 가져라. b) 〔양보의 부사절을 이끌어〕 어느 쪽의 …이라도. ¶ W- picture you choose, I will give it to you. 어느 그림을 골라잡든 그것을 너한테 주겠다. 2 〔강조의 의문형용사〕 도대체 어느 (쪽의). ¶ W- Brown do you mean? 도대체 어느 브라운을 말입니까?

which·so·ev·er [hwítʃsouévər] 대 〔문어〕 whichever의 강조형.

whick·er [hwíkər/wík-] 자 1 키득키득 웃다; (말)울부짖다. 2 킥킥거리기; (말)울부짖음.

whid [hwid/wid] 〔스코〕 자 (-**dd**-) 소리없이 날렵하게 움직이다. — 명 민첩하고 조용한 움직임.

whid·ah [hwídə] 명 =whydah.

***whiff¹** [hwif/wif] 명 1 (바람·연기 따위의) 한 번 불기; (담배의) 한 모금. 2 확 풍겨오는 냄새. ¶ a ~ of garlic 마늘 냄새. 3 (a ~) 기색, 기미, 조짐. ¶ a ~ of danger 위험의 징조. 4 가볍게 성내기, 짜증을 내기. 5 작은 엽궐련. 6 〔美〕 〔템즈강에서 레이스에 쓰는〕 1인승 스컬. 7 〔구어〕 〔골프 따위의〕 헛치기, (야구의) 헛치는 삼진. 8 〔美속어〕 코카인.

take a whiff or two (담배를) 한두 모금 빨다.

— 자 1 가볍게 불다; (연기 따위가) 내뿜다, 확 풍기다. 2 담배를 피우다. 3 〔구어〕 (골프 따위에서) 헛치다, (야구에서) 삼진당하다. — 타 1 …을 가볍게 불다[불어서 보내다]. 2 (담배 따위)를 내뿜다. 3 〔구어〕 (야구에서) (타자)를 헛스윙 삼진시키다. ~-**er**

whiff² [hwif] 명 〔어류〕 가자미의 일종.

whiff³ 〔방언〕 자 주낙질하다.

whif·fet [hwífit] 명 1 작은 개. 2 〔美구어〕 쓸모없는 인간, 주제넘은 〔건방진〕 녀석. 3 한 번 불기.

whif·fle [hwífl] 자 1 (바람이) 가볍게 불다, 살랑살랑 불다; (바람의) 방향이 바뀌다; (나뭇잎이 흔들리다); (의견 따위가) 바뀌다, 흔들리다; 이리저리 발행하다. — 타 …을 불어 흐트러뜨리다; (의견 따위)을 흔들리게 하다. — 명 변치 못한 것, 하잘 것 없는 것; (바람이) 산들〔살랑〕거림, 휘 하는 소리.

whif·fle·ball [hwíflbɔ̀ːl] 명 휘플볼(멀리 날아가지 못하게 구멍을 뚫은 속빈 플라스틱 공; 골프 연습용).

품사상으로는 대명사와 형용사 용법이 있는데, 대명사로서의 쓰임새가 단연 많다. 구문상으로는 when, where 따위와 마찬가지로 의문사와 관계사로 나뉜다. 다만 when, where가 부사적인데 대해 which는 어디까지나 대명사적이다.
(1) 의문대명사로서 what, who가 불특정의 것을 물을 때 쓰는 데 반해 which는 특정 그룹 중 어느 하나를 묻는 데 쓴다.
(2) 관계대명사로서는 제한용법과 계속용법이 있으며, 전자의 경우에는 일반적으로 선행사가 물건일 때 쓰고 that과 교환적으로 쓰이는 일이 많다. 또 관계형용사로도 쓰이는 점에서 관계대명사로만 쓰이는 who와 다르고 what과 공통되는 면이 많다.

which[*hwitʃ/witʃ*] 때 I. 의문대명사
1 《일정수의 물건·일·사람 가운데》 어느 쪽, 어느 것, 어느 사람. ¶W- of these do you want? 이것들 가운데 어느 것을 원합니까? / W- do you like better, tea or coffee? 홍차와 커피 중 어느 것을 더 좋아하느냐? / W- of you has left your hat? 너희들 중 누가 모자를 놓고 갔느냐?
2 《간접의문의 to부정사·명사를 이끌어》 ¶Will you tell me ~ to choose? 어느 쪽을 택하면 좋을지 가르쳐 주시겠습니까? / I wonder ~ of the teams will win. 어느 팀이 이길까.

II. **관계대명사** (*소유격은 **whose, of which**)
3 《제한용법》 …하는 (것, 일) (*예전에는 선행사가 사람인 경우에도 쓰였으나 현재는 일반적으로 물건인 경우에만 쓰인다). **a)** 《주격》 ¶Books ~ [or that] sell well are not necessarily good. 잘 팔리는 책이 반드시 좋은 책은 아니다 (*《구어》에서는 that 쪽이 보통) / He asked the question (~) he felt needed asking. 그는 필요하다고 생각되는 질문을 했다 (*삽입절 he felt의 영향으로 주격의 which라도 생략 가능). **b)** 《목적격; 목적어의 목적어》 (*《구어》에서는 흔히 생략된다). ¶The socialism ~ Owen preached was unpalatable to many. 오웬이 주창한 사회주의는 많은 사람에게 달갑지 않게 여겨졌다. **c)** 《목적격; 전치사의 목적어》 ¶the horse on ~ I rode 내가 탄 말 / This is the pen with ~ he wrote the novel. = This is the pen ~ [or that] he wrote the novel with. = This is the pen he wrote the novel with. 이것은 그가 그 소설을 쓸 때 사용했던 펜이다 (*이 세 문장은 뒤쪽의 것일수록 구어적이다) / The time at ~ we must arrive[or at ~ to arrive] is 7 p.m. 도착해야 할 시각은 오후 7시다 (*《구어》에서는 보통 at which를 생략하고 the time to arrive라고 한다). **d)** 《소유격》 ¶a river the banks of ~ [or of ~ the banks, whose banks] are covered with trees 양쪽 강기슭이 나무로 뒤덮여 있는 강 (*《구어》에서는 whose banks가 보통) / Novels of ~ the authors[or the authors of ~, whose authors] are famous sell readily. 유명 작가의 소설은 잘 팔린다 (*선행사가 물건일 경우 of which쪽이 whose보다 선호되지만, 딱딱한 표현이기 때문에 Novels by famous authors sell readily.와 같이 말해 관계대명사 구문을 피하는 경향이 있다). **e)** 《구어》 《선행사가 that》 (*현재는 that which보다 what이 보통). ¶Damaged goods constituted part of that ~ was sold at the auction. 경매에서 팔리는 물건 가운데는 못쓰게 된 것들도 있었다 / Learn that ~ is worth remembering. 기억할 만한 가치가 있는 것을 배우시오.
4 《계속용법》 그리고[그러나] 그것은[을] (*보통 앞에 콤마를 찍는다). **a)** 《선행사가 명사(구)》 ¶The book, ~ I read last night, was exciting. 그 책은 어젯밤에 읽었는데 아주 재미있었다 (*목적격이라도 생략 불가) / The apples, ~ were bought only yesterday, have all been eaten. 그 사과는 바로 어제 샀는데 벌써 다 먹고 없다 / The lawyer represented five families, of ~ the Ringos were the largest. 그 변호사는 다섯 가족의 대리인이었는데, 그 중 링고가(家)가 가장 대가족이었다 / The desk, the top of ~ [or whose top] was made of metal, did not burn. 그 책상은 표면이 금속 제여서 타지 않았다 / She bought a new hat, for ~ she paid quite a lot [or ~ she paid quite a lot for]. 그녀는 새 모자를 샀는데 돈을 꽤 많이 주고 샀다. **b)** 《구어》 《앞에 나온 구·절·문 또는 그 일부를 받아》 ¶His wife was very intelligent, ~ was a source of great pleasure for him. 그의 아내는 아주 총명했는데, 그것이 그에게는 큰 자랑거리였다 / They thought him dull, ~ he was not. 그들은 그를 바보라고 생각했지만 사실은 그렇지가 않았다 / I've got a full day at the hospital. W- reminds me: I won't be home for lunch. 오늘은 병원 일로 하루 종일 바쁘다. 그래서 생각한 것이 점심 먹으러 집에 가지 않겠다는 것이다.
5 《선행사를 수반하지 않고》 《여럿 중의》 어느 것이건 …인 것을(whichever). ¶You may choose ~ of the books you like best. 이 책들 가운데 제일 마음에 드는 것을 골라도 좋다.
6 《후술하는 것을 선행사로 하는 삽입절을 이끌어》 …인 것[사실]. ¶They hung around for hours and, ~ was worse, kept me from doing any work. 그들은 몇 시간이나 서성거렸으며, 더욱 나쁜 것은 나로 하여금 아무 일도 하지 못하게 한 것이다.
7 《사람을 선행사로 하여》 **a)** 《고어》 《비표준》 =who, whom. ¶a friend ~ helped me move 내가 이사를 거들어 준 친구 / the lawyer ~ you hired 당신이 고용한 변호사. **b)** 《문어》 《계속용법으로, 사람을 나타내는 명사의 성질·기능을 선행사로》 ¶He looked like a lawyer, ~ he was. 그는 변호사같이 보였는데, 실제로 변호사였다.
Which is what! 《구어》 무엇이 어찌 되었다는 거야!
which is which 어느 것[쪽]이, 어느 것[쪽]인가.
which is worse 더더구나 좋지 않은 것은. ⇨⑪ 6.
which see (사전에서) 그 항을 보라.

— 圈 **1** 《의문형용사》 《둘 이상 중에서 하나를 골라서》 어느 쪽의, 어느. ¶W- way shall we go? 어느 쪽 길로 갈까? / W- one do you mean? 어느 것을 말하느냐? / I don't know ~ candidate won in the election. 어느 후보가 선거에 이겼는지 알 수 없다.
2 《관계형용사》 **a)** 《제한용법》 어떤 …이라도(no matter what). ¶Try ~ method you may, you will fail. 어떤 방법을 써보건 너는 실패할 것이다. **b)** 《계속용법》 그리고 이[그]…. ¶It rained heavily all day, during ~ time I stayed indoors. 하루 종일 호우가 내려 그 동안 줄곧 집안에 틀어박혀 있었다 / We went to Rome, at ~ place we parted. 우리는 로마까지 가서 그곳에서 헤어졌다.

every which way ① 모든 방향으로, 사면팔방으로. ¶These threads run *every* ~ way and form a kind of network. 이들 실 모양의 것들은 사면팔방으로 뻗어 일종의 그물 모양을 이루고 있다. ② 모든 방법을 다하여; 모든 면에서.

while은 「휴식 (시간)」이 원뜻으로, 보통 앞에 부정관사 a를 붙여 「잠깐 동안」이라는 뜻의 명사 용법으로 쓰인다. 이 명사 용법의 while은 많은 성구를 이루어서 쓰이는 것이 특색이다.
그러나 while은 명사로서보다는 접속사로서의 기능이 더 중요하다. 종속접속사로서의 while은 뜻과 구문상 when이나 as에 가까운데, He likes sports, *while* I like books.와 같이 뒤에 와서 「그런데 한편」의 뜻이 되면 등위 접속사 and에 가까워진다.

‡**while** [*h*wail/wail] 图 1 (보통 a ~) 동안, 시간; 잠깐 동안; 일정 기간. ¶rest a ~ 잠시 휴식하다 / It took him a ~ to calm down. 그는 마음을 가라 앉히는데 잠시 시간이 걸렸다 / Where have you been all this ~? 지금까지 줄곧 어디 계셨습니까? **2** (고어) (특정한) 경우, 때. ¶There were ~s when he wished to give up his job. 그는 일을 그만두고 싶은 때가 종종 있었다. **3** (폐어) (···하는 데) 소요되는 시간 (* 내용을 한정하는 명사·명사구를 수반). ¶a breathing ~ 숨돌릴 시간 / a tea-making ~ 차 끓일 시간.
after a while 잠시 후. ¶He began to talk nonsense *after a* ~. 잠시 후 그는 뜻도 모를 소리를 지껄여 대기 시작했다.
all the while; the whole while 그동안 죽, 내내, 시종. ¶He stayed at home *all the* ~. 그는 내내 집에 있었다.
a long while 오랫 동안.
at whiles 이따금, 때때로.
a while ago 조금 전에. ¶He arrived a short ~ *ago*. 그는 조금 전에 도착했다.
a while back 수주[수개월] 전에(는), 앞서(는).
between whiles 틈틈이, 이따금.
for a [or ***one***] ***while*** 당시, 잠시(동안).
in a little while 곧, 얼마 안 되어.
make it worth a person's ***while*** ⇒WORTH¹.
once in a while 때때로, 이따금.
the while ① 그간, 동시에. ¶We took a walk and sang the ~. 우리는 산책하며 노래불렀다. ② (고어·시) ···의 사이에.
worth (one's) ***while*** (시간을 걸려서) ···할 가치가 있는. ¶It is *worth* ~ reading [or to read] the novel. 그 소설은 읽을 만한 가치가 있다.
— 图 1 ···하는 사이에, ···하고 있는 동안에, ···과 동시에; ···하는 한(as long as). ¶She came to the door ~ I was ringing the bell. 내가 초인종을 누르는 동안 동시에 그녀는 현관으로 나왔다 / I fell asleep ~ (I was) reading. 책을 읽다가 잠들어버렸다 (* 주절의 주어와 일치할 경우 종속절의 주어와 be 동사는 생략될 수 있다) / Make hay ~ *the sun shines*. (속담) 햇볕이 났을 때 건초를 만들어라, 기회를 놓치지 마라. **2** 그런데 한편, ···인데, 그런데(whereas); ···이라 하나(although). ¶W— they don't agree, they continue to be friends. 그들은 의견이 서로 다르기는 하나 변함없이 친하게 지낸다. **3** (구어) 그리고(and). ¶His mother is a singer, ~ he is a pianist. 어머니는 가수이고 그는 피아니스트이다 / One sang, another danced, ~ the third played the piano. 한 사람은 노래하고, 다른 사람은 춤을 추고, 또 다른 사람은 피아노를 쳤다.
— 图 (고어) ···까지(until). ¶W— then, *God be with you*. 그때까지 신의 가호가 있으시기를(←Shakespeare 작 *Macbeth* 3:1).
— 图他 [시간]을 한가로이[마음 편히, 즐겁게] 보내다; (지루함 따위)를 넘기다(away). (개 따위가) ¶I ~d away the time reading. 나는 독서로 시간을 보냈다 / ~ away the tedium of a journey 여행의 지루함을 달래다.

*whilst [hwailst/wail-] 图 (英) =while.
*whim [hwim/wim] 图 1 ⓒⓤ 문득 마음에 떠오른 생각(착상); 변덕, 일시적 기분, 종잡을 수 없는 생각(for). ¶take [or have] a ~ for fishing 낚시질이나 해볼까 하는 생각이 들다. **2** (광산) (말이 끄는) 권양기.
be full of whims 변덕스럽다.
— 图 (-mm-) 일시적 기분으로 바라다[하고 싶다].
whim·brel [hwimbrəl] 图 중부리도요(도요새과(科)의 철새의 일종).
whim·per [hwimpər/wimp-] 图⏦ 흐느껴 울다, 훌쩍훌쩍 울다(⇒CRY 유의어); (개 따위가) 킹킹거리다, 코를 훌쩍이다. — 图 ···을 눈물 섞인 소리로 말하다. ¶~ (forth) a complaint 울먹이는 소리로 불평하다. — 图 흐느낌, 코를 킹킹거리는 소리, 가련한 (울음) 소리; 읍소; 탄원, 애원.
not with a bang but a whimper 당당하지 않고 살그머니.   ⌊꺼져가는.
— **-er** 흐느껴 우는 사람.
whim·per·ing·ly [hwimpəriŋli] 图 흐느껴 울어, 코를 킹킹 울려, 읍소하듯.
*whim·si·cal [hwimzikəl/wim-] 图 1 (행동·의견 따위가) 변덕스러운, 즉흥적인, 종잡을 수 없는. **2** 별난, 색다른; 묘한, 기묘한. **3** 흔들리는, 일정하지 않은, 예측할 수 없는. — **·ly** 图 — **·ness** 图
whim·si·cal·i·ty [hwìmzəkǽləti] 图ⓤ 변덕, 일시적 기분; 괴팍, 기행(奇行); 별난 생각.
whim·sy [hwimzi] 图 1 변덕, 일시적 기분. **2** 기행(奇行); 기상(奇想). **3** 별난[기발한] 것, 기발한 취향. — 图 색다른, 별난, 기묘한. (또는 **whimsey**)
whim-wham [hwǽm] 图 1 (복장이나 장식 따위의) 기묘한 것, 값싼 것. **2** 변덕(whim). (구어)

---

whif·fled [hwifld] 图 비틀거리는, 술취한.
whif·fler¹ [hwiflər] 图 1 의견[행위]를 자주 바꾸는 사람. **2** (논의에서) 말을 이랬다저랬다 하는 사람, 애매모호한[정견이 없는] 사람.   ⌊선도대.
whif·fler² [英역사] 행렬을 선도하는 사람[시종],
whif·fle·tree [hwifltri:] 图 마구(馬具)의 봇줄을 매는 가름대, 물추리막대. (또는 **whippletree**)
whiff of grápeshot 图 (시위·폭동 따위) 민중의 저항을 진압하기 위한 강경 수단.
whif·fy [hwifi] 图 (英구어) 냄새가 물씬 나는.
whíf gàme 图 「만일 ···이라면」 방식의(만일 그렇다면 어떻게 될 것인가라는 사전 줄거리를 비교 검토하여 방침을 결정하는 방식). 〔<*what if game*〕
Whig [hwig] 图 1 (英역사) 휘그당원; (the ~s) 휘그당(자유당(Liberal Party)의 전신)(⇔ Tory). **2** (英) 보수적인 자유당원; (일반적으로) 옹골한 도덕 군자. **3** (美 역사) (독립전쟁 당시의) 독립당원. **4** (美역사) 휘그당원(민주당(Democratic Party)의 반대파: 1834~55년경 성립). **5** 자유방임 경제 주창자. — 图 휘그당의(과 같은); 휘그당원(으로 이루어진).
Whig·ger·y [hwigəri] 图 =Whiggism.
Whig·gish [hwigiʃ] 图 휘그당의(과 같은); 민권주의적인, 휘그당 지지의.
Whig·gism [hwigizm] 图ⓤ 휘그당의 주의[주장].
‡while ⇒WHILE. 〈p. 3081〉
whiles [hwailz] 图 (스코) 때때로(at times). — 图 (고어) =while.
whi·lom [hwáiləm] 图 (고어) 지난날, 이전에, 예전에, 일찍이. — 图 이전의, 지난날의. ¶one's ~ friend 옛 친구.

어) 불안, 초조(jitters). (또는 **whimsy-whamsy**)
whin¹ [hwin] 명 (英) (식물) 가시금작화(furze).
whin² = whinstone. 「금.
whin·chat [hwíntʃæt] 명 검은딱새류(類)의 작은 명
*****whine** [hwain/wain] 자타 ㉠ 1 구슬픈 소리를 내다, 흐느껴 울다; (개 따위가) 코를 킹킹 울리다. ⇨HOWL 유의어 2 투덜대다, 우는 소리를 하다 (about). ⇨COMPLAIN 유의어 ¶ ~ about being poor 가난을 한탄하다.
3 (바람·기계 따위가) 윙윙 소리를 내다. ─ 명 1 구슬픈 소리. ─ 이라 말하다 (out). ─ 명 1 구슬픈 소리, 흐느낌, (개 따위의) 코를 킹킹거리는 소리. 2 투덜거림, 불
whín·er 명 **whín·ing** 명 **whín·ing·ly** 부. 「평.
whinge [hwindʒ/windʒ] 자 (英·濠속어) 불평(하다), 불만(을 털어놓다); 우는 소리를 하다.
whing·er¹ [hwíŋər] 명 (스코) 단검, 비수.
whing·er² 명 (美속어) 떠들썩한 주연.
whings [hwiŋz/wiŋz] 명 (美속어) 코카인.
whin·ny [hwíni] 자타 (말이) 히힝 울다. ─ 명 히힝 울어 ···을 나타내다. ─ 명 말의 울음 소리.
whin·stone [hwínstòun] 명 ⓤ 현무암류(類).
whin·y [hwáini/wáini] 형 불평(우는 소리)하는, 투덜대는; 짜증내는. (또는 **whiney**) **whín·i·ness** 명.
‡**whip** [hwip/wip] 타 (~**ped** [-t], **whipt**; ~**·ping**) ㉠ 1 ···을 매로 때리다, 매질하다. 2 채찍질하여 몰아대다, (채찍질하듯) 격려하다 (on, up). 3 매질해서 ···을 강요하다[가르치다] (into); 매질해서 ···을 중단시켜서 빨리 가게 하다 (out of). ─ 자 [+뒙+副] ─ a cow in 소를 채찍질해서 빨리 가게 하다 // ~ sense into a child 아이를 매질해서 알아듣게 하다 / ~ nonsense out of a child 아이를 매질해서 어리석은 것을 그만두게 하다. 3 ···을 말로 호되게 야단치다, 몹시 꾸짖다. 4 (구어) (경기 따위에서) ···을 이기다. 5 ···을 갑자기 움직이다, 나꿔채다, 붙잡다 (away, out, off) (in, into). ¶ (~+뙘+副+名) ─ money into one's pocket 돈을 재빨리 호주머니에 쑤셔 넣다 // (~+뙘+副) ~ a sword out of ~ 칼을 쑥 뽑아들다 / ~ off one's coat 웃옷을 홱 벗어버리다. 6 (강 따위를 때리듯이) 낚싯줄을 던지다, (강)에서 던질낚시를 하다. 7 (도르래 장치로) ···을 끌어올리다, 끌어당기다. 8 ···에 실[끈]을 감아붙이다, ···을 실[끈]로 감다. 9 (끝)을 꿰매다, 감치다. 10 (달걀·크림 따위)를 거품내다. 11 (英속어) (물건) 을 훔치다, 슬쩍하다.
─ 자 1 갑자기 움직이다[떠나다], 돌진하다, 날아가다 (away, off) (behind, into, out of). ¶ (~+副) ~ away to Mexico 멕시코로 뛰다 // (~+뙘+副+名) ~ out of the door 문 밖으로 뛰쳐나가다 / ~ behind the door 문 뒤로 슬며시 들어오다. 2 (기(旗) 따위가) 멀럭이다, 나부끼다. 3 던질낚시를 하다. 4 매질하다, 징계하다; 벌을 주다. 5 (달걀·크림 따위가) 거품이 일다. ¶ The cream ~s well. 이 크림은 거품이 잘 인다. 「시키다.
whip *a person's ass* (속어) 남을 때려눕히다; 대패
whip *around* 갑자기 뒤돌아보다[방향을 바꾸다]; 수금하다, (기부 등)을 모으러 다니다 (for).
whip *away* 떨어버리다, 싹 치우다; 잡아채다 (from).
whip *back* (가지·문 등이) 되튀어 오다.
whip *in* (사냥개 따위)를 채찍으로 불러모으다. ② (의원 등)에게 등원을 촉구하다, 지령을 내려 ···을 모으다.
whip...*into shape* (구어) 생각대로 강행하다[해내다]
whip *it on* ① (남에게) 사실을 설명하다. ② (남에게) 마약을 주사하다.
whip *off* ① ···을 매질로 쫓아내다; ···을 갑자기 끌어내다. ② ···을 홱 벗다. ③ (구어) ···을 급히 쓰다. ④ 갑자기 출발하다. 「다[걸치다].
whip *on* 채찍질하여 나아가게 하다[재촉하다]; 획 입
whip *out* ① ···을 급히 꺼내다. ② 갑자기 부르다; 불쑥 말하다. ③ (美속어) 악수를 하다, 인사의 몸짓을 하다.
whip *over* (구어) 급송하다 (to).

whip *round* ① 갑자기 뒤돌아보다. ② (英) (모금 위해)를 하고 다니다 (for).
whip *the cat* (濠·뉴질 속어) 후회하다; 푸념하다.
whip *the devil around the stump* [or *round the post*] ⇨DEVIL.
whip *through* (속어) (일)을 재빨리 해치우다.
whip *up* ① ···을 매질로 서둘게 하다. ② ···을 긁어모으다. ③ ···을 붙들다. ④ (구어) (요리)를 잽싸게 만들다. ⑤ (감정)을 자극하다, 돋우다. ⑥ (남)을 흥분시키다.
─ 명 1 채찍, 매. 2 매질. 3 (英) (채찍을 쓰는) 마부 (coachman). ¶ a good[poor] ~ 훌륭한[서투른] 마부. 4 (사냥) 사냥개 지휘 담당자; 사냥개 담당자. 5 (정치) (의회의) 원내 총무; (美) 원내 부총무; (英) 동원 명령(서). 6 도르래. 7 휘프(크림·달걀 흰자 따위를 거품을 내서 만든 디저트). 8 던질낚시. 9 풍차의 날개. 10 ⓤ 낭창낭창한, 탄력성. 11 (~s) (단수취급) (濠구어) 다량, 다수 (of). 12 (전기) (자동차 따위의) 채찍형 안테나. 13 (~s) (美속어) 경찰; 백인의 권력 조직.
a fair crack of the whip (英구어) (실력 발휘할) 공평한 기회, 공정한 방식.
apply the whip 검을 주어 복종시키다.
crack the whip ① 회초리를 휘두르다. ② (구어) ···을 겁주어 지배하다.
whip and spur 서둘러, 다급하게.
whips and jingles (美구어) =delirium tremens.
whip·cord [hwípkɔ̀ːrd] 명 1 능직물(의 일종). 2 채찍 끈. 3 거트, 장선(腸線)(catgut). 4 (채찍 비슷한) 해초. ─ 형 힘찬, 씩씩한; 근육질의, 강인한.
whip·crack [hwípkræ̀k] 명 채찍을 휘두르기, 획
whip crane 명 ···하는 소리. 「하는 기중기.
whip·gin [hwípdʒìn] 명 조면기(繰綿機).
whip graft (원예) 혀접(접목법의 하나).
whip hand 채찍을 잡는 쪽 손, 오른손; 우세, 우위.
have [or *get*] *the whip hand of* ···을 지배[좌우]
whip·lash [hwíplæ̀ʃ] 명 1 채찍 끝의 휘청휘청한 부분, 채찍 끈. 2 = injury. 3 자극, 편달. ─ 타 1 ···을 채찍으로 때리다, 채찍질하다. 2 (사태의 급변 따위가) 악영향을 미치다, 손해를 주다.
whíplash injury 편타성(鞭打性) 상해. 「약금.
whip-out [-àut] 명 (美속어) 돈, 첫 지불[투자], 계
whipped [hwipt] 형 1 매질을 당한, 채찍질로 벌을 받은. 2 (채찍으로 맞은 것처럼) 기세가 꺾인, 늘어진. 3 (휘저어) 거품이 일게 한. ¶ ~ cream 거품을 낸 크림. 4 (美속어) 녹초가 된, 술취한.
whipped-up [-ʌ́p] 형 =whipped 4.
whip·per [hwípər] 명 채찍질하는 사람[것].
whip·per-in [-ín] 명 (평 **whippers-**) (英) (사냥) 사냥개 담당자. (의회)의 원내 총무.
whip·per·snap·per [hwípərsnæ̀pər] 명 건방진 젊은이, 알미운 애송이; 하찮은 인간.
whip·pet [hwípit] 명 위펫(영국산 경주용 개); 경전차(輕戰車)(제2차 세계 대전 때 영국군이 사용).
whip·ping [hwípiŋ] 명 1 ⓤⓒ 채찍질. 2 ⓤ (로프의) 끝맴듭. 3 ⓤ 갑자기 움직이기. 4 ⓤⓒ (구어) (시합 따위에서) 패배. 5 ⓤ (달걀·크림 따위)가 거품을 내게 하기.
whípping bòy (옛날 왕자가 벌 받을 일이 있을 때) 대신 벌 받는 소년; 대역, 남의 죄를 떠맡는 사람.
whípping crèam 명 휘핑 크림(거품이 일기에 충분한 유지방을 함유한 크림). 「는 기둥.
whípping pòst (옛날의) 태형(笞刑)할 때 붙들어 매
whípping tòp 명 (채로 쳐서 돌리는) 팽이.
whip·ple·tree [hwípltrìː] 명 =whiffletree.
whip-poor·will [hwípərwìl/wípuəwìl] 명 (미국산(產)) 쏙독새.
whip·py [hwípi] 형 채찍(모양)의; 매우 탄력성 있는, 낭창낭창한; (英) 쾌활한, 활기찬. **-pi·ness**

whip-round [ʹrάund] 명 (英) 기부금 모집, 모금.
whip·saw [hwípsɔ̀:] 명 (틀에 끼운) 가늘고 긴 톱, 두 사람이 켜는 폭이 좁은 톱.
— 동 (~ed, ~n) 타 1 …을 whipsaw로 켜다. 2 (상대방)을 이중으로 이기다. 3 (일반적으로) …에게 이중의 손해를 입히다. 4 (美구어) (대립하는 양 진영)에서 어부지리를 취하다. 5 (美구어) (일 따위)를 재빨리 해치우다. — 자 1 whipsaw로 자르다. 2 (美구어) 이중으로 손해를 끼치다. 3 (美) 경합시키다.
whip·sawed [hwípsɔ̀:d] 형 (증권) (값이 오를 때 사고 내릴 때 팔아) 이중 손해를 본.
whip·snake [hwípsnèik] 명 채찍뱀(꼬리가 채찍처럼 가늘고 긴 남미산(産) 뱀).
whip·stall [hwípstɔ̀:l] 명 (항공) 급(상승) 실속(失速)(수직 상승할 때 기수가 채찍의 끝처럼 흔들려 실속하는 현상), 급(상승) 실속시키다(하다).
whip·ster [hwípstər] 명 =whippersnapper; 채찍을 사용하는 사람.
whip·stitch [hwípstìtʃ] 명 타 (천) 의 가장자리를 감치다. — 명 감치기; (구어) 순간, 일순(instant).
(at) every whipstitch 늘, 종종.
whip·stock [hwípstɑ̀k/-stɔ̀k] 명 채찍 자루.
whíp tòp 명 =whipping top.
whip·worm [hwípwə̀:rm] 명 편충(鞭蟲).
whir [hwə:r] 명 (-rr-) 자 휙 날다(움직이다); 윙윙 돌다. ¶ ~ past (자동차 따위가) 질주하다. — 타 (사람·물건 등)을 (날쌔게) 휙(윙) 하는 소리를 내며 나르다. — 명 휙 하는 (윙윙 돌아가는) 소리.
*__whirl__ [hwə:rl/wə:rl] 동 (~s [-z]) 자 1 빙빙 돌다, 소용돌이치다; 선회(회전)하다(about, (a)round). ⇨ TURN 유의어 ¶ (~+튀) ~ round (나뭇잎 따위가) 맴돌며 날다. 2 (…)의 주위를 돌다, 주행(周行)하다. ¶ (~+튀+명) ~ about a room 방 안을 빙빙 돌다. 3 갑자기 방향을 바꾸다(옆으로 벗어나다), 휙 돌다(뒤돌아보다)(round). 4 (자동차 따위로) 질주하다, 황급히 가다. ¶ (~+튀+명) ~ out of sight 쏜살같이 달려서 시야에서 사라지다. 5 현기증이 나다(reel). 6 (생각 따위가) 잇달아 떠오르다, 연속 솟아오르다. — 타 1 …을 빙글빙글 돌리다, 회전(선회)시키다, 소용돌이치게 하다. 2 …을 재빠르게 나르다; (바람 따위가) 회오리쳐서 …을 가져가다 (away, off). ¶ (~+명+튀) The taxi ~ed him into darkness. 택시는 그를 태우고 휙 어둠 속으로 사라졌다. 3 (고어) 현기증이 나게 하다, 어찔어찔하게 하다.
— 명 (목 ~s [-z]) 1 빙빙 돌기, 회전, 선회(spin). 2 소용돌이; 선풍; 빙글빙글 도는 것. 3 갑자기 방향을 바꾸기(옆으로 벗어나기). 4 소동, 소란. 5 (바람 따위의) 어지러움, 혼란. 6 (잇따라 일어나는) 일련의 사건.
give it a whirl (美구어) (시험 삼아) 해보다, 시도하다.
in a whirl ① 빙빙 돌아, 선회하여. ② 혼란에 빠져서.
∼·ing 명 -ing·ly 부
whirl·a·bout [hwə́:rləbàut] 명 1 회전(하기), 선회; 야단법석. 2 =whirligig. — 형 회전(선회)하는.
whirl·er [hwə́:rlər] 명 1 선회하는 것. (빗살 만드는 데 쓰는) 선회하는 갈고리(바퀴).
whirl·i·gig [hwə́:rlìgìg] 명 1 (애들이 돌리며 노는) 팽이; 바람개비; 회전 목마; 빙빙 도는 것. 2 회전 운동, 변천. ¶ the ~ of fashion 유행의 변천. 3 경박한 사람, 변덕스러운 사람.
whírligig bèetle 명 (곤충) 물매암이.
*__whirl·pool__ [hwə́:rlpù:l] 명 1 소용돌이. 2 소용돌이 비슷한 것; 혼란, 소동. 3 = ~ bath.
whírlpool báth 명 1 (물리 치료 따위를 위한) 와류욕(渦流浴). 2 와류(발포(發泡)) 장치. 3 와류(발포) 장치를 갖춘 욕조, 와류 욕조.
*__whirl·wind__ [hwə́:rlwìnd] 명 1 회오리바람, 선풍. 2 격한 행동; (감정의) 폭풍. ¶ the ~ of passion 정열의 폭풍. 3 급격한 선회 상승.

ride in the whirlwind 혼란을 극복하다, 회오리바람을 다스리다; 풍운의 기회를 타다.
sow the wind and reap the whirlwind ⇨ WIND[1].
whirl·y [hwə́:rli] 형 빙빙 도는; 소용돌이 치는.
— 명 작은 회오리바람.
whírly bírd 명 (컴퓨터) 자기 디스크 장치.
whirl·y·bird [hwə́:rlìbə̀:rd] 명 (구어) 헬리콥터.
whirr [hwə:r] 동 명 =whir.
whish [hwiʃ] 동 자 휙(쌩) 하고 울리다(움직이다, 날다).
— 명 쌩 하는 소리.
whisht [hwist, hwiʃt] 감 형 명 =whist[1].
*__whisk__[1] [hwisk/wisk] 동 타 1 (먼지 따위)를 털어내다, 털다 (away, off). ¶ ~ flies away [or off] 파리를 쫓다 // (~+명+튀+명) ~ crumbs off one's coat 저고리에서 빵부스러기를 털어내다. 2 …을 확 채어가다, 데려가다(away, off, out); …을 확 잡다. ¶ ~ away [or off] a newspaper 신문을 확 가져가다 ¶ (~+명+튀+명) ~ a letter out of sight 편지를 싹 감추다. 3 …을 (…에서 / …로) 잽싸게 움직이다(흔들다) (away, off) (from, off / into). ¶ A cow ~ed its tail. 소가 꼬리를 휙 흔들었다. — 자 1 싹 사라지다; 갑자기 가버리다; 민첩하게(획) 움직이다. ¶ (~+튀+명) ~ out of sight 갑자기 보이지 않게 되다 / ~ into a hole (쥐 따위가) 구멍 속으로 휙 사라지다. — 명 1 민첩한 행동. 2 솔, 작은 비. 3 (총채 따위의) 한 털기, 한 번 휘두르기.
in a whisk 순식간에, 잽싸게.
— 부 (가볍고 재빠른 움직임을 나타내어) 휙, 싹.
whisk[2] 명 (달걀 따위의) 휘젓는 기구, 거품내는 기구.
— 동 …을 (달걀 따위의) 휘젓는 기구로 휘젓다. 거품을 내다.
whísk bròom 명 양복솔, 작은 비.
*__whisk·er__ [hwískər/wísk-] 명 1 (보통 ~s) 구레나룻(옆) beard, mustache). 2 (고양이·쥐 따위의) 수염; (새의 부리 언저리의) 깃털. 3 (결정) 수염 결정. 4 (해사) 휘스커(제1사장(斜檣)의 양쪽에서 튀어나와 있는 둥근 재목). 5 (무선·전자) ~=cat ~. 6 (구어) 가까운 거리, 적은 양. 7 (권투에서) 턱. 8 (~s) (단수취급) 수염 난 노인, 나이든 남자.
by a whisker 간발의(근소한) 차이로. ¶ win[lose] *by a* ~ 아슬아슬한 차이로 이기다(지다).
have [or grow] whiskers 이미 새롭지 않다; 한창때가 지나다.
Mr. [or *Uncle*] *Whiskers; the old man with the whiskers* (美속어) 미국 정부; (마약 단속반·FBI 수사관 등) 법 집행관.
whisk·ered [hwískərd] 형 구레나룻이 있는.
*__whis·key__ [hwíski/wís-] 명 (목 ~s, -kies [-z]) U (종류를 말할 때는 C) 위스키; C 위스키의 한 잔. *(美)에서는 국산은 whiskey, 스카치 등의 외국산은 whisky로 쓰는 일이 많다. — 형 위스키의, 위스키로 만든, 위스키와 비슷한. (ball).
whískey and sóda 명 위스키소다, 하이볼(highball).
whis·key·fied [hwískifàid/wís-] 형 (익살) 위스키의 효과가 있는(에 취한).
whískey sóur 명 (美) 위스키 사우어(위스키에 레몬 주스와 설탕을 섞은 칵테일).
*__whis·ky__ [hwíski/wís-] 명 (목 -kies [-z]) 1 (英·캐나다·濠) =whiskey. 2 경(輕) 2륜 마차.
whísky màc 명 (英) 위스키와 생강주를 같은 비율로 섞어 만든 칵테일.
whisp [hwisp] 명 =wisp.
*__whis·per__ [hwíspər/wís-] 동 (~s [-z]) 타 1 속삭이다, 귀엣말하다, 귓속말을 하다; 밀담하다 (about). 2 남몰래 숙덕거리다, 몰래 말을 퍼뜨리다. 3 (바람·개울·수풀 따위가) 살랑살랑 소리를 내다, 졸졸 흐르다. ¶ (~+튀+명) A breeze ~ed through the pines. 산들바람이 솔밭을 살랑살랑 불고 지나갔다. — 타 1 …라고 낮은 목소리로 말하다, …을 (…에게) 속삭이다 (to, to do, that 절). ¶ ~ something to a girl 소녀에게 무

whisperer

언가를 귀띔하다 // ~ a person not to go 남에게 가지 말라고 낮은 목소리로 말하다. 2 …말을 몰래 퍼뜨리다. ¶ (about, that 節). It is ~ed that the market is dull. 거래는 한산하다고들 숙덕거린다 // The strangest things are being ~ed about her. 그녀에 관해 아주 이상한 소문이 나돌고 있다. 3 …에게 낮은 목소리로 말을 걸다[이야기하다].

whisper against *a person* 뒤에서 남을 중상하다, 몰래 험담하다. 「게 귀띔하다.
whisper in *a person's ear* [or *to a person*] 남에 소곤소곤하는 말; 밀담. ¶ Whispers were going round that he had died. 그가 죽었다는 소문이 나돌고 있었다. 3 (바람 따위가) 살랑살랑 부는 소리. 4 미량, 근소함(trace).
give the whisper 살짝 귀엣말을 주다, 살짝 가르쳐주다. ― 힌트를 주 「곤.
in a whisper; in whispers 낮은 목소리로, 소곤소

whis·per·er [hwísparər] 图 속삭이는 사람, 소문을 퍼뜨리고 다니는 사람; 밀고자.
whis·per·ing [hwísparin] 图UC 1 속삭임, 비밀 이야기. 2 소문, 풍설. 3 (산들바람이나 개울물이) 살랑살랑[졸졸] 하는 소리. ― 图 속삭이는 (듯한); 귓속말의; 살랑거리는. ~·ly 튀
whispering campaign 헛소문 퍼뜨리기 (작전), 조직적인 중상 모략.
whispering gàllery [dòme] 图 속삭임의 회랑 (回廊)(둥근 천장 방)(작은 소리로도 멀리까지 들리는 회랑); 소리가 울리는 방.
whis·per·ous [hwísparəs] 图 =whispery.
whísper stòck 图 (美俗) 소문주(株)(매수(買收) 소문이 있는 회사의 주식).
whis·per·y [hwíspari] 图 1 속삭이는 듯한, 살랑살랑하는. 2 속삭이는 소리로 가득찬.
whist[1] [hwist] 图 (英) 쉬!, 조용히! ― 图 조용한, 무언의. ― 图U (아일) 침묵. ― 图 조용하게 하다, 조용해지다.
whist[2] 图U 휘스트(네 사람이 하는 카드놀이).

long[short] whist 10점[5점] 승부.
whìst drìve 图 (英) 휘스트 드라이브(휘스트를 몇 사람이 상대를 바꿔가며 하는 놀이).

‡**whis·tle** [hwísl/wísl] 图 (~s [-z]; ~d; -tling) ④ 1 휘파람을 불다. 2 피리[휘파람]로 부르다[신호하다]. 3 피리[휘파람] 같은 소리를 내다, 삑삑 울리다; 기적을 울리다. ¶ (~+前+名) ~ *around* a house (바람이) 집 주위에 쌩쌩 불다. 4 윙윙[휙휙] 소리를 내다. 5 (새 따위가) 삑삑[짹짹] 울다. 6 (탄환 따위가) 윙[핑] 하고 날다. ¶ (~+前+名) ~ *through* the air (총알 따위가) 바람을 가르고 날다.
― 目 1 …을 휘파람으로 불다, 휘파람을 불어 나타내다. 2 …을 휘파람으로 부르다[신호하다] (back, away, forward, off, up). ¶ (~+目+副) ~ a dog *forward* [back] 휘파람을 불어 개를 앞으로 가게 하다[불러들이다]. 3 (벌 따위) 불어 날리다.

let [or *bid*] *a person go whistle* 남에게 단념하게 하다. 「…을 마음대로 가게 하다.
whistle…down the wind …을 놓아두다, 포기하다;
whistle for ① …을 휘파람으로 부르다. ¶ ~ *for a taxi* 휘파람으로 택시를 불러 세우다. ② …을 바라도 가망이 없다, 얻을 수 없다.
whistle for the wind (바람이 없을 때 선원들이) 휘파람을 불어 바람을 부르다.
whistle in the dark (美) (위험이나 패배에 직면하여도) 침착한 체하다; (美俗) 지레짐작을 하다.
whistle off (구어) 휙 가버리다.
whistle one's life away 일생을 탬평스레 보내다.
whistle up ① (구어) …을 부족한 재료로 재빨리 만들다. ② (개를) 휘파람으로 부르다. ③ (지원병을) 급히 부르다.

― 图 (목) ~s [-z] 1 휘파람; 호각; 기적(汽笛); 경적. 2 삑삑 울리는 소리. 3 입, 목(throat).

(as) clean as a whistle (구어) ① 아주 깨끗한, 결백한. ② 능란한.
blow the whistle on ① (스포츠) (심판이) (선수)에게 호각을 불다(반칙을 적용하다). ② (美俗) (남)을 밀고하다; …에게 (하고 있는 일을) 못하게 하다; (부정) 반대하다.
dance to *a person's whistle* 남의 장단에 춤을 추다, 남이 시키는 대로 하다.
not worth the whistle 전혀 무익한.
pay (dear) for *one's whistle* 보잘것없는 물건을 비싸게 사다; 혼줄나다.
wet *one's whistle* (구어) 목을 축이다; 한잔 하다.
whistle and flute 양복 한 벌.
whistle and toot 돈, 현금.
~·a·ble, -tly 튀

whistle bàit 图 (俗) 매력적인 여자.
whis·tle-blow·er [-blòuər] 图 (美俗) 밀고자, 내부 고발자.
whis·tle-blow·ing [-blòuiŋ] 图 (美俗) 고발.
whis·tled [hwísld] 图 (俗) 술 취한. 「밀고.
whis·tler [hwíslər] 图 1 휘파람을 부는 사람. 2 퍽 하고 소리나는 물건, 그 소리. 3 휘파람 같은 소리를 내며 우는 새의 속칭. 4 (동물) (북미산(産)) 마멋의 일종. 5 천식에 걸린 말.
whìstle stòp 图 1 (역에서 신호가 있을 경우 기적을 울리며 정거하는) 임시 정차역, 작은 역. 2 (철도 연변의) 보잘것없는 작은 도시. 3 (작은 도시 따위에서 유세(遊說)나 장사를 위한) 단기 체재; 선거 유세; 공연.
whis·tle-stop [-stɑ̀p/-stɔ̀p] 图图 (-pp-) (美구어) (후보자가) 각지를 역차로 두루 돌면서 유세하다, 2 각지에서 1박씩 하면서 여행하다. ― 图 지방 유세식으로 하는. ¶ a ~ tour (지방) 유세 여행.
whis·tling [hwísliŋ] 图 휘파람을 부는; 펙 하고 울리는. ― 图UC 1 휘파람 불기; 펙 하고 울리기. 2 (수의) (말 따위의) 천식. ~·ly 튀
whistling búoy 图 (해상) 무적(霧笛) 부이(파도의 요동에 따라 기적이 울리는 안개 경보용 부이).

*‡**whit** [hwit/wit] 图 (a ~) (부정문에서) 조금, 미소(微小)(bit). ¶ He is not a [or no] ~ the better for it. 그렇다고 그가 더 나을 것은 조금도 없다.

every whit 완전히.
Whit [hwit/wit] 图图 성령 강림절(降臨節)(Whitsun)(의).
Whit·a·ker's Álmanack [hwítəkərz-] 图 휘터커 연감(1868년 영국의 출판업자 Joseph Whitaker (1820-95)가 창간).

‡**white** [hwait/wait] 图 (whít·er; whít·est) 1 흰, 백색의; 순백의, 눈처럼 흰; 백발[은발]의; 눈이 있는[많은]. ¶ a lily 흰나리 / a ~ night 백야 / ~ 육체 노동을 안 하는 흰 손 / a ~ old man 백발의 노인 / a Christmas 화이트 (눈이 내리는) 크리스마스 (图 a green Christmas) / as ~ as snow 눈처럼 흰. 2 색이 바랜, 희어진; 희읍스름한. ¶ a dress ~ from many washings 여러 번 빨아서 빛이 바랜 드레스. 3 창백한, 파리한; 빛깔이 엷은. 4 격렬의; (감정 따위가) 격렬한. ¶ ~ rage 격노. 5 (빛·물 따위가) 무색의, 투명한; (포도주 따위가) 호박(琥珀)색의(图 red). ¶ ~ light 백광(白光) / ~ water 투명한 물. 6 (음색·음질 따위가) 따뜻함이나 결감이 없는. 7 아무것도 안 쓴, 공백의, 여백의. ¶ a ~ space 여백. 8 악의 없는, 순결한. ¶ ~ as snow [or lily] 결백한. 9 백인(종)의; 코카서스 인종의. ¶ the ~ race 백색 인종 / ~ culture 백인의 문화. 10 백인이 지배하는, 백인에 의한, 백인 전용의. ¶ a ~ club 백인 전용 클럽 / a ~ school 백인만 다니는 학교. 11 백의(白衣)의, 흰 옷을 입은. ¶ a ~ sister 백의의 수녀. 12 왕당파의, (정치적으로) 극우[보수]적인; 반공의 (图 red). ¶ a ~ army 백군, 반혁명군. 13 (美俗) 훌륭

white admiral

한; 정직한, 공정한, 신뢰할 수 있는. ¶a ~ man 성실한 사람. **14** 선의의; 해가 없는. **15** 상서로운, 행운의, 재수 있는. ¶a ~ day 길일(吉日). **16** 더러움이 없는; 죄 없는, 청정한, 결백한. ¶~ girlhood 순진무구한 소녀시절. **17** (싸움이) 교전을 수반하지 않는. ¶a ~ war of propaganda 선전전. **18** 〖끗구어〗 (커피·홍차에) 우유를 탄(⇔ black).

(as) white as a sheet ⇒ SHEET¹.
be in white terror 겁에 질려 창백해져 있다.
bleed a person white 남으로부터 짜낼 대로 짜낸다.
make one's name white again 오명을 씻다.
mark with a white stone 경사스러운 일로 표시하다; 대서 특필하다.
white around [or about] the gills 안색이 나쁜, 창백한. 「결백한」
whiter than white 새하얀; 더할 나위 없이 깨끗한
── 图 **1** UC 흰 빛, 백색. **2** U 흰 그림물감, 백색 안료. **3** U 흰 천, 흰 옷; (~s) 흰 천으로 만든 제품: UC 흰 것. ¶a woman in ~ 옛날 의 흰 옷을 입은 여자. **4** (눈의) 흰자위; (달걀의) 흰자위(⇔ yolk). **5** 백인(白人). **6** 백색 품종; (W-) 백색 품종의 돼지. **7** U 순결, 결백. **8** (the ~) 〖인쇄물 따위의〗 여백. **9** 〖곤충〗 배추흰나비류(類). **10** (~s) 〖병리〗 백대하(白帶下). **11** U 백포도주. **12** 최상품의 밀가루〖설탕〗. **13** 백색종, 백색 변종. **14** (the ~) 〖궁술〗 과녁의 가장 바깥쪽 원; 그곳에 맞은 화살; 표적의 중심부 (* 옛날에는 흰색을 칠했으나 지금은 노란색 또는 금색). **15** 〖체스〗 흰색 말을 가진 경기자). **16** (종종 W-) 〖정치〗 왕당파(員), 극우파(極右派)(의) (⇔ Red). **17** 〖英역사〗 (the W-) 백색 함대. **18** 〖美속어〗 싸구려〖밀조〗 진. **19** 〖美속어〗 코카인, 모르핀.
call white black 흰 것을 검다고 우기다.
in the white (가구·목재가) 니스나 색을 칠하지 않은, (천 따위가) 물들이지 않은. 「회계 하다.
── 图(图) **1** 〖인쇄〗 희게 하다(out). **2** 〖고어〗
white out ① 〖인쇄〗 희게 비우다. ② 흰 수정액으로 지우다; 안개〖눈〗에 보이지 않게 되다 〖하다〗.
── 图 (whit·er; whit·est) 공정하게, 반듯하게. ¶act ~ 훌륭하게 행동하다.

white ádmiral 图 〖곤충〗 흰줄나비.
white alért 图 백색 경보, (공습) 경보 해제보(報).
white álkali 图 〖농업〗 (강우량이 적은 지방에 나타나는) 백색 알칼리토(土), 알칼리 백토; 정제 소다회(灰).
white álloy 图 백색 합금, 가짜 은(銀).
white ánt 图 흰개미(termite).
white-ant [´ænt] 图图 〖濠구어〗 〖기업·단체 따위〗를 (내부로부터) 파괴하다.
white área 图 특별한 이용 계획이 없는 지역.
White Austrália 图 (유색인의 이민을 허용하지 않는) 백호(白濠)주의. (또는 ⁓ **pólicy**)
white bácklash 图 (흑인의 공민권 운동에 대한) 백인의 반발, 백색 반동.
white·bait [hwáitbèit] 图 (集 ~) **1** 청어·정어리 따위의 은백색 치어(稚魚). **2** **1**과 같은 각종 물고기.
white béar 图 흰곰, 북극곰(polar bear).
white bélt 图 (유도 등의) 흰 띠(의 사람).
white birch 图 자작나무(유럽·북미산(産)).
white (blóod) céll =white corpuscle.
white·board [hwáitbɔ̀ːrd] 图 **1** 흰 칠판. **2** 〖전자〗 화이트보드(그 위에 쓴 것을 카피할 수도 있고, 전화선으로 전송하여 단말기에 나타낼 수도 있는 전자 보드).
white bóok 图 백서(정부가 발행하는 보고서).
white·boy [hwáitbɔ̀i] 图 **1** 〖고어〗 총애받는 사람, 총아. **2** (W-) 백의당원(白衣黨員).
white bréad 图 (정백분으로 만든) 흰 빵.
white-bread [´brèd] 图 〖美구어〗 중류 백인적인〖백인 취향의〗; 무난한, 해도 덕도 안 되는.
white brónze 图 〖야금〗 (주석 함유량이 많은) 백색 「청동.
white·cap [hwáitkæ̀p] 图 **1** (~s) 파도의 흰 물결

[물마루]. **2** 흰 모자를 쓴 사람; 〖美〗 백모(白帽) 단원(폭력적인 자경(自警) 단원). **3** =redstart.
white cást íron =white iron.
white cédar 图 〖美〗 (미국 동부 소택지의) 편백나무류(類).
white cemént 图 〖건축〗 백색 시멘트.
White·chap·el cárt [hwáittʃæ̀pəl-] 图 두 바퀴 달린 손수레(상품 운반용). 「(낮은 칩).
white chíp 图 〖카드놀이〗 백색 포커칩(가장 값이 싼 칩).
white chócolate 图 초콜릿 타입의 백색 당과.
White Chrístmas 图 (눈 내린) 화이트 크리스마스.
white clóver 图 〖식물〗 흰토끼풀.
white cóal 图 (동력원으로서의) 물, 수력; 전력.
white cóat hypertensión 图 (긴장 따위로 생기는) 진찰전 혈압 상승.
white cóat rúle 图 〖美〗 〖광고〗 백의(白衣) 금지 규칙(TV광고에서 의료 관계자 등을 대변자로서 등장시키는 것을 광고주에게 금하고 있는 규칙). 「커피.
white cóffee 图 〖英구어〗 우유를 탄 커피, 밀크
white-col·lar [-ˈkálər/-ˈkɔ́l-] 图 화이트 칼라의, 샐러리맨(기질)의; 정신 노동의. (⇔ blue-collar). ¶a ~ worker 봉급 생활자.
white-collar críme 图 〖美〗 화이트 칼라의 범죄 (탈세·횡령·뇌물 따위 범죄).
white-collar críminal 图 화이트 칼라 범죄자.
White Cóntinent 图 (the ~) 흰 대륙, 남극 대륙.
white córpuscle 图 백혈구.
white crów 图 흰까마귀; 아주 진기한 물건.
whit·ed [hwáitid] 图 1 희게 된; 표백한. **2** 회반죽
white dáisy 图 〖식물〗 프랑스국화. 「을 바른.
white dámp 图 (주로 일산화탄소로 이루어진) 탄광
white déath 图 〖美〗 헤로인; 「내 유독가스.
white déw 图 동로(凍露)(이슬이 하얗게 언 것).
white drúgs 图 〖美속어〗 코카인.
whit·ed sépulcher [hwáitid-] 图 회칠한 무덤, 위선자(←마태 복음(Matt.) 23 : 27).
white dwárf 图 〖천문〗 백색왜성(矮星).
white élephant 图 **1** 흰코끼리. **2** 처치 곤란한 물건, 주체스러운 물건. **3** 〖美〗 소유주에게는 필요없으나 남에게는 가치있는 물건. 「English
White Énglish 图 (미국의) 백인 영어. (⇔ Black
white énsign 图 영국 군함기(旗). (⇔ red ensign
white·face [hwáitfèis] 图 (얼굴이 흰) 헤리퍼드 (Hereford)종 소(牛), (일반적으로) 얼굴이 흰 동물.
white-faced [´fèist] 图 **1** 얼굴이 창백한, **2** 말 따위가) 이마에 흰 반점이 있는. **3** 앞면〖표면〗이 흰.
white fáther 图 아프리카 파견의 선교사(흰 옷을 입은 데서). 「투계(鬪鷄) 용어.
white féather 图 (the ~) 겁쟁이의 증거. * 본래
show the white feather 우는 소리를 하다, 겁내다.
white fínger(s) 图 〖병리〗 백납병.
white·fish [hwáitfiʃ] 图 (~, ~·es) **1** 송어의 일종. **2** (일반적으로) 흰 물고기. **3** 흰돌고래(beluga).
white flág 图 백기(항복·휴전 따위의 표시).
hoist [or **show**, **wave**] **the white flag** 항복하다.
white flíght 图 〖美속어〗 (특히 중산층) 백인 도시 주민의 교외 탈출(타인종과 함께 살기를 꺼리는 데서).
white flóur 图 (배아와 밀기울을 제거한) 흰 밀가루.
white fóx 图 〖동물〗 북극 흰여우(arctic fox).
White Fríar 图 카르멜회(會)의 수도사(Carmelite).
white fróst 图 (하얗게 내린) 서리. (⇔ black frost
white fúel 图 **1** (에너지원으로서의) (강)물. **2** 무연 (無鉛) 가솔린.
white gasolíne [gás] 图 무연(無鉛) 가솔린.
white gírl 图 〖美속어〗 코카인.
white-glove [´glʌ́v] 图 〖구어〗 면밀한, 빈틈없는, 자상한; 오점〖결점〗 없는.
white glóves 图 〖英역사〗 흰 장갑(심리 사건이 없을 때 순회 판사에게 선물로 줌).

white góld 명 화이트 골드(금과 아연·니켈 따위의 합금; 장신구용); 백색 산물(설탕·목화 따위).
white góods 명(복) 린넨류(類)(시트 따위); (냉장고·세탁기 등 흰색을 칠한) 대형 가정용 기구.
white-haired [´hɛəd] 형 백발의; 흰 털로 덮인; (구어) 마음에 드는.
White·hall [hwáitho:l] 명 화이트홀. 1 본래 영국 London의 중앙부에 있던 궁전. 2 London의 중앙부에 있는 거리 이름(관청가). 3 (the ~) (집합적; 단·복수 양용) 영국 정부; 영국의 정책. — 형 (英)영국 정부의.
white-hand·ed [hwáithændid] 형 1 손이 흰, (육체) 노동을 하지 않은. 2 결백한(pure), 정직한.
white hánds 명(복) 깨끗한손, 결백, 청렴.
white hát 명 (미구어) 올바른[착한] 사람; (미해군속어) 하사관.
white-head·ed [´hédid] 형 1 머리가 흰, 백발의. 2 아마색 머리의, 금발의. 3 (구어) 마음에 드는.
white héat 명 백열(白熱); 백열 상태, 격노, 정열.
white héron 명 큰백로.
white hóle 명 (천문) 화이트홀(블랙홀에 빨려 들어간 물질이 방출되는 구멍이라고 하는 가설상의 장소).
white hópe 명 1 (미구어) 크게 기대되는 사람. 2 (스포츠) 백인 유망 선수, 백인 기대주.
white hórse 명 (보통 ~s) =whitecap 1.
white-hot [´hát/-hót] 형 1 아주 뜨거운, 백열의; 열렬한, 치열한; 매우 화난; (미속어) 지명 수배중의.
***White Hóuse** 명 (the ~) 화이트 하우스, 백악관(미국 대통령 직무(직권); 미국 정부.
white húnter 명 1 (아프리카 사파리·수렵 여행의) 백인 안내인. 2 (아프리카에서) 큰 동물을 사냥한 백인.
white informátion 명 (은행 등이 신용 평가 플러스인 개인에 대한) 백색 신용 정보.
white íron 명 백주철(白鑄鐵).
white knight 명 1 구세주. 2 대의(大義)를 위한 투사. 3 (美) (경영) 백의(白衣)의 기사(騎士)(위기에 처한 회사를 구제하기 위해 개입하는 제3의 기업).
white-knuck·le [´nʌkl] 형 1 (구어) 공포[불안]를 유발하는, 겁주는, 무서운. 2 겁에 질린, 불안에 떠는.
white knúckler 명 (구어) 1 긴장[불안, 겁]을 주는 것; 긴장하는 비행. 2 몹시 긴장한[불안, 겁먹은] 사람 [것], (blended whisky).
White Lábel 명 (상표) 화이트 라벨(스코틀랜드산 blended whisky).
white lády 명 1 칵테일의 일종. 2 (속어) 코카인, 헤로인. 3 (濠구어) (음료로서의) 변성 알코올.
white lánd 명 (英) 농업 지정지.
white léad [-led] 명 (화학) 백연; 탄산납.
white léather 명 무두질한 흰 가죽.
white lég 명 (의학) =milk leg.
white líe 명 악의 없는 거짓말, 방편으로 하는 거짓말.
white líght 명 대낮의 햇빛; (비유적) 공정한 판단.
white líghtning 명 (미속어) 밀조 위스키; =LSD.
white líne 명 1 (도로의) 흰 선, (일반적으로) 백선. 2 (말발굽의) 백색층. 3 (인쇄) 흰[공백] 부분, 여백. 4 (미속어) 술, 알코올 음료.
white-lipped [´lipt] 형 (공포에 질려) 입술의 핏기가 가신.
white líquor 명 백액(白液)(제지용 펄프 용해제).
white líst 명 백표(白表). 1 정부 인가 단체[개인] 리스트. 2 (기업이 선호하는) 인재(人材) 리스트. 3 좋아하는 도서[영화] 리스트. 4 우량 기업 리스트. 5 우수 고용자 리스트. 참 black list.
white-liv·ered [´lívərd] 형 집 많은; 창백한, 혈색이 나쁜(pale), 건강치 못한.
white lúng 명 =asbestosis.
white·ly [hwáitli] 부 하얗게, 희게, 백색으로; 무례하게.
white mágic 명 백마술(白魔術)(좋은 일을 위한 주문·주술). 참 black magic.
white mán 명 백인; (구어) (인격적으로) 고결한 사람, 훌륭한 사람.
white mán's búrden 명 (the ~) (보통 반어적) (식민지 체제하의 타민족에 대한) 백인의 책임.
white márket 명 합법적 시장(암시장 형성 방지를 위해 배급된 따위의 거래를 공인한 제도).
white mátter 명 [해부] (뇌의) 백질(白質).
white méat 명 1 흰 살코기(닭·토끼·송아지 따위의 고기)(ⓒ red meat). 2 (속어) (백인) 여배우(가수); (비어) (섹스 상대로서의) 백인, (특히) 백인 여자. 3 (방언) 치즈, 버터, 유(乳)제품. 4 돼지 비계살. 5 (미속어) 아주 쉬운 일, 손쉽게 얻을 수 있는 것.
white métal 명 백색 합금; 가짜 은.
white méter 명 (英) (전기) 백색 미터(요금이 싼 off-peak 밤[야간]의 전력 소비량을 표시하는 전력계).
white móney 명 (미속어) 출처를 속이고 합법을 가장한 비자금. 「급주, 밀주.
white múle 명 (미속어) 에틸알코올에 물 탄 술; 불법
white múscle diséase 명 [수의] 백근증(白筋症).
***whit·en** [hwáitn/wáitn] 동(타) 1 …을 희게 칠하다; …을 희게 하다; …을 표백하다.

> 유의어) **whiten** …을 칠해서 희게 하다. **blanch** 자연 또는 이전의 색을 없애고 희게 하다. **bleach** 표백하여 희게 하다.

2 …을 결백하게 하다; …을 올바르게[청순하게, 순결하게] 보게 하다. — 자 희게 되다, 희어지다; 핼쑥해지다.
whit·en·er [hwáitnər] 명 1 표백업자. 2 표백제, 백색 염료(도료). 3 커피 따위에 넣는 가루 우유. 4 (英속어) 코카인.
***white·ness** [hwáitnis/wáit-] 명(U) 1 흰기, 백색; 순백. 2 창백(paleness). 3 결백, 순결(purity). 4 흰 것[물질].
white nígger 명 (미속어) (경멸적) 흑인 민권운동을 지지하는 백인; 백인에 영합하는 흑인.
white níght 명 1 백야(白夜). 2 잠 못 이루는 밤.
White Níle 명 (the ~) 백(白)나일강(Nile강 상류의 No.호에서 Khartoum까지의 부분). 참 Blue Nile
whit·en·ing [hwáitniŋ] 명(U) 1 희게 하기[되기], 표백. 2 표백제, 호분(胡粉), 백악(白堊).
white nóise 명 1 백색 소음(모든 가청(可聽) 주파수를 포함한 소리). 2 소음을 없애기 위해 뒤에 까는 소리. (<백색광과 같은 스펙트럼을 나타낸 데서) 「목재.
white óak 명 껍질이 희읍스름한 참나무의 일종; 그
white-out [hwáitàut] 명 1 화이트아웃(극지(極地)에서 천지가 온통 백색이 되어 방향 감각이 없어지는 상태). 2 흰색 오자(誤字) 수정액.
white páges 명(복) (전화번호부의) 개인별 가입자란.
White Pánther 명 (美) 화이트 팬서 당원(인종 차별을 긍정하는 백인 결사인 White Panther Party의 당원).
white páper 명 백지; 백서(정부가 발행하는 보고서; 특히 영국 하원의 보고서).
white páwn 명 영국 하원의 보고서).
white pépper 명 흰 후추. 참 black pepper
white péril 명 (the ~) 백화(白禍)(백색 인종이 초래할 화). 참 yellow peril
white phóne 명 (미속어) 변기(white telephone). *talk* [or *make a call*] *on the big white phone* 변기에 토하다.
white phósphorus 명 황린(黃燐). 「그 목재.
white píne 명 (북미 동부산(産)의) 스트로브잣나무.
white plágue 명 (the ~) 폐결핵; 헤로인 중독.
white póplar 명 백양(白楊), 사시나무.
white potáto 명 감자.
white prímary 명 (미역사) 백인 예선(예전에 미국 남부 여러 주에서 백인만이 참가했던 민주당 예비 선거; 1944년 위헌 판결).
white rábbit 명 (속어) 경찰(관).
white ráce 명 (the ~) 백색 인종.
white ríbbon 명 (美) 흰 리본(순결[금주] 장려용).
white ríce 명 백미.

white-right [⸌ráit] 명 백인(白人) 지상주의의.
white róom 명 무균(無菌)(항온(恒溫))실.
White Rússia 명 백(白)러시아. ⇨BELARUS.
White Rússian 명 벨로루시 사람, 벨러시아 사람(Byelorussian); 백러시 러시아 사람. 「출.
white sàle 명 (시트·베갯잇 등) 백색 천(제품)의 대매
white sàuce 명 〔요리〕 화이트 소스(밀가루에 우유·버터·향료 따위를 혼합하여 만든다).
white scóurge 명 (the ~) 폐결핵. 「바다).
White Séa 명 (the ~) 백해(白海)(러시아 북서부의
white séttler 명 백인 이주자; 돈으로 그 고장을 마음대로 이용하는 객지 사람.
white shárk 명 백상아리(great white shark).
white shéep 명 못 틈없이 무리 중의 착실한 사람.
white shéet 명 (참회자가 입는) 흰옷.
stand in [or *put on*] *a white sheet* 회개(참회)하
white shírt 명 《英속어》 상급 교도관.
white shóe 명 《美속어》 진짜 Ivy League다운 학생.
white-shoe [⸌ʃúː] 명 《美속어》 Ivy League식의; 계집애 같은, 순진한.
white sláve 명 백인 매춘부; 백인 노예.
white sláver 명 백인 매춘부[노예] 매매업자.
white slávery 명 **1** 백인 매춘부[노예]로서의 신분. **2** (또는 **white-slaving**) 백인 매춘부[노예] 매매.
white·smith [*h*wáitsmìθ] 명 양철공(tinsmith).
white smóg 명 광(光)화학 스모그.
white spáce 명 (인쇄물의) 여백.
white spírit 명 《英》 (석유를 정제하여 만든) 휘발유(테레빈유의 대용).
white squáll 명 〔해사〕 흰 스콜(열대 지방에서 갑자기 나타나는 돌풍).
white stíck 명 〔맹인용〕 흰 지팡이.
white stúff 명 **1** 《美속어》 밀주(密酒)내 알코올; 밀조 위스키. **2** 《美속어》 코카인, 모르핀.
white suprémacy 명 백인 지배, 백인 우월주의.
white suprémacist
white·tail [*h*wáittèil] 명 꼬리가 흰 각종 새나 짐승(특히 white-tailed deer).
white-tailed déer [⸌téild-] 명 흰꼬리사슴.
white-tailed éagle 명 흰꼬리수리.
white téle·phone 명 =white phone.
White Térror 명 (the ~) (프랑스 역사) 백색 테러(1795년 왕당파가 혁명파에게 행한 잔학한 보복 행위).
white·thorn [*h*wáitθɔ̀ːrn] 명 〔식물〕 산사나무.
white·throat [*h*wáitθròut] 명 휘파람새과(科)의 작은 새(유럽산(産)); 참새 일종(북미산(産)). 「미복.
white tíe 명 흰 나비넥타이; (남성용) 정식 야회복, 연
white-tie [⸌tái] 명 (만찬의) white tie가 필요한.
white tóp 명 고령자.
white trásh 명 《美》 **1** 《경멸적》 (남부의) 가난한 백인. **2** 〔집합적〕 가난한 백인들. **3** 《속어》 부유층 유한 계급: 부유한 신세대(hippie, yuppie, DINKs 따위).
white túrnip 명 순무(turnip).
white vítriol 명 황산 아연(zinc sulfate).
white·wall [*h*wáitwɔ̀ːl] 명 측면에 흰 줄이 든 타이어. (또는 ⸌ *tíre*) — 명 측면에 흰 줄이 든.
white wár 명 무혈 전쟁, 경제 전쟁. ⸌ **wàre**
white wàre 명 〔요업〕 백색 도자기. (또는 *white-*
white·wash [*h*wáitwɔ̀ʃ, -wɔ́ʃ/-wɔ̀ʃ] 명 ⓤ **1** 백색 도료, (화장에 사용하는) 분. **2** (비유적) 〔결점 따위를 숨기기 위한〕 겉치레; 눈속임. **3** 《美구어》 〔스포츠〕 영패(零敗), 완패. **4** (벽돌 표면에 생기는) 백화(白華). — 動. **1** …에 백색 도료를 칠하다, 회반죽을 바르다; 〔얼굴〕에 분을 바르다. **2** …의 결점(과실 따위)을 호도하다, …의 표면을 눈속임하다, 겉치장하다. **3** 《美구어》 〔스포츠〕 …에 영패(완패)시키다. **4** 〔벽돌〕에 백화를 발생시키다. **5** 《수동으로》 《英》 (파산자가) 부채의 변제를 면제받다. ~**·er**

white wáter 명 **1** 흰 파도. **2** 얕은 바다의 허연 해면(海面).
white-wa·ter [⸌wɔ̀ːtər] 명 급류의, 〔뗏목·카누로〕
white wáx 명 백랍. 「급류타기의.
white wáy 명 (대도시의 상점 지구·극장가 따위) 번화가, 유흥가.
white wédding 명 (신부가 순결을 나타내는 흰 웨딩 드레스를 입은) 순백의 결혼식.
white·weed [*h*wáitwìːd] 명 흰 꽃이 피는 풀.
white whále 명 흰돌고래(beluga).
white wíne 명 백포도주. ⇨red wine
white·wing [*h*wáitwìŋ] 명 흰 제복을 입은 사람, 도로 청소부; 《英》 =chaffinch.
white wítch 명 (white magic을 하는) 착한 마녀.
white wólf 명 (북미 북극권의) 큰 늑대.
white·wood [*h*wáitwùd] 명 백색 목재용의 나무(백합목·백양나무·박양·보리수 따위). 「백색 목재.
whit·ey·y [*h*wáiti] 명 (때로 W-) (보통 무관사·단수형) 《속어》 (경멸적) 횡둥이, 백인 (전체).
*****whith·er** [*h*wíðər/-ðə] 부 (고어·문어) **1** (의문부사) 어디로, 어느 방향으로; 어디까지; 무엇을 목표로 (⇔ whence). ¶*Lord, ~ goest thou?* 주여 어디로 가시나이까?(← 요한복음(John) 13 : 36) / *W-* strives modern youth? 현대의 젊은이들은 무엇을 위해 노력하는가? **2** (관계부사) **a)** 〔제한용법〕 그곳으로 …하는 바의. **b)** 〔계속용법〕 그리고 그곳으로. ¶*He is in heaven, ~ I hope to follow.* 그는 천국에 계시며 나 또한 그곳에 가고 싶다. **c)** 〔선행사 없이〕 어디든지 …하는 곳으로. ¶*Let them go ~ they will.* 그들이 가고 싶은 데로 어디든지 가게 해라.
no whither 〔고어〕 어디로나 …하지 않다.
— 명 (the ~, one's ~) 행선지, 목적지. 略 whence
whith·er·so·ev·er [*h*wìðərsouévər] 부 (고어) 어디로든지, …하는 곳은 어디든지.
whit·ing[1] [*h*wáitiŋ] 명 (복~(-s)) 민어과(科)의 물고기(북미산(産)의 식용어); 대구류(類)의 물고기(유럽산(産)). 「기(되기), 백화(白化), 표백.
whit·ing[2] 명 ⓤ (胡粉), 백악(白堊). **2** 회게 하
whiting pòut 명 〔어류〕 소형 대구.
whit·ish [*h*wáiti] 명 약간 흰, 희읍스름한, 희끄무레
~**·ness** 명 「한.
whit·leath·er [*h*wítlèðər] 명 =white leather.
Whít·ley Cóuncil [*h*wítli-] 명 《英》 노사(勞使)협의회.
whit·low [*h*wítlou] 명 ⓤ 〔병리〕 표저(瘭疽), 생인손 「(felon).
Whit·man [*h*wítmən] 명 **Walt(er)** ~ 휘트먼 (1819–92; 미국의 시인).
Whit·mon·day [*h*wítmʌ́ndei, -di] 명 Whitsunday 다음의 첫 월요일(영국에서는 공휴일).
Whit·ney [*h*wítni] 명 **Mount** ~ 휘트니 산(미국 California 주 동부 Sierra Nevada 산맥 중의 산).
Whit·sun [*h*wítsən] 명 =Whitsunday(의).
Whit·sun·day [*h*wítsʌ́ndei, -di, -səndèi] 명 성신 강림 축일(부활절(Easter) 다음 일곱번째 일요일).
Whit·sun·tide [*h*wítsəntàid] 명 성신 강림절(節)(Whitsunday부터 시작되는 1주일간; 최초의 3일간).
whit·tle [*h*wítl] 타 **1** (칼로 나무 따위를) 깎다, 깎아서 …을 만들다 (*into*). ¶~ *a peg* 말뚝을 깎다. **2** …을 베어내다, 깎아 내다. **3** (비유적) (비용 따위를) 삭감하다(*down, away*). — 자 **1** (칼로) 나무 토막을 깎다 (*at*). ¶~ *at a piece of wood* 나무 토막을 깎다. **2** 《방언》 근심에 지치다.
whittle...down (to size) …을 잘라 적당한 크기로 만들다(줄이다); …의 콧대를 꺾다.
— 명 〔英방언〕 (정육점 따위에서 쓰는) 큰 칼.
whit·tled [*h*wítld] 명 《美속어》 술 취한, 「whitey.
whit·y [*h*wáiti] 명 =whitish. 명 (종종 W-) =
*****whiz** [*h*wiz/wiz] 명 **1** (바람을 가르는) 윙(핑, 쉿) 하

whiz(z)-bang 는 소리; 그런 소리를 내는 빠른 움직임. **2 (美속어)** 수완가, 전문가, 명인. 명수 (at). ¶a ~ at baseball 야구를 아주 잘하는 사람. **3** 멋있는[매력적인] 것, 일품(逸品).
── 图 (**-zz-**) 图 **1** 윙[핑, 쉿] 하는 소리를 내다, 윙[핑] 하며 움직이다[날다]. ¶ (~ + 團) The bullet ~ed past. 총알이 윙 하는 소리를 내며 날아갔다. **2 (속어)** 소변을 보다. **3** 소매치기하다. ── 图 **1** …에 윙[핑, 쉿] 하는 소리를 내게 하다, …에 소리를 내게 날리다. **2** 원심 탈수하다, 원심 탈수기(whizzer)로 처리하다[에 걸다]; 급속히 회전시키다. (또는 **whizz**)

whiz (**right**) **through** …을 휙 통과하다; [시험 등]
whíz·zing·ly 图 …을 재빨리 해치우다.
whiz(z)-bang [-bǽŋ] 图 **1 (구어) (군사)** 소형의 초고속 포탄. **2 (구어)** 폭죽(firecracker)의 일종. **3 (美속어)** 명인(whiz). ── 图 훌륭한(excellent).
whiz(z)-boy [-bɔ̀i] 图 **(英)** 소매치기. (또는 **whiz(z)-man**)
whiz·zer [hwízər] 图 **1** 핑 하는 소리를 내는 것. **2** 원심 탈수기. **3 (美속어)** 전문가, 명인, 명수(whiz), 달인.
whiz(z) kid 图 (속어) 신동; 젊은 수재[수완가]. [인.
‡**who** ⇒ WHO, ⟨p. 3089⟩
WHO World Health Organization(세계 보건 기구).
whoa [hwou/wou] 图 워!, 워워!(소·말 따위를 멈추게 하는 소리).
who'd [huːd] who had, who would의 단축형.
who-does-what [-dʒəzhwɑt] 图 (파업 따위가) 어느 조합이 어떤 일을 분담할 것인가에 관한.
who·dun·(n)it [huːdʌ́nit] 图 **(구어)** 추리 소설 [극], 스릴러 영화. ⟨< Who done (=did) it?⟩
who·e'er [huːέər] 图 **(시)** =whoever.
‡**who·ev·er** [huːévər] 因 **(소유격 whos(e)·ev·er;** 목적격 **whom·ev·er) 1** (관계대명사 who의 강조형으로서) (…하는[한] 사람은) 누구든지, 어떤 사람이든지 (anyone who). ¶ W~ wants it may take. 누구든지 원하는 사람은 그것을 가져도 좋다. **2** (양보를 나타내는 부사절로) 누가 …하더라도[하여도](no matter who). ¶ I won't do it, ~ asks. 누가 부탁해도 나는 그런 일은 안한다. **3 (구어)** (의문대명사 who의 강조형으로서) 도 대체 누가 (* 놀라움·불신·경멸 따위를 나타낸다). ¶ W~ was that? 도대체 그는 누구였나?
or whoever (구어) …이든 누구든.
whol. wholesale.
‡**whole** [houl] 图 **1** (the ~, one's ~) 전부의, 모든, 온 (모든, 온) (기물 따위가), 전…, 총…. ¶ the ~ city 전시(민) /the ~ country 전국 /the ~ sum 총수[액] /the ~ world 전 세계 / He loved her with his ~ heart. 그는 온 마음으로 그녀를 사랑했다.

> (유의어) **whole** 제외·무시된 부분은 하나도 없는. **entire** 필요한 부분은 모두 갖춰져 완전하므로 더 이상 추가할 수 없는. **total** 관계되는 것은 모두 합친, 포함한. **all** 막연히 위의 세 단어 대신으로 쓰는 가장 일반적인 말. **gross** 필요한 공제(控除)를 하기 전의 total을 뜻하는 경제·재정 용어.

2 꼬박, 고스란히. ¶ He slept through the ~ night. 그는 꼬박 하룻밤을 잤다. **3** (a ~) 꼭, 온…, 만…. ¶ a ~ day 만 하루. **4** (기물 따위가) 홈이 없는, 결함이 없는, 완전히 갖춰진. ¶ a ~ plate 홈이 없는 접시 /Not a plate was left ~. 깨지지 않고 온전한 접시는 한 장도 없었다. **5** (사람·동물이) 상처 없는, 병이 없는, 건강한; (정신이) 건전한 ; **(고어)** 상처가 나은. ¶ get off with a ~ skin 상처 하나 입지 않고 도망치다 / They that be ~ need not a physician. **(속담)** 건강한 사람에게 의사는 필요없다. **6** 세분(細分)하지 않은; 그대로의, 통째의. ¶ swallow a tablet ~ 알약을 (씹지 않고) 통째로 삼키다. **7** 섞인 것이 없는, 진짜의; 남의 피가 안 섞인, (형제 자매가) 같은 부모를 가진. ¶ a ~ sister 친누이 / the ~ truth 거짓 없는 진실. **8** 전인적(全人的)인, (지

(知)·정(情)·의(意)의 발달이) 완전한, 원만한. ¶ education for the ~ man 전인 교육. **9** (무관사로 복수명사를 수반하여) 굉장히 많은, 다수의. **10 (수학)** 완전수 의, 정수(整數)의. [굉장히.
a whole bunch; whole bunches (美구어) 크게.
a whole lot (구어) 훨씬, 크게.
a whole lot of (美구어) 많은….
out of whole cloth ⇒ WHOLE CLOTH.
swallow whole (음식)을 통째로 삼키다. (이야기)를 그대로 믿다.

── 图 **1** (the ~ (of)) (…의) 전체, 전부, 전원. ¶ the ~ of one's money 가진 돈 전부 /the ~ and the parts 전체와 부분. **2** (a ~) (그 자체로) 완전한 것, 완전체. **3** (유기적) 통일체, 총합체, 총체. ¶ Nature is a ~. 자연은 하나의 통일체다.

as a whole 전체로서, 총체적으로.
in whole 전부, 통째로.
in whole or in part 전체로든 부분으로든.
on [or **upon**] **the whole** 전체로 보아, 대체로.
── 图 **(구어)** 전적으로, 완전히; 전부, 통째로.
~·ness 图
whóle bínding 图 =full binding.
whóle blóod 图 완전 혈액; =full blood.
whole-bound [-báund] 图 =full-bound.
whóle bróther 图 친형제. 图 half brother
whóle clóth 图 원단(原緞). [날조한.
out of whole cloth (美구어) 순 엉터리의, 완전히.
whole-col·ored [-kʌ́lərd] 图 **(英)** 단일색의.
whóle fám(n) dám·i·ly 图 [-fǽmdǽməli] (the ~) (속어) 가족 일동, 온 식구. ⟨< whole damn family⟩
whóle·food [hóulfùːd] 图 (때로 ~**s**) **(英) (준(準))** 자연 식품, 무첨가 식품; (형용사적) **(준)** 자연 식품을 취급하는. [일.
whóle gále 图 **(기상)** 전강풍(全強風)(시속 55–63 마
whole-grain [-gréin] 图 (배아·껍질 등을 제거하지 않은) 전립(全粒)의.
*****whole·heart·ed** [hóulhάːrtid] 图 진심으로의, 착실한, 성실한(sincere), 전념하는. ⇒ HEARTY 〔유의어〕 **~·ly** 图 **~·ness** 图
whóle hóg 图 (the ~) **(속어)** 완전, 전체, 완벽. (* 다음 숙어로)
go (the) whole hog 극단으로 치닫다, 끝까지 하다.
whole-hog [-hɔ́ːg, -hɑ́g] 图 철저한, 완전한; 마음 속으로부터의. **~·ger** 图 =half-holiday
whóle hóliday 图 만 하루의 휴일. 전(全)휴일.
whole-hoofed [-húːft] 图 **(동물)** 단제(單蹄)의.
whole-length [-léŋkθ] 图 **1** 전장(全長)의, 전신의. ¶ a ~ portrait 전신(全身) 사진, 전신상(像). **2** 원래 길이의, 줄이지 않은, 전체의. ── 图 전신(全身) 사진, 전신상(像).
whóle lífe insúrance 图 =ordinary life insurance. **whóle·ly** [hóulli] 图 =wholly.
whole-meal [hóulmìːl] 图 ¶ 기울을 빼지 않은(정백(精白)하지 않은) 밀가루; **(英)** =wheatmeal.
whóle mílk 图 전유(全乳), 완전유(젖소에서 짠 그대로의 우유). 图 skim milk
whóle nóte 图 **(음악)** 전음(全音), 온음표.
whóle númber 图 **(수학)** 정수(整數)(integer).
whóle rést 图 **(음악)** 전휴부(全休止), 온쉼표.
*****whole·sale** [hóulsèil] 图 **1** 도매의, 도매상의. ¶ a ~ dealer 도매 상인 / ~ business 도매업 / ~ prices 도매 가격. **2** 대규모의; 대량의; 상대를 가리지 않는. ¶ the ~ discharge of workers 노동자의 대량 해고 / ~ slaughter 대학살. ¶ sell [buy] ~ 도매로 팔다[사다]. **2** 대규모로, 대량으로.
── 图困 **1** 도매(魯 retail). **2** 대량 판매.
at wholesale; (美) by wholesale ① 도매로. ② 대량으로, 통틀어; 대규모로.
── 图图 도매업을 하다. ── 图 …을 도매하다.

품사로서는 대명사로만 쓰이며, 의미상·구문상으로 의문대명사(누구)와 관계대명사(…하는 사람)로 대별된다.
전형적인 의문사·관계사 중에서도 who는 격변화를 하는 것이 특징인데, 실제 용법에서는 목적격의 whom 대신 주격인 who를 쓰는 경우가 많다(⇨USAGE¹)
관계대명사로서는 제한용법과 계속용법이 있다.

‡who [hu:, 약 hu, u] 때 (소유격 **whose**; 목적격 **whom**)

I. 의문대명사

1 (사람에 관해 물어) 누구, 어떤 사람(들). **a)** 《직접의문문에서》¶W– did it? 누가 그랬습니까?/W– is the captain? 누가 캡틴입니까?[캡틴은 누구입니까?](* 뜻이 두 가지이고, 각각의 대답은 John is.(존입니다)와 The captain is John.(캡틴은 존입니다)으로 된다)/W– is it?=Who's there[or at the door]? (문 밖을 향해) 누구세요?/W– else ordered steak? 그밖에 어느 분이 스테이크를 주문하셨나요?/W– can jump farther, Tom or Bill? 톰과 빌 중 누가 더 멀리 뛰지?(* 고유명사를 비교할 때는 which는 피한다)/W– ever[or on earth, in the world, (in) the hell] told you that? 도대체 누가 당신에게 그 이야기를 한 겁니까?/W– is this?=Who's calling[or speaking]? (전화를 걸어온 상대방에게) 누구시죠?/Who's on the phone [or line]?=W– was it? (전화를 받은 사람에게) 누구 전화요?/W– cares? 누가 신경이나 쓴대?(아무도 신경 쓰지 않는다)/Mr. W–? (잘 안 들린 사람의 이름을 물어) 누구라고?/Jane was at the party.—Jane ~? 제인이 일행 중에 있었어.—제인 누구라고?
b) 《간접의문문에서》¶Did he know ~ I was? 내가 누구인지 그는 알고 있었느냐?/I'm not sure ~ it's for. 그것이 누구에 대한 것인지는 잘 모른다(* …for whom it is라고는 하지 않는다)/I don't know ~ to speak to [or ~ I should speak to]. 누구에게 말을 걸어야 할 지 모르겠다/We solved the problem (of) ~ was at fault. 우리는 누가 잘못한 것인지의 문제를 해결했다(* 간접의문 앞의 전치사는 생략 가능) / It depends on ~ wants you? 그것은 누가 당신을 필요로 하느냐에 달려 있다(* on의 목적어는 *who wants you* 전체이기 때문에 whom은 쓸 수 없다)/The problem is ~ will water my plants when I am away. 문제는 내가 없을 때 누가 식물에 물을 줄 것이냐는 것이다/I wonder ~ to invite. 누구를 초대할까.

USAGE¹ who와 whom의 용법 — 《구어》에서는 동사의 목적어 또는 문중에 놓이는 전치사의 목적어가 될 경우, whom 대신 who를 쓴다: W– did you meet? 누구를 만났느냐?(* *Whom did you meet?*는 딱딱한 표현)/W– do you intend to travel with? 누구하고 여행할 작정입니까?(* 이것을 With ~ do you intend to travel?로 할 수는 없다. With whom…?로 쓰면 무방하다. 그러나 단순한 문에서는 전치사 바로 뒤라도 whom 대신 who가 흔히 쓰인다: Do you want to hear some news?—About ~? 소식 듣고 싶지 않니?—누구 소식?)

2 (성격·태생·지위 따위를 물어) 어떤[어느] 사람, 누구. ¶Who's Bill Smith? 빌 스미스는 어떤 사람이냐?/W– does she think she is? 그녀는 자기 자신을 어떤 사람이라고 생각하는 것 같으냐?/W– are you to give orders to us? 우리에게 명령을 하다니 너는 대체 어떤 작자냐?/W– am I that I should disobey? 저 같은 사람이 어떻게 거역할 수 있겠습니까?

3 《수사의문문에서》 누구, 누구인들. ¶W– would not weep at the news of his death? 그가 죽었다는 소식을 듣고 슬퍼하지 않을 자 누가 있겠는가?

II. 관계대명사

4 《제한용법》 …하는 (사람) (* 선행사는 보통 사람이지만, 동물이나 의인화된 것일 경우도 있다). ¶Any child ~ wants to can learn to swim. 수영을 배우고 싶은 어린이는 누구나 배울 수 있다/He was the only one ~ trusted me. 그는 나를 신뢰한 유일한 사람이었다 (* 사람이 선행사일 경우, only, first, last, all 따위로 한정되어 있어도 that 대신 who를 쓰는 일이 많다)/They must be swallows ~ have come back from the south. 저것들은 남쪽에서 돌아온 제비임에 틀림없다/It's I ~ am wrong. 틀린 것은 나다(* 허물 없는 사이에는 It's me ~'s wrong. 또는 It's me that is wrong.이라고도 한다)/This is the person ~[or whom] you must know. 이쪽은 당신이 알고 있어야 할 분입니다/I don't like to speak ill of someone ~ [or whom] you are close to. 당신이 가까이 하고 있는 사람을 나쁘게 말하고 싶지는 않습니다(* 《구어》에서는 동사나 떨어진 위치에 있는 전치사의 목적어로서 who를 쓰는 경우도 가끔 있다).

5 《계속용법》 그리고[그러자, 그러나] 그 사람은 (* 통상 앞에 콤마가 있다). ¶I sent it to Bill, ~ passed it on to Tom. 내가 그것을 빌에게 보내자, 빌은 그것을 톰에게 전했다/My sister, ~ lives in Chicago, has two sons. 누이는 시카고에서 사는데, 아들이 둘 있다(* 이 경우 「누이」는 한 사람이지만, 콤마가 없는 제한적 용법이라면 「누이」가 두 사람 이상 있다는 뜻이 된다)/This is Mr. Clinton, ~ [or whom] you have heard much about. 이쪽은 클린턴씨입니다. 이야기 많이 들으셨을 줄 압니다.

USAGE² 선행사가 집합명사일 때 — 선행사가 집합명사일 경우는, 동사가 단수형이면 which를, 복수형이면 구성원을 의미하므로 who를 쓰는 것이 좋다: a band *which* is widely known 널리 알려져 있는 악단/a band ~ *are* all excellent musicians 뛰어난 악사들로 구성된 악단.

6 (선행사를 생략하여) (…하는, …한) 사람(은 누구라도). ¶It was ~ you thought. 당신이 생각했던 바와 같은 그런 사람이었다/Let it be ~ it is. 그것이 누구이든 상관없다/He wasn't ~ he is. 옛날의 그는 지금 같지는 않았다/Did you find ~ you were looking for? 찾고 있던 사람을 찾았느냐?

7 《고어·문어》 《주격의 복합관계대명사로》 …하는 바의 사람은, …하는 바의 사람은 누구나. ¶W– controls the past, controls the future. 과거를 지배하는 사람이면 미래를 지배한다/W– is born a fool is never cured. 《속담》 타고난 바보를 고칠 약은 없다/W– [=Anyone ~) steals my purse, steals trash. 내 지갑을 훔치는 사람은 쓰레기를 훔치는 것이나 마찬가지다 (←Shakespeare 작 *Othello* 3:3).

as who (고어) …하는 사람처럼; 사람이 …하려는[할] 듯이. ¶peering around (about) him *as* ~ would loose his arrow at a thing 화살을 쏘기라도 하려는 사람처럼 주위를 둘러보면서.

as who should say 《고어》 …이라고 말이라도 할 사람같이; 마치 …이라고 말이라도 하려는[할] 듯이(as if one should say).

I know not who; Lord knows who 누군지 모르는 사람.

no matter who 누가 …하든[이든]. ¶Don't believe everything you hear, *no matter* ~ says it. 누가 말하든 간에, 들은 것을 모두 믿어서는 안된다.

who all (美구어) 모든 사람을 다(all who).¶Do you remember ~ all were at the party? 파티에 나왔던 사람들을 모두 기억하고 있습니까?
who is who; who's who 누가 누구, 누가 누구인지의 구별, 각 사람의 성격[출신, 지위 따위].¶In a low voice she told me ~ was ~ in the cell. 그녀는 낮은 목소리로 감방 안에 있는 사람의 이름이나 신원 따위를 말해 주었다.
Who me? (엄지손가락으로 자신을 가리키며) 저 말입니까?
-**sàl·er** 명 도매상인[업자].
whólesale príce index 명 도매 물가 지수.
whóle-seas óver [´siːz-] 명 만취하여.
whóle shów (the ~) (美속어) 인기[스타] 선수, 주목의 대상, 혼자 잘난 녀석.
whóle síster 친자매. 참 half sister
‡**whole·some** [hóulsəm] 형 (**-som·er; -som·est**) 1 (도덕적·정신적으로) 건전한, 유익한, 도움이 되는. ~ advice 유익한 조언. 2 (공기·음식 따위가) 건강에 좋은, 위생에 좋은. ⇨HEALTHY 유의어 ¶~ air 건강에 좋은 공기. 3 건강해 보이는. 4 안전한. 5 신중한, 조심성이 많은. ~·ly 부 ~·ness 명
whole-souled [-sóuld] 형 진심으로의, 헌신적인.
whóle stèp[tòne] 명 [음악] 전음(정)(순음(程)).
whole-time [hóultáim] 형 (英) =full-time.
whole-wheat [´hwiːt] 형 밀기울을 빼지 않은, 그것을 빼지 않은 밀가루로 만든.
‡**who'll** [huːl] who will[or shall]의 단축형.
‡**whol·ly** [hóulli] 부 1 완전히, 전적으로, 아주(quite) 온통. We are ~ at a loss what to do. 우리들은 어찌해야 할지 전연 모르고 있다. 2 전체로서, 전체[전면]적으로, 포괄적으로. ¶see things ~ 사물을 전면적으로 보다/grasp the problem ~ 문제를 포괄적으로 파악하다. 3 오로지, 한결같이(solely).
‡**whom** [huːm] 대 (**who**의 목적격) ⇨WHO. 1 (의문대명사) a) (목적격으로) 누구를. ¶W– did you see? 누구를 만났느냐?(* 이 경우 구어에서는 whom 대신에 보통 who를 쓴다. 단, 전치사 다음에는 whom을 쓴다.)/Tell me ~ you met yesterday? 어제 누구와 만났는지 말해다오/Of ~ are you speaking. 누구 얘기를 하고 있는 겁니까? b) (여격) 누구에게. ¶You gave ~ the book? 누구에게 그 책을 주었다고? 2 (관계대명사) a) (제한용법) ~하는 바의 (사람). ¶the people ~ I saw yesterday 어제 만난 사람들(* 이 whom 은 앞에 전치사가 오는 경우 이외에는 구어에서는 흔히 생략된다)/the boy about ~ you are talking 네가 지금 말하고 있는 그 소년(=the boy you are talking about). b) (계속용법) 그리고 그 사람을…. ¶He loved his wife, ~ he killed out of jealousy. 그는 아내를 사랑했으나 질투심 때문에 죽이고 말았다. 3 (선행사 없이) (…하는) 바의 사람. ¶You may ask ~ you please. 묻고 싶은 사람에게 물어보아도 좋다.
whom·ev·er [hùːmévər] 대 (**whoever**의 목적격) 1 (관계대명사 whom의 강조형으로서) (…하는 사람은) [을] 누구든지(anyone whom). ¶He invited ~ he met. 그는 만나는 사람은 누구나 할 것 없이 초대했다. 2 (양보의 부사절로) 누구를 …하든(no matter whom). ¶W– I quote, you retain your opinion. 내가 누구의 말을 인용하든 너는 자신의 의견을 바꾸지 않는군. 3 (구어) (강조적으로) 도대체 누구를. ¶W– did you see there? 도대체 그곳에서 누구를 만났느냐?
whomp [hwamp/wɔmp] (구어) 명 찰싹, 쾅 하는 소리. ¶with a ~ 쾅 하고 (소리를 내어).
— 타자 찰싹[쾅] 하는 소리를 내다. 타 1 …을 찰싹[쾅] 때리다. 2 …을 결정적으로 패배시키다.
whomp up (구어) ① 서둘러 마련하다[만들다], 급조하다; 날조[조작]하다. ② (감정·흥미 따위)를 자극하다.
whom·so·ev·er [hùːmsouévər] 대 whosoever 의 목적격(강조형).
whoof [hwu(ː)f] 명 (개·사람 등의) 와, 야, 어(환희·놀람·안도의 소리). — 자타 와[야, 어] 하고 소리내다.
whoomp(f) [hwu(ː)mp(f)] 명자 =whomp.

*****whoop** [huːp, hwuːp] 명 1 (흥분·환희 따위를 나타내는) 와!, 야! (하는 환성) ; (사냥꾼·병사 등의) 함성. 2 (백일해의 발작 따위에 이어서 일어나는) 쌕쌕 (하는 소리). 3 (부엉새 따위의) 부엉부엉 (우는 소리)(hoot). 4 조금, 약간.
a whoop and (a) holler (美구어) ① (소리치면 들릴 만한) 가까운 거리. ② 큰 소란[소동].
do not care a whoop (美구어) 조금도 상관없다.
not worth a whoop (美구어) 한 푼의 가치도 없다.
— 자타 1 (흥분·환희 따위로) 와[와] 하고 떠들다, 고함치다. 2 (백일해 따위로) 쌕쌕[그렁]거리다. 3 (부엉새 따위가) 부엉부엉 울다. — 타 1 와[와] 하고 고함치며[외치며] …을 말하다. 2 (남)에게 환성을 지르다. 3 고함지르며 …을 쫓다(on). ¶~ dogs on 와 하고 소리질러 개를 부추기다. 4 (가격 따위)를 올리다.
whoop it [or things] up (속어) 와 하고 떠들어대다; 무턱대고 칭찬하다, 인기를 부추기다.
whoop up (구어) …을 부추기다[선동하다], 입을 모아극구] 칭찬하다.
— 감 와!, 야!(흥분·환희 따위의 환성).
whoop-de-do(o) [-dìduː] 명 (美구어) U 1 대소동. 2 (특히 대중의) 격렬한 토론[토의]. 3 (영화 따위의) 요란한 선전.
whoop·ee [hwúpiː/wúpiː] 명 (美구어) 야단법석; 축제의 소동; 섹스 파티[플레이].
make whoopee 야단법석을 떨다.
— 감 [｀́-｀́] 와!, 야!(기뻐서 내는 소리). (또는 **woopie**)
whóopee cùp (여객기에 비치하는) 구토용 봉지.
whóopee cùshion (美구어) 뿡뿡 쿠션(앉으면 방귀 소리가 나는 고무 주머니).
whoop·ee·wa·ter [-wɔ̀ːtər] 명 (美구어) 샴페인, (축하할 일에 쓰는) 술.
whoop·er [húːpər, hwúːp-] 명 whoop하는 사람[것]; [조류] 큰 백조. (또는 ~ **swàn**)
whóop·ing cóugh [húː(ː)piŋ-] 명 [병리] 백일해.
whoop·la [húːplɑː, hwúːp-] 명 U 대소동, 야단법석.
whoops [hwu(ː)ps/wu(ː)ps] 감 (美구어) 아이코!, 이크! (발을 헛디디거나 놀랄 때에 내는 소리).
whoops and jingles (美구어) =delirium tremens.
— 자타 (美구어) 토하다.
whoops boy [ ] 명 (美구어) 여자 같은[여성적인] 남자.
whoosh [hwuːʃ] 명자 휙[쉿] 소리를 내다[내며 날다]. — 타 …을 휙[쉿] 날리다. — 감 휙[쉿] (하는 소리).
in a whoosh (속어) 휙[쉿] 하는 소리를 내고, 횡하니.
— 감 휴!, 이크(피로·놀라움을 나타내는 소리).
whooshed [hwuːʃt] 형 (美속어) 술 취한.
whoo·sis [húːzis] 명 (美구어) 그 뭐라든가 하는 사람[것]; 아무개; 거시기.
whoo·sy [húːzi] 명 (구어) =whoosis.
whoo·zit [húːzit] 명 (美구어) =whoosis.
whop [hwɑp/wɔp] (구어) 동 (**-pp-**) 타 1 …을 치다, 때리다. 2 …을 찰싹 때리다. 3 (비유적) (경기 따위에서) …을 완전(完敗)하다. 4 …을 쾅 하고 떨어뜨리다.
— 명 1 찰싹 때리기[때리는 소리], 구타. 2 쾅 하고 떨어지기[떨어지는 소리]. 3. 시도(해보기), 기회.
whop·per [hwɑ́pər/wɔ́p-] 명 (구어) 1 터무니없이[엄청나게] 큰 것. 2 터무니없는 거짓말(big lie). 3. 때리는 사람. (또는 **whapper**)
whop·ping [hwɑ́piŋ/wɔ́p-] 명 (구어) 명 터무니없는 거짓말.
— 형 매우, 터무니없이. ¶a ~ lie 터무니없는 거짓말/a ~ big frog 굉장히 큰 개구리.

whore [hɔːr] 명 매춘부, 갈보(prostitute); (속어) 단정치 못한 여자, 굴러먹은 여자. ─자 (남자가) 매춘부와 관계하다; (고어) 사교(邪敎)에 빠지다, 우상 숭배를 하다. ─타 (고어) 〔여자〕와 간통하여 타락시키다; 〔여자〕에게 매춘 행위를 시키다.
go a-whoring after strange gods 〔성서〕 우상을 숭배하다, 사교에 빠지다.

who're [húər] who are의 단축형.

whore·dom [hɔ́ːrdəm, húər-] 명 ⓤ 매춘; 간음; 〔성서〕 우상 숭배(idolatry).

whore·house [hɔ́ːrhàus] 명 갈보집(brothel). ─형 (美속어) 갈보집처럼 야한, 취미가 속되는.

whórehouse cút 명 〔카드놀이〕 한 벌의 카드를 둘로 나누어 그것을 다시 덮을 것을 가르키.

whore·mas·ter [hɔ́ːrmæ̀stər/-mὰːs-] 명 오입쟁이, 호색가; 갈보집 주인; 뚜쟁이. **~·y** 형

whore·mon·ger [hɔ́ːrmʌ̀ŋɡər] 명 (고어) = whoremaster. **~·ing** 명

whore·son [hɔ́ːrsn, húər-] (고어) 명 1 사생아. 2 불량배, 놈, 녀석. ─형 경멸하여; 사생아의.

Whórf·i·an hypóthesis [hwɔ́ːrfiən-] 명 〔언어〕 워프의 가설(개인의 세계관은 모국어로 결정된다는 설).

whor·ish [hɔ́ːriʃ] 형 갈보 같은, 음탕한. (~·ly 부).

whorl [hwəːrl] 명 1 〔식물〕 윤생체(輪生體). 2 〔동물〕 소라 따위의 한 나층(螺層). 3 〔기계〕 (스핀들 따위의) 작은 플라이휠. 4 나선형의 지문; (일반적으로) 나선형의 물체.

whorled [hwəːrld] 형 나선형의, 나선형으로 된; 〔식물〕 돌려나기의, 윤생의.

whort [hwəːrt] 명 = whortleberry.

whor·tle·ber·ry [hwə́ːrtlbèri] 명 1 (유럽산) 팽나무의 일종; 그 열매(식용). 2 =blueberry.

‡**who's** [huːz] who is(or has, does)의 단축형.

‡**whose** [huːz] 대 (who의 소유격; 관계대명사 **which** 의 소유격) 1 (의문대명사) 누구의. ¶*W- book is this?* 이것은 누구의 책이냐? 2 (소유대명사) 누구의 것. ¶*W- is this?* 이것은 누구의 것이냐? 3 (관계대명사) a) (제한용법) 1 그…하는 바의. ¶*a child ~ parents are dead* 부모가 죽은 애, 고아.

> ─USAGE── *whose*와 *of which*── 관계대명사의 소유격 *whose*는 사람이나 물건에 다같이 쓰이나 물건에 대하여 쓰는 것은 문어체이다. 한편 *of which*도 문법적으로는 틀리지 않으나 어색한 표현이 될 수도 있으므로 다른 표현(예컨대 전치사를 써서)이 있으면 그것을 쓰는 것이 바람직하다: *the house ~ windows are broken; the house the windows of which are broken* 창문이 부서진 집. 앱 *the house with broken windows*

b) (계속용법) (…하면) 그 (사람[물건]의), (그리고) 그 (사람[물건]의). ¶*We came in sight of a hill, ~ top was still buried in the fog.* 우리는 언덕이 보이는 데까지 왔는데, 그 정상은 아직 안개에 싸여 있었다.

whose·so [húːzsou] 대 (고어) whoso의 소유격.

whose·so·ev·er [hùːzsouévər] 대 whosoever의 소유격(강조형).

whos·ev·er [huːzévər] 대 whoever의 소유격.

who·sis [húːzis] 명 (美속어) = whoosis.

who·sit [húːzit] 명 (속어) 아무개, 모씨(so-and-so). [<who's it의 단축형]

who·so [húːsou] 대 (고어) whosoever; who.

who·so·e'er [hùːsouέər] 대 (시) = whosoever.

who·so·ev·er [hùːsouévər] 대 (소유격 *whose-soever*; 목적격 *whomsoever*) whoever의 강조형.

who's whó 1 누가 누구인가(Who is who?). 2 (W-W-) 명사록, 인명록.

Whó Was Whó 명 작고 명사록, 사망자 명부.

who·zit [húːzit] 명 =whosit.

WHP *water horsepower*.

WH-ques·tion [dʌ́bljuː(ː)éitkwèstʃən] 명 〔문법〕 wh-의문(문)(what, who, which 등).

whr, Whr *watt-hour*.

whump [hwʌmp/hwʌmp] 명타 =thump.

WH-word [-wə̀ːrd] 명 〔문법〕 wh어(語)(의문사·관계사로 쓰이는 말; what, why, where, which, who).

‡**why** ⇒ WHY. 〈p. 3092〉

whyd·ah [hwídə] 명 천인조(아프리카산(産)의 새).

why·dun·it [hwaidʌ́nit] 명 (범죄의) 동기를 중심으로 다룬 추리[탐정] 소설(영화, 극). 명 whodunit

why·ev·er [hwàiévər] 부 …의 이유가 무엇이든. ─부 도대체 왜.

why'll [hwail] why will[or shall]의 단축형.

wi, w.i. (증권) *when-issued*; *wrought iron*. **W.I.** *West Indian[Indies]*; *Women's Institute*((英) 부녀회). **WIA** (군사) *wounded in action*(전상(戰傷)). **WIBC** *Women's International Bowling Congress* (국제 여성 볼링 협회).

Wic·ca [wíkə] 명 마술(魔術) 숭배.

wick¹ [wik] 명 (초·램프 따위의) 심지; 〔외과〕 고름을 빨아 내기 위해 상처에 넣는 가제 심지; (속어) 음경.
dip one's wick (속어) 성교하다.
get on a person's wick (英속어) 남을 초조하게 하는. ─명타 (모세관 작용으로) 〔수분 등〕을 나르다.
-·less 형

wick² 명 (英방언) 농장, 낙농장; (고어) 마을, 고을. *지명의 일부로 쓰인다. ¶Hampton *W-*. 〔틈〕.

wick³ 명 〔컬링〕 윅(다른 경기자의 돌과 돌 사이의 좁은 틈).

‡**wick·ed** [wíkid] 형 (*more ~*; *most ~*) 1 나쁜, 사악한, 부도덕한, 무도한, 못된, 행실이 고약한. ⇒ BAD 유의어 2 짓궂은, 심술궂은, 마음씨 고약한, 사람이 못된. ¶*It's ~ of you to say so.* 그런 말을 하다니 너도 사람이 고약하군. 3 (추위·폭풍우 따위가) 혹심한, 사나운; (병 따위가) 지독한, 악성의. ¶*a ~ storm* 사나운 폭풍우 / *~ cold* 악성 감기. 4 (짐승 따위가) 버릇이 고약한, 다루기 힘든, 부리기 힘든. ¶*a ~ horse* 부리기 고약한 말. 5 부당한, 지독한, 고약한. 6 몹시 힘든; 불쾌한, 싫은. 7 유독한; 위험한. 8 (속어) 멋진, 훌륭한.
─부 (속어) 매우, 참으로, 전적으로.
~·ly 부 **~·ness** 명

wick·er [wíkər] 명 1 (버드나무 따위의) 낭창낭창한 잔가지. 2 ⓤ 잔가지 세공, 고리버들 세공. 3 고리버들 세공품. ─형 잔가지[고리버들] 세공의. ¶*a ~ basket* 잔가지로 엮은 바구니.
─명타 (美속어) …을 휴지통에 버리다.

wick·er·work [wíkərwə̀ːrk] 명 ⓤ 잔가지 세공, 고리버들 세공.

wick·et [wíkit] 명 1 작은 문, 쪽문. 2 (매표소 따위의) 창구, 격자창. 3 (물레방아·운하·수로의 물을 조절하는) 수문. 4 (극장 따위의 입구에 있는) 회전식 개찰구. 5 (美) 〔크로케〕 주문(柱門). 6 〔크리켓〕 a) 위켓, 삼주문. b) ⓤⓒ 두 위켓 사이; 투구장(投球場)(의 상태). ¶*keep ~* (타자가) 위켓 뒤에서 공을 막다 / *take a ~* 타자를 아웃시키다. 〔에 의해〕.
at the wicket 〔크리켓〕 ① 타석에 들어서서. ② 포수의 위치에서.
be on a sticky [good] wicket 불리[유리]한 입장에 있다, 열세[우세]하다. 〔사이를 빠져〕.
through the wicket (속어) 〔스포츠〕 (공이) 다리

wícket dòor [gàte] 명 작은 문, 쪽문.

wick·et·keep·er [wíkitkìːpər] 명 〔크리켓〕 삼주문을 수비하는 사람.

wick·ing [wíkiŋ] 명 ⓤ (초 따위의) 심지; 심지 재료.

wick·i·up [wíkiʌ̀p] 명 아메리카 인디언의 오두막집. (또는 wickyup)

Wick·liffe [wíklif] 명 =Wycliffe.

why는 부사·명사·감탄사로 쓰이며, 부사로서는 의문부사와 관계부사로 나뉜다.
(1) 의문부사 why로 시작되는 의문문에는 이유를 묻는 것과 권유를 나타내는 것이 있으므로 잘 구별할 필요가 있다. 전자에 대해서는 원칙적으로 Because…로 대답하지만 후자의 경우는 대답의 방식이 달라진다: Why don't you come with us?——Thanks, I will.
(2) 관계부사 why는 제한적 용법으로만 쓰이고 선행사도 the reason에 한한다. 게다가 the reason도 (구어)에서는 생략되는 것이 보통이고, 아니면 why를 생략하고 the reason만 쓰기도 한다.

‡**why** [hwai/wai] 🖁 **1** (의문부사) 왜, 어째서, 무슨 까닭으로. ¶W— did you do so? 왜 그랬지?/W— so? 무슨 까닭이지?/I'll tell you ~ he went. 그가 왜 갔는지 그 까닭을 일러줄게/W— is it that she is unhappy? 그녀가 불행한 것은 무슨 까닭일까?/I don't see ~. 난 까닭[이유]을 모르겠다/W— on earth should I not get in a taxi? 도대체 택시를 타서 안될 게 뭐란 말인가?

[USAGE] **why not**의 용법——(1) Why should …not 의 생략형이며, 구어에서는 「어째서 …해서는 안된다[…안한다]는 것이냐, 해도 괜찮지 않으냐」의 뜻으로 쓴다: You shouldn't stand there.—W— not?/I won't go.—W— not? (2) 위의 용법에서 전용되어, 「…하면 어떨까, …하지 않으려느냐」로 권유 또는 완곡한 명령을 나타낸다: W— not go and see the doctor? (3) 또, 권유를 받고 "Why not?" 하고 답하면 기꺼이 동의함을 나타낸다: Let's play tennis. —W— not?

2 (관계부사) (reason을 선행사로 하여) …하는 (이유) (* reason은 종종 생략된다. 아니면 reason을 남기고 why를 생략하기도 한다). ¶the reason ~ he refused to go 그가 가기를 거절한 이유/There are many reasons ~ people have hallucinations. 사람들이 환각을 갖게 되는 원인은 많다/I know no reason ~ a minister shouldn't look for a wife. 목사가 아내를 얻어서는 안된다는 이유는 없다고 생각한다 (* why에는 제한용법밖에 없고, 비(非)제한절에서는 for which reason 따위를 쓴다)/That is ~ he returned. 그래서 그는 돌아온 것이다/That is ~ I raised this question again. 그런 이유로 나는 이 문제[의문]을 다시 제기했던 것이다. 「된거야.
that's why! (구어) (문미에서) 그 때문이야, 그렇게
Why don't you(…)? ① (권유·제안) …하지 않겠나, …하는 게 어때? ¶W— don't you try? 한번 해보시죠?/W— don't you come with us?—Thanks, I will. 우리와 같이 안 가시렵니까?—고맙습니다, 그렇게 하지요. ② (문미에서) …하지 그래. ¶Make a lap, ~ don't you? 앉지 그래.
Why is it (that)…? …하는 것은 어째서인가?/W— is it (that) you did it? 그런 짓을 한 까닭이 무엇이냐?
Why not? ⇨ USAGE
——🖁 (🖁 ~s [-z]) **1** 왜[어째서]라는 질문. ¶a child's unending hows and ~s 아이들의 끝없는 「어째서」와 「왜」라는 질문.
2 이유, 원인, 동기(reason, cause). ¶the ~ and the how of poetry 시를 짓는 동기와 방법/the ~s and wherefores of a troublesome situation 골치 아픈 정세의 원인과 이유/There is no ~. 이유 같은 건 없다[설명할 수 없다].
3 수수께끼, 불가해한 점(enigma). ¶the ~s of life 인생의 수수께끼/There are too many ~s in this affair. 이 사건에는 이해할 수 없는 점이 너무나 많다.
for why (방언) =because; why.
——🖁 **1** (새로운 사태를 발견하고 놀라서) 이런!, 아니!, 어머! ¶W—, I've been asleep. 이런, 내가 잠이 들었었구나/W—, it is all gone. 아니, 하나도 남아 있지 않네 그려. **2** (상대의 질문에 대하여 승인·항의 따위로서) 그야 물론, 뭐 그까짓 것. ¶W—, of couse, he married her. 물론이지, 그는 그 여자와 결혼했지/Who wrote Hamlet?—W—, Shakespeare. 햄릿을 쓴 게 누구냐?—그야 물론 셰익스피어지 누구는 누구냐. **3** (망설임을 나타내어) 글쎄, 저어. ¶Are you sure?—W—, yes, I think so. 틀림없나?—글쎄, 그런 것 같애. **4** (단순한 연결어로서) 저어, 아무튼, 그럼.
Why then (美구어) 그런데(well). ¶W— then, how shall we spend the weekend? 그런데 주말을 어떻게 보내지?

---

wick·wil·lie [wíkwili] 🖁 (美속어) 제트기 조종사.
wid. widow, widower.
wid·der [wídər] 🖁 (방언) =widow.
wid·er·shins [wídərʃinz] 🖁 =withershins.
wid·die [wídi] 🖁 (美속어) (카드놀이) =widow 3.
wid·dle [wídl] 🖁 (英구어) 🖁 ⓘ 소변보다.——🖁 오줌, 소변, 쉬.
‡**wide** [waid] 🖁 (**wid·er; wid·est**) **1** 폭이 넓은, (눈·입 등이) 큰(⇔ narrow). ⇨ BROAD [유의어]. ¶a ~ road 폭이 넓은 길. **2** 폭이 …인, …폭의. ¶a river twelve feet ~ 폭이 12피트인 강/How ~ is it? 그것은 폭이 얼마나 되느냐? **3** (면적이) 넓은(vast), 광대한. ¶a ~ expanse of desert 광대한 사막/the ~ world 넓은 세계. **4** (범위가) 넓은, 광범한, 넓은 범위에 걸친. ¶a ~ appeal 널리 여론에 호소하기. **5** (지식·경험 따위가) 풍부한, 다방면에 걸친; 자유로운(liberal); 일반적인. ¶~ culture 일반 교양. **6** (시야 따위가) 넓은, 편협하지 않은 (편견에 사로잡히지 않고) 널게 보다. **7** (옷 따위가) 낙낙한; 헐렁한(loose). ¶~ breeches 헐렁한 반바지. **8** (눈·손 따위를) 크게 뜨고[벌리고] 있는. ¶a ~ mouth 딱 벌린 입. **9** (표적 따위를) 벗어난, 동떨어진; 빗나간 (of). **10** (음성) 개구음(開口音)의(lax). **11** (英속어) 빈틈없는, 약아빠진. ¶a ~ boy 약아빠진 소년. **12** (야구) (투구가) 외각으로 벗어난. **13** (英속어) 부패한, 뇌물을 받는.
give a wide berth to a person ⇨ BERTH.
wide of the mark 빗나간, 엉뚱한.
wide place in the road (美속어) (트럭 운전기사들 사이에서) 작은 마을(읍).
——🖁 **1** (폭이) 넓게, **2** 널리, 넓게, 광범하게. ¶travel far and ~ 두루 여행하다. **3** (눈 따위를) 크게 뜨고, **4** 극도로, 아주; 충분히. ¶He is ~ awake. 그는 완전히 잠에서 깨어 있다; 그는 빈틈없다. **5** (표적 따위를) 벗어나서, 빗나가서 (of). ¶The arrow fell ~ of the target. 화살은 과녁을 크게 벗어났다.
have one's eyes wide open 정신을 바짝 차리다, 빈틈없이 행동하다.
open one's mouth too wide 과욕을 부리다; 너무 야심적으로 계획하다; 터무니없이 비싼 값을 부르다.
wide on (美속어) (여성이) 성적으로 흥분하여.
wide open ① 널리; 충분히. ② (공격 따위에) 무방비로; 미해결의. ③ (구어) 전속력으로.

──圏 1 표적을 벗어난 것; (크리켓·야구) 폭투구(暴投球), 빗나간 공. 2 (the ~) (고어·시) 넓은 곳, 넓은 공간. 3 (음성) 이완 모음.
to the wide (속어) 완전히, 깡그리. ¶ *be broke to the ~* 무일푼이 되다 / *canned to the ~* 곤드레만드레 취하여 / *out to the ~* 완전히 정신을 잃어.
──통태 (심판이) (투수)에게 공 판정을 내리다.
~·ness 圏 넓이; 폭.
-**wide** [wàid] 연결 「전(全)···의, ···전체의」의 뜻. ¶ nation*wide* (전국의[에]).
‡**wide-an·gle** [ǽŋgl] 圏 1 (사진) (렌즈가) 광각의. 2 광각 렌즈를 갖춘, 광각 렌즈를 쓴. 3 (영화가) 광각 촬영의, 와이드 스크린의.
wide área nètwork 圏 (컴퓨터) 광역 네트워크 (图 WAN).
wide-a·wake [ǝwéik] 圏 1 완전히 잠이 깬; 방심 않는, 빈틈없는. ──圏 [´--] (또는 ´- hát) (챙이 넓은)
~·ness 圏 └중절모.
wíde báll (크리켓) 폭투구.
wide·band [wáidbæ̀nd] 圏 (전자) (안테나나 테이프 따위가) 광대역(廣帶域)의.
wide-bod·y [wáidbɑ̀di / -bɔ̀di] 圏 와이드바디기(機), 광동기(廣胴機). **wide-bód·y** 圏 동체 폭이 넓은.
wíde bòy (英속어) 불량배, 사기꾼. ┌개봉.
wíde bréak (美속어) 많은 영화관에서의 동시
wide-brim·med [´brìmd] 圏 (모자의) 챙이 넓은.
wide-eyed [´áid] 圏 눈을 크게 뜬; 눈이 휘둥그래진, 놀란(amazed); 순진한, 천진난만한(naïve).
wide-field [´fi:ld] 圏 (망원경 따위가) 넓은 시야의.
wide·ly [wáidli] 圉 1 널리; 넓은 지역에. ¶ *a ~ distributed plant* 널리 분포되어 있는 식물. 2 멀리(far), 멀리 떨어져. 3 다방면에 걸쳐 많은[여러 가지] 문제[사례]에 있어서. 4 몹시, 심하게, 크게. ¶ *two ~ different accounts of an affair* 한 가지 일에 대한 두 가지의 서로 크게 다른 설명.
wide-mouthed [wáidmàuðd, -màuθt] 圏 주둥이[아가리]가 넓은; (강어귀 따위가) 넓은; (놀라서) 입을 딱 벌린. ¶ *a ~ jar* 아가리가 넓은 단지.
*wid·en [wáidn] 통태 (폭·면적·범위 따위를) 넓히다. ¶ ~ *a ditch* 도랑을 넓히다. ──제 넓어지다, 넓게 되다. ¶ *The road ~s there.* 거기서부터는 길이 넓어져
~·er 圏 EC 확대론자. └다.
wid·en·ing [wáidəniŋ] 圏 1 펼치기, 벌리기, 확대, 확장. 2 (동유럽 국가들을 포함한) EC가맹국 확대 정책.
wide-o·pen [´óupən] 圏 넓게 열린[틔인]; (도박·매춘 따위의) 단속이 허술한[엄하지 않은]; (공격 등에) 취약한, 무방비의. └유효한.
wide-range [´réindʒ] 圏 적용성이 넓은, 광범하게
wide-rang·ing [´réindʒiŋ] 圏 광범한, 광범위한.
wide-ruled [´rù:ld] 圏 (노트 따위가) 괘선이 굵은.
wide-scale [´skéil] 圏 광범위한; 대규모의.
wide-screen [´skrì:n] 圏 (영화가) 와이드 스크린의, 화면이 넓은.
*wide-spread [wáidspréd] 圏 1 펼친, 넓게 편; 널찍한. ¶ *~ wings* 활짝 편 날개. 2 널리 퍼진, 널리 보급된. ¶ *a superstition* 널리 퍼져 있는 미신 / *become ~* 널리 보급되다. 3 대폭적인, 광범한.
wide-spread·ing [´sprédiŋ] 圏 넓은 지역을 덮는, 퍼져 있는. ¶ *~ showers* 넓은 지역에 걸친 소나기.
widg·eon [wídʒən] 圏 (魚 ~s) 홍머리오리(오리 과(科)에 속하는 물새). (또는 wigeon)
widg·et [wídʒit] 圏 1 작은 도구[부품]. 2 (메이커의 규격품 따위) 대표적·전형적인 제품. 3 (공군속어) (비행기에 고장을 일으키는) 작은 요정.
widg·ie [wídʒi] 圏 (濠속어) 불량 소녀, 여자 불량배.
wid·ish [wáidiʃ] 圏 다소 넓은, 널찍한.
*wid·ow [wídou] 圏 (魚 ~s [-z]) 1 과부, 미망인; (남편이 골프 따위에 열중하여) 집에 혼자 남은 아내圈 (widower). ¶ *a golf ~* 골프 과부. 2 (인쇄) 앞 단[페이지]에서 넘어온 한 행(行) 미만의 행. 3 (카드놀이) 돌리고 남은 패, 여분의 패. ──통태 1 (과거분사형으로) ···을 과부로 만들다. ¶ ~ *her* 그녀의 남편을 잃게 하다. ¶ *a ~ed father* 상처한[홀아비인] 아버지 / *a woman ~ed by war* 전쟁 미망인. 2 (시) (귀중품 따위를) 빼앗다 (*of*).
The Widow at [or of] Windsor (앨버트공 사망 후의) 빅토리아 여왕.
~·ly 圏 「의」 빅토리아 여왕.
wídow bewítched 圏 (구어) =grass widow.
wídow bírd [fínch] 圏 =whydah.
wid·ow·er [wídouər] 圏 홀아비. 태 widow
~·hood 圏 홀아비 신세(살이).
wid·ow·hood [wídouhùd] 圏 U 과부 신세, 과부살이. ¶ *live in ~* 과부 신세로 살아가다, 과부살이를 하다.
wídow lády 圏 (방언) 과부(widow).
wid·ow-mak·er [-mèikər] 圏 (구어) 위험한 것, 사람의 원인(사나운 말·총·독주 따위).
wídow's bénefit 圏 (英) (국민보험의) 미망인 급부.
wídow's crúse 圏 과부의 항아리, 화수분(← 열왕기(상)(1 Kings) 17 : 10-16).
wídow's mándate 圏 (美) (임기중 사망한) 남편 대신의 임명(공직에 그 부인을 임명함).
wídow's míte (the ~) 과부의 적은 헌금(←마가복음(Mark) 12 : 41-44), 빈자(貧者)의 일등(一燈).
wídow's péak 圏 여자 이마에 V자형으로 난 앞머리. (<이것이 있으면 일찍 과부가 된다는 미신에서)
wídow's pénsion 圏 과부[미망인] 연금.
wídow's wálk 圏 (바닷가에 있는 집의) 옥상 누대.
wídow's wéeds 圏魚 과부의 상복. └(樓臺).
wídow wòman 圏 (방언) 과부(widow).
‡**width** [widθ, witθ] 圏 1 U© 폭, 너비, 넓이; (컴퓨터가 가리키는 두 점 사이의) 간격. ¶ *It is three meters in ~*. 그것은 폭이 3m이다. 2 U (지식 따위의) 폭넓음, 크게 열림. 3 일정한 폭으로 된 것, 일정한 ~s *of cloth* 두 폭의 천. 4 구두의 폭. 5 (~s) 넓은 곳.
width·ways [wídθwèiz, witθ-] 圉 =widthwise.
width·wise [wídθwàiz, witθ-] 圉 옆으로, 옆쪽으로; 가로로.
*wield [wi:ld] 통태 1 (무기 따위를) 휘두르다; (연장 따위를) 교묘하게 쓰다, 잘 다루다. ¶ ~ *a facile pen* 달필(達筆)을 휘두르다. 2 (권력 따위를) 휘두르다, 행사하다; (영향 따위를) 미치다(*upon*). ¶ ~ *great influence upon* ···에 큰 영향을 미치다. 3 (고어) 안내하다, 인도하다. 4 (폐어) (나라 등을) 지배하다, 통치하다.
wield·y [wí:ldi] 圏 (무기·도구 따위가) 쓰기 쉬운, 휘두르기 쉬운, 알맞은.
Wien [vi:n] 圏 빈(Vienna의 독일어명).
wie·ner [wí:nər] 圏U© (美) 1 프랑크푸르트 소시지(frankfurter). 2 비엔나 소시지. 3 (美속어) 페니스. (또는 **weiner**)
wíener nóise 圏 (美속어) 바보, 멍청이. 「외」 파티.
wíener ròast 圏 (美) 소시지 따위를 구워 먹는 (야
Wie·ner schnit·zel [ví:nər ʃnítsəl] 圏 송아지 고기의 커틀릿. (<G)
wie·ner·wurst [wí:nərwə̀:rst] 圏 =wiener.
wie·nie [wí:ni] 圏 (美구어) =wiener.
‡**wife** [waif] 圏 (魚 *wives* [waivz]) 1 아내, 처, 마누라, 부인(图 husband). ¶ *a man and his ~* 부부 / *have a ~* (남자가) 결혼하다. 2 (여자) 약혼자, 특별한 걸프렌드; (동성애자의) 여자역. 3 (고어·방언) 여자.
all the world and his wife ⇒ WORLD.
give...to wife (고어) ···을 시집보내다.
have [or *take*]...*to wife* ···을 아내로 맞다.
man [or *husband*] *and wife* 부부, 내외.
──圏 (드물게) =wive.
~·dom 圏 **wíf·ish** 圏
-**wife** [wàif] 연결 「특정한 일에 종사하는 여성」의 뜻. ¶ *a fish*wife, *a house*wife, *a mid*wife.

wife·hood [wáifhùd] 명U 아내의 자리[신분]; 아내다움(wifeliness).
wife·less [wáiflis] 형 아내가 없는, 독신[총각]의. ~·ness 명
wife·like [wáiflàik] 형 =wifely.
wife·ly [wáifli] 형 아내의, 아내다운, 아내로서 어울리는. -**li·ness** 명
wife swàpping 명 (구어) 부부 교환.
  wife-swàp·per 명
‡**wig** [wig] 명 (복 ~s [-z]) 1 가발. 2 가발을 쓰는 사람(재판관·변호사 등); (구어) 높은 사람(bigwig). 3 (英구어) 심한 꾸중, 질책. 4 (美속어) (긴) 머리카락; 머리. 5 (美속어) 가슴 설레게 하는[자극적인] 것. 6 물개 수컷(의 어깨 모피).
  flip one's wig ⇨FLIP.
  jack a person's wig 남의 머리털을 잡아당기다.
  keep one's wig on 침착을 유지하다, 화내지 않다, 흥분하지 않다.
  lose one's wig (美속어) 울화를 터뜨리다.
  my wig(s) (英) 이건 두 손 들었군, 이거 놀랐는데.
  pull wigs 드잡이를 하다; 싸우다.
  tighten a person's wig (美속어) 남에게 마리화나 피우기의 초보를 가르치다.
  wigs on the green 드잡이, 격투; 격론.
  ── 타 (-gg-) 1 …에게 가발을 씌우다. 2 (英구어) …을 몹시 꾸짖다. 3 (美속어) …을 낭패케[화나게] 하다; 흥분시키다(*out*). ── 자 야단치다; (美속어) 흥분하다(*out*).
  wig out (美속어) ① (마약 따위로) 기분이 좋아지다; (취한 것처럼) 어찔어찔하다, 빙빙 돌다. ② (마약 따위로) 기분을 좋게 하다; 취하게 하다.
  ── 형 (美속어) 빼어난, 멋있는, 훌륭한.
  ~·**less**, ~·**like** 형 (<periwig)
wig·an [wígən] 명U 캔버스 비슷한 면직물의 일종(옷의 가장자리·깃 따위를 빳빳하게 하는 심으로 쓰인다).
wig·eon [wídʒən] 명 (복 ~(**s**)) =widgeon.
wigged [wigd] 형 가발을 쓴; (美속어) (술·마약 따위에) 취해 있는.
wig·ger·y [wígəri] 명 (집합적) 가발; 가발을 쓰기.
wig·ging [wígiŋ] 명 (英구어) 심한 꾸지람.
wig·gle [wígl] 타자 (몸·꼬리 따위를) 흔들리다, 꿈틀거리다; (방언) 비틀거리며 나아가다. ── 타 (몸·꼬리 따위를) 흔들다; (배를 고물에 있는 노로 저어 가다.
  wiggle out of 꿈틀거려 빠져나가다[피하다].
  ── 명 흔들리기; 흔들기; 구불구불한 선.
  get a wiggle on (속어) 서두르다(hurry up).
wig·gler [wíglər] 명 흔들리는 사람[것]; (곤충) 장구벌레(wriggler).
wíggle ròom 명 (美속어) (발언·정책 등에 대한) 해명의 여지, 빠져나갈 구멍.
wíggle sèat 명 (의자에 장치된) 거짓말 탐지기.
wig·gle-wag·gle [-wæ̀gl] 명 (구어) 이리저리 흔들기[흔들리다]. ── 형 구불구불 움직이는(유원지의 놀이기구 따위). ── 자 우유부단한.
wig·gly [wígli] 형 (몸을 비꼬는; 꿈틀거리는; 물결치는, 오르락내리락하는. ¶ a ~ line 물결 무늬 선.
wig·gy [wígi] 형 가발을 쓴, 짐짓 점잔빼는; (美속어) 자극적인, 취한, 머리가 돈.
wight [wait] 명 (고어·방언) 인간, 사람; (폐어) 살아 있는 것, 생물. ¶ a wretched [luckless] ~ 비참한 [운나쁜] 사람.
Wight [wait] 명 **the Isle of** ~ 와이트 섬(영국 잉글랜드 남해안에 있는 섬; 현재 독립 주(州)로 보았지).
wig·let [wíglit] 명 (여성용) 소형 가발, 헤어피스.
wig·mak·er [wígmèikər] 명 가발 제작[판매]업자.
wíg pìcker 명 (美속어) 정신과 의사.
wig·wag [wígwæ̀g] 명 (-gg-) 자 1 흔들리다. 2 (군사) (수기(手旗)·등불 따위로) 전하다. ── 타 1 …을 흔

들다. 2 (수기·등불 따위로) …을 신호하다. 3 (수기 따위)를 흔들어 신호하다. ── 명UC (군사) 수기[등불] 신호(법). ~·**ger** 명
wig·wam [wígwɑm/-wæm] 명 1 아메리카 인디언의 천막식 오두막집. 2 (美속어) (정치 집회 따위에 쓰는) 임시로 급히 만든 대회장.
Wil·bur [wílbər] 명 **Ri·chard** ~ 월버(1921- : 미국의 시인). 「선」알았다(roger).
wil·co [wílkou] 형 (美) (무 <*will comply*)
[wigwam 1]
‡**wild** [waild] 형 (~·**er**; ~·**est**) 1 (동·식물이) 야생의, 들[산, 물가]에서 자란, 자생(自生)의; (동물이) 길들여지지 않은, 사나운(⇔ tame). ¶ ~ beasts 야수 / ~ fowl 야조(野鳥) / ~ grow 자생하다. 2 미개의, 야만의. 3 (토지가) 경작되지 않은, 묵혀진, 황폐한, 황량한. ¶ ~ land 황야. 4 거칠은, 난잡한. ¶ ~ hair 헝클어진 머리카락. 5 방종한, 멋대로 자란; 거친, 난폭한, 다루기 힘든. ¶ ~ children 제멋대로 구는 아이들. 6 (바람 따위가) 사나운, 거친, 소란스러운. ¶ a ~ night 폭풍우 몰아치는 밤 / a ~ sea 거친 바다 / ~ times 난세(亂世). 7 (英구어) (남에게/…에 대하여) 격노한 (*with / about, for*). ¶ be ~ *with* her *for* being late 지각한 것에 대하여 그녀에게 화를 낸다. 8 파렴치한, 무절제한, 단정치 못한, 방탕한. ¶ repent one's ~ youth 방탕하게 보낸 청춘을 후회하다. 9 열광적인; 미친 듯한, 광란의, 격정에 이끌리, 몹시 흥분된 (*with*). ¶ a ~ delight [debate] 광희(狂喜)[격론] / ~ *with* excitement 미친 듯이 흥분한. 10 몹시 …하고 싶어하는 (*to do*); (어떤 일에) 열중하는, 정신이 팔린 (*about, for*). ¶ be ~ *to get started* 출발하고 싶어서 좀이 쑤시다 / be ~ *for* revenge 복수심에 불타다 / be ~ *about* the new styles 새로운 유행형에 열중하다 / She is ~ *about* me. 그녀는 나에게 정신이 팔려 있다. 11 되는 대로의, 엉터리 같은, 신중함[생각]이 없는. ¶ ~ schemes 엉터리 계획 / a ~ rumor [*or* talk] 터무니없는 소문 / ~ opinions 즉흥적인 의견 / give a ~ guess 제멋대로 추측하다. 12 터무니없는, 엉뚱한. ¶ ~ fancies 기상천외의 환상(幻想) / a ~ and dreamlike trade 터무니없는 꿈 같은 거래 / In my ~*est* dreams it never occurred to me. 그런 것은 꿈에도 생각하지 못했습니다. 13 표적에서 벗어난, 빗나간. ¶ a ~ pitch (투수의) 폭투. 14 (카드놀이) (카드가) 가진 사람의 마음대로 어떤 패로도 쓸 수 있는.
  go wild 미쳐 날뛰다; …에 미친 듯 열중하다; 격노하다. ¶ *go* ~ *with* joy 좋아서 어쩔 줄 모르다.
  run wild ① 야성적이 되다, (식물 따위가) 멋대로 마구 자라다. ② 제멋대로 굴다[행동하다], 방종하게 행동하다. ③ 난폭하다, 거칠게 굴다.
  sow one's wild oats ⇨ WILD OATS.
  wild and wooly 거친, 야성적인, 멋대로 자란.
  ── 부 난폭하게, 무턱대고, 아무렇게나, 터무니없이, 마구잡이로. ¶ shoot ~ 무턱대고 쏘아대다 / talk ~ 함부로 지껄이다.
  blow wild (석유·천연가스정(井)이) 석유[가스]를 대량
  ── 명 (종종 ~s) (미개척의) 황무지, 황야, 불모지, 미개지; (the ~) 황야, 대자연. ¶ the call of the ~ 황야의 부르는 소리[유혹].
  ~·**ness** 명
wíld bòar 명 멧돼지.
wíld càrd 명 1 (카드놀이) 와일드 카드, 만능패(보통 joker). 2 (스포츠) 와일드 카드(규정된 팀[선수] 이외에, 운영자의 의향으로 결승 토너먼트에 참가하는 특별 케이스의 팀[선수]). 3 미지의[예측할 수 없는] 요소[것, 일]. 4 (또는 **wild-card chàracter**) (컴퓨터) 와일드 카드, 임의 문자 기호.
*****wild·cat** [wáildkæ̀t] 명 (복 ~(**s**)) 1 살쾡이. 2 성급한[성마른] 사람. 3 (美) (조차(操車)용) 소형 기관차.

(석유·가스의) 시굴정(試掘井). **5** 무모하고 불건전한[투기적인] 기업. **6** 〔해사〕 닻줄 감는 원통 수레, 와일드캣. ── 형 〔한정용법〕 **1** (美) (영업이) 엉터리인, 무모한. **2** 비합법적인. **3** (열차가) 임시로 운전되는. ¶ a ~ train 특별 임시 열차. ── 타 (-tt-) (美) 타 〔석유·광석 따위〕를 (투기로) 시굴하다. ── 자 (투기로) 석유[광산]를 시굴하다. ~·ting 형

wíldcat bánk 명 (美구어) 살랭이 은행(1864년 은행법 제정 이전에 지폐를 남발했던 은행), 부실 은행.
wíldcat stríke 와일드캣 스트라이크, 비공인 파업.
wíld-cat·ter [wáildkæ̀tər] 명 (美) 석유[광석]를 마구잡이로 시굴하는 사람; 광산 투기꾼(prospector).
wíld dóg 명 들개(dingo).
wíld dúck 명 들오리, (특히) 청둥오리.
Wilde [waild] 명 Oscar (Fingal O'Flahertie Wills) ~ 와일드(1854-1900: 아일랜드 태생의 영국 시인·극작가·소설가·비평가).
wil·de·beest [wíldəbìːst] 명 (複 ~(s)) 누(gnu) (아프리카산(産) 큰 영양의 일종).
wil·der [wíldər] (古어) 타 ···을 길을 잃게 하다; ~을 당황하게 하다. ── 자 길을 잃다; 당황하다.
‡**wil·der·ness** [wíldərnis] 명 **1** 황야, 황무지. ⇒ DESERT 〔유의어〕 **2** (육지·바다 따위의) 망망히 펼쳐진 것; (사람·물건 등의) 어수선하게 많음. ¶ a ~ of houses 어수선하게 늘어서 있는 집들 / a ~ of waters 망망 대해. **3** (정원 속의) 초목이 마구 우거진 곳. ¶ a ~ park (사람 손이 안 간) 자연 공원. **4** 무수(無數), 다수, 다량 (of). **5** (the W—) 윌더니스(미국 Virginia 주 동북부의 삼림 지대; 남북전쟁 때의 격전지).
a voice [or *cry*] *in the wilderness* 〔성서〕 광야에 외치는 자의 소리; 세상에 받아들여지지 않는 정세(警世)의 소리(← 마태 복음(Matt.) 3:3).
go into the wilderness (정당이) 정권을 잃고 야당이 되다, 하야(下野)하다.
in the wilderness ① 황야에; 고립되어, 중앙으로부터 떨어져서. ② (정치가가) 실각하여, 재야로.

wílderness àrea 자연 보호 구역.
wild-eyed [⁓àid] 형 눈초리가 험한, 눈빛이 날카로운; 과격한(radical); 무모한, 비현실적인.
wild·fire [wáildfàiər] 명 ① **1** (옛날 전쟁에서 쓴) 연소물(Greek fire). **2** (천둥소리가 나지 않는) 번개, 막전(幕電). **3** 둘불, 한불(旱火). **4** 도깨비불.
spread like wildfire (소문 따위가) 순식간에 퍼지다.
wíld-flòw·er [wáildflàuər] 명 들꽃, 야생 화초.
wíld-fowl [wáildfàul] 명 (複 ~(s)) (오리·기러기 따위의 (獵鳥), 물새. ── **·er** 명 ── **·ing** 명
wíld góose 명 기러기, (특히) 재거러기.
wíld-góose chàse 명 가망 없는 추구; 부질없는 시도.
wíld hóg 명 **1** =wild boar. **2** =peccary.
wíld hórse 명 **1** 야생마. **2** (~s) (부정문에서) 강한 유혹[압력].
wíld hýacinth 명 (북미 동부산(産)) 나리과(科)의 식물; (유럽산(産)) 종 모양의 꽃이 피는 나리과의 초본.
wild·ing [wáildiŋ] 명 **1** 야생 사과나무; 그 열매; 야생 식물. **2** 일출(逸出) 식물(재배되던 식물이 야생으로 돌아간 것). **3** 야생 동물. **4** (美속어) (불량배의) 집단 난동. ── 형 재배[사육]되지 않은, 야생의. ── 부 멋대로 행동하여.
wild·ish [wáildiʃ] 형 좀 난폭한, 미친 듯한.
wild·land [wáildlænd] 명 (미)개지로 남은) 황무지.
wild·life [wáildlàif] 명 ① (집합적) 야생 생물. **-lif·er** 야생 생물 보호론자.
wíldlife conservàtion pàrk (美) 야생 생물 보호 공원(zoo(동물원)의 다른 명칭).
wíldlife sánctuary [presérve] 야생 동물 보호 지역.
wild·ling [wáildliŋ] 명 야생 식물[동물], 들꽃.
‡**wild·ly** [wáildli] 부 야생으로; 거칠게, 난폭하게; 무턱대고, 터무니없이.

wíld mán 명 **1** 미개인, 야만인. **2** 난폭한 사나이; 과격주의자. **3** 〔동물〕 오랑우탄, 성성이.
wíld óats 명 메귀리.
sow one's wild oats 젊은 혈기로 방탕한 생활을 하다.
wíld pítch 명 〔야구〕 (투수의) 폭투.
wíld ríce 명 〔식물〕 줄(풀)눈; 그 열매(식용).
wíld róse 명 들장미(미국 Iowa, New York, North Dakota 등의 주화(州花)).
wíld rúbber 명 (고무나무에서 채취한) 야생 고무.
wíld sílk 명 **1** = tussah **2**. **2** (英) = raw silk.
wíld spínach 명 명아주.
wíld stráwberry 명 산딸기.
wild-track [⁓træk] 명 〔영화〕 (해설 따위) 화면과 별개의 소리를 녹음한, 화면 외의(off-screen).
wíld túrkey 명 야생 칠면조.
wíld týpe 명 〔유전〕 야생형(野生型). 〔流〕(의).
wíld·wa·ter [wáildwɔ̀ːtər] 명·형 급류(의), 분류(奔
Wíld Wést 명 (개척 시대의) 미국 서부 지대. 현하는 쇼(로데오·올가미 던지기 따위).
Wíld Wést shòw 명 (美) 서부 시대의 생활상을 재
wíld whíte 명 원숭이 두창(痘瘡) 바이러스.
wild·wood [wáildwùd] 명 원시림, 자연림.
wile [wail] 명 (~s) 책략, 계략, 올가미, 함정, 교활한 술책; 속임수. ¶ defeat the ~s of the devil 악마의 흉계를 물리치다. ── 타 **1** ···을 꾀어내다(away), 속여서 ···하게 하다(into). ¶ ~ a person *away* 남을 꾀어내다 / ~ a person *into* doing 남을 속여서 ···하게 하다. **2** (시간)을 이럭저럭 보내다(* while과 혼동한 데서 생겨난 오용이라는 설이 있다).
wile away 그럭저럭 (시간을) 보내다; (남)을 속여 데리고 가다. ¶ ~ *away* the long winter night 긴 겨울 밤을 한가로이 보내다.
*‡**wil·ful** [wílfəl] 형 (英) =willful.
 ~·ly 부 **~·ness** 명 〔름〕.
Wil·helm [wílhelm/G vílhelm] 명 빌헬름(남자 이름).
Wil·hel·mi·na [wìlhəlmíːnə, wìlhel-] 명 빌헬미나. **1** 여자 이름. **2** ~ I 빌헬미나 1세(1880-1962: 네덜란드의 여왕).
Wil·helm·stras·se [vílhelmʃtràːsə] 명 **1** 빌헬름가(街)(정부 기관이 많이 몰려 있던 베를린의 관청가). **2** (옛 독일 정부의) 외무부.
‡**will**¹ ── WILL. ⟨p. 3096⟩
‡**will**² [wil] 명 ~s [-z] **1** ① (종종 the ~) 의지, 의사. ¶ a man of strong [weak] ~ 의지가 강한[약한] 사나이 / the freedom of the ~ 의사의 자유. **2** (종종 a ~) 의도; 결의; 열의. ¶ work with a ~ 열의를 가지고 일하다 / Where there's a ~, there's a way. (속담) 뜻이 있는 곳에 길이 있다; 정신일도 하사불성(精神一到 何事不成). **3** 의지 작용, 의지의 행사. ¶ His words came out without his ~. 그 말이 무심코 그의 입에서 나왔다.

〔유의어〕 **will** 선택·결정을 하는 정신적 능력, 그 능력의 발동, 그 능력을 가진 존재; 보통은 일정한 목적을 추구하는 의지의 굳셈을 뜻한다. **volition** will로써 특정한 선택·결정을 하기.

4 (one's ~, the ~) (···에 대한 / ···하고 싶은) 바람, 소망, 소원 (*for, to do*). ¶ the ~ *for* power 권력욕 / lose the ~ *to* live 살려는 의욕을 잃다. **5** (one's ~, the ~) 명령(command). ¶ the ~ of the people 국민(성)의 의사 / God's ~ 신의 뜻. **6** ① (남에 대해 품는) 기분, (선악·호오(好惡)의) 감정. ¶ a man of good ~ 선의가 있는 사람 / cause ill ~ 악감을 가지게 하다. **7** 〔법률〕 유언; 유서. ¶ one's last ~ and testament 유언(장) / make [or draw up] one's ~ 유서를 작성하다 / remember a person in the ~ 유언장에 이름을 써넣어서 유산을 주다.
against one's will 본의 아니게. ¶ commit a crime

조동사 will의 원뜻은 동사 will(⇨WILL²)과 마찬가지로 (to) intend, wish다. 그 뜻이 조동사로 오래 쓰이게 됨에 따라 점차 약해져서 미래를 단순하게 나타내는 일이 많아졌다. 이렇게 뜻이 단순화되면서 will은 shall의 역할까지 겸하여 미래 시제 조동사로서의 역할이 확대되었다(⇨SHALL 주의).
조동사 will에는 원뜻에서 분화·발전하여 화자(話者)의 심적 태도를 나타내는 의미들도 있는데, 그것이 법조동사로서의 will의 의미들이다. 거기에는 주어의 의지·경향·습관 따위가 있다.

‡**will¹** [wəl, əl, l, wil] (* 조 경우 will의 의미를 강조하고자 할 때, 또는 I think he will.과 같이 독립해서 문장 끝에 쓰일 때는 [wil]로 발음하고, 그 밖에 일반적으로는 [wəl, əl, l]로 발음한다).

조 (현재 단수 1인칭 *will*; 2인칭 *will*, (고어) *wilt*; 3인칭 *will*; 현재 복수 *will*; 과거 단수 1인칭 *would*; 2인칭 *would*, (고어) *wouldst*; 3인칭 *would*; 과거 복수 *would*; 과거분사 (폐어) *wold*, *would*; 명령법·부정사·현재 분사의 형태는 없다) * 긍정 단축형은 **'ll** [əl, l], **'d**; 또 부정 단축형은 **won't** [wount, wʌnt, wəunt], **would-n't** [wúdnt].

I. 미래 시제 조동사
1 (단순미래) …일 것이다. **a)** (2·3인칭 주어의 평서문에서) ¶You ~ enjoy the concert. 음악회는 즐거울 것입니다/She ~ see you at dinner. 그녀는 저녁식사 때 만나게 될 것입니다/The next war ~ be more cruel than ever. 다음 번의 전쟁은 전보다 더 잔인한 전쟁이 될 것이다./*특히 (美)에서는 형식적인 문체를 제외하고 1인칭 주어일 때에도 will을 쓴다: We ~ be a second-rate power in the world. 우리 나라는 세계에서 2류 국가가 되고 말 것이다(환 shall 1). **b)** (2·3인칭 주어의 의문문에서)¶W- you be free tomorrow afternoon? 내일 오후에 시간이 있습니까?/W- the plane depart very soon? 비행기는 지금 곧 출발합니까?/W- he recover soon? 그는 곧 회복될까요?/W- you be seeing him tomorrow? 내일 그를 만날 예정 [생각]입니까?(*(英)에서는 2인칭 주어의 의문문일 때 shall을 쓰는 경우가 있다)(환 shall 1 b)). **c)** (간접화법의 피(被)전달부에서, 직접화법의 will을 그대로 받아서, 또는 shall을 받아서)¶She says she ~ be back before dark. (<"I shall be....") 그녀는 어두워지기 전에 돌아올 것이라고 말한다(환 shall 1 c)). **d)** (have+과거분사와 함께 미래완료를 만든다)¶By the year 2015, world population ~ have doubled. 서기 2015년까지 세계 인구는 2배가 될 것이다(* ① 종종 단순미래형으로 대용된다: By the time, the population ~ double. 그때까지 인구는 2배가 될 것이다. ② 비교적 드물게 의지미래가 된다: I ~ have finished the papers by the time you come back. 당신이 돌아올 때까지는 그 서류를 다 끝내겠습니다. **e)** (1인칭 주어의 의문문에서)(* shall을 쓰는 것이 보통이나 미국·아일랜드·스코틀랜드에서는 shall I[we] 대신에 will I[we]를 쓰며, 또 반어·반문에는 흔히 will I를 쓴다.¶How'll we kill the rest of the time? (美) 남은 시간을 뭘 하고 보낼까?/W- you tell her, or ~ I? (내일) 그녀에겐 자네가 이야기하려나 아니면 내가 이야기할까?/W- you come with me?—W- I? 나하고 같이 가시겠습니까?—저 말입니까? * 이런 경우는 문맥에 따라, Certainly, I ~.(가겠습니다의 뜻이 되기도 하고, 또 Of course, I won't.(천만의 말씀)의 뜻이 될 수도 있다).
2 (말하는 사람의 의지) **a)** (1인칭 주어의 평서문에서) …하겠다, …할 작정[생각]이다. ¶I ~ go there tomorrow. 내일 그 곳에 가겠습니다/We'll keep our happiness to ourselves, won't we? 행복은 우리들의 것으로서 지켜 가야지요. **b)** (2인칭 주어의 평서문에서) …하기 바란다, …하시오. ¶You ~ report to the principal at once. 곧 윗사람에게 보고 하도록 하시오/You

won't go blabbing about this to anyone ever. 이것은 누구에게도 말하지 말아주게/If you are ready, you ~ follow me. 준비가 다되었으면 나를 따라 오시오(* 명령문 뒤에 붙이는 부가의문문으로 나타나는 경우가 있다: Try to make her happy, *won't* you? 그녀를 행복하게 해주도록 해, 알겠지?). **c)** (2·3인칭 주어의 평서문에서) …할 의사가 있다, …할 작정이다. ¶You know they ~ force it. 그들은 그것을 강요하려고 하고 있는 거예요/People ~ do right. 사람은 올바른 행위를 하려고 한다/I shall be grateful if you ~ permit me the opportunity. 그 기회를 주신다면 고맙겠습니다.
3 (상대방의 의지) (2인칭 주어의 의문문에서) **a)** …하겠습니까?, …할 작정입니까?¶W- you do that? 그렇게 하시겠습니까?/Where'll you be? 어디 가시겠습니까?/What kind of (an) automobile ~ you buy? 어떤 종류의 차를 사실 겁니까? **b)** (의뢰·유인) …해주시오; …하지 않겠습니까?¶W- you say that again, please? 다시 한번 말씀해 주시겠습니까?/Won't you come up to my place for a chat? 내 집에 한담이나 하러 오지 않겠습니까?/Run and fetch it, ~ you? 어서 가서 가지고 오십시오. ⇨2.
4 (현재의 상상·추정) …일[할] 것이다. ¶This ~ be right. 이것이 옳을 것이다/You ~ not have forgotten him. 당신이 그 사람을 잊어버리는 일은 없을 겁니다/This'll be our train, I fancy. 아마 이것이 우리가 탈 기차일 거야/Mother ~ be expecting me. 어머님은 내가 오는 것을 기다리실 겁니다.

II. 법조동사
5 (주어의 현재의 강한 의지·고집) 어떻게든지 …하려고 하다, 반드시 …하다. ¶I ~ go, no matter what you say. 네가 뭐라고 하든 나는 가겠다/You ~ have your own way. 자네는 꼭 자네 생각대로 하려고 한다/People ~ talk. 사람의 입은 못 막는다/If you ~ have it so, I have nothing to say against it. 굳이 그렇게 말한다면 아무 것도 반대는 하지 않겠다.

주의 (1) [wil]로 발음되며, 부정문에서는 「강한 거부」도 된다: I'm pushing as hard as I can, but the car *won't* move. 나는 있는 힘을 다해서 밀고 있지만, 차는 꼼짝도 하지 않는다. (2) will이 단지 그 때 그 경우의 의지를 나타내는 데 대하여, shall은 숙고적인 판단 또는 결의를 나타낸다: I *shall* defeat him. 반드시 그를 이기겠다.

6 (습관·규칙적 동작) 으레 …하다, 보통[종종] …하다. ¶The historian ~ commonly assign several causes to the same event. 역사가는 같은 하나의 사건에도 여러 가지 원인이 있는 것으로 보는 것이 보통이다 (* 「사람」을 주어로 하고, 주로 3인칭).
7 (경향·습성) …하게 마련이다, …하기 일쑤이다. ¶Boys ~ be boys. 사내아이는 역시 사내아이다(장난을 하는 것은 어쩔 수 없다)/Money ~ come and go. (속담) 돈은 돌고 도는 것/Accidents ~ happen. (속담) 사고는 일어나기 마련이다(* 일종의 진리를 설명하는 표현으로, 「사물」을 주어로 하는 경우가 있다: A sunshiny shower *won't* last half an hour. 여우비는 30분도 계속 오지 않는다.
8 (능력) …할 수 있다. ¶The back seat ~ hold three passengers. 뒷자리에는 세 사람이 탈 수 있다/This

tree ~ live without water for three months. 이 나무는 물 없이도 3개월간은 마르지 않는다 / You see hundreds of acres of fields stretching as far as sight ~ carry. 몇 백 에이커나 되는 들판이 눈길 가닿는 곳까지 넓게 펼쳐져 있는 것을 볼 수 있다.
9 《제안·권유》 …합시다. ¶I ~ bid you "Good night!" 자도록 합시다 / The class ~ rise. 학급의 여러분 일어섭시다. [참] WOULD 3-7
—[동] 《문어》 《대동사(代動詞)로》 …하려고 생각하다 (wish, desire, like). ¶Go where you ~. 어디든지 가고 싶은 곳으로 가세요 / Ask, if you ~, who the owner is. 소유자가 누구인지 물어보고 싶으면 물어 봐요 / Get her whatever she ~*s*. 그녀가 원하는 것은 무엇이든지 사주시오.

against one's ~ 본의 아니게 범죄를 저지르다.
at* (*one's*) *will 마음대로, 뜻대로, 자유자재로; 마음 내키는 대로. ¶The vocal cords can be opened or shut *at* ~. 성대(聲帶)는 마음대로 여닫힐 수 있다.
by the act of will 의지력으로.
do the will of …의 뜻에 따르다(obey).
have** one's **will 자기 뜻대로 하다. 「의지로.
of** one's **own free will 자진하여, 자발적으로, 자유
***take the will* (*for the deed*)** (그렇게 하려고 했던) 뜻을 고맙게 생각하다.
with a will 정성껏, 진지하게. 「해도.
with the best will in the world 아무리 그러려고
work** one's **will 뜻을 이루다, 목적을 달성하다.
—[동] (~**s** [-z]) [타] **1** …하려 하다, 의도하다, 결심하다 (*to* do, *that*[절]); (신이) …을 명하다, 정하다(ordain). ¶~ one's own death 자살을 결심하다 / *He who ~s success is half way to it.* 《속담》 성공하고자 하는 사람은 벌써 반은 성공한 셈이다 // (~+*to* do) She ~*ed to* stop him. 그녀는 그를 말리려고 생각했다 // (~+*that*[절]) God ~*s that* man should be happy. 사람은 행복하라는 것이 신의 뜻이다. **2** (의지의 힘으로) 〔남〕에게 …시키다(*to* do). ¶(~+[目]+*to* do) She ~*ed* herself *to* fall asleep. 그녀는 억지로 잠을 청했다. **3** (…라고) 유언하다(*that*[절]); (유언으로) (…을) 증여하다 (*away*)(*to*). ¶(~+[目]+[目]) He ~*ed* his child a lot of money. 그는 많은 돈을 자식에게 물려주었다[유증했다] // (~+[目]+[副]) He ~*ed* his property *away* from his natural heir. 그는 상속인 아닌 자에게 재산을 유증했다. **4** 《고어》 간절히 원하다, 바라다.
—[자] **1** 의지의 힘을 행사하다, 바라다, 원하다. ¶lose the power to ~ 의지력을 잃다 / It must be as God ~*s*. 신의 뜻대로 해야 합니다. **2** 결심하다.
God* (*be*) *willing 다행히 그렇게 된다면.
if you will 말하자면. ¶He is a fraud, *if you* ~. 말하자면 그는 사기꾼이다.
will away ① 〔재산 따위〕를 유언장으로 처분하다. ② 〔고통 따위〕를 의지력으로 해소하다[없애다].
∠·er [명]
will·a·ble [wíləbl] [형] 바랄 수 있는, 의지로 결정할 수 있는. 「부.
wíll càll [명] (백화점 등에서) 판 물건을 맡아두는 보관
will-call [∠kɔ̀ːl] [형] (백화점 등에서 손님이 돈을 지불할 때까지) 물건을 맡아 두는.
wíll cóntest [명] 〔법률〕 유언 소송(유언장의 진위 또는 효력에 관해 다투는 소송).
willed¹ [wild] [형] **1** 의지에 의해 결정된; 자발적인. **2** (최면술 따위에서) 타인의 뜻에 지배된.
willed² [형] 《보통 복합어로》 (…한) 의지를 가진. ¶strong[weak]-~ 의지가 강한[박약한].
wil·lem·ite [wíləmàit] [명] 규산 아연광.
wil·let [wílit] [명] ([복] ~(**s**)) 〔조류〕 대형 도요새.
***will·ful, 《英》 wil·ful** [wílfəl] [형] **1** 고의의, 계획[의도]적인. ¶~ murder 모살. **2** 제 생각대로만 하는, 고집센. ¶*W– waste makes woeful want.* 《속담》 남의 말 안 듣고 제멋대로 낭비하면 끝내는 가난에 울게 된다.

[유의어] **willful** 현명하거나 경험이 많은 사람의 말을 듣지 않고 옹고집으로 제 생각대로 하는. **headstrong** 어리석으리 만큼 몹시 제멋대로 구는. **intractable** 기질적으로 지도·통제에 저항하는. **perverse** (흔히 짐짓) 억지 고집을 부려 남의 뜻을 거스르는. **refractory** 내놓고 반항·불복종의 언동을 하는. **unruly** 전혀 훈련·통제가 되어 있지 않은, 또는 받아들이지 않는. **wayward** 아주 비뚤어져서 윗사람의 통제를 받아들이지 않고 비행을 일삼는.

~·ly [부] **~·ness** [명]
Wil·liam [wíljəm] [명] **1** 윌리엄(남자 이름). **2** (종종 w–) 《美속어》 지폐, 은행권. **3** 《英속어》 경찰(관).
Wil·liams [wíljəmz] [명] **Tennessee** ~ 윌리엄스 (1914–83: 미국의 극작가; 본명 Thomas Lanier ~).
Wílliam Téll [명] 윌리엄 텔(스위스의 전설적 애국자).
wil·lies [wíliz] [명][복] (the ~) 《美구어》 겁, 오싹한 느낌; 신경이 곤두서서 섬뜩한 상태(creeps). ¶a fit of the ~ 깜짝[소스라쳐] 놀람 / give a person the ~ 남을 소름끼치게[오싹하게] 하다 / get the ~ 섬뜩해지다, 신경이 곤두서다.
‡will·ing [wíliŋ] [형] (***more*** ~; ***most*** ~) **1** 기꺼이 …하는, …하기를 꺼리지[마다하지] 않는(*to* do). ¶I'm quite ~ *to* answer questions. 기꺼이 묻는 말에 답하겠다 // I am ~ *that* he should take my place. 그가 나의 후임자가 되는 데 대해 아무 이의가 없다. **2** 자진해서 하는, 마음이 내키는. ¶If you would like me to help you, I'm quite ~. 도와 달라고 하신다면 기꺼이 그렇게 하겠습니다 / *Don't spur a ~ horse.* 《속담》 잘 가는 말에 박차를 가하지 마라, 군손질로 긁어 부스럼이 된다. **3** (행위 따위가) 자발적인, 마음에서 우러난, 자유의사의. ¶a ~ guide 자원 안내자. **4** 《고어》 바라는, 원하는. ¶God ~ 하느님의 뜻이라면. 「하건 말건.
willing or unwilling [or ***not***] 싫든 좋든간에, 싫어
—[명] 하려는 마음[의지]. 「있는 사람.
wílling hórse [명] 자진해서 일하는 사람, 할 의욕이
***will·ing·ly** [wíliŋli] [부] 기꺼이, 쾌히, 자진해서.
***will·ing·ness** [wíliŋnis] [명][U] 기꺼이 하기[하는 마음 상태], 자진해서 하기[하는 마음씨].
wil·li·waw [wíliwɔ̀ː] [명] 《美·캐나다》 **1** 윌리워(마젤란 해협, Alaska 등 극지에 가까운 지방에서 발생하는 강한 스콜). **2** 강풍, 돌풍; 폭풍. **3** 격동.
will-less [∠lis] [형] 의지가 없는, 의지를 작용시키지 않는; 고의가 아닌, 본의 아닌.
will-o'-the-wisp [∸əðəwísp] [명] 도깨비불; 사람을 호려 위태로운 지경에 빠뜨리는 것, 환영.
‡wil·low¹ [wílou] [명] ([복] ~**s** [-z]) **1** 버드나무; [U] 버드나무 재목. **2** 《구어》 버드나무로 만든 것; 크리켓용 배트.
handle [or ***wield***] ***the willow*** 크리켓을 하다.
wear the willow ① 실연하다. ② (애인이나 신부의 죽음을 슬퍼하여) 상복을 입다.
—[형] 버드나무의, 버드나무로 만든.
~·ish, ~·lìke [형] 버드나무 같은.
wil·low² [명] 윌로, 개모기(開毛機).
—[동][타] …을 개모기로 틀다. 「(willow).
wil·low·er [wílouər] [명] 솜을 타는 사람; 개모기
wíllow hèrb [명] 분홍바늘꽃(바늘꽃과(科)의 다년초); 털부처꽃(부처꽃과(科)).
wíllow pàttern [명] (도자기의) 버드나무 무늬.
wíllow wàrbler [spàrrow] [명] 〔조류〕 버들솔새.
wil·low·y [wíloui] [형] 버들가지처럼 잘 휘는, 유연한; (여성이) 날씬하고 우아한; 버드나무가 많은.
wíll pòwer [명] 의지력, 정신력; 자제력.

will to pówer 명 (니체 철학에서) 권력에의 의지, 권력행사욕.
wil·ly [wíli] 명통 =willow².
Wil·ly [wíli] 명 윌리(남자 이름).
wil·ly-boy [wílibɔ̀i] 명 계집애 같은 소년; 겁쟁이.
wil·ly-nil·ly [-níli] 부 1 체계 없이, 무계획하게, 구 질서하게, 난잡하게. 2 싫든 좋든, 어쩔 수 없이. — 형 1 우물쭈물하는, 우유부단한. 2 체계가 없는, 무계획적 되는 대로의, 닥치는 대로 하는. [주 운전자.
Willy Weaver 명 (美속어) (차선을 자주 바꾸는) 음
wil·ly-wil·ly [-wìli] 명 (濠) 윌리윌리. 1 열대성 저기압. 2 사막의 선풍(旋風).
Wil·ma [wílmə] 명 1 윌마(여자 이름; Wilhelmina 의 별칭). 2 (美학생 속어) 주의산만한 여자; 추녀.
WILPF, WIL (美) Women's International League for Peace and Freedom(여성 국제 평화 자유 연맹).
Wil·son [wílsn] 명 윌슨. 1 **James Harold ~** (1916-95; 영국의 정치가; 수상). 2 **Thomas Woodrow ~** (1856-1924; 미국의 정치가; 제28대 대통령).
Wílson cỳcle (지질) 윌슨 주기(周期)(지질 연대 중 해양이 출현·소멸하는 주기).
Wílson's disèase 윌슨병(구리 대사(代謝)의 이 상으로 간경변·정신장애를 일으키는 유전병).
wilt¹ [wilt] 통자 (화초 따위가) 시들다(wither); (기 따위가) 약해지다, 쇠퇴하다. — 타 …을 시들게 하다; …을 쇠퇴하게 하다. — 명 시들기; 쇠퇴하기; 무기력, 기 소침; ① (식물) 시들병(病). [수 현재형.
wilt² [wəlt, wilt] 조 (古에) will¹의 직설법 2인칭 단
Wil·ton [wíltən] 명 월튼 융단. (또는 ~ **cárpet** [rúg]).
Wílt·shire [wíltʃiər, -ʃər] 명 월트셔. 1 잉글랜드 남부의 주. 2 영국종 흰양.
wil·y [wáili] 형 교활한, 술책을 부리는, 간교한(crafty, cunning). **wíl·i·ly** 부 **wíl·i·ness** 명
wim·ble [wímbl] 명 (대리석 석공의) 구멍 뚫는 송곳 (광산의) 굴착한 구멍에서 진흙·돌 따위를 퍼올리는 도구; 목공용 송곳. — 타 (송곳으로) …에 구멍을 뚫다.
Wim·ble·don [wímbldən] 명 London 근교의 도시(국제 테니스 선수권 대회 개최지).
Wímbledon Ópen 명 윔블던 테니스 선수권 대회.
wim·min [wímin] 명복 여성, 여자들(women) (women이나 female을 기피한 말).
wimp [wimp] 명 (구어) 무기력한(소극적인) 사람 나약한 사람, 겁쟁이. — 통재 * 다음 숙어로만 쓴다.
wímp óut (속어) 움츠러들다, 겁을 먹다, 뒷걸음치다, 버리고 달아나다.
~·ish 형 **~·ish·ly** 부 **~·ish·ness** 명 **~·y** 형
WIMP [wimp] 명 (컴퓨터) Windows, Icons, Mouse, Pulldown Menu(윈도를 쓰기 쉽게 하는 종류의 사용자 인터페이스).
wim·ple [wímpl] 명 1 (수녀가 쓰는) 베일, 쓰개. 2 (스코) (옷의) 주름; (길·내 따위의) 커브, 굽은 곳. 3 (英) 잔물결. — 통타 1 …을 머리싸개로 덮다(감싸다); (古어) …을 가리다, 감추다. 2 (수면을 물결치게 하다. — 자 1 (수면이) 물결치다. 2 (스코) (길·내 따위가) 뻗치다, 굽다.
wimp·y [wímpi] 형 =wimpish.
Wim·py [wímpi] 명 (英) (상표) (말랑한 롤빵의) 햄버거.
‡**win¹** [win] 통 (~**s** [-z]; **won**; ~**ning**) 타 1 (승리)를 얻다, 획득하다(반 lose). ⇒GET 유의어 ¶ ~ a prize [victory] 상을 타다[승리를 얻다]. 2 (노력의 대가로서) …을 입수하다. ¶ ~ one's daily bread [or livelihood] 나날의 양식을 얻다 / She won the doctor's degree in chemistry after years of research. 그녀는 몇 년에 걸친 연구 끝에 화학 박사 학위를 받았다. 3 (인기·애정 따위)를 얻다, 얻어내다. ¶ ~ a person's heart 남의 사랑을 얻다 / ~ a lady's hand 숙녀로부터 결혼 승낙을 얻어내다.
4 (경쟁·내기 따위)에 이기다(반 lose). ¶ ~ a race [game, lawsuit] 경주[게임, 소송]에 이기다.
5 (~ one's way로) 완수하다, 해내다, 잘하다. ¶ ~ one's way to college 노력하여 대학에 들어가다 / ~ one's way in the world 출세하다, 성공하다.
6 (노력하여) …에 다다르다. ¶ ~ the shore 가까스로 물가에 다다르다 / ~ tranquility 마침내 마음이 편안한 경지에 도달하다. 7 (남)을 끌어당기다; (남)을 설득하다(to), 설득하여 …하게 하다(over, to do). ¶ (~ + 목 + 전 + 명) ~ natives to Christianity 원주민을 설득하여 기독교에 입교시키다 // (~ + 목 + to do) He has won her (over) to consent. 그는 그녀를 설득하여 동의를 얻어냈다. 8 (광산) (광석)을 찾아내다, 채굴하다; 개발하다. 9 (~어)…을 훔치다.
— 자 1 (경기 따위에서/상대에게) 이기다, 승리를 얻다, 1위가 되다, 우승하다(out) (in, at/against); (노력하여) 성공하다 (in, (英) through). ¶ (~ + 전 + 명) ~ at cards 카드놀이에서 이기다 / ~ by a head 머리 하나의 차로 이기다 / ~ against all obstacles 모든 장애물을 극복하다 // Let those laugh who won. He has won her (over) to consent. 먼저 이겨놓고 좋아하라. 2 용감하게도 …하게 되다. ¶ (~ + 補) ~ free from prejudice 편견에서 벗어나다 // (~ + 전 + 명) ~ home 집에 용케 당도하다 // (~ + 전 + 명) ~ through all difficulties 모든 어려움을 이겨내다.
3 (차츰 남을) 끌어당기다, 사로잡다 (on, upon). [다.
cán't wín (구어) (어찌해도) 잘 안 되다, 어쩔 도리가 없
cán't wín for lòsing (美속어) 아무리 해도 이기지 [성공하지] 못하다.
The bést mán wíns. 강자가 이기게 마련이다.
Wín a féw, lóse a féw. =You can't win them all.
wín a person awáy from 남을 …로부터 자기편으로 끌어들이다.
wín a person róund 남을 자기편에 끌어들이다.
wín báck …을 (노력 끝에) 되찾다, 회복하다.
wín bý …을 (용케) 피하다, 빠져나가다.
wín hánds dówn 낙승(樂勝)하다.
wín in a wálk [or **bréeze**] (구어) 쉽게 이기다.
wín ón [or **upòn**] ① 이기다, 승리를 얻다. ② (사람·마음 따위)를 사로잡다, 끌어당기다.
wín one's spúrs ⇒SPUR.
wín one's wáy 잘 해나가다. ⇒타 5.
wín or lóse 이기든 지든.
wín óut 수행해 내다, 성취하다; 헤쳐나가다. ¶ ~ the jury over to one's side 배심원을 자기편으로 끌어들이다.
wín the dáy (경쟁·논쟁 따위에서) 이기다, 승리하다; 노력이 결실을 맺다.
wín the pórcelain háirnet (美속어) (비꼬아) 하지 않아도 될 일을 훌륭히 하다.
wín the tóss ⇒TOSS.
wín thróugh =win out.
wín úp ① 일어나다, 일어서다. ② 말에 타다.
You cán't wín them áll. (구어) (위로의 뜻으로) 언제나 잘 되란 법은 없어, 질[실패할] 때도 있다.
Yóu wín. 네가 이겼다; 네 말대로 할게.
— 명 (복 ~s [-z]) 1 승리. ¶ fifteen ~s and no defeats 15승 무패 / have a ~ in swimming 수영에서 이기다. 2 벌이, 수익; 상금. 3 (美) (경마 따위에서의) 1등, 1위 (= place, show).
win² 통 (-nn-) 자 (아일·北英) 살다, 거주하다. — 타 (건초·목재 따위)를 말리다, 건조시키다(dry).
WIN (美) Work Incentive (근로 장려 조치).
wince [wins] 명자 주춤하다, 움츠리다(shrink). — 명 주춤함, 움츠림, 위축.
win·cey [wínsi] 명 ① (따뜻한 셔츠·스커트·파자마 따위에 쓰이는) 질긴 면모(綿毛) 혼방 직물. (또는 winsey)

win·cey·ette [wínsiét] 명 ⓤ 《英》 (내의용의) 양면에 보풀이 있는 융.
winch [wintʃ] 명 1 (기계의) 크랭크, L자형의 손잡이. 2 윈치, 권양기. 3 (일반적으로) 크랭크를 돌려서 움직이는 장치의 총칭. ── 타 …을 윈치[권양기]로 감아올리다. **~·er** 명.
Win·chell [wíntʃəl] 명 윈첼. 1 남자 이름. 2 (또는 Winchell's Dónut Hòuse) 미국의 도넛 체인점.
Win·ches·ter [wíntʃèstər, -tʃəs-/-tʃis-] 명 윈체스터. 1 영국, Hampshire 주의 주도(州都). 2 = ~ rifle. 3 원통형의 큰 병. 4 《컴퓨터》 = ~ disk.
Wínchester búshel 명 윈체스터 부셸(미국의 건량(乾量) 단위(35.24 리터)).
Wínchester dísk 명 《컴퓨터》 윈체스터 자기(磁氣) 디스크. (또는 **Winchester**)
Wínchester quárt 명 반(半) 갤런(들이 병).
Wínchester rífle 명 윈체스터 총(일종의 후장식(後裝式) 연발총).
‡**wind**¹ 명 [wind, (시) waind] (복 ~**s** [-z]) 1 ⓤⓒ 바람; (인공의) 바람, 폭발·충격 따위의 여세. ¶an adverse [or a contrary] ~ 맞바람, 역풍/a favorable [or fair] ~ 순풍/a gentle [or soft] ~ 미풍, 산들바람/a constant ~ 항풍/periodical [seasonal] ~s 정기 [계절]풍/a wet ~ 비 섞인 바람/The ~ of a passing train 기차가 지나가면서 일으키는 바람/The ~ rises [falls]. 바람이 일다[멎다]/There is a high ~. 강풍이 불고 있다/*It is an ill ~ that blows nobody* (*any*) *good.* 《속담》 아무에게도 득이 되지 않는 바람은 불지 않는다, 손해보는 사람이 있으면 득보는 사람도 있다.

┌─ 유의어 ─────────────────────────┐
│ **wind** 「바람」의 뜻의 가장 일반적인 말. **blast** │
│ 갑자기 부는 순간적 강풍; 찬바람을 뜻하는 경우가 많 │
│ 다. **breeze** 상쾌한 산들바람. **gale** 세찬 바람. **gust** │
│ **blast**보다 약한 휙 부는 바람. ⇨ BEAUFORT SCALE. │
└────────────────────────────────┘

2 ⓤⓒ 큰 바람, 강풍, 폭풍. **3** 관악기. 《집합적》 관악기; (the ~s) 오케스트라의 관악기부, 관악기 연주자.
4 호흡, 숨; 폐활량. ¶He is fat, and scant of ~. 그는 뚱뚱해서 숨이빠쁘다.
5 (the ~, one's ~) 《권투 속어》 명치(solar plexus).
6 바람기, 영향력; 경향. ¶the ~ of war 전쟁의 파괴적인 힘/the cold ~s of popular opinion 냉혹한 여론의 휘몰아침. **7** ⓤ (바람에 실려오는) 냄새, 냄새 자취.
8 ⓤ 낌새, 기미, 암시. ¶He got [or took] ~ of what was going on. 그는 어떤 일이 일어나고 있는가를 낌새로 알아차렸다. **9** ⓤ 헛소리, 빈말, 허풍; 무(nothingness). ¶a theory based on ~ 사상 누각 같은 이론/His speech is mere ~. 그의 연설은 말뿐이다, 그의 말은 빈말이다. **10** 우쭐함, 자만, 허세, 걸치레. ¶He is all puffed up with ~. 그는 한껏 우쭐해 있다. **11** ⓤ (위장 안의) 가스, 고창증(鼓脹症). **12** (~s) 방위(方位). ¶to the four ~s 사방팔방으로. **13** (the ~) 《해사》 바람 불어오는 쪽. **14** (the ~s) 무관심, 무심함, 내버려둠. **15** 돈. ¶raise the ~ 돈을 마련하다. **16** (the ~) 취함, 취한 상태.

against the wind ① 바람을 거슬러서. ② 대세를 거슬러서.
all wind and piss 허풍선이.
before the wind ① (배가) 순풍을 받아, 바람 불어가는 쪽에 (있어). ② 순조롭게.
between wind and water ⇨BETWEEN.
break wind 방귀 뀌다; 트림하다.
by the wind (돛배가) 되도록 선수(船首)가 바람불어오는 쪽으로 향해서, 바람을 안고서.
cast [or **fling**, **throw**]…**to the winds** …을 바람에 날려 보내다; …을 아주 잊어버리다.
catch the wind 《해사》 (돛이) 바람을 받다.
catch wind of …의 낌새를 채다.
close to the wind 《해사》 거의 바람 불어오는 쪽으로, 바람에 역행하여.
down the wind 바람 불어가는 쪽으로, 바람을 등지고.
eat the wind out of 《해사》 (다른 배의) 바람을 가로막다, 항행을 방해하다.
feel the wind 《英구어》 경제적으로 고생하다, 궁핍하다.
find out [or **see**] **how** [or **which way**] **the wind blows** [or **lies**] ① 바람의 방향을 보다[알다]. ② 《구어》 사태의 추이[여론의 움직임, 형세]를 살피다.
from [**to**] (**all**) **the** (**four**) **winds** 사방팔방에서[으로].
gain [or **get**, **take**] **the wind of** 다른 배의 바람 불어오는 쪽으로 앞질러 나가다, …보다 유리한 지위를 차지하다. 「페이스를 되찾다.
get one's second wind 《구어》 컨디션을 회복하다,
get one's wind up 《美속어》 분개하다, 욱하다.
get [or **have**] **the wind up** 《英》 깜짝 놀라다, 흠칫하다.
get [or **take**] **wind** (소문 따위가) 퍼지다. ¶The rumor has got ~. 그 소문이 퍼져나갔다.
get [or **have**] **wind of** 《구어》 (소문 따위를) 우연히 듣다; (비밀·음모 따위의) 낌새를 채다.
go like the wind 빨리 가다.
go to the wind 날아가 버리다, 없어져 버리다.
hang in the wind 이도저도 아닌[엉거주춤한] 상태이다.
have a good [**bad**] **wind** 숨이 길다[짧다].
have in the wind 냄새를 맡아 알아내다.
have one's wind taken 명치를 얻어맞고 기절하다.
hold the wind 《해사》 바람을 맞으며 나아가다.
how [or **which way**, **where**] **the wind blows** [or **lies**] 돌아가는 형편; 일반적인 추세[동향].
in the teeth [or **eye**] **of the wind; in the wind's eye** 정면으로 바람을 향하여; 반대[방해]를 무릎쓰고.
in the wind ① 바람 불어오는 쪽에. ② 은밀히 행해져서, 일어나려 하여. ③ 미결로(impending). ¶hang *in the ~* 미결 상태에 있다. ④ 취해서. ⇨® 16.
into [or **to**] **the wind** 바람을 향하여[거슬러].
keep the wind (배가) 바람을 거슬러 나아가다.
kick the wind 《속어》 교수형을 받다.
knock the wind out of *a person's sails* (강타로) 남의 숨이 막히게 하다; = take the wind out of *a person's sails.*
like the wind 바람처럼, 휙, 재빨리.
lose one's wind 숨을 헐떡이다.
off the wind 순풍을 받아, 순조롭게 달려.
on the [or **a**] **wind** ① 뱃머리가 바람을 거슬러. ② (소리 따위가) 바람에 실려서.
piss against [or **into**] **the wind** 《속어》 대세를 거스르다, 소용없는 노력을 하다. 「하게) 하다.
put the wind up *a person* 남을 깜짝 놀라게[흠칫]
raise the wind 《속어》 (빚을 내어) 현금을 조달하다.
sail close to [or **near**] **the wind** ① 되도록 바람을 거슬러 나아가다. ② 절약하다, 줄이고 아끼다. ③ 부침(浮沈)의 갈림길에 있다. ④ (벌을) 간신히 모면하다; (법·도덕에 비추어) 아슬아슬한 짓을 하다.
sail with every (**shift of**) **wind** 세상 물결을 잘 타다, (정세 변화를 이용하여) 처세를 잘하다. 「강한.
sound in wind and limb 오체가 건전한, 매우 건
sow the wind and reap the whirlwind 바람을 일으켜 회오리바람을 거두어들이다, 죄값을 받다.
split the wind 《속어》 전속력으로 달리다[가다].
take the wind out of *a person's sails* 선수를 쳐
take wind = get wind. └서 남을 앞지르다.
The wind is in that quarter. 사태는 그러한 형편이다. 「감하여 버리다.
throw [or **fling**, **hurl**]…**to the wind**(**s**) …을 과
twist (**slowly**) **in the wind** 《속어》 (굴욕·오명 따위로) 심한[오랜] 고통을 받다.

under the wind 바람받이가 아닌 곳에, 바람을 피해
up (the) wind 바람을 거슬러, 바람을 안고.
wind and weather 비바람, 풍설, 풍상.
wind(s) of change 개혁을 향한 힘, 개혁의 경향
within wind of …에게 들릴 정도로 가깝게.
with the wind 바람과 함께, 바람결에.

— 타 [wind] (~s [-z]) **1** …을 바람(외기)에 쐬다; …을 바람에 말리다. **2** …의 냄새를 맡다, …의 낯새 자취를 뒤밟다. ¶The hounds ~ed a fox. 사냥개들이 여우의 냄새를 따라 쫓아갔다. **3** (심한 운동 따위로) …을 숨차게 하다. **4** …을 한숨 돌리게[쉬게] 하다. (초을 먹인 뒤) (갓난아이)에게 트림을 하게 하다. ¶ ~ a horse 말을 한숨 돌리게 하다. **5** (파이프 오르간 따위)에 바람을 보내다. — 자 **1** (개가) 사냥감의 냄새를 찾아내다 **2** (방언) 숨을 돌리다.

‡**wind²** [waind] 타 (~s [-z]; wound) **1** 구부러지다, 굴곡하다. (도로·강 따위가) 급이치다 (*in, out*). 꾸불꾸불(휘어지다) 나아가다(meander) (*along, through*). ¶ (~+전+명) The river ~s *in* and *out*. 그 강은 꾸불꾸불 급이치며 흐른다 / (~+전+명) The road ~s *along* the river. 그 길은 강을 따라 꾸불꾸불하게 나 있다. **2** 환상(環狀) (나선상)으로 나아가다(움직이다). ¶ ~ *up* a flight of stairs 계단을 빙빙 돌아 올라가다. **3** 감기다, 얽히다 (*around*). ¶ (~+전+명) The morning glory ~s *around* a bamboo pole. 나팔꽃이 대나무 장대에 되어 감겨 있다. **4** (널빤지 따위가) 휘다, 뒤틀리다. **5** (시계의 태엽 따위가) 감기다. **6** (말이) 왼쪽으로 돌다.

— 타 **1** …을 감다, 친친 감다; …을 싸다(wrap), 둘러 싸다 (*up*) (*around*). ¶ (~+목+전+명) ~ a scarf *around* one's neck 목에 목도리를 두르다. **2** (실·종이 따위)를 감아서 둥글게 만들다 (*in, up*) (*to, into*). ¶ ~ paper *into* a roll 종이를 둘둘 말다. **3** (감은 것)을 도로 풀다 (*off, from*). ¶ (~+목+전+명) ~ all the thread *off* a bobbin 실패에서 실을 몽땅 풀다. **4** (시계 따위의) 태엽을 감다 (*up*). ¶ ~ *up* a toy soldier 장난감 병정의 태엽을 감아서 움직이다. **5** (권양기 따위로) …을 감아올리다, 들어올리다 (*up*). **6** …을 끌어 돌리다 들어가게 (움직이다) (*through*). ¶ (~+목+전+명) The river ~s its course *through* the forest. 그 강은 숲 사이를 굽이치며 흐른다. **7** (말)을 왼쪽으로 돌리다. **8** (해사) (배)의 방향을 돌리다. **9** (남)을 자기 마음 대로 움직이다(조종하다).

wind a person round one's fingers [or little finger] 남을 마음대로 조종하다, 좌지우지하다.
wind back (필름·테이프 따위)를 되감다; (길 따위가) 원래 방향으로 되돌아가다.
wind down ① (시계 태엽이) 풀려 서다. ② (구어) 긴장이 풀리다, 나사가 빠지다. ③ (열의·활동 따위가) 약화되다(되게 하다).
wind in (낚싯줄)을 릴에 감다.
wind itself (a)round …에 감기다.
wind on (필름 따위)를 감아서 앞으로 나아가게 하다.
wind one's way 구불구불 나아가다, 굽이굽이 흐르다 (*through*).
wind one's way [or oneself] into …의 비위를 잘 맞추다, 교묘히 …의 호감[환심]을 사다. ¶She *wound* herself [or her way] *into* my affections. 그녀는 고묘히 나의 환심을 샀다.
wind up ① …을 말다, 친친 감다. ⇒타 **1**. ② (시계)의 태엽을 감다. ⇒타 **4**. ③ …을 감아 올리다. ⇒타 **5**. ④ (비유적) …을 죄다, …에 활력을 불어 넣다. (수동형으로) (사람)을 긴장[흥분]시키다. ¶be *wound up* to fury 흥분한 나머지 분노를 터뜨리다. ⑤ …을 끝맞치다, …을 마무리짓다; (사업·회사 따위)를 걷어치우다, 해산하다, 끝내다. ¶ ~ *up* one's speech 연설을 끝내다 / The company was *wound up* last year. 그 회사는 작년에 해산했다. ⑥ (야구) (투수가) 와인드 업하다. ⑦ 마지막에는 …이 되다.

업하다. ⑦ 마지막에는 …이 되다.
— 명 **1** 감기, (태엽 따위)를 한 번 감기. **2** (권양기로) 감아올리기. **3** (실 따위의) 한 타래. **4** (널빤지의) 휨, 뒤틀림. **5** (강·도로 따위의) 굴곡, 굽이침.
take a board out of ~ 널빤지의 휜 부분을 바로잡다. **5** (강·도로 따위의) 굴곡, 굽이침.

wind³ [waind, wind] (문어) 타자 (~-ed, wound) 뿔피리·나팔 따위를 불다, …을 불어 신호하다. ¶ ~ a horn 뿔피리를 불다 / ~ a rousing call 기상 나팔을 불다.

W Ind, W.Ind. West Indian.
wind·a·ble [wáindəbl] 형 감을 수 있는.
wind·age [wíndidʒ] 명 ⓊⒸ **1** 유극(遊隙) (탄환과 총 내경(內徑) 사이의 틈). **2** (바람에 의한) 탄환의 편차, 편류(偏流) (도). **3** (물체가 통과함으로써 발생하는) 기류의 흐트러짐; (급속히 움직이는 회전하는) 물체에 대한 공기 마찰.
wind-aid·ed [wíndèidid] 형 (스포츠) 바람을 등진, 뒷바람의. [키는 눈사태.
wind avalanche [wínd-] 명 (기상) 바람이 일으
wind·bag [wíndbæ̀g] 명 (구어) 수다(쟁이), 잡소리 쟁이; (백파이프의) 공기 주머니; 허풍.
~·**ger·y** 명 허풍. [스트라의 관악부.
wind bànd [wínd-] **1** 취주악대, 군악대. **2** 오케
wind·bell [wíndbèl] 명 풍경(風磬).
wind·blast [wíndblæ̀st/-blɑ̀:st] 명 돌풍; (항공) (조종사가 고속 비행기에서 탈출할 때 받는) 공기 저항에 의한 심한 타격.
wind·blown [wíndblóun] 형 **1** 바람에 불린; 바람 받이의. **2** (나무가) 바람을 받아 휘어진(진 자란). **3** (여성의 머리형이) 짧게 자른 머리를 이마로 빗어내린.
wind·borne [wíndbɔ̀:rn] 형 **1** (식물의 종자·화분 따위가) 바람에 실려 운반된; 풍매(風媒)의. **2** 바람의 작용에 의한, 풍화된.
wind·bound [wíndbàund] 형 **1** (배가) 역풍(강풍) 때문에 항행할 수 없는. **2** (행동 따위가) 억제된.
wind bòx [wínd-] 명 (난로에 바람을 보내는 풀무의) 바람통.
wind·break [wíndbrèik] 명 **1** 바람막이, 방풍 설비. **2** (수목이) 바람에 부러짐. (점퍼: (W-)) 그 상표명.
wind·break·er [wíndbrèikər] 명 (美) 스포츠용
wind·bro·ken [wíndbróukən] 형 (수의) (말이) 천식(폐기종)에 걸린. [거칠어짐.
wind·burn [wíndbə̀:rn] 명 ⓊⒸ 바람으로 피부가
wind·burned [wíndbə̀:rnd] 형 살갗이 바람에 탄. ¶a ~ face 바람에 탄 얼굴. [breaker.
wind·cheat·er [wíndtʃìːtər] 명 (英) =wind-
wind·chest [wíndtʃèst] 명 (오르간의) 바람통.
wind·chill [wíndtʃìl, -´] 명 (생리·기상) 풍속 냉각 (風速冷却) (바람이 피부로부터 열을 빼앗아감으로 인해 일어나는 신체의 냉각). ¶ ~ **index** 풍속 냉각률(지수).
windchill fàctor 명 바람의 냉각 효과에 의한 체감 온도. ¶The ~ made it feel like 20 degrees below zero. 바람으로 인해 체감 온도가 영하 20도나 되었다. (또는 **wíndchill ìndex**)
wind chime [wínd-] 명 (보통 ~s) (여러 개의 금속(유리) 조각으로 만든) 풍경.
wind còne [wínd-] 명 =windsock.
wind diréction [wínd-] 명 풍향.
wind-down [wáinddàun] 명 단계적인 축소[진정].
wind dràg [wínd-] 명 공기 저항.
wind·ed [wíndid] 형 **1** (복합어로) 호흡이 …한. ¶long-~ 호흡이 긴. **2** 숨이 찬.
wind ègg [wínd-] 명 미숙란, 무정란(無精卵).
wind ènergy [wínd-] 명 =wind power.
wind·er¹ [wáindər] 명 **1** 감는 사람[것]; 감는 기계, 실패; (시계의) 권양기. **2** 나선 계단. **3** 덩굴 식물.
wind·er² [wáindər, wín-] 명 부는[불어서 신호하는] 사람. [(강타·질주·등산 등).
wind·er³ [wáindər] 명 숨을 헐떡이게 하는 것[일]

Win·der·mere [wíndərmiər] 명 **Lake ~** 윈더미어호(잉글랜드 서북부에 있는 잉글랜드 최대의 호수).
wind erósion [wind-] 명 풍식(風蝕)(작용).
wind·er·up·per [wáindərʌ̀pər] 명 《美속어》 프로의 마지막에 방송하는 노래[음악].
wind·fall [wíndfɔ̀ːl] 명 1 바람에 불려 떨어진 물건(과실 따위). 2 뜻밖의 횡재(유산 따위). 3 《美》 바람에 불려 넘어진 나무.
windfall lóss 〔경제〕 우연(偶然) 손실, 의외의 손실(현실의 이윤이 정상 이윤을 밑도는 경우의 부족분).
windfall prófit 초과 이윤, 불로 소득(원유가(價) 상승에 따른 석유 회사의 이익 따위). ¶ ~ **tax** 초과이윤세, 불로소득세.
wind·fan·ner [wíndfæ̀nər] 명 《英》=kestrel.
wind·farm [wíndfɑ̀ːrm] 명 풍력(風力) 발전 지대.
wind·flaw [wíndflɔ̀ː] 명 돌풍, 일진 강풍(flaw).
wind·flow·er [wíndflàuər] 명 바람꽃, 아네모네.
wind·force [wíndfɔ̀ːrs] 명 1 〔기상〕 〔풍력 계급에 있어서의〕 풍력. 2 바람의 힘; 풍압.
wind fùrnace [wind-] 명 〔기계〕 풍로. 「腱腫].
wind·gall [wíndgɔ̀ːl] 명 〔수의〕 (말의) 구건 연종(球
wind gáp [wind-] 〔지질〕 풍극(風隙)(산등성이의 일부가 V자 모양으로 갈라져 나간 부분). 「조절재.
wind gàuge [wind-] 명 풍속계; (총에 달린) 풍력
wind gènerator [wind-] 명 풍력 발전기[시설].
wind hàrp [wind-] 명 =aeolian harp.
wind hàzard [wind-] 명 풍해(風害). 명 **wind shear**
Wind·hoek [vínthúk] 명 윈트후크(나미비아의 수
wind·hov·er [wíndhʌ̀vər/-hɔ̀v-] 명 〔조류〕 황조 「도). 「룡이.
wind·ies [wíndiz] 명 트림(burp). 〔지시〕가.
wind indicator [wind-] 명 (비행장 따위의) 풍향
*****wind·ing** [wáindiŋ] 명 1 ① 휘어지기. 2 휨; 굴곡, 커브; 굽은 길. 3 ① 감기, 감기기; 감아올리기. 4 감은 물건, 감긴 물건, (전선 따위의) 타래, 감는 법. 5 〔전기〕 코일. 6 비뚤어진[부정한] 행동[방법]. — 형 1 굽은, 휜, 나선 모양의. 2 (이야기 따위가) 에두르는, 복잡한. ¶a long and ~ story 질질 끌며 이어지는 요령 부득의 이야기. 3 비틀거리는. ~**·ly** 부 ~**·ness** 명
winding èngine 명 〔기계〕 권양(捲揚) 엔진.
winding fràme 명 실 감는 기계.
winding shèet 수의(壽衣)(shroud); (촛불에서 떨어지는) 촛농(흉조라고 한다).
wind·ing-up [-ʌ́p] 명 1 결말; 청산; (회사 등의) 정리 해산. ¶a ~ **sale** 점포 정리 판매.
wind instrument [wind-] 명 취주 악기, 관악기.
wind·jam·mer [wínd dʒæ̀mər] 명 1 대형 범선; 대형 범선의 승무원. 2 《속어》 수다(잠)소리(쟁이).
wind·lass [wíndləs] 명 권양기(winch); 양묘기(揚錨機). — 타 (권양기로) …을 끌어올리다.
windlass bítt 〔해사〕 양묘기(揚錨機) 기둥.
wind·less [wíndlis] 형 1 바람이 없는, 잔잔한. 2 숨이 찬. ~**·ly** 부 ~**·ness** 명
win·dle·straw [wíndlstrɔ̀ː] 명 《英방언》 시든 풀의 줄기; 줄기가 긴 풀; 여윈 사람; 부서지기 쉬운 물건.
wind lóad [wind-] 〔토목〕 풍하중(風荷重)(풍압에 의해 구조물에 가해지는 하중). 「을 내는 장치.
wind machine [wind-] 명 〔연극〕 바람(바람소리)
wind mèter [wind-] 명 풍력계, 풍속계(anemometer).
*****wind·mill** [wíndmìl] 명 (복) ~**s** [-z] 1 풍차. 2 풍차 비슷한 것; 〔항공〕 풍차 터빈. 3 가상[상상]의 적(마)(←Cervantes 작 *Don Quixote*). 4 《구어》 헬리콥터, 프로펠러.
fling [or **throw**] **one's cap over the windmill** 무모한 짓을 하다, 인습을 거스르다.
have windmills in one's head 불가능한 일을 생각하다, 몽상하다.

tilt at windmills; fight windmills 가상의 적과 싸우다.
— 자타 1 …을 풍차처럼 (빙빙) 돌리다. 2 〔항공〕 (엔진)을 통과하는 기류의 힘만으로 회전시키다. — 자 1 풍차처럼 (빙빙) 돌다. 2 〔항공〕 (엔진이) 공기가 흐르는 힘만으로 회전하다.
wind mòtor [wind-] 명 풍력 원동기.
‡**win·dow** [wíndou] 명 ~**s** [-z] 1 창, 창문. ¶look out of [or through] the ~ 창 밖을 내다보다 / The ~ is up [down]. (내리닫이식) 창이 열려[닫혀] 있다. 2 창틀; 유리창. 3 장식창, (백화점 따위의) 진열창. 4 (은행 따위의) 창구, …판매장; (금전을) 집어넣는 구멍, 길쭉한 작은 구멍(slot). 5 (봉투의) 창(窓) ~ **envelope**). 6 눈(eye). 7 (모피의) 털 없는 부분, 생가죽. 8 =fenestra. 9 〔우주〕 (우주선이 무사 귀환하기 위해 통과해야 할) 대기의 창. 10 〔컴퓨터〕 창(窓)(디스플레이 화면을 몇으로 나눈 공간). 11 제격в 좋은 시간대, 호기. ¶a ~ **of opportunity** (그 때 이외는 없는) 호기, 적기(適期). 12 (로켓·우주선 따위의) 발사 가능 시간대(帶). 13 〔천문〕 전자창(電磁窓)(지구의 대기에 흡수되지 않는 전자 스펙트럼의 파장대(帶)). 14 (중역 등의) 예정표의 공백 시간. 15 (the ~) =guillotine.
a blank [or **blind, false**] **window** 막힌 창, 가짜 창.
come in by the window 살짝 들어가다, 남몰래 들어가다. 「망 따위가) 사라지다.
fly [or **go**] **out of the window** 《구어》 (자신감·희
go [or **be thrown**] **out (of) the window**; 《美》 **be out the window** ① 《구어》 문제가 되지 않(게 되)다, 쓸데없게 되다: 폐기되다. ② (재산·명성·직위가) 없어지다.
have *one's* **goods in the (front) window** (사람이) 겉치레뿐이다[알맹이가 없다], 피상적이다.
in the window (광고·주의서 등) 창구에 게시된; (상품이) 쇼윈도에 내놓은.
throw the house out at (the) window 휘저어 놓다, 큰 혼란에 빠뜨리다.
— 자타 1 …에 창을 내다. 2 〔컴퓨터〕 〔데이터〕를 윈도에 표시하다.
~**·less** 형 창이 없는. ~**·y** 형 창이 많은.
window bár 명 창문 빗장.
win·dow-based [-béist] 형 〔컴퓨터〕 윈도를 사용한 디스플레이[화면 표시]를 채용하고 있는.
window blínd 명 =window shade.
window bóard 명 창 선반.
window bóx 명 1 (창가에 놓아 두는) 화초 상자. 2 (내리닫이식 창의 틀에 있는) 창추함(窓錘函).
window cléaning 명 창 청소(업).
window cléaner
window cùrtain 명 창문 커튼.
window displáy 명 쇼윈도의 상품 진열.
win·dow-dress [-drès] 자타 …을 아름다워 보이게 하다, …의 겉을 꾸미다.
window drésser 명 1 쇼윈도 장식가(업자). 2 겉치레하는 사람.
window dréssing 명 1 진열창 장식(법). 2 속임수; 분식 결산.
win·dowed [wíndoud] 형 1 창이 난. 2 구멍이 뚫린, 구멍투성이의. 3 (지폐의 위조 방지선이) 점선 형태로 드러난. 「다 보이는 봉투.
window énvelope 명 (수신인 주소 성명이 들여)
window environment 명 〔컴퓨터〕 윈도 환경.
window fràme 명 창틀.
window gláss 명 창유리.
window lédge 명 =window sill.
*****win·dow·pane** [wíndoupèin] 명 1 (끼워 놓은) 창유리. 2 넙치과의 물고기. 3 《속어》 작고 투명한 LSD정제(錠劑). — 타 창유리의, 창유리[격자]로 무늬의.
Win·dows [wíndouz] 명 〔상표〕 윈도(미국 Micro-

soft사의 컴퓨터 운영 체제). ¶~ 2000 윈도 2000.
wíndow sásh 명 (내리닫이식 창의) 창틀.
wíndow séat 명 창 밑에 장치한 걸상; (열차 등의) 창쪽 좌석.「문 차양.
wíndow sháde 명 (창에 달아 오르내리게 하는) 창
win·dow-shop [-ʃàp/-ʃɔ̀p] 통자 (-pp-) (물건을 사지 않고) 진열창 물건만 구경하면서 다니다.
~·per 명 구경만 하는 손님. ~·ping 명
wíndow sígnal 명 [전자] 윈도 신호(TV 시험 신호
wíndow síll 명 창턱.「의 일종).
wíndow wásher 명 (美俗어) (트럭 운전기사들 간에) 큰비, 호우, 폭풍우.
wínd·pipe [wíndpàip] 명 기관(氣管), 숨통.
wínd plànt 명 풍력 발전소(시설).
wind-pol·li·nat·ed [wíndpάlənèitid/-pɔ́l-] 명 (식물) 풍매(風媒)의(anemophilous).
wínd pòwer [wind-] 명 (동력원으로서의) 풍력.
wínd prèssure [wind-] 명 풍압(風壓).
wínd·proof [wíndprù:f] 명 방풍 처리된.
wínd pùdding [wind-] 명 (美俗어) *다음 숙어로만 쓴다.「털터리이다.
live on wind pudding 먹을 것이 아무것도 없다, 빈
wínd pùmp [wind-] 명 풍력[풍차] 펌프.
wind·rode [wíndròud] 명 [해사] (정박중인 선박이) 뱃머리를 바람 불어오는 쪽으로 향하고 닻을 내린.
wind·rose [wind-] 명 풍배도(風配圖). 1 어느 일정 지역의 여러 방향에서 불어오는 바람의 빈도와 풍력을 도시(圖示)한 것. 2 어느 일정 지역의 풍향과 다른 기상 현상과의 관계를 나타내는 도표.
wind·row [wíndròu] 명 1 (말리기 위해) 한 줄로 늘어놓은 건초[곡물]. 2 (바람에 불려 모인) 낙엽·쓰레기. 3 층층이 쌓아놓은 것, 더미; 둑. 4 (도로공사에서) 노면을 파낸 토사 따위를 길가에 쌓아놓은 이랑. ─타 [건초 따위]를 줄지어 늘어놓다.
wínd sàil 명 [해사] 통풍(通風) 돛(배 안으로 바람을 보내는 통풍용 돛); 풍차의 날개.
wínd scàle [wind-] 명 풍력 계급, 풍급.
wind·screen [wíndskrì:n] 명 (英) =windshield.
wíndscreen mírror (英) =rearview mirror
wíndscreen wíper 명 (英) =windshield wiper.
wínd sháke [wind-] 명 (강풍에 의한) 목재의 갈라진 틈; (집합적) 그런 틈(흠).
wínd shéar [wind-] 명 1 갑자기 풍향이 바뀌는 돌풍. 2 [항공] 풍향에 대하여 수직 또는 수평 방향의 풍속 변화(율).「유리.
wind·shield [wíndʃì:ld] 명 (자동차 앞쪽의) 방도
wíndshield tóurist 명 (美俗어) 차에서 나오지 않는 자가용 관광객.
wíndshield wíper 명 자동차 앞유리의 와이퍼.
wínd shíp [wind-] 명 대형 범선.
wínd sléeve [wind-] 명 =windsock.
wind·sock [wíndsàk/-sɔ̀k] 명 (비행장의) 원추통 형으로 된 바람개비, 풍향 기드럼.
*Wind·sor [wínzər] 명 윈저. 1 영국 현 왕실(1917-)의 이름(the House (and Family) of ~). 2 잉글랜드 동남부, Berkshire 주의 도시(왕궁 Windsor Castle과 Eton College의 소재지). 3 =~ soap. 4 =~ chair.
Wíndsor cháir 명 (때로 w- c-) 윈저 의자.
Wíndsor knót 명 넥타이 매듭의 하나.
Wíndsor sóap 명 윈저 비누(향료를 넣은 화장 비누).
Wíndsor tíe 명 (검은 비단의) 큰 나비 넥타이.
Wíndsor úniform 명 (英) 윈저 궁정 제복.
wínd spéed [wind-] 명 풍속.
wínd stìck [wind-] 명 (목공) 평면자(목재의 표면이 평면인지 아닌지를 재는 곧은 자). 명 폭풍
wind·storm [wíndstɔ̀:rm] 명 (비를 수반하지 않는) 폭풍, 폭풍우.
wind·surf [wíndsə̀:rf] 통자 윈드서핑을 하다.
wind·surf·er [wíndsə̀:rfər] 명 1 윈드서핑을 하는

사람. 2 (W-) (상표) 윈드서핑용 보드.
wind·surf·ing [wíndsə̀:rfiŋ] 명⓾ 윈드서핑.[일].
wínd sùrge [wind-] 명 폭풍으로 인한 고조(高潮)(해
wind-swept [wíndswèpt] 명 바람받이의.「같은.
wind-swift [wíndswìft] 명 바람처럼 빠른, 질풍
wínd tée [wind-] 명 (항공) (비행장의) T형 착륙 표지; T형 바람개비.
wind·throw [wíndθròu] 명 강풍이 나무를 뿌리째 뽑기[쓰러뜨리기]; 바람에 쓰러진 나무.
wind·tight [wíndtàit] 명 바람(공기)이 통하지 않는, 기밀(氣密)의(airtight).
wínd túnnel [wind-] 명 (항공기 모형 시험용의) 바람굴, 풍동(風洞).
wínd túrbine [wind-] 명 풍력 발전용 터빈.
wind·up¹ [wáindʌ̀p] 명 1 결말, 종결, 마무리, 결판; 마지막 사항. 2 (야구) 와인드업(투구 전의 동작). 3 (구어) 태엽으로 움직이는 장난감(손목시계 따위). ─ 명 1 감아올리는; 태엽으로 움직이는. 2 최종의, 끝맺음의.
wind·up² [wíndʌ̀p] 명 (英구어) 불안, 걱정.
wínd váne [wind-] 명 바람개비(vane).
wínd wàgon [wind-] 명 (美俗어) 비행기.
wind·ward [wíndwərd] 투 바람 불어오는 쪽에; 바람 불어오는 쪽을 향해(↔ leeward). ─ 명 바람 불어오는 쪽의[에 있는], 바람을 거슬러 가는. ─ 명⓾ 바람 불어오는 쪽(의 방향).
eat to windward of (다른 배의) 바람을 가로막다.
get to (the) windward of (해전에서) …의 바람 불어오는 쪽으로 나가다; …보다 유리한 위치를 차지하다
keep to windward of …을 피하다.「다.
~·ness
wind·way [wíndwèi] 명 1 공기의 통로, 통풍구. 2 (음악) (오르간 파이프의) 윈드웨이(리드의 틈).
*wind·y [wíndi] 명 (wind·i·er; wind·i·est) 1 바람이 있는, 바람이 센. ¶a ~ day 바람이 세게 부는 날. 2 바람을 받는, 바람이 불어치는. 3 바람 같은, 격한; 바람을 동반한. ¶a ~ downpour 바람과 함께 억수같이 쏟아지는 비. 4 바람 불어오는 쪽의, 바람 불어오는 쪽으로 향하는. 5 실속이 없는, 공허한; 말뿐인, 수다스러운. ¶a ~ politician 말뿐인 정치가. 6 (장(腸)) 가스가 차는. ¶a ~ food 헛배 부른 음식. 7 (연주가) 관악기에 의한. 8 (英俗어) 깜짝 놀란; 겁먹은. 9 (스코) =boastful.
on the windy side (법률 등이) 미치지 못하는 곳에. ─ 명 (속어) 과장, 허풍(법), 허세(부리기).
wind·i·ly 투 **wind·i·ness** 명
Wíndy Cíty 명 (the ~) 미국 Chicago 시의 별칭.
*wine [wain] 명 (복 ~s [-z]) 1 (1종류를 가리킬 때는 ⓒ) 포도주, 와인. ¶port ~ 포트 와인/dry [sweet] ~ 단맛이 없는[있는] 와인/red [white] ~ 적[백]포도주/green ~ (담근 지 1년 이내의) 새 술 / *Good ~ needs no bush.* (속담) 품질이 좋으면 간판[선전]이 필요없다 / *When ~ is in, wit is out.* (속담) 술이 들어가면 지혜는 나간다. 2 (각종) 과실주. ¶ *gooseberry* ~ 구즈베리 술. 3 포도주색, 검붉은색. 4 (약학) (약용) 포도주(vinum). 5 ⓒ (포도주처럼) 취하게 하는 것, 힘을 내게 하는 것. 6 ⓒ (英) (대학에서 만찬 후에) 가지는 포도주 파티. ¶ have a ~ in one's room 자기 방에서 포도주 파티를 벌이다.
Adam's wine (익살) 물(Adam's ale).
cut out wine 술을 끊다.
in wine 술에 취해, 거나한 기분으로.
new wine in old bottles 낡은 가죽 부대에 넣은 새 포도주, 낡은 형식으로는 다스릴 수 없는 새로운 사상 [원리](← 마태 복음(Matt.) 9 : 17).
take wine with (식사를 위해) …와 건배를 들다.「락.
wine, women, and song (비유적) 방탕한 생활, 환 ─ 통타 (남)을 포도주로 대접하다; [포도주 저장실]에 포도주를 비치하다. ─ 자 포도주를 마시다.

wine and dine; dine and wine ① (남)을 푸짐하게 대접하다. ② (호칭판) 주식(酒食)을 즐기다.
— 图 와인 색깔의, 암적색의. 「붉은 사과.
wine-ap·ple [ǽpl] 图 포도주 맛이 나는 알이 굵은
wine-bag [wáinbæg] 图 포도주를 넣는 가죽 부대.
wine·bib·ber [wáinbibər] 图 =winebibber.
wíne bàr 와인 바(카페 따위에서 포도주를 잔으로
wine-bib·ber [wáinbibər] 图 술고래, 대주가, 주호.
wine-bib·bing [wáinbibiŋ] 图 술을 많이 마시는.
— 图 Ü 술 많이 마시기.
wine-bot·tle [wáinbɑtl/-bɔ̀tl] 图 포도주 병.
wine-bowl [wáinbòul] 图 **1** (포도주용) 큰 술잔. **2** (the ~) 음주(벽).
wíne cèllar 图 포도주 저장실; 저장된 포도주.
wíne cólor 图 적포도주색, 암적색. 「붉은색의.
wine-col·ored [⁴kÀlərd] 图 적포도주 색깔의, 검
wíne còoler 图 포도주 냉각기. 「벽.
wine-cup [wáinkÀp] 图 포도주잔; (the ~) 음주
wíne dòt (濠속어) 싼 포도주를 즐겨 마시는 사람.
wíne gállon 图 (英) 와인 갤런(옛날 영국에서 쓰던 용량 단위; 231입방 인치에 해당함; 현재 (美)에서 쓰는 갤런과 동일).
「주반.
wine·glass [wáinglæ̀s/-glɑ̀:s] 图 (세리용의) 포도
wine·glass·ful [wáinglæ̀sfùl/-glɑ̀:s-] 图 포도주 잔 한 잔의 분량(약 4온스).
wine-grow·er [wáingròuər] 图 포도 재배자 겸 포도주 양조자; 그 노동자.
wine-grow·ing [wáingròuiŋ] 图 Ü 포도 재배 겸 포도주 양조.
wíne gùm 图 (英) =gumdrop. 「포도주 양조(업).
wine·house [wáinhàus] 图 =wineshop.
wíne pàlm 야자술을 빚는 각종 야자. 「er)
wíne prèss 图 포도 짜는 기구. (또는 **wíne prèss·**
wíne réd 图 적포도주 색깔.
win·er·y [wáinəri] 图 포도주 양조장. 「겨울 사과.
Wine·sap [wáinsæ̀p] 图 와인샙(미국산(産)의 붉은
wine·shop [wáinʃɑ̀p/-ʃɔ̀p] 图 포도주 가게, 술집.
wine·skin [wáinskìn] 图 가죽 포도주 부대.
wíne stèward 图 (식당·클럽 등의) 술 담당 웨이터 (sommelier).
wíne tàble 图 (둥근) 포도주 테이블.
wíne tàster 图 **1** 포도주 품질을 검사하는 사람(감정가·바이어 등). **2** 포도주 품질 검사용 작은 종지.
wíne tàsting 图 포도주 시음회, 포도주 시음회.
wine-vault [´vɔ̀:lt] 图 **1** (천장이 아치형인) 포도주 (지하) 저장실. **2** 선술집.
‡**wing** [wiŋ] 图 (뿃 ~s [-z]) **1** (새·곤충 따위의) 날개, (동물의) 익상(翼狀) 부분, (신·천사 등의) 날개. ¶untried ~s 아직 날아본 일이 없는 날개/His ~s are sprouting. 그에게는 천사의 날개가 나고 있다; 그는 천사처럼 착한 사람이다. **2** (구어·익살) (사람의) 팔. **3** (해부) 익상부, 시상부(翅狀部)(ala). **4** (날다람쥐 따위의) 비막(飛膜), **5** (식물) 꽃의 익판(翼瓣); (씨의) 날개. **6** **a)** (비행기의) 날개. **b)** (건물의 양익(翼), 날개 부분. **c)** (성곽의) 익면. **d)** (무대의) 옆(좌우) (배경). **7** 날기, 비상, 비행(법), 나는 법. **8** (군대·함대의 좌우) 익 (翼); (공군) 비행단(대대); (~s) (구어) 공군 기장(記章), (조종사 자격을 상징하는) 항공 기장. **9** (정당에서 좌익·우익이라 하는) 익. ¶the left(right) ~ 좌(우)익. **10** (스포츠) (축구 따위의) 윙(을 맡은 선수). **11** (안락의자의) 윙. **12** 화살 깃. **13** (英) (차 따위의) 펜더 (fender). **14** (양쪽으로 여닫는 문 따위의) 한쪽 문짝. **15** (해사) (배의) 익창(翼艙). **16** (집합적) 새. **17** (~s) (배의) 돛. 「…을 촉진하다.
add [or **lend**] **wings to** …의 진행을 빠르게 하다.
a touch in the wing 팔의 부상.
a wing and a prayer (속어) 긴급 착륙, (비유적) (비상 사태에서의) 한 줄기의 희망.
be hit under the wing (美속어) 취하다.

clip *a person's* **wings; clip the wings of** *a person* 남의 활동(야망)을 억제하다, 기세를 꺾다.
earn [or **have**] *one's* **wings** (美속어) 능력이 있음 [의지할 만함]을 나타내다.
get [or **find**] *one's* **wings** (새끼새가) 날 수 있게 되다; (훈련을 마치고 조종사가 되다; (美속어) 마약을 시작하다.
give wing [or **wings**] **to** ① …을 날 수 있게 하다. ② (친구, 미경험자 등에게) 헤로인을 주사하다.
His wings are sprouting. 그는 (천사처럼) 고결(선량)한 사람이다. 「하여, 기다려.
in the wings ① 무대 옆에 숨어서. ② (가까이) 대기
on the wing ① 비행중(의). ⇒7. ② 여행중(의). ③ 활동하는(하고 있는).
on the wings of the wind 바람을 타고 날듯이.
on wings 발걸음도 가볍게. 「과시하다.
show the wings (군사) (명시에 출동하여) 공군력을
spread [or **try**] *one's* **wings** 자기의 능력을 시험해 보다; 자기 생각을 실제로 실행해 보다. 「죽다.
sprout wings 품행 단정해지다, 얌전해지다; (속어)
take to itself wings (돈이) 순식간에 없어지다.
take wing(s) ① 날아오르다. ② 달아나다, 떠나다 (depart). ③ 기뻐하다, 열중하다, 몰두하다.
under *one's* **wing** 감싸서, 보호하여.
under the wing of …의 보호 아래.
wait in the wings (남의 일이나 지위를 계승하려고) 대기하다, 차례를 기다리다. 「벌리다.
wing and wing (해사) (양현의 돛을) 나비 모양으로
— 图 (~s [-z]) 图 **1** …에 날개를 달아 주다(*with*). **2** (화살 따위를) 날리다; …의 속도를 높이다 (*at*). ¶Fear ~ed his feet. 그는 두려운 나머지 빨리 걸었다 / (~+圖+前+名) an arrow *at* the mark 과녁을 향해 활을 쏘다. **3** (건물)에 날개(채)를 붙이다. **4** …을 날다, 날아서 건너다(*out*). ¶(~+圖+前+名) ~ *its way out* (새가) 날아서 사라지다. **5** (새)의 날개를 상하게 하다; (사람의) 팔 따위를 상하게 하다; (날고 있는 새)를 쏘아 떨어뜨리다. ¶~ *a flying duck* 하늘을 날고 있는 오리를 쏘아 떨어뜨리다. **6** 깃털로 청소하다. **7** (연극) (맡은 역)을 프롬프터에 의지하여 연기하다. **8** (구어) (돌 따위)를 던지다. — 图 **9** 날다, 비상하다 (*away*) (*over*). ¶(~+圖) The year ~s *away*. 세월은 빨리 날아간다 // (~+圖+前+名) The plane ~ed *over* the Alps. 비행기는 알프스 산맥의 상공을 날아갔다.
wing it (美속어) 즉석에서 만들다; 즉흥 연주하다; 사
wing *one's* **way** 날아가다. 「라지다.
wing·back [wíŋbæ̀k] 图 (미식축구) 윙백; 그 수비 위치.
wíng bànd 图 **1** =wing bar. **2** (가금을 식별하기 위해 날개에 다는) 금속 식별표.
wíng bàr 图 (항공) 날개의 횡골(横骨). (새류)
wing·beat [wíŋbì:t] 图 (새의) 해치기.
wíng bòlt 图 나비 볼트.
wíng bòw 图 (새류) 어깨 깃털.
wíng càse 图 시초(翅鞘), 겉날개(elytron).
wíng chàir 图 등받이 좌우에 날개가 달린 안락 의자. (또는 **wínged cháir**)
wíng cóllar 图 윙 칼라(세운 앞쪽 깃을 아래로 접어 구부린 칼라로 신사의 정장용).
wíng commànder 图 (英) 공군 중령.
wíng cóver 图 =wing case.
wíng cóverts 图 (새류) 새의 날개의 덮깃.
wing-ding [wíŋdiŋ] 图 (美속어) **1** 떠들썩한 잔치; 남의 눈길을 끄는 것. **2** 발작적인 분노, 격노. **3** 발작, 경련. (美)잔치 기분의, 떠들썩한.
*****winged** [wiŋd, (시) wíŋid] 图 **1** 날개(익상(翼狀) 부)가 있는; (보통 복합어로) …의 날개가 달린. ¶the ~ god 날개 달린 신(Mercury를 일컫는다) / a ~ seed 시과(翅果) / a white-~ bird 날개가 흰 새. **2** 새떼가 몰

Winged Horse

런. **3** (날개가 돋친 것처럼) 민첩하다. **4** 숭고한. ¶~ words 의미심장한 말. **5 a)** (새가) 날개를 다친. **b)** (사람이) 팔 따위에 상처를 입은. **6** (美구어) 곤드레만드레 취한. **7** (美속어) 코카인이 효력이 있는, 코카인 중독의. ~·ly 뷔 ~·ness 몡

Wínged Hórse 몡 (the ~) (천문) 페가수스자리 (Pegasus). 〔신상〕

Wínged Víctory 몡 (the ~) 날개 달린 승리의 여

wing·er [wíŋər] 몡 (英) (럭비·축구 등에서) wing 의 위치를 맡은 선수.

wing·fish [wíŋfìʃ] 몡 날개 같은 가슴지느러미를 가진 물고기(날치 따위).

wing-foot·ed [-fútid] 몡 발에 날개가 달린; 민첩 〔한(swift).

wing gàme 몡 (英) (꿩 따위) 새사냥감.

wing-heav·y [-hèvi] 몡 (美속어) 고주망태가 된.

wing·less [wíŋlis] 몡 날개가 없는; 날 수 없는.

wing·let [wíŋlit] 몡 작은 날개; (동물) 소익(小翼), 각익(角翼). 〔모양의.

wing·like [wíŋlàik] 몡 (모양이) 날개 비슷한, 날개

wíng lòading 몡 (항공) 익면(翼面)[날개] 하중.

wing·man [wíŋmən] 몡 **1** (공군) (편대 비행에서) wing의 위치를 나는 편대 동료기, 그 조종사. **2** (스포츠) 윙을 맡은 선수.

wíng mìrror 몡 (英) (자동차의) 사이드 미러.

wíng nùt 몡 (대가리에 나비 날개 모양의 돌리개가 달린) 나비 나사못.

wing·o·ver [wíŋòuvər] 몡 (항공) 급상승 반전(反

wíng ròot 몡 (항공) 날개 뿌리. 〔轉) 비행.

wíng sèction 몡 (항공) 날개 단면(형).

wíng shèath 몡 = wing case.

wíng shòoting 몡 날고 있는 새나 클레이의 사격.

wíng shòt 몡 (사냥) **1** 나는 새 사냥. **2** 나는 새 사격의 명수. 〔**2** = wingspread.

wíng·spàn [wíŋspæn] 몡 **1** (비행기의) 익폭(翼幅).

wíng·spread [wíŋsprèd] 몡 (날개를 활짝 편 곤충·새 따위의) 날개 길이, 익폭.

wíng·strōke 몡 = wingbeat.

wíng tànk 몡 (항공) 익내(翼內) (연료) 탱크.

wíng tìp 몡 (비행기의) 날개 끝, 익단(翼端); 날개 모양의 가죽 장식이 달린 구두.

wíng wàll 몡 (건축) 날개벽.

wing·y [wíŋi] 몡 날개(깃)가 있는; 빠른, 신속한.

Win·i·fred [wínəfrid] 몡 위너프리드(여자 이름).

*****wink**[1] [wiŋk] 됫됨 **1** (눈을) 깜박이다; 끔벅이다. **2** (신호로서) 윙크하다, 눈짓하다(*at*). ¶(~+前+图) He ~s *at* all the girls. 그는 여자라면 누구에게나 윙크를 보낸다. **2** 눈을 크게 뜨고 갬빅이다. ¶Her eyes ~ed at the sight. 그 광경을 보고 그녀는 눈이 휘둥그래졌다.

〖유의어〗 **wink** 눈을 깜박이다; 한쪽 눈을 깜박깜박하여 신호를 보내거나 남을 희롱하거나 하다. **blink** 졸려서 눈을 끔벅끔벅하다; 강렬한 빛에 눈이 부셔서 자기도 모르게 깜박이다.

4 (광선·별 따위가) 반짝이다, 깜빡이다. ¶Christmas trees are ~*ing* with colored lights. 크리스마스 트리의 색전등이 반짝이고 있다. **5** 보고도 못 본 체하다, 눈감아 주다(*at*).

—탄 **1** (눈을) 깜박거리다, 깜박거리다; 눈으로 신호하다. ¶~ one's eyes 눈을 깜박거리다. **2** 눈을 깜박거려 …을 떨쳐내다[제거하다](*away*, *back*). **3** …에 [을] 깜박여 신호하다.

(*as*) *easy as winking* 아주 쉬운, 매우 용이한.

in the winking of an eye 눈 깜짝할 사이에, 순식간에.

like winking (구어) ① 순식간에. ② 기세좋게, 힘차게.

wink at [잘못·못된 버릇 따위를] 보고도 못 본 체하다, 묵과하다. ¶~ *at* petty offenses 사소한 무례를 눈감아주다.

wink on (등불 따위가) 갑자기[확] 켜지다.

---

winnow

wink out ① (별안간) 끝나다. ② (불빛 따위가) 빛을 잃다, 꺼지다.

wink tears away [or *back*]; *wink away* [or *back*] *one's tears* 눈을 깜박거려 눈물을 감추다.

—몡 **1** 깜박거리기; 눈짓, 윙크; (눈짓으로 보내는) 신호. ¶get a ~ 눈짓[신호]를 받다 / She gave me a significant ~. 그녀는 나에게 의미있는 눈짓을 했다. **2** (빛·별 따위의) 반짝임, 명멸. **3** 일순, 순간. ¶quick as a ~ 재빨리. **4** 조금, 소량; 짧은 잠(참) forty winks). ¶cannot see a ~ 한 치 앞도 보이지 않다.

do not get a wink of sleep; *do not sleep a wink* 한숨도 못 자다.

have forty winks 잠깐 졸다.

in a wink 눈 깜짝할 사이에, 순식간에.

tip a person the wink (속어) 남에게 눈짓을 하다.

wink[2] [놀이] (tiddlywinks에서 쓰는) 작은 원반.

win·kel [wíŋkəl, víŋ-] 몡 (남아공) 식품잡화점; 상점. (또는 **winkle**) **~·er**

wink·er [wíŋkər] 몡 **1** 깜박거리는 사람[것], 눈짓하는 사람. **2** (~s) (구어) 눈; 눈썹. **3** (말의) 눈가리개. **4** (~s) (자동차의) 방향 지시등. **5** (濠속어) 안경.

win·kle[1] [wíŋkl] 몡 경단고둥류(類)의 식용 고둥.
— 됨(탄) **1** (구어) (고둥의 살 따위를) 도려내다(*out*). **2** 〔…을 내쫓다.

win·kle[2] 됨(자) = twinkle.

win·kle[3] 됨 = winkel.

win·kle-pick·ers [-pìkərz] 몡복 (속어) 끝이 뾰족한 구두. 〔(신호).

win·kus [wíŋkəs] 몡 (美속어) 눈을 깜박임, 눈짓

Win·ne·ba·go [wìnəbéigou] 몡 ((복) ~(**s**)) **1** 위네바고족(族)(북미 인디언의 한 부족). **2** *Lake* ~ 위네바고호(湖)(미국 Wisconsin 주 동부의 호수).

*****win·ner** [wínər] 몡 **1** 승리자. ¶the ~ *of a game* 시합의 승자. **2** (경마의) 승마(勝馬). **3** 수상자. **4** (구어) 성공한 것, 성공할 것; 대성공; 최고의 것. **5** (美속어) 성공한 사람; 의외의 좋은 프로그램[사람, 컴퓨터]. **6** (복합어로) …을 얻는 사람. ¶a bread~ 한 가정의 돈 벌어들이는 사람.

onto a winner (구어) 성공 가망이 있는 사람[것]을 발견하여; 돈이 될 만한 것을 찾아내어.

pick a winner ① 우승마를 맞추다. ② (때로 비꼬아) 잘 고르다.

winner take all 승자가 독차지하는 제도.

wínner's círcle 몡 **1** 우승마(馬) 표창식장. **2** 선발된 승리자[성공자] 집단; 정선된 것.

Win·nie [wíni] 몡 **1** 위니(사람 이름). **2** 위니상(賞)(맨년 우수 패션 디자인에 주어지는 상).

*****win·ning** [wíniŋ] 몡 **1** UC 승리, 성공; 획득(물); 점령(지). **2** (~s) 상금, 상품, 소득, 이득. **3** (광산) 채탄 장(場); 석탄층. — 몡 **1** 결승의, 승리자의. ¶a ~ homer 결승 홈런. **2** 애교 있는, 매력 있는. ¶a ~ smile 애교 있는 미소. **~·ly** 뷔 **~·ness** 몡

win·ning·est [wíniŋist] 몡 (구어) 가장 승률이 높은, 최다 승리의. ¶the ~ pitcher 최다승 투수.

wínning pòst 몡 (경마장의) 결승점, 결승 표주(標柱).

wínning strèak 몡 (스포츠) 연승(連勝). ﹝ losing 〔streak

Win·ni·peg [wínəpèg] 몡 위니펙(캐나다 Manitoba 주의 주도(州都); 밀·가축의 대집산지).

win·now [wínou] 됨(탄) **1** (곡물을) (겨·티끌 따위와) 까불러 나누다, 키질[체질]하다, 까부르다(*from*); (티끌·겨 따위를) 키질하여 가려다 내다(*away*, *out*). ¶~ husks *away* 까불러서 왕겨를 없애다. **2** (좋은 부분을) 골라내다, 가려내다(*out*) (*from*); (성서) (선악·진위) 등을 식별하다. ¶~ truth *from* falsehood 진위(眞僞)를 가리다. **3** (바람이) …을 불어 흩뜨리다. **4** 정밀하게 분석하다, 정사(精査)하다. **5** (고어) (날개를) 퍼덕이다(flap). — 짜 **1** 까부르다, 키질하다. **2** 날개치다, 날개치며 날다.

—[명] 키, 까불러 고르는 기구; 가려[추려]내기; 식별.
win·now·er [wínouər] [명] **1** (곡식을) 까부르는 사람, 키질하는 사람. **2** 풍구, 키.
wín·now·ing bàsket [wínouiŋ-] [명] 풍구, 키.
wínnowing machìne[fàn] [명] =winnowing basket. 「중독자.
win·o [wáinou] [명] (복) **~s**) 《속어》 (싸구려) 포도주
win·some [wínsəm] [형] **1** 티없이 귀여운, 매력 있는, 애교 있는. ¶a ~ look 애교 있는 표정. **2** 쾌활한, 명랑한(cheerful, gay). **~·ly** [부] **~·ness** [명]
Win·ston [wínstən] [명] 윈스턴. **1** 《상표》 미국의 담배. **2** 남자 이름.
‡win·ter [wíntər] [명] (복) **~s** [-z]) **1** [U][C] 겨울, 겨울철, 서리 내릴 때. ¶a hard[mild] ~ 엄[난]동 / in (the) ~ 겨울에, 겨울 동안에. **2** 추운 기후. ¶a touch of ~ in Canada 캐나다의 추위. **3** 추운 기간. **4** 세(歲), 나이, 살, 1년. ¶a man of sixty ~*s* 예순 살인 사람. **5** [U][C] 《비유적》 겨울 같은 시기, 쇠퇴기, 말기. ¶the ~ of old age 인생의 겨울철, 노령. —[형] **1** 겨울의, 동기(冬期)의, 겨울에 맞는; 겨울용의, 겨울 특유의. ¶a ~ resort 피한지(避寒地) / ~ clothing 겨울옷, 동복. **2** 겨울에 쓰기 위해 저장되는[할 수 있는](과일·야채 따위). **3** 가을에 파종하는. —[동][자] 겨울을 나다; 피한하다; 동면하다. ¶~ in Italy 이탈리아에서 겨울을 나다. —[타] **1** 〔동식물〕을 겨울 동안 기르다[가꾸다]; 〔식물〕을 겨우내 둘러싸다. **2** (추위로) …을 얼게 하다, 동결하다.
wínter ánnual [명] 가을에 파종하는 한해살이 식물.
wínter ápple [명] 〔원예〕 겨울 사과(만생의 사과).
wínter bárley [명] 가을보리.
win·ter-beat·en [-bìːtn] [형] 추위에 상한, 추위에
wínter bírd [명] 겨울새. 「시달린.
wínter blúes [명] 《美속어》 겨울 우울증.
win·ter·bourne [wíntərbɔ̀ːrn] [명] 여름에 물이 마
wínter búd [명] 〔식물〕 겨울눈. 「르는 강.
wínter chérry [명] 〔식물〕 꽈리(ground-cherry).
wínter cróp [명] 겨울 작물. 「동면하는 것.
win·ter·er [wíntərər] [명] 겨울을 나는 사람[새 따위];
wínter fállow [명] 겨울철 휴한지(休閑地).
win·ter·feed [wíntərfìːd] [동] (**-fed**) (가축에게) 겨울철 사료를 주다, (사료를) 겨울에 가축에게 주다. —[명] (가축의) 겨울철 사료(*for*). 「정원).
wínter gàrden [명] 동원(冬園)(야외 또는 온실의 겨울
win·ter·green [wíntərgrìːn] [명] **1** 바위앵도류(類)의 관목(상록 식물); [U] 동록유(冬綠油)(그 잎에서 채취한 기름). **2** [U][C] 짙은 황록색.
wínter háil [명] 싸라눈.
win·ter-har·dy [-hɑ̀ːrdi] [형] 〔식물〕 추위에 강한, 내한성(耐寒性)의, 월동성의. **-di·ness** [명]
win·ter·ize [wíntəràiz] (* 《英》 **-ise**) [동][타] 〔자동차·가옥 따위〕에 방한[부동] 설비를 하다, …의 월동 준비를 하다.
win·ter·kill [wíntərkìl] 《美》 [동][타] 〔보리 따위〕를 겨울 추위로 얼어 죽게 하다. —[자] 겨울 추위로 얼어 죽다. —[명] 겨울 추위에 얼어 죽음. **~·ing** [형][명]
win·ter·less [wíntərlis] [형] 겨울이 없는, 겨울을 모르는. ¶~ weather 겨울을 느끼지 못하는 기후.
win·ter·ly [wíntərli] [형] 겨울의[다운], 쓸쓸한.
Wínter Olýmpic Gámes [명][복] (the ~) 동계 올림픽 대회. (또는 **Wínter Olýmpics**)
wínter quárters [명][복] 동면[월동]하는 장소; 〔군사〕
wínter rát [명] 중고차, 고물 자동차. 「겨울 병영.
wínter slèep [명] 동면, 겨울잠(hibernation).
wínter sólstice [명] 〔천문〕 (the ~) 동지점(冬至點).
wínter spórts [명][복] 겨울 스포츠. 「⇨SOLSTICE.
win·ter·tide [wíntərtàid] [명] 《시》 =wintertime.
win·ter·time [wíntərtàim] [명][U] 겨울, 동기(冬期).
win·ter-weight [-wèit] [형] (의복·옷감이) 겨울용인, 두툼한.
wínter whéat [명] 가을에 뿌리는 밀, 겨울밀.
win·ter·y [wíntəri] [형] =wintry.
***win·try** [wíntri] [형] **1** 겨울의, 겨울 특유의. ¶a ~ morning 겨울의 아침. **2** 겨울 날씨 같은, 찬, 한랭한. **3** 따사로움이 없는, 냉담한, 쓸쓸한; 늙은. ¶a ~ smile 냉담한 웃음. **-tri·ly** [부] **-tri·ness** [명]
win-win [ˊwín] [형] (정책 따위가) 어느 쪽에서도 비난받지 않을, 무난한; (협상에서) 양측[쌍방]에 유리한. ***a win-win situation*** 쌍방에 이익이 될 수 있는 상황.
wín-wín stràtegy [명] 〔美군사〕 두 전쟁 동시 수행 승리 전략.
win·y [wáini] [형] **1** 포도주의[같은]. **2** 포도주에 취한. **3** (공기가) 상쾌하고 향기로운. (또는 **winey**) **wín·i·ness** [명]
winze¹ [winz] [명] 〔광산〕 갱정(坑井).
winze² [명] 《스코》 저주, 저주의 말(curse).
WIP *work in process; work in progress.*
‡wipe [waip] [동] (**~d** [-t]; ***wip·ing***) [타] **1** …을 씻다, 닦다; …을 훔치다(*away, over, up*) (*on, with*). ¶~ a dish[table] 접시[식탁]를 닦다 / ~ one's face [tears] 얼굴[눈물]을 닦다 // (~+[目]+[副]) ~ one's tears *away* 눈물을 닦다 / ~ *up* spilt milk 엎지른 우유를 훔쳐내다 // (~+[目]+[補]) ~ dishes dry 접시의 물기를 닦아내다 // (~+[目]+[前]+[名]) He ~*d* his hands *on* [or *with*] the towel. 그는 수건으로 손을 닦았다. **2** 〔헝겊·종이 따위〕를 문지르다, 비비다. ¶(~+[目]+[前]+[名]) ~ oil *into* the surface 표면에 기름을 문질러 바르다. **3** 〔얼룩 따위〕를 지우다, 빼다; 《비유적》 〔수치·오명 따위〕를 씻다(*off, out*). ¶(~+[目]+[副]) ~ *out* a stain 얼룩을 빼다 / ~ *out* an insult (복수하여) 치욕을 씻다 / ~ *off* one's debt 빚을 말끔히 청산하다. **4** 〔배관〕 땜납을 발라 …을 잇다. **5** …을 일소하다, 전멸시키다. **6** 《속어》 …을 철썩 때리다, 치다; …을 (비난·비웃음 따위로) 공격하다. **7** 〔기름 따위〕를 발라 문지르다. **8** (지불을 위해) 〔신용 카드 따위〕를 판독기에 삽입하다; 〔라이트 펜〕을 바코드에 대다. **9** 〔녹음[녹화] 테이프·데이터 따위〕를 지우다.
—[자] **1** 《英》 (접시 따위를) 닦다. **2** 《구어》 (칼·지팡이 따위로) 후려치다, 탁 치다 (*at*). ¶(~+[前]+[名]) He ~*d at* me with his stick. 그는 나를 지팡이로 후려쳤다.
wipe** a person's **eye ⇨EYE.
wipe down (수직면을) 깨끗이 닦다. 「마라.
Wipe it off. 《美속어》 웃지 마라, 쓸데없이 장난치지
wipe off 〔빚 등〕을 상환[청산]하다; 《美속어》 파괴하다, 말살하다.
wipe...off the map; wipe...off the face of the earth …을 전멸시키다; 일소하다, 죽이다.
wipe** one's **boots on ⇨BOOT¹. 「…에서 손을 떼다.
wipe** one's **hands [or ***lips***] ***of*** …와 인연을 끊다,
wipe out ① …을 닦아내다. ② 〔얼룩 따위〕를 빼다; 《비유적》 〔치욕〕을 씻다, 설욕하다; 〔부채〕를 청산하다. ③ …을 파괴하다; …을 일소하다. ¶The atomic bomb ~*d out* Hiroshima. 원자 폭탄으로 히로시마는 완전히 파괴되었다. ④ 《구어》 …을 죽이다, 없애다. ⑤ 《美속어》 (파도타기에서) 파도에 밀려 넘어지다.
wipe over 쓱 한 번 닦다; 《속어》 《수동형으로》 (술·마약 따위로) 취하게 하다, 황홀하게 하다.
wipe the floor with ⇨FLOOR.
wipe up 〔접시〕를 닦다; 소탕[섬멸]하다.
—[명] **1** 닦기, 훔치기, 닦아[훔쳐]내기; 문대기, 문지르기; 비벼 넣기. ¶give the floor a ~ 바닥을 닦다. **2** 《속어》 찰싹 치기; 조롱, 조소. ¶I gave him a ~ in the eye. 나는 그의 눈을 한 방 쾅 쳤다. **3** 《속어》 손수건. **4** 〔기계〕 와이퍼(wiper); (자동차 따위를) 씻는 사람, 닦는 사람. 「다[갈겨주다].
fetch [or ***take***] ***a wipe at** a person* 남을 한 대 치
give [or ***fetch***] ***a wipe over the knuckles*** 핀잔을 주다, 야단[호통]치다; 심하게 질책하다.

wiped [waipt] 〖(속어) 취한; 지친; 파산[파멸]한.
be wíped óver (美속어) 취해 있다.
wiped-óut [wáiptáut] 〖(속어) 완전히 지친, 녹초가 된; (술·마약에) 취한; 무일푼의, 파산한; 황폐한, 더러워진.
wipe-out [wáipàut] 〖 파괴; (美구어) (시합 따위의) 완패, 참패; (美) (파도타기에서 서프보드에서의) 전복 실패; (극도의) 피로; 다른 전파에의 수신 방해.
wipe-o·ver [-òuvər] 〖 쓱 한 번 닦기.
wip·er [wáipər] 〖 닦는 사람[것]; 닦는 데 쓰는 것 (수건·걸레 따위); 자동차의 와이퍼; (전기) 브러시 (brush); (기계) 와이퍼(cam의 일종).
WIPO, Wi·po [wáipou] 〖 세계 지적(知的) 소유권 기구(상표·의장 등의 보호를 목적으로 1970년에 발족) [< World Intellectual Property Organization]
WIR West India Regiment.
‡**wire** [waiər] 〖. ⑧(~s [-z]) 1 ⓤⓒ 철사, (금속의) 선; 전신선, 전선; ¶barbed ~ 가시 철사 / copper [iron] ~ 동[철]선 / telephone[telegraph] ~(s) 전화[전신]선. 2 ⓤ 전신; ⓒ 전보(telegram); (the ~) 전화 ¶send[receive] a ~ 전보를 치다[받다] / Someone is on the ~ for you. 당신에게 전화가 왔어요. 3 ⓤ 철조망; 쇠줄; 철사 세공(wirework). 4 (악기의) ~ rope. 5 (악기의) 금속의 현; 현악기의 줄. 6 (~s) (인형극의) 조종하는 줄. 7 (종종 ~s) (美·캐나다) (경마) 결승선. 8 (조류) (극락조 등의 장식깃의) 깃대. 9 a) (스코) (털실 뜨개질용의) 뜨개 바늘. b) 철망으로 만든 덫, 토끼잡이 덫. 10 (제지) 종이 뜨는 그물. 11 정보; 통지, 알림. 12 흥분을 잘하는 사람.
be (all) on wíres 흥분하고 있다, 몹시 초조해하다.
by wíre 전신으로, 전보로. ¶send a person a message by ~ 남에게 전보로 말을 전하다.
come úp to the wíre (속어) 종말[결말]에 가까워지다.
cróss the wíre 골인하다. 「한에 임박한.
dówn to the wíre ① 최후까지, 끝까지. ② 마감 기
get one's [or **the**] **wíres cróssed** (구어) 혼란하여 오해하다.
gíve the wíre (속어) (몰래) 알리다, 주의를 주다.
gó (dówn) to the wíre (美·캐나다 속어) 최후까지 경합하다, 끝까지 백중전이 되다.
láy wíres for (美구어) …의 준비를 하다.
púll the wíres ⇒PULL. 「하다, 비방하다.
pút the wíre on *a person* (美속어) 남을 중상 모략
sénd…óver the wíres …을 전송(電送)하다.
únder the wíre 아슬아슬한 마지막 순간에. ¶get under the ~ 간신히 시간에 대다.
únder wíre (구역 따위가) 철조망으로 둘러싸인.
wíre to wíre (美속어) (경마에서) 출발점[처음]부터 결승선[끝]까지.
— ⑧ (~s [-z]; ~d; wír·ing) 1 …에 철사를 달다; …에 철조망을 둘러치다; …을 철사 따위로 묶다. ¶~ the stems of flowers 화초 줄기에 철사를 대다 / a fence 울타리에 철조망을 치다. 2 …에 전선을 가설하다, 전등선을 달다. ¶~ a house for electricity 집에 전선을 끌다. 3 (구어) …에 전보[전신]를 치다; …을 전보[전신]으로 알리다. ¶(~+*that*節) (~+图+*that*節) He ~*d* (me) *that* he was coming soon. 그는 (나에게) 곧 가겠다는 전보를 쳐 왔다. 4 (통신문 따위를) 전보로 보내다, 전송하다. 5 (토끼·새 따위를) 덫으로 잡다. 6 …에 철사를 꿰다. ¶~ beads 구슬에 철사를 꿰다.
— ⑨ (구어) 전보[전신]을 치다, 타전하다. ¶(~+圖) ~ *back* 답전을 치다 / (~+前+图) He ~*d* home *for* money. 그는 집에 송금해 달라는 전보를 쳤다.
have [or **get**]**…wíred** (속어) …을 끝내다, 확보하
wíre ahéad for 전보를 쳐서 …을 예약하다. 「다.
wíre awáy =wire in ②.
wíre for 전보로 …을 요청하다.
wíre in ① …에 철조망을 두르다. ② (英속어) 열심히 하다, 온 힘을 기울이다.

wíre ínto (英속어) (음식)을 허겁지겁 먹기 시작하다, 게걸스럽게 먹다; …에 정신없이 달려들다[착수하다].
wír·a·ble, ⊸like 〖.
wíre áct 〖 줄타기(곡예).
wíre ágency 〖 통신사(wire service).
wire-bound [-báund] 〖 (책이) 와이어 제본의, 코일처럼 말린 와이어로 제본한.
wíre bróadcasting 〖 유선 방송.
wíre brúsh 〖 1 (녹·페인트를 닦아내는) 쇠솔. 2 (심벌즈나 작은북을 문질러 연주하는) 와이어 브러시.
wíre cíty (美속어) 교도소; 교도소(수용소)의 철망.
wíre clóth 〖 (여과기 따위에 쓰는) 촘촘히 짠 쇠그물.
wíre cútter 〖 철사 절단기[작업용].
wired [waiərd] 〖 1 유선(有線)의. 2 철사[철망]를 둘러친; 철사로 묶은[보강한]; 철사로 만든. 3 (美속어) (정계·재계에서) 확고한 위치를 차지한, 빽이 통하는; 잘 알려진; (계약 등이) 사전에 내정된.
be wíred ínto …에 열중하고 있다.
wíred úp (美속어) (술·마약에) 취한, 도취된; 열광하는; 신경이 곤두선; (구어) 확실한, 확보된.
wire·danc·er [wáiərdænsər/-dà:ns-] 〖 (서커스의) 줄타기 광대. 「기 (곡예).
wire·danc·ing [wáiərdænsiŋ/-dà:ns-] 〖 줄타
wíred gláss = wire glass.
wíred rádio 〖 유선 라디오 방송.
wire·draw [wáiərdrɔ̀:] 〖(~ (-drew; -drawn) 1 (금속)을 늘여서 철사로 만들다. 2 (시간·물체 등)을 억지로 잡아늘이다, (토론 등을) 길게 끌다, 세밀하게 논하다. 3 (의미 따위)를 억지로 갖다 붙이다, 왜곡하다.
~·er 철사 만드는 사람.
wire·draw·ing [wáiərdrɔ̀:iŋ] 〖ⓤ 철사 만들기.
wire·drawn [wáiərdrɔ̀:n] ⑧ wiredraw의 과거분사. —⑨ 1 (철사처럼) 잡아 늘인. 2 (토론 등이) 지나치게 세세한.
wíred wíreless (英) = wired radio.
wíre entánglement 〖 철조망.
wíre fráud 〖 전자 통신 수단에 의한 사기.
wíre gáuge 〖 (철사의 직경을 재는) 철사 측정기.
wíre gáuze 〖 촘촘한 쇠그물[철망].
wíre gláss 〖 (깨져도 파편이 튀지 않게) 철망이 든 유리.
wíre gráss 〖 1 =Bermuda grass. 2 1과 비슷한 잡초.
wire-guid·ed [-ɡàidid] 〖 (미사일〖wire gauge〗 등이) 유선 유도의.
wíre gún 〖 강선포(鋼線砲)(포신에 강선을 감아 보강).
wire·hair [wáiərhɛ̀ər] 〖 와이어헤어(털이 뻣뻣한 애완견 폭스테리어).
wire-haired [wáiərhɛ̀ərd] 〖 (개 등이) 털이 뻣뻣한
wíre láth 〖 (건축) 와이어 라스(철망으로 된 외(椳)).
‡**wire·less** [wáiərlis] 〖 1 무선의, 무선 전신[전화, 전보]의. ¶a ~ apparatus 무선 전신기 / a ~ operator [station] 무선통신사[전신국] / a ~ set 라디오 수신기, 무선 전신[전화기] / within ~ communication 무선 통신권 안에. 2 (英) (드물게) 라디오의. ¶a ~ set 라디오. 3 철사 없는, 쇠그물이 없는. —〖 1 ⓤⓒ 무선 전신[전화, 전보]. ¶by ~ 무선 전신으로 / carry ~ (배가) 무선 전신 장치를 갖추다. 2 무선 통신(문). 3 ⓒ (the ~) (英) 라디오, 라디오 방송[프로그램]; ⓒ 라디오 수신기. ¶over the ~ (英) 라디오를 통하여.
—⑧ (…을) 무선 통신[전화]으로 전하다; 타전하다.
~·ly 〖. **~·ness** 〖.
wíreless cábin 〖 (선박의) 무선 통신실.
wíreless télegraph 〖 무선 전신, 무전.
wíreless telégraphy 〖 무선 전신(술).
wíreless télephone 〖 무선 전화.
wire·man [wáiərmən] 〖 1 전선공, 가선공, 전선

작업자. 2 (속어) 도청 전문가. [＜wiretap+man]
wire mémory 명 (컴퓨터) 와이어 메모리(자기 박막을 도금한 선을 엮어서 만든 기억 장치).
wire nétting 명 쇠그물, 철망.
Wire·pho·to [wáiərfòutou] 명 (상표) 유선 전송 사진 (장치). ─ 타 (w~) (사진)을 유선 전송하다.
wire-pull [wáiərpùl] 자 뒤에서 실을 당기다(책동하다], 이면에서 공작하다.
wire-púll·er [wáiərpùlər] 명 1 (인형극의) 인형 조종사, 꼭두각시 놀리는 사람. 2 책략가, 책모가.
wire-púll·ing [wáiərpùliŋ] 명 1 철사실[로 인형을 조종하기; (비유적) 뒤에서 조종[책동]하기.
wir·er [wáiərər] 명 1 전선 작업자. 2 (짐승을 잡기 위해) 쇠그물 덫을 놓는 사람.
wire-re·cord [ˈrikɔːrd] 명 타 …을 철사 자기(磁氣) 녹음하다.
wire recórder 명 철사 자기(磁氣) 녹음기.
wire recórding 명 철사 자기 녹음.
wire-room [wáiərrù(ː)m] 명 (경마) (합법을 가장한) 사설 마권 영업소.
wire rópe 명 강삭(鋼索), 와이어 로프.
wire sérvice 명 뉴스 통신사.
wire side (제지) 와이어 사이드, 쇠그물면(종이를 뜨는 공정에서 초지기(抄紙機)의 철망에 접한 면; 종이의 뒷면에 해당한다). 窗 felt side
wire-smith [wáiərsmìθ] 명 (구식의) 철사 제조공.
wire-stitch [ˈstìtʃ] 명 (제책) (책을 등)을 철사로 철하다, 철사매기를 하다. ~ed ~·er
wire-tap [wáiərtæp] 명 (-pp-) 타 …을 도청하다, 도청하여 (정보)를 얻다. ─ 자 도청하다. ─ 명 도청 (장치). ─ 형 도청한[으로 얻은].
wire·tap·per [wáiərtæpər] 명 (전화·전신의) 도청자; 도청한 정보를 제공하는[파는] 사람, 정보꾼.
wire·tap·ping [wáiərtæpiŋ] 명 도청. ¶a ~ device 도청 장치.
wire-to-wire [ˈtəwáiər] 형 (레이스·토너먼트 따위의) 처음부터 끝까지의. ¶a ~ victory 처음부터 마지막까지 선두를 달린 승리.
wire tráffic 명 (일정 시간 내에 보내지는) 정보 교신
wire tránsfer 명 전신 송금.
wire-walk·er [wáiərwɔ̀ːkər] 명 줄타기 곡예사.
wire-wálk·ing [ˈwɔ̀ːkiŋ] 명 줄타기 (곡예).
wire·way [wáiərwèi] 명 (건물 내의) 전선관(管).
wire wheel 명 1 (스포츠카 따위의) 철사 스포크 바퀴, 와이어 휠. 2 회전식 철사 브러시.
wire wóol 명 (英) (식기 등을 닦는) 쇠수세미.
wire-work [wáiərwɔ̀ːrk] 명 U 1 철사세전선] 제조, 철사 세공. 2 (서커스 따위의) 줄타기. ~·er 명
wire-worm [wáiərwɔ̀ːrm] 명 방아벌레의 유충; 노래기(millepede).
wire-wove [ˈwòuv] 형 쇠그물로 만든; (편지지 따위가) 질이 좋고 윤이 나는.
wir·ing [wáiəriŋ] 명 U 1 철사로 묶기[보강하기]; 가선[배선] 공사. 2 (집합적) 배선, 가선. 3 (외과) (뼈의) 철사 접합. ─ 형 배선(용)의. [아, 오오.
wir·ra [wírə] 감 (아일) (비탄·비애를 나타내어)
*****wir·y** [wáiəri] 형 1 철사 같은[모양의], 철사같이 질긴. 2 (사람의 몸이) 마르고도 강인한. 3 철사로 된. 4 (소리가) 철사가 울리는 듯한. **wir·i·ly** 부 **wir·i·ness** 명
wis [wis] 타(자) (英) 알고 있다(know well). * I wis의 형태로 삽입구로서 쓰인다.
Wis. (성서) *Wisdom* (of Solomon). **Wis., Wisc.** Wisconsin. **WISC** Wechsler Intelligence Scale for Children (웩슬러식 아동 지능 검사).
*****Wis·con·sin** [wiskάnsən/-kɔ́n-] 명 위스콘신(미국 중북부의 주(州); 窗 Wis., Wisc.; 주도 Madison).
Wis·con·sin·ite [wiskάnsənàit/-kɔ́n-] 명 위스콘신 주(州)의 주민.
Wisd. (성서) *Wisdom* (of Solomon).

‡**wis·dom** [wízdəm] 명 (복 ~s [-z]) U 1 현명함, 현명, 분별; 앎, 지혜, 예지(of). ¶borrowed ~ 남에게서 배운 꾀/commercial ~ 장사의 요령/get ~ 현명해지다//the ~ *of* adopting a new method 새 방법을 채택하는 지혜. 2 (동방 현인들의) 명언, 금언; 현명한 교의(敎義)(가르침, 교훈]. 3 학식, 지식. 4 (the ~(s)) (집합적) (고어) 현인, 지자(知者). 5 현명한 언행. 6 (고어) (호칭 또는 부르는 말) …님.
in one's wisdom (비꼬아) 최선이라고 생각하여.
pour forth wisdom 명언을 줄줄이 말하다.
the Wisdom of Jesus, the Son of Sirach =Ecclesiasticus. [(外經)의 하나).
the Wisdom of Solomon 지혜서(구약 성서 외경
~·less
wísdom tòoth 명 사랑니. 「가 되다.
cut one's wisdom teeth 사랑니가 나다; 철들 나이

‡**wise**¹ [waiz] 형 (**wís·er; wís·est**) 1 영리한, 현명한, 총명한; 분별이 있는; 지혜가 있는. ≒ CLEVER
유의어 ¶a ~ saying 금언, 지당한 말 // It was ~ of you to refuse his offer. 네가 그의 제안을 거절한 것은 현명했다. 2 신중한, 생각이 깊은. ¶a ~ decision 신중한 결정. 3 박식한, 박학한; …에 정통한(*in*). ¶a ~ professor 박식한 교수 // be ~ *in* the ways of the world 세상 물정에 밝다. 4 영리한 체하는, 알고 있는 듯한. ¶look ~ (자못 훌륭한 체) 점잔빼다. 5 건방진; 교활한; 요령이 좋은. ¶get ~ 거만해지다. 6 (美속어) 알고 있는, 알아차린(aware)(*to*). ¶I am ~ *to* your game. 나는 너의 그 수에는 넘어가지 않아. 7 (고어) 신령학(神靈學)[마술)에 통한, 신통력을 가진.
get [or *be*] *wise to* (美속어) …을 알다, 알아[탐지)해내다, 눈치채다; 박식한 체하다.
none the wiser; as wise as before 여전히 알지 못하고[모르고]. ¶I was *none the ~ for* his explanation. 그의 설명을 듣고도 여전히 알 수가 없었다.
put [or *set*] *a person wise to* (속어) (비밀이나 잘 알려지지 않은 사실)을 남에게 알리다, 가르쳐주다.
wise after the event 나중에야 깨닫는. ¶It is easy to be ~ after the event. (속담) 일이 끝난 뒤에 깨닫기는 쉽다. 「고개를 끄덕이며.
with a wise shake of the head (겉법) 아는 체
without anyone's being the wiser 아무도 눈치채지 않게, 아무에게도 들키지 않고.
─ 부 * 다음 숙어로만 쓴다.
wise off (속어) 빈정대다, 비아냥거리다.
wise up (美속어) …에게 알리다; 알다.
~·ly ~·ness

wise² 명 (고어) 방법, 하는 방식, …식(way, manner) (* 보통 like*wise*, other*wise* 따위의 복합어 또는 아래의 *in any wise* 반드시, 기필코. 나같은 숙어로 쓴다).
in no wise 결코 …이 아닌(in no way).
in some wise 그럭저럭; 어딘가; 어떤 뜻에서는.
in such wise 그런 식으로, 그런 방식으로.
on [or *in*] *this wise* 이렇게, 이와 같이.

-wise [wàiz] 연결 1 manner, position, direction의 뜻의 부사를 만든다. ¶clock*wise*, end*wise*, side*wise*. 2 with regard to, in respect of의 뜻의 부사를 만든다. ¶dollar*wise* (달러로 환산하면), budget*wise*.
wise·a·cre [wáizèikər] 명 (경멸적) 현명한[유식한) 체하는 사람, 만물 박사인 체하는 사람.
wise ápple 명 (美속어) =wise guy 1.
wise-ass [ˈæs] (美속어) 명 우쭐대는 (녀석), 건방진[주제넘은] (놈), 아는 체하는 (사람). ─ 형자 아는 체하는, 건방지게 굴다. ~ed 형
wise·crack [wáizkræk] (美구어) 명 경구(警句), 명언. ─ 자 경구로 말하다; 경구를 말하다. ~·er 명
wised-up [wáizdʌ́p] 형 현명한, 정통한.
wíse fòol 명 바보 행세를 하는 사람; 자신이 어리석음을 아는 사람.

wíse gùy 명 (美속어) 1 자부심[자만심]이 강한 남자, 아는 체하는 사람; 건방진 작자. 2 내막에 정통한 사람; 마피아 단원.

wise mán 명 1 현인, 학자. ¶the *Wise Men* of the East 〔성서〕 동방의 세 박사(←마태 복음(Matt.) 2:1-16). 2 (고어) 요술쟁이, 점쟁이.

wis·en·heim·er [wáizənhàimər] 명 (美구어) 아는 체하는 주제넘은 사람, 현인인 체하는 사람.

wi·sent [víːzənt] 명 (동물) 유럽 들소. 〔<G〕

wíse sáw 명 금언, 격언.

wise·wom·an [wáizwùmən] 명 산파, 조산원; (고어) 마녀, 여자 점쟁이.

‡**wish** [wiʃ] 타 (~·**es** [-iz]; ~**ed** [-t]) **1** …이면 좋겠다고 생각하다(hope), …을 바라다((*that*)절). ¶I ~ (*that*) it would not rain. 비가 안 오면 좋겠는데 / I ~ I had never been born. 이 세상에 태어나지 않았으면 좋았을 것을. **2** …하기를 원하다, …하고 싶어하다 (to do). ⇨WANT 유의어 ¶I ~ *to* go abroad. 외국에 가보고 싶다 / I ~*ed to* have come. 오고 싶었지만 오지 못했다.

〔USAGE〕 **wish**와 가정법 — wish는 보통 실현될 수 없는 소망을 나타내므로 뒤에 절을 수반할 경우 그 절 속의 동사는 가정법이 된다. 현재의 사실과 반대되는 소망이면 가정법 과거형으로, 과거의 사실과 반대되는 소망이면 가정법 과거완료형으로 나타낸다: I ~ I *had* enough money. (지금) 돈을 넉넉히 가지고 있으면 좋으련만 / I ~ I *had had* enough money. (그 때) 돈을 넉넉히 가지고 있었으면 좋을텐데.

3 (보어와 함께) …이 …이기를 바라다, …이면 좋겠다고 생각하다; 〔남이〕 …이기[하기]를 바라다. ¶(~+목+(*to be*) 보) I ~ the problem (*to be*) settled soon. 그 문제가 빨리 해결되었으면 좋겠다 / She very sincerely ~*ed* him happy. 그녀는 충심으로 그의 행복을 빌었다 / I ~ *myself* dead. 죽어버렸으면 좋겠는데(=I ~ I were dead.) // (~+목+*to do*) I ~ you *to* go at once. 네가 당장 가 주기를 바란다 // (~+목+보) He ~*ed me well*. 그는 나의 행운을 빌어주었다 / He ~*es* nobody *ill*. 그는 어느 누구도 병들지 않기를 빌고 있다.

4 〔남〕을 위해 (…을) 빌다; 〔작별 따위에〕 고하다. ¶(~+목+목) I ~ you joy. 축하합니다 / I ~ you a Happy New Year. 새해에 복 많이 받으십시오 / I heartily ~ you every success. 충심으로 당신의 성공을 빕니다 / He came to ~ me a good night's rest. 그는 나에게 잘 자라는 인사를 하러 왔다 // (~+목+전+명) He ~*es* happiness *to* all. 그는 모든 사람의 행복을 빌고 있다.

5 …을 바라다, 희망하다(* wish for 또는 want가 보통). ¶~ money[help] 돈[도움]을 바라다 / I will do whatever you ~. 네가 원하는 대로 무엇이든 하겠다.

6 (美속어) 〔싫은 일·의무 따위〕을 강요하다, 억지로 떠맡기다 (on, upon). ¶(~+목+전+명) ~ a hard job *on* a person 남에게 고달픈 일을 떠맡기다.

— 자 **1** 바라다, 원하다 (*for, after*). ¶(~+전+명) She ~*ed for* peace with her whole heart. 그녀는 충심으로 평화를 원했다 / I will send you the book you ~*ed for*. 네가 원하던 책을 보내 주겠다. **2** 소원 성취를 빌다 (on, upon). ¶(~+전+명) ~ *on* a falling star 유성에 소원 성취를 빌다. **3** …이기를 빌다, 원하다. ¶(~+부) He ~*ed well* to all men. 그는 모든 사람의 행복을 빌었다.

Don't you wish!; You wish! (구어) 그랬으면 하고 바라는 거지(어림없지)!
It is to be wished that... 바라건대 …이기를.
wish a person further [or *at the devil*] 남이 빨리 어디론가 사라져버리기를 바라다.
wish a person joy of (비꼬아) …이 남의 마음에 들

기를 바라다; (구어·익살) 남에게 …을 마음껏 즐기라고 말하다. 「게 강요하다.
wish...off on *a person* 싫은 일[결함 상품]을 남에
wish on ① 강요하다, 강제하다. ② 소원을 빌다. ¶~ *on* [or *upon*] a star 별에게 소원을 빌다.
— 명 (~·**es** [-iz]) **1** ⓒⓤ 소망, 희망, 희구, 갈망, 바람 (*for, to do, that*보). ¶a ~ *for* world peace 세계 평화의 희구(希求) / to [against] one's ~ 희망대로[에 반하여] / make a ~ 소원 성취를 빌다 / carry one's ~*es* into effect 희망을 실현시키다 / He has a great ~ *to* become a pilot. =He has a great ~ *that* he will become a pilot. 그는 조종사가 되고 싶다는 큰 희망을 가지고 있다. **2** (보통 ~es) (남의 성공·행복 따위를 비는) 기원, 축의, 축복의 말; (종종 ~es) (구두) 요청, 탄원; (안부를 부탁하는) 전갈. ¶You have our good ~*es*. 당신의 성공[행복]을 빕니다 / Please give him my best ~*es*. 그분에게 안부 좀 잘 전해 주십시오 / I extend my best ~*es for* the success of your enterprise. 사업의 성공을 충심으로 빌고 있습니다. **3** 바라는 것, 원하는 것. ¶You shall have your ~. 원하는 것을 주겠다. **4** (the ~) 〔정신분석〕 원망(願望)(본능적인 충동에 의해 무의식적으로 작용하는 것).
carry out [or *attend to*] *a person's wishes* 남의 희망에 따르다. 「고 말하다 (to).
send one's best wishes (…에게) 안부를 전해 달라
with best wishes 행복[성공]을 빌며(편지의 끝말).
~·**er** 명 ~·**less** 형

wish·bone [wíʃbòun] 명 **1** 차골(叉骨)(새의 흉골 앞에 있는 Y 갈래의 뼈; 식사 후 접시에 남은 이 뼈를 두 사람이 서로 잡아당겨 긴 쪽을 얻은 사람은 소원 성취한다는 말이 있다). **2** (전신주의) 가로대.

wish bóok 명 (美속어) 통신 판매 카탈로그.

wished-for [wíʃtfɔ̀ːr] 형 바라던, 소원대로의. ¶~ result[vacation] 바라던 결과[휴가].

wish·ful [wíʃfəl] 형 **1** 바라고 있는, 간절히 바라는 (desirous) (*for*). ¶She was ~ *to* leave. 그녀는 떠나기를 바랐다 // She was ~ *for* happy days. 그녀는 행복한 나날이 오기를 간절히 바랐다. **2** 탐내는 듯한. ¶~ eyes 탐내는 듯한 눈. **3** (현실에서가 아니고) 희망의 한, 희망상의. ~·**ly** 부 ~·**ness** 명

wish fulfíllment 명 **1** 바라는 것이 충족됨. **2** 〔정신분석〕 원망(願望) 충족.

wíshful thínker 명 희망적 관측자[사고자].

wíshful thínking 명 희망적 관측[사고].

wish·ing [wíʃiŋ] 명 **1** 소망을 이루어 주는. **2** (고어) =wishful. — 명 원하기, 바라기.

wíshing bòne 명 =wishbone 1.

wíshing càp 명 (동화에서 이것을 쓰면 소원이 이루어진다고 하는) 마법의 모자, 요술 모자.

wíshing wèll 명 (동전을 던져 넣으면 소원이 이루어진다는) 기원[발원]의 샘[우물]. 「명 목록.

wish list 명 (갈망하면서도 적어 놓지는 않는) 소망[희

wish-wash [-wɔ̀ʃ/-wɔ̀ʃ] 명 ⓤ 싱거운 음료, 김빠진 술; ⓒ 시시한 이야기.

wish·y-wash·y [wíʃiwɔ̀ʃi/-wɔ̀ʃi] 형 **1** (차·수프 따위가) 싱거운[묽은]. **2** (대화·책 따위가) 김빠진, 시시한. **3** 기력이 없는, 맥이 빠진; 우유부단한.
-**wàsh·i·ly** 부 -**wàsh·i·ness** 명

wisp [wisp] 명 **1** (짚 따위의) 한 움큼, 작은 다발. ¶a ~ *of* straw 한 움큼[단]의 짚. **2** (머리털 따위의) 숱. ¶a ~ *of* hair 한 움큼의 머리카락. **3** (물건의) 단편, 조각. **4** 가냘픈 사람[것]. **5** 도깨비불(will-o'-the-~). **6** 작은 비[빗자루]. **7** (英방언) (말을 긁어주는) 짚수세미. (또는 whisp) ~·**like** 형

wisp·ish [wíspiʃ] 형 =wispy.

wisp·y [wíspi] 형 **1** 작은 단의, 작은 다발의. **2** 성긴, 머리 숱이 적은. **3** 가냘픈, 연약한(frail).
wísp·i·ly 부 **wísp·i·ness** 명

wist [wist] 图 (고어) wit²의 과거·과거분사.

*wis・te・ri・a [wistíəriə] 图 등나무. (또는 **wistaria**) 〔<미국의 해부학자 C. Wistar(1761–1818)의 이름〕

*wist・ful [wístfəl] 图 **1** 탐내는 듯한, 아쉬운[불만인] 듯한. ¶~ eyes 탐내는 듯한 눈길. **2** 생각에 잠긴, 수심에 잠긴. **~・ly** 閉. **~・ness** 图

‡**wit**¹ [wit] 图 **1** UC (종종 ~s) 기지, 재치, 임기 응변, 위트. ⇨유의어 ¶ready ~ 돈지(頓智)/innate ~ 타고난 재치/a man of ~ 재치 있는 사람/a man of slow ~s 눈치[재치] 없는 사람/Brevity is the soul of ~. 간결은 기지의 정수이다. **2** 재사(才士), 재주꾼. **3** (고어) 현인, 현자, 지자(智者). ¶The place attracts the ~ and beauty of the town. 그곳은 시내의 재사와 미인이 모이는 장소이다. **3** U 이지(理智), 지혜, 지력(智力), 이해력. ¶be past the ~ of man 인지(人智)로는 헤아리지 못하다. **4** UC (보통 ~s) 분별, 이성. ¶Does he have the ~(s) to realize what to do in an emergency? 그는 위급할 때 어떻게 해야 하는지를 알 정도로 머리가 돌아갈까? **5** (보통 ~s) (건전한) 정신 (상태), 제정신. ¶regain one's ~s 제정신을 차리다/collect [or gather] one's scattered ~s 어지러운 정신을 바로잡다.

at one's wits' [or ***wit's***] ***end*** ⇨END.

collect [or ***gather***] ***one's wits*** 마음을 가라앉히다 [진정하다].

drive *a person* ***to his wits'*** [or ***wit's***] ***end*** 남을 어찌할 바를 모르게 하다.

frighten [or ***scare***] ***the wits out of*** *a person* 남의 간담을 서늘케 하다.

get wit of (스코·北英방언) …에 대해 (듣고) 알다.

have [or ***keep***] ***one's wits about*** *one* 빈틈이 없다.

have quick [***slow***] ***wits*** 이해가 빠르다[느리다].

live by [or ***on***] ***one's wits*** (일정한 직업 없이) 변통수로 이럭저럭 살아가다.

lose one's wits 제정신을 잃다.

out of [***in***] ***one's wits*** 제정신을 잃고[제정신으로].

set one's wits to … 와 논의하다.

the five wits (고어) 오감(五感).

wit² 图 (1인칭·3인칭 단수 현재 ***wot*** [wɑt/wɔt]; 2인 칭 단수 현재 ***wost*** [wɑst/wɔst]; 각 인칭 복수 현재 ***wit***; 과거·과거분사 ***wist*** [wist]; 현재 분사 **~・ting**) (고어) (…을) 알고 있다(know).

to wit (고어) 즉(namely). * 현재는 법률 용어.

WITA Women's International Tennis Association(국제 여자 테니스 협회).

‡**witch** [witʃ] 图 (图 **~・es** [-iz]) **1** 마녀, 여자 요술쟁이(图 wizard). ¶a white ~ (남의 행복만을 위해 요술을 부리는) 착한 마녀. **2** 마귀 할멈, 매우 추한 노파. **3** (英) 대단히 매력적인 여성. **4** 점(占)대를 쓰는 [로 수맥 따위를 찾는] 사람. 〔   서〕.

*(as) **cold as witch's tit*** (속어) 몹시 차가운[추운].

*(as) **nervous as a witch*** 몹시 불안[초조]하여, 안절부절 못하여.

— 国 **1** …에 마법을 쓰다[걸다]. **2** …을 매료하다.

— 田 **1** 점막대로 가망성을 알아보다[수맥을 찾다].

— 图 마녀의; 마녀를 쫓는, 액막이의.

~・hood 图. **~・like** 图.

witch [witʃ] 图 ⇨WYCH-.

witch bàll 图 (창에 다는) 마녀 쫓는 유리 구슬.

*witch・craft [wítʃkræft/-krὰːft] 图 U **1** 마술, 마법; 마력, 매력.

witch dòctor 图 **1** (미개 사회의) 주술사(呪術者); (굿 따위로 병을 고치는) 무당, 주술사, 기도사. **2** (속어) 정신과[내과] 의사.

witch-elm [-èlm] 图 = wych elm.

witch・er・y [wítʃəri] 图 U 마법, 마술; 마력, 매력.

witches' brèw [bróth] 图 **1** (마녀의) 비약(秘藥). **2** 유해한 혼합물; 가공할 혼란 (상태).

witches' Sábbath 图 악마의 잔치(요술쟁이나 악마가 1년에 한 번 한밤중에 먹고 마시며 떠드는 잔치).

witch hàzel 图 **1** (북미 동부산) 금루매의 일종. **2** U 그 수피·잎에서 만드는 약제(외상(外傷)용).

witch hùnt 图 **1** 마녀 사냥. **2** (비유적) (마녀 사냥 같은) 정적(政敵)에 대한 박해. **witch hùnter** 图.

witch-hunt・ing [-hʌ̀ntiŋ] 图 = witch hunt.

witch・ing [wítʃiŋ] 图 U **1** 마법, 마술. 요술. **2** 넋을 잃게 하는, 마술 부리는; 매력, 매혹. — 图 마술의, 마력이 있는; 매력[매혹]적인. **~・ly** 閉.

witching hòur [tìme] 图 (마녀가 출몰하는) 한밤중, 삼경; 마(魔)의 시간, 중대한 일이 일어나는 때.

witch-man [wítʃmən] 图 = witch doctor.

witch's cràdle 图 마녀의 요람(초심리학의 실험에 쓰는 금속제 대(臺)[상자]). (또는 **witches' cradle**)

witch・y [wítʃi] 图 **1** 마법[마술, 요술]에 의한[을 연상시키는]. **2** 마녀의[같은], 마녀적인.

wite [wait] 图田 (스코) (남에게) …의 책임을 지우다 (on), …의 죄를 묻다, 비난하다. — 图 **1** (古英 법률) (중한 위법 행위에 대해 국왕 등이 부과하는) 벌금; 특권 부여료. **2** (스코) 과실 따위의 책임, 비난, 벌. (또는 **wyte**)

wit・e・na・ge・mot(e) [wítənəgəmòut/ːːːːːː] 图 (英역사) (앵글로색슨 시대의) 국민 의회.

‡**with** ⇨WITH. 〈p. 3110〉

with- [wið, wiθ] 연엘 back, away, against의 뜻. ¶withdraw, withhold, withstand.

with・al [wiðɔ́ːl, wiθ-] (고어) 閉 **1** 이에 더하여, 그 위에, 게다가 또(besides); 마찬가지로, 동시에. ¶She has health and wealth, and beauty ~. 그녀는 건강하고 부자인 데다 또 미인이다. **2** 그럼에도 불구하고.

— 图 …으로, …을 가지고(* 목적어는 다음에 둔다). ¶a staff to support oneself ~ 제몸을 의지할 지팡이.

‡**with・draw** [wiðdrɔ́ː, wiθ-] 图 (**~s** [-z]; **-drew**; **~n**) 围 **1** …을 움츠리다, 뒤로 빼다(*from*). ¶(~+图+ 前+图) ~ one's head *from* the window 창문으로부터 머리를 안으로 도로 들이밀다/~ one's eyes *from* the scene 그 장면으로부터 눈을 돌리다. **2** …을 거두다, 물러나게 하다, 끌어들이다, 끌어내다(*from*). ¶W~ yourselves. 돌아가 주십시오//~ one's son *from* school 아들을 퇴교시키다/~ money *from* the bank 돈을 은행에서 인출하다. **3** (군대 등)을 철수[후퇴]시키다(*from*). ¶The troops are being gradually ~n *from* the front. 군대는 전선으로부터 서서히 철수하고 있다. **4** (은혜·원조 등)을 도로 거둬들이다, 철회하다(*from*). ¶~ a favor *from* a person 남으로부터 혜택을 빼앗다. **5** (제안·약속·명령·소송 등)을 철회하다, 취소[취하]하다. ¶~ an offer 제안을 철회하다. **6** (마약 따위의) 사용[상용]을 중지시키다, 끊게 하다. **7** (통화·책 따위 유통물)을 회수하다(*from*). ¶(~+图+前+图) ~ dirty bank notes *from* circulation 유통중인 지저분한 지폐를 회수하다. **8** (시선 따위)를 …으로부터 돌리다.

— 困 **1** (…에서/…로) 물러나다, 물러서다, 퇴출하다 (*from/to*). ¶(~+前+图) ~ *from* a person's presence 남 앞에서 물러나다. **2** (모임 따위에서) 탈퇴하여 나오다(*from*). ¶~ *from* a society 협회에서 탈퇴하다. **3** (군대 등이) 철수하다, 철병하다. ¶All the troops *withdrew*. 모든 군대가 철수했다. **4** 앞말을 취소하다, 번의하다, 손을 떼다; (의회) 수정안을 철회하다. ¶After all your promises you can't ~ now. 그토록 온갖 약속을 다 했으니 이제 물러설 수는 없을 게다. **5** (마약 따위의) 사용을 그만두다, 끊다(*from*). ¶~ *from* heroin 헤로인을 끊다. **~・a・ble** 图. **~・er** 图.

***with・draw・al** [wiðdrɔ́ːəl, wiθ-] 图 **1** 물러나기, 물러나게 하기(*from*). **2** 도로 거두기. **3** (병력 등의) 회수, 철수, 철회. **4** (예금의) 인출(*from*). ¶make large ~s *from* the bank 은행에서 많은 돈을 인출하다. **5** (약속·진술 따위의) 취소, 철회. ¶the ~ of the statement

전치사 with는 용법이 다양하긴 하지만 그 기본은 「공존(共存)」이다. 즉 동반자로서건 적대자로서건 상대와 함께 있음을 나타내는 데 주로 쓰이며, 따라서 번역도 「…와 (더불어)」로 하게 되는 경우가 많다. 그러나 with의 목적어가 공존적인 것이긴 하지만 소유·귀속이나 수단·원인 따위를 나타내는 경우에는 번역을 달리 해야 함은 물론이다. 또 「with+추상명사」로 양태부사의 뜻을 나타내는 용법과 「with+목적어+형용사 또는 전치사구」로 부대상황을 나타내는 용법을 잘 익혀둘 필요가 있다.

‡**with** [wið, wiθ, wəð, wəθ] 전

I. 공존

1 (동반·동거) …와 함께, …와 더불어. ¶come[go, travel, walk] ~ …와 함께 오다(가다, 여행하다, 걷다]/read a book ~ pupils 어떤 책을 학생에게 가르치다/He lives[or stays] ~ his uncle. 그는 숙부집에 얹혀 살고 있다[숙부와 함께 살고 있다]/Will you have dinner ~ me? 저와 함께 저녁 식사를 하시지 않겠습니까?/He fought ~ his brother against the enemy. 그는 형과 더불어 적과 싸웠다/It is easier to go ~ the tide than to try to force one's way against public opinion. 여론에 거슬러 나아가려 하기보다는 시류에 따르는 것이 편하다.

2 (만남·접촉) …와[에] (만나다, 접하다). ¶I met ~ an old acquaintance. 나는 옛날 친지를 만났다/They encountered ~ many difficulties. 그들은 많은 난관에 봉착했다/meet ~ an accident 사고를 당하다/fall in ~ the enemy 적과 (딱) 마주치다/keep pace ~ keep in touch ~ (시대의 흐름 따위에) 뒤떨어지지 않도록 하며.

3 (혼합·혼동) …와. ¶mix blue ~ yellow 청색과 황색을 섞다/heat milk ~ honey 우유에 벌꿀을 섞어서 데우다/She combined her savings ~ mine and we bought a new car. 그녀의 저금을 내것과 합해서 우리는 새 차를 샀다.

4 (동시) …와 더불어, …함에 따라. ¶rise ~ the lark 종달새와 함께 일어나다(일찍 일어나다)/change ~ the seasons 철따라 변화하다/grow wise ~ age 나이가 들수록 현명해지다/November came ~ snows 11월이 되면서 눈이 내리기 시작했다/W~ that remark he left the room. 그는 그 말을 하고서 방에서 나갔다.

5 (동의·일치) …에 찬성하여, …의 편에 서서, …와 일치하여. ¶I feel ~ you. 나는 너와 동감이다/I disagree[agree] ~ you there. 그 점에서는 너의 의견에 반대[찬성]이다/He voted ~ the Socialists. 그는 사회당에 투표했다/The wind was ~ the boat. 바람은 순풍이었다/God be ~ you till we meet again. 다시 만날 때까지 하느님이 함께 하시기를 빕니다.

II. 상대

6 (교섭·거래) …와, …을 상대로. ¶talk ~ a person 남과 이야기하다/correspond ~ a friend 친구와 편지를 주고 받다/deal ~ …와 거래하다/have dealings ~ …와 거래 관계를 가지다/treat ~ the enemy for peace 적과 평화 교섭을 하다.

7 (비교·호응) …와. ¶Compare him ~ what he was. 오늘날의 그와 옛날의 그를 비교해 보아라/Gold contrasts well ~ blue. 청색 바탕에 금색은 돋보인다.

8 (관계) …에 관해서, …에 대하여. ¶have nothing to do ~ …와는 아무런 상관도 없다/She is pleased ~ my gift. 그녀는 내 선물을 마음에 들어한다/I am disgusted ~ the world. 나는 이 세상에 정나미가 떨어진다/What is the matter ~ you? 어떻게 된 일이냐?/The difficulty ~ poetry is how to read it well. 시에서 어려운 점은 어떻게 잘 읽느냐 하는 것이다.

9 (입장) …의 사이에서는, …에게 있어서는, …로서는, …의 의견으로는. ¶He is popular ~ his men. 그는 부하들에게 인기가 있다/It is usual ~ him. 그로서는 그것이 보통이다/It is day ~ us while it is night ~ the English. 이곳은 지금 낮이지만 영국은 밤이다.

10 (분리) …와, …으로부터. ¶break ~ a person 남과 인연을 끊다/part ~ a person[thing] 남과 헤어지다 [물건을 처분하다]/They dispensed ~ all the formalities. 그들은 형식적인 예절을 모두 생략했다.

11 (반대·적대) …와, …을 상대로, …에 대하여 (against). ¶fight [contend] ~ …와 싸우다[겨루다]/box ~ …와 권투를 하다/wrestle ~ a difficult problem 어려운 문제와 씨름을 하다/We vied ~ each other for the first prize. 우리는 1등상을 타려고 서로 경쟁했다/He struggled ~ his grief. 그는 슬픔과 싸웠다.

III. 소유·귀속

12 (특성·소유·부속) …을 갖는, …을 가지고 있는 (⇔ without). ¶a box ~ a red lid 뚜껑이 붉은 상자/a girl ~ curly hair 고수머리의 소녀/a man ~ a soft temper 성질이 온순한 사람/a man ~ no prejudices 편견이 없는 사람/be ~ child 임신하다.

13 (소지·휴대) …을 지니고, 몸에 휴대하고, 때마침 가지고; …의 수중에 들어가. ¶the police armed ~ tear gas and shotguns 최루가스와 산탄총으로 무장한 경찰/He always carries an umbrella ~ him. 그는 항상 우산을 가지고 다닌다/I've no money ~ me. 나는 마침 가진 돈이 없다/This decision rests ~ you. 이 결정은 너에게 달려 있다.

14 (위탁) …에게, …의 손에. ¶I will leave the money ~ you. 돈을 너에게 맡겨 놓겠다/Leave your message ~ the secretary. 비서에게 전갈을 남겨 놓으십시오/She leaves her children ~ a nurse. 그녀는 아이들을 유모에게 맡겨놓고 있다.

IV. 수단·원인

15 (도구·수단) …을 써서, …에 의해. ¶cut ~ a knife 칼로 자르다/amuse oneself ~ a book 책을 읽고 즐기다/He struck me ~ a stick. 그는 지팡이로 나를 쳤다/I've no pen to write ~. 쓸 펜이 없다/He provided his son ~ a good education. 그는 아들에게 좋은 교육을 받게 했다/He is endowed ~ extraordinary gifts. 그는 비범한 재능을 타고 났다.

16 (재료) …으로. ¶line a coat ~ silk 비단으로 코트 안을 대다/fill a glass ~ wine[water] 잔을 술[물]로 가득 채우다/set a ring ~ a diamond 반지에 다이아몬드를 박아넣다.

17 (원인·이유) …인 까닭에, …의 탓으로. ¶be bent ~ age 나이를 먹어 허리가 굽어 있다/be blinded ~ desire 욕심에 눈이 멀다/She jumped up ~ joy. 그녀는 기뻐서 팔짝팔짝 뛰었다/The sidewalk was white ~ moonlight. 보도는 달빛을 받아 하얗게 빛나고 있었다.

V. 양태·양보

18 (양태) …에 의해, …을 보이고. ¶~ care 주의하여/~ courage 용감히/~ safety 안전하게/~ skill 교묘히/~ the silence and agility of a wild creature 야수처럼 소리도 내지 않고 민첩하게/work ~ diligence 부지런히 일하다.

19 (양보) (all, every, 최상급과 함께) …임에도 불구하고, …이면서도. ¶W~ the best of intentions, he failed completely. 그 뜻한 바는 더할 나위 없이 훌륭했음에도 불구하고 그는 완전히 실패했다.

20 (부대상황) …하여, …하면서, …인[한] 채로. ¶He

sleeps ~ one eye open. 그는 한쪽 눈을 뜬 채로 잠을 잔다/He stood ~ a pipe in his mouth. 그는 파이프를 입에 문 채 서 있었다/W— the fog to help me, there wasn't any danger of being seen. 안개의 덕택도 있고 해서, 다른 사람의 눈에 띌 위험은 전혀 없었다.
along with …와 함께.
be with ① …에 찬성[동의]하다. ② (구어) (보통 부정문·의문문에서) (남)의 말을 알아 듣다. ¶*Are you* ~ *me?* 내 말 알아듣겠습니까?
get with it (속어) ① 현대적이 되다, 시대에 뒤지지 않다. ② 정신 바짝 차리다, 긴장하다.
what with A (and) what with B A이나 B이나 하여; A이고 B이고 하여서. ¶*What* ~ the high prices, *and what* ~ the badness of the times, they find it hard to get along. 물가고니 불황이니 하여 살아가기가 수월하지 않다.
with all …이 있으면서, …임에도 불구하고(in spite of); …하는데도. ¶*W— all* her merits, she was not proud. 그렇게 훌륭한 점이 있으면서도 그녀는 뽐내지 않았다.
with God ⇒GOD.
with it (구어) ① 게다가, 그 위에. ② (남의 이야기) 따위를) 알고 있는. ③ 유행에 정통하여, 최신식의, 앞서가는.
with that ⇒THAT.
with this 이렇게 말하여; 여기에 있어서(hereupon).
with your leave 미안하지만, 실례지만.
— 囵 (美속어) (스낵 바에서) (곁들이는 음식 따위가) 따라 나오는. ¶order a coffee ~ 크림이 함께 나오는 커피를 주문하다.

성명의 취소. **6** [의학] (마약 등의) 사용 중지. ¶a ~ symptom 금단 증상. **7** [정신의학] 틀어박히기.
withdráwal sýndrome 囵 [약학] 금단 증후군.
***with·drawn** [wiðdrɔ́ːn, wiθ-] 돈 withdraw의 과거분사. — 囵 **1** 수줍은, 내향적인. **2** 깊숙이 들어간, 궁벽한; 고립한. **3** 물러난. **~·ness** 囵
***with·drew** [wiðdrúː, wiθ-] 돈 withdraw의 과거.
withe [wið, wiθ, waið] 囵 **1** 실버들 가지; 넌출; 고리버들. **2** 충격 방지 손잡이. **3** (굴뚝 연도(煙道)의) 칸막이 부분. — 囵 실버들 가지로 묶다.
‡**with·er** [wíðər] 囵 (~s [-z]) 동 **1** (식물이) 시들다, 이울다, 쭈그러들다, 말라죽다(up, away). ¶(~+튄) The flowers ~*ed up* [or *away*]. 꽃들이 시들었다.

유의어 **wither** 식물이 자연이 있어서 과도한 열로 수분을 빼앗겨 생기·신선함을 잃고 쭈그러들다. **shrivel** 얇고 납작하게 오그라들어 쭈글쭈글해지다.

2 (용모·체력 등이) 시들다; (희망·애정 등이) 희미해지다, 식다(away). ¶Her affections ~*ed*. 그녀의 애정은 식었다. **3** (색이) 바래다, 퇴색하다; (소리가) 사라져가다(fade). — 돈 **1** [식물] 시들게 하다, 말라죽게 하다; (체력 따위를) 약하게 하다(up, away). ¶The hot sun ~*ed up* [or *away*] the grass. 뜨거운 햇볕으로 풀이 말라 죽었다. **2** (명성·평판 따위를) 손상시키다. **3** 무안하게 하다, 당황하게 하다; …을 움츠러들게 하다, 어리 벙벙하게 하다(*with*). ¶~ a person *with* a look 남을 한번 쏘아봄으로써 움츠러들게 하다.
wither on the vine 열매를 맺지 않고 끝나다, 실패하다.
~·er 囵
with·ered [wíðərd] 囵 **1** 시든, 이운; 말라죽은. **2** 쇠약해진. **3** (비유적) 활기[신선함]가 없는; 쇠퇴한. **~·ness** 囵
with·er·ing [wíðəriŋ] 囵 시들게 하는, 이울게 하는, 말려 죽이는; (남을) 어리둥절하게 하는, 다치게 하는. **~·ly** 튄
with·er·ite [wíðəràit] 囵 독중석(毒重石)(바륨의 원광).
with·ers [wíðərz] 囵돌 **1** (말·개의) 어깻등 사이의 융기. **2** (고어) 감정(feelings).
My withers are unwrung. 나는 아직도 가볍다.
wring a person's withers 남에게 심한 고통을 주다.
with·er·shins [wíðərʃìnz] 튄 (스코) 태양의 운행과 반대 방향으로. 왼쪽에서 오른쪽으로(* 보통 재수가 없다는 미신이 있다).
***with·held** [wiðhéld, wiθ-] 돈 withhold의 과거·과거분사.
***with·hold** [wiðhóuld, wiθ-] 돈 (-*held*) ㉮ **1** …을 말리다, 억제하다. **2** …을 주는 것을 보류하다, 허락하지 않다 (*from*). ⇒KEEP 유의어. ¶~ one's payment [consent] 지불[승낙]을 보류하다//~ an important fact *from* a person 중대한 사실을 알리지 않다. **3** (세금 따위)를 급료에서 공제하다, 원천 징수하다. — ㉯ 보류하다, 삼가다, 자제하다, 그만두다. **~·er** 囵

with·hóld·ing (tàx) [wiðhóuldiŋ-, wiθ-/wið-] 囵 (美) 원천 과세, 원천 징수(세).
with·hold·ment [wiðhóuldmənt, wiθ-/wið-] 囵 억제; 원천 징수.
‡**with·in** [wiðín, wiθ-/wið-] 튄 **1** 안쪽에서[으로, 에], 안에서[는, 로, 에](땐 without). ¶It is green without and yellow ~. 그것은 겉은 녹색이고 안은 황색이다. **2** 집 안에서[으로, 에], 옥내에서[로]. ¶go ~ 집 안으로 들어가다/stay ~ 집에 있다. **3** 안쪽에서는, 안(쪽)은. ¶The pear is rotten ~. 그 배는 속이 썩었다. **4** 심중에[에서는]. ¶be pure ~ 마음이 맑다.
within and without 안팎에[으로부터], 안팎이 모두.
— 젼 **1** …의 안[속]에, …의 내부[안쪽]에(땐 without, outside). ¶~ doors 옥내에/call from ~ the room 방 안에서 부르다. **2** …의 범위 내에서, …의 제한 안에서, …을 넘지 않고(땐 beyond, without). ¶~ view [or sight] 보이는 곳에/~ hearing [or earshot] 들리는 곳에/~ one's memory 기억 속에/~ one's power 자기 세력[권한] 내에/live ~ one's income 수입의 범위 안에서 생활하다. **3** (시간·거리·수량·정도 따위가) …이내에[로]. ¶~ two minutes 2분 이내에/~ the next five years 금후 5년 이내에/~ a radius of ten miles 반경 10마일 내에/~ a stone's throw of the porch 현관에서 돌을 던지면 닿는 곳에/They advanced to ~ a mile of their enemy. 그들은 적의 전방 1마일 지점까지 전진했다. ¶키다.
keep within bounds 범위를 넘지 않다, 제한을 지
within an ace of ⇒ACE.
within oneself ① 마음속에. ② 여유를 두고. ¶run ~ *oneself* 여유있게 뛰다.
— 囵 ⓤ (또는 the ~) 내부, 안쪽. ¶the ~ of a stand 매점의 내부/from ~ 내부로부터.
— 囵 내부[안쪽]의, 속의. 「에(서).
with·in·doors [wiðíndɔ̀ːrz] 튄 (고어) 집안[옥내]
with·in-named [-néimd] 囵 여기서 말하는 바의, 이 문서에서 칭하는 바의.
with-it [-ít] 囵 (속어) **1** 현대식의, 개방적인, 유행의 첨단을 걷는. **2** 머리가 잘 돌아가는. **~·ness** 囵
‡**with·out** [wiðáut, wiθ-/wið-] 젼 **1** …없이, …을 가지지 않고; …이 없는(땐 with). ¶~ ceremony 격식 차리지 않고, 터놓고/~ exception 예외 없이/~ regard for …을 무시한 채/~ reluctance 싫어하지 않고/~ reserve 사양하지 않고/W— air no living thing could exist. 공기가 없으면 어떠한 생물도 살지 못할 것이다/We can't succeed ~ your advice. 당신의 조언 없이는 우리는 성공하지 못합니다. **2** …을 면하여, …이 없는. ¶a world ~ hunger 굶주림이 없는 세상. **3** (-ing형과 함께) …하는[입]이 일 없이, …하지 않고. ¶~ taking leave 작별 인사도 없이/work ~ disputing 군소리없이 일하다/go in ~ waking a person 남의 잠을 깨우지 않고 들어가다. **4** (문어) …의 밖에[서, 으로]. ¶~ doors 옥외에서/wait ~ the gate 문밖에 서서 기다리다. **5** …의 범위를 넘어서(땐 within).

¶～ one's reach 사람의 손[힘]이 미치지 않는/whether within or ～ the law 법의 테두리 밖이든 안이든.
cold without ⇨COLD. ***do without*** ⇨DO[1].
go without ⇨GO.
It goes without saying that... ⇨SAY.
never [or ***not***]***...without** doing* …하기만 하면 꼭 ～하다.¶He *never* goes out ～ *losing* his umbrella. 그는 외출만 하면 꼭 우산을 잃어버린다.
times without number 수없이 여러 번.
without day 무기한으로.
without doubt 의심할 바 없이, 확실히.
without end 끝없이, 영구히.
without fail 꼭, 반드시.
***without so much as** doing* …조차 하지 않고.
── [부] 《문어·고어》 **1** 밖에서[으로], 외부에서[로]; 외면은.¶fair ～ and foul within 겉은 고와도 속은 추악한; 겉보기는 천사 같아도 속은 흉악한. **2** 집 바깥에서, 옥외에서. ¶He is waiting ～. 그는 밖에서 기다리고 있다.
── [명][U] 《문어》 외부, 외면. 「의 적.
from without 외부에서. ¶the enemy *from* ～ 외부
── [접] 《美방언》 …하는 것이 아니라면, …하지 않는다면 (unless). ¶I can't accompany you ～ (that) I get some money. 얼마간의 돈이 들어오지 않는다면 너와 함께 갈 수 없다. 「외]에서.
with·out·doors [wiðáutdɔ̀ːrz] [부] 《고어》 집밖[옥
__with·stand__ [wiθstǽnd, wið-/wið-] [동] (-stood*) [타] **1** 〔사람·힘·곤란 등〕에 항거하다; 〔자연력 등〕에 견디어 내다, 버티다. ⇨OPPOSE [유의어] ¶～ an attack 공격을 버티어 내다/～ temptation 유혹에 넘어가지 않다. **2** …의 앞길을 가로막다, 저지하다. ── [자] 저항[반항]하다. **～·er** [명] 반대[저항]자. **～·ing·ness** [명]
*__with·stood__ [wiθstúd, wið-/wið-] [동] withstand의 과거·과거분사.
with·y [wíði, -θi] [명] **1** 〔식물〕 버드나무, (특히) 고리버들. **2** 낭창낭창한 가는 가지, 실버들가지. **3** (실버들가지 따위를 꼬아 만든) 고리. ── [형] **1** 낭창낭창한 잔가지로 만든. **2** 잘 휘는, 유연한. **3** (사람이) 씩씩하고 기민한.
wit·less [wítlis] [형] **1** 지혜없는; 우둔한, 어리석은. **2** 제정신이 아닌. **～·ly** [부] **～·ness** [명] 「사람.
wit·ling [wítliŋ] [명] 조무래기 재사(才士), 약삭빠른
⁑**wit·ness** [wítnis] [명] ([복] **～·es** [-iz]) **1** 목격자 (eyewitness). **2** [U] 증거, 증언.¶support another's ～ 다른 사람의 증언을 지지하다/in ～ thereof 우(右) 증거로서(증서 따위의 상투어). **3** 증인, 증거 물건. ¶He is a living ～ *to* my innocence. 그는 나의 무죄에 대한 살아 있는 증인이다. **4** 〔법률〕 (선서를 하고 서는) 증인.¶a defense ～ 피고의 증인/be [*or* stand] ～ 증인이 되다, 증인으로서 서다/examine a ～ 증인을 심문하다. **5** (거래·서명 따위의) 입회인; 부서인(副署人), 연서인(連署人). **6** (W-) 여호와의 증인의 한 사람.
(as) God is my witness 하느님이 증인이신데, 맹세코 말하지만.
(as) witness 그 증거로, 예컨대.
bear witness (목격 따위의) 증언을 하다, (…의) 증인[입회인]이 되다(*to*), (사물이) …의 증거이다; (…이라고) 증명[입증]하다(*that* [節]).
be a witness to …의 목격자이다; …의 입회인이 되다; …의 증거가 되다.
call [or ***take***]***...to witness*** …을 증인으로 삼다, …에게 입증하게 하다. ¶I *call* Heaven *to* ～ that …이 거짓이 아님을 하늘에 맹세한다.
give witness on behalf of …을 위해 증언하다.
in witness of …의 증거로서. 「없이.
with a witness 《고어》 명백히, 확실히, 의심의 여지
── [동] (～·*es* [-iz]; ～*ed* [-t]) [타] **1** …을 목격하다, 눈앞에 보다; 보다.¶～ an accident 사고를 목격하다. **2** (증인으로서) …에 입회하다; 임석하다. ¶He ～*ed* our wedding. 그는 우리 결혼식에 입회했다. **3** …을 증언하다, 입증하다, 보이다, …의 증거로 되다. ¶(～+*that*[節]) He ～*ed that* it was the driver's fault. 그는 그것이 운전자의 과실이라고 증언했다. **4** 증인으로서 …에 서명하다, 부서하다.¶～ a document 서류에 부서하다. **5** (시대·장소가) 〔사건 따위〕의 무대[장(場)]가 되다. ── [자] 증언하다, 입증하다 (*to, for, against*); 무죄임을 입증하다. ¶(～+[前]+[名]) ～ *to* a person's innocence 남의 무죄를 입증하다/He ～*ed to* having seen the man. 그는 그 사나이를 목격했다고 증언했다.
witness against [***for***] *a person* 남에게 불리[유리]한 증언을 하다.
Witness Heaven! 《고어》 하늘이여 굽어 살피소서!
～·a·ble [형] **～·er** [명] 「stand.
wit·ness-box [-bɑ̀ks/-bɔ̀ks] [명] 《英》 =witness
wít·ness còr·ner [명] 〔측량〕 목표 기둥.
wít·ness màrk [명] (토지의 경계선·측량 지점 따위에 설치된) 표지.
wít·ness stànd [명] 《美》 (법정의) 증인석, 증언대.
wit·ster [wítstər] [명] 재사, 재주꾼.
wit·ted [wítid] [형] 《복합어로》 두뇌가 …한; 지혜가 있는, 재치가 있는.¶quick-～ 두뇌 회전이 빠른/slow-～ 머리가 둔한. **～·ness** [명]
Wit·ten·berg [wítnbə̀ːrg/G vítənbɛrk] [명] 비텐베르크(독일 북부의 도시; 종교 개혁의 발생지).
wit·ter [wítər] [동] 시시한 이야기를 장황하게 늘어놓다(*on*) (*about*), 시시한 이야기로 (남을) 귀찮게 하다.
wit·ti·cism [wítəsìzm] [명] 경구(警句), 재담, 재치 있는 말.
wit·ti·ness [wítinis] [명] 기지가 있음, 재기가 넘침.
wit·ting [wítiŋ] [형] 《고어》 **1** 알고 있는, 의식한. ¶Scarcely ～, he ran up to them. 그는 거의 정신없이 그들 쪽으로 뛰어갔다//I was ～ *of* his presence. 나는 그가 있다는 것을 알고 있었다. **2** 《willing과 함께》 고의의, 알면서 하는. ¶a ～ and willing lie 고의적인 거짓말. ── [명] 《北英》 지식; 정보, 소식. **～·ly** [부]
wit·tol [wítl] [명] 《英고어》 아내의 부정을 묵인하는 남편; 지혜가 부족한 사람, 둔감한 사람, 바보.
*__wit·ty__ [wíti] [형] **1** 기지 있는, 재기 발랄한; 재담을 잘하는, 익살맞은. ⇨HUMOROUS [유의어] **2** (표현이) 재치 있는, 기지에 넘치는. **3** 《英방언》 영리한. **-ti·ly** [부]
wive [waiv] 《고어》 [동][자] 결혼하다, 아내를 얻다. ── [타] **1** …을 아내로 삼다[취하다]. **2** …에게 시집가다.
wi·vern [wáivərn] [명] 〔문장〕 비룡(飛龍)(새처럼 두 다리·두 날개가 있는 전설의 동물). (또는 **wyvern**)

〔wivern〕

⁑**wives** [waivz] [명] wife의 복수형.
wiz [wiz] [명] 《구어》 **1** 천재, 기재(奇才).¶a ～ *at* mathematics 수학의 천재. **2** 기적을 행하는 사람. 〔<*wiz*ard〕
⁑**wiz·ard** [wízərd] [명] ([복] **～s** [-z]) **1** 마법사, 주술사; 마술사, 요술쟁이. **2** 《구어》 귀재, 천재, 명인. **3** 〔컴퓨터〕 위저드(어플리케이션 사용법을 단계적으로 설명하는 유틸리티).
the Welsh Wizard Lloyd George의 별칭.
the Wizard of the North Sir Walter Scott의 별칭.
── [형] **1** 《고어》 마법[마술]의, 마법사[마술사]의, 요술쟁이의. ¶a ～ wand 마법의 지팡이. **2** 불가사의한. **3** 《英속어》 호화로운, 아주 훌륭한; 사람의 눈을 끄는, 매혹적인. ¶That's ～! 그것 참 훌륭하군!
── [동][타] 마법을 걸다, 마술에 걸린 것처럼 멍해지게 하다.
～·like [형]
wiz·ard·ly [wízərdli] [형] **1** 마법사의[같은]; 초현실적인, 불가사의한. **2** 비범한, 천재적인.
wiz·ard·ry [wízərdri] [명][U] 마술, 마법; 신통력.
wiz·en[1] [wízn] [동][자] 시들다, 이울다, 마르다. ── [타] …을 시들게[이울게, 마르게] 하다. ── [형] =wizened.
wiz·en[2] [명] 《고어》 =weasand.
wiz·ened [wíznd] [형] 시든, 이운.

wizz [wiz] 명 (英속어) 각성제, 스피드.
wk weak; week; work; wreck. **wkly** weekly.
wks weeks. **wl, w.l.** water line; wave length.
WLA (英) Women's Land Army. **WLM** women's liberation movement. **w. long.** west longitude.
Wm William. **WM** wattmeter; white male; word mark. **w/m** weight and/or measurement((선적) 중량 또는 용적). **WMC** War Manpower Commission. **WMD** weapons of mass destruction(대량 살상 무기). **wmk.** watermark. **WMO** World Meteorological Organization((UN) 세계 기상 기구). **W/N** well nourished(영양 양호). **WNP** Welsh Nationalist Party. **WNTD** World No Tobacco Day(세계 금연의 날). **WNW** west-northwest. **WNWD** Webster's New World Dictionary.
wo¹ [wou] 명 (목 ~s) (고어) =woe.
wo² 감 =whoa.
WO wait order; War Office; warrant officer. **w/o** without; written off.
woad [woud] 명 1 (유럽산(産)) 대청(大靑). 2 ⓤ (그 잎에서 채취한) 청색 염료. —타 대청으로 물들이다.
~-ed 형 대청으로 물들인.
wob [wɑb/wɔb] 명 (英속어) 한 덩이, 한 조각, 한 개.
wob·ble [wábl/wɔ́bl] 자타 1 흔들흔들하다, 근들거리다(*about*, *around*); 비틀거리다, 쓰러질 듯하다. ¶This table ~s. 이 탁자는 흔들흔들한다. ¶(목소리 등이) 떨리다. ¶His voice ~d. 그의 목소리는 떨렸다. 3 (의견·방침 등이) 흔들리다; 갈팡질팡하다, 망설이다. ¶I ~d in my opinion. 나는 단안을 내릴 수가 없었다. —타 1 …을 흔들다, 흔들흔들하게 하다. 2 (의견·방침 등) 을 흔들리게 하다. —명 1 흔들거림, 비틀거림; 동요. 2 (美속어) PCP 분말. (또는 **wabble**)
wob·ble·fats [wáblfæts/wɔ́b-] 명 (속어) 뚱보.
wóbble pùmp 명 (항공) 보조 수동 연료 펌프.
wob·bler [wáblər/wɔ́b-] 명 비틀거리는 사람[것]; (생각 따위가) 갈팡질팡하는 사람.
wob·bling [wáblɪŋ/wɔ́b-] 형 흔들거리는, 비틀거리는; 흔들리게 하는.
wob·bly [wábli/wɔ́b-] 형 불안정한, 흔들리는; 흔들흔들; 어슬렁어슬렁, 빈둥빈둥. —명 (구어) 우울병(病), 균형을 잃는 병; 상사병.
Wob·bly [wábli/wɔ́b-] 명 (때로 w-) (美구어) 세계 산업 노동자 조합(IWW)(1905-20)의 조합원.
wo·be·gone [wóubigɔ̀(ː)n/-gɔ̀n] 형 =woebegone.
WOC [dʌ́bljuːòusíː] 명 =dollar-a-year man. [<*without compensation*]
w.o.c., woc without compensation.
Wo·den [wóudn] 명 보단(게르만 신화의 주신(主神); 북유럽 신화의 Odin에 해당). (또는 **Wodan**)
wodge [wɑdʒ/wɔdʒ] 명 (英구어) 덩어리, 한 덩이 [조각]; (서류 등의) 다발.
‡woe [wou] 감 (문어) 명 1 ⓤ 비애, 비통, 비탄, 고뇌. ⇒SORROW [유의어] ¶a scene of ~ 비통한 광경/a tale of ~ 슬픈 신세 타령. 2 (보통 ~s) 재난, 화, 고생. ¶tell all one's ~s 고생한 이야기를 늘어놓다.
(*in*) *weal and woe* 기쁠 때나 슬플 때나.
Woe (*be*) *to...!*; *Woe betide...!* …에게 재난이 있으라!, …에게 화가 미칠진저! ¶W- *betide* the man that violates.…! 이것을 어기는 자에게 재앙이 있으라!
Woe is me! (고어) 아 슬프도다!   「는 날이구나!
Woe worth the day! (고어) 오늘은 참으로 재수없는 —명 (슬픔·비탄 따위를 나타내어) 오오, 아아.
woe·be·gone [wóubigɔ̀(ː)n/-gɔ̀n] 형 1 슬픔에 잠긴, 수심에 가득 찬, 비통한. ¶a ~ face 우수에 젖은 얼굴. 2 황량한. ¶a ~ village 황량한 마을.
‡woe·ful [wóufəl] 형 1 슬픔에 가득 찬, 비참한, 애처로운, 불행한; 서글픈. ¶~ days 슬픈 나날/a ~ song 구슬픈 노래. 2 (익살) 지독한, 심한. 3 한심한, 가련한, 초라한. ¶a ~ collection of stamps 형편없는 우표 수집. (또는 **woful**) **~·ly** 부 **~·ness** 명
woe·some [wóusəm] 형 (고어) =woeful.
wog¹ [wɑg/wɔg] 명 (때로 W-) (英속어·경멸적) (인도나 중동 지방의) 원주민; 피부가 거무스름한 외국인.
wog² 명 (濠속어) 1 기생충, 해충. 2 독감, 유행성 감기 (influenza). —자타 해치다.
wóg gùt 명 구역질; 설사.
wok [wɑk/wɔk] 명 (금속제의) 중국 요리 냄비.
‡woke [wouk] 동 wake의 과거·과거분사.
wok·en [wóukən] 동 wake의 과거분사.
wold [would] 명 (英) 불모의 고원, 광대한 원야(原野).
‡wolf [wulf] 명 (목 **wolves** [wulvz]) 1 늑대, 이리; ⓤ 늑대의 모피. ¶(as) greedy as a ~ 늑대처럼 탐욕스러운. 2 (늑대처럼) 잔인[탐욕]적인 인간. 3 (구어) 호색한, 색마. 4 (주 ~) 심한 허기, 기아; 맹렬한 식욕. 5 (곡물을 망치는 해충의) 유충. 6 (음악) 울프음(音)(악기의 불협화음). 7 (the W-) (천문) 이리자리(Lupus).
a lone wolf 고독을 즐기는 사람[동물].
a wolf in sheep's clothing; *a wolf in a lamb's skin* (성서) 양의 가죽을 쓴 이리, 착한 사람을 가장한 악인, 위선자(←마태 복음(Matt.) 7 : 15).
cry wolf 거짓말을 전해 세상을 시끄럽게 하다(← *Aesop's Fables*).   「몹시 취하다.
cut one's wolf loose (美속어) 통음(痛飮)하러 가다.
have [or *hold, take*] *a wolf by the ears* 진퇴양난에 빠지다, 위험한 처지에 놓이다.
have a wolf in the stomach 몹시 허기지다, 몹시 시장기를 느끼다.
keep the wolf from (*the*) *door* 간신히 먹고 살다.
see [or *have seen*] *a wolf* (무서워서) 말문이 막히다.
the big bad wolf 위협을 주는 사람[것].   [다.
The wolf is at the door. 몹시 굶주리다.
throw [or *feed*] *a person to the wolves* 남을 희생시키다[팔아먹다]; 배신하다.
ugly enough to tree a wolf (늑대도 무서워서 나무 위로 도망칠 만큼) 지독히도 못생긴.
wake a sleeping wolf 긁어 부스럼을 만들다.
—자타 1 …을 게걸스럽게 먹다, 정신없이 먹다(*down*). ¶~ *down* scraps 음식 찌꺼기를 걸신들린 듯이 먹다. 2 남의 애인을 가로채다, 빼앗다. —자 1 늑대 사냥을 하다. 2 (美) 염색(獵色)을 하다.
wolf·ber·ry [wúlfbèri/-bəri] 명 (식물) (북미산 (産)) 인동과(科)의 관목.
wólf càll 명 (여성을 희롱하는) 휘파람, 함성.
wolf-child [-ˌtʃàild] 명 (목 **-chil·dren**) (늑대가 길렀다고 하는) 늑대 소년.
wólf crỳ 명 거짓 경고, 허보(虛報).
wólf cùb 명 늑대 새끼; (英) =cub scout.
wólf dòg 명 1 늑대 사냥개; (늑대의 습격을 망보는) 개. 2 늑대와 개를 교배한 잡종. 3 에스키모 개.
wolf·er [wúlfər] 명 1 늑대 사냥꾼. 2 걸신들린 듯이 먹는 사람.   「배도라치류의 물고기.
wolf·fish [wúlffìʃ] 명 (목 ~·**es**) (북대서양산(産))
Wolf·gang [wúlfgæŋ/G vɔ́lfgaŋ] 명 남자 이름.
wolf·hound [wúlfhàund] 명 울프하운드(옛날의 늑대 사냥개).   「~**·ly** 부 **~·ness** 명
wolf·ish [wúlfɪʃ] 형 늑대 같은; 잔인한, 탐욕스러운.
wolf·man [wúlfmæn] 명 늑대 인간(werewolf).
wólf nòte =wolf 6.
Wólf nùmber [vɔlf-] 명 (천문) 볼프 흑점수(黑點數). [<스위스의 천문학자 R. Wolf(1816-93)의 이름]
wólf pàck 명 이리 떼; 수송 선단을 공격하는 잠수함대, (2차 대전 때의) 독일 잠수함대; (美) 소년 폭력단.
wólf-pack crìme 명 (美속어) 비행 소년 패거리에 의한 범죄.   「(鑛) =wolframite
wólf·ram [wúlfrəm] 명ⓤ (화학) 텅스텐(기호 W);
wolf·ram·ite [wúlfrəmàit] 명ⓤ 철망간 중석.

wolfs·bane [wúlfsbèin] 명UC (식물) 바곳(뿌리에 맹독이 있다).
wolf's-claw [wúlfsklɔ̀ː] 명 =club moss. (또는 **wólf's-foot**)
wólf spìder 명 독거미(hunting spider).
wólf tìcket 명 * 다음 숙어로만 쓴다.
*buy a person's **wolf ticket*** (속어) 남의 자랑 이야기를 트집잡다, 남의 도전에 응하다, 상대해주다.
*sell a **wolf ticket**; sell **wolf tickets*** (속어) 자랑하며, 빼기다, 허풍 떨다. 「(휘파람)을 불다.
wólf whìstle 명 =wolf call. ── 짜 (여자를 보고)
wol·las·ton·ite [wúləstənàit] 명 규회석(硅灰石).
Wol·sey [wúlzi] 명 **Thomas ~** 울지(1475?-1530: 영국의 정치가·추기경: Henry 8세의 심복).
wol·ver·ine [wùlvərín/⏌-⏋] 명 1 (족제비과(科)에 속하는 미국산(産)) 오소리; U 그 모피. 2 (W-) 미국 Michigan 주 출생자[주민]의 별칭. 「별칭.
Wólverine Státe 명 (the ~) 미국 Michigan 주의
wolves [wulvz] 명 wolf의 복수형. 「ory.
WOM word of mouth: [컴퓨터] write only mem-
‡**wom·an** [wúmən] 명 (@ **wom·en** [wímin]) 1 (성인) 여자, 여성(@ man, lady, girl). ¶a little ~ 소녀; (부르는 말로) 아가씨 / ~'s [or women's] rights 여권(女權) / a ~ with a past 과거가 있는[사연이 있는] 여자 / make playthings of women 여자를 농락하다 / There is a ~ in it. 그 사건의 이면에는 여자가 있다. 2 (관사 없이) (집합적) 여성, 여자(다 하는 것)(@ man). ¶ ~'s reason 여자의 논리(좋아하니까 좋아요라고 하는 식으로 사실 그 자체를 되풀이하기) / ~'s wit 여자의 지혜(본능적인 통찰력) / *Men make houses, women make home.* (속담) 남자가 만드는 것은 집, 여자가 만드는 것은 가정. 3 (the ~, 때로 a ~) 여성적인 성격[특성, 감정]; 여자다움, 여자 마음. ¶the ~ in her 그녀 속의 여자다움. 4 여자 같은 남자, 연약한 사내. ¶He is a ~ in tenderness. 그는 상냥하기가 여자같다. 5 (구어) 아내, 처; 애인; 정부(情婦), 첩. 6 하녀, 가정부; (고어) 시녀, 나인; 여자 사원(외판원). 7 (복합어로) …나라의 여성; 여자…(* 직업 따위를 나타낸다). ¶an Englishwoman 영국 여성 / a policewoman 여(자)경찰관.
*a **woman** of letters* ① (직업적) 여류 작가[문인]. ② 여류 학자. 「녀에게 딸린 시녀(侍女).
*a **woman** of the bedchamber* (영국의) 여왕(왕
*a **woman** of the house* (가정의) 여주인, 주부.
*a **woman** of the street(s)* [or town] 거리의 여자, 매춘부.
*a **woman** of the world* 세정(世情)에 밝은[닳고 닳은]
*be one's own **woman*** (여자가) 자립하다, 구속을 받지 않다. 「어난, 인간으로 태어난.
*born of **woman**; of **woman** born* 여자에게서 태
*make an honest **woman** of a person* 남을 정식 아내로 삼다, 본처로 삼다.
*make a **woman** of a person* ① 남을 복종시키다. ② (美) 남에게 여자가 할 일을 시키다.
*old **women** of both sexes* (남녀를 불문하고) 성가신 사람들, 미신가.
*play the **woman*** 계집애 같은 짓을 하다.
*the little **woman*** (구어) 아내.
*the old **woman*** (구어) 여자 상사[경영자], 여자 보스.
*the other **woman*** (기혼 남성의) 바람 상대, 정부(情婦)
*to a **woman*** 여성이면 누구나, 여성 모두. 「(婦).
*woman to **woman*** 여자 대 여자로서, 여자끼리 1대 1로, 솔직히.
── 타 1 〔여자〕를 〔lady 부르지 않고〕 woman이라 부르다. 2 〔지위 따위〕를 여자로 메우다, …에 여자를 배치하다. 3 여자답게 행동하며 하다.
── 형 1 여성 특유의; 여성다운. 2 여성의, 여자의.
~·less 형 **~·ness** 명
wo/man [wúmən] 명 남자나 여자(woman or man).

-wom·an [wùmən] 연결 「여성…」의 뜻. ¶chair-woman, forewoman. 「는 여자, 플레이걸.
wom·an-a·bout-town [-əbàuttáun] 명 놀아나
wom·a·naut [wúmənɔ̀ːt] 명 여자 우주 비행사.
wom·an-chas·er [-tʃèisər] 명 여자 꽁무니만 쫓아다니는 남자, 바람둥이 사내. 「지게.
wom·an·ful·ly [wúmənfəli] 부 여성적으로 끈덕
wom·an-hat·er [-hèitər] 명 여자를 싫어하는 사람.
*****wom·an·hood** [wúmənhùd] 명UC 1 여자임; 여자다운 성격[성질]; 여자다움; 여자의 본능[본성](@ manhood). ¶late ~ 여자의 만년 / reach [or grow to] ~ 성숙한 여자가 되다. 2 (집합적) 여자들, 여성, 부인. ¶She is an honor to Korean ~. 그녀는 한국 여성의 명예이다.
wom·an-hour [-àuər] 명 여성의 인시(人時)(여성 한 사람이 한 시간에 해내는 작업량). @ man-hour
wom·an·ish [wúmənìʃ] 형 1 여자 같은, 여성의. ⇨FEMALE 유의어 2 여성에 적합한. 3 (경멸적) (사내가) 암띤, 연약한. **~·ly** 부 **~·ness** 명 「-ist
wom·an·ism [wúmənìzm] 명 (흑인의) 페미니즘.
wom·an·ize [wúmənàiz] 타지 …을 여자같이 만들다, 연약하게 하다; 계집애 같게 하다. ── 자 (구어) 여색에 빠지다; (고어) 계집애 같아지다. **-iz·er** 명
wom·an·kind [wúmənkàind] 명U (집합적) 여자, 여성, 부인(@ mankind). ¶one's ~ 한 집안의 여자들.
wom·an·like [wúmənlàik] 형 여자 같은; (남자가) 계집애 같은. ⇨FEMALE 유의어
*****wom·an·ly** [wúmənli] 형 1 여자다운, 여성적인, 여성에게 어울리는. ⇨FEMALE 유의어 ¶ ~ feeling [modesty] 여자다운 감정[다소곳함] / ~ advice 여성다운 조언. 2 성숙한 여성의. ¶a ~ figure 성숙한 여자의 자태. ── 부 여자답게, 여자같이, 여자에 어울리게.
wom·an·pow·er [wúmənpàuər] 명 우먼파워, 여성 해방을 위한 힘; 여성 노동력.
Wóman's Chrístian Témperance Únion 명 기독교 여성 금주 동맹(@ W.C.T.U.).
wóman's ríghts 명() =women's rights.
wóman súffrage 명 1 여성 참정권. 2 여표권.
wom·an-suf·fra·gist [-sʌ́frədʒist] 명 (@ ~s, **wom·en-suf·fra·gists**) 여성 참정권론자.
*****womb** [wuːm] 명 1 자궁(uterus). 2 (사물의) 발생·성장하는 장소; 요람지. 3 내부, 핵심. ¶the ~ of the earth 지구의 내부.
*from the **womb** to the tomb* 요람에서 무덤까지.
*lie in the **womb** of time* (일이) 때가 되면 알게 되다.
*the fruit of the **womb*** 아이(들), 아들딸. 「다.
── 타 임신하다; (발생원으로서) 잉태하다.
wombed, ~-like 형
wom·bat [wámbæt/wóm-] 명 웜뱃(곰 비슷하게 생긴 오스트레일리아산(産) 유대(有袋) 동물).
wómb ènvy 명 (정신분석) (남성의) 자궁 선망. penis envy
womb-to-tomb [tətúːm] 형 (英) (의료 보험 따위가) 태어나부터 죽을 때까지의; (미구어) 태어나서 죽을 때까지의, 일생의.
‡**wom·en** [wímin] 명 woman의 복수형.
wom·en·folk(s) [wíminfòuk(s)] 명() (집합적) 여성, 여자. ¶the [or one's] ~ 한 집안의 여자들.
wom·en·kind [wíminkàind] 명 =womankind.
wom·en's [wíminz] 명 (@ ~) (美) 위민즈 사이즈 (여성복의 표준보다 큰 사이즈; 38-44호), 위민즈 사이즈의 여성복 (매장). 「방 (도시)의 여성회.
Wómen's Ínstitute 명 (the ~) (英·캐나다) (지
Wómen's Lánd Ármy 명 (英) (제1·2차 세계 대전 때 출정하는 남자를 위해 결성된) 농업 지원 부인회.
Wómen's Líb 명 (경멸적) =women's liberation.
wómen's líbber 명 =women's liberationist.

wómen's liberátion 명 (때로 W- L-) 여성 해방 운동. (또는 **wómen's (liberátion) móvement**) **wómen's liberátionist, Wómen's Liberátionist** 명 여성 해방 운동가.
wómen's réfuge 명 (학대로부터 피신하기 위한) (모자(母子) 보호 시설.
wómen's ríghts 명복 (법적·정치적·사회적인) 여성의 권리, 여권, 남녀 평등권.
wómen's róom 명 (美) 여자 화장실.
wómen's stúdies 명복 (단수취급) 여성학, 여성연구.
wómen's wéar 명 =womenswear 1.
wom·ens·wear [wíminzwɛ̀ər] 명 **1** 여성복, 여성 복식품. **2** 여성복(服地)(모직이나 모직 혼방).
womp [wɑmp/wɔmp] 명 **1** (TV) 흰 섬광 (스크린에 급격히 나타나는 섬광). **2** =whomp.
── 타자 (사람·팀)을 무참히 해치우다, 때려눕히다.
wom·yn [wímin] 명 여자(women이나 woman을 피하기 위한 새로운 철자).
‡**won**[1] [wʌn] 통 win의 과거·과거분사.
won[2] [wɑn/wɔn] 명 (pl. ~) 원(한국의 통화 단위).
‡**won·der** [wʌ́ndər] (명 ~s [-z]) **1** 놀랄 만한 [이상한] 것[사람, 사건]; 경이(의 대상), 불가사의; 기이한 광경. ¶a linguistic ~ 어학상 천재/the Seven *Wonders of the World* 세계의 7대 불가사의/*A ~ lasts but nine days.* (속담) 놀라움도 9일밖에 계속되지 않는다, 세상 소문은 오래 가지 않는다. **2** 回 놀라움, 경탄, 감탄. ¶feel ~ 경탄하다/They were filled with ~. 그들의 마음은 놀라움으로 가득 찼다. **3** 기적, 기적적인 행동[사건]; 훌륭한 효과[효험, 성과]. ¶ signs and ~s 신위(神威)의 표지와 기적.

and no [or little, small] wonder; and what wonder 당연하다; 놀랄 것이 못 되다. ¶He refused it, *and no ~.* 그가 거절한 것도 무리는 아니다.
a nine days' wonder 일시적으로 반짝했다가 사라지는[잊혀지는 것[사람].
a wonder of 놀랄 만한 ….
do [or work, perform] wonders 기적을 행하다; 놀라운 일을 하다; (약 따위가) 놀랄 만큼 잘 듣다; 놀랄 만큼 성공하다.
for a wonder (비꼬아) 놀랍게도, 이상하게도. ¶You are punctual *for a ~.* 네가 시간을 지키다니 놀랍다.
in the name of wonder; (구어) the wonder (의문을 강조하여) 도대체. ¶What the ~ [or *in the name of ~*] do you mean? 그것은 도대체 무슨 뜻이냐?
It is no wonder [or No wonder] (that)… …인 것은 조금도 이상하지 않다, 놀랄 일이 아니다. ¶*It is no ~* he has failed. 그가 실패한 것은 당연하다.
It's a wonder (that…); The wonder is that… …은[…하다니] 놀라울 일이다. ¶ *It's a ~ (that)* he was alive. 그가 살아 있다다니 놀라울 일이다.
to a wonder (고어) 이상하리 만큼, 놀랄 만큼.
What wonder if [or that]…? …이라 할지라도 무엇이 이상하랴? =이 것은 조금도 이상하지 않다.
── 자 (~s [-z]) 자 **1** (…이/…하다니) 이상하게 여기다, 놀라다(*at/to* do). ¶I ~ed at his calmness. 그의 침착성에는 놀랄 뿐이다/I ~ *at you.* (아이 등에게) 네게는 손들었다/Can you ~ *at* it?=It's not to be ~ed *at.* 그것은 조금도 이상하지 않다//I ~ed *to* see him there. 나는 거기에 그가 있는 것을[* be surprised to 보다라고 하는 것이 보통]. **2** 의심하다, 수상하게 여기다 (*about*). ¶I believe he is an honest boy.─I ~. 나는 그를 정직한 아이로 믿는다─글쎄//We ~ed *about* [or *as to*] the truth of the news. 우리는 그 뉴스의 신빙성을 의심했다.
── 타 **1** …을 이상히 여기다, …에 놀라다 (*that* 절). ¶I ~ you were able to escape. 네가 도망칠 수 있었다니 놀랍군. **2** …이 아닐까(라고) 생각하다, …을 알고 싶다(고 생각하다)(*wh.* 절). ¶I ~ *who* that man is.

저 사람은 누구일까/I ~ *what* happened. 도대체 무슨 일이 일어났을까/I ~ *whether* [or *if*] it will rain tomorrow. 내일은 비가 올까/I ~ *whether* [or *if*] I might [or *could*] trouble you to open the window. 죄송하지만 창문 좀 열어 주시겠습니까(* 정중한 부탁을 나타낸다)// (~ +*wh. to* do) I ~ *where* [*how*] *to* spend the holidays. 휴가를 어디서 보낼까 보낼까.

주의 wh. 절이 선행하여, I wonder가 독립적·부가적으로 쓰일 경우가 있다: *How* can that be, I ~?=I ~ *how* that can be. 도대체 그러한 일이 있을 수 있을까?

I shouldn't wonder if… …이라도 놀라지 않는다. ¶*I shouldn't ~ if* he wins the race. 그가 경주에서 우승한다 해도 놀라울[이상한] 일이 아니다.
── 형 **1** 놀라운; 훌륭한, 빼어난. ¶*a ~* horse 준마. **2** (약 따위가) 특효의. **3** 마법의.
~·**er** 명 경탄하는 사람. ~·**ness** 명
wónder bòy 명 재능이 특출한 젊은이, 시대의 총아.
wónder chìld 명 신동(神童).
wónder drùg 명 특효약, 영약(miracle drug).
‡**won·der·ful** [wʌ́ndərfəl] 형 (*more* ~; *most* ~) **1** 이상한, 놀랄 만한. ¶~ to say 놀랍게도. **2** (구어) 훌륭한, 멋진. ¶a ~ dinner [sermon, girl] 훌륭한 식사 [설교, 소녀]/have a ~ time (of it) 멋진 시간을 보내다. ── 부 (고어·방언) =wonderfully.
~·**ly** 부 ~·**ness** 명
won·der·ing [wʌ́ndəriŋ] 형 미심쩍어하는; 이상하게 여기는, 놀란; 감탄[경탄]한, ~·**ly** 부
won·der·land [wʌ́ndərlæ̀nd] 명UC 동화의 나라, 이상한 나라; 멋진 고장[나라, 지방]. ¶a scenic ~ 경승지.
won·der·ment [wʌ́ndərmənt] 명 **1** U 놀라움, 경탄, 감탄. **2** 이상한 것[일], 기이한 광경. **3** 탄성.
wónder métal 명 경이의 금속(가볍고 강한 티타늄이나 지르코늄 등의 금속).
Wónder Státe 명 (the ~) 미국 Arkansas 주의 별칭.
won·der·strick·en [-strìkən] 형 놀라움에 사로잡힌, 아연 실색한, 깜짝 놀란. (또는 **wónderstrùck**)
won·der·work [wʌ́ndərwə̀rk] 명 놀라운 물건, 멋진 것, 놀라운 일; 기적. **wón·der·wòrk·ing** 형 기적을 행하는.
won·der·work·er [-wə̀rkər] 명 기적을 행하는 사람; 요술쟁이.
*****won·drous** [wʌ́ndrəs] 형 (시·문어) 놀랄 만한, 불가사의한. ¶a ~ new way 놀랄 만한 새 방법. ── 부 (고어) (형용사를 수식하여) 놀랄 만큼, 매우. ¶~ cold 굉장히 추운. ~·**ly** 부 ~·**ness** 명
wonk [wɑŋk/wɔŋk] 명 (美속어) 공부 벌레; 광(狂); 샌님. ── 동자 공부만 파다. ── 타 …에 전문 지식만으로 답하다. ~·**ish** 형
won·ky[1] [wɑ́ŋki/wɔ́ŋ-] 형 (英속어) 흔들흔들하는, 흔들[비틀]거리는; 미덥지 않은, 믿을 수 없는.
-ki·ly 부 **-ki·ness** 명
won·ky[2] 형 (美속어) 공부벌레의, 미련하도록 열심인.
‡**wont** [wɔːnt, wount, wʌnt] 형 (서술용법) …에 익숙한, …하는 것이 예사인 (*to* do). ¶He slept longer than he was ~. 그는 평소보다 오래 잤다// She was ~ *to* rise early. 그녀는 일찍 일어나는 습관이 있었다. ── 명 U (보통 one's ~) 습관, 관례; 풍습. ¶It was his ~ *to* sit up late. 밤늦도록 자지 않는 것이 그의 버릇이었다.
use and wont 풍습, 관례.
── 타 (~; ~(·*ed*)) (고어) 타 (보통 수동형·재귀용법으로) (남)을 (…을 하는 데) 익숙하게 하다. ── 자 익숙해지다; …하는 습관이 있다.
‡**won't** [wount, wʌnt] will not의 단축형.
wont·ed [wɔ́ːntid, wóunt-, wʌ́nt-] 형 **1** (美) 익숙한, 길든 (*to*). ¶the sheep ~ *to* the fold 우리에 길든 양. **2** (한정용법) 여느 때와 같은, 평상시의, 예의.

¶take one's ~ seat 여느 때와 같은 자리에 앉다.
~·ly 튄 ~·ness 몡
*woo [wu:] 匝㈚ 1 〔여성〕에게 구애하다, 〔여성〕에게 접근하다. 2 〔재산·명예 따위〕를 얻으려고 (노력)하다. ¶~ reputation 명성을 얻고자 하다. 3 〔행운·화 따위〕를 부르다. ¶~ one's own ruin 자신의 파멸을 불러오다. 4 〔남〕에게 (…하도록) 간청하다, 조르다 (to do). ¶~ a person to go together 남에게 같이 가자고 조르다. ──㉠ 구애하다, 구혼하다; 간청하다.
woo away …을 빼앗다; 설득하여 (…에서) 떠나놓다 ──튄 * 다음 숙어로만 쓴다. (from).
pitch [or fling] (a) woo (美俗) 구애하다, 애무하다, (…에게) 키스하다.
⌞·a·ble 몡
‡wood [wud] 몡 (複 ~s [-z]) 1 (나무의) 목질(木質), 목(부). 2 ◯ 종류를 말할 때는 ◯ 목재, 재목. ¶hard ~ 단단한 재목 /a cottage made of ~ 목조 별장 /Pine is a soft ~. 소나무는 연재(軟材)이다. 3 ◯ 장작, 땔감. ¶collect ~ 장작을 모으다. 4 (보통 ~s) (집합적; 종종 단수취급》 숲, 삼림. ⇨FOREST (유의어) ¶a virgin ~ 원시림 /a ~ of beech 너도밤나무 숲 /There is a ~s near the school. 학교 가까이에 숲이 있다. 5 (the ~) 통(《 bottle). ¶beer from [in] the ~ 통에서 따른[통에 담은] 맥주. 6 목판, 판목(~ block). 7 (the ~) 〔음악〕 목관 악기; 〔집합적〕 (악단의) 목관 악기부; (the ~s) (악단의) 목관 악기 연주자들. 8 〔골프〕 우드 (공 치는 부분이 나무로 된 클럽)(《 iron). 9 (볼링의) 핀. 10 (the ~) 〔英俗〕 설교단(壇)(pulpit).
a man of the woods 숲의 사람(오랑우탄).
cannot [or fail to] see the wood for the trees 나무를 보고 숲을 보지 못하다, 부분에 사로잡혀 대국(大局)을 보지 못하다.
fresh from the wood 통에서 갓 나온. 「방되다.
go to the woods 사회적 지위를 잃다, 사회에서 추
have [or hold] the wood on (濠·뉴질 구어) …보다 우위에 서다, 우세하다.
in the wood 통에 담은[든]. 「일대.
neck of the wood (구어) 가까운 곳; 근처, 지역,
out of the woods [(英) wood] (보통 부정문에서) 위기를 벗어나.
put the wood in the hole; put a bit of wood in it (英俗) 문을 닫다. 「하지 않다.
saw wood (美俗) 코를 골며 잠자다; 남에게 간섭
take to the woods (美구어) ① 숲속으로 달아나다; 모습을 감추다. ② 책임을 회피하다.
the woods are full of (美구어) …이 잔뜩[굉장히 많이] 있다.
walk in the woods 두 사람만의 비공식 회담.
──㈚ ® 1 …을 수목으로 덮다, …에 나무를 심다. 2 …에게 장작[목재]을 공급하다. 3 ㉠ 장작[목재]을 비축하다(up). ¶~ up before winter comes 겨울이 오기 전에 장작을 비축하다.
──(한정용법》 1 나무의, 나무로 만든. 2 목재 저장 [가공, 운반]용의. ¶a ~ chisel 목재 조각용 끌. 3 숲에 사는, 숲에서 나는, 숲에서 나는. ¶a ~ bird 숲에 사는 새 / ~ moss 숲 속에 나는 이끼 / ~s trails 숲 속의 오솔길.
⌞·less 몡 재목[수목]이 없는.
wóod ácid 몡 =wood vinegar.
wóod álcohol 몡 메틸알코올, 메탄올.
wóod anémone 몡 아네모네의 일종: (유럽산(産)의) 바람꽃류(類)의 일종.
wood·bin [wúdbìn] 몡 (美) 장작통(woodbox).
wood·bine [wúdbàin] 몡 1 (유럽산(産)의) 인동덩굴속(屬)의 식물. 2 (美) 아메리카 담쟁이(Virginia Creeper). (또는 woodbind)
wood·block [wúdblɑ̀k/-blɔ̀k] 몡 목판(木版), 판목; 목판화(畫). ──목판(인쇄)의. wóod-blòck 몡
wood·bor·ing [wúdbɔ̀:riŋ] 몡 (곤충 따위가) 나무에 구멍을 뚫는.
wóod bútcher 몡 (美俗) 1 서투른 목수. 2 〔해군〕 수리 담당 조수.
wood·carv·er [wúdkà:rvər] 몡 목각사(木刻師).
wood·carv·ing [wúdkà:rviŋ] 몡◯ 목각; 木; ◯ [목각술(術).
wood·chat [wúdtʃæ̀t] 몡 〔조류〕 1 (유럽·아메리카 북부산(産)) 때까치(shrike)의 일종. 2 (드물게) (아시아산(産)) 각종의 개똥지빠귀, 쇠유리새속(屬)의 새의 총칭.
wood·chip [wúdtʃìp] 몡 (벌채 때 떨어져 나간) 나뭇조각; (~s) (겨울철 상해 방지 뿌리 덮개용) 나뭇조각.
wood·chop·per [wúdtʃɑ̀pər/-tʃɔ̀p-] 몡 나무꾼, 벌목꾼. 「마멋).
wood·chuck [wúdtʃʌ̀k] 몡 우드척(북미산(産)의
wóod cóal 몡 갈탄(褐炭); 목탄(charcoal).
wood·cock [wúdkɑ̀k/-kɔ̀k] 몡 (複 ~(s)) 〔조류〕 멧도요.
wood·craft [wúdkræ̀ft/-krɑ̀:ft] 몡◯ 1 삼림(森林) (생활)의 지식·기능(사냥·야영법·통과하기 등). 2 삼림 관리(管理), 나무 가공, 목공(술).
⌞·er 목각사, 목공예가.
wood·crafts·man [wúdkræ̀ftsmən/-krɑ̀:fts-] 몡 삼림 기술자; 목공, 목각사(師).
wood·cut [wúdkʌ̀t] 몡 판목, 목판(술); 목판화.
*wood·cut·ter [wúdkʌ̀tər] 몡 나무꾼; 목판 화가, 목각(조각사).
wood·cut·ting [wúdkʌ̀tiŋ] 몡◯ 벌목; 목판 조각.
*wood·ed [wúdid] 몡 숲이 많은, 수목이 우거진; (복합어) 목질이 …한. ¶a hard-~ tree 목질이 단단한 나무.
‡wood·en [wúdn] 몡 (more ~, ~·er; most ~, ~·est) 1 나무의, 나무로 만든, 목제의. ¶a ~ house 목조 가옥. 2 무표정한, 활기 없는. ¶a ~ face 무표정한 얼굴. 3 (동작 따위가) 부자연한, 어색한; 멋없는, 촌스러운. ¶a ~ gait 어색한 걸음걸이. 4 덩청한, 멍청한, 둔한. ¶a ~ head 돌대가리. 5 (결혼 등의) 5주년의.
──㈚ ® (濠·뉴질 속어) 〔사람·동물〕을 쓰러뜨리다, 죽이다(out). ── (濠·뉴질 속어) 강타, 녹아웃 펀치 (woodener). ~·ly 튄 ~·ness 몡 전사.
wóoden cróss 〔英軍속어〕 병사 무덤의 십자가;
wóod engráver 몡 목판사, 목각사; 나무굼벵이.
wóod engráving 몡 목판(술); 목판화. 「뜨기.
wood·en·head [wúdnhèd] 몡 (구어) 얼간이, 얼
wood·en-head·ed [-hèdid] 몡 (구어) 얼간이 같은, 바보의, 얼뜨기의, 우둔한. ~·ness 몡
Wóoden Hórse 몡 (the ~) =Trojan Horse.
wóoden Índian 몡 (美) 인디언 목각상(像); (구어) 둔한[반응이 느린] 사람, 무표정한 사람.
like a wooden Indian 굳어서 딱딱한, 무표정한.
wóoden níckel 몡 5센트 백통화 값어치의 나무 기념품: 하찮은(싸구려) 물건, 모조품, 가짜. (또는 wóoden nútmeg[móney])
Don't take any wooden nickels. (美俗) 조심해서 가, 잘 있어[가](작별 인사).
wóoden óvercoat 몡 (美俗) 관(棺).
wóoden spóon 몡 1 나무 숟가락. 2 (the ~) 최하위[꼴찌]상(賞)(booby prize).
wóoden wálls 몡® (연안 경비용) 군함. 「기구.
wood·en·ware [wúdnwɛ̀ər] 몡 목제품, 목재
wóoden wédding 몡 목혼식(결혼 5주년 기념식).
wood-fi·bre [-fàibər] 몡 (제지용) 나무 섬유.
wóod gás 몡 목(木)가스.
wood·henge [wúdhèndʒ] 몡 〔고고〕 우드헨지(잉글랜드에서 볼 수 있는 유사 이전의 목조 건물의 환상 열주(環狀列柱)의 유적).
wood·hick [wúdhìk] 몡 (美俗) 시골뜨기, 촌놈.
wood·house [wúdhàus] 몡 재목 창고[헛간].
wóod hỳacinth 몡 종 모양의 꽃이 피는 나리과(科)의 초본.

wóod íbis 명 (북미산(産)) 황새의 일종.

‡wóod·land [wúdlænd, -lənd] U (종종 ~s) (단수취급) 삼림지(대). ── 형 [wúdlənd] (한정용법) 삼림(지대)의, 숲속의. ¶~ scenery 삼림 풍경 / a ~ flower 숲속의 꽃. ~·er 명 숲에 사는 사람.

wóod·lark [wúdlɑ̀ːrk] 명 (유럽산(産)) 숲종다리.

wóod lòt 명 식림지(植林地), (농장의 일부인) 숲.

wóod lòuse 명 (동물) 쥐며느리(sow bug); (곤충) 흰개미(termite).

*wóod·man [wúdmən] 명 (복 -men [-mən]) 1 = woodsman. 2 나무꾼, 사냥꾼. 3 (英) 임야 감독관, 산림 보호관.

wóod·note [wúdnòut] 명 (보통 ~s) 숲의 노래, 새의 노래; 소박한 노래, 기교없는 시(詩).

wóod nỳmph 명 1 숲의 요정(dryad). 2 나방의 일종. 3 (중남미산(産)) 벌새의 일종.

wóod óil 명 목재에서 얻는 각종 기름; 동유(桐油).

wóod pàper 명 목재 펄프지(紙).

wóod pávement 명 나무 벽돌 포장 도로.

*wóod·peck·er [wúdpèkər] 명 딱따구리.

wóod pígeon 명 산비둘기; = rock dove.

wóod·pile [wúdpàil] 명 장작더미.

a nigger in the woodpile ⇒ NIGGER.

in the woodpile 몰래 못된 짓을 하고.

wóod presérvative 명 목재 방부제.

wóod·print [wúdprìnt] 명 판목, 목판; 목판화.

wóod púlp 명 목재 펄프.

wóod pùssy (美口어) 명 (동물) 스컹크; 긴털족제비(polecat).

wóod ràt 명 (동물) 숲쥐.

wood·ruff [wúdrəf/-rʌf] 명 선갈퀴(관상용 식물).

wóod rùsh 명 꿩의밥속(屬)의 초본.

wóods bàthing 명 삼림욕(森林浴).

wood·shed [wúdʃèd] 명 장작 헛간.

something nasty in the woodshed (구어) 과거의 지긋지긋한 [충격적인] 경험.

take into the woodshed (美俗) 질책하다, 벌하다.

── 자 (-dd-) (俗) 악기를 열심히 (맹렬히) 연습하다. ~·der

Wóods Hóle Oceanográphic Institútion 명 우즈홀 해양 연구소(Massachusetts 주 Woods Hole에 있는 해양 생물학의 세계적 민간 연구 기관).

wóod shót 명 1 (골프) 우드로 치는 샷. 2 (테니스·배드민턴) 프레임에 의한 스트로크, 프레임 샷.

wood·side [wúdsàid] 명 숲 가[언저리].

woods·man [wúdzmən] 명 숲에서 사는 사람; 숲에서 일하는 사람, 벌목꾼; 숲속 생활에 밝은 사람.

Wóod's métal 명 (상표) 우드 합금(소화전 따위의 퓨즈에 쓰이는 용점(融點)이 낮은 합금).

wood·smoke [wúdsmòuk] 명 (훈제품을 만들 때의 훈연용(燻煙用)) 장작 연기.

wóod sórrel 명 (식물) 괭이밥.

wóod spírit 명 메탈알코올; 숲의 요정.

Wood·stock [wúdstɑ̀k/-stɔ̀k] 명 1 미국 만화 *Peanuts*에 나오는 Snoopy의 친구인 새. 2 1969년 New York 시 교외의 Woodstock에서 열렸던 록 페스티벌.

wóod stòrk 명 = wood ibis.

wood·stove [wúdstòuv] 명 장작 난로.

wóod súgar 명 (화학) 목당(木糖).

woods·y [wúdzi] 형 (美) 숲의(같은), (냄새가) 삼림의.

wóod tár 명 목(木)타르(목재의 방부제).

wóod thrúsh 명 미국 동부산(産) 티티새의 일종.

wood·turn·er [wúdtə̀ːrnər] 명 목공 선반사.

wóod túrning 명 선반으로 하는 목재 가공.

wóod vínegar 명 (화학) 목초(木醋), 목초산.

wood·wind [wúdwìnd] 명 (음악) 목관 악기(또는 ↙ instrument); (~s) (오케스트라의) 목관 악기부. ── 형 목관 악기(연주자)의.

wood·wool [-wùl] 명 (절연재·틈막이 따위에 쓰이는) 목모(木毛).

*wood·work [wúdwə̀ːrk] 명 U 나무 세공, 목공예품; (집의 문짝·계단 따위의) 목조부.

come [or *crawl*] *out of the woodwork* 난데없이 나타나다 [모습을 드러내다].

wood·work·er [wúdwə̀ːrkər] 명 나무 세공사, 목수(대목·소목 따위); 목공 기계.

wood·work·ing [wúdwə̀ːrkiŋ] 명 U 목공(술). ── 형 목공용의; 목공직에 종사하는.

wood·worm [wúdwə̀ːrm] 명 (각종) 나무 벌레.

*wood·y [wúdi] 형 수목이 많은, 숲이 많은; 나무의, 목질의; 나무와 비슷한.

wood·yard [wúdjɑ̀ːrd] 명 목재 하치장; 목공장.

woo·er [wúːər] 명 구혼자, 구애자.

woof[1] [wuf/wuːf] 명 1 (직물의) 씨, 씨줄 (卿) weft, warp); 직물, 피륙, 천(texture). 2 (the ~) 기초[주체]를 이루는 요소[소질, 재료].

woof[2] [wuf] 명 (개의 낮은) 으르렁. ── 명 (개가 낮게) 으르렁거리는 소리, (음향 재생 장치의) 낮은 붕붕소리. ── 동 (자) 1 (개가 낮게) 으르렁거리다. 2 쓸데없이 잡담하다. ── 타 협박하다, 위협하다.

woof·er [wúfər] 명 저음 재생용 확성기[스피커].

woof·ing [wúfiŋ] 명 (美俗어) 위협적 언동을 하기.

woo·fits [wúːfits] 명 (the ~) (俗어) 기분이 쾌하지 못함, 머리가 명함, 숙취.

woo·fle·wa·ter [wúːflwɔ̀ːtər] 명 (美口어) 술.

woofs [wuːfs] 명 (상품으로 유망한) 부유한 노령층 (< well-off older folks).

woo·ing [wúːiŋ] 명 구애, 구혼. ── 형 구애하는, 매혹적인. ~·ly 부

‡wool [wul] 명 U 1 양모(염소·라마·알파카 따위의 털도 포함됨). ¶a ~ merchant 양모 상인 / all ~ 순모 / a sheep out of the ~ 털을 깎은 양. 2 모직물, 모직제품. ¶wear ~ 모직물을 입다. 3 털실. 4 양모 대용(습사)품, 인조 양모(화학 섬유). 5 (보통 복합어로) 양모 모양의 섬유. ¶glass [rock] ~ 유리면 [암면(岩綿)]. 6 (동물의) 북슬털; (모충(毛蟲)·식물의) 솜털. 7 (구어) (흑인의) 고수머리, 두발. 8 = ~ sponge. 9 (the ~) (비유적) (진실을) 숨기는 것, (이해를) 방해하는 것.

against the wool ① 털을 곤두세워, 거꾸로. ② 성미에 맞지 않아.

all cry and no wool; much [or *great*] *cry and little wool* ⇒ CRY.

all wool and a yard wide (美口어) 흠잡을 데 없는, 완벽한.

dye in the wool ⇒ DYE.

go for wool and come home shorn 거꾸로 당하다, 혹 떼러 갔다 혹 붙여 오다.

in the wool (양 따위가) 털 깎을 때가 되어.

keep one's wool (*on*) (英口어) 침착을 유지하다, 홍분하지 않다.

lose one's wool (英口어) 홍분하다, 성내다.

out of the wool (양 따위가) 털을 깎아서.

pull [or *put, draw*] *the wool over a person's eyes* 남의 눈을 속이다, 남을 속이다.

wóol clàsser 명 (濠·뉴질) = wool grader.

wóol clíp 명 양모의 연간 산출량(總).

wóol cómber 명 양모에 빗질하는 사람 [기계].

wool-dyed [-dáid] 형 1 (짜기 전에) 양모 그대로 물들인, 양모로 물들이는. 2 (사상 등에) 일찍부터 물든, 철저한.

wooled [wuld] 형 (美) 양모 털이 그대로 있는, 아직 털을 깎지 않은; (복합어로) 양모가 …한 (성질을 가진).

‡wool·en [wúlən] 형 1 모사, 방모사(紡毛絲)의. 2 U (종류를 말할 때는 C) 모직물의. ¶be dressed in ~ 모직물을 입고 있다 / Tweed is a popular ~. 트위드는 인기 있는 모직물이다. 3 (~s) 모직 옷. ¶baby ~s 어린애용 모직 옷. ── 형 (한정용법) 1 양모의; 모직물의. ¶~ cloth 모직물 / a ~ manufacturer 모직물 제조업자. 2 양털로 만든, 방모제(紡毛製)의. ¶~ fabrics 방모 직물. (또는 (英) **woollen**)

wool·er [wúlər] 명 털 깎는 가축(양·밍크 따위).
Woolf [wulf] 명 **Virginia ~** 울프(1882-1941: 영국의 여류 소설가·비평가).
wóol fát 명 양모지(脂), 라놀린(lanolin). 〔가죽.
wool·fell [wúlfèl] 명 (펴어) 털이 붙은 그대로의 양
wool·gath·er [wúlgæ̀ðər] 명재 부질없는[끝없는] 공상에 잠기다. **~·er** 명
wool·gath·er·ing [wúlgæ̀ðəriŋ] 명 U 부질없는 공상, 방심; (털깎이 때의) 양모 모으기. ─명 멍한, 방심한, 공상에 잠기는.
wóol gràder 명 양모 선별(감정)인. 〔치는 사람.
wool·grow·er [wúlgròuər] 명 (英) 목양업자, 양
wool·hall [wúlhɔ̀ːl] 명 (英) 양모 거래소, 양모 시장.
wool-hat [wúlhæt] 명 1 (거센 털의) 펠트(felt) 모자. 2 (또는 **wóolhàtter**) (美속어) 남부의 소농, 시골[촌] 사람. ─명 (美속어) 남부 시골의. (또는 **wóolhàt**)
wool·len [wúlən] 명형 (英) =woolen.
***wool·ly** [wúli] 형 1 양털의. 2 양털로 된. 2 양털의, 양모 모양의. ¶a ~ coat 울[양모] 웃옷/~ hair 텁수룩한 머리[털]. 3 양모로 덮인; (동·식물) 복슬털(솜털)에 덮인. ¶a ~ sheep 털이 많은 양. 4 희미한, 선명치 않은, 목신. ¶a ~ voice 쉰 목소리. 5 (美) (옛날의 서부처럼) 활기에 찬, 거친, 파란 많은. ¶the wild and ~ West 거칠고 파란 많은 서부 지방(의 생활). ─명 1 (보통 -lies) 모직 내의; (英) 모직 의류; 스웨터, 카디건. 2 (美서부·濠) (털 깎기 전의) 양. 3 (英속어) 제복 입은 경찰관. **-li·ly** 부 **-li·ness** 명
wóolly áphid 명 1 목화진딧물. 2 밀랍같은 흰 줄을
wóolly bèar 명 털벌레. 〔내는 각종 진딧물.
wool·ly·head [wúlihèd] 명 (美속어) 혹인.
wool·ly·head·ed [-hédid] 형 양모 같은 머리털의, 고수머리의; 얼빠진, 멍한; 비현실적인. **~·ness** 명
wóolly mámmoth 명 (동물) 매머드(Siberian
wool·man [wúlmən] 명 양모 상인. 〔mammoth).
wool·mark [wúlmɑ̀ːrk] 명 1 양에게 찍는 소유주의 낙인. 2 (W-) 양모 제품의 품질 보증 마크.
wool·pack [wúlpæ̀k] 명 양모를 넣는 고리[부대]; 양모 1짝(240파운드); (양털 모양의) 뭉게구름, 소나기구름.
wool·sack [wúlsæ̀k] 명 1 양모 부대. 2 (英) (英) 상원 의장[대법관]의 좌석; (the ~) 상원 의장[대법관]의 지위.
wool·shed [wúlʃèd] 명 (濠·뉴질) 양털 깎는 헛간.
wool·sort·er [wúlsɔ̀ːrtər] 명 양모 선별인.
wóol spònge 명 양모해면, 울스펀지(Florida와 서인도 제도산 말해면으로 만든 것).
wóol stàpler 명 양모 상인; 양모 선별인.
wool·work [wúlwə̀ːrk] 명 털실 세공[자수].
wool·y [wúli] 형명 (美) =woolly.
woop·ie [wúːpi] 명 (英구어) 유복한 노인. (또는 **woopy**) 〔<well-off older person +-ie〕
woop woop [wú(ː)p wú(ː)p] 명 (濠구어·익살) 촌구석, 오지(奧地), 개척지[촌].
wootz [wuːts] 명 U 인도제 강철. (또는 ~ **stèel**)
wooz·y [wúːzi] 형 (구어) (술 따위로) 머리가 띵한; 기분이 좋지 않은, 기운이 없는.
wóoz·i·ly 부 **-i·ness** 명
wop[1] [wɑp/wɔp] (美속어·경멸적) 명 (때로 W-) (북미에 사는) 이탈리아인. ─명 이탈리아의, 이탈리아계의. 〔ator〕
wop[2] 명 (英공군 속어) 무선 기사. [<*w*ireless *op*er-
WOR *w*heel-*o*n-*r*ail system(차륜식 전철).
Worces·ter [wústər] 명 1 우스터(잉글랜드의 Hereford and Worcester 주의 주도). 2 =Worcestershire.
Worces·ter·shire [wústərʃìər, -ʃər] 명 1 우스터셔(잉글랜드 중서부의 옛 주: 1974년 Hereford and Worcester 주의 일부가 됨; 약 Worcs.). 2 =~ **sauce**.
Wórcestershire sàuce 명 우스터 소스(간장·식초·향료 따위로 만든 소스). (또는 **Worcester sauce**)

‡**word** [wəːrd] 명 (粵 **~s** [-z]) 1 낱말, 단어, 말, 언어. ¶a hard ~ 어려운 단어/new ~s 새로운 단어, 신어/the meaning of the ~ 그 낱말의 뜻/a play on [*or* upon] ~s 신소리, 익살, 결말, 재담.
2 (종종 ~s) (입으로 말하는) 말, 발음, 발화(發話), 이야기, 담화; (행위 따위에 대한) 말. ¶give a ~ of advice [warning] 충고[경고]하다 / give a person a good ~ 남을 칭찬하다 / put [*or* get] in a ~ 말참견하다 / say a ~ against a person 남을 비난하다 / take (up) the ~ (남의 뒤를 받아) 말하기 시작하다 / express thoughts in ~s; put thoughts into ~s 사상을 말로 표현하다 / say in a few ~s 간단하게 말하다 / *A ~ to the wise* (*is sufficient* [*or enough*]). (속담) 현인에게는 한마디로 족하다, 하나를 들으면 열을 안다.
3 (the ~) 세간의 평판, 풍설, 소문.
4 (a ~) 짧은 대화; 서서 하는 이야기.
5 (~s) 언쟁, 논쟁 (*with*). ¶hard [*or* hot, sharp] ~s 격론 / proceed from ~s to blows 언쟁이 주먹다짐으로 되다 / have ~s *with* a person *about* something 어떤 일로 남과 언쟁하다.
6 (one's ~) 약속, 보증; (…에 대한/…이라는) 맹세(의 말)[서언](*for*/*that* 圖). 7 (단수형으로; 보통 관사 없이) 기별, 소식, 뉴스, 전갈. ¶bring a person ~ 남에게 소식을 전하다 / leave ~ 전갈을 남기다 / *W~ came that she couldn't come.* 그녀가 올 수 없다는 전갈이 있었다. 8 (the ~, one's ~) (…의/…하라는) 명령, 지시(*for*/*to do*). ¶*His ~ is law.* 그의 명령은 절대적이다 // *He gave them the ~ to fire.* 그는 그들에게 발포(하라는) 명령을 내렸다. 9 (the ~) 암호말(password), 암호. ¶demand the ~ 암호를 대라고 요구하다. 10 (~s) (곡에 대한) 가사, (연극의) 대사. ¶a book of ~s 대본(臺本). 11 (the W-) (신학) (하느님의 말씀으로서의) 성서(Bible); (그리스도의 칭호로서의) 로고스, 하느님의 말씀(Logos); 복음(Gospel). ¶the ministers of the W- 하느님 말씀의 봉사자, 성직자. 12 (고어) 속담; 좌우명, 표어(motto). 13 (컴퓨터) 워드, 기계어(machine ~).
a good word 솔깃한 이야기, 좋은 소식; 추천, 알선.
a man of few [*many*] *words* 말이 적은[많은] 사람.
a man [*or* **woman**] *of his* [*or* **her**] *word* 약속을 지키는 사람.
at a [*or* **one**] *word* ① 한마디로, 말하자마자. ¶*At a ~ he came to my room.* 말하자마자 그는 내 방으로 왔다. ② =*in a word*.
a word and a blow 말하기가 바쁘게 주먹질하기, 재빠른 행동. 〔이야기.
a word in a person's ear 내밀한 말, 귓옆말, 비밀
a word in [*out of*] *season* 때에 알맞은[알맞지 않은] 말, 적절한[적절치 못한] 말.
a word to the wise 현명한 자에의 조언, 명언.
A word with you. 잠깐 말씀드릴 것이 있는데요.
be as good as one's word 약속을 지키다.
be better than one's word 약속 이상의 것을 하다.
be not the word for it 적절한 말[표현]은 아니다.
beyond words 더 말할 나위 없이.
big words 자랑; 허풍.
bitter words 심한[과격한] 말.
break one's word 약속을 깨뜨리다[어기다].
bring word that... …이라고 전(갈)하다.
by word of mouth 구두로(orally). 〔다.
come to (**high**) *words* 격론이 되다, 언성이 높아지
eat [*or* **swallow**] *one's words* 먼저 한 말을 취소하다, 자신의 잘못을 인정하다.
fair words 감언, 달콤한 말.
from the word "go" ⇒GO.
get a word in (*edgewise* [*or* *edgeways*]) (남이 한창 말하고 있는데) 무어라고 참견하다.
get the word (들은 말을) 이해[납득]하다.
give a person one's word for [*that...*] …을 [..

이라고] 남에게 보증하다; 추천하다.
give [or **pass**] *one's* **word** 약속하다, 언질을 주다.
give the word for [*to do*] …의[…하라는] 명령을
give words to …을 말로 나타내다. ┃내리다.
God's Word; the Word of God 성서; 하느님의 말씀; 그리스도.
hang on *a person's* **words; hang on the words of** *a person* 남의 말을 열심히 듣다.
have a word to say 솔깃한 말이 있다.
have a word (with) (…와) 잠깐 이야기를 하다; (…에게) 잔소리를 하다.
have no words for [*or to do*] …을 표현할 방법이 없다.
have[*or* **get, say**] **the final word** 최후의 결단[결정]을 내리다.
have words with (구어) …와 언쟁[논쟁]하다. ⇨圄 5.
high [*or* **hot, warm, sharp**] **words** 격론, 언쟁.
in a few words 간단히 말하면, 요컨대. 「short).
in a [*or* **one**] **word** 한마디로 말하면, 요컨대(in
in other words 바꿔 말하면, 즉. 「도식입적으로.
in so many words 확실하게; 간결히, 요령있게; 하게
in these words 이렇게 말하고, 이런 말로.
in word 입으로는, 말로는(閥 in deed). ¶He is honest *in* ~ *and* in deed. 그는 언행이 성실하다.
in words of one syllable 간단히[솔직히] 말하면.
keep *one's* **word** 약속을 지키다.
leave word with [*for*] 남한테[을 위해] 전갈을 남기
make words (부정문에서) 말하다. ┃다.
Mark my words! 내 말 잊지 마잘 들어 둬]!(경고·협박의 말)
My word!; Upon my word! (英) (놀람을 나타내어) 이런!, 어머나!, 정말!, 이것 참!, 뜻밖인데!
my word upon it 맹세코, 틀림없이.
not be the word for it 적절한 말[평]이 아니다.
not breathe a word of ⇒ BREATHE.
not have a good word (*to say*) **for** …에 반대[부정적]이다.
not have a word to throw at a dog 통해 있다.
not mince words ⇨ MINCE.
on *one's* **word** ① 맹세코, 확실히, 꼭. ② (놀람을 나타내어) 이런, 어머나, 정말.
on [or **with**] **the word** 그 말이 끝나기가 무섭게, 그렇게 말하자마자. ¶With the ~, he gave me the sack. 그는 그렇게 말하고 곧 나를 해고했다.
put in [*or* **give**] **a** (**good**) **word for** …을 칭찬하다, 추천하다, …을 위해서 한마디 거들다.
put in a word 말참견하다.
put into words 말로 나타내다.
put words into *a person's* **mouth** ⇒ MOUTH.
say a (**good**) **word for** = *put in a* (*good*) *word*
send word 전언(傳言)하다. 「*for*.
Sharp's the word! 서둘러라!
suit the action to the word 말한 대로 실행하다.
swallow *one's* **words** 말을 얼버무리다; = *eat one's words*.
take *a person* **at his word; take** *a person's* **word** (**for it**) 남의 말을 그대로 믿다[곧이 듣다]. ¶I'll *take* your ~ *for it*. 너의 말을 믿겠다.
take [*or* **have**] *a person's* **word for it that...** 남의 말을 (곧이)대로 믿고 …이라고 생각하다.
take the words out of *a person's* **mouth** ⇒ MOUTH.
take (**up**) **the word** (뒤를 이어 또는 남대신) 이야기를 시작하다, 논하다; 믿다 (*for*).
the last word ① 최후의 말, 결정적인 말; 마지막 결론 (*on*). ¶have the last ~ 논의에서 상대를 이기다; 마지막 단안을 내리다. ② (구어) 최신 유행의 것(*in*).
There is no other word for it. 딱 들어맞는 표현이다.
through word of mouth = *by word of mouth*.
too (**funny**) **for words** 말할 수 없을 만큼 (웃기는).
upon my word = *on one's word*.
weigh *one's* **words** 신중하게 말하다[쓰다].
word for [*or* **by**] **word** 한마디 한마디, 축어적(逐語的)으로(literally). 「퓨터에 대한) 명령.
word of command (英) (교련 등에서의) 구령; (컴
word of honor 명예를 건 약속[언명], 맹세.
word to my mother (美속어) 맹세코 정말이야.
—囤 (~**s** [-z]) 囤 **1** …을 말로 표현하다, 말로 나타내다. ¶a carefully ~ed address 신중하게 말을 쓴 연설. **2** (濠속어) …에게 미리 알리다, 경고하다. —㉮ (고어) 이야기하다. 「말을 하다.
—囤 (美속어) 사실을 분명히 말하다; 의미있는
—囤 (美구어) 유행의, 멋있는, 근사한.

wórd àccent = word stress.
word·age [wə́ːrdidʒ] 囤 **1** (집합적) 말. **2** 어휘, 용어수(數) **3** 불필요한 수다. **4** 용어의 선택, 어법.
wórd associàtion 囤 어연상(語聯想), 언어 연상.
wórd associàtion tèst 囤 (심리) 어연상(語聯想) 검사(언어의 연상에 의한 성격·정신 상태의 검사).
word-blind [⁴bláind] 囤 글자를 읽지 못하는, 실독
wórd blíndness 囤 = alexia. 「증(失讀症).
word·book [wə́ːrdbùk] 囤 단어집, (간단히) 사전; (가극의) 대본(libretto).
word-build·ing [⁴bìldiŋ] 囤 = word-formation.
wórd clàss 囤 (문법) 어류(語類), 품사.
wórd dèafness 囤 (병리) 어롱증(語聾症).
wórd-dèaf 囤
wórd èlement 囤 (언어) 단어의 요소(연결형 따위).
word-for·ma·tion [⁴fɔːrmèiʃən] 囤Ⓤ (언어) 단어의 형성, 조어법(造語法).
word-for-word [⁴fərwɔ́ːrd] 囤 (번역 따위) 축어적인. ¶a ~ translation 축어역(逐語譯), 직역.
wórd gàme 囤 어구놀이, 낱말놀이(철자 바꾸기나 Scrabble 따위).
word-hoard [⁴hɔ̀ːrd] 囤 (개인의) 어휘.
wórd hòund 囤 단어 수집가. 「(법) (phrasing).
word·ing [wə́ːrdiŋ] 囤Ⓤ 말씨, 용어(diction), 표현
***word·less** [wə́ːrdlis] 囤 **1** 말없는, 말을 못하는. **2** 무언의, 침묵하는; 과묵한, 말수가 적은. **3** 말로 나타낼 수 없는, 표현할 길이 없는. **4** (음악에) 가사가 붙지 않은. ~·**ly** 囤. ~·**ness** 囤
word-lore [⁴lɔ̀ːr] 囤 **1** 단어와 그 어원의 연구. **2** (특정 언어의) 어휘와 그 역사. 「는 사람.
word-man [⁴mæn] 囤 말의 명수, 말을 교묘하게 하
wórd mèthod 囤 (언어의) 단어 중심 교수법.
word-of-mouth [⁴əvmáuθ] 囤 구두의(oral), 구전의, 말로 전하는. ¶~ advertising 입으로 전해서 하
wórd òrder 囤 어순(語順). 「는 선전.
wórd pàinting 囤 (그림처럼) 생생한 묘사[서술].
wórd pàint·er 囤
word-per·fect [⁴pə́ːrfikt] 囤 (英) = letter-perfect.
wórd pícture 囤 = word painting.
word-play [wə́ːrdplèi] 囤 **1** 말다툼, 설전(舌戰). **2** 익살, 결말, 재담, 교묘한 언사. 「처리(의)(② WP).
wórd procèssing 囤 워드 프로세싱(의), 문서
wórd pròcessing ùnit 囤 = typing pool.
wórd pròcessor 囤 워드 프로세서(문서 처리를 목적으로 하는 컴퓨터 프로그램 또는 컴퓨터 시스템); 워드 프로세서 사용자.
word-sign [⁴sàin] 囤 낱말을 나타내는 기호(+ (plus), —(minus) 따위).
words·man·ship [wə́ːrdzmənʃìp] 囤 문장 기술[작법]. (또는 **wórdsmàn**)
word·smith [wə́ːrdsmiθ] 囤 말솜씨가 좋은 사람; 문장가; 카피라이터(copywriter). 「말씨의 까다로움.
wórd splítting 囤 말 뜻을 너무 세밀하게 구별하기,

wórd square 圈 1 말의 정방형의 배열, 사각 연어(四角連語)(세로로 읽으나 가로로 읽으나 같은 말이 되도록 배열한 정방형의 어표(語表)). 2 (~s) (단수취급) 사각 연어.

```
C R A B
R A R E
A R T S
B E S T
```
(word square)

wórd stress 圈 단어 강세[악센트].

Words·worth [wə́ːrdzwə̀ːrθ/ -wəθ] 圈 워즈워스. 1 **Dorothy** ~ (1771-1850; 영국의 작가). 2 **William** ~ (1770-1855; 영국의 시인; 계관 시인).

Words·worth·i·an 圈 **Words·worth·i·an·ism**

wórd wàtcher 圈 언어 관찰자, 언어 수집가 (익살) 언어학자, 사전 편집자.

wórd wràp 圈 [컴퓨터] 워드 랩[워드 프로세서나 전자 타이프라이터에서 행(行) 끝에 넘치는 단어를 자동으로 개행(改行)하는 기능].

word·y [wə́ːrdi] 圈 1 말[말수]이 많은, 다변의(verbose), 장황한. ¶ a ~ speaker 수다스러운 말꾼 / His style is too ~. 그의 문체는 너무나 장황하다. 2 말의, 말에 관한(verbal). ¶ ~ warfare 설전, 논쟁.

wórd·i·ly 튀 **wórd·i·ness** 圈

‡**wore** [wɔːr] 통 wear¹,² 의 과거.

‡**work** [wəːrk] 圈 1 일, 노동; 공부, 연구, 과제(on); 작업[일]의 양). ¶ manual ~ 육체 노동 / a man of all ~ 만능가 / school ~ 학업 / do a person's dirty ~ for him 남의 부학거리 되어서 일을 하다, 허드렛일을 하다 / after a day's ~ 하루의 일을 마치고 / through hard ~ 열심히 일하여 / be behind in[or with] one's ~ 일이 처지고 있다 / All ~ and no play makes Jack a dull boy. (속담) 공부만 시키고 놀리지 않으면 바보가 된다; 놀 때는 놀고 공부할 때는 공부해라.

2 직 (생활을 위한) 일(자리), 일터, 회사, 직(職), 직업. ⇒OCCUPATION 유의어 ¶ look for ~ 일자리를 찾다 / get [or find] ~ 일자리를 얻다 / be dismissed from ~ 해고당하다 / His ~ is welding. 그는 용접공이다. / What time do you go to (your) ~? 몇 시에 일하러 가느냐?

3 (종종 ~s) 행위, 행동(deed), 소행, 짓(act); 직 활동, 작용, 일하는 솜씨[品], 방법. ¶ mighty ~s 기적 / skillful ~ 능숙한 솜씨 / a man of good ~ 선행자.

4 직 성공; (집합적) 성공물, 공예품. ¶ a fine piece of ~ 아름다운 수예품.

5 직 (하고 있는) 일(특히 바느질·편물 따위); (일의) 재료, 도구. ¶ Bring your ~ to my room. 일감을 내 방으로 가져오너라.

6 (노력·노동·활동의) 성과, 성적; (…에 대한) 결과, 효과. 7 (문학·예술 따위의) 작품, 저작물, 제작품. ¶ literary ~s 문학 작품 / his latest ~ 그의 최근 작품 / the ~s of Rodin 로댕의 작품 / a new ~ on English linguistics 영어학에 관한 새로운 저작. 8 (발효에 의한) 거품(foam). 9 (흔히 ~s) (기계의) 움직이는 부분, 장치(mechanism). ¶ the ~s of a clock 시계의 장치[구조]. 10 (~s) [고어·속어] (동물의) 내장(內臟). 11 (~s) (단·복수 동급) (종종 복합어로) 공장, 제작소. ¶ an ice ~s 제빙 공장 / The ~s is [or are] closed. 그 공장은 휴업하고 있다. 12 (~s) 토목[건축] 공사. ¶ public ~s 공공 토목 공사 / the Ministry of Works (英) 건설부. 13 (종종 ~s) 방어 공사, 보루, 요새(要塞); (빌딩이나 다리 따위의) 건축물, 건조물. 14 (~s) 전(全)공정, (요리·미용 따위의) 전과정; 부속품 일습; 도구(기구) 한 세트. ¶ a car with the whole ~s 부속품 일습이 달린 자동차. 15 [물리] 일, 작업량. 16 (~s) [신학] (신의 은총을 믿고 실행하는) 행위, 일, 선행, 공덕.

(all) in the [or **a**] **day's work; all part of the day's work** (구어) 아주 당연한 일(로).

at work 일하는, 직장에서, 작업중인; 활동하는. ¶ The plant is at full ~. 그 공장은 완전 가동중이다.

a work of art 미술품. (비유적) 예술품.

be too much like hard work (오락·놀이 등이) 마치 중노동 같다, 너무 힘들다.

fall [or **get**] **to work** =go to work.

get the works (美속어) 되게 혼나다, 얻어맞다, 심한 욕을 보다; 피살되다.

give a person the (whole, entire) works ① (속어) …에게 가능한 한의 일을 해주다, …에게 모두 밝히다[주다]. ② 남을 되게 혼내주다; 남을 죽이다.

go to work 일을 시작하다, 작동하기 시작하다, (…에) 착수하다(on, to, to doing).

gum up the works (속어) 바보 같은 짓을 하다, 실수를 저지르다, 망쳐놓다.

have one's **work cut out (for** one**)** (구어) 힘에 겨운 일을 맡고 있다, 아주 바쁘다; (일을 마무리하는 데) 힘을 저지르다, 망치놓다.

in full work 꼬박 일하여, ¶ 매우 고생하다, 애먹다.

in good work 벌이가 좋은 일을 하여.

in the works (구어) 진행[준비]중인, 제작중인.

in work 일을 가지고 있는, 취직한; 손을 댄.

make (a) work 혼란시키다, 야단 법석을 떨다; 일을 할당하다(for), (…의) 일을 하다.

make light [**hard**] **work of** [or **with**] …을 가볍게[어렵게] 해치우다[생각하다].

make sad work of it 실수를 저지르다.

make short [or **quick**] **work of** [or **with**] …을 재빨리 해치우다, 간단하게[척척] 처리하다.

of all work 잡일의, 잡용(雜用)의.

off work (병 따위로) 일을 쉬고 있는, 결근하여.

out of work 실직한; (기계가) 고장난.

put a person **to work** 남에게 일을 시키다.

set about one's **work** 일에 착수하다.

set to work =go to work.

shoot the works (美속어) 성패를 운에 맡기고 모험하다; 전력[최선]을 다하다.

the works of God; God's works 대자연(nature).

throw a spanner [or **monkey wrench**] **in** [or **into**] **the works** (진행중인) 계획을 망쳐놓다.

—통 (~ed [-t], wrought) 재 1 일하다, 작업하다(labor); 공부하다(at, on). ¶ We ~ 40 hours a week. 우리들은 1주에 40시간 일한다 / (~+前+名) ~ for peace 평화를 위해서 일하다 / ~ on a case 사건을 조사하다 / It is difficult to ~ with him. 그와는 함께 일하기가 어렵다.

2 근무하다, 취직해 있다(at, in, for). ¶ He is not ~ing now. 그는 지금 실직중이다 // (~+前+名) ~ at a small shop 작은 가게에서 일하다 / ~ in a bank 은행에 근무하다.

3 (기계 따위가) 움직이다, 작동하다(operate). ¶ This watch is not ~ing. 이 시계는 가지 않는다.

4 (약 따위가) 작용하다, 듣다(on); (계획 따위가) 잘 되어 나가다. ¶ (~+副) The plan ~ed pretty well. 계획은 꽤 성공했다 / (~+前+名) These pills will ~ on you. 이 약은 너에게 효과가 있을 것이다.

5 (애써서 서서히) 움직이다; (해사) (돛배가 바람을 거슬러) 나아가다. ¶ (~+副) We were compelled to ~ back. 우리는 되돌아가 일할 수밖에 없었다.

6 (차차) …이 되다[움직이다](to). ¶ (~+補) The nails have ~ed loose. 못이 느슨해졌다 // (~+前+名) The wind ~ed round to the west. 풍향이 차차 서쪽으로 바뀌었다. 7 (얼굴 따위가) 실룩실룩 움직이다, 경련하다; (바다가) 심하게 파도치다; (해사) (선체가) 사나운 파도에 시달리다 난항하다. ¶ (~+前+名) Her face ~ed with emotion. 그녀의 얼굴이 흥분해서 실룩거렸다. 8 (…에) 세공을 하다, 세공되다(in); 바느질하다, 수놓다. ¶ (~+前+名) ~ in bamboo 죽세공(竹細工)을 하다. 9 (물건이) 다루어지다, 만들어지다. ¶ (~+副) The soft wood ~s easily. 무른 나무는 가공하기가 쉽다 / This dough ~s slowly. 이 가루 반죽은 시간이 걸린다. 10 (마음·물결이) 동요하다, 술렁거리다. ¶ The sea ~s high. 바다가 사납게 물결친다. 11 발효(醱酵)

하다(ferment).
— 囲 1 〔기계 따위〕를 움직이다, 운전〔조작〕하다, 다루다(operate). ¶ ~ a keyboard 키보드를 치다 / ~ one's fingers[jaws] 손가락[턱]을 움직이다.
2 〔사람·가축 따위〕를 쓰다, 일하게 하다. ¶ ~ one's employees hard 종업원을 혹사하다 // (~ + 图 + 圃) My mother ~ed herself ill. 어머니는 과로하여 병나셨다.
3 (p. pp. 종종 wrought) 〔어떤 상태〕가 되게 하다, …을 초래하다, 일으키다; …에 (어떤 상태)를 가져오다. ¶ The storm wrought much damage. 폭풍우는 많은 피해를 가져왔다 // (~ + 图 + 圃) He ~ed himself free of the ropes. 그는 묶였던 밧줄에서 빠져나왔다 // (~ + 图 + 图) ~ oneself into favor with a person 남에게 잘 보여 호감을 사다.
4 〔계획 따위〕를 실행하다, 실시하다. ¶ ~ a scheme 계획을 실행하다.
5 …을 경영하다, (집안 일)을 처리하다; (토지)를 경작하다, (광산)을 채굴하다. ¶ ~ a farm 농장을 경영하다.
6 〔외판원 등이〕 …에 담당 범위로 하다. ¶ a salesman who ~s that city 그 도시를 담당하고 있는 판매원. 7 …을 손보다, 〔가루〕를 반죽하다, 개다, 〔쇠〕를 단련하다. ¶ ~ dough[butter] 밀가루 반죽[버터]을 이기다. 8 (p., pp. 종종 wrought) …을 이겨서 (…)을 만들다(into), …으로 세공하다. ¶ a jewel wonderfully wrought 훌륭하게 세공된 보석 // (~+图+图) ~ clay into a vase 찰흙을 이겨서 꽃병을 만들다. 9 〔애써서〕 …을 나아가다, 〔노력하여〕 …을 얻다. ¶ (~ + 图 + 前+图) ~ oneself into a crowd 군중속으로 간신히 끼어들다. 10 (p., pp. 종종 wrought) …에게 작용하다, (작용하여) (남)을 설득하다, 움직이다, 꾀어내다. ¶ (~+图+前+图) ~ oneself into a rage 격노하다 / ~ an audience into enthusiasm 청중을 열광시키다.
11 〔구어〕 〔남〕을 속이다; 〔관계 따위〕를 잘 이용하다. ¶ ~ one's connection 연고 관계를 이용하다. 12 …을 꿰매다, 짜다, 뜨다; (…에/…을) 자수(刺繡)하다(on / with). ¶ (~+图+前+图) She ~ed a bag with a rose. 가방에 장미를 수놓았다. 13 …을 발효시키다. 14 〔나무〕를 접목시키다 (on). 15 (동물에게) 재주를 부리게 하다. 16 〔얼굴 등〕을 씰룩거리게 하다.
be worked off one's feet 혹사당하다.
work a door (漆속어) (매춘부가) 문앞에서 유객하다.
work against …에 반대하다; …에 불리하게 되다.
work around …을 피하여 일하다. 〔 〕기다.
work around to 겨우 …에 착수하다, …할 시간이 생기다.
work at …에 종사하다, …에 관계하다; …을 공부하다. ¶ ~ at Korean history 한국 역사를 공부하다.
work away 계속 일하다, 열심히 노력하다 (at).
work back (漆속어) 초과 근무하다.
work both ways 어느 쪽에나 유용하다, 양용이다.
work double tides ⇒TIDE. 〔등〕을 인하하다.
work down (조작하여) 내리다(into, over); 〔가격
work in [or **into**] ① (교묘하게) …을 집어넣다, 끼우다, 섞다; …에 배어들게 하다; 배어들다, 스며들다. ¶ ~ in a joke 농담을 삽입하다. ② …을 위해서 시간을 내다.
work...into the ground 〔구어〕 혹사하다; 〔美구어〕
work in with …와 조화하다; 협력〔협조〕하다. ¶ They ~ed in with one another. 그들은 서로 협력했다.
work it [or **things**] (속어) (부정한 방법으로) 어떻게 해보다, 손을 쓰다; 잘 해내다.
work it out 해답을 내다.
work off ① (운동을 해서) 〔군살 따위〕를 빼다, 없애다; 〔…을〕 끝내다, 마무르다. ¶ ~ off one's debt 벌어서 빚을 갚다. ② 〔분노 따위〕를 발산하다. ¶ He often ~s off his bad temper on his wife. 그는 자주 아내에게 화풀이를 한다. ③ (교묘하게) …을 억지로 시키다[떠맡기다]. 〔美구어〕 〔재귀용

법으로〕 …을 가장하다. ④ (아픔 따위가) 차츰 가시다, 없어지다.
work on [or **upon**] ① =work away. ② …에 효력〔효과〕이 있다; …에게 작용하다. ③ 설득하다. ¶ I'll ~ on him. 그를 설득해 보겠다. ④ …에 착수하다, …을 연구하다.
work oneself to death 과로로 죽다, 과로사하다.
work oneself up to (구어) …을 앞두고 마음의 준비를 하다, 각오하다.
work one's fingers to the bone 열심히 일하다.
work one's way 일〔고생〕하면서 나아가다; 일하면서 여행하다; 고학하다. ¶ ~ one's way through college 고학으로 대학을 졸업하다.
work one's will upon …을 소원대로 행하다.
work on(to) …에 (서서히) 끼우다〔덮어 씌우다〕.
work out ① …을 성취하다, 가져오다; 〔계획 따위〕를 세우다. ② 〔문제 따위〕를 풀다, 계산하다. ¶ ~ out a sum 합계를 내다. ③ 〔금액 따위가〕 총계 …로 산출되다 (at, to); 〔문제 따위가〕 풀리다. ¶ The cost ~s out at one hundred dollars a head. 비용은 1인당 100달러가 된다. ④ 〔빚·벌금 따위〕를 〔현금 아닌〕 노역(勞役)으로 갚다. ⑤ 〔광산 따위〕를 모조리 파다; 〔문제〕를 논할 만큼 다 논하다. ⑥ 〔서츰 바위 따위가〕 차츰 나오다. ⑦ 〔계획 따위가〕 효력을 내다; (사태 따위가) 결국 …으로 되다. ¶ a plan that will not ~ out 실효성이 없는 계획 / Things did not ~ out as we had expected. 일은 우리들이 생각〔기대〕했던 대로 되지 않았다. ⑧ (운동 선수 등이) …을 연습하다; 리허설하다; 운동하다, 몸을 단련하다. ⑨ 〔美구어〕 타관에 가서 벌이를 하다.
work out for the best 결국은 잘 되다.
work over ① …을 철저하게 조사하다. ¶ ~ over many dictionaries 많은 사전을 철저히 살펴보다. ② 〔美속어〕 (자백시키기 위해서) 〔남〕을 사정없이 때리다, 혼내 주다. ③ …을 다시 만들다, 고쳐 하다.
work through (바늘 등)을 꿰다; 〔법률 등〕을 통과시키다. 〔 〕키다.
work to …을 좇아〔지키고〕 작업을 하다〔일을 진행시
work to rule 〔英〕 준법 투쟁을 하다.
work toward(s) …을 지향하여 노력하다.
work up ① (노력하여 서서히) …을 만들어내다, 〔명성 따위〕를 노력하여 쌓아올리다. ¶ ~ up a high reputation 명성을 쌓아올리다. ② (애써서) 조금씩 나아가다, …으로 되다 (to). ¶ ~ up to a conclusion 차츰 결론에 도달하다. ③ …을 (…까지) 흥분〔격앙〕시키다 (to), …을 흥분시켜 (…상태로) 만들다 (into); 〔우호 관계 따위〕를 육성하다. ¶ He was then ~ed up. 그때 그는 흥분해 있었다 / ~ up an audience into enthusiasm 청중을 열광시키다. ④ …을 개다, 반죽하다, 섞다. ⑤ 〔재료〕를 섞어서 만들어내다 (into). ⇨ 8. ⑥ 〔계획 따위〕를 짜다, 〔이야기 따위의 줄거리〕를 만들어내다. ⑦ 〔문제 따위〕를 철저히 조사하다, 〔 〕대상으로 하다.
work with ① …와 함께 일하다. ② …을 연구〔작업〕
work·a·ble [wə́ːrkəbl] 圈 1 운용〔활용〕할 수 있는, 운전할 수 있는. 2 〔계획 따위가〕 실행할 수 있는. ¶ a plan 실행 가능한 계획. 3 (토지가) 경작 가능한, 경작에 알맞은, (광산 따위가) 채굴 가능한. 4 가공〔세공〕할 수
-bíl·i·ty, ~·ness 〔 〕있는.
work·a·day [wə́ːrkədèi] 圈 1 일하는 날의, 평상일의. ¶ ~ clothes 평상복. 2 평범한, 하찮은, 재미없는; 무미 건조한. ¶ this ~ world 이 평범한 세상.
work·a·hol·ic [wə̀ːrkəhɔ́ːlik, -hɑ́l-/-hɔ́l-] 명 일 중독자, 일벌레. —명 일벌레의, 작업 중독의.
work·a·hol·i·cism [wə̀ːrkəhɔ́ːlisìzm, -hɑ̀l-/ -hɔ̀l-] 명 =workaholism.
work·a·hol·ism [wə́ːrkəhɔ̀ːlizm, -hɑ̀l-/-hɔ̀l-] 명 〔Ｕ〕 일 중독.
work·a·like [wə́ːrkəlàik] 圈 1 꼭 닮은 제품, 유사

품. 2 소프트웨어에 호환성이 있는 컴퓨터 기종. ― 휑 (컴퓨터의) 기계친화성, 소프트웨어의 호환성이 있는.

wórk àrea 명 [컴퓨터] 작업 영역(데이터의 계산이나 결과의 일시적인 저장을 위해 확보되어 있는 영역).

work·a·round [wə́ːrkəràund] 명 예비 수단, 차선책, 대안.

work·bag [wə́ːrkbæ̀g] 명 도구[재료] 주머니, 작업 주머니.

work·bas·ket [wə́ːrkbæ̀skit/-bɑ̀ːs-] 명 작업 용구 바구니; 반짇고리.

work·bench [wə́ːrkbèntʃ] 명 (목공 따위의) 작업대, 세공대.

work·boat [wə́ːrkbòut] 명 작업선, 공선(工船)(배 안에 생선의 가공 시설을 갖춘 어선).

work·book [wə́ːrkbùk] 명 1 과목별 학습 지도 요령; (학습용의) 연습장, 워크북. 2 (업무) 규칙서, 규준서, 업무 수첩. 3 작업 계획[기록]서.

work·box [wə́ːrkbɑ̀ks/-bɔ̀ks] 명 도구[작업] 상자, 반짇고리.

wórk càmp 명 강제 노동 수용소; (종교 단체 등의) 봉사 캠프; (젊은이에게 농업 등을 체험시키는) 하계 합숙.

wórk clòthes 명 작업복.

wórk cùrve 명 작업 곡선.

work·day [wə́ːrkdèi] 명 일하는 날, 작업일, 취업일, 평일; 하루의 노동 시간. ¶a seven-hour ~ 1일 7시간의 노동 시간. ― 휑 =workaday.

worked [wəːrkt] 휑 1 가공[세공]된, 제작된; 수를 놓은, 장식이 된; 고안된; 채굴[경작]된; 운영[경영]된. 2 피곤한, 지친.

worked-up [[']Λ́p] 휑 =wrought-up.

work·er [wə́ːrkər] 명 (⑧ ~s [-z]) 1 일하는 사람, 작업[공부]하는 사람; 노동자; 세공장이, 장인(匠人), 직공, 공원. ¶a hard ~ 근면한 사람/the ~s 노동자 계급.

[유의어] **worker** 육체적·정신적을 불문하고 일해서 생계를 유지하는 사람; 넓은 뜻으로는 손·두뇌를 써서 생산적인 일을 하는 사람. **workingman** 시간급[일급, 주급]제 등으로 임금을 버는 노동자 계층의 한 사람. **workman** 보통은 손으로 하는 일에 종사하는 사람. **laborer** 기술보다도 체력을 필요로 하는 노동에 종사하는 사람.

2 (어느 분야의) 연구자; …운동가[활동가] (in). 3 (옛 소련에서의) 농민과 군인 이외의) 일반 시민. 4 [곤충] 일개미(~ ant), 일벌(~ bee). 5 [인쇄] (인쇄에 사용되는) 전주판(電鑄版).   [노동자.

work·er-di·rec·tor [-diréktər] 명 (英) 관리직

work·er-own·er [wə́ːrkəròunər] 명 (종업원 지주(持株) 제도(ESOP)에 의한) 사원 주주.

wórker participàtion 명 (기업 경영에의) 노동자 참가, 노사 협의제. (또는 **wórkers' participátion**)

wórkers' compensátion 명 노동자 재해 보상 (금·제도).   [합 (상점).

wórkers' co-óperative 명 노동자 생활 협동 조

wórk èthic 명 노동[근로] 윤리, (근로를 선(善)으로 보는) 노동관.

work·fare [wə́ːrkfɛ̀ər] 명 노동 복지 계획, 노동 후생일을 하거나 직업 훈련을 받는 조건으로 국가가 제공하는 복지 원조). [<work+welfare]

wórk fàrm 명 (미성년 범죄자·단기 수용 경범 죄수의) 작업 농장.   [료.

work·fel·low [wə́ːrkfèlou] 명 작업 동료, 직장 동

work·flow [wə́ːrkflòu] 명 (한 회사·부서·피고용인을 기준으로 한) 작업량, 일거리의 유입[유출]량.

work·folk(s) [wə́ːrkfòuk(s)] 명(⑧ [집합적] (임금) 노동자, 농장 노동자.

wórk fòrce 명 (the ~) 작업 요원, 전종업원; 노동 인구, 노동 인원[인력].

wórk fùnction 명 [물리] 작업 함수(函數).

wórk hárden 통 (타) 금속을 가공 경화(硬化)하다. **wórk hárdened** 휑 일로 단련된.

work·horse [wə́ːrkhɔ̀ːrs] 명 1 (승마용·경마용에 대하여) 짐말, 일말, 사역마. 2 부지런히 일하는 사람; 내구력이 있는 기계[차].

work-hour [[']àuər] 명 (종종 ~s) 노동[근무]시간.

work·house [wə́ːrkhàus] 명 (the ~) 감화원; (英) 구빈원(救貧院).

work-in [[']ìn] 명 노동자에 의한 직장[공장] 점거(관리)(폐쇄하려는 공장을 점거하여 노동자가 자주적으로 관리하는 노동 쟁의의 일종).

‡**work·ing** [wə́ːrkiŋ] 명 (⑧ ~s [-z]) 1 UC 일, 작업, 활동. ¶the ~ of one's fancy 상상력의 작용. 2 U 작업, 조작, 운전, 운용, 운영. ¶the ~ of a machine [company] 기계의 운전[회사의 운영] 3 UC 제작, 세공; 제작 과정. 4 U (문제의) 해결, 계산. 5 (보통 ~s) (광산 따위의) 채광, 채굴장, 갱. 6 U (효모 따위의) 발효(작용). 7 U 노력하여 [애써] 나아가기, 차츰 나아가기. 8 U (얼굴·손·발 따위의) 실룩거림, 경련. 9 (전차 따위의) 운전일(日).

give a person a (good) working over …을 심하게 꾸짖다; …을 때려눕히다.

― 휑 1 일하는, 작업을 하는, 노동에 종사하는. ¶the ~ population 취업 인구/a ~ plan 작업 계획. 2 실무의, 경영의, 운영상의. ¶~ expenses 운영비. 3 실제로 도움이 되는, 작용하는. ¶the ~ knowledge of French 프랑스어의 실용적인 지식. 4 실물대(實物大)의. 5 (식사 따위가) 작업중에 하는. 6 (얼굴·손·발 따위가) 경련을 일으키는, 실룩실룩 움직이는. 7 (효모 따위가) 발효하는. 8 마무리 가공의.   [용한다.

have...working for one …이 자기에게 유리하게 작

wórking àsset 명 (회계) 운전 자산.   [사.

wórking brèakfast 명 (일을 화제로 하는) 아침 식

wórking càpital 명 1 운전[영업] 자본. 2 [회계] (자산에서 부채를 뺀) 실제 운전 자본, 순운전 자금. 3 유동 자본(liquid capital)(⑧ fixed capital).

wórking clàss 명 노동자 계급. **wórk·ing-clàss** 휑

wórking committee 명 운영[실무] 위원회.

wórking cóuple 명 맞벌이 부부.

wórking dày 명 =workday.

wórk·ing-day [-dèi] 휑 =workaday.

wórking dìnner 명 (일을 화제로 하는) 실무 만찬.

wórking dòg 명 사역견(썰매 끄는 개·경비견 따위).

wórking dráwing 명 (공사의) 시공도(施工圖); (기계의) 공작도.

wórking flúid 명 [역학] 작업[동작] 유체(流體).

wórking gírl 명 근로 여성, 일하는 여성; (俗) 매

wórking gróup 명 =working party.   [춘부.

wórking hóurs 명 노동[근무] 시간.

wórking hypóthesis 명 작업 가설(假說).

wórking knówledge 명 실제적으로 쓸모 있는[실용적인] 지식.

wórking lòad 명 [기계] 사용 하중(荷重).

wórking lúnch 명 (일회의)하면서 드는 점심.

*__work·ing·man__ [wə́ːrkiŋmæ̀n] 명 (⑧ -men [-mèn]) 1 노동자, 공원, 장인(匠人), 직공, ⇨WORKER [유의어] 2 (美속어) 트럭 운전사.

wórking mèmory 명 [심리] 작동 기억; [컴퓨터] 계산 도중의 결과를 고속으로 기억하는 장치.

wórking módel 명 실용(實用) 모형.

wórking órder 명 (기계 따위의) 순조로운[정상적인] 가동 상태.   [는 **wórking òut**

work·ing-out [-àut] 명 U 계산; 세부 마무리, (또

wórking pápers 명 (⑧) 취업 조서[調書]; (美) (미성년자 등의) 취로 증명서; [회계] 감사 조사서.

wórking párty 명 1 작업반. 2 실무 작업팀; 분과회, 분임조. 3 (英) 노사(勞使) 공동 위원회.

wórking páttern 명 노동 형태.

wórking stíff 명 (속어) (일반) 노동자.

wórking stòrage 명 [컴퓨터] 작업 기억 영역.

wórking stréss 명 [기계] 사용[허용] 응력(應力).

wórking títle 〔명〕 (제작중의 영화·소설 작품 등의) 가제(假題).
wórking wèek 〔명〕 =workweek.
work·ing-wom·an [wə́ːrkiŋwùmən] 〔명〕 여성 노동자, 근로 여성.
wórk ísland 〔명〕 작업도(島)(각자가 자주성이 자주 일을 수행하는 근로자 그룹).
work·less [wə́ːrklis] 〔형〕 일이 없는, 실직중의; (the ~) 〔집합적〕 실업자. **~·ness** 〔명〕 작업량, 일량.
wórk lòad 〔명〕 (사람·기계가 일정 시간에 처리하는) 작업량, 일량.
‡**work·man** [wə́ːrkmən] 〔명〕 **-men** [-mən]) 1 손으로 일하는 사람, 직공, 장인(匠人). ⇒ WORKER 유의어. ¶a skilled ~ 숙련공/An ill ~ quarrels with his tools. 〔속담〕 서투른 목수가 연장 나무란다. 2 노동자, 일하는 사람. ¶a ~ on a railway 철도원. **~·less** 〔형〕
work·man·like [wə́ːrkmənlàik] 〔형〕 직공다운[기질이 있는]; 일 잘하는, 솜씨 있는; 기교에 치우치는.
work·man·ly [wə́ːrkmənli] 〔형〕 =workmanlike. — 〔부〕 장인답게, 솜씨 있게.
*__**work·man·ship** [wə́ːrkmənʃip] 〔명〕U 1 (직공의) 솜씨, 기량. 2 (제품의) 만듦새, 완성된 품, 솜씨. ¶be of good ~ 좋은 솜씨다. 3 세공, 작품.
work·mate [wə́ːrkmèit] 〔명〕 〔英〕 =workfellow.
wórkmen's compensátion 〔명〕 =workers' compensation.
wórk òrder 공정(工程) 경로, (흐르는) 작업 공정.
*__**work·out** [wə́ːrkàut] 〔명〕 1 〔경영〕 기업 개선 작업, 워크 아웃. 2 (운동 경기의) 연습, 트레이닝; 연습 경기. 3 체조, 운동. 4 〔美속어〕 힘든[지치는] 일. 5 〔美속어〕 때려눕힘. 〔改修〕.
work·o·ver [wə́ːrkòuvər] 〔명〕 (유정(油井)의) 개수
work·peo·ple [wə́ːrkpìːpl] 〔명〕〔集〕〔집합적〕 노동자, 종업원(employees).
wórk pérmit 취업 허가(증). 〔제작품〕.
work·piece [wə́ːrkpìːs] 〔명〕 (기계로) 가공중인 제품.
work·place [wə́ːrkplèis] 〔명〕 직장; 작업장, 일터.
work·print [wə́ːrkprint] 〔명〕 〔영화〕 편집 완료 프린트(영화의 최초의 포지티브 프린트).
wórk récord 〔명〕 경력.
work·re·lease [-rilìːs] 〔명〕 노동 석방(수형자를 매일 출근시켜 노동하게 하는 사회 적응 제도).
work·room [wə́ːrkrùː(ː)m] 〔명〕 작업실, 공방(工房).
wórk rùles 〔명〕〔복〕 (노동 협약에 의한) 취업 규칙.
wórks còuncil[committee] 〔명〕 〔英〕 (노동자 대표의) 공장 협의회; 노사 협의회.
work-shar·ing [-ʃɛ̀əriŋ] 〔명〕 워크셰어링(한 직장의 일을 전원이 나누어 노동자에게 주어지는 노동 시간을 단축하고 실업자를 줄이는 노동 관리 형태).
wórk shèet 〔명〕 작업 계획표; 작업표; 연습 문제 용지; 〔회계〕 시산표(試算表). 〔'는, 의지가 되는.
work·shoe [wə́ːrkʃùː] 〔명〕〔美속어〕 질긴, 오래 가
*__**work·shop** [wə́ːrkʃàp/-ʃɔ̀p] 〔명〕 1 일터, 작업장, 공장. 2 〔美〕 강습회, 연구회, (공부하기 위한) 합숙.
work·shy [-ʃài] 〔형〕 일하기가 싫어하는.
wórk sìte 〔명〕 일터, 직장; 건축 현장.
wórks mànager 〔명〕 공장 주임, 생산부장.
wórk sòng 〔명〕 노동[작업]가(歌).
work·space [wə́ːrkspèis] 〔명〕 〔컴퓨터〕 워크스페이스(컴퓨터 처리 도중에 데이터를 일시 격납해 두기 위한 메모리내의 영역).
wórk státion 〔명〕 워크스테이션. 1 사무실 따위에서 근로자〔작업자〕 한 사람에게 주어지는 작업 장소. 2 〔또는 **workstation**〕 〔컴퓨터〕 특정 작업 내용에 적합한 기능을 가진 이용자 지향의 단말 장치 또는 주로 개인이 업무상으로 사용하는 범용(汎用) 컴퓨터.
wórk stóppage 〔명〕 (근로 조건 개선을 위해 종업원이 집단으로 하는) 작업 중지.
work-stud·y [-stʌ̀di] 〔명〕U (능률 향상을 위한) 노동 조건의 조사. — 〔형〕 일하면서 배우는; 체험 학습의.

wórk-stúdy prògram 〔명〕 체험 학습 과정〔과정〕.
wórk sùrface 〔명〕 =worktop. 〔재봉대.
work·ta·ble [wə́ːrktèibl] 〔명〕 작업대; (서랍이 달린)
work-to-con·tract [-tǝkántrækt] 〔명〕 〔英〕 계약상 정해진 일만 하는 태업.
work-to-hours [-tǝáuǝrz] 〔명〕 〔英〕 정규 근무 시간만 일함; 근무 시간이 끝나면 지체없이 귀가함.
work·top [wə́ːrktàp/-tɔ̀p] 〔명〕 〔英〕 (주방의) 조리대.
work-to-rule [-tǝrùːl] 〔英〕 〔명〕 준법 투쟁의. — 〔명〕 U〔또는 S〕 준법 투쟁(을 하다).
wórk tráin 〔명〕 (철도) 공사용 열차.
work·up [wə́ːrkʌ̀p] 〔명〕 1 〔의학〕 워크업(정확한 진단을 내리기 위한 각종 검사). 2 〔인쇄〕 〔인쇄면에 나타난 얼룩.
wórk vénue 〔명〕 직장. 〔난〕 오점, 얼룩.
work·wear [wə́ːrkwèǝr] 〔명〕 작업복.
work·week [wə́ːrkwìːk] 〔명〕 〔美·캐나다〕 주당(週當) 노동 시간〔일수〕. 〔여자 공원.
work·wom·an [wə́ːrkwùmən] 〔명〕 여성 노동자,
‡**world** [wəːrld] 〔명〕 (**~·s** [-z]) 1 (보통 the ~) 세계, 지구. ⇒ EARTH 유의어. ¶travel (a)round the ~ 세계 일주 여행을 하다/throughout the ~ 세계 도처에서.
2 (보통 the ~, 종종 the W~) (특정한 시대·지역의) 세계. ¶the New [Old] W~ 신[구]세계/the civilized ~ 문명세계/the ancient ~ 고대 세계.
3 (보통 the ~) 인류, 인간 (사회); (세상) 사람들, 세인(世人). ¶the opinion of the ~ 여론/The ~ honors power. 일반 세상 사람들은 권력을 존경한다.
4 (보통 the ~) 세상, 사회, 세상 물정, 세상 풍습〔관례〕. ¶a man of the ~ 세정에 밝은 사람/above the ~ 속세를 초월하여/after the ~ 세상 풍습에 따라/enter the ~ 태어나다/forsake [or shut out] the ~ 세상을 버리다/get on in the ~ 출세하다/get up in the ~ 사회적인 지위가 향상되다/know the ~ 세정에 밝다/He is in the ~, but not of it. 그는 속세에 있으면서도 속세에 물들지는 않는다/The ~ goes very well with me. 만사 잘 돼나가고 있다.
5 (집단으로서의) 세계, …계(界); 상류 사회, 사교계. ¶the academic ~ 학계/the woman's ~ 여성계/the fashionable ~; the great ~ 사교계/withdraw from the ~ 사교계에서 은퇴하다.
6 (보통 the ~) (자연계의 구분으로서의) 계(界). ¶the animal [vegetable, mineral] ~ 동물[식물, 광물]계. **7** (보통 the ~) 이승, 저승, 현세, 이 세상. ¶this ~ 이승/another ~; the ~ to come 저승/the ~ above 하늘나라/the lower ~ 지옥; (천국에 대한) 지상(地上)/go to a better ~ 타계(他界)하다/too good for this ~ 이 세상의 것으로는 생각할 수 없을 만큼 좋은. **8** (보통 the ~) 대우주, 천지, 우주; 모든 것, 삼라만상(森羅萬象); …의 우주. ¶the creation of the ~ 천지 창조/the ~ of the microcosm 소우주/I would give the ~ to know it. 그것을 알 수 있다면 무엇이든 주겠다.
9 (a ~, the ~) 다수, 다량(of). ¶do ~s [or a ~] of good 많은 선행(善行)을 하다/It cost me a (whole) ~ of trouble. 그것은 내게는 아주 골칫거리였다. **10** 크고 넓게 펴짐, 무한. ¶a ~ of water 대양, 대해원(海原)/There is a ~ of space in Texas. 텍사스 주는 매우 넓다. **11** (일반적으로) 천체, 행성. ¶the starry ~ 별의 세계, 별나라. 〔싸워.
against the world 전세계를 적으로 돌리고, 세상과
(all) the world and his wife 〔익살〕 누구나 다.
all the world over; all over the world 온 세계에서. 〔상태로는.
as the world goes 세상에서 흔히 말하듯이; 지금
a world too... 너무나 …한.
be all the world to [or **for**] …에게 있어서 무엇과도 바꿀 수 없는 것이다.
before the world 공공연히.
begin the world; go out into the world 사회에

World Bank

나아가다, 실사회에 진출하다.
be not long for this world 죽어가다, 오래가지 않다.
bring...into the world [아이]를 낳다(give birth to).¶She brought two children *into the* ~. 그녀는 2명의 아이를 낳았다.
carry the world before *one* 곧 대성공을 거두다.
come [or ***go***] ***down in the world*** 영락하다.
come into [or ***to***] ***the world*** 태어나다; (저서 등이) 출판되다.
come [or ***go***] ***up in the world*** 출세하다.
dead to the world ① 의식을 잃고; 푹 잠들어; 돈에 취하여. ② 건성으로. ③ 지쳐서.
for all the world like [or ***as if***] 꼭, 아주, 흡사하여. ¶He looks *for all the* ~ *like* his brother. 그는 어느 모로 보나 형을 꼭 닮았다.
give to the world 세상에 내놓다, 출판하다.
give worlds [or ***the world***] (구어) (…을 위해서라면) 어떤 일도 서슴지 않는다 (*for, to do*).
go around the world (美俗語·卑語) 상대방의 돈 구석구석까지 키스하다. 「다
have the world against *one* 전세계를 적으로 삼
have the world before *one* 전도가 양양하다.
How goes the world with you? 어떻게 지내십니까?; 경기는 어떻습니까?
in a world of *one's own*; ***in a world by*** *oneself* 자기 혼자의 세계에 들어박혀; (속어) 독선으로.
in the world ① 온 세상에서. ② (의문을 강조하여) 도대체, 대관절. ¶What *in the* ~ does he mean? 도대체 그는 무슨 말을 하려는 거지? ③ (부정을 강조하여) 전혀, 조금도. 「세상 참 좁구나
It's a small world. (구어) 넓고도 좁은 게 세상이다.
live out of the world 남과의 교제를 피하다.
make a noise in the world ⇒NOISE.
make the best of both worlds 이해가 상반되는 두 가지 일의 일치를 피하다.
make the worst of both worlds 두 생활[행동] 사고] 방식에서 제일 나쁜 것만 합쳐 갖다. 「*for*]
mean the world to =*be all the world to* [or
not...for (***all***) ***the world***; ***not...for worlds***; ***not...for anything in the world*** (美口語) 결코 …이 아니다[하지 않다].
on top of the world ⇒TOP¹.
out of this [or ***the***] ***world*** 월등히 좋은, 아주 멋진
see the world 세상 여러 가지를 경험하다, 세상을 알다. 「출세하다
set the world on fire 눈부신 성공을 거두다, 크게
set the world to rights (구어) 천하를 논하다, 호언 장담하다, 기염을 토하다.
take the world as it is [***as*** *one finds it*] (세상 일을 그대로 받아들여) 현재의 추세에 순응하다.
the best of both worlds 물심 양면의 이득; 일거
the prince of this world 악마. 「양득
the whole wide world (구어) 세상의 모든 곳.
the wide world 이 광대한 세상[세계].
The world is *one's* ***oyster.*** 세상이 다 제것이다, 만사가 뜻대로다. 「(명리, 정욕, 사심)
the world, the flesh, and the devil 세속의 유혹
think the world of …을 대단히 소중히 여기다(칭찬)
to the world (속어) 완전히, 아주. 「하다].
to the world's end ① 세계의 끝까지. ② 세상이 다할 때까지, 영원히. 「관찰하다
watch the world go by 신변에서 일어나는 일을
world on *one's* ***shoulders*** [or ***back***] 세계의 무게, 중대한 책임, 큰 심로(心勞).
worlds apart (구어) (생각 따위가) 아주 동떨어져[달라]
world without end 영원히, 영원한. 「뮤직의.
── 形 (한정용법) 세계의, 온 세계의, 세계적인; 월드
Wórld Bánk 名 (the ~) 세계 은행(정식 명칭은 the International Bank for Reconstruction and Development(국제 부흥 개발 은행)). ⇒IBRD.
Wórld Bánk Gròup 名 (the ~) 세계 은행 그룹 (IBRD, IFC, IDA의 3기관을 합한 호칭).
Wórld Béat 名 월드 비트(world music).
world·beat·er [wə́ːrldbìːtər] 名 (美) 크게 성공한 사람; 큰 성공이 기대되는 사람. 「개량안.
Wórld Cálendar 名 (the ~) 세계력(曆)(태양력의
wórld càr 名 월드 카(세계 시장을 위한 소형차).
world-class 形 1 세계 일류의, 세계적인, 국제급의. 2 세계 일류 선수[연주가 등]를 모아 놓은.
Wórld Cóuncil of Chúrches 名 (the ~) 세계 교회 협의회(약 WCC).
Wórld Cóurt 名 (the ~) 1 상설 국제 사법 재판소 (the Permanent Court of International Justice). 2 국제 사법 재판소(the International Court of Justice).
Wórld Cúp 名 (the ~) 월드컵. 1 (축구) 1930년에 창시되어 4년마다 개최되는 세계 선수권 대회; 그 우승배. 2 (기타 스포츠에서) 세계 선수권 대회.
Wórld Económic Fòrum 名 (the ~) 세계 경제 포럼(스위스의 Davos에서 열림). 「영어, 국제
wórld Énglish 名 (때로 W- E-) 세계 영어, 국제
Wórld Environméntal Dày 名 (the ~) 세계 환경의 날(매년 6월 5일). 「fair.
wórld expositíon 名 (종종 W- E-) =world's
world-fa·mous [-féiməs] 形 세계적으로 유명한. (또는 **wórld-fámed**)
wórld féderalism 名 세계 연방주의.
wórld féderalist 名 세계 연방주의자.
Wórld Federátion of Tráde Únions 名 (the ~) 세계 노동 조합 연합(약 WFTU). 「(략 이사회.
Wórld Fóod Còuncil 名 (the ~) (UN) 세계 식
Wórld Gámes 名(복) 월드 게임, 세계 경기 대회(올림픽 비(非)경기 종목을 대상으로 4년마다 개최).
Wórld Héalth Organizàtion 名 (the ~) (UN) 세계 보건 기구(약 WHO). 「名 ⇒WIPO.
Wórld Intelléctual Próperty Organizàtion
Wórld Ísland 名 (the ~) 세계도(島)(아시아·유럽·아프리카의 총칭).
wórld lánguage 名 세계어, 국제어.
wórld líne 名 (물리) (상대성 이론에서) 세계선(線).
world·ling [wə́ːrldliŋ] 名 속인, 속물.
‡**world·ly** [wə́ːrldli] 形 (**-li·er; -li·est**) 1 이 세상의, 속세의, 세속의; 세속적인, 명리(名利)를 추구하는, 속된 (⇔ spiritual). ⇒EARTHLY (유의어) ¶~ cares[or affairs] 세속(俗事) / ~ wisdom 세속의 지혜, 세재(世才) / ~ ambitions 세속적인 야심 /a ~ man 속인. 2 (성직자에 대해) 속인의, (교회에 대해) 속세의.
of the world, worldly 아주 속된.
── 副 속되게, 세속적으로.
-li·ness 名(U) 속됨; 속심(俗心); 속취(俗臭).
world·ly-mind·ed [-máindid] 形 세속적인, 명리를 좇는, 속물 근성의. **~·ness** 名 「에 능한.
world·ly-wise [-wáiz] 形 세상 물정에 밝은, 처세
Wórld Meteorológical Organizàtion 名 (the ~) (UN) 세계 기상 기구(약 WMO).
wórld músic 名 월드 뮤직(세계 각 지역, 특히 제3 세계의 민족 음악을 배합한 대중 음악).
wórld ócean 名 (the ~) 세계양(태평양·대서양·인도양으로 이어진 전체).
wórld póint 名 (물리) (상대성 이론에서) 세계점(點).
wórld pówer 名 세계적 강국, 대국; 세계적[국제적] 조직. 「초연(初演).
wórld premíere 名 (연극·영화·음악 따위의)
Wórld Séries 名 (the ~) 월드 시리즈. 1 (야구) 미국의 National League와 American League의 우승팀 간에 행해지는 일련의 시합. 2 (w- s-) (일반적으로) 세계 선수권 (대회). (또는 **World's Series**)

Wórld Sérvice 圀 (the ~) BBC의 단파에 의한 국제 방송.
wórld's fáir 圀 세계 박람회.
world-shak·ing [´ĕikiŋ] 圀 세계를 놀라게 하는; 매우 중대한.
wórld's óldest proféssion 圀 (the ~) 매춘.
wórld sóul 圀 세계 영혼, 우주령. [soul.
wórld spírit 圀 1 (종종 W- S-) 신(God). 2 = world
Wórld Tóurism Organizàtion 圀 세계 관광 기구(약 WTO).
Wórld Tráde Cènter 圀 (the ~) 세계 무역 센터 (New York 시에 있는 110층 쌍둥이 건물로 2001년 9월 11일 항공기 테러로 붕괴).
Wórld Tráde Organizàtion 圀 (the ~) 세계 무역 기구(1995년 창설; 약 WTO).
world-view [´vjù:] 圀 세계관.
wórld wár 圀 세계 대전.
Wórld Wár Ⅰ [-wán] 圀 제1차 세계 대전(1914–18).
Wórld Wár Ⅱ [-tú:] 圀 제2차 세계 대전(1939–45).
world-wea·ry [´wìəri] 圀 세상이 싫어진, 염세적인, (특히) 물질적 쾌락에 질린. **-ri·ness**
‡**world-wide** [´wáid] 圀 세계적인, 세계 속의, 세계속에 퍼진. ¶ ~ fame 세계적인 명성.
Wórld Wíde Fúnd for Náture 圀 (the ~) 세계 자연 보호 기금(약 WWF).
Wórld Wíde Wéb 圀 [컴퓨터] 월드 와이드 웹(Internet의 멀티미디어 정보 검색 서비스; 약 WWW, Web, W3). ③ Web site
‡**worm** [wə:rm] 圀 (목 ~s [-z]) 1 벌레(지렁이·회충·촌충·구더기 따위). ¶ have ~s 회충이 있다/Even a ~ will turn. = Tread on a ~ and it will turn. (속담) 지렁이도 밟으면 꿈틀한다/The early bird catches the ~. (속담) 일찍 일어나는 새가 벌레를 잡는다. 2 (동작·외관이) 벌레 비슷한 것. 3 (구어) (벌레같은) 한심스러운 인간, 가련한 인간. 4 (증류기의) 나선관(管); 나선 모양의 것. 5 (기계) 웜(웜 톱니바퀴를 움직이는 나선 나사); 나사의 산. 6 마음을 좀먹는 것, 고통, 고뇌. ¶the ~ of conscience 양심의 가책. 7 (~s) (단수취급) [병리] 기생충병. 8 (해부) (소뇌의) 충엽체(蟲葉體). 9 (~s) (복수취급) (야금) (금속 표면에 보이는) 물결무늬, 금이 간 곳. 10 [컴퓨터] 웜(시스템에 숨어 들어가서 기능을 파괴시키는 프로그램).
be [or **feel like**] **a worm** 원기가 없다, 기운이 없다.
be [or **become**] **food** [or **meat**] **for worms** 벌레들의 먹이가 되다, 죽다.
have a worm in *one's* **tongue** 트집을 잡다, 딱딱거리다.
the worm in the apple [or **bud**] **(of)** (…을) 못 쓰게 만드는 [파괴하는] 것(없음).
— 冏 (~s [-z]) ⓘ 1 (벌레처럼) 천천히 나아가기, 기듯이 나아가다, 기다(creep)(through). 2 교묘히 비위를 맞추다(into). ¶ (~+冏+名) He ~ed into his teacher's favor. 그는 교묘히 비위를 맞추어 선생님의 마음에 들게 되었다. 3 (야금) (금속·도자기 따위 표면에) 금이 생기다. 4 (새 따위가) 지렁이 따위를 찾다. 5 지렁이로 물고기를 잡다.
— 冏 1 (~ one's way, ~ oneself) (…을/…에서) 천천히 나아가게 하다; …을 점점 늘어가게 하다(through, under/out of). ¶ ~ one's way out of a crowd 군중 속에서 빠져나오다. 2 (비밀 따위)를 교묘히 캐내다 (from, out of), ¶ ~ a secret out of [from] a person 남에게서 비밀을 캐내다. 3 (체내)에서 기생충을 구제하다, …의 벌레를 없애다. ¶ ~ a dog 개의 벌레를 구제하다. 4 (해시)(밧줄에) 덧감기를 하다. 5 (보통 수동형으로) (의복·나무 따위)를 벌레가 먹게 하다.
worm *oneself* **into** 교묘히 …의 비위를 맞추다, …의 환심을 사다. ¶ She ~ed herself into his confidence. 그녀는 교묘히 비위를 맞추어 그의 신뢰를 얻었다.
´-ish, ´-less, ´-like 圀
WORM [wə:rm] 圀 [컴퓨터] (데이터는) 한 번만 써 넣을 수 있는 광디스크. (<write once, read mostly)
worm·cast [´mkæst/-kà:st] 圀 지렁이 똥.
worm-eat·en [´i:tn] 圀 1 벌레 먹은. 2 낡아빠진, 케케묵은, 완전히 썩어버린(decayed).
worm·er [wə́:rmər] 圀 (조수(鳥獸)용) 구충제.
worm·er·y [wə́:rməri] 圀 (낚시 미끼용) 벌레 사육장.
wórm fènce 圀 = snake fence.
worm-fish·ing [´fìʃiŋ] 圀 지렁이 낚시(지렁이 미끼의 낚시질).
wórm-food [´fùd] 圀 ⓘ [美속어] 구더기 밥, 송장.
wórm gèar 圀 [기계] 1 = worm wheel. 2 웜 기어(웜과 웜 톱니바퀴로 된 전동 장치).
worm·hole [wə́:rmhòul] 圀 (종이나 목재의) 좀 구멍; (땅의) 벌레 구멍, **-hòled** 圀 벌레 구멍이 있는.
worm·seed [wə́:rmsì:d] 圀ⓒⓊ (식물) 세멘시나; 그 꽃봉오리(구충제); 구충 효과가 있는 씨.

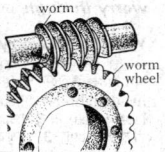
[worm gear 2]

wórm's-eye víew [wə́:rmzài-] 圀 아래서 올려다본 경관[관찰, 견해], 충각도(蟲角圖), 앙시도(仰視圖).
wórm snàke 圀 (미국 중부·동부산(産)) 지렁이뱀.
wórm whèel 圀 [기계] 웜 톱니바퀴. [뇌.
worm·wood [wə́:rmwùd] 圀 1 쑥속(屬). 2 ⓤ 고 뇌.
worm·y [wə́:rmi] 圀 1 벌레가 낀, 벌레로 못 쓰게 된. ¶ a ~ apple 벌레 먹은 사과. 2 벌레 같은; 한심스러운, 비굴한, 천한. **wórm·i·ness** 圀
‡**worn¹** [wɔ:rn] 圀 wear¹의 과거분사. ¶ (입어, 써서) 낡은; 닳아 해진, 헌 옷. 2 지친, 여윈, 수척한(wearied).
worn² 圀 wear²의 과거분사.
*****worn-out** [´áut] 圀 1 닳아 해진, 써서 낡은, 헌. ¶ an old ~ suit 낡아빠진 헌 양복. 2 지친, 녹초가 된. 3 진부한, 흔해 빠진. ¶ a ~ joke 진부한 농담.
*****wor·ried** [wə́:rid, wʌ́r-/wʌ́r-] 圀 난처한, 당황한; 걱정스러운. ¶ a ~ look 당황한 표정.
wor·ri·er [wə́:riər/wʌ́r-] 圀 괴롭히는 사람; 잔걱정을 많이 하는 사람. [걱정없는, 태평한.
wor·ri·less [wə́:rilis/wʌ́r-] 圀 고생을 하지 않는,
wor·ri·ment [wə́:rimənt/wʌ́r-] 圀 (구어) 걱정, 고생; 걱정거리.
wor·ri·some [wə́:risəm/wʌ́r-] 圀 1 귀찮은, 성가신(worrying). ¶ a ~ question 성가신 문제. 2 잔걱정을 하는, 끙끙거리는. **-ly** 圀 **-ness** 圀
wor·rit [wə́:rit/wʌ́r-] 圀ⓘ⑥ (英방언) =worry.
‡**wor·ry** [wə́:ri, wʌ́ri/wʌ́ri] 圀 (-ries [-z]) ⓘ 1 걱정(근심)하다, 고민하다, 안달하다, 속타다(about, over). ¶ (~+前+名) ~ over one's husband's health 남편의 건강을 걱정하다/There's nothing to ~ about. 아무 걱정거리가 없다// (~+that節) He is ~ing that he may have made a mistake. 그는 잘못하지 않았나 하고 걱정하고 있다. 2 어떻게든지 뚫고 나아가다, 이럭저럭 나아가다, 애써서 나아가다(움직이다)(along, through). ¶ (~+前+名) An old man was ~ing up the slope. 노인은 힘들여 비탈을 오르고 있었다. 3 (英방언) 교살되다.
— 冏 1 …을 괴롭히다, 걱정시키다, …을 속태우게 하다, …에 귀찮게[성가시게] 조르다(about, over, to do, that節). ⇒BOTHER 유의어 ¶ His prolonged absence worried his wife. 그는 오랫동안 돌아오지 않아 아내를 걱정시켰다// (~+冏+前+名) Don't ~ yourself about such a thing. 그런 일로 걱정하지 마라. 2 (개 따위가) …을 물고 흔들어대다, 물고 늘어져서 괴롭히다. ¶ The wolf worried the sheep. 이리가 양을 물고 흔들어댔다. 3 …의 위치를 조절하다. 4 (英방언) (목)을 조르다, 교살하다.

worry beads

I should worry! (美구어) (반어적) 조금도 상관없다!
Not to [or ***No***] ***worry.*** (英구어) 걱정할 것 없다, 신경쓰지 마라.
worry along 애써 나아가다, (그럭저럭) 해나가다.
worry aloud 불평하다, 투덜대다(*about*).
worry *a person* ***to do*** 남에게 …해달라고 조르다.
worry *a thing* ***out of*** (집요하게 들추어) (동물을) 구멍에서 내몰다; (정보 등을) …에게서 얻어내다.
worry oneself 고민하다.
worry out (문제를 고심해서 풀다[생각해내다].
worry through 고생하며 나아가다, 노력 끝에 성취하다.
You should worry! (구어) (반어적) 전혀 걱정할 필요 없다!
— 图 (图 ***-ries*** [-z]) 1 ⓤ 걱정, 근심, 불안, 잔걱정. ⇨CARE [유의어] ¶*He was distraught with ~ over his daughter's disease.* 그는 딸의 병으로 몹시 심란했다. 2 (보통 -ries) 걱정거리, 고민거리. ¶*household worries* 가정의 고민. 3 걱정하기[시키기], 고민하기[시키기]. 4 (사냥개 따위가) 사냥감을 물고 흔들어대기. 「는 염주.
wórry béads 图图 손으로 만지작거리며 긴장을 푸
wor·ry·ing [wə́:riiŋ/wʌ́r-] 图 귀찮은, 성가신, 잔걱정이 많은. ¶*have a ~ time* 조바심하다. **~·ly**
wor·ry·wart [wə́:riwɔ̀:rt/wʌ́r-] 图 (구어) 사소한 일로[쓸데없이] 걱정하는 사람.
‡**worse** [wə:rs] 图 (bad, ill의 비교급) 1 더 나쁜, 보다 나쁜, (품질 따위가) 떨어진; 더 서투른. ¶*This is even ~ than that.* 이것은 저것보다 더 나쁘다/*The food is bad, and the service is ~.* 요리는 형편없고, 게다가 서비스는 더욱 나쁘다. 2 형편이 더 나쁜, 더욱 불리한; 더 해로운, 더욱 마음에 들지 않는. ¶*The things are getting ~ and ~.* 사태는 점점 악화되어 가고 있다. 3 (건강 상태가) 악화된, 전보다 나쁜. ¶*He is the ~ for his visit to the hot spring.* 그 온천에 갔다오더니 도리어 더 나빠졌다.
(and) what is worse 설상가상으로.
be none the worse for …에도 불구하고 같은 상태이다. ¶*He is none the ~ for the accident.* 그는 그 사고를 당했어도 아무렇지도 않다.
be the worse for …때문에 더 나빠지다. ⇨图 3.
be worse than …정도가 아니다; 전혀 …하다. ¶*be ~ than useless* 백해무익하다.
be worse than *one's* ***word*** 약속을 어기다.
so much the worse 그만큼 더 나쁜.
the worse for drink [or ***liquor***] 술에 취하여.
the worse for wear 입어서 닳은, 써서 낡은; 지쳐 버린; 다친; (구어) 술취한.
to make matters worse =(*and*) *what is worse*.
worse luck ⇨LUCK.
— 图 (badly, ill의 비교급) (图 better¹) 1 더 나쁘게, 보다 나쁘게. ¶*She sings ~ than ever.* 그녀의 노래는 전보다 더 서투르다. 2 더 호되게, 더 심하게. ¶*I want the job ~ than you do.* 너보다 내가 더 절실히 그 일자리를 구하고 있다.
be worse off 지내기가 어렵다, 형편이 나쁘다.
can [or ***could, might***] ***do worse than*** (***to***) *do* (반어적) …하는 것도 나쁘지 않다.
none the worse for …에도 불구하고 똑같이, 변함없이. ¶*She liked him none the ~ for being lazy.* 그는 게으르지만 그래도 그녀는 여전히 그를 좋아한다.
think none the worse of *a person* 역시 남을 존경하다. ¶*I think none the ~ of him because he is my rival.* 그가 나의 경쟁 상대이지만 그를 존경하는 마음에는 변함이 없다. 「야기가 있다.
— 图ⓤ 더욱 나쁨. ¶*W– remains to tell.* 더 나쁜 이
for better or (for) worse 좋든 나쁘든.
for the worse 나쁜 쪽으로, 악화되어. ¶*take a turn for the ~* 더 악화하다.
go from bad to worse 점점 악화되다.

worst

have the worse 지다, 패배하다.　　　　　　　「는.
if worse comes to worst 최악의[만일의] 경우에
or [or ***and***] ***worse*** 더 나쁜 것.　　　　　　　「다].
put a person to the worse 남을 지우다[당황케 하
wors·en [wə́:rsn] 图⑩ …을 보다 나쁘게 하다, 악화시키다. — 图 악화하다. **~·ing** 악화, 저하
‡**wor·ship** [wə́:rʃip] 图ⓤ 1 (신·신성한 것에 대한) 숭배; 예배, 전례(典禮), 제례. ¶*the ~ of idols* 우상숭배/*nature ~* 자연 숭배. 2 (일반적으로) 존경, 경모, 예찬. ¶*hero ~* 영웅 숭배/*the ~ of success* 입신출세 예찬. 3 존경[경애]의 대상. 4 (W–) (英) (보통 your, his 따위와 함께 경칭으로) 각하. ¶*His W– the Mayor of T·T*시장님(*2인칭으로서 부르는 말에 쓸 때는 Your W– the…로 된다). 5 (고어) 훌륭한 품격, 명예로운 지위, 명예. ¶*a man of ~* 귀인, 명사.
a house [or ***place***] ***of worship*** 예배당, 교회.
have worship 세상의 존경을 받다.
public worship 교회 예배식.
— 图 (**-p-**, (美) **-pp-**) 图 1 (신 등을) 숭배하다; 예배[참배]하다. 2 …을 존경하다, 경모하다, 예찬하다. ¶*~ money* 돈을 숭배하다. — 图 1 숭배[예배]하다; 존경[예찬]하다. 2 예배[참배]하러 가다, 기도하러 가다.
worship the ground *a person* ***walks*** [or ***treads***] ***on*** 남을 열애하고 있다, 남에게 열중하고 있다.
~·a·ble 图 **~·ing·ly** 图
****wor·ship·er** [wə́:rʃipər] 图 숭배자; 예배자, 전례(典禮) 참가자, 참배자. (또는 (英) **worshipper**)
wor·ship·ful [wə́:rʃipfəl] 图 1 숭배하는; 존경할 만한. 2 (W–) (보통 the ~) (英) (경칭으로) 명예로운. ¶*the Most [or Right] W– the Mayor of* 존경하는 …시장님. **~·ly** 图 **~·ness** 图 「하는.
wor·ship·less [wə́:rʃiplis] 图 숭배[존경]받지 못
‡**worst** [wə:rst] 图 (bad, ill의 최상급)(图 best¹) 1 (the ~) 가장 나쁜, 최악의, 가장 심한, 가장 부적당한. ¶*the ~ time to visit* 방문하기에는 가장 형편이 나쁜 시간/*the ~ result* 최악의 결과/*the ~ frost for ten years* 10년만에 처음인 심한 서리/*He is the ~ person I've ever known.* 나는 그 사람처럼 극악한 사람을 본 적이 없다. 2 가장 불완전한[결함이 많은], 제일 마음에 차지 않는[싫은]. 3 가장 해로운. ¶*be ~ for one's health* 건강에 가장 해롭다. 4 (the ~) 제일 서투른. ¶*She is the ~ player in the team.* 그녀는 팀에서 가장 서투른 선수이다.
(in) the worst way [or ***kind***] (美속어) 가장 나쁘게; (구어) 대단히, 몹시. ¶*She wanted the dress the ~ way.* 그녀는 그 드레스를 몹시 탐냈다.
— 图 (badly, ill의 최상급)(图 best¹) 1 가장 나쁘게, 최악으로; 가장 서투르게. ¶*He played ~.* 그가 제일 연주가 서툴렀다. 2 가장 심하게, 아주 지독하게. ¶*They need the subsidies ~.* 그들이 가장 그 보조금을 필요로 하고 있다.
worst of all 무엇보다도 나쁜 것은. ¶*W– of all I had no money with me.* 무엇보다 곤란한 것은 나한테 돈이 없었다는 것이다.
— 图 (the ~) 가장 나쁜 것[일], 최악(의 사태). ¶*prepare for the ~* 최악의 사태에 대비하다/*The ~ is yet to come.* 최악의 사태가 오는 것은 지금부터이다.
at one's worst 최악의 상태에.
at (***the***) ***worst*** ① =*at one's worst*. ② 아무리 나쁘게; 기껏해야. ¶*You will only be scolded at ~.* 기껏해야 너는 야단이나 맞겠지.　　　　　　　 「*worst of*.
come off (***with the***) ***worst*** =*get* [or *have*] *the*
do *one's* ***worst*** 한껏 심한 짓을 하다. ¶*Do your ~.* 무슨 짓이든 할 테면 어디 해봐.
get [or ***have***] ***the worst of*** (구어) (싸움·토론 따위에서) 패배하다, 지다.
get the worst of it 혼쭐이 나다, 참패하다.
give *a person* ***the worst of it*** 남을 패배시키다.

if (the) worst comes to (the) worst 최악의 경우에는. 관하다.
make the worst of …을 가장 나쁘게 생각하다, 비
put *a person* ***to the worst*** 남을 지게 하다.
speak[or ***talk] the worst of*** …을 깎아내리다.
The worst of it is that... 가장 곤란한 것은 …이다. ¶*The ~ of it is that* she knows nothing of the world. 제일 곤란한 것은 그녀가 전혀 세상 물정을 모르고 있다는 점이다.
── 國配 …을 패배시키다, 무찌르다.¶He *~ed* all his opponents. 그는 상대를 모두 물리쳤다.
worst-case [-kèis] 웹 최악의 경우를 가정한, 최악의 경우에 대비한(웹 best-case).
wor·sted [wústid, wэ́:rs-] 廐 ① ① 털실, 소모사(梳毛絲). **2** UC 소모 직물, 우스티드. ── 웹 털실의, 털실로 만든. ¶~ socks 털실 양말.
wort¹ [wəːrt] 廐⑪ 맥아즙(麥芽汁)(맥주의 원료).
wort² (복합어로) 초본, 풀. ¶spleenwort 차꼬리고사리속(屬)의 양치류.

‡**worth**¹ [wəːrθ] 웹 (서술용법) **1** …할 가치가 있는, …해 볼 만한(*doing*). ¶a task ~ the trouble 고생해서 해볼 가치가 있는 일/a place ~ *visiting* 한 번은 가 볼 만한 곳/*Whatever* is ~ *doing at all*, is ~ *doing well*. (속담) 적어도 해 볼 가치가 있는 일이면 훌륭히 할 가치가 있다. **2** (금전적으로) …의 가치가 있는; …와 같은 값어치의. ¶The house is ~ $150,000. 그 집은 15만 달러의 값어치가 있다/It is not ~ a straw. 그것은 한 푼의 가치도 없다/A *bird in the hand is* ~ *two in the bush*. (속담) 내 손안의 한 마리의 새는 숲 속의 새 두 마리의 가치가 있다, 남의 돈 천 냥이 내 돈 한 푼만 못하다. **3** …만큼의 재산이 있는. ¶He is ~ at least a million dollars. 그는 적어도 백만 달러의 재산을 가지고 있다.
as much as...is worth …의 가치에 맞먹을 만큼. ¶It is *as much as* his life *is ~*. 그것은 그로서는 목숨을 건 일이다.
for all one is worth (구어) 전력을 다해서; 최대한
for what it is worth 도움이 되는지(가치가 있는지), 정말인지 몰라도.
make it worth *a person's* ***while*** 남의 노고에 보답하다.
not worth the candle ⇨ CANDLE.
worth a good deal of anybody's time (英구어) (사람이) 훌륭한, 멋있는, 근사한.
worth (*a person's*) ***while*** …할 가치[보람]가 있는(*to do*, *doing*). ¶It is ~ (*your*) *while* to read[or *reading*] this book. 이 책은 읽어 볼 만하다.
worth it 그만한 가치가 있는.
worth its[or ***one's] weight in gold*** 대단히 귀중한.
worth one's salt 급료에 상응한 일을 하는.

───
(USAGE) ***worth while to do*** ── (1) worth while의 뒤에서는 동명사도 쓰이나, to-부정사를 쓰는 것이 보통이다. while은 본래 time이라는 뜻의 명사이며(웹 for *a while*), worth while *to do*[*doing*]는 「…하는데 시간을 들일 만한 가치가 있는」이라는 뜻이다. worth와 while은 긴밀하게 연결되어, worthwhile로 쓰이기도 한다.
(2) worth while의 worth는 목적어를 취하는 의사(擬似) 형용사이며 while은 그 목적어이므로, 다시 동명사를 목적어로 해서 구조 This book is ~ *while reading*.이라 하는 것은 잘못이다. 그러나 This book is ~ *while to read*.에서는 to-부정사는 worth의 목적어가 아니라 worth while에 걸리는 형용사구이기 때문에 이 문장은 옳다.
(3) It is ~ *while reading* this book.에서는 reading this book은 worth의 목적어이나 이 문장의 진주어(It은 형식 주어)이다. 마찬가지로 It is ~ *while to read* this book.에서도 *to read* this
───

book이 진주어에 상당하므로 어느 쪽이나 옳은 문장이지만 후자가 보통이다. 반대로 It is ~ *to read*[*reading*] this book.에서는 *to read*[*reading*] this book은 진주어이고 worth에는 목적어가 없으므로 이는 쪽 표현이나 잘못이다. 「법이다.
(4) worth와 while 사이에 the를 붙이는 것은 옛 어

── 廐 ① **1** (인격·품질 등의) 가치, 진가, 우수함; 금전상의 가치. ⇨VALUE 유의어 ¶individual human ~ 개인의 인간적 가치/a man of ~ 훌륭한 사람. **2** 유용성, 쓸모있음; 중요성. **3** …의 값어치만큼의 양, …에 상당하는 양. ¶twenty cents' ~ *of* candy 20센트 어치의 사탕. **4** 재산. ¶His personal ~ is estimated at three million. 그의 개인 재산은 300만 달러로 추정되고 있다.
get *one's* ***money's worth*** 치른 돈만큼 얻다.
of great [little, no] worth 매우 가치 있는[그다지 가치 없는, 전혀 가치 없는].
put[or ***get] in*** *one's* ***two cents [***or ***twopence] (worth)*** (구어) (토론 따위에서) 자기의 의견을 말하다.
worth² 廐③ (고어) 일어나다, (…에게) 닥쳐오다. (* 다음 숙어로)
Woe worth the day! 오늘은 정말 재수가 없군!
worth·ful [wэ́ːrθfəl] 웹 가치 있는, 훌륭한.
‡**worth·less** [wэ́ːrθlis] 웹 (*more* ~; *most* ~) 가치 없는, 무익한, 시시한, 쓸모없는. **~·ly** 뛰 **~·ness** 웹
‡**worth·while** [wэ́ːrθhwáil] 웹 애쓸 가치가 있는, 시간을 들일 값어치가 있는; 상당한, 훌륭한. ¶a ~ book 읽을 가치가 있는 책. **~·ness** 웹
‡**wor·thy** [wэ́ːrði] 웹 (*-thi·er*; *-thi·est*) **1** 가치 있는, 훌륭한, 존경할 만한. ¶a ~ gentleman 훌륭한 신사. **2** 값있는, …에 어울리는, 받기에 어울리는(*of*, *to do*). ¶a ~ reward 응분의 보수//a subject ~ *of* careful study 면밀히 연구할 가치가 있는 문제// something ~ *to* say 말하기에 어울리는 일. ── 廐 (復 *-thies* [-z]) 훌륭한 사람, 명사, 높으신 분들; (익살) 양반.¶local *worthies* 지방 명사들/How are you, my ~? 아, 이 양반아, 재미는 어때? **-thi·ly** 뛰 **-thi·ness** 웹
-wor·thy [wэ́ːrði] 연킵 「…할 만한, …의 가치가 있는」의 뜻. ¶noteworthy. 「형.
wot [wɑt/wɔt] 廐 (고어) wit²의 1·3인칭 단수 현재
wotch·er [wɑ́tʃər/wɔ́t-] 廐 (英속어) =hullo. (또는 watcher)
‡**would** ⇨WOULD. <p. 3128>
*****would-be** [wúdbiː] 웹 (한정용법) **1** (경멸적) 자칭의, (僞然)하는, 사이비의; 독선적인. ¶a ~ genius 자칭 천재/a ~ artist 사이비 예술가. **2** …으로 되려고 하는, …지망[예비]의. ¶a ~ wife 예비 주부. ── 廐 (경멸적) 지망자; 자칭[사이비] …. ¶opera ~s 오페라 가수 지망자.
‡**would·n't** [wúdnt] would not의 단축형.
wouldst [wudst, wutst] 廐 (고어·방언) will¹의 직설법 2인칭 단수 과거형. * 주어가 thou일 때 쓴다. (또는 **would·est** [wúdist])
‡**wound**¹ [wuːnd, (시) waund] 廐 (復 ~*s* [-z]) **1** 상처, 부상. ¶an open ~ 벌어진 상처/a mortal [or fatal] ~ 치명상/heal a ~ 상처를 치료하다/stitch a ~ 상처를 꿰매다/dress a ~ 상처에 붕대를 감다// have [or receive] a serious ~ in the shoulder 어깨에 심한 상처를 입다. **2** (명예·감정 따위를 상하게 하는) 것, (정신적인) 타격, 고통; 모욕. ¶a ~ to one's pride 자존심을 상하게 하는 것. **3** (식물 조직의) 손상, 상처.
inflict a wound upon *a person* 남에게 상처를 입히다.
lick *one's* ***wounds*** (받은 타격에서) 일어서다.
open up old wounds 묵은 상처를 건드리다.
── 廐 (~*s* [-z]) ① (남)을 상처입히다; (감정·명예 따

> would는 미래 시제 조동사 will의 과거이자, 법조동사 will의 과거이기도 하다.
> (1) 미래 시제 조동사 will의 과거로서는 간접화법 구문의 종속절과 가정법 구문의 주절에서 사용된다. will의 용법이 shall보다 광범위한 만큼 would의 용법은 should보다 광범위하다. 다만 후자의 경우 가정법 구문의 조건절에서 쓰이는 should와의 용법 차이를 구별해야 할 것이다(⇨SHOULD Ⅱ2).
> (2) 법조동사로서는 should가 shall로부터 독립된 것같는 달리 will의 과거라는 한계에서 별로 벗어나지 않는다. 다만 과거의 불규칙적인 습관을 나타내는 would가 현재의 습관을 나타내는 will과 달리 3인칭 이외의 주어에도 쓰이는 점이 두드러진다.

‡**would** [wəd, əd, d, wud] 조 (will¹의 과거형: (고어) 직설법 2인칭 단수 과거형 **wouldst**: 부정 단축형 **would·n't**)

Ⅰ. 미래 시제 조동사 will의 과거

1 a) (간접화법 피전달문에서) ¶I thought he ~ do it at once. (<"He will do it...") 나는 그가 그것을 곧 할 것이라고 생각했다(⇨WILL¹ 1 a))/I said I ~ try. 나는 해보겠다고 말했다(⇨WILL¹ 2 a))/I wished he ~ come. 나는 그가 와주었으면 좋겠다고 생각했다/He told me that he ~ be free in a few minutes. (<"I shall [or will] be....") 그는 곧 짬이 생기겠다고 나에게 말했다.

주의 직접화법에서 단순미래의 shall은, 간접화법의 피(被)전달문에서 주어의 인칭이 바뀌어도 should로 받는 것이 원칙으로 되어 왔으나, 오늘날에는 위의 예와 같이 주어의 인칭에 맞추어 he[she, you, etc.] would...로 쓰는 것이 보통이다. 또 특히 미국에서는 I [we]에도 would를 쓰는 일이 있다: I never realized that someday I ~ be living in California. 언제고 캘리포니아에서 살게 되리라고는 생각도 못해봤다. ⓢ SHALL 주의³

b) (과거의 사실에서 추측한 미래) ···가 될 것이다. ¶He was 59 years old, and ~ be 60 next year. 그는 59세였으니까 이듬해에는 60세가 될 것이었다/Then it ~ become dark, and after a while he ~ lie down. (나는 생각했다) 그리고 어두워지겠지, 그리고 조금 있으면 그는 눕겠지.

2 (가정법 과거) **a)** (단순미래) ···일 것이다, ···일 텐데. ¶It ~ be a pity if he did not see her alive. 그녀가 살아 있는 동안에 그가 만나지 못한다면 안타까운 일이지/He ~ not say that even if he knew. 설사 그가 알고 있다 하더라도 그런 말은 하지 않을 것이다/He ~ not have said that if he had known. 그가 알고 있었더라면 그런 말은 하지 않았을 텐데/If it had not been for him, I ~ have died. 만일 그가 없었더면 나는 죽었을 것이다/I ~n't worry about that. 나 같으면 그 일로 걱정하진 않겠는데(* 가정이 암시되어 있다)/I ~ have liked to see [or have seen] him. 그를 만나고 싶었는데(* 만나지 못했음을 나타낸다).

b) (의지미래) ···하겠는, ···할까 하다(하겠는). ¶I ~ do it for myself if I were you. 내가 너라면 직접 그것을 할텐데/He ~n't do that for a million dollars. 그는 100만 달러를 받아도 그런 일은 결코 하려 하지 않을 것이다/I ~ have nothing to do with it. 나는 그런 일에는 관여하지 않겠다/If you ~ understand a nation, you must know its language. 한 국민을 알고자 한다면 그 국어를 알지 않으면 안 된다.

c) (사양하는 듯한 표현·공손한 요구) 아마 ···일 것이다: ···해 주시겠습니까. ¶It ~ seem (to be) likely. 어쩐지 정말같이 생각된다, 있을 법한 일이다/W- you tell me how to write it? 쓰는 방법을 가르쳐 주시겠습니까?

Ⅱ. 법조동사 will의 과거

3 (과거의 습관·반복) (흔히) ···하곤 했었다. ¶After dinner he ~ smoke his pipe. 그는 저녁 먹은 후에 파이프 담배를 피우는 습관이 있었다/He ~ (often) take a walk in the afternoon. 그는 흔히 오후에 산책을 하곤 했다.

USAGE **would**와 **used to**── 둘 다 과거의 습관을 나타내는데, used to는 과거의 상당한 기간에 걸친 상습적 동작·상태를 나타내며 특히 과거와 현재의 차이를 대조시킨다(⇨USED). 이에 대하여 would는 「즐겨 ···(하곤) 했다」라는 감정적 색채를 띠며 과거의 우연한, 또는 불규칙한 반복 행위를 나타내어 often, frequently, sometimes, always 따위의 부사의 수반하는 일이 많다(* 현재의 습관을 나타내는 will (⇨WILL¹)은 3인칭 이외에는 거의 쓰지 않으나 과거의 습관을 나타내는 would는 3인칭 이외에도 쓴다). 또 used to는 과거의 상태에도 쓰이나 would는 동작의 반복에만 쓰이므로 다음과 같은 문장에서 used to 대신에 would를 사용할 수는 없다: He *used to* love her./There *used to* be a barbershop at the corner.

4 (주어의 의지·주장) ···하려고 했다(* 강하게 발음되며, 종종 부정문에 쓰인다). ¶He knocked at the door, but she ~n't let him in. 그는 문을 두드렸으나 그녀는 그를 들이려 하지 않았다/She had the art of pleasing anyone she ~. 그녀는 마음에 드는 사람이면 누구나 즐겁게 해주는 기술을 가지고 있었다/He never ~ have her thwarted. 그는 그녀를 낭패하게 할 마음이 전혀 없었다/He was very ill at that time, but he ~ go. 당시 그는 몹시 아팠지만 기어코 가겠다고 고집했다/She tried to open the door, but the key ~n't turn. 그녀는 문을 열려고 했지만 열쇠가 아무리해도 돌아가지 않았다(* 주어 the key의 의인화).

5 (가능성·허용성) ¶The hall ~ seat 500 people. 그 홀에는 500석의 좌석이 있다/None of his attempts ~ do for him. 그의 시도는 어느 하나도 그에게 도움이 되지 못할 것이다/That ~ scarcely be fair. 그런 행동은 정당하다고는 할 수 없겠다.

6 (소원) ···하고 싶다. ¶I ~ sooner [or rather] try to get off than stay with them. 그들과 함께 있기 보다는 도망쳐 버리는 것이 낫겠다/W- (to) God that I were a bird. 새라면 좋을 것을/Do to others as you ~ be done by. (속담) 남에게 대접을 받고자 하는 대로 남을 대접하라.

7 (추측) 아마 ···일 것이다. ¶I don't know what it ~ be. 그것이 무엇인지 나는 알 수 없다/That's what most men ~ say. 대부분의 사람들은 아마 그렇게 말할 것이다/A man who wanted to live a worthy life ~ not waste even a fraction of a moment. 가치 있는 인생을 보내고 싶은 사람이라면, 한 순간이라도 허비하지는 않을 것이다.

8 (가능성) ···일 수 있을 것이다. ¶No stone ~ shatter the glass. 어떤 돌을 던져도 그 유리는 깨지지 않을 것이다.

I would fain *do* (시·고어) 기꺼이 ···하고 싶다.
I wouldn't... (구어) 나라면 ···하지 않겠다. ¶I ~n't worry about that. 나 같으면 그런 걱정은 않겠다.
would best *do* ···하는 것이 최선이다.

would just as soon *do* **(as look at you)** (구어) …하는 것쯤 아무렇지도 않게 생각하다. ¶He ~ *just as soon* break his promise. 그는 아무렇지도 않게 약속을 어긴다.

위)를 상하게 하다. ⇨INJURE [유의어] (~+目+前+名) The bullet ~*ed* him *in* the shoulder. 탄환이 그의 어깨에 상처를 입혔다. —⓪ 상처내다. ¶willing to ~ 악의 있는. **~·less** 형

wound² [waund] 동 wind²,³의 과거·과거분사.

‡**wound·ed** [wúːndid] 형 **1** 상처를 입은, 부상한. ¶a ~ hand 다친 손. **2** (감정 따위의) 손상된. —명 (종종 the ~) (집합적) 부상자. ¶~ *in action* 전상자(戰傷者)(⑧ WIA).

wound-up [wáundʎp] 형 긴장[흥분]한.

‡**wove** [wouv] 동 weave의 과거·과거분사.

‡**wo·ven** [wóuvən] 동 weave의 과거분사.

wóve pàper 명 비쳐보이는 그물눈의 무늬가 든 종이. 图 laid paper

‡**wow¹** [wau] (구어) 동타 **1** (관중 등)을 흥분시켜 떠들썩하게 하다, …으로부터 우레와 같은 갈채를 받게 하다; …의 환심을 사다. **2** …로 크게 성공하다, 히트시키다. —명 대성공, (특히 연극 따위의) 대히트; (와 하고 소리칠 만큼) 멋진 여자. —감 야, 와, 저런, 아이구(놀람·기쁨·고통 따위를 나타낸다). —형 훌륭한, 굉장한.

wow² 명 와우(녹음기 따위의 회전이 고르지 못한 데 생기는 음의 변화). 图 flutter

wow·ser [wáuzər] 명 (濠) **1** 청교도적 결백가, 지나치게 근엄한 사람; 절대 금주주의자. **2** 흥을 깨는 사람.

wow·ser² 명 와 하고 탄복케 하는 것(일). [람.

wów signal 명 (우주) 우주에서의 이상 전파[신호].

wp word processing; word processor. **wP., wp** (야구) wild pitch(es). **w.p.** wastepaper; weather permitting; wire payment; without prejudice; working pressure.

W/P, w/p [dʎbljuːpíː] 명 (美) (성적의) 합격 평가 (합격점을 취득했으나 학과 이수를 중지한 학생에게 매기는 평점). [《*w*ith*d*rawn *p*assing]

WPA (美) Work Projects Administration(공공 사업 촉진국).

W pàrticle 명 (물리) W입자(⑦ W⁺, W⁻).

WPB War Production Board(전시 생산국); wastepaper basket. **wpc** watts per candle. **WPC** (英) woman police constable. **WPI** (경제) Wholesale Price Index(도매 물가 지수). **wpm** words per minute(1분간의 타자 속도). **wpn** weapon. **WR** warehouse receipt; Wassermann reaction; Western Region; West Riding(Yorkshire 주의 일부).

WRAC Women's Royal Army Corps(영국 육군 여군 부대).

wrack¹ [ræk] 명 **1** 난파선; (난파선의) 표류물. **2** ⓤ (물가에 밀려 올라온) 해초. **3** ⓤ 파멸, 파괴.

go to wrack and ruin 파멸하다.

wrack² 명 (중세의) 고문대; 고문. —동타 …을 고문 하다.

wrack·ful [rækfəl] 형 =ruinous.

WRAF [ræf/rɑːf] Women's Royal Air Force(영국 공군 여군 부대).

wraith [reiθ] 명 **1** (사람이 죽기 전후에 나타난다는) 생령(生靈), **2** (일반적으로) 허깨비, 유령. **3** (실체가 없는) 그림자 같은 것, 환영. **~·like** 형

***wran·gle** [rǽŋgl] 동자 (…와/…에 대하여) (격하게) 말다툼하다, 언쟁하다 (*with* / *about*, *over*). —타 **1** …을 설복하다, 토론해서 …시키다. **2** (美) (소·말)을 지키다, 돌보다. —명 언쟁, 말다툼, 논쟁.

wran·gler [rǽŋglər] 명 **1** 말다툼하는 사람, 논쟁자. **2** (英) (이전 Cambridge 대학에서) 수학 학위 시험의 제1급 합격자(图 optime). **3** (美) 가축을 지키는 사람, 카우보이(cowboy).

would like to do =(I[We]) SHOULD *like to do*.

would rather ⇨RATHER 부 **2**.

You wouldn't [or **couldn't**] **(do that)!** (구어) (당신이) 설마 그럴 리가!

‡**wrap** [ræp] 동 (**~*ped*** [-t], **~*t***; **~·*ping***) 타 **1** (의류 따위로) (몸)을 싸다, 둘러[감]싸다(*up*) (*in*, *with*). ¶ (~+目+副) (~+目+前+名) ~ *oneself up in* a blanket 담요를 둘러쓰다. **2** …을 싸다, 포장하다. ¶Shall I ~ the gift? 선물을 포장할까요? **3** …을 휘감다, 감다 (*up*). ¶ (~+目+前+名) ~ paper *round* a thing 물건을 종이로 싸다. **4** (덮개 따위로) …을 싸다, 보호하다(*up*). **5** (손수건·기 따위)를 접다, 접다 (*up*). ¶~ *up* a napkin 냅킨을 접다. **6** (영화·TV) (영화·프로그램)의 촬영을 완료시키다. **7** …을 덮어싸다, 덮어 가리다 (*in*). ¶ (~+目+副+前+名) The building was ~*ped in* flames. 건물은 불길에 휩싸였다. **8** (심리적·감정적으로) …을 완전히 말려들게 하다 (*up*). **9** (구어) …을 칭찬하다(*up*).

—자 **1** (옷 따위)에 몸을 싸다, 두르다(*up*) (*in*). ¶W— *up* warm when you go out. 외출할 때는 옷을 따뜻하게 입어라. **2** 감기다 ((*a*)*round*). ¶ (~+前+名) A vine ~*s round* the pillar. 덩굴풀이 기둥에 감겨 있다. **3** (영화·TV) 촬영을 완료하다. **4** (컴퓨터) (낱말)이 다음 행으로 넘어가다.

be wrapped up in ① …속에 싸이다. ② …에 열중하다. ③ …에 관계되다.

tightly wrapped; wrapped tight (美속어) (정신적으로) 정상인, 바른.

wrap it up (美속어) 잘해내다; (경쟁에서) 상대방에게 결정적 타격을 가하다, 상대방을 가두다[봉쇄하다].

wrap one's car around (속어) …에 차를 부딪다.

wrap over 겹쳐지다, 겹치다.

wrap up ① [물건]을 싸다; [잘못]을 …에 숨기고 표현하다 (*in*). ② (구어) [계약]을 매듭짓다. ③ [기사 등]을 요약하다.

—명 **1** (보통 ~s) 두르개, 덮개, 외투, 어깨 두르개, 무릎 가리개, 치마걸이, 담요. **2** 싸는 종이, 포장지. **3** (~s) 비밀. **4** (영화·TV) 촬영 완료. **5** (컴퓨터) 금속 자기 테이프.

keep...under wraps …을 숨기다, 비밀로 하다.

take off the wraps; take the wraps off 제한을 풀다. 공개하다.

—형 **1** 휘감듯이 입는. **2** 일괄적인.

wrap accóunt 명 (경제) 재산 종합 관리 계좌.

wrap·a·round [rǽpəràund] 형 **1** 앞이 겹쳐 있는, 둘러쌀 듯하게 만곡한. **2** 완전히 싸인; 모든 것을 감싸는. **3** 광각(廣角)의. —명 **1** 겹쳐 입는 옷(드레스·로브·스커트·코트 따위). **2** (컴퓨터) 랩어라운드(스크린이 글자로 가득해지면 표시를 첫 글자의 위치(좌상단)로 되돌려 계속하는 방식); =word wrap.

wráparound mòrtgage 명 포괄 저당권.

wráp còat 명 랩 코트(단추 대신 벨트로 고정시켜 입는 코트).

wrap-o·ver [⸺òuvər] 명[형] 휘감듯이 입는(옷).

wrap·page [rǽpidʒ] 명 ⓤ 포장지, 포장 재료.

*****wrap·per** [rǽpər] 명 **1** 싸는[포장하는] 사람. **2** 싸는 물건, 포장지[재료]. **3** (여성용) 실내복, 화장복(negligee). **4** (신문·잡지의) 봉(封)피. **5** (英) 책의 커버(book jacket). **6** (여송연의) 겉을 싸는 잎.

wrap·ping [rǽpiŋ] 명 (종종 ~s) 싸기, 포장, 포장지.

wrápping pàper 명 포장지.

wrapt [ræpt] 동 wrap의 과거·과거분사.

wrap-up [⸺ʎp] 명 **1** (美구어) 요약하는 뉴스. **2** 결말, 최종 결과, 결론. **3** (美속어) 시원스레 팔아버리기[사는 손님]. **4** (스포츠 용어) 낙승. **5** (그럴듯하게 걸우민) 불량[조악]품. **6** 종결의; 요약의.

wrasse [ræs] 명 (어류) 양놀래기과(科)의 물고기.

*****wrath** [ræθ, rɑːθ/rɔ(ː)θ] 명 ⓤ (문어) **1** (…에 대한

분노, 격노(*against*). ⇨ANGER 유의어 ¶be in ~ 격노해 있다/ *A soft answer turns away* ~. 유순한 대답은 분노를 쉬게 하리라(←잠언(Prov.) 15:1). **2** 복수; 징벌; 천벌. ¶the ~ **of God** 신벌(神罰), 천벌. *be slow to wrath* 좀처럼 화내지 않다. *bottle up* one's *wrath* 분노를 참다. *children* [or *vessels*] *of wrath* 천벌을 받을 사람 (*flee from*) *the wrath to come* 닥쳐올 진노[벌, 복수, 박해](에서 달아나다). *incur a person's wrath* 남의 노여움을 사다. *like the wrath of God* 두려운[두렵게], 가혹한[하게]. *the grapes of wrath* 분노의 포도(신의 분노의 상징). ── 동 (고어) =wroth.
wrath·ful [ræθfəl/rɔ́(ː)θ-] 형 **1** 몹시 화를 낸, 격분한. **2** 험악한, (비바람 따위가) 거친, 대단한.
~**·ly** 부 격노, 노하여. ~**·ness** 명
wrath·y [ræθi/rɔ́(ː)θi] 형 (구어) =wrathful.
wráth·i·ly 부 **wráth·i·ness** 명
WRC World Rally Championships.
wreak [riːk] 타 **1** (…에게) (벌·복수 따위)를 가하다, 주다; (원한)을 풀다 (*on, upon*). ¶~ *vengeance on* one's *enemy* 적에게 복수하다. **2** (노여움·악의 따위)를 터뜨리다 (*on, upon*). ¶He ~ed his anger *on* his brother. 그는 동생에게 화풀이를 했다.
‡**wreath** [riːθ] 명 (복) ~**s** [riːðz, riːθs]) **1** 화환, 화관. ¶a ~ **of** victory 승리의 화관. **2** (연기·구름 따위의) 소용돌이, 동그라미; 원상(圓狀)의 것. ¶a ~ **of** smoke 소용돌이 치는 연기. **3** 계단 난간의 굴곡부.
***wreathe** [riːð] 타 **1** (화환 따위로) …을 장식하다 (*with*). ¶The poet's brow was ~d *with* laurel. 그 시인의 이마에는 월계관이 씌워졌다. **2** (꽃·가지 따위)를 엮어서 둥글게 하다, 고리모양으로 말다 (*into*). ¶~ flowers *into* a garland 꽃을 엮어 화환을 만들다. **3** …의 주위에 휘감기게[얽히게] 하다 (*in, (a)round*). ¶~ one's *legs about* a stool 다리를 걸상 둘레에 감다. **4** (둥글게 되어) …을 (둘러)싸다, 감싸다. **5** (팔다리·몸)을 비꼬다, 비틀다. ── 자 **1** 둥글게 되다. **2** (연기 따위가) 동그라미를 그리며 올라가다, 소용돌이쳐 오르다.
wréath·er 명
wreath·y [riːθi, -ði] 형 화환 모양의, 고리 모양의.
‡**wreck** [rek] 명 **1** 파괴된 것, 잔해. ¶the ~ **of** an ancient civilization 고대 문명의 잔해. **2** (난파선의) 표류물, 표착물. **3** UC 난파, 해난(shipwreck). ¶He was killed in the ~. 그는 그 해난에서 죽었다/The storm caused many ~s. 그 폭풍우로 많은 배가 조난했다. **4** 파괴, 파멸. ¶the ~ **of** one's life 인생의 파멸. **6** (미) 교통[철도] 사고. **7** (충돌 따위의) 파손차; (지진 따위에 의한) 도괴 가옥. **8** (정신적으로) 영락한[지쳐버린] 사람, 폐인. **9** (폭풍에 의한) 바다새의 떼죽음. **10** (英속어) 유원지.
be a (*mere*) *wreck of* one's *former self* 옛 모습을 찾아볼 수 없는 가련한 모습이다.
go to wreck (*and ruin*) 파멸하다.
make a wreck of a person's life 남의 일생을 망쳐놓다.
── 동 (~ed [-t]) 타 **1** (배)를 난파시키다; (사람)을 조난시키다. ¶a ~ed ship 난파선 / ~ed sailors 조난당한 선원들. **2** …을 파괴하다, 파멸시키다; (몸)을 망치다; (희망·계획 따위)를 꺾다, 좌절시키다. ¶~ **a** train 열차를 파괴하다 / ~ oneself with dissipation 방탕으로 몸을 망치다 / His business was ~ed. 그의 사업은 파산했다. **3** (파도가) …을 해안에 밀어올리다. **4** (美속어) (달걀)을 스크램블하다. ── 자 **1** 조난하다, 난파하다; 파멸하다. **2** 구난(救難)에 종사하다 (사고차 따위의) 잔해를 제거하다. **3** 건물의 철거 작업을 하다.
***wreck·age** [rékidʒ] 명 **1** 난파, 난선; 파괴, 파멸. **2** (집합적) (난파선의) 표류물; 잔해. ¶the ~ **of** a ship 배의 표류물. **3** (집합적) (사회의) 낙오자.
wrecked [rekt] 형 **1** 난파된, 조난당한; 파괴된. **2** (美속어) 약으로 몽롱해진; 몹시 취한.
wreck·er [rékər] 명 **1** 부수는 사람[것], 파괴자. **2** (약탈할 목적으로) 배를 난파시키는 사람; 난선 약탈자. **3** 건물 해체자. **4** 구난 작업원[선]; 구난차[열차], 레커차(tow truck).
wrécker's báll (건축) 건물 철거용 쇠공. (또는 wrecking ball)
wreck·ful [rékfəl] 형 (고어) 파멸[파괴]를 초래하는.
wreck·ing [rékiŋ] 명 **1** 파괴하는, 망가지게 하는. **2** 구조의, 구원의. ── 명 **1** 난파, 해난. **2** 구난 작업. **3** 파멸, 파괴. **4** 건물 헐기[철거]. ¶~s 는 수정안.
wrécking améndment 명 (英) (정치) 알맹이 없는 수정안.
wrécking càr (철도) 구조차, 응급 수리차.
wrécking còmpany 해난 구조대; 파괴 소방대.
wrécking cràne (철도) (탈선 차량 따위)를 들어올리는 구원 기중기.
wrécking crèw 난파 구조 작업원; (철도) 구조 작업반.
wréck màster 난파선 화물 관리인.
wréck tràin (철도) 구조 열차.
wren [ren] 명 (조류) 굴뚝새.
Wren [ren] 명 (때로 w-) (英구어) 해군 여군 부대 (Women's Royal Naval Service)의 대원.
wren-boy [-bɔ̀i] 명 (英) 렌보이 (크리스마스 다음 날 Boxing Day에 호랑가시나무 가지를 갖고 노래부르며 집집마다 방문하여 선물을 받는 가장(假裝) 소년).

[wren]

***wrench** [rent∫] 타 **1** (심하게, 급히) …을 비틀다; …을 비틀어 떼다, 잡아떼다 (*off, from, out of*). ¶He ~ed the robber's wrist. 그는 도둑의 손목을 비틀었다 // (~+目+前+名) ~ **a fruit off a branch** 가지에서 과일을 비틀어 따다 / I ~ ed the gun *from* him. 나는 그에게서 총을 잡아챘다 // (~+目+補) ~ **a box open** 상자를 비틀어 열다. **2** (관절·근육 따위)를 빼다, (근육)을 접질리다. ¶~ one's ankle 발목을 삐다. **3** (사실)을 왜곡[곡해]하다; (뜻)을 억지 해석하다. **4** …의 생활·환경 따위를 일변시키다, 싹 변하게 하다. ── 자 (심하게, 급히) 비틀리다, (…을) 뒤틀리다 (*at*).
── 명 **1** (심한, 갑작스런) 뒤틀림, 꼬임. ¶give a ~ at a door handle 문의 손잡이를 세게 비틀다. **2** (근육·뼈 따위의) 염좌(捻挫), 뼘, 접질림. ¶give a ~ to one's ankle 발목을 삐다. **3** (헤어질 때 따위에 느끼는) 슬픔, 쓰라림. **4** (뜻의) 왜곡, 곡해. **5** 렌치, 스패너. **6** (자동차 경주에서) 정비사(auto mechanic).
throw a (*monkey*) *wrench into* [or *in*] …을 방해하다, 훼방놓다.

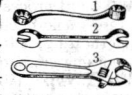
[wrench 5]
1 box-end wrench
2 open-end wrench
3 adjustable wrench
[wrench 5]

***wrest** [rest] 타 **1** (심하게) …을 비틀다, 꼬다. **2** …에서) 비틀어 떼다, 잡아떼다, 무리하게 빼앗다 (*from, out of*). ¶ (~+目+前+名) The policeman ~ed the gun *from* the gunman. 경찰관은 그 총잡이로부터 총을 잡아챘다. **3** …을 노력해서 얻다, 애써서 손에 넣다 (*from, out of*). ¶~ **a victory** (고전 끝에) 가까스로 승리를 얻다. **4** (법률·사실 따위)를 왜곡하다; (뜻)을 곡해하다, 곱새기다. ¶~ **a person's words** 남의 말을 곡해하다. ── 명 **1** 비틀림, 꼬기; 곡해. **2** (고어) (악기의) 조율건(調律鍵). ~**·er** 명

wres·tle [résl] 자타 **1** 맞붙어 싸우다, 격투하다; 레슬링을 하다 (*with*). **2** (유혹·재난(災難) 따위와) 싸우다, 다투다; (직무·문제 따위에) 맞붙다, 전력을 다하다 (*with, against*). ¶ (~+前+名) ~ *with* **temptation** 유혹과 싸우다 / ~ *against* **adversity** 역경과 싸우다 / ~ *for* **a living** 살기 위하여 전력을 다하다. ── 타 **1** …

와 레슬링 시합을 하다; …와 격투하다, 다투다. **2** (레슬링 따위에서) …을 넘어뜨리려고 하다(*down*). ¶(~+圖+圖) He ~d me *down*. 그는 나를 넘어뜨렸다. **3** …을 힘껏 움직이다[밀다]. **4** (美) (낙인을 찍기 위하여) [소 따위]를 넘어뜨리다.
wrestle in prayer; wrestle with God 열렬히 기도하다.
wrestle out 힘들여 해내다, 분투하여 완수하다.
── 圖 **1** 레슬링 (시합), 맞잡기, 격투. **2** 고투, 분투, 투쟁. ¶a ~ *for life or death* 죽느냐 사느냐의 싸움.
*****wres·tler** [réslər] 圖 레슬링 선수; 씨름꾼. ¶a *professional* ~ 프로 레슬링 선수.
‡wres·tling [résliŋ] 圖㋐ **1** 레슬링, 씨름. ¶a *bout* [*or match*] 레슬링 시합. **2** 격투, 드잡이.
wrést pín (음악) (피아노 따위의) 조율 핀.
*****wretch** [retʃ] 圖 **1** 가엾은 사람, 불쌍한 사람. ¶a ~ *of a child* 불쌍한 아이. **2** 철면피, 비열한, 비루한 사람. **3** (익살 또는 애정을 품고) 귀여운 녀석[놈]. ¶the *little* ~ 꼬마 녀석 /You ~! 이 자식아!
‡wretch·ed [rétʃid] 圖 (~·*er*; ~·*est*) **1** 가엾은, 불쌍한, 불행한; 참혹한, 비참한. ¶in a ~ *condition* 비참한 상태에서 /He lived [or led] a ~ *life*. 그는 비참한 생활을 했다 / I felt ~. 나는 비참한 생각이 들었다.

> (유의어) **wretched** 큰 고통·고뇌를 당한 것이 표면에 나타난. **miserable** 내심의 비참함·불행을 뜻하는 말.

2 지독한, 불쾌한; 심한. ¶~ *weather* 고약한 날씨 /a *place* 불쾌한 장소 /a *toothache* 심한 치통. **3** 서투른, 열등의, 질이 나쁜, 시시한; 비열한. ¶~ *poetry* 졸렬한 시 /a *fellow* 비열한 놈. **4** 초라한. ¶a ~ *inn* 초라한 여관. ~**·ly** 團 ~**·ness** 圖 [Institute.
WRI 〔보험〕 *War Risk Insurance*; *Women's Rural*
wrick [rik] 圖㋓ (英) (목·관절 따위)를 조금 삐다, …을 접질리다, 뒤틀리다. ¶He ~*ed his neck*. 그는 목의 근육을 접질렸다. ── 圖 뺌, 접질리기.
wri·er [ráiər] 圖 *wry*의 비교급
wri·est [ráiist] 圖 *wry*의 최상급.
*****wrig·gle** [rígl] 圖㋐ **1** 꿈틀거리다, 몸부림치다(*about*); 마구 몸부림치다, 발버둥치다; (사람이) 우물쭈물하다, 안달하다(*about*). ¶Don't ~ *when you take an oral test*. 면접 시험을 볼 때는 우물쭈물해서는 안 된다. **2** (뱀 따위가) 꿈틀거려 나아가다(*along, through*). ¶(~+圖+圖) A snake ~*d through the grass*. 뱀이 풀숲 속을 꿈틀거리며 나아갔다. **3** 가까스로 동고 나가다, 얼버무리다, 발뺌하다 (*out of*); (사람이) 뺀들뺀들하다. ¶(~+圖+圖) He could ~ *out of the difficulty*. 그는 가까스로 곤란을 헤어날 수 있었다. ── 圖 **1** (몸·손·꼬리 따위)를 꿈틀거리다(*about, out*), 굼실거리다; …을 꿈틀거리며 나아가다. ¶~ *one's hips* [*body, hand, tail*] 궁둥이[몸, 손, 꼬리]를 흔들다[꿈틀거리다]. ¶(~+圖+圖) ~ *oneself out at a small hole* 몸을 비틀어 작은 구멍에서 나오다. **2** 어떻게든 교묘히 …시키다(*into*). ¶~ *oneself into a person's favor* 남의 환심을 사다.
wriggle one's way 꿈틀거리며 나아가다.
── 圖 꿈틀거리기, 몸부림치기; 꿈틀꿈틀한 행적.
-gling·ly 團
wrig·gler [ríglər] 圖 **1** 꿈틀거리는 사람[것]; 교묘히 환심을 사는 사람. **2** 장구벌레. [든한, 잘 둘러대는.
wrig·gly [rígli] 圖 꿈틀거리는, 몸부림치는; 뺀들뺀
wright [rait] 圖 (복합어로) 직공; (배·차 따위의) 제조인; 목수; 작자. ¶a *millwright* 물방아 만드는 목수 / a *shipwright* 배 만드는 목수 / a *playwright* 극작가.
Wright [rait] 圖 **Orville** ~ (1871–1948), **Wilbur** ~ (1867–1912) 라이트(미국의 비행기 발명가 형제; 1903년 사상 최초의 동력 비행기를 만들었다).
*****wring** [riŋ] 圖 (*wrung*, 〔드물게〕 ~*ed*) ㋓ **1** (세게) …을 짜다(*squeeze*), 비틀다(*out*). ¶~ *a wet towel* 젖은 수건을 짜다 /~ *clothes in washing* 빨래를 짜다. **2** (새의 목 따위)를 비틀다, 짜듯이 구부리다; (남의 손)을 꼭 잡다, 꽉 쥐다; (얼굴 등)을 정그리다. ¶~ *the neck of a chicken* 닭의 목을 비틀다. **3** (물·돈 따위)를 짜내다, 억지로 빼앗다, 착취하다; (자백 따위)를 억지로 시키다 (*from*, *out of*). ¶(~+圖+圖+圖) ~ *money from a person* 남에게서 돈을 우려내다 /~ *water from* [*or out of*] *a wet garment* 젖은 옷의 물을 짜내다 /~ *a confession from a thief* 도둑을 고문해서 자백하게 하다 /*a tale which* ~*s tears from a person* 눈물 없이는 들을 수 없는 이야기. **4** …을 괴롭히다, 고통을 주다. ¶It ~*s my heart to hear your story*. 네 이야기를 들으니 내 가슴이 아프다. **5** …의 뜻을 왜곡하다, …을 곡해하다. **6** 친친 감다, 휘감다. **7** (구두가) 발에 꽉 죄다, 꽉 죄어 괴롭히다. ── ㋐ 짜다, 짜내다; (고통 따위로) 몸부림치다, 몸을 뒤틀다.
know where the shoe wrings a person 남의 아픈 곳을 알다.
wring a person's hand 남과 굳은 악수를 하다.
wring down (목)을 조르다; 억누르다.
wring in 비집고 들어가게[끼어들게] 하다.
wring off 비틀어 떼다[끊다].
wring one's hands (절망 따위로) 자기의 양손을 쥐어짜다[잡고 비비다].
wring out …을 짜다, 짜내다; (금전 따위를) 착취하다, 억지로 얻다. ¶~ *clothes out* 옷(의 물)을 짜다.
wring up 단단히 죄다, 잡아매다.
── 圖 **1** 짜기, 비틀기; 손을 꽉 쥐기. **2** (사과즙·치즈 따위의) 압착기.
give something a wring …을 짜다.
wring·er [ríŋər] 圖 **1** 짜는 사람[것]; 짜내는 사람, 착취자. **2** (세탁기 따위의) 짜는 기계. **3** 엄한 시련, 쓰라린 경험. [등으로) 남을 닦달하다.
put a person through the wringer (속어) (심문
wring·ing-wet [ríŋiŋwét] 圖 짜낼 정도로 젖은; 흠뻑 젖은.
‡wrin·kle¹ [ríŋkl] 圖 (복 ~*s* [-z]) (피부의) 주름(살), (천의) 주름, 구김살(*crease*). ¶~*s on one's brow* 이마의 주름 /~*s in cloth* 천의 주름.
── 圖㋓ …을 주름지게 하다, 주름을 잡다(*up*).
── ㋐ (옷 따위가) 주름지다, 구겨지다.
be wrinkled with age 나이들어 주름살이 지다.
wrin·kle² [ríŋkl] 圖 (구어) **1** 좋은 생각[착안], 묘안; 조언, 지혜; ¶a *new* ~ 새 안(案), 새 취향 /*give a person a* ~ 남에게 좋은 지혜를 주다. **2** 유행. ¶This *tie is the latest* ~. 이 넥타이는 최신 유행이다.
Wrínkle City 圖 (美속어) (늙어서) 주름진 살갗, 살갗의 주름; 노인이 모이는 곳.
wrín·kled lóok [ríŋkld-] 圖 (복식) 주름을 잡은 면이나 견직물을 소재로 만든 새로운 의복.
wrin·kle-proof [ríŋklprù:f] 圖 (양복지 따위가) 구김살지지 않는; (화장품 따위가) 주름살을 방지하는.
wrin·kly [ríŋkli] 圖 주름(살)진, 주름이 지기 쉬운. ¶a ~ *material* 주름이 지기 쉬운 천, 주름진 천. ── 圖 (속어) (또는 **wrinklie**) 중년인(人); 노인.
‡wrist [rist] 圖 **1** 손목; 〔해부〕 손목 관절. **2** (의류의) 손목 부분, 소맷부리. **3** 손재주. **4** 〔기계〕 = ~ *pin*.
a slap [*or tap*] *on the wrist* (美구어) 가벼운 꾸중.
── 圖㋓ (美) 손목을 써서 움직이다[던지다, …]. [질책.
wrist·band [rístbænd] 圖 (팔목시계의) 줄, 밴드; (셔츠 따위의) 소맷부리.
wrist·bone [rístbòun] 圖 〔해부〕 손목뼈.
wrist·drop [rístdràp/-dròp] 圖 〔병리〕 (납중독 등에 의한) 하수수이(下垂手).
wrist·let [rístlit] 圖 **1** (방한용·장식용) 소맷부리. **2** (팔목시계의) 시계줄; 팔찌(*bracelet*). **3** (속어) 수갑.
wrístlet wátch 圖 (英) =*wristwatch*.
wrist·lock [rístlàk/-lòk] 圖 (레슬링) 리스트록(손목을 비트는 공격).
wrist pín 圖 〔기계〕 피스톤핀(*gudgeon pin*).

wrist-rest [-rèst] 명 (컴퓨터) 리스트레스트(노트북형 컴퓨터를 조작할 때 손목을 놓을 수 있는 자리).
wrist shòt 명 (골프·하키) 손목을 써서 치는 단타(短打).
wrist slàp 명 (속어) 가벼운 비난.
wrist wàrmer 명 벙어리장갑.
wrist-watch [rístwɑ̀tʃ/-wɔ̀tʃ] 명 손목시계. (또는 **wríst wàtch**)
wrist wrèstling 명 엄지손가락 씨름(손바닥을 맞잡지 않고 엄지손가락만으로 하는 팔씨름의 일종).
wrist·y [rísti] 형 (스포츠) (볼을 칠 때 따위에) 손목을 쓰는; 손목을 잘 쓰는.
writ¹ [rit] 명 **1** (법률) 영장; 공문서; (英) 공식 서한. **2** (고어) 서류, 문서. ¶ the Holy [or Sacred] W— 성서. ***a writ of attachment*** (법률) 집행 영장. ***a writ of execution*** (법률) 강제 집행 영장. ***a writ of summons*** (법률) 소환장. ***serve a writ on*** *a person* 남에게 영장을 보내다.
writ² 명 (고어) write의 과거·과거분사.
‡**write** [rait] 통 (*wrote*; *writ·ten*; *writ·ing*) 자 **1** 글자를 쓰다, 기입하다. ¶ He cannot read or ~. 그는 읽지도 쓰지도 못한다 // (~+톰) She ~s well. 그녀는 글씨를 잘 쓴다 // (~+전+명) Please ~ with a pen [*in* ink]. 펜[잉크]으로 써 주십시오 / He *wrote in* English. 그는 영어로 썼다 / She is *writing on* white paper. 그녀는 흰 종이에 쓰고 있다. **2** (…에게 / …에 관해서) 편지를 쓰다, 편지를 보내다 (*to* / *about*); 주문하다 편지를 보내다(*to do*, *doing*). ¶ (~+톰) He ~s *home* once a month. 그는 한 달에 한 번 집에 편지를 쓴다 // (~+전+명) I *wrote to* her *about* the accident. 나는 그녀에게 그 사고에 관해서 편지를 썼다 / I *wrote to* inform [or *informing*] him of my decision. 나는 나의 결정을 알리는 편지를 그에게 보냈다.

(USAGE) write「편지를 쓰다」—— ~ a letter *to* a person; ~ a person a letter는 둘 다 가능한 표현이지만 전후 관계로 편지임이 분명할 경우에는 그저 ~ *to* a person이라 하는 것이 보통.

3 책을 쓰다, 문장을 쓰다, 원고를 쓰다, 저술하다 (*on*, *of*, *about*). ¶ (~+전+명) ~ *on* a subject 어느 테마에 관해서 쓰다 / ~ *about* America 아메리카에 관해서 쓰다 / ~ *to* a newspaper 신문에 기고하다 / ~ *in* a sonata form 소나타 형식으로 작곡하다 / He is *writing for* a magazine. 그는 어느 잡지에 기고하고 있다. **4** 생각을 써서 나타내다, 문장으로 쓰다. **5** (컴퓨터) 기억 장치에 기록하다. **6** (펜 따위가) 써지다. ¶ This pen ~s well[poorly]. 이 펜은 잘 써진다[써지지 않는다].
— 타 **1** (문자·기호 따위)를 쓰다, 적다, 기입하다. ¶ ~ Chinese characters 한자를 쓰다 / ~ one's name 이름을 쓰다 / ~ a postcard 엽서를 쓰다. **2** (소설·시 따위)를 쓰다, (책)을 저술하다 (*on*, *about*); (음악)을 작곡하다. ¶ ~ a poem[sonnet] 시[소네트]를 쓰다 / ~ music 작곡하다 / He *wrote* five pages. 그는 5페이지 썼다 / Beethoven *wrote* nine symphonies. 베토벤은 아홉 개의 교향곡을 작곡했다 // (~+톰+전+명) ~ a book *on* English literature 영문학 책을 쓰다 (에 관한). **3** (생각 따위)를 써서 나타내다, 기술[논술] 하다, 설명하다. ¶ ~ one's mind into a short essay 심중을 짧은 수필로 쓰다. **4** (서류 따위)에 써넣다, 기입하다. ¶ ~ an application 신청서[원서]를 쓰다 / ~ a check 수표를 끊다. **5** (문서 따위)를 작성하다(*out*). ¶ ~ one's will 유언장을 작성하다. **6** (남)에게 (…에 대하여) 편지를 쓰다, (남)에게 …를 편지로 알리다 (*of*, *on*). ¶ Will you ~ me soon? 곧 나에게 편지를 주시겠습니까? / Please ~ me at your earliest convenience. 형편 닿는 대로 조속히 회답해 주십시오. ¶ 문형은 (美)에 많으며, (英)에서는 ~ *to* a person으로 하는 일이 많다 // (~+톰+톰) (~+톰+전+명) He *wrote* me a letter yesterday. =He *wrote* a letter *to* me yesterday. 어제 그는 나에게 편지를 보내왔다 // (~+톰+*that*图) She ~s me *that* she is going to leave there. 그녀의 편지에는 그녀가 곧 그곳을 떠날 작정이라고 씌어져 있다. **7** …을 명백히 나타내다, 인상을 주다, 명기시키다; (…에) (비명(碑銘) 따위)를 새기다, 조각하다 (*on*). ¶ (~+톰+전+명) He *wrote* an epitaph *on* a stone. 그는 돌에 비명을 새겼다. **8** (재귀용법으로) ~이라 쓰다, 자신을 …이라 칭하다, …이라고 서명하다. ¶ (~+톰+톰) He *wrote* himself "Baron." 그는 「남작(男爵)」이라 서명했다. **9** (책 따위에서) …이라 말하고 있다, …이라고 씌어 있다. ¶ (~+*that*图) The philosopher ~s in one of his books *that* man will never be perfect. 그 철학자는 어느 책에서 인간이 완전하게 되는 일은 없을 것이라고 쓰고 있다. **10** (컴퓨터) …을 써 넣다(기억 장치에 정보를 넣다). **11** (증권) 콜옵션(call option)을 매각하다; …의 보험을 인수하다 (underwrite). **12** (보통 수동형으로) (구어) (등장 인물 따위)를 …으로 개작하다 (*out*, *into*).

nothing to write home about 특별히 내세울 것이 못되는 것, 하찮은 것[일].
That's all [or ***what***] ***she wrote.*** (속어) 그것으로 끝이다; 그것이 전부다.
write a good hand 글씨를 잘 쓰다.「해서 쓰다.
write away (…을) 편지[우편]로 주문하다 (*for*); 계속
write back (…에게) 답장[회답]을 보내다 (*to*).
write down ① …을 기재하다, 써 두다. ¶ I will ~ *down* your name and address. 당신의 이름과 주소를 적어 두겠습니다. ② …을 지상(紙上)에서 공격하다, (써서) 헐뜯다; (…이라고) …을 평하다; …의 액면을 깎아 내리다. ¶ Never ~ him *down* a fool. 절대로 그를 바보라고 하지 마라. ③ (…에게) 알기 쉽게 쓰다 (*to*). ¶ ~ *down* to housewives 주부들에게 알맞도록 쉽게 쓰다.
write for ① (신문 따위)에 기고하다. ② …을 편지로 구하다. ¶ He *wrote* (to) me *for* money. 그는 나에게 돈을 보내라고 편지로 알려 왔다.
write home about ➡ HOME.
write in [or **into**] ① …을 써넣다, 기입하다. ¶ ~ *in* one's diary 일기를 쓰다. ② (美) (투표 용지)에 이름을 써서 투표하다.
write off ① …을 술술 쓰다, 아무렇게나 쓰다. ② …을 장부에서 지우다, 말소하다. ③ (가옥·기계 따위)를 감가 상각하다. ④ …을 고려하지 않기로 하다.
write oneself out (작가 등이) 머리 속에 있는 것을 다 써버리다, 다 써버려서 쓸 것이 없어지다.
write one's own ticket (구어) (사업·인생 따위에서) 스스로 계획[방침]을 세우다.
write out …을 적다; …을 상세히[전부] 쓰다, 다 써버리다; (영수증 등)을 쓰다. ¶ He *wrote out* a report. 그는 보고서를 상세히 썼다.
write out fair(ly) 정서하다.「다.
write over …을 고쳐[다시] 쓰다; …을 가득하게 쓰
write up ① …을 높은 곳에 게시하다[쓰다]. ¶ He is *writing up* a notice on the wall. 그는 벽에 게시물을 쓰고 있다. ② …을 칭찬하여 쓰다. ③ …을 분식(粉飾) 결산하다. ④ …을 자세히 쓰다, 최근의 일까지 써 두다.
writ [or **written**] **large** 대서 특필한; 확대[강조]한.
writ small 규모를 축소한, 축도(縮圖)의, 소규모의.
writ·a·ble 형「각(減價償却).
write-down [-dàun] 명 (회계) 평가 절하; 감가 상
write hèad 명 (컴퓨터) 기록 헤드.
write-in [-ìn] 명 (美) 기명 투표; 그 후보자. (또는 ⁓ vóte).— 형 기명 투표의.
write-in campaign 명 (美) 기명 투표 후보자의
write-off [-ɔ̀ːf/-ɔ̀f] 명 **1** 삭제, 취소, 장부 기록을 지우기; (세금 따위의) 공제. **2** 회수 불능 계정. **3** 감가(상

write-once [´wʌns] 〖형〗 (기록 가능 CD-ROM이) 라이트원스의(기록만 할 뿐 소거·고쳐쓰기는 못하는).

write-on tápe [´ɔn-/-ɔ̀n-] 〖명〗 라이트온 테이프(표면에 글자를 쓸 수 있게 된 불투명 테이프).

wríte protèct 〖명〗 〖컴퓨터〗 기록 보호.

wríte-protèct tàb [´proutèkt-] 〖명〗 〖컴퓨터〗 (플로피 디스크 등의) 기입 금지 손잡이.

‡**wrít·er** [ráitər] 〖명〗 (〖복〗 ~s [-z]) **1** 쓰는 사람. **2** 작가, 저자(author); 기자(journalist). ¶a fiction ~ 소설가/a ~ for the press 신문 기자/the present ~ 필자(자신을 가리킨다). **3** 필기하는 사람, 필사생(筆寫生); 〖美〗 서기(clerk). **4** 작곡가. **5** 〖증권〗 콜옵션을 매각하는 사람. **6** (외국어의) 작문 독습 교본. **7** 〖스코〗 법률가. *a Writer to the Signet* 〖스코〗 사무〖법정의〗 변호사. **~·ly** 작가(특유)의. **~·ship** 〖명〗 작가의 직[지위].

wríter's blòck 〖명〗 작가의 슬럼프, 창작 정돈 상태.

wríter's crámp[**pálsy, spásm**] 〖명〗〖ⓤ〗 〖병리〗 서경(書痙), 손가락의 경련.

wríte-ùp [-`ʌp] 〖명〗 **1** (구어) (신문·잡지 따위의) 기사, 보고; (특히) 칭찬하는 기사. **2** (법인 자산(資產)의) 과대 보고; 〖회계〗 평가증액.

*****writhe** [raið] 〖자〗 **1** 몸부림치다, 몸을 뒤틀다, 몸부림치며 괴로워하다; 고민하다. ¶(~+〖전〗+〖명〗) ~ *in* agony 고민하다. 고통스러운 나머지 몸부림치다/~ *with* shame 치욕으로 고민하다/~ *under* pain 괴로워 몸부림치다. **2** (뱀 따위가) 꿈틀꿈틀 기어가다, 꾸불꾸불 움직이다. ─〖타〗 뒤틀다, 비틀다; ~ oneself 발버둥치다. ─〖명〗 몸부림, 발버둥; 고뇌, 고민. **wríth·er** **wríth·ing·ly** 〖부〗

‡**wrít·ing** [ráitiŋ] 〖명〗 (〖복〗 ~s [-z]) **1** 〖ⓤ〗 쓰기, 집필. **2** 〖ⓤ〗 서법(書法), 필적. **3** 〖ⓤⓒ〗 쓴 것, 문서, 증서, 서류; 편지. ¶by ~ 문서로/commit one's thought to ~ 생각을 적어 두다/a ~ to the effect that..... 이라는 뜻의 문서. **4** 명(銘). **5** (~s) 저작, 문학 작품. ¶the sacred [*or* holy] ~s 성경/the ~s of Shakespeare 셰익스피어의 작품. **6** 〖ⓤ〗 저술업, 문필업. **7** (문학·음악 따위의) 스타일, 형식, 기법. **8** (the W-s) =Hagiographa. **9** 〖컴퓨터〗 (기억 장치에) 기입, 써넣기.

at this [*or the present*] *writing* 이 글을 쓰고 있을 때는, 현시점에서는.

consign into writing 문서로 만들다.

in writing 써서, 문서로서. ¶The contract should be *in* ~. 계약은 서면으로 할 것.

put...in writing ...을 적어 두다, 서면화하다.

the writing on the wall 〖성서〗 재난의[불길한] 징조.

wríting bòok 〖명〗 습자책.

wríting brùsh 〖명〗 붓.

wríting càse 〖명〗 문방구 상자, 필통.

wríting chàir 〖명〗 =tablet-(arm) chair.

wríting dèsk 〖명〗 글 쓰는 책상.

wríting ìnk 〖명〗 필기용 잉크. ⓒf. printing ink

wríting ìsland 〖명〗 (은행 등의) 기입용 대(臺).

wríting màster 〖명〗 습자 교사.

wríting matèrials 〖명〗〖복〗 문방구, 필기 용구.

wríting pàd 〖명〗 (한 장씩 떼어내 쓰는) 편지지.

wríting pàper 〖명〗 필기[원고] 용지, 편지지.

wríting sèt 〖명〗 (장식적인) 문방구 한 벌.

wríting tàble 〖명〗 (서랍 달린) 글 쓰는 책상.

‡**wrít·ten** [rítn] 〖형〗 write의 과거분사. ─〖형〗 **1** 쓰여진, 문서로 한, 성문의, 필기의(〖반〗 oral, verbal); 성문(成文)의. ¶a ~ examination 필기 시험/a ~ law 성문법/a ~ agreement 계약서. **2** 문어의(〖반〗 spoken). ¶~ language 문어/~ English 영어의 문어. **3** 비명(碑銘)이 새겨진. 〖반〗 '다 쓰여 있다.

be written in (*right*) *on* a person's *face* 얼굴에 ~.

written in water (명성 따위가) 덧없는, 허무한.

wrítten constitútion 〖명〗 성문 헌법.

Wrítten Láw 〖명〗 **1**〖유대교〗 율법(Torah). **2** (w-l-) 성문법.

WRL *War Resisters' League*(전쟁 저항자 동맹).

WRM 〖군사〗 *war reserve material*(비축 자재).

WRNS *Women's Royal Naval Service*(영국 해군 여군 부대의) (〖명〗 Wren). **wrnt**. *warrant*.

‡**wrong** [rɔːŋ, rɑŋ/rɔŋ] 〖형〗 (*more ~, ~·er; most ~, ~·est*) **1** (도의[도덕]상) 나쁜, 옳지 못한, 그릇된, 부정한(〖반〗 right). ¶~ behavior 옳지 못한 행동/a decision 부정한 결정/It is ~ to tell a lie. 거짓말하는 것은 나쁘다/It was ~ of you to laugh at him. 그를 비웃은 것은 네가 나빴다/Have I done anything ~? 내가 무슨 잘못이라도 했습니까?

2 (사실·진리 따위에) 빗나간, 잘못된, 틀린. ¶a ~ estimate 틀린 평가/a ~ answer 틀린 답/a ~ statement 잘못된 진술/a ~ opinion 그릇된 의견/You have brought the ~ book. 너는 다른 책을 가지고 왔다/I took the ~ train. 나는 열차를 잘못 탔다/Sorry, you have the ~ number. =I am sorry, you have the ~ number. (전화) 잘못 거셨습니다.

3 부적당한(*for, to do*); 난처한, 서투른. ¶the ~ speech *for* the wedding 결혼식에 부적절한 연설.

4 반대의, 뒤의, 뒤바뀐; (천 따위의) 안쪽의. ¶This is the ~ side of the cloth. 이것은 천의 안쪽이다/The wind is blowing the ~ way. 바람은 역방향으로 불고 있다, 역풍이 불고 있다.

5 고장난, 형편이 나쁜, 상태가 나쁜 (*with*). ¶My watch is ~. 내 시계는 고장났다/What's ~ with her? 그녀에게 무슨 잘못된 일어라도 있나?/There's something ~ with the television. TV가 어딘가 고장이 나 있다/What's ~ with it? (구어) 그것이 어떻단 말이냐[그것으로 좋지 않느냐]? **6** 머리가 이상한, 미친(insane). **7** (그림이) 위조품의, 가짜의. **8** (도로의), 반대쪽 차선의, 반대쪽의. **9** (사람이) 수상쩍은; 위법의, 죄를 범한.

come to the wrong shop ⇨ SHOP.

get [*or have*] (*hold of*) *the wrong end of the stick* ⇨ STICK¹.

get out of bed (*on*) *the wrong side* ⇨ BED.

go the wrong way ① (음식물이) 기관으로 잘못 들어가다. ② 일이 잘못되다.

in the wrong box ⇨ BOX¹.

on the wrong side of ⇨ SIDE.

take the wrong turning [*or path*] 길을 잘못 들다; 몸을 망치다, 타락하다.

(*the*) *wrong side out* 거꾸로, 뒤집어서.

the wrong way round (방향·관계가) 뒤바뀌어, 역으로.

wrong in the head 머리가 돈, 미친. [〖반〗으로.

─〖부〗 **1** 나쁘게, 부정하게. ¶right or ~ 좋으나 나쁘나. **2** 잘못되어, 틀리게, 부당하게. ¶answer ~ 답을 틀리다/do a thing ~ 일을 그르치다/guess ~ 추측을 잘못하다/do a sum ~ 계산을 틀리다. **3** 방향을 틀려서. ¶lead a person ~ 남을 현혹시키다, 방향을 틀리게 하다; 남에게 잘못된 것을 가르치다. **4** 상태가 나빠서; 그릇되어.

get it wrong 계산을 틀리다. [다.

get [*or take*]...*wrong* ...을 오해하다, 잘못 생각하

go wrong 길을 잘못 들다, 길을 잃다; 타락하다; 어긋나다, 상태가 나빠지다; 실패하다. ¶Everything went ~. 만사가 나빠졌다.

─〖명〗 (〖복〗 ~s [-z]) **1** 〖ⓤ〗 (도덕적) 악, 사악(邪惡), 무도(無道), 죄(〖반〗 right). ¶right and ~ 정사(正邪)/know [*or tell*] right from ~ 옳고 그름을 분별하다. **2** 〖ⓤⓒ〗 부당[부정]한 행위. ¶complain of one's ~s 부당한 대우에 대해 호소하다. **3** 비행, 나쁜 짓. **4** 틀림, 과실, 잘못. ¶He repentantly admitted his ~s. 그는 후회하고 자기 잘못을 인정했다. **5** 〖ⓤⓒ〗 불법 행

wrongdoer

위, 권리의 침해; 학대. 6 ⓤⓒ 손해, 해.
do a person wrong; do wrong to a person 남에게 나쁜 짓을 하다, 남을 학대하다; 남을 오해하다.
do wrong 나쁜 짓을 하다.
get a person in wrong (美구어) 남을 미움받게 하다, 미운 놈으로 만들다.
get in wrong with a person (美구어) 남의 미움을 사다, 남을 화나게 하다.
in the wrong (태도·행동이) 잘못된.
in wrong (美구어) 남의 미움을 사, 남에게 나쁜 인상을 주어,
put a person in the wrong 틀린 것을 남의 탓으로 돌리다, 남의 잘못된 것을 밝히다.
suffer wrongs 학대받다.
──⑤ 1 (남)에게 (…로/…하여) 부당한 대우를 하다, 학대하다(by/in doing); …을 모욕하다. ¶~ *him by* [or *in*] (*making*) *a false charge* 그에게 누명을 씌우다. 2 (남)을 (부당하게) 나쁘게 생각하다, 오해하다; (남)을 중상(中傷)하다.
~**·er** 명 ~**·ness** 명 틀림, 잘못; 부당.

wrong·do·er [rɔ́ːŋdùːər, -́- / -rɔ́ŋ-] 명 나쁜 짓을 하는 사람, 비행자; 가해자, 범죄자, 범인(offender).

wrong·do·ing [rɔ́ːŋdùːiŋ, -́- / -rɔ́ŋ-] 명 ⓤ 나쁜 짓을 하기, 불법 행위, 비행; 범죄(offense).

wronged [rɔːŋd, rɑŋd/rɔŋd] 형 부당[불공평]한 취급을 받은, 학대받은.

wróng fónt[(印刷) fóunt] 명 〔인쇄〕 폰트가 틀림 (서체·글자 크기가 틀리기; ⓐ wf, w.f.).

wrong·ful [rɔ́ːŋfəl, rɑ́ŋ-/rɔ́ŋ-] 형 1 나쁜, 사악한. 2 부정한, 부당한, 불법의. ¶a ~ *act* 불법 행위 / ~ *dismissal* 부당 해고. ~**·ly** 부 ~**·ness** 명

wróngful déath 명 〔법률〕 불법 사망(타인의 불법 행위로 야기된 사망으로 손해 배상 청구의 원인이 된다).

wrong·head·ed [rɔ́ːŋhèdid/rɔ́ŋ-] 형 생각이 틀린; 틀려도 고치려하지 않는, 완고한, 외고집의. (또는 **wróng-héaded**) ~**·ly** 부 ~**·ness** 명

***wrong·ly** [rɔ́ːŋli, rɑ́ŋ-/rɔ́ŋ-] 부 1 틀려서, 잘못해서. ¶a *word* ~ *pronounced* 잘못 발음된 말/*The word is* ~ *spelled*. 그 말은 철자가 잘못되어 있다/*This parcel is* ~ *addressed*. 이 소포는 주소 성명이 잘못되어 있다. 2 나쁘게, 부당하게, 부정하게; 불법으로.

wróng númber 명 1 잘못된 전화(를 받은 사람); 틀린 전화 번호. 2 (속어) 부적당한 사람[것]; 잘못 짚음, 착오.

wrong·o [rɔ́ːŋou/rɔ́ŋ-] 명 (~**s**) (속어) 1 비행자 (非行者); 무법자, 악인. 2 잘못, 틀림; 거짓말. 3 위조 주화(동전). ──형 =wrong.

wrong·ous [rɔ́ːŋəs/rɔ́ŋ-] 형 1 (고어) 나쁜, 사악한. 2 〔스코 법률〕 부정한[불법, 부당]의, 위법의. ~**·ly** 부

wrong'un [rɔ́ːŋən/rɔ́ŋ-] 명 (英구어) 1 악당, 나쁜 놈; 귀찮은[성가신] 것. 2 〔크리켓〕 완곡구(緩曲球).

wróng wáy 명 (일방 통행의) 출구(＊Don't Enter. (진입 금지)의 표지가 있다).

‡wrote [rout] 동 write의 과거.

wroth [rɔːθ/rouθ] 형 1 (보통 서술용법) 성난, 격노한. 2 (바다 따위가) 사나운. ¶a ~ *sea* 사나운 바다.

***wrought** [rɔːt] 동 (고어) work의 과거·과거분사. ──형 1 형체가 갖추어진, 만들어진. 2 정교하게 세공한 (공들여) 마무리된. ¶a *highly* ~ *decoration* 매우 정교하게 세공한 장식품. 3 가공된; 정련(精鍊)한, 단조(鍛造)한. ¶~ *goods* 가공품 / ~ *silver* 은 단조 세공품.

wróught íron 명 연철(鍊鐵). ⇨ cast iron

wrought-up [-́ʌ́p] 형 몹시 흥분한; 초조한.

***wrung** [rʌŋ] 동 wring의 과거·과거분사.

WRVS (英) *Women's Royal Voluntary Service*(여성 자원 봉사대).

***wry** [rai] 형 (~**·er**, **wri·er**; ~**·est**, **wri·est**) 1 얼굴을 찌푸린. ¶a ~ *smile* 고소(苦笑), 쓴웃음. 2 비뚤어진, 뒤틀린, 굽은(distorted). ¶a ~ *mouth* 비뚤어진 입/a ~ *nose* (콧날이) 구부러진 코. 3 (뜻을) 비꼰, 억지로 맞추는(perverted); 짐작이 틀린(misdirected). 4 심술궂은, 성질이 비뚤어진, 옹고집의.
make a wry face [or *mouth*] 얼굴을 찡그리다.
──⑤ 1 …을 비틀다, 뒤틀다. 2 (얼굴을 찡그려) 괴로운[불쾌한] 표정을 짓다. ──⑧ 비틀리다, 뒤틀리다.
~**·ly** 부 ~**·ness** 명

wry-mouthed [-́màuðd, -màuθt] 형 1 입이 비뚤어진, 입을 뒤튼. 2 심술궂은, 빈정대는.

wry·neck [ráinèk] 명 1 사경(斜頸) 〔(동)〕 torticollis); (구어) 목이 굽은 사람. 2 개미잡이(딱따구리의 일종).

wry-necked [-́nèkt] 형 (구어) 목이 굽은.

wry·tail [ráitèil] 명 〔수의〕 편미(偏尾), 비틀린 꼬리 (소의 유전적 변이).

WS *water sports*. **WS, W.S.** *West Saxon*; 〔컴퓨터〕 *work station* (작업 단말); *Writer to the Signet*.

WSA *War Shipping Administration*. **WSC** *World Student Council*. **WSI** (전자) *wafer scale integration*(웨이퍼 규모의 LSI(고밀도 집적 회로)).

WSJ (The) *Wall Street Journal*(월 스트리트 저널 (미국의 경제 신문)). **WSPU** *Women's Social & Political Union*. **WSW** *west-southwest*. **wt** *watertight*; *weight*. **WT** *wireless telegraphy* [*telephone*, *telephony*]. **WTA** *Women's Tennis Association*(여자 테니스 협회); *World Technopolis Association*(세계 과학 도시 연합). **wth** *with*. **W3** 〔컴퓨터〕 *World Wide Web*. **WTO** *World Trade Organization*(세계 무역 기구; 1995년 발족); *World Tourism Organization*(세계 관광 기구). **WTT** *World Team Tennis*. **WTUC** *World Trade Union Center*((뉴욕의) 세계 무역 센터).

Wu·han [wùːhɑ́ːn/-hǽn] 명 우한(武漢)(중국 후베이(湖北) 성의 성도(省都)).

wul·fen·ite [wúlfənàit] 명 ⓤ 〔채광〕 수연 연광(水鉛鉛鑛), 몰리브덴 연광.

wump [wʌmp] 명 1 쿵, 털썩. ──명 1 쿵[털썩] 하는 소리. 2 (英속어) 얼간이; 얼뜸, 저능. (또는 **wumph**)

wun·der·kind [vúndərkìnt, wán-] 명 (때로 W-) 신동(神童), 귀재(鬼才). 〔<G〕

wurst [wəːrst, wuərst] 명 =sausage 1. 〔<G〕

wu shu [wúː ʃúː] 명 (중국의) 무술(武術). (또는 **wùshú**)   〔up?〕

wus·sup [wʌ́səp] 명 (美구어) 안녕, 여. 〔<*What's up?*〕

wuss·y [wúsi] 명 (美속어) (10대 사이에서) 나약한 녀석, 겁쟁이, 패기 없는 놈. (또는 **wuss**)

wuth·er [wʌ́ðər] 동/형 (英방언) (바람이) 심하게 불다. ~**·ing** (英방언) (바람이) 울부짖듯 휘몰아치는.

wuz·zy [wázi] 형 (美속어) 심술 사나운, 성질이 비뚤어진; 혼란된, 멍한. ──명 계집아이.

WV (美) *West Virginia*. **W. Va.** *West Virginia*.

WVF *World Veterans Federation*(세계 향군 연맹).

WVR (군사) *within visual range*(시계(視界) 내에서). **WVS** (英) *Women's Voluntary Service*(여성 의용대; 지금은 W.R.V.S.). **WWB** *women's world banking*(여성의 사업을 지원하는 국제 보증 기관). **WWF** *World Wide Fund for Nature*(세계 자연 보호 기금); *World Wrestling Federation*(세계 레슬링 연맹). **WWMCCS** (군사) *Worldwide Military Command and Control System*(전세계 군사 지휘 통제 시스템). **WWI** *World War I*. **WWII** *World War II*. **WWW** *World Weather Watch*(세계 기상 감시 계획); 〔컴퓨터〕 *World Wide Web*.

WWW brówser 명 〔컴퓨터〕 =Web browser.

WX *women's extra (large size)*(여성용 특대(사이즈)). **WY** (美) (우편) *Wyoming*. **Wy.** *Wyoming*.

Wy·an·dot [wáiəndàt/-dɔ̀t] 명 (~**s**) 와이언도트족(원래 Huron족의 한 부족); ⓤ 와이언도트어(語) (Huron어의 한 방언).

Wy·an·dotte [wáiəndɑ̀t/-dɔ̀t] 圐 와이언도트. **1** 미국 Michigan 주 서남부의 도시. **2** 와이언도트종(種) 닭.

Wy·att [wáiət] 圐 와이어트. **1 Thomas ~** (1503?-42): 영국의 시인·외교관). **2** 남자 이름.

wych- [witʃ] 옌결 《수목(樹木) 이름에 붙여》 pliant의 뜻. ¶ *wych*-hazel. (또는 **wich-, witch-**)

wých èlm 圐 《유럽산(產)》 양느릅나무의 일종. (또는 **witch-èlm**)

Wych·er·ley [wítʃ{ə}rli] 圐 **William ~** 위철리 (1640?-1716: 영국의 극작가·시인).

wych-ha·zel [-hèizəl] 圐 =witch hazel.

Wyc·liffe [wíklif] 圐 **John ~** 위클리프(1320?-84: 영국의 신학자·성서 번역자).

Wyc·lif·fite [wíklifàit] 圐 Wycliffe(파)의. ── 圐 Wycliffe 추종자[신봉자].

wy(e) [wai] 圐 **1** Y자, Y자형(의 물건). **2** 〖전기〗 Y자 모양의 회로(回路).

wýe lèvel 圐 《측량》 =Y level.

Wyke·ham·ist [wíkəmist] 圐 《영국의》 Winchester College의. ── 圐 Winchester College 재학생[출신자]. 〔<창립자인 영국의 종교가·정치가 William of Wykeham(1324-1404)의 이름〕

wy·lie·coat [wáiliko̊ut] 圐 《스코·北英》 **1** 방한용 (防寒用) 모직[플란넬] 내의. **2** =petticoat. **3** 여성[어린이]용 나이트가운.

wyn [win] 圐 =wynn.

wynd [waind] 圐 《스코》 오솔길, 골목길.

wynn [win] 圐 고대 영어 룬(runes) 문자의 8번째 글자; 현재의 'w'에 해당(wen²).

Wyo. Wyoming.

*****Wy·o·ming** [waióumiŋ] 圐 와이오밍(미국 서북부의 주; 주도(州都) Cheyenne; 畧 Wyo., W.).

Wy·o·ming·ite [waióumiŋàit] 圐 Wyoming 주 사람.

WYSIWYG, wys·i·wyg [wíziwìg] 圐圐 《컴퓨터》 위지위그(의)(화면에 표시된 대로 《종이에》 출력하는 방식). 〔<*W*hat *Y*ou *S*ee *I*s *W*hat *Y*ou *G*et〕

Wys·tan [wístən] 圐 위스턴(남자 이름).

wyte [wait] 圐圐 《스코》 =wite.

wy·vern [wáivərn] 圐 비룡(飛龍)(두 다리와 날개가 달린 가공의 동물); 비룡문(紋). (또는 **wivern**)

WZC World Zionist Congress(세계 시온 협회).

X

X, x [eks] 圓 (圓 **X's, Xs; x's, xs** [éksiz]) 1 영어 알파벳의 스물 넷째 자. ¶X for X-ray X-레이의 X(국제 전화 통화 용어). 2 X[x]가 나타내는 소리. 3 X[x]자형(의 물건).

x 圓태 (**x-ed, x'd** [ekst]; **x-ing, x'ing** [éksiŋ]) 1 …에 ×표를 하다; [틀린 것 따위를] ×표로 지우다(*out*). ¶*x out* an error 잘못된 곳에 ×표를 하여 지우다. 2 (속어) 죽이다, 없애다(*out*).

x'd out (美구어) ×표로 지운, 삭제된.
——형 (英속어) 화난, 안달이 난. ——圓 (圓 **x's, xes**) 1 (英속어) (전화·통신의) 잡음. 2 (美속어) 멘스.

X *ex*(⇨EX¹); *excess*; [증권] *ex dividend* (또는 **ex div.**); *experimental*; *extra*.

X 圓 1 미지수(량); 변수; 미지의 사람[매체, 인자 따위]. 2 (편지·전보 따위의 끝에 붙이는) 키스 표시. 3 곱셈 부호(* times로 읽는다). ¶8×8=64. 4 치수 표시로 쓰는 부호(*). ¶3″×4″×5″ 가로·세로·높이가 각각 3, 4, 5인치(* three by four by five inches로 읽는다. * 기호상으로는 ×이지만 종종 x자를 쓴다. 5 (렌즈의) 배율. ¶a 50*x* telescope 50 배율의 망원경. 6 문맹자가 서명 대신에 쓰는 기호. 7 십자가(cross). 8 새끼줄 (표시). 9 (…와의) 교차. 10 [수학]=x-axis. 11 (지도·도표에서) 특정 지점을 나타내는 x표 시.

X 圓 (美속어) 마약 주사.

X *experimental*(실험기) *X-15*, *X-29A*, 차세대 전투기 F*X* 따위); *extra*; *extraordinary*.

X 圓 1 (차례·연속된 것 중의) 스물 네 번째(의 것)(단 I 또는 J를 제외한 경우는 스물 세 번째(의 것)). 2 (로마 숫자의) 10(® Roman Numerals). 3=Christ. 4=Christian. 5=cross. 6 [전기]=reactance. 7 (속어) 10달러 지폐. 8 (영화의) X등급, 성인용 기호(**X.** (英) [기상] hoarfrost. [rated].

xa·lo·stoc·ite [zǽləstəkàit/-stók-] 圓 [광물] 잘로스톡 광석(적색의 회반 석류석).

Xan·a·du [zǽnədjù:/gzǽn-] 圓 1 도원향(桃源鄕). 2 전원미 있는 마을. [<英國의 시인 S. T. Coleridge작 *Kubla Khan*에 나오는 中國 元代의 지명]

Xan·ax [zǽnæks] 圓 [약학] 재낵스(신경 안정제).

xanth- [zænθ] 연결 ⇨XANTHO-.

xan·than [zǽnθən] 圓 [영양] 크산탄(다당류로 이루어진 수용성 고무; 식품 결착제·안정제·증량제로 이용). (또는 ~ **gùm**)

xan·thate [zǽnθeit] 圓 [화학] 크산토겐산염(酸塩).

xan·thá·tion 圓.

xan·the·in [zǽnθiin] 圓Ⓤ 크산테인(노란 꽃의 수용성 색소). [료].

xan·thene [zǽnθiin] 圓 [화학] 크산텐(염료의 원

xánthene dýe 圓 [화학] 크산텐 염료(染料).

xan·thic [zǽnθik] 형 1 황색의, (꽃이) 노란(® cyanic). 2 [화학] 크산틴(xanthine)의, 크산틴에서 얻을 수 있는.

xánthic ácid 圓 [화학] 크산트산(酸).

xan·thin [zǽnθin] 圓 [생] (불용성) 황화(黃花) 색소.

xan·thine [zǽnθi(:)n] 圓 [생화학] 크산틴(혈액·오줌 따위에 들어 있는 백색 유기물); 크산틴 유도체.

Xan·thip·pe [zæntípi/-θípi] 圓 1 크산티페(Socrates의 아내). 2 잔소리가 심하게 굶는 아내, 악처; 잔소리가 심한 여자. (또는 **Xantippe**)

xan·thism [zǽnθizm] 圓 (피부·털 등의) 황색증.

xan·tho- [zǽnθou, -θə] 연결 yellow의 뜻(* 모음 앞에서는 xanth-). ¶*xanthophyll*.

xan·thoch·ro·i [zænθákrouài/-θɔ́k-] 圓圓 [인류] (때로 X-) 황백인종(밝은 빛의 머리털과 흰 피부를 가진 코카서스 인종). ® melanochroi [(의).

xàn·tho·chró·ic [zænθəkróuik], **xán·tho·chròid** 圓

xan·tho·chroi·a [zænθəkrɔ́iə] 圓 [병리] 피부 황변증(黃變症). (또는 **xanthochromia**)

xan·thoch·ro·ism [zænθákrouìzm/-θɔ́k-] 圓 [수의] (동물의) 황변증(黃變症).

xan·tho·derm [zǽnθədə̀:rm] 圓 피부가 황색인 사람, 황색 인종의 사람.

xan·tho·ma [zænθóumə] 圓 (圓 ~**s**, ~**ta** [-tə]) [병리] 황색종(黃色腫)(피부병의 일종).

xan·tho·mel·a·nous [zænθoumélənəs] 형 [인류] 검은 머리에 올리브빛[황색] 피부를 가진.

xan·thone [zǽnθoun] 圓 [화학] 크산톤.

xan·tho·phyll [zǽnθəfil] 圓 [생화학] 크산토필, (잎의) 황색소, 엽황소(葉黃素).

xan·tho·pro·té·ic ácid [zænθəproutí:ik-] 圓 [화학] 크산토프로테인산(酸).

xan·thop·si·a [zænθápsiə/-θɔ́p-] 圓 [의학] 황시증(黃視症).

xan·tho·sid·er·ite [zænθəsídəràit] 圓 황갈(黃褐) 철광.

xan·thous [zǽnθəs] 형 노란(yellow), 노르스름한; [인류] 황색[몽고] 인종의.

Xan·tip·pe [zæntípi] 圓=Xanthippe.

Xa·vi·er [zéiviər, zǽv-, zéivjər] 圓 자비에르. 1 **Saint Francis** ~ (1506-52: 스페인 출신 가톨릭 선교사로 동양에서 활동). 2 남자 이름.

x-ax·is [éksæksis] 圓 (圓 **-ax·es** [-si:z]) [수학] x(축).

X bánd 圓 [전자] X주파수대(帶)(5,200-10,900 MHz).

X-bod·y [éksbàdi/-bɔ̀di] 圓 [식물] X체(식물의 바이러스병 특유의 부정형 봉입체(封入體)).

xc, xcp [증권] *ex coupon*(이자락(利子落)).

X-C, XC [éksí:] 圓형 [스키] 크로스 컨트리(의).
¶~ skiing 크로스 컨트리 스키 경기. ® cross-country

X chròmosome 圓 [유전] X염색체(性 염색체의 일종으로 암·수 양쪽에 존재한다. ® Y chromosome

xcl (보험) *excess current liabilities*(초과 유동 부채).

x-co·or·di·nate [ékskouɔ́:rdənit, -neit] 圓 [수학] x좌표.

xd, x-div. [증권] *ex dividend*(배당락(落)).

X-day [éksdéi] 圓 (위성·우주선 따위의) 발사일.

X-dis·ease [éksdizí:z] 圓 [의학] X병(병원(病原)을 알 수 없는 바이러스병).

X-dou·ble mínus [éksdʌ̀bl-] 圓 (속어) (연기·연주 등이) 최악의, 형편없는.

Xe 기 [화학] *xenon*.

xe·bec [zí:bek] 圓 지벡(지중해의 작은 세 돛 범선). (또는 **zebeck**)

xen- [zen] 연결 ⇨XENO-.

xe·nate [zí:neit, zén-] 圓 [화학] 크세논산염(酸塩).

xe·ni·a [zí:niə, -njə] 圓Ⓤℂ [식물] 크세니아(꽃가루가 배아(胚芽)가 아닌 과실·종자에 직접 미치는 영향).

xe·ni·al [zí:niəl, -njəl] 형 주객(主客)간의, 주객 관계의.

xe·nic [zí:nik, zé-] 형 하나 이상의 미확인 유기체를

xenic acid

함유한 배양기(培養基)의[를 쓴]. **-ni·cal·ly** 튀

xénic ácid 명 [화학] 크세논산(酸).

xen·o- [zenou, -nə, ziːn-] 연결 alien, strange, guest의 뜻(* 모음 앞에서는 xen-). ¶ *xenogamy, xenolith*. [주 생물학.

xen·o·bi·ol·o·gy [zènoubaiáləʤi/-ɔ́l-] 명U 우

xen·o·bi·ot·ic [zènoubaiátik/-ɔ́t-] 명형 생체 이물(異物)(의).

xen·o·blast [zénəblæ̀st] 명 [광물] (변성 작용에 의한) 타형 변정(他形變晶).

xen·o·cryst [zénəkrìst, zíːn-] 명 [광물] 외래 결정(外來結晶)(magma에 끼어든 결정체). **-crýs·tic** 형

xe·no·cur·ren·cy [zènəkə́ːrənsi/-kʌ́r-] 명 [금융] 국외(國外) 유통 통화(유로 달러 따위).

xen·o·di·ag·no·sis [zènədaiəgnóusis] 명 [의학] 외인(外因) 진단법, 실험 동물 진단법.

xe·nog·a·my [zinágəmi/zenɔ́g-] 명U [식물] 타가(他家)[타화(他花)] 수분(受粉).

xen·o·ge·ne·ic [zènəʤəníːik, ziːn-] 형 [생물·의학] (이식(移植) 조직 따위가) 이종(異種) 개체인. (또는 xenogenic)

xen·o·gen·e·sis [zènəʤénəsis] 명 [생물] 1 세대 교번(交番)[교대](heterogenesis). 2 이종 발생, 완전 변이(變異) 세대. (또는 xenogeny) **-ge·nét·ic** 형

xen·o·glos·sia [zènəglásiə/-glɔ́s-] 명 [심령술] 이종(異種) 언어 발화(發話) 현상(배운 적이 없는 언어를 사용하고 이해하는 초능력). (또는 **xenoglossy**)

xen·o·graft [zénəgræ̀ft/-grɑ̀ːft] 명 [외과] 이종(異種) 이식(다른 개체로부터의 조직 이식).

xen·o·lith [zénəlìθ] 명 [암석] 포획암(捕獲岩)(화성암 속의 이질 암석 조각). **-líth·ic** 형

xen·o·ma·ni·a [zènəméiniə, ziːn-] 명 외제품 숭배; 외국 물이 들기, 외국열.

xen·o·mor·phic [zènəmɔ́ːrfik, ziːn-] 형 1 [동물] (異形)의, 이상한 모양의. 2 [광물] 타형(他形)의, 타형질의. **-phi·cal·ly** 튀

xe·non [ziːnan, zé-/zénɔn] 명U [화학] 크세논(희(稀)가스류의 원소: 기호 Xe).

xénon árc 명 크세논 아크(고강도 조명용).

xénon hex·a·flú·o·ride [-hèksəflúːəraid] 명 [화학] 6플루오르화(化) 크세논.

xénon tet·ra·flú·o·ride [-tètrəflúːəraid] 명 [화학] 4플루오르화(化) 크세논.

xénon tri·óx·ide [-traiáksaid/-ɔ́k-] 명 [화학] 3산화 크세논.

xen·o·phile [zénəfàil, ziːn-] 명 외국인[풍]을 좋아하는 사람.

xen·o·phil·i·a [zènəfíliə, ziːn-] 명 외국인[것]을 좋아하기, 이국(異國) 취미.

xen·o·phobe [zénəfòub, ziːn-] 명 외국인[풍]을 싫어하는 사람.

xen·o·pho·bi·a [zènəfóubiə, ziːn-] 명U 외국(인) 공포(혐오)증. **-bic** 형

Xen·o·phon [zénəfən, -fàn] 명 크세노폰(434?-355? B.C.: 그리스의 철학자·역사가·군인).

-phón·te·an, -phón·ti·an, -phón·tine 형

xen·o·time [zénətàim] 명 [광물] 인산이트륨 광(鑛).

xen·o·trop·ic [zènətrápik, ziːn-] 형 [생물] (바이러스가) 숙주(宿主) 외의 세포에서 증식하는.

X'er [eksər] 명 X세대(Generation X)의 사람, 베이비 붐 이후 세대의 사람(baby buster).

xer- [ziər] 연결 ⇒ XERO-.

xe·rarch [zíərɑːrk] 형 [생태] 건생(乾生)의.

xe·ra·sia [ziəréiʒə/-ziə] 명 [병리] 모발 건조증.

xe·ric [zíərik] 형 [생태] (토지·식생이) 건성(乾性)인; (식물 따위가) 내건성(耐乾性)의, 건생(乾生)의.

xe·ro- [zíərou, -rə] 연결 dry의 뜻(* 모음 앞에서는 xer-). ¶ *xerophyte*.

xe·ro·der·ma [zìərədə́ːrmə] 명U [병리] 피부 건조증, 건피증(乾皮症). (또는 **xerodermia**) **-der·mát·ic, ~·tous** 형

xe·ro·gel [zíərəʤèl] 명 [화학] 크세로겔(다공성(多孔性) 건조 겔의 총칭).

xe·ro·gram [zíərəgræ̀m] 명 전자[제록스] 복사. (또는 **xerograph**)

xe·rog·ra·phy [zirágrəfi/ziəróg-] 명 제로그래피, (정전(靜電)) 전자 사진, 정전 복사법. **-pher** 명

xè·ro·gráph·ic xè·ro·gráph·i·cal·ly 튀

xe·ro·mor·phic [zìərəmɔ́ːrfik] 형 [식물] 건생(乾生) 형태의. **-phism** 명

xe·ro·phile [zíərəfàil] 명 [식물] = xerophyte. — 형 [동·식물] = xerophilous.

xe·roph·i·lous [ziráfələs/-rɔ́f-] 형 [동·식물] 건조 지대에서 자라는[사는], 내건성(耐乾性)의. **-i·ly** 튀

xe·roph·thal·mi·a [zìərafθǽlmiə/-rɔf-] 명U (안과) 안구 건조증. **-mic** 형

xe·ro·phyte [zíərəfàit] 명 건생(乾生) 식물.

-phýt·ic, -phýt·i·cal·ly -phýt·ism 명

xe·ro·ra·di·o·graph [zìərəréidiougræ̀f, -grɑ̀ːf] 명 X선 전자 사진. — 동 X선 전자 사진법으로 촬영[기록]하다.

xe·ro·ra·di·og·ra·phy [zìərəréidiágrəfi/-ɔ́g-] 명U X선 전자 사진법.

xe·ro·sere [zíərəsìər] 명 [생태] 건생(乾生) (천이(遷移)) 계열.

xe·ro·sis [ziəróusis] 명U [의학] (피부·안구 따위의) 건조증(乾燥症); (노인의 정상적인) 조직 경화.

xe·rot·ic [zirátik] 형

xe·ro·sto·mi·a [zìərəstóumiə] 명 [병리] 구강(口腔) 건조증.

xe·ro·ther·mic [zìərəθə́ːrmik] 형 건조하고 더운, 열건조의; [동·식물] 덥고 건조한 풍토에 적응한.

Xe·rox [zíəraks/-rɔks] 명U [상표] 제록스(전자 복사 장치); ⓒ 제록스에 의한 복사(copy). — 동 제록스로 복사하다; (x-) xerography로 [복사]하다. ¶Get this ~ *ed*. 이걸 복사해 주시오.

Xer·xes I [zə́ːrksiːz-] 명 크세르크세스 1세(519?-465? B.C.: 고대 페르시아의 왕).

x́ fáctor 명 미지(未知)의 요인[것, 사람].

xg crossing.

x-height [ékshàit] 명 [인쇄] 엑스 하이트(소문자 x의 높이; b나 p처럼 위 아래로 삐져 나오지 않은 활자 **x́-hìgh** 들).

Xho·sa [kóusə, -zə/kɔ́ːsə] 명 (복 ~**(s)**) 코사족(族)(의 한 종족)(남아공 Cape Province 동부에 사는 부족); 코사족 사람; 코사어(Bantu어의 일종). — 형 코사족(어)의. (또는 **Xosa**) **-san** 형

xi [zai, sai/Gk siː] 명 크시(크시 알파벳의 열 넷째 자(Ξ, ξ)의 명칭; 영어의 X, x에 해당).

Xi, XI, x.i., x-i., x in, x-in., x int, x-int. *ex interest*(이자락(利子落)).

Xia·men [ʃjɑːmèn] 명 샤먼(廈門)(중국 푸젠(福建)성 남동부의 항만 도시; 별칭 Amoy). (또는 **Hsiamen**)

Xi'an [ʃiɑːn] 명 시안(西安)(중국 산시(陝西)성의 성도(省都); 옛 이름 Changan(長安)). (또는 **Sian, Siking, Singan, Xí Án, Xián, Hsian, Hsien**)

Xiang·gang [ʃjɑ̀ːŋgɑ̀ː] 명 홍콩(香港).

XING [krɔ́ːsiŋ, krás-/krɔ́s-] 명 [교통 표지에서] 동물의 횡단 지점. ¶DEER ~ (게시) 사슴 횡단 지점. (또는 **Xing, xing**)

Xing·'an Móuntains [ʃiŋɑ́ːn-] 명 (the ~) 싱안링(興安嶺)(중국 내몽골 자치구 북동부의 산맥; 서쪽의 대(大)싱안링과 동쪽의 소(小)싱안링으로 이루어짐). (또는 **Khingan Móuntains**)

Xin·gú [ʃiŋgúː] 명 (the ~) 싱구 강(브라질 중부를 북쪽으로 흘러 Amazon 강으로 흘러든다; 길이 2,100km).

Xin·hua·she [ʃínhwàːʃʎ] 图 신화사(新華社)(New China News Agency)(중국의 국영 통신사; 약 NCNA).

Xi·ning [ʃìːníŋ] 图 시닝(西寧)(중국 칭하이(青海)성의 성도(省都)). (또는 **Hsining, Sining**)

Xin·jiang Uy·gur [ʃìndʒiáːŋ wíːɡər] 图 신장(新疆) 위구르 자치구(~ Autonomous Region)(중국 서쪽 끝의 성급(省級) 자치구: 중심 성도는 우루무치(Ürümqi); 옛 이름은 신장성(新疆省)). (또는 **Sinkiang Uighur**)

-xion [kʃən] 접미 (英) =tion(동작·상태를 나타내는 명사 어미). ¶ conne*xion*, infle*xion*.

xí párticle [물리] 크시 입자(소립자의 하나).

xiph- [zif] 연결 ⇨XIPHO-.

xiph·i·as [zífiəs] 图 (종 ~) =swordfish.

xiph·i·ster·num [zìfəstə́ːrnəm] 图 (복 **-na** [-nə]) [해부] (흉부 하단의) 검상 돌기(劍狀突起). **-nal** 图

xiph·o- [zífou, -fə] 연결 「칼 모양의」의 뜻(* 모음 앞에서는 xiph-). ¶ *xiph*oid. (또는 **xiphi-**)

xiph·oid [zífɔid] [해부·동물] 图 검(劍) 모양의. ── 图 검상 돌기(劍狀突起).

x-ir·ra·di·ate [éksirèidièit] 图타 (종종 X-) (환부 따위)에 X선을 쪼이다. **x-ir·ra·di·á·tion** 图

Xi·zang [ʃíːzɑːŋ] 图 시짱(西藏)(Tibet의 중국어 명칭). (또는 **Sitsang**)

XL *e*xtra *l*arge(특대의); *e*xtra *l*ong.

X-linked [ékslíŋkt] 图 (유전) X 염색체 유전자의[에 관한]; X 염색체상의 유전자(들)에 의해 지배되는 특질의.

Xm. Christmas.

✱Xmas [krísməs, éksməs] 图 (구어) =Christmas. [<Gk XPIΣTOΣ(=Christ)+-*mas*]

XML [컴퓨터] *E*xtensible *M*arkup *L*anguage. **Xn.** Christian. **x.n.** (英) *ex new*. **Xnty.** Christianity. **XO, x.o.** *e*xamination *o*fficer; *e*xecutive *o*fficer; *e*xtra *o*ld(50년 이상 숙성시킨 고급 브랜디).

xo·a·non [zóuənɑ̀n/-nɔ̀n] 图 (복 **-na** [-nə]) (고대 그리스의) 원시적인 목각(木刻) 신상(神像).

X-o·gen [éksədʒən] 图 [천문] X 원소(元素).

X-o·graph [éksəɡrɑ̀f/-ɡrɑ̀ːf] 图 (상표) 3차원 복사 사진(술).

XOR [eksɔ́ːr] 图 [컴퓨터] 배타적 논리합(合). [<*e*x*c*lusive *or*]

x-out [éksáut] 图타 (속어) …을 죽이다, 없애버리다.

XP [káiróu, kíː-] (Christ의 그리스 문자 XPIΣTOΣ의 앞 2자로 만든) 그리스도의 표호(標號)(X 로도 나타 냄).

XPD *ex*pedient *d*emise(사고사로 가장한 모살(謀殺)).

x pr (증권) *ex p*rivileges(without privileges)(우선권 락(落)(의)). **XQ, xq** *cross question*.

X-ques·tion [ékskwèstʃən] 图 [문법] 특수의문문.

xr (증권) *ex rights*(권리락(落)(의). **XR** ⑦ (출판) × Return(반품 불가).

X-ra·di·ate [éksrèidièit] 图타 …에 X선을 쪼이다.

X-ra·di·a·tion [éksrèidiéiʃən] 图ⓤ X선 조사(照射).

X-rat·ed [éksrèitid] 图 (美) (영화의) 성인용의, 미성년 관람 금지의; 포르노물의, 포르노풍의. **X ráting** 图

✱X-ray [éksrèi] 图 1 (~s) 엑스레이[선], 뢴트겐선 (Röntgen rays), X 뢴트겐 사진. ¶ This is my ~. 이것은 나의 엑스레이 사진이다. 3 (통신에서) X자. (또는 **X ràye, X ráy, X rày**) ── 图타 …을 엑스선으로 진찰[치료]하다; …의 X선 사진을 찍다. ── 图 X선을 이용하다; 자동차 속도 측정 장치로 측정하다. ── 图 X선의. ¶ an ~ photo [*or* picture] X선 사진.

X-ray astrónomy 图 [천문] X선 천문학(천체의 X선을 관찰·연구하는 학문). **X-ray astrónomer** 图

X-ray búrst 图 [천문] X선 버스트(X선원(源)에서 주기적으로 일어나는 폭발적인 X선 방사). **X-ray búrst·er** 图

X-ray crystallógraphy 图 X선 결정학(結晶學).

X-ray diffráction 图 [물리] 엑스선 회절(回折)(법).

X-ray láser [물리] X선 레이저.

X-ray machíne 图 X선 기기(機器); (美속어) 자동차 속도 측정 장치, 스피드건.

X-ray nóva 图 [천문] X선 신성(新星)(X선을 방사하는 신성).

X-ray phòtograph [pìcture] 图 X선[엑스레이] 사진. **X-ray photógraphy** 图

X-ray púlsar 图 [천문] X선 펄사(X선을 방사(放射) 하는 전파 천체).

X-ray sátellite 图 [천문] X선 위성(천체의 X선 관측용 인공 위성).

X-ray scánning 图 [공학] X선 정사(精査).

X-ray sóurce 图 [천문] =X-ray star.

X-ray stár 图 [천문] X선 별(X선을 방사(放射)하는 천체).

X-ray technícian 图 X선 기사[전문가].

X-ray télescope 图 [천문·광학] X선 망원경.

X-ray thérapy 图 [의학] 엑스선 요법.

X-ray túbe 图 X선관(管).

X-road [krɔ́sròud] 图 =crossroad.

XS *e*xtra *s*mall.

x-sec·tion [krɔ̀ssékʃən/krɔ̀s-] 图 =cross section.

XST (군사) *e*xperimental *s*tealth *t*echnology(스텔스(기술 실증용) 실험기).

X-stool [éksstùːl] 图 X다리 의자(간단한 구조의 접는 의자).

X-stretch·er [éksstrètʃər] 图 (가구) X형 가로대.

Xt. Christ. **Xtal, xtal** *crystal*.

XTC, xtc [éksteəsi] 图 (속어) (마약의) 황홀경(ecstasy).

xth [éksθ] 图 X번째의. [sy]

Xtian Christian.

Xtra [ékstrə] 图 **1** 호의. **2** (영화) 엑스트라.

Xty, Xty. Christianity.

xu [suː] 图 (~) 수(베트남의 화폐 단위; =100 분의 1 dong=10 분의 1 hao); 1 xu짜리 주화.

X-u·nit [éksjúːnit] 图 [물리] 엑스 단위(엑스선·감마선의 파장 측정에 쓰이던; 약 Xu, XU).

Xun Zi [tʃùn dʒìː] 图 순자(荀子)(기원전 3세기 중국의 사상가).

xw (증권) *ex w*arrants(주식 매수권락(落)(의, 으로)).

X-wave [ékswèiv] 图 (무선) 이상파(異常波)(extraordinary wave).

X Window Sỳstem 图 (상표) [컴퓨터] 엑스윈도 시스템(MIT가 개발한 분산 처리형 멀티 윈도 시스템).

X-wing [ékswìŋ] 图 (항공) X자형 날개.

XX [dʎbléks] 图 고감도 필름; 알코올 성분이 많은 맥주; (속어) =double cross.

XXX [trípléks] 图 초고감도 필름; 가장 독한 맥주(의 기호); (속어) 본격적 포르노(의 기호).

xyl- [zail] 연결 ⇨XYLO-.

xy·lan [záilæn] 图ⓤ (화학) 크실란(펜토산의 일종).

xy·lem [záiləm, -lem] 图ⓤ (식물) 목질부(木質部).

xýlem ráy (식물) 목질부(木質部) 방사 조직.

xy·lene [záiliːn] 图ⓤ (화학) 크실렌, 크실롤(xylol) (용제·염료용).

xýlic ácid [záilik-] 图 (화학) 크실릴산.

xy·li·tol [záilətɔ̀ːl, -tɑ̀l/-tɔ̀l] 图 크실리톨(설탕을 대신하는 천연 감미료; 과일·야채에서 추출).

xy·lo- [záilou, -lə] 연결 wood의 뜻(* 모음 앞에서는 xyl-). ¶ *xylo*phone.

Xy·lo·caine [záiləkèin] 图 (상표) 크실로카인(국부마취제).

xy·lo·carp [záiləkɑ̀ːrp] 图 경목질과(수)(硬木質果 (樹)). **-cár·pous** 경목질과(果)가 열리는.

xy·lo·gen [záilədʒən] 图 (식물) 목질(木質)(xylem).

xy·lo·graph [záiləɡræf, -ɡrɑ̀ːf] 图 목판화; 목판. ── 图타 목판으로 찍다[인쇄하다].

xy·log·ra·pher [zailɑ́ɡrəfər/-lɔ́ɡ-] 图 목판화공

(工), 조판사(彫版師).
xy·lo·graph·ic [zàiləgrǽfik] 휑 목판술의.
 -i·cal 휑 **-i·cal·ly** 핅
xy·log·ra·phy [zailɑ́grəfi/-lɔ́g-] 명U 목판술.
xy·loid [záilɔid] 휑 목재와 비슷한; 목질의.
xy·lol [záilɔːl, -lɑl/-lɔl] 명 =xylene.
Xy·lo·nite [záilənàit] 명 《상표》 자일로나이트(합성 수지).
xy·lo·phage [záiləfèidʒ] 명 나무좀(woodeating insect).
xy·loph·a·gous [zailɑ́fəgəs/-lɔ́f-] 휑 (곤충의 애벌레 따위가) 나무를 좀먹는; 나무에 구멍을 뚫는.
xy·loph·i·lous [zailɑ́fələs/-lɔ́f-] 휑 《생물》 나무를 좋아하는[먹는, 에 사는, 호목성(好木性)의.
‡**xy·lo·phone** [záiləfòun] 명 실로폰, 목금(木琴).
 -phon·ic 휑 **-phon·ist** 명 목금 연주자[가].
xy·lose [záilous] 명U 〔화학〕 크실로오스, 목당(木糖)(당의 일종; 목재·짚 따위에 함유되어 있다).

xy·lot·o·mous [zailɑ́təməs/-lɔ́t-] 휑 나무에 구멍을 뚫는, 나무를 자르는.
xy·lot·o·my [zailɑ́təmi/-lɔ́t-] 명 (검경용(檢鏡用)으로) 목질(木質)을 얇게 절단하는 방법.
xyst [zist] 명 **1** (고대 그리스·로마에서 실내 경기장으로 사용했던) 지붕 있는 열주식(列柱式) 포치(porch). **2** (고대 로마 대저택의) 정원 안의 가로수가 심어진 산책길. (또는 **zystos, zystus**)
xys·ter [zístər] 명 〔의학〕 골막 박리기(骨膜剝離器), 외과 수술용 줄.
xys·tus [zístəs] 명 (뚹 **-ti** [-tai]) =xyst.
XYY syndrome [éksdʌ́blwái-] 명 〔의학〕 XYY 증후군(症候群)(남성 염색체 Y가 하나 더 있는 염색체 이상; 공격적이고 저능 현상을 보임).
X, Y, Z!, xyz! [ékswàizíː/-zéd] 웊 《美속어》 대문 (바지 지퍼)이 열렸어! (<*Examine your zipper!*)
XYZZY [zízi, zái-] 웊 《美속어》 (놀라움 따위를 나타내어) 우아!, 와!, 야!

Y

Y, y [wai] 명 (복 *Y's, Ys; y's, ys*) 1 영어 알파벳의 스물 다섯째 자. ¶ *Y for Yellow* Yellow의 Y(국제 전화 통화 용어). 2 Y[y]가 나타내는 소리. 3 Y[y]자형(의 물건). 4 (인쇄·스탬프 등의) Y, y자.
y ㉮ 〔수학〕 1 (제2의) 미지수[량]. 2 = y-axis.
Y 명 1 (the Y) (구어) = YMCA; YWCA; YMHA; YWHA. 2 = yippie. 3 (the Y) (美속어) 여성의 살. ¶ *eating at the Y* 쿤닐링구스(cunnilingus).
Y ㉮ 1 (차례·연속된 것 중의) 스물 다섯 번째(의 것)(단 I 또는 J를 제외할 경우는 스물 여섯째(의 것). 2 중세 로마 숫자의 150. 3 (때로 y) 〔전기〕 = admittance 2. 4 〔화학〕 = yttrium. 5 〔물리〕 = upsilon. 6 = yuan.
Y, y, ¥ = yen¹. **y.** yard(s); year(s). **Y.** yeoman; yeomanry.
y- [i] 접두 (고어) 과거분사를 나타내는 접두사. ¶ *yclad* (= clad).
-y¹ [i] 접미 명사형 어미(* -y가 붙는 말의 어미의 묵음(默音) e는 떨어져나가는 경우와 그대로 남는 경우가 있다: 단음절어에서 단(短)모음 다음에 오는 어미의 단일 자음자는 중복된다; 어미가 y로 끝나는 말에는 그대로 ey를 붙이거나 y를 i로 바꾸어 ey를 붙인다). 1 명사에 붙어서 「…의 성질을 가진」, 「…인 것 같은」, 「…에 찬」, 「…으로 이루어진」의 뜻을 나타낸다. ¶ *dirty, watery, mir(e)y* (← mire), *muddy* (← mud), *clayey* (← clay), *skiey* (← sky). 2 동사에 붙어서 「…의 경향이 있다」의 뜻을 나타낸다. ¶ *clingy, sleepy, chatty* (← chat), *criey* (← cry). 3 빛깔을 나타내는 형용사에 붙어서 「약간 …빛을 띤」의 뜻을 나타낸다. ¶ *yellowy, whity* (← white). 4 시(詩)에서 형용사에 붙는다. 의미상의 변화는 없다. ¶ *steepy*.
-y² *어형*(語形)상 주의 사항에 대해서는 ⇒ -y¹. 1 지소형(指小形) 접미사: 단음절의 인명·동물명 따위 명사, 때로는 단음절의 형용사에 붙어서 친애의 뜻을 나타내는 명사를 만든다. 어미는 -ie가 된다. ¶ *Johnny* (← John), *piggy* (← pig), *doggie* (← dog), *lassie* (← lass), *darky* (← dark), *fatty* (← fat). 2 다음절(多音節)의 명사·형용사의 제1음절 이하의 부분에 대신 붙어서 그 말의 구어형(口語形)을 만든다. ¶ *nighty* (← nightdress), *comfy* (← comfortable).
-y³ 접미 라틴어 어미 -ia(프랑스어에서는 -ie)에서 유래하는 추상명사를 만든다. ¶ *fury, glory, victory*.
-y⁴ 접미 명사 어미; 라틴어의 -atus, -ata, -atum(프랑스어에서는 -é, -ée)에서 유래하며, 어떤 동작의 결과로 얻어지는 것을 나타낸다. ¶ *deputy, assembly, treaty*.
ya [jə] 대 (속어·방언) = you; your.
yaah [jɑː] 감 와아, 앗. (또는 **yaaa, yaagh, yaargh**)
yab·ber [jǽbər] 명 자 = jabber.
yab·by [jǽbi] 명 애비(오스트레일리아산(産) 작은 가재); (속어) (크리켓) 삼루문의 수비자. ─ 자 애비를 잡으러 가다. (또는 **yabbie**)
‡**yacht** [jɑt/jɔt] 명 요트; (개인 소유의) 호화 유람선; = land ~; = ice ~. ─ 자 요트를 타고 달리다(에서 달리다); 요트로 경주하다. ~**·y** [의자].
yácht chàir 명 요트 의자(천으로 된 팔걸이 달린 접의자).
yácht clùb 명 요트 클럽.
yacht·ie [jɑ́ti/jɔ́ti] 명 요트 소유자; 요트 타는 사람.
yacht·ing [jɑ́tiŋ/jɔt-] 명U 요트 타기, 요트 놀이. ¶ *go* ~ 요트 타러 가다. [로프].
yácht ràcing[ràce] 명 요트 경주.
yácht ròpe 명 요트 밧줄(마닐라 삼으로 만든 최고급

yachts·man [jɑ́tsmən/jɔ́ts-] 명 요트 조종자[소유자]; 요트 애호가.
yachts·man·ship [jɑ́tsmənʃip/jɔ́ts-] 명U 요트 조종법[술]. (또는 **yachtmanship**)
yachts·wom·an [jɑ́tswùmən/jɔ́ts-] 명 여성 요트 조종자[소유자]; 여성 요트 애호가.
yack [jæk] 명자 = yackety-yak.
yack·er [jǽkər] 명 1 (보통 ~s) (英속어) 돈, 현금. 2 (濠구어) (힘든) 일. 3 (濠속어) 수다스러운 말, 수다쟁이. ─ 자 (濠속어) 수다떨다.
yack·e·ty-yak [jǽkitijǽk] 명 (속어) 실없는 잡담. ─ 자 실없는 말을 지껄여대다.
(또는 **yackety-yack, yakety-yak, yaki(t)ty-yak**)
yad [jɔːd/*Heb* jɑːd] 명 (복) *ya·dim* [jɔ́ːdim/*Heb* jɑːdíːm]) 야드(온제의 끝이 가는 막대기).
YAF Young Americans for Freedom.
yaff [jæf] 동자 (스코·북英) 짖다(bark).
yaf·fle [jǽfl] 명 〔조류〕 (英) 청딱따구리. (또는 **yaf·fil** [jǽfəl])
YAG [jæg] 명 〔화학〕 야그, 이트륨석류석(레이저 광선 발생에 사용되는 이트륨과 산화알루미늄의 인조 결정(結晶)). (< **y**ttrium **a**luminum **g**arnet)
ya·ger [jéigər] 명 = jaeger. [따위].
yah¹ [jɑː, jæː] 감 야, 아, 이런, 흥, 얼씨구(답답한·조롱
yah² (구어) 부 = yes. (또는 **ya, yar**) 명 (英) 여피족(族)(yuppie). [< yes 대신 yah를 쓰는 데서]
yah-boo [jɑ́ːbúː] 감 우우(야유할 때의 외침). ─ 명 야유하는, 매도하는. (또는 **yá**(**á**)**bóo**) [다.
Yah-boo sucks to you! (구어) 꼴 좋다!, 기분 좋
Yah·gan [jɑ́ːgən] 명 야가족(族)(남미 Tierra del Fuego 및 인근 여러 섬의 남안에 사는 인디언).
ya·hoo [jəhúː] 감 야호, 와아.
Ya·hoo [jɑ́ːhuː, jéi-/jəhúː] 명 (복 ~s) 1 야후(영국 작가 Swift작 *Gulliver's Travels*에 나오는 사람 모습을 한 짐승). 2 (y-) 버릇없고 거친 사람. 3 (y-) (美) 시골뜨기(yokel). 4 (상호) 야후(미국의 인터넷 검색 서비스 업체; 1995년 창설)(Yahoo! Inc.).
Yah·ve(**h**) [jɑ́ːve/-vei] 명 = Yahwe(h).
Yah·we(**h**) [jɑ́ːwe/-wei] 명 야훼(히브리인의 신; 신의 이름을 나타내는 4문자 YHWH의 음역(音譯)). 참 Jehovah (또는 **Yahve**(**h**), **Jahve**(**h**), **Jahwe**(**h**))
Yah·wism [jɑ́ːwizm] 명U 1 Yahweh 신앙(숭배). 2 고대 히브리인의 신앙. (또는 **Yah·vism** [jɑ́ːvizm])
Yah·wist [jɑ́ːwist] 명 야휘스트(구약 성서에서 하느님을 Elohim이 아닌 Yahweh라 부른 최초 육서(六書)의 저자). ⇒ **Elohist**. (또는 **Yah·vist** [-vist])
Yah·wis·tic [jɑːwístik] 형 야휘스트의[적인]; 야훼 숭배[신앙]의[에 관한]. (또는 **Yahvistic**)
yak¹ [jæk] 명 (~**s**)) 야크(티베트 고원 지대에 사는 털이 긴 소). [< Tibetan *gyak* = yak]
yak² (속어) 수다, 쓸데없는 말. ─ 동자 (*-kk-*) 수다떨다, 재잘거리다.
yak one's head off 재잘재잘 지껄이다, 마구[계속] 지껄여대다.
yak³ (속어) 웃음(laugh); 신소리, 익살, 농담(joke).
score yaks (남을) 크게 웃게 하다[웃기다].
─ 동 (*-kk-*) 크게 웃다[웃기다], 대소하다[시키다].
yak it up 크게 웃다.
Yak [jæk] 명 (옛 소련의) 야크型 전투기.
Ya·kut [jəkúːt/jəkút, jæ-] 명 (복 ~**s**) 야쿠트인

yak-yak [jǽk] 명 《美속어》 =yak².

*Yale¹ [jeil] 명 예일. 1 예일 대학교(~ University)(미국 Connecticut 주 New Haven에 있는 대학: 1701년 창립; Ivy League 대학교 중의 하나). 2 **Elihu ~** (1649-1721: Yale 대학교 창설 공로자).

Yale² 명 《상표》 예일 자물쇠(도어용 원통형 자물쇠). (또는 **~ lòck**) 「Yaleman」

Yal·ie [jéili] 명 Yale 대학교 학생(졸업생). (또는 **y'all** [jɔːl] 때 《美남부 방언》 =you-all(you의 복수형).

yal·ler [jǽlər] 형 =yellow. 「항구 도시」.

Yal·ta [jɔ́ːltə/jǽl-] 명 얄타(크림 반도의 흑해에 면한

Yálta Cónference 명 얄타 회담(1945년 2월 미·영·소의 수뇌가 2차 대전의 전후 처리를 논의한 회담).

Ya·lu [jɑ́ːlúː] 명 (the ~) 압록강.

yam [jæm] 명 〔식물〕 얌(참마속(屬)의 식물); 그 뿌리; 《美남부》 고구마; 《스кано》 감자.

Ya·ma [jɑ́ːmə/jɑ́ː-] 명 〔인도 신화〕 염마(閻魔).

yám bèan 명 〔식물〕 (열대산) 콩과(科)의 덩굴식물.

ya·men [jɑ́ːmən] 명 (중국의) 아문(衙門), 관아(官衙), 관청. (<Chin *ya*(衙)+*men*(門)))

yam·mer [jǽmər] (구어) 동자 1 응석부리다: 투덜대다; 큰 소리로 말하다, 떠들어대다. ─ 타 1 을 큰소리로 말하다; ⋯을 불평조로 말하다. ─ 명 응석부리기; 수다; 불평하기, 떠들어대기(는 소리). **~·er** 명 **~·ing·ly** 부

yam·pee [jǽmpi] 명 〔식물〕 참마과(科)의 덩굴식물(cush-cush).

Ya·na [jɑ́ːnə] 명 야나어(語)(미국 California 주 Lassen Peak 산 서쪽 지방에서 사용되던 언어).

yang [jɑːŋ, jæŋ] 명 U 양(陽)(음(陰)(yin)의 대립 개념). 〔<Chin〕

Yang Kuei-fei [jɑ́ːŋgwéifíː] 명 양귀비(楊貴妃)(719-756: 중국 당(唐)나라 현종(玄宗)의 귀비; 이름은 옥환(玉環)). 「이름은 Rangoon」.

Yan·gon [jǽŋgɔn] 명 양곤(Myanmar의 수도; 옛

Yang·zi Jiang [jǽŋsídʒiáŋ, -tsi-/jǽŋksi-] 명 (the ~) 양쯔 강(揚子江). (또는 **Yángtze Jiáng**)

yank [jæŋk] 동타 1 (영 · 타) 홱 잡아당기다(on, at). 2 체포하다, 연행하다. 3 《美속어》 (실적 부진)로 해임하다, 목자르다. 4 괴롭히다; 속이다. ─ 자 1 홱 잡아당기다(at, on). 2 《속어》 (남자가) 수음(手淫)하다(off). 3 토하다. ─ 명 1 갑자기 홱 잡아당기기.

yank a person's chain (속어) 남을 괴롭히다.

yank a person's crank 남을 놀리다(조롱하다).

Yank 명형 1 (구어) =Yankee. 2 (1·2차 대전중의) 미군 병사(의). 3 미국 차(車)(의).

*Yan·kee [jǽŋki] 명 (~ **s** [-z]) 1 미국인, 양키. 2 미국 New England 사람(주민). 3 (남북 전쟁 당시의) 북군 병사; 북부 여러 주의 주민. 4 (영어의) 뉴잉글랜드 방언. 5 (경마) 4연승식(連勝式) 승마 투표. 6 (군사) (옛 소련의) 양키급(級) 핵잠수함. 7 〔통신〕 Y자로 나타내는 말. 8 《금융》 = **~ bond**. 9 (the ~s) (야구) American League 소속 New York Yankees팀(1903년 창단). ─ 형 Yankee(식)의.

Yánkee blárney 명 양키식 겉칭찬(발림말).

Yánkee bònd 명 양키 본드(미국 금융 시장에서 외국 또는 외국 회사가 발행하는 채권).

Yánkee dóllar màrket 명 《금융》 뉴욕 국제 자유 금융 시장의 속칭.

Yan·kee·dom [jǽŋkidəm] 명 U 양키의 거주지(New England 또는 미국을 지칭): 《집합적》 양키.

Yánkee Dóo·dle [-dúːdl] 명 1 양키 두들(미국 독립 전쟁 때 군가로 부른 노래). 2 미국인.

as Yankee Doodle as apple pie and baseball 완전히 미국적으로다.

Yan·kee·fy [jǽŋkifài] 동타 ⋯을 양키화하다, 미국식(풍)으로 하다(Americanize). 「뿌리; 미국적 풍습.

Yan·kee·ism [jǽŋkiìzm] 명 U 양키 기질; 미국 사

Yan·kee·land [jǽŋkilænd] 명 1 《美북부》 미국 북부 제주(諸州). 2 《英》 미국. 3 《美북부》 뉴잉글랜드(New England).

Yánkee nótions 명 《복》 양키 세공품; 미국식 신안품 《美신안품》.

Yanks [jæŋks] 명 《속어》 미국 프로야구단 New York Yankees의 약칭.

yan·ni·gan [jǽnigən] 명 《美속어》 〔야구〕 신인 2군 선수. (또는 **yanigan**)

Ya·no·ma·mo [jɑ̀ːnɔmɑ́mou] 명 (복 **~(s)**) 야노마모족(族)(브라질 북부, 베네수엘라 남부의 호전적 종족); 야노마모어(語). (또는 **Yano(m)ama**)

yan·qui [jɑ́ːŋki] 명 (종종 Y-) (중남미에서) 양키, 미국인. ─ 형 미국(인)의. 〔<Sp Yankee〕

Yan·qui·ol·o·gy [jæ̀ŋkiɑ́lədʒi/-ɔ́l-] 명 U 《경멸적》 1 (중남미인이 본) 미국인의 이기적 사고 방식. 2 미국인 연구; 미국 외교 정책 연구.

yan·tra [jɑ́ntrə, jɑ́ːn-, jǽn-] 명 얀트라(명상할 때 쓰는 기하학적 도형). 〔<Skt〕

Yao [jau] 명 요(堯)(고대 중국의 전설상의 제왕; 뒤를 이은 Shun(舜)과 함께 이상적 군주로 알려져 있다.

Ya·oun·dé [jaundéi] 명 야운데(카메룬의 수도). (또 **ya·ourt** [jɑ́ːuərt] 명 =yogurt. 「는 **Yaundé**)

yap¹ [jæp] 자 (-pp-) 1 (개가) 사납게 짖어대다. 2 《속어》 시끄럽게 지껄여대다, 수다 떨다; 《구어》 심하게 잔소리하다(*at*). ─ 타 ⋯을 시끄럽게 말하다; ⋯에게 심하게 잔소리하다. ─ 명 1 (개의) 사납게 짖어대는 소리. 2 《속어》 시끄럽게 지껄여대기, 잡담. 3 《속어》 건달, 깡패; 버릇없는 자; 무지렁이. 4 《속어》 입.

blow off [or *open*] *one's yap* 《美속어》 지껄여대다, 이야기하기 시작하다.

~·per 명 **~·ping·ly** 부 **~·py** 형

yap² 명 《美》 얩(출세 지향적인 고소득의 젊은 전문직 종사자). 〔<*y*oung *a*spiring *p*rofessionals〕 「섬).

Yap [jæp] 명 얍 섬(서태평양 캐롤라인 제도의

ya·po(c)k [jəpɑ́k/-pɔ́k] 명 〔동물〕 (남미산(産)) 물주머니쥐(water opposum).

yapp [jæp] 명 U C 얍형(型) 제본(성서 따위 가죽 표지의 가장자리를 접어 넣은 것). (또는 **~ binding**)

yap·pie [jǽpi] 명 야피족(族)(젊고 부유한 부모; = yap²). 〔<*y*oung *a*ffluent *p*arent; *y*oung *a*spiring *p*rofessional〕

Ya·qui [jɑ́ːki] 명 1 (복 **~(s)**) 야키족(族)(멕시코 서부와 애리조나 주의 인디언). 2 야키족의 언어.

Yar·bor·ough [jɑ́ːrbərou/-bərə] 명 〔카드놀이〕 (whist 또는 bridge에서) 9 이상의 카드가 없는 패.

*yard¹ [jɑːrd] 명 (복 **~s** [-z]) 1 야드 (길이의 단위: 3feet, 약 91.4 cm; 略 yd.). ¶ 10 **~s** of cotton 무명 10야드/a square ~ 평방 야드. 2 〔해사〕 활대, 야드. 3 = **~-of-ale**. 4 《美속어》 100달러.

by the yard 장황하게. 「다.

go the full yard 철저히[끝까지] 하

the whole nine yards 《구어》 전부, 모조리, 모두. [yard¹ 2]

*yard² 명 (복 **~s** [-z]) 1 뜰, 안뜰; 구내, 경내. 2 울타리로 둘러싸인 땅; (가축 따위의) 우리(pen), (사슴 따위의) 겨울 방목장. 3 《복합어로》 일터, 작업(제조)장; 물건 두는 곳. ¶ a brick ~ 벽돌 공장/a lumber ~ 목재 치장/a navy ~ 해군 조선장. 4 채소밭. 5 〔철도〕 조차장. 6 (the Y-) 《英》 =Scotland Y-. 7 《美》 (Harvard 대학교의) 캠퍼스.

mind one's own yard 자기 일에 신경을 쓰다, 남의 일에 참견하지 않다.

─ 타 1 (가축 따위)를 울타리로 둘러싸다, 우리 안에 넣다. 2 (차량)을 조차장에 넣다; (목재 등)을 하치장에 넣다. ─ 자 1 (사슴 등이) 방목장에 모이다. 2 《美속어》

yard·age¹ [jáːrdidʒ] 몡 ⓤ 야드로 재기[잰 길이].
yard·age² 몡 ⓤ (가축) 우리 사용권[사용료], (가축을 싣고 내리기 위한) 역 구내 사용료.
yard·arm [jáːrdàːrm] 몡 〔해사〕 활대의 끝.
yard·bird [jáːrdbə̀ːrd] 몡 1 (벌로 잡역을 하는) 사역병; 신병, 초년병. 2 죄수. 3 (철도의) 조차장에서 기거하는 부랑자(浮浪者).
yárd bùll 몡 (美속어) 철도 공안원; (교도소의) 교도관.
yárd dòg 몡 (美속어) 째째한[매력 없는] 녀석.
yárd gòods 몡 (美속어) 야드 단위로 파는 옷감.
yárd gràss 몡 왕바랭이(볏과(科)의 잡초).
yárd hàck 몡 (美속어) 교도관. 〔떼의 동물[가축].
yard·ing [jáːrdiŋ] 몡 몰려고 모아[전시해] 놓기.
yárd líne 몡 〔미식축구〕 야드 라인(골라인에 평행하게 1야드 간격으로 그은 선).
yard·man [jáːrdmən] 몡 (철도의) 구내 작업원, 조차 작업원; (잔디 깎기 등의) 잡역부.
yard·mas·ter [jáːrdmæ̀stər/-màːs-] 몡 (철도) 역구내[조차] 주임.
yárd mèasure 몡 야드 자.
yard-of-ale [-əvéil] 몡 높이 약 1야드의 나팔 모양의 맥주 글라스; 그 글라스에 들어가는 맥주의 양.
yárd ròpe 몡 〔해사〕 활대 밧줄.
yárd sàle 몡 야드 세일(개인의 집 앞뜰에서 벌이는 중고 가정용품 세일)(garage sale).
yard·stick [jáːrdstìk] 몡 (막대기 모양의) 야드 자; (비교·판단의) 기준, 척도(standard).
yard·wand [jáːrdwɔ̀nd/-wɔ̀nd] 몡 (고어) = yardstick.
yárd wòrk 몡 (美) 정원(마당) 일.
yare [jɛər, jɑːr] 엥 신속한, 민첩한, 날랜; (배 따위가) 조종하기 쉬운; (고어) 채비[준비]가 다 된. — 튀 신속히. ‑·ly 튀
yar·mul·ke [jáːrmə̀lkə] 몡 〔유대교〕 (남자가 기도나 의식(儀式) 때 쓰는) 작은 두건(skullcap). (또는 **yarmelke, yarmulka**)
‡yarn [jɑːrn] 몡 (엥 ~**s** [-z]) 1 ⓤ 연사(撚絲), 짜는실, 방사(紡絲); 뜨개실, (아마 따위의) 곤 가닥. ¶cotton ~ 면사 / spin cotton into ~ 목화를 자아 실을 뽑다. 2 (밧줄 등의) 단사(單絲), 얀. 3 (구어) 모험담, 지어낸 이야기, 허풍 섞인 이야기; 잡담. ¶a big ~ 터무니없는 허풍 / tell a long ~ 긴 이야기를 하다.
  breast the yarn (속어) (경주에서) 테이프를 끊다, 1등을 하다.
  spin a yarn (구어) 긴 이야기[장광설]를 늘어놓다; 모험담[지어낸 이야기]을 하다.
  — 囵 (구어) 모험담[긴 이야기]을 하다; 허풍을 늘어놓다. — 囸 〔관(管)의 이음매〕에 뱃납(oakum)을 채워넣다, …에 실을 감다.
yárn bèam[ròll] 몡 방적기의 날실을 감는 막대기.
yarn-dyed [‑dàid] 엥 (직물이) 짜기 전에 실이 염색된. ⑤ piece-dyed **yárn-dỳe** 囵
yarn-spin·ner [‑spìnər] 몡 (구어) 입담이 좋은 사람, 허풍선이.
yar·o·vize [jáːrəvàiz] 囵⑰ = jarovize.
yar·row [jǽrou] 몡 〔식물〕 서양톱풀.
yash·mak [jɑːʃmáːk/jǽʃmæk] 몡 야시마크(회교국 여인들이 얼굴을 가리는 베일).
yas(s) [jæs] 감 = yes.
yat·a·ghan [jǽtəɡən/-ɡæn] 몡 (등쪽으로 완만하게 휘고 날밑이 없는) 터키의 장검(長劍).
ya-ta-ta [jáːtətə, jæt-] 몡 〔의성어〕 (美속어) 잡담.
yate [jeit] 몡 〔식물〕 (오스트레일리아산(産)) 유칼립투스 속(屬)의 나무. 〔수다, 잡담.
yat·ter [jǽtər] 囵囯 (英) 재잘재잘 지껄이다. 몡
yaud [jɔːd, jɑːd] 몡 (스코) (노쇠한) 암말(mare).
yauld [jɔːld, jɑːld] 엥 (스코·北英) 활동적인, 활발한

(active), 강건한.
yaup [jɔːp, jɑːp] 몡囵 = yawp. ‑·**er** 몡
yau·pon [jóːpən/-pɔn] 몡 〔식물〕 (미국 남부산(産)) 감탕나무의 일종(잎은 종종 차 대용으로 쓰인다).
ya·vis [jéivis] 몡 (美속어) 젊고 매력적이며 지적인 언어를 구사하여 성공한 사람. (또는 **YAVIS**) 〈*y*oung, *a*ttractive, *v*erbal, *i*ntelligent, and *s*uccessful〉
yaw¹ [jɔː] 囵 1 (배가) 침로(針路)를 벗어나 좌우로 흔들리면서 나아가다, 편주(偏走)하다; (항공기·우주선이) 한쪽으로 흔들리다. — 囸 …을 침로에서 벗어나게 하다; …을 한쪽으로 흔들리게 하다. — 몡 편주(偏走); 한쪽으로 흔들리기; (우주선의) 선수(船首)의 흔들림.
yaw² 〔병리〕 frambesia의 병소(病巢).
yawl¹ [jɔːl] 몡 1 (배에 싣고 다니는) 잡용(雜用) 보트. 2 (쌍돛대의) 욜형 범선. 3 소형 어선.
yawl² 囵 = yowl, howl.
‡yawn [jɔːn] 囵 (~**s** [-z]) ㉄ 1 하품하다. ¶~ heavily 큰 하품을 하다. 2 (입·틈·가끝) 따위가) 크게 벌어지다, 딱 벌어져 있다. ¶A wide gorge ~ed beneath our feet. 우리 발 밑에는 넓은 협곡이 입을 딱 벌리고 있었다. — 囸 …을 하품하면서 말하다. ¶He ~ed good night. 그는 하품을 하면서 잘 자라고 말했다. — 몡 (~**s** [-z]) 1 하품. ¶with a ~ 하품하면서 / give[stifle] a ~ 하품을 하다[참다]. 2 (넓고 깊은) 갈라진[벌어진] 틈. 3 (속어) 따분한 사람. ‑·**er** 몡 하품하는[따분한] 사람.

[yawl¹ 2]

yawn·ful [jɔ́ːnfəl] 엥 하품나게 하는, 지루한. ¶a book 재미없는 책. ‑·**ly** 튀
*****yawn·ing** [jɔ́ːniŋ] 엥 1 하품을 하고 (있는); 크게 입을 벌리고 있는. 2 지루해하는, 지루함[무관심]을 나타내고 있는. ‑·**ly** 튀
yawns·ville [jɔ́ːnzvil] 몡 (속어) 따분한 사람[상황].
yawn·y [jɔ́ːni] 엥 하품을 하는; 하품나게 하는. ¶a ~ story 하품이 나는 지루한 이야기.
yawp [jɔːp, jɑːp] 囵 (구어) 큰 소리로 외치다, 고함치다; (속어) 떠들썩하게 지껄여대다. — 몡 (구어) 외치는 소리, 고함 소리, 재잘재잘 떠들어대기. (또는 **yaup**) ‑·**er** 몡
yawp·ing [jɔ́ːpiŋ, jɑ́ːp-] 몡 푸념, 잡담.
yaws [jɔːz] 몡囸 (단수취급) 〔병리〕 딸기종(腫)(frambesia). 〔축.
y-ax·is [wáiæ̀ksis] 몡 (엥 ‑**ax·es** [-iːz]) (수학) **Yb** ⑰ 〔화학〕 ytterbium. **YB, Y.B.** yearbook.
Y-branch [wáibræ̀ntʃ/-brɑ̀ːntʃ] 몡 Y자형 지관(支管). 〔club.
Y.C., YC *y*acht *c*lub; *Y*oung *C*onservative; *y*outh **Ý chròmosome** 몡 〔유전〕 Y 염색체(성(性) 염색체의 하나). ⑤ X chromosome
y-clept [iklépt] 囵 clepe의 과거분사. 엥 (고어·익살) …으로 불리우는, …이라는 이름의. (또는 **ycleped**)
Ý connèction 몡 〔전기〕 Y 결선(結線), Y 접속. 〔표.
y-co·or·di·nate [wáikouɔ̀ːrdənit] 몡 (수학) y 좌
Ý cròss 몡 Y자형 십자가(그리스도의 못박힘을 나타내는 것으로 사제복(司祭服) 위에 부착한다). 〔yards.
yd., yd *y*ar*d*(*s*). **y'day, yday** *y*ester*day*. **yds.**
*****ye¹** [jiː, ji] 때 (고어·시·익살) 1 (제2인칭·복수·주격; *thou*의 복수형) 너희, 그대들. **a)** ¶If ~ are thirsty, drink. 너희가 목마르거든 마셔라. **b)** (부르는 말로) ¶Y~ gods! 오 여러 신들이여! 2 (제2인칭·단수 및 복수 목적격) ¶Strange news to tell ~! 너희에게 들려줄 별난 뉴스가 있느니라 / Thank ~. 고맙소. 3 (제2인칭·단수·주격) = *you*. ¶How d'~ do? [háudidúː] 안녕하시오, 처음 뵙겠습니다. 4 (명령문에서)

¶Hush ~! 조용히!
ye² [ðiː, jiː] 웹 (정관사) (고어) =the¹ (15세기에 고대·중세 영어 'Þ'(=th)를 'y'와 혼동하여 생긴 형).

***yea** [jeɪ] 閉 1 예, 암, 그렇다(yes)(閉 nay). 2 (고어) 참으로, 실로. 3 (고어) 게다가, …뿐 아니라.
yea and 아니 그뿐만 아니라, 게다가.
yea big [*high*] (美속어) (손을 펼쳐 보이며) 이렇게 큰[높은], 아주 큰[높은].
—명 찬성(의 대답); 찬성 투표(하는 사람). —감 (응원할 때) 힘내라, 이겨라, 후라(hurrah).
yea and nay 우유부단(한), 망설임, (판단이) 오락가락하는 (일).
yeas and nays 찬반 투표.
yea, yea, nay, nay 찬성이면 찬성, 반대면 반대라고 솔직히.

***yeah** [jɛə] 閉 (구어) =yes.
Oh, yeah? (의문을 나타내어) 정말?, 그래?
yeah-yeah [´jɛə] 閉 (구어) (불신·비꼬아) 허 그래.
yéah-yéah-yéah 閉 (구어) 이젠 그만 해라.
yean [jiːn] 閉 (양 따위가) (새끼를) 낳다.
yean·ling [jíːnliŋ] 圀 어린(새끼) 양(lamb), 어린(새끼) 염소(kid). —圀 갓 태어난; 어린.

‡**year** [jiər] 圀 (옝 ~s [-z]) 1 해, 연(年). ¶a lean ~ 흉년/a new ~ 새해, 신년/every ~ 매년, 해마다/every other ~ 2년마다/this ~ 금년, 올해/last ~ 작년, 지난해/next ~ 내년/the next[or following] ~ 그 이듬해/the ~ before; the previous ~ 그 전해[년]/the ~ before last 재작년/the ~ after next 내후년/in three ~s' time 3년이 지나면/a five-~ plan 5개년 계획/in these ~s 근년에/in the ~ one 서기 1년에; 아주 옛적에/in the ~ 2005 서기 2005년에.
2 (어떤 특별한 기준에 따른) 연, 연도. ¶the common ~ 평년/the leap ~ 윤년/the Gregorian ~ 그레고리오 역년(曆年), 신력(新曆)/the academic ~ (주로 대학의) 학년/the school ~ 학년/the fiscal [or financial] ~ 회계 연도.
3 (보통 ~s) 연령(age); 노년, 노령. ¶declining ~s 노령기, 노경(老境)/a young man of your ~s 네 나이 또래의 젊은이/a boy of twelve ~s; a twelve-~-old boy 12살 난 소년/a man of ~s 나이가 지긋한 사람, 노인/He is young [old] for his ~s. 그는 나이에 비해 젊어[늙어] 보인다/This list is arranged in ~s. 이 명단은 나이순(順)으로 되어 있다/*Years bring wisdom*. (속담) 나이가 지혜를 가져다 준다, 나이가 들면 지혜도 는다.

USAGE 연령을 나타내는 경우의 **year**와 **age**—예컨대 「그는 16세이다」는 He is sixteen ~s old.가 보통의 구어적 표현이고, 줄여서 He is sixteen.이라고도 한다. 이에 대해 He is sixteen ~s *of age*.는 딱딱한 표현이다. 「6살 난 소년」은 a six-~-old boy로도 말하는데, 이런 경우 year를 복수형으로 하지 않는다. 「그들은 나이가 같다」는 They are (of) the same *age*.라 하며, age 대신에 year를 쓰는 것은 잘못. He is in his sixth ~. 는 「당년 6세」에 해당한다. 「여섯 살 때」는 when one is six ~s old 이나, 간결하게는 at the *age* of six로 표현한다. 이상에 든 예에서 year와 age를 바꾸어 쓸 수는 없다.

4 (~s) 때, 기간(time); 장기간, 긴 세월. ¶for ~s 몇 년이나, 다년간/It is ~s since I saw him. 나는 그를 몇 년이나 못 만났다/It'll take ~s. 먼 훗날 이야기거[일]이군]. 5 (행성의) 공전 주기; 4계절의 1순환. 6 (천문) 태음년; 태양년; 항성년(恒星年). 7 (美속어) 1달러 (지폐).
all (*the*) *year round* [or *around*] 일년 내내.
a year ago today 1년 전 오늘.
a year and a day 〔법률〕 만 1개년(꼭 1년과 하루의 유예 기간).
from year's end to year's end 1년중 내내.
from year to year; year after [or *by*] *year* 매년, 해마다; 연년이.
in years 나이가 들어; (美) 몇 년 동안이나.
of late [or *recent*] *years* 근년에, 요즈음.
of the year 그 해에 뛰어난 (것으로 뽑힌); 월등한, 제1급의. ¶a man *of the* ~ 그 해의 인물.
put years on *a person* 남을 (나이보다) 늙게 보다; 늙은이 취급을 하다; (비유적) 매우 짜증나게 하다.
take years off (*of*) *a person* 남을 나이보다 젊어 지게 하다.
the year one [or (英) *dot*] (구어) 때의 시작, 옛날, 오래 전. ¶in *the* ~ *one* 아주 먼 옛날에.
year in and year out; year in, year out 해마다, 끊임없이; 언제나.
year-on-year increase 전년 동월비(同月比) 증가.
year-on-year rate 전년 동월비 증감률.
year-to-year basis 전년 동월비.
year-a·round [´əráund] 閉 =year-round. 「앨범.
year·book [jíərbùk] 閿 연감, 연보; (美) 졸업 기념
year-end [´énd] 閿 연말. —閉 연말의, 연말에 일어나는. ¶a ~ sale 연말 특별 할인 판매.
year·ling [jíərliŋ] 閿 1 (가축 등의) 만 한 살바이; 〔경마〕 한 살바이 말(태어난 해의 1월 1일부터 기산한다). 2 (美속어) (West Point 육군 사관 학교의) 2년생. 3 (증권) 1년 만기 채권. 4 1만 1세의, 한 살바이의. ¶a ~ colt 한 살바이 말. 2 1년이 지난.
year·long [jíərlɔ̀ːŋ, -làŋ/-lɔ̀ŋ] 閉 1년이 된, 1년 계속된; 몇 해 계속되는. —閉 1년에 걸쳐.

‡**year·ly** [jíərli] 閉 1 연간(年間)의, 매년의. ¶a ~ income 연간 수입. 2 매년 1회의, 매년 한 번의. ¶a ~ trip to Europe 연 1회의 유럽 여행. 3 1년 계속되는; 1년[그 해]뿐인. —閉 한 해에 한 번, 매년, 연연(年年) 1회의 간행물, 연(年).
yearly Méeting 閿 (Quaker교도의) 연회(年會).

‡**yearn** [jəːrn] 閉 (~s [-z]) 軋 1 동경하다, 그리워하다; 몹시 …하고 싶어하다 (*for, after*). ⇨LONG² 유의어 ¶ ~ *for* [+前+名] ~ *for* [*or after*] *home* 고향을 그리워하다/ ~ *to* [or *toward*] *a person* 남을 사모[그리워]하다. 2 동정하다, 마음이 끌리다(움직여지다). ¶ [+前+名] ~ *over a person* 남에게 마음이 끌리다. —圂 …을 열망하다, 절실[간절]한 목소리로 말하다.
~·ing =yearning. **~·er** 圂 **~·ful** 閉 **~·ful·ly** 閉

***yearn·ing** [jə́ːrniŋ] 圂ⓤ 동경, 열망; 동정 (*for, toward*). ¶ ~s *for* the unattainable 이룰 수 없는 일에 대한 간절한 동경. —閉 동경[사모]하는. **~·ly** 閉
yéar of Chríst [**Óur Lórd**] 圂 (the ~) =year of grace.
Yéar of Confúsion 圂 (the ~) 혼란[난세]의 해 (B.C. 46년).
yéar of gráce 圂 (the ~) 서력(西曆), 서기. ¶in the ~ 2007 서기 2007년에.
year-round [´ráund] 閉 1년 내내 계속되는.
year-round·er [´ráundər] 圂 (美) (휴양지 등에서) 1년간 거주하는 사람; (계절에 관계없이) 1년 내내 사용하도록 고안된 것(입을 수 있는, 먹을 수 있는).
yéar's mínd 圂 1주년 추도[위령, 진혼] 미사.
yéars of discrétion 圂옝 〔법률〕 분별 연령(age of discretion).
Yéar 2000 pròblem [-túːθáuzənd-] 閿⇨Y2K.
yea·say·er [jéisèiər] 圂 인생 긍정론자[낙관론자]; ~es·man.

***yeast** [jiːst] 閿ⓤ 1 이스트, 효모(균), 누룩. 2 (맥주 따위의) 거품. 3 자극, 영향[감화]력, 활기를 불어넣는 것. 4 소란, 대소동. 5 ~ cake. 6 (…의) 계기, 동인(動因). —圂 軋 …에 이스트[효모]를 넣다. —圂 발효하다, 거품투성이가 되다. **~·less, ~·like** 閉
yéast càke 閿 고형(固形) 이스트, 효모 과자(이스트

yeast·er [jíːstər] 명 《美속어》 맥주 마시는 사람.
yéast plànt[cèll] 명 이스트균, 효모균.
yeast·y [jíːsti] 형 1 이스트의(이 같은); 이스트를 함유한. 2 거품이 이는. 3 불완전한, 미숙한, 아직 굳어지지 않은. 4 팔팔한, 기운이 넘치는. 5 동요하는, 불안정한. 6 하찮은, 경망한. **yéast·i·ly** 부 **yéast·i·ness** 명
Yeats [jeits] 명 **William Butler ~** 예이츠(1865-1939: 아일랜드의 시인·극작가). **~·i·an** 형
yech [jex, jek, jak] 감 《구어》 혐오, 욕(구토·혐오감·심한 불쾌감을 나타내는 소리. (또는 **yecch, yeck**)
yech·y [jéxi, jéki] 형 《속어》 =yucky.
yeep·ie [jíːpi] 명 《구어》 활동적인 중년. 참 yuppie [<*y*outhful *e*nergetic *e*lderly *p*eople *i*nvolved in *e*verything]
yegg [jeg] 명 《美속어》 강도, 금고털이; 살인 청부자, 악한; 부랑자.
yegg·man [jégmən] 명 《美속어》 =yegg.
yeh [je] 부 =yes.
Ye·hu·da [jəhúːdə] 명 참 ***-dim** [-dim] (《美속어》) 유대인(의). (또는 **Yahudi**)
yeld [jeld] 형 《스코》 1 불모의, 메마른. 2 (암소가) 불임의, 우유가 나오지 않는.
yelk [jelk] 명 《방언》 =yolk.
✱yell [jel] 통 (~**s** [-z]) 자 1 고함치다, (큰 소리로) 외치다(out). ¶ (~+前+名) ~ *for* help 소리쳐 도움을 청하다/ ~ *at* a person 남에게 소리를 지르다. 2 (고통·공포 등으로) 소리지르다. 3 환성[불만]의 소리를 지르다. 4 (응원단 등이) 큰 소리로 응원[성원]하다 (*for*). 5 (바람·기계 등이) 요란한 소리를 내다. —타 ···을 큰 소리로 말하다(out); 큰 소리로 외쳐 ···에 영향을 끼치다. ¶ (~+目+副) ~ *out* an order 큰 소리로 명령하다.
yell one's héad òff [or **gúts òut**] 《美구어》 ① 큰 소리로 외치다. ② 이러쿵저러쿵 불만을 토하다, 큰 소리로 불평을 하다.
— 명 (복 ~**s** [-z]) 1 고함[외치는] 소리. 2 《美》 옐(학생들의 운동 경기 응원 때 외치는 구호). 3 《英속어》 재미있는 사람[것], 재미있는 농담; 성대한 파티. 4 《英속어》 ~**·er** [-ər] 명 고함[외치는]사람; (동물의) 토하기.
yéll lèader 명 《美》 옐(yell)의 선창자, 응원단장.
✱yel·low [jélou] 형 (~**·er**; ~**·est**) 1 노란색[황색]의. 2 피부빛이 황색인; 몽골 인종의(Mongolian). ¶the ~ race [or men] 황색 인종. 3 《경멸적》 《美》 백인 피가 섞인 백인처럼) 피부가 누르스름한. 4 《구어》 겁이 많은; 비겁한. 5 (신문·잡지 따위가) 선정적인, (선정적으로 보이기 위해) 사실을 왜곡하는. 6 《질투심》 많은, 의심 많은, 음침한. ¶ ~ looks 시기하는 눈초리. 7 노란 옷 입은. 8 폭력 행위[실력 행사]를 반대하는, 비폭력의.
the sear and yellow léaf; the sear, the yel-low léaf 시들고 병든 신세, 노령, 노년.
yellow as a guinea (기니 금화처럼) 노란.
— 명 (복 ~**s** [-z]) 1 [U]C 노란색, 황색. 2 [U]C 색이 노란 것; (달걀의) 노른자위. 3 [U] 황색 염료[안료]. 4 (the ~**s**) (가축의) 황달. 5 (~**s**) 《美》 (식물의) 황색병 (黃枯病). 6 [U] 《구어》 겁많음. 7 황색 인종; 황갈색의 흑인. 8 黃色[저속한] 신문. 9 노랑나비. 10 《美속어》 =LSD. 11 (the Y—) 황하(黃河). 12 = ~ light.
— 통 (~**s** [-z]; ~**ed** [-d]) 타 노랗게 하다, 노란 빛이 돌게 물들이다[만들다]. — 자 노랗게 되다, 노란 빛이 들다. ¶The leaves ~ in the fall. 나뭇잎이 가을에 노랗게 된다. **~·ly** 부 **~·ness** 명
yéllow alért 명 1 경계 경보, 황색경보(적기 내습·재난 발생시 따위의 제 1 단계 경보. 참 **blue [red, white] alert**). 2 유독 화학 물질 유출 경보.
yel·low-back [jéloubæ̀k] 명 황색 표지책(19세기 후반에 널리 보급되었던 염가판 통속 소설책). [인.
yéllow bástard 명 《美속어·경멸적》 황색인; 일본
yel·low-bel·lied [-bèlid] 형 (새 따위의) 복부가 노

란; (속어) 겁많은.
yel·low-bel·ly [-bèli] 명 겁쟁이; 황색인; 《美남부》 멕시코인(人).
yéllow bíle 명 담즙(choler).
yéllow bíll [jéloubìl] 명 〔조류〕 검둥오리.
yéllow bírch 명 (북미산의) 자작나무; 그 목재.
yel·low·bird [-bəːrd] 명 아메리카 방울새; 《英》 노랑새(의 총칭); =yellow warbler.
Yéllow Bòok 명 1 황서(黃書)(정부 발표 보고서의 일종)(참 white book). 2 (또는 **Yéllow Càrd**) (해외 여행자의) 예방 접종 증명서(* 정식 명칭은 International Certificate of Vaccination).
yéllow bòy 명 《英속어》 금화(金貨); 《美구어》 흑백 혼혈아.
yéllow bráss 명 황동(黃銅)(구리 70%+아연 30%).
yel·low-breast·ed chát [-brèstid-] 명 〔조류〕 큰아메리카솔새. [택시.
Yéllow Cáb 명 옐로 캡(미국의 택시 회사명); 영업용
yel·low·cake [jéloukèik] 명 조제(粗製) 우라늄(노란 분말; 우라늄 광석 가공 처리시 얻어진다).
yéllow cárd 명 〔축구〕 옐로 카드(반칙 경고 카드); (Y– C–) =Yellow Book 2.
yéllow cédar 명 〔식물〕 알래스카 측백나무; 미국 서해안산(產) 향나무의 일종(western juniper).
yéllow dírt 명 〔속어〕 돈, 금전.
yéllow dóg 명 1 잠종 개, 똥개; 주인 없는 개. 2 망종, 상놈; 비겁한 자; 《美속어》 노조(勞組)에 가입하지 않은[노조의 지시에 따르지 않는] 근로자.
yellow-dóg còntract 명 황견(黃犬) 계약(노동 조합에 가입하지 않는다는 조건의 고용 계약).
yéllow dwárf 명 〔식물〕 황고병(黃枯病), 황위병(萎病).
Yéllow éarth 명 =yellow ocher.
Yéllow Émperor 명 =Huang Ti.
yéllow fát 명 (돼지 등의) 황색 지방증(脂肪症). (또는 ~ *disèase*)
yéllow féver 명 〔병리〕 황열병.
yel·low-fin [jéloufìn] 명 〔어류〕 황다랭이. (또는 ~ *túna*)
yel·low·fish [jéloufìʃ] 명 《美속어·경멸적》 중국인 불법 입국자[이민].
yéllow flág 명 황색기, 검역기(quarantine flag).
yéllow flú 명 《美》 (인종 차별 철폐를 위한 강제 합동 버스 통학에 반대하는 백인 학생들의 칭병) 집단 결석.
yéllow gírl 명 《美속어》 백인과 흑인 사이의 혼혈녀; (성적 매력이 있는) 살색이 엷은 흑인 여자. [소비재.
yéllow góods 명 (자동차·냉장고 등의) 내구
yel·low-green [-gríːn] 명[U] (때로 a ~) 황록색. — 형 황록색의. ¶ ~ alga 황록조(藻).
yéllow gúm 명 1 〔식물〕 오스트레일리아산(產) 유칼리나무의 일종. 2 〔병리〕 신생아 황달.
yel·low·ham·mer [jéllouhæ̀mər] 명 1 노랑촉새(멧새과의 새). 2 =flicker¹.
Yéllowhammer Státe 명 (the ~) 미국 Alabama 주(州)의 별칭. [총칭.
yel·low-head [-hèd] 명 〔조류〕 머리가 노란 새의
yél·low-head·ed bláckbird [-hèdid-] 명 〔조류〕 노랑머리찌르레기의 일종(북미 중서부산(產)).
yéllow hórnet 명 =yellow jacket 1.
***yel·low·ish** [jéloui ʃ] 형 노란색이 도는, 누르스름한.
yéllow jáck 명 =yellow flag; =yellow fever.
yéllow jácket 명 1 〔곤충〕 말벌. 2 《美》 중국의 옛 조복(朝服). 3 《속어》 (노란 캡슐의) 페노바르비탈(장시간형 최면제).
yéllow jásmine 명 〔식물〕 노랑재스민(마전과(科)의 덩굴식물로 South Carolina 주의 주화(州花)). (또는 **yéllow jéssamine**) [닐리즘.
yéllow jóurnalism 명 (흥미 위주의) 선정적 저
Yel·low·knife [jélounàif] 명 1 (복 ~**s**) 옐로나

yes는 no와 상반되는 말인데, 우리말과는 용법이 다르므로 각별히 주의하지 않으면 안된다. 아래의 USAGE에서 상대방의 발언에 대해 Yes를 써야 할 때와 No를 써야 할 때를 구별해서 설명하고 있지만, 우리말에서 볼 때는 상대의 발언이 긍정문이 되면 「예」, 상대의 발언이 부정문이 되면 「아니오」의 뜻이고, no는 그 반대의 뜻이 된다고 할 수 있다. yes는 no와 더불어 명사로도 많이 쓰이고 있다.

‡**yes** [jes] ⓐ **1** (질문에 긍정적으로 대답하여) 예, 그렇습니다. ¶Do you want that?—Y—, I do. 저것을 갖고 싶습니까?—예, 갖고 싶습니다/Don't you like grapes?—Y—, I do. 포도는 좋아하지 않습니까?—아니오, 좋아합니다.

(USAGE) **Yes/No**와 「예/아니오, 아니오/예」──(1) Can you speak English?와 같이 물음이 긍정인 경우, 이에 대한 답 Y—, I can.(예, 할 수 있다)/No, I can't.(아니오, 할 줄 몰라요)는 우리말과 일치한다. 그러나 Don't you like coffee?의 경우처럼 물음이 부정문일 때는 No, I don't.(예, 좋아하지 않습니다)/Y—, I do.(아니오, 좋아합니다)처럼 우리말과 반대가 된다. Yes/No의 사용법은 우리말의 경우처럼 질문에 대한 긍정 또는 부정이 아니라, Yes/No에서 이어지는 말 내용이 긍정문이 되느냐, 부정문이 되느냐에 따라 정해진다. Would you mind...?에 대한 대답에 관해서는 ⇒MIND.
(2) "Yes/No"는 간접화법에 있어서는 보통 answer in the affirmative[negative]로 하나, 그밖에도 agree [disagree]를 쓰거나 적절히 말을 바꾸기도 한다.

2 (상대방의 말에 동의를 나타내어) 그렇습니다, 그렇고 말고. ¶This is a very interesting book.—Y—, it is. 이 책은 아주 재미있다—응, 정말 그래/They must be very nice men.—Y—, they are. 그들은 아주 좋은 사람들임에 틀림없어—그렇고 말고요/How pretty she is!—Y—, and clever, too. 그녀는 참 예쁜군—맞아, 게다가 영리하기도 하지.
3 (상대방의 부정적인 단정·명령 따위에 반박하여) 아니오. ¶He wasn't better than you.—Y—, he was. 그는 너보다 더 잘하지는 못했어—아니, 잘했어/It's not in the way.—Y—, it is. 방해가 되지는 않아—아니, 방해가 돼/You couldn't have meant that.—Y—, I did mean it. 설마 너는 그럴 생각은 아니었겠지—아니, 그럴 작정이었어/Don't do that.—Y—, I will! 그런 짓을 하지 말게—아니, 할 테야/You need not go.—Y—, I must go. 너는 가지 않아도 돼—아니, 가야 합니다.
4 (의문형에서 끝을 올려 발음하여) **a)** (상대방의 말에 의심을 나타내어) 그래?, 설마? ¶He is good at French.—Yes? 그는 프랑스어를 잘한다—그래?/That was a marvelous show!—Yes? 아주 훌륭한 쇼였단다—오, 그래? **b)** (상대방의 이야기를 재촉하여) 그래, 아하, 그래서, (그리고) 그 다음에. ¶And piles of wood were rammed into the earth.—Yes? 그리고 장작더미가 박혔지—그래서? **c)** (기다리고 있는 사람 등을 향하여) 무슨 일이신지?, 그래 무슨 말씀이신지? ¶"Yes?" he said as he opened the door. 「무슨 일이신지요?」하고 그는 문을 열면서 말했다. **d)** (자기가 한 말 뒤에) 응?, 알았지? ¶You should not dip when any wines are upon the fret. Yes? 어떤 술이라도 2차 발효를 하고 있을 때는 퍼내서는 안되는 거야, 알았지?
5 (상대방의 부르는 말에 형식적으로 대답하여) ¶Tom! —Yes. 톰아!—예/Waiter!—Y—, sir. 웨이터 (나 좀 봐요)!—예, 손님.
6 (자기가 하는 말을 강조하여, 종종 yes, and[or or] …의 형태로) 아니 그뿐 아니라, 게다가, 더구나. ¶He can endure hardships, ~, even enjoy them. 그는 어떤 곤란에도 견디어 낼 수 있어, 아니 그뿐 아니라 그것을 즐기기까지 한다/He will insult you, ~, and cheat you as well. 그는 너를 모욕할 것이다, 그뿐만 아니라 속이기까지도 할지 모른다.

yes and no 글쎄, 뭐라고 말할 수 없군(*yes 또는 no로 확답할 수 없는 경우에 쓰이는 말).
Yes, sirree (, Bob)! (美俗) 물론이지!, 말하면 잔소리지!

── ⓐ (~·**es** [-iz] **1** 「예」, 「네」라는 말(긍정·동의·승낙의 말). ¶say ~ 「예」라고 말하다, 승낙하다/He confined himself to ~ and no[or ~es and noes]. 그는 「예」나 「아니오」의 두 가지 말로 일관했다. **2** 찬성 투표; 찬성 투표자.
── ⓥ (~·**(s)es** [-iz]; ~·**(s)ed**; ~·**(s)ing**) ⓐ 「예」라고 말하다. ── ⓣ …을 승낙하다.

이족(族)(캐나다 북서부의 인디언). **2 Great Slave**호(湖) 북쪽 호반의 마을.
yel·low·legs [jéloulègz] ⓐ(복) (단수취급) 노랑발도요새.
yéllow líght ⓐ (교통 신호의) 노란불, 황색 신호.
yéllow líne ⓐ (美) (자동차의 추월 금지를 나타내는) 중앙 분리선; (英) (앞쪽에 주차 구역이 있음을 알리는) 도로변의 노란 표지선.
yel·low-liv·ered [-lìvərd] ⓐ (美俗) 겁많은.
yéllow mercúric óxide ⓐ 황색 산화 수은.
yéllow métal ⓐ **1** 놋쇠의 일종. **2** 금(gold).
Yéllow No. 5 ⓐ 황색 5번(식품·약품·화장품 등에 사용하는 노랑 색소).
yéllow ócher [(英) óchre] ⓐ **1** (광물) 황토. **2** 연한 황갈색(의 그림 물감).
yéllow páges ⓐ(복) 직업별 전화 번호부.
yéllow péril ⓐ (the ~) (때로 Y- P-) 황화(黃禍) (황인종 우세에 대한 백인종의 두려움을 강조한 말).
yéllow píne ⓐ 미송(북미산(産) 소나무의 일종); 그 목재.
yéllow póplar ⓐ =tulip tree.
yéllow préss ⓐ (the ~) 선정적 신문.
yéllow quártz ⓐ (광물) 황수정(黃水晶).
yéllow ráce ⓐ (the ~) 황인종.
yéllow ráin ⓐ 황색 비(화학전 때 공중 살포되는 황색 유독 분말; 경련·출혈 등으로 사망에 이르게 한다).
yéllow ríbbon ⓐ 노란 리본(멀리 떠난 남편·애인의 무사 귀환을 빌며 나무에 맨다). 〔강〕.
Yéllow Ríver ⓐ (the ~) 황허(黃河)(중국 북부의 큰
Yéllow Séa ⓐ (the ~) 서해(西海), 황해(黃海).
yéllow shéet ⓐ (美俗) 전과 기록; (항공모함의) 항공기 관측병.
yéllow sóap ⓐ 가정용 비누.
yéllow spót ⓐ (해부) (망막의) 황반(黃斑).
Yel·low·stone [jéloustòun] ⓐ (the ~) 옐로스톤강(미국의 Wyoming 주에서 발원하여 옐로스톤 국립 공원을 관류하여 Missouri 강으로 흘러드는 강).
Yéllowstone Nátional Párk ⓐ 옐로스톤 국립 공원(Wyoming·Idaho·Montana 등 3개 주에 걸쳐 있는 미국 최대의 자연 공원).
yéllow stréak ⓐ 겁이 많은 성격(기질), 비겁(함).
yéllow stúff ⓐ (美軍俗) (군사 작전용) 중장비.
yéllow súnshine ⓐ (美俗) =LSD.
yel·low·tail [jéloutèil] ⓐ (어류) 노랑 꼬리누르미 물고기의 총칭; 방어류(類).
yel·low·throat [jélouθròut] ⓐ 미국산(産) 명금(鳴

(1) 부사로서의 yet은 부정문에서 「아직 …없다」, 의문문에서 「벌써」의 뜻으로 주로 쓰인다. 긍정문에서도 「여전히」의 뜻으로 쓰이기도 하나 이 뜻으로는 still이 더 많이 쓰인다.
(2) 접속사로서는 「그럼에도 불구하고」의 뜻으로 등위절을 이끈다.
(3) 그밖에 긍정문에서만이 아니라 접속사의 경우를 포함하여 광범위하게 still과 바꾸어 쓸 수 있음에 유의할 필요가 있다.

‡**yet** [jet] 图 1 (부정문에서) 아직 (…않다), 아직까지는[지금으로서는] (… 않다)(③ already). ¶I have never talked to him ~. 나는 아직까지 한 번도 그와 말을 해본 일이 없다/He has not come ~. 그는 아직 오지 않았다(③ He has come *already*. 그는 이미 와 있다)/I know nothing ~. 나는 아직 아무것도 모른다 ⇨ *just yet* / Have you finished your work?—Not ~. 일은 끝났니?—아직은 안 끝났어.
2 (의문문에서) 이제, 지금, 벌써. ⇨ ALREADY USAGE. ¶Have you finished with the paper ~? 이제 신문은 다 읽었습니까?(③ Have you finished with the paper *already*? (놀라면서) 벌써 신문은 다 읽었습니까?)/Is it raining ~? 지금 비가 오고 있습니까? (③ Is it *still* raining? 아직도 비가 오고 있습니까?)/Need you go home ~? 벌써 집으로 돌아가셔야 합니까?/Go and see if school is over ~. 이제 수업이 끝났는지 보고 오너라.
3 (긍정문에서) (지금 또는 그 당시) 아직도, 아직껏, 여전히(* still이 더 많이 쓰인다). ¶He is ~ alive. 그는 아직도 살아 있다/He has ~ much to do. 그는 아직도 할 일이 많다/The chances are ~ for you. 형편이 아직은 너에게 유리하다/I seem to see him ~. 아직도 그가 내 눈앞에 있는 듯한 느낌이다.
4 (최상급과 함께) 이제[지금]까지. ¶the largest pearl ~ found 지금까지 발견된 것 중 가장 큰 진주/The book is the best ~ published. 그 책은 지금까지 출판된 것으로서는 제일 좋다.
5 머지않아, 앞으로(는), 언젠가는 (* yet은 미래의 일을, still은 현재의 일을 나타낸다: We may be successful ~. (이번에는 실패했지만) 앞으로는 성공하게 될 것이다/We may be successful still. (지금 잘 되어가고 있는 그대로) 앞으로도 잘 되어갈 것이다). ¶He will win ~. 그는 언젠가는 승리를 거둘 것이다/The new type of a TV set is ~ to be produced. 그 신형 텔레비전은 조만간에 생산될 것이다(아직은 생산되지 않고 있다)/He will be here ~. 그는 오래잖아 이리로 올 것이다.
6 (nor와 함께) 아직 (…않다), 아울러 (…않다). ¶He did not come, nor ~ write. 그는 오지 않았을 뿐더러 편지도 보내오지 않았다.
7 그 위에, 게다가, 또다시.
8 (비교급와 함께) 한층[더욱] 더, 게다가 또, 더더구나 (* 이 용법에서는 still 쪽이 더 많이 쓰인다). ¶a ~ more appropriate inscription 한결 적절한 비문(碑文)/You must study ~ harder. 너는 더욱더 열심히 공부해야 된다.
9 (and · but 뒤에서) 그런데도, 그럼에도 불구하고, 그래도. ¶He is rich, (but) ~ modest. 그는 부자지만 겸손하다/I feel sleepy, and ~ I must read through the book. 졸리지만 그래도 나는 이 책을 다 읽어야 한다. ⇨ 图 9.
and [but] yet 그럼에도 불구하고.
another and yet another 잇따라, 하나 또 하나.
as yet 아직, 이제[지금]까지는, 지금으로서는. ¶The weather has been fine as ~. 이제까지는 아주 좋은 날씨가 계속되고 있다.
be yet to *do* 아직 …하지 않고 있다. ¶The worst was ~ to come. 최악의 사태는 아직 오지 않았다.
have yet to *do* 아직 …하고 있지 않다. ¶I have ~ *to* learn. (그런 것은) 아직 모른다.
just yet ① 이제 방금. ② (부정어와 함께) 지금 당장으로서는 (…않다). ¶An earthquake will not destroy the old building *just* ~. 그 낡은 건물은 지진이 일어난다 해도 당장에 쉽게 무너지진 않을 것이다.
more and yet more 아직도 더, 그 위에 또.
yet again; yet once more 다시 (또) 한번.
—图 그런데도, 그럼에도 불구하고, …이지만 그래도 (* though, although로 시작되는 종속절과 상관적으로 쓰이기도 한다). ⇨ BUT. ¶a simple ~ devout prayer 단순·소박하면서도 경건한 신자/He drove quickly ~ safely. 그는 차를 빨리 몰기는 했으나 안전 운전을 했다/though clever, ~ cold-hearted 영리하지만 냉혈적인/Though he is poor, ~ he is (nevertheless) satisfied with his situation. 그는 비록 가난하지만 자기 처지에 만족하고 있다/He[*or* Although he] is rich, ~ he is unhappy. 그는 부자이지만 불행하다/Y— why not go to America? 그런데도 왜 미국으로 가지 않느냐?
— 图 지금[그때]까지 존속하는(still continuing). ¶the ~ ruler 지금까지의 지배자.

禽)의 일종.
yéllow tícket 图 《美軍속어》 불명예 제대. **get a** ~ 불명예 제대하다.
yéllow wárbler 图 미국솔새(미국산(産) 작은 명금).
yel·low·wood [jéloúwùd] 图 엘로우드(미국 남부산(産) 콩과 식물); 황목(목재의 색이 노란 수목의 총칭). ⑪ 그 목재.
yel·low·y [jéloui] 图 노란색이 도는, 노르스름한.
yéllow zóne 图 《美》 (성희롱 혐의를 받을) 위험한 행동.
*****yelp** [jelp] 图图 1 (개·늑대 따위가) 날카롭게 짖다[짖어대다]. ⇨ HOWL 유의어 2 (날카롭게) 외치다. — 国 …을 외쳐서 말하다. — 图 (날카롭게) 짖는 소리, 외치는 소리, 비명.
yelp·er [jélpər] 图 짖는 것, 외치는 사람; (사냥꾼이 쓰는) 야생 암컷 칠면조 울음 소리를 내는 피리; 《美속어》 구급차의 비상 신호.
Yelt·sin [jéltsin] 图 **Boris** ~ 옐친(1931– : 러시아 대통령(1991–99)).

Yem·en [jémən, jéim-] 图 1 예멘 아랍 공화국(~ Arab Republic)(북(北)예멘; 수도 San'a). 2 예멘 인민 민주 공화국(People's Democratic Republic of ~)(남예멘; 수도 Aden). 3 예멘 공화국(Republic of ~) (1990년 남·북 예멘이 통합되어 탄생; 수도 San'a).
Yem·e·ni [jéməni] 图图 = Yemenite.
Yem·en·ite [jémənàit] 图 예멘인. — 图 예멘의, 예멘인의. 〔¥〕.
yen[1] [jen] 图 (옥 ~) 엔(円)(일본의 화폐 단위) ⑪ ¥.
yen[2] 《美구어》 图 열망, 소망, 동경. ¶have a ~ *for* … 을 열망하다. — 图图 (**-nn-**) 바라다, 갈망[열망]하다, 동경하다 (*for*).
yen-bond [jénbànd/-bɔ̀nd] 图 (일본의) 엔화 채권.
Ye·ni·sei [jènəséi] 图 예니세이 강(시베리아 중부에서 발원하여 북극해로 흐른다).
yén slèep 图 《속어》 아편에 의한 황홀 상태.
yen·ta [jéntə] 图 《美속어》 수다스러운[참견하기 좋아하는] 여자. (또는 **yente**)
yentz [jents] 图国 《美속어》 속이다, 사취하다; 성교

yeo., **yeom.** yeomanry.

*yeo·man [jóumən] 명 (복 **-men** [-mən]) 1 《英軍》 (창고·통신 담당) 하사관; 《美해군》 (서무 담당) 하사관. 2 《英》 자작농, 소(小)지주. 3 《고어》 (궁정·귀족 저택의) 종자, 시종; (공예가 등의) 조수. 4 《英역사》 자유민, 향사(鄕士). 5 (향사의 자제로 편성된) 기마 농민 의용병. 6 헌신하는 사람. 7 명 자작농의, 자유민의.

yeo·man·ly [jóumənli] 형 향사의; 자유민다운; 자작농다운; 충실한. ─ 부 (고어) 향사답게; 용감히.

yéoman of the (róyal) guárd 명 《英》 (왕실의) 근위병(近衛兵).

yeo·man·ry [jóumənri] 명[U] (집합적) 1 향사: 자작농; 자유 농민. 2 영국 기마 농민 의용대(1761년에 yeoman의 자제들로 결성). 「절한 도움.

yéoman('s) sèrvice 명 (유사시의) 충성, 봉사; 적

ye·ow [jiːáu] 감 아이고, 깩.

yep [jep] 부 《美구어》 예, 그렇습니다(yes). 반 nope

yer [jər] 대 《비표준·방언》 =your.

-yer [jər] 접미 「…하는 사람」의 뜻(* 어미가 w인 말에 붙임). ¶law*yer*, saw*yer*.

yer·ba bue·na [jéərbə bwéinə, jó:r-] 《식물》 부에나 풀(북아메리카 태평양 연안산(産)): 원래 약용).

yer·ba ma·té [-máːtei] 명 《식물》 마테(maté) 차나무.

Ye·re·van [jerəvá:n] 명 예레반(Armenia의 수도). (또는 **Erevan**)

yerk [jəːrk] 《英방언》 타 1 치다, 매질하다. 2 분발시키다, 자극하다. 3 …을 홱 움직이다; 급히 움직이다. 4 (몸의 일부)를 갑자기 움직이다. 5 《재봉실》을 단단히 잡아당기다, 단단히[꽉] 묶다. ─ 자 1 차다. 2 벌떡 일어서다. 3 부랴부랴 시작하다. ─ 명 1 차기, 발길질, 급격한 움직임. 2 (막대기 따위로) 탁 치기[때리기].

Yer·kes [jə́ːrkiz] 명 여키즈(월면(月面) 제1사분면(四分面)의 벽평원(壁平原); 직경 약 32km).

Yérkes Obsérvatory 명 여키스 천문대(미국 Wisconsin 주 Williams Bay에 있는 천문대).

Yerk·ish [jə́ːrkiʃ] 명 인공 언어(침팬지와 사람의 교신용 도형(圖形) 언어).

‡yes ⇒ YES. <p. 3145>

YES Youth Exchange Scheme for Europe(유럽 청년 교류 계획).

yes-girl [-ɡə́ːrl] 명 《美속어》 (섹스의) 유혹에 쉽게 넘어가는 여자.

yes-man [-mǽn] 명 《구어》 윗사람에게 맹종하는 사람, 예스맨.

yes·ter [jéstər] 형 (고어·시) 어제의.

yes·ter- [jéstər] 연결 「어제의, 지난」의 뜻. ¶ *yes*terday, *yester*night.

‡yes·ter·day [jéstərdèi, -di] 부 1 어제, 어제께. 2 요사이, 작금에.
be not born yesterday 경험이 없지는 않다; 좀처럼 남에 넘어가지 않다. ¶ *I was not born* ~. 난 어린 애가 아니야.
─ 명 (복 **~s** [-z]) U 1 어제, 어제께. ¶ ~ *week* 지난주의 어제 / ~'s *newspaper* 어제 신문 / *the day before* ~ 그저께 / ~ *afternoon* 어제 오후. 2 작금, 요사이, 얼마 전. ¶ *be but of* ~ 바로 요사이 일어나다. 3 (종종 ~s) 지나간 날, 과거. ¶ *far back in the* ~s 먼 옛적에
of yesterday 바로 작금의. 「에.
with a face like yesterday 《속어》 불쾌한, 시무룩한; 귀족적이지 않은.
yesterday's papers 《속어》 실패(失敗).
yesterday, today, and forever 《속어》 해시(hash) 육류 요리(매일 많은 남은 것을 보태어 내놓음).
Yesterday wouldn't be too soon. 《구어》 최대한 빨리 해 주십시오, 곧 좀 부탁합니다.
─ 형 어제의. ¶ ~ *evening* 어제 저녁.

yes·ter·eve [jéstəriːv] 명부 (고어·시) =yesterevening.

yes·ter·eve·ning [jéstəríːvniŋ] 명부 (고어·시) 어제 저녁, 어젯밤(yesterday evening).

yes·ter·morn [jéstərmɔ́ːrn] 명부 (고어·시) = yestermorning.

yes·ter·morn·ing [jéstərmɔ́ːrniŋ] 명부 (고어·시) 어제 아침(yesterday morning).

yes·ter·night [jéstərnáit] 명부 (고어·시) 어젯밤.

yes·ter·noon [jéstərnúːn] 명부 (고어·시) 어제 정오(에). 「(에).

yes·ter·week [jéstərwìːk] 명부 (고어·시) 지난 주

yes·ter·year [jéstərjìər, ´-`-] 명부 (고어·시) 1 지난해(에), 작년(에). 2 (멀지 않은) 지난 세월(에).

yes·treen [jestríːn] 명부 (스코·시) 어젯밤(에).

‡yet ⇒ YET. <p. 3146> 「Snowman).

yet·i [jéti] 명 (때로 Y-) 설인(雪人)(Abominable

yeuk [juːk] 《스코》 자 가렵다, 근질근질하다. ─ 명 가려움, 근지러움. **~·y** 형

*yew [juː] 명 1 《식물》 주목(朱木): ② 그 재목: (슬픔·죽음·부활을 상징하는) 주목(의 가지).

yé·yé [jéijei / F jejé] 《구어》 명 1 (음악·복장 따위가) 예예풍[스타일]의(1960년대 프랑스식 로큰롤 음악과 유행 모드). 2 (10대들처럼) 유행에 민감한, 유행을 좇는. 3 10대의 젊은이다운. ─ 명 1 (음악·복장 등의) 예예 스타일; 10대가 좋아하는 음악[복장, 유행]. 2 <F

Ygg·dra·sil [íɡdrasil] 명 《북유럽 신화》 우주나무(천계(天界)·지계(地界)·지옥을 뿌리와 가지로 연결한다는 거대한 물푸레나무). (또는 **Ygdrasil**) 「치).

Y-gun [wáiɡʌ̀n] 명 Y포(砲)(구축함의 폭뢰 발사 장

YH youth hostel. **YHA, Y.H.A.** Youth Hostels Association(유스 호스텔 협회).

YHVH, YHWH 명 《성서》 Yahweh의 기호화. ⇒ TETRAGRAMMATON. (또는 **JHVH, JHWH**) <Heb

yid [jid] 명 (때로 Y-) 《속어·경멸적》 유대인(Jew).

Yid. Yiddish.

Yid·dish [jídiʃ] 명[U] 이디시어(語)(고지(高地) 독일어 방언에 슬라브어와 헤브라이어가 섞여서 생긴 언어; 헤브라이 문자를 쓰며 중부 유럽의 유대인이 사용함). ─ 형 이디시어의, 유대인의. 「하는 (유대인).

Yid·dish·er [jídiʃər] 명 유대인(의), 이디시어를

Yid·dish·ism [jídiʃìzm] 명 1 이디시 특유의 어법[어구]: 이디시[문화] 옹호 운동. **-ist** 명

‡yield [jiːld] 타 ─ **~s** (농산물 따위)를 산출하다, (수확)을 올리다. ¶ *land that* ~s *rich harvest* 풍성한 수확을 가져다 주는 토지 / *Sheep* ~ *wool*. 양에서 양모가 나온다. 2 (결과·이익)을 가져오다, 내다; (보수)를 내다. ¶ *an investment that* ~*ed high profits* 높은 이익을 가져다 준 투자 / *His hard work* ~*ed but a poor result*. 그가 고생했던 일은 형편없는 성과밖에 가져오지 못했다. 3 (압박·강제되어) …에 무릎을 꿇다; …을 내주다, 양도하다, 포기하다(*up*). ⇒ SURRENDER 유의어 (~+图+前+名) ~ *ground to the enemy* 적에게 진지를 내주다 / *The enemy* ~*ed the stronghold to us*. 적이 우군에게 보루를 내놓았다. 4 (권리·특권 따위)를 양도하다, 주다. ¶ ~ *possession* 소유권을 양도하다 / ~ *one's champion's title* 선수권을 내놓다. 5 (타협·승인 따위)를 표명하다, 인정하다. ¶ ~ *thanks* 감사의 뜻을 표하다 / ~ *one's consent* 승낙하다. 6 (재귀용법으로) …에 몸을 맡기다, …에 빠지다(*to*). ¶ *He* ~*ed himself to temptation*. 그는 유혹에 빠지고 말았다. 7 《야구》 (투수가 안타·득점)을 허용하다. 8 (일반적으로) 생기다, 가져오다, …의 원인이 되다. 9 (폐어) …을 갚다, 보답하다.
─ 자 1 산출하다, 내다, 낳다; (노력이) 보수를 가져오다. ¶ (~+부) *The apple tree* ~*s well [poorly] this year*. 올해는 사과 수확이 좋다[나쁘다]. 2 (외압·요청에) 지다, 꺾이다, 응하다, 따르다(*to*); (감정 따위에) 흐

yieldability 　　　　　　　　　　3148 　　　　　　　　　　**yoke**

르다, 굴하다(*to*); (권력·폭력에) 지다, 굴복하다(*to*). ¶a courage never to submit or ~ 불굴의 용기 // (~+〔前〕+〔名〕) ~ *to* force [temptation] 폭력에 굴복하다[유혹에 지다]. ¶The enemy ~ed *to* our soldiers. 적은 우리 군대에 항복했다. **4** (물리적인 힘 따위에) 밀리다, 지다, 무너지다, 구부러지다, 꺼지다(*to*). **5** (권리·입장·의견 따위를) 양보하다; (차가 다른 차에게) 길을 비켜주다(*to*). ¶(~+〔前〕+〔名〕) ~ *to* none in love of freedom 자유를 사랑하는 점에서는 남에게 뒤지지 않다 / He did not ~ *to* our dissuasion. 그는 우리가 말려도 말을 듣지 않았다. **6** (치료한 결과 병이) 좋아지다(*to*). ¶~ *to* treatment 치료해서 병이 좋아지다.
　yield consent 승낙하다.
　yield *oneself* **(as) prisoner** 투항하여 포로가 되다.
　yield *oneself* **(up) to** …에 몰두하다.
　yield precedence to …에게 차례를 양보하다.
　yield submission 복종하다. 　　　　　　　「굴복하다.
　yield the palm to …에게 승리를 양보하다; …에게
　yield the [or **a**] **point** 논점을 양보하다. 　「죽다.
　yield up the life [or **ghost, soul, spirit, breath**]
　―― ⓝ (복 ~s [-z]) **1** 산출, 생산(하기); 생산량, 생산액; 산물, 수확물(⇨CROP 〔유의어〕); 이윤, 이율, 수익률, 보수. ¶the ~ on a bond 채권의 이율 / What is the ~ of this farm per acre? 이 농장의 수확은 에이커당 얼마나 되느냐? **2** (원료에 대한) 제품 비율; 〔화학〕 수율(收率). **3** 〔전자〕 (제조 부품의) 합격품률. **4** 〔군사〕 핵무기의 탄두 위력(威力); 핵출력(보통 kiloton, megaton 으로 표시). ~·**er** ⓝ 항복자; 산출하는 것.
yield·a·bil·i·ty [jìːldəbíləti] ⓝ (토지 따위의) 생산성, 수익성, 수확능력.
yield·a·ble [jíːldəbl] ⓐ 생산할[수익을 올릴] 수 있는, 산출하는; (토지가) 수확을 내는.
yield at issue ⓝ 〔증권〕 발행 이율.
yield cùrve ⓝ 〔경제〕 이율[수익률] 곡선.
***yield·ing** [jíːldiŋ] ⓐ **1** 다산의, 수확이 좋은, 생산적인. **2** 유연한(flexible), 잘 구부러지는, 나긋나긋한. **3** 온순한, 고분고분한, 남의 영향을 잘 받는; 줏대 없는. ¶a ~ man 남이 하라는 대로 끌려다니는 사람.
　in yielding mood 동의할 생각으로.
　~·**ly** ⓐⓓ ~·**ness** ⓝ
yield pòint ⓝ 〔물리〕 (금속 따위의) 항복점(탄성 한계를 넘어서 회복하지 않는 점).
yield sign ⓝ 〔美〕 (도로의) 「양보」 표지.
yield strèngth ⓝ 〔물리〕 항복 강도(强度).
yield strèss ⓝ 〔물리〕 항복 응력(應力).
yield to matùrity ⓝ 〔채권〕 만기 이율.
　(또는 matúrity yíeld)
YIG [jig] 이트륨철(鐵) 석류석.
　[<*y*ttrium *i*ron *g*arnet].
yike [jaik] ⓝⓐⓒ (濠) 토론[말다툼](하다).
yill [jil] ⓝ 〔스코〕=ale.
yin [jin] ⓝⓤ 음(陰). ⇔ yang 〔<Chin〕
Yin ⓝ (고대 중국의) 은(殷)(나라).
yin and yang [jín ənd jáːŋ, -jǽŋ] ⓝ (동양 철학의) 음양설(陰陽說).
Ying·lish [jíŋgliʃ, jíŋl-] ⓝ 이디시 영어(Yiddish어 단어가 많이 섞인 영어). [<*Y*iddish+*Eng*lish] 　「片].
y-in·ter·cept [wáintərsèpt] ⓝ 〔수학〕 y절편(截
Yín-Yáng Schòol [jínjáːŋ-, -jǽŋ-] ⓝ (the ~) 음양가(陰陽家)〔학파〕(음양 오행설을 기초로 함).
yip [jip] ⓝ 〔구어〕 (-*pp*-) ⓒ (강아지 따위가) 깽깽거리다. ―― ⓥ 새된 소리로 말하다. ⓝ 깽깽 우는 소리.
yipe [jaip] ⓞ 퍽, 이크, 어이쿠(놀람·공포·고통 때문에 지르는 소리). (또는 **yipes**) ―― ⓥⓒ 어이쿠[깩] 하고 소리지르다.
yip·pee [jípi] ⓞ 여어, 와아, 만세(기쁨의 환성).
yip·pie [jípi] ⓝ (때로 Y-) 〔美속어〕 이피(族)(1960년대의 반전주의 hippie 급진파). ⓐ hippie. [<*Y*outh *I*nternational *P*arty(히피 집단의 이름)+hip*pie*]
yird [jəːrd] ⓝ 〔스코〕=earth.
yirr [jəːr] ⓥⓒ (개처럼) 으르렁거리다. ―― ⓝ 으르렁거리는 소리.
Ý jòint ⓝ 〔해부〕 Y자형 관절.
-yl [il, əl/il, ail] 〔접미〕 〔화학〕 radical(기(基), 근(根))의 뜻. ¶eth*yl*, hydrox*yl*.
y·lang-y·lang [íːlɑːŋiːlɑːŋ] ⓝ 일랑일랑나무(필리핀·자바산(産) 교목); ⓤ 일랑일랑 향유(香油). (또는 **ílang-ílang**)
yld 〔증권〕 yield.
y·lem [áiləm] ⓝ 〔물리〕 아일렘(우주 창조에 관한 이론에서 모든 원소의 기원이 된다는 물질). 　「level
Ý lèvel ⓝ 〔측량〕 Y자형 수준기(水準器). ⓐ dumpy
Ý lìgament ⓝ 〔해부〕 Y자형 인대(靭帶).
Y.M. (구어)=Y.M.C.A.
YMCA, Y.M.C.A. **1** (the ~) *Y*oung *M*en's *C*hristian *A*ssociation(기독교 청년회). **2** (美) 기독교 남성애자의 집단 사회. **Y.M.Cath.A.** *Y*oung *M*en's *C*atholic *A*ssociation(가톨릭 청년회). **YMHA, Y.M.H.A.** *Y*oung *M*en's *H*ebrew *A*ssociation(헤브라이 청년회).
Y·mir [íːmiər] ⓝ 〔북유럽 신화〕 이미르(거인족의 조상; 그 사체(死體)가 땅·바다·하늘을 이루었다 함).
YNA *Y*onhap *N*ews *A*gency((한국의) 연합 통신사).
yo [jou] ⓞ **1** 야아, 여어(격려·경고·주의나 자기 위치를 알리는 소리). **2** (美속어) 야아, 어어(인사나 흥분시의 소리). **3** (또는 **yoe**) 어영차(인부들의 메김 소리).
YO 〔편물〕 *y*arn *o*ver. **y.o.** *y*ear(*s*) *o*ld.
yob [jɑb/jɔb] ⓝ 〔英속어〕 **1** 놈, 녀석; 무례한 놈. **2** 신병(新兵). ~·**ber·y** ⓝ ~·**bish** ⓐ ~·**bish·ly** ⓓ ~·**bish·ness** ⓝ
YOB., **y.o.b** *y*ear *o*f *b*irth(생년(生年)). ⓐ d.o.b.
yob·(b)o [jɑ́bou/jɔ́b-] ⓝ 〔英속어〕=yob.
yock [jɑk/jɔk] ⓝ 〔美속어〕 큰 웃음; 가가 대소.
yod [jɑːd; *jəː*rd/jɔd] ⓝ 헤브라이어 알파벳의 열째자. (또는 **yodh**)
yo·del [jóudl] ⓥ (*-l-*, (英) *-ll-*) **1** …을 요들조로 노래하다; 요들을 부르다. **2** 〔美속어〕 토하다, 게우다.
　yodel in the canyon [or *valley*] 〔속어〕 ① 구강 성교를 하다(* yodel at the Y라고도 함). ② 영문 모를 말을 하다.
　―― ⓝ 요들(스위스·티롤 지방에서 부르는 민요).
yo·del·er, (英) **-del·ler** [jóudlər] ⓝ **1** 요들 가수. **2** 〔美속어〕 〔야구〕 3루측 코치. **3** 〔美속어〕 밀고자.
yo·dle [jóudl] ⓝⓥ=yodel. **yó·dler** ⓝ
yo·ga [jóugə] ⓝⓤ (때로 Y-) 〔힌두교〕 요가, 유가(瑜伽), 그 도(道)[수행]. 〔<Hind<Skt *yoga* union〕
yo·ga·rob·ics [jòugəróubiks/-róub-] ⓝ 요가로빅스(요가의 자세와 호흡법을 도입한 건강 체조).
yogh [jouk, jouɡ/jɔɡ] ⓝ 중세 영어의 알파벳 3자.
yo·gh(o)urt [jóugərt/jɔ́ɡ-] ⓝ=yogurt.
yo·gi [jóugi] ⓝ **1** 요가 수행자; (보통 Y-) 요가 철학 신봉자. **2** (는 **yogin**) 명상자인 사람, 신비적인 사람.
yo·gic [jóugik] ⓐ 요가의; 요가 수행의.
yo·gi·ni [jóugəni] ⓝ *yogi*의 여성형.
yo·gism [jóugizm] ⓝⓤ 요가의 교리[철학].
yo·gurt [jóugərt/jɔ́ɡ-] ⓝ 요구르트.
yo-heave-ho [-híːvhóu] ⓞ 어기여차(원래 뱃사람들이 닻 따위를 감아 올릴 때 메기는 소리).
yo·him·bine [jouhímbiːn] ⓝ 〔약학〕 요힘빈(독성 알칼로이드; 최음제).
yo-ho [jouhóu] ⓞ 야호, 어어이, 어기여차. ―― ⓥⓒ 야호[어기여차]하고 소리지르다.
yoicks [jɔiks] ⓞ 〔英〕 쉬!(여우 사냥에서 사냥개를 부추기는 소리).
***yoke**[1] [jouk] ⓝ **1** 멍에. ¶put oxen to a ~ (두 마리

yoke

의) 황소를 멍에에 메우다. **2** (볼 ~) (멍에에 메운) 한 쌍의 소. ¶**two ~ of oxen** (멍에에 메운) 두 쌍의 황소. **3** 멍에 모양의 물건, (용도·형태가) 멍에에 비슷한 것; 종을 매다는 가로대. **4** (물통 따위를 지는) 멜대. **5** (기계의) 이음쇠; (건축) 이음보, 거멀장. **6** (해사) (키의) 손잡이. **7** 요크(저고리의 어깨나 스커트의 윗부분에 덧대는 천). **8** 멍에문(門)(고대 로마 시대에 복종의 표시로 포로가 기어 나가야 했던 창(槍) 세 개로 만든 아치). **9** (the ~) (비유적) 속박, 멍에, (부부의) 연분. ¶**the ~ of custom** 관습의 속박 / **the ~ of matrimony** 부부의 인연[정리]. **10** (the ~) 복종[예속]의 표시[상징]; 지배. **11** (비행기의 승강키 제어용) 조종간, **12** 창틀의 윗부분. **13** Y자형 이음매. **14** (무선 통신에서) Y를 표시한 부호.

[yoke⁴]

bring *a person* ***under the yoke*** 남을 속박하다.
cast [or ***shake, throw***] ***off the yoke of*** …의 속박에서 벗어나다.
endure the yoke 남의 지배를 받다.
pass [or ***come***] ***under the yoke*** 굴복하다.
put a yoke on; put...to the yoke …에 멍에를 메우다[지우다].
send *a person* ***under the yoke*** 남을 굴복시키다. 지배를 받게 하다.
submit to *a person's* ***yoke*** 남의 지배에 굴종하다.
—**d** [-t]; **yok·ing**) 卧 **1** (멍에 따위에) 멍에를 메우다; [마소 따위를] 멍에로 한데 연결하다. **2** [마소 따위]를 마차[쟁기] 따위에 매다 (*to*). ¶(~+目+前+名) ~ **oxen to a plow** 황소를 쟁기에 매다. **3** …을 결합시키다; 짝지어주다; (수동형으로) …을 결혼시키다 (*in*). ¶**The two were ~d in marriage.** 두 사람은 결혼으로 결합되었다. **4** (美俗) (뒤에서 습격하여) 금품을 강탈하다. —困 **1** 짝짓다, 동행이 되다: 부부가 되다; 어울리다, 닮다. ¶(~+圖) **They ~ well.** 그들은 잘 어울린다. **2** 함께 일하다. ¶(~+圖) ~ **together** 함께 일하다. **3** (美俗) 뒤에서 급소에 칼을 들이대다, 강~**·less** 웡 탈하다.

yoke² 웡 =yolk.
yóke bòne 웡 (해부) 광대뼈, 관골(顴骨).
yoke·fel·low [jóukfèlou] 웡 함께 일하는 사람, 짝, 동료; 배우자. (또는 **yókemàte**)
yo·kel [jóukəl] 웡 시골뜨기, 촌놈. ~**·ish** 웡
yoke·lines [jóuklàinz] 웡복 (해사) 키 조종줄, 조타삭(操舵索). (또는 **yókerópes**)
yoke·mate [jóukmèit] 웡 =yokefellow.
yok·er [jóukər] 웡 (美俗) 강도.
yoke·ropes [jóukròups] 웡복 =yokelines.
yold [jóuld] 웡 (美俗) 작 속는 사람, 멍청이.
yolk [jouk, joulk] 웡 **1** U C 노른자위 (쪽 white). **2** U 양털 기름. **3** (the ~) 본질, 중핵. (또는 **yoke**) —**ed** [-t] 웡 노른자위가 있는, ~**·less** 웡
yólk glànd 웡 난황선(卵黃腺).
yólk sàc[bàg] 웡 (발생) 난황낭(卵黃囊).
yólk stàlk 웡 (발생) 난황 자루[줄기].
yolk·y [jóuki, jóulki] 웡 **1** 노른자위가[가 들어 있는], 난황질의. **2** 양털 기름이 있는.
Yom Kip·pur [jam kípər, joum-] 웡 속죄의 날(유대력 Tishri달 10일; 종일 참회·단식일).
Yóm Kíppur Wár 웡 제4차 중동 전쟁(1973년 10월 이집트·시리아가 이스라엘을 기습).
yon [jan/jɔn] (방언·고어) 웡 저곳의, 저기의, 저쪽의 (yonder). —閉 저곳에, 저쪽에, 저기에. —대 저쪽의 것[사람].
yond [jand/jɔnd] 웡閉 (고어) =yonder.
‡**yon·der** [jándər/jɔ́n-] 웡 **1** 더 먼, 더 저쪽의. ¶**The ~ pond is fresher than this one.** 저쪽 연못은 이쪽 연못보다 물이 맑다. **2** 저쪽의, 저기의, 저곳의. ¶**that ~ hill** 저기 저 언덕 / **He lives in the ~ cottage.** 그는 저쪽에 있는 오두막집에 산다. —閉 저쪽에, 저곳에, 저기에. ¶**here and ~** 여기저기에 / **Look ~.** 저쪽을 보세요.

you

yo·ni [jóuni] 웡 (힌두교) 여음상(女陰像), 요니(여성의 생식기의 상징). 힌 lingam
yonks [jaŋks/jɔŋks] 웡 (美구어) 오랫 동안.
yoo-hoo [júːhùː] 캄 어어이, 여봐(주의를 환기시키기 위해 지르는 소리). —困 어어이[여봐] 하고 부르다[소리치다].
yoot [júːt] 웡 (美俗) 불량 소년.
YOP (英) Youth Opportunities Programme.
yor·dim [jɔːrdíːm] 웡 (미국에 이주한) 이스라엘인. [<Heb]
yore [jɔːr] 웡 U (고어·문어) 옛날, 옛적. (* 다음 숙어로) [날에는.
of yore 옛날의. ¶**in the day of ~**: **in days of ~** 옛
york [jɔːrk] —困 (크리켓) (타자) 발 앞에서 아웃시키다. —困 (美俗) 토하다. ~**·er** (크리켓) 요커(치기 어렵게 타자의 바로 발 앞에서 바운드 되도록 던진 공).
York 1 요크가(家)(의 한 사람). (金 Lancaster). **2** = Yorkshire. **3** 영국 잉글랜드 동북부, North Yorkshire주의 도시. **4** 미국 Pennsylvania주 동남부의 도시.
the House of York 요크가(1461-85)(영국의 왕가; 장미 전쟁 때 흰 장미를 문장(紋章)으로 삼았다).
Yórk-and-Lán·cas·ter ròse [ɔnlǽŋkəstər-] 웡 (원예) 홍백 얼룩 장미. [<장미 전쟁 때 두 왕가의 문장의 빛깔에서]
Yórk bòat 웡 (캐나다) 대형 카누.
York·ist [jɔ́ːrkist] 웡 요크가(家)의 한 사람, 요크 당원(장미 전쟁 당시의 요크가 지지자). —웡 요크가의; 요크왕(당).
Yorks, Yorks. Yorkshire.
York·shire [jɔ́ːrkʃiər, -ʃər] 웡 **1** 요크셔(잉글랜드 북동부의 옛 주: 1974년 이래 North ~, Humberside, South ~, West ~ 등 4주로 분할; 약 **Yorks**(.)). **2** (동물) 요크셔종 돼지(흰색 육용 돼지).
come [or ***put***] ***Yorkshire on*** [or ***over***] (英) …을 감쪽같이 속이다.
Yórkshire fòg 웡 (식물) 요크셔 포그(velvet grass)(유럽 원산의 사료 작물).
York·shire·man [jɔ́ːrkʃiərmən, -ʃər-] 웡 요크셔 출생자[주민].
Yórkshire púdding 웡 요크셔 푸딩(밀가루 반죽을 로스트 비프 밑에 깔고 구운 푸딩의 일종).
Yórkshire stòne 웡 요크셔석(石)(건축용 석재).
Yórkshire térrier 웡 요크셔 테리어(몸집이 작은 애완용 삽살개).
York·town [jɔ́ːrktàun] 웡 미국 Virginia주 동남부의 도시(독립 전쟁 때 워싱턴이 영국군을 항복시킨 곳).
Yo·sem·i·te [jousémiti] 웡 요세미티(California주 중동부의 계곡; Yosemite 국립 공원의 중심부).
Yosémite Nátional Párk 웡 요세미티 국립 공원.
‡**you** [juː, 弱 ju, jə] 때 (인칭대명사 2인칭; 단수·복수: 주격·목적격) (소유격 *your*; 소유대명사 *yours*)
1 a) 당신(들)은[이], 자네는[가], 자네들은[이], 너는, 네가, 너희들은[이], 너희(들)에게(을), 자네에게[를], 너희에게[를], 너희들에게[를]. ¶**Y~ are a good student.** 자네는 훌륭한 학생이야 / **~ and I** 당신과 나(* 반드시 **you**를 앞에 둔다) / **Koreans** 당신들 한국인 / **all of ~** 너희들 모두(* 단수인 **you**와 특히 구별하고자 할 때) / **Why, it's ~!** 여어, 자네였군! / **Y~ fool.** —**You're** (비어) 이 바보야—너도 (바보인) 마찬가지야 / **I'll give ~ this book.** 너에게 이 책을 주겠다 / **She said (that) she had loved ~.** 그녀는 너를 사랑했다고 말했다. **b)** (명령문에서 강조 또는 구별하기 위해 덧붙여서) ¶**Y~ get up.** 너[너희들] 일어나 / **Y~ begin.** 자

네, 시작하게. c) 《감탄문에서 동격으로 쓰는 경우; 상대를 부르거나 할 때》¶Y- darling! (다정하게) 여보!, 당신!, 자기!/Y- rascal, ~! 이 악당 같은 놈아!(* 뒤의 you는 되풀이하여 강조한 말)/Y- there, 여보세요, 거기 계신 분.
2 《부정(不定)대명사로서》(총체적으로) 사람, 누구나. ¶Y- push this button to get a light. (누구든) 이 단추를 누르면 불이 켜집니다/Y- never can tell! (앞일 따위는) 아무도 알 수 없어!
3 《구어》《동명사와 함께 your 대신에》¶I heard about ~ being elected. 당신이 선출되었다고 들었습니다.
4 (독자·시청자들을 지칭하여) 여러분(들). ¶If ~ will permit me to digress 본론에서 벗어나는 것을 여러분이 용납해 주신다면.
5 (고어) =yourself. ¶Set it down and rest ~. 그것을 내려놓고 좀 쉬세요/Get ~ gone! 꺼져(버려)!
Are you there? (전화에서) 여보세요 (듣고 있어요?).
between you and me ⇨BETWEEN.
you all 당신들 모두; =you-all.
You and who else? [or ***what army?***]《구어》(협박에 대해) 누가 네 편을 들고 있느냐?
you and your... 또 늘 하는 ···이야기구나(진저리 난다).
you get 여기 있다. ¶In this book ~ get different information. 이 책에는 다른 정보가 있다.
you know what [or ***who***] 저기 [아무개] 말이야(* 이름을 대지 않아도 상대가 알고 있는 것).
You see ⇨SEE.
— 명 (복) ~s [-z] 당신이라는 사람, 너 같은 사람, 너를 닮은 사람(것). ¶It was like seeing another ~. 그건 마치 또 하나 너를 보는 것 같았다.

you-all [-ɔ́ːl, jɔ́ːl] 때 《美남부 구어》(두 사람 이상에게) 당신들, 너희들, 여러분. (또는 **y'all**)

you'd [juːd] you had, you would의 단축형.

you-know-where [ˈnouhwɛ́ər/-wɛ́ə] 명 《美구어》=hell.

you'll [juːl, 약 jul, jəl] you will, you shall의 단축형.

you-name-it [-néimit] 명 (같은 종류의 것을 몇 가지 열거한 다음에) 그 밖에 무엇이든지. (또는 **you náme it**)

young [jʌŋ] 형 (**~·er; ~·est**) **1** (나이가) 젊은, 어린, 연소한 (반 old). ¶~ people 젊은이들/a ~ boy 소년/a ~ family (가족인) 어린아이들/a ~ plant 묘목/~ things 젊은이들. **2** (한창) 젊은, 정력적인, 청년다운, 참신한. ¶the ~(er) generation 젊은 세대/He looks ~ for his age. 그는 나이에 비해 젊어 보인다. **3** 청년(청춘) 시대의. **4** 경험이 없는, 미숙한, 풋내기의, 서투른. ¶~ in trade [life] 장사에 서투른 [인생 경험이 없는]/He is ~ at the work. 그는 그 일에 익숙하지 못하다. **5** (이름이 같은 부모·자식 사이에서) 나이가 아래인 쪽의(junior). ¶Y- Mr. Jones worked for his father. 아들 존스 군은 아버지를 위해 일했다. **6** 역사가 짧은, 시작된 지 얼마 안 되는, (때·세월·계절 따위가) 아직 이른, 빠른. ¶a ~ civilization 초기 문명/a ~ nation 신흥 국가/The night is yet ~. 아직 초저녁이다. **7** (보통 Y-) (정치적·사상적 경향이) 급진적인, 진보적인, 청년당의. **8** (과실 따위가) 익지 않은; (술 따위가) 막 익은. **9** 소형의, 소규모의. **10** 〔지질〕 유년기의.

> [유의어] **young** 「젊은」이라는 뜻의 가장 일반적인 말; 젊음이 지니는 좋은 면과 나쁜 면을 모두 의미한다. **youthful** 보통 젊음이 지니는 원기·신선함·장래성 등의 좋은 면에 쓰이는 말. **juvenile** 아직 성숙하지 못한 사람의.

a young man in a hurry 급진적 개혁가.
in one's ***young(er) days*** 젊었을 때에(는), 청년 시절에(는).
one's young man [***woman***] 연인.
You're only young once. 《구어》언제까지나 젊은 게 아니다 (젊었을 때 열심히 해라).
— 명 U 《집합적》(동물의) 새끼; (보통 the ~) 젊은이들.
with young (동물이) 새끼를 배어.
young and old (남녀) 노소, 모두.
~·ness 명

Young [jʌŋ] **Chic** ~ 영(1901-73: 미국의 만화가; *Blondie*의 작자; 본명은 Murat Bernard Young).

yóung adúlt 명 **1** 10대 후반의 청소년(略 Y.A.); 성인 기 초반의 사람.

young·ber·ry [jʌ́ŋbèri/-bəri] 명 《원예》나무 딸기 (dewberry)의 일종(미국 서남부산(產)의 개량 품종).

yóung blóod 명 젊은이의 혈기, 청년의 사상(행동); 《집합적》청년; 신출내기, 신인; 《美속어》흑인 청년.
yóung·blóod 형 젊은이다운, 참신한.

Yóung Éngland 명 (the ~) 영국 청년당(19세기 중엽 Victoria 조(朝)의 Tory 당의 일파).

young·er [jʌ́ŋɡər] 형 **1** young의 비교급. **2** (형제·자매 중) 나이가 적은 (편의), 손아래(쪽의)(반 elder); (the Y-) 자식의(junior). ¶one's ~ brother[sister] 남동생[여동생]/the Y- Pitt: Pitt the ~ 작은[아들] 피트. — 명 (one's ~) 연하인 사람, 연하자(年下者)(略 yr.); (~s) 젊은이들, 자녀.

yóunger hánd 명 《카드놀이》(두 사람이 하는 게임에서) 패를 나누는 사람; 나중 순서의 사람.

young·est [jʌ́ŋɡist] 형 **1** young의 최상급. **2** 최연소의, 막내의. ¶one's ~ son 막내 아들. — 명 (복) ~ 최연소자, 막내.

young-eyed [-àid] 형 눈이 맑은, 눈에 총기가 있는; 젊은이다운; (사물을 보는 눈이) 참신한; 정열적인.

yóung fámily 명 아이들이 아직 어린 가정.

Yóung Íreland 명 (the ~) 아일랜드 청년당(1840년에 결성된 급진적 민족주의파).

young·ish [jʌ́ŋiʃ] 형 좀 젊은(rather young).

Yóung Ítaly 명 (the ~) 이탈리아 청년당(1831년에 결성된 비밀 결사).

yóung lády 명 (보통 미혼의) 젊은 여자, 규수; 애인.

young·ling [jʌ́ŋliŋ] 명 **1** 젊은이, 청년. **2** 어린 것(어린아이, 묘목, 동물의 새끼, 치어(稚魚) 등). **3** 초심자, 미숙자, 미숙한 사람(novice). — 형 젊은, 어린.

Yóung Lórd 명 (the ~) 영 로드 (당원)(미국 내 푸에르토리코인(人) 급진 단체).

yóung mán 명 **1** 청년, 젊은 남자. **2** (one's ~) 남자 친구; 연인; 약혼자. **3** (부르는 말로) 젊은이. **4** 젊은 고용인, 조수, 보조원.

Yóung Mén's Chrístian Associátion 명 기독교 청년회(略 YMCA).

yóung offénders' institútion 명 《英》청소년 범죄자 수용소.

yóung-old [-óuld] 형 나이는 들었지만 젊게 보이는.

yóung óne 명 젊은이; 어린이; (부르는 말로) 여보게 젊은 친구!; 동물의 새끼, 망아지; (~s) 자손.

yóung péople 명 **1** 젊은이들. **2** (교회의) 청년회 회원(들).

yóung pérson 명 **1** 젊은 사람; 젊은 여자(하녀가 주인에게 미지의 하층 계급 여인의 내방을 전할 때 쓰는 말). **2** (the ~) 청소년(14-17세).

Yóung Preténder 명 (the ~) 《英역사》젊은 참주(僭主)(James 2세의 손자 Charles Edward Stuart).

Yóung's módulus 명 〔물리〕영률(率), 신장(伸張) 탄성률. (<영국의 물리학자 Thomas Young의 이름에서)

yóung squírt 명 《美속어》건방진 젊은이 [애송이].

young·ster [jʌ́ŋstər] 명 **1** 어린이, 소년; 젊은이 (반 oldster). **2** 동물의 새끼, 망아지; 묘목. **3** (미국 해군 사관 학교) 2학년생; 《英》복무 경력 4년 미만의 해군 소위 후보생.

yóung thíng 명 (미숙한) 젊은 사람; 젊은 여자(하녀), 동물, 망아지.

Yóung Túrk 명 **1** (Kemal Pasha가 영도한) 청년 터키당의 당원. **2** (y- T-) (정당·단체의) 청년 혁신주의자; 급진주의자. **3** (y- t-) 난폭한 젊은이[청년].

yóung wóman 명 젊은 여성, 《익살》 소녀; (부르는

말로) 아가씨; 《구어》 (one's ~) 연인, 약혼자.

Yóung Wómen's Chrístian Associátion [명] 기독교 여자 청년회([약] YWCA).

youn·ker [jʌ́ŋkər] [명] **1** 《고어》 = youngster. **2** 《폐어》 젊은 귀족, 귀공자.

‡your [juər, jɔːr/jɔː, juə, 약 jər] [대] 《you의 소유격》 **1** 당신(들)의, 너[너희들]의. ¶~ book 당신이 가지고 있는[쓴] 책 / by ~ leave 허락하시면, 죄송합니다만 / We enjoyed ~ last visit. 요전에는 방문해 주셔서 기뻤습니다 / I am glad ~ telling me the truth. 진실을 말해주니 기쁘다. **2** 《구어》 당신(들)도 잘 아는, 흔히들 말하는, 소위, 그, 예(例)의. ¶~ high society 말씀하시는[그] 상류 사회 / So this is ~ good work. 그래 이것이 소위 선행이란 말이군. **3** (총칭적으로) 사람의. ¶You should obey ~ parents. 사람은 누구나 부모에게 복종해야 한다. **4** (Y-) 《존칭으로》 ¶*Y*- Highness 전하 / *Y*- Excellency 각하 / *Y*- Majesty 폐하.

‡you're [juər/juə, jɔː, 약 jər] you are의 단축형.

yourn [juərn, jɔːrn] [대] 《방언》 =yours.

‡yours [juərz, jɔːrz/jɔːz, juəz] [대] 《you의 소유대명사》 **1** 당신(들)의 것, 너[너희들]의 것, 당신에게 소속된 것, 당신에게 관계된 것. ¶my daughter and ~ 내 딸과 당신의 딸 / a friend of ~ 네 친구 중의 한 사람 / This book is ~. 이 책은 너의 것이다 / It is ~ to help her. 그녀를 돕는 것은 네가 할 일이다. **2** 당신의 가족, 댁내 (여러분). ¶All good wishes to you and ~. 당신과 댁내 여러분이 모두 평안하시기를. **3** 〔상업〕 당신의 편지, 귀함(貴函). ¶*Y*- is to hand. 편지는 잘 받아보았습니다. **4** 《편지의 끝맺음말로》 경구(敬具), 경백(敬白).

> [USAGE] **Yours ever,** *etc.* (편지의 끝맺음말) ── 편지의 끝맺음말은 시대에 따라, 《英》《美》에 따라, 또 지역·계층·개인에 따라 다르므로 일률적으로 말할 수는 없지만, 친한 사이에서는 Yours ever가 보통이다. 좀 격식차린 공식적인 편지에서는 Yours faithfully가 보통. Yours truly는 그보다 다소 친근감이 담겨지며, Yours sincerely는 훨씬 더 두터운 정을 담은 표현. 손윗 사람에게는 Yours respectfully, 상사에게는 (I am) Your obedient servant 따위를 쓴다. 일반적으로 친한 친구에게는 Yours ever를, 그 밖의 경우에는 Yours sincerely를 쓰면 일단 무난하다.

Up yours! 《美속어》 빌어먹을!, 뒈져라!

What's yours? 《구어》 무얼 마시겠어[들겠어]?

yours truly ① (편지의 끝맺음말) 경구(敬具). ② 《익살》 나, 소생(I, myself, me).

‡your·self [juərsélf, jɔːr-/jɔː-, juə-, jə-] [대] ([복] ***-selves*** [-sélvz]) **1** 《강조용법, 주어와 동격》 당신 자신, 너 자신. ¶You ~ told me so. =You told me so ~. 자네 자신이 그렇게 말했었지 / Do it ~. 그것은 자기가 하도록 해라. **2** 《재귀용법으로》 당신 자신을[에게]. ¶Take care not to hurt *yourselves*. 너희들 다치지 않도록 조심해라 / You will wear ~ out. 네 자신이 지쳐버릴걸. **3** 여느 때[평소]의 당신, 진짜 너. ¶Be ~! 《구어》 정신 차려!, 기운 내라! / You are not quite ~ tonight. 오늘 밤 자네는 좀 이상하군. **4** 《총칭적으로》 =oneself. ¶You must know ~. 사람은 자기 자신을 알아야 한다. **5** 《전치사의 목적어로》 ¶Please take care *of* ~. 부디 몸조심하세요. **6** 《and ~로, you 대용으로》 ¶Did your wife *and* ~ go there? 자네 아내와 자네 자신이 그곳에 갔었나? **7** 《분사구문의 의미상의 주어로》 ¶*Y*- *having* so little money, how could they expect you to help? 너도 돈이 거의 없는데 어떻게 그들이 너의 도움을 기대하겠느냐?

(all) by yourself ① 자네 혼자서, 다른 사람을 끼우지 않고. ¶Are you *all by* ~? 혼자 계신가요? ② 혼자 힘으로, 남의 힘을 빌지 않고(* 이 뜻으로는 for yourself라고도 한다). ¶That box is too heavy for you to lift *by* ~. 저 상자는 너무 무거워서 자네 혼자 힘으로는 들어올릴 수 없어.

for yourself ① 당신(들) 자신을 위하여. ¶You may keep the largest room *for* ~. 제일 넓은 방을 자네가 혼자서 차지해도 좋아. ② 혼자 힘으로, 남의 힘을 빌지 않고.

Help yourself (to the dishes)! (음식을) 마음대로 「양껏] 드십시오.

How's yourself? 《속어》 (How are you?에 대한 대답으로) 당신은 어떠신지요?

Yourself? 당신도요? (받은 질문을 상대방에게 그대로 되물을 때).

‡your·selves [juərsélvz, jɔːr-/jɔː-, juə-, jə-] [대] yourself의 복수형.

‡youth [juːθ] [명] ([복] ***~s*** [juːθs/juːðz]) [U] **1** 청년기, 청춘기; (시대 따위의) 초기. ¶the passion of ~ 청춘의 정열 / during the ~ of this country 이 나라의 건국 초기에 / the ~ of the world 고대; 상고(上古), 태고 / from the ~ onward 젊었을 때부터 죽 / in one's (own) ~ 청년 시절에 / waste one's ~ 청춘을 낭비하다. **2** 젊음; 원기, 활기, 혈기; (젊은이의) 무분별. ¶the secret of eternal ~ 불로 장생의 비결 / keep one's ~ 젊음을 유지하다 / renew ~ 되젊어지다 / He always has all the appearance of extreme ~. 그는 언제나 굉장히 젊어 보인다. **3** [C] 청년, 젊은이. ¶a promising ~ 전도 유망한 청년 / a ~ of twenty 20세의 청년. **4** 《집합적》 청춘 남녀, 젊은이들. ¶feminine ~ 젊은 여성들 / the ~ of this country 이 나라의 젊은이들.

in one's hot youth 혈기 왕성한 (젊은) 시절에.

∠·less [형]

youth-and-old-age [∠ənòuldéidʒ] [명] 〔식물〕 백일초(百日草).

yóuth cènter [명] 유스 센터(청소년들의 여가 활동을 위한 장소[단체]).

yóuth clùb [명] 유스 클럽(청소년들의 여가 활동을 위한 클럽).

youth·cult [júːθkʌ̀lt] [명] =youth culture.

yóuth cùlture [명] 청년 문화.

yóuth cústody cèntre [명] 《英》 소년원.

youth·en [júːθən] [동][타] …을 젊어지게 하다; 〔사람·물체〕에 젊음을 되찾아주다. ── [자] 젊어지다.

‡youth·ful [júːθfəl] [형] (***more*** ~; ***most*** ~) **1** 젊은, 팔팔한, 발랄한. ⇨YOUNG [유의어] ¶a ~ spirit 발랄한 정신. **2** 청년(특유)의, 젊은이의, 청년다운. ¶~ ambitions 청년의 대망. **3** 초기의. **4** 〔지질〕 청년기의.

~·ly [부] **~·ness** [명]

yóuthful offénder [명] 비행(非行) 청소년. (또는 **yóuth offénder**)

yóuth gròup [명] (교회·정당 등의) 청년부.

youth·hood [júːθhùd] [명] 젊음, 청춘 시절; 《집합적》 젊은이들.

yóuth hòstel [명] 유스 호스텔.

yóuth hòsteler [《英》 hósteller] [명] 유스 호스텔의 회원[이용자].

Yóuth Hóstels Associátion [명] (the ~) 유스 호스텔 협회([약] YHA).

you·thoc·racy [juːθɑ́krəsi/-θɔ́k-] [명] 사회적 영향력을 가진 청년 집단.

youth·ploit [júːθplɔ̀it] [명] 젊은이를 내세우기(청소년용 영화·연극 따위).

youth·quake [júːθkwèik] [명] 젊은이의 반란; 청년 문화 충격(1960-70년대의 학생 운동으로 인해 젊은 층에 퍼진 체제에 대한 반항과 과격주의).

Yóuth Tráining Schème [명] 《英》 청소년 직업 훈련 계획.

‡you've [juːv, 약 juv, jəv] you have의 단축형.

yow [jau] [감][명] 아얏!, 이크!, 이런!(고통·놀람 따위로 지르는 소리).

yowl [jaul] [동][자] (사람·동물 등이) 기분 나쁘게 울부짖다, 길게 울어대다; 멀리서 짖다(howl). ── [타] …을 비통한 소리로 호소하다. ── [명] (개·고양이 등의) 구슬픈 울음 소리, (멀리서) 짖는 소리. **∠·er** [명]

yo-yo [jóujou] [명] ([복] **~s**) **1** 《상표》 요요(장난감). **2**

(구어) 우유부단한 사람. 3 《美속어》 멍청이. ━ 屉재 망설이다, 주저하다; 변동하다; 요요를 하다. ━ 囘 《구어》 …을 상하(앞뒤)로 움직이게 하다; …을 변동시키다. ━ 屉 오르락내리락하는, 변동하는; 바보 같은.
YOYOW 《컴퓨터》 *you own your own words*(네트워크상 등에서 발언에 책임을 지기를 촉구하는 표어).
y·per·ite [íːpəràit] 屉 이페릿(독가스).
YPO *Young President Organization*(청년 사장[임원] 회의). **Y.P.S.C.E.** *Young People's Society of Christian Endeavor*(기독교 청년 공려회(共勵會)).
YR *Yemeni Rial*(예멘 화폐). **yr.** *year(s)*; *younger*; *your*. **yrbk.** *yearbook*. **yrs.** *years*; *yours*. **Y6B** *Year Six Billion*(세계 인구 60억을 돌파한 해). **YSO** 〔천문〕 *young stellar object*(원시성(原始星)). **Yt** ㉠ 〔화학〕 *yttrium*. **Y.T.** *Yukon Territory*. **YTD** 〔회계〕 *year to date*.
Y-track [wáitræk] 屉 〔철도〕 Y형 궤도.
YTS 《英》 *Youth Training Scheme*.
yt·ter·bic [itə́ːrbik] 屉 〔화학〕 이테르븀의; 이테르븀을 함유하는.
yt·ter·bi·um [itə́ːrbiəm] 屉⓾ 〔화학〕 이테르븀(희토류 금속 원소의 하나: ㉠ Yb).
yttérbium métal 屉 〔화학〕 이테르븀 금속.
yttérbium óxide 屉 〔화학〕 산화이테르븀(ytterbia).
yt·ter·bous [itə́ːrbəs] 屉 〔화학〕 2가의 이테르븀의 [에 관한, 을 함유한].
yt·tri·a [ítriə] 屉 〔화학〕 이트리아(이트륨 산화물).
yt·tric [ítrik] 屉 〔화학〕 이트륨의; 이트륨을 함유하는.
yt·trif·er·ous [itrífərəs] 屉 〔화학〕 이트륨을 함유한.
yt·tri·um [ítriəm] 屉⓾ 〔화학〕 이트륨(희토류 원소: ㉠ Y). [<*Ytterby*(스웨덴의 채석장 이름)+-*ium*]
yttrium métal 屉 〔화학〕 이트륨족(族) 금속.
yttrium óxide 屉 〔화학〕 산화이트륨(yttria).
Y2K 《컴퓨터》 *year 2000*(연도를 끝의 두 자리수만으로 처리하도록 되어 있는 컴퓨터의 2000년도부터의 인식 오류[오작동] 문제)(millennium bug). [<*year 2 kilo*]
Yü [juː] 屉 우(禹)임금(고대 중국의 전설상의 천자(天子); 하(夏)나라의 시조). (또는 **Yu**)
YU 〔국제 자동차 식별 기호〕 *Yugoslavia*.
yu·an [juːɑ́ːn] 屉 (復 ~) 위안(元)(중국의 화폐 단위). [<*Chin yüan*(元)]
Yü·an [juːɑ́ːn] 屉 〔역사〕 원(元)(1271-1368)(몽고 왕조; 쿠빌라이 칸(Kublai Khan)이 건국).
Yüan Shih-kai [juɑ̀ːn ʃìːkái] 屉 위안 스카이(袁世凱)(1859-1916; 중국의 군벌 정치가; 중화민국 초대 총통). 「유카탄 반도; 屉 멕시코 동남부의 주.
Yu·ca·tán [jùːkətǽn/-táːn] 屉⓹ 屉 (the ~) 유카탄 반도;
Yucatán Channel [⌣⌣] 屉 유카탄 해협.
yuc·ca [jʌ́kə] 屉 유카속(屬)의 식물(실유카 따위; 미국 New Mexico 주의 주화(州花); 관상용).
yuck[1] [jʌk] 《美속어》 屉 1 구역질 나는 사람[것]. 2 농담. ━ 屉 으악! ━ 屉 =yucky.
yuck[2] 屉屉 =yuk.
yuck·y [jʌ́ki] 屉 《속어》 불쾌한, 구역질 나는; 불결한. (또는 **yechy, yukky**)
Yug, Yug. *Yogoslavia*. 「한 시대.
Yu·ga [júgə] 屉 《힌두교》 시대: (세계를 4기로 나누는
Yu·go·slav [júːgouslɑ̀ːv, -slǽv] 屉 유고슬라비아 사람. ━ 屉 유고슬라비아(인(人))의. (또는 **Yúgo Slàv, Jugoslav, Júgo Slàv**)
Yu·go·sla·vi·a [jùːgouslɑ́ːviə] 屉 유고슬라비아(유럽 남부의 연방 공화국; 1991-92년 Slovenia, Croatia, Bosnia and Herzegovina, Macedonia 등의 분리 독립으로 옛날 Serbia, Montenegro의 두 공화국으로 신 연방 구성; 정식 명칭은 *Federal Republic of Yugoslavia*; 수도 Belgrade). (또는 **Jugoslavia**)

Yu·go·sla·vi·an [jùːgouslɑ́ːviən] 屉 =*Yugoslav*. (또는 **Yugoslavic**)
Yu·it [júːit] 屉 (復 ~(s)) 유잇(시베리아·알래스카의 에스키모).
yuk [jʌk] 《美속어》 屉 가가 대소. ━ 屉 (-*kk*-) 가가 대소하다. (또는 **yuck, yo(c)k, yak**)
yuke [juːk] 《美학생 속어》 屉재 토하다, 게우다.
━ 屉 토해낸 것.
yuk·ky [jʌ́ki] 屉 《속어》 =yucky.
Yu·kon [júːkɑn/-kɔn] 屉 1 유콘 준주(準州)(~ *Territory*)(캐나다 서북부의 연방 직할지). 2 (the ~) 유콘 강(캐나다 서북부에서 시작, Bering 해로 흘러드는 강). ━ **-er** 屉
Yúkon (Stándard) Tìme 屉 유콘 표준시(GMT 보다 9시간 늦음).
yuk-yuk [⌣jʌ́k] 屉屉 《美속어》 =yak-yak.
yu·lan [júːlæn] 屉 〔식물〕 백목련.
yule [juːl] 屉 (종종 Y-) ⓾ⓒ 성탄절(Christmas); 크리스마스 계절.
yúle lòg 屉 (때로 Y-) 크리스마스 전야에 난로에 때는 굵은 장작; 그 장작처럼 생긴 케이크. (또는 **yúle blòck [clòg]**)
yule·tide [júːltàid] 屉 (詩) (종종 Y-) ⓾ 크리스마스 계절. ━ 屉 크리스마스 계절의.
yum [jʌm] 屉 =yum-yum.
Yu·ma [júːmə] 屉 (the ~) 유마족(미국 Arizona, California, 멕시코 등지에 살았던 인디언); 유마족 사람; 유마어(語). ━ 屉 =Yuman.
Yu·man [júːmən] 屉⓾ 屉 유마어계(語系)(Yuma족, Mohave족 등 북미 인디언의 여러 언어로 이루어지는 어계). ━ 屉 유마어계의.
yum·my [jʌ́mi] 屉 《구어》 1 맛있는. ¶ ~ desserts 맛있는 디저트. 2 아주 멋진[근사한], 매력적인. ━ 屉 아주 맛있는[근사한] 것; 《어린이말》 맘마.
yum·pie [jʌ́mpi] 屉 《美속어》 염피(族)(출세 지향적인 젊은 전문직 직업인). (또는 **yumpy**) [<*young upwardly mobile professional*[*person*]+-*ie*]
yum·py [jʌ́mpi] 屉 =yumpie.
yum-yum [jʌ́mjʌ́m] 屉 아 맛있어! ━ 屉 《어린이말》 맛있는 것; 냠냠; 맘마.
yúm-yúm gìrl [tàrt] 屉 《속어》 매춘부.
yup [jʌp] 屉 《美속어》 =yep, yes.
yup·pie [jʌ́pi] 屉 《美》 여피(족)(전후 세대로 전문적인 분야의 대도시 일대에 살며, 또는 **Yuppie, Yuppy**) ~**·dom** 屉 여피족 (기질). **-pi·ness** ━ **-py·ly** 屉 [<*young urban professional*+-*pie*]
yúppie flú [diséase] 屉 여피 감기(근육성 뇌척수염(ME)는 만성 피로 증후군(CFS)의 속칭).
yup·pie·ism [jʌ́piːizm] 屉 여피주의[풍], 여피적 생활 방식. (또는 **Yuppieism, yuppism**)
yup·pi·fy [jʌ́pifài] 屉⓹ ━ 屉 여피풍[식]으로 바꾸다. (또는 **yuppiefy**) **·fi·cá·tion** 屉 [의].
yup·py [jʌ́pi] 屉 =yuppie. ~**·ish** 屉 여피적인.
yurt [juərt] 屉 (중앙아시아 유목민의) 이동식 원형 텐트.
YV 〔국제 자동차 식별 기호〕 *Venezuela*. 「트.
Yves Saint Lau·rent [F iv sɛ̃ ləRɑ̃] 屉 이브 생로랑(1936- ; 프랑스의 유명 디자이너); (商標) 이브생로랑 디자인의 각종 의류, 그 이름의 화장품·향수.
Y·vonne [iːvɑ́n/ivɔ́n] 屉 이반(여자 이름).
Y.W. 《구어》 =YWCA. **YWCA, Y.W.C.A.** *Young Women's Christian Association*(기독교 여자 청년회). **Y.W.C.T.U.** *Young Women's Christian Temperance Union*(기독교 여자 청년 금주 동맹).
YWHA, Y.W.H.A. *Young Women's Hebrew Association*(헤브라이[유대교] 여자 청년회).
y·wis [iwís] 屉 《고어》 확실히(iwis).

Z

Z, z [ziː/zed] 圕 (圑 **Z's, Zs; z's, zs**) 1 영어 알파벳의 스물 여섯째 자. ¶Z for Zebra Zebra의 Z(국제 전화 통화 용어). 2 Z[z]가 나타내는 소리. 3 Z[z]자형(의). *from A to Z* ⇨A. [물건].
z ㉠ 1 〔수학〕 (제3의) 미지수[량]; 변수. 2 〔수학〕 = z-axis. 3 《英》 〔기상〕 =haze¹.
Z¹ [ziː] 《美속어》 1 (10마일의 용어로) 자다, 앉아서 졸다(*out*). ─ 圕 잠, 졸기. ⇨**Z's**. ─ 圕 그릉, 쿨(코고는 소리); 윙(전기톱 소리). [선잠] 자다.
cut [or *blow, cop, get*] (*some*) **Z's** 《속어》 잠간
Z² 《美속어》 〔차〕의 차체를 낮춰 강화하다.
Z zaire; 〔천문〕 zenith distance.
Z ㉠ 1 (차례·연속된 것 중의) 스물 여섯 번째(의 것)(단 I를 제외할 경우는 스물 다섯 번째, I·V·W를 제외할 경우는 스물 세 번째(의 것)). 2 (중세 로마 숫자의) 2000. 3 〔물·화〕 원자 번호(atomic number). 4 〔전기〕 =impedance. 5 〔국제 자동차 식별 기호〕 =Zambia.
Z, z. zero; zone.
za [zɑː] 《美속어》 피자(pizza). (또는 **'za**)
ZA 〔국제 자동차 식별 기호〕 =Zambia (South Africa).
za·ca·tón [zækətóun, sɑ́ːk-] 圕 (미국·멕시코 건조 지대에 사는) 볏과(科)의 식물; =guinea grass. (또는 **sacaton**)
Zach. 〔성서〕 Zacharias.
Zach·a·ri·ah [zækərái(ː)ə] 圕 재커라이어(남자 이름).
Zach·a·ri·as [zækəráiəs] 圕 1 사가랴(세례 요한의 아버지). ─누가 복음(Luke) 1:5). 2 =Zechariah.
zack [zæk] 圕 《濠》 6펜스 白貨).
zad·dik [tsɑ́ːdik] 圕 (유대교에서) 덕이 있는 성인; Hasidism파의 정신적 지도자. (또는 **tzaddik**)
Zad·ki·el [zǽdkiəl] 圕 재드키엘(曆)(민간 점성술 용).
zaf·fer [zǽfər] 圕 〔化〕 화감청(花紺靑)(유약용 청색 안료); 산화 코발트. (또는 **záffre**)
zaf·tig [záːftik, -tig] 圕 《美속어》 (여자가) 성적 매력이 있는, 풍만한.
zag [zæg] 圕 지그재그 두 방향 중 한쪽 방향. ─ 통 (*-gg-*) 지그재그 코스의 한쪽 방향을 나아가다, 급히 방향을 바꾸다. ㉢ zig, zigzag.
Za·greb [zɑ́ːgreb] 圕 자그레브(크로아티아(Croatia) 공화국의 수도).
Za·ha·roff [zəhɑ́ːrəf, -rɑːf] 圕 Basil ~ 자하로프 (1849-1936; 영국의 실업가·무기상(武器商)).
Za·ire [zɑːíər, ´-] 圕 1 자이르(아프리카 중부의 공화국; 수도 Kinshasa). 2 (z-) 자이르 강. (또는 **Zaïre**) 3 (z-) 자이르(자이르의 화폐 단위).
Za·ir·i·an [zɑːíəriən] 圕圕 자이르인(의). (또는 **Zairean, Zairese**)
za·kat [zəkɑ́t] 圕 〔회교〕 자선 (빈민 구제용) 세금.
Zam·be·zi [zæmbíːzi] 圕 (the ~) 잠베지 강(아프리카 남부의 강). (또는 **Zambese**)
Zam·bi·a [zǽmbiə] 圕 잠비아(아프리카 남부의 공화국; 수도 Lusaka). **-an** 圕圕
zam·bo [zǽmbou] 圕 (圑 **~s**) =sambo¹.
Zam·bo·ni [zæmbóuni] 圕 〔상표〕 잼보니(스케이트 링크에서 사용하는 트랙터형 정빙기(整氷機)). ─ 통 ㉠ (빙면(氷面))을 트랙터형 정빙기로 고르다.
Za·men·hof [zɑ́ːmənhòːf, -hɑ̀f] 圕 **Lazarus Ludwig** ~ 자멘호프(1859-1917; 폴란드의 안과 의사·언어학자; Esperanto를 창안).
za·mi·a [zéimiə] 圕 〔식물〕 (미국산(産)) 소철.

za·min·dar [zəmiːndɑ́ːr] 圕 〔역사〕 1 (영국 정부에 토지세를 바친) 인도의 지주. 2 (무굴 제국 시대의) 세리(稅吏). 3 부재(不在) 지주.
za·min·da·ri [zæmiːndɑ́ːri, zəmən-] 圕 〔역사〕 zamindar의 의한 징세 제도; zamindar의 관할 토지.
ZANA Zambia News Agency. **ZANU** Zimbabwe African National Union.
za·ny [zéini] 圕 얼빠진, 바보 같은. ─ 圕 익살 광대 (의 보조역); 바보; 아첨꾼, 알랑쇠.
-ni·ly ㉠ **-ni·ness**, **~ism** 圕 **~ish** 圕
Zan·zi·bar [zǽnzəbɑ̀ːr, ˎ--] 圕 잔지바르(아프리카 동해안 앞바다의 섬; 1964년 Tanganyika와 통합해서 Tanzania에 속한다).
Zan·zi·ba·ri [zæ̀nzəbɑ́ːri] 圕 잔지바르의. ─ 圕 잔지바르인(人).
zap [zæp] 《美구어》 圕 (*-pp-*) ㉢ 1 (갑자기) 치다, (퍽) 강타하다; 죽이다, 없애다; 쏘다. 2 (일거에) 공격 [타도, 파괴]하다. 3 (전류·레이저 광선 따위로) 충격을 주다, 감전(感電)시키다; (광선으로) 쏘아 움직이지 못하게 만들다(죽이다); 《美속어》 전기 쇼크 요법을 실시하다. 4 《美속어》 매도하다; 물어뜯다; 항의하다. 5 (상대방)을 때려 눕히다, 해치우다; 압도하다. 6 〔컴퓨터〕 (EPROM에 들어 있는 프로그램)을 소거(消去)하다. 7 전자 레인지로 요리하다. 8 (TV의 광고 방송 때) 채널을 바꿔 버리다. ─ ㉠ 갑자기 움직이다; 획 지나가다; (TV) (시청자가) 광고 방송을 안보다, 채널을 바꾸거나 자리를 뜨다. 《美속어》 정력, 원기, 세력; 충격, 일격; 흥미, 흥분; 적과의 대결; 〔컴퓨터〕 (데이터의) 소거, 지움. ─ 圕 땅, 탕탕! ㉢ 우아(wow)!
Za·pá·ta mústache [zəpɑ́ːtə-] 圕 사파타 수염 (좌우 입가에서 여덟 팔자로 처진 수염). 〔<멕시코 혁명가 Emiliano Zapata(1877?-1919)의 이름〕
za·pa·te·a·do [zɑ̀ːpəteiɑ́ːdou/Sp θɑpɑteɑ́ðo] 圕 (圑 *-dos* [-douz/Sp -ðos]) (구두 뒤축을 구르며 추는) 스페인의 사파테아도 춤; 그 무곡.
zapped [zæpt] 圕 지친, 피로된; (술·마약에) 취한.
zap·per [zǽpər] 圕 《美》 1 극초단파(極超短波) 살충 장치. 2 상업 광고를 보지 않는 시청자. 3 강렬한 비판 [공격](자). 4 《구어》 (TV 따위의) 리모컨.
záp pit 〔천문〕 작은 운석 등의 충격에 의한 달 암석 표면의 작은 함몰(陷沒).
zap·py [zǽpi] 圕 《구어》 원기 왕성한, 활발한; 이목을 끄는, 눈에 띄는.
ZAPU Zimbabwe African People's Union(짐바브웨 아프리카 인민 동맹).
Zar·a·thus·tra [zæ̀rəθúːstrə] 圕 =Zoroaster.
Zar·a·thus·tri·an [zæ̀rəθúːstriən] 圕 =Zoroastrian. (또는 **Zarathustric**) [니켈광.
zar·a·tite [zǽrətàit] 圕 〔광물〕 자라타이트, 취(翠)
za·re·ba [zəríːbə] 圕 울타리, 방책(아프리카의 수단 등지에서 마을·캠프 방어용); 제한, 한정.
(또는 **zaree·ba, zariba**)
zarf [zɑːrf] 圕 (지중해 동부 연안 지방의) 찻잔 받침용 금속제 용기.
zax [zæks] 圕 (지붕용) 슬레이트를 자르는 연장.
z-ax·is [zíːæksis/zéd-] 圕 (圑 *-ax·es* [-æsiz] 〔수학〕 z축(軸).
Z-bar [zíːbɑ̀ːr] 圕 Z형 강재(鋼材).
ZBB, Z.B.B. zero-base(d) budgeting(제로 베이스 예산).

Zc 〔성서〕 Zechariah.
Z càr 〖〈英속어〉〗 경찰 순찰차.
Z chàrt 〖〔통계〕〗 Z형 도형[관리도].
z-co·or·di·nate [zíːkouɔ́ːrdənət, -nèit] 〖〖〔수학〕〗 [z 좌표]
Z dìsk [dìsc] 〖〖〔해부〕〗 (횡문근의) Z판, Z막.
‡zeal [ziːl] 〖〖U 열중, 열의; 집착 (for). ¶ with great ~ 아주 열심히.
~·less 〖
Zea·land [ziːlənd] 〖 질란드(덴마크 동부의 섬; 수도 Copenhagen이 있다). (또는 **Seeland**) **~·er** 〖
zeal·ot [zélət] 〖 1 열중하는 사람; 열광자, 광신자. 2 (Z-) 〔유대교〕 젤로트파(派), 열심당원(熱心黨員)(고대 로마의 팔레스티나 지배에 반항했던 사람). (또는 **zealotic**) 열성적인, 열광적인. **~·ry** 〖〖U 열중, 열광.
‡zeal·ous [zéləs] 〖 (*more* ~; *most* ~) 열심인, 열중한, 열광적인(*for, in*). ⇨ EAGER 〖유의어〗 ¶ be ~ *in one's task* 일에 열심이다. **~·ly** 〖. **~·ness** 〖.
ze·a·tin [ziːətin] 〖 〔생화학〕 제아틴(옥수수에서 추출하는 cytokinin의 일종).
ze·bec(k) [ziːbek] 〖 =xebec.
Zeb·e·dee [zébədiː] 〖 〔성서〕 세베대(사도 야고보 (James)와 요한(John)의 부친).
‡ze·bra [ziːbrə/zéb-, ziː·bː] 〖 (복 **~s**) 1 얼룩말. 2 얼룩무늬 있는 것; =~ *crossing*. 3 〔어류〕 =~ *fish*. 4 얼룩돈나비(~ *butterfly*). 5 〈美속어〉 주심 판원; 하급 사관; 죄수. 6 〈美속어〉 백인·흑인 혼혈아. **~·ic** [zibréiik], **~·like, -broid** [-brɔid]
zébra cròssing 〖〗〈英〉(흰 줄무늬로) 횡단 보도.
zébra fìnch 〖〔조류〕 금화조(錦花鳥).
zébra fìsh 〖 제브라피시(줄무늬가 있는 열대어).
zébra làbel 〖 제브라 라벨(도서관의 책에 부착한 대출·도난 방지용 줄무늬 라벨).
ze·brass [ziːbrǽs] 〖 얼룩말과 당나귀의 잡종.
〔<*zebra*+*ass*〕
ze·bra·wood [ziːbrəwùd] 〖〖U (기아나산(產)의) 줄무늬가 있는 재목.
ze·brine [ziːbrain] 〖 얼룩말을 닮은.
ze·bu [ziːbjuː] 〖 제부(등에 큰 혹이 있는 인도산(產)의 소).
Zech·a·ri·ah [zèkəráiə] 〖 〔성서〕 스가랴(기원전 6세기경의 히브리의 예언자); 스가랴서(書)(약 Zech.).
zech·in [zékin] 〖 고대 베네치아의 금화; 장식 단추(sequin). (또는 **zecchino**)
zed [zed] 〖 〈英〉 Z[z]자의 명칭(〈美〉 zee).
(*as*) *crooked as the letter zed* 몹시 꾸불꾸불한.
Zed·e·ki·ah [zèdəkáiə] 〖 시드기야(유대의 마지막 왕).   [산(産)
zed·o·a·ry [zédouèri/-əri] 〖〖U 봉아술(인도산(產)
ze·donk [ziːdɑŋk/zédɔŋk] 〖 〔동물〕 얼룩말과 당나귀의 잡종. 〔<*zebra*+*donkey*〕
zee [ziː] 〖 〈美〉 Z[z]자의 명칭.
Zee·land [ziːlənd] 〖 젤란트(네덜란드 서남부의 주).
~·er 〖
Zée·man effèct [zéimɑːn-] 〖 〔물리·광학〕 제만 효과. 〔네덜란드의 물리학자 P. Zeeman(1865–1943)의 이름〕   [성장)
ZEG, Z.E.G. zero *economic growth*(경제의 제로
ze·in [ziːin] 〖 〔생화학〕 제인(옥수수에서 얻는 단백질); 그 단백질로 만드는 인조 섬유.
Zeiss [*G* tsais] 〖 차이스. 1 **Carl** ~ (1816–88; 독일의 광학 기술자; Zeiss사 창설자). 2 독일의 광학 정밀 기기 제조 회사 및 그 제품. ¶ *Zeiss binoculars* 차이스 쌍안경.
Zeit·ge·ber [tsáitɡèibər, záit-] 〖 자연 시계(생물 시계의 주기에 영향을 미치는 기온·명암 등의 외적(外的) 요소). 〔<G *time giver*〕

Zeit·geist [tsáitɡàist, záit-] 〖 시대 정신[사조]. 〔<G *the spirit of the time*〕   〔죄수〕
zek [zek] 〖 (옛 소련의 교도소나 강제 수용소) 수용자
zel·ko·va [zélkəvə, zelkóu-] 〖 느티나무.
ze·lo·so [zilóusou] 〖〖〖 (음악) 열렬한(하게). 〔<It〕
ze·min·dar [zəmindáːr] 〖 =zamindar.
zem·stvo [zémstvou] 〖 (복 **~s**) 〔역사〕 (제정 러시아의) 지방 자치회.
Zen [zen] 〖 〔불교〕 선(禪), 선종(禪宗); U (선종(禪宗)의) 교지(敎旨). **~·ist** 〖 선승(禪僧), 선의 창도[실천]자.
ze·na·na [zenɑ́ːnə] 〖 (인도) 1 여성방, 규방, 하렘(harem). 2 〔집합적〕 그 곳에 사는 여성. — 〖 여성 (방)의.
Zén Búddhism 〖〔禪宗〕 〖 (불교의) 선.
Zend [zend] 〖 1 조로아스터교의 경전(Avesta)의 주해서. 2 U 고대 페르시아어(語). **~·ic** 〖
Zend-A·ves·ta [zèndəvéstə] 〖 조로아스터교 경전.
zé·ner dìode [ziːnər-] 〖 〔전자〕 제너 다이오드 (전압 안정 장치로 사용되는 규소(硅素) 반도체). 〔<미국의 물리학자 Clarence M. Zener(1905–93)의 이름〕
*ze·nith [ziːniθ/zén-] 〖 (the ~) 1 〔천문〕 천정(天頂)(딴 nadir). 2 정점, 절정, 전성기. 3 (Z-) 미국의 전자 제품의 상표(商標). 4 〖 천정의, 천정에 있는.
at one's zenith 전성기에, 절정에.
at the zenith of …의 절정에 달하여.
be in one's [or *its*] *zenith* 절정에 있다.
~·al 〖 천정의; 절정의.
zénith dìstance 〖 〔천문〕 천정(天頂) 거리.
zénith tèlescope [tùbe] 〖 천정의(儀)(위도 측정 망원경).
Zen·nist [zénist] 〖 선승(禪僧). (또는 **Zenist**)
Ze·no [ziːnou] 〖 1 ~ *of Citium*. 2 = ~ *of Elea*.
Ze·no·bi·a [zənóubiə] 〖 제노비아. 1 Syria의 Palmyra의 여왕(재위 267–272). 2 여자 이름.   「연구.
ze·nol·o·gy [zinɑ́lədʒi/-nɔ́l-] 〖 U 이성인(異星人)
Zéno of Cí·ti·um [-sísiəm] 〖 키프로스의 제논(340?–265? B.C.; 그리스의 철학자, 스토아 학파의 창시자).
Zéno of É·lea 〖 엘레아의 제논(490?–430? B.C.; 그리스 엘레아 학파의 철학자).
Zéno's páradox 〖 〔수학〕 제논의 역설[역리](逆理).
ze·o·lite [ziːəlàit] 〖〖U 비석(沸石).
zep [zep] 〖 〈종종 Z-〉 =zeppelin.
Zeph·a·ni·ah [zèfənáiə] 〖 1 〔성서〕 스바냐(기원전 7세기의 유대의 예언자). 2 (구약 성서의) 스바냐서(書)(약 Zeph., Zep.).
zeph·yr [zéfər] 〖 1 미풍, 산들바람. 2 (Z-) 〔문어〕 (의인화된) 서풍(西風). 3 UC 제퍼(아주 가볍고 부드러운 천·실·의류). 4 (the Z-) 제퍼호(號)(미국의 San Francisco와 Chicago 사이를 운행하는 Amtrak의 장거리 열차; 정식 명칭은 the California Z-). 5 (Z-) 〈상표〉 미국의 승용차. — 〖 (천 따위가) 가볍게; 얇은.
zéphyr clòth 〖 제퍼 천(얇고 가벼운 여성복지).
zeph·yr·e·an [zəfériən] 〖 산들바람의. (또는 **zephýrian, zephýrous**)   「(서풍(西風)의 신).
Zeph·y·rus [zéfərəs] 〖 〔그리스 신화〕 제피로스
zéphyr yàrn 〖 자수용의 부드러운 털실.
zep·pe·lin [zépəlin] 〖 〈종종 Z-〉 체펠린 비행선; (일반적으로) 비행선(airship). 〔<발명자인 독일의 Ferdinand von Zeppelin(1838–1917)의 이름〕
‡ze·ro [zíərou] 〖 (복 **~(e)s** [-z]) 1 (아라비아 숫자의) 0, 영(零), 제로(cipher). 2 U 모든 측정수(치)의 기점, 영점, 영도(「한랜체 따위의) 도, 빙점. ¶ ~ *degrees* 영도(* 복수로 쓰는 것에 주의)/*the absolute* ~ 절대 영도(섭씨 영하 273.15도). 3 U 〔비유적〕 최하점, 최저점; 무(無), 허무, 제로. ¶ *Our hopes were reduced to* ~. 우리의 희망은 무산되었다. 4 UC (언어) (형태소의) 제로 표징(表徵), 제로 형태. 5 U (기상) 시정(視程) 제로(수직 시정 50피트, 수평 시정 165피트

이하). 6 ⓤ 〖항공〗 제로 고도(500피트 이하의 고도). ¶fly at ~ 고도 영으로 비행하다. 7 〖수학〗 영점. 8 〖군사〗 = ~ hour: 〖포술(砲術)의 점령 규정. 9 〖금융〗 = ~-coupon bond. 10 영향력·중요성이 없는 사람. 11 《속어》 알몸, 나체.
— 〖타〗 1 〖계기의 바늘〗을 영에 맞추다, 영점 규정하다. 2 〖주의 따위〗를 집중하다. 3 〖차이 등〗을 없애다, 제거하다. 4 《속어》 〖법안 따위〗를 부결[부인]하다. 5 《군사》 …의 예정 행동 시간을 정하다. — 〖자〗 1 〖대포 등이〗 목표에 조준을 맞추다(in), 포화를 집중하다. 2 《…을 노리고〉 다가가다: 주의[노력]를 집중하다(on).
zero in 〖총 따위〗의 조준을 바로잡다[…에 맞추다]; 〖노력 따위〗를 집중하다.
zero in on …에 목표를 맞추다; …에 노력 따위를 집중하다.
zero out 《美》 재정 지원을 삭감하다.
— 〖형〗 1 영의, 제로의, 결여되어 있는, 빠져서 없는. 2 〖기상〗 (시계(視界)가) 제로인. 3 조금도 없는. 4 〖언어〗 (형태소가) 제로의. 5 (초임기에서) 제로의; 〖핵폭발 등에서〗 정각의.

zero cool 《美학생 속어》 크게 의식하고[신경 쓰이고] 있는; 멋있는, 멋진.
zero minus 《美속어》 어떻게 할 도리가 없는, 심한.
ze·ro-base [-bèis] 〖동타〗 〖예산 따위〗를 백지화시켜 재심하다; 〖문제 따위〗를 출발점부터 재검토하다. — 〖형〗 (또는 **zéro-bàsed**) 〖예산 따위〗를 백지화시켜 재심하는; 재검토하는; 제로 베이스의. 「베이스 예산 편성.
zé·ro-base(d) búdgeting [-bèis(t)-] 〖명〗 제로
zé·ro-cou·pon bónd [-kùpən-/-pɔn-] 〖증권〗 제로 쿠폰채(債)(무이자의 할인 채권).
zéro deféects 〖생산 관리의 운동〗(약 ZD). 「子.
ze·ro-di·vi·sor [-diváizər] 〖명〗 〖수학〗 영인자(零因
zéro ecónomic grówth 〖명〗 (경제의) 제로 성장.
ze·ro-e·mís·sion véhicle [-imìʃən-] 〖명〗 무공해 차량(약 ZEV).
ze·ro-g [-dʒíː] 〖명〗 = zero gravity.
zéro-g manufácturing 〖명〗 〖우주〗 무중력 상태에서의 제품 생산.
zéro grávity 〖명〗 〖우주〗 무중력 (상태).
zéro grówth 〖명〗 (인구·경제 등의) 제로 성장; 비확대 정책.
zéro hòur 〖명〗 1 〖군사〗 공격 개시 예정 시간; (군사) 행동 개시의 순간, 위기. 2 영시(零時).
ze·ro·ize [zíərouàiz] 〖타〗 〖컴퓨터〗 〖기억 장소의 공간〗을 제로화(化)하다.
ze·ro·ki·ni [zìəroukíːni] 〖명〗 《속어》 맨몸, 알몸.
[<*zero*+bikini[or monokini]]
zéro nórm 〖명〗 《英》 = nil norm.
zéro óption 〖명〗 제로 선택(전역(戰域) 핵전력(TNF) 따위의 전면 폐기 구상). 「사용법.
zéro pásture 〖명〗 〖축산〗 풋베기한 생물을 사료로 쓰는
ze·ro-point ènergy [-pɔ̀int-] 〖명〗 〖물리〗 영점 에너지(절대 영도에서 물질의 내부 에너지). 「(ZPG).
zéro populátion grówth 〖명〗 인구 제로 성장
ze·ro-rate [-réit] 〖동타〗 《英》 〖상품의 부가 가치세 납부를 면제하다.
zéro stàge 〖명〗 〖우주〗 영단(零段) 로켓(액체 추진 로켓에 덧붙이는 이륙 보조용 고체 추진 로켓).
zéro-sum [-sʌ̀m] 〖형〗 무결산 〈게임 이론 등에서 한 쪽의 득점이 다른 쪽에 같은 수의 실점이 되는〉.
zéro-sum gáme 〖명〗 〖수학〗 제로섬 게임.
zéro suppréssion 〖명〗 〖컴퓨터〗 제로 억제(수치 중 의미없는 제로를 표시하지 않는 일).
ze·roth [zíərouθ] 〖형〗 영(번째)의. 「인 벡터).
ze·ro vèctor 〖명〗 〖수학〗 영[제로] 벡터(모든 성분이 0
ze·ro-ze·ro [-zíərou] 〖형〗 〖기상〗 시계(視界) 제로의.
***zest** [zest] 〖명〗ⓤ 1 취향, 묘미, 재미; 짜릿한 자극; 매력. ¶Wit gives [or adds] ~ to conversation. 기지(機智)는 대화에 재미를 더해 준다. 2 (강한) 흥미, 열의; 즐거움. ¶~ for pleasure 쾌락에의 강한 욕구. 3 풍미를 첨가하는 것. 4 생기, 활력. — 〖동타〗 …에 풍미[정취]를 주는.
zest·ful [zéstfəl] 〖형〗 풍미가 풍부한, 맛이 있는; 흥미 있는; 열심인. **~·ly** 〖부〗 **~·ness** 〖명〗
zest·y 〖형〗 강한 맛이 나는; 열정적인, 자극적.
ze·ta [zéitə/zíː-] 〖명〗 1 그리스어 알파벳의 여섯 번째 자(Z, ζ; 영어의 Z, z에 해당한다). 2 〖천문〗 제타 별(밝기가 6번째인 별자리).
ZETA [zíːtə] 〖명〗 〖물리〗 제타(고리 모양의 제어(制御) 열핵반응 실험 장치).
[<*zero energy thermonuclear apparatus*]
ze·tet·ic [zitétik] 〖형〗 의문[탐구심]을 가지고 진행하는. — 〖명〗 회의론자.
zetz [zets] 〖명〗 《속어》 구타, 일격. — 〖동타〗 〖일격을〗 가하다, 〖…에게〗 먹이다.
zeug·ma [zúːgmə/zjúːg-] 〖명〗ⓤ 〖문법〗 액식 어법 (軛式語法)(하나의 형용사 또는 동사로 다른 2개(이상)의 명사를 수식 또는 지배시키는 방법. 예: to *open* the door and heart to the homeless boy). **zeug·mát·ic** 〖형〗 **zeug·mát·i·cal·ly** 〖부〗
***Zeus** [zuːs/zjuːs] 〖명〗 〖그리스 신화〗 제우스(Olympus 산의 주신(主神); 로마 신화의 Jupiter에 해당). [Zeus]
ZEV *zero-emission vehicle*(무공해 차량). **Z.G.** *zoological garden*.
z-gun [zíːgʌ̀n/zéd-] 〖명〗 《英軍속어》 고사(高射) 로켓포.
Zhda·nov·ism [ʒdáːnəvìzm] 〖명〗 주다노프 비판(Stalin정권하에서 Andrei A. Zhdanov(1896-1948: 옛 소련 공산당 지도자)를 중심으로 추진된 소년 문예 정풍 운동).
Zhe·jiang [dʒə̀ːdʒáːŋ] 〖명〗 저장성(浙江省)(중국 동부의 성; 성도(省都) 항저우(Hangzhou)) (또는 **Chekiang, Chechiang**)
Zheng·zhou [dʒə̀ːŋdʒóu] 〖명〗 정저우(鄭州)(중국 허난성(河南省)의 성도(省都)) (또는 **Chengchow**)
Zhou En·lai [dʒóu ènlái] 〖명〗 저우 언라이(周恩來) (1898-1976: 중국의 정치가·공산당 지도자; 수상(1949-76)). (또는 **Chou En-lai**)
Zhou·kou·dian [dʒóugòudʒàːn] 〖명〗 저우커우뎬(周口店)(중국 베이징(北京) 남서 교외의 소도시; 베이징 원인(原人)의 화석·석기(石器)의 출토지).
Zhu Jiang [dʒúː dʒáːŋ] 〖명〗 주장(珠江)강(중국 광둥성 남부를 흐르는 강: Canton [Pearl] River라고도 한다). (또는 **Chu Chiang, Chu Kiang**)
ZI 《군사》 *Z*one of the *I*nterior(미군 내).
zib·el·(l)ine [zíbəlàin, -lìn] 〖명〗 검은 담비의. — 〖명〗 검은 담비의 모피; ⓤ 보풀이 긴 모직물.
zib·et [zíbit] 〖명〗 사향고양이의 일종(인도·말레이산).
zi·do·vu·dine [zaidóuvjuːdìːn] 〖명〗 〖약학〗 지도부딘(AIDS 치료제).
ziff [zif] 〖명〗 《濠구어》 짧은 턱수염.
Zift 〖명〗 〖의학〗 접합자 난관내 이식; 체외 수정.
[<*z*ygote *i*ntra-*f*allopian *t*ransfer]
zig [zig] 〖명〗 지그재그(Z자형)의 한쪽 방향; (진행·정책 따위의) 급격한 방향 전환, 급전(急轉). — 〖자〗 (**-gg-**) 지그재그 코스의 한쪽 방향을 나아가다; 급히 방향 전환하다.
zig·get·y [zígəti] 〖감〗 《美속어》 잘한다, 멋지다, 야!
Hot ziggetty! 〖놀람·기쁨을 나타내어〗 야!, 멋지다!
zig·gu·rat [zígurǽt] 〖명〗 지구라트(고대 바빌로니아·앗시리아의 피라미드형 사원). (또는 **zik(k)urat**)
‡zig·zag [zígzæg] 〖명〗 (복 **~s** [-z]) 1 Z자형(의 것), 번개형, 번개형의 것(장식·선·도로·진로 따위), 지그재그(의 것). 2 Z자형 참조. 3 우왕좌왕하는 동작. — 〖형〗 Z자형의, 번개형의, 지그재그의. ¶a ~ line 지그재그로

zigzagger

된 선. ─ 톤 지그재그형이 되어, 꾸불꾸불하게. ¶The path ran ~ up the hill. 작은 길이 지그재그로 언덕 위로 뻗어 있었다. ─ 통 (~s [-z], -gg-) 타 …을 지그재그형으로 하다, 지그재그형으로 움직이다. ─ 자 지그재그형으로 되다, 지그재그로[갈짓자 걸음으로] 나아가다. ~·ly [-gidli] 톤 ~·ged·ness 몡
zig·zag·ger [zígzægər] 몡 지그재그로 나아가는 사람[것], Z자형의 것; 지그재그 스티처(재봉틀의 부품).
zígzag rùle 몡 지그재그 자, 접자.
zig-zig [ˊzig] 명동 (美속어) 성교(하다).
Zil [zil] 몡 질(옛 소련의 요인용 고급 승용차).
zilch [ziltʃ] 몡 (美속어) 1 제로, 영. 2 (종종 Z-) 누 뭐라나 하는 사람, 모씨(某氏).
zil·la(h) [zílə] 몡 (인도의) 주, 군(郡). (또는 zila)
zil·lion [zíljən] 몡 (美구어) 터무니없이 큰 수, 무수 (無數). ─ 형 방대한 수의, 무수한. 〔<미지수 z를 써서 million, billion을 모방해서 만든 조어(造語)〕
zil·lion·aire [zìljənέər] 몡 억만 장자.
Zimb Zimbabwe.
Zim·bab·we [zimbάːbwei, -wi] 몡 짐바브웨. 1 1980년 4월에 독립한 아프리카 남부의 공화국(수도 Harare). 2 1870년경 남로디지아에서 발견된 석조(石造) 유적의 소재지. ~·an 몡
Zim·mer [zímər] 몡 (商標) (신체 장애자용) 보행 보조기. (또는 ~ àid)
‡**zinc** [ziŋk] 명U (化學) 아연(금속 원소의 하나; 기호 Zn). ¶flowers of ~ 아연화(華), 아연 꽃. ─ 통 타 (-c(k)-) …에 아연 도금을 하다, 아연을 입히다.
~·coid, ~ed [-t] 톤
zinc·ate [zíŋkeit] 몡 (化學) 아연산염(亞鉛酸塩).
zínc blènde 몡 (鑛) 섬아연광(閃亞鉛鑛).
zínc chlóride 몡 (化學) 염화 아연.
zinc·ic [zíŋkik] 톤 아연의; 아연 비슷한; 아연을 함유한.
zinc·if·er·ous [ziŋkífərəs, zinsíf-] 톤 아연을 생성[함유]하는.
zinc·i·fy [zíŋkəfài] 동타 (철물 따위에) 아연 도금하다, …에 아연을 포화시키다. **-fi·cá·tion** 몡
zinc·ite [zíŋkait] 명U (鑛) 홍아연광(紅亞鉛鑛).
zinck·y [zíŋki] 톤 아연을 함유한, 아연 비슷한. (또는 zincy, zinky)
zin·co [zíŋkou] 몡 (복 ~s) 톤 =zincograph.
zinc·ode [zíŋkoud] 몡 (전지의) 양극(陽極).
zin·co·graph [zíŋkəgræf, -gràːf] 몡 (印刷) 아연판 (인쇄). ─ 동타 …을 아연판에 식각(蝕刻)하다, 아연 식각법으로 인쇄하다. ─ 자 아연판 식각을 하다.
zin·cog·ra·phy [ziŋkάgrəfi/-kɔ́g-] 명U 아연판술.
-pher 몡 아연 제판공. **zin·co·gráph·ic, zìn·co·gráph·i·cal** 톤 아연 제판술의.
zinc·oid [zíŋkɔid] 톤 아연의; 아연 비슷한.
zínc óintment 몡 (藥學) 아연화(華) 연고.
zin·co·type [zíŋkətàip] 몡 (印刷) =zincograph.
zinc·ous [zíŋkəs] 톤 =zincic.
‡**zínc óxide** 몡 (化學) 산화 아연, 아연화(華).
zínc óxide óintment 몡 =zinc ointment.
zínc stéarate 몡 (化學) 스테아르산(酸) 아연.
zínc súlfate 몡 (化學) 황산 아연.
zínc súlfide 몡 (化學) 황화 아연(ZnS).
zínc whíte 몡 아연백(산화 아연을 주성분으로 한 백색 안료).
zinc·y [zíŋki] 톤 =zincky.
zínc yéllow 몡 (化學) 아연황(황색 안료).
zine [ziːn] 몡 (美) fanzine의 단축형.
zin·eb [zíneb] 명U (藥學) 지네브(살충·살균제).
zing [ziŋ] (美구어) 몡 1 쌩쌩[퓽퓽] 하는 소리. 2 U C 원기, 활력, 정력. 3 흥미[정열]를 북돋는 것. ─ 동자 쌩쌩[퓽퓽] 소리를 내다[내고 나아가다]. ─ 타 …을 쌩하고 소리를 내며 가게 하다[지나가다].
zing up 원기[활기]를 북돋우다.
─ 갑 쌩쌩(날아가는 소리).

zipper

zin·ga·ra [zíŋgərəː] 몡 **-re** [-re] 여자 집시[부랑자]. 〔<It〕   「자. 〔<It〕
zin·ga·ro [It tsíŋgaro] 몡 **-ri** [-riː] 집시, 부랑
zing·er [zíŋər] 몡 (속어) 1 활기 넘치는 사람. 2 정곡을 찌르는 말. 3 유별난 것. 4 (野球) 강속구.
zing·y [zíŋi] 톤 활기있는: 매력적인. (또는 **zinging**)
Zin·jan·thro·pus [zindʒǽnθrəpəs] 몡 진잔트로푸스(아프리카 동부에서 발견된 구석기 시대 전기의 화석 인류).
zink·y [zíŋki] 톤 =zincky.
zin·ni·a [zíniə] 몡 (植物) 백일초.
Zi·on [záiən] 몡 1 (聖書) 시온의 언덕(Jerusalem 신전이 있었던 성지). 2 (集合的) 신의 선민(選民), 이스라엘 사람; (유대인의 고국, 유대교의 상징으로서의) 팔레스티나. 3 U (히브리의) 신정(神政). 4 (英) 비국교파 교회당, 기독교회. 5 U 천국, 이상향.
Zi·on·ism [záiənìzm] 명U 시오니즘, 시오니즘(유대인을 팔레스티나로 복귀시키려는 민족 운동).
-ist 몡 시온주의자. **-ís·tic** 톤 **-ís·ti·cal·ly** 톤 하느님의 선민.
Zi·on·ward(s) [záiənwərd(z)] 톤 (美) 시온 쪽으로; 천국으로 향해서.
zip[1] [zip] 몡 1 (탄환이 스쳐 날아갈 때처럼) 퓽[핑]하는 소리. 2 U (구어) 활력, 정력, 원기. ─ 동 (-pp-) 자 1 퓽 소리가 나다, 퓽 소리내고 날다[달리다]. 2 (구어) 기운차게 나아가다[행동하다](by)(along). ¶ ~ by 퓽 하고 지나가다 // ~ along the street 거리를 힘차게 나아가다. ─ 타 (구어) …을 힘차게 나르다; …에게 활력을 주다(up). ¶ ~ a person *up* 남의 기력을 돋우다.
zip across the horizon (美구어) 갑자기 유명해지다.
zip[2] 몡 지퍼(zipper), 척(chuck). ─ 동 (-pp-) 타 …을 지퍼[척]로 잠그다[열다](up)(into). ¶ ~ 타 + 前 + 名) He ~ped the money *into* his wallet. 그는 지퍼를 열고 그 돈을 지갑에 넣었다 // (~ + 目 + 補) ~ one's bag open [closed] 가방의 지퍼를 열다[잠그다] // (~ + 目 + 副) ~ *up* one's jacket 재킷의 지퍼를 잠그다. ─ 자 지퍼로 열다[잠그다], 지퍼가 열리다[잠기다].
Zip it up!; Zip (up) your lip! (속어) 조용히 해!, 입다물어!   「잠기다.
zip up …의 지퍼를 잠그다[열다], (옷 따위가) 지퍼로
─ 톤 지퍼가 달린[있는].
zip[3] (속어) 몡 1 (스포츠·시험에서) 득점이 없음, 무(無); 영점(零點). 2 (美속어) 취할 점이 하나도 없는 사람, 매력없는 사람. ─ 동타 (-pp-) (상대 팀을) 무득점으로 누르다, 완봉[영봉]하다. ─ 톤 제로의, 형편없는.
zip[4] (美구어) 몡 ≡ ~ code. ─ 동타 (-pp-) (때로 Z-) (우편물)에 우편 번호를 쓴다.
zip[5] 몡 (美) (경멸적) 바보: 베트남인.
ZIP [zip] 몡 (컴퓨터) 집(데이터 압축 프로그램 PKZIP을 취급하는 파일 포맷).   「code
ZIP Zone Improvement Program [or Plan]. ≡ zip
Zi·pan·gu [zipǽŋguː] 몡 지팡구(Marco Polo가 여행기에서 일본을 가리킨 명칭).
‡**zíp còde** 몡 (美) 우편 번호. (또는 **ZÍP[Zíp] còde**)
─ 몡 우편 번호의.
zip-code [ˊkòud] 동타 …에 우편 번호를 기입하다.
zíp fàstener 몡 (英) =zipper 1.
zíp fùel 몡 (우주·항공) 고(高) 에너지 연료.
zíp gùn 몡 손으로 만든 권총.
zip-in lining [ˊin-] 몡 (오버코트 등의) 지퍼로 달았다 뗐다 할 수 있는 안.
zip·less [zíplis] 톤 (美속어) 성(性)에 대해 노골적인, 대담하게 섹스(sex)를 다룬.
zip-lock [-lὰk/-lɔ̀k] 톤 (비닐 백 따위가) 집록[지퍼] 식의.   「있는, 지퍼식의.
zip-out [ˊàut] 톤 (의복 따위가) 지퍼로 입고 벗을 수
zipped [zipt] 톤 (美속어) 마약에 취한, 비틀거리는.
zip·per [zípər] 몡 (美) 1 지퍼, 척. 2 지퍼로 여닫는 사람[것]. 3 지퍼 달린 장화. ─ 동 =zip[2]. ─ 톤 지퍼식의. ~ed 톤 지퍼가 달린. ~·less 톤

ZIP+4 (code) [zíp plÀs fɔ́:r(-)] 똉 (美) 집플러 스 포 (코드)(종래의 5자리수 우편 번호 뒤에 다시 세분한 배달 구역을 나타내는 4자리 숫자를 더 붙인 우편 번호).
zip·po [zípou] 똉 기운(찬), 활기(찬).
Zíp·po [zípou] 똉 (商標) 지포 라이터(미국제 휘발유 라이터).
zip·py [zípi] 똉 (구어) 활기 있는, 기운찬(lively), 쾌활한.
zíp-tòp [´tÀp/-tɔ̀p] 똉 (깡통 따위의) 뚜껑 주위의 금속 띠를 벗겨서 여는. ® pop-top
zip-up [´Ap] 똉 짚퍼로 잠그는.
zi·ram [záiræm] 똉 (화학) 지람(농업용 살균제).
zir·ca·loy [zə́:rkəlɔ̀i] 똉U 지르코늄 합금. (또는 **zircalloy**) (原鑛).
zir·con [zə́:rkɑn/-kɔn] 똉U 지르콘(지르코늄 원광).
zir·con·ate [zə́:rkənèit] 똉 (화학) 지르콘산염.
zir·co·ni·a [zə:rkóuniə] 똉 (화학) 산화 지르코늄(zirconium oxide). (含有한).
zir·con·ic [zə:rkɑ́nik/-kɔ́n-] 똉 지르코늄 모양의.
zir·co·ni·um [zə:rkóuniəm] 똉U (화학) 지르코늄 (금속 원소의 하나; 기호 Zr).
zit [zit] 똉 (美속어) 여드름.
zít dòctor 똉 (美속어) 피부과 의사.
zith·er [zíθər/zíð-] 똉 치터(거문고 비슷한 현악기). —晉⑧ 치터를 연주하다.
~·ist 똉 치터 연주자.
zith·ern [zíθərn/zíð-] 똉 = cittern; =zither.
zi·ti [zí:ti] 똉 지티(길이·굵기가 중간 정도의 속 빈 pasta).
zizz [ziz] 똉 (英구어) 붕붕거리는 소리; 줄기, 선잠; 생기.
—晉⑧ 선잠(한잠) 자다. [zither]
ziz·zy [zízi] 똉 (속어) (동작 등이) 시선을 끄는; (의복 등이) 화려한, 야한; 소란스러운.—똉 선잠, 얕은 잠.
Z line 똉 (생물) Z선, Z막(膜).
zlo·ty [zlɔ́:ti/zlɔ́ti] 똉 (복 ~s) 즐로티(폴란드의 화폐 단위); 즐로티 동화(銅貨). (<Pol golden)
Zn ⑦ (화학) zinc(아연).
zo- [zou] 엽⑧ ⇒ZOO-.
zo·a [zóuə] 똉 zoon의 복수형. (유대인 단체).
ZOA Zionist Organization of America(재미 시온단)
-zo·a [zóuə] 엽⑧ 「동물」의 뜻의 복수형; 군체(群體) 동물의 분류명을 나타낸다. ¶Protozoa.
zo·an·thro·py [zouǽnθrəpi] 똉 (정신의학) 동물화(獸化) 망상(증).
Zo·ar [zóuər/zóuɑ:r] 똉 (성서) 소알(Lot과 그 가족이 Sodom 등을 도망쳐서 피난간 마을. ←창세기(Gen.) 19:22): 피난의 땅. [체(群體)]
zo·ar·i·um [zouέəriəm] 똉 (생물) 이끼벌레류의 군
zod [zɑd/zɔd] 똉똉 (美속어) 묘한 (사람), 괴짜인 (사람).
zod. zodiac.
***zo·di·ac** [zóudiæk] 똉 1 (천문) 황도대(黃道帶), 수대(獸帶). 2 (점성) 12궁도(宮圖)(황도대에 12별자리를 배치한 그림). 3 (드물게) 1주(周).
the signs of the zodiac (천문) 12궁(宮).
zo·di·a·cal [zoudáiəkəl] 똉 (천문) 황도대의, 수대의. ¶the ~

[zodiac 2]

constellations (황도) 12궁의 별자리(의 하나).
zodíacal líght 똉 (천문) 황도광(黃道光).
zo·e·trope [zóuitròup] 똉 활동 요지경(원통에 그린 연속적인 그림을 회전시켜 구멍으로 들여다보는 장치). (또는 **zootrope**)
zof·tig [záftig, -tig/zɔ́f-] 똉 =zaftig. (또는 **zof·ti(c)k**)
Zo·har [zóuhɑ:r] 똉 (14세기경의) 유대 신비교의 주서.
zo·ic [zóuik] 똉 동물(생물)의; (지질) (암석 따위가) 동식물의 흔적이나 화석(化石)을 함유하는.
-zo·ic [zóuik] 엽⑧ 1 「동물의 생활 양식으로 …한」의 뜻. ¶cytozoic(세포 기생 생활의). 2 「(특정한) 지질시대의(에 관한)」의 뜻. ¶Mesozoic.
Zo·la [zóulə/F zɔla] 똉 Émile ~ 졸라(1840-1902: 프랑스의 자연주의 작가).
~·esque [-ésk] 똉 졸라풍(風)의. ~·ism 똉U 졸라(자연)주의. ~·ist 똉 졸라주의자, 졸라풍의 작가.
Zoll·ver·ein [tsɔ́:lfəràin/tsɔ́l-] 똉 (19세기 독일 연방 내의) 관세 동맹; (一般) 관세 동맹. (<G Zoll tax+Verein union)
zom·bi(e) [zámbi/zɔ́m-] 똉 1 서부 아프리카 원주민이 숭배하는 뱀 신(神). 2 사자(死者)를 살리는 초자연력(서인도 제도의 미신); 되살아난 시체. 3 (속어) 얼간이, 바보; 로봇처럼 움직이는 사람; 괴짜. 4 칵테일의 일종. 5 (캐나다 속어) (제2차 대전 때) 지국 방위 징모병. 6 (美속어) 마약 중독자. 7 (英속어) 달리려고 하지 않는 경주마. 8 (~s) 여자 경찰관. ~·like 똉 -bi·fy 晉⑧
zom·bi·ism [zámbiìzm] 똉U 좀비 신앙(의식).
zon·al [zóunl] 똉 띠의; 띠 모양의(으로 된). ~·ly 晉
zo·na·ry [zóunəri] 똉 =zonal.
zon·ate [zóuneit] 똉 (색깔 속유 따위가) 띠 모양의, 띠 모양 얼룩 무늬가 있는; (대상(帶狀)으로 배열된. (또는 **zonated**)
zo·na·tion [zounéiʃən] 똉 대상(帶狀) 무늬(배열) 구조; (생물) 대상 분포.
Zond [zɑnd/zɔnd] 똉 존드(옛 소련의 일련의 행성·달 탐사기: 존드 3호는 1965년 최초로 달의 뒷면을 촬영).
***zone** [zoun] 똉 (복 ~s [-z])
1 (어떤 특징 따위에 의해 구분 지어진) 지대, 지역, 구역; 지구 (地區). ⇒DISTRICT 유의어 ¶a safety (danger) ~ 안전(위험) 지대/a demilitarized ~ 비무장 지대/a war ~ 교전 지역.
2 (지리) (기후 구분의) 대. ¶temperate (frigid, torrid) ~ 온대(한대, 열대). 3 (지리) 같은 종류의 동식물이 생존하는 지대. ¶the alpine ~ 고산대/the floral ~ 식물대. 4 (지질) 암층(岩層), 층위(層位). 5 (기하) (구면(球面)·원뿔·원통 따위의) 대(帶). 6 (교통·우편의) 동일 요금 구역. 7 (대도시의) 우편구(區). 8 (도시 계획에의) 지역, 구획, 가구(街區). ¶a residence (business) ~ 주택(상업) 지구. 9 =time ~. 10 (스포츠) 존(코트 등의 특정 영역·범위). 11 (해부) 윤상대(輪狀帶), 환대(環帶). 12 (감각을 느끼는 신체 부위, 영역. ¶an erogenous ~ 성감대(性感帶). 13 행동 범위(반경). 14 (컴퓨터) 존. a) 천공(穿孔) 카드 따위에서 숫자 이외의 정보를 표시하는 비트가 기록되는 영역. b) 네트워크상의 user의 하위 그룹. 15 (美속어) (마약 상용으로) 황홀경에 빠진 사람. 16 (고어·시) 띠, 끈. [빠져]
in a zone 멍청히, 멍하게, (마약에 의해) 황홀 상태에
—晉 (~s [-z]; ~d; zon·ing) 晉 1 …을 띠로 둘러 싸다, 띠로 감다. 2 …을 띠 모양으로 넣다; …을 지역으로 구획하다, 구분하다. 3 (건축 법규에 의해) (도시)를 구획하다(into). ¶~ a city into several districts 도시를 몇 개의 지역으로 나누다. —㉑ 띠 모양

[zodiac 2]

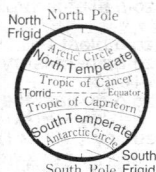

[zone 2]

을 하다, 띠 모양이 되다.
zone out 《美속어》 …을 의식에서 지우다, 잊어버리다
──혱 《한정용법》 =zonal; 〔스포츠〕 존의.
~·less 혱
zoned [zound] 혱 1 지대[지구]로 나누어진, 띠 모양으로 구분된. 2 정조대를 착용한, 처녀의. 3 《美속어》 (또는 ~ *óut*) (술·마약에) 취한; 피곤해서 녹초가 된.
zóne defénse 혱 〔구기〕 존 디펜스, 지역 방어. ⑤ man-to-man defense
zóne mélting 혱 〔전기·야금〕 대역 용융법[帶域溶融法], 영역 녹임. **zóne-mélt** 통태
zóne pláte 혱 〔광학〕 동심원 회절판(同心圓回折板)
zóne tíme 혱 (Greenwich time에 대해) 지방시(時).
Zon·i·an [zóuniən] 혱 파나마 운하 지대에 사는 미국인(의).
zon·ing [zóuniŋ] 혱Ⓤ (도시의) 지구제; (우편의) 구
zonk [zɑŋk/zɔŋk] 《美속어》 통자 1 (술·마약으로) 취하다, 정신을 잃다. 2 푹 잠들다[쉬다](*out*). ──타 1 (술·마약으로) 정신을 잃게 하다, 기절시키다. 2 진정제를 먹이다, 마취[마비]시키다. 3 호되게 치다, 완패시키다. ──혱 탕 하고 강타하는 소리.
zonked [zɑŋkt/zɔŋkt] 혱 《美속어》 취한; 마약(으로) 비틀비틀하는; 잠에 취한; 열중하는. (또는 ~-*óut*)
zonk·er [zɑ́ŋkər/zɔ́ŋk-] 혱 《美속어》 술고래.
zonk·ers [zɑ́ŋkərz/zɔ́ŋk-] 혱 《美속어》 몹시 흥분한, 열광적인, 넋이 나간.
go zonkers 열광하다; 약간 이상해지다.
Zón·ta Clúb [zɑ́ntə-/zɔ́n-] 혱 존타 클럽(도시별 직업별 대표로 구성된 여성 경영자 친선·봉사 단체).
zon·ule [zóunju:l] 혱 소대(小帶), 작은 띠; 〔해부〕 (눈의) 모양체(毛樣體). **-u·lar** [-ju:lər] 혱
‡**zoo** [zu:] 혱 (복 ~*s* [-z]) 1 동물원; (the *Z*~) 런던 동물원. 2 《美속어》 뒤죽박죽인 곳, 혼돈 상태. 3 《美속어》 매춘굴. 4 《美속어》 (고·高)에너지 물리학에서 잇달아 발견[제작]되는 신종 소립자군(小粒子群).
zo·o- [zóuə] 연결 living being, animal의 뜻(* 모음 앞에서는 zo-). ¶ *zoo*logy, *zoo*phile, *zoo*anthropy.
zo·o·bi·ot·ic [zòuəbaiɑ́tik/-5t-] 혱 《생물》 동물에 기생(寄生)하는.
zo·o·blast [zóuəblæst/-blà:st] 혱 동물 세포.
zo·o·chem·is·try [zòuəkémistri] 혱Ⓤ 동물 화학. **-i·cal** 혱
zo·o·dy·nam·ics [zòuədainǽmiks] 혱복 《단수 취급》 동물 역학[생리학].
zoo·ey [zú:i] 혱 《美속어》 동물원 같은; 아주 지저분한; 야만스러운; 혼란한.
zo·og·a·my [zouǽgəmi/-5g-] 혱Ⓤ 유성(有性) 생식.
zo·o·gen·ic [zòuədʒénik] 혱 (세균 따위가) 동물에 의해 전염이 원인인; 동물의 발달[진화]에 관한. (또는 **zo·og·e·nous** [zouǽdʒənəs])
-gén·e·sis, zo·og·e·ny [zouɑ́dʒəni] 혱
zo·o·ge·og·ra·phy [zòuədʒiɑ́grəfi/-5g-] 혱Ⓤ 동물 지리학. **-pher** 혱 **-o·graph·ic** [-əgrǽfik], **-o·gráph·i·cal** 혱 **-o·gráph·i·cal·ly** 뷔
zo·o·gle·a [zouglí:ə] 혱 (복 ~*s*, **-ae** [-i:]) 〔세균〕 (한천 따위 물질에 싸인) 점착 세균 집단. (또는 **zoogloea**) **-glóe·al, -glóe·ic** 혱 [plasty.
zo·og·ra·phy [zouɑ́grəfi/-5g-] 혱Ⓤ 동물지학. **-pher** 혱 **zò·o·gráph·ic, zò·o·gráph·i·cal** 혱
zo·oid [zóuɔid] 혱 1 〔생물〕 (군체를 구성하는) 개충(個蟲), (분열·증식에 의한) 독립 개체. 2 새끼 벌레.
──혱 (또는 **zooidal**) 동물(성)의, 동물 비슷한.
zoo·keep·er [zú:kì:pər] 혱 (동물원의) 사육사, 관리자. **-kèep·ing** 혱
zooks [zu:ks] 잡 제기랄, 쳇.
zool [zu:l] 혱 《美속어》 멋진[근사한] 것.
zóo·lie, zóo·ly 혱

zool. zoological; zoologist; zoology.
zo·ol·a·ter [zouɑ́lətər/-5l-] 혱 동물 숭배[편애]자.
zo·ol·a·try [zouɑ́lətri/-5l-] 혱Ⓤ 동물 숭배[편애]. **-trous** 혱
zo·o·lite [zóuəlàit] 혱 화석(化石) 동물(fossil animal).
‡**zo·o·log·i·cal** [zòuəlɑ́dʒikəl/-lɔ́dʒ-] 혱 동물학(상)의; 동물원의. (또는 **zoologic**) **~·ly** 뷔
zoológical gárden 혱 동물원; (the Z- G-s) 런던 동물원(줄여서 the Zoo라고 한다).
*****zo·ol·o·gist** [zouɑ́lədʒist/-5l-] 혱 동물학자.
‡**zo·ol·o·gy** [zouɑ́lədʒi/-5l-] 혱Ⓤ 동물학; 동물학 논문[저작, 문헌]; 동물의 생태[특성].
*****zoom** [zu:m] 통자 1 붕하는 소리를 내다, 웅웅 소리 내며 급격히 움직이다. ¶ (~ +전 +名) The racing cars ~*ed around* the course. 경주용 자동차는 웅웅 소리를 내며 코스를 돌았다. 2 (비행기가) 폭음을 내며 급상승하다(*up*). 3 〔사진〕 줌 렌즈로 피사체(被寫體)를 확대[축소]하다. 4 〔영화·TV〕 영상을 급히 확대[축소]하다. 5 (물가가) 급등하다. ──타 1 〔비행기〕 붕 소리를 내며 급상승시키다. 2 〔영화·TV〕 〔영상〕을 급히 확대[축소]시키다; 〔컴퓨터〕 (GUI로) 〔윈도〕의 크기를 변경한다; 〔잡다.
zoom in 《美속어》 (이야기 따위가) …에 집중되다.
zoom in on 《美속어》 (이야기 따위가) …에 집중되다, (사람이) …에 주목하다, 노력을 집중하다.
zoom off 《속어》 떠나다, 사라지다; 도망치다.
zoom out 《속어》 ① (영상을) 급히 축소하다. ② 자제력을 잃다, 발끈하다. [꺽데꺽 해치우다.
zoom through (…을) 획 통과하다(『일 따위』를 데
zoom up 《美속어》 (차가) 달려와[가] 멈추다.
──혱 1 (비행기의) 급상승. 2 〔영화·TV〕 영상의 급격한 확대[축소]. 3 (비행기의) 붕 소리. 4 (물가의) 급등.
──혱 (렌즈가) 줌의, 줌 렌즈의[를 갖춘].
──혱 획(급강하, 급상승 때 나는 소리).
zo·o·man·cy [zóuəmænsi] 혱 동물점(占).
Zóom·ar lèns [zú:ma:r-] 혱 《상표》 TV용 줌렌즈.
zóom bòx 혱 〔컴퓨터〕 줌 박스, 확대 버튼(윈도를 전 화면으로 확대하거나 원래의 크기로 되돌아가게 하는 버튼).
zóom bùggy 혱 《美속어》 자동차.
zoom·er [zú:mər] 혱 =zoom lens.
zo·om·e·try [zouǽmətri/-5m-] 혱Ⓤ 동물 측정학.
zo·o·met·ric [zòuəmétrik], **zò·o·mét·ri·cal** 혱
zoom·ing [zú:miŋ] 혱 〔항공〕 급각도 상승.
zóom lèns 혱 〔영화·TV·사진〕 줌 렌즈.
zoo·mooze·phone [zu:mú:zfoun] 혱 주무즈폰 (31분 음부까지 연주가 가능한 비브라폰 모양의 악기).
zo·o·morph [zóuəmɔ̀:rf] 혱 (원시 예술에서) 동물 도형, (도안화한) 수형신(獸形神). **-mór·phic** 혱
zo·o·mor·phism [zòuəmɔ́:rfizm] 혱Ⓤ 1 (장식 등의) 동물 형상. 2 (동물을 신격화한) 수형신관(觀).
zoom·y [zú:mi] 혱 줌 렌즈에 의한[를 사용한].
zo·on [zóuan/-ɔn] 혱 (복 **zo·a** [zóuə]) 〔동물〕 (군체(群體)) 동물의 개체. **~·al** 혱
-zo·on [zóuan/-ɔn] 연결 "…동물, …유기체"의 뜻. ¶ proto*zoon*.
zo·o·no·sis [zòuənóusis/-ɔ́n-] 혱Ⓤ (복 -*ses* [-sì:z]) 〔의학〕 동물원성(動物原性) 감염증(동물에서 인간으로 전염되는 질환). **zo·o·not·ic** [zòuənɑ́tik] 혱
zóon po·lit·i·kón [-pòulitikɑ́n/-kɔ́n-] 혱 정치적 동물, 인간. 〔<Gk〕
zo·o·par·a·site [zòuəpǽrəsàit] 혱 기생[원생(原生)] 동물; 동물에 기생하는 생물. **-pàr·a·sít·ic** 혱
zo·oph·a·gous [zouǽfəgəs/-5f-] 혱 〔동물〕 육식 (동물)의.
zo·o·phile [zóuəfàil] 혱 동물 매개 식물(의 종자); 동물 애호[보호]자; 〔정신의학〕 동물 성애자(性愛者).
zo·o·phil·i·a [zòuəfíliə] 혱 동물 애호; 〔정신의학〕 동물 성애(性愛). **-àc** 혱
zo·oph·i·lism [zouǽfəlìzm/-5f-] 혱 동물

zo·oph·i·lous [zouáfiləs/-ɔ́f-] 형 1 〔식물〕 동물에 의해 수분(受粉)되는. 2 〔정신의학〕 동물 성애의. 3 〔곤충〕 동물 기생의. (또는 zòophílic)

zo·o·pho·bi·a [zòuəfóubiə] 명 〔정신의학〕 동물 공포증. **zo·oph·o·bous** [zouáfəbəs] 형

zo·o·phyte [zóuəfàit] 명 식충류(植蟲類)(식물 비슷한 무척추 동물; 해면·산호 따위). **-phyt·ic** [-fítik], **-phýt·i·cal** 형 식충류의.

zo·o·phy·tol·o·gy [zòuəfaitálədʒi/-tɔ́l-] 명 식충학(植蟲學). **-gist** 명 식충류 연구가[학자].

zóo plàne 〔美〕 (선거 운동시 후보자와 동행하는) 기자단 수행기(機).

zo·o·plank·ton [zòuəplǽŋktən] 명U 동물 플랑크톤; 부유(浮遊) 동물. **-plank·tón·ic** 형

zo·o·plas·ty [zóuəplæ̀sti] 명U 〔외과〕 동물 조직 인체 이식(술). **-plás·tic** 형

zo·o·psy·chol·o·gy [zòuəsaikálədʒi/-kɔ́l-] 명U 동물 심리학.

zo·o·se·mi·ot·ics [zòuəsìmiátiks/-ɔ́t-] 명복 동물 기호학(記號學)(동물간의 커뮤니케이션을 연구).

zo·o·sperm [zóuəspə̀ːrm] 명 〔폐어〕 1 〔동물〕 =spermatozoon. 2 〔식물〕 =zoospore. **-sper·mát·ic** 형

zo·o·spore [zóuəspɔ̀ːr] 명 〔동·식물〕 유주자(遊走子), 운동성 홀씨. **-spór·ic, -ós·por·ous** 형

zo·os·ter·ol [zouástərɔ̀ːl, -ràl/-ɔ́stərɔ̀l] 명 〔생물〕 동물 스테롤.

zoot [zuːt] 형 〔속어〕 야한[젠체하는] 사람. — 형 야하게 화려한, 최신 유행의.

zo·o·tax·y [zóuətæ̀ksi] 명U 동물 분류학[계통학].

zo·o·tech·nics [zòuətékniks] 명U 〔단수취급〕 축산학; 동물 조종법. **-ni·cal** 형 축산학의.

zo·o·tech·ny [zóuətèkni] 명=zootechnics.

zo·o·the·ism [zóuəθìizm] 명U 동물신(神) 숭배.

zo·ot·o·my [zouátəmi/-ɔ́t-] 명 동물 해부(학).

zo·o·tom·ic [zòuətámik], **zò·o·tóm·i·cal** 형 **zò·o·tóm·i·cal·ly** **-mist** 명

zo·o·tox·in [zòuətáksin/-tɔ́k-] 명 동물 독소(뱀독 따위). **-ic** 형

zóot snòot 〔美속어〕 큰 코(를 가진 녀석); 꼬치꼬치 캐기[가십] 좋아하는 사람.

zóot sùit 〔美속어〕 주트복(긴 상의와 아랫 자락이 좁은 헐렁한 바지로 된 1940년대의 남성복).

zóot sùiter 명

zoot·y [zúːti] 형 〔속어〕 아주 멋진, 초(超)현대적인.

zor·il [zɔ́ːril, zɑ́r-/zɔ́r-] 명 (남아프리카산(産)) 족제비의 일종. (또는 **zorílla, zoríle**)

Zo·ro·as·ter [zɔ́ːrouæ̀stər, ˌ-ˋ-] 명 조로아스터 (기원전 7-6세기의 페르시아의 종교가; 조로아스터교의 종조(宗祖)). 명 Zarathustra

Zo·ro·as·tri·an [zɔ̀ːrouǽstriən] 형 조로아스터교의. — 명 조로아스터교 교도.

~**ism** 명U 조로아스터교, 배화교(拜火敎).

Zor·ro [zɔ́ːrou] 명 조로(Johnston McCulley의 만화 (초판 1919년)에 나오는 주인공; 스페인령 California에서 활약하는 검은 복면의 검객).

zorse [zɔːrs] 명 조스(수말과 얼룩말의 교배 잡종).

zos·ter [zástər/zɔ́s-] 명 〔병리〕 대상 포진(帶狀疱疹)(herpes ~). 〔역사〕 (옛 그리스 남자들이 쓴) 띠.

zos·ter·ops [zástərəps/zɔ́stərɔ̀ps] 명 〔조류〕 동박새류(類).

zot[1] [zat/zɔt] 명 〔美속어〕 (성적 따위의) 영점.

zot[2] 캠 획, 쏙; 쿵, 쾅.

Zou·ave [zuːáːv, zuːéiv] 명 1 (때로 z-) 주아브병 (알제리 출신의 프랑스 경보병). 2 〔美역사〕 (주아브병과 같은 복장을 한) 남북 전쟁의 의용병. 3 (z-) (보통 ~s) (위가 넓고 아래쪽이 좁은) 주아브병의 여성용 재킷.

zouk [zuːk] 명 주크 음악(서인도 제도 Guadeloupe의 민속 음악과 서양 음악이 합성된 강렬한 비트 음악).

zounds [zaundz] 캠 〔고어〕 〔놀람·분노 따위를 나타내어〕 제기랄!, 빌어먹을!

Zo·vi·rax [zouváiræks] 명 〔약학〕 조비랙스(헤르페스 치료약; 아시클로비어(acyclovir)의 상표명).

zow·ie [záui] 캠 〔美〕 〔놀람·감탄을 나타내어〕 와!

Z pàrticle 명 =Z-zero particle.

ZPG Zero Population Growth. **Zr** 기 〔화학〕 zirconium.

Z's [zizz/zedz] 명 〔속어〕 (때로 z's) 수면, 잠.

ZS Zoological Society(동물학회).

Z thèrapy 명 〔정신의학〕 Z요법(환자에게 육체적·정신적 학대를 가함으로써 억압된 감정의 해방을 꾀하는 요법). [<미국의 정신과 의사 R. W. Zaslow의 이름]

Z twist 명 〔섬유〕 Z자형 꼬임.

zuc·chet·to [zuːkétou] 명 (복 ~**s**, It **-ti** [-ti]) (가톨릭 성직자의) 작은 모자(신부는 검정, 주교는 보라, 추기경은 빨강, 교황은 흰 것을 쓴다).

zuc·chi·ni [zuːkíːni] 명 (복 ~(**s**)) (오이 비슷한) 서양호박.

zuch [zuːtʃ] 명 〔美속어〕 밀고자.

Zu·ker·man [zúkərmən] 명 **Pinchas** ~ 주커먼 (1948–) 이스라엘의 바이올린 연주가).

Zu·lu [zúːluː] 명 (복 ~(**s**)) (남아공 Natal지방의) 줄루족[사람]; U 줄루어(語). — 형 줄루 족의[어의].

Zu·lu·land [zúːluːlǽnd] 명 줄루랜드(남아공 Natal주 동북부 인도양에 면한 지역; Zulu족의 반(半)자치구).

Zu·ni [zúːni] 명 (복 ~(**s**)) 주니족(북미 인디언의 한 종족); U 주니어(語). (또는 **Zuñi**) ~**an** 형

zunk [zʌŋk] 명 툭, 쏙, 쿵, 퉁.

zup·pa [zúːpə/It tsúppa] 명 〔요리〕 추파(이탈리아식 수프). [<It]

Zu·rich [zúrik/zjúər-] 명 취리히(스위스 북부의 주; 그 주도(州都)).

Zwíck·y gàlaxy [òbject] [tsvíki-] 〔천문〕 츠비키[콤팩트] 은하. [<불가리아 태생의 스위스 천문학자 Fritz Zwicky(1898–1974)의 이름]

zwie·back [zwáibæk, -bɑːk, zwíː-, swái-] 명 러스크(rusk)의 일종. [<G]

Zwing·li [zwíŋgli, swíŋg-] 명 **Ulrich** ~ 츠빙글리 (1484–1531; 스위스의 종교 개혁자).

Zwing·li·an [zwíŋglien] 형 츠빙글리(주의)의, 츠빙글리파의. — 명 츠빙글리파의 사람[신봉자]. ~**ism** 명U ~**ist** 명

zwit·ter·i·on [tsvítəràiən] 명 〔화학〕 쌍(극)성[양성 (兩性)] 이온(양전기와 음전기의 양쪽을 띤 이온).

zyg- [zaig, zig] 〔연결〕 ⇒zygo-.

zy·gal [záigəl] 형 (뇌(腦)의 열구(裂溝)가) H자형의.

zyg·a·poph·y·sis [zìgəpáfəsis, zàig-] 명 〔해부〕 척추 관절 돌기.

zy·go- [záigou, -gə, zíg-] 〔연결〕 yoke의 뜻(* 모음 앞에서는 zyg-). ¶ *zygo*dactyl.

zy·go·dac·tyl [zàigədǽktl] 명 〔조류〕 대지족(對指足)의(발가락 한 쌍씩이 전방과 후방을 향해 있는). (또는 **zygodactylous**) — 명 대지족의 새(앵무새 따위). ~**ism** 명

zy·go·gen·e·sis [zàigoudʒénəsis, zìgou-] 명 〔생물〕 접합자(체) 형성; 배우자 생식. **-ge·nét·ic** 형

zy·goid [záigoid, zíg-] 형 〔생물〕 접합자[체]의.

zy·go·ma [zaigóumə] 명 (복 ~**ta** [-tə]) 〔해부〕 =zygomatic arch; =zygomatic bone.

zy·go·mat·ic [zàigəmǽtik] 형 협골의, 광대뼈의, 관골의. — 명 =~ bone.

zygomátic árch 명 〔해부〕 협골궁(頰骨弓).

zygomátic bóne 명 〔해부〕 협골, 관골, 광대뼈.

zygomátic prócess 명 〔해부〕 협골 돌기.

zy·go·mor·phic [zàigəmɔ́ːrfik] 형 〔식물〕 (꽃이)

좌우 동형의, 좌우 상칭(相稱)의. (또는 zygomorphous-phism, ‒mòr·phy)
zy·go·my·cete [zàigəmáisiːt] 명 《생물》 접합균류
zy·go·phyte [záigəfàit, zíg-] 명 《식물》 접합 식물
zy·go·sis [zaigóusis, zi-] 명 (복 **-ses** [-siːz]) UC 《생물》 (생식 세포의) 접합. **zy·gose** [záigous] 명
zy·gos·i·ty [zaigásəti, zi-/-gɔ́s-] 명 접합자[체]의 구조[특성]; 접합성.
zy·go·spore [záigəspɔ̀ːr, zíg-] 명 《식물》 접합 포자(胞子). (또는 **zygosperm**) ‒**spór·ic** 형
zy·gote [záigout, zíg-] 명 《생물》 접합자, 접합체.
zy·got·ic [zaigátik/-gɔ́t-] 형 접합(자, 체)의; 접합성의[이 있는]. **-i·cal·ly** 부
zy·mase [záimeis] 명UC 《생화학》 치마아제(당(糖)을 분해해서 알코올로 만드는 효소).
zyme [zaim] 명 《폐어》 발효병(醱酵病)의 병원체.
-zyme [zaim] 《연결》 「…효소」의 뜻. ¶lyso*zyme*.
zy·mo- [záimou, -mə] 《연결》 leaven(효모)의 뜻 (* 모음 앞에서는 zym-). ¶*zymogen*.
zy·mo·gen [záiməʤən] 명 《생화학》 치모겐, 효소원; 《생물》 발효균.
zy·mo·gene [záiməʤiːn] 명 =zymogen.
zy·mo·gen·e·sis [zàiməʤénəsis] 명 《생화학》 (효소원의) 효소화.
zy·mo·gen·ic [zàiməʤénik] 형 《생화학》 효소원의, 발효성의. (또는 **zy·mog·e·nous** [zaimáʤənəs])
zy·mo·gram [záiməɡræm] 명 《생화학》 효소도(圖).
zy·mol·o·gy [zaimálədʒi/-mɔ́l-] 명U 《생화학》 발효학. **zỳ·mo·lóg·ic, zỳ·mo·lóg·i·cal** 형 **-gist** 명

zy·mol·y·sis [zaimáləsis/-mɔ́l-] 명 《생화학》 효소 분해, 발효. **zy·mo·lyt·ic** [zàiməlítik] 형
zy·mom·e·ter [zaimámətər/-mɔ́m-] 명 발효계(醱酵計), 발효도(度) 측정기.
zy·mo·plas·tic [zàiməplǽstik] 명 효소를 생성하는, 발효에 관여하는.
zy·mo·san [záiməsæn] 명 《생화학》 자이모산, 치모산(효모에서 생성되는 다당(多糖)).
zy·mo·sim·e·ter [zàiməsímətər] 명 =zymometer.
zy·mo·sis [zaimóusis] 명 (복 **-ses** [-siːz]) UC 전염병; 발효; 《폐어》 발효병.
zy·mos·then·ic [zàiməsθénik] 명 《생화학》 효소 작용을 강화[증진]하는.
zy·mo·tech·nics [zàimətékniks] 명 발효법, 양조법.
zy·mot·ic [zaimátik/-mɔ́t-] 형 발효의, 발효성의, 발효에 의한; 발효병의. **-i·cal·ly** 부 「따위).
zymótic diséase 명 《의학》 《폐어》 발효병(천연두
zy·mur·gy [záimərʤi] 명U 양조학, 발효 화학.
Zyr·yan [zírjən, -jɑːn] 명 지리안어(語)(Finno-Ugric어의 하나). (또는 **Zyrian, Zyryénien**)
zy·thum [záiθəm] 명U 고대 이집트의 맥주.
ZZ zigzag. **ZZ** zigzag approach(지그재그 접근).
Z-ze·ro pàrticle [ziːzíərou-] 명 《물리》 Z-제로 입자(매개적 벡터 보손(intermediate vector boson)이라고 불리는 3개의 입자 중의 하나; 약한 힘을 전달한다고 한다; 기호 Z⁰).
ZZZ, zzz [ziːziːziː] 명 쿨쿨쿨(코고는 소리); 윙윙(벌·파리 따위의 소리). (또는 **z-z-z**)

세계 각국의 공식 명칭과 수도

국 명	수 도
Islamic State of **Afghanistan**	Kabul
Republic of **Albania**	Tirana
Democratic and People's Republic of **Algeria**	Algiers
United States of **America**	Washington, D.C.
Principality of **Andorra**	Andorra la vella
Republic of **Angola**	Luanda
Antigua and Barbuda	St. John's
United **Arab Emirates**	Abu Dhabi
Argentine Republic[Argentina]	Buenos Aires
Republic of **Armenia**	Yerevan
Commonwealth of **Australia**	Canberra
Republic of **Austria**	Vienna [Wien]
Republic of **Azerbaijan**	Baku
Commonwealth of the **Bahamas**	Nassau
State of **Bahrain**	Manama City
People's Republic of **Bangladesh**	Dhaka
Barbados	Bridgetown
Republic of **Belarus**	Minsk
Kingdom of **Belgium**	Brussels [Bruxelles]
Belize	Belmopan
Republic of **Benin**	Porto Novo, Cotonou
Kingdom of **Bhutan**	Thimphu
Republic of **Bolivia**	La Paz, Sucre
Republic of **Bosnia and Herzegovina**	Sarajevo
Republic of **Botswana**	Gaborone
Federative Republic of **Brazil**	Brasilia
Brunei Darussalam	Bandar Seri Begawan
Republic of **Bulgaria**	Sofia
Burkina Faso	Ouagadougou
Republic of **Burundi**	Bujumbura
Kingdom of **Cambodia**	Phnom Penh
Republic of **Cameroon**	Yaounde
Canada	Ottawa
Republic of **Cape Verde**	Praia
Central African Republic	Bangui
Republic of **Chad**	N'Djamena
Republic of **Chile**	Santiago
People's Republic of **China**	Beijing [Peking]
Republic of **Colombia**	Bogota
Federal and Islamic Republic of the **Comoros**	Moroni
Republic of **Congo**	Brazzaville
Democratic Republic of **Congo** [Zaire]	Kinshasa
Republic of **Costa Rica**	San José
Republic of **Côte d'Ivoire**(Ivory Coast)	Yamoussoukro
Republic of **Croatia**	Zagreb
Republic of **Cuba**	La Habana
Republic of **Cyprus**	Nicosia
Czech Republic	Prague [Praha]
Kingdom of **Denmark**	Copenhagen
Republic of **Djibouti**	Djibouti
Commonwealth of **Dominica**	Roseau
Dominican Republic	Santo Domingo
Republic of **Ecuador**	Quito
Arab Republic of **Egypt**	Cairo
Republic of **El Salvador**	San Salvador
Republic of **Equatorial Guinea**	Malabo
Republic of **Estonia**	Tallinn
Ethiopia	Addis Ababa
Republic of the **Fiji** Islands	Suva
Republic of **Finland**	Helsinki
French Republic [**France**]	Paris
Gabonese Republic [Gabon]	Libreville
Republic of the **Gambia**	Banjul
Republic of **Georgia**	Tbilisi [Tiflis]
Federal Republic of **Germany**	Berlin
Republic of **Ghana**	Accra
United Kingdom of **Great Britain** and Northern Ireland	London
Grenada	St. George's
Republic of **Guatemala**	Guatemala City
Republic of **Guinea**	Conakry
Republic of **Guinea-Bissau**	Bissau
Cooperative Republic of **Guyana**	Georgetown
Republic of **Haiti**	Port-au-Prince
Hellenic Republic [**Greece**]	Athens
Holy See	Vatican City
Republic of **Honduras**	Tegucigalpa
Republic of **Hungary**	Budapest
Republic of **Iceland**	Reykjavik
Republic of **India**	New Delhi
Republic of **Indonesia**	Jakarta [Djakarta]
Islamic Republic of **Iran**	Tehran
Republic of **Iraq**	Baghdad
Ireland	Dublin
State of **Israel**	Jerusalem
Italian Republic	Rome
Jamaica	Kingston
Japan	Tokyo
Hashemite Kingdom of **Jordan**	Amman
Republic of **Kazakhstan**	Astana
Republic of **Kenya**	Nairobi
Republic of **Kiribati**	Bairiki
Republic of **Korea**	Seoul
State of **Kuwait**	Kuwait City
Kyrgyz Republic	Bishkek
Lao People's Democratic Republic [**Laos**]	Vientiane
Republic of **Latvia**	Riga
Republic of **Lebanon**	Beirut
Kingdom of **Lesotho**	Maseru
Republic of **Liberia**	Monrovia
Great Socialist People's Libyan Arab Jamahiriya [**Libya**]	Tripoli
Principality of **Liechtenstein**	Vaduz
Republic of **Lithuania**	Vilnius
Grand Duchy of **Luxembourg**	Luxembourg
Former Yugoslav Republic of **Macedonia**	Skopje
Republic of **Madagascar**	Antananarivo
Republic of **Malawi**	Lilongwe
Malaysia	Kuala Lumpur
Republic of **Maldives**	Malé
Republic of **Mali**	Bamako
Republic of **Malta**	Valletta

국 명	수 도	국 명	수 도
Republic of the Marshall Islands	Majuro	Kingdom of Saudi Arabia	Riyadh
Islamic Republic of Mauritania	Nouakchott	Republic of Senegal	Dakar
Republic of Mauritius	Port Louis	Republic of Seychelles	Victoria
Mexico	Mexico City	Republic of Sierra Leone	Freetown
Federated States of Micronesia	Palikir	Republic of Singapore	Singapore
Republic of Moldova	Kishinev	Slovak Republic	Bratislava
Principality of Monaco	Monaco	Republic of Slovenia	Ljubljana
Mongolia	Ulaanbaatar	Solomon Islands	Honiara
Kingdom of Morocco	Rabat	Somali Democratic Republic [Somalia]	Mogadishu
Republic of Mozambique	Maputo	Republic of South Africa	Pretoria
Union of Myanmar	Yangon	Spain	Madrid
Republic of Namibia	Windhoek	Democratic Socialist Republic of Sri Lanka	Colombo
Republic of Nauru	Yaren		
Kingdom of Nepal	Kathmandu [Katmandu]	Republic of the Sudan	Khartoum
		Republic of Surinam(e)	Paramaribo
Kingdom of the Netherlands	Amsterdam	Kingdom of Swaziland	Mbabane
New Zealand	Wellington	Kingdom of Sweden	Stockholm
Republic of Nicaragua	Managua	Swiss Confederation [Switzerland]	Bern
Republic of Niger	Niamey	Syrian Arab Republic [Syria]	Damascus
Federal Republic of Nigeria	Abuja	Taiwan	Taipei
Kingdom of Norway	Oslo	Republic of Tajikistan	Dushanbe
Sultanate of Oman	Muscat	United Republic of Tanzania	Dar es Salaam
Islamic Republic of the Pakistan	Islamabad	Kingdom of Thailand	Bangkok
Republic of Palau	Koror	Republic of Togo	Lomé
Republic of Panama	Panama City	Kingdom of Tonga	Nukualofa
Papua New Guinea	Port Moresby	Republic of Trinidad & Tobago	Port of Spain
Republic of Paraguay	Asuncion	Republic of Tunisia	Tunis
Republic of Peru	Lima	Republic of Turkey	Ankara
Republic of the Philippines	Metro Manila	Turkmenistan	Ashkhabad
Republic of Poland	Warsaw	Tuvalu	Funafuti
Portuguese Republic [Portugal]	Lisbon	Republic of Uganda	Kampala
State of Qatar	Doha	Ukraine	Kiev
Romania	Bucharest	Oriental Republic of Uruguay	Montevideo
Russian Federation	Moscow	Republic of Uzbekistan	Tashkent
Republic of Rwanda	Kigali	Republic of Vanuatu	Port Vila
Saint Kitts-Nevis	Basseterre	Republic of Venezuela	Caracas
Saint Lucia	Castries	Socialist Republic of Vietnam	Hanoi
Saint Vincent and the Grenadines	Kingstown	Republic of Yemen	Sanaa
Independent State of Samoa	Apia	Federal Republic of Yugoslavia	Beograd
Republic of San Marino	San Marino	Republic of Zambia	Lusaka
Democratic Republic of São Tomé and Principe	São Tomé	Republic of Zimbabwe	Harare

영어의 부호 · 기호 · 약호

A. 기술(記述)의 기호

,	comma	
;	semicolon	
:	colon	
.	period, full stop	
?	question mark	
!	exclamation mark	
'	apostrophe	
' '	single quotation marks	
" "	(double) quotation marks	
( )	parentheses	
[ ]	brackets	
{ }	braces	
⟨ ⟩	angle brackets	
/ /	oblique brackets [slashes]	
—	dash	
-	hyphen	
=	double hyphen	
/	slash, slant, virgule	
…	suspension points	
…, ***, —	ellipsis	
~	swung dash	
´	acute accent : café	
`	grave accent : père	
~	tilde : señora	
¯	macron : cāke, dūty	
˘	breve : ăct, hŏt	
^	circumflex : château	
¨	dieresis : naïve	
¸	cedilla : façade	
*	asterisk	
″	ditto	
†	dagger	
‡	double dagger	
⁂, * * *	asterism	
§	section	
¶	paragraph	
&	ampersand	
&c.	et cetra, and so on	
☞	index	

B. 수학 · 과학의 기호

+	plus, add, positive
−	minus, subtract, negative
±	plus or minus, add or subtract
×	multiplied by, times
÷	divided by
=	equal (to)
≠	not equal to
≒	approximately equal to
<	less than
≪	much less than
>	greater than
≫	much greater than
≦	less than or equal to
≧	greater than or equal to
∞	infinity
√	root
∴	therefore, hence
∵	because
∝	varies directly as, is proportional to
∼	equivalent, similar
≮	not less than
≯	not greater than
≡	identical to
∥	parallel to
∠	angle
∟	right angle
⊥	perpendicular
⌒	arc of a circle
∫	integral (of)
°	degree
′	minute, foot
″	second, inch

C. 상업 및 주요 통화의 기호

@	at, per, price at
a/c	in account with
c/o	(in) care of
ⓒ	copyrighted
®	registered trademark
%	percent
‰	per thousand
#	number, pound
$, $	dollar(s)
¢	cent(s)
€	euro(s)
£	pound(s)
DM	Deutsche mark
FF	French franc
L	Lira
R	ruble
₩, ₩	won
¥, ¥	yen

도 량 형 환 산 표

단위	기호	환산치(値)
centimeter	cm.	0.3937 inch
meter	m.	3.2808 feet
=100 centimeters		1.0936 yards
kilometer	km.	49.711 chains
=1000 meters		0.6214 mile
inch	in.	2.54 centimeters
foot = 12 inches	ft.	0.3048 meter
yard = 3 feet	yd.	0.9144 meter
rod = 5.5 yards	rd.	5.0292 meters
chain = 4 rods	ch.	20.117 meters
furlong = 10 chains	fur.	201.17 meters
mile = 8 furlongs	m., mil.	1.6093 kilometers
league = 3 miles	l.	4.8279 kilometers
square centimeter	cm²	0.155 square inch
square meter	m²	10.7639 square feet
=10000 cm²		
are = 100 m²	a	119.60 sq. yd.
hectare = 100 ares	ha	2.471 acres
square kilometer	km²	247.114 acres
square inch	sq. in.	6.4516 cm²
square foot	sq. ft.	0.0929 m²
=144 sq. in		
square yard	sq. yd.	0.8361 m²
=9 sq. ft.		
square rod	sq. rd.	25.293 m²
=30.25 sq. yd.		
square chain	sq. ch.	404.67 m²
=16 sq. rd.		
acre = 10 sq. ch.	A	0.4047 hectare
square mile	sq. mil.	2.5900 km²
=640 acres		
cubic centimeter	cm³	0.061 cubic inch
cubic meter	m³	35.3145 cubic feet
=1000000 cm³		
cubic inch	cu. in.	16.3872 cm³
cubic foot	cu. ft.	0.0283m³
=1728 cu. in		
cubic yard	cu. yd.	0.7646m³
=27 cu. ft.		
cord = 128 cu. ft.	cd.	3.6246m³
gram	g.	0.0353 oz. avdp.
		0.0322 oz. t.
		0.0322 oz. ap.
kilogram	kg.	2.2046 lb. avdp.
=1000 grams		2.6792 lb. t.
		2.6792 lb. ap.
metric ton	M.T.	1.1023 short tons
		0.9842 long ton

단위	기호	환산치(値)
(avoirdupois)		
grain	gr.	0.0648 gram
dram	dr. avdp.	1.7718 grams
=27.3438 grains		
ounce = 16 drams	oz. avdp.	28.3495 grams
pound = 16 ounces	lb. avdp.	0.4536 kilogram
hundredweight	cwt.	
《美》= 100 lb.		45.3592 kilograms
《英》= 112 lb.		50.8024 kilograms
ton	t., tn.	
short = 2000 lb.		0.907 metric ton
long = 2240 lb.		1.016 metric tons
(troy)		
grain	gr.	0.0648 gram
pennyweight	dwt.	1.5552 grams
=24 grains		
ounce	oz. t.	31.1035 grams
=20 pennyweights		
pound = 12 ounces	lb. t.	0.3732 kilogram
(apothecaries)		
grain	gr.	0.0648 gram
scruple = 20 grains	s. ap.	1.296 grams
dram = 3 scruples	dr. ap.	3.8879 grams
ounce = 8 drams	oz. ap.	31.1035 grams
pound = 12 ounces	lb. ap.	0.3732 kilogram
liter	l.	**(liquid)**
		《美》1.0567 qt.
		《英》0.8799 qt.
		(dry)
		《美》0.9081 qt.
		《英》0.8799 qt.
(liquid)		
gill	gi.	《美》0.118 liter
		《英》0.142 liter
pint = 4 gills	pt.	《美》0.473 liter
		《英》0.568 liter
quart = 2 pints	qt.	《美》0.9463 liter
		《英》1.136 liters
gallon = 4 quarts	gal.	《美》3.7853 liters
		《英》4.546 liters
(dry)		
pint	pt.	《美》0.5506 liter
		《英》0.5682 liter
quart = 2 pints	qt.	《美》1.101 liters
		《英》1.136 liters
peck = 8 quarts	pk.	《美》8.810 liters
		《英》9.092 liters
bushel = 4 pecks	bu.	《美》35.24 liters
		《英》36.37 liters

불규칙 동사 변화형 일람표

고딕체는 중요어, 이탤릭체는 고어체·시·방언·폐어·드문 용법임을 나타내며, 별표(*)가 붙은 것은 본문을 참조하라는 뜻이다.

현 재	과 거	과거분사	현 재	과 거	과거분사
abide	abode, abided	abode, abided	**break**	**broke,** *brake*	**broken,** *broke*
alight[1]	alighted, *alit*	alighted, *alit*	**breastfeed**	breastfed	breastfed
arise	arose	arisen	**breed**	bred	bred
awake	**awoke, awaked**	**awoke, awaked**	**bring**	**brought**	**brought**
backbite	backbit	backbitten, backbit*	**broadcast**	broadcast, broadcasted	broadcast, broadcasted
backslide	backslid	backslid, backslidden	**browbeat**	browbeat	browbeaten
be(am, is, are)	**was, were**	**been**	**build**	**built,** *builded*	**built,** *builded*
bear[1]	**bore,** *bare*	**borne, born***	**burn**[1]	**burnt, burned**	**burnt, burned**
beat	beat	**beaten, beat**	**burst**	burst	burst
become	became	**become**	**buy**	**bought**	**bought**
befall	befell	befallen	**can**	**could**	—
beget	begot, *begat*	begotten, begot	**cast**	cast	cast
begin	**began**	**begun**	**catch**	**caught**	**caught**
begird	begirt, begirded	begirt	**chide**	chided, chid	chided, chid, chidden
behold	beheld	beheld	**choose**	chose	**chosen,** *chose*
bend	bent, *bended*	bent, *bended*	**cleave**[1]	cleft, cleaved, clove	cleft, cleaved, cloven
bereave	bereaved, bereft	bereaved*, bereft*	**cleave**[2]	cleaved, *clave*	cleaved
beseech	besought, beseeched	besought, beseeched	**climb**	**climbed,** *clomb*	**climbed,** *clomb*
beset	beset	beset	**cling**	clung	clung
bespeak	bespoke, *bespake*	bespoken, bespoke	**clip**[1]	clipped	clipped, clipt
bespread	bespread	bespread	**clothe**	clothed, *clad*	clothed, *clad*
bestrew	bestrewed	bestrewed, bestrewn	**come**	**came**	**come**
bestride	bestrode, bestrid	bestridden, bestrid	**cost**	**cost**	**cost**
bet	bet, betted	bet, betted	**creep**	crept	crept
bethink	bethought	bethought	**crow**[2]	crowed, crew*	crowed
bid	**bade, bad*,** *bid**	**bidden, bid***	**curse**	cursed, curst	cursed, curst
bide	bided, bode	bided, *bid*	**cut**	**cut**	**cut**
bind	bound	bound	**dare**	dared, *durst*	dared
bite	bit	bitten, bit	**deal**[1]	dealt	dealt
bleed	bled	bled	**dig**	dug, *digged*	dug, *digged*
blend	blended, blent	blended, blent	**dip**	dipped, *dipt*	dipped, *dipt*
bless	blessed, blest	blessed, blest	**dive**	dived, dove	dived
blow[1]	blew	**blown, blowed***	**do**	**did**	**done**
blow[3]	blew	blown	**draw**	drew	drawn
			dream	dreamed, dreamt	dreamed, dreamt
			dress	**dressed,** *drest*	**dressed,** *drest*
			drink	**drank,** *drunk*	**drunk, drank*,** *drunken*

현재	과거	과거분사	현재	과거	과거분사
drip	dripped, dript	dripped, dript	**help**	**helped**, *holp*	**helped**, *holpen*
drive	**drove**, *drave*	**driven**	**hew**	hewed	hewed, hewn
drop	**dropped, dropt**	**dropped, dropt**	**hide**[1]	**hid**	**hidden, hid**
dwell	dwelt, dwelled	dwelt, dwelled	**hit**	**hit**	**hit**
eat[1]	**ate**, *eat*	**eaten**, *eat*	**hold**[1]	**held**	**held**, *holden*
engird	engirt, engirded	engirt, engirded	**hurt**	**hurt**	**hurt**
enwind	enwound	enwound	**impress**	impressed, *imprest*	impressed, *imprest*
fall	**fell**	**fallen**	**inlay**	inlaid	inlaid
feed	**fed**	fed	**inlet**	inlet	inlet
feel	**felt**	**felt**	**inset**	inset	inset
fight	**fought**	**fought**	**interbreed**	interbred	interbred
find	**found**	**found**	**keep**	**kept**	**kept**
fit[1]	**fitted, fit**	**fitted, fit**	**knee**[1]	knelt, kneeled	knelt, kneeled
fix	fixed, fixt	fixed, fixt	**knit**	knitted, knit	knitted, knit
flee	fled	fled	**know**	**knew**	**known**
fling	flung	flung	**lade**	laded	laden, laded
fly[1]	**flew, fled*, flied***	**flown, fled*, flied***	**lay**[1]	**laid**	**laid**
forbear[1]	forbore	forborne	**lead**[1]	**led**	**led**
forbid	forbade, forbad	forbidden, forbid	**lean**[1]	leaned, leant*	leaned, leant*
forecast	forecast, forecasted	forecast, forecasted	**leap**	leaped, leapt	leaped, leapt
			learn	**learned, learnt**	**learned, learnt**
forego[1,2]	forewent	foregone	**leave**[1]	**left**	**left**
foreknow	foreknew	foreknown	**lend**	**lent**	**lent**
forerun	foreran	forerun	**let**[1]	**let**	**let**
foresee	foresaw	foreseen	**let**[2]	let, letted	let, letted
foretell	foretold	foretold	**lie**[2]	**lay**	**lain**
forget	**forgot**, *forgat*	**forgotten**, *forgot*	**light**[1]	**lighted, lit**	**lighted, lit**
			lose	**lost**	**lost**
forgive	forgave	forgiven	**make**	**made**	**made**
forsake	forsook	forsaken	**may**[1]	**might**	—
forswear	forswore	forsworn	**mean**[1]	**meant**	**meant**
freeze	froze	frozen	**meet**[1]	**met**	**met**
gainsay	gainsaid	gainsaid	**melt**	melted	melted, *molten*
get	**got**, *gat*	**got, gotten**	**methinks**	methought	—
gild[1]	gilded, gilt	gilded, gilt	**misgive**	misgave	misgiven
gird	girded, girt	girded, girt	**mishear**	misheard	misheard
give	**gave**	**given**	**mislay**	mislaid	mislaid
gnaw	gnawed	gnawed, gnawn	**mislead**	misled	misled
go	**went**	**gone**	**misread**	misread	misread
grave[1]	graved	graven, graved	**misspell**	misspelled, misspelt	misspelled, misspelt
greet[2]	grat	grutten			
grind	ground, *grinded*	ground, *grinded*	**misspend**	misspent	misspent
grip	gripped, grip	gripped, grip	**mistake**	**mistook**	**mistaken**
grow	**grew**	**grown**	**misunderstand**	misunderstood	misunderstood
hamstring	hamstrung, *hamstringed*	hamstrung, *hamstringed*	**mix**	**mixed, mixt**	**mixed, mixt**
hang	**hung, hanged***	**hung, hanged***	**mow**[1]	mowed	mowed, mown
have, has	**had**	**had**	**must**[1]	**must**	—
hear	**heard**	**heard**	**outbid**	outbid	outbidden, outbid
heave	heaved, hove*	heaved, hove*			

현 재	과 거	과거분사	현 재	과 거	과거분사
sink	sank, sunk*	sunk	swim	swam, *swum*	swum
sit	sat, *sate*	sat, *sitten*	swing	swung, *swang*	swung
skin-dive	skin-dived, skin-dove	skin-dived, skin-dove	take	took	taken
			teach	taught	taught
slay	slew, slayed*	slain	tear[2]	tore	torn
sleep	slept	slept	telecast	telecast, telecasted	telecast, telecasted
slide	slid	slid, slidden			
sling[1]	slung	slung	tell	told	told
slink[1]	slunk, *slank*	slunk	think	thought	thought
slip	slipped, *slipt*	slipped	thrive	throve, thrived	thrived, thriven
slit	slit	slit	throw	threw	thrown
smell	smelled, smelt	smelled, smelt	thrust	thrust	thrust
smite	smote, *smit*	smitten, *smit*	tread	trod, *trode*	trodden, trod
sneak	sneaked, snuck*	sneaked, snuck*	typewrite	typewrote	typewritten
sow[1]	sowed	sowed, sown	unbend	unbent, *unbended*	unbent, *unbended*
speak	spoke, *spake*	spoken, *spoke*			
speed	sped, speeded*	sped, speeded*	unbind	unbound	unbound
spell[1]	spelled, spelt	spelled, spelt	undercut	undercut	undercut
spellbind	spellbound	spellbound	undergo	underwent	undergone
spend	spent	spent	underlay	underlaid	underlaid
spill[1]	spilled, spilt	spilled, spilt	underlie	underlay	underlain
spin	spun, *span*	spun	undersell	undersold	undersold
spit[1]	spit, spat*	spit, spat*	understand	understood	understood
split	split	split	undertake	undertook	undertaken
spoil	spoiled, spoilt	spoiled, spoilt	underwrite	underwrote	underwritten
spread	spread	spread	undo	undid	undone
spring	sprang, sprung	sprung	unlay	unlaid	unlaid
squat	squatted, squat	squatted, squat	unsay	unsaid	unsaid
stand	stood	stood	unwind	unwound	unwound
stave	staved, stove	staved, stove	uphold	upheld	upheld
stay	stayed, *staid*	stayed, *staid*	upset	upset	upset
steal	stole	stolen	wake	woke, waked	waked, woken, woke*
stick[2]	stuck	stuck			
sting	stung, *stang*	stung, *stang*	waylay	waylaid	waylaid
stink	stank, stunk	stunk	wear[1,2]	wore	worn
stop	stopped, *stopt*	stopped, *stopt*	weave	wove, *weaved*	woven, wove
strew	strewed	strewed, strewn	wed	wedded, *wed*	wedded, *wed*
stride	strode	stridden, *strid*	weep	wept	wept
strike	struck	struck, stricken*	whip	whipped, whipt	whipped, whipt
			will	would	—
string	strung	strung, *stringed*	win	won	won
strip[1]	stripped, *stript*	stripped, *stript*	wind[2]	wound	wound
strive	strove, strived	striven, strived	wind[3]	winded, wound	winded, wound
strow	strowed	strown, strowed	wit[2]	*wist*	*wist*
sublet	sublet	sublet	withdraw	withdrew	withdrawn
sunburn	sunburned, sunburnt	sunburned, sunburnt	withhold	withheld	withheld
			withstand	withstood	withstood
swear	swore, *sware*	sworn	work	worked, *wrought*	worked, *wrought*
sweat	sweat, sweated	sweat, sweated	wrap	wrapped, wrapt	wrapped, wrapt
sweep	swept	swept	wring	wrung, *wringed*	wrung, *wringed*
swell	swelled	swelled, swollen	write	wrote, *writ*	written, *writ*

현재	과거	과거분사	현재	과거	과거분사
outdo	outdid	outdone	**quit**	quitted, quit	quitted, quit
outgo	outwent	outgone	**rap**³	rapped, rapt	rapped, rapt
outgrow	outgrew	outgrown	**read**¹	read	read
outlay	outlaid	outlaid	**reave**	reaved, reft	reaved, reft
outride	outrode	outridden	**rebind**	rebound	rebound
outrun	outran	outrun	**rebuild**	rebuilt	rebuilt
outshine	outshone	outshone	**recast**	recast	recast
outshoot	outshot	outshot	**re-lay**	re-laid	re-laid
outsit	outsat	outsat	**rend**	rent	rent
outspread	outspread	outspread	**repay**	repaid	repaid
outwear	outwore	outworn	**reread**	reread	reread
overbear	overbore	overborne	**resell**	resold	resold
overblow	overblew	overblown	**reset**¹	reset	reset
overcast	overcast	overcast	**reset**²	resetted, reset	resetted, reset
overcome	overcame	overcome	**retake**	retook	retaken
overdo	overdid	overdone	**retell**	retold	retold
overdraw	overdrew	overdrawn	**rewrite**	rewrote	rewritten
overdrink	overdrank	overdrunk	**rid**¹	rid, ridded	rid, ridded
overeat	overate	overeaten	**ride**	**rode**, *rid*	**ridden**, *rid*
overfeed	overfed	overfed	**ring**²	**rang**, *rung*	**rung**
overflow	overflowed	overflown	**rise**	**rose**	**risen**
overgrow	overgrew	overgrown	**rive**	rived	rived, riven
overhang	overhung	overhung	**roughcast**	roughcast	roughcast
overhear	overheard	overheard	**run**¹	**ran**	**run**
overlay¹	overlaid	overlaid	**saw**	sawed	sawed, sawn
overleap	overleaped, overleapt	overleaped, overleapt	**say**	**said**	**said**
overlie	overlay	overlain	**see**¹	**saw**	**seen**
overpay	overpaid	overpaid	**seek**	**sought**	**sought**
override	overrode	overridden	**seethe**	seethed, *sod*	seethed, *sodden*
overrun	overran	overrun	**sell**	**sold**	**sold**
oversee	oversaw	overseen	**send**	**sent**	**sent**
oversell	oversold	oversold	**set**	**set**	**set**
overset	overset	overset	**sew**	sewed	sewed, sewn
overshoot	overshot	overshot	**shake**	**shook**	**shaken**
oversleep	overslept	overslept	**shall**	**should**	---
overspend	overspent	overspent	**shape**	shaped, *shapen*	shaped, *shapen*
overspread	overspread	overspread	**shave**	shaved	shaved, shaven
overtake	overtook	overtaken	**shear**	sheared, *shore*	sheared, shorn
overthrow	overthrew	overthrown	**shed**²	shed	shed
overwind	overwound	overwound	**shew**	shewed	shewn
overwork	overworked, overwrought	overworked, overwrought	**shine**	**shone, shined***	**shone, shined***
overwrite	overwrote	overwritten	**shoe**	shod, shoed	shod, shoed, shodden
partake	partook	partaken	**shoot**	**shot**	**shot**
pay	**paid**	**paid**	**show**	**showed**	**shown, showed**
pen²	penned, pent	penned, pent	**shred**	shredded, shred	shredded, shred
prepay	prepaid	prepaid	**shrink**	shrank, shrunk	shrunk, shrunken
proofread	proofread	proofread	**shrive**	shrove, shrived	shriven, shrived
prove	**proved**	**prove, proven***	**shut**	**shut**	**shut**
put¹	**put**	**put**	**sing**	**sang**, *sung*	**sung**